VADE MECUM Notarial e Registral

COLETÂNEA DE LEIS PARA CARTÓRIOS

Martha El Debs

VADE MECUM
Notarial e Registral

COLETÂNEA DE LEIS PARA CARTÓRIOS

11ª edição
revista
atualizada
ampliada e
reformulada

2024

EDITORA *Jus*PODIVM
www.editorajuspodivm.com.br

EDITORA *Jus*PODIVM
www.editorajuspodivm.com.br

Rua Canuto Saraiva, 131 – Mooca – CEP: 03113-010 – São Paulo – São Paulo
Tel: (11) 3582.5757
• Contato: https://www.editorajuspodivm.com.br/sac

Copyright: Edições *Jus*PODIVM

Capa: Ana Caquetti

Diagramação: Maitê Coelho *(maitescoelho@yahoo.com.br)* e Cendi Coelho *(cendicoelho@gmail.com)*

Edições anteriores publicadas sob o título:

LEGISLAÇÃO NOTARIAL e de REGISTROS PÚBLICOS Coletânea de Leis para Cartórios

E37v El Debs, Martha
Vade Mecum Notarial e Registral - Coletânea de Leis para Cartórios / Martha El Debs – 11.ed., rev., atual. e ampl. - São Paulo: Editora JusPodivm, 2024.
1664 p.

Índices
ISBN 978-85-442-5247-5

1. Direito Notarial e Registral. 2. Registros. 3. Legislação. I. El Debs, Martha. II. Título.

CDD 340.06081

11.ª ed., *2.ª tir.:* out./2024; *3.ª tir.:* mar./2025.

SUMÁRIO

*. Excerto.

*. *Excerto.*

***. Incorporado pelo CNN.*

2. PARTE ESPECIAL

2.1. REGISTRO CIVIL DAS PESSOAS NATURAIS

*. *Excerto.*

***. Incorporado pelo CNN.*

* *Excerto.*

2.3. REGISTRO DE IMÓVEIS

---

*. *Excerto.*
**. *Incorporado pelo CNN.*

*. *Excerto.*

* *Excerto.*

* *Excerto.*

*. *Excerto.*

**. *Incorporado pelo CNN.*

*. *Excerto.*

2.4. TABELIONATO DE NOTAS

*. *Excerto.*
**. *Incorporado pelo CNN.*

2.5. TABELIONATO DE PROTESTO DE TÍTULOS E OUTROS DOCUMENTOS DE DÍVIDA

* *Excerto.*
** *Incorporado pelo CNN.*

3. LEGISLAÇÃO SOBRE CÉDULAS, LETRAS E NOTAS

---

*. *Excerto.*
**. *Incorporado pelo CNN.*

4. SÚMULAS E ENUNCIADOS RELACIONADOS

ÍNDICE CRONOLÓGICO

DECRETOS-LEIS

DECRETOS FEDERAIS

PORTARIA CONJUNTA DA PROCURADORIA-GERAL DA FAZENDA NACIONAL – PGFN E RECEITA FEDERAL DO BRASIL – RFB

PORTARIA CONJUNTA DA ADVOCACIA GERAL DA UNIÃO – AGU E DA SECRETARIA DO PATRIMÔNIO DA UNIÃO – SPU

INSTRUÇÕES NORMATIVAS DA SECRETARIA DA RECEITA FEDERAL DO BRASIL – RFB

INSTRUÇÕES NORMATIVAS DO INCRA

1

PARTE GERAL

CONSTITUIÇÃO DA REPÚBLICA FEDERATIVA DO BRASIL

ÍNDICE SISTEMÁTICO DA CONSTITUIÇÃO DA REPÚBLICA FEDERATIVA DO BRASIL

CONSTITUIÇÃO DA REPÚBLICA FEDERATIVA DO BRASIL DE 1988

PREÂMBULO

Nós, representantes do povo brasileiro, reunidos em Assembleia Nacional Constituinte para instituir um Estado Democrático, destinado a assegurar o exercício dos direitos sociais e individuais, a liberdade, a segurança, o bem-estar, o desenvolvimento, a igualdade e a justiça como valores supremos de uma sociedade fraterna, pluralista e sem preconceitos, fundada na harmonia social e comprometida, na ordem interna e internacional, com a solução pacífica das controvérsias, promulgamos, sob a proteção de Deus, a seguinte CONSTITUIÇÃO DA REPÚBLICA FEDERATIVA DO BRASIL.

TÍTULO I – DOS PRINCÍPIOS FUNDAMENTAIS

Art. 1º A República Federativa do Brasil, formada pela união indissolúvel dos Estados e Municípios e do Distrito Federal, constitui-se em Estado Democrático de Direito e tem como fundamentos:

- *Arts. 18, caput, e 60, § 4º, I, CF*

I – a soberania;

- *Arts. 20, VI, 21, I e III, 84, VII, VIII, XIX e XX, CF*
- *Arts. 36, 236, 237, 260 e 263, CPC/2015*
- *Arts. 780 a 790, CPP*
- *Arts. 215 a 229, RISTF*

II – a cidadania

- *Arts. 5º, XXXIV, LIV, LXXI, LXXIII e LXXCII, e 60, § 4º, IV, CF*
- *Lei 9.265/1996 (Gratuidade dos atos necessários ao exercício da cidadania)*

III – a dignidade da pessoa humana;

- *Arts. 5º, XLII, XLIII, XLVIII, XLIX, L, 34, VII, b, 226, § 7º, 227 e 230, CF*
- *Art. 8º, III, Lei 11.340/2006 (Violência doméstica e familiar contra a mulher)*
- *Súmula Vinculante 11, STF*

IV – os valores sociais do trabalho e da livre iniciativa;

- *Vide Lei nº 13.874, de 2019*

V – o pluralismo político.

- *Art. 17, CF*
- *Lei 9.096/1995 (Lei Orgânica dos Partidos Políticos)*

Parágrafo único. Todo o poder emana do povo, que o exerce por meio de representantes eleitos ou diretamente, nos termos desta Constituição.

- *Arts. 14, 27, § 4º, 29, XIII, 60, § 4º, II, e 61, § 2º, CF*
- *Art. 1º, Lei 9.709/1998 (Regulamenta a execução do disposto nos incisos I, II e III do art. 14 da CF)*

Art. 2º São Poderes da União, independentes e harmônicos entre si, o Legislativo, o Executivo e o Judiciário.

- *Art. 60, § 4º, III, CF*

Art. 3º Constituem objetivos fundamentais da República Federativa do Brasil:

I – construir uma sociedade livre, justa e solidária;

- *Art. 29-1, d, Dec. 99.710/1990 (Promulga a Convenção sobre os Direitos da Criança)*
- *Art. 10-1, Dec. 591/1992 (Pacto Internacional Sobre Direitos Econômicos, Sociais e Culturais)*

II – garantir o desenvolvimento nacional;

- *Arts. 23, parágrafo único, e 174, § 1º, CF*

III – erradicar a pobreza e a marginalização e reduzir as desigualdades sociais e regionais;

- *Arts. 23, X, e 214, CF*
- *Arts. 79 a 81, ADCT*
- *Emenda Constitucional n. 31/2000 (Fundo de Combate e Erradicação da Pobreza)*
- *LC 111/2001 (Fundo de Combate e Erradicação da Pobreza)*

IV – promover o bem de todos, sem preconceitos de origem, raça, sexo, cor, idade e quaisquer outras formas de discriminação.

- *Lei 7.716/1989 (Crimes resultantes de preconceito de raça ou de cor)*
- *Art. 8º, III, Lei 11.340/2006 (Violência doméstica e familiar contra a mulher)*
- *Lei 12.288/2010 (Estatuto da Igualdade Racial)*

Art. 4º A República Federativa do Brasil rege-se nas suas relações internacionais pelos seguintes princípios:

- *Arts. 21, I, e 84, VII e VIII, CF*
- *Art. 3º, a, LC 75/1993 (Estatuto do Ministério Público da União)*
- *Art.39, V, Lei 9.082/1995 (Lei Orçamentária de 1996)*

I – independência nacional;

- *Arts. 78, caput, e 91, § 1º, III e IV, CF*
- *Lei 8.183/1991 (Conselho de Defesa Nacional)*
- *Dec. 893/1993 (Conselho de Defesa Nacional – Regulamento)*

II – prevalência dos direitos humanos;

- *Dec. 678/1992 (Promulga a Convenção Americana sobre Direitos Humanos – Pacto de São José da Costa Rica)*

III – autodeterminação dos povos;

IV – não-intervenção;

- *Art. 2º, Dec. Leg. 44/1995 (Organização dos Estados Americanos – Protocolo de Reforma)*

V – igualdade entre os Estados;

VI – defesa da paz;

VII – solução pacífica dos conflitos;

VIII – repúdio ao terrorismo e ao racismo;

- *Art. 5º, XLIII, CF*
- *Lei 7.716/1989 (Crimes resultantes de preconceito de raça ou de cor)*
- *Lei 8.072/1990 (Crimes hediondos)*
- *Lei 12.288/2010 (Estatuto da Igualdade Racial)*

IX – cooperação entre os povos para o progresso da humanidade;

X – concessão de asilo político.

- *Lei 9.474/1997 (Estatuto dos Refugiados)*

Parágrafo único. A República Federativa do Brasil buscará a integração econômica, política, social e cultural dos povos da América Latina, visando à formação de uma comunidade latino-americana de nações.

- *Dec. 350/1991 (Promulga o Tratado para a Constituição de um Mercado Comum – MERCOSUL)*
- *Dec. 922/1993 (Protocolo para a solução de controvérsias – MERCOSUL)*

TÍTULO II – DOS DIREITOS E GARANTIAS FUNDAMENTAIS

CAPÍTULO I – DOS DIREITOS E DEVERES INDIVIDUAIS E COLETIVOS

Art. 5º Todos são iguais perante a lei, sem distinção de qualquer natureza, garantindo-se aos brasileiros e aos estrangeiros residentes no País a inviolabilidade do direito à vida, à liberdade, à igualdade, à segurança e à propriedade, nos termos seguintes:

- *Arts. 5º, §§ 1º e 2º, 14, caput, e 60, § 4º, IV, CF*
- *Lei 1.542/1952 (Casamento de funcionário de carreira diplomática com estrangeiros)*
- *Lei 5.709/1971 (Aquisição de imóvel rural por estrangeiro residente ou pessoa jurídica estrangeira)*
- *Dec. 74.965/1974 (Aquisição de imóvel rural por estrangeiro – Regulamento da Lei 5.709/1971)*
- *Lei 13.445/2017 (Lei de Migração)*
- *Dec. 9.199/2017 (Regulamenta a Lei 13.445/2017)*
- *Art. 4º, Lei 8.159/1991 (Política nacional de arquivos públicos e privados)*
- *Dec. 678/1992 (Promulga a convenção Americana sobre Direitos Humanos – Pacto de São José da Costa Rica)*
- *Lei 9.047/1995 (Altera redação do § 1º do art. 10, Dec.-lei 4.657/1942)*
- *Lei 12.288/2010 (Estatuto da Igualdade Racial)*

I – homens e mulheres são iguais em direitos e obrigações, nos termos desta Constituição;

- *Arts. 143, § 2º, e 226, § 5º, CF*
- *Art. 372, CLT*

II – ninguém será obrigado a fazer ou deixar de fazer alguma coisa senão em virtude de lei;

- *Arts. 14, § 1º, I, e 143, CF*
- *Súmulas 636 e 686, STF*

III – ninguém será submetido a tortura nem a tratamento desumano ou degradante;

- *Art. 5º, XLVII, XLIX, LXII, LXIII, LXV e LXVI, CF*
- *Arts. 2º e 8º, Lei 8.072/1990 (Crimes hediondos)*
- *Dec. 40/1991 (Ratifica convenção contra a tortura e outros tratamentos ou penas cruéis, desumanos ou degradantes)*
- *Art. 5º, Dec. 678/1992 (Promulga a Convenção Americana sobre Direitos Humanos – Pacto de São José da Costa Rica)*
- *Lei 9.455/1997 (Crimes de tortura)*
- *Súmulas vinculantes 11 e 59 , STF*

IV – é livre a manifestação do pensamento, sendo vedado o anonimato;

- *Art. 220, § 1º, CF*
- *Art. 1º, Lei 7.524/1986 (Manifestação de pensamentos e opinião política por militar inativo)*
- *Art. 2º, a, lei 8.389/1991 (Conselho de Comunicação Social)*
- *Art. 6º, XIC, e, LC 75/1993 (Estatuto do Ministério Público a União)*

V – é assegurado o direito de resposta, proporcional ao agravo, além da indenização por dano material, moral ou à imagem;

- *Art. 220, § 1º, CF*
- *Art. 6º, Lei 8.159/1991 (Política nacional de arquivos públicos e privados)*
- *Dec. 1.171/1994 (Código de Ética Profissional do Servidor Público Civil do Poder Executivo Federal)*
- *Súmulas 37, 227 e 403, STJ*

VI – é inviolável a liberdade de consciência e de crença, sendo assegurado o livre exercício dos cultos religiosos e garantida, na forma da lei, a proteção aos locais de culto e a suas liturgias;

- *Art. 208, CP*
- *Art. 24, Lei 7.210/1984 (Lei de Execução Penal)*
- *Arts. 16, III, e 124, XIV, Lei 8.069/1990 (Estatuto da Criança e do Adolescente)*
- *Art. 39, Lei 8.313/1991 (Programa Nacional de Apoio à Cultura – PRONAC)*
- *Art. 12-1, Dec. 678/1992 (Promulga a Convenção Americana sobre Direitos Humanos – Pacto de São José da Costa Rica)*

VII – é assegurada, nos termos da lei, a prestação de assistência religiosa nas entidades civis e militares de internação coletiva;

- *Lei 6.923/1981 (Assistência religiosa nas Forças Armadas)*
- *Art. 24, lei 7.210/1984 (Lei de Execução Penal)*
- *Art. 124, XIV, lei 8.069/1990 (Estatuto da Criança e do Adolescente)*

VIII – ninguém será privado de direitos por motivo de crença religiosa ou de convicção filosófica ou política, salvo se as invocar para eximir-se de obrigação legal a todos imposta e recusar-se a cumprir prestação alternativa, fixada em lei;

- *Arts. 15, IV, e 143 §§ 1º e 2º, CF*
- *Dec.-lei 1.002/1969 (Código de Processo Penal Militar)*
- *Lei 7.210/1984 (Lei de Execução Penal)*
- *Lei 8.239/1991 (Prestação de serviço alternativo ao serviço militar)*

IX – é livre a expressão da atividade intelectual, artística, científica e de comunicação, independentemente de censura ou licença;

- *Art. 220, § 1º, CF*
- *Art. 39, Lei 8.313/1991 (Programa Nacional de Apoio à Cultura – PRONAC)*
- *Art. 5º, d, LC 75/1993 (Estatuto do Ministério Público da União)*
- *Lei 9.456/1997 (Lei de Proteção de Cultivares)*
- *Lei 9.610/1998 (Direitos autorais)*

X – são invioláveis a intimidade, a vida privada, a honra e a imagem das pessoas, assegurado o direito a indenização pelo dano material ou moral decorrente de sua violação;

- *Art. 37, § 3º, II, CF*
- *Arts. 4º, 6º e 23, § 1º, Lei 8.159/1991 (Programa nacional de arquivos públicos e privados)*
- *Art. 30, V, Lei 8.935/1994 (Serviços notariais e de registro)*
- *Art. 101, § 1º, Lei 11.101/2005 (Lei de Recuperação de Empresas e Falência); sem correspondência no Dec.-lei 7.661/1945 (Lei de Falências)*
- *Súmula vinculante 11, STF*
- *Súmula 714, STF*
- *Súmulas 227 e 403, STJ*

XI – a casa é asilo inviolável do indivíduo, ninguém nela podendo penetrar sem consentimento do morador, salvo em caso de flagrante delito ou desastre, ou para prestar socorro, ou, durante o dia, por determinação judicial;

- *Art. 150, CP*
- *Art. 301, CPP*

XII – é inviolável o sigilo da correspondência e das comunicações telegráficas, de dados e das comunicações telefônicas, salvo, no último caso, por ordem judicial, nas hipóteses e na forma que a lei estabelecer para fins de investigação criminal ou instrução processual penal;

- *Arts. 136, § 1º, I, b e c, e 139, III, CF*
- *Arts. 151 e 152, CP*
- *Arts. 55, 56 e 57, Lei 4.117/1962 (Código Brasileiro de Telecomunicações)*
- *Lei 6.538/1978 (Serviços postais)*
- *Art. 6º, XVIII, a, LC 75/1993 (Estatuto do Ministério Público da União)*
- *Art. 7º, II, Lei 8.906/1994 (Estatuto da Advocacia e da OAB)*
- *Lei 9.296/1996 (Regulamenta o inciso XII, parte final, do art. 5º da CF)*

XIII – é livre o exercício de qualquer trabalho, ofício ou profissão, atendidas as qualificações profissionais que a lei estabelecer;

- *Arts. 170 e 220, § 1º, CF*

XIV – é assegurado a todos o acesso à informação e resguardado o sigilo da fonte, quando necessário ao exercício profissional;

- *Art. 220, § 1º, CF*
- *Art. 154, CP*
- *Art. 6º, Lei 8.394/1991 (Preservação, organização e proteção dos acervos documentais privados dos Presidentes da República)*
- *Art. 8º, § 2º, LC 75/1993 (Estatuto do Ministério Público da União)*

XV – é livre a locomoção no território nacional em tempo de paz, podendo qualquer pessoa, nos termos da lei, nele entrar, permanecer ou dele sair com seus bens;

- *Arts. 109, X, e 139, CF*
- *Art. 2º, III, Lei 7.685/1988 (Registro provisório para o estrangeiro em situação ilegal no território nacional)*

XVI – todos podem reunir-se pacificamente, sem armas, em locais abertos ao público, independentemente de autorização, desde que não frustrem outra reunião anteriormente convocada para o mesmo local, sendo apenas exigido prévio aviso à autoridade competente;

- *Arts. 136, § 1º, I, a, e 139, IV, CF*
- *Art. 21, Dec. 592/1992 (Pacto Internacional sobre Direitos Civis e Políticos)*
- *Art. 15, Dec. 678/1992 (Promulga a Convenção Americana sobre Direitos Humanos – Pacto de São José da Costa Rica)*

XVII – é plena a liberdade de associação para fins lícitos, vedada a de caráter paramilitar;

- *Arts. 8º, 17, § 4º, e 37, VI, CF*
- *Art. 199, CP*
- *Art. 117, VII, Lei 8.112/1990 (Regime jurídico dos servidores públicos civis da União, das autarquias e das fundações públicas)*

XVIII – a criação de associações e, na forma da lei, a de cooperativas independem de autorização, sendo vedada a interferência estatal em seu funcionamento;

- *Arts. 8º, I, e 37, VI, CF*
- *Lei 5.764/1971 (Regime jurídico das sociedades cooperativas)*

XIX – as associações só poderão ser compulsoriamente dissolvidas ou ter suas atividades suspensas por decisão judicial, exigindo-se, no primeiro caso, o trânsito em julgado;

XX – ninguém poderá ser compelido a associar-se ou a permanecer associado;

- *Arts. 4º, II, a, e 5º, V, Lei 8.078/1990 (Código de Defesa do Consumidor)*
- *Art. 117, VII, Lei 8.112/1990 (Regime jurídico dos servidores públicos civis da União, das autarquias e das fundações públicas)*

XXI – as entidades associativas, quando expressamente autorizadas, têm legitimidade para representar seus filiados judicial ou extrajudicialmente;

- *Art. 5º, Lei 7.347/1985 (Ação civil pública)*
- *Art. 5º, I e III, Lei 7.802/1989 (Agrotóxicos)*
- *Art. 3º, Lei 7.853/1989 (Apoio às pessoas portadoras de deficiência)*
- *Art. 210, III, Lei 8.069/1990 (Estatuto da Criança e do Adolescente)*
- *Art. 82, IV, Lei 8.078/1990 (Código de Defesa do Consumidor)*
- *Súmula 629, STF*

XXII – é garantido o direito de propriedade;

- *Art. 243, CF*
- *Arts. 524 a 648, CC/1916; e arts. 1.228 a 1.368, CC/2002*
- *Lei 4.504/1964 (Estatuto da Terra)*
- *Arts. 1º, 4º e 15, Lei 8.257/1991 (Expropriação das glebas nas quais se localizem culturas ilegais de plantas psicotrópicas)*

XXIII – a propriedade atenderá a sua função social;

- *Arts. 156, § 1º, 170, III, 182, § 2º, parágrafo único, e 186, CF*
- *Art. 5º, Dec.-lei 4.657/1942 (Lei de Introdução às normas do Direito Brasileiro)*
- *Arts. 2º, 12, 18, a, e 47, lei 4.504/1964 (Estatuto da Terra)*
- *Art. 2º, I, Lei 8.171/1991 (Política agrícola)*
- *Arts. 2º, § 1º, 5º, § 2º, e 9º, Lei 8.629/1993 (Regulamentação dos dispositivos constitucionais relativos à reforma agrária)*

XXIV – a lei estabelecerá o procedimento para desapropriação por necessidade ou utilidade pública, ou por interesse social, mediante justa e prévia indenização em dinheiro, ressalvados os casos previstos nesta Constituição;

- *Arts. 182, § 2º, 184 e 185, I e II, CF*
- *Art. 590, CC/1916; e art. 1.275, V, CC/2002*
- *Art. 591, CC/1916, sem correspondência no CC/2002*
- *Dec.-lei 3.365/1941 (Desapropriação por utilidade pública)*
- *Dec,-lei 4.132/1962 (Desapropriação por interesse social)*
- *Arts. 17, a, 18, 19, §§ 1º a 4º, 31, IV, e 35, caput, Lei 4.504/1964 (Estatuto da Terra)*
- *Dec.-lei 1.075/1970 (Imissão de posse, initio litis, em imóveis residenciais urbanos)*
- *Arts. 1º a 4º e 18, LC 76/1993 (Procedimento contraditório especial para o processo de desapropriação de imóvel rural por interesse social)*
- *Arts. 2º, § 1º, 5º, § 2º, e 7º, IV, Lei 8.629/1993 (Regulamentação dos dispositivos constitucionais relativos à reforma agrária)*
- *Art. 10, Lei 9.074/1995 (Concessões e permissões de serviços públicos – Prorrogações)*
- *Art. 34, IV, Lei 9.082/1995 (Lei Orçamentária de 1996)*
- *Súmulas 23, 111, 157, 164, 218, 345, 378, 416, 561, 618 e 652, STF*
- *Súmulas 69, 70, 113, 114 e 119, STJ*

XXV – no caso de iminente perigo público, a autoridade competente poderá usar de propriedade particular, assegurada ao proprietário indenização ulterior, se houver dano;

- *Art. 591, CC/1916, sem correspondência no CC/2002*

XXVI – a pequena propriedade rural, assim definida em lei, desde que trabalhada pela família, não será objeto de penhora para pagamento de débitos decorrentes de sua atividade produtiva, dispondo a lei sobre os meios de financiar o seu desenvolvimento;

- *Art. 185, CF*
- *Lei 4.505/1964 (Estatuto da Terra)*
- *Art. 19, IX, Lei 4.595/1964 (Conselho Monetário Nacional)*
- *Art. 4º, § 2º, Lei 8.009/1990 (Impenhorabilidade do bem de família)*
- *Art. 4º, I, LC 76/1993 (Procedimento contraditório especial para o processo de desapropriação de imóvel rural por interesse social)*

- *Art; 4º, II, e parágrafo único, Lei 8.629/1993 (Regulamentação dos dispositivos constitucionais relativos à reforma agrária)*

XXVII – aos autores pertence o direito exclusivo de utilização, publicação ou reprodução de suas obras, transmissível aos herdeiros pelo tempo que a lei fixar;

- *Art. 536, CPC/2015*
- *Art. 184, CP*
- *Art. 20, Lei 8.977/1995 (Serviços de TV a Cabo)*
- *Lei 9.609/1998 (Proteção da propriedade intelectual sobre programas de computador)*
- *Lei 9.610/1998 (Direitos autorais)*
- *Súmula 386, STF*

XXVIII – são assegurados, nos termos da lei:

a) a proteção às participações individuais em obras coletivas e à reprodução da imagem e voz humanas, inclusive nas atividades desportivas;

- *Lei 6.533/1978 (Regulamentação das profissões de artista e de técnico em espetáculos de diversões)*
- *Lei 9.610/1998 (Direitos autorais)*

b) o direito de fiscalização do aproveitamento econômico das obras que criarem ou de que participarem aos criadores, aos intérpretes e às respectivas representações sindicais e associativas;

XXIX – a lei assegurará aos autores de inventos industriais privilégio temporário para sua utilização, bem como proteção às criações industriais, à propriedade das marcas, aos nomes de empresas e a outros signos distintivos, tendo em vista o interesse social e o desenvolvimento tecnológico e econômico do País;

- *Art. 140, III, Dec.-lei 7.661/1945 (Lei de Falências); e art. 48, IV, Lei 11.101/2005 (Lei de Recuperação de Empresas e Falência)*
- *Art. 4º, VI, Lei 8.078/1990 (Código de Defesa do Consumidor)*
- *Lei 9.279 (Regula direitos e obrigações relativas à propriedade industrial)*
- *Lei 9.456/1997 (Lei de Proteção e Cultivares)*

XXX – é garantido o direito de herança;

- *Arts. 1.572 a 1.805, CC/1916; e arts. 1.784 a 2.027, CC/2002*
- *Art. 743, CPC/2015*
- *Arts. 2º e 3], Lei 8.971/1994 (Regula os direitos dos companheiros a alimentos e à sucessão)*
- *Lei 9.278/1996 (Regula o § 3º do art. 226 da CF)*

XXXI – a sucessão de bens de estrangeiros situados no País será regulada pela lei brasileira em benefício do cônjuge ou dos filhos brasileiros, sempre que não lhes seja mais favorável a lei pessoal do "de cujus";

XXXII – o Estado promoverá, na forma da lei, a defesa do consumidor;

- *Art. 48, ADCT*
- *Lei 8.078/1990 (Código de Defesa do Consumidor)*
- *Art. 4º, lei 8.137/1990 (Crimes contra a ordem tributária, econômica e contra as relações de consumo)*
- *Lei 8.178/1991 (Preços e salários)*
- *Lei 8.979/1995 (Torna obrigatória divulgação de preço total de mercadorias à venda)*

XXXIII – todos têm direito a receber dos órgãos públicos informações de seu interesse particular, ou de interesse coletivo ou geral, que serão prestadas no prazo da lei, sob pena de responsabilidade, ressalvadas aquelas cujo sigilo seja imprescindível à segurança da sociedade e do Estado;

- *Arts. 5º, LXXII, e 37, § 3º, II, CF*
- *Dec. 5.301/2004 (Regulamenta o disposto na MP 228/2004, convertida na Lei 11.111/2005)*
- *Lei 12.527/2001 (Lei Geral de Acesso à Informação Pública)*
- *Dec. 7.724/2014 (Regulamenta a Lei 12.527/2001)*

XXXIV – são a todos assegurados, independentemente do pagamento de taxas:

a) o direito de petição aos Poderes Públicos em defesa de direitos ou contra ilegalidade ou abuso de poder;

- *Súmula vinculante 21, STF*
- *Súmula 373, STJ*

b) a obtenção de certidões em repartições públicas, para defesa de direitos e esclarecimento de situações de interesse pessoal;

XXXV – a lei não excluirá da apreciação do Poder Judiciário lesão ou ameaça a direito;

- *Lei 9.307/1996 (Arbitragem)*
- *Art. 40, lei 11.101/2005 (Lei de Recuperação de Empresas e Falência); sem correspondência no Dec.-lei 7.661/1945 (Lei de Falências)*
- *Súmula vinculante 28, STF*

XXXVI – a lei não prejudicará o direito adquirido, o ato jurídico perfeito e a coisa julgada;

- *Art. 6º, Dec.-lei 4.657/1942 (Lei de Introdução às normas do Direito Brasileiro)*
- *Súmulas 654 e 678, STF*
- *Súmulas vinculantes 1 e 9, STF*

XXXVII – não haverá juízo ou tribunal de exceção;

XXXVIII – é reconhecida a instituição do júri, com a organização que lhe der a lei, assegurados:

a) a plenitude de defesa;

b) o sigilo das votações;

c) a soberania dos veredictos;

d) a competência para o julgamento dos crimes dolosos contra a vida;

- *Arts. 74, § 1º, e 406 a 497, CPP*
- *Súmula 721, STF*

XXXIX – não há crime sem lei anterior que o defina, nem pena sem prévia cominação legal;

- *Art. 1º, CP*
- *Súmula vinculante 59, STF*

XL – a lei penal não retroagirá, salvo para beneficiar o réu;

- *Art. 2º, parágrafo único, CP*
- *Art. 66, Lei 7.210/1984 (Lei de Execução Penal)*
- *Súmula vinculante 32, STF*
- *Súmula 471, STJ*

XLI – a lei punirá qualquer discriminação atentatória dos direitos e liberdades fundamentais;

- *Dec. 5.397/2005 (Composição, competência e funcionamento do Conselho Nacional de Combate à Discriminação – CNCD)*
- *Lei 12.288/2010 (Estatuto da Igualdade Racial)*

XLII – a prática do racismo constitui crime inafiançável e imprescritível, sujeito à pena de reclusão, nos termos da lei;

- *Lei 7.716/1989 (Crimes resultantes de preconceito de raça ou de cor)*
- *Lei 12.288/2010 (Estatuto da Igualdade Racial)*
- *Súmula vinculante 59, STF*

XLIII – a lei considerará crimes inafiançáveis e insuscetíveis de graça ou anistia a prática da tortura, o tráfico ilícito de entorpecentes e drogas afins, o terrorismo e os definidos como crimes hediondos, por eles respondendo os mandantes, os executores e os que, podendo evitá-los, se omitirem;

- *Lei 8.072/1990 (Crimes hediondos)*
- *Lei 9.455/1997 (Crimes de tortura)*
- *Lei 11.343/2006 (Lei Antidrogas)*

XLIV – constitui crime inafiançável e imprescritível a ação de grupos armados, civis ou militares, contra a ordem constitucional e o Estado Democrático;

- *Lei 9.034/1995 (Crime organizado)*

XLV – nenhuma pena passará da pessoa do condenado, podendo a obrigação de reparar o dano e a decretação do perdimento de bens ser, nos termos da lei, estendidas aos sucessores e contra eles executadas, até o limite do valor do patrimônio transferido;

- *Arts. 1.521 e 1.525, CC/1916; e arts. 932 e 935, CC/2002*
- *Art. 59, CP*

XLVI – a lei regulará a individualização da pena e adotará, entre outras, as seguintes:

- *Súmulas vinculantes 26 e 59, STF*

a) privação ou restrição da liberdade;

b) perda de bens;

c) multa;

d) prestação social alternativa;

e) suspensão ou interdição de direitos;

XLVII – não haverá penas:

a) de morte, salvo em caso de guerra declarada, nos termos do art. 84, XIX;

- *Art. 60, § 4º, IV, CF*

b) de caráter perpétuo;

c) de trabalhos forçados;

d) de banimento;

e) cruéis;

XLVIII – a pena será cumprida em estabelecimentos distintos, de acordo com a natureza do delito, a idade e o sexo do apenado;

- *Arts. 5º a 9º e 82 a 104, Lei 7.210/1984 (Lei de Execução Penal)*

XLIX – é assegurado aos presos o respeito à integridade física e moral;

- *Art. 5º, III, CF*
- *Art. 38, CP*
- *Súmula vinculante 11, STF*

L – às presidiárias serão asseguradas condições para que possam permanecer com seus filhos durante o período de amamentação;

- *Art. 89, Lei 7.210/1984 (Lei de Execução Penal)*

LI – nenhum brasileiro será extraditado, salvo o naturalizado, em caso de crime comum, praticado antes da naturalização, ou de comprovado envolvimento em tráfico ilícito de entorpecentes e drogas afins, na forma da lei;

- *Art. 12, II, CF*
- *Art. 82, Lei 13.445/2017 (Lei de Migração)*
- *Lei 11.343/2006 (Lei Antidrogas)*

LII – não será concedida extradição de estrangeiro por crime político ou de opinião;

- *Arts. 81 a 99, Lei 13.445/2017 (Lei de Migração)*
- *Dec. 9.199/2017 (Regulamenta a Lei 13.445/2017)*

LIII – ninguém será processado nem sentenciado senão pela autoridade competente;

- *Súmula 704, STF*

LIV – ninguém será privado da liberdade ou de seus bens sem o devido processo legal;

- *Súmulas vinculantes 14 e 59, STF*
- *Súmula 704, STF*
- *Súmula 347, STJ*

LV – aos litigantes, em processo judicial ou administrativo, e aos acusados em geral são assegurados o contraditório e ampla defesa, com os meios e recursos a ela inerentes;

- *Lei 8.112/1990 (Regime jurídico dos servidores públicos civis da União, das autarquias e das fundações públicas federais)*
- *Lei 9.784/1999 (Regula o processo administrativo no âmbito federal)*
- *Súmulas 701, 704, 705 e 712, STF*
- *Súmulas vinculantes 5, 14, 21 e 28, STF*
- *Súmulas 342, 358 e 373, STJ*

LVI – são inadmissíveis, no processo, as provas obtidas por meios ilícitos;

- *Art. 369 e ss., CPC/2015*
- *Art. 157, CPP*
- *Lei 9.296/1996 (Regulamenta o inciso XII, parte final, do art. 5º da CF)*

LVII – ninguém será considerado culpado até o trânsito em julgado de sentença penal condenatória;

- *Súmula 9, STJ*

LVIII – o civilmente identificado não será submetido a identificação criminal, salvo nas hipóteses previstas em lei;

- *Art. 6º, VIII, CPP*
- *Lei 12.037/2009 (Identificação criminal do civilmente identificado)*

LIX – será admitida ação privada nos crimes de ação pública, se esta não for intentada no prazo legal;

- *Art. 29, CPP*

LX – a lei só poderá restringir a publicidade dos atos processuais quando a defesa da intimidade ou o interesse social o exigirem;

- *Art. 93, IX, CF*
- *Art. 189 e 368, CPC/2015*
- *Art. 20, CPP*

LXI – ninguém será preso senão em flagrante delito ou por ordem escrita e fundamentada de autoridade judiciária competente, salvo nos casos de transgressão militar ou crime propriamente militar, definidos em lei;

- *Art. 301 e ss., CPP*
- *Dec.-lei 1.001/1969 (Código Penal Militar)*
- *Lei 6.880/1980 (Estatuto dos Militares)*

LXII – a prisão de qualquer pessoa e o local onde se encontre serão comunicados imediatamente ao juiz competente e à família do preso ou à pessoa por ele indicada;

- *Art. 136, § 3º, IV, CF*

LXIII – o preso será informado de seus direitos, entre os quais o de permanecer calado, sendo-lhe assegurada a assistência da família e de advogado;

LXIV – o preso tem direito à identificação dos responsáveis por sua prisão ou por seu interrogatório policial;

LXV – a prisão ilegal será imediatamente relaxada pela autoridade judiciária;

- *Arts. 307 a 310, CPP*
- *Súmula 697, STF*

LXVI – ninguém será levado à prisão ou nela mantido, quando a lei admitir a liberdade provisória, com ou sem fiança;

- *Arts. 321 a 350, CPP*

LXVII – não haverá prisão civil por dívida, salvo a do responsável pelo inadimplemento voluntário e inescusável de obrigação alimentícia e a do depositário infiel;

- *Art. 1.287, CC/1916; e art. 652, CC/2002*
- *Art. 528, CPC/2015*
- *Arts. 19 e 22, Lei 5.478/1968 (Ação de Alimentos)*
- *Dec.-lei 911/1969 (Alienação fiduciária)*
- *Art. 7º, 7, Dec. 678/1992 (Promulga a Convenção Americana sobre Direitos Humanos – Pacto de São José da Costa Rica)*
- *Lei 8.866/1994 (Depositário infiel)*
- *Súmula vinculante 25, STF*
- *Súmulas 309 e 419, STJ*

LXVIII – conceder-se-á "habeas-corpus" sempre que alguém sofrer ou se achar ameaçado de sofrer violência ou coação em sua liberdade de locomoção, por ilegalidade ou abuso de poder;

- *Art. 142, § 2º, CF*
- *Art. 647 e ss., CPP*
- *Art. 5º, Lei 9.289/1996 (Custas na Justiça Federal)*
- *Súmulas 693 a 695, STF*

LXIX – conceder-se-á mandado de segurança para proteger direito líquido e certo, não amparado por "habeas-corpus" ou "habeas-data", quando o responsável pela ilegalidade ou abuso de poder for autoridade pública ou agente de pessoa jurídica no exercício de atribuições do Poder Público;

- *Lei 9.507/1997 (Disciplina o rito processual do habeas data)*
- *Lei 12.016/2009 (Nova Lei do Mandado de Segurança)*
- *Súmula 632, STF*

LXX – o mandado de segurança coletivo pode ser impetrado por:

- *Lei 12.016/2009 (Nova Lei do Mandado de Segurança)*

a) partido político com representação no Congresso Nacional;

b) organização sindical, entidade de classe ou associação legalmente constituída e em funcionamento há pelo menos um ano, em defesa dos interesses de seus membros ou associados;

- *Art. 5º, Lei 7.347/1985 (Ação civil pública)*
- *Súmulas 629 e 630, STF*

LXXI – conceder-se-á mandado de injunção sempre que a falta de norma regulamentadora torne inviável o exercício dos direitos e liberdades constitucionais e das prerrogativas inerentes à nacionalidade, à soberania e à cidadania;

- *Lei 9.265/1996 (Gratuidade dos atos necessários ao exercício da cidadania)*

LXXII – conceder-se-á "habeas-data":

- *Art. 5º, Lei 9.289/1996 (Custas na Justiça Federal)*
- *Lei 9.507/1997 (Rito processual do habeas data)*

a) para assegurar o conhecimento de informações relativas à pessoa do impetrante, constantes de registros ou bancos de dados de entidades governamentais ou de caráter público;

b) para a retificação de dados, quando não se prefira fazê-lo por processo sigiloso, judicial ou administrativo;

LXXIII – qualquer cidadão é parte legítima para propor ação popular que vise a anular ato lesivo ao patrimônio público ou de entidade de que o Estado participe, à moralidade administrativa, ao meio ambiente e ao patrimônio histórico e cultural, ficando o autor, salvo comprovada má-fé, isento de custas judiciais e do ônus da sucumbência;

- *Lei 4.717/1965 (Ação popular)*
- *Lei 6.938/1981 (Política nacional do meio ambiente)*

LXXIV – o Estado prestará assistência jurídica integral e gratuita aos que comprovarem insuficiência de recursos;

- *Art. 134, CF*
- *Lei 1.060/1950 (Lei de Assistência Judiciária)*
- *LC 80/1994 (Organiza a Defensoria Pública da União e prescreve normas gerais para sua organização nos Estados)*

LXXV – o Estado indenizará o condenado por erro judiciário, assim como o que ficar preso além do tempo fixado na sentença;

LXXVI – são gratuitos para os reconhecidamente pobres, na forma da lei:

- *Art. 30, §§ 1º e 2º, Lei 6.015/1973 (Lei de Registros Públicos)*
- *Art. 45, Lei 8.935/1994 (Regulamenta o art. 236 da CF)*
- *Lei 9.265/1996 (Regulamenta o inciso LXXVII do art. 5º da Constituição, dispondo sobre a gratuidade dos atos necessários ao exercício da cidadania)*
- *Lei 9.465/1997 (Fornecimento gratuito de registro extemporâneo de nascimento)*
- *Vide Provimento CNJ n. 140/2023 (Programa de Enfrentamento ao Sub-registro Civil e de Ampliação ao Acesso à Documentação Básica por Pessoas Vulneráveis)*
- *Vide Enunciados 9, 11, 78, I Jornada de Direito Notarial e Registral*

a) o registro civil de nascimento;

- *Arts. 53 a 66, Lei 6.015/1973 (Lei de Registros Públicos)*

b) a certidão de óbito;

- *Arts. 77 a 88, Lei 6.015/1973 (Lei de Registros Públicos)*

LXXVII – são gratuitas as ações de "habeas-corpus" e "habeas-data", e, na forma da lei, os atos necessários ao exercício da cidadania.

- *Lei 9.265/1996 (Gratuidade dos atos necessários ao exercício da cidadania)*
- *Lei 9.507/1997 (Rito processual do habeas data)*

LXXVIII – a todos, no âmbito judicial e administrativo, são assegurados a razoável duração do processo e os meios que garantam a celeridade de sua tramitação.

- *Incluído pela Emenda Constitucional n. 45/2004*
- *Art. 75, parágrafo único, Lei 11.101/2005 (Lei de Recuperação de Empresas e Falência); sem correspondência no Dec.-lei 7.661/1945 (Lei de Falência)*

LXXIX – é assegurado, nos termos da lei, o direito à proteção dos dados pessoais, inclusive nos meios digitais.

- *Incluído pela Emenda Constitucional nº 115, de 2022*
- *Vide Lei n. 13.709, de 2018 (LGPD)*
- *Vide Provimento CNJ n. 134, de 2022 (Estabelece medidas a serem adotadas pelas serventias extrajudiciais em âmbito nacional para o processo de adequação à Lei Geral de Proteção de Dados Pessoais).*

§ 1º As normas definidoras dos direitos e garantias fundamentais têm aplicação imediata.

§ 2º Os direitos e garantias expressos nesta Constituição não excluem outros decorrentes do regime e dos princípios por ela adotados, ou dos tratados internacionais em que a República Federativa do Brasil seja parte.

- *Súmula vinculante 25, STF*

§ 3º Os tratados e convenções internacionais sobre direitos humanos que forem aprovados, em cada Casa do Congresso Nacional, em dois turnos, por três quintos dos votos dos respectivos membros, serão equivalentes às emendas constitucionais.

- *Atos aprovados na forma deste parágrafo (DLG nº 186, de 2008, DEC 6.949, de 2009, DLG 261, de 2015, DEC 9.522, de 2018)*
- *Incluído pela Emenda Constitucional nº 45 de 2004*

§ 4º O Brasil se submete à jurisdição de Tribunal Penal Internacional a cuja criação tenha manifestado adesão.

- *Incluído pela Emenda Constitucional nº 45 de 2004*
- *Dec. 4.388/2002 (Estatuto de Roma o Tribunal Penal Internacional)*

CAPÍTULO II – DOS DIREITOS SOCIAIS

Art. 6º São direitos sociais a educação, a saúde, a alimentação, o trabalho, a moradia, o transporte, o lazer, a segurança, a previdência social, a proteção à maternidade e à infância, a assistência aos desamparados, na forma desta Constituição.

- *Redação dada pela Emenda Constitucional nº 90, de 2015*

Parágrafo único. Todo brasileiro em situação de vulnerabilidade social terá direito a uma renda básica familiar, garantida pelo poder público em programa permanente de transferência de renda, cujas normas e requisitos de acesso serão determinados em lei, observada a legislação fiscal e orçamentária.

- *Incluído pela Emenda Constitucional nº 114/2021*

Art. 7º São direitos dos trabalhadores urbanos e rurais, além de outros que visem à melhoria de sua condição social:

I – relação de emprego protegida contra despedida arbitrária ou sem justa causa, nos termos de lei complementar, que preverá indenização compensatória, dentre outros direitos;

II – seguro-desemprego, em caso de desemprego involuntário;

III – fundo de garantia do tempo de serviço;

IV – salário mínimo, fixado em lei, nacionalmente unificado, capaz de atender a suas necessidades vitais básicas e às de sua família com moradia, alimentação, educação, saúde, lazer, vestuário, higiene, transporte e previdência social, com reajustes periódicos que lhe preservem o poder aquisitivo, sendo vedada sua vinculação para qualquer fim;

V – piso salarial proporcional à extensão e à complexidade do trabalho;

VI – irredutibilidade do salário, salvo o disposto em convenção ou acordo coletivo;

VII – garantia de salário, nunca inferior ao mínimo, para os que percebem remuneração variável;

VIII – décimo terceiro salário com base na remuneração integral ou no valor da aposentadoria;

IX – remuneração do trabalho noturno superior à do diurno;

X – proteção do salário na forma da lei, constituindo crime sua retenção dolosa;

XI – participação nos lucros, ou resultados, desvinculada da remuneração, e, excepcionalmente, participação na gestão da empresa, conforme definido em lei;

XII – salário-família pago em razão do dependente do trabalhador de baixa renda nos termos da lei;

- *Redação dada pela Emenda Constitucional nº 20 de 1998*

XIII – duração do trabalho normal não superior a oito horas diárias e quarenta e quatro semanais, facultada a compensação de horários e a redução da jornada, mediante acordo ou convenção coletiva de trabalho;

- *Dec.-lei 5.452/1943*

XIV – jornada de seis horas para o trabalho realizado em turnos ininterruptos de revezamento, salvo negociação coletiva;

XV – repouso semanal remunerado, preferencialmente aos domingos;

XVI – remuneração do serviço extraordinário superior, no mínimo, em cinqüenta por cento à do normal;

- *Del. 5.452, art. 59, § 1º*

XVII – gozo de férias anuais remuneradas com, pelo menos, um terço a mais do que o salário normal;

XVIII – licença à gestante, sem prejuízo do emprego e do salário, com a duração de cento e vinte dias;

- *O STF, na ADIn 1.946-5 (DJU 16.05.2003 e DOU 03.06.2003), julgou parcialmente procedente o pedido formulado na ação para dar "ao art. 14 da EC n. 20/1998, sem redução de texto, interpretação conforme a CF, para excluir sua aplicação ao salário da licença à gestante a que se refere o art. 7º, inciso XVIII da referida Carta"*

XIX – licença-paternidade, nos termos fixados em lei;

- *Vide ADO 20*

XX – proteção do mercado de trabalho da mulher, mediante incentivos específicos, nos termos da lei;

XXI – aviso prévio proporcional ao tempo de serviço, sendo no mínimo de trinta dias, nos termos da lei;

XXII – redução dos riscos inerentes ao trabalho, por meio de normas de saúde, higiene e segurança;

XXIII – adicional de remuneração para as atividades penosas, insalubres ou perigosas, na forma da lei;

XXIV – aposentadoria;

XXV – assistência gratuita aos filhos e dependentes desde o nascimento até 5 (cinco) anos de idade em creches e pré-escolas;

- *Redação dada pela Emenda Constitucional nº 53 de 2006*

XXVI – reconhecimento das convenções e acordos coletivos de trabalho;

XXVII – proteção em face da automação, na forma da lei;

XXVIII – seguro contra acidentes de trabalho, a cargo do empregador, sem excluir a indenização a que este está obrigado, quando incorrer em dolo ou culpa;

XXIX – ação, quanto aos créditos resultantes das relações de trabalho, com prazo prescricional de cinco anos para os trabalhadores urbanos e rurais, até o limite de dois anos após a extinção do contrato de trabalho;

- *Redação dada pela Emenda Constitucional nº 28 de 2000*

a) e b) (Revogadas pela Emenda Constitucional nº 28 de 2000)

XXX – proibição de diferença de salários, de exercício de funções e de critério de admissão por motivo de sexo, idade, cor ou estado civil;

XXXI – proibição de qualquer discriminação no tocante a salário e critérios de admissão do trabalhador portador de deficiência;

XXXII – proibição de distinção entre trabalho manual, técnico e intelectual ou entre os profissionais respectivos;

XXXIII – proibição de trabalho noturno, perigoso ou insalubre a menores de dezoito e de qualquer trabalho a menores de dezesseis anos, salvo na condição de aprendiz, a partir de quatorze anos;

- *Redação dada pela Emenda Constitucional nº 20 de 1998*
- *Súmula 657, STJ*

XXXIV – igualdade de direitos entre o trabalhador com vínculo empregatício permanente e o trabalhador avulso.

Parágrafo único. São assegurados à categoria dos trabalhadores domésticos os direitos previstos nos incisos IV, VI, VII, VIII, X, XIII, XV, XVI, XVII, XVIII, XIX, XXI, XXII, XXIV, XXVI, XXX, XXXI e XXXIII e, atendidas as condições estabelecidas em lei e observada a simplificação do cumprimento das obrigações tributárias, principais e acessórias, decorrentes da relação de trabalho e suas peculiaridades, os previstos nos incisos I, II, III, IX, XII, XXV e XXVIII, bem como a sua integração à previdência social.

- *Redação dada pela Emenda Constitucional nº 72 de 2013*

Art. 8º É livre a associação profissional ou sindical, observado o seguinte:

- *Arts. 511, 515, 524, 537, 643, 553, 558 e 570, CLT*

I – a lei não poderá exigir autorização do Estado para a fundação de sindicato, ressalvado o registro no órgão competente, vedadas ao Poder Público a interferência e a intervenção na organização sindical;

- *Súmula 677, STF*

II – é vedada a criação de mais de uma organização sindical, em qualquer grau, representativa de categoria profissional ou econômica, na mesma base territorial, que será definida pelos trabalhadores ou empregadores interessados, não podendo ser inferior à área de um Município;

- *Súmula 677, STF*

III – ao sindicato cabe a defesa dos direitos e interesses coletivos ou individuais da categoria, inclusive em questões judiciais ou administrativas;

IV – a assembleia geral fixará a contribuição que, em se tratando de categoria profissional, será descontada em folha, para custeio do sistema confederativo da representação sindical respectiva, independentemente da contribuição prevista em lei;

- *Súmula 666, STF*
- *Súmula 396, STJ*

V – ninguém será obrigado a filiar-se ou a manter-se filiado a sindicato;

VI – é obrigatória a participação dos sindicatos nas negociações coletivas de trabalho;

VII – o aposentado filiado tem direito a votar e ser votado nas organizações sindicais;

VIII – é vedada a dispensa do empregado sindicalizado a partir do registro da candidatura a cargo de direção ou representação sindical e, se eleito, ainda que suplente, até um ano após o final do mandato, salvo se cometer falta grave nos termos da lei.

- *Art. 543, CLT*

Parágrafo único. As disposições deste artigo aplicam-se à organização de sindicatos rurais e de colônias de pescadores, atendidas as condições que a lei estabelecer.

- *Lei 11.699/2008 (Colônias, Federações e Confederação Nacional dos Pescadores, regulamentando este parágrafo)*

Art. 9º É assegurado o direito de greve, competindo aos trabalhadores decidir sobre a oportunidade de exercê-lo e sobre os interesses que devam por meio dele defender.

- *Art. 114, II, CF*
- *Lei 7.783/1989 (Direito de greve)*

§ 1º A lei definirá os serviços ou atividades essenciais e disporá sobre o atendimento das necessidades inadiáveis da comunidade.

§ 2º Os abusos cometidos sujeitam os responsáveis às penas da lei.

Art. 10. É assegurada a participação dos trabalhadores e empregadores nos colegiados dos órgãos públicos em que seus interesses profissionais ou previdenciários sejam objeto de discussão e deliberação.

Art. 11. Nas empresas de mais de duzentos empregados, é assegurada a eleição de um representante destes com a finalidade exclusiva de promover-lhes o entendimento direto com os empregadores.

- *Art. 543, CLT*

CAPÍTULO III – DA NACIONALIDADE

- *Art. 5º, LXXI, CF*
- *Vide Resolução CNJ n. 155/2012 (Traslados de Assentos de Nascimento, Casamento e Óbito)*
- *Vide art. 29, Lei n. 6.015/1973 (Registros Públicos)*
- *Vide arts, 63 e ss, Lei n. 13.445/2017 (Lei da Migração)*
- *Vide arts. 213 e ss. Decreto n. 9.199/2017 (Regulamenta a Lei da Migração)*

Art. 12. São brasileiros:

I – natos:

a) os nascidos na República Federativa do Brasil, ainda que de pais estrangeiros, desde que estes não estejam a serviço de seu país;

b) os nascidos no estrangeiro, de pai brasileiro ou mãe brasileira, desde que qualquer deles esteja a serviço da República Federativa do Brasil;

c) os nascidos no estrangeiro de pai brasileiro ou de mãe brasileira, desde que sejam registrados em repartição brasileira competente ou venham a residir na República Federativa do Brasil e optem, em qualquer tempo, depois de atingida a maioridade, pela nacionalidade brasileira;

- *Redação dada pela Emenda Constitucional nº 54 de 2007*

II – naturalizados:

- *Arts. 64 e ss da Lei 13.445/2017*

a) os que, na forma da lei, adquiram a nacionalidade brasileira, exigidas aos originários de países de língua portuguesa apenas residência por um ano ininterrupto e idoneidade moral;

b) os estrangeiros de qualquer nacionalidade, residentes na República Federativa do Brasil há mais de quinze anos ininterruptos e sem condenação penal, desde que requeiram a nacionalidade brasileira.

- *Redação dada pela Emenda Constitucional de Revisão nº 3 de 1994*

§ 1º Aos portugueses com residência permanente no País, se houver reciprocidade em favor de brasileiros, serão atribuídos os direitos inerentes ao brasileiro, salvo os casos previstos nesta Constituição.

- *Redação dada pela Emenda Constitucional de Revisão nº 3 de 1994*

§ 2º A lei não poderá estabelecer distinção entre brasileiros natos e naturalizados, salvo nos casos previstos nesta Constituição.

§ 3º São privativos de brasileiro nato os cargos:

I – de Presidente e Vice-Presidente da República;

II – de Presidente da Câmara dos Deputados;

III – de Presidente do Senado Federal;

IV – de Ministro do Supremo Tribunal Federal;

V – da carreira diplomática;

VI – de oficial das Forças Armadas.

VII – de Ministro de Estado da Defesa

- *Incluído pela Emenda Constitucional nº 23 de 1999*

§ 4º Será declarada a perda da nacionalidade do brasileiro que:

I – tiver cancelada sua naturalização, por sentença judicial, em virtude de fraude relacionada ao processo de naturalização ou de atentado contra a ordem constitucional e o Estado Democrático;

- *Redação dada pela Emenda Constitucional nº 131, de 2023*

II – fizer pedido expresso de perda da nacionalidade brasileira perante autoridade brasileira competente, ressalvadas situações que acarretem apatridia.

- *Redação dada pela Emenda Constitucional nº 131, de 2023*

a) e b) (Revogadas pela Emenda Constitucional nº 131, de 2023)

§ 5º A renúncia da nacionalidade, nos termos do inciso II do § 4º deste artigo, não impede o interessado de readquirir sua nacionalidade brasileira originária, nos termos da lei.

- *Incluído pela Emenda Constitucional nº 131, de 2023*

Art. 13. A língua portuguesa é o idioma oficial da República Federativa do Brasil.

§ 1º São símbolos da República Federativa do Brasil a bandeira, o hino, as armas e o selo nacionais.

- *Lei 5.700/1971 (Símbolos nacionais)*

§ 2º Os Estados, o Distrito Federal e os Municípios poderão ter símbolos próprios.

CAPÍTULO IV – DOS DIREITOS POLÍTICOS

- *Art. 5º, LXXI, CF*

Art. 14. A soberania popular será exercida pelo sufrágio universal e pelo voto direto e secreto, com valor igual para todos, e, nos termos da lei, mediante:

- *Lei 4.737/1965 (Código Eleitoral)*
- *Lei 9.709/1998 (Regulamenta a execução do disposto nos incisos I, II e III do art. 14 da CF)*

I – plebiscito;

- *Art. 18, §§ 3º e 4º, CF*
- *Arts. 1º, I, 2º, § 2º, 3º a 10 e 12, Lei 9.709/1998 (Regulamenta a execução do disposto nos incisos I, II e III do art. 14 da CF)*

II – referendo;

- *Arts. 1º, II, 2º, § 2º, 3º, 6º, 8º e 10 e 12, Lei 9.709/1998 (Regulamenta a execução do disposto nos incisos I, II e III do art. 14 da CF)*

III – iniciativa popular.

- *Art. 61, § 2º, CF*
- *Arts. 1º, III, 13 e 14, Lei 9.709/1998 (Regulamenta a execução do disposto nos incisos I, II e III do art. 14 da CF)*

§ 1º O alistamento eleitoral e o voto são:

- *Arts. 42 a 81 e 133 a 156, Lei 4.737/1965 (Código Eleitoral)*

I – obrigatórios para os maiores de dezoito anos;

- *Lei 9.274/1996 (Anistia relativamente ás eleições de 3 de outubro e de 15 de novembro dos anos de 1992 e 1994)*

II – facultativos para:

a) os analfabetos;

b) os maiores de setenta anos;

c) os maiores de dezesseis e menores de dezoito anos.

§ 2º Não podem alistar-se como eleitores os estrangeiros e, durante o período do serviço militar obrigatório, os conscritos.

§ 3º São condições de elegibilidade, na forma da lei:

I – a nacionalidade brasileira;

II – o pleno exercício dos direitos políticos;

- *Art. 47, I, CP*

III – o alistamento eleitoral;

IV – o domicílio eleitoral na circunscrição;

V – a filiação partidária;

- *Lei 9.096/1995 (Lei Orgânica dos Partidos Políticos)*

VI – a idade mínima de:

a) trinta e cinco anos para Presidente e Vice-Presidente da República e Senador;

b) trinta anos para Governador e Vice-Governador de Estado e do Distrito Federal;

c) vinte e um anos para Deputado Federal, Deputado Estadual ou Distrital, Prefeito, Vice-Prefeito e juiz de paz;

d) dezoito anos para Vereador.

- *Dec.-lei 201/1967 (Responsabilidade de Prefeitos e Vereadores)*

§ 4º São inelegíveis os inalistáveis e os analfabetos.

§ 5º O Presidente da República, os Governadores de Estado e do Distrito Federal, os Prefeitos e quem os houver sucedido, ou substituído no curso dos mandatos poderão ser reeleitos para um único período subsequente.

- *Redação dada pela Emenda Constitucional nº 16 de 1997*

§ 6º Para concorrerem a outros cargos, o Presidente da República, os Governadores de Estado e do Distrito Federal e os Prefeitos devem renunciar aos respectivos mandatos até seis meses antes do pleito.

§ 7º São inelegíveis, no território de jurisdição do titular, o cônjuge e os parentes consangüíneos ou afins, até o segundo grau ou por adoção, do Presidente da República, de Governador de Estado ou Território, do Distrito Federal, de Prefeito ou de quem os haja substituído dentro dos seis meses anteriores ao pleito, salvo se já titular de mandato eletivo e candidato à reeleição.

- *Súmula vinculante 18, STF*

§ 8º O militar alistável é elegível, atendidas as seguintes condições:

I – se contar menos de dez anos de serviço, deverá afastar-se da atividade;

II – se contar mais de dez anos de serviço, será agregado pela autoridade superior e, se eleito, passará automaticamente, no ato da diplomação, para a inatividade.

- *Art. 42, § 1º, CF*

§ 9º Lei complementar estabelecerá outros casos de inelegibilidade e os prazos de sua cessação, a fim de proteger a probidade administrativa, a moralidade para exercício de mandato considerada vida pregressa do candidato, e a normalidade e legitimidade das eleições contra a influência do poder econômico ou o abuso do exercício de função, cargo ou emprego na administração direta ou indireta.

- *Redação dada pela Emenda Constitucional de Revisão nº 4 de 1994*
- *Art. 37, § 4º, CF*
- *LC 64/1990 (Inelegibilidades)*
- *LC 135/2010 (Altera a LC 64/1990)*

§ 10 O mandato eletivo poderá ser impugnado ante a Justiça Eleitoral no prazo de quinze dias contados da diplomação, instruída a ação com provas de abuso do poder econômico, corrupção ou fraude.

§ 11 A ação de impugnação de mandato tramitará em segredo de justiça, respondendo o autor, na forma da lei, se temerária ou de manifesta má-fé.

§ 12 Serão realizadas concomitantemente às eleições municipais as consultas populares sobre questões locais aprovadas pelas Câmaras Municipais e encaminhadas à Justiça Eleitoral até 90 (noventa) dias antes da data das eleições, observados os limites operacionais relativos ao número de quesitos.

- *Incluído pela Emenda Constitucional nº 111, de 2021*

§ 13 As manifestações favoráveis e contrárias às questões submetidas às consultas populares nos termos do § 12 ocorrerão durante as campanhas eleitorais, sem a utilização de propaganda gratuita no rádio e na televisão.

- *Incluído pela Emenda Constitucional nº 111, de 2021*

Art. 15. É vedada a cassação de direitos políticos, cuja perda ou suspensão só se dará nos casos de:

- *Lei 9.096/1995 (Lei Orgânica dos Partidos Políticos)*

I – cancelamento da naturalização por sentença transitada em julgado;

II – incapacidade civil absoluta;

III – condenação criminal transitada em julgado, enquanto durarem seus efeitos;

- *Art. 92, I, CP*

IV – recusa de cumprir obrigação a todos imposta ou prestação alternativa, nos termos do art. 5º, VIII;

V – improbidade administrativa, nos termos do art. 37, § 4º.

- *Art. 143, CF*
- *Lei 8.239/1991 (Prestação de serviço alternativo ao serviço militar)*

Art. 16. A lei que alterar o processo eleitoral entrará em vigor na data de sua publicação, não se aplicando à eleição que ocorra até um ano da data de sua vigência.

- *Redação dada pela Emenda Constitucional nº 4 de 1993*
- *Lei 9.504/1997 (Normas eleitorais)*

CAPÍTULO V – DOS PARTIDOS POLÍTICOS

Art. 17. É livre a criação, fusão, incorporação e extinção de partidos políticos, resguardados a soberania nacional, o regime democrático, o pluripartidarismo, os direitos fundamentais da pessoa humana e observados os seguintes preceitos:

- *Lei 9.096/1995 (Lei Orgânica dos Partidos Políticos)*
- *Lei 9.504/1997 (Normas eleitorais)*

I – caráter nacional;

II – proibição de recebimento de recursos financeiros de entidade ou governo estrangeiros ou de subordinação a estes;

III – prestação de contas à Justiça Eleitoral;

IV – funcionamento parlamentar de acordo com a lei.

§ 1º É assegurada aos partidos políticos autonomia para definir sua estrutura interna e estabelecer regras sobre escolha, formação e duração de seus órgãos permanentes e provisórios e sobre sua organização e funcionamento e para adotar os critérios de escolha e o regime de suas coligações nas eleições majoritárias, vedada a sua celebração nas eleições proporcionais, sem obrigatoriedade de vinculação entre as candidaturas em âmbito nacional, estadual, distrital ou municipal, devendo seus estatutos estabelecer normas de disciplina e fidelidade partidária. *(Redação dada pela Emenda Constitucional nº 97, de 2017)*

§ 2º Os partidos políticos, após adquirirem personalidade jurídica, na forma da lei civil, registrarão seus estatutos no Tribunal Superior Eleitoral.

§ 3º Somente terão direito a recursos do fundo partidário e acesso gratuito ao rádio e à televisão, na forma da lei, os partidos políticos que alternativamente:

- *Redação dada pela Emenda Constitucional nº 97, de 2017*

I – obtiverem, nas eleições para a Câmara dos Deputados, no mínimo, 3% (três por cento) dos votos válidos, distribuídos em pelo menos um terço das unidades da Federação, com um mínimo de 2% (dois por cento) dos votos válidos em cada uma delas; ou

- *Incluído pela Emenda Constitucional nº 97, de 2017*

II – tiverem elegido pelo menos quinze Deputados Federais distribuídos em pelo menos um terço das unidades da Federação.

- *Incluído pela Emenda Constitucional nº 97, de 2017*

§ 4º É vedada a utilização pelos partidos políticos de organização paramilitar.

§ 5º Ao eleito por partido que não preencher os requisitos previstos no § 3º deste artigo é assegurado o mandato e facultada a filiação, sem perda do mandato, a outro partido que os tenha atingido, não sendo essa filiação considerada para fins de distribuição dos recursos do fundo partidário e de acesso gratuito ao tempo de rádio e de televisão.

- *Incluído pela Emenda Constitucional nº 97, de 2017*

§ 6º Os Deputados Federais, os Deputados Estaduais, os Deputados Distritais e os Vereadores que se desligarem do partido pelo qual tenham sido eleitos perderão o mandato, salvo nos casos de anuência do partido ou de outras hipóteses de justa causa estabelecidas em lei, não computada, em qualquer caso, a migração de partido para fins de distribuição de recursos do fundo partidário ou de outros fundos públicos e de acesso gratuito ao rádio e à televisão.

- *Incluído pela Emenda Constitucional nº 111, de 2021*

§ 7º Os partidos políticos devem aplicar no mínimo 5% (cinco por cento) dos recursos do fundo partidário na criação e na manutenção de programas de promoção e difusão da participação política das mulheres, de acordo com os interesses intrapartidários.

- *Incluído pela Emenda Constitucional nº 117, de 2022*

§ 8º O montante do Fundo Especial de Financiamento de Campanha e da parcela do fundo partidário destinada a campanhas eleitorais, bem como o tempo de propaganda gratuita no rádio e na televisão a ser distribuído pelos partidos às respectivas candidatas, deverão ser de no mínimo 30% (trinta por cento), proporcional ao número de candidatas, e a distribuição deverá ser realizada conforme critérios definidos pelos respectivos órgãos de direção e pelas normas estatutárias, considerados a autonomia e o interesse partidário.

- *Incluído pela Emenda Constitucional nº 117, de 2022*

TÍTULO III – DA ORGANIZAÇÃO DO ESTADO

CAPÍTULO I – DA ORGANIZAÇÃO POLÍTICO-ADMINISTRATIVA

Art. 18. A organização político-administrativa da República Federativa do Brasil compreende a União, os Estados, o Distrito Federal e os Municípios, todos autônomos, nos termos desta Constituição.

§ 1º Brasília é a Capital Federal.

§ 2º Os Territórios Federais integram a União, e sua criação, transformação em Estado ou reintegração ao Estado de origem serão reguladas em lei complementar.

§ 3º Os Estados podem incorporar-se entre si, subdividir-se ou desmembrar-se para se anexarem a outros, ou formarem novos Estados ou Territórios Federais, mediante aprovação da população diretamente interessada, através de plebiscito, e do Congresso Nacional, por lei complementar.

§ 4º A criação, a incorporação, a fusão e o desmembramento de Municípios, far-se-ão por lei estadual, dentro do período determinado por Lei Complementar Federal, e dependerão de consulta prévia, mediante plebiscito, às populações dos Municípios envolvidos, após divulgação dos Estudos de Viabilidade Municipal, apresentados e publicados na forma da lei.

- *Redação dada pela Emenda Constitucional nº 15, de 1996*

Art. 19. É vedado à União, aos Estados, ao Distrito Federal e aos Municípios:

I – estabelecer cultos religiosos ou igrejas, subvencioná-los, embaraçar-lhes o funcionamento ou manter com eles ou seus representantes relações de dependência ou aliança, ressalvada, na forma da lei, a colaboração de interesse público;

II – recusar fé aos documentos públicos;

III – criar distinções entre brasileiros ou preferências entre si.

CAPÍTULO II – DA UNIÃO

Art. 20. São bens da União:

- *Art. 176, §§ 1º a 4º, CF*
- *Dec.-lei 9.760/1946 (Bens imóveis da União)*

I – os que atualmente lhe pertencem e os que lhe vierem a ser atribuídos;

- *Súmula 650, STF*

II – as terras devolutas indispensáveis à defesa das fronteiras, das fortificações e construções militares, das vias federais de comunicação e à preservação ambiental, definidas em lei;

- *Lei 4.504/1964 (Estatuto da Terra)*
- *Dec.-lei 227/1967 (Nova redação ao Dec.-lei 1.985/1940 – Código de Minas)*
- *Dec.-lei 1.414/1975 (Processo de ratificação das concessões e alterações de terras devolutas na faixa de fronteiras)*
- *Lei 6.383/1976 (Processo discriminatório de terras devolutas da União)*
- *Lei 6.431/1977 (Doação de porções de terras devolutas a Municípios incluídos na região da Amazônia legal)*
- *Lei 6.442/1977 (Áreas de proteção para o funcionamento das estações radiogoniométricas de alta frequência do Ministério da Marinha e de radiomonitoragem do Ministério das Comunicações)*
- *Lei 6.634/1979 (Faixa de fronteira)*
- *Lei 6.925/1981 (Altera dispositivo do Dec.-lei 1.414/1975)*
- *Lei 9.314/1996 (Altera dispositivos do Dec.-lei 227/1967)*
- *Súmula 477, STF*

III – os lagos, rios e quaisquer correntes de água em terrenos de seu domínio, ou que banhem mais de um Estado, sirvam de limites com outros países, ou se estendam a território estrangeiro ou dele provenham, bem como os terrenos marginais e as praias fluviais;

- *Dec. 1.265/1994 (Política marítima nacional)*

IV – as ilhas fluviais e lacustres nas zonas limítrofes com outros países; as praias marítimas; as ilhas oceânicas e as costeiras, excluídas, destas, as que contenham a sede de Municípios, exceto aquelas áreas afetadas ao serviço público e a unidade ambiental federal, e as referidas no art. 26, II;

- *Redação dada pela Emenda Constitucional nº 46, de 2005*
- *Dec. 1.265/1994 (Política marítima nacional)*

V – os recursos naturais da plataforma continental e da zona econômica exclusiva;

- *Lei 8.617/1993 (Mar territorial)*
- *Dec. 1.265/1994 (Política marítima nacional)*

VI – o mar territorial;

- *Lei 8.617/1993 (Mar territorial)*
- *Dec. 1.265/1994 (Política marítima nacional)*

VII – os terrenos de marinha e seus acrescidos;

VIII – os potenciais de energia hidráulica;

IX – os recursos minerais, inclusive os do subsolo;

X – as cavidades naturais subterrâneas e os sítios arqueológicos e pré-históricos;

XI – as terras tradicionalmente ocupadas pelos índios.

- *Súmula 650, STF*

§ 1º É assegurada, nos termos da lei, à União, aos Estados, ao Distrito Federal e aos Municípios a participação no resultado da exploração de petróleo ou gás natural, de recursos hídricos para fins de geração de energia elétrica e de outros recursos minerais no respectivo território, plataforma continental, mar territorial ou zona econômica exclusiva, ou compensação financeira por essa exploração. *(Redação dada pela Emenda Constitucional nº 102, de 2019)*

- *Art. 117, CF*
- *Lei 7.990/1989 (Exploração de recursos energéticos e compensação financeira)*
- *Lei 8.001/1990 (Percentuais da distribuição da compensação da Lei 7.990/1989)*
- *Dec. 1/1991 (Pagamento da compensação financeira da Lei 7.990/1989)*

§ 2º A faixa de até cento e cinquenta quilômetros de largura, ao longo das fronteiras terrestres, designada como faixa de fronteira, é considerada fundamental para defesa do território nacional, e sua ocupação e utilização serão reguladas em lei.

- *Dec.-lei 1.137/1970 (Organização, competência e funcionamento do Conselho de Segurança Nacional)*
- *Lei 6.634/1979 (Faixa de fronteira)*

Art. 21. Compete à União:

I – manter relações com Estados estrangeiros e participar de organizações internacionais;

II – declarar a guerra e celebrar a paz;

III – assegurar a defesa nacional;

IV – permitir, nos casos previstos em lei complementar, que forças estrangeiras transitem pelo território nacional ou nele permaneçam temporariamente;

V – decretar o estado de sítio, o estado de defesa e a intervenção federal;

VI – autorizar e fiscalizar a produção e o comércio de material bélico;

VII – emitir moeda;

VIII – administrar as reservas cambiais do País e fiscalizar as operações de natureza financeira, especialmente as de crédito, câmbio e capitalização, bem como as de seguros e de previdência privada;

IX – elaborar e executar planos nacionais e regionais de ordenação do território e de desenvolvimento econômico e social;

X – manter o serviço postal e o correio aéreo nacional;

XI – explorar, diretamente ou mediante autorização, concessão ou permissão, os serviços de telecomunicações, nos termos da lei, que disporá sobre a organização dos serviços, a criação de um órgão regulador e outros aspectos institucionais;

- *Redação dada pela Emenda Constitucional nº 8, de1995*

XII – explorar, diretamente ou mediante autorização, concessão ou permissão:

a) os serviços de radiodifusão sonora, e de sons e imagens;

- *Redação dada pela Emenda Constitucional nº, 8 de 1995*

b) os serviços e instalações de energia elétrica e o aproveitamento energético dos cursos de água, em articulação com os Estados onde se situam os potenciais hidroenergéticos;

c) a navegação aérea, aeroespacial e a infraestrutura aeroportuária;

d) os serviços de transporte ferroviário e aquaviário entre portos brasileiros e fronteiras nacionais, ou que transponham os limites de Estado ou Território;

e) os serviços de transporte rodoviário interestadual e internacional de passageiros;

f) os portos marítimos, fluviais e lacustres;

XIII – organizar e manter o Poder Judiciário, o Ministério Público do Distrito Federal e dos Territórios e a Defensoria Pública dos Territórios;

- *Redação dada pela Emenda Constitucional nº 69, de 2012*

XIV – organizar e manter a polícia civil, a polícia penal, a polícia militar e o corpo de bombeiros militar do Distrito Federal, bem como prestar assistência financeira ao Distrito Federal para a execução de serviços públicos, por meio de fundo próprio;

- *Redação dada pela Emenda Constitucional nº 104, de 2019*

XV – organizar e manter os serviços oficiais de estatística, geografia, geologia e cartografia de âmbito nacional;

XVI – exercer a classificação, para efeito indicativo, de diversões públicas e de programas de rádio e televisão;

XVII – conceder anistia;

XVIII – planejar e promover a defesa permanente contra as calamidades públicas, especialmente as secas e as inundações;

XIX – instituir sistema nacional de gerenciamento de recursos hídricos e definir critérios de outorga de direitos de seu uso;

XX – instituir diretrizes para o desenvolvimento urbano, inclusive habitação, saneamento básico e transportes urbanos;

XXI – estabelecer princípios e diretrizes para o sistema nacional de viação;

XXII – executar os serviços de polícia marítima, aeroportuária e de fronteiras;

- *Redação dada pela Emenda Constitucional nº 19, de 1998*

XXIII – explorar os serviços e instalações nucleares de qualquer natureza e exercer monopólio estatal sobre a pesquisa, a lavra, o enriquecimento e reprocessamento, a industrialização e o comércio de minérios nucleares e seus derivados, atendidos os seguintes princípios e condições:

a) toda atividade nuclear em território nacional somente será admitida para fins pacíficos e mediante aprovação do Congresso Nacional;

b) sob regime de permissão, são autorizadas a comercialização e a utilização de radioisótopos para pesquisa e uso agrícolas e industriais;

- *Redação dada pela Emenda Constitucional nº 118, de 2022*

c) sob regime de permissão, são autorizadas a produção, a comercialização e a utilização de radioisótopos para pesquisa e uso médicos;

- *Redação dada pela Emenda Constitucional nº 118, de 2022*

d) a responsabilidade civil por danos nucleares independe da existência de culpa;

- *Redação dada pela Emenda Constitucional nº 49, de 2006*

XXIV – organizar, manter e executar a inspeção do trabalho;

XXV – estabelecer as áreas e as condições para o exercício da atividade de garimpagem, em forma associativa.

XXVI – organizar e fiscalizar a proteção e o tratamento de dados pessoais, nos termos da lei.

- *Incluído pela Emenda Constitucional nº 115, de 2022*

Art. 22. Compete privativamente à União legislar sobre:

I – direito civil, comercial, penal, processual, eleitoral, agrário, marítimo, aeronáutico, espacial e do trabalho;

- *Lei 556/1850 (Código Comercial)*
- *Dec.-lei 2.848/1940 (Código Penal)*
- *Dec.-lei 3.689/1941 (Código de Processo Penal)*
- *Dec.-lei 5.452/1943 (Consolidação das Leis do Trabalho)*
- *Lei 4.504/1964 (Estatuto da Terra)*
- *Lei 4.737/1965 (Código Eleitoral)*
- *Lei 4.947/1966 (Fixa normas de direito agrário)*
- *Lei 7.656/1986 (Código Brasileiro de Aeronáutica)*
- *Dec. 1.265/1994 (Política marítima nacional)*
- *Lei 10.406/2002 (Código Civil)*
- *Súmula 722, STF*

II – desapropriação;

- *Arts. 184 e 185, I e II, CF*
- *Arts. 590, CC/1916; e art. 1.275, V, CC/2002*
- *Dec.-lei 3.365/1941 (Desapropriação por utilidade pública)*
- *Lei 4.132/1962 (Desapropriação por interesse social)*
- *Dec-lei 1.075/1970 (Imissão de posse, initio litis, em imóveis residenciais urbanos)*

III – requisições civis e militares, em caso de iminente perigo e em tempo de guerra;

IV – águas, energia, informática, telecomunicações e radiodifusão;

- *Lei 4.117/1962 (Código Brasileiro de Telecomunicações)*
- *Lei 9.295/1996 (Serviços de telecomunicações)*
- *Dec. 2.196/1997 (Regulamento de Serviços Especiais)*
- *Dec. 2.198/1997 (Regulamento de Serviços Públicos)*
- *Lei 9.984/2000 (Criação da Agência Nacional de Águas – ANA)*

V – serviço postal;

- *Lei 6.538/1978 (Serviços postais)*

VI – sistema monetário e de medidas, títulos e garantias dos metais;

VII – política de crédito, câmbio, seguros e transferência de valores;

- *Súmula vinculante 32, STF*

VIII – comércio exterior e interestadual;

IX – diretrizes da política nacional de transportes;

X – regime dos portos, navegação lacustre, fluvial, marítima, aérea e aeroespacial;

- *Lei 8.630/1993 (Regime jurídico da exploração dos portos organizados e das instituições portuárias)*
- *Dec. 1.265/1996 (Política marítima nacional)*
- *Lei 9.277/1996 (Autoriza a União a delegar aos Municípios, Estados da Federação e ao Distrito Federal a administração e exploração de rodovias e portos federais)*
- *Lei 9.994/2000 (Programa de Desenvolvimento Científico e Tecnológico do Setor Espacial)*

XI – trânsito e transporte;

- *Lei 9.503/1997 (Código de Trânsito Brasileiro)*

XII – jazidas, minas, outros recursos minerais e metalurgia;

XIII – nacionalidade, cidadania e naturalização;

- *Lei 13.445/2017 (Lei de Migração)*
- *Dec. 9.199/2017 (Regulamenta a Lei 13.445/2017)*

XIV – populações indígenas;

- *Art. 231, CF*
- *Lei 6.001/1973 (Estatuto do Índio)*

XV – emigração e imigração, entrada, extradição e expulsão de estrangeiros;

XVI – organização do sistema nacional de emprego e condições para o exercício de profissões;

XVII – organização judiciária, do Ministério Público do Distrito Federal e dos Territórios e da Defensoria Pública dos Territórios, bem como organização administrativa destes;

- *Redação dada pela Emenda Constitucional nº 69, de 2012 (DOU 30.03.2012), em vigor na data de sua publicação, produzindo efeitos após decorridos 120 (cento e vinte) dias de sua publicação oficial (v. art. 4º, da referida EC)*

XVIII – sistema estatístico, sistema cartográfico e de geologia nacionais;

XIX – sistemas de poupança, captação e garantia da poupança popular;

- *Lei 8.177/1991 (Desindexação da economia)*

XX – sistemas de consórcios e sorteios;

- *Súmula vinculante 2, STF*

XXI – normas gerais de organização, efetivos, material bélico, garantias, convocação, mobilização, inatividades e pensões das polícias militares e dos corpos de bombeiros militares;

- *Redação dada pela Emenda Constitucional nº 103, de 2019*

XXII – competência da polícia federal e das polícias rodoviária e ferroviária federais;

XXIII – seguridade social;

- *Lei 8.212/1991 (Organização da Seguridade Social e Plano de Custeio)*

XXIV – diretrizes e bases da educação nacional;

- *Lei 9.493/1966 (Diretrizes e bases da educação nacional)*

XXV – registros públicos;

- *Lei 6.015/1973 (Lei de Registros Públicos)*

XXVI – atividades nucleares de qualquer natureza;

XXVII – normas gerais de licitação e contratação, em todas as modalidades, para as administrações públicas diretas, autárquicas e fundacionais da União, Estados, Distrito Federal e Municípios, obedecido o disposto no art. 37, XXI, e para as empresas públicas e sociedades de economia mista, nos termos do art. 173, § 1º, III;

- *Redação dada pela Emenda Constitucional nº 19, de 1998*
- *Art. 37, XXI, CF*
- *Lei 14.133/2021 (Lei de Licitações)*

XXVIII – defesa territorial, defesa aeroespacial, defesa marítima, defesa civil e mobilização nacional;

- *Dec. 5.376/2005 (Sistema Nacional de Defesa Civil – SINDEC e Conselho Nacional de Defesa Civil)*

XXIX – propaganda comercial.

- *Lei 8.078/1990 (Código de Defesa do Consumidor)*

XXX – proteção e tratamento de dados pessoais.

- *Incluído pela Emenda Constitucional nº 115, de 2022*

Parágrafo único. Lei complementar poderá autorizar os Estados a legislar sobre questões específicas das matérias relacionadas neste artigo.

Art. 23. É competência comum da União, dos Estados, do Distrito Federal e dos Municípios:

I – zelar pela guarda da Constituição, das leis e das instituições democráticas e conservar o patrimônio público;

II – cuidar da saúde e assistência pública, da proteção e garantia das pessoas portadoras de deficiência;

- *Art. 203, V, CF*

III – proteger os documentos, as obras e outros bens de valor histórico, artístico e cultural, os monumentos, as paisagens naturais notáveis e os sítios arqueológicos;

- *LC 140/2011 (Ações de cooperação para a proteção do meio ambiente)*

IV – impedir a evasão, a destruição e a descaracterização de obras de arte e de outros bens de valor histórico, artístico ou cultural;

V – proporcionar os meios de acesso à cultura, à educação, à ciência, à tecnologia, à pesquisa e à inovação;

- *Redação dada pela Emenda Constitucional nº 85, de 2015*

VI – proteger o meio ambiente e combater a poluição em qualquer de suas formas;

- *Lei 6.938/1981 (Política Nacional do meio ambiente)*
- *Lei 9.605/1998 (Lei de Crimes Ambientais)*
- *Dec. 6.514/2008 (Infrações e sanções administrativas ao meio ambiente, e processo administrativo federal para apuração destas infrações)*
- *LC 140/2011 (Ações de cooperação para a proteção do meio ambiente)*

VII – preservar as florestas, a fauna e a flora;

- *Lei 5.197/1967 (Código de Caça)*
- *Dec.-lei 221/1967 (Código de Pesca)*
- *LC 140/2011 (Ações de cooperação para a proteção do meio ambiente)*

VIII – fomentar a produção agropecuária e organizar o abastecimento alimentar;

IX – promover programas de construção de moradias e a melhoria das condições habitacionais e de saneamento básico;

- *Lei 11.554/2007 (Diretrizes nacionais para o saneamento básico)*

X – combater as causas da pobreza e os fatores de marginalização, promovendo a integração social dos setores desfavorecidos;

- *Emenda Constitucional nº 31, de 2000 (Fundo de Combate e Erradicação da Pobreza)*

XI – registrar, acompanhar e fiscalizar as concessões de direitos de pesquisa e exploração de recursos hídricos e minerais em seus territórios;

XII – estabelecer e implantar política de educação para a segurança do trânsito.

Parágrafo único. Leis complementares fixarão normas para a cooperação entre a União e os Estados, o Distrito Federal e os Municípios, tendo em vista o equilíbrio do desenvolvimento e do bem-estar em âmbito nacional.

- *Redação dada pela Emenda Constitucional nº 53, de 2006*

Art. 24. Compete à União, aos Estados e ao Distrito Federal legislar concorrentemente sobre:

I – direito tributário, financeiro, penitenciário, econômico e urbanístico;

- *Lei 4.320/1964 (Lei de Orçamentos)*
- *Lei 5.172/1966 (Código Tributário Nacional)*
- *Lei 7.210/1984 (Lei de Execução Penal)*

- *Vide Lei nº 13.874, de 2019*

II – orçamento;

III – juntas comerciais;

- *Lei 8.934/1994 (Registro público de empresas mercantis)*
- *Dec. 1.800/1996 (Regulamenta a lei 8.934/1994)*

IV – custas dos serviços forenses;

- *Lei 9.289/1996 (Custas na Justiça Federal)*

V – produção e consumo;

VI – florestas, caça, pesca, fauna, conservação da natureza, defesa do solo e dos recursos naturais, proteção do meio ambiente e controle da poluição;

- *Lei 5.197/1967 (Código de Caça)*
- *Dec.-lei 221/1967 (Código de Pesca)*
- *Lei 9.605/1998 (Lei de Crimes Ambientais)*
- *Lei 9.795/1999 (Educação ambiental)*
- *Dec. 6.514/2008 (Infrações e sanções administrativas ao meio ambiente, e processo administrativo federal para apuração destas infrações)*

VII – proteção ao patrimônio histórico, cultural, artístico, turístico e paisagístico;

VIII – responsabilidade por dano ao meio ambiente, ao consumidor, a bens e direitos de valor artístico, estético, histórico, turístico e paisagístico;

- *Lei 7.347/1985 (Ação civil pública)*
- *Lei 8.625/1993 (Lei Orgânica do Ministério Público)*
- *Dec. 6.514/2008 (Infrações e sanções administrativas ao meio ambiente, e processo administrativo federal para apuração destas infrações)*

IX – educação, cultura, ensino, desporto, ciência, tecnologia, pesquisa, desenvolvimento e inovação;

- *Redação dada pela Emenda Constitucional nº 85, de 2015*

X – criação, funcionamento e processo do juizado de pequenas causas;

- *Art. 98, I, CF*
- *Lei 9.099/1995 (Juizados especiais)*

XI – procedimentos em matéria processual;

- *Art. 98, I, CF*
- *Lei 9.099/1995 (Juizados especiais)*

XII – previdência social, proteção e defesa da saúde;

- *Lei 9.273/1996 (Torna obrigatória a inclusão do dispositivo de segurança que impeça a reutilização das seringas descartáveis)*

XIII – assistência jurídica e Defensoria pública;

- *Lei 1.060/1950 (Assistência judiciária)*

XIV – proteção e integração social das pessoas portadoras de deficiência;

- *Art. 203, V, CF*

XV – proteção à infância e à juventude;

- *Lei 8.069/1990 (Estatuto da Criança e do Adolescente)*

XVI – organização, garantias, direitos e deveres das polícias civis.

§ 1º No âmbito da legislação concorrente, a competência da União limitar-se-á a estabelecer normas gerais.

- *Vide Lei nº 13.874, de 2019*

§ 2º A competência da União para legislar sobre normas gerais não exclui a competência suplementar dos Estados.

- *Vide Lei nº 13.874, de 2019*

§ 3º Inexistindo lei federal sobre normas gerais, os Estados exercerão a competência legislativa plena, para atender a suas peculiaridades.

- *Vide Lei nº 13.874, de 2019*

§ 4º A superveniência de lei federal sobre normas gerais suspende a eficácia da lei estadual, no que lhe for contrário.

- *Vide Lei nº 13.874, de 2019*

CAPÍTULO III – DOS ESTADOS FEDERADOS

Art. 25. Os Estados organizam-se e regem-se pelas Constituições e leis que adotarem, observados os princípios desta Constituição.

§ 1º São reservadas aos Estados as competências que não lhes sejam vedadas por esta Constituição.

§ 2º Cabe aos Estados explorar diretamente, ou mediante concessão, os serviços locais de gás canalizado, na forma da lei, vedada a edição de medida provisória para a sua regulamentação. *(Redação dada pela Emenda Constitucional nº 5, de 1995)*

§ 3º Os Estados poderão, mediante lei complementar, instituir regiões metropolitanas, aglomerações urbanas e microrregiões, constituídas por agrupamentos de municípios limítrofes, para integrar a organização, o planejamento e a execução de funções públicas de interesse comum.

Art. 26. Incluem-se entre os bens dos Estados:

I – as águas superficiais ou subterrâneas, fluentes, emergentes e em depósito, ressalvadas, neste caso, na forma da lei, as decorrentes de obras da União;

II – as áreas, nas ilhas oceânicas e costeiras, que estiverem no seu domínio, excluídas aquelas sob domínio da União, Municípios ou terceiros;

III – as ilhas fluviais e lacustres não pertencentes à União;

IV – as terras devolutas não compreendidas entre as da União.

Art. 27. O número de Deputados à Assembleia Legislativa corresponderá ao triplo da representação do Estado na Câmara dos Deputados e, atingido o número de trinta e seis, será acrescido de tantos quantos forem os Deputados Federais acima de doze.

§ 1º Será de quatro anos o mandato dos Deputados Estaduais, aplicando – sê-lhes as regras desta Constituição sobre sistema eleitoral, inviolabilidade, imunidades, remuneração, perda de mandato, licença, impedimentos e incorporação às Forças Armadas.

§ 2º O subsídio dos Deputados Estaduais será fixado por lei de iniciativa da Assembleia Legislativa, na razão de, no máximo, setenta e cinco por cento daquele estabelecido, em espécie, para os Deputados Federais, observado o que dispõem os arts. 39, § 4º, 57, § 7º, 150, II, 153, III, e 153, § 2º, I.

- *Redação dada pela Emenda Constitucional nº 19, de 1998*

§ 3º Compete às Assembleias Legislativas dispor sobre seu regimento interno, polícia e serviços administrativos de sua secretaria, e prover os respectivos cargos.

§ 4º A lei disporá sobre a iniciativa popular no processo legislativo estadual.

Art. 28. A eleição do Governador e do Vice-Governador de Estado, para mandato de 4 (quatro) anos, realizar-se-á no primeiro domingo de outubro, em primeiro turno, e no último domingo de outubro, em segundo turno, se houver, do ano anterior ao do término do mandato de seus antecessores, e a posse ocorrerá em 6 de janeiro do ano subsequente, observado, quanto ao mais, o disposto no art. 77 desta Constituição.

- *Redação dada pela Emenda Constitucional nº 111 de 2021, aplicadas somente a partir das eleições de 2026.*

§ 1º Perderá o mandato o Governador que assumir outro cargo ou função na administração pública direta ou indireta, ressalvada a posse em virtude de concurso público e observado o disposto no art. 38, I, IV e V.

- *Renumerado do parágrafo único, pela Emenda Constitucional nº 19, de 1998*

§ 2º Os subsídios do Governador, do Vice-Governador e dos Secretários de Estado serão fixados por lei de iniciativa da Assembleia Legislativa, observado o que dispõem os arts. 37, XI, 39, § 4º, 150, II, 153, III, e 153, § 2º, I.

- *Incluído pela Emenda Constitucional nº 19, de 1998*

CAPÍTULO IV – DOS MUNICÍPIOS

Art. 29. O Município reger-se-á por lei orgânica, votada em dois turnos, com o interstício mínimo de dez dias, e aprovada por dois terços dos membros da Câmara Municipal, que a promulgará, atendidos os princípios estabelecidos nesta Constituição, na Constituição do respectivo Estado e os seguintes preceitos:

I – eleição do Prefeito, do Vice-Prefeito e dos Vereadores, para mandato de quatro anos, mediante pleito direto e simultâneo realizado em todo o País;

II – eleição do Prefeito e do Vice-Prefeito realizada no primeiro domingo de outubro do ano anterior ao término do mandato dos que devam suceder, aplicadas as regras do art. 77, no caso de Municípios com mais de duzentos mil eleitores;

- *Redação dada pela Emenda Constitucional nº 16, de 1997*

III – posse do Prefeito e do Vice-Prefeito no dia 1º de janeiro do ano subseqüente ao da eleição;

IV – para a composição das Câmaras Municipais, será observado o limite máximo de:

- *Redação dada pela Emenda Constitucional nº 58, de 2009 (DOU 24.09.2009), em vigor na data de sua promulgação, produzindo efeitos a partir do processo eleitoral de 2008 (v. art. 3º, I, da referida EC)*
- *O STF, na Med. Caut. em ADIn 4.307-2 (DJE 08.10.2009, divulgado em 07.10.2009), deferiu medida cautelar com efeito ex tunc, ad referendum do Plenário, para sustar os efeitos do inciso I do art. 3º da EC n. 58/2009. A cautelar foi referendada pelo Tribunal (DOU e DJE 27.11.2009). O STF, na ADIn 4.307 (DOU e DJE 23.04.2013), julgou procedente a ação direta*

a) 9 (nove) Vereadores, nos Municípios de até 15.000 (quinze mil) habitantes;

- *Redação dada pela Emenda Constitucional nº 58, de 2009*

b) 11 (onze) Vereadores, nos Municípios de mais de 15.000 (quinze mil) habitantes e de até 30.000 (trinta mil) habitantes;

- *Redação dada pela Emenda Constitucional nº 58, de 2009*

c) 13 (treze) Vereadores, nos Municípios com mais de 30.000 (trinta mil) habitantes e de até 50.000 (cinquenta mil) habitantes;

› *Redação dada pela Emenda Constitucional nº 58, de 2009*

d) 15 (quinze) Vereadores, nos Municípios de mais de 50.000 (cinquenta mil) habitantes e de até 80.000 (oitenta mil) habitantes;

› *Incluída pela Emenda Constitucional nº 58, de 2009*

e) 17 (dezessete) Vereadores, nos Municípios de mais de 80.000 (oitenta mil) habitantes e de até 120.000 (cento e vinte mil) habitantes;

› *Incluída pela Emenda Constitucional nº 58, de 2009*

f) 19 (dezenove) Vereadores, nos Municípios de mais de 120.000 (cento e vinte mil) habitantes e de até 160.000 (cento sessenta mil) habitantes;

› *Incluída pela Emenda Constitucional nº 58, de 2009*

g) 21 (vinte e um) Vereadores, nos Municípios de mais de 160.000 (cento e sessenta mil) habitantes e de até 300.000 (trezentos mil) habitantes;

› *Incluída pela Emenda Constitucional nº 58, de 2009*

h) 23 (vinte e três) Vereadores, nos Municípios de mais de 300.000 (trezentos mil) habitantes e de até 450.000 (quatrocentos e cinquenta mil) habitantes;

› *Incluída pela Emenda Constitucional nº 58, de 2009*

i) 25 (vinte e cinco) Vereadores, nos Municípios de mais de 450.000 (quatrocentos e cinquenta mil) habitantes e de até 600.000 (seiscentos mil) habitantes;

› *Incluída pela Emenda Constitucional nº 58, de 2009*

j) 27 (vinte e sete) Vereadores, nos Municípios de mais de 600.000 (seiscentos mil) habitantes e de até 750.000 (setecentos cinquenta mil) habitantes;

› *Incluída pela Emenda Constitucional nº 58, de 2009*

k) 29 (vinte e nove) Vereadores, nos Municípios de mais de 750.000 (setecentos e cinquenta mil) habitantes e de até 900.000 (novecentos mil) habitantes;

› *Incluída pela Emenda Constitucional nº 58, de 2009*

l) 31 (trinta e um) Vereadores, nos Municípios de mais de 900.000 (novecentos mil) habitantes e de até 1.050.000 (um milhão e cinquenta mil) habitantes;

› *Incluída pela Emenda Constitucional nº 58, de 2009*

m) 33 (trinta e três) Vereadores, nos Municípios de mais de 1.050.000 (um milhão e cinquenta mil) habitantes e de até 1.200.000 (um milhão e duzentos mil) habitantes;

› *Incluída pela Emenda Constitucional nº 58, de 2009*

n) 35 (trinta e cinco) Vereadores, nos Municípios de mais de 1.200.000 (um milhão e duzentos mil) habitantes e de até 1.350.000 (um milhão e trezentos e cinquenta mil) habitantes;

› *Incluída pela Emenda Constitucional nº 58, de 2009*

o) 37 (trinta e sete) Vereadores, nos Municípios de 1.350.000 (um milhão e trezentos e cinquenta mil) habitantes e de até 1.500.000 (um milhão e quinhentos mil) habitantes;

› *Incluída pela Emenda Constitucional nº 58, de 2009*

p) 39 (trinta e nove) Vereadores, nos Municípios de mais de 1.500.000 (um milhão e quinhentos mil) habitantes e de até 1.800.000 (um milhão e oitocentos mil) habitantes;

› *Incluída pela Emenda Constitucional nº 58, de 2009*

q) 41 (quarenta e um) Vereadores, nos Municípios de mais de 1.800.000 (um milhão e oitocentos mil) habitantes e de até 2.400.000 (dois milhões e quatrocentos mil) habitantes;

› *Incluída pela Emenda Constitucional nº 58, de 2009*

r) 43 (quarenta e três) Vereadores, nos Municípios de mais de 2.400.000 (dois milhões e quatrocentos mil) habitantes e de até 3.000.000 (três milhões) de habitantes;

› *Incluída pela Emenda Constitucional nº 58, de 2009*

s) 45 (quarenta e cinco) Vereadores, nos Municípios de mais de 3.000.000 (três milhões) de habitantes e de até 4.000.000 (quatro milhões) de habitantes;

› *Incluída pela Emenda Constitucional nº 58, de 2009*

t) 47 (quarenta e sete) Vereadores, nos Municípios de mais de 4.000.000 (quatro milhões) de habitantes e de até 5.000.000 (cinco milhões) de habitantes;

› *Incluída pela Emenda Constitucional nº 58, de 2009*

u) 49 (quarenta e nove) Vereadores, nos Municípios de mais de 5.000.000 (cinco milhões) de habitantes e de até 6.000.000 (seis milhões) de habitantes;

› *Incluída pela Emenda Constitucional nº 58, de 2009*

v) 51 (cinquenta e um) Vereadores, nos Municípios de mais de 6.000.000 (seis milhões) de habitantes e de até 7.000.000 (sete milhões) de habitantes;

› *Incluída pela Emenda Constitucional nº 58, de 2009*

w) 53 (cinquenta e três) Vereadores, nos Municípios de mais de 7.000.000 (sete milhões) de habitantes e de até 8.000.000 (oito milhões) de habitantes; e

› *Incluída pela Emenda Constitucional nº 58, de 2009*

x) 55 (cinquenta e cinco) Vereadores, nos Municípios de mais de 8.000.000 (oito milhões) de habitantes;

› *Incluída pela Emenda Constitucional nº 58, de 2009*

V – subsídios do Prefeito, do Vice-Prefeito e dos Secretários Municipais fixados por lei de iniciativa da Câmara Municipal, observado o que dispõem os arts. 37, XI, 39, § 4º, 150, II, 153, III, e 153, § 2º, I;

› *Redação dada pela Emenda constitucional nº 19, de 1998*

VI – o subsídio dos Vereadores será fixado pelas respectivas Câmaras Municipais em cada legislatura para a subsequente, observado o que dispõe esta Constituição, observados os critérios estabelecidos na respectiva Lei Orgânica e os seguintes limites máximos:

› *Redação dada pela Emenda Constitucional nº 25, de 2000*

a) em Municípios de até dez mil habitantes, o subsídio máximo dos Vereadores corresponderá a vinte por cento do subsídio dos Deputados Estaduais;

› *Incluído pela Emenda Constitucional nº 25, de 2000*

b) em Municípios de dez mil e um a cinquenta mil habitantes, o subsídio máximo dos Vereadores corresponderá a trinta por cento do subsídio dos Deputados Estaduais;

› *Incluído pela Emenda Constitucional nº 25, de 2000*

c) em Municípios de cinquenta mil e um a cem mil habitantes, o subsídio máximo dos Vereadores corresponderá a quarenta por cento do subsídio dos Deputados Estaduais;

› *Incluído pela Emenda Constitucional nº 25, de 2000*

d) em Municípios de cem mil e um a trezentos mil habitantes, o subsídio máximo dos Vereadores corresponderá a cinquenta por cento do subsídio dos Deputados Estaduais;

› *Incluído pela Emenda Constitucional nº 25, de 2000*

e) em Municípios de trezentos mil e um a quinhentos mil habitantes, o subsídio máximo dos Vereadores corresponderá a sessenta por cento do subsídio dos Deputados Estaduais;

› *Incluído pela Emenda Constitucional nº 25, de 2000*

f) em Municípios de mais de quinhentos mil habitantes, o subsídio máximo dos Vereadores corresponderá a setenta e cinco por cento do subsídio dos Deputados Estaduais;

› *Incluído pela Emenda Constitucional nº 25, de 2000*

VII – o total da despesa com a remuneração dos Vereadores não poderá ultrapassar o montante de cinco por cento da receita do Município;

› *Incluído pela Emenda Constitucional nº 1, de 1992*

VIII – inviolabilidade dos Vereadores por suas opiniões, palavras e votos no exercício do mandato e na circunscrição do Município;

› *Renumerado do inciso VI, pela Emenda Constitucional nº 1, de 1992*

IX – proibições e incompatibilidades, no exercício da vereança, similares, no que couber, ao disposto nesta Constituição para os membros do Congresso Nacional e na Constituição do respectivo Estado para os membros da Assembleia Legislativa;

› *Renumerado do inciso VII, pela Emenda Constitucional nº 1, de 1992*

X – julgamento do Prefeito perante o Tribunal de Justiça;

› *Renumerado do inciso VIII, pela Emenda Constitucional nº 1, de 1992*

XI – organização das funções legislativas e fiscalizadoras da Câmara Municipal;

› *Renumerado do inciso IX, pela Emenda Constitucional nº 1, de 1992*

XII – cooperação das associações representativas no planejamento municipal;

› *Renumerado do inciso X, pela Emenda Constitucional nº 1, de 1992*

XIII – iniciativa popular de projetos de lei de interesse específico do Município, da cidade ou de bairros, através de manifestação de, pelo menos, cinco por cento do eleitorado;

› *Renumerado do inciso XI, pela Emenda Constitucional nº 1, de 1992*

XIV – perda do mandato do Prefeito, nos termos do art. 28, parágrafo único.

› *Renumerado do inciso XII, pela Emenda Constitucional nº 1, de 1992*

Art. 29-A. O total da despesa do Poder Legislativo Municipal, incluídos os subsídios dos Vereadores e os demais gastos com pessoal inativo e pensionistas, não poderá ultrapassar os seguintes percentuais, relativos ao somatório da receita tributária e das transferências previstas no § 5º do art. 153 e nos arts. 158 e 159 desta Constituição, efetivamente realizado no exercício anterior:

› *Redação dada pela EC 109/2021, DOU 16.03.2021, em vigor a partir do início da primeira legislatura municipal após a data de publicação desta Emenda Constitucional.*

I – 7% (sete por cento) para Municípios com população de até 100.000 (cem mil) habitantes;

- *Redação dada pela Emenda Constitucional nº 58, de 2009 (DOU 24.09.2009), em vigor na data da sua promulgação, produzindo efeitos a partir de 1º de janeiro do ano subsequente ao da promulgação desta Emenda (v. art. 3º, II, da referida EC)*

II – 6% (seis por cento) para Municípios com população entre 100.000 (cem mil) e 300.000 (trezentos mil) habitantes;

- *Redação dada pela Emenda Constitucional nº 58, de 2009 (DOU 24.09.2009), em vigor na data da sua promulgação, produzindo efeitos a partir de 1º de janeiro do ano subsequente ao da promulgação desta Emenda (v. art. 3º, II, da referida EC)*

III – 5% (cinco por cento) para Municípios com população entre 300.001 (trezentos mil e um) e 500.000 (quinhentos mil) habitantes;

- *Redação dada pela Emenda Constitucional nº 58, de 2009 (DOU 24.09.2009), em vigor na data da sua promulgação, produzindo efeitos a partir de 1º de janeiro do ano subsequente ao da promulgação desta Emenda (v. art. 3º, II, da referida EC)*

IV – 4,5% (quatro inteiros e cinco décimos por cento) para Municípios com população entre 500.001 (quinhentos mil e um) e 3.000.000 (três milhões) de habitantes;

- *Redação dada pela Emenda Constitucional nº 58, de 2009 (DOU 24.09.2009), em vigor na data da sua promulgação, produzindo efeitos a partir de 1º de janeiro do ano subsequente ao da promulgação desta Emenda (v. art. 3º, II, da referida EC)*

V – 4% (quatro por cento) para Municípios com população entre 3.000.001 (três milhões e um) e 8.000.000 (oito milhões) de habitantes;

- *Incluído pela Emenda Constitucional nº 58, de 2009 (DOU 24.09.2009), em vigor na data da sua promulgação, produzindo efeitos a partir de 1º de janeiro do ano subsequente ao da promulgação desta Emenda (v. art. 3º, II, da referida EC)*

VI – 3,5% (três inteiros e cinco décimos por cento) para Municípios com população acima de 8.000.001 (oito milhões e um) habitantes.

- *Incluído pela Emenda Constitucional nº 58, de 2009 (DOU 24.09.2009), em vigor na data da sua promulgação, produzindo efeitos a partir de 1º de janeiro do ano subsequente ao da promulgação desta Emenda (v. art. 3º, II, da referida EC)*

§ 1º A Câmara Municipal não gastará mais de setenta por cento de sua receita com folha de pagamento, incluído o gasto com o subsídio de seus Vereadores.

- *Incluído pela Emenda Constitucional nº 25, de 2000 (DOU 15.02.2000), em vigor em 1º.01.2001*

§ 2º Constitui crime de responsabilidade do Prefeito Municipal:

- *Incluído pela Emenda Constitucional nº 25, de 2000 (DOU 15.02.2000), em vigor em 1º.01.2001*

I – efetuar repasse que supere os limites definidos neste artigo;

- *Incluído pela Emenda Constitucional nº 25, de 2000 (DOU 15.02.2000), em vigor em 1º.01.2001*

II – não enviar o repasse até o dia vinte de cada mês; ou

- *Incluído pela Emenda Constitucional nº 25, de 2000 (DOU 15.02.2000), em vigor em 1º.01.2001*

III – enviá-lo a menor em relação à proporção fixada na Lei Orçamentária.

- *Incluído pela Emenda Constitucional nº 25, de 2000 (DOU 15.02.2000), em vigor em 1º.01.2001*

§ 3º Constitui crime de responsabilidade do Presidente da Câmara Municipal o desrespeito ao § 1º deste artigo.

- *Incluído pela Emenda Constitucional nº 25, de 2000 (DOU 15.02.2000), em vigor em 1º.01.2001*

Art. 30. Compete aos Municípios:

I – legislar sobre assuntos de interesse local;

II – suplementar a legislação federal e a estadual no que couber;

III – instituir e arrecadar os tributos de sua competência, bem como aplicar suas rendas, sem prejuízo da obrigatoriedade de prestar contas e publicar balancetes nos prazos fixados em lei;

IV – criar, organizar e suprimir distritos, observada a legislação estadual;

V – organizar e prestar, diretamente ou sob regime de concessão ou permissão, os serviços públicos de interesse local, incluído o de transporte coletivo, que tem caráter essencial;

VI – manter, com a cooperação técnica e financeira da União e do Estado, programas de educação infantil e de ensino fundamental;

- *Redação dada pela Emenda Constitucional nº 53, de 2006*

VII – prestar, com a cooperação técnica e financeira da União e do Estado, serviços de atendimento à saúde da população;

VIII – promover, no que couber, adequado ordenamento territorial, mediante planejamento e controle do uso, do parcelamento e da ocupação do solo urbano;

IX – promover a proteção do patrimônio histórico-cultural local, observada a legislação e a ação fiscalizadora federal e estadual.

Art. 31. A fiscalização do Município será exercida pelo Poder Legislativo Municipal, mediante controle externo, e pelos sistemas de controle interno do Poder Executivo Municipal, na forma da lei.

§ 1º O controle externo da Câmara Municipal será exercido com o auxílio dos Tribunais de Contas dos Estados ou do Município ou dos Conselhos ou Tribunais de Contas dos Municípios, onde houver.

§ 2º O parecer prévio, emitido pelo órgão competente sobre as contas que o Prefeito deve anualmente prestar, só deixará de prevalecer por decisão de dois terços dos membros da Câmara Municipal.

§ 3º As contas dos Municípios ficarão, durante sessenta dias, anualmente, à disposição de qualquer contribuinte, para exame e apreciação, o qual poderá questionar-lhes a legitimidade, nos termos da lei.

§ 4º É vedada a criação de Tribunais, Conselhos ou órgãos de Contas Municipais.

CAPÍTULO V – DO DISTRITO FEDERAL E DOS TERRITÓRIOS

SEÇÃO I – DO DISTRITO FEDERAL

Art. 32. O Distrito Federal, vedada sua divisão em Municípios, reger-se-á por lei orgânica, votada em dois turnos com interstício mínimo de dez dias, e aprovada por dois terços da Câmara Legislativa, que a promulgará, atendidos os princípios estabelecidos nesta Constituição.

§ 1º Ao Distrito Federal são atribuídas as competências legislativas reservadas aos Estados e Municípios.

§ 2º A eleição do Governador e do Vice-Governador, observadas as regras do art. 77, e dos Deputados Distritais coincidirá com a dos Governadores e Deputados Estaduais, para mandato de igual duração.

§ 3º Aos Deputados Distritais e à Câmara Legislativa aplica-se o disposto no art. 27.

§ 4º Lei federal disporá sobre a utilização, pelo Governo do Distrito Federal, da polícia civil, da polícia penal, da polícia militar e do corpo de bombeiros militar.

- *Redação dada pela Emenda Constitucional nº 104, de 2019*

SEÇÃO II – DOS TERRITÓRIOS

Art. 33. A lei disporá sobre a organização administrativa e judiciária dos Territórios.

§ 1º Os Territórios poderão ser divididos em Municípios, aos quais se aplicará, no que couber, o disposto no Capítulo IV deste Título.

§ 2º As contas do Governo do Território serão submetidas ao Congresso Nacional, com parecer prévio do Tribunal de Contas da União.

§ 3º Nos Territórios Federais com mais de cem mil habitantes, além do Governador nomeado na forma desta Constituição, haverá órgãos judiciários de primeira e segunda instância, membros do Ministério Público e defensores públicos federais; a lei disporá sobre as eleições para a Câmara Territorial e sua competência deliberativa.

CAPÍTULO VI – DA INTERVENÇÃO

Art. 34. A União não intervirá nos Estados nem no Distrito Federal, exceto para:

I – manter a integridade nacional;

II – repelir invasão estrangeira ou de uma unidade da Federação em outra;

III – pôr termo a grave comprometimento da ordem pública;

IV – garantir o livre exercício de qualquer dos Poderes nas unidades da Federação;

V – reorganizar as finanças da unidade da Federação que:

a) suspender o pagamento da dívida fundada por mais de dois anos consecutivos, salvo motivo de força maior;

b) deixar de entregar aos Municípios receitas tributárias fixadas nesta Constituição, dentro dos prazos estabelecidos em lei;

VI – prover a execução de lei federal, ordem ou decisão judicial;

VII – assegurar a observância dos seguintes princípios constitucionais:

a) forma republicana, sistema representativo e regime democrático;

b) direitos da pessoa humana;

c) autonomia municipal;

d) prestação de contas da administração pública, direta e indireta.

e) aplicação do mínimo exigido da receita resultante de impostos estaduais, compreendida a proveniente de transferências, na manutenção e desenvolvimento do ensino e nas ações e serviços públicos de saúde.

- *Redação dada pela Emenda Constitucional nº 29, de 2000*

Art. 35. O Estado não intervirá em seus Municípios, nem a União nos Municípios localizados em Território Federal, exceto quando:

I – deixar de ser paga, sem motivo de força maior, por dois anos consecutivos, a dívida fundada;

II – não forem prestadas contas devidas, na forma da lei;

III – não tiver sido aplicado o mínimo exigido da receita municipal na manutenção e desenvolvimento do ensino e nas ações e serviços públicos de saúde;

› *Redação dada pela Emenda Constitucional nº 29, de 2000*

IV – o Tribunal de Justiça der provimento a representação para assegurar a observância de princípios indicados na Constituição Estadual, ou para prover a execução de lei, de ordem ou de decisão judicial.

Art. 36. A decretação da intervenção dependerá:

I – no caso do art. 34, IV, de solicitação do Poder Legislativo ou do Poder Executivo coacto ou impedido, ou de requisição do Supremo Tribunal Federal, se a coação for exercida contra o Poder Judiciário;

II – no caso de desobediência a ordem ou decisão judiciária, de requisição do Supremo Tribunal Federal, do Superior Tribunal de Justiça ou do Tribunal Superior Eleitoral;

III – de provimento, pelo Supremo Tribunal Federal, de representação do Procurador-Geral da República, na hipótese do art. 34, VII, e no caso de recusa à execução de lei federal.

› *Redação dada pela Emenda Constitucional nº 45, de 2004*

§ 1º O decreto de intervenção, que especificará a amplitude, o prazo e as condições de execução e que, se couber, nomeará o interventor, será submetido à apreciação do Congresso Nacional ou da Assembleia Legislativa do Estado, no prazo de vinte e quatro horas.

§ 2º Se não estiver funcionando o Congresso Nacional ou a Assembleia Legislativa, far-se-á convocação extraordinária, no mesmo prazo de vinte e quatro horas.

§ 3º Nos casos do art. 34, VI e VII, ou do art. 35, IV, dispensada a apreciação pelo Congresso Nacional ou pela Assembleia Legislativa, o decreto limitar-se-á a suspender a execução do ato impugnado, se essa medida bastar ao restabelecimento da normalidade.

§ 4º Cessados os motivos da intervenção, as autoridades afastadas de seus cargos a estes voltarão, salvo impedimento legal.

CAPÍTULO VII – DA ADMINISTRAÇÃO PÚBLICA

SEÇÃO I – DISPOSIÇÕES GERAIS

Art. 37. A administração pública direta e indireta de qualquer dos Poderes da União, dos Estados, do Distrito Federal e dos Municípios obedecerá aos princípios de legalidade, impessoalidade, moralidade, publicidade e eficiência e, também, ao seguinte:

› *Redação dada pela Emenda Constitucional nº 19, de 1998*

I – os cargos, empregos e funções públicas são acessíveis aos brasileiros que preencham os requisitos estabelecidos em lei, assim como aos estrangeiros, na forma da lei;

› *Redação dada pela Emenda Constitucional nº 19, de 1998*

II – a investidura em cargo ou emprego público depende de aprovação prévia em concurso público de provas ou de provas e títulos, de acordo com a natureza e a complexidade do cargo ou emprego, na forma prevista em lei, ressalvadas as nomeações para cargo em comissão declarado em lei de livre nomeação e exoneração;

› *Redação dada pela Emenda Constitucional nº 19, de 1998*

III – o prazo de validade do concurso público será de até dois anos, prorrogável uma vez, por igual período;

IV – durante o prazo improrrogável previsto no edital de convocação, aquele aprovado em concurso público de provas ou de provas e títulos será convocado com prioridade sobre novos concursados para assumir cargo ou emprego, na carreira;

V – as funções de confiança, exercidas exclusivamente por servidores ocupantes de cargo efetivo, e os cargos em comissão, a serem preenchidos por servidores de carreira nos casos, condições e percentuais mínimos previstos em lei, destinam-se apenas às atribuições de direção, chefia e assessoramento;

› *Redação dada pela Emenda Constitucional nº 19, de 1998*

VI – é garantido ao servidor público civil o direito à livre associação sindical;

VII – o direito de greve será exercido nos termos e nos limites definidos em lei específica;

› *Redação dada pela Emenda Constitucional nº 19, de 1998*

VIII – a lei reservará percentual dos cargos e empregos públicos para as pessoas portadoras de deficiência e definirá os critérios de sua admissão;

IX – a lei estabelecerá os casos de contratação por tempo determinado para atender a necessidade temporária de excepcional interesse público;

› *Vide Emenda constitucional nº 106, de 2020*

X – a remuneração dos servidores públicos e o subsídio de que trata o § 4º do art. 39 somente poderão ser fixados ou alterados por lei específica, observada a iniciativa privativa em cada caso, assegurada revisão geral anual, sempre na mesma data e sem distinção de índices;

› *Redação dada pela Emenda Constitucional nº 19, de 1998*

XI – a remuneração e o subsídio dos ocupantes de cargos, funções e empregos públicos da administração direta, autárquica e fundacional, dos membros de qualquer dos Poderes da União, dos Estados, do Distrito Federal e dos Municípios, dos detentores de mandato eletivo e dos demais agentes políticos e os proventos, pensões ou outra espécie remuneratória, percebidos cumulativamente ou não, incluídas as vantagens pessoais ou de qualquer outra natureza, não poderão exceder o subsídio mensal, em espécie, dos Ministros do Supremo Tribunal Federal, aplicando-se como limite, nos Municípios, o subsídio do Prefeito, e nos Estados e no Distrito Federal, o subsídio mensal do Governador no âmbito do Poder Executivo, o subsídio dos Deputados Estaduais e Distritais no âmbito do Poder Legislativo e o subsídio dos Desembargadores do Tribunal de Justiça, limitado a noventa inteiros e vinte e cinco centésimos por cento do subsídio mensal, em espécie, dos Ministros do Supremo Tribunal Federal, no âmbito do Poder Judiciário, aplicável este limite aos membros do Ministério Público, aos Procuradores e aos Defensores Públicos;

› *Redação dada pela Emenda Constitucional nº 41, 19.12.2003*

› *O STF, por maioria, julgou procedente o pedido formulado nas ADIs 3.854 e 4014 para: "confirmando a medida cautelar anteriormente deferida pelo Plenário, dar interpretação conforme à CF ao artigo 37, inciso XI (com redação dada pela EC 41/2003) e § 12 (com redação dada pela EC 47/2005), da CF, para afastar a submissão dos membros da magistratura estadual da regra do subteto remuneratório".*

XII – os vencimentos dos cargos do Poder Legislativo e do Poder Judiciário não poderão ser superiores aos pagos pelo Poder Executivo;

XIII – é vedada a vinculação ou equiparação de quaisquer espécies remuneratórias para o efeito de remuneração de pessoal do serviço público;

› *Redação dada pela Emenda Constitucional nº 19, de 1998*

XIV – os acréscimos pecuniários percebidos por servidor público não serão computados nem acumulados para fins de concessão de acréscimos ulteriores;

› *Redação dada pela Emenda Constitucional nº 19, de 1998*

XV – o subsídio e os vencimentos dos ocupantes de cargos e empregos públicos são irredutíveis, ressalvado o disposto nos incisos XI e XIV deste artigo e nos arts. 39, § 4º, 150, II, 153, III, e 153, § 2º, I;

› *Redação dada pela Emenda Constitucional nº 19, de 1998*

XVI – é vedada a acumulação remunerada de cargos públicos, exceto, quando houver compatibilidade de horários, observado em qualquer caso o disposto no inciso XI:

› *Redação dada pela Emenda Constitucional nº 19, de 1998*

a) a de dois cargos de professor;

› *Redação dada pela Emenda Constitucional nº 19, de 1998*

b) a de um cargo de professor com outro técnico ou científico;

› *Redação dada pela Emenda Constitucional nº 19, de 1998*

c) a de dois cargos ou empregos privativos de profissionais de saúde, com profissões regulamentadas;

› *Redação dada pela Emenda Constitucional nº 34, de 2001*

XVII – a proibição de acumular estende-se a empregos e funções e abrange autarquias, fundações, empresas públicas, sociedades de economia mista, suas subsidiárias, e sociedades controladas, direta ou indiretamente, pelo poder público;

› *Redação dada pela Emenda Constitucional nº 19, de 1998*

XVIII – a administração fazendária e seus servidores fiscais terão, dentro de suas áreas de competência e jurisdição, precedência sobre os demais setores administrativos, na forma da lei;

XIX – somente por lei específica poderá ser criada autarquia e autorizada a instituição de empresa pública, de sociedade de economia mista e de fundação, cabendo à lei complementar, neste último caso, definir as áreas de sua atuação;

- *Redação dada pela Emenda Constitucional nº 19, de 1998*

XX – depende de autorização legislativa, em cada caso, a criação de subsidiárias das entidades mencionadas no inciso anterior, assim como a participação de qualquer delas em empresa privada;

XXI – ressalvados os casos especificados na legislação, as obras, serviços, compras e alienações serão contratados mediante processo de licitação pública que assegure igualdade de condições a todos os concorrentes, com cláusulas que estabeleçam obrigações de pagamento, mantidas as condições efetivas da proposta, nos termos da lei, o qual somente permitirá as exigências de qualificação técnica e econômica indispensáveis à garantia do cumprimento das obrigações.

XXII – as administrações tributárias da União, dos Estados, do Distrito Federal e dos Municípios, atividades essenciais ao funcionamento do Estado, exercidas por servidores de carreiras específicas, terão recursos prioritários para a realização de suas atividades e atuarão de forma integrada, inclusive com o compartilhamento de cadastros e de informações fiscais, na forma da lei ou convênio.

- *Incluído pela Emenda Constitucional nº 42, de 19.12.2003*

§ 1º A publicidade dos atos, programas, obras, serviços e campanhas dos órgãos públicos deverá ter caráter educativo, informativo ou de orientação social, dela não podendo constar nomes, símbolos ou imagens que caracterizem promoção pessoal de autoridades ou servidores públicos.

§ 2º A não observância do disposto nos incisos II e III implicará a nulidade do ato e a punição da autoridade responsável, nos termos da lei.

§ 3º A lei disciplinará as formas de participação do usuário na administração pública direta e indireta, regulando especialmente:

- *Redação dada pela Emenda Constitucional nº 19, de 1998*

I – as reclamações relativas à prestação dos serviços públicos em geral, asseguradas a manutenção de serviços de atendimento ao usuário e a avaliação periódica, externa e interna, da qualidade dos serviços;

- *Incluído pela Emenda Constitucional nº 19, de 1998*

II – o acesso dos usuários a registros administrativos e a informações sobre atos de governo, observado o disposto no art. 5º, X e XXXIII;

- *Incluído pela Emenda Constitucional nº 19, de 1998*

III – a disciplina da representação contra o exercício negligente ou abusivo de cargo, emprego ou função na administração pública.

- *Incluído pela Emenda Constitucional nº 19, de 1998*

§ 4º Os atos de improbidade administrativa importarão a suspensão dos direitos políticos, a perda da função pública, a indisponibilidade dos bens e o ressarcimento ao erário, na forma e gradação previstas em lei, sem prejuízo da ação penal cabível.

§ 5º A lei estabelecerá os prazos de prescrição para ilícitos praticados por qualquer agente, servidor ou não, que causem prejuízos ao erário, ressalvadas as respectivas ações de ressarcimento.

§ 6º As pessoas jurídicas de direito público e as de direito privado prestadoras de serviços públicos responderão pelos danos que seus agentes, nessa qualidade, causarem a terceiros, assegurado o direito de regresso contra o responsável nos casos de dolo ou culpa.

- *Vide art. 8º § 2º, Provimento CNJ n. 39/2014, alterado pelo Provimento CNJ 142/2023 (Central de Indisponibilidade)*
- *Vide arts. 28 e 289, Lei 6.015/1973 (Registros Públicos)*
- *Vide arts. 22 ao 24, Lei 8.935/1994 (Notários e Registradores)*
- *Vide art. 30, Lei 8.935/1994 (Notários e Registradores)*

§ 7º A lei disporá sobre os requisitos e as restrições ao ocupante de cargo ou emprego da administração direta e indireta que possibilite o acesso a informações privilegiadas.

- *Incluído pela Emenda Constitucional nº 19, de 1998*

§ 8º A autonomia gerencial, orçamentária e financeira dos órgãos e entidades da administração direta e indireta poderá ser ampliada mediante contrato, a ser firmado entre seus administradores e o poder público, que tenha por objeto a fixação de metas de desempenho para o órgão ou entidade, cabendo à lei dispor sobre:

- *Incluído pela Emenda Constitucional nº 19, de 1998*

I – o prazo de duração do contrato;

II – os controles e critérios de avaliação de desempenho, direitos, obrigações e responsabilidade dos dirigentes;

III – a remuneração do pessoal.

§ 9º O disposto no inciso XI aplica-se às empresas públicas e às sociedades de economia mista, e suas subsidiárias, que receberem recursos da União, dos Estados, do Distrito Federal ou dos Municípios para pagamento de despesas de pessoal ou de custeio em geral.

- *Incluído pela Emenda Constitucional nº 19, de 1998*

§ 10. É vedada a percepção simultânea de proventos de aposentadoria decorrentes do art. 40 ou dos arts. 42 e 142 com a remuneração de cargo, emprego ou função pública, ressalvados os cargos acumuláveis na forma desta Constituição, os cargos eletivos e os cargos em comissão declarados em lei de livre nomeação e exoneração.

- *Incluído pela Emenda Constitucional nº 20, de 1998*

§ 11. Não serão computadas, para efeito dos limites remuneratórios de que trata o inciso XI do *caput* deste artigo, as parcelas de caráter indenizatório previstas em lei.

- *Incluído pela Emenda Constitucional nº 47, de 2005*

§ 12. Para os fins do disposto no inciso XI do *caput* deste artigo, fica facultado aos Estados e ao Distrito Federal fixar, em seu âmbito, mediante emenda às respectivas Constituições e Lei Orgânica, como limite único, o subsídio mensal dos Desembargadores do respectivo Tribunal de Justiça, limitado a noventa inteiros e vinte e cinco centésimos por cento do subsídio mensal dos Ministros do Supremo Tribunal Federal, não se aplicando o disposto neste parágrafo aos subsídios dos Deputados Estaduais e Distritais e dos Vereadores.

- *Incluído pela Emenda Constitucional nº 47, de 2005*
- *O STF, por maioria, julgou procedente o pedido formulado nas ADIs 3.854 e 4014 para: "confirmando a medida cautelar anteriormente deferida pelo Plenário, dar interpretação conforme à CF ao artigo 37, inciso XI (com redação dada pela EC 41/2003) e § 12 (com redação dada pela EC 47/2005), da CF, para afastar a submissão dos membros da magistratura estadual da regra do subteto remuneratório".*

§ 13. O servidor público titular de cargo efetivo poderá ser readaptado para exercício de cargo cujas atribuições e responsabilidades sejam compatíveis com a limitação que tenha sofrido em sua capacidade física ou mental, enquanto permanecer nesta condição, desde que possua a habilitação e o nível de escolaridade exigidos para o cargo de destino, mantida a remuneração do cargo de origem.

- *Incluído pela Emenda Constitucional nº 103, de 2019*

§ 14. A aposentadoria concedida com a utilização de tempo de contribuição decorrente de cargo, emprego ou função pública, inclusive do Regime Geral de Previdência Social, acarretará o rompimento do vínculo que gerou o referido tempo de contribuição.

- *Incluído pela Emenda Constitucional nº 103, de 2019*

§ 15. É vedada a complementação de aposentadorias de servidores públicos e de pensões por morte a seus dependentes que não seja decorrente do disposto nos §§ 14 a 16 do art. 40 ou que não seja prevista em lei que extinga regime próprio de previdência social.

- *Incluído pela Emenda Constitucional nº 103, de 2019*

§ 16. Os órgãos e entidades da administração pública, individual ou conjuntamente, devem realizar avaliação das políticas públicas, inclusive com divulgação do objeto a ser avaliado e dos resultados alcançados, na forma da lei.

- *Incluído pela Emenda Constitucional nº 109, de 2021*
- *Atualização: § 17. Lei complementar estabelecerá normas gerais aplicáveis às administrações tributárias da União, dos Estados, do Distrito Federal e dos Municípios, dispondo sobre deveres, direitos e garantias dos servidores das carreiras de que trata o inciso XXII do caput.*
- *Incluído pela Emenda Constitucional nº 132, de 2023, em vigor em 2027*
- *Atualização: § 18. Para os fins do disposto no inciso XI do caput deste artigo, os servidores de carreira das administrações tributárias dos Estados, do Distrito Federal e dos Municípios sujeitam-se ao limite aplicável aos servidores da União.*
- *Incluído pela Emenda Constitucional nº 132, de 2023, em vigor em 2027*

Art. 38. Ao servidor público da administração direta, autárquica e fundacional, no exercício de mandato eletivo, aplicam-se as seguintes disposições:

- *Redação dada pela Emenda Constitucional nº 19, de 1998*

I – tratando-se de mandato eletivo federal, estadual ou distrital, ficará afastado de seu cargo, emprego ou função;

II – investido no mandato de Prefeito, será afastado do cargo, emprego ou função, sendo-lhe facultado optar pela sua remuneração;

III – investido no mandato de Vereador, havendo compatibilidade de horários, perceberá as vantagens de seu cargo, emprego ou função, sem prejuízo da remuneração do cargo eletivo, e, não havendo compatibilidade, será aplicada a norma do inciso anterior;

IV – em qualquer caso que exija o afastamento para o exercício de mandato eletivo, seu tempo de serviço será contado para todos os efeitos legais, exceto para promoção por merecimento;

V – na hipótese de ser segurado de regime próprio de previdência social, permanecerá filiado a esse regime, no ente federativo de origem.

› *Redação dada pela Emenda Constitucional nº 103, de 2019*

SEÇÃO II – DOS SERVIDORES PÚBLICOS

› *Redação dada pela Emenda Constitucional nº 18, de 1998*

Art. 39. A União, os Estados, o Distrito Federal e os Municípios instituirão conselho de política de administração e remuneração de pessoal, integrado por servidores designados pelos respectivos Poderes.

› *Redação dada pela Emenda Constitucional nº 19, de 1998*

› *O STF, na ADIn 2.135-4 (DOU e DJU 14.08.2007), deferiu parcialmente a medida cautelar, com efeitos ex nunc, para suspender a eficácia do art. 39, caput, da CF, com a redação determinada pela EC n.19/1998. De acordo com o voto do relator, em função da liminar concedida, volta a vigorar a redação original: "Art. 39. A União, os Estados, o Distrito Federal e os Municípios instituirão, no âmbito de sua competência, regime jurídico único e planos de carreira para os servidores da administração pública direta, das autarquias e das fundações públicas"*

§ 1º A fixação dos padrões de vencimento e dos demais componentes do sistema remuneratório observará:

› *Redação dada pela Emenda Constitucional nº 19, de 1998*

I – a natureza, o grau de responsabilidade e a complexidade dos cargos componentes de cada carreira;

› *Incluído pela Emenda Constitucional nº 19, de 1998*

II – os requisitos para a investidura;

› *Incluído pela Emenda Constitucional nº 19, de 1998*

III – as peculiaridades dos cargos.

› *Incluído pela Emenda Constitucional nº 19, de 1998*

§ 2º A União, os Estados e o Distrito Federal manterão escolas de governo para a formação e o aperfeiçoamento dos servidores públicos, constituindo-se a participação nos cursos um dos requisitos para a promoção na carreira, facultada, para isso, a celebração de convênios ou contratos entre os entes federados.

› *Redação dada pela Emenda Constitucional nº 19, de 1998*

§ 3º Aplica-se aos servidores ocupantes de cargo público o disposto no art. 7º, IV, VII, VIII, IX, XII, XIII, XV, XVI, XVII, XVIII, XIX, XX, XXII e XXX, podendo a lei estabelecer requisitos diferenciados de admissão quando a natureza do cargo o exigir.

› *Incluído pela Emenda Constitucional nº 19, de 1998*

§ 4º O membro de Poder, o detentor de mandato eletivo, os Ministros de Estado e os Secretários Estaduais e Municipais serão remunerados exclusivamente por subsídio fixado em parcela única, vedado o acréscimo de qualquer gratificação, adicional, abono, prêmio, verba de representação ou outra espécie remuneratória, obedecido, em qualquer caso, o disposto no art. 37, X e XI.

› *Incluído pela Emenda Constitucional nº 19, de 1998*

§ 5º Lei da União, dos Estados, do Distrito Federal e dos Municípios poderá estabelecer a relação entre a maior e a menor remuneração dos servidores públicos, obedecido, em qualquer caso, o disposto no art. 37, XI.

› *Incluído pela Emenda Constitucional nº 19, de 1998*

§ 6º Os Poderes Executivo, Legislativo e Judiciário publicarão anualmente os valores do subsídio e da remuneração dos cargos e empregos públicos.

› *Incluído pela Emenda Constitucional nº 19, de 1998*

§ 7º Lei da União, dos Estados, do Distrito Federal e dos Municípios disciplinará a aplicação de recursos orçamentários provenientes da economia com despesas correntes em cada órgão, autarquia e fundação, para aplicação no desenvolvimento de programas de qualidade e produtividade, treinamento e desenvolvimento, modernização, reaparelhamento e racionalização do serviço público, inclusive sob a forma de adicional ou prêmio de produtividade.

› *Incluído pela Emenda Constitucional nº 19, de 1998*

§ 8º A remuneração dos servidores públicos organizados em carreira poderá ser fixada nos termos do § 4º.

› *Incluído pela Emenda Constitucional nº 19, de 1998*

§ 9º É vedada a incorporação de vantagens de caráter temporário ou vinculadas ao exercício de função de confiança ou de cargo em comissão à remuneração do cargo efetivo.

› *Incluído pela Emenda Constitucional nº 103, de 2019*

Art. 40. O regime próprio de previdência social dos servidores titulares de cargos efetivos terá caráter contributivo e solidário, mediante contribuição do respectivo ente federativo, de servidores ativos, de aposentados e de pensionistas, observados critérios que preservem o equilíbrio financeiro e atuarial.

› *Redação dada pela Emenda Constitucional nº 103, de 2019*

§ 1º O servidor abrangido por regime próprio de previdência social será aposentado:

› *Redação dada pela Emenda Constitucional nº 103, de 2019*

I – por incapacidade permanente para o trabalho, no cargo em que estiver investido, quando insuscetível de readaptação, hipótese em que será obrigatória a realização de avaliações periódicas para verificação da continuidade das condições que ensejaram a concessão da aposentadoria, na forma de lei do respectivo ente federativo;

› *Redação dada pela Emenda Constitucional nº 103, de 2019*

II – compulsoriamente, com proventos proporcionais ao tempo de contribuição, aos 70 (setenta) anos de idade, ou aos 75 (setenta e cinco) anos de idade, na forma de lei complementar;

› *Redação dada pela Emenda Constitucional nº 88, de 2015*

III – no âmbito da União, aos 62 (sessenta e dois) anos de idade, se mulher, e aos 65 (sessenta e cinco) anos de idade, se homem, e, no âmbito dos Estados, do Distrito Federal e dos Municípios, na idade mínima estabelecida mediante emenda às respectivas Constituições e Leis Orgânicas, observados o tempo de contribuição e os demais requisitos estabelecidos em lei complementar do respectivo ente federativo.

› *Redação dada pela Emenda Constitucional nº 103, de 2019*

§ 2º Os proventos de aposentadoria não poderão ser inferiores ao valor mínimo a que se refere o § 2º do art. 201 ou superiores ao limite máximo estabelecido para o Regime Geral de Previdência Social, observado o disposto nos §§ 14 a 16.

› *Redação dada pela Emenda Constitucional nº 103, de 2019*

§ 3º As regras para cálculo de proventos de aposentadoria serão disciplinadas em lei do respectivo ente federativo.

› *Redação dada pela Emenda Constitucional nº 103, de 2019*

§ 4º É vedada a adoção de requisitos ou critérios diferenciados para concessão de benefícios em regime próprio de previdência social, ressalvado o disposto nos §§ 4º-A, 4º-B, 4º-C e 5º

› *Redação dada pela Emenda Constitucional nº 103, de 2019*

§ 4º-A. Poderão ser estabelecidos por lei complementar do respectivo ente federativo idade e tempo de contribuição diferenciados para aposentadoria de servidores com deficiência, previamente submetidos a avaliação biopsicossocial realizada por equipe multiprofissional e interdisciplinar.

› *Redação dada pela Emenda Constitucional nº 103, de 2019*

§ 4º-B. Poderão ser estabelecidos por lei complementar do respectivo ente federativo idade e tempo de contribuição diferenciados para aposentadoria de ocupantes do cargo de agente penitenciário, de agente socioeducativo ou de policial dos órgãos de que tratam o inciso IV do *caput* do art. 51, o inciso XIII do *caput* do art. 52 e os incisos I a IV do *caput* do art. 144.

› *Incluído pela Emenda Constitucional nº 103, de 2019*

§ 4º-C. Poderão ser estabelecidos por lei complementar do respectivo ente federativo idade e tempo de contribuição diferenciados para aposentadoria de servidores cujas atividades sejam exercidas com efetiva exposição a agentes químicos, físicos e biológicos prejudiciais à saúde, ou associação desses agentes, vedada a caracterização por categoria profissional ou ocupação.

› *Incluído pela Emenda Constitucional nº 103, de 2019*

§ 5º Os ocupantes do cargo de professor terão idade mínima reduzida em 5 (cinco) anos em relação às idades decorrentes da aplicação do disposto no inciso III do § 1º, desde que comprovem tempo de efetivo exercício das funções de magistério na educação infantil e no ensino fundamental e médio fixado em lei complementar do respectivo ente federativo.

▸ *Redação dada pela Emenda Constitucional nº 103, de 2019*

§ 6º Ressalvadas as aposentadorias decorrentes dos cargos acumuláveis na forma desta Constituição, é vedada a percepção de mais de uma aposentadoria à conta de regime próprio de previdência social, aplicando-se outras vedações, regras e condições para a acumulação de benefícios previdenciários estabelecidas no Regime Geral de Previdência Social.

▸ *Redação dada pela Emenda Constitucional nº 103, de 2019*

§ 7º Observado o disposto no § 2º do art. 201, quando se tratar da única fonte de renda formal auferida pelo dependente, o benefício de pensão por morte será concedido nos termos de lei do respectivo ente federativo, a qual tratará de forma diferenciada a hipótese de morte dos servidores de que trata o § 4º-B decorrente de agressão sofrida no exercício ou em razão da função.

▸ *Redação dada pela Emenda Constitucional nº 103, de 2019*

I e II – *(Revogados pela Emenda Constitucional nº 103, de 2019)*

§ 8º É assegurado o reajustamento dos benefícios para preservar-lhes, em caráter permanente, o valor real, conforme critérios estabelecidos em lei.

▸ *Redação dada pela Emenda Constitucional nº 41, de 2003*

§ 9º O tempo de contribuição federal, estadual, distrital ou municipal será contado para fins de aposentadoria, observado o disposto nos §§ 9º e 9º-A do art. 201, e o tempo de serviço correspondente será contado para fins de disponibilidade.

▸ *Redação dada pela Emenda Constitucional nº 103, de 2019*

§ 10 A lei não poderá estabelecer qualquer forma de contagem de tempo de contribuição fictício.

▸ *Incluído pela Emenda Constitucional nº 20, de 1998*

§ 11 Aplica-se o limite fixado no art. 37, XI, à soma total dos proventos de inatividade, inclusive quando decorrentes da acumulação de cargos ou empregos públicos, bem como de outras atividades sujeitas a contribuição para o regime geral de previdência social, e ao montante resultante da adição de proventos de inatividade com remuneração de cargo acumulável na forma desta Constituição, cargo em comissão declarado em lei de livre nomeação e exoneração, e de cargo eletivo.

▸ *Incluído pela Emenda Constitucional nº 20, de 1998*

§ 12 Além do disposto neste artigo, serão observados, em regime próprio de previdência social, no que couber, os requisitos e critérios fixados para o Regime Geral de Previdência Social.

▸ *Redação dada pela Emenda Constitucional nº 103, de 2019*

§ 13 Aplica-se ao agente público ocupante, exclusivamente, de cargo em comissão declarado em lei de livre nomeação e exoneração, de outro cargo temporário, inclusive mandato eletivo, ou de emprego público, o Regime Geral de Previdência Social.

▸ *Redação dada pela Emenda Constitucional nº 103, de 2019*

§ 14 A União, os Estados, o Distrito Federal e os Municípios instituirão, por lei de iniciativa do respectivo Poder Executivo, regime de previdência complementar para servidores públicos ocupantes de cargo efetivo, observado o limite máximo dos benefícios do Regime Geral de Previdência Social para o valor das aposentadorias e das pensões em regime próprio de previdência social, ressalvado o disposto no § 16.

▸ *Redação dada pela Emenda Constitucional nº 103, de 2019*

§ 15 O regime de previdência complementar de que trata o § 14 oferecerá plano de benefícios somente na modalidade contribuição definida, observará o disposto no art. 202 e será efetivado por intermédio de entidade fechada de previdência complementar ou de entidade aberta de previdência complementar.

▸ *Redação dada pela Emenda Constitucional nº 103, de 2019*

§ 16 Somente mediante sua prévia e expressa opção, o disposto nos §§ 14 e 15 poderá ser aplicado ao servidor que tiver ingressado no serviço público até a data da publicação do ato de instituição do correspondente regime de previdência complementar.

▸ *Incluído pela Emenda Constitucional nº 20, de 1998*

§ 17 Todos os valores de remuneração considerados para o cálculo do benefício previsto no § 3° serão devidamente atualizados, na forma da lei.

▸ *Incluído pela Emenda Constitucional nº 41, de 2003*

§ 18 Incidirá contribuição sobre os proventos de aposentadorias e pensões concedidas pelo regime de que trata este artigo que superem o limite máximo estabelecido para os benefícios do regime geral de previdência social de que trata o art. 201, com percentual igual ao estabelecido para os servidores titulares de cargos efetivos.

▸ *Incluído pela Emenda Constitucional nº 41, de 2003*

§ 19 Observados critérios a serem estabelecidos em lei do respectivo ente federativo, o servidor titular de cargo efetivo que tenha completado as exigências para a aposentadoria voluntária e que opte por permanecer em atividade poderá fazer jus a um abono de permanência equivalente, no máximo, ao valor da sua contribuição previdenciária, até completar a idade para aposentadoria compulsória.

▸ *Redação dada pela Emenda Constitucional nº 103, de 2019*

§ 20 É vedada a existência de mais de um regime próprio de previdência social e de mais de um órgão ou entidade gestora desse regime em cada ente federativo, abrangidos todos os poderes, órgãos e entidades autárquicas e fundacionais, que serão responsáveis pelo seu financiamento, observados os critérios, os parâmetros e a natureza jurídica definidos na lei complementar de que trata o § 22.

▸ *Redação dada pela Emenda Constitucional nº 103, de 2019*

§ 21 *Revogado pela Emenda Constitucional nº 103, de 2019.*

§ 22 Vedada a instituição de novos regimes próprios de previdência social, lei complementar federal estabelecerá, para os que já existam, normas gerais de organização, de funcionamento e de responsabilidade em sua gestão, dispondo, entre outros aspectos, sobre:

▸ *Incluído pela Emenda Constitucional nº 103, de 2019*

I – requisitos para sua extinção e consequente migração para o Regime Geral de Previdência Social;

▸ *Incluído pela Emenda Constitucional nº 103, de 2019*

II – modelo de arrecadação, de aplicação e de utilização dos recursos;

▸ *Incluído pela Emenda Constitucional nº 103, de 2019*

III – fiscalização pela União e controle externo e social;

▸ *Incluído pela Emenda Constitucional nº 103, de 2019*

IV – definição de equilíbrio financeiro e atuarial;

▸ *Incluído pela Emenda Constitucional nº 103, de 2019*

V – condições para instituição do fundo com finalidade previdenciária de que trata o art. 249 e para vinculação a ele dos recursos provenientes de contribuições e dos bens, direitos e ativos de qualquer natureza;

▸ *Incluído pela Emenda Constitucional nº 103, de 2019*

VI – mecanismos de equacionamento do deficit atuarial;

▸ *Incluído pela Emenda Constitucional nº 103, de 2019*

VII – estruturação do órgão ou entidade gestora do regime, observados os princípios relacionados com governança, controle interno e transparência;

▸ *Incluído pela Emenda Constitucional nº 103, de 2019*

VIII – condições e hipóteses para responsabilização daqueles que desempenhem atribuições relacionadas, direta ou indiretamente, com a gestão do regime;

▸ *Incluído pela Emenda Constitucional nº 103, de 2019*

IX – condições para adesão a consórcio público;

▸ *Incluído pela Emenda Constitucional nº 103, de 2019*

X – parâmetros para apuração da base de cálculo e definição de alíquota de contribuições ordinárias e extraordinárias.

▸ *Incluído pela Emenda Constitucional nº 103, de 2019*

Art. 41. São estáveis após três anos de efetivo exercício os servidores nomeados para cargo de provimento efetivo em virtude de concurso público.

▸ *Redação dada pela Emenda Constitucional nº 19, de 1998*

§ 1º O servidor público estável só perderá o cargo:

▸ *Redação dada pela Emenda Constitucional nº 19, de 1998*

I – em virtude de sentença judicial transitada em julgado;

▸ *Incluído pela Emenda Constitucional nº 19, de 1998*

II – mediante processo administrativo em que lhe seja assegurada ampla defesa;

▸ *Incluído pela Emenda Constitucional nº 19, de 1998*

III – mediante procedimento de avaliação periódica de desempenho, na forma de lei complementar, assegurada ampla defesa.

▸ *Incluído pela Emenda Constitucional nº 19, de 1998*

§ 2º Invalidada por sentença judicial a demissão do servidor estável, será ele reintegrado, e o eventual ocupante da vaga, se estável, reconduzido ao cargo de origem, sem direito a indenização, aproveitado em outro cargo ou posto em disponibilidade com remuneração proporcional ao tempo de serviço.

› *Redação dada pela Emenda Constitucional nº 19, de 1998*

§ 3º Extinto o cargo ou declarada a sua desnecessidade, o servidor estável ficará em disponibilidade, com remuneração proporcional ao tempo de serviço, até seu adequado aproveitamento em outro cargo.

› *Redação dada pela Emenda Constitucional nº 19, de 1998*

§ 4º Como condição para a aquisição da estabilidade, é obrigatória a avaliação especial de desempenho por comissão instituída para essa finalidade.

› *Incluído pela Emenda Constitucional nº 19, de 1998*

SEÇÃO III – DOS MILITARES DOS ESTADOS, DO DISTRITO FEDERAL E DOS TERRITÓRIOS

› *Redação dada pela Emenda Constitucional nº 18, de 1998*

Art. 42. Os membros das Polícias Militares e Corpos de Bombeiros Militares, instituições organizadas com base na hierarquia e disciplina, são militares dos Estados, do Distrito Federal e dos Territórios.

› *Redação dada pela Emenda Constitucional nº 18, de 1998*

§ 1º Aplicam-se aos militares dos Estados, do Distrito Federal e dos Territórios, além do que vier a ser fixado em lei, as disposições do art. 14, § 8º; do art. 40, § 9º; e do art. 142, §§ 2º e 3º, cabendo a lei estadual específica dispor sobre as matérias do art. 142, § 3º, inciso X, sendo as patentes dos oficiais conferidas pelos respectivos governadores.

› *Redação dada pela Emenda Constitucional nº 20, de 15/12/1998*

§ 2º Aos pensionistas dos militares dos Estados, do Distrito Federal e dos Territórios aplica-se o que for fixado em lei específica do respectivo ente estatal.

› *Redação dada pela Emenda Constitucional nº 41, 19.12.2003*

§ 3º Aplica-se aos militares dos Estados, do Distrito Federal e dos Territórios o disposto no art. 37, inciso XVI, com prevalência da atividade militar.

› *Incluído pela Emenda Constitucional nº 101, de 2019*

SEÇÃO IV – DAS REGIÕES

Art. 43. Para efeitos administrativos, a União poderá articular sua ação em um mesmo complexo geoeconômico e social, visando a seu desenvolvimento e à redução das desigualdades regionais.

§ 1º Lei complementar disporá sobre:

I – as condições para integração de regiões em desenvolvimento;

II – a composição dos organismos regionais que executarão, na forma da lei, os planos regionais, integrantes dos planos nacionais de desenvolvimento econômico e social, aprovados juntamente com estes.

§ 2º Os incentivos regionais compreenderão, além de outros, na forma da lei:

I – igualdade de tarifas, fretes, seguros e outros itens de custos e preços de responsabilidade do Poder Público;

II – juros favorecidos para financiamento de atividades prioritárias;

III – isenções, reduções ou diferimento temporário de tributos federais devidos por pessoas físicas ou jurídicas;

IV – prioridade para o aproveitamento econômico e social dos rios e das massas de água represadas ou represáveis nas regiões de baixa renda, sujeitas a secas periódicas.

§ 3º Nas áreas a que se refere o § 2º, IV, a União incentivará a recuperação de terras áridas e cooperará com os pequenos e médios proprietários rurais para o estabelecimento, em suas glebas, de fontes de água e de pequena irrigação.

§ 4º Sempre que possível, a concessão dos incentivos regionais a que se refere o § 2º, III, considerará critérios de sustentabilidade ambiental e redução das emissões de carbono.

› *Incluído pela Emenda Constitucional nº 132, de 2023*

TÍTULO IV – DA ORGANIZAÇÃO DOS PODERES

› *Redação dada pela Emenda Constitucional nº 80, de 2014*

CAPÍTULO I – DO PODER LEGISLATIVO

SEÇÃO I – DO CONGRESSO NACIONAL

Art. 44. O Poder Legislativo é exercido pelo Congresso Nacional, que se compõe da Câmara dos Deputados e do Senado Federal.

Parágrafo único. Cada legislatura terá a duração de quatro anos.

Art. 45. A Câmara dos Deputados compõe-se de representantes do povo, eleitos, pelo sistema proporcional, em cada Estado, em cada Território e no Distrito Federal.

§ 1º O número total de Deputados, bem como a representação por Estado e pelo Distrito Federal, será estabelecido por lei complementar, proporcionalmente à população, procedendo-se aos ajustes necessários, no ano anterior às eleições, para que nenhuma daquelas unidades da Federação tenha menos de oito ou mais de setenta Deputados.

› *Vide ADO 38*

§ 2º Cada Território elegerá quatro Deputados.

Art. 46. O Senado Federal compõe-se de representantes dos Estados e do Distrito Federal, eleitos segundo o princípio majoritário.

§ 1º Cada Estado e o Distrito Federal elegerão três Senadores, com mandato de oito anos.

§ 2º A representação de cada Estado e do Distrito Federal será renovada de quatro em quatro anos, alternadamente, por um e dois terços.

§ 3º Cada Senador será eleito com dois suplentes.

Art. 47. Salvo disposição constitucional em contrário, as deliberações de cada Casa e de suas Comissões serão tomadas por maioria dos votos, presente a maioria absoluta de seus membros.

SEÇÃO II – DAS ATRIBUIÇÕES DO CONGRESSO NACIONAL

Art. 48. Cabe ao Congresso Nacional, com a sanção do Presidente da República, não exigida esta para o especificado nos arts. 49, 51 e 52, dispor sobre todas as matérias de competência da União, especialmente sobre:

I – sistema tributário, arrecadação e distribuição de rendas;

II – plano plurianual, diretrizes orçamentárias, orçamento anual, operações de crédito, dívida pública e emissões de curso forçado;

III – fixação e modificação do efetivo das Forças Armadas;

IV – planos e programas nacionais, regionais e setoriais de desenvolvimento;

V – limites do território nacional, espaço aéreo e marítimo e bens do domínio da União;

VI – incorporação, subdivisão ou desmembramento de áreas de Territórios ou Estados, ouvidas as respectivas Assembleias Legislativas;

VII – transferência temporária da sede do Governo Federal;

VIII – concessão de anistia;

IX – organização administrativa, judiciária, do Ministério Público e da Defensoria Pública da União e dos Territórios e organização judiciária e do Ministério Público do Distrito Federal;

› *Redação dada pela Emenda Constitucional nº 69, de 2012*

X – criação, transformação e extinção de cargos, empregos e funções públicas, observado o que estabelece o art. 84, VI, *b*;

› *Redação dada pela Emenda Constitucional nº 32, de 2001*

XI – criação e extinção de Ministérios e órgãos da administração pública;

› *Redação dada pela Emenda Constitucional nº 32, de 2001*

XII – telecomunicações e radiodifusão;

XIII – matéria financeira, cambial e monetária, instituições financeiras e suas operações;

XIV – moeda, seus limites de emissão, e montante da dívida mobiliária federal;

XV – fixação do subsídio dos Ministros do Supremo Tribunal Federal, observado o que dispõem os arts. 39, § 4º; 150, II; 153, III; e 153, § 2º, I.

› *Redação dada pela Emenda Constitucional nº 41, 19.12.2003*

Art. 49. É da competência exclusiva do Congresso Nacional:

I – resolver definitivamente sobre tratados, acordos ou atos internacionais que acarretem encargos ou compromissos gravosos ao patrimônio nacional;

II – autorizar o Presidente da República a declarar guerra, a celebrar a paz, a permitir que forças estrangeiras transitem pelo território nacional ou nele permaneçam temporariamente, ressalvados os casos previstos em lei complementar;

III – autorizar o Presidente e o Vice-Presidente da República a se ausentarem do País, quando a ausência exceder a quinze dias;

IV – aprovar o estado de defesa e a intervenção federal, autorizar o estado de sítio, ou suspender qualquer uma dessas medidas;

V – sustar os atos normativos do Poder Executivo que exorbitem do poder regulamentar ou dos limites de delegação legislativa;

VI – mudar temporariamente sua sede;

VII – fixar idêntico subsídio para os Deputados Federais e os Senadores, observado o que dispõem os arts. 37, XI, 39, § 4º, 150, II, 153, III, e 153, § 2º, I;

› *Redação dada pela Emenda Constitucional nº 19, de 1998*

VIII – fixar os subsídios do Presidente e do Vice-Presidente da República e dos Ministros de Estado, observado o que dispõem os arts. 37, XI, 39, § 4º, 150, II, 153, III, e 153, § 2º, I;

› *Redação dada pela Emenda Constitucional nº 19, de 1998*

IX – julgar anualmente as contas prestadas pelo Presidente da República e apreciar os relatórios sobre a execução dos planos de governo;

X – fiscalizar e controlar, diretamente, ou por qualquer de suas Casas, os atos do Poder Executivo, incluídos os da administração indireta;

XI – zelar pela preservação de sua competência legislativa em face da atribuição normativa dos outros Poderes;

XII – apreciar os atos de concessão e renovação de concessão de emissoras de rádio e televisão;

XIII – escolher dois terços dos membros do Tribunal de Contas da União;

XIV – aprovar iniciativas do Poder Executivo referentes a atividades nucleares;

XV – autorizar referendo e convocar plebiscito;

XVI – autorizar, em terras indígenas, a exploração e o aproveitamento de recursos hídricos e a pesquisa e lavra de riquezas minerais;

XVII – aprovar, previamente, a alienação ou concessão de terras públicas com área superior a dois mil e quinhentos hectares.

XVIII – decretar o estado de calamidade pública de âmbito nacional previsto nos arts. 167- B, 167-C, 167-D, 167-E, 167-F e 167-G desta Constituição.

› *Incluído pela Emenda Constitucional nº 109, de 2021*

Art. 50. A Câmara dos Deputados e o Senado Federal, ou qualquer de suas Comissões, poderão convocar Ministro de Estado, quaisquer titulares de órgãos diretamente subordinados à Presidência da República ou o Presidente do Comitê Gestor do Imposto sobre Bens e Serviços para prestarem, pessoalmente, informações sobre assunto previamente determinado, importando crime de responsabilidade a ausência sem justificação adequada.

› *Redação dada pela Emenda Constitucional nº 132, de 2023*

§ 1º Os Ministros de Estado poderão comparecer ao Senado Federal, à Câmara dos Deputados, ou a qualquer de suas Comissões, por sua iniciativa e mediante entendimentos com a Mesa respectiva, para expor assunto de relevância de seu Ministério.

§ 2º As Mesas da Câmara dos Deputados e do Senado Federal poderão encaminhar pedidos escritos de informações a Ministros de Estado ou a qualquer das pessoas referidas no *caput* deste artigo, importando em crime de responsabilidade a recusa, ou o não – atendimento, no prazo de trinta dias, bem como a prestação de informações falsas.

› *Redação dada pela Emenda Constitucional de Revisão nº 2, de 1994*

SEÇÃO III – DA CÂMARA DOS DEPUTADOS

Art. 51. Compete privativamente à Câmara dos Deputados:

› *Art. 48, CF*

I – autorizar, por dois terços de seus membros, a instauração de processo contra o Presidente e o Vice-Presidente da República e os Ministros de Estado;

II – proceder à tomada de contas do Presidente da República, quando não apresentadas ao Congresso Nacional dentro de sessenta dias após a abertura da sessão legislativa;

III – elaborar seu regimento interno;

IV – dispor sobre sua organização, funcionamento, polícia, criação, transformação ou extinção dos cargos, empregos e funções de seus serviços, e a iniciativa de lei para fixação da respectiva remuneração, observados os parâmetros estabelecidos na lei de diretrizes orçamentárias;

› *Redação dada pela Emenda Constitucional nº 19, de 1998*

V – eleger membros do Conselho da República, nos termos do art. 89, VII.

SEÇÃO IV – DO SENADO FEDERAL

Art. 52. Compete privativamente ao Senado Federal:

I – processar e julgar o Presidente e o Vice-Presidente da República nos crimes de responsabilidade, bem como os Ministros de Estado e os Comandantes da Marinha, do Exército e da Aeronáutica nos crimes da mesma natureza conexos com aqueles;

› *Redação dada pela Emenda Constitucional nº 23, de 02/09/1999*

II – processar e julgar os Ministros do Supremo Tribunal Federal, os membros do Conselho Nacional de Justiça e do Conselho Nacional do Ministério Público, o Procurador-Geral da República e o Advogado-Geral da União nos crimes de responsabilidade;

› *Redação dada pela Emenda Constitucional nº 45, de 2004*

III – aprovar previamente, por voto secreto, após argüição pública, a escolha de:

a) Magistrados, nos casos estabelecidos nesta Constituição;

b) Ministros do Tribunal de Contas da União indicados pelo Presidente da República;

c) Governador de Território;

d) Presidente e diretores do banco central;

e) Procurador-Geral da República;

f) titulares de outros cargos que a lei determinar;

IV – aprovar previamente, por voto secreto, após argüição em sessão secreta, a escolha dos chefes de missão diplomática de caráter permanente;

V – autorizar operações externas de natureza financeira, de interesse da União, dos Estados, do Distrito Federal, dos Territórios e dos Municípios;

VI – fixar, por proposta do Presidente da República, limites globais para o montante da dívida consolidada da União, dos Estados, do Distrito Federal e dos Municípios;

VII – dispor sobre limites globais e condições para as operações de crédito externo e interno da União, dos Estados, do Distrito Federal e dos Municípios, de suas autarquias e demais entidades controladas pelo Poder Público federal;

VIII – dispor sobre limites e condições para a concessão de garantia da União em operações de crédito externo e interno;

IX – estabelecer limites globais e condições para o montante da dívida mobiliária dos Estados, do Distrito Federal e dos Municípios;

X – suspender a execução, no todo ou em parte, de lei declarada inconstitucional por decisão definitiva do Supremo Tribunal Federal;

XI – aprovar, por maioria absoluta e por voto secreto, a exoneração, de ofício, do Procurador-Geral da República antes do término de seu mandato;

XII – elaborar seu regimento interno;

XIII – dispor sobre sua organização, funcionamento, polícia, criação, transformação ou extinção dos cargos, empregos e funções de seus serviços, e a iniciativa de lei para fixação da respectiva remuneração, observados os parâmetros estabelecidos na lei de diretrizes orçamentárias;

› *Redação dada pela Emenda Constitucional nº 19, de 1998*

XIV – eleger membros do Conselho da República, nos termos do art. 89, VII.

XV – avaliar periodicamente a funcionalidade do Sistema Tributário Nacional, em sua estrutura e seus componentes, e o desempenho das administrações tributárias da União, dos Estados e do Distrito Federal e dos Municípios.

› *Incluído pela Emenda Constitucional nº 42, de 19.12.2003*

Parágrafo único. Nos casos previstos nos incisos I e II, funcionará como Presidente o do Supremo Tribunal Federal, limitando-se a condenação, que somente será proferida por dois terços dos votos do Senado Federal, à perda do cargo, com inabilitação, por oito anos, para o exercício de função pública, sem prejuízo das demais sanções judiciais cabíveis.

SEÇÃO V – DOS DEPUTADOS E DOS SENADORES

Art. 53. Os Deputados e Senadores são invioláveis, civil e penalmente, por quaisquer de suas opiniões, palavras e votos.

› *Redação dada pela Emenda Constitucional nº 35, de 2001*

§ 1º Os Deputados e Senadores, desde a expedição do diploma, serão submetidos a julgamento perante o Supremo Tribunal Federal.

› *Redação dada pela Emenda Constitucional nº 35, de 2001*

§ 2º Desde a expedição do diploma, os membros do Congresso Nacional não poderão ser presos, salvo em flagrante de crime inafiançável. Nesse caso, os autos serão remetidos dentro de vinte e quatro horas à Casa respectiva, para que, pelo voto da maioria de seus membros, resolva sobre a prisão.

› *Redação dada pela Emenda Constitucional nº 35, de 2001*

§ 3º Recebida a denúncia contra o Senador ou Deputado, por crime ocorrido após a diplomação, o Supremo Tribunal Federal dará ciência à Casa respectiva, que, por iniciativa de partido político nela representado e pelo voto da maioria de seus membros, poderá, até a decisão final, sustar o andamento da ação.

› *Redação dada pela Emenda Constitucional nº 35, de 2001*

§ 4º O pedido de sustação será apreciado pela Casa respectiva no prazo improrrogável de quarenta e cinco dias do seu recebimento pela Mesa Diretora.

› *Redação dada pela Emenda Constitucional nº 35, de 2001.)*

§ 5º A sustação do processo suspende a prescrição, enquanto durar o mandato.

› *Redação dada pela Emenda Constitucional nº 35, de 2001*

§ 6º Os Deputados e Senadores não serão obrigados a testemunhar sobre informações recebidas ou prestadas em razão do exercício do mandato, nem sobre as pessoas que lhes confiaram ou deles receberam informações.

› *Redação dada pela Emenda Constitucional nº 35, de 2001*

§ 7º A incorporação às Forças Armadas de Deputados e Senadores, embora militares e ainda que em tempo de guerra, dependerá de prévia licença da Casa respectiva.

› *Redação dada pela Emenda Constitucional nº 35, de 2001*

§ 8º As imunidades de Deputados ou Senadores subsistirão durante o estado de sítio, só podendo ser suspensas mediante o voto de dois terços dos membros da Casa respectiva, nos casos de atos praticados fora do recinto do Congresso Nacional, que sejam incompatíveis com a execução da medida.

› *Incluído pela Emenda Constitucional nº 35, de 2001*

Art. 54. Os Deputados e Senadores não poderão:

I – desde a expedição do diploma:

a) firmar ou manter contrato com pessoa jurídica de direito público, autarquia, empresa pública, sociedade de economia mista ou empresa concessionária de serviço público, salvo quando o contrato obedecer a cláusulas uniformes;

b) aceitar ou exercer cargo, função ou emprego remunerado, inclusive os de que sejam demissíveis "ad nutum", nas entidades constantes da alínea anterior;

II – desde a posse:

a) ser proprietários, controladores ou diretores de empresa que goze de favor decorrente de contrato com pessoa jurídica de direito público, ou nela exercer função remunerada;

b) ocupar cargo ou função de que sejam demissíveis "ad nutum", nas entidades referidas no inciso I, "a";

c) patrocinar causa em que seja interessada qualquer das entidades a que se refere o inciso I, "a";

d) ser titulares de mais de um cargo ou mandato público eletivo.

Art. 55. Perderá o mandato o Deputado ou Senador:

I – que infringir qualquer das proibições estabelecidas no artigo anterior;

II – cujo procedimento for declarado incompatível com o decoro parlamentar;

III – que deixar de comparecer, em cada sessão legislativa, à terça parte das sessões ordinárias da Casa a que pertencer, salvo licença ou missão por esta autorizada;

IV – que perder ou tiver suspensos os direitos políticos;

V – quando o decretar a Justiça Eleitoral, nos casos previstos nesta Constituição;

VI – que sofrer condenação criminal em sentença transitada em julgado.

§ 1º É incompatível com o decoro parlamentar, além dos casos definidos no regimento interno, o abuso das prerrogativas asseguradas a membro do Congresso Nacional ou a percepção de vantagens indevidas.

§ 2º Nos casos dos incisos I, II e VI, a perda do mandato será decidida pela Câmara dos Deputados ou pelo Senado Federal, por maioria absoluta, mediante provocação da respectiva Mesa ou de partido político representado no Congresso Nacional, assegurada ampla defesa.

› *Redação dada pela Emenda Constitucional nº 76, de 2013*

§ 3º Nos casos previstos nos incisos III a V, a perda será declarada pela Mesa da Casa respectiva, de ofício ou mediante provocação de qualquer de seus membros, ou de partido político representado no Congresso Nacional, assegurada ampla defesa.

§ 4º A renúncia de parlamentar submetido a processo que vise ou possa levar à perda do mandato, nos termos deste artigo, terá seus efeitos suspensos até as deliberações finais de que tratam os §§ 2º e 3º.

› *Incluído pela Emenda Constitucional de Revisão nº 6, de 1994*

Art. 56. Não perderá o mandato o Deputado ou Senador:

I – investido no cargo de Ministro de Estado, Governador de Território, Secretário de Estado, do Distrito Federal, de Território, de Prefeitura de Capital ou chefe de missão diplomática temporária;

II – licenciado pela respectiva Casa por motivo de doença, ou para tratar, sem remuneração, de interesse particular, desde que, neste caso, o afastamento não ultrapasse cento e vinte dias por sessão legislativa.

§ 1º O suplente será convocado nos casos de vaga, de investidura em funções previstas neste artigo ou de licença superior a cento e vinte dias.

§ 2º Ocorrendo vaga e não havendo suplente, far-se-á eleição para preenchê-la se faltarem mais de quinze meses para o término do mandato.

§ 3º Na hipótese do inciso I, o Deputado ou Senador poderá optar pela remuneração do mandato.

SEÇÃO VI – DAS REUNIÕES

Art. 57. O Congresso Nacional reunir-se-á, anualmente, na Capital Federal, de 2 de fevereiro a 17 de julho e de 1º de agosto a 22 de dezembro.

› *Redação dada pela Emenda Constitucional nº 50, de 2006*

§ 1º As reuniões marcadas para essas datas serão transferidas para o primeiro dia útil subseqüente, quando recaírem em sábados, domingos ou feriados.

§ 2º A sessão legislativa não será interrompida sem a aprovação do projeto de lei de diretrizes orçamentárias.

§ 3º Além de outros casos previstos nesta Constituição, a Câmara dos Deputados e o Senado Federal reunir-se-ão em sessão conjunta para:

I – inaugurar a sessão legislativa;

II – elaborar o regimento comum e regular a criação de serviços comuns às duas Casas;

III – receber o compromisso do Presidente e do Vice-Presidente da República;

IV – conhecer do veto e sobre ele deliberar.

§ 4º Cada uma das Casas reunir-se-á em sessões preparatórias, a partir de 1º de fevereiro, no primeiro ano da legislatura, para a posse de seus membros e eleição das respectivas Mesas, para mandato de 2 (dois) anos, vedada a recondução para o mesmo cargo na eleição imediatamente subseqüente.

› *Redação dada pela Emenda Constitucional nº 50, de 2006*

§ 5º A Mesa do Congresso Nacional será presidida pelo Presidente do Senado Federal, e os demais cargos serão exercidos, alternadamente, pelos ocupantes de cargos equivalentes na Câmara dos Deputados e no Senado Federal.

§ 6º A convocação extraordinária do Congresso Nacional far-se-á:

› *Redação dada pela Emenda Constitucional nº 50, de 2006*

I – pelo Presidente do Senado Federal, em caso de decretação de estado de defesa ou de intervenção federal, de pedido de autorização para a decretação de estado de sítio e para o compromisso e a posse do Presidente e do Vice-Presidente – Presidente da República;

II – pelo Presidente da República, pelos Presidentes da Câmara dos Deputados e do Senado Federal ou a requerimento da maioria dos membros de ambas as Casas, em caso de urgência ou interesse público relevante, em todas as hipóteses deste inciso com a aprovação da maioria absoluta de cada uma das Casas do Congresso Nacional.

› *Redação dada pela Emenda Constitucional nº 50, de 2006*

§ 7º Na sessão legislativa extraordinária, o Congresso Nacional somente deliberará sobre a matéria para a qual foi convocado, ressalvada a hipótese do § 8º deste artigo, vedado o pagamento de parcela indenizatória, em razão da convocação.

› *Redação dada pela Emenda Constitucional nº 50, de 2006*

§ 8º Havendo medidas provisórias em vigor na data de convocação extraordinária do Congresso Nacional, serão elas automaticamente incluídas na pauta da convocação.

› *Incluído pela Emenda Constitucional nº 32, de 2001*

SEÇÃO VII – DAS COMISSÕES

Art. 58. O Congresso Nacional e suas Casas terão comissões permanentes e temporárias, constituídas na forma e com as atribuições previstas no respectivo regimento ou no ato de que resultar sua criação.

§ 1º Na constituição das Mesas e de cada Comissão, é assegurada, tanto quanto possível, a representação proporcional dos partidos ou dos blocos parlamentares que participam da respectiva Casa.

§ 2º Às comissões, em razão da matéria de sua competência, cabe:

I – discutir e votar projeto de lei que dispensar, na forma do regimento, a competência do Plenário, salvo se houver recurso de um décimo dos membros da Casa;

II – realizar audiências públicas com entidades da sociedade civil;

III – convocar Ministros de Estado para prestar informações sobre assuntos inerentes a suas atribuições;

IV – receber petições, reclamações, representações ou queixas de qualquer pessoa contra atos ou omissões das autoridades ou entidades públicas;

V – solicitar depoimento de qualquer autoridade ou cidadão;

VI – apreciar programas de obras, planos nacionais, regionais e setoriais de desenvolvimento e sobre eles emitir parecer.

§ 3º As comissões parlamentares de inquérito, que terão poderes de investigação próprios das autoridades judiciais, além de outros previstos nos regimentos das respectivas Casas, serão criadas pela Câmara dos Deputados e pelo Senado Federal, em conjunto ou separadamente, mediante requerimento de um terço de seus membros, para a apuração de fato determinado e por prazo certo, sendo suas conclusões, se for o caso, encaminhadas ao Ministério Público, para que promova a responsabilidade civil ou criminal dos infratores.

§ 4º Durante o recesso, haverá uma Comissão representativa do Congresso Nacional, eleita por suas Casas na última sessão ordinária do período legislativo, com atribuições definidas no regimento comum, cuja composição reproduzirá, quanto possível, a proporcionalidade da representação partidária.

SEÇÃO VIII – DO PROCESSO LEGISLATIVO

SUBSEÇÃO I – DISPOSIÇÃO GERAL

Art. 59. O processo legislativo compreende a elaboração de:

I – emendas à Constituição;

II – leis complementares;

III – leis ordinárias;

IV – leis delegadas;

V – medidas provisórias;

VI – decretos legislativos;

VII – resoluções.

Parágrafo único. Lei complementar disporá sobre a elaboração, redação, alteração e consolidação das leis.

SUBSEÇÃO II – DA EMENDA À CONSTITUIÇÃO

Art. 60. A Constituição poderá ser emendada mediante proposta:

I – de um terço, no mínimo, dos membros da Câmara dos Deputados ou do Senado Federal;

II – do Presidente da República;

III – de mais da metade das Assembleias Legislativas das unidades da Federação, manifestando-se, cada uma delas, pela maioria relativa de seus membros.

§ 1º A Constituição não poderá ser emendada na vigência de intervenção federal, de estado de defesa ou de estado de sítio.

› *Arts. 34 a 36 e 136 a 141, CF*

§ 2º A proposta será discutida e votada em cada Casa do Congresso Nacional, em dois turnos, considerando-se aprovada se obtiver, em ambos, três quintos dos votos dos respectivos membros.

§ 3º A emenda à Constituição será promulgada pelas Mesas da Câmara dos Deputados e do Senado Federal, com o respectivo número de ordem.

§ 4º Não será objeto de deliberação a proposta de emenda tendente a abolir:

I – a forma federativa de Estado;

› *Arts. 1º e 18, CF*

II – o voto direto, secreto, universal e periódico;

› *Arts. 1º, 14 e 81, § 1º, CF*

› *Lei 9.709/1998 (Regulamenta a execução do disposto nos incisos I, II e III do art. 14 da CF)*

III – a separação dos Poderes;

› *Art. 2º, CF*

IV – os direitos e garantias individuais.

› *Art. 5º, CF*

§ 5º A matéria constante de proposta de emenda rejeitada ou havida por prejudicada não pode ser objeto de nova proposta na mesma sessão legislativa.

SUBSEÇÃO III – DAS LEIS

Art. 61. A iniciativa das leis complementares e ordinárias cabe a qualquer membro ou Comissão da Câmara dos Deputados, do Senado Federal ou do Congresso Nacional, ao Presidente da República, ao Supremo Tribunal Federal, aos Tribunais Superiores, ao Procurador-Geral da República e aos cidadãos, na forma e nos casos previstos nesta Constituição.

§ 1º São de iniciativa privativa do Presidente da República as leis que:

I – fixem ou modifiquem os efetivos das Forças Armadas;

II – disponham sobre:

a) criação de cargos, funções ou empregos públicos na administração direta e autárquica ou aumento de sua remuneração;

b) organização administrativa e judiciária, matéria tributária e orçamentária, serviços públicos e pessoal da administração dos Territórios;

c) servidores públicos da União e Territórios, seu regime jurídico, provimento de cargos, estabilidade e aposentadoria;

› *Redação dada pela Emenda Constitucional nº 18, de 1998*

d) organização do Ministério Público e da Defensoria Pública da União, bem como normas gerais para a organização do Ministério Público e da Defensoria Pública dos Estados, do Distrito Federal e dos Territórios;

e) criação e extinção de Ministérios e órgãos da administração pública, observado o disposto no art. 84, VI;

› *Redação dada pela Emenda Constitucional nº 32, de 2001*

f) militares das Forças Armadas, seu regime jurídico, provimento de cargos, promoções, estabilidade, remuneração, reforma e transferência para a reserva.

› *Incluída pela Emenda Constitucional nº 18, de 1998*

§ 2º A iniciativa popular pode ser exercida pela apresentação à Câmara dos Deputados de projeto de lei subscrito por, no mínimo, um por cento do eleitorado nacional, distribuído pelo menos por cinco Estados, com não menos de três décimos por cento dos eleitores de cada um deles.

Art. 62. Em caso de relevância e urgência, o Presidente da República poderá adotar medidas provisórias, com força de lei, devendo submetê-las de imediato ao Congresso Nacional.

› *Redação dada pela Emenda Constitucional nº 32, de 2001*

§ 1º É vedada a edição de medidas provisórias sobre matéria:

› *Incluído pela Emenda Constitucional nº 32, de 2001*

I – relativa a:

› *Incluído pela Emenda Constitucional nº 32, de 2001*

a) nacionalidade, cidadania, direitos políticos, partidos políticos e direito eleitoral;

› *Incluída pela Emenda Constitucional nº 32, de 2001*

b) direito penal, processual penal e processual civil;

› *Incluída pela Emenda Constitucional nº 32, de 2001*

c) organização do Poder Judiciário e do Ministério Público, a carreira e a garantia de seus membros;

› *Incluída pela Emenda Constitucional nº 32, de 2001*

d) planos plurianuais, diretrizes orçamentárias, orçamento e créditos adicionais e suplementares, ressalvado o previsto no art. 167, § 3º;

› *Incluída pela Emenda Constitucional nº 32, de 2001*

II – que vise a detenção ou seqüestro de bens, de poupança popular ou qualquer outro ativo financeiro;

› *Incluído pela Emenda Constitucional nº 32, de 2001*

III – reservada a lei complementar;

› *Incluído pela Emenda Constitucional nº 32, de 2001*

IV – já disciplinada em projeto de lei aprovado pelo Congresso Nacional e pendente de sanção ou veto do Presidente da República.

› *Incluído pela Emenda Constitucional nº 32, de 2001*

§ 2º Medida provisória que implique instituição ou majoração de impostos, exceto os previstos nos arts. 153, I, II, IV, V, e 154, II, só produzirá efeitos no exercício financeiro seguinte se houver sido convertida em lei até o último dia daquele em que foi editada.

› *Incluído pela Emenda Constitucional nº 32, de 2001*

§ 3º As medidas provisórias, ressalvado o disposto nos §§ 11 e 12 perderão eficácia, desde a edição, se não forem convertidas em lei no prazo de sessenta dias, prorrogável, nos termos do § 7º, uma vez por igual período, devendo o Congresso Nacional disciplinar, por decreto legislativo, as relações jurídicas delas decorrentes.

‣ *Incluído pela Emenda Constitucional nº 32, de 2001*

§ 4º O prazo a que se refere o § 3º contar-se-á da publicação da medida provisória, suspendendo-se durante os períodos de recesso do Congresso Nacional.

‣ *Incluído pela Emenda Constitucional nº 32, de 2001*

§ 5º A deliberação de cada uma das Casas do Congresso Nacional sobre o mérito das medidas provisórias dependerá de juízo prévio sobre o atendimento de seus pressupostos constitucionais.

‣ *Incluído pela Emenda Constitucional nº 32, de 2001*

§ 6º Se a medida provisória não for apreciada em até quarenta e cinco dias contados de sua publicação, entrará em regime de urgência, subseqüentemente, em cada uma das Casas do Congresso Nacional, ficando sobrestadas, até que se ultime a votação, todas as demais deliberações legislativas da Casa em que estiver tramitando.

‣ *Incluído pela Emenda Constitucional nº 32, de 2001*

§ 7º Prorrogar-se-á uma única vez por igual período a vigência de medida provisória que, no prazo de sessenta dias, contado de sua publicação, não tiver a sua votação encerrada nas duas Casas do Congresso Nacional.

‣ *Incluído pela Emenda Constitucional nº 32, de 2001*

§ 8º As medidas provisórias terão sua votação iniciada na Câmara dos Deputados.

‣ *Incluído pela Emenda Constitucional nº 32, de 2001*

§ 9º Caberá à comissão mista de Deputados e Senadores examinar as medidas provisórias e sobre elas emitir parecer, antes de serem apreciadas, em sessão separada, pelo plenário de cada uma das Casas do Congresso Nacional.

‣ *Incluído pela Emenda Constitucional nº 32, de 2001*

§ 10. É vedada a reedição, na mesma sessão legislativa, de medida provisória que tenha sido rejeitada ou que tenha perdido sua eficácia por decurso de prazo.

‣ *Incluído pela Emenda Constitucional nº 32, de 2001*

§ 11. Não editado o decreto legislativo a que se refere o § 3º até sessenta dias após a rejeição ou perda de eficácia de medida provisória, as relações jurídicas constituídas e decorrentes de atos praticados durante sua vigência conservar-se-ão por ela regidas.

‣ *Incluído pela Emenda Constitucional nº 32, de 2001*

§ 12. Aprovado projeto de lei de conversão alterando o texto original da medida provisória, esta manter-se-á integralmente em vigor até que seja sancionado ou vetado o projeto.

‣ *Incluído pela Emenda Constitucional nº 32, de 2001*

Art. 63. Não será admitido aumento da despesa prevista:

I – nos projetos de iniciativa exclusiva do Presidente da República, ressalvado o disposto no art. 166, § 3º e § 4º;

II – nos projetos sobre organização dos serviços administrativos da Câmara dos Deputados, do Senado Federal, dos Tribunais Federais e do Ministério Público.

Art. 64. A discussão e votação dos projetos de lei de iniciativa do Presidente da República, do Supremo Tribunal Federal e dos Tribunais Superiores terão início na Câmara dos Deputados.

§ 1º O Presidente da República poderá solicitar urgência para apreciação de projetos de sua iniciativa.

§ 2º Se, no caso do § 1º, a Câmara dos Deputados e o Senado Federal não se manifestarem sobre a proposição, cada qual sucessivamente, em até quarenta e cinco dias, sobrestar-se-ão todas as demais deliberações legislativas da respectiva Casa, com exceção das que tenham prazo constitucional determinado, até que se ultime a votação.

‣ *Redação dada pela Emenda Constitucional nº 32, de 2001*

§ 3º A apreciação das emendas do Senado Federal pela Câmara dos Deputados far-se-á no prazo de dez dias, observado quanto ao mais o disposto no parágrafo anterior.

§ 4º Os prazos do § 2º não correm nos períodos de recesso do Congresso Nacional, nem se aplicam aos projetos de código.

Art. 65. O projeto de lei aprovado por uma Casa será revisto pela outra, em um só turno de discussão e votação, e enviado à sanção ou promulgação, se a Casa revisora o aprovar, ou arquivado, se o rejeitar.

Parágrafo único. Sendo o projeto emendado, voltará à Casa iniciadora.

Art. 66. A Casa na qual tenha sido concluída a votação enviará o projeto de lei ao Presidente da República, que, aquiescendo, o sancionará.

§ 1º Se o Presidente da República considerar o projeto, no todo ou em parte, inconstitucional ou contrário ao interesse público, vetá-lo-á total ou parcialmente, no prazo de quinze dias úteis, contados da data do recebimento, e comunicará, dentro de quarenta e oito horas, ao Presidente do Senado Federal os motivos do veto.

§ 2º O veto parcial somente abrangerá texto integral de artigo, de parágrafo, de inciso ou de alínea.

§ 3º Decorrido o prazo de quinze dias, o silêncio do Presidente da República importará sanção.

§ 4º O veto será apreciado em sessão conjunta, dentro de trinta dias a contar de seu recebimento, só podendo ser rejeitado pelo voto da maioria absoluta dos Deputados e Senadores.

‣ *Redação dada pela Emenda Constitucional nº 76, de 2013*

§ 5º Se o veto não for mantido, será o projeto enviado, para promulgação, ao Presidente da República.

§ 6º Esgotado sem deliberação o prazo estabelecido no § 4º, o veto será colocado na ordem do dia da sessão imediata, sobrestadas as demais proposições, até sua votação final.

‣ *Redação dada pela Emenda Constitucional nº 32, de 2001*

§ 7º Se a lei não for promulgada dentro de quarenta e oito horas pelo Presidente da República, nos casos dos § 3º e § 5º, o Presidente do Senado a promulgará, e, se este não o fizer em igual prazo, caberá ao Vice-Presidente do Senado fazê-lo.

Art. 67. A matéria constante de projeto de lei rejeitado somente poderá constituir objeto de novo projeto, na mesma sessão legislativa, mediante proposta da maioria absoluta dos membros de qualquer das Casas do Congresso Nacional.

Art. 68. As leis delegadas serão elaboradas pelo Presidente da República, que deverá solicitar a delegação ao Congresso Nacional.

§ 1º Não serão objeto de delegação os atos de competência exclusiva do Congresso Nacional, os de competência privativa da Câmara dos Deputados ou do Senado Federal, a matéria reservada à lei complementar, nem a legislação sobre:

I – organização do Poder Judiciário e do Ministério Público, a carreira e a garantia de seus membros;

II – nacionalidade, cidadania, direitos individuais, políticos e eleitorais;

III – planos plurianuais, diretrizes orçamentárias e orçamentos.

§ 2º A delegação ao Presidente da República terá a forma de resolução do Congresso Nacional, que especificará seu conteúdo e os termos de seu exercício.

§ 3º Se a resolução determinar a apreciação do projeto pelo Congresso Nacional, este a fará em votação única, vedada qualquer emenda.

Art. 69. As leis complementares serão aprovadas por maioria absoluta.

SEÇÃO IX – DA FISCALIZAÇÃO CONTÁBIL, FINANCEIRA E ORÇAMENTÁRIA

Art. 70. A fiscalização contábil, financeira, orçamentária, operacional e patrimonial da União e das entidades da administração direta e indireta, quanto à legalidade, legitimidade, economicidade, aplicação das subvenções e renúncia de receitas, será exercida pelo Congresso Nacional, mediante controle externo, e pelo sistema de controle interno de cada Poder.

Parágrafo único. Prestará contas qualquer pessoa física ou jurídica, pública ou privada, que utilize, arrecade, guarde, gerencie ou administre dinheiros, bens e valores públicos ou pelos quais a União responda, ou que, em nome desta, assuma obrigações de natureza pecuniária.

‣ *Redação dada pela Emenda Constitucional nº 19, de 1998*

Art. 71. O controle externo, a cargo do Congresso Nacional, será exercido com o auxílio do Tribunal de Contas da União, ao qual compete:

I – apreciar as contas prestadas anualmente pelo Presidente da República, mediante parecer prévio que deverá ser elaborado em sessenta dias a contar de seu recebimento;

II – julgar as contas dos administradores e demais responsáveis por dinheiros, bens e valores públicos da administração direta e indireta, incluídas as fundações e sociedades instituídas e mantidas pelo Poder Público federal, e as contas daqueles que derem causa a perda, extravio ou outra irregularidade de que resulte prejuízo ao erário público;

III – apreciar, para fins de registro, a legalidade dos atos de admissão de pessoal, a qualquer título, na administração direta e indireta, incluídas as fundações instituídas e mantidas pelo Poder Público, excetuadas as nomeações para cargo de provimento em comissão, bem como a das concessões de aposentadorias, reformas e pensões, ressalvadas as melhorias posteriores que não alterem o fundamento legal do ato concessório;

IV – realizar, por iniciativa própria, da Câmara dos Deputados, do Senado Federal, de Comissão técnica ou de inquérito, inspeções e auditorias de natureza contábil, financeira, orçamentária, operacional e patrimonial, nas unidades administrativas dos Poderes Legislativo, Executivo e Judiciário, e demais entidades referidas no inciso II;

V – fiscalizar as contas nacionais das empresas supranacionais de cujo capital social a União participe, de forma direta ou indireta, nos termos do tratado constitutivo;

VI – fiscalizar a aplicação de quaisquer recursos repassados pela União mediante convênio, acordo, ajuste ou outros instrumentos congêneres, a Estado, ao Distrito Federal ou a Município;

VII – prestar as informações solicitadas pelo Congresso Nacional, por qualquer de suas Casas, ou por qualquer das respectivas Comissões, sobre a fiscalização contábil, financeira, orçamentária, operacional e patrimonial e sobre resultados de auditorias e inspeções realizadas;

VIII – aplicar aos responsáveis, em caso de ilegalidade de despesa ou irregularidade de contas, as sanções previstas em lei, que estabelecerá, entre outras cominações, multa proporcional ao dano causado ao erário;

IX – assinar prazo para que o órgão ou entidade adote as providências necessárias ao exato cumprimento da lei, se verificada ilegalidade;

X – sustar, se não atendido, a execução do ato impugnado, comunicando a decisão à Câmara dos Deputados e ao Senado Federal;

XI – representar ao Poder competente sobre irregularidades ou abusos apurados.

§ 1º No caso de contrato, o ato de sustação será adotado diretamente pelo Congresso Nacional, que solicitará, de imediato, ao Poder Executivo as medidas cabíveis.

§ 2º Se o Congresso Nacional ou o Poder Executivo, no prazo de noventa dias, não efetivar as medidas previstas no parágrafo anterior, o Tribunal decidirá a respeito.

§ 3º As decisões do Tribunal de que resulte imputação de débito ou multa terão eficácia de título executivo.

§ 4º O Tribunal encaminhará ao Congresso Nacional, trimestral e anualmente, relatório de suas atividades.

Art. 72. A Comissão mista permanente a que se refere o art. 166, § 1º, diante de indícios de despesas não autorizadas, ainda que sob a forma de investimentos não programados ou de subsídios não aprovados, poderá solicitar à autoridade governamental responsável que, no prazo de cinco dias, preste os esclarecimentos necessários.

§ 1º Não prestados os esclarecimentos, ou considerados estes insuficientes, a Comissão solicitará ao Tribunal pronunciamento conclusivo sobre a matéria, no prazo de trinta dias.

§ 2º Entendendo o Tribunal irregular a despesa, a Comissão, se julgar que o gasto possa causar dano irreparável ou grave lesão à economia pública, proporá ao Congresso Nacional sua sustação.

Art. 73. O Tribunal de Contas da União, integrado por nove Ministros, tem sede no Distrito Federal, quadro próprio de pessoal e jurisdição em todo o território nacional, exercendo, no que couber, as atribuições previstas no art. 96.

§ 1º Os Ministros do Tribunal de Contas da União serão nomeados dentre brasileiros que satisfaçam os seguintes requisitos:

I – mais de trinta e cinco e menos de setenta anos de idade;

› *Redação dada pela Emenda Constitucional nº 122, de 2022*

II – idoneidade moral e reputação ilibada;

III – notórios conhecimentos jurídicos, contábeis, econômicos e financeiros ou de administração pública;

IV – mais de dez anos de exercício de função ou de efetiva atividade profissional que exija os conhecimentos mencionados no inciso anterior.

§ 2º Os Ministros do Tribunal de Contas da União serão escolhidos:

I – um terço pelo Presidente da República, com aprovação do Senado Federal, sendo dois alternadamente dentre auditores e membros do Ministério Público junto ao Tribunal, indicados em lista tríplice pelo Tribunal, segundo os critérios de antigüidade e merecimento;

II – dois terços pelo Congresso Nacional.

§ 3º Os Ministros do Tribunal de Contas da União terão as mesmas garantias, prerrogativas, impedimentos, vencimentos e vantagens dos Ministros do Superior Tribunal de Justiça, aplicando-se-lhes, quanto à aposentadoria e pensão, as normas constantes do art. 40.

› *Redação dada pela Emenda Constitucional nº 20, de 1998*

§ 4º O auditor, quando em substituição a Ministro, terá as mesmas garantias e impedimentos do titular e, quando no exercício das demais atribuições da judicatura, as de juiz de Tribunal Regional Federal.

Art. 74. Os Poderes Legislativo, Executivo e Judiciário manterão, de forma integrada, sistema de controle interno com a finalidade de:

I – avaliar o cumprimento das metas previstas no plano plurianual, a execução dos programas de governo e dos orçamentos da União;

II – comprovar a legalidade e avaliar os resultados, quanto à eficácia e eficiência, da gestão orçamentária, financeira e patrimonial nos órgãos e entidades da administração federal, bem como da aplicação de recursos públicos por entidades de direito privado;

III – exercer o controle das operações de crédito, avais e garantias, bem como dos direitos e haveres da União;

IV – apoiar o controle externo no exercício de sua missão institucional.

§ 1º Os responsáveis pelo controle interno, ao tomarem conhecimento de qualquer irregularidade ou ilegalidade, dela darão ciência ao Tribunal de Contas da União, sob pena de responsabilidade solidária.

§ 2º Qualquer cidadão, partido político, associação ou sindicato é parte legítima para, na forma da lei, denunciar irregularidades ou ilegalidades perante o Tribunal de Contas da União.

Art. 75. As normas estabelecidas nesta seção aplicam-se, no que couber, à organização, composição e fiscalização dos Tribunais de Contas dos Estados e do Distrito Federal, bem como dos Tribunais e Conselhos de Contas dos Municípios.

Parágrafo único. As Constituições estaduais disporão sobre os Tribunais de Contas respectivos, que serão integrados por sete Conselheiros.

CAPÍTULO II – DO PODER EXECUTIVO

SEÇÃO I – DO PRESIDENTE E DO VICE-PRESIDENTE DA REPÚBLICA

Art. 76. O Poder Executivo é exercido pelo Presidente da República, auxiliado pelos Ministros de Estado.

Art. 77. A eleição do Presidente e do Vice-Presidente da República realizar-se-á, simultaneamente, no primeiro domingo de outubro, em primeiro turno, e no último domingo de outubro, em segundo turno, se houver, do ano anterior ao do término do mandato presidencial vigente.

› *Redação dada pela Emenda Constitucional nº 16, de 1997*

§ 1º A eleição do Presidente da República importará a do Vice-Presidente com ele registrado.

§ 2º Será considerado eleito Presidente o candidato que, registrado por partido político, obtiver a maioria absoluta de votos, não computados os em branco e os nulos.

§ 3º Se nenhum candidato alcançar maioria absoluta na primeira votação, far-se-á nova eleição em até vinte dias após a proclamação do resultado, concorrendo os dois candidatos mais votados e considerando-se eleito aquele que obtiver a maioria dos votos válidos.

§ 4º Se, antes de realizado o segundo turno, ocorrer morte, desistência ou impedimento legal de candidato, convocar-se-á, dentre os remanescentes, o de maior votação.

§ 5º Se, na hipótese dos parágrafos anteriores, remanescer, em segundo lugar, mais de um candidato com a mesma votação, qualificar-se-á o mais idoso.

Art. 78. O Presidente e o Vice-Presidente da República tomarão posse em sessão do Congresso Nacional, prestando o compromisso de manter, defender e cumprir a Constituição, observar as leis, promover o bem geral do povo brasileiro, sustentar a união, a integridade e a independência do Brasil.

Parágrafo único. Se, decorridos dez dias da data fixada para a posse, o Presidente ou o Vice-Presidente, salvo motivo de força maior, não tiver assumido o cargo, este será declarado vago.

Art. 79. Substituirá o Presidente, no caso de impedimento, e suceder-lhe-á, no de vaga, o Vice-Presidente.

Parágrafo único. O Vice-Presidente da República, além de outras atribuições que lhe forem conferidas por lei complementar, auxiliará o Presidente, sempre que por ele convocado para missões especiais.

Art. 80. Em caso de impedimento do Presidente e do Vice-Presidente, ou vacância dos respectivos cargos, serão sucessivamente chamados ao exercício da Presidência o Presidente da Câmara dos Deputados, o do Senado Federal e o do Supremo Tribunal Federal.

Art. 81. Vagando os cargos de Presidente e Vice-Presidente da República, far-se-á eleição noventa dias depois de aberta a última vaga.

§ 1º Ocorrendo a vacância nos últimos dois anos do período presidencial, a eleição para ambos os cargos será feita trinta dias depois da última vaga, pelo Congresso Nacional, na forma da lei.

§ 2º Em qualquer dos casos, os eleitos deverão completar o período de seus antecessores.

Art. 82. O mandato do Presidente da República é de 4 (quatro) anos e terá início em 5 de janeiro do ano seguinte ao de sua eleição.

› *Redação dada pela Emenda Constitucional nº 111, de 2021, aplicadas somente a partir das eleições de 2026.*

Art. 83. O Presidente e o Vice-Presidente da República não poderão, sem licença do Congresso Nacional, ausentar-se do País por período superior a quinze dias, sob pena de perda do cargo.

SEÇÃO II – DAS ATRIBUIÇÕES DO PRESIDENTE DA REPÚBLICA

Art. 84. Compete privativamente ao Presidente da República:

I – nomear e exonerar os Ministros de Estado;

II – exercer, com o auxílio dos Ministros de Estado, a direção superior da administração federal;

III – iniciar o processo legislativo, na forma e nos casos previstos nesta Constituição;

IV – sancionar, promulgar e fazer publicar as leis, bem como expedir decretos e regulamentos para sua fiel execução;

V – vetar projetos de lei, total ou parcialmente;

› *Art. 66, §§ 1º a 7º, CF*

VI – dispor, mediante decreto, sobre:

› *Redação dada pela Emenda Constitucional nº 32, de 2001*

a) organização e funcionamento da administração federal, quando não implicar aumento de despesa nem criação ou extinção de órgãos públicos;

› *Incluída pela Emenda Constitucional nº 32, de 2001*

b) extinção de funções ou cargos públicos, quando vagos;

› *Incluída pela Emenda Constitucional nº 32, de 2001*

VII – manter relações com Estados estrangeiros e acreditar seus representantes diplomáticos;

VIII – celebrar tratados, convenções e atos internacionais, sujeitos a referendo do Congresso Nacional;

IX – decretar o estado de defesa e o estado de sítio;

X – decretar e executar a intervenção federal;

XI – remeter mensagem e plano de governo ao Congresso Nacional por ocasião da abertura da sessão legislativa, expondo a situação do País e solicitando as providências que julgar necessárias;

XII – conceder indulto e comutar penas, com audiência, se necessário, dos órgãos instituídos em lei;

› *Ce. 1.860/1996 (Concede indulto especial e condicional)*

› *Dec. 2.002/1996 (Concede indulto e comuta penas)*

XIII – exercer o comando supremo das Forças Armadas, nomear os Comandantes da Marinha, do Exército e da Aeronáutica, promover seus oficiais-generais e nomeá-los para os cargos que lhes são privativos;

› *Redação dada pela Emenda Constitucional nº 23, de 02/09/99*

XIV – nomear, após aprovação pelo Senado Federal, os Ministros do Supremo Tribunal Federal e dos Tribunais Superiores, os Governadores de Territórios, o Procurador-Geral da República, o presidente e os diretores do banco central e outros servidores, quando determinado em lei;

XV – nomear, observado o disposto no art. 73, os Ministros do Tribunal de Contas da União;

XVI – nomear os magistrados, nos casos previstos nesta Constituição, e o Advogado-Geral da União;

XVII – nomear membros do Conselho da República, nos termos do art. 89, VII;

XVIII – convocar e presidir o Conselho da República e o Conselho de Defesa Nacional;

XIX – declarar guerra, no caso de agressão estrangeira, autorizado pelo Congresso Nacional ou referendado por ele, quando ocorrida no intervalo das sessões legislativas, e, nas mesmas condições, decretar, total ou parcialmente, a mobilização nacional;

› *Art. 5º, XLCII, a, CF*

› *Lei 11.631/2007 (Mobilização nacional e Sistema Nacional de Mobilização – SINAMOB)*

XX – celebrar a paz, autorizado ou com o referendo do Congresso Nacional;

XXI – conferir condecorações e distinções honoríficas;

XXII – permitir, nos casos previstos em lei complementar, que forças estrangeiras transitem pelo território nacional ou nele permaneçam temporariamente;

› *LC 90/1997 (Determina os casos em que forças estrangeiras possam transitar pelo território nacional ou nele permanecer temporariamente)*

XXIII – enviar ao Congresso Nacional o plano plurianual, o projeto de lei de diretrizes orçamentárias e as propostas de orçamento previstos nesta Constituição;

XXIV – prestar, anualmente, ao Congresso Nacional, dentro de sessenta dias após a abertura da sessão legislativa, as contas referentes ao exercício anterior;

XXV – prover e extinguir os cargos públicos federais, na forma da lei;

XXVI – editar medidas provisórias com força de lei, nos termos do art. 62;

XXVII – exercer outras atribuições previstas nesta Constituição.

XXVIII – propor ao Congresso Nacional a decretação do estado de calamidade pública de âmbito nacional previsto nos arts. 167-B, 167-C, 167-D, 167-E, 167-F e 167-G desta Constituição.

› *Incluída pela Emenda Constitucional nº 109, de 2021*

Parágrafo único. O Presidente da República poderá delegar as atribuições mencionadas nos incisos VI, XII e XXV, primeira parte, aos Ministros de Estado, ao Procurador-Geral da República ou ao Advogado-Geral da União, que observarão os limites traçados nas respectivas delegações.

SEÇÃO III – DA RESPONSABILIDADE DO PRESIDENTE DA REPÚBLICA

Art. 85. São crimes de responsabilidade os atos do Presidente da República que atentem contra a Constituição Federal e, especialmente, contra:

I – a existência da União;

II – o livre exercício do Poder Legislativo, do Poder Judiciário, do Ministério Público e dos Poderes constitucionais das unidades da Federação;

III – o exercício dos direitos políticos, individuais e sociais;

IV – a segurança interna do País;

V – a probidade na administração;

› *Art. 37, § 4º, CF*

VI – a lei orçamentária;

VII – o cumprimento das leis e das decisões judiciais.

Parágrafo único. Esses crimes serão definidos em lei especial, que estabelecerá as normas de processo e julgamento.

› *Lei 1.079/1950 (Crimes de responsabilidade)*

› *Súmula 722, STF*

Art. 86. Admitida a acusação contra o Presidente da República, por dois terços da Câmara dos Deputados, será ele submetido a julgamento perante o Supremo Tribunal Federal, nas infrações penais comuns, ou perante o Senado Federal, nos crimes de responsabilidade.

§ 1º O Presidente ficará suspenso de suas funções:

I – nas infrações penais comuns, se recebida a denúncia ou queixa-crime pelo Supremo Tribunal Federal;

II – nos crimes de responsabilidade, após a instauração do processo pelo Senado Federal.

§ 2º Se, decorrido o prazo de cento e oitenta dias, o julgamento não estiver concluído, cessará o afastamento do Presidente, sem prejuízo do regular prosseguimento do processo.

§ 3º Enquanto não sobrevier sentença condenatória, nas infrações comuns, o Presidente da República não estará sujeito a prisão.

§ 4º O Presidente da República, na vigência de seu mandato, não pode ser responsabilizado por atos estranhos ao exercício de suas funções.

SEÇÃO IV – DOS MINISTROS DE ESTADO

Art. 87. Os Ministros de Estado serão escolhidos dentre brasileiros maiores de vinte e um anos e no exercício dos direitos políticos.

Parágrafo único. Compete ao Ministro de Estado, além de outras atribuições estabelecidas nesta Constituição e na lei:

I – exercer a orientação, coordenação e supervisão dos órgãos e entidades da administração federal na área de sua competência e referendar os atos e decretos assinados pelo Presidente da República;

II – expedir instruções para a execução das leis, decretos e regulamentos;

III – apresentar ao Presidente da República relatório anual de sua gestão no Ministério;

IV – praticar os atos pertinentes às atribuições que lhe forem outorgadas ou delegadas pelo Presidente da República.

Art. 88. A lei disporá sobre a criação e extinção de Ministérios e órgãos da administração pública.

› *Redação dada pela Emenda Constitucional nº 32, de 2001*

SEÇÃO V – DO CONSELHO DA REPÚBLICA E DO CONSELHO DE DEFESA NACIONAL

SUBSEÇÃO I – DO CONSELHO DA REPÚBLICA

Art. 89. O Conselho da República é órgão superior de consulta do Presidente da República, e dele participam:

I – o Vice-Presidente da República;

II – o Presidente da Câmara dos Deputados;

III – o Presidente do Senado Federal;

IV – os líderes da maioria e da minoria na Câmara dos Deputados;

V – os líderes da maioria e da minoria no Senado Federal;

VI – o Ministro da Justiça;

VII – seis cidadãos brasileiros natos, com mais de trinta e cinco anos de idade, sendo dois nomeados pelo Presidente da República, dois eleitos pelo Senado Federal e dois eleitos pela Câmara dos Deputados, todos com mandato de três anos, vedada a recondução.

Art. 90. Compete ao Conselho da República pronunciar-se sobre:

I – intervenção federal, estado de defesa e estado de sítio;

II – as questões relevantes para a estabilidade das instituições democráticas.

§ 1º O Presidente da República poderá convocar Ministro de Estado para participar da reunião do Conselho, quando constar da pauta questão relacionada com o respectivo Ministério.

§ 2º A lei regulará a organização e o funcionamento do Conselho da República.

SUBSEÇÃO II – DO CONSELHO DE DEFESA NACIONAL

Art. 91. O Conselho de Defesa Nacional é órgão de consulta do Presidente da República nos assuntos relacionados com a soberania nacional e a defesa do Estado democrático, e dele participam como membros natos:

I – o Vice-Presidente da República;

II – o Presidente da Câmara dos Deputados;

III – o Presidente do Senado Federal;

IV – o Ministro da Justiça;

V – o Ministro de Estado da Defesa;

› *Redação dada pela Emenda Constitucional nº 23, de 1999*

VI – o Ministro das Relações Exteriores;

VII – o Ministro do Planejamento.

VIII – os Comandantes da Marinha, do Exército e da Aeronáutica.

› *Incluído pela Emenda Constitucional nº 23, de 1999*

§ 1º Compete ao Conselho de Defesa Nacional:

I – opinar nas hipóteses de declaração de guerra e de celebração da paz, nos termos desta Constituição;

II – opinar sobre a decretação do estado de defesa, do estado de sítio e da intervenção federal;

III – propor os critérios e condições de utilização de áreas indispensáveis à segurança do território nacional e opinar sobre seu efetivo uso, especialmente na faixa de fronteira e nas relacionadas com a preservação e a exploração dos recursos naturais de qualquer tipo;

IV – estudar, propor e acompanhar o desenvolvimento de iniciativas necessárias a garantir a independência nacional e a defesa do Estado democrático.

§ 2º A lei regulará a organização e o funcionamento do Conselho de Defesa Nacional.

CAPÍTULO III – DO PODER JUDICIÁRIO

SEÇÃO I – DISPOSIÇÕES GERAIS

Art. 92. São órgãos do Poder Judiciário:

I – o Supremo Tribunal Federal;

I-A – o Conselho Nacional de Justiça;

› *Incluído pela Emenda Constitucional nº 45, de 2004*

› *Art. 103-B, CF*

› *Art. 5º, Emenda Constitucional nº 45, de 2005*

II – o Superior Tribunal de Justiça;

II-A – o Tribunal Superior do Trabalho;

› *Incluído pela Emenda Constitucional nº 92, de 2016*

III – os Tribunais Regionais Federais e Juízes Federais;

IV – os Tribunais e Juízes do Trabalho;

V – os Tribunais e Juízes Eleitorais;

VI – os Tribunais e Juízes Militares;

VII – os Tribunais e Juízes dos Estados e do Distrito Federal e Territórios.

§ 1º O Supremo Tribunal Federal, o Conselho Nacional de Justiça e os Tribunais Superiores têm sede na Capital Federal.

› *Incluído pela Emenda Constitucional nº 45, de 2004*

› *Art. 103-B, CF*

§ 2º O Supremo Tribunal Federal e os Tribunais Superiores têm jurisdição em todo o território nacional.

› *Incluído pela Emenda Constitucional nº 45, de 2004*

Art. 93. Lei complementar, de iniciativa do Supremo Tribunal Federal, disporá sobre o Estatuto da Magistratura, observados os seguintes princípios:

› *LC 35/2979 (Lei Orgânica da Magistratura Nacional)*

I – ingresso na carreira, cujo cargo inicial será o de juiz substituto, mediante concurso público de provas e títulos, com a participação da Ordem dos Advogados do Brasil em todas as fases, exigindo-se do bacharel em direito, no mínimo, três anos de atividade jurídica e obedecendo-se, nas nomeações, à ordem de classificação;

› *Redação dada pela Emenda Constitucional nº 45, de 2004*

II – promoção de entrância para entrância, alternadamente, por antigüidade e merecimento, atendidas as seguintes normas:

a) é obrigatória a promoção do juiz que figure por três vezes consecutivas ou cinco alternadas em lista de merecimento;

b) a promoção por merecimento pressupõe dois anos de exercício na respectiva entrância e integrar o juiz a primeira quinta parte da lista de antigüidade desta, salvo se não houver com tais requisitos quem aceite o lugar vago;

c) aferição do merecimento conforme o desempenho e pelos critérios objetivos de produtividade e presteza no exercício da jurisdição e pela freqüência e aproveitamento em cursos oficiais ou reconhecidos de aperfeiçoamento;

› *Redação dada pela Emenda Constitucional nº 45, de 2004*

d) na apuração de antigüidade, o tribunal somente poderá recusar o juiz mais antigo pelo voto fundamentado de dois terços de seus membros, conforme procedimento próprio, e assegurada ampla defesa, repetindo-se a votação até fixar-se a indicação;

› *Redação dada pela Emenda Constitucional nº 45, de 2004*

e) não será promovido o juiz que, injustificadamente, retiver autos em seu poder além do prazo legal, não podendo devolvê-los ao cartório sem o devido despacho ou decisão;

› *Incluída pela Emenda Constitucional nº 45, de 2004*

III – o acesso aos tribunais de segundo grau far-se-á por antigüidade e merecimento, alternadamente, apurados na última ou única entrância;

› *Redação dada pela Emenda Constitucional nº 45, de 2004*

IV – previsão de cursos oficiais de preparação, aperfeiçoamento e promoção de magistrados, constituindo etapa obrigatória do processo de vitaliciamento a participação em curso oficial ou reconhecido por escola nacional de formação e aperfeiçoamento de magistrados;

› *Redação dada pela Emenda Constitucional nº 45, de 2004*

V – o subsídio dos Ministros dos Tribunais Superiores corresponderá a noventa e cinco por cento do subsídio mensal fixado para os Ministros do Supremo Tribunal Federal e os subsídios dos demais magistrados serão fixados em lei e escalonados, em nível federal e estadual, conforme as respectivas categorias da estrutura judiciária nacional, não podendo a diferença entre uma e outra ser superior a dez por cento ou inferior a cinco por cento, nem exceder a noventa e cinco por cento do subsídio mensal dos Ministros dos Tribunais Superiores, obedecido, em qualquer caso, o disposto nos arts. 37, XI, e 39, § 4º;

› *Redação dada pela Emenda Constitucional nº 19, de 1998*

VI – a aposentadoria dos magistrados e a pensão de seus dependentes observarão o disposto no art. 40;

› *Redação dada pela Emenda Constitucional nº 20, de 1998*

VII – o juiz titular residirá na respectiva comarca, salvo autorização do tribunal;

› *Redação dada pela Emenda Constitucional nº 45, de 2004*

VIII – o ato de remoção ou de disponibilidade do magistrado, por interesse público, fundar-se-á em decisão por voto da maioria absoluta do respectivo tribunal ou do Conselho Nacional de Justiça, assegurada ampla defesa; *(Redação dada pela Emenda Constitucional nº 103, de 2019)*

› *Redação dada pela Emenda Constitucional nº 103 de 2019*

› *Arts. 95, II, e 103-B, CF*

› *Art. 5º, Emenda Constitucional nº 45, de 2004*

VIII-A – a remoção a pedido de magistrados de comarca de igual entrância atenderá, no que couber, ao disposto nas alíneas "a", "b", "c" e "e" do inciso II do *caput* deste artigo e no art. 94 desta Constituição;

› *Redação dada pela Emenda Constitucional nº 130, de 2023*

VIII-B – a permuta de magistrados de comarca de igual entrância, quando for o caso, e dentro do mesmo segmento de justiça, inclusive entre os juízes de segundo grau, vinculados a diferentes tribunais, na esfera da justiça estadual, federal ou do trabalho, atenderá, no que couber, ao disposto nas alíneas "a", "b", "c" e "e" do inciso II do caput deste artigo e no art. 94 desta Constituição;

› *Incluído pela Emenda Constitucional nº 130, de 2023*

IX – todos os julgamentos dos órgãos do Poder Judiciário serão públicos, e fundamentadas todas as decisões, sob pena de nulidade, podendo a lei limitar a presença, em determinados atos, às próprias partes e a seus advogados, ou somente a estes, em casos nos quais a preservação do direito à intimidade do interessado no sigilo não prejudique o interesse público à informação;

› *Redação dada pela Emenda Constitucional nº 45, de 2004*

› *Súmula vinculante 59, STF*

X – as decisões administrativas dos tribunais serão motivadas e em sessão pública, sendo as disciplinares tomadas pelo voto da maioria absoluta de seus membros;

› *Redação dada pela Emenda Constitucional nº 45, de 2004*

XI – nos tribunais com número superior a vinte e cinco julgadores, poderá ser constituído órgão especial, com o mínimo de onze e o máximo de vinte e cinco membros, para o exercício das atribuições administrativas e jurisdicionais delegadas da competência do tribunal pleno, provendo-se metade das vagas por antigüidade e a outra metade por eleição pelo tribunal pleno;

› *Redação dada pela Emenda Constitucional nº 45, de 2004*

XII – a atividade jurisdicional será ininterrupta, sendo vedado férias coletivas nos juízos e tribunais de segundo grau, funcionando, nos dias em que não houver expediente forense normal, juízes em plantão permanente;

› *Incluído pela Emenda Constitucional nº 45, de 2004*

XIII – o número de juízes na unidade jurisdicional será proporcional à efetiva demanda judicial e à respectiva população;

› *Incluído pela Emenda Constitucional nº 45, de 2004*

XIV – os servidores receberão delegação para a prática de atos de administração e atos de mero expediente sem caráter decisório;

› *Incluído pela Emenda Constitucional nº 45, de 2004*

XV – a distribuição de processos será imediata, em todos os graus de jurisdição.

› *Incluído pela Emenda Constitucional nº 45, de 2004*

Art. 94. Um quinto dos lugares dos Tribunais Regionais Federais, dos Tribunais dos Estados, e do Distrito Federal e Territórios será composto de membros, do Ministério Público, com mais de dez anos de carreira, e de advogados de notório saber jurídico e de reputação ilibada, com mais de dez anos de efetiva atividade profissional, indicados em lista sêxtupla pelos órgãos de representação das respectivas classes.

› *Arts. 104, p.u., II e 115, II, CF*

Parágrafo único. Recebidas as indicações, o tribunal formará lista tríplice, enviando-a ao Poder Executivo, que, nos vinte dias subseqüentes, escolherá um de seus integrantes para nomeação.

Art. 95. Os juízes gozam das seguintes garantias:

I – vitaliciedade, que, no primeiro grau, só será adquirida após dois anos de exercício, dependendo a perda do cargo, nesse período, de deliberação do tribunal a que o juiz estiver vinculado, e, nos demais casos, de sentença judicial transitada em julgado;

II – inamovibilidade, salvo por motivo de interesse público, na forma do art. 93, VIII;

III – irredutibilidade de subsídio, ressalvado o disposto nos arts. 37, X e XI, 39, § 4º, 150, II, 153, III, e 153, § 2º, I.

› *Redação dada pela Emenda Constitucional nº 19, de 1998*

Parágrafo único. Aos juízes é vedado:

› *Caput do parágrafo único com redação dada pela Emenda Constitucional nº 45, de 2004*

I – exercer, ainda que em disponibilidade, outro cargo ou função, salvo uma de magistério;

II – receber, a qualquer título ou pretexto, custas ou participação em processo;

III – dedicar-se à atividade político-partidária.

IV – receber, a qualquer título ou pretexto, auxílios ou contribuições de pessoas físicas, entidades públicas ou privadas, ressalvadas as exceções previstas em lei;

› *Incluído pela Emenda Constitucional nº 45, de 2004*

V – exercer a advocacia no juízo ou tribunal do qual se afastou, antes de decorridos três anos do afastamento do cargo por aposentadoria ou exoneração.

› *Incluído pela Emenda Constitucional nº 45, de 2004*

› *Art. 128, § 6º, CF*

Art. 96. Compete privativamente:

› *Art. 4º, Emenda Constitucional nº 45, de 2004*

I – aos tribunais:

a) eleger seus órgãos diretivos e elaborar seus regimentos internos, com observância das normas de processo e das garantias processuais das partes, dispondo sobre a competência e o funcionamento dos respectivos órgãos jurisdicionais e administrativos;

b) organizar suas secretarias e serviços auxiliares e os dos juízos que lhes forem vinculados, velando pelo exercício da atividade correicional respectiva;

c) prover, na forma prevista nesta Constituição, os cargos de juiz de carreira da respectiva jurisdição;

d) propor a criação de novas varas judiciárias;

e) prover, por concurso público de provas, ou de provas e títulos, obedecido o disposto no art. 169, parágrafo único, os cargos necessários à administração da Justiça, exceto os de confiança assim definidos em lei;

f) conceder licença, férias e outros afastamentos a seus membros e aos juízes e servidores que lhes forem imediatamente vinculados;

II – ao Supremo Tribunal Federal, aos Tribunais Superiores e aos Tribunais de Justiça propor ao Poder Legislativo respectivo, observado o disposto no art. 169:

a) a alteração do número de membros dos tribunais inferiores;

b) a criação e a extinção de cargos e a remuneração dos seus serviços auxiliares e dos juízos que lhes forem vinculados, bem como a fixação do subsídio de seus membros e dos juízes, inclusive dos tribunais inferiores, onde houver;

› *Redação dada pela Emenda Constitucional nº 41, 19.12.2003*

c) a criação ou extinção dos tribunais inferiores;

d) a alteração da organização e da divisão judiciárias;

III – aos Tribunais de Justiça julgar os juízes estaduais e do Distrito Federal e Territórios, bem como os membros do Ministério Público, nos crimes comuns e de responsabilidade, ressalvada a competência da Justiça Eleitoral.

Art. 97. Somente pelo voto da maioria absoluta de seus membros ou dos membros do respectivo órgão especial poderão os tribunais declarar a inconstitucionalidade de lei ou ato normativo do Poder Público.

› *Súmula vinculante 10, STF*

Art. 98. A União, no Distrito Federal e nos Territórios, e os Estados criarão:

I – juizados especiais, providos por juízes togados, ou togados e leigos, competentes para a conciliação, o julgamento e a execução de causas cíveis de menor complexidade e infrações penais de menor potencial ofensivo, mediante os procedimentos oral e sumaríssimo, permitidos, nas hipóteses previstas em lei, a transação e o julgamento de recursos por turmas de juízes de primeiro grau;

› *Lei 9.099/1995 (Juizados especiais)*

› *Súmula vinculante 27, STF*

› *Súmula 376, STJ*

II – justiça de paz, remunerada, composta de cidadãos eleitos pelo voto direto, universal e secreto, com mandato de quatro anos e competência para, na forma da lei, celebrar casamentos, verificar, de ofício ou em face de impugnação apresentada, o processo de habilitação e exercer atribuições conciliatórias, sem caráter jurisdicional, além de outras previstas na legislação.

- *Art. 30, ADCT*

§ 1º Lei federal disporá sobre a criação de juizados especiais no âmbito da Justiça Federal.

- *Renumerado pela Emenda Constitucional nº 45, de 2004*
- *Lei 10.259/2001 (Juizados Especiais Cíveis e Criminais no âmbito da Justiça Federal)*

§ 2º As custas e emolumentos serão destinados exclusivamente ao custeio dos serviços afetos às atividades específicas da Justiça.

- *Incluído pela Emenda Constitucional nº 45, de 2004*

Art. 99. Ao Poder Judiciário é assegurada a autonomia administrativa e financeira.

§ 1º Os tribunais elaborarão suas propostas orçamentárias dentro dos limites estipulados conjuntamente com os demais Poderes na lei de diretrizes orçamentárias.

§ 2º O encaminhamento da proposta, ouvidos os outros tribunais interessados, compete:

- *Art. 134, § 2º, CF*

I – no âmbito da União, aos Presidentes do Supremo Tribunal Federal e dos Tribunais Superiores, com a aprovação dos respectivos tribunais;

II – no âmbito dos Estados e no do Distrito Federal e Territórios, aos Presidentes dos Tribunais de Justiça, com a aprovação dos respectivos tribunais.

§ 3º Se os órgãos referidos no § 2º não encaminharem as respectivas propostas orçamentárias dentro do prazo estabelecido na lei de diretrizes orçamentárias, o Poder Executivo considerará, para fins de consolidação da proposta orçamentária anual, os valores aprovados na lei orçamentária vigente, ajustados de acordo com os limites estipulados na forma do § 1º deste artigo.

- *Incluído pela Emenda Constitucional nº 45, de 2004*

§ 4º Se as propostas orçamentárias de que trata este artigo forem encaminhadas em desacordo com os limites estipulados na forma do § 1º, o Poder Executivo procederá aos ajustes necessários para fins de consolidação da proposta orçamentária anual.

- *Incluído pela Emenda Constitucional nº 45, de 2004*

§ 5º Durante a execução orçamentária do exercício, não poderá haver a realização de despesas ou a assunção de obrigações que extrapolem os limites estabelecidos na lei de diretrizes orçamentárias, exceto se previamente autorizadas, mediante a abertura de créditos suplementares ou especiais.

- *Incluído pela Emenda Constitucional nº 45, de 2004*

Art. 100. Os pagamentos devidos pelas Fazendas Públicas Federal, Estaduais, Distrital e Municipais, em virtude de sentença judiciária, far-se-ão exclusivamente na ordem cronológica de apresentação dos precatórios e à conta dos créditos respectivos, proibida a designação de casos ou de pessoas nas dotações orçamentárias e nos créditos adicionais abertos para este fim.

- *Redação dada pela Emenda Constitucional nº 62, de 2009*
- *Vide Art. 6º-A da Lei n. 8.935/1994 (Notários e Registradores)*
- *ADIn 4.357*
- *Art. 97, ADCT*
- *Súmula 339, STJ*

§ 1º Os débitos de natureza alimentícia compreendem aqueles decorrentes de salários, vencimentos, proventos, pensões e suas complementações, benefícios previdenciários e indenizações por morte ou por invalidez, fundadas em responsabilidade civil, em virtude de sentença judicial transitada em julgado, e serão pagos com preferência sobre todos os demais débitos, exceto sobre aqueles referidos no § 2º deste artigo.

- *Redação dada pela Emenda Constitucional nº 62, de 2009*
- *Súmula 655, STF*

§ 2º Os débitos de natureza alimentícia cujos titulares, originários ou por sucessão hereditária, tenham 60 (sessenta) anos de idade, ou sejam portadores de doença grave, ou pessoas com deficiência, assim definidos na forma da lei, serão pagos com preferência sobre todos os demais débitos, até o valor equivalente ao triplo fixado em lei para os fins do disposto no § 3º deste artigo, admitido o fracionamento para essa finalidade, sendo que o restante será pago na ordem cronológica de apresentação do precatório.

- *Redação dada pela Emenda Constitucional nº 94, de 2016*

§ 3º O disposto no *caput* deste artigo relativamente à expedição de precatórios não se aplica aos pagamentos de obrigações definidas em leis como de pequeno valor que as Fazendas referidas devam fazer em virtude de sentença judicial transitada em julgado.

- *Redação dada pela Emenda Constitucional nº 62, de 2009*

§ 4º Para os fins do disposto no § 3º, poderão ser fixados, por leis próprias, valores distintos às entidades de direito público, segundo as diferentes capacidades econômicas, sendo o mínimo igual ao valor do maior benefício do regime geral de previdência social.

- *Redação dada pela Emenda Constitucional nº 62, de 2009*

§ 5º É obrigatória a inclusão no orçamento das entidades de direito público de verba necessária ao pagamento de seus débitos oriundos de sentenças transitadas em julgado constantes de precatórios judiciários apresentados até 2 de abril, fazendo-se o pagamento até o final do exercício seguinte, quando terão seus valores atualizados monetariamente.

- *Em vigor a partir de 2022, conforme redação do art. 8º, I, da Emenda Constitucional 114, de 2021.*
- *Redação dada pela Emenda Constitucional nº 114, de 2021.*
- *Súmula vinculante 17, STF*

§ 6º As dotações orçamentárias e os créditos abertos serão consignados diretamente ao Poder Judiciário, cabendo ao Presidente do Tribunal que proferir a decisão exequenda determinar o pagamento integral e autorizar, a requerimento do credor e exclusivamente para os casos de preterimento de seu direito de precedência ou de não alocação orçamentária do valor necessário à satisfação do seu débito, o sequestro da quantia respectiva.

- *Redação dada pela Emenda Constitucional nº 62, de 2009*

§ 7º O Presidente do Tribunal competente que, por ato comissivo ou omissivo, retardar ou tentar frustrar a liquidação regular de precatórios incorrerá em crime de responsabilidade e responderá, também, perante o Conselho Nacional de Justiça.

- *Incluído pela Emenda Constitucional nº 62, de 2009*

§ 8º É vedada a expedição de precatórios complementares ou suplementares de valor pago, bem como o fracionamento, repartição ou quebra do valor da execução para fins de enquadramento de parcela do total ao que dispõe o § 3º deste artigo.

- *Incluído pela Emenda Constitucional nº 62, de 2009*

§ 9º Sem que haja interrupção no pagamento do precatório e mediante comunicação da Fazenda Pública ao Tribunal, o valor correspondente aos eventuais débitos inscritos em dívida ativa contra o credor do requisitório e seus substituídos deverá ser depositado à conta do juízo responsável pela ação de cobrança, que decidirá pelo seu destino definitivo.

- *Alterado pela Emenda Constitucional nº 113, de 2021*
- *ADIn 7.047: O Tribunal, por maioria, converteu o julgamento da medida cautelar em julgamento de mérito e conheceu da ação direta para julgá-la parcialmente procedente e declarar a inconstitucionalidade do art. 100, § 9º, da Constituição Federal, com redação estabelecida pelo art. 1º da EC 113/21, nos termos do voto do Relator, vencido parcialmente o Ministro André Mendonça. Plenário, Sessão Virtual Extraordinária de 30.11.2023 (00h00) a 30.11.2023 (23h59).*

§ 10. Antes da expedição dos precatórios, o Tribunal solicitará à Fazenda Pública devedora, para resposta em até 30 (trinta) dias, sob pena de perda do direito de abatimento, informação sobre os débitos que preencham as condições estabelecidas no § 9º, para os fins nele previstos.

- *Incluído pela Emenda Constitucional nº 62, de 2009*

§ 11. É facultada ao credor, conforme estabelecido em lei do ente federativo devedor, com autoaplicabilidade para a União, a oferta de créditos líquidos e certos que originalmente lhe são próprios ou adquiridos de terceiros reconhecidos pelo ente federativo ou por decisão judicial transitada em julgado para:

- *ADIns 7.047 e 7.064: O Tribunal, por maioria, converteu o julgamento da medida cautelar em julgamento de mérito e conheceu da ação direta para julgá-la parcialmente procedente para dar interpretação conforme a Constituição ao art. 100, § 11, com redação da EC 113/21, para excluir a expressão com auto aplicabilidade para a União de seu texto, nos termos do voto do Relator, vencido parcialmente o Ministro André Mendonça. Plenário, Sessão Virtual Extraordinária de 30.11.2023 (00h00) a 30.11.2023 (23h59).*

I – quitação de débitos parcelados ou débitos inscritos em dívida ativa do ente federativo devedor, inclusive em transação resolutiva de litígio, e, subsidiariamente, débitos com a administração autárquica e fundacional do mesmo ente;

II – compra de imóveis públicos de propriedade do mesmo ente disponibilizados para venda;

III – pagamento de outorga de delegações de serviços públicos e demais espécies de concessão negocial promovidas pelo mesmo ente;

IV – aquisição, inclusive minoritária, de participação societária, disponibilizada para venda, do respectivo ente federativo; ou

V – compra de direitos, disponibilizados para cessão, do respectivo ente federativo, inclusive, no caso da União, da antecipação de valores a serem recebidos a título do excedente em óleo em contratos de partilha de petróleo.

▸ *Alterado pela Emenda Constitucional nº 113, de 2021*

§ 12. A partir da promulgação desta Emenda Constitucional, a atualização de valores de requisitórios, após sua expedição, até o efetivo pagamento, independentemente de sua natureza, será feita pelo índice oficial de remuneração básica da caderneta de poupança, e, para fins de compensação da mora, incidirão juros simples no mesmo percentual de juros incidentes sobre a caderneta de poupança, ficando excluída a incidência de juros compensatórios.

▸ *Incluído pela Emenda Constitucional nº 62, de 2009*

§ 13. O credor poderá ceder, total ou parcialmente, seus créditos em precatórios a terceiros, independentemente da concordância do devedor, não se aplicando ao cessionário o disposto nos §§ 2º e 3º.

▸ *Incluído pela Emenda Constitucional nº 62, de 2009*

§ 14. A cessão de precatórios, observado o disposto no § 9º deste artigo, somente produzirá efeitos após comunicação, por meio de petição protocolizada, ao Tribunal de origem e ao ente federativo devedor.

▸ *Alterado pela Emenda Constitucional nº 113, de 2021*

§ 15. Sem prejuízo do disposto neste artigo, lei complementar a esta Constituição Federal poderá estabelecer regime especial para pagamento de crédito de precatórios de Estados, Distrito Federal e Municípios, dispondo sobre vinculações à receita corrente líquida e forma e prazo de liquidação.

▸ *Incluído pela Emenda Constitucional nº 62, de 2009*

§ 16. A seu critério exclusivo e na forma de lei, a União poderá assumir débitos, oriundos de precatórios, de Estados, Distrito Federal e Municípios, refinanciando-os diretamente.

▸ *Incluído pela Emenda Constitucional nº 62, de 2009*

§ 17. A União, os Estados, o Distrito Federal e os Municípios aferirão mensalmente, em base anual, o comprometimento de suas respectivas receitas correntes líquidas com o pagamento de precatórios e obrigações de pequeno valor.

▸ *Incluído pela Emenda Constitucional nº 94, de 2016*

§ 18. Entende-se como receita corrente líquida, para os fins de que trata o § 17, o somatório das receitas tributárias, patrimoniais, industriais, agropecuárias, de contribuições e de serviços, de transferências correntes e outras receitas correntes, incluindo as oriundas do § 1º do art. 20 da Constituição Federal, verificado no período compreendido pelo segundo mês imediatamente anterior ao de referência e os 11 (onze) meses precedentes, excluídas as duplicidades, e deduzidas:

▸ *Incluído pela Emenda Constitucional nº 94, de 2016*

I – na União, as parcelas entregues aos Estados, ao Distrito Federal e aos Municípios por determinação constitucional;

▸ *Incluído pela Emenda Constitucional nº 94, de 2016*

II – nos Estados, as parcelas entregues aos Municípios por determinação constitucional;

▸ *Incluído pela Emenda Constitucional nº 94, de 2016*

III – na União, nos Estados, no Distrito Federal e nos Municípios, a contribuição dos servidores para custeio de seu sistema de previdência e assistência social e as receitas provenientes da compensação financeira referida no § 9º do art. 201 da Constituição Federal.

▸ *Incluído pela Emenda Constitucional nº 94, de 2016*

§ 19. Caso o montante total de débitos decorrentes de condenações judiciais em precatórios e obrigações de pequeno valor, em período de 12 (doze) meses, ultrapasse a média do comprometimento percentual da receita corrente líquida nos 5 (cinco) anos imediatamente anteriores, a parcela que exceder esse percentual poderá ser financiada, excetuada dos limites de endividamento de que tratam os incisos VI e VII do art. 52 da Constituição Federal e de quaisquer outros limites de endividamento previstos, não se aplicando a esse financiamento a vedação de vinculação de receita prevista no inciso IV do art. 167 da Constituição Federal.

▸ *Incluído pela Emenda Constitucional nº 94, de 2016*

§ 20. Caso haja precatório com valor superior a 15% (quinze por cento) do montante dos precatórios apresentados nos termos do § 5º deste artigo, 15% (quinze por cento) do valor deste precatório serão pagos até o final do exercício seguinte e o restante em parcelas iguais nos cinco exercícios subsequentes, acrescidas de juros de mora e correção monetária, ou mediante acordos diretos, perante Juízos Auxiliares de Conciliação de Precatórios, com redução máxima de 40% (quarenta por cento) do valor do crédito atualizado, desde que em relação ao crédito não penda recurso ou defesa judicial e que sejam observados os requisitos definidos na regulamentação editada pelo ente federado.

▸ *Incluído pela Emenda Constitucional nº 94, de 2016*

§ 21. Ficam a União e os demais entes federativos, nos montantes que lhes são próprios, desde que aceito por ambas as partes, autorizados a utilizar valores objeto de sentenças transitadas em julgado devidos a pessoa jurídica de direito público para amortizar dívidas, vencidas ou vincendas:

I – nos contratos de refinanciamento cujos créditos sejam detidos pelo ente federativo que figure como devedor na sentença de que trata o *caput* deste artigo;

II – nos contratos em que houve prestação de garantia a outro ente federativo;

III – nos parcelamentos de tributos ou de contribuições sociais; e

IV – nas obrigações decorrentes do descumprimento de prestação de contas ou de desvio de recursos.

▸ *Incluído pela Emenda Constitucional nº 113, de 2021*

§ 22. A amortização de que trata o § 21 deste artigo:

I – nas obrigações vencidas, será imputada primeiramente às parcelas mais antigas;

II – nas obrigações vincendas, reduzirá uniformemente o valor de cada parcela devida, mantida a duração original do respectivo contrato ou parcelamento.

▸ *Incluído pela Emenda Constitucional nº 113, de 2021*

SEÇÃO II – DO SUPREMO TRIBUNAL FEDERAL

Art. 101. O Supremo Tribunal Federal compõe-se de onze Ministros, escolhidos dentre cidadãos com mais de trinta e cinco e menos de setenta anos de idade, de notável saber jurídico e reputação ilibada.

▸ *Redação dada pela Emenda Constitucional nº 122, de 2022*

Parágrafo único. Os Ministros do Supremo Tribunal Federal serão nomeados pelo Presidente da República, depois de aprovada a escolha pela maioria absoluta do Senado Federal.

Art. 102. Compete ao Supremo Tribunal Federal, precipuamente, a guarda da Constituição, cabendo-lhe:

I – processar e julgar, originariamente:

a) a ação direta de inconstitucionalidade de lei ou ato normativo federal ou estadual e a ação declaratória de constitucionalidade de lei ou ato normativo federal;

▸ *Redação dada pela Emenda Constitucional nº 3, de 1993*

b) nas infrações penais comuns, o Presidente da República, o Vice-Presidente, os membros do Congresso Nacional, seus próprios Ministros e o Procurador-Geral da República;

c) nas infrações penais comuns e nos crimes de responsabilidade, os Ministros de Estado e os Comandantes da Marinha, do Exército e da Aeronáutica, ressalvado o disposto no art. 52, I, os membros dos Tribunais Superiores, os do Tribunal de Contas da União e os chefes de missão diplomática de caráter permanente;

▸ *Redação dada pela Emenda Constitucional nº 23, de 1999*

d) o "habeas-corpus", sendo paciente qualquer das pessoas referidas nas alíneas anteriores; o mandado de segurança e o "habeas-data" contra atos do Presidente da República, das Mesas da Câmara dos Deputados e do Senado Federal, do Tribunal de Contas da União, do Procurador-Geral da República e do próprio Supremo Tribunal Federal;

e) o litígio entre Estado estrangeiro ou organismo internacional e a União, o Estado, o Distrito Federal ou o Território;

f) as causas e os conflitos entre a União e os Estados, a União e o Distrito Federal, ou entre uns e outros, inclusive as respectivas entidades da administração indireta;

g) a extradição solicitada por Estado estrangeiro;

h) *(Revogada pela Emenda Constitucional nº 45, de 2004)*

i) o *habeas corpus*, quando o coator for Tribunal Superior ou quando o coator ou o paciente for autoridade ou funcionário cujos atos estejam sujeitos diretamente à jurisdição do Supremo Tribunal Federal, ou se trate de crime sujeito à mesma jurisdição em uma única instância;

▸ *Redação dada pela Emenda Constitucional nº 22, de 1999*

j) a revisão criminal e a ação rescisória de seus julgados;

l) a reclamação para a preservação de sua competência e garantia da autoridade de suas decisões;

m) a execução de sentença nas causas de sua competência originária, facultada a delegação de atribuições para a prática de atos processuais;

n) a ação em que todos os membros da magistratura sejam direta ou indiretamente interessados, e aquela em que mais da metade dos membros do tribunal de origem estejam impedidos ou sejam direta ou indiretamente interessados;

o) os conflitos de competência entre o Superior Tribunal de Justiça e quaisquer tribunais, entre Tribunais Superiores, ou entre estes e qualquer outro tribunal;

p) o pedido de medida cautelar das ações diretas de inconstitucionalidade;

q) o mandado de injunção, quando a elaboração da norma regulamentadora for atribuição do Presidente da República, do Congresso Nacional, da Câmara dos Deputados, do Senado Federal, das Mesas de uma dessas Casas Legislativas, do Tribunal de Contas da União, de um dos Tribunais Superiores, ou do próprio Supremo Tribunal Federal;

r) as ações contra o Conselho Nacional de Justiça e contra o Conselho Nacional do Ministério Público;

- *Incluída pela Emenda Constitucional nº 45, de 2004*

II – julgar, em recurso ordinário:

a) o "habeas-corpus", o mandado de segurança, o "habeas-data" e o mandado de injunção decididos em única instância pelos Tribunais Superiores, se denegatória a decisão;

b) o crime político;

III – julgar, mediante recurso extraordinário, as causas decididas em única ou última instância, quando a decisão recorrida:

a) contrariar dispositivo desta Constituição;

b) declarar a inconstitucionalidade de tratado ou lei federal;

c) julgar válida lei ou ato de governo local contestado em face desta Constituição.

d) julgar válida lei local contestada em face de lei federal.

- *Incluída pela Emenda Constitucional nº 45, de 2004*

§ 1º A arguição de descumprimento de preceito fundamental, decorrente desta Constituição, será apreciada pelo Supremo Tribunal Federal, na forma da lei.

- *Transformado do parágrafo único em § 1º pela Emenda Constitucional nº 3, de 17/03/1993*

§ 2º As decisões definitivas de mérito, proferidas pelo Supremo Tribunal Federal, nas ações diretas de inconstitucionalidade e nas ações declaratórias de constitucionalidade produzirão eficácia contra todos e efeito vinculante, relativamente aos demais órgãos do Poder Judiciário e à administração pública direta e indireta, nas esferas federal, estadual e municipal.

- *Redação dada pela Emenda Constitucional nº 45, de 2004*

§ 3º No recurso extraordinário o recorrente deverá demonstrar a repercussão geral das questões constitucionais discutidas no caso, nos termos da lei, a fim de que o Tribunal examine a admissão do recurso, somente podendo recusá-lo pela manifestação de dois terços de seus membros.

- *Incluída pela Emenda Constitucional nº 45, de 2004*

Art. 103. Podem propor a ação direta de inconstitucionalidade e a ação declaratória de constitucionalidade:

- *Redação dada pela Emenda Constitucional nº 45, de 2004*

I – o Presidente da República;

II – a Mesa do Senado Federal;

III – a Mesa da Câmara dos Deputados;

IV – a Mesa de Assembleia Legislativa ou da Câmara Legislativa do Distrito Federal;

- *Redação dada pela Emenda Constitucional nº 45, de 2004*

V – o Governador de Estado ou do Distrito Federal;

- *Redação dada pela Emenda Constitucional nº 45, de 2004*

VI – o Procurador-Geral da República;

VII – o Conselho Federal da Ordem dos Advogados do Brasil;

VIII – partido político com representação no Congresso Nacional;

IX – confederação sindical ou entidade de classe de âmbito nacional.

§ 1º O Procurador-Geral da República deverá ser previamente ouvido nas ações de inconstitucionalidade e em todos os processos de competência do Supremo Tribunal Federal.

§ 2º Declarada a inconstitucionalidade por omissão de medida para tornar efetiva norma constitucional, será dada ciência ao Poder competente para a adoção das providências necessárias e, em se tratando de órgão administrativo, para fazê-lo em trinta dias.

§ 3º Quando o Supremo Tribunal Federal apreciar a inconstitucionalidade, em tese, de norma legal ou ato normativo, citará, previamente, o Advogado-Geral da União, que defenderá o ato ou texto impugnado.

§ 4º *(Revogado pela Emenda Constitucional nº 45, de 2004)*

Art. 103-A. O Supremo Tribunal Federal poderá, de ofício ou por provocação, mediante decisão de dois terços dos seus membros, após reiteradas decisões sobre matéria constitucional, aprovar súmula que, a partir de sua publicação na imprensa oficial, terá efeito vinculante em relação aos demais órgãos do Poder Judiciário e à administração pública direta e indireta, nas esferas federal, estadual e municipal, bem como proceder à sua revisão ou cancelamento, na forma estabelecida em lei.

- *Incluído pela Emenda Constitucional nº 45, de 2004*
- *Art. 8º, Emenda Constitucional nº 45, de 2004*
- *Lei 11.417/2006 (Regulamenta o art. 103-A da CF – Súmula vinculante)*

§ 1º A súmula terá por objetivo a validade, a interpretação e a eficácia de normas determinadas, acerca das quais haja controvérsia atual entre órgãos judiciários ou entre esses e a administração pública que acarrete grave insegurança jurídica e relevante multiplicação de processos sobre questão idêntica.

- *Incluído pela Emenda Constitucional nº 45, de 2004*

§ 2º Sem prejuízo do que vier a ser estabelecido em lei, a aprovação, revisão ou cancelamento de súmula poderá ser provocada por aqueles que podem propor a ação direta de inconstitucionalidade.

- *Incluído pela Emenda Constitucional nº 45, de 2004*

§ 3º Do ato administrativo ou decisão judicial que contrariar a súmula aplicável ou que indevidamente a aplicar, caberá reclamação ao Supremo Tribunal Federal que, julgando-a procedente, anulará o ato administrativo ou cassará a decisão judicial reclamada, e determinará que outra seja proferida com ou sem a aplicação da súmula, conforme o caso.

- *Incluído pela Emenda Constitucional nº 45, de 2004*

Art. 103-B. O Conselho Nacional de Justiça compõe-se de 15 (quinze) membros com mandato de 2 (dois) anos, admitida 1 (uma) recondução, sendo:

- *Redação dada pela Emenda Constitucional nº 61, de 2009*

I – o Presidente do Supremo Tribunal Federal;

- *Redação dada pela Emenda Constitucional nº 61, de 2009*

II – um Ministro do Superior Tribunal de Justiça, indicado pelo respectivo tribunal;

- *Incluído pela Emenda Constitucional nº 45, de 2004*

III – um Ministro do Tribunal Superior do Trabalho, indicado pelo respectivo tribunal;

- *Incluído pela Emenda Constitucional nº 45, de 2004*

IV – um desembargador de Tribunal de Justiça, indicado pelo Supremo Tribunal Federal;

- *Incluído pela Emenda Constitucional nº 45, de 2004*

V – um juiz estadual, indicado pelo Supremo Tribunal Federal;

- *Incluído pela Emenda Constitucional nº 45, de 2004*

VI – um juiz de Tribunal Regional Federal, indicado pelo Superior Tribunal de Justiça;

- *Incluído pela Emenda Constitucional nº 45, de 2004*

VII – um juiz federal, indicado pelo Superior Tribunal de Justiça;

- *Incluído pela Emenda Constitucional nº 45, de 2004*

VIII – um juiz de Tribunal Regional do Trabalho, indicado pelo Tribunal Superior do Trabalho;

- *Incluído pela Emenda Constitucional nº 45, de 2004*

IX – um juiz do trabalho, indicado pelo Tribunal Superior do Trabalho;

- *Incluído pela Emenda Constitucional nº 45, de 2004*

X – um membro do Ministério Público da União, indicado pelo Procurador-Geral da República;

- *Incluído pela Emenda Constitucional nº 45, de 2004*

XI – um membro do Ministério Público estadual, escolhido pelo Procurador-Geral da República dentre os nomes indicados pelo órgão competente de cada instituição estadual;

- *Incluído pela Emenda Constitucional nº 45, de 2004*

XII – dois advogados, indicados pelo Conselho Federal da Ordem dos Advogados do Brasil;

- *Incluído pela Emenda Constitucional nº 45, de 2004*

XIII – dois cidadãos, de notável saber jurídico e reputação ilibada, indicados um pela Câmara dos Deputados e outro pelo Senado Federal.

- *Incluído pela Emenda Constitucional nº 45, de 2004*

§ 1º O Conselho será presidido pelo Presidente do Supremo Tribunal Federal e, nas suas ausências e impedimentos, pelo

Vice-Presidente do Supremo Tribunal Federal.

› *Redação dada pela Emenda Constitucional nº 61, de 2009*

§ 2º Os demais membros do Conselho serão nomeados pelo Presidente da República, depois de aprovada a escolha pela maioria absoluta do Senado Federal.

› *Redação dada pela Emenda Constitucional nº 61, de 2009*

§ 3º Não efetuadas, no prazo legal, as indicações previstas neste artigo, caberá a escolha ao Supremo Tribunal Federal.

› *Incluído pela Emenda Constitucional nº 45, de 2004*

§ 4º Compete ao Conselho o controle da atuação administrativa e financeira do Poder Judiciário e do cumprimento dos deveres funcionais dos juízes, cabendo-lhe, além de outras atribuições que lhe forem conferidas pelo Estatuto da Magistratura:

› *Incluído pela Emenda Constitucional nº 45, de 2004*

I – zelar pela autonomia do Poder Judiciário e pelo cumprimento do Estatuto da Magistratura, podendo expedir atos regulamentares, no âmbito de sua competência, ou recomendar providências;

› *Incluído pela Emenda Constitucional nº 45, de 2004*

II – zelar pela observância do art. 37 e apreciar, de ofício ou mediante provocação, a legalidade dos atos administrativos praticados por membros ou órgãos do Poder Judiciário, podendo desconstituí-los, revê-los ou fixar prazo para que se adotem as providências necessárias ao exato cumprimento da lei, sem prejuízo da competência do Tribunal de Contas da União;

› *Incluído pela Emenda Constitucional nº 45, de 2004*

III – receber e conhecer das reclamações contra membros ou órgãos do Poder Judiciário, inclusive contra seus serviços auxiliares, serventias e órgãos prestadores de serviços notariais e de registro que atuem por delegação do poder público ou oficializados, sem prejuízo da competência disciplinar e correicional dos tribunais, podendo avocar processos disciplinares em curso, determinar a remoção ou a disponibilidade e aplicar outras sanções administrativas, assegurada ampla defesa;

› *Redação dada pela Emenda Constitucional nº 103, de 2019*

IV – representar ao Ministério Público, no caso de crime contra a administração pública ou de abuso de autoridade;

› *Incluído pela Emenda Constitucional nº 45, de 2004*

V – rever, de ofício ou mediante provocação, os processos disciplinares de juízes e membros de tribunais julgados há menos de um ano;

› *Incluído pela Emenda Constitucional nº 45, de 2004*

VI – elaborar semestralmente relatório estatístico sobre processos e sentenças prolatadas, por unidade da Federação, nos diferentes órgãos do Poder Judiciário;

› *Incluído pela Emenda Constitucional nº 45, de 2004*

VII – elaborar relatório anual, propondo as providências que julgar necessárias, sobre a situação do Poder Judiciário no País e as atividades do Conselho, o qual deve integrar mensagem do Presidente do Supremo Tribunal Federal a ser remetida ao Congresso Nacional, por ocasião da abertura da sessão legislativa.

› *Incluído pela Emenda Constitucional nº 45, de 2004*

§ 5º O Ministro do Superior Tribunal de Justiça exercerá a função de Ministro-Corregedor e ficará excluído da distribuição de processos no Tribunal, competindo-lhe, além das atribuições que lhe forem conferidas pelo Estatuto da Magistratura, as seguintes:

› *Incluído pela Emenda Constitucional nº 45, de 2004*

I – receber as reclamações e denúncias, de qualquer interessado, relativas aos magistrados e aos serviços judiciários;

› *Incluído pela Emenda Constitucional nº 45, de 2004*

II – exercer funções executivas do Conselho, de inspeção e de correição geral;

› *Incluído pela Emenda Constitucional nº 45, de 2004*

III – requisitar e designar magistrados, delegando-lhes atribuições, e requisitar servidores de juízos ou tribunais, inclusive nos Estados, Distrito Federal e Territórios.

› *Incluído pela Emenda Constitucional nº 45, de 2004*

§ 6º Junto ao Conselho oficiarão o Procurador-Geral da República e o Presidente do Conselho Federal da Ordem dos Advogados do Brasil.

› *Incluído pela Emenda Constitucional nº 45, de 2004*

§ 7º A União, inclusive no Distrito Federal e nos Territórios, criará ouvidorias de justiça, competentes para receber reclamações e denúncias de qualquer interessado contra membros ou órgãos do Poder Judiciário, ou contra seus serviços auxiliares, representando diretamente ao Conselho Nacional de Justiça.

› *Incluído pela Emenda Constitucional nº 45, de 2004*

SEÇÃO III – DO SUPERIOR TRIBUNAL DE JUSTIÇA

Art. 104. O Superior Tribunal de Justiça compõe-se de, no mínimo, trinta e três Ministros.

Parágrafo único. Os Ministros do Superior Tribunal de Justiça serão nomeados pelo Presidente da República, dentre brasileiros com mais de trinta e cinco e menos de setenta anos de idade, de notável saber jurídico e reputação ilibada, depois de aprovada a escolha pela maioria absoluta do Senado Federal, sendo:

› *Redação dada pela Emenda Constitucional nº 122, de 2022*

I – um terço dentre juízes dos Tribunais Regionais Federais e um terço dentre desembargadores dos Tribunais de Justiça, indicados em lista tríplice elaborada pelo próprio Tribunal;

II – um terço, em partes iguais, dentre advogados e membros do Ministério Público Federal, Estadual, do Distrito Federal e Territórios, alternadamente, indicados na forma do art. 94.

Art. 105. Compete ao Superior Tribunal de Justiça:

I – processar e julgar, originariamente:

a) nos crimes comuns, os Governadores dos Estados e do Distrito Federal, e, nestes e nos de responsabilidade, os desembargadores dos Tribunais de Justiça dos Estados e do Distrito Federal, os membros dos Tribunais de Contas dos Estados e do Distrito Federal, os dos Tribunais Regionais Federais, dos Tribunais Regionais Eleitorais e do Trabalho, os membros dos Conselhos ou Tribunais de Contas dos Municípios e os do Ministério Público da União que oficiem perante tribunais;

b) os mandados de segurança e os *habeas data* contra ato de Ministro de Estado, dos Comandantes da Marinha, do Exército e da Aeronáutica ou do próprio Tribunal;

› *Redação dada pela Emenda Constitucional nº 23, de 1999*

c) os *habeas corpus*, quando o coator ou paciente for qualquer das pessoas mencionadas na alínea "a", ou quando o coator for tribunal sujeito à sua jurisdição, Ministro de Estado ou Comandante da Marinha, do Exército ou da Aeronáutica, ressalvada a competência da Justiça Eleitoral;

› *Redação dada pela Emenda Constitucional nº 23, de 1999*

d) os conflitos de competência entre quaisquer tribunais, ressalvado o disposto no art. 102, I, "o", bem como entre tribunal e juízes a ele não vinculados e entre juízes vinculados a tribunais diversos;

e) as revisões criminais e as ações rescisórias de seus julgados;

f) a reclamação para a preservação de sua competência e garantia da autoridade de suas decisões;

g) os conflitos de atribuições entre autoridades administrativas e judiciárias da União, ou entre autoridades judiciárias de um Estado e administrativas de outro ou do Distrito Federal, ou entre as deste e da União;

h) o mandado de injunção, quando a elaboração da norma regulamentadora for atribuição de órgão, entidade ou autoridade federal, da administração direta ou indireta, excetuados os casos de competência do Supremo Tribunal Federal e dos órgãos da Justiça Militar, da Justiça Eleitoral, da Justiça do Trabalho e da Justiça Federal;

i) a homologação de sentenças estrangeiras e a concessão de exequatur às cartas rogatórias;

› *Incluída pela Emenda Constitucional nº 45, de 2004*

j) os conflitos entre entes federativos, ou entre estes e o Comitê Gestor do Imposto sobre Bens e Serviços, relacionados aos tributos previstos nos arts. 156-A e 195, V;

› *Incluída pela Emenda Constitucional nº 132, de 2023*

II – julgar, em recurso ordinário:

a) os "habeas-corpus" decididos em única ou última instância pelos Tribunais Regionais Federais ou pelos tribunais dos Estados, do Distrito Federal e Territórios, quando a decisão for denegatória;

b) os mandados de segurança decididos em única instância pelos Tribunais Regionais Federais ou pelos tribunais dos Estados, do Distrito Federal e Territórios, quando denegatória a decisão;

c) as causas em que forem partes Estado estrangeiro ou organismo internacional, de um lado, e, do outro, Município ou pessoa residente ou domiciliada no País;

III – julgar, em recurso especial, as causas decididas, em única ou última instância, pelos Tribunais Regionais Federais ou pelos tribunais dos Estados, do Distrito Federal e Territórios, quando a decisão recorrida:

a) contrariar tratado ou lei federal, ou negar-lhes vigência;

b) julgar válido ato de governo local contestado em face de lei federal;

› *Redação dada pela Emenda Constitucional nº 45, de 2004*

c) der a lei federal interpretação divergente da que lhe haja atribuído outro tribunal.

§ 1º Funcionarão junto ao Superior Tribunal de Justiça:

I – a Escola Nacional de Formação e Aperfeiçoamento de Magistrados, cabendo-lhe, dentre outras funções, regulamentar os cursos oficiais para o ingresso e promoção na carreira;

› *Incluído pela Emenda Constitucional nº 45, de 2004*

II – o Conselho da Justiça Federal, cabendo-lhe exercer, na forma da lei, a supervisão administrativa e orçamentária da Justiça Federal de primeiro e segundo graus, como órgão central do sistema e com poderes correicionais, cujas decisões terão caráter vinculante.

› *Incluído pela Emenda Constitucional nº 45, de 2004*

§ 2º No recurso especial, o recorrente deve demonstrar a relevância das questões de direito federal infraconstitucional discutidas no caso, nos termos da lei, a fim de que a admissão do recurso seja examinada pelo Tribunal, o qual somente pode dele não conhecer com base nesse motivo pela manifestação de 2/3 (dois terços) dos membros do órgão competente para o julgamento.

› *Incluído pela Emenda Constitucional nº 125, de 2022*

§ 3º Haverá a relevância de que trata o § 2º deste artigo nos seguintes casos:

› *Incluído pela Emenda Constitucional nº 125, de 2022*

I – ações penais;

› *Incluído pela Emenda Constitucional nº 125, de 2022*

II – ações de improbidade administrativa;

› *Incluído pela Emenda Constitucional nº 125, de 2022*

III – ações cujo valor da causa ultrapasse 500 (quinhentos) salários mínimos;

› *Incluído pela Emenda Constitucional nº 125, de 2022*

IV – ações que possam gerar inelegibilidade;

› *Incluído pela Emenda Constitucional nº 125, de 2022*

V – hipóteses em que o acórdão recorrido contrariar jurisprudência dominante do Superior Tribunal de Justiça;

› *Incluído pela Emenda Constitucional nº 125, de 2022*

VI – outras hipóteses previstas em lei.

› *Incluído pela Emenda Constitucional nº 125, de 2022*

SEÇÃO IV – DOS TRIBUNAIS REGIONAIS FEDERAIS E DOS JUÍZES FEDERAIS

Art. 106. São órgãos da Justiça Federal:

I – os Tribunais Regionais Federais;

II – os Juízes Federais.

Art. 107. Os Tribunais Regionais Federais compõem-se de, no mínimo, sete juízes, recrutados, quando possível, na respectiva região e nomeados pelo Presidente da República dentre brasileiros com mais de trinta e menos de setenta anos de idade, sendo:

› *Redação dada pela Emenda Constitucional nº 122, de 2022*

I – um quinto dentre advogados com mais de dez anos de efetiva atividade profissional e membros do Ministério Público Federal com mais de dez anos de carreira;

II – os demais, mediante promoção de juízes federais com mais de cinco anos de exercício, por antigüidade e merecimento, alternadamente.

§ 1º A lei disciplinará a remoção ou a permuta de juízes dos Tribunais Regionais Federais e determinará sua jurisdição e sede.

› *Renumerado do parágrafo único, pela Emenda Constitucional nº 45, de 2004*

§ 2º Os Tribunais Regionais Federais instalarão a justiça itinerante, com a realização de audiências e demais funções da atividade jurisdicional, nos limites territoriais da respectiva jurisdição, servindo-se de equipamentos públicos e comunitários.

› *Incluído pela Emenda Constitucional nº 45, de 2004*

§ 3º Os Tribunais Regionais Federais poderão funcionar descentralizadamente, constituindo Câmaras regionais, a fim de assegurar o pleno acesso do jurisdicionado à justiça em todas as fases do processo.

› *Incluído pela Emenda Constitucional nº 45, de 2004*

Art. 108. Compete aos Tribunais Regionais Federais:

I – processar e julgar, originariamente:

a) os juízes federais da área de sua jurisdição, incluídos os da Justiça Militar e da Justiça do Trabalho, nos crimes comuns e de responsabilidade, e os membros do Ministério Público da União, ressalvada a competência da Justiça Eleitoral;

b) as revisões criminais e as ações rescisórias de julgados seus ou dos juízes federais da região;

c) os mandados de segurança e os "habeas-data" contra ato do próprio Tribunal ou de juiz federal;

d) os "habeas-corpus", quando a autoridade coatora for juiz federal;

e) os conflitos de competência entre juízes federais vinculados ao Tribunal;

II – julgar, em grau de recurso, as causas decididas pelos juízes federais e pelos juízes estaduais no exercício da competência federal da área de sua jurisdição.

Art. 109. Aos juízes federais compete processar e julgar:

I – as causas em que a União, entidade autárquica ou empresa pública federal forem interessadas na condição de autoras, rés, assistentes ou oponentes, exceto as de falência, as de acidentes de trabalho e as sujeitas à Justiça Eleitoral e à Justiça do Trabalho;

II – as causas entre Estado estrangeiro ou organismo internacional e Município ou pessoa domiciliada ou residente no País;

III – as causas fundadas em tratado ou contrato da União com Estado estrangeiro ou organismo internacional;

IV – os crimes políticos e as infrações penais praticadas em detrimento de bens, serviços ou interesse da União ou de suas entidades autárquicas ou empresas públicas, excluídas as contravenções e ressalvada a competência da Justiça Militar e da Justiça Eleitoral;

V – os crimes previstos em tratado ou convenção internacional, quando, iniciada a execução no País, o resultado tenha ou devesse ter ocorrido no estrangeiro, ou reciprocamente;

V-A as causas relativas a direitos humanos a que se refere o § 5º deste artigo;

› *Incluído pela Emenda Constitucional nº 45, de 2004*

VI – os crimes contra a organização do trabalho e, nos casos determinados por lei, contra o sistema financeiro e a ordem econômico-financeira;

VII – os "habeas-corpus", em matéria criminal de sua competência ou quando o constrangimento provier de autoridade cujos atos não estejam diretamente sujeitos a outra jurisdição;

VIII – os mandados de segurança e os "habeas-data" contra ato de autoridade federal, excetuados os casos de competência dos tribunais federais;

IX – os crimes cometidos a bordo de navios ou aeronaves, ressalvada a competência da Justiça Militar;

X – os crimes de ingresso ou permanência irregular de estrangeiro, a execução de carta rogatória, após o "exequatur", e de sentença estrangeira, após a homologação, as causas referentes à nacionalidade, inclusive a respectiva opção, e à naturalização;

XI – a disputa sobre direitos indígenas.

§ 1º As causas em que a União for autora serão aforadas na seção judiciária onde tiver domicílio a outra parte.

§ 2º As causas intentadas contra a União poderão ser aforadas na seção judiciária em que for domiciliado o autor, naquela onde houver ocorrido o ato ou fato que deu origem à demanda ou onde esteja situada a coisa, ou, ainda, no Distrito Federal.

§ 3º Lei poderá autorizar que as causas de competência da Justiça Federal em que forem parte instituição de previdência social e segurado possam ser processadas e julgadas na justiça estadual quando a comarca do domicílio do segurado não for sede de vara federal.

› *Redação dada pela Emenda Constitucional nº 103, de 2019*

§ 4º Na hipótese do parágrafo anterior, o recurso cabível será sempre para o Tribunal Regional Federal na área de jurisdição do juiz de primeiro grau.

§ 5º Nas hipóteses de grave violação de direitos humanos, o Procurador-Geral da República, com a finalidade de assegurar o cumprimento de obrigações decorrentes de tratados internacionais de direitos humanos dos quais o Brasil seja parte, poderá suscitar, perante o Superior Tribunal de Justiça, em qualquer fase do inquérito ou processo, incidente de deslocamento de competência para a Justiça Federal.

› *Incluído pela Emenda Constitucional nº 45, de 2004*

Art. 110. Cada Estado, bem como o Distrito Federal, constituirá uma seção judiciária que terá por sede a respectiva Capital, e varas localizadas segundo o estabelecido em lei.

› *Lei 5.010/1966 (Organiza a Justiça Federal de 1ª instância)*

Parágrafo único. Nos Territórios Federais, a jurisdição e as atribuições cometidas aos juízes federais caberão aos juízes da justiça local, na forma da lei.

SEÇÃO V – DO TRIBUNAL SUPERIOR DO TRABALHO, DOS TRIBUNAIS REGIONAIS DO TRABALHO E DOS JUÍZES DO TRABALHO

› *Redação dada pela Emenda Constitucional nº 92, de 2016*

Art. 111. São órgãos da Justiça do Trabalho:

I – o Tribunal Superior do Trabalho;

II – os Tribunais Regionais do Trabalho;

III – Juízes do Trabalho.

› *Redação dada pela Emenda Constitucional nº 24, de 1999*

§§ 1º a 3º *(Revogados pela Emenda Constitucional nº 45, de 2004)*

Art. 111-A. O Tribunal Superior do Trabalho compõe-se de vinte e sete Ministros, escolhidos dentre brasileiros com mais de trinta e cinco e menos de setenta anos de idade, de notável saber jurídico e reputação ilibada, nomeados pelo Presidente da República após aprovação pela maioria absoluta do Senado Federal, sendo:

› *Redação dada pela Emenda Constitucional nº 122, de 2022*

I – um quinto dentre advogados com mais de dez anos de efetiva atividade profissional e membros do Ministério Público do Trabalho com mais de dez anos de efetivo exercício, observado o disposto no art. 94;

› *Incluído pela Emenda Constitucional nº 45, de 2004*

II – os demais dentre juízes dos Tribunais Regionais do Trabalho, oriundos da magistratura da carreira, indicados pelo próprio Tribunal Superior.

› *Incluído pela Emenda Constitucional nº 45, de 2004*

§ 1º A lei disporá sobre a competência do Tribunal Superior do Trabalho.

› *Incluído pela Emenda Constitucional nº 45, de 2004*

§ 2º Funcionarão junto ao Tribunal Superior do Trabalho:

› *Incluído pela Emenda Constitucional nº 45, de 2004*

I – a Escola Nacional de Formação e Aperfeiçoamento de Magistrados do Trabalho, cabendo-lhe, dentre outras funções, regulamentar os cursos oficiais para o ingresso e promoção na carreira;

› *Incluído pela Emenda Constitucional nº 45, de 2004*

II – o Conselho Superior da Justiça do Trabalho, cabendo-lhe exercer, na forma da lei, a supervisão administrativa, orçamentária, financeira e patrimonial da Justiça do Trabalho de primeiro e segundo graus, como órgão central do sistema, cujas decisões terão efeito vinculante.

› *Incluído pela Emenda Constitucional nº 45, de 2004*

§ 3º Compete ao Tribunal Superior do Trabalho processar e julgar, originariamente, a reclamação para a preservação de sua competência e garantia da autoridade de suas decisões.

› *Incluído pela Emenda Constitucional nº 92, de 2016*

Art. 112. A lei criará varas da Justiça do Trabalho, podendo, nas comarcas não abrangidas por sua jurisdição, atribuí-la aos juízes de direito, com recurso para o respectivo Tribunal Regional do Trabalho.

› *Redação dada pela Emenda Constitucional nº 45, de 2004*

Art. 113. A lei disporá sobre a constituição, investidura, jurisdição, competência, garantias e condições de exercício dos órgãos da Justiça do Trabalho.

› *Redação dada pela Emenda Constitucional nº 24, de 1999*

Art. 114. Compete à Justiça do Trabalho processar e julgar:

› *Redação dada pela Emenda Constitucional nº 45, de 2004*

› *Arts. 6º, § 2º, lei 11.101/2005 (Lei de Recuperação de Empresas e Falências); sem correspondência no Dec.-lei 7.661/1945 (Lei de Falência)*

› *Súmula vinculante 22, STF*

› *Súmula 349, STJ*

I – as ações oriundas da relação de trabalho, abrangidos os entes de direito público externo e da administração pública direta e indireta da União, dos Estados, do Distrito Federal e dos Municípios;

› *Incluído pela Emenda Constitucional nº 45, de 2004*

› *O STF, na ADIn 3.395-6 (DJU 04.02.2005), concedeu liminar com efeito ex tunc, suspendendo ad referendum "...toda e qualquer interpretação dada ao inciso I do art. 114 da CF, na redação dada pela EC 45/2004, que inclua na competência da Justiça do Trabalho, a '...apreciação ... de causas que ... sejam instauradas entre o Poder Público e seus servidores, a ele vinculados por típica relação de ordem estatutária ou de caráter jurídico-administrativo". A liminar concedida foi referendada pelo Tribunal (DJU 10.11.2006)*

› *O STF, na ADIn 3.648-0 (DJU 03.08.2007), deferiu a medida cautelar, com eficácia ex tunc, para dar interpretação conforme, decidindo que "o disposto no art. 114, incs. I, IV e IX, da Constituição da República, acrescidos pela Emenda Constitucional n. 45, não atribui à Justiça do Trabalho competência para processar e julgar ações penais"*

II – as ações que envolvam exercício do direito de greve;

› *Incluído pela Emenda Constitucional nº 45, de 2004*

› *Art. 9º, CF*

› *Dlei 7.783/1989 (Direito de greve)*

› *Súmula vinculante 23, STF*

III – as ações sobre representação sindical, entre sindicatos, entre sindicatos e trabalhadores, e entre sindicatos e empregadores;

› *Incluído pela Emenda Constitucional nº 45, de 2004*

› *Lei 8.984/1995 (Estende a competência da Justiça do Trabalho)*

IV – os mandados de segurança, habeas corpus e habeas data, quando o ato questionado envolver matéria sujeita à sua jurisdição;

› *Incluído pela Emenda Constitucional nº 45, de 2004*

› *O STF, na ADIn 3.648-0 (DJU 03.08.2007), deferiu a medida cautelar, com eficácia ex tunc, para dar interpretação conforme, decidindo que "o disposto no art. 114, incs. I, IV e IX, da Constituição da República, acrescidos pela Emenda Constitucional n. 45, não atribui à Justiça do Trabalho competência para processar e julgar ações penais"*

› *Art. 5º, LXVIII, LXIX, LXXII, CF*

› *Lei 9.507/1997 (Rito processual do habeas data)*

› *Lei 12.016/2009 (Nova Lei do Mandado de Segurança)*

V – os conflitos de competência entre órgãos com jurisdição trabalhista, ressalvado o disposto no art. 102, I, o;

› *Incluído pela Emenda Constitucional nº 45, de 2004*

VI – as ações de indenização por dano moral ou patrimonial, decorrentes da relação de trabalho;

› *Incluído pela Emenda Constitucional nº 45, de 2004*

VII – as ações relativas às penalidades administrativas impostas aos empregadores pelos órgãos de fiscalização das relações de trabalho;

› *Incluído pela Emenda Constitucional nº 45, de 2004*

VIII – a execução, de ofício, das contribuições sociais previstas no art. 195, I, a, e II, e seus acréscimos legais, decorrentes das sentenças que proferir;

› *Incluído pela Emenda Constitucional nº 45, de 2004*

IX – outras controvérsias decorrentes da relação de trabalho, na forma da lei.

› *Incluído pela Emenda Constitucional nº 45, de 2004*

› *O STF, na ADIn 3.648-0 (DJU 03.08.2007), deferiu a medida cautelar, com eficácia ex tunc, para dar interpretação conforme, decidindo que "o disposto no art. 114, incs. I, IV e IX, da Constituição da República, acrescidos pela Emenda Constitucional n. 45, não atribui à Justiça do Trabalho competência para processar e julgar ações penais"*

› *Súmula 736, STF*

§ 1º Frustrada a negociação coletiva, as partes poderão eleger árbitros.

§ 2º Recusando-se qualquer das partes à negociação coletiva ou à arbitragem, é facultado às mesmas, de comum acordo, ajuizar dissídio coletivo de natureza econômica, podendo a Justiça do Trabalho decidir o conflito, respeitadas as disposições mínimas legais de proteção ao trabalho, bem como as convencionadas anteriormente.

› *Redação dada pela Emenda Constitucional nº 45, de 2004*

› *ADPF 323: O STF, por maioria, julgou procedente a presente ADPF 323, de modo a "declarar a inconstitucionalidade da Súmula 277 do TST, na versão atribuída pela Resolução 185, de 27.09.2012, assim como a inconstitucionalidade de interpretações e de decisões judiciais que entendem que o art. 114, § 2º, da CF, na redação dada pela EC nº 45/2004, autoriza a aplicação do princípio da ultratividade de normas de acordos e de convenções coletivas".*

§ 3º Em caso de greve em atividade essencial, com possibilidade de lesão do interesse público, o Ministério Público do Trabalho poderá ajuizar dissídio coletivo, competindo à Justiça do Trabalho decidir o conflito.

› *Redação dada pela Emenda Constitucional nº 45, de 2004*

› *Art. 9º, 1º, CF*

› *Lei 7.783/1989 (Direito de greve)*

Art. 115. Os Tribunais Regionais do Trabalho compõem-se de, no mínimo, sete juízes, recrutados, quando possível, na respectiva região e nomeados pelo Presidente da República dentre brasileiros com mais de trinta e menos de setenta anos de idade, sendo:

› *Redação dada pela Emenda Constitucional nº 122, de 2022*

I – um quinto dentre advogados com mais de dez anos de efetiva atividade profissional e membros do Ministério Público do Trabalho com mais de dez anos de efetivo exercício, observado o disposto no art. 94;

› *Redação dada pela Emenda Constitucional nº 45, de 2004.)*

II – os demais, mediante promoção de juízes do trabalho por antigüidade e merecimento, alternadamente.

› *Redação dada pela Emenda Constitucional nº 45, de 2004*

§ 1º Os Tribunais Regionais do Trabalho instalarão a justiça itinerante, com a realização de audiências e demais funções de atividade jurisdicional, nos limites territoriais da respectiva jurisdição, servindo-se de equipamentos públicos e comunitários.

› *Incluído pela Emenda Constitucional nº 45, de 2004*

§ 2º Os Tribunais Regionais do Trabalho poderão funcionar descentralizadamente, constituindo Câmaras regionais, a fim de assegurar o pleno acesso do jurisdicionado à justiça em todas as fases do processo.

› *Incluído pela Emenda Constitucional nº 45, de 2004*

Art. 116. Nas Varas do Trabalho, a jurisdição será exercida por um juiz singular.

› *Redação dada pela Emenda Constitucional nº 24, de 1999*

Parágrafo único. *(Revogado pela Emenda Constitucional nº 24, de 1999)*

Art. 117. *(Revogado pela Emenda Constitucional nº 24, de 1999)*

SEÇÃO VI – DOS TRIBUNAIS E JUÍZES ELEITORAIS

› *Arts. 12 a 41, Lei 4.737/1965 (Código Eleitoral)*

Art. 118. São órgãos da Justiça Eleitoral:

I – o Tribunal Superior Eleitoral;

II – os Tribunais Regionais Eleitorais;

III – os Juízes Eleitorais;

IV – as Juntas Eleitorais.

Art. 119. O Tribunal Superior Eleitoral compor-se-á, no mínimo, de sete membros, escolhidos:

I – mediante eleição, pelo voto secreto:

a) três juízes dentre os Ministros do Supremo Tribunal Federal;

b) dois juízes dentre os Ministros do Superior Tribunal de Justiça;

II – por nomeação do Presidente da República, dois juízes dentre seis advogados de notável saber jurídico e idoneidade moral, indicados pelo Supremo Tribunal Federal.

Parágrafo único. O Tribunal Superior Eleitoral elegerá seu Presidente e o Vice-Presidente dentre os Ministros do Supremo Tribunal Federal, e o Corregedor Eleitoral dentre os Ministros do Superior Tribunal de Justiça.

Art. 120. Haverá um Tribunal Regional Eleitoral na Capital de cada Estado e no Distrito Federal.

§ 1º Os Tribunais Regionais Eleitorais compor-se-ão:

I – mediante eleição, pelo voto secreto:

a) de dois juízes dentre os desembargadores do Tribunal de Justiça;

b) de dois juízes, dentre juízes de direito, escolhidos pelo Tribunal de Justiça;

II – de um juiz do Tribunal Regional Federal com sede na Capital do Estado ou no Distrito Federal, ou, não havendo, de juiz federal, escolhido, em qualquer caso, pelo Tribunal Regional Federal respectivo;

III – por nomeação, pelo Presidente da República, de dois juízes dentre seis advogados de notável saber jurídico e idoneidade moral, indicados pelo Tribunal de Justiça.

§ 2º O Tribunal Regional Eleitoral elegerá seu Presidente e o Vice-Presidente – dentre os desembargadores.

Art. 121. Lei complementar disporá sobre a organização e competência dos tribunais, dos juízes de direito e das juntas eleitorais.

§ 1º Os membros dos tribunais, os juízes de direito e os integrantes das juntas eleitorais, no exercício de suas funções, e no que lhes for aplicável, gozarão de plenas garantias e serão inamovíveis.

§ 2º Os juízes dos tribunais eleitorais, salvo motivo justificado, servirão por dois anos, no mínimo, e nunca por mais de dois biênios consecutivos, sendo os substitutos escolhidos na mesma ocasião e pelo mesmo processo, em número igual para cada categoria.

§ 3º São irrecorríveis as decisões do Tribunal Superior Eleitoral, salvo as que contrariarem esta Constituição e as denegatórias de *habeas corpus* ou mandado de segurança.

§ 4º Das decisões dos Tribunais Regionais Eleitorais somente caberá recurso quando:

I – forem proferidas contra disposição expressa desta Constituição ou de lei;

II – ocorrer divergência na interpretação de lei entre dois ou mais tribunais eleitorais;

III – versarem sobre inelegibilidade ou expedição de diplomas nas eleições federais ou estaduais;

IV – anularem diplomas ou decretarem a perda de mandatos eletivos federais ou estaduais;

V – denegarem "habeas-corpus", mandado de segurança, "habeas-data" ou mandado de injunção.

SEÇÃO VII – DOS TRIBUNAIS E JUÍZES MILITARES

Art. 122. São órgãos da Justiça Militar:

I – o Superior Tribunal Militar;

II – os Tribunais e Juízes Militares instituídos por lei.

Art. 123. O Superior Tribunal Militar compor-se-á de quinze Ministros vitalícios, nomeados pelo Presidente da República, depois de aprovada a indicação pelo Senado Federal, sendo três dentre oficiais-generais da Marinha, quatro dentre oficiais-generais do Exército, três dentre oficiais-generais da Aeronáutica, todos da ativa e do posto mais elevado da carreira, e cinco dentre civis.

Parágrafo único. Os Ministros civis serão escolhidos pelo Presidente da República dentre brasileiros com mais de trinta e cinco e menos de setenta anos de idade, sendo:

› *Redação dada pela Emenda Constitucional nº 122, de 2022*

I – três dentre advogados de notório saber jurídico e conduta ilibada, com mais de dez anos de efetiva atividade profissional;

II – dois, por escolha paritária, dentre juízes auditores e membros do Ministério Público da Justiça Militar.

Art. 124. À Justiça Militar compete processar e julgar os crimes militares definidos em lei.

Parágrafo único. A lei disporá sobre a organização, o funcionamento e a competência da Justiça Militar.

SEÇÃO VIII – DOS TRIBUNAIS E JUÍZES DOS ESTADOS

Art. 125. Os Estados organizarão sua Justiça, observados os princípios estabelecidos nesta Constituição.

§ 1º A competência dos tribunais será definida na Constituição do Estado, sendo a lei de organização judiciária de iniciativa do Tribunal de Justiça.

§ 2º Cabe aos Estados a instituição de representação de inconstitucionalidade de leis ou atos normativos estaduais ou municipais em face da Constituição Estadual, vedada a atribuição da legitimação para agir a um único órgão.

§ 3º A lei estadual poderá criar, mediante proposta do Tribunal de Justiça, a Justiça Militar estadual, constituída, em primeiro grau, pelos juízes de direito e pelos Conselhos de Justiça e, em segundo grau, pelo próprio Tribunal de Justiça, ou por Tribunal de Justiça Militar nos Estados em que o efetivo militar seja superior a vinte mil integrantes.

› *Redação dada pela Emenda Constitucional nº 45, de 2004*

§ 4º Compete à Justiça Militar estadual processar e julgar os militares dos Estados, nos crimes militares definidos em lei e as ações judiciais contra atos disciplinares militares, ressalvada a competência do júri quando a vítima for civil, cabendo ao tribunal competente decidir sobre a perda do posto e da patente dos oficiais e da graduação das praças.

› *Redação dada pela Emenda Constitucional nº 45, de 2004*

§ 5º Compete aos juízes de direito do juízo militar processar e julgar, singularmente, os crimes militares cometidos contra civis e as ações judiciais contra atos disciplinares militares, cabendo ao Conselho de Justiça, sob a presidência de juiz de direito, processar e julgar os demais crimes militares.

› *Incluído pela Emenda Constitucional nº 45, de 2004*

§ 6º O Tribunal de Justiça poderá funcionar descentralizadamente, constituindo Câmaras regionais, a fim de assegurar o pleno acesso do jurisdicionado à justiça em todas as fases do processo.

› *Incluído pela Emenda Constitucional nº 45, de 2004*

§ 7º O Tribunal de Justiça instalará a justiça itinerante, com a realização de audiências e demais funções da atividade jurisdicional, nos limites territoriais da respectiva jurisdição, servindo-se de equipamentos públicos e comunitários.

› *Incluído pela Emenda Constitucional nº 45, de 2004*

Art. 126. Para dirimir conflitos fundiários, o Tribunal de Justiça proporá a criação de varas especializadas, com competência exclusiva para questões agrárias.

› *Redação dada pela Emenda Constitucional nº 45, de 2004*

Parágrafo único. Sempre que necessário à eficiente prestação jurisdicional, o juiz far-se-á presente no local do litígio.

CAPÍTULO IV – DAS FUNÇÕES ESSENCIAIS À JUSTIÇA

› *Redação dada pela Emenda Constitucional nº 80, de 2014*

SEÇÃO I – DO MINISTÉRIO PÚBLICO

› *Lei 8.625/1993 (Lei Orgânica Nacional do Ministério Público)*

› *LC 75/1993 (Estatuto do Ministério Público da União)*

Art. 127. O Ministério Público é instituição permanente, essencial à função jurisdicional do Estado, incumbindo-lhe a defesa da ordem jurídica, do regime democrático e dos interesses sociais e individuais indisponíveis.

§ 1º São princípios institucionais do Ministério Público a unidade, a indivisibilidade e a independência funcional.

§ 2º Ao Ministério Público é assegurada autonomia funcional e administrativa, podendo, observado o disposto no art. 169, propor ao Poder Legislativo a criação e extinção de seus cargos e serviços auxiliares, provendo-os por concurso público de provas ou de provas e títulos, a política remuneratória e os planos de carreira; a lei disporá sobre sua organização e funcionamento.

› *Redação dada pela Emenda Constitucional nº 19, de 1998*

§ 3º O Ministério Público elaborará sua proposta orçamentária dentro dos limites estabelecidos na lei de diretrizes orçamentárias.

§ 4º Se o Ministério Público não encaminhar a respectiva proposta orçamentária dentro do prazo estabelecido na lei de diretrizes orçamentárias, o Poder Executivo considerará, para fins de consolidação da proposta orçamentária anual, os valores aprovados na lei orçamentária vigente, ajustados de acordo com os limites estipulados na forma do § 3º.

› *Incluído pela Emenda Constitucional nº 45, de 2004*

§ 5º Se a proposta orçamentária de que trata este artigo for encaminhada em desacordo com os limites estipulados na forma do § 3º, o Poder Executivo procederá aos ajustes necessários para fins de consolidação da proposta orçamentária anual.

› *Incluído pela Emenda Constitucional nº 45, de 2004*

§ 6º Durante a execução orçamentária do exercício, não poderá haver a realização de despesas ou a assunção de obrigações que extrapolem os limites estabelecidos na lei de diretrizes orçamentárias, exceto se previamente autorizadas, mediante a abertura de créditos suplementares ou especiais.

› *Incluído pela Emenda Constitucional nº 45, de 2004*

Art. 128. O Ministério Público abrange:

I – o Ministério Público da União, que compreende:

a) o Ministério Público Federal;

b) o Ministério Público do Trabalho;

c) o Ministério Público Militar;

d) o Ministério Público do Distrito Federal e Territórios;

II – os Ministérios Públicos dos Estados.

§ 1º O Ministério Público da União tem por chefe o Procurador-Geral da República, nomeado pelo Presidente da República dentre integrantes da carreira, maiores de trinta e cinco anos, após a aprovação de seu nome pela maioria absoluta dos membros do Senado Federal, para mandato de dois anos, permitida a recondução.

§ 2º A destituição do Procurador-Geral da República, por iniciativa do Presidente da República, deverá ser precedida de autorização da maioria absoluta do Senado Federal.

§ 3º Os Ministérios Públicos dos Estados e o do Distrito Federal e Territórios formarão lista tríplice dentre integrantes da carreira, na forma da lei respectiva, para escolha de seu Procurador-Geral, que será nomeado pelo Chefe do Poder Executivo, para mandato de dois anos, permitida uma recondução.

§ 4º Os Procuradores-Gerais nos Estados e no Distrito Federal e Territórios poderão ser destituídos por deliberação da maioria absoluta do Poder Legislativo, na forma da lei complementar respectiva.

§ 5º Leis complementares da União e dos Estados, cuja iniciativa é facultada aos respectivos Procuradores-Gerais, estabelecerão a organização, as atribuições e o estatuto de cada Ministério Público, observadas, relativamente a seus membros:

I – as seguintes garantias:

a) vitaliciedade, após dois anos de exercício, não podendo perder o cargo senão por sentença judicial transitada em julgado;

b) inamovibilidade, salvo por motivo de interesse público, mediante decisão do órgão colegiado competente do Ministério Público, pelo voto da maioria absoluta de seus membros, assegurada ampla defesa;

› *Redação dada pela Emenda Constitucional nº 45, de 2004*

c) irredutibilidade de subsídio, fixado na forma do art. 39, § 4º, e ressalvado o disposto nos arts. 37, X e XI, 150, II, 153, III, 153, § 2º, I;

› *Redação dada pela Emenda Constitucional nº 19, de 1998*

II – as seguintes vedações:

a) receber, a qualquer título e sob qualquer pretexto, honorários, percentagens ou custas processuais;

b) exercer a advocacia;

c) participar de sociedade comercial, na forma da lei;

d) exercer, ainda que em disponibilidade, qualquer outra função pública, salvo uma de magistério;

e) exercer atividade político-partidária;

› *Redação dada pela Emenda Constitucional nº 45, de 2004*

f) receber, a qualquer título ou pretexto, auxílios ou contribuições de pessoas físicas, entidades públicas ou privadas, ressalvadas as exceções previstas em lei.

› *Incluída pela Emenda Constitucional nº 45, de 2004*

§ 6º Aplica-se aos membros do Ministério Público o disposto no art. 95, parágrafo único, V.

› *Incluído pela Emenda Constitucional nº 45, de 2004*

Art. 129. São funções institucionais do Ministério Público:

I – promover, privativamente, a ação penal pública, na forma da lei;

II – zelar pelo efetivo respeito dos Poderes Públicos e dos serviços de relevância pública aos direitos assegurados nesta Constituição, promovendo as medidas necessárias a sua garantia;

III – promover o inquérito civil e a ação civil pública, para a proteção do patrimônio público e social, do meio ambiente e de outros interesses difusos e coletivos;

IV – promover a ação de inconstitucionalidade ou representação para fins de intervenção da União e dos Estados, nos casos previstos nesta Constituição;

V – defender judicialmente os direitos e interesses das populações indígenas;

VI – expedir notificações nos procedimentos administrativos de sua competência, requisitando informações e documentos para instruí-los, na forma da lei complementar respectiva;

VII – exercer o controle externo da atividade policial, na forma da lei complementar mencionada no artigo anterior;

VIII – requisitar diligências investigatórias e a instauração de inquérito policial, indicados os fundamentos jurídicos de suas manifestações processuais;

IX – exercer outras funções que lhe forem conferidas, desde que compatíveis com sua finalidade, sendo-lhe vedada a representação judicial e a consultoria jurídica de entidades públicas.

§ 1º A legitimação do Ministério Público para as ações civis previstas neste artigo não impede a de terceiros, nas mesmas hipóteses, segundo o disposto nesta Constituição e na lei.

§ 2º As funções do Ministério Público só podem ser exercidas por integrantes da carreira, que deverão residir na comarca da respectiva lotação, salvo autorização do chefe da instituição.

› *Redação dada pela Emenda Constitucional nº 45, de 2004*

§ 3º O ingresso na carreira do Ministério Público far-se-á mediante concurso público de provas e títulos, assegurada a participação da Ordem dos Advogados do Brasil em sua realização, exigindo-se do bacharel em direito, no mínimo, três anos de atividade jurídica e observando-se, nas nomeações, a ordem de classificação.

› *Redação dada pela Emenda Constitucional nº 45, de 2004*

§ 4º Aplica-se ao Ministério Público, no que couber, o disposto no art. 93.

› *Redação dada pela Emenda Constitucional nº 45, de 2004*

§ 5º A distribuição de processos no Ministério Público será imediata.

› *Incluído pela Emenda Constitucional nº 45, de 2004*

Art. 130. Aos membros do Ministério Público junto aos Tribunais de Contas aplicam-se as disposições desta seção pertinentes a direitos, vedações e forma de investidura.

Art. 130-A. O Conselho Nacional do Ministério Público compõe-se de quatorze membros nomeados pelo Presidente da República, depois de aprovada a escolha pela maioria absoluta do Senado Federal, para um mandato de dois anos, admitida uma recondução, sendo:

› *Incluído pela Emenda Constitucional nº 45, de 2004*

I – o Procurador-Geral da República, que o preside;

II – quatro membros do Ministério Público da União, assegurada a representação de cada uma de suas carreiras;

III – três membros do Ministério Público dos Estados;

IV – dois juízes, indicados um pelo Supremo Tribunal Federal e outro pelo Superior Tribunal de Justiça;

V – dois advogados, indicados pelo Conselho Federal da Ordem dos Advogados do Brasil;

VI – dois cidadãos de notável saber jurídico e reputação ilibada, indicados um pela Câmara dos Deputados e outro pelo Senado Federal.

§ 1º Os membros do Conselho oriundos do Ministério Público serão indicados pelos respectivos Ministérios Públicos, na forma da lei.

§ 2º Compete ao Conselho Nacional do Ministério Público o controle da atuação administrativa e financeira do Ministério Público e do cumprimento dos deveres funcionais de seus membros, cabendo lhe:

I – zelar pela autonomia funcional e administrativa do Ministério Público, podendo expedir atos regulamentares, no âmbito de sua competência, ou recomendar providências;

II – zelar pela observância do art. 37 e apreciar, de ofício ou mediante provocação, a legalidade dos atos administrativos praticados por membros ou órgãos do Ministério Público da União e dos Estados, podendo desconstituí-los, revê-los ou fixar prazo para que se adotem as providências necessárias ao exato cumprimento da lei, sem prejuízo da competência dos Tribunais de Contas;

III – receber e conhecer das reclamações contra membros ou órgãos do Ministério Público da União ou dos Estados, inclusive contra seus serviços auxiliares, sem prejuízo da competência disciplinar e correicional da instituição, podendo avocar processos disciplinares em curso, determinar a remoção ou a disponibilidade e aplicar outras sanções administrativas, assegurada ampla defesa;

› *Redação dada pela Emenda Constitucional nº 103, de 2019*

IV – rever, de ofício ou mediante provocação, os processos disciplinares de membros do Ministério Público da União ou dos Estados julgados há menos de um ano;

V – elaborar relatório anual, propondo as providências que julgar necessárias sobre a situação do Ministério Público no País e as atividades do Conselho, o qual deve integrar a mensagem prevista no art. 84, XI.

§ 3º O Conselho escolherá, em votação secreta, um Corregedor nacional, dentre os membros do Ministério Público que o integram, vedada a recondução, competindo-lhe, além das atribuições que lhe forem conferidas pela lei, as seguintes:

I – receber reclamações e denúncias, de qualquer interessado, relativas aos membros do Ministério Público e dos seus serviços auxiliares;

II – exercer funções executivas do Conselho, de inspeção e correição geral;

III – requisitar e designar membros do Ministério Público, delegando-lhes atribuições, e requisitar servidores de órgãos do Ministério Público.

§ 4º O Presidente do Conselho Federal da Ordem dos Advogados do Brasil oficiará junto ao Conselho.

§ 5º Leis da União e dos Estados criarão ouvidorias do Ministério Público, competentes para receber reclamações e denúncias de qualquer interessado contra membros ou órgãos do Ministério Público, inclusive contra seus serviços auxiliares, representando diretamente ao Conselho Nacional do Ministério Público.

SEÇÃO II – DA ADVOCACIA PÚBLICA

› *Redação dada pela Emenda Constitucional nº 19, de 1998*

Art. 131. A Advocacia-Geral da União é a instituição que, diretamente ou através de órgão vinculado, representa a União, judicial e extrajudicialmente, cabendo-lhe, nos termos da lei complementar que dispuser sobre sua organização e funcionamento, as atividades de consultoria e assessoramento jurídico do Poder Executivo.

§ 1º A Advocacia-Geral da União tem por chefe o Advogado-Geral da União, de livre nomeação pelo Presidente da República dentre cidadãos maiores de trinta e cinco anos, de notável saber jurídico e reputação ilibada.

§ 2º O ingresso nas classes iniciais das carreiras da instituição de que trata este artigo far-se-á mediante concurso público de provas e títulos.

§ 3º Na execução da dívida ativa de natureza tributária, a representação da União cabe à Procuradoria-Geral da Fazenda Nacional, observado o disposto em lei.

Art. 132. Os Procuradores dos Estados e do Distrito Federal, organizados em carreira, na qual o ingresso dependerá de concurso público de provas e títulos, com a participação da Ordem dos Advogados do Brasil em todas as suas fases, exercerão a representação judicial e a consultoria jurídica das respectivas unidades federadas.

› *Redação dada pela Emenda Constitucional nº 19, de 1998*

Parágrafo único. Aos procuradores referidos neste artigo é assegurada estabilidade após três anos de efetivo exercício, mediante avaliação de desempenho perante os órgãos próprios, após relatório circunstanciado das corregedorias.

› *Redação dada pela Emenda Constitucional nº 19, de 1998*

SEÇÃO III – DA ADVOCACIA

› *Redação dada pela Emenda Constitucional nº 80, de 2014*

Art. 133. O advogado é indispensável à administração da justiça, sendo inviolável por seus atos e manifestações no exercício da profissão, nos limites da lei.

SEÇÃO IV – DA DEFENSORIA PÚBLICA

› *Redação dada pela Emenda Constitucional nº 80, de 2014*

Art. 134. A Defensoria Pública é instituição permanente, essencial à função jurisdicional do Estado, incumbindo-lhe, como expressão e instrumento do regime democrático, fundamentalmente, a orientação jurídica, a promoção dos direitos humanos e a defesa, em todos os graus, judicial e extrajudicial, dos direitos individuais e coletivos, de forma integral e gratuita, aos necessitados, na forma do inciso LXXIV do art. 5º desta Constituição Federal.

› *Redação dada pela Emenda Constitucional nº 80, de 2014*

§ 1º Lei complementar organizará a Defensoria Pública da União e do Distrito Federal e dos Territórios e prescreverá normas gerais para sua organização nos Estados, em cargos de carreira, providos, na classe inicial, mediante concurso público de provas e títulos, assegurada a seus integrantes a garantia da inamovibilidade e vedado o exercício da advocacia fora das atribuições institucionais.

› *Renumerado do parágrafo único pela Emenda Constitucional nº 45, de 2004*

§ 2º Às Defensorias Públicas Estaduais são asseguradas autonomia funcional e administrativa e a iniciativa de sua proposta orçamentária dentro dos limites estabelecidos na lei de diretrizes orçamentárias e subordinação ao disposto no art. 99, § 2º.

› *Incluído pela Emenda Constitucional nº 45, de 2004*

§ 3º Aplica-se o disposto no § 2º às Defensorias Públicas da União e do Distrito Federal.

› *Incluído pela Emenda Constitucional nº 74, de 2013*

§ 4º São princípios institucionais da Defensoria Pública a unidade, a indivisibilidade e a independência funcional, aplicando-se também, no que couber, o disposto no art. 93 e no inciso II do art. 96 desta Constituição Federal.

› *Incluído pela Emenda Constitucional nº 80, de 2014*

Art. 135. Os servidores integrantes das carreiras disciplinadas nas Seções II e III deste Capítulo serão remunerados na forma do art. 39, § 4º.

› *Redação dada pela Emenda Constitucional nº 19, de 1998*

TÍTULO V – DA DEFESA DO ESTADO E DAS INSTITUIÇÕES DEMOCRÁTICAS

CAPÍTULO I – DO ESTADO DE DEFESA E DO ESTADO DE SÍTIO

SEÇÃO I – DO ESTADO DE DEFESA

Art. 136. O Presidente da República pode, ouvidos o Conselho da República e o Conselho de Defesa Nacional, decretar estado de defesa para preservar ou prontamente restabelecer, em locais restritos e determinados, a ordem pública ou a paz social ameaçadas por grave e iminente instabilidade institucional ou atingidas por calamidades de grandes proporções na natureza.

§ 1º O decreto que instituir o estado de defesa determinará o tempo de sua duração, especificará as áreas a serem abrangidas e indicará, nos termos e limites da lei, as medidas coercitivas a vigorarem, dentre as seguintes:

I – restrições aos direitos de:

a) reunião, ainda que exercida no seio das associações;

b) sigilo de correspondência;

c) sigilo de comunicação telegráfica e telefônica;

II – ocupação e uso temporário de bens e serviços públicos, na hipótese de calamidade pública, respondendo a União pelos danos e custos decorrentes.

§ 2º O tempo de duração do estado de defesa não será superior a trinta dias, podendo ser prorrogado uma vez, por igual período, se persistirem as razões que justificaram a sua decretação.

§ 3º Na vigência do estado de defesa:

I – a prisão por crime contra o Estado, determinada pelo executor da medida, será por este comunicada imediatamente ao juiz competente, que a relaxará, se não for legal, facultado ao preso requerer exame de corpo de delito à autoridade policial;

II – a comunicação será acompanhada de declaração, pela autoridade, do estado físico e mental do detido no momento de sua autuação;

III – a prisão ou detenção de qualquer pessoa não poderá ser superior a dez dias, salvo quando autorizada pelo Poder Judiciário;

IV – é vedada a incomunicabilidade do preso.

§ 4º Decretado o estado de defesa ou sua prorrogação, o Presidente da República, dentro de vinte e quatro horas, submeterá o ato com a respectiva justificação ao Congresso Nacional, que decidirá por maioria absoluta.

§ 5º Se o Congresso Nacional estiver em recesso, será convocado, extraordinariamente, no prazo de cinco dias.

§ 6º O Congresso Nacional apreciará o decreto dentro de dez dias contados de seu recebimento, devendo continuar funcionando enquanto vigorar o estado de defesa.

§ 7º Rejeitado o decreto, cessa imediatamente o estado de defesa.

SEÇÃO II – DO ESTADO DE SÍTIO

Art. 137. O Presidente da República pode, ouvidos o Conselho da República e o Conselho de Defesa Nacional, solicitar ao Congresso Nacional autorização para decretar o estado de sítio nos casos de:

I – comoção grave de repercussão nacional ou ocorrência de fatos que comprovem a ineficácia de medida tomada durante o estado de defesa;

II – declaração de estado de guerra ou resposta a agressão armada estrangeira.

Parágrafo único. O Presidente da República, ao solicitar autorização para decretar o estado de sítio ou sua prorrogação, relatará os motivos determinantes do pedido, devendo o Congresso Nacional decidir por maioria absoluta.

Art. 138. O decreto do estado de sítio indicará sua duração, as normas necessárias a sua execução e as garantias constitucionais que ficarão suspensas, e, depois de publicado, o Presidente da República designará o executor das medidas específicas e as áreas abrangidas.

§ 1º O estado de sítio, no caso do art. 137, I, não poderá ser decretado por mais de trinta dias, nem prorrogado, de cada vez, por prazo superior; no do inciso II, poderá ser decretado por todo o tempo que perdurar a guerra ou a agressão armada estrangeira.

§ 2º Solicitada autorização para decretar o estado de sítio durante o recesso parlamentar, o Presidente do Senado Federal, de imediato, convocará extraordinariamente o Congresso Nacional para se reunir dentro de cinco dias, a fim de apreciar o ato.

§ 3º O Congresso Nacional permanecerá em funcionamento até o término das medidas coercitivas.

Art. 139. Na vigência do estado de sítio decretado com fundamento no art. 137, I, só poderão ser tomadas contra as pessoas as seguintes medidas:

I – obrigação de permanência em localidade determinada;

II – detenção em edifício não destinado a acusados ou condenados por crimes comuns;

III – restrições relativas à inviolabilidade da correspondência, ao sigilo das comunicações, à prestação de informações e à liberdade de imprensa, radiodifusão e televisão, na forma da lei;

IV – suspensão da liberdade de reunião;

V – busca e apreensão em domicílio;

VI – intervenção nas empresas de serviços públicos;

VII – requisição de bens.

Parágrafo único. Não se inclui nas restrições do inciso III a difusão de pronunciamentos de parlamentares efetuados em suas Casas Legislativas, desde que liberada pela respectiva Mesa.

SEÇÃO III – DISPOSIÇÕES GERAIS

Art. 140. A Mesa do Congresso Nacional, ouvidos os líderes partidários, designará Comissão composta de cinco de seus membros para acompanhar e fiscalizar a execução das medidas referentes ao estado de defesa e ao estado de sítio.

Art. 141. Cessado o estado de defesa ou o estado de sítio, cessarão também seus efeitos, sem prejuízo da responsabilidade pelos ilícitos cometidos por seus executores ou agentes.

Parágrafo único. Logo que cesse o estado de defesa ou o estado de sítio, as medidas aplicadas em sua vigência serão relatadas pelo Presidente da República, em mensagem ao Congresso Nacional, com especificação e justificação das providências adotadas, com relação nominal dos atingidos e indicação das restrições aplicadas.

CAPÍTULO II – DAS FORÇAS ARMADAS

Art. 142. As Forças Armadas, constituídas pela Marinha, pelo Exército e pela Aeronáutica, são instituições nacionais permanentes e regulares, organizadas com base na hierarquia e na disciplina, sob a autoridade suprema do Presidente da República, e destinam-se à defesa da Pátria, à garantia dos poderes constitucionais e, por iniciativa de qualquer destes, da lei e da ordem.

§ 1º Lei complementar estabelecerá as normas gerais a serem adotadas na organização, no preparo e no emprego das Forças Armadas.

§ 2º Não caberá *habeas corpus* em relação a punições disciplinares militares.

§ 3º Os membros das Forças Armadas são denominados militares, aplicando-se-lhes, além das que vierem a ser fixadas em lei, as seguintes disposições:

› *Incluído pela Emenda Constitucional nº 18, de 1998*

I – as patentes, com prerrogativas, direitos e deveres a elas inerentes, são conferidas pelo Presidente da República e asseguradas em plenitude aos oficiais da ativa, da reserva ou reformados, sendo-lhes privativos os títulos e postos militares e, juntamente com os demais membros, o uso dos uniformes das Forças Armadas;

› *Incluído pela Emenda Constitucional nº 18, de 1998*

II – o militar em atividade que tomar posse em cargo ou emprego público civil permanente, ressalvada a hipótese prevista no art. 37, inciso XVI, alínea "c", será transferido para a reserva, nos termos da lei;

› *Redação dada pela Emenda Constitucional nº 77, de 2014*

III – o militar da ativa que, de acordo com a lei, tomar posse em cargo, emprego ou função pública civil temporária, não eletiva, ainda que da administração indireta, ressalvada a hipótese prevista no art. 37, inciso XVI, alínea "c", ficará agregado ao respectivo quadro e somente poderá, enquanto permanecer nessa situação, ser promovido por antiguidade, contando-se-lhe o tempo de serviço apenas para aquela promoção e transferência para a reserva, sendo depois de dois anos de afastamento, contínuos ou não, transferido para a reserva, nos termos da lei;

› *Redação dada pela Emenda Constitucional nº 77, de 2014*

IV – ao militar são proibidas a sindicalização e a greve;

› *Incluído pela Emenda Constitucional nº 18, de 1998*

V – o militar, enquanto em serviço ativo, não pode estar filiado a partidos políticos;

› *Incluído pela Emenda Constitucional nº 18, de 1998*

VI – o oficial só perderá o posto e a patente se for julgado indigno do oficialato ou com ele incompatível, por decisão de tribunal militar de caráter permanente, em tempo de paz, ou de tribunal especial, em tempo de guerra;

› *Incluído pela Emenda Constitucional nº 18, de 1998*

VII – o oficial condenado na justiça comum ou militar a pena privativa de liberdade superior a dois anos, por sentença transitada em julgado, será submetido ao julgamento previsto no inciso anterior;

› *Incluído pela Emenda Constitucional nº 18, de 1998*

VIII – aplica-se aos militares o disposto no art. 7º, incisos VIII, XII, XVII, XVIII, XIX e XXV, e no art. 37, incisos XI, XIII, XIV e XV, bem como, na forma da lei e com prevalência da atividade militar, no art. 37, inciso XVI, alínea "c";

› *Redação dada pela Emenda Constitucional nº 77, de 2014*

IX – *(Revogado pela Emenda Constitucional nº 41, de 19.12.2003)*

X – a lei disporá sobre o ingresso nas Forças Armadas, os limites de idade, a estabilidade e outras condições de transferência do militar para a inatividade, os direitos, os deveres, a remuneração, as prerrogativas e outras situações especiais dos militares, consideradas as peculiaridades de suas atividades, inclusive aquelas cumpridas por força de compromissos internacionais e de guerra.

› *Incluído pela Emenda Constitucional nº 18, de 1998*

Art. 143. O serviço militar é obrigatório nos termos da lei.

§ 1º às Forças Armadas compete, na forma da lei, atribuir serviço alternativo aos que, em tempo de paz, após alistados, alegarem imperativo de consciência, entendendo-se como tal o decorrente de crença religiosa e de convicção filosófica ou política, para se eximirem de atividades de caráter essencialmente militar.

§ 2º As mulheres e os eclesiásticos ficam isentos do serviço militar obrigatório em tempo de paz, sujeitos, porém, a outros encargos que a lei lhes atribuir.

CAPÍTULO III – DA SEGURANÇA PÚBLICA

Art. 144. A segurança pública, dever do Estado, direito e responsabilidade de todos, é exercida para a preservação da ordem pública e da incolumidade das pessoas e do patrimônio, através dos seguintes órgãos:

I – polícia federal;

II – polícia rodoviária federal;

III – polícia ferroviária federal;

IV – polícias civis;

V – polícias militares e corpos de bombeiros militares.

VI – polícias penais federal, estaduais e distrital.

- *Redação dada pela Emenda Constitucional nº 104, de 2019*

§ 1º A polícia federal, instituída por lei como órgão permanente, organizado e mantido pela União e estruturado em carreira, destina-se a:

- *Redação dada pela Emenda Constitucional nº 19, de 1998*

I – apurar infrações penais contra a ordem política e social ou em detrimento de bens, serviços e interesses da União ou de suas entidades autárquicas e empresas públicas, assim como outras infrações cuja prática tenha repercussão interestadual ou internacional e exija repressão uniforme, segundo se dispuser em lei;

II – prevenir e reprimir o tráfico ilícito de entorpecentes e drogas afins, o contrabando e o descaminho, sem prejuízo da ação fazendária e de outros órgãos públicos nas respectivas áreas de competência;

- *Lei 11.343/2206 (Antidrogas)*

III – exercer as funções de polícia marítima, aeroportuária e de fronteiras;

- *Redação dada pela Emenda Constitucional nº 19, de 1998*

IV – exercer, com exclusividade, as funções de polícia judiciária da União.

§ 2º A polícia rodoviária federal, órgão permanente, organizado e mantido pela União e estruturado em carreira, destina-se, na forma da lei, ao patrulhamento ostensivo das rodovias federais.

- *Redação dada pela Emenda Constitucional nº 19, de 1998*

§ 3º A polícia ferroviária federal, órgão permanente, organizado e mantido pela União e estruturado em carreira, destina-se, na forma da lei, ao patrulhamento ostensivo das ferrovias federais.

- *Redação dada pela Emenda Constitucional nº 19, de 1998*

§ 4º Às polícias civis, dirigidas por delegados de polícia de carreira, incumbem, ressalvada a competência da União, as funções de polícia judiciária e a apuração de infrações penais, exceto as militares.

§ 5º Às polícias militares cabem a polícia ostensiva e a preservação da ordem pública; aos corpos de bombeiros militares, além das atribuições definidas em lei, incumbe a execução de atividades de defesa civil.

- *Dec.-lei 667/1969 (Polícias militares e corpos de bombeiros militares dos Estados, dos Territórios e do Distrito Federal)*

§ 5º-A. Às polícias penais, vinculadas ao órgão administrador do sistema penal da unidade federativa a que pertencem, cabe a segurança dos estabelecimentos penais.

- *Redação dada pela Emenda Constitucional nº 104, de 2019*

§ 6º As polícias militares e os corpos de bombeiros militares, forças auxiliares e reserva do Exército subordinam-se, juntamente com as polícias civis e as polícias penais estaduais e distrital, aos Governadores dos Estados, do Distrito Federal e dos Territórios.

- *Redação dada pela Emenda Constitucional nº 104, de 2019*

§ 7º A lei disciplinará a organização e o funcionamento dos órgãos responsáveis pela segurança pública, de maneira a garantir a eficiência de suas atividades.

- *Dec.-lei 200/1967 (Organização da Administração Federal)*

§ 8º Os Municípios poderão constituir guardas municipais destinadas à proteção de seus bens, serviços e instalações, conforme dispuser a lei.

§ 9º A remuneração dos servidores policiais integrantes dos órgãos relacionados neste artigo será fixada na forma do § 4º do art. 39.

- *Incluído pela Emenda Constitucional nº 19, de 1998*

§ 10. A segurança viária, exercida para a preservação da ordem pública e da incolumidade das pessoas e do seu patrimônio nas vias públicas:

- *Incluído pela Emenda Constitucional nº 82, de 2014*

I – compreende a educação, engenharia e fiscalização de trânsito, além de outras atividades previstas em lei, que assegurem ao cidadão o direito à mobilidade urbana eficiente; e

- *Incluído pela Emenda Constitucional nº 82, de 2014*

II – compete, no âmbito dos Estados, do Distrito Federal e dos Municípios, aos respectivos órgãos ou entidades executivos e seus agentes de trânsito, estruturados em Carreira, na forma da lei.

- *Incluído pela Emenda Constitucional nº 82, de 2014*

TÍTULO VI – DA TRIBUTAÇÃO E DO ORÇAMENTO

CAPÍTULO I – DO SISTEMA TRIBUTÁRIO NACIONAL

SEÇÃO I – DOS PRINCÍPIOS GERAIS

- *Lei 8.137/1990 (Crimes contra a ordem tributária, econômica e contra as relações de consumo)*
- *Lei 8.981/1995 (Altera a legislação tributária federal)*

Art. 145. A União, os Estados, o Distrito Federal e os Municípios poderão instituir os seguintes tributos:

- *Arts. 1º a 5º, CTN*

I – impostos;

- *Arts. 16 e ss., CTN*
- *Lei 7.940/1989 (Taxa de fiscalização dos mercados de títulos e valores mobiliários)*
- *Lei 7.944/1989 (Taxa de fiscalização dos mercados de seguro, capitalização e previdência privada)*
- *Lei 8.003/1990 (Legislação tributária federal – alterações)*
- *Súmula vinculante 19, STF*
- *Súmulas 665 e 670, STF*

II – taxas, em razão do exercício do poder de polícia ou pela utilização, efetiva ou potencial, de serviços públicos específicos e divisíveis, prestados ao contribuinte ou postos a sua disposição;

- *Art. 81 e ss., CTN*

III – contribuição de melhoria, decorrente de obras públicas.

§ 1º Sempre que possível, os impostos terão caráter pessoal e serão graduados segundo a capacidade econômica do contribuinte, facultado à administração tributária, especialmente para conferir efetividade a esses objetivos, identificar, respeitados os direitos individuais e nos termos da lei, o patrimônio, os rendimentos e as atividades econômicas do contribuinte.

- *Lei 8.021/1990 (Identificação dos contribuintes para fins fiscais)*
- *Súmulas 656 e 668, STF*

§ 2º As taxas não poderão ter base de cálculo própria de impostos.

- *Art. 77, parágrafo único, CTN*
- *Súmula vinculante 29, STF*
- *Súmula 665, STF*

§ 3º O Sistema Tributário Nacional deve observar os princípios da simplicidade, da transparência, da justiça tributária, da cooperação e da defesa do meio ambiente.

- *Incluído pela Emenda Constitucional nº 132, de 2023*

§ 4º As alterações na legislação tributária buscarão atenuar efeitos regressivos.

- *Incluído pela Emenda Constitucional nº 132, de 2023*

Art. 146. Cabe à lei complementar:

I – dispor sobre conflitos de competência, em matéria tributária, entre a União, os Estados, o Distrito Federal e os Municípios;

- *Arts. 6º a 8º, CTN*

II – regular as limitações constitucionais ao poder de tributar;

- *Arts. 9º a 15, CTN*

III – estabelecer normas gerais em matéria de legislação tributária, especialmente sobre:

- *Art. 149, CF*

a) definição de tributos e de suas espécies, bem como, em relação aos impostos discriminados nesta Constituição, a dos respectivos fatos geradores, bases de cálculo e contribuintes;

b) obrigação, lançamento, crédito, prescrição e decadência tributários;

c) adequado tratamento tributário ao ato cooperativo praticado pelas sociedades cooperativas, inclusive em relação aos tributos previstos nos arts. 156-A e 195, V;

- *Redação dada pela Emenda Constitucional nº 132, de 2023*

d) definição de tratamento diferenciado e favorecido para as microempresas e para as empresas de pequeno porte, inclusive regimes especiais ou simplificados no caso dos impostos previstos nos arts. 155, II, e 156-A, das contribuições sociais previstas no art. 195, I e V, e § 12 e da contribuição a que se refere o art. 239.

- *Redação dada pela Emenda Constitucional nº 132, de 2023*
- *Atualização: d) definição de tratamento diferenciado e favorecido para as microempresas e para as empresas de pequeno porte, inclusive regimes especiais ou simplificados no caso dos impostos previstos nos arts. 155, II, e 156-A e das contribuições previstas no art. 195, I e V. (Redação dada*

pela Emenda Constitucional nº 132, de 2023, em vigor em 2027)

› *Atualização: d) definição de tratamento diferenciado e favorecido para as microempresas e para as empresas de pequeno porte, inclusive regimes especiais ou simplificados no caso do imposto previsto no art. 156-A e das contribuições sociais previstas no art. 195, I e V. (Redação dada pela Emenda Constitucional nº 132, de 2023, em vigor em 2033)*

§ 1º A lei complementar de que trata o inciso III, "d", também poderá instituir um regime único de arrecadação dos impostos e contribuições da União, dos Estados, do Distrito Federal e dos Municípios, observado que:

› *Renumerado do parágrafo único, pela Emenda Constitucional nº 132, de 2023*

I – será opcional para o contribuinte;

II – poderão ser estabelecidas condições de enquadramento diferenciadas por Estado;

III – o recolhimento será unificado e centralizado e a distribuição da parcela de recursos pertencentes aos respectivos entes federados será imediata, vedada qualquer retenção ou condicionamento;

IV – a arrecadação, a fiscalização e a cobrança poderão ser compartilhadas pelos entes federados, adotado cadastro nacional único de contribuintes.

§ 2º É facultado ao optante pelo regime único de que trata o § 1º apurar e recolher os tributos previstos nos arts. 156-A e 195, V, nos termos estabelecidos nesses artigos, hipótese em que as parcelas a eles relativas não serão cobradas pelo regime único.

› *Incluído pela Emenda Constitucional nº 132, de 2023*

§ 3º Na hipótese de o recolhimento dos tributos previstos nos arts. 156-A e 195, V, ser realizado por meio do regime único de que trata o § 1º, enquanto perdurar a opção:

› *Incluído pela Emenda Constitucional nº 132, de 2023*

I – não será permitida a apropriação de créditos dos tributos previstos nos arts. 156-A e 195, V, pelo contribuinte optante pelo regime único; e

› *Incluído pela Emenda Constitucional nº 132, de 2023*

II – será permitida a apropriação de créditos dos tributos previstos nos arts. 156-A e 195, V, pelo adquirente não optante pelo regime único de que trata o § 1º de bens materiais ou imateriais, inclusive direitos, e de serviços do optante, em montante equivalente ao cobrado por meio do regime único.

› *Incluído pela Emenda Constitucional nº 132, de 2023*

Art. 146-A. Lei complementar poderá estabelecer critérios especiais de tributação, com o objetivo de prevenir desequilíbrios da concorrência, sem prejuízo da competência de a União, por lei, estabelecer normas de igual objetivo.

› *Incluído pela Emenda Constitucional nº 42, de 19.12.2003*

Art. 147. Competem à União, em Território Federal, os impostos estaduais e, se o Território não for dividido em Municípios, cumulativamente, os impostos municipais; ao Distrito Federal cabem os impostos municipais.

Art. 148. A União, mediante lei complementar, poderá instituir empréstimos compulsórios:

I – para atender a despesas extraordinárias, decorrentes de calamidade pública, de guerra externa ou sua iminência;

II – no caso de investimento público de caráter urgente e de relevante interesse nacional, observado o disposto no art. 150, III, "b".

› *Art. 34, § 12, ADCT*

Parágrafo único. A aplicação dos recursos provenientes de empréstimo compulsório será vinculada à despesa que fundamentou sua instituição.

Art. 149. Compete exclusivamente à União instituir contribuições sociais, de intervenção no domínio econômico e de interesse das categorias profissionais ou econômicas, como instrumento de sua atuação nas respectivas áreas, observado o disposto nos arts. 146,

III, e 150, I e III, e sem prejuízo do previsto no art. 195, § 6º, relativamente às contribuições a que alude o dispositivo.

› *Súmula 666, STJ*

§ 1º A União, os Estados, o Distrito Federal e os Municípios instituirão, por meio de lei, contribuições para custeio de regime próprio de previdência social, cobradas dos servidores ativos, dos aposentados e dos pensionistas, que poderão ter alíquotas progressivas de acordo com o valor da base de contribuição ou dos proventos de aposentadoria e de pensões.

› *Redação dada pela Emenda Constitucional nº 103, de 2019, em vigor na data de publicação de lei de iniciativa privativa do respectivo Poder Executivo que o referende integralmente.*

§ 1º-A. Quando houver deficit atuarial, a contribuição ordinária dos aposentados e pensionistas poderá incidir sobre o valor dos proventos de aposentadoria e de pensões que supere o salário-mínimo.

› *Incluído pela Emenda Constitucional nº 103, de 2019, em vigor na data de publicação de lei de iniciativa privativa do respectivo Poder Executivo que o referende integralmente.*

§ 1º-B. Demonstrada a insuficiência da medida prevista no § 1º-A para equacionar o deficit atuarial, é facultada a instituição de contribuição extraordinária, no âmbito da União, dos servidores públicos ativos, dos aposentados e dos pensionistas.

› *Incluído pela Emenda Constitucional nº 103, de 2019, em vigor na data de publicação de lei de iniciativa privativa do respectivo Poder Executivo que o referende integralmente.*

§ 1º-C. A contribuição extraordinária de que trata o § 1º-B deverá ser instituída simultaneamente com outras medidas para equacionamento do deficit e vigorará por período determinado, contado da data de sua instituição.

› *Incluído pela Emenda Constitucional nº 103, de 2019, em vigor na data de publicação de lei de iniciativa privativa do respectivo Poder Executivo que o referende integralmente.*

§ 2º As contribuições sociais e de intervenção no domínio econômico de que trata o *caput* deste artigo:

› *Incluído pela Emenda Constitucional nº 33, de 2001*

I – não incidirão sobre as receitas decorrentes de exportação;

› *Incluído pela Emenda Constitucional nº 33, de 2001*

II – incidirão também sobre a importação de produtos estrangeiros ou serviços;

› *Redação dada pela Emenda Constitucional nº 42, de 19.12.2003)*

III – poderão ter alíquotas:

› *Incluído pela Emenda Constitucional nº 33, de 2001*

a) *ad valorem*, tendo por base o faturamento, a receita bruta ou o valor da operação e, no caso de importação, o valor aduaneiro;

› *Incluído pela Emenda Constitucional nº 33, de 2001*

b) específica, tendo por base a unidade de medida adotada.

› *Incluído pela Emenda Constitucional nº 33, de 2001*

§ 3º A pessoa natural destinatária das operações de importação poderá ser equiparada a pessoa jurídica, na forma da lei.

› *Incluído pela Emenda Constitucional nº 33, de 2001*

§ 4º A lei definirá as hipóteses em que as contribuições incidirão uma única vez.

› *Incluído pela Emenda Constitucional nº 33, de 2001*

Art. 149-A. Os Municípios e o Distrito Federal poderão instituir contribuição, na forma das respectivas leis, para o custeio, a expansão e a melhoria do serviço de iluminação pública e de sistemas de monitoramento para segurança e preservação de logradouros públicos, observado o disposto no art. 150, I e III.

› *Redação dada pela Emenda Constitucional nº 132, de 2023*

Parágrafo único. É facultada a cobrança da contribuição a que se refere o *caput*, na fatura de consumo de energia elétrica.

› *Incluído pela Emenda Constitucional nº 39, de 2002*

Art. 149-B. Os tributos previstos nos arts. 156-A e 195, V, observarão as mesmas regras em relação a:

› *Incluído pela Emenda Constitucional nº 132, de 2023*

I – fatos geradores, bases de cálculo, hipóteses de não incidência e sujeitos passivos;

› *Incluído pela Emenda Constitucional nº 132, de 2023*

II – imunidades;

› *Incluído pela Emenda Constitucional nº 132, de 2023*

III – regimes específicos, diferenciados ou favorecidos de tributação;

› *Incluído pela Emenda Constitucional nº 132, de 2023*

IV – regras de não cumulatividade e de creditamento.

› *Incluído pela Emenda Constitucional nº 132, de 2023*

Parágrafo único. Os tributos de que trata o *caput* observarão as imunidades previstas no art. 150, VI, não se aplicando a ambos os tributos o disposto no art. 195, § 7º.

› *Incluído pela Emenda Constitucional nº 132, de 2023*

Art. 149-C. O produto da arrecadação do imposto previsto no art. 156-A e da contribuição prevista no art. 195, V, incidentes sobre operações contratadas pela administração pública direta, por autarquias e por fundações públicas, inclusive suas importações, será integralmente destinado ao ente federativo contratante, mediante redução a zero das alíquotas do imposto e da contribuição devidos aos demais entes e equivalente elevação da alíquota do tributo devido ao ente contratante.

› *Incluído pela Emenda Constitucional nº 132, de 2023*

§ 1º As operações de que trata o *caput* poderão ter alíquotas reduzidas de modo uniforme, nos termos de lei complementar.

› *Incluído pela Emenda Constitucional nº 132, de 2023*

§ 2º Lei complementar poderá prever hipóteses em que não se aplicará o disposto no *caput* e no § 1º.

› *Incluído pela Emenda Constitucional nº 132, de 2023*

§ 3º Nas importações efetuadas pela administração pública direta, por autarquias e por fundações públicas, o disposto no art. 150, VI, "a", será implementado na forma do disposto no *caput* e no § 1º, assegurada a igualdade de tratamento em relação às aquisições internas.

- *Incluído pela Emenda Constitucional nº 132, de 2023*

SEÇÃO II – DAS LIMITAÇÕES DO PODER DE TRIBUTAR

Art. 150. Sem prejuízo de outras garantias asseguradas ao contribuinte, é vedado à União, aos Estados, ao Distrito Federal e aos Municípios:

- *Lei 5.172/1966 (Código Tributário Nacional)*

I – exigir ou aumentar tributo sem lei que o estabeleça;

- *Arts. 3º e 97, I e II, CTN*

II – instituir tratamento desigual entre contribuintes que se encontrem em situação equivalente, proibida qualquer distinção em razão de ocupação profissional ou função por eles exercida, independentemente da denominação jurídica dos rendimentos, títulos ou direitos;

III – cobrar tributos:

a) em relação a fatos geradores ocorridos antes do início da vigência da lei que os houver instituído ou aumentado;

- *Art. 9º, II, CTN*

b) no mesmo exercício financeiro em que haja sido publicada a lei que os instituiu ou aumentou;

- *Art. 195, § 6º, CF*

c) antes de decorridos noventa dias da data em que haja sido publicada a lei que os instituiu ou aumentou, observado o disposto na alínea b;

- *Incluído pela Emenda Constitucional nº 42, de 19.12.2003*

IV – utilizar tributo com efeito de confisco;

V – estabelecer limitações ao tráfego de pessoas ou bens, por meio de tributos interestaduais ou intermunicipais, ressalvada a cobrança de pedágio pela utilização de vias conservadas pelo Poder Público;

- *Art. 9º, III, CTN*

VI – instituir impostos sobre:

a) patrimônio, renda ou serviços, uns dos outros;

- *Art. 9º, IV, a, CTN*

b) entidades religiosas e templos de qualquer culto, inclusive suas organizações assistenciais e beneficentes;

- *Redação dada pela Emenda Constitucional nº 132, de 2023*
- *Art. 9º, IV, b, CTN*

c) patrimônio, renda ou serviços dos partidos políticos, inclusive suas fundações, das entidades sindicais dos trabalhadores, das instituições de educação e de assistência social, sem fins lucrativos, atendidos os requisitos da lei;

- *Arts. 9º, IV, c, e 14, CTN*
- *Súmulas 724 e 730, STF*

d) livros, jornais, periódicos e o papel destinado a sua impressão.

- *Art. 9º, IV, d, CTN*
- *Súmula 657, STF*

e) fonogramas e videofonogramas musicais produzidos no Brasil contendo obras musicais ou literomusicais de autores brasileiros e/ou obras em geral interpretadas por artistas brasileiros bem como os suportes materiais ou arquivos digitais que os contenham, salvo na etapa de replicação industrial de mídias ópticas de leitura a laser.

- *Incluída pela Emenda Constitucional nº 75, de 15.10.2013*

§ 1º A vedação do inciso III, *b*, não se aplica aos tributos previstos nos arts. 148, I, 153, I, II, IV e V; e 154, II; e a vedação do inciso III, *c*, não se aplica aos tributos previstos nos arts. 148, I, 153, I, II, III e V; e 154, II, nem à fixação da base de cálculo dos impostos previstos nos arts. 155, III, e 156, I.

- *Redação dada pela Emenda Constitucional nº 42, de 19.12.2003*

§ 2º A vedação do inciso VI, "a", é extensiva às autarquias e às fundações instituídas e mantidas pelo poder público e à empresa pública prestadora de serviço postal, no que se refere ao patrimônio, à renda e aos serviços vinculados a suas finalidades essenciais ou às delas decorrentes.

- *Redação dada pela Emenda Constitucional nº 132, de 2023*

§ 3º As vedações do inciso VI, "a", e do parágrafo anterior não se aplicam ao patrimônio, à renda e aos serviços, relacionados com exploração de atividades econômicas regidas pelas normas aplicáveis a empreendimentos privados, ou em que haja contraprestação ou pagamento de preços ou tarifas pelo usuário, nem exonera o promitente comprador da obrigação de pagar imposto relativamente ao bem imóvel.

§ 4º As vedações expressas no inciso VI, alíneas "b" e "c", compreendem somente o patrimônio, a renda e os serviços, relacionados com as finalidades essenciais das entidades nelas mencionadas.

§ 5º A lei determinará medidas para que os consumidores sejam esclarecidos acerca dos impostos que incidam sobre mercadorias e serviços.

§ 6º Qualquer subsídio ou isenção, redução de base de cálculo, concessão de crédito presumido, anistia ou remissão, relativos a impostos, taxas ou contribuições, só poderá ser concedido mediante lei específica, federal, estadual ou municipal, que regule exclusivamente as matérias acima enumeradas ou o correspondente tributo ou contribuição, sem prejuízo do disposto no art. 155, § 2º, XII, g.

- *Redação dada pela Emenda Constitucional nº 3, de 1993*
- *Atualização: § 6º Qualquer subsídio ou isenção, redução de base de cálculo, concessão de crédito presumido, anistia ou remissão, relativos a impostos, taxas ou contribuições, só poderá ser concedido mediante lei específica, federal, estadual ou municipal, que regule exclusivamente as matérias acima enumeradas ou o correspondente tributo ou contribuição.*
- *Redação dada pela Emenda Constitucional nº 132, de 2023, em vigor em 2033*

§ 7º A lei poderá atribuir a sujeito passivo de obrigação tributária a condição de responsável pelo pagamento de imposto ou contribuição, cujo fato gerador deva ocorrer posteriormente, assegurada a imediata e preferencial restituição da quantia paga, caso não se realize o fato gerador presumido.

- *Incluído pela Emenda Constitucional nº 3, de 1993*

Art. 151. É vedado à União:

I – instituir tributo que não seja uniforme em todo o território nacional ou que implique distinção ou preferência em relação a Estado, ao Distrito Federal ou a Município, em detrimento de outro, admitida a concessão de incentivos fiscais destinados a promover o equilíbrio do desenvolvimento sócio-econômico entre as diferentes regiões do País;

- *Art. 10, CTN*
- *Lei 9.440/1997 (Estabelece incentivos fiscais para o desenvolvimento regional)*

II – tributar a renda das obrigações da dívida pública dos Estados, do Distrito Federal e dos Municípios, bem como a remuneração e os proventos dos respectivos agentes públicos, em níveis superiores aos que fixar para suas obrigações e para seus agentes;

III – instituir isenções de tributos da competência dos Estados, do Distrito Federal ou dos Municípios.

Art. 152. É vedado aos Estados, ao Distrito Federal e aos Municípios estabelecer diferença tributária entre bens e serviços, de qualquer natureza, em razão de sua procedência ou destino.

- *Art. 11, CTN*

SEÇÃO III – DOS IMPOSTOS DA UNIÃO

Art. 153. Compete à União instituir impostos sobre:

- *Art. 154, I, CF*

I – importação de produtos estrangeiros;

- *Lei 7.810/1989 (Imposto de Importação – redução)*
- *Lei 8.003/1990 (Legislação tributária federal – alterações)*
- *Lei 8.032/1990 (Isenção ou redução do Imposto de Importação)*
- *Lei 9.440/1997 (Reduz o Imposto de Importação para produtos que especifica)*

II – exportação, para o exterior, de produtos nacionais ou nacionalizados;

III – renda e proventos de qualquer natureza;

- *Arts. 27, § 2º, 28, § 2º, 29, V e VI, 37, XV, 48, XI, 49, VII e VIII, 95, III, 128, § 5º, I, c, CF*
- *Art. 34, § 2º, I, ADCT*
- *Lei 8.034/1990 (Imposto de Renda – alterações – pessoas jurídicas)*
- *Lei 8.166/1990 (Imposto de Renda – não incidência sobre lucros ou dividendos distribuídos a residentes ou domiciliados no exterior, doados a instituições sem fins lucrativos)*
- *Lei 8.848/1994 (Imposto de Renda – alterações)*
- *Lei 8.849/1994 (Imposto de Renda – alterações)*
- *Lei 8.981/1995 (Altera a legislação tributária federal)*
- *Lei 9.316/1996 (Altera a legislação do Imposto de Renda e da Contribuição Social sobre o Lucro Líquido)*
- *Lei 9.430/1996 (Altera a legislação tributária federal)*
- *Lei 9.532/1997 (Altera a legislação tributária federal)*

IV – produtos industrializados;

- *Art. 34, § 2º, I, ADCT*
- *Lei 8.003/1990 (Legislação tributária federal – alterações)*

- *Lei 9.363/1996 (Crédito presumido do IPI para ressarcimento do valor do PIS/PASEP e COFINS)*
- *Lei 9.493/1997 (Isenções do IPI)*

V – operações de crédito, câmbio e seguro, ou relativas a títulos ou valores mobiliários;

- *Atualização: V – operações de crédito e câmbio ou relativas a títulos ou valores mobiliários;*
- *Redação dada pela Emenda Constitucional nº 132, de 2023, em vigor em 2027*
- *Arts. 63 a 67, CTN*
- *Lei 8.894/1994 (IOF)*
- *Dec. 6.306/2007 (Regulamenta o Imposto sobre Operações de Crédito, Câmbio e Seguro, ou relativas a Títulos ou Valores Mobiliários – IOF)*
- *Súmula vinculante 32, STF*

VI – propriedade territorial rural;

- *Lei 8.847/1994 (ITR)*
- *Lei 9.321/1996 (Programa Nacional de Fortalecimento da Agricultura Familiar – PRONAF)*
- *Lei 9.393/1996 (ITR e Títulos da Dívida Agrária)*

VII – grandes fortunas, nos termos de lei complementar;

VIII – produção, extração, comercialização ou importação de bens e serviços prejudiciais à saúde ou ao meio ambiente, nos termos de lei complementar.

- *Incluído pela Emenda Constitucional nº 132, de 2023*

§ 1º É facultado ao Poder Executivo, atendidas as condições e os limites estabelecidos em lei, alterar as alíquotas dos impostos enumerados nos incisos I, II, IV e V.

- *Art. 150, § 1º, CF*
- *Lei 8.088/1990 (Atualização do Bônus do Tesouro Nacional e depósitos de poupança)*

§ 2º O imposto previsto no inciso III:

- *Dec.-lei 1.351/1974 (Altera a legislação do Imposto de Renda)*

I – será informado pelos critérios da generalidade, da universalidade e da progressividade, na forma da lei;

- *Arts. 27, § 2º, 28, § 2º, 29, V e VI, 37, XV, 48, XI, 49, VII e VIII, 95, III, 128, § 5º, I, c, CF*

§ 3º O imposto previsto no inciso IV:

I – será seletivo, em função da essencialidade do produto;

II – será não-cumulativo, compensando-se o que for devido em cada operação com o montante cobrado nas anteriores;

- *Súmula 671, STJ.*

III – não incidirá sobre produtos industrializados destinados ao exterior.

- *Súmula 671, STJ.*

IV – terá reduzido seu impacto sobre a aquisição de bens de capital pelo contribuinte do imposto, na forma da lei.

- *Incluído pela Emenda Constitucional nº 42, de 19.12.2003*

§ 4º O imposto previsto no inciso VI do *caput*:

- *Redação dada pela Emenda Constitucional nº 42, de 19.12.2003*
- *Lei 8.629/1993 (Regulamenta os dispositivos constitucionais relativos à reforma agrária)*

I – será progressivo e terá suas alíquotas fixadas de forma a desestimular a manutenção de propriedades improdutivas;

- *Incluído pela Emenda Constitucional nº 42, de 19.12.2003*

II – não incidirá sobre pequenas glebas rurais, definidas em lei, quando as explore o proprietário que não possua outro imóvel;

- *Incluído pela Emenda Constitucional nº 42, de 19.12.2003*

III – será fiscalizado e cobrado pelos Municípios que assim optarem, na forma da lei, desde que não implique redução do imposto ou qualquer outra forma de renúncia fiscal.

- *Incluído pela Emenda Constitucional nº 42, de 19.12.2003*
- *Lei 11.250/2005 (Regulamenta o inciso III do § 4º do art. 153 da CF)*

§ 5º O ouro, quando definido em lei como ativo financeiro ou instrumento cambial, sujeita-se exclusivamente à incidência do imposto de que trata o inciso V do *caput* deste artigo, devido na operação de origem; a alíquota mínima será de um por cento, assegurada a transferência do montante da arrecadação nos seguintes termos:

- *Emenda Constitucional nº 3, de 1993*
- *Art. 74, § 2º, ADCT*
- *Lei 7.866/1989 (Ouro como ativo financeiro)*

I – trinta por cento para o Estado, o Distrito Federal ou o Território, conforme a origem;

II – setenta por cento para o Município de origem.

- *Art. 72, § 3º, ADCT*

§ 6º O imposto previsto no inciso VIII do *caput* deste artigo:

- *Incluído pela Emenda Constitucional nº 132, de 2023*

I – não incidirá sobre as exportações nem sobre as operações com energia elétrica e com telecomunicações;

- *Incluído pela Emenda Constitucional nº 132, de 2023*

II – incidirá uma única vez sobre o bem ou serviço;

- *Incluído pela Emenda Constitucional nº 132, de 2023*

III – não integrará sua própria base de cálculo;

- *Incluído pela Emenda Constitucional nº 132, de 2023*

IV – integrará a base de cálculo dos tributos previstos nos arts. 155, II, 156, III, 156-A e 195, V;

- *Incluído pela Emenda Constitucional nº 132, de 2023*
- *Atualização: IV – integrará a base de cálculo dos tributos previstos nos arts. 156-A e 195, V;*
- *Redação dada pela Emenda Constitucional nº 132, de 2023, em vigor em 2033*

V – poderá ter o mesmo fato gerador e base de cálculo de outros tributos;

- *Incluído pela Emenda Constitucional nº 132, de 2023*

VI – terá suas alíquotas fixadas em lei ordinária, podendo ser específicas, por unidade de medida adotada, ou *ad valorem*;

- *Incluído pela Emenda Constitucional nº 132, de 2023*

VII – na extração, o imposto será cobrado independentemente da destinação, caso em que a alíquota máxima corresponderá a 1% (um por cento) do valor de mercado do produto.

- *Incluído pela Emenda Constitucional nº 132, de 2023*

Art. 154. A União poderá instituir:

I – mediante lei complementar, impostos não previstos no artigo anterior, desde que sejam não-cumulativos e não tenham fato gerador ou base de cálculo próprios dos discriminados nesta Constituição;

- *Art. 195, § 4º, CF*
- *Art. 74, § 2º, ADCT*

II – na iminência ou no caso de guerra externa, impostos extraordinários, compreendidos ou não em sua competência tributária, os quais serão suprimidos, gradativamente, cessadas as causas de sua criação.

- *Art. 150, § 1º, CF*

SEÇÃO IV – DOS IMPOSTOS DOS ESTADOS E DO DISTRITO FEDERAL

Art. 155. Compete aos Estados e ao Distrito Federal instituir impostos sobre:

- *Redação dada pela Emenda Constitucional nº 3, de 1993*

I – transmissão causa mortis e doação, de quaisquer bens ou direitos;

- *Redação dada pela Emenda Constitucional nº 3, de 1993*

II – operações relativas à circulação de mercadorias e sobre prestações de serviços de transporte interestadual e intermunicipal e de comunicação, ainda que as operações e as prestações se iniciem no exterior;

- *Redação dada pela Emenda Constitucional nº 3, de 1993*
- *LC 24/1975 (Convênios para a concessão de isenção de ICMS)*
- *LC 87/1996 (ICMS)*
- *LC 102/2000 (Altera dispositivos da LC 87/1996)*
- *Súmula 622, STF*
- *Súmulas 334 e 457, STJ*
- *Atualização: II – (Revogado pela Emenda Constitucional nº 132, de 2023, em vigor em 2033)*

III – propriedade de veículos automotores.

- *Redação dada pela Emenda Constitucional nº 3, de 1993*

§ 1º O imposto previsto no inciso I:

- *Redação dada pela Emenda Constitucional nº 3, de 1993*

I – relativamente a bens imóveis e respectivos direitos, compete ao Estado da situação do bem, ou ao Distrito Federal

II – relativamente a bens móveis, títulos e créditos, compete ao Estado onde era domiciliado o *de cujus*, ou tiver domicílio o doador, ou ao Distrito Federal;

- *Redação dada pela Emenda Constitucional nº 132, de 2023*

III – terá competência para sua instituição regulada por lei complementar:

- *ADO 67: O STF, por unanimidade, julgou procedente a ADO 67, declarando a omissão inconstitucional na edição da lei complementar a que se refere o art. 155, § 1º, III, da Constituição Federal e estabelecendo o prazo de 12 (doze) meses, a contar da data da publicação da ata de julgamento do mérito, para que o Congresso Nacional adote as medidas legislativas necessárias para suprir a omissão.*

a) se o doador tiver domicilio ou residência no exterior;

b) se o *de cujus* possuía bens, era residente ou domiciliado ou teve o seu inventário processado no exterior;

IV – terá suas alíquotas máximas fixadas pelo Senado Federal;

V – não incidirá sobre as doações destinadas, no âmbito do Poder Executivo da União, a projetos socioambientais ou destinados a mitigar os efeitos das mudanças climáticas e às instituições federais de ensino.

- *Incluído pela Emenda Constitucional nº 126, de 2022*

VI – será progressivo em razão do valor do quinhão, do legado ou da doação;

- *Incluído pela Emenda Constitucional nº 132, de 2023*

VII – não incidirá sobre as transmissões e as doações para as instituições sem fins lucrativos com finalidade de relevância pública e social, inclusive as organizações assistenciais e beneficentes de entidades religiosas e institutos científicos e tecnológicos, e por elas realizadas na consecução dos seus objetivos sociais, observadas as condições estabelecidas em lei complementar.

‣ *Incluído pela Emenda Constitucional nº 132, de 2023*

§ 2º O imposto previsto no inciso II atenderá ao seguinte:

‣ *Redação dada pela Emenda Constitucional nº 3, de 1993*

‣ *Dec.-lei 406/1968 (Normas gerais de direito financeiro aplicáveis ao ICMS e ISS)*

‣ *LC 24/1975 (Convênios para concessão de isenções do ICMS)*

‣ *LC 101/2000 (Estabelece normas de finanças públicas voltadas para a responsabilidade na gestão fiscal)*

‣ *Atualização: § 2º (Revogado pela Emenda Constitucional nº 132, de 2023, em vigor em 2033)*

I – será não-cumulativo, compensando-se o que for devido em cada operação relativa à circulação de mercadorias ou prestação de serviços com o montante cobrado nas anteriores pelo mesmo ou outro Estado ou pelo Distrito Federal;

II – a isenção ou não-incidência, salvo determinação em contrário da legislação:

a) não implicará crédito para compensação com o montante devido nas operações ou prestações seguintes;

b) acarretará a anulação do crédito relativo às operações anteriores;

III – poderá ser seletivo, em função da essencialidade das mercadorias e dos serviços;

IV – resolução do Senado Federal, de iniciativa do Presidente da República ou de um terço dos Senadores, aprovada pela maioria absoluta de seus membros, estabelecerá as alíquotas aplicáveis às operações e prestações, interestaduais e de exportação;

V – é facultado ao Senado Federal:

a) estabelecer alíquotas mínimas nas operações internas, mediante resolução de iniciativa de um terço e aprovada pela maioria absoluta de seus membros;

b) fixar alíquotas máximas nas mesmas operações para resolver conflito específico que envolva interesse de Estados, mediante resolução de iniciativa da maioria absoluta e aprovada por dois terços de seus membros;

VI – salvo deliberação em contrário dos Estados e do Distrito Federal, nos termos do disposto no inciso XII, "g", as alíquotas internas, nas operações relativas à circulação de mercadorias e nas prestações de serviços, não poderão ser inferiores às previstas para as operações interestaduais;

VII – nas operações e prestações que destinem bens e serviços a consumidor final, contribuinte ou não do imposto, localizado em outro Estado, adotar-se-á a alíquota interestadual e caberá ao Estado de localização do destinatário o imposto correspondente à diferença entre a alíquota interna do Estado destinatário e a alíquota interestadual;

‣ *Redação dada pela Emenda Constitucional nº 87, de 2015*

a) e b) *(Revogadas pela Emenda Constitucional nº 87, de 2015)*

VIII – a responsabilidade pelo recolhimento do imposto correspondente à diferença entre a alíquota interna e a interestadual de que trata o inciso VII será atribuída:

‣ *Redação dada pela Emenda Constitucional nº 87, de 2015*

a) ao destinatário, quando este for contribuinte do imposto; *(Incluída pela Emenda Constitucional nº 87, de 2015)*

b) ao remetente, quando o destinatário não for contribuinte do imposto; *(Incluída pela Emenda Constitucional nº 87, de 2015)*

IX – incidirá também:

a) sobre a entrada de bem ou mercadoria importados do exterior por pessoa física ou jurídica, ainda que não seja contribuinte habitual do imposto, qualquer que seja a sua finalidade, assim como sobre o serviço prestado no exterior, cabendo o imposto ao Estado onde estiver situado o domicílio ou o estabelecimento do destinatário da mercadoria, bem ou serviço;

‣ *Redação dada pela Emenda Constitucional nº 33, de 2001*

‣ *Súmulas 660 e 661, STF*

b) sobre o valor total da operação, quando mercadorias forem fornecidas com serviços não compreendidos na competência tributária dos Municípios;

X – não incidirá:

a) sobre operações que destinem mercadorias para o exterior, nem sobre serviços prestados a destinatários no exterior, assegurada a manutenção e o aproveitamento do montante do imposto cobrado nas operações e prestações anteriores;

‣ *Redação dada pela Emenda Constitucional nº 42, de 19.12.2003*

b) sobre operações que destinem a outros Estados petróleo, inclusive lubrificantes, combustíveis líquidos e gasosos dele derivados, e energia elétrica;

c) sobre o ouro, nas hipóteses definidas no art. 153, § 5º;

‣ *Lei 7.766/1989 (Ouro como ativo financeiro)*

d) nas prestações de serviço de comunicação nas modalidades de radiodifusão sonora e de sons e imagens de recepção livre e gratuita;

‣ *Incluído pela Emenda Constitucional nº 42, de 19.12.2003*

XI – não compreenderá, em sua base de cálculo, o montante do imposto sobre produtos industrializados, quando a operação, realizada entre contribuintes e relativa a produto destinado à industrialização ou à comercialização, configure fato gerador dos dois impostos;

XII – cabe à lei complementar:

‣ *Art. 4º, Emenda Constitucional nº 43, de 2003*

a) definir seus contribuintes;

b) dispor sobre substituição tributária;

c) disciplinar o regime de compensação do imposto;

d) fixar, para efeito de sua cobrança e definição do estabelecimento responsável, o local das operações relativas à circulação de mercadorias e das prestações de serviços;

e) excluir da incidência do imposto, nas exportações para o exterior, serviços e outros produtos além dos mencionados no inciso X, "a";

f) prever casos de manutenção de crédito, relativamente à remessa para outro Estado e exportação para o exterior, de serviços e de mercadorias;

g) regular a forma como, mediante deliberação dos Estados e do Distrito Federal, isenções, incentivos e benefícios fiscais serão concedidos e revogados.

h) definir os combustíveis e lubrificantes sobre os quais o imposto incidirá uma única vez, qualquer que seja a sua finalidade, hipótese em que não se aplicará o disposto no inciso X, *b*;

‣ *Incluída pela Emenda Constitucional nº 33, de 2001*

i) fixar a base de cálculo, de modo que o montante do imposto a integre, também na importação do exterior de bem, mercadoria ou serviço.

‣ *Incluída pela Emenda Constitucional nº 33, de 2001*

§ 3º À exceção dos impostos de que tratam o inciso II do *caput* deste artigo e os arts. 153, I e II, e 156-A, nenhum outro imposto poderá incidir sobre operações relativas a energia elétrica e serviços de telecomunicações e, à exceção destes e do previsto no art. 153, VIII, nenhum outro imposto poderá incidir sobre operações relativas a derivados de petróleo, combustíveis e minerais do País.

‣ *Redação dada pela Emenda Constitucional nº 132, de 2023*

‣ *Súmula 659, STF*

‣ *Atualização: § 3º (Revogado pela Emenda Constitucional nº 132, de 2023, em vigor em 2033)*

§ 4º Na hipótese do inciso XII, *h*, observar-se-á o seguinte:

‣ *Incluído pela Emenda Constitucional nº 33, de 2001*

‣ *Atualização: § 4º (Revogado pela Emenda Constitucional nº 132, de 2023, em vigor em 2033)*

I – nas operações com os lubrificantes e combustíveis derivados de petróleo, o imposto caberá ao Estado onde ocorrer o consumo;

‣ *Incluído pela Emenda Constitucional nº 33, de 2001*

II – nas operações interestaduais, entre contribuintes, com gás natural e seus derivados, e lubrificantes e combustíveis não incluídos no inciso I deste parágrafo, o imposto será repartido entre os Estados de origem e de destino, mantendo-se a mesma proporcionalidade que ocorre nas operações com as demais mercadorias;

‣ *Incluído pela Emenda Constitucional nº 33, de 2001*

III – nas operações interestaduais com gás natural e seus derivados, e lubrificantes e combustíveis não incluídos no inciso I deste parágrafo, destinadas a não contribuinte, o imposto caberá ao Estado de origem;

‣ *Incluído pela Emenda Constitucional nº 33, de 2001*

IV – as alíquotas do imposto serão definidas mediante deliberação dos Estados e Distrito Federal, nos termos do § 2º, XII, *g*, observando-se o seguinte:

‣ *Incluído pela Emenda Constitucional nº 33, de 2001*

a) serão uniformes em todo o território nacional, podendo ser diferenciadas por produto;

‣ *Incluído pela Emenda Constitucional nº 33, de 2001*

b) poderão ser específicas, por unidade de medida adotada, ou *ad valorem*, incidindo sobre o valor da operação ou sobre o preço que o produto ou seu similar alcançaria em uma venda em condições de livre concorrência;

‣ *Incluído pela Emenda Constitucional nº 33, de 2001*

c) poderão ser reduzidas e restabelecidas, não se lhes aplicando o disposto no art. 150, III, *b*.

‣ *Incluído pela Emenda Constitucional nº 33, de 2001*

§ 5º As regras necessárias à aplicação do disposto no § 4º, inclusive as relativas à apuração e à destinação do imposto, serão estabelecidas mediante deliberação dos Estados e do Distrito Federal, nos termos do § 2º, XII, *g*.

- *Incluído pela Emenda Constitucional nº 33, de 2001*
- *Atualização: § 5º (Revogado pela Emenda Constitucional nº 132, de 2023, em vigor em 2033)*

§ 6º O imposto previsto no inciso III:

- *Incluído pela Emenda Constitucional nº 42, de 19.12.2003*

I – terá alíquotas mínimas fixadas pelo Senado Federal;

- *Incluído pela Emenda Constitucional nº 42, de 19.12.2003*

II – poderá ter alíquotas diferenciadas em função do tipo, do valor, da utilização e do impacto ambiental;

- *Redação dada pela Emenda Constitucional nº 132, de 2023*

III – incidirá sobre a propriedade de veículos automotores terrestres, aquáticos e aéreos, excetuados:

- *Incluído pela Emenda Constitucional nº 132, de 2023*

a) aeronaves agrícolas e de operador certificado para prestar serviços aéreos a terceiros;

- *Incluída pela Emenda Constitucional nº 132, de 2023*

b) embarcações de pessoa jurídica que detenha outorga para prestar serviços de transporte aquaviário ou de pessoa física ou jurídica que pratique pesca industrial, artesanal, científica ou de subsistência;

- *Incluída pela Emenda Constitucional nº 132, de 2023*

c) plataformas suscetíveis de se locomoverem na água por meios próprios, inclusive aquelas cuja finalidade principal seja a exploração de atividades econômicas em águas territoriais e na zona econômica exclusiva e embarcações que tenham essa mesma finalidade principal;

- *Incluída pela Emenda Constitucional nº 132, de 2023*

d) tratores e máquinas agrícolas.

- *Incluída pela Emenda Constitucional nº 132, de 2023*

SEÇÃO V – DOS IMPOSTOS DOS MUNICÍPIOS

Art. 156. Compete aos Municípios instituir impostos sobre:

- *Art. 167, § 4º, CF*

I – propriedade predial e territorial urbana;

- *Arts. 32 a 34, CTN*

II – transmissão "inter vivos", a qualquer título, por ato oneroso, de bens imóveis, por natureza ou acessão física, e de direitos reais sobre imóveis, exceto os de garantia, bem como cessão de direitos a sua aquisição;

- *Arts. 35 a 42, CTN*
- *Súmula 656, STF*

III – serviços de qualquer natureza, não compreendidos no art. 155, II, definidos em lei complementar.

- *Redação dada pela Emenda Constitucional nº 3, de 1993*
- *Atualização: III – (Revogado pela Emenda Constitucional nº 132, de 2023, em vigor em 2033)*

IV – (*Revogado pela Emenda Constitucional nº 3, de 1993*)

§ 1º Sem prejuízo da progressividade no tempo a que se refere o art. 182, § 4º, inciso II, o imposto previsto no inciso I poderá:

- *Redação dada pela Emenda Constitucional nº 29, de 2000*
- *Arts. 182, §§ 2º e 4º, e 186, CF*
- *Súmula 589, STF*

I – ser progressivo em razão do valor do imóvel; e

- *Incluído pela Emenda Constitucional nº 29, de 2000*

II – ter alíquotas diferentes de acordo com a localização e o uso do imóvel.

- *Incluído pela Emenda Constitucional nº 29, de 2000*

III – ter sua base de cálculo atualizada pelo Poder Executivo, conforme critérios estabelecidos em lei municipal.

- *Incluído pela Emenda Constitucional nº 132, de 2023*

§ 1º-A O imposto previsto no inciso I do caput deste artigo não incide sobre templos de qualquer culto, ainda que as entidades abrangidas pela imunidade de que trata a alínea "b" do inciso VI do caput do art. 150 desta Constituição sejam apenas locatárias do bem imóvel.

- *Incluído pela Emenda Constitucional nº 116, de 2022*

§ 2º O imposto previsto no inciso II:

I – não incide sobre a transmissão de bens ou direitos incorporados ao patrimônio de pessoa jurídica em realização de capital, nem sobre a transmissão de bens ou direitos decorrente de fusão, incorporação, cisão ou extinção de pessoa jurídica, salvo se, nesses casos, a atividade preponderante do adquirente for a compra e venda desses bens ou direitos, locação de bens imóveis ou arrendamento mercantil;

II – compete ao Município da situação do bem.

§ 3º Em relação ao imposto previsto no inciso III do *caput* deste artigo, cabe à lei complementar:

- *Redação dada pela Emenda Constitucional nº 37, de 2002*
- *Atualização: § 3º (Revogado pela Emenda Constitucional nº 132, de 2023, em vigor em 2033)*

I – fixar as suas alíquotas máximas e mínimas;

- *Redação dada pela Emenda Constitucional nº 37, de 2002*

II – excluir da sua incidência exportações de serviços para o exterior.

- *Incluído pela Emenda Constitucional nº 3, de 1993*

III – regular a forma e as condições como isenções, incentivos e benefícios fiscais serão concedidos e revogados.

- *Incluído pela Emenda Constitucional nº 3, de 1993*

§ 4º (*Revogado pela Emenda Constitucional nº 3, de 1993*)

SEÇÃO V-A – DO IMPOSTO DE COMPETÊNCIA COMPARTILHADA ENTRE ESTADOS, DISTRITO FEDERAL E MUNICÍPIOS

- *Incluída pela Emenda Constitucional nº 132, de 2023*

Art. 156-A. Lei complementar instituirá imposto sobre bens e serviços de competência compartilhada entre Estados, Distrito Federal e Municípios.

- *Incluído pela Emenda Constitucional nº 132, de 2023*

§ 1º O imposto previsto no *caput* será informado pelo princípio da neutralidade e atenderá ao seguinte:

- *Incluído pela Emenda Constitucional nº 132, de 2023*

I – incidirá sobre operações com bens materiais ou imateriais, inclusive direitos, ou com serviços;

- *Incluído pela Emenda Constitucional nº 132, de 2023*

II – incidirá também sobre a importação de bens materiais ou imateriais, inclusive direitos, ou de serviços realizada por pessoa física ou jurídica, ainda que não seja sujeito passivo habitual do imposto, qualquer que seja a sua finalidade;

- *Incluído pela Emenda Constitucional nº 132, de 2023*

III – não incidirá sobre as exportações, assegurados ao exportador a manutenção e o aproveitamento dos créditos relativos às operações nas quais seja adquirente de bem material ou imaterial, inclusive direitos, ou serviço, observado o disposto no § 5º, III;

- *Incluído pela Emenda Constitucional nº 132, de 2023*

IV – terá legislação única e uniforme em todo o território nacional, ressalvado o disposto no inciso V;

- *Incluído pela Emenda Constitucional nº 132, de 2023*

V – cada ente federativo fixará sua alíquota própria por lei específica;

- *Incluído pela Emenda Constitucional nº 132, de 2023*

VI – a alíquota fixada pelo ente federativo na forma do inciso V será a mesma para todas as operações com bens materiais ou imateriais, inclusive direitos, ou com serviços, ressalvadas as hipóteses previstas nesta Constituição;

- *Incluído pela Emenda Constitucional nº 132, de 2023*

VII – será cobrado pelo somatório das alíquotas do Estado e do Município de destino da operação;

- *Incluído pela Emenda Constitucional nº 132, de 2023*

VIII – será não cumulativo, compensando-se o imposto devido pelo contribuinte com o montante cobrado sobre todas as operações nas quais seja adquirente de bem material ou imaterial, inclusive direito, ou de serviço, excetuadas exclusivamente as consideradas de uso ou consumo pessoal especificadas em lei complementar e as hipóteses previstas nesta Constituição;

- *Incluído pela Emenda Constitucional nº 132, de 2023*

IX – não integrará sua própria base de cálculo nem a dos tributos previstos nos arts. 153, VIII, e 195, I, "b", IV e V, e da contribuição para o Programa de Integração Social de que trata o art. 239;

- *Incluído pela Emenda Constitucional nº 132, de 2023*
- *Atualização: IX – não integrará sua própria base de cálculo nem a dos tributos previstos nos arts. 153, VIII, e 195, V;*
- *Redação dada pela Emenda Constitucional nº 132, de 2023, em vigor em 2027*
- *Atualização: IX – não integrará sua própria base de cálculo nem a dos tributos previstos nos arts. 153, VIII, e 195, V;*
- *Redação dada pela Emenda Constitucional nº 132, de 2023, em vigor em 2033*

X – não será objeto de concessão de incentivos e benefícios financeiros ou fiscais relativos ao imposto ou de regimes específicos, diferenciados ou favorecidos de tributação, excetuadas as hipóteses previstas nesta Constituição;

‣ *Incluído pela Emenda Constitucional nº 132, de 2023*

XI – não incidirá nas prestações de serviço de comunicação nas modalidades de radiodifusão sonora e de sons e imagens de recepção livre e gratuita;

‣ *Incluído pela Emenda Constitucional nº 132, de 2023*

XII – resolução do Senado Federal fixará alíquota de referência do imposto para cada esfera federativa, nos termos de lei complementar, que será aplicada se outra não houver sido estabelecida pelo próprio ente federativo;

‣ *Incluído pela Emenda Constitucional nº 132, de 2023*

XIII – sempre que possível, terá seu valor informado, de forma específica, no respectivo documento fiscal.

‣ *Incluído pela Emenda Constitucional nº 132, de 2023*

§ 2º Para fins do disposto no § 1º, V, o Distrito Federal exercerá as competências estadual e municipal na fixação de suas alíquotas.

‣ *Incluído pela Emenda Constitucional nº 132, de 2023*

§ 3º Lei complementar poderá definir como sujeito passivo do imposto a pessoa que concorrer para a realização, a execução ou o pagamento da operação, ainda que residente ou domiciliada no exterior.

‣ *Incluído pela Emenda Constitucional nº 132, de 2023*

§ 4º Para fins de distribuição do produto da arrecadação do imposto, o Comitê Gestor do Imposto sobre Bens e Serviços:

‣ *Incluído pela Emenda Constitucional nº 132, de 2023*

I – reterá montante equivalente ao saldo acumulado de créditos do imposto não compensados pelos contribuintes e não ressarcidos ao final de cada período de apuração e aos valores decorrentes do cumprimento do § 5º, VIII;

‣ *Incluído pela Emenda Constitucional nº 132, de 2023*

II – distribuirá o produto da arrecadação do imposto, deduzida a retenção de que trata o inciso I deste parágrafo, ao ente federativo de destino das operações que não tenham gerado creditamento.

‣ *Incluído pela Emenda Constitucional nº 132, de 2023*

§ 5º Lei complementar disporá sobre:

‣ *Incluído pela Emenda Constitucional nº 132, de 2023*

I – as regras para a distribuição do produto da arrecadação do imposto, disciplinando, entre outros aspectos:

‣ *Incluído pela Emenda Constitucional nº 132, de 2023*

a) a sua forma de cálculo;

‣ *Incluída pela Emenda Constitucional nº 132, de 2023*

b) o tratamento em relação às operações em que o imposto não seja recolhido tempestivamente;

‣ *Incluída pela Emenda Constitucional nº 132, de 2023*

c) as regras de distribuição aplicáveis aos regimes favorecidos, específicos e diferenciados de tributação previstos nesta Constituição;

‣ *Incluída pela Emenda Constitucional nº 132, de 2023*

II – o regime de compensação, podendo estabelecer hipóteses em que o aproveitamento do crédito ficará condicionado à verificação do efetivo recolhimento do imposto incidente sobre a operação com bens materiais ou imateriais, inclusive direitos, ou com serviços, desde que:

‣ *Incluído pela Emenda Constitucional nº 132, de 2023*

a) o adquirente possa efetuar o recolhimento do imposto incidente nas suas aquisições de bens ou serviços; ou

‣ *Incluída pela Emenda Constitucional nº 132, de 2023*

b) o recolhimento do imposto ocorra na liquidação financeira da operação;

‣ *Incluída pela Emenda Constitucional nº 132, de 2023*

III – a forma e o prazo para ressarcimento de créditos acumulados pelo contribuinte;

‣ *Incluído pela Emenda Constitucional nº 132, de 2023*

IV – os critérios para a definição do destino da operação, que poderá ser, inclusive, o local da entrega, da disponibilização ou da localização do bem, o da prestação ou da disponibilização do serviço ou o do domicílio ou da localização do adquirente ou destinatário do bem ou serviço, admitidas diferenciações em razão das características da operação;

‣ *Incluído pela Emenda Constitucional nº 132, de 2023*

V – a forma de desoneração da aquisição de bens de capital pelos contribuintes, que poderá ser implementada por meio de:

‣ *Incluído pela Emenda Constitucional nº 132, de 2023*

a) crédito integral e imediato do imposto;

‣ *Incluída pela Emenda Constitucional nº 132, de 2023*

b) diferimento; ou

‣ *Incluída pela Emenda Constitucional nº 132, de 2023*

c) redução em 100% (cem por cento) das alíquotas do imposto;

‣ *Incluída pela Emenda Constitucional nº 132, de 2023*

VI – as hipóteses de diferimento e desoneração do imposto aplicáveis aos regimes aduaneiros especiais e às zonas de processamento de exportação;

‣ *Incluído pela Emenda Constitucional nº 132, de 2023*

VII – o processo administrativo fiscal do imposto;

‣ *Incluído pela Emenda Constitucional nº 132, de 2023*

VIII – as hipóteses de devolução do imposto a pessoas físicas, inclusive os limites e os beneficiários, com o objetivo de reduzir as desigualdades de renda;

‣ *Incluído pela Emenda Constitucional nº 132, de 2023*

IX – os critérios para as obrigações tributárias acessórias, visando à sua simplificação.

‣ *Incluído pela Emenda Constitucional nº 132, de 2023*

§ 6º Lei complementar disporá sobre regimes específicos de tributação para:

‣ *Incluído pela Emenda Constitucional nº 132, de 2023*

I – combustíveis e lubrificantes sobre os quais o imposto incidirá uma única vez, qualquer que seja a sua finalidade, hipótese em que:

‣ *Incluído pela Emenda Constitucional nº 132, de 2023*

a) serão as alíquotas uniformes em todo o território nacional, específicas por unidade de medida e diferenciadas por produto, admitida a não aplicação do disposto no § 1º, V a VII;

‣ *Incluída pela Emenda Constitucional nº 132, de 2023*

b) será vedada a apropriação de créditos em relação às aquisições dos produtos de que trata este inciso destinados a distribuição, comercialização ou revenda;

‣ *Incluída pela Emenda Constitucional nº 132, de 2023*

c) será concedido crédito nas aquisições dos produtos de que trata este inciso por sujeito passivo do imposto, observado o disposto na alínea "b" e no § 1º, VIII;

‣ *Incluída pela Emenda Constitucional nº 132, de 2023*

II – serviços financeiros, operações com bens imóveis, planos de assistência à saúde e concursos de prognósticos, podendo prever:

‣ *Incluído pela Emenda Constitucional nº 132, de 2023*

a) alterações nas alíquotas, nas regras de creditamento e na base de cálculo, admitida, em relação aos adquirentes dos bens e serviços de que trata este inciso, a não aplicação do disposto no § 1º, VIII;

‣ *Incluída pela Emenda Constitucional nº 132, de 2023*

b) hipóteses em que o imposto incidirá sobre a receita ou o faturamento, com alíquota uniforme em todo o território nacional, admitida a não aplicação do disposto no § 1º, V a VII, e, em relação aos adquirentes dos bens e serviços de que trata este inciso, também do disposto no § 1º, VIII;

‣ *Incluída pela Emenda Constitucional nº 132, de 2023*

III – sociedades cooperativas, que será optativo, com vistas a assegurar sua competitividade, observados os princípios da livre concorrência e da isonomia tributária, definindo, inclusive:

‣ *Incluído pela Emenda Constitucional nº 132, de 2023*

a) as hipóteses em que o imposto não incidirá sobre as operações realizadas entre a sociedade cooperativa e seus associados, entre estes e aquela e pelas sociedades cooperativas entre si quando associadas para a consecução dos objetivos sociais;

‣ *Incluída pela Emenda Constitucional nº 132, de 2023*

b) o regime de aproveitamento do crédito das etapas anteriores;

‣ *Incluída pela Emenda Constitucional nº 132, de 2023*

IV – serviços de hotelaria, parques de diversão e parques temáticos, agências de viagens e de turismo, bares e restaurantes, atividade esportiva desenvolvida por Sociedade Anônima do Futebol e aviação regional, podendo prever hipóteses de alterações nas alíquotas, nas bases de cálculo e nas regras de creditamento, admitida a não aplicação do disposto no § 1º, V a VIII;

‣ *Incluído pela Emenda Constitucional nº 132, de 2023*

V – operações alcançadas por tratado ou convenção internacional, inclusive referentes a missões diplomáticas, repartições consulares, representações de organismos internacionais e respectivos funcionários acreditados;

‣ *Incluído pela Emenda Constitucional nº 132, de 2023*

VI – serviços de transporte coletivo de passageiros rodoviário intermunicipal e interestadual, ferroviário e hidroviário, podendo prever hipóteses de alterações nas alíquotas e nas regras de creditamento, admitida a não aplicação do disposto no § 1º, V a VIII.

‣ *Incluído pela Emenda Constitucional nº 132, de 2023*

§ 7º A isenção e a imunidade:

‣ *Incluído pela Emenda Constitucional nº 132, de 2023*

I – não implicarão crédito para compensação com o montante devido nas operações seguintes;

‣ *Incluído pela Emenda Constitucional nº 132, de 2023*

II – acarretarão a anulação do crédito relativo às operações anteriores, salvo, na hipótese da imunidade, inclusive em relação ao inciso XI do § 1º, quando determinado em contrário em lei complementar.

‣ *Incluído pela Emenda Constitucional nº 132, de 2023*

§ 8º Para fins do disposto neste artigo, a lei complementar de que trata o *caput* poderá estabelecer o conceito de operações com serviços, seu conteúdo e alcance, admitida essa definição para qualquer operação que não seja classificada como operação com bens materiais ou imateriais, inclusive direitos.

▸ *Incluído pela Emenda Constitucional nº 132, de 2023*

§ 9º Qualquer alteração na legislação federal que reduza ou eleve a arrecadação do imposto:

▸ *Incluído pela Emenda Constitucional nº 132, de 2023*

I – deverá ser compensada pela elevação ou redução, pelo Senado Federal, das alíquotas de referência de que trata o § 1º, XII, de modo a preservar a arrecadação das esferas federativas, nos termos de lei complementar;

▸ *Incluído pela Emenda Constitucional nº 132, de 2023*

II – somente entrará em vigor com o início da produção de efeitos do ajuste das alíquotas de referência de que trata o inciso I deste parágrafo.

▸ *Incluído pela Emenda Constitucional nº 132, de 2023*

§ 10. Os Estados, o Distrito Federal e os Municípios poderão optar por vincular suas alíquotas à alíquota de referência de que trata o § 1º, XII.

▸ *Incluído pela Emenda Constitucional nº 132, de 2023*

§ 11. Projeto de lei complementar em tramitação no Congresso Nacional que reduza ou aumente a arrecadação do imposto somente será apreciado se acompanhado de estimativa de impacto no valor das alíquotas de referência de que trata o § 1º, XII.

▸ *Incluído pela Emenda Constitucional nº 132, de 2023*

§ 12. A devolução de que trata o § 5º, VIII, não será considerada nas bases de cálculo de que tratam os arts. 29-A, 198, § 2º, 204, parágrafo único, 212, 212-A, II, e 216, § 6º, não se aplicando a ela, ainda, o disposto no art. 158, IV, "b".

▸ *Incluído pela Emenda Constitucional nº 132, de 2023*

§ 13. A devolução de que trata o § 5º, VIII, será obrigatória nas operações de fornecimento de energia elétrica e de gás liquefeito de petróleo ao consumidor de baixa renda, podendo a lei complementar determinar que seja calculada e concedida no momento da cobrança da operação.

▸ *Incluído pela Emenda Constitucional nº 132, de 2023*

Art. 156-B. Os Estados, o Distrito Federal e os Municípios exercerão de forma integrada, exclusivamente por meio do Comitê Gestor do Imposto sobre Bens e Serviços, nos termos e limites estabelecidos nesta Constituição e em lei complementar, as seguintes competências administrativas relativas ao imposto de que trata o art. 156-A:

▸ *Incluído pela Emenda Constitucional nº 132, de 2023*

I – editar regulamento único e uniformizar a interpretação e a aplicação da legislação do imposto;

▸ *Incluído pela Emenda Constitucional nº 132, de 2023*

II – arrecadar o imposto, efetuar as compensações e distribuir o produto da arrecadação entre Estados, Distrito Federal e Municípios;

▸ *Incluído pela Emenda Constitucional nº 132, de 2023*

III – decidir o contencioso administrativo.

▸ *Incluído pela Emenda Constitucional nº 132, de 2023*

§ 1º O Comitê Gestor do Imposto sobre Bens e Serviços, entidade pública sob regime especial, terá independência técnica, administrativa, orçamentária e financeira.

▸ *Incluído pela Emenda Constitucional nº 132, de 2023*

§ 2º Na forma da lei complementar:

▸ *Incluído pela Emenda Constitucional nº 132, de 2023*

I – os Estados, o Distrito Federal e os Municípios serão representados, de forma paritária, na instância máxima de deliberação do Comitê Gestor do Imposto sobre Bens e Serviços;

▸ *Incluído pela Emenda Constitucional nº 132, de 2023*

II – será assegurada a alternância na presidência do Comitê Gestor entre o conjunto dos Estados e o Distrito Federal e o conjunto dos Municípios e o Distrito Federal;

▸ *Incluído pela Emenda Constitucional nº 132, de 2023*

III – o Comitê Gestor será financiado por percentual do produto da arrecadação do imposto destinado a cada ente federativo;

▸ *Incluído pela Emenda Constitucional nº 132, de 2023*

IV – o controle externo do Comitê Gestor será exercido pelos Estados, pelo Distrito Federal e pelos Municípios;

▸ *Incluído pela Emenda Constitucional nº 132, de 2023*

V – a fiscalização, o lançamento, a cobrança, a representação administrativa e a representação judicial relativos ao imposto serão realizados, no âmbito de suas respectivas competências, pelas administrações tributárias e procuradorias dos Estados, do Distrito Federal e dos Municípios, que poderão definir hipóteses de delegação ou de compartilhamento de competências, cabendo ao Comitê Gestor a coordenação dessas atividades administrativas com vistas à integração entre os entes federativos;

▸ *Incluído pela Emenda Constitucional nº 132, de 2023*

VI – as competências exclusivas das carreiras da administração tributária e das procuradorias dos Estados, do Distrito Federal e dos Municípios serão exercidas, no Comitê Gestor e na representação deste, por servidores das referidas carreiras;

▸ *Incluído pela Emenda Constitucional nº 132, de 2023*

VII – serão estabelecidas a estrutura e a gestão do Comitê Gestor, cabendo ao regimento interno dispor sobre sua organização e funcionamento.

▸ *Incluído pela Emenda Constitucional nº 132, de 2023*

§ 3º A participação dos entes federativos na instância máxima de deliberação do Comitê Gestor do Imposto sobre Bens e Serviços observará a seguinte composição:

▸ *Incluído pela Emenda Constitucional nº 132, de 2023*

I – 27 (vinte e sete) membros, representando cada Estado e o Distrito Federal;

▸ *Incluído pela Emenda Constitucional nº 132, de 2023*

II – 27 (vinte e sete) membros, representando o conjunto dos Municípios e do Distrito Federal, que serão eleitos nos seguintes termos:

▸ *Incluído pela Emenda Constitucional nº 132, de 2023*

a) 14 (quatorze) representantes, com base nos votos de cada Município, com valor igual para todos; e

▸ *Incluída pela Emenda Constitucional nº 132, de 2023*

b) 13 (treze) representantes, com base nos votos de cada Município ponderados pelas respectivas populações.

▸ *Incluída pela Emenda Constitucional nº 132, de 2023*

§ 4º As deliberações no âmbito do Comitê Gestor do Imposto sobre Bens e Serviços serão consideradas aprovadas se obtiverem, cumulativamente, os votos:

▸ *Incluído pela Emenda Constitucional nº 132, de 2023*

I – em relação ao conjunto dos Estados e do Distrito Federal:

▸ *Incluído pela Emenda Constitucional nº 132, de 2023*

a) da maioria absoluta de seus representantes; e

▸ *Incluída pela Emenda Constitucional nº 132, de 2023*

b) de representantes dos Estados e do Distrito Federal que correspondam a mais de 50% (cinquenta por cento) da população do País; e

▸ *Incluída pela Emenda Constitucional nº 132, de 2023*

II – em relação ao conjunto dos Municípios e do Distrito Federal, da maioria absoluta de seus representantes.

▸ *Incluído pela Emenda Constitucional nº 132, de 2023*

§ 5º O Presidente do Comitê Gestor do Imposto sobre Bens e Serviços deverá ter notórios conhecimentos de administração tributária.

▸ *Incluído pela Emenda Constitucional nº 132, de 2023*

§ 6º O Comitê Gestor do Imposto sobre Bens e Serviços, a administração tributária da União e a Procuradoria-Geral da Fazenda Nacional compartilharão informações fiscais relacionadas aos tributos previstos nos arts. 156-A e 195, V, e atuarão com vistas a harmonizar normas, interpretações, obrigações acessórias e procedimentos a eles relativos.

▸ *Incluído pela Emenda Constitucional nº 132, de 2023*

§ 7º O Comitê Gestor do Imposto sobre Bens e Serviços e a administração tributária da União poderão implementar soluções integradas para a administração e cobrança dos tributos previstos nos arts. 156-A e 195, V.

▸ *Incluído pela Emenda Constitucional nº 132, de 2023*

§ 8º Lei complementar poderá prever a integração do contencioso administrativo relativo aos tributos previstos nos arts. 156-A e 195, V.

▸ *Incluído pela Emenda Constitucional nº 132, de 2023*

SEÇÃO VI – DA REPARTIÇÃO DAS RECEITAS TRIBUTÁRIAS

Art. 157. Pertencem aos Estados e ao Distrito Federal:

▸ *Art. 167, § 4º, CF*

I – o produto da arrecadação do imposto da União sobre renda e proventos de qualquer natureza, incidente na fonte, sobre rendimentos pagos, a qualquer título, por eles, suas autarquias e pelas fundações que instituírem e mantiverem;

▸ *Art. 159, § 1º, CF*
▸ *Súmulas 447 e 666, STJ*

II – vinte por cento do produto da arrecadação do imposto que a União instituir no exercício da competência que lhe é atribuída pelo art. 154, I.

▸ *Art. 72, § 3º, ADCT*

Art. 158. Pertencem aos Municípios:

I – o produto da arrecadação do imposto da União sobre renda e proventos de qualquer natureza, incidente na fonte, sobre rendimentos pagos, a qualquer título, por eles, suas autarquias e pelas fundações que instituírem e mantiverem;

- *Art. 159, § 1º, CF*

II – cinqüenta por cento do produto da arrecadação do imposto da União sobre a propriedade territorial rural, relativamente aos imóveis neles situados, cabendo a totalidade na hipótese da opção a que se refere o art. 153, § 4º, III;

- *Redação dada pela Emenda Constitucional nº 42, de 19.12.2003*
- *Art. 72, § 4º, ADCT*

III – 50% (cinquenta por cento) do produto da arrecadação do imposto do Estado sobre a propriedade de veículos automotores licenciados em seus territórios e, em relação a veículos aquáticos e aéreos, cujos proprietários sejam domiciliados em seus territórios;

- *Redação dada pela Emenda Constitucional nº 132, de 2023*

IV – 25% (vinte e cinco por cento):

- *Redação dada pela Emenda Constitucional nº 132, de 2023*

a) do produto da arrecadação do imposto do Estado sobre operações relativas à circulação de mercadorias e sobre prestações de serviços de transporte interestadual e intermunicipal e de comunicação;

- *Incluída pela Emenda Constitucional nº 132, de 2023*
- *Atualização: a) (Revogada pela Emenda Constitucional nº 132, de 2023, em vigor em 2033)*

b) do produto da arrecadação do imposto previsto no art. 156-A distribuída aos Estados.

- *Incluída pela Emenda Constitucional nº 132, de 2023*

§ 1º As parcelas de receita pertencentes aos Municípios mencionadas no inciso IV, "a", serão creditadas conforme os seguintes critérios:

- *Renumerado do parágrafo único, pela Emenda Constitucional nº 132, de 2023*
- *Atualização: § 1º (Revogado pela Emenda Constitucional nº 132, de 2023, em vigor em 2033)*

I – 65% (sessenta e cinco por cento), no mínimo, na proporção do valor adicionado nas operações relativas à circulação de mercadorias e nas prestações de serviços, realizadas em seus territórios;

- *Redação dada pela Emenda Constitucional nº 108, de 2020*

II – até 35% (trinta e cinco por cento), de acordo com o que dispuser lei estadual, observada, obrigatoriamente, a distribuição de, no mínimo, 10 (dez) pontos percentuais com base em indicadores de melhoria nos resultados de aprendizagem e de aumento da equidade, considerado o nível socioeconômico dos educandos.

- *Redação dada pela Emenda Constitucional nº 108, de 2020*

§ 2º As parcelas de receita pertencentes aos Municípios mencionadas no inciso IV, "b", serão creditadas conforme os seguintes critérios:

- *Incluído pela Emenda Constitucional nº 132, de 2023*

I – 80% (oitenta por cento) na proporção da população;

- *Incluído pela Emenda Constitucional nº 132, de 2023*

II – 10% (dez por cento) com base em indicadores de melhoria nos resultados de aprendizagem e de aumento da equidade, considerado o nível socioeconômico dos educandos, de acordo com o que dispuser lei estadual;

- *Incluído pela Emenda Constitucional nº 132, de 2023*

III – 5% (cinco por cento) com base em indicadores de preservação ambiental, de acordo com o que dispuser lei estadual;

- *Incluído pela Emenda Constitucional nº 132, de 2023*

IV – 5% (cinco por cento) em montantes iguais para todos os Municípios do Estado.

- *Incluído pela Emenda Constitucional nº 132, de 2023*

Art. 159. A União entregará:

- *Emenda Constitucional nº 55, de 2007*
- *Art. 72, §§ 2º e 4º, ADCT*
- *LC 62/1989 (Fundos de participação – normas sobre cálculo e entrega)*

I – do produto da arrecadação dos impostos sobre renda e proventos de qualquer natureza e sobre produtos industrializados e do imposto previsto no art. 153, VIII, 50% (cinquenta por cento), da seguinte forma:

- *Redação dada pela Emenda Constitucional nº 132, de 2023*

a) vinte e um inteiros e cinco décimos por cento ao Fundo de Participação dos Estados e do Distrito Federal;

- *Arts. 34, § 2º, II, e 60, § 2º, ADCT*
- *LC 62/1989 (Estabelece normas sobre o cálculo, a entrega e o controle das liberações dos recursos dos Fundos de Participação)*

b) vinte e dois inteiros e cinco décimos por cento ao Fundo de Participação dos Municípios;

- *LC 62/1989 (Estabelece normas sobre o cálculo, a entrega e o controle das liberações dos recursos dos Fundos de Participação)*

c) três por cento, para aplicação em programas de financiamento ao setor produtivo das Regiões Norte, Nordeste e Centro-Oeste, através de suas instituições financeiras de caráter regional, de acordo com os planos regionais de desenvolvimento, ficando assegurada ao semi-árido do Nordeste a metade dos recursos destinados à Região, na forma que a lei estabelecer;

- *Lei 7.827/1989 (Fundos constitucionais de Financiamento)*

d) um por cento ao Fundo de Participação dos Municípios, que será entregue no primeiro decêndio do mês de dezembro de cada ano;

- *Incluído pela Emenda Constitucional nº 55, de 2007*
- *Art. 2º, Emenda Constitucional nº 55, de 2007, que determina que, no exercício de 2007, as alterações do art. 159 da CF previstas na referida Emenda Constitucional somente se aplicam sobre a arrecadação dos impostos sobre renda e proventos de qualquer natureza e sobre produtos industrializados a partir de 1º.09.2007*

e) 1% (um por cento) ao Fundo de Participação dos Municípios, que será entregue no primeiro decêndio do mês de julho de cada ano; *(Incluída pela Emenda Constitucional nº 84, de 2014)*

f) 1% (um por cento) ao Fundo de Participação dos Municípios, que será entregue no primeiro decêndio do mês de setembro de cada ano;

- *Incluído pela Emenda Constitucional nº 112, de 2021*

II – do produto da arrecadação do imposto sobre produtos industrializados e do imposto previsto no art. 153, VIII, 10% (dez por cento) aos Estados e ao Distrito Federal, proporcionalmente ao valor das respectivas exportações de produtos industrializados;

- *Redação dada pela Emenda Constitucional nº 132, de 2023*

III – do produto da arrecadação da contribuição de intervenção no domínio econômico prevista no art. 177, § 4º, 29% (vinte e nove por cento) para os Estados e o Distrito Federal, distribuídos na forma da lei, observadas as destinações a que se referem as alíneas "c" e "d" do inciso II do referido parágrafo.

- *Redação dada pela Emenda Constitucional nº 132, de 2023*

§ 1º Para efeito de cálculo da entrega a ser efetuada de acordo com o previsto no inciso I, excluir-se-á a parcela da arrecadação do imposto de renda e proventos de qualquer natureza pertencente aos Estados, ao Distrito Federal e aos Municípios, nos termos do disposto nos arts. 157, I, e 158, I.

§ 2º A nenhuma unidade federada poderá ser destinada parcela superior a vinte por cento do montante a que se refere o inciso II, devendo o eventual excedente ser distribuído entre os demais participantes, mantido, em relação a esses, o critério de partilha nele estabelecido.

- *LC 61/1989 (IPI – Fundo de Participação dos Estados)*

§ 3º Os Estados entregarão aos respectivos Municípios 25% (vinte e cinco por cento) dos recursos que receberem nos termos do inciso II do *caput* deste artigo, observados os critérios estabelecidos no art. 158, § 1º, para a parcela relativa ao imposto sobre produtos industrializados, e no art. 158, § 2º, para a parcela relativa ao imposto previsto no art. 153, VIII.

- *Redação dada pela Emenda Constitucional nº 132, de 2023*
- *Atualização: § 3º Os Estados entregarão aos respectivos Municípios 25% (vinte e cinco por cento) dos recursos que receberem nos termos do inciso II do caput deste artigo, observados os critérios estabelecidos no art. 158, § 2º.*
- *Redação dada pela Emenda Constitucional nº 132, de 2023, em vigor em 2033*

§ 4º Do montante de recursos de que trata o inciso III que cabe a cada Estado, vinte e cinco por cento serão destinados aos seus Municípios, na forma da lei a que se refere o mencionado inciso.

- *Incluído pela Emenda Constitucional nº 42, de 19.12.2003*

Art. 159-A. Fica instituído o Fundo Nacional de Desenvolvimento Regional, com o objetivo de reduzir as desigualdades regionais e sociais, nos termos do art. 3º, III, mediante a entrega de recursos da União aos Estados e ao Distrito Federal para:

- *Incluído pela Emenda Constitucional nº 132, de 2023*

I – realização de estudos, projetos e obras de infraestrutura;

- *Incluído pela Emenda Constitucional nº 132, de 2023*

II – fomento a atividades produtivas com elevado potencial de geração de emprego e renda, incluindo a concessão de subvenções econômicas e financeiras; e

- *Incluído pela Emenda Constitucional nº 132, de 2023*

III – promoção de ações com vistas ao desenvolvimento científico e tecnológico e à inovação.

› *Incluído pela Emenda Constitucional nº 132, de 2023*

§ 1º É vedada a retenção ou qualquer restrição ao recebimento dos recursos de que trata o *caput*.

› *Incluído pela Emenda Constitucional nº 132, de 2023*

§ 2º Na aplicação dos recursos de que trata o *caput*, os Estados e o Distrito Federal priorizarão projetos que prevejam ações de sustentabilidade ambiental e redução das emissões de carbono.

› *Incluído pela Emenda Constitucional nº 132, de 2023*

§ 3º Observado o disposto neste artigo, caberá aos Estados e ao Distrito Federal a decisão quanto à aplicação dos recursos de que trata o *caput*.

› *Incluído pela Emenda Constitucional nº 132, de 2023*

§ 4º Os recursos de que trata o *caput* serão entregues aos Estados e ao Distrito Federal de acordo com coeficientes individuais de participação, calculados com base nos seguintes indicadores e com os seguintes pesos:

› *Incluído pela Emenda Constitucional nº 132, de 2023*

I – população do Estado ou do Distrito Federal, com peso de 30% (trinta por cento);

› *Incluído pela Emenda Constitucional nº 132, de 2023*

II – coeficiente individual de participação do Estado ou do Distrito Federal nos recursos de que trata o art. 159, I, "a", da Constituição Federal, com peso de 70% (setenta por cento).

› *Incluído pela Emenda Constitucional nº 132, de 2023*

§ 5º O Tribunal de Contas da União será o órgão responsável por regulamentar e calcular os coeficientes individuais de participação de que trata o § 4º.

› *Incluído pela Emenda Constitucional nº 132, de 2023*

Art. 160. É vedada a retenção ou qualquer restrição à entrega e ao emprego dos recursos atribuídos, nesta seção, aos Estados, ao Distrito Federal e aos Municípios, neles compreendidos adicionais e acréscimos relativos a impostos.

§ 1º A vedação prevista neste artigo não impede a União e os Estados de condicionarem a entrega de recursos:

I – ao pagamento de seus créditos, inclusive de suas autarquias;

II – ao cumprimento do disposto no art. 198, § 2º, incisos II e III.

› *Parágrafo único renumerado pela Emenda Constitucional nº 113, de 2021*

§ 2º Os contratos, os acordos, os ajustes, os convênios, os parcelamentos ou as renegociações de débitos de qualquer espécie, inclusive tributários, firmados pela União com os entes federativos conterão cláusulas para autorizar a dedução dos valores devidos dos montantes a serem repassados relacionados às respectivas cotas nos Fundos de Participação ou aos precatórios federais.

› *Incluído pela Emenda Constitucional nº 113, de 2021*

Art. 161. Cabe à lei complementar:

I – definir valor adicionado para fins do disposto no art. 158, § 1º, I;

› *Redação dada pela Emenda Constitucional nº 132, de 2023*

› *LC 63/1990 (Critérios e prazos de crédito das parcelas do produto da arrecadação de impostos de competência dos Estados e de transferências por estes recebidos, pertencentes aos Municípios)*

› *Atualização: I – (Revogado pela Emenda Constitucional nº 132, de 2023, em vigor em 2033)*

II – estabelecer normas sobre a entrega dos recursos de que trata o art. 159, especialmente sobre os critérios de rateio dos fundos previstos em seu inciso I, objetivando promover o equilíbrio sócio-econômico entre Estados e entre Municípios;

› *Art. 34, § 2º, ADCT*

› *LC 62/1989 (Estabelece normas sobre o cálculo, a entrega e o controle das liberações dos recursos dos Fundos de Participação)*

III – dispor sobre o acompanhamento, pelos beneficiários, do cálculo das quotas e da liberação das participações previstas nos arts. 157, 158 e 159.

› *LC 62/1989 (Estabelece normas sobre o cálculo, a entrega e o controle das liberações dos recursos dos Fundos de Participação)*

Parágrafo único. O Tribunal de Contas da União efetuará o cálculo das quotas referentes aos fundos de participação a que alude o inciso II.

Art. 162. A União, os Estados, o Distrito Federal e os Municípios divulgarão, até o último dia do mês subseqüente ao da arrecadação, os montantes de cada um dos tributos arrecadados, os recursos recebidos, os valores de origem tributária entregues e a entregar e a expressão numérica dos critérios de rateio.

Parágrafo único. Os dados divulgados pela União serão discriminados por Estado e por Município; os dos Estados, por Município.

CAPÍTULO II – DAS FINANÇAS PÚBLICAS

SEÇÃO I – NORMAS GERAIS

Art. 163. Lei complementar disporá sobre:

I – finanças públicas;

II – dívida pública externa e interna, incluída a das autarquias, fundações e demais entidades controladas pelo Poder Público;

III – concessão de garantias pelas entidades públicas;

IV – emissão e resgate de títulos da dívida pública;

V – fiscalização financeira da administração pública direta e indireta;

› *Redação dada pela Emenda Constitucional nº 40, de 2003*

VI – operações de câmbio realizadas por órgãos e entidades da União, dos Estados, do Distrito Federal e dos Municípios;

VII – compatibilização das funções das instituições oficiais de crédito da União, resguardadas as características e condições operacionais plenas das voltadas ao desenvolvimento regional.

VIII – sustentabilidade da dívida, especificando:

› *Incluído pela Emenda Constitucional nº 109, de 2021*

a) indicadores de sua apuração;

b) níveis de compatibilidade dos resultados fiscais com a trajetória da dívida;

c) trajetória de convergência do montante da dívida com os limites definidos em legislação;

d) medidas de ajuste, suspensões e vedações;

e) planejamento de alienação de ativos com vistas à redução do montante da dívida.

› *Alíneas incluídas pela Emenda Constitucional nº 109, de 2021*

Parágrafo único. A lei complementar de que trata o inciso VIII do *caput* deste artigo pode autorizar a aplicação das vedações previstas no art. 167-A desta Constituição.

› *Incluído pela Emenda Constitucional nº 109, de 2021*

Art. 163-A. A União, os Estados, o Distrito Federal e os Municípios disponibilizarão suas informações e dados contábeis, orçamentários e fiscais, conforme periodicidade, formato e sistema estabelecidos pelo órgão central de contabilidade da União, de forma a garantir a rastreabilidade, a comparabilidade e a publicidade dos dados coletados, os quais deverão ser divulgados em meio eletrônico de amplo acesso público.

› *Incluído pela Emenda Constitucional nº 108, de 2020*

Art. 164. A competência da União para emitir moeda será exercida exclusivamente pelo banco central.

§ 1º É vedado ao banco central conceder, direta ou indiretamente, empréstimos ao Tesouro Nacional e a qualquer órgão ou entidade que não seja instituição financeira.

§ 2º O banco central poderá comprar e vender títulos de emissão do Tesouro Nacional, com o objetivo de regular a oferta de moeda ou a taxa de juros.

§ 3º As disponibilidades de caixa da União serão depositadas no banco central; as dos Estados, do Distrito Federal, dos Municípios e dos órgãos ou entidades do Poder Público e das empresas por ele controladas, em instituições financeiras oficiais, ressalvados os casos previstos em lei.

Art. 164-A. A União, os Estados, o Distrito Federal e os Municípios devem conduzir suas políticas fiscais de forma a manter a dívida pública em níveis sustentáveis, na forma da lei complementar referida no inciso VIII do *caput* do art. 163 desta Constituição.

Parágrafo único. A elaboração e a execução de planos e orçamentos devem refletir a compatibilidade dos indicadores fiscais com a sustentabilidade da dívida.

› *Artigo incluído pela Emenda Constitucional nº 109, de 2021*

SEÇÃO II – DOS ORÇAMENTOS

Art. 165. Leis de iniciativa do Poder Executivo estabelecerão:

I – o plano plurianual;

II – as diretrizes orçamentárias;

III – os orçamentos anuais.

§ 1º A lei que instituir o plano plurianual estabelecerá, de forma regionalizada, as diretrizes, objetivos e metas da administração pública federal para as despesas de capital e outras delas decorrentes e para as relativas aos programas de duração continuada.

§ 2º A lei de diretrizes orçamentárias compreenderá as metas e prioridades da administração pública federal, estabelecerá as diretrizes de política fiscal e respectivas metas, em consonância com trajetória sustentável da dívida pública, orientará a elaboração da lei orçamentária anual, disporá sobre as alterações na legislação tributária e estabelecerá a política de aplicação das agências financeiras oficiais de fomento.

› *Redação dada pela Emenda Constitucional nº 109, de 2021*

§ 3º O Poder Executivo publicará, até trinta dias após o encerramento de cada bimestre, relatório resumido da execução orçamentária.

§ 4º Os planos e programas nacionais, regionais e setoriais previstos nesta Constituição serão elaborados em consonância com o plano plurianual e apreciados pelo Congresso Nacional.

§ 5º A lei orçamentária anual compreenderá:

I – o orçamento fiscal referente aos Poderes da União, seus fundos, órgãos e entidades da administração direta e indireta, inclusive fundações instituídas e mantidas pelo Poder Público;

II – o orçamento de investimento das empresas em que a União, direta ou indiretamente, detenha a maioria do capital social com direito a voto;

III – o orçamento da seguridade social, abrangendo todas as entidades e órgãos a ela vinculados, da administração direta ou indireta, bem como os fundos e fundações instituídos e mantidos pelo Poder Público.

§ 6º O projeto de lei orçamentária será acompanhado de demonstrativo regionalizado do efeito, sobre as receitas e despesas, decorrente de isenções, anistias, remissões, subsídios e benefícios de natureza financeira, tributária e creditícia.

§ 7º Os orçamentos previstos no § 5º, I e II, deste artigo, compatibilizados com o plano plurianual, terão entre suas funções a de reduzir desigualdades inter-regionais, segundo critério populacional.

§ 8º A lei orçamentária anual não conterá dispositivo estranho à previsão da receita e à fixação da despesa, não se incluindo na proibição a autorização para abertura de créditos suplementares e contratação de operações de crédito, ainda que por antecipação de receita, nos termos da lei.

§ 9º Cabe à lei complementar:

I – dispor sobre o exercício financeiro, a vigência, os prazos, a elaboração e a organização do plano plurianual, da lei de diretrizes orçamentárias e da lei orçamentária anual;

II – estabelecer normas de gestão financeira e patrimonial da administração direta e indireta bem como condições para a instituição e funcionamento de fundos.

III – dispor sobre critérios para a execução equitativa, além de procedimentos que serão adotados quando houver impedimentos legais e técnicos, cumprimento de restos a pagar e limitação das programações de caráter obrigatório, para a realização do disposto nos §§ 11 e 12 do art. 166.

› *Redação dada pela Emenda Constitucional nº 100, de 2019, produzindo efeitos a partir da execução orçamentária do exercício financeiro subsequente*

§ 10. A administração tem o dever de executar as programações orçamentárias, adotando os meios e as medidas necessários, com o propósito de garantir a efetiva entrega de bens e serviços à sociedade.

› *Parágrafo acrescido pela Emenda Constitucional nº 100, de 2019*

§ 11. O disposto no § 10 deste artigo, nos termos da lei de diretrizes orçamentárias:

› *Incluído pela Emenda Constitucional nº 102, de 2019*

I – subordina-se ao cumprimento de dispositivos constitucionais e legais que estabeleçam metas fiscais ou limites de despesas e não impede o cancelamento necessário à abertura de créditos adicionais;

II – não se aplica nos casos de impedimentos de ordem técnica devidamente justificados;

III – aplica-se exclusivamente às despesas primárias discricionárias.

§ 12. Integrará a lei de diretrizes orçamentárias, para o exercício a que se refere e, pelo menos, para os 2 (dois) exercícios subsequentes, anexo com previsão de agregados fiscais e a proporção dos recursos para investimentos que serão alocados na lei orçamentária anual para a continuidade daqueles em andamento.

› *Incluído pela Emenda Constitucional nº 102, de 2019*

§ 13. O disposto no inciso III do § 9º e nos §§ 10, 11 e 12 deste artigo aplica-se exclusivamente aos orçamentos fiscal e da seguridade social da União.

› *Incluído pela Emenda Constitucional nº 102, de 2019*

§ 14. A lei orçamentária anual poderá conter previsões de despesas para exercícios seguintes, com a especificação dos investimentos plurianuais e daqueles em andamento.

› *Incluído pela Emenda Constitucional nº 102, de 2019*

§ 15. A União organizará e manterá registro centralizado de projetos de investimento contendo, por Estado ou Distrito Federal, pelo menos, análises de viabilidade, estimativas de custos e informações sobre a execução física e financeira.

› *Incluído pela Emenda Constitucional nº 102, de 2019*

§ 16. As leis de que trata este artigo devem observar, no que couber, os resultados do monitoramento e da avaliação das políticas públicas previstos no § 16 do art. 37 desta Constituição.

› *Incluído pela Emenda Constitucional nº 109, de 2021*

Art. 166. Os projetos de lei relativos ao plano plurianual, às diretrizes orçamentárias, ao orçamento anual e aos créditos adicionais serão apreciados pelas duas Casas do Congresso Nacional, na forma do regimento comum.

§ 1º Caberá a uma Comissão mista permanente de Senadores e Deputados:

I – examinar e emitir parecer sobre os projetos referidos neste artigo e sobre as contas apresentadas anualmente pelo Presidente da República;

II – examinar e emitir parecer sobre os planos e programas nacionais, regionais e setoriais previstos nesta Constituição e exercer o acompanhamento e a fiscalização orçamentária, sem prejuízo da atuação das demais comissões do Congresso Nacional e de suas Casas, criadas de acordo com o art. 58.

§ 2º As emendas serão apresentadas na Comissão mista, que sobre elas emitirá parecer, e apreciadas, na forma regimental, pelo Plenário das duas Casas do Congresso Nacional.

§ 3º As emendas ao projeto de lei do orçamento anual ou aos projetos que o modifiquem somente podem ser aprovadas caso:

I – sejam compatíveis com o plano plurianual e com a lei de diretrizes orçamentárias;

II – indiquem os recursos necessários, admitidos apenas os provenientes de anulação de despesa, excluídas as que incidam sobre:

a) dotações para pessoal e seus encargos;

b) serviço da dívida;

c) transferências tributárias constitucionais para Estados, Municípios e Distrito Federal; ou

III – sejam relacionadas:

a) com a correção de erros ou omissões; ou

b) com os dispositivos do texto do projeto de lei.

§ 4º As emendas ao projeto de lei de diretrizes orçamentárias não poderão ser aprovadas quando incompatíveis com o plano plurianual.

§ 5º O Presidente da República poderá enviar mensagem ao Congresso Nacional para propor modificação nos projetos a que se refere este artigo enquanto não iniciada a votação, na Comissão mista, da parte cuja alteração é proposta.

§ 6º Os projetos de lei do plano plurianual, das diretrizes orçamentárias e do orçamento anual serão enviados pelo Presidente da República ao Congresso Nacional, nos termos da lei complementar a que se refere o art. 165, § 9º.

§ 7º Aplicam-se aos projetos mencionados neste artigo, no que não contrariar o disposto nesta seção, as demais normas relativas ao processo legislativo.

§ 8º Os recursos que, em decorrência de veto, emenda ou rejeição do projeto de lei orçamentária anual, ficarem sem despesas correspondentes poderão ser utilizados, conforme o caso, mediante créditos especiais ou suplementares, com prévia e específica autorização legislativa.

§ 9º As emendas individuais ao projeto de lei orçamentária serão aprovadas no limite de 2% (dois por cento) da receita corrente líquida do exercício anterior ao do encaminhamento do projeto, observado que a metade desse percentual será destinada a ações e serviços públicos de saúde.

› *Redação dada pela Emenda Constitucional nº 126, de 2022*

§ 9º-A Do limite a que se refere o § 9º deste artigo, 1,55% (um inteiro e cinquenta e cinco centésimos por cento) caberá às emendas de Deputados e 0,45% (quarenta e cinco centésimos por cento) às de Senadores.

› *Incluído pela Emenda Constitucional nº 126, de 2022*

§ 10. A execução do montante destinado a ações e serviços públicos de saúde previsto no § 9º, inclusive custeio, será computada para fins do cumprimento do inciso I do § 2º do art. 198, vedada a destinação para pagamento de pessoal ou encargos sociais.

› *Incluído pela Emenda Constitucional nº 86, de 2015*

§ 11. É obrigatória a execução orçamentária e financeira das programações oriundas de emendas individuais, em montante correspondente ao limite a que se refere o § 9º deste artigo, conforme os critérios para a execução equitativa da programação definidos na lei complementar prevista no § 9º do art. 165 desta Constituição, observado o disposto no § 9º-A deste artigo.

› *Redação dada pela Emenda Constitucional nº 126, de 2022*

§ 12. A garantia de execução de que trata o § 11 deste artigo aplica-se também às programações incluídas por todas as emendas de iniciativa de bancada de parlamentares de Estado ou do Distrito Federal, no montante de até 1% (um por cento) da receita corrente líquida realizada no exercício anterior.

› *Redação dada pela Emenda Constitucional nº 100, de 2019*

§ 13. As programações orçamentárias previstas nos §§ 11 e 12 deste artigo não serão de execução obrigatória nos casos dos impedimentos de ordem técnica.

› *Redação dada pela Emenda Constitucional nº 100, de 2019*

§ 14. Para fins de cumprimento do disposto nos §§ 11 e 12 deste artigo, os órgãos de execução deverão observar, nos termos da lei de diretrizes orçamentárias, cronograma para análise e verificação de eventuais impedimentos das programações e demais procedimentos necessários à viabilização da execução dos respectivos montantes.

› *Redação dada pela Emenda Constitucional nº 100, de 2019*

I a IV – *(Revogados pela Emenda Constitucional nº 100, de 2019)*

§ 15. *(Revogado pela Emenda Constitucional nº 100, de 2019)*

§ 16. Quando a transferência obrigatória da União para a execução da programação prevista nos §§ 11 e 12 deste artigo for destinada a Estados, ao Distrito Federal e a Municípios, independerá da adimplência do ente federativo destinatário e não integrará a base de cálculo da receita corrente líquida para fins de aplicação dos limites de despesa de pessoal de que trata o *caput* do art. 169.

› *Incluído pela Emenda Constitucional nº 86, de 2015, com redação dada pela Emenda Constitucional nº 100, de 2019, produzindo efeitos a partir da execução orçamentária do exercício financeiro subsequente.*

§ 17. Os restos a pagar provenientes das programações orçamentárias previstas nos §§ 11 e 12 deste artigo poderão ser considerados para fins de cumprimento da execução financeira até o limite de 1% (um por cento) da receita corrente líquida do exercício anterior ao do encaminhamento do projeto de lei orçamentária, para as programações das emendas individuais, e até o limite de 0,5% (cinco décimos por cento), para as programações das emendas de iniciativa de bancada de parlamentares de Estado ou do Distrito Federal.

› *Redação dada pela Emenda Constitucional nº 126, de 2022*

§ 18. Se for verificado que a reestimativa da receita e da despesa poderá resultar no não cumprimento da meta de resultado fiscal estabelecida na lei de diretrizes orçamentárias, os montantes previstos nos §§ 11 e 12 deste artigo poderão ser reduzidos em até a mesma proporção da limitação incidente sobre o conjunto das demais despesas discricionárias.

› *Incluído pela Emenda Constitucional nº 86, de 2015, com redação dada pela Emenda Constitucional nº 100, de 2019, produzindo efeitos a partir da execução orçamentária do exercício financeiro subsequente.*

§ 19. Considera-se equitativa a execução das programações de caráter obrigatório que observe critérios objetivos e imparciais e que atenda de forma igualitária e impessoal às emendas apresentadas, independentemente da autoria, observado o disposto no § 9º-A deste artigo.

› *Redação dada pela Emenda Constitucional nº 126, de 2022*

§ 20. As programações de que trata o § 12 deste artigo, quando versarem sobre o início de investimentos com duração de mais de 1 (um) exercício financeiro ou cuja execução já tenha sido iniciada, deverão ser objeto de emenda pela mesma bancada estadual, a cada exercício, até a conclusão da obra ou do empreendimento.

› *Incluído pela Emenda Constitucional nº 100, de 2019, produzindo efeitos a partir da execução orçamentária do exercício financeiro subsequente.*

Art. 166-A. As emendas individuais impositivas apresentadas ao projeto de lei orçamentária anual poderão alocar recursos a Estados, ao Distrito Federal e a Municípios por meio de:

› *Incluído pela Emenda Constitucional nº 105, de 2019*

I – transferência especial; ou

› *Incluído pela Emenda Constitucional nº 105, de 2019*

II – transferência com finalidade definida.

› *Incluído pela Emenda Constitucional nº 105, de 2019*

§ 1º Os recursos transferidos na forma do *caput* deste artigo não integrarão a receita do Estado, do Distrito Federal e dos Municípios para fins de repartição e para o cálculo dos limites da despesa com pessoal ativo e inativo, nos termos do § 16 do art. 166, e de endividamento do ente federado, vedada, em qualquer caso, a aplicação dos recursos a que se refere o *caput* deste artigo no pagamento de:

› *Incluído pela Emenda Constitucional nº 105, de 2019*

I – despesas com pessoal e encargos sociais relativas a ativos e inativos, e com pensionistas; e

› *Incluído pela Emenda Constitucional nº 105, de 2019*

II – encargos referentes ao serviço da dívida.

› *Incluído pela Emenda Constitucional nº 105, de 2019*

§ 2º Na transferência especial a que se refere o inciso I do *caput* deste artigo, os recursos:

› *Incluído pela Emenda Constitucional nº 105, de 2019*

I – serão repassados diretamente ao ente federado beneficiado, independentemente de celebração de convênio ou de instrumento congênere;

› *Incluído pela Emenda Constitucional nº 105, de 2019*

II – pertencerão ao ente federado no ato da efetiva transferência financeira; e

› *Incluído pela Emenda Constitucional nº 105, de 2019*

III – serão aplicadas em programações finalísticas das áreas de competência do Poder Executivo do ente federado beneficiado, observado o disposto no § 5º deste artigo.

› *Incluído pela Emenda Constitucional nº 105, de 2019*

§ 3º O ente federado beneficiado da transferência especial a que se refere o inciso I do *caput* deste artigo poderá firmar contratos de cooperação técnica para fins de subsidiar o acompanhamento da execução orçamentária na aplicação dos recursos.

› *Incluído pela Emenda Constitucional nº 105, de 2019*

§ 4º Na transferência com finalidade definida a que se refere o inciso II do *caput* deste artigo, os recursos serão:

› *Incluído pela Emenda Constitucional nº 105, de 2019*

I – vinculados à programação estabelecida na emenda parlamentar; e

› *Incluído pela Emenda Constitucional nº 105, de 2019*

II – aplicados nas áreas de competência constitucional da União.

› *Incluído pela Emenda Constitucional nº 105, de 2019*

§ 5º Pelo menos 70% (setenta por cento) das transferências especiais de que trata o inciso I do *caput* deste artigo deverão ser aplicadas em despesas de capital, observada a restrição a que se refere o inciso II do § 1º deste artigo.

› *Incluído pela Emenda Constitucional nº 105, de 2019*

Art. 167. São vedados:

I – o início de programas ou projetos não incluídos na lei orçamentária anual;

II – a realização de despesas ou a assunção de obrigações diretas que excedam os créditos orçamentários ou adicionais;

III – a realização de operações de créditos que excedam o montante das despesas de capital, ressalvadas as autorizadas mediante créditos suplementares ou especiais com finalidade precisa, aprovados pelo Poder Legislativo por maioria absoluta;

IV – a vinculação de receita de impostos a órgão, fundo ou despesa, ressalvadas a repartição do produto da arrecadação dos impostos a que se referem os arts. 158 e 159, a destinação de recursos para as ações e serviços públicos de saúde, para manutenção e desenvolvimento do ensino e para realização de atividades da administração tributária, como determinado, respectivamente, pelos arts. 198, § 2º, 212 e 37, XXII, e a prestação de garantias às operações de crédito por antecipação de receita, previstas no art. 165, § 8º, bem como o disposto no § 4º deste artigo;

› *Redação dada pela Emenda Constitucional nº 42, de 19.12.2003*

V – a abertura de crédito suplementar ou especial sem prévia autorização legislativa e sem indicação dos recursos correspondentes;

VI – a transposição, o remanejamento ou a transferência de recursos de uma categoria de programação para outra ou de um órgão para outro, sem prévia autorização legislativa;

VII – a concessão ou utilização de créditos ilimitados;

VIII – a utilização, sem autorização legislativa específica, de recursos dos orçamentos fiscal e da seguridade social para suprir necessidade ou cobrir déficit de empresas, fundações e fundos, inclusive dos mencionados no art. 165, § 5º;

IX – a instituição de fundos de qualquer natureza, sem prévia autorização legislativa.

X – a transferência voluntária de recursos e a concessão de empréstimos, inclusive por antecipação de receita, pelos Governos Federal e Estaduais e suas instituições financeiras, para pagamento de despesas com pessoal ativo, inativo e pensionista, dos Estados, do Distrito Federal e dos Municípios.

› *Incluído pela Emenda Constitucional nº 19, de 1998*

XI – a utilização dos recursos provenientes das contribuições sociais de que trata o art. 195, I, a, e II, para a realização de despesas distintas do pagamento de benefícios do regime geral de previdência social de que trata o art. 201.

› *Incluído pela Emenda Constitucional nº 20, de 1998*

XII – na forma estabelecida na lei complementar de que trata o § 22 do art. 40, a utilização de recursos de regime próprio de previdência social, incluídos os valores integrantes dos fundos previstos no art. 249, para a realização de despesas distintas do pagamento dos benefícios previdenciários do respectivo fundo vinculado àquele regime e das despesas necessárias à sua organização e ao seu funcionamento;

› *Incluído pela Emenda Constitucional nº 103, de 2019*

XIII – a transferência voluntária de recursos, a concessão de avais, as garantias e as subvenções pela União e a concessão de empréstimos e de financiamentos por instituições financeiras federais aos Estados, ao Distrito Federal e aos Municípios na hipótese de descumprimento das regras gerais de organização e de funcionamento de regime próprio de previdência social.

› *Incluído pela Emenda Constitucional nº 103, de 2019*

XIV – a criação de fundo público, quando seus objetivos puderem ser alcançados mediante a vinculação de receitas orçamentárias específicas ou mediante a execução direta por programação orçamentária e financeira de órgão ou entidade da administração pública.

› *Incluído pela Emenda Constitucional nº 109, de 2021*

§ 1º Nenhum investimento cuja execução ultrapasse um exercício financeiro poderá ser iniciado sem prévia inclusão no plano plurianual, ou sem lei que autorize a inclusão, sob pena de crime de responsabilidade.

§ 2º Os créditos especiais e extraordinários terão vigência no exercício financeiro em que forem autorizados, salvo se o ato de autorização for promulgado nos últimos quatro meses daquele exercício, caso em que, reabertos nos limites de seus saldos, serão incorporados ao orçamento do exercício financeiro subseqüente.

§ 3º A abertura de crédito extraordinário somente será admitida para atender a despesas imprevisíveis e urgentes, como as decorrentes de guerra, comoção interna ou calamidade pública, observado o disposto no art. 62.

§ 4º É permitida a vinculação das receitas a que se referem os arts. 155, 156, 156-A, 157, 158 e as alíneas "a", "b", "d", "e" e "f" do inciso I e o inciso II do *caput* do art. 159 desta Constituição para pagamento de débitos com a União e para prestar-lhe garantia ou contragarantia.

› *Redação dada pela Emenda Constitucional nº 132, de 2023*

§ 5º A transposição, o remanejamento ou a transferência de recursos de uma categoria de programação para outra poderão ser admitidos, no âmbito das atividades de ciência, tecnologia e inovação, com o objetivo de viabilizar os resultados de projetos restritos a essas funções, mediante ato do Poder Executivo, sem necessidade da prévia autorização legislativa prevista no inciso VI deste artigo.

› *Incluído pela Emenda Constitucional nº 86, de 2015*

§ 6º Para fins da apuração ao término do exercício financeiro do cumprimento do limite de que trata o inciso III do *caput* deste artigo, as receitas das operações de crédito efetuadas no contexto da gestão da dívida pública mobiliária federal somente serão consideradas no exercício financeiro em que for realizada a respectiva despesa.

› *Incluído pela Emenda Constitucional nº 109, de 2021*

§ 7º A lei não imporá nem transferirá qualquer encargo financeiro decorrente da prestação de serviço público, inclusive despesas de pessoal e seus encargos, para a União, os Estados, o Distrito Federal ou os Municípios, sem a previsão de fonte orçamentária e financeira necessária à realização da despesa ou sem a previsão da correspondente transferência de recursos financeiros necessários ao seu custeio, ressalvadas as obrigações assumidas espontaneamente pelos entes federados e aquelas decorrentes da fixação do salário mínimo, na forma do inciso IV do *caput* do art. 7º desta Constituição.

› *Incluído pela Emenda Constitucional nº 128, de 2022*

Art. 167-A. Apurado que, no período de 12 (doze) meses, a relação entre despesas correntes e receitas correntes supera 95% (noventa e cinco por cento), no âmbito dos Estados, do Distrito Federal e dos Municípios, é facultado aos Poderes Executivo, Legislativo e Judiciário, ao Ministério Público, ao Tribunal de Contas e à Defensoria Pública do ente, enquanto permanecer a situação, aplicar o mecanismo de ajuste fiscal de vedação da:

I – concessão, a qualquer título, de vantagem, aumento, reajuste ou adequação de remuneração de membros de Poder ou de órgão, de servidores e empregados públicos e de militares, exceto dos derivados de sentença judicial transitada em julgado ou de determinação legal anterior ao início da aplicação das medidas de que trata este artigo;

II – criação de cargo, emprego ou função que implique aumento de despesa;

III – alteração de estrutura de carreira que implique aumento de despesa;

IV – admissão ou contratação de pessoal, a qualquer título, ressalvadas:

a) as reposições de cargos de chefia e de direção que não acarretem aumento de despesa;

b) as reposições decorrentes de vacâncias de cargos efetivos ou vitalícios;

c) as contratações temporárias de que trata o inciso IX do *caput* do art. 37 desta Constituição; e

d) as reposições de temporários para prestação de serviço militar e de alunos de órgãos de formação de militares;

V – realização de concurso público, exceto para as reposições de vacâncias previstas no inciso IV deste *caput*;

VI – criação ou majoração de auxílios, vantagens, bônus, abonos, verbas de representação ou benefícios de qualquer natureza, inclusive os de cunho indenizatório, em favor de membros de Poder, do Ministério Público ou da Defensoria Pública e de servidores e empregados públicos e de militares, ou ainda de seus dependentes, exceto quando derivados de sentença judicial transitada em julgado ou de determinação legal anterior ao início da aplicação das medidas de que trata este artigo;

VII – criação de despesa obrigatória;

VIII – adoção de medida que implique reajuste de despesa obrigatória acima da variação da inflação, observada a preservação do poder aquisitivo referida no inciso IV do *caput* do art. 7º desta Constituição;

IX – criação ou expansão de programas e linhas de financiamento, bem como remissão, renegociação ou refinanciamento de dívidas que impliquem ampliação das despesas com subsídios e subvenções;

X – concessão ou ampliação de incentivo ou benefício de natureza tributária.

§ 1º Apurado que a despesa corrente supera 85% (oitenta e cinco por cento) da receita corrente, sem exceder o percentual mencionado no *caput* deste artigo, as medidas nele indicadas podem ser, no todo ou em parte, implementadas por atos do Chefe do Poder Executivo com vigência imediata, facultado aos demais Poderes e órgãos autônomos implementá-las em seus respectivos âmbitos.

§ 2º O ato de que trata o § 1º deste artigo deve ser submetido, em regime de urgência, à apreciação do Poder Legislativo.

§ 3º O ato perde a eficácia, reconhecida a validade dos atos praticados na sua vigência, quando:

I – rejeitado pelo Poder Legislativo;

II – transcorrido o prazo de 180 (cento e oitenta) dias sem que se ultime a sua apreciação; ou

III – apurado que não mais se verifica a hipótese prevista no § 1º deste artigo, mesmo após a sua aprovação pelo Poder Legislativo.

§ 4º A apuração referida neste artigo deve ser realizada bimestralmente.

§ 5º As disposições de que trata este artigo:

I – não constituem obrigação de pagamento futuro pelo ente da Federação ou direitos de outrem sobre o erário;

II – não revogam, dispensam ou suspendem o cumprimento de dispositivos constitucionais e legais que disponham sobre metas fiscais ou limites máximos de despesas.

§ 6º Ocorrendo a hipótese de que trata o *caput* deste artigo, até que todas as medidas nele previstas tenham sido adotadas por todos os Poderes e órgãos nele mencionados, de acordo com declaração do respectivo Tribunal de Contas, é vedada:

I – a concessão, por qualquer outro ente da Federação, de garantias ao ente envolvido;

II – a tomada de operação de crédito por parte do ente envolvido com outro ente da Federação, diretamente ou por intermédio de seus fundos, autarquias, fundações ou empresas estatais dependentes, ainda que sob a forma de novação, refinanciamento ou postergação de dívida contraída anteriormente, ressalvados os financiamentos destinados a projetos específicos celebrados na forma de operações típicas das agências financeiras oficiais de fomento.

› *Incluído pela Emenda Constitucional nº 109, de 2021*

Art. 167-B. Durante a vigência de estado de calamidade pública de âmbito nacional, decretado pelo Congresso Nacional por iniciativa privativa do Presidente da República, a União deve adotar regime extraordinário fiscal, financeiro e de contratações para atender às necessidades dele decorrentes, somente naquilo em que a urgência for incompatível com o regime regular, nos termos definidos nos arts. 167-C, 167-D, 167-E, 167-F e 167-G desta Constituição.

› *Incluído pela Emenda Constitucional nº 109, de 2021*

Art. 167-C. Com o propósito exclusivo de enfrentamento da calamidade pública e de seus efeitos sociais e econômicos, no seu período de duração, o Poder Executivo federal pode adotar processos simplificados de contratação de pessoal, em caráter temporário e emergencial, e de obras, serviços e compras que assegurem, quando possível, competição e igualdade de condições a todos os concorrentes, dispensada a observância do § 1º do art. 169 na contratação de que trata o inciso IX do *caput* do art. 37 desta Constituição, limitada a dispensa às situações de que trata o referido inciso, sem prejuízo do controle dos órgãos competentes.

› *Incluído pela Emenda Constitucional nº 109, de 2021*

Art. 167-D. As proposições legislativas e os atos do Poder Executivo com propósito exclusivo de enfrentar a calamidade e suas consequências sociais e econômicas, com vigência e efeitos restritos à sua duração, desde que não impliquem despesa obrigatória de caráter continuado, ficam dispensados da observância das limitações legais quanto à criação, à expansão ou ao aperfeiçoamento de ação governamental que acarrete aumento de despesa e à concessão ou à ampliação de incentivo ou benefício de natureza tributária da qual decorra renúncia de receita.

Parágrafo único. Durante a vigência da calamidade pública de âmbito nacional de que trata o art. 167-B, não se aplica o disposto no § 3º do art. 195 desta Constituição.

› *Incluído pela Emenda Constitucional nº 109, de 2021*

Art. 167-E. Fica dispensada, durante a integralidade do exercício financeiro em que vigore a calamidade pública de âmbito nacional, a observância do inciso III do *caput* do art. 167 desta Constituição.

› *Incluído pela Emenda Constitucional nº 109, de 2021*

Art. 167-F. Durante a vigência da calamidade pública de âmbito nacional de que trata o art. 167-B desta Constituição:

I – são dispensados, durante a integralidade do exercício financeiro em que vigore a calamidade pública, os limites, as condições e demais restrições aplicáveis à União para a contratação de operações de crédito, bem como sua verificação;

II – o superávit financeiro apurado em 31 de dezembro do ano imediatamente anterior ao reconhecimento pode ser destinado à cobertura de despesas oriundas das medidas de combate à calamidade pública de âmbito nacional e ao pagamento da dívida pública.

§ 1º Lei complementar pode definir outras suspensões, dispensas e afastamentos aplicáveis durante a vigência do estado de calamidade pública de âmbito nacional.

§ 2º O disposto no inciso II do *caput* deste artigo não se aplica às fontes de recursos:

I – decorrentes de repartição de receitas a Estados, ao Distrito Federal e a Municípios;

II – decorrentes das vinculações estabelecidas pelos arts. 195, 198, 201, 212, 212- A e 239 desta Constituição;

III – destinadas ao registro de receitas oriundas da arrecadação de doações ou de empréstimos compulsórios, de transferências recebidas para o atendimento de finalidades determinadas ou das receitas de capital produto de operações de financiamento celebradas com finalidades contratualmente determinadas.

› *Artigo incluído pela Emenda Constitucional nº 109, de 2021*

Art. 167-G. Na hipótese de que trata o art. 167-B, aplicam-se à União, até o término da calamidade pública, as vedações previstas no art. 167-A desta Constituição.

§ 1º Na hipótese de medidas de combate à calamidade pública cuja vigência e efeitos não ultrapassem a sua duração, não se aplicam as vedações referidas nos incisos II, IV, VII, IX e X do *caput* do art. 167-A desta Constituição.

§ 2º Na hipótese de que trata o art. 167- B, não se aplica a alínea c do inciso I do *caput* do art. 159 desta Constituição, devendo a transferência a que se refere aquele dispositivo ser efetuada nos mesmos montantes transferidos no exercício anterior à decretação da calamidade.

§ 3º É facultada aos Estados, ao Distrito Federal e aos Municípios a aplicação das vedações referidas no *caput*, nos termos deste artigo, e, até que as tenham adotado na integralidade, estarão submetidos às restrições do § 6º do art. 167-A desta Constituição, enquanto perdurarem seus efeitos para a União.

› *Artigo incluído pela Emenda Constitucional nº 109, de 2021*

Art. 168. Os recursos correspondentes às dotações orçamentárias, compreendidos os créditos suplementares e especiais, destinados aos órgãos dos Poderes Legislativo e Judiciário, do Ministério Público e da Defensoria Pública, ser-lhes-ão entregues até o dia 20 de cada mês, em duodécimos, na forma da lei complementar a que se refere o art. 165, § 9º.

› *Redação dada pela Emenda Constitucional nº 45, de 2004*

§ 1º É vedada a transferência a fundos de recursos financeiros oriundos de repasses duodecimais.

› *Incluído pela Emenda Constitucional nº 109, de 2021*

§ 2º O saldo financeiro decorrente dos recursos entregues na forma do *caput* deste artigo deve ser restituído ao caixa único do Tesouro do ente federativo, ou terá seu valor deduzido das primeiras parcelas duodecimais do exercício seguinte.

› *Incluído pela Emenda Constitucional nº 109, de 2021*

Art. 169. A despesa com pessoal ativo e inativo e pensionistas da União, dos Estados, do Distrito Federal e dos Municípios não pode exceder os limites estabelecidos em lei complementar.

› *Redação dada pela Emenda Constitucional nº 109, de 2021*

§ 1º A concessão de qualquer vantagem ou aumento de remuneração, a criação de cargos, empregos e funções ou alteração de estrutura de carreiras, bem como a admissão ou contratação de pessoal, a qualquer título, pelos órgãos e entidades da administração direta ou indireta, inclusive fundações instituídas e mantidas pelo poder público, só poderão ser feitas:

› *Renumerado do parágrafo único, pela Emenda Constitucional nº 19, de 1998*

I – se houver prévia dotação orçamentária suficiente para atender às projeções de despesa de pessoal e aos acréscimos dela decorrentes;

› *Incluído pela Emenda Constitucional nº 19, de 1998*

II – se houver autorização específica na lei de diretrizes orçamentárias, ressalvadas as empresas públicas e as sociedades de economia mista.

› *Incluído pela Emenda Constitucional nº 19, de 1998*

§ 2º Decorrido o prazo estabelecido na lei complementar referida neste artigo para a adaptação aos parâmetros ali previstos, serão imediatamente suspensos todos os repasses de verbas federais ou estaduais aos Estados, ao Distrito Federal e aos Municípios que não observarem os referidos limites.

› *Incluído pela Emenda Constitucional nº 19, de 1998*

§ 3º Para o cumprimento dos limites estabelecidos com base neste artigo, durante o prazo fixado na lei complementar referida no *caput*, a União, os Estados, o Distrito Federal e os Municípios adotarão as seguintes providências:

› *Incluído pela Emenda Constitucional nº 19, de 1998*

I – redução em pelo menos vinte por cento das despesas com cargos em comissão e funções de confiança;

› *Incluído pela Emenda Constitucional nº 19, de 1998*

II – exoneração dos servidores não estáveis.

› *Incluído pela Emenda Constitucional nº 19, de 1998)*

§ 4º Se as medidas adotadas com base no parágrafo anterior não forem suficientes para assegurar o cumprimento da determinação da lei complementar referida neste artigo, o servidor estável poderá perder o cargo, desde que ato normativo motivado de cada um dos Poderes especifique a atividade funcional, o órgão ou unidade administrativa objeto da redução de pessoal.

› *Incluído pela Emenda Constitucional nº 19, de 1998*

§ 5º O servidor que perder o cargo na forma do parágrafo anterior fará jus a indenização correspondente a um mês de remuneração por ano de serviço.

- *Incluído pela Emenda Constitucional nº 19, de 1998*

§ 6º O cargo objeto da redução prevista nos parágrafos anteriores será considerado extinto, vedada a criação de cargo, emprego ou função com atribuições iguais ou assemelhadas pelo prazo de quatro anos.

- *Incluído pela Emenda Constitucional nº 19, de 1998*

§ 7º Lei federal disporá sobre as normas gerais a serem obedecidas na efetivação do disposto no § 4º.

- *Incluído pela Emenda Constitucional nº 19, de 1998*

TÍTULO VII – DA ORDEM ECONÔMICA E FINANCEIRA

CAPÍTULO I – DOS PRINCÍPIOS GERAIS DA ATIVIDADE ECONÔMICA

Art. 170. A ordem econômica, fundada na valorização do trabalho humano e na livre iniciativa, tem por fim assegurar a todos existência digna, conforme os ditames da justiça social, observados os seguintes princípios:

I – soberania nacional;

- *Art. 1º, I, CF*

II – propriedade privada;

- *Art. 5º, XXII, CF*
- *Arts. 524 a 648, CC/1916; e arts. 1.228 a 1.368, CC/2002*

III – função social da propriedade;

IV – livre concorrência;

- *Súmula 646, STF*

V – defesa do consumidor;

- *Lei 8.078/1990 (Código de Defesa do Consumidor)*

VI – defesa do meio ambiente, inclusive mediante tratamento diferenciado conforme o impacto ambiental dos produtos e serviços e de seus processos de elaboração e prestação;

- *Redação dada pela Emenda Constitucional nº 42, de 19.12.2003*
- *Art. 5º, LXXIII, CF*
- *Lei 7.347, 1985 (Ação civil pública)*

VII – redução das desigualdades regionais e sociais;

- *Art. 3º, III, CF*

VIII – busca do pleno emprego;

- *Arts. 6º e 7º, CF*
- *Art. 47, Lei 11.101/2005 (Lei de Recuperação de Empresas e Falência); sem correspondência no Dec.-lei 7.661/1945 (Lei de Falência)*

IX – tratamento favorecido para as empresas de pequeno porte constituídas sob as leis brasileiras e que tenham sua sede e administração no País.

- *Redação dada pela Emenda Constitucional nº 6, de 1995*
- *Art. 246, CF*
- *LC 123/2006 (Supersimples)*

Parágrafo único. É assegurado a todos o livre exercício de qualquer atividade econômica, independentemente de autorização de órgãos públicos, salvo nos casos previstos em lei.

- *Vide Lei nº 13.874, de 2019*

Art. 171. *(Revogado pela Emenda Constitucional nº 6, de 1995)*

Art. 172. A lei disciplinará, com base no interesse nacional, os investimentos de capital estrangeiro, incentivará os reinvestimentos e regulará a remessa de lucros.

- *Lei 4.131/1962 (Aplicação do capital estrangeiro e as remessas de valores para o exterior)*
- *Dec.-lei 37/1966 (Reorganiza os serviços aduaneiros)*
- *Dec.-lei 94/1966 (Impostos de Renda)*

Art. 173. Ressalvados os casos previstos nesta Constituição, a exploração direta de atividade econômica pelo Estado só será permitida quando necessária aos imperativos da segurança nacional ou a relevante interesse coletivo, conforme definidos em lei.

§ 1º A lei estabelecerá o estatuto jurídico da empresa pública, da sociedade de economia mista e de suas subsidiárias que explorem atividade econômica de produção ou comercialização de bens ou de prestação de serviços, dispondo sobre:

- *Redação dada pela Emenda Constitucional nº 19, de 1998*

I – sua função social e formas de fiscalização pelo Estado e pela sociedade;

- *Incluído pela Emenda Constitucional nº 19, de 1998*

II – a sujeição ao regime jurídico próprio das empresas privadas, inclusive quanto aos direitos e obrigações civis, comerciais, trabalhistas e tributários;

- *Incluído pela Emenda Constitucional nº 19, de 1998*

III – licitação e contratação de obras, serviços, compras e alienações, observados os princípios da administração pública;

- *Incluído pela Emenda Constitucional nº 19, de 1998*
- *Art. 22, XXVII, CF*
- *Súmula 333, STJ*

IV – a constituição e o funcionamento dos conselhos de administração e fiscal, com a participação de acionistas minoritários;

- *Incluído pela Emenda Constitucional nº 19, de 1998*

V – os mandatos, a avaliação de desempenho e a responsabilidade dos administradores.

- *Incluído pela Emenda Constitucional nº 19, de 1998*

§ 2º As empresas públicas e as sociedades de economia mista não poderão gozar de privilégios fiscais não extensivos às do setor privado.

§ 3º A lei regulamentará as relações da empresa pública com o Estado e a sociedade.

§ 4º A lei reprimirá o abuso do poder econômico que vise à dominação dos mercados, à eliminação da concorrência e ao aumento arbitrário dos lucros.

- *Lei 8.137/1990 (Crimes contra a ordem tributária, econômica e contra as relações de consumo)*
- *Lei 8.176/1991 (Crimes contra a ordem econômica – Cria o sistema de estoque de combustíveis)*
- *Lei 8.884/1994 (Infrações à ordem econômica – CADE)*
- *Lei 9.096/1995 (Plano Real)*
- *Súmula 646, STF*

§ 5º A lei, sem prejuízo da responsabilidade individual dos dirigentes da pessoa jurídica, estabelecerá a responsabilidade desta, sujeitando-a às punições compatíveis com sua natureza, nos atos praticados contra a ordem econômica e financeira e contra a economia popular.

- *Lei Del. 4/1962 (Intervenção no domínio econômico para assegurar a livre distribuição de produtos necessários ao consumo do povo)*

Art. 174. Como agente normativo e regulador da atividade econômica, o Estado exercerá, na forma da lei, as funções de fiscalização, incentivo e planejamento, sendo este determinante para o setor público e indicativo para o setor privado.

- *Vide Lei nº 13.874, de 2019*

§ 1º A lei estabelecerá as diretrizes e bases do planejamento do desenvolvimento nacional equilibrado, o qual incorporará e compatibilizará os planos nacionais e regionais de desenvolvimento.

§ 2º A lei apoiará e estimulará o cooperativismo e outras formas de associativismo.

- *Lei 5.764/1971 (Política nacional de cooperativismo)*
- *Lei 9.867/1999 (Criação e funcionamento de cooperativas sociais)*

§ 3º O Estado favorecerá a organização da atividade garimpeira em cooperativas, levando em conta a proteção do meio ambiente e a promoção econômico-social dos garimpeiros.

- *Dec.-lei 227/1967 (Dá nova redação ao Dec.-lei 1.985/1940 – Código de Minas)*
- *Lei 9.314/1996 (Altera dispositivos do Dec.-lei 227/1967)*
- *Lei 11.685/2008 (Estatuto do Garimpeiro)*

§ 4º As cooperativas a que se refere o parágrafo anterior terão prioridade na autorização ou concessão para pesquisa e lavra dos recursos e jazidas de minerais garimpáveis, nas áreas onde estejam atuando, e naquelas fixadas de acordo com o art. 21, XXV, na forma da lei.

Art. 175. Incumbe ao Poder Público, na forma da lei, diretamente ou sob regime de concessão ou permissão, sempre através de licitação, a prestação de serviços públicos.

- *Lei 8.987/1995 (Concessão e permissão da prestação de serviços públicos)*
- *Lei 9.427/1996 (Agência Nacional de Energia Elétrica)*
- *Dec. 2.196/1997 (Regulamento de Serviços Especiais)*
- *Dec. 3.896/2001 (Serviços de Telecomunicações)*
- *Súmula 407, STJ*

Parágrafo único. A lei disporá sobre:

I – o regime das empresas concessionárias e permissionárias de serviços públicos, o caráter especial de seu contrato e de sua prorrogação, bem como as condições de caducidade, fiscalização e rescisão da concessão ou permissão;

II – os direitos dos usuários;

III – política tarifária;

IV – a obrigação de manter serviço adequado.

Art. 176. As jazidas, em lavra ou não, e demais recursos minerais e os potenciais de energia hidráulica constituem propriedade distinta da do solo, para efeito de exploração ou aproveitamento, e pertencem à União, garantida ao concessionário a propriedade do produto da lavra.

§ 1º A pesquisa e a lavra de recursos minerais e o aproveitamento dos potenciais a que se refere o *caput* deste artigo somente poderão ser efetuados mediante autorização ou concessão da União, no interesse nacional, por brasileiros ou empresa constituída sob as leis brasileiras e que tenha sua sede e administração no País, na forma da lei, que estabelecerá as condições específicas quando essas atividades se desenvolverem em faixa de fronteira ou terras indígenas.

- *Redação dada pela Emenda Constitucional nº 6, de 1995*
- *Art. 246, CF*
- *Dec.-lei 227/1967 (Dá nova redação ao Dec.-lei 1.985/1940 – Código de Minas)*
- *Lei 8.901/1994 (Altera o Dec.-lei 227/1967)*
- *Lei 9.314/1996 (Altera dispositivos do Dec.-lei 227/1967)*

§ 2º É assegurada participação ao proprietário do solo nos resultados da lavra, na forma e no valor que dispuser a lei.

§ 3º A autorização de pesquisa será sempre por prazo determinado, e as autorizações e concessões previstas neste artigo não poderão ser cedidas ou transferidas, total ou parcialmente, sem prévia anuência do poder concedente.

§ 4º Não dependerá de autorização ou concessão o aproveitamento do potencial de energia renovável de capacidade reduzida.

Art. 177. Constituem monopólio da União:

- *Lei 9.478/1997 (Política energética nacional e atividades relativas ao monopólio do petróleo)*
- *Lei 11.909/2009 (Atividades relativas ao transporte de gás natural, de que trata o art. 177 da CF)*

I – a pesquisa e a lavra das jazidas de petróleo e gás natural e outros hidrocarbonetos fluidos;

II – a refinação do petróleo nacional ou estrangeiro;

- *Art. 45, ADCT*

III – a importação e exportação dos produtos e derivados básicos resultantes das atividades previstas nos incisos anteriores;

IV – o transporte marítimo do petróleo bruto de origem nacional ou de derivados básicos de petróleo produzidos no País, bem assim o transporte, por meio de conduto, de petróleo bruto, seus derivados e gás natural de qualquer origem;

V – a pesquisa, a lavra, o enriquecimento, o reprocessamento, a industrialização e o comércio de minérios e minerais nucleares e seus derivados, com exceção dos radioisótopos cuja produção, comercialização e utilização poderão ser autorizadas sob regime de permissão, conforme as alíneas *b* e *c* do inciso XXIII do *caput* do art. 21 desta Constituição Federal.

- *Redação dada pela Emenda Constitucional nº 49, de 2006*
- *Lei 7.781/1989 (Altera a Lei 6.189/1974, que criou a CNEN e a NUCLEBRÁS)*

§ 1º A União poderá contratar com empresas estatais ou privadas a realização das atividades previstas nos incisos I a IV deste artigo observadas as condições estabelecidas em lei.

- *Redação dada pela Emenda Constitucional nº 9, de 1995*

§ 2º A lei a que se refere o § 1º disporá sobre:

- *Incluído pela Emenda Constitucional nº 9, de 1995*

I – a garantia do fornecimento dos derivados de petróleo em todo o território nacional;

- *Incluído pela Emenda Constitucional nº 9, de 1995*

II – as condições de contratação;

- *Incluído pela Emenda Constitucional nº 9, de 1995*

III – a estrutura e atribuições do órgão regulador do monopólio da União;

- *Incluído pela Emenda Constitucional nº 9, de 1995*
- *Lei 9.478/1997 (Política energética nacional e atividades relativas ao monopólio do petróleo)*

§ 3º A lei disporá sobre o transporte e a utilização de materiais radioativos no território nacional.

- *Renumerado de § 2º para 3º pela Emenda Constitucional nº 9, de 1995*

§ 4º A lei que instituir contribuição de intervenção no domínio econômico relativa às atividades de importação ou comercialização de petróleo e seus derivados, gás natural e seus derivados e álcool combustível deverá atender aos seguintes requisitos:

- *Incluído pela Emenda Constitucional nº 33, de 2001*
- *Lei 10.336/2001 (CIDE)*

I – a alíquota da contribuição poderá ser:

- *Incluído pela Emenda Constitucional nº 33, de 2001*

a) diferenciada por produto ou uso;

- *Incluída pela Emenda Constitucional nº 33, de 2001*

b) reduzida e restabelecida por ato do Poder Executivo, não se lhe aplicando o disposto no art. 150,III, *b*;

- *Incluída pela Emenda Constitucional nº 33, de 2001*

II – os recursos arrecadados serão destinados:

- *Incluído pela Emenda Constitucional nº 33, de 2001*

a) ao pagamento de subsídios a preços ou transporte de álcool combustível, gás natural e seus derivados e derivados de petróleo;

- *Incluída pela Emenda Constitucional nº 33, de 2001*

b) ao financiamento de projetos ambientais relacionados com a indústria do petróleo e do gás;

- *Incluída pela Emenda Constitucional nº 33, de 2001*

c) ao financiamento de programas de infraestrutura de transportes;

- *Incluída pela Emenda Constitucional nº 33, de 2001*
- *d) ao pagamento de subsídios a tarifas de transporte público coletivo de passageiros. Incluída pela Emenda Constitucional nº 132, de 2023*

Art. 178. A lei disporá sobre a ordenação dos transportes aéreo, aquático e terrestre, devendo, quanto à ordenação do transporte internacional, observar os acordos firmados pela União, atendido o princípio da reciprocidade.

- *Redação dada pela Emenda Constitucional nº 7, de 1995*
- *Art. 246, CF*
- *Dec.-lei 116/1967 (Operações inerentes ao transporte de mercadorias por via d'água)*
- *Lei 7.565/1967 (Código Brasileiro de Aeronáutica)*
- *Lei 11.442/2007 (Transporte rodoviário de cargas)*

Parágrafo único. Na ordenação do transporte aquático, a lei estabelecerá as condições em que o transporte de mercadorias na cabotagem e a navegação interior poderão ser feitos por embarcações estrangeiras.

- *Incluído pela Emenda Constitucional nº 7, de 1995*
- *Art. 246, CF*

Art. 179. A União, os Estados, o Distrito Federal e os Municípios dispensarão às microempresas e às empresas de pequeno porte, assim definidas em lei, tratamento jurídico diferenciado, visando a incentivá-las pela simplificação de suas obrigações administrativas, tributárias, previdenciárias e creditícias, ou pela eliminação ou redução destas por meio de lei.

- *Art. 47, § 1º, ADCT*
- *LC 123/2006 (Supersimples)*

Art. 180. A União, os Estados, o Distrito Federal e os Municípios promoverão e incentivarão o turismo como fator de desenvolvimento social e econômico.

Art. 181. O atendimento de requisição de documento ou informação de natureza comercial, feita por autoridade administrativa ou judiciária estrangeira, a pessoa física ou jurídica residente ou domiciliada no País dependerá de autorização do Poder competente.

CAPÍTULO II – DA POLÍTICA URBANA

Art. 182. A política de desenvolvimento urbano, executada pelo Poder Público municipal, conforme diretrizes gerais fixadas em lei, tem por objetivo ordenar o pleno desenvolvimento das funções sociais da cidade e garantir o bem – estar de seus habitantes.

- *Lei 10.257/2001 (Estatuto da Cidade)*
- *Lei 12.587/2012 (Política Nacional de Mobilidade Urbana)*

§ 1º O plano diretor, aprovado pela Câmara Municipal, obrigatório para cidades com mais de vinte mil habitantes, é o instrumento básico da política de desenvolvimento e de expansão urbana.

§ 2º A propriedade urbana cumpre sua função social quando atende às exigências fundamentais de ordenação da cidade expressas no plano diretor.

- *Art. 186, CF*
- *Súmula 668, STF*

§ 3º As desapropriações de imóveis urbanos serão feitas com prévia e justa indenização em dinheiro.

§ 4º É facultado ao Poder Público municipal, mediante lei específica para área incluída no plano diretor, exigir, nos termos da lei federal, do proprietário do solo urbano não edificado, subutilizado ou não utilizado, que promova seu adequado aproveitamento, sob pena, sucessivamente, de:

I – parcelamento ou edificação compulsórios;

II – imposto sobre a propriedade predial e territorial urbana progressivo no tempo;

- *Súmula 668, STF*

III – desapropriação com pagamento mediante títulos da dívida pública de emissão previamente aprovada pelo Senado Federal, com prazo de resgate de até dez anos, em parcelas anuais, iguais e sucessivas, assegurados o valor real da indenização e os juros legais.

Art. 183. Aquele que possuir como sua área urbana de até duzentos e cinqüenta metros quadrados, por cinco anos, ininterruptamente e sem oposição, utilizando-a para sua moradia ou de sua família, adquirir-lhe-á o domínio, desde que não seja proprietário de outro imóvel urbano ou rural.

- *Lei 10.257/2001 (Estatuto da Cidade)*

§ 1º O título de domínio e a concessão de uso serão conferidos ao homem ou à mulher, ou a ambos, independentemente do estado civil.

- *MP 2.220/2001 (Concessão de Uso Especial)*

§ 2º Esse direito não será reconhecido ao mesmo possuidor mais de uma vez.

§ 3º Os imóveis públicos não serão adquiridos por usucapião.

CAPÍTULO III – DA POLÍTICA AGRÍCOLA E FUNDIÁRIA E DA REFORMA AGRÁRIA

- *Lei 4.504/1964 (Estatuto da Terra)*
- *Lei 8.174/1991 (Princípios da política agrícola)*
- *Lei 8.629/1993 (Regulamentação dos dispositivos constitucionais relativos à reforma agrária)*

Art. 184. Compete à União desapropriar por interesse social, para fins de reforma agrária, o imóvel rural que não esteja cumprindo sua função social, mediante prévia e justa indenização em títulos da dívida agrária, com cláusula de preservação do valor real, resgatáveis no prazo de até vinte anos, a partir do segundo ano de sua emissão, e cuja utilização será definida em lei.

- *Lei 8.629/1993 (Regulamentação dos dispositivos constitucionais relativos à reforma agrária)*

§ 1º As benfeitorias úteis e necessárias serão indenizadas em dinheiro.

§ 2º O decreto que declarar o imóvel como de interesse social, para fins de reforma agrária, autoriza a União a propor a ação de desapropriação.

§ 3º Cabe à lei complementar estabelecer procedimento contraditório especial, de rito sumário, para o processo judicial de desapropriação.

- *LC 76/1993 (Procedimento contraditório especial para o processo de desapropriação de imóvel rural por interesse social)*

§ 4º O orçamento fixará anualmente o volume total de títulos da dívida agrária, assim como o montante de recursos para atender ao programa de reforma agrária no exercício.

§ 5º São isentas de impostos federais, estaduais e municipais as operações de transferência de imóveis desapropriados para fins de reforma agrária.

Art. 185. São insuscetíveis de desapropriação para fins de reforma agrária:

- *Lei 8.629/1993 (Regulamentação dos dispositivos constitucionais relativos à reforma agrária)*

I – a pequena e média propriedade rural, assim definida em lei, desde que seu proprietário não possua outra;

II – a propriedade produtiva.

Parágrafo único. A lei garantirá tratamento especial à propriedade produtiva e fixará normas para o cumprimento dos requisitos relativos a sua função social.

Art. 186. A função social é cumprida quando a propriedade rural atende, simultaneamente, segundo critérios e graus de exigência estabelecidos em lei, aos seguintes requisitos:

- *Lei 8.629/1993 (Regulamentação dos dispositivos constitucionais relativos à reforma agrária)*

I – aproveitamento racional e adequado;

II – utilização adequada dos recursos naturais disponíveis e preservação do meio ambiente;

III – observância das disposições que regulam as relações de trabalho;

IV – exploração que favoreça o bem-estar dos proprietários e dos trabalhadores.

Art. 187. A política agrícola será planejada e executada na forma da lei, com a participação efetiva do setor de produção, envolvendo produtores e trabalhadores rurais, bem como dos setores de comercialização, de armazenamento e de transportes, levando em conta, especialmente:

- *Lei 8.171/1991 (Política agrícola)*
- *Lei 8.174/1991 (Princípios da política agrícola)*

I – os instrumentos creditícios e fiscais;

II – os preços compatíveis com os custos de produção e a garantia de comercialização;

III – o incentivo à pesquisa e à tecnologia;

IV – a assistência técnica e extensão rural;

V – o seguro agrícola;

VI – o cooperativismo;

VII – a eletrificação rural e irrigação;

VIII – a habitação para o trabalhador rural.

§ 1º Incluem-se no planejamento agrícola as atividades agro-industriais, agropecuárias, pesqueiras e florestais.

§ 2º Serão compatibilizadas as ações de política agrícola e de reforma agrária.

Art. 188. A destinação de terras públicas e devolutas será compatibilizada com a política agrícola e com o plano nacional de reforma agrária.

§ 1º A alienação ou a concessão, a qualquer título, de terras públicas com área superior a dois mil e quinhentos hectares a pessoa física ou jurídica, ainda que por interposta pessoa, dependerá de prévia aprovação do Congresso Nacional.

§ 2º Excetuam-se do disposto no parágrafo anterior as alienações ou as concessões de terras públicas para fins de reforma agrária.

Art. 189. Os beneficiários da distribuição de imóveis rurais pela reforma agrária receberão títulos de domínio ou de concessão de uso, inegociáveis pelo prazo de dez anos.

Parágrafo único. O título de domínio e a concessão de uso serão conferidos ao homem ou à mulher, ou a ambos, independentemente do estado civil, nos termos e condições previstos em lei.

- *Lei 8.629/1993 (Regulamentação dos dispositivos constitucionais relativos à reforma agrária)*

Art. 190. A lei regulará e limitará a aquisição ou o arrendamento de propriedade rural por pessoa física ou jurídica estrangeira e estabelecerá os casos que dependerão de autorização do Congresso Nacional.

- *Lei 8.629/1993 (Regulamentação dos dispositivos constitucionais relativos à reforma agrária)*

Art. 191. Aquele que, não sendo proprietário de imóvel rural ou urbano, possua como seu, por cinco anos ininterruptos, sem oposição, área de terra, em zona rural, não superior a cinqüenta hectares, tornando-a produtiva por seu trabalho ou de sua família, tendo nela sua moradia, adquirir-lhe-á a propriedade.

Parágrafo único. Os imóveis públicos não serão adquiridos por usucapião.

CAPÍTULO IV – DO SISTEMA FINANCEIRO NACIONAL

Art. 192. O sistema financeiro nacional, estruturado de forma a promover o desenvolvimento equilibrado do País e a servir aos interesses da coletividade, em todas as partes que o compõem, abrangendo as cooperativas de crédito, será regulado por leis complementares que disporão, inclusive, sobre a participação do capital estrangeiro nas instituições que o integram.

- *Redação dada pela Emenda Constitucional nº 40, de 2003*

I a VIII – *(Revogados pela Emenda Constitucional nº 40, de 2003)*

§§ 1º a 3º *(Revogados pela Emenda Constitucional nº 40, de 2003)*

TÍTULO VIII – DA ORDEM SOCIAL

CAPÍTULO I – DISPOSIÇÃO GERAL

Art. 193. A ordem social tem como base o primado do trabalho, e como objetivo o bem-estar e a justiça sociais.

Parágrafo único. O Estado exercerá a função de planejamento das políticas sociais, assegurada, na forma da lei, a participação da sociedade nos processos de formulação, de monitoramento, de controle e de avaliação dessas políticas.

- *Incluído pela Emenda Constitucional nº 108, de 2020*

CAPÍTULO II – DA SEGURIDADE SOCIAL

SEÇÃO I – DISPOSIÇÕES GERAIS

Art. 194. A seguridade social compreende um conjunto integrado de ações de iniciativa dos Poderes Públicos e da sociedade, destinadas a assegurar os direitos relativos à saúde, à previdência e à assistência social.

Parágrafo único. Compete ao Poder Público, nos termos da lei, organizar a seguridade social, com base nos seguintes objetivos:

I – universalidade da cobertura e do atendimento;

II – uniformidade e equivalência dos benefícios e serviços às populações urbanas e rurais;

III – seletividade e distributividade na prestação dos benefícios e serviços;

IV – irredutibilidade do valor dos benefícios;

V – equidade na forma de participação no custeio;

VI – diversidade da base de financiamento, identificando-se, em rubricas contábeis específicas para cada área, as receitas e as despesas vinculadas a ações de saúde, previdência e assistência social, preservado o caráter contributivo da previdência social;

- *Redação dada pela Emenda Constitucional nº 103, de 2019*

VII – caráter democrático e descentralizado da administração, mediante gestão quadripartite, com participação dos trabalhadores, dos empregadores, dos aposentados e do Governo nos órgãos colegiados.

- *Redação dada pela Emenda Constitucional nº 20, de 1998*

Art. 195. A seguridade social será financiada por toda a sociedade, de forma direta e indireta, nos termos da lei, mediante recursos provenientes dos orçamentos da União, dos Estados, do Distrito Federal e dos Municípios, e das seguintes contribuições sociais:

I – do empregador, da empresa e da entidade a ela equiparada na forma da lei, incidentes sobre:

- *Redação dada pela Emenda Constitucional nº 20, de 1998*

a) a folha de salários e demais rendimentos do trabalho pagos ou creditados, a qualquer título, à pessoa física que lhe preste serviço, mesmo sem vínculo empregatício;

- *Incluída pela Emenda Constitucional nº 20, de 1998*

b) a receita ou o faturamento;

- *Incluída pela Emenda Constitucional nº 20, de 1998*
- *Atualização: b) (Revogada pela Emenda Constitucional nº 132, de 2023, em vigor em 2027)*

c) o lucro;

- *Incluída pela Emenda Constitucional nº 20, de 1998*

II – do trabalhador e dos demais segurados da previdência social, podendo ser adotadas alíquotas progressivas de acordo com o valor do salário de contribuição, não incidindo contribuição sobre aposentadoria e pensão concedidas pelo Regime Geral de Previdência Social;

- *Redação dada pela Emenda Constitucional nº 103, de 2019.*

III – sobre a receita de concursos de prognósticos;

IV – do importador de bens ou serviços do exterior, ou de quem a lei a ele equiparar;

- *Incluído pela Emenda Constitucional nº 42, de 19.12.2003*
- *Atualização: IV – (Revogado pela Emenda Constitucional nº 132, de 2023, em vigor em 2027)*

V – sobre bens e serviços, nos termos de lei complementar.

- *Incluído pela Emenda Constitucional nº 132, de 2023*

§ 1º As receitas dos Estados, do Distrito Federal e dos Municípios destinadas à seguridade social constarão dos respectivos orçamentos, não integrando o orçamento da União.

§ 2º A proposta de orçamento da seguridade social será elaborada de forma integrada pelos órgãos responsáveis pela saúde, previdência social e assistência social, tendo em vista as metas e prioridades estabelecidas na lei de diretrizes orçamentárias, assegurada a cada área a gestão de seus recursos.

§ 3º A pessoa jurídica em débito com o sistema da seguridade social, como estabelecido em lei, não poderá contratar com o Poder Público nem dele receber benefícios ou incentivos fiscais ou creditícios.

§ 4º A lei poderá instituir outras fontes destinadas a garantir a manutenção ou expansão da seguridade social, obedecido o disposto no art. 154, I.

§ 5º Nenhum benefício ou serviço da seguridade social poderá ser criado, majorado ou estendido sem a correspondente fonte de custeio total.

§ 6º As contribuições sociais de que trata este artigo só poderão ser exigidas após decorridos noventa dias da data da publicação da lei que as houver instituído ou modificado, não se lhes aplicando o disposto no art. 150, III, "b".

§ 7º São isentas de contribuição para a seguridade social as entidades beneficentes de assistência social que atendam às exigências estabelecidas em lei.

§ 8º O produtor, o parceiro, o meeiro e o arrendatário rurais e o pescador artesanal, bem como os respectivos cônjuges, que exerçam suas atividades em regime de economia familiar, sem empregados permanentes, contribuirão para a seguridade social mediante a aplicação de uma alíquota sobre o resultado da comercialização da produção e farão jus aos benefícios nos termos da lei.

- *Redação dada pela Emenda Constitucional nº 20, de 1998*

§ 9º As contribuições sociais previstas no inciso I do *caput* deste artigo poderão ter alíquotas diferenciadas em razão da atividade econômica, da utilização intensiva de mão de obra, do porte da empresa ou da condição estrutural do mercado de trabalho, sendo também autorizada a adoção de bases de cálculo diferenciadas apenas no caso das alíneas "b" e "c" do inciso I do *caput*.

- *Redação dada pela Emenda Constitucional nº 103, de 2019*
- *Atualização: § 9º As contribuições sociais previstas no inciso I do caput deste artigo poderão ter alíquotas diferenciadas em razão da atividade econômica, da utilização intensiva de mão de obra, do porte da empresa ou da condição estrutural do mercado de trabalho, sendo também autorizada a adoção de bases de cálculo diferenciadas apenas no caso da alínea "c" do inciso I do caput.*
- *Redação dada pela Emenda Constitucional nº 132, de 2023, em vigor em 2027*

§ 10. A lei definirá os critérios de transferência de recursos para o sistema único de saúde e ações de assistência social da União para os Estados, o Distrito Federal e os Municípios, e dos Estados para os Municípios, observada a respectiva contrapartida de recursos.

- *Incluído pela Emenda Constitucional nº 20, de 1998*

§ 11. São vedados a moratória e o parcelamento em prazo superior a 60 (sessenta) meses e, na forma de lei complementar, a remissão e a anistia das contribuições sociais de que tratam a alínea "a" do inciso I e o inciso II do *caput*.

- *Incluído pela Emenda Constitucional nº 103, de 2019*

§ 12. A lei definirá os setores de atividade econômica para os quais as contribuições incidentes na forma dos incisos I, b; e IV do *caput*, serão não-cumulativas.

- *Incluído pela Emenda Constitucional nº 42, de 19.12.2003*
- *Atualização: § 12. (Revogado pela Emenda Constitucional nº 132, de 2023, em vigor em 2027)*

§ 13. *(Revogado pela Emenda Constitucional nº 103, de 2019)*

§ 14. O segurado somente terá reconhecida como tempo de contribuição ao Regime Geral de Previdência Social a competência cuja contribuição seja igual ou superior à contribuição mínima mensal exigida para sua categoria, assegurado o agrupamento de contribuições.

- *Incluído pela Emenda Constitucional nº 103, de 2019*

§ 15. A contribuição prevista no inciso V do *caput* poderá ter sua alíquota fixada em lei ordinária.

- *Incluído pela Emenda Constitucional nº 132, de 2023*

§ 16. Aplica-se à contribuição prevista no inciso V do *caput* o disposto no art. 156-A, § 1º, I a VI, VIII, X a XIII, § 3º, § 5º, II a VI e IX, e §§ 6º a 11 e 13.

- *Incluído pela Emenda Constitucional nº 132, de 2023*

§ 17. A contribuição prevista no inciso V do *caput* não integrará sua própria base de cálculo nem a dos tributos previstos nos arts. 153, VIII, 156-A e 195, I, "b", e IV, e da contribuição para o Programa de Integração Social de que trata o art. 239.

- *Incluído pela Emenda Constitucional nº 132, de 2023*
- *Atualização: § 17. A contribuição prevista no inciso V do caput não integrará sua própria base de cálculo nem a dos impostos previstos nos arts. 153, VIII, e 156-A.*
- *Redação dada pela Emenda Constitucional nº 132, de 2023, em vigor em 2027*
- *Atualização: § 17. A contribuição prevista no inciso V do caput não integrará sua própria base de cálculo nem a dos impostos previstos nos arts. 153, VIII, e 156-A.*
- *Redação dada pela Emenda Constitucional nº 132, de 2023, em vigor em 2033*

§ 18. Lei estabelecerá as hipóteses de devolução da contribuição prevista no inciso V do *caput* a pessoas físicas, inclusive em relação a limites e beneficiários, com o objetivo de reduzir as desigualdades de renda.

- *Incluído pela Emenda Constitucional nº 132, de 2023*

§ 19. A devolução de que trata o § 18 não será computada na receita corrente líquida da União para os fins do disposto nos arts. 100, § 15, 166, §§ 9º, 12 e 17, e 198, § 2º.

- *Incluído pela Emenda Constitucional nº 132, de 2023*
- *Atualização: § 19. A devolução de que trata o § 18:*
- *Redação dada pela Emenda Constitucional nº 132, de 2023, em vigor em 2027*

I – não será computada na receita corrente líquida da União para os fins do disposto nos arts. 100, § 15, 166, §§ 9º, 12 e 17, e 198, § 2º;

- *Incluído pela Emenda Constitucional nº 132, de 2023, em vigor em 2027*

II – não integrará a base de cálculo para fins do disposto no art. 239.

- *Incluído pela Emenda Constitucional nº 132, de 2023, em vigor em 2027*

SEÇÃO II – DA SAÚDE

Art. 196. A saúde é direito de todos e dever do Estado, garantido mediante políticas sociais e econômicas que visem à redução do risco de doença e de outros agravos e ao acesso universal e igualitário às ações e serviços para sua promoção, proteção e recuperação.

Art. 197. São de relevância pública as ações e serviços de saúde, cabendo ao Poder Público dispor, nos termos da lei, sobre sua regulamentação, fiscalização e controle, devendo sua execução ser feita diretamente ou através de terceiros e, também, por pessoa física ou jurídica de direito privado.

Art. 198. As ações e serviços públicos de saúde integram uma rede regionalizada e hierarquizada e constituem um sistema único, organizado de acordo com as seguintes diretrizes:

I – descentralização, com direção única em cada esfera de governo;

II – atendimento integral, com prioridade para as atividades preventivas, sem prejuízo dos serviços assistenciais;

III – participação da comunidade.

§ 1º. O sistema único de saúde será financiado, nos termos do art. 195, com recursos do orçamento da seguridade social, da União, dos Estados, do Distrito Federal e dos Municípios, além de outras fontes.

› *Parágrafo único renumerado para § 1º pela Emenda Constitucional nº 29, de 2000*

§ 2º A União, os Estados, o Distrito Federal e os Municípios aplicarão, anualmente, em ações e serviços públicos de saúde recursos mínimos derivados da aplicação de percentuais calculados sobre:

› *Incluído pela Emenda Constitucional nº 29, de 2000*

I – no caso da União, na forma definida nos termos da lei complementar prevista no § 3º;

› *Incluído pela Emenda Constitucional nº 29, de 2000*

II – no caso dos Estados e do Distrito Federal, o produto da arrecadação dos impostos a que se referem os arts. 155 e 156-A e dos recursos de que tratam os arts. 157 e 159, I, "a", e II, deduzidas as parcelas que forem transferidas aos respectivos Municípios;

› *Redação dada pela Emenda Constitucional nº 132, de 2023*

III – no caso dos Municípios e do Distrito Federal, o produto da arrecadação dos impostos a que se referem os arts. 156 e 156-A e dos recursos de que tratam os arts. 158 e 159, I, "b", e § 3º.

› *Redação dada pela Emenda Constitucional nº 132, de 2023*

§ 3º Lei complementar, que será reavaliada pelo menos a cada cinco anos, estabelecerá:

› *Incluído pela Emenda Constitucional nº 29, de 2000*

I – os percentuais de que tratam os incisos II e III do § 2º;

› *Redação dada pela Emenda Constitucional nº 86, de 2015*

II – os critérios de rateio dos recursos da União vinculados à saúde destinados aos Estados, ao Distrito Federal e aos Municípios, e dos Estados destinados a seus respectivos Municípios, objetivando a progressiva redução das disparidades regionais;

› *Incluído pela Emenda Constitucional nº 29, de 2000*

III – as normas de fiscalização, avaliação e controle das despesas com saúde nas esferas federal, estadual, distrital e municipal;

› *Incluído pela Emenda Constitucional nº 29, de 2000*

IV – *(Revogado pela Emenda Constitucional nº 86, de 2015)*

§ 4º Os gestores locais do sistema único de saúde poderão admitir agentes comunitários de saúde e agentes de combate às endemias por meio de processo seletivo público, de acordo com a natureza e complexidade de suas atribuições e requisitos específicos para sua atuação.

› *Incluído pela Emenda Constitucional nº 51, de 2006*

§ 5º Lei federal disporá sobre o regime jurídico, o piso salarial profissional nacional, as diretrizes para os Planos de Carreira e a regulamentação das atividades de agente comunitário de saúde e agente de combate às endemias, competindo à União, nos termos da lei, prestar assistência financeira complementar aos Estados, ao Distrito Federal e aos Municípios, para o cumprimento do referido piso salarial.

› *Redação dada pela Emenda Constitucional nº 63, de 2010.*

§ 6º Além das hipóteses previstas no § 1º do art. 41 e no § 4º do art. 169 da Constituição Federal, o servidor que exerça funções equivalentes às de agente comunitário de saúde ou de agente de combate às endemias poderá perder o cargo em caso de descumprimento dos requisitos específicos, fixados em lei, para o seu exercício.

› *Incluído pela Emenda Constitucional nº 51, de 2006*

§ 7º O vencimento dos agentes comunitários de saúde e dos agentes de combate às endemias fica sob responsabilidade da União, e cabe aos Estados, ao Distrito Federal e aos Municípios estabelecer, além de outros consectários e vantagens, incentivos, auxílios, gratificações e indenizações, a fim de valorizar o trabalho desses profissionais.

› *Incluído pela Emenda Constitucional nº 120, de 2022*

§ 8º Os recursos destinados ao pagamento do vencimento dos agentes comunitários de saúde e dos agentes de combate às endemias serão consignados no orçamento geral da União com dotação própria e exclusiva.

› *Incluído pela Emenda Constitucional nº 120, de 2022*

§ 9º O vencimento dos agentes comunitários de saúde e dos agentes de combate às endemias não será inferior a 2 (dois) salários mínimos, repassados pela União aos Municípios, aos Estados e ao Distrito Federal.

› *Incluído pela Emenda Constitucional nº 120, de 2022*

§ 10. Os agentes comunitários de saúde e os agentes de combate às endemias terão também, em razão dos riscos inerentes às funções desempenhadas, aposentadoria especial e, somado aos seus vencimentos, adicional de insalubridade.

› *Incluído pela Emenda Constitucional nº 120, de 2022*

§ 11. Os recursos financeiros repassados pela União aos Estados, ao Distrito Federal e aos Municípios para pagamento do vencimento ou de qualquer outra vantagem dos agentes comunitários de saúde e dos agentes de combate às endemias não serão objeto de inclusão no cálculo para fins do limite de despesa com pessoal.

› *Incluído pela Emenda Constitucional nº 120, de 2022*

§ 12. Lei federal instituirá pisos salariais profissionais nacionais para o enfermeiro, o técnico de enfermagem, o auxiliar de enfermagem e a parteira, a serem observados por pessoas jurídicas de direito público e de direito privado.

› *Incluído pela Emenda Constitucional nº 124, de 2022*

§ 13. A União, os Estados, o Distrito Federal e os Municípios, até o final do exercício financeiro em que for publicada a lei de que trata o § 12 deste artigo, adequarão a remuneração dos cargos ou dos respectivos planos de carreiras, quando houver, de modo a atender aos pisos estabelecidos para cada categoria profissional.

› *Incluído pela Emenda Constitucional nº 124, de 2022*

§ 14. Compete à União, nos termos da lei, prestar assistência financeira complementar aos Estados, ao Distrito Federal e aos Municípios e às entidades filantrópicas, bem como aos prestadores de serviços contratualizados que atendam, no mínimo, 60% (sessenta por cento) de seus pacientes pelo sistema único de saúde, para o cumprimento dos pisos salariais de que trata o § 12 deste artigo.

› *Incluído pela Emenda Constitucional nº 127, de 2022*

§ 15. Os recursos federais destinados aos pagamentos da assistência financeira complementar aos Estados, ao Distrito Federal e aos Municípios e às entidades filantrópicas, bem como aos prestadores de serviços contratualizados que atendam, no mínimo, 60% (sessenta por cento) de seus pacientes pelo sistema único de saúde, para o cumprimento dos pisos salariais de que trata o § 12 deste artigo serão consignados no orçamento geral da União com dotação própria e exclusiva.

› *Incluído pela Emenda Constitucional nº 127, de 2022*

Art. 199. A assistência à saúde é livre à iniciativa privada.

§ 1º As instituições privadas poderão participar de forma complementar do sistema único de saúde, segundo diretrizes deste, mediante contrato de direito público ou convênio, tendo preferência as entidades filantrópicas e as sem fins lucrativos.

§ 2º É vedada a destinação de recursos públicos para auxílios ou subvenções às instituições privadas com fins lucrativos.

§ 3º É vedada a participação direta ou indireta de empresas ou capitais estrangeiros na assistência à saúde no País, salvo nos casos previstos em lei.

§ 4º A lei disporá sobre as condições e os requisitos que facilitem a remoção de órgãos, tecidos e substâncias humanas para fins de transplante, pesquisa e tratamento, bem como a coleta, processamento e transfusão de sangue e seus derivados, sendo vedado todo tipo de comercialização.

Art. 200. Ao sistema único de saúde compete, além de outras atribuições, nos termos da lei:

I – controlar e fiscalizar procedimentos, produtos e substâncias de interesse para a saúde e participar da produção de medicamentos, equipamentos, imunobiológicos, hemoderivados e outros insumos;

II – executar as ações de vigilância sanitária e epidemiológica, bem como as de saúde do trabalhador;

III – ordenar a formação de recursos humanos na área de saúde;

IV – participar da formulação da política e da execução das ações de saneamento básico;

V – incrementar, em sua área de atuação, o desenvolvimento científico e tecnológico e a inovação;

› *Redação dada pela Emenda Constitucional nº 85, de 2015*

VI – fiscalizar e inspecionar alimentos, compreendido o controle de seu teor nutricional, bem como bebidas e águas para consumo humano;

VII – participar do controle e fiscalização da produção, transporte, guarda e utilização de substâncias e produtos psicoativos, tóxicos e radioativos;

VIII – colaborar na proteção do meio ambiente, nele compreendido o do trabalho.

SEÇÃO III – DA PREVIDÊNCIA SOCIAL

› *Lei 8.174/1990 (Alíquota do FINSOCIAL)*

Art. 201. A previdência social será organizada sob a forma do Regime Geral de Previdência Social, de caráter contributivo e de filiação obrigatória, observados critérios que preservem o equilíbrio financeiro e atuarial, e atenderá, na forma da lei, a:

› *Redação dada pela Emenda Constitucional nº 103, de 2019*

I – cobertura dos eventos de incapacidade temporária ou permanente para o trabalho e idade avançada;

› *Redação dada pela Emenda Constitucional nº 103, de 2019.*

II – proteção à maternidade, especialmente à gestante;

› *Redação dada pela Emenda Constitucional nº 20, de 1998*

› *Súmula 657, STJ*

III – proteção ao trabalhador em situação de desemprego involuntário;

› *Redação dada pela Emenda Constitucional nº 20, de 1998*

IV – salário-família e auxílio-reclusão para os dependentes dos segurados de baixa renda;

› *Redação dada pela Emenda Constitucional nº 20, de 1998*

V – pensão por morte do segurado, homem ou mulher, ao cônjuge ou companheiro e dependentes, observado o disposto no § 2º.

› *Redação dada pela Emenda Constitucional nº 20, de 1998*

§ 1º É vedada a adoção de requisitos ou critérios diferenciados para concessão de benefícios, ressalvada, nos termos de lei complementar, a possibilidade de previsão de idade e tempo de contribuição distintos da regra geral para concessão de aposentadoria exclusivamente em favor dos segurados:

› *Redação dada pela Emenda Constitucional nº 103, de 2019*

I – com deficiência, previamente submetidos a avaliação biopsicossocial realizada por equipe multiprofissional e interdisciplinar;

› *Incluído pela Emenda Constitucional nº 103, de 2019*

II – cujas atividades sejam exercidas com efetiva exposição a agentes químicos, físicos e biológicos prejudiciais à saúde, ou associação desses agentes, vedada a caracterização por categoria profissional ou ocupação.

› *Incluído pela Emenda Constitucional nº 103, de 2019*

§ 2º Nenhum benefício que substitua o salário de contribuição ou o rendimento do trabalho do segurado terá valor mensal inferior ao salário mínimo.

› *Redação dada pela Emenda Constitucional nº 20, de 1998*

§ 3º Todos os salários de contribuição considerados para o cálculo de benefício serão devidamente atualizados, na forma da lei.

› *Redação dada pela Emenda Constitucional nº 20, de 1998*

§ 4º É assegurado o reajustamento dos benefícios para preservar-lhes, em caráter permanente, o valor real, conforme critérios definidos em lei.

› *Redação dada pela Emenda Constitucional nº 20, de 1998*

§ 5º É vedada a filiação ao regime geral de previdência social, na qualidade de segurado facultativo, de pessoa participante de regime próprio de previdência.

› *Redação dada pela Emenda Constitucional nº 20, de 1998*

§ 6º A gratificação natalina dos aposentados e pensionistas terá por base o valor dos proventos do mês de dezembro de cada ano.

› *Redação dada pela Emenda Constitucional nº 20, de 1998*

§ 7º É assegurada aposentadoria no regime geral de previdência social, nos termos da lei, obedecidas as seguintes condições:

› *Redação dada pela Emenda Constitucional nº 20, de 1998*

I – 65 (sessenta e cinco) anos de idade, se homem, e 62 (sessenta e dois) anos de idade, se mulher, observado tempo mínimo de contribuição;

› *Redação dada pela Emenda Constitucional nº 103, de 2019*

II – 60 (sessenta) anos de idade, se homem, e 55 (cinquenta e cinco) anos de idade, se mulher, para os trabalhadores rurais e para os que exerçam suas atividades em regime de economia familiar, nestes incluídos o produtor rural, o garimpeiro e o pescador artesanal.

› *Redação dada pela Emenda Constitucional nº 103, de 2019*

§ 8º O requisito de idade a que se refere o inciso I do § 7º será reduzido em 5 (cinco) anos, para o professor que comprove tempo de efetivo exercício das funções de magistério na educação infantil e no ensino fundamental e médio fixado em lei complementar.

› *Redação dada pela Emenda Constitucional nº 103, de 2019*

§ 9º Para fins de aposentadoria, será assegurada a contagem recíproca do tempo de contribuição entre o Regime Geral de Previdência Social e os regimes próprios de previdência social, e destes entre si, observada a compensação financeira, de acordo com os critérios estabelecidos em lei.

› *Redação dada pela Emenda Constitucional nº 103, de 2019*

§ 9º-A. O tempo de serviço militar exercido nas atividades de que tratam os arts. 42, 142 e 143 e o tempo de contribuição ao Regime Geral de Previdência Social ou a regime próprio de previdência social terão contagem recíproca para fins de inativação militar ou aposentadoria, e a compensação financeira será devida entre as receitas de contribuição referentes aos militares e as receitas de contribuição aos demais regimes.

› *Incluído pela Emenda Constitucional nº 103, de 2019*

§ 10. Lei complementar poderá disciplinar a cobertura de benefícios não programados, inclusive os decorrentes de acidente do trabalho, a ser atendida concorrentemente pelo Regime Geral de Previdência Social e pelo setor privado.

› *Redação dada pela Emenda Constitucional nº 103, de 2019*

§ 11. Os ganhos habituais do empregado, a qualquer título, serão incorporados ao salário para efeito de contribuição previdenciária e consequente repercussão em benefícios, nos casos e na forma da lei.

› *Incluído pela Emenda Constitucional nº 20, de 1998*

§ 12. Lei instituirá sistema especial de inclusão previdenciária, com alíquotas diferenciadas, para atender aos trabalhadores de baixa renda, inclusive os que se encontram em situação de informalidade, e àqueles sem renda própria que se dediquem exclusivamente ao trabalho doméstico no âmbito de sua residência, desde que pertencentes a famílias de baixa renda.

› *Redação dada pela Emenda Constitucional nº 103, de 2019*

§ 13. A aposentadoria concedida ao segurado de que trata o § 12 terá valor de 1 (um) salário-mínimo.

› *Redação dada pela Emenda Constitucional nº 103, de 2019*

§ 14. É vedada a contagem de tempo de contribuição fictício para efeito de concessão dos benefícios previdenciários e de contagem recíproca.

› *Incluído pela Emenda Constitucional nº 103, de 2019*

§ 15. Lei complementar estabelecerá vedações, regras e condições para a acumulação de benefícios previdenciários.

› *Incluído pela Emenda Constitucional nº 103, de 2019*

§ 16. Os empregados dos consórcios públicos, das empresas públicas, das sociedades de economia mista e das suas subsidiárias serão aposentados compulsoriamente, observado o cumprimento do tempo mínimo de contribuição, ao atingir a idade máxima de que trata o inciso II do § 1º do art. 40, na forma estabelecida em lei.

› *Incluído pela Emenda Constitucional nº 103, de 2019*

Art. 202. O regime de previdência privada, de caráter complementar e organizado de forma autônoma em relação ao regime geral de previdência social, será facultativo, baseado na constituição de reservas que garantam o benefício contratado, e regulado por lei complementar.

› *Redação dada pela Emenda Constitucional nº 20, de 1998*

§ 1° A lei complementar de que trata este artigo assegurará ao participante de planos de benefícios de entidades de previdência privada o pleno acesso às informações relativas à gestão de seus respectivos planos.

› *Redação dada pela Emenda Constitucional nº 20, de 1998*

§ 2° As contribuições do empregador, os benefícios e as condições contratuais previstas nos estatutos, regulamentos e planos de benefícios das entidades de previdência privada não integram o contrato de trabalho dos participantes, assim como, à exceção dos benefícios concedidos, não integram a remuneração dos participantes, nos termos da lei.

› *Redação dada pela Emenda Constitucional nº 20, de 1998*

§ 3º É vedado o aporte de recursos a entidade de previdência privada pela União, Estados, Distrito Federal e Municípios, suas autarquias, fundações, empresas públicas, sociedades de economia mista e outras entidades públicas, salvo na qualidade de patrocinador, situação na qual, em hipótese alguma, sua contribuição normal poderá exceder a do segurado.

› *Incluído pela Emenda Constitucional nº 20, de 1998*

§ 4º Lei complementar disciplinará a relação entre a União, Estados, Distrito Federal ou Municípios, inclusive suas autarquias, fundações, sociedades de economia mista e empresas controladas direta ou indiretamente, enquanto patrocinadoras de planos de benefícios previdenciários, e as entidades de previdência complementar.

› *Redação dada pela Emenda Constitucional nº 103, de 2019*

§ 5º A lei complementar de que trata o § 4º aplicar-se-á, no que couber, às empresas privadas permissionárias ou concessionárias de prestação de serviços públicos, quando patrocinadoras de planos de benefícios em entidades de previdência complementar.

› *Redação dada pela Emenda Constitucional nº 103, de 2019*

§ 6º Lei complementar estabelecerá os requisitos para a designação dos membros das diretorias das entidades fechadas de previdência complementar instituídas pelos patrocinadores de que trata o § 4º e disciplinará a inserção dos participantes nos colegiados e instâncias de decisão em que seus interesses sejam objeto de discussão e deliberação.

› *Redação dada pela Emenda Constitucional nº 103, de 2019*

SEÇÃO IV – DA ASSISTÊNCIA SOCIAL

Art. 203. A assistência social será prestada a quem dela necessitar, independentemente de contribuição à seguridade social, e tem por objetivos:

I – a proteção à família, à maternidade, à infância, à adolescência e à velhice;

II – o amparo às crianças e adolescentes carentes;

III – a promoção da integração ao mercado de trabalho;

IV – a habilitação e reabilitação das pessoas portadoras de deficiência e a promoção de sua integração à vida comunitária;

V – a garantia de um salário mínimo de benefício mensal à pessoa portadora de deficiência e ao idoso que comprovem não possuir meios de prover à própria manutenção ou de tê-la provida por sua família, conforme dispuser a lei.

VI – a redução da vulnerabilidade socioeconômica de famílias em situação de pobreza ou de extrema pobreza.

› *Inserido pela Emenda Constitucional nº 114, de 2021.*

Art. 204. As ações governamentais na área da assistência social serão realizadas com recursos do orçamento da seguridade social, previstos no art. 195, além de outras fontes, e organizadas com base nas seguintes diretrizes:

I – descentralização político-administrativa, cabendo a coordenação e as normas gerais à esfera federal e a coordenação e a execução dos respectivos programas às esferas estadual e municipal, bem como a entidades beneficentes e de assistência social;

II – participação da população, por meio de organizações representativas, na formulação das políticas e no controle das ações em todos os níveis.

Parágrafo único. É facultado aos Estados e ao Distrito Federal vincular a programa de apoio à inclusão e promoção social até cinco décimos por cento de sua receita tributária líquida, vedada a aplicação desses recursos no pagamento de:

› *Incluído pela Emenda Constitucional nº 42, de 19.12.2003*

I – despesas com pessoal e encargos sociais;

› *Incluído pela Emenda Constitucional nº 42, de 19.12.2003*

II – serviço da dívida;

› *Incluído pela Emenda Constitucional nº 42, de 19.12.2003*

III – qualquer outra despesa corrente não vinculada diretamente aos investimentos ou ações apoiados.

› *Incluído pela Emenda Constitucional nº 42, de 19.12.2003*

CAPÍTULO III – DA EDUCAÇÃO, DA CULTURA E DO DESPORTO

SEÇÃO I – DA EDUCAÇÃO

Art. 205. A educação, direito de todos e dever do Estado e da família, será promovida e incentivada com a colaboração da sociedade, visando ao pleno desenvolvimento da pessoa, seu preparo para o exercício da cidadania e sua qualificação para o trabalho.

Art. 206. O ensino será ministrado com base nos seguintes princípios:

I – igualdade de condições para o acesso e permanência na escola;

II – liberdade de aprender, ensinar, pesquisar e divulgar o pensamento, a arte e o saber;

III – pluralismo de idéias e de concepções pedagógicas, e coexistência de instituições públicas e privadas de ensino;

IV – gratuidade do ensino público em estabelecimentos oficiais;

V – valorização dos profissionais da educação escolar, garantidos, na forma da lei, planos de carreira, com ingresso exclusivamente por concurso público de provas e títulos, aos das redes públicas;

› *Redação dada pela Emenda Constitucional nº 53, de 2006*

VI – gestão democrática do ensino público, na forma da lei;

VII – garantia de padrão de qualidade.

VIII – piso salarial profissional nacional para os profissionais da educação escolar pública, nos termos de lei federal.

› *Incluído pela Emenda Constitucional nº 53, de 2006*

IX – garantia do direito à educação e à aprendizagem ao longo da vida.

› *Incluído pela Emenda Constitucional nº 108, de 2020*

Parágrafo único. A lei disporá sobre as categorias de trabalhadores considerados profissionais da educação básica e sobre a fixação de prazo para a elaboração ou adequação de seus planos de carreira, no âmbito da União, dos Estados, do Distrito Federal e dos Municípios.

› *Incluído pela Emenda Constitucional nº 53, de 2006*

Art. 207. As universidades gozam de autonomia didático-científica, administrativa e de gestão financeira e patrimonial, e obedecerão ao princípio de indissociabilidade entre ensino, pesquisa e extensão.

§ 1º É facultado às universidades admitir professores, técnicos e cientistas estrangeiros, na forma da lei.

› *Incluído pela Emenda Constitucional nº 11, de 1996*

§ 2º O disposto neste artigo aplica-se às instituições de pesquisa científica e tecnológica.

› *Incluído pela Emenda Constitucional nº 11, de 1996*

Art. 208. O dever do Estado com a educação será efetivado mediante a garantia de:

I – educação básica obrigatória e gratuita dos 4 (quatro) aos 17 (dezessete) anos de idade, assegurada inclusive sua oferta gratuita para todos os que a ela não tiveram acesso na idade própria;

› *Redação dada pela Emenda Constitucional nº 59, de 2009*

II – progressiva universalização do ensino médio gratuito;

› *Redação dada pela Emenda Constitucional nº 14, de 1996*

III – atendimento educacional especializado aos portadores de deficiência, preferencialmente na rede regular de ensino;

IV – educação infantil, em creche e pré-escola, às crianças até 5 (cinco) anos de idade;

› *Redação dada pela Emenda Constitucional nº 53, de 2006*

V – acesso aos níveis mais elevados do ensino, da pesquisa e da criação artística, segundo a capacidade de cada um;

VI – oferta de ensino noturno regular, adequado às condições do educando;

VII – atendimento ao educando, em todas as etapas da educação básica, por meio de programas suplementares de material didático escolar, transporte, alimentação e assistência à saúde.

› *Redação dada pela Emenda Constitucional nº 59, de 2009*

§ 1º O acesso ao ensino obrigatório e gratuito é direito público subjetivo.

§ 2º O não-oferecimento do ensino obrigatório pelo Poder Público, ou sua oferta irregular, importa responsabilidade da autoridade competente.

§ 3º Compete ao Poder Público recensear os educandos no ensino fundamental, fazer-lhes a chamada e zelar, junto aos pais ou responsáveis, pela freqüência à escola.

Art. 209. O ensino é livre à iniciativa privada, atendidas as seguintes condições:

I – cumprimento das normas gerais da educação nacional;

II – autorização e avaliação de qualidade pelo Poder Público.

Art. 210. Serão fixados conteúdos mínimos para o ensino fundamental, de maneira a assegurar formação básica comum e respeito aos valores culturais e artísticos, nacionais e regionais.

§ 1º O ensino religioso, de matrícula facultativa, constituirá disciplina dos horários normais das escolas públicas de ensino fundamental.

§ 2º O ensino fundamental regular será ministrado em língua portuguesa, assegurada às comunidades indígenas também a utilização de suas línguas maternas e processos próprios de aprendizagem.

Art. 211. A União, os Estados, o Distrito Federal e os Municípios organizarão em regime de colaboração seus sistemas de ensino.

§ 1º A União organizará o sistema federal de ensino e o dos Territórios, financiará as instituições de ensino públicas federais e exercerá, em matéria educacional, função redistributiva e supletiva, de forma a garantir equalização de oportunidades educacionais e padrão mínimo de qualidade do ensino mediante assistência técnica e financeira aos Estados, ao Distrito Federal e aos Municípios;

- *Redação dada pela Emenda Constitucional nº 14, de 1996*

§ 2º Os Municípios atuarão prioritariamente no ensino fundamental e na educação infantil.

- *Redação dada pela Emenda Constitucional nº 14, de 1996*

§ 3º Os Estados e o Distrito Federal atuarão prioritariamente no ensino fundamental e médio.

- *Incluído pela Emenda Constitucional nº 14, de 1996*

§ 4º Na organização de seus sistemas de ensino, a União, os Estados, o Distrito Federal e os Municípios definirão formas de colaboração, de forma a assegurar a universalização, a qualidade e a equidade do ensino obrigatório.

- *Redação dada pela Emenda Constitucional nº 108, de 2020*

§ 5º A educação básica pública atenderá prioritariamente ao ensino regular.

- *Incluído pela Emenda Constitucional nº 53, de 2006*

§ 6º A União, os Estados, o Distrito Federal e os Municípios exercerão ação redistributiva em relação a suas escolas.

- *Incluído pela Emenda Constitucional nº 108, de 2020*

§ 7º O padrão mínimo de qualidade de que trata o § 1º deste artigo considerará as condições adequadas de oferta e terá como referência o Custo Aluno Qualidade (CAQ), pactuados em regime de colaboração na forma disposta em lei complementar, conforme o parágrafo único do art. 23 desta Constituição.

- *Incluído pela Emenda Constitucional nº 108, de 2020*

Art. 212. A União aplicará, anualmente, nunca menos de dezoito, e os Estados, o Distrito Federal e os Municípios vinte e cinco por cento, no mínimo, da receita resultante de impostos, compreendida a proveniente de transferências, na manutenção e desenvolvimento do ensino.

§ 1º A parcela da arrecadação de impostos transferida pela União aos Estados, ao Distrito Federal e aos Municípios, ou pelos Estados aos respectivos Municípios, não é considerada, para efeito do cálculo previsto neste artigo, receita do governo que a transferir.

§ 2º Para efeito do cumprimento do disposto no *caput* deste artigo, serão considerados os sistemas de ensino federal, estadual e municipal e os recursos aplicados na forma do art. 213.

§ 3º A distribuição dos recursos públicos assegurará prioridade ao atendimento das necessidades do ensino obrigatório, no que se refere a universalização, garantia de padrão de qualidade e equidade, nos termos do plano nacional de educação.

- *Redação dada pela Emenda Constitucional nº 59, de 2009*

§ 4º Os programas suplementares de alimentação e assistência à saúde previstos no art. 208, VII, serão financiados com recursos provenientes de contribuições sociais e outros recursos orçamentários.

§ 5º A educação básica pública terá como fonte adicional de financiamento a contribuição social do salário-educação, recolhida pelas empresas na forma da lei.

- *Redação dada pela Emenda Constitucional nº 53, de 2006*

§ 6º As cotas estaduais e municipais da arrecadação da contribuição social do salário-educação serão distribuídas proporcionalmente ao número de alunos matriculados na educação básica nas respectivas redes públicas de ensino.

- *Incluído pela Emenda Constitucional nº 53, de 2006*

§ 7º É vedado o uso dos recursos referidos no *caput* e nos §§ 5º e 6º deste artigo para pagamento de aposentadorias e de pensões.

- *Incluído pela Emenda Constitucional nº 108, de 2020*

§ 8º Na hipótese de extinção ou de substituição de impostos, serão redefinidos os percentuais referidos no *caput* deste artigo e no inciso II do *caput* do art. 212-A, de modo que resultem recursos vinculados à manutenção e ao desenvolvimento do ensino, bem como os recursos subvinculados aos fundos de que trata o art. 212-A desta Constituição, em aplicações equivalentes às anteriormente praticadas.

- *Incluído pela Emenda Constitucional nº 108, de 2020*

§ 9º A lei disporá sobre normas de fiscalização, de avaliação e de controle das despesas com educação nas esferas estadual, distrital e municipal.

- *Incluído pela Emenda Constitucional nº 108, de 2020*

Art. 212-A. Os Estados, o Distrito Federal e os Municípios destinarão parte dos recursos a que se refere o *caput* do art. 212 desta Constituição à manutenção e ao desenvolvimento do ensino na educação básica e à remuneração condigna de seus profissionais, respeitadas as seguintes disposições:

- *Incluído pela Emenda Constitucional nº 108, de 2020*

I – a distribuição dos recursos e de responsabilidades entre o Distrito Federal, os Estados e seus Municípios é assegurada mediante a instituição, no âmbito de cada Estado e do Distrito Federal, de um Fundo de Manutenção e Desenvolvimento da Educação Básica e de Valorização dos Profissionais da Educação (Fundeb), de natureza contábil;

- *Incluído pela Emenda Constitucional nº 108, de 2020*

II – os fundos referidos no inciso I do *caput* deste artigo serão constituídos por 20% (vinte por cento):

- *Redação dada pela Emenda Constitucional nº 132, de 2023*

a) das parcelas dos Estados no imposto de que trata o art. 156-A;

- *Incluída pela Emenda Constitucional nº 132, de 2023*

b) da parcela do Distrito Federal no imposto de que trata o art. 156-A, relativa ao exercício de sua competência estadual, nos termos do art. 156-A, § 2º; e

- *Incluída pela Emenda Constitucional nº 132, de 2023*

c) dos recursos a que se referem os incisos I, II e III do *caput* do art. 155, o inciso II do *caput* do art. 157, os incisos II, III e IV do *caput* do art. 158 e as alíneas "a" e "b" do inciso I e o inciso II do *caput* do art. 159 desta Constituição;

- *Incluída pela Emenda Constitucional nº 132, de 2023*
- *Atualização: c) dos recursos a que se referem os incisos I e III do caput do art. 155, o inciso II do caput do art. 157, os incisos II, III e IV do caput do art. 158 e as alíneas "a" e "b" do inciso I e o inciso II do caput do art. 159 desta Constituição;*
- *Redação dada pela Emenda Constitucional nº 132, de 2023, em vigor em 2033*

III – os recursos referidos no inciso II do *caput* deste artigo serão distribuídos entre cada Estado e seus Municípios, proporcionalmente ao número de alunos das diversas etapas e modalidades da educação básica presencial matriculados nas respectivas redes, nos âmbitos de atuação prioritária, conforme estabelecido nos §§ 2º e 3º do art. 211 desta Constituição, observadas as ponderações referidas na alínea "a" do inciso X do *caput* e no § 2º deste artigo;

- *Incluído pela Emenda Constitucional nº 108, de 2020*

IV – a União complementará os recursos dos fundos a que se refere o inciso II do *caput* deste artigo;

- *Incluído pela Emenda Constitucional nº 108, de 2020*

V – a complementação da União será equivalente a, no mínimo, 23% (vinte e três por cento) do total de recursos a que se refere o inciso II do *caput* deste artigo, distribuída da seguinte forma:

- *Incluído pela Emenda Constitucional nº 108, de 2020*

a) 10 (dez) pontos percentuais no âmbito de cada Estado e do Distrito Federal, sempre que o valor anual por aluno (VAAF), nos termos do inciso III do *caput* deste artigo, não alcançar o mínimo definido nacionalmente;

- *Incluído pela Emenda Constitucional nº 108, de 2020*

b) no mínimo, 10,5 (dez inteiros e cinco décimos) pontos percentuais em cada rede pública de ensino municipal, estadual ou distrital, sempre que o valor anual total por aluno (VAAT), referido no inciso VI do *caput* deste artigo, não alcançar o mínimo definido nacionalmente;

- *Incluído pela Emenda Constitucional nº 108, de 2020*

c) 2,5 (dois inteiros e cinco décimos) pontos percentuais nas redes públicas que, cumpridas condicionalidades de melhoria de gestão previstas em lei, alcançarem evolução de indicadores a serem definidos, de atendimento e melhoria da aprendizagem com redução das desigualdades, nos termos do sistema nacional de avaliação da educação básica;

- *Incluído pela Emenda Constitucional nº 108, de 2020*

VI – o VAAT será calculado, na forma da lei de que trata o inciso X do *caput* deste artigo, com base nos recursos a que se refere o inciso II do *caput* deste artigo, acrescidos de outras receitas e de transferências vinculadas à educação, observado o disposto no § 1º e consideradas as matrículas nos termos do inciso III do *caput* deste artigo;

› *Incluído pela Emenda Constitucional nº 108, de 2020*

VII – os recursos de que tratam os incisos II e IV do *caput* deste artigo serão aplicados pelos Estados e pelos Municípios exclusivamente nos respectivos âmbitos de atuação prioritária, conforme estabelecido nos §§ 2º e 3º do art. 211 desta Constituição;

› *Incluído pela Emenda Constitucional nº 108, de 2020*

VIII – a vinculação de recursos à manutenção e ao desenvolvimento do ensino estabelecida no art. 212 desta Constituição suportará, no máximo, 30% (trinta por cento) da complementação da União, considerados para os fins deste inciso os valores previstos no inciso V do *caput* deste artigo;

› *Incluído pela Emenda Constitucional nº 108, de 2020*

IX – o disposto no *caput* do art. 160 desta Constituição aplica-se aos recursos referidos nos incisos II e IV do *caput* deste artigo, e seu descumprimento pela autoridade competente importará em crime de responsabilidade;

› *Incluído pela Emenda Constitucional nº 108, de 2020*

X – a lei disporá, observadas as garantias estabelecidas nos incisos I, II, III e IV do *caput* e no § 1º do art. 208 e as metas pertinentes do plano nacional de educação, nos termos previstos no art. 214 desta Constituição, sobre:

› *Incluído pela Emenda Constitucional nº 108, de 2020*

a) a organização dos fundos referidos no inciso I do *caput* deste artigo e a distribuição proporcional de seus recursos, as diferenças e as ponderações quanto ao valor anual por aluno entre etapas, modalidades, duração da jornada e tipos de estabelecimento de ensino, observados as respectivas especificidades e os insumos necessários para a garantia de sua qualidade;

› *Incluído pela Emenda Constitucional nº 108, de 2020*

b) a forma de cálculo do VAAF decorrente do inciso III do *caput* deste artigo e do VAAT referido no inciso VI do *caput* deste artigo;

› *Incluído pela Emenda Constitucional nº 108, de 2020*

c) a forma de cálculo para distribuição prevista na alínea "c" do inciso V do *caput* deste artigo;

› *Incluído pela Emenda Constitucional nº 108, de 2020*

d) a transparência, o monitoramento, a fiscalização e o controle interno, externo e social dos fundos referidos no inciso I do *caput* deste artigo, assegurada a criação, a autonomia, a manutenção e a consolidação de conselhos de acompanhamento e controle social, admitida sua integração aos conselhos de educação;

› *Incluído pela Emenda Constitucional nº 108, de 2020*

e) o conteúdo e a periodicidade da avaliação, por parte do órgão responsável, dos efeitos redistributivos, da melhoria dos indicadores educacionais e da ampliação do atendimento;

› *Incluído pela Emenda Constitucional nº 108, de 2020*

XI – proporção não inferior a 70% (setenta por cento) de cada fundo referido no inciso I do *caput* deste artigo, excluídos os recursos de que trata a alínea "c" do inciso V do *caput* deste artigo, será destinada ao pagamento dos profissionais da educação básica em efetivo exercício, observado, em relação aos recursos previstos na alínea "b" do inciso V do *caput* deste artigo, o percentual mínimo de 15% (quinze por cento) para despesas de capital;

› *Incluído pela Emenda Constitucional nº 108, de 2020*

XII – lei específica disporá sobre o piso salarial profissional nacional para os profissionais do magistério da educação básica pública;

› *Incluído pela Emenda Constitucional nº 108, de 2020*

XIII – a utilização dos recursos a que se refere o § 5º do art. 212 desta Constituição para a complementação da União ao Fundeb, referida no inciso V do *caput* deste artigo, é vedada.

› *Incluído pela Emenda Constitucional nº 108, de 2020*

§ 1º O cálculo do VAAT, referido no inciso VI do *caput* deste artigo, deverá considerar, além dos recursos previstos no inciso II do *caput* deste artigo, pelo menos, as seguintes disponibilidades:

› *Incluído pela Emenda Constitucional nº 108, de 2020*

I – receitas de Estados, do Distrito Federal e de Municípios vinculadas à manutenção e ao desenvolvimento do ensino não integrantes dos fundos referidos no inciso I do *caput* deste artigo;

› *Incluído pela Emenda Constitucional nº 108, de 2020*

II – cotas estaduais e municipais da arrecadação do salário-educação de que trata o § 6º do art. 212 desta Constituição;

› *Incluído pela Emenda Constitucional nº 108, de 2020*

III – complementação da União transferida a Estados, ao Distrito Federal e a Municípios nos termos da alínea "a" do inciso V do *caput* deste artigo.

› *Incluído pela Emenda Constitucional nº 108, de 2020*

§ 2º Além das ponderações previstas na alínea "a" do inciso X do *caput* deste artigo, a lei definirá outras relativas ao nível socioeconômico dos educandos e aos indicadores de disponibilidade de recursos vinculados à educação e de potencial de arrecadação tributária de cada ente federado, bem como seus prazos de implementação.

› *Incluído pela Emenda Constitucional nº 108, de 2020*

§ 3º Será destinada à educação infantil a proporção de 50% (cinquenta por cento) dos recursos globais a que se refere a alínea "b" do inciso V do *caput* deste artigo, nos termos da lei."

› *Incluído pela Emenda Constitucional nº 108, de 2020*

Art. 213. Os recursos públicos serão destinados às escolas públicas, podendo ser dirigidos a escolas comunitárias, confessionais ou filantrópicas, definidas em lei, que:

I – comprovem finalidade não-lucrativa e apliquem seus excedentes financeiros em educação;

II – assegurem a destinação de seu patrimônio a outra escola comunitária, filantrópica ou confessional, ou ao Poder Público, no caso de encerramento de suas atividades.

§ 1º Os recursos de que trata este artigo poderão ser destinados a bolsas de estudo para o ensino fundamental e médio, na forma da lei, para os que demonstrarem insuficiência de recursos, quando houver falta de vagas e cursos regulares da rede pública na localidade da residência do educando, ficando o Poder Público obrigado a investir prioritariamente na expansão de sua rede na localidade.

§ 2º As atividades de pesquisa, de extensão e de estímulo e fomento à inovação realizadas por universidades e/ou por instituições de educação profissional e tecnológica poderão receber apoio financeiro do Poder Público.

› *Redação dada pela Emenda Constitucional nº 85, de 2015*

Art. 214. A lei estabelecerá o plano nacional de educação, de duração decenal, com o objetivo de articular o sistema nacional de educação em regime de colaboração e definir diretrizes, objetivos, metas e estratégias de implementação para assegurar a manutenção e desenvolvimento do ensino em seus diversos níveis, etapas e modalidades por meio de ações integradas dos poderes públicos das diferentes esferas federativas que conduzam a:

› *Redação dada pela Emenda Constitucional nº 59, de 2009*

I – erradicação do analfabetismo;

II – universalização do atendimento escolar;

III – melhoria da qualidade do ensino;

IV – formação para o trabalho;

V – promoção humanística, científica e tecnológica do País.

VI – estabelecimento de meta de aplicação de recursos públicos em educação como proporção do produto interno bruto.

› *Incluído pela Emenda Constitucional nº 59, de 2009*

SEÇÃO II – DA CULTURA

Art. 215. O Estado garantirá a todos o pleno exercício dos direitos culturais e acesso às fontes da cultura nacional, e apoiará e incentivará a valorização e a difusão das manifestações culturais.

§ 1º O Estado protegerá as manifestações das culturas populares, indígenas e afro-brasileiras, e das de outros grupos participantes do processo civilizatório nacional.

§ 2º A lei disporá sobre a fixação de datas comemorativas de alta significação para os diferentes segmentos étnicos nacionais.

§ 3º A lei estabelecerá o Plano Nacional de Cultura, de duração plurianual, visando ao desenvolvimento cultural do País e à integração das ações do poder público que conduzem à:

› *Incluído pela Emenda Constitucional nº 48, de 2005*

I – defesa e valorização do patrimônio cultural brasileiro;

› *Incluído pela Emenda Constitucional nº 48, de 2005*

II – produção, promoção e difusão de bens culturais;

› *Incluído pela Emenda Constitucional nº 48, de 2005*

III – formação de pessoal qualificado para a gestão da cultura em suas múltiplas dimensões;

› *Incluído pela Emenda Constitucional nº 48, de 2005*

IV – democratização do acesso aos bens de cultura;

› *Incluído pela Emenda Constitucional nº 48, de 2005*

V – valorização da diversidade étnica e regional.

› *Incluído pela Emenda Constitucional nº 48, de 2005*

Art. 216. Constituem patrimônio cultural brasileiro os bens de natureza material e imaterial, tomados individualmente ou em conjunto, portadores de referência à identidade, à ação, à memória dos diferentes grupos formadores da sociedade brasileira, nos quais se incluem:

I – as formas de expressão;

II – os modos de criar, fazer e viver;

III – as criações científicas, artísticas e tecnológicas;

› *Lei 9.610/1998 (Direitos autorais)*

IV – as obras, objetos, documentos, edificações e demais espaços destinados às manifestações artístico-culturais;

V – os conjuntos urbanos e sítios de valor histórico, paisagístico, artístico, arqueológico, paleontológico, ecológico e científico.

§ 1º O Poder Público, com a colaboração da comunidade, promoverá e protegerá o patrimônio cultural brasileiro, por meio de inventários, registros, vigilância, tombamento e desapropriação, e de outras formas de acautelamento e preservação.

› *Lei 7.347/1985 (Ação civil pública)*

› *Lei 8.394/1991 (Preservação, organização e proteção dos acervos documentais privados dos Presidentes da República)*

§ 2º Cabem à administração pública, na forma da lei, a gestão da documentação governamental e as providências para franquear sua consulta a quantos dela necessitem.

› *Lei 8.159/1991 (Sistema nacional de arquivos públicos e privados)*

› *Lei 12.527/2011 (Lei Geral de Acesso à Informação Pública)*

› *Dec. 7.724/2012 (Regulamenta a Lei 12.527/2011)*

§ 3º A lei estabelecerá incentivos para a produção e o conhecimento de bens e valores culturais.

› *Lei 8.313/1991 (Programa nacional de apoio à cultura)*

› *Lei 8.685/1993 (Mecanismos de fomento à atividade audiovisual)*

› *Lei 9.312/1996 (Modifica a lei 8.313/1991)*

› *Lei 9.232/1996 (Altera o limite de dedução de que trata a Lei 8.685/1993)*

› *MP 2.228-1/2001 (Agência Nacional do Cinema – ANCINE)*

› *Lei 10.454/2002 (Remissão da CONDECINE e alteração da MP 2.228-1/2001)*

› *Dec. 4.456/2002 (Regulamenta o art. 67 da MP 2.228-1/2001)*

› *Dec. 6.304/2007 (Regulamenta a Lei 8.685/1993)*

§ 4º Os danos e ameaças ao patrimônio cultural serão punidos, na forma da lei.

› *Lei 3.924/1961 (Movimentos arqueológicos e pré-históricos)*

› *Lei 4.717/1965 (Ação popular)*

› *Lei 7.343/1985 (Ação civil pública)*

§ 5º Ficam tombados todos os documentos e os sítios detentores de reminiscências históricas dos antigos quilombos.

§ 6º É facultado aos Estados e ao Distrito Federal vincular a fundo estadual de fomento à cultura até cinco décimos por cento de sua receita tributária líquida, para o financiamento de programas e projetos culturais, vedada a aplicação desses recursos no pagamento de:

› *Incluído pela Emenda Constitucional nº 42, de 19.12.2003*

I – despesas com pessoal e encargos sociais;

› *Incluído pela Emenda Constitucional nº 42, de 19.12.2003*

II – serviço da dívida;

› *Incluído pela Emenda Constitucional nº 42, de 19.12.2003*

III – qualquer outra despesa corrente não vinculada diretamente aos investimentos ou ações apoiados.

› *Incluído pela Emenda Constitucional nº 42, de 19.12.2003*

Art. 216-A. O Sistema Nacional de Cultura, organizado em regime de colaboração, de forma descentralizada e participativa, institui um processo de gestão e promoção conjunta de políticas públicas de cultura, democráticas e permanentes, pactuadas entre os entes da Federação e a sociedade, tendo por objetivo promover o desenvolvimento humano, social e econômico com pleno exercício dos direitos culturais.

› *Incluído pela Emenda Constitucional nº 71, de 2012*

§ 1º O Sistema Nacional de Cultura fundamenta-se na política nacional de cultura e nas suas diretrizes, estabelecidas no Plano Nacional de Cultura, e rege-se pelos seguintes princípios:

› *Incluído pela Emenda Constitucional nº 71, de 2012*

I – diversidade das expressões culturais;

› *Incluído pela Emenda Constitucional nº 71, de 2012*

II – universalização do acesso aos bens e serviços culturais;

› *Incluído pela Emenda Constitucional nº 71, de 2012*

III – fomento à produção, difusão e circulação de conhecimento e bens culturais;

› *Incluído pela Emenda Constitucional nº 71, de 2012*

IV – cooperação entre os entes federados, os agentes públicos e privados atuantes na área cultural;

› *Incluído pela Emenda Constitucional nº 71, de 2012*

V – integração e interação na execução das políticas, programas, projetos e ações desenvolvidas;

› *Incluído pela Emenda Constitucional nº 71, de 2012*

VI – complementaridade nos papéis dos agentes culturais;

› *Incluído pela Emenda Constitucional nº 71, de 2012*

VII – transversalidade das políticas culturais;

› *Incluído pela Emenda Constitucional nº 71, de 2012*

VIII – autonomia dos entes federados e das instituições da sociedade civil;

› *Incluído pela Emenda Constitucional nº 71, de 2012*

IX – transparência e compartilhamento das informações;

› *Incluído pela Emenda Constitucional nº 71, de 2012*

X – democratização dos processos decisórios com participação e controle social;

› *Incluído pela Emenda Constitucional nº 71, de 2012*

XI – descentralização articulada e pactuada da gestão, dos recursos e das ações;

› *Incluído pela Emenda Constitucional nº 71, de 2012*

XII – ampliação progressiva dos recursos contidos nos orçamentos públicos para a cultura.

› *Incluído pela Emenda Constitucional nº 71, de 2012*

§ 2º Constitui a estrutura do Sistema Nacional de Cultura, nas respectivas esferas da Federação:

› *Incluído pela Emenda Constitucional nº 71, de 2012*

I – órgãos gestores da cultura;

› *Incluído pela Emenda Constitucional nº 71, de 2012*

II – conselhos de política cultural;

› *Incluído pela Emenda Constitucional nº 71, de 2012*

III – conferências de cultura;

› *Incluído pela Emenda Constitucional nº 71, de 2012*

IV – comissões intergestores;

› *Incluído pela Emenda Constitucional nº 71, de 2012*

V – planos de cultura;

› *Incluído pela Emenda Constitucional nº 71, de 2012*

VI – sistemas de financiamento à cultura;

› *Incluído pela Emenda Constitucional nº 71, de 2012*

VII – sistemas de informações e indicadores culturais;

› *Incluído pela Emenda Constitucional nº 71, de 2012*

VIII – programas de formação na área da cultura; e

› *Incluído pela Emenda Constitucional nº 71, de 2012*

IX – sistemas setoriais de cultura.

› *Incluído pela Emenda Constitucional nº 71, de 2012*

§ 3º Lei federal disporá sobre a regulamentação do Sistema Nacional de Cultura, bem como de sua articulação com os demais sistemas nacionais ou políticas setoriais de governo.

› *Incluído pela Emenda Constitucional nº 71, de 2012*

§ 4º Os Estados, o Distrito Federal e os Municípios organizarão seus respectivos sistemas de cultura em leis próprias.

› *Incluído pela Emenda Constitucional nº 71, de 2012*

SEÇÃO III – DO DESPORTO

Art. 217. É dever do Estado fomentar práticas desportivas formais e não-formais, como direito de cada um, observados:

I – a autonomia das entidades desportivas dirigentes e associações, quanto a sua organização e funcionamento;

II – a destinação de recursos públicos para a promoção prioritária do desporto educacional e, em casos específicos, para a do desporto de alto rendimento;

III – o tratamento diferenciado para o desporto profissional e o não-profissional;

IV – a proteção e o incentivo às manifestações desportivas de criação nacional.

§ 1º O Poder Judiciário só admitirá ações relativas à disciplina e às competições desportivas após esgotarem-se as instâncias da justiça desportiva, regulada em lei.

§ 2º A justiça desportiva terá o prazo máximo de sessenta dias, contados da instauração do processo, para proferir decisão final.

§ 3º O Poder Público incentivará o lazer, como forma de promoção social.

CAPÍTULO IV – DA CIÊNCIA, TECNOLOGIA E INOVAÇÃO

› *Redação dada pela Emenda Constitucional nº 85, de 2015*

Art. 218. O Estado promoverá e incentivará o desenvolvimento científico, a pesquisa, a capacitação científica e tecnológica e a inovação.

- *Redação dada pela Emenda Constitucional nº 85, de 2015*

§ 1º A pesquisa científica básica e tecnológica receberá tratamento prioritário do Estado, tendo em vista o bem público e o progresso da ciência, tecnologia e inovação.

- *Redação dada pela Emenda Constitucional nº 85, de 2015*

§ 2º A pesquisa tecnológica voltar-se-á preponderantemente para a solução dos problemas brasileiros e para o desenvolvimento do sistema produtivo nacional e regional.

§ 3º O Estado apoiará a formação de recursos humanos nas áreas de ciência, pesquisa, tecnologia e inovação, inclusive por meio do apoio às atividades de extensão tecnológica, e concederá aos que delas se ocupem meios e condições especiais de trabalho.

- *Redação dada pela Emenda Constitucional nº 85, de 2015*

§ 4º A lei apoiará e estimulará as empresas que invistam em pesquisa, criação de tecnologia adequada ao País, formação e aperfeiçoamento de seus recursos humanos e que pratiquem sistemas de remuneração que assegurem ao empregado, desvinculada do salário, participação nos ganhos econômicos resultantes da produtividade de seu trabalho.

§ 5º É facultado aos Estados e ao Distrito Federal vincular parcela de sua receita orçamentária a entidades públicas de fomento ao ensino e à pesquisa científica e tecnológica.

§ 6º O Estado, na execução das atividades previstas no *caput*, estimulará a articulação entre entes, tanto públicos quanto privados, nas diversas esferas de governo.

- *Incluído pela Emenda Constitucional nº 85, de 2015*

§ 7º O Estado promoverá e incentivará a atuação no exterior das instituições públicas de ciência, tecnologia e inovação, com vistas à execução das atividades previstas no *caput*.

- *Incluído pela Emenda Constitucional nº 85, de 2015*

Art. 219. O mercado interno integra o patrimônio nacional e será incentivado de modo a viabilizar o desenvolvimento cultural e sócio-econômico, o bem-estar da população e a autonomia tecnológica do País, nos termos de lei federal.

Parágrafo único. O Estado estimulará a formação e o fortalecimento da inovação nas empresas, bem como nos demais entes, públicos ou privados, a constituição e a manutenção de parques e polos tecnológicos e de demais ambientes promotores da inovação, a atuação dos inventores independentes e a criação, absorção, difusão e transferência de tecnologia.

- *Incluído pela Emenda Constitucional nº 85, de 2015*

Art. 219-A. A União, os Estados, o Distrito Federal e os Municípios poderão firmar instrumentos de cooperação com órgãos e entidades públicos e com entidades privadas, inclusive para o compartilhamento de recursos humanos especializados e capacidade instalada, para a execução de projetos de pesquisa, de desenvolvimento científico e tecnológico e de inovação, mediante contrapartida financeira ou não financeira assumida pelo ente beneficiário, na forma da lei.

- *Incluído pela Emenda Constitucional nº 85, de 2015*

Art. 219-B. O Sistema Nacional de Ciência, Tecnologia e Inovação (SNCTI) será organizado em regime de colaboração entre entes, tanto públicos quanto privados, com vistas a promover o desenvolvimento científico e tecnológico e a inovação.

- *Incluído pela Emenda Constitucional nº 85, de 2015*

§ 1º Lei federal disporá sobre as normas gerais do SNCTI.

- *Incluído pela Emenda Constitucional nº 85, de 2015*

§ 2º Os Estados, o Distrito Federal e os Municípios legislarão concorrentemente sobre suas peculiaridades.

- *Incluído pela Emenda Constitucional nº 85, de 2015*

CAPÍTULO V – DA COMUNICAÇÃO SOCIAL

Art. 220. A manifestação do pensamento, a criação, a expressão e a informação, sob qualquer forma, processo ou veículo não sofrerão qualquer restrição, observado o disposto nesta Constituição.

- *Arts. 1º, III, e IV, 3º, III e IV, 4º, II, 5º, IX, XII, XIV, XXVII, XXVIII e XXIX, CF*
- *Art. 1º, Lei 7.524/1986 (Manifestação, por militar inativo, de pensamento e opinião políticos ou filosóficos)*
- *Arts. 36, 37, 43 e 44, Lei 8.078/1990 (Código de Defesa do Consumidor)*
- *Art. 2º, Lei 8.389/1991 (Conselho de Comunicação Social)*
- *Art. 7º, Lei 9.610/1998 (Direitos autorais)*

§ 1º Nenhuma lei conterá dispositivo que possa constituir embaraço à plena liberdade de informação jornalística em qualquer veículo de comunicação social, observado o disposto no art. 5º, IV, V, X, XIII e XIV.

- *Art. 45, Lei 9.504/1997 (Normas para as eleições)*

§ 2º É vedada toda e qualquer censura de natureza política, ideológica e artística.

§ 3º Compete à lei federal:

I – regular as diversões e espetáculos públicos, cabendo ao Poder Público informar sobre a natureza deles, as faixas etárias a que não se recomendem, locais e horários em que sua apresentação se mostre inadequada;

- *Art. 21, XVI, CF*
- *Arts. 74, 80, 247 e 258, Lei 8.069/1990 (Estatuto da Criança e do Adolescente)*
- *Lei 10.359/2001 (Obrigatoriedade de os novos aparelhos de televisão conterem dispositivo que possibilite o bloqueio temporário da recepção de programação inadequada)*

II – estabelecer os meios legais que garantam à pessoa e à família a possibilidade de se defenderem de programas ou programações de rádio e televisão que contrariem o disposto no art. 221, bem como da propaganda de produtos, práticas e serviços que possam ser nocivos à saúde e ao meio ambiente.

- *Arts. 9º e 10, Lei 8.069/1990 (Estatuto da Criança e do Adolescente)*
- *Art. 2º, Lei 8.389/1991 (Conselho de Comunicação Social)*

§ 4º A propaganda comercial de tabaco, bebidas alcoólicas, agrotóxicos, medicamentos e terapias estará sujeita a restrições legais, nos termos do inciso II do parágrafo anterior, e conterá, sempre que necessário, advertência sobre os malefícios decorrentes de seu uso.

- *Lei 9.294/1996 (Restrições ao uso e à propaganda de produtos fumígeros, bebidas alcoólicas, medicamentos, terapias e defensivos agrícolas)*
- *Lei 10.167/2000 (Altera a Lei 9.294/1996)*

§ 5º Os meios de comunicação social não podem, direta ou indiretamente, ser objeto de monopólio ou oligopólio.

§ 6º A publicação de veículo impresso de comunicação independe de licença de autoridade.

- *Art. 114, parágrafo único, Lei 6.015/1973 (Lei de Registros Públicos)*

Art. 221. A produção e a programação das emissoras de rádio e televisão atenderão aos seguintes princípios:

I – preferência a finalidades educativas, artísticas, culturais e informativas;

II – promoção da cultura nacional e regional e estímulo à produção independente que objetive sua divulgação;

- *Art. 2º, MP 2.228-1/2001 (Agência Nacional do Cinema – ANCINE)*
- *Lei 10.454/2002 (Remissão da CONDECINE e alteração da MP 2.228-1/2001)*
- *Dec. 4.456/2002 (Regulamenta o art. 67 da MP 2.228-1/2001)*

III – regionalização da produção cultural, artística e jornalística, conforme percentuais estabelecidos em lei;

- *Art. 3º, III, CF*

IV – respeito aos valores éticos e sociais da pessoa e da família.

- *Arts. 1º, III, 5º, XLII, XLIII, XLVIII, XLIX, L, 34, VII, b, 225 a 227 e 230, CF*
- *Art. 8º, III, Lei 11.340/2006 (Violência doméstica e familiar contra a mulher)*

Art. 222. A propriedade de empresa jornalística e de radiodifusão sonora e de sons e imagens é privativa de brasileiros natos ou naturalizados há mais de dez anos, ou de pessoas jurídicas constituídas sob as leis brasileiras e que tenham sede no País.

- *Redação dada pela Emenda Constitucional nº 36, de 2002*

§ 1º Em qualquer caso, pelo menos setenta por cento do capital total e do capital votante das empresas jornalísticas e de radiodifusão sonora e de sons e imagens deverá pertencer, direta ou indiretamente, a brasileiros natos ou naturalizados há mais de dez anos, que exercerão obrigatoriamente a gestão das atividades e estabelecerão o conteúdo da programação.

- *Redação dada pela Emenda Constitucional nº 36, de 2002*

§ 2º A responsabilidade editorial e as atividades de seleção e direção da programação veiculada são privativas de brasileiros natos ou naturalizados há mais de dez anos, em qualquer meio de comunicação social.

- *Redação dada pela Emenda Constitucional nº 36, de 2002*

§ 3º Os meios de comunicação social eletrônica, independentemente da tecnologia utilizada para a prestação do serviço, deverão observar os princípios enunciados no art. 221, na forma de lei específica, que também garantirá a prioridade de profissionais brasileiros na execução de produções nacionais.

- *Incluído pela Emenda Constitucional nº 36, de 2002*

§ 4º Lei disciplinará a participação de capital estrangeiro nas empresas de que trata o § 1º.

- *Incluído pela Emenda Constitucional nº 36, de 2002*
- *Lei 10.610/2002 (Participação de capital estrangeiro nas empresas jornalísticas e de radiodifusão)*

§ 5º As alterações de controle societário das empresas de que trata o § 1º serão comunicadas ao Congresso Nacional.

- *Incluído pela Emenda Constitucional nº 36, de 2002*

Art. 223. Compete ao Poder Executivo outorgar e renovar concessão, permissão e autorização para o serviço de radiodifusão sonora e de sons e imagens, observado o princípio da complementaridade dos sistemas privado, público e estatal.

- *Arts. 2º e 10, Dec. 52.795/1963 (Aprova o Regulamento dos Serviços de Radiodifusão)*
- *Dec.-lei 236/1967 (Complementa e modifica a Lei 4.117/1962)*
- *Dec. 88.066/1983 (Prorroga prazo das concessões outorgadas para exploração de serviços de radiodifusão)*
- *Decreto de 10 de maio de 1991 (Consolida decretos de outorga de concessões e de autorizações para execução dos sistemas de radiodifusão)*

§ 1º O Congresso Nacional apreciará o ato no prazo do art. 64, § 2º e § 4º, a contar do recebimento da mensagem.

§ 2º A não renovação da concessão ou permissão dependerá de aprovação de, no mínimo, dois quintos do Congresso Nacional, em votação nominal.

§ 3º O ato de outorga ou renovação somente produzirá efeitos legais após deliberação do Congresso Nacional, na forma dos parágrafos anteriores.

§ 4º O cancelamento da concessão ou permissão, antes de vencido o prazo, depende de decisão judicial.

§ 5º O prazo da concessão ou permissão será de dez anos para as emissoras de rádio e de quinze para as de televisão.

Art. 224. Para os efeitos do disposto neste capítulo, o Congresso Nacional instituirá, como seu órgão auxiliar, o Conselho de Comunicação Social, na forma da lei.

- *Lei 6.650/1979 (Secretaria de Comunicação Social)*
- *Lei 8.389/1991 (Conselho de Comunicação Social)*

CAPÍTULO VI – DO MEIO AMBIENTE

Art. 225. Todos têm direito ao meio ambiente ecologicamente equilibrado, bem de uso comum do povo e essencial à sadia qualidade de vida, impondo-se ao Poder Público e à coletividade o dever de defendê-lo e preservá-lo para as presentes e futuras gerações.

- *Lei 7.735/1989 (Instituto Brasileiro do Meio Ambiente e dos Recursos Naturais Renováveis)*
- *Le 7.797/1989 (Fundo Nacional do Meio Ambiente)*
- *Dec. 10.224/2020 (Regulamenta a Lei 7.797/1989)*
- *Dec. 4.339/2002 (Princípios e diretrizes para a implementação da Política Nacional da Biodiversidade)*
- *Lei 11.284/2006 (Gestão de florestas públicas)*

§ 1º Para assegurar a efetividade desse direito, incumbe ao Poder Público:

I – preservar e restaurar os processos ecológicos essenciais e prover o manejo ecológico das espécies e ecossistemas;

- *Lei 9.985/2000 (Sistema Nacional de Unidades de Conservação da Natureza)*

II – preservar a diversidade e a integridade do patrimônio genético do País e fiscalizar as entidades dedicadas à pesquisa e manipulação de material genético;

- *Lei 9.985/2000 (Sistema Nacional de Unidades de Conservação da Natureza)*
- *MP 2.186-16/2001 (Regulamenta o inciso II do § 1º e o § 4º do art. 225 da Constituição)*
- *Lei 11.105/2005 (Lei de Biossegurança)*

III – definir, em todas as unidades da Federação, espaços territoriais e seus componentes a serem especialmente protegidos, sendo a alteração e a supressão permitidas somente através de lei, vedada qualquer utilização que comprometa a integridade dos atributos que justifiquem sua proteção;

- *Lei 9.985/2000 (Sistema Nacional de Unidades de Conservação da Natureza)*

IV – exigir, na forma da lei, para instalação de obra ou atividade potencialmente causadora de significativa degradação do meio ambiente, estudo prévio de impacto ambiental, a que se dará publicidade;

- *Lei 11.105/2005 (Lei de Biossegurança)*

V – controlar a produção, a comercialização e o emprego de técnicas, métodos e substâncias que comportem risco para a vida, a qualidade de vida e o meio ambiente;

- *Lei 7.802/1989 (Agrotóxicos)*
- *Lei 11.105/2005 (Lei de Biossegurança)*

VI – promover a educação ambiental em todos os níveis de ensino e a conscientização pública para a preservação do meio ambiente;

- *Lei 9.795/1999 (Educação ambiental)*

VII – proteger a fauna e a flora, vedadas, na forma da lei, as práticas que coloquem em risco sua função ecológica, provoquem a extinção de espécies ou submetam os animais a crueldade.

- *Lei 9.985/2000 (Sistema Nacional de Unidades de Conservação da Natureza)*
- *Lei 11.794/2008 (Regulamenta o inciso VII do § 1º do art. 225 da CF, estabelecendo procedimentos para o uso científico de animais)*

VIII – manter regime fiscal favorecido para os biocombustíveis e para o hidrogênio de baixa emissão de carbono, na forma de lei complementar, a fim de assegurar-lhes tributação inferior à incidente sobre os combustíveis fósseis, capaz de garantir diferencial competitivo em relação a estes, especialmente em relação às contribuições de que tratam o art. 195, I, "b", IV e V, e o art. 239 e aos impostos a que se referem os arts. 155, II, e 156-A.

- *Redação dada pela Emenda Constitucional nº 132, de 2023*
- *Atualização: VIII – manter regime fiscal favorecido para os biocombustíveis e para o hidrogênio de baixa emissão de carbono, na forma de lei complementar, a fim de assegurar-lhes tributação inferior à incidente sobre os combustíveis fósseis, capaz de garantir diferencial competitivo em relação a estes, especialmente em relação à contribuição de que trata o art. 195, V, e aos impostos a que se referem os arts. 155, II, e 156-A.*
- *Redação dada pela Emenda Constitucional nº 132, de 2023, em vigor em 2027*
- *Atualização: VIII – manter regime fiscal favorecido para os biocombustíveis e para o hidrogênio de baixa emissão de carbono, na forma de lei complementar, a fim de assegurar-lhes tributação inferior à incidente sobre os combustíveis fósseis, capaz de garantir diferencial competitivo em relação a estes, especialmente em relação à contribuição de que trata o art. 195, V, e ao imposto a que se refere o art. 156-A.*
- *Redação dada pela Emenda Constitucional nº 132, de 2023, em vigor em 2033*

§ 2º Aquele que explorar recursos minerais fica obrigado a recuperar o meio ambiente degradado, de acordo com solução técnica exigida pelo órgão público competente, na forma da lei.

§ 3º As condutas e atividades consideradas lesivas ao meio ambiente sujeitarão os infratores, pessoas físicas ou jurídicas, a sanções penais e administrativas, independentemente da obrigação de reparar os danos causados.

- *Lei 9.605/1998 (Lei de Crimes Ambientais)*
- *Dec. 6.514/2008 (Infrações e sanções administrativas ao meio ambiente, e processo administrativo federal para apuração destas infrações)*

§ 4º A Floresta Amazônica brasileira, a Mata Atlântica, a Serra do Mar, o Pantanal Mato-Grossense e a Zona Costeira são patrimônio nacional, e sua utilização far-se-á, na forma da lei, dentro de condições que assegurem a preservação do meio ambiente, inclusive quanto ao uso dos recursos naturais.

- *MP 2.186-16/2001 (Regulamenta o inciso II do § 1º e o § 4º do art. 225 da Constituição)*

§ 5º São indisponíveis as terras devolutas ou arrecadadas pelos Estados, por ações discriminatórias, necessárias à proteção dos ecossistemas naturais.

§ 6º As usinas que operem com reator nuclear deverão ter sua localização definida em lei federal, sem o que não poderão ser instaladas.

§ 7º Para fins do disposto na parte final do inciso VII do § 1º deste artigo, não se consideram cruéis as práticas desportivas que utilizem animais, desde que sejam manifestações culturais, conforme o § 1º do art. 215 desta Constituição Federal, registradas como bem de natureza imaterial integrante do patrimônio cultural brasileiro, devendo ser regulamentadas por lei específica que assegure o bem-estar dos animais envolvidos.

- *Incluído pela Emenda Constitucional nº 96, de 2017*

CAPÍTULO VII – DA FAMÍLIA, DA CRIANÇA, DO ADOLESCENTE, DO JOVEM E DO IDOSO

- *Redação dada Pela Emenda Constitucional nº 65, de 2010*
- *Lei 8.069/1990 (Estatuto da Criança e do Adolescente)*
- *Lei 10.741/2003 (Estatuto da Pessoa Idosa)*

Art. 226. A família, base da sociedade, tem especial proteção do Estado.

§ 1º O casamento é civil e gratuita a celebração.

- *Arts. 192 a 201, CC/1916; e arts. 1.533 a 1.542, CC/2002*
- *Lei 4.121/1962 (Estatuto da Mulher Casada)*
- *Arts. 67 e ss., Lei 6.015/1973 (Lei de Registros Públicos)*

§ 2º O casamento religioso tem efeito civil, nos termos da lei.

- *Lei 1.110/1950 (Reconhecimento dos efeitos civis do casamento religioso)*
- *Lei 6.015/1973 (Lei de Registros Públicos)*

§ 3º Para efeito da proteção do Estado, é reconhecida a união estável entre o homem e a mulher como entidade familiar, devendo a lei facilitar sua conversão em casamento.

- *Lei 8.971/1994 (Regula os direitos dos companheiros a alimentos e à sucessão)*
- *Lei 9.278/1996 (Regula o § 3º do art. 226 da CF)*

§ 4º Entende-se, também, como entidade familiar a comunidade formada por qualquer dos pais e seus descendentes.

- *Art. 25, Lei 8.069/1990 (Estatuto da Criança e do Adolescente)*
- *Súmula 346, STJ*

§ 5º Os direitos e deveres referentes à sociedade conjugal são exercidos igualmente pelo homem e pela mulher.

- *Arts. 1.565 e 1.567, CC/2002*
- *Art. 2º e ss., Lei 6.515/1977 (Lei do Divórcio)*
- *Súmula 364, STJ*

§ 6º O casamento civil pode ser dissolvido pelo divórcio.

- *Redação dada Pela Emenda Constitucional nº 66, de 2010*
- *Lei 6.515/1977 (Lei do Divórcio)*

§ 7º Fundado nos princípios da dignidade da pessoa humana e da paternidade responsável, o planejamento familiar é livre decisão do casal, competindo ao Estado propiciar recursos educacionais e científicos para o exercício desse direito, vedada qualquer forma coercitiva por parte de instituições oficiais ou privadas.

- *Lei 9.263/1996 (Planejamento familiar)*

§ 8º O Estado assegurará a assistência à família na pessoa de cada um dos que a integram, criando mecanismos para coibir a violência no âmbito de suas relações.

- *Lei 11.340/2006 (Violência doméstica e familiar contra a mulher)*

Art. 227. É dever da família, da sociedade e do Estado assegurar à criança, ao adolescente e ao jovem, com absoluta prioridade, o direito à vida, à saúde, à alimentação, à educação, ao lazer, à profissionalização, à cultura, à dignidade, ao respeito, à liberdade e à convivência familiar e comunitária, além de colocá-los a salvo de toda forma de negligência, discriminação, exploração, violência, crueldade e opressão.

- *Redação dada Pela Emenda Constitucional nº 65, de 2010*
- *Lei 8.069/1990 (Estatuto da Criança e do Adolescente)*
- *Lei 12.288/2010 (Estatuto da Igualdade Racial)*
- *Súmula 657, STJ*

§ 1º O Estado promoverá programas de assistência integral à saúde da criança, do adolescente e do jovem, admitida a participação de entidades não governamentais, mediante políticas específicas e obedecendo aos seguintes preceitos:

- *Redação dada Pela Emenda Constitucional nº 65, de 2010*
- *Lei 8.642/1993 (Programa Nacional de Atenção Integral à Criança e ao Adolescente – PRONAICA)*

I – aplicação de percentual dos recursos públicos destinados à saúde na assistência materno-infantil;

II – criação de programas de prevenção e atendimento especializado para as pessoas portadoras de deficiência física, sensorial ou mental, bem como de integração social do adolescente e do jovem portador de deficiência, mediante o treinamento para o trabalho e a convivência, e a facilitação do acesso aos bens e serviços coletivos, com a eliminação de obstáculos arquitetônicos e de todas as formas de discriminação.

- *Redação dada Pela Emenda Constitucional nº 65, de 2010*
- *Arts. 7º a 14, Lei 8.069/1990 (Estatuto da Criança e do Adolescente)*

§ 2º A lei disporá sobre normas de construção dos logradouros e dos edifícios de uso público e de fabricação de veículos de transporte coletivo, a fim de garantir acesso adequado às pessoas portadoras de deficiência.

- *Art. 244, CF*
- *Art. 3º, Lei 7.853/1989 (Apoio às pessoas portadoras de deficiência)*

§ 3º O direito a proteção especial abrangerá os seguintes aspectos:

I – idade mínima de quatorze anos para admissão ao trabalho, observado o disposto no art. 7º, XXXIII;

II – garantia de direitos previdenciários e trabalhistas;

III – garantia de acesso do trabalhador adolescente e jovem à escola;

- *Redação dada Pela Emenda Constitucional nº 65, de 2010*

IV – garantia de pleno e formal conhecimento da atribuição de ato infracional, igualdade na relação processual e defesa técnica por profissional habilitado, segundo dispuser a legislação tutelar específica;

V – obediência aos princípios de brevidade, excepcionalidade e respeito à condição peculiar de pessoa em desenvolvimento, quando da aplicação de qualquer medida privativa da liberdade;

VI – estímulo do Poder Público, através de assistência jurídica, incentivos fiscais e subsídios, nos termos da lei, ao acolhimento, sob a forma de guarda, de criança ou adolescente órfão ou abandonado;

- *Arts. 33 a 35, Lei 8.069/1990 (Estatuto da Criança e do Adolescente)*

VII – programas de prevenção e atendimento especializado à criança, ao adolescente e ao jovem dependente de entorpecentes e drogas afins.

- *Redação dada Pela Emenda Constitucional nº 65, de 2010*
- *Lei 11.343/2006 (Lei Antidrogas)*

§ 4º A lei punirá severamente o abuso, a violência e a exploração sexual da criança e do adolescente.

- *Arts. 217-A e 218-B, CP*
- *Art. 225 e ss., Lei 8.069/1990 (Estatuto da Criança e do Adolescente)*

§ 5º A adoção será assistida pelo Poder Público, na forma da lei, que estabelecerá casos e condições de sua efetivação por parte de estrangeiros.

- *Arts. 1.618 e 1.619, CC/2002*
- *Arts. 39 a 52, Lei 8.069/1990 (Estatuto da Criança e do Adolescente)*

§ 6º Os filhos, havidos ou não da relação do casamento, ou por adoção, terão os mesmos direitos e qualificações, proibidas quaisquer designações discriminatórias relativas à filiação.

- *Art. 41, §§ 1º e 2º, Lei 8.069/1990 (Estatuto da Criança e do Adolescente)*
- *Lei 8.560/1992 (Regula a investigação de paternidade dos filhos havidos fora do casamento)*

§ 7º No atendimento dos direitos da criança e do adolescente levar-se – á em consideração o disposto no art. 204.

§ 8º A lei estabelecerá:

- *Incluído Pela Emenda Constitucional nº 65, de 2010*

I – o estatuto da juventude, destinado a regular os direitos dos jovens;

- *Incluído Pela Emenda Constitucional nº 65, de 2010*

II – o plano nacional de juventude, de duração decenal, visando à articulação das várias esferas do poder público para a execução de políticas públicas.

- *Incluído Pela Emenda Constitucional nº 65, de 2010*

Art. 228. São penalmente inimputáveis os menores de dezoito anos, sujeitos às normas da legislação especial.

- *Art. 27, CP*
- *Art. 104, Lei 8.069/1990 (Estatuto da Criança e do Adolescente)*

Art. 229. Os pais têm o dever de assistir, criar e educar os filhos menores, e os filhos maiores têm o dever de ajudar e amparar os pais na velhice, carência ou enfermidade.

- *Art. 22, Lei 8.069/1990 (Estatuto da Criança e do Adolescente)*

Art. 230. A família, a sociedade e o Estado têm o dever de amparar as pessoas idosas, assegurando sua participação na comunidade, defendendo sua dignidade e bem-estar e garantindo-lhes o direito à vida.

- *Lei 8.842/1994 (Conselho Nacional do Idoso)*
- *Lei 10.741/2003 (Estatuto da Pessoa Idosa)*

§ 1º Os programas de amparo aos idosos serão executados preferencialmente em seus lares.

§ 2º Aos maiores de sessenta e cinco anos é garantida a gratuidade dos transportes coletivos urbanos.

CAPÍTULO VIII – DOS ÍNDIOS

Art. 231. São reconhecidos aos índios sua organização social, costumes, línguas, crenças e tradições, e os direitos originários sobre as terras que tradicionalmente ocupam, competindo à União demarcá-las, proteger e fazer respeitar todos os seus bens.

- *Lei 6.001/1973 (Estatuto do Índio)*
- *Resolução Conjunta CNJ/CNMP n. 3/2012 (Registro de Nascimento do Indígena)*
- *Dec. 26/1991 (Educação indígena no Brasil)*
- *Dec. 7.747/2012 (Institui a Política Nacional de Gestão Territorial e Ambiental de Terras Indígenas – PNGAT)*
- *Dec. 1.775/1996 (Procedimento administrativo de demarcação das terras indígenas)*

§ 1º São terras tradicionalmente ocupadas pelos índios as por eles habitadas em caráter permanente, as utilizadas para suas atividades produtivas, as imprescindíveis à preservação dos recursos ambientais necessários a seu bem-estar e as necessárias a sua reprodução física e cultural, segundo seus usos, costumes e tradições.

§ 2º As terras tradicionalmente ocupadas pelos índios destinam-se a sua posse permanente, cabendo-lhes o usufruto exclusivo das riquezas do solo, dos rios e dos lagos nelas existentes.

§ 3º O aproveitamento dos recursos hídricos, incluídos os potenciais energéticos, a pesquisa e a lavra das riquezas minerais em terras indígenas só podem ser efetivados com autorização do Congresso Nacional, ouvidas as comunidades afetadas, ficando-lhes assegurada participação nos resultados da lavra, na forma da lei.

- *Dec.-lei 227/1967 (Dá nova redação ao Dec.-lei 1.985/1940 – Código de Minas)*
- *Lei 9.314/1996 (Altera dispositivos do Dec.-lei 227/1967)*

§ 4º As terras de que trata este artigo são inalienáveis e indisponíveis, e os direitos sobre elas, imprescritíveis.

§ 5º É vedada a remoção dos grupos indígenas de suas terras, salvo, *ad referendum* do Congresso Nacional, em caso de catástrofe ou epidemia que ponha em risco sua população, ou no interesse da soberania do País, após deliberação do Congresso Nacional, garantido, em qualquer hipótese, o retorno imediato logo que cesse o risco.

§ 6º São nulos e extintos, não produzindo efeitos jurídicos, os atos que tenham por objeto a ocupação, o domínio e a posse das terras a que se refere este artigo, ou a exploração das riquezas naturais do solo, dos rios e dos lagos nelas existentes, ressalvado relevante interesse público da União, segundo o que dispuser lei complementar, não gerando a nulidade e a extinção direito a indenização ou a ações contra a União, salvo, na forma da lei, quanto às benfeitorias derivadas da ocupação de boa fé.

- *Art. 62, 6.001/1973 (Estatuto do Índio)*

§ 7º Não se aplica às terras indígenas o disposto no art. 174, § 3º e § 4º.

Art. 232. Os índios, suas comunidades e organizações são partes legítimas para ingressar em juízo em defesa de seus direitos e interesses, intervindo o Ministério Público em todos os atos do processo.

TÍTULO IX – DAS DISPOSIÇÕES CONSTITUCIONAIS GERAIS

Art. 233. *Revogado pela Emenda Constitucional nº 28, de 25/05/2000*

Art. 234. É vedado à União, direta ou indiretamente, assumir, em decorrência da criação de Estado, encargos referentes a despesas com pessoal inativo e com encargos e amortizações da dívida interna ou externa da administração pública, inclusive da indireta.

Art. 235. Nos dez primeiros anos da criação de Estado, serão observadas as seguintes normas básicas:

I – a Assembleia Legislativa será composta de dezessete Deputados se a população do Estado for inferior a seiscentos mil habitantes, e de vinte e quatro, se igual ou superior a esse número, até um milhão e quinhentos mil;

II – o Governo terá no máximo dez Secretarias;

III – o Tribunal de Contas terá três membros, nomeados, pelo Governador eleito, dentre brasileiros de comprovada idoneidade e notório saber;

IV – o Tribunal de Justiça terá sete Desembargadores;

V – os primeiros Desembargadores serão nomeados pelo Governador eleito, escolhidos da seguinte forma:

a) cinco dentre os magistrados com mais de trinta e cinco anos de idade, em exercício na área do novo Estado ou do Estado originário;

b) dois dentre promotores, nas mesmas condições, e advogados de comprovada idoneidade e saber jurídico, com dez anos, no mínimo, de exercício profissional, obedecido o procedimento fixado na Constituição;

VI – no caso de Estado proveniente de Território Federal, os cinco primeiros Desembargadores poderão ser escolhidos dentre juízes de direito de qualquer parte do País;

VII – em cada Comarca, o primeiro Juiz de Direito, o primeiro Promotor de Justiça e o primeiro Defensor Público serão nomeados pelo Governador eleito após concurso público de provas e títulos;

VIII – até a promulgação da Constituição Estadual, responderão pela Procuradoria-Geral, pela Advocacia-Geral e pela Defensoria-Geral do Estado advogados de notório saber, com trinta e cinco anos de idade, no mínimo, nomeados pelo Governador eleito e demissíveis "ad nutum";

IX – se o novo Estado for resultado de transformação de Território Federal, a transferência de encargos financeiros da União para pagamento dos servidores optantes que pertenciam à Administração Federal ocorrerá da seguinte forma:

a) no sexto ano de instalação, o Estado assumirá vinte por cento dos encargos financeiros para fazer face ao pagamento dos servidores públicos, ficando ainda o restante sob a responsabilidade da União;

b) no sétimo ano, os encargos do Estado serão acrescidos de trinta por cento e, no oitavo, dos restantes cinqüenta por cento;

X – as nomeações que se seguirem às primeiras, para os cargos mencionados neste artigo, serão disciplinadas na Constituição Estadual;

XI – as despesas orçamentárias com pessoal não poderão ultrapassar cinqüenta por cento da receita do Estado.

Art. 236. Os serviços notariais e de registro são exercidos em caráter privado, por delegação do Poder Público.

- *Art. 32, ADCT*
- *Vide Lei n. 6.015/1973 (Registros Públicos)*
- *Vide Lei 8.935/1994 (Lei dos Notários e Registradores – Regulamenta o art. 236 da CF)*
- *Vide Provimento CNJ n. 149/2023 (CNN)*
- *Vide Provimento CNJ n. 156/2023 (Normas a serem observadas nas inspeções e correições de competência da Corregedoria Nacional de Justiça, nas unidades judiciais e administrativas dos tribunais e nos serviços notariais e de registro).*

§ 1º Lei regulará as atividades, disciplinará a responsabilidade civil e criminal dos notários, dos oficiais de registro e de seus prepostos, e definirá a fiscalização de seus atos pelo Poder Judiciário.

- *Vide art. 28, Lei n. 6.015/1973*
- *Vide arts. 22 a 24, Lei n. 8.935/1994*
- *Vide art. 38, Lei n. 9.492/1997 (Lei de Protestos)*
- *Vide Enunciado 77, I Jornada de Direito Notarial e Registral*

§ 2º Lei federal estabelecerá normas gerais para fixação de emolumentos relativos aos atos praticados pelos serviços notariais e de registro.

- *Lei 10.169/2000 (Lei dos Emolumentos)*

§ 3º O ingresso na atividade notarial e de registro depende de concurso público de provas e títulos, não se permitindo que qualquer serventia fique vaga, sem abertura de concurso de provimento ou de remoção, por mais de seis meses.

- *Vide Enunciado 75, I Jornada de Direito Notarial e Registral*

Art. 237. A fiscalização e o controle sobre o comércio exterior, essenciais à defesa dos interesses fazendários nacionais, serão exercidos pelo Ministério da Fazenda.

Art. 238. A lei ordenará a venda e revenda de combustíveis de petróleo, álcool carburante e outros combustíveis derivados de matérias-primas renováveis, respeitados os princípios desta Constituição.

Art. 239. A arrecadação decorrente das contribuições para o Programa de Integração Social, criado pela Lei Complementar nº 7, de 7 de setembro de 1970, e para o Programa de Formação do Patrimônio do Servidor Público, criado pela Lei Complementar nº 8, de 3 de dezembro de 1970, passa, a partir da promulgação desta Constituição, a financiar, nos termos que a lei dispuser, o programa do seguro-desemprego, outras ações da previdência social e o abono de que trata o § 3º deste artigo.

- *Redação dada pela Emenda Constitucional nº 103, de 2019*
- *Atualização: Art. 239. A arrecadação correspondente a 18% (dezoito por cento) da contribuição prevista no art. 195, V, e a decorrente da contribuição para o Programa de Formação do Patrimônio do Servidor Público, criado pela Lei Complementar nº 8, de 3 de dezembro de 1970, financiarão, nos termos em que a lei dispuser, o programa do seguro-desemprego, outras ações da previdência social e o abono de que trata o § 3º deste artigo.*
- *Redação dada pela Emenda Constitucional nº 132, de 2023, em vigor em 2027*

§ 1º Dos recursos mencionados no *caput*, no mínimo 28% (vinte e oito por cento) serão destinados para o financiamento de programas de desenvolvimento econômico, por meio do Banco Nacional de Desenvolvimento Econômico e Social, com critérios de remuneração que preservem o seu valor.

- *Redação dada pela Emenda Constitucional nº 103, de 2019*

§ 2º Os patrimônios acumulados do Programa de Integração Social e do Programa de Formação do Patrimônio do Servidor Público são preservados, mantendo-se os critérios de saque nas situações previstas nas leis específicas, com exceção da retirada por motivo de casamento, ficando vedada a distribuição da arrecadação de que trata o *caput* deste artigo, para depósito nas contas individuais dos participantes.

§ 3º Aos empregados que percebam de empregadores que contribuem para o Programa de Integração Social ou para o Programa de Formação do Patrimônio do Servidor Público, até dois salários mínimos de remuneração mensal, é assegurado o pagamento de um salário mínimo anual, computado neste valor o rendimento das contas individuais, no caso daqueles que já participavam dos referidos programas, até a data da promulgação desta Constituição.

› *Atualização: § 3º Aos empregados que percebam de empregadores que recolhem a contribuição prevista no art. 195, V, ou a contribuição para o Programa de Formação do Patrimônio do Servidor Público até 2 (dois) salários mínimos de remuneração mensal é assegurado o pagamento de 1 (um) salário mínimo anual, computado neste valor o rendimento das contas individuais, no caso daqueles que já participavam dos referidos programas, até a data de promulgação desta Constituição.*

› *Redação dada pela Emenda Constitucional nº 132, de 2023, em vigor em 2027*

§ 4º O financiamento do seguro-desemprego receberá uma contribuição adicional da empresa cujo índice de rotatividade da força de trabalho superar o índice médio da rotatividade do setor, na forma estabelecida por lei.

§ 5º Os programas de desenvolvimento econômico financiados na forma do § 1º e seus resultados serão anualmente avaliados e divulgados em meio de comunicação social eletrônico e apresentados em reunião da comissão mista permanente de que trata o § 1º do art. 166.

› *Incluído pela Emenda Constitucional nº 103, de 2019*

Art. 240. Ficam ressalvadas do disposto no art. 195 as atuais contribuições compulsórias dos empregadores sobre a folha de salários, destinadas às entidades privadas de serviço social e de formação profissional vinculadas ao sistema sindical.

Art. 241. A União, os Estados, o Distrito Federal e os Municípios disciplinarão por meio de lei os consórcios públicos e os convênios de cooperação entre os entes federados, autorizando a gestão associada de serviços públicos, bem como a transferência total ou parcial de encargos, serviços, pessoal e bens essenciais à continuidade dos serviços transferidos.

› *Redação dada pela Emenda Constitucional nº 19, de 1998*

Art. 242. O princípio do art. 206, IV, não se aplica às instituições educacionais oficiais criadas por lei estadual ou municipal e existentes na data da promulgação desta Constituição, que não sejam total ou preponderantemente mantidas com recursos públicos.

§ 1º O ensino da História do Brasil levará em conta as contribuições das diferentes culturas e etnias para a formação do povo brasileiro.

§ 2º O Colégio Pedro II, localizado na cidade do Rio de Janeiro, será mantido na órbita federal.

Art. 243. As propriedades rurais e urbanas de qualquer região do País onde forem localizadas culturas ilegais de plantas psicotrópicas ou a exploração de trabalho escravo na forma da lei serão expropriadas e destinadas à reforma agrária e a programas de habitação popular, sem qualquer indenização ao proprietário e sem prejuízo de outras sanções previstas em lei, observado, no que couber, o disposto no art. 5º.

› *Redação dada pela Emenda Constitucional nº 81, de 2014*

Parágrafo único. Todo e qualquer bem de valor econômico apreendido em decorrência do tráfico ilícito de entorpecentes e drogas afins e da exploração de trabalho escravo será confiscado e reverterá a fundo especial com destinação específica, na forma da lei.

› *Redação dada pela Emenda Constitucional nº 81, de 2014*

Art. 244. A lei disporá sobre a adaptação dos logradouros, dos edifícios de uso público e dos veículos de transporte coletivo atualmente existentes a fim de garantir acesso adequado às pessoas portadoras de deficiência, conforme o disposto no art. 227, § 2º.

Art. 245. A lei disporá sobre as hipóteses e condições em que o Poder Público dará assistência aos herdeiros e dependentes carentes de pessoas vitimadas por crime doloso, sem prejuízo da responsabilidade civil do autor do ilícito.

Art. 246. É vedada a adoção de medida provisória na regulamentação de artigo da Constituição cuja redação tenha sido alterada por meio de emenda promulgada entre 1º de janeiro de 1995 até a promulgação desta emenda, inclusive.

› *Redação dada pela Emenda Constitucional nº 32, de 2001*

Art. 247. As leis previstas no inciso III do § 1º do art. 41 e no § 7º do art. 169 estabelecerão critérios e garantias especiais para a perda do cargo pelo servidor público estável que, em decorrência das atribuições de seu cargo efetivo, desenvolva atividades exclusivas de Estado.

› *Incluído pela Emenda Constitucional nº 19, de 1998*

Parágrafo único. Na hipótese de insuficiência de desempenho, a perda do cargo somente ocorrerá mediante processo administrativo em que lhe sejam assegurados o contraditório e a ampla defesa. *(Incluído pela Emenda Constitucional nº 19, de 1998)*

Art. 248. Os benefícios pagos, a qualquer título, pelo órgão responsável pelo regime geral de previdência social, ainda que à conta do Tesouro Nacional, e os não sujeitos ao limite máximo de valor fixado para os benefícios concedidos por esse regime observarão os limites fixados no art. 37, XI.

› *Incluído pela Emenda Constitucional nº 20, de 1998*

Art. 249. Com o objetivo de assegurar recursos para o pagamento de proventos de aposentadoria e pensões concedidas aos respectivos servidores e seus dependentes, em adição aos recursos dos respectivos tesouros, a União, os Estados, o Distrito Federal e os Municípios poderão constituir fundos integrados pelos recursos provenientes de contribuições e por bens, direitos e ativos de qualquer natureza, mediante lei que disporá sobre a natureza e administração desses fundos.

› *Incluído pela Emenda Constitucional nº 20, de 1998*

Art. 250. Com o objetivo de assegurar recursos para o pagamento dos benefícios concedidos pelo regime geral de previdência social, em adição aos recursos de sua arrecadação, a União poderá constituir fundo integrado por bens, direitos e ativos de qualquer natureza, mediante lei que disporá sobre a natureza e administração desse fundo.

› *Incluído pela Emenda Constitucional nº 20, de 1998*

Brasília, 5 de outubro de 1988.

Ulysses Guimarães
Presidente

Mauro Benevides
1º Vice-Presidente

Jorge Arbage
2º Vice-Presidente

Promulgada em 05.10.1988

ATO DAS DISPOSIÇÕES CONSTITUCIONAIS TRANSITÓRIAS

Art. 1º O Presidente da República, o Presidente do Supremo Tribunal Federal e os membros do Congresso Nacional prestarão o compromisso de manter, defender e cumprir a Constituição, no ato e na data de sua promulgação.

Art. 2º No dia 7 de setembro de 1993 o eleitorado definirá, através de plebiscito, a forma (república ou monarquia constitucional) e o sistema de governo (parlamentarismo ou presidencialismo) que devem vigorar no País. *(Vide emenda Constitucional nº 2, de 1992)*

§ 1º Será assegurada gratuidade na livre divulgação dessas formas e sistemas, através dos meios de comunicação de massa cessionários de serviço público.

§ 2º O Tribunal Superior Eleitoral, promulgada a Constituição, expedirá as normas regulamentadoras deste artigo.

Art. 3º A revisão constitucional será realizada após cinco anos, contados da promulgação da Constituição, pelo voto da maioria absoluta dos membros do Congresso Nacional, em sessão unicameral.

Art. 4º O mandato do atual Presidente da República terminará em 15 de março de 1990.

§ 1º A primeira eleição para Presidente da República após a promulgação da Constituição será realizada no dia 15 de novembro de 1989, não se lhe aplicando o disposto no art. 16 da Constituição.

§ 2º É assegurada a irredutibilidade da atual representação dos Estados e do Distrito Federal na Câmara dos Deputados.

§ 3º Os mandatos dos Governadores e dos Vice-Governadores eleitos em 15 de novembro de 1986 terminarão em 15 de março de 1991.

§ 4º Os mandatos dos atuais Prefeitos, Vice-Prefeitos e Vereadores terminarão no dia 1º de janeiro de 1989, com a posse dos eleitos.

Art. 5º Não se aplicam às eleições previstas para 15 de novembro de 1988 o disposto no art. 16 e as regras do art. 77 da Constituição.

§ 1º Para as eleições de 15 de novembro de 1988 será exigido domicílio eleitoral na circunscrição pelo menos durante os quatro meses anteriores ao pleito, podendo os candidatos que preencham este requisito, atendidas as demais exigências da lei, ter seu registro efetivado pela Justiça Eleitoral após a promulgação da Constituição.

§ 2º Na ausência de norma legal específica, caberá ao Tribunal Superior Eleitoral editar as normas necessárias à realização das eleições de 1988, respeitada a legislação vigente.

§ 3º Os atuais parlamentares federais e estaduais eleitos Vice-Prefeitos, se convocados a exercer a função de Prefeito, não perderão o mandato parlamentar.

§ 4º O número de vereadores por município será fixado, para a representação a ser eleita em 1988, pelo respectivo Tribunal Regional Eleitoral, respeitados os limites estipulados no art. 29, IV, da Constituição.

§ 5º Para as eleições de 15 de novembro de 1988, ressalvados os que já exercem mandato eletivo, são inelegíveis para qualquer cargo, no território de jurisdição do titular, o cônjuge e os parentes por consangüinidade ou afinidade, até o segundo grau, ou por adoção, do Presidente da República, do Governador de Estado, do Governador do Distrito Federal e do Prefeito que tenham exercido mais da metade do mandato.

Art. 6º Nos seis meses posteriores à promulgação da Constituição, parlamentares federais, reunidos em número não inferior a trinta, poderão requerer ao Tribunal Superior Eleitoral o registro de novo partido político, juntando ao requerimento o manifesto, o estatuto e o programa devidamente assinados pelos requerentes.

§ 1º O registro provisório, que será concedido de plano pelo Tribunal Superior Eleitoral, nos termos deste artigo, defere ao novo partido todos os direitos, deveres e prerrogativas dos atuais, entre eles o de participar, sob legenda própria, das eleições que vierem a ser realizadas nos doze meses seguintes a sua formação.

§ 2º O novo partido perderá automaticamente seu registro provisório se, no prazo de vinte e quatro meses, contados de sua formação, não obtiver registro definitivo no Tribunal Superior Eleitoral, na forma que a lei dispuser.

Art. 7º O Brasil propugnará pela formação de um tribunal internacional dos direitos humanos.

Art. 8º É concedida anistia aos que, no período de 18 de setembro de 1946 até a data da promulgação da Constituição, foram atingidos, em decorrência de motivação exclusivamente política, por atos de exceção, institucionais ou complementares, aos que foram abrangidos pelo Decreto Legislativo nº 18, de 15 de dezembro de 1961, e aos atingidos pelo Decreto-Lei nº 864, de 12 de setembro de 1969, asseguradas as promoções, na inatividade, ao cargo, emprego, posto ou graduação a que teriam direito se estivessem em serviço ativo, obedecidos os prazos de permanência em atividade previstos nas leis e regulamentos vigentes, respeitadas as características e peculiaridades das carreiras dos servidores públicos civis e militares e observados os respectivos regimes jurídicos.

§ 1º O disposto neste artigo somente gerará efeitos financeiros a partir da promulgação da Constituição, vedada a remuneração de qualquer espécie em caráter retroativo.

§ 2º Ficam assegurados os benefícios estabelecidos neste artigo aos trabalhadores do setor privado, dirigentes e representantes sindicais que, por motivos exclusivamente políticos, tenham sido punidos, demitidos ou compelidos ao afastamento das atividades remuneradas que exerciam, bem como aos que foram impedidos de exercer atividades profissionais em virtude de pressões ostensivas ou expedientes oficiais sigilosos.

§ 3º Aos cidadãos que foram impedidos de exercer, na vida civil, atividade profissional específica, em decorrência das Portarias Reservadas do Ministério da Aeronáutica nº S-50-GM5, de 19 de junho de 1964, e nº S-285-GM5 será concedida reparação de natureza econômica, na forma que dispuser lei de iniciativa do Congresso Nacional e a entrar em vigor no prazo de doze meses a contar da promulgação da Constituição.

§ 4º Aos que, por força de atos institucionais, tenham exercido gratuitamente mandato eletivo de vereador serão computados, para efeito de aposentadoria no serviço público e previdência social, os respectivos períodos.

§ 5º A anistia concedida nos termos deste artigo aplica-se aos servidores públicos civis e aos empregados em todos os níveis de governo ou em suas fundações, empresas públicas ou empresas mistas sob controle estatal, exceto nos Ministérios militares, que tenham sido punidos ou demitidos por atividades profissionais interrompidas em virtude de decisão de seus trabalhadores, bem como em decorrência do Decreto-Lei nº 1.632, de 4 de agosto de 1978, ou por motivos exclusivamente políticos, assegurada a readmissão dos que foram atingidos a partir de 1979, observado o disposto no § 1º.

Art. 9º Os que, por motivos exclusivamente políticos, foram cassados ou tiveram seus direitos políticos suspensos no período de 15 de julho a 31 de dezembro de 1969, por ato do então Presidente da República, poderão requerer ao Supremo Tribunal Federal o reconhecimento dos direitos e vantagens interrompidos pelos atos punitivos, desde que comprovem terem sido estes eivados de vício grave.

Parágrafo único. O Supremo Tribunal Federal proferirá a decisão no prazo de cento e vinte dias, a contar do pedido do interessado.

Art. 10. Até que seja promulgada a lei complementar a que se refere o art. 7º, I, da Constituição:

I – fica limitada a proteção nele referida ao aumento, para quatro vezes, da porcentagem prevista no art. 6º, *"caput"* e § 1º, da Lei nº 5.107, de 13 de setembro de 1966;

II – fica vedada a dispensa arbitrária ou sem justa causa:

a) do empregado eleito para cargo de direção de comissões internas de prevenção de acidentes, desde o registro de sua candidatura até um ano após o final de seu mandato;

b) da empregada gestante, desde a confirmação da gravidez até cinco meses após o parto. *(Vide Lei Complementar nº 146, de 2014)*

§ 1º Até que a lei venha a disciplinar o disposto no art. 7º, XIX, da Constituição, o prazo da licença-paternidade a que se refere o inciso é de cinco dias.

§ 2º Até ulterior disposição legal, a cobrança das contribuições para o custeio das atividades dos sindicatos rurais será feita juntamente com a do imposto territorial rural, pelo mesmo órgão arrecadador.

§ 3º Na primeira comprovação do cumprimento das obrigações trabalhistas pelo empregador rural, na forma do art. 233, após a promulgação da Constituição, será certificada perante a Justiça do Trabalho a regularidade do contrato e das atualizações das obrigações trabalhistas de todo o período.

Art. 11. Cada Assembleia Legislativa, com poderes constituintes, elaborará a Constituição do Estado, no prazo de um ano, contado da promulgação da Constituição Federal, obedecidos os princípios desta.

Parágrafo único. Promulgada a Constituição do Estado, caberá à Câmara Municipal, no prazo de seis meses, votar a Lei Orgânica respectiva, em dois turnos de discussão e votação, respeitado o disposto na Constituição Federal e na Constituição Estadual.

Art. 12. Será criada, dentro de noventa dias da promulgação da Constituição, Comissão de Estudos Territoriais, com dez membros indicados pelo Congresso Nacional e cinco pelo Poder Executivo, com a finalidade de apresentar estudos sobre o território nacional e anteprojetos relativos a novas unidades territoriais, notadamente na Amazônia Legal e em áreas pendentes de solução.

§ 1º No prazo de um ano, a Comissão submeterá ao Congresso Nacional os resultados de seus estudos para, nos termos da Constituição, serem apreciados nos doze meses subseqüentes, extinguindo-se logo após.

§ 2º Os Estados e os Municípios deverão, no prazo de três anos, a contar da promulgação da Constituição, promover, mediante acordo ou arbitramento, a demarcação de suas linhas divisórias atualmente litigiosas, podendo para isso fazer alterações e compensações de área que atendam aos acidentes naturais, critérios históricos, conveniências administrativas e comodidade das populações limítrofes.

§ 3º Havendo solicitação dos Estados e Municípios interessados, a União poderá encarregar-se dos trabalhos demarcatórios.

§ 4º Se, decorrido o prazo de três anos, a contar da promulgação da Constituição, os trabalhos demarcatórios não tiverem sido concluídos, caberá à União determinar os limites das áreas litigiosas.

§ 5º Ficam reconhecidos e homologados os atuais limites do Estado do Acre com os Estados do Amazonas e de Rondônia, conforme levantamentos cartográficos e geodésicos realizados pela Comissão Tripartite integrada por representantes dos Estados e dos serviços técnico-especializados do Instituto Brasileiro de Geografia e Estatística.

Art. 13. É criado o Estado do Tocantins, pelo desmembramento da área descrita neste artigo, dando-se sua instalação no quadragésimo sexto dia após a eleição prevista no § 3º, mas não antes de 1º de janeiro de 1989.

§ 1º O Estado do Tocantins integra a Região Norte e limita-se com o Estado de Goiás pelas divisas norte dos Municípios de São Miguel do Araguaia, Porangatu, Formoso, Minaçu, Cavalcante, Monte Alegre de Goiás e Campos Belos, conservando a leste, norte e oeste as divisas atuais de Goiás com os Estados da Bahia, Piauí, Maranhão, Pará e Mato Grosso.

§ 2º O Poder Executivo designará uma das cidades do Estado para sua Capital provisória até a aprovação da sede definitiva do governo pela Assembleia Constituinte.

§ 3º O Governador, o Vice-Governador, os Senadores, os Deputados Federais e os Deputados Estaduais serão eleitos, em um único turno, até setenta e cinco dias após a promulgação da Constituição, mas não antes de 15 de novembro de 1988, a critério do Tribunal Superior Eleitoral, obedecidas, entre outras, as seguintes normas:

I – o prazo de filiação partidária dos candidatos será encerrado setenta e cinco dias antes da data das eleições;

II – as datas das convenções regionais partidárias destinadas a deliberar sobre coligações e escolha de candidatos, de apresentação de requerimento de registro dos candidatos escolhidos e dos demais procedimentos legais serão fixadas, em calendário especial, pela Justiça Eleitoral;

III – são inelegíveis os ocupantes de cargos estaduais ou municipais que não se tenham deles afastado, em caráter definitivo, setenta e cinco dias antes da data das eleições previstas neste parágrafo;

IV – ficam mantidos os atuais diretórios regionais dos partidos políticos do Estado de Goiás, cabendo às comissões executivas nacionais designar comissões provisórias no Estado do Tocantins, nos termos e para os fins previstos na lei.

§ 4º Os mandatos do Governador, do Vice-Governador, dos Deputados Federais e Estaduais eleitos na forma do parágrafo anterior extinguir-se-ão concomitantemente aos das demais unidades da Federação; o mandato do Senador eleito menos votado extinguir-se-á nessa mesma oportunidade, e os dos outros dois, juntamente com os dos Senadores eleitos em 1986 nos demais Estados.

§ 5º A Assembleia Estadual Constituinte será instalada no quadragésimo sexto dia da eleição de seus integrantes, mas não antes de 1º de janeiro de 1989, sob a presidência do Presidente do Tribunal Regional Eleitoral do Estado de Goiás, e dará posse, na mesma data, ao Governador e ao Vice-Governador eleitos.

§ 6º Aplicam-se à criação e instalação do Estado do Tocantins, no que couber, as normas legais disciplinadoras da divisão do Estado de Mato Grosso, observado o disposto no art. 234 da Constituição.

§ 7º Fica o Estado de Goiás liberado dos débitos e encargos decorrentes de empreendimentos no território do novo Estado, e autorizada a União, a seu critério, a assumir os referidos débitos.

Art. 14. Os Territórios Federais de Roraima e do Amapá são transformados em Estados Federados, mantidos seus atuais limites geográficos.

§ 1º A instalação dos Estados dar-se-á com a posse dos governadores eleitos em 1990.

§ 2º Aplicam-se à transformação e instalação dos Estados de Roraima e Amapá as normas e critérios seguidos na criação do Estado de Rondônia, respeitado o disposto na Constituição e neste Ato.

§ 3º O Presidente da República, até quarenta e cinco dias após a promulgação da Constituição, encaminhará à apreciação do Senado Federal os nomes dos governadores dos Estados de Roraima e do Amapá que exercerão o Poder Executivo até a instalação dos novos Estados com a posse dos governadores eleitos.

§ 4º Enquanto não concretizada a transformação em Estados, nos termos deste artigo, os Territórios Federais de Roraima e do Amapá serão beneficiados pela transferência de recursos prevista nos arts. 159, I, "a", da Constituição, e 34, § 2º, II, deste Ato.

Art. 15. Fica extinto o Território Federal de Fernando de Noronha, sendo sua área reincorporada ao Estado de Pernambuco.

Art. 16. Até que se efetive o disposto no art. 32, § 2º, da Constituição, caberá ao Presidente da República, com a aprovação do Senado Federal, indicar o Governador e o Vice-Governador do Distrito Federal.

§ 1º A competência da Câmara Legislativa do Distrito Federal, até que se instale, será exercida pelo Senado Federal.

§ 2º A fiscalização contábil, financeira, orçamentária, operacional e patrimonial do Distrito Federal, enquanto não for instalada a Câmara Legislativa, será exercida pelo Senado Federal, mediante controle externo, com o auxílio do Tribunal de Contas do Distrito Federal, observado o disposto no art. 72 da Constituição.

§ 3º Incluem-se entre os bens do Distrito Federal aqueles que lhe vierem a ser atribuídos pela União na forma da lei.

Art. 17. Os vencimentos, a remuneração, as vantagens e os adicionais, bem como os proventos de aposentadoria que estejam sendo percebidos em desacordo com a Constituição serão imediatamente reduzidos aos limites dela decorrentes, não se admitindo, neste caso, invocação de direito adquirido ou percepção de excesso a qualquer título. *(Vide Emenda Constitucional nº 41, 19.12.2003)*

§ 1º É assegurado o exercício cumulativo de dois cargos ou empregos privativos de médico que estejam sendo exercidos por médico militar na administração pública direta ou indireta.

§ 2º É assegurado o exercício cumulativo de dois cargos ou empregos privativos de profissionais de saúde que estejam sendo exercidos na administração pública direta ou indireta.

Art. 18. Ficam extintos os efeitos jurídicos de qualquer ato legislativo ou administrativo, lavrado a partir da instalação da Assembleia Nacional Constituinte, que tenha por objeto a concessão de estabilidade a servidor admitido sem concurso público, da administração direta ou indireta, inclusive das fundações instituídas e mantidas pelo Poder Público.

Art. 18-A. Os atos administrativos praticados no Estado do Tocantins, decorrentes de sua instalação, entre 1º de janeiro de 1989 e 31 de dezembro de 1994, eivados de qualquer vício jurídico e dos quais decorram efeitos favoráveis para os destinatários ficam convalidados após 5 (cinco) anos, contados da data em que foram praticados, salvo comprovada má-fé.

› *Redação dada pela Emenda constitucional nº 110, de 2021*

Art. 19. Os servidores públicos civis da União, dos Estados, do Distrito Federal e dos Municípios, da administração direta, autárquica e das fundações públicas, em exercício na data da promulgação da Constituição, há pelo menos cinco anos continuados, e que não tenham sido admitidos na forma regulada no art. 37, da Constituição, são considerados estáveis no serviço público.

§ 1º O tempo de serviço dos servidores referidos neste artigo será contado como título quando se submeterem a concurso para fins de efetivação, na forma da lei.

§ 2º O disposto neste artigo não se aplica aos ocupantes de cargos, funções e empregos de confiança ou em comissão, nem aos que a lei declare de livre exoneração, cujo tempo de serviço não será computado para os fins do *caput* deste artigo, exceto se se tratar de servidor.

§ 3º O disposto neste artigo não se aplica aos professores de nível superior, nos termos da lei.

Art. 20. Dentro de cento e oitenta dias, proceder-se-á à revisão dos direitos dos servidores públicos inativos e pensionistas e à atualização dos proventos e pensões a eles devidos, a fim de ajustá-los ao disposto na Constituição.

Art. 21. Os juízes togados de investidura limitada no tempo, admitidos mediante concurso público de provas e títulos e que estejam em exercício na data da promulgação da Constituição, adquirem estabilidade, observado o estágio probatório, e passam a compor quadro em extinção, mantidas as competências, prerrogativas e restrições da legislação a que se achavam submetidos, salvo as inerentes à transitoriedade da investidura.

Parágrafo único. A aposentadoria dos juízes de que trata este artigo regular-se-á pelas normas fixadas para os demais juízes estaduais.

Art. 22. É assegurado aos defensores públicos investidos na função até a data de instalação da Assembleia Nacional Constituinte o direito de opção pela carreira, com a observância das garantias e vedações previstas no art. 134, parágrafo único, da Constituição.

Art. 23. Até que se edite a regulamentação do art. 21, XVI, da Constituição, os atuais ocupantes do cargo de censor federal continuarão exercendo funções com este compatíveis, no Departamento de Polícia Federal, observadas as disposições constitucionais.

Parágrafo único. A lei referida disporá sobre o aproveitamento dos Censores Federais, nos termos deste artigo.

Art. 24. A União, os Estados, o Distrito Federal e os Municípios editarão leis que estabeleçam critérios para a compatibilização de seus quadros de pessoal ao disposto no art. 39 da Constituição e à reforma administrativa dela decorrente, no prazo de dezoito meses, contados da sua promulgação.

Art. 25. Ficam revogados, a partir de cento e oitenta dias da promulgação da Constituição, sujeito este prazo a prorrogação por lei, todos os dispositivos legais que atribuam ou deleguem a órgão do Poder Executivo competência assinalada pela Constituição ao Congresso Nacional, especialmente no que tange a:

I – ação normativa;

II – alocação ou transferência de recursos de qualquer espécie.

§ 1º Os decretos-lei em tramitação no Congresso Nacional e por este não apreciados até a promulgação da Constituição terão seus efeitos regulados da seguinte forma:

I – se editados até 2 de setembro de 1988, serão apreciados pelo Congresso Nacional no prazo de até cento e oitenta dias a contar da promulgação da Constituição, não computado o recesso parlamentar;

II – decorrido o prazo definido no inciso anterior, e não havendo apreciação, os decretos-lei alí mencionados serão considerados rejeitados;

III – nas hipóteses definidas nos incisos I e II, terão plena validade os atos praticados na vigência dos respectivos decretos-lei, podendo o Congresso Nacional, se necessário, legislar sobre os efeitos deles remanescentes.

§ 2º Os decretos-lei editados entre 3 de setembro de 1988 e a promulgação da Constituição serão convertidos, nesta data, em medidas provisórias, aplicando-se-lhes as regras estabelecidas no art. 62, parágrafo único.

Art. 26. No prazo de um ano a contar da promulgação da Constituição, o Congresso Nacional promoverá, através de Comissão mista, exame analítico e pericial dos atos e fatos geradores do endividamento externo brasileiro.

§ 1º A Comissão terá a força legal de Comissão parlamentar de inquérito para os fins de requisição e convocação, e atuará com o auxílio do Tribunal de Contas da União.

§ 2º Apurada irregularidade, o Congresso Nacional proporá ao Poder Executivo a declaração de nulidade do ato e encaminhará o processo ao Ministério Público Federal, que formalizará, no prazo de sessenta dias, a ação cabível.

Art. 27. O Superior Tribunal de Justiça será instalado sob a Presidência do Supremo Tribunal Federal.

§ 1º Até que se instale o Superior Tribunal de Justiça, o Supremo Tribunal Federal exercerá as atribuições e competências definidas na ordem constitucional precedente.

§ 2º A composição inicial do Superior Tribunal de Justiça far-se-á:

I – pelo aproveitamento dos Ministros do Tribunal Federal de Recursos;

II – pela nomeação dos Ministros que sejam necessários para completar o número estabelecido na Constituição.

§ 3º Para os efeitos do disposto na Constituição, os atuais Ministros do Tribunal Federal de Recursos serão considerados pertencentes à classe de que provieram, quando de sua nomeação.

§ 4º Instalado o Tribunal, os Ministros aposentados do Tribunal Federal de Recursos tornar-se-ão, automaticamente, Ministros aposentados do Superior Tribunal de Justiça.

§ 5º Os Ministros a que se refere o § 2º, II, serão indicados em lista tríplice pelo Tribunal Federal de Recursos, observado o disposto no art. 104, parágrafo único, da Constituição.

§ 6º Ficam criados cinco Tribunais Regionais Federais, a serem instalados no prazo de seis meses a contar da promulgação da Constituição, com a jurisdição e sede que lhes fixar o Tribunal Federal de Recursos, tendo em conta o número de processos e sua localização geográfica.

§ 7º Até que se instalem os Tribunais Regionais Federais, o Tribunal Federal de Recursos exercerá a competência a eles atribuída em todo o território nacional, cabendo-lhe promover sua instalação e indicar os candidatos a todos os cargos da composição inicial, mediante lista tríplice, podendo desta constar juízes federais de qualquer região, observado o disposto no § 9º.

§ 8º É vedado, a partir da promulgação da Constituição, o provimento de vagas de Ministros do Tribunal Federal de Recursos.

§ 9º Quando não houver juiz federal que conte o tempo mínimo previsto no art. 107, II, da Constituição, a promoção poderá contemplar juiz com menos de cinco anos no exercício do cargo.

§ 10. Compete à Justiça Federal julgar as ações nela propostas até a data da promulgação da Constituição, e aos Tribunais Regionais Federais bem como ao Superior Tribunal de Justiça julgar as ações rescisórias das decisões até então proferidas pela Justiça Federal, inclusive daquelas cuja matéria tenha passado à competência de outro ramo do Judiciário.

§ 11. São criados, ainda, os seguintes Tribunais Regionais Federais: o da 6ª Região, com sede em Curitiba, Estado do Paraná, e jurisdição nos Estados do Paraná, Santa Catarina e Mato Grosso do Sul; o da 7ª Região, com sede em Belo Horizonte, Estado de Minas Gerais, e jurisdição no Estado de Minas Gerais; o da 8ª Região, com sede em Salvador, Estado da Bahia, e jurisdição nos Estados da Bahia e Sergipe; e o da 9ª Região, com sede em Manaus, Estado do Amazonas, e jurisdição nos Estados do Amazonas, Acre, Rondônia e Roraima. *(Vide ADIN nº 5017, de 2013)*

› *Incluído pela Emenda Constitucional nº 73, de 2013*

Art. 28. Os juízes federais de que trata o art. 123, § 2º, da Constituição de 1967, com a redação dada pela Emenda Constitucional nº 7, de 1977, ficam investidos na titularidade de varas na Seção Judiciária para a qual tenham sido nomeados ou designados; na inexistência de vagas, proceder-se-á ao desdobramento das varas existentes.

Parágrafo único. Para efeito de promoção por antigüidade, o tempo de serviço desses juízes será computado a partir do dia de sua posse.

Art. 29. Enquanto não aprovadas as leis complementares relativas ao Ministério Público e à Advocacia-Geral da União, o Ministério Público Federal, a Procuradoria-Geral da Fazenda Nacional, as Consultorias Jurídicas dos Ministérios, as Procuradorias e Departamentos Jurídicos de autarquias federais com representação própria e os membros das Procuradorias das Universidades fundacionais públicas continuarão a exercer suas atividades na área das respectivas atribuições.

§ 1º O Presidente da República, no prazo de cento e vinte dias, encaminhará ao Congresso Nacional projeto de lei complementar dispondo sobre a organização e o funcionamento da Advocacia-Geral da União.

§ 2º Aos atuais Procuradores da República, nos termos da lei complementar, será facultada a opção, de forma irretratável, entre as carreiras do Ministério Público Federal e da Advocacia-Geral da União.

§ 3º Poderá optar pelo regime anterior, no que respeita às garantias e vantagens, o membro do Ministério Público admitido antes da promulgação da Constituição, observando-se, quanto às vedações, a situação jurídica na data desta.

§ 4º Os atuais integrantes do quadro suplementar dos Ministérios Públicos do Trabalho e Militar que tenham adquirido estabilidade nessas funções passam a integrar o quadro da respectiva carreira.

§ 5º Cabe à atual Procuradoria-Geral da Fazenda Nacional, diretamente ou por delegação, que pode ser ao Ministério Público Estadual, representar judicialmente a União nas causas de natureza fiscal, na área da respectiva competência, até a promulgação das leis complementares previstas neste artigo.

Art. 30. A legislação que criar a justiça de paz manterá os atuais juízes de paz até a posse dos novos titulares, assegurando-lhes os direitos e atribuições conferidos a estes, e designará o dia para a eleição prevista no art. 98, II, da Constituição.

Art. 31. Serão estatizadas as serventias do foro judicial, assim definidas em lei, respeitados os direitos dos atuais titulares.

Art. 32. O disposto no art. 236 não se aplica aos serviços notariais e de registro que já tenham sido oficializados pelo Poder Público, respeitando-se o direito de seus servidores.

› *Vide Lei 8.935/1994*

Art. 33. Ressalvados os créditos de natureza alimentar, o valor dos precatórios judiciais pendentes de pagamento na data da promulgação da Constituição, incluído o remanescente de juros e correção monetária, poderá ser pago em moeda corrente, com atualização, em prestações anuais, iguais e sucessivas, no prazo máximo de oito anos, a partir de 1º de julho de 1989, por decisão editada pelo Poder Executivo até cento e oitenta dias da promulgação da Constituição.

Parágrafo único. Poderão as entidades devedoras, para o cumprimento do disposto neste artigo, emitir, em cada ano, no exato montante do dispêndio, títulos de dívida pública não computáveis para efeito do limite global de endividamento.

Art. 34. O sistema tributário nacional entrará em vigor a partir do primeiro dia do quinto mês seguinte ao da promulgação da Constituição, mantido, até então, o da Constituição de 1967, com a redação dada pela Emenda nº 1, de 1969, e pelas posteriores.

§ 1º Entrarão em vigor com a promulgação da Constituição os arts. 148, 149, 150, 154, I, 156, III, e 159, I, "c", revogadas as disposições em contrário da Constituição de 1967 e das Emendas que a modificaram, especialmente de seu art. 25, III.

§ 2º O Fundo de Participação dos Estados e do Distrito Federal e o Fundo de Participação dos Municípios obedecerão às seguintes determinações:

I – a partir da promulgação da Constituição, os percentuais serão, respectivamente, de dezoito por cento e de vinte por cento, calculados sobre o produto da arrecadação dos impostos referidos no art. 153, III e IV, mantidos os atuais critérios de rateio até a entrada em vigor da lei complementar a que se refere o art. 161, II;

II – o percentual relativo ao Fundo de Participação dos Estados e do Distrito Federal será acrescido de um ponto percentual no exercício financeiro de 1989 e, a partir de 1990, inclusive, à razão de meio ponto por exercício, até 1992, inclusive, atingindo em 1993 o percentual estabelecido no art. 159, I, "a";

III – o percentual relativo ao Fundo de Participação dos Municípios, a partir de 1989, inclusive, será elevado à razão de meio ponto percentual por exercício financeiro, até atingir o estabelecido no art. 159, I, "b".

§ 3º Promulgada a Constituição, a União, os Estados, o Distrito Federal e os Municípios poderão editar as leis necessárias à aplicação do sistema tributário nacional nela previsto.

§ 4º As leis editadas nos termos do parágrafo anterior produzirão efeitos a partir da entrada em vigor do sistema tributário nacional previsto na Constituição.

§ 5º Vigente o novo sistema tributário nacional, fica assegurada a aplicação da legislação anterior, no que não seja incompatível com ele e com a legislação referida nos § 3º e § 4º.

§ 6º Até 31 de dezembro de 1989, o disposto no art. 150, III, "b", não se aplica aos impostos de que tratam os arts. 155, I, "a" e "b", e 156, II e III, que podem ser cobrados trinta dias após a publicação da lei que os tenha instituído ou aumentado.

§ 7º Até que sejam fixadas em lei complementar, as alíquotas máximas do imposto municipal sobre vendas a varejo de combustíveis líquidos e gasosos não excederão a três por cento.

§ 8º Se, no prazo de sessenta dias contados da promulgação da Constituição, não for editada a lei complementar necessária à instituição do imposto de que trata o art. 155, I, "b", os Estados e o Distrito Federal, mediante convênio celebrado nos termos da Lei Complementar nº 24, de 7 de janeiro de 1975, fixarão normas para regular provisoriamente a matéria.

§ 9º Até que lei complementar disponha sobre a matéria, as empresas distribuidoras de energia elétrica, na condição de contribuintes ou de substitutos tributários, serão as responsáveis, por ocasião da saída do produto de seus estabelecimentos, ainda que destinado a outra unidade da Federação, pelo pagamento do imposto sobre operações relativas à circulação de mercadorias incidente sobre energia elétrica, desde a produção ou importação até a última operação, calculado o imposto sobre o preço então praticado na operação final e assegurado seu recolhimento ao Estado ou ao Distrito Federal, conforme o local onde deva ocorrer essa operação.

§ 10. Enquanto não entrar em vigor a lei prevista no art. 159, I, "c", cuja promulgação se fará até 31 de dezembro de 1989, é assegurada a aplicação dos recursos previstos naquele dispositivo da seguinte maneira:

I – seis décimos por cento na Região Norte, através do Banco da Amazônia S.A.;

II – um inteiro e oito décimos por cento na Região Nordeste, através do Banco do Nordeste do Brasil S.A.;

III – seis décimos por cento na Região Centro-Oeste, através do Banco do Brasil S.A.

§ 11. Fica criado, nos termos da lei, o Banco de Desenvolvimento do Centro-Oeste, para dar cumprimento, na referida região, ao que determinam os arts. 159, I, "c", e 192, § 2º, da Constituição.

§ 12. A urgência prevista no art. 148, II, não prejudica a cobrança do empréstimo compulsório instituído, em benefício das Centrais Elétricas Brasileiras S.A. (Eletrobrás), pela Lei nº 4.156, de 28 de novembro de 1962, com as alterações posteriores.

Art. 35. O disposto no art. 165, § 7º, será cumprido de forma progressiva, no prazo de até dez anos, distribuindo-se os recursos entre as regiões macroeconômicas em razão proporcional à população, a partir da situação verificada no biênio 1986-87.

§ 1º Para aplicação dos critérios de que trata este artigo, excluem-se das despesas totais as relativas:

I – aos projetos considerados prioritários no plano plurianual;

II – à segurança e defesa nacional;

III – à manutenção dos órgãos federais no Distrito Federal;

IV – ao Congresso Nacional, ao Tribunal de Contas da União e ao Poder Judiciário;

V – ao serviço da dívida da administração direta e indireta da União, inclusive fundações instituídas e mantidas pelo Poder Público federal.

§ 2º Até a entrada em vigor da lei complementar a que se refere o art. 165, § 9º, I e II, serão obedecidas as seguintes normas:

I – o projeto do plano plurianual, para vigência até o final do primeiro exercício financeiro do mandato presidencial subseqüente, será encaminhado até quatro meses antes do encerramento do primeiro exercício financeiro e devolvido para sanção até o encerramento da sessão legislativa;

II – o projeto de lei de diretrizes orçamentárias será encaminhado até oito meses e meio antes do encerramento do exercício financeiro e devolvido para sanção até o encerramento do primeiro período da sessão legislativa;

III – o projeto de lei orçamentária da União será encaminhado até quatro meses antes do encerramento do exercício financeiro e devolvido para sanção até o encerramento da sessão legislativa.

Art. 36. Os fundos existentes na data da promulgação da Constituição, excetuados os resultantes de isenções fiscais que passem a integrar patrimônio privado e os que interessem à defesa nacional, extinguir-se-ão, se não forem ratificados pelo Congresso Nacional no prazo de dois anos.

Art. 37. A adaptação ao que estabelece o art. 167, III, deverá processar-se no prazo de cinco anos, reduzindo-se o excesso à base de, pelo menos, um quinto por ano.

Art. 38. Até a promulgação da lei complementar referida no art. 169, a União, os Estados, o Distrito Federal e os Municípios não poderão despender com pessoal mais do que sessenta e cinco por cento do valor das respectivas receitas correntes.

§ 1º A União, os Estados, o Distrito Federal e os Municípios, quando a respectiva despesa de pessoal exceder o limite previsto neste artigo, deverão retornar àquele limite, reduzindo o percentual excedente à razão de um quinto por ano.

› *Incluído pela Emenda Constitucional nº 127, de 2022*

§ 2º As despesas com pessoal resultantes do cumprimento do disposto nos §§ 12, 13, 14 e 15 do art. 198 da Constituição Federal serão contabilizadas, para fins dos limites de que trata o art. 169 da Constituição Federal, da seguinte forma:

› *Incluído pela Emenda Constitucional nº 127, de 2022*

I – até o fim do exercício financeiro subsequente ao da publicação deste dispositivo, não serão contabilizadas para esses limites;

› *Incluído pela Emenda Constitucional nº 127, de 2022*

II – no segundo exercício financeiro subsequente ao da publicação deste dispositivo, serão deduzidas em 90% (noventa por cento) do seu valor;

› *Incluído pela Emenda Constitucional nº 127, de 2022*

III – entre o terceiro e o décimo segundo exercício financeiro subsequente ao da publicação deste dispositivo, a dedução de que trata o inciso II deste parágrafo será reduzida anualmente na proporção de 10% (dez por cento) de seu valor.

› *Incluído pela Emenda Constitucional nº 127, de 2022*

Art. 39. Para efeito do cumprimento das disposições constitucionais que impliquem variações de despesas e receitas da União, após a promulgação da Constituição, o Poder Executivo deverá elaborar e o Poder Legislativo apreciar projeto de revisão da lei orçamentária referente ao exercício financeiro de 1989.

Parágrafo único. O Congresso Nacional deverá votar no prazo de doze meses a lei complementar prevista no art. 161, II.

Art. 40. É mantida a Zona Franca de Manaus, com suas características de área livre de comércio, de exportação e importação, e de incentivos fiscais, pelo prazo de vinte e cinco anos, a partir da promulgação da Constituição.

Parágrafo único. Somente por lei federal podem ser modificados os critérios que disciplinaram ou venham a disciplinar a aprovação dos projetos na Zona Franca de Manaus.

Art. 41. Os Poderes Executivos da União, dos Estados, do Distrito Federal e dos Municípios reavaliarão todos os incentivos fiscais de natureza setorial ora em vigor, propondo aos Poderes Legislativos respectivos as medidas cabíveis.

§ 1º Considerar-se-ão revogados após dois anos, a partir da data da promulgação da Constituição, os incentivos que não forem confirmados por lei.

§ 2º A revogação não prejudicará os direitos que já tiverem sido adquiridos, àquela data, em relação a incentivos concedidos sob condição e com prazo certo.

§ 3º Os incentivos concedidos por convênio entre Estados, celebrados nos termos do art. 23, § 6º, da Constituição de 1967, com a redação da Emenda Constitucional nº 1, de 17 de outubro de 1969, também deverão ser reavaliados e reconfirmados nos prazos deste artigo.

Art. 42. Durante 40 (quarenta) anos, a União aplicará dos recursos destinados à irrigação:

› *Redação dada pela Emenda Constitucional nº 89, de 2015*

I – 20% (vinte por cento) na Região Centro-Oeste;

› *Redação dada pela Emenda Constitucional nº 89, de 2015*

II – 50% (cinquenta por cento) na Região Nordeste, preferencialmente no Semiárido.

› *Redação dada pela Emenda Constitucional nº 89, de 2015*

Parágrafo único. Dos percentuais previstos nos incisos I e II do *caput*, no mínimo 50% (cinquenta por cento) serão destinados a projetos de irrigação que beneficiem agricultores familiares que atendam aos requisitos previstos em legislação específica.

› *Incluído pela Emenda Constitucional nº 89, de 2015*

Art. 43. Na data da promulgação da lei que disciplinar a pesquisa e a lavra de recursos e jazidas minerais, ou no prazo de um ano, a contar da promulgação da Constituição, tornar-se-ão sem efeito as autorizações, concessões e demais títulos atributivos de direitos minerários, caso os trabalhos de pesquisa ou de lavra não hajam sido comprovadamente iniciados nos prazos legais ou estejam inativos.

Art. 44. As atuais empresas brasileiras titulares de autorização de pesquisa, concessão de lavra de recursos minerais e de aproveitamento dos potenciais de energia hidráulica em vigor terão quatro anos, a partir da promulgação da Constituição, para cumprir os requisitos do art. 176, § 1º.

§ 1º Ressalvadas as disposições de interesse nacional previstas no texto constitucional, as empresas brasileiras ficarão dispensadas do cumprimento do disposto no art. 176, § 1º, desde que, no prazo de até quatro anos da data da promulgação da Constituição, tenham o produto de sua lavra e beneficiamento destinado a industrialização no território nacional, em seus próprios estabelecimentos ou em empresa industrial controladora ou controlada.

§ 2º Ficarão também dispensadas do cumprimento do disposto no art. 176, § 1º, as empresas brasileiras titulares de concessão de energia hidráulica para uso em seu processo de industrialização.

§ 3º As empresas brasileiras referidas no § 1º somente poderão ter autorizações de pesquisa e concessões de lavra ou potenciais de energia hidráulica, desde que a energia e o produto da lavra sejam utilizados nos respectivos processos industriais.

Art. 45. Ficam excluídas do monopólio estabelecido pelo art. 177, II, da Constituição as refinarias em funcionamento no País amparadas pelo art. 43 e nas condições do art. 45 da Lei nº 2.004, de 3 de outubro de 1953.

Parágrafo único. Ficam ressalvados da vedação do art. 177, § 1º, os contratos de risco feitos com a Petróleo Brasileiro S.A. (Petrobrás), para pesquisa de petróleo, que estejam em vigor na data da promulgação da Constituição.

Art. 46. São sujeitos à correção monetária desde o vencimento, até seu efetivo pagamento, sem interrupção ou suspensão, os créditos junto a entidades submetidas aos regimes de intervenção ou liquidação extrajudicial, mesmo quando esses regimes sejam convertidos em falência.

Parágrafo único. O disposto neste artigo aplica-se também:

I – às operações realizadas posteriormente à decretação dos regimes referidos no "*caput*" deste artigo;

II – às operações de empréstimo, financiamento, refinanciamento, assistência financeira de liquidez, cessão ou sub-rogação de créditos ou cédulas hipotecárias, efetivação de garantia de depósitos do público ou de compra de obrigações passivas, inclusive as realizadas com recursos de fundos que tenham essas destinações;

III – aos créditos anteriores à promulgação da Constituição;

IV – aos créditos das entidades da administração pública anteriores à promulgação da Constituição, não liquidados até 1 de janeiro de 1988.

Art. 47. Na liquidação dos débitos, inclusive suas renegociações e composições posteriores, ainda que ajuizados, decorrentes de quaisquer empréstimos concedidos por bancos e por instituições financeiras, não existirá correção monetária desde que o empréstimo tenha sido concedido:

I – aos micro e pequenos empresários ou seus estabelecimentos no período de 28 de fevereiro de 1986 a 28 de fevereiro de 1987;

II – ao mini, pequenos e médios produtores rurais no período de 28 de fevereiro de 1986 a 31 de dezembro de 1987, desde que relativos a crédito rural.

§ 1º Consideram-se, para efeito deste artigo, microempresas as pessoas jurídicas e as firmas individuais com receitas anuais de até dez mil Obrigações do Tesouro Nacional, e pequenas empresas as pessoas jurídicas e as firmas individuais com receita anual de até vinte e cinco mil Obrigações do Tesouro Nacional.

§ 2º A classificação de mini, pequeno e médio produtor rural será feita obedecendo-se às normas de crédito rural vigentes à época do contrato.

§ 3º A isenção da correção monetária a que se refere este artigo só será concedida nos seguintes casos:

I – se a liquidação do débito inicial, acrescido de juros legais e taxas judiciais, vier a ser efetivada no prazo de noventa dias, a contar da data da promulgação da Constituição;

II – se a aplicação dos recursos não contrariar a finalidade do financiamento, cabendo o ônus da prova à instituição credora;

III – se não for demonstrado pela instituição credora que o mutuário dispõe de meios para o pagamento de seu débito, excluído desta demonstração seu estabelecimento, a casa de moradia e os instrumentos de trabalho e produção;

IV – se o financiamento inicial não ultrapassar o limite de cinco mil Obrigações do Tesouro Nacional;

V – se o beneficiário não for proprietário de mais de cinco módulos rurais.

§ 4º Os benefícios de que trata este artigo não se estendem aos débitos já quitados e aos devedores que sejam constituintes.

§ 5º No caso de operações com prazos de vencimento posteriores à data – limite de liquidação da dívida, havendo interesse do mutuário, os bancos e as instituições financeiras promoverão, por instrumento próprio, alteração nas condições contratuais originais de forma a ajustá-las ao presente benefício.

§ 6º A concessão do presente benefício por bancos comerciais privados em nenhuma hipótese acarretará ônus para o Poder Público, ainda que através de refinanciamento e repasse de recursos pelo banco central.

§ 7º No caso de repasse a agentes financeiros oficiais ou cooperativas de crédito, o ônus recairá sobre a fonte de recursos originária.

Art. 48. O Congresso Nacional, dentro de cento e vinte dias da promulgação da Constituição, elaborará código de defesa do consumidor.

Art. 49. A lei disporá sobre o instituto da enfiteuse em imóveis urbanos, sendo facultada aos foreiros, no caso de sua extinção, a remição dos aforamentos mediante aquisição do domínio direto, na conformidade do que dispuserem os respectivos contratos.

§ 1º Quando não existir cláusula contratual, serão adotados os critérios e bases hoje vigentes na legislação especial dos imóveis da União.

§ 2º Os direitos dos atuais ocupantes inscritos ficam assegurados pela aplicação de outra modalidade de contrato.

§ 3º A enfiteuse continuará sendo aplicada aos terrenos de marinha e seus acrescidos, situados na faixa de segurança, a partir da orla marítima.

§ 4º Remido o foro, o antigo titular do domínio direto deverá, no prazo de noventa dias, sob pena de responsabilidade, confiar à guarda do registro de imóveis competente toda a documentação a ele relativa.

Art. 50. Lei agrícola a ser promulgada no prazo de um ano disporá, nos termos da Constituição, sobre os objetivos e instrumentos de política agrícola, prioridades, planejamento de safras, comercialização, abastecimento interno, mercado externo e instituição de crédito fundiário.

Art. 51. Serão revistos pelo Congresso Nacional, através de Comissão mista, nos três anos a contar da data da promulgação da Constituição, todas as doações, vendas e concessões de terras públicas com área superior a três mil hectares, realizadas no período de 1º de janeiro de 1962 a 31 de dezembro de 1987.

§ 1º No tocante às vendas, a revisão será feita com base exclusivamente no critério de legalidade da operação.

§ 2º No caso de concessões e doações, a revisão obedecerá aos critérios de legalidade e de conveniência do interesse público.

§ 3º Nas hipóteses previstas nos parágrafos anteriores, comprovada a ilegalidade, ou havendo interesse público, as terras reverterão ao patrimônio da União, dos Estados, do Distrito Federal ou dos Municípios.

Art. 52. Até que sejam fixadas as condições do art. 192, são vedados:

› *Redação dada pela Emenda Constitucional nº 40, de 2003*

I – a instalação, no País, de novas agências de instituições financeiras domiciliadas no exterior;

II – o aumento do percentual de participação, no capital de instituições financeiras com sede no País, de pessoas físicas ou jurídicas residentes ou domiciliadas no exterior.

Parágrafo único. A vedação a que se refere este artigo não se aplica às autorizações resultantes de acordos internacionais, de reciprocidade, ou de interesse do Governo brasileiro.

Art. 53. Ao ex-combatente que tenha efetivamente participado de operações bélicas durante a Segunda Guerra Mundial, nos termos da Lei nº 5.315, de 12 de setembro de 1967, serão assegurados os seguintes direitos:

I – aproveitamento no serviço público, sem a exigência de concurso, com estabilidade;

II – pensão especial correspondente à deixada por segundo-tenente das Forças Armadas, que poderá ser requerida a qualquer tempo, sendo inacumulável com quaisquer rendimentos recebidos dos cofres públicos, exceto os benefícios previdenciários, ressalvado o direito de opção;

III – em caso de morte, pensão à viúva ou companheira ou dependente, de forma proporcional, de valor igual à do inciso anterior;

IV – assistência médica, hospitalar e educacional gratuita, extensiva aos dependentes;

V – aposentadoria com proventos integrais aos vinte e cinco anos de serviço efetivo, em qualquer regime jurídico;

VI – prioridade na aquisição da casa própria, para os que não a possuam ou para suas viúvas ou companheiras.

Parágrafo único. A concessão da pensão especial do inciso II substitui, para todos os efeitos legais, qualquer outra pensão já concedida ao ex-combatente.

Art. 54. Os seringueiros recrutados nos termos do Decreto-Lei nº 5.813, de 14 de setembro de 1943, e amparados pelo Decreto-Lei nº 9.882, de 16 de setembro de 1946, receberão, quando carentes, pensão mensal vitalícia no valor de dois salários mínimos.

§ 1º O benefício é estendido aos seringueiros que, atendendo a apelo do Governo brasileiro, contribuíram para o esforço de guerra, trabalhando na produção de borracha, na Região Amazônica, durante a Segunda Guerra Mundial.

§ 2º Os benefícios estabelecidos neste artigo são transferíveis aos dependentes reconhecidamente carentes.

§ 3º A concessão do benefício far-se-á conforme lei a ser proposta pelo Poder Executivo dentro de cento e cinqüenta dias da promulgação da Constituição.

Art. 54-A. Os seringueiros de que trata o art. 54 deste Ato das Disposições Constitucionais Transitórias receberão indenização, em parcela única, no valor de R$ 25.000,00 (vinte e cinco mil reais). *(Incluído pela Emenda Constitucional nº 78, de 2014)*

Art. 55. Até que seja aprovada a lei de diretrizes orçamentárias, trinta por cento, no mínimo, do orçamento da seguridade social, excluído o seguro-desemprego, serão destinados ao setor de saúde.

Art. 56. Até que a lei disponha sobre o art. 195, I, a arrecadação decorrente de, no mínimo, cinco dos seis décimos percentuais correspondentes à alíquota da contribuição de que trata o Decreto-Lei nº 1.940, de 25 de maio de 1982, alterada pelo Decreto-Lei nº 2.049, de 1º de agosto de 1983, pelo Decreto nº 91.236, de 8 de maio de 1985, e pela Lei nº 7.611, de 8 de julho de 1987, passa a integrar a receita da seguridade social, ressalvados, exclusivamente no exercício de 1988, os compromissos assumidos com programas e projetos em andamento.

Art. 57. Os débitos dos Estados e dos Municípios relativos às contribuições previdenciárias até 30 de junho de 1988 serão liquidados, com correção monetária, em cento e vinte parcelas mensais, dispensados os juros e multas sobre eles incidentes, desde que os devedores requeiram o parcelamento e iniciem seu pagamento no prazo de cento e oitenta dias a contar da promulgação da Constituição.

§ 1º O montante a ser pago em cada um dos dois primeiros anos não será inferior a cinco por cento do total do débito consolidado e atualizado, sendo o restante dividido em parcelas mensais de igual valor.

§ 2º A liquidação poderá incluir pagamentos na forma de cessão de bens e prestação de serviços, nos termos da Lei nº 7.578, de 23 de dezembro de 1986.

§ 3º Em garantia do cumprimento do parcelamento, os Estados e os Municípios consignarão, anualmente, nos respectivos orçamentos as dotações necessárias ao pagamento de seus débitos.

§ 4º Descumprida qualquer das condições estabelecidas para concessão do parcelamento, o débito será considerado vencido em sua totalidade, sobre ele incidindo juros de mora; nesta hipótese, parcela dos recursos correspondentes aos Fundos de Participação, destinada aos Estados e Municípios devedores, será bloqueada e repassada à previdência social para pagamento de seus débitos.

Art. 58. Os benefícios de prestação continuada, mantidos pela previdência social na data da promulgação da Constituição, terão seus valores revistos, a fim de que seja restabelecido o poder aquisitivo, expresso em número de salários mínimos, que tinham na data de sua concessão, obedecendo-se a esse critério de atualização até a implantação do plano de custeio e benefícios referidos no artigo seguinte.

Parágrafo único. As prestações mensais dos benefícios atualizadas de acordo com este artigo serão devidas e pagas a partir do sétimo mês a contar da promulgação da Constituição.

Art. 59. Os projetos de lei relativos à organização da seguridade social e aos planos de custeio e de benefício serão apresentados no prazo máximo de seis meses da promulgação da Constituição ao Congresso Nacional, que terá seis meses para apreciá-los.

Parágrafo único. Aprovados pelo Congresso Nacional, os planos serão implantados progressivamente nos dezoito meses seguintes.

Art. 60. A complementação da União referida no inciso IV do *caput* do art. 212-A da Constituição Federal será implementada progressivamente até alcançar a proporção estabelecida no inciso V do *caput* do mesmo artigo, a partir de 1º de janeiro de 2021, nos seguintes valores mínimos:

› *Redação dada pela Emenda Constitucional nº 108, de 2020*

I – 12% (doze por cento), no primeiro ano;

› *Redação dada pela Emenda Constitucional nº 108, de 2020*

II – 15% (quinze por cento), no segundo ano;

› *Redação dada pela Emenda Constitucional nº 108, de 2020*

III – 17% (dezessete por cento), no terceiro ano;

› *Redação dada pela Emenda Constitucional nº 108, de 2020*

IV – 19% (dezenove por cento), no quarto ano;

› *Redação dada pela Emenda Constitucional nº 108, de 2020*

V – 21% (vinte e um por cento), no quinto ano;

› *Redação dada pela Emenda Constitucional nº 108, de 2020*

VI – 23% (vinte e três por cento), no sexto ano.

› *Redação dada pela Emenda Constitucional nº 108, de 2020*

§ 1º A parcela da complementação de que trata a alínea "b" do inciso V do *caput* do art. 212-A da Constituição Federal observará, no mínimo, os seguintes valores:

› *Redação dada pela Emenda Constitucional nº 108, de 2020*

I – 2 (dois) pontos percentuais, no primeiro ano;

› *Redação dada pela Emenda Constitucional nº 108, de 2020*

II – 5 (cinco) pontos percentuais, no segundo ano;

› *Redação dada pela Emenda Constitucional nº 108, de 2020*

III – 6,25 (seis inteiros e vinte e cinco centésimos) pontos percentuais, no terceiro ano;

› *Redação dada pela Emenda Constitucional nº 108, de 2020*

IV – 7,5 (sete inteiros e cinco décimos) pontos percentuais, no quarto ano;

› *Redação dada pela Emenda Constitucional nº 108, de 2020*

V – 9 (nove) pontos percentuais, no quinto ano;

› *Redação dada pela Emenda Constitucional nº 108, de 2020*

VI – 10,5 (dez inteiros e cinco décimos) pontos percentuais, no sexto ano.

› *Redação dada pela Emenda Constitucional nº 108, de 2020*

§ 2º A parcela da complementação de que trata a alínea "c" do inciso V do *caput* do art. 212-A da Constituição Federal observará os seguintes valores:

› *Redação dada pela Emenda Constitucional nº 108, de 2020*

I – 0,75 (setenta e cinco centésimos) ponto percentual, no terceiro ano;

› *Redação dada pela Emenda Constitucional nº 108, de 2020*

II – 1,5 (um inteiro e cinco décimos) ponto percentual, no quarto ano;

› *Redação dada pela Emenda Constitucional nº 108, de 2020*

III – 2 (dois) pontos percentuais, no quinto ano;

› *Redação dada pela Emenda Constitucional nº 108, de 2020*

IV – 2,5 (dois inteiros e cinco décimos) pontos percentuais, no sexto ano.

› *Redação dada pela Emenda Constitucional nº 108, de 2020*

Art. 60-A. Os critérios de distribuição da complementação da União e dos fundos a que se refere o inciso I do *caput* do art. 212-A da Constituição Federal serão revistos em seu sexto ano de vigência e, a partir dessa primeira revisão, periodicamente, a cada 10 (dez) anos.

› *Incluído pela Emenda Constitucional nº 108, de 2020*

Art. 61. As entidades educacionais a que se refere o art. 213, bem como as fundações de ensino e pesquisa cuja criação tenha sido autorizada por lei, que preencham os requisitos dos incisos I e II do referido artigo e que, nos últimos três anos, tenham recebido recursos públicos, poderão continuar a recebê-los, salvo disposição legal em contrário.

Art. 62. A lei criará o Serviço Nacional de Aprendizagem Rural (SENAR) nos moldes da legislação relativa ao Serviço Nacional de Aprendizagem Industrial (SENAI) e ao Serviço Nacional de Aprendizagem do Comércio (SENAC), sem prejuízo das atribuições dos órgãos públicos que atuam na área.

Art. 63. É criada uma Comissão composta de nove membros, sendo três do Poder Legislativo, três do Poder Judiciário e três do Poder Executivo, para promover as comemorações do centenário da proclamação da República e da promulgação da primeira Constituição republicana do País, podendo, a seu critério, desdobrar-se em tantas subcomissões quantas forem necessárias.

Parágrafo único. No desenvolvimento de suas atribuições, a Comissão promoverá estudos, debates e avaliações sobre a evolução política, social, econômica e cultural do País, podendo articular-se com os governos estaduais e municipais e com instituições públicas e privadas que desejem participar dos eventos.

Art. 64. A Imprensa Nacional e demais gráficas da União, dos Estados, do Distrito Federal e dos Municípios, da administração direta ou indireta, inclusive fundações instituídas e mantidas pelo Poder Público, promoverão edição popular do texto integral da Constituição, que será posta à disposição das escolas e dos cartórios, dos sindicatos, dos quartéis, das igrejas e de outras instituições representativas da comunidade, gratuitamente, de modo que cada cidadão brasileiro possa receber do Estado um exemplar da Constituição do Brasil.

Art. 65. O Poder Legislativo regulamentará, no prazo de doze meses, o art. 220, § 4º.

Art. 66. São mantidas as concessões de serviços públicos de telecomunicações atualmente em vigor, nos termos da lei.

Art. 67. A União concluirá a demarcação das terras indígenas no prazo de cinco anos a partir da promulgação da Constituição.

Art. 68. Aos remanescentes das comunidades dos quilombos que estejam ocupando suas terras é reconhecida a propriedade definitiva, devendo o Estado emitir-lhes os títulos respectivos.

Art. 69. Será permitido aos Estados manter consultorias jurídicas separadas de suas Procuradorias-Gerais ou Advocacias-Gerais, desde que, na data da promulgação da Constituição, tenham órgãos distintos para as respectivas funções.

Art. 70. Fica mantida atual competência dos tribunais estaduais até a mesma seja definida na Constituição do Estado, nos termos do art. 125, § 1º, da Constituição.

Art. 71. É instituído, nos exercícios financeiros de 1994 e 1995, bem assim nos períodos de 01/01/1996 a 30/06/97 e 01/07/97 a 31/12/1999, o Fundo Social de Emergência, com o objetivo de saneamento financeiro da Fazenda Pública Federal e de estabilização econômica, cujos recursos serão aplicados prioritariamente no custeio das ações dos sistemas de saúde e educação, incluindo a complementação de recursos de que trata o § 3º do art. 60 do Ato das Disposições Constitucionais Transitórias, benefícios previdenciários e auxílios assistenciais de prestação continuada, inclusive liquidação de passivo previdenciário, e despesas orçamentárias associadas a programas de relevante interesse econômico e social.

› *Redação dada pela Emenda Constitucional nº 17, de 1997*

§ 1º Ao Fundo criado por este artigo não se aplica o disposto na parte final do inciso II do § 9º do art. 165 da Constituição.

› *Renumerado do parágrafo único, pela Emenda Constitucional nº 10, de 1996*

§ 2º O Fundo criado por este artigo passa a ser denominado Fundo de Estabilização Fiscal a partir do início do exercício financeiro de 1996.

› *Incluído pela Emenda Constitucional nº 10, de 1996*

§ 3º O Poder Executivo publicará demonstrativo da execução orçamentária, de periodicidade bimestral, no qual se discriminarão as fontes e usos do Fundo criado por este artigo.

› *Incluído pela Emenda Constitucional nº 10, de 1996*

Art. 72. Integram o Fundo Social de Emergência:

› *Incluído pela Emenda Constitucional de Revisão nº 1, de 1994*

I – o produto da arrecadação do imposto sobre renda e proventos de qualquer natureza incidente na fonte sobre pagamentos efetuados, a qualquer título, pela União, inclusive suas autarquias e fundações; *(Vide Emenda Constitucional nº 17, de 1997)*

› *Incluído pela Emenda Constitucional de Revisão nº 1, de 1994*

II – a parcela do produto da arrecadação do imposto sobre renda e proventos de qualquer natureza e do imposto sobre operações de crédito, câmbio e seguro, ou relativas a títulos e valores mobiliários, decorrente das alterações produzidas pela Lei nº 8.894, de 21 de junho de 1994, e pelas

Leis nºs 8.849 e 8.848, ambas de 28 de janeiro de 1994, e modificações posteriores;

› *Redação dada pela Emenda Constitucional nº 10, de 1996*

III – a parcela do produto da arrecadação resultante da elevação da alíquota da contribuição social sobre o lucro dos contribuintes a que se refere o § 1º do Art. 22 da Lei nº 8.212, de 24 de julho de 1991, a qual, nos exercícios financeiros de 1994 e 1995, bem assim no período de 1º de janeiro de 1996 a 30 de junho de 1997, passa a ser de trinta por cento, sujeita a alteração por lei ordinária, mantidas as demais normas da Lei nº 7.689, de 15 de dezembro de 1988;

› *Redação dada pela Emenda Constitucional nº 10, de 1996*

IV – vinte por cento do produto da arrecadação de todos os impostos e contribuições da União, já instituídos ou a serem criados, excetuado o previsto nos incisos I, II e III, observado o disposto nos §§ 3º e 4º;

› *Redação dada pela Emenda Constitucional nº 10, de 1996*

V – a parcela do produto da arrecadação da contribuição de que trata a Lei Complementar nº 7, de 7 de setembro de 1970, devida pelas pessoas jurídicas a que se refere o inciso III deste artigo, a qual será calculada, nos exercícios financeiros de 1994 a 1995, bem assim nos períodos de 1º de janeiro de 1996 a 30 de junho de 1997 e de 1º de julho de 1997 a 31 de dezembro de 1999, mediante a aplicação da alíquota de setenta e cinco centésimos por cento, sujeita a alteração por lei ordinária posterior, sobre a receita bruta operacional, como definida na legislação do imposto sobre renda e proventos de qualquer natureza.

› *Redação dada pela Emenda Constitucional nº 17, de 1997*

VI – outras receitas previstas em lei específica.

› *Incluído pela Emenda Constitucional de Revisão nº 1, de 1994*

§ 1º As alíquotas e a base de cálculo previstas nos incisos III e V aplicar-se-ão a partir do primeiro dia do mês seguinte aos noventa dias posteriores à promulgação desta Emenda.

› *Incluído pela Emenda Constitucional de Revisão nº 1, de 1994*

§ 2º As parcelas de que tratam os incisos I, II, III e V serão previamente deduzidas da base de cálculo de qualquer vinculação ou participação constitucional ou legal, não se lhes aplicando o disposto nos artigos, 159, 212 e 239 da Constituição.

› *Redação dada pela Emenda Constitucional nº 10, de 1996*

§ 3º A parcela de que trata o inciso IV será previamente deduzida da base de cálculo das vinculações ou participações constitucionais previstas nos artigos 153, § 5º, 157, II, 212 e 239 da Constituição.

› *Redação dada pela Emenda Constitucional nº 10, de 1996*

§ 4º O disposto no parágrafo anterior não se aplica aos recursos previstos nos Artigos 158, II e 159 da Constituição.

› *Redação dada pela Emenda Constitucional nº 10, de 1996*

§ 5º A parcela dos recursos provenientes do imposto sobre renda e proventos de qualquer natureza, destinada ao Fundo Social de Emergência, nos termos do inciso II deste artigo, não poderá exceder a cinco inteiros e seis décimos por cento do total do produto da sua arrecadação.

› *Redação dada pela Emenda Constitucional nº 10, de 1996*

Art. 73. Na regulação do Fundo Social de Emergência não poderá ser utilizado o instrumento previsto no inciso V do art. 59 da Constituição.

› *Incluído pela Emenda Constitucional de Revisão nº 1, de 1994*

Art. 74. A União poderá instituir contribuição provisória sobre movimentação ou transmissão de valores e de créditos e direitos de natureza financeira.

› *Incluído pela Emenda Constitucional nº 12, de 1996*

§ 1º A alíquota da contribuição de que trata este artigo não excederá a vinte e cinco centésimos por cento, facultado ao Poder Executivo reduzi-la ou restabelecê-la, total ou parcialmente, nas condições e limites fixados em lei.

› *Incluído pela Emenda Constitucional nº 12, de 1996*

§ 2º A contribuição de que trata este artigo não se aplica o disposto nos arts. 153, § 5º, e 154, I, da Constituição.

› *Incluído pela Emenda Constitucional nº 12, de 1996*

§ 3º O produto da arrecadação da contribuição de que trata este artigo será destinado integralmente ao Fundo Nacional de Saúde, para financiamento das ações e serviços de saúde.

› *Incluído pela Emenda Constitucional nº 12, de 1996*

§ 4º A contribuição de que trata este artigo terá sua exigibilidade subordinada ao disposto no art. 195, § 6º, da Constituição, e não poderá ser cobrada por prazo superior a dois anos.

› *Incluído pela Emenda Constitucional nº 12, de 1996*

Art. 75. É prorrogada, por trinta e seis meses, a cobrança da contribuição provisória sobre movimentação ou transmissão de valores e de créditos e direitos de natureza financeira de que trata *o art. 74, instituída pela Lei nº 9.311, de 24 de outubro de 1996, modificada pela Lei nº 9.539, de 12 de dezembro de 1997, cuja vigência é também prorrogada por idêntico prazo.*

› *Incluído pela Emenda Constitucional nº 21, de 1999*

§ 1º Observado o disposto no § 6º do art. 195 da Constituição Federal, a alíquota da contribuição será de trinta e oito centésimos por cento, nos primeiros doze meses, e de trinta centésimos, nos meses subseqüentes, facultado ao Poder Executivo reduzi-la total ou parcialmente, nos limites aqui definidos.

› *Incluído pela Emenda Constitucional nº 21, de 1999*

§ 2º O resultado do aumento da arrecadação, decorrente da alteração da alíquota, nos exercícios financeiros de 1999, 2000 e 2001, será destinado ao custeio da previdência social.

› *Incluído pela Emenda Constitucional nº 21, de 1999*

§ 3º É a União autorizada a emitir títulos da dívida pública interna, cujos recursos serão destinados ao custeio da saúde e da previdência social, em montante equivalente ao produto da arrecadação da contribuição, prevista e não realizada em 1999. *(Vide ADIN nº 2.031-5)*

› *Incluído pela Emenda Constitucional nº 21, de 1999*

Art. 76. São desvinculados de órgão, fundo ou despesa, até 31 de dezembro de 2024, 30% (trinta por cento) da arrecadação da União relativa às contribuições sociais, sem prejuízo do pagamento das despesas do Regime Geral de Previdência Social, às contribuições de intervenção no domínio econômico e às taxas, já instituídas ou que vierem a ser criadas até a referida data.

› *Redação dada pela Emenda Constitucional nº 126, de 2022*

§ 1º *(Revogado pela Emenda Constitucional nº 93, de 2016)*

§ 2° Excetua-se da desvinculação de que trata o caput a arrecadação da contribuição social do salário-educação a que se refere o § 5º do art. 212 da Constituição Federal.

› *Redação dada pela Emenda Constitucional nº 68, de 2011*

§ 3º *(Revogado pela Emenda Constitucional nº 93, de 2016)*

§ 4º A desvinculação de que trata o caput não se aplica às receitas das contribuições sociais destinadas ao custeio da seguridade social.

› *Incluído pela Emenda Constitucional nº 103, de 2019*

Art. 76-A. São desvinculados de órgão, fundo ou despesa, até 31 de dezembro de 2032, 30% (trinta por cento) das receitas dos Estados e do Distrito Federal relativas a impostos, taxas e multas já instituídos ou que vierem a ser criados até a referida data, seus adicionais e respectivos acréscimos legais, e outras receitas correntes.

› *Redação dada pela Emenda Constitucional nº 132, de 2023*

Parágrafo único. Excetuam-se da desvinculação de que trata o *caput*:

I – recursos destinados ao financiamento das ações e serviços públicos de saúde e à manutenção e desenvolvimento do ensino de que tratam, respectivamente, os incisos II e III do § 2º do art. 198 e o art. 212 da Constituição Federal;

II – receitas que pertencem aos Municípios decorrentes de transferências previstas na Constituição Federal;

III – receitas de contribuições previdenciárias e de assistência à saúde dos servidores;

IV – demais transferências obrigatórias e voluntárias entre entes da Federação com destinação especificada em lei;

V – fundos instituídos pelo Poder Judiciário, pelos Tribunais de Contas, pelo Ministério Público, pelas Defensorias Públicas e pelas Procuradorias-Gerais dos Estados e do Distrito Federal.

Art. 76-B. São desvinculados de órgão, fundo ou despesa, até 31 de dezembro de 2032, 30% (trinta por cento) das receitas dos Municípios relativas a impostos, taxas e multas, já instituídos ou que vierem a ser criados até a referida data, seus adicionais e respectivos acréscimos legais, e outras receitas correntes.

› *Redação dada pela Emenda Constitucional nº 132, de 2023*

Parágrafo único. Excetuam-se da desvinculação de que trata o *caput*:

I – recursos destinados ao financiamento das ações e serviços públicos de saúde e à manutenção e desenvolvimento do ensino de que tratam, respectivamente, os incisos II e III do § 2º do art. 198 e o art. 212 da Constituição Federal;

II – receitas de contribuições previdenciárias e de assistência à saúde dos servidores;

III – transferências obrigatórias e voluntárias entre entes da Federação com destinação especificada em lei;

IV – fundos instituídos pelo Tribunal de Contas do Município.

Art. 77. Até o exercício financeiro de 2004, os recursos mínimos aplicados nas ações e serviços públicos de saúde serão equivalentes:

› *Incluído pela Emenda Constitucional nº 29, de 2000*

I – no caso da União:

› *Incluído pela Emenda Constitucional nº 29, de 2000*

a) no ano 2000, o montante empenhado em ações e serviços públicos de saúde no exercício financeiro de 1999 acrescido de, no mínimo, cinco por cento;

› *Incluída pela Emenda Constitucional nº 29, de 2000*

b) do ano 2001 ao ano 2004, o valor apurado no ano anterior, corrigido pela variação nominal do Produto Interno Bruto – PIB;

› *Incluída pela Emenda Constitucional nº 29, de 2000*

II – no caso dos Estados e do Distrito Federal, doze por cento do produto da arrecadação dos impostos a que se refere o art. 155 e dos recursos de que tratam os arts. 157 e 159, inciso I, alínea *a*, e inciso II, deduzidas as parcelas que forem transferidas aos respectivos Municípios; e

› *Incluído pela Emenda Constitucional nº 29, de 2000*

III – no caso dos Municípios e do Distrito Federal, quinze por cento do produto da arrecadação dos impostos a que se refere o art. 156 e dos recursos de que tratam os arts. 158 e 159, inciso I, alínea *b* e § 3º.

› *Incluído pela Emenda Constitucional nº 29, de 2000*

§ 1º Os Estados, o Distrito Federal e os Municípios que apliquem percentuais inferiores aos fixados nos incisos II e III deverão elevá-los gradualmente, até o exercício financeiro de 2004, reduzida a diferença à razão de, pelo menos, um quinto por ano, sendo que, a partir de 2000, a aplicação será de pelo menos sete por cento.

› *Incluído pela Emenda Constitucional nº 29, de 2000*

§ 2º Dos recursos da União apurados nos termos deste artigo, quinze por cento, no mínimo, serão aplicados nos Municípios, segundo o critério populacional, em ações e serviços básicos de saúde, na forma da lei.

› *Incluído pela Emenda Constitucional nº 29, de 2000*

§ 3º Os recursos dos Estados, do Distrito Federal e dos Municípios destinados às ações e serviços públicos de saúde e os transferidos pela União para a mesma finalidade serão aplicados por meio de Fundo de Saúde que será acompanhado e fiscalizado por Conselho de Saúde, sem prejuízo do disposto no art. 74 da Constituição Federal.

› *Incluído pela Emenda Constitucional nº 29, de 2000*

§ 4º Na ausência da lei complementar a que se refere o art. 198, § 3º, a partir do exercício financeiro de 2005, aplicar-se-á à União, aos Estados, ao Distrito Federal e aos Municípios o disposto neste artigo.

› *Incluído pela Emenda Constitucional nº 29, de 2000*

Art. 78. Ressalvados os créditos definidos em lei como de pequeno valor, os de natureza alimentícia, os de que trata o art. 33 deste Ato das Disposições Constitucionais Transitórias e suas complementações e os que já tiverem os seus respectivos recursos liberados ou depositados em juízo, os precatórios pendentes na data de promulgação desta Emenda e os que decorram de ações iniciais ajuizadas até 31 de dezembro de 1999 serão liquidados pelo seu valor real, em moeda corrente, acrescido de juros legais, em prestações anuais, iguais e sucessivas, no prazo máximo de dez anos, permitida a cessão dos créditos.

› *Incluído pela Emenda Constitucional nº 30, de 2000*

§ 1º É permitida a decomposição de parcelas, a critério do credor.

› *Incluído pela Emenda Constitucional nº 30, de 2000*

§ 2º As prestações anuais a que se refere o *caput* deste artigo terão, se não liquidadas até o final do exercício a que se referem, poder liberatório do pagamento de tributos da entidade devedora. *(Vide Emenda Constitucional nº 62, de 2009)*

› *Incluído pela Emenda Constitucional nº 30, de 2000*

§ 3º O prazo referido no *caput* deste artigo fica reduzido para dois anos, nos casos de precatórios judiciais originários de desapropriação de imóvel residencial do credor, desde que comprovadamente único à época da imissão na posse.

› *Incluído pela Emenda Constitucional nº 30, de 2000*

§ 4º O Presidente do Tribunal competente deverá, vencido o prazo ou em caso de omissão no orçamento, ou preterição ao direito de precedência, a requerimento do credor, requisitar ou determinar o seqüestro de recursos financeiros da entidade executada, suficientes à satisfação da prestação.

› *Incluído pela Emenda Constitucional nº 30, de 2000*

Art. 79. É instituído, para vigorar até o ano de 2010, no âmbito do Poder Executivo Federal, o Fundo de Combate e Erradicação da Pobreza, a ser regulado por lei complementar com o objetivo de viabilizar a todos os brasileiros acesso a níveis dignos de subsistência, cujos recursos serão aplicados em ações suplementares de nutrição, habitação, educação, saúde, reforço de renda familiar e outros programas de relevante interesse social voltados para melhoria da qualidade de vida. *(Vide Emenda Constitucional nº 42, de 19.12.2003) (Vide Emenda Constitucional nº 67, de 2010)*

› *Incluído pela Emenda Constitucional nº 31, de 2000*

Parágrafo único. O Fundo previsto neste artigo terá Conselho Consultivo e de Acompanhamento que conte com a participação de representantes da sociedade civil, nos termos da lei.

› *Incluído pela Emenda Constitucional nº 31, de 2000*

Art. 80. Compõem o Fundo de Combate e Erradicação da Pobreza: *(Vide Emenda Constitucional nº 67, de 2010)*

› *Incluído pela Emenda Constitucional nº 31, de 2000*

I – a parcela do produto da arrecadação correspondente a um adicional de oito centésimos por cento, aplicável de 18 de junho de 2000 a 17 de junho de 2002, na alíquota da contribuição social de que trata o art. 75 do Ato das Disposições Constitucionais Transitórias;

› *Incluído pela Emenda Constitucional nº 31, de 2000*

II – a parcela do produto da arrecadação correspondente a um adicional de cinco pontos percentuais na alíquota do Imposto sobre Produtos Industrializados – IPI, ou do imposto que vier a substituí-lo, incidente sobre produtos supérfluos e aplicável até a extinção do Fundo;

› *Incluído pela Emenda Constitucional nº 31, de 2000*

› *Atualização: II – (Revogado pela Emenda Constitucional nº 132, de 2023, em vigor em 2033)*

III – o produto da arrecadação do imposto de que trata o art. 153, inciso VII, da Constituição;

› *Incluído pela Emenda Constitucional nº 31, de 2000*

IV – dotações orçamentárias;

› *Incluído pela Emenda Constitucional nº 31, de 2000*

V – doações, de qualquer natureza, de pessoas físicas ou jurídicas do País ou do exterior;

› *Incluído pela Emenda Constitucional nº 31, de 2000*

VI – outras receitas, a serem definidas na regulamentação do referido Fundo.

› *Incluído pela Emenda Constitucional nº 31, de 2000*

§ 1º Aos recursos integrantes do Fundo de que trata este artigo não se aplica o disposto nos arts. 159 e 167, inciso IV, da Constituição, assim como qualquer desvinculação de recursos orçamentários.

› *Incluído pela Emenda Constitucional nº 31, de 2000*

§ 2º A arrecadação decorrente do disposto no inciso I deste artigo, no período compreendido entre 18 de junho de 2000 e o início da vigência da lei complementar a que se refere a art. 79, será integralmente repassada ao Fundo, preservado o seu valor real, em títulos públicos federais, progressivamente resgatáveis após 18 de junho de 2002, na forma da lei.

› *Incluído pela Emenda Constitucional nº 31, de 2000*

Art. 81. É instituído Fundo constituído pelos recursos recebidos pela União em decorrência da desestatização de sociedades de economia mista ou empresas públicas por ela controladas, direta ou indiretamente, quando a operação envolver a alienação do respectivo controle acionário a pessoa ou entidade não integrante da Administração Pública, ou de participação societária remanescente após a alienação, cujos rendimentos, gerados a partir de 18 de junho de 2002, reverterão ao Fundo de Combate e Erradicação de Pobreza. *(Vide Emenda Constitucional nº 67, de 2010)*

› *Incluído pela Emenda Constitucional nº 31, de 2000*

§ 1º Caso o montante anual previsto nos rendimentos transferidos ao Fundo de Combate e Erradicação da Pobreza, na forma deste artigo, não alcance o valor de quatro bilhões de reais. far-se-á complementação na forma do art. 80, inciso IV, do Ato das disposições Constitucionais Transitórias.

› *Incluído pela Emenda Constitucional nº 31, de 2000*

§ 2º Sem prejuízo do disposto no § 1º, o Poder Executivo poderá destinar ao Fundo a que se refere este artigo outras receitas decorrentes da alienação de bens da União.

- *Incluído pela Emenda Constitucional nº 31, de 2000*

§ 3º A constituição do Fundo a que se refere o *caput*, a transferência de recursos ao Fundo de Combate e Erradicação da Pobreza e as demais disposições referentes ao § 1º deste artigo serão disciplinadas em lei, não se aplicando o disposto no art. 165, § 9º, inciso II, da Constituição.

- *Incluído pela Emenda Constitucional nº 31, de 2000*

Art. 82. Os Estados, o Distrito Federal e os Municípios devem instituir Fundos de Combate à Pobreza, com os recursos de que trata este artigo e outros que vierem a destinar, devendo os referidos Fundos ser geridos por entidades que contem com a participação da sociedade civil.

- *Incluído pela Emenda Constitucional nº 31, de 2000*
- *Atualização: Art. 82. Os Estados, o Distrito Federal e os Municípios devem instituir Fundos de Combate à Pobreza, devendo os referidos Fundos ser geridos por entidades que contem com a participação da sociedade civil. (Redação dada pela EC 132/2023, em vigor em 2033)*

§ 1º Para o financiamento dos Fundos Estaduais e Distrital, poderá ser criado adicional de até dois pontos percentuais na alíquota do Imposto sobre Circulação de Mercadorias e Serviços – ICMS, sobre os produtos e serviços supérfluos e nas condições definidas na lei complementar de que trata o art. 155, § 2º, XII, da Constituição, não se aplicando, sobre este percentual, o disposto no art. 158, IV, da Constituição.

- *Redação dada pela Emenda Constitucional nº 42, de 2003*
- *Atualização: § 1º Para o financiamento dos Fundos Estaduais, Distrital e Municipais, poderá ser destinado percentual do imposto previsto no art. 156-A da Constituição Federal e dos recursos distribuídos nos termos dos arts. 131 e 132 deste Ato das Disposições Constitucionais Transitórias, nos limites definidos em lei complementar, não se aplicando, sobre estes valores, o disposto no art. 158, IV, da Constituição Federal.*
- *Redação dada pela Emenda Constitucional nº 132, de 2023, em vigor em 2033*

§ 2º Para o financiamento dos Fundos Municipais, poderá ser criado adicional de até meio ponto percentual na alíquota do Imposto sobre serviços ou do imposto que vier a substituí-lo, sobre serviços supérfluos.

- *Incluído pela Emenda Constitucional nº 31, de 2000*
- *Atualização: § 2º (Revogado pela Emenda Constitucional nº 132, de 2023, em vigor em 2033)*

Art. 83. Lei federal definirá os produtos e serviços supérfluos a que se referem os arts. 80, II, e 82, § 2º .

- *Redação dada pela Emenda Constitucional nº 42, de 2003*
- *Atualização: Art. 83. (Revogado pela Emenda Constitucional nº 132, de 2023, em vigor em 2033)*

Art. 84. A contribuição provisória sobre movimentação ou transmissão de valores e de créditos e direitos de natureza financeira, prevista nos arts. 74, 75 e 80, I, deste Ato das Disposições Constitucionais Transitórias, será cobrada até 31 de dezembro de 2004.

- *Incluído pela Emenda Constitucional nº 37, de 2002*

§ 1º Fica prorrogada, até a data referida no *caput* deste artigo, a vigência da Lei nº 9.311, de 24 de outubro de 1996, e suas alterações.

- *Incluído pela Emenda Constitucional nº 37, de 2002*

§ 2º Do produto da arrecadação da contribuição social de que trata este artigo será destinada a parcela correspondente à alíquota de:

- *Incluído pela Emenda Constitucional nº 37, de 2002*

I – vinte centésimos por cento ao Fundo Nacional de Saúde, para financiamento das ações e serviços de saúde;

- *Incluído pela Emenda Constitucional nº 37, de 2002*

II – dez centésimos por cento ao custeio da previdência social;

- *Incluído pela Emenda Constitucional nº 37, de 2002*

III – oito centésimos por cento ao Fundo de Combate e Erradicação da Pobreza, de que tratam os arts. 80 e 81 deste Ato das Disposições Constitucionais Transitórias.

- *Incluído pela Emenda Constitucional nº 37, de 2002*

§ 3º A alíquota da contribuição de que trata este artigo será de:

- *Incluído pela Emenda Constitucional nº 37, de 2002*

I – trinta e oito centésimos por cento, nos exercícios financeiros de 2002 e 2003;

- *Incluído pela Emenda Constitucional nº 37, de 2002*

II – *(Revogado pela Emenda Constitucional nº 42, de 19.12.2003)*

Art. 85. A contribuição a que se refere o art. 84 deste Ato das Disposições Constitucionais Transitórias não incidirá, a partir do trigésimo dia da data de publicação desta Emenda Constitucional, nos lançamentos:

- *Incluído pela Emenda Constitucional nº 37, de 2002*

I – em contas correntes de depósito especialmente abertas e exclusivamente utilizadas para operações de: *(Vide Lei nº 10.982, de 2004)*

- *Incluído pela Emenda Constitucional nº 37, de 2002*

a) câmaras e prestadoras de serviços de compensação e de liquidação de que trata o parágrafo único do art. 2º da Lei nº 10.214, de 27 de março de 2001;

- *Incluída pela Emenda Constitucional nº 37, de 2002*

b) companhias securitizadoras de que trata a Lei nº 9.514, de 20 de novembro de 1997;

- *Incluída pela Emenda Constitucional nº 37, de 2002*

c) sociedades anônimas que tenham por objeto exclusivo a aquisição de créditos oriundos de operações praticadas no mercado financeiro;

- *Incluída pela Emenda Constitucional nº 37, de 2002*

II – em contas correntes de depósito, relativos a:

- *Incluído pela Emenda Constitucional nº 37, de 2002*

a) operações de compra e venda de ações, realizadas em recintos ou sistemas de negociação de bolsas de valores e no mercado de balcão organizado;

- *Incluída pela Emenda Constitucional nº 37, de 2002*

b) contratos referenciados em ações ou índices de ações, em suas diversas modalidades, negociados em bolsas de valores, de mercadorias e de futuros;

- *Incluída pela Emenda Constitucional nº 37, de 2002*

III – em contas de investidores estrangeiros, relativos a entradas no País e a remessas para o exterior de recursos financeiros empregados, exclusivamente, em operações e contratos referidos no inciso II deste artigo.

- *Incluído pela Emenda Constitucional nº 37, de 2002*

§ 1º O Poder Executivo disciplinará o disposto neste artigo no prazo de trinta dias da data de publicação desta Emenda Constitucional.

- *Incluído pela Emenda Constitucional nº 37, de 2002*

§ 2º O disposto no inciso I deste artigo aplica-se somente às operações relacionadas em ato do Poder Executivo, dentre aquelas que constituam o objeto social das referidas entidades.

- *Incluído pela Emenda Constitucional nº 37, de 2002*

§ 3º O disposto no inciso II deste artigo aplica-se somente a operações e contratos efetuados por intermédio de instituições financeiras, sociedades corretoras de títulos e valores mobiliários, sociedades distribuidoras de títulos e valores mobiliários e sociedades corretoras de mercadorias.

- *Incluído pela Emenda Constitucional nº 37, de 2002*

Art. 86. Serão pagos conforme disposto no art. 100 da Constituição Federal, não se lhes aplicando a regra de parcelamento estabelecida no *caput* do art. 78 deste Ato das Disposições Constitucionais Transitórias, os débitos da Fazenda Federal, Estadual, Distrital ou Municipal oriundos de sentenças transitadas em julgado, que preencham, cumulativamente, as seguintes condições:

- *Incluído pela Emenda Constitucional nº 37, de 2002*

I – ter sido objeto de emissão de precatórios judiciários;

- *Incluído pela Emenda Constitucional nº 37, de 2002*

II – ter sido definidos como de pequeno valor pela lei de que trata o § 3º do art. 100 da Constituição Federal ou pelo art. 87 deste Ato das Disposições Constitucionais Transitórias;

- *Incluído pela Emenda Constitucional nº 37, de 2002*

III – estar, total ou parcialmente, pendentes de pagamento na data da publicação desta Emenda Constitucional.

- *Incluído pela Emenda Constitucional nº 37, de 2002*

§ 1º Os débitos a que se refere o *caput* deste artigo, ou os respectivos saldos, serão pagos na ordem cronológica de apresentação dos respectivos precatórios, com precedência sobre os de maior valor.

- *Incluído pela Emenda Constitucional nº 37, de 2002*

§ 2º Os débitos a que se refere o *caput* deste artigo, se ainda não tiverem sido objeto de pagamento parcial, nos termos do art. 78 deste Ato das Disposições Constitucionais Transitórias, poderão ser pagos em duas parcelas anuais, se assim dispuser a lei.

- *Incluído pela Emenda Constitucional nº 37, de 2002*

§ 3º Observada a ordem cronológica de sua apresentação, os débitos de natureza alimentícia previstos neste artigo terão precedência para pagamento sobre todos os demais.

- *Incluído pela Emenda Constitucional nº 37, de 2002*

Art. 87. Para efeito do que dispõem o § 3º do art. 100 da Constituição Federal e o art. 78 deste Ato das Disposições Constitucionais Transitórias serão considerados de pequeno valor, até que se dê a publicação oficial das respectivas leis definidoras pelos entes da Federação, observado o disposto no § 4º do art. 100 da Constituição Federal, os débitos ou obrigações consignados em precatório judiciário, que tenham valor igual ou inferior a:

› *Incluído pela Emenda Constitucional nº 37, de 2002*

I – quarenta salários-mínimos, perante a Fazenda dos Estados e do Distrito Federal;

› *Incluído pela Emenda Constitucional nº 37, de 2002*

II – trinta salários-mínimos, perante a Fazenda dos Municípios.

› *Incluído pela Emenda Constitucional nº 37, de 2002*

Parágrafo único. Se o valor da execução ultrapassar o estabelecido neste artigo, o pagamento far-se-á, sempre, por meio de precatório, sendo facultada à parte exeqüente a renúncia ao crédito do valor excedente, para que possa optar pelo pagamento do saldo sem o precatório, da forma prevista no § 3º do art. 100.

› *Incluído pela Emenda Constitucional nº 37, de 2002*

Art. 88. Enquanto lei complementar não disciplinar o disposto nos incisos I e III do § 3º do art. 156 da Constituição Federal, o imposto a que se refere o inciso III do *caput* do mesmo artigo:

› *Incluído pela Emenda Constitucional nº 37, de 2002*

I – terá alíquota mínima de dois por cento, exceto para os serviços a que se referem os itens 32, 33 e 34 da Lista de Serviços anexa ao Decreto-Lei nº 406, de 31 de dezembro de 1968;

› *Incluído pela Emenda Constitucional nº 37, de 2002*

II – não será objeto de concessão de isenções, incentivos e benefícios fiscais, que resulte, direta ou indiretamente, na redução da alíquota mínima estabelecida no inciso I.

› *Incluído pela Emenda Constitucional nº 37, de 2002*

Art. 89. Os integrantes da carreira policial militar e os servidores municipais do ex-Território Federal de Rondônia que, comprovadamente, se encontravam no exercício regular de suas funções prestando serviço àquele ex-Território na data em que foi transformado em Estado, bem como os servidores e os policiais militares alcançados pelo disposto no art. 36 da Lei Complementar nº 41, de 22 de dezembro de 1981, e aqueles admitidos regularmente nos quadros do Estado de Rondônia até a data de posse do primeiro Governador eleito, em 15 de março de 1987, constituirão, mediante opção, quadro em extinção da administração federal, assegurados os direitos e as vantagens a eles inerentes, vedado o pagamento, a qualquer título, de diferenças remuneratórias.

› *Redação dada pela Emenda Constitucional nº 60, de 2009*

› *Vide Lei nº 13.681, de 2018*

§ 1º Os membros da Polícia Militar continuarão prestando serviços ao Estado de Rondônia, na condição de cedidos, submetidos às corporações da Polícia Militar, observadas as atribuições de função compatíveis com o grau hierárquico.

› *Incluído pela Emenda Constitucional nº 60, de 2009*

§ 2º Os servidores a que se refere o *caput* continuarão prestando serviços ao Estado de Rondônia na condição de cedidos, até seu aproveitamento em órgão ou entidade da administração federal direta, autárquica ou fundacional.

› *Incluído pela Emenda Constitucional nº 60, de 2009*

Art. 90. O prazo previsto no *caput* do art. 84 deste Ato das Disposições Constitucionais Transitórias fica prorrogado até 31 de dezembro de 2007.

› *Incluído pela Emenda Constitucional nº 42, de 2003*

§ 1º Fica prorrogada, até a data referida no *caput* deste artigo, a vigência da Lei nº 9.311, de 24 de outubro de 1996, e suas alterações.

› *Incluído pela Emenda Constitucional nº 42, de 2003*

§ 2º Até a data referida no *caput* deste artigo, a alíquota da contribuição de que trata o art. 84 deste Ato das Disposições Constitucionais Transitórias será de trinta e oito centésimos por cento.

› *Incluído pela Emenda Constitucional nº 42, de 2003*

Art. 91. *(Revogado pela Emenda Constitucional nº 109, de 2021)*

Art. 92. São acrescidos dez anos ao prazo fixado no art. 40 deste Ato das Disposições Constitucionais Transitórias.

› *Incluído pela Emenda Constitucional nº 42, de 2003*

Art. 92-A. São acrescidos 50 (cinquenta) anos ao prazo fixado pelo art. 92 deste Ato das Disposições Constitucionais Transitórias.

› *Incluído pela Emenda Constitucional nº 83, de 2014*

Art. 92-B. As leis instituidoras dos tributos previstos nos arts. 156-A e 195, V, da Constituição Federal estabelecerão os mecanismos necessários, com ou sem contrapartidas, para manter, em caráter geral, o diferencial competitivo assegurado à Zona Franca de Manaus pelos arts. 40 e 92-A e às áreas de livre comércio existentes em 31 de maio de 2023, nos níveis estabelecidos pela legislação relativa aos tributos extintos a que se referem os arts. 126 a 129, todos deste Ato das Disposições Constitucionais Transitórias.

› *Incluído pela Emenda Constitucional nº 132, de 2023*

§ 1º Para assegurar o disposto no *caput*, serão utilizados, isolada ou cumulativamente, instrumentos fiscais, econômicos ou financeiros.

› *Incluído pela Emenda Constitucional nº 132, de 2023*

§ 2º Lei complementar instituirá Fundo de Sustentabilidade e Diversificação Econômica do Estado do Amazonas, que será constituído com recursos da União e por ela gerido, com a efetiva participação do Estado do Amazonas na definição das políticas, com o objetivo de fomentar o desenvolvimento e a diversificação das atividades econômicas no Estado.

› *Incluído pela Emenda Constitucional nº 132, de 2023*

§ 3º A lei complementar de que trata o § 2º:

› *Incluído pela Emenda Constitucional nº 132, de 2023*

I – estabelecerá o montante mínimo de aporte anual de recursos ao Fundo, bem como os critérios para sua correção;

› *Incluído pela Emenda Constitucional nº 132, de 2023*

II – preverá a possibilidade de utilização dos recursos do Fundo para compensar eventual perda de receita do Estado do Amazonas em função das alterações no sistema tributário decorrentes da instituição dos tributos previstos nos arts. 156-A e 195, V, da Constituição Federal.

› *Incluído pela Emenda Constitucional nº 132, de 2023*

§ 4º A União, mediante acordo com o Estado do Amazonas, poderá reduzir o alcance dos instrumentos previstos no § 1º, condicionado ao aporte de recursos adicionais ao Fundo de que trata o § 2º, asseguradas a diversificação das atividades econômicas e a antecedência mínima de 3 (três) anos.

› *Incluído pela Emenda Constitucional nº 132, de 2023*

§ 5º Não se aplica aos mecanismos previstos no *caput* o disposto nos incisos III e IV do *caput* do art. 149-B da Constituição Federal.

› *Incluído pela Emenda Constitucional nº 132, de 2023*

§ 6º Lei complementar instituirá Fundo de Desenvolvimento Sustentável dos Estados da Amazônia Ocidental e do Amapá, que será constituído com recursos da União e por ela gerido, com a efetiva participação desses Estados na definição das políticas, com o objetivo de fomentar o desenvolvimento e a diversificação de suas atividades econômicas.

› *Incluído pela Emenda Constitucional nº 132, de 2023*

§ 7º O Fundo de que trata o § 6º será integrado pelos Estados onde estão localizadas as áreas de livre comércio de que trata o *caput* e observará, no que couber, o disposto no § 3º, I e II, sendo, quanto a este inciso, considerados os respectivos Estados, e no § 4º.

› *Incluído pela Emenda Constitucional nº 132, de 2023*

Art. 93. A vigência do disposto no art. 159, III, e § 4º, iniciará somente após a edição da lei de que trata o referido inciso III. *(Incluído pela Emenda Constitucional nº 42, de 19.12.2003)*

Art. 94. Os regimes especiais de tributação para microempresas e empresas de pequeno porte próprios da União, dos Estados, do Distrito Federal e dos Municípios cessarão a partir da entrada em vigor do regime previsto no art. 146, III, d, da Constituição.

› *Incluído pela Emenda Constitucional nº 42, de 2003*

Art. 95. Os nascidos no estrangeiro entre 7 de junho de 1994 e a data da promulgação desta Emenda Constitucional, filhos de pai brasileiro ou mãe brasileira, poderão ser registrados em repartição diplomática ou consular brasileira competente ou em ofício de registro, se vierem a residir na República Federativa do Brasil.

› *Incluído pela Emenda Constitucional nº 54, de 2007*

Art. 96. Ficam convalidados os atos de criação, fusão, incorporação e desmembramento de Municípios, cuja lei tenha sido publicada até 31 de dezembro de 2006, atendidos os requisitos estabelecidos na legislação do respectivo Estado à época de sua criação.

› *Incluído pela Emenda Constitucional nº 57, de 2008*

Art. 97. Até que seja editada a lei complementar de que trata o § 15 do art. 100 da Constituição Federal, os Estados, o Distrito Federal e os Municípios que, na data de publicação desta Emenda Constitucional, estejam em mora na quitação de precatórios vencidos, relativos às suas administrações direta e indireta, inclusive os emitidos durante o período de vigência do regime especial instituído por este artigo, farão esses pagamentos de acordo com as normas a seguir estabelecidas, sendo inaplicável o disposto no art. 100 desta Constituição Federal, exceto em seus §§ 2º, 3º, 9º, 10, 11, 12, 13 e 14, e sem prejuízo dos acordos de juízos conciliatórios já formalizados na data de promulgação desta Emenda Constitucional.

▸ *Incluído pela Emenda Constitucional nº 62, de 2009*

§ 1º Os Estados, o Distrito Federal e os Municípios sujeitos ao regime especial de que trata este artigo optarão, por meio de ato do Poder Executivo:

▸ *Incluído pela Emenda Constitucional nº 62, de 2009*

I – pelo depósito em conta especial do valor referido pelo § 2º deste artigo; ou

▸ *Incluído pela Emenda Constitucional nº 62, de 2009*

II – pela adoção do regime especial pelo prazo de até 15 (quinze) anos, caso em que o percentual a ser depositado na conta especial a que se refere o § 2º deste artigo corresponderá, anualmente, ao saldo total dos precatórios devidos, acrescido do índice oficial de remuneração básica da caderneta de poupança e de juros simples no mesmo percentual de juros incidentes sobre a caderneta de poupança para fins de compensação da mora, excluída a incidência de juros compensatórios, diminuído das amortizações e dividido pelo número de anos restantes no regime especial de pagamento.

▸ *Incluído pela Emenda Constitucional nº 62, de 2009*

§ 2º Para saldar os precatórios, vencidos e a vencer, pelo regime especial, os Estados, o Distrito Federal e os Municípios devedores depositarão mensalmente, em conta especial criada para tal fim, 1/12 (um doze avos) do valor calculado percentualmente sobre as respectivas receitas correntes líquidas, apuradas no segundo mês anterior ao mês de pagamento, sendo que esse percentual, calculado no momento de opção pelo regime e mantido fixo até o final do prazo a que se refere o § 14 deste artigo, será:

▸ *Incluído pela Emenda Constitucional nº 62, de 2009*

I – para os Estados e para o Distrito Federal:

▸ *Incluído pela Emenda Constitucional nº 62, de 2009*

a) de, no mínimo, 1,5% (um inteiro e cinco décimos por cento), para os Estados das regiões Norte, Nordeste e Centro-Oeste, além do Distrito Federal, ou cujo estoque de precatórios pendentes das suas administrações direta e indireta corresponder a até 35% (trinta e cinco por cento) do total da receita corrente líquida;

▸ *Incluída pela Emenda Constitucional nº 62, de 2009*

b) de, no mínimo, 2% (dois por cento), para os Estados das regiões Sul e Sudeste, cujo estoque de precatórios pendentes das suas administrações direta e indireta corresponder a mais de 35% (trinta e cinco por cento) da receita corrente líquida;

▸ *Incluída pela Emenda Constitucional nº 62, de 2009*

II – para Municípios:

▸ *Incluído pela Emenda Constitucional nº 62, de 2009*

a) de, no mínimo, 1% (um por cento), para Municípios das regiões Norte, Nordeste e Centro-Oeste, ou cujo estoque de precatórios pendentes das suas administrações direta e indireta corresponder a até 35% (trinta e cinco por cento) da receita corrente líquida;

▸ *Incluída pela Emenda Constitucional nº 62, de 2009*

b) de, no mínimo, 1,5% (um inteiro e cinco décimos por cento), para Municípios das regiões Sul e Sudeste, cujo estoque de precatórios pendentes das suas administrações direta e indireta corresponder a mais de 35 % (trinta e cinco por cento) da receita corrente líquida.

▸ *Incluída pela Emenda Constitucional nº 62, de 2009*

§ 3º Entende-se como receita corrente líquida, para os fins de que trata este artigo, o somatório das receitas tributárias, patrimoniais, industriais, agropecuárias, de contribuições e de serviços, transferências correntes e outras receitas correntes, incluindo as oriundas do § 1º do art. 20 da Constituição Federal, verificado no período compreendido pelo mês de referência e os 11 (onze) meses anteriores, excluídas as duplicidades, e deduzidas:

▸ *Incluído pela Emenda Constitucional nº 62, de 2009*

I – nos Estados, as parcelas entregues aos Municípios por determinação constitucional;

▸ *Incluído pela Emenda Constitucional nº 62, de 2009*

II – nos Estados, no Distrito Federal e nos Municípios, a contribuição dos servidores para custeio do seu sistema de previdência e assistência social e as receitas provenientes da compensação financeira referida no § 9º do art. 201 da Constituição Federal.

▸ *Incluído pela Emenda Constitucional nº 62, de 2009*

§ 4º As contas especiais de que tratam os §§ 1º e 2º serão administradas pelo Tribunal de Justiça local, para pagamento de precatórios expedidos pelos tribunais.

▸ *Incluído pela Emenda Constitucional nº 62, de 2009*

§ 5º Os recursos depositados nas contas especiais de que tratam os §§ 1º e 2º deste artigo não poderão retornar para Estados, Distrito Federal e Municípios devedores.

▸ *Incluído pela Emenda Constitucional nº 62, de 2009*

§ 6º Pelo menos 50% (cinquenta por cento) dos recursos de que tratam os §§ 1º e 2º deste artigo serão utilizados para pagamento de precatórios em ordem cronológica de apresentação, respeitadas as preferências definidas no § 1º, para os requisitórios do mesmo ano e no § 2º do art. 100, para requisitórios de todos os anos.

▸ *Incluído pela Emenda Constitucional nº 62, de 2009*

§ 7º Nos casos em que não se possa estabelecer a precedência cronológica entre 2 (dois) precatórios, pagar-se-á primeiramente o precatório de menor valor.

▸ *Incluído pela Emenda Constitucional nº 62, de 2009*

§ 8º A aplicação dos recursos restantes dependerá de opção a ser exercida por Estados, Distrito Federal e Municípios devedores, por ato do Poder Executivo, obedecendo à seguinte forma, que poderá ser aplicada isoladamente ou simultaneamente:

▸ *Incluído pela Emenda Constitucional nº 62, de 2009*

I – destinados ao pagamento dos precatórios por meio do leilão;

▸ *Incluído pela Emenda Constitucional nº 62, de 2009*

II – destinados a pagamento a vista de precatórios não quitados na forma do § 6º e do inciso I, em ordem única e crescente de valor por precatório;

▸ *Incluído pela Emenda Constitucional nº 62, de 2009*

III – destinados a pagamento por acordo direto com os credores, na forma estabelecida por lei própria da entidade devedora, que poderá prever criação e forma de funcionamento de câmara de conciliação.

▸ *Incluído pela Emenda Constitucional nº 62, de 2009*

§ 9º Os leilões de que trata o inciso I do § 8º deste artigo:

▸ *Incluído pela Emenda Constitucional nº 62, de 2009*

I – serão realizados por meio de sistema eletrônico administrado por entidade autorizada pela Comissão de Valores Mobiliários ou pelo Banco Central do Brasil;

▸ *Incluído pela Emenda Constitucional nº 62, de 2009*

II – admitirão a habilitação de precatórios, ou parcela de cada precatório indicada pelo seu detentor, em relação aos quais não esteja pendente, no âmbito do Poder Judiciário, recurso ou impugnação de qualquer natureza, permitida por iniciativa do Poder Executivo a compensação com débitos líquidos e certos, inscritos ou não em dívida ativa e constituídos contra devedor originário pela Fazenda Pública devedora até a data da expedição do precatório, ressalvados aqueles cuja exigibilidade esteja suspensa nos termos da legislação, ou que já tenham sido objeto de abatimento nos termos do § 9º do art. 100 da Constituição Federal;

▸ *Incluído pela Emenda Constitucional nº 62, de 2009*

III – ocorrerão por meio de oferta pública a todos os credores habilitados pelo respectivo ente federativo devedor;

▸ *Incluído pela Emenda Constitucional nº 62, de 2009*

IV – considerarão automaticamente habilitado o credor que satisfaça o que consta no inciso II;

▸ *Incluído pela Emenda Constitucional nº 62, de 2009*

V – serão realizados tantas vezes quanto necessário em função do valor disponível;

▸ *Incluído pela Emenda Constitucional nº 62, de 2009*

VI – a competição por parcela do valor total ocorrerá a critério do credor, com deságio sobre o valor desta;

▸ *Incluído pela Emenda Constitucional nº 62, de 2009*

VII – ocorrerão na modalidade deságio, associado ao maior volume ofertado cumulado ou não com o maior percentual de deságio, pelo maior percentual de deságio, podendo ser fixado valor máximo por credor, ou por outro critério a ser definido em edital;

▸ *Incluído pela Emenda Constitucional nº 62, de 2009*

VIII – o mecanismo de formação de preço constará nos editais publicados para cada leilão;

▸ *Incluído pela Emenda Constitucional nº 62, de 2009*

IX – a quitação parcial dos precatórios será homologada pelo respectivo Tribunal que o expediu.

▸ *Incluído pela Emenda Constitucional nº 62, de 2009*

§ 10. No caso de não liberação tempestiva dos recursos de que tratam o inciso II do § 1º e os §§ 2º e 6º deste artigo:

› *Incluído pela Emenda Constitucional nº 62, de 2009*

I – haverá o sequestro de quantia nas contas de Estados, Distrito Federal e Municípios devedores, por ordem do Presidente do Tribunal referido no § 4º, até o limite do valor não liberado;

› *Incluído pela Emenda Constitucional nº 62, de 2009*

II – constituir-se-á, alternativamente, por ordem do Presidente do Tribunal requerido, em favor dos credores de precatórios, contra Estados, Distrito Federal e Municípios devedores, direito líquido e certo, autoaplicável e independentemente de regulamentação, à compensação automática com débitos líquidos lançados por esta contra aqueles, e, havendo saldo em favor do credor, o valor terá automaticamente poder liberatório do pagamento de tributos de Estados, Distrito Federal e Municípios devedores, até onde se compensarem;

› *Incluído pela Emenda Constitucional nº 62, de 2009*

III – o chefe do Poder Executivo responderá na forma da legislação de responsabilidade fiscal e de improbidade administrativa;

› *Incluído pela Emenda Constitucional nº 62, de 2009*

IV – enquanto perdurar a omissão, a entidade devedora:

› *Incluído pela Emenda Constitucional nº 62, de 2009*

a) não poderá contrair empréstimo externo ou interno;

› *Incluída pela Emenda Constitucional nº 62, de 2009*

b) ficará impedida de receber transferências voluntárias;

› *Incluída pela Emenda Constitucional nº 62, de 2009*

V – a União reterá os repasses relativos ao Fundo de Participação dos Estados e do Distrito Federal e ao Fundo de Participação dos Municípios, e os depositará nas contas especiais referidas no § 1º, devendo sua utilização obedecer ao que prescreve o § 5º, ambos deste artigo.

› *Incluído pela Emenda Constitucional nº 62, de 2009*

§ 11. No caso de precatórios relativos a diversos credores, em litisconsórcio, admite-se o desmembramento do valor, realizado pelo Tribunal de origem do precatório, por credor, e, por este, a habilitação do valor total a que tem direito, não se aplicando, neste caso, a regra do § 3º do art. 100 da Constituição Federal.

› *Incluído pela Emenda Constitucional nº 62, de 2009*

§ 12. Se a lei a que se refere o § 4º do art. 100 não estiver publicada em até 180 (cento e oitenta) dias, contados da data de publicação desta Emenda Constitucional, será considerado, para os fins referidos, em relação a Estados, Distrito Federal e Municípios devedores, omissos na regulamentação, o valor de:

› *Incluído pela Emenda Constitucional nº 62, de 2009*

I – 40 (quarenta) salários mínimos para Estados e para o Distrito Federal;

› *Incluído pela Emenda Constitucional nº 62, de 2009*

II – 30 (trinta) salários mínimos para Municípios.

› *Incluído pela Emenda Constitucional nº 62, de 2009*

§ 13. Enquanto Estados, Distrito Federal e Municípios devedores estiverem realizando pagamentos de precatórios pelo regime especial, não poderão sofrer sequestro de valores, exceto no caso de não liberação tempestiva dos recursos de que tratam o inciso II do § 1º e o § 2º deste artigo.

› *Incluído pela Emenda Constitucional nº 62, de 2009*

§ 14. O regime especial de pagamento de precatório previsto no inciso I do § 1º vigorará enquanto o valor dos precatórios devidos for superior ao valor dos recursos vinculados, nos termos do § 2º, ambos deste artigo, ou pelo prazo fixo de até 15 (quinze) anos, no caso da opção prevista no inciso II do § 1º.

› *Incluído pela Emenda Constitucional nº 62, de 2009*

§ 15. Os precatórios parcelados na forma do art. 33 ou do art. 78 deste Ato das Disposições Constitucionais Transitórias e ainda pendentes de pagamento ingressarão no regime especial com o valor atualizado das parcelas não pagas relativas a cada precatório, bem como o saldo dos acordos judiciais e extrajudiciais.

› *Incluído pela Emenda Constitucional nº 62, de 2009*

§ 16. A partir da promulgação desta Emenda Constitucional, a atualização de valores de requisitórios, até o efetivo pagamento, independentemente de sua natureza, será feita pelo índice oficial de remuneração básica da caderneta de poupança, e, para fins de compensação da mora, incidirão juros simples no mesmo percentual de juros incidentes sobre a caderneta de poupança, ficando excluída a incidência de juros compensatórios.

› *Incluído pela Emenda Constitucional nº 62, de 2009*

§ 17. O valor que exceder o limite previsto no § 2º do art. 100 da Constituição Federal será pago, durante a vigência do regime especial, na forma prevista nos §§ 6º e 7º ou nos incisos I, II e III do § 8º deste artigo, devendo os valores dispendidos para o atendimento do disposto no § 2º do art. 100 da Constituição Federal serem computados para efeito do § 6º deste artigo.

› *Incluído pela Emenda Constitucional nº 62, de 2009*

§ 18. Durante a vigência do regime especial a que se refere este artigo, gozarão também da preferência a que se refere o § 6º os titulares originais de precatórios que tenham completado 60 (sessenta) anos de idade até a data da promulgação desta Emenda Constitucional.

› *Incluído pela Emenda Constitucional nº 62, de 2009*

Art. 98. O número de defensores públicos na unidade jurisdicional será proporcional à efetiva demanda pelo serviço da Defensoria Pública e à respectiva população.

› *Incluído pela Emenda Constitucional nº 80, de 2014*

§ 1º No prazo de 8 (oito) anos, a União, os Estados e o Distrito Federal deverão contar com defensores públicos em todas as unidades jurisdicionais, observado o disposto no *caput* deste artigo.

› *Incluído pela Emenda Constitucional nº 80, de 2014*

§ 2º Durante o decurso do prazo previsto no § 1º deste artigo, a lotação dos defensores públicos ocorrerá, prioritariamente, atendendo as regiões com maiores índices de exclusão social e adensamento populacional.

› *Incluído pela Emenda Constitucional nº 80, de 2014*

Art. 99. Para efeito do disposto no inciso VII do § 2º do art. 155, no caso de operações e prestações que destinem bens e serviços a consumidor final não contribuinte localizado em outro Estado, o imposto correspondente à diferença entre a alíquota interna e a interestadual será partilhado entre os Estados de origem e de destino, na seguinte proporção:

› *Incluído pela Emenda Constitucional nº 87, de 2015*

I – para o ano de 2015: 20% (vinte por cento) para o Estado de destino e 80% (oitenta por cento) para o Estado de origem;

› *Incluído pela Emenda Constitucional nº 87, de 2015*

II – para o ano de 2016: 40% (quarenta por cento) para o Estado de destino e 60% (sessenta por cento) para o Estado de origem;

› *Incluído pela Emenda Constitucional nº 87, de 2015*

III – para o ano de 2017: 60% (sessenta por cento) para o Estado de destino e 40% (quarenta por cento) para o Estado de origem;

› *Incluído pela Emenda Constitucional nº 87, de 2015*

IV – para o ano de 2018: 80% (oitenta por cento) para o Estado de destino e 20% (vinte por cento) para o Estado de origem;

› *Incluído pela Emenda Constitucional nº 87, de 2015*

V – a partir do ano de 2019: 100% (cem por cento) para o Estado de destino.

› *Incluído pela Emenda Constitucional nº 87, de 2015*

Art. 100. Até que entre em vigor a lei complementar de que trata o inciso II do § 1º do art. 40 da Constituição Federal, os Ministros do Supremo Tribunal Federal, dos Tribunais Superiores e do Tribunal de Contas da União aposentar-se-ão, compulsoriamente, aos 75 (setenta e cinco) anos de idade, nas condições do art. 52 da Constituição Federal.

› *Incluído pela Emenda Constitucional nº 88, de 2015*

Art. 101. Os Estados, o Distrito Federal e os Municípios que, em 25 de março de 2015, se encontravam em mora no pagamento de seus precatórios quitarão, até 31 de dezembro de 2029, seus débitos vencidos e os que vencerão dentro desse período, atualizados pelo Índice Nacional de Preços ao Consumidor Amplo Especial (IPCA-E), ou por outro índice que venha a substituí-lo, depositando mensalmente em conta especial do Tribunal de Justiça local, sob única e exclusiva administração deste, 1/12 (um doze avos) do valor calculado percentualmente sobre suas receitas correntes líquidas apuradas no segundo mês anterior ao mês de pagamento, em percentual suficiente para a quitação de seus débitos e, ainda que variável, nunca inferior, em cada exercício, ao percentual praticado na data da entrada em vigor do regime especial a que se refere este artigo, em conformidade com plano de pagamento a ser anualmente apresentado ao Tribunal de Justiça local.

› *Redação dada pela Emenda constitucional nº 109, de 2021.*

§ 1º Entende-se como receita corrente líquida, para os fins de que trata este artigo, o somatório das receitas tributárias, patrimoniais, industriais, agropecuárias, de contribuições e de serviços, de transferências correntes e outras receitas correntes, incluindo as oriundas do § 1º do art. 20 da Constituição Federal, verificado no período compreendido pelo segundo mês imediatamente anterior ao de referência e os 11 (onze) meses precedentes, excluídas as duplicidades, e deduzidas:

› *Incluído pela Emenda Constitucional nº 94, de 2016*

I – nos Estados, as parcelas entregues aos Municípios por determinação constitucional;

› *Incluído pela Emenda Constitucional nº 94, de 2016*

II – nos Estados, no Distrito Federal e nos Municípios, a contribuição dos servidores para custeio de seu sistema de previdência e assistência social e as receitas provenientes da compensação financeira referida no § 9º do art. 201 da Constituição Federal.

› *Incluído pela Emenda Constitucional nº 94, de 2016*

§ 2º O débito de precatórios será pago com recursos orçamentários próprios provenientes das fontes de receita corrente líquida referidas no § 1º deste artigo e, adicionalmente, poderão ser utilizados recursos dos seguintes instrumentos:

› *Redação dada pela Emenda constitucional nº 99, de 2017*

I – até 75% (setenta e cinco por cento) dos depósitos judiciais e dos depósitos administrativos em dinheiro referentes a processos judiciais ou administrativos, tributários ou não tributários, nos quais sejam parte os Estados, o Distrito Federal ou os Municípios, e as respectivas autarquias, fundações e empresas estatais dependentes, mediante a instituição de fundo garantidor em montante equivalente a 1/3 (um terço) dos recursos levantados, constituído pela parcela restante dos depósitos judiciais e remunerado pela taxa referencial do Sistema Especial de Liquidação e de Custódia (Selic) para títulos federais, nunca inferior aos índices e critérios aplicados aos depósitos levantados;

› *Redação dada pela Emenda constitucional nº 99, de 2017*

II – até 30% (trinta por cento) dos demais depósitos judiciais da localidade sob jurisdição do respectivo Tribunal de Justiça, mediante a instituição de fundo garantidor em montante equivalente aos recursos levantados, constituído pela parcela restante dos depósitos judiciais e remunerado pela taxa referencial do Sistema Especial de Liquidação e de Custódia (Selic) para títulos federais, nunca inferior aos índices e critérios aplicados aos depósitos levantados, destinando-se:

› *Redação dada pela Emenda constitucional nº 99, de 2017*

a) no caso do Distrito Federal, 100% (cem por cento) desses recursos ao próprio Distrito Federal;

› *Incluído pela Emenda Constitucional nº 94, de 2016*

b) no caso dos Estados, 50% (cinquenta por cento) desses recursos ao próprio Estado e 50% (cinquenta por cento) aos respectivos Municípios, conforme a circunscrição judiciária onde estão depositados os recursos, e, se houver mais de um Município na mesma circunscrição judiciária, os recursos serão rateados entre os Municípios concorrentes, proporcionalmente às respectivas populações, utilizado como referência o último levantamento censitário ou a mais recente estimativa populacional da Fundação Instituto Brasileiro de Geografia e Estatística (IBGE);

› *Redação dada pela Emenda constitucional nº 99, de 2017*

III – empréstimos, excetuados para esse fim os limites de endividamento de que tratam os incisos VI e VII do *caput* do art. 52 da Constituição Federal e quaisquer outros limites de endividamento previstos em lei, não se aplicando a esses empréstimos a vedação de vinculação de receita prevista no inciso IV do *caput* do art. 167 da Constituição Federal;

› *Redação dada pela Emenda constitucional nº 99, de 2017*

IV – a totalidade dos depósitos em precatórios e requisições diretas de pagamento de obrigações de pequeno valor efetuados até 31 de dezembro de 2009 e ainda não levantados, com o cancelamento dos respectivos requisitórios e a baixa das obrigações, assegurada a revalidação dos requisitórios pelos juízos dos processos perante os Tribunais, a requerimento dos credores e após a oitiva da entidade devedora, mantidas a posição de ordem cronológica original e a remuneração de todo o período.

› *Incluído pela Emenda constitucional nº 99, de 2017*

§ 3º Os recursos adicionais previstos nos incisos I, II e IV do § 2º deste artigo serão transferidos diretamente pela instituição financeira depositária para a conta especial referida no *caput* deste artigo, sob única e exclusiva administração do Tribunal de Justiça local, e essa transferência deverá ser realizada em até sessenta dias contados a partir da entrada em vigor deste parágrafo, sob pena de responsabilização pessoal do dirigente da instituição financeira por improbidade.

› *Incluído pela Emenda constitucional nº 99, de 2017*

§ 4º *(Revogado pela Emenda constitucional nº 109, de 2021).*

§ 5º Os empréstimos de que trata o inciso III do § 2º deste artigo poderão ser destinados, por meio de ato do Poder Executivo, exclusivamente ao pagamento de precatórios por acordo direto com os credores, na forma do disposto no inciso III do § 8º do art. 97 deste Ato das Disposições Constitucionais Transitórias.

› *Incluído pela Emenda constitucional nº 113, de 2021*

› *ADIn 7.047: O Tribunal, por maioria, converteu o julgamento da medida cautelar em julgamento de mérito e conheceu da ação direta para julgá-la parcialmente procedente e declarar a inconstitucionalidade do art. 101, § 5º, do ADCT, com redação estabelecida pelo art. 1º da EC 113/21, nos termos do voto do Relator, vencido parcialmente o Ministro André Mendonça. Plenário, Sessão Virtual Extraordinária de 30.11.2023 (00h00) a 30.11.2023 (23h59).*

Art. 102. Enquanto viger o regime especial previsto nesta Emenda Constitucional, pelo menos 50% (cinquenta por cento) dos recursos que, nos termos do art. 101 deste Ato das Disposições Constitucionais Transitórias, forem destinados ao pagamento dos precatórios em mora serão utilizados no pagamento segundo a ordem cronológica de apresentação, respeitadas as preferências dos créditos alimentares, e, nessas, as relativas à idade, ao estado de saúde e à deficiência, nos termos do § 2º do art. 100 da Constituição Federal, sobre todos os demais créditos de todos os anos.

› *Incluído pela Emenda Constitucional nº 94, de 2016*

§ 1º A aplicação dos recursos remanescentes, por opção a ser exercida por Estados, Distrito Federal e Municípios, por ato do respectivo Poder Executivo, observada a ordem de preferência dos credores, poderá ser destinada ao pagamento mediante acordos diretos, perante Juízos Auxiliares de Conciliação de Precatórios, com redução máxima de 40% (quarenta por cento) do valor do crédito atualizado, desde que em relação ao crédito não penda recurso ou defesa judicial e que sejam observados os requisitos definidos na regulamentação editada pelo ente federado.

› *Renumerado do parágrafo único pela Emenda constitucional nº 99, de 2017*

§ 2º Na vigência do regime especial previsto no art. 101 deste Ato das Disposições Constitucionais Transitórias, as preferências relativas à idade, ao estado de saúde e à deficiência serão atendidas até o valor equivalente ao quíntuplo fixado em lei para os fins do disposto no § 3º do art. 100 da Constituição Federal, admitido o fracionamento para essa finalidade, e o restante será pago em ordem cronológica de apresentação do precatório.

› *Incluído pela Emenda constitucional nº 99, de 2017*

Art. 103. Enquanto os Estados, o Distrito Federal e os Municípios estiverem efetuando o pagamento da parcela mensal devida como previsto no *caput* do art. 101 deste Ato das Disposições Constitucionais Transitórias, nem eles, nem as respectivas autarquias, fundações e empresas estatais dependentes poderão sofrer sequestro de valores, exceto no caso de não liberação tempestiva dos recursos.

› *Incluído pela Emenda Constitucional nº 94, de 2016*

Parágrafo único. Na vigência do regime especial previsto no art. 101 deste Ato das Disposições Constitucionais Transitórias, ficam vedadas desapropriações pelos Estados, pelo Distrito Federal e pelos Municípios, cujos estoques de precatórios ainda pendentes de pagamento, incluídos os precatórios a pagar de suas entidades da administração indireta, sejam superiores a 70% (setenta por cento) das respectivas receitas correntes líquidas, excetuadas as desapropriações para fins de necessidade pública nas áreas de saúde, educação, segurança pública, transporte público, saneamento básico e habitação de interesse social.

› *Incluído pela Emenda constitucional nº 99, de 2017*

Art. 104. Se os recursos referidos no art. 101 deste Ato das Disposições Constitucionais Transitórias para o pagamento de precatórios não forem tempestivamente liberados, no todo ou em parte:

› *Incluído pela Emenda Constitucional nº 94, de 2016*

I – o Presidente do Tribunal de Justiça local determinará o sequestro, até o limite do valor não liberado, das contas do ente federado inadimplente;

› *Incluído pela Emenda Constitucional nº 94, de 2016*

II – o chefe do Poder Executivo do ente federado inadimplente responderá, na forma da legislação de responsabilidade fiscal e de improbidade administrativa;

› *Incluído pela Emenda Constitucional nº 94, de 2016*

III – a União reterá os recursos referentes aos repasses ao Fundo de Participação dos Estados e do Distrito Federal e ao Fundo de Participação dos Municípios e os depositará na conta especial referida no art. 101 deste Ato das Disposições Constitucionais Transitórias, para utilização como nele previsto;

› *Incluído pela Emenda Constitucional nº 94, de 2016*

IV – os Estados e o Comitê Gestor do Imposto sobre Bens e Serviços reterão os repasses previstos, respectivamente, nos §§ 1º e 2º do art. 158 da Constituição Federal e os depositarão na conta especial referida no art. 101 deste Ato das Disposições Constitucionais Transitórias, para utilização como nele previsto.

› *Redação dada pela Emenda Constitucional nº 132, de 2023*

› *Atualização: IV – o Comitê Gestor do Imposto sobre Bens e Serviços reterá os repasses previstos no § 2º do art. 158 da Constituição Federal e os depositará na conta especial referida no art. 101 deste Ato das Disposições Constitucionais Transitórias, para utilização como nele previsto. Redação dada pela Emenda Constitucional nº 132, de 2023, em vigor em 2033*

Parágrafo único. Enquanto perdurar a omissão, o ente federado não poderá contrair empréstimo externo ou interno, exceto para os fins previstos no § 2º do art. 101 deste Ato das Disposições Constitucionais Transitórias, e ficará impedido de receber transferências voluntárias.

› *Incluído pela Emenda Constitucional nº 94, de 2016*

Art. 105. Enquanto viger o regime de pagamento de precatórios previsto no art. 101 deste Ato das Disposições Constitucionais Transitórias, é facultada aos credores de precatórios, próprios ou de terceiros, a compensação com débitos de natureza tributária ou de outra natureza que até 25 de março de 2015 tenham sido inscritos na dívida ativa dos Estados, do Distrito Federal ou dos Municípios, observados os requisitos definidos em lei própria do ente federado.

› *Incluído pela Emenda Constitucional nº 94, de 2016*

§ 1º Não se aplica às compensações referidas no *caput* deste artigo qualquer tipo de vinculação, como as transferências a outros entes e as destinadas à educação, à saúde e a outras finalidades.

› *Numerado do parágrafo único pela Emenda constitucional nº 99, de 2017*

§ 2º Os Estados, o Distrito Federal e os Municípios regulamentarão nas respectivas leis o disposto no *caput* deste artigo em até cento e vinte dias a partir de 1º de janeiro de 2018.

› *Incluído pela Emenda constitucional nº 99, de 2017*

§ 3º Decorrido o prazo estabelecido no § 2º deste artigo sem a regulamentação nele prevista, ficam os credores de precatórios autorizados a exercer a faculdade a que se refere o *caput* deste artigo.

› *Incluído pela Emenda constitucional nº 99, de 2017*

Arts. 106 e 107. *(Revogados pela Emenda Constitucional nº 126, de 2022)*

› *Vide LC 200/2023 (Novo Arcabouço Fiscal)*

Art. 107-A. Até o fim de 2026, fica estabelecido, para cada exercício financeiro, limite para alocação na proposta orçamentária das despesas com pagamentos em virtude de sentença judiciária de que trata o art. 100 da Constituição Federal, equivalente ao valor da despesa paga no exercício de 2016, incluídos os restos a pagar pagos, corrigido, para o exercício de 2017, em 7,2% (sete inteiros e dois décimos por cento) e, para os exercícios posteriores, pela variação do Índice Nacional de Preços ao Consumidor Amplo (IPCA), publicado pela Fundação Instituto Brasileiro de Geografia e Estatística, ou de outro índice que vier a substituí-lo, apurado no exercício anterior a que se refere a lei orçamentária, devendo o espaço fiscal decorrente da diferença entre o valor dos precatórios expedidos e o respectivo limite ser destinado ao programa previsto no parágrafo único do art. 6º e à seguridade social, nos termos do art. 194, ambos da Constituição Federal, a ser calculado da seguinte forma:

› *Redação dada pela Emenda Constitucional nº 126, de 2022*

› *ADIn 7.064*

I – no exercício de 2022, o espaço fiscal decorrente da diferença entre o valor dos precatórios expedidos e o limite estabelecido no caput deste artigo deverá ser destinado ao programa previsto no parágrafo único do art. 6º e à seguridade social, nos termos do art. 194, ambos da Constituição Federal;

› *Incluído pela Emenda Constitucional nº 114, de 2021*

II – no exercício de 2023, pela diferença entre o total de precatórios expedidos entre 2 de julho de 2021 e 2 de abril de 2022 e o limite de que trata o caput deste artigo válido para o exercício de 2023; e

› *Incluído pela Emenda Constitucional nº 114, de 2021*

› *ADIn 7.064*

III – nos exercícios de 2024 a 2026, pela diferença entre o total de precatórios expedidos entre 3 de abril de dois anos anteriores e 2 de abril do ano anterior ao exercício e o limite de que trata o caput deste artigo válido para o mesmo exercício.

› *Incluído pela Emenda Constitucional nº 114, de 2021*

› *ADIn 7.064*

§ 1º O limite para o pagamento de precatórios corresponderá, em cada exercício, ao limite previsto no caput deste artigo, reduzido da projeção para a despesa com o pagamento de requisições de pequeno valor para o mesmo exercício, que terão prioridade no pagamento.

› *Incluído pela Emenda Constitucional nº 114, de 2021*

§ 2º Os precatórios que não forem pagos em razão do previsto neste artigo terão prioridade para pagamento em exercícios seguintes, observada a ordem cronológica e o disposto no § 8º deste artigo.

› *Incluído pela Emenda Constitucional nº 114, de 2021*

§ 3º É facultado ao credor de precatório que não tenha sido pago em razão do disposto neste artigo, além das hipóteses previstas no § 11 do art. 100 da Constituição Federal e sem prejuízo dos procedimentos previstos nos §§ 9º e 21 do referido artigo, optar pelo recebimento, mediante acordos diretos perante Juízos Auxiliares de Conciliação de Pagamento de Condenações Judiciais contra a Fazenda Pública Federal, em parcela única, até o final do exercício seguinte, com renúncia de 40% (quarenta por cento) do valor desse crédito.

› *Incluído pela Emenda Constitucional nº 114, de 2021*

§ 4º O Conselho Nacional de Justiça regulamentará a atuação dos Presidentes dos Tribunais competentes para o cumprimento deste artigo.

› *Incluído pela Emenda Constitucional nº 114, de 2021*

§ 5º Não se incluem no limite estabelecido neste artigo as despesas para fins de cumprimento do disposto nos §§ 11, 20 e 21 do art. 100 da Constituição Federal e no § 3º deste artigo, bem como a atualização monetária dos precatórios inscritos no exercício.

› *Incluído pela Emenda Constitucional nº 114, de 2021*

§ 6º Não se incluem nos limites estabelecidos no art. 107 deste Ato das Disposições Constitucionais Transitórias o previsto nos §§ 11, 20 e 21 do art. 100 da Constituição Federal e no § 3º deste artigo.

› *Incluído pela Emenda Constitucional nº 114, de 2021*

§ 7º Na situação prevista no § 3º deste artigo, para os precatórios não incluídos na proposta orçamentária de 2022, os valores necessários à sua quitação serão providenciados pela abertura de créditos adicionais durante o exercício de 2022.

› *Incluído pela Emenda Constitucional nº 114, de 2021*

§ 8º Os pagamentos em virtude de sentença judiciária de que trata o art. 100 da Constituição Federal serão realizados na seguinte ordem:

› *Incluído pela Emenda Constitucional nº 114, de 2021*

I – obrigações definidas em lei como de pequeno valor, previstas no § 3º do art. 100 da Constituição Federal;

› *Incluído pela Emenda Constitucional nº 114, de 2021*

II – precatórios de natureza alimentícia cujos titulares, originários ou por sucessão hereditária, tenham no mínimo 60 (sessenta) anos de idade, ou sejam portadores de doença grave ou pessoas com deficiência, assim definidos na forma da lei, até o valor equivalente ao triplo do montante fixado em lei como obrigação de pequeno valor;

› *Incluído pela Emenda Constitucional nº 114, de 2021*

III – demais precatórios de natureza alimentícia até o valor equivalente ao triplo do montante fixado em lei como obrigação de pequeno valor;

› *Incluído pela Emenda Constitucional nº 114, de 2021*

IV – demais precatórios de natureza alimentícia além do valor previsto no inciso III deste parágrafo;

› *Incluído pela Emenda Constitucional nº 114, de 2021*

V – demais precatórios.

› *Incluído pela Emenda Constitucional nº 114, de 2021*

Art. 108. *(Revogado pela Emenda Constitucional nº 113, de 2021)*

Arts. 109 a 112. *(Revogados pela Emenda Constitucional nº 126, de 2022)*

› *Vide LC 200/2023 (Novo Arcabouço Fiscal)*

Art. 113. A proposição legislativa que crie ou altere despesa obrigatória ou renúncia de receita deverá ser acompanhada da estimativa do seu impacto orçamentário e financeiro.

› Incluído pela Emenda Constitucional nº 95, de 2016

Art. 114. *(Revogado pela Emenda Constitucional nº 126, de 2022)*

› Vide LC 200/2023 (Novo Arcabouço Fiscal)

Art. 115. Fica excepcionalmente autorizado o parcelamento das contribuições previdenciárias e dos demais débitos dos Municípios, incluídas suas autarquias e fundações, com os respectivos regimes próprios de previdência social, com vencimento até 31 de outubro de 2021, inclusive os parcelados anteriormente, no prazo máximo de 240 (duzentos e quarenta) prestações mensais, mediante autorização em lei municipal específica, desde que comprovem ter alterado a legislação do regime próprio de previdência social para atendimento das seguintes condições, cumulativamente:

› Incluído pela Emenda Constitucional nº 113, de 2021

I – adoção de regras de elegibilidade, de cálculo e de reajustamento dos benefícios que contemplem, nos termos previstos nos incisos I e III do § 1º e nos §§ 3º a 5º, 7º e 8º do art. 40 da Constituição Federal, regras assemelhadas às aplicáveis aos servidores públicos do regime próprio de previdência social da União e que contribuam efetivamente para o atingimento e a manutenção do equilíbrio financeiro e atuarial;

› Incluído pela Emenda Constitucional nº 113, de 2021

II – adequação do rol de benefícios ao disposto nos §§ 2º e 3º do art. 9º da Emenda Constitucional nº 103, de 12 de novembro de 2019;

III – adequação da alíquota de contribuição devida pelos servidores, nos termos do § 4º do art. 9º da Emenda Constitucional nº 103, de 12 de novembro de 2019; e

› Incluído pela Emenda Constitucional nº 113, de 2021

IV – instituição do regime de previdência complementar e adequação do órgão ou entidade gestora do regime próprio de previdência social, nos termos do § 6º do art. 9º da Emenda Constitucional nº 103, de 12 de novembro de 2019.

› Incluído pela Emenda Constitucional nº 113, de 2021

Parágrafo único. Ato do Ministério do Trabalho e Previdência, no âmbito de suas competências, definirá os critérios para o parcelamento previsto neste artigo, inclusive quanto ao cumprimento do disposto nos incisos I, II, III e IV do *caput* deste artigo, bem como disponibilizará as informações aos Municípios sobre o montante das dívidas, as formas de parcelamento, os juros e os encargos incidentes, de modo a possibilitar o acompanhamento da evolução desses débitos.

› Incluído pela Emenda Constitucional nº 113, de 2021

Art. 116. Fica excepcionalmente autorizado o parcelamento dos débitos decorrentes de contribuições previdenciárias dos Municípios, incluídas suas autarquias e fundações, com o Regime Geral de Previdência Social, com vencimento até 31 de outubro de 2021, ainda que em fase de execução fiscal ajuizada, inclusive os decorrentes do descumprimento de obrigações acessórias e os parcelados anteriormente, no prazo máximo de 240 (duzentos e quarenta) prestações mensais.

› Incluído pela Emenda Constitucional nº 113, de 2021

§ 1º Os Municípios que possuam regime próprio de previdência social deverão comprovar, para fins de formalização do parcelamento com o Regime Geral de Previdência Social, de que trata este artigo, terem atendido as condições estabelecidas nos incisos I, II, III e IV do *caput* do art. 115 deste Ato das Disposições Constitucionais Transitórias.

› Incluído pela Emenda Constitucional nº 113, de 2021

§ 2º Os débitos parcelados terão redução de 40% (quarenta por cento) das multas de mora, de ofício e isoladas, de 80% (oitenta por cento) dos juros de mora, de 40% (quarenta por cento) dos encargos legais e de 25% (vinte e cinco por cento) dos honorários advocatícios.

› Incluído pela Emenda Constitucional nº 113, de 2021

§ 3º O valor de cada parcela será acrescido de juros equivalentes à taxa referencial do Sistema Especial de Liquidação e de Custódia (Selic), acumulada mensalmente, calculados a partir do mês subsequente ao da consolidação até o mês anterior ao do pagamento.

› Incluído pela Emenda Constitucional nº 113, de 2021

§ 4º Não constituem débitos dos Municípios aqueles considerados prescritos ou atingidos pela decadência.

› Incluído pela Emenda Constitucional nº 113, de 2021

§ 5º A Secretaria Especial da Receita Federal do Brasil e a Procuradoria-Geral da Fazenda Nacional, no âmbito de suas competências, deverão fixar os critérios para o parcelamento previsto neste artigo, bem como disponibilizar as informações aos Municípios sobre o montante das dívidas, as formas de parcelamento, os juros e os encargos incidentes, de modo a possibilitar o acompanhamento da evolução desses débitos.

› Incluído pela Emenda Constitucional nº 113, de 2021

Art. 117. A formalização dos parcelamentos de que tratam os arts. 115 e 116 deste Ato das Disposições Constitucionais Transitórias deverá ocorrer até 30 de junho de 2022 e ficará condicionada à autorização de vinculação do Fundo de Participação dos Municípios para fins de pagamento das prestações acordadas nos termos de parcelamento, observada a seguinte ordem de preferência:

› Incluído pela Emenda Constitucional nº 113, de 2021

I – a prestação de garantia ou de contragarantia à União ou os pagamentos de débitos em favor da União, na forma do § 4º do art. 167 da Constituição Federal;

› Incluído pela Emenda Constitucional nº 113, de 2021

II – as contribuições parceladas devidas ao Regime Geral de Previdência Social;

› Incluído pela Emenda Constitucional nº 113, de 2021

III – as contribuições parceladas devidas ao respectivo regime próprio de previdência social.

› Incluído pela Emenda Constitucional nº 113, de 2021

Art. 118. Os limites, as condições, as normas de acesso e os demais requisitos para o atendimento do disposto no parágrafo único do art. 6º e no inciso VI do *caput* do art. 203 da Constituição Federal serão determinados, na forma da lei e respectivo regulamento, até 31 de dezembro de 2022, dispensada, exclusivamente no exercício de 2022, a observância das limitações legais quanto à criação, à expansão ou ao aperfeiçoamento de ação governamental que acarrete aumento de despesa no referido exercício.

› Incluído pela Emenda Constitucional 114, de 2021.

Art. 119. Em decorrência do estado de calamidade pública provocado pela pandemia da Covid-19, os Estados, o Distrito Federal, os Municípios e os agentes públicos desses entes federados não poderão ser responsabilizados administrativa, civil ou criminalmente pelo descumprimento, exclusivamente nos exercícios financeiros de 2020 e 2021, do disposto no caput do art. 212 da Constituição Federal.

› Incluído pela Emenda Constitucional nº 119, de 2022

Parágrafo único. Para efeitos do disposto no caput deste artigo, o ente deverá complementar na aplicação da manutenção e desenvolvimento do ensino, até o exercício financeiro de 2023, a diferença a menor entre o valor aplicado, conforme informação registrada no sistema integrado de planejamento e orçamento, e o valor mínimo exigível constitucionalmente para os exercícios de 2020 e 2021.

› Incluído pela Emenda Constitucional nº 119, de 2022

Art. 120. Fica reconhecido, no ano de 2022, o estado de emergência decorrente da elevação extraordinária e imprevisível dos preços do petróleo, combustíveis e seus derivados e dos impactos sociais dela decorrentes.

› Incluído pela Emenda Constitucional nº 123, de 2022

Parágrafo único. Para enfretamento ou mitigação dos impactos decorrentes do estado de emergência reconhecido, as medidas implementadas, até os limites de despesas previstos em uma única e exclusiva norma constitucional observarão o seguinte:

› Incluído pela Emenda Constitucional nº 123, de 2022

I – quanto às despesas:

› Incluído pela Emenda Constitucional nº 123, de 2022

a) serão atendidas por meio de crédito extraordinário;

› Incluída pela Emenda Constitucional nº 123, de 2022

b) não serão consideradas para fins de apuração da meta de resultado primário estabelecida no *caput* do art. 2º da Lei nº 14.194, de 20 de agosto de 2021, e do limite estabelecido para as despesas primárias, conforme disposto no inciso I do *caput* do art. 107 do Ato das Disposições Constitucionais Transitórias; e

› Incluída pela Emenda Constitucional nº 123, de 2022

c) ficarão ressalvadas do disposto no inciso III do *caput* do art. 167 da Constituição Federal;

› Incluída pela Emenda Constitucional nº 123, de 2022

II – a abertura do crédito extraordinário para seu atendimento dar-se-á independentemente da observância dos requisitos exigidos no § 3º do art. 167 da Constituição Federal; e

› *Incluído pela Emenda Constitucional nº 123, de 2022*

III – a dispensa das limitações legais, inclusive quanto à necessidade de compensação:

› *Incluído pela Emenda Constitucional nº 123, de 2022*

a) à criação, à expansão ou ao aperfeiçoamento de ação governamental que acarrete aumento de despesa; e

› *Incluída pela Emenda Constitucional nº 123, de 2022*

b) à renúncia de receita que possa ocorrer.

› *Incluída pela Emenda Constitucional nº 123, de 2022*

Art. 121. As contas referentes aos patrimônios acumulados de que trata o § 2º do art. 239 da Constituição Federal cujos recursos não tenham sido reclamados por prazo superior a 20 (vinte) anos serão encerradas após o prazo de 60 (sessenta) dias da publicação de aviso no Diário Oficial da União, ressalvada reivindicação por eventual interessado legítimo dentro do referido prazo.

› *Incluído pela Emenda Constitucional nº 126, de 2022*

Parágrafo único. Os valores referidos no *caput* deste artigo serão tidos por abandonados, nos termos do inciso III do *caput* do art. 1.275 da Lei nº 10.406, de 10 de janeiro de 2002 (Código Civil), e serão apropriados pelo Tesouro Nacional como receita primária para realização de despesas de investimento de que trata o § 6º-B do art. 107, que não serão computadas nos limites previstos no art. 107, ambos deste Ato das Disposições Constitucionais Transitórias, podendo o interessado reclamar ressarcimento à União no prazo de até 5 (cinco) anos do encerramento das contas.

› *Incluído pela Emenda Constitucional nº 126, de 2022*

Art. 122. As transferências financeiras realizadas pelo Fundo Nacional de Saúde e pelo Fundo Nacional de Assistência Social diretamente aos fundos de saúde e assistência social estaduais, municipais e distritais, para enfrentamento da pandemia da Covid-19, poderão ser executadas pelos entes federativos até 31 de dezembro de 2023.

› *Incluído pela Emenda Constitucional nº 126, de 2022*

Art. 123. Todos os termos de credenciamentos, contratos, aditivos e outras formas de ajuste de permissão lotérica, em vigor, indistintamente, na data de publicação deste dispositivo, destinados a viabilizar a venda de serviços lotéricos, disciplinados em lei ou em outros instrumentos de alcance específico, terão assegurado prazo de vigência adicional, contado do término do prazo do instrumento vigente, independentemente da data de seu termo inicial.

› *Incluído pela Emenda Constitucional nº 132, de 2023*

Art. 124. A transição para os tributos previstos no art. 156-A e no art. 195, V, todos da Constituição Federal, atenderá aos critérios estabelecidos nos arts. 125 a 133 deste Ato das Disposições Constitucionais Transitórias.

› *Incluído pela Emenda Constitucional nº 132, de 2023*

Parágrafo único. A contribuição prevista no art. 195, V, será instituída pela mesma lei complementar de que trata o art. 156-A, ambos da Constituição Federal.

› *Incluído pela Emenda Constitucional nº 132, de 2023*

Art. 125. Em 2026, o imposto previsto no art. 156-A será cobrado à alíquota estadual de 0,1% (um décimo por cento), e a contribuição prevista no art. 195, V, ambos da Constituição Federal, será cobrada à alíquota de 0,9% (nove décimos por cento).

› *Incluído pela Emenda Constitucional nº 132, de 2023*

§ 1º O montante recolhido na forma do *caput* será compensado com o valor devido das contribuições previstas no art. 195, I, "b", e IV, e da contribuição para o Programa de Integração Social a que se refere o art. 239, ambos da Constituição Federal.

› *Incluído pela Emenda Constitucional nº 132, de 2023*

§ 2º Caso o contribuinte não possua débitos suficientes para efetuar a compensação de que trata o § 1º, o valor recolhido poderá ser compensado com qualquer outro tributo federal ou ser ressarcido em até 60 (sessenta) dias, mediante requerimento.

› *Incluído pela Emenda Constitucional nº 132, de 2023*

§ 3º A arrecadação do imposto previsto no art. 156-A da Constituição Federal decorrente do disposto no *caput* deste artigo não observará as vinculações, repartições e destinações previstas na Constituição Federal, devendo ser aplicada, integral e sucessivamente, para:

› *Incluído pela Emenda Constitucional nº 132, de 2023*

I – o financiamento do Comitê Gestor do Imposto sobre Bens e Serviços, nos termos do art. 156-B, § 2º, III, da Constituição Federal;

› *Incluído pela Emenda Constitucional nº 132, de 2023*

II – compor o Fundo de Compensação de Benefícios Fiscais ou Financeiro-Fiscais do imposto de que trata o art. 155, II, da Constituição Federal.

› *Incluído pela Emenda Constitucional nº 132, de 2023*

§ 4º Durante o período de que trata o *caput*, os sujeitos passivos que cumprirem as obrigações acessórias relativas aos tributos referidos no *caput* poderão ser dispensados do seu recolhimento, nos termos de lei complementar.

› *Incluído pela Emenda Constitucional nº 132, de 2023*

Art. 126. A partir de 2027:

› *Incluído pela Emenda Constitucional nº 132, de 2023*

I – serão cobrados:

› *Incluído pela Emenda Constitucional nº 132, de 2023*

a) a contribuição prevista no art. 195, V, da Constituição Federal;

› *Incluída pela Emenda Constitucional nº 132, de 2023*

b) o imposto previsto no art. 153, VIII, da Constituição Federal;

› *Incluída pela Emenda Constitucional nº 132, de 2023*

II – serão extintas as contribuições previstas no art. 195, I, "b", e IV, e a contribuição para o Programa de Integração Social de que trata o art. 239, todos da Constituição Federal, desde que instituída a contribuição referida na alínea "a" do inciso I;

› *Incluído pela Emenda Constitucional nº 132, de 2023*

III – o imposto previsto no art. 153, IV, da Constituição Federal:

› *Incluído pela Emenda Constitucional nº 132, de 2023*

a) terá suas alíquotas reduzidas a zero, exceto em relação aos produtos que tenham industrialização incentivada na Zona Franca de Manaus, conforme critérios estabelecidos em lei complementar; e

› *Incluída pela Emenda Constitucional nº 132, de 2023*

b) não incidirá de forma cumulativa com o imposto previsto no art. 153, VIII, da Constituição Federal.

› *Incluída pela Emenda Constitucional nº 132, de 2023*

Art. 127. Em 2027 e 2028, o imposto previsto no art. 156-A da Constituição Federal será cobrado à alíquota estadual de 0,05% (cinco centésimos por cento) e à alíquota municipal de 0,05% (cinco centésimos por cento).

› *Incluído pela Emenda Constitucional nº 132, de 2023*

Parágrafo único. No período referido no *caput*, a alíquota da contribuição prevista no art. 195, V, da Constituição Federal, será reduzida em 0,1 (um décimo) ponto percentual.

› *Incluído pela Emenda Constitucional nº 132, de 2023*

Art. 128. De 2029 a 2032, as alíquotas dos impostos previstos nos arts. 155, II, e 156, III, da Constituição Federal, serão fixadas nas seguintes proporções das alíquotas fixadas nas respectivas legislações:

› *Incluído pela Emenda Constitucional nº 132, de 2023*

I – 9/10 (nove décimos), em 2029;

› *Incluído pela Emenda Constitucional nº 132, de 2023*

II – 8/10 (oito décimos), em 2030;

› *Incluído pela Emenda Constitucional nº 132, de 2023*

III – 7/10 (sete décimos), em 2031;

› *Incluído pela Emenda Constitucional nº 132, de 2023*

IV – 6/10 (seis décimos), em 2032.

› *Incluído pela Emenda Constitucional nº 132, de 2023*

§ 1º Os benefícios ou os incentivos fiscais ou financeiros relativos aos impostos previstos nos arts. 155, II, e 156, III, da Constituição Federal não alcançados pelo disposto no *caput* deste artigo serão reduzidos na mesma proporção.

› *Incluído pela Emenda Constitucional nº 132, de 2023*

§ 2º Os benefícios e incentivos fiscais ou financeiros referidos no art. 3º da Lei Complementar nº 160, de 7 de agosto de 2017, serão reduzidos na forma deste artigo, não se aplicando a redução prevista no § 2º-A do art. 3º da referida Lei Complementar.

› *Incluído pela Emenda Constitucional nº 132, de 2023*

§ 3º Ficam mantidos em sua integralidade, até 31 de dezembro de 2032, os percentuais utilizados para calcular os benefícios ou incentivos fiscais ou financeiros já reduzidos por força da redução das alíquotas, em decorrência do disposto no *caput*.

› *Incluído pela Emenda Constitucional nº 132, de 2023*

Art. 129. Ficam extintos, a partir de 2033, os impostos previstos nos arts. 155, II, e 156, III, da Constituição Federal.

› *Incluído pela Emenda Constitucional nº 132, de 2023*

Art. 130. Resolução do Senado Federal fixará, para todas as esferas federativas, as alíquotas de referência dos tributos previstos nos arts. 156-A e 195, V, da Constituição Federal, observados a forma de cálculo e os limites previstos em lei complementar, de forma a assegurar:

› *Incluído pela Emenda Constitucional nº 132, de 2023*

I – de 2027 a 2033, que a receita da União com a contribuição prevista no art. 195, V, e com o imposto previsto no art. 153, VIII, todos da Constituição Federal, seja equivalente à redução da receita:

› Incluído pela Emenda Constitucional nº 132, de 2023

a) das contribuições previstas no art. 195, I, "b", e IV, e da contribuição para o Programa de Integração Social de que trata o art. 239, todos da Constituição Federal;

› Incluída pela Emenda Constitucional nº 132, de 2023

b) do imposto previsto no art. 153, IV; e

› Incluída pela Emenda Constitucional nº 132, de 2023

c) do imposto previsto no art. 153, V, da Constituição Federal, sobre operações de seguros;

› Incluída pela Emenda Constitucional nº 132, de 2023

II – de 2029 a 2033, que a receita dos Estados e do Distrito Federal com o imposto previsto no art. 156-A da Constituição Federal seja equivalente à redução:

› Incluído pela Emenda Constitucional nº 132, de 2023

a) da receita do imposto previsto no art. 155, II, da Constituição Federal; e

› Incluída pela Emenda Constitucional nº 132, de 2023

b) das receitas destinadas a fundos estaduais financiados por contribuições estabelecidas como condição à aplicação de diferimento, regime especial ou outro tratamento diferenciado, relativos ao imposto de que trata o art. 155, II, da Constituição Federal, em funcionamento em 30 de abril de 2023, excetuadas as receitas dos fundos mantidas na forma do art. 136 deste Ato das Disposições Constitucionais Transitórias;

› Incluída pela Emenda Constitucional nº 132, de 2023

III – de 2029 a 2033, que a receita dos Municípios e do Distrito Federal com o imposto previsto no art. 156-A seja equivalente à redução da receita do imposto previsto no art. 156, III, ambos da Constituição Federal.

› Incluído pela Emenda Constitucional nº 132, de 2023

§ 1º As alíquotas de referência serão fixadas no ano anterior ao de sua vigência, não se aplicando o disposto no art. 150, III, "c", da Constituição Federal, com base em cálculo realizado pelo Tribunal de Contas da União.

› Incluído pela Emenda Constitucional nº 132, de 2023

§ 2º Na fixação das alíquotas de referência, deverão ser considerados os efeitos sobre a arrecadação dos regimes específicos, diferenciados ou favorecidos e de qualquer outro regime que resulte em arrecadação menor do que a que seria obtida com a aplicação da alíquota padrão.

› Incluído pela Emenda Constitucional nº 132, de 2023

§ 3º Para fins do disposto nos §§ 4º a 6º, entende-se por:

› Incluído pela Emenda Constitucional nº 132, de 2023

I – Teto de Referência da União: a média da receita no período de 2012 a 2021, apurada como proporção do PIB, do imposto previsto no art. 153, IV, das contribuições previstas no art. 195, I, "b", e IV, da contribuição para o Programa de Integração Social de que trata o art. 239 e do imposto previsto no art. 153, V, sobre operações de seguro, todos da Constituição Federal;

› Incluído pela Emenda Constitucional nº 132, de 2023

II – Teto de Referência Total: a média da receita no período de 2012 a 2021, apurada como proporção do PIB, dos impostos previstos nos arts. 153, IV, 155, II e 156, III, das contribuições previstas no art. 195, I, "b", e IV, da contribuição para o Programa de Integração Social de que trata o art. 239 e do imposto previsto no art. 153, V, sobre operações de seguro, todos da Constituição Federal;

› Incluído pela Emenda Constitucional nº 132, de 2023

III – Receita-Base da União: a receita da União com a contribuição prevista no art. 195, V, e com o imposto previsto no art. 153, VIII, ambos da Constituição Federal, apurada como proporção do PIB;

› Incluído pela Emenda Constitucional nº 132, de 2023

IV – Receita-Base dos Entes Subnacionais: a receita dos Estados, do Distrito Federal e dos Municípios com o imposto previsto no art. 156-A da Constituição Federal, deduzida da parcela a que se refere a alínea "b" do inciso II do *caput*, apurada como proporção do PIB;

› Incluído pela Emenda Constitucional nº 132, de 2023

V – Receita-Base Total: a soma da Receita-Base da União com a Receita-Base dos Entes Subnacionais, sendo essa última:

› Incluído pela Emenda Constitucional nº 132, de 2023

a) multiplicada por 10 (dez) em 2029;

› Incluída pela Emenda Constitucional nº 132, de 2023

b) multiplicada por 5 (cinco) em 2030;

› Incluída pela Emenda Constitucional nº 132, de 2023

c) multiplicada por 10 (dez) e dividida por 3 (três) em 2031;

› Incluída pela Emenda Constitucional nº 132, de 2023

d) multiplicada por 10 (dez) e dividida por 4 (quatro) em 2032;

› Incluída pela Emenda Constitucional nº 132, de 2023

e) multiplicada por 1 (um) em 2033.

› Incluída pela Emenda Constitucional nº 132, de 2023

§ 4º A alíquota de referência da contribuição a que se refere o art. 195, V, da Constituição Federal será reduzida em 2030 caso a média da Receita-Base da União em 2027 e 2028 exceda o Teto de Referência da União.

› Incluído pela Emenda Constitucional nº 132, de 2023

§ 5º As alíquotas de referência da contribuição a que se refere o art. 195, V, e do imposto a que se refere o art. 156-A, ambos da Constituição Federal, serão reduzidas em 2035 caso a média da Receita-Base Total entre 2029 e 2033 exceda o Teto de Referência Total.

› Incluído pela Emenda Constitucional nº 132, de 2023

§ 6º As reduções de que tratam os §§ 4º e 5º serão:

› Incluído pela Emenda Constitucional nº 132, de 2023

I – definidas de forma a que a Receita-Base seja igual ao respectivo Teto de Referência;

› Incluído pela Emenda Constitucional nº 132, de 2023

II – no caso do § 5º, proporcionais para as alíquotas de referência federal, estadual e municipal.

› Incluído pela Emenda Constitucional nº 132, de 2023

§ 7º A revisão das alíquotas de referência em função do disposto nos §§ 4º, 5º e 6º não implicará cobrança ou restituição de tributo relativo a anos anteriores ou transferência de recursos entre os entes federativos.

› Incluído pela Emenda Constitucional nº 132, de 2023

§ 8º Os entes federativos e o Comitê Gestor do Imposto sobre Bens e Serviços fornecerão ao Tribunal de Contas da União as informações necessárias para o cálculo a que se referem os §§ 1º, 4º e 5º.

› Incluído pela Emenda Constitucional nº 132, de 2023

§ 9º Nos cálculos das alíquotas de que trata o *caput*, deverá ser considerada a arrecadação dos tributos previstos nos arts. 156-A e 195, V, da Constituição Federal, cuja cobrança tenha sido iniciada antes dos períodos de que tratam os incisos I, II e III do *caput*.

› Incluído pela Emenda Constitucional nº 132, de 2023

§ 10. O cálculo das alíquotas a que se refere este artigo será realizado com base em propostas encaminhadas pelo Poder Executivo da União e pelo Comitê Gestor do Imposto sobre Bens e Serviços, que deverão fornecer ao Tribunal de Contas da União todos os subsídios necessários, mediante o compartilhamento de dados e informações, nos termos de lei complementar.

› Incluído pela Emenda Constitucional nº 132, de 2023

Art. 131. De 2029 a 2077, o produto da arrecadação dos Estados, do Distrito Federal e dos Municípios com o imposto de que trata o art. 156-A da Constituição Federal será distribuído a esses entes federativos conforme o disposto neste artigo.

› Incluído pela Emenda Constitucional nº 132, de 2023

§ 1º Serão retidos do produto da arrecadação do imposto de cada Estado, do Distrito Federal e de cada Município apurada com base nas alíquotas de referência de que trata o art. 130 deste Ato das Disposições Constitucionais Transitórias, nos termos dos arts. 149-C e 156-A, § 4º, II, e § 5º, I e IV, antes da aplicação do disposto no art. 158, IV, "b", todos da Constituição Federal:

› Incluído pela Emenda Constitucional nº 132, de 2023

I – de 2029 a 2032, 80% (oitenta por cento);

› Incluído pela Emenda Constitucional nº 132, de 2023

II – em 2033, 90% (noventa por cento);

› Incluído pela Emenda Constitucional nº 132, de 2023

III – de 2034 a 2077, percentual correspondente ao aplicado em 2033, reduzido à razão de 1/45 (um quarenta e cinco avos) por ano.

› Incluído pela Emenda Constitucional nº 132, de 2023

§ 2º Na forma estabelecida em lei complementar, o montante retido nos termos do § 1º será distribuído entre os Estados, o Distrito Federal e os Municípios proporcionalmente à receita média de cada ente federativo, devendo ser consideradas:

› Incluído pela Emenda Constitucional nº 132, de 2023

I – no caso dos Estados:

› Incluído pela Emenda Constitucional nº 132, de 2023

a) a arrecadação do imposto previsto no art. 155, II, após aplicação do disposto no art. 158, IV, "a", todos da Constituição Federal; e

› Incluída pela Emenda Constitucional nº 132, de 2023

b) as receitas destinadas aos fundos estaduais de que trata o art. 130, II, "b", deste

Ato das Disposições Constitucionais Transitórias;

› *Incluída pela Emenda Constitucional nº 132, de 2023*

II – no caso do Distrito Federal:

› *Incluído pela Emenda Constitucional nº 132, de 2023*

a) a arrecadação do imposto previsto no art. 155, II, da Constituição Federal; e

› *Incluída pela Emenda Constitucional nº 132, de 2023*

b) a arrecadação do imposto previsto no art. 156, III, da Constituição Federal;

› *Incluída pela Emenda Constitucional nº 132, de 2023*

III – no caso dos Municípios:

› *Incluído pela Emenda Constitucional nº 132, de 2023*

a) a arrecadação do imposto previsto no art. 156, III, da Constituição Federal; e

› *Incluída pela Emenda Constitucional nº 132, de 2023*

b) a parcela creditada na forma do art. 158, IV, "a", da Constituição Federal.

› *Incluída pela Emenda Constitucional nº 132, de 2023*

§ 3º Não se aplica o disposto no art. 158, IV, "b", da Constituição Federal aos recursos distribuídos na forma do § 2º, I, deste artigo.

› *Incluído pela Emenda Constitucional nº 132, de 2023*

§ 4º A parcela do produto da arrecadação do imposto não retida nos termos do § 1º, após a retenção de que trata o art. 132 deste Ato das Disposições Constitucionais Transitórias, será distribuída a cada Estado, ao Distrito Federal e a cada Município de acordo com os critérios da lei complementar de que trata o art. 156-A, § 5º, I, da Constituição Federal, nela computada a variação de alíquota fixada pelo ente em relação à de referência.

› *Incluído pela Emenda Constitucional nº 132, de 2023*

§ 5º Os recursos de que trata este artigo serão distribuídos nos termos estabelecidos em lei complementar, aplicando-se o seguinte:

› *Incluído pela Emenda Constitucional nº 132, de 2023*

I – constituirão a base de cálculo dos fundos de que trata o art. 212-A, II, da Constituição Federal, observado que:

› *Incluído pela Emenda Constitucional nº 132, de 2023*

a) para os Estados, o percentual de que trata o art. 212-A, II, será aplicado proporcionalmente à razão entre a soma dos valores distribuídos a cada ente nos termos do § 2º, I, "a", e do § 4º, e a soma dos valores distribuídos nos termos do § 2º, I e do § 4º;

› *Incluída pela Emenda Constitucional nº 132, de 2023*

b) para o Distrito Federal, o percentual de que trata o art. 212-A, II, será aplicado proporcionalmente à razão entre a soma dos valores distribuídos nos termos do § 2º, II, "a", e do § 4º, e a soma dos valores distribuídos nos termos do § 2º, II, e do § 4º, considerada, em ambas as somas, somente a parcela estadual nos valores distribuídos nos termos do § 4º;

› *Incluída pela Emenda Constitucional nº 132, de 2023*

c) para os Municípios, o percentual de que trata o art. 212-A, II, será aplicado proporcionalmente à razão entre a soma dos valores distribuídos nos termos do § 2º, III, "b", e a soma dos valores distribuídos nos termos do § 2º, III;

› *Incluída pela Emenda Constitucional nº 132, de 2023*

II – constituirão as bases de cálculo de que tratam os arts. 29-A, 198, § 2º, 204, parágrafo único, 212 e 216, § 6º, da Constituição Federal, excetuados os valores distribuídos nos termos do § 2º, I, "b";

› *Incluído pela Emenda Constitucional nº 132, de 2023*

III – poderão ser vinculados para prestação de garantias às operações de crédito por antecipação de receita previstas no art. 165, § 8º, para pagamento de débitos com a União e para prestar-lhe garantia ou contragarantia, nos termos do art. 167, § 4º, todos da Constituição Federal.

› *Incluído pela Emenda Constitucional nº 132, de 2023*

§ 6º Durante o período de que trata o *caput* deste artigo, é vedado aos Estados, ao Distrito Federal e aos Municípios fixar alíquotas próprias do imposto de que trata o art. 156-A da Constituição Federal inferiores às necessárias para garantir as retenções de que tratam o § 1º deste artigo e o art. 132 deste Ato das Disposições Constitucionais Transitórias.

› *Incluído pela Emenda Constitucional nº 132, de 2023*

Art. 132. Do imposto dos Estados, do Distrito Federal e dos Municípios apurado com base nas alíquotas de referência de que trata o art. 130 deste Ato das Disposições Constitucionais Transitórias, deduzida a retenção de que trata o art. 131, § 1º, será retido montante correspondente a 5% (cinco por cento) para distribuição aos entes com as menores razões entre:

› *Incluído pela Emenda Constitucional nº 132, de 2023*

I – o valor apurado nos termos dos arts. 149-C e 156-A, § 4º, II, e § 5º, I e IV, com base nas alíquotas de referência, após a aplicação do disposto no art. 158, IV, "b", todos da Constituição Federal; e

› *Incluído pela Emenda Constitucional nº 132, de 2023*

II – a respectiva receita média, apurada nos termos do art. 131, § 2º, I, II e III, deste Ato das Disposições Constitucionais Transitórias, limitada a 3 (três) vezes a média nacional por habitante da respectiva esfera federativa.

› *Incluído pela Emenda Constitucional nº 132, de 2023*

§ 1º Os recursos serão distribuídos, sequencial e sucessivamente, aos entes com as menores razões de que trata o *caput*, de maneira que, ao final da distribuição, para todos os entes que receberem recursos, seja observada a mesma a razão entre:

› *Incluído pela Emenda Constitucional nº 132, de 2023*

I – a soma do valor apurado nos termos do inciso I do *caput* com o valor recebido nos termos deste artigo; e

› *Incluído pela Emenda Constitucional nº 132, de 2023*

II – a receita média apurada na forma do inciso II do *caput*.

› *Incluído pela Emenda Constitucional nº 132, de 2023*

§ 2º Aplica-se aos recursos distribuídos na forma deste artigo o disposto no art. 131, § 5º deste Ato das Disposições Constitucionais Transitórias.

› *Incluído pela Emenda Constitucional nº 132, de 2023*

§ 3º Lei complementar estabelecerá os critérios para a redução gradativa, entre 2078 e 2097, do percentual de que trata o *caput*, até a sua extinção.

› *Incluído pela Emenda Constitucional nº 132, de 2023*

Art. 133. Os tributos de que tratam os arts. 153, IV, 155, II, 156, III, e 195, I, "b", e IV, e a contribuição para o Programa de Integração Social a que se refere o art. 239 não integrarão a base de cálculo do imposto de que trata o art. 156-A e da contribuição de que trata o art. 195, V, todos da Constituição Federal.

› *Incluído pela Emenda Constitucional nº 132, de 2023*

Art. 134. Os saldos credores relativos ao imposto previsto no art. 155, II, da Constituição Federal, existentes ao final de 2032 serão aproveitados pelos contribuintes na forma deste artigo e nos termos de lei complementar.

› *Incluído pela Emenda Constitucional nº 132, de 2023*

§ 1º O disposto neste artigo alcança os saldos credores cujos aproveitamento ou ressarcimento sejam admitidos pela legislação em vigor em 31 de dezembro de 2032 e que tenham sido homologados pelos respectivos entes federativos, observadas as seguintes diretrizes:

› *Incluído pela Emenda Constitucional nº 132, de 2023*

I – apresentado o pedido de homologação, o ente federativo deverá se pronunciar no prazo estabelecido na lei complementar a que se refere o *caput*;

› *Incluído pela Emenda Constitucional nº 132, de 2023*

II – na ausência de resposta ao pedido de homologação no prazo a que se refere o inciso I deste parágrafo, os respectivos saldos credores serão considerados homologados.

› *Incluído pela Emenda Constitucional nº 132, de 2023*

§ 2º Aplica-se o disposto neste artigo também aos créditos reconhecidos após o prazo previsto no *caput*.

› *Incluído pela Emenda Constitucional nº 132, de 2023*

§ 3º O saldo dos créditos homologados será informado pelos Estados e pelo Distrito Federal ao Comitê Gestor do Imposto sobre Bens e Serviços para que seja compensado com o imposto de que trata o art. 156-A da Constituição Federal:

› *Incluído pela Emenda Constitucional nº 132, de 2023*

I – pelo prazo remanescente, apurado nos termos do art. 20, § 5º, da Lei Complementar nº 87, de 13 de setembro de 1996, para os créditos relativos à entrada de mercadorias destinadas ao ativo permanente;

› *Incluído pela Emenda Constitucional nº 132, de 2023*

II – em 240 (duzentos e quarenta) parcelas mensais, iguais e sucessivas, nos demais casos.

› *Incluído pela Emenda Constitucional nº 132, de 2023*

§ 4º O Comitê Gestor do Imposto sobre Bens e Serviços deduzirá do produto da arrecadação do imposto previsto no art. 156-A devido ao respectivo ente federativo o valor compensado na forma do § 3º, o qual não comporá base de cálculo para fins do disposto nos arts. 158, IV, 198, § 2º, 204, parágrafo único, 212, 212-A, II, e 216, § 6º, todos da Constituição Federal.

› *Incluído pela Emenda Constitucional nº 132, de 2023*

§ 5º A partir de 2033, os saldos credores serão atualizados pelo IPCA ou por outro índice que venha a substituí-lo.

› *Incluído pela Emenda Constitucional nº 132, de 2023*

§ 6º Lei complementar disporá sobre:

› *Incluído pela Emenda Constitucional nº 132, de 2023*

I – as regras gerais de implementação do parcelamento previsto no § 3º;

› *Incluído pela Emenda Constitucional nº 132, de 2023*

II – a forma pela qual os titulares dos créditos de que trata este artigo poderão transferi-los a terceiros;

› *Incluído pela Emenda Constitucional nº 132, de 2023*

III – a forma pela qual o crédito de que trata este artigo poderá ser ressarcido ao contribuinte pelo Comitê Gestor do Imposto sobre Bens e Serviços, caso não seja possível compensar o valor da parcela nos termos do § 3º.

› *Incluído pela Emenda Constitucional nº 132, de 2023*

Art. 135. Lei complementar disciplinará a forma de utilização dos créditos, inclusive presumidos, do imposto de que trata o art. 153, IV, e das contribuições de que tratam o art. 195, I, "b", e IV, e da contribuição para o Programa de Integração Social a que se refere o art. 239, todos da Constituição Federal, não apropriados ou não utilizados até a extinção, mantendo-se, apenas para os créditos que cumpram os requisitos estabelecidos na legislação vigente na data da extinção de tais tributos, a permissão para compensação com outros tributos federais, inclusive com a contribuição prevista no inciso V do *caput* do art. 195 da Constituição Federal, ou ressarcimento em dinheiro.

› *Incluído pela Emenda Constitucional nº 132, de 2023*

Art. 136. Os Estados que possuíam, em 30 de abril de 2023, fundos destinados a investimentos em obras de infraestrutura e habitação e financiados por contribuições sobre produtos primários e semielaborados estabelecidas como condição à aplicação de diferimento, regime especial ou outro tratamento diferenciado, relativos ao imposto de que trata o art. 155, II, da Constituição Federal, poderão instituir contribuições semelhantes, não vinculadas ao referido imposto, observado que:

› *Incluído pela Emenda Constitucional nº 132, de 2023*

I – a alíquota ou o percentual de contribuição não poderão ser superiores e a base de incidência não poderá ser mais ampla que os das respectivas contribuições vigentes em 30 de abril de 2023;

› *Incluído pela Emenda Constitucional nº 132, de 2023*

II – a instituição de contribuição nos termos deste artigo implicará a extinção da contribuição correspondente, vinculada ao imposto de que trata o art. 155, II, da Constituição Federal, vigente em 30 de abril de 2023;

› *Incluído pela Emenda Constitucional nº 132, de 2023*

III – a destinação de sua receita deverá ser a mesma das contribuições vigentes em 30 de abril de 2023;

› *Incluído pela Emenda Constitucional nº 132, de 2023*

IV – a contribuição instituída nos termos do *caput* será extinta em 31 de dezembro de 2043.

› *Incluído pela Emenda Constitucional nº 132, de 2023*

Parágrafo único. As receitas das contribuições mantidas nos termos deste artigo não serão consideradas como receita do respectivo Estado para fins do disposto nos arts. 130, II, "b", e 131, § 2º, I, "b", deste Ato das Disposições Constitucionais Transitórias.

› *Incluído pela Emenda Constitucional nº 132, de 2023*

Art. 137. Os saldos financeiros dos recursos transferidos pelo Fundo Nacional de Saúde e pelo Fundo Nacional de Assistência Social, para enfrentamento da pandemia de Covid-19 no período de 2020 a 2022, aos fundos de saúde e assistência social estaduais, municipais e do Distrito Federal poderão ser aplicados, até 31 de dezembro de 2024, para o custeio de ações e serviços públicos de saúde e de assistência social, observadas, respectivamente, as diretrizes emanadas do Sistema Único de Saúde e do Sistema Único de Assistência Social.

› *Incluído pela Emenda Constitucional nº 132, de 2023*

Brasília, 5 de outubro de 1988.
Ulysses Guimarães
Presidente
Mauro Benevides
1º Vice-Presidente
Jorge Arbage
2º Vice-Presidente
Promulgada em 05.10.1988

CÓDIGO DE ÉTICA DA ANOREG-BR

CAPÍTULO I – DISPOSIÇÕES PRELIMINARES

Art. 1º. Este Código estabelece os princípios éticos e as regras básicas de decoro que devem orientar a conduta de Notários e Registradores, titulares, em caráter privado, da delegação do Poder Público para os serviços de que trata o art. 236 da Constituição Federal.

Parágrafo único. É expressamente vedado ao Conselho de Ética apreciar conduta de notário ou registrador que não seja associado da ANOREG-BR.

Art. 2º. Regem-se por este Código as penalidades aplicáveis e seu procedimento de apuração, no caso de descumprimento dos deveres estabelecidos.

CAPÍTULO II – DEVERES FUNDAMENTAIS

Art. 3º. Os deveres fundamentais de notários e registradores abrangem os inerentes aos atos de seus ofícios, além dos previstos em legislação específica e dos elencados no Estatuto da Associação dos Notários e Registradores do Brasil – ANOREG-BR e mais os seguintes:

I – dignificar o exercício de suas funções;

II – zelar pelo prestígio da classe e pela dignidade da função de notário e registrador;

III – zelar pela observância da ética profissional de notários e registradores;

IV – conduzir-se, no exercício de sua função e em sua vida particular, com honorabilidade e honestidade;

V – cumprir e fazer cumprir as normas constitucionais, legais, regulamentares, administrativas e quaisquer outras que regulem os serviços notariais e de registro;

VI – pugnar pelo aperfeiçoamento das instituições e normas notariais e de registro;

VII – cumprir e fazer cumprir a tabela de emolumentos em vigor, que deve ser afixada em local visível, de fácil leitura e acesso ao público;

VIII – manter o sigilo de seus registros, salvo as exceções legais ou regulamentares e as decorrentes de ordem judicial;

IX – cumprir, com exatidão, as obrigações fiscais e sociais decorrentes de sua atividade notarial ou registral, recolhendo em dia impostos, taxas e contribuições sociais, inclusive as previdenciárias, de sua responsabilidade;

X – exigir, para a prática de ato notarial ou registral, a apresentação, pelo interessado, de toda a documentação exigida por lei e, se por ela não exigida, dos documentos indispensáveis à segurança jurídica do ato a praticar;

XI – prestar gratuitamente, e nos prazos legais, os serviços notariais ou de registro nos casos em que a lei assim determinar;

XII – anunciar seus serviços moderadamente, sem menção comparativa ou desairosa aos serviços de outros notários ou registradores;

XIII – não colocar em sua serventia letreiros, painéis, placas ou outros anúncios afins que visem, ainda que moderadamente, captar clientela e

XIV – não se pronunciar publicamente, de qualquer forma e por qualquer meio:

a) sobre a má conduta profissional de outro notário ou registrador ou

b) em defesa de interesse contrário à categoria dos notários e dos registradores.

› *Vide arts. 29 e 30, Lei n. 8.935/1994 (Notários e Registradores)*

CAPÍTULO III – DEVERES MÚTUOS

Art. 4º. São deveres mútuos entre notários e registradores:

I – apoiarem-se na defesa de seus direitos individuais e coletivos, prerrogativas e interesses próprios e legítimos;

II – manter, entre si, relações amistosas e respeitosas;

III – não agir contra outro notário ou registrador por motivação pessoal, emulativa ou política, salvo em defesa de legítimo interesse próprio;

IV – procurar congregar-se em associações, sindicatos e outras entidades de classe, visando a união e o apoio mútuo dos notários e registradores na defesa de seus direitos e legítimos interesses;

V – manter entre si relações amistosas e sociais que visem o maior congraçamento e a amizade pessoal entre notários e registradores e

VI – não se permitir a concorrência desleal:

a) em prejuízo da distribuição ou da livre escolha do serviço pelo usuário;

b) aviltando o preço dos serviços ou o valor dos emolumentos legalmente devidos e

c) anunciando ou propagando a supremacia de seus serviços sobre os dos demais notários e registradores.

CAPÍTULO IV – DEVERES PARA COM O USUÁRIO

Art. 5º Devem os notários e registradores, quanto ao usuário de seus serviços:

I – respeitar seus direitos e interesses legítimos;

II – praticar o ato notarial ou de registro com rigorosa observância de todas as determinações legais, a fim de garantir sua segurança e eficácia, prevenindo eventuais questionamentos judiciais ou administrativos;

III – dispensar a devida atenção e o atendimento digno, com eficiência, urbanidade e presteza;

IV- informar todos os riscos, incertezas e demais circunstâncias que possam causar-lhe danos ou prejuízos pela prática do ato solicitado;

V – não praticar ato, mesmo por insistência do usuário, que possa prejudicá-lo de qualquer forma ou após verificar não estar ele em sua plena capacidade mental;

VI – manter as instalações de seu serviço em condições materiais de atendimento adequado;

VII – cobrar pelo serviço o exato valor estabelecido na Tabela de Emolumentos, dando o respectivo recibo;

VIII – orientar o usuário, desacompanhado de advogado, sobre os efeitos jurídicos do ato que pretenda praticar e

IX – não aceitar serviço que saiba já estar combinado ou acertado entre o usuário e outro notário ou registrador.

CAPÍTULO V – DEVERES PARA COM OS PREPOSTOS E AUXILIARES

Art. 6º. São deveres dos notários e registradores em relação a seus escreventes, substitutos e demais auxiliares:

I – escolher criteriosamente seus empregados, considerando sua moralidade, idoneidade, urbanidade e capacidade profissional compatível com a função a ser exercida;

II – dispensar tratamento digno e respeitoso;

III – respeitar integralmente todos os seus direitos;

IV – pagar, nos prazos legais, a remuneração devida e

V – recolher, na forma e nos prazos legais, todos os encargos fiscais e as contribuições previdenciárias e sociais referentes às relações jurídicas com seus empregados.

CAPÍTULO VI – DEVERES PARA COM AS AUTORIDADES

Art. 7º. Os notários e registradores têm o dever de dispensar às autoridades dos Poderes Judiciário, Executivo e Legislativo atendimento pessoal e especial, ainda que por intermédio de seu substituto.

CAPÍTULO VII – PENALIDADES APLICÁVEIS

▸ ***Vide arts. 30 a 36, Lei n. 8.935/1994 (Notários e Registradores)***

Art. 8º As penalidades aplicáveis às infrações éticas são

I – censura reservada;

II – censura interna;

III – advertência;

IV – censura pública e

V – exclusão do quadro social da ANOREG-BR.

§ 1º. A aplicação da pena de exclusão rege-se pelas normas do Estatuto da ANOREG-BR.

§ 2°. A penalidade, que não a de exclusão, será aplicada pelo voto da maioria absoluta dos membros do Conselho de Ética, cabendo recurso do interessado, sem efeito suspensivo, para a próxima Assembleia Geral.

Art. 9º. A gradação das penas fica a critério do Conselho, que observará, em sua aplicação, como circunstâncias atenuantes ou agravantes:

I – a maior ou menor gravidade da infração;

II – a ausência de qualquer antecedente ético-disciplinar;

III – os antecedentes profissionais, considerada a reputação do Notário ou Registrador e a proficiência no exercício da delegação;

IV – o grau de culpa na prática da infração;

V – as consequências da infração e

VI – as circunstâncias de ter sido a falta cometida na defesa de prerrogativa ou direito da profissão.

Art. 10. Na divulgação das penalidades aplicadas, observar-se-á:

I – Censura Reservada: dela terão ciência apenas os membros da Conselho, o censurado e o autor da representação, mantido o seu sigilo, sendo aplicada nos casos de menor gravidade;

II – Censura Interna: dela terão ciência todos os demais Notários e Registradores, o censurado e o autor da representação, mantido o seu sigilo quanto a terceiros não integrantes da classe, sendo aplicada nos casos de média gravidade;

III – Advertência: será aplicada nos casos de reincidência;

IV – Censura Pública: dela será dada publicidade, sendo aplicada nos casos de maior gravidade ou nos que se tornem públicos e notórios e

V – Exclusão do quadro social da ANOREG BR: rege-se pelas normas do estatuto da ANOREG BR.

CAPÍTULO VIII – CONSELHO DE ÉTICA

SEÇÃO I – DAS ATRIBUIÇÕES

Art. 11. Ao Conselho de Ética cabe apreciar casos concretos que digam respeito aos princípios éticos e às regras de decoro que devem orientar a conduta de notários e registradores, que sejam associados da ANOREG-BR, bem como:

I – zelar pela observância da ética profissional de notários e registradores e pelo cumprimento do Código de Ética;

II – receber, conhecer, processar e julgar reclamações contra notários e registradores, e seus prepostos, que envolvam infrações ao Código de Ética, e aplicar, ou propor a aplicação, de penalidade adequada não prevista na legislação federal que regulamente o art. 236 da Constituição Federal;

III – propor a aplicação de penalidade de exclusão a Notário ou Registrador por infração ética;

IV – emitir manifestação sobre matéria relevante, trazida ao debate *ex oficio* ou por solicitação da Diretoria, do Conselho Fiscal, do Conselho de Ética ou de vinte e cinco associados.

V – encaminhar à Assembleia Geral, por meio da Diretoria da ANOREG-BR, propostas sobre nova tipificação de conduta atentatória à ética profissional;

VI – instaurar, de ofício, o competente processo ao tomar conhecimento de ato ou matéria que possa configurar infração ética;

VII – divulgar editoriais, comunicados ou outras veiculações sobre o posicionamento e entendimento do Conselho relativos a questões éticas que se tornem públicas e notórias, esclarecendo, se for oportuno, as providências tomadas dentro de sua alçada e

VIII – adotar deliberações e o que mais couber para o cumprimento e defesa do Código de Ética.

§ 1º As atribuições acima elencadas não excluem outras decorrentes da própria natureza institucional do Conselho de Ética e, sobretudo, das descritas neste Código de Ética.

§ 2°. A proposta de exclusão do associado, de iniciativa da Diretoria ou do Conselho de Ética, será decidida em reunião conjunta da Diretoria, do Conselho Fiscal, do Conselho Consultivo e do Conselho de Ética, pelo voto da maioria dos presentes; se aprovada, será encaminhada à Assembleia Geral.

§ 3º. A exclusão de associado só é admissível havendo justa causa, assim reconhecida em procedimento que assegure direito de defesa e de recurso, nos termos estabelecidos no Estatuto da ANOREG-BR e neste Código de Ética.

SEÇÃO II – COMPOSIÇÃO

Art. 12. O Conselho de Ética é composto por sete Conselheiros titulares, e igual número de suplentes, eleitos em Assembleia Geral, reapresentando cada uma das naturezas de serviço.

Parágrafo único. Os membros do Conselho de Ética serão arrolados entre os titulares de delegação com mais de dez anos de exercício na atividade.

Art. 13. Os membros do Conselho serão eleitos na mesma Assembleia Geral que tenha por objeto a eleição da Diretoria da ANOREG-BR.

Art. 14. O mandato dos eleitos coincidirá com o da Diretoria.

Art. 15. O integrante do Conselho de Ética tem o título de Conselheiro Efetivo ou Conselheiro Suplente.

Art. 16. O Conselheiro Suplente substitui o correspondente Conselheiro efetivo, no caso de impedimento ou ausência.

Parágrafo único. Em caso de vaga, por qualquer motivo, o Suplente é efetivado no cargo para completar o mandato.

Art. 17. Para execução do serviço de Secretaria, o Presidente da ANOREG-BR colocará à disposição da Conselho os meios necessários ao seu funcionamento.

Art. 18. Os processos e expedientes contendo matéria que deva ser conhecida e apreciada pela Conselho serão objeto, em sua Secretaria, de registro, pela ordem de entrada.

SEÇÃO III – REUNIÕES

Art. 19. O Conselho, que se regerá pelas normas deste Código de Ética, reunir-se-á por convocação de seu Presidente, sempre que necessário, sendo os demais Conselheiros comunicados pelo meio mais rápido e adequado.

§ 1° Presidirá as reuniões do Conselho de Ética o Conselheiro com maior tempo de exercício de titularidade, sendo as deliberações tomadas por maioria de votos, presente a maioria dos membros do Conselho.

§ 2°. A Conselho reunir-se -á, pelo menos, uma vez por semestre, ainda que não haja matéria a ser especificamente deliberada.

§ 3°. O Presidente da Conselho poderá convocar reunião extraordinária para a apreciação:

I – de questões de significativa repercussão pública;

II – de casos que se apresentarem com o caráter de urgência e

III – de processos pendentes.

Art. 20. Nas reuniões do Conselho, depois de esgotada a Ordem do Dia, serão permitidas breves comunicações.

Art. 21. O Conselho elegerá um Secretário, dentre seus membros efetivos, a quem caberá a redação da Ata das reuniões e a organização dos arquivos administrativos.

Art. 22. Qualquer reunião da Conselho será iniciada com *quorum* mínimo de quatro de seus membros .

Parágrafo único. O Conselheiro Suplente poderá assistir às reuniões, sem direito de participar dos debates ou de votar.

Art. 23. Verificada a existência de *quorum*, o Presidente declarará aberta a reunião e submeterá ao Plenário a ata da reunião anterior para deliberação.

Art. 24. A pauta das reuniões ordinárias será previamente remetida a cada Conselheiro, efetivo e suplente.

Parágrafo único. A pauta das reuniões extraordinárias obedecerá, sempre que possível, à sistemática prevista no *caput* deste artigo; se impossível, será lida pelo Presidente ao início da reunião.

Art. 25. Respeitado o número mínimo do *quorum*, todas as decisões serão adotadas por maioria simples, salvo a de aplicação da penalidade de censura pública e a de exclusão de associado, para as quais serão necessários os votos favoráveis de dois terços dos membros da Conselho.

Art. 26. Nas reuniões do Conselho, havendo ausência ou impedimento de membro efetivo, será convocado o Suplente.

Parágrafo único. O Conselheiro Suplente, convocado nos termos do *caput* deste artigo, que houver participado de reunião em que se iniciou o julgamento de processo fica vinculando, participando dos debates e da votação até o seu término.

Art. 27. O Secretário lavrará a Ata com notícia resumida das ocorrências, votações, decisões e comunicados, que será lida e votada na reunião seguinte.

Art. 28. Aplica-se ao funcionamento das reuniões, no que couber e não contrariar este Código, o procedimento adotado pelo Estatuto para as reuniões da Assembleia Geral e, subsidiariamente, para as da Diretoria.

SEÇÃO IV – PROCESSO PARA APURAR INFRAÇÃO

Art. 29. O processo para apurar infração ética instaura-se mediante representação escrita de interessado ou de ofício.

Art. 30. Qualquer Notário ou Registrador, ainda que não seja associado da ANOREG BR, tem legítimo interesse para oferecer representação.

Parágrafo único. O usuário também poderá oferecer a representação, desde que o serviço notarial ou registral:

I – esteja sendo prestado, na data da representação ou

II – tenha sido prestado nos seis meses anteriores à mesma data.

Art. 31. O processo instaura-se de ofício se a iniciativa for:

I – do Presidente da ANOREG-BR ou

II – de qualquer Conselheiro, efetivo ou suplente, ou

III – de Presidente de ANOREG estadual ou

IV – de Presidente de Instituto-membro de âmbito nacional.

Art. 32. A representação será protocolada na Secretaria da ANOREG-BR, dando-se comprovante da entrada, com indicação precisa da data e do horário de entrega.

Parágrafo único. A representação, após autuada, será encaminhada ao Presidente da Conselho.

Art. 33. O Presidente da Conselho designará um Conselheiro efetivo para ser o Relator, preferencialmente da mesma natureza de serviço do representado.

§ 1º Todo o processo será concluído em cento e vinte dias, contados da distribuição ao Relator.

§ 2°. Em casos excepcionais, o Presidente do Conselho poderá prorrogar o prazo, uma única vez, por até sessenta dias.

§ 3º. Encerrado o prazo previsto, mesmo com eventual prorrogação, sem que a matéria seja apreciada, o processo será arquivado.

§ 4º. O processo que for arquivado somente poderá ser desarquivado se, nos seis meses posteriores ao arquivamento, surgir fato novo diretamente relacionado com a causa objeto da investigação.

Art. 34. Verificando o Relator que a matéria objeto da representação insere-se, inequivocamente, na competência da fiscalização judiciária, será ela encaminhada ao Presidente da ANOREG-BR para remessa à Corregedoria Geral da Justiça.

Art. 35. Compete ao Relator, se necessário à instrução do feito, determinar que o representante preste esclarecimentos ou junte documentos, fixando-lhe prazo razoável.

Art. 36. Estando os autos em condições de prosseguir, o representado será comunicado para oferecer defesa prévia, no prazo de dez dias.

Art. 37. A comunicação será pessoal ou por meio eletrônico para o endereço funcional do Notário ou Registrador.

Art. 38. O prazo para defesa prévia pode ser prorrogado pela metade, a juízo do Relator mediante pedido do representado e por motivo relevante.

Art. 39. Se o representado ficar revel, o Presidente da Conselho designar-lhe-á defensor dativo.

Art. 40. O defensor dativo será um titular de delegação, da mesma especialidade e da mesma unidade federativa do representado, dispondo dos mesmos prazos.

Art. 41. A defesa prévia deve estar acompanhada de todos os documentos, do rol de testemunhas, até o máximo de cinco, e da indicação de diligência que entenda necessária.

Art. 42. Recebida a defesa prévia, o Relator proferirá despacho saneador e designará a data para oitiva do representante, do representado e das testemunhas indicadas, cabendo a cada parte incumbir-se do comparecimento de suas testemunhas.

Art. 43. Se, após a defesa prévia, o Relator se manifestar pelo indeferimento liminar da representação ou por sua imediata remessa à Corregedoria Geral da Justiça, a matéria será deliberada, com prioridade de pauta, na próxima reunião do Conselho.

Art. 44. Ao representado é assegurado amplo direito de defesa, podendo acompanhar o processo em todos os termos, por si ou procurador, oferecendo defesa prévia, razões finais e sustentação oral perante o Conselho de Ética, por ocasião do julgamento.

Art. 45. O representado, seu procurador ou defensor dativo será comunicado de todos os atos do processo.

Art. 46. O Relator conduzirá toda a instrução processual, podendo promover, deferir ou indeferir diligências e provas, tomar depoimento das partes e testemunhas, requisitar documentos e prolatar despachos.

§ 1º Os depoimentos podem ser tomados quando não estiver sendo realizada reunião do Conselho.

§ 2°. Para celeridade dos trabalhos, o Presidente poderá autorizar a tomada de depoimento do representante, do representado e das testemunhas arroladas no local mais adequado, ainda que fora da sede da ANOREG BR.

§ 3°. A oitiva poderá realizar-se apenas com a presença do Relator, vedada a delegação a outro Conselheiro, e permitida sempre a presença do representado e de seu procurador ou defensor.

Art. 47. Concluída a instrução, será aberto prazo sucessivo de dez dias para a apresentação de razões finais pelo representante e representado, após a juntada da última comunicação.

Parágrafo único. Se o representado não oferecer razões finais, o Relator designará defensor dativo, observada a norma do art. 40 deste Código.

Art. 48. Extinto o prazo das razões finais, o Relator elaborará relatório do qual se dará vista conjunta ao representante e ao representado por dez dias.

Parágrafo único. Findo o prazo previsto no *caput* deste artigo, o Presidente designará data para julgamento.

Art. 49. O representado e o representante, bem como os procuradores e defensor dativo, receberão cópia do relatório, pelo meio mais adequado, sendo comunicados para comparecerem à reunião de julgamento e, querendo, fazer sustentação oral.

Art. 50. A ausência do representante, do representado ou do procurador ou defensor dativo não impede a realização da reunião de julgamento.

Art. 51. A sustentação oral é voluntária, sendo produzida na reunião de julgamento perante o Conselho, após o voto do Relator, no prazo de quinze minutos, pelo representante e pelo representando, diretamente ou por seu procurador ou defensor dativo.

Art. 52. O julgamento do processo será em reunião secreta, admitida a presença das partes, seus procuradores ou defensor dativo, bem como do pessoal administrativo indispensável.

Art. 53. Iniciada a votação, qualquer integrante do *quorum* poderá pedir vista, o que suspenderá a apreciação do processo até a próxima reunião.

§ 1º Todos os pedidos de vista deverão ser solicitados na mesma reunião em que for iniciada a votação.

§ 2° Sendo vários os pedidos, a vista será concedida coletivamente, ficando os autos retidos na Secretaria, que deverá providenciar cópia para todos os interessados.

Art. 54. As decisões da Conselho serão expressas em parecer lavrado pelo Relator ou pelo autor do voto vencedor.

Parágrafo único. A redação final do parecer será votada na próxima reunião.

SEÇÃO V- REPRESENTAÇÃO DE TITULAR CONTRA TITULAR

Art. 55. No processo de representação de Notário ou Registrador contra outro Notário ou Registrador, incumbe ao Relator promover, previamente, a audiência de conciliação entre representante e representado, só dando curso ao processo se não obtiver êxito.

Art. 56. Na ocasião do julgamento, estando presentes ambas as partes, a tentativa de reconciliação deverá ser renovada antes de se iniciar o julgamento.

Art. 57. Serão arquivados, a critério do Relator, os processos de representação de titular contra titular quando o representante não comparecer à audiência de conciliação e quando não manifestar, previamente e por escrito, a inviabilidade da conciliação.

SEÇÃO VI – APRECIAÇÃO PELA ASSEMBLEIA GERAL

Art. 58. O poder de excluir associados da ANOREG-BR compete exclusivamente à Assembleia Geral.

Art. 59. O número de votos favoráveis à aplicação da penalidade proposta pela Conselho de Ética é o previsto no Estatuto da ANOREG-BR.

Art. 60. O representante e o representado, bem como seus procuradores ou o defensor dativo, serão comunicados da decisão da Assembleia Geral.

CAPÍTULO IX – REABILITAÇÃO

Art. 61. O associado que houver sido punido em processo ético poderá, após dois anos da aplicação da pena, requerer sua reabilitação.

Art. 62. No pedido de reabilitação, deverá ser feita prova consistente de seu comportamento ético no período considerado e de estar no exercício da delegação.

CAPÍTULO X – DAS DISPOSIÇÕES GERAIS

Art. 63. A Conselho de Ética não pode penetrar na competência da Corregedoria Geral da Justiça nem na apreciação e no julgamento de infrações à Lei específica que regular a atividade de notários e registradores.

Art. 64. Quando o fato constituir, em tese, crime, deve ser comunicado imediatamente à autoridade competente, com a remessa das peças procedimentais pertinentes.

Art. 65. É permitida, no prazo de dois anos da aplicação de qualquer penalidade, a revisão do processo disciplinar por existência de fato novo.

Art. 66. Não existindo prazo específico, todos os prazos para manifestação dos interessados nos processos por infração ética são de dez dias.

Art. 67. Todas as comunicações aos interessados nos processos para apurar infração ética serão pessoais ou por meio eletrônico para o endereço funcional do Notário ou Registrador.

Art. 68. A Conselho de Ética incluirá na pauta de suas reuniões, pelo menos uma vez por ano, a discussão de temas atinentes à deontologia profissional dos Notários e Registradores.

Art. 69. Nos casos omissos, o Conselho poderá recorrer aos princípios gerais de direito.

Art. 70. A representação e a defesa poderão ser assinadas por procurador, especialmente constituído, não necessariamente um advogado.

Art. 71. Este Código poderá ser modificado, em Assembleia Geral, mediante proposta de cinquenta associados, bem como da Diretoria ou do Conselho Fiscal da ANOREG-BR, da Conselho de Ética ou de Presidente de Instituto-membro.

Parágrafo único. Apresentada a proposta à Secretaria da ANOREG-BR, a ela se dará divulgação pelo modo mais apropriado, inclusive na página eletrônica da ANOREG BR, devendo ser incluída na Ordem do Dia da próxima Assembleia Geral.

Art. 72. Este Código entra em vigor na data de sua aprovação pela Assembleia Geral

Rogério Portugal Bacellar
Presidente
Aprovado A.G.E. 02.04.14

MEDIDA PROVISÓRIA

MEDIDA PROVISÓRIA Nº 2.200-2, DE 24 DE AGOSTO DE 2001

Institui a Infra-Estrutura de Chaves Públicas Brasileira – ICP-Brasil, transforma o Instituto Nacional de Tecnologia da Informação em autarquia, e dá outras providências.

▸ *Vide Lei n. 14.382/2022 (SERP)*

O PRESIDENTE DA REPÚBLICA, no uso da atribuição que lhe confere o art. 62 da Constituição, adota a seguinte Medida Provisória, com força de lei:

Art. 1º Fica instituída a Infra-Estrutura de Chaves Públicas Brasileira – ICP-Brasil, para garantir a autenticidade, a integridade e a validade jurídica de documentos em forma eletrônica, das aplicações de suporte e das aplicações habilitadas que utilizem certificados digitais, bem como a realização de transações eletrônicas seguras.

Art. 2º A ICP-Brasil, cuja organização será definida em regulamento, será composta por uma autoridade gestora de políticas e pela cadeia de autoridades certificadoras composta pela Autoridade Certificadora Raiz – AC Raiz, pelas Autoridades Certificadoras – AC e pelas Autoridades de Registro – AR.

Art. 3º A função de autoridade gestora de políticas será exercida pelo Comitê Gestor da ICP-Brasil, vinculado à Casa Civil da Presidência da República e composto por cinco representantes da sociedade civil, integrantes de setores interessados, designados pelo Presidente da República, e um representante de cada um dos seguintes órgãos, indicados por seus titulares:

I – Ministério da Justiça;

II – Ministério da Fazenda;

III – Ministério do Desenvolvimento, Indústria e Comércio Exterior;

IV – Ministério do Planejamento, Orçamento e Gestão;

V – Ministério da Ciência e Tecnologia;

VI – Casa Civil da Presidência da República; e

VII – Gabinete de Segurança Institucional da Presidência da República.

§ 1º A coordenação do Comitê Gestor da ICP-Brasil será exercida pelo representante da Casa Civil da Presidência da República.

§ 2º Os representantes da sociedade civil serão designados para períodos de dois anos, permitida a recondução.

§ 3º A participação no Comitê Gestor da ICP-Brasil é de relevante interesse público e não será remunerada.

§ 4º O Comitê Gestor da ICP-Brasil terá uma Secretaria-Executiva, na forma do regulamento.

Art. 4º Compete ao Comitê Gestor da ICP-Brasil:

I – adotar as medidas necessárias e coordenar a implantação e o funcionamento da ICP-Brasil;

II – estabelecer a política, os critérios e as normas técnicas para o credenciamento das AC, das AR e dos demais prestadores de serviço de suporte à ICP-Brasil, em todos os níveis da cadeia de certificação;

III – estabelecer a política de certificação e as regras operacionais da AC Raiz;

IV – homologar, auditar e fiscalizar a AC Raiz e os seus prestadores de serviço;

V – estabelecer diretrizes e normas técnicas para a formulação de políticas de certificados e regras operacionais das AC e das AR e definir níveis da cadeia de certificação;

VI – aprovar políticas de certificados, práticas de certificação e regras operacionais, credenciar e autorizar o funcionamento das AC e das AR, bem como autorizar a AC Raiz a emitir o correspondente certificado;

VII – identificar e avaliar as políticas de ICP externas, negociar e aprovar acordos de certificação bilateral, de certificação cruzada, regras de interoperabilidade e outras formas de cooperação internacional, certificar, quando for o caso, sua compatibilidade com a ICP-Brasil, observado o disposto em tratados, acordos ou atos internacionais; e

VIII – atualizar, ajustar e revisar os procedimentos e as práticas estabelecidas para a ICP-Brasil, garantir sua compatibilidade e promover a atualização tecnológica do sistema e a sua conformidade com as políticas de segurança.

Parágrafo único. O Comitê Gestor poderá delegar atribuições à AC Raiz.

Art. 5º À AC Raiz, primeira autoridade da cadeia de certificação, executora das Políticas de Certificados e normas técnicas e operacionais aprovadas pelo Comitê Gestor da ICP-Brasil, compete emitir, expedir, distribuir, revogar e gerenciar os certificados das AC de nível imediatamente subseqüente ao seu, gerenciar a lista de certificados emitidos, revogados e vencidos, e executar atividades de fiscalização e auditoria das AC e das AR e dos prestadores de serviço habilitados na ICP, em conformidade com as diretrizes e normas técnicas estabelecidas pelo Comitê Gestor da ICP-Brasil, e exercer outras atribuições que lhe forem cometidas pela autoridade gestora de políticas.

Parágrafo único. É vedado à AC Raiz emitir certificados para o usuário final.

Art. 6º Às AC, entidades credenciadas a emitir certificados digitais vinculando pares de chaves criptográficas ao respectivo titular, compete emitir, expedir, distribuir, revogar e gerenciar os certificados, bem como colocar à disposição dos usuários listas de certificados revogados e outras informações pertinentes e manter registro de suas operações.

Parágrafo único. O par de chaves criptográficas será gerado sempre pelo próprio titular e sua chave privada de assinatura será de seu exclusivo controle, uso e conhecimento.

Art. 7º Compete às AR, entidades operacionalmente vinculadas a determinada AC, identificar e cadastrar usuários, encaminhar solicitações de certificados às AC e manter registros de suas operações.

▸ *Redação dada pela Lei nº 14.063, de 2020*

Parágrafo único. A identificação a que se refere o *caput* deste artigo será feita presencialmente, mediante comparecimento pessoal do usuário, ou por outra forma que garanta nível de segurança equivalente, observadas as normas técnicas da ICP-Brasil.

▸ *Incluído pela Lei nº 14.063, de 2020*

Art. 8º Observados os critérios a serem estabelecidos pelo Comitê Gestor da ICP-Brasil, poderão ser credenciados como AC e AR os órgãos e as entidades públicos e as pessoas jurídicas de direito privado.

Art. 9º É vedado a qualquer AC certificar nível diverso do imediatamente subseqüente ao seu, exceto nos casos de acordos de certificação lateral ou cruzada, previamente aprovados pelo Comitê Gestor da ICP-Brasil.

Art. 10. Consideram-se documentos públicos ou particulares, para todos os fins legais, os documentos eletrônicos de que trata esta Medida Provisória.

§ 1º As declarações constantes dos documentos em forma eletrônica produzidos com a utilização de processo de certificação disponibilizado pela ICP-Brasil presumem-se verdadeiros em relação aos signatários, na forma do art. 131 da Lei nº 3.071, de 1º de janeiro de 1916 – Código Civil.

§ 2º O disposto nesta Medida Provisória não obsta a utilização de outro meio de comprovação da autoria e integridade de documentos em forma eletrônica, inclusive os que utilizem certificados não emitidos pela ICP-Brasil, desde que admitido pelas partes como válido ou aceito pela pessoa a quem for oposto o documento.

Art. 11. A utilização de documento eletrônico para fins tributários atenderá, ainda, ao disposto no art. 100 da Lei nº 5.172, de 25 de outubro de 1966 – Código Tributário Nacional.

Art. 12. Fica transformado em autarquia federal, vinculada ao Ministério da Ciência e Tecnologia, o Instituto Nacional de Tecnologia da Informação – ITI, com sede e foro no Distrito Federal.

Art. 13. O ITI é a Autoridade Certificadora Raiz da Infra-Estrutura de Chaves Públicas Brasileira.

Art. 14. No exercício de suas atribuições, o ITI desempenhará atividade de fiscalização, podendo ainda aplicar sanções e penalidades, na forma da lei.

Art. 15. Integrarão a estrutura básica do ITI uma Presidência, uma Diretoria de Tecnologia da Informação, uma Diretoria de Infra-Estrutura de Chaves Públicas e uma Procuradoria-Geral.

Parágrafo único. A Diretoria de Tecnologia da Informação poderá ser estabelecida na cidade de Campinas, no Estado de São Paulo.

Art. 16. Para a consecução dos seus objetivos, o ITI poderá, na forma da lei, contratar serviços de terceiros.

§ 1º O Diretor-Presidente do ITI poderá requisitar, para ter exercício exclusivo na Diretoria de Infra-Estrutura de Chaves Públicas, por período não superior a um ano, servidores, civis ou militares, e empregados de órgãos e entidades integrantes da Administração Pública Federal direta ou indireta, quaisquer que sejam as funções a serem exercidas.

§ 2º Aos requisitados nos termos deste artigo serão assegurados todos os direitos e vantagens a que façam jus no órgão ou na entidade de origem, considerando-se o período de requisição para todos os efeitos da vida funcional, como efetivo exercício no cargo, posto, graduação ou emprego que ocupe no órgão ou na entidade de origem.

Art. 17. Fica o Poder Executivo autorizado a transferir para o ITI:

I – os acervos técnico e patrimonial, as obrigações e os direitos do Instituto Nacional de Tecnologia da Informação do Ministério da Ciência e Tecnologia;

II – remanejar, transpor, transferir, ou utilizar, as dotações orçamentárias aprovadas na Lei Orçamentária de 2001, consignadas ao Ministério da Ciência e Tecnologia, referentes às atribuições do órgão ora transformado, mantida a mesma classificação orçamentária, expressa por categoria de programação em seu menor nível, observado o disposto no § 2º do art. 3º da Lei nº 9.995, de 25 de julho de 2000, assim como o respectivo detalhamento por esfera orçamentária, grupos de despesa, fontes de recursos, modalidades de aplicação e identificadores de uso.

Art. 18. Enquanto não for implantada a sua Procuradoria Geral, o ITI será representado em juízo pela Advocacia Geral da União.

Art. 19. Ficam convalidados os atos praticados com base na Medida Provisória nº 2.200-1, de 27 de julho de 2001.

Art. 20. Esta Medida Provisória entra em vigor na data de sua publicação.

Brasília, 24 de agosto de 2001;
180º da Independência e 113º da República.

FERNANDO HENRIQUE CARDOSO
José Gregori
Martus Tavares
Ronaldo Mota Sardenberg
Pedro Parente

DOU de 27.8.2001

LEI Nº 5.172, DE 25 DE OUTUBRO DE 1966

Dispõe sobre o Sistema Tributário Nacional e institui normas gerais de direito tributário aplicáveis à União, Estados e Municípios.

ÍNDICE SISTEMÁTICO

O PRESIDENTE DA REPÚBLICA

Faço saber que o Congresso Nacional decreta e eu sanciono a seguinte lei:

DISPOSIÇÃO PRELIMINAR

Art. 1º Esta Lei regula, com fundamento na Emenda Constitucional n. 18, de 1º de dezembro de 1965, o sistema tributário nacional e estabelece, com fundamento no artigo 5º, inciso XV, alínea *b*, da Constituição Federal as normas gerais de direito tributário aplicáveis à União, aos Estados, ao Distrito Federal e aos Municípios, sem prejuízo da respectiva legislação complementar, supletiva ou regulamentar.

LIVRO PRIMEIRO – SISTEMA TRIBUTÁRIO NACIONAL

TÍTULO I – DISPOSIÇÕES GERAIS

Art. 2º O sistema tributário nacional é regido pelo disposto na Emenda Constitucional n. 18, de 1º de dezembro de 1965, em leis complementares, em resoluções do Senado Federal e, nos limites das respectivas competências, em leis federais, nas Constituições e em leis estaduais, e em leis municipais.

Art. 3º Tributo é toda prestação pecuniária compulsória, em moeda ou cujo valor nela se possa exprimir, que não constitua sanção de ato ilícito, instituída em lei e cobrada mediante atividade administrativa plenamente vinculada.

Art. 4º A natureza jurídica específica do tributo é determinada pelo fato gerador da respectiva obrigação, sendo irrelevantes para qualificá-la:

I – a denominação e demais características formais adotadas pela lei;

II – a destinação legal do produto da sua arrecadação.

Art. 5º Os tributos são impostos, taxas e contribuições de melhoria.

TÍTULO II – COMPETÊNCIA TRIBUTÁRIA

CAPÍTULO I – DISPOSIÇÕES GERAIS

Art. 6º A atribuição constitucional de competência tributária compreende a competência legislativa plena, ressalvadas as limitações contidas na Constituição Federal, nas Constituições dos Estados e nas Leis Orgânicas do Distrito Federal e dos Municípios, e observado o disposto nesta Lei.

Parágrafo único. Os tributos cuja receita seja distribuída, no todo ou em parte, a outras pessoas jurídicas de direito público pertencerá à competência legislativa daquela a que tenham sido atribuídos.

Art. 7º A competência tributária é indelegável, salvo atribuição das funções de arrecadar ou fiscalizar tributos, ou de executar leis, serviços, atos ou decisões administrativas em matéria tributária, conferida por uma pessoa jurídica de direito público a outra, nos termos do § 3º do art. 18 da Constituição.

§ 1º A atribuição compreende as garantias e os privilégios processuais que competem à pessoa jurídica de direito público que a conferir.

§ 2º A atribuição pode ser revogada, a qualquer tempo, por ato unilateral da pessoa jurídica de direito público que a tenha conferido.

§ 3º Não constitui delegação de competência o cometimento, a pessoas de direito privado, do encargo ou da função de arrecadar tributos.

Art. 8º O não-exercício da competência tributária não a defere a pessoa jurídica de direito público diversa daquela a que a Constituição a tenha atribuído.

CAPÍTULO II – LIMITAÇÕES DA COMPETÊNCIA TRIBUTÁRIA

SEÇÃO I – DISPOSIÇÕES GERAIS

Art. 9º É vedado à União, aos Estados, ao Distrito Federal e aos Municípios:

I – instituir ou majorar tributo sem que a lei o estabeleça, ressalvado, quanto à majoração, o disposto nos arts. 21, 26 e 65;

II – cobrar imposto sobre o patrimônio e a renda com base em lei posterior à data inicial do exercício financeiro a que corresponda;

III – estabelecer limitações ao tráfego, no território nacional, de pessoas ou mercadorias, por meio de tributos interestaduais ou intermunicipais;

IV – cobrar imposto sobre:

a) o patrimônio, a renda ou os serviços uns dos outros;

b) templos de qualquer culto;

c) o patrimônio, a renda ou serviços dos partidos políticos, inclusive suas fundações, das entidades sindicais dos trabalhadores, das instituições de educação e de assistência social, sem fins lucrativos, observados os requisitos fixados na Seção II deste Capítulo;

d) papel destinado exclusivamente à impressão de jornais, periódicos e livros.

§ 1º O disposto no inciso IV não exclui a atribuição, por lei, às entidades nêle referidas, da condição de responsáveis pelos tributos que lhes caiba reter na fonte, e não as dispensa da prática de atos, previstos em lei, assecuratórios do cumprimento de obrigações tributárias por terceiros.

§ 2º O disposto na alínea a do inciso IV aplica-se, exclusivamente, aos serviços próprios das pessoas jurídicas de direito público a que se refere este artigo, e inerentes aos seus objetivos.

Art. 10. É vedado à União instituir tributo que não seja uniforme em todo o território nacional, ou que importe distinção ou preferência em favor de determinado Estado ou Município.

Art. 11. É vedado aos Estados, ao Distrito Federal e aos Municípios estabelecer diferença tributária entre bens de qualquer natureza, em razão da sua procedência ou do seu destino.

SEÇÃO II – DISPOSIÇÕES ESPECIAIS

Art. 12. O disposto na alínea a do inciso IV do art. 9º, observado o disposto nos seus §§ 1º e 2º, é extensivo às autarquias criadas pela União, pelos Estados, pelo Distrito Federal ou pelos Municípios, tão-somente no que se refere ao patrimônio, à renda ou aos serviços vinculados às suas finalidades essenciais, ou delas decorrentes.

Art. 13. O disposto na alínea a do inciso IV do art. 9º não se aplica aos serviços públicos concedidos, cujo tratamento tributário é estabelecido pelo poder concedente, no que se refere aos tributos de sua competência, ressalvado o que dispõe o parágrafo único.

Parágrafo único. Mediante lei especial e tendo em vista o interêsse comum, a União pode instituir isenção de tributos federais, estaduais e municipais para os serviços públicos que conceder, observado o disposto no § 1º do art. 9º.

Art. 14. O disposto na alínea c do inciso IV do art. 9º é subordinado à observância dos seguintes requisitos pelas entidades nêle referidas:

I – não distribuírem qualquer parcela de seu patrimônio ou de suas rendas, a qualquer título;

II – aplicarem integralmente, no País, os seus recursos na manutenção dos seus objetivos institucionais;

III – manterem escrituração de suas receitas e despesas em livros revestidos de formalidades capazes de assegurar sua exatidão.

§ 1º Na falta de cumprimento do disposto neste artigo, ou no § 1º do art. 9º, a autoridade competente pode suspender a aplicação do benefício.

§ 2º Os serviços a que se refere a alínea c do inciso IV do art. 9º são exclusivamente, os diretamente relacionados com os objetivos institucionais das entidades de que trata este artigo, previstos nos respectivos estatutos ou atos constitutivos.

Art. 15. Somente a União, nos seguintes casos excepcionais, pode instituir empréstimos compulsórios:

I – guerra externa, ou sua iminência;

II – calamidade pública que exija auxílio federal impossível de atender com os recursos orçamentários disponíveis;

III – conjuntura que exija a absorção temporária de poder aquisitivo.

Parágrafo único. A lei fixará obrigatoriamente o prazo do empréstimo e as condições de seu resgate, observando, no que for aplicável, o disposto nesta lei.

TÍTULO III – IMPOSTOS

CAPÍTULO I – DISPOSIÇÕES GERAIS

Art. 16. Imposto é o tributo cuja obrigação tem por fato gerador uma situação independente de qualquer atividade estatal específica, relativa ao contribuinte.

Art. 17. Os impostos componentes do sistema tributário nacional são exclusivamente os que constam deste Título, com as competências e limitações nele previstas.

Art. 18. Compete:

I – à União, instituir, nos Territórios Federais, os impostos atribuídos aos Estados e, se aqueles não forem divididos em Municípios, cumulativamente, os atribuídos a estes;

II – ao Distrito Federal e aos Estados não divididos em Municípios, instituir, cumulativamente, os impostos atribuídos aos Estados e aos Municípios.

Art. 18-A. Para fins da incidência do imposto de que trata o inciso II do *caput* do art. 155 da Constituição Federal, os combustíveis, o gás natural, a energia elétrica, as comunicações e o transporte coletivo são considerados bens e serviços essenciais e indispensáveis, que não podem ser tratados como supérfluos. (Incluído pela Lei Complementar nº 194, de 2022)

Parágrafo único. Para efeito do disposto neste artigo: *(Incluído pela Lei Complementar nº 194, de 2022)*

I – é vedada a fixação de alíquotas sobre as operações referidas no *caput* deste artigo em patamar superior ao das operações em geral, considerada a essencialidade dos bens e serviços; *(Incluído pela Lei Complementar nº 194, de 2022)*

II – é facultada ao ente federativo competente a aplicação de alíquotas reduzidas em relação aos bens referidos no *caput* deste artigo, como forma de beneficiar os consumidores em geral; e *(Incluído pela Lei Complementar nº 194, de 2022)*

III – *(Revogado pela Lei Complementar nº 201, de 2023)*

CAPÍTULO II – IMPOSTOS SOBRE O COMÉRCIO EXTERIOR

SEÇÃO I – IMPOSTO SOBRE A IMPORTAÇÃO

Art. 19. O imposto, de competência da União, sobre a importação de produtos estrangeiros tem como fato gerador a entrada destes no território nacional.

Art. 20. A base de cálculo do imposto é:

I – quando a alíquota seja específica, a unidade de medida adotada pela lei tributária;

II – quando a alíquota seja *ad valorem*, o preço normal que o produto, ou seu similar, alcançaria, ao tempo da importação, em uma venda em condições de livre concorrência, para entrega no porto ou lugar de entrada do produto no País;

III – quando se trate de produto apreendido ou abandonado, levado a leilão, o preço da arrematação.

Art. 21. O Poder Executivo pode, nas condições e nos limites estabelecidos em lei, alterar as alíquotas ou as bases de cálculo do impôsto, a fim de ajustá-lo aos objetivos da política cambial e do comércio exterior.

Art. 22. Contribuinte do imposto é:

I – o importador ou quem a lei a ele equiparar;

II – o arrematante de produtos apreendidos ou abandonados.

SEÇÃO II – IMPOSTO SOBRE A EXPORTAÇÃO

Art. 23. O imposto, de competência da União, sobre a exportação, para o estrangeiro, de produtos nacionais ou nacionalizados tem como fato gerador a saída dêstes do território nacional.

Art. 24. A base de cálculo do imposto é:

I – quando a alíquota seja específica, a unidade de medida adotada pela lei tributária;

II – quando a alíquota seja *ad valorem*, o preço normal que o produto, ou seu similar, alcançaria, ao tempo da exportação, em uma venda em condições de livre concorrência.

Parágrafo único. Para os efeitos do inciso II, considera-se a entrega como efetuada no porto ou lugar da saída do produto, deduzidos os tributos diretamente incidentes sobre a operação de exportação e, nas vendas efetuadas a prazo superior aos correntes no mercado internacional o custo do financiamento.

Art. 25. A lei pode adotar como base de cálculo a parcela do valor ou do preço, referidos no artigo anterior, excedente de valor básico, fixado de acordo com os critérios e dentro dos limites por ela estabelecidos.

Art. 26. O Poder Executivo pode, nas condições e nos limites estabelecidos em lei, alterar as alíquotas ou as bases de cálculo do imposto, a fim de ajustá-los aos objetivos da política cambial e do comércio exterior.

Art. 27. Contribuinte do imposto é o exportador ou quem a lei a ele equiparar.

Art. 28. A receita líquida do imposto destina-se à formação de reservas monetárias, na forma da lei.

CAPÍTULO III – IMPOSTOS SOBRE O PATRIMÔNIO E A RENDA

SEÇÃO I – IMPOSTO SOBRE A PROPRIEDADE TERRITORIAL RURAL

- *Vide Lei 7.433/1985 (Lei da Escritura Pública)*
- *Vide Decreto 93.240/1986 (Regulamenta Escritura Pública)*
- *Vide Art. 215, Código Civil*
- *Vide Lei 9.393/1996 (ITR)*

Art. 29. O imposto, de competência da União, sobre a propriedade territorial rural tem como fato gerador a propriedade, o domínio útil ou a posse de imóvel por natureza, como definido na lei civil, localização fora da zona urbana do Município.

Art. 30. A base do cálculo do imposto é o valor fundiário.

Art. 31. Contribuinte do imposto é o proprietário do imóvel, o titular de seu domínio útil, ou o seu possuidor a qualquer título.

SEÇÃO II – IMPOSTO SOBRE S PROPRIEDADE PREDIAL E TERRITORIAL URBANA

Art. 32. O imposto, de competência dos Municípios, sobre a propriedade predial e territorial urbana tem como fato gerador a propriedade, o domínio útil ou a posse de bem imóvel por natureza ou por acessão física, como definido na lei civil, localizado na zona urbana do Município.

§ 1º Para os efeitos deste imposto, entende-se como zona urbana a definida em lei municipal; observado o requisito mínimo da existência de melhoramentos indicados em pelo menos 2 (dois) dos incisos seguintes, construídos ou mantidos pelo Poder Público:

I – meio-fio ou calçamento, com canalização de águas pluviais;

II – abastecimento de água;

III – sistema de esgotos sanitários;

IV – rede de iluminação pública, com ou sem posteamento para distribuição domiciliar;

V – escola primária ou posto de saúde a uma distância máxima de 3 (três) quilômetros do imóvel considerado.

§ 2º A lei municipal pode considerar urbanas as áreas urbanizáveis, ou de expansão urbana, constantes de loteamentos aprovados pelos órgãos competentes, destinados à habitação, à indústria ou ao comércio, mesmo que localizados fora das zonas definidas nos termos do parágrafo anterior.

Art. 33. A base do cálculo do imposto é o valor venal do imóvel.

Parágrafo único. Na determinação da base de cálculo, não se considera o valor dos bens móveis mantidos, em caráter permanente ou temporário, no imóvel, para efeito de sua utilização, exploração, aformoseamento ou comodidade.

Art. 34. Contribuinte do imposto é o proprietário do imóvel, o titular do seu domínio útil, ou o seu possuidor a qualquer título.

SEÇÃO III – IMPOSTO SOBRE A TRANSMISSÃO DE BENS IMÓVEIS E DE DIREITOS A ELES RELATIVOS

- *Vide Lei 7.433/1985 (Lei da Escritura Pública)*
- *Vide Decreto 93.240/1986 (Regulamenta Escritura Pública)*

Art. 35. O imposto, de competência dos Estados, sobre a transmissão de bens imóveis e de direitos a eles relativos tem como fato gerador:

I – a transmissão, a qualquer título, da propriedade ou do domínio útil de bens imóveis por natureza ou por acessão física, como definidos na lei civil;

II – a transmissão, a qualquer título, de direitos reais sobre imóveis, exceto os direitos reais de garantia;

III – a cessão de direitos relativos às transmissões referidas nos incisos I e II.

Parágrafo único. Nas transmissões causa mortis, ocorrem tantos fatos geradores distintos quantos sejam os herdeiros ou legatários.

Art. 36. Ressalvado o disposto no artigo seguinte, o imposto não incide sobre a transmissão dos bens ou direitos referidos no artigo anterior:

I – quando efetuada para sua incorporação ao patrimônio de pessoa jurídica em pagamento de capital nela subscrito;

II – quando decorrente da incorporação ou da fusão de uma pessoa jurídica por outra ou com outra.

Parágrafo único. O imposto não incide sobre a transmissão aos mesmos alienantes, dos bens e direitos adquiridos na forma do inciso I deste artigo, em decorrência da sua desincorporação do patrimônio da pessoa jurídica a que foram conferidos.

Art. 37. O disposto no artigo anterior não se aplica quando a pessoa jurídica adquirente tenha como atividade preponderante a venda ou locação de propriedade imobiliária ou a cessão de direitos relativos à sua aquisição.

§ 1º Considera-se caracterizada a atividade preponderante referida neste artigo quando mais de 50% (cinquenta por cento) da receita operacional da pessoa jurídica adquirente, nos 2 (dois) anos anteriores e nos 2 (dois) anos subsequentes à aquisição, decorrer de transações mencionadas neste artigo.

§ 2º Se a pessoa jurídica adquirente iniciar suas atividades após a aquisição, ou menos de 2 (dois) anos antes dela, apurar-se-á a preponderância referida no parágrafo anterior levando em conta os 3 (três) primeiros anos seguintes à data da aquisição.

§ 3º Verificada a preponderância referida neste artigo, tornar-se-á devido o imposto, nos termos da lei vigente à data da aquisição, sobre o valor do bem ou direito nessa data.

§ 4º O disposto neste artigo não se aplica à transmissão de bens ou direitos, quando realizada em conjunto com a da totalidade do patrimônio da pessoa jurídica alienante.

Art. 38. A base de cálculo do imposto é o valor venal dos bens ou direitos transmitidos.

Art. 39. A alíquota do imposto não excederá os limites fixados em resolução do Senado Federal, que distinguirá, para efeito de aplicação de alíquota mais baixa, as transmissões que atendam à política nacional de habitação.

Art. 40. O montante do imposto é dedutível do devido à União, a título do imposto de que trata o artigo 43, sobre o provento decorrente da mesma transmissão.

Art. 41. O imposto compete ao Estado da situação do imóvel transmitido, ou sobre que versarem os direitos cedidos, mesmo que a mutação patrimonial decorra de sucessão aberta no estrangeiro.

Art. 42. Contribuinte do imposto é qualquer das partes na operação tributada, como dispuser a lei.

SEÇÃO IV – IMPOSTO SOBRE A RENDA E PROVENTOS DE QUALQUER NATUREZA

Art. 43. O imposto, de competência da União, sobre a renda e proventos de qualquer natureza tem como fato gerador a aquisição da disponibilidade econômica ou jurídica:

I – de renda, assim entendido o produto do capital, do trabalho ou da combinação de ambos;

II – de proventos de qualquer natureza, assim entendidos os acréscimos patrimoniais não compreendidos no inciso anterior.

§ 1º A incidência do imposto independe da denominação da receita ou do rendimento, da localização, condição jurídica ou nacionalidade da fonte, da origem e da forma de percepção. *(Incluído pela Lcp nº 104, de 2001)*

§ 2º Na hipótese de receita ou de rendimento oriundos do exterior, a lei estabelecerá as condições e o momento em que se dará sua disponibilidade, para fins de incidência do imposto referido neste artigo. *(Incluído pela Lcp nº 104, de 2001)*

Art. 44. A base de cálculo do imposto é o montante, real, arbitrado ou presumido, da renda ou dos proventos tributáveis.

Art. 45. Contribuinte do imposto é o titular da disponibilidade a que se refere o artigo 43, sem prejuízo de atribuir a lei essa condição ao possuidor, a qualquer título, dos bens produtores de renda ou dos proventos tributáveis.

Parágrafo único. A lei pode atribuir à fonte pagadora da renda ou dos proventos tributáveis a condição de responsável pelo imposto cuja retenção e recolhimento lhe caibam.

CAPÍTULO IV – IMPOSTOS SOBRE A PRODUÇÃO E A CIRCULAÇÃO

SEÇÃO I – IMPOSTO SOBRE PRODUTOS INDUSTRIALIZADOS

Art. 46. O imposto, de competência da União, sobre produtos industrializados tem como fato gerador:

I – o seu desembaraço aduaneiro, quando de procedência estrangeira;

II – a sua saída dos estabelecimentos a que se refere o parágrafo único do art. 51;

III – a sua arrematação, quando apreendido ou abandonado e levado a leilão.

Parágrafo único. Para os efeitos deste imposto, considera-se industrializado o produto que tenha sido submetido a qualquer operação que lhe modifique a natureza ou a finalidade, ou o aperfeiçoe para o consumo.

Art. 47. A base de cálculo do imposto é:

I – no caso do inciso I do artigo anterior, o preço normal, como definido no inciso II do art. 20, acrescido do montante:

a) do imposto sobre a importação;

b) das taxas exigidas para entrada do produto no País;

c) dos encargos cambiais efetivamente pagos pelo importador ou dele exigíveis;

II – no caso do inciso II do artigo anterior:

a) o valor da operação de que decorrer a saída da mercadoria;

b) na falta do valor a que se refere a alínea anterior, o preço corrente da mercadoria, ou sua similar, no mercado atacadista da praça do remetente;

III – no caso do inciso III do artigo anterior, o preço da arrematação.

Art. 48. O imposto é seletivo em função da essencialidade dos produtos.

Art. 49. O imposto é não-cumulativo, dispondo a lei de forma que o montante devido resulte da diferença a maior, em determinado período, entre o imposto referente aos produtos saídos do estabelecimento e o pago relativamente aos produtos nele entrados.

Parágrafo único. O saldo verificado, em determinado período, em favor do contribuinte transfere-se para o período ou períodos seguintes.

Art. 50. Os produtos sujeitos ao imposto, quando remetidos de um para outro Estado, ou do ou para o Distrito Federal, serão acompanhados de nota fiscal de modelo especial, emitida em séries próprias e contendo, além dos elementos necessários ao controle fiscal, os dados indispensáveis à elaboração da estatística do comércio por cabotagem e demais vias internas.

Art. 51. Contribuinte do imposto é:

I – o importador ou quem a lei a ele equiparar;

II – o industrial ou quem a lei a ele equiparar;

III – o comerciante de produtos sujeitos ao imposto, que os forneça aos contribuintes definidos no inciso anterior;

IV – o arrematante de produtos apreendidos ou abandonados, levados a leilão.

Parágrafo único. Para os efeitos deste imposto, considera-se contribuinte autônomo qualquer estabelecimento de importador, industrial, comerciante ou arrematante.

SEÇÃO II – IMPOSTO ESTADUAL SOBRE OPERAÇÕES RELATIVAS À CIRCULAÇÃO DE MERCADORIAS

Arts. 52 a 58. (Revogados pelo Decreto-lei nº 406, de 1968)

SEÇÃO III – IMPOSTO MUNICIPAL SOBRE OPERAÇÕES RELATIVAS À CIRCULAÇÃO DE MERCADORIAS

Arts. 59 a 62. (Revogados pelo Ato Complementar nº 31, de 1966)

SEÇÃO IV – IMPOSTO SOBRE OPERAÇÕES DE CRÉDITO, CÂMBIO E SEGURO, E SOBRE OPERAÇÕES RELATIVAS A TÍTULOS E VALORES MOBILIÁRIOS

Art. 63. O imposto, de competência da União, sobre operações de crédito, câmbio e seguro, e sobre operações relativas a títulos e valores mobiliários tem como fato gerador:

I – quanto às operações de crédito, a sua efetivação pela entrega total ou parcial do montante ou do valor que constitua o objeto da obrigação, ou sua colocação à disposição do interessado;

II – quanto às operações de câmbio, a sua efetivação pela entrega de moeda nacional ou estrangeira, ou de documento que a represente, ou sua colocação à disposição do interessado em montante equivalente à moeda estrangeira ou nacional entregue ou posta à disposição por este;

III – quanto às operações de seguro, a sua efetivação pela emissão da apólice ou do documento equivalente, ou recebimento do prêmio, na forma da lei aplicável;

IV – quanto às operações relativas a títulos e valores mobiliários, a emissão, transmissão, pagamento ou resgate destes, na forma da lei aplicável.

Parágrafo único. A incidência definida no inciso I exclui a definida no inciso IV, e reciprocamente, quanto à emissão, ao pagamento ou resgate do título representativo de uma mesma operação de crédito.

Art. 64. A base de cálculo do imposto é:

I – quanto às operações de crédito, o montante da obrigação, compreendendo o principal e os juros;

II – quanto às operações de câmbio, o respectivo montante em moeda nacional, recebido, entregue ou posto à disposição;

III – quanto às operações de seguro, o montante do prêmio;

IV – quanto às operações relativas a títulos e valores mobiliários:

a) na emissão, o valor nominal mais o ágio, se houver;

b) na transmissão, o preço ou o valor nominal, ou o valor da cotação em Bôlsa, como determinar a lei;

c) no pagamento ou resgate, o preço.

Art. 65. O Poder Executivo pode, nas condições e nos limites estabelecidos em lei, alterar as alíquotas ou as bases de cálculo do imposto, a fim de ajustá-lo aos objetivos da política monetária.

Art. 66. Contribuinte do imposto é qualquer das partes na operação tributada, como dispuser a lei.

Art. 67. A receita líquida do imposto destina-se à formação de reservas monetárias, na forma da lei.

SEÇÃO V – IMPOSTO SOBRE SERVIÇOS DE TRANSPORTES E COMUNICAÇÕES

Art. 68. O imposto, de competência da União, sobre serviços de transportes e comunicações tem como fato gerador:

I – a prestação do serviço de transporte, por qualquer via, de pessoas, bens, mercadorias ou valores, salvo quando o trajeto se contenha inteiramente no território de um mesmo Município;

II – a prestação do serviço de comunicações, assim se entendendo a transmissão e o recebimento, por qualquer processo, de mensagens escritas, faladas ou visuais, salvo quando os pontos de transmissão e de recebimento se situem no território de um mesmo Município e a mensagem em curso não possa ser captada fora dêsse território.

Art. 69. A base de cálculo do imposto é o preço do serviço.

Art. 70. Contribuinte do imposto é o prestador do serviço.

SEÇÃO VI – IMPOSTO SOBRE SERVIÇOS DE QUALQUER NATUREZA

Arts. 71 a 73. (Revogados pelo Decreto-lei nº 406, de 1968)

CAPÍTULO V – IMPOSTOS ESPECIAIS

SEÇÃO I – IMPOSTO SOBRE OPERAÇÕES RELATIVAS A COMBUSTÍVEIS, LUBRIFICANTES, ENERGIA ELÉTRICA E MINERAIS DO PAÍS

Art. 74. O imposto, de competência da União, sobre operações relativas a combustíveis, lubrificantes, energia elétrica e minerais do País tem como fato gerador:

I – a produção, como definida no art. 46 e seu parágrafo único;

II – a importação, como definida no art. 19;

III – a circulação, como definida no art. 52;

IV – a distribuição, assim entendida a colocação do produto no estabelecimento consumidor ou em local de venda ao público;

V – o consumo, assim entendida a venda do produto ao público.

§ 1º Para os efeitos deste imposto a energia elétrica considera-se produto industrializado.

§ 2º O imposto incide, uma só vez sobre uma das operações previstas em cada inciso deste artigo, como dispuser a lei, e exclui quaisquer outros tributos, sejam quais forem sua natureza ou competência, incidentes sobre aquelas operações.

Art. 75. A lei observará o disposto neste Título relativamente:

I – ao imposto sobre produtos industrializados, quando a incidência seja sobre a produção ou sobre o consumo;

II – ao imposto sobre a importação, quando a incidência seja sobre essa operação;

III – ao imposto sobre operações relativas à circulação de mercadorias, quando a incidência seja sobre a distribuição.

SEÇÃO II – IMPOSTOS EXTRAORDINÁRIOS

Art. 76. Na iminência ou no caso de guerra externa, a União pode instituir, temporariamente, impostos extraordinários compreendidos ou não entre os referidos nesta Lei, suprimidos, gradativamente, no prazo máximo de cinco anos, contados da celebração da paz.

TÍTULO IV – TAXAS

Art. 77. As taxas cobradas pela União, pelos Estados, pelo Distrito Federal ou pelos Municípios, no âmbito de suas respectivas atribuições, têm como fato gerador o exercício regular do poder de polícia, ou a utilização, efetiva ou potencial, de serviço público específico e divisível, prestado ao contribuinte ou posto à sua disposição.

› *Vide Lei 10.169/2000 (Lei de Emolumentos)*

Parágrafo único. A taxa não pode ter base de cálculo ou fato gerador idênticos aos que correspondam a imposto nem ser calculada em função do capital das empresas.

Art. 78. Considera-se poder de polícia atividade da administração pública que, limitando ou disciplinando direito, interesse ou liberdade, regula a prática de ato ou abstenção de fato, em razão de interesse público concernente à segurança, à higiene, à ordem, aos costumes, à disciplina da produção e do mercado, ao exercício de atividades econômicas dependentes de concessão ou autorização do Poder Público, à tranquilidade pública ou ao respeito à propriedade e aos direitos individuais ou coletivos. *(Redação dada pelo Ato Complementar nº 31, de 1966)*

Parágrafo único. Considera-se regular o exercício do poder de polícia quando desempenhado pelo órgão competente nos limites da lei aplicável, com observância do processo legal e, tratando-se de atividade que a lei tenha como discricionária, sem abuso ou desvio de poder.

Art. 79. Os serviços públicos a que se refere o artigo 77 consideram-se:

I – utilizados pelo contribuinte:

a) efetivamente, quando por ele usufruídos a qualquer título;

b) potencialmente, quando, sendo de utilização compulsória, sejam postos à sua disposição mediante atividade administrativa em efetivo funcionamento;

II – específicos, quando possam ser destacados em unidades autônomas de intervenção, de utilidade, ou de necessidades públicas;

III – divisíveis, quando suscetíveis de utilização, separadamente, por parte de cada um dos seus usuários.

Art. 80. Para efeito de instituição e cobrança de taxas, consideram-se compreendidas no âmbito das atribuições da União, dos Estados, do Distrito Federal ou dos Municípios, aquelas que, segundo a Constituição Federal, as Constituições dos Estados, as Leis Orgânicas do Distrito Federal e dos Municípios e a legislação com elas compatível, competem a cada uma dessas pessoas de direito público.

TÍTULO V – CONTRIBUIÇÃO DE MELHORIA

Art. 81. A contribuição de melhoria cobrada pela União, pelos Estados, pelo Distrito Federal ou pelos Municípios, no âmbito de suas respectivas atribuições, é instituída para fazer face ao custo de obras públicas de que decorra valorização imobiliária, tendo como limite total a despesa realizada e como limite individual o acréscimo de valor que da obra resultar para cada imóvel beneficiado.

Art. 82. A lei relativa à contribuição de melhoria observará os seguintes requisitos mínimos:

I – publicação prévia dos seguintes elementos:

a) memorial descritivo do projeto;

b) orçamento do custo da obra;

c) determinação da parcela do custo da obra a ser financiada pela contribuição;

d) delimitação da zona beneficiada;

e) determinação do fator de absorção do benefício da valorização para toda a zona ou para cada uma das áreas diferenciadas, nela contidas;

II – fixação de prazo não inferior a 30 (trinta) dias, para impugnação pelos interessados, de qualquer dos elementos referidos no inciso anterior;

III – regulamentação do processo administrativo de instrução e julgamento da impugnação a que se refere o inciso anterior, sem prejuízo da sua apreciação judicial.

§ 1º A contribuição relativa a cada imóvel será determinada pelo rateio da parcela do custo da obra a que se refere a alínea c, do inciso I, pelos imóveis situados na zona beneficiada em função dos respectivos fatores individuais de valorização.

§ 2º Por ocasião do respectivo lançamento, cada contribuinte deverá ser notificado do montante da contribuição, da forma e dos prazos de seu pagamento e dos elementos que integraram o respectivo cálculo.

TÍTULO VI – DISTRIBUIÇÕES DE RECEITAS TRIBUTÁRIAS

CAPÍTULO I – DISPOSIÇÕES GERAIS

Art. 83. Sem prejuízo das demais disposições deste Título, os Estados e Municípios que celebrem com a União convênios destinados a assegurar ampla e eficiente coordenação dos respectivos programas de investimentos e serviços públicos, especialmente no campo da política tributária, poderão participar de até 10% (dez por cento) da arrecadação efetuada, nos respectivos territórios, proveniente do imposto referido no art. 43, incidente sobre o rendimento das pessoas físicas, e no art. 46, excluído o incidente sobre o fumo e bebidas alcoólicas.

Parágrafo único. O processo das distribuições previstas neste artigo será regulado nos convênios nele referidos.

Art. 84. A lei federal pode cometer aos Estados, ao Distrito Federal ou aos Municípios o encargo de arrecadar os impostos de competência da União cujo produto lhes seja distribuído no todo ou em parte.

Parágrafo único. O disposto neste artigo, aplica-se à arrecadação dos impostos de competência dos Estados, cujo produto estes venham a distribuir, no todo ou em parte, aos respectivos Municípios.

CAPÍTULO II – IMPOSTO SOBRE A PROPRIEDADE TERRITORIAL RURAL E SOBRE A RENDA E PROVENTOS DE QUALQUER NATUREZA

Art. 85. Serão distribuídos pela União:

I – aos Municípios da localização dos imóveis, o produto da arrecadação do imposto a que se refere o artigo 29;

II – aos Estados, ao Distrito Federal e aos Municípios, o produto da arrecadação, na fonte, do imposto a que se refere o art. 43, incidente sobre a renda das obrigações de sua dívida pública e sobre os proventos dos seus servidores e dos de suas autarquias.

§ 1º Independentemente de ordem das autoridades superiores e sob pena de demissão, as autoridades arrecadadoras dos impostos a que se refere este artigo farão entrega, aos Estados, ao Distrito Federal e aos Municípios, das importâncias recebidas, à medida que forem sendo arrecadadas, em prazo não superior a 30 (trinta) dias, a contar da data de cada recolhimento.

§ 2º A lei poderá autorizar os Estados, o Distrito Federal e os Municípios a incorporar definitivamente à sua receita o produto da arrecadação do imposto a que se refere o inciso II, estipulando as obrigações acessórias a serem cumpridas por aqueles no interesse da arrecadação, pela União, do imposto a ela devido pelos titulares da renda ou dos proventos tributados.

§ 3º A lei poderá dispor que uma parcela, não superior a 20% (vinte por cento), do impôsto de que trata o inciso I seja destinada ao custeio do respectivo serviço de lançamento e arrecadação. (Suspensa a execução pela RSF nº 337, de 1983)

CAPÍTULO III – FUNDOS DE PARTICIPAÇÃO DOS ESTADOS E DOS MUNICÍPIOS

SEÇÃO I – CONSTITUIÇÃO DOS FUNDOS

Arts. 86 e 87. *(Revogados pela Lei Complementar nº 143, de 2013)*

SEÇÃO II – CRITÉRIO DE DISTRIBUIÇÃO DO FUNDO DE PARTICIPAÇÃO DOS ESTADOS

Arts. 88 e 89. *(Revogados pela Lei Complementar nº 143, de 2013)*

Art. 90. O fator representativo do inverso da renda per capita, a que se refere o inciso II do art. 88, será estabelecido da seguinte forma:

Inverso do índice relativo à renda *per capita* da entidade participante:	Fator
Até 0,0045	0,4
Acima de 0,0045 até 0,0055	0,5
Acima de 0,0055 até 0,0065	0,6
Acima de 0,0065 até 0,0075	0,7
Acima de 0,0075 até 0,0085	0,8
Acima de 0,0085 até 0,0095	0,9
Acima de 0,0095 até 0,0110	1,0
Acima de 0,0110 até 0,0130	1,2
Acima de 0,0130 até 0,0150	1,4
Acima de 0,0150 até 0,0170	1,6
Acima de 0,0170 até 0,0190	1,8
Acima de 0,0190 até 0,0220	2,0
Acima de 0,220	2,5

Parágrafo único. Para os efeitos dêste artigo, determina-se o índice relativo à renda per capita de cada entidade participante, tomando-se como 100 (cem) a renda per capita média do País.

SEÇÃO III – CRITÉRIO DE DISTRIBUIÇÃO DO FUNDO DE PARTICIPAÇÃO DOS MUNICÍPIOS

Art. 91. Do Fundo de Participação dos Municípios a que se refere o art. 86, serão atribuídos: (Redação dada pelo Ato Complementar nº 35, de 1967)

I – 10% (dez por cento) aos Municípios das Capitais dos Estados; (Redação dada pelo Ato Complementar nº 35, de 1967)

II – 90% (noventa por cento) aos demais Municípios do País. (Redação dada pelo Ato Complementar nº 35, de 1967)

§ 1º A parcela de que trata o inciso I será distribuída proporcionalmente a um coeficiente individual de participação, resultante do produto dos seguintes fatôres: (Redação dada pelo Ato Complementar nº 35, de 1967)

a) fator representativo da população, assim estabelecido: (Redação dada pelo Ato Complementar nº 35, de 1967)

Percentual da População de cada Município em relação à do conjunto das Capitais:	Fator:
Até 2%	2
Mais de 2% até 5%:	
Pelos primeiros 2%	2
Cada 0,5% ou fração excedente, mais	0,5
Mais de 5%	5

b) Fator representativo do inverso da renda *per capita* do respectivo Estado, de conformidade com o disposto no art. 90. (Redação dada pelo Ato Complementar nº 35, de 1967)

§ 2º A distribuição da parcela a que se refere o item II deste artigo, deduzido o percentual referido no artigo 3º do Decreto-lei que estabelece a redação deste parágrafo, far-se-á atribuindo-se a cada Município um coeficiente individual de participação determinado na forma seguinte: *(Redação dada pelo Decreto Lei nº 1.881, de 1981)*

(Vide Lei Complementar nº 91, de 1997)

Categoria do Município, segundo seu número de habitantes	Coeficiente
a) Até 16.980	
Pelos primeiros 10.188	0,6
Para cada 3.396, ou fração excedente, mais	0,2
b) Acima de 16.980 até 50.940	
Pelos primeiros 16.980	1,0
Para cada 6.792 ou fração excedente, mais	0,2
c) Acima de 50.940 até 101,880	
Pelos primeiros 50.940	2,0
Para cada 10.188 ou fração excedente, mais	0,2
d) Acima de 101.880 até 156.216	
Pelos primeiros 101.880	3,0
Para cada 13.584 ou fração excedente, mais	0,2
e) Acima de 156.216	4,0

§ 3º Para os efeitos deste artigo, consideram-se os municípios regularmente instalados, fazendo-se a revisão das quotas anualmente, a partir de 1989, com base em dados oficiais de população produzidos pela Fundação Instituto Brasileiro de Geografia e Estatística – IBGE. *(Redação dada pela Lei Complementar nº 59, de 1988)*

§§ 4º e 5º *(Revogados pela Lei Complementar nº 91, de 1997)*

SEÇÃO IV – CÁLCULO E PAGAMENTO DAS QUOTAS ESTADUAIS E MUNICIPAIS

Art. 92. O Tribunal de Contas da União comunicará ao Banco do Brasil S.A., conforme os prazos a seguir especificados, os coeficientes individuais de participação nos fundos previstos no art. 159, inciso I, alíneas "a", "b" e "d", da Constituição Federal que prevalecerão no exercício subsequente: *(Redação dada pela Lei Complementar nº 143, de 2013)*

I – até o último dia útil do mês de março de cada exercício financeiro, para cada Estado e para o Distrito Federal; *(Incluído pela Lei Complementar nº 143, de 2013)*

II – até o último dia útil de cada exercício financeiro, para cada Município. *(Incluído pela Lei Complementar nº 143, de 2013)*

Parágrafo único. Far-se-á nova comunicação sempre que houver, transcorrido o prazo fixado no inciso I do caput, a criação de novo Estado a ser implantado no exercício subsequente. *(Incluído pela Lei Complementar nº 143, de 2013)*

Art. 93. *(Revogado pela Lei Complementar nº 143, de 2013)*

SEÇÃO V – COMPROVAÇÃO DA APLICAÇÃO DAS QUOTAS ESTADUAIS E MUNICIPAIS

Art. 94. *(Revogado pela Lei Complementar nº 143, de 2013)*

CAPÍTULO IV IMPOSTO SOBRE OPERAÇÕES RELATIVAS A COMBUSTÍVEIS, LUBRIFICANTES, ENERGIA ELÉTRICA E MINERAIS DO PAÍS

Art. 95. *(Revogado pela Lei Complementar nº 143, de 2013)*

Parágrafo único. *(Revogado pelo Ato Complementar nº 35, de 1967)*

LIVRO SEGUNDO – NORMAS GERAIS DE DIREITO TRIBUTÁRIO

TÍTULO I – LEGISLAÇÃO TRIBUTÁRIA

CAPÍTULO I – DISPOSIÇÕES GERAIS

SEÇÃO I – DISPOSIÇÃO PRELIMINAR

Art. 96. A expressão "legislação tributária" compreende as leis, os tratados e as convenções internacionais, os decretos e as normas complementares que versem, no todo ou em parte, sobre tributos e relações jurídicas a eles pertinentes.

SEÇÃO II – LEIS, TRATADOS E CONVENÇÕES INTERNACIONAIS E DECRETOS

Art. 97. Somente a lei pode estabelecer:

I – a instituição de tributos, ou a sua extinção;

II – a majoração de tributos, ou sua redução, ressalvado o disposto nos artigos 21, 26, 39, 57 e 65;

III – a definição do fato gerador da obrigação tributária principal, ressalvado o disposto no inciso I do § 3º do artigo 52, e do seu sujeito passivo;

IV – a fixação de alíquota do tributo e da sua base de cálculo, ressalvado o disposto nos artigos 21, 26, 39, 57 e 65;

V – a cominação de penalidades para as ações ou omissões contrárias a seus dispositivos, ou para outras infrações nela definidas;

VI – as hipóteses de exclusão, suspensão e extinção de créditos tributários, ou de dispensa ou redução de penalidades.

§ 1º Equipara-se à majoração do tributo a modificação da sua base de cálculo, que importe em torná-lo mais oneroso.

§ 2º Não constitui majoração de tributo, para os fins do disposto no inciso II deste artigo, a atualização do valor monetário da respectiva base de cálculo.

Art. 98. Os tratados e as convenções internacionais revogam ou modificam a legislação tributária interna, e serão observados pela que lhes sobrevenha.

Art. 99. O conteúdo e o alcance dos decretos restringem-se aos das leis em função das quais sejam expedidos, determinados com observância das regras de interpretação estabelecidas nesta Lei.

SEÇÃO III – NORMAS COMPLEMENTARES

Art. 100. São normas complementares das leis, dos tratados e das convenções internacionais e dos decretos:

I – os atos normativos expedidos pelas autoridades administrativas;

II – as decisões dos órgãos singulares ou coletivos de jurisdição administrativa, a que a lei atribua eficácia normativa;

III – as práticas reiteradamente observadas pelas autoridades administrativas;

IV – os convênios que entre si celebrem a União, os Estados, o Distrito Federal e os Municípios.

Parágrafo único. A observância das normas referidas neste artigo exclui a imposição de penalidades, a cobrança de juros de mora e a atualização do valor monetário da base de cálculo do tributo.

CAPÍTULO II – VIGÊNCIA DA LEGISLAÇÃO TRIBUTÁRIA

Art. 101. A vigência, no espaço e no tempo, da legislação tributária rege-se pelas disposições legais aplicáveis às normas jurídicas em geral, ressalvado o previsto neste Capítulo.

Art. 102. A legislação tributária dos Estados, do Distrito Federal e dos Municípios vigora, no País, fora dos respectivos territórios, nos limites em que lhe reconheçam extraterritorialidade os convênios de que participem, ou do que disponham esta ou outras leis de normas gerais expedidas pela União.

Art. 103. Salvo disposição em contrário, entram em vigor:

I – os atos administrativos a que se refere o inciso I do artigo 100, na data da sua publicação;

II – as decisões a que se refere o inciso II do artigo 100, quanto a seus efeitos normativos, 30 (trinta) dias após a data da sua publicação;

III – os convênios a que se refere o inciso IV do artigo 100, na data neles prevista.

Art. 104. Entram em vigor no primeiro dia do exercício seguinte àquele em que ocorra a sua publicação os dispositivos de lei, referentes a impostos sobre o patrimônio ou a renda:

I – que instituem ou majoram tais impostos;

II – que definem novas hipóteses de incidência;

III – que extinguem ou reduzem isenções, salvo se a lei dispuser de maneira mais favorável ao contribuinte, e observado o disposto no artigo 178.

CAPÍTULO III – APLICAÇÃO DA LEGISLAÇÃO TRIBUTÁRIA

Art. 105. A legislação tributária aplica-se imediatamente aos fatos geradores futuros e aos pendentes, assim entendidos aqueles cuja ocorrência tenha tido início mas não esteja completa nos termos do artigo 116.

Art. 106. A lei aplica-se a ato ou fato pretérito:

I – em qualquer caso, quando seja expressamente interpretativa, excluída a aplicação de penalidade à infração dos dispositivos interpretados;

II – tratando-se de ato não definitivamente julgado:

a) quando deixe de defini-lo como infração;

b) quando deixe de tratá-lo como contrário a qualquer exigência de ação ou omissão, desde que não tenha sido fraudulento e não tenha implicado em falta de pagamento de tributo;

c) quando lhe comine penalidade menos severa que a prevista na lei vigente ao tempo da sua prática.

CAPÍTULO IV – INTERPRETAÇÃO E INTEGRAÇÃO DA LEGISLAÇÃO TRIBUTÁRIA

Art. 107. A legislação tributária será interpretada conforme o disposto neste Capítulo.

Art. 108. Na ausência de disposição expressa, a autoridade competente para aplicar a legislação tributária utilizará sucessivamente, na ordem indicada:

I – a analogia;

II – os princípios gerais de direito tributário;

III – os princípios gerais de direito público;

IV – a equidade.

§ 1º O emprego da analogia não poderá resultar na exigência de tributo não previsto em lei.

§ 2º O emprego da equidade não poderá resultar na dispensa do pagamento de tributo devido.

Art. 109. Os princípios gerais de direito privado utilizam-se para pesquisa da definição, do conteúdo e do alcance de seus institutos, conceitos e formas, mas não para definição dos respectivos efeitos tributários.

Art. 110. A lei tributária não pode alterar a definição, o conteúdo e o alcance de institutos, conceitos e formas de direito privado, utilizados, expressa ou implicitamente, pela Constituição Federal, pelas Constituições dos Estados, ou pelas Leis Orgânicas do Distrito Federal ou dos Municípios, para definir ou limitar competências tributárias.

Art. 111. Interpreta-se literalmente a legislação tributária que disponha sobre:

I – suspensão ou exclusão do crédito tributário;

II – outorga de isenção;

III – dispensa do cumprimento de obrigações tributárias acessórias.

Art. 112. A lei tributária que define infrações, ou lhe comina penalidades, interpreta-se da maneira mais favorável ao acusado, em caso de dúvida quanto:

I – à capitulação legal do fato;

II – à natureza ou às circunstâncias materiais do fato, ou à natureza ou extensão dos seus efeitos;

III – à autoria, imputabilidade, ou punibilidade;

IV – à natureza da penalidade aplicável, ou à sua graduação.

TÍTULO II – OBRIGAÇÃO TRIBUTÁRIA

CAPÍTULO I – DISPOSIÇÕES GERAIS

Art. 113. A obrigação tributária é principal ou acessória.

§ 1º A obrigação principal surge com a ocorrência do fato gerador, tem por objeto o pagamento de tributo ou penalidade pecuniária e extingue-se juntamente com o crédito dela decorrente.

§ 2º A obrigação acessória decorre da legislação tributária e tem por objeto as prestações, positivas ou negativas, nela previstas no interesse da arrecadação ou da fiscalização dos tributos.

§ 3º A obrigação acessória, pelo simples fato da sua inobservância, converte-se em obrigação principal relativamente à penalidade pecuniária.

CAPÍTULO II – FATO GERADOR

Art. 114. Fato gerador da obrigação principal é a situação definida em lei como necessária e suficiente à sua ocorrência.

Art. 115. Fato gerador da obrigação acessória é qualquer situação que, na forma da legislação aplicável, impõe a prática ou a abstenção de ato que não configure obrigação principal.

Art. 116. Salvo disposição de lei em contrário, considera-se ocorrido o fato gerador e existentes os seus efeitos:

I - tratando-se de situação de fato, desde o momento em que o se verifiquem as circunstâncias materiais necessárias a que produza os efeitos que normalmente lhe são próprios;

II - tratando-se de situação jurídica, desde o momento em que esteja definitivamente constituída, nos termos de direito aplicável.

Parágrafo único. A autoridade administrativa poderá desconsiderar atos ou negócios jurídicos praticados com a finalidade de dissimular a ocorrência do fato gerador do tributo ou a natureza dos elementos constitutivos da obrigação tributária, observados os procedimentos a serem estabelecidos em lei ordinária. *(Incluído pela Lcp nº 104, de 2001)*

Art. 117. Para os efeitos do inciso II do artigo anterior e salvo disposição de lei em contrário, os atos ou negócios jurídicos condicionais reputam-se perfeitos e acabados:

I - sendo suspensiva a condição, desde o momento de seu implemento;

II - sendo resolutória a condição, desde o momento da prática do ato ou da celebração do negócio.

Art. 118. A definição legal do fato gerador é interpretada abstraindo-se:

I - da validade jurídica dos atos efetivamente praticados pelos contribuintes, responsáveis, ou terceiros, bem como da natureza do seu objeto ou dos seus efeitos;

II - dos efeitos dos fatos efetivamente ocorridos.

CAPÍTULO III – SUJEITO ATIVO

Art. 119. Sujeito ativo da obrigação é a pessoa jurídica de direito público, titular da competência para exigir o seu cumprimento.

Art. 120. Salvo disposição de lei em contrário, a pessoa jurídica de direito público, que se constituir pelo desmembramento territorial de outra, subroga-se nos direitos desta, cuja legislação tributária aplicará até que entre em vigor a sua própria.

CAPÍTULO IV – SUJEITO PASSIVO

SEÇÃO I – DISPOSIÇÕES GERAIS

Art. 121. Sujeito passivo da obrigação principal é a pessoa obrigada ao pagamento de tributo ou penalidade pecuniária.

Parágrafo único. O sujeito passivo da obrigação principal diz-se:

I - contribuinte, quando tenha relação pessoal e direta com a situação que constitua o respectivo fato gerador;

II - responsável, quando, sem revestir a condição de contribuinte, sua obrigação decorra de disposição expressa de lei.

Art. 122. Sujeito passivo da obrigação acessória é a pessoa obrigada às prestações que constituam o seu objeto.

Art. 123. Salvo disposições de lei em contrário, as convenções particulares, relativas à responsabilidade pelo pagamento de tributos, não podem ser opostas à Fazenda Pública, para modificar a definição legal do sujeito passivo das obrigações tributárias correspondentes.

SEÇÃO II – SOLIDARIEDADE

Art. 124. São solidariamente obrigadas:

I - as pessoas que tenham interesse comum na situação que constitua o fato gerador da obrigação principal;

II - as pessoas expressamente designadas por lei.

Parágrafo único. A solidariedade referida neste artigo não comporta benefício de ordem.

Art. 125. Salvo disposição de lei em contrário, são os seguintes os efeitos da solidariedade:

I - o pagamento efetuado por um dos obrigados aproveita aos demais;

II - a isenção ou remissão de crédito exonera todos os obrigados, salvo se outorgada pessoalmente a um deles, subsistindo, nesse caso, a solidariedade quanto aos demais pelo saldo;

III - a interrupção da prescrição, em favor ou contra um dos obrigados, favorece ou prejudica aos demais.

SEÇÃO III – CAPACIDADE TRIBUTÁRIA

Art. 126. A capacidade tributária passiva independe:

I - da capacidade civil das pessoas naturais;

II - de achar-se a pessoa natural sujeita a medidas que importem privação ou limitação do exercício de atividades civis, comerciais ou profissionais, ou da administração direta de seus bens ou negócios;

III - de estar a pessoa jurídica regularmente constituída, bastando que configure uma unidade econômica ou profissional.

SEÇÃO IV – DOMICÍLIO TRIBUTÁRIO

Art. 127. Na falta de eleição, pelo contribuinte ou responsável, de domicílio tributário, na forma da legislação aplicável, considera-se como tal:

I - quanto às pessoas naturais, a sua residência habitual, ou, sendo esta incerta ou desconhecida, o centro habitual de sua atividade;

II - quanto às pessoas jurídicas de direito privado ou às firmas individuais, o lugar da sua sede, ou, em relação aos atos ou fatos que derem origem à obrigação, o de cada estabelecimento;

III - quanto às pessoas jurídicas de direito público, qualquer de suas repartições no território da entidade tributante.

§ 1º Quando não couber a aplicação das regras fixadas em qualquer dos incisos deste artigo, considerar-se-á como domicílio tributário do contribuinte ou responsável o lugar da situação dos bens ou da ocorrência dos atos ou fatos que deram origem à obrigação.

§ 2º A autoridade administrativa pode recusar o domicílio eleito, quando impossibilite ou dificulte a arrecadação ou a fiscalização do tributo, aplicando-se então a regra do parágrafo anterior.

CAPÍTULO V – RESPONSABILIDADE TRIBUTÁRIA

SEÇÃO I – DISPOSIÇÃO GERAL

Art. 128. Sem prejuízo do disposto neste capítulo, a lei pode atribuir de modo expresso a responsabilidade pelo crédito tributário a terceira pessoa, vinculada ao fato gerador da respectiva obrigação, excluindo a responsabilidade do contribuinte ou atribuindo-a a este em caráter supletivo do cumprimento total ou parcial da referida obrigação.

SEÇÃO II – RESPONSABILIDADE DOS SUCESSORES

Art. 129. O disposto nesta Seção aplica-se por igual aos créditos tributários definitivamente constituídos ou em curso de constituição à data dos atos nela referidos, e aos constituídos posteriormente aos mesmos atos, desde que relativos a obrigações tributárias surgidas até a referida data.

Art. 130. Os créditos tributários relativos a impostos cujo fato gerador seja a propriedade, o domínio útil ou a posse de bens imóveis, e bem assim os relativos a taxas pela prestação de serviços referentes a tais bens, ou a contribuições de melhoria, subrogam-se na pessoa dos respectivos adquirentes, salvo quando conste do título a prova de sua quitação.

Parágrafo único. No caso de arrematação em hasta pública, a sub-rogação ocorre sobre o respectivo preço.

Art. 131. São pessoalmente responsáveis:

I - o adquirente ou remitente, pelos tributos relativos aos bens adquiridos ou remidos; *(Redação dada pelo Decreto-Lei nº 28, de 1966)*

II - o sucessor a qualquer título e o cônjuge meeiro, pelos tributos devidos pelo de cujus até a data da partilha ou adjudicação, limitada esta responsabilidade ao montante do quinhão do legado ou da meação;

III - o espólio, pelos tributos devidos pelo de cujus até a data da abertura da sucessão.

Art. 132. A pessoa jurídica de direito privado que resultar de fusão, transformação ou incorporação de outra ou em outra é responsável pelos tributos devidos até à data do ato pelas pessoas jurídicas de direito privado fusionadas, transformadas ou incorporadas.

Parágrafo único. O disposto neste artigo aplica-se aos casos de extinção de pessoas jurídicas de direito privado, quando a exploração da respectiva atividade seja continuada por qualquer sócio remanescente, ou seu espólio, sob a mesma ou outra razão social, ou sob firma individual.

Art. 133. A pessoa natural ou jurídica de direito privado que adquirir de outra, por qualquer título, fundo de comércio ou estabelecimento comercial, industrial ou profissional, e continuar a respectiva exploração, sob a mesma ou outra razão social ou sob firma ou nome individual, responde pelos tributos, relativos ao fundo ou estabelecimento adquirido, devidos até à data do ato:

I - integralmente, se o alienante cessar a exploração do comércio, indústria ou atividade;

II - subsidiariamente com o alienante, se este prosseguir na exploração ou iniciar dentro de seis meses a contar da data da alienação, nova atividade no mesmo ou em outro ramo de comércio, indústria ou profissão.

§ 1º O disposto no *caput* deste artigo não se aplica na hipótese de alienação judicial: *(Incluído pela Lcp nº 118, de 2005)*

I – em processo de falência; *(Incluído pela Lcp nº 118, de 2005)*

II – de filial ou unidade produtiva isolada, em processo de recuperação judicial.*(Incluído pela Lcp nº 118, de 2005)*

§ 2º Não se aplica o disposto no § 1º deste artigo quando o adquirente for: *(Incluído pela Lcp nº 118, de 2005)*

I – sócio da sociedade falida ou em recuperação judicial, ou sociedade controlada pelo devedor falido ou em recuperação judicial;*(Incluído pela Lcp nº 118, de 2005)*

II – parente, em linha reta ou colateral até o 4º (quarto) grau, consanguíneo ou afim, do devedor falido ou em recuperação judicial ou de qualquer de seus sócios; ou *(Incluído pela Lcp nº 118, de 2005)*

III – identificado como agente do falido ou do devedor em recuperação judicial com o objetivo de fraudar a sucessão tributária. *(Incluído pela Lcp nº 118, de 2005)*

§ 3º Em processo da falência, o produto da alienação judicial de empresa, filial ou unidade produtiva isolada permanecerá em conta de depósito à disposição do juízo de falência pelo prazo de 1 (um) ano, contado da data de alienação, somente podendo ser utilizado para o pagamento de créditos extraconcursais ou de créditos que preferem ao tributário. *(Incluído pela Lcp nº 118, de 2005)*

SEÇÃO III – RESPONSABILIDADE DE TERCEIROS

Art. 134. Nos casos de impossibilidade de exigência do cumprimento da obrigação principal pelo contribuinte, respondem solidariamente com este nos atos em que intervierem ou pelas omissões de que forem responsáveis:

I - os pais, pelos tributos devidos por seus filhos menores;

II - os tutores e curadores, pelos tributos devidos por seus tutelados ou curatelados;

III - os administradores de bens de terceiros, pelos tributos devidos por estes;

IV - o inventariante, pelos tributos devidos pelo espólio;

V - o síndico e o comissário, pelos tributos devidos pela massa falida ou pelo concordatário;

VI - os tabeliães, escrivães e demais serventuários de ofício, pelos tributos devidos sobre os atos praticados por eles, ou perante eles, em razão do seu ofício;

- *Vide art. 289, Lei 6.015/1973 (Registros Públicos)*
- *Vide arts. 22 a 24 e 30, Lei 8.935/1994 (Notários e Registradores)*
- *Vide art. 8º, § 2º, Provimento CNJ n. 39/2014, alterado pelo Provimento CNJ 142/2023 (Central de Indisponibilidade)*

VII - os sócios, no caso de liquidação de sociedade de pessoas.

Parágrafo único. O disposto neste artigo só se aplica, em matéria de penalidades, às de caráter moratório.

Art. 135. São pessoalmente responsáveis pelos créditos correspondentes a obrigações tributárias resultantes de atos praticados com excesso de poderes ou infração de lei, contrato social ou estatutos:

I - as pessoas referidas no artigo anterior;

II - os mandatários, prepostos e empregados;

III - os diretores, gerentes ou representantes de pessoas jurídicas de direito privado.

SEÇÃO IV – RESPONSABILIDADE POR INFRAÇÕES

Art. 136. Salvo disposição de lei em contrário, a responsabilidade por infrações da legislação tributária independe da intenção do agente ou do responsável e da efetividade, natureza e extensão dos efeitos do ato.

Art. 137. A responsabilidade é pessoal ao agente:

I - quanto às infrações conceituadas por lei como crimes ou contravenções, salvo quando praticadas no exercício regular de administração, mandato, função, cargo ou emprego, ou no cumprimento de ordem expressa emitida por quem de direito;

II - quanto às infrações em cuja definição o dolo específico do agente seja elementar;

III - quanto às infrações que decorram direta e exclusivamente de dolo específico:

a) das pessoas referidas no artigo 134, contra aquelas por quem respondem;

b) dos mandatários, prepostos ou empregados, contra seus mandantes, preponentes ou empregadores;

c) dos diretores, gerentes ou representantes de pessoas jurídicas de direito privado, contra estas.

Art. 138. A responsabilidade é excluída pela denúncia espontânea da infração, acompanhada, se for o caso, do pagamento do tributo devido e dos juros de mora, ou do depósito da importância arbitrada pela autoridade administrativa, quando o montante do tributo dependa de apuração.

Parágrafo único. Não se considera espontânea a denúncia apresentada após o início de qualquer procedimento administrativo ou medida de fiscalização, relacionados com a infração.

TÍTULO III – CRÉDITO TRIBUTÁRIO

CAPÍTULO I – DISPOSIÇÕES GERAIS

Art. 139. O crédito tributário decorre da obrigação principal e tem a mesma natureza desta.

Art. 140. As circunstâncias que modificam o crédito tributário, sua extensão ou seus efeitos, ou as garantias ou os privilégios a ele atribuídos, ou que excluem sua exigibilidade não afetam a obrigação tributária que lhe deu origem.

Art. 141. O crédito tributário regularmente constituído somente se modifica ou extingue, ou tem sua exigibilidade suspensa ou excluída, nos casos previstos nesta Lei, fora dos quais não podem ser dispensadas, sob pena de responsabilidade funcional na forma da lei, a sua efetivação ou as respectivas garantias.

CAPÍTULO II – CONSTITUIÇÃO DE CRÉDITO TRIBUTÁRIO

SEÇÃO I – LANÇAMENTO

Art. 142. Compete privativamente à autoridade administrativa constituir o crédito tributário pelo lançamento, assim entendido o procedimento administrativo tendente a verificar a ocorrência do fato gerador da obrigação correspondente, determinar a matéria tributável, calcular o montante do tributo devido, identificar o sujeito passivo e, sendo caso, propor a aplicação da penalidade cabível.

Parágrafo único. A atividade administrativa de lançamento é vinculada e obrigatória, sob pena de responsabilidade funcional.

Art. 143. Salvo disposição de lei em contrário, quando o valor tributário esteja expresso em moeda estrangeira, no lançamento far-se-á sua conversão em moeda nacional ao câmbio do dia da ocorrência do fato gerador da obrigação.

Art. 144. O lançamento reporta-se à data da ocorrência do fato gerador da obrigação e rege-se pela lei então vigente, ainda que posteriormente modificada ou revogada.

§ 1º Aplica-se ao lançamento a legislação que, posteriormente à ocorrência do fato gerador da obrigação, tenha instituído novos critérios de apuração ou processos de fiscalização, ampliado os poderes de investigação das autoridades administrativas, ou outorgado ao crédito maiores garantias ou privilégios, exceto, neste último caso, para o efeito de atribuir responsabilidade tributária a terceiros.

§ 2º O disposto neste artigo não se aplica aos impostos lançados por períodos certos de tempo, desde que a respectiva lei fixe expressamente a data em que o fato gerador se considera ocorrido.

Art. 145. O lançamento regularmente notificado ao sujeito passivo só pode ser alterado em virtude de:

I - impugnação do sujeito passivo;

II - recurso de ofício;

III - iniciativa de ofício da autoridade administrativa, nos casos previstos no artigo 149.

Art. 146. A modificação introduzida, de ofício ou em consequência de decisão administrativa ou judicial, nos critérios jurídicos adotados pela autoridade administrativa no exercício do lançamento somente pode ser efetivada, em relação a um mesmo sujeito passivo, quanto a fato gerador ocorrido posteriormente à sua introdução.

SEÇÃO II – MODALIDADES DE LANÇAMENTO

Art. 147. O lançamento é efetuado com base na declaração do sujeito passivo ou de terceiro, quando um ou outro, na forma da legislação tributária, presta à autoridade administrativa informações sobre matéria de fato, indispensáveis à sua efetivação.

§ 1º A retificação da declaração por iniciativa do próprio declarante, quando vise a reduzir ou a excluir tributo, só é admissível mediante comprovação do erro em que se funde, e antes de notificado o lançamento.

§ 2º Os erros contidos na declaração e apuráveis pelo seu exame serão retificados de ofício pela autoridade administrativa a que competir a revisão daquela.

Art. 148. Quando o cálculo do tributo tenha por base, ou tome em consideração, o valor ou o preço de bens, direitos, serviços ou atos jurídicos, a autoridade lançadora, mediante processo regular, arbitrará aquele valor ou preço, sempre que sejam omissos ou não mereçam fé as declarações ou os esclarecimentos prestados, ou os documentos expedidos pelo sujeito passivo ou pelo terceiro legalmente obrigado, ressalvada, em caso de contestação, avaliação contraditória, administrativa ou judicial.

› *Súmula 654, STJ*

Art. 149. O lançamento é efetuado e revisto de ofício pela autoridade administrativa nos seguintes casos:

I - quando a lei assim o determine;

II - quando a declaração não seja prestada, por quem de direito, no prazo e na forma da legislação tributária;

III - quando a pessoa legalmente obrigada, embora tenha prestado declaração nos termos do inciso anterior, deixe de atender, no prazo e na forma da legislação tributária, a pedido de esclarecimento formulado pela autoridade administrativa, recuse-se a prestá-lo ou não o preste satisfatoriamente, a juízo daquela autoridade;

IV - quando se comprove falsidade, erro ou omissão quanto a qualquer elemento definido na legislação tributária como sendo de declaração obrigatória;

V - quando se comprove omissão ou inexatidão, por parte da pessoa legalmente obrigada, no exercício da atividade a que se refere o artigo seguinte;

VI - quando se comprove ação ou omissão do sujeito passivo, ou de terceiro legalmente obrigado, que dê lugar à aplicação de penalidade pecuniária;

VII - quando se comprove que o sujeito passivo, ou terceiro em benefício daquele, agiu com dolo, fraude ou simulação;

VIII - quando deva ser apreciado fato não conhecido ou não provado por ocasião do lançamento anterior;

IX - quando se comprove que, no lançamento anterior, ocorreu fraude ou falta funcional da autoridade que o efetuou, ou omissão, pela mesma autoridade, de ato ou formalidade especial.

Parágrafo único. A revisão do lançamento só pode ser iniciada enquanto não extinto o direito da Fazenda Pública.

Art. 150. O lançamento por homologação, que ocorre quanto aos tributos cuja legislação atribua ao sujeito passivo o dever de antecipar o pagamento sem prévio exame da autoridade administrativa, opera-se pelo ato em que a referida autoridade, tomando conhecimento da atividade assim exercida pelo obrigado, expressamente a homologa.

§ 1º O pagamento antecipado pelo obrigado nos termos deste artigo extingue o crédito, sob condição resolutória da ulterior homologação ao lançamento.

§ 2º Não influem sobre a obrigação tributária quaisquer atos anteriores à homologação, praticados pelo sujeito passivo ou por terceiro, visando à extinção total ou parcial do crédito.

§ 3º Os atos a que se refere o parágrafo anterior serão, porém, considerados na apuração do saldo porventura devido e, sendo o caso, na imposição de penalidade, ou sua graduação.

§ 4º Se a lei não fixar prazo a homologação, será ele de cinco anos, a contar da ocorrência do fato gerador; expirado esse prazo sem que a Fazenda Pública se tenha pronunciado, considera-se homologado o lançamento e definitivamente extinto o crédito, salvo se comprovada a ocorrência de dolo, fraude ou simulação.

CAPÍTULO III – SUSPENSÃO DO CRÉDITO TRIBUTÁRIO

SEÇÃO I – DISPOSIÇÕES GERAIS

Art. 151. Suspendem a exigibilidade do crédito tributário:

I - moratória;

II - o depósito do seu montante integral;

III - as reclamações e os recursos, nos termos das leis reguladoras do processo tributário administrativo;

IV - a concessão de medida liminar em mandado de segurança.

V – a concessão de medida liminar ou de tutela antecipada, em outras espécies de ação judicial; *(Incluído pela Lcp nº 104, de 2001)*

VI – o parcelamento. *(Incluído pela Lcp nº 104, de 2001)*

Parágrafo único. O disposto neste artigo não dispensa o cumprimento das obrigações assessórios dependentes da obrigação principal cujo crédito seja suspenso, ou dela conseqüentes.

SEÇÃO II – MORATÓRIA

Art. 152. A moratória somente pode ser concedida:

I - em caráter geral:

a) pela pessoa jurídica de direito público competente para instituir o tributo a que se refira;

b) pela União, quanto a tributos de competência dos Estados, do Distrito Federal ou dos Municípios, quando simultaneamente concedida quanto aos tributos de competência federal e às obrigações de direito privado;

II - em caráter individual, por despacho da autoridade administrativa, desde que autorizada por lei nas condições do inciso anterior.

Parágrafo único. A lei concessiva de moratória pode circunscrever expressamente a sua aplicabilidade à determinada região do território da pessoa jurídica de direito público que a expedir, ou a determinada classe ou categoria de sujeitos passivos.

Art. 153. A lei que conceda moratória em caráter geral ou autorize sua concessão em caráter individual especificará, sem prejuízo de outros requisitos:

I - o prazo de duração do favor;

II - as condições da concessão do favor em caráter individual;

III - sendo caso:

a) os tributos a que se aplica;

b) o número de prestações e seus vencimentos, dentro do prazo a que se refere o inciso I, podendo atribuir a fixação de uns e de outros à autoridade administrativa, para cada caso de concessão em caráter individual;

c) as garantias que devem ser fornecidas pelo beneficiado no caso de concessão em caráter individual.

Art. 154. Salvo disposição de lei em contrário, a moratória somente abrange os créditos definitivamente constituídos à data da lei ou do despacho que a conceder, ou cujo lançamento já tenha sido iniciado àquela data por ato regularmente notificado ao sujeito passivo.

Parágrafo único. A moratória não aproveita aos casos de dolo, fraude ou simulação do sujeito passivo ou do terceiro em benefício daquele.

Art. 155. A concessão da moratória em caráter individual não gera direito adquirido e será revogado de ofício, sempre que se apure que o beneficiado não satisfazia ou deixou de satisfazer as condições ou não cumprira ou deixou de cumprir os requisitos para a concessão do favor, cobrando-se o crédito acrescido de juros de mora:

I - com imposição da penalidade cabível, nos casos de dolo ou simulação do beneficiado, ou de terceiro em benefício daquele;

II - sem imposição de penalidade, nos demais casos.

Parágrafo único. No caso do inciso I deste artigo, o tempo decorrido entre a concessão da moratória e sua revogação não se computa para efeito da prescrição do direito à cobrança do crédito; no caso do inciso II deste artigo, a revogação só pode ocorrer antes de prescrito o referido direito.

Art. 155-A. O parcelamento será concedido na forma e condição estabelecidas em lei específica. (Incluído pela Lcp nº 104, de 2001)

§ 1º Salvo disposição de lei em contrário, o parcelamento do crédito tributário não exclui a incidência de juros e multas. (Incluído pela Lcp nº 104, de 2001)

§ 2º Aplicam-se, subsidiariamente, ao parcelamento as disposições desta Lei, relativas à moratória. (Incluído pela Lcp nº 104, de 2001)

§ 3º Lei específica disporá sobre as condições de parcelamento dos créditos tributários do devedor em recuperação judicial. (Incluído pela Lcp nº 118, de 2005)

§ 4º A inexistência da lei específica a que se refere o § 3º deste artigo importa na aplicação das leis gerais de parcelamento do ente da Federação ao devedor em recuperação judicial, não podendo, neste caso, ser o prazo de parcelamento inferior ao concedido pela lei federal específica. (Incluído pela Lcp nº 118, de 2005)

CAPÍTULO IV – EXTINÇÃO DO CRÉDITO TRIBUTÁRIO

SEÇÃO I – MODALIDADES DE EXTINÇÃO

Art. 156. Extinguem o crédito tributário:

I - o pagamento;

II - a compensação;

III - a transação;

IV - remissão;

V - a prescrição e a decadência;

VI - a conversão de depósito em renda;

VII - o pagamento antecipado e a homologação do lançamento nos termos do disposto no artigo 150 e seus §§ 1º e 4º;

VIII - a consignação em pagamento, nos termos do disposto no § 2º do artigo 164;

IX - a decisão administrativa irreformável, assim entendida a definitiva na órbita administrativa, que não mais possa ser objeto de ação anulatória;

X - a decisão judicial passada em julgado.

XI - a dação em pagamento em bens imóveis, na forma e condições estabelecidas em lei.

Parágrafo único. A lei disporá quanto aos efeitos da extinção total ou parcial do crédito sobre a ulterior verificação da irregularidade da sua constituição, observado o disposto nos artigos 144 e 149.

SEÇÃO II – PAGAMENTO

Art. 157. A imposição de penalidade não ilide o pagamento integral do crédito tributário.

Art. 158. O pagamento de um crédito não importa em presunção de pagamento:

I - quando parcial, das prestações em que se decomponha;

II - quando total, de outros créditos referentes ao mesmo ou a outros tributos.

Art. 159. Quando a legislação tributária não dispuser a respeito, o pagamento é efetuado na repartição competente do domicílio do sujeito passivo.

Art. 160. Quando a legislação tributária não fixar o tempo do pagamento, o vencimento do crédito ocorre trinta dias depois da data em que se considera o sujeito passivo notificado do lançamento.

Parágrafo único. A legislação tributária pode conceder desconto pela antecipação do pagamento, nas condições que estabeleça.

Art. 161. O crédito não integralmente pago no vencimento é acrescido de juros de mora, seja qual for o motivo determinante da falta, sem prejuízo da imposição das penalidades cabíveis e da aplicação de quaisquer medidas de garantia previstas nesta Lei ou em lei tributária.

§ 1º Se a lei não dispuser de modo diverso, os juros de mora são calculados à taxa de um por cento ao mês.

§ 2º O disposto neste artigo não se aplica na pendência de consulta formulada pelo devedor dentro do prazo legal para pagamento do crédito.

Art. 162. O pagamento é efetuado:

I - em moeda corrente, cheque ou vale postal;

II - nos casos previstos em lei, em estampilha, em papel selado, ou por processo mecânico.

§ 1º A legislação tributária pode determinar as garantias exigidas para o pagamento por cheque ou vale postal, desde que não o torne impossível ou mais oneroso que o pagamento em moeda corrente.

§ 2º O crédito pago por cheque somente se considera extinto com o resgate deste pelo sacado.

§ 3º O crédito pagável em estampilha considera-se extinto com a inutilização regular daquela, ressalvado o disposto no artigo 150.

§ 4º A perda ou destruição da estampilha, ou o erro no pagamento por esta modalidade, não dão direito a restituição, salvo nos casos expressamente previstos na legislação tributária, ou naquelas em que o erro seja imputável à autoridade administrativa.

§ 5º O pagamento em papel selado ou por processo mecânico equipara-se ao pagamento em estampilha.

Art. 163. Existindo simultaneamente dois ou mais débitos vencidos do mesmo sujeito passivo para com a mesma pessoa jurídica de direito público, relativos ao mesmo ou a diferentes tributos ou provenientes de penalidade pecuniária ou juros de mora, a autoridade administrativa competente para receber o pagamento determinará a respectiva imputação, obedecidas as seguintes regras, na ordem em que enumeradas:

I - em primeiro lugar, aos débitos por obrigação própria, e em segundo lugar aos decorrentes de responsabilidade tributária;

II - primeiramente, às contribuições de melhoria, depois às taxas e por fim aos impostos;

III - na ordem crescente dos prazos de prescrição;

IV - na ordem decrescente dos montantes.

Art. 164. A importância de crédito tributário pode ser consignada judicialmente pelo sujeito passivo, nos casos:

I - de recusa de recebimento, ou subordinação deste ao pagamento de outro tributo ou de penalidade, ou ao cumprimento de obrigação acessória;

II - de subordinação do recebimento ao cumprimento de exigências administrativas sem fundamento legal;

III - de exigência, por mais de uma pessoa jurídica de direito público, de tributo idêntico sobre um mesmo fato gerador.

§ 1º A consignação só pode versar sobre o crédito que o consignante se propõe pagar.

§ 2º Julgada procedente a consignação, o pagamento se reputa efetuado e a importância consignada é convertida em renda; julgada improcedente a consignação no todo ou em parte, cobra-se o crédito acrescido de juros de mora, sem prejuízo das penalidades cabíveis.

SEÇÃO III – PAGAMENTO INDEVIDO

Art. 165. O sujeito passivo tem direito, independentemente de prévio protesto, à restituição total ou parcial do tributo, seja qual for a modalidade do seu pagamento, ressalvado o disposto no § 4º do artigo 162, nos seguintes casos:

I - cobrança ou pagamento espontâneo de tributo indevido ou maior que o devido em face da legislação tributária aplicável, ou da natureza ou circunstâncias materiais do fato gerador efetivamente ocorrido;

II - erro na edificação do sujeito passivo, na determinação da alíquota aplicável, no cálculo do montante do débito ou na elaboração ou conferência de qualquer documento relativo ao pagamento;

III - reforma, anulação, revogação ou rescisão de decisão condenatória.

Art. 166. A restituição de tributos que comportem, por sua natureza, transferência do respectivo encargo financeiro somente será feita a quem prove haver assumido o referido encargo, ou, no caso de tê-lo transferido a terceiro, estar por este expressamente autorizado a recebê-la.

Art. 167. A restituição total ou parcial do tributo dá lugar à restituição, na mesma proporção, dos juros de mora e das penalidades pecuniárias, salvo as referentes a infrações de caráter formal não prejudicadas pela causa da restituição.

Parágrafo único. A restituição vence juros não capitalizáveis, a partir do trânsito em julgado da decisão definitiva que a determinar.

Art. 168. O direito de pleitear a restituição extingue-se com o decurso do prazo de 5 (cinco) anos, contados:

I - nas hipótese dos incisos I e II do artigo 165, da data da extinção do crédito tributário;

II - na hipótese do inciso III do artigo 165, da data em que se tornar definitiva a decisão administrativa ou passar em julgado a decisão judicial que tenha reformado, anulado, revogado ou rescindido a decisão condenatória.

Art. 169. Prescreve em dois anos a ação anulatória da decisão administrativa que denegar a restituição.

Parágrafo único. O prazo de prescrição é interrompido pelo início da ação judicial, recomeçando o seu curso, por metade, a partir da data da intimação validamente feita ao representante judicial da Fazenda Pública interessada.

SEÇÃO IV – DEMAIS MODALIDADES DE EXTINÇÃO

Art. 170. A lei pode, nas condições e sob as garantias que estipular, ou cuja estipulação em cada caso atribuir à autoridade administrativa, autorizar a compensação de créditos tributários com créditos líquidos e certos, vencidos ou vincendos, do sujeito passivo contra a Fazenda pública.

Parágrafo único. Sendo vincendo o crédito do sujeito passivo, a lei determinará, para os efeitos deste artigo, a apuração do seu montante, não podendo, porém, cominar redução maior que a correspondente ao juro de 1% (um por cento) ao mês pelo tempo a decorrer entre a data da compensação e a do vencimento.

Art. 170-A. É vedada a compensação mediante o aproveitamento de tributo, objeto de contestação judicial pelo sujeito passivo, antes do trânsito em julgado da respectiva decisão judicial.

Art. 171. A lei pode facultar, nas condições que estabeleça, aos sujeitos ativo e passivo da obrigação tributária celebrar transação que, mediante concessões mútuas, importe em determinação de litígio e consequente extinção de crédito tributário.

Parágrafo único. A lei indicará a autoridade competente para autorizar a transação em cada caso.

Art. 172. A lei pode autorizar a autoridade administrativa a conceder, por despacho fundamentado, remissão total ou parcial do crédito tributário, atendendo:

I - à situação econômica do sujeito passivo;

II - ao erro ou ignorância excusáveis do sujeito passivo, quanto a matéria de fato;

III - à diminuta importância do crédito tributário;

IV - a considerações de equidade, em relação com as características pessoais ou materiais do caso;

V - a condições peculiares a determinada região do território da entidade tributante.

Parágrafo único. O despacho referido neste artigo não gera direito adquirido, aplicando-se, quando cabível, o disposto no artigo 155.

Art. 173. O direito de a Fazenda Pública constituir o crédito tributário extingue-se após 5 (cinco) anos, contados:

I - do primeiro dia do exercício seguinte àquele em que o lançamento poderia ter sido efetuado;

II - da data em que se tornar definitiva a decisão que houver anulado, por vício formal, o lançamento anteriormente efetuado.

Parágrafo único. O direito a que se refere este artigo extingue-se definitivamente com o decurso do prazo nele previsto, contado da data em que tenha sido iniciada a constituição do crédito tributário pela notificação, ao sujeito passivo, de qualquer medida preparatória indispensável ao lançamento.

Art. 174. A ação para a cobrança do crédito tributário prescreve em cinco anos, contados da data da sua constituição definitiva.

Parágrafo único. A prescrição se interrompe:

I - pelo despacho do juiz que ordenar a citação em execução fiscal;

II - pelo protesto judicial ou extrajudicial; *(Redação dada pela Lei Complementar nº 208, de 2024)*

› *Vide Lei n. 9.492/1997 (Lei do Protesto)*

III - por qualquer ato judicial que constitua em mora o devedor;

IV - por qualquer ato inequívoco ainda que extrajudicial, que importe em reconhecimento do débito pelo devedor.

CAPÍTULO V – EXCLUSÃO DE CRÉDITO TRIBUTÁRIO

SEÇÃO I – DISPOSIÇÕES GERAIS

Art. 175. Excluem o crédito tributário:

I - a isenção;

II - a anistia.

Parágrafo único. A exclusão do crédito tributário não dispensa o cumprimento das obrigações acessórias dependentes da obrigação principal cujo crédito seja excluído, ou dela consequente.

SEÇÃO II – ISENÇÃO

Art. 176. A isenção, ainda quando prevista em contrato, é sempre decorrente de lei que especifique as condições e requisitos exigidos para a sua concessão, os tributos a que se aplica e, sendo caso, o prazo de sua duração.

Parágrafo único. A isenção pode ser restrita a determinada região do território da entidade tributante, em função de condições a ela peculiares.

Art. 177. Salvo disposição de lei em contrário, a isenção não é extensiva:

I - às taxas e às contribuições de melhoria;

II - aos tributos instituídos posteriormente à sua concessão.

Art. 178 - A isenção, salvo se concedida por prazo certo e em função de determinadas condições, pode ser revogada ou modificada por lei, a qualquer tempo, observado o disposto no inciso III do art. 104.

Art. 179. A isenção, quando não concedida em caráter geral, é efetivada, em cada caso, por despacho da autoridade administrativa, em requerimento com o qual o interessado faça prova do preenchimento das condições e do cumprimento dos requisitos previstos em lei ou contrato para sua concessão.

§ 1º Tratando-se de tributo lançado por período certo de tempo, o despacho referido neste artigo será renovado antes da expiração de cada período, cessando automaticamente os seus efeitos a partir do primeiro dia do período para o qual o interessado deixar de promover a continuidade do reconhecimento da isenção.

§ 2º O despacho referido neste artigo não gera direito adquirido, aplicando-se, quando cabível, o disposto no artigo 155.

SEÇÃO III – ANISTIA

Art. 180. A anistia abrange exclusivamente as infrações cometidas anteriormente à vigência da lei que a concede, não se aplicando:

I - aos atos qualificados em lei como crimes ou contravenções e aos que, mesmo sem essa qualificação, sejam praticados com dolo, fraude ou simulação pelo sujeito passivo ou por terceiro em benefício daquele;

II - salvo disposição em contrário, às infrações resultantes de conluio entre duas ou mais pessoas naturais ou jurídicas.

Art. 181. A anistia pode ser concedida:

I - em caráter geral;

II - limitadamente:

a) às infrações da legislação relativa a determinado tributo;

b) às infrações punidas com penalidades pecuniárias até determinado montante, conjugadas ou não com penalidades de outra natureza;

c) a determinada região do território da entidade tributante, em função de condições a ela peculiares;

d) sob condição do pagamento de tributo no prazo fixado pela lei que a conceder, ou cuja fixação seja atribuída pela mesma lei à autoridade administrativa.

Art. 182. A anistia, quando não concedida em caráter geral, é efetivada, em cada caso, por despacho da autoridade administrativa, em requerimento com a qual o interessado faça prova do preenchimento das condições e do cumprimento dos requisitos previstos em lei para sua concessão.

Parágrafo único. O despacho referido neste artigo não gera direito adquirido, aplicando-se, quando cabível, o disposto no artigo 155.

CAPÍTULO VI – GARANTIAS E PRIVILÉGIOS DO CRÉDITO TRIBUTÁRIO

SEÇÃO I – DISPOSIÇÕES GERAIS

Art. 183. A enumeração das garantias atribuídas neste Capítulo ao crédito tributário não exclui outras que sejam expressamente previstas em lei, em função da natureza ou das características do tributo a que se refiram.

Parágrafo único. A natureza das garantias atribuídas ao crédito tributário não altera a natureza deste nem a da obrigação tributária a que corresponda.

Art. 184. Sem prejuízo dos privilégios especiais sobre determinados bens, que sejam previstos em lei, responde pelo pagamento do crédito tributário a totalidade dos bens e das rendas, de qualquer origem ou natureza, do sujeito passivo, seu espólio ou sua massa falida, inclusive os gravados por ônus real ou cláusula de inalienabilidade ou impenhorabilidade, seja qual for a data da constituição do ônus ou da cláusula, excetuados unicamente os bens e rendas que a lei declare absolutamente impenhoráveis.

Art. 185. Presume-se fraudulenta a alienação ou oneração de bens ou rendas, ou seu começo, por sujeito passivo em débito para com a Fazenda Pública, por crédito tributário regularmente inscrito como dívida ativa. *(Redação dada pela Lcp nº 118, de 2005)*

- *Vide art. 129, 11º, § 1º, Lei 6.015/1973*

Parágrafo único. O disposto neste artigo não se aplica na hipótese de terem sido reservados, pelo devedor, bens ou rendas suficientes ao total pagamento da dívida inscrita. *(Redação dada pela Lcp nº 118, de 2005)*

Art. 185-A. Na hipótese de o devedor tributário, devidamente citado, não pagar nem apresentar bens à penhora no prazo legal e não forem encontrados bens penhoráveis, o juiz determinará a indisponibilidade de seus bens e direitos, comunicando a decisão, preferencialmente por meio eletrônico, aos órgãos e entidades que promovem registros de transferência de bens, especialmente ao registro público de imóveis e às autoridades supervisoras do mercado bancário e do mercado de capitais, a fim de que, no âmbito de suas atribuições, façam cumprir a ordem judicial. *(Incluído pela Lcp nº 118, de 2005)*

- *Vide art. 30, III, Lei 8.935/1994 (Notários e Registradores)*
- *Vide Provimento CNJ 39/2014 (Dispõe sobre a instituição e funcionamento da Central Nacional de Indisponibilidade de Bens - CNIB, destinada a recepcionar comunicações de indisponibilidade de bens imóveis não individualizados)*

§ 1º A indisponibilidade de que trata o *caput* deste artigo limitar-se-á ao valor total exigível, devendo o juiz determinar o imediato levantamento da indisponibilidade dos bens ou valores que excederem esse limite. *(Incluído pela Lcp nº 118, de 2005)*

§ 2º Os órgãos e entidades aos quais se fizer a comunicação de que trata o *caput* deste artigo enviarão imediatamente ao juízo a relação discriminada dos bens e direitos cuja indisponibilidade houverem promovido. *(Incluído pela Lcp nº 118, de 2005)*

SEÇÃO II – PREFERÊNCIAS

Art. 186. O crédito tributário prefere a qualquer outro, seja qual for sua natureza ou o tempo de sua constituição, ressalvados os créditos decorrentes da legislação do trabalho ou do acidente de trabalho. (Redação dada pela Lcp nº 118, de 2005)

Parágrafo único. Na falência: (Incluído pela Lcp nº 118, de 2005)

I – o crédito tributário não prefere aos créditos extraconcursais ou às importâncias passíveis de restituição, nos termos da lei falimentar, nem aos créditos com garantia real, no limite do valor do bem gravado; (Incluído pela Lcp nº 118, de 2005)

II – a lei poderá estabelecer limites e condições para a preferência dos créditos decorrentes da legislação do trabalho; e (Incluído pela Lcp nº 118, de 2005)

III – a multa tributária prefere apenas aos créditos subordinados. (Incluído pela Lcp nº 118, de 2005)

Art. 187. A cobrança judicial do crédito tributário não é sujeita a concurso de credores ou habilitação em falência, recuperação judicial, concordata, inventário ou arrolamento. (Redação dada pela Lcp nº 118, de 2005)

Parágrafo único. O concurso de preferência somente se verifica entre pessoas jurídicas de direito público, na seguinte ordem:

- *ADPF 357: O STF, por maioria dos votos, julgou procedente o pedido formulado da ADPF nº 357, para declarar a não recepção pela Constituição Federal das normas previstas neste parágrafo único*
- *I - União;*

II - Estados, Distrito Federal e Territórios, conjuntamente e pró rata;

III - Municípios, conjuntamente e pró rata.

Art. 188. São extraconcursais os créditos tributários decorrentes de fatos geradores ocorridos no curso do processo de falência. (Redação dada pela Lcp nº 118, de 2005)

§ 1º Contestado o crédito tributário, o juiz remeterá as partes ao processo competente, mandando reservar bens suficientes à extinção total do crédito e seus acrescidos, se a massa não puder efetuar a garantia da instância por outra forma, ouvido, quanto à natureza e valor dos bens reservados, o representante da Fazenda Pública interessada.

§ 2º O disposto neste artigo aplica-se aos processos de concordata.

Art. 189. São pagos preferencialmente a quaisquer créditos habilitados em inventário ou arrolamento, ou a outros encargos do monte, os créditos tributários vencidos ou vincendos, a cargo do de cujus ou de seu espólio, exigíveis no decurso do processo de inventário ou arrolamento.

Parágrafo único. Contestado o crédito tributário, proceder-se-á na forma do disposto no § 1º do artigo anterior.

Art. 190. São pagos preferencialmente a quaisquer outros os créditos tributários vencidos ou vincendos, a cargo de pessoas jurídicas de direito privado em liquidação judicial ou voluntária, exigíveis no decurso da liquidação.

Art. 191. A extinção das obrigações do falido requer prova de quitação de todos os tributos. (Redação dada pela Lcp nº 118, de 2005)

Art. 191-A. A concessão de recuperação judicial depende da apresentação da prova de quitação de todos os tributos, observado o disposto nos arts. 151, 205 e 206 desta Lei. (Incluído pela Lcp nº 118, de 2005)

Art. 192. Nenhuma sentença de julgamento de partilha ou adjudicação será proferida sem prova da quitação de todos os tributos relativos aos bens do espólio, ou às suas rendas.

- *Vide Enunciado 171, III Jornada de Direito Processual Civil do CJF*

Art. 193. Salvo quando expressamente autorizado por lei, nenhum departamento da administração pública da União, dos Estados, do Distrito Federal, ou dos Municípios, ou sua autarquia, celebrará contrato ou aceitará proposta em concorrência pública sem que o contratante ou proponente faça prova da quitação de todos os tributos devidos à Fazenda Pública interessada, relativos à atividade em cujo exercício contrata ou concorre.

TÍTULO IV – ADMINISTRAÇÃO TRIBUTÁRIA

CAPÍTULO I – FISCALIZAÇÃO

Art. 194. A legislação tributária, observado o disposto nesta Lei, regulará, em caráter geral, ou especificamente em função da natureza do tributo de que se tratar, a competência e os poderes das autoridades administrativas em matéria de fiscalização da sua aplicação.

Parágrafo único. A legislação a que se refere este artigo aplica-se às pessoas naturais ou jurídicas, contribuintes ou não, inclusive às que gozem de imunidade tributária ou de isenção de caráter pessoal.

Art. 195. Para os efeitos da legislação tributária, não têm aplicação quaisquer disposições legais excludentes ou limitativas do direito de examinar mercadorias, livros, arquivos, documentos, papéis e efeitos comerciais ou fiscais, dos comerciantes industriais ou produtores, ou da obrigação destes de exibi-los.

Parágrafo único. Os livros obrigatórios de escrituração comercial e fiscal e os comprovantes dos lançamentos neles efetuados serão conservados até que ocorra a prescrição dos créditos tributários decorrentes das operações a que se refiram.

Art. 196. A autoridade administrativa que proceder ou presidir a quaisquer diligências de fiscalização lavrará os termos necessários para que se documente o início do procedimento, na forma da legislação aplicável, que fixará prazo máximo para a conclusão daquelas.

Parágrafo único. Os termos a que se refere este artigo serão lavrados, sempre que possível, em um dos livros fiscais exibidos; quando lavrados em separado deles se entregará, à pessoa sujeita à fiscalização, cópia autenticada pela autoridade a que se refere este artigo.

Art. 197. Mediante intimação escrita, são obrigados a prestar à autoridade administrativa todas as informações de que disponham com relação aos bens, negócios ou atividades de terceiros:

I - os tabeliães, escrivães e demais serventuários de ofício;

- *Vide art. 30, Lei n. 8.935/1994*

II - os bancos, casas bancárias, Caixas Econômicas e demais instituições financeiras;

III - as empresas de administração de bens;

IV - os corretores, leiloeiros e despachantes oficiais;

V - os inventariantes;

VI - os síndicos, comissários e liquidatários;

VII - quaisquer outras entidades ou pessoas que a lei designe, em razão de seu cargo, ofício, função, ministério, atividade ou profissão.

Parágrafo único. A obrigação prevista neste artigo não abrange a prestação de informações quanto a fatos sobre os quais o informante esteja legalmente obrigado a observar segredo em razão de cargo, ofício, função, ministério, atividade ou profissão.

Art. 198. Sem prejuízo do disposto na legislação criminal, é vedada a divulgação, por parte da Fazenda Pública ou de seus servidores, de informação obtida em razão do ofício sobre a situação econômica ou financeira do sujeito passivo ou de terceiros e sobre a natureza e o estado de seus negócios ou atividades. *(Redação dada pela Lcp nº 104, de 2001)*

§ 1º Excetuam-se do disposto neste artigo, além dos casos previstos no art. 199, os seguintes: (Redação dada pela Lcp nº 104, de 2001)

I - requisição de autoridade judiciária no interesse da justiça; *(Incluído pela Lcp nº 104, de 2001)*

II - solicitações de autoridade administrativa no interesse da Administração Pública, desde que seja comprovada a instauração regular de processo administrativo, no órgão ou na entidade respectiva, com o objetivo de investigar o sujeito passivo a que se refere a informação, por prática de infração administrativa. *(Incluído pela Lcp nº 104, de 2001)*

§ 2º O intercâmbio de informação sigilosa, no âmbito da Administração Pública, será realizado mediante processo regularmente instaurado, e a entrega será feita pessoalmente à autoridade solicitante, mediante recibo, que formalize a transferência e assegure a preservação do sigilo. *(Incluído pela Lcp nº 104, de 2001)*

§ 3º Não é vedada a divulgação de informações relativas a: *(Incluído pela Lcp nº 104, de 2001)*

I - representações fiscais para fins penais; (Incluído pela Lcp nº 104, de 2001)

II - inscrições na Dívida Ativa da Fazenda Pública; *(Incluído pela Lcp nº 104, de 2001)*

III - parcelamento ou moratória; e *(Redação dada pela Lei Complementar nº 187, de 2021)*

IV - incentivo, renúncia, benefício ou imunidade de natureza tributária cujo beneficiário seja pessoa jurídica. *(Incluído pela Lei Complementar nº 187, de 2021)*

§ 4º Sem prejuízo do disposto no art. 197, a administração tributária poderá requisitar informações cadastrais e patrimoniais de sujeito passivo de crédito tributário a órgãos ou entidades, públicos ou privados, que, inclusive por obrigação legal, operem cadastros e registros ou controlem operações de bens e direitos. *(Incluído pela Lei Complementar nº 208, de 2024)*

§ 5º Independentemente da requisição prevista no § 4º deste artigo, os órgãos e as entidades da administração pública direta e indireta de qualquer dos Poderes colaborarão com a administração tributária visando ao compartilhamento de bases de dados de natureza cadastral e patrimonial de seus administrados e supervisionados. *(Incluído pela Lei Complementar nº 208, de 2024)*

Art. 199. A Fazenda Pública da União e as dos Estados, do Distrito Federal e dos Municípios prestar-se-ão mutuamente assistência para a fiscalização dos tributos respectivos e permuta de informações, na forma estabelecida, em caráter geral ou específico, por lei ou convênio.

Parágrafo único. A Fazenda Pública da União, na forma estabelecida em tratados, acordos ou convênios, poderá permutar informações com Estados estrangeiros no interesse da arrecadação e da fiscalização de tributos. (Incluído pela Lcp nº 104, de 2001)

Art. 200. As autoridades administrativas federais poderão requisitar o auxílio da fôrça pública federal, estadual ou municipal, e reciprocamente, quando vítimas de embaraço ou desacato no exercício de suas funções, ou quando necessário à efetivação de medida prevista na legislação tributária, ainda que não se configure fato definido em lei como crime ou contravenção.

CAPÍTULO II – DÍVIDA ATIVA

› *Vide Lei 9.492/1997 (Lei de Protesto)*

Art. 201. Constitui dívida ativa tributária a proveniente de crédito dessa natureza, regularmente inscrita na repartição administrativa competente, depois de esgotado o prazo fixado, para pagamento, pela lei ou por decisão final proferida em processo regular.

› *Vide parágrafo único, art. 1º, Lei 9.492/1997 (protesto de CDA)*

Parágrafo único. A fluência de juros de mora não exclui, para os efeitos deste artigo, a liquidez do crédito.

Art. 202. O termo de inscrição da dívida ativa, autenticado pela autoridade competente, indicará obrigatoriamente:

I - o nome do devedor e, sendo caso, o dos co-responsáveis, bem como, sempre que possível, o domicílio ou a residência de um e de outros;

II - a quantia devida e a maneira de calcular os juros de mora acrescidos;

III - a origem e natureza do crédito, mencionada especificamente a disposição da lei em que seja fundado;

IV - a data em que foi inscrita;

V - sendo caso, o número do processo administrativo de que se originar o crédito.

Parágrafo único. A certidão conterá, além dos requisitos deste artigo, a indicação do livro e da folha da inscrição.

Art. 203. A omissão de quaisquer dos requisitos previstos no artigo anterior, ou o erro a eles relativo, são causas de nulidade da inscrição e do processo de cobrança dela decorrente, mas a nulidade poderá ser sanada até a decisão de primeira instância, mediante substituição da certidão nula, devolvido ao sujeito passivo, acusado ou interessado o prazo para defesa, que somente poderá versar sobre a parte modificada.

Art. 204. A dívida regularmente inscrita goza da presunção de certeza e liquidez e tem o efeito de prova pré-constituída.

Parágrafo único. A presunção a que se refere este artigo é relativa e pode ser ilidida por prova inequívoca, a cargo do sujeito passivo ou do terceiro a que aproveite.

CAPÍTULO III – CERTIDÕES NEGATIVAS

Art. 205. A lei poderá exigir que a prova da quitação de determinado tributo, quando exigível, seja feita por certidão negativa, expedida à vista de requerimento do interessado, que contenha todas as informações necessárias à identificação de sua pessoa, domicílio fiscal e ramo de negócio ou atividade e indique o período a que se refere o pedido.

Parágrafo único. A certidão negativa será sempre expedida nos termos em que tenha sido requerida e será fornecida dentro de 10 (dez) dias da data da entrada do requerimento na repartição.

Art. 206. Tem os mesmos efeitos previstos no artigo anterior a certidão de que conste a existência de créditos não vencidos, em curso de cobrança executiva em que tenha sido efetivada a penhora, ou cuja exigibilidade esteja suspensa.

Art. 207. Independentemente de disposição legal permissiva, será dispensada a prova de quitação de tributos, ou o seu suprimento, quando se tratar de prática de ato indispensável para evitar a caducidade de direito, respondendo, porém, todos os participantes no ato pelo tributo porventura devido, juros de mora e penalidades cabíveis, exceto as relativas a infrações cuja responsabilidade seja pessoal ao infrator.

Art. 208. A certidão negativa expedida com dolo ou fraude, que contenha erro contra a Fazenda Pública, responsabiliza pessoalmente o funcionário que a expedir, pelo crédito tributário e juros de mora acrescidos.

Parágrafo único. O disposto neste artigo não exclui a responsabilidade criminal e funcional que no caso couber.

DISPOSIÇÕES FINAIS E TRANSITÓRIAS

Art. 209. A expressão "Fazenda Pública", quando empregada nesta Lei sem qualificação, abrange a Fazenda Pública da União, dos Estados, do Distrito Federal e dos Municípios.

Art. 210. Os prazos fixados nesta Lei ou legislação tributária serão contínuos, excluindo-se na sua contagem o dia de início e incluindo-se o de vencimento.

Parágrafo único. Os prazos só se iniciam ou vencem em dia de expediente normal na repartição em que corra o processo ou deva ser praticado o ato.

Art. 211. Incumbe ao Conselho Técnico de Economia e Finanças, do Ministério da Fazenda, prestar assistência técnica aos governos estaduais e municipais, com o objetivo de assegurar a uniforme aplicação da presente Lei.

Art. 212. Os Poderes Executivos federal, estaduais e municipais expedirão, por decreto, dentro de 90 (noventa) dias da entrada em vigor desta Lei, a consolidação, em texto único, da legislação vigente, relativa a cada um dos tributos, repetindo-se esta providência até o dia 31 de janeiro de cada ano.

Art. 213. Os Estados pertencentes a uma mesma região geo-econômica celebrarão entre si convênios para o estabelecimento de alíquota uniforme para o imposto a que se refere o artigo 52.

Parágrafo único. Os Municípios de um mesmo Estado procederão igualmente, no que se refere à fixação da alíquota de que trata o artigo 60.

Art. 214. O Poder Executivo promoverá a realização de convênios com os Estados, para excluir ou limitar a incidência do imposto sobre operações relativas à circulação de mercadorias, no caso de exportação para o exterior.

Art. 215. A lei estadual pode autorizar o Poder Executivo a reajustar, no exercício de 1967, a alíquota de imposto a que se refere o artigo 52, dentro de limites e segundo critérios por ela estabelecidos.

Art. 216. O Poder Executivo proporá as medidas legislativas adequadas a possibilitar, sem compressão dos investimentos previstos na proposta orçamentária de 1967, o cumprimento do disposto no artigo 21 da Emenda Constitucional nº 18, de 1965.

Art. 217. As disposições desta Lei, notadamente as dos arts 17, 74, § 2º e 77, parágrafo único, bem como a do art. 54 da Lei 5.025, de 10 de junho de 1966, não excluem a incidência e a exigibilidade: (Incluído pelo Decreto-lei nº 27, de 1966)

I - da "contribuição sindical", denominação que passa a ter o imposto sindical de que tratam os arts 578 e seguintes, da Consolidação das Leis do Trabalho, sem prejuízo do disposto no art. 16 da Lei 4.589, de 11 de dezembro de 1964; (Incluído pelo Decreto-lei nº 27, de 1966)

II - das denominadas "quotas de previdência" a que aludem os arts 71 e 74 da Lei 3.807, de 26 de agosto de 1960 com as alterações determinadas pelo art. 34 da Lei 4.863, de 29 de novembro de 1965, que integram a contribuição da União para a previdência social, de que trata o art. 157, item XVI, da Constituição Federal; (Incluído pelo Decreto-lei nº 27, de 1966)

III - da contribuição destinada a constituir o "Fundo de Assistência" e "Previdência do Trabalhador Rural", de que trata o art. 158 da Lei 4.214, de 2 de março de 1963; (Incluído pelo Decreto-lei nº 27, de 1966)

IV - da contribuição destinada ao Fundo de Garantia do Tempo de Serviço, criada pelo art. 2º da Lei 5.107, de 13 de setembro de 1966; (Incluído pelo Decreto-lei nº 27, de 1966)

V - das contribuições enumeradas no § 2º do art. 34 da Lei 4.863, de 29 de novembro de 1965, com as alterações decorrentes do disposto nos arts 22 e 23 da Lei 5.107, de 13 de setembro de 1966, e outras de fins sociais criadas por lei. (Incluído pelo Decreto-lei nº 27, de 1966)

Art. 218. Esta Lei entrará em vigor, em todo o território nacional, no dia 1º de janeiro de 1967, revogadas as disposições em contrário, especialmente a Lei n. 854, de 10 de outubro de 1949. *(Renumerado do art. 217 pelo Decreto-lei nº 27, de 1966)*

Brasília, 25 de outubro de 1966; 145º da Independência e 78º da República.

H. CASTELLO BRANCO
Octavio Bulhões
Carlos Medeiros Silva

DOU de 27.10.1966 e retificado em 31.10.1966

ÍNDICE SISTEMÁTICO DA LEI DE REGISTROS PÚBLICOS

LEI 6.015, DE 31 DE DEZEMBRO DE 1973

LEI Nº 6.015, DE 31 DE DEZEMBRO DE 1973

Dispõe sobre os registros públicos, e dá outras providências.

- *Vide Provimento CNJ 149/2023 (Institui o Código Nacional de Normas da Corregedoria Nacional de Justiça do Conselho Nacional de Justiça - Foro Extrajudicial (CNN/CN/CNJ-Extra)*
- *Vide Lei 14.382, de 27-06-2022 (Sistema Eletrônico dos Registros Públicos – SERP)*
- *Vide Lei 10.169, de 29-12-2000, (Regula o § 2º do artigo 236 da CF, mediante o estabelecimento de normas gerais para a fixação de emolumentos relativos aos atos praticados pelos serviços notariais e de registro)*
- *Vide Lei 9.492, de 10-09-1997 (Lei de Protesto de Títulos e Outros Documentos de Dívida)*
- *Vide Lei 8.935, de 18-11-1994 (Regulamenta o art. 236 da Constituição Federal, dispondo sobre serviços notariais e de registro)*
- *Vide Lei 7.433, de 18-12-1985 (Dispõe sobre os requisitos para a lavratura de escrituras públicas, regulamentada pelo Dec. 93.240 de 9-9-1986)*

O PRESIDENTE DA REPÚBLICA,

Faço saber que o Congresso Nacional decreta e eu sanciono a seguinte Lei:

TÍTULO I – DAS DISPOSIÇÕES GERAIS

CAPÍTULO I – DAS ATRIBUIÇÕES

Art. 1º. Os serviços concernentes aos Registros Públicos, estabelecidos pela legislação civil para autenticidade, segurança e eficácia dos atos jurídicos, ficam sujeitos ao regime estabelecido nesta Lei.

- *Art. 1º, Lei 8.935/1994 (Lei dos Notários e Registradores)*
- *Art. 2º, 9.492/1997 (Lei de Protesto)*
- *Decreto 8.660/2016 (Convenção sobre a Eliminação da Exigência de Legalização de Documentos Públicos Estrangeiros)*
- *Prov. CNJ n. 149/2023 (CNN) (Institui o Código Nacional de Normas da Corregedoria Nacional de Justiça do Conselho Nacional de Justiça - Foro Extrajudicial (CNN/CN/CNJ-Extra)*
- *Resolução CNJ 228/2016 (Regulamenta a aplicação, no âmbito do Poder Judiciário, da Convenção sobre a Eliminação da Exigência de Legalização de Documentos Públicos Estrangeiros)*
- *Recomendação CNJ n. 46/2020 (Medidas preventivas para que se evitem atos de violência patrimonial ou financeira contra pessoa idosa no âmbito das serventias extrajudiciais e da execução dos serviços notariais.)*
- *Recomendação CNJ n. 47/2021 (Medidas preventivas para que se evitem atos de violência patrimonial ou financeira contra pessoa idosa no âmbito das serventias extrajudiciais e da execução dos serviços notariais)*

- *Recomendação CNJ n. 49/2022 (Adesão dos órgãos prestadores de serviços notariais e de registro à Campanha Sinal Vermelho contra a Violência Doméstica).*

§ 1º Os Registros referidos neste artigo são os seguintes:

I – o registro civil de pessoas naturais;

- *Arts. 29 a 113*
- *Arts. 1º a 39, Código Civil*
- *Arts. 1.511 a 1.783-A, Código Civil*

II – o registro civil de pessoas jurídicas;

- *Arts. 114 a 126*
- *Arts. 44 a 69, Código Civil*
- *Arts. 966 a 1.195, Código Civil*

III – o registro de títulos e documentos;

- *Arts. 127 a 166*

IV – o registro de imóveis.

- *Arts. 167 a 288*
- *Arts. 79 a 103, Código Civil*
- *Arts. 1.196 a 1.510-E, Código Civil*
- *Arts. 1.225 e 1.245 a 1.247, Código Civil*

§ 2º Os demais registros reger-se-ão por leis próprias.

§ 3º Os registros serão escriturados, publicizados e conservados em meio eletrônico, nos termos estabelecidos pela Corregedoria Nacional de Justiça do Conselho Nacional de Justiça, em especial quanto aos:

- *Parágrafo acrescido pela Medida Provisória nº 881, de 30/4/2019, convertida na Lei nº 13.874, de 20/9/2019, e com nova redação dada pela Medida Provisória nº 1.085, de 27/12/2021, convertida na Lei nº 14.382, de 27/6/2022*
- *Vide Medida Provisória 2.200, de 2001 (ICP-Brasil)*
- *Arts. 7º a 10, Lei 8.159/1991 (Política Nacional de Arquivos Públicos e Privados)*
- *Arts. 41 e 42-A, Lei 8.935/1994 (Lei dos Notários e Registradores)*
- *Arts. 32, 34, § 2º, 35, § 2º, 39, 41, 41-A, Lei 9.492/1997 (Protesto Extrajudicial)*
- *Art. 16, Lei 11.419/2006 (Informatização do processo judicial)*
- *Arts. 37 a 45, Lei 11.977/2009 (Lei do Programa Minha Casa, Minha Vida – PMCMV)*
- *Art. 6º, Lei 12.682/2012 (Elaboração e o arquivamento de documentos em meios eletromagnéticos)*
- *Arts. 3º, II e III, e 11, Lei 12.965/2014 (Marco Civil da Internet)*
- *Art. 193, parágrafo único, Lei 13.105/2015 (Código de Processo Civil)*
- *Art. 76, Lei 13.465/2017 (Regularização fundiária rural e urbana)*
- *Art. 4º, Lei 14.063/2020 (Assinaturas eletrônicas em interações com entes públicos) e art. 206, Prov. CNJ n. 149/2023 (CNN)*
- *Lei 14.382/2022 (Sistema Eletrônico dos Registros Públicos - Serp)*
- *Decreto n. 10.278/2020 (Disciplina os requisitos para a digitalização de documentos públicos ou privados, de modo que os representantes digitais produzam os mesmos efeitos legais dos originais)*
- *Resolução CNJ n. 469/2022 (Digitalização de documentos judiciais e administrativos)*
- *Prov. CNJ n. 25/2012 (Malote Digital)*
- *Prov. CNJ n. 61/2017 (CPF/CNPJ)*
- *Prov. CNJ n. 130/2022 (Processo Judicial Eletrônico)*
- *Recomendação n. 9/2013 (Formação e manutenção de arquivo de segurança)*

I - padrões tecnológicos de escrituração, indexação, publicidade, segurança, redundância e conservação; e

- *Inciso acrescido pela Medida Provisória nº 1.085, de 27/12/2021, convertida na Lei nº 14.382, de 27/6/2022*
- *Arts. 7º, III e 3º, § 3º, Lei 14.382/2022 (Sistema Eletrônico dos Registros Públicos - Serp)*
- *Art. 211, parágrafo único, Prov. CNJ 149/2023 (CNN)*

II - prazos de implantação nos registros públicos de que trata este artigo.

- *Inciso acrescido pela Medida Provisória nº 1.085, de 27/12/2021, convertida na Lei nº 14.382, de 27/6/2022*
- *Vide Lei 14.382/2022 (Lei do SERP)*
- *Art. 214, Prov. CNJ 149/2023 (CNN)*

§ 4º É vedado às serventias dos registros públicos recusar a recepção, a conservação ou o registro de documentos em forma eletrônica produzidos nos termos estabelecidos pela Corregedoria Nacional de Justiça do Conselho Nacional de Justiça.

- *Parágrafo acrescido pela Medida Provisória nº 1.085, de 27/12/2021, convertida na Lei nº 14.382, de 27/6/2022*
- *Arts. 211 a 228, Prov. CNJ 149/2023 (CNN). Corresponde ao revogado Prov. CNJ 139/2023*
- *Arts. 228-A a 228-H (Autenticação de usuários, assinatura eletrônica e lista de serviços eletrônicos confiáveis do ON-RCPN), Prov. CNJ 149/2023 (CNN).*
- *Arts. 229 a 245 (CRC), Prov. CNJ n. 149/2023 (CNN). Corresponde ao revogado Prov. CNJ 46/2015*
- *Arts. 246 a 256 (Registro eletrônico de títulos e documentos e civil de pessoas jurídicas), Prov. CNJ n. 149/2023 (CNN). Corresponde ao revogado Prov. CNJ 48/2016*
- *Arts. 257 a 263 (CENPROT), Prov. CNJ n. 149/2023 (CNN). Corresponde ao revogado Prov. CNJ 87/2019*
- *Arts. 264 a 283 (CENSEC), Prov. CNJ 149/2023 (CNN). Corresponde ao revogado Prov. CNJ 18/2012*
- *Arts. 284 a 319 (Atos Notariais Eletrônicos), Prov. CNJ n. 149/2023 (CNN). Corresponde ao revogado Prov. CNJ 100/2020*
- *Prov. CNJ 89/2019 (SREI. SAEC, ONR)*
- *Prov. CNJ 157/2023 (ON-RCPN)*
- *Prov. CNJ n. 159/2023 (FIC-ONSERP; FIC-RCPN; FIC-RTDJP)*
- *Recomendação CNJ 14/2014 (SREI)*

Art. 2º. Os registros indicados no § 1º do artigo anterior ficam a cargo de serventuários privativos nomeados de acordo com o estabelecido na Lei de Organização Administrativa e Judiciária do Distrito Federal e dos Territórios e nas Resoluções sobre a Divisão e Organização Judiciária dos Estados, e serão feitos:

- *Art. 236, § 1º a § 3º, Constituição Federal*
- *Lei 8.935/1994 (Notários e Registradores)*
- *Resolução CNJ 80/2009 (Vacância dos Serviços) e 81/2009 (Concurso Público para Outorga de Delegações)*
- *Prov. CNJ 79/2018 (Metas Nacionais do Serviço Extrajudicial)*
- *Prov. CNJ 133/2022 (Painel Nacional dos Concursos Públicos) e arts. 74 a 77, Prov. CNJ 149/2023 (CNN)*
- *Orientação CNJ 7/2018 (Reestruturação Periódica das Serventias Extrajudiciais)*
- *Enunciado 75, I Jornada de Direito Notarial e Registral*

I – o do item I, nos ofícios privativos, ou nos cartórios de registro de nascimentos, casamentos e óbitos;

- *Arts. 29 a 113*

II – os dos itens II e III, nos ofícios privativos, ou nos cartórios de registro de títulos e documentos;

- *Arts. 127 a 166*

III – os do item IV, nos ofícios privativos, ou nos cartórios de registro de imóveis.

- *Arts. 167 a 288*

CAPÍTULO II – DA ESCRITURAÇÃO

- *Arts. 33 a 45, 114 a 119, 132 a 141 e 172 a 181*
- *Art. 8º, Prov. CNJ 45/2015 (Despesas Livro Diário Auxiliar)*
- *Arts. 42 a 51 (Mediação e Conciliação), Prov. CNJ 149/2023 (CNN)*
- *Arts. 229 a 245 (CRC), Prov. CNJ n. 149/2023 (CNN). Corresponde ao revogado Prov. CNJ 46/2015*
- *Arts. 246 a 256 (Registro eletrônico de títulos e documentos e civil de pessoas jurídicas), Prov. CNJ n. 149/2023 (CNN). Corresponde ao revogado Prov. CNJ 48/2016*
- *Arts. 185 a 195 (Escrituração Contábil e Correicional), Prov. CNJ 149/2023 (CNN)*
- *Art. 336 (Escrituração de matrículas de folhas soltas), Prov. CNJ 149/2023 (CNN).*
- *Prov. CNJ 74/2018 (Padrões mínimos de tecnologia da informação) e art. 206 Prov. CNJ n. 149/2023 (CNN)*

Art. 3º. A escrituração será feita em livros encadernados, que obedecerão aos modelos anexos a esta Lei, sujeitos à correição da autoridade judiciária competente.

- *Arts. 37, 38, e 41, Lei n. 8.935/1994 (Notários e Registradores)*

§ 1º Os livros podem ter 0,22m até 0,40m de largura e de 0,33m até 0,55m de altura, cabendo ao oficial a escolha, dentro dessas dimensões, de acordo com a conveniência do serviço.

§ 2º Para facilidade do serviço podem os livros ser escriturados mecanicamente, em folhas soltas, obedecidos os modelos aprovados pela autoridade judiciária competente.

- *Art. 173, parágrafo único*

Art. 4º. Os livros de escrituração serão abertos, numerados, autenticados e encerrados pelo oficial do registro, podendo ser utilizado, para tal fim, processo mecânico de autenticação previamente aprovado pela autoridade judiciária competente.

- *Art. 33, Lei 9.492/1997 (Lei de Protestos)*
- *Art. 42 e 186, Prov. CNJ 149/2023 (CNN)*

Parágrafo único. Os livros notariais, nos modelos existentes, em folhas fixas ou soltas, serão também abertos, numerados, autenticados e encerrados pelo tabelião, que determinará a respectiva quantidade a ser utilizada, de acordo com a necessidade do serviço.

- *Parágrafo único incluído pela Lei 9.955 de 6/1/2000*
- *Art. 33, Lei 9.492/1997 (Lei de Protestos)*
- *Art. 42 e 186, Prov. CNJ 149/2023 (CNN)*

Art. 5º. Considerando a quantidade dos registros o Juiz poderá autorizar a diminuição do número de páginas dos livros respectivos, até a terça parte do consignado nesta Lei.

Art. 6º. Findando-se um livro, o imediato tomará o número seguinte, acrescido à respectiva letra, salvo no registro de imóveis, em que o número será conservado, com a adição sucessiva de letras, na ordem alfabética simples, e, depois, repetidas em combinação com a primeira, com a segunda, e assim indefinidamente. Exemplos: 2-A a 2-Z; 2-AA a 2-AZ; 2-BA a 2-BZ, etc.

- *Art. 336, Prov. CNJ n. 149/2023 (CNN)*

Art. 7º. Os números de ordem dos registros não serão interrompidos no fim de cada livro, mas continuarão, indefinidamente, nos seguintes da mesma espécie.

Art. 7º-A O disposto nos arts. 3º, 4º, 5º, 6º e 7º não se aplica à escrituração por meio eletrônico de que trata o § 3º do art. 1º desta Lei.

- *Artigo acrescido pela Medida Provisória nº 1.085, de 27/12/2021, convertida e com redação dada pela Lei nº 14.382, de 27/6/2022*
- *Arts. 37 a 45, Lei 11.977/2009 (Lei do Programa Minha Casa, Minha Vida – PMCMV)*

- *Art. 193, parágrafo único, Lei 13.105/2015 (Código de Processo Civil)*
- *Art. 76, Lei 13.465/2017 (Regularização fundiária rural e urbana)*
- *Art. 206, Prov. CNJ n. 149/2023 (CNN)*
- *Lei 14.382/2022 (Sistema Eletrônico dos Registros Públicos - Serp)*
- *Arts. 211 a 228, Prov. CNJ 149/2023 (CNN). Corresponde ao revogado Prov. CNJ 139/2023*
- *Arts. 8º e 9º, Prov. CNJ n. 159/2023 (FIC-ONSERP; FIC-RCPN;FIC-RTDJP)*

CAPÍTULO III – DA ORDEM DO SERVIÇO

- *Vide Art. 4º, Lei 8.935/1994 (Notários e Registradores)*
- *Vide Art. 4º a 6º, 9.492/1997 (Protesto Extrajudicial)*
- *Vide Prov. CNJ 25/2012 (Malote Digital) e Art. 207, Prov. CNJ 149/2023 (CNN)*

Art. 8º. O serviço começará e terminará às mesmas horas em todos os dias úteis.

- *Arts. 208 a 210 (Funcionamento dos serviços notariais e de registro), Prov. CNJ 149/2023 (CNN). Corresponde ao revogado Prov. CNJ 95/2020*
- *Arts. 58 a 64 (Teletrabalho nas Serventias Extrajudiciais), Prov. CNJ 149/2023 (CNN). Corresponde ao revogado Prov. CNJ 69/2018*

Parágrafo único. O registro civil de pessoas naturais funcionará todos os dias, sem exceção.

- *Arts. 33 a 45; 146 a 163 e 182 a 211*
- *Arts. 4º e 44, § 2º, Lei n 8.935/1994 (Notários e Registradores)*

Art. 9º. Será nulo o registro lavrado fora das horas regulamentares ou em dias em que não houver expediente, sendo civil e criminalmente responsável o oficial que der causa à nulidade.

- *Art. 166, VII, Código Civil*
- *Enunciado 20, I Jornada de Direito Notarial e Registral*

§ 1º Serão contados em dias e horas úteis os prazos estabelecidos para a vigência da prenotação, para os pagamentos de emolumentos e para a prática de atos pelos oficiais dos registros de imóveis, de títulos e documentos e civil de pessoas jurídicas, incluída a emissão de certidões, exceto nos casos previstos em lei e naqueles contados em meses e anos.

- *Parágrafo acrescido pela Medida Provisória nº 1.085, de 27/12/2021, convertida na Lei nº 14.382, de 27/6/2022*

§ 2º Para fins do disposto no § 1º deste artigo, consideram-se:

I - dias úteis: aqueles em que houver expediente; e

II - horas úteis: as horas regulamentares do expediente.

- *Parágrafo acrescido pela Medida Provisória nº 1.085, de 27/12/2021, convertida na Lei nº 14.382, de 27/6/2022*
- *Art. 212, CPC*

§ 3º A contagem dos prazos nos registros públicos observará os critérios estabelecidos na legislação processual civil.

- *Parágrafo acrescido pela Medida Provisória nº 1.085, de 27/12/2021, convertida na Lei nº 14.382, de 27/6/2022*
- *Arts. 15; 212 e seguintes, CPC*
- *Arts. 322 a 329, Prov. CNJ 149/2023 (CNN)*

Art. 10. Todos os títulos, apresentados no horário regulamentar e que não forem registrados até a hora do encerramento do serviço, aguardarão o dia seguinte, no qual serão registrados, preferencialmente, aos apresentados nesse dia.

- *Arts. 151, 174, 181, 191, 192*
- *Art. 5º, Lei 9.492/1997 (Lei de Protesto)*
- *Arts. 1.422, 1.493, Código Civil*
- *Arts. 323 a 329, Prov. CNJ 149/2023 (CNN)*

Parágrafo único. O registro civil de pessoas naturais não poderá, entretanto, ser adiado.

Art. 11. Os oficiais adotarão o melhor regime interno de modo a assegurar às partes a ordem de precedência na apresentação dos seus títulos, estabelecendo-se, sempre, o número de ordem geral.

- *Art. 5º, parágrafo único, Lei n. 8.025/1990 (Alienação de Bens Imóveis Residenciais de Propriedade da União)*

Art. 12. Nenhuma exigência fiscal, ou dúvida, obstará a apresentação de um título e o seu lançamento do Protocolo com o respectivo número de ordem, nos casos em que da precedência decorra prioridade de direitos para o apresentante.

- *Art. 174; 198 e seguintes; 296*
- *Art. 30, XIII, Lei n. 8.935/1994 (Notários e Registradores)*
- *Art. 5º, parágrafo único, Lei n. 8.025/1990 (Alienação de Bens Imóveis Residenciais de Propriedade da União)*

Parágrafo único. Independem de apontamento no Protocolo os títulos apresentados apenas para exame e cálculo dos respectivos emolumentos.

Art. 13. Salvo as anotações e as averbações obrigatórias, os atos do registro serão praticados:

- *Arts. 29, § 1º, 97 a 108; 142 e 143; 167, II, 246*

I – por ordem judicial;

II – a requerimento verbal ou escrito dos interessados;

III – a requerimento do Ministério Público, quando a lei autorizar.

§ 1º O reconhecimento de firma nas comunicações ao registro civil pode ser exigido pelo respectivo oficial.

§ 2° A emancipação concedida por sentença judicial será anotada às expensas do interessado.

- *Art. 91, parágrafo único*
- *Art. 5º, parágrafo único, Código Civil*
- *Lei 2.375/1954 (Inscrição no Registro Público da emancipação por outorga do pai ou da mãe)*

Art. 14. Os oficiais do registro, pelos atos que praticarem em decorrência do disposto nesta Lei, terão direito, a título de remuneração, aos emolumentos fixados nos Regimentos de Custas do Distrito Federal, dos Estados e dos Territórios, os quais serão pagos pelo interessado que os requerer.

- *Caput do artigo com redação dada pela Medida Provisória nº 1.085, de 27/12/2021, convertida na Lei nº 14.382, de 27/6/2022*
- *Art. 236, § 2º, Constituição Federal*
- *Lei 10.169/2000 (Emolumentos)*
- *Lei 14.756/2024 (Emolumentos dos serviços notariais e de registros públicos no âmbito do Distrito Federal e dos Territórios)*
- *Arts. 28; 30, VII, VIII, IX, XV; 31, III Lei 8.935/1994 (Notários e Registradores)*
- *Art. 37, Lei 9.492/1997 (Lei de Protesto)*
- *Art. 98, IX, 514, V e 784, XI CPC*
- *Art. 35, Lei n. 10.150/2000 (Novação de Dívidas e FCVS).*
- *Prov. CNJ 127/2022 (Plataforma do Sistema Integrado de Pagamentos Eletrônicos – SIPE)*
- *Art. 184-A, § 9º, Prov. CNJ 149/2023 (CNN)*
- *Art. 344; 423; 440-M, 515-C, parágrafo único, 515-T, 523, Prov. CNJ 149/2023 (CNN).*
- *Arts. 345 a 356 (Emolumentos Energia Eólica), Prov. CNJ 149/2023 (CNN). Corresponde ao revogado Prov. CNJ 60/2017*
- *Arts. 369 a 374 (Postergação dos Emolumentos), Prov. CNJ n. 149/2023 (CNN). Corresponde ao revogado Prov. CNJ 86/2019*
- *Vide Enunciado 171, III Jornada de Direito Processual Civil do CJF*

Parágrafo único. O valor correspondente às custas de escrituras, certidões, buscas, averbações, registros de qualquer natureza, emolumentos e despesas legais constará, obrigatoriamente, do próprio documento, independentemente da expedição do recibo, quando solicitado.

- *Parágrafo único incluído pela Lei nº 6.724, de 1979*

Art. 15. Quando o interessado no registro for o oficial encarregado de fazê-lo ou algum parente seu, em grau que determine impedimento, o ato incumbe ao substituto legal do oficial.

- *Art. 27, Lei 8.935/1994 (Notários e Registradores)*
- *Art. 72, Prov. CNJ n. 149/2023 (CNN)*

CAPÍTULO IV – DA PUBLICIDADE

- *Art. 5º, LXXIX, CF*
- *Art. 1º, Lei 8.935 (Notários e Registradores)*
- *Arts. 2º e 27 a 31, Lei 9.492/1997 (Lei de Protestos)*
- *Art. 23, Lei 13.709/2018 (Proteção de Dados - LGPD)*
- *Art. 9º, Lei 14.382/2022 (SERP)*
- *Prov. CNJ 63/2017 – Anexos dos Modelos de Certidões*
- *Arts. 79 a 135 (Proteção de Dados), Prov. CNJ n. 149/2023 (CNN)*

Art. 16. Os oficiais e os encarregados das repartições em que se façam os registros são obrigados:

- *Art. 5º, LXXII, Constituição Federal*
- *Prov. CNJ 14/2011 (Papel de Seguranças das Certidões)*
- *Prov. CNJ 15/2011 (Papel de Seguranças das Certidões)*
- *Prov. CNJ 63/2017 (Anexos)*

1º) a lavrar certidão do que lhes for requerido;

2º) a fornecer às partes as informações solicitadas.

Art. 17. Qualquer pessoa pode requerer certidão do registro sem informar ao oficial ou ao funcionário o motivo ou interesse do pedido.

- *Art. 23, Lei 13.709/2018 (Proteção de Dados – LGPD)*
- *Arts. 79 a 135 (Proteção de Dados), Prov. CNJ n. 149/2023 (CNN)*
- *Art. 121 (Buscas nos índices), Prov. CNJ 149/2023 (CNN)*

§ 1º O acesso ou o envio de informações aos registros públicos, quando realizados por meio da internet, deverão ser assinados com o uso de assinatura avançada ou qualificada de que trata o art. 4º da Lei nº 14.063, de 23 de setembro de 2020, nos termos estabelecidos pela Corregedoria Nacional de Justiça do Conselho Nacional de Justiça.

- *Parágrafo único acrescido pela Medida Provisória nº 459, de 25/3/2009, convertida na Lei nº 11.977, de 7/7/2009, transformado em § 1º e com nova redação dada pela Medida Provisória nº 1.085, de 27/12/2021, convertida na Lei nº 14.382, de 27/6/2022*
- *Vide Provimento CNJ 157/2023 (Autenticação de usuários, assinatura eletrônica e lista de serviços eletrônicos confiáveis do Operador Nacional do Registro Civil das Pessoas Naturais – ON-RCPN)*

- *Arts. 228-A a 228-F, Provimento CNJ n. 149/2023*
- *Art. 230, Provimento CNJ n. 149/2023*

§ 2º Ato da Corregedoria Nacional de Justiça do Conselho Nacional de Justiça poderá estabelecer hipóteses de uso de assinatura avançada em atos que envolvam imóveis.

- *Parágrafo acrescido pela Medida Provisória nº 1.085, de 27/12/2021, convertida na Lei nº 14.382, de 27/6/2022*

Art. 18. Ressalvado o disposto nos arts. 45, 57, § 7º, e 95, parágrafo único, a certidão será lavrada independentemente de despacho judicial, devendo mencionar o livro de registro ou o documento arquivado no cartório.

- *Artigo com redação dada pela Lei nº 9.807, de 13/7/1999*
- *Art. 23, Lei 13.709/2018 (Proteção de Dados - LGPD)*
- *Art. 9º, Lei 14.382/2022 (SERP)*
- *Art. 116, 515-F e 519, Prov. CNJ 149/2023 (CNN)*

Art. 19. A certidão será lavrada em inteiro teor, em resumo, ou em relatório, conforme quesitos, e devidamente autenticada pelo oficial ou seus substitutos legais, não podendo ser retardada por mais de 5 (cinco) dias.

- *Art. 46, § 5º*
- *Arts. 115, 116, 117 e 515-K, Prov. CNJ 149/2023 (CNN)*

§ 1º A certidão de inteiro teor será extraída por meio reprográfico ou eletrônico.

- *Parágrafo com redação dada pela Medida Provisória nº 1.085, de 27/12/2021, convertida na Lei nº 14.382, de 27/6/2022.*
- *Art. 425, Código de Processo Civil de 2015*
- *Arts. 114; 115; 117; 200; 327; 461; 473; 529, Prov. CNJ 149/2023 (CNN)*
- *Arts. 113 a 122 (Proteção de Dados), Prov. CNJ 149/2023 (CNN)*
- *Enunciado 129, II Jornada de Prevenção e Solução Extrajudicial de Litígios*

§ 2º As certidões do registro civil das pessoas naturais mencionarão a data em que foi lavrado o assento.

- *Parágrafo com redação dada pela Lei nº 14.382, de 27/6/2022*
- *Prov. CNJ 63/2017 (Anexos)*
- *Arts. 231, III, 238 e seguintes, Prov. CNJ 149/2023 (CNN)*

§ 3º Nas certidões de registro civil, não se mencionará a circunstância de ser legítima, ou não, a filiação, salvo a requerimento do próprio interessado, ou em virtude de determinação judicial.

- *Art. 227, § 6º da Constituição Federal*
- *Prov. CNJ 63/2017 (Anexos)*
- *Prov. CNJ 82/2019 (Alteração do nome do genitor)*
- *Art. 116, 515-F e 519, Prov. CNJ 149/2023 (CNN)*
- *Arts. 113 a 122 (Proteção de Dados), Prov. CNJ 149/2023 (CNN)*
- *Enunciado 129, II Jornada de Prevenção e Solução Extrajudicial de Litígios*

§ 4º As certidões de nascimento mencionarão a data em que foi feito o assento, a data, por extenso, do nascimento e, ainda, expressamente, a naturalidade.

- *Parágrafo com redação dada pela Medida Provisória nº 776, de 26/4/2017, convertida na Lei nº 13.484, de 26/9/2017*
- *Arts. 472 a 479 (Certidões), Prov. CNJ 149/2023 (CNN)*

§ 5º As certidões extraídas dos registros públicos deverão, observado o disposto no § 1º deste artigo, ser fornecidas eletronicamente, com uso de tecnologia que permita a sua impressão pelo usuário e a identificação segura de sua autenticidade, conforme critérios estabelecidos pela Corregedoria Nacional de Justiça do Conselho Nacional de Justiça, dispensada a materialização das certidões pelo oficial de registro.

- *Parágrafo com redação dada pela Medida Provisória nº 1.085, de 27/12/2021, convertida na Lei nº 14.382, de 27/6/2022*
- *Prov. CNJ 14/2011 (Papel de Seguranças das Certidões)*
- *Prov. CNJ 15/2011 (Papel de Seguranças das Certidões)*
- *Arts. 228-A, III e 228-E, Provimento CNJ n. 157/2023*
- *Art. 457, Prov. CNJ 149/2023 (CNN)*

§ 6º O interessado poderá solicitar a qualquer serventia certidões eletrônicas relativas a atos registrados em outra serventia, por meio do Sistema Eletrônico dos Registros Públicos (Serp), nos termos estabelecidos pela Corregedoria Nacional de Justiça do Conselho Nacional de Justiça.

- *Parágrafo acrescido pela Medida Provisória nº 1.085, de 27/12/2021, convertida na Lei nº 14.382, de 27/6/2022*
- *Art. 76, Lei 13.465/2017 (Regularização fundiária rural e urbana).*
- *Art. 4º, Lei 14.063/2020 (Assinaturas eletrônicas em interações com entes públicos).*
- *Lei 14.382/2022 (SERP)*
- *Arts. 211 a 228, Prov. CNJ n. 149/2023 (CNN)*
- *Arts. 228-A, III e 228-E, Provimento CNJ n. 149/2023 (CNN)*

§ 7º A certidão impressa nos termos do § 5º e a certidão eletrônica lavrada nos termos do § 6º deste artigo terão validade e fé pública.

- *Parágrafo acrescido pela Medida Provisória nº 1.085, de 27/12/2021, convertida na Lei nº 14.382, de 27/6/2022*

§ 8º Os registros públicos de que trata esta Lei disponibilizarão, por meio do Serp, a visualização eletrônica dos atos neles transcritos, praticados, registrados ou averbados, na forma e nos prazos estabelecidos pela Corregedoria Nacional de Justiça do Conselho Nacional de Justiça.

- *Parágrafo acrescido pela Medida Provisória nº 1.085, de 27/12/2021, convertida na Lei nº 14.382, de 27/6/2022*

§ 9º A certidão da situação jurídica atualizada do imóvel compreende as informações vigentes de sua descrição, número de contribuinte, proprietário, direitos, ônus e restrições, judiciais e administrativas, incidentes sobre o imóvel e o respectivo titular, além das demais informações necessárias à comprovação da propriedade e à transmissão e à constituição de outros direitos reais.

- *Parágrafo acrescido pela Medida Provisória nº 1.085, de 27/12/2021, convertida na Lei nº 14.382, de 27/6/2022*
- *Arts. 123 a 128 (Proteção de Dados), Prov. CNJ 149/2023 (CNN)*
- *Arts. 200 e 201 (Extravio ou Danificação do Acervo), Prov. CNJ 149/2023 (CNN)*
- *Orientação CNJ n. 12/2023 (Emissão da certidão de situação jurídica de imóvel)*

§ 10. As certidões do registro de imóveis, inclusive aquelas de que trata o § 6º deste artigo, serão emitidas nos seguintes prazos máximos, contados a partir do pagamento dos emolumentos:

I - 4 (quatro) horas, para a certidão de inteiro teor da matrícula ou do livro auxiliar, em meio eletrônico, requerida no horário de expediente, desde que fornecido pelo usuário o respectivo número;

II - 1 (um) dia, para a certidão da situação jurídica atualizada do imóvel; e

III - 5 (cinco) dias, para a certidão de transcrições e para os demais casos.

- *Parágrafo acrescido pela Medida Provisória nº 1.085, de 27/12/2021, convertida na Lei nº 14.382, de 27/6/2022*
- *Arts. 123 a 128 (Proteção de Dados), Prov. CNJ 149/2023 (CNN)*

§ 11. No âmbito do registro de imóveis, a certidão de inteiro teor da matrícula conterá a reprodução de todo seu conteúdo e será suficiente para fins de comprovação de propriedade, direitos, ônus reais e restrições sobre o imóvel, independentemente de certificação específica pelo oficial.

- *Parágrafo acrescido pela Medida Provisória nº 1.085, de 27/12/2021, convertida na Lei nº 14.382, de 27/6/2022*
- *Arts. 227 e seguintes*
- *Orientação CNJ n. 12/2023 (Emissão da certidão de situação jurídica de imóvel)*

§ 12. Na localidade em que haja dificuldade de comunicação eletrônica, a Corregedoria-Geral da Justiça Estadual poderá autorizar, de modo excepcional e com expressa comunicação ao público, a aplicação de prazos maiores para emissão das certidões do registro de imóveis de que trata o § 10 deste artigo.

- *Parágrafo acrescido pela Medida Provisória nº 1.085, de 27/12/2021, convertida na Lei nº 14.382, de 27/6/2022*

Art. 20. No caso de recusa ou retardamento na expedição da certidão, o interessado poderá reclamar à autoridade competente, que aplicará, se for o caso, a pena disciplinar cabível.

- *Art. 47*
- *Arts. 31 a 36, Lei 8.935/1994 (Notários e Registradores)*
- *Art. 185-A, Prov. CNJ 149/2023 (CNN)*

Parágrafo único. Para a verificação do retardamento, o oficial, logo que receber alguma petição, fornecerá à parte uma nota de entrega devidamente autenticada.

Art. 21. Sempre que houver qualquer alteração posterior ao ato cuja certidão é pedida, deve o Oficial mencioná-la, obrigatoriamente, não obstante as especificações do pedido, sob pena de responsabilidade civil e penal, ressalvado o disposto nos artigos 45 e 95.

- *Retificado no DOU de 30/10/1975*

Parágrafo único. A alteração a que se refere este artigo deverá ser anotada na própria certidão, contendo a inscrição de que "a presente certidão envolve elementos de averbação à margem do termo".

- *Art. 97 e seguintes; 142 e 246*

CAPÍTULO V – DA CONSERVAÇÃO

- *Arts. 1º § 3º, III, 4º, 22 a 27*
- *Lei 5.433/1968 (Microfilmagem de Documentos oficiais) e seu Decreto Regulamentador 1.799/1996*
- *Arts. 7º a 10, Lei 8.159/1991 (Política Nacional de Arquivos Públicos e Privados)*
- *Arts. 30, I e XIV, e 46, caput, Lei 8.935/1994 (Notários e Registradores)*
- *Art. 7º Lei 14.382/2022 (SERP)*
- *Prov. CNJ 50/2015 (Conservação de documentos nos cartórios extrajudiciais) e art. 196, Provimento CNJ n. 149/2023 (CNN)*
- *Prov. CNJ 74/2018 (Padrões mínimos de tecnologia da informação) e art. 206, Provimento CNJ n. 149/2023 (CNN)*

- *Arts. 48 a 51 (Mediação e Conciliação), Prov. CNJ 149/2023 (CNN)*
- *Arts. 92, 133, § 2º, 196, 515-A, Prov. CNJ n. 149/2023 (CNN)*
- *Arts. 173 (Lavagem de Dinheiro), Prov. CNJ 149/2023 (CNN)*
- *Art. 205 (Restauração de livros extraviados ou danificados no serviço extrajudicial de notas e de registro), Provimento CNJ n. 149/2023 (CNN)*
- *Recomendação CNJ 9/2013 (Arquivo de Segurança)*

Art. 22. Os livros de registro, bem como as fichas que os substituam, somente sairão do respectivo cartório mediante autorização judicial.

- *Art. 46, Lei 8.935/1994*

Art. 23. Todas as diligências judiciais e extrajudiciais que exigirem a apresentação de qualquer livro, ficha substitutiva de livro ou documento, efetuar-se-ão no próprio cartório.

Art. 24. Os oficiais devem manter em segurança, permanentemente, os livros e documentos e respondem pela sua ordem e conservação.

- *Prov. CNJ 50/2012 (Conservação de documentos extrajudiciais)*

Art. 25. Os papéis referentes ao serviço do registro serão arquivados em cartório mediante a utilização de processos racionais que facilitem as buscas, facultada a utilização de microfilmagem e de outros meios de reprodução autorizados em lei.

- *Lei 5.433/1968 (Microfilmagem) e Decreto Regulamentador 1.799/1996*
- *Arts. 92, 133, § 2.º, 196, 515-A, Prov. CNJ n. 149/2023 (CNN)*

Art. 26. Os livros e papéis pertencentes ao arquivo do cartório ali permanecerão indefinidamente.

Art. 27. Quando a lei criar novo cartório, e enquanto este não for instalado, os registros continuarão a ser feitos no cartório que sofreu o desmembramento, não sendo necessário repeti-los no novo ofício.

Parágrafo único. O arquivo do antigo cartório continuará a pertencer-lhe.

- *Art. 170*
- *Art. 340, Prov. CNJ 149/2023 (CNN).*

CAPÍTULO VI – DA RESPONSABILIDADE

- *Vide Lei 13.286/2016*

Art. 28. Além dos casos expressamente consignados, os oficiais são civilmente responsáveis por todos os prejuízos que, pessoalmente, ou pelos prepostos ou substitutos que indicarem, causarem, por culpa ou dolo, aos interessados no registro.

- *Arts. 47, 100, § 5º e 108*
- *Arts. 22 a 24, Lei 8.935/1994 (Notários e Registradores)*
- *Art. 38, Lei 9.492/1997 (Lei de Protesto)*
- *Art. 942, Código Civil*
- *Art. 8º, § 2º, Prov. CNJ n. 39/2014 (CNIB)*
- *Código de Ética da Anoreg*
- *Enunciado 77, I Jornada de Direito Notarial e Registral*

Parágrafo único. A responsabilidade civil independe da criminal pelos delitos que cometerem.

- *Arts. 9º e 21*
- *Art. 23, Lei 8.935/1994*

TÍTULO II – DO REGISTRO DE PESSOAS NATURAIS

- *Decreto 10.063, de 14-10-2019 (Dispõe sobre o Compromisso Nacional pela Erradicação do Sub-registro Civil de Nascimento e Ampliação do Acesso à Documentação Básica, o Comitê Gestor Nacional do Compromisso Nacional pela Erradicação do Sub-registro Civil de Nascimento e Ampliação da Documentação Básica e a Semana Nacional de Mobilização para o Registro Civil de Nascimento e a Documentação Básica)*
- *Resolução conjunta CNJ/CNMP 3/2012 (Registro de Nascimento de Indígena)*
- *Resolução CNJ 155/2012 (Traslado de certidões de registro civil de pessoas naturais emitidas no exterior)*
- *Resolução CNJ 175/2013 (Habilitação, celebração de casamento civil, ou de conversão de união estável em casamento, entre pessoas de mesmo sexo)*
- *Resolução CNJ 402/2021 (Caráter informativo, no âmbito do Serviço de Registro Civil das Pessoas Naturais, para melhor preparação para o casamento civil)*
- *Prov. CNJ 12/2010 (Projeto Pai Presente)*
- *Prov. CNJ 16/2012 (Reconhecimento de Paternidade). Vide Anexo*
- *Prov. CNJ 26/2012 (Projeto Pai Presente)*
- *Provimentos CNJ 63/2017 (Novos Modelos de Certidões). Vide Anexos*
- *Prov. CNJ 66/2018 (Prestação de serviços pelos ofícios de registro civil das pessoas naturais mediante convênio, credenciamento e matrícula com órgãos e entidades governamentais e privadas)*
- *Prov. CNJ 73/2018 (Averbação da alteração do prenome e do gênero nos assentos de nascimento e casamento de pessoa transgênero). Vide Anexo*
- *Prov. CNJ 81/2018 (Renda Mínima do Registrador) e art. 353, Prov. CNJ 149/2023 (CNN)*
- *Prov. CNJ 82/2019 (Averbação, no registro de nascimento e no de casamento dos filhos, da alteração do nome do genitor)*
- *Prov. CNJ 122/2022 (Assento de nascimento no Registro Civil das Pessoas Naturais nos casos em que o campo sexo da Declaração de Nascido Vivo (DNV) ou na Declaração de Óbito (DO) fetal tenha sido preenchido ignorado). Vide Anexo*
- *Prov. CNJ 140/2023 (Programa de Enfrentamento ao Sub-registro Civil e de Ampliação ao Acesso à Documentação Básica por Pessoas Vulneráveis)*
- *Provimento CNJ 151/2023 (Registro do natimorto e procedimento de promoção do registro de nascimento de criança ou adolescente no caso de omissão) e arts. 479-A a 479-D e art. 495-A a 495-E, Prov. CNJ n. 149/2023 (CNN)*
- *Provimentos CNJ 152/2023 (Aprimora as regras de averbação de alteração de nome, de gênero ou de ambos de pessoas transgênero) e arts. 516 a 523, Prov. CNJ n. 149/2023 (CNN)*
- *Provimentos CNJ 153/20232023 (Alteração Extrajudicial do Nome Civil) e arts. 515-A a 515-V, Prov. CNJ n. 149/2023 (CNN)*
- *Prov. CNJ 157/2023 (ON-RCPN)*
- *Arts. 113 a 122 (Proteção de Dados), Prov. CNJ 149/2023 (CNN)*
- *Arts. 182 a 183 (Envio de dados de Pessoas em estado de vulnerabilidade econômica), Prov. CNJ n. 149/2023 (CNN). Corresponde ao revogado Prov. CNJ 104/2020*
- *Art. 184 (Envio de dados ao TSE), Prov. CNJ n. 149/2023 (CNN). Corresponde ao revogado Prov. CNJ 137/2022*
- *Arts. 211 a 228 (ONSERP), Prov. CNJ 149/2023 (CNN). Corresponde ao revogado Prov. CNJ 139/2023*
- *Arts. 229 a 245 (CRC), Prov. CNJ n. 149/2023 (CNN). Corresponde ao revogado Prov. CNJ 46/2015*
- *Arts. 445 a 460 (Unidades Interligadas), Prov. CNJ n. 149/2023 (CNN). Corresponde ao revogado Prov. CNJ 13/2010*
- *Art. 463 (Averbação de carta de sentença expedida após homologação de sentença estrangeira relativa a divórcio ou separação judicial), Prov. CNJ n. 149/2023 (CNN). Corresponde ao revogado Prov. CNJ 51/2015*
- *Arts. 464 a 467 (Averbação direta da sentença estrangeira de divórcio consensual simples ou puro independentemente de homologação judicial), Prov. CNJ n. 149/2023 (CNN) Corresponde ao revogado Prov. CNJ 53/2015*
- *Arts. 472 a 479 (Certidões) Prov. CNJ n. 149/2023 (CNN). Vide Anexos do Prov. CNJ 63/2017*
- *Arts. 480 a 495 (Registro Tardio de Nascimento), Prov. CNJ n. 149/2023 (CNN). Corresponde ao revogado Prov. CNJ 28/2013*
- *Art. 495-A a 495-E (Registro de nascimento de criança ou adolescente no caso de omissão), Prov. CNJ n. 149/2023 (CNN)*
- *Arts. 496 a 504 (Reconhecimento de Paternidade), Prov. CNJ n. 149/2023 (CNN). Vide Anexos do Prov. CNJ 16/2012*
- *Arts. 505 a 511 (Socioafetividade), Prov. CNJ n. 149/2023 (CNN)*
- *Arts. 512 a 511 (Reprodução Assistida), Prov. CNJ n. 149/2023 (CNN)*
- *Arts. 516 a 523 (Transgênero), Prov. CNJ n. 149/2023 (CNN). Vide Anexo, Prov. CNJ 73/2018*
- *Arts. 524 a 530 (Pessoa com sexo ignorado), Prov. CNJ n. 149/2023 (CNN). Vide Anexo, Prov. CNJ 122/2020*
- *Arts. 537 a 553 (União Estável), Prov. CNJ n. 149/2023 (CNN). Corresponde ao revogado Prov. CNJ 37/2014*

CAPÍTULO I – DISPOSIÇÕES GERAIS

Art. 29. Serão registrados no registro civil de pessoas naturais:

- *Art. 9º, Código Civil*
- *Arts. 12 e 13, Estatuto do Índio (Lei 6.001/1973)*
- *Dec. 7.231, de 2010 (Regulamenta o art. 29, incisos I, II e III, da Lei n. 6.015/973)*
- *Resolução conjunta do CNJ/CNMP 3/2012 (Registro de Nascimento de Indígena)*
- *Arts. 496 a 504 (Reconhecimento de Paternidade), Prov. CNJ n. 149/2023 (CNN). Vide Anexos do Prov. CNJ 16/2012*
- *Arts. 505 a 511 (Socioafetividade), Prov. CNJ n. 149/2023 (CNN)*
- *Portaria nº 1.137/2023, Ministério dos Transportes (Credencia a Associação Nacional dos Registradores de Pessoas Naturais (ARPEN Brasil) para prestar o serviço de disponibilização e assinatura da Autorização para Transferência de Propriedade do Veículo em meio digital (ATPV-e))*

I – os nascimentos;

- *Regulamentado pelo Dec. 7.231, de 2010*
- *Arts. 50 a 66 e 105*
- *Arts. 1º a 6º; 7º a 12; 15, Resolução CNJ 155/2012 (Traslado de certidões de registro civil de pessoas naturais emitidas no exterior)*
- *Arts. 445 a 460 (Unidades Interligadas), Prov. CNJ n. 149/2023 (CNN). Corresponde ao revogado Prov. CNJ 13/2010*
- *Art. 462 (situações Jurídico-Transnacionais), Prov. CNJ n. 149/2023 (CNN)*
- *Arts. 480 a 495 (Registro Tardio de Nascimento), Prov. CNJ n. 149/2023 (CNN). Corresponde ao revogado Prov. CNJ 28/2013*
- *Art. 495-A a 495-E (Registro de nascimento de criança ou adolescente no caso de omissão), Prov. CNJ n. 149/2023 (CNN)*
- *Arts. 496 a 504 (Reconhecimento de Paternidade), Prov. CNJ n. 149/2023 (CNN). Vide Anexos do Prov. CNJ 16/2012*
- *Arts. 505 a 511 (Socioafetividade), Prov. CNJ n. 149/2023 (CNN)*
- *Arts. 512 a 511 (Reprodução Assistida), Prov. CNJ n. 149/2023 (CNN)*
- *Arts. 516 a 523 (Transgênero), Prov. CNJ n. 149/2023 (CNN). Vide Anexo, Prov. CNJ 73/2018*
- *Arts. 524 a 530 (Pessoa com sexo ignorado), Prov. CNJ n. 149/2023 (CNN). Vide Anexo, Prov. CNJ 122/2020*
- *Prov. CNJ 16/2012 (Reconhecimento de Paternidade). Vide Anexo*
- *Prov. CNJ 26/2012 (Projeto Pai Presente)*
- *Prov. CNJ n. 63/2017 (Certidões), Anexo I*
- *Prov. CNJ 140/2023 (Programa de Enfrentamento ao Sub-registro Civil e de Ampliação ao Acesso à Documentação Básica por Pessoas Vulneráveis)*
- *Provimento CNJ 151/2023 (Registro do natimorto e procedimento de promoção do registro de nascimento de criança ou adolescente no caso de omissão)*

- *Recomendação CNJ 23/2016 (Recomenda aos Oficiais de Registro Civis das Pessoas Naturais que registrem a profissão dos pais a serviço do seu país nos assentos e certidões de nascimento dos seus filhos nascidos no Brasil)*
- *Recomendação CNJ 50/2022 (Prevalência do direito fundamental ao nome sobre exigências não estabelecidas na Lei de Registros Públicos, para fins de registro de nascimento ou de óbito de crianças)*

II – os casamentos;

- *Regulamentado pelo Dec. 7.231, de 2010*
- *Arts. 67 a 76*
- *Arts. 9º, I e 1.525 a 1.547, Código Civil*
- *Arts. 1º a 6º e 13, Resolução CNJ 155/2012 (Traslado de certidões de registro civil de pessoas naturais emitidas no exterior)*
- *Resolução CNJ 175/2013 (Habilitação, celebração de casamento civil, ou de conversão de união estável em casamento, entre pessoas de mesmo sexo)*
- *Resolução CNJ 402/2021 (Caráter informativo, no âmbito do Serviço de Registro Civil das Pessoas Naturais, para melhor preparação para o casamento civil)*
- *Art. 462 (situações Jurídico-Transnacionais), Prov. CNJ n. 149/2023 (CNN)*
- *Prov. CNJ n. 63/2017 (Certidões), Anexo II*

III – os óbitos;

- *Regulamentado pelo Dec. 7.231, de 2010*
- *Arts. 77 a 88*
- *Arts. 9º, I, Código Civil*
- *Arts. 1º a 6º e 14, Resolução CNJ 155/2012 (Traslado de certidões de registro civil de pessoas naturais emitidas no exterior)*
- *Art. 462 (situações Jurídico-Transnacionais), Prov. CNJ n. 149/2023 (CNN)*
- *Arts. 524 a 530 (Pessoa com sexo ignorado), Prov. CNJ n. 149/2023 (CNN). Vide Anexo, Prov. CNJ 122/2020*
- *Prov. CNJ n. 63/2017 (Certidões), Anexo III*
- *Recomendação CNJ 18/2015 (Expedição de certidão de óbito no estabelecimento de saúde em que ocorra o falecimento)*
- *Recomendação CNJ 19/2015 (Instituição de Banco de Dados de óbitos de pessoas não identificadas, nos Estados que possuem Central de Registro Civil e no Distrito Federal)*
- *Recomendação CNJ 50/202 (Prevalência do direito fundamental ao nome sobre exigências não estabelecidas na Lei de Registros Públicos, para fins de registro de nascimento ou de óbito de crianças)*
- *Orientação CNJ 4/2013 (Desnecessidade de preenchimento da coluna "CID" do campo 40 da Declaração de Óbito do Ministério da Saúde para efeito de lavratura de assento de óbito por Oficial de Registro Civil das Pessoas Naturais)*
- *Portaria conjunta RFB/MPS/INSS 1.735/ 2015 (Comunicação de registro de óbitos)*

IV – as emancipações;

- *Arts. 89 a 91*
- *Arts. 9º, II, Código Civil*
- *Lei 2.375/1954 (Dispõe sobre a inscrição no Registro Público da emancipação por outorga do pai ou da mãe)*

V – as interdições;

- *Arts. 92, 93 e 104*
- *Arts. 9º, III, Código Civil*
- *Arts. 747 a 749, 751 a 756 e 1.012, Código de Processo Civil de 2015*

VI – as sentenças declaratórias de ausência;

- *Arts. 94 a 104*
- *Arts. 9º, IV, Código Civil*

VII – as opções de nacionalidade;

- *Arts. 29, § 2º; 105, § 5º, 33, parágrafo único*
- *Art. 12, CF*
- *Arts. 63 e seguintes, Lei 13.445/2017 (Lei da Migração)*
- *Arts. 213 a 217, Decreto 9.199/2017 (Regulamenta a Lei de Migração).*
- *Resolução CNJ 155/2012 (Traslado de certidões de registro civil de pessoas naturais emitidas no exterior)*
- *Prov. CNJ n. 63/2017 (Certidões), Anexo V*
- *Recomendação CNJ 23/2016 (Recomenda aos Oficiais de Registro Civis das Pessoas Naturais que registrem a profissão dos pais a serviço do seu país nos assentos e certidões de nascimento dos seus filhos nascidos no Brasil)*
- *Portaria Interministerial n. 8/2019 MJ/MRE (Procedimentos de Naturalização)*

VIII – as sentenças que deferirem a legitimação adotiva.

- *Art. 227, § 6º da Constituição Federal*
- *Arts. 47 e seguintes, ECA (Lei 8.069/1990)*
- *Enunciado 12, I Jornada de Direito Notarial e Registral*

§ 1º Serão averbados:

- *Regulamentado pelo Dec. 7.231, de 2010*
- *Arts. 97 a 105 e 110 § 3º*
- *Art. 227, § 6º da Constituição Federal*
- *Art. 463 (Averbação de carta de sentença expedida após homologação de sentença estrangeira relativa a divórcio ou separação judicial), Prov. CNJ n. 149/2023 (CNN). Corresponde ao revogado Prov. CNJ 51/2015*
- *Arts. 464 a 467 (Averbação direta da sentença estrangeira de divórcio consensual simples ou puro independentemente de homologação judicial), Prov. CNJ n. 149/2023 (CNN) Corresponde ao revogado Prov. CNJ 53/2015*

a) as sentenças que decidirem a nulidade ou anulação do casamento, o desquite e o restabelecimento da sociedade conjugal;

- *Art. 10, I, e 1.548 a 1.564, Código Civil*
- *Lei 6.515/1977 (Lei do Divórcio)*

b) as sentenças que julgarem ilegítimos os filhos concebidos na constância do casamento e as que declararem a filiação legítima;

- *Art. 227 § 6º, Constituição Federal*
- *Art. 10, II, e 1.548 do Código Civil*

c) os casamentos de que resultar a legitimação de filhos havidos ou concebidos anteriormente;

- *Art. 227 § 6º, Constituição Federal*
- *Art. 10, II, e 1.548 do Código Civil*

d) os atos judiciais ou extrajudiciais de reconhecimento de filhos ilegítimos;

- *Art. 227, § 6º, Constituição Federal*
- *Art. 10, II, e 1.607 a 1.617, Código Civil*
- *Arts. 26 e 27 do ECA (Lei 8.069/1990)*
- *Lei 8.506/1992 (Investigação de Paternidade)*
- *Provimento CNJ 12/2010 (Projeto Pai Presente)*
- *Provimento CNJ 26/2012 (Projeto Pai Presente)*
- *Arts. 496 a 504 (Reconhecimento de Paternidade), Prov. CNJ n. 149/2023 (CNN). Vide Anexos do Prov. CNJ 16/2012*
- *Arts. 505 a 511 (Socioafetividade), Prov. CNJ n. 149/2023 (CNN)*
- *Enunciado 5, I Jornada de Direito Notarial e Registral*
- *Enunciado 122, II Jornada de Prevenção e Solução Extrajudicial de Litígios*

e) as escrituras de adoção e os atos que a dissolverem;

- *Arts. 39 a 52 e 148, III, do ECA (Lei 8.069/1990)*

f) as alterações ou abreviaturas de nomes.

- *Arts. 55 a 58*
- *Art. 47, § 5º do ECA (Lei 8.069/1990)*
- *Provimento CNJ 151/2023 (Registro do natimorto)) e arts. 479-A a 479-D e art. 495-A a 495-E, Prov. CNJ n. 149/2023 (CNN)*
- *Provimentos CNJ 152/2023 (Aprimora as regras de averbação de alteração de nome, de gênero ou de ambos de pessoas transgênero) e arts. 516 a 523, Prov. CNJ n. 149/2023 (CNN)*
- *Provimentos CNJ 153/20232023 (Alteração Extrajudicial do Nome Civil) e arts. 515-A a 515-V, Prov. CNJ n. 149/2023 (CNN)*
- *Enunciado 124, II Jornada de Prevenção e Solução Extrajudicial de Litígios*

§ 2º É competente para a inscrição da opção de nacionalidade o cartório da residência do optante, ou de seus pais. Se forem residentes no estrangeiro, far-se-á o registro no Distrito Federal.

- *Art. 29, § 1º, VII*
- *Art. 12, CF*
- *Arts. 63 e seguintes, Lei 13.445/2017 (Lei da Migração)*
- *Arts. 213 a 217, Decreto 9.199/2017 (Regulamenta a Lei de Migração)*
- *Resolução CNJ 155/2012 (Traslado de certidões de registro civil de pessoas naturais emitidas no exterior)*
- *Prov. CNJ n. 63/2017 (Certidões), Anexo V*
- *Recomendação CNJ 23/2016 (Recomenda aos Oficiais de Registro Civis das Pessoas Naturais que registrem a profissão dos pais a serviço do seu país nos assentos e certidões de nascimento dos seus filhos nascidos no Brasil)*
- *Portaria Interministerial n. 8/2019 MJ/MRE (Procedimentos de Naturalização)*

§ 3º Os ofícios do registro civil das pessoas naturais são considerados ofícios da cidadania e estão autorizados a prestar outros serviços remunerados, na forma prevista em convênio, em credenciamento ou em matrícula com órgãos públicos e entidades interessadas.

- *Parágrafo acrescido pela Lei nº 13.484, de 26/9/2017 (Vide ADI nº 5.855/2017)*
- *Vide art.7º § 5º, Lei n. 8.935/1994 (Notários e Registradores)*
- *Prov. CNJ 66/2018 (Prestação de serviços pelos ofícios de registro civil das pessoas naturais mediante convênio, credenciamento e matrícula com órgãos e entidades governamentais e privadas)*
- *Arts. 445 a 460 (Unidades Interligadas), Prov. CNJ n. 149/2023 (CNN). Corresponde ao revogado Prov. CNJ 13/2010*
- *Arts. 468 a 471 (Atribuições por Convênios), Prov. CNJ n. 149/2023 (CNN)*
- *Recomendação CNJ 43/2019 (Procedimento prévio a ser observado por todos os registradores civis do País para a lavratura de registros de nascimento e passaportes)*
- *Lei 7.116/1983 (Validade nacional as Carteiras de Identidade)*
- *Lei 9.454/1997 (Registro de Identidade Civil) e Decreto Regulamentador 10.977/2023*
- *Lei n. 13.444/2017 (Identificação Civil Nacional (ICN))*
- *Instrução Normativa RFB n. 2.172/2024 (Cadastro de Pessoas Físicas (CPF))*

§ 4º O convênio referido no § 3º deste artigo independe de homologação e será firmado pela entidade de classe dos registradores civis de pessoas naturais de mesma abrangência territorial do órgão ou da entidade interessada.

- *Parágrafo acrescido pela Lei nº 13.484, de 26/9/2017 (Declarada a nulidade parcial com redução de texto da expressão "independe de homologação", em controle concentrado, pelo Supremo Tribunal Federal, pela ADI nº 5.885, publicada no DOU de 24/4/2019, p. 73)*
- *Prov. CNJ 66/2018 (Prestação de serviços mediante convênio pelo RCPN)*
- *Recomendação CNJ 43/2019 (Procedimento prévio a ser observado por todos os registradores civis do País para a lavratura de registros de nascimento e passaportes)*

§ 5º *(VETADO na Lei 14.382, de 2022)*

§ 6º Os ofícios de registro civil das pessoas naturais poderão, ainda, emitir certificado de vida, de estado civil e de domicílio, físico e eletrônico, da pessoa natural, e deverá ser realizada comunicação imediata e eletrônica da prova de vida para a instituição interessada, se for o caso, a partir da celebração de convênio.

- *Parágrafo acrescido pela Lei nº 14.711, de 30/10/2023*

Art. 30. Não serão cobrados emolumentos pelo registro civil de nascimento e pelo assento de óbito, bem como pela primeira certidão respectiva.

- *Caput, com redação dada pela Lei 9.534/1997*
- *Art. 5º, LXXVI, Constituição Federal*
- *Lei 9.265/1996 (Regulamenta o inciso LXXVII do art. 5º da Constituição, dispondo sobre a gratuidade dos atos necessários ao exercício da cidadania)*
- *Lei 9.465/1997 (Fornecimento gratuito de registro extemporâneo de nascimento)*
- *Art. 45, Lei 8.935/1994*
- *Prov. CNJ 81/2018 (Renda Mínima do Registrador)*
- *Arts. 182 a 183 (Envio de dados de Pessoas em estado de vulnerabilidade econômica), Prov. CNJ n. 149/2023 (CNN). Corresponde ao revogado Prov. CNJ 104/2020*
- *Prov. CNJ 140/2023 (Programa de Enfrentamento ao Sub-registro Civil e de Ampliação ao Acesso à Documentação Básica por Pessoas Vulneráveis)*
- *Enunciados 9 e 12, I Jornada de Direito Notarial e Registral*

§ 1º Os reconhecidamente pobres estão isentos de pagamento de emolumentos pelas demais certidões extraídas pelo cartório de registro civil.

- *Parágrafo acrescido pela Lei nº 7.844, de 18/10/1989 e com nova redação dada pela Lei nº 9.534, de 10/12/1997*
- *Art. 98 do CPC*
- *Art. 515-T, Prov. CNJ 149/2023 (CNN)*
- *Vide Enunciado 171, III Jornada de Direito Processual Civil do CJF*

§ 2º O estado de pobreza será comprovado por declaração do próprio interessado ou a rogo, tratando-se de analfabeto, neste caso, acompanhada da assinatura de duas testemunhas.

- *Parágrafo acrescido pela Lei nº 7.844, de 18/10/1989 e com nova redação dada pela Lei nº 9.534, de 10/12/1997*

§ 3º A falsidade da declaração ensejará a responsabilidade civil e criminal do interessado.

- *Parágrafo acrescido pela Lei nº 9.534, de 10/12/1997*

§ 3º-A Comprovado o descumprimento, pelos oficiais de Cartórios de Registro Civil, do disposto no *caput* deste artigo, aplicar-se-ão as penalidades previstas nos arts. 32 e 33 da Lei nº 8.935, de 18 de novembro de 1994.

- *Parágrafo acrescido pela Lei nº 9.812, de 10/8/1999*

§ 3º-B Esgotadas as penalidades a que se refere o parágrafo anterior e verificando-se novo descumprimento, aplicar-se-á o disposto no art. 39 da Lei nº 8.935, de 18 de novembro de 1994.

- *Parágrafo acrescido pela Lei nº 9.812, de 10/8/1999*

§ 3º-C. Os cartórios de registros públicos deverão afixar, em local de grande visibilidade, que permita fácil leitura e acesso ao público, quadros contendo tabelas atualizadas das custas e emolumentos, além de informações claras sobre a gratuidade prevista no *caput* deste artigo.

- *Parágrafo acrescido pela Lei nº 11.802, de 4/11/2008*
- *Art. 29, VII, Lei 8.935/1994 (Notários e Registradores)*
- *Art. 4º, Lei 10.169/2000 (Lei de Emolumentos)*

§ 4º É proibida a inserção nas certidões de que trata o § 1º deste artigo de expressões que indiquem condição de pobreza ou semelhantes.

- *Parágrafo acrescido pela Lei nº 11.789, de 2/10/2008*
- *Art. 45, § 2º, Lei 8.935/1994 (Notários e Registradores)*

§ 5º *(VETADO na Lei nº 9.534, de 10/12/1997)*

§ 6º *(VETADO na Lei nº 9.534, de 10/12/1997)*

§ 7º *(VETADO na Lei nº 9.534, de 10/12/1997)*

§ 8º *(VETADO na Lei nº 9.534, de 10/12/1997)*

§ 9º *(VETADO na Lei nº 14.382, de 27/6/2022)*

Art. 31. Os fatos concernentes ao registro civil, que se derem a bordo dos navios de guerra e mercantes, em viagem, e no exército, em campanha, serão imediatamente registrados e comunicados em tempo oportuno, por cópia autêntica, aos respectivos Ministérios, a fim de que, através do Ministério da Justiça, sejam ordenados os assentamentos, notas ou averbações nos livros competentes das circunscrições a que se referirem.

- *Art. 64*

Art. 32. Os assentos de nascimento, óbito e de casamento de brasileiros em país estrangeiro serão considerados autênticos, nos termos da lei do lugar em que forem feitos, legalizadas as certidões pelos cônsules ou quando por estes tomados, nos termos do regulamento consular.

- *Art. 100*
- *Art. 105, I, i, da CF*
- *Art. 1.544, Código Civil*
- *Art. 13, Lei de Introdução às normas do Direito Brasileiro (Dec.-lei 4.657/1942)*
- *Arts. 960 a 965, CPC*
- *Resolução CNJ 155/2012 (Traslado de certidões de registro civil de pessoas naturais emitidas no exterior)*
- *Art. 463 (Averbação de carta de sentença expedida após homologação de sentença estrangeira relativa a divórcio ou separação judicial), Prov. CNJ n. 149/2023 (CNN). Corresponde ao revogado Prov. CNJ 51/2015*
- *Arts. 464 a 467 (Averbação direta da sentença estrangeira de divórcio consensual simples ou puro independentemente de homologação judicial), Prov. CNJ n. 149/2023 (CNN) Corresponde ao revogado Prov. CNJ 53/2015*
- *Decreto 8.742/2016 (Dispõe sobre os atos notariais e de registro civil do serviço consular brasileiro e da dispensa de legalização no Brasil das assinaturas e atos emanados das autoridades consulares brasileiras)*

§ 1º Os assentos de que trata este artigo serão, porém, transladados nos cartórios de 1º Ofício do domicílio do registrado ou no 1º Ofício do Distrito Federal, em falta de domicílio conhecido, quando tiverem de produzir efeito no País, ou, antes, por meio de segunda via que os cônsules serão obrigados a remeter por intermédio do Ministério das Relações Exteriores.

§ 2º O filho de brasileiro ou brasileira, nascido no estrangeiro, e cujos pais não estejam ali a serviço do Brasil, desde que registrado em consulado brasileiro ou não registrado, venha a residir no território nacional antes de atingir a maioridade, poderá requerer, no juízo de seu domicílio, se registre, no livro "E" do 1º Ofício do Registro Civil, o termo de nascimento.

- *Art. 12, I, b e c da Constituição Federal*

§ 3º Do termo e das respectivas certidões do nascimento registrado na forma do parágrafo antecedente constará que só valerão como prova de nacionalidade brasileira, até quatro (4) anos depois de atingida a maioridade.

- *Art. 12 da Constituição Federal*
- *Art. 63, Lei 13.445/2017 (Lei da Migração)*
- *Arts. 213 e ss, Decreto n. 9.199/2017 (Regulamenta Lei da Migração)*
- *Portaria Interministerial n. 8/2019 MJ/MRE (Procedimentos de Naturalização)*

§ 4º Dentro do prazo de quatro anos, depois de atingida a maioridade pelo interessado referido no § 2º deverá ele manifestar a sua opção pela nacionalidade brasileira perante o juízo federal. Deferido o pedido, proceder-se-á ao registro no livro "E" do Cartório do 1º Ofício do domicílio do optante.

- *Art. 12 da Constituição Federal*
- *Art. 63, Lei 13.445/2017 (Lei da Migração)*
- *Arts. 213 e ss, Decreto n. 9.199/2017 (Regulamenta Lei da Migração)*
- *Portaria Interministerial n. 8/2019 MJ/MRE (Procedimentos de Naturalização)*

§ 5º Não se verificando a hipótese prevista no parágrafo anterior, o oficial cancelará, de ofício, o registro provisório efetuado na forma do § 2º.

CAPÍTULO II – DA ESCRITURAÇÃO E ORDEM DE SERVIÇO

- *Arts. 3º a 7º-A*
- *Art. 8º Prov. CNJ 45/2015 (Despesas Livro Diário Auxiliar)*
- *Arts. 42 a 51 (Mediação e Conciliação), Prov. CNJ 149/2023 (CNN)*
- *Arts. 229 a 245 (CRC), Prov. CNJ n. 149/2023 (CNN). Corresponde ao revogado Prov. CNJ 46/2015*
- *Arts. 185 a 195 (Escrituração Contábil e Correicional), Prov. CNJ 149/2023 (CNN)*
- *Prov. CNJ 74/2018 (Padrões mínimos de tecnologia da informação) e art. 206 Prov. CNJ n. 149/2023 (CNN)*

Art. 33. Haverá, em cada cartório, os seguintes livros:

- *Caput do artigo com redação dada pela Medida Provisória nº 1.085, de 27/12/2021, convertida na Lei nº 14.382, de 27/6/2022*
- *Art. 92*

I – "A" – de registro de nascimento;

II – "B" – de registro de casamento;

III – "B Auxiliar" – de registro de casamento religioso para efeitos civis;

- *Arts. 71 a 75*
- *Art. 226, § 2º, Constituição Federal*

IV – "C" – de registro de óbitos;

V – "C Auxiliar" – de registro de natimortos;

- *Prov. CNJ n. 151/2023 (Registro de Natimorto)*
- *Prov. CNJ n. 149/2023 (arts. 479-A e 479-B)*
- *Enunciado 2, I Jornada de Direito Notarial e Registral*
- *Enunciado 123, II Jornada de Prevenção e Solução Extrajudicial de Litígios*

VI – "D" – de registro de proclama.

Parágrafo único. No Cartório do 1º Ofício ou da 1ª subdivisão judiciária haverá, em cada comarca, outro livro para inscrição dos demais atos relativos ao estado civil, designado sob a letra 'E'.

- *Parágrafo único com redação dada pela Lei nº 14.382, de 27/6/2022*
- *Art. 94-A*
- *Resolução CNJ 155/2012 (Traslado de certidões de registro civil de pessoas naturais emitidas no exterior)*
- *Art. 122, Prov. CNJ 149/2023 (CNN)*
- *Art. 539 (Registro de União Estável), Prov. CNJ 149/2023 (CNN)*
- *Anexo V, Prov. CNJ n. 63/2017 (Novos Modelos de Certidões)*
- *Enunciados 1, 5, 7, 8 e 22, I Jornada de Direito Notarial e Registral*
- *Enunciados 123 e 128, II Jornada de Prevenção e Solução Extrajudicial de Litígios*

Art. 34. O oficial juntará, a cada um dos livros, índice alfabético dos assentos lavrados pelos nomes das pessoas a quem se referirem.

Parágrafo único. O índice alfabético poderá, a critério do oficial, ser organizado pelo sistema de fichas, desde que preencham estas os requisitos de segurança, comodidade e pronta busca.

Art. 35. A escrituração será feita seguidamente, em ordem cronológica de declarações, sem abreviaturas, nem algarismos; no fim de cada assento e antes da subscrição e das assinaturas, serão ressalvadas as emendas, entrelinhas ou outras circunstâncias que puderem ocasionar dúvidas. Entre um assento e outro, será traçada uma linha de intervalo, tendo cada um o seu número de ordem.

Art. 36. Os livros de registro serão divididos em três partes, sendo na da esquerda lançado o número de ordem e na central o assento, ficando na da direita espaço para as notas, averbações e retificações.

Art. 37. As partes, ou seus procuradores, bem como as testemunhas, assinarão os assentos, inserindo-se neles as declarações feitas de acordo com a lei ou ordenadas por sentença. As procurações serão arquivadas, declarando-se no termo a data, o livro, a folha e o ofício em que foram lavradas, quando constarem de instrumento público.

- *Art. 7º, II, Lei n. 8.935/1994 (Notários e Registradores)*

§ 1º Se os declarantes, ou as testemunhas não puderem, por qualquer circunstâncias assinar, far-se-á declaração no assento, assinando a rogo outra pessoa e tomando-se a impressão dactiloscópica da que não assinar, à margem do assento.

§ 2º As custas com o arquivamento das procurações ficarão a cargo dos interessados.

Art. 38. Antes da assinatura dos assentos, serão estes lidos às partes e às testemunhas, do que se fará menção.

Art. 39. Tendo havido omissão ou erro de modo que seja necessário fazer adição ou emenda, estas serão feitas antes da assinatura ou ainda em seguida, mas antes de outro assento, sendo a ressalva novamente por todos assinada.

Art. 40. Fora da retificação feita no ato, qualquer outra só poderá ser efetuada nos termos dos arts. 109 a 112 desta Lei.

- *Artigo com redação dada pela Lei nº 12.100, de 27/11/2009*

Art. 41. Reputam-se inexistentes e sem efeitos jurídicos quaisquer emendas ou alterações posteriores, não ressalvadas ou não lançadas na forma indicada nos artigos 39 e 40.

Art. 42. A testemunha para os assentos de registro deve satisfazer às condições exigidas pela lei civil, sendo admitido o parente, em qualquer grau, do registrado.

- *Art. 228 do Código Civil*

Parágrafo único. Quando a testemunha não for conhecida do oficial do registro, deverá apresentar documento hábil da sua identidade, do qual se fará, no assento, expressa menção.

Art. 43. Os livros de proclamas serão escriturados cronologicamente com o resumo do que constar dos editais expedidos pelo próprio cartório ou recebidos de outros, todos assinados pelo oficial.

- *Arts. 33, VI; 69; 70 item 4º, 70-A, § 1º*

Parágrafo único. As despesas de publicação do edital serão pagas pelo interessado.

Art. 44. O registro do edital de casamento conterá todas as indicações quanto à época de publicação e aos documentos apresentados, abrangendo também o edital remetido por outro oficial processante.

- *Art. 1.527, Código Civil*

Art. 45. A certidão relativa ao nascimento de filho legitimado por subsequente matrimônio deverá ser fornecida sem o teor da declaração ou averbação a esse respeito, como se fosse legítimo; na certidão de casamento também será omitida a referência àquele filho, salvo havendo em qualquer dos casos, determinação judicial, deferida em favor de quem demonstre legítimo interesse em obtê-la.

- *Art. 21*
- *Art. 227, § 6º, Constituição Federal*
- *Arts. 113 a 122 (Proteção de Dados), Prov. CNJ 149/2023 (CNN)*
- *Enunciado 129, II Jornada de Prevenção e Solução Extrajudicial de Litígios*

CAPÍTULO III – DAS PENALIDADES

- *Vide art. 283, "e", Decreto n. 3.048/1999 (Regulamenta Lei da Seguridade Social)*

Art. 46. As declarações de nascimento feitas após o decurso do prazo legal serão registradas no lugar de residência do interessado.

- *Caput do artigo com redação dada pela Lei nº 11.790, de 2/10/2008*
- *Arts. 42, 61 e 50*
- *Arts. 480 a 495 (Registro Tardio de Nascimento), Prov. CNJ n. 149/2023 (CNN). Corresponde ao revogado Prov. CNJ 28/2013*
- *Arts. 1.597 e 1.609, I, Código Civil*
- *Art. 102, ECA*
- *Lei 765/1949 (Isenção de Multa no Registro Tardio de Nascimento)*
- *Lei 9.465/1997 (Fornecimento Gratuito de Registro Extemporâneo de Nascimento)*
- *Decreto 10.063/2019 (Erradicação do Sub-registro)*
- *Prov. CNJ 140/2023 (Programa de Enfrentamento ao Sub-registro Civil e de Ampliação ao Acesso à Documentação Básica por Pessoas Vulneráveis)*
- *Arts. 182 a 183 (Envio de dados de Pessoas em estado de vulnerabilidade econômica), Prov. CNJ n. 149/2023 (CNN). Corresponde ao revogado Prov. CNJ 104/2020*

§ 1º O requerimento de registro será assinado por 2 (duas) testemunhas, sob as penas da lei.

- *Parágrafo com redação dada pela Lei nº 11.790, de 2/10/2008*

§ 2º *Revogado pela Lei nº 10.215, de 6/4/2001*

§ 3º O oficial do Registro Civil, se suspeitar da falsidade da declaração, poderá exigir prova suficiente.

- *Parágrafo com redação dada pela Lei nº 11.790, de 2/10/2008*

§ 4º Persistindo a suspeita, o oficial encaminhará os autos ao juízo competente.

- *Parágrafo com redação dada pela Lei nº 11.790, de 2/10/2008*

§ 5º Se o Juiz não fixar prazo menor, o oficial deverá lavrar o assento dentro em cinco (5) dias, sob pena de pagar multa correspondente a um salário mínimo da região.

- *Art. 31, Lei n. 8.935/1994 (Notários e Registradores)*

§ 6º Os órgãos do Poder Executivo e do Poder Judiciário detentores de bases biométricas poderão franquear ao oficial de registro civil de pessoas naturais acesso às bases para fins de conferência por ocasião do registro tardio de nascimento.

- *Parágrafo acrescido pela Lei nº 14.382, de 27/6/2022*
- *Art. 9º, Lei n. 14.382/2022 (SERP)*

Art. 47. Se o oficial do registro civil recusar fazer ou retardar qualquer registro, averbação ou anotação, bem como o fornecimento de certidão, as partes prejudicadas poderão queixar-se à autoridade judiciária, a qual, ouvindo o acusado, decidirá dentro de cinco (5) dias.

- *Arts. 17 e seguintes e 28*
- *Art. 31, Lei n. 8.935/1994 (Notários e Registradores)*
- *Arts. 67 a 72, Resolução CNJ 67/2009 (Regimento Interno CNJ)*

§ 1º Se for injusta a recusa ou injustificada a demora, o Juiz que tomar conhecimento do fato poderá impor ao oficial multa de um a dez salários mínimos da região, ordenando que, no prazo improrrogável de vinte e quatro (24) horas, seja feito o registro, a averbação, a anotação ou fornecida certidão, sob pena de prisão de cinco (5) a vinte (20) dias.

§ 2º Os pedidos de certidão feitos por via postal, telegráfica ou bancária serão obrigatoriamente atendidos pelo oficial do registro civil, satisfeitos os emolumentos devidos, sob as penas previstas no parágrafo anterior.

Art. 48. Os Juízes farão correição e fiscalização nos livros de registro, conforme as normas da organização Judiciária.

- *Art. 236, § 2º CF*
- *Art. 103-B, § 4º, III (atuação do CNJ), CF*
- *Arts. 37 e 38, Lei n. 8.935/1994 (Notários e Registradores)*
- *Arts. 105, 242, 294 e 333, § 2º, VI, Prov. CNJ 149/2023 (CNN)*
- *Art. 30, Provimento CNJ n. 156/2023 (Inspeções e correições de competência da CNJ, nas unidades judiciais e administrativas dos tribunais e nos serviços notariais e de registro)*
- *Art. 12, Prov. CNJ n. 159/2023 (FIC-ONSERP; FIC-RCPN; FIC-RTDJP)*

Art. 49. Os oficiais do registro civil remeterão à Fundação Instituto Brasileiro de Geografia e Estatística, dentro dos primeiros oito dias dos meses de janeiro, abril, julho e outubro de cada ano, um mapa dos nascimentos, casamentos e óbitos ocorridos no trimestre anterior.

- *Arts. 182 a 183 (Envio de dados de Pessoas em estado de vulnerabilidade econômica), Prov. CNJ n. 149/2023 (CNN). Corresponde ao revogado Prov. CNJ 104/2020*

§ 1º A Fundação Instituto Brasileiro de Geografia e Estatística fornecerá mapas para a execução do disposto neste artigo, podendo requisitar aos oficiais do registro que façam as correções que forem necessárias.

§ 2º Os oficiais que, no prazo legal, não remeterem os mapas, incorrerão na multa de um a cinco salários mínimos da região, que será cobrada como dívida ativa da União, sem prejuízo da ação penal que no caso couber.

§ 3º No mapa de que trata o *caput* deverá ser informado o número da identificação da Declaração de Nascido Vivo.

- *Parágrafo acrescido pela Lei nº 12.662, de 5/6/2012*

§ 4º Os mapas dos nascimentos deverão ser remetidos aos órgãos públicos interessados no cruzamento das informações do registro civil e da Declaração de Nascido Vivo conforme o regulamento, com o objetivo de integrar a informação e promover a busca ativa de nascimentos.

- *Parágrafo acrescido pela Lei nº 12.662, de 5/6/2012*

§ 5º Os mapas previstos no *caput* e no § 4º deverão ser remetidos por meio digital quando o registrador detenha capacidade de transmissão de dados.

- *Parágrafo acrescido pela Lei nº 12.662, de 5/6/2012*

CAPÍTULO IV – DO NASCIMENTO

Art. 50. Todo nascimento que ocorrer no território nacional deverá ser dado a registro, no lugar em que tiver ocorrido o parto ou no lugar da residência dos pais, dentro do prazo de quinze dias, que será ampliado em até três meses para os lugares distantes mais de trinta quilômetros da sede do cartório.

- *Caput do artigo com redação dada pela Lei nº 9.053, de 25/5/1995*
- *Art. 78*
- *Arts. 1.587 e 1.609, I, Código Civil*
- *Art. 102, ECA*
- *Arts. 445 a 460 (Unidades Interligadas), Prov. CNJ n. 149/2023 (CNN). Corresponde ao revogado Prov. CNJ 13/2010*
- *Arts. 480 a 495 (Registro Tardio de Nascimento), Prov. CNJ n. 149/2023 (CNN). Corresponde ao revogado Prov. CNJ 28/2013*
- *Art. 495-A a 495-E (Registro de nascimento de criança ou adolescente no caso de omissão), Prov. CNJ n. 149/2023 (CNN)*
- *Arts. 512 a 511 (Reprodução Assistida), Prov. CNJ n. 149/2023 (CNN)*
- *Prov. CNJ 140/2023 (Programa de Enfrentamento ao Sub-registro Civil e de Ampliação ao Acesso à Documentação Básica por Pessoas Vulneráveis)*
- *Resolução CFM 2.230/2022 (Normas éticas para a utilização de técnicas de Reprodução Assistida)*
- *Lei 765/1949 (Isenção de Multa no Registro Tardio de Nascimento)*
- *Lei 9.465/1997 (Fornecimento Gratuito de Registro Extemporâneo de Nascimento)*
- *Decreto 10.063/2019 (Erradicação do Sub-registro)*

§ 1º Quando for diverso o lugar da residência dos pais, observar-se-á a ordem contida nos itens 1º e 2º do art. 52.

- *Parágrafo acrescido pela Lei nº 9.053, de 25/5/1995*

§ 2º Os índios, enquanto não integrados, não estão obrigados a inscrição do nascimento. Este poderá ser feito em livro próprio do órgão federal de assistência aos índios.

- *Primitivo § 1º renumerado pela Lei nº 9.053, de 25/5/1995*
- *Arts. 12 e 13, Estatuto do Índio (Lei 6.001/1973)*
- *Resolução Conjunta CNJ/CNMP n. 3/2012 (Registro de Nascimento de Indígena)*
- *Art. 480, Prov. CNJ n. 149/2023 (CNN)*

§ 3º Os menores de vinte e um (21) anos e maiores de dezoito (18) anos poderão, pessoalmente e isentos de multa, requerer o registro de seu nascimento.

- *Primitivo § 2º renumerado pela Lei nº 9.053, de 25/5/1995*
- *Art. 5º do CC*

§ 4º É facultado aos nascidos anteriormente à obrigatoriedade do registro civil requerer, isentos de multa, a inscrição de seu nascimento.

- *Primitivo § 3º renumerado pela Lei nº 9.053, de 25/5/1995*

§ 5º Aos brasileiros nascidos no estrangeiro se aplicará o disposto neste artigo, ressalvadas as prescrições legais relativas aos consulados.

- *Primitivo § 4º renumerado pela Lei nº 9.053, de 25/5/1995*
- *Art. 32*
- *Resolução CNJ 155/2012 (Traslado de certidões de registro civil de pessoas naturais emitidas no exterior)*

Art. 51. Os nascimentos ocorridos a bordo, quando não registrados nos termos do artigo 65, deverão ser declarados dentro de cinco (5) dias, a contar da chegada do navio ou aeronave ao local do destino, no respectivo cartório ou consulado.

- *Art. 61*

Art. 52. São obrigados a fazer declaração de nascimento:

- *Art. 61*

1º) o pai ou a mãe, isoladamente ou em conjunto, observado o disposto no § 2º do art. 54;

- *Item com redação dada pela Lei nº 13.112, de 30/3/2015*
- *Enunciado 12, ENNOR*

2º) no caso de falta ou de impedimento de um dos indicados no item 1º, outro indicado, que terá o prazo para declaração prorrogado por 45 (quarenta e cinco) dias;

- *Item com redação dada pela Lei nº 13.112, de 30/3/2015*

3º) no impedimento de ambos, o parente mais próximo, sendo maior achando-se presente;

4º) em falta ou impedimento do parente referido no número anterior os administradores de hospitais ou os médicos e parteiras, que tiverem assistido o parto;

5º) pessoa idônea da casa em que ocorrer, sendo fora da residência da mãe;

6º) finalmente, as pessoas encarregadas da guarda do menor.

§ 1º Quando o oficial tiver motivo para duvidar da declaração, poderá ir à casa do recém-nascido verificar a sua existência, ou exigir a atestação do médico ou parteira que tiver assistido o parto, ou o testemunho de duas pessoas que não forem os pais e tiverem visto o recém-nascido.

§ 2º Tratando-se de registro fora do prazo legal o oficial, em caso de dúvida, poderá requerer ao Juiz as providências que forem cabíveis para esclarecimento do fato.

- *Lei 9.465/1997 (Fornecimento Gratuito de Registro Extemporâneo de Nascimento)*

§ 3º O oficial de registro civil comunicará o registro de nascimento ao Ministério da Economia e ao INSS pelo Sistema Nacional de Informações de Registro Civil (Sirc) ou por outro meio que venha a substituí-lo.

- *Parágrafo acrescido pela Lei nº 13.846, de 18/6/2019*
- *Art. 75, parágrafo único*
- *Decreto 9.929/2019 (Sistema Nacional de Informações de Registro Civil – SIRC)*
- *Instrução Normativa INSS n. 116/2021 (Procedimento relativo à apuração de descumprimento de qualquer obrigação imposta pelo art. 68 da Lei 8.212/1991)*
- *Portaria INSS n. 901/2021 (Regras de condutas de acesso pelos Titulares e Substitutos de Cartórios de Registro Civil ao SIRC)*
- *Resolução 01/2015 Comitê Gestor do SIRC*
- *Resolução 04/2019 Comitê Gestor do SIRC*
- *Resolução 08/2021 Comitê Gestor do SIRC*
- *Recomendação CNJ n. 40/2019 (Prazos e informações a serem prestadas ao Sistema Nacional de Informações de Registro Civil – SIRC pelas serventias extrajudiciais de registro de pessoas naturais)*

Art. 53. No caso de ter a criança nascido morta ou no de ter morrido na ocasião do parto, será, não obstante, feito o assento com os elementos que couberem e com remissão ao do óbito.

- *Art. 2º do CC*

§ 1º No caso de ter a criança nascido morta, será o registro feito no livro "C Auxiliar", com os elementos que couberem.

- *Art. 33, V*
- *Art. 2º, CC*
- *Prov. CNJ n. 63/2017 (Certidões), Anexo V*
- *Arts. 479-A e 479-B, Prov. CNJ n. 149/2023 (CNN)*
- *Prov. CNJ n. 151/2023 (Registro de Natimorto)*
- *Enunciado 2, I Jornada de Direito Notarial e Registral*
- *Enunciado 123, II Jornada de Prevenção e Solução Extrajudicial de Litígios*

§ 2º No caso de a criança morrer na ocasião do parto, tendo, entretanto, respirado, serão feitos os dois assentos, o de nascimento e o de óbito, com os elementos cabíveis e com remissões recíprocas.

- *Arts. 77 a 88*
- *Art. 459-B, Prov. CNJ 149/2023 (CNN)*
- *Art. 6º e 9º, Código Civil*
- *Lei 11.976/2009 (Declaração de Óbito)*
- *Prov. CNJ n. 63/2017 (Certidões), Anexo III*
- *Recomendação CNJ 18/2015 (Certidão de óbito nos estabelecimentos de saúde).*
- *Recomendação CNJ 18/2015 (Expedição de certidão de óbito no estabelecimento de saúde em que ocorra o falecimento)*
- *Recomendação CNJ 19/2015 (Instituição de Banco de Dados de óbitos de pessoas não identificadas, nos Estados que possuem Central de Registro Civil e no Distrito Federal)*
- *Recomendação CNJ 50/202 (Prevalência do direito fundamental ao nome sobre exigências não estabelecidas na Lei de Registros Públicos, para fins de registro de nascimento ou de óbito de crianças)*
- *Orientação CNJ 4/2013 (Desnecessidade de preenchimento da coluna "CID" do campo 40 da Declaração de Óbito do Ministério da Saúde para efeito de lavratura de assento de óbito por Oficial de Registro Civil das Pessoas Naturais)*

Art. 54. O assento do nascimento deverá conter:

- *Art. 109, § 4º*
- *Anexo I, Prov. CNJ 63/2017 (Certidões)*
- *Art. 227, § 6º, CF*
- *Art. 47, ECA*
- *Recomendação CNJ 23/2016 (Recomenda aos Oficiais de Registro Civis das Pessoas Naturais que registrem a profissão dos pais a serviço do seu país nos assentos e certidões de nascimento dos seus filhos nascidos no Brasil)*

1º) o dia, mês, ano e lugar do nascimento e a hora certa, sendo possível determiná-la, ou aproximada;

2º) o sexo do registrando;

- *Arts. 524 a 530 (Pessoa com sexo ignorado), Prov. CNJ n. 149/2023 (CNN). Vide Anexo, Prov. CNJ 122/2020*

3º) o fato de ser gêmeo, quando assim tiver acontecido;

4º) o nome e o prenome, que forem postos à criança;

- *Arts. 55 a 58*

5º) a declaração de que nasceu morta, ou morreu no ato ou logo depois do parto;

- *Art. 53*

6º) a ordem de filiação de outros irmãos do mesmo prenome que existirem ou tiverem existido;

› *Art. 5º, Lei 8.560/1992 (Investigação de Paternidade)*

7º) Os nomes e prenomes, a naturalidade, a profissão dos pais, o lugar e cartório onde se casaram, a idade da genitora, do registrando em anos completos, na ocasião do parto, e o domicílio ou a residência do casal.

› *Art. 227 § 6º da Constituição Federal*
› *Art. 5º, Lei 8.560/1992 (Investigação de Paternidade)*

8º) os nomes e prenomes dos avós paternos e maternos;

9º) os nomes e prenomes, a profissão e a residência das duas testemunhas do assento, quando se tratar de parto ocorrido sem assistência médica em residência ou fora de unidade hospitalar ou casa de saúde;

› *Item com redação dada pela Medida Provisória nº 776, de 26/4/2017, convertida na Lei nº 13.484, de 26/9/2017*

10) o número de identificação da Declaração de Nascido Vivo, com controle do dígito verificador, exceto na hipótese de registro tardio previsto no art. 46 desta Lei; e

› *Item acrescido pela Lei nº 12.662, de 5/6/2012, com redação dada pela Medida Provisória nº 776, de 26/4/2017, convertida na Lei nº 13.484, de 26/9/2017*

11) a naturalidade do registrando.

› *Item acrescido pela Medida Provisória nº 776, de 26/4/2017, convertida na Lei nº 13.484, de 26/9/2017*

§ 1º Não constituem motivo para recusa, devolução ou solicitação de retificação da Declaração de Nascido Vivo por parte do Registrador Civil das Pessoas Naturais:

› *Parágrafo acrescido pela Lei nº 12.662, de 5/6/2012*

I – equívocos ou divergências que não comprometam a identificação da mãe;

› *Item I Incluído pela Lei 12.662, de 2012*

II – omissão do nome do recém-nascido ou do nome do pai;

› *Item II Incluído pela Lei 12.662, de 2012*

III – divergência parcial ou total entre o nome do recém-nascido constante da declaração e o escolhido em manifestação perante o registrador no momento do registro de nascimento, prevalecendo este último;

› *Item III Incluído pela Lei 12.662, de 2012*

IV – divergência parcial ou total entre o nome do pai constante da declaração e o verificado pelo registrador nos termos da legislação civil, prevalecendo este último;

› *Item IV incluído pela Lei 12.662, de 2012*

V – demais equívocos, omissões ou divergências que não comprometam informações relevantes para o registro de nascimento.

› *Item V incluído pela Lei 12.662, de 2012*

§ 2º O nome do pai constante da Declaração de Nascido Vivo não constitui prova ou presunção da paternidade, somente podendo ser lançado no registro de nascimento quando verificado nos termos da legislação civil vigente.

› *Parágrafo acrescido pela Lei nº 12.662, de 5/6/2012*

§ 3º Nos nascimentos frutos de partos sem assistência de profissionais da saúde ou parteiras tradicionais, a Declaração de Nascido Vivo será emitida pelos Oficiais de Registro Civil que lavrarem o registro de nascimento, sempre que haja demanda das Secretarias Estaduais ou Municipais de Saúde para que realizem tais emissões.

› *Parágrafo acrescido pela Lei nº 12.662, de 5/6/2012*
› *Art. 48*
› *Arts. 480 a 495 (Registro Tardio de Nascimento), Prov. CNJ n. 149/2023 (CNN). Corresponde ao revogado Prov. CNJ 28/2013*

§ 4º A naturalidade poderá ser do Município em que ocorreu o nascimento ou do Município de residência da mãe do registrando na data do nascimento, desde que localizado em território nacional, e a opção caberá ao declarante no ato de registro do nascimento.

› *Parágrafo acrescido pela Medida Provisória nº 776, de 26/4/2017, convertida na Lei nº 13.484, de 26/9/2017*
› *Anexo I, Prov. CNJ 63/2017 (Certidões)*

§ 5º O oficial de registro civil de pessoas naturais do Município poderá, mediante convênio e desde que não prejudique o regular funcionamento da serventia, instalar unidade interligada em estabelecimento público ou privado de saúde para recepção e remessa de dados, lavratura do registro de nascimento e emissão da respectiva certidão.

› *Parágrafo acrescido pela Lei nº 14.382, de 27/6/2022*
› *Arts. 445 a 460 (Unidades Interligadas), Prov. CNJ n. 149/2023 (CNN). Corresponde ao revogado Prov. CNJ 13/2010*

Art. 55. Toda pessoa tem direito ao nome, nele compreendidos o prenome e o sobrenome, observado que ao prenome serão acrescidos os sobrenomes dos genitores ou de seus ascendentes, em qualquer ordem e, na hipótese de acréscimo de sobrenome de ascendente que não conste das certidões apresentadas, deverão ser apresentadas as certidões necessárias para comprovar a linha ascendente.

› *Caput do artigo com redação dada pela Lei nº 14.382, de 27/6/2022*
› *Art. 58, parágrafo único*
› *Art. 226, § 6º, Constituição Federal*
› *Art. 16, CC*
› *Art. 515-B, Provimento CNJ n. 149/2023 (CNN)*
› *Provimento CNJ 152/2023 (Aprimora as regras de averbação de alteração de nome, de gênero ou de ambos de pessoas transgênero) e arts. 516 a 523, Prov. CNJ n. 149/2023 (CNN)*
› *Provimentos CNJ 153/20232023 (Alteração Extrajudicial do Nome Civil) e arts. 515-A a 515-V, Prov. CNJ n. 149/2023 (CNN)*
› *Recomendação CNJ n. 50/2022 (Dispõe sobre a prevalência do direito fundamental ao nome sobre exigências não estabelecidas na Lei de Registros Públicos, para fins de registro de nascimento ou de óbito de crianças)*

§ 1º O oficial de registro civil não registrará prenomes suscetíveis de expor ao ridículo os seus portadores, observado que, quando os genitores não se conformarem com a recusa do oficial, este submeterá por escrito o caso à decisão do juiz competente, independentemente da cobrança de quaisquer emolumentos.

› *Parágrafo único transformado em § 1º e com redação dada pela Lei nº 14.382, de 27/6/2022*
› *Art. 515-B, § 2º Provimento CNJ n. 149/2023 (CNN)*
› *Art. 495-D, Provimento CNJ n. 149/2023 (CNN)*

§ 2º Quando o declarante não indicar o nome completo, o oficial de registro lançará adiante do prenome escolhido ao menos um sobrenome de cada um dos genitores, na ordem que julgar mais conveniente para evitar homonímias.

› *Parágrafo acrescido pela Lei nº 14.382, de 27/6/2022*
› *Arts. 5º, I, e 227, § 6º, CF*
› *Art. 515-B, § 1º Prov. CNJ n. 149/2023 (CNN)*

§ 3º O oficial de registro orientará os pais acerca da conveniência de acrescer sobrenomes, a fim de se evitar prejuízos à pessoa em razão da homonímia.

› *Parágrafo acrescido pela Lei nº 14.382, de 27/6/2022*
› *Art. 515-B, § 1º Prov. CNJ n. 149/2023 (CNN)*

§ 4º Em até 15 (quinze) dias após o registro, qualquer dos genitores poderá apresentar, perante o registro civil onde foi lavrado o assento de nascimento, oposição fundamentada ao prenome e sobrenomes indicados pelo declarante, observado que, se houver manifestação consensual dos genitores, será realizado o procedimento de retificação administrativa do registro, mas, se não houver consenso, a oposição será encaminhada ao juiz competente para decisão.

› *Parágrafo acrescido pela Lei nº 14.382, de 27/6/2022*
› *Art. 515-C, Prov. CNJ n. 149/2023 (CNN)*

Art. 56. A pessoa registrada poderá, após ter atingido a maioridade civil, requerer pessoalmente e imotivadamente a alteração de seu prenome, independentemente de decisão judicial, e a alteração será averbada e publicada em meio eletrônico.

› *Caput do artigo com redação dada pela Lei nº 14.382, de 27/6/2022*
› *Art. 16, Código Civil*
› *Art. 515-B, Prov. CNJ n. 149/2023 (CNN)*
› *Provimento CNJ 153/20232023 (Alteração Extrajudicial do Nome Civil)*

§ 1º A alteração imotivada de prenome poderá ser feita na via extrajudicial apenas 1 (uma) vez, e sua desconstituição dependerá de sentença judicial.

› *Parágrafo acrescido pela Lei nº 14.382, de 27/6/2022*

§ 2º A averbação de alteração de prenome conterá, obrigatoriamente, o prenome anterior, os números de documento de identidade, de inscrição no Cadastro de Pessoas Físicas (CPF) da Secretaria Especial da Receita Federal do Brasil, de passaporte e de título de eleitor do registrado, dados esses que deverão constar expressamente de todas as certidões solicitadas.

› *Parágrafo acrescido pela Lei nº 14.382, de 27/6/2022*
› *Arts. 17, 45, 47, 57, § 7º, 67, § 4º, e 95*
› *Art. 5º, V, X e LXXIX, CF*
› *Art. 11 e 189, CPC*
› *Lei 12.527/2011 (Acesso à informação)*
› *Lei 13.709/2018 (LGPD)*
› *Arts. 113 a 122 (Proteção de Dados), Prov. CNJ 149/2023 (CNN)*
› *Prov. CNJ 66/2018 (Prestação de serviços pelos ofícios de registro civil das pessoas naturais mediante convênio, credenciamento e matrícula com órgãos e entidades governamentais e privadas)*

§ 3º Finalizado o procedimento de alteração no assento, o ofício de registro civil de pessoas naturais no qual se processou a alteração, a expensas do requerente, comunicará o ato oficialmente aos órgãos expedidores do documento de identidade, do CPF e do passaporte, bem como ao Tribunal Superior Eleitoral, preferencialmente por meio eletrônico.

› *Parágrafo acrescido pela Lei nº 14.382, de 27/6/2022*

› *Art. 184 (Envio de dados ao TSE), Prov. CNJ n. 149/2023 (CNN). Corresponde ao revogado Prov. CNJ 137/2022*

§ 4º Se suspeitar de fraude, falsidade, má-fé, vício de vontade ou simulação quanto à real intenção da pessoa requerente, o oficial de registro civil fundamentadamente recusará a retificação.

› *Parágrafo acrescido pela Lei nº 14.382, de 27/6/2022*

Art. 57. A alteração posterior de sobrenomes poderá ser requerida pessoalmente perante o oficial de registro civil, com a apresentação de certidões e de documentos necessários, e será averbada nos assentos de nascimento e casamento, independentemente de autorização judicial, a fim de:

› *Caput do artigo com redação dada pela Lei nº 14.382, de 27/6/2022*
› *Arts. 515-I e seguintes, Prov. CNJ n. 149/2023 (CNN)*
› *Prov. CNJ 82/2019 (Averbação, no registro de nascimento e no de casamento dos filhos, da alteração do nome do genitor)*
› *Enunciado 122, II Jornada de Prevenção e Solução Extrajudicial de Litígios*

I - inclusão de sobrenomes familiares;

› *Inciso acrescido pela Lei nº 14.382, de 27/6/2022.*
› *Arts. 515-I, I, Prov. CNJ n. 149/2023 (CNN)*

II - inclusão ou exclusão de sobrenome do cônjuge, na constância do casamento;

› *Inciso acrescido pela Lei nº 14.382, de 27/6/2022.*
› *Arts. 515-I, II, Prov. CNJ n. 149/2023 (CNN)*
› *Arts. 515-L, § 3º, Prov. CNJ n. 149/2023 (CNN)*

III - exclusão de sobrenome do ex-cônjuge, após a dissolução da sociedade conjugal, por qualquer de suas causas;

› *Inciso acrescido pela Lei nº 14.382, de 27/6/2022.*
› *Arts. 515-I, III, Prov. CNJ n. 149/2023 (CNN)*

IV - inclusão e exclusão de sobrenomes em razão de alteração das relações de filiação, inclusive para os descendentes, cônjuge ou companheiro da pessoa que teve seu estado alterado.

› *Inciso acrescido pela Lei nº 14.382, de 27/6/2022.*
› *Arts. 515-I, IV, Prov. CNJ n. 149/2023 (CNN)*

§ 1º Poderá, também, ser averbado, nos mesmos termos, o nome abreviado, usado como firma comercial registrada ou em qualquer atividade profissional.

§ 2º Os conviventes em união estável devidamente registrada no registro civil de pessoas naturais poderão requerer a inclusão de sobrenome de seu companheiro, a qualquer tempo, bem como alterar seus sobrenomes nas mesmas hipóteses previstas para as pessoas casadas.

› *Parágrafo com redação dada pela Lei nº 14.382, de 27/6/2022*
› *Art. 94-A (Registro da União Estável)*
› *Art. 515-L, § 1º, Provimento CNJ n. 149/2023 (CNN)*
› *Art. 39, Lei do Divórcio (Lei 6.515/1977)*

§ 3º *Revogado pela Lei nº 14.382, de 27/6/2022*

§ 3º-A. O retorno ao nome de solteiro ou de solteira do companheiro ou da companheira será realizado por meio da averbação da extinção de união estável em seu registro.

› *Parágrafo acrescido pela Lei nº 14.382, de 27/6/2022.*
› *Art. 515-L, § 2º, Provimento CNJ n. 149/2023 (CNN)*

§§ 4º a 6º (*Revogados pela Lei nº 14.382, de 27/6/2022*)

§ 7º Quando a alteração de nome for concedida em razão de fundada coação ou ameaça decorrente de colaboração com a apuração de crime, o juiz competente determinará que haja a averbação no registro de origem de menção da existência de sentença concessiva da alteração, sem a averbação do nome alterado, que somente poderá ser procedida mediante determinação posterior, que levará em consideração a cessação da coação ou ameaça que deu causa à alteração.

› *Parágrafo acrescido pela Lei nº 9.807, de 13/7/1999*
› *Art. 58*

§ 8º O enteado ou a enteada, se houver motivo justificável, poderá requerer ao oficial de registro civil que, nos registros de nascimento e de casamento, seja averbado o nome de família de seu padrasto ou de sua madrasta, desde que haja expressa concordância destes, sem prejuízo de seus sobrenomes de família.

› *Parágrafo acrescido pela Lei nº 11.924, de 17/4/2009, e com nova redação dada pela Lei nº 14.382, de 27/6/2022.*
› *Arts. 515-M, Provimento CNJ n. 149/2023 (CNN)*

Art. 58. O prenome será definitivo, admitindo-se, todavia, a sua substituição por apelidos públicos notórios.

› *Caput do artigo com redação dada pela Lei nº 9.708, de 18/11/1998*
› *Vide ADIN nº 4.275/2009.*
› *Art. 71, Lei 13.445/2017 (Lei da Migração)*
› *Art. 47, § 5º, ECA (Estatuto da Criança e do Adolescente)*

Parágrafo único. A substituição do prenome será ainda admitida em razão de fundada coação ou ameaça decorrente da colaboração com a apuração de crime, por determinação, em sentença, de juiz competente, ouvido o Ministério Público.

› *Parágrafo único com redação dada pela Lei nº 9.807, de 13/7/1999*
› *Arts. 57, § 7º, 109 e 110*

Art. 59. Quando se tratar de filho ilegítimo, não será declarado o nome do pai sem que este expressamente o autorize e compareça, por si ou por procurador especial, para, reconhecendo-o, assinar, ou não sabendo ou não podendo, mandar assinar a seu rogo o respectivo assento com duas testemunhas.

› *Art. 226, § 6º, Constituição Federal*
› *Arts. 26 e 27, Lei 8.069/1990 (ECA)*
› *Art. 10, II, e 1.607 a 1.617, Código Civil*
› *Lei 8.560/1992 (Investigação de Paternidade)*
› *Prov. CNJ 12/2010 (Projeto Pai Presente)*
› *Prov. CNJ 26/2012 (Projeto Pai Presente)*
› *Prov. CNJ 16/2012 (Reconhecimento de Paternidade). Vide Anexo*
› *Arts. 496 a 504 (Reconhecimento de Paternidade), Prov. CNJ n. 149/2023 (CNN). Vide Anexos do Prov. CNJ 16/2012*
› *Arts. 505 a 511 (Socioafetividade), Prov. CNJ n. 149/2023 (CNN)*
› *Enunciado 5, I Jornada de Direito Notarial e Registral*
› *Enunciado 122, II Jornada de Prevenção e Solução Extrajudicial de Litígios*

Art. 60. O registro conterá o nome do pai ou da mãe, ainda que ilegítimos, quando qualquer deles for o declarante.

› *Art. 226, § 6º, Constituição Federal*

Art. 61. Tratando-se de exposto, o registro será feito de acordo com as declarações que os estabelecimentos de caridade, as autoridades ou os particulares comunicarem ao oficial competente, nos prazos mencionados no artigo 51, a partir do achado ou entrega, sob a pena do artigo 46, apresentando ao oficial, salvo motivo de força maior comprovada, o exposto e os objetos a que se refere o parágrafo único deste artigo.

› *Arts. 495-A a 495-E, Prov. CNJ n. 149/2023 (CNN)*
› *Prov. CNJ n. 151/2023 (CNN) (Registro de nascimento de criança ou adolescente no caso de omissão)*

Parágrafo único. Declarar-se-á o dia, mês e ano, lugar em que foi exposto, a hora em que foi encontrado e a sua idade aparente. Nesse caso, o envoltório, roupas e quaisquer outros objetos e sinais que trouxer a criança e que possam a todo o tempo fazê-la reconhecer, serão numerados, alistados e fechados em caixa lacrada e selada, com o seguinte rótulo: "Pertence ao exposto tal, assento de fls..... do livro....." e remetidos imediatamente, com uma guia em duplicata, ao Juiz, para serem recolhidos a lugar seguro. Recebida e arquivada a duplicata com o competente recibo do depósito, far-se-á à margem do assento a correspondente anotação.

› *Art. 227, § 6º, da CF*

Art. 62. O registro do nascimento do menor abandonado, sob jurisdição do Juiz de Menores, poderá fazer-se por iniciativa deste, à vista dos elementos de que dispuser e com observância, no que for aplicável, do que preceitua o artigo anterior.

› *Art. 102 do ECA (Lei 8.069/1990)*
› *Arts. 495-A a 495-E, Prov. CNJ n. 149/2023 (CNN)*
› *Prov. CNJ n. 151/2023 (CNN) (Registro de nascimento de criança ou adolescente no caso de omissão)*

Art. 63. No caso de gêmeos, será declarada no assento especial de cada um a ordem de nascimento. Os gêmeos que tiverem o prenome igual deverão ser inscritos com duplo prenome ou nome completo diverso, de modo que possam distinguir-se.

› *Art. 5º, Lei 8.560/1992 (Investigação de Paternidade)*

Parágrafo único. Também serão obrigados a duplo prenome, ou a nome completo diverso, os irmãos a que se pretender dar o mesmo prenome.

Art. 64. Os assentos de nascimento em navio brasileiro mercante ou de guerra serão lavrados, logo que o fato se verificar, pelo modo estabelecido na legislação de marinha, devendo, porém, observar-se as disposições da presente Lei.

Art. 65. No primeiro porto a que se chegar, o comandante depositará imediatamente, na capitania do porto, ou em sua falta, na estação fiscal, ou ainda, no consulado, em se tratando de porto estrangeiro, duas cópias autenticadas dos assentos referidos no artigo anterior, uma das quais será remetida, por intermédio do Ministério da Justiça, ao oficial do registro, para o registro, no lugar de residência dos pais ou, se não for possível descobri-lo, no 1º Ofício do Distrito Federal. Uma terceira cópia será entregue pelo comandante ao interessado que, após conferência na capitania do porto, por ela poderá, também, promover o registro no cartório competente.

› *Art. 31*

Parágrafo único. Os nascimentos ocorridos a bordo de quaisquer aeronaves, ou de navio estrangeiro, poderão ser dados a registro pelos pais brasileiros no cartório ou consulado do local do desembarque.

Art. 66. Pode ser tomado assento de nascimento de filho de militar ou assemelhado em livro criado pela administração militar mediante declaração feita pelo interessado ou remetido pelo comandante da unidade, quando em campanha. Esse assento será publicado em boletim da unidade e, logo que possível, trasladado por cópia autenticada, ex officio ou a requerimento do interessado, para o cartório de registro civil a que competir ou para o do 1º Ofício do Distrito Federal, quando não puder ser conhecida a residência do pai.

- *Arts. 51 e 86*

Parágrafo único. A providência de que trata este artigo será extensiva ao assento de nascimento de filho de civil, quando, em consequência de operações de guerra, não funcionarem os cartórios locais.

CAPÍTULO V – DA HABILITAÇÃO PARA O CASAMENTO

- *Arts. 1.525 a 1.532, Código Civil*
- *Resolução CNJ 175/2013 (Habilitação, celebração de casamento civil, ou de conversão de união estável em casamento, entre pessoas de mesmo sexo)*
- *Resolução CNJ 402/2021 (Caráter informativo, no âmbito do Serviço de Registro Civil das Pessoas Naturais, para melhor preparação para o casamento civil)*
- *Art. 531 a 536, Prov. CNJ 149/2023 (CNN)*
- *Enunciados 9 e 11, I Jornada de Direito Notarial e Registral*

Art. 67. Na habilitação para o casamento, os interessados, apresentando os documentos exigidos pela lei civil, requererão ao oficial do registro do distrito de residência de um dos nubentes, que lhes expeça certidão de que se acham habilitados para se casarem.

- *Arts. 1.525 a 1.526, Código Civil*
- *Resolução CNJ 402/2021 (Ações de Caráter informativo, no âmbito do Serviço de Registro Civil das Pessoas Naturais, para melhor preparação para o casamento civil)*
- *Art. 531, Prov. CNJ 149/2023 (CNN)*

§ 1º Se estiver em ordem a documentação, o oficial de registro dará publicidade, em meio eletrônico, à habilitação e extrairá, no prazo de até 5 (cinco) dias, o certificado de habilitação, podendo os nubentes contrair matrimônio perante qualquer serventia de registro civil de pessoas naturais, de sua livre escolha, observado o prazo de eficácia do art. 1.532 da Lei nº 10.406, de 10 de janeiro de 2002 (Código Civil).

- *Parágrafo com redação dada pela Lei nº 14.382, de 27/6/2022*
- *Art. 1.526, Código Civil*
- *Arts. 229 a 245 (CRC), Prov. CNJ n. 149/2023 (CNN). Corresponde ao revogado Prov. CNJ 46/2015*

§§ 2º a 4º (*Revogados pela Lei nº 14.382, de 27/6/2022*)

§ 4º-A. A identificação das partes e a apresentação dos documentos exigidos pela lei civil para fins de habilitação poderão ser realizadas eletronicamente mediante recepção e comprovação da autoria e da integridade dos documentos.

- *Parágrafo acrescido pela Lei nº 14.382, de 27/6/2022*
- *Art. 121 (Buscas nos índices) e art.228-B, Prov. CNJ 149/2023 (CNN)*

§ 5º Se houver impedimento ou arguição de causa suspensiva, o oficial de registro dará ciência do fato aos nubentes, para que indiquem, em 24 (vinte e quatro) horas, prova que pretendam produzir, e remeterá os autos a juízo, e, produzidas as provas pelo oponente e pelos nubentes, no prazo de 3 (três) dias, com ciência do Ministério Público, e ouvidos os interessados e o órgão do Ministério Público em 5 (cinco) dias, decidirá o juiz em igual prazo.

- *Parágrafo com redação dada pela Lei nº 14.382, de 27/6/2022*
- *Arts. 1.522 e 1.530, Código Civil*

§ 6º Quando a celebração do casamento ocorrer perante oficial de registro civil de pessoas naturais diverso daquele da habilitação, deverá ser comunicado o oficial de registro em que foi realizada a habilitação, por meio eletrônico, para a devida anotação no procedimento de habilitação.

- *Parágrafo com redação dada pela Lei nº 14.382, de 27/6/2022*

§ 7º Expedido o certificado de habilitação, celebrar-se-á o casamento, no dia, hora e lugar solicitados pelos nubentes e designados pelo oficial de registro.

- *Parágrafo acrescido pela Lei nº 14.382, de 27/6/2022*
- *Art. 1.533 e seguintes, Código Civil*

§ 8º A celebração do casamento poderá ser realizada, a requerimento dos nubentes, em meio eletrônico, por sistema de videoconferência em que se possa verificar a livre manifestação da vontade dos contraentes.

- *Parágrafo acrescido pela Lei nº 14.382, de 27/6/2022*

Art. 68. Se o interessado quiser justificar fato necessário à habilitação para o casamento, deduzirá sua intenção perante o Juiz competente, em petição circunstanciada indicando testemunhas e apresentando documentos que comprovem as alegações.

§ 1º Ouvidas as testemunhas, se houver, dentro do prazo de cinco (5) dias, com a ciência do órgão do Ministério Público, este terá o prazo de vinte e quatro (24) horas para manifestar-se, decidindo o Juiz em igual prazo, sem recurso.

§ 2º Os autos da justificação serão encaminhados ao oficial do registro para serem anexados ao processo da habilitação matrimonial.

Art. 69. Para a dispensa da publicação eletrônica dos proclamas, nos casos previstos em lei, os contraentes, em petição dirigida ao oficial de registro, deduzirão os motivos de urgência do casamento, provando o alegado, no prazo de 24 (vinte e quatro) horas, com documentos.

- *Caput do artigo com redação dada pela Lei nº 14.382, de 27/6/2022.*
- *Arts. 1.527, parágrafo único e 1.540, Código Civil*

§ 1º (*Revogado pela Lei nº 14.382, de 27/6/2022*)

§ 2º O oficial de registro, no prazo de 24 (vinte quatro) horas, com base nas provas apresentadas, poderá dispensar ou não a publicação eletrônica, e caberá recurso da decisão ao juiz corregedor.

- *Parágrafo com redação dada pela Lei nº 14.382, de 27/6/2022.*

CAPÍTULO VI – DO CASAMENTO

- *Resolução CNJ 155/2012 (Traslado de certidões de registro civil de pessoas naturais emitidas no exterior).*
- *Resolução CNJ 175/2013 (Habilitação, celebração de casamento civil, ou de conversão de união estável em casamento, entre pessoas de mesmo sexo)*
- *Resolução CNJ 402/2021 (Ações de Caráter informativo, no âmbito do Serviço de Registro Civil das Pessoas Naturais, para melhor preparação para o casamento civil)*
- *Arts. 531 a 536, Prov. CNJ 149/2023 (CNN)*

Art. 70. Do matrimônio, logo depois de celebrado, será lavrado assento, assinado pelo presidente do ato, os cônjuges, as testemunhas e o oficial, sendo exarados:

- *Art. 74, parágrafo único*
- *Art. 1.536, Código Civil*
- *Vide Anexo II, Prov. CNJ 63/2017 (Certidões)*

1º) os nomes, prenomes, nacionalidade, naturalidade, data de nascimento, profissão, domicílio e residência atual dos cônjuges; *(Redação dada pela Lei nº 13.484, de 2017)*

- *Item com redação dada pela Medida Provisória nº 776, de 26/4/2017, convertida na Lei nº 13.484, de 26/9/2017*
- *Art. 2º, Lei 6.515/1977 (Lei do Divórcio)*

2º) os nomes, prenomes, nacionalidade, data de nascimento ou de morte, domicílio e residência atual dos pais;

3º) os nomes e prenomes do cônjuge precedente e a data da dissolução do casamento anterior, quando for o caso;

- *Art. 2º, parágrafo único da Lei do Divórcio (Lei 6.515/1977)*

4º) a data da publicação dos proclamas e da celebração do casamento;

5º) a relação dos documentos apresentados ao oficial do registro;

- *Art. 1.525 do Código Civil*

6º) os nomes, prenomes, nacionalidade, profissão, domicílio e residência atual das testemunhas;

7º) o regime de casamento, com declaração da data e do cartório em cujas notas foi tomada a escritura antenupcial, quando o regime não for o da comunhão ou o legal que sendo conhecido, será declarado expressamente;

- *Art. 1.536, 1.640 e 1.653 a 1.657 do Código Civil*
- *Arts. 547 e 548, Prov. CNJ n. 149/2023 (CNN)*
- *Enunciados 80, 81 e 82, I Jornada de Direito Notarial e Registral*

8º) o nome, que passa a ter a mulher, em virtude do casamento;

- *Ar. 57*
- *Arts. 5º, I, e 226, § 7º, Constituição Federal*
- *Art. 1.565, § 1º, Código Civil*
- *Arts. 17 e 18, Lei 6.515/1977 (Lei do Divórcio)*

9º) os nomes e as idades dos filhos havidos de matrimônio anterior ou legitimados pelo casamento.

- *Art. 226, § 6º da Constituição Federal*

10) à margem do termo, a impressão digital do contraente que não souber assinar o nome.

Parágrafo único. As testemunhas serão, pelo menos, duas, não dispondo a lei de modo diverso.

- *Art. 226, § 2º, Constituição Federal*
- *Arts. 1.515 e 1.516, Código Civil*

Art. 70-A. A conversão da união estável em casamento deverá ser requerida pelos companheiros perante o oficial de registro civil de pessoas naturais de sua residência.

- *Art. 226, § 3º, Constituição Federal*
- *Arts. 1.723 a 1.727, Código Civil*
- *Arts. 546 e 549 a 553, Provimento CNJ n. 149/2023 (CNN)*

§ 1º Recebido o requerimento, será iniciado o processo de habilitação sob o mesmo rito previsto para o casamento, e deverá constar dos proclamas que se trata de conversão de união estável em casamento.

§ 2º Em caso de requerimento de conversão de união estável por mandato, a procuração deverá ser pública e com prazo máximo de 30 (trinta) dias.

§ 3º Se estiver em termos o pedido, será lavrado o assento da conversão da união estável em casamento, independentemente de autorização judicial, prescindindo o ato da celebração do matrimônio.

§ 4º O assento da conversão da união estável em casamento será lavrado no Livro B, sem a indicação da data e das testemunhas da celebração, do nome do presidente do ato e das assinaturas dos companheiros e das testemunhas, anotando-se no respectivo termo que se trata de conversão de união estável em casamento.

- *Art. 549 a 553, Provimento CNJ n. 149/2023 (CNN)*

§ 5º A conversão da união estável dependerá da superação dos impedimentos legais para o casamento, sujeitando-se à adoção do regime patrimonial de bens, na forma dos preceitos da lei civil.

- *Art. 550, Prov. CNJ 149/2023 (CNN)*

§ 6º Não constará do assento de casamento convertido a partir da união estável a data do início ou o período de duração desta, salvo no caso de prévio procedimento de certificação eletrônica de união estável realizado perante oficial de registro civil.

- *Art. 553, Prov. CNJ 149/2023 (CNN)*

§ 7º Se estiver em termos o pedido, o falecimento da parte no curso do processo de habilitação não impedirá a lavratura do assento de conversão de união estável em casamento.

- *Artigo acrescido pela Lei nº 14.382, de 27/6/2022.*
- *Resolução CNJ 175/2013 (Habilitação, celebração de casamento civil, ou de conversão de união estável em casamento, entre pessoas de mesmo sexo)*
- *Arts. 547, 548 e 552, Prov. CNJ 149/2023*

CAPÍTULO VII – DO REGISTRO DO CASAMENTO RELIGIOSO PARA EFEITOS CIVIS

Art. 71. Os nubentes habilitados para o casamento poderão pedir ao oficial que lhe forneça a respectiva certidão, para se casarem perante autoridade ou ministro religioso, nela mencionando o prazo legal de validade da habilitação.

- *Art. 226, § 2º, Constituição Federal*
- *Arts. 1.531 e 1.532, Código Civil*
- *Arts. 238 e 239, Código Penal*

Art. 72. O termo ou assento do casamento religioso, subscrito pela autoridade ou ministro que o celebrar, pelos nubentes e por duas testemunhas, conterá os requisitos do artigo 71, exceto o 5º.

- *Art. 1.516, Código Civil*

Art. 73. No prazo de trinta dias a contar da realização, o celebrante ou qualquer interessado poderá, apresentando o assento ou termo do casamento religioso, requerer-lhe o registro ao oficial do cartório que expediu a certidão.

- *Art. 33, III*
- *Art. 1.516, § 1º, CC*
- *Enunciado 11, I Jornada de Direito Notarial e Registral*

§ 1º O assento ou termo conterá a data da celebração, o lugar, o culto religioso, o nome do celebrante, sua qualidade, o cartório que expediu a habilitação, sua data, os nomes, profissões, residências, nacionalidades das testemunhas que o assinarem e os nomes dos contraentes.

§ 2º Anotada a entrada do requerimento o oficial fará o registro no prazo de 24 (vinte e quatro) horas.

§ 3º A autoridade ou ministro celebrante arquivará a certidão de habilitação que lhe foi apresentada, devendo, nela, anotar a data da celebração do casamento.

Art. 74. O casamento religioso, celebrado sem a prévia habilitação, perante o oficial de registro público, poderá ser registrado desde que apresentados pelos nubentes, com o requerimento de registro, a prova do ato religioso e os documentos exigidos pelo Código Civil, suprindo eles eventual falta de requisitos nos termos da celebração.

- *Arts. 1.516, 1.525 e 1.526, Código Civil*

Parágrafo único. Processada a habilitação com a publicação dos editais e certificada a inexistência de impedimentos, o oficial fará o registro do casamento religioso, de acordo com a prova do ato e os dados constantes do processo, observado o disposto no artigo 70.

Art. 75. O registro produzirá efeitos jurídicos a contar da celebração do casamento.

- *Art. 226, § 2º, Constituição Federal*
- *Art. 1.515, Código Civil*

Parágrafo único. O oficial de registro civil comunicará o registro ao Ministério da Economia e ao INSS pelo Sistema Nacional de Informações de Registro Civil (Sirc) ou por outro meio que venha a substituí-lo.

- *Parágrafo único acrescido pela Lei nº 13.846, de 18/6/2019*
- *Decreto 9.929/2019 (Sistema Nacional de Informações de Registro Civil – SIRC)*
- *Instrução Normativa INSS N.116/2021 (Procedimento relativo à apuração de descumprimento de qualquer obrigação imposta pelo art. 68 da Lei 8.212/1991)*
- *Portaria INSS n. 901/2021 (Regras de condutas de acesso pelos Titulares e Substitutos de Cartórios de Registro Civil ao SIRC).*
- *Resolução 01/2015 Comitê Gestor do SIRC*
- *Resolução 04/2019 Comitê Gestor do SIRC*
- *Resolução 08/2021 Comitê Gestor do SIRC*
- *Recomendação CNJ n. 40/2019 (Prazos e informações a serem prestadas ao Sistema Nacional de Informações de Registro Civil – SIRC pelas serventias extrajudiciais de registro de pessoas naturais)*

CAPÍTULO VIII – DO CASAMENTO EM IMINENTE RISCO DE VIDA

Art. 76. Ocorrendo iminente risco de vida de algum dos contraentes, e não sendo possível a presença da autoridade competente para presidir o ato, o casamento poderá realizar-se na presença de seis testemunhas, que comparecerão, dentro de 5 (cinco) dias, perante a autoridade judiciária mais próxima, a fim de que sejam reduzidas a termo suas declarações.

- *Art. 1.541, Código Civil*

§ 1º Não comparecendo as testemunhas, espontaneamente, poderá qualquer interessado requerer a sua intimação.

§ 2º Autuadas as declarações e encaminhadas à autoridade judiciária competente, se outra for a que as tomou por termo, será ouvido o órgão do Ministério Público e se realizarão as diligências necessárias para verificar a inexistência de impedimento para o casamento.

§ 3º Ouvidos dentro em 5 (cinco) dias os interessados que o requerem e o órgão do Ministério Público, o Juiz decidirá em igual prazo.

§ 4º Da decisão caberá apelação com ambos os efeitos.

- *Art. 1.541, § 1º, CC.*
- *Arts. 1.009 e ss., CPC.*

§ 5º Transitada em julgado a sentença, o Juiz mandará registrá-la no Livro de Casamento.

- *Art. 33, II*
- *Art. 1.541, §§ 3º e 4º, CC*

CAPÍTULO IX – DO ÓBITO

- *Art. 29, § 6º (Prova de Vida)*
- *At. 68, Lei 8.212/1991 (Seguridade Social)*
- *Lei 8.501/1992 (Utilização de cadáver não reclamado, para fins de estudos ou pesquisas científicas)*
- *Lei 9.140/1995 (Reconhece como mortas pessoas desaparecidas em razão de participação, ou acusação de participação, em atividades políticas, no período de 2 de setembro de 1961 a 15 de agosto de 1979)*
- *Lei 11.976/2009 (Declaração de Óbito)*
- *Resolução CNJ 155/2012 (Traslado de certidões de registro civil de pessoas naturais emitidas no exterior)*
- *Prov. CNJ 63/2017 (Certidões), Anexo III*
- *Recomendação CNJ 18/2015 (Expedição de certidão de óbito no estabelecimento de saúde em que ocorra o falecimento)*
- *Recomendação CNJ 19/2015 (Instituição de Banco de Dados de óbitos de pessoas não identificadas, nos Estados que possuem Central de Registro Civil e no Distrito Federal)*
- *Orientação CNJ 4/2013 (Desnecessidade de preenchimento da coluna "CID" do campo 40 da Declaração de Óbito do Ministério da Saúde para efeito de lavratura de assento de óbito por Oficial de Registro Civil das Pessoas Naturais)*
- *Portaria conjunta RFB/MPS/INSS 1.735/2015 (Comunicação de registro de óbitos)*

Art. 77. Nenhum sepultamento será feito sem certidão do oficial de registro do lugar do falecimento ou do lugar de residência do de cujus, quando o falecimento ocorrer em local diverso do seu domicílio, extraída após a lavratura do assento de óbito, em vista do atestado de médico, se houver no lugar, ou em caso contrário, de duas pessoas qualificadas que tiverem presenciado ou verificado a morte.

- *Caput do artigo com redação dada pela Lei nº 13.484, de 26/9/2017*
- *Arts. 30, 83, 107*
- *Art. 5º, LXXVI, b, Constituição Federal*
- *Art. 3º, Lei n. 9.140/1995 (Reconhece como mortas pessoas desaparecidas em razão de participação, ou acusação de participação, em atividades políticas, no período de 2 de setembro de 1961 a 15 de agosto de 1979)*

§ 1º Antes de proceder ao assento de óbito de criança de menos de 1 (um) ano, o oficial verificará se houve registro de nascimento, que, em caso de falta, será previamente feito.

- *Art. 50*

§ 2º A cremação de cadáver somente será feita daquele que houver manifestado a vontade de ser incinerado ou no interesse da saúde pública e se o atestado de óbito houver sido firmado por 2 (dois) médicos ou por 1 (um) médico legista e, no caso de morte violenta, depois de autorizada pela autoridade judiciária.

Art. 78. Na impossibilidade de ser feito o registro dentro de 24 (vinte e quatro) horas do falecimento, pela distância ou qualquer outro motivo relevante, o assento será lavrado depois, com a maior urgência, e dentro dos prazos fixados no artigo 50.

Art. 79. São obrigados a fazer declaração de óbitos:

1º) o chefe de família, a respeito de sua mulher, filhos, hóspedes, agregados e fâmulos;

- *Arts. 5º, I, e 227, § 6º, Constituição Federal*

2º) a viúva, a respeito de seu marido, e de cada uma das pessoas indicadas no número antecedente;

- *Arts. 5º, I, e 227, § 6º, Constituição Federal*

3º) o filho, a respeito do pai ou da mãe; o irmão, a respeito dos irmãos e demais pessoas de casa, indicadas no nº 1; o parente mais próximo maior e presente;

4º) o administrador, diretor ou gerente de qualquer estabelecimento público ou particular, a respeito dos que nele faleceram, salvo se estiver presente algum parente em grau acima indicado;

5º) na falta de pessoa competente, nos termos dos números anteriores, a que tiver assistido aos últimos momentos do finado, o médico, o sacerdote ou vizinho que do falecimento tiver notícia;

6º) a autoridade policial, a respeito de pessoas encontradas mortas.

Parágrafo único. A declaração poderá ser feita por meio de preposto, autorizando-o o declarante em escrito, de que constem os elementos necessários ao assento de óbito.

Art. 80. O assento de óbito deverá conter:

- *Arts. 87 e 109 a 113*
- *Art. 14, Resolução CNJ n. 155/2012 (Traslado)*
- *Recomendação CNJ n. 50/2022 (Dispõe sobre a prevalência do direito fundamental ao nome sobre exigências não estabelecidas na Lei de Registros Públicos, para fins de registro de nascimento ou de óbito de crianças)*
- *Anexo III, Prov. CNJ 63/2017 (Certidão)*
- *Arts. 118 e 119 (Certidão), Prov. CNJ 149/2023 (CNN)*

1º) a hora, se possível, dia, mês e ano do falecimento;

2º) o lugar do falecimento, com indicação precisa;

3º) o prenome, nome, sexo, idade, cor, estado, profissão, naturalidade, domicílio e residência do morto;

4º) se era casado, o nome do cônjuge sobrevivente, mesmo quando desquitado; se viúvo, o do cônjuge pré-defunto; e o cartório de casamento em ambos os casos;

5º) os nomes, prenomes, profissão, naturalidade e residência dos pais;

6º) se faleceu com testamento conhecido;

7º) se deixou filhos, nome e idade de cada um;

8º) se a morte foi natural ou violenta e a causa conhecida, com o nome dos atestantes;

9º) lugar do sepultamento;

10) se deixou bens e herdeiros menores ou interditos;

11) se era eleitor.

12) pelo menos uma das informações a seguir arroladas: número de inscrição do PIS/PASEP; número de inscrição no Instituto Nacional do Seguro Social – INSS, se contribuinte individual; número de benefício previdenciário – NB, se a pessoa falecida for titular de qualquer benefício pago pelo INSS; número do CPF; número de registro da Carteira de Identidade e respectivo órgão emissor; número do título de eleitor; número do registro de nascimento, com informação do livro, da folha e do termo; número e série da Carteira de Trabalho.

- *Item incluído pela Medida Provisória 2.187-13, de 24/08/2001.*

Parágrafo único. O oficial de registro civil comunicará o óbito à Receita Federal e à Secretaria de Segurança Pública da unidade da Federação que tenha emitido a cédula de identidade, exceto se, em razão da idade do falecido, essa informação for manifestamente desnecessária.

- *Parágrafo único acrescido pela Lei nº 13.114, de 16/4/2015*

Art. 81. Sendo o finado desconhecido, o assento deverá conter declaração de estatura ou medida, se for possível, cor, sinais aparentes, idade presumida, vestuário e qualquer outra indicação que possa auxiliar de futuro o seu reconhecimento; e, no caso de ter sido encontrado morto, serão mencionados esta circunstância e o lugar em que se achava e o da necropsia, se tiver havido.

- *Art. 87*

Parágrafo único. Neste caso, será extraída a individual dactiloscópica, se no local existir esse serviço.

Art. 82. O assento deverá ser assinado pela pessoa que fizer a comunicação ou por alguém a seu rogo, se não souber ou não puder assinar.

- *Art. 87*

Art. 83. Quando o assento for posterior ao enterro, faltando atestado de médico ou de duas pessoas qualificadas, assinarão, com a que fizer a declaração, duas testemunhas que tiverem assistido ao falecimento ou ao funeral e puderem atestar, por conhecimento próprio ou por informação que tiverem colhido, a identidade do cadáver.

- *Art. 87*

Art. 84. Os assentos de óbitos de pessoas falecidas a bordo de navio brasileiro serão lavrados de acordo com as regras estabelecidas para os nascimentos, no que lhes for aplicável, com as referências constantes do artigo 80, salvo se o enterro for no porto, onde será tomado o assento.

- *Arts. 64 e 65*

Art. 85. Os óbitos, verificados em campanha, serão registrados em livro próprio, para esse fim designado, nas formações sanitárias e corpos de tropas, pelos oficiais da corporação militar correspondente, autenticado cada assento com a rubrica do respectivo médico chefe, ficando a cargo da unidade que proceder ao sepultamento o registro, nas condições especificadas, dos óbitos que se derem no próprio local de combate.

- *Art. 88, parágrafo único*

Art. 86. Os óbitos a que se refere o artigo anterior, serão publicados em boletim da corporação e registrados no registro civil, mediante relações autenticadas, remetidas ao Ministério da Justiça, contendo os nomes dos mortos, idade, naturalidade, estado civil, designação dos corpos a que pertenciam, lugar da residência ou de mobilização, dia, mês, ano e lugar do falecimento e do sepultamento para, à vista dessas relações, se fazerem os assentamentos de conformidade com o que a respeito está disposto no artigo 66.

Art. 87. O assentamento de óbito ocorrido em hospital, prisão ou outro qualquer estabelecimento público será feito, em falta de declaração de parentes, segundo a da respectiva administração, observadas as disposições dos artigos 80 a 83; e o relativo a pessoa encontrada acidental ou violentamente morta, segundo a comunicação, ex oficio, das autoridades policiais, às quais incumbe fazê-la logo que tenham conhecimento do fato.

Art. 88. Poderão os Juízes togados admitir justificação para o assento de óbito de pessoas desaparecidas em naufrágio, inundação, incêndio, terremoto ou qualquer outra catástrofe, quando estiver provada a sua presença no local do desastre e não for possível encontrar-se o cadáver para exame.

- *Arts. 381, § 5º e 382, § 1º, CPC*
- *Art. 3º, parágrafo único, Lei n. 9.140/1995 (Reconhece como mortas pessoas desaparecidas em razão de participação, ou acusação de participação, em atividades políticas, no período de 2 de setembro de 1961 a 15 de agosto de 1979)*

Parágrafo único. Será também admitida a justificação no caso de desaparecimento em campanha, provados a impossibilidade de ter sido feito o registro nos termos do artigo 85 e os fatos que convençam da ocorrência do óbito.

CAPÍTULO X – DA EMANCIPAÇÃO, INTERDIÇÃO E AUSÊNCIA

Art. 89. No cartório do 1º Ofício ou da 1ª subdivisão judiciária de cada comarca serão registrados, em livro especial, as sentenças de emancipação, bem como os atos dos pais que a concederem, em relação aos menores nela domiciliados.

- *Art. 13, § 2º; Art. 92; 87 e 104*
- *Art. 5º § 1º, I, 9º, II, Código Civil*
- *Art. 725, Código de Processo Civil de 2015*
- *Lei 2.375/1954 (Dispõe sobre a inscrição no Registro Público da emancipação por outorga do pai ou da mãe)*

Art. 90. O registro será feito mediante trasladação da sentença oferecida em certidão ou do instrumento, limitando-se, se for de escritura pública, as referências da data, livro, folha e ofício em que for lavrada sem dependência, em qualquer dos casos, da presença de testemunhas, mas com a assinatura do apresentante. Dele sempre constarão:

1º) data do registro e da emancipação;

2º) nome, prenome, idade, filiação, profissão, naturalidade e residência do emancipado; data e cartório em que foi registrado o seu nascimento;

3º) nome, profissão, naturalidade e residência dos pais ou do tutor.

Art. 91. Quando o juiz conceder emancipação, deverá comunicá-la, de ofício, ao oficial de registro, se não constar dos autos haver sido efetuado este dentro de 8 (oito) dias.

- *Art. 148, Lei 8.069/1990 (ECA)*

Parágrafo único. Antes do registro, a emancipação, em qualquer caso, não produzirá efeito.

Art. 92. As interdições serão registradas no mesmo cartório e no mesmo livro de que trata o artigo 89, salvo a hipótese prevista na parte final do parágrafo único do artigo 33, declarando-se:

- *Art. 104*
- *Art. 1.772, Código Civil*
- *Arts. 747 a 763 e 1.012, Código de Processo Civil de 2015*
- *Vide Enunciado 178, III Jornada de Direito Processual Civil do CJF*

1º) data do registro;

2º) nome, prenome, idade, estado civil, profissão, naturalidade, domicílio e residência do interdito, data e cartório em que forem registrados o nascimento e o casamento, bem como o nome do cônjuge, se for casado;

3º) data da sentença, nome e vara do Juiz que a proferiu;

4º) nome, profissão, estado civil, domicílio e residência do curador;

5º) nome do requerente da interdição e causa desta;

6º) limites da curadoria, quando for parcial a interdição;

- *Art. 1.772, Código Civil*
- *Art. 755, § 3º, Código de Processo Civil*

7º) lugar onde está internado o interdito.

Art. 93. A comunicação, com os dados necessários, acompanhados de certidão de sentença, será remetida pelo Juiz ao cartório para registro de ofício, se o curador ou promovente não o tiver feito dentro de oito (8) dias.

Parágrafo único. Antes de registrada a sentença, não poderá o curador assinar o respectivo termo.

Art. 94. O registro das sentenças declaratórias de ausência, que nomearem curador, será feita no cartório do domicílio anterior do ausente, com as mesmas cautelas e efeitos do registro de interdição, declarando-se:

- *Art. 104*
- *Art. 9º, IV, e 22 a 39, Código Civil*

1º) data do registro;

2º) nome, idade, estado civil, profissão e domicílio anterior do ausente, data e cartório em que foram registrados o nascimento e o casamento, bem como o nome do cônjuge, se for casado;

3º) tempo de ausência até a data da sentença;

4º) nome do promotor do processo;

5º) data da sentença, nome e vara do Juiz que a proferiu;

6º) nome, estado, profissão, domicílio e residência do curador e os limites da curatela.

- *Vide Enunciado 178, III Jornada de Direito Processual Civil do CJF*

Art. 94-A. Os registros das sentenças declaratórias de reconhecimento e dissolução, bem como dos termos declaratórios formalizados perante o oficial de registro civil e das escrituras públicas declaratórias e dos distratos que envolvam união estável, serão feitos no Livro E do registro civil de pessoas naturais em que os companheiros têm ou tiveram sua última residência, e dele deverão constar:

- *Art. 226, § 3º, Constituição Federal*
- *Art. 537, Prov. CNJ 149/2023 (CNN)*
- *Arts. 537 a 553 (União Estável), Prov. CNJ n. 149/2023 (CNN). Corresponde ao revogado Prov. CNJ 37/2014*
- *Lei 9.278/1996 (União Estável)*
- *Vide Enunciado 179, III Jornada de Direito Processual Civil do CJF*

I - data do registro;

II - nome, estado civil, data de nascimento, profissão, CPF e residência dos companheiros;

III - nome dos pais dos companheiros;

IV - data e cartório em que foram registrados os nascimentos das partes, seus casamentos e uniões estáveis anteriores, bem como os óbitos de seus outros cônjuges ou companheiros, quando houver;

V - data da sentença, trânsito em julgado da sentença e vara e nome do juiz que a proferiu, quando for o caso;

VI - data da escritura pública, mencionados o livro, a página e o tabelionato onde foi lavrado o ato;

VII - regime de bens dos companheiros;

VIII - nome que os companheiros passam a ter em virtude da união estável.

§ 1º Não poderá ser promovido o registro, no Livro E, de união estável de pessoas casadas, ainda que separadas de fato, exceto se separadas judicialmente ou extrajudicialmente, ou se a declaração da união estável decorrer de sentença judicial transitada em julgado.

- *Arts. 539 e 545, Provimento CNJ n. 149/2023 (CNN)*

§ 2º As sentenças estrangeiras de reconhecimento de união estável, os termos extrajudiciais, os instrumentos particulares ou escrituras públicas declaratórias de união estável, bem como os respectivos distratos, lavrados no exterior, nos quais ao menos um dos companheiros seja brasileiro, poderão ser levados a registro no Livro E do registro civil de pessoas naturais em que qualquer dos companheiros tem ou tenha tido sua última residência no território nacional.

- *Art. 7º, § 6º, Lei de Introdução às Normas do Direito Brasileiro (LINDB)*
- *Art. 540, § 2º Provimento CNJ n. 149/2023 (CNN)*
- *Art. 463 (Averbação de carta de sentença expedida após homologação de sentença estrangeira relativa a divórcio ou separação judicial), Prov. CNJ n. 149/2023 (CNN). Corresponde ao revogado Prov. CNJ 51/2015*
- *Arts. 464 a 467 (Averbação direta da sentença estrangeira de divórcio consensual simples ou puro independentemente de homologação judicial) Prov. CNJ n. 149/2023 (CNN). Corresponde ao revogado Prov. CNJ 53/2015*

§ 3º Para fins de registro, as sentenças estrangeiras de reconhecimento de união estável, os termos extrajudiciais, os instrumentos particulares ou escrituras públicas declaratórias de união estável, bem como os respectivos distratos, lavrados no exterior, deverão ser devidamente legalizados ou apostilados e acompanhados de tradução juramentada.

- *Artigo acrescido pela Lei nº 14.382, de 27/6/2022*
- *Art. 70-A*
- *Resolução CNJ 228/2016 (Apostilamento)*
- *Arts. 537 a 553 (União Estável), Prov. CNJ n. 149/2023 (CNN). Corresponde ao revogado Prov. CNJ 37/2014*
- *Arts. 2º a 17 (Apostilamento) Prov. CNJ 149/2023 (CNN)*
- *Decreto nº 8.660/2016 (Convenção sobre a Eliminação da Exigência de Legalização de Documentos Públicos Estrangeiros)*
- *Enunciados 7 e 22, I Jornada de Direito Notarial e Registral*
- *Enunciado 128, II Jornada de Prevenção e Solução Extrajudicial de Litígios*

CAPÍTULO XI – DA LEGITIMAÇÃO ADOTIVA

- *Art. 47 do ECA (Lei 8.069/1990)*

Art. 95. Serão registradas no registro de nascimentos as sentenças de legitimação adotiva, consignando-se nele os nomes dos pais adotivos como pais legítimos e os dos ascendentes dos mesmos se já falecidos, ou sendo vivos, se houverem, em qualquer tempo, manifestado por escrito sua adesão ao ato (Lei nº 4.655, de 2 de junho de 1965, art. 6º).

- *Houve a revogação da Lei 4.655/1965 pela Lei 6.697/1979, que no entanto, foi revogada pelo ECA (Lei 8.069/1990). Esse artigo foi tacitamente revogado pelo art. 47 do ECA, posto que dispõe em contrário sobre a matéria*
- *Art. 21*
- *Arts. 39 a 52, Lei 8.069/1990 (ECA)*

Parágrafo único. O mandado será arquivado, dele não podendo o oficial fornecer certidão, a não ser por determinação judicial e em segredo de justiça, para salvaguarda de direitos (Lei nº 4.655, de 2-6-65, art. 8º, parágrafo único).

- *Art. 227, § 6º, CF/1988*
- *Lei 13.709/ 2018 (LGPD)*
- *Arts. 113 a 122 (Proteção de Dados), Prov. CNJ 149/2023 (CNN)*

Art. 96. Feito o registro, será cancelado o assento de nascimento original do menor.

- *Vide Anexo V, Prov. CNJ 63/2017*
- *Art. 227, § 6º, da CF*

CAPÍTULO XII – DA AVERBAÇÃO

Art. 97. A averbação será feita pelo oficial do cartório em que constar o assento à vista da carta de sentença, de mandado ou de petição acompanhada de certidão ou documento legal e autêntico.

- *Caput do artigo com redação dada pela Lei nº 13.484, de 26/9/2017*
- *Enunciados 4 e 10, I Jornada de Direito Notarial e Registral*

Parágrafo único. Nas hipóteses em que o oficial suspeitar de fraude, falsidade ou má-fé nas declarações ou na documentação apresentada para fins de averbação, não praticará o ato pretendido e submeterá o caso ao representante do Ministério Público para manifestação, com a indicação, por escrito, dos motivos da suspeita.

- *Parágrafo único acrescido pela Lei nº 13.484, de 26/9/2017*

Art. 98. A averbação será feita à margem do assento e, quando não houver espaço, no livro corrente, com as notas e remissões recíprocas, que facilitem a busca.

Art. 99. A averbação será feita mediante a indicação minuciosa da sentença ou ato que a determinar.

Art. 100. No livro de casamento, será feita averbação da sentença de nulidade e anulação de casamento, bem como do desquite, declarando-se a data em que o Juiz a proferiu, a sua conclusão, os nomes das partes e o trânsito em julgado.

- *Art. 32, 33, II e III; 70*
- *Art. 105, I, i, CF*
- *Art. 7º, § 6º, LINDB*
- *Art. 1.544, CC*
- *Art. 13, Resolução CNJ 155/2012 (Traslado de certidões de registro civil de pessoas naturais emitidas no exterior)*
- *Art. 544 Prov. CNJ 149/2023 (CNN)*
- *Prov. CNJ 51/2015 (Averbação de carta de sentença expedida após homologação de sentença estrangeira relativa a divórcio ou separação judicial) incorporado ao art. 463 do Prov. CNJ 149/2023 (CNN)*
- *Prov. CNJ 53/2016 (averbação direta no RCPN da sentença estrangeira de divórcio simples) incorporado aos arts. 464 a 467 do Prov. CNJ 149/2023 (CNN)*

§ 1º Antes de averbadas, as sentenças não produzirão efeito contra terceiros.

§ 2º As sentenças de nulidade ou anulação de casamento não serão averbadas enquanto sujeitas a recurso, qualquer que seja o seu efeito.

§ 3º A averbação a que se refere o parágrafo anterior será feita à vista da carta de sentença, subscrita pelo presidente ou outro Juiz do Tribunal que julgar a ação em grau de recurso, da qual constem os requisitos mencionados neste artigo e, ainda, certidão do trânsito em julgado do acórdão.

§ 4º O oficial do registro comunicará, dentro de quarenta e oito horas, o lançamento da averbação respectiva ao Juiz que houver subscrito a carta de sentença mediante ofício sob registro postal.

§ 5º Ao oficial, que deixar de cumprir as obrigações consignadas nos parágrafos anteriores, será imposta a multa de cinco salários-mínimos da região e a suspensão do cargo até seis meses; em caso de reincidência ser-lhe-á aplicada, em dobro, a pena pecuniária, ficando sujeito à perda do cargo.

Art. 101. Será também averbado, com as mesmas indicações e efeitos, o ato de restabelecimento de sociedade conjugal.

- *Art. 29, § 1º, a*
- *Resolução CNJ 35/2007 (Inventário, Partilha, Separação, Divórcio, Extinção da União Estável Extrajudiciais)*
- *Art. 46, Lei do Divórcio (Lei 6.515/1977)*

Art. 102. No livro de nascimento, serão averbados:

- *Arts. 11 e 12, Resolução CNJ 155/2012 (Traslado de certidões de registro civil de pessoas naturais emitidas no exterior)*

1º) as sentenças que julgarem ilegítimos os filhos concebidos na constância do casamento;

- *Art. 29, § 1º, b*
- *Art. 1.598 do Código Civil*

2º) as sentenças que declararem legítima a filiação;

- *Art. 29, § 1º, c*
- *Art. 1.606, Código Civil*
- *Vide art. 117, § 4º, Prov. CNJ 149/2023*

3º) as escrituras de adoção e os atos que a dissolverem;

- *Art. 47, § 2º do ECA (Lei 8.069/1990)*

4º) o reconhecimento judicial ou voluntário dos filhos ilegítimos;

- *Art. 29, § 1º, d*
- *Art. 226, § 6º da Constituição Federal*
- *Vide art. 117, § 4º, Prov. CNJ 149/2023*
- *Vide Enunciado 118, II Jornada de Prevenção e Solução Extrajudicial de Litígios*

5º) a perda de nacionalidade brasileira, quando comunicada pelo Ministério da Justiça.

- *Art. 75, Lei 13.445/2017 (Lei da Migração)*
- *Arts. 213 a 217, Decreto 9.199/2017 (Regulamenta a Lei de Migração)*

6º) a perda e a suspensão do pátrio poder.

- *Item acrescido pela Lei nº 8.069, de 13/7/1990*
- *Art. 163, ECA*
- *Arts. 1.630 a 1.638, Código Civil*

Art. 103. Será feita, ainda de ofício, diretamente quando no mesmo cartório, ou por comunicação do oficial que registrar o casamento, a averbação da legitimação dos filhos por subsequente matrimônio dos pais, quando tal circunstância constar do assento de casamento.

- *Art. 226, § 6º, Constituição Federal*

Art. 104. No livro de emancipações, interdições e ausências, será feita a averbação das sentenças que puserem termo à interdição, das substituições dos curadores de interditos ou ausentes, das alterações dos limites de curatela, da cessação ou mudança de internação, bem como da cessação da ausência pelo aparecimento do ausente, de acordo com o disposto nos artigos anteriores.

Parágrafo único. Averbar-se-á, também, no assento de ausência, a sentença de abertura de sucessão provisória, após o trânsito em julgado, com referência especial ao testamento do ausente se houver e indicação de seus herdeiros habilitados.

Art. 105. Para a averbação de escritura de adoção de pessoa cujo registro de nascimento haja sido fora do País, será trasladado, sem ônus para os interessados, no livro "A" do Cartório do 1º Ofício ou da 1ª subdivisão judiciária da comarca em que for domiciliado o adotante, aquele registro, legalmente traduzido, se for o caso, para que se faça, à margem dele, a competente averbação.

- *Art. 47, Lei 8.069*

CAPÍTULO XIII – DAS ANOTAÇÕES

- *Arts. 231, II e 236, Prov. CNJ 149/2023 (CNN)*

Art. 106. Sempre que o oficial fizer algum registro ou averbação, deverá, no prazo de cinco dias, anotá-lo nos atos anteriores, com remissões recíprocas, se lançados em seu cartório, ou fará comunicação, com resumo do assento, ao oficial em cujo cartório estiverem os registros primitivos, obedecendo-se sempre à forma prescrita no artigo 98.

- *Art. 236 Prov. CNJ 149/2023 (CNN)*

Parágrafo único. As comunicações serão feitas mediante cartas relacionadas em protocolo, anotando-se à margem ou sob o ato comunicado, o número de protocolo e ficarão arquivadas no cartório que as receber.

Art. 107. O óbito deverá ser anotado, com as remissões recíprocas, nos assentos de casamento e nascimento, e o casamento no deste.

§ 1º A emancipação, a interdição e a ausência serão anotadas pela mesma forma, nos assentos de nascimento e casamento, bem como a mudança do nome da mulher, em virtude de casamento, ou sua dissolução, anulação ou desquite.

- *Art. 227, § 6º, da CF*

§ 2º A dissolução e a anulação do casamento e o restabelecimento da sociedade conjugal serão, também, anotadas nos assentos de nascimento dos cônjuges.

Art. 108. Os oficiais, além das penas disciplinares em que incorrerem, são responsáveis civil e criminalmente pela omissão ou atraso na remessa de comunicações a outros cartórios.

- *Arts. 31 a 36, Lei 8.935/1994*

CAPÍTULO XIV – DAS RETIFICAÇÕES, RESTAURAÇÕES E SUPRIMENTOS

- *Vide Lei 3.764/1960 (Estabelece rito sumaríssimo para retificações no registro civil)*
- *Arts. 197 a 205 (Extravio ou Danificação do Acervo), Prov. CNJ 149/2023 (CNN). Corresponde ao revogado Prov. CNJ 23/2012*

Art. 109. Quem pretender que se restaure, supra ou retifique assentamento no Registro Civil, requererá, em petição fundamentada e instruída com documentos ou com indicação de testemunhas, que o Juiz o ordene, ouvido o órgão do Ministério Público e os interessados, no prazo de cinco dias, que correrá em cartório.

- *Arts. 39 a 41*
- *Art. 102 do ECA (Lei 8.069/1990)*
- *Art. 205, Prov. CNJ 149/2023 (CNN)*

§ 1º Se qualquer interessado ou o órgão do Ministério Público impugnar o pedido, o Juiz determinará a produção da prova, dentro do prazo de dez dias e ouvidos, sucessivamente, em três dias, os interessados e o órgão do Ministério Público, decidirá em cinco dias.

§ 2º Se não houver impugnação ou necessidade de mais provas, o Juiz decidirá no prazo de cinco dias.

§ 3º Da decisão do Juiz, caberá o recurso de apelação com ambos os efeitos.

- *Arts. 1.009 a 1.015, CPC*

§ 4º Julgado procedente o pedido, o Juiz ordenará que se expeça mandado para que seja lavrado, restaurado e retificado o assentamento, indicando, com precisão, os fatos ou circunstâncias que devam ser retificados, e em que sentido, ou os que devam ser objeto do novo assentamento.

§ 5º Se houver de ser cumprido em jurisdição diversa, o mandado será remetido, por ofício, ao Juiz sob cuja jurisdição estiver o cartório do Registro Civil e, com o seu "cumpra-se", executar-se-á.

§ 6º As retificações serão feitas à margem do registro, com as indicações necessárias, ou, quando for o caso, com a trasladação do mandado, que ficará arquivado. Se não houver espaço, far-se-á o transporte do assento, com as remissões à margem do registro original.

- *Arts. 1.009 e ss., CPC*

Art. 110. O oficial retificará o registro, a averbação ou a anotação, de ofício ou a requerimento do interessado, mediante petição assinada pelo interessado, representante legal ou procurador, independentemente de prévia autorização judicial ou manifestação do Ministério Público, nos casos de:

- *Caput do artigo com redação dada pela Lei nº 13.484, de 26/9/2017*

I - erros que não exijam qualquer indagação para a constatação imediata de necessidade de sua correção;

- *Inciso acrescido pela Lei nº 13.484, de 26/9/2017*

II - erro na transposição dos elementos constantes em ordens e mandados judiciais, termos ou requerimentos, bem como outros títulos a serem registrados, averbados ou anotados, e o documento utilizado para a referida averbação e/ou retificação ficará arquivado no registro no cartório;

- *Inciso acrescido pela Lei nº 13.484, de 26/9/2017*

III - inexatidão da ordem cronológica e sucessiva referente à numeração do livro, da folha, da página, do termo, bem como da data do registro;

- *Inciso acrescido pela Lei nº 13.484, de 26/9/2017*

IV - ausência de indicação do Município relativo ao nascimento ou naturalidade do registrado, nas hipóteses em que existir descrição precisa do endereço do local do nascimento;

- *Inciso acrescido pela Lei nº 13.484, de 26/9/2017*

V - elevação de Distrito a Município ou alteração de suas nomenclaturas por força de lei.

- *Inciso acrescido pela Lei nº 13.484, de 26/9/2017*

§§ 1º a 4º *(Revogados pela Lei nº 13.484, de 26/9/2017)*

§ 5º Nos casos em que a retificação decorra de erro imputável ao oficial, por si ou por seus prepostos, não será devido pelos interessados o pagamento de selos e taxas.

- *Parágrafo acrescido pela Lei nº 13.484, de 26/9/2017*

Art. 111. Nenhuma justificação em matéria de registro civil, para retificação, restauração ou abertura de assento, será entregue à parte.

- *Art. 40*

Art. 112. Em qualquer tempo poderá ser apreciado o valor probante da justificação, em original ou por traslado, pela autoridade judiciária competente ao conhecer de ações que se relacionarem com os fatos justificados.

- *Art. 40*

Art. 113. As questões de filiação legítima ou ilegítima serão decididas em processo contencioso para anulação ou reforma de assento.

- *Art. 227, § 6º, Constituição Federal*

TÍTULO III – DO REGISTRO CIVIL DE PESSOAS JURÍDICAS

- *Arts. 40 a 69; 966 a 1.195, CC*
- *Lei 5.764/1971 (Cooperativas)*
- *Lei 8.906/1994 (EAOAB)*
- *Li 8.934/1994 (Registro Público de Empresas Mercantis) e Decreto Regulamentador 1.800/1996*
- *Lei 9.096/1995 (Partidos Políticos)*
- *Lei 9.613/1998 ("Lavagem" ou ocultação de bens, direitos e valores)*
- *Lei 12.879/2013 (Gratuidade dos atos de registro, pelas associações de moradores)*
- *Lei 12.973/2014 (Legislação Tributária Federal)*
- *Lei 13.019/2014 (Regime jurídico das parcerias entre a administração pública e as organizações da sociedade civil)*
- *Lei 13.267/2016 (Associações denominadas Empresas Juniores)*
- *Prov. CNJ 134/2022 (Proteção de Dados Pessoais para serventias extrajudiciais)*
- *Arts. 79 a 135 (Proteção de Dados), Prov. CNJ 149/2023 (CNN)*
- *Arts. 137 a 173 (Lavagem de Dinheiro), Prov. CNJ 149/2023 (CNN)*
- *Arts. 211 a 228 (ONSERP), Prov. CNJ 149/2023 (CNN). Corresponde ao revogado Prov. CNJ 139/2023*
- *Prov. CNJ 161/2024 (Lavagem de Dinheiro e Financiamento ao Terrorismo) (PLD/FTP)*

CAPÍTULO I – DA ESCRITURAÇÃO

- *Art. 8º Prov. CNJ 45/2015 (Despesas Livro Diário Auxiliar)*
- *Arts. 42 a 51 (Mediação e Conciliação), Prov. CNJ 149/2023 (CNN)*
- *Arts. 246 a 256 (Registro eletrônico de títulos e documentos e civil de pessoas jurídicas), Prov. CNJ n. 149/2023 (CNN). Corresponde ao revogado Prov. CNJ 48/2016*
- *Arts. 185 a 195 (Escrituração Contábil e Correicional), Prov. CNJ 149/2023 (CNN)*
- *Arts. 211 a 228 (ONSERP), Prov. CNJ 149/2023 (CNN). Corresponde ao revogado Prov. CNJ 139/2023*

Art. 114. No Registro Civil de Pessoas Jurídicas serão inscritos:

- *Art. 1º, § 2º, da Lei nº 8.906/1994 (EAOAB)*

I – os contratos, os atos constitutivos, o estatuto ou compromissos das sociedades civis, religiosas, pias, morais, científicas ou literárias, bem como o das fundações e das associações de utilidade pública;

- *Art. 116, I*
- *Arts. 44, I e III, 45 e 53 a 69, Código Civil*
- *Arts. 764 e 765, CPC*
- *Arts. 246 a 256 (Registro eletrônico de títulos e documentos e civil de pessoas jurídicas), Prov. CNJ n. 149/2023 (CNN). Corresponde ao revogado Prov. CNJ 48/2016*
- *Enunciados 37 e 38, I Jornada de Direito Notarial e Registral*

II – as sociedades civis que revestirem as formas estabelecidas nas leis comerciais, salvo as anônimas.

- *Art. 116, I*

III – os atos constitutivos e os estatutos dos partidos políticos.

- *Inciso acrescido pela Lei nº 9.096, de 19/9/1995*
- *Arts. 8º a 15, Lei 9.096/1995, Constituição Federal*
- *Vide Resolução TSE 23.670/2021 (Federações de Partidos Políticos)*

Parágrafo único. No mesmo cartório será feito o registro dos jornais, periódicos, oficinas impressoras, empresas de radiodifusão e agências de notícias a que se refere o art. 8º da Lei nº 5.250, de 9-2-1967.

- *STF julgou procedente a ADPF 130-7 (DOU de 12-5-2009), para declarar a incompatibilidade da Lei 5.250/1967 com a Constituição Federal de 1988*

Art. 115. Não poderão ser registrados os atos constitutivos de pessoas jurídicas, quando o seu objeto ou circunstâncias relevantes indiquem destino ou atividades ilícitos ou contrários, nocivos ou perigosos ao bem público, à segurança do Estado e da coletividade, à ordem pública ou social, à moral e aos bons costumes.

- *Arts. 104 e 198 a 204 do Código Civil*

Parágrafo único. Ocorrendo qualquer dos motivos previstos neste artigo, o oficial do registro, de ofício ou por provocação de qualquer autoridade, sobrestará no processo de registro e suscitará dúvida para o Juiz, que a decidirá.

- *Arts. 198 a 204*

Art. 116. Haverá, para o fim previsto nos artigos anteriores, os seguintes livros:

I - Livro A, para os fins indicados nos incisos I e II do *caput* do art. 114 desta Lei; e

- *Inciso com redação dada pela Medida Provisória nº 1.085, de 27/12/2021, convertida na Lei nº 14.382, de 27/6/2022*

II - Livro B, para matrícula das oficinas impressoras, jornais, periódicos, empresas de radiodifusão e agências de notícias.

- *Inciso com redação dada pela Medida Provisória nº 1.085, de 27/12/2021, convertida na Lei nº 14.382, de 27/6/2022*

Art. 117. Todos os exemplares de contratos, de atos, de estatuto e de publicações, registrados e arquivados serão encadernados por periódicos certos, acompanhados de índice que facilite a busca e o exame.

- *Enunciados 44, 45 e 46, I Jornada de Direito Notarial e Registral*

Art. 118. Os oficiais farão índices, pela ordem cronológica e alfabética, de todos os registros e arquivamentos, podendo adotar o sistema de fichas, mas ficando sempre responsáveis por qualquer erro ou omissão.

Art. 119. A existência legal das pessoas jurídicas só começa com o registro de seus atos constitutivos.

- *Art. 45, Código Civil*
- *Art. 75, IX, CPC*
- *Art. 215, § 3.º (ON-RTDPJ), Prov. 149/2023 (CNN)*

Parágrafo único. Quando o funcionamento da sociedade depender de aprovação da autoridade, sem esta não poderá ser feito o registro.

CAPÍTULO II – DA PESSOA JURÍDICA

Art. 120. O registro das sociedades, fundações e partidos políticos consistirá na declaração, feita em livro, pelo oficial, do número de ordem, da data da apresentação e da espécie do ato constitutivo, com as seguintes indicações:

- *Caput do artigo com redação dada pela Lei nº 9.096, de 19/9/1995*
- *Art. 46, Código Civil*

- *Decreto-lei 9.085/1946 (Dispõe sobre o Registro Civil das Pessoas Jurídicas)*
- *Enunciado 40, I Jornada de Direito Notarial e Registral*

I – a denominação, o fundo social, quando houver, os fins e a sede da associação ou fundação, bem como o tempo de sua duração;

II – o modo por que se administra e representa a sociedade, ativa e passivamente, judicial e extrajudicialmente;

III – se o estatuto, o contrato ou o compromisso é reformável, no tocante à administração, e de que modo;

IV – se os membros respondem ou não, subsidiariamente, pelas obrigações sociais;

V – as condições de extinção da pessoa jurídica e nesse caso o destino do seu patrimônio;

- *Art. 69 do Código Civil*

VI – os nomes dos fundadores ou instituidores e dos membros da diretoria, provisória ou definitiva, com indicação da nacionalidade, estado civil e profissão de cada um, bem como o nome e residência do apresentante dos exemplares.

Parágrafo único. Para o registro dos partidos políticos, serão obedecidos, além dos requisitos deste artigo, os estabelecidos em lei específica.

- *Parágrafo único acrescido pela Lei nº 9.096, de 19/9/1995*

Art. 121. O registro será feito com base em uma via do estatuto, compromisso ou contrato, apresentada em papel ou em meio eletrônico, a requerimento do representante legal da pessoa jurídica.

- *Caput do artigo com redação dada pela Medida Provisória nº 1.085, de 27/12/2021, convertida na Lei nº 14.382, de 27/6/2022*
- *Art. 126*

§ 1º É dispensado o requerimento de que trata o *caput* deste artigo caso o representante legal da pessoa jurídica tenha subscrito o estatuto, compromisso ou contrato.

- *Parágrafo acrescido pela Medida Provisória nº 1.085, de 27/12/2021, convertida na Lei nº 14.382, de 27/6/2022*

§ 2º Os documentos apresentados em papel poderão ser retirados pelo apresentante nos 180 (cento e oitenta) dias após a data da certificação do registro ou da expedição de nota devolutiva.

- *Parágrafo acrescido pela Medida Provisória nº 1.085, de 27/12/2021, convertida na Lei nº 14.382, de 27/6/2022*

§ 3º Decorrido o prazo de que trata o § 2º deste artigo, os documentos serão descartados.

- *Parágrafo acrescido pela Medida Provisória nº 1.085, de 27/12/2021, convertida na Lei nº 14.382, de 27/6/2022.*

CAPÍTULO III – DO REGISTRO DE JORNAIS, OFICINAS IMPRESSORAS, EMPRESAS DE RADIODIFUSÃO E AGÊNCIAS DE NOTÍCIAS

Art. 122. No registro civil das pessoas jurídicas serão matriculados

- *Art. 125*

I – os jornais e demais publicações periódicas;

II – as oficinas impressoras de quaisquer natureza, pertencentes a pessoas naturais ou jurídicas;

III – as empresas de radiodifusão que mantenham serviços de notícias, reportagens, comentários, debates e entrevistas;

IV – as empresas que tenham por objeto o agenciamento de notícias.

Art. 123. O pedido de matrícula conterá as informações e será instruído com os documentos seguintes:

I – no caso de jornais ou outras publicações periódicas:

a) título do jornal ou periódico, sede da redação, administração e oficinas impressoras, esclarecendo, quanto a estas, se são próprias ou de terceiros, e indicando, neste caso, os respectivos proprietários;

- *Art. 222 da Constituição Federal*

b) nome, idade, residência e prova da nacionalidade do diretor ou redator-chefe;

c) nome, idade, residência e prova da nacionalidade do proprietário;

d) se propriedade de pessoa jurídica, exemplar do respectivo estatuto ou contrato social e nome, idade, residência e prova de nacionalidade dos diretores, gerentes e sócios da pessoa jurídica proprietária.

II – nos casos de oficinas impressoras:

a) nome, nacionalidade, idade e residência do gerente e do proprietário, se pessoa natural;

b) sede da administração, lugar, rua e número onde funcionam as oficinas e denominação destas;

c) exemplar do contrato ou estatuto social, se pertencentes a pessoa jurídica.

III – no caso de empresas de radiodifusão:

a) designação da emissora, sede de sua administração e local das instalações do estúdio;

b) nome, idade, residência e prova de nacionalidade do diretor ou redator-chefe responsável pelos serviços de notícias, reportagens, comentários, debates e entrevistas.

IV – no caso de empresas noticiosas:

a) nome, nacionalidade, idade e residência do gerente e do proprietário, se pessoa natural;

b) sede da administração;

c) exemplar do contrato ou estatuto social, se pessoa jurídica.

§ 1º As alterações em qualquer dessas declarações ou documentos deverão ser averbadas na matrícula, no prazo de oito dias.

§ 2º A cada declaração a ser averbada deverá corresponder um requerimento.

Art. 124. A falta de matrícula das declarações, exigidas no artigo anterior, ou da averbação da alteração, será punida com multa que terá o valor de meio a dois salários mínimos da região.

§ 1º A sentença que impuser a multa fixará prazo, não inferior a vinte dias, para matrícula ou alteração das declarações.

§ 2º A multa será aplicada pela autoridade judiciária em representação feita pelo oficial, e cobrada por processo executivo, mediante ação do órgão competente.

§ 3º Se a matrícula ou alteração não for efetivada no prazo referido no § 1º deste artigo, o Juiz poderá impor nova multa, agravando-a de 50% (cinquenta por cento) toda vez que seja ultrapassado de dez dias o prazo assinalado na sentença.

Art. 125. Considera-se clandestino o jornal, ou outra publicação periódica, não matriculado nos termos do artigo 122 ou de cuja matrícula não constem os nomes e as qualificações do diretor ou redator e do proprietário.

Art. 126. O processo de matrícula será o mesmo do registro prescrito no artigo 121.

TÍTULO IV – DO REGISTRO DE TÍTULOS E DOCUMENTOS

- *Lei 6.099/1974 (Arrendamento Mercantil)*
- *Lei 9.613/1998 ("Lavagem" ou ocultação de bens, direitos e valores)*
- *Decreto-Lei 1.027/1939 (Registro de contratos de compra e venda com reserva de domínio)*
- *Decreto-Lei 911/1969 (Alienação Fiduciária)*
- *Prov. CNJ 27/2012 (Facultatividade e competência para o registro de contratos de alienação fiduciária e de arrendamento mercantil de veículos por Oficial de Registro de Títulos e Documentos), e art. 397 do Prov. CNJ 149/2023 (CNN)*
- *Art. 8º Prov. CNJ 45/2015 (Despesas Livro Diário Auxiliar)*
- *Arts. 42 a 51 (Mediação e Conciliação), Prov. CNJ 149/2023 (CNN)*
- *Art. 112 (Notificação), Prov. CNJ 149/2023 (CNN)*
- *Arts. 185 a 195 (Escrituração Contábil e Correicional), Prov. CNJ 149/2023 (CNN)*
- *Arts. 246 a 256 (Registro eletrônico de títulos e documentos e civil de pessoas jurídicas), Prov. CNJ n. 149/2023 (CNN). Corresponde ao revogado Prov. CNJ 48/2016*
- *Arts. 211 a 228 (ONSERP), Prov. CNJ 149/2023 (CNN). Corresponde ao revogado Prov. CNJ 139/2023*

CAPÍTULO I – DAS ATRIBUIÇÕES

- *Arts. 140, 163 a 164 (Lavagem de Dinheiro), Prov. CNJ 149/2023 (CNN)*

Art. 127. No Registro de Títulos e Documentos será feita a transcrição:

- *Art. 130*

I – dos instrumentos particulares, para a prova das obrigações convencionais de qualquer valor;

- *Art. 130*
- *Art. 221, Código Civil*
- *Decreto-lei 1.027/1939 (Dispõe sobre o registro de contratos de compra e venda com reserva de domínio)*

II – do penhor comum sobre coisas móveis;

- *Art. 144 e 145*
- *Art. 1.432, Código Civil*

III – da caução de títulos de crédito pessoal e da dívida pública federal, estadual ou municipal, ou de Bolsa ao portador;

- *Art. 1.452, Código Civil*

IV – *(Revogado pela Medida Provisória nº 1.085, de 27/12/2021, convertida na Lei nº 14.382, de 27/6/2022)*

V – do contrato de parceria agrícola ou pecuária;

- *Arts. 1.410 a 1.423, Código Civil de 1916, sem correspondência no Código Civil de 2002*

VI – do mandado judicial de renovação do contrato de arrendamento para sua vigência, quer entre as partes contratantes, quer em face de terceiros (art. 19, § 2º do Decreto nº 24.150, de 20-4-1934);

› *O Decreto 24.150, de 1934 foi revogado pela Lei das Locações (Lei 8.245/1991)*

VII – facultativo, de quaisquer documentos, para sua conservação.

Parágrafo único. Caberá ao Registro de Títulos e Documentos a realização de quaisquer registros não atribuídos expressamente a outro ofício.

Art. 127-A. O registro facultativo para conservação de documentos ou conjunto de documentos de que trata o inciso VII do *caput* do art. 127 desta Lei terá a finalidade de arquivamento de conteúdo e data, não gerará efeitos em relação a terceiros e não poderá servir como instrumento para cobrança de dívidas, mesmo que de forma velada, nem para protesto, notificação extrajudicial, medida judicial ou negativação nos serviços de proteção ao crédito ou congêneres.

› *Caput do artigo acrescido pela Medida Provisória nº 1.085, de 27/12/2021, convertida e com redação dada pela Lei nº 14.382, de 27/6/2022*

§ 1º O acesso ao conteúdo do registro efetuado na forma prevista no caput deste artigo é restrito ao requerente, vedada a utilização do registro para qualquer outra finalidade, ressalvadas:

› *Parágrafo acrescido pela Medida Provisória nº 1.085, de 27/12/2021, convertida e com redação dada pela Lei nº 14.382, de 27/6/2022*

I - requisição da autoridade tributária, em caso de negativa de autorização sem justificativa aceita; e

› *Inciso acrescido pela Medida Provisória nº 1.085, de 27/12/2021, convertida na Lei nº 14.382, de 27/6/2022*

II - determinação judicial.

› *Inciso acrescido pela Medida Provisória nº 1.085, de 27/12/2021, convertida na Lei nº 14.382, de 27/6/2022*

§ 2º Quando se tratar de registro para fins de conservação de documentos de interesse fiscal, administrativo ou judicial, o apresentante poderá autorizar, a qualquer momento, a sua disponibilização para os órgãos públicos pertinentes, que poderão acessá-los por meio do Serp, sem ônus, nos termos estabelecidos pela Corregedoria Nacional de Justiça do Conselho Nacional de Justiça, dispensada a guarda pelo apresentante.

› *Parágrafo acrescido pela Medida Provisória nº 1.085, de 27/12/2021, convertida na Lei nº 14.382, de 27/6/2022*

§ 3º A certificação do registro será feita por termo, com indicação do número total de páginas registradas, dispensada a chancela ou rubrica em qualquer uma delas.

› *Parágrafo acrescido pela Medida Provisória nº 1.085, de 27/12/2021, convertida e com redação dada pela Lei nº 14.382, de 27/6/2022*

§ 4º *VETADO na Lei nº 14.382, de 27/6/2022*

Art. 128. À margem dos respectivos registros, serão averbadas quaisquer ocorrências que os alterem, quer em relação às obrigações, quer em atinência às pessoas que nos atos figurarem, inclusive quanto à prorrogação dos prazos.

› *Art. 164*

Art. 129. Estão sujeitos a registro, no Registro de Títulos e Documentos, para surtir efeitos em relação a terceiros:

› *Art. 130*

1º) os contratos de locação de prédios, sem prejuízo do disposto do artigo 167, I, nº 3;

2º) *(Revogado pela Medida Provisória nº 1.085, de 27/12/2021, convertida na Lei nº 14.382, de 27/6/2022)*

3º) as cartas de fiança, em geral, feitas por instrumento particular, seja qual for a natureza do compromisso por elas abonado;

› *Arts. 818 a 839, Código Civil*

4º) os contratos de locação de serviços não atribuídos a outras repartições;

› *Arts. 593 a 609, Código Civil*

5º) os contratos de compra e venda em prestações, com reserva de domínio ou não, qualquer que seja a forma de que se revistam, e os contratos de alienação ou de promessas de venda referentes a bens móveis;

› *Item com redação dada pela Medida Provisória nº 1.085, de 27/12/2021, convertida na Lei nº 14.382, de 27/6/2022*

› *Arts. 481 a 532 e 1.361, Código Civil*

› *Lei do Parcelamento do Solo Urbano (Lei 6.766/1979)*

› *Art. 14, § 7º Lei n. 11.795/2008 (Consórcios)*

› *Art. 6º, §§ 1º e 2º, da Lei 11.882/2008 (Letra de Arrendamento Mercantil - LAM)*

› *Prov. CNJ 27/2012 (Facultatvidade e competência para o registro de contratos de alienação fiduciária e de arrendamento mercantil de veículos por Oficial de Registro de Títulos e Documentos)*

› *Art. 397, Prov. CNJ 149/2023 (CNN)*

› *ADIs 4227 e 4333 (STF reconhece desnecessidade de registro em cartório de alienação fiduciária de veículo)*

6º) todos os documentos de procedência estrangeira, acompanhados das respectivas traduções, para produzirem efeitos em repartições da União, dos Estados, do Distrito Federal, dos Territórios e dos Municípios ou em qualquer instância, juízo ou tribunal;

› *Art. 148*

› *Art. 192 do CPC*

7º) as quitações, recibos e contratos de compra e venda de automóveis, bem como o penhor destes, qualquer que seja a forma que revistam;

› *Arts. 1.461 a 1.464, Código Civil*

8º) os atos administrativos expedidos para cumprimento de decisões judiciais, sem trânsito em julgado, pelas quais for determinada a entrega, pelas alfândegas e mesas de renda, de bens e mercadorias procedentes do exterior.

9º) os instrumentos de sub-rogação e de dação em pagamento;

› *Item com redação dada pela Medida Provisória nº 1.085, de 27/12/2021, convertida na Lei nº 14.382, de 27/6/2022*

› *Arts. 286 a 298, 346 a 351; 356 a 359, Código Civil*

10) a cessão de direitos e de créditos, a reserva de domínio e a alienação fiduciária de bens móveis; e

› *Item acrescido pela Medida Provisória nº 1.085, de 27/12/2021, convertida na Lei nº 14.382, de 27/6/2022*

› *Decreto-Lei 911/1969 (Alienação Fiduciária)*

› *Arts. 8º-B a 8º-E, Dec.-lei 911/1969 (incluído pela Lei das Garantias)*

› *Enunciado 115, II Jornada de Prevenção e Solução Extrajudicial de Litígios*

11) as constrições judiciais ou administrativas sobre bens móveis corpóreos e sobre direitos de crédito.

› *Item acrescido pela Medida Provisória nº 1.085, de 27/12/2021, convertida na Lei nº 14.382, de 27/6/2022*

§ 1º A inscrição em dívida ativa da Fazenda Pública não se sujeita ao registro de que trata o *caput* deste artigo para efeito da presunção de fraude de que trata o art. 185 da Lei nº 5.172, de 25 de outubro de 1966 (Código Tributário Nacional).

› *Parágrafo acrescido pela Medida Provisória nº 1.085, de 27/12/2021, convertida na Lei nº 14.382, de 27/6/2022*

§ 2º O disposto no *caput* deste artigo não se aplica ao registro e à constituição de ônus e de gravames previstos em legislação específica, inclusive o estabelecido:

› *Parágrafo acrescido pela Medida Provisória nº 1.085, de 27/12/2021, convertida na Lei nº 14.382, de 27/6/2022*

I - na Lei nº 9.503, de 23 de setembro de 1997 (Código de Trânsito Brasileiro); e

› *Item acrescido pela Medida Provisória nº 1.085, de 27/12/2021, convertida na Lei nº 14.382, de 27/6/2022*

II - no art. 26 da Lei nº 12.810, de 15 de maio de 2013.

› *Item acrescido pela Medida Provisória nº 1.085, de 27/12/2021, convertida na Lei nº 14.382, de 27/6/2022*

Art. 130. Os atos enumerados nos arts. 127 e 129 desta Lei serão registrados no domicílio:

› *"Caput" do artigo com redação dada pela Medida Provisória nº 1.085, de 27/12/2021*

I - das partes, quando residirem na mesma circunscrição territorial;

› *Inciso acrescido pela Medida Provisória nº 1.085, de 27/12/2021, convertida na Lei nº 14.382, de 27/6/2022, em vigor em 1º/1/2024*

II - de um dos devedores ou garantidores, quando as partes residirem em circunscrições territoriais diversas; ou

› *Inciso acrescido pela Medida Provisória nº 1.085, de 27/12/2021, convertida na Lei nº 14.382, de 27/6/2022, em vigor em 1º/1/2024*

III - de uma das partes, quando não houver devedor ou garantidor.

› *Inciso acrescido pela Medida Provisória nº 1.085, de 27/12/2021, convertida na Lei nº 14.382, de 27/6/2022, em vigor em 1º/1/2024*

§ 1º Os atos de que trata este artigo produzirão efeitos a partir da data do registro.

› *Parágrafo único transformado em § 1º e com nova redação dada pela Medida Provisória nº 1.085, de 27/12/2021, convertida na Lei nº 14.382, de 27/6/2022, em vigor em 1º/1/2024*

§ 2º O registro de títulos e documentos não exigirá reconhecimento de firma, e caberá exclusivamente ao apresentante a responsabilidade pela autenticidade das assinaturas constantes de documento particular.

› *Parágrafo acrescido pela Medida Provisória nº 1.085, de 27/12/2021, convertida na Lei nº 14.382, de 27/6/2022, em vigor em 1º/1/2024*

§ 3º O documento de quitação ou de exoneração da obrigação constante do título registrado, quando apresentado em meio físico, deverá conter o reconhecimento de firma do credor.

› *Parágrafo acrescido pela Medida Provisória nº 1.085, de 27/12/2021, convertida na Lei nº 14.382, de 27/6/2022, em vigor em 1º/1/2024*

Art. 131. Os registros referidos nos artigos anteriores serão feitos independentemente de prévia distribuição.

§ 1º (VETADO na Lei nº 13.190, de 19/11/2015)

§ 2º (VETADO na Lei nº 13.190, de 19/11/2015)

- *Art. 12, Lei n. 8.935/1994 (Notários e Registradores)*

CAPÍTULO II – DA ESCRITURAÇÃO

- *Art. 8º Prov. CNJ 45/2015 (Despesas Livro Diário Auxiliar)*
- *Arts. 42 a 51 (Mediação e Conciliação), Prov. CNJ 149/2023 (CNN)*
- *Arts. 246 a 256 (Registro eletrônico de títulos e documentos e civil de pessoas jurídicas), Prov. CNJ n. 149/2023 (CNN). Corresponde ao revogado Prov. CNJ 48/2016*
- *Arts. 185 a 195 (Escrituração Contábil e Correicional), Prov. CNJ 149/2023 (CNN)*
- *Arts. 211 a 228 (ONSERP), Prov. CNJ 149/2023 (CNN). Corresponde ao revogado Prov. CNJ 139/2023*

Art. 132. No registro de títulos e documentos, haverá os seguintes livros:

- *Caput do artigo com redação dada pela Medida Provisória nº 1.085, de 27/12/2021, convertida na Lei nº 14.382, de 27/6/2022*

I – Livro A – protocolo para apontamentos de todos os títulos, documentos e papéis apresentados, diariamente, para serem registrados, ou averbados;

II – Livro B – para trasladação integral de títulos e documentos, sua conservação e validade contra terceiros, ainda que registrados por extratos em outros livros;

III – Livro C – para inscrição, por extração, de títulos e documentos, a fim de surtirem efeitos em relação a terceiros e autenticação de data;

IV – Livro D – indicador pessoal, substituível pelo sistema de fichas, a critério e sob a responsabilidade do oficial, o qual é obrigado a fornecer com presteza as certidões pedidas pelos nomes das partes que figurarem, por qualquer modo, nos livros de registros;

- *Inciso com redação dada pela Medida Provisória nº 1.085, de 27/12/2021, convertida na Lei nº 14.382, de 27/6/2022*
- *Art. 20*

V – Livro E - indicador real, para matrícula de todos os bens móveis que figurarem nos demais livros, devendo conter sua identificação, referência aos números de ordem dos outros livros e anotações necessárias, inclusive direitos e ônus incidentes sobre eles;

- *Inciso acrescido pela Medida Provisória nº 1.085, de 27/12/2021, convertida na Lei nº 14.382, de 27/6/2022*

VI – Livro F - para registro facultativo de documentos ou conjunto de documentos para conservação de que tratam o inciso VII do *caput* do art. 127 e o art. 127-A desta Lei; e

- *Inciso acrescido pela Medida Provisória nº 1.085, de 27/12/2021, convertida na Lei nº 14.382, de 27/6/2022*

VII – Livro G - indicador pessoal específico para repositório dos nomes dos apresentantes que figurarem no Livro F, do qual deverá constar o respectivo número do registro, o nome do apresentante e o seu número de inscrição no Cadastro de Pessoas Físicas da Secretaria Especial da Receita Federal do Brasil do Ministério da Economia ou, no caso de pessoa jurídica, a denominação do apresentante e o seu número de inscrição no Cadastro Nacional da Pessoa Jurídica da Secretaria Especial da Receita Federal do Brasil do Ministério da Economia.

- *Inciso acrescido pela Medida Provisória nº 1.085, de 27/12/2021, convertida na Lei nº 14.382, de 27/6/2022*

Art. 133. Na parte superior de cada página do livro se escreverá o título, a letra com o número e o ano em que começar.

Art. 134. O Juiz, em caso de afluência de serviço, poderá autorizar o desdobramento dos livros de registro para escrituração das várias espécies de atos, sem prejuízo da unidade do protocolo e de sua numeração em ordem rigorosa.

Parágrafo único. Esses livros desdobrados terão as indicações de E, F, G, H, etc.

Art. 135. O protocolo deverá conter colunas para as seguintes anotações:

1º) número de ordem, continuando, indefinidamente, nos seguintes;

2º) dia e mês;

3º) natureza do título e qualidade do lançamento (integral, resumido, penhor, etc.);

4º) o nome do apresentante;

5º) anotações e averbações.

Parágrafo único. Em seguida ao registro, far-se-á, no protocolo, remissão ao número da página do livro em que foi ele lançado, mencionando-se, também, o número e a página de outros livros em que houver qualquer nota ou declaração concernente ao mesmo ato.

Art. 136. O livro de registro integral de títulos será escriturado nos termos do artigo 142, lançado-se, antes de cada registro, o número de ordem, a data do protocolo e o nome do apresentante, e conterá colunas para as seguintes declarações:

1º) número de ordem;

2º) dia e mês;

3º) transcrição;

4º) anotações e averbações.

Art. 137. O livro de registro, por extrato, conterá colunas para as seguintes declarações:

1º) número de ordem;

2º) dia e mês;

3º) espécie e resumo do título;

4º) anotações e averbações.

Art. 138. O indicador pessoal será dividido alfabeticamente para a indicação do nome de todas as pessoas que, ativa ou passivamente, individual ou coletivamente, figurarem nos livros de registro e deverá conter, além dos nomes das pessoas, referências aos números de ordem e páginas dos outros livros e anotações.

Art. 139. Se a mesma pessoa já estiver mencionada no indicador, somente se fará, na coluna das anotações, uma referência ao número de ordem, página e número do livro em que estiver lançado o novo registro ou averbação.

Art. 140. Se no mesmo registro ou averbação, figurar mais de uma pessoa, ativa ou passivamente, o nome de cada uma será lançado distintamente, no indicador, com referência recíproca na coluna das anotações.

Art. 141. *(Revogado pela Medida Provisória nº 1.085, de 27/12/2021, convertida na Lei nº 14.382, de 27/6/2022)*

CAPÍTULO III – DA TRANSCRIÇÃO E DA AVERBAÇÃO

Art. 142. O registro integral dos documentos consistirá na trasladação dos mesmos, com a mesma ortografia e pontuação, com referência às entrelinhas ou quaisquer acréscimos, alterações, defeitos ou vícios que tiver o original apresentado, e, bem assim, com menção precisa aos seus característicos exteriores e às formalidades legais, podendo a transcrição dos documentos mercantis, quando levados a registro, ser feita na mesma disposição gráfica em que estiverem escritos, se o interessado assim o desejar.

§ 1º Feita a trasladação, na última linha, de maneira a não ficar espaço em branco, será conferida e realizado o seu encerramento, depois do que o oficial, seu substituto legal ou escrevente designado pelo oficial e autorizado pelo Juiz competente, ainda que o primeiro não esteja afastado, assinará o seu nome por inteiro.

- *Arts. 143, 147, 149 e 152*

§ 2º Tratando-se de documento impresso, idêntico a outro já anteriormente registrado na íntegra, no mesmo livro, poderá o registro limitar-se a consignar o nome das partes contratantes, as características do objeto e demais dados constantes dos claros preenchidos, fazendo-se remissão, quanto ao mais, àquele já registrado.

Art. 143. O registro resumido consistirá na declaração da natureza do título, do documento ou papel, valor, prazo, lugar em que tenha sido feito, nome e condição jurídica das partes, nomes das testemunhas, data da assinatura e do reconhecimento de firma por tabelião, se houver, o nome deste, o do apresentante, o número de ordem e a data do protocolo, e da averbação, a importância e a qualidade do imposto pago, depois do que será datado e rubricado pelo oficial ou servidores referidos no artigo 142, § 1º.

Arts. 144 e 145. *(Revogados pela Medida Provisória nº 1.085, de 27/12/2021, convertida na Lei nº 14.382, de 27/6/2022)*

CAPÍTULO IV – DA ORDEM DO SERVIÇO

Art. 146. Apresentado o título ou documento para registro ou averbação, serão anotados, no protocolo, a data de sua apresentação, sob o número de ordem que se seguir imediatamente, a natureza do instrumento, a espécie de lançamento a fazer (registro integral ou resumido, ou averbação), o nome do apresentante, reproduzindo-se as declarações relativas ao número de ordem, à data, e à espécie de lançamento a fazer no corpo do título, do documento ou do papel.

Art. 147. Protocolado o título ou documento, far-se-á, em seguida, no livro respectivo, o lançamento, (registro integral ou resumido, ou averbação), e, concluído este, declarar-se-á no corpo do título, documento ou papel, o número de ordem e a data do procedimento no livro competente, rubricando o oficial ou os servidores referidos no art. 142, § 1º, esta declaração e as demais folhas do título, do documento ou do papel.

Art. 148. Os títulos, documentos e papéis escritos em língua estrangeira, uma vez adotados os caracteres comuns, poderão ser registrados no original, para o efeito da sua conservação ou perpetuidade. Para produzirem efeitos legais no País e para valerem contra terceiros, deverão, entretanto, ser vertidos em vernáculo e registrada a tradução, o que, também, se observará em relação às procurações lavradas em língua estrangeira.

- *Arts. 224, Código Civil*
- *Art. 155-A, Prov. CNJ 149/2023 (CNN)*

Parágrafo único. Para o registro resumido, os títulos, documentos ou papéis em língua estrangeira, deverão ser sempre traduzidos.

Art. 149. Depois de concluídos os lançamentos nos livros respectivos, será feita, nas anotações do protocolo, referência ao número de ordem sob o qual tiver sido feito o registro, ou a averbação, no livro respectivo, datando e rubricando, em seguida, o oficial ou os servidores referidos no art. 142, § 1º.

Art. 150. O apontamento do título, documento ou papel no protocolo será feito, seguida e imediatamente um depois do outro. Sem prejuízo da numeração individual de cada documento, se a mesma pessoa apresentar simultaneamente diversos documentos de idêntica natureza, para lançamentos da mesma espécie, serão eles lançados no protocolo englobadamente.

Parágrafo único. Onde terminar cada apontamento, será traçada uma linha horizontal, separando-o do seguinte, sendo lavrado, no fim do expediente diário, o termo de encerramento do próprio punho do oficial por este datado e assinado.

Art. 151. O lançamento dos registros e das averbações nos livros respectivos será feito, também seguidamente, na ordem de prioridade do seu apontamento no protocolo, quando não for obstado por ordem de autoridade judiciária competente, ou por dúvida superveniente; neste caso, seguir-se-ão os registros ou averbações dos imediatos, sem prejuízo da data autenticada pelo competente apontamento.

- *Arts. 198 a 204 e 207*

Art. 152. Cada registro ou averbação será datado e assinado por inteiro, pelo oficial ou pelos servidores referidos no artigo 142, § 1º, separados, um do outro, por uma linha horizontal.

Art. 153. Os títulos terão sempre um número diferente, segundo a ordem de apresentação, ainda que se refiram à mesma pessoa. O registro e a averbação deverão ser imediatos e, quando não o puderem ser, por acúmulo de serviço, o lançamento será feito no prazo estritamente necessário, e sem prejuízo da ordem da prenotação. Em qualquer desses casos, o oficial, depois de haver dado entrada no protocolo e lançado no corpo do título as declarações prescritas, fornecerá um recibo contendo a declaração da data da apresentação, o número de ordem desta no protocolo e a indicação do dia em que deverá ser entregue, devidamente legalizado; o recibo será restituído pelo apresentante contra a devolução do documento.

Art. 154. Nos termos de encerramento diário do protocolo, lavrados ao findar a hora regulamentar, deverão ser mencionados, pelos respectivos números, os títulos apresentados cujos registros ficarem adiados, com a declaração dos motivos do adiamento.

Parágrafo único. Ainda que o expediente continue para ultimação do serviço, nenhuma nova apresentação será admitida depois da hora regulamentar.

Art. 155. Quando o título, já registrado por extrato, for levado a registro integral, ou for exigido simultaneamente pelo apresentante o duplo registro, mencionar-se-á essa circunstância no lançamento posterior e, nas anotações do protocolo, far-se-ão referências recíprocas para verificação das diversas espécies de lançamento do mesmo título.

Art. 156. O oficial deverá recusar registro a título e a documento que não se revistam das formalidades legais.

Parágrafo único. Se tiver suspeita de falsificação, poderá o oficial sobrestar no registro, depois de protocolado o documento, até notificar o apresentante dessa circunstância; se este insistir, o registro será feito com essa nota, podendo o oficial, entretanto, submeter a dúvida ao Juiz competente, ou notificar o signatário para assistir ao registro, mencionando também as alegações pelo último aduzidas.

- *Arts. 198 a 204*

Art. 157. O oficial, salvo quando agir de má-fé, devidamente comprovada, não será responsável pelos danos decorrentes da anulação do registro, ou da averbação, por vício intrínseco ou extrínseco do documento, título ou papel, mas, tão-somente, pelos erros ou vícios no processo de registro.

- *Retificado no DOU de 30/10/1975*

Art. 158. *(Revogado pela Medida Provisória nº 1.085, de 27/12/2021, convertida na Lei nº 14.382, de 27/6/2022)*

Art. 159. As folhas do título, documento ou papel que tiver sido registrado e as das certidões serão rubricadas pelo oficial, antes de entregues aos apresentantes. As declarações no protocolo, bem como as dos registros e das averbações lançadas no título, documento ou papel e as respectivas datas poderão ser apostas por carimbo, sendo, porém, para autenticação, de próprio punho do oficial, ou de quem suas vezes fizer, a assinatura ou a rubrica.

Art. 160. O oficial será obrigado, quando o apresentante o requerer, a notificar do registro ou da averbação os demais interessados que figurarem no título, documento, o papel apresentado, e a quaisquer terceiros que lhes sejam indicados, podendo requisitar dos oficiais de registro em outros Municípios, as notificações necessárias. Por esse processo, também, poderão ser feitos avisos, denúncias e notificações, quando não for exigida a intervenção judicial.

- *Enunciado 138, II Jornada de Prevenção e Solução Extrajudicial de Litígios*
- *Vide arts. 726 a 729, CPC/2015*

§ 1º Os certificados de notificação ou da entrega de registros serão lavrados nas colunas das anotações, no livro competente, à margem dos respectivos registros.

§ 2º O serviço das notificações e demais diligências poderá ser realizado por escreventes designados pelo oficial e autorizados pelo Juiz competente.

Art. 161. As certidões do registro de títulos e documentos terão a mesma eficácia e o mesmo valor probante dos documentos originais registrados, físicos ou nato-digitais, ressalvado o incidente de falsidade destes, oportunamente levantado em juízo.

- *Caput do artigo com redação dada pela Medida Provisória nº 1.085, de 27/12/2021, convertida na Lei nº 14.382, de 27/6/2022*
- *Arts. 425, 430 a 433, do Código de Processo Civil de 2015*

§§ 1º e 2º *(Revogados pela Medida Provisória nº 1.085, de 27/12/2021, convertida na Lei nº 14.382, de 27/6/2022)*

Art. 162. O fato da apresentação de um título, documento ou papel, para registro ou averbação, não constituirá, para o apresentante, direito sobre o mesmo, desde que não seja o próprio interessado.

Art. 163. Os tabeliães e escrivães, nos atos que praticarem, farão sempre referência ao livro e à folha do registro de títulos e documentos em que tenham sido trasladados os mandatos de origem estrangeira, a que tenham de reportar-se.

CAPÍTULO V – DO CANCELAMENTO

Art. 164. O cancelamento poderá ser feito em virtude de sentença ou de documento autêntico de quitação ou de exoneração do título registrado.

Art. 165. Apresentado qualquer dos documentos referidos no artigo anterior, o oficial certificará, na coluna das averbações do livro respectivo, o cancelamento e a razão dele, mencionando-se o documento que o autorizou, datando e assinando a certidão, de tudo fazendo referência nas anotações do protocolo.

Parágrafo único. Quando não for suficiente o espaço da coluna das averbações, será feito novo registro, com referências recíprocas, na coluna própria.

Art. 166. Os requerimentos de cancelamento serão arquivados com os documentos que os instruírem.

TÍTULO V – DO REGISTRO DE IMÓVEIS

- *Lei 14.382/2022 (SERP)*
- *Arts. 37 a 45, Lei 11.977/2009 (Lei do Programa Minha Casa, Minha Vida – PMCMV)*
- *Art. 76, Lei 13.465//2017 (Regularização fundiária rural e urbana)*
- *Arts. 123 a 128 (Proteção de Dados), Prov. CNJ 149/2023 (CNN)*
- *Arts. 161 a 162 (Lavagem de Dinheiro e Financiamento ao Terrorismo), Prov. CNJ 149/2023 (CNN)*
- *Arts. 211 a 228 (ONSERP), Prov. CNJ 149/2023 (CNN). Corresponde ao revogado Prov. CNJ 139/2023*

- Arts. 322 a 329 (Prestação dos Serviços Eletrônicos), Prov. CNJ 149/2023 (CNN). Corresponde ao revogado Prov. CNJ 94/2020
- Arts. 330 a 343 (Código Nacional de Matrícula – CNM), Prov. CNJ 149/2023 (CNN)
- Arts. 398 a 423 (Usucapião Extrajudicial), Prov. CNJ n. 149/2023 (CNN). Corresponde ao revogado Prov. CNJ n. 65/2017
- Arts. 424 a 432 (Terras Indígenas), Prov. CNJ n. 149/2023 (CNN). Corresponde ao revogado Prov. CNJ n. 70/2018
- Arts. 433 a 436 (Arrendamento de Imóvel Rural por Estrangeiro), Prov. CNJ n. 149/2023 (CNN). Corresponde ao revogado Prov. CNJ n. 43/2015
- Arts. 437 a 440 (Descrição de Imóveis Públicos Federais na Amazônia Legal), Prov. CNJ n. 149/2023 (CNN). Corresponde ao revogado Prov. CNJ n. 33/2013
- Arts. 440-A a 440-AM (Adjudicação Compulsória Extrajudicial), Prov. CNJ n. 149/2023 (CNN)
- Prov. CNJ 39/2014 (Central Nacional de Indisponibilidade de Bens – CNIB)
- Prov. CNJ 44/2015 (Registro da regularização fundiária urbana)
- Prov. CNJ 89/2019 (SREI/SAEC/ONR)
- Prov. CNJ 115/2021 (Receita do fundo para implementação e custeio do SREI)
- Prov. CNJ 124/2021 (Universalização do acesso por todas as unidades do serviço de registro de imóveis do Brasil, ao Sistema de Registro Eletrônico de Imóveis (SREI), operado pelo Operador Nacional do Registro Eletrônico de Imóveis – ONR)
- Prov. CNJ 127/2022 (Plataforma do Sistema Integrado de Pagamentos Eletrônicos – SIPE)
- Prov. CNJ 143/2023 (Código Nacional de Matrícula – CNM)
- Prov. CNJ 144/2023 (Programa Permanente de Regularização Fundiária na Amazônia Legal, institui a Semana Nacional de Regularização Fundiária)
- Prov. CNJ 145/2023 (Prêmio "Solo Seguro", com o objetivo de premiar iniciativas inovadoras e incentivar o aperfeiçoamento de práticas relativas à regularização fundiária urbana e rural)
- Prov. CNJ 150/2023 (Adjudicação Compulsória Extrajudicial)
- Prov. CNJ 158/2023 (Programa Permanente de Regularização Fundiária Plena de Núcleos Urbanos Informais e Favelas - "Solo Seguro - Favela")
- Prov. CNJ 159/2023 (FIC-ONSERP)
- Prov. CNJ 161/2024 (Lavagem de dinheiro e ao financiamento do terrorismo e da proliferação de armas de destruição em massa (PLD/FTP))
- Recomendação CNJ 14/2014 (SREI)
- Recomendação CNJ 41/2019 (Dispensa dos Cartórios de Registro de Imóveis da anuência dos confrontantes na forma dos §§ 3º e 4º do art. 176 da Lei n. 6.015/1973)
- Orientação CNJ 5/2013 (procedimento de averbação de descrição georreferenciada de Gleba Pública Federal na Amazônia Legal previsto nos arts. 3º e 4º do Prov. CNJ 33/2013)

CAPÍTULO I – DAS ATRIBUIÇÕES

- Art. 21 da Lei 9.393/1996 (Dispõe sobre o ITR, e o pagamento da dívida representada por TDA)

Art. 167. No Registro de Imóveis, além da matrícula, serão feitos.

- Arts. 176, 196, 197 e 227 a 237

I – o registro:

- Art. 217
- Art. 184-A, Prov. CNJ n. 149/2023 (CNN)

1) da instituição de bem de família;

- Arts. 260 a 265
- Arts. 1.711 a 1.722, Código Civil
- Arts. 19 a 23, Decreto n. 3.200/1941 (Organização e proteção da família)

2) das hipotecas legais, judiciais e convencionais;

- Arts. 189, 251 e 266 a 276
- Arts. 1.473 a 1.505 do Código Civil
- Art. 1.487-A, CC (Extensão da hipoteca)
- Arts. 9º e 10, Lei n. 14.711/2023 (Execução Extrajudicial)
- Enunciado 149, II Jornada de Direito Processual Civil

3) dos contratos de locação de prédios, nos quais tenha sido consignada cláusula de vigência no caso de alienação da coisa locada;

- Arts. 129; 167, II, 16; 167, parágrafo único; 242
- Arts. 576, Código Civil
- Arts. 8º, 27 e 54-A, Lei 8.245/1991 (Locações)
- Enunciado 29, I Jornada de Direito Notarial e Registral

4) do penhor de máquinas e de aparelhos utilizados na indústria, instalados e em funcionamento, com os respectivos pertences ou sem eles;

- Arts. 1.447 a 1.450, Código Civil
- Vide Lei n. 2.666/1955 (Penhor dos Produtos Agrícolas)

5) das penhoras, arrestos e sequestros de imóveis;

- Arts. 239 e 240
- Arts. 831; 836 a 840; 844 a 847; 852 e 853, Código de Processo Civil de 2015
- Art. 4º da Resolução CNJ n. 547/2024
- Vide Enunciados 209, 212 e 217, III Jornada de Direito Processual Civil do CJF

6) das servidões em geral;

- Art. 256
- Arts. 1.225 e 1.378 a 1.389, Código Civil

7) do usufruto e do uso sobre imóveis e da habitação, quando não resultarem do direito de família;

- Arts. 1.390 a 1.416, Código Civil

8) das rendas constituídas sobre imóveis ou a eles vinculadas por disposição de última vontade;

- Arts. 803 a 813, Código Civil

9) dos contratos de compromisso de compra e venda de cessão deste e de promessa de cessão, com ou sem cláusula de arrependimento, que tenham por objeto imóveis não loteados e cujo preço tenha sido pago no ato de sua celebração, ou deva sê-lo a prazo, de uma só vez ou em prestações;

- Arts. 1.417 a 1.418, Código Civil
- Art. 22 do Dec.-lei 58/1937 (Loteamento e venda de terrenos para pagamento em prestações)
- Art. 69, Lei 4.380/1964 (SFH)

10) da enfiteuse;

- Art. 243
- Art. 3º-A, Decreto-lei 2.398/1987 (Dispõe sobre foros, laudêmios e taxas de ocupação relativas a imóveis de propriedade da União)
- Arts. 678 a 694 do Código Civil de 1916, sem correspondência no Código Civil de 2002
- Lei 9.354/2018 (Regulamenta o art. 1º do Decreto-Lei nº 2.398, de 21 de dezembro de 1987, que dispõe sobre foros, laudêmios e taxas de ocupação relativas a imóveis de propriedade da União, e o art. 11-B da Lei nº 9.636, de 15 de maio de 1998, que dispõe sobre a regularização, a administração, o aforamento e a alienação de bens imóveis de domínio da União)

11) da anticrese;

- Art. 241
- Art. 1.506 a 1.510, Código Civil

12) das convenções antenupciais;

- Art. 167, II, 1; Art. 244
- Art. 1.657, Código Civil
- Enunciados 80, 81 e 82, I Jornada de Direito Notarial e Registral

13) *(Revogado pela Lei nº 13.986, de 7/4/2020)*

14) das cédulas de crédito, industrial;

- Arts. 29 a 40 do Dec.-lei 413/1969 (Dispõe sobre títulos de crédito industrial)

15) dos contratos de penhor rural;

- Art. 219
- Arts. 1.438 a 1.446, Código Civil

16) dos empréstimos por obrigações ao portador ou debêntures, inclusive as conversíveis em ações;

- A Lei das Sociedades Anônimas (Lei 6.404/1976), que previa esse registro em seu artigo 62, II, foi alterada pela Lei 10.303/2001, deu nova redação ao dispositivo atribuindo a inscrição da escritura de emissão de debêntures ao Registro do Comércio

17) das incorporações, instituições e convenções de condomínio;

- Arts. 167, I, 18, 23; 167, II, 6; 237-A, 255
- Arts. 1.331 a 1.358, Código Civil
- Lei 4.591/1964 (Incorporação Imobiliária)
- Art. 55, Lei 13.097/2015
- Art. 440-AN, Prov. CNJ n. 149/2023 (CNN)
- Enunciados 24 e 26, I Jornada de Direito Notarial e Registral

18) dos contratos de promessa de venda, cessão ou promessa de cessão de unidades autônomas condominiais e de promessa de permuta, a que se refere a Lei nº 4.591, de 16 de dezembro de 1964, quando a incorporação ou a instituição de condomínio se formalizar na vigência desta Lei;

- Item com redação dada pela Medida Provisória nº 1.085, de 27/12/2021, convertida na Lei nº 14.382, de 27/6/2022
- Art. 167, I, 30
- Art. 55, Lei 13.097/2015
- Art. 440-AN, Prov. CNJ n. 149/2023 (CNN)
- Enunciado 30, I Jornada de Direito Notarial e Registral

19) dos loteamentos urbanos e rurais;

- Art. 255
- Decreto-lei 58/1937 (Loteamento e a venda de terrenos para pagamento em prestações)
- Lei 6.766/1979 (Parcelamento do Solo Urbano)
- Art. 55, Lei 13.097/2015
- Enunciados 19 e 35, I Jornada de Direito Notarial e Registral

20) dos contratos de promessa de compra e venda de terrenos loteados em conformidade com o Decreto-lei nº 58, de 10 de dezembro de 1937, e respectiva cessão e promessa de cessão, quando o loteamento se formalizar na vigência desta Lei;

- Arts. 1.417 e 1.418 do Código Civil
- Decreto-lei 58/1937 (Loteamento e venda de terrenos para pagamento em prestações)
- Art. 55, Lei 13.097/2015

21) das citações de ações reais ou pessoais reipersecutórias, relativas a imóveis;

- Art. 3º, Lei 6.739/1979 (Matrícula e o registro de imóveis rurais)
- Art. 792, I, CPC
- Art. 54 da Lei 13.097/2015

22) *(Revogado pela Lei nº 6.850, de 12/11/1980)*

23) dos julgados e atos jurídicos entre vivos que dividirem imóveis ou os demarcarem inclusive nos casos de incorporação que resultarem em constituição de condomínio e atribuírem uma ou mais unidades aos incorporadores;

- Arts. 1.297, 1.298 e 1.320 a 1.322, Código Civil
- Arts. 569, 570, 572, 574 a 598, Código de Processo Civil de 2015
- Art. 440-AN, Prov. CNJ n. 149/2023 (CNN)

24) das sentenças que nos inventários, arrolamentos e partilhas, adjudicarem bens de raiz em pagamento das dívidas da herança;

- Arts. 610 a 647, 651 a 664, 666 a 673, Código de Processo Civil de 2015
- Lei 11.441/2007 (Possibilidade de realização de inventário, partilha, separação consensual e divórcio consensual por via administrativa)

› *Vide Enunciado 175, III Jornada de Direito Processual Civil do CJF*

25) dos atos de entrega de legados de imóveis, dos formais de partilha e das sentenças de adjudicação em inventário ou arrolamento quando não houver partilha;

› *Arts. 1.923 e 1.937, Código Civil*

› *Art. 655, Código de Processo Civil de 2015*

› *Vide Enunciado 175, III Jornada de Direito Processual Civil do CJF*

26) da arrematação e da adjudicação em hasta pública;

› *Arts. 824 a 827; 829; 830; 832 a 835; 841 a 843; 845; 847 a 849; 853; 854; 866; 881 a 884; 866 a 898; 900 a 903, Código de Processo Civil de 2015*

› *Art. 4º, Decreto 11.995/2024 (Programa Terra da Gente)*

› *Enunciados 14 e 36, I Jornada de Direito Notarial e Registral*

27) do dote;

› *Arts. 278 a 309, Código Civil de 1916, sem correspondência no Código Civil de 2002*

28) das sentenças declaratórias de usucapião;

› *Item com redação dada pela Medida Provisória nº 2.220, de 4/9/2001*

› *Art. 226*

› *Lei 6.969/1981 (Usucapião Especial de Imóveis Rurais)*

› *Art. 13, Lei n. 10.257/2001 (Estatuto da Cidade)*

› *Arts. 1.238 a 1.244 do Código Civil*

› *Art. 485, Código de Processo Civil*

› *Arts. 398 a 423 (Usucapião Extrajudicial), Prov. CNJ n. 149/2023 (CNN). Corresponde ao revogado Prov. CNJ n. 65/2017*

29) da compra e venda pura e da condicional;

› *Arts. 481 a 532, Código Civil*

› *Arts. 4º, IV, 10 a 18 Decreto 11.995/2024 (Programa Terra da Gente)*

› *Enunciado 136, II Jornada de Prevenção e Solução Extrajudicial de Litígios*

30) da permuta e da promessa de permuta;

› *Item com redação dada pela Medida Provisória nº 1.085, de 27/12/2021, convertida na Lei nº 14.382, de 27/6/2022*

› *Art. 187*

› *Art. 533 e 553 do Código Civil*

› *Arts. 4º, XVII, Decreto 11.995/2024 (Programa Terra da Gente)*

31) da dação em pagamento;

› *Arts. 356 a 359 do Código Civil*

› *Art. 4º, IX, Decreto 11.995/2024 (Programa Terra da Gente)*

32) da transferência, de imóvel a sociedade, quando integrar quota social;

› *Art. 291*

› *Art. 64, Lei 8.934/1994 (Registro Público de Empresas Mercantis)*

33) da doação entre vivos;

› *Art. 218*

› *Arts. 538 a 564 do Código Civil*

› *Arts. 4º, III, 6º a 9º, Decreto 11.995/2024 (Programa Terra da Gente)*

› *Enunciado 82, I Jornada de Direito Notarial e Registral*

34) da desapropriação amigável e das sentenças que, em processo de desapropriação, fixarem o valor da indenização;

› *Art. 176-A*

› *Arts. 5º, XXIV, 22, II, e 182, §§ 3º e 4º, da CF*

› *Art. 10 e seguintes, Decreto-Lei 3.365/1941 (Desapropriação por Utilidade Pública)*

› *Lei Complementar 76/1993 (Desapropriação de imóvel rural, por interesse social, para fins de reforma agrária)*

› *Lei 4.132/1962 (Desapropriação por Interesse Social)*

› *Lei 4.519/1964 (Desapropriações efetuadas no Nordeste)*

› *Art. 8º da Lei 10.257/2001 (Estatuto da Cidade)*

› *Arts. 519, 1.228, §3º, e 1.275, V, do CC*

› *Art. 4º, Decreto 11.995/2024 (Programa Terra da Gente)*

› *Enunciado 51, I Jornada de Direito Notarial e Registral*

› *Enunciado 114, II Jornada de Prevenção e Solução Extrajudicial de Litígios*

35) da alienação fiduciária em garantia de coisa imóvel.

› *Item acrescido pela Lei nº 9.514, de 20/11/1997*

› *Art. 129*

› *Lei n. 9.514/1997 (Alienação Fiduciária de bem imóvel)*

› *Art. 440-AO, Prov. CNJ n. 149/2023*

› *Decreto-lei n. 911/1969 (Alienação Fiduciária)*

› *Art. 32, Lei n. 14.430/2022 (Regras gerais aplicáveis à securitização de direitos creditórios e à emissão de Certificados de Recebíveis e sobre a flexibilização do requisito de instituição financeira para a prestação do serviço de escrituração e de custódia de valores mobiliários)*

› *Art. 835-A, CC, incluído pela Lei n. 14.711/2023 (Marco Legal das Garantias)*

› *Enunciado 15, I Jornada de Direito Notarial e Registral*

› *Enunciados 115, 118, 126, II Jornada de Prevenção e Solução Extrajudicial de Litígios*

36) da imissão provisória na posse, quando concedida à União, aos Estados, ao Distrito Federal, aos Municípios ou às suas entidades delegadas, e respectiva cessão e promessa de cessão;

› *Item com redação dada pela Lei nº 12.424, de 16/6/2011*

37) dos termos administrativos ou das sentenças declaratórias da concessão de uso especial para fins de moradia;

› *Item acrescido pela Lei nº 10.257, de 10/7/2001 e com nova redação dada pela Medida Provisória nº 2.220, de 4/9/2001.*

› *Art. 1.225, XI, CC*

38) *(Vetado) (Incluído pela Lei nº 10.257, de 2001)*

39) da constituição do direito de superfície de imóvel urbano;

› *Item acrescido pela Lei nº 10.257, de 10/7/2001, publicada no DOU de 11/7/2001, em vigor 90 dias após a publicação*

› *Arts. 1.369 a 1.377, Código Civil*

› *Enunciado 18, I Jornada de Direito Notarial e Registral*

40) do contrato de concessão de direito real de uso de imóvel público.

› *Item acrescido pela Medida Provisória nº 2.220, de 4/9/2001*

› *Art. 1.225, XII, CC*

› *Art. 7º, Decreto-Lei nº 271/1967 (Loteamento Urbano, concessão de uso e espaço aéreo)*

41) da legitimação de posse;

› *Item acrescido pela Lei nº 11.977, de 7/7/2009*

› *Arts. 11, VI; 25 a 27, Lei 13.465/2017 (Regularização Fundiária Rural e Urbana)*

42) da conversão da legitimação de posse em propriedade, prevista no art. 60 da Lei nº 11.977, de 7 de julho de 2009;

› *Item acrescido pela Medida Provisória nº 514, de 1º/12/2010, convertida na Lei nº 12.424, de 16/6/2011*

› *Art. 26, Lei 13.465/2017 (Regularização Fundiária Rural e Urbana)*

43) da Certidão de Regularização Fundiária (CRF);

› *Item acrescido pela Lei nº 13.465, de 11/7/2017*

› *Arts. 11, V; 42 a 54, Lei 13.465/2017 (Regularização Fundiária Rural e Urbana)*

44) da legitimação fundiária;

› *Item acrescido pela Lei nº 13.465, de 11/7/2017, com redação dada pela Medida Provisória nº 1.085, de 27/12/2021, convertida na Lei nº 14.382, de 27/6/2022*

› *Arts. 11, VII; 23 a 24, Lei 13.465/2017 (Regularização Fundiária Rural e Urbana)*

45) do contrato de pagamento por serviços ambientais, quando este estipular obrigações de natureza *propter rem*; e

› *Item acrescido pela Lei nº 14.119, de 13/1/2021, com redação dada pela Medida Provisória nº 1.085, de 27/12/2021, convertida na Lei nº 14.382, de 27/6/2022*

46) do ato de tombamento definitivo, sem conteúdo financeiro;

› *Item acrescido pela Medida Provisória nº 1.085, de 27/12/2021, convertida na Lei nº 14.382, de 27/6/2022*

› *Arts. 4º a 21, Decreto-lei 25/1937 (Proteção do patrimônio histórico e artístico nacional)*

› *Enunciados 31, 32 e 33 da I Jornada de Direito do Patrimônio Cultural e Natural*

47) do patrimônio rural em afetação em garantia;

› *Item acrescido pela Lei nº 14.421, de 20/7/2022*

› *Art. 7º a 16, Lei 13.986/2020 (Lei do Agro)*

48) de outros negócios jurídicos de transmissão do direito real de propriedade sobre imóveis ou de instituição de direitos reais sobre imóveis, ressalvadas as hipóteses de averbação previstas em lei e respeitada a forma exigida por lei para o negócio jurídico, a exemplo do art. 108 da Lei nº 10.406, de 10 de janeiro de 2002 (Código Civil).

› *Item acrescido pela Lei nº 14.711, de 30/10/2023*

II – a averbação:

› *Arts. 217, 246 e 247*

› *Enunciados 23 e 29, I Jornada de Direito Notarial e Registral*

› *Enunciado 119, II Jornada de Prevenção e Solução Extrajudicial de Litígios*

1) das convenções antenupciais e do regime de bens diversos do legal, nos registros referentes a imóveis ou a direitos reais pertencentes a qualquer dos cônjuges, inclusive os adquiridos posteriormente ao casamento;

› *Arts. 244 e 245*

› *Arts. 1.639 a 1.657, Código Civil*

› *Enunciados 80, 81 e 82, I Jornada de Direito Notarial e Registral*

2) por cancelamento, da extinção dos ônus e direitos reais;

› *Arts. 248 a 259*

3) dos contratos de promessa de compra e venda, das cessões e das promessas de cessão a que alude o Decreto-lei nº 58, de 10 de dezembro de 1937, quando o loteamento se tiver formalizado anteriormente à vigência desta Lei;

› *Arts. 1.417 a 1.418 do Código Civil*

4) da mudança de denominação e de numeração dos prédios, da edificação, da reconstrução, da demolição, do desmembramento e do loteamento de imóveis;

› *Art. 246, § 1º*

5) da alteração do nome por casamento ou por desquite, ou, ainda, de outras circunstâncias que, de qualquer modo, tenham influência no registro ou nas pessoas nele interessadas;

› *Arts. 57; 246*

› *Arts. 17 e 18 da Lei 6.515/1977 (Divórcio)*

6) dos atos pertinentes a unidades autônomas condominiais a que alude a Lei nº 4.591, de 16 de dezembro de 1964, quando a incorporação tiver sido formalizada anteriormente à vigência desta Lei;

- *Lei das Incorporações Imobiliárias (Lei 4.591/1964)*
- *Art. 440-AN, Prov. CNJ n. 149/2023 (CNN)*

7) das cédulas hipotecárias;

8) da caução e da cessão fiduciária de direitos reais relativos a imóveis;

- *Item com redação dada pela Medida Provisória nº 1.085, de 27/12/2021, convertida na Lei nº 14.382, de 27/6/2022*

9) das sentenças de separação de dote;

- *Art. 309, parágrafo único do Código Civil 1916, sem correspondência no Código Civil de 2002*

10) do restabelecimento da sociedade conjugal;

- *Art. 46 Lei do Divórcio (Lei 6.515/1977)*
- *Resolução CNJ 35/2007 (Inventário, Partilha, Separação, Divórcio, Extinção da União Estável Extrajudiciais)*

11) das cláusulas de inalienabilidade, impenhorabilidade e incomunicabilidade impostas a imóveis, bem como da constituição de fideicomisso;

- *Art. 246*
- *Art. 68, Decreto-lei 167/1967 (Cédula de Crédito Rural)*
- *Arts. 1.911; 1.951 a 1.960, Código Civil*
- *Enunciado 27, I Jornada de Direito Notarial e Registral*

12) das decisões, recursos e seus efeitos, que tenham por objeto atos ou títulos registrados ou averbados;

13) "ex offício", dos nomes dos logradouros, decretados pelo poder público.

14) das sentenças de separação judicial, de divórcio e de nulidade ou anulação de casamento, quando nas respectivas partilhas existirem imóveis ou direitos reais sujeitos a registro.

- *Item acrescido pela Lei nº 6.850, de 12/11/1980*

15) da rerratificação do contrato de mútuo com pacto adjeto de hipoteca em favor de entidade integrante do Sistema Financeiro da Habitação, ainda que importando elevação da dívida, desde que mantidas as mesmas partes e que inexista outra hipoteca registrada em favor de terceiros.

- *Item acrescido pela Lei nº 6.941, de 14/9/1981*

16) do contrato de locação, para os fins de exercício de direito de preferência.

- *Item acrescido pela Lei nº 8.245, de 18/10/1991*
- *Art. 167, I, 3 e parágrafo único*
- *Arts. 8º, 27 e 54-A da Lei 8.245/1991 (Locação)*
- *Enunciado 29, I Jornada de Direito Notarial e Registral*

17) do Termo de Securitização de créditos imobiliários, quando submetidos a regime fiduciário.

- *Item acrescido pela Lei nº 9.514, de 20/11/1997*

18) da notificação para parcelamento, edificação ou utilização compulsórios de imóvel urbano;

- *Item acrescido pela Lei nº 10.257, de 10/7/2001, publicada no DOU de 11/7/2001, em vigor 90 dias após a publicação*

19) da extinção da concessão de uso especial para fins de moradia;

- *Item acrescido pela Lei nº 10.257, de 10/7/2001, publicada no DOU de 11/7/2001, em vigor 90 dias após a publicação*

20) da extinção do direito de superfície do imóvel urbano.

- *Item acrescido pela Lei nº 10.257, de 10/7/2001, publicada no DOU de 11/7/2001, em vigor 90 dias após a publicação*
- *Art. 167, I, 39*
- *Arts. 1.369 a 1.377, Código Civil*
- *Enunciado 18, I Jornada de Direito Notarial e Registral*

21) da cessão do crédito com garantia real sobre imóvel, ressalvado o disposto no item 35 deste inciso;

- *Item acrescido pela Medida Provisória nº 2.223, de 4/9/2001, com redação dada pela Medida Provisória nº 1.085, de 27/12/2021, convertida na Lei nº 14.382, de 27/6/2022*

22) da reserva legal;

- *Item acrescido pela Lei nº 11.284, de 2/3/2006*
- *Lei 12.651/2012 (Novo Código Florestal)*
- *Instrução Normativa n. 5/2016, Instituto Chico Mendes (Estabelece os procedimentos para a Compensação de Reserva Legal, em imóveis localizados no interior de Unidades de Conservação Federais de domínio público, visando à regularização da sua situação fundiária, conforme Processo Administrativo nº 02070.000195/2014-01.0)*

23) da servidão ambiental.

- *Item acrescido pela Lei nº 11.284, de 2/3/2006*

24) do destaque de imóvel de gleba pública originária.

- *Item acrescido pela Medida Provisória nº 458, de 10/2/2009, convertida na Lei nº 11.952, de 7/7/2009*

25) *Vide Medida Provisória nº 458, de 10/2/2009*

- *A Lei 11.952/2009, ao converter a MP 458/2009, não manteve o acréscimo do item 25.*

26) do auto de demarcação urbanística.

- *Item acrescido pela Medida Provisória nº 459, de 25/3/2009, convertida na Lei nº 11.977, de 7/7/2009*
- *Art. 11, IV e arts. 19 a 22, Lei 13.465/2017 (Regularização Fundiária urbana e rural)*

27) da extinção da legitimação de posse;

- *Item acrescido pela Medida Provisória nº 514, de 1º/12/2010, convertida na Lei nº 12.424, de 16/6/2011*
- *Art. 11, VI e arts. 23 a 25, Lei 13.465/2017 (Regularização Fundiária urbana e rural)*

28) da extinção da concessão de uso especial para fins de moradia;

- *Item acrescido pela Medida Provisória nº 514, de 1º/12/2010, convertida na Lei nº 12.424, de 16/6/2011*

29) da extinção da concessão de direito real de uso.

- *Item acrescido pela Medida Provisória nº 514, de 1º/12/2010, convertida na Lei nº 12.424, de 16/6/2011*

30) da sub-rogação de dívida, da respectiva garantia fiduciária ou hipotecária e da alteração das condições contratuais, em nome do credor que venha a assumir essa condição nos termos do art. 31 da Lei nº 9.514, de 20 de novembro de 1997, ou do art. 347 da Lei nº 10.406, de 10 de janeiro de 2002 (Código Civil), realizada em ato único, a requerimento do interessado, instruído com documento comprobatório firmado pelo credor original e pelo mutuário, ressalvado o disposto no item 35 deste inciso;

- *Item acrescido pela Lei nº 12.703, de 7/8/2012, com redação dada pela Medida Provisória nº 1.085, de 27/12/2021, convertida na Lei nº 14.382, de 27/6/2022*

31) da certidão de liberação de condições resolutivas dos títulos de domínio resolúvel emitidos pelos órgãos fundiários federais na Amazônia Legal.

- *Item acrescido pela Medida Provisória nº 759, de 22/12/2016, convertida e com redação dada pela Lei nº 13.465, de 11/7/2017*
- *Lei 11.952/2009 (Regularização fundiária das ocupações incidentes em terras situadas em áreas da União, no âmbito da Amazônia Legal)*
- *Decreto 10.592/2020 que regulamenta a Lei n. 11.952/2009*
- *Decreto 7.341/2010 que regulamenta a Lei n. 11.952/2009*
- *Decreto 11.995/2024 (Programa Terra da Gente)*
- *Instrução Normativa INCRA n. 91/2018 (Procedimento para venda direta dos imóveis residenciais de propriedade do INCRA no âmbito da Amazônia Legal, nos termos do art. 38, da Lei nº 11.952/2009)*
- *Instrução Normativa INCRA n. 104/2023 (Fixa os procedimentos para regularização fundiária das ocupações incidentes em áreas rurais, de que trata a Lei nº 11.952/2009)*
- *Instrução Normativa INCRA n. 124/2022 (Estabelece os procedimentos para análise do cumprimento e liberação das cláusulas e condições resolutivas de instrumentos de titulação decorrentes de regularização fundiária, incidentes em áreas do Instituto Nacional de Colonização e Reforma Agrária - Incra e da União sob gestão do Incra)*
- *Vide Instrução Normativa INCRA n. 142/2024 (Dispõe sobre os procedimentos necessários à regularização fundiária de áreas urbanas consolidadas, de expansão urbana e de urbanização específica, incidentes em terras públicas federais do Incra, qualquer que seja sua localização, e da União, administradas pelo Incra na Amazônia Legal previstas no art. 3º da Lei nº 11.952, de 2009)*
- *Provimento CNJ 144/2023 (Estabelece, no âmbito do Poder Judiciário, o Programa Permanente de Regularização Fundiária na Amazônia Legal, institui a Semana Nacional de Regularização Fundiária)*

32) do termo de quitação de contrato de compromisso de compra e venda registrado e do termo de quitação dos instrumentos públicos ou privados oriundos da implantação de empreendimentos ou de processo de regularização fundiária, firmado pelo empreendedor proprietário de imóvel ou pelo promotor do empreendimento ou da regularização fundiária objeto de loteamento, desmembramento, condomínio de qualquer modalidade ou de regularização fundiária, exclusivamente para fins de exoneração da sua responsabilidade sobre tributos municipais incidentes sobre o imóvel perante o Município, não implicando transferência de domínio ao compromissário comprador ou ao beneficiário da regularização.

- *Item acrescido pela Lei nº 13.465, de 11/7/2017*

33) Item acrescido pela Medida Provisória nº 992/2020, com vigência encerrada em 12/11/2020, conforme Ato Declaratório nº 144/2020, publicado no DOU de 16/11/2020

34) da existência dos penhores previstos no art. 178 desta Lei, de ofício, sem conteúdo financeiro, por ocasião do registro no livro auxiliar em relação a imóveis de titularidade do devedor pignoratício ou a imóveis objeto de contratos registrados no Livro nº 2 - Registro Geral;

- *Item acrescido pela Medida Provisória nº 1.085, de 27/12/2021, convertida e com redação dada pela Lei nº 14.382, de 27/6/2022*
- *Art. 1.438 a 1.450, CC*

35) da cessão de crédito ou da sub-rogação de dívida decorrentes de transferência do financiamento com garantia real sobre imóvel, nos termos do Capítulo II-A da Lei nº 9.514, de 20 de novembro de 1997; e

- *Item acrescido pela Medida Provisória nº 1.085, de 27/12/2021, convertida e com redação dada pela Lei nº 14.382, de 27/6/2022*

36) do processo de tombamento de bens imóveis e de seu eventual cancelamento, sem conteúdo financeiro.

- *Item acrescido pela Medida Provisória nº 1.085, de 27/12/2021, convertida e com redação dada pela Lei nº 14.382, de 27/6/2022*
- *Arts. 4º a 21, Decreto-Lei 25/1937 (Proteção do patrimônio histórico e artístico nacional)*
- *Enunciados 31, 32 e 33 da I Jornada de Direito do Patrimônio Cultural e Natural*

37) da extensão da garantia real à nova operação de crédito, nas hipóteses autorizadas por lei.

- *Item acrescido pela Lei nº 14.711, de 30/10/2023*

Parágrafo único. O registro previsto no item 3 do inciso I do *caput* e a averbação prevista no item 16 do inciso II do *caput* deste artigo serão efetuados no registro de imóveis da circunscrição onde o imóvel estiver matriculado, mediante apresentação de uma via do contrato assinado pelas partes, admitida a forma eletrônica e bastando a coincidência entre o nome de um dos proprietários e o do locador.

- *Parágrafo único acrescido pela Medida Provisória nº 1.085, de 27/12/2021, convertida e com redação dada pela Lei nº 14.382, de 27/6/2022*

Art. 168. Na designação genérica de registro, consideram-se englobadas a inscrição e a transcrição a que se referem as leis civis.

Art. 169. Todos os atos enumerados no art. 167 desta Lei são obrigatórios e serão efetuados na serventia da situação do imóvel, observado o seguinte:

- *Caput do artigo com redação dada pela Medida Provisória nº 1.085, de 27/12/2021, convertida na Lei nº 14.382, de 27/6/2022*

I - as averbações serão efetuadas na matrícula ou à margem do registro a que se referirem, ainda que o imóvel tenha passado a pertencer a outra circunscrição, observado o disposto no inciso I do § 1º e no § 18 do art. 176 desta Lei;

- *Inciso com redação dada pela Lei nº 14.382, de 27/6/2022*

II - para o imóvel situado em duas ou mais circunscrições, serão abertas matrículas em ambas as serventias dos registros públicos; e

- *Inciso com redação dada pela Medida Provisória nº 1.085, de 27/12/2021, convertida na Lei nº 14.382, de 27/6/2022*

III – *(Revogado pela Medida Provisória nº 1.085, de 27/12/2021, convertida na Lei nº 14.382, de 27/6/2022)*

IV - aberta matrícula na serventia da situação do imóvel, o oficial comunicará o fato à serventia de origem, para o encerramento, de ofício, da matrícula anterior.

- *Inciso acrescido pela Medida Provisória nº 1.085, de 27/12/2021, convertida na Lei nº 14.382, de 27/6/2022*
- *Arts. 227 e seguintes*

§ 1º O registro do loteamento e do desmembramento que abranger imóvel localizado em mais de uma circunscrição imobiliária observará o disposto no inciso II do *caput* deste artigo, e as matrículas das unidades imobiliárias deverão ser abertas na serventia do registro de imóveis da circunscrição em que estiver situada a unidade imobiliária, procedendo-se às averbações remissivas.

- *Parágrafo acrescido pela Medida Provisória nº 1.085, de 27/12/2021, convertida e com redação dada pela Lei nº 14.382, de 27/6/2022*
- *Art. 21, Lei 6.766/1979 (Parcelamento do solo urbano)*

§ 2º As informações relativas às alterações de denominação de logradouro e de numeração predial serão enviadas pelo Município à serventia do registro de imóveis da circunscrição onde estiver situado o imóvel, por meio do Serp, e as informações de alteração de numeração predial poderão ser arquivadas para uso oportuno e a pedido do interessado.

- *Parágrafo acrescido pela Medida Provisória nº 1.085, de 27/12/2021, convertida e com redação dada pela Lei nº 14.382, de 27/6/2022*
- *Art. 167, II, 13; 176, § 1º, 3, "b"*

§ 3º Na hipótese prevista no inciso II do *caput* deste artigo, as matrículas serão abertas:

I - com remissões recíprocas;

II - com a prática dos atos de registro e de averbação apenas no registro de imóveis da circunscrição em que estiver situada a maior área, averbando-se, sem conteúdo financeiro, a circunstância na outra serventia; e

III - se a área for idêntica em ambas as circunscrições, adotar-se-á o mesmo procedimento e proceder-se-á aos registros e às averbações na serventia de escolha do interessado, averbada a circunstância na outra serventia, sem conteúdo financeiro.

- *Parágrafo acrescido pela Medida Provisória nº 1.085, de 27/12/2021, convertida e com redação dada pela Lei nº 14.382, de 27/6/2022*

Art. 170. O desmembramento territorial posterior ao registro não exige sua repetição no novo cartório.

- *Arts. 27; 229*
- *Art. 340, Prov. CNJ 149/2023 (CNN)*

Art. 171. Os atos relativos a vias férreas serão registrados na circunscrição imobiliária onde se situe o imóvel.

- *Caput do artigo com redação dada pela Lei nº 13.465, de 11/7/2017*
- *Art. 1.502 a 1.505, Código Civil.*

Parágrafo único. A requerimento do interessado, o oficial do cartório do registro de imóveis da circunscrição a que se refere o *caput* deste artigo abrirá a matrícula da área correspondente, com base em planta, memorial descritivo e certidão atualizada da matrícula ou da transcrição do imóvel, caso exista, podendo a apuração do remanescente ocorrer em momento posterior.

- *Parágrafo único acrescido pela Lei nº 13.465, de 11/7/2017*

CAPÍTULO II – DA ESCRITURAÇÃO

- *Art. 8º Prov. CNJ 45/2015 (Despesas Livro Diário Auxiliar)*
- *Arts. 42 a 51 (Mediação e Conciliação), Prov. CNJ 149/2023 (CNN)*
- *Arts. 185 a 195 (Escrituração Contábil e Correicional), Prov. CNJ 149/2023 (CNN)*
- *Arts. 211 a 228 (ONSERP), Prov. CNJ 149/2023 (CNN). Corresponde ao revogado Prov. CNJ 139/2023*
- *Prov. CNJ 89/2019 (SREI/SAEC/ONR)*
- *Prov. CNJ 124/2021 (Universalização do acesso por todas as unidades do serviço de registro de imóveis do Brasil, ao Sistema de Registro Eletrônico de Imóveis (SREI), operado pelo Operador Nacional do Registro Eletrônico de Imóveis – ONR)*
- *Recomendação CNJ 14/2014 (SREI)*

Art. 172. No Registro de Imóveis serão feitos, nos termos desta Lei, o registro e a averbação dos títulos ou atos constitutivos, declaratórios, translativos e extintos de direitos reais sobre imóveis reconhecidos em lei, " intervivos" ou "mortis causa" quer para sua constituição, transferência e extinção, quer para sua validade em relação a terceiros, quer para a sua disponibilidade.

- *Art. 1.245, Código Civil*

Art. 173. Haverá, no Registro de Imóveis, os seguintes livros:

- *Art. 40, Lei 11.977/2009*
- *Art. 336 do Prov. CNJ n. 149/2023 (CNN)*

I – Livro nº 1 – Protocolo;

- *Arts. 174 e 175*

II – Livro nº 2 – Registro Geral;

- *Art. 176*

III – Livro nº 3 – Registro Auxiliar;

- *Arts. 177 e 178*

IV – Livro nº 4 – Indicador Real;

- *Art. 179*

V – Livro nº 5 – Indicador Pessoal.

- *Art. 180*

Parágrafo único. Observado o disposto no § 2º do art. 3º, desta Lei, os livros nºs 2, 3, 4 e 5 poderão ser substituídos por fichas.

Art. 174. O livro nº 1 – Protocolo – servirá para apontamento de todos os títulos apresentados diariamente, ressalvado o disposto no parágrafo único do art. 12 desta Lei.

- *Arts. 33; 428; 400; 440-K; 440-N, Prov. CNJ 149/2023 (CNN)*

Art. 175. São requisitos da escrituração do Livro nº 1 – Protocolo:

I – o número de ordem, que seguirá indefinidamente nos livros da mesma espécie;

II – a data da apresentação;

III – o nome do apresentante;

IV – a natureza formal do título;

V – os atos que formalizar, resumidamente mencionados.

Art. 176. O Livro nº 2 – Registro Geral – será destinado, à matrícula dos imóveis e ao registro ou averbação dos atos relacionados no art. 167 e não atribuídos ao Livro nº 3.

- *Art. 6º, § 2º, Lei 14.382/2022 (SERP)*
- *Arts. 199; 330, II, Prov. CNJ 149/2023 (CNN)*

§ 1º A escrituração do Livro nº 2 obedecerá às seguintes normas:

I – cada imóvel terá matrícula própria, que será aberta por ocasião do primeiro ato de registro ou de averbação caso a transcrição possua todos os requisitos elencados para a abertura de matrícula;

- *Inciso com redação dada pela Lei nº 14.382, de 27/6/2022*
- *Arts. 196; 197 e 227 a 237*
- *Art. 336, Prov. CNJ n. 149/2023 (CNN)*
- *Arts. 330 a 343 (Código Nacional de Matrícula – CNM), Prov. CNJ 149/2023 (CNN)*
- *Prov. CNJ 143/2023 (Código Nacional de Matrícula – CNM)*

II – são requisitos da matrícula:

1) o número de ordem, que seguirá ao infinito;

2) a data;

3) a identificação do imóvel, que será feita com indicação:

- *Caput do item com redação dada pela Lei nº 10.267, de 28/8/2001*
- *Art. 225, § 2º*

a) se rural, do código do imóvel, dos dados constantes do CCIR, da denominação e de suas características, confrontações, localização e área;

- *Alínea acrescida pela Lei nº 10.267, de 28/8/2001*
- *Decreto 11.995/2024 (Programa Terra da Gente)*
- *Enunciado 43, I Jornada de Direito Notarial e Registral*
- *Art. 10 do Decreto 4.449/2002 (Certificado de Cadastro de Imóvel Rural – CCIR)*
- *Lei n. 5.868/1972 (Cria o Sistema Nacional de Cadastro Rural)*
- *Decreto 72.106/1973 (Regulamenta a Lei n. 5.868/1972)*
- *Instrução Normativa INCRA n. 82/2015 (Procedimentos para atualização cadastral no Sistema Nacional de Cadastro Rural)*
- *Instrução Normativa INCRA/RFB N. 1968/2020 (Estabelece prazos e procedimentos para atualização do Sistema Nacional de Cadastro Rural (SNCR) e do Cadastro de Imóveis Rurais (Cafir) que visa propiciar a integração entre esses sistemas cadastrais com a finalidade de estruturação do Cadastro Nacional de Imóveis Rurais (CNIR))*
- *Instrução Normativa INCRA/RFB N. 1.968/2020 (Integração entre o Sistema Nacional de Cadastro Rural (SNCR) e o Cadastro de Imóveis Rurais (Cafir), por meio da vinculação dos imóveis neles inscritos, com a finalidade de estruturação do Cadastro Nacional de Imóveis Rurais (CNIR))*
- *Instrução Normativa RFB 2.008/2021 (Cadastro de Imóveis Rurais (Cafir))*

b) se urbano, de suas características e confrontações, localização, área, logradouro, número e de sua designação cadastral, se houver.

- *Alínea acrescida pela Lei nº 10.267, de 28/8/2001*
- *Art. 225, § 2º*

4) o nome, domicílio e nacionalidade do proprietário, bem como:

a) tratando-se de pessoa física, o estado civil, a profissão, o número de inscrição no Cadastro de Pessoas Físicas do Ministério da Fazenda ou do Registro Geral da cédula de identidade, ou à falta deste, sua filiação;

b) tratando-se de pessoa jurídica, a sede social e o número de inscrição no Cadastro Geral de Contribuintes do Ministério da Fazenda;

5) o número do registro anterior;

6) tratando-se de imóvel em regime de multipropriedade, a indicação da existência de matrículas, nos termos do § 10 deste artigo;

- *Item acrescido pela Lei nº 13.777, de 20/12/2018, publicada no DOU de 1º/12/2018, em vigor 45 dias após a publicação*
- *Arts. 176, §§ 10, 12; 178, III*
- *Arts. 1.358-B a 1.358-U, CC*

III – são requisitos do registro no Livro nº 2:

1) a data;

2) o nome, domicílio e nacionalidade do transmitente, ou do devedor, e do adquirente, ou credor, bem como:

a) tratando-se de pessoa física, o estado civil, a profissão e o número de inscrição no Cadastro de Pessoas Físicas do Ministério da Fazenda ou do Registro Geral da cédula de identidade, ou, à falta deste, sua filiação;

b) tratando-se de pessoa jurídica, a sede social e o número de inscrição no Cadastro Geral de Contribuintes do Ministério da Fazenda;

3) o título da transmissão ou do ônus;

- *Art. 7º, VI, Lei n. 8.668/1993 (Dispõe sobre a constituição e o regime tributário dos Fundos de Investimento Imobiliário e dos Fundos de Investimento nas Cadeias Produtivas Agroindustriais (Fiagro)*

4) a forma do título, sua procedência e caracterização;

5) o valor do contrato, da coisa ou da dívida, prazo desta, condições e mais especificações, inclusive os juros, se houver.

- *Parágrafo único transformado em § 1º pela Lei nº 6.688, de 17/9/1979*

§ 2º Para a matrícula e registro das escrituras e partilhas, lavradas ou homologadas na vigência do Decreto nº 4.857, de 9 de novembro de 1939, não serão observadas as exigências deste artigo, devendo tais atos obedecer ao disposto na legislação anterior.

- *Parágrafo acrescido pela Lei nº 6.688, de 17/9/1979*

§ 3º Nos casos de desmembramento, parcelamento ou remembramento de imóveis rurais, a identificação prevista na alínea a do item 3 do inciso II do § 1º será obtida a partir de memorial descritivo, assinado por profissional habilitado e com a devida Anotação de Responsabilidade Técnica – ART, contendo as coordenadas dos vértices definidores dos limites dos imóveis rurais, georreferenciadas ao Sistema Geodésico Brasileiro e com precisão posicional a ser fixada pelo INCRA, garantida a isenção de custos financeiros aos proprietários de imóveis rurais cuja somatória da área não exceda a quatro módulos fiscais.

- *Parágrafo acrescido pela Lei nº 10.267, de 28/8/2001*
- *Art. 10, Decreto 4.449/2002 (Certificado de Cadastro de Imóvel Rural – CCIR)*
- *Art. 4º, Decreto 11.995/2024 (Programa Terra da Gente)*
- *Instrução Normativa INCRA 77/2013 (Memorial descritivo de imóveis rurais)*
- *Recomendação CNJ 41/2019 (Dispõe sobre a dispensa dos Cartórios de Registro de Imóveis da anuência dos confrontantes na forma dos §§ 3º e 4º do art. 176 da Lei n. 6.015, de 31 de dezembro de 1973, alterada pela Lei n. 13.838, de 4 de junho de 2019)*

§ 4º A identificação de que trata o § 3º tornar-se-á obrigatória para efetivação de registro, em qualquer situação de transferência de imóvel rural, nos prazos fixados por ato do Poder Executivo.

- *Parágrafo acrescido pela Lei nº 10.267, de 28/8/2001*
- *Recomendação CNJ 41/2019 (Dispõe sobre a dispensa dos Cartórios de Registro de Imóveis da anuência dos confrontantes na forma dos §§ 3º e 4º do art. 176 da Lei n. 6.015, de 31 de dezembro de 1973, alterada pela Lei n. 13.838, de 4 de junho de 2019)*
- *Enunciado 43, I Jornada de Direito Notarial e Registral*
- *Art. 10 do Decreto 4.449/2002 (Certificado de Cadastro de Imóvel Rural – CCIR)*
- *Lei n. 5.868/1972 (Cria o Sistema Nacional de Cadastro Rural)*
- *Decreto 72.106/1973 (Regulamenta a Lei n. 5.868/1972)*
- *Instrução Normativa INCRA n. 82/2015 (Procedimentos para atualização cadastral no Sistema Nacional de Cadastro Rural)*
- *Instrução Normativa INCRA/RFB N. 1968/2020 (Estabelece prazos e procedimentos para atualização do Sistema Nacional de Cadastro Rural (SNCR) e do Cadastro de Imóveis Rurais (Cafir) que visa propiciar a integração entre esses sistemas cadastrais com a finalidade de estruturação do Cadastro Nacional de Imóveis Rurais (CNIR)*
- *Instrução Normativa INCRA/RFB N. 1.968/2020 (Integração entre o Sistema Nacional de Cadastro Rural (SNCR) e o Cadastro de Imóveis Rurais (Cafir), por meio da vinculação dos imóveis neles inscritos, com a finalidade de estruturação do Cadastro Nacional de Imóveis Rurais (CNIR))*
- *Instrução Normativa RFB 2.008/2021 (Cadastro de Imóveis Rurais (Cafir))*
- *Decreto 11.995/2024 (Programa Terra da Gente)*

§ 5º Nas hipóteses do § 3º, caberá ao Incra certificar que a poligonal objeto do memorial descritivo não se sobrepõe a nenhuma outra constante de seu cadastro georreferenciado e que o memorial atende às exigências técnicas, conforme ato normativo próprio.

- *Parágrafo acrescido pela Medida Provisória nº 458, de 10/2/2009, convertida na Lei nº 11.952, de 25/6/2009*
- *Instrução Normativa INCRA 77/2013 (Memorial descritivo de imóveis rurais)*

§ 6º A certificação do memorial descritivo de glebas públicas será referente apenas ao seu perímetro originário.

- *Parágrafo acrescido pela Medida Provisória nº 458, de 10/2/2009, convertida na Lei nº 11.952, de 25/6/2009*

§ 7º Não se exigirá, por ocasião da efetivação do registro do imóvel destacado de glebas públicas, a retificação do memorial descritivo da área remanescente, que somente ocorrerá a cada 3 (três) anos, contados a partir do primeiro destaque, englobando todos os destaques realizados no período.

- *Parágrafo acrescido pela Medida Provisória nº 458, de 10/2/2009, convertida na Lei nº 11.952, de 25/6/2009*

§ 8º O ente público proprietário ou imitido na posse a partir de decisão proferida em processo judicial de desapropriação em curso poderá requerer a abertura de matrícula de parte de imóvel situado em área urbana ou de expansão urbana, previamente matriculado ou não, com base em planta e memorial descritivo, podendo a apuração de remanescente ocorrer em momento posterior.

- *Parágrafo acrescido pela Medida Provisória nº 514, de 1º/12/2010, convertida na Lei nº 12.424, de 16/6/2011*

§ 9º A instituição do direito real de laje ocorrerá por meio da abertura de uma matrícula própria no registro de imóveis e por meio da averbação desse fato na matrícula da construção-base e nas matrículas de lajes anteriores, com remissão recíproca.

- *Parágrafo acrescido pela Lei nº 13.465, de 11/7/2017*
- *Art. 57-a, Lei 10.257/2001 (Estatuto da Cidade)*
- *Arts. 1.225, XII; 1.510-A a 1.510-E, CC*
- *Art. 799, X e XI, CPC*
- *Arts. 54, VII, 58 a 62 e 69, § 2º, I, Decreto 9.310/2018 (Regularização Fundiária Urbana)*
- *Enunciado 627, VIII Jornada de Direito Civil*
- *Enunciado 669, IX Jornada de Direito Civil*
- *Enunciado 150, II Jornada de Direito Processual Civil*

§ 10. Quando o imóvel se destinar ao regime da multipropriedade, além da matrícula do imóvel, haverá uma matrícula para cada fração de tempo, na qual se registrarão e averbarão os atos referentes à respectiva fração de tempo, ressalvado o disposto no § 11 deste artigo.

- *Parágrafo acrescido pela Lei nº 13.777, de 20/12/2018, publicada no DOU de 21/12/2018, em vigor 45 dias após a publicação*
- *Arts. 176, § 1º, 6; §12; 178, III*
- *Arts. 1.358-B a 1.358-U, CC*

§ 11. Na hipótese prevista no § 10 deste artigo, cada fração de tempo poderá, em função de legislação tributária municipal, ser objeto de inscrição imobiliária individualizada.

- *Parágrafo acrescido pela Lei nº 13.777, de 20/12/2018, publicada no DOU de 21/12/2018, em vigor 45 dias após a publicação*
- *Arts. 176, § 1º, 6; §10; 178, III*
- *Arts. 1.358-B a 1.358-U, CC*

§ 12. Na hipótese prevista no inciso II do § 1º do art. 1.358-N da Lei nº 10.406, de 10 de janeiro de 2002 (Código Civil), a fração de tempo adicional, destinada à realização de reparos, constará da matrícula referente à fração de tempo principal de cada multiproprietário e não será objeto de matrícula específica.

› *Parágrafo acrescido pela Lei nº 13.777, de 20/12/2018, publicada no DOU de 21/12/2018, em vigor 45 dias após a publicação*

§ 13. Para a identificação de que tratam os §§ 3º e 4º deste artigo, é dispensada a anuência dos confrontantes, bastando para tanto a declaração do requerente de que respeitou os limites e as confrontações.

› *Parágrafo acrescido pela Lei nº 13.838, de 4/6/2019*

§ 14. É facultada a abertura da matrícula na circunscrição onde estiver situado o imóvel, a requerimento do interessado ou de ofício, por conveniência do serviço.

› *Parágrafo acrescido pela Medida Provisória nº 1.085, de 27/12/2021, convertida na Lei nº 14.382, de 27/6/2022*

› *Arts. 330 a 343 (Código Nacional de Matrícula – CNM), Prov. CNJ 149/2023 (CNN).*

§ 15. Ainda que ausentes alguns elementos de especialidade objetiva ou subjetiva, desde que haja segurança quanto à localização e à identificação do imóvel, a critério do oficial, e que constem os dados do registro anterior, a matrícula poderá ser aberta nos termos do § 14 deste artigo.

› *Parágrafo acrescido pela Medida Provisória nº 1.085, de 27/12/2021, convertida na Lei nº 14.382, de 27/6/2022*

› *Art. 195; 225; 237*

§ 16. Se não forem suficientes os elementos de especialidade objetiva ou subjetiva, será exigida a retificação, no caso de requerimento do interessado na forma prevista no § 14 deste artigo, perante a circunscrição de situação do imóvel.

› *Parágrafo acrescido pela Medida Provisória nº 1.085, de 27/12/2021, convertida na Lei nº 14.382, de 27/6/2022*

› *Arts. 337, § 3º; 440-E § 2º; 440-AE § 1º, Prov. CNJ 149/2023 (CNN)*

§ 17. Os elementos de especialidade objetiva ou subjetiva que não alterarem elementos essenciais do ato ou negócio jurídico praticado, quando não constantes do título ou do acervo registral, poderão ser complementados por outros documentos ou, quando se tratar de manifestação de vontade, por declarações dos proprietários ou dos interessados, sob sua responsabilidade.

› *Parágrafo acrescido pela Medida Provisória nº 1.085, de 27/12/2021, convertida na Lei nº 14.382, de 27/6/2022*

› *Art. 195; 225; 237*

› *Arts. 337, § 3º; 440-E § 2º; 440-AE § 1º, Prov. CNJ 149/2023 (CNN)*

§ 18. Quando se tratar de transcrição que não possua todos os requisitos para a abertura de matrícula, admitir-se-á que se façam na circunscrição de origem, à margem do título, as averbações necessárias.

› *Parágrafo acrescido pela Lei nº 14.382, de 27/6/2022*

› *Art. 167, II; 246*

Art. 176-A. O registro de aquisição originária ensejará a abertura de matrícula relativa ao imóvel adquirido, se não houver, ou quando:

› *Caput do artigo com redação dada pela Lei nº 14.620, de 2023*

› *Arts. 213, § 2º, e 216-A*

› *Arts. 330 a 343 (Código Nacional de Matrícula – CNM), Prov. CNJ 149/2023 (CNN)*

› *Prov. CNJ 143/2023 (Código Nacional de Matrícula – CNM)*

I – atingir parte de imóvel objeto de registro anterior; ou

› *Incluído pela Lei nº 14.620, de 2023*

II – atingir, total ou parcialmente, mais de um imóvel objeto de registro anterior.

› *Incluído pela Lei nº 14.620, de 2023*

§ 1º A matrícula será aberta com base em planta e memorial descritivo do imóvel utilizados na instrução do procedimento administrativo ou judicial que ensejou a aquisição.

› *Redação dada pela Lei nº 14.620, de 2023*

§ 2º As matrículas atingidas deverão, conforme o caso, ser encerradas ou receber averbação dos respectivos desfalques, dispensada, para esse fim, a retificação do memorial descritivo da área remanescente.

› *Redação dada pela Lei nº 14.620, de 2023*

§ 3º *(VETADO na Lei nº 14.273, de 23/12/2021)*

§ 4º Se a área adquirida em caráter originário for maior do que a constante do registro existente, a informação sobre a diferença apurada será averbada na matrícula aberta.

› *Redação dada pela Lei nº 14.620, de 2023*

§ 4º-A. Eventuais divergências entre a descrição do imóvel constante do registro e aquela apresentada pelo requerente não obstarão o registro.

› *Incluído pela Lei nº 14.620, de 2023*

§ 5º O disposto neste artigo aplica-se, sem prejuízo de outros, ao registro de:

› *Redação dada pela Lei nº 14.620, de 2023*

I – ato de imissão provisória na posse, em procedimento de desapropriação;

› *Art. 167, I, 34*

› *Art. 10 e seguintes do Decreto-Lei 3.365/1941 (Desapropriação por utilidade pública)*

› *Enunciado 51, I Jornada de Direito Notarial e Registral*

› *Enunciado 114, II Jornada de Prevenção e Solução Extrajudicial de Litígios*

› *Lei Complementar 76/1993 (Desapropriação de imóvel rural, por interesse social, para fins de reforma agrária)*

› *Lei 4.132/1962 (Desapropriação por Interesse Social)*

› *Lei 4.519/1964 (Desapropriações efetuadas no Nordeste)*

II – carta de adjudicação, em procedimento judicial de desapropriação;

III – escritura pública, termo ou contrato administrativo, em procedimento extrajudicial de desapropriação;

IV – aquisição de área por usucapião ou por concessão de uso especial para fins de moradia;

› *Incluído pela Lei nº 14.620, de 2023*

› *Arts. 398 a 423 (Usucapião Extrajudicial), Prov. CNJ n. 149/2023 (CNN). Corresponde ao revogado Prov. CNJ n. 65/2017*

V – sentença judicial de aquisição de imóvel, em procedimento expropriatório de que tratam os §§ 4º e 5º do art. 1.228 da Lei nº 10.406, de 10 de janeiro de 2002 (Código Civil).

› *Incluído pela Lei nº 14.620, de 2023*

› *Art. 167, I, 34*

› *Art. 10 e seguintes do Decreto-Lei 3.365/1941 (Desapropriação por utilidade pública)*

› *Enunciado 51, I Jornada de Direito Notarial e Registral*

› *Enunciado 114, II Jornada de Prevenção e Solução Extrajudicial de Litígios*

Art. 177. O Livro nº 3 – Registro Auxiliar – será destinado ao registro dos atos que, sendo atribuídos ao Registro de Imóveis por disposição legal, não digam respeito diretamente a imóvel matriculado.

› *Art. 327, Prov. CNJ 149/2023 (CNN)*

Art. 178. Registrar-se-ão no Livro nº 3 – Registro Auxiliar:

I – a emissão de debêntures, sem prejuízo do registro eventual e definitivo, na matrícula do imóvel, da hipoteca, anticrese ou penhor que abonarem especialmente tais emissões, firmando-se pela ordem do registro a prioridade entre as séries de obrigações emitidas pela sociedade;

› *A Lei das Sociedades Anônimas (Lei 6.404/1976), que previa esse registro em seu artigo 62, II, foi alterada pela Lei 10.303/2001, deu nova redação ao dispositivo atribuindo a inscrição da escritura de emissão de debêntures ao Registro do Comércio*

II – as cédulas de crédito industrial, sem prejuízo do registro da hipoteca cedular;

› *Inciso com redação dada pela Lei nº 13.986, de 7/4/2020*

› *Arts. 29 e seguintes, Decreto-lei 413/1967 (Cédula de Produto Rural)*

III – as convenções de condomínio edilício, condomínio geral voluntário e condomínio em multipropriedade;

› *Inciso com redação dada pela Lei nº 13.777, de 20/12/2018, publicada no DOU de 21/12/2018, em vigor 45 dias após a publicação*

› *Arts. 167, I, 17, 176, §§ 10, 12; 178, III*

› *Arts. 1.358-B a 1.358-U, CC*

› *Art. 440-AN, Prov. CNJ n. 149/2023 (CNN)*

IV – o penhor de máquinas e de aparelhos utilizados na indústria, instalados e em funcionamento, com os respectivos pertences ou sem eles;

› *Art. 167, I, 4*

V – as convenções antenupciais;

› *Arts. 167, I, 12 e 244*

VI – os contratos de penhor rural;

› *Arts. 167, I, 5*

VII – os títulos que, a requerimento do interessado, forem registrados no seu inteiro teor, sem prejuízo do ato, praticado no Livro nº 2.

Art. 179. O Livro nº 4 – Indicador Real – será o repositório de todos os imóveis que figurarem nos demais livros, devendo conter sua identificação, referência aos números de ordem dos outros livros e anotações necessárias.

§ 1º Se não for utilizado o sistema de fichas, o Livro nº 4 conterá, ainda, o número de ordem, que seguirá indefinidamente, nos livros da mesma espécie.

§ 2º Adotado o sistema previsto no parágrafo precedente, os oficiais deverão ter, para auxiliar a consulta, um livro-índice ou fichas pelas ruas, quando se tratar de imóveis urbanos, e pelos nomes e situações, quando rurais.

Art. 180. O Livro nº 5 – Indicador Pessoal – dividido alfabeticamente, será o repositório dos nomes de todas as pessoas que, individual ou coletivamente, ativa ou passivamente, direta ou indiretamente, figurarem nos demais livros, fazendo-se referência aos respectivos números de ordem.

Parágrafo único. Se não for utilizado o sistema de fichas, o Livro nº 5 conterá, ainda, o número de ordem de cada letra do alfabeto, que seguirá indefinidamente, nos livros da mesma espécie. Os oficiais poderão adotar, para auxiliar as buscas, um livro-índice ou fichas em ordem alfabética.

Art. 181. Poderão ser abertos e escriturados, concomitantemente, até dez livros de "Registro Geral", obedecendo, neste caso, a sua escrituração ao algarismo final da matrícula, sendo as matrículas de número final 1 feitas no Livro 2-1, as de final dois no Livro 2-2 e as de final três no Livro 2-3, e assim, sucessivamente.

Parágrafo único. Também poderão ser desdobrados, a critério do oficial, os Livros nºs 3 "Registro Auxiliar", 4 "Indicador Real" e 5 "Indicador Pessoal".

CAPÍTULO III – DO PROCESSO DO REGISTRO

- *Vide Lei 5.972/1973 (Registro da propriedade de bens imóveis discriminados administrativamente ou possuídos pela União)*
- *Vide Lei 13.178/2015 (Ratificação dos registros imobiliários decorrentes de alienações e concessões de terras públicas situadas nas faixas de fronteira)*
- *Vide Lei 13.240/2015 (Dispõe sobre a administração, a alienação, a transferência de gestão de imóveis da União e seu uso para a constituição de fundos)*

Art. 182. Todos os títulos tomarão, no Protocolo, o número de ordem que lhes competir em razão da sequência rigorosa de sua apresentação.

- *Arts. 323 e 324, Prov. CNJ n. 149/2023 (CNN)*
- *Art. 5º, Lei n. 8.025/1990 (Alienação de Bens Imóveis Residenciais de Propriedade da União)*

Art. 183. Reproduzir-se-á, em cada título, o número de ordem respectivo e a data de sua prenotação.

Art. 184. O Protocolo será encerrado diariamente.

- *Art. 173, IV e 174*

Art. 185. A escrituração do protocolo incumbirá tanto ao oficial titular como ao seu substituto legal, podendo, ser feita, ainda, por escrevente auxiliar expressamente designado pelo oficial titular ou pelo seu substituto legal mediante autorização do juiz competente, ainda que os primeiros não estejam nem afastados nem impedidos.

Art. 186. O número de ordem determinará a prioridade do título, e esta a preferência dos direitos reais, ainda que apresentados pela mesma pessoa mais de um título simultaneamente.

- *Art. 324, Provimento CNJ n. 149/2023*
- *Art. 5º, parágrafo único, Lei n. 8.025/1990 (Alienação de Bens Imóveis Residenciais de Propriedade da União)*
- *Art. 414, § 4º e 428, Prov CNJ 149/2023 (CNN)*

Art. 187. Em caso de permuta, e pertencendo os imóveis à mesma circunscrição, serão feitos os registros nas matrículas correspondentes, sob um único número de ordem no Protocolo.

- *Art. 167, I, 18*
- *Art. 440-B, Prov CNJ 149/2023 (CNN)*

Art. 188. Protocolizado o título, proceder-se-á ao registro ou à emissão de nota devolutiva, no prazo de 10 (dez) dias, contado da data do protocolo, salvo nos casos previstos no § 1º deste artigo e nos arts. 189, 190, 191 e 192 desta Lei.

- *Caput do artigo com redação dada pela Lei nº 14.382, de 27/6/2022*
- *Art. 440-K, Prov. CNJ 150/2023*

§ 1º Se não houver exigências ou falta de pagamento de custas e emolumentos, deverão ser registrados, no prazo de 5 (cinco) dias:

I - as escrituras de compra e venda sem cláusulas especiais, os requerimentos de averbação de construção e de cancelamento de garantias;

II - os documentos eletrônicos apresentados por meio do Serp; e

III - os títulos que reingressarem na vigência da prenotação com o cumprimento integral das exigências formuladas anteriormente.

- *Parágrafo acrescido pela Medida Provisória nº 1.085, de 27/12/2021, convertida e com redação dada pela Lei nº 14.382, de 27/6/2022*

§ 2º A inobservância do disposto neste artigo ensejará a aplicação das penas previstas no art. 32 da Lei nº 8.935, de 18 de novembro de 1994, nos termos estabelecidos pela Corregedoria Nacional de Justiça do Conselho Nacional de Justiça.

- *Parágrafo acrescido pela Medida Provisória nº 1.085, de 27/12/2021, convertida na Lei nº 14.382, de 27/6/2022*
- *Art. 61, § 7º, da Lei 4.380/1964 (SFH)*

Art. 189. Apresentado título de segunda hipoteca, com referência expressa à existência de outra anterior, o oficial, depois de prenotá-lo, aguardará durante 30 (trinta) dias que os interessados na primeira promovam a inscrição. Esgotado esse prazo, que correrá da data da prenotação, sem que seja apresentado o título anterior, o segundo será inscrito e obterá preferência sobre aquele.

- *Art. 1.495, Código Civil*

Art. 190. Não serão registrados, no mesmo dia, títulos pelos quais se constituam direitos reais contraditórios sobre o mesmo imóvel.

- *Art. 192*

Art. 191. Prevalecerão, para efeito de prioridade de registro, quando apresentados no mesmo dia, os títulos prenotados no Protocolo sob número de ordem mais baixo, protelando-se o registro dos apresentados posteriormente, pelo prazo correspondente a, pelo menos, um dia útil.

Art. 192. O disposto nos arts. 190 e 191 não se aplica às escrituras públicas, da mesma data e apresentadas no mesmo dia, que determinem, taxativamente, a hora da sua lavratura, prevalecendo, para efeito de prioridade, a que foi lavrada em primeiro lugar.

Art. 193. O registro será feito pela simples exibição do título, sem dependência de extratos.

- *Art. 6º, Lei 14.382/2022 (SERP)*
- *Art. 8º, Lei 14.382/2022 (SERP)*

Art. 194. Os títulos físicos serão digitalizados, devolvidos aos apresentantes e mantidos exclusivamente em arquivo digital, nos termos estabelecidos pela Corregedoria Nacional de Justiça do Conselho Nacional de Justiça.

- *Artigo com redação dada pela Medida Provisória nº 1.085, de 27/12/2021, convertida na Lei nº 14.382, de 27/6/2022*
- *Art. 6º, Lei 14.382/2022 (SERP)*

Art. 195. Se o imóvel não estiver matriculado ou registrado em nome do outorgante, o oficial exigirá a prévia matrícula e o registro do título anterior, qualquer que seja a sua natureza, para manter a continuidade do registro.

- *Arts. 222; 227 a 237*
- *Enunciado 34, I Jornada de Direito Notarial e Registral*

Art. 195-A. O Município poderá solicitar ao cartório de registro de imóveis competente a abertura de matrícula de parte ou da totalidade de imóveis públicos oriundos de parcelamento do solo urbano implantados, ainda que não inscrito ou registrado, por meio de requerimento acompanhado dos seguintes documentos:

- *Caput do artigo acrescido pela Medida Provisória nº 514, de 1º/12/2010, convertida na Lei nº 12.424, de 16/6/2011, com redação dada pela Medida Provisória nº 759, de 22/12/2016, convertida na Lei nº 13.465, de 11/7/2017*
- *Arts. 26, § 6º, 38 e 41, Lei 6.766/1979 (Parcelamento do solo urbano)*
- *Arts. 92 e ss. Lei 4.504/1964 (Estatuto da Terra)*
- *Art. 15, Decreto 74.965/1974 (Aquisição de Imóvel Rural por Estrangeiro)*
- *Prov. CNJ 44/2015 (Registro da regularização fundiária urbana)*

I – planta e memorial descritivo do imóvel público a ser matriculado, dos quais constem a sua descrição, com medidas perimetrais, área total, localização, confrontantes e coordenadas preferencialmente georreferenciadas dos vértices definidores de seus limites;

- *Inciso acrescido pela Medida Provisória nº 514, de 1º/12/2010, com redação dada pela Lei nº 12.424, de 16/6/2011*
- *Lei 11.952/2009 (Regularização fundiária no âmbito da Amazônia Legal)*
- *Arts. 437 a 440 (Descrição de Imóveis Públicos Federais na Amazônia Legal), Prov. CNJ n. 149/2023 (CNN). Corresponde ao revogado Prov. CNJ n. 33/2013*

II – comprovação de intimação dos confrontantes para que informem, no prazo de 15 (quinze) dias, se os limites definidos na planta e no memorial descritivo do imóvel público a ser matriculado se sobrepõem às suas respectivas áreas, se for o caso;

- *Inciso acrescido pela Medida Provisória nº 514, de 1º/12/2010, com redação dada pela Lei nº 12.424, de 16/6/2011*

III – as respostas à intimação prevista no inciso II, quando houver; e

- *Inciso acrescido pela Medida Provisória nº 514, de 1º/12/2010, com redação dada pela Lei nº 12.424, de 16/6/2011*

IV - planta de parcelamento ou do imóvel público a ser registrado, assinada pelo loteador ou elaborada e assinada por agente público da prefeitura, acompanhada de declaração de que o parcelamento encontra-se implantado, na hipótese de este não ter sido inscrito ou registrado.

- *Inciso acrescido pela Medida Provisória nº 514, de 1º/12/2010, convertida na Lei nº 12.424, de 16/6/2011, com redação dada pela Medida Provisória nº 759, de 22/12/2016, convertida na Lei nº 13.465, de 11/7/2017*

§ 1º Apresentados pelo Município os documentos relacionados no *caput*, o registro de imóveis deverá proceder ao registro dos imóveis públicos decorrentes do parcelamento do solo urbano na matrícula ou transcrição da gleba objeto de parcelamento.

› *Parágrafo acrescido pela Medida Provisória nº 514, de 1º/12/2010, com redação dada pela Lei nº 12.424, de 16/6/2011*

§ 2º Na abertura de matrícula de imóvel público oriundo de parcelamento do solo urbano, havendo divergência nas medidas perimetrais de que resulte, ou não, alteração de área, a situação de fato implantada do bem deverá prevalecer sobre a situação constante do registro ou da planta de parcelamento, respeitados os limites dos particulares lindeiros.

› *Parágrafo acrescido pela Medida Provisória nº 514, de 1º/12/2010, com redação dada pela Lei nº 12.424, de 16/6/2011*

§ 3º Não será exigido, para transferência de domínio, formalização da doação de áreas públicas pelo loteador nos casos de parcelamentos urbanos realizados na vigência do Decreto-Lei nº 58, de 10 de dezembro de 1937.

› *Parágrafo acrescido pela Medida Provisória nº 514, de 1º/12/2010, com redação dada pela Lei nº 12.424, de 16/6/2011*

§ 4º Recebido o requerimento e verificado o atendimento aos requisitos previstos neste artigo, o oficial do registro de imóveis abrirá a matrícula em nome do Município.

› *Parágrafo acrescido pela Medida Provisória nº 514, de 1º/12/2010, com redação dada pela Lei nº 12.424, de 16/6/2011*

§ 5º A abertura de matrícula de que trata o *caput* independe do regime jurídico do bem público.

› *Parágrafo acrescido pela Medida Provisória nº 514, de 1º/12/2010, com redação dada pela Lei nº 12.424, de 16/6/2011*

› *Arts. 330 a 343 (Código Nacional de Matrícula – CNM), Prov. CNJ 149/2023 (CNN)*

› *Prov. CNJ 143/2023 (Código Nacional de Matrícula – CNM)*

§ 6º Na hipótese de haver área remanescente, a sua apuração poderá ocorrer em momento posterior.

› *Parágrafo acrescido pela Medida Provisória nº 759, de 22/12/2016, convertida na Lei nº 13.465, de 11/7/2017*

§ 7º O procedimento definido neste artigo poderá ser adotado para abertura de matrícula de glebas municipais adquiridas por lei ou por outros meios legalmente admitidos, inclusive para as terras devolutas transferidas ao Município em razão de legislação estadual ou federal, dispensado o procedimento discriminatório administrativo ou judicial.

› *Parágrafo acrescido pela Medida Provisória nº 759, de 22/12/2016, convertida na Lei nº 13.465, de 11/7/2017*

§ 8º O disposto neste artigo aplica-se, em especial, às áreas de uso público utilizadas pelo sistema viário do parcelamento urbano irregular.

› *Parágrafo acrescido pela Medida Provisória nº 759, de 22/12/2016, convertida na Lei nº 13.465, de 11/7/2017*

Art. 195-B. A União, os Estados, o Distrito Federal e os Municípios poderão solicitar ao registro de imóveis competente a abertura de matrícula de parte ou da totalidade de imóveis urbanos sem registro anterior, cujo domínio lhe tenha sido assegurado pela legislação, por meio de requerimento acompanhado dos documentos previstos nos incisos I, II e III do *caput* do art. 195-A.

› *Caput do artigo com redação dada pela Lei nº 14.620, de 2023*

› *Lei 13.465/2017 (Regularização fundiária rural e urbana)*

› *Lei 11.952/2009 (Regularização fundiária no âmbito da Amazônia Legal)*

› *Lei 11.481/2007 (Regularização fundiária de interesse social em imóveis da União)*

› *Prov. CNJ 44/2015 (Registro da Regularização Fundiária)*

› *Prov. CNJ 144/2023 (Programa Permanente de Regularização Fundiária na Amazônia Legal, institui a Semana Nacional de Regularização Fundiária)*

› *Arts. 437 a 440 (Descrição de Imóveis Públicos Federais na Amazônia Legal), Prov. CNJ n. 149/2023 (CNN). Corresponde ao revogado Prov. CNJ n. 33/2013*

§ 1º Recebido o requerimento na forma prevista no *caput* deste artigo, o oficial do registro de imóveis abrirá a matrícula em nome do requerente, observado o disposto nos §§ 5º e 6º do art. 195-A.

› *Parágrafo acrescido pela Medida Provisória nº 514, de 1º/12/2010, convertida na Lei nº 12.424, de 16/6/2011, com redação dada pela Medida Provisória nº 759, de 22/12/2016, convertida na Lei nº 13.465, de 11/7/2017*

§ 2º Sem prejuízo da possibilidade de requerer a abertura de matrícula para seus bens, nos termos do *caput*, o Município poderá, em acordo com o Estado, requerer, em nome deste, a abertura de matrícula de imóveis urbanos estaduais situados nos limites do respectivo território municipal no registro de imóveis competente.

› *Redação dada pela Lei nº 14.620, de 2023*

§ 3º O procedimento de que trata este artigo poderá ser adotado pela União para o registro de imóveis rurais de sua propriedade, observado o disposto nos §§ 3º, 4º, 5º, 6º e 7º do art. 176 desta Lei.

› *Parágrafo acrescido pela Medida Provisória nº 759, de 22/12/2016) convertida na Lei nº 13.465, de 11/7/2017*

§ 4º Para a abertura de matrícula em nome da União com base neste artigo, a comprovação de que trata o inciso II do *caput* do art. 195-A será realizada, no que couber, mediante o procedimento de notificação previsto nos arts. 12-A e 12-B do Decreto-Lei nº 9.760, de 5 de setembro de 1946, com ressalva quanto ao prazo para apresentação de eventuais impugnações, que será de quinze dias, na hipótese de notificação pessoal, e de trinta dias, na hipótese de notificação por edital.

› *Parágrafo acrescido pela Medida Provisória nº 759, de 22/12/2016 convertida na Lei nº 13.465, de 11/7/2017*

Art. 196. A matrícula será feita à vista dos elementos constantes do título apresentado e do registro anterior que constar do próprio cartório.

› *Arts. 222; 227 a 237*

Art. 197. Quando o título anterior estiver registrado em outro cartório, o novo título será apresentado juntamente com certidão atualizada, comprobatória do registro anterior, e da existência ou inexistência de ônus.

› *Art. 7º, VI, Lei n. 8.668/1993 (Dispõe sobre a constituição e o regime tributário dos Fundos de Investimento Imobiliário e dos Fundos de Investimento nas Cadeias Produtivas Agroindustriais (Fiagro)*

Art. 198. Se houver exigência a ser satisfeita, ela será indicada pelo oficial por escrito, dentro do prazo previsto no art. 188 desta Lei e de uma só vez, articuladamente, de forma clara e objetiva, com data, identificação e assinatura do oficial ou preposto responsável, para que:

› *Caput do artigo com redação dada pela Medida Provisória nº 1.085, de 27/12/2021, convertida na Lei nº 14.382, de 27/6/2022*

› *Art. 296*

› *Art. 30, XIII, Lei n. 8.935/1994 (Lei dos Notários e Registradores)*

› *Art. 18, Lei n. 9492/1997 (Lei de Protesto)*

› *Arts. 210, 328, 329, 1º, 414, 5º, 420, 440, 2º, 440-AF, 2º Prov. 149/2023 (CNN)*

› *Enunciado 72 da I Jornada de Direito Notarial e Registral*

I a IV – *(Revogados pela Lei nº 14.382, de 27/6/2022)*

V - o interessado possa satisfazê-la; ou

› *Inciso acrescido pela Lei nº 14.382, de 27/6/2022*

VI - caso não se conforme ou não seja possível cumprir a exigência, o interessado requeira que o título e a declaração de dúvida sejam remetidos ao juízo competente para dirimi-la.

› *Inciso acrescido pela Lei nº 14.382, de 27/6/2022*

§ 1º O procedimento da dúvida observará o seguinte:

I - no Protocolo, o oficial anotará, à margem da prenotação, a ocorrência da dúvida;

II - após certificar a prenotação e a suscitação da dúvida no título, o oficial rubricará todas as suas folhas;

III - em seguida, o oficial dará ciência dos termos da dúvida ao apresentante, fornecendo-lhe cópia da suscitação e notificando-o para impugná-la perante o juízo competente, no prazo de 15 (quinze) dias; e

IV - certificado o cumprimento do disposto no inciso III deste parágrafo, serão remetidos eletronicamente ao juízo competente as razões da dúvida e o título.

› *Parágrafo acrescido pela Medida Provisória nº 1.085, de 27/12/2021, convertida e com redação dada pela Lei nº 14.382, de 27/6/2022*

§ 2º A inobservância do disposto neste artigo ensejará a aplicação das penas previstas no art. 32 da Lei nº 8.935, de 18 de novembro de 1994, nos termos estabelecidos pela Corregedoria Nacional de Justiça do Conselho Nacional de Justiça.

› *Parágrafo acrescido pela Medida Provisória nº 1.085, de 27/12/2021, convertida na Lei nº 14.382, de 27/6/2022*

› *Arts. 31 a 36, Lei 8.935/1994*

Art. 199. Se o interessado não impugnar a dúvida no prazo referido no item III do artigo anterior, será ela, ainda assim, julgada por sentença.

Art. 200. Impugnada a dúvida com os documentos que o interessado apresentar, será ouvido o Ministério Público, no prazo de dez dias.

Art. 201. Se não forem requeridas diligências, o juiz proferirá decisão no prazo de quinze dias, com base nos elementos constantes dos autos.

Art. 202. Da sentença, poderão interpor apelação, com os efeitos devolutivo e suspensivo, o interessado, o Ministério Público e o terceiro prejudicado.

- *Arts. 938, 1.007, 1.009, 1.010, 1.012 e 1.013, Código de Processo Civil de 2015*
- *Arts. 1.009 e ss. do CPC*

Art. 203. Transitada em julgado a decisão da dúvida, proceder-se-á do seguinte modo:

I – se for julgada procedente, os documentos serão restituídos à parte, independentemente de translado, dando-se ciência da decisão ao oficial, para que a consigne no Protocolo e cancele a prenotação;

II – se for julgada improcedente, o interessado apresentará, de novo, os seus documentos, com o respectivo mandado, ou certidão da sentença, que ficarão arquivados, para que, desde logo, se proceda ao registro, declarando o oficial o fato na coluna de anotações do Protocolo.

Art. 204. A decisão da dúvida tem natureza administrativa e não impede o uso do processo contencioso competente.

Art. 205. Cessarão automaticamente os efeitos da prenotação se, decorridos 20 (vinte) dias da data do seu lançamento no Protocolo, o título não tiver sido registrado por omissão do interessado em atender às exigências legais.

- *Caput do artigo com redação dada pela Medida Provisória nº 1.085, de 27/12/2021, convertida na Lei nº 14.382, de 27/6/2022*
- *Art. 406, Prov CNJ n. 149/2023 (CNN)*

Parágrafo único. Nos procedimentos de regularização fundiária de interesse social, os efeitos da prenotação cessarão decorridos 40 (quarenta) dias de seu lançamento no Protocolo.

- *Parágrafo único acrescido pela Medida Provisória nº 514, de 1º/12/2010, convertida na Lei nº 12.424, de 16/6/2011, e com nova redação dada pela Medida Provisória nº 1.085, de 27/12/2021, convertida na Lei nº 14.382, de 27/6/2022*
- *Lei 13.465/2017 (Regularização fundiária rural e urbana)*
- *Lei 11.952/2009 (Regularização fundiária no âmbito da Amazônia Legal)*
- *Lei 11.481/2007 (Regularização fundiária de interesse social em imóveis da União)*
- *Prov. CNJ 44/2015 (Registro da Regularização Fundiária)*
- *Prov. CNJ 144/2023 (Programa Permanente de Regularização Fundiária na Amazônia Legal, institui a Semana Nacional de Regularização Fundiária)*

Art. 206. Se o documento, uma vez prenotado, não puder ser registrado, ou o apresentante desistir do seu registro, a importância relativa às despesas previstas no art. 14 será restituída, deduzida a quantia correspondente às buscas e a prenotação.

Art. 206-A. Quando o título for apresentado para prenotação, o usuário poderá optar:

- *Art. 182 e 186*

I - pelo depósito do pagamento antecipado dos emolumentos e das custas; ou

II - pelo recolhimento do valor da prenotação e depósito posterior do pagamento do valor restante, no prazo de 5 (cinco) dias, contado da data da análise pelo oficial que concluir pela aptidão para registro.

§ 1º Os efeitos da prenotação serão mantidos durante o prazo de que trata o inciso II do *caput* deste artigo.

§ 2º Efetuado o depósito, os procedimentos registrais serão finalizados com a realização dos atos solicitados e a expedição da respectiva certidão.

§ 3º Fica autorizada a devolução do título apto para registro, em caso de não efetivação do pagamento no prazo previsto no *caput* deste artigo, caso em que o apresentante perderá o valor da prenotação.

§ 4º Os títulos apresentados por instituições financeiras e demais instituições autorizadas a funcionar pelo Banco Central do Brasil ou por entidades autorizadas pelo Banco Central do Brasil ou pela Comissão de Valores Mobiliários a exercer as atividades de depósito centralizado ou de registro de ativos financeiros e de valores mobiliários, nos termos dos arts. 22 e 28 da Lei nº 12.810, de 15 de maio de 2013, respectivamente, poderão efetuar o pagamento dos atos pertinentes à vista de fatura.

§ 5º O disposto neste artigo aplica-se às unidades federativas que adotem forma de pagamento por meio de documento de arrecadação.

§ 6º A reapresentação de título que tenha sido devolvido por falta de pagamento dos emolumentos, nos termos do § 3º deste artigo, dependerá do pagamento integral do depósito prévio.

§ 7º O prazo previsto no *caput* deste artigo não é computado dentro do prazo de registro de que trata o art. 188 desta Lei.

- *Artigo acrescido pela Medida Provisória nº 1.085, de 27/12/2021, convertida e com redação dada pela Lei nº 14.382, de 27/6/2022)*

Art. 207. No processo, de dúvida, somente serão devidas custas, a serem pagas pelo interessado, quando a dúvida for julgada procedente.

- *Art. 198*

Art. 208. O registro começado dentro das horas fixadas não será interrompido, salvo motivo de força maior declarado, prorrogando-se expediente até ser concluído.

Art. 209. Durante a prorrogação nenhuma nova apresentação será admitida, lavrando o termo de encerramento no Protocolo.

Art. 210. Todos os atos serão assinados e encerrados pelo oficial, por seu substituto legal, ou por escrevente expressamente designado pelo oficial ou por seu substituto legal e autorizado pelo juiz competente ainda que os primeiros não estejam nem afastados nem impedidos.

Art. 211. Nas vias dos títulos restituídas aos apresentantes, serão declarados resumidamente, por carimbo, os atos praticados.

Art. 212. Se o registro ou a averbação for omissa, imprecisa ou não exprimir a verdade, a retificação será feita pelo Oficial do Registro de Imóveis competente, a requerimento do interessado, por meio do procedimento administrativo previsto no art. 213, facultado ao interessado requerer a retificação por meio de procedimento judicial.

- *Caput do artigo com redação dada pela Lei nº 10.931, de 2/8/2004*

Parágrafo único. A opção pelo procedimento administrativo previsto no art. 213 não exclui a prestação jurisdicional, a requerimento da parte prejudicada.

- *Parágrafo único com redação dada pela Lei 10.931, de 2/8/2004.*

Art. 213. O oficial retificará o registro ou a averbação:

- *Caput do artigo com redação dada pela Lei nº 10.931, de 2/8/2004*

I – de ofício ou a requerimento do interessado nos casos de:

a) omissão ou erro cometido na transposição de qualquer elemento do título;

b) indicação ou atualização de confrontação;

c) alteração de denominação de logradouro público, comprovada por documento oficial;

d) retificação que vise a indicação de rumos, ângulos de deflexão ou inserção de coordenadas georeferenciadas, em que não haja alteração das medidas perimetrais;

e) alteração ou inserção que resulte de mero cálculo matemático feito a partir das medidas perimetrais constantes do registro;

f) reprodução de descrição de linha divisória de imóvel confrontante que já tenha sido objeto de retificação;

g) inserção ou modificação dos dados de qualificação pessoal das partes, comprovada por documentos oficiais, ou mediante despacho judicial quando houver necessidade de produção de outras provas;

- *Inciso acrescido pela Lei nº 10.931, de 2/8/2004*

II – a requerimento do interessado, no caso de inserção ou alteração de medida perimetral de que resulte, ou não, alteração de área, instruído com planta e memorial descritivo assinado por profissional legalmente habilitado, com prova de anotação de responsabilidade técnica no competente Conselho Regional de Engenharia e Arquitetura – CREA, bem assim pelos confrontantes.

- *Caput do artigo com redação dada pela Lei nº 10.931, de 2/8/2004*
- *Inciso acrescido pela Lei nº 10.931, de 2/8/2004*

§ 1º Uma vez atendidos os requisitos de que trata o *caput* do art. 225, o oficial averbará a retificação.

- *Parágrafo com redação dada pela Lei nº 10.931, de 2/8/2004*

§ 2º Se a planta não contiver a assinatura de algum confrontante, este será notificado pelo Oficial de Registro de Imóveis competente, a requerimento do interessado, para se manifestar em quinze dias, promovendo-se a notificação pessoalmente ou pelo correio, com aviso de recebimento, ou, ainda, por solicitação do Oficial de Registro de Imóveis, pelo Oficial de Registro de Títulos e Documentos da comarca da situação do imóvel ou do domicílio de quem deva recebê-la.

- *Parágrafo com redação dada pela Lei nº 10.931, de 2/8/2004*

§ 3º A notificação será dirigida ao endereço do confrontante constante do Registro de Imóveis, podendo ser dirigida ao próprio imóvel contíguo ou àquele fornecido pelo requerente; não sendo encontrado o confrontante ou estando em lugar incerto e não sabido, tal fato será certificado pelo oficial encarregado da diligência, promovendo-se a notificação do confrontante mediante edital, com o mesmo prazo fixado no § 2º, publicado por duas vezes em jornal local de grande circulação.

› *Parágrafo com redação dada pela Lei nº 10.931, de 2/8/2004*

› *Arts. 398 a 423 (Usucapião Extrajudicial), Prov. CNJ n. 149/2023 (CNN). Corresponde ao revogado Prov. CNJ n. 65/2017*

§ 4º Presumir-se-á a anuência do confrontante que deixar de apresentar impugnação no prazo da notificação.

› *Parágrafo com redação dada pela Lei nº 10.931, de 2/8/2004*

§ 5º Findo o prazo sem impugnação, o oficial averbará a retificação requerida; se houver impugnação fundamentada por parte de algum confrontante, o oficial intimará o requerente e o profissional que houver assinado a planta e o memorial a fim de que, no prazo de cinco dias, se manifestem sobre a impugnação.

› *Parágrafo com redação dada pela Lei nº 10.931, de 2/8/2004*

§ 6º Havendo impugnação e se as partes não tiverem formalizado transação amigável para solucioná-la, o oficial remeterá o processo ao juiz competente, que decidirá de plano ou após instrução sumária, salvo se a controvérsia versar sobre o direito de propriedade de alguma das partes, hipótese em que remeterá o interessado para as vias ordinárias.

› *Parágrafo com redação dada pela Lei nº 10.931, de 2/8/2004*

› *Art. 840 e ss, Código Civil*

§ 7º Pelo mesmo procedimento previsto neste artigo poderão ser apurados os remanescentes de áreas parcialmente alienadas, caso em que serão considerados como confrontantes tão-somente os confinantes das áreas remanescentes.

› *Parágrafo com redação dada pela Lei nº 10.931, de 2/8/2004*

§ 8º As áreas públicas poderão ser demarcadas ou ter seus registros retificados pelo mesmo procedimento previsto neste artigo, desde que constem do registro ou sejam logradouros devidamente averbados.

› *Parágrafo com redação dada pela Lei nº 10.931, de 2/8/2004*

§ 9º Independentemente de retificação, dois ou mais confrontantes poderão, por meio de escritura pública, alterar ou estabelecer as divisas entre si e, se houver transferência de área, com o recolhimento do devido imposto de transmissão e desde que preservadas, se rural o imóvel, a fração mínima de parcelamento e, quando urbano, a legislação urbanística.

› *Parágrafo com redação dada pela Lei nº 10.931, de 2/8/2004*

§ 10. Entendem-se como confrontantes os proprietários e titulares de outros direitos reais e aquisitivos sobre os imóveis contíguos, observado o seguinte:

› *Parágrafo acrescido pela Lei nº 10.931, de 2/8/2004, e com nova redação dada pela Medida Provisória nº 1.085, de 27/12/2021, convertida na Lei nº 14.382, de 27/6/2022*

I - o condomínio geral, de que trata o Capítulo VI do Título III do Livro III da Parte Especial da Lei nº 10.406, de 10 de janeiro de 2002 (Código Civil), será representado por qualquer um dos condôminos;

› *Inciso acrescido pela Medida Provisória nº 1.085, de 27/12/2021, convertida e com redação dada pela Lei nº 14.382, de 27/6/2022*

II - o condomínio edilício, de que tratam os arts. 1.331 a 1.358 da Lei nº 10.406, de 10 de janeiro de 2002 (Código Civil), será representado pelo síndico, e o condomínio por frações autônomas, de que trata o art. 32 da Lei nº 4.591, de 16 de dezembro de 1964, pela comissão de representantes; e

› *Inciso acrescido pela Medida Provisória nº 1.085, de 27/12/2021, convertida e com redação dada pela Lei nº 14.382, de 27/6/2022*

› *Art. 167, I, 178, III; 237-A*

III - não se incluem como confrontantes:

a) os detentores de direitos reais de garantia hipotecária ou pignoratícia; ou

b) os titulares de crédito vincendo, cuja propriedade imobiliária esteja vinculada, temporariamente, à operação de crédito financeiro.

› *Inciso acrescido pela Lei nº 14.382, de 27/6/2022*

§ 11. Independe de retificação:

› *Parágrafo acrescido pela Lei nº 10.931, de 2/8/2004*

I – a regularização fundiária de interesse social realizada em Zonas Especiais de Interesse Social, promovida por Município ou pelo Distrito Federal, quando os lotes já estiverem cadastrados individualmente ou com lançamento fiscal há mais de 10 (dez) anos;

› *Inciso com redação dada pela Lei nº 12.424, de 16/6/2011*

› *Lei 13.465/2017 (Regularização fundiária rural e urbana)*

II – a adequação da descrição de imóvel rural às exigências dos arts. 176, §§ 3º e 4º, e 225, § 3º, desta Lei.

› *Inciso acrescido pela Lei nº 10.931, de 2/8/2004*

› *Enunciado 43, I Jornada de Direito Notarial e Registral*

III – a adequação da descrição de imóvel urbano decorrente de transformação de coordenadas geodésicas entre os sistemas de georreferenciamento oficiais;

› *Inciso acrescido pela Medida Provisória nº 514, de 1º/12/2010, convertida na Lei nº 12.424, de 16/6/2011*

IV – a averbação do auto de demarcação urbanística e o registro do parcelamento decorrente de projeto de regularização fundiária de interesse social de que trata a Lei nº 11.977, de 7 de julho de 2009; e

› *Inciso acrescido pela Medida Provisória nº 514, de 1º/12/2010, convertida na Lei nº 12.424, de 16/6/2011*

› *Art. 167, II, 26*

› *Arts. 11, IV e 19 a 22, Lei 13.465/2017 (Regularização fundiária rural e urbana)*

V – o registro do parcelamento de glebas para fins urbanos anterior a 19 de dezembro de 1979, que esteja implantado e integrado à cidade, nos termos do art. 71 da Lei nº 11.977, de 7 de julho de 2009.

› *Inciso acrescido pela Medida Provisória nº 514, de 1º/12/2010, convertida na Lei nº 12.424, de 16/6/2011*

§ 12. Poderá o oficial realizar diligências no imóvel para a constatação de sua situação em face dos confrontantes e localização na quadra.

› *Parágrafo acrescido pela Lei nº 10.931, de 2/8/2004*

§ 13. Se não houver dúvida quanto à identificação do imóvel:

› *Parágrafo acrescido pela Lei nº 10.931, de 2/8/2004, e com nova redação dada pela Lei nº 14.382, de 27/6/2022*

› *Enunciado 17, I Jornada de Direito Notarial e Registral*

I - o título anterior à retificação poderá ser levado a registro desde que requerido pelo adquirente, promovendo-se o registro em conformidade com a nova descrição; e

› *Inciso acrescido pela Medida Provisória nº 1.085, de 27/12/2021, convertida na Lei nº 14.382, de 27/6/2022*

II - a prenotação do título anterior à retificação será prorrogada durante a análise da retificação de registro.

› *Inciso acrescido pela Medida Provisória nº 1.085, de 27/12/2021, convertida na Lei nº 14.382, de 27/6/2022*

§ 14. Verificado a qualquer tempo não serem verdadeiros os fatos constantes do memorial descritivo, responderão os requerentes e o profissional que o elaborou pelos prejuízos causados, independentemente das sanções disciplinares e penais.

› *Parágrafo acrescido pela Lei nº 10.931, de 2/8/2004*

§ 15. Não são devidos custas ou emolumentos notariais ou de registro decorrentes de regularização fundiária de interesse social a cargo da administração pública.

› *Parágrafo acrescido pela Lei nº 10.931, de 2/8/2004*

§ 16. Na retificação de que trata o inciso II do *caput*, serão considerados confrontantes somente os confinantes de divisas que forem alcançadas pela inserção ou alteração de medidas perimetrais.

› *Parágrafo acrescido pela Medida Provisória nº 514, de 1º/12/2010, convertida na Lei nº 12.424, de 16/6/2011*

§ 17. Se, realizadas buscas, não for possível identificar os titulares do domínio dos imóveis confrontantes do imóvel retificando, definidos no § 10, deverá ser colhida a anuência de eventual ocupante, devendo os interessados não identificados ser notificados por meio de edital eletrônico, publicado 1 (uma) vez na internet, para se manifestarem no prazo de 15 (quinze) dias úteis, com as implicações previstas no § 4º deste artigo.

› *Incluído pela Lei nº 14.620, de 2023*

Art. 214. As nulidades de pleno direito do registro, uma vez provadas, invalidam-no, independentemente de ação direta.

› *Arts. 166 a 170, Código Civil*

§ 1º A nulidade será decretada depois de ouvidos os atingidos.

› *Parágrafo acrescido pela Lei nº 10.931, de 2/8/2004*

§ 2º Da decisão tomada no caso do § 1º caberá apelação ou agravo conforme o caso.

› *Parágrafo acrescido pela Lei nº 10.931, de 2/8/2004*

§ 3º Se o juiz entender que a superveniência de novos registros poderá causar danos de difícil reparação poderá determinar de ofício, a qualquer momento, ainda que sem oitiva das partes, o bloqueio da matrícula do imóvel.

› *Parágrafo acrescido pela Lei nº 10.931, de 2/8/2004*

§ 4º Bloqueada a matrícula, o oficial não poderá mais nela praticar qualquer ato, salvo com autorização judicial, permitindo-se, todavia, aos interessados a prenotação de seus títulos, que ficarão com o prazo prorrogado até a solução do bloqueio.

› *Parágrafo acrescido pela Lei nº 10.931, de 2/8/2004*

- *Art. 337, Prov. CNJ 149/2023 (CNN)*

§ 5º A nulidade não será decretada se atingir terceiro de boa-fé que já tiver preenchido as condições de usucapião do imóvel.

- *Parágrafo acrescido pela Lei nº 10.931, de 2/8/2004*
- *Arts. 398 a 423 (Usucapião Extrajudicial), Prov. CNJ 149/2023 (CNN)*

Art. 215. São nulos os registros efetuados após sentença de abertura de falência, ou do termo legal nele fixado, salvo se a apresentação tiver sido feita anteriormente.

- *Arts. 99, caput, e II, e 129, VII, da lei 11.101/2005 (Recuperação Judicial, Extrajudicial e Falência)*

Art. 216. O registro poderá também ser retificado ou anulado por sentença em processo contencioso, ou por efeito do julgado em ação de anulação ou de declaração de nulidade de ato jurídico, ou de julgado sobre fraude à execução.

- *Arts. 138 a 184, Código Civil*
- *Art. 792, Código de Processo Civil de 2015*
- *Art. 54, Lei 13.097/2015*

Art. 216-A. Sem prejuízo da via jurisdicional, é admitido o pedido de reconhecimento extrajudicial de usucapião, que será processado diretamente perante o cartório do registro de imóveis da comarca em que estiver situado o imóvel usucapiendo, a requerimento do interessado, representado por advogado, instruído com:

- *Caput do artigo acrescido pela Lei nº 13.105, de 16/3/2015, publicada no DOU de 17/3/2015, em vigor 1 ano após a publicação*
- *Art. 176-A e 213, § 2*
- *Art. 1.071 da Lei n. 13.105 (Código de Processo Civil)*
- *Arts. 398 a 423 (Usucapião Extrajudicial), Prov. CNJ n. 149/2023 (CNN). Corresponde ao revogado Prov. CNJ n. 65/2017*
- *Lei 6.969/1981 (Usucapião Especial de Imóveis Rurais)*
- *Art. 13, Lei n. 10.257/2001 (Estatuto da Cidade)*
- *Arts. 1.238 a 1.244, Código Civil/2002*
- *Enunciados 25, 32, 33, I Jornada de Direito Notarial e Registral*
- *Enunciado 117, II Jornada de Prevenção e Solução Extrajudicial de Litígios*
- *Vide Nota Técnica INCRA n. 3.448/2021 (Procedimentos para a submissão de parcelas no Sistema de Gestão Fundiária para situações de Usucapião Judicial e Extrajudicial)*

I - ata notarial lavrada pelo tabelião, atestando o tempo de posse do requerente e de seus antecessores, conforme o caso e suas circunstâncias, aplicando-se o disposto no art. 384 da Lei nº 13.105, de 16 de março de 2015 (Código de Processo Civil);

- *Inciso acrescido pela Lei nº 13.105, de 16/3/2015, com redação dada pela Lei nº 13.465, de 11/7/2017*
- *Art. 384, CPC*
- *Art. 7º, III, Lei n. 8.935/1994 (Notários e Registradores)*
- *Arts. 401, 402, 407, § 3º, 423, I e parágrafo único, Prov. CNJ 149/2023*

II - planta e memorial descritivo assinado por profissional legalmente habilitado, com prova de anotação de responsabilidade técnica no respectivo conselho de fiscalização profissional, e pelos titulares de direitos registrados ou averbados na matrícula do imóvel usucapiendo ou na matrícula dos imóveis confinantes;

- *Inciso acrescido pela Lei nº 13.105, de 16/3/2015, com redação dada pela Lei nº 13.465, de 11/7/2017*

III – certidões negativas dos distribuidores da comarca da situação do imóvel e do domicílio do requerente;

- *Inciso acrescido pela Lei nº 13.105, de 16/3/2015, publicada no DOU de 17/3/2015, em vigor 1 ano após a publicação*

IV – justo título ou quaisquer outros documentos que demonstrem a origem, a continuidade, a natureza e o tempo da posse, tais como o pagamento dos impostos e das taxas que incidirem sobre o imóvel.

- *Inciso acrescido pela Lei nº 13.105, de 16/3/2015, publicada no DOU de 17/3/2015, em vigor 1 ano após a publicação*

§ 1º O pedido será autuado pelo registrador, prorrogando-se o prazo da prenotação até o acolhimento ou a rejeição do pedido.

§ 2º Se a planta não contiver a assinatura de qualquer um dos titulares de direitos registrados ou averbados na matrícula do imóvel usucapiendo ou na matrícula dos imóveis confinantes, o titular será notificado pelo registrador competente, pessoalmente ou pelo correio com aviso de recebimento, para manifestar consentimento expresso em quinze dias, interpretado o silêncio como concordância.

- *Parágrafo acrescido pela Lei nº 13.105, de 16/3/2015, com redação dada pela Lei nº 13.465, de 11/7/2017*

§ 3º O oficial de registro de imóveis dará ciência à União, ao Estado, ao Distrito Federal e ao Município, pessoalmente, por intermédio do oficial de registro de títulos e documentos, ou pelo correio com aviso de recebimento, para que se manifestem, em 15 (quinze) dias, sobre o pedido.

- *Parágrafo acrescido pela Lei nº 13.105, de 16/3/2015, publicada no DOU de 17/3/2015, em vigor 1 ano após a publicação*
- *Art. 408, Prov. CNJ 149/2023*

§ 4º O oficial de registro de imóveis promoverá a publicação de edital em jornal de grande circulação, onde houver, para a ciência de terceiros eventualmente interessados, que poderão se manifestar em 15 (quinze) dias.

- *Parágrafo acrescido pela Lei nº 13.105, de 16/3/2015, publicada no DOU de 17/3/2015, em vigor 1 ano após a publicação*

§ 5º Para a elucidação de qualquer ponto de dúvida, poderão ser solicitadas ou realizadas diligências pelo oficial de registro de imóveis.

- *Parágrafo acrescido pela Lei nº 13.105, de 16/3/2015, publicada no DOU de 17/3/2015, em vigor 1 ano após a publicação*

§ 6º Transcorrido o prazo de que trata o § 4º deste artigo, sem pendência de diligências na forma do § 5º deste artigo e achando-se em ordem a documentação, o oficial de registro de imóveis registrará a aquisição do imóvel com as descrições apresentadas, sendo permitida a abertura de matrícula, se for o caso.

- *Parágrafo acrescido pela Lei nº 13.105, de 16/3/2015, com redação dada pela Lei nº 13.465, de 11/7/2017*

§ 7º Em qualquer caso, é lícito ao interessado suscitar o procedimento de dúvida, nos termos desta Lei.

- *Parágrafo acrescido pela Lei nº 13.105, de 16/3/2015, publicada no DOU de 17/3/2015, em vigor 1 ano após a publicação*
- *Art. 198*

§ 8º Ao final das diligências, se a documentação não estiver em ordem, o oficial de registro de imóveis rejeitará o pedido.

- *Parágrafo acrescido pela Lei nº 13.105, de 16/3/2015, publicada no DOU de 17/3/2015, em vigor 1 ano após a publicação*

§ 9º A rejeição do pedido extrajudicial não impede o ajuizamento de ação de usucapião.

- *Parágrafo acrescido pela Lei nº 13.105, de 16/3/2015, publicada no DOU de 17/3/2015, em vigor 1 ano após a publicação*
- *Art. 1.241, CC*
- *Enunciado 315 da IV Jornada de Direito Civil*

§ 10. Em caso de impugnação justificada do pedido de reconhecimento extrajudicial de usucapião, o oficial de registro de imóveis remeterá os autos ao juízo competente da comarca da situação do imóvel, cabendo ao requerente emendar a petição inicial para adequá-la ao procedimento comum, porém, em caso de impugnação injustificada, esta não será admitida pelo registrador, cabendo ao interessado o manejo da suscitação de dúvida nos moldes do art. 198 desta Lei.

- *Parágrafo acrescido pela Lei nº 13.105, de 16/3/2015, e com nova redação dada pela Lei nº 14.382, de 27/6/2022*
- *Art. 198*
- *Enunciado 32, I Jornada de Direito Notarial e Registral*

§ 11. No caso de o imóvel usucapiendo ser unidade autônoma de condomínio edilício, fica dispensado consentimento dos titulares de direitos reais e outros direitos registrados ou averbados na matrícula dos imóveis confinantes e bastará a notificação do síndico para se manifestar na forma do § 2º deste artigo.

- *Parágrafo acrescido pela Lei nº 13.465, de 11/7/2017*
- *Arts. 403 e 404, Prov. CNJ 149/2023*

§ 12. Se o imóvel confinante contiver um condomínio edilício, bastará a notificação do síndico para o efeito do § 2º deste artigo, dispensada a notificação de todos os condôminos.

- *Parágrafo acrescido pela Lei nº 13.465, de 11/7/2017*

§ 13. Para efeito do § 2º deste artigo, caso não seja encontrado o notificando ou caso ele esteja em lugar incerto ou não sabido, tal fato será certificado pelo registrador, que deverá promover a sua notificação por edital mediante publicação, por duas vezes, em jornal local de grande circulação, pelo prazo de quinze dias cada um, interpretado o silêncio do notificando como concordância.

- *Parágrafo acrescido pela Lei nº 13.465, de 11/7/2017*

§ 14. Regulamento do órgão jurisdicional competente para a correição das serventias poderá autorizar a publicação do edital em meio eletrônico, caso em que ficará dispensada a publicação em jornais de grande circulação.

- *Parágrafo acrescido pela Lei nº 13.465, de 11/7/2017*

§ 15. No caso de ausência ou insuficiência dos documentos de que trata o inciso IV do *caput* deste artigo, a posse e os demais dados necessários poderão ser comprovados em procedimento de justificação administrativa perante a serventia extrajudicial, que obedecerá, no que couber, ao disposto no § 5º do art. 381 e ao rito previsto nos arts.

382 e 383 da Lei nº 13.105, de 16 março de 2015 (Código de Processo Civil).

- *Parágrafo acrescido pela Lei nº 13.465, de 11/7/2017*

Art. 216-B. Sem prejuízo da via jurisdicional, a adjudicação compulsória de imóvel objeto de promessa de venda ou de cessão poderá ser efetivada extrajudicialmente no serviço de registro de imóveis da situação do imóvel, nos termos deste artigo.

- *Caput do artigo acrescido pela Lei nº 14.382, de 27/6/2022*
- *Enunciado 136, II Jornada de Prevenção e Solução Extrajudicial de Litígios*
- *Arts. 440-A a 440-AL, Prov. CNJ 149/2023 (CNN)*
- *Prov. CNJ n. 150/2023 (Adjudicação Compulsória Extrajudicial)*
- *Art. 440-E, Prov. CNJ n. 149/2023 (CNN)*

§ 1º São legitimados a requerer a adjudicação o promitente comprador ou qualquer dos seus cessionários ou promitentes cessionários, ou seus sucessores, bem como o promitente vendedor, representados por advogado, e o pedido deverá ser instruído com os seguintes documentos:

- *Parágrafo acrescido pela Lei nº 14.382, de 27/6/2022*
- *Art. 440-C, Prov. CNJ n. 149/2023 (CNN)*

I - instrumento de promessa de compra e venda ou de cessão ou de sucessão, quando for o caso;

- *Inciso acrescido pela Lei nº 14.382, de 27/6/2022*

II - prova do inadimplemento, caracterizado pela não celebração do título de transmissão da propriedade plena no prazo de 15 (quinze) dias, contado da entrega de notificação extrajudicial pelo oficial do registro de imóveis da situação do imóvel, que poderá delegar a diligência ao oficial do registro de títulos e documentos;

- *Inciso acrescido pela Lei nº 14.382, de 27/6/2022*

III - ata notarial lavrada por tabelião de notas da qual constem a identificação do imóvel, o nome e a qualificação do promitente comprador ou de seus sucessores constantes do contrato de promessa, a prova do pagamento do respectivo preço e da caracterização do inadimplemento da obrigação de outorgar ou receber o título de propriedade;

- *Inciso vetado pelo Presidente da República na Lei nº 14.382, de 27/6/2022, mantido pelo Congresso Nacional e publicado na Edição Extra B do DOU de 5/1/2023*
- *Art. 384, CPC*
- *Art. 7º, III, Lei n. 8.935/1994 (Notários e Registradores)*
- *Arts. 440-F e 440-G, Prov. CNJ n. 149/2023 (CNN)*

IV - certidões dos distribuidores forenses da comarca da situação do imóvel e do domicílio do requerente que demonstrem a inexistência de litígio envolvendo o contrato de promessa de compra e venda do imóvel objeto da adjudicação;

- *Inciso acrescido pela Lei nº 14.382, de 27/6/2022*
- *Art. 440-AG, parágrafo único, Provimento CNJ n. 149/2023 (CNN)*

V - comprovante de pagamento do respectivo Imposto sobre a Transmissão de Bens Imóveis (ITBI);

- *Inciso acrescido pela Lei nº 14.382, de 27/6/2022*
- *Art. 440-C, Prov. CNJ n. 149/2023 (CNN)*

VI - procuração com poderes específicos.

- *Inciso acrescido pela Lei nº 14.382, de 27/6/2022*

§ 2º O deferimento da adjudicação independe de prévio registro dos instrumentos de promessa de compra e venda ou de cessão e da comprovação da regularidade fiscal do promitente vendedor.

- *Parágrafo vetado pelo Presidente da República na Lei nº 14.382, de 27/6/2022, mantido pelo Congresso Nacional e publicado na Edição Extra B do DOU de 5/1/2023*

§ 3º À vista dos documentos a que se refere o § 1º deste artigo, o oficial do registro de imóveis da circunscrição onde se situa o imóvel procederá ao registro do domínio em nome do promitente comprador, servindo de título a respectiva promessa de compra e venda ou de cessão ou o instrumento que comprove a sucessão.

- *Parágrafo acrescido pela Lei nº 14.382, de 27/6/2022*

CAPÍTULO IV – DAS PESSOAS

Art. 217. O registro e a averbação poderão ser provocados por qualquer pessoa, incumbindo-lhe as despesas respectivas.

- *Enunciado 28, I Jornada de Direito Notarial e Registral*
- *Art. 184-A, Prov. CNJ n. 149/2023 (CNN)*

Art. 218. Nos atos a título gratuito, o registro pode também ser promovido pelo transferente, acompanhado da prova de aceitação do beneficiado.

Art. 219. O registro do penhor rural independe do consentimento do credor hipotecário.

- *Art. 167, I, 4; 178, IV*

Art. 220. São considerados, para fins de escrituração, credores e devedores, respectivamente:

I – nas servidões, o dono do prédio dominante e dono do prédio serviente;

- *Art. 167, I, 6; 256; 257*

II – no uso, o usuário e o proprietário;

- *Art. 167, I, 7*

III – na habitação, o habitante e proprietário;

- *Art. 167, I, 7*

IV – na anticrese, o mutuante e mutuário;

- *Art. 167, I, 11*

V – no usufruto, o usufrutuário e nu-proprietário;

- *Art. 167, I, 7*

VI – na enfiteuse, o senhorio e o enfiteuta;

- *Art. 167, I, X*

VII – na constituição de renda, o beneficiário e o rendeiro censuário;

- *Art. 167, I, I*
- *Art. 803 e seguintes, CC*

VIII – na locação, o locatário e o locador;

- *Art. 167, I, 3; II, 16; parágrafo único; 242*

IX – nas promessas de compra e venda, o promitente comprador e o promitente vendedor;

- *Art. 167, I, 9, 18, 20*

X – nas penhoras e ações, o autor e o réu;

- *Art. 167, I, 5; 239 e 240*

XI – nas cessões de direitos, o cessionário e o cedente;

XII – nas promessas de cessão de direitos, o promitente cessionário e o promitente cedente.

CAPÍTULO V – DOS TÍTULOS

Art. 221. Somente são admitidos registro:

- *Arts 1º e 6º, Lei 6.739/1979 (Matrícula e o Registro de Imóveis Rurais)*
- *Arts 7º-A, § 2º, Lei n. 8.935/1994*
- *Art. 4º, Decreto 11.995/2024 (Programa Terra da Gente)*
- *Arts. 161 a 162 (Lavagem de Dinheiro e Financiamento ao Terrorismo), Prov. CNJ 149/2023 (CNN)*

I – escrituras públicas, inclusive as lavradas em consulados brasileiros;

- *Lei 7.433/1985 (Escrituras Públicas) e seu Decreto Regulamentador (Dec. 93.240/1986)*
- *Art. 2º § 2º, Lei n. 492/1973 (Penhor Rural)*
- *Art. 3º, § 2º, Decreto-lei 2.398/1987 (Dispõe sobre foros, laudêmios e taxas de ocupação relativas a imóveis de propriedade da União)*
- *Art. 108, Código Civil*
- *Art. 571, 610 § 1º, 657, 703, § 4º, Lei 13.105/2015 (CPC)*
- *Decreto 61.078/1967 (Convenção de Viena sobre Relações Consulares)*
- *Decreto 8.742/2016 (Atos notariais e de registro civil do serviço consular)*
- *Arts. 284 a 319 (Atos Notariais Eletrônicos), Prov. CNJ149/2023 (CNN). Corresponde ao revogado Prov. 100/2020*
- *Enunciado 13, I Jornada de Direito Notarial e Registral*

II – escritos particulares autorizados em lei, assinados pelas partes e pelas testemunhas, com as firmas reconhecidas;

- *Redação dada pela Lei nº 14.620, de 2023*
- *Arts. 61 e 62, Lei 4.380/1964 (SFH)*
- *Art. 2º § 1º, Lei 492/1973 (Penhor Rural)*
- *Arts. 1º § 4º e § 7º; 8º e parágrafos, Lei n. 10.188/1991 (Programa de Arrendamento Residencial - FAR)*
- *Art. 7º, Portaria SPU/MGI 2.948/2024*
- *Art. 440-AO, Prov. CNJ n. 149/2023 (CNN)*

III – atos autênticos de países estrangeiros, com força de instrumento público, legalizados e traduzidos na forma da lei, e registrados no cartório do Registro de Títulos e Documentos, assim como sentenças proferidas por tribunais estrangeiros após homologação pelo Supremo Tribunal Federal;

- *Art. 105, I, i da Constituição Federal, modificado pela Emenda Constitucional 45/2004, estabeleceu que a competência para a homologação de sentença estrangeira passou a ser do Superior Tribunal de Justiça*
- *Art. 129, item 6º*
- *Decreto 8.660/2016 (Convenção sobre a Eliminação da Exigência de Legalização de Documentos Públicos Estrangeiros)*
- *Resolução CNJ 228/2016 (Apostilamento)*
- *Arts. 1º a 6º (Apostilamento), Prov. CNJ 149/2023 (CNN)*

IV – cartas de sentença, formais de partilha, certidões e mandados extraídos de autos de processo.

- *Art. 655, Código de Processo Civil de 2015*
- *Enunciado 21, I Jornada de Direito Notarial e Registral*

V – contratos ou termos administrativos, assinados com a União, Estados, Municípios ou o Distrito Federal, no âmbito de programas de regularização fundiária e de programas habitacionais de interesse social, dispensado o reconhecimento de firma.

- *Inciso com redação dada pela Lei nº 12.424, de 16/6/2011*

VI – contratos ou termos administrativos, assinados com os legitimados a que se refere o art. 3º do Decreto-Lei nº 3.365, de 21 de junho de 1941 (Lei da Desapropriação), no âmbito das desapropriações extrajudiciais.

- *Incluído pela Lei nº 14.620, de 2023*

§ 1º Serão registrados os contratos e termos mencionados no inciso V do *caput* assinados a rogo com a impressão dactiloscópica do beneficiário, quando este for analfabeto ou não puder assinar, acompanhados da assinatura de 2 (duas) testemunhas.

- *Parágrafo acrescido pela Medida Provisória nº 514, de 1º/12/2010, com redação dada pela Lei nº 12.424, de 16/6/2011*

§ 2º Os contratos ou termos administrativos mencionados no inciso V do *caput* poderão ser celebrados constando apenas o nome e o número de documento oficial do beneficiário, podendo sua qualificação completa ser efetuada posteriormente, no momento do registro do termo ou contrato, mediante simples requerimento do interessado dirigido ao registro de imóveis.

- *Parágrafo acrescido pela Medida Provisória nº 514, de 1º/12/2010, com redação dada pela Lei nº 12.424, de 16/6/2011*

§ 3º Fica dispensada a apresentação dos títulos previstos nos incisos I a V do *caput* deste artigo quando se tratar de registro do projeto de regularização fundiária e da constituição de direito real, sendo o ente público promotor da regularização fundiária urbana responsável pelo fornecimento das informações necessárias ao registro, ficando dispensada a apresentação de título individualizado, nos termos da legislação específica.

- *Parágrafo acrescido pela Medida Provisória nº 759, de 22/12/2016, convertida e com redação dada pela Lei nº 13.465, de 11/7/2017*

§ 4º Quando for requerida a prática de ato com base em título físico que tenha sido registrado, digitalizado ou armazenado, inclusive em outra serventia, será dispensada a reapresentação e bastará referência a ele ou a apresentação de certidão.

- *Parágrafo acrescido pela Medida Provisória nº 1.085, de 27/12/2021, convertida na Lei nº 14.382, de 27/6/2022*

§ 5º Os escritos particulares a que se refere o inciso II do *caput* deste artigo, quando relativos a atos praticados por instituições financeiras que atuem com crédito imobiliário autorizadas a celebrar instrumentos particulares com caráter de escritura pública, dispensam as testemunhas e o reconhecimento de firma.

- *Incluído pela Lei nº 14.620, de 2023*

§ 6º Os contratos e termos administrativos mencionados no inciso VI deverão ser submetidos à qualificação registral pelo oficial do registro de imóveis, previamente ao pagamento do valor devido ao expropriado.

- *Incluído pela Lei nº 14.620, de 2023*

Art. 222. Em todas as escrituras e em todos os atos relativos a imóveis, bem como nas cartas de sentença e formais de partilha, o tabelião ou escrivão deve fazer referência à matrícula ou ao registro anterior, seu número e cartório.

Art. 223. Ficam sujeitas à obrigação, a que alude o artigo anterior, as partes que, por instrumento particular, celebrarem atos relativos a imóveis.

Art. 224. Nas escrituras, lavradas em decorrência de autorização judicial, serão mencionadas por certidão, em breve relatório com todas as minúcias que permitam identificá-los, os respectivos alvarás.

Art. 225. Os tabeliães, escrivães e juízes farão com que, nas escrituras e nos autos judiciais, as partes indiquem, com precisão, os característicos, as confrontações e as localizações dos imóveis, mencionando os nomes dos confrontantes e, ainda, quando se tratar só de terreno, se esse fica do lado par ou do lado ímpar do logradouro, em que quadra e a que distância métrica da edificação ou da esquina mais próxima, exigindo dos interessados certidão do registro imobiliário.

- *Lei 7.433/1985 (Escrituras Públicas) e seu Decreto Regulamentador (Dec. 93.240/1986)*

§ 1º As mesmas minúcias, com relação à caracterização do imóvel, devem constar dos instrumentos particulares apresentados em cartório para registro.

§ 2º Consideram-se irregulares, para efeito de matrícula, os títulos nos quais a caracterização do imóvel não coincida com a que consta do registro anterior.

§ 3º Nos autos judiciais que versem sobre imóveis rurais, a localização, os limites e as confrontações serão obtidos a partir de memorial descritivo assinado por profissional habilitado e com a devida Anotação de Responsabilidade Técnica – ART, contendo as coordenadas dos vértices definidores dos limites dos imóveis rurais, georreferenciadas ao Sistema Geodésico Brasileiro e com precisão posicional a ser fixada pelo INCRA, garantida a isenção de custos financeiros aos proprietários de imóveis rurais cuja somatória da área não exceda a quatro módulos fiscais.

- *Parágrafo acrescido pela Lei nº 10.267, de 28/8/2001*
- *Decreto 4.449/2002 (Georreferenciamento)*

Art. 226. Tratando-se de usucapião, os requisitos da matrícula devem constar do mandado judicial.

- *Art. 167, I, 28; 214, § 5º*
- *Art. 13, Lei n. 10.257/2001 (Estatuto da Cidade)*
- *Arts. 398 a 423 (Usucapião Extrajudicial), Prov. CNJ n. 149/2023 (CNN). Corresponde ao revogado Prov. CNJ n. 65/2017*

CAPÍTULO VI – DA MATRÍCULA

- *Art. 22, § 7º e § 8º Lei 4.947/1966 (Fixa Normas de Direito Agrário, dispõe sobre o Sistema de Organização e Funcionamento do Instituto Brasileiro de Reforma Agrária)*
- *Dec. 1.775/1996 (Procedimento administrativo de demarcação das terras indígenas)*
- *Art. 54, Lei 13.097/2015*
- *Prov. CNJ 143/2023 (Código Nacional de Matrícula – CNM) e Arts. 330 a 343 (Código Nacional de Matrícula – CNM), Prov. CNJ 149/2023 (CNN)*
- *Arts. 424 a 432 (Terras Indígenas), Prov. CNJ n. 149/2023 (CNN). Corresponde ao revogado Prov. CNJ n. 70/2018*

Art. 227. Todo imóvel objeto de título a ser registrado deve estar matriculado no Livro nº 2 – Registro Geral – obedecido o disposto no art. 176.

- *Lei 6.739/1979 (Matrícula e o Registro de Imóveis Rurais)*
- *Art. 337, Prov. CNJ 149/2023*

Art. 228. A matrícula será efetuada por ocasião do primeiro registro a ser lançado na vigência desta Lei, mediante os elementos constantes do título apresentado e do registro anterior nele mencionado.

- *Art. 195*
- *Art. 1.485, Código Civil*

Art. 229. Se o registro anterior foi efetuado em outra circunscrição, a matrícula será aberta com os elementos constantes do título apresentado e da certidão atualizada daquele registro, a qual ficará arquivada em cartório.

- *Arts. 170 a 196*
- *Art. 198, parágrafo único, Prov. 149/2023 (CNN)*

Art. 230. Se na certidão constar ônus, o oficial fará a matrícula, e, logo em seguida ao registro, averbará a existência do ônus, sua natureza e valor, certificando o fato no título que devolver à parte, o que o correrá, também, quando o ônus estiver lançado no próprio cartório.

- *Arts. 195 e 197*
- *Art. 198, parágrafo único, Prov. 149/2023 (CNN)*
- *Art. 7º, VI, Lei n. 8.668/1993 (Dispõe sobre a constituição e o regime tributário dos Fundos de Investimento Imobiliário e dos Fundos de Investimento nas Cadeias Produtivas Agroindustriais (Fiagro)*

Art. 231. No preenchimento dos livros, observar-se-ão as seguintes normas:

I – no alto da face de cada folha será lançada a matrícula do imóvel, com os requisitos constantes do art. 176, e no espaço restante e no verso, serão lançados por ordem cronológica e em forma narrativa, os registros e averbações dos atos pertinentes ao imóvel matriculado;

II – preenchida uma folha, será feito o transporte para a primeira folha em branco do mesmo livro ou do livro da mesma série que estiver em uso, onde continuarão os lançamentos, com remissões recíprocas.

Art. 232. Cada lançamento de registro será precedido pela letra "R" e o da averbação pelas letras "AV", seguindo-se o número de ordem do lançamento e o da matrícula (ex: R-1-1, R-2-1, AV-3-1, R-4-1, AV-5-1, etc.)

Art. 233. A matrícula será cancelada:

I – por decisão judicial;

II – quando em virtude de alienação parciais, o imóvel for inteiramente transferido a outros proprietários;

III – pela fusão, nos termos do artigo seguinte.

Art. 234. Quando dois ou mais imóveis contíguos pertencentes ao mesmo proprietário, constarem de matrículas autônomas, pode ele requerer a fusão destas em uma só, de novo número, encerrando-se as primitivas.

Art. 235. Podem, ainda, ser unificados, com abertura de matrícula única:

I – dois ou mais imóveis constantes de transcrições anteriores a esta Lei, à margem das quais será averbada a abertura da matrícula que os unificar;

II – dois ou mais imóveis, registrados por ambos os sistemas, caso em que, nas transcrições, será feita a averbação prevista no item anterior, as matrículas serão encerradas na forma do artigo anterior.

III – 2 (dois) ou mais imóveis contíguos objeto de imissão provisória registrada em nome da União, dos Estados, do Distrito Federal, dos Municípios ou de suas entidades delegadas ou contratadas e sua respectiva cessão e promessa de cessão.

- *Redação dada pela Lei nº 14.620, de 2023*

§ 1º Os imóveis de que trata este artigo, bem como os oriundos de desmembramentos, partilha e glebas destacadas de maior porção, serão desdobrados em novas matrículas, juntamente com os ônus que sobre eles existirem, sempre que ocorrer a transferência de 1 (uma) ou mais unidades, procedendo-se, em seguida, ao que estipula o inciso II do art. 233.

- *Parágrafo único transformado em § 1º pela Medida Provisória nº 514, de 1º/12/2010, com redação dada pela Lei nº 12.424, de 16/6/2011*

§ 2º A hipótese de que trata o inciso III somente poderá ser utilizada nos casos de imóveis inseridos em área urbana ou de expansão urbana e com a finalidade de implementar programas habitacionais ou de regularização fundiária, o que deverá ser informado no requerimento de unificação.

- *Parágrafo acrescido pela Medida Provisória nº 514, de 1º/12/2010, convertida na Lei nº 12.424, de 16/6/2011*

§ 3º Na hipótese de que trata o inciso III do caput deste artigo, a unificação poderá abranger matrículas ou transcrições relativas a imóveis contíguos àqueles que tenham sido objeto da imissão provisória na posse.

- *Parágrafo acrescido pela Medida Provisória nº 514, de 1º/12/2010, convertida na Lei nº 12.424, de 16/6/2011, e com nova redação dada pela Lei nº 14.273, de 23/12/2021, publicada na Edição Extra C do DOU de 23/12/2021*

Art. 235-A. Fica instituído o Código Nacional de Matrícula (CNM) que corresponde à numeração única de matrículas imobiliárias em âmbito nacional.

§ 1º O CNM referente a matrícula encerrada ou cancelada não poderá ser reutilizado.

§ 2º Ato da Corregedoria Nacional de Justiça do Conselho Nacional de Justiça regulamentará as características e a forma de implementação do CNM.

- *Artigo acrescido pela Lei nº 13.465, de 11/7/2017*
- *Arts. 330 a 343 (Código Nacional de Matrícula – CNM), Prov. CNJ 149/2023 (CNN)*
- *Prov. CNJ 143/2023 (Código Nacional de Matrícula – CNM)*

CAPÍTULO VII – DO REGISTRO

- *Lei 6.739/1979 (Matrícula e o Registro de Imóveis Rurais)*

Art. 236. Nenhum registro poderá ser feito sem que o imóvel a que se referir esteja matriculado.

Art. 237. Ainda que o imóvel esteja matriculado, não se fará registro que dependa da apresentação de título anterior, a fim de que se preserve a continuidade do registro.

- *Art. 195*

Art. 237-A. Após o registro do parcelamento do solo, na modalidade loteamento ou na modalidade desmembramento, e da incorporação imobiliária, de condomínio edilício ou de condomínio de lotes, até que tenha sido averbada a conclusão das obras de infraestrutura ou da construção, as averbações e os registros relativos à pessoa do loteador ou do incorporador ou referentes a quaisquer direitos reais, inclusive de garantias, cessões ou demais negócios jurídicos que envolvam o empreendimento e suas unidades, bem como a própria averbação da conclusão do empreendimento, serão realizados na matrícula de origem do imóvel a ele destinado e replicados, sem custo adicional, em cada uma das matrículas recipiendárias dos lotes ou das unidades autônomas eventualmente abertas.

- *Caput do artigo acrescido pela Medida Provisória nº 459, de 25/3/2009, convertida na Lei nº 11.977, de 7/7/2009, e com nova redação dada pela Lei nº 14.382, de 27/6/2022*
- *Art. 167, I, 17*
- *Lei 6.766/1979 (Parcelamento do solo urbano)*
- *Lei 4.591/1964 (Condomínio e Incorporação Imobiliária)*
- *Art. 1.358-A, Código Civil*
- *Art. 440-AN, Prov. CNJ n. 149/2023 (CNN)*

§ 1º Para efeito de cobrança de custas e emolumentos, as averbações e os registros relativos ao mesmo ato jurídico ou negócio jurídico e realizados com base no *caput* deste artigo serão considerados ato de registro único, não importando a quantidade de lotes ou de unidades autônomas envolvidas ou de atos intermediários existentes.

- *Parágrafo acrescido pela Medida Provisória nº 459, de 25/3/2009, convertida na Lei nº 11.977, de 7/7/2009, e com nova redação dada pela Lei nº 14.382, de 27/6/2022*

§ 2º Nos registros decorrentes de processo de parcelamento do solo ou de incorporação imobiliária, o registrador deverá observar o prazo máximo de 15 (quinze) dias para o fornecimento do número do registro ao interessado ou a indicação das pendências a serem satisfeitas para sua efetivação.

- *Parágrafo acrescido pela Medida Provisória nº 459, de 25/3/2009, convertida na Lei nº 11.977, de 7/7/2009*

§ 3º O registro da instituição de condomínio ou da especificação do empreendimento constituirá ato único para fins de cobrança de custas e emolumentos.

- *Parágrafo acrescido pela Lei nº 12.424, de 16/6/2011*

§ 4º É facultada a abertura de matrícula para cada lote ou fração ideal que corresponderá a determinada unidade autônoma, após o registro do loteamento ou da incorporação imobiliária.

- *Parágrafo acrescido pela Lei nº 14.382, de 27/6/2022*

§ 5º Na hipótese do § 4º deste artigo, se a abertura da matrícula ocorrer no interesse do serviço, fica vedado o repasse das despesas dela decorrentes ao interessado, mas se a abertura da matrícula ocorrer por requerimento do interessado, o emolumento pelo ato praticado será devido por ele.

- *Parágrafo acrescido pela Lei nº 14.382, de 27/6/2022*

Art. 238. O registro de hipoteca convencional valerá pelo prazo de 30 (trinta) anos, findo o qual só será mantido o número anterior se reconstituída por novo título e novo registro.

- *Art. 167, I-2*
- *Art. 1.485, Código Civil*

Art. 239. As penhoras, arrestos e sequestros de imóveis serão registrados depois de pagas as custas do registro pela parte interessada, em cumprimento de mandado ou à vista de certidão do escrivão, de que constem, além dos requisitos exigidos para o registro, os nomes do juiz, do depositário, das partes e a natureza do processo.

- *Art. 167, I, 5*

Parágrafo único . A certidão será lavrada pelo escrivão do feito, com a declaração do fim especial a que se destina, após a entrega, em cartório, do mandado devidamente cumprido.

Art. 240. O registro da penhora faz prova quanto à fraude de qualquer transação posterior.

- *Art. 792, Código de Processo Civil de 2015*
- *Art. 54, Lei 13.097/2015*
- *Vide Enunciado 209 e 212, III Jornada de Direito Processual Civil do CJF*

Art. 241. O registro da anticrese no livro nº 2 declarará, também, o prazo, a época do pagamento e a forma de administração.

- *Art. 167, I, 11*
- *Art. 1.506 a 1.510, Código Civil*

Art. 242. O contrato de locação, com cláusula expressa de vigência no caso de alienação do imóvel, registrado no Livro nº 2, consignará também, o seu valor, a renda, o prazo, o tempo e o lugar do pagamento, bem como pena convencional.

- *Lei 8.245/1991 (Locações)*
- *Arts. 167, I, 3; II, 16; parágrafo único*

Art. 243. A matrícula do imóvel promovida pelo titular do domínio direto aproveita ao titular do domínio útil, e vice-versa.

- *Arts. 167, I, 10*
- *Art. 3º-A, Decreto-lei 2.398/1987 (Dispõe sobre foros, laudêmios e taxas de ocupação relativas a imóveis de propriedade da União)*
- *Arts. 678 a 694 do Código Civil de 1916, sem correspondência no Código Civil de 2002*
- *Lei 9.354/2018 (Regulamenta o art. 1º do Decreto-Lei nº 2.398, de 21 de dezembro de 1987, que dispõe sobre foros, laudêmios e taxas de ocupação relativas a imóveis de propriedade da União, e o art. 11-B da Lei nº 9.636, de 15 de maio de 1998, que dispõe sobre a regularização, a administração, o aforamento e a alienação de bens imóveis de domínio da União)*

Art. 244. As escrituras antenupciais serão registradas no livro nº 3 do cartório do domicílio conjugal, sem prejuízo de sua averbação obrigatória no lugar da situação dos imóveis de propriedade do casal, ou dos que forem sendo adquiridos e sujeitos a regime de bens diverso do comum, com a declaração das respectivas cláusulas, para ciência de terceiros.

- *Art. 167, I, 12 e II, 1*
- *Art. 178, V*
- *Enunciados 80, 81 e 82, I Jornada de Direito Notarial e Registral*

Art. 245. Quando o regime de separação de bens for determinado por lei, far-se-á a respectiva averbação nos termos do artigo anterior, incumbindo ao Ministério Público zelar pela fiscalização e observância dessa providência.

- *Art. 1.641 do Código Civil'*
- *Vide Enunciado 171, III Jornada de Direito Processual Civil do CJF*

CAPÍTULO VIII – DA AVERBAÇÃO E DO CANCELAMENTO

Art. 246. Além dos casos expressamente indicados no inciso II do *caput* do art. 167 desta Lei, serão averbadas na matrícula as sub-rogações e outras ocorrências que, por qualquer modo, alterem o registro ou repercutam nos direitos relativos ao imóvel.

- *Caput do artigo com redação dada pela Medida Provisória nº 1.085, de 27/12/2021, convertida na Lei nº 14.382, de 27/6/2022*
- *Art. 167, II-11*
- *Art. 28, § 1º, Lei Complementar 109/2001 (Regime de Previdência Complementar)*
- *Art. 28-B, Lei 11.483/2007 (Revitalização do Setor Ferroviário)*
- *Art. 54, V, Lei n13.097/2015 (Averbação de Construções)*
- *Art. 439 (Descrição de Imóveis Públicos Federais na Amazônia Legal), Prov 149/2023 (CNN)*
- *Orientação CNJ 5/2013 (Procedimento de averbação de descrição georreferenciada de Gleba Pública Federal na Amazônia Legal previsto nos arts. 3º e 4º do Prov. CNJ 33/2013)*
- *Enunciados 23 e 29, I Jornada de Direito Notarial e Registral*
- *Enunciado 119, II Jornada de Prevenção e Solução Extrajudicial de Litígios*
- *Enunciados 31, 32 e 33 da I Jornada de Direito do Patrimônio Cultural e Natural*

§ 1º As averbações a que se referem os itens 4 e 5 do inciso II do art. 167 serão as feitas a requerimento dos interessados, com firma reconhecida, instruído com documento dos interessados, com firma reconhecida, instruído com documento comprobatório fornecido pela autoridade competente. A alteração do nome só poderá ser averbada quando devidamente comprovada por certidão do Registro Civil.

- *Parágrafo único transformado em § 1º e com nova redação dada pela Lei nº 10.267, de 28/8/2001*

§ 1º-A No caso das averbações de que trata o § 1º deste artigo, o oficial poderá providenciar, preferencialmente por meio eletrônico, a requerimento e às custas do interessado, os documentos comprobatórios necessários perante as autoridades competentes.

- *Parágrafo acrescido pela Medida Provisória nº 1.085, de 27/12/2021, convertida na Lei nº 14.382, de 27/6/2022*

§ 2º Tratando-se de terra indígena com demarcação homologada, a União promoverá o registro da área em seu nome.

- *Parágrafo acrescido pela Lei nº 10.267, de 28/8/2001*
- *Decreto 1.775/1996 (Demarcação de Terras Indígenas)*
- *Arts. 424 a 432 (Terras Indígenas), Prov. CNJ n. 149/2023 (CNN). Corresponde ao revogado Prov. CNJ n. 70/2018*
- *Instrução Normativa FUNAI n. 30/2023 (Estabelece as regras para emissão de Declaração de Reconhecimento de Limites em relação a terras indígenas e imóveis confrontantes e declara a nulidade da Instrução Normativa nº 9, de 16 de abril de 2020, que disciplina o requerimento, análise e emissão da Declaração de Reconhecimento de Limites em relação a imóveis privado)*

§ 3º Constatada, durante o processo demarcatório, a existência de domínio privado nos limites da terra indígena, a União requererá ao Oficial de Registro a averbação, na respectiva matrícula, dessa circunstância.

- *Parágrafo acrescido pela Lei nº 10.267, de 28/8/2001*

§ 4º As providências a que se referem os §§ 2º e 3º deste artigo deverão ser efetivadas pelo cartório, no prazo de trinta dias, contado a partir do recebimento da solicitação de registro e averbação, sob pena de aplicação de multa diária no valor de R$ 1.000,00 (mil reais), sem prejuízo da responsabilidade civil e penal do Oficial de Registro.

- *Parágrafo acrescido pela Lei nº 10.267, de 28/8/2001*
- *Art. 30, III e XIV, Lei nº 8.935/1994 (Notários e Registradores)*

Art. 247. Averbar-se-á, também, na matrícula, a declaração de indisponibilidade de bens, na forma prevista na Lei.

- *Art. 36, Lei 6.404/1976 (LSA)*
- *Lei 8.397/1992 (Medida Cautelar Fiscal)*
- *Art. 185-A do Código Tributário Nacional (Lei 5.172/1966)*
- *Lei 8.429/1992 (Improbidade Administrativa)*
- *Lei n. 13.105/2015 (CPC)*
- *Arts. 82, §2º, e 154, §5º, da Lei 11.101/2005 (Recuperação Judicial, Extrajudicial e Falência)*
- *Decreto-Lei nº 5.452, de 1 de maio de 1943 (CLT)*
- *Lei Complementar 109/2001 (Regime de Previdência Complementar)*
- *Lei nº 11.977/2009 (PMCMV)*
- *Lei nº 8.212/1991 (Seguridade Social)*
- *Prov. CNJ 39/2014 (Central Nacional de Indisponibilidade de Bens – CNIB) e Art. 320, Prov. CNJ n. 149/2023 (CNN)*
- *Art. 440-K, Prov. CNJ 150/2023*
- *Vide Enunciados 25, 31, I Jornada de Direito Notarial e Registral*

Art. 247-A. É dispensado o habite-se expedido pela prefeitura municipal para a averbação de construção residencial urbana unifamiliar de um só pavimento finalizada há mais de 5 (cinco) anos em área ocupada predominantemente por população de baixa renda, inclusive para o fim de registro ou averbação decorrente de financiamento à moradia.

- *Artigo acrescido pela Lei nº 13.865, de 8/8/2019*

Art. 248. O cancelamento efetuar-se-á mediante averbação, assinada pelo oficial, seu substituto legal ou escrevente autorizado, e declarará o motivo que o determinou, bem como o título em virtude do qual foi feito.

Art. 249. O cancelamento poderá ser total ou parcial e referir-se a qualquer dos atos do registro.

Art. 250. Far-se-á o cancelamento:

I – em cumprimento de decisão judicial transitada em julgado;

II – a requerimento unânime das partes que tenham participado do ato registrado, se capazes, com as firmas reconhecidas por tabelião;

III – A requerimento do interessado, instruído com documento hábil.

- *Art. 36, Lei 6.739/1979 (Matrícula e o Registro de Imóveis Rurais)*

IV – a requerimento da Fazenda Pública, instruído com certidão de conclusão de processo administrativo que declarou, na forma da lei, a rescisão do título de domínio ou de concessão de direito real de uso de imóvel rural, expedido para fins de regularização fundiária, e a reversão do imóvel ao patrimônio público.

- *Inciso acrescido pela Lei nº 11.952, de 25/6/2009*

Art. 251. O cancelamento de hipoteca só pode ser feito:

I – à vista de autorização expressa ou quitação outorgada pelo credor ou seu sucessor, em instrumento público ou particular;

II – em razão de procedimento administrativo ou contencioso, no qual o credor tenha sido intimado (art. 698 do Código de Processo Civil);

- *Corresponde ao art. 889 do Código de Processo Civil de 2015*

III – na conformidade da legislação referente às cédulas hipotecárias.

Art. 251-A. Em caso de falta de pagamento, o cancelamento do registro do compromisso de compra e venda de imóvel será efetuado em conformidade com o disposto neste artigo.

- *Art. 167, I, e 167, II, 3*
- *Arts. 1.417 e 1.418, CC*

§ 1º A requerimento do promitente vendedor, o promitente comprador, ou seu representante legal ou procurador regularmente constituído, será intimado pessoalmente pelo oficial do competente registro de imóveis a satisfazer, no prazo de 30 (trinta) dias, a prestação ou as prestações vencidas e as que vencerem até a data de pagamento, os juros convencionais, a correção monetária, as penalidades e os demais encargos contratuais, os encargos legais, inclusive tributos, as contribuições condominiais ou despesas de conservação e manutenção em loteamentos de acesso controlado, imputáveis ao imóvel, além das despesas de cobrança, de intimação, bem como do registro do contrato, caso esse tenha sido efetuado a requerimento do promitente vendedor.

§ 2º O oficial do registro de imóveis poderá delegar a diligência de intimação ao oficial do registro de títulos e documentos da comarca da situação do imóvel ou do domicílio de quem deva recebê-la.

§ 3º Aos procedimentos de intimação ou notificação efetuados pelos oficiais de registros públicos, aplicam-se, no que couber, os dispositivos referentes à citação e à intimação previstos na Lei nº 13.105, de 16 de março de 2015 (Código de Processo Civil).

§ 4º A mora poderá ser purgada mediante pagamento ao oficial do registro de imóveis, que dará quitação ao promitente comprador ou ao seu cessionário das quantias recebidas no prazo de 3 (três) dias e depositará esse valor na conta bancária informada pelo promitente vendedor no próprio requerimento ou, na falta dessa informação, o cientificará de que o numerário está à sua disposição.

§ 5º Se não ocorrer o pagamento, o oficial certificará o ocorrido e intimará o promitente vendedor a promover o recolhimento dos emolumentos para efetuar o cancelamento do registro.

§ 6º A certidão do cancelamento do registro do compromisso de compra e venda reputa-se como prova relevante ou determinante para concessão da medida liminar de reintegração de posse.

- *Artigo acrescido pela Lei nº 14.382, de 27/6/2022*

Art. 252. O registro, enquanto não cancelado, produz todos os efeitos legais ainda que, por outra maneira, se prove que o título está desfeito, anulado, extinto ou rescindido.

Art. 253. Ao terceiro prejudicado é lícito, em juízo, fazer prova da extinção dos ônus, reais, e promover o cancelamento do seu registro.

Art. 254. Se, cancelado o registro, subsistirem o título e os direitos dele decorrentes, poderá o credor promover novo registro, o qual só produzirá efeitos a partir da nova data.

Art. 255. Além dos casos previstos nesta Lei, a inscrição de incorporação ou loteamento só será cancelada a requerimento do incorporador ou loteador, enquanto nenhuma unidade ou lote for objeto de transação averbada, ou mediante o consentimento de todos os compromissários ou cessionários.

- *Art. 167, I-17 e I-19*
- *Lei 4.591/1964 (Incorporação Imobiliária)*

Art. 256. O cancelamento da servidão, quando o prédio dominante estiver hipotecado, só poderá ser feito com aquiescência do credor, expressamente manifestada.

- *Art. 167, I-6*
- *Art. 1.387, parágrafo único do Código Civil*

Art. 257. O dono do prédio serviente terá, nos termos da lei, direito a cancelar a servidão.

Art. 258. O foreiro poderá, nos termos da lei, averbar a renúncia de seu direito, sem dependência do consentimento do senhorio direto.

- *Art. 167, I-10*

Art. 259. O cancelamento não pode ser feito em virtude de sentença sujeita, ainda, a recurso.

CAPÍTULO IX – DO BEM DE FAMÍLIA

- *Arts. 19 a 23, Dec.-lei 3.200/1941 (Organização e Proteção da Família)*
- *Arts. 1.711 a 1.722 do Código Civil*
- *Lei 8.009/1990 (Impenhorabilidade do bem de família)*
- *Súmula 449 do STJ*

Art. 260. A instituição do bem de família far-se-á por escritura pública, declarando o instituidor que determinado prédio se destina a domicílio de sua família e ficará isento de execução por dívida.

- *Art. 167, I-1*
- *Art. 3º, Lei 8.009/1990 (Impenhorabilidade do bem de família)*
- *Arts. 1.711 a 1.722, CC*

Art. 261. Para a inscrição do bem de família, o instituidor apresentará ao oficial do registro a escritura pública de instituição, para que mande publicá-la na imprensa local e, à falta, na da Capital do Estado ou do Território.

Art. 262. Se não ocorrer razão para dúvida, o oficial fará a publicação, em forma de edital, do qual constará:

I – o resumo da escritura, nome, naturalidade e profissão do instituidor, data do instrumento e nome do tabelião que o fez, situação e característicos do prédio;

II – o aviso de que, se alguém se julgar prejudicado, deverá, dentro em trinta (30) dias, contados da data da publicação, reclamar contra a instituição, por escrito e perante o oficial.

Art. 263. Findo o prazo do nº II do artigo anterior, sem que tenha havido reclamação, o oficial transcreverá a escritura, integralmente, no livro nº 3 e fará a inscrição na competente matrícula, arquivando um exemplar do jornal em que a publicação houver sido feita e restituindo o instrumento ao apresentante, com a nota da inscrição.

Art. 264. Se for apresentada reclamação, dela fornecerá o oficial, ao instituidor, cópia autêntica e lhe restituirá a escritura, com a declaração de haver sido suspenso o registro, cancelando a prenotação.

§ 1º O instituidor poderá requerer ao Juiz que ordene o registro, sem embargo da reclamação.

§ 2º Se o Juiz determinar que proceda ao registro, ressalvará ao reclamante o direito de recorrer à ação competente para anular a instituição ou de fazer execução sobre o prédio instituído, na hipótese de tratar-se de dívida anterior e cuja solução se tornou inexequível em virtude do ato da instituição.

§ 3º O despacho do Juiz será irrecorrível e, se deferir o pedido será transcrito integralmente, juntamente com o instrumento.

Art. 265. Quando o bem de família for instituído juntamente com a transmissão da propriedade (Decreto-Lei nº 3.200, de 19 de abril de 1941, art. 8º, § 5º), a inscrição far-se-á imediatamente após o registro da transmissão ou, se for o caso, com a matrícula.

CAPÍTULO X – DA REMIÇÃO DO IMÓVEL HIPOTECADO

- *Arts. 1.473 a 1.505 do Código Civil*
- *Enunciado 149, II Jornada de Direito Processual Civil*

Art. 266. Para remir o imóvel hipotecado, o adquirente requererá, no prazo legal, a citação dos credores hipotecários propondo, para a remição, no mínimo, o preço por que adquiriu o imóvel.

- *Arts. 1.478, 1.481 a 1.484 e 1.499, V, Código Civil*

Art. 267. Se o credor, citado, não se opuser à remição, ou não comparecer, lavrar-se-á termo de pagamento e quitação e o Juiz ordenará, por sentença, o cancelamento de hipoteca.

Parágrafo único. No caso de revelia, consignar-se-á o preço à custa do credor.

- *Arts. 344 a 346, do Código de Processo Civil de 2015*

Art. 268. Se o credor, citado, comparecer e impugnar o preço oferecido, o Juiz mandará promover a licitação entre os credores hipotecários, os fiadores e o próprio adquirente, autorizando a venda judicial a quem oferecer maior preço.

- *Art. 1.481, § 1º, Código Civil*

§ 1º Na licitação, será preferido, em igualdade de condições, o lanço do adquirente.

§ 2º Na falta de arrematante, o valor será o proposto pelo adquirente.

Art. 269. Arrematado o imóvel e depositado, dentro de quarenta e oito (48) horas, o respectivo preço, o Juiz mandará cancelar a hipoteca, sub-rogando-se no produto da venda os direitos do credor hipotecário.

Art. 270. Se o credor de segunda hipoteca, embora não vencida a dívida, requerer a remição, juntará o título e certidão da inscrição da anterior e depositará a importância devida ao primeiro credor, pedindo a citação deste para levantar o depósito e a do devedor para dentro do prazo de cinco dias remir a hipoteca, sob pena de ficar o requerente sub-rogado nos direitos creditórios, sem prejuízo dos que lhe couberem em virtude da segunda hipoteca.

- *Art. 346, I, Código Civil*

Art. 271. Se o devedor não comparecer ou não remir a hipoteca, os autos serão conclusos ao Juiz para julgar por sentença a remição pedida pelo segundo credor.

Art. 272. Se o devedor comparecer e quiser efetuar a remição, notificar-se-á o credor para receber o preço, ficando sem efeito o depósito realizado pelo autor.

Art. 273. Se o primeiro credor estiver promovendo a execução da hipoteca, a remição, que abrangerá a importância das custas e despesas realizadas, não se efetuará antes da primeira praça, nem depois de assinado o auto de arrematação.

Art. 274. Na remição de hipoteca legal em que haja interesse de incapaz intervirá o Ministério Público.

- *Arts. 877, § 4º e 902, CPC*

Art. 275. Das sentenças que julgarem o pedido de remição caberá o recurso de apelação com ambos os efeitos.

- *Arts. 1009 e seguintes do Código de Processo Civil de 2015*

Art. 276. Não é necessária a remição quando o credor assinar, com o vendedor, escritura de venda do imóvel gravado.

CAPÍTULO XI – DO REGISTRO TORRENS

Art. 277. Requerida a inscrição de imóvel rural no Registro Torrens, o oficial protocolará e autuará o requerimento e documentos que o instruírem e verificará se o pedido se acha em termos de ser despachado.

Art. 278. O requerimento será instruído com:

I – os documentos comprobatórios do domínio do requerente;

II – a prova de quaisquer atos que modifiquem ou limitem a sua propriedade;

III – o memorial de que constem os encargos do imóvel os nomes dos ocupantes, confrontantes, quaisquer interessados, e a indicação das respectivas residências;

IV – a planta do imóvel, cuja escala poderá variar entre os limites: 1:500m (1/500) e 1:5.000m (1/5.000).

§ 1º O levantamento da planta obedecerá às seguintes regras:

a) empregar-se-ão goniômetros ou outros instrumentos de maior precisão;

b) a planta será orientada segundo o mediano do lugar, determinada a declinação magnética;

c) fixação dos pontos de referência necessários a verificações ulteriores e de marcos especiais, ligados a pontos certos e estáveis nas sedes das propriedades, de maneira que a planta possa incorporar-se à carta geral cadastral.

§ 2º Às plantas serão anexadas o memorial e as cadernetas das operações de campo, autenticadas pelo agrimensor.

Art. 279. O imóvel sujeito a hipoteca ou ônus real não será admitido a registro sem consentimento expresso do credor hipotecário ou da pessoa em favor de quem se tenha instituído o ônus.

- *Art. 7º, VI, Lei n. 8.668/1993 (Dispõe sobre a constituição e o regime tributário dos Fundos de Investimento Imobiliário e dos Fundos de Investimento nas Cadeias Produtivas Agroindustriais (Fiagro)*

Art. 280. Se o oficial considerar irregular o pedido ou a documentação, poderá conceder o prazo de trinta (30) dias para que o interessado os regularize. Se o requerente não estiver de acordo com a exigência do oficial, este suscitará dúvida.

- *Arts. 198 a 204 e 207*

Art. 281. Se o oficial considerar em termos o pedido, remetê-lo-á a juízo para ser despachado.

Art. 282. O Juiz, distribuído o pedido a um dos cartórios judiciais se entender que os documentos justificam a propriedade do requerente, mandará expedir edital que será afixado no lugar de costume e publicado uma vez no órgão oficial do Estado e três (3) vezes na imprensa local, se houver, marcando prazo não menor de dois (2) meses, nem maior de quatro (4) meses para que se ofereça oposição.

Art. 283. O Juiz ordenará, de ofício ou a requerimento da parte, que, à custa do peticionário, se notifiquem do requerimento as pessoas nele indicadas.

Art. 284. Em qualquer hipótese, será ouvido o órgão do Ministério Público, que poderá impugnar o registro por falta de prova completa do domínio ou preterição de outra formalidade legal.

Art. 285. Feita a publicação do edital, a pessoa que se julgar com direito sobre o imóvel, no todo ou em parte, poderá contestar o pedido no prazo de quinze dias.

§ 1º A contestação mencionará o nome e a residência do réu, fará a descrição exata do imóvel e indicará os direitos reclamados e os títulos em que se fundarem.

§ 2º Se não houver contestação, e se o Ministério Público não impugnar o pedido, o Juiz ordenará que se inscreva o imóvel, que ficará, assim, submetido aos efeitos do Registro Torrens.

Art. 286. Se houver contestação ou impugnação, o procedimento será ordinário, cancelando-se, mediante mandado, a prenotação.

- *Art. 182 e ss.*
- *Art. 318, Código de Processo Civil de 2015*

Art. 287. Da sentença que deferir, ou não, o pedido, cabe o recurso de apelação, com ambos os efeitos.

- *Arts. 1.009 e seguintes, Código de Processo Civil de 2015*

Art. 288. Transitada em julgado a sentença que deferir o pedido, o oficial inscreverá, na matrícula, o julgado que determinou a submissão do imóvel aos efeitos do Registro Torrens, arquivando em cartório a documentação autuada.

- *Art. 227*
- *Arts. 1.009 e seguintes, Código de Processo Civil de 2015*

CAPÍTULO XII – DO REGISTRO DA REGULARIZAÇÃO FUNDIÁRIA URBANA

- *Capítulo acrescido pela Medida Provisória nº 514, de 1º/12/2010 convertida na Lei nº 12.424, de 16/6/2011*

Art. 288-A. O procedimento de registro da regularização fundiária urbana observará o disposto em legislação específica.

- *Caput do artigo acrescido pela Medida Provisória nº 514, de 1/12/2010, convertida na Lei nº 12.424, de 16/6/2011, e com redação dada pela Lei nº 13.465, de 11/7/2017*
- *Lei 11.481/2007 (Regularização fundiária de interesse social em imóveis da União)*
- *Lei 11.952/2009 (Regularização fundiária no âmbito da Amazônia Legal)*
- *Lei 13.465/2017 (Regularização fundiária urbana e rural)*
- *Decreto 7.341/2010 (Regulamenta a Lei n. 11.952/2009)*
- *Decreto 9.310/2018 (Institui as normas gerais e os procedimentos aplicáveis à Regularização Fundiária Urbana e estabelece os procedimentos para a avaliação e a alienação dos imóveis da União)*
- *Decreto 10.592/2020 (Regulamenta a Lei n. 11.952/2009)*
- *Instrução Normativa INCRA n. 124/2022 (Procedimentos para análise do cumprimento e liberação das cláusulas e condições resolutivas de instrumentos de titulação decorrentes de regularização fundiária, incidentes em áreas do Instituto Nacional de Colonização e Reforma Agrária e da União sob gestão do Incra)*
- *Instrução Normativa INCRA n. 142/2024 (Procedimentos necessários à regularização fundiária de áreas urbanas consolidadas, de expansão urbana e de urbanização específica, incidentes em terras públicas federais do Incra, qualquer que seja sua localização, e da União, administradas pelo Incra na Amazônia Legal previstas no art. 3º da Lei nº 11.952, de 2009)*
- *Prov. CNJ 44/2015 (Registro da regularização fundiária urbana),*
- *Prov. CNJ 144/2023 (Programa Permanente de Regularização Fundiária na Amazônia Legal, institui a Semana Nacional de Regularização Fundiária)*
- *Prov. CNJ n. 158/2023 (Solo Seguro Favela)*
- *Orientação CNJ n. 12/2023 (Emissão da certidão de situação jurídica de imóvel)*
- *Enunciados 16 e 71, I Jornada de Direito Notarial e Registral*

I a III – *(Revogados pela Lei nº 13.465, de 11/7/2017)*

§§ 1º a 4º *(Parágrafos acrescidos pela Medida Provisória nº 514, de 1/12/2010, convertida na Lei nº 12.424, de 16/6/2011, e revogados pela Lei nº 13.465, de 11/7/2017)*

Arts. 288-B a 288-G. *(Revogados pela Medida Provisória nº 759, de 22/12/2016, convertida na Lei nº 13.465, de 11/7/2017)*

TÍTULO VI – DAS DISPOSIÇÕES FINAIS E TRANSITÓRIAS

Art. 289. No exercício de suas funções, cumpre aos oficiais de registro fazer rigorosa fiscalização do pagamento dos impostos devidos por força dos atos que lhes forem apresentados em razão do ofício.

- *Art. 221, § 6º*
- *Art. 30, XI da Lei 8.935/1994 (Notários e Registradores)*
- *Art. 134, Lei 5.172/1966 (CTN)*
- *Decreto-lei 1.876/1981 (Dispensa do pagamento de foros e laudêmios os titulares do domínio útil dos bens imóveis da União)*
- *Art. 3º-A, Decreto-lei 2.398/1987 (Dispõe sobre foros, laudêmios e taxas de ocupação relativas a imóveis de propriedade da União)*
- *Lei 8.847/1994 (Imposto sobre a Propriedade Territorial Rural (ITR))*
- *Art. 21, Lei 9.393/1996 (Dispõe sobre o ITR, e o pagamento da dívida representada por TDA)*
- *Decreto 4.382/2002 (Regulamenta a tributação, fiscalização, arrecadação e administração do Imposto sobre a Propriedade Territorial Rural – ITR)*
- *Instrução Normativa RFB 2.168/2024 (Declaração sobre Operações Imobiliárias – DOI)*
- *Art. 184-A, Prov. CNJ n. 149/2023 (CNN)*

Art. 290. Os emolumentos devidos pelos atos relacionados com a primeira aquisição imobiliária para fins residenciais, financiada pelo Sistema Financeiro da Habitação, serão reduzidos em 50% (cinquenta por cento).

- *Caput do artigo com redação dada pela Lei nº 6.941, de 14/9/1981*
- *Lei 4.380/1964 (SFH)*

§ 1º O registro e a averbação referentes à aquisição da casa própria, em que seja parte cooperativa habitacional ou entidade assemelhada, serão considerados, para efeito de cálculo, de custas e emolumentos, como um ato apenas, não podendo a sua cobrança exceder o limite correspondente a 40% (quarenta por cento) do Maior Valor de Referência.

- *Parágrafo com redação dada pela Lei nº 6.941, de 14/9/1981*

§ 2º Nos demais programas de interesse social, executados pelas Companhias de Habitação Popular – COHABs ou entidades assemelhadas, os emolumentos e as custas devidos pelos atos de aquisição de imóveis e pelos de averbação de construção estarão sujeitos às seguintes limitações:

- *Parágrafo com redação dada pela Lei nº 6.941, de 14/9/1981*

a) imóvel de até 60 m (sessenta metros quadrados) de área construída: 10% (dez por cento) do Maior Valor de Referência;

b) de mais de 60 m² (sessenta metros quadrados) até 70 m² (setenta metros quadrados) de área construída: 15% (quinze por cento) do Maior Valor de Referência;

c) de mais de 70 m² (setenta metros quadrados) e até 80 m² (oitenta metros quadrados) de área construída: 20% (vinte por cento) do Maior Valor de Referência.

§ 3º Os emolumentos devidos pelos atos relativos a financiamento rural serão cobrados de acordo com a legislação federal.

- *Parágrafo com redação dada pela Lei nº 6.941, de 14/9/1981*

§ 4º As custas e emolumentos devidos aos Cartórios de Notas e de Registro de Imóveis, nos atos relacionados com a aquisição imobiliária para fins residenciais, oriundas de programas e convênios com a União, Estados, Distrito Federal e Municípios, para a construção de habitações populares destinadas a famílias de baixa renda, pelo sistema de mutirão e autoconstrução orientada, serão reduzidos para vinte por cento da tabela cartorária normal, considerando-se que o imóvel será limitado a até sessenta e nove metros quadrados de área construída, em terreno de até duzentos e cinquenta metros quadrados.

- *Parágrafo acrescido pela Lei nº 9.934, de 20/12/1999*

§ 5º Os cartórios que não cumprirem o disposto no § 4º ficarão sujeitos a multa de até R$ 1.120,00 (um mil, cento e vinte reais) a ser aplicada pelo juiz, com a atualização que se fizer necessária, em caso de desvalorização da moeda.

- *Parágrafo acrescido pela Lei nº 9.934, de 20/12/1999*

Art. 290-A. Devem ser realizados independentemente do recolhimento de custas e emolumentos:

- *Caput incluído pela Lei nº 11.481, de 31/5/2007*

I – o primeiro registro de direito real constituído em favor de beneficiário de regularização fundiária de interesse social em áreas urbanas e em áreas rurais de agricultura familiar;

- *inciso I incluído pela Lei nº 11.481, de 31/5/2007*

II – a primeira averbação de construção residencial de até 70 m² (setenta metros quadrados) de edificação em áreas urbanas objeto de regularização fundiária de interesse social.

- *inciso II incluído pela Lei nº 11.481, de 31/5/2007*

III – o registro de título de legitimação de posse, concedido pelo poder público, de que trata o art. 59 da Lei nº 11.977, de 7 de julho de 2009, e de sua conversão em propriedade.

- *Inciso acrescido pela Lei nº 12.424, de 16/6/2011*
- *Arts. 13, § 1º, II, e 25 a 27, Lei n. 13.465/2017 (Regularização Fundiária urbana e rural)*

IV – o registro do título de transferência do direito real de propriedade ou de outro direito ao beneficiário de projetos de assentamento rurais promovidos pelo Instituto Nacional de Colonização e Reforma Agrária (Incra) com base nas Leis nº 4.504, de 30 de novembro de 1964, e 8.629, de 25 de fevereiro de 1993, ou em outra lei posterior com finalidade similar.

- *Inciso acrescido pela Lei nº 14.382, de 27/6/2022*
- *Arts. 1º e 184 a 191, CF*
- *Lei Complementar 76/1993 (Procedimento contraditório especial, de rito sumário, para o processo de desapropriação de imóvel rural, por interesse social, para fins de reforma agrária)*
- *Lei 4.947/1966 (Fixa Normas de Direito Agrário, dispõe sobre o Sistema de Organização e Funcionamento do Instituto Brasileiro de Reforma Agrária)*
- *Lei 8.629/1993 (Dispõe sobre a regulamentação dos dispositivos constitucionais relativos à reforma agrária)*
- *Decreto 59.428/1966 (Regulamenta Lei 4.504/1964)*
- *Decreto 433/1992 (Aquisição de imóveis rurais, para fins de reforma agrária, por meio de compra e venda)*
- *Decreto 9.311/2018, (Regulamenta a Lei 8.629/1993)*
- *Decreto 10.592/2020 (Regulamenta a Lei nº 11.952/2009, para dispor sobre a regularização fundiária das áreas rurais situadas em terras da União, no âmbito da Amazônia Legal, e em terras do Instituto Nacional de Colonização e Reforma Agrária, por meio de alienação e concessão de direito real de uso de imóveis)*
- *Decreto 11.995/2024 (Programa Terra da Gente)*
- *Instrução Normativa INCRA n. 107/2021 (Define critérios e procedimentos administrativos para destinação de bens públicos imóveis, existentes em Projetos de Assentamento de reforma agrária, sob o domínio do Incra ou da União)*

§ 1º O registro e a averbação de que tratam os incisos I, II e III do *caput* deste artigo independem da comprovação do pagamento de quaisquer tributos, inclusive previdenciários.

- *Parágrafo com redação dada pela Lei nº 12.424, de 16/6/2011*

§ 2º *(Revogado pela Medida Provisória nº 514, de 1º/12/2010, convertida na Lei nº 12.424, de 16/6/2011)*

Art. 291. A emissão ou averbação da Cédula Hipotecária, consolidando créditos hipotecários de um só credor, não implica modificação da ordem preferencial dessas hipotecas em relação a outras que lhes sejam posteriores e que garantam créditos não incluídos na consolidação.

- *Artigo acrescido pela Lei nº 6.941, de 14/9/1981*

Art. 292. É vedado aos Tabeliães e aos Oficiais de Registro de Imóveis, sob pena de responsabilidade, lavrar ou registrar escritura ou escritos particulares autorizados por lei, que tenham por objeto imóvel hipotecado a entidade do Sistema Financeiro da Habitação, ou direitos a eles relativos, sem que conste dos mesmos, expressamente, a menção ao ônus real e ao credor, bem como a comunicação ao credor, necessariamente feita pelo alienante, com antecedência de, no mínimo 30 (trinta) dias.

- *Artigo acrescido pela Lei nº 6.941, de 14/9/1981*
- *Art. 7º, VI, Lei n. 8.668/1993 (Dispõe sobre a constituição e o regime tributário dos Fundos de Investimento Imobiliário e dos Fundos de Investimento nas Cadeias Produtivas Agroindustriais (Fiagro)*

Art. 293. Se a escritura deixar de ser lavrada no prazo de 60 (sessenta) dias a contar da data da comunicação do alienante, esta perderá a validade.

Parágrafo único. A ciência da comunicação não importará consentimento tácito do credor hipotecário.

- *Artigo acrescido pela Lei nº 6.941, de 14/9/1981*

Art. 294. Nos casos de incorporação de bens imóveis do patrimônio público, para a formação ou integralização do capital de sociedade por ações da administração indireta ou para a formação do patrimônio de empresa pública, o oficial do respectivo registro de imóveis fará o novo registro em nome da entidade a que os mesmos forem incorporados ou transferidos, valendo-se, para tanto, dos dados característicos e confrontações constantes do anterior.

- *Art. 167, I, 32*

§ 1º Servirá como título hábil para o novo registro o instrumento pelo qual a incorporação ou transferência se verificou, em cópia autêntica, ou exemplar do órgão oficial no qual foi aquele publicado.

§ 2º Na hipótese de não coincidência das características do imóvel com as constantes do registro existente, deverá a entidade, ao qual foi o mesmo incorporado ou transferido, promover a respectiva correção mediante termo aditivo ao instrumento de incorporação ou transferência e do qual deverão constar, entre outros elementos, seus limites ou confrontações, sua descrição e caracterização.

§ 3º Para fins do registro de que trata o presente artigo, considerar-se-á, como valor de transferência dos bens, o constante do instrumento a que alude o § 1º.

- *Primitivo art. 291 renumerado pela Lei nº 6.941, de 14/9/1981*

Art. 295. O encerramento dos livros em uso, antes da vigência da presente Lei, não exclui a validade dos atos neles registrados, nem impede que, neles, se façam as averbações e anotações posteriores.

- *Primitivo art. 292 renumerado pela Lei nº 6.941, de 14/9/1981*

Parágrafo único. Se a averbação ou anotação dever ser feita no Livro nº 2 do Registro de Imóvel, pela presente Lei, e não houver espaço nos anteriores Livros de Transcrição das Transmissões, será aberta a matrícula do imóvel.

Art. 296. Aplicam-se aos registros referidos no art. 1º, § 1º, incisos I, II e III, desta Lei, as disposições relativas ao processo de dúvida no registro de imóveis.

- *Primitivo art. 293 renumerado pela Lei nº 6.941, de 14/9/1981*
- *Arts. 198 e seguintes*
- *Art. 30, XIII, Lei n. 8.935/1994 (Lei dos Notários e Registradores)*
- *Art. 18, Lei n. 9492/1997 (Lei de Protesto)*
- *Arts. 210, 328, 329, 1º, 414, 5º, 420, 440, 2º, 440-AF, 2º Prov. 149/2023 (CNN)*
- *Enunciado 72 da I Jornada de Direito Notarial e Registral*

Art. 297. Os oficiais, na data de vigência desta Lei, lavrarão termo de encerramento nos livros, e dele remeterão cópia ao juiz a que estiverem subordinados

- *Primitivo art. 294 renumerado pela Lei nº 6.941, de 14/9/1981*

Parágrafo único. Sem prejuízo do cumprimento integral das disposições desta Lei, os livros antigos poderão ser aproveitados, até o seu esgotamento, mediante autorização judicial e adaptação aos novos modelos, iniciando-se nova numeração.

Art. 298. Esta Lei entrará em vigor no dia 1º de janeiro 1976.

- *Primitivo art. 295 renumerado pela Lei nº 6.941, de 14/9/1981*

Art. 299. Revogam-se a Lei nº 4.827, de 7 de março de 1924, os Decretos nºs 4.857, de 9 de novembro de 1939, 5.318, de 29 de fevereiro 1940, 5.553, de 6 de maio de 1940, e as demais disposições em contrário. (Renumerado pela Lei nº 6.941, de 1981)

- *Primitivo art. 296 renumerado pela Lei nº 6.941, de 14/9/1981*

Brasília, 31 de dezembro de 1973;
152º da Independência e 85º da República.
EMÍLIO G. MÉDICI
DOU de 31.12.1973

LEI Nº 7.711, DE 22 DE DEZEMBRO DE 1988

Dispõe sobre formas de melhoria da administração tributária e dá outras providências.

O PRESIDENTE DA REPÚBLICA,

Faço saber que o Congresso Nacional decreta e eu sanciono a seguinte Lei:

Art. 1º Sem prejuízo do disposto em leis especiais, a quitação de créditos tributários exigíveis, que tenham por objeto tributos e penalidades pecuniárias, bem como contribuições federais e outras imposições pecuniárias compulsórias, será comprovada nas seguintes hipóteses:

I - transferência de domicílio para o exterior;

II - habilitação e licitação promovida por órgão da administração federal direta, indireta ou fundacional ou por entidade controlada direta ou indiretamente pela União;

III - registro ou arquivamento de contrato social, alteração contratual e distrato social perante o registro público competente, exceto quando praticado por microempresa, conforme definida na legislação de regência;

IV - quando o valor da operação for igual ou superior ao equivalente a 5.000 (cinco mil) Obrigações do Tesouro Nacional - OTNs:

a) registro de contrato ou outros documentos em Cartórios de Registro de Títulos e Documentos;

b) registro em Cartório de Registro de Imóveis;

c) operação de empréstimo e de financiamento junto a instituição financeira, exceto quando destinada a saldar dívidas para com as Fazendas Nacional, Estaduais ou Municipais.

§ 1º Nos casos das alíneas a e b do inciso IV, a exigência deste artigo é aplicável às partes intervenientes.

§ 2º Para os fins de que trata este artigo, a Secretaria da Receita Federal, segundo normas a serem dispostas em Regulamento, remeterá periodicamente aos órgãos ou entidades sob a responsabilidade das quais se realizarem os atos mencionados nos incisos III e IV relação dos contribuintes com débitos que se tornarem definitivos na instância administrativa, procedendo às competentes exclusões, nos casos de quitação ou garantia da dívida.

§ 3º A prova de quitação prevista neste artigo será feita por meio de certidão ou outro documento hábil, emitido pelo órgão competente.

- *ADIN 394-1: O STF, por unanimidade e nos termos do voto do Relator, conheceu parcialmente da ação direta e, na parte conhecida, julgou-a procedente para declarar a inconstitucionalidade do artigo 1º, incisos I, III e IV, e §§ 1º, 2º e 3º da Lei nº 7.711/88, explicitando-se a revogação do inciso II do artigo 1º da referida lei pela Lei nº 8.666/93, no que concerne à regularidade fiscal.*

Art. 2º Fica autorizado o Ministério da Fazenda a estabelecer convênio com as Fazendas Estaduais e Municipais para extensão àquelas esferas de governo das hipóteses previstas no art. 1º desta Lei.

Art. 3º A partir do exercício de 1989 fica instituído programa de trabalho de "Incentivo à Arrecadação da Dívida Ativa da União", constituído de projetos destinados ao incentivo da arrecadação, administrativa ou judicial, de receitas inscritas como Dívida Ativa da União, à implementação, desenvolvimento e modernização de redes e sistemas de processamento de dados, no custeio de taxas, custas e emolumentos relacionados com a execução fiscal e a defesa judicial da Fazenda Nacional e sua representação em Juízo, em causas de natureza fiscal, bem assim diligências, publicações, pro labore de peritos técnicos, de êxito, inclusive a seus procuradores e ao Ministério Público Estadual e de avaliadores e contadores, e aos serviços relativos a penhora de bens e a remoção e depósito de bens penhorados ou adjudicados à Fazenda Nacional. (Vide Lei nº 7.923, de 1989)

Parágrafo único. O produto dos recolhimentos do encargo de que trata o art. 1º Decreto-Lei nº 1.025, de 21 de outubro de 1969, modificado pelo art. 3º do Decreto-Lei nº 1.569, de 8 de agosto de 1977, art. 3º do Decreto-Lei nº 1.645, de 11 de dezembro de 1978, e art. 12 do Decreto-Lei nº 2.163, de 19 de setembro de 1984, será recolhido ao Fundo a que se refere o art. 4º, em subconta especial, destinada a atender a despesa com o programa previsto neste artigo e que será gerida pelo Procurador-Geral da Fazenda Nacional, de acordo com o disposto no art. 6º desta Lei.

Art. 4º A partir do exercício de 1989, o produto da arrecadação de multas, inclusive as que fazem parte do valor pago por execução da dívida ativa e de sua respectiva correção monetária, incidentes sobre os tributos e contribuições administrados pela Secretaria da Receita Federal e próprios da União, constituirá receita do Fundo instituído pelo Decreto-Lei nº 1.437, de 17 de dezembro de 1975, excluídas as transferências tributárias constitucionais para Estados, Distritos Federal e Municípios. (Vide Lei nº 7.923, de 1989)

Art. 5º *(Revogado pela Lei nº 10.593, de 2002)*

Art. 6º O Poder Executivo estabelecerá por decreto as normas, planos, critérios, condições e limites para a aplicação do Fundo de que tratam os arts. 3º e 4º, e ato do Ministro da Fazenda o detalhará.

§ 1º O Poder Executivo encaminhará ao Poder Legislativo relatório semestral detalhado relativo à aplicação desse Fundo, inclusive especificando metas e avaliando os resultados.

§ 2º Em nenhuma hipótese o incentivo ou retribuição adicional poderá caracterizar participação direta proporcional ao valor cobrado ou fiscalizado.

§ 3º O incentivo ou retribuição adicional mensal observará o limite estabelecido no art. 37, item XI da Constituição Federal.

Art. 7º A receita preventiva de multas, bem assim de juros de mora, relativa aos impostos constitutivos dos Fundos de Participação de Estados, Distrito Federal e Municípios, são partes integrantes deles na proporção estabelecida na Constituição Federal.

Art. 8º O inciso III do art. 8º do Decreto-Lei nº 1.437, de 17 de dezembro de 1975, passa a vigorar com a seguinte redação:

"III – receitas diversas, decorrentes de atividades próprias da Secretaria da Receita Federal; e".

Art. 9º Esta Lei entra em vigor na data de sua publicação.

Art. 10. Revogam-se o inciso II do art. 8º do Decreto-Lei nº 1.437, de 17 de dezembro de 1975, e demais disposições em contrário.

Brasília, 22 de dezembro de 1988; 167º da Independência e 100º da República. JOSÉ SARNEY (DOU de 23.12.1988)

LEI Nº 8.159, DE 8 DE JANEIRO DE 1991

Dispõe sobre a política nacional de arquivos públicos e privados e dá outras providências.

- *Vide Provimento CNJ 50/2015 (Conservação de Documentos)*
- *Vide art. 196 CNJ 149/2023 (CNN)*

O PRESIDENTE DA REPÚBLICA, faço saber que o Congresso Nacional decreta e eu sanciono a seguinte Lei:

CAPÍTULO I – DISPOSIÇÕES GERAIS

Art. 1º. É dever do Poder Público a gestão documental e a proteção especial a documentos de arquivos, como instrumento de apoio à administração, à cultura, ao desenvolvimento científico e como elementos de prova e informação.

Art. 2º. Consideram-se arquivos, para os fins desta Lei, os conjuntos de documentos produzidos e recebidos por órgãos públicos, instituições de caráter público e entidades privadas, em decorrência do exercício de atividades específicas, bem como por pessoa física, qualquer que seja o suporte da informação ou a natureza dos documentos.

Art. 3º. Considera-se gestão de documentos o conjunto de procedimentos e operações técnicas referentes à sua produção, tramitação, uso, avaliação e arquivamento em fase corrente e intermediária, visando a sua eliminação ou recolhimento para guarda permanente.

Art. 4º. Todos têm direito a receber dos órgãos públicos informações de seu interesse particular ou de interesse coletivo ou geral, contidas em documentos de arquivos, que serão prestadas no prazo da lei, sob pena de responsabilidade, ressalvadas aquelas cujos sigilo seja imprescindível à segurança da sociedade e do Estado, bem como à inviolabilidade da intimidade, da vida privada, da honra e da imagem das pessoas.

Art. 5º. A Administração Pública franqueará a consulta aos documentos públicos na forma desta Lei.

Art. 6º. Fica resguardado o direito de indenização pelo dano material ou moral decorrente da violação do sigilo, sem prejuízo das ações penal, civil e administrativa.

CAPÍTULO II – DOS ARQUIVOS PÚBLICOS

Art. 7º. Os arquivos públicos são os conjuntos de documentos produzidos e recebidos, no exercício de suas atividades, por órgãos públicos de âmbito federal, estadual, do Distrito Federal e municipal em decorrência de suas funções administrativas, legislativas e judiciárias.

§ 1º - São também públicos os conjuntos de documentos produzidos e recebidos por instituições de caráter público, por entidades privadas encarregadas da gestão de serviços públicos no exercício de suas atividades.

§ 2º - A cessação de atividades de instituições públicas e de caráter público implica o recolhimento de sua documentação à instituição arquivística pública ou a sua transferência à instituição sucessora.

Art. 8º. Os documentos públicos são identificados como correntes, intermediários e permanentes.

§ 1º - Consideram-se documentos correntes aqueles em curso ou que, mesmo sem movimentação, constituam objeto de consultas freqüentes.

§ 2º - Consideram-se documentos intermediários aqueles que, não sendo de uso corrente nos órgãos produtores, por razões de interesse administrativo, aguardam a sua eliminação ou recolhimento para guarda permanente.

§ 3º - Consideram-se permanentes os conjuntos de documentos de valor histórico, probatório e informativo que devem ser definitivamente preservados.

Art. 9º. A eliminação de documentos produzidos por instituições públicas e de caráter público será realizada mediante autorização da instituição arquivística pública, na sua específica esfera de competência.

Art. 10. Os documentos de valor permanente são inalienáveis e imprescritíveis.

CAPÍTULO III – DOS ARQUIVOS PRIVADOS

Art. 11. Consideram-se arquivos privados os conjuntos de documentos produzidos ou recebidos por pessoas físicas ou jurídicas, em decorrência de suas atividades.

Art. 12. Os arquivos privados podem ser identificados pelo Poder Público como de interesse público e social, desde que sejam considerados como conjuntos de fontes relevantes para a história e desenvolvimento científico nacional.

Art. 13. Os arquivos privados identificados como de interesse público e social não poderão ser alienados com dispersão ou perda da unidade documental, nem transferidos para o exterior.

Parágrafo único - Na alienação desses arquivos o Poder Público exercerá preferência na aquisição.

Art. 14. O acesso aos documentos de arquivos privados identificados como de interesse público e social poderá ser franqueado mediante autorização de seu proprietário ou possuidor.

Art. 15. Os arquivos privados identificados como de interesse público e social poderão ser depositados a título revogável, ou doados a instituições arquivísticas públicas.

Art. 16. Os registros civis de arquivos de entidades religiosas produzidos anteriormente à vigência do Código Civil ficam identificados como de interesse público e social.

CAPÍTULO IV – DA ORGANIZAÇÃO E ADMINISTRAÇÃO DE INSTITUIÇÕES ARQUIVÍSTICAS PÚBLICAS

Art. 17. A administração da documentação pública ou de caráter público compete às instituições arquivísticas federais, estaduais, do Distrito Federal e municipais.

§ 1º - São Arquivos Federais o Arquivo Nacional os do Poder Executivo, e os arquivos do Poder Legislativo e do Poder Judiciário. São considerados, também, do Poder Executivo os arquivos do Ministério da Marinha, do Ministério das Relações Exteriores, do Ministério do Exército e do Ministério da Aeronáutica.

§ 2º - São Arquivos Estaduais os arquivos do Poder Executivo, o arquivo do Poder Legislativo e o arquivo do Poder Judiciário.

§ 3º - São Arquivos do Distrito Federal o arquivo do Poder Executivo, o Arquivo do Poder Legislativo e o arquivo do Poder Judiciário.

§ 4º - São Arquivos Municipais o arquivo do Poder Executivo e o arquivo do Poder Legislativo.

§ 5º - Os arquivos públicos dos Territórios são organizados de acordo com sua estrutura político-jurídica.

Art. 18. Compete ao Arquivo Nacional a gestão e o recolhimento dos documentos produzidos e recebidos pelo Poder Executivo Federal, bem como preservar e facultar o acesso aos documentos sob sua guarda, e acompanhar e implementar a política nacional de arquivos.

Parágrafo único - Para o pleno exercício de suas funções, o Arquivo Nacional poderá criar unidades regionais.

Art. 19. Competem aos arquivos do Poder Legislativo Federal a gestão e o recolhimento dos documentos produzidos e recebidos pelo Poder Legislativo Federal no exercício das suas funções, bem como preservar e facultar o acesso aos documentos sob sua guarda.

Art. 20. Competem aos arquivos do Poder Judiciário Federal a gestão e o recolhimento dos documentos produzidos e recebidos pelo Poder Judiciário Federal no exercício de suas funções, tramitados em juízo e oriundos de cartórios e secretarias, bem como preservar e facultar o acesso aos documentos sob sua guarda.

Art. 21. Legislação estadual, do Distrito Federal e municipal definirá os critérios de organização e vinculação dos arquivos estaduais e municipais, bem como a gestão e o acesso aos documentos, observado o disposto na Constituição Federal e nesta Lei.

CAPÍTULO V – DO ACESSO E DO SIGILO DOS DOCUMENTOS PÚBLICOS

Arts. 22 a 24. *(Revogados pela Lei nº 12.527, de 2011)*

DISPOSIÇÕES FINAIS

Art. 25. Ficará sujeito à responsabilidade penal, civil e administrativa, na forma da legislação em vigor, aquele que desfigurar ou destruir documentos de valor permanente ou considerado como de interesse público e social.

Art. 26. Fica criado o Conselho Nacional de Arquivos (CONARQ), órgão vinculado ao Arquivo Nacional, que definirá a política nacional de arquivos, como órgão central de um Sistema Nacional de Arquivos (SINAR).

§ 1º - O Conselho Nacional de Arquivos será presidido pelo Diretor-Geral do Arquivo Nacional e integrado por representantes de instituições arquivísticas e acadêmicas, públicas e privadas.

§ 2º - A estrutura e funcionamento do conselho criado neste artigo serão estabelecidos em regulamento.

Art. 27. Esta Lei entra em vigor na data de sua publicação.

Art. 28. Revogam-se as disposições em contrário.

Brasília, 8 de janeiro de 1991;
170º da Independência e 103º da República.
FERNANDO COLLOR
Jarbas Passarinho
DOU de 9.1.1991 e retificado em 28.1.1991

LEI Nº 8.522, DE 11 DE DEZEMBRO DE 1992

Extingue taxas, emolumentos, contribuições, parcela da União das Custas e Emolumentos da Justiça do Distrito Federal, e dá outras providências.

- *Vide Lei 10.169/2000 (Lei de Emolumentos)*
- *Vide art. 344, Provimento CNJ n. 149/2023 (CNN)*

O VICE-PRESIDENTE DA REPÚBLICA no exercício do cargo de **PRESIDENTE DA REPÚBLICA**

Faço saber que o Congresso Nacional decreta e eu sanciono a seguinte lei:

Art. 1º Ficam extintos:

I – os emolumentos de mineração, criados pelo art. 20, parágrafo único do Decreto-Lei nº 227, de 28 de fevereiro de 1967 e art. 22, § 1º, do Decreto nº 62.934, de 2 de julho de 1968;

II – os emolumentos da Consolidação das Leis do Trabalho, criados pelos arts. 21, § 1º, 2º e 28, parágrafo único, da CLT, alterada pelo Decreto-Lei nº 229, de 28 de fevereiro de 1967;

III – a Taxa pelo Fornecimento de Certidões de Quitação criada pelo art. 362, § 1º, da Consolidação das Leis do Trabalho (CLT) Decreto-Lei nº 5.452, de 1º de maio de 1943);

IV – as taxas criadas pelos arts. 1º e 2º da Lei nº 1.899, de 21 de dezembro de 1981, a saber:

a) a Taxa de Inspeção e Fiscalização da Produção e do Comércio de Sementes e Mudas (art. 2º, inciso V);

b) a Taxa de Inspeção e Fiscalização da Produção e do Comércio de Fertilizantes, Corretivos, Inoculantes, Estimulantes ou Biofertilizantes Destinados à Agricultura (art. 2º, inciso IX);

c) a Taxa de Inspeção Sanitária e Industrial de Produtos de Origem Animal (art. 2º, inciso I);

d) a Taxa de Inspeção e Fiscalização de Bebidas (art. 2º, inciso II);

e) a Taxa de Inspeção e Fiscalização de Produtos Destinados à Alimentação Animal (art. 2º, inciso IV);

f) a Taxa de Inspeção e Fiscalização do Sêmen Destinado à Inseminação Artificial (art. 2º, inciso VI);

g) a Taxa de Fiscalização de Produtos de Uso Veterinário (art. 2º, inciso VII);

h) a Taxa de fiscalização de Produtos Fitossanitários (art. 2º, inciso VIII);

V – a Taxa de Distribuição de Prêmios, criada pelo art. 5º da lei nº 5.768, de 20 de dezembro de 1971;

VI – a Taxa de Exploração de Loterias, criada pelo art. 13 do Decreto-Lei nº 6.259, de 10 de fevereiro de 1944, alterado pelos art. 14, § 3º, do Decreto-Lei nº 34, de 18 de novembro de 1966, art. 4º do Decreto-Lei nº 717, de 30 de julho de 1969, art. 1º do Decreto-Lei nº 1.285, de 6 de setembro de 1973;

VII – a Taxa de Serviços Cadastrais, criada pelo art. 14 da Lei nº 7.646, de 18 de dezembro de 1987, regulamentado pelo art. 21 do Decreto nº 96.036, de 12 de maio de 1988.

VIII – *(Vetado)*;

IX – a Taxa pela Emissão de Licença ou Guias de Importação, criada pelo art. 10 da Lei nº 2.145, de 29 de dezembro de 1953, alterada pelo art. 1º do Decreto-Lei nº 1.416, de 25 de agosto de 1975, e pelo art. 1º da Lei nº 7.690, de 15 de dezembro de 1988;

X – as Contribuições sobre o Consumo de Açúcar e de Álcool, criadas pelo art. 3º do Decreto-Lei nº 308, de 28 de fevereiro de 1967, alterado pelos arts. 1º e 2º do Decreto-Lei nº 1.712, de 14 de novembro de 1979, e art. 3º do Decreto-Lei nº 1.952, de 15 de julho de 1982, e respectivos adicionais criados pelo referido Decreto-Lei nº 1.952, de 1982;

XI – o recolhimento da diferença prevista no art. 10 do Decreto-Lei nº 1.785, de 13 de maio de 1980.

Art. 2º. Ficam extintas as parcelas devidas à União, do produto da arrecadação:

a) *(Vetado)*;

b) dos Emolumentos sobre a Inscrição e Averbação das Cédulas de Crédito Industrial, criados pelos arts. 34, §§ 1º e 2º, e 36, § 2º, do Decreto-Lei nº 413, de 9 de janeiro de 1969;

c) dos Emolumentos sobre a Inscrição e Averbação das Cédulas de Créditos à Exportação criados pelo art. 3º da Lei nº 6.313, de 16 de dezembro de 1975, combinado com o disposto nos arts. 34, §§ 1º e 2º, e36, § 2º, do Decreto-Lei nº 413, de 9 de janeiro de 1969;

d) *(Vetado)*.

Art. 3º. Esta lei entra em vigor na data de sua publicação.

Art. 4º. Revogam-se as disposições em contrário.

Brasília, 11 de dezembro de 1992;
171º da Independência e 104º da República.
ITAMAR FRANCO
(DOU de 12.12.1992).

LEI Nº 8.935, DE 18 DE NOVEMBRO DE 1994

Regulamenta o art. 236 da Constituição Federal, dispondo sobre serviços notariais e de registro.

- *Vide Lei de Registros Públicos (Lei 6.015/1973)*
- *Vide Lei de Protestos de Títulos e Documentos de Dívida (Lei 9.492/1997)*
- *Vide Lei de Emolumentos (Lei 10.169/2000)*
- *Código Nacional de Normas da Corregedoria Nacional da Justiça – Foro Extrajudicial (CNN) - Prov. CNJ n. 149/2023 (CNN)*
- *Vide Resolução CNJ 228/2016 (Apostilamento)*
- *Vide Prov. CNJ 62/2017 (Apostilmento) incorporado aos arts. 1º a 17 do Prov. CNJ n. 149/2023 (CNN)*
- *Vide Prov. CNJ 67/2018 (Conciliação e Mediação), incorporado aos arts. 18 a 57 do Prov. CNJ n. 149/2023 (CNN)*
- *Vide Prov. CNJ 74/2018 (Padrões Mínimos de Tecnologia de Informação)*
- *Vide Prov. CNJ 77/2018 (Designação de Interinos). Vides arts. 66 a 71 do Prov. CNJ n. 149/2023 (CNN)*
- *Vide Prov. CNJ 78/2018 (Incompatibilidades e Impedimentos), incorporado ao art. 72 do Prov. CNJ n. 149/2023 (CNN)*
- *Vide Prov. CNJ 79/2018 (Metas Nacionais do Serviço Extrajudicial)*
- *Vide Prov. CNJ 81/2018 (Renda Mínima dos Registradores)*
- *Vide Prov. CNJ 85/2019 (Objetivos de Desenvolvimento Sustentável, da Agenda 2030)*
- *Vide Prov. CNJ 89/2019 (SREI, SAEC, ONR)*
- *Vide Prov. CNJ 100/2020 (Atos Notariais Eletrônicos), incorporado aos arts. 284 a 319 do Prov. CNJ n. 149/2023 (CNN)*
- *Vide Prov. CNJ 127/2022 (Plataforma do Sistema Integrado de Pagamentos Eletrônicos - SITE)*
- *Vide Prov. CNJ 134/2022 (Proteção de Dados), incorporado aos arts. 79 a 135 do Prov. CNJ n. 149/2023 (CNN)*
- *Vide Prov. CNJ 139/2023 (SERP), incorporado aos arts. 211 a 228 do Prov. CNJ n. 149/2023 (CNN)*
- *Vide Prov. CNJ 161/2024 (Lavagem de Dinheiro e Financiamento ao Terrorismo) , incorporado aos arts. 137 a 181 do Prov. CNJ n. 149/2023 (CNN)*
- *Vide Prov. CNJ 162/2024 (Termo de Ajustamento de Conduta - TAC), incorporado ao art.135-A do Prov. CNJ n. 149/2023 (CNN)*

O PRESIDENTE DA REPÚBLICA

Faço saber que o Congresso Nacional decreta e eu sanciono a seguinte lei:

TÍTULO I – DOS SERVIÇOS NOTARIAIS E DE REGISTROS

CAPÍTULO I NATUREZA E FINS

Art. 1º. Serviços notariais e de registro são os de organização técnica e administrativa destinados a garantir a publicidade, autenticidade, segurança e eficácia dos atos jurídicos.

- *Art. 1º da Lei 6.015/1973*
- *Art. 2º da Lei 9.492/1997*
- *Vide Recomendação CNJ n. 46/2020 (Medidas preventivas para que se evitem atos de violência patrimonial ou financeira contra pessoa idosa no âmbito das serventias extrajudiciais e da execução dos serviços notariais)*
- *Vide Recomendação CNJ n. 47/2021 (Medidas preventivas para que se evitem atos de violência patrimonial ou financeira contra pessoa idosa no âmbito das serventias extrajudiciais e da execução dos serviços notariais)*
- *Vide Recomendação CNJ n. 49/2022 (Adesão dos órgãos prestadores de serviços notariais e de registro à Campanha Sinal Vermelho contra a Violência Doméstica)*

Art. 2º. *(Vetado)*.

Art. 3º. Notário, ou tabelião, e oficial de registro, ou registrador, são profissionais do direito, dotados de fé pública, a quem é delegado o exercício da atividade notarial e de registro.

- *Art. 236, Constituição Federal*
- *Art. 2º, Lei 6.015/1973*
- *Lei 11.630/2007 (Institui o Dia Nacional do Notário e do Registrador)*
- *Lei 14.398/2022 (Documento de identidade dos Notários e Registradores)*
- *Enunciado 75, I Jornada de Direito Notarial e Registral*

Art. 4º. Os serviços notariais e de registro serão prestados, de modo eficiente e adequado, em dias e horários estabelecidos pelo juízo competente, atendidas as peculiaridades locais, em local de fácil acesso ao público e que ofereça segurança para o arquivamento de livros e documentos.

- *Art. 9º, Lei 6.015/1973*
- *Art. 83, Lei 13.146/2015 (Estatuto da Pessoa com Deficiência)*
- *Arts. 1º e 3 da Prov. CNJ n. 147/2023*
- *Resolução CNJ n. 401/2021 (Diretrizes de acessibilidade e inclusão de pessoas com deficiência)*
- *Art. 555, II (Acessibilidade e à inclusão de pessoas com deficiência), Prov. CNJ n. 149/2023 (CNN)*
- *Recomendação CNJ n. 46/2020 (Medidas preventivas para que se evitem atos de violência patrimonial ou financeira contra pessoa idosa no âmbito das serventias extrajudiciais e da execução dos serviços notariais.)*
- *Recomendação CNJ n. 47/2021 (Medidas preventivas para que se evitem atos de violência patrimonial ou financeira contra pessoa idosa no âmbito das serventias extrajudiciais e da execução dos serviços notariais)*
- *Recomendação CNJ n. 49/2022 (Adesão dos órgãos prestadores de serviços notariais e de registro à Campanha Sinal Vermelho contra a Violência Doméstica).*
- *Enunciado 20, I Jornada de Direito Notarial e Registral*

§ 1º O serviço de registro civil das pessoas naturais será prestado, também, nos sábados, domingos e feriados pelo sistema de plantão.

- *Art. 8º, parágrafo único da Lei 6.015/1973*

§ 2º O atendimento ao público será, no mínimo, de seis horas diárias.

- *Arts. 4º a 6º, Lei 9.492/1997*

CAPÍTULO II – DOS NOTÁRIOS E REGISTRADORES

SEÇÃO I – DOS TITULARES

Art. 5º. Os titulares de serviços notariais e de registro são os:

I – tabeliães de notas;

- *Arts. 8º e 9º*
- *Art. 1º § 2º, Lei 6.015/1973*
- *Art. 8º, § 1º, I, Lei n. 14.382/2022 (SERP)*
- *Prov. CNJ 103/2020 (Autorização Eletrônica de Viagem) e art. 44, Prov. CNJ 149/2019 (CNN)*
- *Prov. CNJ 164/2024 (Autorização Eletrônica de Doação de Órgãos, Tecidos e Partes do Corpo Humano – AEDO) – Incorporado aos arts. 444-A a 444-F Prov. CNJ n. 149/2023 (CNN)*
- *Arts. 106 a 111 (Proteção de Dados), Prov. CNJ 149/2023 (CNN)*
- *Arts. 165 a 171 (Lavagem de Dinheiro), Prov. CNJ 149/2023 (CNN)*
- *Arts. 264 a 283 (CENSEC), Prov. CNJ 149/2023 (CNN)*
- *Arts. 264 a 319 (Atos Notariais Eletrônicos), Prov. CNJ 149/2023 (CNN)*
- *Arts. 441 a 442 (Separação, Divórcio, Inventário e Partilha Extrajudiciais), Prov. CNJ n. 149/2023 (CNN)*
- *Arts. 433 a 436 (Arrendamento de Imóvel Rural por Estrangeiro), Prov. CNJ n. 149/2023 (CNN)*

II – tabeliães e oficiais de registro de contratos marítimos;

- *Art. 10*
- *Art. 1º, Lei 6.015/1973*

- *Arts. 143, § 2º; 157 a 158 (Lavagem de Dinheiro), Prov. CNJ 149/2023 (CNN)*

III – tabeliães de protesto de títulos;

- *Vide Lei 9.492/1997*
- *Arts. 129 a 135-A (Proteção de Dados), Prov. CNJ 149/2023 (CNN)*
- *Arts. 159 a 160 (Lavagem de Dinheiro), Prov. CNJ 149/2023 (CNN)*
- *Arts. 389 a 396 (Cheque), Prov. CNJ n. 149/2023 (CNN)*
- *Arts. 389 a 396 (Medidas de Incentivo à Quitação e Renegociação de Dívidas), Prov. CNJ n. 149/2023 (CNN)*
- *Arts. 369 a 374 (Postergação dos Emolumentos), Prov. CNJ n. 149/2023 (CNN)*
- *Arts. 257 a 263 (CENPROT) e 354 a 367 (Disposições Gerais e Intimações), Prov. CNJ n. 149/2023 (CNN)*

IV – oficiais de registro de imóveis;

- *Art. 12*
- *Arts. 1º, 2º e 167 a 288, Lei 6.015/1973 (Registros Públicos)*
- *Arts. 123 a 128 (Proteção de Dados), Prov. CNJ 149/2023 (CNN)*
- *Arts. 161 a 162 (Lavagem de Dinheiro e Financiamento ao Terrorismo), Prov. CNJ 149/2023 (CNN)*
- *Arts. 211 a 228 (ONSERP), Prov. CNJ 149/2023 (CNN). Corresponde ao revogado Prov. CNJ 139/2023*
- *Arts. 398 a 423 (Usucapião Extrajudicial), Prov. CNJ n. 149/2023 (CNN).Corresponde ao revogado Prov. CNJ n. 65/2017*
- *Arts. 424 a 432 (Terras Indígenas), Prov. CNJ n. 149/2023 (CNN). Corresponde ao revogado Prov. CNJ n. 70/2018*
- *Arts. 433 a 436 (Arrendamento de Imóvel Rural por Estrangeiro), Prov. CNJ n. 149/2023 (CNN). Corresponde ao revogado Prov. CNJ n. 43/2015*
- *Arts. 437 a 440 (Descrição de Imóveis Públicos Federais na Amazônia Legal), Prov. CNJ n. 149/2023 (CNN). Corresponde ao revogado Prov. CNJ n. 33/2013)*
- *Arts. 440-A a 440-AM (Adjudicação Compulsória Extrajudicial), Prov. CNJ n. 149/2023 (CNN)*
- *Prov. CNJ 39/2014 (CNIB)*
- *Prov. CNJ 44/2015 (Regularização Fundiária)*
- *Prov. CNJ 89/2019 (SREI; SAEC; ONR)*
- *Prov. CNJ 150/2023 (Adjudicação Compulsória Extrajudicial)*

V – oficiais de registro de títulos e documentos e civis das pessoas jurídicas;

- *Art. 12*
- *Arts. 1º, 2º e 127 a 166, Lei 6.015/1973 (Registros Públicos)*
- *Art. 112 (Proteção de Dados), Prov. CNJ 149/2023 (CNN)*
- *Arts. 163 a 164 (Lavagem de Dinheiro), Prov. CNJ 149/2023 (CNN)*
- *Arts. 211 a 228 (ONSERP), Prov. CNJ 149/2023 (CNN). Corresponde ao revogado Prov. CNJ 139/2023*
- *Arts. 246 a 256 (Diretrizes gerais para o sistema de registro eletrônico de títulos e documentos e civil de pessoas jurídicas), Prov. CNJ n. 149/2023 (CNN). Corresponde ao revogado Prov. CNJ 48/2016*
- *Prov. CNJ 27/2012 (Registro de contrato de alienação fiduciária e de arrendamento mercantil de veículo)*

VI – oficiais de registro civis das pessoas naturais e de interdições e tutelas;

- *Art. 12*
- *Arts. 1º, 2º e 29 a 113, Lei 6.015/1973 (Registros Públicos)*
- *Resolução conjunta CNJ/CNMP 3/2012 (Registro de Nascimento de Indígena)*
- *Resolução CNJ 155/2012 (Traslado de certidões de registro civil de pessoas naturais emitidas no exterior)*
- *Resolução CNJ 175/2013 (Habilitação, celebração de casamento civil, ou de conversão de união estável em casamento, entre pessoas de mesmo sexo)*
- *Resolução CNJ 402/2021 (Caráter informativo, no âmbito do Serviço de Registro Civil das Pessoas Naturais, para melhor preparação para o casamento civil)*
- *Prov. CNJ 12/2010 (Projeto Pai Presente)*
- *Prov. CNJ 16/2012 (Reconhecimento de Paternidade). Vide Anexo*
- *Prov. CNJ 26/2012 (Projeto Pai Presente)*
- *Provimentos CNJ 63/2017 (Novos Modelos de Certidões). Vide Anexos*
- *Prov. CNJ 66/2018 (Prestação de serviços pelos ofícios de registro civil das pessoas naturais mediante convênio, credenciamento e matrícula com órgãos e entidades governamentais e privadas)*
- *Prov. CNJ 73/2018 (Averbação da alteração do prenome e do gênero nos assentos de nascimento e casamento de pessoa transgênero). Vide Anexo*
- *Prov. CNJ 81/2018 (Renda Mínima do Registrador) e art. 353, Prov. CNJ 149/2023 (CNN)*
- *Prov. CNJ 82/2019 (Averbação, no registro de nascimento e no de casamento dos filhos, da alteração do nome do genitor)*
- *Prov. CNJ 122/2022 (Assento de nascimento no Registro Civil das Pessoas Naturais nos casos em que o campo sexo da Declaração de Nascido Vivo (DNV) ou na Declaração de Óbito (DO) fetal tenha sido preenchido ignorado). Vide Anexo*
- *Prov. CNJ 140/2023 (Programa de Enfrentamento ao Sub-registro Civil e de Ampliação ao Acesso à Documentação Básica por Pessoas Vulneráveis)*
- *Provimento CNJ 151/2023 (Registro do natimorto e procedimento de promoção do registro de nascimento de criança ou adolescente no caso de omissão) e arts. 479-A a 479-D e art. 495-A a 495-E, Prov. CNJ n. 149/2023 (CNN)*
- *Provimentos CNJ 152/2023 (Aprimora as regras de averbação de alteração de nome, de gênero ou de ambos de pessoas transgênero) e arts. 516 a 523, Prov. CNJ n. 149/2023 (CNN)*
- *Provimentos CNJ 153/20232023 (Alteração Extrajudicial do Nome Civil) e arts. 515-A a 515-V, Prov. CNJ n. 149/2023 (CNN)*
- *Prov. CNJ 157/2023 (ON-RCPN)*
- *Arts. 113 a 122 (Proteção de Dados), Prov. CNJ 149/2023 (CNN)*
- *Arts. 182 a 183(Envio de dados de Pessoas em estado de vulnerabilidade econômica), Prov. CNJ n. 149/2023 (CNN). Corresponde ao revogado Prov. CNJ 104/2020*
- *Art. 184 (Comunicação ao TSE), Prov. CNJ n. 149/2023 (CNN). Corresponde ao revogado Prov. CNJ 137/2022*
- *Arts. 211 a 228 (ONSERP), Prov. CNJ 149/2023 (CNN). Corresponde ao revogado Prov. CNJ 139/2023*
- *Arts. 229 a 245 (CRC), Prov. CNJ n. 149/2023 (CNN). Corresponde ao revogado Prov. CNJ 46/2015*
- *Arts. 445 a 460 (Unidades Interligadas), Prov. CNJ n. 149/2023 (CNN). Corresponde ao revogado Prov. CNJ 13/2010*
- *Art. 463 (Averbação de carta de sentença expedida após homologação de sentença estrangeira relativa a divórcio ou separação judicial), Prov. CNJ n. 149/2023 (CNN). Corresponde ao revogado Prov. CNJ 51/2015*
- *Arts. 464 a 467 (Averbação direta da sentença estrangeira de divórcio consensual simples ou puro independentemente de homologação judicial), Prov. CNJ n. 149/2023 (CNN) Corresponde ao revogado Prov. CNJ 53/2015*
- *Arts. 472 a 479 (Certidões) Prov. CNJ n. 149/2023 (CNN). Vide Anexos do Prov. CNJ 63/2017*
- *Arts. 480 a 495 (Registro Tardio de Nascimento), Prov. CNJ n. 149/2023 (CNN). Corresponde ao revogado Prov. CNJ 28/2013*
- *Arts. 496 a 504 (Reconhecimento de Paternidade), Prov. CNJ n. 149/2023 (CNN). Vide Anexos do Prov. CNJ 16/2012*
- *Arts. 505 a 511 (Socioafetividade), Prov. CNJ n. 149/2023 (CNN)*
- *Arts. 512 a 511 (Reprodução Assistida), Prov. CNJ n. 149/2023 (CNN)*
- *Arts. 516 a 523 (Transgênero), Prov. CNJ n. 149/2023 (CNN). Vide Anexo, Prov. CNJ 73/2018*
- *Arts. 524 a 530 (Pessoa com sexo ignorado), Prov. CNJ n. 149/2023 (CNN). Vide Anexo, Prov. CNJ 122/2020*
- *Arts. 537 a 553 (União Estável), Prov. CNJ n. 149/2023 (CNN). Corresponde ao revogado Prov. CNJ 37/2014*

VII – oficiais de registro de distribuição.

- *Art. 1º da Lei 6.015/1973*
- *Art. 195, II, Provimento CNJ 149/2023*

SEÇÃO II – DAS ATRIBUIÇÕES E COMPETÊNCIAS DOS NOTÁRIOS

Art. 6º. Aos notários compete:

- *Vide art. 108, Lei n. 10741/2003 (Estatuto da Pessoa Idosa)*
- *Art. 1º, "c", Decreto Legislativo 148/2015*
- *Art. 1º, "c", Decreto 8.660/2016*

I – formalizar juridicamente a vontade das partes;

II – intervir nos atos e negócios jurídicos a que as partes devam ou queiram dar forma legal ou autenticidade, autorizando a redação ou redigindo os instrumentos adequados, conservando os originais e expedindo cópias fidedignas de seu conteúdo;

III – autenticar fatos.

Art. 6º-A. A pedido dos interessados, os tabeliães de notas comunicarão ao juiz da vara ou ao tribunal, conforme o caso, a existência de negociação em curso entre o credor atual de precatório ou de crédito reconhecido em sentença transitada em julgado e terceiro, o que constará das informações ou consultas que o juízo emitir, consideradas ineficazes as cessões realizadas para pessoas não identificadas na comunicação notarial se, dentro do prazo de 15 (quinze) dias corridos, contado do recebimento desta pelo juízo, for lavrada a respectiva escritura pública de cessão de crédito.

- *Incluído pela Lei nº 14.711, de 2023*
- *Vide art. 100, CF (Precatórios)*

§ 1º O tabelião de notas deverá comunicar ao juiz da vara ou tribunal, conforme aplicável e em atenção ao pedido dos interessados, a negociação, imediatamente, e a cessão realizada, em até 3 (três) dias úteis contados da data da assinatura da escritura pública.

- *Incluído pela Lei nº 14.711, de 2023*

§ 2º Para o fim da regular cessão dos precatórios que emitirem, os tribunais de todos os poderes e esferas darão, exclusivamente aos tabeliães de notas e aos seus substitutos, acesso a consulta ou a banco de dados, por meio de central notarial de âmbito nacional, com identificação do número de cadastro de contribuinte do credor e demais dados do crédito que não sejam sensíveis, bem como receberão as comunicações notariais das cessões de precatórios.

- *Incluído pela Lei nº 14.711, de 2023*

Art. 7º. Aos tabeliães de notas compete com exclusividade:

- *Art. 8º, § 1º, I, Lei n. 14.382/2022 (SERP)*

I – lavrar escrituras e procurações, públicas;

- *Vide Lei das Escrituras Públicas (Lei 7.433/1985) e seu Decreto Regulamentador (Decreto 93.240/1986)*
- *Art. 68-A, Lei 8.212/1991*
- *Arts. 571, 610 e ss. e 731 e ss., 703, § 4º Lei 13.105/2015 (Código de Processo Civil)*
- *Art. 91, § 2º, Lei n. 14.133/2021 (Licitações e Contratos Administrativos)*
- *Vide Recomendação CNJ 3/2012 (CNDT)*
- *Vide Enunciados 41, 43, 47, 48, 49, 52, 53,74 e 76, I Jornada de Direito Notarial e Registral*

II – lavrar testamentos públicos e aprovar os cerrados;

- *Arts. 1.864 a 1.875, Código Civil*
- *Arts. 735 e 736 CPC/2015*

- *Arts. 110; 265, I; 267 a 269 e 442, Prov. CNJ n. 149/2023 (CNN)*
- *Prov. CNJ 56/2016 (Registro Central de Testamentos On-Line – RCTO) e art. 441 do Prov. CNJ n. 149/2023 (CNN)*

III – lavrar atas notariais;

- *Arts. 216-A, I; 216-B, § 1º, III, Lei n. 6.015/1973*
- *Arts. 108; 401, I, § 7º e § 11; 402; 440-F; 440-G; 440-M, Prov. CNJ n. 149/2023 (CNN)*
- *Arts. 384 e 1.071, Código de Processo Civil de 2015*
- *Enunciado 70, I Jornada de Direito Notarial e Registral*
- *Enunciado 181, III Jornada de Direito Processual Civil do CJF*
- *Enunciado 70, I Jornada de Direito Notarial e Registral*
- *Enunciado 181, III Jornada de Direito Processual Civil do CJF*

IV – reconhecer firmas;

- *Vide Lei 13.460/2017*
- *Vide Decreto 9.094/2017*
- *Vide Lei 13.726/2018*
- *Vide Prov. CNJ 103/2020 (AEV)*
- *Vide Enunciado 50, I Jornada de Direito Notarial e Registral*

V – autenticar cópias.

§ 1º É facultado aos tabeliães de notas realizar todas as gestões e diligências necessárias ou convenientes ao preparo dos atos notariais, requerendo o que couber, sem ônus maiores que os emolumentos devidos pelo ato.

- *Parágrafo único transformado em § 1º pela Lei n. 14.382, de 27/6/2022*

§ 2º É vedada a exigência de testemunhas apenas em razão de o ato envolver pessoa com deficiência, salvo disposição em contrário.

- *Parágrafo acrescido pela Lei n. 14.382, de 27/6/2022*
- *Art. 83, Lei 13.146/2015 (Estatuto da Pessoa com Deficiência)*

§§ 3º e 4º *(VETADOS na Lei n. 14.382, de 27/6/2022)*

§ 5º Os tabeliães de notas estão autorizados a prestar outros serviços remunerados, na forma prevista em convênio com órgãos públicos, entidades e empresas interessadas, respeitados os requisitos de forma previstos na Lei nº 10.406, de 10 de janeiro de 2002 (Código Civil).

- *Parágrafo acrescido pela Lei n. 14.382, de 27/6/2022*
- *Vide art. 29, § 3º e § 4º, Lei n. 6.015/1973*

§§ 6º e 7º *(VETADOS na Lei nº 14.711, de 2023)*

Art. 7º-A. Aos tabeliães de notas também compete, sem exclusividade, entre outras atividades:

- *Incluído pela Lei nº 14.711, de 2023*
- *Vide art. 8º, § 1º, I, Lei n. 14.382/2022 (SERP)*

I - certificar o implemento ou a frustração de condições e outros elementos negociais, respeitada a competência própria dos tabeliães de protesto;

- *Incluído pela Lei nº 14.711, de 2023*
- *Vide art. 11, Lei n. 8.935/1994*
- *Vide art. 3º, Lei n. 9.492/1997*

II - atuar como mediador ou conciliador;

- *Incluído pela Lei nº 14.711, de 2023*
- *Lei 13.105/2015 (Código de Processo Civil)*
- *Lei 13.140/2015 (Lei da Mediação)*
- *Resolução CNJ 125/2010 (Política Judiciária Nacional de tratamento adequado dos conflitos de interesses no âmbito do Poder Judiciário)*
- *Prov. CNJ n. 67/2018 (Conciliação e Mediação), incorporado aos arts. 18 a 57, Prov. CNJ n. 149/2023 (CNN)*
- *Arts. 375 a 387, Prov. CNJ N. 149/2023 (Solução Negocial Prévia ao Protesto e da Proposta de Renegociação de Dívida já Protestada)*
- *Art. 440-G, § 8º, Prov. CNJ n. 150/2023 (CNN) – Adjudicação Compulsória*
- *Recomendação CNJ 28/2018 (CEJUSC)*
- *Vide Enunciados 69 e 73, I Jornada de Direito Notarial e Registral*
- *Vide Enunciados da I e II Jornadas de Prevenção e Solução Extrajudicial de Litígios*

III - atuar como árbitro.

- *Incluído pela Lei nº 14.711, de 2023*
- *Vide arts. 3º, § 1º, 189, IV, 337, X, 359, 485, VII, 1.012, IV, CPC/2015*

§ 1º O preço do negócio ou os valores conexos poderão ser recebidos ou consignados por meio do tabelião de notas, que repassará o montante à parte devida ao constatar a ocorrência ou a frustração das condições negociais aplicáveis, não podendo o depósito feito em conta vinculada ao negócio, nos termos de convênio firmado entre a entidade de classe de âmbito nacional e instituição financeira credenciada, que constituirá patrimônio segregado, ser constrito por autoridade judicial ou fiscal em razão de obrigação do depositante, de qualquer parte ou do tabelião de notas, por motivo estranho ao próprio negócio.

- *Incluído pela Lei nº 14.711, de 2023*

§ 2º O tabelião de notas lavrará, a pedido das partes, ata notarial para constatar a verificação da ocorrência ou da frustração das condições negociais aplicáveis e certificará o repasse dos valores devidos e a eficácia ou a rescisão do negócio celebrado, o que, quando aplicável, constituirá título para fins do art. 221 da Lei nº 6.015, de 31 de dezembro de 1973 (Lei de Registros Públicos), respeitada a competência própria dos tabeliães de protesto.

- *Incluído pela Lei nº 14.711, de 2023*
- *Art. 7º, III*
- *Art. 384, CPC*

§ 3º A mediação e a conciliação extrajudicial serão remuneradas na forma estabelecida em convênio, nos termos dos §§ 5º e 7º do art. 7º desta Lei, ou, na falta ou na inaplicabilidade do convênio, pela tabela de emolumentos estadual aplicável para escrituras públicas com valor econômico.

- *Incluído pela Lei nº 14.711, de 2023*

§§ 4º e 5º *(VETADOS na Lei nº 14.711, de 2023)*

Art. 8º. É livre a escolha do tabelião de notas, qualquer que seja o domicílio das partes ou o lugar de situação dos bens objeto do ato ou negócio.

- *Arts. 302 e seguintes Prov. CNJ n. 149/2023 (CNN)*
- *Art. 440-F, Prov. CNJ n. 149/2023 (CNN)*

Art. 9º. O tabelião de notas não poderá praticar atos de seu ofício fora do Município para o qual recebeu delegação.

- *Art. 402 (usucapião extrajudicial), Prov. CNJ n. 149/2023 (CNN)*
- *Art. 440-F (adjudicação compulsória), Prov. CNJ n. 149/2023 (CNN)*

Art. 10. Aos tabeliães e oficiais de registro de contratos marítimos compete:

I – lavrar os atos, contratos e instrumentos relativos a transações de embarcações a que as partes devam ou queiram dar forma legal de escritura pública;

II – registrar os documentos da mesma natureza;

III – reconhecer firmas em documentos destinados a fins de direito marítimo;

IV – expedir traslados e certidões.

Art. 11. Aos tabeliães de protesto de título compete privativamente:

- *Art. 53, parágrafo único*
- *Vide art. 3.º, Lei 9.492/1997 (Lei e Protesto)*
- *Arts. 129 a 135-A (Proteção de Dados), Prov. CNJ 149/2023 (CNN)*
- *Arts. 159 a 160 (Lavagem de Dinheiro), Prov. CNJ 149/2023 (CNN)*
- *Arts. 389 a 396 (Cheque), Prov. CNJ n. 149/2023 (CNN)*
- *Arts. 389 a 396 (Medidas de Incentivo à Quitação e Renegociação de Dívidas), Prov. CNJ n. 149/2023 (CNN)*
- *Arts. 369 a 374 (Postergação dos Emolumentos), Prov. CNJ n. 149/2023 (CNN)*
- *Arts. 257 a 263 (CENPROT) e 354 a 367 (Disposições Gerais e Intimações), Prov. CNJ n. 149/2023 (CNN)*

I – protocolar de imediato os documentos de dívida, para prova do descumprimento da obrigação;

- *Arts. 3º, 9º a 11, Lei 9.492/1997*

II – intimar os devedores dos títulos para aceitá-los, devolvê-los ou pagá-los, sob pena de protesto;

- *Arts. 3º, 14 e 15, Lei 9.492/1997*
- *Art. 356, § 2.º ao § 5.º, Prov. CNJ n. 149/2023 (CNN)*

III – receber o pagamento dos títulos protocolizados, dando quitação;

- *Arts. 3º e 19, Lei 9.492/1997*
- *Prov. CNJ n. 86/2019 (Postergação dos Emolumentos), incorporado aos arts. 369 a 374, Prov. CNJ n. 149/2023 (CNN)*
- *Art. 5º, IV, Prov. CNJ n. 127/2022 (SIPE)*

IV – lavrar o protesto, registrando o ato em livro próprio, em microfilme ou sob outra forma de documentação;

- *Arts. 3º, 20 a 24, Lei 9.492/1997*

V – acatar o pedido de desistência do protesto formulado pelo apresentante;

- *Arts. 3º, 16 a 18, Lei 9.492/1997*
- *Art. 357, Prov. CNJ n. 149/2023 (CNN)*

VI – averbar:

- *Arts. 3º, 25 e 26, Lei 9.492/1997*

a) o cancelamento do protesto;

- *Art. 26 da Lei 9.492/1997*
- *Arts. 358 e 359, Prov. CNJ n. 149/2023 (CNN)*

b) as alterações necessárias para atualização dos registros efetuados;

VII – expedir certidões de atos e documentos que constem de seus registros e papéis.

- *Arts. 3º, 27 a 31, Lei 9.492/1997*
- *Arts. 129 a 135-A (Proteção de Dados), Prov. CNJ 149/2023 (CNN)*
- *Arts. 360 a 365, Prov. CNJ n. 149/2023 (CNN)*

Parágrafo único. Havendo mais de um tabelião de protestos na mesma localidade, será obrigatória a prévia distribuição dos títulos.

- *Arts. 7º e 8º, Lei 9.492/1997*
- *Art. 367, Prov. CNJ 149/2023 (CNN)*

SEÇÃO III – DAS ATRIBUIÇÕES E COMPETÊNCIAS DOS OFICIAIS DE REGISTROS

Art. 12. Aos oficiais de registro de imóveis, de títulos e documentos e civis das pessoas jurídicas, civis das pessoas naturais e de interdições e tutelas compete a prática dos atos relacionados na legislação pertinente aos registros públicos, de que são incumbidos, independentemente de prévia distribuição, mas sujeitos os oficiais de registro de imóveis e civis das pessoas naturais às normas que definirem as circunscrições geográficas.

Art. 13. Aos oficiais de registro de distribuição compete privativamente:

- *Art. 195, II, Provimento CNJ 149/2023*

I – quando previamente exigida, proceder à distribuição equitativa pelos serviços da mesma natureza, registrando os atos praticados; em caso contrário, registrar as comunicações recebidas dos órgãos e serviços competentes;

II – efetuar as averbações e os cancelamentos de sua competência;

III – expedir certidões de atos e documentos que constem de seus registros e papéis.

TÍTULO II – DAS NORMAS COMUNS

CAPÍTULO I – DO INGRESSO NA ATIVIDADE NOTARIAL E DE REGISTRO

- *Art. 236, § 3º e art. 32, ADCT da Constituição Federal*
- *Vide Resolução CNJ 80/2009 (Vacância dos serviços notariais e de registro irregulares)*
- *Vide Resolução CNJ 81/2009 (Concursos Públicos)*
- *Vide Resolução CNJ 541/2023 (Instituição das comissões de heteroidentificação)*
- *Vide Orientação CNJ 07/2018 (Reestruturação periódica das serventias extrajudiciais)*
- *Vide Prov. CNJ 133/2022 (Alimentação do Painel Nacional dos Concursos Públicos) (Incorporado aos arts. 74 a 77, Prov. CNJ n. 149/2023 (CNN)*
- *Vide Enunciado 75, I Jornada de Direito Notarial e Registral*

Art. 14. A delegação para o exercício da atividade notarial e de registro depende dos seguintes requisitos:

I – habilitação em concurso público de provas e títulos;

II – nacionalidade brasileira;

III – capacidade civil;

IV – quitação com as obrigações eleitorais e militares;

V – diploma de bacharel em direito;

VI – verificação de conduta condigna para o exercício da profissão.

- *Vide art. 7º, Resolução CNJ n. 81/2009*

Art. 15. Os concursos serão realizados pelo Poder Judiciário, com a participação, em todas as suas fases, da Ordem dos Advogados do Brasil, do Ministério Público, de um notário e de um registrador.

§ 1º O concurso será aberto com a publicação de edital, dele constando os critérios de desempate.

§ 2º Ao concurso público poderão concorrer candidatos não bacharéis em direito que tenham completado, até a data da primeira publicação do edital do concurso de provas e títulos, dez anos de exercício em serviço notarial ou de registro.

§ 3º *(Vetado).*

Art. 16. As vagas serão preenchidas alternadamente, duas terças partes por concurso público de provas e títulos e uma terça parte por meio de remoção, mediante concurso de títulos, não se permitindo que qualquer serventia notarial ou de registro fique vaga, sem abertura de concurso de Prov. inicial ou de remoção, por mais de seis meses.

- *Caput com redação dada pela Lei 10.506, de 2002*
- *ADC 14: O Tribunal, por unanimidade, conheceu da ação declaratória de constitucionalidade, julgou improcedente o pedido, declarando, em consequência, a inconstitucionalidade do art. 16 da Lei nº 8.935/94, na redação dada pela Lei nº 10.506/2002, e modulou os efeitos da decisão para estabelecer a validade das remoções realizadas com base na norma declarada inconstitucional, quando precedidas de concursos públicos exclusivamente de títulos iniciados e concluídos, com a publicação da relação dos aprovados, no período compreendido entre a entrada em vigor da Lei 10.506/2002 (9.7.2002) e a edição da Resolução CNJ 81/2009 (9.6.2009). Tudo nos termos do voto da Relatora, Ministra Rosa Weber (Presidente). Plenário, Sessão Virtual de 25.8.2023 a 1.9.2023.*

Parágrafo único. Para estabelecer o critério do preenchimento, tomar-se-á por base a data de vacância da titularidade ou, quando vagas na mesma data, aquela da criação do serviço.

Art. 17. Ao concurso de remoção somente serão admitidos titulares que exerçam a atividade por mais de dois anos.

Art. 18. A legislação estadual disporá sobre as normas e os critérios para o concurso de remoção.

Parágrafo único. Aos que ingressaram por concurso, nos termos do art. 236 da Constituição Federal, ficam preservadas todas as remoções reguladas por lei estadual ou do Distrito Federal, homologadas pelo respectivo Tribunal de Justiça, que ocorreram no período anterior à publicação desta Lei.

- *Item incluído pela Lei nº 13.489, de 2017*

Art. 19. Os candidatos serão declarados habilitados na rigorosa ordem de classificação no concurso.

CAPÍTULO II – DOS PREPOSTOS

- *Art. 9º, "o", Decreto n. 3.048/1999 (Regime de Previdência)*
- *Prov. CNJ 77/2018 (Responsável Interino), incorporado aos arts. 66 a 71, Prov. CNJ n. 149/2023 (CNN)*
- *Art. 194, V, Prov. CNJ n. 149/2023 (CNN)*
- *Enunciado 79, I Jornada de Direito Notarial e Registral*

Art. 20. Os notários e os oficiais de registro poderão, para o desempenho de suas funções, contratar escreventes, dentre eles escolhendo os substitutos, e auxiliares como empregados, com remuneração livremente ajustada e sob o regime da legislação do trabalho.

- *Vide ADI nº 1.183/1994*
- *Vide Enunciado 79, I Jornada de Direito Notarial e Registral*

§ 1º Em cada serviço notarial ou de registro haverá tantos substitutos, escreventes e auxiliares quantos forem necessários, a critério de cada notário ou oficial de registro.

§ 2º Os notários e os oficiais de registro encaminharão ao juízo competente os nomes dos substitutos.

§ 3º Os escreventes poderão praticar somente os atos que o notário ou o oficial de registro autorizar.

§ 4º Os substitutos poderão, simultaneamente com o notário ou o oficial de registro, praticar todos os atos que lhe sejam próprios exceto, nos tabelionatos de notas, lavrar testamentos.

- *Art. 1.864, CC*

§ 5º Dentre os substitutos, um deles será designado pelo notário ou oficial de registro para responder pelo respectivo serviço nas ausências e nos impedimentos do titular.

Art. 21. O gerenciamento administrativo e financeiro dos serviços notariais e de registro é da responsabilidade exclusiva do respectivo titular, inclusive no que diz respeito às despesas de custeio, investimento e pessoal, cabendo-lhe estabelecer normas, condições e obrigações relativas à atribuição de funções e de remuneração de seus prepostos de modo a obter a melhor qualidade na prestação dos serviços.

CAPÍTULO III – DA RESPONSABILIDADE CIVIL E CRIMINAL

- *Art. 30, XI*
- *Arts. 28 e 289, Lei 6.015/1973 (Registros Públicos)*
- *Art. 38 da Lei 9.492/1997 (Lei de Protesto)*
- *Art. 4º, Lei 11.971/2009 (Responsabilidade civil e criminal dos registradores de feitos ajuizados, decorrentes da omissão em sua certificação)*
- *Lei 13.286/2016 (Responsabilidade civil de notários e registradores)*
- *Arts. 185 a 195 (Escrituração Contábil e Correicional), Prov. CNJ n. 149/2023 (CNN)*
- *Enunciado 77, I Jornada de Direito Notarial e Registral*

Art. 22. Os notários e oficiais de registro são civilmente responsáveis por todos os prejuízos que causarem a terceiros, por culpa ou dolo, pessoalmente, pelos substitutos que designarem ou escreventes que autorizarem, assegurado o direito de regresso.

- *Redação dada pela Lei nº 13.286, de 2016*
- *Vide art. 8º, § 2º do Prov. CNJ n. 39/2014 (CNIB)*

Parágrafo único. Prescreve em três anos a pretensão de reparação civil, contado o prazo da data de lavratura do ato registral ou notarial.

- *Redação dada pela Lei nº 13.286, de 2016*

Art. 23. A responsabilidade civil independe da criminal.

- *Arts. 935 e 942, Código Civil*
- *Art. 28, parágrafo único, Lei 6.015/1973*
- *Arts. 63 a 68, Código de Processo Penal*

Art. 24. A responsabilidade criminal será individualizada, aplicando-se, no que couber, a legislação relativa aos crimes contra a administração pública.

- *Arts. 312 a 327 do Código Penal*

Parágrafo único. A individualização prevista no *caput* não exime os notários e os oficiais de registro de sua responsabilidade civil.

CAPÍTULO IV – DAS INCOMPATIBILIDADES E DOS IMPEDIMENTOS

- *Vide art. 72, Prov. CNJ n. 149/2023 (CNN)*

Art. 25. O exercício da atividade notarial e de registro é incompatível com o da advocacia, o da intermediação de seus serviços ou o de qualquer cargo, emprego ou função públicos, ainda que em comissão.

- *Art. 28 do Estatuto da Advocacia e da OAB (Lei 8.906/1994)*

§ 1º *(Vetado).*

§ 2º A diplomação, na hipótese de mandato eletivo, e a posse, nos demais casos, implicará no afastamento da atividade.

- *Vide art. 72, Prov. CNJ n. 149/2023 (CNN)*
- *Vide art. 5º, I Prov. CNJ n. 161/2024*

Art. 26. Não são acumuláveis os serviços enumerados no art. 5º.

Parágrafo único. Poderão, contudo, ser acumulados nos Municípios que não comportarem, em razão do volume dos serviços ou da receita, a instalação de mais de um dos serviços.

Art. 27. No serviço de que é titular, o notário e o registrador não poderão praticar, pessoalmente, qualquer ato de seu interesse, ou de interesse de seu cônjuge ou de parentes, na linha reta, ou na colateral, consanguíneos ou afins, até o terceiro grau.

- *Art. 15 da Lei 6.015/1973*

CAPÍTULO V – DOS DIREITOS E DEVERES

- *Vide Código de Ética da Anoreg-BR*
- *Vide Código Brasileiro de Ética e Disciplina Notarial*

Art. 28. Os notários e oficiais de registro gozam de independência no exercício de suas atribuições, têm direito à percepção dos emolumentos integrais pelos atos praticados na serventia e só perderão a delegação nas hipóteses previstas em lei.

- *Art. 236, § 2º da Constituição Federal*
- *Art. 14 da Lei 6.015/1973 (Registros Públicos)*
- *Art. 37 da Lei 9.492/1997 (Protesto)*
- *Lei 10.169/2000 (Emolumentos)*
- *Art. 98. IX, 514, V e 784, XI do Código de Processo Civil de 2015*
- *Prov. CNJ n. 60/2017 (Energia Eólica), incorporado aos arts. 345 a 352, Prov. CNJ n. 149/2023 (CNN)*
- *Prov. CNJ n. 127/2022 (SIPE)*
- *Vide Enunciado 171, III Jornada de Direito Processual Civil do CJF*

Art. 29. São direitos do notário e do registrador:

I – exercer opção, nos casos de desmembramento ou desdobramento de sua serventia;

II – organizar associações ou sindicatos de classe e deles participar.

- *Vide art. 8º, CF*

Art. 30. São deveres dos notários e dos oficiais de registro:

- *Vide Recomendação CNJ n. 46/2020 (Medidas preventivas para que se evitem atos de violência patrimonial ou financeira contra pessoa idosa no âmbito das serventias extrajudiciais e da execução dos serviços notariais.)*
- *Vide Recomendação CNJ n. 47/2021 (Medidas preventivas para que se evitem atos de violência patrimonial ou financeira contra pessoa idosa no âmbito das serventias extrajudiciais e da execução dos serviços notariais)*
- *Vide Recomendação CNJ n. 49/2022 (Adesão dos órgãos prestadores de serviços notariais e de registro à Campanha Sinal Vermelho contra a Violência Doméstica).*
- *Vide art. 108 da Lei n. 10741/2003 (Estatuto da Pessoa Idosa)*

I – manter em ordem os livros, papéis e documentos de sua serventia, guardando-os em locais seguros;

- *Art. 31, V*
- *Arts. 3º, 22 e 24, Lei 6.015/1973*
- *Art. 4º, Lei 11.971/2009 (Responsabilidade civil e criminal dos registradores de feitos ajuizados, decorrentes da omissão em sua certificação)*
- *Prov. CNJ n. 50/2012 (Conservação)*

II – atender as partes com eficiência, urbanidade e presteza;

III – atender prioritariamente as requisições de papéis, documentos, informações ou providências que lhes forem solicitadas pelas autoridades judiciárias ou administrativas para a defesa das pessoas jurídicas de direito público em juízo;

- *Art. 13, I da Lei 6.015/1973*

IV – manter em arquivo as leis, regulamentos, resoluções, Prov.s, regimentos, ordens de serviço e quaisquer outros atos que digam respeito à sua atividade;

V – proceder de forma a dignificar a função exercida, tanto nas atividades profissionais como na vida privada;

VI – guardar sigilo sobre a documentação e os assuntos de natureza reservada de que tenham conhecimento em razão do exercício de sua profissão;

- *Vide art. 154, CP*

VII – afixar em local visível, de fácil leitura e acesso ao público, as tabelas de emolumentos em vigor;

VIII – observar os emolumentos fixados para a prática dos atos do seu ofício;

- *Vide Lei nº 10.169/2000 (Dispõe sobre normas gerais para fixação de emolumentos relativos aos atos praticados pelos serviços notariais e de registro)*
- *Art. 236, § 2º da Constituição Federal*
- *Art. 37 da Lei 9.492/1997 (Lei de Protesto de Títulos e Outros Documentos de Dívida)*
- *Art. 98, IX, 514, V e 784, XI do Código de Processo Civil de 2015*
- *Prov. CNJ n. 60/2017 (Energia Eólica), incorporado aos arts. 345 a 352, Prov. CNJ n. 149/2023 (CNN)*
- *Prov. CNJ n. 127/2022 (SIPE)*
- *Enunciado 171, III Jornada de Direito Processual Civil do CJF*

IX – dar recibo dos emolumentos percebidos;

- *Art. 236, § 2º da Constituição Federal*
- *Vide Lei nº 10.169/2000 (Normas gerais para fixação de emolumentos relativos aos atos praticados pelos serviços notariais e de registro)*

X – observar os prazos legais fixados para a prática dos atos do seu ofício;

XI – fiscalizar o recolhimento dos impostos incidentes sobre os atos que devem praticar;

- *Art. 289, Lei 6.015/1973*
- *Art. 134, Lei 5.172/1966 (CTN)*
- *Decreto-lei 1.876/1981 (Dispensa do pagamento de foros e laudêmios os titulares do domínio útil dos bens imóveis da União)*
- *Art. 3º-A, Decreto-lei 2.398/1987 (Dispõe sobre foros, laudêmios e taxas de ocupação relativas a imóveis de propriedade da União)*
- *Lei 8.847/1994 (Imposto sobre a Propriedade Territorial Rural (ITR))*
- *Art. 21. Lei 9.393/1996 (Dispõe sobre o ITR, e o pagamento da dívida representada por TDA)*
- *Decreto 4.382/2002 (Regulamenta a tributação, fiscalização, arrecadação e administração do Imposto sobre a Propriedade Territorial Rural – ITR)*
- *Instrução Normativa RFB 2.186/2024 (Declaração sobre Operações Imobiliárias – DOI)*
- *Art. 184-A, § 9º, Prov. CNJ n. 149/2023 (CNN)*

XII – facilitar, por todos os meios, o acesso à documentação existente às pessoas legalmente habilitadas;

XIII – encaminhar ao juízo competente as dúvidas levantadas pelos interessados, obedecida a sistemática processual fixada pela legislação respectiva;

- *Arts. 198 e seguintes e 296, Lei n. 6.015/1973 (Registros Públicos)*
- *Art. 18, Lei n. 9492/1997 (Lei de Protesto)*
- *Enunciado 72 da I Jornada de Direito Notarial e Registral*

XIV - observar as normas técnicas estabelecidas pelo juízo competente; e

- *Inciso com redação dada pela Medida Provisória n. 1.085, de 27/12/2021, convertida na Lei n. 14.382, de 27/6/2022*
- *Art.14. Prov. CNJ n. 159/2023 (FIC-ONSERP; FIC-RCPN; FIC-RTDJP)*

XV - admitir pagamento dos emolumentos, das custas e das despesas por meios eletrônicos, a critério do usuário, inclusive mediante parcelamento.

- *Inciso com redação dada pela Medida Provisória n. 1.085, de 27/12/2021, convertida na Lei n. 14.382, de 27/6/2022*
- *Art. 2º, Prov. CNJ 127/2022 (SIPE)*
- *Art. 373, Prov. CNJ n. 149/2023 (CNN)*

CAPÍTULO VI – DAS INFRAÇÕES DISCIPLINARES E DAS PENALIDADES

- *Vide Código de Ética da Anoreg-BR*
- *Vide Código Brasileiro de Ética e Disciplina Notarial*
- *Vide Prov. CNJ n. 162/2024 (Termo de ajustamento de conduta – TAC)*
- *Art. 135-A, Prov. CNJ n. 149/2023 (CNN)*
- *Arts. 13 a 15 Prov. CNJ n. 159/2023 (FIC-ONSERP; FIC-RCPN;FIC-RTDJP)*

Art. 31. São infrações disciplinares que sujeitam os notários e os oficiais de registro às penalidades previstas nesta lei:

I – a inobservância das prescrições legais ou normativas;

II – a conduta atentatória às instituições notariais e de registro;

III – a cobrança indevida ou excessiva de emolumentos, ainda que sob a alegação de urgência;

IV – a violação do sigilo profissional;

V – o descumprimento de quaisquer dos deveres descritos no art. 30.

- *Art. 283, "e", Decreto n. 3.048/1999 (Regula Seguridade Social)*
- *Art. 12, Prov CNJ n. 130/2022 (Diretrizes e parâmetros para implantação, utilização e funcionamento do sistema do Processo Judicial Eletrônico nas Corregedorias (PJeCor))*
- *Art. 135-A, Prov. CNJ n. 149/2023 (CNN)*
- *Art. 14, Prov. CNJ n. 159/2023 (FIC-ONSERP; FIC-RCPN;FIC-RTDJP)*

Art. 32. Os notários e os oficiais de registro estão sujeitos, pelas infrações que praticarem, assegurado amplo direito de defesa, às seguintes penas:

- *Art. 4º da Lei 11.971/2009 (Responsabilidade civil e criminal dos registradores de feitos ajuizados, decorrentes da omissão em sua certificação)*

I – repreensão;

II – multa;

III – suspensão por noventa dias, prorrogável por mais trinta;

IV – perda da delegação.

Art. 33. As penas serão aplicadas:

I – a de repreensão, no caso de falta leve;

II – a de multa, em caso de reincidência ou de infração que não configure falta mais grave;

III – a de suspensão, em caso de reiterado descumprimento dos deveres ou de falta grave.

Art. 34. As penas serão impostas pelo juízo competente, independentemente da ordem de gradação, conforme a gravidade do fato.

Art. 35. A perda da delegação dependerá:

- *Art. 39, V*

I – de sentença judicial transitada em julgado; ou

II – de decisão decorrente de processo administrativo instaurado pelo juízo competente, assegurado amplo direito de defesa.

§ 1º Quando o caso configurar a perda da delegação, o juízo competente suspenderá o notário ou oficial de registro, até a decisão final, e designará interventor, observando-se o disposto no art. 36.

§ 2º *(Vetado).*

Art. 36. Quando, para a apuração de faltas imputadas a notários ou a oficiais de registro, for necessário o afastamento do titular do serviço, poderá ele ser suspenso, preventivamente, pelo prazo de noventa dias, prorrogável por mais trinta.

- *Art. 35, § 1º*

§ 1º Na hipótese do *caput*, o juízo competente designará interventor para responder pela serventia, quando o substituto também for acusado das faltas ou quando a medida se revelar conveniente para os serviços.

§ 2º Durante o período de afastamento, o titular perceberá metade da renda líquida da serventia; outra metade será depositada em conta bancária especial, com correção monetária.

§ 3º Absolvido o titular, receberá ele o montante dessa conta; condenado, caberá esse montante ao interventor.

CAPÍTULO VII – DA FISCALIZAÇÃO PELO PODER JUDICIÁRIO

- *Art. 236, § 1º, da Constituição Federal*
- *Art. 103-B, § 4º, III, Constituição Federal (atuação do CNJ)*
- *Art. 30, Prov. CNJ n. 156/2023 (Normas a serem observadas nas inspeções e correições de competência da Corregedoria Nacional de Justiça, nas unidades judiciais e administrativas dos tribunais e nos serviços notariais e de registro)*
- *Arts. 105, 242, 294 e 333, § 2º, VI, Prov. CNJ 149/2023 (CNN)*
- *Art.12, Prov. CNJ n. 159/2023 (FIC-ONSERP; FIC-RTDJP)*

Art. 37. A fiscalização judiciária dos atos notariais e de registro, mencionados nos artes. 6º a 13, será exercida pelo juízo competente, assim definido na órbita estadual e do Distrito Federal, sempre que necessário, ou mediante representação de qualquer interessado, quando da inobservância de obrigação legal por parte de notário ou de oficial de registro, ou de seus prepostos.

Parágrafo único. Quando, em autos ou papéis de que conhecer, o Juiz verificar a existência de crime de ação pública, remeterá ao Ministério Público as cópias e os documentos necessários ao oferecimento da denúncia.

Art. 38. O juízo competente zelará para que os serviços notariais e de registro sejam prestados com rapidez, qualidade satisfatória e de modo eficiente, podendo sugerir à autoridade competente a elaboração de planos de adequada e melhor prestação desses serviços, observados, também, critérios populacionais e socioeconômicos, publicados regularmente pela Fundação Instituto Brasileiro de Geografia e Estatística.

CAPÍTULO VIII – DA EXTINÇÃO DA DELEGAÇÃO

- *Vide Orientação CNJ 7/2018 (Reestruturação Periódica das Serventias Extrajudiciais Vagas)*

Art. 39. Extinguir-se-á a delegação a notário ou a oficial de registro por:

I – morte;

II – aposentadoria facultativa;

- *Vide Lei n. 8.212/1991 (Seguridade Social)*
- *Vide Instrução Normativa RFB n. 2.110/2022 (arts. 5º, 8º, 82 e 258)*
- *Art. 9º, § 15 Decreto n. 3.048/1999 (Regulamenta Lei n. 8.212/1991)*

III – invalidez;

- *Vide Lei n. 8.212/1991 (Seguridade Social)*
- *Vide Instrução Normativa RFB n. 2.110/2022 (arts. 5º, 8º, 82 e 258)*
- *Art. 9º, § 15 Decreto n. 3.048/1999 (Regulamenta Lei n. 8.212/1991)*

IV – renúncia;

V – perda, nos termos do art. 35.

VI – descumprimento, comprovado, da gratuidade estabelecida na Lei nº 9.534, de 10 de dezembro de 1997.

- *Inciso VI incluído pela Lei nº 9.812/1999*

§ 1º Dar-se-á aposentadoria facultativa ou por invalidez nos termos da legislação previdenciária federal.

§ 2º Extinta a delegação a notário ou a oficial de registro, a autoridade competente declarará vago o respectivo serviço, designará o substituto mais antigo para responder pelo expediente e abrirá concurso.

- *Vide art. 66, Prov. CNJ n. 149/2023 (CNN)*

§§ 3º e 4º *(VETADOS na Lei nº 14.711/2023)*

CAPÍTULO IX – DA SEGURIDADE SOCIAL

- *Vide art. 194 da Constituição Federal*
- *Vide Lei n. 8.212/1991 (Seguridade Social) e seu Decreto Regulamentador n. 3.048/1999 (arts. 9º, § 15)*
- *Vide Instrução Normativa RFB n. 2.110/2022 (arts. 5º, 8º, 82 e 258)*

Art. 40. Os notários, oficiais de registro, escreventes e auxiliares são vinculados à previdência social, de âmbito federal, e têm assegurada a contagem recíproca de tempo de serviço em sistemas diversos.

Parágrafo único. Ficam assegurados, aos notários, oficiais de registro, escreventes e auxiliares os direitos e vantagens previdenciários adquiridos até a data da publicação desta lei.

- *Vide Lei n. 8.212/1991*
- *Vide art. 9º, caput, inciso I, alínea "o", Decreto n. 3.048/1999*
- *Vide art. 9º, § 15 Decreto n. 3.048/1999 (Regulamenta Lei n. 8.212/1991)*
- *Vide Instrução Normativa RFB n. 2.110/2022 (arts. 5º, 8º, 82 e 258)*

TÍTULO III – DAS DISPOSIÇÕES GERAIS

Art. 41. Incumbe aos notários e aos oficiais de registro praticar, independentemente de autorização, todos os atos previstos em lei necessários à organização e execução dos serviços, podendo, ainda, adotar sistemas de computação, microfilmagem, disco ótico e outros meios de reprodução.

- *Art. 41 da Lei 9.492/1997 (Protesto)*

Art. 42. Os papéis referentes aos serviços dos notários e dos oficiais de registro serão arquivados mediante utilização de processos que facilitem as buscas.

- *Art. 25 da Lei 6.015/1973 (Registros Públicos)*

Art. 42-A. As centrais de serviços eletrônicos, geridas por entidade representativa da atividade notarial e de registro para acessibilidade digital a serviços e maior publicidade, sistematização e tratamento digital de dados e informações inerentes às atribuições delegadas, poderão fixar preços e gratuidades pelos serviços de natureza complementar que prestam e disponibilizam aos seus usuários de forma facultativa.

- *Artigo acrescido pela Lei nº 14.206, de 27/9/2021*
- *Vide Prov. CNJ 107/2020*
- *Vide art. 344, Prov. CNJ n. 149/2023 (CNN)*

Art. 43. Cada serviço notarial ou de registro funcionará em um só local, vedada a instalação de sucursal.

- *Art. 445, § 2.º, Prov. CNJ n. 149/2023 (CNN)*

Art. 44. Verificada a absoluta impossibilidade de se prover, através de concurso público, a titularidade de serviço notarial ou de registro, por desinteresse ou inexistência de candidatos, o juízo competente proporá à autoridade competente a extinção do serviço e a anexação de suas atribuições ao serviço da mesma natureza mais próximo ou àquele localizado na sede do respectivo Município ou de Município contíguo.

§ 1º *(Vetado).*

§ 2º Em cada sede municipal haverá no mínimo um registrador civil das pessoas naturais.

- *Vide Prov. CNJ 81/2009 (Renda Mínima dos Registradores)*
- *Arts. 190, § 1º e § 3º, 195, I, Prov. CNJ 149/2023 (CNN)*

§ 3º Nos municípios de significativa extensão territorial, a juízo do respectivo Estado, cada sede distrital disporá no mínimo de um registrador civil das pessoas naturais.

Art. 45. São gratuitos os assentos do registro civil de nascimento e o de óbito, bem como a primeira certidão respectiva.

- *Caput com redação dada pela Lei nº 9.534/1997*
- *Art. 5º, LXXVI, da Constituição Federal*
- *Art. 30, § 1º da Lei 6.015/1973*
- *Lei 9.265/1996 (Regulamenta o inciso LXXVII do art. 5º da Constituição, dispondo sobre a gratuidade dos atos necessários ao exercício da cidadania).*
- *Lei 9.465/1997 (Fornecimento gratuito de registro extemporâneo de nascimento)*
- *Prov. CNJ n. 140/2023 (Programa de Enfrentamento ao Sub-registro Civil e de Ampliação ao Acesso à Documentação Básica por Pessoas Vulneráveis)*
- *Enunciados 9, 11, 78, I Jornada de Direito Notarial e Registral*

§ 1º Para os reconhecidamente pobres não serão cobrados emolumentos pelas certidões a que se refere este artigo.

- *§ 1º incluído pela Lei nº 11.789, de 2008*

§ 2º É proibida a inserção nas certidões de que trata o § 1º deste artigo de expressões que indiquem condição de pobreza ou semelhantes.

- *§ 2º incluído pela Lei nº 11.789, de 2008*

Art. 46. Os livros, fichas, documentos, papéis, microfilmes e sistemas de computação deverão permanecer sempre sob a guarda e responsabilidade do titular de serviço notarial ou de registro, que zelará por sua ordem, segurança e conservação.

- *Arts. 1º § 3º, III, 4º, 22 a 27, Lei n. 6.015/1973 (Registros Públicos)*
- *Lei 5.433/1968 (Microfilmagem de Documentos oficiais) e seu Decreto Regulamentador 1.799/1996*
- *Arts. 7º a 10, Lei 8.159/1991 (Política Nacional de Arquivos Públicos e Privados)*
- *Arts. 30, I e XIV, e 46, caput, Lei 8.935/1994 (Notários e Registradores),*
- *Art. 7º Lei 14.382/2022 (SERP)*
- *Prov. CNJ 50/2015 (Conservação de documentos nos cartórios extrajudiciais) e art. 196, Provimento CNJ n. 149/2023 (CNN)*
- *Prov. CNJ 74/2018 (Padrões mínimos de tecnologia da informação) e art. 206, Provimento CNJ n. 149/2023 (CNN)*
- *Arts. 48 a 51 (Mediação e Conciliação), Prov. CNJ 149/2023 (CNN)*
- *Arts. 92, 133, § 2º, 196, 515-A, Prov. CNJ n. 149/2023 (CNN)*
- *Arts. 173 (Lavagem de Dinheiro), Prov. CNJ 149/2023 (CNN)*
- *Art. 205 (Restauração de livros extraviados ou danificados no serviço extrajudicial de notas e de registro), Provimento CNJ n. 149/2023 (CNN)*
- *Recomendação CNJ 9/2013 (Arquivo de Segurança)*

Parágrafo único. Se houver necessidade de serem periciados, o exame deverá ocorrer na própria sede do serviço, em dia e hora adrede designados, com ciência do titular e autorização do juízo competente.

TÍTULO IV – DAS DISPOSIÇÕES TRANSITÓRIAS

Art. 47. O notário e o oficial de registro, legalmente nomeados até 5 de outubro de 1988, detêm a delegação constitucional de que trata o art. 2º.

- *Vide art. 32, ADCT (Constituição Federal)*

Art. 48. Os notários e os oficiais de registro poderão contratar, segundo a legislação trabalhista, seus atuais escreventes e auxiliares de investidura estatutária ou em regime especial desde que estes aceitem a transformação de seu regime jurídico, em opção expressa, no prazo improrrogável de trinta dias, contados da publicação desta lei.

- *Vide Lei n. 8.212/1991 (Seguridade Social)*
- *Vide art. 9º, caput, inciso I, alínea "o", Decreto n. 3.048/1999 (Regulamenta Lei n. 8.212/1991)*
- *Vide art. 9º, § 15 Decreto n. 3.048/1999 (Regulamenta Lei n. 8.212/1991)*
- *Vide Instrução Normativa RFB n. 2.110/2022 (arts. 5º, 8º, 82 e 258)*

§ 1º Ocorrendo opção, o tempo de serviço prestado será integralmente considerado, para todos os efeitos de direito.

§ 2º Não ocorrendo opção, os escreventes e auxiliares de investidura estatutária ou em regime especial continuarão regidos pelas normas aplicáveis aos funcionários públicos ou pelas editadas pelo Tribunal de Justiça respectivo, vedadas novas admissões por qualquer desses regimes, a partir da publicação desta lei.

Art. 49. Quando da primeira vacância da titularidade de serviço notarial ou de registro, será procedida a desacumulação, nos termos do art. 26.

Art. 50. Em caso de vacância, os serviços notariais e de registro estatizados passarão automaticamente ao regime desta lei.

Art. 51. Aos atuais notários e oficiais de registro, quando da aposentadoria, fica assegurado o direito de percepção de proventos de acordo com a legislação que anteriormente os regia, desde que tenham mantido as contribuições nela estipuladas até a data do deferimento do pedido ou de sua concessão.

§ 1º O disposto neste artigo aplica-se aos escreventes e auxiliares de investidura estatutária ou em regime especial que vierem a ser contratados em virtude da opção de que trata o art. 48.

§ 2º Os proventos de que trata este artigo serão os fixados pela legislação previdenciária aludida no *caput*.

§ 3º O disposto neste artigo aplica-se também às pensões deixadas, por morte, pelos notários, oficiais de registro, escreventes e auxiliares.

Art. 52. Nas unidades federativas onde já existia lei estadual específica, em vigor na data de publicação desta lei, são competentes para a lavratura de instrumentos traslatícios de direitos reais, procurações, reconhecimento de firmas e autenticação de cópia reprográfica os serviços de Registro Civil das Pessoas Naturais.

- *Art. 7º*
- *Vide art. 29, Lei n. 6.015/1973 (Registros Públicos)*

Art. 53. Nos Estados cujas organizações judiciárias, vigentes à época da publicação desta lei, assim previrem, continuam em vigor as determinações relativas à fixação da área territorial de atuação dos tabeliães de protesto de títulos, a quem os títulos serão distribuídos em obediência às respectivas zonas.

- *Vide art. 7º, Lei 9.492/1997 (Lei de Protesto de Títulos e Outros Documentos)*

Parágrafo único. Quando da primeira vacância, aplicar-se-á à espécie o disposto no parágrafo único do art. 11.

Art. 54. Esta Lei entra em vigor na data da sua publicação.

Art. 55. Revogam-se as disposições em contrário.

Brasília, 18 de novembro de 1994;
173º da Independência e 106º da República.
ITAMAR FRANCO
(DOU de 21.11.1994)

LEI Nº 9.307, DE 23 DE SETEMBRO DE 1996

Dispõe sobre a arbitragem.

- *Art. 7º-A, III, Lei 8.935/1994*
- *Vide Lei 13.105/2015 (CPC)*
- *Vide Resolução CNJ 125/2010 (Política Judiciária Nacional de tratamento adequado dos conflitos de interesses no âmbito do Poder Judiciário)*

O PRESIDENTE DA REPÚBLICA

Faço saber que o Congresso Nacional decreta e eu sanciono a seguinte Lei:

CAPÍTULO I – DISPOSIÇÕES GERAIS

Art. 1º As pessoas capazes de contratar poderão valer-se da arbitragem para dirimir litígios relativos a direitos patrimoniais disponíveis.

§ 1º A administração pública direta e indireta poderá utilizar-se da arbitragem para dirimir conflitos relativos a direitos patrimoniais disponíveis.

- *Incluído pela Lei nº 13.129, de 2015*

§ 2º A autoridade ou o órgão competente da administração pública direta para a celebração de convenção de arbitragem é a mesma para a realização de acordos ou transações.

- *Incluído pela Lei nº 13.129, de 2015*

Art. 2º A arbitragem poderá ser de direito ou de eqüidade, a critério das partes.

§ 1º Poderão as partes escolher, livremente, as regras de direito que serão aplicadas na arbitragem, desde que não haja violação aos bons costumes e à ordem pública.

§ 2º Poderão, também, as partes convencionar que a arbitragem se realize com base nos princípios gerais de direito, nos usos e costumes e nas regras internacionais de comércio.

§ 3º A arbitragem que envolva a administração pública será sempre de direito e respeitará o princípio da publicidade

- *Incluído pela Lei nº 13.129, de 2015*

CAPÍTULO II – DA CONVENÇÃO DE ARBITRAGEM E SEUS EFEITOS

Art. 3º. As partes interessadas podem submeter a solução de seus litígios ao juízo arbitral mediante convenção de arbitragem, assim entendida a cláusula compromissória e o compromisso arbitral.

Art. 4º. A cláusula compromissória é a convenção através da qual as partes em um contrato comprometem-se a submeter à arbitragem os litígios que possam vir a surgir, relativamente a tal contrato.

§ 1º A cláusula compromissória deve ser estipulada por escrito, podendo estar inserta no próprio contrato ou em documento apartado que a ele se refira.

§ 2º Nos contratos de adesão, a cláusula compromissória só terá eficácia se o aderente tomar a iniciativa de instituir a arbitragem ou concordar, expressamente, com a sua instituição, desde que por escrito em documento anexo ou em negrito, com a assinatura ou visto especialmente para essa cláusula.

§ 3º (VETADO). *(Incluído pela Lei nº 13.129, de 2015)*

§ 4º (VETADO). *(Incluído pela Lei nº 13.129, de 2015)*

Art. 5º. Reportando-se as partes, na cláusula compromissória, às regras de algum órgão arbitral institucional ou entidade especializada, a arbitragem será instituída e processada de acordo com tais regras, podendo, igualmente, as partes estabelecer na própria cláusula, ou em outro documento, a forma convencionada para a instituição da arbitragem.

Art. 6º. Não havendo acordo prévio sobre a forma de instituir a arbitragem, a parte interessada manifestará à outra parte sua intenção de dar início à arbitragem, por via postal ou por outro meio qualquer de comunicação, mediante comprovação de recebimento, convocando-a para, em dia, hora e local certos, firmar o compromisso arbitral.

Parágrafo único. Não comparecendo a parte convocada ou, comparecendo, recusar-se a firmar o compromisso arbitral, poderá a outra parte propor a demanda de que trata o art. 7º desta Lei, perante o órgão do Poder Judiciário a que, originariamente, tocaria o julgamento da causa.

Art. 7º. Existindo cláusula compromissória e havendo resistência quanto à instituição da arbitragem, poderá a parte interessada requerer a citação da outra parte para comparecer em juízo a fim de lavrar-se o compromisso, designando o juiz audiência especial para tal fim.

§ 1º O autor indicará, com precisão, o objeto da arbitragem, instruindo o pedido com o documento que contiver a cláusula compromissória.

§ 2º Comparecendo as partes à audiência, o juiz tentará, previamente, a conciliação acerca do litígio. Não obtendo sucesso, tentará o juiz conduzir as partes à celebração, de comum acordo, do compromisso arbitral.

§ 3º Não concordando as partes sobre os termos do compromisso, decidirá o juiz, após ouvir o réu, sobre seu conteúdo, na própria audiência ou no prazo de dez dias, respeitadas as disposições da cláusula compromissória e atendendo ao disposto nos arts. 10 e 21, § 2º, desta Lei.

§ 4º Se a cláusula compromissória nada dispuser sobre a nomeação de árbitros, caberá ao juiz, ouvidas as partes, estatuir a respeito, podendo nomear árbitro único para a solução do litígio.

§ 5º A ausência do autor, sem justo motivo, à audiência designada para a lavratura do compromisso arbitral, importará a extinção do processo sem julgamento de mérito.

§ 6º Não comparecendo o réu à audiência, caberá ao juiz, ouvido o autor, estatuir a respeito do conteúdo do compromisso, nomeando árbitro único.

§ 7º A sentença que julgar procedente o pedido valerá como compromisso arbitral.

Art. 8º. A cláusula compromissória é autônoma em relação ao contrato em que estiver inserta, de tal sorte que a nulidade deste não implica, necessariamente, a nulidade da cláusula compromissória.

Parágrafo único. Caberá ao árbitro decidir de ofício, ou por provocação das partes, as questões acerca da existência, validade e eficácia da convenção de arbitragem e do contrato que contenha a cláusula compromissória.

Art. 9º. O compromisso arbitral é a convenção através da qual as partes submetem um litígio à arbitragem de uma ou mais pessoas, podendo ser judicial ou extrajudicial.

› *Art. 851 do Código Civil*

§ 1º O compromisso arbitral judicial celebrar-se-á por termo nos autos, perante o juízo ou tribunal, onde tem curso a demanda.

§ 2º O compromisso arbitral extrajudicial será celebrado por escrito particular, assinado por duas testemunhas, ou por instrumento público.

Art. 10. Constará, obrigatoriamente, do compromisso arbitral:

I – o nome, profissão, estado civil e domicílio das partes;

II – o nome, profissão e domicílio do árbitro, ou dos árbitros, ou, se for o caso, a identificação da entidade à qual as partes delegaram a indicação de árbitros;

III – a matéria que será objeto da arbitragem; e

IV – o lugar em que será proferida a sentença arbitral.

Art. 11. Poderá, ainda, o compromisso arbitral conter:

I – local, ou locais, onde se desenvolverá a arbitragem;

II – a autorização para que o árbitro ou os árbitros julguem por equidade, se assim for convencionado pelas partes;

III – o prazo para apresentação da sentença arbitral;

IV – a indicação da lei nacional ou das regras corporativas aplicáveis à arbitragem, quando assim convencionarem as partes;

V – a declaração da responsabilidade pelo pagamento dos honorários e das despesas com a arbitragem; e

VI – a fixação dos honorários do árbitro, ou dos árbitros.

Parágrafo único. Fixando as partes os honorários do árbitro, ou dos árbitros, no compromisso arbitral, este constituirá título executivo extrajudicial; não havendo tal estipulação, o árbitro requererá ao órgão do Poder Judiciário que seria competente para julgar, originariamente, a causa que os fixe por sentença.

Art. 12. Extingue-se o compromisso arbitral:

I – escusando-se qualquer dos árbitros, antes de aceitar a nomeação, desde que as partes tenham declarado, expressamente, não aceitar substituto;

II – falecendo ou ficando impossibilitado de dar seu voto algum dos árbitros, desde que as partes declarem, expressamente, não aceitar substituto; e

III – tendo expirado o prazo a que se refere o art. 11, inciso III, desde que a parte interessada tenha notificado o árbitro, ou o presidente do tribunal arbitral, concedendo-lhe o prazo de dez dias para a prolação e apresentação da sentença arbitral.

CAPÍTULO III – DOS ÁRBITROS

Art. 13. Pode ser árbitro qualquer pessoa capaz e que tenha a confiança das partes.

§ 1º As partes nomearão um ou mais árbitros, sempre em número ímpar, podendo nomear, também, os respectivos suplentes.

§ 2º Quando as partes nomearem árbitros em número par, estes estão autorizados, desde logo, a nomear mais um árbitro. Não havendo acordo, requererão as partes ao órgão do Poder Judiciário a que tocaria, originariamente, o julgamento da causa a nomeação do árbitro, aplicável, no que couber, o procedimento previsto no art. 7º desta Lei.

§ 3º As partes poderão, de comum acordo, estabelecer o processo de escolha dos árbitros, ou adotar as regras de um órgão arbitral institucional ou entidade especializada.

§ 4º As partes, de comum acordo, poderão afastar a aplicação de dispositivo do regulamento do órgão arbitral institucional ou entidade especializada que limite a escolha do árbitro único, coárbitro ou presidente do tribunal à respectiva lista de árbitros, autorizado o controle da escolha pelos órgãos competentes da instituição, sendo que, nos casos de impasse e arbitragem multiparte, deverá ser observado o que dispuser o regulamento aplicável.

› *Redação dada pela Lei nº 13.129, de 2015*

§ 5º O árbitro ou o presidente do tribunal designará, se julgar conveniente, um secretário, que poderá ser um dos árbitros.

§ 6º No desempenho de sua função, o árbitro deverá proceder com imparcialidade, independência, competência, diligência e discrição.

§ 7º Poderá o árbitro ou o tribunal arbitral determinar às partes o adiantamento de verbas para despesas e diligências que julgar necessárias.

Art. 14. Estão impedidos de funcionar como árbitros as pessoas que tenham, com as partes ou com o litígio que lhes for submetido, algumas das relações que caracterizam os casos de impedimento ou suspeição de juízes, aplicando-se-lhes, no que couber, os mesmos deveres e responsabilidades, conforme previsto no Código de Processo Civil.

§ 1º As pessoas indicadas para funcionar como árbitro têm o dever de revelar, antes da aceitação da função, qualquer fato que denote dúvida justificada quanto à sua imparcialidade e independência.

§ 2º O árbitro somente poderá ser recusado por motivo ocorrido após sua nomeação. Poderá, entretanto, ser recusado por motivo anterior à sua nomeação, quando:

a) não for nomeado, diretamente, pela parte; ou

b) o motivo para a recusa do árbitro for conhecido posteriormente à sua nomeação.

Art. 15. A parte interessada em arguir a recusa do árbitro apresentará, nos termos do art. 20, a respectiva exceção, diretamente ao árbitro ou ao presidente do tribunal arbitral, deduzindo suas razões e apresentando as provas pertinentes.

Parágrafo único. Acolhida a exceção, será afastado o árbitro suspeito ou impedido, que será substituído, na forma do art. 16 desta Lei.

Art. 16. Se o árbitro escusar-se antes da aceitação da nomeação, ou, após a aceitação, vier a falecer, tornar-se impossibilitado para o exercício da função, ou for recusado, assumirá seu lugar o substituto indicado no compromisso, se houver.

§ 1º Não havendo substituto indicado para o árbitro, aplicar-se-ão as regras do órgão arbitral institucional ou entidade especializada, se as partes as tiverem invocado na convenção de arbitragem.

§ 2º Nada dispondo a convenção de arbitragem e não chegando as partes a um acordo sobre a nomeação do árbitro a ser substituído, procederá a parte interessada da forma prevista no art. 7º desta Lei, a menos que as partes tenham declarado, expressamente, na convenção de arbitragem, não aceitar substituto.

Art. 17. Os árbitros, quando no exercício de suas funções ou em razão delas, ficam equiparados aos funcionários públicos, para os efeitos da legislação penal.

Art. 18. O árbitro é juiz de fato e de direito, e a sentença que proferir não fica sujeita a recurso ou a homologação pelo Poder Judiciário.

CAPÍTULO IV – DO PROCEDIMENTO ARBITRAL

Art. 19. Considera-se instituída a arbitragem quando aceita a nomeação pelo árbitro, se for único, ou por todos, se forem vários.

§ 1º Instituída a arbitragem e entendendo o árbitro ou o tribunal arbitral que há necessidade de explicitar questão disposta na convenção de arbitragem, será elaborado, juntamente com as partes, adendo firmado por todos, que passará a fazer parte integrante da convenção de arbitragem.

› *Incluído pela Lei nº 13.129, de 2015*

§ 2º A instituição da arbitragem interrompe a prescrição, retroagindo à data do requerimento de sua instauração, ainda que extinta a arbitragem por ausência de jurisdição.

› *Incluído pela Lei nº 13.129, de 2015*

Art. 20. A parte que pretender arguir questões relativas à competência, suspeição ou impedimento do árbitro ou dos árbitros, bem como nulidade, invalidade ou ineficácia da convenção de arbitragem, deverá fazê-lo na primeira oportunidade que tiver de se manifestar, após a instituição da arbitragem.

§ 1º Acolhida a arguição de suspeição ou impedimento, será o árbitro substituído nos termos do art. 16 desta Lei, reconhecida a incompetência do árbitro ou do tribunal arbitral, bem como a nulidade, invalidade ou ineficácia da convenção de arbitragem, serão as partes remetidas ao órgão do Poder Judiciário competente para julgar a causa.

§ 2º Não sendo acolhida a arguição, terá normal prosseguimento a arbitragem, sem prejuízo de vir a ser examinada a decisão pelo órgão do Poder Judiciário competente, quando da eventual propositura da demanda de que trata o art. 33 desta Lei.

Art. 21. A arbitragem obedecerá ao procedimento estabelecido pelas partes na convenção de arbitragem, que poderá reportar-se às regras de um órgão arbitral institucional ou entidade especializada, facultando-se, ainda, às partes delegar ao próprio árbitro, ou ao tribunal arbitral, regular o procedimento.

§ 1º Não havendo estipulação acerca do procedimento, caberá ao árbitro ou ao tribunal arbitral discipliná-lo.

§ 2º Serão, sempre, respeitados no procedimento arbitral os princípios do contraditório, da igualdade das partes, da imparcialidade do árbitro e de seu livre convencimento.

§ 3º As partes poderão postular por intermédio de advogado, respeitada, sempre, a faculdade de designar quem as represente ou assista no procedimento arbitral.

§ 4º Competirá ao árbitro ou ao tribunal arbitral, no início do procedimento, tentar a conciliação das partes, aplicando-se, no que couber, o art. 28 desta Lei.

Art. 22. Poderá o árbitro ou o tribunal arbitral tomar o depoimento das partes, ouvir testemunhas e determinar a realização de perícias ou outras provas que julgar necessárias, mediante requerimento das partes ou de ofício.

§ 1º O depoimento das partes e das testemunhas será tomado em local, dia e hora previamente comunicados, por escrito, e reduzido a termo, assinado pelo depoente, ou a seu rogo, e pelos árbitros.

§ 2º Em caso de desatendimento, sem justa causa, da convocação para prestar depoimento pessoal, o árbitro ou o tribunal arbitral levará em consideração o comportamento da parte faltosa, ao proferir sua sentença; se a ausência for de testemunha, nas mesmas circunstâncias, poderá o árbitro ou o presidente do tribunal arbitral requerer à autoridade judiciária que conduza a testemunha renitente, comprovando a existência da convenção de arbitragem.

§ 3º A revelia da parte não impedirá que seja proferida a sentença arbitral.

§ 4º *(Revogado pela Lei nº 13.129, de 2015)*

§ 5º Se, durante o procedimento arbitral, um árbitro vier a ser substituído fica a critério do substituto repetir as provas já produzidas.

CAPÍTULO IV-A – DAS TUTELAS CAUTELARES E DE URGÊNCIA

› *Incluído pela Lei nº 13.129, de 2015*

Art. 22-A. Antes de instituída a arbitragem, as partes poderão recorrer ao Poder Judiciário para a concessão de medida cautelar ou de urgência.

› *Incluído pela Lei nº 13.129, de 2015*

Parágrafo único. Cessa a eficácia da medida cautelar ou de urgência se a parte interessada não requerer a instituição da arbitragem no prazo de 30 (trinta) dias, contado da data de efetivação da respectiva decisão.

› *Incluído pela Lei nº 13.129, de 2015*

Art. 22-B. Instituída a arbitragem, caberá aos árbitros manter, modificar ou revogar a medida cautelar ou de urgência concedida pelo Poder Judiciário.

› *Incluído pela Lei nº 13.129, de 2015*

Parágrafo único. Estando já instituída a arbitragem, a medida cautelar ou de urgência será requerida diretamente aos árbitros.

› *Incluído pela Lei nº 13.129, de 2015*

CAPÍTULO IV-B – DA CARTA ARBITRAL

› *Incluído pela Lei nº 13.129, de 2015*

Art. 22-C. O árbitro ou o tribunal arbitral poderá expedir carta arbitral para que o órgão jurisdicional nacional pratique ou determine o cumprimento, na área de sua competência territorial, de ato solicitado pelo árbitro.

› *Incluído pela Lei nº 13.129, de 2015*

Parágrafo único. No cumprimento da carta arbitral será observado o segredo de justiça, desde que comprovada a confidencialidade estipulada na arbitragem.

› *Incluído pela Lei nº 13.129, de 2015*

CAPÍTULO V – DA SENTENÇA ARBITRAL

Art. 23. A sentença arbitral será proferida no prazo estipulado pelas partes. Nada tendo sido convencionado, o prazo para a apresentação da sentença é de seis meses, contado da instituição da arbitragem ou da substituição do árbitro.

§ 1º Os árbitros poderão proferir sentenças parciais.

› *Incluído pela Lei nº 13.129, de 2015*

§ 2º As partes e os árbitros, de comum acordo, poderão prorrogar o prazo para proferir a sentença final. *(Incluído pela Lei nº 13.129, de 2015)*

Art. 24. A decisão do árbitro ou dos árbitros será expressa em documento escrito.

§ 1º Quando forem vários os árbitros, a decisão será tomada por maioria. Se não houver acordo majoritário, prevalecerá o voto do presidente do tribunal arbitral.

§ 2º O árbitro que divergir da maioria poderá, querendo, declarar seu voto em separado.

Art. 25. *(Revogado pela Lei nº 13.129, de 2015)*

Art. 26. São requisitos obrigatórios da sentença arbitral:

I – o relatório, que conterá os nomes das partes e um resumo do litígio;

II – os fundamentos da decisão, onde serão analisadas as questões de fato e de direito, mencionando-se, expressamente, se os árbitros julgaram por equidade;

III – o dispositivo, em que os árbitros resolverão as questões que lhes forem submetidas e estabelecerão o prazo para o cumprimento da decisão, se for o caso; e

IV – a data e o lugar em que foi proferida.

Parágrafo único. A sentença arbitral será assinada pelo árbitro ou por todos os árbitros. Caberá ao presidente do tribunal arbitral, na hipótese de um ou alguns dos árbitros não poder ou não querer assinar a sentença, certificar tal fato.

Art. 27. A sentença arbitral decidirá sobre a responsabilidade das partes acerca das custas e despesas com a arbitragem, bem como sobre verba decorrente de litigância de má-fé, se for o caso, respeitadas as disposições da convenção de arbitragem, se houver.

Art. 28. Se, no decurso da arbitragem, as partes chegarem a acordo quanto ao litígio, o árbitro ou o tribunal arbitral poderá, a pedido das partes, declarar tal fato mediante sentença arbitral, que conterá os requisitos do art. 26 desta Lei.

Art. 29. Proferida a sentença arbitral, dá-se por finda a arbitragem, devendo o árbitro, ou o presidente do tribunal arbitral, enviar cópia da decisão às partes, por via postal ou por outro meio qualquer de comunicação, mediante comprovação de recebimento, ou, ainda, entregando-a diretamente às partes, mediante recibo.

Art. 30. No prazo de 5 (cinco) dias, a contar do recebimento da notificação ou da ciência pessoal da sentença arbitral, salvo se outro prazo for acordado entre as partes, a parte interessada, mediante comunicação à outra parte, poderá solicitar ao árbitro ou ao tribunal arbitral que:

› *Redação dada pela Lei nº 13.129, de 2015*

I – corrija qualquer erro material da sentença arbitral;

II – esclareça alguma obscuridade, dúvida ou contradição da sentença arbitral, ou se pronuncie sobre ponto omitido a respeito do qual devia manifestar-se a decisão.

Parágrafo único. O árbitro ou o tribunal arbitral decidirá no prazo de 10 (dez) dias ou em prazo acordado com as partes, aditará a sentença arbitral e notificará as partes na forma do art. 29.

› *Redação dada pela Lei nº 13.129, de 2015*

Art. 31. A sentença arbitral produz, entre as partes e seus sucessores, os mesmos efeitos da sentença proferida pelos órgãos do Poder Judiciário e, sendo condenatória, constitui título executivo.

Art. 32. É nula a sentença arbitral se:

I – for nula a convenção de arbitragem;

› *Redação dada pela Lei nº 13.129, de 2015*

II – emanou de quem não podia ser árbitro;

III – não contiver os requisitos do art. 26 desta Lei;

IV – for proferida fora dos limites da convenção de arbitragem;

V – *(Revogado pela Lei nº 13.129, de 2015)*

VI – comprovado que foi proferida por prevaricação, concussão ou corrupção passiva;

VII – proferida fora do prazo, respeitado o disposto no art. 12, inciso III, desta Lei; e

VIII – forem desrespeitados os princípios de que trata o art. 21, § 2º, desta Lei.

Art. 33. A parte interessada poderá pleitear ao órgão do Poder Judiciário competente a declaração de nulidade da sentença arbitral, nos casos previstos nesta Lei.

› *Redação dada pela Lei nº 13.129, de 2015*

§ 1º A demanda para a declaração de nulidade da sentença arbitral, parcial ou final, seguirá as regras do procedimento comum, previstas na Lei nº 5.869, de 11 de janeiro de 1973 (Código de Processo Civil), e deverá ser proposta no prazo de até 90 (noventa) dias após o recebimento da notificação da respectiva sentença, parcial ou final, ou da decisão do pedido de esclarecimentos.

› *Redação dada pela Lei nº 13.129, de 2015*

§ 2º A sentença que julgar procedente o pedido declarará a nulidade da sentença arbitral, nos casos do art. 32, e determinará, se for o caso, que o árbitro ou o tribunal profira nova sentença arbitral.

› *Redação dada pela Lei nº 13.129, de 2015*

§ 3º A decretação da nulidade da sentença arbitral também poderá ser requerida na impugnação ao cumprimento da sentença, nos termos dos arts. 525 e seguintes do Código de Processo Civil, se houver execução judicial.

› *Redação dada pela Lei nº 13.105, de 2015*

§ 4º A parte interessada poderá ingressar em juízo para requerer a prolação de sentença arbitral complementar, se o árbitro não decidir todos os pedidos submetidos à arbitragem.

› *Incluído pela Lei nº 13.129, de 2015*

CAPÍTULO VI – DO RECONHECIMENTO E EXECUÇÃO DE SENTENÇAS ARBITRAIS ESTRANGEIRAS

Art. 34. A sentença arbitral estrangeira será reconhecida ou executada no Brasil de conformidade com os tratados internacionais com eficácia no ordenamento interno e, na sua ausência, estritamente de acordo com os termos desta Lei.

Parágrafo único. Considera-se sentença arbitral estrangeira a que tenha sido proferida fora do território nacional.

Art. 35. Para ser reconhecida ou executada no Brasil, a sentença arbitral estrangeira está sujeita, unicamente, à homologação do Superior Tribunal de Justiça. *(Redação dada pela Lei nº 13.129, de 2015)*

Art. 36. Aplica-se à homologação para reconhecimento ou execução de sentença arbitral estrangeira, no que couber, o disposto nos arts. 483 e 484 do Código de Processo Civil.

Art. 37. A homologação de sentença arbitral estrangeira será requerida pela parte interessada, devendo a petição inicial conter as indicações da lei processual, conforme o art. 282 do Código de Processo Civil, e ser instruída, necessariamente, com:

I – o original da sentença arbitral ou uma cópia devidamente certificada, autenticada pelo consulado brasileiro e acompanhada de tradução oficial;

II – o original da convenção de arbitragem ou cópia devidamente certificada, acompanhada de tradução oficial.

Art. 38. Somente poderá ser negada a homologação para o reconhecimento ou execução de sentença arbitral estrangeira, quando o réu demonstrar que:

I – as partes na convenção de arbitragem eram incapazes;

II – a convenção de arbitragem não era válida segundo a lei à qual as partes a submeteram, ou, na falta de indicação, em virtude da lei do país onde a sentença arbitral foi proferida;

III – não foi notificado da designação do árbitro ou do procedimento de arbitragem, ou tenha sido violado o princípio do contraditório, impossibilitando a ampla defesa;

IV – a sentença arbitral foi proferida fora dos limites da convenção de arbitragem, e não foi possível separar a parte excedente daquela submetida à arbitragem;

V – a instituição da arbitragem não está de acordo com o compromisso arbitral ou cláusula compromissória;

VI – a sentença arbitral não se tenha, ainda, tornado obrigatória para as partes, tenha sido anulada, ou, ainda, tenha sido suspensa por órgão judicial do país onde a sentença arbitral for prolatada.

Art. 39. A homologação para o reconhecimento ou a execução da sentença arbitral estrangeira também será denegada se o Superior Tribunal de Justiça constatar que: *(Redação dada pela Lei nº 13.129, de 2015)*

I – segundo a lei brasileira, o objeto do litígio não é suscetível de ser resolvido por arbitragem;

II – a decisão ofende a ordem pública nacional.

Parágrafo único. Não será considerada ofensa à ordem pública nacional a efetivação da citação da parte residente ou domiciliada no Brasil, nos moldes da convenção de arbitragem ou da lei processual do país onde se realizou a arbitragem, admitindo-se, inclusive, a citação postal com prova inequívoca de recebimento, desde que assegure à parte brasileira tempo hábil para o exercício do direito de defesa.

Art. 40. A denegação da homologação para reconhecimento ou execução de sentença arbitral estrangeira por vícios formais, não obsta que a parte interessada renove o pedido, uma vez sanados os vícios apresentados.

CAPÍTULO VII – DISPOSIÇÕES FINAIS

Art. 41. Os arts. 267, inciso VII; 301, inciso IX; e 584, inciso III, do Código de Processo Civil passam a ter a seguinte redação:

"Art. 267. ......

VII - pela convenção de arbitragem;"

"Art. 301. ....

IX - convenção de arbitragem;"

"Art. 584. ....

III - a sentença arbitral e a sentença homologatória de transação ou de conciliação;"

Art. 42. O art. 520 do Código de Processo Civil passa a ter mais um inciso, com a seguinte redação:

"Art. 520. ....

VI - julgar procedente o pedido de instituição de arbitragem."

Art. 43. Esta Lei entrará em vigor sessenta dias após a data de sua publicação.

Art. 44. Ficam revogados os arts. 1.037 a 1.048 da Lei nº 3.071, de 1º de janeiro de 1916, Código Civil Brasileiro; os arts. 101 e 1.072 a 1.102 da Lei nº 5.869, de 11 de janeiro de 1973, Código de Processo Civil; e demais disposições em contrário.

Brasília, 23 de setembro de 1996;
175º da Independência e 108º da República.
FERNANDO HENRIQUE CARDOSO
(DOU de 24.09.1996)

LEI Nº 9.532, DE 10 DE DEZEMBRO DE 1997

Altera a legislação tributária federal e dá outras providências.

O PRESIDENTE DA REPÚBLICA

Faço saber que o Congresso Nacional decreta e eu sanciono a seguinte Lei:

Art. 1º Os lucros auferidos no exterior, por intermédio de filiais, sucursais, controladas ou coligadas serão adicionados ao lucro líquido, para determinação do lucro real correspondente ao balanço levantado no dia 31 de dezembro do ano-calendário em que tiverem sido disponibilizados para a pessoa jurídica domiciliada no Brasil. *(Vide Medida Provisória nº 2158-35, de 2001)*

§ 1º Para efeito do disposto neste artigo, os lucros serão considerados disponibilizados para a empresa no Brasil:

a) no caso de filial ou sucursal, na data do balanço no qual tiverem sido apurados;

b) *(Revogado pela Lei nº 12.973, de 2014)*

c) na hipótese de contratação de operações de mútuo, se a mutuante, coligada ou controlada, possuir lucros ou reservas de lucros; *(Incluída pela Lei nº 9.959, de 2000)*

d) na hipótese de adiantamento de recursos, efetuado pela coligada ou controlada, por conta de venda futura, cuja liquidação, pela remessa do bem ou serviço vendido, ocorra em prazo superior ao ciclo de produção do bem ou serviço. *(Incluída pela Lei nº 9.959, de 2000)*

§ 2º *(Revogado pela Lei nº 12.973, de 2014)*

§ 3º Não serão dedutíveis na determinação do lucro real e da base de cálculo da Contribuição Social sobre o Lucro Líquido os juros, relativos a empréstimos, pagos ou creditados a empresa controlada ou coligada, independente do local de seu domicílio, incidentes sobre valor equivalente aos lucros não disponibilizados por empresas controladas, domiciliadas no exterior. *(Redação dada pela Medida Provisória nº 2158-35, de 2001)*

§ 4º *(Revogado pela Lei nº 12.973, de 2014)*

§ 5º Relativamente aos lucros apurados nos anos de 1996 e 1997, considerar-se-á vencido o prazo a que se refere o parágrafo anterior no dia 31 de dezembro de 1999.

§ 6º Nas hipóteses das alíneas "c" e "d" do § 1º o valor considerado disponibilizado será o mutuado ou adiantado, limitado ao montante dos lucros e reservas de lucros passíveis de distribuição, proporcional à participação societária da empresa no País na data da disponibilização. *(Incluído pela Lei nº 9.959, de 2000)*

§ 7º Considerar-se-á disponibilizado o lucro: *(Incluído pela Lei nº 9.959, de 2000)*

a) na hipótese da alínea "c" do § 1º: *(Incluída pela Lei nº 9.959, de 2000)*

1. na data da contratação da operação, relativamente a lucros já apurados pela controlada ou coligada; *(Incluído pela Lei nº 9.959, de 2000)*

2. na data da apuração do lucro, na coligada ou controlada, relativamente a operações de mútuo anteriormente contratadas; *(Incluído pela Lei nº 9.959, de 2000)*

b) na hipótese da alínea "d" do § 1º, em 31 de dezembro do ano-calendário em que tenha sido encerrado o ciclo de produção sem que haja ocorrido a liquidação. *(Incluída pela Lei nº 9.959, de 2000)*

Art. 2º Os percentuais dos benefícios fiscais referidos no inciso I e no § 3º do art. 11 do Decreto-Lei nº 1.376, de 12 de dezembro de 1974, com as posteriores alterações, nos arts. 1º, inciso II, 19 e 23, da Lei nº 8.167, de 16 de janeiro de 1991, e no art. 4º, inciso V, da Lei nº 8.661, de 02 de junho de 1993, ficam reduzidos para:

I – 30% (trinta por cento), relativamente aos períodos de apuração encerrados a partir de 1º de janeiro de 1998 até 31 de dezembro de 2003; *(Vide Medida Provisória nº 2.199-14, de 2001)*

II – 20% (vinte por cento), relativamente aos períodos de apuração encerrados a partir de 1º de janeiro de 2004 até 31 de dezembro de 2008;

III – 10% (dez por cento), relativamente aos períodos de apuração encerrados a partir de 1º de janeiro de 2009 até 31 de dezembro de 2013.

Art. 3º Os benefícios fiscais de isenção, de que tratam o art. 13 da Lei nº 4.239, de 27 de junho de 1963, o art. 23 do Decreto-Lei nº 756, de 11 de agosto de 1969, com a redação do art. 1º do Decreto-Lei nº 1.564, de 29 de julho de 1977, e o inciso VIII do art. 1º da Lei nº 9.440, de 14 de março de 1997, para os projetos de instalação, modernização, ampliação ou diversificação, aprovados pelo órgão competente, a partir de 1º de janeiro de 1998, observadas as demais normas em vigor, aplicáveis à matéria, passam a ser de redução do imposto de renda e adicionais não restituíveis, observados os seguintes percentuais: *(Vide Medida Provisória nº 2.199-14, de 2001)*

I – 75% (setenta e cinco por cento), a partir de 1º de janeiro de 1998 até 31 de dezembro de 2003;

II – 50% (cinquenta por cento), a partir de 1º de janeiro de 2004 até 31 de dezembro de 2008;

III – 25% (vinte e cinco por cento), a partir de 1º de janeiro de 2009 até 31 de dezembro de 2013.

§ 1º O disposto no *caput* não se aplica a projetos aprovados ou protocolizados até 14 de novembro de 1997, no órgão competente, para os quais prevalece o benefício de isenção até o término do prazo de concessão do benefício.

§ 2º Os benefícios fiscais de redução do imposto de renda e adicionais não restituíveis, de que tratam o art. 14 da Lei nº 4.239, de 1963, e o art. 22 do Decreto-Lei nº 756, de 11 de agosto de 1969, observadas as demais normas em vigor, aplicáveis à matéria, passam a ser calculados segundo os seguintes percentuais:

I – 37,5% (trinta e sete inteiros e cinco décimos por cento), a partir de 1º de janeiro de 1998 até 31 de dezembro de 2003;

II – 25% (vinte e cinco por cento), a partir de 1º de janeiro de 2004 até 31 de dezembro de 2008;

III – 12,5% (doze inteiros e cinco décimos por cento), a partir de 1º de janeiro de 2009 até 31 de dezembro de 2013.

§ 3º Ficam extintos, relativamente aos períodos de apuração encerrados a partir de 1º de janeiro de 2014, os benefícios fiscais de que trata este artigo.

Art. 4º As pessoas jurídicas tributadas com base no lucro real poderão manifestar a opção pela aplicação do imposto em investimentos regionais na declaração de rendimentos ou no curso do ano-calendário, nas datas de pagamento do imposto com base no lucro estimado, apurado mensalmente, ou no lucro real, apurado trimestralmente. *(Vide Medida Provisória nº 2.199-14, de 2001)*

§ 1º A opção, no curso do ano-calendário, será manifestada mediante o recolhimento, por meio de documento de arrecadação (DARF) específico, de parte do imposto sobre a renda de valor equivalente a até: *(Vide Medida Provisória nº 2.199-14, de 2001)*

I – 18% para o FINOR e FINAM e 25% para o FUNRES, a partir de janeiro de 1998 até dezembro de 2003; *(Vide Medida Provisória nº 2.199-14, de 2001)*

II – 12% para o FINOR e FINAM e 17% para o FUNRES, a partir de janeiro de 2004 até dezembro de 2008; *(Vide Medida Provisória nº 2.199-14, de 2001)*

III – 6% para o FINOR e FINAM e 9% para o FUNRES, a partir de janeiro de 2009 até dezembro de 2013. *(Vide Medida Provisória nº 2.199-14, de 2001)*

§ 2º No DARF a que se refere o parágrafo anterior, a pessoa jurídica deverá indicar o código de receita relativo ao fundo pelo qual houver optado. *(Vide Medida Provisória nº 2.199-14, de 2001)*

§ 3º Os recursos de que trata este artigo serão considerados disponíveis para aplicação nas pessoas jurídicas destinatárias. (Vide Medida Provisória nº 2.199-14, de 2001)

§ 4º A liberação, no caso das pessoas jurídicas a que se refere o art. 9º da Lei nº 8.167, de 16 de janeiro de 1991, será feita à vista de DARF específico, observadas as normas expedidas pela Secretaria da Receita Federal. (Vide Medida Provisória nº 2.199-14, de 2001)

§ 5º A opção manifestada na forma deste artigo é irretratável, não podendo ser alterada. (Vide Medida Provisória nº 2.199-14, de 2001)

§ 6º Se os valores destinados para os fundos, na forma deste artigo, excederem o total a que a pessoa jurídica tiver direito, apurado na declaração de rendimentos, a parcela excedente será considerada: (Vide Medida Provisória nº 2.199-14, de 2001)

a) em relação às empresas de que trata o art. 9º da Lei nº 8.167, de 1991, como recursos próprios aplicados no respectivo projeto; (Vide Medida Provisória nº 2.199-14, de 2001)

b) pelas demais empresas, como subscrição voluntária para o fundo destinatário da opção manifestada no DARF. (Vide Medida Provisória nº 2.199-14, de 2001)

§ 7º Na hipótese de pagamento a menor de imposto em virtude de excesso de valor destinado para os fundos, a diferença deverá ser paga com acréscimo de multa e juros, calculados de conformidade com a legislação do imposto de renda. (Vide Medida Provisória nº 2.199-14, de 2001)

§ 8º Fica vedada, relativamente aos períodos de apuração encerrados a partir de 1º de janeiro de 2014, a opção pelos benefícios fiscais de que trata este artigo. (Vide Medida Provisória nº 2.199-14, de 2001)

Art. 5º A dedução do imposto de renda relativa aos incentivos fiscais previstos no art. 1º da Lei nº 6.321, de 14 de abril de 1976, no art. 26 da Lei nº 8.313, de 23 de dezembro de 1991, e no inciso I do art. 4º da Lei nº 8.661, de 1993, não poderá exceder, quando considerados isoladamente, a quatro por cento do imposto de renda devido, observado o disposto no § 4º do art. 3º da Lei nº 9.249, de 1995.

Art. 6º Observados os limites específicos de cada incentivo e o disposto no § 4º do art. 3º da Lei nº 9.249, de 1995, o total das deduções de que tratam:

I – o art. 1º da Lei nº 6.321, de 1976 e o inciso I do art. 4º da Lei nº 8.661, de 1993, não poderá exceder a quatro por cento do imposto de renda devido;

II – o art. 26 da Lei nº 8.313, de 23 de dezembro de 1991, o art. 1º da Lei nº 8.685, de 20 de julho de 1993, e o § 6º do art. 1º da Lei nº 11.438, de 29 de dezembro de 2006, não poderá exceder a 4% (quatro por cento) do imposto de renda devido. (Redação dada pela Lei 14.439/2022)

Art. 7º A pessoa jurídica que absorver patrimônio de outra, em virtude de incorporação, fusão ou cisão, na qual detenha participação societária adquirida com ágio ou deságio, apurado segundo o disposto no art. 20 do Decreto-Lei nº 1.598, de 26 de dezembro de 1977:

I – deverá registrar o valor do ágio ou deságio cujo fundamento seja o de que trata a alínea "a" do § 2º do art. 20 do Decreto-Lei nº 1.598, de 1977, em contrapartida à conta que registre o bem ou direito que lhe deu causa;

II – deverá registrar o valor do ágio cujo fundamento seja o de que trata a alínea "c" do § 2º do art. 20 do Decreto-Lei nº 1.598, de 1977, em contrapartida a conta de ativo permanente, não sujeita a amortização;

III – poderá amortizar o valor do ágio cujo fundamento seja o de que trata a alínea "b" do § 2º do art. 20 do Decreto-lei nº 1.598, de 1977, nos balanços correspondentes à apuração de lucro real, levantados posteriormente à incorporação, fusão ou cisão, à razão de um sessenta avos, no máximo, para cada mês do período de apuração; *(Redação dada pela Lei nº 9.718, de 1998)*

IV – deverá amortizar o valor do deságio cujo fundamento seja o de que trata a alínea "b" do § 2º do art. 20 do Decreto-Lei nº 1.598, de 1977, nos balanços correspondentes à apuração do lucro real, levantados durante os cinco anos-calendários subsequentes à incorporação, fusão ou cisão, à razão de 1/60 (um sessenta avos), no mínimo, para cada mês do período de apuração.

§ 1º O valor registrado na forma do inciso I integrará o custo do bem ou direito para efeito de apuração de ganho ou perda de capital e de depreciação, amortização ou exaustão.

§ 2º Se o bem que deu causa ao ágio ou deságio não houver sido transferido, na hipótese de cisão, para o patrimônio da sucessora, esta deverá registrar:

a) o ágio, em conta de ativo diferido, para amortização na forma prevista no inciso III;

b) o deságio, em conta de receita diferida, para amortização na forma prevista no inciso IV.

§ 3º O valor registrado na forma do inciso II do *caput*:

a) será considerado custo de aquisição, para efeito de apuração de ganho ou perda de capital na alienação do direito que lhe deu causa ou na sua transferência para sócio ou acionista, na hipótese de devolução de capital;

b) poderá ser deduzido como perda, no encerramento das atividades da empresa, se comprovada, nessa data, a inexistência do fundo de comércio ou do intangível que lhe deu causa.

§ 4º Na hipótese da alínea "b" do parágrafo anterior, a posterior utilização econômica do fundo de comércio ou intangível sujeitará a pessoa física ou jurídica usuária ao pagamento dos tributos e contribuições que deixaram de ser pagos, acrescidos de juros de mora e multa, calculados de conformidade com a legislação vigente.

§ 5º O valor que servir de base de cálculo dos tributos e contribuições a que se refere o parágrafo anterior poderá ser registrado em conta do ativo, como custo do direito.

Art. 8º O disposto no artigo anterior aplica-se, inclusive, quando:

a) o investimento não for, obrigatoriamente, avaliado pelo valor de patrimônio líquido;

b) a empresa incorporada, fusionada ou cindida for aquela que detinha a propriedade da participação societária.

Art. 9º À opção da pessoa jurídica, o saldo do lucro inflacionário acumulado, existente no último dia útil dos meses de novembro e dezembro de 1997, poderá ser considerado realizado integralmente e tributado à alíquota de dez por cento. (Vide Medida Provisória nº 2.158-35, de 2001)

§ 1º Se a opção se referir a saldo de lucro inflacionário tributado na forma do art. 28 da Lei nº 7.730, de 31 de janeiro de 1989, a alíquota a ser aplicada será de três por cento.

§ 2º A opção a que se refere este artigo será irretratável e manifestada mediante o pagamento do imposto, em quota única, na data da opção.

Art. 10. Do imposto apurado com base no lucro arbitrado ou no lucro presumido não será permitida qualquer dedução a título de incentivo fiscal.

Art. 11. As deduções relativas às contribuições para entidades de previdência privada, a que se refere a alínea e do inciso II do art. 8º da Lei nº 9.250, de 26 de dezembro de 1995, e às contribuições para o Fundo de Aposentadoria Programada Individual – Fapi, a que se refere a Lei nº 9.477, de 24 de julho de 1997, cujo ônus seja da própria pessoa física, ficam condicionadas ao recolhimento, também, de contribuições para o regime geral de previdência social ou, quando for o caso, para regime próprio de previdência social dos servidores titulares de cargo efetivo da União, dos Estados, do Distrito Federal ou dos Municípios, observada a contribuição mínima, e limitadas a 12% (doze por cento) do total dos rendimentos computados na determinação da base de cálculo do imposto devido na declaração de rendimentos. *(Redação dada pela Lei nº 10.887, de 2004)*

§ 1º Aos resgates efetuados pelos quotistas de Fundo de Aposentadoria Programada Individual – Fapi aplicam-se, também, as normas de incidência do imposto de renda de que trata o art. 33 da Lei nº 9.250, de 26 de dezembro de 1995.*(Redação dada pela Lei nº 10.887, de 2004)*

§ 2º Na determinação do lucro real e da base de cálculo da contribuição social sobre o lucro líquido, o valor das despesas com contribuições para a previdência privada, a que se refere o inciso V do art. 13 da Lei nº 9.249, de 26 de dezembro de 1995, e para os Fundos de Aposentadoria Programada Individual – Fapi, a que se refere a Lei nº 9.477, de 24 de julho de 1997, cujo ônus seja da pessoa jurídica, não poderá exceder, em cada período de apuração, a 20% (vinte por cento) do total dos salários dos empregados e da remuneração dos dirigentes da empresa, vinculados ao referido plano. *(Redação dada pela Lei nº 10.887, de 2004)*

§ 3º O somatório das contribuições que exceder o valor a que se refere o § 2º deste artigo deverá ser adicionado ao lucro líquido para efeito de determinação do lucro real e da base de cálculo da contribuição social sobre o lucro líquido.*(Redação dada pela Lei nº 10.887, de 2004)*

§ 4º O disposto neste artigo não elide a observância das normas do art. 7º da Lei nº 9.477, de 24 de julho de 1997. *(Redação dada pela Lei nº 10.887, de 2004)*

§ 5º Excetuam-se da condição de que trata o *caput* deste artigo os beneficiários de aposentadoria ou pensão concedidas por regime próprio de previdência ou pelo regime geral de previdência social. *(Redação dada pela Lei nº 10.887, de 2004)*

§ 6º As deduções relativas às contribuições para entidades de previdência complementar a que se referem o inciso VII do art. 4º e a alínea i do inciso II do art. 8º da Lei nº 9.250, de 26 de dezembro de 1995, desde que limitadas à alíquota de contribuição do ente público patrocinador, não se sujeitam ao limite previsto no *caput. (Incluído pela Lei nº 13.043, de 2014)*

§ 7º Os valores de contribuição excedentes ao disposto no § 6º poderão ser deduzidos desde que seja observado o limite conjunto de dedução previsto no *caput. (Incluído pela Lei nº 13.043, de 2014)*

Art. 12. Para efeito do disposto no art. 150, inciso VI, alínea "c", da Constituição, considera-se imune a instituição de educação ou de assistência social que preste os serviços para os quais houver sido instituída e os coloque à disposição da população em geral, em caráter complementar às atividades do Estado, sem fins lucrativos. *(Vide artigos 1º e 2º da Mpv 2.189-49, de 2001) (Vide Medida Provisória nº 2158-35, de 2001)*

§ 1º Não estão abrangidos pela imunidade os rendimentos e ganhos de capital auferidos em aplicações financeiras de renda fixa ou de renda variável.

› *Parágrafo declarado inconstitucional, em controle concentrado, pelo Supremo Tribunal Federal, pela ADIN nº 1.802, publicada no DOU de 20/4/2018.*

§ 2º Para o gozo da imunidade, as instituições a que se refere este artigo, estão obrigadas a atender aos seguintes requisitos:

a) não remunerar, por qualquer forma, seus dirigentes pelos serviços prestados, exceto no caso de associações, fundações ou organizações da sociedade civil, sem fins lucrativos, cujos dirigentes poderão ser remunerados, desde que atuem efetivamente na gestão executiva e desde que cumpridos os requisitos previstos nos arts. 3º e 16 da Lei nº 9.790, de 23 de março de 1999, respeitados como limites máximos os valores praticados pelo mercado na região correspondente à sua área de atuação, devendo seu valor ser fixado pelo órgão de deliberação superior da entidade, registrado em ata, com comunicação ao Ministério Público, no caso das fundações; *(Redação dada pela Lei nº 13.204, de 2015)*

b) aplicar integralmente seus recursos na manutenção e desenvolvimento dos seus objetivos sociais;

c) manter escrituração completa de suas receitas e despesas em livros revestidos das formalidades que assegurem a respectiva exatidão;

d) conservar em boa ordem, pelo prazo de cinco anos, contado da data da emissão, os documentos que comprovem a origem de suas receitas e a efetivação de suas despesas, bem assim a realização de quaisquer outros atos ou operações que venham a modificar sua situação patrimonial;

e) apresentar, anualmente, Declaração de Rendimentos, em conformidade com o disposto em ato da Secretaria da Receita Federal;

f) recolher os tributos retidos sobre os rendimentos por elas pagos ou creditados e a contribuição para a seguridade social relativa aos empregados, bem assim cumprir as obrigações acessórias daí decorrentes;

› *Alínea declarada inconstitucional, em controle concentrado, pelo Supremo Tribunal Federal, pela ADIN nº 1.802, publicada no DOU de 20/4/2018.*

g) assegurar a destinação de seu patrimônio a outra instituição que atenda às condições para gozo da imunidade, no caso de incorporação, fusão, cisão ou de encerramento de suas atividades, ou a órgão público;

h) outros requisitos, estabelecidos em lei específica, relacionados com o funcionamento das entidades a que se refere este artigo.

§ 3º Considera-se entidade sem fins lucrativos a que não apresente superávit em suas contas ou, caso o apresente em determinado exercício, destine referido resultado, integralmente, à manutenção e ao desenvolvimento dos seus objetivos sociais. *(Redação dada pela Lei nº 9.718, de 1998)*

§ 4º A exigência a que se refere a alínea "a" do § 2º não impede: *(Incluído pela Lei nº 12.868, de 2013)*

I – a remuneração aos diretores não estatutários que tenham vínculo empregatício; e *(Incluído pela Lei nº 12.868, de 2013)*

II – a remuneração aos dirigentes estatutários, desde que recebam remuneração inferior, em seu valor bruto, a 70% (setenta por cento) do limite estabelecido para a remuneração de servidores do Poder Executivo federal. *(Incluído pela Lei nº 12.868, de 2013)*

§ 5º A remuneração dos dirigentes estatutários referidos no inciso II do § 4º deverá obedecer às seguintes condições: *(Incluído pela Lei nº 12.868, de 2013)*

I – nenhum dirigente remunerado poderá ser cônjuge ou parente até 3º (terceiro) grau, inclusive afim, de instituidores, sócios, diretores, conselheiros, benfeitores ou equivalentes da instituição de que trata o *caput* deste artigo; e *(Incluído pela Lei nº 12.868, de 2013)*

II – o total pago a título de remuneração para dirigentes, pelo exercício das atribuições estatutárias, deve ser inferior a 5 (cinco) vezes o valor correspondente ao limite individual estabelecido neste parágrafo. *(Incluído pela Lei nº 12.868, de 2013)*

§ 6º O disposto nos §§ 4º e 5º não impede a remuneração da pessoa do dirigente estatutário ou diretor que, cumulativamente, tenha vínculo estatutário e empregatício, exceto se houver incompatibilidade de jornadas de trabalho. *(Incluído pela Lei nº 12.868, de 2013)*

Art. 13. Sem prejuízo das demais penalidades previstas na lei, a Secretaria da Receita Federal suspenderá o gozo da imunidade a que se refere o artigo anterior, relativamente aos anos-calendários em que a pessoa jurídica houver praticado ou, por qualquer forma, houver contribuído para a prática de ato que constitua infração a dispositivo da legislação tributária, especialmente no caso de informar ou declarar falsamente, omitir ou simular o recebimento de doações em bens ou em dinheiro, ou de qualquer forma cooperar para que terceiro sonegue tributos ou pratique ilícitos fiscais.

› *"Caput" do artigo declarado inconstitucional, em controle concentrado, pelo Supremo Tribunal Federal, pela ADIN nº 1.802, publicada no DOU de 20/4/2018.*

Parágrafo único. Considera-se, também, infração a dispositivo da legislação tributária o pagamento, pela instituição imune, em favor de seus associados ou dirigentes, ou, ainda, em favor de sócios, acionistas ou dirigentes de pessoa jurídica a ela associada por qualquer forma, de despesas consideradas indedutíveis na determinação da base de cálculo do imposto sobre a renda ou da contribuição social sobre o lucro líquido.

Art. 14. À suspensão do gozo da imunidade aplica-se o disposto no art. 32 da Lei nº 9.430, de 1996.

› *Artigo declarado inconstitucional, em controle concentrado, pelo Supremo Tribunal Federal, pela ADIN nº 1.802, publicada no DOU de 20/4/2018.*

Art. 15. Consideram-se isentas as instituições de caráter filantrópico, recreativo, cultural e científico e as associações civis que prestem os serviços para os quais houverem sido instituídas e os coloquem à disposição do grupo de pessoas a que se destinam, sem fins lucrativos.

› *(Vide Medida Provisória nº 2158-35, de 2001)*

§ 1º A isenção a que se refere este artigo aplica-se, exclusivamente, em relação ao imposto de renda da pessoa jurídica e à contribuição social sobre o lucro líquido, observado o disposto no parágrafo subsequente.

§ 2º Não estão abrangidos pela isenção do imposto de renda os rendimentos e ganhos de capital auferidos em aplicações financeiras de renda fixa ou de renda variável.

§ 3º Às instituições isentas aplicam-se as disposições do art. 12, § 2º, alíneas "a" a "e" e § 3º e dos arts. 13 e 14.

§ 4º *Revogado pela Lei nº 9.718, de 1998*

§ 5º O disposto no § 2º não se aplica aos rendimentos e ganhos de capital auferidos pela Academia Brasileira de Letras, pela Associação Brasileira de Imprensa e pelo Instituto Histórico e Geográfico Brasileiro.

› *Incluído pela Lei nº 13.353, de 2016*

Art. 16. Aplicam-se à entrega de bens e direitos para a formação do patrimônio das instituições isentas as disposições do art. 23 da Lei nº 9.249, de 1995.

Parágrafo único. A transferência de bens e direitos do patrimônio das entidades isentas para o patrimônio de outra pessoa jurídica, em virtude de incorporação, fusão ou cisão, deverá ser efetuada pelo valor de sua aquisição ou pelo valor atribuído, no caso de doação.

Art. 17. Sujeita-se à incidência do imposto de renda à alíquota de quinze por cento a diferença entre o valor em dinheiro ou o valor dos bens e direitos recebidos de instituição isenta, por pessoa física, a título de devolução de patrimônio, e o valor em dinheiro ou o valor dos bens e direitos que houver entregue para a formação do referido patrimônio.

§ 1º Aos valores entregues até o final do ano de 1995 aplicam-se as normas do inciso I do art. 17 da Lei nº 9.249, de 1995.

§ 2º O imposto de que trata este artigo será:

a) considerado tributação exclusiva;

b) pago pelo beneficiário até o último dia útil do mês subsequente ao recebimento dos valores.

§ 3º Quando a destinatária dos valores em dinheiro ou dos bens e direitos devolvidos for pessoa jurídica, a diferença a que se refere o *caput* será computada na determinação do lucro real ou adicionada ao lucro presumido ou arbitrado, conforme seja a forma de tributação a que estiver sujeita.

§ 4º Na hipótese do parágrafo anterior, para a determinação da base de cálculo da contribuição social sobre o lucro líquido a pessoa jurídica deverá computar:

a) a diferença a que se refere o *caput*, se sujeita ao pagamento do imposto de renda com base no lucro real;

b) o valor em dinheiro ou o valor dos bens e direitos recebidos, se tributada com base no lucro presumido ou arbitrado.

Art. 18. Fica revogada a isenção concedida em virtude do art. 30 da Lei nº 4.506, de 1964, e alterações posteriores, às entidades que se dediquem às seguintes atividades:

I – educacionais;

II – de assistência à saúde;

III – de administração de planos de saúde;

IV – de prática desportiva, de caráter profissional;

V – de administração do desporto.

Parágrafo único. O disposto neste artigo não elide a fruição, conforme o caso, de imunidade ou isenção por entidade que se enquadrar nas condições do art. 12 ou do art. 15.

Art. 19. *(Revogado pela Lei nº 9.779, de 1999)*

Art. 20. O *caput* do art. 1º da Lei nº 9.481, de 13 de agosto de 1997, passa a vigorar com a seguinte redação:

"Art. 1º A alíquota do imposto de renda na fonte incidente sobre os rendimentos auferidos no País, por residentes ou domiciliados no exterior, fica reduzida para zero, nas seguintes hipóteses:".

Art. 21. Relativamente aos fatos geradores ocorridos durante os anos-calendário de 1998 a 2003, a alíquota de 25% (vinte e cinco por cento), constante das tabelas de que tratam os arts. 3º e 11 da Lei nº 9.250, de 26 de dezembro de 1995, e as correspondentes parcelas a deduzir, passam a ser, respectivamente, a alíquota, de 27,5% (vinte e sete inteiros e cinco décimos por cento), e as parcelas a deduzir, até 31 de dezembro de 2001, de R$ 360,00 (trezentos e sessenta reais) e R$ 4.320,00 (quatro mil, trezentos e vinte reais), e a partir de 1º de janeiro de 2002, aquelas determinadas pelo art. 1º da Lei nº 10.451, de 10 de maio de 2002, a saber, de R$ 423,08 (quatrocentos e vinte e três reais e oito centavos) e R$ 5.076,90 (cinco mil e setenta e seis reais e noventa centavos). *(Redação dada pela Lei nº 10.637, de 2002)*

Art. 22. A soma das deduções a que se referem os incisos I a III do art. 12 da Lei nº 9.250, de 1995, fica limitada a seis por cento do valor do imposto devido, não sendo aplicáveis limites específicos a quaisquer dessas deduções.

Art. 23. Na transferência de direito de propriedade por sucessão, nos casos de herança, legado ou por doação em adiantamento da legítima, os bens e direitos poderão ser avaliados a valor de mercado ou pelo valor constante da declaração de bens do *de cujus* ou do doador.

§ 1º Se a transferência for efetuada a valor de mercado, a diferença a maior entre esse e o valor pelo qual constavam da declaração de bens do *de cujus* ou do doador sujeitar-se-á à incidência de imposto de renda à alíquota de quinze por cento.

§ 2º O imposto a que se referem os §§ 1º e 5º deverá ser pago: *(Redação dada pela Lei nº 9.779, de 1999)*

I – pelo inventariante, até a data prevista para entrega da declaração final de espólio, nas transmissões mortis causa, observado o disposto no art. 7º, § 4º da Lei nº 9.250, de 26 de dezembro de 1995; *(Incluído pela Lei nº 9.779, de 1999)*

II – pelo doador, até o último dia útil do mês-calendário subsequente ao da doação, no caso de doação em adiantamento da legítima; *(Incluído pela Lei nº 9.779, de 1999)*

III – pelo ex-cônjuge a quem for atribuído o bem ou direito, até o último dia útil do mês subsequente à data da sentença homologatória do formal de partilha, no caso de dissolução da sociedade conjugal ou da unidade familiar. *(Incluído pela Lei nº 9.779, de 1999)*

§ 3º O herdeiro, o legatário ou o donatário deverá incluir os bens ou direitos, na sua declaração de bens correspondente à declaração de rendimentos do ano-calendário da homologação da partilha ou do recebimento da doação, pelo valor pelo qual houver sido efetuada a transferência.

§ 4º Para efeito de apuração de ganho de capital relativo aos bens e direitos de que trata este artigo, será considerado como custo de aquisição o valor pelo qual houverem sido transferidos.

§ 5º As disposições deste artigo aplicam-se, também, aos bens ou direitos atribuídos a cada cônjuge, na hipótese de dissolução da sociedade conjugal ou da unidade familiar.

§ 6º As deduções relativas às contribuições para entidades de previdência complementar a que se referem o inciso VII do art. 4º e a alínea i do inciso II do art. 8º da Lei nº 9.250, de 26 de dezembro de 1995, desde que limitadas à alíquota de contribuição do ente público patrocinador, não se sujeitam ao limite previsto no *caput*.

§ 7º Os valores de contribuição excedentes ao disposto no § 6º poderão ser deduzidos desde que seja observado o limite conjunto de dedução previsto no *caput*.

Art. 24. Na declaração de bens correspondente à declaração de rendimentos das pessoas físicas, relativa ao ano-calendário de 1997, a ser apresentada em 1998, os bens adquiridos até 31 de dezembro de 1995 deverão ser informados pelos valores apurados com observância do disposto no art. 17 da Lei nº 9.249, de 1995.

Parágrafo único. A Secretaria da Receita Federal expedirá as normas necessárias à aplicação do disposto neste artigo.

Art. 25. O § 2º do art. 7º da Lei nº 9.250, de 1995, passa a vigorar com a seguinte redação:

"§ 2º O Ministro da Fazenda poderá estabelecer limites e condições para dispensar pessoas físicas da obrigação de apresentar declaração de rendimentos."

Art. 26. Os §§ 3º e 4º do art. 56 da Lei nº 8.981, de 1995, com as alterações da Lei nº 9.065, de 1995, passam a vigorar com a seguinte redação:

"§ 3º A declaração de rendimentos das pessoas jurídicas deverá ser apresentada em meio magnético, ressalvado o disposto no parágrafo subsequente.

§ 4º O Ministro da Fazenda poderá permitir que as empresas de que trata a Lei nº 9.317, de 5 de dezembro de 1996, optantes pelo SIMPLES, apresentem suas declarações por meio de formulários."

Art. 27. A multa a que se refere o inciso I do art. 88 da Lei nº 8.981, de 1995, é limitada a vinte por cento do imposto de renda devido, respeitado o valor mínimo de que trata o § 1º do referido art. 88, convertido em reais de acordo com o disposto no art. 30 da Lei nº 9.249, de 26 de dezembro de 1995.

Parágrafo único. A multa a que se refere o art. 88 da Lei nº 8.981, de 1995, será:

a) deduzida do imposto a ser restituído ao contribuinte, se este tiver direito à restituição;

b) exigida por meio de lançamento efetuado pela Secretaria da Receita Federal, notificado ao contribuinte.

Arts. 28 a 35. *(Revogados pela Lei nº 14.754, de 2023)*

Art. 36. Os rendimentos decorrentes das operações de *swap*, de que trata o art. 74 da Lei nº 8.981, de 1995, passam a ser tributados à mesma alíquota incidente sobre os rendimentos de aplicações financeiras de renda fixa.

Parágrafo único. Quando a operação de *swap* tiver por objeto taxa baseada na remuneração dos depósitos de poupança, esta remuneração será adicionada à base de cálculo do imposto de que trata este artigo.

Art. 37. Os dispositivos abaixo enumerados, da Lei nº 4.502, de 30 de novembro de 1964, passam a vigorar com a seguinte redação:

I – o inciso II do art. 4º:

"II – as filiais e demais estabelecimentos que exercerem o comércio de produtos importados, industrializados ou mandados industrializar por outro estabelecimento do mesmo contribuinte;"

II – o § 1º do art. 9º:

"§ 1º Se a imunidade, a isenção ou a suspensão for condicionada à destinação do produto, e a este for dado destino diverso, ficará o responsável pelo fato sujeito ao pagamento do imposto e da penalidade cabível, como se a imunidade, a isenção ou a suspensão não existissem."

III – o inciso II do art. 15:

"II – a 90% (noventa por cento) do preço de venda aos consumidores, não inferior ao previsto no inciso anterior, quando o produto for remetido a outro estabelecimento da mesma empresa, desde que o destinatário opere exclusivamente na venda a varejo."

IV – o § 2º do art. 46:

"§ 2º A falta de rotulagem ou marcação do produto ou de aplicação do selo especial, ou o uso de selo impróprio ou aplicado em desacordo com as normas regulamentares, importará em considerar o produto respectivo como não identificado com o descrito nos documentos fiscais."

V – o § 2º do art. 62:

"§ 2º No caso de falta do documento fiscal que comprove a procedência do produto e identifique o remetente pelo nome e endereço, ou de produto que não se encontre selado, rotulado ou marcado quando exigido o selo de controle, a rotulagem ou a marcação, não poderá o destinatário recebê-lo, sob pena de ficar responsável pelo pagamento do imposto, se exigível, e sujeito às sanções cabíveis."

Art. 38. Fica acrescentada ao inciso I do art. 5º da Lei nº 4.502, de 1964, com a redação dada pelo art. 1º do Decreto-Lei nº 1.133, de 16 de novembro de 1970, a alínea "e", com a seguinte redação:

"e) objeto de operação de venda, que for consumido ou utilizado dentro do estabelecimento industrial."

Art. 39. Poderão sair do estabelecimento industrial, com suspensão do IPI, os produtos destinados à exportação, quando:

I – adquiridos por empresa comercial exportadora, com o fim específico de exportação;

II – remetidos a recintos alfandegados ou a outros locais onde se processe o despacho aduaneiro de exportação.

§ 1º Fica assegurada a manutenção e utilização do crédito do IPI relativo às matérias-primas, produtos intermediários e material de embalagem utilizados na industrialização dos produtos a que se refere este artigo.

§ 2º Consideram-se adquiridos com o fim específico de exportação os produtos remetidos diretamente do estabelecimento industrial para embarque de exportação ou para recintos alfandegados, por conta e ordem da empresa comercial exportadora.

§ 3º A empresa comercial exportadora fica obrigada ao pagamento do IPI que deixou de ser pago na saída dos produtos do estabelecimento industrial, nas seguintes hipóteses:

a) transcorridos 180 dias da data da emissão da nota fiscal de venda pelo estabelecimento industrial, não houver sido efetivada a exportação;

b) os produtos forem revendidos no mercado interno;

c) ocorrer a destruição, o furto ou roubo dos produtos.

§ 4º Para efeito do parágrafo anterior, considera-se ocorrido o fato gerador e devido o IPI na data da emissão da nota fiscal pelo estabelecimento industrial.

§ 5º O valor a ser pago nas hipóteses do § 3º ficará sujeito à incidência:

a) de juros equivalentes à taxa referencial do Sistema Especial de Liquidação e Custódia – SELIC, para títulos federais, acumulada mensalmente, calculados a partir do primeiro dia do mês subsequente ao da emissão da nota fiscal, referida no § 4º, até o mês anterior ao do pagamento e de um por cento no mês do pagamento;

b) da multa a que se refere o art. 61 da Lei nº 9.430, de 1996, calculada a partir do dia subsequente ao da emissão da referida nota fiscal.

§ 6º O imposto de que trata este artigo, não recolhido espontaneamente, será exigido em procedimento de ofício, pela Secretaria da Receita Federal, com os acréscimos aplicáveis na espécie.

Art. 40. Considera-se ocorrido o fato gerador e devido o IPI, no início do consumo ou da utilização do papel destinado a impressão de livros, jornais e periódicos a que se refere a alínea "d" do inciso VI do art. 150 da Constituição, em finalidade diferente destas ou na sua saída do fabricante, do importador ou de seus estabelecimentos distribuidores, para pessoas que não sejam empresas jornalísticas ou editoras.

Parágrafo único. Responde solidariamente pelo imposto e acréscimos legais a pessoa física ou jurídica que não seja empresa jornalística ou editora, em cuja posse for encontrado o papel a que se refere este artigo.

Art. 41. Aplica-se aos produtos do Capítulo 22 da TIPI o disposto no art. 18 do Decreto-Lei nº 1.593, de 21 de dezembro de 1977.

Art. 42. *(Revogado pela Lei nº 9.779, de 1999)*

Art. 43. O inciso II do art. 4º da Lei nº 8.661, de 1993, passa a vigorar com a seguinte redação:

"II – redução de cinquenta por cento da alíquota do Imposto sobre Produtos Industrializados, prevista na Tabela de Incidência do IPI – TIPI, incidente sobre equipamentos, máquinas, aparelhos e instrumentos, bem assim sobre os acessórios sobressalentes e ferramentas que acompanhem esses bens, destinados à pesquisa e ao desenvolvimento tecnológico;".

Art. 44. A comercialização de cigarros no País observará o disposto em regulamento, especialmente quanto a embalagem, apresentação e outras formas de controle.

Art. 45. A importação de cigarros do código 2402.20.00 da TIPI será efetuada com observância do disposto nos arts. 46 a 54 desta Lei, sem prejuízo de outras exigências, inclusive quanto à comercialização do produto, previstas em legislação específica.

Art. 46. É vedada a importação de cigarros de marca que não seja comercializada no país de origem.

Art. 47. O importador de cigarros deve constituir-se sob a forma de sociedade, sujeitando-se, também, à inscrição no Registro Especial instituído pelo art. 1º do Decreto-Lei nº 1.593, de 1977.

Art. 48. O importador deverá requerer à Secretaria da Receita Federal do Brasil o fornecimento dos selos de controle de que trata o art. 46 da Lei nº 4.502, de 30 de novembro de 1964, devendo, no requerimento, prestar as seguintes informações: *(Redação dada pela Lei nº 12.402, de 2011)*

I – nome e endereço do fabricante no exterior;

II – quantidade de vintenas, marca comercial e características físicas do produto a ser importado;

III – preço de venda a varejo pelo qual será feita a comercialização do produto no Brasil. *(Redação dada pela Lei nº 12.402, de 2011)*

Art. 49. A Secretaria da Receita Federal, com base nos dados do Registro Especial, nas informações prestadas pelo importador e nas normas de enquadramento em classes de valor aplicáveis aos produtos de fabricação nacional, deverá:

I – se aceito o requerimento, divulgar, por meio do Diário Oficial da União, a identificação do importador, a marca comercial e características do produto, o preço de venda a varejo, a quantidade autorizada de vintenas e o valor unitário e cor dos respectivos selos de controle;

II – se não aceito o requerimento, comunicar o fato ao requerente, fundamentando as razões da não aceitação.

§ 1º O preço de venda no varejo de cigarro importado de marca que também seja produzida no País não poderá ser inferior àquele praticado pelo fabricante nacional.

§ 2º Divulgada a aceitação do requerimento, o importador terá o prazo de quinze dias para efetuar o pagamento dos selos e retirá-los na Receita Federal.

§ 3º *(Revogado pela Lei nº 12.402, de 2011).*

§ 4º Os selos de controle serão remetidos pelo importador ao fabricante no exterior, devendo ser aplicado em cada maço, carteira, ou outro recipiente, que contenha vinte unidades do produto, na mesma forma estabelecida pela Secretaria da Receita Federal para os produtos de fabricação nacional.

§ 5º Ocorrendo o descumprimento do prazo a que se refere o § 2º, fica sem efeito a autorização para a importação.

§ 6º O importador terá o prazo de noventa dias a partir da data de fornecimento do selo de controle para efetuar o registro da declaração da importação.

Art. 50. No desembaraço aduaneiro de cigarros importados do exterior deverão ser observados:

I – se as vintenas importadas correspondem à marca comercial divulgada e se estão devidamente seladas; *(Redação dada pela Lei nº 12.402, de 2011)*

II – se a quantidade de vintenas importada corresponde à quantidade autorizada;

III – se na embalagem dos produtos constam, em língua portuguesa, todas as informações exigidas para os produtos de fabricação nacional.

Parágrafo único. A inobservância de qualquer das condições previstas no inciso I sujeitará o infrator à pena de perdimento.

Art. 51. Sujeita-se às penalidades previstas na legislação, aplicáveis às hipóteses de uso indevido de selos de controle, o importador que descumprir o prazo estabelecido no § 6º do art. 49.

Parágrafo único. As penalidades de que trata este artigo serão calculadas sobre a quantidade de selos adquiridos que não houver sido utilizada na importação, se ocorrer importação parcial.

Art. 52. O valor do IPI devido no desembaraço aduaneiro dos cigarros do código 2402.20.00 da Tipi será apurado da mesma forma que para o produto nacional, tomando-se por base a classe de enquadramento divulgada pela Secretaria da Receita Federal. *(Redação dada pela Lei nº 10.637, de 2002)*

Parágrafo único. Os produtos de que trata este artigo estão sujeitos ao imposto apenas por ocasião do desembaraço aduaneiro.

Art. 53. O importador de cigarros sujeita-se, na condição de contribuinte e de contribuinte substituto dos comerciantes varejistas, ao pagamento das contribuições para o PIS/PASEP e para o financiamento da Seguridade Social – COFINS, calculadas segundo as mesmas normas aplicáveis aos fabricantes de cigarros nacionais.

Art. 54. O pagamento das contribuições a que se refere o artigo anterior deverá ser efetuado na data do registro da Declaração de Importação no Sistema Integrado de Comércio Exterior – SISCOMEX.

Art. 55. Ficam reduzidos à metade os percentuais relacionados nos incisos I, II, III e V do art.1º da Lei nº 9.440, de 14 de março de 1997, e nos incisos I, II e III do art. 1º da Lei nº 9.449, de 14 de março de 1997.

Art. 56. O inciso IV do art. 1º da Lei nº 9.440, de 1997, passa a vigorar com a seguinte redação:

"IV – redução de cinquenta por cento do imposto sobre produtos industrializados incidente na aquisição de máquinas, equipamentos, inclusive de testes, ferramental, moldes e modelos para moldes, instrumentos e aparelhos industriais e de controle de qualidade, novos, importados ou de fabricação nacional, bem como os respectivos acessórios, sobressalentes e peças de reposição;".

Art. 57. A apresentação de declaração de bagagem falsa ou inexata sujeita o viajante a multa correspondente a cinquenta por cento do valor excedente ao limite de isenção, sem prejuízo do imposto devido.

Art. 58. A pessoa física ou jurídica que alienar, à empresa que exercer as atividades relacionadas na alínea "d" do inciso III do § 1º do art. 15 da Lei nº 9.249, de 1995 (factoring), direitos creditórios resultantes de vendas a prazo, sujeita-se à incidência do imposto sobre operações de crédito, câmbio e seguro ou relativas a títulos e valores mobiliários – IOF às mesmas alíquotas aplicáveis às operações de financiamento e empréstimo praticadas pelas instituições financeiras.

§ 1º O responsável pela cobrança e recolhimento do IOF de que trata este artigo é a empresa de factoring adquirente do direito creditório.

§ 2º O imposto cobrado na hipótese deste artigo deverá ser recolhido até o terceiro dia útil da semana subsequente à da ocorrência do fato gerador.

Art. 59. A redução do IOF de que trata o inciso V do art. 4º da Lei nº 8.661, de 1993, passará a ser de 25% (vinte e cinco por cento).

Art. 60. O valor dos lucros distribuídos disfarçadamente, de que tratam os arts. 60 a 62 do Decreto-Lei nº 1.598, de 1977, com as alterações do art. 20 do Decreto-Lei nº 2.065, de 26 de outubro de 1983, serão, também, adicionados ao lucro líquido para efeito de determinação da base de cálculo da contribuição social sobre o lucro líquido.

Art. 61. As empresas que exercem a atividade de venda ou revenda de bens a varejo e as empresas prestadoras de serviços estão obrigadas ao uso de equipamento Emissor de Cupom Fiscal – ECF.

§ 1º Para efeito de comprovação de custos e despesas operacionais, no âmbito da legislação do imposto de renda e da contribuição social sobre o lucro líquido, os documentos emitidos pelo ECF devem conter, em relação à pessoa física ou jurídica compradora, no mínimo:

a) a sua identificação, mediante a indicação do número de inscrição no Cadastro de Pessoas Físicas – CPF, se pessoa física, ou no Cadastro Geral de Contribuintes – CGC, se pessoa jurídica, ambos do Ministério da Fazenda;

b) a descrição dos bens ou serviços objeto da operação, ainda que resumida ou por códigos;

c) a data e o valor da operação.

§ 2º Qualquer outro meio de emissão de nota fiscal, inclusive o manual, somente poderá ser utilizado com autorização específica da unidade da Secretaria de Estado da Fazenda, com jurisdição sobre o domicílio fiscal da empresa interessada.

Art. 62. A utilização, no recinto de atendimento ao público, de equipamento que possibilite o registro ou o processamento de dados relativos a operações com mercadorias ou com a prestação de serviços somente será admitida quando estiver autorizada, pela unidade da Secretaria de Estado da Fazenda, com jurisdição sobre o domicílio fiscal da empresa, a integrar o ECF.

Parágrafo único. O equipamento em uso, sem a autorização a que se refere o *caput* deste artigo ou que não satisfaça os requisitos deste artigo, poderá ser apreendido pela Secretaria da Receita Federal do Brasil ou pela Secretaria de Fazenda da Unidade Federada e utilizado como prova de qualquer infração à legislação tributária, decorrente de seu uso. *(Redação dada pela Lei nº 11.941, de 2009)*

Art. 63. O disposto nos arts. 61 e 62 observará convênio a ser celebrado entre a União, representada pela Secretaria da Receita Federal, e as Unidades Federadas, representadas no Conselho de Política Fazendária – CONFAZ pelas respectivas Secretarias de Fazenda.

Art. 64. A autoridade fiscal competente procederá ao arrolamento de bens e direitos do sujeito passivo sempre que o valor dos créditos tributários de sua responsabilidade for superior a trinta por cento do seu patrimônio conhecido.

§ 1º Se o crédito tributário for formalizado contra pessoa física, no arrolamento devem ser identificados, inclusive, os bens e direitos em nome do cônjuge, não gravados com a cláusula de incomunicabilidade.

§ 2º Na falta de outros elementos indicativos, considera-se patrimônio conhecido, o valor constante da última declaração de rendimentos apresentada.

§ 3º A partir da data da notificação do ato de arrolamento, mediante entrega de cópia do respectivo termo, o proprietário dos bens e direitos arrolados, ao transferi-los, aliená-los ou onerá-los, deve comunicar o fato à unidade do órgão fazendário que jurisdiciona o domicílio tributário do sujeito passivo.

§ 4º A alienação, oneração ou transferência, a qualquer título, dos bens e direitos arrolados, sem o cumprimento da formalidade prevista no parágrafo anterior, autoriza o requerimento de medida cautelar fiscal contra o sujeito passivo.

§ 5º O termo de arrolamento de que trata este artigo será registrado independentemente de pagamento de custas ou emolumentos:

I – no competente registro imobiliário, relativamente aos bens imóveis;

II – nos órgãos ou entidades, onde, por força de lei, os bens móveis ou direitos sejam registrados ou controlados;

III – no Cartório de Títulos e Documentos e Registros Especiais do domicílio tributário do sujeito passivo, relativamente aos demais bens e direitos.

§ 6º As certidões de regularidade fiscal expedidas deverão conter informações quanto à existência de arrolamento.

§ 7º O disposto neste artigo só se aplica a soma de créditos de valor superior a R$ 500.000,00 (quinhentos mil reais). (Vide Decreto nº 7.573, de 2011)

§ 8º Liquidado, antes do seu encaminhamento para inscrição em Dívida Ativa, o crédito tributário que tenha motivado o arrolamento, a autoridade competente da Secretaria da Receita Federal comunicará o fato ao registro imobiliário, cartório, órgão ou entidade competente de registro e controle, em que o termo de arrolamento tenha sido registrado, nos termos do § 5º, para que sejam anulados os efeitos do arrolamento.

§ 9º Liquidado ou garantido, nos termos da Lei nº 6.830, de 22 de setembro de 1980, o crédito tributário que tenha motivado o arrolamento, após seu encaminhamento para inscrição em Dívida Ativa, a comunicação de que trata o parágrafo anterior será feita pela autoridade competente da Procuradoria da Fazenda Nacional.

§ 10. Fica o Poder Executivo autorizado a aumentar ou restabelecer o limite de que trata o § 7º deste artigo. *(Incluído pela Lei nº 11.941, de 2009)*

§ 11. Os órgãos de registro público onde os bens e direitos foram arrolados possuem o prazo de 30 (trinta) dias para liberá-los, contados a partir do protocolo de cópia do documento comprobatório da comunicação aos órgãos fazendários, referido no § 3º deste artigo. *(Incluído pela Lei nº 12.973, de 2014)*

§ 12. A autoridade fiscal competente poderá, a requerimento do sujeito passivo, substituir bem ou direito arrolado por outro que seja de valor igual ou superior, desde que respeitada a ordem de prioridade de bens a serem arrolados definida pela Secretaria da Receita Federal do Brasil, e seja realizada a avaliação do bem arrolado e do bem a ser substituído nos termos do § 2º do art. 64-A. *(Incluído pela Lei nº 13.043, de 2014)*

§ 13. No caso de fundações que prevejam em seu estatuto social que a alienação de imóveis depende de autorização do Ministério Público, serão contabilizados no limite de que trata o caput deste artigo apenas os créditos tributários inscritos em dívida ativa.

▸ *Inserido pela Lei Complementar 187, de 2021.*

Art. 64-A. O arrolamento de que trata o art. 64 recairá sobre bens e direitos suscetíveis de registro público, com prioridade aos imóveis, e em valor suficiente para cobrir o montante do crédito tributário de responsabilidade do sujeito passivo. *(Incluído pela Medida Provisória nº 2158-35, de 2001)*

§ 1º O arrolamento somente poderá alcançar outros bens e direitos para fins de complementar o valor referido no *caput*. *(Incluído pela Lei nº 12.973, de 2014)*

§ 2º Fica a critério do sujeito passivo, a expensas dele, requerer, anualmente, aos órgãos de registro público onde os bens e direitos estiverem arrolados, por petição fundamentada, avaliação dos referidos ativos, por perito indicado pelo próprio órgão de registro, a identificar o valor justo dos bens e direitos arrolados e evitar, deste modo, excesso de garantia. *(Incluído pela Lei nº 12.973, de 2014)*

Art. 65. Os arts. 1º e 2º da Lei nº 8.397, de 6 de janeiro de 1992, passam a vigorar com as seguintes alterações:

› *Alterações inseridas no texto da referida norma.*

Art. 66. O órgão competente do Ministério da Fazenda poderá intervir em instrumento ou negócio jurídico que depender de prova de inexistência de débito, para autorizar sua lavratura ou realização, desde que o débito seja pago por ocasião da lavratura do instrumento ou realização do negócio, ou seja oferecida garantia real suficiente, na forma estabelecida em ato do Ministro de Estado da Fazenda.

Art. 67. O Decreto nº 70.235, de 6 de março de 1972, que, por delegação do Decreto-Lei nº 822, de 5 de setembro de 1969, regula o processo administrativo de determinação e exigência de créditos tributários da União, passa a vigorar com as seguintes alterações:

*"**Art. 16** [...]*

§ 4º A prova documental será apresentada na impugnação, precluindo o direito de o impugnante fazê-lo em outro momento processual, a menos que:

a) fique demonstrada a impossibilidade de sua apresentação oportuna, por motivo de força maior;

b) refira-se a fato ou a direito superveniente;

c) destine-se a contrapor fatos ou razões posteriormente trazidas aos autos.

§ 5º A juntada de documentos após a impugnação deverá ser requerida à autoridade julgadora, mediante petição em que se demonstre, com fundamentos, a ocorrência de uma das condições previstas nas alíneas do parágrafo anterior.

§ 6º Caso já tenha sido proferida a decisão, os documentos apresentados permanecerão nos autos para, se for interposto recurso, serem apreciados pela autoridade julgadora de segunda instância.»

*"**Art. 17.** Considerar-se-á não impugnada a matéria que não tenha sido expressamente contestada pelo impugnante."*

*"**Art. 23** [...]*

I – pessoal, pelo autor do procedimento ou por agente do órgão preparador, na repartição ou fora dela, provada com a assinatura do sujeito passivo, seu mandatário ou preposto, ou, no caso de recusa, com declaração escrita de quem o intimar;

II – por via postal, telegráfica ou por qualquer outro meio ou via, com prova de recebimento no domicílio tributário eleito pelo sujeito passivo.

[...]

§ 2º [...]

II – no caso do inciso II do caput deste artigo, na data do recebimento ou, se omitida, quinze dias após a data da expedição da intimação;

III – quinze dias após a publicação ou afixação do edital, se este for o meio utilizado.

§ 3º Os meios de intimação previstos nos incisos I e II deste artigo não estão sujeitos a ordem de preferência.

§ 4º Considera-se domicílio tributário eleito pelo sujeito passivo o do endereço postal, eletrônico ou de fax, por ele fornecido, para fins cadastrais, à Secretaria da Receita Federal."

*"**Art. 27.** Os processos remetidos para apreciação da autoridade julgadora de primeira instância deverão ser qualificados e identificados, tendo prioridade no julgamento aqueles em que estiverem presentes as circunstâncias de crime contra a ordem tributária ou de elevado valor, este definido em ato do Ministro de Estado da Fazenda.*

***Parágrafo único.** Os processos serão julgados na ordem e nos prazos estabelecidos em ato do Secretário da Receita Federal, observada a prioridade de que trata o caput deste artigo."*

*"**Art. 30** [...]*

§ 3º Atribuir-se-á eficácia aos laudos e pareceres técnicos sobre produtos, exarados em outros processos administrativos fiscais e transladados mediante certidão de inteiro teor ou cópia fiel, nos seguintes casos:

a) quando tratarem de produtos originários do mesmo fabricante, com igual denominação, marca e especificação;

b) quando tratarem de máquinas, aparelhos, equipamentos, veículos e outros produtos complexos de fabricação em série, do mesmo fabricante, com iguais especificações, marca e modelo."

*"**Art. 34** [...]*

I – exonerar o sujeito passivo do pagamento de tributo e encargos de multa de valor total (lançamento principal e decorrentes) a ser fixado em ato do Ministro de Estado da Fazenda."

Art. 68. Os processos em que estiverem presentes as circunstâncias de que trata o art. 27 do Decreto nº 70.235, de 1972, terão prioridade de tratamento, na forma estabelecida em ato do Ministro de Estado da Fazenda, na cobrança administrativa, no encaminhamento para inscrição em Dívida Ativa, na efetivação da inscrição e no ajuizamento das respectivas execuções fiscais.

Art. 69. As sociedades cooperativas de consumo, que tenham por objeto a compra e fornecimento de bens aos consumidores, sujeitam-se às mesmas normas de incidência dos impostos e contribuições de competência da União, aplicáveis às demais pessoas jurídicas.

Art. 70. Os dispositivos abaixo enumerados, da Lei nº 9.430, de 1996, passam a vigorar com a seguinte redação:

I – o § 2º do art. 44:

"§ 2º As multas a que se referem os incisos I e II do caput passarão a ser de cento e doze inteiros e cinco décimos por cento e duzentos e vinte e cinco por cento, respectivamente, nos casos de não atendimento pelo sujeito passivo, no prazo marcado, de intimação para:

a) prestar esclarecimentos;

b) apresentar os arquivos ou sistemas de que tratam os arts. 11 a 13 da Lei nº 8.218, de 29 de agosto de 1991, com as alterações introduzidas pelo art. 62 da Lei nº 8.383, de 30 de dezembro de 1991;

c) apresentar a documentação técnica de que trata o art. 38."

II – o art. 47:

*"**Art. 47.** A pessoa física ou jurídica submetida a ação fiscal por parte da Secretaria da Receita Federal poderá pagar, até o vigésimo dia subsequente à data de recebimento do termo de início de fiscalização, os tributos e contribuições já declarados, de que for sujeito passivo como contribuinte ou responsável, com os acréscimos legais aplicáveis nos casos de procedimento espontâneo."*

Art. 71. O disposto no art. 15 do Decreto-Lei nº 1.510, de 27 de dezembro de 1976, aplica-se, também, nas hipóteses de aquisições de imóveis por pessoas jurídicas.

Art. 72. O § 1º do art. 15 do Decreto-Lei nº 1.510, de 1976, passa a vigorar com a seguinte redação:

"§ 1º A comunicação deve ser efetuada em meio magnético aprovado pela Secretaria da Receita Federal."

Art. 73. O termo inicial para cálculo dos juros de que trata o § 4º do art. 39 da Lei nº 9.250, de 1995, é o mês subsequente ao do pagamento indevido ou a maior que o devido.

Art. 74. O art. 6º do Decreto-Lei nº 1.437, de 17 de dezembro de 1975, passa a vigorar com a seguinte alteração:

*"**Art. 6º** [...]*

***Parágrafo único.** O FUNDAF destinar-se-á, também, a fornecer recursos para custear:*

a) o funcionamento dos Conselhos de Contribuintes e da Câmara Superior de Recursos Fiscais do Ministério da Fazenda, inclusive o pagamento de despesas com diárias e passagens referentes aos deslocamentos de Conselheiros e da gratificação de presença de que trata o parágrafo único do art. 1º da Lei nº 5.708, de 4 de outubro de 1971;

b) projetos e atividades de interesse ou a cargo da Secretaria da Receita Federal, inclusive quando desenvolvidos por pessoa jurídica de direito público interno, organismo internacional ou administração fiscal estrangeira."

Art. 75. *(Revogado pela Lei nº 10.833, de 2003)*

Art. 76. O disposto nos arts. 43, 55 e 56 não se aplica a projetos aprovados ou protocolizados no órgão competente para a sua apreciação, até 14 de novembro de 1997.

§ 1º O disposto no art. 55 não se aplica a projetos de empresas a que se refere o art. 1º, § 1º, alínea "h", da Lei nº 9.449, de 14 de março de 1997, cuja produção seja destinada totalmente à exportação até 31 de dezembro de 2002. *(Incluído pela Lei nº 10.184, de 2001)*

§ 2º A empresa que usar do benefício previsto no parágrafo anterior e deixar de exportar a totalidade de sua produção no prazo ali estabelecido estará sujeita à multa de setenta por cento aplicada sobre o valor FOB do total das importações realizadas nos termos dos incisos I e II do art. 1º da Lei nº 9.449, de 1997. *(Incluído pela Lei nº 10.184, de 2001)*

Art. 77. A aprovação de novos projetos, inclusive de expansão, beneficiados com qualquer dos incentivos fiscais a que se referem o Decreto-Lei nº 288, de 28 de fevereiro de 1967, com as posteriores alterações, o Decreto-Lei nº 356, de 15 de agosto de 1968, o Decreto-Lei nº 1.435, de 16 de dezembro de 1975 e a Lei nº 8.387, de 30 de dezembro de 1991, fica condicionada à vigência de:

I – lei complementar que institua contribuição social de intervenção no domínio econômico, incidente sobre produtos importados do exterior pelos respectivos estabelecimentos beneficiados; e

II – lei específica, que disponha sobre critérios de aprovação de novos projetos, visando aos seguintes objetivos:

a) estímulo à produção de bens que utilizem, predominantemente, matérias-primas produzidas na Amazônia Ocidental;

b) prioridade à produção de partes, peças, componentes e matérias-primas, necessários para aumentar a integração da cadeia produtiva dos bens finais fabricados na Zona Franca de Manaus;

c) maior integração com o parque produtivo instalado em outros pontos do território nacional;

d) capacidade de inserção internacional do parque produtivo;

e) maior geração de emprego por unidade de renúncia fiscal estimada;

f) elevação dos níveis mínimos de agregação dos produtos oriundos de estabelecimentos localizados na Zona Franca de Manaus ou da Amazônia Ocidental.

§ 1º O disposto no *caput* deste artigo deixará de produzir efeitos se o Poder Executivo não encaminhar ao Congresso Nacional, até 15 de março de 1998, os projetos de lei de que trata este artigo.

§ 2º Ficam extintos, a partir de 1º de janeiro de 2074, os benefícios fiscais a que se referem os dispositivos legais mencionados no *caput* deste artigo. (Redação dada pela Lei nº 14.788, de 2023)

Art. 78. As obras fonográficas sujeitar-se-ão a selos e sinais de controle, sem ônus para o consumidor, com o fim de identificar a legítima origem e reprimir a produção e importação ilegais e a comercialização de contrafações, sob qualquer pretexto, observado para esse efeito o disposto em regulamento.

Art. 79. Os ganhos de capital na alienação de participações acionárias de propriedade de sociedades criadas pelos Estados, Municípios ou Distrito Federal, com o propósito específico de contribuir para o saneamento das finanças dos respectivos controladores, no âmbito de Programas de Privatização, ficam isentos do imposto sobre renda e proventos de qualquer natureza.

Parágrafo único. A isenção de que trata este artigo fica condicionada à aplicação exclusiva do produto da alienação das participações acionárias no pagamento de dívidas dos Estados, Municípios ou Distrito Federal.

Art. 80. Aos atos praticados com base na Medida Provisória nº 1.602, de 14 de novembro de 1997, e aos fatos jurídicos dela decorrentes, aplicam-se as disposições nela contidas.

Art. 81. Esta Lei entra em vigor na data de sua publicação, produzindo efeitos:

I – nessa data, em relação aos arts. 9º, 37 a 42, 44 a 54, 64 a 68, 74 e 75;

II – a partir de 1º de janeiro de 1998, em relação aos demais dispositivos dela constantes.

Art. 82. Ficam revogados:

I – a partir da data de publicação desta Lei:

a) os seguintes dispositivos da Lei nº 4.502, de 1964:

1. o inciso IV acrescentado ao art. 4º pelo Decreto-Lei nº 1.199, de 27 de dezembro de 1971, art. 5º, alteração 1ª; (Vide Decreto-Lei nº 1.199, de 1971)

2. os incisos X, XIV e XX do art. 7º;

3. os incisos XI, XIII, XXI, XXII, XXV, XXVII, XXIX, XXX, XXXI, XXXII, XXXIII, XXXIV e XXXV do art. 7º, com as alterações do Decreto-Lei nº 34, de 1966, art. 2º, alteração 3ª;

4. o parágrafo único do art. 15, acrescentado pelo art. 2º, alteração sexta, do Decreto-Lei nº 34, de 1966;

5. o § 3º do art. 83, acrescentado pelo art. 1º, alteração terceira, do Decreto-Lei nº 400, de 1968;

6. o § 2º do art. 84, renumerado pelo art. 2º, alteração vigésima-quarta, do Decreto-Lei nº 34, de 1966;

b) o art. 58 da Lei nº 5.227, de 18 de janeiro de 1967;

c) o art. 1º do Decreto-Lei nº 1.276, de 1º de junho de 1973;

d) o § 1º do art. 18 da Lei nº 6.099, de 12 de setembro de 1974;

e) o art. 7º do Decreto-Lei nº 1.455, de 7 de abril de I976;

f) o Decreto-Lei nº 1.568, de 2 de agosto de 1977;

g) os incisos IV e V do art. 4º, o art. 5º, o art. 10 e os incisos II, III, VI e VIII do art. 19, todos do Decreto-Lei nº 1.593, de 21 de dezembro de 1977;

h) o Decreto-Lei nº 1.622, de 18 de abril de 1978;

i) o art. 2º da Lei nº 8.393, de 30 de dezembro de 1991;

j) o inciso VII do art. 1º da Lei nº 8.402, de 1992;

l) o art. 4º da Lei nº 8.541, de 23 de dezembro de 1992;

m) os arts. 3º e 4º da Lei nº 8.846, de 21 de janeiro de 1994;

n) o art. 39 da Lei nº 9.430, de 1996;

II – a partir de 1º de janeiro de 1998:

a) o art. 28 do Decreto-Lei nº 5.844, de 23 de setembro de 1943;

b) o art. 30 da Lei nº 4.506, de 30 de novembro de 1964;

c) o § 1º do art. 260, da Lei nº 8.069, de 13 de julho de 1990;

d) os §§ 1º a 4º do art. 40 da Lei nº 8.672, de 6 de julho de 1993;

e) o art. 10 da Lei nº 9.477, de 1997;

f) o art. 3º da Lei nº 7.418, de 16 de dezembro de 1985, renumerado pelo art. 1º da Lei nº 7.619, de 30 de setembro de 1987. *(Redação dada pela Medida Provisória nº 2.189-49, de 2001)*

Brasília, 10 de dezembro de 1997;
176º da Independência e 109º da República.
FERNANDO HENRIQUE CARDOSO
(DOU de 11.12.1997)

LEI Nº 9.613, DE 3 DE MARÇO DE 1998

Dispõe sobre os crimes de "lavagem" ou ocultação de bens, direitos e valores; a prevenção da utilização do sistema financeiro para os ilícitos previstos nesta Lei; cria o Conselho de Controle de Atividades Financeiras - COAF, e dá outras providências

- *Vide Resolução COAF 31/2019*
- *Vide Resolução COAF 40/2021*
- *Vide Provimento CNJ 108/2020 (Envio de dados estatísticos pelas Corregedorias-Gerais de Justiça dos Estados e do Distrito Federal, relativos à fiscalização das obrigações impostas a notários e registradores de todo o Brasil)*
- *Vide Provimento CNJ 161/2024 (Lavagem de Dinheiro), incorporado aos arts.137 a 181 do Provimento CNJ n. 149/2023 (CNN)*

O PRESIDENTE DA REPÚBLICA

Faço saber que o Congresso Nacional decreta e eu sanciono a seguinte Lei:

CAPÍTULO I – DOS CRIMES DE "LAVAGEM" OU OCULTAÇÃO DE BENS, DIREITOS E VALORES

Art. 1º Ocultar ou dissimular a natureza, origem, localização, disposição, movimentação ou propriedade de bens, direitos ou valores provenientes, direta ou indiretamente, de infração penal. *("Caput" do artigo com redação dada pela Lei nº 12.683, de 9/7/2012)*

I a VIII - *(Revogados pela Lei nº 12.683, de 9/7/2012)*

Pena: reclusão, de 3 (três) a 10 (dez) anos, e multa. *(Pena com redação dada pela Lei nº 12.683, de 9/7/2012)*

§ 1º Incorre na mesma pena quem, para ocultar ou dissimular a utilização de bens, direitos ou valores provenientes de infração penal: *(Parágrafo com redação dada pela Lei nº 12.683, de 9/7/2012)*

I - os converte em ativos lícitos;

II - os adquire, recebe, troca, negocia, dá ou recebe em garantia, guarda, tem em depósito, movimenta ou transfere;

III - importa ou exporta bens com valores não correspondentes aos verdadeiros.

§ 2º Incorre, ainda, na mesma pena quem: *(Parágrafo com redação dada pela Lei nº 12.683, de 9/7/2012)*

I - utiliza, na atividade econômica ou financeira, bens, direitos ou valores provenientes de infração penal; *(Inciso com redação dada pela Lei nº 12.683, de 9/7/2012)*

II - participa de grupo, associação ou escritório tendo conhecimento de que sua atividade principal ou secundária é dirigida à prática de crimes previstos nesta Lei.

§ 3º A tentativa é punida nos termos do parágrafo único do art. 14 do Código Penal.

§ 4º A pena será aumentada de 1/3 (um terço) a 2/3 (dois terços) se os crimes definidos nesta Lei forem cometidos de forma reiterada, por intermédio de organização criminosa ou por meio da utilização de ativo virtual. *(Parágrafo com redação dada pela Lei nº 14.478, de 21/12/2022, publicada no DOU de 22/12/2022)*

§ 5º A pena poderá ser reduzida de um a dois terços e ser cumprida em regime aberto ou semiaberto, facultando-se ao juiz deixar de aplicá-la ou substituí-la, a qualquer tempo, por pena restritiva de direitos, se o autor, coautor ou partícipe colaborar espontaneamente com as autoridades, prestando esclarecimentos que conduzam à apuração das infrações penais, à identificação dos autores, coautores e partícipes, ou à localização dos bens, direitos ou valores objeto do crime. *(Parágrafo com redação dada pela Lei nº 12.683, de 9/7/2012)*

§ 6º Para a apuração do crime de que trata este artigo, admite-se a utilização da ação controlada e da infiltração de agentes. *(Parágrafo acrescido pela Lei nº 13.964, de 24/12/2019, publicada na Edição Extra do DOU de 24/12/2019)*

CAPÍTULO II – DISPOSIÇÕES PROCESSUAIS ESPECIAIS

Art. 2º O processo e julgamento dos crimes previstos nesta Lei:

I - obedecem às disposições relativas ao procedimento comum dos crimes punidos com reclusão, da competência do juiz singular;

II - independem do processo e julgamento das infrações penais antecedentes, ainda que praticados em outro país, cabendo ao juiz competente para os crimes previstos nesta Lei a decisão sobre a unidade de processo e julgamento; *(Inciso com redação dada pela Lei nº 12.683, de 9/7/2012)*

III - são da competência da Justiça Federal:

a) quando praticados contra o sistema financeiro e a ordem econômico-financeira, ou em detrimento de bens, serviços ou interesses da União, ou de suas entidades autárquicas ou empresas públicas;

b) quando a infração penal antecedente for de competência da Justiça Federal. *(Alínea com redação dada pela Lei nº 12.683, de 9/7/2012)*

§ 1º A denúncia será instruída com indícios suficientes da existência da infração penal antecedente, sendo puníveis os fatos previstos nesta Lei, ainda que desconhecido ou isento de pena o autor, ou extinta a punibilidade da infração penal antecedente. *(Parágrafo com redação dada pela Lei nº 12.683, de 9/7/2012)*

§ 2º No processo por crime previsto nesta Lei, não se aplica o disposto no art. 366 do Decreto-Lei nº 3.689, de 3 de outubro de 1941 (Código de Processo Penal), devendo o acusado que não comparecer nem constituir advogado ser citado por edital, prosseguindo o feito até o julgamento, com a nomeação de defensor dativo. *(Parágrafo com redação dada pela Lei nº 12.683, de 9/7/2012)*

Art. 3º *(Revogado pela Lei nº 12.683, de 9/7/2012)*

Art. 4º O juiz, de ofício, a requerimento do Ministério Público ou mediante representação do delegado de polícia, ouvido o Ministério Público em 24 (vinte e quatro) horas, havendo indícios suficientes de infração penal, poderá decretar medidas assecuratórias de bens, direitos ou valores do investigado ou acusado, ou existentes em nome de interpostas pessoas, que sejam instrumento, produto ou proveito dos crimes previstos nesta Lei ou das infrações penais antecedentes. *("Caput" do artigo com redação dada pela Lei nº 12.683, de 9/7/2012)*

§ 1º Proceder-se-á à alienação antecipada para preservação do valor dos bens sempre que estiverem sujeitos a qualquer grau de deterioração ou depreciação, ou quando houver dificuldade para sua manutenção. *(Parágrafo com redação dada pela Lei nº 12.683, de 9/7/2012)*

§ 2º O juiz determinará a liberação total ou parcial dos bens, direitos e valores quando comprovada a licitude de sua origem, mantendo-se a constrição dos bens, direitos e valores necessários e suficientes à reparação dos danos e ao pagamento de prestações pecuniárias, multas e custas decorrentes da infração penal. *(Parágrafo com redação dada pela Lei nº 12.683, de 9/7/2012)*

§ 3º Nenhum pedido de liberação será conhecido sem o comparecimento pessoal do acusado ou de interposta pessoa a que se refere o *caput* deste artigo, podendo o juiz determinar a prática de atos necessários à conservação de bens, direitos ou valores, sem prejuízo do disposto no § 1º. *(Parágrafo com redação dada pela Lei nº 12.683, de 9/7/2012)*

§ 4º Poderão ser decretadas medidas assecuratórias sobre bens, direitos ou valores para reparação do dano decorrente da infração penal antecedente ou da prevista nesta Lei ou para pagamento de prestação pecuniária, multa e custas. *(Parágrafo com redação dada pela Lei nº 12.683, de 9/7/2012)*

Art. 4º-A. A alienação antecipada para preservação de valor de bens sob constrição será decretada pelo juiz, de ofício, a requerimento do Ministério Público ou por solicitação da parte interessada, mediante petição autônoma, que será autuada em apartado e cujos autos terão tramitação em separado em relação ao processo principal.

§ 1º O requerimento de alienação deverá conter a relação de todos os demais bens, com a descrição e a especificação de cada um deles, e informações sobre quem os detém e local onde se encontram.

§ 2º O juiz determinará a avaliação dos bens, nos autos apartados, e intimará o Ministério Público.

§ 3º Feita a avaliação e dirimidas eventuais divergências sobre o respectivo laudo, o juiz, por sentença, homologará o valor atribuído aos bens e determinará sejam alienados em leilão ou pregão, preferencialmente eletrônico, por valor não inferior a 75% (setenta e cinco por cento) da avaliação.

§ 4º Realizado o leilão, a quantia apurada será depositada em conta judicial remunerada, adotando-se a seguinte disciplina:

I - nos processos de competência da Justiça Federal e da Justiça do Distrito Federal:

a) os depósitos serão efetuados na Caixa Econômica Federal ou em instituição financeira pública, mediante documento adequado para essa finalidade;

b) os depósitos serão repassados pela Caixa Econômica Federal ou por outra instituição financeira pública para a Conta Única do Tesouro Nacional, independentemente de qualquer formalidade, no prazo de 24 (vinte e quatro) horas; e

c) os valores devolvidos pela Caixa Econômica Federal ou por instituição financeira pública serão debitados à Conta Única do Tesouro Nacional, em subconta de restituição;

II - nos processos de competência da Justiça dos Estados:

a) os depósitos serão efetuados em instituição financeira designada em lei, preferencialmente pública, de cada Estado ou, na sua ausência, em instituição financeira pública da União;

b) os depósitos serão repassados para a conta única de cada Estado, na forma da respectiva legislação.

§ 5º Mediante ordem da autoridade judicial, o valor do depósito, após o trânsito em julgado da sentença proferida na ação penal, será:

I - em caso de sentença condenatória, nos processos de competência da Justiça Federal e da Justiça do Distrito Federal, incorporado definitivamente ao patrimônio da União, e, nos processos de competência da Justiça Estadual, incorporado ao patrimônio do Estado respectivo;

II - em caso de sentença absolutória extintiva de punibilidade, colocado à disposição do réu pela instituição financeira, acrescido da remuneração da conta judicial.

§ 6º A instituição financeira depositária manterá controle dos valores depositados ou devolvidos.

§ 7º Serão deduzidos da quantia apurada no leilão todos os tributos e multas incidentes sobre o bem alienado, sem prejuízo de iniciativas que, no âmbito da competência de cada ente da Federação, venham a desonerar bens sob constrição judicial daqueles ônus.

§ 8º Feito o depósito a que se refere o § 4º deste artigo, os autos da alienação serão apensados aos do processo principal.

§ 9º Terão apenas efeito devolutivo os recursos interpostos contra as decisões proferidas no curso do procedimento previsto neste artigo.

§ 10. Sobrevindo o trânsito em julgado de sentença penal condenatória, o juiz decretará, em favor, conforme o caso, da União ou do Estado:

I - a perda dos valores depositados na conta remunerada e da fiança;

II - a perda dos bens não alienados antecipadamente e daqueles aos quais não foi dada destinação prévia; e

III - a perda dos bens não reclamados no prazo de 90 (noventa) dias após o trânsito em julgado da sentença condenatória, ressalvado o direito de lesado ou terceiro de boa-fé.

§ 11. Os bens a que se referem os incisos II e III do § 10 deste artigo serão adjudicados ou levados a leilão, depositando-se o saldo na conta única do respectivo ente.

§ 12. O juiz determinará ao registro público competente que emita documento de habilitação à circulação e utilização dos bens colocados sob o uso e custódia das entidades a que se refere o *caput* deste artigo.

§ 13. Os recursos decorrentes da alienação antecipada de bens, direitos e valores oriundos do crime de tráfico ilícito de drogas e que tenham sido objeto de dissimulação e ocultação nos termos desta Lei permanecem submetidos à disciplina definida em lei específica. *(Artigo acrescido pela Lei nº 12.683, de 9/7/2012)*

Art. 4º-B. A ordem de prisão de pessoas ou as medidas assecuratórias de bens, direitos ou valores poderão ser suspensas pelo juiz, ouvido o Ministério Público, quando a sua execução imediata puder comprometer as investigações. *(Artigo acrescido pela Lei nº 12.683, de 9/7/2012)*

Art. 5º Quando as circunstâncias o aconselharem, o juiz, ouvido o Ministério Público, nomeará pessoa física ou jurídica qualificada para a administração dos bens, direitos ou valores sujeitos a medidas assecuratórias, mediante termo de compromisso. *(Artigo com redação dada pela Lei nº 12.683, de 9/7/2012)*

Art. 6º A pessoa responsável pela administração dos bens: *("Caput" do artigo com redação dada pela Lei nº 12.683, de 9/7/2012)*

I - fará jus a uma remuneração, fixada pelo juiz, que será satisfeita com o produto dos bens objeto da administração;

II - prestará, por determinação judicial, informações periódicas da situação dos bens sob sua administração, bem como explicações e detalhamentos sobre investimentos e reinvestimentos realizados.

Parágrafo único. Os atos relativos à administração dos bens sujeitos a medidas assecuratórias serão levados ao conhecimento do Ministério Público, que requererá o que entender cabível. *(Parágrafo único com redação dada pela Lei nº 12.683, de 9/7/2012)*

CAPÍTULO III – DOS EFEITOS DA CONDENAÇÃO

Art. 7º São efeitos da condenação, além dos previstos no Código Penal:

I - a perda, em favor da União - e dos Estados, nos casos de competência da Justiça Estadual -, de todos os bens, direitos e valores relacionados, direta ou indiretamente, à prática dos crimes previstos nesta Lei, inclusive aqueles utilizados para prestar a fiança, ressalvado o direito do lesado ou de terceiro de boa-fé; *(Inciso com redação dada pela Lei nº 12.683, de 9/7/2012)*

▸ *Vide ADPF 569.*

II - a interdição do exercício de cargo ou função pública de qualquer natureza e de diretor, de membro de conselho de administração ou de gerência das pessoas jurídicas referidas no art. 9º, pelo dobro do tempo da pena privativa de liberdade aplicada.

§ 1º A União e os Estados, no âmbito de suas competências, regulamentarão a forma de destinação dos bens, direitos e valores cuja perda houver sido declarada, assegurada, quanto aos processos de competência da Justiça Federal, a sua utilização pelos órgãos federais encarregados da prevenção, do combate, da ação penal e do julgamento dos crimes previstos nesta Lei, e, quanto aos processos de competência da Justiça Estadual, a preferência dos órgãos locais com idêntica função. *(Parágrafo acrescido pela Lei nº 12.683, de 9/7/2012)*

▸ *Vide ADPF 569.*

§ 2º Os instrumentos do crime sem valor econômico cuja perda em favor da União ou do Estado for decretada serão inutilizados ou doados a museu criminal ou a entidade pública, se houver interesse na sua conservação. *(Parágrafo acrescido pela Lei nº 12.683, de 9/7/2012)*

CAPÍTULO IV – DOS BENS, DIREITOS OU VALORES ORIUNDOS DE CRIMES PRATICADOS NO ESTRANGEIRO

Art. 8º O juiz determinará, na hipótese de existência de tratado ou convenção internacional e por solicitação de autoridade estrangeira competente, medidas assecuratórias sobre bens, direitos ou valores oriundos de crimes descritos no art. 1º praticados no estrangeiro. *("Caput" do artigo com redação dada pela Lei nº 12.683, de 9/7/2012)*

§ 1º Aplica-se o disposto neste artigo, independentemente de tratado ou convenção internacional, quando o governo do país da autoridade solicitante prometer reciprocidade ao Brasil.

§ 2º Na falta de tratado ou convenção, os bens, direitos ou valores privados sujeitos a medidas assecuratórias por solicitação de autoridade estrangeira competente ou os recursos provenientes da sua alienação serão repartidos entre o Estado requerente e o Brasil, na proporção de metade, ressalvado o direito do lesado ou de terceiro de boa-fé. *(Parágrafo com redação dada pela Lei nº 12.683, de 9/7/2012)*

CAPÍTULO V – DAS PESSOAS SUJEITAS AO MECANISMO DE CONTROLE

(Denominação do capítulo com redação dada pela Lei nº 12.683, de 9/7/2012)

Art. 9º Sujeitam-se às obrigações referidas nos arts. 10 e 11 as pessoas físicas e jurídicas que tenham, em caráter permanente ou eventual, como atividade principal ou acessória, cumulativamente ou não: *("Caput" do artigo com redação dada pela Lei nº 12.683, de 9/7/2012)*

I - a captação, intermediação e aplicação de recursos financeiros de terceiros, em moeda nacional ou estrangeira;

II - a compra e venda de moeda estrangeira ou ouro como ativo financeiro ou instrumento cambial;

III - a custódia, emissão, distribuição, liqüidação, negociação, intermediação ou administração de títulos ou valores mobiliários.

Parágrafo único. Sujeitam-se às mesmas obrigações:

I - as bolsas de valores, as bolsas de mercadorias ou futuros e os sistemas de negociação do mercado de balcão organizado; *(Inciso com redação dada pela Lei nº 12.683, de 9/7/2012)*

II - as seguradoras, as corretoras de seguros e as entidades de previdência complementar ou de capitalização;

III - as administradoras de cartões de credenciamento ou cartões de crédito, bem como as administradoras de consórcios para aquisição de bens ou serviços;

IV - as administradoras ou empresas que se utilizem de cartão ou qualquer outro meio eletrônico, magnético ou equivalente, que permita a transferência de fundos;

V - as empresas de arrendamento mercantil (*leasing*), as empresas de fomento comercial (*factoring*) e as Empresas Simples de Crédito (ESC); *(Inciso com redação dada pela Lei Complementar nº 167, de 24/4/2019)*

VI - as sociedades que, mediante sorteio, método assemelhado, exploração de loterias, inclusive de apostas de quota fixa, ou outras sistemáticas de captação de apostas com pagamento de prêmios, realizem distribuição de dinheiro, de bens móveis, de bens imóveis e de outras mercadorias ou serviços, bem como concedam descontos na sua aquisição ou contratação; *(Inciso com redação dada pela Lei nº 14.183, de 14/7/2021)*

VII - as filiais ou representações de entes estrangeiros que exerçam no Brasil qualquer das atividades listadas neste artigo, ainda que de forma eventual;

VIII - as demais entidades cujo funcionamento dependa de autorização de órgão regulador dos mercados financeiro, de câmbio, de capitais e de seguros;

IX - as pessoas físicas ou jurídicas, nacionais ou estrangeiras, que operem no Brasil como agentes, dirigentes, procuradoras, comissionárias ou por qualquer forma representem interesses de ente estrangeiro que exerça qualquer das atividades referidas neste artigo;

X - as pessoas físicas ou jurídicas que exerçam atividades de promoção imobiliária ou compra e venda de imóveis; *(Inciso com redação dada pela Lei nº 12.683, de 9/7/2012)*

XI - as pessoas físicas ou jurídicas que comercializem jóias, pedras e metais preciosos, objetos de arte e antiguidades;

XII - as pessoas físicas ou jurídicas que comercializem bens de luxo ou de alto valor, intermedeiem a sua comercialização ou exerçam atividades que envolvam grande volume de recursos em espécie; *(Inciso acrescido pela Lei nº 10.701, de 9/7/2003, e com nova redação dada pela Lei nº 12.683, de 9/7/2012)*

XIII - as juntas comerciais e os registros públicos; *(Inciso acrescido pela Lei nº 12.683, de 9/7/2012)*

XIV - as pessoas físicas ou jurídicas que prestem, mesmo que eventualmente, serviços de assessoria, consultoria, contadoria, auditoria, aconselhamento ou assistência, de qualquer natureza, em operações:

a) de compra e venda de imóveis, estabelecimentos comerciais ou industriais ou participações societárias de qualquer natureza;

b) de gestão de fundos, valores mobiliários ou outros ativos;

c) de abertura ou gestão de contas bancárias, de poupança, investimento ou de valores mobiliários;

d) de criação, exploração ou gestão de sociedades de qualquer natureza, fundações, fundos fiduciários ou estruturas análogas;

e) financeiras, societárias ou imobiliárias; e

f) de alienação ou aquisição de direitos sobre contratos relacionados a atividades desportivas ou artísticas profissionais; *(Inciso acrescido pela Lei nº 12.683, de 9/7/2012)*

XV - pessoas físicas ou jurídicas que atuem na promoção, intermediação, comercialização, agenciamento ou negociação de direitos de transferência de atletas, artistas ou feiras, exposições ou eventos similares; *(Inciso acrescido pela Lei nº 12.683, de 9/7/2012)*

XVI - as empresas de transporte e guarda de valores; *(Inciso acrescido pela Lei nº 12.683, de 9/7/2012)*

XVII - as pessoas físicas ou jurídicas que comercializem bens de alto valor de origem rural ou animal ou intermedeiem a sua comercialização; e *(Inciso acrescido pela Lei nº 12.683, de 9/7/2012)*

XVIII - as dependências no exterior das entidades mencionadas neste artigo, por meio de sua matriz no Brasil, relativamente a residentes no País. *(Inciso acrescido pela Lei nº 12.683, de 9/7/2012)*

XIX - as prestadoras de serviços de ativos virtuais. *(Inciso acrescido pela Lei nº 14.478, de 21/12/2022)*

CAPÍTULO VI – DA IDENTIFICAÇÃO DOS CLIENTES E MANUTENÇÃO DE REGISTROS

Art. 10. As pessoas referidas no art. 9º:

I - identificarão seus clientes e manterão cadastro atualizado, nos termos de instruções emanadas das autoridades competentes;

II - manterão registro de toda transação em moeda nacional ou estrangeira, títulos e valores mobiliários, títulos de crédito, metais, ativos virtuais, ou qualquer ativo passível de ser convertido em dinheiro, que ultrapassar limite fixado pela autoridade competente e nos termos de instruções por esta expedidas; *(Inciso com redação dada pela Lei nº 14.478, de 21/12/2022, publicada no DOU de 22/12/2022)*

III - deverão adotar políticas, procedimentos e controles internos, compatíveis com seu porte e volume de operações, que lhes permitam atender ao disposto neste artigo e no art. 11, na forma disciplinada pelos órgãos competentes; *(Inciso acrescido pela Lei nº 12.683, de 9/7/2012)*

IV - deverão cadastrar-se e manter seu cadastro atualizado no órgão regulador ou fiscalizador e, na falta deste, no Conselho de Controle de Atividades Financeiras (Coaf), na forma e condições por eles estabelecidas; *(Inciso acrescido pela Lei nº 12.683, de 9/7/2012)*

V - deverão atender às requisições formuladas pelo Coaf na periodicidade, forma e condições por ele estabelecidas, cabendo-lhe preservar, nos termos da lei, o sigilo das informações prestadas. *(Primitivo inciso III renumerado e com redação dada pela Lei nº 12.683, de 9/7/2012)*

§ 1º Na hipótese de o cliente constituir-se em pessoa jurídica, a identificação referida no inciso I deste artigo deverá abranger as pessoas físicas autorizadas a representá-la, bem como seus proprietários.

§ 2º Os cadastros e registros referidos nos incisos I e II deste artigo deverão ser conservados durante o período mínimo de cinco anos a partir do encerramento da conta ou da conclusão da transação, prazo este que poderá ser ampliado pela autoridade competente.

§ 3º O registro referido no inciso II deste artigo será efetuado também quando a pessoa física ou jurídica, seus entes ligados, houver realizado, em um mesmo mês-calendário, operações com uma mesma pessoa, conglomerado ou grupo que, em seu conjunto, ultrapassem o limite fixado pela autoridade competente.

Art. 10-A. O Banco Central manterá registro centralizado formando o cadastro geral de correntistas e clientes de instituições financeiras, bem como de seus procuradores. *(Artigo acrescido pela Lei nº 10.701, de 9/7/2003)*

CAPÍTULO VII – DA COMUNICAÇÃO DE OPERAÇÕES FINANCEIRAS

Art. 11. As pessoas referidas no art. 9º:

I - dispensarão especial atenção às operações que, nos termos de instruções emanadas das autoridades competentes, possam constituir-se em sérios indícios dos crimes previstos nesta Lei, ou com eles relacionar-se;

II - deverão comunicar ao Coaf, abstendo-se de dar ciência de tal ato a qualquer pessoa, inclusive àquela à qual se refira a informação, no prazo de 24 (vinte e quatro) horas, a proposta ou realização: *(Inciso com redação dada pela Lei nº 12.683, de 9/7/2012)*

a) de todas as transações referidas no inciso II do art. 10, acompanhadas da identificação de que trata o inciso I do mencionado artigo; e *(Alínea com redação dada pela Lei nº 12.683, de 9/7/2012)*

b) das operações referidas no inciso I; *(Alínea com redação dada pela Lei nº 12.683, de 9/7/2012)*

III - deverão comunicar ao órgão regulador ou fiscalizador da sua atividade ou, na sua falta, ao Coaf, na periodicidade, forma e condições por eles estabelecidas, a não ocorrência de propostas, transações ou operações passíveis de serem comunicadas nos termos do inciso II. *(Inciso acrescido pela Lei nº 12.683, de 9/7/2012)*

§ 1º As autoridades competentes, nas instruções referidas no inciso I deste artigo, elaborarão relação de operações que, por suas características, no que se refere às partes envolvidas, valores, forma de realização, instrumentos utilizados, ou pela falta de fundamento econômico ou legal, possam configurar a hipótese nele prevista.

§ 2º As comunicações de boa-fé, feitas na forma prevista neste artigo, não acarretarão responsabilidade civil ou administrativa.

§ 3º O Coaf disponibilizará as comunicações recebidas com base no inciso II do *caput* aos respectivos órgãos responsáveis pela regulação ou fiscalização das pessoas a que se refere o art. 9º. *(Parágrafo com redação dada pela Lei nº 12.683, de 9/7/2012)*

Art. 11-A. As transferências internacionais e os saques em espécie deverão ser previamente comunicados à instituição financeira, nos termos, limites, prazos e condições fixados pelo Banco Central do Brasil. *(Artigo acrescido pela Lei nº 12.683, de 9/7/2012)*

CAPÍTULO VIII – DA RESPONSABILIDADE ADMINISTRATIVA

Art. 12. Às pessoas referidas no art. 9º, bem como aos administradores das pessoas jurídicas, que deixem de cumprir as obrigações previstas nos arts. 10 e 11 serão aplicadas, cumulativamente ou não, pelas autoridades competentes, as seguintes sanções:

- *Vide Provimento CNJ 108/2020 (Envio de Dados Estatísticos)*

I - advertência;

II - multa pecuniária variável não superior: *(Inciso com redação dada pela Lei nº 12.683, de 9/7/2012)*

a) ao dobro do valor da operação; *(Alínea acrescida pela Lei nº 12.683, de 9/7/2012)*

b) ao dobro do lucro real obtido ou que presumivelmente seria obtido pela realização da operação; ou *(Alínea acrescida pela Lei nº 12.683, de 9/7/2012)*

c) ao valor de R$ 20.000.000,00 (vinte milhões de reais); *(Alínea acrescida pela Lei nº 12.683, de 9/7/2012)*

III - inabilitação temporária, pelo prazo de até dez anos, para o exercício do cargo de administrador das pessoas jurídicas referidas no art. 9º;

IV - cassação ou suspensão da autorização para o exercício de atividade, operação ou funcionamento. *(Inciso com redação dada pela Lei nº 12.683, de 9/7/2012)*

§ 1º A pena de advertência será aplicada por irregularidade no cumprimento das instruções referidas nos incisos I e II do art. 10.

§ 2º A multa será aplicada sempre que as pessoas referidas no art. 9º, por culpa ou dolo: *(Parágrafo com redação dada pela Lei nº 12.683, de 9/7/2012)*

I - deixarem de sanar as irregularidades objeto de advertência, no prazo assinalado pela autoridade competente;

II - não cumprirem o disposto nos incisos I a IV do art. 10; *(Inciso com redação dada pela Lei nº 12.683, de 9/7/2012)*

III - deixarem de atender, no prazo estabelecido, a requisição formulada nos termos do inciso V do art. 10; *(Inciso com redação dada pela Lei nº 12.683, de 9/7/2012)*

IV - descumprirem a vedação ou deixarem de fazer a comunicação a que se refere o art. 11.

§ 3º A inabilitação temporária será aplicada quando forem verificadas infrações graves quanto ao cumprimento das obrigações constantes desta Lei ou quando ocorrer reincidência específica, devidamente caracterizada em transgressões anteriormente punidas com multa.

§ 4º A cassação da autorização será aplicada nos casos de reincidência específica de infrações anteriormente punidas com a pena prevista no inciso III do *caput* deste artigo.

Art. 12-A. Ato do Poder Executivo federal regulamentará a disciplina e o funcionamento do Cadastro Nacional de Pessoas Expostas Politicamente (CNPEP), disponibilizado pelo Portal da Transparência.

§ 1º Os órgãos e as entidades de quaisquer Poderes da União, dos Estados, do Distrito Federal e dos Municípios deverão encaminhar ao gestor CNPEP, na forma e na periodicidade definidas no regulamento de que trata o *caput* deste artigo, informações atualizadas sobre seus integrantes ou ex-integrantes classificados como pessoas expostas politicamente (PEPs) na legislação e regulação vigentes.

§ 2º As pessoas referidas no art. 9º desta Lei incluirão consulta ao CNPEP entre seus procedimentos para cumprimento das obrigações previstas nos arts. 10 e 11 desta Lei, sem prejuízo de outras diligências exigidas na forma da legislação.

§ 3º O órgão gestor do CNPEP indicará em transparência ativa, pela internet, órgãos e entidades que deixem de cumprir a obrigação prevista no § 1º deste artigo. *(Artigo acrescido pela Lei nº 14.478, de 21/12/2022, publicada no DOU de 22/12/2022)*

Art. 13. *(Revogado pela Medida Provisória nº 893, de 19/8/2019, convertida na Lei nº 13.974, de 7/1/2020)*

CAPÍTULO IX – DO CONSELHO DE CONTROLE DE ATIVIDADES FINANCEIRAS

Art. 14. É criado, no âmbito do Ministério da Fazenda, o Conselho de Controle de Atividades Financeiras – COAF, com a finalidade de disciplinar, aplicar penas administrativas, receber, examinar e identificar as ocorrências suspeitas de atividades ilícitas previstas nesta Lei, sem prejuízo da competência de outros órgãos e entidades.

§ 1º As instruções referidas no art. 10 destinadas às pessoas mencionadas no art. 9º, para as quais não exista órgão próprio fiscalizador ou regulador, serão expedidas pelo COAF, competindo-lhe, para esses casos, a definição das pessoas abrangidas e a aplicação das sanções enumeradas no art. 12.

§ 2º O COAF deverá, ainda, coordenar e propor mecanismos de cooperação e de troca de informações que viabilizem ações rápidas e eficientes no combate à ocultação ou dissimulação de bens, direitos e valores.

§ 3º O COAF poderá requerer aos órgãos da Administração Pública as informações cadastrais bancárias e financeiras de pessoas envolvidas em atividades suspeitas. *(Parágrafo acrescido pela Lei nº 10.701, de 9/7/2003)*

Art. 15. O COAF comunicará às autoridades competentes para a instauração dos procedimentos cabíveis, quando concluir pela existência de crimes previstos nesta Lei, de fundados indícios de sua prática, ou de qualquer outro ilícito.

Arts. 16 e 17. *(Revogados pela Medida Provisória nº 893, de 19/8/2019, convertida na Lei nº 13.974, de 7/1/2020)*

CAPÍTULO X – DISPOSIÇÕES GERAIS

(Capítulo acrescido pela Lei nº 12.683, de 9/7/2012)

Art. 17-A. Aplicam-se, subsidiariamente, as disposições do Decreto-Lei nº 3.689, de 3 de outubro de 1941 (Código de Processo Penal), no que não forem incompatíveis com esta Lei. *(Artigo acrescido pela Lei nº 12.683, de 9/7/2012)*

Art. 17-B. A autoridade policial e o Ministério Público terão acesso, exclusivamente, aos dados cadastrais do investigado que informam qualificação pessoal, filiação e endereço, independentemente de autorização judicial, mantidos pela Justiça Eleitoral, pelas empresas telefônicas, pelas instituições financeiras, pelos provedores de internet e pelas administradoras de cartão de crédito. *(Artigo acrescido pela Lei nº 12.683, de 9/7/2012)*

Art. 17-C. Os encaminhamentos das instituições financeiras e tributárias em resposta às ordens judiciais de quebra ou transferência de sigilo deverão ser, sempre que determinado, em meio informático, e apresentados em arquivos que possibilitem a migração de informações para os autos do processo sem redigitação. *(Artigo acrescido pela Lei nº 12.683, de 9/7/2012)*

Art. 17-D. Em caso de indiciamento de servidor público, este será afastado, sem prejuízo de remuneração e demais direitos previstos em lei, até que o juiz competente autorize, em decisão fundamentada, o seu retorno. *(Artigo acrescido pela Lei nº 12.683, de 9/7/2012, e declarado inconstitucional em controle concentrado pelo Supremo Tribunal Federal pela ADI nº 4.911/2013, publicada no DOU de 2/12/2020)*

Art. 17-E. A Secretaria da Receita Federal do Brasil conservará os dados fiscais dos contribuintes pelo prazo mínimo de 5 (cinco) anos, contado a partir do início do exercício seguinte ao da declaração de renda respectiva ou ao do pagamento do tributo. *(Artigo acrescido pela Lei nº 12.683, de 9/7/2012)*

Art. 18. Esta Lei entra em vigor na data de sua publicação.

Brasília, 3 de março de 1998; 177º da Independência e 110º da República.
FERNANDO HENRIQUE CARDOSO
Iris Rezende
Luiz Felipe Lampreia
Pedro Malan
DOU 04.03.1998

LEI Nº 10.169, DE 29 DE DEZEMBRO DE 2000

Regula o § 2º do art. 236 da Constituição Federal, mediante o estabelecimento de normas gerais para a fixação de emolumentos relativos aos atos praticados pelos serviços notariais e de registro.

- *Art. 14, Lei 6.015/1973*
- *Art. 30, XV, Lei 8.935/1994*
- *Vide art. 98. IX, 514, V e 784, XI do Código de Processo Civil de 2015*
- *Vide art. 68-A, Lei 8.212/1991*
- *Vide Provimento CNJ n. 60/2017 (Energia Eólica), incorporado aos arts. 345 a 352, Provimento CNJ n. 149/2023 (CNN)*
- *Vide Provimento CNJ n. 127/2022 (SIPE)*
- *Vide Lei 14.756/2024 (Emolumentos dos serviços notariais e de registros públicos no âmbito do Distrito Federal e dos Territórios)*
- *Vide Enunciado 171, III Jornada de Direito Processual Civil do CJF*

O PRESIDENTE DA REPÚBLICA

Faço saber que o Congresso Nacional decreta e eu sanciono a seguinte Lei:

Art. 1º. Os Estados e o Distrito Federal fixarão o valor dos emolumentos relativos aos atos praticados pelos respectivos serviços notariais e de registro, observadas as normas desta Lei.

Parágrafo único. O valor fixado para os emolumentos deverá corresponder ao efetivo custo e à adequada e suficiente remuneração dos serviços prestados.

Art. 2º. Para a fixação do valor dos emolumentos, a Lei dos Estados e do Distrito Federal levará em conta a natureza pública e o caráter social dos serviços notariais e de registro, atendidas ainda as seguintes regras:

I – os valores dos emolumentos constarão de tabelas e serão expressos em moeda corrente do País;

II – os atos comuns aos vários tipos de serviços notariais e de registro serão remunerados por emolumentos específicos, fixados para cada espécie de ato;

III – os atos específicos de cada serviço serão classificados em:

a) atos relativos a situações jurídicas, sem conteúdo financeiro, cujos emolumentos atenderão às peculiaridades socioeconômicas de cada região;

b) atos relativos a situações jurídicas, com conteúdo financeiro, cujos emolumentos serão fixados mediante a observância de faixas que estabeleçam valores mínimos e máximos, nas quais enquadrar-se-á o valor constante do documento apresentado aos serviços notariais e de registro.

§ 1º Nos casos em que, por força de lei, devam ser utilizados valores decorrentes de avaliação judicial ou fiscal, esses serão os valores considerados para os fins do disposto na alínea "b" do inciso III do *caput* deste artigo.

- *Parágrafo acrescido pela Lei n. 13.986, de 7/4/2020, vetado pelo Presidente da República, mantido pelo Congresso Nacional e publicado no DOU de 20/8/2020*

§ 2º Os emolumentos devidos pela constituição de direitos reais de garantia mobiliária ou imobiliária destinados ao crédito rural não poderão exceder o menor dos seguintes valores:

- *Parágrafo acrescido pela Lei n. 13.986, de 7/4/2020, vetado pelo Presidente da República, mantido pelo Congresso Nacional e publicado no DOU de 20/8/2020*

I – 0,3% (zero vírgula três por cento) do valor do crédito concedido, incluída a taxa de fiscalização judicial, limitada a 5% (cinco por cento) do valor pago pelo usuário, vedados quaisquer outros acréscimos a título de taxas, custas e contribuições para o Estado ou Distrito Federal, carteira de previdência ou para associação de classe, criados ou que venham a ser criados sob qualquer título ou denominação; e

II – o valor respectivo previsto na tabela estadual definida em lei, observado que:

a) nos registros, quando 2 (dois) ou mais imóveis forem dados em garantia, situados ou não na mesma circunscrição imobiliária, tenham ou não igual valor, a base de cálculo dos atos será o resultado da divisão do valor do mútuo pelo número de imóveis, limitada ao potencial econômico de cada bem;

b) a averbação de aditivo de garantia real com liberação de crédito suplementar será cobrada conforme o disposto neste artigo e terá como base de cálculo o valor do referido crédito;

c) a averbação de aditivo que contenha outras alterações que não importem mudança no valor do crédito concedido é considerada ato sem conteúdo econômico;

d) os valores de cancelamento dos atos de que trata o *caput* deste parágrafo obedecerão ao previsto nas tabelas estaduais, até o limite máximo de 0,1% (zero vírgula um por cento) do valor do crédito concedido;

e) a prenotação, as indicações e os arquivamentos estão incluídos nos emolumentos devidos pelos registros de garantias reais previstas nesta Lei;

f) os emolumentos devidos pelo registro auxiliar de cédula ou nota de crédito e de produto rural, não garantida por hipoteca ou alienação fiduciária de bens imóveis, obedecerão ao previsto nas tabelas estaduais e não poderão exceder 0,3% (zero vírgula três por cento) do valor do crédito concedido, incluída a taxa de fiscalização judicial, limitada a 5% (cinco por cento) do valor pago pelo usuário, observadas as vedações estipuladas no inciso I deste parágrafo.

Art. 3º. É vedado:

I – *(vetado)*

II – fixar emolumentos em percentual incidente sobre o valor do negócio jurídico objeto dos serviços notariais e de registro;

III – cobrar das partes interessadas quaisquer outras quantias não expressamente previstas nas tabelas de emolumentos;

IV – cobrar emolumentos em decorrência da prática de ato de retificação ou que teve de ser refeito ou renovado em razão de erro imputável aos respectivos serviços notariais e de registro;

V – *(vetado)*

VI – impor ao registro e averbação de situações jurídicas em que haja a interveniência de produtor rural quaisquer acréscimos a título de taxas, custas e contribuições para o Estado ou Distrito Federal, carteira de previdência, fundo de custeio de atos gratuitos e fundos especiais do Tribunal de Justiça, bem como de associação de classe, ou outros que venham a ser criados.

- *Inciso acrescido pela Lei n. 13.986, de 7/4/2020, vetado pelo Presidente da República, mantido pelo Congresso Nacional e publicado no DOU de 20/8/2020*

Art. 4º. As tabelas de emolumentos serão publicadas nos órgãos oficiais das respectivas unidades da Federação, cabendo às autoridades competentes determinar a fiscalização do seu cumprimento e sua afixação obrigatória em local visível em cada serviço notarial e de registro.

- *Vide art. 30, VII, Lei n. 8.935/1994 (Notários e Registradores)*

Art. 5º. Quando for o caso, o valor dos emolumentos poderá sofrer reajuste, publicando-se as respectivas tabelas, até o último dia do ano, observado o princípio da anterioridade.

- *Vide art. 150, III, Constituição Federal*

Art. 6º. Os notários e os registradores darão recibo dos emolumentos percebidos, sem prejuízo da indicação definitiva e obrigatória dos respectivos valores à margem do documento entregue ao interessado, em conformidade com a tabela vigente ao tempo da prática do ato.

- *Vide art. 30 , IX, Lei n. 8.935/1994 (Notários e Registradores)*

Art. 7º. O descumprimento, pelos notários e registradores, do disposto nesta Lei sujeitá-los-á às penalidades previstas na Lei nº 8.935, de 18 de novembro de 1994, sem prejuízo da aplicação de outras sanções legais.

- *Vide arts. 31 a 36, Lei n. 8.935/1994 (Notários e Registradores)*
- *Vide Provimento CNJ n. 162/2024 (Termo de ajustamento de conduta – TAC)*
- *Vide art. 135-A, Provimento CNJ n. 149/2023 (CNN)*

Art. 8º. Os Estados e o Distrito Federal, no âmbito de sua competência, respeitado o prazo estabelecido no art. 9º desta Lei, estabelecerão forma de compensação aos registradores civis das pessoas naturais pelos atos gratuitos, por eles praticados, conforme estabelecido em lei federal.

Parágrafo único. O disposto no *caput* não poderá gerar ônus para o Poder Público.

Art. 9º. Os Estados e o Distrito Federal deverão proceder à revisão das tabelas de emolumentos atualmente em vigor, a fim de adaptá-las ao disposto nesta Lei, no prazo de noventa dias contado da data de sua vigência.

Parágrafo único. Até a publicação das novas tabelas de emolumentos, revistas e adaptadas conforme estabelece este artigo, os atos praticados pelos serviços notariais e de registro continuarão a ser remunerados na forma da legislação em vigor nos Estados e no Distrito Federal, observadas, desde logo, as vedações estabelecidas no art. 3º desta Lei.

Art. 10. Esta Lei entra em vigor na data de sua publicação.

Brasília, 29 de dezembro de 2000;
179º da Independência e 112º da República.
FERNANDO HENRIQUE CARDOSO
(DOU. de 30.12.2000)

ÍNDICE SISTEMÁTICO DO CÓDIGO CIVIL

◉ LEI 10.406, DE 10 DE JANEIRO DE 2002

SUBTÍTULO III – DOS ALIMENTOS *(arts. 1.694 a 1.710)*

SUBTÍTULO IV – DO BEM DE FAMÍLIA *(arts. 1.711 a 1.722)*

TÍTULO III – DA UNIÃO ESTÁVEL *(arts. 1.723 a 1.727)*

TÍTULO IV – DA TUTELA E DA CURATELA E DA TOMADA DE DECISÃO APOIADA *(arts. 1.728 a 1.783-A)*

- Capítulo I – Da tutela *(arts. 1.728 a 1.766)*.
- Seção I – Dos tutores *(arts. 1.728 a 1.734)*.
- Seção II – Dos incapazes de exercer a tutela *(art. 1.735)*.
- Seção III – Da escusa dos tutores *(arts. 1.736 a 1.739)*.
- Seção IV – Do exercício da tutela *(arts. 1.740 a 1.752)*.
- Seção V – Dos bens do tutelado *(arts. 1.753 e 1.754)*.
- Seção VI – Da prestação de contas *(arts. 1.755 a 1.762)*.
- Seção VII – Da cessação da tutela *(arts. 1.763 a 1.766)*.
- Capítulo II – Da curatela *(arts. 1.767 a 1.783)*.
- Seção I – Dos interditos *(arts. 1.767 a 1.778)*.
- Seção II – Da curatela do nascituro e do enfermo ou portador de deficiência física *(arts. 1.779 e 1.780)*.
- Seção III – Do exercício da curatela *(arts. 1.781 a 1.783)*.
- Capítulo III - Da Tomada de Decisão Apoiada *(art. 1.783-A)*

LIVRO V – DO DIREITO DAS SUCESSÕES *(arts. 1.784 a 2.027)*

TÍTULO I – DA SUCESSÃO EM GERAL *(arts. 1.784 a 1.828)*

- Capítulo I – Disposições gerais *(arts. 1.784 a 1.790)*.
- Capítulo II – Da herança e de sua administração *(arts. 1.791 a 1.797)*.
- Capítulo III – Da vocação hereditária *(arts. 1.798 a 1.803)*.
- Capítulo IV – Da aceitação e renúncia da herança *(arts. 1.804 a 1.813)*.
- Capítulo V – Dos excluídos da sucessão *(arts. 1.814 a 1.818)*.
- Capítulo VI – Da herança jacente *(arts. 1.819 a 1.823)*.
- Capítulo VII – Da petição de herança *(arts. 1.824 a 1.828)*.

TÍTULO II – DA SUCESSÃO LEGÍTIMA *(arts. 1.829 a 1.856)*

- Capítulo I – Da ordem da vocação hereditária *(arts. 1.829 a 1.844)*.
- Capítulo II – Dos herdeiros necessários *(arts. 1.845 a 1.850)*.
- Capítulo III – Do direito de representação *(arts. 1.851 a 1.856)*.

TÍTULO III – DA SUCESSÃO TESTAMENTÁRIA *(arts. 1.857 a 1.990)*

- Capítulo I – Do testamento em geral *(arts. 1.857 a 1.859)*.
- Capítulo II – Da capacidade de testar *(arts. 1.860 e 1.861)*.
- Capítulo III – Das formas ordinárias do testamento *(arts. 1.862 a 1.880)*.
- Seção I – Disposições gerais *(arts. 1.862 e 1.863)*.
- Seção II – Do testamento público *(arts. 1.864 a 1.867)*.
- Seção III – Do testamento cerrado *(arts. 1.868 a 1.875)*
- Seção IV – Do testamento particular *(arts. 1.876 a 1.880)*
- Capítulo IV – Dos codicilos *(arts. 1.881 a 1.885)*.
- Capítulo V – Dos testamentos especiais *(arts. 1.886 a 1.896)*.
- Seção I – Disposições gerais *(arts. 1.886 e 1.887)*.
- Seção II – Do testamento marítimo e do testamento aeronáutico *(arts. 1888 a 1.892)*.
- Seção III – Do testamento militar *(arts. 1.893 a 1.896)*.
- Capítulo VI – Das disposições testamentárias *(arts. 1.897 a 1.911)*.
- Capítulo VII – Dos legados *(arts. 1.912 a 1.940)*.
- Seção I – Disposições gerais *(arts. 1.912 a 1.922)*.
- Seção II – Dos efeitos do legado e do seu pagamento *(arts. 1.923 a 1.938)*.
- Seção III – Da caducidade dos legados *(arts. 1.939 e 1.940)*.
- Capítulo VIII – Do direito de acrescer entre herdeiros e legatários *(arts. 1.941 a 1.946)*.
- Capítulo IX – Das substituições *(arts. 1.947 a 1.960)*.
- Seção I – Da substituição vultar e da recíproca *(arts. 1.957 a 1.950)*.
- Seção II – Da substituição fideicomissária *(arts. 1.951 a 1.960)*.
- Capítulo X – Da deserdação *(arts. 1.961 a 1.965)*.
- Capítulo XI – Da redução das disposições testamentárias *(arts. 1.966 a 1.968)*.
- Capítulo XII – Da revogação do testamento *(arts. 1.969 a 1.972)*.
- Capítulo XIII – Do rompimento do testamento *(arts. 1.973 a 1.975)*.
- Capítulo XIV – Do testamenteiro *(arts. 1.976 a 1.990)*.

TÍTULO IV – DO INVENTÁRIO E DA PARTILHA *(arts. 1.991 a 2.027)*

- Capítulo I – Do inventário *(art. 1.991)*.
- Capítulo II – Dos sonegados *(arts. 1.992 a 1.996)*.
- Capítulo III – Do pagamento das dívidas *(arts. 1.997 a 2.001)*.
- Capítulo IV – Da colação *(arts. 2.002 a 2.012)*.
- Capítulo V – Da partilha *(arts. 2.013 a 2.022)*.
- Capítulo VI – Da garantia dos quinhões hereditários *(arts. 2.023 a 2.026)*.
- Capítulo VII – Da anulação da partilha *(art. 2.027)*.

LIVRO COMPLEMENTAR – DAS DISPOSIÇÕES FINAIS E TRANSITÓRIAS *(arts. 2.028 a 2.046)*

LEI Nº 10.406, DE 10 DE JANEIRO DE 2002

Institui o Código Civil.

O PRESIDENTE DA REPÚBLICA
Faço saber que o Congresso Nacional decreta e eu sanciono a seguinte Lei:

PARTE GERAL

LIVRO I – DAS PESSOAS

TÍTULO I – DAS PESSOAS NATURAIS

CAPÍTULO I – DA PERSONALIDADE E DA CAPACIDADE

Art. 1º. Toda pessoa é capaz de direitos e deveres na ordem civil.

- *Correspondência: art. 2º, CC/1916*
- *Arts. 3º a 5º e 11 a 21, CC*
- *Art. 70, CPC/2015*

Art. 2º. A personalidade civil da pessoa começa do nascimento com vida; mas a lei põe a salvo, desde a concepção, os direitos do nascituro.

- *Correspondência: art. 4º, CC/1916*
- *Arts. 5º, 115 a 120, 166, I, 542, 1.597, 1.598, 1.609, parágrafo único, 1.779, 1.799, I, 1.800 e 1.952, CC*
- *Arts. 50, 71, 178, e 896, CPC/2015*
- *Arts. 124 e 128 CP*
- *Art. 7º, caput, Dec.-lei 4.657/1942 (Lei de Introdução às normas do Direito Brasileiro)*
- *Arts. 50 a 66, Lei 6.015/1973 (Lei de Registros Públicos)*
- *Arts. 7º a 10, 228 e 229, Lei 8.069 (Estatuto da Criança e do Adolescente)*

Art. 3º São absolutamente incapazes de exercer pessoalmente os atos da vida civil os menores de 16 (dezesseis) anos.

- *Redação dada pela Lei nº 13.146, de 2015*

I a III – *(Revogados pela Lei nº 13.146, de 2015)*

Art. 4º São incapazes, relativamente a certos atos ou à maneira de os exercer:

- *Redação dada pela Lei nº 13.146, de 2015*
- *Correspondência: art. 6º, CC/1916*
- *Arts. 171, I, 1.634, V, 1.642, VI, 1.647, 1.649 e 1.651 CC*
- *Arts. 71, 72, 74 e 447, CPC/2015*
- *Arts. 119 e 121, CPC/2015*
- *Arts. 2º, 36, 42, 60, 104 e 142, Lei 8.069/1990 (Estatuto da Criança e do Adolescente)*

I – os maiores de dezesseis e menores de dezoito anos;

- *Arts. 5º, parágrafo único, 180, 666, 1.634, V, 1.690 e 1.747, I, CC*
- *Art. 793, CLT*
- *Art. 73, Lei 4.375/1964 (Serviço Militar)*

II – os ébrios habituais e os viciados em tóxico;

- *Redação dada pela Lei nº 13.146, de 2015*
- *Arts. 5º, parágrafo único, 180, 666, 1.634, V, 1.690 e 1.747, I, CC*
- *Art. 793, CLT*
- *Art. 73, Lei 4.375/1964 (Serviço Militar)*

III – aqueles que, por causa transitória ou permanente, não puderem exprimir sua vontade;

- *Redação dada pela Lei nº 13.146, de 2015*

IV – os pródigos.

- *Arts. 1.767, V, e 1.782, CC*
- *Art. 72, CPC/2015*

Parágrafo único. A capacidade dos indígenas será regulada por legislação especial.

- *Redação dada pela Lei nº 13.146, de 2015*
- *Arts. 231 e 232, CF*
- *Lei 6.001/1973 (Estatuto do Índio)*
- *Art. 50, § 2º, Lei 6.015/1973 (Lei de Registro Públicos)*
- *Dec. 1.141/1994 (Ações de proteção ambiental, saúde e apoio às atividades produtivas para as comunidades indígenas)*
- *Dec. 4.645/2003 (Estatuto da FUNAI)*
- *Resolução Conjunta CNJ/CNMP n. 3/2012 (Registro de Nascimento do Indígena)*

Art. 5º. A menoridade cessa aos dezoito anos completos, quando a pessoa fica habilitada à prática de todos os atos da vida civil.

- *Correspondência: art. 9º, caput, CC/1916*
- *Arts. 666, 1.635, II e 1.763, I, CC*
- *Arts. 27, 65, I e 115, CP*
- *Arts. 15, 34, 50, parágrafo único, 52, 262 e 564, III, c, CPP*
- *Art. 792, CLT*
- *Arts. 1º e 13, Lei 9.307/1996 (Arbitragem)*

Parágrafo único. Cessará, para os menores, a incapacidade:

- *Correspondência: art. 9º, § 1º, CC/1916*
- *Art. 73, Lei 4.375/1964*

I – pela concessão dos pais, ou de um deles na falta do outro, mediante instrumento público, independentemente de homologação judicial, ou por sentença do juiz, ouvido o tutor, se o menor tiver dezesseis anos completos;

- *Arts. 9º, II, 666 e 1.635, II, CC*
- *Art. 725, CPC/2015*
- *Art. 148, parágrafo único, e, Lei 8.069/1990 (Estatuto da Criança e do Adolescente)*

II – pelo casamento;

III – pelo exercício de emprego público efetivo;

- *Art. 5º, V, Lei 8.112/1990 (Regime jurídico único dos servidores públicos civis da União)*

IV – pela colação de grau em curso de ensino superior;

V – pelo estabelecimento civil ou comercial, ou pela existência de relação de emprego, desde que, em função deles, o menor com dezesseis anos completos tenha economia própria.

- *Art. 3º, CLT*
- *Art. 3º, II, Dec.-lei 7.661/1945 (Lei de Falências); sem correspondência na Lei 11.101/2005 (Lei de Recuperação de Empresas e Falência)*

Art. 6º. A existência da pessoa natural termina com a morte; presume-se esta, quanto aos ausentes, nos casos em que a lei autoriza a abertura de sucessão definitiva.

- *Correspondência: art. 10, CC/1916*
- *Arts. 22 a 39, CC*
- *Arts. 104 a 106, 744 e 745, CPC/2015*
- *Art. 107, I, CP*
- *Art. 62, CPP*
- *Arts. 88 e 89, Lei 6.015/1973 (Lei de Registros Públicos)*
- *Súmula 331, STF*

Art. 7º. Pode ser declarada a morte presumida, sem decretação de ausência:

- *Sem correspondência no CC/1916*
- *Arts. 22 a 39, CC*
- *Dec.-lei 5.782/1943 (Morte presumida de servidor público)*
- *Dec.-lei 6.239/1944 (Morte presumida de militar da Aeronáutica)*
- *Art. 88, Lei 6.015/1973 (Lei de Registros Públicos)*
- *Lei 9.140/1995 (Reconhece como mortas pessoas desaparecidas entre 1961 a 1979)*

I – se for extremamente provável a morte de quem estava em perigo de vida;

II – se alguém, desaparecido em campanha ou feito prisioneiro, não for encontrado até dois anos após o término da guerra.

Parágrafo único. A declaração da morte presumida, nesses casos, somente poderá ser requerida depois de esgotadas as buscas e averiguações, devendo a sentença fixar a data provável do falecimento.

Art. 8º. Se dois ou mais indivíduos falecerem na mesma ocasião, não se podendo averiguar se algum dos comorientes precedeu aos outros, presumir-se-ão simultaneamente mortos.

- *Correspondência: art. 11, CC/1916*

Art. 9º. Serão registrados em registro público:

- *Correspondência: art. 13, CC/1916*
- *Art. 29, Lei 6.015/1973 (Lei de Registros Públicos)*
- *Lei 3.764/1960 (Rito sumaríssimo para retificações no registro civil)*

I – os nascimentos, casamentos e óbitos;

- *Arts. 1.512, 1.516, 1.543 e 1.604, CC*
- *Arts. 241 a 243, CP*
- *Art. 18, Dec.-lei 4.657/1942 (Lei de Introdução às normas do Direito Brasileiro)*
- *Arts. 12 e 13, Lei 6.001/1973 (Estatuto do Índio)*
- *Arts. 29, I a III, 33, 50 a 66, 70 a 75 e 77 a 88, Lei 6.015/1973 (Lei de Registros Públicos)*

II – a emancipação por outorga dos pais ou por sentença do juiz;

- *Art. 5º, parágrafo único, I, CC*
- *Art. 725, I, CPC/2015*
- *Arts. 13, § 2º, 29, IV, 33 e 89 a 91, Lei 6.015/1973 (Lei de Registros Públicos)*

III – a interdição por incapacidade absoluta ou relativa;

- *Lei 6.001/1973 (Estatuto do Índio)*
- *Arts. 29, V, 33, 92, 93, 104 e 107, § 1º, Lei 6.015/1973 (Lei de Registros Públicos)*

IV – a sentença declaratória de ausência e de morte presumida.

- *Arts. 29, I a VIII, e 94, Lei 6.015/1973 (Lei de Registros Públicos)*

Art. 10. Far-se-á averbação em registro público:

- *Correspondência: art. 12, caput, CC/1916*
- *Art. 29, § 1º e 97 e seguintes, Lei 6.015/1973 (Lei de Registros Públicos)*

I – das sentenças que decretarem a nulidade ou anulação do casamento, o divórcio, a separação judicial e o restabelecimento da sociedade conjugal;

- *Correspondência: art. 12, I, CC/1.916*
- *Art. 1.571, II, III e IV, CC*
- *Arts. 29, § 1, a, 100 e 101, Lei 6.015/1973 (Lei de Registros Públicos)*
- *Lei 6.515/1977 (Lei do Divórcio)*

II – dos atos judiciais ou extrajudiciais que declararem ou reconhecerem a filiação;

- *Sem correspondência no CC/1916*
- *Arts. 1.607 a 1.616, CC*
- *Arts. 29, § 1º, b, c e d, e 102, Lei 6.015/1973 (Lei de Registros Públicos)*
- *Arts. 26 e 27, Lei 8.069/1990 (Estatuto da Criança e do Adolescente)*
- *Art. 1º, Lei 8.560/1992 (Investigação de Paternidade)*

III – *(Revogado pela Lei nº 12.010, de 2009)*

CAPÍTULO II – DOS DIREITOS DA PERSONALIDADE

Art. 11. Com exceção dos casos previstos em lei, os direitos da personalidade são intransmissíveis e irrenunciáveis, não podendo o seu exercício sofrer limitação voluntária.

- *Sem correspondência no CC/1916*
- *Arts. 1º, III, 3º, IV, e 5º, V, VI, IX, X, XII, CF*
- *Art. 52, CC*
- *Arts. 1º a 85, Lei 8.069 (Estatuto da Criança e do Adolescente)*

Art. 12. Pode-se exigir que cesse a ameaça, ou a lesão, a direito da personalidade, e reclamar perdas e danos, sem prejuízo de outras sanções previstas em lei.

- *Sem correspondência no CC/1916*
- *Arts. 5º, X, LXVIII, LXIX e LXXI, e 142, § 2º, CF*
- *Arts. 186, 402 a 405, 927, 935, 944 a 954, CC*
- *Arts. 150 a 154 e 208, CP*
- *Arts. 282 a 284, 647 e 648, CPP*
- *Lei 9.507/1997 (Habeas data)*
- *Súmula 37, STJ*

Parágrafo único. Em se tratando de morto, terá legitimação para requerer a medida prevista neste artigo o cônjuge sobrevivente, ou qualquer parente em linha reta, ou colateral até o quarto grau.

- *Arts. 20, parágrafo único, 943, 1.591 e 1.592, CC*
- *Art. 6º, VI, Lei 8.078/1990 (Código de Defesa do Consumidor)*
- *Art. 138, § 2º, CP*

Art. 13. Salvo por exigência médica, é defeso o ato de disposição do próprio corpo, quando importar diminuição permanente da integridade física, ou contrariar os bons costumes.

- *Sem correspondência no CC/1916*

Parágrafo único. O ato previsto neste artigo será admitido para fins de transplante, na forma estabelecida em lei especial.

- *Art. 199, § 4º, CF*
- *Art. 9º, Lei 9.434/1997 (Transplante de órgãos)*
- *Dec. 2.268/1997 (Regulamenta a Lei 9.434/1997)*

Art. 14. É válida, com objetivo científico, ou altruístico, a disposição gratuita do próprio corpo, no todo ou em parte, para depois da morte.

- *Sem correspondência no CC/1916*
- *Art. 199, § 4º, CF*
- *Lei 8.501/1992 (Utilização de cadáver não reclamado, para fins de estudo ou pesquisas científicas)*
- *Art. 1º, Lei 9.434/1997 (Transplante de órgãos)*
- *Dec. 2.268/1997 (Regulamenta a Lei 9.434/1997)*

Parágrafo único. O ato de disposição pode ser livremente revogado a qualquer tempo.

- *Art. 9º, § 5º, Lei 9.434/1997 (Transplante de órgãos)*
- *Art. 14, § 8º, Dec. 2.268/1997 (Regulamenta a Lei 9.434/1997)*

Art. 15. Ninguém pode ser constrangido a submeter-se, com risco de vida, a tratamento médico ou a intervenção cirúrgica.

- *Sem correspondência no CC/1916*
- *Art. 5º, II e III, CF*

Art. 16. Toda pessoa tem direito ao nome, nele compreendidos o prenome e o sobrenome.

- *Sem correspondência no CC/1916*
- *Art. 227, § 6º, CF*
- *Arts. 1565, § 1º, 1.571, § 2º e 1.578, CC*

- *Arts. 54, § 4, 55, 59 e 60, Lei 6.015/1973 (Lei de Registros Públicos)*

Art. 17. O nome da pessoa não pode ser empregado por outrem em publicações ou representações que a exponham ao desprezo público, ainda quando não haja intenção difamatória.

- *Sem correspondência no CC/1916*
- *Art. 5º, X, CF*
- *Súmula 221, STJ*

Art. 18. Sem autorização, não se pode usar o nome alheio em propaganda comercial.

- *Sem correspondência no CC/1916*

Art. 19. O pseudônimo adotado para atividades lícitas goza da proteção que se dá ao nome.

- *Sem correspondência no CC/1916*

Art. 20. Salvo se autorizadas, ou se necessárias à administração da justiça ou à manutenção da ordem pública, a divulgação de escritos, a transmissão da palavra, ou a publicação, a exposição ou a utilização da imagem de uma pessoa poderão ser proibidas, a seu requerimento e sem prejuízo da indenização que couber, se lhe atingirem a honra, a boa fama ou a respeitabilidade, ou se se destinarem a fins comerciais.

- *Sem correspondência no CC/1916*
- *Art. 5º, V e X, CF*
- *Arts. 186 a 188 e 953, CC*
- *Arts. 143 e 247, Lei 8.069/1990 (Estatuto da Criança e do Adolescente)*
- *Lei 9.610/1998 (Direitos autorais)*
- *Súmula 221, STJ*

Parágrafo único. Em se tratando de morto ou de ausente, são partes legítimas para requerer essa proteção o cônjuge, os ascendentes ou os descendentes.

- *Arts. 12, parágrafo único, 22 a 25 e 943, CC*

Art. 21. A vida privada da pessoa natural é inviolável, e o juiz, a requerimento do interessado, adotará as providências necessárias para impedir ou fazer cessar ato contrário a esta norma.

- *Sem correspondência no CC/1916*
- *Arts. 5º, X e 226, § 7º, CF*
- *Art. 1.513, CC*

CAPÍTULO III – DA AUSÊNCIA

SEÇÃO I – DA CURADORIA DOS BENS DO AUSENTE

Art. 22. Desaparecendo uma pessoa do seu domicílio sem dela haver notícia, se não houver deixado representante ou procurador a quem caiba administrar-lhe os bens, o juiz, a requerimento de qualquer interessado ou do Ministério Público, declarará a ausência, e nomear-lhe-á curador.

- *Correspondência: art. 463, CC/1916*
- *Arts. 6º, 7º, 9º, IV, 198, II, 335, III, 428, II e III, 1.728, I e 1.759, CC*
- *Arts. 49, 72, 178, 242, 548, 626, 671, 744 e 745, CPC/2015*
- *Art. 2º, VII, Dec.-lei 7.661/1945 (Lei de Falências); e art. 94, III, f, Lei 11.101/2005 (Lei de Recuperação de Empresas e Falência)*
- *Arts. 29, VI, e 94, Lei 6.015/1973 (Lei de Registros Públicos)*

Art. 23. Também se declarará a ausência, e se nomeará curador, quando o ausente deixar mandatário que não queira ou não possa exercer ou continuar o mandato, ou se os seus poderes forem insuficientes.

- *Correspondência: art. 464, CC 1916)*
- *Arts. 653 e 682, CC*

Art. 24. O juiz, que nomear o curador, fixar-lhe-á os poderes e obrigações, conforme as circunstâncias, observando, no que for aplicável, o disposto a respeito dos tutores e curadores.

- *Correspondência: 465, CC 1916*
- *Arts. 1.728 a 1.783, CC*
- *Arts. 739, 759 e 760, CPC/2015*

Art. 25. O cônjuge do ausente, sempre que não esteja separado judicialmente, ou de fato por mais de dois anos antes da declaração da ausência, será o seu legítimo curador.

- *Correspondência: art. 466, CC 1916*
- *Arts. 1.570, 1.651 e 1.775 e 1.783, CC*

§ 1º Em falta do cônjuge, a curadoria dos bens do ausente incumbe aos pais ou aos descendentes, nesta ordem, não havendo impedimento que os iniba de exercer o cargo.

- *Correspondência: art. 467, caput, CC/1916*

§ 2º Entre os descendentes, os mais próximos precedem os mais remotos.

- *Correspondência: art. 467, parágrafo único, CC/1916*

§ 3º Na falta das pessoas mencionadas, compete ao juiz a escolha do curador.

- *Correspondência: art. 468, CC/1916*
- *Art. 744, CPC/2015*

SEÇÃO II – DA SUCESSÃO PROVISÓRIA

Art. 26. Decorrido um ano da arrecadação dos bens do ausente, ou, se ele deixou representante ou procurador, em se passando três anos, poderão os interessados requerer que se declare a ausência e se abra provisoriamente a sucessão.

- *Correspondência: art. 469, CC/1916*
- *Art. 5º, XXXI, CF*
- *Art. 28, § 1º, CC*
- *Arts. 744 e 745, CPC/2015*
- *Art. 104, parágrafo único, Lei 6.015/1973 (Lei de Registros Públicos)*

Art. 27. Para o efeito previsto no artigo anterior, somente se consideram interessados:

- *Correspondência: art. 470, CC/1916*
- *Art. 28, § 1º, CC*
- *Art. 745, CPC/2015*

I – o cônjuge não separado judicialmente;

II – os herdeiros presumidos, legítimos ou testamentários;

III – os que tiverem sobre os bens do ausente direito dependente de sua morte;

- *Art. 1.951, CC*

IV – os credores de obrigações vencidas e não pagas.

Art. 28. A sentença que determinar a abertura da sucessão provisória só produzirá efeito cento e oitenta dias depois de publicada pela imprensa; mas, logo que passe em julgado, proceder-se-á à abertura do testamento, se houver, e ao inventário e partilha dos bens, como se o ausente fosse falecido.

- *Correspondência: art. 471, CC/1916*
- *Art. 104, parágrafo único, Lei 6.015/1973 (Lei de Registros Públicos)*

§ 1º Findo o prazo a que se refere o art. 26, e não havendo interessados na sucessão provisória, cumpre ao Ministério Público requerê-la ao juízo competente.

- *Art. 745, CPC/2015*

§ 2º Não comparecendo herdeiro ou interessado para requerer o inventário até trinta dias depois de passar em julgado a sentença que mandar abrir a sucessão provisória, proceder-se-á à arrecadação dos bens do ausente pela forma estabelecida nos arts. 1.819 a 1.823.

- *Art. 104, parágrafo único, Lei 6.015/1973 (Lei de Registros Públicos)*

Art. 29. Antes da partilha, o juiz, quando julgar conveniente, ordenará a conversão dos bens móveis, sujeitos a deterioração ou a extravio, em imóveis ou em títulos garantidos pela União.

- *Correspondência: art. 472, CC/1916*
- *Art. 33, CC*
- *Art. 730, CPC/2015*

Art. 30. Os herdeiros, para se imitirem na posse dos bens do ausente, darão garantias da restituição deles, mediante penhores ou hipotecas equivalentes aos quinhões respectivos.

- *Correspondência: art. 473, caput, CC/1916*
- *Art. 34, CC*

§ 1º Aquele que tiver direito à posse provisória, mas não puder prestar a garantia exigida neste artigo, será excluído, mantendo-se os bens que lhe deviam caber sob a administração do curador, ou de outro herdeiro designado pelo juiz, e que preste essa garantia.

- *Correspondência: art. 473, parágrafo único, CC/1916*
- *Art. 34, CC*

§ 2º Os ascendentes, os descendentes e o cônjuge, uma vez provada a sua qualidade de herdeiros, poderão, independentemente de garantia, entrar na posse dos bens do ausente.

- *Correspondência: art. 474, CC/1916*
- *Art. 723, CPC/2015*

Art. 31. Os imóveis do ausente só se poderão alienar, não sendo por desapropriação, ou hipotecar, quando o ordene o juiz, para lhes evitar a ruína.

- *Correspondência: art. 475, CC/1916*
- *Art. 730, CPC/2015*

Art. 32. Empossados nos bens, os sucessores provisórios ficarão representando ativa e passivamente o ausente, de modo que contra eles correrão as ações pendentes e as que de futuro àquele forem movidas.

- *Correspondência: art. 476, CC/1916*

Art. 33. O descendente, ascendente ou cônjuge que for sucessor provisório do ausente, fará seus todos os frutos e rendimentos dos bens que a este couberem; os outros sucessores, porém, deverão capitalizar metade desses frutos e rendimentos, segundo o disposto no art. 29, de acordo com o representante do Ministério

Público, e prestar anualmente contas ao juiz competente.

› *Correspondência: art. 477, CC/1916*

Parágrafo único. Se o ausente aparecer, e ficar provado que a ausência foi voluntária e injustificada, perderá ele, em favor do sucessor, sua parte nos frutos e rendimentos.

› *Sem correspondência no CC/1916*

Art. 34. O excluído, segundo o art. 30, da posse provisória poderá, justificando falta de meios, requerer lhe seja entregue metade dos rendimentos do quinhão que lhe tocaria.

› *Correspondência: art. 478, CC/1916*
› *Art. 30, § 1º, CC*

Art. 35. Se durante a posse provisória se provar a época exata do falecimento do ausente, considerar-se-á, nessa data, aberta a sucessão em favor dos herdeiros, que o eram àquele tempo.

› *Correspondência: art. 479, CC/1916*
› *Art. 1.784, CC*

Art. 36. Se o ausente aparecer, ou se lhe provar a existência, depois de estabelecida a posse provisória, cessarão para logo as vantagens dos sucessores nela imitidos, ficando, todavia, obrigados a tomar as medidas assecuratórias precisas, até a entrega dos bens a seu dono.

› *Correspondência: art. 480, CC/1916*

SEÇÃO III – DA SUCESSÃO DEFINITIVA

Art. 37. Dez anos depois de passada em julgado a sentença que concede a abertura da sucessão provisória, poderão os interessados requerer a sucessão definitiva e o levantamento das cauções prestadas.

› *Correspondência: art. 481, CC/1916*
› *Art. 6º, CC*

Art. 38. Pode-se requerer a sucessão definitiva, também, provando-se que o ausente conta oitenta anos de idade, e que de cinco datam as últimas notícias dele.

› *Correspondência: art. 482, CC/1916*
› *Art. 6º, CC*

Art. 39. Regressando o ausente nos dez anos seguintes à abertura da sucessão definitiva, ou algum de seus descendentes ou ascendentes, aquele ou estes haverão só os bens existentes no estado em que se acharem, os sub-rogados em seu lugar, ou o preço que os herdeiros e demais interessados houverem recebido pelos bens alienados depois daquele tempo.

› *Correspondência: art. 483, CC/1916*
› *Arts. 1.687, CC*

Parágrafo único. Se, nos dez anos a que se refere este artigo, o ausente não regressar, e nenhum interessado promover a sucessão definitiva, os bens arrecadados passarão ao domínio do Município ou do Distrito Federal, se localizados nas respectivas circunscrições, incorporando-se ao domínio da União, quando situados em território federal.

› *Arts. 1.822 e 1.844, CC*

TÍTULO II – DAS PESSOAS JURÍDICAS

CAPÍTULO I – DISPOSIÇÕES GERAIS

Art. 40. As pessoas jurídicas são de direito público, interno ou externo, e de direito privado.

› *Correspondência: art. 13, CC/1916*

Art. 41. São pessoas jurídicas de direito público interno:

› *Correspondência: art. 14, CC/1916*
› *Arts. 8º e 17, § 2º, CF*
› *Art. 75, CPC/2015*

I – a União;

› *Correspondência: art. 14, I, CC/1916*

II – os Estados, o Distrito Federal e os Territórios;

› *Correspondência: art. 14, II, CC/1916*

III – os Municípios;

› *Correspondência: art. 14, III, CC/1916*

IV – as autarquias, inclusive as associações públicas;

› *Inciso IV com redação determinada pela Lei 11.107/2005*
› *Sem correspondência no CC/1916*
› *Art. 20, Lei 4.717/1965 (Ação popular)*
› *Art. 5º, I, Dec.-lei 200/1967 (Autarquias)*

V – as demais entidades de caráter público criadas por lei.

› *Sem correspondência no CC/1916*

Parágrafo único. Salvo disposição em contrário, as pessoas jurídicas de direito público, a que se tenha dado estrutura de direito privado, regem-se, no que couber, quanto ao seu funcionamento, pelas normas deste Código.

› *Sem correspondência no CC/1916*

Art. 42. São pessoas jurídicas de direito público externo os Estados estrangeiros e todas as pessoas que forem regidas pelo direito internacional público.

› *Sem correspondência no CC/1916*

Art. 43. As pessoas jurídicas de direito público interno são civilmente responsáveis por atos dos seus agentes que nessa qualidade causem danos a terceiros, ressalvado direito regressivo contra os causadores do dano, se houver, por parte destes, culpa ou dolo.

› *Correspondência: art. 15, CC/1916*
› *Art. 37, § 6º, CF*
› *Arts. 186, 927 a 954, CC*
› *Art. 125, CPC/2015*
› *Lei 4.619/1965 (Ação regressiva da União contra seus agentes)*
› *Arts. 121 a 126, Lei 8.112/1990 (Regime jurídico único dos servidores públicos da União)*
› *Lei 10.309/2001 (Responsabilidade civil da União, perante terceiros, no caso de atentados terroristas ou atos de guerra)*
› *Lei 10.774/2003 (Responsabilidade civil da União, perante terceiros por atentados terroristas, atos de guerra ou eventos correlatos, contra aeronaves brasileiras)*
› *Súmula 39, STJ*

Art. 44. São pessoas jurídicas de direito privado:

› *Correspondência: art. 16, caput, CC/1916*
› *Art. 173, §§ 1º a 3º, CF*
› *Arts. 2.031 a 2.034, CC*
› *Arts. 114 a 121, Lei de Registros Públicos (LRP)*
› *Art. 11, Dec.-lei 4.657/1942 (Lei de Introdução às normas do Direito Brasileiro)*
› *Art. 5º,Dec.-lei 200/1967 (Organização da administração federal)*
› *Art. 1º, Lei 9.096/1995 (Partidos políticos)*
› *Súmulas 39 e 42, STJ*
› *Vide Enunciado 37, I Jornada de Direito Notarial e Registral*

I – as associações;

› *Correspondência: art. 16, I, CC/1916*
› *Art. 5º, XVII e XXI, CF*
› *Arts. 53 a 61, CC*
› *Art. 114, Lei de Registros Públicos (LRP)*

II – as sociedades;

› *Correspondência: art. 16, II, CC/1916*
› *Arts. 981 a 1.141, CC*
› *Art. 114, Lei de Registros Públicos (LRP)*

III – as fundações.

› *Correspondência: art. 16, I, CC/1916*
› *Arts. 62 a 69, CC*
› *Art. 764, CPC/2015*
› *Art. 114, Lei de Registros Públicos (LRP)*

IV – as organizações religiosas;

› *Inciso IV acrescentado pela Lei 10.825/2003*
› *Sem correspondência no CC/1916*
› *Art. 114, Lei de Registros Públicos (LRP)*
› *Enunciado 37, I Jornada de Direito Notarial e Registral*

V – os partidos políticos.

› *Inciso IV acrescentado pela Lei 10.825/2003*
› *Correspondência: art. 16, III, CC/1916*
› *Lei 9.096/1995*
› *Art. 17, CF*
› *Art. 114, Lei de Registros Públicos (LRP)*

VI - *Inciso acrescido pela Lei nº 12.441, de 11/7/2011, e revogado pela Medida Provisória nº 1.085, de 27/12/2021, convertida na Lei nº 14.382, de 27/6/2022*

§ 1º São livres a criação, a organização, a estruturação interna e o funcionamento das organizações religiosas, sendo vedado ao poder público negar-lhes reconhecimento ou registro dos atos constitutivos e necessários ao seu funcionamento.

› *§ 1º acrescentado pela Lei 10.825/2003.*
› *Correspondência: art. 16, § 1º, CC/1916*

§ 2º As disposições concernentes às associações aplicam-se subsidiariamente às sociedades que são objeto do Livro II da Parte Especial deste Código.

› *Primitivo parágrafo único renumerado pela Lei 10.825/2003*
› *Correspondência: art. 16, §§ 1º e 2º, CC/1916*

§ 3º Os partidos políticos serão organizados e funcionarão conforme o disposto em lei específica.

› *§ 3º acrescentado pela Lei 10.825/2003.*
› *Correspondência: art. 16, § 3º, CC/1916*

Art. 45. Começa a existência legal das pessoas jurídicas de direito privado com a inscrição do ato constitutivo no respectivo registro, precedida, quando necessário, de autorização ou aprovação do Poder Executivo, averbando-se no registro todas as alterações por que passar o ato constitutivo.

› *Correspondência: art. 18, CC/1916*
› *Arts. 207 a 211, 985, 998, 999, parágrafo único, 1.000, 1.012, 1.134, 1.135 e 1.150 a 1.154, CC*
› *Dec. 916/1890 (Registro de firmas ou razões comerciais)*
› *Dec.-lei 9.085/1946 (Registro civil das pessoas jurídicas)*

- *Lei 4.503/1964 (Cadastro Geral de Pessoas Jurídicas no Ministério da Fazenda)*
- *Arts. 114 a 126, Lei 6.015/1973 (Lei de Registros Públicos)*
- *Lei 6.739/1979 (Matrícula e registro de imóveis rurais)*
- *Lei 7.433/1985 (Requisitos para lavratura de escrituras públicas)*
- *Dec. 93.240/1986 (Regulamenta a Lei 7.433/1985)*
- *Arts. 1º, § 2º, e 15, § 1º, Lei 8.906/1994 (Estatuto da Advocacia e da OAB)*
- *Lei 8.934/1994 (Registro Público de Empresas Mercantis e Atividades Afins)*
- *Arts. 7º a 11, Lei 9.096/1995 (Partidos Políticos)*
- *Lei 9.279/1996 (Código da Propriedade Industrial)*
- *Dec. 1.800/1996 (Regulamenta a Lei 8.934/1994)*

Parágrafo único. Decai em três anos o direito de anular a constituição das pessoas jurídicas de direito privado, por defeito do ato respectivo, contado o prazo da publicação de sua inscrição no registro.

- *Sem correspondência no CC/1916*

Art. 46. O registro declarará:

- *Correspondência: art. 19, CC/1916*
- *Arts. 998, 1.000, 1.033 e 1.150, CC/1916*
- *Arts. 120 e 121, Lei 6.015/1973 (Lei de Registros Públicos)*
- *Vide Enunciado 37, I Jornada de Direito Notarial e Registral*

I – a denominação, os fins, a sede, o tempo de duração e o fundo social, quando houver;

- *Correspondência: art. 19, I, CC/1916*

II – o nome e a individualização dos fundadores ou instituidores, e dos diretores;

- *Sem correspondência no CC/1916*

III – o modo por que se administra e representa, ativa e passivamente, judicial e extrajudicialmente;

- *Correspondência: art. 19, II, CC/1916*

IV – se o ato constitutivo é reformável no tocante à administração, e de que modo;

- *Correspondência: art. 19, III, CC/1916*

V – se os membros respondem, ou não, subsidiariamente, pelas obrigações sociais;

- *Correspondência: art. 19, IV, CC/1916*

VI – as condições de extinção da pessoa jurídica e o destino do seu patrimônio, nesse caso.

- *Correspondência: art. 19, V, CC/1916*

Art. 47. Obrigam a pessoa jurídica os atos dos administradores, exercidos nos limites de seus poderes definidos no ato constitutivo.

- *Sem correspondência no CC/1916*
- *Arts. 43, 989, 997, VI, e 1.010 a 1.021, CC*
- *Art. 75, CPC/2015*
- *Art. 37, CPP*

Art. 48. Se a pessoa jurídica tiver administração coletiva, as decisões se tomarão pela maioria de votos dos presentes, salvo se o ato constitutivo dispuser de modo diverso.

- *Sem correspondência no CC/1916*
- *Arts. 1.010 e 1.014, CC*

Parágrafo único. Decai em três anos o direito de anular as decisões a que se refere este artigo, quando violarem a lei ou estatuto, ou forem eivadas de erro, dolo, simulação ou fraude.

Art. 48-A. As pessoas jurídicas de direito privado, sem prejuízo do previsto em legislação especial e em seus atos constitutivos, poderão realizar suas assembleias gerais por meio eletrônico, inclusive para os fins do disposto no art. 59, respeitados os direitos previstos de participação e de manifestação.

- *Artigo acrescido pela Lei nº 14.195, de 26/8/2021, com redação dada pela Medida Provisória nº 1.085, de 27/12/2021, convertida na Lei nº 14.382, de 27/6/2022*

Art. 49. Se a administração da pessoa jurídica vier a faltar, o juiz, a requerimento de qualquer interessado, nomear-lhe-á administrador provisório.

- *Sem correspondência no CC/1916*
- *Art. 614, CPC/2015*
- *Vide Enunciado 39, I Jornada de Direito Notarial e Registral*

Art. 49-A. A pessoa jurídica não se confunde com os seus sócios, associados, instituidores ou administradores.

- *Incluído pela Lei nº 13.874, de 2019*

Parágrafo único. A autonomia patrimonial das pessoas jurídicas é um instrumento lícito de alocação e segregação de riscos, estabelecido pela lei com a finalidade de estimular empreendimentos, para a geração de empregos, tributo, renda e inovação em benefício de todos.

- *Incluído pela Lei nº 13.874, de 2019.*

Art. 50. Em caso de abuso da personalidade jurídica, caracterizado pelo desvio de finalidade ou pela confusão patrimonial, pode o juiz, a requerimento da parte, ou do Ministério Público quando lhe couber intervir no processo, desconsiderá-la para que os efeitos de certas e determinadas relações de obrigações sejam estendidos aos bens particulares de administradores ou de sócios da pessoa jurídica beneficiados direta ou indiretamente pelo abuso.

- *Redação dada pela Lei nº 13.874, de 2019*
- *Sem correspondência no CC/1916*
- *Art. 795, CPC/2015*
- *Art. 135, CTN*
- *Art. 2º, CLT*
- *Art. 28, Lei 8.078/1990 (Código de Defesa do Consumidor)*

§ 1º Para os fins do disposto neste artigo, desvio de finalidade é a utilização da pessoa jurídica com o propósito de lesar credores e para a prática de atos ilícitos de qualquer natureza.

- *Incluído pela Lei nº 13.874, de 2019*

§ 2º Entende-se por confusão patrimonial a ausência de separação de fato entre os patrimônios, caracterizada por:

- *Incluído pela Lei nº 13.874, de 2019*

I - cumprimento repetitivo pela sociedade de obrigações do sócio ou do administrador ou vice-versa;

- *Incluído pela Lei nº 13.874, de 2019*

II - transferência de ativos ou de passivos sem efetivas contraprestações, exceto os de valor proporcionalmente insignificante; e

- *Incluído pela Lei nº 13.874, de 2019*

III - outros atos de descumprimento da autonomia patrimonial.

- *Incluído pela Lei nº 13.874, de 2019*

§ 3º O disposto no *caput* e nos §§ 1º e 2º deste artigo também se aplica à extensão das obrigações de sócios ou de administradores à pessoa jurídica.

- *Incluído pela Lei nº 13.874, de 2019*

§ 4º A mera existência de grupo econômico sem a presença dos requisitos de que trata o *caput* deste artigo não autoriza a desconsideração da personalidade da pessoa jurídica.

- *Incluído pela Lei nº 13.874, de 2019*

§ 5º Não constitui desvio de finalidade a mera expansão ou a alteração da finalidade original da atividade econômica específica da pessoa jurídica.

- *Incluído pela Lei nº 13.874, de 2019*

Art. 51. Nos casos de dissolução da pessoa jurídica ou cassada a autorização para seu funcionamento, ela subsistirá para os fins de liquidação, até que esta se conclua.

- *Sem correspondência no CC/1916*
- *Arts. 1.033 a 1.038 e 1.125, CC*

§ 1º Far-se-á, no registro onde a pessoa jurídica estiver inscrita, a averbação de sua dissolução.

§ 2º As disposições para a liquidação das sociedades aplicam-se, no que couber, às demais pessoas jurídicas de direito privado.

§ 3º Encerrada a liquidação, promover-se-á o cancelamento da inscrição da pessoa jurídica.

Art. 52. Aplica-se às pessoas jurídicas, no que couber, a proteção dos direitos da personalidade.

- *Sem correspondência no CC/1916*
- *Arts. 11 a 21, CC*
- *Súmula 227, STJ*

CAPÍTULO II – DAS ASSOCIAÇÕES

Art. 53. Constituem-se as associações pela união de pessoas que se organizem para fins não econômicos.

- *Sem correspondência no CC/1916*
- *Arts. 5º, XVII a XXI, 8º, 17 e 174, CF*
- *Arts. 40, 44 a 52, 75, 2.031 e 2.033, CC*
- *Art. 75, CPC/2015*
- *Arts. 511 a 521, CLT*
- *Lei 91/1935 (Sociedades declaradas de utilidade pública)*
- *Art. 11, Dec.-lei 4.657/1942 (Lei de Introdução às normas do Direito Brasileiro)*
- *Dec.-lei 4.684/1942 (Condições para a fundação e o funcionamento de associações para a defesa nacional*
- *Dec. 50.517/1961 (Regulamenta a Lei 91/1935)*
- *Arts. 35 a 43, Lei 4.380/1964 (BNH)*
- *Arts. 62 a 65, Lei 4.728/1965 (Mercado de capitais – Alienação Fiduciária)*
- *Dec.-lei 70/1966 (Associações de poupança e empréstimo e cédula hipotecária)*
- *Arts. 6º, a, 12 e 22, Lei 5.197/1967 (Proteção à fauna)*
- *Arts. 114, I, e 120, Lei 6.015/1973 (Lei de Registros Públicos)*
- *Art. 55, II, Lei 8.212/1991 (Organização da Seguridade Social e Plano de Custeio)*
- *Lei 8.909/1994 (Associações)*
- *Lei 9.096/1995 (Partidos Políticos)*
- *Lei 9.637/1998 (Qualificação de entidades como organizações sociais)*
- *Dec. 2.536/1998 (Concessão de Certificado de Entidade de Fins Filantrópicos)*
- *Lei 9.790/1999 (Organizações da Sociedade Civil de Interesse Público)*
- *Dec. 3.100/1999 (Regulamenta a Lei 9.790/1999)*
- *LC 109/2001 (Regime de Previdência Complementar)*

Parágrafo único. Não há, entre os associados, direitos e obrigações recíprocos.

Art. 54. Sob pena de nulidade, o estatuto das associações conterá:

- *Sem correspondência no CC/1916*
- *Art. 5º, XVII a XXI, CF*

I – a denominação, os fins e a sede da associação;

II – os requisitos para a admissão, demissão e exclusão dos associados;

III – os direitos e deveres dos associados;

IV – as fontes de recursos para sua manutenção;

V – o modo de constituição e de funcionamento dos órgãos deliberativos;

- *Inciso V com redação determinada pela Lei 11.127/2005*

VI – as condições para a alteração das disposições estatutárias e para a dissolução.

VII – a forma de gestão administrativa e de aprovação das respectivas contas.

- *Inciso VII com redação determinada pela Lei 11.127/2005*

Art. 55. Os associados devem ter iguais direitos, mas o estatuto poderá instituir categorias com vantagens especiais.

- *Sem correspondência no CC/1916*

Art. 56. A qualidade de associado é intransmissível, se o estatuto não dispuser o contrário.

- *Sem correspondência no CC/1916*

Parágrafo único. Se o associado for titular de quota ou fração ideal do patrimônio da associação, a transferência daquela não importará, de per si, na atribuição da qualidade de associado ao adquirente ou ao herdeiro, salvo disposição diversa do estatuto.

Art. 57. A exclusão do associado só é admissível havendo justa causa, assim reconhecida em procedimento que assegure direito de defesa e de recurso, nos termos previstos no estatuto.

- *Caput com redação determinada pela Lei 11.127/2005*
- *Sem correspondência no CC/1916*

Parágrafo único. *(Revogado pela Lei 11.127/2005).*

Art. 58. Nenhum associado poderá ser impedido de exercer direito ou função que lhe tenha sido legitimamente conferido, a não ser nos casos e pela forma previstos na lei ou no estatuto.

- *Sem correspondência no CC/1916*

Art. 59. Compete privativamente à assembleia geral:

- *Artigo com redação determinada pela Lei 11.127/2005*
- *Sem correspondência no CC/1916*

I – destituir os administradores;

- *Redação dada pela Lei 11.127/2005*

II – alterar o estatuto.

- *Redação dada pela Lei 11.127/2005*

Parágrafo único. Para as deliberações a que se referem os incisos I e II deste artigo é exigido deliberação da assembleia especialmente convocada para esse fim, cujo quorum será o estabelecido no estatuto, bem como os critérios de eleição dos administradores.

- *Redação dada pela Lei 11.127/2005*

Art. 60. A convocação dos órgãos deliberativos far-se-á na forma do estatuto, garantido a 1/5 (um quinto) dos associados o direito de promovê-la.

- *Artigo com redação determinada pela Lei 11.127/2005*
- *Sem correspondência no CC/1916*

Art. 61. Dissolvida a associação, o remanescente do seu patrimônio líquido, depois de deduzidas, se for o caso, as quotas ou frações ideais referidas no parágrafo único do art. 56, será destinado à entidade de fins não econômicos designada no estatuto, ou, omisso este, por deliberação dos associados, à instituição municipal, estadual ou federal, de fins idênticos ou semelhantes.

- *Correspondência: art. 22, caput, CC/1916*
- *Art. 5º, XIX, CF*

§ 1º Por cláusula do estatuto ou, no seu silêncio, por deliberação dos associados, podem estes, antes da destinação do remanescente referida neste artigo, receber em restituição, atualizado o respectivo valor, as contribuições que tiverem prestado ao patrimônio da associação.

- *Sem correspondência no CC/1916*

§ 2º Não existindo no Município, no Estado, no Distrito Federal ou no Território, em que a associação tiver sede, instituição nas condições indicadas neste artigo, o que remanescer do seu patrimônio se devolverá à Fazenda do Estado, do Distrito Federal ou da União.

- *Correspondência: art. 22, parágrafo único, CC/1916*

CAPÍTULO III – DAS FUNDAÇÕES

Art. 62. Para criar uma fundação, o seu instituidor fará, por escritura pública ou testamento, dotação especial de bens livres, especificando o fim a que se destina, e declarando, se quiser, a maneira de administrá-la.

- *Correspondência: art. 24, CC/1916*
- *Arts. 40, 44 a 52, 65, 75, 215 e 2.031 a 2.033, CC*
- *Arts. 764 e 765, CPC/2015*
- *Art. 11, Dec.-lei 4.657/1942 (Lei de Introdução às normas do Direito Brasileiro)*
- *Arts. 114, I, 119, parágrafo único, e 120, Lei 6.015/1973 (Lei de Registros Públicos)*

Parágrafo único. A fundação somente poderá constituir-se para fins de:

- *Redação dada pela Lei nº 13.151, de 2015*
- *Sem correspondência no CC/1916*
- *Lei 8.958/1994 (Relações entre as instituições federais de ensino superior e de pesquisa e as fundações de apoio)*

I – assistência social;

II – cultura, defesa e conservação do patrimônio histórico e artístico;

- *Incluído pela Lei nº 13.151, de 2015*

III – educação;

- *Incluído pela Lei nº 13.151, de 2015*

IV – saúde;

- *Incluído pela Lei nº 13.151, de 2015*

V – segurança alimentar e nutricional;

- *Incluído pela Lei nº 13.151, de 2015*

VI – defesa, preservação e conservação do meio ambiente e promoção do desenvolvimento sustentável;

- *Incluído pela Lei nº 13.151, de 2015*

VII – pesquisa científica, desenvolvimento de tecnologias alternativas, modernização de sistemas de gestão, produção e divulgação de informações e conhecimentos técnicos e científicos;

- *Incluído pela Lei nº 13.151, de 2015*

VIII – promoção da ética, da cidadania, da democracia e dos direitos humanos;

- *Incluído pela Lei nº 13.151, de 2015*

IX – atividades religiosas; e

- *Incluído pela Lei nº 13.151, de 2015*

X – (VETADO).

- *Incluído pela Lei nº 13.151, de 2015*

Art. 63. Quando insuficientes para constituir a fundação, os bens a ela destinados serão, se de outro modo não dispuser o instituidor, incorporados em outra fundação que se proponha a fim igual ou semelhante.

- *Correspondência: art. 25, CC/1916*

Art. 64. Constituída a fundação por negócio jurídico entre vivos, o instituidor é obrigado a transferir-lhe a propriedade, ou outro direito real, sobre os bens dotados, e, se não o fizer, serão registrados, em nome dela, por mandado judicial.

- *Sem correspondência no CC/1916*

Art. 65. Aqueles a quem o instituidor cometer a aplicação do patrimônio, em tendo ciência do encargo, formularão logo, de acordo com as suas bases (art. 62), o estatuto da fundação projetada, submetendo-o, em seguida, à aprovação da autoridade competente, com recurso ao juiz.

- *Correspondência: art. 27, CC/1916*
- *Arts. 764 e 765, CPC/2015*

Parágrafo único. Se o estatuto não for elaborado no prazo assinado pelo instituidor, ou, não havendo prazo, em cento e oitenta dias, a incumbência caberá ao Ministério Público.

Art. 66. Velará pelas fundações o Ministério Público do Estado onde situadas.

- *Correspondência: art. 26, CC/1916*
- *Arts. 764 e 765, CPC/2015*
- *Arts. 25, Lei 8.625/1993 (Lei orgânica Nacional do Ministério Público)*
- *Art. 72, LC 109/2001 (Regime de Previdência Complementar)*

§ 1º Se funcionarem no Distrito Federal ou em Território, caberá o encargo ao Ministério Público do Distrito Federal e Territórios.

- *Redação dada pela Lei nº 13.151, de 2015*

§ 2º Se estenderem a atividade por mais de um Estado, caberá o encargo, em cada um deles, ao respectivo Ministério Público.

- *Correspondência: art. 26, § 1º, CC/1916*

Art. 67. Para que se possa alterar o estatuto da fundação é mister que a reforma:

- *Correspondência: art. 28, CC/1916*

I – seja deliberada por dois terços dos competentes para gerir e representar a fundação;

II – não contrarie ou desvirtue o fim desta;

III – seja aprovada pelo órgão do Ministério Público no prazo máximo de 45 (quarenta e cinco) dias, findo o qual ou no caso de o Ministério Público a denegar, poderá o juiz supri-la, a requerimento do interessado.

- *Redação dada pela Lei nº 13.151, de 2015*
- *Art. 764, CPC/2015*

Art. 68. Quando a alteração não houver sido aprovada por votação unânime, os administradores da fundação, ao submeterem o estatuto ao órgão do Ministério Público, requererão que se dê ciência à minoria vencida para impugná-la, se quiser, em dez dias.

- *Correspondência: art. 29, CC/1916*

Art. 69. Tornando-se ilícita, impossível ou inútil a finalidade a que visa a fundação, ou vencido o prazo de sua existência, o órgão do Ministério Público, ou qualquer interessado, lhe promoverá a extinção, incorporando-se o seu patrimônio, salvo disposição em contrário no ato constitutivo, ou no estatuto, em outra fundação, designada pelo juiz, que se proponha a fim igual ou semelhante.

- *Correspondência: art. 30, CC/1916*
- *Art. 765, CPC/2015*

TÍTULO III – DO DOMICÍLIO

Art. 70. O domicílio da pessoa natural é o lugar onde ela estabelece a sua residência com ânimo definitivo.

- *Correspondência: art. 31, CC/1916*
- *Art. 5º, XI, CF*
- *Arts. 327, 1.566, II, 1.569 e 1.711, CC*
- *Arts. 45 a 51, 53, 62 e 63, CPC/2015*
- *Arts. 127 e 159, CTN*
- *Arts. 7º, 10 e 12, Dec.-lei 4.657/1942 (Lei de Introdução às normas do Direito Brasileiro)*
- *Arts. 26 a 31, Dec. 9.580/2018 (Regulamento do Imposto de Renda)*

Art. 71. Se, porém, a pessoa natural tiver diversas residências, onde, alternadamente, viva, considerar-se-á domicílio seu qualquer delas.

- *Correspondência: art. 32, CC/1916*
- *Art. 46, § 1º, CPC/2015*
- *Súmula 483, STF*

Art. 72. É também domicílio da pessoa natural, quanto às relações concernentes à profissão, o lugar onde esta é exercida.

- *Correspondência: art. 32, CC/1916*
- *Art. 10, § 1º, Lei 8.906/1994 (Estatuto da Advocacia e OAB)*

Parágrafo único. Se a pessoa exercitar profissão em lugares diversos, cada um deles constituirá domicílio para as relações que lhe corresponderem.

Art. 73. Ter-se-á por domicílio da pessoa natural, que não tenha residência habitual, o lugar onde for encontrada.

- *Correspondência: art. 33, CC/1916*
- *Art. 46, §2º, CPC/2015*
- *Art. 7º, § 8º, Dec.-lei 4.657/1942 (Lei de Introdução às normas do Direito Brasileiro)*

Art. 74. Muda-se o domicílio, transferindo a residência, com a intenção manifesta de o mudar.

- *Correspondência: art. 34, CC/1916*

Parágrafo único. A prova da intenção resultará do que declarar a pessoa às municipalidades dos lugares, que deixa, e para onde vai, ou, se tais declarações não fizer, da própria mudança, com as circunstâncias que a acompanharem.

Art. 75. Quanto às pessoas jurídicas, o domicílio é:

- *Correspondência: art. 35, caput, CC/1916*

I – da União, o Distrito Federal;

- *Correspondência: art. 35, I, CC/1916*
- *Art. 109, §§ 1º a 4º, CF*
- *Arts. 45 e 51, CPC/2015*

II – dos Estados e Territórios, as respectivas capitais;

- *Correspondência: art. 35, II, CC/1916*
- *Arts. 45 e 51, CPC/2015*

III – do Município, o lugar onde funcione a administração municipal;

- *Correspondência: art. 35, III, CC/1916*

IV – das demais pessoas jurídicas, o lugar onde funcionarem as respectivas diretorias e administrações, ou onde elegerem domicílio especial no seu estatuto ou atos constitutivos.

- *Correspondência: art. 35, IV, CC/1916*
- *Art. 53, CPC/2015*

§ 1º Tendo a pessoa jurídica diversos estabelecimentos em lugares diferentes, cada um deles será considerado domicílio para os atos nele praticados.

- *Correspondência: art. 35, § 3º, CC/1916*
- *Art. 53, CPC/2015*
- *Súmula 363, STF*

§ 2º Se a administração, ou diretoria, tiver a sede no estrangeiro, haver-se-á por domicílio da pessoa jurídica, no tocante às obrigações contraídas por cada uma das suas agências, o lugar do estabelecimento, sito no Brasil, a que ela corresponder.

- *Correspondência: art. 35, § 4º, CC/1916*
- *Art. 21, CPC/2015*
- *Art. 7º, caput, Dec.-lei 7.661/1945 (Lei de Falências); e art. 3º, Lei 11.101/2005 (Lei de Recuperação de Empresas e Falência)*

Art. 76. Têm domicílio necessário o incapaz, o servidor público, o militar, o marítimo e o preso.

- *Sem correspondência no CC/1916*

Parágrafo único. O domicílio do incapaz é o do seu representante ou assistente; o do servidor público, o lugar em que exercer permanentemente suas funções; o do militar, onde servir, e, sendo da Marinha ou da Aeronáutica, a sede do comando a que se encontrar imediatamente subordinado; o do marítimo, onde o navio estiver matriculado; e o do preso, o lugar em que cumprir a sentença.

- *Correspondência: arts. 36 a 40, CC/1916*
- *Arts. 3º e 4º, CC*
- *Arts. 7º, § 7º, Dec.-lei 4.657/1942 (Lei de Introdução às normas do Direito Brasileiro)*
- *Art. 50, CPC/2015*

Art. 77. O agente diplomático do Brasil, que, citado no estrangeiro, alegar extraterritorialidade sem designar onde tem, no país, o seu domicílio, poderá ser demandado no Distrito Federal ou no último ponto do território brasileiro onde o teve.

- *Correspondência: art. 41, CC/1916*

Art. 78. Nos contratos escritos, poderão os contratantes especificar domicílio onde se exercitem e cumpram os direitos e obrigações deles resultantes.

- *Correspondência: art. 42, CC/1916*
- *Art. 327, CC*
- *Arts. 47, 62 e 63, CPC/2015*
- *Art. 1º, Dec.-lei 4.597/1942 (Prescrição das ações contra a Fazenda Pública)*
- *Súmula 335, STF*

LIVRO II – DOS BENS

TÍTULO ÚNICO – DAS DIFERENTES CLASSES DE BENS

CAPÍTULO I – DOS BENS CONSIDERADOS EM SI MESMOS

SEÇÃO I – DOS BENS IMÓVEIS

Art. 79. São bens imóveis o solo e tudo quanto se lhe incorporar natural ou artificialmente.

- *Correspondência: art. 43, CC/1916*
- *Arts. 20, VIII a X, e 176, CF*
- *Arts. 92 a 97, 1.229 e 1.230, CC*
- *Art. 145, Dec. 24.643/1934 (Código de Águas)*
- *Lei 4.591/1964 (Condomínio em edificações e incorporações imobiliárias)*
- *Dec.-lei 227/1967 (Código de Mineração)*
- *Súmula 329, STF*
- *Súmula 238, STJ*

Art. 80. Consideram-se imóveis para os efeitos legais:

- *Correspondência: art. 44, CC/1916*

I – os direitos reais sobre imóveis e as ações que os asseguram;

- *Correspondência: art. 44, I, CC/1916*
- *Arts. 1.225 e 1.227, CC*
- *Dec. 24.778/1934 (Caução de hipoteca e penhor)*
- *Súmula 329, STF*

II – o direito à sucessão aberta.

- *Correspondência: art. 44, III, CC/1916*
- *Art. 5º, XXX e XXXI, CF*
- *Art. 1.784, CC*

Art. 81. Não perdem o caráter de imóveis:

- *Correspondência: art. 46, CC/1916*

I – as edificações que, separadas do solo, mas conservando a sua unidade, forem removidas para outro local;

- *Sem correspondência no CC/1916*

II – os materiais provisoriamente separados de um prédio, para nele se reempregarem.

- *Correspondência: art. 46, CC/1916*
- *Art. 84, CC*

SEÇÃO II – DOS BENS MÓVEIS

Art. 82. São móveis os bens suscetíveis de movimento próprio, ou de remoção por força alheia, sem alteração da substância ou da destinação econômico-social.

- *Correspondência: art. 47, CC/1916*

Art. 83. Consideram-se móveis para os efeitos legais:

- *Correspondência: art. 48, CC/1916*

I – as energias que tenham valor econômico;

- *Sem correspondência no CC/1916*
- *Art. 155, § 3º, CP*

II – os direitos reais sobre objetos móveis e as ações correspondentes;

- *Correspondência: art. 48, I, CC/1916*
- *Arts. 1.225 e 1.226, CC*

III – os direitos pessoais de caráter patrimonial e respectivas ações.

- Correspondência: art. 48, II, CC/1916
- Arts. 233 a 251, CC
- Art. 5º, Lei 9.279/1996 (Propriedade Industrial)
- Art. 3º, Lei 9.610/1998 (Direitos autorais)

Art. 84. Os materiais destinados a alguma construção, enquanto não forem empregados, conservam sua qualidade de móveis; readquirem essa qualidade os provenientes da demolição de algum prédio.

- Correspondência: art. 49, CC/1916
- Art. 81, II, CC

SEÇÃO III – DOS BENS FUNGÍVEIS E CONSUMÍVEIS

Art. 85. São fungíveis os móveis que podem substituir-se por outros da mesma espécie, qualidade e quantidade.

- Correspondência: art. 50, CC/1916
- Arts. 243, 247, 307, parágrafo único, e 369,CC

Art. 86. São consumíveis os bens móveis cujo uso importa destruição imediata da própria substância, sendo também considerados tais os destinados à alienação.

- Correspondência: art. 51, CC/1916
- Art. 1.392, § 1º, CC

SEÇÃO IV – DOS BENS DIVISÍVEIS

Art. 87. Bens divisíveis são os que se podem fracionar sem alteração na sua substância, diminuição considerável de valor, ou prejuízo do uso a que se destinam.

- Correspondência: art. 52, CC/1916
- Arts. 177, 257 a 263, 314, 414 e 415, CC

Art. 88. Os bens naturalmente divisíveis podem tornar-se indivisíveis por determinação da lei ou por vontade das partes.

- Correspondência: art. 53, CC/1916
- Arts. 105, 263, 504, 844, 1.320, 1.386 e 1.791, CC
- Art. 65, Lei 4.504/1964 (Estatuto da Terra)

SEÇÃO V – DOS BENS SINGULARES E COLETIVOS

Art. 89. São singulares os bens que, embora reunidos, se consideram de per si, independentemente dos demais.

- Correspondência: art. 54, I, CC/1916

Art. 90. Constitui universalidade de fato a pluralidade de bens singulares que, pertinentes à mesma pessoa, tenham destinação unitária.

- Correspondência: art. 54, II, e 57, CC/1916
- Art. 1.791, CC
- Arts. 36, § 5º, e 38, Lei 7.565/1986 (Código Brasileiro de Aeronáutica)

Parágrafo único. Os bens que formam essa universalidade podem ser objeto de relações jurídicas próprias.

Art. 91. Constitui universalidade de direito o complexo de relações jurídicas, de uma pessoa, dotadas de valor econômico.

- Correspondência: art. 57, CC/1916

CAPÍTULO II – DOS BENS RECIPROCAMENTE CONSIDERADOS

Art. 92. Principal é o bem que existe sobre si, abstrata ou concretamente; acessório, aquele cuja existência supõe a do principal.

- Correspondência: art. 58, CC/1916
- Arts. 184, 233, 287, 364, 822 e 1.209, CC

Art. 93. São pertenças os bens que, não constituindo partes integrantes, se destinam, de modo duradouro, ao uso, ao serviço ou ao aformoseamento de outro.

- Sem correspondência no CC/1916

Art. 94. Os negócios jurídicos que dizem respeito ao bem principal não abrangem as pertenças, salvo se o contrário resultar da lei, da manifestação de vontade, ou das circunstâncias do caso.

- Sem correspondência no CC/1916

Art. 95. Apesar de ainda não separados do bem principal, os frutos e produtos podem ser objeto de negócio jurídico.

- Correspondência: art. 59 e 60, CC/1916
- Arts. 79, 237 e 1.214 a 1.216, CC

Art. 96. As benfeitorias podem ser voluptuárias, úteis ou necessárias.

- Correspondência: art. 63, CC/1916
- Arts. 453, 571, 578, 1.219 a 1.222, 1.248 a 1.259 e 1.922, parágrafo único, CC
- Art. 24, Dec. 59.566/1966 (Regulamenta a Lei 4.504/1964)

§ 1º São voluptuárias as de mero deleite ou recreio, que não aumentam o uso habitual do bem, ainda que o tornem mais agradável ou sejam de elevado valor.

§ 2º São úteis as que aumentam ou facilitam o uso do bem.

§ 3º São necessárias as que têm por fim conservar o bem ou evitar que se deteriore.

Art. 97. Não se consideram benfeitorias os melhoramentos ou acréscimos sobrevindos ao bem sem a intervenção do proprietário, possuidor ou detentor.

- Correspondência: art. 64, CC/1916
- Art. 1.248, CC

CAPÍTULO III – DOS BENS PÚBLICOS

Art. 98. São públicos os bens do domínio nacional pertencentes às pessoas jurídicas de direito público interno; todos os outros são particulares, seja qual for a pessoa a que pertencerem.

- Correspondência: art. 65, CC/1916
- Arts. 5º, LXIII, 20, 26 e 176, caput, CF
- Art. 16, § 3º, ADCT
- Art. 102, CC
- Dec. 24.643/1934 (Código de Águas)
- Dec.-lei 3.236/1941 (Jazidas de petróleo e gases naturais)
- Dec.-lei 9.760/1946 (Bens imóveis da União)
- Dec.-lei 28.840/1950 (Plataforma submarina)
- Art. 1º, Lei 4.717/1965 (Ação popular)
- Lei 6.383/1976 (Processo discriminatório de terras devolutivas da União)
- Lei 6.634/1979 (Faixa de fronteira)
- Dec. 85.064/1980 (Regulamenta a Lei 6.634/1979)
- Lei 8.617/1993 (Mar territorial)
- Súmulas 340 e 650, STF

Art. 99. São bens públicos:

- Correspondência: art. 66, CC/1916
- Súmula 477, STF

I – os de uso comum do povo, tais como rios, mares, estradas, ruas e praças;

- Arts. 20, I a XI, 26, 176, 191 e 225, CF
- Dec. 24.643/1934 (Código de Águas)
- Art. 5º, Dec.-lei 2.490/1940 (Aforamento de terrenos de marinha)
- Dec.-lei 7.937/1945 (Loteamento de terrenos de marinha)
- Dec.-lei 9.760/1946 (Bens imóveis da União)
- Art. 10, Lei 7.661/1988 (Plano Nacional de Gerenciamento Costeiro)

II – os de uso especial, tais como edifícios ou terrenos destinados a serviço ou estabelecimento da administração federal, estadual, territorial ou municipal, inclusive os de suas autarquias;

- Dec.-lei 9.760/1946 (Bens imóveis da União)

III – os dominicais, que constituem o patrimônio das pessoas jurídicas de direito público, como objeto de direito pessoal, ou real, de cada uma dessas entidades.

- Arts. 183, § 3º e 191, parágrafo único, CF
- Dec.-lei 25/1937 (Proteção do Patrimônio histórico e artístico)
- Art. 200, Dec.-lei 9.760/1946 (Bens imóveis da União)
- Súmula 340, STF

Parágrafo único. Não dispondo a lei em contrário, consideram-se dominicais os bens pertencentes às pessoas jurídicas de direito público a que se tenha dado estrutura de direito privado.

- Sem correspondência no CC/1916
- Arts. 183, § 3º e 191, parágrafo único, CF
- Arts. 200, Dec.-lei 9.760/1946 (Bens imóveis da União)
- Súmula 340, STF

Art. 100. Os bens públicos de uso comum do povo e os de uso especial são inalienáveis, enquanto conservarem a sua qualificação, na forma que a lei determinar.

- Correspondência: art. 67, CC/1916
- Arts. 183, § 3º e 191, parágrafo único, CF
- Arts. 200, Dec.-lei 9.760/1946 (Bens imóveis da União)
- Art. 23, Lei 9.636/1998 (Regularização, administração, aforamento e alienação de bens imóveis da União)
- Dec. 3.725/2001 (Regulamenta a Lei 9.636/1998)
- Súmula 340, STF

Art. 101. Os bens públicos dominicais podem ser alienados, observadas as exigências da lei.

- Correspondência: art. 67, CC/1916
- Art. 23, Lei 9.636/1998 (Regularização, administração, aforamento e alienação de bens imóveis da União)
- Dec. 3.725/2001 (Regulamenta a Lei 9.636/1998)

Art. 102. Os bens públicos não estão sujeitos a usucapião.

- Sem correspondência no CC/1916
- Arts. 183, § 3º e 191, parágrafo único, CF
- Arts. 1.238 a 1.244, CC
- Art. 200, Dec.-lei 9.760/1946 (Bens imóveis da União)
- Súmula 340, STF

Art. 103. O uso comum dos bens públicos pode ser gratuito ou retribuído, conforme for estabelecido legalmente pela entidade a cuja administração pertencerem.

- Correspondência: art. 68, CC/1916
- Art. 29, Lei 6.383/1976 (Processo discriminatório de terras devolutas)

LIVRO III – DOS FATOS JURÍDICOS

TÍTULO I – DO NEGÓCIO JURÍDICO

CAPÍTULO I – DISPOSIÇÕES GERAIS

Art. 104. A validade do negócio jurídico requer:

- Correspondência: art. 82, CC/1916
- Arts. 107 a 114, 166, 167, 171 a 184 e 2.035, CC

› *Arts. 6º, V, 51, § 1º, III, Lei 8.078/1990 (Código de Defesa do Consumidor)*

I – agente capaz;

› *Arts. 1º, 3º, 4º, 105, 166, I, e 171, I, CC*

II – objeto lícito, possível, determinado ou determinável;

› *Arts. 106 e 166, II, CC*

III – forma prescrita ou não defesa em lei.

› *Arts. 107 a 114, 166, IV, e 421, CC*

Art. 105. A incapacidade relativa de uma das partes não pode ser invocada pela outra em benefício próprio, nem aproveita aos co-interessados capazes, salvo se, neste caso, for indivisível o objeto do direito ou da obrigação comum.

› *Correspondência: art. 83, CC/1916*

› *Arts. 4º, 87, 88, 104, I, 180, 257 a 263 e 314, CC*

Art. 106. A impossibilidade inicial do objeto não invalida o negócio jurídico se for relativa, ou se cessar antes de realizada a condição a que ele estiver subordinado.

› *Correspondência: art. 1.091, CC/1916*

› *Arts. 104, II, 123 e 124, CC*

Art. 107. A validade da declaração de vontade não dependerá de forma especial, senão quando a lei expressamente a exigir.

› *Correspondência: art. 129, CC/1916*

› *Arts. 104, III, 108, 109, 183, 184 e 212, CC*

› *Art. 369, CPC/2015*

Art. 108. Não dispondo a lei em contrário, a escritura pública é essencial à validade dos negócios jurídicos que visem à constituição, transferência, modificação ou renúncia de direitos reais sobre imóveis de valor superior a trinta vezes o maior salário mínimo vigente no País.

› *Correspondência: art. 134, caput, I e II, CC/1916*

› *Arts. 215, 1.227, 1.245, 1.640, parágrafo único, 1.653 e 1.711, CC*

› *Arts. 17, § 4º, e 74, Dec.-lei 9.760/1946 (Bens imóveis da União)*

› *Art. 61, Lei 4.380/1964 (BNH)*

› *Art. 221, Lei 6.015/1973 (Lei de Registros Públicos)*

› *Art. 26, Lei 6.766/1979 (Parcelamento do solo urbano)*

› *Art. 7º, Dec.-lei 2.375/1987 (Terras públicas)*

› *Art. 33, Lei 7.652/1988 (Registro de propriedade marítima)*

› *Art. 38, Lei 9.514/1997 (Sistema de Financiamento Imobiliário e alienação fiduciária de coisa imóvel)*

› *Art. 8º, Lei 10.188/2001 (Programa de Arrendamento Residencial)*

› *Arts. 10, 35 e 48, Lei 10.257/2001 (Estatuto da Cidade)*

› *Art. 440-AO, Prov. CNJ n. 149/2023 (CNN)*

Art. 109. No negócio jurídico celebrado com a cláusula de não valer sem instrumento público, este é da substância do ato.

› *Correspondência: art. 133, CC/1916*

› *Arts. 104, III, 212 e 215, CC*

› *Art. 1º, II, Lei 8.560/1992 (Investigação de Paternidade)*

Art. 110. A manifestação de vontade subsiste ainda que o seu autor haja feito a reserva mental de não querer o que manifestou, salvo se dela o destinatário tinha conhecimento.

› *Sem correspondência no CC/1916*

› *Art. 112, CC*

Art. 111. O silêncio importa anuência, quando as circunstâncias ou os usos o autorizarem, e não for necessária a declaração de vontade expressa.

› *Sem correspondência no CC/1916*

› *Art. 539, CC*

Art. 112. Nas declarações de vontade se atenderá mais à intenção nelas consubstanciada do que ao sentido literal da linguagem.

› *Correspondência: art. 85, CC/1916*

› *Arts. 114, 133, 819 e 1.899, CC*

› *Art. 47, Lei 8.078/1990 (Código de Defesa do Consumidor)*

› *Art. 4º, Lei 9.610/1998 (Direitos autorais)*

Art. 113. Os negócios jurídicos devem ser interpretados conforme a boa-fé e os usos do lugar de sua celebração.

› *Sem correspondência no CC/1916*

› *Arts. 164, 422, 423, 1.201 e 1.202, CC*

› *Art. 4º, Lei 9.610/1998 (Direitos autorais)*

§ 1º A interpretação do negócio jurídico deve lhe atribuir o sentido que:

› *Incluído pela Lei nº 13.874, de 2019*

I - for confirmado pelo comportamento das partes posterior à celebração do negócio;

› *Incluído pela Lei nº 13.874, de 2019*

II - corresponder aos usos, costumes e práticas do mercado relativas ao tipo de negócio;

› *Incluído pela Lei nº 13.874, de 2019*

III - corresponder à boa-fé;

› *Incluído pela Lei nº 13.874, de 2019*

IV - for mais benéfico à parte que não redigiu o dispositivo, se identificável; e

› *Incluído pela Lei nº 13.874, de 2019*

V - corresponder a qual seria a razoável negociação das partes sobre a questão discutida, inferida das demais disposições do negócio e da racionalidade econômica das partes, consideradas as informações disponíveis no momento de sua celebração.

› *Incluído pela Lei nº 13.874, de 2019*

§ 2º As partes poderão livremente pactuar regras de interpretação, de preenchimento de lacunas e de integração dos negócios jurídicos diversas daquelas previstas em lei.

› *Incluído pela Lei nº 13.874, de 2019*

Art. 114. Os negócios jurídicos benéficos e a renúncia interpretam-se estritamente.

› *Correspondência: art. 1.090, CC/1916*

› *Arts. 108, 112, 191, 538, 819, 828, I, 1.410, I, 1.425, III, e 1.806, CC*

› *Art. 4º, Lei 9.610/1998 (Direitos autorais)*

CAPÍTULO II – DA REPRESENTAÇÃO

Art. 115. Os poderes de representação conferem-se por lei ou pelo interessado.

› *Sem correspondência no CC/1916*

› *Arts. 2º, 120, 653, 1.542, § 2º, 1.634, V, 1.690, 1.747, I e 1.774, I, CC*

› *Art. 75, CPC/2015*

Art. 116. A manifestação de vontade pelo representante, nos limites de seus poderes, produz efeitos em relação ao representado.

› *Sem correspondência no CC/1916*

› *Arts. 3º, 4º, 112, 149, 213, parágrafo único, 662, 928, 1.205, I, e 1.634, CC*

Art. 117. Salvo se o permitir a lei ou o representado, é anulável o negócio jurídico que o representante, no seu interesse ou por conta de outrem, celebrar consigo mesmo.

› *Sem correspondência no CC/1916*

› *Arts. 138 a 184 e 685, CC*

› *Súmula 165, STF*

› *Súmula 60, STJ*

Parágrafo único. Para esse efeito, tem-se como celebrado pelo representante o negócio realizado por aquele em quem os poderes houverem sido subestabelecidos.

Art. 118. O representante é obrigado a provar às pessoas, com quem tratar em nome do representado, a sua qualidade e a extensão de seus poderes, sob pena de, não o fazendo, responder pelos atos que a estes excederem.

› *Correspondência: art. 1.305, CC/1916*

› *Arts. 653, 665, 673 e 679, CC*

Art. 119. É anulável o negócio concluído pelo representante em conflito de interesses com o representado, se tal fato era ou devia ser do conhecimento de quem com aquele tratou.

› *Sem correspondência no CC/1916*

› *Arts. 138 a 184, CC*

Parágrafo único. É de cento e oitenta dias, a contar da conclusão do negócio ou da cessação da incapacidade, o prazo de decadência para pleitear-se a anulação prevista neste artigo.

Art. 120. Os requisitos e os efeitos da representação legal são os estabelecidos nas normas respectivas; os da representação voluntária são os da Parte Especial deste Código.

› *Sem correspondência no CC/1916*

› *Arts. 115, 653 a 692, 1.634, V, 1.690 e 1.747, I, CC*

CAPÍTULO III – DA CONDIÇÃO, DO TERMO E DO ENCARGO

Art. 121. Considera-se condição a cláusula que, derivando exclusivamente da vontade das partes, subordina o efeito do negócio jurídico a evento futuro e incerto.

› *Correspondência: arts. 114 e 117, CC/1916*

› *Arts. 125, 127, 131, 135, 136, 167, II, 855, 1.613, 1.808, 1.897 e 1.900, CC*

Art. 122. São lícitas, em geral, todas as condições não contrárias à lei, à ordem pública ou aos bons costumes; entre as condições defesas se incluem as que privarem de todo efeito o negócio jurídico, ou o sujeitarem ao puro arbítrio de uma das partes.

› *Correspondência: art. 115, CC/1916*

› *Arts. 332 e 489, CC*

› *Art. 51, IX, X, XI e XIII, Lei 8.078/1990 (Código de Defesa do Consumidor)*

› *Portaria SDE 4/1998 (Cláusulas abusivas em aditamento ao elenco do art. 51 da Lei 8.078/1990)*

› *Portaria SDE 3/2001 (Elenca as cláusulas abusivas)*

› *Portaria SDE 5/2002 (Complementa o elenco de cláusulas abusivas constantes do art. 51 da Lei 8.078/1990)*

Art. 123. Invalidam os negócios jurídicos que lhes são subordinados:

› *Correspondência: art. 116, CC/1916*

› *Art. 137, CC*

I – as condições física ou juridicamente impossíveis, quando suspensivas;

› *Correspondência: art. 116, CC/1916*

› *Arts. 106 e 166, II, CC*

II – as condições ilícitas, ou de fazer coisa ilícita;

› *Sem correspondência no CC/1916*

› *Arts. 122 e 166, II e III, CC*

III – as condições incompreensíveis ou contraditórias.

› *Sem correspondência no CC/1916*

Art. 124. Têm-se por inexistentes as condições impossíveis, quando resolutivas, e as de não fazer coisa impossível.

› *Correspondência: art. 116, CC/1916*

Art. 125. Subordinando-se a eficácia do negócio jurídico à condição suspensiva, enquanto esta se não verificar, não se terá adquirido o direito, a que ele visa.

- *Correspondência: art. 118, CC/1916*
- *Arts. 131, 135, 199, I, 234, 332, 509, 1.923, CC*

Art. 126. Se alguém dispuser de uma coisa sob condição suspensiva, e, pendente esta, fizer quanto àquela novas disposições, estas não terão valor, realizada a condição, se com ela forem incompatíveis.

- *Correspondência: art. 122, CC/1916*
- *Art. 135, CC*

Art. 127. Se for resolutiva a condição, enquanto esta se não realizar, vigorará o negócio jurídico, podendo exercer-se desde a conclusão deste o direito por ele estabelecido.

- *Correspondência: art. 119, caput, CC/1916*
- *Arts. 135, 397, 401 e 1.359, CC*
- *Art. 12, Dec.-lei 58/1937 (Loteamento e venda de terrenos para pagamento em prestações)*

Art. 128. Sobrevindo a condição resolutiva, extingue-se, para todos os efeitos, o direito a que ela se opõe; mas, se aposta a um negócio de execução continuada ou periódica, a sua realização, salvo disposição em contrário, não tem eficácia quanto aos atos já praticados, desde que compatíveis com a natureza da condição pendente e conforme aos ditames de boa-fé.

- *Correspondência: art. 119, caput, CC/1916*
- *Arts. 135, 1.359 e 1.360, CC*

Art. 129. Reputa-se verificada, quanto aos efeitos jurídicos, a condição cujo implemento for maliciosamente obstado pela parte a quem desfavorecer, considerando-se, ao contrário, não verificada a condição maliciosamente levada a efeito por aquele a quem aproveita o seu implemento.

- *Correspondência: art. 120, CC/1916*

Art. 130. Ao titular do direito eventual, nos casos de condição suspensiva ou resolutiva, é permitido praticar os atos destinados a conservá-lo.

- *Correspondência: art. 121, CC/1916*
- *Art. 6º, § 2º, Dec.-lei 4.657/1942 (Lei de Introdução às normas do Direito Brasileiro)*

Art. 131. O termo inicial suspende o exercício, mas não a aquisição do direito.

- *Correspondência: art. 123, CC/1916*
- *Art. 5º, XXXVI, CF*
- *Arts. 125, 135, 1.613 e 1.924, CC*
- *Art. 6º, § 2º, Dec.-lei 4.657/1942 (Lei de Introdução às normas do Direito Brasileiro)*

Art. 132. Salvo disposição legal ou convencional em contrário, computam-se os prazos, excluído o dia do começo, e incluído o do vencimento.

- *Correspondência: art. 125, caput, CC/1916*
- *Arts. 216 e 224, CPC/2015*
- *Art. 10, CP*
- *Art. 798, CPP*
- *Art. 775, CLT*
- *Art. 210, CTN*
- *Dec. 10.546/1913 (Hora legal)*
- *Dec.-lei 3.602/1941 (Contagem dos prazos em processos ou causas de natureza fiscal ou administrativa)*
- *Lei 662/1949 (Feriados nacionais)*
- *Lei 810/1949 (Ano civil)*
- *Lei 1.408/1951 (Prorrogação dos prazos judiciais)*
- *Lei 6.802/1980 (Feriado)*
- *Lei 7.089/1983 (Veda cobrança de juros de mora sobre título vencido em feriado, sábado ou domingo)*
- *Lei 9.093/1995 (Feriados)*
- *Lei 9.800/1999 (Utilização de sistema de transmissão de dados)*
- *Lei 10.607/2002 (Declara feriados nacionais)*

§ 1º Se o dia do vencimento cair em feriado, considerar-se-á prorrogado o prazo até o seguinte dia útil.

- *Correspondência: art. 125, § 1º, CC/1916*
- *Arts. 214 e 216, CPC/2015*
- *Art. 798, § 3º, CPP*
- *Art. 775, parágrafo único, CLT*

§ 2º Meado considera-se, em qualquer mês, o seu décimo quinto dia.

- *Correspondência: art. 125, § 2º, CC/1916*

§ 3º Os prazos de meses e anos expiram no dia de igual número do de início, ou no imediato, se faltar exata correspondência.

- *Correspondência: art. 125, § 3º, CC/1916*

§ 4º Os prazos fixados por hora contar-se-ão de minuto a minuto.

- *Correspondência: art. 125, § 4º, CC/1916*

Art. 133. Nos testamentos, presume-se o prazo em favor do herdeiro, e, nos contratos, em proveito do devedor, salvo, quanto a esses, se do teor do instrumento, ou das circunstâncias, resultar que se estabeleceu a benefício do credor, ou de ambos os contratantes.

- *Correspondência: art. 126, CC/1916*
- *Art. 112,CC*

Art. 134. Os negócios jurídicos entre vivos, sem prazo, são exequíveis desde logo, salvo se a execução tiver de ser feita em lugar diverso ou depender de tempo.

- *Correspondência: art. 127, CC/1916*
- *Arts. 123 a 130, 474 e 1.359, CC*

Art. 135. Ao termo inicial e final aplicam-se, no que couber, as disposições relativas à condição suspensiva e resolutiva.

- *Correspondência: art. 124, CC/1916*
- *Arts. 123 a 130, CC*

Art. 136. O encargo não suspende a aquisição nem o exercício do direito, salvo quando expressamente imposto no negócio jurídico, pelo disponente, como condição suspensiva.

- *Correspondência: art. 128, CC/1916*
- *Arts. 121, 539, 553, 564, II, 1.938, CC*

Art. 137. Considera-se não escrito o encargo ilícito ou impossível, salvo se constituir o motivo determinante da liberalidade, caso em que se invalida o negócio jurídico.

- *Sem correspondência no CC/1916*
- *Art. 123, I e II, CC*

CAPÍTULO IV – DOS DEFEITOS DO NEGÓCIO JURÍDICO

- *Art. 58, Dec.-lei 7.661/1945 (Lei de Falências); e art. 138, Lei 11.101/2005 (Lei de Recuperação de Empresas e Falência)*

SEÇÃO I – DO ERRO OU IGNORÂNCIA

Art. 138. São anuláveis os negócios jurídicos, quando as declarações de vontade emanarem de erro substancial que poderia ser percebido por pessoa de diligência normal, em face das circunstâncias do negócio.

- *Correspondência: art. 86, CC/1916*
- *Arts. 48, 171, II, 177, 178, II, 849, 877, 1.559, 1.812, 1.909 e 2.027, CC*
- *Arts. 393, 446, II e 966, CPC/2015*

Art. 139. O erro é substancial quando:

- *Correspondência: arts. 87 e 88, CC/1916*
- *Arts. 1556, 1.557, 1.559 e 1.903, CC*
- *Art. 37, § 1º, Lei 8.078/1990 (Código de Defesa do Consumidor)*

I – interessa à natureza do negócio, ao objeto principal da declaração, ou a alguma das qualidades a ele essenciais;

- *Correspondência: art. 87, CC/1916*

II – concerne à identidade ou à qualidade essencial da pessoa a quem se refira a declaração de vontade, desde que tenha influído nesta de modo relevante;

- *Correspondência: art. 88, CC/1916*
- *Arts. 1.556, 1.557, I, e 1.903, CC*

III – sendo de direito e não implicando recusa à aplicação da lei, for o motivo único ou principal do negócio jurídico.

- *Sem correspondência no CC/1916*
- *Art. 3º, Dec.-lei 4.657/1942 (Lei de Introdução às normas do Direito Brasileiro)*

Art. 140. O falso motivo só vicia a declaração de vontade quando expresso como razão determinante.

- *Correspondência: art. 90, CC/1916*
- *Art. 166, III, CC*

Art. 141. A transmissão errônea da vontade por meios interpostos é anulável nos mesmos casos em que o é a declaração direta.

- *Correspondência: art. 89, CC/1916*

Art. 142. O erro de indicação da pessoa ou da coisa, a que se referir a declaração de vontade, não viciará o negócio quando, por seu contexto e pelas circunstâncias, se puder identificar a coisa ou pessoa cogitada.

- *Correspondência: art. 91, CC/1916*
- *Art. 1.903, CC*

Art. 143. O erro de cálculo apenas autoriza a retificação da declaração de vontade.

- *Sem correspondência no CC/1916*

Art. 144. O erro não prejudica a validade do negócio jurídico quando a pessoa, a quem a manifestação de vontade se dirige, se oferecer para executá-la na conformidade da vontade real do manifestante.

- *Sem correspondência no CC/1916*
- *Arts. 172 a 175, CC*

SEÇÃO II – DO DOLO

- *Art. 20, Dec.-lei 7.661/1945 (Lei de Falências); e art. 101, Lei 11.101/2005 (Lei de Recuperação de Empresas e Falência)*

Art. 145. São os negócios jurídicos anuláveis por dolo, quando este for a sua causa.

- *Correspondência: art. 92, CC/1916*
- *Arts. 171, II, 177, 178, II, 180, 849, 1.812, 1.909 e 2.027, CC*
- *Arts. 393, 446, II e 966, CPC/2015*

Art. 146. O dolo acidental só obriga à satisfação das perdas e danos, e é acidental quando, a seu despeito, o negócio seria realizado, embora por outro modo.

- *Correspondência: art. 93, CC/1916*

Art. 147. Nos negócios jurídicos bilaterais, o silêncio intencional de uma das partes a respeito de fato ou qualidade que a outra parte haja ignorado, constitui omissão dolosa, provando-se que sem ela o negócio não se teria celebrado.

- *Correspondência: art. 94, CC/1916*
- *Arts. 441 a 446, 766 e 773, CC*
- *Art. 678-2, CCo*

Art. 148. Pode também ser anulado o negócio jurídico por dolo de terceiro, se a parte a quem aproveite dele tivesse ou devesse ter conhecimento; em caso contrário, ainda que subsista o negócio jurídico, o terceiro responderá por todas as perdas e danos da parte a quem ludibriou.

- *Correspondência: art. 95, CC/1916*

Art. 149. O dolo do representante legal de uma das partes só obriga o representado a responder civilmente até a importância do proveito que teve; se, porém, o dolo for do representante convencional, o representado responderá solidariamente com ele por perdas e danos.

- *Correspondência: art. 96, CC/1916*
- *Art. 932, CC*

Art. 150. Se ambas as partes procederem com dolo, nenhuma pode alegá-lo para anular o negócio, ou reclamar indenização.

- *Correspondência: art. 97, CC/1916*

SEÇÃO III – DA COAÇÃO

Art. 151. A coação, para viciar a declaração da vontade, há de ser tal que incuta ao paciente fundado temor de dano iminente e considerável à sua pessoa, à sua família, ou aos seus bens.

- *Correspondência: art. 91, CC/1916*
- *Arts. 171, II, 177, 178, I, 849, 1.558, 1.559, 1.812, 1.909 e 2.027, CC*
- *Arts. 393, 446, II e 966, CPC/2015*
- *Art. 146, CP*

Parágrafo único. Se disser respeito a pessoa não pertencente à família do paciente, o juiz, com base nas circunstâncias, decidirá se houve coação.

- *Sem correspondência no CC/1916*

Art. 152. No apreciar a coação, ter-se-ão em conta o sexo, a idade, a condição, a saúde, o temperamento do paciente e todas as demais circunstâncias que possam influir na gravidade dela.

- *Correspondência: art. 99, CC/1916*

Art. 153. Não se considera coação a ameaça do exercício normal de um direito, nem o simples temor reverencial.

- *Correspondência: art. 100, CC/1916*

Art. 154. Vicia o negócio jurídico a coação exercida por terceiro, se dela tivesse ou devesse ter conhecimento a parte a que aproveite, e esta responderá solidariamente com aquele por perdas e danos.

- *Correspondência: art. 101, caput e § 1º, CC/1916*
- *Arts. 275 a 285, CC*

Art. 155. Subsistirá o negócio jurídico, se a coação decorrer de terceiro, sem que a parte a que aproveite dela tivesse ou devesse ter conhecimento; mas o autor da coação responderá por todas as perdas e danos que houver causado ao coacto.

- *Correspondência: art. 101, § 2º, CC/1916*

SEÇÃO IV – DO ESTADO DE PERIGO

Art. 156. Configura-se o estado de perigo quando alguém, premido da necessidade de salvar-se, ou a pessoa de sua família, de grave dano conhecido pela outra parte, assume obrigação excessivamente onerosa.

- *Sem correspondência no CC/1916*
- *Art. 171, II, CC*
- *Art. 24, CP*

Parágrafo único. Tratando-se de pessoa não pertencente à família do declarante, o juiz decidirá segundo as circunstâncias.

SEÇÃO V – DA LESÃO

Art. 157. Ocorre a lesão quando uma pessoa, sob premente necessidade, ou por inexperiência, se obriga a prestação manifestamente desproporcional ao valor da prestação oposta.

- *Sem correspondência no CC/1916*
- *Art. 171, II, CC*

§ 1º Aprecia-se a desproporção das prestações segundo os valores vigentes ao tempo em que foi celebrado o negócio jurídico.

§ 2º Não se decretará a anulação do negócio, se for oferecido suplemento suficiente, ou se a parte favorecida concordar com a redução do proveito.

SEÇÃO VI – DA FRAUDE CONTRA CREDORES

- *Art. 53, VII, Dec.-lei 7.661/1945 (Lei de Falências); e art. 130, Lei 11.101/2005 (Lei de Recuperação de Empresas e Falência)*

Art. 158. Os negócios de transmissão gratuita de bens ou remissão de dívida, se os praticar o devedor já insolvente, ou por eles reduzido à insolvência, ainda quando o ignore, poderão ser anulados pelos credores quirografários, como lesivos dos seus direitos.

- *Correspondência: art. 101, caput, CC/1916*
- *Arts. 161, 171, II, 177, 178, II, 1.812 e 2.027, CC*
- *Arts. 774, 789, 792, 856, 1.052, CPC/2015*
- *Art. 179, CTN*
- *Art. 216, Lei 6.015/1973 (Lei de Registros Públicos)*

§ 1º Igual direito assiste aos credores cuja garantia se tornar insuficiente.

- *Sem correspondência no CC/1916*

§ 2º Só os credores que já o eram ao tempo daqueles atos podem pleitear a anulação deles.

- *Correspondência: art. 106, parágrafo único, CC/1916*
- *Súmula 195, STJ*

Art. 159. Serão igualmente anuláveis os contratos onerosos do devedor insolvente, quando a insolvência for notória, ou houver motivo para ser conhecida do outro contratante.

- *Correspondência: art. 107, CC/1916*
- *Art. 161, CC*
- *Art. 216, Lei 6.015/1973 (Lei de Registros Públicos)*

Art. 160. Se o adquirente dos bens do devedor insolvente ainda não tiver pago o preço e este for, aproximadamente, o corrente, desobrigar-se-á depositando-o em juízo, com a citação de todos os interessados.

- *Correspondência: art. 108, CC/1916*
- *Art. 335, CC*
- *Arts. 539 a 549, CPC/2015*

Parágrafo único. Se inferior, o adquirente, para conservar os bens, poderá depositar o preço que lhes corresponda ao valor real.

- *Sem correspondência no CC/1916*

Art. 161. A ação, nos casos dos arts. 158 e 159, poderá ser intentada contra o devedor insolvente, a pessoa que com ele celebrou a estipulação considerada fraudulenta, ou terceiros adquirentes que hajam procedido de má-fé.

- *Correspondência: art. 109, CC/1916*
- *Art. 178, II, CC*

Art. 162. O credor quirografário, que receber do devedor insolvente o pagamento da dívida ainda não vencida, ficará obrigado a repor, em proveito do acervo sobre que se tenha de efetuar o concurso de credores, aquilo que recebeu.

- *Correspondência: art. 110, CC/1916*

Art. 163. Presumem-se fraudatórias dos direitos dos outros credores as garantias de dívidas que o devedor insolvente tiver dado a algum credor.

- *Correspondência: art. 111, CC/1916*
- *Art. 1.419, CC*

Art. 164. Presumem-se, porém, de boa-fé e valem os negócios ordinários indispensáveis à manutenção de estabelecimento mercantil, rural, ou industrial, ou à subsistência do devedor e de sua família.

- *Correspondência: art. 112, CC/1916*
- *Art. 113, CC*

Art. 165. Anulados os negócios fraudulentos, a vantagem resultante reverterá em proveito do acervo sobre que se tenha de efetuar o concurso de credores.

- *Correspondência: art. 113, CC/1916*

Parágrafo único. Se esses negócios tinham por único objeto atribuir direitos preferenciais, mediante hipoteca, penhor ou anticrese, sua invalidade importará somente na anulação da preferência ajustada.

- *Arts. 184 e 1.419 a 1.510, CC*

CAPÍTULO V – DA INVALIDADE DO NEGÓCIO JURÍDICO

Art. 166. É nulo o negócio jurídico quando:

- *Correspondência: art. 145, CC/1916*
- *Arts. 104 e 2.035, CC*
- *Art. 4º, III, Dec.-lei 7.661/1945 (Lei de Falências); e art. 96, Lei 11.101/2005 (Lei de Recuperação de Empresas e Falência)*

I – celebrado por pessoa absolutamente incapaz;

- *Correspondência: art. 145, I, CC/1916*
- *Arts. 3º, 104, I, 105, 1.548, I, e 1.860, CC*

II – for ilícito, impossível ou indeterminável o seu objeto;

- *Correspondência: art. 145, II, CC/1916*
- *Arts. 104, II, 106, 123, 124 e 762, CC*
- *Art. 17, Dec.-lei 4.657/1942 (Lei de Introdução às normas do Direito Brasileiro)*

III – o motivo determinante, comum a ambas as partes, for ilícito;

- *Sem correspondência no CC/1916*

IV – não revestir a forma prescrita em lei;

- *Correspondência: art. 145, III, CC/1916*
- *Arts. 104, III, 107 e 1.653, CC*

V – for preterida alguma solenidade que a lei considere essencial para a sua validade;

- *Correspondência: art. 145, IV, CC/1916*

VI – tiver por objetivo fraudar lei imperativa;

- *Sem correspondência no CC/1916*
- *Art. 1.802, CC*
- *Art. 9º, CLT*
- *Art. 11, Dec. 22.626/1933 (Juros nos contratos)*

VII – a lei taxativamente o declarar nulo, ou proibir-lhe a prática, sem cominar sanção.

- *Correspondência: art. 145, V, CC/1916*
- *Arts. 209, 489, 548, 549, 795, 907, 912, parágrafo único, 1.428, 1.516, § 3º, 1.548, II, 1.900, 1.912 e 1.959, CC*

- *Arts. 37 a 39, Lei 6.766/1979 (Parcelamento do solo urbano)*
- *Art. 18, § 1º, Lei 7.357/1985 (Cheque)*

Art. 167. É nulo o negócio jurídico simulado, mas subsistirá o que se dissimulou, se válido for na substância e na forma.

- *Sem correspondência no CC/1916*
- *Art. 4º, III, Dec.-lei 7.661/1945 (Lei de Falências); e art. 96, III, Lei 11.101/2005 (Lei de Recuperação de Empresas e Falência)*

§ 1º Haverá simulação nos negócios jurídicos quando:

- *Correspondência: art. 102, CC/1916*

I – aparentarem conferir ou transmitir direitos a pessoas diversas daquelas às quais realmente se conferem, ou transmitem;

II – contiverem declaração, confissão, condição ou cláusula não verdadeira;

III – os instrumentos particulares forem antedatados, ou pós-datados.

- *Art. 409, CPC/2015*

§ 2º Ressalvam-se os direitos de terceiros de boa-fé em face dos contraentes do negócio jurídico simulado.

- *Correspondência: art. 105, CC/1916*

Art. 168. As nulidades dos artigos antecedentes podem ser alegadas por qualquer interessado, ou pelo Ministério Público, quando lhe couber intervir.

- *Correspondência: art. 146, CC/1916*
- *Art. 1.549, CC*

Parágrafo único. As nulidades devem ser pronunciadas pelo juiz, quando conhecer do negócio jurídico ou dos seus efeitos e as encontrar provadas, não lhe sendo permitido supri-las, ainda que a requerimento das partes.

- *Arts. 282 e 488, CPC/2015*
- *Súmula 346, STF*

Art. 169. O negócio jurídico nulo não é suscetível de confirmação, nem convalesce pelo decurso do tempo.

- *Sem correspondência no CC/1916*
- *Art. 367, CC*

Art. 170. Se, porém, o negócio jurídico nulo contiver os requisitos de outro, subsistirá este quando o fim a que visavam as partes permitir supor que o teriam querido, se houvessem previsto a nulidade.

- *Sem correspondência no CC/1916*

Art. 171. Além dos casos expressamente declarados na lei, é anulável o negócio jurídico:

- *Correspondência: art. 146, CC/1916*
- *Arts. 154, 177, 182 a 184, CC*

I – por incapacidade relativa do agente;

- *Arts. 4º, 105, 180 e 181*

II – por vício resultante de erro, dolo, coação, estado de perigo, lesão ou fraude contra credores.

- *Arts. 138 a 165, CC*

Art. 172. O negócio anulável pode ser confirmado pelas partes, salvo direito de terceiro.

- *Correspondência: art. 1486, CC/1916*
- *Arts. 175 e 367, CC*

Art. 173. O ato de confirmação deve conter a substância do negócio celebrado e a vontade expressa de mantê-lo.

- *Correspondência: art. 149, CC/1916*

Art. 174. É escusada a confirmação expressa, quando o negócio já foi cumprido em parte pelo devedor, ciente do vício que o inquinava.

- *Correspondência: art. 150, CC/1916*

Art. 175. A confirmação expressa, ou a execução voluntária de negócio anulável, nos termos dos arts. 172 a 174, importa a extinção de todas as ações, ou exceções, de que contra ele dispusesse o devedor.

- *Correspondência: art. 151, CC/1916*

Art. 176. Quando a anulabilidade do ato resultar da falta de autorização de terceiro, será validado se este a der posteriormente.

- *Sem correspondência no CC/1916*
- *Art. 496, CC*

Art. 177. A anulabilidade não tem efeito antes de julgada por sentença, nem se pronuncia de ofício; só os interessados a podem alegar, e aproveita exclusivamente aos que a alegarem, salvo o caso de solidariedade ou indivisibilidade.

- *Correspondência: art. 152, caput, CC/1916*
- *Arts. 87, 88, 171 e 257 a 285, CC*

Art. 178. É de quatro anos o prazo de decadência para pleitear-se a anulação do negócio jurídico, contado:

- *Correspondência: art. 178, § 9º, V, CC/1916*
- *Arts. 207 a 211, CC*

I – no caso de coação, do dia em que ela cessar;

- *Arts. 151 a 155, CC*

II – no de erro, dolo, fraude contra credores, estado de perigo ou lesão, do dia em que se realizou o negócio jurídico;

- *Arts. 138 a 150, 156 a 165 e 167, § 1º, CC*

III – no de atos de incapazes, do dia em que cessar a incapacidade.

- *Arts. 3º e 4º, CC*

Art. 179. Quando a lei dispuser que determinado ato é anulável, sem estabelecer prazo para pleitear-se a anulação, será este de dois anos, a contar da data da conclusão do ato.

- *Sem correspondência no CC/1916*

Art. 180. O menor, entre dezesseis e dezoito anos, não pode, para eximir-se de uma obrigação, invocar a sua idade se dolosamente a ocultou quando inquirido pela outra parte, ou se, no ato de obrigar-se, declarou-se maior.

- *Correspondência: art. 155, CC/1916*
- *Arts. 4º, I, e 145, I, CC*

Art. 181. Ninguém pode reclamar o que, por uma obrigação anulada, pagou a um incapaz, se não provar que reverteu em proveito dele a importância paga.

- *Correspondência: art. 157, CC/1916*
- *Arts. 221 e 310, CC*

Art. 182. Anulado o negócio jurídico, restituir-se-ão as partes ao estado em que antes dele se achavam, e, não sendo possível restituí-las, serão indenizadas com o equivalente.

- *Correspondência: art. 158, CC/1916*

Art. 183. A invalidade do instrumento não induz a do negócio jurídico sempre que este se puder provar por outro meio.

- *Correspondência: art. 152, parágrafo único, CC/1916*

Art. 184. Respeitada a intenção das partes, a invalidade parcial de um negócio jurídico não o prejudicará na parte válida, se esta for separável; a invalidade da obrigação principal implica a das obrigações acessórias, mas a destas não induz a da obrigação principal.

- *Correspondência: art. 153, CC/1916*
- *Arts. 92 e 165, parágrafo único, CC*
- *Art. 51, § 2º, Lei 8.078/1990 (Código de Defesa do Consumidor)*

TÍTULO II – DOS ATOS JURÍDICOS LÍCITOS

Art. 185. Aos atos jurídicos lícitos, que não sejam negócios jurídicos, aplicam-se, no que couber, as disposições do Título anterior.

- *Correspondência: art. 81, CC/1916*

TÍTULO III – DOS ATOS ILÍCITOS

Art. 186. Aquele que, por ação ou omissão voluntária, negligência ou imprudência, violar direito e causar dano a outrem, ainda que exclusivamente moral, comete ato ilícito.

- *Correspondência: art. 159, 1ª parte, CC/1916*
- *Art. 5º, V e X, CF*
- *Arts. 12, 43, 475 a 477 e 927 a 954, CC*
- *Arts. 81, 143, 161 e 302, CPC/2015*
- *Art. 243, caput, IX, e §§ 1º a 3º, Lei 4.737/1965 (Código Eleitoral)*
- *Súmulas 227, 338 e 403, STJ*

Art. 187. Também comete ato ilícito o titular de um direito que, ao exercê-lo, excede manifestamente os limites impostos pelo seu fim econômico ou social, pela boa-fé ou pelos bons costumes.

- *Sem correspondência no CC/1916*
- *Arts. 927 a 954 e 1.277, CC*

Art. 188. Não constituem atos ilícitos:

- *Correspondência: art. 160, CC/1916*
- *Arts. 23 a 25, CP*

I – os praticados em legítima defesa ou no exercício regular de um direito reconhecido;

- *Art. 930, parágrafo único, CC*

II – a deterioração ou destruição da coisa alheia, ou a lesão a pessoa, a fim de remover perigo iminente.

- *Arts. 929 e 930, caput, CC*

Parágrafo único. No caso do inciso II, o ato será legítimo somente quando as circunstâncias o tornarem absolutamente necessário, não excedendo os limites do indispensável para a remoção do perigo.

- *Art. 23, parágrafo único, CP*

TÍTULO IV – DA PRESCRIÇÃO E DA DECADÊNCIA

CAPÍTULO I – DA PRESCRIÇÃO

SEÇÃO I – DISPOSIÇÕES GERAIS

Art. 189. Violado o direito, nasce para o titular a pretensão, a qual se extingue, pela prescrição, nos prazos a que aludem os arts. 205 e 206.

- *Correspondência: art. 75, CC/1916*
- *Arts. 882 e 2.028, CC*
- *Art. 134, Dec.-lei 7.661/1945 (Lei de Falências); e art. 82, § 1º, Lei 11.101/2005 (Lei de Recuperação de Empresas e Falência)*

Art. 190. A exceção prescreve no mesmo prazo em que a pretensão.

- *Sem correspondência no CC/1916*

Art. 191. A renúncia da prescrição pode ser expressa ou tácita, e só valerá, sendo feita, sem prejuízo de terceiro, depois que a prescrição se consumar; tácita é a renúncia quando se presume de fatos do interessado, incompatíveis com a prescrição.

- *Correspondência: art. 161, CC/1916*

Art. 192. Os prazos de prescrição não podem ser alterados por acordo das partes.

- *Sem correspondência no CC/1916*

Art. 193. A prescrição pode ser alegada em qualquer grau de jurisdição, pela parte a quem aproveita.

- *Correspondência: art. 162, CC/1916*
- *Arts. 487, 302 e 535, CPC/2015*
- *Art. 4º, II, Dec.-lei 7.661/1945 (Lei de Falências); e art. 96, II, Lei 11.101/2005 (Lei de Recuperação de Empresas e Falência)*
- *Súmula 150, STF*

Art. 194. *(Revogado pela Lei nº 11.280, de 2006)*

Art. 195. Os relativamente incapazes e as pessoas jurídicas têm ação contra os seus assistentes ou representantes legais, que derem causa à prescrição, ou não a alegarem oportunamente.

- *Correspondência: art. 164, CC/1916*
- *Arts. 19, 20, 107 a 111, 234, 235 e 266, CPC/2015*

Art. 196. A prescrição iniciada contra uma pessoa continua a correr contra o seu sucessor.

- *Correspondência: art. 165, CC/1916*

SEÇÃO II – DAS CAUSAS QUE IMPEDEM OU SUSPENDEM A PRESCRIÇÃO

Art. 197. Não corre a prescrição:

- *Correspondência: art. 168, I a III, CC/1916*
- *Art. 4º, Dec. 20.910/1932 (Prescrição quinquenal)*
- *Art. 137, Dec.-lei 7.661/1945 (Lei de Falências); e art. 157, Lei 11.101/2005 (Lei de Recuperação de Empresas e Falência)*

I – entre os cônjuges, na constância da sociedade conjugal;

II – entre ascendentes e descendentes, durante o poder familiar;

III – entre tutelados ou curatelados e seus tutores ou curadores, durante a tutela ou curatela.

Art. 198. Também não corre a prescrição:

- *Correspondência: art. 169, CC/1916*
- *Art. 137, Dec.-lei 7.661/1945 (Lei de Falências); e art. 157, Lei 11.101/2005 (Lei de Recuperação de Empresas e Falência)*

I – contra os incapazes de que trata o art. 3º;

- *Art. 208, CC*
- *Art. 440, CLT*

II – contra os ausentes do País em serviço público da União, dos Estados ou dos Municípios;

III – contra os que se acharem servindo nas Forças Armadas, em tempo de guerra.

- *Lei 19/1947 (Prescrição da ações não propostas por brasileiros empenhados na guerra)*

Art. 199. Não corre igualmente a prescrição:

- *Correspondência: art. 170, CC/1916*
- *Art. 137, Dec.-lei 7.661/1945 (Lei de Falências); e art. 157, Lei 11.101/2005 (Lei de Recuperação de Empresas e Falência)*

I – pendendo condição suspensiva;

- *Art. 125, CC*

II – não estando vencido o prazo;

- *Art. 131, CC*

III – pendendo ação de evicção.

- *Arts. 447 a 457, CC*

Art. 200. Quando a ação se originar de fato que deva ser apurado no juízo criminal, não correrá a prescrição antes da respectiva sentença definitiva.

- *Sem correspondência no CC/1916*

Art. 201. Suspensa a prescrição em favor de um dos credores solidários, só aproveitam os outros se a obrigação for indivisível.

- *Correspondência: art. 171, CC/1916*
- *Arts. 257 a 264, CC*

SEÇÃO III – DAS CAUSAS QUE INTERROMPEM A PRESCRIÇÃO

Art. 202. A interrupção da prescrição, que somente poderá ocorrer uma vez, dar-se-á:

- *Correspondência: art. 172, CC/1916*
- *Art. 203, CC*
- *Art. 174, parágrafo único, CTN*
- *Dec. 20.910/1932 (Prescrição quinquenal)*
- *Dec.-lei 4.597/1942 (Prescrição das ações contra a Fazenda Pública)*
- *Arts. 47 e 134, Dec.-lei 7.661/1945 (Lei de Falências); e arts. 6º, caput, e 157, Lei 11.101/2005 (Lei de Recuperação de Empresas e Falência)*
- *Súmula 154, STF*
- *Súmula 248, TFR*

I – por despacho do juiz, mesmo incompetente, que ordenar a citação, se o interessado a promover no prazo e na forma da lei processual;

- *Correspondência: art. 172, I, CC/1916*
- *Arts. 240, 241 e 802, CPC/2015*
- *Súmula 78, TFR*

II – por protesto, nas condições do inciso antecedente;

- *Correspondência: art. 172, II, CC/1916*
- *Arts. 726 e 729, CPC/2015*

III – por protesto cambial;

- *Sem correspondência no CC/1916*
- *Súmula 153, STF*
- *Vide art. 174, II, CTN*

IV – pela apresentação do título de crédito em juízo de inventário ou em concurso de credores;

- *Correspondência: art. 172, III, CC/1916*
- *Art. 908, CPC/2015*

V – por qualquer ato judicial que constitua em mora o devedor;

- *Correspondência: art. 172, IV, CC/1916*
- *Art. 397, parágrafo único, CC*

VI – por qualquer ato inequívoco, ainda que extrajudicial, que importe reconhecimento do direito pelo devedor.

- *Correspondência: art. 172, V, CC/1916*

Parágrafo único. A prescrição interrompida recomeça a correr da data do ato que a interrompeu, ou do último ato do processo para a interromper.

- *Correspondência: art. 173, CC/1916*
- *Art. 1.052, CPC/2015*
- *Súmula 383, STF*

Art. 203. A prescrição pode ser interrompida por qualquer interessado.

- *Correspondência: art. 174, CC/1916*

Art. 204. A interrupção da prescrição por um credor não aproveita aos outros; semelhantemente, a interrupção operada contra o co-devedor, ou seu herdeiro, não prejudica aos demais coobrigados.

- *Correspondência: art. 176, CC/1916*

§ 1º A interrupção por um dos credores solidários aproveita aos outros; assim como a interrupção efetuada contra o devedor solidário envolve os demais e seus herdeiros.

- *Arts. 264 a 285, CC*

§ 2º A interrupção operada contra um dos herdeiros do devedor solidário não prejudica os outros herdeiros ou devedores, senão quando se trate de obrigações e direitos indivisíveis.

- *Arts. 87, 88 e 257 a 263, CC*

§ 3º A interrupção produzida contra o principal devedor prejudica o fiador.

SEÇÃO IV – DOS PRAZOS DA PRESCRIÇÃO

Art. 205. A prescrição ocorre em dez anos, quando a lei não lhe haja fixado prazo menor.

- *Correspondência: art. 177 e 179, CC/1916*
- *Arts. 149, 440 e 916, CLT*
- *Art. 12, Lei 6.453/1977 (Responsabilidade civil e criminal por danos nucleares)*
- *Art. 26, Lei 8.078/1990 (Código de Defesa do Consumidor)*
- *Súmulas 149 a 152, 443, 445 e 494, STF*
- *Súmulas 39, 85, 106, 119, 142, 143 e 412, STJ*
- *Súmulas 107, 108 e 219, TFR*

Art. 206. Prescreve:

- *Correspondência: art. 178, CC/1916*

§ 1º Em um ano:

- *Art. 36, parágrafo único, Lei 5.764/1971 (Define a Política Nacional de Cooperativismo e institui o regime jurídico das sociedades cooperativas)*
- *Súmula 151, STF*

I – a pretensão dos hospedeiros ou fornecedores de víveres destinados a consumo no próprio estabelecimento, para o pagamento da hospedagem ou dos alimentos;

- *Correspondência: art. 178, § 5º, V, CC/1916*

II – a pretensão do segurado contra o segurador, ou a deste contra aquele, contado o prazo:

- *Correspondência: art. 178, §§ 6º, II, e 7º, V, CC/1916*
- *Súmula 101, STJ*

a) para o segurado, no caso de seguro de responsabilidade civil, da data em que é citado para responder à ação de indenização proposta pelo terceiro prejudicado, ou da data que a este indeniza, com a anuência do segurador;

b) quanto aos demais seguros, da ciência do fato gerador da pretensão;

III – a pretensão dos tabeliães, auxiliares da justiça, serventuários judiciais, árbitros e peritos, pela percepção de emolumentos, custas e honorários;

- *Correspondência: art. 178, § 6º, VIII, CC/1916*

IV – a pretensão contra os peritos, pela avaliação dos bens que entraram para a formação do capital de sociedade anônima, contado da publicação da ata da assembleia que aprovar o laudo;

- *Sem correspondência no CC/1916*

V – a pretensão dos credores não pagos contra os sócios ou acionistas e os liquidantes, contado o prazo da publicação da ata de encerramento da liquidação da sociedade.

- *Sem correspondência no CC/1916*

§ 2º Em dois anos, a pretensão para haver prestações alimentares, a partir da data em que se vencerem.

- *Correspondência: art. 178, § 10, I, CC/1916*
- *Art. 948, II, CC*
- *Art. 975, CPC/2015*
- *Art. 119, CLT*
- *Art. 169, CTN*
- *Art. 23, Lei 5.478/1968 (Ação de alimentos)*

§ 3º Em três anos:

I – a pretensão relativa a aluguéis de prédios urbanos ou rústicos;

- *Correspondência: art. 178, § 10, IV, CC/1916*

II – a pretensão para receber prestações vencidas de rendas temporárias ou vitalícias;

- *Correspondência: art. 178, § 10, II, CC/1916*

III – a pretensão para haver juros, dividendos ou quaisquer prestações acessórias, pagáveis, em períodos não maiores de um ano, com capitalização ou sem ela;

- *Correspondência: art. 178, § 10, III, CC/1916*

IV – a pretensão de ressarcimento de enriquecimento sem causa;

- *Sem correspondência no CC/1916*

V – a pretensão de reparação civil;

- *Sem correspondência no CC/1916*

VI – a pretensão de restituição dos lucros ou dividendos recebidos de má-fé, correndo o prazo da data em que foi deliberada a distribuição;

- *Sem correspondência no CC/1916*

VII – a pretensão contra as pessoas em seguida indicadas por violação da lei ou do estatuto, contado o prazo:

- *Sem correspondência no CC/1916*

a) para os fundadores, da publicação dos atos constitutivos da sociedade anônima;
b) para os administradores, ou fiscais, da apresentação, aos sócios, do balanço referente ao exercício em que a violação tenha sido praticada, ou da reunião ou assembleia geral que dela deva tomar conhecimento;
c) para os liquidantes, da primeira assembleia semestral posterior à violação;

VIII – a pretensão para haver o pagamento de título de crédito, a contar do vencimento, ressalvadas as disposições de lei especial;

- *Sem correspondência no CC/1916*

IX – a pretensão do beneficiário contra o segurador, e a do terceiro prejudicado, no caso de seguro de responsabilidade civil obrigatório.

- *Sem correspondência no CC/1916*
- *Súmula 405, STJ*

§ 4º Em quatro anos, a pretensão relativa à tutela, a contar da data da aprovação das contas.

- *Sem correspondência no CC/1916*
- *Art. 43, Lei 5.764/1971 (Define a Política Nacional de Cooperativismo e institui o regime jurídico das sociedades cooperativas)*

§ 5º Em cinco anos:

- *Art.5º, XXIX, CF*
- *Art. 11, CLT*
- *Art. 168, CTN*
- *Art. 12, Lei 1.060/1950 (Assistência judiciária)*
- *Art. 6º, Lei 7.542/1986 (Coisas perdidas no mar)*
- *Art. 27, lei 8.078/1990 (Código de Defesa do Consumidor)*
- *Arts. 103 e 104, Lei 8.213/1991 (Planos de Benefícios da Previdência Social)*
- *Súmula 264, TF*

I – a pretensão de cobrança de dívidas líquidas constantes de instrumento público ou particular;

- *Sem correspondência no CC/1916*

II – a pretensão dos profissionais liberais em geral, procuradores judiciais, curadores e professores pelos seus honorários, contado o prazo da conclusão dos serviços, da cessação dos respectivos contratos ou mandato;

- *Correspondência: art. 178, §§ 6º, VI, IX e X, e 7º, III e IV, CC/1916*

III – a pretensão do vencedor para haver do vencido o que despendeu em juízo.

- *Sem correspondência no CC/1916*

Art. 206-A. A prescrição intercorrente observará o mesmo prazo de prescrição da pretensão, observadas as causas de impedimento, de suspensão e de interrupção da prescrição previstas neste Código e observado o disposto no art. 921 da Lei nº 13.105, de 16 de março de 2015 (Código de Processo Civil).

- *Artigo acrescido pela Medida Provisória nº 1.040, de 29/3/2021, convertida na Lei nº 14.195, de 26/8/2021, com redação dada pela Medida Provisória nº 1.085, de 27/12/2021, convertida na Lei nº 14.382, de 27/6/2022*

CAPÍTULO II – DA DECADÊNCIA

Art. 207. Salvo disposição legal em contrário, não se aplicam à decadência as normas que impedem, suspendem ou interrompem a prescrição.

- *Sem correspondência no CC/1916*
- *Arts. 197 a 204, CC*

Art. 208. Aplica-se à decadência o disposto nos arts. 195 e 198, inciso I.

- *Sem correspondência no CC/1916*

Art. 209. É nula a renúncia à decadência fixada em lei.

- *Sem correspondência no CC/1916*
- *Art. 191, CC*

Art. 210. Deve o juiz, de ofício, conhecer da decadência, quando estabelecida por lei.

- *Sem correspondência no CC/1916*
- *Art. 487 e 354, CPC/2015*

Art. 211. Se a decadência for convencional, a parte a quem aproveita pode alegá-la em qualquer grau de jurisdição, mas o juiz não pode suprir a alegação.

- *Sem correspondência no CC/1916*

TÍTULO V – DA PROVA

Art. 212. Salvo o negócio a que se impõe forma especial, o fato jurídico pode ser provado mediante:

- *Correspondência: art. 136, CC/1916*
- *Art. 5º, XII e LVI, CF*
- *Art. 369, CPC/2015*

I – confissão;

- *Correspondência: art. 136, I, CC/1916*
- *Arts. 213 e 214, CC*
- *Arts. 389 a 395, CPC/2015*

II – documento;

- *Correspondência: art. 136, III, CC/1916*
- *Arts. 107 a 109 e 215 a 226, CC*
- *Arts. 384; 405 a 435, 437 e 438, CPC/2015*
- *Lei 7.115/1983 (Prova documental)*
- *Lei 7.116/1983 (Validade nacional das carteiras de identidade)*
- *Arts. 23 e 24, Lei 8.159/1991 (Política Nacional de Arquivos Públicos e Privados)*
- *Dec. 4.553/2002 (Salvaguarda de dados, informações, documentos e materiais sigilosos de interesse da segurança da sociedade e do Estado)*

III – testemunha;

- *Correspondência: art. 136, IV, CC/1916*
- *Arts. 227 a 229, CC*
- *Arts. 400 a 419, CC*

IV – presunção;

- *Correspondência: art. 136, V, CC/1916*
- *Art. 375, CPC/2015*

V – perícia.

- *Correspondência: art. 136, VI e VII, CC/1916*
- *Arts. 231 e 232, CC*
- *Arts. 81, 464 a 470, 472 a 480, e art. 809, CPC/2015*

Art. 213. Não tem eficácia a confissão se provém de quem não é capaz de dispor do direito a que se referem os fatos confessados.

- *Sem correspondência no CC/1916*
- *Art. 392, CPC/2015*

Parágrafo único. Se feita a confissão por um representante, somente é eficaz nos limites em que este pode vincular o representado.

Art. 214. A confissão é irrevogável, mas pode ser anulada se decorreu de erro de fato ou de coação.

- *Sem correspondência no CC/1916*
- *Art. 393, CPC/2015*

Art. 215. A escritura pública, lavrada em notas de tabelião, é documento dotado de fé pública, fazendo prova plena.

- *Correspondência: art. 134, § 1º, CC/1916*
- *Art. 108, CC*
- *Vide Lei 7.433/1985 (Requisitos para lavratura de escrituras públicas) e Decreto 93.240/1986*
- *Vide art. 221, I, Lei 6.05/1973 (Lei de Registros Públicos – LRP)*
- *Vide Enunciado 13, I Jornada de Direito Notarial e Registral*

§ 1º Salvo quando exigidos por lei outros requisitos, a escritura pública deve conter:

- *Correspondência: art. 134, § 1º, CC/1916*

I – data e local de sua realização;

- *Correspondência: art. 134, § 1º, a, CC/1916*

II – reconhecimento da identidade e capacidade das partes e de quantos hajam comparecido ao ato, por si, como representantes, intervenientes ou testemunhas;

- *Correspondência: art. 134, § 1º, b, CC/1916*

III – nome, nacionalidade, estado civil, profissão, domicílio e residência das partes e demais comparecentes, com a indicação, quando necessário, do regime de bens do casamento, nome do outro cônjuge e filiação;

- *Correspondência: art. 134, § 1º, c, CC/1916*

IV – manifestação clara da vontade das partes e dos intervenientes;

- *Correspondência: art. 134, § 1º, d, CC/1916*

V – referência ao cumprimento das exigências legais e fiscais inerentes à legitimidade do ato;

- *Sem correspondência no CC/1916*

VI – declaração de ter sido lida na presença das partes e demais comparecentes, ou de que todos a leram;

- *Correspondência: art. 134, § 1º, e, CC/1916*

VII – assinatura das partes e dos demais comparecentes, bem como a do tabelião ou seu substituto legal, encerrando o ato.

- *Correspondência: art. 134, § 1º, f, CC/1916*

§ 2º Se algum comparecente não puder ou não souber escrever, outra pessoa capaz assinará por ele, a seu rogo.

- *Correspondência: art. 134, § 2º, CC/1916*

§ 3º A escritura será redigida na língua nacional.

- *Correspondência: art. 134, § 3º, CC/1916*
- *Art. 148, Lei 6.015/1973 (Lei de Registros Públicos)*

§ 4º Se qualquer dos comparecentes não souber a língua nacional e o tabelião não entender o idioma em que se expressa, deverá comparecer tradutor público para servir de intérprete, ou, não o havendo na localidade, outra pessoa capaz que, a juízo do tabelião, tenha idoneidade e conhecimento bastantes.

- *Correspondência: art. 134, § 4º, CC/1916*

§ 5º Se algum dos comparecentes não for conhecido do tabelião, nem puder identificar-se por documento, deverão participar do ato pelo menos duas testemunhas que o conheçam e atestem sua identidade.

- *Correspondência: art. 134, § 5º, CC/1916*

Art. 216. Farão a mesma prova que os originais as certidões textuais de qualquer peça judicial, do protocolo das audiências, ou de outro qualquer livro a cargo do escrivão, sendo extraídas por ele, ou sob a sua vigilância, e por ele subscritas, assim como os traslados de autos, quando por outro escrivão consertados.

- *Correspondência: art. 137, CC/1916*
- *Art. 425, I e III, CPC/2015*

Art. 217. Terão a mesma força probante os traslados e as certidões, extraídos por tabelião ou oficial de registro, de instrumentos ou documentos lançados em suas notas.

- *Correspondência: art. 138, CC/1916*
- *Art. 425, II, CPC/2015*
- *Art. 830, CLT*
- *Lei 5.433/1968 (Microfilmagem de documentos oficiais)*
- *Vide Decreto 8.742/2016(Dispõe sobre os atos notariais e de registro civil do serviço consular brasileiro e da dispensa de legalização no Brasil das assinaturas e atos emanados das autoridades consulares brasileiras)*
- *Dec. 8.935/1994 (Serviços notariais e de registro)*
- *Dec. 1.799/1996 (Regulamenta a Lei 5.433/1968)*

Art. 218. Os traslados e as certidões considerar-se-ão instrumentos públicos, se os originais se houverem produzido em juízo como prova de algum ato.

- *Correspondência: art. 139, CC/1916*

Art. 219. As declarações constantes de documentos assinados presumem-se verdadeiras em relação aos signatários.

- *Correspondência: art. 131, CC/1916*
- *Art. 408, caput, CPC/2015*
- *Lei 7.115/1983 (Prova documental)*

Parágrafo único. Não tendo relação direta, porém, com as disposições principais ou com a legitimidade das partes, as declarações enunciativas não eximem os interessados em sua veracidade do ônus de prová-las.

- *Art. 408, parágrafo único, CPC/2015*

Art. 220. A anuência ou a autorização de outrem, necessária à validade de um ato, provar-se-á do mesmo modo que este, e constará, sempre que se possa, do próprio instrumento.

- *Correspondência: art. 132, CC/1916*

Art. 221. O instrumento particular, feito e assinado, ou somente assinado por quem esteja na livre disposição e administração de seus bens, prova as obrigações convencionais de qualquer valor; mas os seus efeitos, bem como os da cessão, não se operam, a respeito de terceiros, antes de registrado no registro público.

- *Correspondência: art. 135, CC/1916*
- *Arts. 288 e 289, CC*
- *Art. 412, CPC/2015*
- *Art. 2º, caput e § 1º, Lei 492/1937 (Penhor rural e cédula pignoratícia)*
- *Arts. 127, I, 129-9, 156 e 161, Lei 6.015/1973 (Lei de Registros Públicos)*
- *Art. 31, Lei 6.766/1979 (Parcelamento do solo urbano)*
- *Dec. 83.936/1979 (Simplificação de exigências de documentos)*

Parágrafo único. A prova do instrumento particular pode suprir-se pelas outras de caráter legal.

- *Art. 183, CC*
- *Art. 408, parágrafo único, CPC/2015*

Art. 222. O telegrama, quando lhe for contestada a autenticidade, faz prova mediante conferência com o original assinado.

- *Sem correspondência no CC/1916*
- *Arts. 413 e 414, CPC/2015*

Art. 223. A cópia fotográfica de documento, conferida por tabelião de notas, valerá como prova de declaração da vontade, mas, impugnada sua autenticidade, deverá ser exibido o original.

- *Sem correspondência no CC/1916*
- *Arts. 423 e 424, CPC/2015*
- *Art. 2º, Dec.-lei 2.148/1940 (Certidões de tempo de serviço)*

Parágrafo único. A prova não supre a ausência do título de crédito, ou do original, nos casos em que a lei ou as circunstâncias condicionarem o exercício do direito à sua exibição.

Art. 224. Os documentos redigidos em língua estrangeira serão traduzidos para o português para ter efeitos legais no País.

- *Correspondência: art. 140, CC/1916*
- *Arts. 162, I, e 192, CPC/2015*
- *Art. 148, Lei 6.015/1973 (Lei de Registros Públicos)*

Art. 225. As reproduções fotográficas, cinematográficas, os registros fonográficos e, em geral, quaisquer outras reproduções mecânicas ou eletrônicas de fatos ou de coisas fazem prova plena destes, se a parte, contra quem forem exibidos, não lhes impugnar a exatidão.

- *Sem correspondência no CC/1916*
- *Art. 422, CPC/2015*

Art. 226. Os livros e fichas dos empresários e sociedades provam contra as pessoas a que pertencem, e, em seu favor, quando, escriturados sem vício extrínseco ou intrínseco, forem confirmados por outros subsídios.

- *Sem correspondência no CC/1916*
- *Arts. 1.191 e 1.192, CC*
- *Arts. 417 a 421, CPC/2015*

Parágrafo único. A prova resultante dos livros e fichas não é bastante nos casos em que a lei exige escritura pública, ou escrito particular revestido de requisitos especiais, e pode ser ilidida pela comprovação da falsidade ou inexatidão dos lançamentos.

- *Art. 215, CC*

Art. 227. *(Revogado pela Lei n º 13.105, de 2015)*

Parágrafo único. Qualquer que seja o valor do negócio jurídico, a prova testemunhal é admissível como subsidiária ou complementar da prova por escrito.

- *Arts. 444 e 445, CPC/2015*

Art. 228. Não podem ser admitidos como testemunhas:

- *Correspondência: art. 142, CC/1916*
- *Art. 3º, I e II, CC*
- *Arts. 447, §§ 1º a 3º, 452 e 457, CPC/2015*
- *Art. 206, CPP*
- *Art. 829, CLT*
- *Art. 42, Lei 6.015/1973 (Lei de Registros Públicos)*

I – os menores de dezesseis anos;

II e III – *(Revogados pela Lei nº 13.146, de 2015)*

IV – o interessado no litígio, o amigo íntimo ou o inimigo capital das partes;

V – os cônjuges, os ascendentes, os descendentes e os colaterais, até o terceiro grau de alguma das partes, por consangüinidade, ou afinidade.

§ 1º Para a prova de fatos que só elas conheçam, pode o juiz admitir o depoimento das pessoas a que se refere este artigo.

- *Redação dada pela Lei nº 13.146, de 2015*
- *Art. 447, §§ 4º e 5º, CPC/2015*

§ 2º A pessoa com deficiência poderá testemunhar em igualdade de condições com as demais pessoas, sendo-lhe assegurados todos os recursos de tecnologia assistiva.

- *Incluído pela Lei nº 13.146, de 2015*

Art. 229 e 230. *(Revogados pela Lei n º 13.105, de 2015)*

Art. 231. Aquele que se nega a submeter-se a exame médico necessário não poderá aproveitar-se de sua recusa.

- *Sem correspondência no CC/1916*

Art. 232. A recusa à perícia médica ordenada pelo juiz poderá suprir a prova que se pretendia obter com o exame.

- *Sem correspondência no CC/1916*

PARTE ESPECIAL

LIVRO I – DO DIREITO DAS OBRIGAÇÕES

TÍTULO I – DAS MODALIDADES DAS OBRIGAÇÕES

CAPÍTULO I – DAS OBRIGAÇÕES DE DAR

SEÇÃO I – DAS OBRIGAÇÕES DE DAR COISA CERTA

Art. 233. A obrigação de dar coisa certa abrange os acessórios dela embora não mencionados, salvo se o contrário resultar do título ou das circunstâncias do caso.

- *Correspondência: art. 864, CC/1916*
- *Arts. 92 a 97, CC*
- *Arts. 806 a 810, CPC/2015*

Art. 234. Se, no caso do artigo antecedente, a coisa se perder, sem culpa do devedor, antes da tradição, ou pendente a condição suspensiva, fica resolvida a obrigação para ambas as partes; se a perda resultar de culpa do devedor, responderá este pelo equivalente e mais perdas e danos.

- *Correspondência: art. 865, CC/1916*
- *Arts. 125, 239, 248, 250, 256, 389, 402 a 405, 444, 458, 492, 611 e 1.267, parágrafo único, CC*

Art. 235. Deteriorada a coisa, não sendo o devedor culpado, poderá o credor resolver a obrigação, ou aceitar a coisa, abatido de seu preço o valor que perdeu.

- *Correspondência: art. 866, CC/1916*
- *Art. 240, CC*

Art. 236. Sendo culpado o devedor, poderá o credor exigir o equivalente, ou aceitar a coisa no estado em que se acha, com direito a reclamar, em um ou em outro caso, indenização das perdas e danos.

- *Correspondência: art. 867, CC/1916*
- *Arts. 239, 398 e 402 a 405, CC*

Art. 237. Até a tradição pertence ao devedor a coisa, com os seus melhoramentos e acrescidos, pelos quais poderá exigir aumento no preço; se o credor não anuir, poderá o devedor resolver a obrigação.

- *Correspondência: art. 868, CC/1916*
- *Art. 1.267, parágrafo único, CC*

Parágrafo único. Os frutos percebidos são do devedor, cabendo ao credor os pendentes.

- *Arts. 1.214 e 1.215, CC*

Art. 238. Se a obrigação for de restituir coisa certa, e esta, sem culpa do devedor, se perder antes da tradição, sofrerá o credor a perda, e a obrigação se resolverá, ressalvados os seus direitos até o dia da perda.

- *Correspondência: art. 869, CC/1916*
- *Art. 241, CC*

Art. 239. Se a coisa se perder por culpa do devedor, responderá este pelo equivalente, mais perdas e danos.

- *Correspondência: art. 870, CC/1916*
- *Arts. 234, 2ª parte, e 402 a 405, CC*

Art. 240. Se a coisa restituível se deteriorar sem culpa do devedor, recebê-la-á o credor, tal qual se ache, sem direito a indenização; se por culpa do devedor, observar-se-á o disposto no art. 239.

- *Correspondência: art. 871, CC/1916*

Art. 241. Se, no caso do art. 238, sobrevier melhoramento ou acréscimo à coisa, sem despesa ou trabalho do devedor, lucrará o credor, desobrigado de indenização.

- *Correspondência: art. 872, CC/1916*

Art. 242. Se para o melhoramento, ou aumento, empregou o devedor trabalho ou dispêndio, o caso se regulará pelas normas deste Código atinentes às benfeitorias realizadas pelo possuidor de boa-fé ou de má-fé.

- *Correspondência: art. 873, CC/1916*
- *Arts. 1.219 a 1.222, CC*

Parágrafo único. Quanto aos frutos percebidos, observar-se-á, do mesmo modo, o disposto neste Código, acerca do possuidor de boa-fé ou de má-fé.

- *Arts. 1.214 a 1.216*

SEÇÃO II – DAS OBRIGAÇÕES DE DAR COISA INCERTA

Art. 243. A coisa incerta será indicada, ao menos, pelo gênero e pela quantidade.

- *Correspondência: art. 874, CC/1916*
- *Arts. 811 a 813, CPC/2015*

Art. 244. Nas coisas determinadas pelo gênero e pela quantidade, a escolha pertence ao devedor, se o contrário não resultar do título da obrigação; mas não poderá dar a coisa pior, nem será obrigado a prestar a melhor.

- *Correspondência: art. 875, CC/1916*
- *Arts. 342, 1.929 e 1.931, CC*

Art. 245. Cientificado da escolha o credor, vigorará o disposto na Seção antecedente.

- *Correspondência: art. 876, CC/1916*
- *Art. 233 a 242, CC*

Art. 246. Antes da escolha, não poderá o devedor alegar perda ou deterioração da coisa, ainda que por força maior ou caso fortuito.

- *Correspondência: art. 877, CC/1916*
- *Art. 393, CC*

CAPÍTULO II – DAS OBRIGAÇÕES DE FAZER

Art. 247. Incorre na obrigação de indenizar perdas e danos o devedor que recusar a prestação a ele só imposta, ou só por ele exequível.

- *Correspondência: art. 880, CC/1916*
- *Arts. 85 e 402 a 405, CC*
- *Arts. 497 a 500, 536 a 538, 815 a 821 e 814, CPC/2015*
- *Art. 213, Lei 8.069/1990 (Estatuto da Criança e do Adolescente)*
- *Art. 52, V e VI, Lei 9.099/1995 (Juizados Especiais Cíveis e Criminais)*

Art. 248. Se a prestação do fato tornar-se impossível sem culpa do devedor, resolver-se-á a obrigação; se por culpa dele, responderá por perdas e danos.

- *Correspondência: art. 879, CC/1916*
- *Arts. 444 a 448, CPC/2015*

Art. 249. Se o fato puder ser executado por terceiro, será livre ao credor mandá-lo executar à custa do devedor, havendo recusa ou mora deste, sem prejuízo da indenização cabível.

- *Correspondência: art. 881, CC/1916*
- *Arts. 389, 394 e 402 a 405, CC*

Parágrafo único. Em caso de urgência, pode o credor, independentemente de autorização judicial, executar ou mandar executar o fato, sendo depois ressarcido.

- *Sem correspondência no CC/1916*

CAPÍTULO III – DAS OBRIGAÇÕES DE NÃO FAZER

Art. 250. Extingue-se a obrigação de não fazer, desde que, sem culpa do devedor, se lhe torne impossível abster-se do ato, que se obrigou a não praticar.

- *Correspondência: art. 882, CC/1916*
- *Arts. 497, 499, 500, 536, 537, 814, 822 e 823, CPC/2015*
- *Art. 52, V, Lei 9.099/1995 (Juizados Especiais Cíveis e Criminais)*

Art. 251. Praticado pelo devedor o ato, a cuja abstenção se obrigara, o credor pode exigir dele que o desfaça, sob pena de se desfazer à sua custa, ressarcindo o culpado perdas e danos.

- *Correspondência: art. 883, CC/1916*
- *Arts. 429 e 444 a 447, CPC/2015*

Parágrafo único. Em caso de urgência, poderá o credor desfazer ou mandar desfazer, independentemente de autorização judicial, sem prejuízo do ressarcimento devido.

- *Sem correspondência no CC/1916*

CAPÍTULO IV – DAS OBRIGAÇÕES ALTERNATIVAS

Art. 252. Nas obrigações alternativas, a escolha cabe ao devedor, se outra coisa não se estipulou.

- *Correspondência: art. 884, caput, CC/1916*
- *Arts. 342, 1.932 e 1.933, CC*
- *Arts. 800, CPC/2015*

§ 1º Não pode o devedor obrigar o credor a receber parte em uma prestação e parte em outra.

- *Correspondência: art. 884, § 1º, CC/1916*
- *Art. 314, CC*

§ 2º Quando a obrigação for de prestações periódicas, a faculdade de opção poderá ser exercida em cada período.

- *Correspondência: art. 884, § 2º, CC/1916*

§ 3º No caso de pluralidade de optantes, não havendo acordo unânime entre eles, decidirá o juiz, findo o prazo por este assinado para a deliberação.

- *Sem correspondência no CC/1916*

§ 4º Se o título deferir a opção a terceiro, e este não quiser, ou não puder exercê-la, caberá ao juiz a escolha se não houver acordo entre as partes.

- *Sem correspondência no CC/1916*
- *Art. 1.930, CC*

Art. 253. Se uma das duas prestações não puder ser objeto de obrigação ou se tornada inexequível, subsistirá o débito quanto à outra.

- *Correspondência: art. 885, CC/1916*

Art. 254. Se, por culpa do devedor, não se puder cumprir nenhuma das prestações, não competindo ao credor a escolha, ficará aquele obrigado a pagar o valor da que por último se impossibilitou, mais as perdas e danos que o caso determinar.

› *Correspondência: art. 884, CC/1916*

› *Arts. 398 e 402 a 405, CC*

Art. 255. Quando a escolha couber ao credor e uma das prestações tornar-se impossível por culpa do devedor, o credor terá direito de exigir a prestação subsistente ou o valor da outra, com perdas e danos; se, por culpa do devedor, ambas as prestações se tornarem inexequíveis, poderá o credor reclamar o valor de qualquer das duas, além da indenização por perdas e danos.

› *Correspondência: art. 887, CC/1916*

› *Arts. 389 e 402 a 405, CC*

Art. 256. Se todas as prestações se tornarem impossíveis sem culpa do devedor, extinguir-se-á a obrigação.

› *Correspondência: art. 888, CC/1916*

› *Arts. 234 e 393, CC*

CAPÍTULO V – DAS OBRIGAÇÕES DIVISÍVEIS E INDIVISÍVEIS

Art. 257. Havendo mais de um devedor ou mais de um credor em obrigação divisível, esta presume-se dividida em tantas obrigações, iguais e distintas, quantos os credores ou devedores.

› *Correspondência: art. 890, CC/1916*

› *Arts. 87, 88, 105 e 265, CC*

Art. 258. A obrigação é indivisível quando a prestação tem por objeto uma coisa ou um fato não suscetíveis de divisão, por sua natureza, por motivo de ordem econômica, ou dada a razão determinante do negócio jurídico.

› *Sem correspondência no CC/1916*

Art. 259. Se, havendo dois ou mais devedores, a prestação não for divisível, cada um será obrigado pela dívida toda.

› *Correspondência: art. 891, CC/1916*

› *Art. 264, CC*

Parágrafo único. O devedor, que paga a dívida, sub-roga-se no direito do credor em relação aos outros coobrigados.

› *Art. 346, CC*

Art. 260. Se a pluralidade for dos credores, poderá cada um destes exigir a dívida inteira; mas o devedor ou devedores se desobrigarão, pagando:

› *Correspondência: art. 892, CC/1916*

› *Art. 267, CC*

I – a todos conjuntamente;

II – a um, dando este caução de ratificação dos outros credores.

Art. 261. Se um só dos credores receber a prestação por inteiro, a cada um dos outros assistirá o direito de exigir dele em dinheiro a parte que lhe caiba no total.

› *Correspondência: art. 893, CC/1916*

Art. 262. Se um dos credores remitir a dívida, a obrigação não ficará extinta para com os outros; mas estes só a poderão exigir, descontada a quota do credor remitente.

› *Correspondência: art. 894, CC/1916*

Parágrafo único. O mesmo critério se observará no caso de transação, novação, compensação ou confusão.

› *Arts. 360 a 384 e 840 a 850, CC*

Art. 263. Perde a qualidade de indivisível a obrigação que se resolver em perdas e danos.

› *Correspondência: art. 895, CC/1916*

› *Arts. 402 a 405, CC*

§ 1º Se, para efeito do disposto neste artigo, houver culpa de todos os devedores, responderão todos por partes iguais.

§ 2º Se for de um só a culpa, ficarão exonerados os outros, respondendo só esse pelas perdas e danos.

CAPÍTULO VI – DAS OBRIGAÇÕES SOLIDÁRIAS

SEÇÃO I – DISPOSIÇÕES GERAIS

Art. 264. Há solidariedade, quando na mesma obrigação concorre mais de um credor, ou mais de um devedor, cada um com direito, ou obrigado, à dívida toda.

› *Correspondência: art. 896, parágrafo único, CC/1916*

› *Arts. 257 e 258, CC*

› *Arts. 130, III e 1.005, parágrafo único, CPC/2015*

Art. 265. A solidariedade não se presume; resulta da lei ou da vontade das partes.

› *Correspondência: art. 896, caput, CC/1916*

› *Arts. 257 e 942, CC*

› *Arts. 124 e 125, CTN*

› *Arts. 7º, parágrafo único, 18, caput, 19, caput, 25 §§ 1º e 2º, 28, § 3º, e 34, Lei 8.078/1990 (Código de Defesa do Consumidor)*

› *Súmula 26, STJ*

Art. 266. A obrigação solidária pode ser pura e simples para um dos co-credores ou co-devedores, e condicional, ou a prazo, ou pagável em lugar diferente, para o outro.

› *Correspondência: art. 897, CC/1916*

SEÇÃO II – DA SOLIDARIEDADE ATIVA

Art. 267. Cada um dos credores solidários tem direito a exigir do devedor o cumprimento da prestação por inteiro.

› *Correspondência: art. 898, CC/1916*

› *Art. 260, CC*

Art. 268. Enquanto alguns dos credores solidários não demandarem o devedor comum, a qualquer daqueles poderá este pagar.

› *Correspondência: art. 899, CC/1916*

Art. 269. O pagamento feito a um dos credores solidários extingue a dívida até o montante do que foi pago.

› *Correspondência: art. 900, CC/1916*

Art. 270. Se um dos credores solidários falecer deixando herdeiros, cada um destes só terá direito a exigir e receber a quota do crédito que corresponder ao seu quinhão hereditário, salvo se a obrigação for indivisível.

› *Correspondência: art. 901, CC/1916*

Art. 271. Convertendo-se a prestação em perdas e danos, subsiste, para todos os efeitos, a solidariedade.

› *Correspondência: art. 902, CC/1916*

› *Arts. 402 a 405, CC*

Art. 272. O credor que tiver remitido a dívida ou recebido o pagamento responderá aos outros pela parte que lhes caiba.

› *Correspondência: art. 903, CC/1916*

Art. 273. A um dos credores solidários não pode o devedor opor as exceções pessoais oponíveis aos outros.

› *Sem correspondência no CC/1916*

Art. 274. O julgamento contrário a um dos credores solidários não atinge os demais, mas o julgamento favorável aproveita-lhes, sem prejuízo de exceção pessoal que o devedor tenha direito de invocar em relação a qualquer deles.

› *Redação dada pela Lei nº 13.105, de 2015*

SEÇÃO III – DA SOLIDARIEDADE PASSIVA

Art. 275. O credor tem direito a exigir e receber de um ou de alguns dos devedores, parcial ou totalmente, a dívida comum; se o pagamento tiver sido parcial, todos os demais devedores continuam obrigados solidariamente pelo resto.

› *Correspondência: art. 904, CC/1916*

› *Art. 333, parágrafo único, CC*

› *Arts. 130 e 1.005, parágrafo único, CPC/2015*

Parágrafo único. Não importará renúncia da solidariedade a propositura de ação pelo credor contra um ou alguns dos devedores.

› *Correspondência: art. 910, CC/1916*

Art. 276. Se um dos devedores solidários falecer deixando herdeiros, nenhum destes será obrigado a pagar senão a quota que corresponder ao seu quinhão hereditário, salvo se a obrigação for indivisível; mas todos reunidos serão considerados como um devedor solidário em relação aos demais devedores.

› *Correspondência: art. 905, CC/1916*

› *Arts. 87 e 88, 257 a 263, 1.792, 1.821 e 1.997, CC*

Art. 277. O pagamento parcial feito por um dos devedores e a remissão por ele obtida não aproveitam aos outros devedores, senão até à concorrência da quantia paga ou relevada.

› *Correspondência: art. 906, CC/1916*

› *Arts. 272 e 385 a 388, CC*

› *Art. 125, CTN*

Art. 278. Qualquer cláusula, condição ou obrigação adicional, estipulada entre um dos devedores solidários e o credor, não poderá agravar a posição dos outros sem consentimento destes.

› *Correspondência: art. 907, CC/1916*

› *Art. 121 a 137, CC*

Art. 279. Impossibilitando-se a prestação por culpa de um dos devedores solidários, subsiste para todos o encargo de pagar o equivalente; mas pelas perdas e danos só responde o culpado.

› *Correspondência: art. 908, CC/1916*

› *Arts. 402 a 405, CC*

Art. 280. Todos os devedores respondem pelos juros da mora, ainda que a ação tenha sido proposta somente contra um; mas o culpado responde aos outros pela obrigação acrescida.

› *Correspondência: art. 909, CC/1916*

› *Arts. 394 e 406, CC*

Art. 281. O devedor demandado pode opor ao credor as exceções que lhe forem pessoais e as comuns a todos; não lhe aproveitando as exceções pessoais a outro co-devedor.

- *Correspondência: art. 911, CC/1916*
- *Art. 177, CC*

Art. 282. O credor pode renunciar à solidariedade em favor de um, de alguns ou de todos os devedores.

- *Correspondência: art. 912, CC/1916*
- *Arts. 284 e 388, CC*

Parágrafo único. Se o credor exonerar da solidariedade um ou mais devedores, subsistirá a dos demais.

Art. 283. O devedor que satisfez a dívida por inteiro tem direito a exigir de cada um dos co-devedores a sua quota, dividindo-se igualmente por todos a do insolvente, se o houver, presumindo-se iguais, no débito, as partes de todos os co-devedores.

- *Correspondência: art. 913, CC/1916*
- *Arts. 346, 680 e 831, CC*

Art. 284. No caso de rateio entre os co-devedores, contribuirão também os exonerados da solidariedade pelo credor, pela parte que na obrigação incumbia ao insolvente.

- *Correspondência: art. 914, CC/1916*
- *Art. 282, CC*

Art. 285. Se a dívida solidária interessar exclusivamente a um dos devedores, responderá este por toda ela para com aquele que pagar.

- *Correspondência: art. 915, CC/1916*
- *Art. 333, CC*

TÍTULO II – DA TRANSMISSÃO DAS OBRIGAÇÕES

CAPÍTULO I – DA CESSÃO DE CRÉDITO

Art. 286. O credor pode ceder o seu crédito, se a isso não se opuser a natureza da obrigação, a lei, ou a convenção com o devedor; a cláusula proibitiva da cessão não poderá ser oposta ao cessionário de boa-fé, se não constar do instrumento da obrigação.

- *Correspondência: art. 1.065, CC/1916*
- *Arts. 347, 348, 358, 377, 497, parágrafo único, 498, 1.149 e 1.749, II e III, CC*
- *Art. 16, Dec.-lei 70/1966 (Associações de poupança e empréstimo e cédula hipotecária)*
- *Arts. 18 e 28, Lei 9.514/1997 (Sistema de Financiamento Imobiliário e alienação fiduciária de coisa imóvel)*
- *Art. 83, § 4º, Lei 11.101/2005 (Lei de Recuperação de Empresas e Falência); sem correspondência no Dec.-lei 7.661/1945 (Lei de Falências)*

Art. 287. Salvo disposição em contrário, na cessão de um crédito abrangem-se todos os seus acessórios.

- *Correspondência: art. 1.066, CC/1916*
- *Arts. 92, 348 e 364, CC*

Art. 288. É ineficaz, em relação a terceiros, a transmissão de um crédito, se não celebrar-se mediante instrumento público, ou instrumento particular revestido das solenidades do § 1º do art. 654.

- *Correspondência: art. 1.067, caput, CC/1916*
- *Arts. 221, 347 e 348, CC*
- *Arts. 127, I, e 129-9, Lei 6.015/1973 (Lei de Registros Públicos)*

Art. 289. O cessionário de crédito hipotecário tem o direito de fazer averbar a cessão no registro do imóvel.

- *Correspondência: art. 1.067, parágrafo único, CC/1916*
- *Art. 346, II, CC*
- *Art. 246, Lei 6.015/1973 (Lei de Registros Públicos)*

Art. 290. A cessão do crédito não tem eficácia em relação ao devedor, senão quando a este notificada; mas por notificado se tem o devedor que, em escrito público ou particular, se declarou ciente da cessão feita.

- *Correspondência: art. 1.069, CC/1916*
- *Arts. 312, 347, 348 e 377, CC*
- *Art. 35, Lei 9.514/1977 (Sistema de Financiamento Imobiliário e alienação fiduciária de coisa imóvel)*

Art. 291. Ocorrendo várias cessões do mesmo crédito, prevalece a que se completar com a tradição do título do crédito cedido.

- *Correspondência: art. 1.070, CC/1916*
- *Arts. 347 e 348, CC*
- *Art. 16, Dec.-lei 70/1966 (Associações de poupança e empréstimo e cédula hipotecária)*

Art. 292. Fica desobrigado o devedor que, antes de ter conhecimento da cessão, paga ao credor primitivo, ou que, no caso de mais de uma cessão notificada, paga ao cessionário que lhe apresenta, com o título de cessão, o da obrigação cedida; quando o crédito constar de escritura pública, prevalecerá a prioridade da notificação.

- *Correspondência: art. 1.071, CC/1916*
- *Arts. 215, 347 e 348, CC*

Art. 293. Independentemente do conhecimento da cessão pelo devedor, pode o cessionário exercer os atos conservatórios do direito cedido.

- *Sem correspondência no CC/1916*

Art. 294. O devedor pode opor ao cessionário as exceções que lhe competirem, bem como as que, no momento em que veio a ter conhecimento da cessão, tinha contra o cedente.

- *Correspondência: art. 1.072, CC/1916*
- *Arts. 347 e 348, CC*
- *Art. 16, Dec.-lei 70/1966 (Associações de poupança e empréstimo e cédula hipotecária)*

Art. 295. Na cessão por título oneroso, o cedente, ainda que não se responsabilize, fica responsável ao cessionário pela existência do crédito ao tempo em que lhe cedeu; a mesma responsabilidade lhe cabe nas cessões por título gratuito, se tiver procedido de má-fé.

- *Correspondência: art. 1.073, CC/1916*
- *Arts. 347 e 348, CC*

Art. 296. Salvo estipulação em contrário, o cedente não responde pela solvência do devedor.

- *Correspondência: art. 1.074, CC/1916*
- *Arts. 347 e 348, CC*

Art. 297. O cedente, responsável ao cessionário pela solvência do devedor, não responde por mais do que daquele recebeu, com os respectivos juros; mas tem de ressarcir-lhe as despesas da cessão e as que o cessionário houver feito com a cobrança.

- *Correspondência: art. 1.075, CC/1916*
- *Arts. 347 e 348, CC*

Art. 298. O crédito, uma vez penhorado, não pode mais ser transferido pelo credor que tiver conhecimento da penhora; mas o devedor que o pagar, não tendo notificação dela, fica exonerado, subsistindo somente contra o credor os direitos de terceiro.

- *Correspondência: art. 1.077, CC/1916*
- *Arts. 312, 347 e 348, CC*
- *Art. 240, Lei 6.015/1973 (Lei de Registros Públicos)*

CAPÍTULO II – DA ASSUNÇÃO DE DÍVIDA

Art. 299. É facultado a terceiro assumir a obrigação do devedor, com o consentimento expresso do credor, ficando exonerado o devedor primitivo, salvo se aquele, ao tempo da assunção, era insolvente e o credor o ignorava.

- *Sem correspondência no CC/1916*

Parágrafo único. Qualquer das partes pode assinar prazo ao credor para que consinta na assunção da dívida, interpretando-se o seu silêncio como recusa.

Art. 300. Salvo assentimento expresso do devedor primitivo, consideram-se extintas, a partir da assunção da dívida, as garantias especiais por ele originariamente dadas ao credor.

- *Sem correspondência no CC/1916*

Art. 301. Se a substituição do devedor vier a ser anulada, restaura-se o débito, com todas as suas garantias, salvo as garantias prestadas por terceiros, exceto se este conhecia o vício que inquinava a obrigação.

- *Sem correspondência no CC/1916*

Art. 302. O novo devedor não pode opor ao credor as exceções pessoais que competiam ao devedor primitivo.

- *Sem correspondência no CC/1916*

Art. 303. O adquirente de imóvel hipotecado pode tomar a seu cargo o pagamento do crédito garantido; se o credor, notificado, não impugnar em trinta dias a transferência do débito, entender-se-á dado o assentimento.

- *Sem correspondência no CC/1916*
- *Art. 1.479, CC*

TÍTULO III – DO ADIMPLEMENTO E EXTINÇÃO DAS OBRIGAÇÕES

CAPÍTULO I – DO PAGAMENTO

SEÇÃO I – DE QUEM DEVE PAGAR

Art. 304. Qualquer interessado na extinção da dívida pode pagá-la, usando, se o credor se opuser, dos meios conducentes à exoneração do devedor.

- *Correspondência: art. 930, CC/1916*
- *Arts. 334, 346, III, e 394, CC*
- *Art. 135, II, Dec.-lei 7.661/1945 (Lei de Falências); e art. 158, II, Lei 11.101/2005 (Lei de Recuperação de Empresas e Falência)*

Parágrafo único. Igual direito cabe ao terceiro não interessado, se o fizer em nome e à conta do devedor, salvo oposição deste.

Art. 305. O terceiro não interessado, que paga a dívida em seu próprio nome, tem direito a reembolsar-se do que pagar; mas não se sub-roga nos direitos do credor.

› Correspondência: art. 931, CC/1916
› Arts. 356, III, 347, 348, 871 e 872, CC

Parágrafo único. Se pagar antes de vencida a dívida, só terá direito ao reembolso no vencimento.

Art. 306. O pagamento feito por terceiro, com desconhecimento ou oposição do devedor, não obriga a reembolsar aquele que pagou, se o devedor tinha meios para ilidir a ação.

› Correspondência: art. 932, CC/1916

Art. 307. Só terá eficácia o pagamento que importar transmissão da propriedade, quando feito por quem possa alienar o objeto em que ele consistiu.

› Correspondência: art. 933, CC/1916
› Arts. 356 a 359 e 1.268, CC

Parágrafo único. Se se der em pagamento coisa fungível, não se poderá mais reclamar do credor que, de boa-fé, a recebeu e consumiu, ainda que o solvente não tivesse o direito de aliená-la.

› Art. 85, CC

SEÇÃO II – DAQUELES A QUEM SE DEVE PAGAR

Art. 308. O pagamento deve ser feito ao credor ou a quem de direito o represente, sob pena de só valer depois de por ele ratificado, ou tanto quanto reverter em seu proveito.

› Correspondência: art. 934, CC/1916
› Arts. 171 a 179, 335, 662, 673, 873 e 905, CC

Art. 309. O pagamento feito de boa-fé ao credor putativo é válido, ainda provado depois que não era credor.

› Correspondência: art. 935, CC/1916
› Art. 113, CC

Art. 310. Não vale o pagamento cientemente feito ao credor incapaz de quitar, se o devedor não provar que em benefício dele efetivamente reverteu.

› Correspondência: art. 936, CC/1916
› Arts. 3º e 4º e 181, CC

Art. 311. Considera-se autorizado a receber o pagamento o portador da quitação, salvo se as circunstâncias contrariarem a presunção daí resultante.

› Correspondência: art. 937, CC/1916
› Art. 320, CC

Art. 312. Se o devedor pagar ao credor, apesar de intimado da penhora feita sobre o crédito, ou da impugnação a ele oposta por terceiros, o pagamento não valerá contra estes, que poderão constranger o devedor a pagar de novo, ficando-lhe ressalvado o regresso contra o credor.

› Correspondência: art. 938, CC/1916
› Arts. 290, 298, 876 e 1.460, parágrafo único, CC
› Arts. 855 e 856, CPC/2015

SEÇÃO III – DO OBJETO DO PAGAMENTO E SUA PROVA

Art. 313. O credor não é obrigado a receber prestação diversa da que lhe é devida, ainda que mais valiosa.

› Correspondência: art. 863, CC/1916
› Arts. 233 a 242 e 356, C
› Arts. 806 a 810, CPC/2015

Art. 314. Ainda que a obrigação tenha por objeto prestação divisível, não pode o credor ser obrigado a receber, nem o devedor a pagar, por partes, se assim não se ajustou.

› Correspondência: art. 889, CC/1916
› Arts. 87, 88, 252, 257, 258, 414, 415 e 844, CC
› Art. 22, § 1º, Dec. 2.044/1908 (Letra de câmbio e nota promissória)

Art. 315. As dívidas em dinheiro deverão ser pagas no vencimento, em moeda corrente e pelo valor nominal, salvo o disposto nos artigos subsequentes.

› Correspondência: art. 947, CC/1916
› Arts. 327, 328 e 393, CC
› Art. 162, CTN
› Art. 9º, Dec.-lei 4.657/1942 (Lei de Introdução às normas do Direito Brasileiro)
› Art. 1º, Dec.-lei 857/1969 (Moeda de pagamento de obrigações exequíveis no Brasil)
› Lei 9.069/1995 (Plano Real)
› Art. 1º, caput, Lei 10.192/2001 (Medidas complementares ao Plano Real)

Art. 316. É lícito convencionar o aumento progressivo de prestações sucessivas.

› Sem correspondência no CC/1916
› Lei 5.670/1971 (Cálculo da correção monetária)
› Lei 6.899/1981 (Correção monetária nos débitos oriundos de decisão judicial)
› Arts. 1º, parágrafo único, II e III, e 2º, Lei 10.192/2001 (Medidas complementares ao Plano Real)

Art. 317. Quando, por motivos imprevisíveis, sobrevier desproporção manifesta entre o valor da prestação devida e o do momento de sua execução, poderá o juiz corrigi-lo, a pedido da parte, de modo que assegure, quanto possível, o valor real da prestação.

› Sem correspondência no CC/1916
› Art. 478, CC

Art. 318. São nulas as convenções de pagamento em ouro ou em moeda estrangeira, bem como para compensar a diferença entre o valor desta e o da moeda nacional, excetuados os casos previstos na legislação especial.

› Sem correspondência no CC/1916
› Art. 1º, Dec.-lei 857/1969 (Moeda de pagamento de obrigações exequíveis no Brasil)
› Art. 6º, Lei 8.880/1994 (Sistema Monetário Nacional)
› Art. 1º, parágrafo único, Lei 10.122/2001 (Medidas complementares ao Plano Real)

Art. 319. O devedor que paga tem direito a quitação regular, e pode reter o pagamento, enquanto não lhe seja dada.

› Correspondência: art. 939, CC/1916
› Arts. 335, I, e 396, CC
› Art. 205, CTN

Art. 320. A quitação, que sempre poderá ser dada por instrumento particular, designará o valor e a espécie da dívida quitada, o nome do devedor, ou quem por este pagou, o tempo e o lugar do pagamento, com a assinatura do credor, ou do seu representante.

› Correspondência: art. 940, CC/1916
› Art. 477, §§ 1º e 2º, CLT
› Arts. 129-7 e 251, Lei 6.015/1973 (Lei de Registros Públicos)

Parágrafo único. Ainda sem os requisitos estabelecidos neste artigo valerá a quitação, se de seus termos ou das circunstâncias resultar haver sido paga a dívida.

› Sem correspondência no CC/1916

Art. 321. Nos débitos, cuja quitação consista na devolução do título, perdido este, poderá o devedor exigir, retendo o pagamento, declaração do credor que inutilize o título desaparecido.

› Correspondência: art. 942, CC/1916

Art. 322. Quando o pagamento for em quotas periódicas, a quitação da última estabelece, até prova em contrário, a presunção de estarem solvidas as anteriores.

› Correspondência: art. 943, CC/1916

Art. 323. Sendo a quitação do capital sem reserva dos juros, estes presumem-se pagos.

› Correspondência: art. 944, CC/1916

Art. 324. A entrega do título ao devedor firma a presunção do pagamento.

› Correspondência: art. 945, caput,CC/1916
› Arts. 321, 386 e 902, §§ 1º e 2º, CC

Parágrafo único. Ficará sem efeito a quitação assim operada se o credor provar, em sessenta dias, a falta do pagamento.

› Correspondência: art. 945, § 1º, CC/1916

Art. 325. Presumem-se a cargo do devedor as despesas com o pagamento e a quitação; se ocorrer aumento por fato do credor, suportará este a despesa acrescida.

› Correspondência: art. 946, CC/1916

Art. 326. Se o pagamento se houver de fazer por medida, ou peso, entender-se-á, no silêncio das partes, que aceitaram os do lugar da execução.

› Correspondência: art. 949, CC/1916

SEÇÃO IV – DO LUGAR DO PAGAMENTO

Art. 327. Efetuar-se-á o pagamento no domicílio do devedor, salvo se as partes convencionarem diversamente, ou se o contrário resultar da lei, da natureza da obrigação ou das circunstâncias.

› Correspondência: art. 950, CC/1916
› Arts. 70 a 78, 355, II e 394, CC
› Art. 159, CTN

Parágrafo único. Designados dois ou mais lugares, cabe ao credor escolher entre eles.

Art. 328. Se o pagamento consistir na tradição de um imóvel, ou em prestações relativas a imóvel, far-se-á no lugar onde situado o bem.

› Correspondência: art. 951, CC/1916
› Art. 341, CC

Art. 329. Ocorrendo motivo grave para que se não efetue o pagamento no lugar determinado, poderá o devedor fazê-lo em outro, sem prejuízo para o credor.

› Sem correspondência no CC/1916

Art. 330. O pagamento reiteradamente feito em outro local faz presumir renúncia do credor relativamente ao previsto no contrato.

› Sem correspondência no CC/1916
› Art. 114, CC

SEÇÃO V – DO TEMPO DO PAGAMENTO

Art. 331. Salvo disposição legal em contrário, não tendo sido ajustada época para o pagamento, pode o credor exigi-lo imediatamente.

- *Correspondência: art. 952, CC/1916*
- *Arts. 134, 333, 397, parágrafo único, 592 e 939, CC*
- *Art. 160, CTN*
- *Art. 52, § 2º, Lei 8.078/1990 (Código de Defesa do Consumidor)*

Art. 332. As obrigações condicionais cumprem-se na data do implemento da condição, cabendo ao credor a prova de que deste teve ciência o devedor.

- *Correspondência: art. 953, CC/1916*
- *Arts. 121 a 130, CC*

Art. 333. Ao credor assistirá o direito de cobrar a dívida antes de vencido o prazo estipulado no contrato ou marcado neste Código:

- *Correspondência: art. 954, CC/1916*
- *Arts. 476, 477, 590, 939, 941, 1.425 e 1.465, CC*

I – no caso de falência do devedor, ou de concurso de credores;

- *Arts. 955, CC*
- *Arts. 908, 909 e 1.052, CPC/2015*
- *Arts. 25 e 213, Dec.-lei 7.661/1945 (Lei de Falências); e art. 77, Lei 11.101/2005 (Lei de Recuperação de Empresas e Falência)*
- *Art. 18, Lei 6.024/1974 (Intervenção e liquidação extrajudicial)*

II – se os bens, hipotecados ou empenhados, forem penhorados em execução por outro credor;

- *Arts. 1.425, § 2º, CC*
- *Art. 856, §2º, CPC/2015*

III – se cessarem, ou se se tornarem insuficientes, as garantias do débito, fidejussórias, ou reais, e o devedor, intimado, se negar a reforçá-las.

- *Art. 826, CC*
- *Art. 49, II, LC 109/2001 (Regime de Previdência Complementar)*

Parágrafo único. Nos casos deste artigo, se houver, no débito, solidariedade passiva, não se reputará vencido quanto aos outros devedores solventes.

- *Arts. 264 a 285, CC*

CAPÍTULO II – DO PAGAMENTO EM CONSIGNAÇÃO

Art. 334. Considera-se pagamento, e extingue a obrigação, o depósito judicial ou em estabelecimento bancário da coisa devida, nos casos e forma legais.

- *Correspondência: art. 972, CC/1916*
- *Arts. 539 a 549, CPC/2015*
- *Art. 164, CTN*
- *Art. 33, Dec.-lei 3.365/1941 (Desapropriação por utilidade pública)*

Art. 335. A consignação tem lugar:

- *Correspondência: art. 973, CC/1916*

I – se o credor não puder, ou, sem justa causa, recusar receber o pagamento, ou dar quitação na devida forma;

- *Arts. 304, 319 a 324, 635 e 641, CC*

II – se o credor não for, nem mandar receber a coisa no lugar, tempo e condição devidos;

- *Arts. 327 a 333 e 341, CC*

III – se o credor for incapaz de receber, for desconhecido, declarado ausente, ou residir em lugar incerto ou de acesso perigoso ou difícil;

- *Arts. 3º, 4º, 22, 160 e 955, CC*

IV – se ocorrer dúvida sobre quem deva legitimamente receber o objeto do pagamento;

- *Arts. 344 e 345, CC*
- *Arts. 386 e 547, CPC/2015*

V – se pender litígio sobre o objeto do pagamento.

- *Art. 344 e 345, CC*

Art. 336. Para que a consignação tenha força de pagamento, será mister concorram, em relação às pessoas, ao objeto, modo e tempo, todos os requisitos sem os quais não é válido o pagamento.

- *Correspondência: art. 974, CC/1916*
- *Arts. 304 a 333, CC*

Art. 337. O depósito requerer-se-á no lugar do pagamento, cessando, tanto que se efetue, para o depositante, os juros da dívida e os riscos, salvo se for julgado improcedente.

- *Correspondência: art. 976, CC/1916*
- *Arts. 327 a 329, CC*
- *Art. 540, CPC/2015*

Art. 338. Enquanto o credor não declarar que aceita o depósito, ou não o impugnar, poderá o devedor requerer o levantamento, pagando as respectivas despesas, e subsistindo a obrigação para todas as consequências de direito.

- *Correspondência: art. 977, CC/1916*

Art. 339. Julgado procedente o depósito, o devedor já não poderá levantá-lo, embora o credor consinta, senão de acordo com os outros devedores e fiadores.

- *Correspondência: art. 978, CC/1916*

Art. 340. O credor que, depois de contestar a lide ou aceitar o depósito, aquiescer no levantamento, perderá a preferência e a garantia que lhe competiam com respeito à coisa consignada, ficando para logo desobrigados os co-devedores e fiadores que não tenham anuído.

- *Correspondência: art. 979, CC/1916*

Art. 341. Se a coisa devida for imóvel ou corpo certo que deva ser entregue no mesmo lugar onde está, poderá o devedor citar o credor para vir ou mandar recebê-la, sob pena de ser depositada.

- *Correspondência: art. 980, CC/1916*
- *Arts. 328 e 335, II, CC*
- *Art. 540, CPC/2015*

Art. 342. Se a escolha da coisa indeterminada competir ao credor, será ele citado para esse fim, sob cominação de perder o direito e de ser depositada a coisa que o devedor escolher; feita a escolha pelo devedor, proceder-se-á como no artigo antecedente.

- *Correspondência: art. 981, CC/1916*
- *Arts. 224, 252, 255 e 245, CC*
- *Art. 543, CPC/2015*

Art. 343. As despesas com o depósito, quando julgado procedente, correrão à conta do credor, e, no caso contrário, à conta do devedor.

- *Correspondência: art. 982, CC/1916*
- *Art. 546, CPC/2015*

Art. 344. O devedor de obrigação litigiosa exonerar-se-á mediante consignação, mas, se pagar a qualquer dos pretendidos credores, tendo conhecimento do litígio, assumirá o risco do pagamento.

- *Correspondência: art. 983, CC/1916*
- *Art. 856, §2º, CPC/2015*

Art. 345. Se a dívida se vencer, pendendo litígio entre credores que se pretendem mutuamente excluir, poderá qualquer deles requerer a consignação.

- *Correspondência: art. 984, CC/1916*

CAPÍTULO III – DO PAGAMENTO COM SUB-ROGAÇÃO

Art. 346. A sub-rogação opera-se, de pleno direito, em favor:

- *Correspondência: art. 985, CC/1916*
- *Arts. 289 e 350, CC*
- *Art. 13, parágrafo único, Lei 8.078/1990 (Código de Defesa do Consumidor)*

I – do credor que paga a dívida do devedor comum;

- *Arts. 304 e 1.478, CC*

II – do adquirente do imóvel hipotecado, que paga a credor hipotecário, bem como do terceiro que efetiva o pagamento para não ser privado de direito sobre imóvel;

- *Arts. 1.479 e 1.481, CC*

III – do terceiro interessado, que paga a dívida pela qual era ou podia ser obrigado, no todo ou em parte.

- *Arts. 259, 283, 304, 305, 786, 800 e 831, CC*
- *Art. 728, CCo*
- *Súmula 94, TFR*

Art. 347. A sub-rogação é convencional:

- *Correspondência: art. 986, CC/1916*
- *Art. 129-9, Lei 6.015/1973 (Lei de Registros Públicos)*

I – quando o credor recebe o pagamento de terceiro e expressamente lhe transfere todos os seus direitos;

- *Arts. 305 e 348, CC*

II – quando terceira pessoa empresta ao devedor a quantia precisa para solver a dívida, sob a condição expressa de ficar o mutuante sub-rogado nos direitos do credor satisfeito.

Art. 348. Na hipótese do inciso I do artigo antecedente, vigorará o disposto quanto à cessão do crédito.

- *Correspondência: art. 987, CC/1916*
- *Arts. 286 a 298, CC*

Art. 349. A sub-rogação transfere ao novo credor todos os direitos, ações, privilégios e garantias do primitivo, em relação à dívida, contra o devedor principal e os fiadores.

- *Correspondência: art. 988, CC/1916*
- *Arts. 786 e 800, CC*
- *Art. 728, CCo*
- *Súmulas 188 e 257, STF*

Art. 350. Na sub-rogação legal o sub-rogado não poderá exercer os direitos e as ações do credor, senão até à soma que tiver desembolsado para desobrigar o devedor.

- *Correspondência: art. 989, CC/1916*

Art. 351. O credor originário, só em parte reembolsado, terá preferência ao sub-rogado, na cobrança da dívida restante, se os bens do devedor não chegarem para saldar inteiramente o que a um e outro dever.

- *Correspondência: art. 990, CC/1916*

CAPÍTULO IV – DA IMPUTAÇÃO DO PAGAMENTO

Art. 352. A pessoa obrigada por dois ou mais débitos da mesma natureza, a um só credor, tem o direito de indicar a qual deles oferece pagamento, se todos forem líquidos e vencidos.

- *Correspondência: art. 991, CC/1916*
- *Arts. 355 e 379, CC*
- *Art. 163, CTN*

Art. 353. Não tendo o devedor declarado em qual das dívidas líquidas e vencidas quer imputar o pagamento, se aceitar a quitação de uma delas, não terá direito a reclamar contra a imputação feita pelo credor, salvo provando haver ele cometido violência ou dolo.

- *Correspondência: art. 992, CC/1916*
- *Art. 379, CC*

Art. 354. Havendo capital e juros, o pagamento imputar-se-á primeiro nos juros vencidos, e depois no capital, salvo estipulação em contrário, ou se o credor passar a quitação por conta do capital.

- *Correspondência: art. 993, CC/1916*
- *Arts. 379, 406 e 407, CC*
- *Súmula 464, STJ*

Art. 355. Se o devedor não fizer a indicação do art. 352, e a quitação for omissa quanto à imputação, esta se fará nas dívidas líquidas e vencidas em primeiro lugar. Se as dívidas forem todas líquidas e vencidas ao mesmo tempo, a imputação far-se-á na mais onerosa.

- *Correspondência: art. 994, CC/1916*
- *Art. 379, CC*

CAPÍTULO V – DA DAÇÃO EM PAGAMENTO

Art. 356. O credor pode consentir em receber prestação diversa da que lhe é devida.

- *Correspondência: art. 995, CC/1916*
- *Arts. 313 e 838, III, CC*
- *Art. 50, IX, Lei 11.101/2005 (Lei de Recuperação de Empresas e Falência); sem correspondência no Dec.-lei 7.661/1945 (Lei de Falências)*

Art. 357. Determinado o preço da coisa dada em pagamento, as relações entre as partes regular-se-ão pelas normas do contrato de compra e venda.

- *Correspondência: art. 996, CC/1916*
- *Arts. 481 a 532, CC*

Art. 358. Se for título de crédito a coisa dada em pagamento, a transferência importará em cessão.

- *Correspondência: art. 997, CC/1916*
- *Arts. 286 a 298, CC*

Art. 359. Se o credor for evicto da coisa recebida em pagamento, restabelecer-se-á a obrigação primitiva, ficando sem efeito a quitação dada, ressalvados os direitos de terceiros.

- *Correspondência: art. 998, CC/1916*
- *Arts. 447 a 457 e 838, III, CC*

CAPÍTULO VI – DA NOVAÇÃO

Art. 360. Dá-se a novação:

- *Correspondência: art. 999, CC/1916*
- *Art. 50, IX, Lei 11.101/2005 (Lei de Recuperação de Empresas e Falência); sem correspondência no Dec.-lei 7.661/1945 (Lei de Falências)*

I – quando o devedor contrai com o credor nova dívida para extinguir e substituir a anterior;

II – quando novo devedor sucede ao antigo, ficando este quite com o credor;

III – quando, em virtude de obrigação nova, outro credor é substituído ao antigo, ficando o devedor quite com este.

Art. 361. Não havendo ânimo de novar, expresso ou tácito mas inequívoco, a segunda obrigação confirma simplesmente a primeira.

- *Correspondência: art. 1.000, CC/1916*

Art. 362. A novação por substituição do devedor pode ser efetuada independentemente de consentimento deste.

- *Correspondência: art. 1.001, CC/1916*

Art. 363. Se o novo devedor for insolvente, não tem o credor, que o aceitou, ação regressiva contra o primeiro, salvo se este obteve por má-fé a substituição.

- *Correspondência: art. 1.002, CC/1916*

Art. 364. A novação extingue os acessórios e garantias da dívida, sempre que não houver estipulação em contrário. Não aproveitará, contudo, ao credor ressalvar o penhor, a hipoteca ou a anticrese, se os bens dados em garantia pertencerem a terceiro que não foi parte na novação.

- *Correspondência: arts. 1.003 e 1.004, CC/1916*
- *Arts. 92, 233, 287 e 822, CC*

Art. 365. Operada a novação entre o credor e um dos devedores solidários, somente sobre os bens do que contrair a nova obrigação subsistem as preferências e garantias do crédito novado. Os outros devedores solidários ficam por esse fato exonerados.

- *Correspondência: art. 1.005, CC/1916*
- *Arts. 275 a 285, CC*

Art. 366. Importa exoneração do fiador a novação feita sem seu consenso com o devedor principal.

- *Correspondência: art. 1.006, CC/1916*
- *Arts. 837 e 838, CC*

Art. 367. Salvo as obrigações simplesmente anuláveis, não podem ser objeto de novação obrigações nulas ou extintas.

- *Correspondência: arts. 1.007 e 1.008, CC/1916*
- *Arts. 166 a 173, CC*

CAPÍTULO VII – DA COMPENSAÇÃO

Art. 368. Se duas pessoas forem ao mesmo tempo credor e devedor uma da outra, as duas obrigações extinguem-se, até onde se compensarem.

- *Correspondência: art. 1.009, CC/1916*
- *Arts. 1.221, 1.707 e 1.919, CC*

Art. 369. A compensação efetua-se entre dívidas líquidas, vencidas e de coisas fungíveis.

- *Correspondência: art. 1.010, CC/1916*
- *Art. 85, CC*

Art. 370. Embora sejam do mesmo gênero as coisas fungíveis, objeto das duas prestações, não se compensarão, verificando-se que diferem na qualidade, quando especificada no contrato.

- *Correspondência: art. 1.011, CC/1916*
- *Art. 85, CC*

Art. 371. O devedor somente pode compensar com o credor o que este lhe dever; mas o fiador pode compensar sua dívida com a de seu credor ao afiançado.

- *Correspondência: art. 1.013, CC/1916*
- *Arts. 376, 828, II, e 837, CC*

Art. 372. Os prazos de favor, embora consagrados pelo uso geral, não obstam a compensação.

- *Correspondência: art. 1.014, CC/1916*

Art. 373. A diferença de causa nas dívidas não impede a compensação, exceto:

- *Correspondência: art. 1.015, CC/1916*

I – se provier de esbulho, furto ou roubo;

- *Correspondência: art. 1.210, CC/1916*
- *Arts. 155, 157 e 161, § 1º, II, CP*

II – se uma se originar de comodato, depósito ou alimentos;

- *Arts. 579 a 585, 627 a 652, 638 e 1.694 a 1.710, CC*

III – se uma for de coisa não suscetível de penhora.

- *Arts. 312, 839 e 1.481, § 4º, CC*
- *Arts. 794, 797, 798, 824 a 826, 830, 833 a 849, 851 a 853, 855 a 8560, 862 a 864, 870 a 875, 905, 906 e 1.052, CPC/2015*

Art. 374 *(Revogado pela Lei nº 10.677, de 22.5.2003)*

Art. 375. Não haverá compensação quando as partes, por mútuo acordo, a excluírem, ou no caso de renúncia prévia de uma delas.

- *Correspondência: arts. 1.016 e 1.218, CC/1916*
- *Arts. 114 e 385 a 388, CC*

Art. 376. Obrigando-se por terceiro uma pessoa, não pode compensar essa dívida com a que o credor dele lhe dever.

- *Correspondência: art. 1.019, CC/1916*
- *Arts. 371 e 439, CC*

Art. 377. O devedor que, notificado, nada opõe à cessão que o credor faz a terceiros dos seus direitos, não pode opor ao cessionário a compensação, que antes da cessão teria podido opor ao cedente. Se, porém, a cessão lhe não tiver sido notificada, poderá opor ao cessionário compensação do crédito que antes tinha contra o cedente.

- *Correspondência: art. 1.021, CC/1916*
- *Art. 290, CC*

Art. 378. Quando as duas dívidas não são pagáveis no mesmo lugar, não se podem compensar sem dedução das despesas necessárias à operação.

- *Correspondência: art. 1.022, CC/1916*
- *Arts. 325 e 327, CC*

Art. 379. Sendo a mesma pessoa obrigada por várias dívidas compensáveis, serão observadas, no compensá-las, as regras estabelecidas quanto à imputação do pagamento.

- *Correspondência: art. 1.023, CC/1916*
- *Arts. 352 a 355, CC*

Art. 380. Não se admite a compensação em prejuízo de direito de terceiro. O devedor que se torne credor do seu credor, depois de penhorado o crédito deste, não pode opor ao exequente a compensação, de que contra o próprio credor disporia.

- *Correspondência: art. 1.024, CC/1916*

CAPÍTULO VIII – DA CONFUSÃO

Art. 381. Extingue-se a obrigação, desde que na mesma pessoa se confundam as qualidades de credor e devedor.

- *Correspondência: art. 1.049, CC/1916*
- *Arts. 262, parágrafo único, e 1.436, IV, CC*

Art. 382. A confusão pode verificar-se a respeito de toda a dívida, ou só de parte dela.

- *Correspondência: art. 1.050, CC/1916*
- *Art. 1.436, § 2º, CC*

Art. 383. A confusão operada na pessoa do credor ou devedor solidário só extingue a obrigação até a concorrência da respectiva parte no crédito, ou na dívida, subsistindo quanto ao mais a solidariedade.

- *Correspondência: art. 1.051, CC/1916*
- *Arts. 264 a 285, CC*

Art. 384. Cessando a confusão, para logo se restabelece, com todos os seus acessórios, a obrigação anterior.

- *Correspondência: art. 1.052, CC/1916*

CAPÍTULO IX – DA REMISSÃO DAS DÍVIDAS

Art. 385. A remissão da dívida, aceita pelo devedor, extingue a obrigação, mas sem prejuízo de terceiro.

- *Sem correspondência no CC/1916*
- *Arts. 158 e 1.436, V, CC*
- *Art. 172, CTN*

Art. 386. A devolução voluntária do título da obrigação, quando por escrito particular, prova desoneração do devedor e seus co-obrigados, se o credor for capaz de alienar, e o devedor capaz de adquirir.

- *Correspondência: art. 1.053, CC/1916*
- *Art. 324, CC*

Art. 387. A restituição voluntária do objeto empenhado prova a renúncia do credor à garantia real, não a extinção da dívida.

- *Correspondência: art. 1.054, CC/1916*
- *Art. 1.436, III e § 1º, CC*

Art. 388. A remissão concedida a um dos co-devedores extingue a dívida na parte a ele correspondente; de modo que, ainda reservando o credor a solidariedade contra os outros, já lhes não pode cobrar o débito sem dedução da parte remitida.

- *Correspondência: art. 1.055, CC/1916*
- *Arts. 277 e 282, CC*

TÍTULO IV – DO INADIMPLEMENTO DAS OBRIGAÇÕES

CAPÍTULO I – DISPOSIÇÕES GERAIS

Art. 389. Não cumprida a obrigação, responde o devedor por perdas e danos, mais juros e atualização monetária segundo índices oficiais regularmente estabelecidos, e honorários de advogado.

- *Atualização: Art. 389. Não cumprida a obrigação, responde o devedor por perdas e danos, mais juros, atualização monetária e honorários de advogado. (Redação dada pela Lei 14.905/2024 - DOU 01.07.2024, produzindo efeitos 60 dias após a sua publicação)*

Parágrafo único. Na hipótese de o índice de atualização monetária não ter sido convencionado ou não estar previsto em lei específica, será aplicada a variação do Índice Nacional de Preços ao Consumidor Amplo (IPCA), apurado e divulgado pela Fundação Instituto Brasileiro de Geografia e Estatística (IBGE), ou do índice que vier a substituí-lo. (Acrescido pela Lei 14.905/2024 - DOU 01.07.2024, produzindo efeitos 60 dias após a sua publicação)

- *Correspondência: art. 1.056, CC/1916*
- *Arts. 234, 255, 316, 393 a 416 e 475 a 477, CC*
- *Arts. 84 a 86, CPC/2015*
- *Art. 10, Dec.-lei 15/1966 (Reajustes salariais)*
- *Art. 52, V, Lei 9.099/1995 (Juizados Especiais Cíveis e Criminais)*
- *Art. 84, Lei 8.078/1990 (Código de Defesa do Consumidor)*

Art. 390. Nas obrigações negativas o devedor é havido por inadimplente desde o dia em que executou o ato de que se devia abster.

- *Correspondência: art. 961, CC/1916*
- *Arts. 250 e 251, CC*
- *Arts. 500, 537, 814, 822 e 823, CPC/2015*

Art. 391. Pelo inadimplemento das obrigações respondem todos os bens do devedor.

- *Sem correspondência no CC/1916*
- *Art. 789, CPC/2015*

Art. 392. Nos contratos benéficos, responde por simples culpa o contratante, a quem o contrato aproveite, e por dolo aquele a quem não favoreça. Nos contratos onerosos, responde cada uma das partes por culpa, salvo as exceções previstas em lei.

- *Correspondência: art. 1.057, CC/1916*
- *Arts. 234, 476, 477, 582 e 667, CC*
- *Súmula 145, STJ*

Art. 393. O devedor não responde pelos prejuízos resultantes de caso fortuito ou força maior, se expressamente não se houver por eles responsabilizado.

- *Correspondência: art. 1.058, CC/1916*
- *Arts. 394 a 400, 492, 625, 642, 650, 667, 735, 737, 753 e 936, CC*

Parágrafo único. O caso fortuito ou de força maior verifica-se no fato necessário, cujos efeitos não era possível evitar ou impedir.

CAPÍTULO II – DA MORA

- *Súmula 380, STJ*

Art. 394. Considera-se em mora o devedor que não efetuar o pagamento e o credor que não quiser recebê-lo no tempo, lugar e forma que a lei ou a convenção estabelecer.

- *Correspondência: art. 955, CC/1916*
- *Arts. 202, V, 320, 327 a 333, 389 a 393, 396 e 401, CC*

Art. 395. Responde o devedor pelos prejuízos a que sua mora der causa, mais juros, atualização dos valores monetários segundo índices oficiais regularmente estabelecidos, e honorários de advogado.

- *Atualização: Art. 395. Responde o devedor pelos prejuízos a que sua mora der causa, mais juros, atualização dos valores monetários e honorários de advogado. (Redação dada pela Lei 14.905/2024 - DOU 01.07.2024, produzindo efeitos 60 dias após a sua publicação)*
- *Correspondência: art. 956, CC/1916*
- *Arts. 280, 389 a 393, 406 e 706, CC*
- *Art. 161, CTN*

Parágrafo único. Se a prestação, devido à mora, se tornar inútil ao credor, este poderá enjeitá-la, e exigir a satisfação das perdas e danos.

- *Arts. 402 a 405, CC*

Art. 396. Não havendo fato ou omissão imputável ao devedor, não incorre este em mora.

- *Correspondência: art. 963, CC/1916*
- *Art. 280, CC*
- *Súmula 369, STJ*

Art. 397. O inadimplemento da obrigação, positiva e líquida, no seu termo, constitui de pleno direito em mora o devedor.

- *Correspondência: art. 960, CC/1916*
- *Arts. 398, 407, 408 e 763, CC*

Parágrafo único. Não havendo termo, a mora se constitui mediante interpelação judicial ou extrajudicial.

- *Arts. 127, 135, 331, 405, 562 e 1.925, CC*
- *Arts. 726 e 729, CPC/2015*
- *Dec.-lei 745/1969 (Contratos a que se refere o art. 22 do Dec.-lei 58/1937)*
- *Súmula 76, STJ*

Art. 398. Nas obrigações provenientes de ato ilícito, considera-se o devedor em mora, desde que o praticou.

- *Correspondência: art. 962, CC/1916*
- *Art. 186 a 188 e 927, CC*
- *Súmula 54, STJ*

Art. 399. O devedor em mora responde pela impossibilidade da prestação, embora essa impossibilidade resulte de caso fortuito ou de força maior, se estes ocorrerem durante o atraso; salvo se provar isenção de culpa, ou que o dano sobreviria ainda quando a obrigação fosse oportunamente desempenhada.

- *Correspondência: art. 957, CC/1916*
- *Arts. 393, 552, 562 e 862, CC*

Art. 400. A mora do credor subtrai o devedor isento de dolo à responsabilidade pela conservação da coisa, obriga o credor a ressarcir as despesas empregadas em conservá-la, e sujeita-o a recebê-la pela estimação mais favorável ao devedor, se o seu valor oscilar entre o dia estabelecido para o pagamento e o da sua efetivação.

- *Correspondência: art. 958, CC/1916*
- *Arts. 492, § 2º, 611, 629 e 753, CC*

Art. 401. Purga-se a mora:

- *Correspondência: art. 959, CC/1916*
- *Súmula 369, STJ*

I – por parte do devedor, oferecendo este a prestação mais a importância dos prejuízos decorrentes do dia da oferta;

- *Correspondência: art. 959, I, CC/1916*
- *Art. 404, CC*
- *Art. 14, caput e § 1º, Dec. 3.079/1938 (Regulamenta o Dec.-lei 58/1937)*
- *Art. 63, Lei 4.519/1964 (Condomínio em edificações e incorporações imobiliárias)*
- *Art. 1º, VI, Lei 4.864/1965 (Estímulo à indústria de construção civil)*
- *Art. 32, parágrafo único, Dec. 59.566/1966 (Regulamenta a Lei 4.504/1964)*
- *Art. 3º, §§ 1º e 3º, Dec.-lei 911/1969 (Alienação fiduciária)*
- *Art. 32, Lei 6.766/1979 (Parcelamento do solo urbano)*
- *Art. 62, Lei 8.245/1991 (Locação de imóveis urbanos)*
- *Súmula 122, STF*

II – por parte do credor, oferecendo-se este a receber o pagamento e sujeitando-se aos efeitos da mora até a mesma data.

- *Correspondência: art. 959, II, CC/1916*
- *Art. 33, Lei 6.766/1979 (Parcelamento do solo urbano)*

CAPÍTULO III – DAS PERDAS E DANOS

Art. 402. Salvo as exceções expressamente previstas em lei, as perdas e danos devidas ao credor abrangem, além do que ele efetivamente perdeu, o que razoavelmente deixou de lucrar.

- *Correspondência: art. 1.059, CC/1916*
- *Arts. 186, 234, 236, 247, 251, 255, 389, 416, 927 e 944 a 954, CC*
- *Súmula 412, STF*

Art. 403. Ainda que a inexecução resulte de dolo do devedor, as perdas e danos só incluem os prejuízos efetivos e os lucros cessantes por efeito dela direto e imediato, sem prejuízo do disposto na lei processual.

- *Correspondência: art. 1.060, CC/1916*
- *Arts. 633 e 638, CC*

Art. 404. As perdas e danos, nas obrigações de pagamento em dinheiro, serão pagas com atualização monetária segundo índices oficiais regularmente estabelecidos, abrangendo juros, custas e honorários de advogado, sem prejuízo da pena convencional.

- *Atualização: Art. 404. As perdas e danos, nas obrigações de pagamento em dinheiro, serão pagas com atualização monetária, juros, custas e honorários de advogado, sem prejuízo da pena convencional. (Redação dada pela Lei 14.905/2024 - DOU 01.07.2024, produzindo efeitos 60 dias após a sua publicação)*
- *Correspondência: art. 1.061, CC/1916*
- *Arts. 396 e 406 a 416, CC*
- *Art. 322, CPC/2015*

Parágrafo único. Provado que os juros da mora não cobrem o prejuízo, e não havendo pena convencional, pode o juiz conceder ao credor indenização suplementar.

- *Sem correspondência no CC/1916*

Art. 405. Contam-se os juros de mora desde a citação inicial.

- *Correspondência: art. 1.536, § 2º, CC/1916*
- *Arts. 394 a 398, 406, 407, 670 e 1.762, CC*
- *Arts. 240 e 241, CPC/2015*
- *Súmula 163, STF*
- *Súmulas 54 e 426, STJ*

CAPÍTULO IV – DOS JUROS LEGAIS

Art. 406. Quando os juros moratórios não forem convencionados, ou o forem sem taxa estipulada, ou quando provierem de determinação da lei, serão fixados segundo a taxa que estiver em vigor para a mora do pagamento de impostos devidos à Fazenda Nacional.

- *Atualização: Art. 406. Quando não forem convencionados, ou quando o forem sem taxa estipulada, ou quando provierem de determinação da lei, os juros serão fixados de acordo com a taxa legal. (Redação dada pela Lei 14.905/2024 - DOU 01.07.2024, produzindo efeitos 60 dias após a sua publicação)*

  Atualização: § 1º A taxa legal corresponderá à taxa referencial do Sistema Especial de Liquidação e de Custódia (Selic), deduzido o índice de atualização monetária de que trata o parágrafo único do art. 389 deste Código. (Acrescido pela Lei 14.905/2024 - DOU 01.07.2024, produzindo efeitos 60 dias após a sua publicação)

§ 2º A metodologia de cálculo da taxa legal e sua forma de aplicação serão definidas pelo Conselho Monetário Nacional e divulgadas pelo Banco Central do Brasil. *(Acrescido pela Lei 14.905/2024)*

Atualização: § 3º Caso a taxa legal apresente resultado negativo, este será considerado igual a 0 (zero) para efeito de cálculo dos juros no período de referência. (Acrescido pela Lei 14.905/2024 - DOU 01.07.2024, produzindo efeitos 60 dias após a sua publicação)

- *Correspondência: art. 1.062 e 1.063, CC/1916*
- *Art. 192, CF*
- *Arts. 354, 395, 405 e 591, CC*
- *Art. 161, § 1º, CTN*
- *Art. 1º, Dec. 22.626/1993 (Juros nos contratos)*
- *Arts. 15-A e 15-B, Dec.-lei 3.365/1941 (Desapropriações por utilidade pública)*
- *Art. 4º, Lei 1.521/1951 (Crimes contra a economia popular)*
- *Art. 5º, Lei 4.380/1964 (BNH)*
- *Lei 4.414/1964 (Pagamento de juros moratórios pela União, Estados, Distrito Federal, Municípios e autarquias)*
- *Art. 63, § 8º, Lei 4.591/1964 (Condomínio em edificações e incorporações imobiliárias)*
- *Art. 1º, Lei 7.089/1983 (Veda a cobrança de juros de mora sobre título vencido em feriado, sábado e domingo)*
- *Art. 52, Lei 8.078/1990 (Código de Defesa do Consumidor)*
- *Súmula 618, STF*
- *Súmulas 176 e 379, STJ*

Art. 407. Ainda que se não alegue prejuízo, é obrigado o devedor aos juros da mora que se contarão assim às dívidas em dinheiro, como às prestações de outra natureza, uma vez que lhes esteja fixado o valor pecuniário por sentença judicial, arbitramento, ou acordo entre as partes.

- *Correspondência: art. 1.064, CC/1916*
- *Arts. 394 a 401, 404, 405, 552, 677, 869 e 1.762, CC*
- *Arts. 240 e 241, CPC/2015*
- *Arts. 25, caput, 26 e 213, Dec.-lei 7.661/1945 (Lei de Falências); e arts. 77 e 124, Lei 11.101/2005 (Lei de Recuperação de Empresas e Falência)*
- *Lei 7.089/1983 (Veda a cobrança de juros de mora sobre título vencido em feriado, sábado e domingo)*
- *Art. 49, IV, LC 109/2001 (Regime de Previdência Complementar)*

CAPÍTULO V – DA CLÁUSULA PENAL

Art. 408. Incorre de pleno direito o devedor na cláusula penal, desde que, culposamente, deixe de cumprir a obrigação ou se constitua em mora.

- *Correspondência: art. 921, CC/1916*
- *Arts. 397, 740 e 847, CC*
- *Art. 9º, Dec. 22.626/1933 (Juros nos contratos)*
- *Art. 11, f, Dec.-lei 58/1937 (Loteamento e venda de terrenos para pagamento em prestações)*
- *Art. 11, f, Dec. 3.079/1938 (Regulamenta o Dec.-lei 58/1937)*
- *Arts. 25, § 3º, Dec.-lei 7.661/1945 (Lei de Falências); e art. 83, § 3º, Lei 11.101/2005 (Lei de Recuperação de Empresas e Falência)*
- *Art. 2º, § 1º, Dec.-lei 911/1969 (Alienação Fiduciária)*
- *Art. 26, V, Lei 6.766/1979 (Parcelamento do solo urbano)*
- *Art. 149, I, Lei 7.565/1986 (Código Brasileiro de Aeronáutica)*
- *Art. 28, Lei 9.615/1998 (Desporto)*

Art. 409. A cláusula penal estipulada conjuntamente com a obrigação, ou em ato posterior, pode referir-se à inexecução completa da obrigação, à de alguma cláusula especial ou simplesmente à mora.

- *Correspondência: art. 916 e 917, CC/1916*

Art. 410. Quando se estipular a cláusula penal para o caso de total inadimplemento da obrigação, esta converter-se-á em alternativa a benefício do credor.

- *Correspondência: art. 918, CC/1916*

Art. 411. Quando se estipular a cláusula penal para o caso de mora, ou em segurança especial de outra cláusula determinada, terá o credor o arbítrio de exigir a satisfação da pena cominada, juntamente com o desempenho da obrigação principal.

- *Correspondência: art. 919, CC/1916*
- *Art. 404, CC*

Art. 412. O valor da cominação imposta na cláusula penal não pode exceder o da obrigação principal.

- *Correspondência: art. 920, CC/1916*

Art. 413. A penalidade deve ser reduzida equitativamente pelo juiz se a obrigação principal tiver sido cumprida em parte, ou se o montante da penalidade for manifestamente excessivo, tendo-se em vista a natureza e a finalidade do negócio.

- *Correspondência: art. 924, CC/1916*
- *Art. 572, CC*
- *Art. 4º, Lei 8.245/1991 (Locação de imóveis urbanos)*

Art. 414. Sendo indivisível a obrigação, todos os devedores, caindo em falta um deles, incorrerão na pena; mas esta só se poderá demandar integralmente do culpado, respondendo cada um dos outros somente pela sua quota.

- *Correspondência: art. 925, CC/1916*
- *Arts. 87, 88 e 257 a 263, CC*

Parágrafo único. Aos não culpados fica reservada a ação regressiva contra aquele que deu causa à aplicação da pena.

- *Art. 125, CPC/2015*

Art. 415. Quando a obrigação for divisível, só incorre na pena o devedor ou o herdeiro do devedor que a infringir, e proporcionalmente à sua parte na obrigação.

- *Correspondência: art. 926, CC/1916*
- *Arts. 87, 88, 257 a 263 e 314, CC*

Art. 416. Para exigir a pena convencional, não é necessário que o credor alegue prejuízo.

- *Correspondência: art. 927, 1ª parte, CC/1916*

Parágrafo único. Ainda que o prejuízo exceda ao previsto na cláusula penal, não pode o credor exigir indenização suplementar se assim não foi convencionado. Se o tiver sido, a pena vale como mínimo da indenização, competindo ao credor provar o prejuízo excedente.

- *Sem correspondência no CC/1916*

CAPÍTULO VI – DAS ARRAS OU SINAL

Art. 417. Se, por ocasião da conclusão do contrato, uma parte der à outra, a título de arras, dinheiro ou outro bem móvel, deverão as arras, em caso de execução, ser restituídas ou computadas na prestação devida, se do mesmo gênero da principal.

- *Correspondência: arts. 1.024 e 1.096, CC/1916*

Art. 418. Se a parte que deu as arras não executar o contrato, poderá a outra tê-lo por desfeito, retendo-as; se a inexecução for de quem recebeu as arras, poderá quem as deu haver o contrato por desfeito, e exigir sua devolução mais o equivalente, com atualização monetária segundo índices oficiais regularmente estabelecidos, juros e honorários de advogado.

- *Atualização: Art. 418. Na hipótese de inexecução do contrato, se esta se der: (Redação dada pela Lei 14.905/2024 - DOU 01.07.2024, produzindo efeitos 60 dias após a sua publicação)*

I - por parte de quem deu as arras, poderá a outra parte ter o contrato por desfeito, retendo-as; (Acrescido pela Lei 14.905/2024 - DOU 01.07.2024, produzindo efeitos 60 dias após a sua publicação)

II - por parte de quem recebeu as arras, poderá quem as deu haver o contrato por desfeito e exigir a sua devolução mais o equivalente, com atualização monetária, juros e honorários de advogado. (Acrescido pela Lei 14.905/2024 - DOU 01.07.2024, produzindo efeitos 60 dias após a sua publicação)

- *Correspondência: art. 1.097, CC/1916*

Art. 419. A parte inocente pode pedir indenização suplementar, se provar maior prejuízo, valendo as arras como taxa mínima. Pode, também, a parte inocente exigir a execução do contrato, com as perdas e danos, valendo as arras como o mínimo da indenização.

- *Sem correspondência no CC/1916*

Art. 420. Se no contrato for estipulado o direito de arrependimento para qualquer das partes, as arras ou sinal terão função unicamente indenizatória. Neste caso, quem as deu perdê-las-á em benefício da outra parte; e quem as recebeu devolvê-las-á, mais o equivalente. Em ambos os casos não haverá direito a indenização suplementar.

- *Correspondência: art. 1.095, CC/1916*
- *Art. 463, CC*
- *Súmula 412, STF*

TÍTULO V – DOS CONTRATOS EM GERAL

CAPÍTULO I – DISPOSIÇÕES GERAIS

SEÇÃO I – PRELIMINARES

Art. 421. A liberdade contratual será exercida nos limites da função social do contrato.

- *Redação dada pela Lei nº 13.874, de 2019*
- *Art. 2.035, parágrafo único, CC*

Parágrafo único. Nas relações contratuais privadas, prevalecerão o princípio da intervenção mínima e a excepcionalidade da revisão contratual.

- *Incluído pela Lei nº 13.874, de 2019*

Art. 421-A. Os contratos civis e empresariais presumem-se paritários e simétricos até a presença de elementos concretos que justifiquem o afastamento dessa presunção, ressalvados os regimes jurídicos previstos em leis especiais, garantido também que:

- *Incluído pela Lei nº 13.874, de 2019*

I - as partes negociantes poderão estabelecer parâmetros objetivos para a interpretação das cláusulas negociais e de seus pressupostos de revisão ou de resolução;

- *Incluído pela Lei nº 13.874, de 2019*

II - a alocação de riscos definida pelas partes deve ser respeitada e observada; e

- *Incluído pela Lei nº 13.874, de 2019*

III - a revisão contratual somente ocorrerá de maneira excepcional e limitada.

- *Incluído pela Lei nº 13.874, de 2019*

Art. 422. Os contratantes são obrigados a guardar, assim na conclusão do contrato, como em sua execução, os princípios de probidade e boa-fé.

- *Sem correspondência no CC/1916*
- *Arts. 113, 187, 765 e 1.741, CC*
- *Art. 51, IV, Lei 8.078/1990 (Código de Defesa do Consumidor)*
- *Art. 22, IV, Dec. 2.181/1997 (Sistema Nacional de Defesa do Consumidor – SNDC)*

Art. 423. Quando houver no contrato de adesão cláusulas ambíguas ou contraditórias, dever-se-á adotar a interpretação mais favorável ao aderente.

- *Sem correspondência no CC/1916*
- *Arts. 47 e 54, Lei 8.078/1990 (Código de Defesa do Consumidor)*

Art. 424. Nos contratos de adesão, são nulas as cláusulas que estipulem a renúncia antecipada do aderente a direito resultante da natureza do negócio.

- *Sem correspondência no CC/1916*
- *Art. 51, I, Lei 8.078/1990 (Código de Defesa do Consumidor)*

Art. 425. É lícito às partes estipular contratos atípicos, observadas as normas gerais fixadas neste Código.

- *Sem correspondência no CC/1916*

Art. 426. Não pode ser objeto de contrato a herança de pessoa viva.

- *Correspondência: art. 1.089, CC/1916*
- *Arts. 1.655 e 2.018, CC*

SEÇÃO II – DA FORMAÇÃO DOS CONTRATOS

Art. 427. A proposta de contrato obriga o proponente, se o contrário não resultar dos termos dela, da natureza do negócio, ou das circunstâncias do caso.

- *Correspondência: art. 1.080, CC/1916*
- *Arts. 107 e 138, CC*

Art. 428. Deixa de ser obrigatória a proposta:

- *Correspondência: art. 1.081, CC/1916*

I – se, feita sem prazo a pessoa presente, não foi imediatamente aceita. Considera-se também presente a pessoa que contrata por telefone ou por meio de comunicação semelhante;

- *Art. 49, Lei 8.078/1990 (Código de Defesa do Consumidor)*

II – se, feita sem prazo a pessoa ausente, tiver decorrido tempo suficiente para chegar a resposta ao conhecimento do proponente;

III – se, feita a pessoa ausente, não tiver sido expedida a resposta dentro do prazo dado;

IV – se, antes dela, ou simultaneamente, chegar ao conhecimento da outra parte a retratação do proponente.

Art. 429. A oferta ao público equivale a proposta quando encerra os requisitos essenciais ao contrato, salvo se o contrário resultar das circunstâncias ou dos usos.

- *Sem correspondência no CC/1916*
- *Art. 30, Lei 8.078/1990 (Código de Defesa do Consumidor)*

Parágrafo único. Pode revogar-se a oferta pela mesma via de sua divulgação, desde que ressalvada esta faculdade na oferta realizada.

Art. 430. Se a aceitação, por circunstância imprevista, chegar tarde ao conhecimento do proponente, este comunicá-lo-á imediatamente ao aceitante, sob pena de responder por perdas e danos.

- *Correspondência: art. 1.082, CC/1916*
- *Art. 402 a 405, CC*

Art. 431. A aceitação fora do prazo, com adições, restrições, ou modificações, importará nova proposta.

- *Correspondência: art. 1.083, CC/1916*

Art. 432. Se o negócio for daqueles em que não seja costume a aceitação expressa, ou o proponente a tiver dispensado, reputar-se-á concluído o contrato, não chegando a tempo a recusa.

- *Correspondência: art. 1.084, CC/1916*
- *Art. 659, CC*

Art. 433. Considera-se inexistente a aceitação, se antes dela ou com ela chegar ao proponente a retratação do aceitante.

- *Correspondência: art. 1.085, CC/1916*

Art. 434. Os contratos entre ausentes tornam-se perfeitos desde que a aceitação é expedida, exceto:

- *Correspondência: art. 1.086, CC/1916*

I – no caso do artigo antecedente;

II – se o proponente se houver comprometido a esperar resposta;

III – se ela não chegar no prazo convencionado.

Art. 435. Reputar-se-á celebrado o contrato no lugar em que foi proposto.

- *Correspondência: art. 1.087, CC/1916*
- *Art. 9º, § 2º, Dec.-lei 4.657/1942 (Lei de Introdução às normas do Direito Brasileiro)*

SEÇÃO III – DA ESTIPULAÇÃO EM FAVOR DE TERCEIRO

Art. 436. O que estipula em favor de terceiro pode exigir o cumprimento da obrigação.

- *Correspondência: art. 1.098, CC/1916*
- *Art. 553, CC*

Parágrafo único. Ao terceiro, em favor de quem se estipulou a obrigação, também é permitido exigi-la, ficando, todavia, sujeito às condições e normas do contrato, se a ele anuir, e o estipulante não o inovar nos termos do art. 438.

Art. 437. Se ao terceiro, em favor de quem se fez o contrato, se deixar o direito de reclamar-lhe a execução, não poderá o estipulante exonerar o devedor.

- *Correspondência: art. 1.099, CC/1916*

Art. 438. O estipulante pode reservar-se o direito de substituir o terceiro designado no contrato, independentemente da sua anuência e da do outro contratante.

- *Correspondência: art. 1.100, CC/1916*
- *Arts. 436, 791 e 792, CC*

Parágrafo único. A substituição pode ser feita por ato entre vivos ou por disposição de última vontade.

SEÇÃO IV – DA PROMESSA DE FATO DE TERCEIRO

Art. 439. Aquele que tiver prometido fato de terceiro responderá por perdas e danos, quando este o não executar.

- *Correspondência: art. 929, CC/1916*
- *Arts. 402 a 405, CC*

Parágrafo único. Tal responsabilidade não existirá se o terceiro for o cônjuge do promitente, dependendo da sua anuência o ato a ser praticado, e desde que, pelo regime do casamento, a indenização, de algum modo, venha a recair sobre os seus bens.

- *Sem correspondência no CC/1916*

Art. 440. Nenhuma obrigação haverá para quem se comprometer por outrem, se este, depois de se ter obrigado, faltar à prestação.

- *Sem correspondência no CC/1916*

SEÇÃO V – DOS VÍCIOS REDIBITÓRIOS

Art. 441. A coisa recebida em virtude de contrato comutativo pode ser enjeitada por vícios ou defeitos ocultos, que a tornem imprópria ao uso a que é destinada, ou lhe diminuam o valor.

- *Correspondência: art. 1.101, CC/1916*
- *Arts. 138, 139, I, 442, 484, 500, 501, 503, 509, 510 e 568, CC*
- *Arts. 12 a 25, 35, 41 e 51, Lei 8.078/1990 (Código de Defesa do Consumidor)*

Parágrafo único. É aplicável a disposição deste artigo às doações onerosas.

- *Arts. 136, 540, 552 e 553, CC*

Art. 442. Em vez de rejeitar a coisa, redibindo o contrato (art. 441), pode o adquirente reclamar abatimento no preço.

- *Correspondência: art. 1.105, CC/1916*
- *Art. 616, CC*
- *Art. 18, § 1º, III, 19, I, e 20, III, Lei 8.078/1990 (Código de Defesa do Consumidor)*

Art. 443. Se o alienante conhecia o vício ou defeito da coisa, restituirá o que recebeu com perdas e danos; se o não conhecia, tão-somente restituirá o valor recebido, mais as despesas do contrato.

- *Correspondência: art. 1.103, CC/1916*
- *Arts. 402 a 405, CC*

Art. 444. A responsabilidade do alienante subsiste ainda que a coisa pereça em poder do alienatário, se perecer por vício oculto, já existente ao tempo da tradição.

- *Correspondência: art. 1.104, CC/1916*

Art. 445. O adquirente decai do direito de obter a redibição ou abatimento no preço no prazo de trinta dias se a coisa for móvel, e de um ano se for imóvel, contado da entrega efetiva; se já estava na posse, o prazo conta-se da alienação, reduzido à metade.

- *Correspondência: art. 178, §§ 2º e 5º, IV, CC/1916*
- *Art. 446, CC*
- *Arts. 26 e 27, Lei 8.078/1990 (Código de Defesa do Consumidor)*

§ 1º Quando o vício, por sua natureza, só puder ser conhecido mais tarde, o prazo contar-se-á do momento em que dele tiver ciência, até o prazo máximo de cento e oitenta dias, em se tratando de bens móveis; e de um ano, para os imóveis.

- *Sem correspondência no CC/1916*

§ 2º Tratando-se de venda de animais, os prazos de garantia por vícios ocultos serão os estabelecidos em lei especial, ou, na falta desta, pelos usos locais, aplicando-se o disposto no parágrafo antecedente se não houver regras disciplinando a matéria.

- *Sem correspondência no CC/1916*

Art. 446. Não correrão os prazos do artigo antecedente na constância de cláusula de garantia; mas o adquirente deve denunciar o defeito ao alienante nos trinta dias seguintes ao seu descobrimento, sob pena de decadência.

- *Sem correspondência no CC/1916*
- *Arts. 207 a 211, CC*
- *Art. 50, Lei 8.078/1990 (Código de Defesa do Consumidor)*

SEÇÃO VI – DA EVICÇÃO

Art. 447. Nos contratos onerosos, o alienante responde pela evicção. Subsiste esta garantia ainda que a aquisição se tenha realizado em hasta pública.

- *Correspondência: art. 1.107, caput, CC/1916*
- *Arts. 199, III, 295, 359, 552, 845, 1.005, 1.939, III, e 2.024 a 2.026, CC*
- *Art. 125, I, CPC/2015*

Art. 448. Podem as partes, por cláusula expressa, reforçar, diminuir ou excluir a responsabilidade pela evicção.

- *Correspondência: art. 1.107, parágrafo único, CC/1916*
- *Art. 449, CC*

Art. 449. Não obstante a cláusula que exclui a garantia contra a evicção, se esta se der, tem direito o evicto a receber o preço que pagou pela coisa evicta, se não soube do risco da evicção, ou, dele informado, não o assumiu.

- *Correspondência: art. 1.108, CC/1916*
- *Art. 448, CC*

Art. 450. Salvo estipulação em contrário, tem direito o evicto, além da restituição integral do preço ou das quantias que pagou:

- *Correspondência: art. 1.109, CC/1916*

I – à indenização dos frutos que tiver sido obrigado a restituir;

II – à indenização pelas despesas dos contratos e pelos prejuízos que diretamente resultarem da evicção;

III – às custas judiciais e aos honorários do advogado por ele constituído.

Parágrafo único. O preço, seja a evicção total ou parcial, será o do valor da coisa, na época em que se evenceu, e proporcional ao desfalque sofrido, no caso de evicção parcial.

- *Correspondência: art. 1.115, CC/1916*

Art. 451. Subsiste para o alienante esta obrigação, ainda que a coisa alienada esteja deteriorada, exceto havendo dolo do adquirente.

- *Correspondência: art. 1.110, CC/1916*
- *Arts. 145 a 150, CC*

Art. 452. Se o adquirente tiver auferido vantagens das deteriorações, e não tiver sido condenado a indenizá-las, o valor das vantagens será deduzido da quantia que lhe houver de dar o alienante.

- *Correspondência: art. 1.111, CC/1916*

Art. 453. As benfeitorias necessárias ou úteis, não abonadas ao que sofreu a evicção, serão pagas pelo alienante.

- *Correspondência: art. 1.112, CC/1916*
- *Arts. 96, §§ 2º e 3º, 97 e 454, CC*

Art. 454. Se as benfeitorias abonadas ao que sofreu a evicção tiverem sido feitas pelo alienante, o valor delas será levado em conta na restituição devida.

- *Correspondência: art. 1.113, CC/1916*
- *Art. 453, CC*

Art. 455. Se parcial, mas considerável, for a evicção, poderá o evicto optar entre a rescisão do contrato e a restituição da parte do preço correspondente ao desfalque sofrido. Se não for considerável, caberá somente direito a indenização.

- *Correspondência: art. 1.114, CC/1916*
- *Art. 442, CC*

Art. 456. *(Revogado pela Lei n º 13.105, de 2015)*

Art. 457. Não pode o adquirente demandar pela evicção, se sabia que a coisa era alheia ou litigiosa.

- *Correspondência: art. 1.117, CC/1916*

SEÇÃO VII – DOS CONTRATOS ALEATÓRIOS

Art. 458. Se o contrato for aleatório, por dizer respeito a coisas ou fatos futuros, cujo risco de não virem a existir um dos contratantes assuma, terá o outro direito de receber integralmente o que lhe foi prometido, desde que de sua parte não tenha havido dolo ou culpa, ainda que nada do avençado venha a existir.

- *Correspondência: art. 1.118, CC/1916*
- *Arts. 757 a 777, CC*

Art. 459. Se for aleatório, por serem objeto dele coisas futuras, tomando o adquirente a si o risco de virem a existir em qualquer quantidade, terá também direito o alienante a todo o preço, desde que de sua parte não tiver concorrido culpa, ainda que a coisa venha a existir em quantidade inferior à esperada.

- *Correspondência: art. 1.119, CC/1916*

Parágrafo único. Mas, se da coisa nada vier a existir, alienação não haverá, e o alienante restituirá o preço recebido.

Art. 460. Se for aleatório o contrato, por se referir a coisas existentes, mas expostas a risco, assumido pelo adquirente, terá igualmente direito o alienante a todo o preço, posto que a coisa já não existisse, em parte, ou de todo, no dia do contrato.

- *Correspondência: art. 1.120, CC/1916*

Art. 461. A alienação aleatória a que se refere o artigo antecedente poderá ser anulada como dolosa pelo prejudicado, se provar que o outro contratante não ignorava a consumação do risco, a que no contrato se considerava exposta a coisa.

- *Correspondência: art. 1.121, CC/1916*

SEÇÃO VIII – DO CONTRATO PRELIMINAR

Art. 462. O contrato preliminar, exceto quanto à forma, deve conter todos os requisitos essenciais ao contrato a ser celebrado.

- *Sem correspondência no CC/1916*
- *Art. 11, Dec.-lei 58/1937 (Loteamento e venda de terrenos para pagamento em prestações)*
- *Art. 26, Lei 6.766/1979 (Parcelamento do solo urbano)*

Art. 463. Concluído o contrato preliminar, com observância do disposto no artigo antecedente, e desde que dele não conste cláusula de arrependimento, qualquer das partes terá o direito de exigir a celebração do definitivo, assinando prazo à outra para que o efetive.

- *Sem correspondência no CC/1916*
- *Arts. 420, 1.417 e 1.418, CC*
- *Art. 15, Dec.-lei 58/1937 (Loteamento e venda de terrenos para pagamento em prestações)*
- *Arts. 221, II, 223 e 225, § 1º, Lei 6.015/1973 (Lei de Registros Públicos)*
- *Art. 25, Lei 6.766/1979 (Parcelamento do solo urbano)*
- *Súmula 166, STF*

Parágrafo único. O contrato preliminar deverá ser levado ao registro competente.

- *Arts. 221, II, 223 e 225, § 1º, Lei 6.015/1973 (Lei de Registros Públicos)*
- *Súmulas 167 e 412, STF*
- *Súmula 76, STJ*

Art. 464. Esgotado o prazo, poderá o juiz, a pedido do interessado, suprir a vontade da parte inadimplente, conferindo caráter definitivo ao contrato preliminar, salvo se a isto se opuser a natureza da obrigação.

- *Sem correspondência no CC/1916*
- *Art. 1.418, CC*
- *Arts. 497, 499, 500, 536 e 537, CPC/2015*
- *Arts. 16 e 22, Dec.-lei 58/1937 (Loteamento e venda de terrenos para pagamento em prestações)*
- *Art. 69, Lei 4.380/1964 (BNH)*
- *Súmulas 168 e 413, STF*

Art. 465. Se o estipulante não der execução ao contrato preliminar, poderá a outra parte considerá-lo desfeito, e pedir perdas e danos.

- *Sem correspondência no CC/1916*
- *Arts. 389 e 402 a 405, CC*

Art. 466. Se a promessa de contrato for unilateral, o credor, sob pena de ficar a mesma sem efeito, deverá manifestar-se no prazo nela previsto, ou, inexistindo este, no que lhe for razoavelmente assinado pelo devedor.

SEÇÃO IX – DO CONTRATO COM PESSOA A DECLARAR

Art. 467. No momento da conclusão do contrato, pode uma das partes reservar-se a faculdade de indicar a pessoa que deve adquirir os direitos e assumir as obrigações dele decorrentes.

- *Sem correspondência no CC/1916*

Art. 468. Essa indicação deve ser comunicada à outra parte no prazo de cinco dias da conclusão do contrato, se outro não tiver sido estipulado.

- *Sem correspondência no CC/1916*

Parágrafo único. A aceitação da pessoa nomeada não será eficaz se não se revestir da mesma forma que as partes usaram para o contrato.

Art. 469. A pessoa, nomeada de conformidade com os artigos antecedentes, adquire os direitos e assume as obrigações decorrentes do contrato, a partir do momento em que este foi celebrado.

- *Sem correspondência no CC/1916*

Art. 470. O contrato será eficaz somente entre os contratantes originários:

- *Sem correspondência no CC/1916*

I – se não houver indicação de pessoa, ou se o nomeado se recusar a aceitá-la;

II – se a pessoa nomeada era insolvente, e a outra pessoa o desconhecia no momento da indicação.

Art. 471. Se a pessoa a nomear era incapaz ou insolvente no momento da nomeação, o contrato produzirá seus efeitos entre os contratantes originários.

- *Sem correspondência no CC/1916*
- *Arts. 3º a 5º e 104, I, CC*

CAPÍTULO II – DA EXTINÇÃO DO CONTRATO

SEÇÃO I – DO DISTRATO

Art. 472. O distrato faz-se pela mesma forma exigida para o contrato.

- *Correspondência: art. 1.093, CC/1916*
- *Art. 251, Lei 6.015/1973 (Lei de Registros Públicos)*

Art. 473. A resilição unilateral, nos casos em que a lei expressa ou implicitamente o permita, opera mediante denúncia notificada à outra parte.

- *Sem correspondência no CC/1916*
- *Art. 6º, Lei 8.245/1991 (Locação de imóveis urbanos)*

Parágrafo único. Se, porém, dada a natureza do contrato, uma das partes houver feito investimentos consideráveis para a sua execução, a denúncia unilateral só produzirá efeito depois de transcorrido prazo compatível com a natureza e o vulto dos investimentos.

SEÇÃO II – DA CLÁUSULA RESOLUTIVA

Art. 474. A cláusula resolutiva expressa opera de pleno direito; a tácita depende de interpelação judicial.

- *Correspondência: art. 119, parágrafo único, CC/1916*
- *Arts. 127, 128 e 130, CC*
- *Arts. 726 e 729, CPC/2015*

Art. 475. A parte lesada pelo inadimplemento pode pedir a resolução do contrato, se não preferir exigir-lhe o cumprimento, cabendo, em qualquer dos casos, indenização por perdas e danos.

- *Correspondência: art. 1.092, parágrafo único, CC/1916*
- *Arts. 186, 389, 402 a 405 e 927, CC*

SEÇÃO III – DA EXCEÇÃO DE CONTRATO NÃO CUMPRIDO

Art. 476. Nos contratos bilaterais, nenhum dos contratantes, antes de cumprida a sua obrigação, pode exigir o implemento da do outro.

- *Correspondência: art. 1.092, caput, 1ª parte, CC/1916*
- *Arts. 333 e 491, CC*

Art. 477. Se, depois de concluído o contrato, sobrevier a uma das partes contratantes diminuição em seu patrimônio capaz de comprometer ou tornar duvidosa a prestação pela qual se obrigou, pode a outra recusar-se à prestação que lhe incumbe, até que aquela satisfaça a que lhe compete ou dê garantia bastante de satisfazê-la.

- *Correspondência: art. 1.092, caput, 2ª parte, CC/1916*
- *Arts. 333, III, 495, 590 e 810, CC*

SEÇÃO IV – DA RESOLUÇÃO POR ONEROSIDADE EXCESSIVA

Art. 478. Nos contratos de execução continuada ou diferida, se a prestação de uma das partes se tornar excessivamente onerosa, com extrema vantagem para a outra, em virtude de acontecimentos extraordinários e imprevisíveis, poderá o devedor pedir a resolução do contrato. Os efeitos da sentença que a decretar retroagirão à data da citação.

- *Sem correspondência no CC/1916*
- *Arts. 157, 621, 625 e 884 a 886, CC*
- *Arts. 6º, V, e 51, IV e § 1º, III, Lei 8.079/1990 (Código de Defesa do Consumidor)*

Art. 479. A resolução poderá ser evitada, oferecendo-se o réu a modificar equitativamente as condições do contrato.

- *Sem correspondência no CC/1916*

Art. 480. Se no contrato as obrigações couberem a apenas uma das partes, poderá ela pleitear que a sua prestação seja reduzida, ou alterado o modo de executá-la, a fim de evitar a onerosidade excessiva.

- *Sem correspondência no CC/1916*

TÍTULO VI – DAS VÁRIAS ESPÉCIES DE CONTRATO

CAPÍTULO I – DA COMPRA E VENDA

SEÇÃO I – DISPOSIÇÕES GERAIS

Art. 481. Pelo contrato de compra e venda, um dos contratantes se obriga a transferir o domínio de certa coisa, e o outro, a pagar-lhe certo preço em dinheiro.

- *Correspondência: art. 1.022, CC/1916*
- *Arts. 357, 521 a 528, 533, 1.361 a 1.368, 1.417 e 1.418, CC*
- *Arts. 730, 883, 884, 886 a 901, 903, CPC/2015*
- *Dec.-lei 58/1937 (Loteamento e venda de terreno para pagamento em prestações)*
- *Dec. 3.079/1938 (Regulamenta o Dec.-lei 58/1937)*
- *Lei 4.380/1964 (BNH)*
- *Dec.-lei 911/1969 (Alienação Fiduciária)*
- *Lei 5.709/1971 (Aquisição de imóvel rural por estrangeiro residente no Brasil)*
- *Art. 129-5, Lei 6.015/1973 (Lei de Registros Públicos)*
- *Lei 6.766/1979 (Parcelamento do solo urbano)*
- *Lei 8.025/1990 (Alienação de bens imóveis residenciais de propriedade da União)*
- *Lei 8.078/1990 (Código de Defesa do Consumidor)*

Art. 482. A compra e venda, quando pura, considerar-se-á obrigatória e perfeita, desde que as partes acordarem no objeto e no preço.

- *Correspondência: art. 1.126, CC/1916*
- *Arts. 417 a 420, 485 e 486, CC*

Art. 483. A compra e venda pode ter por objeto coisa atual ou futura. Neste caso, ficará sem efeito o contrato se esta não vier a existir, salvo se a intenção das partes era de concluir contrato aleatório.

- *Sem correspondência no CC/1916*
- *Arts. 458 a 461, CC*

Art. 484. Se a venda se realizar à vista de amostras, protótipos ou modelos, entender-se-á que o vendedor assegura ter a coisa as qualidades que a elas correspondem.

- *Correspondência: art. 1.135, CC/1916*
- *Arts. 441 a 446, CC*

Parágrafo único. Prevalece a amostra, o protótipo ou o modelo, se houver contradição ou diferença com a maneira pela qual se descreveu a coisa no contrato.

› *Sem correspondência no CC/1916*

Art. 485. A fixação do preço pode ser deixada ao arbítrio de terceiro, que os contratantes logo designarem ou prometerem designar. Se o terceiro não aceitar a incumbência, ficará sem efeito o contrato, salvo quando acordarem os contratantes designar outra pessoa.

› *Correspondência: art. 1.123, CC/1916*

Art. 486. Também se poderá deixar a fixação do preço à taxa de mercado ou de bolsa, em certo e determinado dia e lugar.

› *Correspondência: art. 1.124, CC/1916*

Art. 487. É lícito às partes fixar o preço em função de índices ou parâmetros, desde que suscetíveis de objetiva determinação.

› *Sem correspondência no CC/1916*

Art. 488. Convencionada a venda sem fixação de preço ou de critérios para a sua determinação, se não houver tabelamento oficial, entende-se que as partes se sujeitaram ao preço corrente nas vendas habituais do vendedor.

› *Sem correspondência no CC/1916*
› *Arts, 422 e 2.035, parágrafo único, CC*

Parágrafo único. Na falta de acordo, por ter havido diversidade de preço, prevalecerá o termo médio.

Art. 489. Nulo é o contrato de compra e venda, quando se deixa ao arbítrio exclusivo de uma das partes a fixação do preço.

› *Correspondência: art. 1.125, CC/1916*
› *Arts. 122, CC*
› *Art. 51, X, Lei 8.079/1990 (Código de Defesa do Consumidor)*

Art. 490. Salvo cláusula em contrário, ficarão as despesas de escritura e registro a cargo do comprador, e a cargo do vendedor as da tradição.

› *Correspondência: art. 1.129, CC/1916*
› *Art. 533, I, CC*

Art. 491. Não sendo a venda a crédito, o vendedor não é obrigado a entregar a coisa antes de receber o preço.

› *Correspondência: art. 1.130, CC/1916*
› *Arts. 476 e 477, CC*

Art. 492. Até o momento da tradição, os riscos da coisa correm por conta do vendedor, e os do preço por conta do comprador.

› *Correspondência: art. 1.127, CC/1916*
› *Arts. 234, 237, 246, 458, 1.267 e 1.268, CC*

§ 1º Todavia, os casos fortuitos, ocorrentes no ato de contar, marcar ou assinalar coisas, que comumente se recebem, contando, pesando, medindo ou assinalando, e que já tiverem sido postas à disposição do comprador, correrão por conta deste.

› *Art. 393, parágrafo único, CC*

§ 2º Correrão também por conta do comprador os riscos das referidas coisas, se estiver em mora de as receber, quando postas à sua disposição no tempo, lugar e pelo modo ajustados.

› *Art. 400, CC*

Art. 493. A tradição da coisa vendida, na falta de estipulação expressa, dar-se-á no lugar onde ela se encontrava, ao tempo da venda.

› *Sem correspondência no CC/1916*
› *Arts. 328 e 1.267, CC*

Art. 494. Se a coisa for expedida para lugar diverso, por ordem do comprador, por sua conta correrão os riscos, uma vez entregue a quem haja de transportá-la, salvo se das instruções dele se afastar o vendedor.

› *Correspondência: art. 1.128, CC/1916*
› *Arts. 749, 750 e 754, CC*

Art. 495. Não obstante o prazo ajustado para o pagamento, se antes da tradição o comprador cair em insolvência, poderá o vendedor sobrestar na entrega da coisa, até que o comprador lhe dê caução de pagar no tempo ajustado.

› *Correspondência: art. 1.131, CC/1916*
› *Art. 477, CC*

Art. 496. É anulável a venda de ascendente a descendente, salvo se os outros descendentes e o cônjuge do alienante expressamente houverem consentido.

› *Correspondência: art. 1.132, CC/1916*
› *Arts. 176, 179 e 533, II, CC*
› *Súmula 494, STF*

Parágrafo único. Em ambos os casos, dispensa-se o consentimento do cônjuge se o regime de bens for o da separação obrigatória.

› *Sem correspondência no CC/1916*

Art. 497. Sob pena de nulidade, não podem ser comprados, ainda que em hasta pública:

› *Correspondência: art. 1.133, CC/1916*
› *Arts. 166 a 170, CC*
› *Art. 895, 1º, CPC/2015*
› *Art. 190, Dec.-lei 7.661/1945 (Lei de Falências); e art. 177, Lei 11.101/2005 (Lei de Recuperação de Empresas e Falência)*

I – pelos tutores, curadores, testamenteiros e administradores, os bens confiados à sua guarda ou administração;

› *Correspondência: art. 1.133, I, CC/1916*
› *Arts. 580, 1.749, I, 1.774, 1.781 e 1.997, caput, CC*
› *Súmula 165, STF*

II – pelos servidores públicos, em geral, os bens ou direitos da pessoa jurídica a que servirem, ou que estejam sob sua administração direta ou indireta;

› *Correspondência: art. 1.133, III, CC/1916*
› *Art. 34, IV, Dec.-lei 411/1969 (Administração dos territórios federais)*
› *Art. 117, IX, Lei 8.112/1990 (Regime jurídico único dos servidores públicos civis da União)*

III – pelos juízes, secretários de tribunais, arbitradores, peritos e outros serventuários ou auxiliares da justiça, os bens ou direitos sobre que se litigar em tribunal, juízo ou conselho, no lugar onde servirem, ou a que se estender a sua autoridade;

› *Correspondência: art. 1.133, IV, CC/1916*
› *Art. 498, CC*

IV – pelos leiloeiros e seus prepostos, os bens de cuja venda estejam encarregados.

› *Sem correspondência no CC/1916*
› *Art. 36, b, Dec. 21.981/1932 (Leiloeiro)*
› *Art. 7º, II, Lei 4.021/1961 (Leiloeiro rural)*

Parágrafo único. As proibições deste artigo estendem-se à cessão de crédito.

› *Correspondência: art. 1.134, CC/1916*
› *Arts. 286 a 298 e 1.749, III, CC*

Art. 498. A proibição contida no inciso III do artigo antecedente, não compreende os casos de compra e venda ou cessão entre co-herdeiros, ou em pagamento de dívida, ou para garantia de bens já pertencentes a pessoas designadas no referido inciso.

› *Correspondência: art. 1.134, CC/1916*

Art. 499. É lícita a compra e venda entre cônjuges, com relação a bens excluídos da comunhão.

› *Sem correspondência no CC/1916*
› *Arts. 1.641, 1.656, 1.659, 1.668, 1.673 e 1.687, CC*

Art. 500. Se, na venda de um imóvel, se estipular o preço por medida de extensão, ou se determinar a respectiva área, e esta não corresponder, em qualquer dos casos, às dimensões dadas, o comprador terá o direito de exigir o complemento da área, e, não sendo isso possível, o de reclamar a resolução do contrato ou abatimento proporcional ao preço.

› *Correspondência: art. 1.136, caput, 1ª parte, CC/1916*
› *Arts. 441 a 446, e 500, CC*

§ 1º Presume-se que a referência às dimensões foi simplesmente enunciativa, quando a diferença encontrada não exceder de um vigésimo da área total enunciada, ressalvado ao comprador o direito de provar que, em tais circunstâncias, não teria realizado o negócio.

› *Correspondência: art. 1.136, parágrafo único, CC/1916*

§ 2º Se em vez de falta houver excesso, e o vendedor provar que tinha motivos para ignorar a medida exata da área vendida, caberá ao comprador, à sua escolha, completar o valor correspondente ao preço ou devolver o excesso.

› *Sem correspondência no CC/1916*

§ 3º Não haverá complemento de área, nem devolução de excesso, se o imóvel for vendido como coisa certa e discriminada, tendo sido apenas enunciativa a referência às suas dimensões, ainda que não conste, de modo expresso, ter sido a venda ad corpus.

› *Correspondência: art. 1.136, caput, 2ª parte, CC/1916*

Art. 501. Decai do direito de propor as ações previstas no artigo antecedente o vendedor ou o comprador que não o fizer no prazo de um ano, a contar do registro do título.

› *Sem correspondência no CC/1916*
› *Arts. 207 a 211, CC*

Parágrafo único. Se houver atraso na imissão de posse no imóvel, atribuível ao alienante, a partir dela fluirá o prazo de decadência.

Art. 502. O vendedor, salvo convenção em contrário, responde por todos os débitos que gravem a coisa até o momento da tradição.

› *Sem correspondência no CC/1916*
› *Arts. 492 e 533, CC*

Art. 503. Nas coisas vendidas conjuntamente, o defeito oculto de uma não autoriza a rejeição de todas.

› *Correspondência: art. 1.138, CC/1916*
› *Arts. 441 a 445, CC*

Art. 504. Não pode um condômino em coisa indivisível vender a sua parte a estranhos, se outro consorte a quiser, tanto por tanto. O condômino, a quem não se der conhecimento da venda, poderá, depositando o preço, haver para si a parte vendida a estranhos, se o requerer no prazo de cento e oitenta dias, sob pena de decadência.

- *Correspondência: art. 1.139, CC/1916*
- *Arts. 87, 88, 207 a 211, 513 a 520, 1.314, 1.320 e 1.322, CC*
- *Art. 92, § 3º, Lei 4.504/1964 (Estatuto da Terra)*
- *Art. 34, Lei 8.245/1991 (Locação de imóveis urbanos)*

Parágrafo único. Sendo muitos os condôminos, preferirá o que tiver benfeitorias de maior valor e, na falta de benfeitorias, o de quinhão maior. Se as partes forem iguais, haverão a parte vendida os comproprietários, que a quiserem, depositando previamente o preço.

SEÇÃO II – DAS CLÁUSULAS ESPECIAIS À COMPRA E VENDA

SUBSEÇÃO I – DA RETROVENDA

Art. 505. O vendedor de coisa imóvel pode reservar-se o direito de recobrá-la no prazo máximo de decadência de três anos, restituindo o preço recebido e reembolsando as despesas do comprador, inclusive as que, durante o período de resgate, se efetuaram com a sua autorização escrita, ou para a realização de benfeitorias necessárias.

- *Correspondência: art. 1.140 e 1.141, CC/1916*
- *Arts. 96, § 3º, e 207 a 211, CC*

Art. 506. Se o comprador se recusar a receber as quantias a que faz jus, o vendedor, para exercer o direito de resgate, as depositará judicialmente.

- *Sem correspondência no CC/1916*
- *Arts. 334 a 345, CC*
- *Arts. 890 a 899, CC*

Parágrafo único. Verificada a insuficiência do depósito judicial, não será o vendedor restituído no domínio da coisa, até e enquanto não for integralmente pago o comprador.

Art. 507. O direito de retrato, que é cessível e transmissível a herdeiros e legatários, poderá ser exercido contra o terceiro adquirente.

- *Correspondência: art. 1.142, CC/1916*
- *Art. 1.359, CC*
- *Art. 167, I-29, Lei 6.015/1973 (Lei de Registros Públicos)*

Art. 508. Se a duas ou mais pessoas couber o direito de retrato sobre o mesmo imóvel, e só uma o exercer, poderá o comprador intimar as outras para nele acordarem, prevalecendo o pacto em favor de quem haja efetuado o depósito, contanto que seja integral.

- *Correspondência: art. 1.142, caput, CC/1916*

SUBSEÇÃO II – DA VENDA A CONTENTO E DA SUJEITA A PROVA

Art. 509. A venda feita a contento do comprador entende-se realizada sob condição suspensiva, ainda que a coisa lhe tenha sido entregue; e não se reputará perfeita, enquanto o adquirente não manifestar seu agrado.

- *Correspondência: art. 1.144, caput, CC/1916*
- *Arts. 122, 125,135, 234, 492 e 611, CC*
- *Lei 5.966/1973 (Sistema Nacional de Metrologia, Normalização e Qualidade Industrial)*

Art. 510. Também a venda sujeita a prova presume-se feita sob a condição suspensiva de que a coisa tenha as qualidades asseguradas pelo vendedor e seja idônea para o fim a que se destina.

- *Correspondência: art. 1.144, parágrafo único, CC/1916*
- *Arts. 125, 135, 234 e 492, CC*

Art. 511. Em ambos os casos, as obrigações do comprador, que recebeu, sob condição suspensiva, a coisa comprada, são as de mero comodatário, enquanto não manifeste aceitá-la.

- *Correspondência: art. 1.145, CC/1916*
- *Arts. 579 a 585, CC*

Art. 512. Não havendo prazo estipulado para a declaração do comprador, o vendedor terá direito de intimá-lo, judicial ou extrajudicialmente, para que o faça em prazo improrrogável.

- *Correspondência: art. 1.147, CC/1916*

SUBSEÇÃO III – DA PREEMPÇÃO OU PREFERÊNCIA

Art. 513. A preempção, ou preferência, impõe ao comprador a obrigação de oferecer ao vendedor a coisa que aquele vai vender, ou dar em pagamento, para que este use de seu direito de prelação na compra, tanto por tanto.

- *Correspondência: art. 1.149, CC/1916*
- *Arts. 504, 516, 518 e 1.359, CC*
- *Arts. 27 e 34, Lei 8.245/1991 (Locação de imóveis urbanos)*

Parágrafo único. O prazo para exercer o direito de preferência não poderá exceder a cento e oitenta dias, se a coisa for móvel, ou a dois anos, se imóvel.

- *Sem correspondência no CC/1916*

Art. 514. O vendedor pode também exercer o seu direito de prelação, intimando o comprador, quando lhe constar que este vai vender a coisa.

- *Correspondência: art. 1.151, CC/1916*

Art. 515. Aquele que exerce a preferência está, sob pena de a perder, obrigado a pagar, em condições iguais, o preço encontrado, ou o ajustado.

- *Correspondência: art. 1.151, CC/1916*
- *Art. 504, CC*

Art. 516. Inexistindo prazo estipulado, o direito de preempção caducará, se a coisa for móvel, não se exercendo nos três dias, e, se for imóvel, não se exercendo nos sessenta dias subsequentes à data em que o comprador tiver notificado o vendedor.

- *Correspondência: art. 1.153, CC/1916*
- *Art. 28, Lei 8.245/1991 (Locação de imóveis urbanos)*

Art. 517. Quando o direito de preempção for estipulado a favor de dois ou mais indivíduos em comum, só pode ser exercido em relação à coisa no seu todo. Se alguma das pessoas, a quem ele toque, perder ou não exercer o seu direito, poderão as demais utilizá-lo na forma sobredita.

- *Correspondência: art. 1.154, CC/1916*

Art. 518. Responderá por perdas e danos o comprador, se alienar a coisa sem ter dado ao vendedor ciência do preço e das vantagens que por ela lhe oferecem. Responderá solidariamente o adquirente, se tiver procedido de má-fé.

- *Correspondência: art. 1.156, CC/1916*
- *Arts. 275 a 285 e 402 a 405, CC*
- *Art. 33, Lei 8.245/1991 (Locação de imóveis urbanos)*

Art. 519. Se a coisa expropriada para fins de necessidade ou utilidade pública, ou por interesse social, não tiver o destino para que se desapropriou, ou não for utilizada em obras ou serviços públicos, caberá ao expropriado direito de preferência, pelo preço atual da coisa.

- *Correspondência: art. 1.150, CC/1916*
- *Art. 35, Dec.-lei 3.365/1941 (Desapropriações por utilidade pública)*

Art. 520. O direito de preferência não se pode ceder nem passa aos herdeiros.

- *Correspondência: art. 1.157, CC/1916*

SUBSEÇÃO IV – DA VENDA COM RESERVA DE DOMÍNIO

- *Art. 44, IV, Dec.-lei 7.661/1945 (Lei de Falências); e art. 119, IV, Lei 11.101/2005 (Lei de Recuperação de Empresas e Falência)*

Art. 521. Na venda de coisa móvel, pode o vendedor reservar para si a propriedade, até que o preço esteja integralmente pago.

- *Sem correspondência no CC/1916*
- *Arts. 523 e 1.359, CC*

Art. 522. A cláusula de reserva de domínio será estipulada por escrito e depende de registro no domicílio do comprador para valer contra terceiros.

- *Sem correspondência no CC/1916*
- *Art. 129-5, Lei 6.015/1973 (Lei de Registros Públicos)*

Art. 523. Não pode ser objeto de venda com reserva de domínio a coisa insuscetível de caracterização perfeita, para estremá-la de outras congêneres. Na dúvida, decide-se a favor do terceiro adquirente de boa-fé.

- *Sem correspondência no CC/1916*
- *Art. 85 e CC*

Art. 524. A transferência de propriedade ao comprador dá-se no momento em que o preço esteja integralmente pago. Todavia, pelos riscos da coisa responde o comprador, a partir de quando lhe foi entregue.

- *Sem correspondência no CC/1916*
- *Arts. 492 e 587, CC*

Art. 525. O vendedor somente poderá executar a cláusula de reserva de domínio após constituir o comprador em mora, mediante protesto do título ou interpelação judicial.

- *Sem correspondência no CC/1916*
- *Arts. 394 a 401, CC*
- *Arts. 726 e 729, CPC/2015*

Art. 526. Verificada a mora do comprador, poderá o vendedor mover contra ele a competente ação de cobrança das prestações vencidas e vincendas e o mais que lhe for devido; ou poderá recuperar a posse da coisa vendida.

- *Sem correspondência no CC/1916*

Art. 527. Na segunda hipótese do artigo antecedente, é facultado ao vendedor reter as prestações pagas até o necessário para cobrir a depreciação da coisa, as despesas feitas e o mais que de direito lhe for devido. O excedente será devolvido ao comprador; e o que faltar lhe será cobrado, tudo na forma da lei processual.

› *Sem correspondência no CC/1916*

Art. 528. Se o vendedor receber o pagamento à vista, ou, posteriormente, mediante financiamento de instituição do mercado de capitais, a esta caberá exercer os direitos e ações decorrentes do contrato, a benefício de qualquer outro. A operação financeira e a respectiva ciência do comprador constarão do registro do contrato.

› *Sem correspondência no CC/1916*

SUBSEÇÃO V – DA VENDA SOBRE DOCUMENTOS

Art. 529. Na venda sobre documentos, a tradição da coisa é substituída pela entrega do seu título representativo e dos outros documentos exigidos pelo contrato ou, no silêncio deste, pelos usos.

› *Sem correspondência no CC/1916*

Parágrafo único. Achando-se a documentação em ordem, não pode o comprador recusar o pagamento, a pretexto de defeito de qualidade ou do estado da coisa vendida, salvo se o defeito já houver sido comprovado.

Art. 530. Não havendo estipulação em contrário, o pagamento deve ser efetuado na data e no lugar da entrega dos documentos.

› *Sem correspondência no CC/1916*

Art. 531. Se entre os documentos entregues ao comprador figurar apólice de seguro que cubra os riscos do transporte, correm estes à conta do comprador, salvo se, ao ser concluído o contrato, tivesse o vendedor ciência da perda ou avaria da coisa.

› *Sem correspondência no CC/1916*

Art. 532. Estipulado o pagamento por intermédio de estabelecimento bancário, caberá a este efetuá-lo contra a entrega dos documentos, sem obrigação de verificar a coisa vendida, pela qual não responde.

› *Sem correspondência no CC/1916*

Parágrafo único. Nesse caso, somente após a recusa do estabelecimento bancário a efetuar o pagamento, poderá o vendedor pretendê-lo, diretamente do comprador.

CAPÍTULO II – DA TROCA OU PERMUTA

Art. 533. Aplicam-se à troca as disposições referentes à compra e venda, com as seguintes modificações:

› *Correspondência: art. 1.164, CC/1916*

› *Arts. 481 a 532, CC*

I – salvo disposição em contrário, cada um dos contratantes pagará por metade as despesas com o instrumento da troca;

› *Art. 490, CC*

II – é anulável a troca de valores desiguais entre ascendentes e descendentes, sem consentimento dos outros descendentes e do cônjuge do alienante.

› *Arts. 179 e 496, CC*

› *Súmula 494, STF*

CAPÍTULO III – DO CONTRATO ESTIMATÓRIO

Art. 534. Pelo contrato estimatório, o consignante entrega bens móveis ao consignatário, que fica autorizado a vendê-los, pagando àquele o preço ajustado, salvo se preferir, no prazo estabelecido, restituir-lhe a coisa consignada.

› *Sem correspondência no CC/1916*

Art. 535. O consignatário não se exonera da obrigação de pagar o preço, se a restituição da coisa, em sua integridade, se tornar impossível, ainda que por fato a ele não imputável.

› *Sem correspondência no CC/1916*

Art. 536. A coisa consignada não pode ser objeto de penhora ou sequestro pelos credores do consignatário, enquanto não pago integralmente o preço.

› *Sem correspondência no CC/1916*

Art. 537. O consignante não pode dispor da coisa antes de lhe ser restituída ou de lhe ser comunicada a restituição.

› *Sem correspondência no CC/1916*

CAPÍTULO IV – DA DOAÇÃO

SEÇÃO I – DISPOSIÇÕES GERAIS

Art. 538. Considera-se doação o contrato em que uma pessoa, por liberalidade, transfere do seu patrimônio bens ou vantagens para o de outra.

› *Correspondência: art. 1.165, CC/1916*

› *Art. 155, I, CF*

› *Arts. 547 a 550, 879, 1.642, V, 1.647, IV, e 1.663, §2º, CC*

› *Art. 76, I, b, Lei 14.133/2021 (Licitações e Contratos administrativos)*

› *Art. 9º, Lei 9.434/1997 (Remoção de órgãos, tecidos e partes do corpo humano para fins de transplante e tratamento)*

› *Súmula 328, STF*

Art. 539. O doador pode fixar prazo ao donatário, para declarar se aceita ou não a liberalidade. Desde que o donatário, ciente do prazo, não faça, dentro dele, a declaração, entender-se-á que aceitou, se a doação não for sujeita a encargo.

› *Correspondência: art. 1.166, CC/1916*

› *Arts. 111, 136, 441, parágrafo único, 553, 562, 564, II, 1.748, II, e 1.938, CC*

Art. 540. A doação feita em contemplação do merecimento do donatário não perde o caráter de liberalidade, como não o perde a doação remuneratória, ou a gravada, no excedente ao valor dos serviços remunerados ou ao encargo imposto.

› *Correspondência: art. 1.167, CC/1916*

› *Arts. 136, 441 e 564, CC*

Art. 541. A doação far-se-á por escritura pública ou instrumento particular.

› *Correspondência: art. 1.168, CC/1916*

› *Art. 108, CC*

› *Arts. 167, I-33, e 218, Lei 6.015/1973 (Lei de Registros Públicos)*

Parágrafo único. A doação verbal será válida, se, versando sobre bens móveis e de pequeno valor, se lhe seguir incontinenti a tradição.

› *Art. 1.267, CC*

Art. 542. A doação feita ao nascituro valerá, sendo aceita pelo seu representante legal.

› *Correspondência: art. 1.169, CC/1916*

› *Arts. 2º, 1.630, 1.633 e 1.779, CC*

Art. 543. Se o donatário for absolutamente incapaz, dispensa-se a aceitação, desde que se trate de doação pura.

› *Correspondência: art. 1.170, CC/1916*

› *Arts. 3º, 4º, 1.748, II, e 1.781, CC*

Art. 544. A doação de ascendentes a descendentes, ou de um cônjuge a outro, importa adiantamento do que lhes cabe por herança.

› *Correspondência: art. 1.171, CC/1916*

› *Arts. 1.789, 1.846, 1.847 e 2.002 a 2.012, CC*

Art. 545. A doação em forma de subvenção periódica ao beneficiado extingue-se morrendo o doador, salvo se este outra coisa dispuser, mas não poderá ultrapassar a vida do donatário.

› *Correspondência: art. 1.172, CC/1916*

Art. 546. A doação feita em contemplação de casamento futuro com certa e determinada pessoa, quer pelos nubentes entre si, quer por terceiro a um deles, a ambos, ou aos filhos que, de futuro, houverem um do outro, não pode ser impugnada por falta de aceitação, e só ficará sem efeito se o casamento não se realizar.

› *Correspondência: art. 1.173, CC/1916*

› *Arts. 552 e 564, IV, CC*

Art. 547. O doador pode estipular que os bens doados voltem ao seu patrimônio, se sobreviver ao donatário.

› *Correspondência: art. 1.174, CC/1916*

› *Art. 1.359, CC*

Parágrafo único. Não prevalece cláusula de reversão em favor de terceiro.

› *Sem correspondência no CC/1916*

Art. 548. É nula a doação de todos os bens sem reserva de parte, ou renda suficiente para a subsistência do doador.

› *Correspondência: art. 1.175, CC/1916*

Art. 549. Nula é também a doação quanto à parte que exceder à de que o doador, no momento da liberalidade, poderia dispor em testamento.

› *Correspondência: art. 1.176, CC/1916*

› *Arts. 1.789, 1.846, 1.967, 2.007 e 2.008, CC*

Art. 550. A doação do cônjuge adúltero ao seu cúmplice pode ser anulada pelo outro cônjuge, ou por seus herdeiros necessários, até dois anos depois de dissolvida a sociedade conjugal.

› *Correspondência: art. 1.177, CC/1916*

› *Art. 793 e 1.642, V, CC*

Art. 551. Salvo declaração em contrário, a doação em comum a mais de uma pessoa entende-se distribuída entre elas por igual.

› *Correspondência: art. 1.178, CC/1916*

Parágrafo único. Se os donatários, em tal caso, forem marido e mulher, subsistirá na totalidade a doação para o cônjuge sobrevivo.

Art. 552. O doador não é obrigado a pagar juros moratórios, nem é sujeito às consequências da evicção ou do vício redibitório. Nas doações para casamento com certa e determinada pessoa, o doador ficará sujeito à evicção, salvo convenção em contrário.

- *Correspondência: art. 1.179, CC/1916*
- *Arts. 406, 407, 441 a 457 e 1.939, III, CC*

Art. 553. O donatário é obrigado a cumprir os encargos da doação, caso forem a benefício do doador, de terceiro, ou do interesse geral.

- *Correspondência: art. 1.180, CC/1916*
- *Arts. 136, 137, 436 a 438, 540, 555, 564, 1.748, II, 1.781 e 1.938, CC*

Parágrafo único. Se desta última espécie for o encargo, o Ministério Público poderá exigir sua execução, depois da morte do doador, se este não tiver feito.

Art. 554. A doação a entidade futura caducará se, em dois anos, esta não estiver constituída regularmente.

- *Sem correspondência no CC/1916*

SEÇÃO II – DA REVOGAÇÃO DA DOAÇÃO

Art. 555. A doação pode ser revogada por ingratidão do donatário, ou por inexecução do encargo.

- *Correspondência: art. 1.181, CC/1916*
- *Arts. 390, 397, 553, 557, 559 e 562, CC*

Art. 556. Não se pode renunciar antecipadamente o direito de revogar a liberalidade por ingratidão do donatário.

- *Correspondência: art. 1.182, CC/1916*

Art. 557. Podem ser revogadas por ingratidão as doações:

- *Correspondência: art. 1.183, CC/1916*
- *Arts. 1.814 e 1.961 a 1.963, CC*

I – se o donatário atentou contra a vida do doador ou cometeu crime de homicídio doloso contra ele;

- *Art. 561, CC*

II – se cometeu contra ele ofensa física;

III – se o injuriou gravemente ou o caluniou;

IV – se, podendo ministrá-los, recusou ao doador os alimentos de que este necessitava.

Art. 558. Pode ocorrer também a revogação quando o ofendido, nos casos do artigo anterior, for o cônjuge, ascendente, descendente, ainda que adotivo, ou irmão do doador.

- *Sem correspondência no CC/1916*

Art. 559. A revogação por qualquer desses motivos deverá ser pleiteada dentro de um ano, a contar de quando chegue ao conhecimento do doador o fato que a autorizar, e de ter sido o donatário o seu autor.

- *Correspondência: art. 1.184, CC/1916*

Art. 560. O direito de revogar a doação não se transmite aos herdeiros do doador, nem prejudica os do donatário. Mas aqueles podem prosseguir na ação iniciada pelo doador, continuando-a contra os herdeiros do donatário, se este falecer depois de ajuizada a lide.

- *Correspondência: art. 1.185, CC/1916*

Art. 561. No caso de homicídio doloso do doador, a ação caberá aos seus herdeiros, exceto se aquele houver perdoado.

- *Sem correspondência no CC/1916*
- *Art. 557, I, CC*

Art. 562. A doação onerosa pode ser revogada por inexecução do encargo, se o donatário incorrer em mora. Não havendo prazo para o cumprimento, o doador poderá notificar judicialmente o donatário, assinando-lhe prazo razoável para que cumpra a obrigação assumida.

- *Correspondência: art. 1.181, parágrafo único, CC/1916*
- *Arts. 390, 397, 399 e 553, CC*
- *Arts. 726 e 729, CPC/2015*

Art. 563. A revogação por ingratidão não prejudica os direitos adquiridos por terceiros, nem obriga o donatário a restituir os frutos percebidos antes da citação válida; mas sujeita-o a pagar os posteriores, e, quando não possa restituir em espécie as coisas doadas, a indenizá-la pelo meio termo do seu valor.

- *Correspondência: art. 1.186, CC/1916*

Art. 564. Não se revogam por ingratidão:

- *Correspondência: art. 1.187, CC/1916*

I – as doações puramente remuneratórias;

- *Art. 540, CC*

II – as oneradas com encargo já cumprido;

III – as que se fizerem em cumprimento de obrigação natural;

- *Arts. 814 e 882, CC*

IV – as feitas para determinado casamento.

- *Art. 546, CC*

CAPÍTULO V – DA LOCAÇÃO DE COISAS

Art. 565. Na locação de coisas, uma das partes se obriga a ceder à outra, por tempo determinado ou não, o uso e gozo de coisa não fungível, mediante certa retribuição.

- *Correspondência: art. 1.188, CC/1916*
- *Arts. 85, 206, § 3º, I, e 2.036, CC*
- *Arts. 64, § 1º, e 86 a 98, Dec.-lei 9.760/1946 (Bens imóveis da União)*
- *Art. 1º, parágrafo único, Lei 8.245/1991 (Locação de imóveis urbanos)*
- *Lei 8.494/1992 (Reajuste dos contratos de locação residencial)*
- *Arts. 76, I, f, e 74, V, Lei 14.133/2021 (Licitações e contratos administrativos)*

Art. 566. O locador é obrigado:

- *Correspondência: art. 1.186, CC/1916*
- *Art. 22, I e II, Lei 8.245/1991 (Locação de imóveis urbanos)*

I – a entregar ao locatário a coisa alugada, com suas pertenças, em estado de servir ao uso a que se destina, e a mantê-la nesse estado, pelo tempo do contrato, salvo cláusula expressa em contrário;

II – a garantir-lhe, durante o tempo do contrato, o uso pacífico da coisa.

- *Arts. 441 e 568, CC*

Art. 567. Se, durante a locação, se deteriorar a coisa alugada, sem culpa do locatário, a este caberá pedir redução proporcional do aluguel, ou resolver o contrato, caso já não sirva a coisa para o fim a que se destinava.

- *Correspondência: art. 1.190, CC/1916*

Art. 568. O locador resguardará o locatário dos embaraços e turbações de terceiros, que tenham ou pretendam ter direitos sobre a coisa alugada, e responderá pelos seus vícios, ou defeitos, anteriores à locação.

- *Correspondência: art. 1.191, CC/1916*
- *Arts. 441 a 457, 566, II, e 569, III, CC*
- *Art. 22, IV, Lei 8.245/1991 (Locação de imóveis urbanos)*

Art. 569. O locatário é obrigado:

- *Correspondência: art. 1.192, CC/1916*
- *Art. 23, I a V, Lei 8.245/1991 (Locação de imóveis urbanos)*

I – a servir-se da coisa alugada para os usos convencionados ou presumidos, conforme a natureza dela e as circunstâncias, bem como tratá-la com o mesmo cuidado como se sua fosse;

- *Art. 570, CC*

II – a pagar pontualmente o aluguel nos prazos ajustados, e, em falta de ajuste, segundo o costume do lugar;

- *Arts. 9º, III, e 62, Lei 8.245/1991 (Locação de imóveis urbanos)*

III – a levar ao conhecimento do locador as turbações de terceiros, que se pretendam fundadas em direito;

IV – a restituir a coisa, finda a locação, no estado em que a recebeu, salvas as deteriorações naturais ao uso regular.

- *Arts. 575, 1.402 e 1.508, CC*

Art. 570. Se o locatário empregar a coisa em uso diverso do ajustado, ou do a que se destina, ou se ela se danificar por abuso do locatário, poderá o locador, além de rescindir o contrato, exigir perdas e danos.

- *Correspondência: art. 1.193, caput, CC/1916*
- *Arts. 402 a 405 e 569, I, CC*
- *Art. 9º, II, Lei 8.245/1991 (Locação de imóveis urbanos)*

Art. 571. Havendo prazo estipulado à duração do contrato, antes do vencimento não poderá o locador reaver a coisa alugada, senão ressarcindo ao locatário as perdas e danos resultantes, nem o locatário devolvê-la ao locador, senão pagando, proporcionalmente, a multa prevista no contrato.

- *Correspondência: art. 1.193, parágrafo único, CC/1916*
- *Arts. 402 a 404, CC*
- *Art. 4º, caput, Lei 8.245/1991 (Locação de imóveis urbanos)*

Parágrafo único. O locatário gozará do direito de retenção, enquanto não for ressarcido.

- *Sem correspondência no CC/1916*
- *Art. 578, CC*

Art. 572. Se a obrigação de pagar o aluguel pelo tempo que faltar constituir indenização excessiva, será facultado ao juiz fixá-la em bases razoáveis.

- *Sem correspondência no CC/1916*
- *Arts. 413, 884 a 886 e 2.035, parágrafo único, CC*

Art. 573. A locação por tempo determinado cessa de pleno direito findo o prazo estipulado, independentemente de notificação ou aviso.

- *Correspondência: art. 1.194, CC/1916*
- *Arts. 472 a 475, CC*
- *Arts. 46, caput, 47, 48 e 56, Lei 8.245/1991 (Locação de imóveis urbanos)*

Art. 574. Se, findo o prazo, o locatário continuar na posse da coisa alugada, sem oposição do locador, presumir-se-á prorrogada a locação pelo mesmo aluguel, mas sem prazo determinado.

- *Correspondência: art. 1.195, CC/1916*
- *Arts. 46, § 1º, 47, 50 e 56, Lei 8.245/1991 (Locação de imóveis urbanos)*

Art. 575. Se, notificado o locatário, não restituir a coisa, pagará, enquanto a tiver em seu poder, o aluguel que o locador arbitrar, e responderá pelo dano que ela venha a sofrer, embora proveniente de caso fortuito.

- *Correspondência: art. 1.195, CC/1916*
- *Art. 393, CC*
- *Arts. 703, 704 e 706, CPC/2015*

Parágrafo único. Se o aluguel arbitrado for manifestamente excessivo, poderá o juiz reduzi-lo, mas tendo sempre em conta o seu caráter de penalidade.

- *Sem correspondência no CC/1916*
- *Arts. 884 a 886, CC*

Art. 576. Se a coisa for alienada durante a locação, o adquirente não ficará obrigado a respeitar o contrato, se nele não for consignada a cláusula da sua vigência no caso de alienação, e não constar de registro.

- *Correspondência: art. 1.197, caput, CC/1916*
- *Arts. 8º e 27 a 34, Lei 8.245/1991 (Locação de imóveis urbanos)*
- *Súmula 442, STF*

§ 1º O registro a que se refere este artigo será o de Títulos e Documentos do domicílio do locador, quando a coisa for móvel; e será o Registro de Imóveis da respectiva circunscrição, quando imóvel.

- *Sem correspondência no CC/1916*
- *Arts. 129-1, 167, I-3, e 169, III, Lei 6.015/1973 (Lei de Registros Públicos)*

§ 2º Em se tratando de imóvel, e ainda no caso em que o locador não esteja obrigado a respeitar o contrato, não poderá ele despedir o locatário, senão observado o prazo de noventa dias após a notificação.

- *Correspondência: art. 1.197, parágrafo único, CC/1916*
- *Arts. 874 a 876, CC*

Art. 577. Morrendo o locador ou o locatário, transfere-se aos seus herdeiros a locação por tempo determinado.

- *Correspondência: art. 1.198, CC/1916*
- *Arts. 10 e 11, Lei 8.245/1991 (Locação de imóveis urbanos)*

Art. 578. Salvo disposição em contrário, o locatário goza do direito de retenção, no caso de benfeitorias necessárias, ou no de benfeitorias úteis, se estas houverem sido feitas com expresso consentimento do locador.

- *Correspondência: art. 1.199, CC/1916*
- *Arts. 96, 571, parágrafo único, e 1.219, CC*
- *Arts. 35 e 36, Lei 8.245/1991 (Locação de imóveis urbanos)*
- *Súmula 158, STF*

CAPÍTULO VI – DO EMPRÉSTIMO

SEÇÃO I – DO COMODATO

Art. 579. O comodato é o empréstimo gratuito de coisas não fungíveis. Perfaz-se com a tradição do objeto.

- *Correspondência: art. 1.248, CC/1916*
- *Art. 85, CC*

Art. 580. Os tutores, curadores e em geral todos os administradores de bens alheios não poderão dar em comodato, sem autorização especial, os bens confiados à sua guarda.

- *Correspondência: art. 1.249, CC/1916*
- *Arts. 497, I, 1.741, 1.749, II, 1.774 e 1.781, CC*

Art. 581. Se o comodato não tiver prazo convencional, presumir-se-lhe-á o necessário para o uso concedido; não podendo o comodante, salvo necessidade imprevista e urgente, reconhecida pelo juiz, suspender o uso e gozo da coisa emprestada, antes de findo o prazo convencional, ou o que se determine pelo uso outorgado.

- *Correspondência: art. 1.250, CC/1916*
- *Arts. 472 a 475, CC*

Art. 582. O comodatário é obrigado a conservar, como se sua própria fora, a coisa emprestada, não podendo usá-la senão de acordo com o contrato ou a natureza dela, sob pena de responder por perdas e danos. O comodatário constituído em mora, além de por ela responder, pagará, até restituí-la, o aluguel da coisa que for arbitrado pelo comodante.

- *Correspondência: arts. 1.251 e 1.252, CC/1916*
- *Arts. 397, 399 e 402 a 405, CC*

Art. 583. Se, correndo risco o objeto do comodato juntamente com outros do comodatário, antepuser este a salvação dos seus abandonando o do comodante, responderá pelo dano ocorrido, ainda que se possa atribuir a caso fortuito, ou força maior.

- *Correspondência: art. 1.253, CC/1916*
- *Arts. 238 a 240 e 393, parágrafo único, CC*

Art. 584. O comodatário não poderá jamais recobrar do comodante as despesas feitas com o uso e gozo da coisa emprestada.

- *Correspondência: art. 1.254, CC/1916*
- *Arts. 241 e 242, CC*

Art. 585. Se duas ou mais pessoas forem simultaneamente comodatárias de uma coisa, ficarão solidariamente responsáveis para com o comodante.

- *Correspondência: art. 1.255, CC/1916*
- *Arts. 275 a 285, CC*

SEÇÃO II – DO MÚTUO

Art. 586. O mútuo é o empréstimo de coisas fungíveis. O mutuário é obrigado a restituir ao mutuante o que dele recebeu em coisa do mesmo gênero, qualidade e quantidade.

- *Correspondência: art. 1.256, CC/1916*
- *Arts. 85, 591 e 645, CC*

Art. 587. Este empréstimo transfere o domínio da coisa emprestada ao mutuário, por cuja conta correm todos os riscos dela desde a tradição.

- *Correspondência: art. 1.257, CC/1916*
- *Art. 645, CC*

Art. 588. O mútuo feito a pessoa menor, sem prévia autorização daquele sob cuja guarda estiver, não pode ser reavido nem do mutuário, nem de seus fiadores.

- *Correspondência: art. 1.259, CC/1916*
- *Arts. 3º, I, 4º, I, 180, parágrafo único, 824 e 837, CC*

Art. 589. Cessa a disposição do artigo antecedente:

- *Correspondência: art. 1.260, CC/1916*

I – se a pessoa, de cuja autorização necessitava o mutuário para contrair o empréstimo, o ratificar posteriormente;

- *Correspondência: art. 1.260, I, CC/1916*

II – se o menor, estando ausente essa pessoa, se viu obrigado a contrair o empréstimo para os seus alimentos habituais;

- *Correspondência: art. 1.260, II, CC/1916*

III – se o menor tiver bens ganhos com o seu trabalho. Mas, em tal caso, a execução do credor não lhes poderá ultrapassar as forças;

- *Correspondência: art. 1.260, III, CC/1916*
- *Art. 1.693, II, CC*

IV – se o empréstimo reverteu em benefício do menor;

- *Sem correspondência no CC/1916*
- *Art. 181, CC*

V – se o menor obteve o empréstimo maliciosamente.

- *Sem correspondência no CC/1916*
- *Art. 180, CC*

Art. 590. O mutuante pode exigir garantia da restituição, se antes do vencimento o mutuário sofrer notória mudança em sua situação econômica.

- *Correspondência: art. 1.261, CC/1916*
- *Arts. 333 e 477, CC*

Art. 591. Destinando-se o mútuo a fins econômicos, presumem-se devidos juros, os quais, sob pena de redução, não poderão exceder a taxa a que se refere o art. 406, permitida a capitalização anual.

- *Atualização: Art. 591. Destinando-se o mútuo a fins econômicos, presumem-se devidos juros. (Redação dada pela Lei 14.905/2024 - DOU 01.07.2024, produzindo efeitos 60 dias após a sua publicação)*
  Parágrafo único. Se a taxa de juros não for pactuada, aplica-se a taxa legal prevista no art. 406 deste Código. (Acrescido pela Lei 14.905/2024 - DOU 01.07.2024, produzindo efeitos 60 dias após a sua publicação)
- *Correspondência: art. 1.262, CC/1916*
- *Art. 192, CF*
- *Dec. 22.626/1933 (Juros nos contratos)*
- *Dec.-lei 1.113/1939 (Taxa de juros nos empréstimos sob penhor)*
- *Arts. 8º e 9º, Dec.-lei 3.200/1941 (Organização e proteção da família)*
- *Art. 7º, Lei 1.046/1950 (Consignação em folha de pagamento)*
- *Art. 4º, a, Lei 1.521/1951 (Crimes contra a economia popular)*
- *Art. 10, § 1º, Lei 4.380/1964 (BNH)*
- *Lei 8.177/1991 (Desindexação da economia)*
- *Arts. 4º e 5º, Lei 9.514/1997 (Sistema e Financiamento Imobiliário e Alienação Fiduciária de Coisa Imóvel)*

Art. 592. Não se tendo convencionado expressamente, o prazo do mútuo será:

- *Correspondência: art. 1.264, CC/1916*
- *Art. 331, CC*

I – até a próxima colheita, se o mútuo for de produtos agrícolas, assim para o consumo, como para semeadura;

II – de trinta dias, pelo menos, se for de dinheiro;

III – do espaço de tempo que declarar o mutuante, se for de qualquer outra coisa fungível.

CAPÍTULO VII – DA PRESTAÇÃO DE SERVIÇO

Art. 593. A prestação de serviço, que não estiver sujeita às leis trabalhistas ou a lei especial, reger-se-á pelas disposições deste Capítulo.

- *Sem correspondência no CC/1916*
- *Arts. 1º a 3º, CLT*
- *Lei 5.859/1972 (Empregado domestico)*
- *Arts. 1º a 4º, Lei 5.889/1973 (Trabalhador Rural)*

Art. 594. Toda a espécie de serviço ou trabalho lícito, material ou imaterial, pode ser contratada mediante retribuição.

- *Correspondência: art. 1.216, CC/1916*
- *Arts. 3º, parágrafo único, e 5º, CLT*

Art. 595. No contrato de prestação de serviço, quando qualquer das partes não souber ler, nem escrever, o instrumento poderá ser assinado a rogo e subscrito por duas testemunhas.

- *Correspondência: art. 1.217, CC/1916*
- *Art. 456, CLT*

Art. 596. Não se tendo estipulado, nem chegado a acordo as partes, fixar-se-á por arbitramento a retribuição, segundo o costume do lugar, o tempo de serviço e sua qualidade.

- *Correspondência: art. 1.218, CC/1916*
- *Art. 606, CC*
- *Art. 460 e 461, CC*

Art. 597. A retribuição pagar-se-á depois de prestado o serviço, se, por convenção, ou costume, não houver de ser adiantada, ou paga em prestações.

- *Correspondência: art. 1.219, CC/1916*
- *Art. 459, CLT*

Art. 598. A prestação de serviço não se poderá convencionar por mais de quatro anos, embora o contrato tenha por causa o pagamento de dívida de quem o presta, ou se destine à execução de certa e determinada obra. Neste caso, decorridos quatro anos, dar-se-á por findo o contrato, ainda que não concluída a obra.

- *Correspondência: art. 1.220, CC/1916*
- *Art. 149, CP*
- *Art. 445, CLT*

Art. 599. Não havendo prazo estipulado, nem se podendo inferir da natureza do contrato, ou do costume do lugar, qualquer das partes, a seu arbítrio, mediante prévio aviso, pode resolver o contrato.

- *Correspondência: art. 1.221, CC/1916*
- *Arts. 472 a 475 e 607, CC*
- *Art. 487, CLT*

Parágrafo único. Dar-se-á o aviso:

I – com antecedência de oito dias, se o salário se houver fixado por tempo de um mês, ou mais;

II – com antecipação de quatro dias, se o salário se tiver ajustado por semana, ou quinzena;

III – de véspera, quando se tenha contratado por menos de sete dias.

Art. 600. Não se conta no prazo do contrato o tempo em que o prestador de serviço, por culpa sua, deixou de servir.

- *Correspondência: art. 1.223, CC/1916*
- *Art. 453, CLT*

Art. 601. Não sendo o prestador de serviço contratado para certo e determinado trabalho, entender-se-á que se obrigou a todo e qualquer serviço compatível com as suas forças e condições.

- *Correspondência: art. 1.224, CC/1916*
- *Art. 456, parágrafo único, CLT*

Art. 602. O prestador de serviço contratado por tempo certo, ou por obra determinada, não se pode ausentar, ou despedir, sem justa causa, antes de preenchido o tempo, ou concluída a obra.

- *Correspondência: art. 1.225, CC/1916*
- *Art. 443 e 478 a 481, CLT*
- *Lei 9.601/1998 (Contrato de trabalho por prazo determinado)*

Parágrafo único. Se se despedir sem justa causa, terá direito à retribuição vencida, mas responderá por perdas e danos. O mesmo dar-se-á, se despedido por justa causa.

- *Arts. 402 a 405, CC*
- *Arts. 457, § 1º, 482 e 483, CLT*

Art. 603. Se o prestador de serviço for despedido sem justa causa, a outra parte será obrigada a pagar-lhe por inteiro a retribuição vencida, e por metade a que lhe tocaria de então ao termo legal do contrato.

- *Correspondência: art. 1.228, CC/1916*
- *Art. 479, CLT*

Art. 604. Findo o contrato, o prestador de serviço tem direito a exigir da outra parte a declaração de que o contrato está findo. Igual direito lhe cabe, se for despedido sem justa causa, ou se tiver havido motivo justo para deixar o serviço.

- *Correspondência: art. 1.230, CC/1916*

Art. 605. Nem aquele a quem os serviços são prestados, poderá transferir a outrem o direito aos serviços ajustados, nem o prestador de serviços, sem aprazimento da outra parte, dar substituto que os preste.

- *Correspondência: art. 1.232, CC/1916*
- *Art. 609, CC*
- *Arts. 448 e 468, CLT*

Art. 606. Se o serviço for prestado por quem não possua título de habilitação, ou não satisfaça requisitos outros estabelecidos em lei, não poderá quem os prestou cobrar a retribuição normalmente correspondente ao trabalho executado. Mas se deste resultar benefício para a outra parte, o juiz atribuirá a quem o prestou uma compensação razoável, desde que tenha agido com boa-fé.

- *Sem correspondência no CC/1916*
- *Arts. 422 e 596, CC*

Parágrafo único. Não se aplica a segunda parte deste artigo, quando a proibição da prestação de serviço resultar de lei de ordem pública.

Art. 607. O contrato de prestação de serviço acaba com a morte de qualquer das partes. Termina, ainda, pelo escoamento do prazo, pela conclusão da obra, pela rescisão do contrato mediante aviso prévio, por inadimplemento de qualquer das partes ou pela impossibilidade da continuação do contrato, motivada por força maior.

- *Correspondência: art. 1.233, CC/1916*
- *Arts. 393, parágrafo único, 472 a 477, 599 e 626, CC*

Art. 608. Aquele que aliciar pessoas obrigadas em contrato escrito a prestar serviço a outrem pagará a este a importância que ao prestador de serviço, pelo ajuste desfeito, houvesse de caber durante dois anos.

- *Correspondência: art. 1.235, CC/1916*
- *Art. 207, CP*

Art. 609. A alienação do prédio agrícola, onde a prestação dos serviços se opera, não importa a rescisão do contrato, salvo ao prestador opção entre continuá-lo com o adquirente da propriedade ou com o primitivo contratante.

- *Correspondência: art. 1.236, CC/1916*
- *Art. 605, CC*

CAPÍTULO VIII – DA EMPREITADA

Art. 610. O empreiteiro de uma obra pode contribuir para ela só com seu trabalho ou com ele e os materiais.

- *Correspondência: art. 1.237, CC/1916*

§ 1º A obrigação de fornecer os materiais não se presume; resulta da lei ou da vontade das partes.

- *Sem correspondência no CC/1916*

§ 2º O contrato para elaboração de um projeto não implica a obrigação de executá-lo, ou de fiscalizar-lhe a execução.

- *Sem correspondência no CC/1916*

Art. 611. Quando o empreiteiro fornece os materiais, correm por sua conta os riscos até o momento da entrega da obra, a contento de quem a encomendou, se este não estiver em mora de receber. Mas se estiver, por sua conta correrão os riscos.

- *Correspondência: art. 1.238, CC/1916*
- *Arts. 234, 394, 400, 509, 511, 521 e 615, CC*

Art. 612. Se o empreiteiro só forneceu mão-de-obra, todos os riscos em que não tiver culpa correrão por conta do dono.

- *Correspondência: art. 1.239, CC/1916*
- *Art. 614, CC*

Art. 613. Sendo a empreitada unicamente de lavor (art. 610), se a coisa perecer antes de entregue, sem mora do dono nem culpa do empreiteiro, este perderá a retribuição, se não provar que a perda resultou de defeito dos materiais e que em tempo reclamara contra a sua quantidade ou qualidade.

- *Correspondência: art. 1.240, CC/1916*

Art. 614. Se a obra constar de partes distintas, ou for de natureza das que se determinam por medida, o empreiteiro terá direito a que também se verifique por medida, ou segundo as partes em que se dividir, podendo exigir o pagamento na proporção da obra executada.

- *Correspondência: art. 1.241, caput, CC/1916*

§ 1º Tudo o que se pagou presume-se verificado.

- *Correspondência: art. 1.241, parágrafo único, CC/1916*

§ 2º O que se mediu presume-se verificado se, em trinta dias, a contar da medição, não forem denunciados os vícios ou defeitos pelo dono da obra ou por quem estiver incumbido da sua fiscalização.

- *Sem correspondência no CC/1916*

Art. 615. Concluída a obra de acordo com o ajuste, ou o costume do lugar, o dono é obrigado a recebê-la. Poderá, porém, rejeitá-la, se o empreiteiro se afastou das instruções recebidas e dos planos dados, ou das regras técnicas em trabalhos de tal natureza.

- *Correspondência: art. 1.242, CC/1916*
- *Arts. 441, 476 e 477, CC*

Art. 616. No caso da segunda parte do artigo antecedente, pode quem encomendou a obra, em vez de enjeitá-la, recebê-la com abatimento no preço.

- *Correspondência: art. 1.243, CC/1916*
- *Art. 442, CC*

Art. 617. O empreiteiro é obrigado a pagar os materiais que recebeu, se por imperícia ou negligência os inutilizar.

- *Correspondência: art. 1.244, CC/1916*
- *Arts. 186, 932, II, e 933, CC*

Art. 618. Nos contratos de empreitada de edifícios ou outras construções consideráveis, o empreiteiro de materiais e execução responderá, durante o prazo irredutível de cinco anos, pela solidez e segurança do trabalho, assim em razão dos materiais, como do solo.

- *Correspondência: art. 1.245, CC/1916*
- *Arts. 622, 937 e 1.280, CC*

Parágrafo único. Decairá do direito assegurado neste artigo o dono da obra que não propuser a ação contra o empreiteiro, nos cento e oitenta dias seguintes ao aparecimento do vício ou defeito.

- *Sem correspondência no CC/1916*

Art. 619. Salvo estipulação em contrário, o empreiteiro que se incumbir de executar uma obra, segundo plano aceito por quem a encomendou, não terá direito a exigir acréscimo no preço, ainda que sejam introduzidas modificações no projeto, a não ser que estas resultem de instruções escritas do dono da obra.

- *Correspondência: art. 1.246, CC/1916*
- *Arts. 478 a 480, CC*

Parágrafo único. Ainda que não tenha havido autorização escrita, o dono da obra é obrigado a pagar ao empreiteiro os aumentos e acréscimos, segundo o que for arbitrado, se, sempre presente à obra, por continuadas visitas, não podia ignorar o que se estava passando, e nunca protestou.

- *Sem correspondência no CC/1916*

Art. 620. Se ocorrer diminuição no preço do material ou da mão-de-obra superior a um décimo do preço global convencionado, poderá este ser revisto, a pedido do dono da obra, para que se lhe assegure a diferença apurada.

- *Sem correspondência no CC/1916*
- *Arts. 478 e 884 a 886, CC*

Art. 621. Sem anuência de seu autor, não pode o proprietário da obra introduzir modificações no projeto por ele aprovado, ainda que a execução seja confiada a terceiros, a não ser que, por motivos supervenientes ou razões de ordem técnica, fique comprovada a inconveniência ou a excessiva onerosidade de execução do projeto em sua forma originária.

- *Sem correspondência no CC/1916*
- *Art. 478, CC*
- *Arts. 7º, X, 24, IV, e 26, Lei 9.610/1998 (Direitos autorais)*

Parágrafo único. A proibição deste artigo não abrange alterações de pouca monta, ressalvada sempre a unidade estética da obra projetada.

Art. 622. Se a execução da obra for confiada a terceiros, a responsabilidade do autor do projeto respectivo, desde que não assuma a direção ou fiscalização daquela, ficará limitada aos danos resultantes de defeitos previstos no art. 618 e seu parágrafo único.

- *Sem correspondência no CC/1916*

Art. 623. Mesmo após iniciada a construção, pode o dono da obra suspendê-la, desde que pague ao empreiteiro as despesas e lucros relativos aos serviços já feitos, mais indenização razoável, calculada em função do que ele teria ganho, se concluída a obra.

- *Correspondência: art. 1.247, CC/1916*

Art. 624. Suspensa a execução da empreitada sem justa causa, responde o empreiteiro por perdas e danos.

- *Correspondência: art. 1.247, CC/1916*
- *Arts. 402 a 405, CC*

Art. 625. Poderá o empreiteiro suspender a obra:

- *Sem correspondência no CC/1916*

I – por culpa do dono, ou por motivo de força maior;

- *Arts. 393, parágrafo único, CC*

II – quando, no decorrer dos serviços, se manifestarem dificuldades imprevisíveis de execução, resultantes de causas geológicas ou hídricas, ou outras semelhantes, de modo que torne a empreitada excessivamente onerosa, e o dono da obra se opuser ao reajuste do preço inerente ao projeto por ele elaborado, observados os preços;

- *Arts. 478 a 480, CC*

III – se as modificações exigidas pelo dono da obra, por seu vulto e natureza, forem desproporcionais ao projeto aprovado, ainda que o dono se disponha a arcar com o acréscimo de preço.

- *Arts. 478 a 480, CC*

Art. 626. Não se extingue o contrato de empreitada pela morte de qualquer das partes, salvo se ajustado em consideração às qualidades pessoais do empreiteiro.

- *Sem correspondência no CC/1916*
- *Art. 607, CC*

CAPÍTULO IX – DO DEPÓSITO

SEÇÃO I – DO DEPÓSITO VOLUNTÁRIO

Art. 627. Pelo contrato de depósito recebe o depositário um objeto móvel, para guardar, até que o depositante o reclame.

- *Correspondência: art. 1.265, caput, CC/1916*
- *Arts. 640, 645, 652, 751 e 1.435, CC*
- *Lei 2.313/1954 (Prazos dos contratos de depósito regular e voluntário)*
- *Art. 1º, § 1º, Lei 2.666/1955 (Penhor de produtos agrícolas)*

Art. 628. O contrato de depósito é gratuito, exceto se houver convenção em contrário, se resultante de atividade negocial ou se o depositário o praticar por profissão.

- *Correspondência: art. 1.265, parágrafo único, CC/1916*
- *Art. 651, CC*

Parágrafo único. Se o depósito for oneroso e a retribuição do depositário não constar de lei, nem resultar de ajuste, será determinada pelos usos do lugar, e, na falta destes, por arbitramento.

- *Sem correspondência no CC/1916*

Art. 629. O depositário é obrigado a ter na guarda e conservação da coisa depositada o cuidado e diligência que costuma com o que lhe pertence, bem como a restituí-la, com todos os frutos e acrescidos, quando o exija o depositante.

- *Correspondência: art. 1.266, CC/1916*
- *Art. 648, CC*
- *Arts. 901 a 906, CC*

Art. 630. Se o depósito se entregou fechado, colado, selado, ou lacrado, nesse mesmo estado se manterá.

- *Correspondência: art. 1.267, CC/1916*

Art. 631. Salvo disposição em contrário, a restituição da coisa deve dar-se no lugar em que tiver de ser guardada. As despesas de restituição correm por conta do depositante.

- *Sem correspondência no CC/1916*

Art. 632. Se a coisa houver sido depositada no interesse de terceiro, e o depositário tiver sido cientificado deste fato pelo depositante, não poderá ele exonerar-se restituindo a coisa a este, sem consentimento daquele.

- *Sem correspondência no CC/1916*

Art. 633. Ainda que o contrato fixe prazo à restituição, o depositário entregará o depósito logo que se lhe exija, salvo se tiver o direito de retenção a que se refere o art. 644, se o objeto for judicialmente embargado, se sobre ele pender execução, notificada ao depositário, ou se houver motivo razoável de suspeitar que a coisa foi dolosamente obtida.

- *Correspondência: art. 1.268, CC/1916*
- *Arts. 634 e 638, CC*

Art. 634. No caso do artigo antecedente, última parte, o depositário, expondo o fundamento da suspeita, requererá que se recolha o objeto ao Depósito Público.

- *Correspondência: art. 1.269, CC/1916*
- *Arts. 334, 335, IV, e 638, CC*
- *Arts. 539 a 548, CPC/2015*

Art. 635. Ao depositário será facultado, outrossim, requerer depósito judicial da coisa, quando, por motivo plausível, não a possa guardar, e o depositante não queira recebê-la.

- *Correspondência: art. 1.270, CC/1916*
- *Arts. 334, 335, I, e 641, CC*
- *Arts. 539 a 548, CPC/2015*

Art. 636. O depositário, que por força maior houver perdido a coisa depositada e recebido outra em seu lugar, é obrigado a entregar a segunda ao depositante, e ceder-lhe as ações que no caso tiver contra o terceiro responsável pela restituição da primeira.

- *Correspondência: art. 1.271, CC/1916*
- *Art. 393, parágrafo único, CC*

Art. 637. O herdeiro do depositário, que de boa-fé vendeu a coisa depositada, é obrigado a assistir o depositante na reivindicação, e a restituir ao comprador o preço recebido.

- *Correspondência: art. 1.272, CC/1916*
- *Arts. 447, 879, 1.792 e 1.821, CC*

Art. 638. Salvo os casos previstos nos arts. 633 e 634, não poderá o depositário furtar-se à restituição do depósito, alegando não pertencer a coisa ao depositante, ou opondo compensação, exceto se noutro depósito se fundar.

- *Correspondência: art. 1.273, CC/1916*
- *Arts. 373, II, e 629, CC*

Art. 639. Sendo dois ou mais depositantes, e divisível a coisa, a cada um só entregará o depositário a respectiva parte, salvo se houver entre eles solidariedade.

- *Correspondência: art. 1.274, CC/1916*
- *Arts. 87, 260 e 264 a 285, CC*

Art. 640. Sob pena de responder por perdas e danos, não poderá o depositário, sem licença expressa do depositante, servir-se da coisa depositada, nem a dar em depósito a outrem.

- *Correspondência: art. 1.275, CC/1916*
- *Arts. 402 a 405, CC*

Parágrafo único. Se o depositário, devidamente autorizado, confiar a coisa em depósito a terceiro, será responsável se agiu com culpa na escolha deste.

- *Sem correspondência no CC/1916*

Art. 641. Se o depositário se tornar incapaz, a pessoa que lhe assumir a administração dos bens diligenciará imediatamente restituir a coisa depositada e, não querendo ou não podendo o depositante recebê-la, recolhê-la-á ao Depósito Público ou promoverá nomeação de outro depositário.

- *Correspondência: art. 1.276, CC/1916*
- *Arts. 3º, II e III, 4º, II a IV, 334 e 335, I, CC*
- *Arts. 539 a 548, CPC/2015*

Art. 642. O depositário não responde pelos casos de força maior; mas, para que lhe valha a escusa, terá de prová-los.

- *Correspondência: art. 1.277, CC/1916*
- *Art. 393, parágrafo único*

Art. 643. O depositante é obrigado a pagar ao depositário as despesas feitas com a coisa, e os prejuízos que do depósito provierem.

- *Correspondência: art. 1.278, CC/1916*

Art. 644. O depositário poderá reter o depósito até que se lhe pague a retribuição devida, o líquido valor das despesas, ou dos prejuízos a que se refere o artigo anterior, provando imediatamente esses prejuízos ou essas despesas.

- *Correspondência: art. 1.275, CC/1916*
- *Arts. 633, CC*

Parágrafo único. Se essas dívidas, despesas ou prejuízos não forem provados suficientemente, ou forem ilíquidos, o depositário poderá exigir caução idônea do depositante ou, na falta desta, a remoção da coisa para o Depósito Público, até que se liquidem.

Art. 645. O depósito de coisas fungíveis, em que o depositário se obrigue a restituir objetos do mesmo gênero, qualidade e quantidade, regular-se-á pelo disposto acerca do mútuo.

- *Correspondência: art. 1.280, CC/1916*
- *Arts. 85 e 586 a 592, CC*
- *Art. 9º, Lei 8.866/1994 (Depositário infiel de valor pertencente à Fazenda Pública)*

Art. 646. O depósito voluntário provar-se-á por escrito.

- *Correspondência: art. 1.281, CC/1916*
- *Arts. 129-9, Lei 6.015/1973 (Lei de Registros Públicos)*

SEÇÃO II – DO DEPÓSITO NECESSÁRIO

Art. 647. É depósito necessário:

- *Correspondência: art. 1.282, CC/1916*

I – o que se faz em desempenho de obrigação legal;

- *Art. 648, caput, CC*
- *Art. 1º, Lei 8.866/1994 (Depositário infiel de valor pertencente à Fazenda Pública)*

II – o que se efetua por ocasião de alguma calamidade, como o incêndio, a inundação, o naufrágio ou o saque.

- *Art. 648, parágrafo único, CC*

Art. 648. O depósito a que se refere o inciso I do artigo antecedente, reger-se-á pela disposição da respectiva lei, e, no silêncio ou deficiência dela, pelas concernentes ao depósito voluntário.

- *Correspondência: art. 1.283, CC/1916*
- *Arts. 627 a 646, CC*
- *Lei 2.313/1954 (Prazos dos contratos de depósito regular e voluntário)*
- *Art. 1º, Lei 8.866/1994 (Depositário infiel de valor pertencente à Fazenda Pública)*

Parágrafo único. As disposições deste artigo aplicam-se aos depósitos previstos no inciso II do artigo antecedente, podendo estes certificarem-se por qualquer meio de prova.

Art. 649. Aos depósitos previstos no artigo antecedente é equiparado o das bagagens dos viajantes ou hóspedes nas hospedarias onde estiverem.

- *Correspondência: art. 1.284, CC/1916*
- *Arts. 650, 651, 932, IV, e 1.467, I, CC*

Parágrafo único. Os hospedeiros responderão como depositários, assim como pelos furtos e roubos que perpetrarem as pessoas empregadas ou admitidas nos seus estabelecimentos.

Art. 650. Cessa, nos casos do artigo antecedente, a responsabilidade dos hospedeiros, se provarem que os fatos prejudiciais aos viajantes ou hóspedes não podiam ter sido evitados.

- *Correspondência: art. 1.285, caput e I, CC/1916*
- *Art. 393, parágrafo único, CC*

Art. 651. O depósito necessário não se presume gratuito. Na hipótese do art. 649, a remuneração pelo depósito está incluída no preço da hospedagem.

- *Correspondência: art. 1.286, CC/1916*
- *Art. 628, CC*

Art. 652. Seja o depósito voluntário ou necessário, o depositário que não o restituir quando exigido será compelido a fazê-lo mediante prisão não excedente a um ano, e ressarcir os prejuízos.

- *Correspondência: art. 1.287, CC/1916*
- *Art. 5º, LXVII, CF*
- *Arts. 311, CPC/2015*
- *Art. 168, § 1º, I, CP*
- *Art. 11-1, Dec. 1.102/1903 (Armazéns Gerais)*
- *Art. 27, § 4º, Dec. 21.981/1932 (Leiloeiro)*
- *Arts. 25 e 35, Lei 492/1937 (Penhor rural e cédula pignoratícia)*
- *Art. 72, Dec.-lei 7.661/1945 (Lei de Falências); e art. 108, § 1º, Lei 11.101/2005 (Lei de Recuperação de Empresas e Falência)*
- *Art. 17, Lei 4.021/1961 (Leiloeiro rural)*
- *Art. 4º, Dec.-lei 911/1969 (Alienação fiduciária)*
- *Lei 8.866/1995 (Depositário infiel de valor pertencente à Fazenda Pública)*

CAPÍTULO X – DO MANDATO

SEÇÃO I – DISPOSIÇÕES GERAIS

Art. 653. Opera-se o mandato quando alguém recebe de outrem poderes para, em seu nome, praticar atos ou administrar interesses. A procuração é o instrumento do mandato.

- *Correspondência: art. 1.288, CC/1916*
- *Art. 54, II, c, CF*
- *Arts. 115 a 120, 692, 709, 721, 873 e 1.011, § 2º, CC*
- *Arts. 513, a, e 791, CLT*
- *Lei 1.134/1950 (Representação dos associados de classes)*
- *Art. 117, XI, Lei 8.112/1990 (Regime jurídico único dos servidores públicos civis da União)*

Art. 654. Todas as pessoas capazes são aptas para dar procuração mediante instrumento particular, que valerá desde que tenha a assinatura do outorgante.

- *Correspondência: art. 1.289, caput, CC/1916*
- *Arts. 3º a 5º, 109, 219, 657, 666 e 1.018, CC*
- *Art. 50, parágrafo único, CPP*
- *Art. 792, CLT*
- *Art. 50, § 3º, Lei 6.015/1973 (Lei de Registros Públicos)*

§ 1º O instrumento particular deve conter a indicação do lugar onde foi passado, a qualificação do outorgante e do outorgado, a data e o objetivo da outorga com a designação e a extensão dos poderes conferidos.

- *Correspondência: art. 1.289, § 1º, CC/1916*
- *Art. 105, CPC/2015*
- *Art. 31, Dec.-lei 7.661/1945 (Lei de Falências); sem correspondência na Lei 11.101/2005 (Lei de Recuperação de Empresas e Falência)*

§ 2º O terceiro com quem o mandatário tratar poderá exigir que a procuração traga a firma reconhecida.

- *Correspondência: art. 1.289, § 3º, CC/1916*
- *Art. 158, Lei 6.015/1973 (Lei de Registros Públicos)*

Art. 655. Ainda quando se outorgue mandato por instrumento público, pode substabelecer-se mediante instrumento particular.

- *Correspondência: art. 1.289, § 2º, CC/1916*
- *Arts. 109 e 657, CC*

Art. 656. O mandato pode ser expresso ou tácito, verbal ou escrito.

- *Correspondência: art. 1.290, caput, CC/1916*
- *Arts. 657 e 1.324, CC*
- *Art. 513, CLT*

› *Lei 1.134/1950 (Representação dos associados de classes)*

Art. 657. A outorga do mandato está sujeita à forma exigida por lei para o ato a ser praticado. Não se admite mandato verbal quando o ato deva ser celebrado por escrito.

› *Correspondência: art. 1.291, CC/1916*
› *Arts. 109 e 215, CC*

Art. 658. O mandato presume-se gratuito quando não houver sido estipulada retribuição, exceto se o seu objeto corresponder ao daqueles que o mandatário trata por ofício ou profissão lucrativa.

› *Correspondência: art. 1.290, parágrafo único, CC/1916*

Parágrafo único. Se o mandato for oneroso, caberá ao mandatário a retribuição prevista em lei ou no contrato. Sendo estes omissos, será ela determinada pelos usos do lugar, ou, na falta destes, por arbitramento.

› *Sem correspondência no CC/1916*
› *Art. 676, CC*

Art. 659. A aceitação do mandato pode ser tácita, e resulta do começo de execução.

› *Correspondência: art. 1.292, CC/1916*
› *Art. 432, CC*

Art. 660. O mandato pode ser especial a um ou mais negócios determinadamente, ou geral a todos os do mandante.

› *Correspondência: art. 1.294, CC/1916*

Art. 661. O mandato em termos gerais só confere poderes de administração.

› *Correspondência: art. 1.295, CC/1916*
› *Art. 30, § 3º, Dec.-lei 891/1938 (Aprova a Lei de Fiscalização de Entorpecentes)*

§ 1º Para alienar, hipotecar, transigir, ou praticar outros quaisquer atos que exorbitem da administração ordinária, depende a procuração de poderes especiais e expressos.

› *Arts. 840 a 853, 1.473 a 1.505 e 1.542, caput, CC*
› *Art. 105, CPC/2015*

§ 2º O poder de transigir não importa o de firmar compromisso.

› *Arts. 840 a 853, CC*
› *Lei 9.307/1996 (Lei de Arbitragem)*

Art. 662. Os atos praticados por quem não tenha mandato, ou o tenha sem poderes suficientes, são ineficazes em relação àquele em cujo nome foram praticados, salvo se este os ratificar.

› *Correspondência: art. 1.296, CC/1916*
› *Arts. 172, 176, 665, 672, 673, 679 e 873, CC*

Parágrafo único. A ratificação há de ser expressa, ou resultar de ato inequívoco, e retroagirá à data do ato.

› *Arts. 173 a 175, CC*
› *Art. 104, §2º, CPC/2015*

Art. 663. Sempre que o mandatário estipular negócios expressamente em nome do mandante, será este o único responsável; ficará, porém, o mandatário pessoalmente obrigado, se agir no seu próprio nome, ainda que o negócio seja de conta do mandante.

› *Correspondência: art. 1.307, CC/1916*
› *Art. 1.653, II, CC*

Art. 664. O mandatário tem o direito de reter, do objeto da operação que lhe foi cometida, quanto baste para pagamento de tudo que lhe for devido em consequência do mandato.

› *Correspondência: art. 1.315, CC/1916*
› *Arts. 644, 681, 708 e 742, CC*

Art. 665. O mandatário que exceder os poderes do mandato, ou proceder contra eles, será considerado mero gestor de negócios, enquanto o mandante lhe não ratificar os atos.

› *Correspondência: art. 1.297, CC/1916*
› *Arts. 172 a 175, 662, 673, 675, 678 e 861 a 875, CC*

Art. 666. O maior de dezesseis e menor de dezoito anos não emancipado pode ser mandatário, mas o mandante não tem ação contra ele senão de conformidade com as regras gerais, aplicáveis às obrigações contraídas por menores.

› *Correspondência: art. 1.298, CC/1916*
› *Arts. 4º, I, 4º, 171, I, 180 a 182 e 654, CC*

SEÇÃO II – DAS OBRIGAÇÕES DO MANDATÁRIO

Art. 667. O mandatário é obrigado a aplicar toda sua diligência habitual na execução do mandato, e a indenizar qualquer prejuízo causado por culpa sua ou daquele a quem substabelecer, sem autorização, poderes que devia exercer pessoalmente.

› *Correspondência: art. 1.300, CC/1916*
› *Arts. 866 e 867, CC*

§ 1º Se, não obstante proibição do mandante, o mandatário se fizer substituir na execução do mandato, responderá ao seu constituinte pelos prejuízos ocorridos sob a gerência do substituto, embora provenientes de caso fortuito, salvo provando que o caso teria sobrevindo, ainda que não tivesse havido substabelecimento.

› *Correspondência: art. 1.300, § 1º, CC/1916*
› *Art. 393, parágrafo único, 393, CC*

§ 2º Havendo poderes de substabelecer, só serão imputáveis ao mandatário os danos causados pelo substabelecido, se tiver agido com culpa na escolha deste ou nas instruções dadas a ele.

› *Correspondência: art. 1.300, § 2º, CC/1916*

§ 3º Se a proibição de substabelecer constar da procuração, os atos praticados pelo substabelecido não obrigam o mandante, salvo ratificação expressa, que retroagirá à data do ato.

› *Sem correspondência no CC/1916*

§ 4º Sendo omissa a procuração quanto ao substabelecimento, o procurador será responsável se o substabelecido proceder culposamente.

› *Sem correspondência no CC/1916*

Art. 668. O mandatário é obrigado a dar contas de sua gerência ao mandante, transferindo-lhe as vantagens provenientes do mandato, por qualquer título que seja.

› *Correspondência: art. 1.301, CC/1916*
› *Arts. 685 e 1.980, CC*

Art. 669. O mandatário não pode compensar os prejuízos a que deu causa com os proveitos que, por outro lado, tenha granjeado ao seu constituinte.

› *Correspondência: art. 1.302, CC/1916*

Art. 670. Pelas somas que devia entregar ao mandante ou recebeu para despesa, mas empregou em proveito seu, pagará o mandatário juros, desde o momento em que abusou.

› *Correspondência: art. 1.303, CC/1916*
› *Arts. 406, 407 e 677, CC*

Art. 671. Se o mandatário, tendo fundos ou crédito do mandante, comprar, em nome próprio, algo que devera comprar para o mandante, por ter sido expressamente designado no mandato, terá este ação para obrigá-lo à entrega da coisa comprada.

› *Sem correspondência no CC/1916*
› *Arts. 806 a 813, CPC/2015*

Art. 672. Sendo dois ou mais os mandatários nomeados no mesmo instrumento, qualquer deles poderá exercer os poderes outorgados, se não forem expressamente declarados conjuntos, nem especificamente designados para atos diferentes, ou subordinados a atos sucessivos. Se os mandatários forem declarados conjuntos, não terá eficácia o ato praticado sem interferência de todos, salvo havendo ratificação, que retroagirá à data do ato.

› *Correspondência: art. 1.304, CC/1916*
› *Arts. 264 a 285, 662 e 867, parágrafo único, CC*

Art. 673. O terceiro que, depois de conhecer os poderes do mandatário, com ele celebrar negócio jurídico exorbitante do mandato, não tem ação contra o mandatário, salvo se este lhe prometeu ratificação do mandante ou se responsabilizou pessoalmente.

› *Correspondência: art. 1.306, CC/1916*
› *Art. 662, CC*

Art. 674. Embora ciente da morte, interdição ou mudança de estado do mandante, deve o mandatário concluir o negócio já começado, se houver perigo na demora.

› *Correspondência: art. 1.308, CC/1916*
› *Arts. 682, II e III, 689 e 865, CC*

SEÇÃO III – DAS OBRIGAÇÕES DO MANDANTE

Art. 675. O mandante é obrigado a satisfazer todas as obrigações contraídas pelo mandatário, na conformidade do mandato conferido, e adiantar a importância das despesas necessárias à execução dele, quando o mandatário lho pedir.

› *Correspondência: art. 1.309, CC/1916*
› *Arts. 665, 673, 678 e 869, CC*

Art. 676. É obrigado o mandante a pagar ao mandatário a remuneração ajustada e as despesas da execução do mandato, ainda que o negócio não surta o esperado efeito, salvo tendo o mandatário culpa.

› *Correspondência: art. 1.310, CC/1916*
› *Arts. 658 e 677 a 680, CC*

Art. 677. As somas adiantadas pelo mandatário, para a execução do mandato, vencem juros desde a data do desembolso.

› *Correspondência: art. 1.311, CC/1916*
› *Arts. 406, 407 e 670, CC*

Art. 678. É igualmente obrigado o mandante a ressarcir ao mandatário as perdas que este sofrer com a execução do mandato, sempre que não resultem de culpa sua ou de excesso de poderes.

› *Correspondência: art. 1.312, CC/1916*
› *Arts. 186, 402 a 405, 665, 673 e 675, CC*

Art. 679. Ainda que o mandatário contrarie as instruções do mandante, se não exceder os limites do mandato, ficará o mandante obrigado para com aqueles com quem o seu procurador contratou; mas terá contra este ação pelas perdas e danos resultantes da inobservância das instruções.

- *Correspondência: art. 1.313, CC/1916*
- *Arts. 402 a 405, 62, 665 e 673, CC*

Art. 680. Se o mandato for outorgado por duas ou mais pessoas, e para negócio comum, cada uma ficará solidariamente responsável ao mandatário por todos os compromissos e efeitos do mandato, salvo direito regressivo, pelas quantias que pagar, contra os outros mandantes.

- *Correspondência: art. 1.314, CC/1916*
- *Arts. 275 a 285, CC*

Art. 681. O mandatário tem sobre a coisa de que tenha a posse em virtude do mandato, direito de retenção, até se reembolsar do que no desempenho do encargo despendeu.

- *Correspondência: art. 1.315, CC/1916*
- *Arts. 644, 664, 708 e 742, CC*
- *Art. 102, III, Dec.-lei 7.661/1945 (Lei de Falências); e art. 83, IV, c, Lei 11.101/2005 (Lei de Recuperação de Empresas e Falência)*

SEÇÃO IV – DA EXTINÇÃO DO MANDATO

Art. 682. Cessa o mandato:

- *Correspondência: art. 1.316, CC/1916*
- *Art. 689, CC*
- *Art. 49, Dec.-lei 7.661/1945 (Lei de Falências); e art. 120, caput, Lei 11.101/2005 (Lei de Recuperação de Empresas e Falência)*

I – pela revogação ou pela renúncia;

- *Arts. 686 a 689, CC*
- *Arts. 111 e 112, CPC/2015*
- *Art, 5º, § 3º, Lei 8.906/1994 (Estatuto da Advocacia e da OAB)*

II – pela morte ou interdição de uma das partes;

- *Arts. 674 e 689 a 691, CC*
- *Arts. 313, I e 1.004, CPC/2015*

III – pela mudança de estado que inabilite o mandante a conferir os poderes, ou o mandatário para os exercer;

- *Arts. 3º e 4º, CC*
- *Art. 49, Dec.-lei 7.661/1945 (Lei de Falências); e art. 120, § 2º, Lei 11.101/2005 (Lei de Recuperação de Empresas e Falência)*

IV – pelo término do prazo ou pela conclusão do negócio.

Art. 683. Quando o mandato contiver a cláusula de irrevogabilidade e o mandante o revogar, pagará perdas e danos.

- *Sem correspondência no CC/1916*
- *Arts. 402 a 405, CC*

Art. 684. Quando a cláusula de irrevogabilidade for condição de um negócio bilateral, ou tiver sido estipulada no exclusivo interesse do mandatário, a revogação do mandato será ineficaz.

- *Correspondência: art. 1.317, II, CC/1916*

Art. 685. Conferido o mandato com a cláusula "em causa própria", a sua revogação não terá eficácia, nem se extinguirá pela morte de qualquer das partes, ficando o mandatário dispensado de prestar contas, e podendo transferir para si os bens móveis ou imóveis objeto do mandato, obedecidas as formalidades legais.

- *Correspondência: art. 1.316, I, CC/1916*
- *Art. 117, CC*

Art. 686. A revogação do mandato, notificada somente ao mandatário, não se pode opor aos terceiros que, ignorando-a, de boa-fé com ele trataram; mas ficam salvas ao constituinte as ações que no caso lhe possam caber contra o procurador.

- *Correspondência: art. 1.318, CC/1916*
- *Art. 689, CC*
- *Art. 111, CPC/2015*

Parágrafo único. É irrevogável o mandato que contenha poderes de cumprimento ou confirmação de negócios encetados, aos quais se ache vinculado.

- *Correspondência: art. 1.317, III, CC/1916*

Art. 687. Tanto que for comunicada ao mandatário a nomeação de outro, para o mesmo negócio, considerar-se-á revogado o mandato anterior.

- *Correspondência: art. 1.319, CC/1916*

Art. 688. A renúncia do mandato será comunicada ao mandante, que, se for prejudicado pela sua inoportunidade, ou pela falta de tempo, a fim de prover à substituição do procurador, será indenizado pelo mandatário, salvo se este provar que não podia continuar no mandato sem prejuízo considerável, e que não lhe era dado substabelecer.

- *Correspondência: art. 1.320, CC/1916*
- *Art. 112, CPC/2015*

Art. 689. São válidos, a respeito dos contratantes de boa-fé, os atos com estes ajustados em nome do mandante pelo mandatário, enquanto este ignorar a morte daquele ou a extinção do mandato, por qualquer outra causa.

- *Correspondência: art. 1.321, CC/1916*
- *Arts. 674 e 686, CC*

Art. 690. Se falecer o mandatário, pendente o negócio a ele cometido, os herdeiros, tendo ciência do mandato, avisarão o mandante, e providenciarão a bem dele, como as circunstâncias exigirem.

- *Correspondência: art. 1.322, CC/1916*

Art. 691. Os herdeiros, no caso do artigo antecedente, devem limitar-se às medidas conservatórias, ou continuar os negócios pendentes que se não possam demorar sem perigo, regulando-se os seus serviços dentro desse limite, pelas mesmas normas a que os do mandatário estão sujeitos.

- *Correspondência: art. 1.323, CC/1916*

SEÇÃO V – DO MANDATO JUDICIAL

Art. 692. O mandato judicial fica subordinado às normas que lhe dizem respeito, constantes da legislação processual, e, supletivamente, às estabelecidas neste Código.

- *Sem correspondência no CC/1916*
- *Arts. 653 a 691, CC*
- *Arts. 103 a 107, 112, 260, 263, 287, 313, I e 1.004, CPC/2015*
- *Art. 266, CPP*
- *Arts. 791 e 839, a, CLT*
- *Art. 16, Lei 1.060/1950 (Assistência Judiciária)*
- *Arts. 4º, 5º, 15, § 3º, 27 a 30 e 42, Lei 8.906/1994 (Estatuto da Advocacia e da OAB)*
- *Arts. 9º, 41, § 2º, e 68, Lei 9.099/1995 (Juizados Especiais Cíveis e Criminais)*

CAPÍTULO XI – DA COMISSÃO

Art. 693. O contrato de comissão tem por objeto a compra ou venda de bens ou a realização de mútuo ou outro negócio jurídico de crédito pelo comissário, em seu próprio nome, à conta do comitente.

- *Redação dada pela Lei nº 14.690, de 2023.*
- *Sem correspondência no CC/1916*
- *Art. 709, CC*

Art. 694. O comissário fica diretamente obrigado para com as pessoas com quem contratar, sem que estas tenham ação contra o comitente, nem este contra elas, salvo se o comissário ceder seus direitos a qualquer das partes.

- *Sem correspondência no CC/1916*

Art. 695. O comissário é obrigado a agir de conformidade com as ordens e instruções do comitente, devendo, na falta destas, não podendo pedi-las a tempo, proceder segundo os usos em casos semelhantes.

- *Sem correspondência no CC/1916*

Parágrafo único. Ter-se-ão por justificados os atos do comissário, se deles houver resultado vantagem para o comitente, e ainda no caso em que, não admitindo demora a realização do negócio, o comissário agiu de acordo com os usos.

Art. 696. No desempenho das suas incumbências o comissário é obrigado a agir com cuidado e diligência, não só para evitar qualquer prejuízo ao comitente, mas ainda para lhe proporcionar o lucro que razoavelmente se podia esperar do negócio.

- *Sem correspondência no CC/1916*

Parágrafo único. Responderá o comissário, salvo motivo de força maior, por qualquer prejuízo que, por ação ou omissão, ocasionar ao comitente.

- *Art. 393, parágrafo único, CC*

Art. 697. O comissário não responde pela insolvência das pessoas com quem tratar, exceto em caso de culpa e no do artigo seguinte.

- *Sem correspondência no CC/1916*
- *Art. 698, CC*

Art. 698. Se do contrato de comissão constar a cláusula *del credere*, responderá o comissário solidariamente com as pessoas com que houver tratado em nome do comitente, caso em que, salvo estipulação em contrário, o comissário tem direito a remuneração mais elevada, para compensar o ônus assumido.

- *Sem correspondência no CC/1916*
- *Arts. 275 a 285 e 697, CC*

Parágrafo único. A cláusula *del credere* de que trata o *caput* deste artigo poderá ser parcial.

- *Incluído Lei nº 14.690, de 2023.*

Art. 699. Presume-se o comissário autorizado a conceder dilação do prazo para pagamento, na conformidade dos usos do lugar onde se realizar o negócio, se não houver instruções diversas do comitente.

› *Sem correspondência no CC/1916*

Art. 700. Se houver instruções do comitente proibindo prorrogação de prazos para pagamento, ou se esta não for conforme os usos locais, poderá o comitente exigir que o comissário pague incontinenti ou responda pelas consequências da dilação concedida, procedendo-se de igual modo se o comissário não der ciência ao comitente dos prazos concedidos e de quem é seu beneficiário.

› *Sem correspondência no CC/1916*

Art. 701. Não estipulada a remuneração devida ao comissário, será ela arbitrada segundo os usos correntes no lugar.

› *Sem correspondência no CC/1916*

Art. 702. No caso de morte do comissário, ou, quando, por motivo de força maior, não puder concluir o negócio, será devida pelo comitente uma remuneração proporcional aos trabalhos realizados.

› *Sem correspondência no CC/1916*
› *Art. 393, parágrafo único, CC*

Art. 703. Ainda que tenha dado motivo à dispensa, terá o comissário direito a ser remunerado pelos serviços úteis prestados ao comitente, ressalvado a este o direito de exigir daquele os prejuízos sofridos.

› *Sem correspondência no CC/1916*
› *Art. 705, CC*

Art. 704. Salvo disposição em contrário, pode o comitente, a qualquer tempo, alterar as instruções dadas ao comissário, entendendo-se por elas regidos também os negócios pendentes.

› *Sem correspondência no CC/1916*

Art. 705. Se o comissário for despedido sem justa causa, terá direito a ser remunerado pelos trabalhos prestados, bem como a ser ressarcido pelas perdas e danos resultantes de sua dispensa.

› *Sem correspondência no CC/1916*
› *Arts. 402 a 405 e 703, CC*

Art. 706. O comitente e o comissário são obrigados a pagar juros um ao outro; o primeiro pelo que o comissário houver adiantado para cumprimento de suas ordens; e o segundo pela mora na entrega dos fundos que pertencerem ao comitente.

› *Sem correspondência no CC/1916*
› *Arts. 394 a 401, 406 e 407, CC*

Art. 707. O crédito do comissário, relativo a comissões e despesas feitas, goza de privilégio geral, no caso de falência ou insolvência do comitente.

› *Sem correspondência no CC/1916*
› *Arts. 158, 333, I, e 955 a 965, CC*
› *Art. 102, caput, III, § 3º, Dec.-lei 7.661/1945 (Lei de Falências); e art. 83, V, Lei 11.101/2005 (Lei de Recuperação de Empresas e Falência)*
› *Arts. 126 e 183, parágrafo único, Dec.-lei 7.661/1945 (Lei de Falências); sem correspondência na Lei 11.101/2005 (Lei de Recuperação de Empresas e Falência)*

Art. 708. Para reembolso das despesas feitas, bem como para recebimento das comissões devidas, tem o comissário direito de retenção sobre os bens e valores em seu poder em virtude da comissão.

› *Sem correspondência no CC/1916*
› *Arts. 644, 664 e 681 a 742, CC*
› *Art. 102, III, Dec.-lei 7.661/1945 (Lei de Falências); e art. 83, IV, c, Lei 11.101/2005 (Lei de Recuperação de Empresas e Falência)*

Art. 709. São aplicáveis à comissão, no que couber, as regras sobre mandato.

› *Sem correspondência no CC/1916*
› *Arts. 653 a 691, CC*

CAPÍTULO XII – DA AGÊNCIA E DISTRIBUIÇÃO

Art. 710. Pelo contrato de agência, uma pessoa assume, em caráter não eventual e sem vínculos de dependência, a obrigação de promover, à conta de outra, mediante retribuição, a realização de certos negócios, em zona determinada, caracterizando-se a distribuição quando o agente tiver à sua disposição a coisa a ser negociada.

› *Sem correspondência no CC/1916*
› *Arts. 721 e 775, CC*
› *Lei 4.886/1965 (Representantes comerciais autônomos)*
› *Lei 6.729/1979 (Produtores e distribuidores de veículos automotores de via terrestre)*

Parágrafo único. O proponente pode conferir poderes ao agente para que este o represente na conclusão dos contratos.

Art. 711. Salvo ajuste, o proponente não pode constituir, ao mesmo tempo, mais de um agente, na mesma zona, com idêntica incumbência; nem pode o agente assumir o encargo de nela tratar de negócios do mesmo gênero, à conta de outros proponentes.

› *Sem correspondência no CC/1916*

Art. 712. O agente, no desempenho que lhe foi cometido, deve agir com toda diligência, atendo-se às instruções recebidas do proponente.

› *Sem correspondência no CC/1916*

Art. 713. Salvo estipulação diversa, todas as despesas com a agência ou distribuição correm a cargo do agente ou distribuidor.

› *Sem correspondência no CC/1916*

Art. 714. Salvo ajuste, o agente ou distribuidor terá direito à remuneração correspondente aos negócios concluídos dentro de sua zona, ainda que sem a sua interferência.

› *Sem correspondência no CC/1916*

Art. 715. O agente ou distribuidor tem direito à indenização se o proponente, sem justa causa, cessar o atendimento das propostas ou reduzi-lo tanto que se torna antieconômica a continuação do contrato.

› *Sem correspondência no CC/1916*

Art. 716. A remuneração será devida ao agente também quando o negócio deixar de ser realizado por fato imputável ao proponente.

› *Sem correspondência no CC/1916*

Art. 717. Ainda que dispensado por justa causa, terá o agente direito a ser remunerado pelos serviços úteis prestados ao proponente, sem embargo de haver este perdas e danos pelos prejuízos sofridos.

› *Sem correspondência no CC/1916*
› *Arts. 186, 402 a 405, CC*

Art. 718. Se a dispensa se der sem culpa do agente, terá ele direito à remuneração até então devida, inclusive sobre os negócios pendentes, além das indenizações previstas em lei especial.

› *Sem correspondência no CC/1916*

Art. 719. Se o agente não puder continuar o trabalho por motivo de força maior, terá direito à remuneração correspondente aos serviços realizados, cabendo esse direito aos herdeiros no caso de morte.

› *Sem correspondência no CC/1916*
› *Art. 393, parágrafo único, CC*

Art. 720. Se o contrato for por tempo indeterminado, qualquer das partes poderá resolvê-lo, mediante aviso prévio de noventa dias, desde que transcorrido prazo compatível com a natureza e o vulto do investimento exigido do agente.

› *Sem correspondência no CC/1916*
› *Arts. 474 e 475, CC*

Parágrafo único. No caso de divergência entre as partes, o juiz decidirá da razoabilidade do prazo e do valor devido.

Art. 721. Aplicam-se ao contrato de agência e distribuição, no que couber, as regras concernentes ao mandato e à comissão e as constantes de lei especial.

› *Sem correspondência no CC/1916*
› *Arts. 653 a 709, CC*

CAPÍTULO XIII – DA CORRETAGEM

Art. 722. Pelo contrato de corretagem, uma pessoa, não ligada a outra em virtude de mandato, de prestação de serviços ou por qualquer relação de dependência, obriga-se a obter para a segunda um ou mais negócios, conforme as instruções recebidas.

› *Sem correspondência no CC/1916*
› *Art. 729, CC*
› *Lei 2.146/1953 (Corretor de Valores)*
› *Lei 4.594/1964 (Corretor de Seguros)*
› *Lei 6.530/1978 (Corretor de imóveis)*

Art. 723. O corretor é obrigado a executar a mediação com diligência e prudência, e a prestar ao cliente, espontaneamente, todas as informações sobre o andamento do negócio.

› *Artigo com redação determinada pela Lei 12.236, de 2010*
› *Sem correspondência no CC/1916*

Parágrafo único. Sob pena de responder por perdas e danos, o corretor prestará ao cliente todos os esclarecimentos acerca da segurança ou do risco do negócio, das alterações de valores e de outros fatores que possam influir nos resultados da incumbência.

› *Acrescentado pela Lei 12.236/2010*
› *Arts. 402 a 405, CC*

Art. 724. A remuneração do corretor, se não estiver fixada em lei, nem ajustada entre as partes, será arbitrada segundo a natureza do negócio e os usos locais.

› *Sem correspondência no CC/1916*

Art. 725. A remuneração é devida ao corretor uma vez que tenha conseguido o resultado previsto no contrato de mediação, ou ainda que este não se efetive em virtude de arrependimento das partes.

- *Sem correspondência no CC/1916*

Art. 726. Iniciado e concluído o negócio diretamente entre as partes, nenhuma remuneração será devida ao corretor; mas se, por escrito, for ajustada a corretagem com exclusividade, terá o corretor direito à remuneração integral, ainda que realizado o negócio sem a sua mediação, salvo se comprovada sua inércia ou ociosidade.

- *Sem correspondência no CC/1916*

Art. 727. Se, por não haver prazo determinado, o dono do negócio dispensar o corretor, e o negócio se realizar posteriormente, como fruto da sua mediação, a corretagem lhe será devida; igual solução se adotará se o negócio se realizar após a decorrência do prazo contratual, mas por efeito dos trabalhos do corretor.

- *Sem correspondência no CC/1916*

Art. 728. Se o negócio se concluir com a intermediação de mais de um corretor, a remuneração será paga a todos em partes iguais, salvo ajuste em contrário.

- *Sem correspondência no CC/1916*

Art. 729. Os preceitos sobre corretagem constantes deste Código não excluem a aplicação de outras normas da legislação especial.

- *Sem correspondência no CC/1916*

CAPÍTULO XIV – DO TRANSPORTE

SEÇÃO I – DISPOSIÇÕES GERAIS

Art. 730. Pelo contrato de transporte alguém se obriga, mediante retribuição, a transportar, de um lugar para outro, pessoas ou coisas.

- *Sem correspondência no CC/1916*

Art. 731. O transporte exercido em virtude de autorização, permissão ou concessão, rege-se pelas normas regulamentares e pelo que for estabelecido naqueles atos, sem prejuízo do disposto neste Código.

- *Sem correspondência no CC/1916*

Art. 732. Aos contratos de transporte, em geral, são aplicáveis, quando couber, desde que não contrariem as disposições deste Código, os preceitos constantes da legislação especial e de tratados e convenções internacionais.

- *Sem correspondência no CC/1916*
- *Dec. 2.681/1912 (Responsabilidade civil das estradas de ferro)*
- *Dec.-lei 3.326/1941 (Transporte de malas postais)*
- *Dec. 1.832/1996 (Aprova o regulamento dos Transportes Ferroviários)*
- *Lei 9.423/1997 (Ordenação do transporte aquaviário)*

Art. 733. Nos contratos de transporte cumulativo, cada transportador se obriga a cumprir o contrato relativamente ao respectivo percurso, respondendo pelos danos nele causados a pessoas e coisas.

- *Sem correspondência no CC/1916*
- *Art. 756, CC*

§ 1º O dano, resultante do atraso ou da interrupção da viagem, será determinado em razão da totalidade do percurso.

§ 2º Se houver substituição de algum dos transportadores no decorrer do percurso, a responsabilidade solidária estender-se-á ao substituto.

- *Arts. 275 a 285, CC*

SEÇÃO II – DO TRANSPORTE DE PESSOAS

Art. 734. O transportador responde pelos danos causados às pessoas transportadas e suas bagagens, salvo motivo de força maior, sendo nula qualquer cláusula excludente da responsabilidade.

- *Sem correspondência no CC/1916*
- *Arts. 186, 393, parágrafo único, 789 a 802 e 927 a 954, CC*

Parágrafo único. É lícito ao transportador exigir a declaração do valor da bagagem a fim de fixar o limite da indenização.

- *Art. 750, CC*

Art. 735. A responsabilidade contratual do transportador por acidente com o passageiro não é elidida por culpa de terceiro, contra o qual tem ação regressiva.

- *Sem correspondência no CC/1916*
- *Art. 125, CPC/2015*

Art. 736. Não se subordina às normas do contrato de transporte o feito gratuitamente, por amizade ou cortesia.

- *Sem correspondência no CC/1916*

Parágrafo único. Não se considera gratuito o transporte quando, embora feito sem remuneração, o transportador auferir vantagens indiretas.

Art. 737. O transportador está sujeito aos horários e itinerários previstos, sob pena de responder por perdas e danos, salvo motivo de força maior.

- *Sem correspondência no CC/1916*
- *Arts. 393, parágrafo único, e 402 a 405, CC*

Art. 738. A pessoa transportada deve sujeitar-se às normas estabelecidas pelo transportador, constantes no bilhete ou afixadas à vista dos usuários, abstendo-se de quaisquer atos que causem incômodo ou prejuízo aos passageiros, danifiquem o veículo, ou dificultem ou impeçam a execução normal do serviço.

- *Sem correspondência no CC/1916*

Parágrafo único. Se o prejuízo sofrido pela pessoa transportada for atribuível à transgressão de normas e instruções regulamentares, o juiz reduzirá equitativamente a indenização, na medida em que a vítima houver concorrido para a ocorrência do dano.

- *Art. 945, CC*

Art. 739. O transportador não pode recusar passageiros, salvo os casos previstos nos regulamentos, ou se as condições de higiene ou de saúde do interessado o justificarem.

- *Sem correspondência no CC/1916*

Art. 740. O passageiro tem direito a rescindir o contrato de transporte antes de iniciada a viagem, sendo-lhe devida a restituição do valor da passagem, desde que feita a comunicação ao transportador em tempo de ser renegociada.

- *Sem correspondência no CC/1916*

§ 1º Ao passageiro é facultado desistir do transporte, mesmo depois de iniciada a viagem, sendo-lhe devida a restituição do valor correspondente ao trecho não utilizado, desde que provado que outra pessoa haja sido transportada em seu lugar.

§ 2º Não terá direito ao reembolso do valor da passagem o usuário que deixar de embarcar, salvo se provado que outra pessoa foi transportada em seu lugar, caso em que lhe será restituído o valor do bilhete não utilizado.

§ 3º Nas hipóteses previstas neste artigo, o transportador terá direito de reter até cinco por cento da importância a ser restituída ao passageiro, a título de multa compensatória.

- *Arts. 472 a 475, CC*

Art. 741. Interrompendo-se a viagem por qualquer motivo alheio à vontade do transportador, ainda que em consequência de evento imprevisível, fica ele obrigado a concluir o transporte contratado em outro veículo da mesma categoria, ou, com a anuência do passageiro, por modalidade diferente, à sua custa, correndo também por sua conta as despesas de estada e alimentação do usuário, durante a espera de novo transporte.

- *Sem correspondência no CC/1916*

Art. 742. O transportador, uma vez executado o transporte, tem direito de retenção sobre a bagagem de passageiro e outros objetos pessoais deste, para garantir-se do pagamento do valor da passagem que não tiver sido feito no início ou durante o percurso.

- *Sem correspondência no CC/1916*
- *Arts. 644, 664, 681 e 708, CC*

SEÇÃO III – DO TRANSPORTE DE COISAS

Art. 743. A coisa, entregue ao transportador, deve estar caracterizada pela sua natureza, valor, peso e quantidade, e o mais que for necessário para que não se confunda com outras, devendo o destinatário ser indicado ao menos pelo nome e endereço.

- *Sem correspondência no CC/1916*

Art. 744. Ao receber a coisa, o transportador emitirá conhecimento com a menção dos dados que a identifiquem, obedecido o disposto em lei especial.

- *Sem correspondência no CC/1916*

Parágrafo único. O transportador poderá exigir que o remetente lhe entregue, devidamente assinada, a relação discriminada das coisas a serem transportadas, em duas vias, uma das quais, por ele devidamente autenticada, ficará fazendo parte integrante do conhecimento.

Art. 745. Em caso de informação inexata ou falsa descrição no documento a que se refere o artigo antecedente, será o transportador indenizado pelo prejuízo que sofrer, devendo a ação respectiva ser ajuizada no prazo de cento e vinte dias, a contar daquele ato, sob pena de decadência.

- *Sem correspondência no CC/1916*
- *Art. 207 a 211 e 422, CC*

Art. 746. Poderá o transportador recusar a coisa cuja embalagem seja inadequada, bem como a que possa pôr em risco a saúde das pessoas, ou danificar o veículo e outros bens.

- *Sem correspondência no CC/1916*
- *Dec. 96.044/1988 (Aprova o Regulamento para o Transporte Rodoviário de Produtos Perigosos)*

Art. 747. O transportador deverá obrigatoriamente recusar a coisa cujo transporte ou comercialização não sejam permitidos, ou que venha desacompanhada dos documentos exigidos por lei ou regulamento.

- *Sem correspondência no CC/1916*

Art. 748. Até a entrega da coisa, pode o remetente desistir do transporte e pedi-la de volta, ou ordenar seja entregue a outro destinatário, pagando, em ambos os casos, os acréscimos de despesa decorrentes da contra-ordem, mais as perdas e danos que houver.

- *Sem correspondência no CC/1916*
- *Arts. 402 a 405, CC*

Art. 749. O transportador conduzirá a coisa ao seu destino, tomando todas as cautelas necessárias para mantê-la em bom estado e entregá-la no prazo ajustado ou previsto.

- *Sem correspondência no CC/1916*
- *Art. 494, CC*

Art. 750. A responsabilidade do transportador, limitada ao valor constante do conhecimento, começa no momento em que ele, ou seus prepostos, recebem a coisa; termina quando é entregue ao destinatário, ou depositada em juízo, se aquele não for encontrado.

- *Sem correspondência no CC/1916*
- *Arts. 334 a 337, 494, 734, parágrafo único, e 778 a 788, 927, 932, III, 933, 942 a 944 e 946, CC*

Art. 751. A coisa, depositada ou guardada nos armazéns do transportador, em virtude de contrato de transporte, rege-se, no que couber, pelas disposições relativas a depósito.

- *Sem correspondência no CC/1916*
- *Arts. 627 a 652, CC*

Art. 752. Desembarcadas as mercadorias, o transportador não é obrigado a dar aviso ao destinatário, se assim não foi convencionado, dependendo também de ajuste a entrega a domicílio, e devem constar do conhecimento de embarque as cláusulas de aviso ou de entrega a domicílio.

- *Sem correspondência no CC/1916*

Art. 753. Se o transporte não puder ser feito ou sofrer longa interrupção, o transportador solicitará, incontinenti, instruções ao remetente, e zelará pela coisa, por cujo perecimento ou deterioração responderá, salvo força maior.

- *Sem correspondência no CC/1916*
- *Art. 393, parágrafo único, CC*

§ 1º Perdurando o impedimento, sem motivo imputável ao transportador e sem manifestação do remetente, poderá aquele depositar a coisa em juízo, ou vendê-la, obedecidos os preceitos legais e regulamentares, ou os usos locais, depositando o valor.

- *Arts. 539 a 549, CPC/2015*

§ 2º Se o impedimento for responsabilidade do transportador, este poderá depositar a coisa, por sua conta e risco, mas só poderá vendê-la se perecível.

- *Arts. 539 a 549, CPC/2015*

§ 3º Em ambos os casos, o transportador deve informar o remetente da efetivação do depósito ou da venda.

§ 4º Se o transportador mantiver a coisa depositada em seus próprios armazéns, continuará a responder pela sua guarda e conservação, sendo-lhe devida, porém, uma remuneração pela custódia, a qual poderá ser contratualmente ajustada ou se conformará aos usos adotados em cada sistema de transporte.

- *Arts. 628, 629, 647 e 651, CC*

Art. 754. As mercadorias devem ser entregues ao destinatário, ou a quem apresentar o conhecimento endossado, devendo aquele que as receber conferi-las e apresentar as reclamações que tiver, sob pena de decadência dos direitos.

- *Sem correspondência no CC/1916*
- *Arts. 207 a 211 e 494, CC*

Parágrafo único. No caso de perda parcial ou de avaria não perceptível à primeira vista, o destinatário conserva a sua ação contra o transportador, desde que denuncie o dano em dez dias a contar da entrega.

Art. 755. Havendo dúvida acerca de quem seja o destinatário, o transportador deve depositar a mercadoria em juízo, se não lhe for possível obter instruções do remetente; se a demora puder ocasionar a deterioração da coisa, o transportador deverá vendê-la, depositando o saldo em juízo.

- *Sem correspondência no CC/1916*
- *Arts. 334 e 335, CC*
- *Arts. 539 a 549, CPC/2015*

Art. 756. No caso de transporte cumulativo, todos os transportadores respondem solidariamente pelo dano causado perante o remetente, ressalvada a apuração final da responsabilidade entre eles, de modo que o ressarcimento recaia, por inteiro, ou proporcionalmente, naquele ou naqueles em cujo percurso houver ocorrido o dano.

- *Sem correspondência no CC/1916*
- *Arts. 275 a 285 e 733, CC*

CAPÍTULO XV – DO SEGURO

SEÇÃO I – DISPOSIÇÕES GERAIS

Art. 757. Pelo contrato de seguro, o segurador se obriga, mediante o pagamento do prêmio, a garantir interesse legítimo do segurado, relativo a pessoa ou a coisa, contra riscos predeterminados.

- *Correspondência: art. 1.432, CC/1916*
- *Arts. 206, §§ 1º, II, e 3º, IX, 768, 777 e 785, CC*
- *Art. 4º, Dec. 59.195/1966 (Cobrança de prêmios de seguros privados)*
- *Súmula 465, STJ*

Parágrafo único. Somente pode ser parte, no contrato de seguro, como segurador, entidade para tal fim legalmente autorizada.

- *Sem correspondência no CC/1916*

Art. 758. O contrato de seguro prova-se com a exibição da apólice ou do bilhete do seguro, e, na falta deles, por documento comprobatório do pagamento do respectivo prêmio.

- *Correspondência: art. 1.433, CC/1916*

Art. 759. A emissão da apólice deverá ser precedida de proposta escrita com a declaração dos elementos essenciais do interesse a ser garantido e do risco.

- *Sem correspondência no CC/1916*
- *Arts. 427 e 768, CC*
- *Art. 666, parte final, CCo*

Art. 760. A apólice ou o bilhete de seguro serão nominativos, à ordem ou ao portador, e mencionarão os riscos assumidos, o início e o fim de sua validade, o limite da garantia e o prêmio devido, e, quando for o caso, o nome do segurado e o do beneficiário.

- *Arts. 1.434, 1.442, 1.447 e 1.448, § 1º, CC/1916*
- *Arts. 147 e 791 a 793, CC*
- *Art. 667, CCo*

Parágrafo único. No seguro de pessoas, a apólice ou o bilhete não podem ser ao portador.

- *Arts. 791 a 793, CC*

Art. 761. Quando o risco for assumido em co-seguro, a apólice indicará o segurador que administrará o contrato e representará os demais, para todos os seus efeitos.

- *Sem correspondência no CC/1916*
- *Arts. 667, parte final, 668 e 687, 1ª parte, CCo*

Art. 762. Nulo será o contrato para garantia de risco proveniente de ato doloso do segurado, do beneficiário, ou de representante de um ou de outro.

- *Correspondência: art. 1.436, CC/1916*
- *Arts. 145 a 150 e 798, CC*

Art. 763. Não terá direito a indenização o segurado que estiver em mora no pagamento do prêmio, se ocorrer o sinistro antes de sua purgação.

- *Correspondência: arts. 1.449 a 1.451, CC/1916*
- *Arts. 394 a 401, CC*

Art. 764. Salvo disposição especial, o fato de se não ter verificado o risco, em previsão do qual se faz o seguro, não exime o segurado de pagar o prêmio.

- *Correspondência: art. 1.452, CC/1916*
- *Art. 773, CC*

Art. 765. O segurado e o segurador são obrigados a guardar na conclusão e na execução do contrato, a mais estrita boa-fé e veracidade, tanto a respeito do objeto como das circunstâncias e declarações a ele concernentes.

- *Correspondência: art. 1.443, CC/1916*
- *Arts. 422, 762, 766, 768, 773, 778 e 781, CC*
- *Art. 171, § 2º, V, CP*
- *Art. 678, CCo*
- *Súmula 465, STJ*

Art. 766. Se o segurado, por si ou por seu representante, fizer declarações inexatas ou omitir circunstâncias que possam influir na aceitação da proposta ou na taxa do prêmio, perderá o direito à garantia, além de ficar obrigado ao prêmio vencido.

- *Correspondência: art. 1.444, CC/1916*
- *Arts. 149 e 778, CC*
- *Art. 679, 1ª parte, CCo*

Parágrafo único. Se a inexatidão ou omissão nas declarações não resultar de má-fé do segurado, o segurador terá direito a resolver o contrato, ou a cobrar, mesmo após o sinistro, a diferença do prêmio.

- *Sem correspondência no CC/1916*
- *Art. 765, CC*

Art. 767. No seguro à conta de outrem, o segurador pode opor ao segurado quaisquer defesas que tenha contra o estipulante, por descumprimento das normas de conclusão do contrato, ou de pagamento do prêmio.

- *Correspondência: art. 1.464, CC/1916*

Art. 768. O segurado perderá o direito à garantia se agravar intencionalmente o risco objeto do contrato.

- *Correspondência: art. 1.454, CC/1916*
- *Arts. 757, 759, 765 e 769, CC*

Art. 769. O segurado é obrigado a comunicar ao segurador, logo que saiba, todo incidente suscetível de agravar consideravelmente o risco coberto, sob pena de perder o direito à garantia, se provar que silenciou de má-fé.

- *Correspondência: art. 1.455, CC/1916*
- *Arts. 422, 765, 768, 770 e 773, CC*

§ 1º O segurador, desde que o faça nos quinze dias seguintes ao recebimento do aviso da agravação do risco sem culpa do segurado, poderá dar-lhe ciência, por escrito, de sua decisão de resolver o contrato.

- *Sem correspondência no CC/1916*
- *Art. 473, CC*

§ 2º A resolução só será eficaz trinta dias após a notificação, devendo ser restituída pelo segurador a diferença do prêmio.

- *Sem correspondência no CC/1916*

Art. 770. Salvo disposição em contrário, a diminuição do risco no curso do contrato não acarreta a redução do prêmio estipulado; mas, se a redução do risco for considerável, o segurado poderá exigir a revisão do prêmio, ou a resolução do contrato.

- *Correspondência: art. 1.453, CC/1916*
- *Arts. 473 e 769, CC*

Art. 771. Sob pena de perder o direito à indenização, o segurado participará o sinistro ao segurador, logo que o saiba, e tomará as providências imediatas para minorar-lhe as consequências.

- *Correspondência: art. 1.457, CC/1916*
- *Arts. 779 e 787, 1 §, CC*
- *Art. 719, CCo*

Parágrafo único. Correm à conta do segurador, até o limite fixado no contrato, as despesas de salvamento consequente ao sinistro.

Art. 772. A mora do segurador em pagar o sinistro obriga à atualização monetária da indenização devida segundo índices oficiais regularmente estabelecidos, sem prejuízo dos juros moratórios.

- *Atualização: Art. 772. A mora do segurador em pagar o sinistro obriga à atualização monetária da indenização devida, sem prejuízo dos juros moratórios. (Redação dada pela Lei 14.905/2024 - DOU 01.07.2024, produzindo efeitos 60 dias após a sua publicação)*
- *Sem correspondência no CC/1916*
- *Arts. 389, 394 a 401, 406 e 407, CC*
- *Lei 5.488/1968 (Correção monetária nos contratos de seguros)*
- *Dec. 85.266/1980 (Atualização dos valores monetários dos seguros obrigatórios do Dec. 61.867/1967)*
- *Súmula 25, TFR*

Art. 773. O segurador que, ao tempo do contrato, sabe estar passado o risco de que o segurado se pretende cobrir, e, não obstante, expede a apólice, pagará em dobro o prêmio estipulado.

- *Correspondência: art. 1.446, CC/1916*
- *Arts. 147, 764, 765 e 769, CC*
- *Art. 679, parte final, CCo*

Art. 774. A recondução tácita do contrato pelo mesmo prazo, mediante expressa cláusula contratual, não poderá operar mais de uma vez.

- *Sem correspondência no CC/1916*

Art. 775. Os agentes autorizados do segurador presumem-se seus representantes para todos os atos relativos aos contratos que agenciarem.

- *Sem correspondência no CC/1916*
- *Arts. 115 a 120, 710 a 721, CC*
- *Lei 4.594/1964 (Corretor de seguros)*
- *Dec. 56.900/1965 (Regime de corretagem de seguros)*

Art. 776. O segurador é obrigado a pagar em dinheiro o prejuízo resultante do risco assumido, salvo se convencionada a reposição da coisa.

- *Correspondência: art. 1.458, CC/1916*
- *Arts. 206, § 1º, II, 778, 781 e 782, CC*
- *Súmula 188, STF*

Art. 777. O disposto no presente Capítulo aplica-se, no que couber, aos seguros regidos por leis próprias.

- *Correspondência: art. 1.435, CC/1916*
- *Arts. 666 a 730, CCo*
- *Dec.-lei 2.063/1940 (Operações de seguros privados)*
- *Dec.-lei 5.384/1943 (Benefícios do seguro de vida)*
- *Dec.-lei 73/1966 (Sistema Nacional de Seguros Privados)*
- *Dec. 59.195/1966 (Cobrança de prêmios de seguros privados)*
- *Dec. 59.428/1966 (Seguros na colonização)*
- *Dec. 60.459/1967 (Regulamenta o Dec.-lei 73/1966)*
- *Dec. 61.867/1967 (Regulamenta os seguros obrigatórios previstos no art. 20 do Dec.-lei 73/1966)*
- *Lei 6.194/1974 (Seguro obrigatório de danos pessoais causados por veículos automotores de via terrestre ou por sua carga)*
- *Lei 6.704/1979 (Seguro de crédito à exportação)*
- *Lei 8.374/1991 (Seguro obrigatório de danos pessoais causados por embarcações ou sua carga)*
- *Lei 9.477/1997 (Fundo de Aposentadoria Programada Individual – FAPI e seu plano de incentivo)*
- *Art. 5º, § 3º, Lei 9.514/1997 (Sistema de Financiamento Imobiliário e alienação fiduciária de coisa imóvel)*
- *Lei 9.656/1998 (Planos e seguros privados de assistência à saúde)*
- *Lei 10.185/2001 (Especialização das sociedades seguradoras em planos privados de assistência à saúde)*
- *Súmula 402, STJ*

SEÇÃO II – DO SEGURO DE DANO

Art. 778. Nos seguros de dano, a garantia prometida não pode ultrapassar o valor do interesse segurado no momento da conclusão do contrato, sob pena do disposto no art. 766, e sem prejuízo da ação penal que no caso couber.

- *Correspondência: arts. 1.437 e 1.438, CC/1916*
- *Arts. 765, 776, 781, 782 e 789, CC*

Art. 779. O risco do seguro compreenderá todos os prejuízos resultantes ou consequentes, como sejam os estragos ocasionados para evitar o sinistro, minorar o dano, ou salvar a coisa.

- *Correspondência: art. 1.461, CC/1916*
- *Art. 771, CC*
- *Art. 710, CCo*

Art. 780. A vigência da garantia, no seguro de coisas transportadas, começa no momento em que são pelo transportador recebidas, e cessa com a sua entrega ao destinatário.

- *Correspondência: art. 1.448, § 2º, CC/1916*
- *Arts. 750 e 1.425, IV, CC*
- *Arts. 705 a 707, CCo*

Art. 781. A indenização não pode ultrapassar o valor do interesse segurado no momento do sinistro, e, em hipótese alguma, o limite máximo da garantia fixado na apólice, salvo em caso de mora do segurador.

- *Sem correspondência no CC/1916*
- *Arts. 394 a 401, 765, 776, 778, 782, 783 e 789, CC*

Art. 782. O segurado que, na vigência do contrato, pretender obter novo seguro sobre o mesmo interesse, e contra o mesmo risco junto a outro segurador, deve previamente comunicar sua intenção por escrito ao primeiro, indicando a soma por que pretende segurar-se, a fim de se comprovar a obediência ao disposto no art. 778.

- *Correspondência: arts. 1.437 e 1.439, CC/1916*
- *Arts. 765, 778, 781 e 789, CC*
- *Art. 687, parte final, CCo*

Art. 783. Salvo disposição em contrário, o seguro de um interesse por menos do que valha acarreta a redução proporcional da indenização, no caso de sinistro parcial.

- *Sem correspondência no CC/1916*
- *Art. 781, CC*

Art. 784. Não se inclui na garantia o sinistro provocado por vício intrínseco da coisa segurada, não declarado pelo segurado.

- *Correspondência: art. 1.459, CC/1916*
- *Art. 441, CC*

Parágrafo único. Entende-se por vício intrínseco o defeito próprio da coisa, que se não encontra normalmente em outras da mesma espécie.

- *Sem correspondência no CC/1916*

Art. 785. Salvo disposição em contrário, admite-se a transferência do contrato a terceiro com a alienação ou cessão do interesse segurado.

- *Correspondência: art. 1.463, CC/1916*
- *Arts. 286 a 303, 760 e 959, I, CC*
- *Arts. 675 e 676, CCo*
- *Súmula 465, STJ*

§ 1º Se o instrumento contratual é nominativo, a transferência só produz efeitos em relação ao segurador mediante aviso escrito assinado pelo cedente e pelo cessionário.

- *Sem correspondência no CC/1916*

§ 2º A apólice ou o bilhete à ordem só se transfere por endosso em preto, datado e assinado pelo endossante e pelo endossatário.

- *Sem correspondência no CC/1916*

Art. 786. Paga a indenização, o segurador sub-roga-se, nos limites do valor respectivo, nos direitos e ações que competirem ao segurado contra o autor do dano.

- *Sem correspondência no CC/1916*
- *Arts. 346, III, e 800, CC*
- *Art. 125, CPC/2015*
- *Art. 728, CCo*
- *Súmulas 151 e 188, STF*
- *Súmulas 94 e 124, TFR*

§ 1º Salvo dolo, a sub-rogação não tem lugar se o dano foi causado pelo cônjuge do segurado, seus descendentes ou ascendentes, consanguíneos ou afins.

§ 2º É ineficaz qualquer ato do segurado que diminua ou extinga, em prejuízo do segurador, os direitos a que se refere este artigo.

Art. 787. No seguro de responsabilidade civil, o segurador garante o pagamento de perdas e danos devidos pelo segurado a terceiro.

- *Sem correspondência no CC/1916*
- *Arts. 405 a 405, 927, 934 e 944 a 947, CC*

§ 1º Tão logo saiba o segurado das consequências de ato seu, suscetível de lhe acarretar a responsabilidade incluída na garantia, comunicará o fato ao segurador.

- *Art. 771, CC*

§ 2º É defeso ao segurado reconhecer sua responsabilidade ou confessar a ação, bem como transigir com o terceiro prejudicado, ou indenizá-lo diretamente, sem anuência expressa do segurador.

- *Art. 795, CC*

§ 3º Intentada a ação contra o segurado, dará este ciência da lide ao segurador.

- *Art. 125, CPC/2015*

§ 4º Subsistirá a responsabilidade do segurado perante o terceiro, se o segurador for insolvente.

Art. 788. Nos seguros de responsabilidade legalmente obrigatórios, a indenização por sinistro será paga pelo segurador diretamente ao terceiro prejudicado.

- *Sem correspondência no CC/1916*
- *Art. 20, Dec.-lei 73/1966 (Sistema Nacional de Seguros Privados)*
- *Dec. 61.867/1967 (Regulamenta os seguros obrigatórios previstos no art. 20 do Dec. 73/1966)*
- *Lei 6.194/1974 (Seguro obrigatório de danos pessoais causados por veículos automotores de via terrestre ou por sua carga)*

Parágrafo único. Demandado em ação direta pela vítima do dano, o segurador não poderá opor a exceção de contrato não cumprido pelo segurado, sem promover a citação deste para integrar o contraditório.

- *Arts. 476 e 477, CC*
- *Arts. 113 a 118 e 125, CPC/2015*

SEÇÃO III – DO SEGURO DE PESSOA

Art. 789. Nos seguros de pessoas, o capital segurado é livremente estipulado pelo proponente, que pode contratar mais de um seguro sobre o mesmo interesse, com o mesmo ou diversos seguradores.

- *Correspondência: art. 1.441, CC/1916*
- *Arts. 772 e 782, CC*

Art. 790. No seguro sobre a vida de outros, o proponente é obrigado a declarar, sob pena de falsidade, o seu interesse pela preservação da vida do segurado.

- *Correspondência: art. 1.472, CC/1916*
- *Art. 760, parágrafo único, CC*

Parágrafo único. Até prova em contrário, presume-se o interesse, quando o segurado é cônjuge, ascendente ou descendente do proponente.

- *Sem correspondência no CC/1916*

Art. 791. Se o segurado não renunciar à faculdade, ou se o seguro não tiver como causa declarada a garantia de alguma obrigação, é lícita a substituição do beneficiário, por ato entre vivos ou de última vontade.

- *Correspondência: art. 1.473, 1ª parte, CC/1916*
- *Arts. 438, 538, 760 e 1.857, CC*

Parágrafo único. O segurador, que não for cientificado oportunamente da substituição, desobrigar-se-á pagando o capital segurado ao antigo beneficiário.

- *Sem correspondência no CC/1916*

Art. 792. Na falta de indicação da pessoa ou beneficiário, ou se por qualquer motivo não prevalecer a que for feita, o capital segurado será pago por metade ao cônjuge não separado judicialmente, e o restante aos herdeiros do segurado, obedecida a ordem da vocação hereditária.

- *Correspondência: art. 1.473, 2ª parte, CC/1916*
- *Art. 1.829, CC*
- *Dec.-lei 5.384/1943 (Benefícios do seguro de vida)*

Parágrafo único. Na falta das pessoas indicadas neste artigo, serão beneficiários os que provarem que a morte do segurado os privou dos meios necessários à subsistência.

- *Sem correspondência no CC/1916*

Art. 793. É válida a instituição do companheiro como beneficiário, se ao tempo do contrato o segurado era separado judicialmente, ou já se encontrava separado de fato.

- *Correspondência: art. 1.474, CC/1916*
- *Arts. 550 e 1.801, III, CC*

Art. 794. No seguro de vida ou de acidentes pessoais para o caso de morte, o capital estipulado não está sujeito às dívidas do segurado, nem se considera herança para todos os efeitos de direito.

- *Correspondência: art. 1.475, CC/1916*
- *Arts. 833, IX , e 902, CPC/2015*

Art. 795. É nula, no seguro de pessoa, qualquer transação para pagamento reduzido do capital segurado.

- *Sem correspondência no CC/1916*
- *Arts. 787, § 2º, e 840, CC*

Art. 796. O prêmio, no seguro de vida, será conveniado por prazo limitado, ou por toda a vida do segurado.

- *Correspondência: art. 1.471, CC/1916*

Parágrafo único. Em qualquer hipótese, no seguro individual, o segurador não terá ação para cobrar o prêmio vencido, cuja falta de pagamento, nos prazos previstos, acarretará, conforme se estipular, a resolução do contrato, com a restituição da reserva já formada, ou a redução do capital garantido proporcionalmente ao prêmio pago.

Art. 797. No seguro de vida para o caso de morte, é lícito estipular-se um prazo de carência, durante o qual o segurador não responde pela ocorrência do sinistro.

- *Correspondência: art. 1.476, CC/1916*

Parágrafo único. No caso deste artigo o segurador é obrigado a devolver ao beneficiário o montante da reserva técnica já formada.

- *Sem correspondência no CC/1916*

Art. 798. O beneficiário não tem direito ao capital estipulado quando o segurado se suicida nos primeiros dois anos de vigência inicial do contrato, ou da sua recondução depois de suspenso, observado o disposto no parágrafo único do artigo antecedente.

- *Correspondência: art. 1.440, CC/1916*
- *Súmula 105, STF*

Parágrafo único. Ressalvada a hipótese prevista neste artigo, é nula a cláusula contratual que exclui o pagamento do capital por suicídio do segurado.

- *Sem correspondência no CC/1916*
- *Súmula 61, STJ*

Art. 799. O segurador não pode eximir-se ao pagamento do seguro, ainda que da apólice conste a restrição, se a morte ou a incapacidade do segurado provier da utilização de meio de transporte mais arriscado, da prestação de serviço militar, da prática de esporte, ou de atos de humanidade em auxílio de outrem.

- *Sem correspondência no CC/1916*

Art. 800. Nos seguros de pessoas, o segurador não pode sub-rogar-se nos direitos e ações do segurado, ou do beneficiário, contra o causador do sinistro.

- *Sem correspondência no CC/1916*
- *Arts. 346, 349 e 786, CC*

Art. 801. O seguro de pessoas pode ser estipulado por pessoa natural ou jurídica em proveito de grupo que a ela, de qualquer modo, se vincule.

- *Correspondência: art. 1.466, CC/1916*

§ 1º O estipulante não representa o segurador perante o grupo segurado, e é o único responsável, para com o segurador, pelo cumprimento de todas as obrigações contratuais.

- *Sem correspondência no CC/1916*
- *Súmula 101, STJ*

§ 2º A modificação da apólice em vigor dependerá da anuência expressa de segurados que representem três quartos do grupo.

- *Sem correspondência no CC/1916*

Art. 802. Não se compreende nas disposições desta Seção a garantia do reembolso de despesas hospitalares ou de tratamento médico, nem o custeio das despesas de luto e de funeral do segurado.

- *Sem correspondência no CC/1916*
- *Sei 9.656/1998 (Planos e seguros privados de assistência à saúde)*
- *Lei 10.185/2001 (Especialização das sociedades seguradoras em planos privados de assistência à saúde)*

CAPÍTULO XVI – DA CONSTITUIÇÃO DE RENDA

Art. 803. Pode uma pessoa, pelo contrato de constituição de renda, obrigar-se para com outra a uma prestação periódica, a título gratuito.

- *Correspondência: art. 1.424, CC/1916*
- *Art. 813, CC*

Art. 804. O contrato pode ser também a título oneroso, entregando-se bens móveis ou imóveis à pessoa que se obriga a satisfazer as prestações a favor do credor ou de terceiros.

› *Correspondência: art. 1.424, CC/1916*
› *Art. 809, CC*

Art. 805. Sendo o contrato a título oneroso, pode o credor, ao contratar, exigir que o rendeiro lhe preste garantia real, ou fidejussória.

› *Sem correspondência no CC/1916*
› *Arts. 810, 818 e 1.419, CC*

Art. 806. O contrato de constituição de renda será feito a prazo certo, ou por vida, podendo ultrapassar a vida do devedor mas não a do credor, seja ele o contratante, seja terceiro.

› *Sem correspondência no CC/1916*
› *Art. 808, CC*

Art. 807. O contrato de constituição de renda requer escritura pública.

› *Sem correspondência no CC/1916*
› *Arts. 108 e 215, CC*
› *Art. 167, I-8, Lei 6.015/1973 (Lei de Registros Públicos)*

Art. 808. É nula a constituição de renda em favor de pessoa já falecida, ou que, nos trinta dias seguintes, vier a falecer de moléstia que já sofria, quando foi celebrado o contrato.

› *Correspondência: art. 1.425, CC/1916*
› *Art. 806, CC*

Art. 809. Os bens dados em compensação da renda caem, desde a tradição, no domínio da pessoa que por aquela se obrigou.

› *Correspondência: art. 1.426, CC/1916*
› *Arts. 804 e 1.359, CC*

Art. 810. Se o rendeiro, ou censuário, deixar de cumprir a obrigação estipulada, poderá o credor da renda acioná-lo, tanto para que lhe pague as prestações atrasadas como para que lhe dê garantias das futuras, sob pena de rescisão do contrato.

› *Correspondência: art. 1.427, CC/1916*
› *Arts. 472, 475 e 477, CC*

Art. 811. O credor adquire o direito à renda dia a dia, se a prestação não houver de ser paga adiantada, no começo de cada um dos períodos prefixos.

› *Correspondência: art. 1.428, CC/1916*

Art. 812. Quando a renda for constituída em benefício de duas ou mais pessoas, sem determinação da parte de cada uma, entende-se que os seus direitos são iguais; e, salvo estipulação diversa, não adquirirão os sobrevivos direito à parte dos que morrerem.

› *Correspondência: art. 1.429, CC/1916*
› *Art. 257, CC*

Art. 813. A renda constituída por título gratuito pode, por ato do instituidor, ficar isenta de todas as execuções pendentes e futuras.

› *Correspondência: art. 1.430, CC/1916*
› *Arts. 833, I, e 902, CPC/2015*

Parágrafo único. A isenção prevista neste artigo prevalece de pleno direito em favor dos montepios e pensões alimentícias.

› *Arts. 833, IV, e 902, CPC/2015*

CAPÍTULO XVII – DO JOGO E DA APOSTA

Art. 814. As dívidas de jogo ou de aposta não obrigam a pagamento; mas não se pode recobrar a quantia, que voluntariamente se pagou, salvo se foi ganha por dolo, ou se o perdente é menor ou interdito.

› *Correspondência: art. 1.477, caput, CC/1916*
› *Arts. 166, II, 816 e 882, CC*
› *Arts. I 50 a 58, Dec.-lei 3.688/1941 (Lei das Contravenções Penais)*
› *Dec.-lei 9.215/1946 (Proíbe a prática ou exploração de jogos de azar)*

§ 1º Estende-se esta disposição a qualquer contrato que encubra ou envolva reconhecimento, novação ou fiança de dívida de jogo; mas a nulidade resultante não pode ser oposta ao terceiro de boa-fé.

› *Correspondência: art. 1.477, parágrafo único, CC/1916*
› *Arts. 360 a 367, 818 a 839 e 882, CC*

§ 2º O preceito contido neste artigo tem aplicação, ainda que se trate de jogo não proibido, só se excetuando os jogos e apostas legalmente permitidos.

› *Sem correspondência no CC/1916*

§ 3º Excetuam-se, igualmente, os prêmios oferecidos ou prometidos para o vencedor em competição de natureza esportiva, intelectual ou artística, desde que os interessados se submetam às prescrições legais e regulamentares.

› *Sem correspondência no CC/1916*

Art. 815. Não se pode exigir reembolso do que se emprestou para jogo ou aposta, no ato de apostar ou jogar.

› *Correspondência: art. 1.478, CC/1916*
› *Arts. 579, 586 e 816, CC*

Art. 816. As disposições dos arts. 814 e 815 não se aplicam aos contratos sobre títulos de bolsa, mercadorias ou valores, em que se estipulem a liquidação exclusivamente pela diferença entre o preço ajustado e a cotação que eles tiverem no vencimento do ajuste.

› *Correspondência: art. 1.479, CC/1916*

Art. 817. O sorteio para dirimir questões ou dividir coisas comuns considera-se sistema de partilha ou processo de transação, conforme o caso.

› *Correspondência: art. 1.480, CC/1916*
› *Arts. 840 e 858, CC*

CAPÍTULO XVIII – DA FIANÇA

SEÇÃO I – DISPOSIÇÕES GERAIS

Art. 818. Pelo contrato de fiança, uma pessoa garante satisfazer ao credor uma obrigação assumida pelo devedor, caso este não a cumpra.

› *Correspondência: art. 1.481, CC/1916*
› *Arts. 814, § 1º, 1.425, I, 1.642, IV, 1.645 e 1.647, III, a 1.650, CC*
› *Arts. 477, 481, 483, 527, 535, 548-4, 580, 595, 604, 609, 612, 784 e 785, CCo*
› *Art. 30, Dec. 21.981/1932 (Leiloeiro)*
› *Dec. 91.721/1985 (Veda a concessão, por entidades estatais, de aval, fiança ou outras garantias)*

Art. 819. A fiança dar-se-á por escrito, e não admite interpretação extensiva.

› *Correspondência: art. 1.483, CC/1916*
› *Arts. 114, 823 e 830, CC*
› *Art. 129-3, Lei 6.015/1973 (Lei de Registros Públicos)*

Art. 819-A. *(VETADO)*

› *Artigo acrescentado pela Lei 10.931/2004*

Art. 820. Pode-se estipular a fiança, ainda que sem consentimento do devedor ou contra a sua vontade.

› *Correspondência: art. 1.484, CC/1916*

Art. 821. As dívidas futuras podem ser objeto de fiança; mas o fiador, neste caso, não será demandado senão depois que se fizer certa e líquida a obrigação do principal devedor.

› *Correspondência: art. 1.485, CC/1916*

Art. 822. Não sendo limitada, a fiança compreenderá todos os acessórios da dívida principal, inclusive as despesas judiciais, desde a citação do fiador.

› *Correspondência: art. 1.486, CC/1916*
› *Art. 92, CC*

Art. 823. A fiança pode ser de valor inferior ao da obrigação principal e contraída em condições menos onerosas, e, quando exceder o valor da dívida, ou for mais onerosa que ela, não valerá senão até ao limite da obrigação afiançada.

› *Correspondência: art. 1.487, CC/1916*
› *Arts. 114 e 830, CC*

Art. 824. As obrigações nulas não são suscetíveis de fiança, exceto se a nulidade resultar apenas de incapacidade pessoal do devedor.

› *Correspondência: art. 1.488, CC/1916*
› *Arts. 814, § 1º, e 837, CC*

Parágrafo único. A exceção estabelecida neste artigo não abrange o caso de mútuo feito a menor.

› *Art. 588, CC*

Art. 825. Quando alguém houver de oferecer fiador, o credor não pode ser obrigado a aceitá-lo se não for pessoa idônea, domiciliada no município onde tenha de prestar a fiança, e não possua bens suficientes para cumprir a obrigação.

› *Correspondência: art. 1.489, CC/1916*

Art. 826. Se o fiador se tornar insolvente ou incapaz, poderá o credor exigir que seja substituído.

› *Correspondência: art. 1.490, CC/1916*
› *Arts. 333, III, e 477, CC*
› *Art. 40, Lei 8.245/1991 (Locação de imóveis urbanos)*

SEÇÃO II – DOS EFEITOS DA FIANÇA

Art. 827. O fiador demandado pelo pagamento da dívida tem direito a exigir, até a contestação da lide, que sejam primeiro executados os bens do devedor.

› *Correspondência: art. 1.491, CC/1916*
› *Arts. 371, 828, 838 e 839, CC*
› *Arts. 130, 335 e 794, CPC/2015*

Parágrafo único. O fiador que alegar o benefício de ordem, a que se refere este artigo, deve nomear bens do devedor, sitos no mesmo município, livres e desembargados, quantos bastem para solver o débito.

Art. 828. Não aproveita este benefício ao fiador:

› *Correspondência: art. 1.492, CC/1916*

I – se ele o renunciou expressamente;

II – se se obrigou como principal pagador, ou devedor solidário;

- *Arts. 264, 265, 275 a 285 e 838, CC*

III – se o devedor for insolvente, ou falido.

- *Art. 839, CC*

Art. 829. A fiança conjuntamente prestada a um só débito por mais de uma pessoa importa o compromisso de solidariedade entre elas, se declaradamente não se reservarem o benefício de divisão.

- *Correspondência: art. 1.493, CC/1916*
- *Arts. 275 a 285, 819 e 838, CC*

Parágrafo único. Estipulado este benefício, cada fiador responde unicamente pela parte que, em proporção, lhe couber no pagamento.

- *Arts. 823 e 830, CC*
- *Art. 130, CPC/2015*

Art. 830. Cada fiador pode fixar no contrato a parte da dívida que toma sob sua responsabilidade, caso em que não será por mais obrigado.

- *Correspondência: art. 1.494, CC/1916*
- *Arts. 114, 823 e 829, parágrafo único, CC*

Art. 831. O fiador que pagar integralmente a dívida fica sub-rogado nos direitos do credor; mas só poderá demandar a cada um dos outros fiadores pela respectiva quota.

- *Correspondência: art. 1.495, CC/1916*
- *Arts. 283, 304, 346, III, e 838, II, CC*
- *Art. 130, CPC/2015*

Parágrafo único. A parte do fiador insolvente distribuir-se-á pelos outros.

- *Art. 284, CC*

Art. 832. O devedor responde também perante o fiador por todas as perdas e danos que este pagar, e pelos que sofrer em razão da fiança.

- *Correspondência: art. 1.496, CC/1916*
- *Arts. 402 a 405, CC*

Art. 833. O fiador tem direito aos juros do desembolso pela taxa estipulada na obrigação principal, e, não havendo taxa convencionada, aos juros legais da mora.

- *Correspondência: art. 1.497, CC/1916*
- *Arts. 406 e 407, CC*

Art. 834. Quando o credor, sem justa causa, demorar a execução iniciada contra o devedor, poderá o fiador promover-lhe o andamento.

- *Correspondência: art. 1.498, CC/1916*
- *Art. 778, IV, CPC/2015*

Art. 835. O fiador poderá exonerar-se da fiança que tiver assinado sem limitação de tempo, sempre que lhe convier, ficando obrigado por todos os efeitos da fiança, durante sessenta dias após a notificação do credor.

- *Correspondência: art. 1.500, CC/1916*
- *Súmula 656, STJ*

Art. 836. A obrigação do fiador passa aos herdeiros; mas a responsabilidade da fiança se limita ao tempo decorrido até a morte do fiador, e não pode ultrapassar as forças da herança.

- *Correspondência: art. 1.501, CC/1916*
- *Arts. 1.792, 1.821 e 1.997, CC*

SEÇÃO III – DA EXTINÇÃO DA FIANÇA

Art. 837. O fiador pode opor ao credor as exceções que lhe forem pessoais, e as extintivas da obrigação que competem ao devedor principal, se não provierem simplesmente de incapacidade pessoal, salvo o caso do mútuo feito a pessoa menor.

- *Correspondência: art. 1.502, CC/1916*
- *Arts. 204, 366, 371, 376, 588, 814, § 1º, 824 e 844, CC*

Art. 838. O fiador, ainda que solidário, ficará desobrigado:

- *Correspondência: art. 1.503, CC/1916*
- *Arts. 827 a 829, CC*

I – se, sem consentimento seu, o credor conceder moratória ao devedor;

II – se, por fato do credor, for impossível a sub-rogação nos seus direitos e preferências;

- *Art. 346, III, CC*

III – se o credor, em pagamento da dívida, aceitar amigavelmente do devedor objeto diverso do que este era obrigado a lhe dar, ainda que depois venha a perdê-lo por evicção.

- *Arts. 356 a 359 e 447 a 457, CC*

Art. 839. Se for invocado o benefício da excussão e o devedor, retardando-se a execução, cair em insolvência, ficará exonerado o fiador que o invocou, se provar que os bens por ele indicados eram, ao tempo da penhora, suficientes para a solução da dívida afiançada.

- *Correspondência: art. 1.504, CC/1916*
- *Art. 827, CC*
- *Art. 595, caput, CC*

CAPÍTULO XIX – DA TRANSAÇÃO

Art. 840. É lícito aos interessados prevenirem ou terminarem o litígio mediante concessões mútuas.

- *Correspondência: art. 1.025, CC/1916*
- *Arts. 262, 661 e 817, CC*
- *Arts. 90, 122, 359, 487, 535, VI, 924, III, e 1.052, CPC/2015*

Art. 841. Só quanto a direitos patrimoniais de caráter privado se permite a transação.

- *Correspondência: art. 1.035, CC/1916*
- *Arts. 661, 846 e 852, CC*
- *Art. 171, CTN*
- *Lei 9.469/1997 (Intervenção da União em causas em que figurarem entes da administração pública)*

Art. 842. A transação far-se-á por escritura pública, nas obrigações em que a lei o exige, ou por instrumento particular, nas em que ela o admite; se recair sobre direitos contestados em juízo, será feita por escritura pública, ou por termo nos autos, assinado pelos transigentes e homologado pelo juiz.

- *Correspondência: art. 1.028 CC/1916*
- *Arts. 107 a 109 e 215, CC*

Art. 843. A transação interpreta-se restritivamente, e por ela não se transmitem, apenas se declaram ou reconhecem direitos.

- *Correspondência: art. 1.027, CC/1916*
- *Art. 114, CC*

Art. 844. A transação não aproveita, nem prejudica senão aos que nela intervierem, ainda que diga respeito a coisa indivisível.

- *Correspondência: art. 1.031, CC/1916*
- *Arts. 87, 88, 257 a 263 e 314, CC*

§ 1º Se for concluída entre o credor e o devedor, desobrigará o fiador.

- *Art. 838, CC*

§ 2º Se entre um dos credores solidários e o devedor, extingue a obrigação deste para com os outros credores.

- *Arts. 267 a 274, CC*

§ 3º Se entre um dos devedores solidários e seu credor, extingue a dívida em relação aos co-devedores.

- *Arts. 275 a 285, CC*

Art. 845. Dada a evicção da coisa renunciada por um dos transigentes, ou por ele transferida à outra parte, não revive a obrigação extinta pela transação; mas ao evicto cabe o direito de reclamar perdas e danos.

- *Correspondência: art. 1.032, CC/1916*
- *Arts. 402 a 405 e 477 a 457, CC*

Parágrafo único. Se um dos transigentes adquirir, depois da transação, novo direito sobre a coisa renunciada ou transferida, a transação feita não o inibirá de exercê-lo.

Art. 846. A transação concernente a obrigações resultantes de delito não extingue a ação penal pública.

- *Correspondência: art. 1.033, CC/1916*
- *Art. 841, CC*

Art. 847. É admissível, na transação, a pena convencional.

- *Correspondência: art. 1.034, CC/1916*
- *Arts. 408 a 416, CC*

Art. 848. Sendo nula qualquer das cláusulas da transação, nula será esta.

- *Correspondência: art. 1.026, CC/1916*
- *Arts. 166 a 170, CC*

Parágrafo único. Quando a transação versar sobre diversos direitos contestados, independentes entre si, o fato de não prevalecer em relação a um não prejudicará os demais.

Art. 849. A transação só se anula por dolo, coação, ou erro essencial quanto à pessoa ou coisa controversa.

- *Correspondência: art. 1.030, CC/1916*
- *Arts. 138 a 155 e 171, CC*

Parágrafo único. A transação não se anula por erro de direito a respeito das questões que foram objeto de controvérsia entre as partes.

- *Sem correspondência no CC/1916*
- *Art. 139, III, CC*

Art. 850. É nula a transação a respeito do litígio decidido por sentença passada em julgado, se dela não tinha ciência algum dos transatores, ou quando, por título ulteriormente descoberto, se verificar que nenhum deles tinha direito sobre o objeto da transação.

- *Correspondência: art. 1.036, CC/1916*
- *Art. 58, Dec.-lei 7.661/1945 (Lei de Falências); e art. 138, Lei 11.101/2005 (Lei de Recuperação de Empresas e Falência)*

CAPÍTULO XX – DO COMPROMISSO

Art. 851. É admitido compromisso, judicial ou extrajudicial, para resolver litígios entre pessoas que podem contratar.

- *Sem correspondência no CC/1916*
- *Art. 661, CC*
- *Arts. 42 e 485, VII, CPC/2015*
- *Arts. 1º e 9º, Lei 9.307/1996 (Arbitragem)*

Art. 852. É vedado compromisso para solução de questões de estado, de direito pessoal de família e de outras que não tenham caráter estritamente patrimonial.

- *Sem correspondência no CC/1916*
- *Arts. 661 e 841, CC*
- *Art. 1º, Lei 9.307/1996 (Arbitragem)*

Art. 853. Admite-se nos contratos a cláusula compromissória, para resolver divergências mediante juízo arbitral, na forma estabelecida em lei especial.

- *Sem correspondência no CC/1916*
- *Art. 3º, Lei 9.307/1996 (Arbitragem)*

CAPÍTULO XXI – DO CONTRATO DE ADMINISTRAÇÃO FIDUCIÁRIA DE GARANTIAS

(Incluído pela Lei nº 14.711, de 2023)

Art. 853-A. Qualquer garantia poderá ser constituída, levada a registro, gerida e ter a sua execução pleiteada por agente de garantia, que será designado pelos credores da obrigação garantida para esse fim e atuará em nome próprio e em benefício dos credores, inclusive em ações judiciais que envolvam discussões sobre a existência, a validade ou a eficácia do ato jurídico do crédito garantido, vedada qualquer cláusula que afaste essa regra em desfavor do devedor ou, se for o caso, do terceiro prestador da garantia.

- *Incluído pela Lei nº 14.711, de 2023*
- *Vide art. 167, Lei n. 6.015/1973 (Registros Públicos)*
- *Vide Lei n. 9.514/1997 (Alienação Fiduciária)*

§ 1º O agente de garantia poderá valer-se da execução extrajudicial da garantia, quando houver previsão na legislação especial aplicável à modalidade de garantia.

- *Incluído pela Lei nº 14.711, de 2023*

§ 2º O agente de garantia terá dever fiduciário em relação aos credores da obrigação garantida e responderá perante os credores por todos os seus atos.

- *Incluído pela Lei nº 14.711, de 2023*

§ 3º O agente de garantia poderá ser substituído, a qualquer tempo, por decisão do credor único ou dos titulares que representarem a maioria simples dos créditos garantidos, reunidos em assembleia, mas a substituição do agente de garantia somente será eficaz após ter sido tornada pública pela mesma forma por meio da qual tenha sido dada publicidade à garantia.

- *Incluído pela Lei nº 14.711, de 2023*

§ 4º Os requisitos de convocação e de instalação das assembleias dos titulares dos créditos garantidos estarão previstos em ato de designação ou de contratação do agente de garantia.

- *Incluído pela Lei nº 14.711, de 2023*

§ 5º O produto da realização da garantia, enquanto não transferido para os credores garantidos, constitui patrimônio separado daquele do agente de garantia e não poderá responder por suas obrigações pelo período de até 180 (cento e oitenta) dias, contado da data de recebimento do produto da garantia.

- *Incluído pela Lei nº 14.711, de 2023*

§ 6º Após receber o valor do produto da realização da garantia, o agente de garantia disporá do prazo de 10 (dez) dias úteis para efetuar o pagamento aos credores.

- *Incluído pela Lei nº 14.711, de 2023*

§ 7º Paralelamente ao contrato de que trata este artigo, o agente de garantia poderá manter contratos com o devedor para:

- *Incluído pela Lei nº 14.711, de 2023*

I - pesquisa de ofertas de crédito mais vantajosas entre os diversos fornecedores;

- *Incluído pela Lei nº 14.711, de 2023*

II - auxílio nos procedimentos necessários à formalização de contratos de operações de crédito e de garantias reais;

- *Incluído pela Lei nº 14.711, de 2023*

III - intermediação na resolução de questões relativas aos contratos de operações de crédito ou às garantias reais; e

- *Incluído pela Lei nº 14.711, de 2023*

IV - outros serviços não vedados em lei.

- *Incluído pela Lei nº 14.711, de 2023*

§ 8º Na hipótese do § 7º deste artigo, o agente de garantia deverá agir com estrita boa-fé perante o devedor.

- *Incluído pela Lei nº 14.711, de 2023*

TÍTULO VII – DOS ATOS UNILATERAIS

CAPÍTULO I – DA PROMESSA DE RECOMPENSA

Art. 854. Aquele que, por anúncios públicos, se comprometer a recompensar, ou gratificar, a quem preencha certa condição, ou desempenhe certo serviço, contrai obrigação de cumprir o prometido.

- *Correspondência: art. 1.512, CC/1916*
- *Art. 427, CC*
- *Lei 5.768/1971 (Distribuição gratuita de prêmios, mediante sorteio, vale brinde ou concurso)*

Art. 855. Quem quer que, nos termos do artigo antecedente, fizer o serviço, ou satisfizer a condição, ainda que não pelo interesse da promessa, poderá exigir a recompensa estipulada.

- *Correspondência: art. 1.513, CC/1916*
- *Art. 121, CC*

Art. 856. Antes de prestado o serviço ou preenchida a condição, pode o promitente revogar a promessa, contanto que o faça com a mesma publicidade; se houver assinado prazo à execução da tarefa, entender-se-á que renuncia o arbítrio de retirar, durante ele, a oferta.

- *Correspondência: art. 1.514, CC/1916*
- *Art. 859, CC*

Parágrafo único. O candidato de boa-fé, que houver feito despesas, terá direito a reembolso.

- *Sem correspondência no CC/1916*

Art. 857. Se o ato contemplado na promessa for praticado por mais de um indivíduo, terá direito à recompensa o que primeiro o executou.

- *Correspondência: art. 1.515, caput, CC/1916*

Art. 858. Sendo simultânea a execução, a cada um tocará quinhão igual na recompensa; se esta não for divisível, conferir-se-á por sorteio, e o que obtiver a coisa dará ao outro o valor de seu quinhão.

- *Correspondência: art. 1.515, §§ 1º e 2º, CC/1916*
- *Art. 817, CC*

Art. 859. Nos concursos que se abrirem com promessa pública de recompensa, é condição essencial, para valerem, a fixação de um prazo, observadas também as disposições dos parágrafos seguintes.

- *Correspondência: art. 1.516, CC/1916*
- *Art. 856, CC*

§ 1º A decisão da pessoa nomeada, nos anúncios, como juiz, obriga os interessados.

§ 2º Em falta de pessoa designada para julgar o mérito dos trabalhos que se apresentarem, entender-se-á que o promitente se reservou essa função.

§ 3º Se os trabalhos tiverem mérito igual, proceder-se-á de acordo com os arts. 857 e 858.

Art. 860. As obras premiadas, nos concursos de que trata o artigo antecedente, só ficarão pertencendo ao promitente, se assim for estipulado na publicação da promessa.

- *Correspondência: art. 1.517, CC/1916*

CAPÍTULO II – DA GESTÃO DE NEGÓCIOS

Art. 861. Aquele que, sem autorização do interessado, intervém na gestão de negócio alheio, dirigi-lo-á segundo o interesse e a vontade presumível de seu dono, ficando responsável a este e às pessoas com que tratar.

- *Correspondência: art. 1.331, CC/1916*
- *Arts. 665, 873 e 874, CC*
- *Arts. 121 e 53, III, b, CPC/2015*

Art. 862. Se a gestão foi iniciada contra a vontade manifesta ou presumível do interessado, responderá o gestor até pelos casos fortuitos, não provando que teriam sobrevindo, ainda quando se houvesse abatido.

- *Correspondência: art. 1.332, CC/1916*
- *Arts. 393, parágrafo único, 399, 868 e 874, CC*

Art. 863. No caso do artigo antecedente, se os prejuízos da gestão excederem o seu proveito, poderá o dono do negócio exigir que o gestor restitua as coisas ao estado anterior, ou o indenize da diferença.

- *Correspondência: art. 1.333, CC/1916*
- *Arts. 870 e 874, CC*

Art. 864. Tanto que se possa, comunicará o gestor ao dono do negócio a gestão que assumiu, aguardando-lhe a resposta, se da espera não resultar perigo.

- *Correspondência: art. 1.334, CC/1916*

Art. 865. Enquanto o dono não providenciar, velará o gestor pelo negócio, até o levar a cabo, esperando, se aquele falecer durante a gestão, as instruções dos herdeiros, sem se descuidar, entretanto, das medidas que o caso reclame.

› *Correspondência: art. 1.335, CC/1916*
› *Art. 674, CC*

Art. 866. O gestor envidará toda sua diligência habitual na administração do negócio, ressarcindo ao dono o prejuízo resultante de qualquer culpa na gestão.

› *Correspondência: art. 1.336, CC/1916*
› *Arts. 667, 862 e 868, CC*

Art. 867. Se o gestor se fizer substituir por outrem, responderá pelas faltas do substituto, ainda que seja pessoa idônea, sem prejuízo da ação que a ele, ou ao dono do negócio, contra ela possa caber.

› *Correspondência: art. 1.337, CC/1916*
› *Arts. 275, 285 e 667, CC*

Parágrafo único. Havendo mais de um gestor, solidária será a sua responsabilidade.

› *Arts. 275 a 285 e 672, CC*

Art. 868. O gestor responde pelo caso fortuito quando fizer operações arriscadas, ainda que o dono costumasse fazê-las, ou quando preterir interesse deste em proveito de interesses seus.

› *Correspondência: art. 1.338, CC/1916*
› *Art. 393, parágrafo único, CC*

Parágrafo único. Querendo o dono aproveitar-se da gestão, será obrigado a indenizar o gestor das despesas necessárias, que tiver feito, e dos prejuízos, que por motivo da gestão, houver sofrido.

Art. 869. Se o negócio for utilmente administrado, cumprirá ao dono as obrigações contraídas em seu nome, reembolsando ao gestor as despesas necessárias ou úteis que houver feito, com os juros legais, desde o desembolso, respondendo ainda pelos prejuízos que este houver sofrido por causa da gestão.

› *Correspondência: art. 1.339, CC/1916*
› *Arts. 305, 406, 407, 675, 870, 873 e 874, CC*

§ 1º A utilidade, ou necessidade, da despesa, apreciar-se-á não pelo resultado obtido, mas segundo as circunstâncias da ocasião em que se fizerem.

§ 2º Vigora o disposto neste artigo, ainda quando o gestor, em erro quanto ao dono do negócio, der a outra pessoa as contas da gestão.

Art. 870. Aplica-se a disposição do artigo antecedente, quando a gestão se proponha a acudir a prejuízos iminentes, ou redunde em proveito do dono do negócio ou da coisa; mas a indenização ao gestor não excederá, em importância, as vantagens obtidas com a gestão.

› *Correspondência: art. 1.340, CC/1916*
› *Art. 874, CC*

Art. 871. Quando alguém, na ausência do indivíduo obrigado a alimentos, por ele os prestar a quem se devem, poder-lhes-á reaver do devedor a importância, ainda que este não ratifique o ato.

› *Correspondência: art. 1.341, CC/1916*
› *Arts. 305, 872, parágrafo único, 1.694, 1.696 a 1.698 e 1.700, CC*

Art. 872. Nas despesas do enterro, proporcionadas aos usos locais e à condição do falecido, feitas por terceiro, podem ser cobradas da pessoa que teria a obrigação de alimentar a que veio a falecer, ainda mesmo que esta não tenha deixado bens.

› *Correspondência: art. 1.342, CC/1916*
› *Arts. 1.694, 1.696 a 1.698 e 1.700, CC*

Parágrafo único. Cessa o disposto neste artigo e no antecedente, em se provando que o gestor fez essas despesas com o simples intento de bem-fazer.

Art. 873. A ratificação pura e simples do dono do negócio retroage ao dia do começo da gestão, e produz todos os efeitos do mandato.

› *Correspondência: art. 1.343, CC/1916*
› *Arts. 172, 653, 654, 656 a 662, 665 a 670, 672 a 683, 686 a 692 e 1.205, II, CC*

Art. 874. Se o dono do negócio, ou da coisa, desaprovar a gestão, considerando-a contrária aos seus interesses, vigorará o disposto nos arts. 862 e 863, salvo o estabelecido nos arts. 869 e 870.

› *Correspondência: art. 1.344, CC/1916*
› *Art. 871, CC*

Art. 875. Se os negócios alheios forem conexos ao do gestor, de tal arte que se não possam gerir separadamente, haver-se-á o gestor por sócio daquele cujos interesses agenciar de envolta com os seus.

› *Correspondência: art. 1.345, CC/1916*

Parágrafo único. No caso deste artigo, aquele em cujo benefício interveio o gestor só é obrigado na razão das vantagens que lograr.

CAPÍTULO III – DO PAGAMENTO INDEVIDO

Art. 876. Todo aquele que recebeu o que lhe não era devido fica obrigado a restituir; obrigação que incumbe àquele que recebe dívida condicional antes de cumprida a condição.

› *Correspondência: art. 964, CC/1916*
› *Arts. 125, 290, 312 e 880, CC*
› *Arts. 165 a 169, CTN*
› *Súmulas 71 e 546, STF*

Art. 877. Àquele que voluntariamente pagou o indevido incumbe a prova de tê-lo feito por erro.

› *Correspondência: art. 965, CC/1916*

Art. 878. Aos frutos, acessões, benfeitorias e deteriorações sobrevindas à coisa dada em pagamento indevido, aplica-se o disposto neste Código sobre o possuidor de boa-fé ou de má-fé, conforme o caso.

› *Correspondência: art. 966, CC/1916*
› *Arts. 1.214 a 1.222, CC*

Art. 879. Se aquele que indevidamente recebeu um imóvel o tiver alienado em boa-fé, por título oneroso, responde somente pela quantia recebida; mas, se agiu de má-fé, além do valor do imóvel, responde por perdas e danos.

› *Correspondência: art. 968, CC/1916*
› *Arts. 402 a 405, CC*

Parágrafo único. Se o imóvel foi alienado por título gratuito, ou se, alienado por título oneroso, o terceiro adquirente agiu de má-fé, cabe ao que pagou por erro o direito de reivindicação.

› *Art. 538, CC*

Art. 880. Fica isento de restituir pagamento indevido aquele que, recebendo-o como parte de dívida verdadeira, inutilizou o título, deixou prescrever a pretensão ou abriu mão das garantias que asseguravam seu direito; mas aquele que pagou dispõe de ação regressiva contra o verdadeiro devedor e seu fiador.

› *Correspondência: art. 969, CC/1916*
› *Art. 305, CC*
› *Art. 70, III, CP*

Art. 881. Se o pagamento indevido tiver consistido no desempenho de obrigação de fazer ou para eximir-se da obrigação de não fazer, aquele que recebeu a prestação fica na obrigação de indenizar o que a cumpriu, na medida do lucro obtido.

› *Sem correspondência no CC/1916*
› *Arts. 247 a 251, CC*
› *Arts. 814 a 823, CPC/2015*

Art. 882. Não se pode repetir o que se pagou para solver dívida prescrita, ou cumprir obrigação judicialmente inexigível.

› *Correspondência: art. 970, CC/1916*
› *Arts. 191, 564, III, e 814, CC*

Art. 883. Não terá direito à repetição aquele que deu alguma coisa para obter fim ilícito, imoral, ou proibido por lei.

› *Correspondência: art. 971, CC/1916*
› *Art. 814, CC*

Parágrafo único. No caso deste artigo, o que se deu reverterá em favor de estabelecimento local de beneficência, a critério do juiz.

› *Sem correspondência no CC/1916*

CAPÍTULO IV – DO ENRIQUECIMENTO SEM CAUSA

Art. 884. Aquele que, sem justa causa, se enriquecer à custa de outrem, será obrigado a restituir o indevidamente auferido, feita a atualização dos valores monetários.

› *Sem correspondência no CC/1916*
› *Arts. 206, § 3º, IV, e 478 a 480, CC*

Parágrafo único. Se o enriquecimento tiver por objeto coisa determinada, quem a recebeu é obrigado a restituí-la, e, se a coisa não mais subsistir, a restituição se fará pelo valor do bem na época em que foi exigido.

Art. 885. A restituição é devida, não só quando não tenha havido causa que justifique o enriquecimento, mas também se esta deixou de existir.

› *Sem correspondência no CC/1916*

Art. 886. Não caberá a restituição por enriquecimento, se a lei conferir ao lesado outros meios para se ressarcir do prejuízo sofrido.

› *Sem correspondência no CC/1916*

TÍTULO VIII – DOS TÍTULOS DE CRÉDITO

CAPÍTULO I – DISPOSIÇÕES GERAIS

Art. 887. O título de crédito, documento necessário ao exercício do direito literal e autônomo nele contido, somente produz efeito quando preencha os requisitos da lei.

› *Sem correspondência no CC/1916*

- *Arts. 206, § 3º, VIII, 223 e 889, CC*
- *Arts. 784, I e 515, CPC/2015*
- *Arts. 1º, 2º, 75 e 76, Anexo I, Dec. 57.663/1966 (Lei Uniforme – Letras de Câmbio e Notas Promissórias)*
- *Art. 2º, § 1º, Lei 5.474/1968 (Lei das Duplicatas)*
- *Arts. 1º e 2º, Lei 7.357/1985 (Lei do Cheque)*
- *Lei n. 9.492/1997 (Lei de Protesto de Títulos e Outros Documentos de Dívida)*

Art. 888. A omissão de qualquer requisito legal, que tire ao escrito a sua validade como título de crédito, não implica a invalidade do negócio jurídico que lhe deu origem.

- *Sem correspondência no CC/1916*

Art. 889. Deve o título de crédito conter a data da emissão, a indicação precisa dos direitos que confere, e a assinatura do emitente.

- *Sem correspondência no CC/1916*

§ 1º É à vista o título de crédito que não contenha indicação de vencimento.

- *Art. 331, CC*

§ 2º Considera-se lugar de emissão e de pagamento, quando não indicado no título, o domicílio do emitente.

- *Arts. 2º e 76, Anexo I, Dec. 57.663/1966 (Lei Uniforme – Letras de Câmbio e Notas Promissórias)*
- *Art. 2º, I e II, Lei 7.357/1985 (Lei do Cheque)*
- *Súmula 387, STF*

§ 3º O título poderá ser emitido a partir dos caracteres criados em computador ou meio técnico equivalente e que constem da escrituração do emitente, observados os requisitos mínimos previstos neste artigo.

Art. 890. Consideram-se não escritas no título a cláusula de juros, a proibitiva de endosso, a excludente de responsabilidade pelo pagamento ou por despesas, a que dispense a observância de termos e formalidade prescritas, e a que, além dos limites fixados em lei, exclua ou restrinja direitos e obrigações.

- *Sem correspondência no CC/1916*
- *Art. 44, Dec. 2.044/1908 (Letra de Câmbio e nota promissória)*
- *Arts. 1º e 5º, Anexo I, Dec. 57.663/1966 (Lei Uniforme – Letras de Câmbio e Notas Promissórias)*

Art. 891. O título de crédito, incompleto ao tempo da emissão, deve ser preenchido de conformidade com os ajustes realizados.

- *Sem correspondência no CC/1916*
- *Arts. 10, Anexo I, Dec. 57.663/1966 (Lei Uniforme – Letras de Câmbio e Notas Promissórias)*

Parágrafo único. O descumprimento dos ajustes previstos neste artigo pelos que deles participaram, não constitui motivo de oposição ao terceiro portador, salvo se este, ao adquirir o título, tiver agido de má-fé.

- *Súmula 387, STF*

Art. 892. Aquele que, sem ter poderes, ou excedendo os que tem, lança a sua assinatura em título de crédito, como mandatário ou representante de outrem, fica pessoalmente obrigado, e, pagando o título, tem ele os mesmos direitos que teria o suposto mandante ou representado.

- *Sem correspondência no CC/1916*
- *Art. 662, CC*
- *Arts. 1º, V, 8º, 14 e 46, Dec. 2.044/1908 (Letra de Câmbio e nota promissória)*
- *Arts. 8º, Anexo I, e 2º, Anexo II, Dec. 57.663/1966 (Lei Uniforme – Letras de Câmbio e Notas Promissórias)*

Art. 893. A transferência do título de crédito implica a de todos os direitos que lhe são inerentes.

- *Sem correspondência no CC/1916*
- *Art. 17, Dec. 57.595/1966 (Lei Uniforme – Cheque)*
- *Arts. 14 e 16, Anexo I, Dec. 57.663/1966 (Lei Uniforme – Letras de Câmbio e Notas Promissórias)*
- *Art. 20, Lei 7.357/1985 (Lei do Cheque)*
- *Art. 1º, caput, Lei 8.021/1990 (Identificação dos contribuintes para fins fiscais)*

Art. 894. O portador de título representativo de mercadoria tem o direito de transferi-lo, de conformidade com as normas que regulam a sua circulação, ou de receber aquela independentemente de quaisquer formalidades, além da entrega do título devidamente quitado.

- *Sem correspondência no CC/1916*
- *Arts. 15, 16, 18, 20 a 22, Dec. 1.102/1903 (Armazéns Gerais)*

Art. 895. Enquanto o título de crédito estiver em circulação, só ele poderá ser dado em garantia, ou ser objeto de medidas judiciais, e não, separadamente, os direitos ou mercadorias que representa.

- *Sem correspondência no CC/1916*
- *Art. 17, Dec. 1.102/1903 (Armazéns Gerais)*

Art. 896. O título de crédito não pode ser reivindicado do portador que o adquiriu de boa-fé e na conformidade das normas que disciplinam a sua circulação.

- *Sem correspondência no CC/1916*
- *Arts. 39, § 2º, Dec. 2.044/1908 (Letra de Câmbio e nota promissória)*
- *Art. 21, Dec. 57.595/1966 (Lei Uniforme – Cheque)*
- *Art. 16, Anexo I, Dec. 57.663/1966 (Lei Uniforme – Letras de Câmbio e Notas Promissórias)*
- *Art. 24, caput, Lei 7.357/1985 (Lei do Cheque)*

Art. 897. O pagamento de título de crédito, que contenha obrigação de pagar soma determinada, pode ser garantido por aval.

- *Sem correspondência no CC/1916*
- *Arts. 899, 900 e 1.647, III, CC*
- *Art. 14, 1ª parte, Dec. 2.044/1908 (Letra de câmbio e nota promissória)*
- *Art. 30, Anexo I, Dec. 57.663/1966 (Lei Uniforme – Letras de Câmbio e Notas Promissórias)*
- *Art. 12, caput, Lei 5.474/1968 (Duplicatas)*
- *Art. 29, Lei 7.357/1985 (Lei do Cheque)*

Parágrafo único. É vedado o aval parcial.

- *Art. 30, Anexo I, Dec. 57.663/1966 (Lei Uniforme – Letras de Câmbio e Notas Promissórias)*

Art. 898. O aval deve ser dado no verso ou no anverso do próprio título.

- *Sem correspondência no CC/1916*
- *Arts. 14, e 44, § 1º, Dec. 2.044/1908 (Letra de câmbio e nota promissória)*
- *Art. 26, Dec. 57.595/1966 (Lei Uniforme – Cheque)*
- *Arts. 2º, Anexo II, e 31, Anexo I, Dec. 57.663/1966 (Lei Uniforme – Letras de Câmbio e Notas Promissórias)*
- *Art. 30, Lei 7.357/1985 (Lei do Cheque)*
- *Súmula 189, STF*

§ 1º Para a validade do aval, dado no anverso do título, é suficiente a simples assinatura do avalista.

- *Art. 1.647, III, CC*

§ 2º Considera-se não escrito o aval cancelado.

Art. 899. O avalista equipara-se àquele cujo nome indicar; na falta de indicação, ao emitente ou devedor final.

- *Sem correspondência no CC/1916*
- *Art. 15, Dec. 2.044/1908 (Letra de câmbio e nota promissória)*
- *Art. 12, caput, Lei 5.474/1968 (Duplicatas)*
- *Art. 31, Lei 7.357/1985 (Lei do Cheque)*

§ 1º Pagando o título, tem o avalista ação de regresso contra o seu avalizado e demais coobrigados anteriores.

- *Art. 125, CPC/2015*

§ 2º Subsiste a responsabilidade do avalista, ainda que nula a obrigação daquele a quem se equipara, a menos que a nulidade decorra de vício de forma.

- *Art. 27, Dec. 57.595/1966 (Lei Uniforme – Cheque)*
- *Art. 32, Anexo I, Dec. 57.663/1966 (Lei Uniforme – Letras de Câmbio e Notas Promissórias)*

Art. 900. O aval posterior ao vencimento produz os mesmos efeitos do anteriormente dado.

- *Sem correspondência no CC/1916*
- *Art. 12, parágrafo único, Lei 5.474/1968 (Lei das Duplicatas)*

Art. 901. Fica validamente desonerado o devedor que paga título de crédito ao legítimo portador, no vencimento, sem oposição, salvo se agiu de má-fé.

- *Sem correspondência no CC/1916*
- *Arts. 309 e 311, CC*
- *Art. 23, Lei 2.044/1908 (Letra de câmbio e nota promissória)*

Parágrafo único. Pagando, pode o devedor exigir do credor, além da entrega do título, quitação regular.

- *Arts. 319 a 321 e 324, CC*
- *Art. 34, 1ª parte, Dec. 57.595/1966 (Lei Uniforme – Cheque)*
- *Arts. 39, 1ª parte, e 40, 2ª parte, Anexo I, Dec. 57.663/1966 (Lei Uniforme – Letras de câmbio e notas promissórias)*

Art. 902. Não é o credor obrigado a receber o pagamento antes do vencimento do título, e aquele que o paga, antes do vencimento, fica responsável pela validade do pagamento.

- *Sem correspondência no CC/1916*
- *Art. 315, CC*
- *Art. 22, Dec. 2.044/1908 (Letra de câmbio e nota promissória)*

§ 1º No vencimento, não pode o credor recusar pagamento, ainda que parcial.

- *Art. 34, 2ª parte, Dec. 57.595/1966 (Lei Uniforme – Cheque)*
- *Arts. 39, 2ª parte, e 40, 1ª parte, Anexo I, Dec. 57.663/1966 (Lei Uniforme – Letras de câmbio e notas promissórias)*
- *Art. 38, parágrafo único, Lei 7.357/1985 (Lei do Cheque)*

§ 2º No caso de pagamento parcial, em que se não opera a tradição do título, além da quitação em separado, outra deverá ser firmada no próprio título.

Art. 903. Salvo disposição diversa em lei especial, regem-se os títulos de crédito pelo disposto neste Código.

- *Sem correspondência no CC/1916*
- *Arts, 291, 910, § 2º, 1.226, 1.267 e 1.268, CC*
- *Art. 856, CPC/2015*
- *Dec. 177-A/1838 (Emissão de empréstimo em obrigações ao portador – debêntures – das companhias ou sociedades anônimas*
- *Dec. 1.102/1903 (Armazéns Gerais)*
- *Dec. 2.044/1908 (Letra de câmbio e nota promissória)*
- *Dec.-lei 2.627/1940 (Sociedade por ações)*
- *Dec.-lei 2.980/1941 (Serviço de loterias)*
- *Dec.-lei 3.545/1941 (Regula a compra e venda de títulos da dívida pública)*
- *Dec.-lei 6.259/1944 (Serviço de loterias)*

- *Dec.-lei 7.390/1945 (Emissão de obrigações ao portador)*
- *Lei Del. 3/1962 (Altera o Dec. 1.102/1903)*
- *Lei 4.380/1964 (BNH)*
- *Lei 4.728/1965 (Mercado de capitais – Alienação fiduciária)*
- *Dec.-lei 14/1966 (Autoriza bancos privados a emitir certificados de depósito bancário)*
- *Dec.-lei 70/1966 (Associações de poupança e empréstimo e cédula hipotecária)*
- *Dec. 57.595/1966 (Lei Uniforme – Cheques)*
- *Dec. 57.663/1966 (Lei Uniforme – Letras de Câmbio e Notas Promissórias)*
- *Dec.-lei 167/1967 (Títulos de crédito rural)*
- *Dec.-lei 204/1967 (Exploração de loterias)*
- *Lei 5.474/1968 (Duplicata)*
- *Dec.-lei 413/1969 (Títulos de crédito industrial)*
- *Lei 5.709/1971 (Aquisição de imóvel rural por estrangeiro residente no Brasil)*
- *Lei 5.764/1971 (Define a Política Nacional de Cooperativismo e institui o regime jurídico das sociedades cooperativas)*
- *Dec. 74.965/1974 (Regulamenta a lei 5.709/1971)*
- *Lei 6.313/1975 (Títulos de crédito à exportação)*
- *Lei 6.404/1976 (Sociedades por ações)*
- *Lei 6.840/1980 (Títulos de crédito comercial)*
- *Lei 7.357/1985 (Lei do Cheque)*
- *Dec.-lei 2.478/1988 (Letras hipotecárias)*
- *Lei 7.684/1988 (Letras hipotecárias)*
- *Lei 8.088/1990 (Atualização do BNT e dos depósitos de poupança)*
- *Lei 8.929/1994 (Cédula de produto rural)*
- *Dec. 1.240/1994 (Promulga a Convenção Interamericana sobre Conflitos de leis em Matéria de Cheques)*
- *Lei 9.138/1995 (Crédito rural)*
- *Lei 9.514/1997 (Sistema de Financiamento Imobiliário e alienação fiduciária de coisa imóvel)*
- *Lei 9.611/1998 (Transporte multimodial de cargas)*
- *Dec. 3.859/2001 (Títulos da dívida pública imobiliária federal)*
- *Lei 10.931/2004 (Patrimônio de afetação de incorporações imobiliárias, Letra de Crédito Imobiliário, Cédula de Crédito Imobiliário, Cédula de Crédito Bancário)*

CAPÍTULO II – DO TÍTULO AO PORTADOR

Art. 904. A transferência de título ao portador se faz por simples tradição.

- *Sem correspondência no CC/1916*
- *Arts. 291, 910, § 2º, 1.226, 1.227 e 1.268, CC*
- *Art. 672, CC*
- *Lei 8.021/1990 (Identificação do contribuinte para fins fiscais)*

Art. 905. O possuidor de título ao portador tem direito à prestação nele indicada, mediante a sua simples apresentação ao devedor.

- *Correspondência: art. 1.505, CC/1916*
- *Arts. 308 a 312, CC*

Parágrafo único. A prestação é devida ainda que o título tenha entrado em circulação contra a vontade do emitente.

- *Correspondência: art. 1.506, CC/1916*

Art. 906. O devedor só poderá opor ao portador exceção fundada em direito pessoal, ou em nulidade de sua obrigação.

- *Correspondência: art. 1.507, CC/1916*
- *Arts. 281, 915 a 917, § 3º, e 918, § 2º, CC*
- *Art. 51, Dec. 2.044/1908 (Letra de câmbio e nota promissória)*
- *Art. 17, Anexo I, Dec. 57.663/1966 (Lei Uniforme – Letras de Câmbio e Notas Promissórias)*

Art. 907. É nulo o título ao portador emitido sem autorização de lei especial.

- *Correspondência: art. 1.511, caput, CC/1916*
- *Art. 292, CP*

Art. 908. O possuidor de título dilacerado, porém identificável, tem direito a obter do emitente a substituição do anterior, mediante a restituição do primeiro e o pagamento das despesas.

- *Sem correspondência no CC/1916*

Art. 909. O proprietário, que perder ou extraviar título, ou for injustamente desapossado dele, poderá obter novo título em juízo, bem como impedir sejam pagos a outrem capital e rendimentos.

- *Correspondência: art. 1.509, CC/1916*
- *Art. 1.268, CC*
- *Lei 891/1949 (Recuperação de título da dívida pública)*
- *Art. 71, Lei 4.728/1965 (Mercado de capitais – Alienação Fiduciária)*
- *Dec. 83.974/1979 (Resgate de títulos da dívida pública federal ao portador, destruídos, perdidos ou extraviados)*
- *Lei 8.021/1990 (Identificação do contribuinte para fins fiscais)*

Parágrafo único. O pagamento, feito antes de ter ciência da ação referida neste artigo, exonera o devedor, salvo se se provar que ele tinha conhecimento do fato.

CAPÍTULO III – DO TÍTULO À ORDEM

Art. 910. O endosso deve ser lançado pelo endossante no verso ou anverso do próprio título.

- *Sem correspondência no CC/1916*
- *Arts. 920 e 923, CC*
- *Art. 13, Anexo I, Dec. 57.663/1966 (Lei Uniforme – Letras de Câmbio e Notas Promissórias)*

§ 1º Pode o endossante designar o endossatário, e para validade do endosso, dado no verso do título, é suficiente a simples assinatura do endossante.

- *Art. 16, Dec. 57.595/1966 (Lei Uniforme – Cheque)*
- *Art. 13, Anexo I, Dec. 57.663/1966 (Lei Uniforme – Letras de Câmbio e Notas Promissórias)*
- *Art. 19, § 1º, Lei 7.357/1985 (Lei do Cheque)*

§ 2º A transferência por endosso completa-se com a tradição do título.

- *Art. 904, CC*
- *Art. 8º, caput, 1ª parte, Dec. 2.044/1908 (Letra de câmbio e nota promissória)*

§ 3º Considera-se não escrito o endosso cancelado, total ou parcialmente.

- *Art. 19, 2ª parte, Anexo I, Dec. 57.595/1966 (Lei Uniforme – Cheque)*
- *Arts. 12 e 16, 2ª parte, Anexo I, Dec. 57.663/1966 (Lei Uniforme – Letras de Câmbio e Notas Promissórias)*
- *Art. 22, caput, 2ª parte, Lei 7.375/1985 (Lei do Cheque)*

Art. 911. Considera-se legítimo possuidor o portador do título à ordem com série regular e ininterrupta de endossos, ainda que o último seja em branco.

- *Sem correspondência no CC/1916*
- *Art. 19, 1ª parte, Anexo I, Dec. 57.595/1966 (Lei Uniforme – Cheque)*
- *Art. 16, Anexo I, Dec. 57.663/1966 (Lei Uniforme – Letras de Câmbio e Notas Promissórias)*
- *Art. 22, caput, 1ª parte, Lei 7.375/1985 (Lei do Cheque)*

Parágrafo único. Aquele que paga o título está obrigado a verificar a regularidade da série de endossos, mas não a autenticidade das assinaturas.

Art. 912. Considera-se não escrita no endosso qualquer condição a que o subordine o endossante.

- *Sem correspondência no CC/1916*
- *Art. 15, 1ª parte, Anexo I, Dec. 57.595/1966 (Lei Uniforme – Cheque)*
- *Art. 12, 1ª parte, Anexo I, Dec. 57.663/1966 (Lei Uniforme – Letras de Câmbio e Notas Promissórias)*
- *Art. 18, caput, 1ª parte, Lei 7.375/1985 (Lei do Cheque)*

Parágrafo único. É nulo o endosso parcial.

- *Art. 8º, § 3º, Dec. 2.044/1909 (Letra de câmbio e nota promissória)*
- *Art. 15, 1ª parte, Anexo I, Dec. 57.595/1966 (Lei Uniforme – Cheque)*
- *Art. 12, Anexo I, Dec. 57.663/1966 (Lei Uniforme – Letras de Câmbio e Notas Promissórias)*
- *Art. 18, § 1º, 1ª parte, Lei 7.375/1985 (Lei do Cheque)*

Art. 913. O endossatário de endosso em branco pode mudá-lo para endosso em preto, completando-o com o seu nome ou de terceiro; pode endossar novamente o título, em branco ou em preto; ou pode transferi-lo sem novo endosso.

- *Sem correspondência no CC/1916*
- *Art. 17, Anexo I, Dec. 57.595/1966 (Lei Uniforme – Cheque)*
- *Art. 14, Anexo I, Dec. 57.663/1966 (Lei Uniforme – Letras de Câmbio e Notas Promissórias)*
- *Art. 20, Lei 7.375/1985 (Lei do Cheque)*

Art. 914. Ressalvada cláusula expressa em contrário, constante do endosso, não responde o endossante pelo cumprimento da prestação constante do título.

- *Sem correspondência no CC/1916*
- *Art. 18, Anexo I, Dec. 57.595/1966 (Lei Uniforme – Cheque)*
- *Art. 15, Anexo I, Dec. 57.663/1966 (Lei Uniforme – Letras de Câmbio e Notas Promissórias)*
- *Art. 21, Lei 7.375/1985 (Lei do Cheque)*

§ 1º Assumindo responsabilidade pelo pagamento, o endossante se torna devedor solidário.

- *Arts. 275 a 285, CC*

§ 2º Pagando o título, tem o endossante ação de regresso contra os coobrigados anteriores.

- *Art. 125, CPC/2015*

Art. 915. O devedor, além das exceções fundadas nas relações pessoais que tiver com o portador, só poderá opor a este as exceções relativas à forma do título e ao seu conteúdo literal, à falsidade da própria assinatura, a defeito de capacidade ou de representação no momento da subscrição, e à falta de requisito necessário ao exercício da ação.

- *Sem correspondência no CC/1916*
- *Arts. 906, 916, 917, § 3º, e 918, § 2º, CC*
- *Art. 17, Anexo I, Dec. 57.663/1966 (Lei Uniforme – Letras de Câmbio e Notas Promissórias)*

Art. 916. As exceções, fundadas em relação do devedor com os portadores precedentes, somente poderão ser por ele opostas ao portador, se este, ao adquirir o título, tiver agido de má-fé.

- *Sem correspondência no CC/1916*
- *Arts. 906, 916, 917, § 3º, e 918, § 2º, CC*
- *Art. 22, Anexo I, Dec. 57.595/1966 (Lei Uniforme – Cheque)*
- *Art. 17, Anexo I, Dec. 57.663/1966 (Lei Uniforme – Letras de Câmbio e Notas Promissórias)*
- *Art. 25, Lei 7.375/1985 (Lei do Cheque)*

Art. 917. A cláusula constitutiva de mandato, lançada no endosso, confere ao endossatário o exercício dos direitos inerentes ao título, salvo restrição expressamente estatuída.

- *Sem correspondência no CC/1916*

- *Art. 653, CC*
- *Art. 23, Anexo I, Dec. 57.595/1966 (Lei Uniforme – Cheque)*
- *Art. 18, Anexo I, Dec. 57.663/1966 (Lei Uniforme – Letras de Câmbio e Notas Promissórias)*
- *Art. 26, Lei 7.375/1985 (Lei do Cheque)*

§ 1º O endossatário de endosso-mandato só pode endossar novamente o título na qualidade de procurador, com os mesmos poderes que recebeu.

§ 2º Com a morte ou a superveniente incapacidade do endossante, não perde eficácia o endosso-mandato.

§ 3º Pode o devedor opor ao endossatário de endosso-mandato somente as exceções que tiver contra o endossante.

- *Arts. 906, 915, 916 e 918, § 2º, CC*

Art. 918. A cláusula constitutiva de penhor, lançada no endosso, confere ao endossatário o exercício dos direitos inerentes ao título.

- *Sem correspondência no CC/1916*
- *Art. 1.458, CC*
- *Art. 19, Anexo I, Dec. 57.663/1966 (Lei Uniforme – Letras de Câmbio e Notas Promissórias)*

§ 1º O endossatário de endosso-penhor só pode endossar novamente o título na qualidade de procurador.

§ 2º Não pode o devedor opor ao endossatário de endosso-penhor as exceções que tinha contra o endossante, salvo se aquele tiver agido de má-fé.

- *Arts. 550 a 553, CPC/2015*

Art. 919. A aquisição de título à ordem, por meio diverso do endosso, tem efeito de cessão civil.

- *Sem correspondência no CC/1916*
- *Arts. 286 a 298, CC*

Art. 920. O endosso posterior ao vencimento produz os mesmos efeitos do anterior.

- *Sem correspondência no CC/1916*
- *Art. 8º, § 2º, Dec. 2.044/1908 (Letra de câmbio e nota promissória)*
- *Art. 24, 1ª parte, Anexo I, Dec. 57.595/1966 (Lei Uniforme – Cheque)*
- *Art. 20, Anexo I, Dec. 57.663/1966 (Lei Uniforme – Letras de Câmbio e Notas Promissórias)*

CAPÍTULO IV – DO TÍTULO NOMINATIVO

Art. 921. É título nominativo o emitido em favor de pessoa cujo nome conste no registro do emitente.

- *Sem correspondência no CC/1916*

Art. 922. Transfere-se o título nominativo mediante termo, em registro do emitente, assinado pelo proprietário e pelo adquirente.

- *Sem correspondência no CC/1916*

Art. 923. O título nominativo também pode ser transferido por endosso que contenha o nome do endossatário.

- *Sem correspondência no CC/1916*
- *Art. 910, CC*

§ 1º A transferência mediante endosso só tem eficácia perante o emitente, uma vez feita a competente averbação em seu registro, podendo o emitente exigir do endossatário que comprove a autenticidade da assinatura do endossante.

§ 2º O endossatário, legitimado por série regular e ininterrupta de endossos, tem o direito de obter a averbação no registro do emitente, comprovada a autenticidade das assinaturas de todos os endossantes.

§ 3º Caso o título original contenha o nome do primitivo proprietário, tem direito o adquirente a obter do emitente novo título, em seu nome, devendo a emissão do novo título constar no registro do emitente.

Art. 924. Ressalvada proibição legal, pode o título nominativo ser transformado em à ordem ou ao portador, a pedido do proprietário e à sua custa.

- *Sem correspondência no CC/1916*
- *Arts. 904 a 920, CC*
- *Lei 8.021/1990 (Identificação do contribuinte para fins fiscais)*

Art. 925. Fica desonerado de responsabilidade o emitente que de boa-fé fizer a transferência pelos modos indicados nos artigos antecedentes.

- *Sem correspondência no CC/1916*

Art. 926. Qualquer negócio ou medida judicial, que tenha por objeto o título, só produz efeito perante o emitente ou terceiros, uma vez feita a competente averbação no registro do emitente.

- *Sem correspondência no CC/1916*

TÍTULO IX – DA RESPONSABILIDADE CIVIL

CAPÍTULO I – DA OBRIGAÇÃO DE INDENIZAR

Art. 927. Aquele que, por ato ilícito (arts. 186 e 187), causar dano a outrem, fica obrigado a repará-lo.

- *Correspondência: art. 159, CC/1916*
- *Arts. 5º, V, X e LXXC, e 37, § 6º, CF*
- *Arts. 43, 186 a 188, 206, § 3º, V, 475 a 477, 612, 613, 617, 734, 784, 944 a 954 e 1.942, CC*
- *Arts. 81, 143, 161, 302 e 718, CPC/2015*
- *Art. 91, I, CP*
- *Art. 64, CPP*
- *Art. 54, § 3º, Dec.-lei 7.661/1945 (Lei de Falências); e art. 136, § 2º, Lei 11.101/2005 (Lei de Recuperação de Empresas e Falência)*
- *Súmulas 28, 161, 229, 491, 492 e 562, STF*
- *Súmulas 37, 43, 130, 145, 186, 227, 388 e 403, STJ*

Parágrafo único. Haverá obrigação de reparar o dano, independentemente de culpa, nos casos especificados em lei, ou quando a atividade normalmente desenvolvida pelo autor do dano implicar, por sua natureza, risco para os direitos de outrem.

- *Sem correspondência no CC/1916*
- *Arts. 81, 143, 161, 302 e 718, CPC/2015*
- *Dec. 2.681/1912 (Responsabilidade civil das estradas de ferro)*
- *Dec.-lei 3.415/1941 (Prisão administrativa, depósito e guarda dos bens apreendidos aos acusados de crime contra a Fazenda Nacional)*
- *Art. 243, Lei 4.737/1965 (Código Eleitoral)*
- *Dec. 61.867/1967 (Regulamenta os seguros obrigatórios previsto no art. 20 do Dec.-lei 73/1966)*
- *Arts. 21, 28, 30 e 246, Lei 6.015/1973 (Lei de Registros Públicos)*
- *Arts. 10, 97, 159 e 244, Lei 6.404/1976 (Sociedades por ações)*
- *Lei 6.453/1977 (Responsabilidade civil por danos nucleares)*
- *Dec. 79.437/1977 (Promulga a Convenção Internacional sobre Responsabilidade Civil em Danos Causados por Poluição por Óleo)*
- *Art. 49, LC 35/1979 (Lei Orgânica da Magistratura Nacional)*
- *Dec. 83.540/1979 (Regulamenta a aplicação da Convenção Internacional sobre Responsabilidade Civil em Danos Causados por Poluição de Óleo)*
- *Lei 7.195/1984 (Responsabilidade civil das agências de empregados)*
- *Lei 7.347/1985 (Ação civil pública de responsabilidade por danos ao meio ambiente, ao consumidor, a bens e direitos de valor artístico, estético, histórico, turístico e paisagístico)*
- *Lei 7.565/1986 (Código Brasileiro de Aeronáutica)*
- *Art. 1º, § 3º, Dec. 93.240/1986 (Regulamenta a Lei 7.433/1985, sobre os requisitos para a lavratura de escrituras públicas)*
- *Art. 101, Lei 8.078/1990 (Código de Defesa do Consumidor)*
- *Arts. 121 a 126, Lei 8.112/1990 (Regime jurídico único dos servidores públicos civis da União)*
- *Lei 8.429/1992 (Sanções aplicáveis aos agentes públicos em caso de enriquecimento ilícito)*
- *Dec. 911/1993 (Promulga a Convenção de Viena sobre Responsabilidade Civil por Danos Nucleares)*
- *Arts. 22 a 24, Lei 8.935/1994 (Serviços notariais e de registro)*
- *Art. 21, Lei 9.263/1996 (Planejamento Familiar)*
- *Art. 25, Lei 9.966/2000 (Prevenção, controle e fiscalização da poluição por óleo em águas)*
- *Arts. 8º e 11, Dec. 3.724/2001 (Regulamenta o art. 6º da LC 105/2001, sobre requisição, acesso e uso, pela SRF, de informações referentes a operações e serviços das instituições financeiras)*
- *Art. 80, Dec. 4.954/2004 (Regulamenta a Lei 6.894/1980, sobre inspeção e fiscalização da produção e do comércio de fertilizantes, corretivos, inoculantes ou biofertilizantes destinados à agricultura)*
- *Súmulas 28, 492 e 562, STF*
- *Súmulas 37, 43, 186 e 227, STJ*

Art. 928. O incapaz responde pelos prejuízos que causar, se as pessoas por ele responsáveis não tiverem obrigação de fazê-lo ou não dispuserem de meios suficientes.

- *Sem correspondência no CC/1916*
- *Arts. 3º e 4º, CC*
- *Arts. 72, I e 50, CPC/2015*

Parágrafo único. A indenização prevista neste artigo, que deverá ser equitativa, não terá lugar se privar do necessário o incapaz ou as pessoas que dele dependem.

Art. 929. Se a pessoa lesada, ou o dono da coisa, no caso do inciso II do art. 188, não forem culpados do perigo, assistir-lhes-á direito à indenização do prejuízo que sofreram.

- *Correspondência: art. 1.519, CC/1916*
- *Arts. 186, 188, II, e 927, parágrafo único, CC*
- *Art. 65, CPP*

Art. 930. No caso do inciso II do art. 188, se o perigo ocorrer por culpa de terceiro, contra este terá o autor do dano ação regressiva para haver a importância que tiver ressarcido ao lesado.

- *Correspondência: art. 1.520, CC/1916*
- *Arts. 186, 188, II, 735 e 927, parágrafo único, CC*
- *Art. 125, CPC/2015*

Parágrafo único. A mesma ação competirá contra aquele em defesa de quem se causou o dano (art. 188, inciso I).

- *Art. 125, CPC/2015*

Art. 931. Ressalvados outros casos previstos em lei especial, os empresários individuais e as empresas respondem independentemente de culpa pelos danos causados pelos produtos postos em circulação.

- *Sem correspondência no CC/1916*
- *Art. 186, CC*
- *Arts. 6º, VI e VII, 7º, parágrafo único, 8º a 28 e 35, III, Lei 8.078/1990 (Código de Defesa do Consumidor)*

Art. 932. São também responsáveis pela reparação civil:

- *Correspondência: art. 1.521, CC/1916*
- *Arts. 160, 225, 313, 319 a 321, 334, 561 e 568, CPC/2015*
- *Art. 64, CPP*

I – os pais, pelos filhos menores que estiverem sob sua autoridade e em sua companhia;

- *Art. 928, CC*
- *Art.l 116, Lei 8.069/1990 (Estatuto da Criança e do Adolescente)*

II – o tutor e o curador, pelos pupilos e curatelados, que se acharem nas mesmas condições;

- *Art. 928, CC*

III – o empregador ou comitente, por seus empregados, serviçais e prepostos, no exercício do trabalho que lhes competir, ou em razão dele;

- *Art. 37, § 6º, CF*
- *Arts. 149 e 927, parágrafo único, CC*
- *Súmula 341, STF*

IV – os donos de hotéis, hospedarias, casas ou estabelecimentos onde se albergue por dinheiro, mesmo para fins de educação, pelos seus hóspedes, moradores e educandos;

- *Arts. 647 a 650, CC*

V – os que gratuitamente houverem participado nos produtos do crime, até a concorrente quantia.

Art. 933. As pessoas indicadas nos incisos I a V do artigo antecedente, ainda que não haja culpa de sua parte, responderão pelos atos praticados pelos terceiros ali referidos.

- *Correspondência: art. 1.523, CC/1916*
- *Arts. 186, 1.175, 1.177 e 1.178, CC*

Art. 934. Aquele que ressarcir o dano causado por outrem pode reaver o que houver pago daquele por quem pagou, salvo se o causador do dano for descendente seu, absoluta ou relativamente incapaz.

- *Correspondência: art. 1.524, CC/1916*
- *Arts. 3º, 4º, 186, 304 a 307, 928 e 942, parágrafo único, CC*
- *Art. 125, CPC/2015*

Art. 935. A responsabilidade civil é independente da criminal, não se podendo questionar mais sobre a existência do fato, ou sobre quem seja o seu autor, quando estas questões se acharem decididas no juízo criminal.

- *Correspondência: art. 1.525, CC/1916*
- *Arts. 315 e 313, IV, a, CPC/2015*
- *Arts. 63 a 68, CP*
- *Arts. 63 a 67 e 92 a 94, CPP*
- *Súmula 18, STJ*

Art. 936. O dono, ou detentor, do animal ressarcirá o dano por este causado, se não provar culpa da vítima ou força maior.

- *Correspondência: art. 1.527, CC/1916*
- *Arts. 186, 393, parágrafo único, 945 e 1.297, § 3º, CC*
- *Art. 31, Dec.-lei 3.688/1941 (Lei das Contravenções Penais)*

Art. 937. O dono de edifício ou construção responde pelos danos que resultarem de sua ruína, se esta provier de falta de reparos, cuja necessidade fosse manifesta.

- *Correspondência: art. 1.528, CC/1916*
- *Arts. 186, 393, 618 e 1.280, CC*

Art. 938. Aquele que habitar prédio, ou parte dele, responde pelo dano proveniente das coisas que dele caírem ou forem lançadas em lugar indevido.

- *Correspondência: art. 1.529, CC/1916*
- *Art. 932, IV, CC*

Art. 939. O credor que demandar o devedor antes de vencida a dívida, fora dos casos em que a lei o permita, ficará obrigado a esperar o tempo que faltava para o vencimento, a descontar os juros correspondentes, embora estipulados, e a pagar as custas em dobro.

- *Correspondência: art. 1.530, CC/1916*
- *Arts. 331 a 333, 941, 1.425 e 1.465, CC*
- *Arts. 79 a 81, CPC/2015*
- *Art. 32, parágrafo único, Lei 8.906/1994 (Estatuto da Advocacia e da OAB)*

Art. 940. Aquele que demandar por dívida já paga, no todo ou em parte, sem ressalvar as quantias recebidas ou pedir mais do que for devido, ficará obrigado a pagar ao devedor, no primeiro caso, o dobro do que houver cobrado e, no segundo, o equivalente do que dele exigir, salvo se houver prescrição.

- *Correspondência: art. 1.531, CC/1916*
- *Art. 941, CC*
- *Arts. 79 a 81 e 776, CPC/2015*
- *Art. 42, parágrafo único, Lei 8.078/1990 (Código de Defesa do Consumidor)*
- *Art. 32, parágrafo único, Lei 8.906/1994 (Estatuto da Advocacia e da OAB)*
- *Súmula 159, STF*

Art. 941. As penas previstas nos arts. 939 e 940 não se aplicarão quando o autor desistir da ação antes de contestada a lide, salvo ao réu o direito de haver indenização por algum prejuízo que prove ter sofrido.

- *Correspondência: art. 1.532, CC/1916*
- *Arts. 186 e 402 a 404, CC*
- *Art. 485, VIII e § 4º, e 775, parágrafo único, CPC/2015*

Art. 942. Os bens do responsável pela ofensa ou violação do direito de outrem ficam sujeitos à reparação do dano causado; e, se a ofensa tiver mais de um autor, todos responderão solidariamente pela reparação.

- *Correspondência: art. 1.518, CC/1916*
- *Arts. 5º, V, X, LXXV, e 37, § 6º, CF*
- *Arts. 275 a 285, 391, 932, 1.659, IV, e 1.668, V, CC*
- *Art. 789, CPC/2015*

Parágrafo único. São solidariamente responsáveis com os autores os co-autores e as pessoas designadas no art. 932.

Art. 943. O direito de exigir reparação e a obrigação de prestá-la transmitem-se com a herança.

- *Correspondência: art. 1.526, CC/1916*
- *Arts. 12, parágrafo único, 20, 186, 787, 1.792, 1.821 e 1.997, CC*
- *Art. 75, VII, CPC/2015*
- *Súmula 642, STJ*

CAPÍTULO II – DA INDENIZAÇÃO

Art. 944. A indenização mede-se pela extensão do dano.

- *Sem correspondência no CC/1916*
- *Arts. 82, 84 e 85, CPC/2015*
- *Art. 54, § 3º, Dec.-lei 7.661/1945 (Lei de Falências); e art. 136, § 2º, Lei 11.101/2005 (Lei de Recuperação de Empresas e Falência)*
- *Súmula 37, STJ*

Parágrafo único. Se houver excessiva desproporção entre a gravidade da culpa e o dano, poderá o juiz reduzir, equitativamente, a indenização.

- *Arts. 884 a 886, CC*

Art. 945. Se a vítima tiver concorrido culposamente para o evento danoso, a sua indenização será fixada tendo-se em conta a gravidade de sua culpa em confronto com a do autor do dano.

- *Sem correspondência no CC/1916*
- *Arts. 738, parágrafo único, e 936, CC*

Art. 946. Se a obrigação for indeterminada, e não houver na lei ou no contrato disposição fixando a indenização devida pelo inadimplente, apurar-se-á o valor das perdas e danos na forma que a lei processual determinar.

- *Correspondência: art. 1.553, CC/1916*
- *Arts. 402 a 405 e 408 a 416, CC*

Art. 947. Se o devedor não puder cumprir a prestação na espécie ajustada, substituir-se-á pelo seu valor, em moeda corrente.

- *Correspondência: art. 1.534, CC/1916*
- *Arts. 234, 240, 244, 248 e 249, CC*
- *Arts. 809, 816 e 823, CPC/2015*

Art. 948. No caso de homicídio, a indenização consiste, sem excluir outras reparações:

- *Correspondência: art. 1.537, CC/1916*
- *Art. 245, CF*
- *Arts. 186, 202, § 2º, 945, 951e 1.649 a 1.707, CC*

I – no pagamento das despesas com o tratamento da vítima, seu funeral e o luto da família;

II – na prestação de alimentos às pessoas a quem o morto os devia, levando-se em conta a duração provável da vida da vítima.

- *Arts. 1.649 a 1.710, CC*
- *Súmulas 490, 491 e 493, STF*

Art. 949. No caso de lesão ou outra ofensa à saúde, o ofensor indenizará o ofendido das despesas do tratamento e dos lucros cessantes até ao fim da convalescença, além de algum outro prejuízo que o ofendido prove haver sofrido.

- *Correspondência: art. 1.538, caput, CC/1916*
- *Arts. 402 e 951, CC*
- *Súmulas 37 e 387, STJ*

Art. 950. Se da ofensa resultar defeito pelo qual o ofendido não possa exercer o seu ofício ou profissão, ou se lhe diminua a capacidade de trabalho, a indenização, além das despesas do tratamento e lucros cessantes até ao fim da convalescença, incluirá pensão correspondente à importância do trabalho para que se inabilitou, ou da depreciação que ele sofreu.

- *Correspondência: art. 1.539, CC/1916*
- *Arts. 186 e 951, CC*
- *Súmulas 490 e 493, STF*

Parágrafo único. O prejudicado, se preferir, poderá exigir que a indenização seja arbitrada e paga de uma só vez.

- *Sem correspondência no CC/1916*

Art. 951. O disposto nos arts. 948, 949 e 950 aplica-se ainda no caso de indenização devida por aquele que, no exercício de atividade profissional, por negligência, imprudência ou imperícia, causar a morte do paciente, agravar-lhe o mal, causar-lhe lesão, ou inabilitá-lo para o trabalho.

- *Correspondência: art. 1.545, CC/1916*
- *Arts. 932, III, 993 e 942, parágrafo único, CC*
- *Lei 6.437/1977 (Infrações à legislação sanitária federal)*
- *Arts. 14, § 1º, e 17, Lei 8.078/1990 (Código de Defesa do Consumidor)*
- *Lei 9.421/1997 (Obrigatoriedade da manutenção de Programa de Controle de Infecções Hospitalares pelos Hospitais)*
- *Súmula 341, STF*
- *Súmula 37, STJ*

Art. 952. Havendo usurpação ou esbulho do alheio, além da restituição da coisa, a indenização consistirá em pagar o valor das suas deteriorações e o devido a título de lucros cessantes; faltando a coisa, dever-se-á reembolsar o seu equivalente ao prejudicado.

- *Correspondência: art. 1.541, CC/1916*
- *Arts. 947, 1.210 e 1.228, CC*
- *Arts. 555, I, 556 e 560, CPC/2015*
- *Arts. 161 e 162, CP*
- *Súmula 562, STF*

Parágrafo único. Para se restituir o equivalente, quando não exista a própria coisa, estimar-se-á ela pelo seu preço ordinário e pelo de afeição, contanto que este não se avantaje àquele.

- *Correspondência: art. 1.543, CC/1916*
- *Súmula 37, STJ*

Art. 953. A indenização por injúria, difamação ou calúnia consistirá na reparação do dano que delas resulte ao ofendido.

- *Correspondência: art. 1.547, CC/1916*
- *Art. 5º, C e X, CF*
- *Arts. 138 a 145, CP*
- *Arts. 52 a 72, Lei 4.117/1962 (Código Brasileiro de Telecomunicações)*
- *Art. 243, IX e §§ 1º a 3º, Lei 4.737/1965 (Código Eleitoral)*
- *Art. 108, Lei 9.610/1998 (Direitos Autorais)*
- *Súmula 562, STF*
- *Súmula 37, STJ*

Parágrafo único. Se o ofendido não puder provar prejuízo material, caberá ao juiz fixar, equitativamente, o valor da indenização, na conformidade das circunstâncias do caso.

Art. 954. A indenização por ofensa à liberdade pessoal consistirá no pagamento das perdas e danos que sobrevierem ao ofendido, e se este não puder provar prejuízo, tem aplicação o disposto no parágrafo único do artigo antecedente.

- *Correspondência: art. 1.550, CC/1916*
- *Arts. 5º, XV a XVII e LXXV, e 37, § 6º, CF*
- *Arts. 12 e 402 a 405, CC*
- *Súmula 37, STJ*

Parágrafo único. Consideram-se ofensivos da liberdade pessoal:

- *Correspondência: art. 1.551, CC/1916*

I – o cárcere privado;

- *Art. 148, CP*

II – a prisão por queixa ou denúncia falsa e de má-fé;

- *Arts. 339 e 340, CP*

III – a prisão ilegal.

- *Art. 5º, LXV, CF*

TÍTULO X – DAS PREFERÊNCIAS E PRIVILÉGIOS CREDITÓRIOS

Art. 955. Procede-se à declaração de insolvência toda vez que as dívidas excedam à importância dos bens do devedor.

- *Correspondência: art. 1.554, CC/1916*
- *Arts. 373, I, e 1.052, CPC/2015*

Art. 956. A discussão entre os credores pode versar quer sobre a preferência entre eles disputada, quer sobre a nulidade, simulação, fraude, ou falsidade das dívidas e contratos.

- *Correspondência: art. 1.555, CC/1916*
- *Arts. 158 a 184 e 958, CC*
- *Art. 1.052, CPC/2015*
- *Art. 185, CTN*

Art. 957. Não havendo título legal à preferência, terão os credores igual direito sobre os bens do devedor comum.

- *Correspondência: art. 1.556, CC/1916*
- *Art. 958, CC*

Art. 958. Os títulos legais de preferência são os privilégios e os direitos reais.

- *Correspondência: art. 1.557, CC/1916*
- *Arts. 964, 965, 1.225 a 1.227 e 1.422, CC*
- *Arts. 186 a 192, CTN*
- *Art. 449, § 1º, CLT*
- *Art. 102, caput e § 1º, Dec.-lei 7.661/1945 (Lei de Falências); e art. 83, caput, Lei 11.101/2005 (Lei de Recuperação de Empresas e Falência)*
- *Arts. 4º, § 4º, e 29, Lei 6.830/1980 (Cobrança judicial da dívida ativa da Fazenda Pública)*

Art. 959. Conservam seus respectivos direitos os credores, hipotecários ou privilegiados:

- *Correspondência: art. 1.558, CC/1916*
- *Arts. 960 e 1.425, § 1º, CC*

I – sobre o preço do seguro da coisa gravada com hipoteca ou privilégio, ou sobre a indenização devida, havendo responsável pela perda ou danificação da coisa;

- *Arts. 785 e 1.425, IV, CC*

II – sobre o valor da indenização, se a coisa obrigada a hipoteca ou privilégio for desapropriada.

- *Art. 1.425, V, CC*
- *Dec.-lei 3.365/1941 (Desapropriações por utilidade pública)*

Art. 960. Nos casos a que se refere o artigo antecedente, o devedor do seguro, ou da indenização, exonera-se pagando sem oposição dos credores hipotecários ou privilegiados.

- *Correspondência: art. 1.559, CC/1916*

Art. 961. O crédito real prefere ao pessoal de qualquer espécie; o crédito pessoal privilegiado, ao simples; e o privilégio especial, ao geral.

- *Correspondência: art. 1.560, CC/1916*
- *Arts. 963, 1.419, 1.422 e 1.509, § 1º, CC*
- *Art. 102, Dec.-lei 7.661/1945 (Lei de Falências); e art. 83, Lei 11.101/2005 (Lei de Recuperação de Empresas e Falência)*

Art. 962. Quando concorrerem aos mesmos bens, e por título igual, dois ou mais credores da mesma classe especialmente privilegiados, haverá entre eles rateio proporcional ao valor dos respectivos créditos, se o produto não bastar para o pagamento integral de todos.

- *Correspondência: art. 1.562, CC/1916*
- *Art. 908, CPC/2015*

Art. 963. O privilégio especial só compreende os bens sujeitos, por expressa disposição de lei, ao pagamento do crédito que ele favorece; e o geral, todos os bens não sujeitos a crédito real nem a privilégio especial.

- *Correspondência: art. 1.565, CC/1916*
- *Arts. 964 e 965, CC*

Art. 964. Têm privilégio especial:

- *Correspondência: art. 1.566, CC/1916*
- *Art. 102, § 2º, Dec.-lei 7.661/1945 (Lei de Falências); e art. 83, IV, a, Lei 11.101/2005 (Lei de Recuperação de Empresas e Falência)*
- *Arts. 28, 45 e 53, Dec.-lei 167/1967 (Títulos de crédito rural)*
- *Art. 17, Dec.-lei 413/1969 (Títulos de crédito industrial)*
- *Dec.-lei 496/1969 (Aeronaves de empresas em liquidação, falência ou concordata)*
- *Art. 189, Lei 7.656/1986 (Código Brasileiro de Aeronáutica)*
- *Art. 24, Lei 8.906/1994 (Estatuto da Advocacia e da OAB)*

I – sobre a coisa arrecadada e liquidada, o credor de custas e despesas judiciais feitas com a arrecadação e liquidação;

II – sobre a coisa salvada, o credor por despesas de salvamento;

- *Art. 13, Lei 7.203/1984 (Salvamento de embarcação)*

III – sobre a coisa beneficiada, o credor por benfeitorias necessárias ou úteis;

- *Art. 96, §§ 2º e 3º, e 1.219, CC*

IV – sobre os prédios rústicos ou urbanos, fábricas, oficinas, ou quaisquer outras construções, o credor de materiais, dinheiro, ou serviços para a sua edificação, reconstrução, ou melhoramento;

V – sobre os frutos agrícolas, o credor por sementes, instrumentos e serviços à cultura, ou à colheita;

VI – sobre as alfaias e utensílios de uso doméstico, nos prédios rústicos ou urbanos, o credor de aluguéis, quanto às prestações do ano corrente e do anterior;

VII – sobre os exemplares da obra existente na massa do editor, o autor dela, ou seus legítimos representantes, pelo crédito fundado contra aquele no contrato da edição;

- *Lei 9.610/1998 (Direitos autorais)*

VIII – sobre o produto da colheita, para a qual houver concorrido com o seu trabalho, e precipuamente a quaisquer outros créditos, ainda que reais, o trabalhador agrícola, quanto à dívida dos seus salários.

IX – sobre os produtos do abate, o credor por animais.

- *Incluído pela Lei nº 13.176, de 2015*

Art. 965. Goza de privilégio geral, na ordem seguinte, sobre os bens do devedor:

- *Correspondência: art. 1.569, CC/1916*
- *Art. 102, § 3º, Dec.-lei 7.661/1945 (Lei de Falências); e art. 83, V, Lei 11.101/2005 (Lei de Recuperação de Empresas e Falência)*
- *Art. 126, Dec.-lei 7.661/1945 (Lei de Falências); sem correspondência na Lei 11.101/2005 (Lei de Recuperação de Empresas e Falência)*

I – o crédito por despesa de seu funeral, feito segundo a condição do morto e o costume do lugar;

- *Correspondência: art. 1.569, I, CC/1916*

- *Art. 1.998, CC*

II – o crédito por custas judiciais, ou por despesas com a arrecadação e liquidação da massa;

- *Correspondência: art. 1.569, II, CC/1916*

III – o crédito por despesas com o luto do cônjuge sobrevivo e dos filhos do devedor falecido, se foram moderadas;

- *Correspondência: art. 1.569, III, CC/1916*

IV – o crédito por despesas com a doença de que faleceu o devedor, no semestre anterior à sua morte;

- *Correspondência: art. 1.569, IV, CC/1916*

V – o crédito pelos gastos necessários à mantença do devedor falecido e sua família, no trimestre anterior ao falecimento;

- *Correspondência: art. 1.569, V, CC/1916*

VI – o crédito pelos impostos devidos à Fazenda Pública, no ano corrente e no anterior;

- *Correspondência: art. 1.569, VI, CC/1916*
- *Art. 186, CTN*

VII – o crédito pelos salários dos empregados do serviço doméstico do devedor, nos seus derradeiros seis meses de vida;

- *Correspondência: art. 1.569, VII CC/1916*
- *Art. 186, CTN*

VIII – os demais créditos de privilégio geral.

- *Sem correspondência no CC/1916*

LIVRO II – DO DIREITO DE EMPRESA

TÍTULO I – DO EMPRESÁRIO

CAPÍTULO I – DA CARACTERIZAÇÃO E DA INSCRIÇÃO

Art. 966. Considera-se empresário quem exerce profissionalmente atividade econômica organizada para a produção ou a circulação de bens ou de serviços.

- *Sem correspondência no CC/1916*
- *Arts. 972 a 985, 1.156, 1.163 a 1.168, 2.031 e 2.037, CC*
- *Art. 1º, Lei 11.101/2005 (Lei de Recuperação de Empresas e Falência); sem correspondência do Dec.-lei 7.661/1945 (Lei de Falências)*

Parágrafo único. Não se considera empresário quem exerce profissão intelectual, de natureza científica, literária ou artística, ainda com o concurso de auxiliares ou colaboradores, salvo se o exercício da profissão constituir elemento de empresa.

- *Arts. 5º, X, e 53, Lei 9.610/1998 (Direitos autorais)*

Art. 967. É obrigatória a inscrição do empresário no Registro Público de Empresas Mercantis da respectiva sede, antes do início de sua atividade.

- *Sem correspondência no CC/1916*
- *Arts. 107, 111 a 121, 590, 592, 610, 612, 614, 615, 617, 652, 740 e 741, CPC/2015*
- *Art. 75, § 2º, CPC/2015*
- *Arts. 9ª, III, a, e 159, III, Dec.-lei 7.661/1945 (Lei de Falências); e arts. 51, V, e 97, § 1º, Lei 11.101/2005 (Lei de Recuperação de Empresas e Falência)*
- *Arts. 140, I, e 159, § 1º, Dec.-lei 7.661/1945 (Lei de Falências); sem correspondência na Lei 11.101/2005 (Lei de Recuperação de Empresas e Falência)*
- *Arts. 7º e 8º, Lei 4.728/1965 (Mercado de capitais – alienação fiduciária)*
- *Art. 72, Dec.-lei 73/1966 (Sistema Nacional de Seguros Privados)*
- *Dec. 60.459/1967 (Regulamenta o Dec.-lei 73/1966)*
- *Arts. 2º, 32 e 43, Lei 8.934/1994 (Registro público de Empresas Mercantis e Atividades Afins)*
- *Dec. 1.800/1996 (Regulamenta a Lei 8.931/1994)*
- *Art. 104, I, b, Lei 11.101/2005 (Lei de Recuperação de Empresas e Falência); sem correspondência do Dec.-lei 7.661/1945 (Lei de Falências)*

Art. 968. A inscrição do empresário far-se-á mediante requerimento que contenha:

- *Sem correspondência no CC/1916*
- *Art. 971, CC*

I – o seu nome, nacionalidade, domicílio, estado civil e, se casado, o regime de bens;

- *Arts. 16 a 19, 70 a 74, 78, 977 a 980, 1.163 e 1.639 a 1.688, CC*

II - a firma, com a respectiva assinatura autógrafa que poderá ser substituída pela assinatura autenticada com certificação digital ou meio equivalente que comprove a sua autenticidade, ressalvado o disposto no inciso I do § 1º do art. 4º da Lei Complementar nº 123, de 14 de dezembro de 2006.

- *Redação dada pela Lei Complementar nº 147, de 2014*

III – o capital;

IV – o objeto e a sede da empresa.

- *Art. 75, IV e §§ 1º e 2º, CC*
- *Arts. 35, II, III, V, VII, VIII, 36, 37, Lei 8.934/1994 (Registro Público de Empresas Mercantis e Atividades Afins)*
- *Arts. 32, 34, 41 a 44, 46 e 53, Dec. 1.800/1994 (Regulamenta a Lei 8.934/1995)*

§ 1º Com as indicações estabelecidas neste artigo, a inscrição será tomada por termo no livro próprio do Registro Público de Empresas Mercantis, e obedecerá a número de ordem contínuo para todos os empresários inscritos.

§ 2º À margem da inscrição, e com as mesmas formalidades, serão averbadas quaisquer modificações nela ocorrentes.

- *Arts. 976, 977, 979, 980, 999, parágrafo único, 1.003, parágrafo único, 1.012, 1.032, 1.048, 1.057, parágrafo único, 1.063, §§ 2º e 3º, 1.083, 1.084, § 3º, 1.086, 1.102, parágrafo único, 1.113, 1.121, 1.131, 1.136, 1.138, parágrafo único, 1.141, § 3º, 1.144 e 1.174, CC*

§ 3º Caso venha a admitir sócios, o empresário individual poderá solicitar ao Registro Público de Empresas Mercantis a transformação de seu registro de empresário para registro de sociedade empresária, observado, no que couber, o disposto nos arts. 1.113 a 1.115 deste Código.

- *§ 3º acrescentado pela LC 128/2008*

§ 4º O processo de abertura, registro, alteração e baixa do microempreendedor individual de que trata o art. 18-A da Lei Complementar nº 123, de 14 de dezembro de 2006, bem como qualquer exigência para o início de seu funcionamento deverão ter trâmite especial e simplificado, preferentemente eletrônico, opcional para o empreendedor, na forma a ser disciplinada pelo Comitê para Gestão da Rede Nacional para a Simplificação do Registro e da Legalização de Empresas e Negócios – CGSIM, de que trata o inciso III do art. 2º da mesma Lei.

- *§ 4º acrescentado pela LC 12.470/2011*

§ 5º Para fins do disposto no § 4º, poderão ser dispensados o uso da firma, com a respectiva assinatura autógrafa, o capital, requerimentos, demais assinaturas, informações relativas à nacionalidade, estado civil e regime de bens, bem como remessa de documentos, na forma estabelecida pelo CGSIM.

- *§ 5º acrescentado pela LC 12.470/2011*

Art. 969. O empresário que instituir sucursal, filial ou agência, em lugar sujeito à jurisdição de outro Registro Público de Empresas Mercantis, neste deverá também inscrevê-la, com a prova da inscrição originária.

- *Sem correspondência no CC/1916*
- *Art. 1.000, CC*

Parágrafo único. Em qualquer caso, a constituição do estabelecimento secundário deverá ser averbada no Registro Público de Empresas Mercantis da respectiva sede.

Art. 970. A lei assegurará tratamento favorecido, diferenciado e simplificado ao empresário rural e ao pequeno empresário, quanto à inscrição e aos efeitos daí decorrentes.

- *Sem correspondência no CC/1916*
- *Arts. 170, IX, e 179, CF*
- *Art. 1.179, § 2º, CC*
- *Lei 4.504/1964 (Estatuto da Terra)*
- *Lei 4.829/1965 (Crédito rural)*
- *Dec. 58.380/1966 (Regulamenta o crédito rural)*
- *Lei 5.868/1972 (Sistema Nacional de Cadastro Rural)*
- *Dec. 72.106/1973 (Regulamenta a Lei 5.868/1972)*
- *LC 48/1984 (Isenção do ICM e do ISS à microempresa)*
- *Lei 8.171/1991 (Política agrícola)*
- *Lei 8.174/1991 (Princípios de política agrícola)*
- *Dec. 235/1991 (Regulamenta o disposto no art. 4º da Lei 8.174/1991)*
- *Lei 19.194/2001 (Sociedades de crédito ao microempreendedor)*
- *Art. 68, CL 123/2006 (Supersimples)*

Art. 971. O empresário, cuja atividade rural constitua sua principal profissão, pode, observadas as formalidades de que tratam o art. 968 e seus parágrafos, requerer inscrição no Registro Público de Empresas Mercantis da respectiva sede, caso em que, depois de inscrito, ficará equiparado, para todos os efeitos, ao empresário sujeito a registro.

- *Sem correspondência no CC/1916*
- *Arts. 984 e 1.150 a 1.154, CC*

Parágrafo único. Aplica-se o disposto no caput deste artigo à associação que desenvolva atividade futebolística em caráter habitual e profissional, caso em que, com a inscrição, será considerada empresária, para todos os efeitos.

- *Parágrafo único acrescido pela Lei nº 14.193, de 6/8/2021*

CAPÍTULO II – DA CAPACIDADE

Art. 972. Podem exercer a atividade de empresário os que estiverem em pleno gozo da capacidade civil e não forem legalmente impedidos.

- *Sem correspondência no CC/1916*
- *Arts. 54, II, a, 128, § 5º, c, 176, § 1º, parágrafo único, 222 e 226, § 5º, CF*
- *Arts. 3º a 5º, parágrafo único, I e V, 9º, II, 180, 966, 974, 976 e 1.643, CC*
- *Art. 725, I, CPC/2015*
- *Art. 524, CCo*
- *Art. 482, c, CLT*
- *Art. 36, a, 1, Dec. 21.981/1932 (Leiloeiro)*
- *Dec.-lei 341/1938 (Apresentação de documentos por estrangeiros ao Registro do Comércio)*
- *Arts. 138, 195 e 196, Dec.-lei 7.661/1945 (Lei de Falências); e arts. 102 e 181, I, e § 1º, Lei 11.101/2005 (Lei de Recuperação de Empresas e Falência)*
- *Art. 204, Dec.-lei 1.001/1969 (Código Penal Militar)*
- *Art. 29, Lei 6.880/1980 (Estatuto dos Militares)*
- *Art. 117, X, Lei 8.112/1990 (Regime jurídico único dos servidores públicos civis da União)*

› *Art. 44, III, Lei 8.625/1993 (Lei Orgânica Nacional do Ministério Público)*

Art. 973. A pessoa legalmente impedida de exercer atividade própria de empresário, se a exercer, responderá pelas obrigações contraídas.

› *Sem correspondência no CC/1916*

› *Arts. 158 e 176, Lei 11.101/2005 (Lei de Recuperação de Empresas e Falência); sem correspondência no Dec.-lei 7.661/1945 (Lei de Falências)*

Art. 974. Poderá o incapaz, por meio de representante ou devidamente assistido, continuar a empresa antes exercida por ele enquanto capaz, por seus pais ou pelo autor de herança.

› *Sem correspondência no CC/1916*

› *Arts. 3º e 4º, 115 a 120, 166, I, 178, III, 181, 892, 927 e 976, CC*

§ 1º Nos casos deste artigo, precederá autorização judicial, após exame das circunstâncias e dos riscos da empresa, bem como da conveniência em continuá-la, podendo a autorização ser revogada pelo juiz, ouvidos os pais, tutores ou representantes legais do menor ou do interdito, sem prejuízo dos direitos adquiridos por terceiros.

§ 2º Não ficam sujeitos ao resultado da empresa os bens que o incapaz já possuía, ao tempo da sucessão ou da interdição, desde que estranhos ao acervo daquela, devendo tais fatos constar do alvará que conceder a autorização.

§ 3º O Registro Público de Empresas Mercantis a cargo das Juntas Comerciais deverá registrar contratos ou alterações contratuais de sociedade que envolva sócio incapaz, desde que atendidos, de forma conjunta, os seguintes pressupostos:

› *§ 3º acrescentado pela Lei 12.339/2011*

I – o sócio incapaz não pode exercer a administração da sociedade;

› *I acrescentado pela Lei 12.339/2011*

II – o capital social deve ser totalmente integralizado;

› *I acrescentado pela Lei 12.339/2011*

III – o sócio relativamente incapaz deve ser assistido e o absolutamente incapaz deve ser representado por seus representantes legais.

› *I acrescentado pela Lei 12.339/2011*

Art. 975. Se o representante ou assistente do incapaz for pessoa que, por disposição de lei, não puder exercer atividade de empresário, nomeará, com a aprovação do juiz, um ou mais gerentes.

› *Sem correspondência no CC/1916*

› *Arts. 972 e 1.172 a 1.176, CC*

§ 1º Do mesmo modo será nomeado gerente em todos os casos em que o juiz entender ser conveniente.

§ 2º A aprovação do juiz não exime o representante ou assistente do menor ou do interdito da responsabilidade pelos atos dos gerentes nomeados.

Art. 976. A prova da emancipação e da autorização do incapaz, nos casos do art. 974, e a de eventual revogação desta, serão inscritas ou averbadas no Registro Público de Empresas Mercantis.

› *Sem correspondência no CC/1916*

› *Arts. 5º e 968, § 2º, CC*

Parágrafo único. O uso da nova firma caberá, conforme o caso, ao gerente; ou ao representante do incapaz; ou a este, quando puder ser autorizado.

› *Art. 974, § 1º, CC*

Art. 977. Faculta-se aos cônjuges contratar sociedade, entre si ou com terceiros, desde que não tenham casado no regime da comunhão universal de bens, ou no da separação obrigatória.

› *Sem correspondência no CC/1916*

› *Arts. 1.641 e 1.667 a 1.671, CC*

Art. 978. O empresário casado pode, sem necessidade de outorga conjugal, qualquer que seja o regime de bens, alienar os imóveis que integrem o patrimônio da empresa ou gravá-los de ônus real.

› *Sem correspondência no CC/1916*

› *Arts. 1.642 a 1.647, CC*

Art. 979. Além de no Registro Civil, serão arquivados e averbados, no Registro Público de Empresas Mercantis, os pactos e declarações antenupciais do empresário, o título de doação, herança, ou legado, de bens clausulados de incomunicabilidade ou inalienabilidade.

› *Sem correspondência no CC/1916*

› *Arts. 1.653 a 1.657, 1.659, 1.660, 1.668,1.674, 1.848 e 1.911, CC*

› *Arts. 167, I-12 e II-1, 244 e 245, Lei 6.015/1973 (Lei de Registros Públicos)*

Art. 980. A sentença que decretar ou homologar a separação judicial do empresário e o ato de reconciliação não podem ser opostos a terceiros, antes de arquivados e averbados no Registro Público de Empresas Mercantis.

› *Sem correspondência no CC/1916*

› *Art. 1.577, parágrafo único, CC*

› *Art. 167, II, ns. 5, 10 e 14, Lei 6.015/1973 (Lei de Registros Públicos)*

TÍTULO I-A

(Título revogado pela Medida Provisória nº 1.085, de 27/12/2021, convertida na Lei nº 14.382, de 27/6/2022)

Art. 980-A. *Artigo acrescido pela Lei nº 12.441, de 11/7/2011, e revogado pela Medida Provisória nº 1.085, de 27/12/2021, convertida na Lei nº 14.382, de 27/6/2022.*

TÍTULO II – DA SOCIEDADE

CAPÍTULO ÚNICO – DISPOSIÇÕES GERAIS

Art. 981. Celebram contrato de sociedade as pessoas que reciprocamente se obrigam a contribuir, com bens ou serviços, para o exercício de atividade econômica e a partilha, entre si, dos resultados.

› *Correspondência: art. 1.363, CC/1916*

› *Arts. 40, 44, II, 45 a 52, 966, 967, 986, 2.031 e 2.033, CC*

› *Art. 1º, Lei 11.101/2005 (Lei de Recuperação de Empresas e Falência); sem correspondência na Lei 7.661/1945 (Lei de Falências)*

Parágrafo único. A atividade pode restringir-se à realização de um ou mais negócios determinados.

› *Sem correspondência no CC/1916*

› *Arts. 991 a 996, CC*

Art. 982. Salvo as exceções expressas, considera-se empresária a sociedade que tem por objeto o exercício de atividade própria de empresário sujeito a registro (art. 967); e, simples, as demais.

› *Sem correspondência no CC/1916*

› *Arts. 997 a 1.092 e 2.037, CC*

› *Art. 1º, Lei 11.101/2005 (Lei de Recuperação de Empresas e Falência); sem correspondência na Lei 7.661/1945 (Lei de Falências)*

Parágrafo único. Independentemente de seu objeto, considera-se empresária a sociedade por ações; e, simples, a cooperativa.

› *Arts. 1.088 a 1.096, CC*

› *Lei 5.764/1971 (Define a Política Nacional de Cooperativismo e institui o regime jurídico das sociedades cooperativas)*

› *Lei 6.404/1976 (Sociedades por ações)*

› *Lei 9.867/1999 (Cooperativas sociais)*

Art. 983. A sociedade empresária deve constituir-se segundo um dos tipos regulados nos arts. 1.039 a 1.092; a sociedade simples pode constituir-se de conformidade com um desses tipos, e, não o fazendo, subordina-se às normas que lhe são próprias.

› *Sem correspondência no CC/1916*

› *Arts. 997 a 1.038, CC*

Parágrafo único. Ressalvam-se as disposições concernentes à sociedade em conta de participação e à cooperativa, bem como as constantes de leis especiais que, para o exercício de certas atividades, imponham a constituição da sociedade segundo determinado tipo.

› *Arts. 991 a 996 e 1.093 a 1.096, CC*

Art. 984. A sociedade que tenha por objeto o exercício de atividade própria de empresário rural e seja constituída, ou transformada, de acordo com um dos tipos de sociedade empresária, pode, com as formalidades do art. 968, requerer inscrição no Registro Público de Empresas Mercantis da sua sede, caso em que, depois de inscrita, ficará equiparada, para todos os efeitos, à sociedade empresária.

› *Sem correspondência no CC/1916*

› *Arts. 968, 970, 971 e 982, CC*

Parágrafo único. Embora já constituída a sociedade segundo um daqueles tipos, o pedido de inscrição se subordinará, no que for aplicável, às normas que regem a transformação.

› *Arts. 1.113 a 1.115, CC*

Art. 985. A sociedade adquire personalidade jurídica com a inscrição, no registro próprio e na forma da lei, dos seus atos constitutivos (arts. 45 e 1.150).

› *Correspondência: art. 18, caput, CC/1916*

› *Art. 32, II, a, Lei 8.934/1994 (Registro Público de Empresas Mercantis e Atividades Afins)*

› *Art. 32, II, d, Dec. 1.800/1996 (Regulamenta a Lei 8.934/1994)*

SUBTÍTULO I – DA SOCIEDADE NÃO PERSONIFICADA

CAPÍTULO I – DA SOCIEDADE EM COMUM

Art. 986. Enquanto não inscritos os atos constitutivos, reger-se-á a sociedade, exceto por ações em organização, pelo disposto neste Capítulo, observadas, subsidiariamente e no que com ele forem compatíveis, as normas da sociedade simples.

› *Sem correspondência no CC/1916*
› *Arts. 45, 990, 997 a 1.038, CC*

Art. 987. Os sócios, nas relações entre si ou com terceiros, somente por escrito podem provar a existência da sociedade, mas os terceiros podem prová-la de qualquer modo.

› *Correspondência: art. 1.366, CC/1916*
› *Arts. 212 e 990, CC*
› *Art. 75, § 2º, CPC/2015*

Art. 988. Os bens e dívidas sociais constituem patrimônio especial, do qual os sócios são titulares em comum.

› *Correspondência: art. 1.370, CC/1916*

Art. 989. Os bens sociais respondem pelos atos de gestão praticados por qualquer dos sócios, salvo pacto expresso limitativo de poderes, que somente terá eficácia contra o terceiro que o conheça ou deva conhecer.

› *Correspondência: art. 1.387, CC/1916*
› *Arts. 1.105, parágrafo único, e 1.024, CC*
› *Arts. 789, 790, II e 795, CPC/2015*

Art. 990. Todos os sócios respondem solidária e ilimitadamente pelas obrigações sociais, excluído do benefício de ordem, previsto no art. 1.024, aquele que contratou pela sociedade.

› *Correspondência: art. 1.387, CC/1916*
› *Arts. 275 a 285, CC*

CAPÍTULO II – DA SOCIEDADE EM CONTA DE PARTICIPAÇÃO

Art. 991. Na sociedade em conta de participação, a atividade constitutiva do objeto social é exercida unicamente pelo sócio ostensivo, em seu nome individual e sob sua própria e exclusiva responsabilidade, participando os demais dos resultados correspondentes.

› *Sem correspondência no CC/1916*
› *Arts. 983, parágrafo único, e 1.162, CC*

Parágrafo único. Obriga-se perante terceiro tão-somente o sócio ostensivo; e, exclusivamente perante este, o sócio participante, nos termos do contrato social.

Art. 992. A constituição da sociedade em conta de participação independe de qualquer formalidade e pode provar-se por todos os meios de direito.

› *Sem correspondência no CC/1916*
› *Art. 212, CC*

Art. 993. O contrato social produz efeito somente entre os sócios, e a eventual inscrição de seu instrumento em qualquer registro não confere personalidade jurídica à sociedade.

› *Sem correspondência no CC/1916*

Parágrafo único. Sem prejuízo do direito de fiscalizar a gestão dos negócios sociais, o sócio participante não pode tomar parte nas relações do sócio ostensivo com terceiros, sob pena de responder solidariamente com este pelas obrigações em que intervier.

› *Arts. 275 a 285, CC*

Art. 994. A contribuição do sócio participante constitui, com a do sócio ostensivo, patrimônio especial, objeto da conta de participação relativa aos negócios sociais.

› *Sem correspondência no CC/1916*

§ 1º A especialização patrimonial somente produz efeitos em relação aos sócios.

§ 2º A falência do sócio ostensivo acarreta a dissolução da sociedade e a liquidação da respectiva conta, cujo saldo constituirá crédito quirografário.

› *Art. 102, IV, e § 4º, Dec.-lei 7.661/1945 (Lei de Falências); e art. 83, VI, Lei 11.101/2005 (Lei de Recuperação de Empresas e Falência)*

§ 3º Falindo o sócio participante, o contrato social fica sujeito às normas que regulam os efeitos da falência nos contratos bilaterais do falido.

› *Art. 43, Dec.-lei 7.661/1945 (Lei de Falências); e art. 117, Lei 11.101/2005 (Lei de Recuperação de Empresas e Falência)*

Art. 995. Salvo estipulação em contrário, o sócio ostensivo não pode admitir novo sócio sem o consentimento expresso dos demais.

› *Sem correspondência no CC/1916*

Art. 996. Aplica-se à sociedade em conta de participação, subsidiariamente e no que com ela for compatível, o disposto para a sociedade simples, e a sua liquidação rege-se pelas normas relativas à prestação de contas, na forma da lei processual.

› *Sem correspondência no CC/1916*
› *Arts. 997 a 1.038, CC*
› *Arts. 550 a 553, CPC/2015*

Parágrafo único. Havendo mais de um sócio ostensivo, as respectivas contas serão prestadas e julgadas no mesmo processo.

SUBTÍTULO II – DA SOCIEDADE PERSONIFICADA

CAPÍTULO I – DA SOCIEDADE SIMPLES

SEÇÃO I – DO CONTRATO SOCIAL

Art. 997. A sociedade constitui-se mediante contrato escrito, particular ou público, que, além de cláusulas estipuladas pelas partes, mencionará:

› *Sem correspondência no CC/1916*
› *Art. 1.001, 1ª parte, CC*

I – nome, nacionalidade, estado civil, profissão e residência dos sócios, se pessoas naturais, e a firma ou a denominação, nacionalidade e sede dos sócios, se jurídicas;

II – denominação, objeto, sede e prazo da sociedade;

III – capital da sociedade, expresso em moeda corrente, podendo compreender qualquer espécie de bens, suscetíveis de avaliação pecuniária;

IV – a quota de cada sócio no capital social, e o modo de realizá-la;

V – as prestações a que se obriga o sócio, cuja contribuição consista em serviços;

› *Art. 1.006, CC*

VI – as pessoas naturais incumbidas da administração da sociedade, e seus poderes e atribuições;

› *Art. 1.015, parágrafo único, CC*

VII – a participação de cada sócio nos lucros e nas perdas;

› *Art. 1.007, CC*

VIII – se os sócios respondem, ou não, subsidiariamente, pelas obrigações sociais.

Parágrafo único. É ineficaz em relação a terceiros qualquer pacto separado, contrário ao disposto no instrumento do contrato.

Art. 998. Nos trinta dias subsequentes à sua constituição, a sociedade deverá requerer a inscrição do contrato social no Registro Civil das Pessoas Jurídicas do local de sua sede.

› *Sem correspondência no CC/1916*
› *Arts. 45, 46, 75, IV, e 1.510 a 1.154, CC*
› *Arts. 19, caput, 114, II, 120 e 121, Lei 6.015/1973 (Lei de Registros Públicos)*

§ 1º O pedido de inscrição será acompanhado do instrumento autenticado do contrato, e, se algum sócio nele houver sido representado por procurador, o da respectiva procuração, bem como, se for o caso, da prova de autorização da autoridade competente.

› *Arts. 1.123 a 1.141, CC*

§ 2º Com todas as indicações enumeradas no artigo antecedente, será a inscrição tomada por termo no livro de registro próprio, e obedecerá a número de ordem contínua para todas as sociedades inscritas.

Art. 999. As modificações do contrato social, que tenham por objeto matéria indicada no art. 997, dependem do consentimento de todos os sócios; as demais podem ser decididas por maioria absoluta de votos, se o contrato não determinar a necessidade de deliberação unânime.

› *Sem correspondência no CC/1916*

Parágrafo único. Qualquer modificação do contrato social será averbada, cumprindo-se as formalidades previstas no artigo antecedente.

› *Arts. 1.002, 1.003 e 2.033, CC*

Art. 1.000. A sociedade simples que instituir sucursal, filial ou agência na circunscrição de outro Registro Civil das Pessoas Jurídicas, neste deverá também inscrevê-la, com a prova da inscrição originária.

› *Sem correspondência no CC/1916*
› *Arts. 969 e 982, CC*

Parágrafo único. Em qualquer caso, a constituição da sucursal, filial ou agência deverá ser averbada no Registro Civil da respectiva sede.

SEÇÃO II – DOS DIREITOS E OBRIGAÇÕES DOS SÓCIOS

Art. 1.001. As obrigações dos sócios começam imediatamente com o contrato, se este não fixar outra data, e terminam quando, liquidada a sociedade, se extinguirem as responsabilidades sociais.

› *Correspondência: art. 1.357, CC/1916*

Art. 1.002. O sócio não pode ser substituído no exercício das suas funções, sem o consentimento dos demais sócios, expresso em modificação do contrato social.

› *Sem correspondência no CC/1916*
› *Arts. 999. 1.018 e 1.019, CC*

Art. 1.003. A cessão total ou parcial de quota, sem a correspondente modificação do contrato social com o consentimento dos demais sócios, não terá eficácia quanto a estes e à sociedade.

› *Correspondência: art. 1.388, CC/1916*
› *Arts. 999 e 1.057, CC*

Parágrafo único. Até dois anos depois de averbada a modificação do contrato, responde o cedente solidariamente com o cessionário, perante a sociedade e terceiros, pelas obrigações que tinha como sócio.

› *Sem correspondência no CC/1916*
› *Arts. 275 a 285, e 1.057, parágrafo único*

Art. 1.004. Os sócios são obrigados, na forma e prazo previstos, às contribuições estabelecidas no contrato social, e aquele que deixar de fazê-lo, nos trinta dias seguintes ao da notificação pela sociedade, responderá perante esta pelo dano emergente da mora.

- *Sem correspondência no CC/1916*
- *Arts. 394 a 401, 997, IV, 1.030 e 1.031, CC*

Parágrafo único. Verificada a mora, poderá a maioria dos demais sócios preferir, à indenização, a exclusão do sócio remisso, ou reduzir-lhe a quota ao montante já realizado, aplicando-se, em ambos os casos, o disposto no § 1º do art. 1.031.

- *Arts. 1.030, 1.032 e 1.052, CC*

Art. 1.005. O sócio que, a título de quota social, transmitir domínio, posse ou uso, responde pela evicção; e pela solvência do devedor, aquele que transferir crédito.

- *Correspondência: art. 1.377, CC/1916*
- *Arts. 297 e 447 a 457, CC*

Art. 1.006. O sócio, cuja contribuição consista em serviços, não pode, salvo convenção em contrário, empregar-se em atividade estranha à sociedade, sob pena de ser privado de seus lucros e dela excluído.

- *Sem correspondência no CC/1916*
- *Arts. 997, V e 1.030, CC*

Art. 1.007. Salvo estipulação em contrário, o sócio participa dos lucros e das perdas, na proporção das respectivas quotas, mas aquele, cuja contribuição consiste em serviços, somente participa dos lucros na proporção da média do valor das quotas.

- *Correspondência: art. 1.381, CC/1916*
- *Art. 997, VII, CC*

Art. 1.008. É nula a estipulação contratual que exclua qualquer sócio de participar dos lucros e das perdas.

- *Correspondência: art. 1.372, CC/1916*
- *Arts. 997, VII, e 1.077, CC*

Art. 1.009. A distribuição de lucros ilícitos ou fictícios acarreta responsabilidade solidária dos administradores que a realizarem e dos sócios que os receberem, conhecendo ou devendo conhecer-lhes a ilegitimidade.

- *Correspondência: arts. 1.392 e 1.393, CC/1916*
- *Arts. 275 a 285, CC*

SEÇÃO III – DA ADMINISTRAÇÃO

Art. 1.010. Quando, por lei ou pelo contrato social, competir aos sócios decidir sobre os negócios da sociedade, as deliberações serão tomadas por maioria de votos, contados segundo o valor das quotas de cada um.

- *Correspondência: art. 1.394, CC/1916*
- *Art. 1.072, CC*

§ 1º Para formação da maioria absoluta são necessários votos correspondentes a mais de metade do capital.

- *Sem correspondência no CC/1916*

§ 2º Prevalece a decisão sufragada por maior número de sócios no caso de empate, e, se este persistir, decidirá o juiz.

- *Sem correspondência no CC/1916*

§ 3º Responde por perdas e danos o sócio que, tendo em alguma operação interesse contrário ao da sociedade, participar da deliberação que a aprove graças a seu voto.

- *Correspondência: art. 1.380, CC/1916*
- *Arts. 402 a 405, 1.017, parágrafo único, e 1.071, CC*

Art. 1.011. O administrador da sociedade deverá ter, no exercício de suas funções, o cuidado e a diligência que todo homem ativo e probo costuma empregar na administração de seus próprios negócios.

- *Sem correspondência no CC/1916*
- *Arts. 667 e 884 a 886, CC*

§ 1º Não podem ser administradores, além das pessoas impedidas por lei especial, os condenados a pena que vede, ainda que temporariamente, o acesso a cargos públicos; ou por crime falimentar, de prevaricação, peita ou suborno, concussão, peculato; ou contra a economia popular, contra o sistema financeiro nacional, contra as normas de defesa da concorrência, contra as relações de consumo, a fé pública ou a propriedade, enquanto perdurarem os efeitos da condenação.

- *Arts. 972 a 980 e 1.066, § 1º, CC*
- *Arts. 171 a 179, 289 a 337-D e 359-A a 359-H, CP*
- *Art. 158, III, e Título XI (Dos crimes Falimentares), Dec.-lei 7.661/1945 (Lei de Falências); e art. 48, I, e Capítulo VII (Disposições Penais), Seção I (Dos crimes em espécie), Lei 11.101/2005 (Lei de Recuperação de Empresas e Falência)*
- *Arts. 2º a 4º, Lei 1.521/1951 (Crimes contra a economia popular)*
- *Art. 65, Lei 4.591/1964 (Condomínio em edificações e incorporações imobiliárias)*
- *Art. 27-C a 27-E, Lei 6.385/1976 (Mercado de valores mobiliários e Comissão de Valores Mobiliários)*
- *Art. 153, Lei 6.404/1976 (Sociedades por ações)*
- *Arts. 2º a 23, Lei 7.492/1986 (Crimes contra o Sistema Financeiro Nacional)*
- *Arts. 61 a 76, Lei 8.079/1990 (Código de Defesa do Consumidor)*
- *Arts. 1º a 7º, Lei 8.137/1990 (Crimes contra a ordem tributária, econômica e contra as relações de consumo)*
- *Arts. 1º e 2º, Lei 8.176/1991 (Crimes contra a ordem econômica)*
- *Arts. 9º a 11, Lei 8.429/1992 (Enriquecimento ilícito)*
- *Art. 1º, Lei 9.613/1998 (Crimes de "lavagem" ou ocultação de bens, direitos e valores)*
- *Art. 181, II, Lei 11.101/2005 (Lei de Recuperação de Empresas e Falência); sem correspondência no Dec.-lei 7.661/1945 (Lei de Falências)*

§ 2º Aplicam-se à atividade dos administradores, no que couber, as disposições concernentes ao mandato.

- *Arts. 653 a 691, CC*

Art. 1.012. O administrador, nomeado por instrumento em separado, deve averbá-lo à margem da inscrição da sociedade, e, pelos atos que praticar, antes de requerer a averbação, responde pessoal e solidariamente com a sociedade.

- *Sem correspondência no CC/1916*
- *Arts. 275 a 285, 999 e 1.019, parágrafo único, CC*

Art. 1.013. A administração da sociedade, nada dispondo o contrato social, compete separadamente a cada um dos sócios.

- *Correspondência: art. 1.368, I, CC/1916*

§ 1º Se a administração competir separadamente a vários administradores, cada um pode impugnar operação pretendida por outro, cabendo a decisão aos sócios, por maioria de votos.

- *Correspondência: art. 1.384, I, CC/1916*

§ 2º Responde por perdas e danos perante a sociedade o administrador que realizar operações, sabendo ou devendo saber que estava agindo em desacordo com a maioria.

- *Sem correspondência no CC/1916*
- *Arts. 402 a 405, CC*

Art. 1.014. Nos atos de competência conjunta de vários administradores, torna-se necessário o concurso de todos, salvo nos casos urgentes, em que a omissão ou retardo das providências possa ocasionar dano irreparável ou grave.

- *Correspondência: art. 1.385, CC/1916*

Art. 1.015. No silêncio do contrato, os administradores podem praticar todos os atos pertinentes à gestão da sociedade; não constituindo objeto social, a oneração ou a venda de bens imóveis depende do que a maioria dos sócios decidir.

- *Correspondência: art. 1.386, I e IV, CC/1916*
- *Vide Enunciado 40, I Jornada de Direito Notarial e Registral*

Parágrafo único. *(Revogado pela Lei nº 14.195, de 26/8/2021)*

Art. 1.016. Os administradores respondem solidariamente perante a sociedade e os terceiros prejudicados, por culpa no desempenho de suas funções.

- *Correspondência: art. 1.398, CC/1916*
- *Arts. 275 a 285, 1.023 e 1.070, CC*
- *Arts. 789 a 796, CPC/2015*

Art. 1.017. O administrador que, sem consentimento escrito dos sócios, aplicar créditos ou bens sociais em proveito próprio ou de terceiros, terá de restituí-los à sociedade, ou pagar o equivalente, com todos os lucros resultantes, e, se houver prejuízo, por ele também responderá.

- *Sem correspondência no CC/1916*
- *Arts. 402 a 405, CC*

Parágrafo único. Fica sujeito às sanções o administrador que, tendo em qualquer operação interesse contrário ao da sociedade, tome parte na correspondente deliberação.

- *Art. 1.010, § 3º, CC*

Art. 1.018. Ao administrador é vedado fazer-se substituir no exercício de suas funções, sendo-lhe facultado, nos limites de seus poderes, constituir mandatários da sociedade, especificados no instrumento os atos e operações que poderão praticar.

- *Sem correspondência no CC/1916*
- *Arts. 653 a 691, CC*

Art. 1.019. São irrevogáveis os poderes do sócio investido na administração por cláusula expressa do contrato social, salvo justa causa, reconhecida judicialmente, a pedido de qualquer dos sócios.

- *Correspondência: art. 1.383, CC/1916*

Parágrafo único. São revogáveis, a qualquer tempo, os poderes conferidos a sócio por ato separado, ou a quem não seja sócio.

- *Art. 653 a 691, 1.012 e 1.022, CC*

Art. 1.020. Os administradores são obrigados a prestar aos sócios contas justificadas de sua administração, e apresentar-lhes o inventário anualmente, bem como o balanço patrimonial e o de resultado econômico.

- *Sem correspondência no CC/1916*
- *Arts. 1.065, 1.069, III, 1.078, I e § 3º, 1.140, 1.179 e 1.189, CC*

- *Art. 186, VI e VII, Dec.-lei 7.661/1945 (Lei de Falências); e art. 178, Lei 11.101/2005 (Lei de Recuperação de Empresas e Falência)*
- *Art. 31, Lei 4.595/1964 (Política e instituições monetárias, bancárias e creditícias – Conselho Monetário Nacional)*
- *Arts. 178 a 184-A, Lei 6.404/1976 (Sociedades por ações)*

Art. 1.021. Salvo estipulação que determine época própria, o sócio pode, a qualquer tempo, examinar os livros e documentos, e o estado da caixa e da carteira da sociedade.

- *Sem correspondência no CC/1916*
- *Arts. 109, III, 132, I, 142, III, e 163, I, VI e VII, Lei 6.404/1976 (Sociedades por ações)*

SEÇÃO IV – DAS RELAÇÕES COM TERCEIROS

Art. 1.022. A sociedade adquire direitos, assume obrigações e procede judicialmente, por meio de administradores com poderes especiais, ou, não os havendo, por intermédio de qualquer administrador.

- *Correspondência: art. 1.395, CC/1916*

Art. 1.023. Se os bens da sociedade não lhe cobrirem as dívidas, respondem os sócios pelo saldo, na proporção em que participem das perdas sociais, salvo cláusula de responsabilidade solidária.

- *Correspondência: art. 1.396, caput, CC/1916*
- *Arts. 275 a 285, e 1.016, CC*
- *Arts. 790, II e 795, CPC/2015*

Art. 1.024. Os bens particulares dos sócios não podem ser executados por dívidas da sociedade, senão depois de executados os bens sociais.

- *Sem correspondência no CC/1916*
- *Art. 990, CC*
- *Arts. 790, II e 795, CPC/2015*

Art. 1.025. O sócio, admitido em sociedade já constituída, não se exime das dívidas sociais anteriores à admissão.

- *Sem correspondência no CC/1916*

Art. 1.026. O credor particular de sócio pode, na insuficiência de outros bens do devedor, fazer recair a execução sobre o que a este couber nos lucros da sociedade, ou na parte que lhe tocar em liquidação.

- *Sem correspondência no CC/1916*

Parágrafo único. Se a sociedade não estiver dissolvida, pode o credor requerer a liquidação da quota do devedor, cujo valor, apurado na forma do art. 1.031, será depositado em dinheiro, no juízo da execução, até noventa dias após aquela liquidação.

- *Art. 1.030, CC*

Art. 1.027. Os herdeiros do cônjuge de sócio, ou o cônjuge do que se separou judicialmente, não podem exigir desde logo a parte que lhes couber na quota social, mas concorrer à divisão periódica dos lucros, até que se liquide a sociedade.

- *Sem correspondência no CC/1916*

SEÇÃO V – DA RESOLUÇÃO DA SOCIEDADE EM RELAÇÃO A UM SÓCIO

Art. 1.028. No caso de morte de sócio, liquidar-se-á sua quota, salvo:

- *Correspondência: art. 1.402, CC/1916*

I – se o contrato dispuser diferentemente;

- *Correspondência: art. 1.402, CC/1916*

II – se os sócios remanescentes optarem pela dissolução da sociedade;

- *Correspondência: art. 1.399, IV, CC/1916*
- *Arts. 1.033 a 1.038, CC*

III – se, por acordo com os herdeiros, regular-se a substituição do sócio falecido.

- *Correspondência: art. 1.403, CC/1916*
- *Arts. 997, 999, 1.085 e 1.086, CC*

Art. 1.029. Além dos casos previstos na lei ou no contrato, qualquer sócio pode retirar-se da sociedade; se de prazo indeterminado, mediante notificação aos demais sócios, com antecedência mínima de sessenta dias; se de prazo determinado, provando judicialmente justa causa.

- *Correspondência: arts. 1.399, V, e 1.404, CC/1916*

Parágrafo único. Nos trinta dias subsequentes à notificação, podem os demais sócios optar pela dissolução da sociedade.

- *Sem correspondência no CC/1916*
- *Arts. 1.033 a 1.038, CC*

Art. 1.030. Ressalvado o disposto no art. 1.004 e seu parágrafo único, pode o sócio ser excluído judicialmente, mediante iniciativa da maioria dos demais sócios, por falta grave no cumprimento de suas obrigações, ou, ainda, por incapacidade superveniente.

- *Sem correspondência no CC/1916*

Parágrafo único. Será de pleno direito excluído da sociedade o sócio declarado falido, ou aquele cuja quota tenha sido liquidada nos termos do parágrafo único do art. 1.026.

- *Art. 48, Dec.-lei 7.661/1945 (Lei de Falências); e art. 123, Lei 11.101/2005 (Lei de Recuperação de Empresas e Falência)*

Art. 1.031. Nos casos em que a sociedade se resolver em relação a um sócio, o valor da sua quota, considerada pelo montante efetivamente realizado, liquidar-se-á, salvo disposição contratual em contrário, com base na situação patrimonial da sociedade, à data da resolução, verificada em balanço especialmente levantado.

- *Sem correspondência no CC/1916*
- *Art. 1.077, CC*

§ 1º O capital social sofrerá a correspondente redução, salvo se os demais sócios suprirem o valor da quota.

§ 2º A quota liquidada será paga em dinheiro, no prazo de noventa dias, a partir da liquidação, salvo acordo, ou estipulação contratual em contrário.

Art. 1.032. A retirada, exclusão ou morte do sócio, não o exime, ou a seus herdeiros, da responsabilidade pelas obrigações sociais anteriores, até dois anos após averbada a resolução da sociedade; nem nos dois primeiros casos, pelas posteriores e em igual prazo, enquanto não se requerer a averbação.

- *Correspondência: art. 1.407, CC/1916*
- *Art. 968, § 2º, CC*

SEÇÃO VI – DA DISSOLUÇÃO

Art. 1.033. Dissolve-se a sociedade quando ocorrer:

- *Correspondência: art. 1.399, CC/1916*
- *Arts. 51, 1.001, 1.004, 1.051 e 2.034, CC*
- *Dec.-lei 368/1968 (Efeitos de débitos salariais)*

I – o vencimento do prazo de duração, salvo se, vencido este e sem oposição de sócio, não entrar a sociedade em liquidação, caso em que se prorrogará por tempo indeterminado;

- *Correspondência: art. 1.399, I, CC/1916*

II – o consenso unânime dos sócios;

- *Correspondência: art. 1.399, VI, CC/1916*
- *Art. 1.071, VI, CC*

III – a deliberação dos sócios, por maioria absoluta, na sociedade de prazo indeterminado;

- *Sem correspondência no CC/1916*

IV – *Revogado pela Lei nº 14.195, de 26/8/2021*

- *Sem correspondência no CC/1916*

V – a extinção, na forma da lei, de autorização para funcionar.

- *Sem correspondência no CC/1916*
- *Arts. 1.037 e 1.123 a 1.141, CC*

Parágrafo único. *(Revogado pela Lei nº 14.195, de 26/8/2021)*

Art. 1.034. A sociedade pode ser dissolvida judicialmente, a requerimento de qualquer dos sócios, quando:

- *Correspondência: art. 1.399, CC/1916*

I – anulada a sua constituição;

- *Sem correspondência no CC/1916*

II – exaurido o fim social, ou verificada a sua inexequibilidade.

- *Correspondência: art. 1.399, CC/1916*

Art. 1.035. O contrato pode prever outras causas de dissolução, a serem verificadas judicialmente quando contestadas.

- *Correspondência: art. 1.399, CC/1916*

Art. 1.036. Ocorrida a dissolução, cumpre aos administradores providenciar imediatamente a investidura do liquidante, e restringir a gestão própria aos negócios inadiáveis, vedadas novas operações, pelas quais responderão solidária e ilimitadamente.

- *Sem correspondência no CC/1916*
- *Arts. 275 a 285, CC*

Parágrafo único. Dissolvida de pleno direito a sociedade, pode o sócio requerer, desde logo, a liquidação judicial.

- *Arts. 1.102 a 1.112, CC*

Art. 1.037. Ocorrendo a hipótese prevista no inciso V do art. 1.033, o Ministério Público, tão logo lhe comunique a autoridade competente, promoverá a liquidação judicial da sociedade, se os administradores não o tiverem feito nos trinta dias seguintes à perda da autorização, ou se o sócio não houver exercido a faculdade assegurada no parágrafo único do artigo antecedente.

- *Sem correspondência no CC/1916*
- *Arts. 1.102 a 1.112 e 1.123 a 1.141, CC*

Parágrafo único. Caso o Ministério Público não promova a liquidação judicial da sociedade nos quinze dias subsequentes ao recebimento da comunicação, a autoridade competente para conceder a autorização nomeará interventor com poderes para requerer a medida e administrar a sociedade até que seja nomeado o liquidante.

- *Art. 51, CC*

Art. 1.038. Se não estiver designado no contrato social, o liquidante será eleito por deliberação dos sócios, podendo a escolha recair em pessoa estranha à sociedade.

› *Sem correspondência no CC/1916*

§ 1º O liquidante pode ser destituído, a todo tempo:

I – se eleito pela forma prevista neste artigo, mediante deliberação dos sócios;

II – em qualquer caso, por via judicial, a requerimento de um ou mais sócios, ocorrendo justa causa.

§ 2º A liquidação da sociedade se processa de conformidade com o disposto no Capítulo IX, deste Subtítulo.

› *Arts. 1.102 a 1.112, CC*

CAPÍTULO II – DA SOCIEDADE EM NOME COLETIVO

Art. 1.039. Somente pessoas físicas podem tomar parte na sociedade em nome coletivo, respondendo todos os sócios, solidária e ilimitadamente, pelas obrigações sociais.

› *Sem correspondência no CC/1916*
› *Arts. 275 a 285 e 1.157, CC*
› *Arts. 5º, 25, 48 e 213, Dec.-lei 7.661/1945 (Lei de Falências); e arts. 77, 81, caput, e 123, Lei 11.101/2005 (Lei de Recuperação de Empresas e Falência)*
› *Arts. 20 e 190, Lei 11.101/2005 (Lei de Recuperação de Empresas e Falência); sem correspondência no Dec.-lei 7.661/1945 (Lei de Falências)*

Parágrafo único. Sem prejuízo da responsabilidade perante terceiros, podem os sócios, no ato constitutivo, ou por unânime convenção posterior, limitar entre si a responsabilidade de cada um.

Art. 1.040. A sociedade em nome coletivo se rege pelas normas deste Capítulo e, no que seja omisso, pelas do Capítulo antecedente.

› *Sem correspondência no CC/1916*

Art. 1.041. O contrato deve mencionar, além das indicações referidas no art. 997, a firma social.

› *Sem correspondência no CC/1916*

Art. 1.042. A administração da sociedade compete exclusivamente a sócios, sendo o uso da firma, nos limites do contrato, privativo dos que tenham os necessários poderes.

› *Sem correspondência no CC/1916*

Art. 1.043. O credor particular de sócio não pode, antes de dissolver-se a sociedade, pretender a liquidação da quota do devedor.

› *Sem correspondência no CC/1916*

Parágrafo único. Poderá fazê-lo quando:

I – a sociedade houver sido prorrogada tacitamente;

II – tendo ocorrido prorrogação contratual, for acolhida judicialmente oposição do credor, levantada no prazo de noventa dias, contado da publicação do ato dilatório.

Art. 1.044. A sociedade se dissolve de pleno direito por qualquer das causas enumeradas no art. 1.033 e, se empresária, também pela declaração da falência.

› *Sem correspondência no CC/1916*
› *Arts. 982, 983 e 1.087, CC*
› *Arts. 1º e 3º, 14 a 17 e 19, Dec.-lei 7.661/1945 (Lei de Falências); e arts. 94, 99 e 100, Lei 11.101/2005 (Lei de Recuperação de Empresas e Falência)*
› *Arts. 18, 21 e 22, Dec.-lei 7.661/1945 (Lei de Falências); sem correspondência na Lei 11.101/2005 (Lei de Recuperação de Empresas e Falência)*

CAPÍTULO III – DA SOCIEDADE EM COMANDITA SIMPLES

Art. 1.045. Na sociedade em comandita simples tomam parte sócios de duas categorias: os comanditados, pessoas físicas, responsáveis solidária e ilimitadamente pelas obrigações sociais; e os comanditários, obrigados somente pelo valor de sua quota.

› *Sem correspondência no CC/1916*
› *Arts. 275 a 285, CC*
› *Arts. 5º, 25, 48 e 213, Dec.-lei 7.661*

Parágrafo único. O contrato deve discriminar os comanditados e os comanditários.

Art. 1.046. Aplicam-se à sociedade em comandita simples as normas da sociedade em nome coletivo, no que forem compatíveis com as deste Capítulo.

› *Sem correspondência no CC/1916*
› *Arts. 1.309 a 1.044, CC*

Parágrafo único. Aos comanditados cabem os mesmos direitos e obrigações dos sócios da sociedade em nome coletivo.

Art. 1.047. Sem prejuízo da faculdade de participar das deliberações da sociedade e de lhe fiscalizar as operações, não pode o comanditário praticar qualquer ato de gestão, nem ter o nome na firma social, sob pena de ficar sujeito às responsabilidades de sócio comanditado.

› *Sem correspondência no CC/1916*

Parágrafo único. Pode o comanditário ser constituído procurador da sociedade, para negócio determinado e com poderes especiais.

Art. 1.048. Somente após averbada a modificação do contrato, produz efeito, quanto a terceiros, a diminuição da quota do comanditário, em consequência de ter sido reduzido o capital social, sempre sem prejuízo dos credores preexistentes.

› *Sem correspondência no CC/1916*
› *Art. 986, § 2º, CC*

Art. 1.049. O sócio comanditário não é obrigado à reposição de lucros recebidos de boa-fé e de acordo com o balanço.

› *Sem correspondência no CC/1916*

Parágrafo único. Diminuído o capital social por perdas supervenientes, não pode o comanditário receber quaisquer lucros, antes de reintegrado aquele.

Art. 1.050. No caso de morte de sócio comanditário, a sociedade, salvo disposição do contrato, continuará com os seus sucessores, que designarão quem os represente.

› *Sem correspondência no CC/1916*

Art. 1.051. Dissolve-se de pleno direito a sociedade:

› *Sem correspondência no CC/1916*
› *Art. 1.033, CC*

I – por qualquer das causas previstas no art. 1.044;

II – quando por mais de cento e oitenta dias perdurar a falta de uma das categorias de sócio.

Parágrafo único. Na falta de sócio comanditado, os comanditários nomearão administrador provisório para praticar, durante o período referido no inciso II e sem assumir a condição de sócio, os atos de administração.

CAPÍTULO IV – DA SOCIEDADE LIMITADA

SEÇÃO I – DISPOSIÇÕES PRELIMINARES

Art. 1.052. Na sociedade limitada, a responsabilidade de cada sócio é restrita ao valor de suas quotas, mas todos respondem solidariamente pela integralização do capital social.

› *Sem correspondência no CC/1916*
› *Arts. 275 a 285, 1.065, § 2º, e 1.158, § 3º, CC*
› *Arts. 2º e 9º, Dec. 3.708/1919 (Sociedades por quotas de responsabilidade limitada)*
› *Art. 6º, caput, Dec.-lei 7.661/1945 (Lei de Falências); e art. 82, caput, Lei 11.101/2005 (Lei de Recuperação de Empresas e Falência)*
› *Art. 50, Dec.-lei 7.661/1945 (Lei de Falências); sem correspondência na Lei 11.101/2005 (Lei de Recuperação de Empresas e Falência)*

§ 1º A sociedade limitada pode ser constituída por 1 (uma) ou mais pessoas.

› *Incluído pela Lei nº 13.874, de 2019*

§ 2º Se for unipessoal, aplicar-se-ão ao documento de constituição do sócio único, no que couber, as disposições sobre o contrato social.

› *Incluído pela Lei nº 13.874, de 2019*

Art. 1.053. A sociedade limitada rege-se, nas omissões deste Capítulo, pelas normas da sociedade simples.

› *Sem correspondência no CC/1916*
› *Arts. 997 a 1.038, CC*

Parágrafo único. O contrato social poderá prever a regência supletiva da sociedade limitada pelas normas da sociedade anônima.

› *Arts. 1.088 e 1.089, CC*
› *Art. 18, Dec. 3.708/1919 (Sociedades por quotas de responsabilidade limitada)*
› *Lei 6.404/1976 (Sociedades por ações)*

Art. 1.054. O contrato mencionará, no que couber, as indicações do art. 997, e, se for o caso, a firma social.

› *Sem correspondência no CC/1916*
› *Arts. 1.064 e 1.158, CC*
› *Arts. 2º e 3º, Dec. 3.708/1919 (Sociedades por quotas de responsabilidade limitada)*

SEÇÃO II – DAS QUOTAS

Art. 1.055. O capital social divide-se em quotas, iguais ou desiguais, cabendo uma ou diversas a cada sócio.

› *Sem correspondência no CC/1916*
› *Art. 4º, Dec. 3.708/1919 (Sociedades por quotas de responsabilidade limitada)*

§ 1º Pela exata estimação de bens conferidos ao capital social respondem solidariamente todos os sócios, até o prazo de cinco anos da data do registro da sociedade.

› *Arts. 275 a 285, CC*

§ 2º É vedada contribuição que consista em prestação de serviços.

› *Art. 4º, Dec. 3.708/1919 (Sociedades por quotas de responsabilidade limitada)*

Art. 1.056. A quota é indivisível em relação à sociedade, salvo para efeito de transferência, caso em que se observará o disposto no artigo seguinte.

- *Sem correspondência no CC/1916*
- *Art. 88, CC*
- *Art. 6º, Dec. 3.708/1919 (Sociedades por quotas de responsabilidade limitada)*

§ 1º No caso de condomínio de quota, os direitos a ela inerentes somente podem ser exercidos pelo condômino representante, ou pelo inventariante do espólio de sócio falecido.

§ 2º Sem prejuízo do disposto no art. 1.052, os condôminos de quota indivisa respondem solidariamente pelas prestações necessárias à sua integralização.

Art. 1.057. Na omissão do contrato, o sócio pode ceder sua quota, total ou parcialmente, a quem seja sócio, independentemente de audiência dos outros, ou a estranho, se não houver oposição de titulares de mais de um quarto do capital social.

- *Sem correspondência no CC/1916*
- *Art. 1.081, § 2º, CC*

Parágrafo único. A cessão terá eficácia quanto à sociedade e terceiros, inclusive para os fins do parágrafo único do art. 1.003, a partir da averbação do respectivo instrumento, subscrito pelos sócios anuentes.

- *Art. 968, § 2º, CC*

Art. 1.058. Não integralizada a quota de sócio remisso, os outros sócios podem, sem prejuízo do disposto no art. 1.004 e seu parágrafo único, tomá-la para si ou transferi-la a terceiros, excluindo o primitivo titular e devolvendo-lhe o que houver pago, deduzidos os juros da mora, as prestações estabelecidas no contrato mais as despesas.

- *Sem correspondência no CC/1916*
- *Arts. 394 a 401 e 405 a 407, CC*
- *Art. 7º, Dec. 3.708/1919 (Sociedades por quotas de responsabilidade limitada)*

Art. 1.059. Os sócios serão obrigados à reposição dos lucros e das quantias retiradas, a qualquer título, ainda que autorizados pelo contrato, quando tais lucros ou quantia se distribuírem com prejuízo do capital.

- *Sem correspondência no CC/1916*
- *Art. 9º, Dec. 3.708/1919 (Sociedades por quotas de responsabilidade limitada)*
- *Art. 45, § 8º, Lei 6.404/1976 (Sociedades por ações)*

SEÇÃO III – DA ADMINISTRAÇÃO

Art. 1.060. A sociedade limitada é administrada por uma ou mais pessoas designadas no contrato social ou em ato separado.

- *Sem correspondência no CC/1916*

Parágrafo único. A administração atribuída no contrato a todos os sócios não se estende de pleno direito aos que posteriormente adquiram essa qualidade.

Art. 1.061. A designação de administradores não sócios dependerá da aprovação de, no mínimo, 2/3 (dois terços) dos sócios, enquanto o capital não estiver integralizado, e da aprovação de titulares de quotas correspondentes a mais da metade do capital social, após a integralização.

- *Redação dada pela Lei nº 14.451, de 2022*
- *Art. 1.076, CC*

Art. 1.062. O administrador designado em ato separado investir-se-á no cargo mediante termo de posse no livro de atas da administração.

- *Sem correspondência no CC/1916*
- *Art. 149, caput e § 1º, Lei 6.404/1976 (Sociedade por ações)*

§ 1º Se o termo não for assinado nos trinta dias seguintes à designação, esta se tornará sem efeito.

§ 2º Nos dez dias seguintes ao da investidura, deve o administrador requerer seja averbada sua nomeação no registro competente, mencionando o seu nome, nacionalidade, estado civil, residência, com exibição de documento de identidade, o ato e a data da nomeação e o prazo de gestão.

Art. 1.063. O exercício do cargo de administrador cessa pela destituição, em qualquer tempo, do titular, ou pelo término do prazo se, fixado no contrato ou em ato separado, não houver recondução.

- *Sem correspondência no CC/1916*

§ 1º Tratando-se de sócio nomeado administrador no contrato, sua destituição somente se opera pela aprovação de titulares de quotas correspondentes a mais da metade do capital social, salvo disposição contratual diversa.

- *Redação dada pela Lei 13.792, de 2019*

§ 2º A cessação do exercício do cargo de administrador deve ser averbada no registro competente, mediante requerimento apresentado nos dez dias seguintes ao da ocorrência.

- *Art. 968, § 2º, CC*

§ 3º A renúncia de administrador torna-se eficaz, em relação à sociedade, desde o momento em que esta toma conhecimento da comunicação escrita do renunciante; e, em relação a terceiros, após a averbação e publicação.

- *Art. 968, § 2º, CC*
- *Art. 151, Lei 6.404/1976 (Sociedades por ações)*

Art. 1.064. O uso da firma ou denominação social é privativo dos administradores que tenham os necessários poderes.

- *Sem correspondência no CC/1916*
- *Arts. 1.054 e 1.158, CC*
- *Art. 13, Dec. 3.708/1919 (Sociedades por quotas de responsabilidade limitada)*
- *Art. 138, Lei 6.404/1976 (Sociedades por ações)*

Art. 1.065. Ao término de cada exercício social, proceder-se-á à elaboração do inventário, do balanço patrimonial e do balanço de resultado econômico.

- *Sem correspondência no CC/1916*
- *Arts. 1.020, 1.069, III, 1.078, I e § 3º, 1.140, 1.140 e 1.189, CC*
- *Arts. 175 a 188, Lei 6.404/1976 (Sociedades por ações)*

SEÇÃO IV – DO CONSELHO FISCAL

Art. 1.066. Sem prejuízo dos poderes da assembleia dos sócios, pode o contrato instituir conselho fiscal composto de três ou mais membros e respectivos suplentes, sócios ou não, residentes no País, eleitos na assembleia anual prevista no art. 1.078.

- *Sem correspondência no CC/1916*
- *Arts. 1.071 a 1.080, CC*
- *Arts. 161, §§ 1º e 4º, a, e 162, caput e § 2º, Lei 6.404/1976 (Sociedade por ações)*

§ 1º Não podem fazer parte do conselho fiscal, além dos inelegíveis enumerados no § 1º do art. 1.011, os membros dos demais órgãos da sociedade ou de outra por ela controlada, os empregados de quaisquer delas ou dos respectivos administradores, o cônjuge ou parente destes até o terceiro grau.

§ 2º É assegurado aos sócios minoritários, que representarem pelo menos um quinto do capital social, o direito de eleger, separadamente, um dos membros do conselho fiscal e o respectivo suplente.

Art. 1.067. O membro ou suplente eleito, assinando termo de posse lavrado no livro de atas e pareceres do conselho fiscal, em que se mencione o seu nome, nacionalidade, estado civil, residência e a data da escolha, ficará investido nas suas funções, que exercerá, salvo cessação anterior, até a subsequente assembleia anual.

- *Sem correspondência no CC/1916*
- *Arts. 161, §§ 2º e 6º, Lei 6.404/1976 (Sociedade por ações)*

Parágrafo único. Se o termo não for assinado nos trinta dias seguintes ao da eleição, esta se tornará sem efeito.

Art. 1.068. A remuneração dos membros do conselho fiscal será fixada, anualmente, pela assembleia dos sócios que os eleger.

- *Sem correspondência no CC/1916*
- *Arts. 162, § 3º, Lei 6.404/1976 (Sociedade por ações)*

Art. 1.069. Além de outras atribuições determinadas na lei ou no contrato social, aos membros do conselho fiscal incumbem, individual ou conjuntamente, os deveres seguintes:

- *Sem correspondência no CC/1916*
- *Arts. 1.020, 1.065, 1.078, I e § 3º, 1.140, 1.179 e 1.189, CC*

I – examinar, pelo menos trimestralmente, os livros e papéis da sociedade e o estado da caixa e da carteira, devendo os administradores ou liquidantes prestar-lhes as informações solicitadas;

II – lavrar no livro de atas e pareceres do conselho fiscal o resultado dos exames referidos no inciso I deste artigo;

III – exarar no mesmo livro e apresentar à assembleia anual dos sócios parecer sobre os negócios e as operações sociais do exercício em que servirem, tomando por base o balanço patrimonial e o de resultado econômico;

IV – denunciar os erros, fraudes ou crimes que descobrirem, sugerindo providências úteis à sociedade;

V – convocar a assembleia dos sócios se a diretoria retardar por mais de trinta dias a sua convocação anual, ou sempre que ocorram motivos graves e urgentes;

- *Arts. 1.073, II, e 1.152, § 3º, CC*

VI – praticar, durante o período da liquidação da sociedade, os atos a que se refere este artigo, tendo em vista as disposições especiais reguladoras da liquidação.

- *Arts. 1.101, a 1.112, CC*

Art. 1.070. As atribuições e poderes conferidos pela lei ao conselho fiscal não podem ser outorgados a outro órgão da sociedade, e a responsabilidade de seus membros obedece à regra que define a dos administradores (art. 1.016).

- *Sem correspondência no CC/1916*
- *Arts. 161, § 7º, e 163, §§ 5º e 7º, Lei 6.404/1976 (Sociedade por ações)*

Parágrafo único. O conselho fiscal poderá escolher para assisti-lo no exame dos livros, dos balanços e das contas, contabilista legalmente habilitado, mediante remuneração aprovada pela assembleia dos sócios.

- *Dec.-lei 9.295/1946 (Contador e guarda-livros)*

SEÇÃO V – DAS DELIBERAÇÕES DOS SÓCIOS

Art. 1.071. Dependem da deliberação dos sócios, além de outras matérias indicadas na lei ou no contrato:

- *Sem correspondência no CC/1916*
- *Art. 122, I a III, VIII e IX, Lei 6.404/1976 (Sociedade por ações)*

I – a aprovação das contas da administração;

- *Arts. 1.010 e 1.065, CC*

II – a designação dos administradores, quando feita em ato separado;

- *Arts. 1.060, 1.061 e 1.076, II, CC*

III – a destituição dos administradores;

- *Arts. 1.063 e 1.076, CC*

IV – o modo de sua remuneração, quando não estabelecido no contrato;

- *Arts. 1.076, II, CC*

V – a modificação do contrato social;

- *Arts. 1.076, I, e 1.081 a 1.086, CC*

VI – a incorporação, a fusão e a dissolução da sociedade, ou a cessação do estado de liquidação;

- *Arts. 1.033, 1.076, I, 1.087, e 1.102 a 1.122, CC*

VII – a nomeação e destituição dos liquidantes e o julgamento das suas contas;

- *Arts. 1.038 e 1.102 a 1.112, CC*

VIII – o pedido de concordata.

- *Arts. 1.072, § 4º, e 1.076, II, CC*
- *Art. 191, CTN*
- *Arts. 139 a 185, Dec.-lei 7.661/1945 (Lei de Falências); e art. 47 a 72, Lei 11.101/2005 (Lei de Recuperação de Empresas e falência)*
- *Art. 95, § 2º, e, Lei 8.212/191 (Organização da Seguridade Social e Plano de Custeio)*
- *Súmulas 190 e 221, STF*

Art. 1.072. As deliberações dos sócios, obedecido o disposto no art. 1.010, serão tomadas em reunião ou em assembleia, conforme previsto no contrato social, devendo ser convocadas pelos administradores nos casos previstos em lei ou no contrato.

- *Sem correspondência no CC/1916*
- *Arts. 122, parágrafo único, 123, caput, e 124, § 4º, Lei 6.404/1976 (Sociedades por ações)*

§ 1º A deliberação em assembleia será obrigatória se o número dos sócios for superior a dez.

§ 2º Dispensam-se as formalidades de convocação previstas no § 3º do art. 1.152, quando todos os sócios comparecerem ou se declararem, por escrito, cientes do local, data, hora e ordem do dia.

§ 3º A reunião ou a assembleia tornam-se dispensáveis quando todos os sócios decidirem, por escrito, sobre a matéria que seria objeto delas.

§ 4º No caso do inciso VIII do artigo antecedente, os administradores, se houver urgência e com autorização de titulares de mais da metade do capital social, podem requerer concordata preventiva.

- *Art. 449, CLT*
- *Arts. 156 a 176, Dec.-lei 7.661/1945 (Lei de Falências); e art. 47 a 72, Lei 11.101/2005 (Lei de Recuperação de Empresas e falência)*
- *Art. 122, parágrafo único, Lei 6.404/1976 (Sociedades por ações)*

§ 5º As deliberações tomadas de conformidade com a lei e o contrato vinculam todos os sócios, ainda que ausentes ou dissidentes.

- *Art. 1.080, CC*

§ 6º Aplica-se às reuniões dos sócios, nos casos omissos no contrato, o disposto na presente Seção sobre a assembleia.

- *Arts. 1.073 a 1.080, CC*

Art. 1.073. A reunião ou a assembleia podem também ser convocadas:

- *Sem correspondência no CC/1916*
- *Art. 123, parágrafo único, Lei 6.404/1976 (Sociedades por ações)*

I – por sócio, quando os administradores retardarem a convocação, por mais de sessenta dias, nos casos previstos em lei ou no contrato, ou por titulares de mais de um quinto do capital, quando não atendido, no prazo de oito dias, pedido de convocação fundamentado, com indicação das matérias a serem tratadas;

II – pelo conselho fiscal, se houver, nos casos a que se refere o inciso V do art. 1.069.

Art. 1.074. A assembleia dos sócios instala-se com a presença, em primeira convocação, de titulares de no mínimo três quartos do capital social, e, em segunda, com qualquer número.

- *Sem correspondência no CC/1916*
- *Art. 125, caput, Lei 6.404/1976 (Sociedades por ações)*

§ 1º O sócio pode ser representado na assembleia por outro sócio, ou por advogado, mediante outorga de mandato com especificação dos atos autorizados, devendo o instrumento ser levado a registro, juntamente com a ata.

- *Art. 653 a 691, CC*
- *Art. 126, § 1º, Lei 6.404/1976 (Sociedades por ações)*

§ 2º Nenhum sócio, por si ou na condição de mandatário, pode votar matéria que lhe diga respeito diretamente.

- *Art. 1.120, § 3º, CC*

Art. 1.075. A assembleia será presidida e secretariada por sócios escolhidos entre os presentes.

- *Sem correspondência no CC/1916*
- *Arts. 128 e 130, caput, Lei 6.404/1976 (Sociedades por ações)*

§ 1º Dos trabalhos e deliberações será lavrada, no livro de atas da assembleia, ata assinada pelos membros da mesa e por sócios participantes da reunião, quantos bastem à validade das deliberações, mas sem prejuízo dos que queiram assiná-la.

§ 2º Cópia da ata autenticada pelos administradores, ou pela mesa, será, nos vinte dias subsequentes à reunião, apresentada ao Registro Público de Empresas Mercantis para arquivamento e averbação.

§ 3º Ao sócio, que a solicitar, será entregue cópia autenticada da ata.

Art. 1.076. Ressalvado o disposto no art. 1.061, as deliberações dos sócios serão tomadas:

- *Redação dada pela Lei 13.792, de 2019*
- *Sem correspondência no CC/1916*
- *Art. 129, caput, Lei 6.404/1976 (Sociedades por ações)*

I – *(Revogado pela Lei nº 14.451, de 2022)*

II - pelos votos correspondentes a mais da metade do capital social, nos casos previstos nos incisos II, III, IV, V, VI e VIII do *caput* do art. 1.071 deste Código;

- *Redação dada pela Lei nº 14.451, de 2022*

III – pela maioria de votos dos presentes, nos demais casos previstos na lei ou no contrato, se este não exigir maioria mais elevada.

Art. 1.077. Quando houver modificação do contrato, fusão da sociedade, incorporação de outra, ou dela por outra, terá o sócio que dissentiu o direito de retirar-se da sociedade, nos trinta dias subsequentes à reunião, aplicando-se, no silêncio do contrato social antes vigente, o disposto no art. 1.031.

- *Sem correspondência no CC/1916*
- *Arts. 1.113 a 1.122, CC*
- *Art. 15, Dec. 3.708/1919 (Sociedades por quotas de responsabilidade limitada)*
- *Art. 37, caput, Lei 6.404/1976 (Sociedades por ações)*

Art. 1.078. A assembleia dos sócios deve realizar-se ao menos uma vez por ano, nos quatro meses seguintes à ao término do exercício social, com o objetivo de:

- *Sem correspondência no CC/1916*
- *Art. 132, Lei 6.404/1976 (Sociedades por ações)*

I – tomar as contas dos administradores e deliberar sobre o balanço patrimonial e o de resultado econômico;

- *Arts. 1.020, 1.065, 1.069, III, 1.140, 1.179 e 1.189, CC*

II – designar administradores, quando for o caso;

III – tratar de qualquer outro assunto constante da ordem do dia.

§ 1º Até trinta dias antes da data marcada para a assembleia, os documentos referidos no inciso I deste artigo devem ser postos, por escrito, e com a prova do respectivo recebimento, à disposição dos sócios que não exerçam a administração.

- *Arts. 133, Lei 6.404/1976 (Sociedades por ações)*

§ 2º Instalada a assembleia, proceder-se-á à leitura dos documentos referidos no parágrafo antecedente, os quais serão submetidos, pelo presidente, a discussão e votação, nesta não podendo tomar parte os membros da administração e, se houver, os do conselho fiscal.

- *Art. 1.074, § 2º, CC*
- *Art. 134, caput, Lei 6.404/1976 (Sociedades por ações)*

§ 3º A aprovação, sem reserva, do balanço patrimonial e do de resultado econômico, salvo erro, dolo ou simulação, exonera de responsabilidade os membros da administração e, se houver, os do conselho fiscal.

- *Arts. 138 a 150, 167, 1.020, 1.065, 1.069, III, 1.140, 1.179 e 1.189, CC*
- *Art. 134, § 3º, Lei 6.404/1976 (Sociedades por ações)*

§ 4º Extingue-se em dois anos o direito de anular a aprovação a que se refere o parágrafo antecedente.

Art. 1.079. Aplica-se às reuniões dos sócios, nos casos omissos no contrato, o estabelecido nesta Seção sobre a assembleia, obedecido o disposto no § 1º do art. 1.072.

- *Sem correspondência no CC/1916*
- *Art. 1.072, § 6º, CC*

Art. 1.080. As deliberações infringentes do contrato ou da lei tornam ilimitada a responsabilidade dos que expressamente as aprovaram.

- *Sem correspondência no CC/1916*
- *Art. 1.072, § 6º, CC*
- *Art. 16, Dec. 3.708/1919 (Sociedades por quotas de responsabilidade limitada)*

Art. 1.080-A. O sócio poderá participar e votar a distância em reunião ou em assembleia, nos termos do regulamento do órgão competente do Poder Executivo federal.

- *"Caput" do artigo acrescido pela Medida Provisória nº 931, de 30/3/2020, convertida e com redação dada pela Lei nº 14.030, de 28/7/2020*

Parágrafo único. A reunião ou a assembleia poderá ser realizada de forma digital, respeitados os direitos legalmente previstos de participação e de manifestação dos sócios e os demais requisitos regulamentares.

- *Parágrafo único acrescido pela Lei nº 14.030, de 28/7/2020*

SEÇÃO VI – DO AUMENTO E DA REDUÇÃO DO CAPITAL

- *Art. 50, VI, Lei 11.101/2005 (Lei de Recuperação de Empresas e Falência); sem correspondência no Dec. 7.661/1945 (Lei de Falências)*

Art. 1.081. Ressalvado o disposto em lei especial, integralizadas as quotas, pode ser o capital aumentado, com a correspondente modificação do contrato.

- *Sem correspondência no CC/1916*
- *Art. 166, Lei 6.404/1976 (Sociedades por ações)*

§ 1º Até trinta dias após a deliberação, terão os sócios preferência para participar do aumento, na proporção das quotas de que sejam titulares.

- *Art. 171, caput, Lei 6.404/1976 (Sociedades por ações)*

§ 2º À cessão do direito de preferência, aplica-se o disposto no *caput* do art. 1.057.

§ 3º Decorrido o prazo da preferência, e assumida pelos sócios, ou por terceiros, a totalidade do aumento, haverá reunião ou assembleia dos sócios, para que seja aprovada a modificação do contrato.

- *Art. 1.071, V, CC*

Art. 1.082. Pode a sociedade reduzir o capital, mediante a correspondente modificação do contrato:

- *Sem correspondência no CC/1916*
- *Art. 173, § 1º, Lei 6.404/1976 (Sociedades por ações)*

I – depois de integralizado, se houver perdas irreparáveis;

- *Art. 1.083, CC*

II – se excessivo em relação ao objeto da sociedade.

- *Art. 1.084, CC*

Art. 1.083. No caso do inciso I do artigo antecedente, a redução do capital será realizada com a diminuição proporcional do valor nominal das quotas, tornando-se efetiva a partir da averbação, no Registro Público de Empresas Mercantis, da ata da assembleia que a tenha aprovado.

- *Sem correspondência no CC/1916*
- *Art. 968, § 2º, CC*

Art. 1.084. No caso do inciso II do art. 1.082, a redução do capital será feita restituindo-se parte do valor das quotas aos sócios, ou dispensando-se as prestações ainda devidas, com diminuição proporcional, em ambos os casos, do valor nominal das quotas.

- *Sem correspondência no CC/1916*
- *Art. 174, §§ 1º e 2º, Lei 6.404/1976 (Sociedades por ações)*

§ 1º No prazo de noventa dias, contado da data da publicação da ata da assembleia que aprovar a redução, o credor quirografário, por título líquido anterior a essa data, poderá opor-se ao deliberado.

§ 2º A redução somente se tornará eficaz se, no prazo estabelecido no parágrafo antecedente, não for impugnada, ou se provado o pagamento da dívida ou o depósito judicial do respectivo valor.

§ 3º Satisfeitas as condições estabelecidas no parágrafo antecedente, proceder-se-á à averbação, no Registro Público de Empresas Mercantis, da ata que tenha aprovado a redução.

- *Art. 968, § 2º, CC*

SEÇÃO VII – DA RESOLUÇÃO DA SOCIEDADE EM RELAÇÃO A SÓCIOS MINORITÁRIOS

Art. 1.085. Ressalvado o disposto no art. 1.030, quando a maioria dos sócios, representativa de mais da metade do capital social, entender que um ou mais sócios estão pondo em risco a continuidade da empresa, em virtude de atos de inegável gravidade, poderá excluí-los da sociedade, mediante alteração do contrato social, desde que prevista neste a exclusão por justa causa.

- *Sem correspondência no CC/1916*

Parágrafo único. Ressalvado o caso em que haja apenas dois sócios na sociedade, a exclusão de um sócio somente poderá ser determinada em reunião ou assembleia especialmente convocada para esse fim, ciente o acusado em tempo hábil para permitir seu comparecimento e o exercício do direito de defesa.

- *Redação dada pela Lei 13.792, de 2019*
- *Arts. 1.028 a 1.032, CC*

Art. 1.086. Efetuado o registro da alteração contratual, aplicar-se-á o disposto nos arts. 1.031 e 1.032.

- *Sem correspondência no CC/1916*
- *Art. 968, § 2º, CC*

SEÇÃO VIII – DA DISSOLUÇÃO

Art. 1.087. A sociedade dissolve-se, de pleno direito, por qualquer das causas previstas no art. 1.044.

- *Sem correspondência no CC/1916*
- *Art. 1.033, CC*

CAPÍTULO V – DA SOCIEDADE ANÔNIMA

SEÇÃO ÚNICA – DA CARACTERIZAÇÃO

Art. 1.088. Na sociedade anônima ou companhia, o capital divide-se em ações, obrigando-se cada sócio ou acionista somente pelo preço de emissão das ações que subscrever ou adquirir.

- *Sem correspondência no CC/1916*
- *Arts. 982, parágrafo único, e 1.160, CC*
- *Art. 1º, Lei 6.404/1976 (Sociedades por ações)*

Art. 1.089. A sociedade anônima rege-se por lei especial, aplicando-se-lhe, nos casos omissos, as disposições deste Código.

- *Correspondência: art. 1.364, CC/1916*
- *Arts. 206, §§ 1º, IV, e 3º, VII, 1.053, parágrafo único, 1.126, parágrafo único, 1.128, 1.129, 1.132, 1.134, 1.160 e 1.187, parágrafo único, CC*
- *Arts. 59 a 73, Dec.-lei 2.627/1940 (Sociedades por ações)*
- *Lei 6.404/1976 (Sociedades por ações)*

CAPÍTULO VI – DA SOCIEDADE EM COMANDITA POR AÇÕES

Art. 1.090. A sociedade em comandita por ações tem o capital dividido em ações, regendo-se pelas normas relativas à sociedade anônima, sem prejuízo das modificações constantes deste Capítulo, e opera sob firma ou denominação.

- *Sem correspondência no CC/1916*
- *Arts. 982, parágrafo único, 1.045 a 1.051, 1.088, 1.089 e 1.161, CC*
- *Arts. 280 a 284, Lei 6.404/1976 (Sociedades por ações)*

Art. 1.091. Somente o acionista tem qualidade para administrar a sociedade e, como diretor, responde subsidiária e ilimitadamente pelas obrigações da sociedade.

- *Sem correspondência no CC/1916*
- *Arts. 275 a 285, CC*
- *Art. 282, Lei 6.404/1976 (Sociedades por ações)*

§ 1º Se houver mais de um diretor, serão solidariamente responsáveis, depois de esgotados os bens sociais.

- *Arts. 275 a 285, CC*

§ 2º Os diretores serão nomeados no ato constitutivo da sociedade, sem limitação de tempo, e somente poderão ser destituídos por deliberação de acionistas que representem no mínimo dois terços do capital social.

§ 3º O diretor destituído ou exonerado continua, durante dois anos, responsável pelas obrigações sociais contraídas sob sua administração.

Art. 1.092. A assembleia geral não pode, sem o consentimento dos diretores, mudar o objeto essencial da sociedade, prorrogar-lhe o prazo de duração, aumentar ou diminuir o capital social, criar debêntures, ou partes beneficiárias.

- *Sem correspondência no CC/1916*
- *Art. 283, Lei 6.404/1976 (Sociedades por ações)*

CAPÍTULO VII – DA SOCIEDADE COOPERATIVA

Art. 1.093. A sociedade cooperativa reger-se-á pelo disposto no presente Capítulo, ressalvada a legislação especial.

- *Sem correspondência no CC/1916*
- *Arts. 174, § 2º, 187, VI, e 192, CF*
- *Art. 1.159, CC*
- *Lei 5.764/1971 (Define a Política Nacional de Cooperativismo e institui o regime jurídico das sociedades cooperativas)*
- *Lei 9.867/1999 (Cooperativas sociais)*
- *LC 130/2009 (Sistema Nacional de Crédito Cooperativo)*

Art. 1.094. São características da sociedade cooperativa:

- *Sem correspondência no CC/1916*
- *Art. 4º, Lei 5.764/1971 (Define a Política Nacional de Cooperativismo e institui o regime jurídico das sociedades cooperativas)*

I – variabilidade, ou dispensa do capital social;

II – concurso de sócios em número mínimo necessário a compor a administração da sociedade, sem limitação de número máximo;

III – limitação do valor da soma de quotas do capital social que cada sócio poderá tomar;

IV – intransferibilidade das quotas do capital a terceiros estranhos à sociedade, ainda que por herança;

V – quorum, para a assembleia geral funcionar e deliberar, fundado no número de sócios presentes à reunião, e não no capital social representado;

VI – direito de cada sócio a um só voto nas deliberações, tenha ou não capital a sociedade, e qualquer que seja o valor de sua participação;

VII – distribuição dos resultados, proporcionalmente ao valor das operações efetuadas pelo sócio com a sociedade, podendo ser atribuído juro fixo ao capital realizado;

VIII – indivisibilidade do fundo de reserva entre os sócios, ainda que em caso de dissolução da sociedade.

Art. 1.095. Na sociedade cooperativa, a responsabilidade dos sócios pode ser limitada ou ilimitada.

- *Sem correspondência no CC/1916*

§ 1º É limitada a responsabilidade na cooperativa em que o sócio responde somente pelo valor de suas quotas e pelo prejuízo verificado nas operações sociais, guardada a proporção de sua participação nas mesmas operações.

- *Art. 11, Lei 5.764/1971 (Define a Política Nacional de Cooperativismo e institui o regime jurídico das sociedades cooperativas)*

§ 2º É ilimitada a responsabilidade na cooperativa em que o sócio responde solidária e ilimitadamente pelas obrigações sociais.

- *Art. 12, Lei 5.764/1971 (Define a Política Nacional de Cooperativismo e institui o regime jurídico das sociedades cooperativas)*

Art. 1.096. No que a lei for omissa, aplicam-se as disposições referentes à sociedade simples, resguardadas as características estabelecidas no art. 1.094.

- *Sem correspondência no CC/1916*
- *Arts. 997 a 1.038, CC*

CAPÍTULO VIII – DAS SOCIEDADES COLIGADAS

Art. 1.097. Consideram-se coligadas as sociedades que, em suas relações de capital, são controladas, filiadas, ou de simples participação, na forma dos artigos seguintes.

- *Sem correspondência no CC/1916*
- *Art. 1.188, parágrafo único, CC*
- *Arts. 243 a 264, Lei 6.404/1976 (Sociedades por ações)*

Art. 1.098. É controlada:

- *Sem correspondência no CC/1916*
- *Art. 243, § 2º, Lei 6.404/1976 (Sociedades por ações)*

I – a sociedade de cujo capital outra sociedade possua a maioria dos votos nas deliberações dos quotistas ou da assembleia geral e o poder de eleger a maioria dos administradores;

II – a sociedade cujo controle, referido no inciso antecedente, esteja em poder de outra, mediante ações ou quotas possuídas por sociedades ou sociedades por esta já controladas.

Art. 1.099. Diz-se coligada ou filiada a sociedade de cujo capital outra sociedade participa com dez por cento ou mais, do capital da outra, sem controlá-la.

- *Sem correspondência no CC/1916*
- *Art. 243, § 1º, Lei 6.404/1976 (Sociedades por ações)*

Art. 1.100. É de simples participação a sociedade de cujo capital outra sociedade possua menos de dez por cento do capital com direito de voto.

- *Sem correspondência no CC/1916*
- *Art. 243, § 1º, Lei 6.404/1976 (Sociedades por ações)*

Art. 1.101. Salvo disposição especial de lei, a sociedade não pode participar de outra, que seja sua sócia, por montante superior, segundo o balanço, ao das próprias reservas, excluída a reserva legal.

- *Sem correspondência no CC/1916*
- *Arts. 244, §§ 1º, 2º, 4º e 5º, Lei 6.404/1976 (Sociedades por ações)*

Parágrafo único. Aprovado o balanço em que se verifique ter sido excedido esse limite, a sociedade não poderá exercer o direito de voto correspondente às ações ou quotas em excesso, as quais devem ser alienadas nos cento e oitenta dias seguintes àquela aprovação.

CAPÍTULO IX – DA LIQUIDAÇÃO DA SOCIEDADE

Art. 1.102. Dissolvida a sociedade e nomeado o liquidante na forma do disposto neste Livro, procede-se à sua liquidação, de conformidade com os preceitos deste Capítulo, ressalvado o disposto no ato constitutivo ou no instrumento da dissolução.

- *Sem correspondência no CC/1916*
- *Arts. 1.033 a 1.038 e 2.034, CC*
- *Arts. 208 e 209, Lei 6.404/1976 (Sociedades por ações)*

Parágrafo único. O liquidante, que não seja administrador da sociedade, investir-se-á nas funções, averbada a sua nomeação no registro próprio.

- *Art. 968, § 2º, CC*

Art. 1.103. Constituem deveres do liquidante:

- *Sem correspondência no CC/1916*
- *Art. 63, Dec.-lei 7.661/1945 (Lei de Falências); e art. 22, Lei 11.101/2005 (Lei de Recuperação de Empresas e Falência)*
- *Arts. 210 a 212, Lei 6.404/1976 (Sociedades por ações)*

I – averbar e publicar a ata, sentença ou instrumento de dissolução da sociedade;

II – arrecadar os bens, livros e documentos da sociedade, onde quer que estejam;

III – proceder, nos quinze dias seguintes ao da sua investidura e com a assistência, sempre que possível, dos administradores, à elaboração do inventário e do balanço geral do ativo e do passivo;

IV – ultimar os negócios da sociedade, realizar o ativo, pagar o passivo e partilhar o remanescente entre os sócios ou acionistas;

V – exigir dos quotistas, quando insuficiente o ativo à solução do passivo, a integralização de suas quotas e, se for o caso, as quantias necessárias, nos limites da responsabilidade de cada um e proporcionalmente à respectiva participação nas perdas, repartindo-se, entre os sócios solventes e na mesma proporção, o devido pelo insolvente;

VI – convocar assembleia dos quotistas, cada seis meses, para apresentar relatório e balanço do estado da liquidação, prestando conta dos atos praticados durante o semestre, ou sempre que necessário;

VII – confessar a falência da sociedade e pedir concordata, de acordo com as formalidades prescritas para o tipo de sociedade liquidanda;

- *Art. 97, Lei 11.101/2005 (Lei de Recuperação de Empresas e Falência); sem correspondência no Dec.-lei 7.661/1945 (Lei de Falências)*

VIII – finda a liquidação, apresentar aos sócios o relatório da liquidação e as suas contas finais;

IX – averbar a ata da reunião ou da assembleia, ou o instrumento firmado pelos sócios, que considerar encerrada a liquidação.

Parágrafo único. Em todos os atos, documentos ou publicações, o liquidante empregará a firma ou denominação social sempre seguida da cláusula "em liquidação" e de sua assinatura individual, com a declaração de sua qualidade.

Art. 1.104. As obrigações e a responsabilidade do liquidante regem-se pelos preceitos peculiares às dos administradores da sociedade liquidanda.

- *Sem correspondência no CC/1916*
- *Arts. 1.010 a 1.021, CC*
- *Art. 217, Lei 6.404/1976 (Sociedades por ações)*

Art. 1.105. Compete ao liquidante representar a sociedade e praticar todos os atos necessários à sua liquidação, inclusive alienar bens móveis ou imóveis, transigir, receber e dar quitação.

- *Sem correspondência no CC/1916*
- *Art. 211, Lei 6.404/1976 (Sociedades por ações)*

Parágrafo único. Sem estar expressamente autorizado pelo contrato social, ou pelo voto da maioria dos sócios, não pode o liquidante gravar de ônus reais os móveis e imóveis, contrair empréstimos, salvo quando indispensáveis ao pagamento de obrigações inadiáveis, nem prosseguir, embora para facilitar a liquidação, na atividade social.

Art. 1.106. Respeitados os direitos dos credores preferenciais, pagará o liquidante as dívidas sociais proporcionalmente, sem distinção entre vencidas e vincendas, mas, em relação a estas, com desconto.

- *Sem correspondência no CC/1916*
- *Arts. 955 a 965, CC*
- *Art. 214, Lei 6.404/1976 (Sociedades por ações)*

Parágrafo único. Se o ativo for superior ao passivo, pode o liquidante, sob sua responsabilidade pessoal, pagar integralmente as dívidas vencidas.

Art. 1.107. Os sócios podem resolver, por maioria de votos, antes de ultimada a liquidação, mas depois de pagos os credores, que o liquidante faça rateios por antecipação da partilha, à medida em que se apurem os haveres sociais.

- *Sem correspondência no CC/1916*
- *Art. 215, caput, Lei 6.404/1976 (Sociedades por ações)*

Art. 1.108. Pago o passivo e partilhado o remanescente, convocará o liquidante assembleia dos sócios para a prestação final de contas.

- *Sem correspondência no CC/1916*
- *Art. 216, caput, Lei 6.404/1976 (Sociedades por ações)*

Art. 1.109. Aprovadas as contas, encerra-se a liquidação, e a sociedade se extingue, ao ser averbada no registro próprio a ata da assembleia.

- *Sem correspondência no CC/1916*
- *Art. 215, § 1º, Lei 6.404/1976 (Sociedades por ações)*

Parágrafo único. O dissidente tem o prazo de trinta dias, a contar da publicação da ata, devidamente averbada, para promover a ação que couber.

- *Art. 216, § 1º, Lei 6.404/1976 (Sociedades por ações)*

Art. 1.110. Encerrada a liquidação, o credor não satisfeito só terá direito a exigir dos sócios, individualmente, o pagamento do seu crédito, até o limite da soma por eles recebida em partilha, e a propor contra o liquidante ação de perdas e danos.

- *Sem correspondência no CC/1916*
- *Arts. 402 a 405, CC*
- *Art. 218, Lei 6.404/1976 (Sociedades por ações)*

Art. 1.111. No caso de liquidação judicial, será observado o disposto na lei processual.

- *Sem correspondência no CC/1916*
- *Art. 209, parágrafo único, Lei 6.404/1976 (Sociedades por ações)*

Art. 1.112. No curso de liquidação judicial, o juiz convocará, se necessário, reunião ou assembleia para deliberar sobre os interesses da liquidação, e as presidirá, resolvendo sumariamente as questões suscitadas.

- *Sem correspondência no CC/1916*
- *Art. 213, § 2º, Lei 6.404/1976 (Sociedades por ações)*

Parágrafo único. As atas das assembleias serão, em cópia autêntica, apensadas ao processo judicial.

CAPÍTULO X – DA TRANSFORMAÇÃO, DA INCORPORAÇÃO, DA FUSÃO E DA CISÃO DAS SOCIEDADES

Art. 1.113. O ato de transformação independe de dissolução ou liquidação da sociedade, e obedecerá aos preceitos reguladores da constituição e inscrição próprios do tipo em que vai converter-se.

- *Sem correspondência no CC/1916*
- *Arts. 968, § 2º, e 2.033, CC*
- *Art. 220, Lei 6.404/1976 (Sociedades por ações)*

Art. 1.114. A transformação depende do consentimento de todos os sócios, salvo se prevista no ato constitutivo, caso em que o dissidente poderá retirar-se da sociedade, aplicando-se, no silêncio do estatuto ou do contrato social, o disposto no art. 1.031.

- *Sem correspondência no CC/1916*
- *Art. 221, caput, Lei 6.404/1976 (Sociedades por ações)*

Art. 1.115. A transformação não modificará nem prejudicará, em qualquer caso, os direitos dos credores.

- *Sem correspondência no CC/1916*
- *Art. 222, caput, Lei 6.404/1976 (Sociedades por ações)*

Parágrafo único. A falência da sociedade transformada somente produzirá efeitos em relação aos sócios que, no tipo anterior, a eles estariam sujeitos, se o pedirem os titulares de créditos anteriores à transformação, e somente a estes beneficiará.

- *Art. 222, parágrafo único, Lei 6.404/1976 (Sociedades por ações)*

Art. 1.116. Na incorporação, uma ou várias sociedades são absorvidas por outra, que lhes sucede em todos os direitos e obrigações, devendo todas aprová-la, na forma estabelecida para os respectivos tipos.

- *Sem correspondência no CC/1916*
- *Art. 223, § 1º, e 227, caput, Lei 6.404/1976 (Sociedades por ações)*

Art. 1.117. A deliberação dos sócios da sociedade incorporada deverá aprovar as bases da operação e o projeto de reforma do ato constitutivo.

- *Sem correspondência no CC/1916*
- *Art. 227, §§ 1º e 2º, Lei 6.404/1976 (Sociedades por ações)*

§ 1º A sociedade que houver de ser incorporada tomará conhecimento desse ato, e, se o aprovar, autorizará os administradores a praticar o necessário à incorporação, inclusive a subscrição em bens pelo valor da diferença que se verificar entre o ativo e o passivo.

§ 2º A deliberação dos sócios da sociedade incorporadora compreenderá a nomeação dos peritos para a avaliação do patrimônio líquido da sociedade, que tenha de ser incorporada.

Art. 1.118. Aprovados os atos da incorporação, a incorporadora declarará extinta a incorporada, e promoverá a respectiva averbação no registro próprio.

- *Sem correspondência no CC/1916*
- *Art. 227, § 3º, Lei 6.404/1976 (Sociedades por ações)*

Art. 1.119. A fusão determina a extinção das sociedades que se unem, para formar sociedade nova, que a elas sucederá nos direitos e obrigações.

- *Sem correspondência no CC/1916*
- *Art. 228, caput, Lei 6.404/1976 (Sociedades por ações)*

Art. 1.120. A fusão será decidida, na forma estabelecida para os respectivos tipos, pelas sociedades que pretendam unir-se.

- *Sem correspondência no CC/1916*
- *Art. 223, § 1º, e 228, §§ m 1º e 2º, Lei 6.404/1976 (Sociedades por ações)*

§ 1º Em reunião ou assembleia dos sócios de cada sociedade, deliberada a fusão e aprovado o projeto do ato constitutivo da nova sociedade, bem como o plano de distribuição do capital social, serão nomeados os peritos para a avaliação do patrimônio da sociedade.

§ 2º Apresentados os laudos, os administradores convocarão reunião ou assembleia dos sócios para tomar conhecimento deles, decidindo sobre a constituição definitiva da nova sociedade.

§ 3º É vedado aos sócios votar o laudo de avaliação do patrimônio da sociedade de que façam parte.

- *Art. 1.074, § 2º, CC*

Art. 1.121. Constituída a nova sociedade, aos administradores incumbe fazer inscrever, no registro próprio da sede, os atos relativos à fusão.

- *Sem correspondência no CC/1916*
- *Art. 968, § 2º, CC*
- *Art. 228, § 3º, Lei 6.404/1976 (Sociedades por ações)*

Art. 1.122. Até noventa dias após publicados os atos relativos à incorporação, fusão ou cisão, o credor anterior, por ela prejudicado, poderá promover judicialmente a anulação deles.

- *Sem correspondência no CC/1916*
- *Art. 232, caput, Lei 6.404/1976 (Sociedades por ações)*

§ 1º A consignação em pagamento prejudicará a anulação pleiteada.

§ 2º Sendo ilíquida a dívida, a sociedade poderá garantir-lhe a execução, suspendendo-se o processo de anulação.

§ 3º Ocorrendo, no prazo deste artigo, a falência da sociedade incorporadora, da sociedade nova ou da cindida, qualquer credor anterior terá direito a pedir a separação dos patrimônios, para o fim de serem os créditos pagos pelos bens das respectivas massas.

CAPÍTULO XI – DA SOCIEDADE DEPENDENTE DE AUTORIZAÇÃO

SEÇÃO I – DISPOSIÇÕES GERAIS

Art. 1.123. A sociedade que dependa de autorização do Poder Executivo para funcionar reger-se-á por este título, sem prejuízo do disposto em lei especial.

- *Sem correspondência no CC/1916*
- *Arts. 45, 1.033, V, 1.125 e 1.133, CC*

Parágrafo único. A competência para a autorização será sempre do Poder Executivo federal.

- *Dec. 24.643/1934 (Código de Águas)*
- *Dec.-lei 2.980/1941 (Serviço de loterias)*
- *Art. 18, a, Lei 4.594/1964 (Corretor de seguros)*

- *Dec.-lei 73/1966 (Sistema Nacional de Seguros Privados)*
- *Dec.-lei 227/1967 (Código de mineração)*

Art. 1.124. Na falta de prazo estipulado em lei ou em ato do poder público, será considerada caduca a autorização se a sociedade não entrar em funcionamento nos doze meses seguintes à respectiva publicação.

- *Sem correspondência no CC/1916*

Art. 1.125. Ao Poder Executivo é facultado, a qualquer tempo, cassar a autorização concedida a sociedade nacional ou estrangeira que infringir disposição de ordem pública ou praticar atos contrários aos fins declarados no seu estatuto.

- *Sem correspondência no CC/1916*

SEÇÃO II – DA SOCIEDADE NACIONAL

Art. 1.126. É nacional a sociedade organizada de conformidade com a lei brasileira e que tenha no País a sede de sua administração.

- *Sem correspondência no CC/1916*
- *Art. 75, caput, IV e § 2º, CC*

Parágrafo único. Quando a lei exigir que todos ou alguns sócios sejam brasileiros, as ações da sociedade anônima revestirão, no silêncio da lei, a forma nominativa. Qualquer que seja o tipo da sociedade, na sua sede ficará arquivada cópia autêntica do documento comprobatório da nacionalidade dos sócios.

- *Arts. 176, § 1º, e 222, CF*
- *Art. 1.089, CC*
- *Dec. 2.617/1998 (Composição do capital de empresas de telecomunicação)*

Art. 1.127. Não haverá mudança de nacionalidade de sociedade brasileira sem o consentimento unânime dos sócios ou acionistas.

- *Sem correspondência no CC/1916*

Art. 1.128. O requerimento de autorização de sociedade nacional deve ser acompanhado de cópia do contrato, assinada por todos os sócios, ou, tratando-se de sociedade anônima, de cópia, autenticada pelos fundadores, dos documentos exigidos pela lei especial.

- *Sem correspondência no CC/1916*
- *Arts. 1.089 e 1.131, CC*

Parágrafo único. Se a sociedade tiver sido constituída por escritura pública, bastará juntar-se ao requerimento a respectiva certidão.

Art. 1.129. Ao Poder Executivo é facultado exigir que se procedam a alterações ou aditamento no contrato ou no estatuto, devendo os sócios, ou, tratando-se de sociedade anônima, os fundadores, cumprir as formalidades legais para revisão dos atos constitutivos, e juntar ao processo prova regular.

- *Sem correspondência no CC/1916*
- *Arts. 1.089 e 1.131, CC*

Art. 1.130. Ao Poder Executivo é facultado recusar a autorização, se a sociedade não atender às condições econômicas, financeiras ou jurídicas especificadas em lei.

- *Sem correspondência no CC/1916*

Art. 1.131. Expedido o decreto de autorização, cumprirá à sociedade publicar os atos referidos nos arts. 1.128 e 1.129, em trinta dias, no órgão oficial da União, cujo exemplar representará prova para inscrição, no registro próprio, dos atos constitutivos da sociedade.

- *Sem correspondência no CC/1916*
- *Arts. 968, § 2º, e 1.135, parágrafo único, CC*

Parágrafo único. A sociedade promoverá, também no órgão oficial da União e no prazo de trinta dias, a publicação do termo de inscrição.

- *Art. 1.136, § 3º, CC*

Art. 1.132. As sociedades anônimas nacionais, que dependam de autorização do Poder Executivo para funcionar, não se constituirão sem obtê-la, quando seus fundadores pretenderem recorrer a subscrição pública para a formação do capital.

- *Sem correspondência no CC/1916*
- *Art. 1.089, CC*

§ 1º Os fundadores deverão juntar ao requerimento cópias autênticas do projeto do estatuto e do prospecto.

§ 2º Obtida a autorização e constituída a sociedade, proceder-se-á à inscrição dos seus atos constitutivos.

Art. 1.133. Dependem de aprovação as modificações do contrato ou do estatuto de sociedade sujeita a autorização do Poder Executivo, salvo se decorrerem de aumento do capital social, em virtude de utilização de reservas ou reavaliação do ativo.

- *Sem correspondência no CC/1916*

SEÇÃO III – DA SOCIEDADE ESTRANGEIRA

- *Dec. 5.664/2006 (Competência para autorizar o funcionamento no Brasil de sociedade estrangeira)*

Art. 1.134. A sociedade estrangeira, qualquer que seja o seu objeto, não pode, sem autorização do Poder Executivo, funcionar no País, ainda que por estabelecimentos subordinados, podendo, todavia, ressalvados os casos expressos em lei, ser acionista de sociedade anônima brasileira.

- *Sem correspondência no CC/1916*
- *Arts. 1.089 e 1.141, CC*
- *Art. 11, § 1º, Dec.-lei 4.657/1942 (Lei de Introdução às normas do Direito Brasileiro)*
- *Dec. 92.319/1986 (Funcionamento de empresas estrangeiras de transporte aéreo)*
- *Dec. 5.664/2006 (Competência para autorizar o funcionamento no Brasil de sociedade estrangeira)*

§ 1º Ao requerimento de autorização devem juntar-se:

- *Art. 1.135, parágrafo único, CC*

I – prova de se achar a sociedade constituída conforme a lei de seu país;

II – inteiro teor do contrato ou do estatuto;

III – relação dos membros de todos os órgãos da administração da sociedade, com nome, nacionalidade, profissão, domicílio e, salvo quanto a ações ao portador, o valor da participação de cada um no capital da sociedade;

IV – cópia do ato que autorizou o funcionamento no Brasil e fixou o capital destinado às operações no território nacional;

V – prova de nomeação do representante no Brasil, com poderes expressos para aceitar as condições exigidas para a autorização;

VI – último balanço.

§ 2º Os documentos serão autenticados, de conformidade com a lei nacional da sociedade requerente, legalizados no consulado brasileiro da respectiva sede e acompanhados de tradução em vernáculo.

Art. 1.135. É facultado ao Poder Executivo, para conceder a autorização, estabelecer condições convenientes à defesa dos interesses nacionais.

- *Sem correspondência no CC/1916*

Parágrafo único. Aceitas as condições, expedirá o Poder Executivo decreto de autorização, do qual constará o montante de capital destinado às operações no País, cabendo à sociedade promover a publicação dos atos referidos no art. 1.131 e no § 1º do art. 1.134.

- *Arts. 1.128 e 1.129, CC*

Art. 1.136. A sociedade autorizada não pode iniciar sua atividade antes de inscrita no registro próprio do lugar em que se deva estabelecer.

- *Sem correspondência no CC/1916*
- *Art. 968, § 2º, CC*

§ 1º O requerimento de inscrição será instruído com exemplar da publicação exigida no parágrafo único do artigo antecedente, acompanhado de documento do depósito em dinheiro, em estabelecimento bancário oficial, do capital ali mencionado.

§ 2º Arquivados esses documentos, a inscrição será feita por termo em livro especial para as sociedades estrangeiras, com número de ordem contínuo para todas as sociedades inscritas; no termo constarão:

I – nome, objeto, duração e sede da sociedade no estrangeiro;

II – lugar da sucursal, filial ou agência, no País;

III – data e número do decreto de autorização;

IV – capital destinado às operações no País;

V – individuação do seu representante permanente.

§ 3º Inscrita a sociedade, promover-se-á a publicação determinada no parágrafo único do art. 1.131.

Art. 1.137. A sociedade estrangeira autorizada a funcionar ficará sujeita às leis e aos tribunais brasileiros, quanto aos atos ou operações praticados no Brasil.

- *Sem correspondência no CC/1916*
- *Arts. 21, 23 e 24, CPC/2015*
- *Art. 12, Dec. 4.657/1942 (Lei de Introdução às normas do Direito Brasileiro)*

Parágrafo único. A sociedade estrangeira funcionará no território nacional com o nome que tiver em seu país de origem, podendo acrescentar as palavras "do Brasil" ou "para o Brasil".

Art. 1.138. A sociedade estrangeira autorizada a funcionar é obrigada a ter, permanentemente, representante no Brasil, com poderes para resolver quaisquer questões e receber citação judicial pela sociedade.

- *Sem correspondência no CC/1916*

› *Arts. 21, parágrafo único, e 75, § 3º, CPC/2015*

Parágrafo único. O representante somente pode agir perante terceiros depois de arquivado e averbado o instrumento de sua nomeação.

› *Art. 968, § 2º, CC*

Art. 1.139. Qualquer modificação no contrato ou no estatuto dependerá da aprovação do Poder Executivo, para produzir efeitos no território nacional.

› *Sem correspondência no CC/1916*

› *Dec. 5.664/2006 (Competência para autorizar o funcionamento no Brasil de sociedade estrangeira)*

Art. 1.140. A sociedade estrangeira deve, sob pena de lhe ser cassada a autorização, reproduzir no órgão oficial da União, e do Estado, se for o caso, as publicações que, segundo a sua lei nacional, seja obrigada a fazer relativamente ao balanço patrimonial e ao de resultado econômico, bem como aos atos de sua administração.

› *Sem correspondência no CC/1916*

› *Arts. 1.020, 1.065, 1.078, I e § 3º, 1.179, 1.188 e 1.189, CC*

Parágrafo único. Sob pena, também, de lhe ser cassada a autorização, a sociedade estrangeira deverá publicar o balanço patrimonial e o de resultado econômico das sucursais, filiais ou agências existentes no País.

Art. 1.141. Mediante autorização do Poder Executivo, a sociedade estrangeira admitida a funcionar no País pode nacionalizar-se, transferindo sua sede para o Brasil.

› *Sem correspondência no CC/1916*

› *Dec. 5.664/2006 (Competência para autorizar o funcionamento no Brasil de sociedade estrangeira)*

§ 1º Para o fim previsto neste artigo, deverá a sociedade, por seus representantes, oferecer, com o requerimento, os documentos exigidos no art. 1.134, e ainda a prova da realização do capital, pela forma declarada no contrato, ou no estatuto, e do ato em que foi deliberada a nacionalização.

§ 2º O Poder Executivo poderá impor as condições que julgar convenientes à defesa dos interesses nacionais.

§ 3º Aceitas as condições pelo representante, proceder-se-á, após a expedição do decreto de autorização, à inscrição da sociedade e publicação do respectivo termo.

› *Art. 968, § 2º, CC*

TÍTULO III – DO ESTABELECIMENTO

CAPÍTULO ÚNICO DISPOSIÇÕES GERAIS

› *Art. 50, VII, Lei 11.101/2005 (Lei de Recuperação de Empresas e Falência); sem correspondência no Dec.-lei 7.661/1945 (Lei de Falência)*

Art. 1.142. Considera-se estabelecimento todo complexo de bens organizado, para exercício da empresa, por empresário, ou por sociedade empresária.

› *Sem correspondência no CC/1916*

› *Art. 90. CC*

› *Art. 109, Lei 11.101/2005 (Lei de Recuperação de Empresas e Falência); sem correspondência no Dec.-lei 7.661/1945 (Lei de Falência)*

§ 1º O estabelecimento não se confunde com o local onde se exerce a atividade empresarial, que poderá ser físico ou virtual.

› *Parágrafo acrescido pela Lei nº 14.195, de 26/8/2021, com redação dada pela Medida Provisória nº 1.085, de 27/12/2021, convertida na Lei nº 14.382, de 27/6/2022*

§ 2º Quando o local onde se exerce a atividade empresarial for virtual, o endereço informado para fins de registro poderá ser, conforme o caso, o endereço do empresário individual ou o de um dos sócios da sociedade empresária.

› *Parágrafo acrescido pela Lei nº 14.195, de 26/8/2021, com redação dada pela Medida Provisória nº 1.085, de 27/12/2021, convertida na Lei nº 14.382, de 27/6/2022*

§ 3º Quando o local onde se exerce a atividade empresarial for físico, a fixação do horário de funcionamento competirá ao Município, observada a regra geral prevista no inciso II do caput do art. 3º da Lei nº 13.874, de 20 de setembro de 2019.

› *Parágrafo acrescido pela Lei nº 14.195, de 26/8/2021, com redação dada pela Medida Provisória nº 1.085, de 27/12/2021, convertida na Lei nº 14.382, de 27/6/2022*

Art. 1.143. Pode o estabelecimento ser objeto unitário de direitos e de negócios jurídicos, translativos ou constitutivos, que sejam compatíveis com a sua natureza.

› *Sem correspondência no CC/1916*

› *Arts. 90, parágrafo único, e 1.164, parágrafo único, CC*

Art. 1.144. O contrato que tenha por objeto a alienação, o usufruto ou arrendamento do estabelecimento, só produzirá efeitos quanto a terceiros depois de averbado à margem da inscrição do empresário, ou da sociedade empresária, no Registro Público de Empresas Mercantis, e de publicado na imprensa oficial.

› *Sem correspondência no CC/1916*

› *Art. 968, § 2º, CC*

Art. 1.145. Se ao alienante não restarem bens suficientes para solver o seu passivo, a eficácia da alienação do estabelecimento depende do pagamento de todos os credores, ou do consentimento destes, de modo expresso ou tácito, em trinta dias a partir de sua notificação.

› *Sem correspondência no CC/1916*

› *Arts. 2º, V, 52, VIII, e 149, Dec.-lei 7.661/1945 (Lei de Falências); e arts. 66, 94, III, c, e 129, VI, Lei 11.101/2005 (Lei de Recuperação de Empresas e Falência)*

Art. 1.146. O adquirente do estabelecimento responde pelo pagamento dos débitos anteriores à transferência, desde que regularmente contabilizados, continuando o devedor primitivo solidariamente obrigado pelo prazo de um ano, a partir, quanto aos créditos vencidos, da publicação, e, quanto aos outros, da data do vencimento.

› *Sem correspondência no CC/1916*

› *Arts. 275 a 285, CC*

› *Art. 448, CLT*

› *Art. 133, CTN*

Art. 1.147. Não havendo autorização expressa, o alienante do estabelecimento não pode fazer concorrência ao adquirente, nos cinco anos subsequentes à transferência.

› *Sem correspondência no CC/1916*

Parágrafo único. No caso de arrendamento ou usufruto do estabelecimento, a proibição prevista neste artigo persistirá durante o prazo do contrato.

› *Art. 448, CLT*

Art. 1.148. Salvo disposição em contrário, a transferência importa a sub-rogação do adquirente nos contratos estipulados para exploração do estabelecimento, se não tiverem caráter pessoal, podendo os terceiros rescindir o contrato em noventa dias a contar da publicação da transferência, se ocorrer justa causa, ressalvada, neste caso, a responsabilidade do alienante.

› *Sem correspondência no CC/1916*

› *Art. 448, CLT*

Art. 1.149. A cessão dos créditos referentes ao estabelecimento transferido produzirá efeito em relação aos respectivos devedores, desde o momento da publicação da transferência, mas o devedor ficará exonerado se de boa-fé pagar ao cedente.

› *Sem correspondência no CC/1916*

› *Arts. 286 a 298, CC*

TÍTULO IV – DOS INSTITUTOS COMPLEMENTARES

CAPÍTULO I – DO REGISTRO

Art. 1.150. O empresário e a sociedade empresária vinculam-se ao Registro Público de Empresas Mercantis a cargo das Juntas Comerciais, e a sociedade simples ao Registro Civil das Pessoas Jurídicas, o qual deverá obedecer às normas fixadas para aquele registro, se a sociedade simples adotar um dos tipos de sociedade empresária.

› *Sem correspondência no CC/1916*

› *Arts. 45, 966 a 971, 976, 979, 980, 982 a 985, 998, 1.000, 1.075, § 2º, 1.083, 1.084, § 3º, 1.144, 1.174 e 1.181, CC*

› *Art. 75, § 2º, CPC/2015*

› *Dec. 1.102/1903 (Armazéns gerais)*

› *Dec.-lei 9.085/1946 (Registro civil das pessoas jurídicas)*

› *Arts. 1º, § 1º, II, e 114, Lei 6.015/1973 (Lei de Registros Públicos)*

› *Lei 6.385/1976 (Mercado de valores mobiliários e Comissão de Valores Mobiliários)*

› *Arts. 95 a 97, Lei 6.404/1976 (Sociedades por ações)*

› *Lei 8.934/1994 (Registro Público de Empresas Mercantis e Atividades Afins)*

› *Arts. 15 a 17, Lei 8.906/1994 (Estatuto da Advocacia e da OAB)*

› *Dec. 1.800/1996 (Regulamenta a Lei 8.934/1994)*

Art. 1.151. O registro dos atos sujeitos à formalidade exigida no artigo antecedente será requerido pela pessoa obrigada em lei, e, no caso de omissão ou demora, pelo sócio ou qualquer interessado.

› *Sem correspondência no CC/1916*

§ 1º Os documentos necessários ao registro deverão ser apresentados no prazo de trinta dias, contado da lavratura dos atos respectivos.

§ 2º Requerido além do prazo previsto neste artigo, o registro somente produzirá efeito a partir da data de sua concessão.

§ 3º As pessoas obrigadas a requerer o registro responderão por perdas e danos, em caso de omissão ou demora.

› *Arts. 402 a 405, CC*

› *Art. 99, Lei 6.404/1976 (Sociedades por ações)*

Art. 1.152. Cabe ao órgão incumbido do registro verificar a regularidade das publicações determinadas em lei, de acordo com o disposto nos parágrafos deste artigo.

- *Sem correspondência no CC/1916*

§ 1º Salvo exceção expressa, as publicações ordenadas neste Livro serão feitas no órgão oficial da União ou do Estado, conforme o local da sede do empresário ou da sociedade, e em jornal de grande circulação.

- *Art. 98, Lei 6.404/1976 (Sociedades por ações)*

§ 2º As publicações das sociedades estrangeiras serão feitas nos órgãos oficiais da União e do Estado onde tiverem sucursais, filiais ou agências.

§ 3º O anúncio de convocação da assembleia de sócios será publicado por três vezes, ao menos, devendo mediar, entre a data da primeira inserção e a da realização da assembleia, o prazo mínimo de oito dias, para a primeira convocação, e de cinco dias, para as posteriores.

- *Art. 1.702, § 2º, CC*
- *Art. 124, caput, e § 1º, Lei 6.404/1976 (Sociedades por ações)*

Art. 1.153. Cumpre à autoridade competente, antes de efetivar o registro, verificar a autenticidade e a legitimidade do signatário do requerimento, bem como fiscalizar a observância das prescrições legais concernentes ao ato ou aos documentos apresentados.

- *Sem correspondência no CC/1916*
- *Art. 40, Lei 8.934/1994 (Registro Público de Empresas Mercantis e Negócios Afins)*

Parágrafo único. Das irregularidades encontradas deve ser notificado o requerente, que, se for o caso, poderá saná-las, obedecendo às formalidades da lei.

- *Art. 40, §§ 2º e 3º, Lei 8.934/1994 (Registro Público de Empresas Mercantis e Negócios Afins)*

Art. 1.154. O ato sujeito a registro, ressalvadas disposições especiais da lei, não pode, antes do cumprimento das respectivas formalidades, ser oposto a terceiro, salvo prova de que este o conhecia.

- *Sem correspondência no CC/1916*

Parágrafo único. O terceiro não pode alegar ignorância, desde que cumpridas as referidas formalidades.

- *Art. 1.015, parágrafo único, I e II, CC*

CAPÍTULO II – DO NOME EMPRESARIAL

Art. 1.155. Considera-se nome empresarial a firma ou a denominação adotada, de conformidade com este Capítulo, para o exercício de empresa.

- *Sem correspondência no CC/1916*
- *Art. 61, Dec. 1.800/1996 (Regulamenta a Lei 8.934/1994)*

Parágrafo único. Equipara-se ao nome empresarial, para os efeitos da proteção da lei, a denominação das sociedades simples, associações e fundações.

Art. 1.156. O empresário opera sob firma constituída por seu nome, completo ou abreviado, aditando-lhe, se quiser, designação mais precisa da sua pessoa ou do gênero de atividade.

- *Sem correspondência no CC/1916*
- *Art. 966, CC*
- *Art. 62, Dec. 1.800/1996 (Regulamenta a Lei 8.934/1994)*

Art. 1.157. A sociedade em que houver sócios de responsabilidade ilimitada operará sob firma, na qual somente os nomes daqueles poderão figurar, bastando para formá-la aditar ao nome de um deles a expressão "e companhia" ou sua abreviatura.

- *Sem correspondência no CC/1916*
- *Arts. 1.041 e 1.047, CC*

Parágrafo único. Ficam solidária e ilimitadamente responsáveis pelas obrigações contraídas sob a firma social aqueles que, por seus nomes, figurarem na firma da sociedade de que trata este artigo.

- *Arts. 264 a 266 e 275 a 285, CC*

Art. 1.158. Pode a sociedade limitada adotar firma ou denominação, integradas pela palavra final "limitada" ou a sua abreviatura.

- *Sem correspondência no CC/1916*
- *Arts. 1.054 e 1.064, CC*
- *Art. 3º, Dec. 3.708/1919 (Sociedades por quotas de responsabilidade limitada)*

§ 1º A firma será composta com o nome de um ou mais sócios, desde que pessoas físicas, de modo indicativo da relação social.

§ 2º A denominação deve designar o objeto da sociedade, sendo permitido nela figurar o nome de um ou mais sócios.

§ 3º A omissão da palavra "limitada" determina a responsabilidade solidária e ilimitada dos administradores que assim empregarem a firma ou a denominação da sociedade.

- *Arts. 275 a 285 e 1.052, CC*

Art. 1.159. A sociedade cooperativa funciona sob denominação integrada pelo vocábulo "cooperativa".

- *Sem correspondência no CC/1916*
- *Arts. 1.093 a 1.096, CC*
- *Art. 5º, Lei 5.764/1971 (Sociedades cooperativas)*

Art. 1.160. A sociedade anônima opera sob denominação integrada pelas expressões 'sociedade anônima' ou 'companhia', por extenso ou abreviadamente, facultada a designação do objeto social.

- *Caput do artigo com redação dada pela Medida Provisória nº 1.085, de 27/12/2021, convertida na Lei nº 14.382, de 27/6/2022*
- *Sem correspondência no CC/1916*
- *Arts. 1.088 e 1.089, CC*
- *Art. 3º, Lei 6.404/1976 (Sociedades por ações)*

Parágrafo único. Pode constar da denominação o nome do fundador, acionista, ou pessoa que haja concorrido para o bom êxito da formação da empresa.

Art. 1.161. A sociedade em comandita por ações pode, em lugar de firma, adotar denominação aditada da expressão 'comandita por ações', facultada a designação do objeto social.

- *Artigo com redação dada pela Medida Provisória nº 1.085, de 27/12/2021, convertida na Lei nº 14.382, de 27/6/2022*
- *Sem correspondência no CC/1916*
- *Arts. 1.090 a 1.092, CC*
- *Art. 281, parágrafo único, Lei 6.404/1976 (Sociedades por ações)*

Art. 1.162. A sociedade em conta de participação não pode ter firma ou denominação.

- *Sem correspondência no CC/1916*
- *Arts. 991 a 996, CC*

Art. 1.163. O nome de empresário deve distinguir-se de qualquer outro já inscrito no mesmo registro.

- *Sem correspondência no CC/1916*
- *Art. 981, I, CC*
- *Art. 35, V, Lei 8.934/1994 (Registro Público de Empresas Mercantis e Atividades Afins)*
- *Art. 62, § 2º, Dec. 1.800/1996*

Parágrafo único. Se o empresário tiver nome idêntico ao de outros já inscritos, deverá acrescentar designação que o distinga.

- *Art. 3º, § 2º, Lei 6.404/1976 (Sociedades por ações)*

Art. 1.164. O nome empresarial não pode ser objeto de alienação.

- *Sem correspondência no CC/1916*
- *Art. 1.143, CC*

Parágrafo único. O adquirente de estabelecimento, por ato entre vivos, pode, se o contrato o permitir, usar o nome do alienante, precedido do seu próprio, com a qualificação de sucessor.

Art. 1.165. O nome de sócio que vier a falecer, for excluído ou se retirar, não pode ser conservado na firma social.

- *Sem correspondência no CC/1916*
- *Art. 62, Dec. 1.800/1996 (Regulamenta a Lei 8.934/1994)*

Art. 1.166. A inscrição do empresário, ou dos atos constitutivos das pessoas jurídicas, ou as respectivas averbações, no registro próprio, asseguram o uso exclusivo do nome nos limites do respectivo Estado.

- *Sem correspondência no CC/1916*
- *Art. 5º, XXIX, CF*
- *Art. 195, V, Lei 9.279/1996 (Propriedade industrial)*

Parágrafo único. O uso previsto neste artigo estender-se-á a todo o território nacional, se registrado na forma da lei especial.

- *Art. 61, § 2º, Dec. 1.800/1996 (Regulamenta a Lei 8.934/1994)*

Art. 1.167. Cabe ao prejudicado, a qualquer tempo, ação para anular a inscrição do nome empresarial feita com violação da lei ou do contrato.

- *Sem correspondência no CC/1916*

Art. 1.168. A inscrição do nome empresarial será cancelada, a requerimento de qualquer interessado, quando cessar o exercício da atividade para que foi adotado, ou quando ultimar-se a liquidação da sociedade que o inscreveu.

- *Sem correspondência no CC/1916*

CAPÍTULO III – DOS PREPOSTOS

SEÇÃO I – DISPOSIÇÕES GERAIS

- *Art. 168, § 3º, Lei 11.101/2005 (Lei de Recuperação de Empresas e Falência); sem correspondência no Dec.-lei 7.661/1945 (Lei de Falências)*

Art. 1.169. O preposto não pode, sem autorização escrita, fazer-se substituir no desempenho da preposição, sob pena de responder pessoalmente pelos atos do substituto e pelas obrigações por ele contraídas.

- *Sem correspondência no CC/1916*

Art. 1.170. O preposto, salvo autorização expressa, não pode negociar por conta própria ou de terceiro, nem participar, embora indiretamente, de operação do mesmo gênero da que lhe foi cometida, sob pena de responder por perdas e danos e de serem retidos pelo preponente os lucros da operação.

- *Sem correspondência no CC/1916*
- *Arts. 402 a 405, CC*

Art. 1.171. Considera-se perfeita a entrega de papéis, bens ou valores ao preposto, encarregado pelo preponente, se os recebeu sem protesto, salvo nos casos em que haja prazo para reclamação.

- *Sem correspondência no CC/1916*

SEÇÃO II – DO GERENTE

Art. 1.172. Considera-se gerente o preposto permanente no exercício da empresa, na sede desta, ou em sucursal, filial ou agência.

- *Sem correspondência no CC/1916*
- *Arts. 1.169 a 1.171, CC*

Art. 1.173. Quando a lei não exigir poderes especiais, considera-se o gerente autorizado a praticar todos os atos necessários ao exercício dos poderes que lhe foram outorgados.

- *Sem correspondência no CC/1916*
- *Art. 72, Dec.-lei 7.661/1945 (Lei de Falências); e art. 108, § 1º, Lei 11.101/2005 (Lei de Recuperação de Empresas e Falência)*

Parágrafo único. Na falta de estipulação diversa, consideram-se solidários os poderes conferidos a dois ou mais gerentes.

Art. 1.174. As limitações contidas na outorga de poderes, para serem opostas a terceiros, dependem do arquivamento e averbação do instrumento no Registro Público de Empresas Mercantis, salvo se provado serem conhecidas da pessoa que tratou com o gerente.

- *Sem correspondência no CC/1916*
- *Arts. 968, § 2º, 1.154 e 1.184, CC*

Parágrafo único. Para o mesmo efeito e com idêntica ressalva, deve a modificação ou revogação do mandato ser arquivada e averbada no Registro Público de Empresas Mercantis.

Art. 1.175. O preponente responde com o gerente pelos atos que este pratique em seu próprio nome, mas à conta daquele.

- *Sem correspondência no CC/1916*
- *Arts. 275 a 285, 932, III, 933, 1.177 e 1.178, CC*
- *Art. 297, Lei 7.565/1986 (Código Brasileiro de Aeronáutica)*
- *Art. 34, Lei 8.078/1990 (Código de Defesa do Consumidor)*

Art. 1.176. O gerente pode estar em juízo em nome do preponente, pelas obrigações resultantes do exercício da sua função.

- *Sem correspondência no CC/1916*
- *Arts. 252, 334 e 357, CPC/2015*
- *Art. 843, § 1º, CLT*
- *Art. 9º, § 4º, Lei 9.099/1995 (Juizados Especiais Cíveis e Criminais)*

SEÇÃO III – DO CONTABILISTA E OUTROS AUXILIARES

Art. 1.177. Os assentos lançados nos livros ou fichas do preponente, por qualquer dos prepostos encarregados de sua escrituração, produzem, salvo se houver procedido de má-fé, os mesmos efeitos como se o fossem por aquele.

- *Sem correspondência no CC/1916*
- *Arts. 226, 932, III, 933, 1.175 e 1.178, CC*
- *Dec.-lei 9.295/1946 (Contador e guarda-livros)*
- *Dec.-lei 806/1969 (Atuário)*
- *Dec. 66.408/1970 (Regulamentação do exercício da profissão de atuário)*

Parágrafo único. No exercício de suas funções, os prepostos são pessoalmente responsáveis, perante os preponentes, pelos atos culposos; e, perante terceiros, solidariamente com o preponente, pelos atos dolosos.

- *Arts. 275 a 285, CC*

Art. 1.178. Os preponentes são responsáveis pelos atos de quaisquer prepostos, praticados nos seus estabelecimentos e relativos à atividade da empresa, ainda que não autorizados por escrito.

- *Sem correspondência no CC/1916*
- *Arts. 932, III, 933, 1.175 e 1.777, CC*

Parágrafo único. Quando tais atos forem praticados fora do estabelecimento, somente obrigarão o preponente nos limites dos poderes conferidos por escrito, cujo instrumento pode ser suprido pela certidão ou cópia autêntica do seu teor.

CAPÍTULO IV – DA ESCRITURAÇÃO

- *Arts. 8º, § 3º, 70, § 6º, I, 160 e 186, caput e VI, Dec.-lei 7.661/1945 (Lei de Falências); e arts. 51, § 1º, 105, V, 110, § 2º, I, e 178, Lei 11.101/2005 (Lei de Recuperação de Empresas e Falência)*

Art. 1.179. O empresário e a sociedade empresária são obrigados a seguir um sistema de contabilidade, mecanizado ou não, com base na escrituração uniforme de seus livros, em correspondência com a documentação respectiva, e a levantar anualmente o balanço patrimonial e o de resultado econômico.

- *Sem correspondência no CC/1916*
- *Arts. 1.020, 1.065, 1.069, III, 1.078, I e § 3º, 1.140 e 1.189, CC*
- *Art. 186, VI, Dec.-lei 7.661/1945 (Lei de Falências); e art. 178, Lei 11.101/2005 (Lei de Recuperação de Empresas e Falência)*
- *Art. 186, VII, Dec.-lei 7.661/1945 (Lei de Falências); sem correspondência na Lei 11.101/2005 (Lei de Recuperação de Empresas e Falência)*
- *Art. 31, Lei 4.595/1964 (Política e instituições monetárias, bancárias e creditícias – Conselho Monetário Nacional)*
- *Dec.-lei 305/1967 (Legalização dos livros de escrituração das operações mercantis)*
- *Dec.-lei 486/1969 (Escrituração de livros mercantis)*
- *Dec. 64.567/1969 (Regulamenta o Dec.-lei 486/1969)*
- *Arts. 176 a 178, Lei 6.404/1976 (Sociedades por ações)*
- *Art. 68, LC 123/2006 (Supersimples)*

§ 1º Salvo o disposto no art. 1.180, o número e a espécie de livros ficam a critério dos interessados.

- *Arts. 31 e 32, Dec. 21.981/1932 (Leiloeiro)*
- *Art. 19, Lei 5.474/1968 (Duplicata)*
- *Arts. 100 a 105, Lei 6.404/1976 (Sociedades por ações)*
- *Art. 32 e ss., Lei 8.934/1994 (Registro Público de Empresas Mercantis e Atividades Afins)*

§ 2º É dispensado das exigências deste artigo o pequeno empresário a que se refere o art. 970.

- *Art. 68, LC 123/2006 (Supersimples)*

Art. 1.180. Além dos demais livros exigidos por lei, é indispensável o Diário, que pode ser substituído por fichas no caso de escrituração mecanizada ou eletrônica.

- *Sem correspondência no CC/1916*
- *Arts. 226, 1.184 e 1.185, CC*
- *Art. 7º, Dec. 1.102/1903 (Armazéns gerais)*
- *Art. 31, Dec. 21.981/1932 (Regula a profissão de leiloeiro)*
- *Art. 5º, § 3º, Dec.-lei 486/1969 (Escrituração de livros mercantis)*
- *Art. 32 e ss., Lei 8.934/1994 (Registro Público de Empresas Mercantis e Atividades Afins)*
- *Dec. 6.022/2007 (Sistema Público de Escrituração Digital – SPED)*

Parágrafo único. A adoção de fichas não dispensa o uso de livro apropriado para o lançamento do balanço patrimonial e do de resultado econômico.

- *Art. 8º, Dec.-lei 486/1969 (Escrituração de livros mercantis)*

Art. 1.181. Salvo disposição especial de lei, os livros obrigatórios e, se for o caso, as fichas, antes de postos em uso, devem ser autenticados no Registro Público de Empresas Mercantis.

- *Sem correspondência no CC/1916*
- *Art. 140, I, Dec.-lei 7.661/1945 (Lei de Falências); sem correspondência na Lei 11.101/2005 (Lei de Recuperação de Empresas e Falência)*

Parágrafo único. A autenticação não se fará sem que esteja inscrito o empresário, ou a sociedade empresária, que poderá fazer autenticar livros não obrigatórios.

Art. 1.182. Sem prejuízo do disposto no art. 1.174, a escrituração ficará sob a responsabilidade de contabilista legalmente habilitado, salvo se nenhum houver na localidade.

- *Sem correspondência no CC/1916*
- *Arts. 1.177 e 1.178, CC*
- *Art. 297, caput e § 2º, CP*

Art. 1.183. A escrituração será feita em idioma e moeda corrente nacionais e em forma contábil, por ordem cronológica de dia, mês e ano, sem intervalos em branco, nem entrelinhas, borrões, rasuras, emendas ou transportes para as margens.

- *Sem correspondência no CC/1916*
- *Arts. 417 a 419, CPC/2015*
- *Arts. 1º e 2º, Dec.-lei 486/1969 (Escrituração de livros mercantis)*

Parágrafo único. É permitido o uso de código de números ou de abreviaturas, que constem de livro próprio, regularmente autenticado.

Art. 1.184. No Diário serão lançadas, com individuação, clareza e caracterização do documento respectivo, dia a dia, por escrita direta ou reprodução, todas as operações relativas ao exercício da empresa.

- *Sem correspondência no CC/1916*
- *Arts. 5º, caput, Dec.-lei 486/1969 (Escrituração de livros mercantis)*

§ 1º Admite-se a escrituração resumida do Diário, com totais que não excedam o período de trinta dias, relativamente a contas cujas operações sejam numerosas ou realizadas fora da sede do estabelecimento, desde que utilizados livros auxiliares regularmente autenticados, para registro individualizado, e conservados os documentos que permitam a sua perfeita verificação.

- *Arts. 5º, § 3º, Dec.-lei 486/1969 (Escrituração de livros mercantis)*

§ 2º Serão lançados no Diário o balanço patrimonial e o de resultado econômico, devendo ambos ser assinados por técnico em Ciências Contábeis legalmente habilitado e pelo empresário ou sociedade empresária.

- *Arts. 1.177, 1.178 e 1.182, CC*

Art. 1.185. O empresário ou sociedade empresária que adotar o sistema de fichas de lançamentos poderá substituir o livro Diário pelo livro Balancetes Diários e Balanços, observadas as mesmas formalidades extrínsecas exigidas para aquele.

- *Sem correspondência no CC/1916*

Art. 1.186. O livro Balancetes Diários e Balanços será escriturado de modo que registre:

- *Sem correspondência no CC/1916*
- *Art. 176, Lei 6.404/1976 (Sociedades por ações)*

I – a posição diária de cada uma das contas ou títulos contábeis, pelo respectivo saldo, em forma de balancetes diários;

II – o balanço patrimonial e o de resultado econômico, no encerramento do exercício.

- *Art. 178, Lei 6.404/1976 (Sociedades por ações)*

Art. 1.187. Na coleta dos elementos para o inventário serão observados os critérios de avaliação a seguir determinados:

- *Sem correspondência no CC/1916*
- *Art. 176, Lei 6.404/1976 (Sociedades por ações)*

I – os bens destinados à exploração da atividade serão avaliados pelo custo de aquisição, devendo, na avaliação dos que se desgastam ou depreciam com o uso, pela ação do tempo ou outros fatores, atender-se à desvalorização respectiva, criando-se fundos de amortização para assegurar-lhes a substituição ou a conservação do valor;

II – os valores mobiliários, matéria-prima, bens destinados à alienação, ou que constituem produtos ou artigos da indústria ou comércio da empresa, podem ser estimados pelo custo de aquisição ou de fabricação, ou pelo preço corrente, sempre que este for inferior ao preço de custo, e quando o preço corrente ou venal estiver acima do valor do custo de aquisição, ou fabricação, e os bens forem avaliados pelo preço corrente, a diferença entre este e o preço de custo não será levada em conta para a distribuição de lucros, nem para as percentagens referentes a fundos de reserva;

III – o valor das ações e dos títulos de renda fixa pode ser determinado com base na respectiva cotação da Bolsa de Valores; os não cotados e as participações não acionárias serão considerados pelo seu valor de aquisição;

IV – os créditos serão considerados de conformidade com o presumível valor de realização, não se levando em conta os prescritos ou de difícil liquidação, salvo se houver, quanto aos últimos, previsão equivalente.

Parágrafo único. Entre os valores do ativo podem figurar, desde que se preceda, anualmente, à sua amortização:

I – as despesas de instalação da sociedade, até o limite correspondente a dez por cento do capital social;

II – os juros pagos aos acionistas da sociedade anônima, no período antecedente ao início das operações sociais, à taxa não superior a doze por cento ao ano, fixada no estatuto;

III – a quantia efetivamente paga a título de aviamento de estabelecimento adquirido pelo empresário ou sociedade.

Art. 1.188. O balanço patrimonial deverá exprimir, com fidelidade e clareza, a situação real da empresa e, atendidas as peculiaridades desta, bem como as disposições das leis especiais, indicará, distintamente, o ativo e o passivo.

- *Sem correspondência no CC/1916*
- *Arts. 178 a 184, Lei 6.404/1976 (Sociedades por ações)*

Parágrafo único. Lei especial disporá sobre as informações que acompanharão o balanço patrimonial, em caso de sociedades coligadas.

- *Arts. 1.097 a 1.101, CC*
- *Arts. 247 a 250, Lei 6.404/1976 (Sociedades por ações)*

Art. 1.189. O balanço de resultado econômico, ou demonstração da conta de lucros e perdas, acompanhará o balanço patrimonial e dele constarão crédito e débito, na forma da lei especial.

- *Sem correspondência no CC/1916*
- *Arts. 1.020, 1.065, 1.069, III, 1.078, I e § 3º, 1.140 e 1.179, CC*

Art. 1.190. Ressalvados os casos previstos em lei, nenhuma autoridade, juiz ou tribunal, sob qualquer pretexto, poderá fazer ou ordenar diligência para verificar se o empresário ou a sociedade empresária observam, ou não, em seus livros e fichas, as formalidades prescritas em lei.

- *Sem correspondência no CC/1916*
- *Art. 226, CC*
- *Art. 195, CTN*

Art. 1.191. O juiz só poderá autorizar a exibição integral dos livros e papéis de escrituração quando necessária para resolver questões relativas a sucessão, comunhão ou sociedade, administração ou gestão à conta de outrem, ou em caso de falência.

- *Sem correspondência no CC/1916*
- *Art. 226, CC*
- *Arts. 355, 396 a 404 e 418 a 421, CPC/2015*
- *Arts. 8º, § 3º, 34, II, e 160, Dec.-lei 7.661/1945 (Lei de Falências); e arts. 51, § 1º, 104, II, e 105, V, Lei 11.101/2005 (Lei de Recuperação de Empresas e Falência)*
- *Art. 1º, § 1º, Dec.-lei 7.661/1945 (Lei de Falências); sem correspondência na Lei 11.101/2005 (Lei de Recuperação de Empresas e Falência)*
- *Art. 105, Lei 6.404/1976 (Sociedades por ações)*
- *Súmulas 260 e 390, STF*

§ 1º O juiz ou tribunal que conhecer de medida cautelar ou de ação pode, a requerimento ou de ofício, ordenar que os livros de qualquer das partes, ou de ambas, sejam examinados na presença do empresário ou da sociedade empresária a que pertencerem, ou de pessoas por estes nomeadas, para deles se extrair o que interessar à questão.

§ 2º Achando-se os livros em outra jurisdição, nela se fará o exame, perante o respectivo juiz.

Art. 1.192. Recusada a apresentação dos livros, nos casos do artigo antecedente, serão apreendidos judicialmente e, no do seu § 1º, ter-se-á como verdadeiro o alegado pela parte contrária para se provar pelos livros.

- *Sem correspondência no CC/1916*
- *Arts. 396, 399 e 400, CPC/2015*
- *Art. 330, CP*
- *Art. 1º, § 1º, III, Dec.-lei 7.661/1945 (Lei de Falências); sem correspondência na Lei 11.101/2005 (Lei de Recuperação de Empresas e Falência)*

Parágrafo único. A confissão resultante da recusa pode ser elidida por prova documental em contrário.

Art. 1.193. As restrições estabelecidas neste Capítulo ao exame da escrituração, em parte ou por inteiro, não se aplicam às autoridades fazendárias, no exercício da fiscalização do pagamento de impostos, nos termos estritos das respectivas leis especiais.

- *Sem correspondência no CC/1916*
- *Arts. 295 e 198, CTN*
- *Art. 33, Lei 8.212/1991 (Organização da Seguridade Social e Plano de Custeio)*
- *Súmula 439, STF*

Art. 1.194. O empresário e a sociedade empresária são obrigados a conservar em boa guarda toda a escrituração, correspondência e mais papéis concernentes à sua atividade, enquanto não ocorrer prescrição ou decadência no tocante aos atos neles consignados.

- *Sem correspondência no CC/1916*
- *Art. 4º, Dec.-lei 486/1969 (Escrituração de livros mercantis)*
- *Art. 5º, Dec. 64.567/1969 (Regulamenta o Dec.-lei 486/1969)*

Art. 1.195. As disposições deste Capítulo aplicam-se às sucursais, filiais ou agências, no Brasil, do empresário ou sociedade com sede em país estrangeiro.

- *Sem correspondência no CC/1916*

LIVRO III – DO DIREITO DAS COISAS

TÍTULO I – DA POSSE

CAPÍTULO I – DA POSSE E SUA CLASSIFICAÇÃO

Art. 1.196. Considera-se possuidor todo aquele que tem de fato o exercício, pleno ou não, de algum dos poderes inerentes à propriedade.

- *Correspondência: art. 485, CC/1916*
- *Arts. 1.199, 1.204, 1.208, 1.210, 1.223 e 1.784, CC*
- *Arts. 554 a 568, CPC/2015*

Art. 1.197. A posse direta, de pessoa que tem a coisa em seu poder, temporariamente, em virtude de direito pessoal, ou real, não anula a indireta, de quem aquela foi havida, podendo o possuidor direto defender a sua posse contra o indireto.

- *Correspondência: art. 486, CC/1916*
- *Arts. 1.267, parágrafo único, e 1.394, CC*

Art. 1.198. Considera-se detentor aquele que, achando-se em relação de dependência para com outro, conserva a posse em nome deste e em cumprimento de ordens ou instruções suas.

- *Correspondência: art. 487, CC/1916*
- *Art. 339, CPC/2015*

Parágrafo único. Aquele que começou a comportar-se do modo como prescreve este artigo, em relação ao bem e à outra pessoa, presume-se detentor, até que prove o contrário.

- *Sem correspondência no CC/1916*

Art. 1.199. Se duas ou mais pessoas possuírem coisa indivisa, poderá cada uma exercer sobre ela atos possessórios, contanto que não excluam os dos outros compossuidores.

- *Correspondência: art. 488, CC/1916*
- *Art. 1.314, CC*

Art. 1.200. É justa a posse que não for violenta, clandestina ou precária.

- *Correspondência: art. 489, CC/1916*
- *Art. 1.208, CC*

Art. 1.201. É de boa-fé a posse, se o possuidor ignora o vício, ou o obstáculo que impede a aquisição da coisa.

- *Correspondência: art. 490, CC/1916*
- *Arts. 113, 1.214 a 1.222 e 1.254 a 1.261, CC*

Parágrafo único. O possuidor com justo título tem por si a presunção de boa-fé, salvo prova em contrário, ou quando a lei expressamente não admite esta presunção.

Art. 1.202. A posse de boa-fé só perde este caráter no caso e desde o momento em que as circunstâncias façam presumir que o possuidor não ignora que possui indevidamente.

- *Correspondência: art. 491, CC/1916*
- *Art. 113, CC*

Art. 1.203. Salvo prova em contrário, entende-se manter a posse o mesmo caráter com que foi adquirida.

- *Correspondência: art. 492, CC/1916*
- *Arts. 1.206 e 1.207, CC*

CAPÍTULO II – DA AQUISIÇÃO DA POSSE

Art. 1.204. Adquire-se a posse desde o momento em que se torna possível o exercício, em nome próprio, de qualquer dos poderes inerentes à propriedade.

- *Correspondência: art. 493, CC/1916*
- *Arts. 1.238 a 1.274, CC*

Art. 1.205. A posse pode ser adquirida:

- *Correspondência: art. 494, CC/1916*

I – pela própria pessoa que a pretende ou por seu representante;

- *Correspondência: art. 494, I e II, CC/1916*
- *Art. 116, CC*

II – por terceiro sem mandato, dependendo de ratificação.

- *Correspondência: art. 494, III, CC/1916*
- *Art. 662, CC*

Art. 1.206. A posse transmite-se aos herdeiros ou legatários do possuidor com os mesmos caracteres.

- *Correspondência: art. 495, CC/1916*
- *Arts. 1.203, 1.207 e 1.784, CC*

Art. 1.207. O sucessor universal continua de direito a posse do seu antecessor; e ao sucessor singular é facultado unir sua posse à do antecessor, para os efeitos legais.

- *Correspondência: art. 496, CC/1916*
- *Arts. 80, II, 1.203, 1.206, 1.243 e 1.784, CC*

Art. 1.208. Não induzem posse os atos de mera permissão ou tolerância assim como não autorizam a sua aquisição os atos violentos, ou clandestinos, senão depois de cessar a violência ou a clandestinidade.

- *Correspondência: art. 497, CC/1916*
- *Arts. 1.200 e 1.203, CC*

Art. 1.209. A posse do imóvel faz presumir, até prova contrária, a das coisas móveis que nele estiverem.

- *Correspondência: art. 498, CC/1916*
- *Art. 92, CC*

CAPÍTULO III – DOS EFEITOS DA POSSE

Art. 1.210. O possuidor tem direito a ser mantido na posse em caso de turbação, restituído no de esbulho, e segurado de violência iminente, se tiver justo receio de ser molestado.

- *Correspondência: art. 499, CC/1916*
- *Arts. 554 a 568, CPC/2015*
- *Art. 3º, IV, Lei 9.099/1995 (Juizados Especiais Cíveis e Criminais)*

§ 1º O possuidor turbado, ou esbulhado, poderá manter-se ou restituir-se por sua própria força, contanto que o faça logo; os atos de defesa, ou de desforço, não podem ir além do indispensável à manutenção, ou restituição da posse.

- *Correspondência: art. 502, CC/1916*
- *Art. 1.224, CC*
- *Arts. 23, II, e 25, CP*

§ 2º Não obsta à manutenção ou reintegração na posse a alegação de propriedade, ou de outro direito sobre a coisa.

- *Correspondência: art. 505, CC/1916*
- *Súmula 487, STF*

Art. 1.211. Quando mais de uma pessoa se disser possuidora, manter-se-á provisoriamente a que tiver a coisa, se não estiver manifesto que a obteve de alguma das outras por modo vicioso.

- *Correspondência: art. 500, CC/1916*
- *Art. 1.200, CC*

Art. 1.212. O possuidor pode intentar a ação de esbulho, ou a de indenização, contra o terceiro, que recebeu a coisa esbulhada sabendo que o era.

- *Correspondência: art. 504, CC/1916*
- *Art. 555, I, CPC/2015*

Art. 1.213. O disposto nos artigos antecedentes não se aplica às servidões não aparentes, salvo quando os respectivos títulos provierem do possuidor do prédio serviente, ou daqueles de quem este o houve.

- *Correspondência: art. 509, CC/1916*
- *Arts. 1.378 a 1.389, CC*
- *Súmula 415, CC*

Art. 1.214. O possuidor de boa-fé tem direito, enquanto ela durar, aos frutos percebidos.

- *Correspondência: art. 510, CC/1916*
- *Arts. 237, 242, 878, 1.201, 1.216, 1.232 e 1.253 a 1.259, CC*

Parágrafo único. Os frutos pendentes ao tempo em que cessar a boa-fé devem ser restituídos, depois de deduzidas as despesas da produção e custeio; devem ser também restituídos os frutos colhidos com antecipação.

- *Correspondência: art. 511, CC/1916*
- *Art. 1.396, parágrafo único, CC*

Art. 1.215. Os frutos naturais e industriais reputam-se colhidos e percebidos, logo que são separados; os civis reputam-se percebidos dia por dia.

- *Correspondência: art. 512, CC/1916*
- *Arts. 237, 242, 878 e 1.214, CC*

Art. 1.216. O possuidor de má-fé responde por todos os frutos colhidos e percebidos, bem como pelos que, por culpa sua, deixou de perceber, desde o momento em que se constituiu de má-fé; tem direito às despesas da produção e custeio.

- *Correspondência: art. 512, CC/1916*
- *Arts. 237, 242, 878 e 1.214, CC*
- *Art. 71, Dec-lei 9.760/1946*

Art. 1.217. O possuidor de boa-fé não responde pela perda ou deterioração da coisa, a que não der causa.

- *Correspondência: art. 514, CC/1916*
- *Arts. 1.201 e 1.218, CC*

Art. 1.218. O possuidor de má-fé responde pela perda, ou deterioração da coisa, ainda que acidentais, salvo se provar que de igual modo se teriam dado, estando ela na posse do reivindicante.

- *Correspondência: art. 515, CC/1916*
- *Art. 1.217, CC*

Art. 1.219. O possuidor de boa-fé tem direito à indenização das benfeitorias necessárias e úteis, bem como, quanto às voluptuárias, se não lhe forem pagas, a levantá-las, quando o puder sem detrimento da coisa, e poderá exercer o direito de retenção pelo valor das benfeitorias necessárias e úteis.

- *Correspondência: art. 516, CC/1916*
- *Arts. 96,97, 242, 878, 1.201, CC*
- *Art. 810, CPC/2015*
- *Art. 71, Dec.-lei 9.760/1946 (Bens imóveis da União)*
- *Art. 95, VIII, Lei 4.504/1964 (Estatuto da Terra)*
- *Art. 25, caput e § 1º, Dec. 59.566/1966 (Regulamenta a Lei 4.504/1964)*
- *Art. 34, Lei 6.766/1979 (Parcelamento do solo urbano)*
- *Art. 51, XVI, Lei 8.078/1990 (Código de Defesa do Consumidor)*
- *Art. 27, § 4º, Lei 9.514/1997 (Sistema de Financiamento Imobiliário e alienação fiduciária de coisa imóvel)*
- *Súmula 158, STF*

Art. 1.220. Ao possuidor de má-fé serão ressarcidas somente as benfeitorias necessárias; não lhe assiste o direito de retenção pela importância destas, nem o de levantar as voluptuárias.

- *Correspondência: art. 517, CC/1916*
- *Arts. 96, §§ 1º e 3º, 242 e 878, CC*
- *Art. 71, Dec.-lei 9.760/1946 (Bens imóveis da União)*

Art. 1.221. As benfeitorias compensam-se com os danos, e só obrigam ao ressarcimento se ao tempo da evicção ainda existirem.

- *Correspondência: art. 518, CC/1916*
- *Arts. 242, 368 a 380, 447 a 457 e 878, CC*

Art. 1.222. O reivindicante, obrigado a indenizar as benfeitorias ao possuidor de má-fé, tem o direito de optar entre o seu valor atual e o seu custo; ao possuidor de boa-fé indenizará pelo valor atual.

- *Correspondência: art. 519, CC/1916*
- *Art. 242 e 878, CC*

CAPÍTULO IV – DA PERDA DA POSSE

Art. 1.223. Perde-se a posse quando cessa, embora contra a vontade do possuidor, o poder sobre o bem, ao qual se refere o art. 1.196.

- *Correspondência: art. 520, CC/1916*
- *Arts. 1.275 e 1.389, a 1.389, CC*

Art. 1.224. Só se considera perdida a posse para quem não presenciou o esbulho, quando, tendo notícia dele, se abstém de retornar a coisa, ou, tentando recuperá-la, é violentamente repelido.

- *Correspondência: art. 522, CC/1916*
- *Art. 1.210, CC*

TÍTULO II – DOS DIREITOS REAIS

CAPÍTULO ÚNICO DISPOSIÇÕES GERAIS

Art. 1.225. São direitos reais:

- *Correspondência: art. 674, CC/1916*
- *Arts. 80, 108 e 2.038, CC*

I – a propriedade;

- *Correspondência: art. 674, caput, CC/1916*
- *Arts. 1.228 a 1.368, CC*
- *Art. 8º, Dec.-lei 4.657/1942 (Lei de Introdução às normas do Direito Brasileiro)*

II – a superfície;

- *Sem correspondência no CC/1916*
- *Arts. 1.369 a 1.377, CC*

III – as servidões;

- *Correspondência: art. 674, II, CC/1916*
- *Arts. 1.378 a 1.389, CC*

IV – o usufruto;

- *Correspondência: art. 674, III, CC*
- *Arts. 1.390 a 1.411, CC*

V – o uso;

- *Correspondência: art. 674, IV, CC*
- *Arts. 1.412 e 1.413, CC*

VI – a habitação;

- *Correspondência: art. 674, V, CC*
- *Arts. 1.414 a 1.416, CC*

VII – o direito do promitente comprador do imóvel;

- *Sem correspondência no CC/1916*
- *Arts. 1.417 e 1.418, CC*

VIII – o penhor;

- *Correspondência: art. 674, VII, CC*
- *Arts. 1.419 a 1.472, CC*

IX – a hipoteca;

- *Correspondência: art. 674, IX, CC*
- *Arts. 1.419 a 1.430 e 1.473 a 1.505, CC*

X – a anticrese.

- *Correspondência: art. 674, VIII, CC*
- *Arts. 1.419 a 1.430 e 1.506 a 1.510, CC*

XI – a concessão de uso especial para fins de moradia;

- *Inciso XI acrescentado pela Lei 11.481/2007*

XII - a concessão de direito real de uso;

- *Redação dada pela Lei nº 14.620, de 2023*
- *Vide art. 167, I, 40, LRP*

XIII - a laje;

- *Redação dada pela Lei nº 14.620, de 2023*
- *Vide art. 176, § 9º, LRP*

XIV - os direitos oriundos da imissão provisória na posse, quando concedida à União, aos Estados, ao Distrito Federal, aos Municípios ou às suas entidades delegadas e a respectiva cessão e promessa de cessão.

- *Incluído pela Lei nº 14.620, de 2023*
- *Vide art. 167, I, 36, LRP*

Art. 1.226. Os direitos reais sobre coisas móveis, quando constituídos, ou transmitidos por atos entre vivos, só se adquirem com a tradição.

- *Correspondência: art. 675, CC*
- *Arts. 291, 529, 541, parágrafo único, 579, 904, 1.267, 1.268 e 1.458, CC*

Art. 1.227. Os direitos reais sobre imóveis constituídos, ou transmitidos por atos entre vivos, só se adquirem com o registro no Cartório de Registro de Imóveis dos referidos títulos (arts. 1.245 a 1.247), salvo os casos expressos neste Código.

- *Correspondência: art. 676, CC*
- *Arts. 108, 215, 1.227, 1.275, parágrafo único, 1.369, 1.378, 1.392, 1.417, 1.492 e 1.500, CC*
- *Art. 167, Lei 6.015/1973 (Lei de Registros Públicos)*

TÍTULO III – DA PROPRIEDADE

CAPÍTULO I – DA PROPRIEDADE EM GERAL

SEÇÃO I – DISPOSIÇÕES PRELIMINARES

Art. 1.228. O proprietário tem a faculdade de usar, gozar e dispor da coisa, e o direito de reavê-la do poder de quem quer que injustamente a possua ou detenha.

- *Correspondência: art. 524, caput, CC*
- *Arts. 5º, XXII a XXVI, 20, 26, 170, III e IV, 176, caput, 182, 184, 185, parágrafo único, 186, 216, 224, §§ 4º a 6º, e 243, CF*
- *Art. 16, § 3º, ADCT*
- *Arts. 952, 1.231, 1.359 e 1.784, V, CC*
- *Art. 91, II, 155 a 170 e 180, CP*
- *Dec. 24.643/1934 (Código de Águas)*
- *Dec.-lei 25/1937 (Proteção do patrimônio histórico e artístico)*
- *Dec.-lei 3.240/1941 (Sequestro de bens por crimes em prejuízo da Fazenda Pública)*
- *Dec.-lei 3.365/1941 (Desapropriações por utilidade pública)*
- *Dec.-lei 7.315-A/1945 (Requisição, ocupação e desapropriação de imóveis destinados à defesa nacional)*
- *Dec.-lei 7.841/1945 (Código de Águas Minerais)*
- *Art. 2º, III, Lei Del. 4/1962 (Intervenção no domínio econômico)*
- *Lei 4.132/1962 (Casos de desapropriação por interesse social)*
- *Dec. 51.664-A/1962 (Aprova o Regulamento da Lei Del. 4/1962)*
- *Lei 4.504/1964 (Estatuto da Terra)*
- *Dec.-lei 2/1966 (Requisição de bens ou serviços essenciais ao abastecimento da população)*
- *Dec. 57.844/1966 (Regulamenta artigos do Dec.-lei 2/1966)*
- *Arts. 11 a 14, Dec. 58.824/1966 (Promulga a Convenção 107 sobre as populações indígenas e tribais)*
- *Dec.-lei 22/1967 (Código de Mineração)*
- *Dec.-lei 1.075/1970 (Imissão de posse, initio litis, em imóveis residenciais urbanos)*
- *Lei 5.709/1971 (Aquisição de imóvel rural por estrangeiro residente no Brasil)*
- *Arts. 17 a 46, Lei 6.001/1973 (Estatuto do Índio)*
- *Dec. 74.965/1974 (Regulamenta a Lei 5.709/1971)*
- *Lei 6.442/1977 (Áreas de proteção para o funcionamento de estações radiogoniométricas e de radiomonitoragem)*
- *Lei 6.634/1979 (Faixa de fronteira)*
- *Arts. 28, 29 e 32, Lei 6.662/1979 (Política Nacional de Irrigação)*
- *Lei 6.766/1979 (Parcelamento do solo urbano)*
- *Dec. 85.064/1980 (Regulamenta a Lei 6.634/1979)*
- *Lei 6.938/1981 (Política Nacional do Meio Ambiente)*
- *Art. 43, Lei 7.565/1986 (Código Brasileiro de Aeronáutica)*
- *Arts. 1º, 4º e 15, Lei 8.257/1991 (Desapropriação das glebas com culturas ilegais de plantas psicotrópicas)*
- *Dec. 577/1992 (Expropriação de glebas com culturas ilegais de plantas psicotrópicas)*
- *Arts. 1º a 4º e 18, LC 76/1993 (Processo de desapropriação de imóvel rural para reforma agrária)*
- *Arts. 2º e 5º, Lei 8.629/1993 (Regulamentação dos dispositivos constitucionais relativos à reforma agrária)*
- *Art. 10, Lei 9.074/1995 (Outorga e prorrogações das concessões e permissões de serviços públicos)*
- *Lei 9.279/1996 (Propriedade industrial)*
- *Dec. 1.775/1996 (Procedimento administrativo de demarcação das terras indígenas)*
- *Lei 9.456/1997 (Lei de proteção de cultivares)*
- *Lei 9.478/1997 (Política Energética Nacional)*
- *Lei 9.503/1997 (Código de Trânsito Brasileiro)*
- *Art. 25, Lei 9.605/1998 (Sanções derivadas de lesões ao meio ambiente)*
- *Art. 3º, Lei 9.610/1998 (Direitos Autorais)*
- *Lei 9.985/2000 (Sistema Nacional de Unidades de Conservação da Natureza)*
- *Lei 10.257/2001 (Estatuto da Cidade)*

§ 1º O direito de propriedade deve ser exercido em consonância com as suas finalidades econômicas e sociais e de modo que sejam preservados, de conformidade com o estabelecido em lei especial, a flora, a fauna, as belezas naturais, o equilíbrio ecológico e o patrimônio histórico e artístico, bem como evitada a poluição do ar e das águas.

- *Sem correspondência no CC/1916*
- *Arts. 5º, XXII e XXIII, 170, II e III, e 216, IV e V, CF*
- *Art. 2.035, parágrafo único, CC*

§ 2º São defesos os atos que não trazem ao proprietário qualquer comodidade, ou utilidade, e sejam animados pela intenção de prejudicar outrem.

- *Sem correspondência no CC/1916*
- *Art. 1.277 a 1.313, CC*

§ 3º O proprietário pode ser privado da coisa, nos casos de desapropriação, por necessidade ou utilidade pública ou interesse social, bem como no de requisição, em caso de perigo público iminente.

- *Sem correspondência no CC/1916*
- *Arts. 5º, XXIV a XXVI, 182, 184 a 186 e 243, CF*
- *Arts. 519 e 1.275, V, CC*

§ 4º O proprietário também pode ser privado da coisa se o imóvel reivindicado consistir em extensa área, na posse ininterrupta e de boa-fé, por mais de cinco anos, de considerável número de pessoas, e estas nela houverem realizado, em conjunto ou separadamente, obras e serviços considerados pelo juiz de interesse social e econômico relevante.

- *Sem correspondência no CC/1916*
- *Arts. 2.029 e 2.030, CC*

§ 5º No caso do parágrafo antecedente, o juiz fixará a justa indenização devida ao proprietário; pago o preço, valerá a sentença como título para o registro do imóvel em nome dos possuidores.

› *Sem correspondência no CC/1916*

Art. 1.229. A propriedade do solo abrange a do espaço aéreo e subsolo correspondentes, em altura e profundidade úteis ao seu exercício, não podendo o proprietário opor-se a atividades que sejam realizadas, por terceiros, a uma altura ou profundidade tais, que não tenha ele interesse legítimo em impedi-las.

› *Correspondência: art. 526, CC/1916*
› *Arts. 20, IX, e 176, CF*
› *Arts. 79 e 1.310, CC*
› *Art. 21, § 1º, Lei 10.257/2001 (Estatuto da Cidade)*

Art. 1.230. A propriedade do solo não abrange as jazidas, minas e demais recursos minerais, os potenciais de energia hidráulica, os monumentos arqueológicos e outros bens referidos por leis especiais.

› *Sem correspondência no CC/1916*
› *Arts. 22, XII e parágrafo único, 23, III e IV, 24, VII, 176, 177 e 216, V, CF*
› *Arts. 43 a 45, ADCT*
› *Arts. 79 e 1.392, § 2º, CC*

Parágrafo único. O proprietário do solo tem o direito de explorar os recursos minerais de emprego imediato na construção civil, desde que não submetidos a transformação industrial, obedecido o disposto em lei especial.

› *Art. 2º, parágrafo único, Dec.-lei 227/1967 (Código de Mineração)*
› *Art. 1º, Lei 6.567/1978 (Exploração e aproveitamento de substâncias minerais)*

Art. 1.231. A propriedade presume-se plena e exclusiva, até prova em contrário.

› *Correspondência: art. 527, CC/1916*
› *Arts. 1.228, caput, e 1.359, CC*

Art. 1.232. Os frutos e mais produtos da coisa pertencem, ainda quando separados, ao seu proprietário, salvo se, por preceito jurídico especial, couberem a outrem.

› *Correspondência: art. 528, CC/1916*
› *Arts. 1.214 a 1.216 e 1.254 a 1.257, CC*

SEÇÃO II – DA DESCOBERTA

Art. 1.233. Quem quer que ache coisa alheia perdida há de restituí-la ao dono ou legítimo possuidor.

› *Correspondência: art. 603, CC/1916*
› *Art. 1.263, CC*
› *Art. 746, CPC/2015*
› *Art. 169, parágrafo único, II, CP*

Parágrafo único. Não o conhecendo, o descobridor fará por encontrá-lo, e, se não o encontrar, entregará a coisa achada à autoridade competente.

Art. 1.234. Aquele que restituir a coisa achada, nos termos do artigo antecedente, terá direito a uma recompensa não inferior a cinco por cento do seu valor, e à indenização pelas despesas que houver feito com a conservação e transporte da coisa, se o dono não preferir abandoná-la.

› *Correspondência: art. 604, CC/1916*

Parágrafo único. Na determinação do montante da recompensa, considerar-se-á o esforço desenvolvido pelo descobridor para encontrar o dono, ou o legítimo possuidor, as possibilidades que teria este de encontrar a coisa e a situação econômica de ambos.

› *Sem correspondência no CC/1916*

Art. 1.235. O descobridor responde pelos prejuízos causados ao proprietário ou possuidor legítimo, quando tiver procedido com dolo.

› *Correspondência: art. 605, CC/1916*

Art. 1.236. A autoridade competente dará conhecimento da descoberta através da imprensa e outros meios de informação, somente expedindo editais se o seu valor os comportar.

› *Sem correspondência no CC/1916*
› *Art. 746, § 2º, CPC/2015*

Art. 1.237. Decorridos sessenta dias da divulgação da notícia pela imprensa, ou do edital, não se apresentando quem comprove a propriedade sobre a coisa, será esta vendida em hasta pública e, deduzidas do preço as despesas, mais a recompensa do descobridor, pertencerá o remanescente ao Município em cuja circunscrição se deparou o objeto perdido.

› *Correspondência: art. 606, CC/1916*
› *Art. 730, CPC/2015*

Parágrafo único. Sendo de diminuto valor, poderá o Município abandonar a coisa em favor de quem a achou.

› *Sem correspondência no CC/1916*

CAPÍTULO II – DA AQUISIÇÃO DA PROPRIEDADE IMÓVEL

SEÇÃO I – DA USUCAPIÃO

Art. 1.238. Aquele que, por quinze anos, sem interrupção, nem oposição, possuir como seu um imóvel, adquire-lhe a propriedade, independentemente de título e boa-fé; podendo requerer ao juiz que assim o declare por sentença, a qual servirá de título para o registro no Cartório de Registro de Imóveis.

› *Correspondência: art. 550, CC/1916*
› *Arts. 183, § 3º, 191, parágrafo único, e 231, § 4º, CF*
› *Art. 102 e 2.029, CC*
› *Arts. 569, 570, 572, 574, 577 a 577, CPC/2015*
› *Art. 200, Dec.-lei 9.760/1946 (Bens imóveis da União)*
› *Art. 38, Lei 6.001/1973 (Estatuto do Índio)*
› *Art. 167, I-28, Lei 6.015/1973 (Lei de Registros Públicos)*
› *Súmulas 237, 340 e 391, STF*

Parágrafo único. O prazo estabelecido neste artigo reduzir-se-á a dez anos se o possuidor houver estabelecido no imóvel a sua moradia habitual, ou nele realizado obras ou serviços de caráter produtivo.

› *Sem correspondência no CC/1916*
› *Art. 2.029, CC*
› *Art. 33, Lei 6.001/1973 (Estatuto do Índio)*

Art. 1.239. Aquele que, não sendo proprietário de imóvel rural ou urbano, possua como sua, por cinco anos ininterruptos, sem oposição, área de terra em zona rural não superior a cinquenta hectares, tornando-a produtiva por seu trabalho ou de sua família, tendo nela sua moradia, adquirir-lhe-á a propriedade.

› *Sem correspondência no CC/1916*
› *Arts. 183, § 3º, 191, parágrafo único, e 231, § 4º, CF*
› *Art. 200, Dec.-lei 9.760/1946 (Bens imóveis da União)*
› *Art. 98, Lei 4.504/1964 (Estatuto da Terra)*
› *Art. 38, Lei 6.001/1973 (Estatuto do Índio)*
› *Art. 1º, caput, Lei 6.969/1981 (Usucapião especial)*

Art. 1.240. Aquele que possuir, como sua, área urbana de até duzentos e cinquenta metros quadrados, por cinco anos ininterruptamente e sem oposição, utilizando-a para sua moradia ou de sua família, adquirir-lhe-á o domínio, desde que não seja proprietário de outro imóvel urbano ou rural.

› *Sem correspondência no CC/1916*
› *Arts. 183, §§ 1º a 3º, 191, parágrafo único, e 231, § 4º, CF*
› *Art. 200, Dec.-lei 9.760/1946 (Estatuto do Índio)*
› *Art. 9º, Lei 10.257/2001 (Estatuto da Cidade)*

§ 1º O título de domínio e a concessão de uso serão conferidos ao homem ou à mulher, ou a ambos, independentemente do estado civil.

§ 2º O direito previsto no parágrafo antecedente não será reconhecido ao mesmo possuidor mais de uma vez.

Art. 1.240-A. Aquele que exercer, por 2 (dois) anos ininterruptamente e sem oposição, posse direta, com exclusividade, sobre imóvel urbano de até 250m² (duzentos e cinquenta metros quadrados) cuja propriedade divida com ex-cônjuge ou ex-companheiro que abandonou o lar, utilizando-o para sua moradia ou de sua família, adquirir-lhe-á o domínio integral, desde que não seja proprietário de outro imóvel urbano ou rural.

› *Artigo acrescentado pela Lei 12.424, de 2011*

§ 1º O direito previsto no *caput* não será reconhecido ao mesmo possuidor mais de uma vez.

§ 2º *(VETADO).*

Art. 1.241. Poderá o possuidor requerer ao juiz seja declarada adquirida, mediante usucapião, a propriedade imóvel.

› *Sem correspondência no CC/1916*

Parágrafo único. A declaração obtida na forma deste artigo constituirá título hábil para o registro no Cartório de Registro de Imóveis.

› *Arts. 167, I-28, e 226, Lei 6.015/1973 (Lei de Registros Públicos)*

Art. 1.242. Adquire também a propriedade do imóvel aquele que, contínua e incontestadamente, com justo título e boa-fé, o possuir por dez anos.

› *Correspondência: art. 551, caput, CC/1916*
› *Arts. 183, § 3º, 191, parágrafo único, e 231, § 4º, CF*
› *Arts. 1.201 a 1.203 e 1.379, CC*
› *Art. 200, Dec.-lei 9.760/1946 (Bens imóveis da União)*
› *Art. 38, Lei 6.001/1973 (Estatuto do Índio)*

Parágrafo único. Será de cinco anos o prazo previsto neste artigo se o imóvel houver sido adquirido, onerosamente, com base no registro constante do respectivo cartório, cancelada posteriormente, desde que os possuidores nele tiverem estabelecido a sua moradia, ou realizado investimentos de interesse social e econômico.

› *Sem correspondência no CC/1916*
› *Art. 2.029, CC*

Art. 1.243. O possuidor pode, para o fim de contar o tempo exigido pelos artigos antecedentes, acrescentar à sua posse a dos seus antecessores (art. 1.207), contanto que todas sejam contínuas, pacíficas e, nos casos do art. 1.242, com justo título e de boa-fé.

- *Correspondência: art. 552, CC/1916*
- *Art. 1.262, CC*

Art. 1.244. Estende-se ao possuidor o disposto quanto ao devedor acerca das causas que obstam, suspendem ou interrompem a prescrição, as quais também se aplicam à usucapião.

- *Correspondência: art. 553, CC/1916*
- *Arts. 197 a 204 e 1.262, CC*

SEÇÃO II – DA AQUISIÇÃO PELO REGISTRO DO TÍTULO

Art. 1.245. Transfere-se entre vivos a propriedade mediante o registro do título translativo no Registro de Imóveis.

- *Correspondência: arts. 530, I, e 531, CC/1916*
- *Arts. 1.227 e 1.275, parágrafo único, CC*
- *Lei 5.972/1973 (Registro da propriedade de bens imóveis pela União)*
- *Arts. 1º, § 1º, IV, e 167 a 288, Lei 6.015/1973 (Lei de Registros Públicos)*

§ 1º Enquanto não se registrar o título translativo, o alienante continua a ser havido como dono do imóvel.

- *Correspondência: arts. 533 e 860, CC/1916*

§ 2º Enquanto não se promover, por meio de ação própria, a decretação de invalidade do registro, e o respectivo cancelamento, o adquirente continua a ser havido como dono do imóvel.

- *Sem correspondência no CC/1916*

Art. 1.246. O registro é eficaz desde o momento em que se apresentar o título ao oficial do registro, e este o prenotar no protocolo.

- *Correspondência: art. 534, CC/1916*
- *Arts. 182, 183, 186 e 205, Lei 6.015/1973 (Lei de Registros Públicos)*

Art. 1.247. Se o teor do registro não exprimir a verdade, poderá o interessado reclamar que se retifique ou anule.

- *Correspondência: art. 860, caput, CC/1916*
- *Art. 1.245, § 2º, CC*
- *Arts. 212 a 214 e 216, Lei 6.015/1973 (Lei de Registros Públicos)*

Parágrafo único. Cancelado o registro, poderá o proprietário reivindicar o imóvel, independentemente da boa-fé ou do título do terceiro adquirente.

- *Sem correspondência no CC/1916*

SEÇÃO III – DA AQUISIÇÃO POR ACESSÃO

Art. 1.248. A acessão pode dar-se:

- *Correspondência: art. 536, CC/1916*
- *Art. 1.474, CC*
- *Arts. 16 a 28, Dec. 24.643/1934 (Código de Águas)*

I – por formação de ilhas;

- *Art. 1.249, CC*

II – por aluvião;

- *Art. 1.250, CC*

III – por avulsão;

- *Art. 1.251, CC*

IV – por abandono de álveo;

- *Art. 1.252, CC*

V – por plantações ou construções.

- *Arts. 1.253 a 1.259, CC*

SUBSEÇÃO I – DAS ILHAS

Art. 1.249. As ilhas que se formarem em correntes comuns ou particulares pertencem aos proprietários ribeirinhos fronteiros, observadas as regras seguintes:

- *Correspondência: art. 537, CC/1916*
- *Arts. 20, IV, e 26, II e III, CF*
- *Arts. 23 a 25, Dec. 24.643/1934 (Código de Águas)*

I – as que se formarem no meio do rio consideram-se acréscimos sobrevindos aos terrenos ribeirinhos fronteiros de ambas as margens, na proporção de suas testadas, até a linha que dividir o álveo em duas partes iguais;

II – as que se formarem entre a referida linha e uma das margens consideram-se acréscimos aos terrenos ribeirinhos fronteiros desse mesmo lado;

III – as que se formarem pelo desdobramento de um novo braço do rio continuam a pertencer aos proprietários dos terrenos à custa dos quais se constituíram.

SUBSEÇÃO II – DA ALUVIÃO

Art. 1.250. Os acréscimos formados, sucessiva e imperceptivelmente, por depósitos e aterros naturais ao longo das margens das correntes, ou pelo desvio das águas destas, pertencem aos donos dos terrenos marginais, sem indenização.

- *Correspondência: art. 538, CC/1916*
- *Arts. 16 a 18, Dec. 24.643/1934 (Código de Águas)*

Parágrafo único. O terreno aluvial, que se formar em frente de prédios de proprietários diferentes, dividir-se-á entre eles, na proporção da testada de cada um sobre a antiga margem.

- *Correspondência: art. 540, CC/1916*

SUBSEÇÃO III – DA AVULSÃO

Art. 1.251. Quando, por força natural violenta, uma porção de terra se destacar de um prédio e se juntar a outro, o dono deste adquirirá a propriedade do acréscimo, se indenizar o dono do primeiro ou, sem indenização, se, em um ano, ninguém houver reclamado.

- *Correspondência: arts. 541 e 542, CC/1916*
- *Arts. 18 a 22, Dec. 24.643/1934 (Código de Águas)*

Parágrafo único. Recusando-se ao pagamento de indenização, o dono do prédio a que se juntou a porção de terra deverá aquiescer a que se remova a parte acrescida.

- *Sem correspondência no CC/1916*

SUBSEÇÃO IV – DO ÁLVEO ABANDONADO

Art. 1.252. O álveo abandonado de corrente pertence aos proprietários ribeirinhos das duas margens, sem que tenham indenização os donos dos terrenos por onde as águas abrirem novo curso, entendendo-se que os prédios marginais se estendem até o meio do álveo.

- *Correspondência: art. 544, CC/1916*
- *Arts. 9º, 10, 26 e 27, Dec. 24.643/1934 (Código de Águas)*

SUBSEÇÃO V – DAS CONSTRUÇÕES E PLANTAÇÕES

Art. 1.253. Toda construção ou plantação existente em um terreno presume-se feita pelo proprietário e à sua custa, até que se prove o contrário.

- *Correspondência: art. 545, CC/1916*

Art. 1.254. Aquele que semeia, planta ou edifica em terreno próprio com sementes, plantas ou materiais alheios, adquire a propriedade destes; mas fica obrigado a pagar-lhes o valor, além de responder por perdas e danos, se agiu de má-fé.

- *Correspondência: art. 544, CC/1916*
- *Arts. 402 a 405, 1.214 a 1.222 e 1.232, CC*

Art. 1.255. Aquele que semeia, planta ou edifica em terreno alheio perde, em proveito do proprietário, as sementes, plantas e construções; se procedeu de boa-fé, terá direito a indenização.

- *Correspondência: art. 547, CC/1916*

Parágrafo único. Se a construção ou a plantação exceder consideravelmente o valor do terreno, aquele que, de boa-fé, plantou ou edificou, adquirirá a propriedade do solo, mediante pagamento da indenização fixada judicialmente, se não houver acordo.

- *Sem correspondência no CC/1916*

Art. 1.256. Se de ambas as partes houve má-fé, adquirirá o proprietário as sementes, plantas e construções, devendo ressarcir o valor das acessões.

- *Correspondência: art. 548, CC/1916*

Parágrafo único. Presume-se má-fé no proprietário, quando o trabalho de construção, ou lavoura, se fez em sua presença e sem impugnação sua.

Art. 1.257. O disposto no artigo antecedente aplica-se ao caso de não pertencerem as sementes, plantas ou materiais a quem de boa-fé os empregou em solo alheio.

- *Correspondência: art. 549, CC/1916*

Parágrafo único. O proprietário das sementes, plantas ou materiais poderá cobrar do proprietário do solo a indenização devida, quando não puder havê-la do plantador ou construtor.

Art. 1.258. Se a construção, feita parcialmente em solo próprio, invade solo alheio em proporção não superior à vigésima parte deste, adquire o construtor de boa-fé a propriedade da parte do solo invadido, se o valor da construção exceder o dessa parte, e responde por indenização que represente, também, o valor da área perdida e a desvalorização da área remanescente.

- *Sem correspondência no CC/1916*
- *Arts. 402 a 405, CC*

Parágrafo único. Pagando em décuplo as perdas e danos previstos neste artigo, o construtor de má-fé adquire a propriedade da parte do solo que invadiu, se em proporção à vigésima parte deste e o valor da construção exceder consideravelmente o dessa parte e não se puder demolir a porção invasora sem grave prejuízo para a construção.

Art. 1.259. Se o construtor estiver de boa-fé, e a invasão do solo alheio exceder a vigésima parte deste, adquire a propriedade da parte do solo invadido, e responde por perdas e danos que abranjam o valor que a invasão acrescer à construção, mais o da área perdida e o da desvalorização da área remanescente; se de má-fé, é obrigado a demolir o que nele construiu, pagando as perdas e danos apurados, que serão devidos em dobro.

- *Sem correspondência no CC/1916*
- *Arts. 402 a 405, CC*

CAPÍTULO III – DA AQUISIÇÃO DA PROPRIEDADE MÓVEL

SEÇÃO I – DA USUCAPIÃO

Art. 1.260. Aquele que possuir coisa móvel como sua, contínua e incontestadamente durante três anos, com justo título e boa-fé, adquirir-lhe-á a propriedade.

- *Correspondência: art. 618, CC/1916*
- *Arts. 1.208 e 1.242, caput, CC*

Art. 1.261. Se a posse da coisa móvel se prolongar por cinco anos, produzirá usucapião, independentemente de título ou boa-fé.

- *Correspondência: art. 619, caput, CC/1916*
- *Art. 1.238, caput, CC*

Art. 1.262. Aplica-se à usucapião das coisas móveis o disposto nos arts. 1.243 e 1.244.

- *Correspondência: art. 619, parágrafo único, CC/1916*
- *Lei 370/1937 (Dinheiro e objetos de valor depositados nos estabelecimentos bancários e comerciais)*
- *Lei 2.313/1954 (Prazos dos contratos de depósito regular e voluntário de bens)*

SEÇÃO II – DA OCUPAÇÃO

Art. 1.263. Quem se assenhorear de coisa sem dono para logo lhe adquire a propriedade, não sendo essa ocupação defesa por lei.

- *Correspondência: art. 592, caput, CC/1916*
- *Arts. 1.233 a 1.237 e 1.264 a 1.266, CC*

SEÇÃO III – DO ACHADO DO TESOURO

Art. 1.264. O depósito antigo de coisas preciosas, oculto e de cujo dono não haja memória, será dividido por igual entre o proprietário do prédio e o que achar o tesouro casualmente.

- *Correspondência: art. 607, CC/1916*
- *Art. 1.392, § 3º, CC*
- *Art. 169, parágrafo único, I, CP*
- *Arts. 17 a 19, Lei 3.924/1961 (Monumentos arqueológicos e pré-históricos)*
- *Lei 7.542/1986 (Coisas ou bens afundados, submersos, encalhados e perdidos)*

Art. 1.265. O tesouro pertencerá por inteiro ao proprietário do prédio, se for achado por ele, ou em pesquisa que ordenou, ou por terceiro não autorizado.

- *Correspondência: art. 608, CC/1916*

Art. 1.266. Achando-se em terreno aforado, o tesouro será dividido por igual entre o descobridor e o enfiteuta, ou será deste por inteiro quando ele mesmo seja o descobridor.

- *Correspondência: art. 609, CC/1916*
- *Art. 2.038, CC*

SEÇÃO IV – DA TRADIÇÃO

Art. 1.267. A propriedade das coisas não se transfere pelos negócios jurídicos antes da tradição.

- *Correspondência: art. 620, 1ª parte, CC/1916*
- *Arts. 234, 237, 238, 291, 444, 492, 495, 541, parágrafo único, 809, 1.197 e 1.226, CC*

Parágrafo único. Subentende-se a tradição quando o transmitente continua a possuir pelo constituto possessório; quando cede ao adquirente o direito à restituição da coisa, que se encontra em poder de terceiro; ou quando o adquirente já está na posse da coisa, por ocasião do negócio jurídico.

- *Correspondência: art. 620, 2ª parte, CC/1916*
- *Art. 1.197, CC*

Art. 1.268. Feita por quem não seja proprietário, a tradição não aliena a propriedade, exceto se a coisa, oferecida ao público, em leilão ou estabelecimento comercial, for transferida em circunstâncias tais que, ao adquirente de boa-fé, como a qualquer pessoa, o alienante se afigurar dono.

- *Correspondência: art. 622, CC/1916*
- *Arts. 307 e 1.912, CC*
- *Art. 171, § 2º, I, CP*

§ 1º Se o adquirente estiver de boa-fé e o alienante adquirir depois a propriedade, considera-se realizada a transferência desde o momento em que ocorreu a tradição.

- *Sem correspondência no CC/1916*
- *Art. 1.420, § 1º, CC*

§ 2º Não transfere a propriedade a tradição, quando tiver por título um negócio jurídico nulo.

- *Correspondência: art. 622, parágrafo único, CC/1916*
- *Arts. 166 a 170, CC*

SEÇÃO V – DA ESPECIFICAÇÃO

Art. 1.269. Aquele que, trabalhando em matéria-prima em parte alheia, obtiver espécie nova, desta será proprietário, se não se puder restituir à forma anterior.

- *Correspondência: art. 611, CC/1916*
- *Art. 1.274, CC*

Art. 1.270. Se toda a matéria for alheia, e não se puder reduzir à forma precedente, será do especificador de boa-fé a espécie nova.

- *Correspondência: art. 612, CC/1916*

§ 1º Sendo praticável a redução, ou quando impraticável, se a espécie nova se obteve de má-fé, pertencerá ao dono da matéria-prima.

- *Art. 1.217, CC*

§ 2º Em qualquer caso, inclusive o da pintura em relação à tela, da escultura, escritura e outro qualquer trabalho gráfico em relação à matéria-prima, a espécie nova será do especificador, se o seu valor exceder consideravelmente o da matéria-prima.

Art. 1.271. Aos prejudicados, nas hipóteses dos arts. 1.269 e 1.270, se ressarcirá o dano que sofrerem, menos ao especificador de má-fé, no caso do § 1º do artigo antecedente, quando irredutível a especificação.

- *Correspondência: art. 613, CC/1916*

SEÇÃO VI – DA CONFUSÃO, DA COMISSÃO E DA ADJUNÇÃO

Art. 1.272. As coisas pertencentes a diversos donos, confundidas, misturadas ou adjuntadas sem o consentimento deles, continuam a pertencer-lhes, sendo possível separá-las sem deterioração.

- *Correspondência: art. 615, CC/1916*
- *Art. 87, CC*

§ 1º Não sendo possível a separação das coisas, ou exigindo dispêndio excessivo, subsiste indiviso o todo, cabendo a cada um dos donos quinhão proporcional ao valor da coisa com que entrou para a mistura ou agregado.

§ 2º Se uma das coisas puder considerar-se principal, o dono sê-lo-á do todo, indenizando os outros.

- *Art. 92, CC*

Art. 1.273. Se a confusão, comissão ou adjunção se operou de má-fé, à outra parte caberá escolher entre adquirir a propriedade do todo, pagando o que não for seu, abatida a indenização que lhe for devida, ou renunciar ao que lhe pertencer, caso em que será indenizado.

- *Correspondência: art. 616, CC/1916*

Art. 1.274. Se da união de matérias de natureza diversa se formar espécie nova, à confusão, comissão ou adjunção aplicam-se as normas dos arts. 1.272 e 1.273.

- *Correspondência: art. 617, CC/1916*
- *Arts. 1.269 a 1.271, CC*

CAPÍTULO IV – DA PERDA DA PROPRIEDADE

Art. 1.275. Além das causas consideradas neste Código, perde-se a propriedade:

- *Correspondência: art. 589, caput, CC/1916*

I – por alienação;

- *Correspondência: art. 589, I, CC/1916*

II – pela renúncia;

- *Correspondência: art. 589, II, CC/1916*

III – por abandono;

- *Correspondência: art. 589, III, CC/1916*

IV – por perecimento da coisa;

- *Correspondência: art. 589, IV, CC/1916*

V – por desapropriação.

- *Correspondência: art. 590, caput, CC/1916*
- *Art. 1.228, § 3º, CC*

Parágrafo único. Nos casos dos incisos I e II, os efeitos da perda da propriedade imóvel serão subordinados ao registro do título transmissivo ou do ato renunciativo no Registro de Imóveis.

- *Correspondência: art. 589, § 1º, CC/1916*
- *Art. 1.245, CC*
- *Art. 167, I-29, Lei 6.015/1973 (Lei de Registros Públicos)*

Art. 1.276. O imóvel urbano que o proprietário abandonar, com a intenção de não mais o conservar em seu patrimônio, e que se não encontrar na posse de outrem, poderá ser arrecadado, como bem vago, e passar, três anos depois, à propriedade do Município ou à do Distrito Federal, se se achar nas respectivas circunscrições.

- *Correspondência: art. 589, § 1º, a, CC/1916*
- *Arts. 26, 1.819 e 1.844, CC*
- *Art. 746, CPC/2015*

§ 1º O imóvel situado na zona rural, abandonado nas mesmas circunstâncias, poderá ser arrecadado, como bem vago, e passar, três anos depois, à propriedade da União, onde quer que ele se localize.

- *Correspondência: art. 589, § 1º, b, CC/1916*

§ 2º Presumir-se-á de modo absoluto a intenção a que se refere este artigo, quando, cessados os atos de posse, deixar o proprietário de satisfazer os ônus fiscais.

- *Sem correspondência no CC/1916*

CAPÍTULO V – DOS DIREITOS DE VIZINHANÇA

SEÇÃO I – DO USO ANORMAL DA PROPRIEDADE

Art. 1.277. O proprietário ou o possuidor de um prédio tem o direito de fazer cessar as interferências prejudiciais à segurança, ao sossego e à saúde dos que o habitam, provocadas pela utilização de propriedade vizinha.

- *Correspondência: art. 554, CC/1916*
- *Art. 1.336, IV, CC*
- *Art. 19, Lei 4.591/1964 (Condomínio em edificações e incorporações imobiliárias)*

Parágrafo único. Proíbem-se as interferências considerando-se a natureza da utilização, a localização do prédio, atendidas as normas que distribuem as edificações em zonas, e os limites ordinários de tolerância dos moradores da vizinhança.

- *Sem correspondência no CC/1916*
- *Art. 1º, parágrafo único, Lei 10.257/2001 (Estatuto da Cidade)*

Art. 1.278. O direito a que se refere o artigo antecedente não prevalece quando as interferências forem justificadas por interesse público, caso em que o proprietário ou o possuidor, causador delas, pagará ao vizinho indenização cabal.

- *Sem correspondência no CC/1916*

Art. 1.279. Ainda que por decisão judicial devam ser toleradas as interferências, poderá o vizinho exigir a sua redução, ou eliminação, quando estas se tornarem possíveis.

- *Sem correspondência no CC/1916*

Art. 1.280. O proprietário ou o possuidor tem direito a exigir do dono do prédio vizinho a demolição, ou a reparação deste, quando ameace ruína, bem como que lhe preste caução pelo dano iminente.

- *Correspondência: art. 555, CC/1916*
- *Arts. 618 e 937, CC*

Art. 1.281. O proprietário ou o possuidor de um prédio, em que alguém tenha direito de fazer obras, pode, no caso de dano iminente, exigir do autor delas as necessárias garantias contra o prejuízo eventual.

- *Correspondência: art. 529, CC/1916*
- *Arts. 1.297 e 1.311 a 1.313, CC*

SEÇÃO II – DAS ÁRVORES LIMÍTROFES

Art. 1.282. A árvore, cujo tronco estiver na linha divisória, presume-se pertencer em comum aos donos dos prédios confinantes.

- *Correspondência: art. 556, CC/1916*
- *Art. 1.327, CC*

Art. 1.283. As raízes e os ramos de árvore, que ultrapassarem a estrema do prédio, poderão ser cortados, até o plano vertical divisório, pelo proprietário do terreno invadido.

- *Correspondência: art. 558, CC/1916*

Art. 1.284. Os frutos caídos de árvore do terreno vizinho pertencem ao dono do solo onde caíram, se este for de propriedade particular.

- *Correspondência: art. 557, CC/1916*

SEÇÃO III – DA PASSAGEM FORÇADA

Art. 1.285. O dono do prédio que não tiver acesso a via pública, nascente ou porto, pode, mediante pagamento de indenização cabal, constranger o vizinho a lhe dar passagem, cujo rumo será judicialmente fixado, se necessário.

- *Correspondência: arts. 559 e 560, CC/1916*
- *Arts. 1.378 a 1.389, CC*

§ 1º Sofrerá o constrangimento o vizinho cujo imóvel mais natural e facilmente se prestar à passagem.

- *Sem correspondência no CC/1916*

§ 2º Se ocorrer alienação parcial do prédio, de modo que uma das partes perca o acesso a via pública, nascente ou porto, o proprietário da outra deve tolerar a passagem.

- *Sem correspondência no CC/1916*

§ 3º Aplica-se o disposto no parágrafo antecedente ainda quando, antes da alienação, existia passagem através de imóvel vizinho, não estando o proprietário deste constrangido, depois, a dar uma outra.

- *Sem correspondência no CC/1916*

SEÇÃO IV – DA PASSAGEM DE CABOS E TUBULAÇÕES

Art. 1.286. Mediante recebimento de indenização que atenda, também, à desvalorização da área remanescente, o proprietário é obrigado a tolerar a passagem, através de seu imóvel, de cabos, tubulações e outros condutos subterrâneos de serviços de utilidade pública, em proveito de proprietários vizinhos, quando de outro modo for impossível ou excessivamente onerosa.

- *Sem correspondência no CC/1916*

Parágrafo único. O proprietário prejudicado pode exigir que a instalação seja feita de modo menos gravoso ao prédio onerado, bem como, depois, seja removida, à sua custa, para outro local do imóvel.

Art. 1.287. Se as instalações oferecerem grave risco, será facultado ao proprietário do prédio onerado exigir a realização de obras de segurança.

- *Sem correspondência no CC/1916*
- *Art. 1.294, CC*

SEÇÃO V – DAS ÁGUAS

Art. 1.288. O dono ou o possuidor do prédio inferior é obrigado a receber as águas que correm naturalmente do superior, não podendo realizar obras que embaracem o seu fluxo; porém a condição natural e anterior do prédio inferior não pode ser agravada por obras feitas pelo dono ou possuidor do prédio superior.

- *Correspondência: art. 563, CC/1916*
- *Art. 69, Dec. 24.643/1934 (Código de Águas)*

Art. 1.289. Quando as águas, artificialmente levadas ao prédio superior, ou aí colhidas, correrem dele para o inferior, poderá o dono deste reclamar que se desviem, ou se lhe indenize o prejuízo que sofrer.

- *Correspondência: art. 564, CC/1916*
- *Art. 92, Dec. 24.643/1934 (Código de Águas)*

Parágrafo único. Da indenização será deduzido o valor do benefício obtido.

- *Sem correspondência no CC/1916*

Art. 1.290. O proprietário de nascente, ou do solo onde caem águas pluviais, satisfeitas as necessidades de seu consumo, não pode impedir, ou desviar o curso natural das águas remanescentes pelos prédios inferiores.

- *Correspondência: art. 565, CC/1916*
- *Arts. 90 e 103, parágrafo único, item 2º, 24.643/1934 (Código de Águas)*

Art. 1.291. O possuidor do imóvel superior não poderá poluir as águas indispensáveis às primeiras necessidades da vida dos possuidores dos imóveis inferiores; as demais, que poluir, deverá recuperar, ressarcindo os danos que estes sofrerem, se não for possível a recuperação ou o desvio do curso artificial das águas.

- *Sem correspondência no CC/1916*
- *Art. 1.309, CC*
- *Art. 71, Dec. 24.643/1934 (Código de Águas)*

Art. 1.292. O proprietário tem direito de construir barragens, açudes, ou outras obras para represamento de água em seu prédio; se as águas represadas invadirem prédio alheio, será o seu proprietário indenizado pelo dano sofrido, deduzido o valor do benefício obtido.

- *Sem correspondência no CC/1916*
- *Art. 119, Dec. 24.643/1934 (Código de Águas)*

Art. 1.293. É permitido a quem quer que seja, mediante prévia indenização aos proprietários prejudicados, construir canais, através de prédios alheios, para receber as águas a que tenha direito, indispensáveis às primeiras necessidades da vida, e, desde que não cause prejuízo considerável à agricultura e à indústria, bem como para o escoamento de águas supérfluas ou acumuladas, ou a drenagem de terrenos.

- *Correspondência: art. 567, caput, CC/1916*
- *Art. 1.296, CC*
- *Arts. 117 a 138, Dec. 24.643/1934 (Código de Águas)*

§ 1º Ao proprietário prejudicado, em tal caso, também assiste direito a ressarcimento pelos danos que de futuro lhe advenham da infiltração ou irrupção das águas, bem como da deterioração das obras destinadas a canalizá-las.

- *Correspondência: art. 567, parágrafo único, CC/1916*

§ 2º O proprietário prejudicado poderá exigir que seja subterrânea a canalização que atravessa áreas edificadas, pátios, hortas, jardins ou quintais.

- *Sem correspondência no CC/1916*

§ 3º O aqueduto será construído de maneira que cause o menor prejuízo aos proprietários dos imóveis vizinhos, e a expensas do seu dono, a quem incumbem também as despesas de conservação.

- *Sem correspondência no CC/1916*

Art. 1.294. Aplica-se ao direito de aqueduto o disposto nos arts. 1.286 e 1.287.

› *Sem correspondência no CC/1916*

Art. 1.295. O aqueduto não impedirá que os proprietários cerquem os imóveis e construam sobre ele, sem prejuízo para a sua segurança e conservação; os proprietários dos imóveis poderão usar das águas do aqueduto para as primeiras necessidades da vida.

› *Sem correspondência no CC/1916*

Art. 1.296. Havendo no aqueduto águas supérfluas, outros poderão canalizá-las, para os fins previstos no art. 1.293, mediante pagamento de indenização aos proprietários prejudicados e ao dono do aqueduto, de importância equivalente às despesas que então seriam necessárias para a condução das águas até o ponto de derivação.

› *Sem correspondência no CC/1916*

Parágrafo único. Têm preferência os proprietários dos imóveis atravessados pelo aqueduto.

SEÇÃO VI – DOS LIMITES ENTRE PRÉDIOS E DO DIREITO DE TAPAGEM

Art. 1.297. O proprietário tem direito a cercar, murar, valar ou tapar de qualquer modo o seu prédio, urbano ou rural, e pode constranger o seu confinante a proceder com ele à demarcação entre os dois prédios, a aviventar rumos apagados e a renovar marcos destruídos ou arruinados, repartindo-se proporcionalmente entre os interessados as respectivas despesas.

› *Correspondência: arts. 569 e 588, caput, CC/1916*
› *Arts. 1.327 a 1.330, CC*
› *Arts. 89, 569, 570, 572, 574 a 587, CPC/2015*
› *Art. 167, I-23, Lei 6.015/1973 (Lei de Registros Públicos)*

§ 1º Os intervalos, muros, cercas e os tapumes divisórios, tais como sebes vivas, cercas de arame ou de madeira, valas ou banquetas, presumem-se, até prova em contrário, pertencer a ambos os proprietários confinantes, sendo estes obrigados, de conformidade com os costumes da localidade, a concorrer, em partes iguais, para as despesas de sua construção e conservação.

› *Correspondência: arts. 571 e 588, §§ 1º e 2º, CC/1916*

§ 2º As sebes vivas, as árvores, ou plantas quaisquer, que servem de marco divisório, só podem ser cortadas, ou arrancadas, de comum acordo entre proprietários.

› *Sem correspondência no CC/1916*

§ 3º A construção de tapumes especiais para impedir a passagem de animais de pequeno porte, ou para outro fim, pode ser exigida de quem provocou a necessidade deles, pelo proprietário, que não está obrigado a concorrer para as despesas.

› *Correspondência: art. 588, § 3º, CC/1916*

Art. 1.298. Sendo confusos, os limites, em falta de outro meio, se determinarão de conformidade com a posse justa; e, não se achando ela provada, o terreno contestado se dividirá por partes iguais entre os prédios, ou, não sendo possível a divisão cômoda, se adjudicará a um deles, mediante indenização ao outro.

› *Correspondência: art. 570, CC/1916*
› *Art. 1.327, CC*

SEÇÃO VII – DO DIREITO DE CONSTRUIR

Art. 1.299. O proprietário pode levantar em seu terreno as construções que lhe aprouver, salvo o direito dos vizinhos e os regulamentos administrativos.

› *Correspondência: art. 572, CC/1916*
› *Art. 18, Dec.-lei 25/1937 (Proteção do patrimônio histórico e artístico)*
› *Art. 43, Lei 7.565/1986 (Código Brasileiro de Aeronáutica)*
› *Súmula 142, TFR*

Art. 1.300. O proprietário construirá de maneira que o seu prédio não despeje águas, diretamente, sobre o prédio vizinho.

› *Correspondência: art. 575, CC/1916*
› *Art. 105, Dec. 24.643/1934 (Código de Águas)*

Art. 1.301. É defeso abrir janelas, ou fazer eirado, terraço ou varanda, a menos de metro e meio do terreno vizinho.

› *Correspondência: art. 57, caput, CC/1916*
› *Súmulas 120 e 414, STF*

§ 1º As janelas cuja visão não incida sobre a linha divisória, bem como as perpendiculares, não poderão ser abertas a menos de setenta e cinco centímetros.

› *Sem correspondência no CC/1916*

§ 2º As disposições deste artigo não abrangem as aberturas para luz ou ventilação, não maiores de dez centímetros de largura sobre vinte de comprimento e construídas a mais de dois metros de altura de cada piso.

› *Correspondência: art. 573, § 1º, CC/1916*

Art. 1.302. O proprietário pode, no lapso de ano e dia após a conclusão da obra, exigir que se desfaça janela, sacada, terraço ou goteira sobre o seu prédio; escoado o prazo, não poderá, por sua vez, edificar sem atender ao disposto no artigo antecedente, nem impedir, ou dificultar, o escoamento das águas da goteira, com prejuízo para o prédio vizinho.

› *Correspondência: art. 576, CC/1916*
› *Art. 1.312, CC*

Parágrafo único. Em se tratando de vãos, ou aberturas para luz, seja qual for a quantidade, altura e disposição, o vizinho poderá, a todo tempo, levantar a sua edificação, ou contramuro, ainda que lhes vede a claridade.

› *Correspondência: art. 573, § 2º, CC/1916*

Art. 1.303. Na zona rural, não será permitido levantar edificações a menos de três metros do terreno vizinho.

› *Correspondência: art. 577, CC/1916*

Art. 1.304. Nas cidades, vilas e povoados cuja edificação estiver adstrita a alinhamento, o dono de um terreno pode nele edificar, madeirando na parede divisória do prédio contíguo, se ela suportar a nova construção; mas terá de embolsar ao vizinho metade do valor da parede e do chão correspondentes.

› *Correspondência: art. 579, CC/1916*
› *Arts. 1.327 a 1.330, CC*

Art. 1.305. O confinante, que primeiro construir, pode assentar a parede divisória até meia espessura no terreno contíguo, sem perder por isso o direito a haver meio valor dela se o vizinho a travejar, caso em que o primeiro fixará a largura e a profundidade do alicerce.

› *Correspondência: art. 580, CC/1916*

Parágrafo único. Se a parede divisória pertencer a um dos vizinhos, e não tiver capacidade para ser travejada pelo outro, não poderá este fazer-lhe alicerce ao pé sem prestar caução àquele, pelo risco a que expõe a construção anterior.

Art. 1.306. O condômino da parede-meia pode utilizá-la até ao meio da espessura, não pondo em risco a segurança ou a separação dos dois prédios, e avisando previamente o outro condômino das obras que ali tenciona fazer; não pode sem consentimento do outro, fazer, na parede-meia, armários, ou obras semelhantes, correspondendo a outras, da mesma natureza, já feitas do lado oposto.

› *Correspondência: art. 581, CC/1916*

Art. 1.307. Qualquer dos confinantes pode altear a parede divisória, se necessário reconstruindo-a, para suportar o alteamento; arcará com todas as despesas, inclusive de conservação, ou com metade, se o vizinho adquirir meação também na parte aumentada.

› *Sem correspondência no CC/1916*

Art. 1.308. Não é lícito encostar à parede divisória chaminés, fogões, fornos ou quaisquer aparelhos ou depósitos suscetíveis de produzir infiltrações ou interferências prejudiciais ao vizinho.

› *Correspondência: art. 583, CC/1916*

Parágrafo único. A disposição anterior não abrange as chaminés ordinárias e os fogões de cozinha.

Art. 1.309. São proibidas construções capazes de poluir, ou inutilizar, para uso ordinário, a água do poço, ou nascente alheia, a elas preexistentes.

› *Correspondência: art. 584, CC/1916*
› *Art. 1.291, CC*
› *Art. 98, Dec.-lei 24.643/1964 (Código de Águas)*

Art. 1.310. Não é permitido fazer escavações ou quaisquer obras que tirem ao poço ou à nascente de outrem a água indispensável às suas necessidades normais.

› *Correspondência: art. 585, CC/1916*
› *Arts. 96 e 97, Dec.-lei 24.643/1964 (Código de Águas)*

Art. 1.311. Não é permitida a execução de qualquer obra ou serviço suscetível de provocar desmoronamento ou deslocação de terra, ou que comprometa a segurança do prédio vizinho, senão após haverem sido feitas as obras acautelatórias.

› *Sem correspondência no CC/1916*
› *Art. 1.281, CC*

Parágrafo único. O proprietário do prédio vizinho tem direito a ressarcimento pelos prejuízos que sofrer, não obstante haverem sido realizadas as obras acautelatórias.

Art. 1.312. Todo aquele que violar as proibições estabelecidas nesta Seção é obrigado a demolir as construções feitas, respondendo por perdas e danos.

- *Correspondência: art. 586, CC/1916*
- *Arts. 402 a 405 e 1.302, CC*
- *Art. 99, Dec.-lei 24.643/1964 (Código de Águas)*

Art. 1.313. O proprietário ou ocupante do imóvel é obrigado a tolerar que o vizinho entre no prédio, mediante prévio aviso, para:

- *Correspondência: art. 587, caput, 1ª parte, CC/1916*

I – dele temporariamente usar, quando indispensável à reparação, construção, reconstrução ou limpeza de sua casa ou do muro divisório;

- *Correspondência: art. 587, caput, 1ª parte, CC/1916*

II – apoderar-se de coisas suas, inclusive animais que aí se encontrem casualmente.

- *Sem correspondência no CC/1916*
- *Art. 1.297, § 3º, CC*

§ 1º O disposto neste artigo aplica-se aos casos de limpeza ou reparação de esgotos, goteiras, aparelhos higiênicos, poços e nascentes e ao aparo de cerca viva.

- *Correspondência: art. 587, parágrafo único, CC/1916*

§ 2º Na hipótese do inciso II, uma vez entregues as coisas buscadas pelo vizinho, poderá ser impedida a sua entrada no imóvel.

- *Sem correspondência no CC/1916*

§ 3º Se do exercício do direito assegurado neste artigo provier dano, terá o prejudicado direito a ressarcimento.

- *Correspondência: art. 587, caput, 2ª parte, CC/1916*
- *Art. 1.281, CC*

CAPÍTULO VI – DO CONDOMÍNIO GERAL

SEÇÃO I – DO CONDOMÍNIO VOLUNTÁRIO

SUBSEÇÃO I – DOS DIREITOS E DEVERES DOS CONDÔMINOS

Art. 1.314. Cada condômino pode usar da coisa conforme sua destinação, sobre ela exercer todos os direitos compatíveis com a indivisão, reivindicá-la de terceiro, defender a sua posse e alhear a respectiva parte ideal, ou gravá-la.

- *Correspondência: art. 623, CC/1916*
- *Arts. 504, 1.199, 1.320, 1.327 a 1.330 e 1.791, parágrafo único, CC*

Parágrafo único. Nenhum dos condôminos pode alterar a destinação da coisa comum, nem dar posse, uso ou gozo dela a estranhos, sem o consenso dos outros.

- *Correspondência: arts. 628 e 633, CC/1916*

Art. 1.315. O condômino é obrigado, na proporção de sua parte, a concorrer para as despesas de conservação ou divisão da coisa, e a suportar os ônus a que estiver sujeita.

- *Correspondência: art. 624, caput, CC/1916*
- *Art. 3º, Lei 2.757/1956 (Situação dos empregados de prédios de apartamentos residenciais)*

Parágrafo único. Presumem-se iguais as partes ideais dos condôminos.

- *Sem correspondência no CC/1916*
- *Art. 1.325, § 3º, CC*

Art. 1.316. Pode o condômino eximir-se do pagamento das despesas e dívidas, renunciando à parte ideal.

- *Sem correspondência no CC/1916*

§ 1º Se os demais condôminos assumem as despesas e as dívidas, a renúncia lhes aproveita, adquirindo a parte ideal de quem renunciou, na proporção dos pagamentos que fizerem.

§ 2º Se não há condômino que faça os pagamentos, a coisa comum será dividida.

- *Art. 1.318, CC*

Art. 1.317. Quando a dívida houver sido contraída por todos os condôminos, sem se discriminar a parte de cada um na obrigação, nem se estipular solidariedade, entende-se que cada qual se obrigou proporcionalmente ao seu quinhão na coisa comum.

- *Correspondência: art. 626, CC/1916*
- *Arts. 275 a 285, CC*

Art. 1.318. As dívidas contraídas por um dos condôminos em proveito da comunhão, e durante ela, obrigam o contratante; mas terá este ação regressiva contra os demais.

- *Correspondência: art. 625, caput, CC/1916*
- *Art. 1.316, § 2º, CC*
- *Art. 125, CPC/2015*

Art. 1.319. Cada condômino responde aos outros pelos frutos que percebeu da coisa e pelo dano que lhe causou.

- *Correspondência: art. 627, CC/1916*
- *Art. 1.326, CC*

Art. 1.320. A todo tempo será lícito ao condômino exigir a divisão da coisa comum, respondendo o quinhão de cada um pela sua parte nas despesas da divisão.

- *Correspondência: art. 629, caput, CC/1916*
- *Arts. 88, 504 e 1.322, CC*
- *Arts. 569, 570, 572, 588 a 598, CPC/2015*

§ 1º Podem os condôminos acordar que fique indivisa a coisa comum por prazo não maior de cinco anos, suscetível de prorrogação ulterior.

- *Correspondência: art. 629, parágrafo único, CC/1916*

§ 2º Não poderá exceder de cinco anos a indivisão estabelecida pelo doador ou pelo testador.

- *Correspondência: art. 630, CC/1916*

§ 3º A requerimento de qualquer interessado e se graves razões o aconselharem, pode o juiz determinar a divisão da coisa comum antes do prazo.

- *Sem correspondência no CC/1916*

Art. 1.321. Aplicam-se à divisão do condomínio, no que couber, as regras de partilha de herança (arts. 2.013 a 2.022).

- *Correspondência: art. 641, CC/1916*

Art. 1.322. Quando a coisa for indivisível, e os consortes não quiserem adjudicá-la a um só, indenizando os outros, será vendida e repartido o apurado, preferindo-se, na venda, em condições iguais de oferta, o condômino ao estranho, e entre os condôminos aquele que tiver na coisa benfeitorias mais valiosas, e, não as havendo, o de quinhão maior.

- *Correspondência: art. 632, CC/1916*
- *Arts. 87, 88, 96, 97, 504, 1.489, IV, e 2.019, CC*
- *Arts. 725, IV, , CPC/2015*
- *Art. 65, Lei 4.504/1964 (Estatuto da Terra)*
- *Art. 8º, Lei 5.868/1972 (Sistema Nacional de Cadastro Rural)*
- *Dec. 72.106/1973 (Regulamenta a Lei 5.868/1972)*
- *Art. 53, Lei 6.766/1979 (Parcelamento do solo urbano)*
- *Lei 10.275/2001 (Política urbana)*

Parágrafo único. Se nenhum dos condôminos tem benfeitorias na coisa comum e participam todos do condomínio em partes iguais, realizar-se-á licitação entre estranhos e, antes de adjudicada a coisa àquele que ofereceu maior lanço, proceder-se-á à licitação entre os condôminos, a fim de que a coisa seja adjudicada a quem afinal oferecer melhor lanço, preferindo, em condições iguais, o condômino ao estranho.

- *Sem correspondência no CC/1916*

SUBSEÇÃO II – DA ADMINISTRAÇÃO DO CONDOMÍNIO

Art. 1.323. Deliberando a maioria sobre a administração da coisa comum, escolherá o administrador, que poderá ser estranho ao condomínio; resolvendo alugá-la, preferir-se-á, em condições iguais, o condômino ao que não o é.

- *Correspondência: arts. 635, § 2, e 636, CC/1916*
- *Art. 725, II, CPC/2015*

Art. 1.324. O condômino que administrar sem oposição dos outros presume-se representante comum.

- *Correspondência: art. 640, CC/1916*
- *Arts. 115 a 120 e 656, CC*
- *Art. 2º, Lei 2.757/1956 (Situação dos empregados de prédios de apartamentos residenciais)*

Art. 1.325. A maioria será calculada pelo valor dos quinhões.

- *Correspondência: art. 637, caput, CC/1916*

§ 1º As deliberações serão obrigatórias, sendo tomadas por maioria absoluta.

- *Correspondência: art. 637, § 1º, CC/1916*

§ 2º Não sendo possível alcançar maioria absoluta, decidirá o juiz, a requerimento de qualquer condômino, ouvidos os outros.

- *Correspondência: art. 637, § 2º, CC/1916*

§ 3º Havendo dúvida quanto ao valor do quinhão, será este avaliado judicialmente.

- *Correspondência: art. 639, CC/1916*
- *Art. 1.315, parágrafo único, CC*

Art. 1.326. Os frutos da coisa comum, não havendo em contrário estipulação ou disposição de última vontade, serão partilhados na proporção dos quinhões.

- *Correspondência: art. 638, CC/1916*
- *Arts. 1.315, parágrafo único, 1.319 e 1.325, § 3º, CC*

SEÇÃO II – DO CONDOMÍNIO NECESSÁRIO

Art. 1.327. O condomínio por meação de paredes, cercas, muros e valas regula-se pelo disposto neste Código (arts. 1.297 e 1.298; 1.304 a 1.307).

- *Correspondência: art. 642, CC/1916*
- *Arts. 1.282 a 1.284, CC*

Art. 1.328. O proprietário que tiver direito a estremar um imóvel com paredes, cercas, muros, valas ou valados, tê-lo-á igualmente a adquirir meação na parede, muro, valado ou cerca do vizinho, embolsando-lhe metade do que atualmente valer a obra e o terreno por ela ocupado (art. 1.297).

- *Correspondência: art. 643, CC/1916*
- *Art. 1.330, CC*

Art. 1.329. Não convindo os dois no preço da obra, será este arbitrado por peritos, a expensas de ambos os confinantes.

- *Correspondência: art. 644, CC/1916*

Art. 1.330. Qualquer que seja o valor da meação, enquanto aquele que pretender a divisão não o pagar ou depositar, nenhum uso poderá fazer na parede, muro, vala, cerca ou qualquer outra obra divisória.

- *Correspondência: art. 645, CC/1916*

CAPÍTULO VII – DO CONDOMÍNIO EDILÍCIO

SEÇÃO I – DISPOSIÇÕES GERAIS

Art. 1.331. Pode haver, em edificações, partes que são propriedade exclusiva, e partes que são propriedade comum dos condôminos.

- *Sem correspondência no CC/1916*
- *Arts. 1º, § 2º, e 3º, Lei 4.591/1964 (Condomínio em edificações e incorporações imobiliárias)*

§ 1º As partes suscetíveis de utilização independente, tais como apartamentos, escritórios, salas, lojas e sobrelojas, com as respectivas frações ideais no solo e nas outras partes comuns, sujeitam-se a propriedade exclusiva, podendo ser alienadas e gravadas livremente por seus proprietários, exceto os abrigos para veículos, que não poderão ser alienados ou alugados a pessoas estranhas ao condomínio, salvo autorização expressa na convenção de condomínio.

- *§ 1º com redação determinada pela Lei 12.607/2012 (DOU 05.04.2012), em vigor 45 (quarenta e cinco) dias após a data de sua publicação, de acordo com o art. 1º do Dec.-lei 4.567/1942*

§ 2º O solo, a estrutura do prédio, o telhado, a rede geral de distribuição de água, esgoto, gás e eletricidade, a calefação e refrigeração centrais, e as demais partes comuns, inclusive o acesso ao logradouro público, são utilizados em comum pelos condôminos, não podendo ser alienados separadamente, ou divididos.

§ 3º A cada unidade imobiliária caberá, como parte inseparável, uma fração ideal no solo e nas outras partes comuns, que será identificada em forma decimal ou ordinária no instrumento de instituição do condomínio.

- *§ 3º com redação determinada pela Lei 10.931/2004*

§ 4º Nenhuma unidade imobiliária pode ser privada do acesso ao logradouro público.

§ 5º O terraço de cobertura é parte comum, salvo disposição contrária da escritura de constituição do condomínio.

- *Art. 1.344, CC*

Art. 1.332. Institui-se o condomínio edilício por ato entre vivos ou testamento, registrado no Cartório de Registro de Imóveis, devendo constar daquele ato, além do disposto em lei especial:

- *Sem correspondência no CC/1916*
- *Art. 7º, Lei 4.591/1964 (Condomínio em edificações e incorporações imobiliárias)*
- *Art. 167, I-17, Lei 6.015/1973 (Lei de Registros Públicos)*
- *Súmula 260, STJ*

I – a discriminação e individualização das unidades de propriedade exclusiva, estremadas uma das outras e das partes comuns;

II – a determinação da fração ideal atribuída a cada unidade, relativamente ao terreno e partes comuns;

III – o fim a que as unidades se destinam.

Art. 1.333. A convenção que constitui o condomínio edilício deve ser subscrita pelos titulares de, no mínimo, dois terços das frações ideais e torna-se, desde logo, obrigatória para os titulares de direito sobre as unidades, ou para quantos sobre elas tenham posse ou detenção.

- *Sem correspondência no CC/1916*
- *Art. 9º, §§ 1º e 2º, Lei 4.591/1964 (Condomínio em edificações e incorporações imobiliárias)*

Parágrafo único. Para ser oponível contra terceiros, a convenção do condomínio deverá ser registrada no Cartório de Registro de Imóveis.

Art. 1.334. Além das cláusulas referidas no art. 1.332 e das que os interessados houverem por bem estipular, a convenção determinará:

- *Sem correspondência no CC/1916*
- *Art. 9º, § 3º, Lei 4.591/1964 (Condomínio em edificações e incorporações imobiliárias)*

I – a quota proporcional e o modo de pagamento das contribuições dos condôminos para atender às despesas ordinárias e extraordinárias do condomínio;

II – sua forma de administração;

III – a competência das assembleias, forma de sua convocação e quorum exigido para as deliberações;

IV – as sanções a que estão sujeitos os condôminos, ou possuidores;

V – o regimento interno.

§ 1º A convenção poderá ser feita por escritura pública ou por instrumento particular.

§ 2º São equiparados aos proprietários, para os fins deste artigo, salvo disposição em contrário, os promitentes compradores e os cessionários de direitos relativos às unidades autônomas.

Art. 1.335. São direitos do condômino:

- *Sem correspondência no CC/1916*
- *Art. 19, Lei 4.591/1964 (Condomínio em edificações e incorporações imobiliárias)*

I – usar, fruir e livremente dispor das suas unidades;

II – usar das partes comuns, conforme a sua destinação, e contanto que não exclua a utilização dos demais compossuidores;

III – votar nas deliberações da assembleia e delas participar, estando quite.

Art. 1.336. São deveres do condômino:

- *Sem correspondência no CC/1916*
- *Arts. 10, caput e § 1º, 12, caput e § 3º, e 21, caput, Lei 4.591/1964 (Condomínio em edificações e incorporações imobiliárias)*

I – contribuir para as despesas do condomínio na proporção das suas frações ideais, salvo disposição em contrário na convenção;

- *Inciso I com redação determinada pela Lei 10.931/2004*

II – não realizar obras que comprometam a segurança da edificação;

III – não alterar a forma e a cor da fachada, das partes e esquadrias externas;

IV – dar às suas partes a mesma destinação que tem a edificação, e não as utilizar de maneira prejudicial ao sossego, salubridade e segurança dos possuidores, ou aos bons costumes.

- *Art. 1.227, CC*

§ 1º O condômino que não pagar a sua contribuição ficará sujeito aos juros moratórios convencionados ou, não sendo previstos, os de um por cento ao mês e multa de até dois por cento sobre o débito.

- *Atualização: § 1º O condômino que não pagar a sua contribuição ficará sujeito à correção monetária e aos juros moratórios convencionados ou, não sendo previstos, aos juros estabelecidos no art. 406 deste Código, bem como à multa de até 2% (dois por cento) sobre o débito. (Redação dada pela Lei 14.905/2024 - DOU 01.07.2024, produzindo efeitos 60 dias após a sua publicação)*

§ 2º O condômino, que não cumprir qualquer dos deveres estabelecidos nos incisos II a IV, pagará a multa prevista no ato constitutivo ou na convenção, não podendo ela ser superior a cinco vezes o valor de suas contribuições mensais, independentemente das perdas e danos que se apurarem; não havendo disposição expressa, caberá à assembleia geral, por dois terços no mínimo dos condôminos restantes, deliberar sobre a cobrança da multa.

Art. 1.337. O condômino, ou possuidor, que não cumpre reiteradamente com os seus deveres perante o condomínio poderá, por deliberação de três quartos dos condôminos restantes, ser constrangido a pagar multa correspondente até ao quíntuplo do valor atribuído à contribuição para as despesas condominiais, conforme a gravidade das faltas e a reiteração, independentemente das perdas e danos que se apurem.

- *Sem correspondência no CC/1916*
- *Arts. 402 a 402, CC*
- *Art. 21, caput, Lei 4.591/1964 (Condomínio em edificações e incorporações imobiliárias)*

Parágrafo único. O condômino ou possuidor que, por seu reiterado comportamento anti-social, gerar incompatibilidade de convivência com os demais condôminos ou possuidores, poderá ser constrangido a pagar multa correspondente ao décuplo do valor atribuído à contribuição para as despesas condominiais, até ulterior deliberação da assembleia.

Art. 1.338. Resolvendo o condômino alugar área no abrigo para veículos, preferir-se-á, em condições iguais, qualquer dos condôminos a estranhos, e, entre todos, os possuidores.

- *Sem correspondência no CC/1916*
- *Art. 2º, §§ 1º e 2º, Lei 4.591/1964 (Condomínio em edificações e incorporações imobiliárias)*

Art. 1.339. Os direitos de cada condômino às partes comuns são inseparáveis de sua propriedade exclusiva; são também inseparáveis das frações ideais correspondentes as unidades imobiliárias, com as suas partes acessórias.

- *Sem correspondência no CC/1916*
- *Art. 3º, Lei 4.591/1964 (Condomínio em edificações e incorporações imobiliárias)*

§ 1º Nos casos deste artigo é proibido alienar ou gravar os bens em separado.

§ 2º É permitido ao condômino alienar parte acessória de sua unidade imobiliária a outro condômino, só podendo fazê-lo a terceiro se essa faculdade constar do ato constitutivo do condomínio, e se a ela não se opuser a respectiva assembleia geral.

Art. 1.340. As despesas relativas a partes comuns de uso exclusivo de um condômino, ou de alguns deles, incumbem a quem delas se serve.

- *Sem correspondência no CC/1916*

Art. 1.341. A realização de obras no condomínio depende:

- *Sem correspondência no CC/1916*
- *Art. 12, § 4º, Lei 4.591/1964 (Condomínio em edificações e incorporações imobiliárias)*

I – se voluptuárias, de voto de dois terços dos condôminos;

II – se úteis, de voto da maioria dos condôminos.

§ 1º As obras ou reparações necessárias podem ser realizadas, independentemente de autorização, pelo síndico, ou, em caso de omissão ou impedimento deste, por qualquer condômino.

§ 2º Se as obras ou reparos necessários forem urgentes e importarem em despesas excessivas, determinada sua realização, o síndico ou o condômino que tomou a iniciativa delas dará ciência à assembleia, que deverá ser convocada imediatamente.

§ 3º Não sendo urgentes, as obras ou reparos necessários, que importarem em despesas excessivas, somente poderão ser efetuadas após autorização da assembleia, especialmente convocada pelo síndico, ou, em caso de omissão ou impedimento deste, por qualquer dos condôminos.

§ 4º O condômino que realizar obras ou reparos necessários será reembolsado das despesas que efetuar, não tendo direito à restituição das que fizer com obras ou reparos de outra natureza, embora de interesse comum.

Art. 1.342. A realização de obras, em partes comuns, em acréscimo às já existentes, a fim de lhes facilitar ou aumentar a utilização, depende da aprovação de dois terços dos votos dos condôminos, não sendo permitidas construções, nas partes comuns, suscetíveis de prejudicar a utilização, por qualquer dos condôminos, das partes próprias, ou comuns.

- *Sem correspondência no CC/1916*
- *Art. 10, IV, Lei 4.591/1964 (Condomínio em edificações e incorporações imobiliárias)*

Art. 1.343. A construção de outro pavimento, ou, no solo comum, de outro edifício, destinado a conter novas unidades imobiliárias, depende da aprovação da unanimidade dos condôminos.

- *Sem correspondência no CC/1916*
- *Art. 1.351, CC*

Art. 1.344. Ao proprietário do terraço de cobertura incumbem as despesas da sua conservação, de modo que não haja danos às unidades imobiliárias inferiores.

- *Sem correspondência no CC/1916*
- *Art. 1.351, § 5º, CC*

Art. 1.345. O adquirente de unidade responde pelos débitos do alienante, em relação ao condomínio, inclusive multas e juros moratórios.

- *Sem correspondência no CC/1916*

Art. 1.346. É obrigatório o seguro de toda a edificação contra o risco de incêndio ou destruição, total ou parcial.

- *Sem correspondência no CC/1916*
- *Art. 13, Lei 4.591/1964 (Condomínio em edificações e incorporações imobiliárias)*

SEÇÃO II – DA ADMINISTRAÇÃO DO CONDOMÍNIO

Art. 1.347. A assembleia escolherá um síndico, que poderá não ser condômino, para administrar o condomínio, por prazo não superior a dois anos, o qual poderá renovar-se.

- *Sem correspondência no CC/1916*
- *Art. 22, caput, Lei 4.591/1964 (Condomínio em edificações e incorporações imobiliárias)*

Art. 1.348. Compete ao síndico:

- *Sem correspondência no CC/1916*
- *Arts. 22, §§ 1º e 2º, e 24, caput, Lei 4.591/1964 (Condomínio em edificações e incorporações imobiliárias)*

I – convocar a assembleia dos condôminos;

II – representar, ativa e passivamente, o condomínio, praticando, em juízo ou fora dele, os atos necessários à defesa dos interesses comuns;

III – dar imediato conhecimento à assembleia da existência de procedimento judicial ou administrativo, de interesse do condomínio;

IV – cumprir e fazer cumprir a convenção, o regimento interno e as determinações da assembleia;

V – diligenciar a conservação e a guarda das partes comuns e zelar pela prestação dos serviços que interessem aos possuidores;

VI – elaborar o orçamento da receita e da despesa relativa a cada ano;

VII – cobrar dos condôminos as suas contribuições, bem como impor e cobrar as multas devidas;

VIII – prestar contas à assembleia, anualmente e quando exigidas;

IX – realizar o seguro da edificação.

§ 1º Poderá a assembleia investir outra pessoa, em lugar do síndico, em poderes de representação.

§ 2º O síndico pode transferir a outrem, total ou parcialmente, os poderes de representação ou as funções administrativas, mediante aprovação da assembleia, salvo disposição em contrário da convenção.

Art. 1.349. A assembleia, especialmente convocada para o fim estabelecido no § 2º do artigo antecedente, poderá, pelo voto da maioria absoluta de seus membros, destituir o síndico que praticar irregularidades, não prestar contas, ou não administrar convenientemente o condomínio.

- *Sem correspondência no CC/1916*
- *Arts. 22, § 5º, Lei 4.591/1964 (Condomínio em edificações e incorporações imobiliárias)*

Art. 1.350. Convocará o síndico, anualmente, reunião da assembleia dos condôminos, na forma prevista na convenção, a fim de aprovar o orçamento das despesas, as contribuições dos condôminos e a prestação de contas, e eventualmente eleger-lhe o substituto e alterar o regimento interno.

- *Sem correspondência no CC/1916*
- *Arts. 24, caput, e 27, Lei 4.591/1964 (Condomínio em edificações e incorporações imobiliárias)*

§ 1º Se o síndico não convocar a assembleia, um quarto dos condôminos poderá fazê-lo.

§ 2º Se a assembleia não se reunir, o juiz decidirá, a requerimento de qualquer condômino.

Art. 1.351. Depende da aprovação de 2/3 (dois terços) dos votos dos condôminos a alteração da convenção, bem como a mudança da destinação do edifício ou da unidade imobiliária.

- *Redação dada pela Lei nº 14.405, de 2022*
- *Sem correspondência no CC/1916*
- *Art. 1.343, CC*
- *Art. 25, parágrafo único, Lei 4.591/1964 (Condomínio em edificações e incorporações imobiliárias)*

Art. 1.352. Salvo quando exigido quorum especial, as deliberações da assembleia serão tomadas, em primeira convocação, por maioria de votos dos condôminos presentes que representem pelo menos metade das frações ideais.

- *Sem correspondência no CC/1916*
- *Art. 24, § 3º, Lei 4.591/1964 (Condomínio em edificações e incorporações imobiliárias)*

Parágrafo único. Os votos serão proporcionais às frações ideais no solo e nas outras partes comuns pertencentes a cada condômino, salvo disposição diversa da convenção de constituição do condomínio.

Art. 1.353. Em segunda convocação, a assembleia poderá deliberar por maioria dos votos dos presentes, salvo quando exigido quorum especial.

- *Sem correspondência no CC/1916*

§ 1º Quando a deliberação exigir quórum especial previsto em lei ou em convenção e ele não for atingido, a assembleia poderá, por decisão da maioria dos presentes, autorizar o presidente a converter a reunião em sessão permanente, desde que cumulativamente:

- *Incluído pela Lei nº 14.309, de 2022*

I - sejam indicadas a data e a hora da sessão em seguimento, que não poderá ultrapassar 60 (sessenta) dias, e identificadas as deliberações pretendidas, em razão do quórum especial não atingido;

- *Incluído pela Lei nº 14.309, de 2022*

II - fiquem expressamente convocados os presentes e sejam obrigatoriamente convocadas as unidades ausentes, na forma prevista em convenção;

- *Incluído pela Lei nº 14.309, de 2022*

III - seja lavrada ata parcial, relativa ao segmento presencial da reunião da assembleia, da qual deverão constar as transcrições circunstanciadas de todos os argumentos até então apresentados relativos à ordem do dia, que deverá ser remetida aos condôminos ausentes;

- *Incluído pela Lei nº 14.309, de 2022*

IV - seja dada continuidade às deliberações no dia e na hora designados, e seja a ata correspondente lavrada em seguimento à que estava parcialmente redigida, com a consolidação de todas as deliberações.

- *Incluído pela Lei nº 14.309, de 2022*

§ 2º Os votos consignados na primeira sessão ficarão registrados, sem que haja necessidade de comparecimento dos condôminos para sua confirmação, os quais poderão, se estiverem presentes no encontro seguinte, requerer a alteração do seu voto até o desfecho da deliberação pretendida.

› *Incluído pela Lei nº 14.309, de 2022*

§ 3º A sessão permanente poderá ser prorrogada tantas vezes quantas necessárias, desde que a assembleia seja concluída no prazo total de 90 (noventa) dias, contado da data de sua abertura inicial.

› *Incluído pela Lei nº 14.309, de 2022*

Art. 1.354. A assembleia não poderá deliberar se todos os condôminos não forem convocados para a reunião.

› *Sem correspondência no CC/1916*

Art. 1.354-A. A convocação, a realização e a deliberação de quaisquer modalidades de assembleia poderão dar-se de forma eletrônica, desde que:

› *Incluído pela Lei nº 14.309, de 2022*

I - tal possibilidade não seja vedada na convenção de condomínio;

› *Incluído pela Lei nº 14.309, de 2022*

II - sejam preservados aos condôminos os direitos de voz, de debate e de voto.

› *Incluído pela Lei nº 14.309, de 2022*

§ 1º Do instrumento de convocação deverá constar que a assembleia será realizada por meio eletrônico, bem como as instruções sobre acesso, manifestação e forma de coleta de votos dos condôminos.

› *Incluído pela Lei nº 14.309, de 2022*

§ 2º A administração do condomínio não poderá ser responsabilizada por problemas decorrentes dos equipamentos de informática ou da conexão à internet dos condôminos ou de seus representantes nem por quaisquer outras situações que não estejam sob o seu controle.

› *Incluído pela Lei nº 14.309, de 2022*

§ 3º Somente após a somatória de todos os votos e a sua divulgação será lavrada a respectiva ata, também eletrônica, e encerrada a assembleia geral.

› *Incluído pela Lei nº 14.309, de 2022*

§ 4º A assembleia eletrônica deverá obedecer aos preceitos de instalação, de funcionamento e de encerramento previstos no edital de convocação e poderá ser realizada de forma híbrida, com a presença física e virtual de condôminos concomitantemente no mesmo ato.

› *Incluído pela Lei nº 14.309, de 2022*

§ 5º Normas complementares relativas às assembleias eletrônicas poderão ser previstas no regimento interno do condomínio e definidas mediante aprovação da maioria simples dos presentes em assembleia convocada para essa finalidade.

› *Incluído pela Lei nº 14.309, de 2022*

§ 6º Os documentos pertinentes à ordem do dia poderão ser disponibilizados de forma física ou eletrônica aos participantes.

› *Incluído pela Lei nº 14.309, de 2022*

Art. 1.355. Assembleias extraordinárias poderão ser convocadas pelo síndico ou por um quarto dos condôminos.

› *Sem correspondência no CC/1916*

› *Art. 25, caput, Lei 4.591/1964 (Condomínio em edificações e incorporações imobiliárias)*

Art. 1.356. Poderá haver no condomínio um conselho fiscal, composto de três membros, eleitos pela assembleia, por prazo não superior a dois anos, ao qual compete dar parecer sobre as contas do síndico.

› *Sem correspondência no CC/1916*

› *Art. 23, Lei 4.591/1964 (Condomínio em edificações e incorporações imobiliárias)*

SEÇÃO III – DA EXTINÇÃO DO CONDOMÍNIO

Art. 1.357. Se a edificação for total ou consideravelmente destruída, ou ameace ruína, os condôminos deliberarão em assembleia sobre a reconstrução, ou venda, por votos que representem metade mais uma das frações ideais.

› *Sem correspondência no CC/1916*

› *Art. 14, caput e §§ 2º e 3º, Lei 4.591/1964 (Condomínio em edificações e incorporações imobiliárias)*

§ 1º Deliberada a reconstrução, poderá o condômino eximir-se do pagamento das despesas respectivas, alienando os seus direitos a outros condôminos, mediante avaliação judicial.

§ 2º Realizada a venda, em que se preferirá, em condições iguais de oferta, o condômino ao estranho, será repartido o apurado entre os condôminos, proporcionalmente ao valor das suas unidades imobiliárias.

Art. 1.358. Se ocorrer desapropriação, a indenização será repartida na proporção a que se refere o § 2º do artigo antecedente.

› *Sem correspondência no CC/1916*

SEÇÃO IV – DO CONDOMÍNIO DE LOTES

› *Incluído pela Lei nº 13.465, de 2017*

Art. 1.358-A. Pode haver, em terrenos, partes designadas de lotes que são propriedade exclusiva e partes que são propriedade de comum dos condôminos.

› *Incluído pela Lei nº 13.465, de 2017*

§ 1º A fração ideal de cada condômino poderá ser proporcional à área do solo de cada unidade autônoma, ao respectivo potencial construtivo ou a outros critérios indicados no ato de instituição.

› *Incluído pela Lei nº 13.465, de 2017*

§ 2º Aplica-se, no que couber, ao condomínio de lotes:

› *Parágrafo com redação dada pela Medida Provisória nº 1.085, de 27/12/2021, convertida na Lei nº 14.382, de 27/6/2022*

I - o disposto sobre condomínio edilício neste Capítulo, respeitada a legislação urbanística; e

› *Inciso acrescido pela Medida Provisória nº 1.085, de 27/12/2021, convertida na Lei nº 14.382, de 27/6/2022*

II - o regime jurídico das incorporações imobiliárias de que trata o Capítulo I do Título II da Lei nº 4.591, de 16 de dezembro de 1964, equiparando-se o empreendedor ao incorporador quanto aos aspectos civis e registrários.

› *Inciso acrescido pela Medida Provisória nº 1.085, de 27/12/2021, convertida na Lei nº 14.382, de 27/6/2022*

§ 3º Para fins de incorporação imobiliária, a implantação de toda a infraestrutura ficará a cargo do empreendedor.

› *Incluído pela Lei nº 13.465, de 2017*

CAPÍTULO VII-A – DO CONDOMÍNIO EM MULTIPROPRIEDADE

› *Incluído pela Lei nº 13.777 de 2018*

› *Vide art. 176, § 1º, 6, § 10, § 12 e 178, III, Lei 6.015/1973 (Lei de Registros Públicos)*

SEÇÃO I – DISPOSIÇÕES GERAIS

› *Incluído pela Lei nº 13.777 de 2018*

Art. 1.358-B. A multipropriedade reger-se-á pelo disposto neste Capítulo e, de forma supletiva e subsidiária, pelas demais disposições deste Código e pelas disposições das Leis nºs 4.591, de 16 de dezembro de 1964, e 8.078, de 11 de setembro de 1990 (Código de Defesa do Consumidor).

› *Incluído pela Lei nº 13.777 de 2018*

Art. 1.358-C. Multipropriedade é o regime de condomínio em que cada um dos proprietários de um mesmo imóvel é titular de uma fração de tempo, à qual corresponde a faculdade de uso e gozo, com exclusividade, da totalidade do imóvel, a ser exercida pelos proprietários de forma alternada.

› *Incluído pela Lei nº 13.777 de 2018*

Parágrafo único. A multipropriedade não se extinguirá automaticamente se todas as frações de tempo forem do mesmo multiproprietário.

Art. 1.358-D. O imóvel objeto da multipropriedade:

› *Incluído pela Lei nº 13.777 de 2018*

I - é indivisível, não se sujeitando a ação de divisão ou de extinção de condomínio;

II - inclui as instalações, os equipamentos e o mobiliário destinados a seu uso e gozo.

Art. 1.358-E. Cada fração de tempo é indivisível.

› *Incluído pela Lei nº 13.777 de 2018*

§ 1º O período correspondente a cada fração de tempo será de, no mínimo, 7 (sete) dias, seguidos ou intercalados, e poderá ser:

I - fixo e determinado, no mesmo período de cada ano;

II - flutuante, caso em que a determinação do período será realizada de forma periódica, mediante procedimento objetivo que respeite, em relação a todos os multiproprietários, o princípio da isonomia, devendo ser previamente divulgado; ou

III - misto, combinando os sistemas fixo e flutuante.

§ 2º Todos os multiproprietários terão direito a uma mesma quantidade mínima de dias seguidos durante o ano, podendo haver a aquisição de frações maiores que a mínima, com o correspondente direito ao uso por períodos também maiores.

SEÇÃO II – DA INSTITUIÇÃO DA MULTIPROPRIEDADE

› *Incluído pela Lei nº 13.777 de 2018*

Art. 1.358-F. Institui-se a multipropriedade por ato entre vivos ou testamento, registrado no competente cartório de registro de imóveis, devendo constar daquele ato a duração dos períodos correspondentes a cada fração de tempo.

› *Incluído pela Lei nº 13.777 de 2018*

› *Vide art. 176, § 1º, 6, § 10, § 12 e 178, III, Lei 6.015/1973 (Lei de Registros Públicos)*

Art. 1.358-G. Além das cláusulas que os multiproprietários decidirem estipular, a convenção de condomínio em multipropriedade determinará:

› *Incluído pela Lei nº 13.777 de 2018*

I - os poderes e deveres dos multiproprietários, especialmente em matéria de instalações, equipamentos e mobiliário do imóvel, de manutenção ordinária e extraordinária, de conservação e limpeza e de pagamento da contribuição condominial;

II - o número máximo de pessoas que podem ocupar simultaneamente o imóvel no período correspondente a cada fração de tempo;

III - as regras de acesso do administrador condominial ao imóvel para cumprimento do dever de manutenção, conservação e limpeza;

IV - a criação de fundo de reserva para reposição e manutenção dos equipamentos, instalações e mobiliário;

V - o regime aplicável em caso de perda ou destruição parcial ou total do imóvel, inclusive para efeitos de participação no risco ou no valor do seguro, da indenização ou da parte restante;

VI - as multas aplicáveis ao multiproprietário nas hipóteses de descumprimento de deveres.

Art. 1.358-H. O instrumento de instituição da multipropriedade ou a convenção de condomínio em multipropriedade poderá estabelecer o limite máximo de frações de tempo no mesmo imóvel que poderão ser detidas pela mesma pessoa natural ou jurídica.

› *Incluído pela Lei nº 13.777 de 2018*

Parágrafo único. Em caso de instituição da multipropriedade para posterior venda das frações de tempo a terceiros, o atendimento a eventual limite de frações de tempo por titular estabelecido no instrumento de instituição será obrigatório somente após a venda das frações.

SEÇÃO III – DOS DIREITOS E DAS OBRIGAÇÕES DO MULTIPROPRIETÁRIO

› *Incluído pela Lei nº 13.777 de 2018*

Art. 1.358-I. São direitos do multiproprietário, além daqueles previstos no instrumento de instituição e na convenção de condomínio em multipropriedade:

› *Incluído pela Lei nº 13.777 de 2018*

I - usar e gozar, durante o período correspondente à sua fração de tempo, do imóvel e de suas instalações, equipamentos e mobiliário;

II - ceder a fração de tempo em locação ou comodato;

III - alienar a fração de tempo, por ato entre vivos ou por causa de morte, a título oneroso ou gratuito, ou onerá-la, devendo a alienação e a qualificação do sucessor, ou a oneração, ser informadas ao administrador;

IV - participar e votar, pessoalmente ou por intermédio de representante ou procurador, desde que esteja quite com as obrigações condominiais, em:

a) assembleia geral do condomínio em multipropriedade, e o voto do multiproprietário corresponderá à quota de sua fração de tempo no imóvel;

b) assembleia geral do condomínio edilício, quando for o caso, e o voto do multiproprietário corresponderá à quota de sua fração de tempo em relação à quota de poder político atribuído à unidade autônoma na respectiva convenção de condomínio edilício.

Art. 1.358-J. São obrigações do multiproprietário, além daquelas previstas no instrumento de instituição e na convenção de condomínio em multipropriedade:

› *Incluído pela Lei nº 13.777 de 2018*

I - pagar a contribuição condominial do condomínio em multipropriedade e, quando for o caso, do condomínio edilício, ainda que renuncie ao uso e gozo, total ou parcial, do imóvel, das áreas comuns ou das respectivas instalações, equipamentos e mobiliário;

II - responder por danos causados ao imóvel, às instalações, aos equipamentos e ao mobiliário por si, por qualquer de seus acompanhantes, convidados ou prepostos ou por pessoas por ele autorizadas;

III - comunicar imediatamente ao administrador os defeitos, avarias e vícios no imóvel dos quais tiver ciência durante a utilização;

IV - não modificar, alterar ou substituir o mobiliário, os equipamentos e as instalações do imóvel;

V - manter o imóvel em estado de conservação e limpeza condizente com os fins a que se destina e com a natureza da respectiva construção;

VI - usar o imóvel, bem como suas instalações, equipamentos e mobiliário, conforme seu destino e natureza;

VII - usar o imóvel exclusivamente durante o período correspondente à sua fração de tempo;

VIII - desocupar o imóvel, impreterivelmente, até o dia e hora fixados no instrumento de instituição ou na convenção de condomínio em multipropriedade, sob pena de multa diária, conforme convencionado no instrumento pertinente;

IX - permitir a realização de obras ou reparos urgentes.

§ 1º Conforme previsão que deverá constar da respectiva convenção de condomínio em multipropriedade, o multiproprietário estará sujeito a:

I - multa, no caso de descumprimento de qualquer de seus deveres;

II - multa progressiva e perda temporária do direito de utilização do imóvel no período correspondente à sua fração de tempo, no caso de descumprimento reiterado de deveres.

§ 2º A responsabilidade pelas despesas referentes a reparos no imóvel, bem como suas instalações, equipamentos e mobiliário, será:

I - de todos os multiproprietários, quando decorrentes do uso normal e do desgaste natural do imóvel;

II - exclusivamente do multiproprietário responsável pelo uso anormal, sem prejuízo de multa, quando decorrentes de uso anormal do imóvel.

§ 3º (VETADO).

§ 4º (VETADO).

§ 5º (VETADO).

Art. 1.358-K. Para os efeitos do disposto nesta Seção, são equiparados aos multiproprietários os promitentes compradores e os cessionários de direitos relativos a cada fração de tempo.

› *Incluído pela Lei nº 13.777 de 2018*

SEÇÃO IV – DA TRANSFERÊNCIA DA MULTIPROPRIEDADE

› *Incluído pela Lei nº 13.777 de 2018*

Art. 1.358-L. A transferência do direito de multipropriedade e a sua produção de efeitos perante terceiros dar-se-ão na forma da lei civil e não dependerão da anuência ou cientificação dos demais multiproprietários.

› *Incluído pela Lei nº 13.777 de 2018*

§ 1º Não haverá direito de preferência na alienação de fração de tempo, salvo se estabelecido no instrumento de instituição ou na convenção do condomínio em multipropriedade em favor dos demais multiproprietários ou do instituidor do condomínio em multipropriedade.

§ 2º O adquirente será solidariamente responsável com o alienante pelas obrigações de que trata o § 5º do art. 1.358-J deste Código caso não obtenha a declaração de inexistência de débitos referente à fração de tempo no momento de sua aquisição.

SEÇÃO V – DA ADMINISTRAÇÃO DA MULTIPROPRIEDADE

› *Incluído pela Lei nº 13.777 de 2018*

Art. 1.358-M. A administração do imóvel e de suas instalações, equipamentos e mobiliário será de responsabilidade da pessoa indicada no instrumento de instituição ou na convenção de condomínio em multipropriedade, ou, na falta de indicação, de pessoa escolhida em assembleia geral dos condôminos.

› *Incluído pela Lei nº 13.777 de 2018*

§ 1º O administrador exercerá, além daquelas previstas no instrumento de instituição e na convenção de condomínio em multipropriedade, as seguintes atribuições:

I - coordenação da utilização do imóvel pelos multiproprietários durante o período correspondente a suas respectivas frações de tempo;

II - determinação, no caso dos sistemas flutuante ou misto, dos períodos concretos de uso e gozo exclusivos de cada multiproprietário em cada ano;

III - manutenção, conservação e limpeza do imóvel;

IV - troca ou substituição de instalações, equipamentos ou mobiliário, inclusive:

a) determinar a necessidade da troca ou substituição;

b) providenciar os orçamentos necessários para a troca ou substituição;

c) submeter os orçamentos à aprovação pela maioria simples dos condôminos em assembleia;

V - elaboração do orçamento anual, com previsão das receitas e despesas;

VI - cobrança das quotas de custeio de responsabilidade dos multiproprietários;

VII - pagamento, por conta do condomínio edilício ou voluntário, com os fundos comuns arrecadados, de todas as despesas comuns.

§ 2º A convenção de condomínio em multipropriedade poderá regrar de forma diversa a atribuição prevista no inciso IV do § 1º deste artigo.

Art. 1.358-N. O instrumento de instituição poderá prever fração de tempo destinada à realização, no imóvel e em suas instalações, em seus equipamentos e em seu mobiliário, de reparos indispensáveis ao exercício normal do direito de multipropriedade.

› *Incluído pela Lei nº 13.777 de 2018*

§ 1º A fração de tempo de que trata o *caput* deste artigo poderá ser atribuída:

I - ao instituidor da multipropriedade; ou

II - aos multiproprietários, proporcionalmente às respectivas frações.

§ 2º Em caso de emergência, os reparos de que trata o *caput* deste artigo poderão ser feitos durante o período correspondente à fração de tempo de um dos multiproprietários.

SEÇÃO VI – DISPOSIÇÕES ESPECÍFICAS RELATIVAS ÀS UNIDADES AUTÔNOMAS DE CONDOMÍNIOS EDILÍCIOS

› *Incluído pela Lei nº 13.777 de 2018*

Art. 1.358-O. O condomínio edilício poderá adotar o regime de multipropriedade em parte ou na totalidade de suas unidades autônomas, mediante:

› *Incluído pela Lei nº 13.777 de 2018*

I - previsão no instrumento de instituição; ou

II - deliberação da maioria absoluta dos condôminos.

Parágrafo único. No caso previsto no inciso I do *caput* deste artigo, a iniciativa e a responsabilidade para a instituição do regime da multipropriedade serão atribuídas às mesmas pessoas e observarão os mesmos requisitos indicados nas alíneas *a*, *b* e *c* e no § 1º do art. 31 da Lei nº 4.591, de 16 de dezembro de 1964.

Art. 1.358-P. Na hipótese do art. 1.358-O, a convenção de condomínio edilício deve prever, além das matérias elencadas nos arts. 1.332, 1.334 e, se for o caso, 1.358-G deste Código:

› *Incluído pela Lei nº 13.777 de 2018*

I - a identificação das unidades sujeitas ao regime da multipropriedade, no caso de empreendimentos mistos;

II - a indicação da duração das frações de tempo de cada unidade autônoma sujeita ao regime da multipropriedade;

III - a forma de rateio, entre os multiproprietários de uma mesma unidade autônoma, das contribuições condominiais relativas à unidade, que, salvo se disciplinada de forma diversa no instrumento de instituição ou na convenção de condomínio em multipropriedade, será proporcional à fração de tempo de cada multiproprietário;

IV - a especificação das despesas ordinárias, cujo custeio será obrigatório, independentemente do uso e gozo do imóvel e das áreas comuns;

V - os órgãos de administração da multipropriedade;

VI - a indicação, se for o caso, de que o empreendimento conta com sistema de administração de intercâmbio, na forma prevista no § 2º do art. 23 da Lei nº 11.771, de 17 de setembro de 2008, seja do período de fruição da fração de tempo, seja do local de fruição, caso em que a responsabilidade e as obrigações da companhia de intercâmbio limitam-se ao contido na documentação de sua contratação;

VII - a competência para a imposição de sanções e o respectivo procedimento, especialmente nos casos de mora no cumprimento das obrigações de custeio e nos casos de descumprimento da obrigação de desocupar o imóvel até o dia e hora previstos;

VIII - o quórum exigido para a deliberação de adjudicação da fração de tempo na hipótese de inadimplemento do respectivo multiproprietário;

IX - o quórum exigido para a deliberação de alienação, pelo condomínio edilício, da fração de tempo adjudicada em virtude do inadimplemento do respectivo multiproprietário.

Art. 1.358-Q. Na hipótese do art. 1.358-O deste Código, o regimento interno do condomínio edilício deve prever:

› *Incluído pela Lei nº 13.777 de 2018*

I - os direitos dos multiproprietários sobre as partes comuns do condomínio edilício;

II - os direitos e obrigações do administrador, inclusive quanto ao acesso ao imóvel para cumprimento do dever de manutenção, conservação e limpeza;

III - as condições e regras para uso das áreas comuns;

IV - os procedimentos a serem observados para uso e gozo dos imóveis e das instalações, equipamentos e mobiliário destinados ao regime da multipropriedade;

V - o número máximo de pessoas que podem ocupar simultaneamente o imóvel no período correspondente a cada fração de tempo;

VI - as regras de convivência entre os multiproprietários e os ocupantes de unidades autônomas não sujeitas ao regime da multipropriedade, quando se tratar de empreendimentos mistos;

VII - a forma de contribuição, destinação e gestão do fundo de reserva específico para cada imóvel, para reposição e manutenção dos equipamentos, instalações e mobiliário, sem prejuízo do fundo de reserva do condomínio edilício;

VIII - a possibilidade de realização de assembleias não presenciais, inclusive por meio eletrônico;

IX - os mecanismos de participação e representação dos titulares;

X - o funcionamento do sistema de reserva, os meios de confirmação e os requisitos a serem cumpridos pelo multiproprietário quando não exercer diretamente sua faculdade de uso;

XI - a descrição dos serviços adicionais, se existentes, e as regras para seu uso e custeio.

Parágrafo único. O regimento interno poderá ser instituído por escritura pública ou por instrumento particular.

Art. 1.358-R. O condomínio edilício em que tenha sido instituído o regime de multipropriedade em parte ou na totalidade de suas unidades autônomas terá necessariamente um administrador profissional.

› *Incluído pela Lei nº 13.777 de 2018*

§ 1º O prazo de duração do contrato de administração será livremente convencionado.

§ 2º O administrador do condomínio referido no *caput* deste artigo será também o administrador de todos os condomínios em multipropriedade de suas unidades autônomas.

§ 3º O administrador será mandatário legal de todos os multiproprietários, exclusivamente para a realização dos atos de gestão ordinária da multipropriedade, incluindo manutenção, conservação e limpeza do imóvel e de suas instalações, equipamentos e mobiliário.

§ 4º O administrador poderá modificar o regimento interno quanto aos aspectos estritamente operacionais da gestão da multipropriedade no condomínio edilício.

§ 5º O administrador pode ser ou não um prestador de serviços de hospedagem.

Art. 1.358-S. Na hipótese de inadimplemento, por parte do multiproprietário, da obrigação de custeio das despesas ordinárias ou extraordinárias, é cabível, na forma da lei processual civil, a adjudicação ao condomínio edilício da fração de tempo correspondente.

› *Incluído pela Lei nº 13.777 de 2018*

Parágrafo único. Na hipótese de o imóvel objeto da multipropriedade ser parte integrante de empreendimento em que haja sistema de locação das frações de tempo no qual os titulares possam ou sejam obrigados a locar suas frações de tempo exclusivamente por meio de uma administração única, repartindo entre si as receitas das locações independentemente da efetiva ocupação de cada unidade autônoma, poderá a convenção do condomínio edilício regrar que em caso de inadimplência:

I - o inadimplente fique proibido de utilizar o imóvel até a integral quitação da dívida;

II - a fração de tempo do inadimplente passe a integrar o pool da administradora;

III - a administradora do sistema de locação fique automaticamente munida de poderes e obrigada a, por conta e ordem do inadimplente, utilizar a integralidade dos valores líquidos a que o inadimplente tiver direito para amortizar suas dívidas condominiais, seja do condomínio edilício, seja do condomínio em multipropriedade, até sua integral quitação, devendo eventual saldo ser imediatamente repassado ao multiproprietário.

Art. 1.358-T. O multiproprietário somente poderá renunciar de forma translativa a seu direito de multipropriedade em favor do condomínio edilício.

- *Incluído pela Lei nº 13.777 de 2018*

Parágrafo único. A renúncia de que trata o *caput* deste artigo só é admitida se o multiproprietário estiver em dia com as contribuições condominiais, com os tributos imobiliários e, se houver, com o foro ou a taxa de ocupação.

Art. 1.358-U. As convenções dos condomínios edilícios, os memoriais de loteamentos e os instrumentos de venda dos lotes em loteamentos urbanos poderão limitar ou impedir a instituição da multipropriedade nos respectivos imóveis, vedação que somente poderá ser alterada no mínimo pela maioria absoluta dos condôminos."

- *Incluído pela Lei nº 13.777 de 2018*

CAPÍTULO VIII – DA PROPRIEDADE RESOLÚVEL

Art. 1.359. Resolvida a propriedade pelo implemento da condição ou pelo advento do termo, entendem-se também resolvidos os direitos reais concedidos na sua pendência, e o proprietário, em cujo favor se opera a resolução, pode reivindicar a coisa do poder de quem a possua ou detenha.

- *Correspondência: art. 647, CC/1916*
- *Arts. 121, 127, 128, 131, 135, 165, 507, 547, 1.225 e 1.953, CC*

Art. 1.360. Se a propriedade se resolver por outra causa superveniente, o possuidor, que a tiver adquirido por título anterior à sua resolução, será considerado proprietário perfeito, restando à pessoa, em cujo benefício houve a resolução, ação contra aquele cuja propriedade se resolveu para haver a própria coisa ou o seu valor.

- *Correspondência: art. 648, CC/1916*
- *Arts. 557 a 563, CC*

CAPÍTULO IX – DA PROPRIEDADE FIDUCIÁRIA

Art. 1.361. Considera-se fiduciária a propriedade resolúvel de coisa móvel infungível que o devedor, com escopo de garantia, transfere ao credor.

- *Sem correspondência no CC/1916*
- *Art. 85, CC*
- *Arts. 22 e 23, Lei 4.864/1965 (Estímulo à indústria de construção civil)*
- *Dec.-lei 911/1069 (Alienação Fiduciária)*
- *Arts. 148 a 152, Lei 7.565/1986 (Código Brasileiro de Aeronáutica)*
- *Arts. 6º a 9º, Lei 8.668/1993 (Fundos de Investimento Imobiliário)*
- *Arts. 22 a 23, Lei 9.514/1997 (Sistema de Financiamento Imobiliário e Alienação fiduciária de coisa imóvel)*

§ 1º Constitui-se a propriedade fiduciária com o registro do contrato, celebrado por instrumento público ou particular, que lhe serve de título, no Registro de Títulos e Documentos do domicílio do devedor, ou, em se tratando de veículos, na repartição competente para o licenciamento, fazendo-se a anotação no certificado de registro.

- *Arts. 129-5 e 167, I-35, Lei 6.015/1973 (Lei de Registros Públicos)*

§ 2º Com a constituição da propriedade fiduciária, dá-se o desdobramento da posse, tornando-se o devedor possuidor direto da coisa.

- *Art; 1.197, CC*

§ 3º A propriedade superveniente, adquirida pelo devedor, torna eficaz, desde o arquivamento, a transferência da propriedade fiduciária.

Art. 1.362. O contrato, que serve de título à propriedade fiduciária, conterá:

- *Sem correspondência no CC/1916*

I – o total da dívida, ou sua estimativa;

II – o prazo, ou a época do pagamento;

III – a taxa de juros, se houver;

IV – a descrição da coisa objeto da transferência, com os elementos indispensáveis à sua identificação.

Art. 1.363. Antes de vencida a dívida, o devedor, a suas expensas e risco, pode usar a coisa segundo sua destinação, sendo obrigado, como depositário:

- *Sem correspondência no CC/1916*
- *Arts. 627 a 652, CC*

I – a empregar na guarda da coisa a diligência exigida por sua natureza;

II – a entregá-la ao credor, se a dívida não for paga no vencimento.

Art. 1.364. Vencida a dívida, e não paga, fica o credor obrigado a vender, judicial ou extrajudicialmente, a coisa a terceiros, a aplicar o preço no pagamento de seu crédito e das despesas de cobrança, e a entregar o saldo, se houver, ao devedor.

- *Sem correspondência no CC/1916*
- *Art. 1.366, CC*

Art. 1.365. É nula a cláusula que autoriza o proprietário fiduciário a ficar com a coisa alienada em garantia, se a dívida não for paga no vencimento.

- *Sem correspondência no CC/1916*
- *Art. 1.428, CC*

Parágrafo único. O devedor pode, com a anuência do credor, dar seu direito eventual à coisa em pagamento da dívida, após o vencimento desta.

Art. 1.366. Quando, vendida a coisa, o produto não bastar para o pagamento da dívida e das despesas de cobrança, continuará o devedor obrigado pelo restante.

- *Sem correspondência no CC/1916*

Art. 1.367. A propriedade fiduciária em garantia de bens móveis ou imóveis sujeita-se às disposições do Capítulo I do Título X do Livro III da Parte Especial deste Código e, no que for específico, à legislação especial pertinente, não se equiparando, para quaisquer efeitos, à propriedade plena de que trata o art. 1.231. *(Redação dada pela Lei nº 13.043, de 2014)*

- *Sem correspondência no CC/1916*

Art. 1.368. O terceiro, interessado ou não, que pagar a dívida, se sub-rogará de pleno direito no crédito e na propriedade fiduciária.

- *Sem correspondência no CC/1916*
- *Arts. 346 a 351, CC*

Art. 1.368-A. As demais espécies de propriedade fiduciária ou de titularidade fiduciária submetem-se à disciplina específica das respectivas leis especiais, somente se aplicando as disposições deste Código naquilo que não for incompatível com a legislação especial.

- *Artigo acrescentado pela Lei 10.931/2004*
- *Sem correspondência no CC/1916*

Art. 1.368-B. A alienação fiduciária em garantia de bem móvel ou imóvel confere direito real de aquisição ao fiduciante, seu cessionário ou sucessor. *(Incluído pela Lei nº 13.043, de 2014)*

Parágrafo único. O credor fiduciário que se tornar proprietário pleno do bem, por efeito de realização da garantia, mediante consolidação da propriedade, adjudicação, dação ou outra forma pela qual lhe tenha sido transmitida a propriedade plena, passa a responder pelo pagamento dos tributos sobre a propriedade e a posse, taxas, despesas condominiais e quaisquer outros encargos, tributários ou não, incidentes sobre o bem objeto da garantia, a partir da data em que vier a ser imitido na posse direta do bem. *(Incluído pela Lei nº 13.043, de 2014)*

CAPÍTULO X – DO FUNDO DE INVESTIMENTO

- *(Incluído pela Lei nº 13.874, de 2019)*

Art. 1.368-C. O fundo de investimento é uma comunhão de recursos, constituído sob a forma de condomínio de natureza especial, destinado à aplicação em ativos financeiros, bens e direitos de qualquer natureza.

- *Incluído pela Lei nº 13.874, de 2019*

§ 1º Não se aplicam ao fundo de investimento as disposições constantes dos arts. 1.314 ao 1.358-A deste Código.

- *Incluído pela Lei nº 13.874, de 2019*

§ 2º Competirá à Comissão de Valores Mobiliários disciplinar o disposto no *caput* deste artigo.

- *Incluído pela Lei nº 13.874, de 2019*

§ 3º O registro dos regulamentos dos fundos de investimentos na Comissão de Valores Mobiliários é condição suficiente para garantir a sua publicidade e a oponibilidade de efeitos em relação a terceiros.

- *Incluído pela Lei nº 13.874, de 2019*

Art. 1.368-D. O regulamento do fundo de investimento poderá, observado o disposto na regulamentação a que se refere o § 2º do art. 1.368-C desta Lei, estabelecer:

- *Incluído pela Lei nº 13.874, de 2019*

I - a limitação da responsabilidade de cada investidor ao valor de suas cotas;

- *Incluído pela Lei nº 13.874, de 2019*

II - a limitação da responsabilidade, bem como parâmetros de sua aferição, dos prestadores de serviços do fundo de investimento, perante o condomínio e entre si, ao cumprimento dos deveres particulares de cada um, sem solidariedade; e

- *Incluído pela Lei nº 13.874, de 2019*

III - classes de cotas com direitos e obrigações distintos, com possibilidade de constituir patrimônio segregado para cada classe.

- *Incluído pela Lei nº 13.874, de 2019*

§ 1º A adoção da responsabilidade limitada por fundo de investimento constituído sem a limitação de responsabilidade somente abrangerá fatos ocorridos após a respectiva mudança em seu regulamento.

- *Incluído pela Lei nº 13.874, de 2019*

§ 2º A avaliação de responsabilidade dos prestadores de serviço deverá levar sempre em consideração os riscos inerentes às aplicações nos mercados de atuação do fundo de investimento e a natureza de obrigação de meio de seus serviços.

- *Incluído pela Lei nº 13.874, de 2019*

§ 3º O patrimônio segregado referido no inciso III do *caput* deste artigo só responderá por obrigações vinculadas à classe respectiva, nos termos do regulamento.

- *Incluído pela Lei nº 13.874, de 2019*

Art. 1.368-E. Os fundos de investimento respondem diretamente pelas obrigações legais e contratuais por eles assumidas, e os prestadores de serviço não respondem por essas obrigações, mas respondem pelos prejuízos que causarem quando procederem com dolo ou má-fé.

- *Incluído pela Lei nº 13.874, de 2019*

§ 1º Se o fundo de investimento com limitação de responsabilidade não possuir patrimônio suficiente para responder por suas dívidas, aplicam-se as regras de insolvência previstas nos arts. 955 a 965 deste Código.

- *Incluído pela Lei nº 13.874, de 2019*

§ 2º A insolvência pode ser requerida judicialmente por credores, por deliberação própria dos cotistas do fundo de investimento, nos termos de seu regulamento, ou pela Comissão de Valores Mobiliários.

- *Incluído pela Lei nº 13.874, de 2019*
- *§ 3º Caso o regulamento do fundo estabeleça classes de cotas com direitos e obrigações distintos, nos termos do inciso III do caput do art. 1.368-D deste Código, aplica-se o disposto neste artigo a cada classe de cotas, individualmente considerada.*
- *Incluído pela Lei nº 14.754, de 2023*

Art. 1.368-F. O fundo de investimento constituído por lei específica e regulamentado pela Comissão de Valores Mobiliários deverá, no que couber, seguir as disposições deste Capítulo.

- *Incluído pela Lei nº 13.874, de 2019*

TÍTULO IV – DA SUPERFÍCIE

Art. 1.369. O proprietário pode conceder a outrem o direito de construir ou de plantar em seu terreno, por tempo determinado, mediante escritura pública devidamente registrada no Cartório de Registro de Imóveis.

- *Sem correspondência no CC/1916*
- *Art. 1.225, II, CC*
- *Art. 167, I-39, II, 20, Lei 6.015/1973 (Lei de Registros Públicos)*
- *Arts. 21 a 24, Lei 10.257/2001 (Estatuto da Cidade)*

Parágrafo único. O direito de superfície não autoriza obra no subsolo, salvo se for inerente ao objeto da concessão.

Art. 1.370. A concessão da superfície será gratuita ou onerosa; se onerosa, estipularão as partes se o pagamento será feito de uma só vez, ou parceladamente.

- *Sem correspondência no CC/1916*
- *Art. 21, § 2º, Lei 10.257/2001 (Estatuto da Cidade)*

Art. 1.371. O superficiário responderá pelos encargos e tributos que incidirem sobre o imóvel.

- *Sem correspondência no CC/1916*
- *Art. 21, § 3º, Lei 10.257/2001 (Estatuto da Cidade)*

Art. 1.372. O direito de superfície pode transferir-se a terceiros e, por morte do superficiário, aos seus herdeiros.

- *Sem correspondência no CC/1916*
- *Art. 1.784, CC*
- *Art. 21, §§ 4º e 5º, Lei 10.257/2001 (Estatuto da Cidade)*

Parágrafo único. Não poderá ser estipulado pelo concedente, a nenhum título, qualquer pagamento pela transferência.

Art. 1.373. Em caso de alienação do imóvel ou do direito de superfície, o superficiário ou o proprietário tem direito de preferência, em igualdade de condições.

- *Sem correspondência no CC/1916*
- *Art. 22, Lei 10.257/2001 (Estatuto da Cidade)*

Art. 1.374. Antes do termo final, resolver-se-á a concessão se o superficiário der ao terreno destinação diversa daquela para que foi concedida.

- *Sem correspondência no CC/1916*
- *Art. 24, § 1º, Lei 10.257/2001 (Estatuto da Cidade)*

Art. 1.375. Extinta a concessão, o proprietário passará a ter a propriedade plena sobre o terreno, construção ou plantação, independentemente de indenização, se as partes não houverem estipulado o contrário.

- *Sem correspondência no CC/1916*
- *Art. 24, caput, Lei 10.257/2001 (Estatuto da Cidade)*

Art. 1.376. No caso de extinção do direito de superfície em consequência de desapropriação, a indenização cabe ao proprietário e ao superficiário, no valor correspondente ao direito real de cada um.

- *Sem correspondência no CC/1916*

Art. 1.377. O direito de superfície, constituído por pessoa jurídica de direito público interno, rege-se por este Código, no que não for diversamente disciplinado em lei especial.

- *Sem correspondência no CC/1916*

TÍTULO V – DAS SERVIDÕES

CAPÍTULO I – DA CONSTITUIÇÃO DAS SERVIDÕES

Art. 1.378. A servidão proporciona utilidade para o prédio dominante, e grava o prédio serviente, que pertence a diverso dono, e constitui-se mediante declaração expressa dos proprietários, ou por testamento, e subsequente registro no Cartório de Registro de Imóveis.

- *Correspondência: arts. 695 e 697, CC/1916*
- *Arts. 1.225, III, 1.227, 1.285 e 1.286, CC*
- *Arts. 12, 17, 29, 35, 77 e 117 a 138, Dec. 24.643/1934 (Código de Águas)*
- *Arts. 17 e 23, Dec.-lei 3.236/1941 (Regime legal de jazidas de petróleo e gases naturais)*
- *Arts. 59 a 62, Dec.-lei 227/1967 (Código de Mineração)*
- *Arts. 81 a 85, Dec. 62.934/1968 (Regulamenta o Dec.-lei 227/1967)*
- *Art. 167, I-6, Lei 6.015/1973 (Lei de Registros Públicos)*
- *Art. 7º, Dec.-lei 1.865/1981 (Ocupação provisória de imóveis para pesquisa e lavra de minérios com elementos nucleares)*

Art. 1.379. O exercício incontestado e contínuo de uma servidão aparente, por dez anos, nos termos do art. 1.242, autoriza o interessado a registrá-la em seu nome no Registro de Imóveis, valendo-lhe como título a sentença que julgar consumado a usucapião.

- *Correspondência: art. 698, CC/1916*
- *Arts. 569, 570, 572, 574 a 587, CPC/2015*
- *Art. 167, I-28, Lei 6.015/1973 (Lei de Registros Públicos)*
- *Súmula 415, STF*

Parágrafo único. Se o possuidor não tiver título, o prazo da usucapião será de vinte anos.

CAPÍTULO II – DO EXERCÍCIO DAS SERVIDÕES

Art. 1.380. O dono de uma servidão pode fazer todas as obras necessárias à sua conservação e uso, e, se a servidão pertencer a mais de um prédio, serão as despesas rateadas entre os respectivos donos.

- *Correspondência: art. 699, CC/1916*

Art. 1.381. As obras a que se refere o artigo antecedente devem ser feitas pelo dono do prédio dominante, se o contrário não dispuser expressamente o título.

- *Correspondência: art. 700, CC/1916*

Art. 1.382. Quando a obrigação incumbir ao dono do prédio serviente, este poderá exonerar-se, abandonando, total ou parcialmente, a propriedade ao dono do dominante.

- *Correspondência: art. 701, CC/1916*

Parágrafo único. Se o proprietário do prédio dominante se recusar a receber a propriedade do serviente, ou parte dela, caber-lhe-á custear as obras.

- *Sem correspondência no CC/1916*

Art. 1.383. O dono do prédio serviente não poderá embaraçar de modo algum o exercício legítimo da servidão.

- *Correspondência: art. 702, CC/1916*

Art. 1.384. A servidão pode ser removida, de um local para outro, pelo dono do prédio serviente e à sua custa, se em nada diminuir as vantagens do prédio dominante, ou pelo dono deste e à sua custa, se houver considerável incremento da utilidade e não prejudicar o prédio serviente.

- *Correspondência: art. 703, CC/1916*

Art. 1.385. Restringir-se-á o exercício da servidão às necessidades do prédio dominante, evitando-se, quanto possível, agravar o encargo ao prédio serviente.

- *Correspondência: art. 704, caput, CC/1916*

§ 1º Constituída para certo fim, a servidão não se pode ampliar a outro.

- *Correspondência: art. 704, parágrafo único, CC/1916*

§ 2º Nas servidões de trânsito, a de maior inclui a de menor ônus, e a menor exclui a mais onerosa.

- *Correspondência: art. 705, CC/1916*

§ 3º Se as necessidades da cultura, ou da indústria, do prédio dominante impuserem à servidão maior largueza, o dono do serviente é obrigado a sofrê-la; mas tem direito a ser indenizado pelo excesso.

- *Correspondência: art. 706, caput, CC/1916*

Art. 1.386. As servidões prediais são indivisíveis, e subsistem, no caso de divisão dos imóveis, em benefício de cada uma das porções do prédio dominante, e continuam a gravar cada uma das do prédio serviente, salvo se, por natureza, ou destino, só se aplicarem a certa parte de um ou de outro.

- *Correspondência: art. 707, CC/1916*
- *Arts. 87 e 88, CC*

CAPÍTULO III – DA EXTINÇÃO DAS SERVIDÕES

Art. 1.387. Salvo nas desapropriações, a servidão, uma vez registrada, só se extingue, com respeito a terceiros, quando cancelada.

- *Correspondência: art. 708, CC/1916*

Parágrafo único. Se o prédio dominante estiver hipotecado, e a servidão se mencionar no título hipotecário, será também preciso, para a cancelar, o consentimento do credor.

- *Correspondência: art. 712, CC/1916*
- *Art. 256, Lei 6.015/1973 (Lei de Registros Públicos)*

Art. 1.388. O dono do prédio serviente tem direito, pelos meios judiciais, ao cancelamento do registro, embora o dono do prédio dominante lho impugne:

- *Correspondência: art. 712, CC/1916*
- *Art. 257, Lei 6.015/1973 (Lei de Registros Públicos)*

I – quando o titular houver renunciado a sua servidão;

II – quando tiver cessado, para o prédio dominante, a utilidade ou a comodidade, que determinou a constituição da servidão;

III – quando o dono do prédio serviente resgatar a servidão.

Art. 1.389. Também se extingue a servidão, ficando ao dono do prédio serviente a faculdade de fazê-la cancelar, mediante a prova da extinção:

- *Correspondência: arts. 710 e 711, CC/1916*

I – pela reunião dos dois prédios no domínio da mesma pessoa;

- *Correspondência: art. 710, I, CC/1916*

II – pela supressão das respectivas obras por efeito de contrato, ou de outro título expresso;

- *Correspondência: art. 710, II, CC/1916*

III – pelo não uso, durante dez anos contínuos.

- *Correspondência: art. 710, III, CC/1916*

TÍTULO VI – DO USUFRUTO

CAPÍTULO I – DISPOSIÇÕES GERAIS

Art. 1.390. O usufruto pode recair em um ou mais bens, móveis ou imóveis, em um patrimônio inteiro, ou parte deste, abrangendo-lhe, no todo ou em parte, os frutos e utilidades.

- *Correspondência: art. 714, CC/1916*
- *Ar. 231, § 2º, CF*
- *Arts. 1.225, IV, 1.410, VIII, 1.413, 1.416, 1.652, I, 1.689, I, 1.693, 1.816, parágrafo único, 1.921 e 1.946, CC*
- *Arts. 825, II, 904 e 867, CPC/2015*
- *Art. 17, Dec.-lei 3.200/1941 (Organização e proteção da família)*
- *Arts. 2º, IX, 22, 24, 26, 39, II, e 40, II, Lei 6.001/1973 (Estatuto do Índio)*
- *Art. 21, § 1º, Lei 6.515/1977 (Dissolução da sociedade conjugal e do casamento)*
- *Art. 2º, Lei 8.971/1994 (Direito dos companheiros a alimentos e à sucessão)*

Art. 1.391. O usufruto de imóveis, quando não resulte de usucapião, constituir-se-á mediante registro no Cartório de Registro de Imóveis.

- *Correspondência: art. 715, CC/1916*
- *Art. 1.227, CC*
- *Art. 167, I-7, Lei 6.015/1973 (Lei de Registros Públicos)*

Art. 1.392. Salvo disposição em contrário, o usufruto estende-se aos acessórios da coisa e seus acrescidos.

- *Correspondência: art. 716, CC/1916*
- *Arts. 92, 96, 97 e 1.248, CC*

§ 1º Se, entre os acessórios e os acrescidos, houver coisas consumíveis, terá o usufrutuário o dever de restituir, findo o usufruto, as que ainda houver e, das outras, o equivalente em gênero, qualidade e quantidade, ou, não sendo possível, o seu valor, estimado ao tempo da restituição.

- *Correspondência: art. 726, caput, CC/1916*
- *Art. 86, CC*

§ 2º Se há no prédio em que recai o usufruto florestas ou os recursos minerais a que se refere o art. 1.230, devem o dono e o usufrutuário prefixar-lhe a extensão do gozo e a maneira de exploração.

- *Correspondência: art. 725, CC/1916*

§ 3º Se o usufruto recai sobre universalidade ou quota-parte de bens, o usufrutuário tem direito à parte do tesouro achado por outrem, e ao preço pago pelo vizinho do prédio usufruído, para obter meação em parede, cerca, muro, vala ou valado.

- *Correspondência: arts. 727 e 728, CC/1916*
- *Arts. 90, 91, 1.264 a 1.266, 1.297 e 1.328, CC*

Art. 1.393. Não se pode transferir o usufruto por alienação; mas o seu exercício pode ceder-se por título gratuito ou oneroso.

- *Correspondência: art. 717, CC/1916*
- *Arts. 1.399 e 1.410, CC*

CAPÍTULO II – DOS DIREITOS DO USUFRUTUÁRIO

Art. 1.394. O usufrutuário tem direito à posse, uso, administração e percepção dos frutos.

- *Correspondência: art. 718, CC/1916*
- *Arts. 1.196, 1.197, 1.395 a 1.398, 1.400 a 1.404, 1.410, VII, 1.412 e 1.413, CC*

Art. 1.395. Quando o usufruto recai em títulos de crédito, o usufrutuário tem direito a perceber os frutos e a cobrar as respectivas dívidas.

- *Correspondência: art. 719, CC/1916*

Parágrafo único. Cobradas as dívidas, o usufrutuário aplicará, de imediato, a importância em títulos da mesma natureza, ou em títulos da dívida pública federal, com cláusula de atualização monetária segundo índices oficiais regularmente estabelecidos.

- *Sem correspondência no CC/1916*
- *Art. 1.410, VII, CC*

Art. 1.396. Salvo direito adquirido por outrem, o usufrutuário faz seus os frutos naturais, pendentes ao começar o usufruto, sem encargo de pagar as despesas de produção.

- *Correspondência: art. 721, CC/1916*
- *Art. 1.215, CC*

Parágrafo único. Os frutos naturais, pendentes ao tempo em que cessa o usufruto, pertencem ao dono, também sem compensação das despesas.

- *Art. 1.214, parágrafo único, CC*

Art. 1.397. As crias dos animais pertencem ao usufrutuário, deduzidas quantas bastem para inteirar as cabeças de gado existentes ao começar o usufruto.

- *Correspondência: art. 722, CC/1916*

Art. 1.398. Os frutos civis, vencidos na data inicial do usufruto, pertencem ao proprietário, e ao usufrutuário os vencidos na data em que cessa o usufruto.

- *Correspondência: art. 723, CC/1916*
- *Art. 1.215, CC*

Art. 1.399. O usufrutuário pode usufruir em pessoa, ou mediante arrendamento, o prédio, mas não mudar-lhe a destinação econômica, sem expressa autorização do proprietário.

- *Correspondência: art. 724, CC/1916*
- *Arts. 1.393 e 1.410, VIII, CC*

CAPÍTULO III – DOS DEVERES DO USUFRUTUÁRIO

Art. 1.400. O usufrutuário, antes de assumir o usufruto, inventariará, à sua custa, os bens que receber, determinando o estado em que se acham, e dará caução, fidejussória ou real, se lha exigir o dono, de velar-lhes pela conservação, e entregá-los findo o usufruto.

- *Correspondência: art. 729, CC/1916*
- *Arts. 1.394, 1.652, I, e 1.689, I, CC*

Parágrafo único. Não é obrigado à caução o doador que se reservar o usufruto da coisa doada.

- *Art. 731, I, CC/1916*

Art. 1.401. O usufrutuário que não quiser ou não puder dar caução suficiente perderá o direito de administrar o usufruto; e, neste caso, os bens serão administrados pelo proprietário, que ficará obrigado, mediante caução, a entregar ao usufrutuário o rendimento deles, deduzidas as despesas de administração, entre as quais se incluirá a quantia fixada pelo juiz como remuneração do administrador.

- *Correspondência: art. 730, CC/1916*

Art. 1.402. O usufrutuário não é obrigado a pagar as deteriorações resultantes do exercício regular do usufruto.

- *Correspondência: art. 732, CC/1916*
- *Art. 569, IV, CC*

Art. 1.403. Incumbem ao usufrutuário:

- *Correspondência: art. 733, CC/1916*

I – as despesas ordinárias de conservação dos bens no estado em que os recebeu;

II – as prestações e os tributos devidos pela posse ou rendimento da coisa usufruída.

Art. 1.404. Incumbem ao dono as reparações extraordinárias e as que não forem de custo módico; mas o usufrutuário lhe pagará os juros do capital despendido com as que forem necessárias à conservação, ou aumentarem o rendimento da coisa usufruída.

- *Correspondência: art. 734, caput, CC/1916*

§ 1º Não se consideram módicas as despesas superiores a dois terços do líquido rendimento em um ano.

- *Correspondência: art. 734, parágrafo único, CC/1916*

§ 2º Se o dono não fizer as reparações a que está obrigado, e que são indispensáveis à conservação da coisa, o usufrutuário pode realizá-las, cobrando daquele a importância despendida.

- *Sem correspondência no CC/1916*

Art. 1.405. Se o usufruto recair num patrimônio, ou parte deste, será o usufrutuário obrigado aos juros da dívida que onerar o patrimônio ou a parte dele.

- *Correspondência: art. 736, 2ª parte, CC/1916*
- *Arts. 90 e 91, CC*

Art. 1.406. O usufrutuário é obrigado a dar ciência ao dono de qualquer lesão produzida contra a posse da coisa, ou os direitos deste.

- *Sem correspondência no CC/1916*

Art. 1.407. Se a coisa estiver segurada, incumbe ao usufrutuário pagar, durante o usufruto, as contribuições do seguro.

- *Correspondência: art. 735, CC/1916*

§ 1º Se o usufrutuário fizer o seguro, ao proprietário caberá o direito dele resultante contra o segurador.

§ 2º Em qualquer hipótese, o direito do usufrutuário fica sub-rogado no valor da indenização do seguro.

Art. 1.408. Se um edifício sujeito a usufruto for destruído sem culpa do proprietário, não será este obrigado a reconstruí-lo, nem o usufruto se restabelecerá, se o proprietário reconstruir à sua custa o prédio; mas se a indenização do seguro for aplicada à reconstrução do prédio, restabelecer-se-á o usufruto.

- *Correspondência: art. 737, CC/1916*
- *Art. 1.410, V, CC*

Art. 1.409. Também fica sub-rogada no ônus do usufruto, em lugar do prédio, a indenização paga, se ele for desapropriado, ou a importância do dano, ressarcido pelo terceiro responsável no caso de danificação ou perda.

- *Correspondência: art. 738, CC/1916*
- *Art. 1.410, V, CC*

CAPÍTULO IV – DA EXTINÇÃO DO USUFRUTO

Art. 1.410. O usufruto extingue-se, cancelando-se o registro no Cartório de Registro de Imóveis:

- *Correspondência: art. 739, CC/1916*
- *Art. 725, VI, CPC/2015*
- *Arts. 248 a 250, Lei 6.015/1973 (Lei de Registros Públicos)*

I – pela renúncia ou morte do usufrutuário;

- *Correspondência: art. 739, CC/1916*
- *Art. 1.921, CC*

II – pelo termo de sua duração;

- *Correspondência: art. 739, II, CC/1916*

III – pela extinção da pessoa jurídica, em favor de quem o usufruto foi constituído, ou, se ela perdurar, pelo decurso de trinta anos da data em que se começou a exercer;

- *Correspondência: art. 741, CC/1916*

IV – pela cessação do motivo de que se origina;

- *Correspondência: art. 739, III, CC/1916*

V – pela destruição da coisa, guardadas as disposições dos arts. 1.407, 1.408, 2ª parte, e 1.409;

- *Correspondência: art. 739, IV, CC/1916*
- *Arts. 85, 1.329, § 1º, e 1.395, CC*

VI – pela consolidação;

- *Correspondência: art. 739, V, CC/1916*
- *Arts. 85, 1.392, § 1º, e 1.395, CC*

VII – por culpa do usufrutuário, quando aliena, deteriora, ou deixa arruinar os bens, não lhes acudindo com os reparos de conservação, ou quando, no usufruto de títulos de crédito, não dá às importâncias recebidas a aplicação prevista no parágrafo único do art. 1.395;

- *Correspondência: art. 739, VII, CC/1916*

VIII – Pelo não uso, ou não fruição, da coisa em que o usufruto recai (arts. 1.390 e 1.399).

- *Sem correspondência no CC/1916*

Art. 1.411. Constituído o usufruto em favor de duas ou mais pessoas, extinguir-se-á a parte em relação a cada uma das que falecerem, salvo se, por estipulação expressa, o quinhão desses couber ao sobrevivente.

- *Correspondência: art. 740, CC/1916*
- *Art. 1.946, CC*

TÍTULO VII – DO USO

Art. 1.412. O usuário usará da coisa e perceberá os seus frutos, quanto o exigirem as necessidades suas e de sua família.

- *Correspondência: art. 742, CC/1916*
- *Dec. 24.643/1934 (Código de Águas)*
- *Arts. 7º e 8º, Dec.-lei 271/1967 (Loteamento urbano)*
- *Art. 167, I-7, Dec. 98.897/1990 (Reservas extrativistas)*
- *Dec. 980/1993 (Cessão de uso e administração de imóveis residenciais da União)*
- *Art. 2º, Lei 8.955/1994 (Contrato de franquia empresarial – Franchising)*
- *Arts. 14 e 15, Lei 9.433/1997*

§ 1º Avaliar-se-ão as necessidades pessoais do usuário conforme a sua condição social e o lugar onde viver.

- *Correspondência: art. 743, CC/1916*

§ 2º As necessidades da família do usuário compreendem as de seu cônjuge, dos filhos solteiros e das pessoas de seu serviço doméstico.

- *Correspondência: art. 744, CC/1916*

Art. 1.413. São aplicáveis ao uso, no que não for contrário à sua natureza, as disposições relativas ao usufruto.

- *Correspondência: art. 745, CC/1916*
- *Arts. 1.390 a 1.411*

TÍTULO VIII – DA HABITAÇÃO

Art. 1.414. Quando o uso consistir no direito de habitar gratuitamente casa alheia, o titular deste direito não a pode alugar, nem emprestar, mas simplesmente ocupá-la com sua família.

- *Correspondência: art. 746, CC/1916*
- *Arts. 1.225, VI, e 1.381, CC*
- *Art. 7º, parágrafo único, Lei 9.278/1996 (Companheiros – Regula o § 3º do art. 226 da CF)*

Art. 1.415. Se o direito real de habitação for conferido a mais de uma pessoa, qualquer delas que sozinha habite a casa não terá de pagar aluguel à outra, ou às outras, mas não as pode inibir de exercerem, querendo, o direito, que também lhes compete, de habitá-la.

- *Correspondência: art. 747, CC/1916*

Art. 1.416. São aplicáveis à habitação, no que não for contrário à sua natureza, as disposições relativas ao usufruto.

- *Correspondência: art. 748, CC/1916*
- *Arts. 1.390 a 1.411, CC*

TÍTULO IX – DO DIREITO DO PROMITENTE COMPRADOR

Art. 1.417. Mediante promessa de compra e venda, em que se não pactuou arrependimento, celebrada por instrumento público ou particular, e registrada no Cartório de Registro de Imóveis, adquire o promitente comprador direito real à aquisição do imóvel.

- *Sem correspondência no CC/1916*
- *Arts. 463 e 1.225, VII, CC*
- *Arts. 5º e 22, Dec.-lei 58/1937 (Loteamento e venda de terrenos para pagamento em prestações)*
- *Art. 5º, Dec. 3.079/1938 (Regulamenta o Dec.-lei 58/1937)*
- *Art. 62 a 69, Lei 4.380/1964 (BNH)*
- *Art. 11, Lei 4.504/1964 (Estatuto da Terra)*
- *Arts. 32, § 2º, e 35, § 4º, Lei 4.591/1964 (Condomínio em edificações e incorporações imobiliárias)*
- *Art. 69, Dec. 59.428/1966 (Seguros na colonização)*
- *Art. 167, I-20, Lei 6.015/1973 (Lei de Registros Públicos)*
- *Art. 25, Lei 6.766/1979 (Parcelamento do solo urbano)*
- *Súmula 166, STF*

Art. 1.418. O promitente comprador, titular de direito real, pode exigir do promitente vendedor, ou de terceiros, a quem os direitos deste forem cedidos, a outorga da escritura definitiva de compra e venda, conforme o disposto no instrumento preliminar; e, se houver recusa, requerer ao juiz a adjudicação do imóvel.

- *Sem correspondência no CC/1916*
- *Arts. 108 e 464, CC*
- *Arts. 16 e 22, Dec.-lei 58/1937 (Loteamento e venda de terrenos para pagamento em prestações)*
- *Art. 32, § 2º, Lei 4.591/1964 (Condomínio em edificações e incorporações imobiliárias)*

TÍTULO X – DO PENHOR, DA HIPOTECA E DA ANTICRESE

CAPÍTULO I – DISPOSIÇÕES GERAIS

Art. 1.419. Nas dívidas garantidas por penhor, anticrese ou hipoteca, o bem dado em garantia fica sujeito, por vínculo real, ao cumprimento da obrigação.

- *Correspondência: art. 755, CC/1916*

› *Arts. 30, 165, parágrafo único, 364, 805, 961 e 1.225, VIII a X, CC*

› *Art. 102, I, Dec.-lei 7.661/1945 (Lei de Falências); e art. 83, II, Lei 11.101/2005 (Lei de Recuperação de Empresas e Falência)*

Art. 1.420. Só aquele que pode alienar poderá empenhar, hipotecar ou dar em anticrese; só os bens que se podem alienar poderão ser dados em penhor, anticrese ou hipoteca.

› *Correspondência: art. 756, caput, CC/1916*

› *Arts. 1.647, 1.691, 1.717 e 1.848, CC*

§ 1º A propriedade superveniente torna eficaz, desde o registro, as garantias reais estabelecidas por quem não era dono.

› *Correspondência: art. 756, parágrafo único, CC/1916*

› *Arts. 848, 1.268 e 1.912, CC*

§ 2º A coisa comum a dois ou mais proprietários não pode ser dada em garantia real, na sua totalidade, sem o consentimento de todos; mas cada um pode individualmente dar em garantia real a parte que tiver.

› *Correspondência: art. 757, CC/1916*

› *Arts. 87 e 1.314, CC*

Art. 1.421. O pagamento de uma ou mais prestações da dívida não importa exoneração correspondente da garantia, ainda que esta compreenda vários bens, salvo disposição expressa no título ou na quitação.

› *Correspondência: art. 758, CC/1916*

› *Art. 7º, Dec. 22.626/1933 (Juros nos contratos)*

Art. 1.422. O credor hipotecário e o pignoratício têm o direito de excutir a coisa hipotecada ou empenhada, e preferir, no pagamento, a outros credores, observada, quanto à hipoteca, a prioridade no registro.

› *Correspondência: art. 759, CC/1916*

› *Arts. 958 a 961 e 1.493, parágrafo único, CC*

› *Arts. 515, 784, V, 835, 842, 905, II, 906 e 909, CPC/2015*

Parágrafo único. Excetuam-se da regra estabelecida neste artigo as dívidas que, em virtude de outras leis, devam ser pagas precipuamente a quaisquer outros créditos.

› *Art. 964, CC*

› *Notas aos arts. 955 a 965, CC*

Art. 1.423. O credor anticrético tem direito a reter em seu poder o bem, enquanto a dívida não for paga; extingue-se esse direito decorridos quinze anos da data de sua constituição.

› *Correspondência: art. 760, CC/1916*

› *Arts. 1.506 a 1.510, CC*

Art. 1.424. Os contratos de penhor, anticrese ou hipoteca declararão, sob pena de não terem eficácia:

› *Correspondência: art. 761, CC/1916*

I – o valor do crédito, sua estimação, ou valor máximo;

II – o prazo fixado para pagamento;

III – a taxa dos juros, se houver;

IV – o bem dado em garantia com as suas especificações.

Art. 1.425. A dívida considera-se vencida:

› *Correspondência: art. 762, CC/1916*

› *Art. 333, CC*

I – se, deteriorando-se, ou depreciando-se o bem dado em segurança, desfalcar a garantia, e o devedor, intimado, não a reforçar ou substituir;

II – se o devedor cair em insolvência ou falir;

› *Art. 1.052, CPC/2015*

› *Art. 25, Dec.-lei 7.661/1945 (Lei de Falências); e ar. 77, Lei 11.101/2005 (Lei de Recuperação de Empresas e Falência)*

III – se as prestações não forem pontualmente pagas, toda vez que deste modo se achar estipulado o pagamento. Neste caso, o recebimento posterior da prestação atrasada importa renúncia do credor ao seu direito de execução imediata;

› *Art. 401, I, CC*

IV – se perecer o bem dado em garantia, e não for substituído;

V – se se desapropriar o bem dado em garantia, hipótese na qual se depositará a parte do preço que for necessária para o pagamento integral do credor.

› *Art. 959, II, CC*

§ 1º Nos casos de perecimento da coisa dada em garantia, esta se sub-rogará na indenização do seguro, ou no ressarcimento do dano, em benefício do credor, a quem assistirá sobre ela preferência até seu completo reembolso.

› *Art. 959, CC*

§ 2º Nos casos dos incisos IV e V, só se vencerá a hipoteca antes do prazo estipulado, se o perecimento, ou a desapropriação recair sobre o bem dado em garantia, e esta não abranger outras; subsistindo, no caso contrário, a dívida reduzida, com a respectiva garantia sobre os demais bens, não desapropriados ou destruídos.

Art. 1.426. Nas hipóteses do artigo anterior, de vencimento antecipado da dívida, não se compreendem os juros correspondentes ao tempo ainda não decorrido.

› *Correspondência: art. 763, CC/1916*

Art. 1.427. Salvo cláusula expressa, o terceiro que presta garantia real por dívida alheia não fica obrigado a substituí-la, ou reforçá-la, quando, sem culpa sua, se perca, deteriore, ou desvalorize.

› *Correspondência: art. 764, CC/1916*

Art. 1.428. É nula a cláusula que autoriza o credor pignoratício, anticrético ou hipotecário a ficar com o objeto da garantia, se a dívida não for paga no vencimento.

› *Correspondência: art. 765, CC/1916*

› *Arts. 1.365, 1.433, IV, e 1.435, V, CC*

› *Art. 23, § 3º, Lei 4.864/1965 (Estímulo à indústria de construção civil)*

Parágrafo único. Após o vencimento, poderá o devedor dar a coisa em pagamento da dívida.

› *Sem correspondência no CC/1916*

Art. 1.429. Os sucessores do devedor não podem remir parcialmente o penhor ou a hipoteca na proporção dos seus quinhões; qualquer deles, porém, pode fazê-lo no todo.

› *Correspondência: art. 766, CC/1916*

Parágrafo único. O herdeiro ou sucessor que fizer a remição fica sub-rogado nos direitos do credor pelas quotas que houver satisfeito.

Art. 1.430. Quando, excutido o penhor, ou executada a hipoteca, o produto não bastar para pagamento da dívida e despesas judiciais, continuará o devedor obrigado pessoalmente pelo restante.

› *Correspondência: art. 767, CC/1916*

› *Art. 1.052, CPC/2015*

CAPÍTULO II – DO PENHOR

SEÇÃO I – DA CONSTITUIÇÃO DO PENHOR

Art. 1.431. Constitui-se o penhor pela transferência efetiva da posse que, em garantia do débito ao credor ou a quem o represente, faz o devedor, ou alguém por ele, de uma coisa móvel, suscetível de alienação.

› *Correspondência: art. 768, CC/1916*

› *Arts. 30, 165, parágrafo único, 364, 1.225, VIII, e 1.419 a 1.430, CC*

› *Art. 8º, § 2º, Dec.-lei 4.657/1942 (Lei de Introdução às normas do Direito Brasileiro)*

› *Arts. 515, 674, 784, V, 798, e 804, CPC/2015*

› *Arts. 171, § 2º, III, e 293, II e IV, CP*

Parágrafo único. No penhor rural, industrial, mercantil e de veículos, as coisas empenhadas continuam em poder do devedor, que as deve guardar e conservar.

› *Correspondência: art. 769, CC/1916*

Art. 1.432. O instrumento do penhor deverá ser levado a registro, por qualquer dos contratantes; o do penhor comum será registrado no Cartório de Títulos e Documentos.

› *Correspondência: art. 771, CC/1916*

› *Arts. 183, 221, 1.438, 1.448, 1.452, 1.453, 1.458 e 1.462, CC*

› *Arts. 127, II, e 145, Lei 6.015/1973 (Lei de Registros Públicos)*

SEÇÃO II – DOS DIREITOS DO CREDOR PIGNORATÍCIO

Art. 1.433. O credor pignoratício tem direito:

› *Correspondência: art. 772, CC/1916*

I – à posse da coisa empenhada;

› *Correspondência: art. 772, 1ª parte, CC/1916*

II – à retenção dela, até que o indenizem das despesas devidamente justificadas, que tiver feito, não sendo ocasionadas por culpa sua;

› *Correspondência: art. 772, 2ª parte, CC/1916*

III – ao ressarcimento do prejuízo que houver sofrido por vício da coisa empenhada;

› *Correspondência: art. 773, CC/1916*

IV – a promover a execução judicial, ou a venda amigável, se lhe permitir expressamente o contrato, ou lhe autorizar o devedor mediante procuração;

› *Correspondência: art. 774, III, CC/1916*

› *Arts. 1.428e 1.435, V, CC*

› *Art. 120, § 2º, Dec.-lei 7.661/1945 (Lei de Falências); sem correspondência na Lei 11.101/2005 (Lei de Recuperação de Empresas e Falência)*

V – a apropriar-se dos frutos da coisa empenhada que se encontra em seu poder;

› *Sem correspondência no CC/1616*

› *Art. 1.435, III, CC*

VI – a promover a venda antecipada, mediante prévia autorização judicial, sempre que haja receio fundado de que a coisa empenhada se perca ou deteriore, devendo o preço ser depositado. O dono da coisa empenhada pode impedir a venda antecipada, substituindo-a, ou oferecendo outra garantia real idônea.

- *Sem correspondência no CC/1616*

Art. 1.434. O credor não pode ser constrangido a devolver a coisa empenhada, ou uma parte dela, antes de ser integralmente pago, podendo o juiz, a requerimento do proprietário, determinar que seja vendida apenas uma das coisas, ou parte da coisa empenhada, suficiente para o pagamento do credor.

- *Correspondência: art. 772, CC/1916*

SEÇÃO III – DAS OBRIGAÇÕES DO CREDOR PIGNORATÍCIO

Art. 1.435. O credor pignoratício é obrigado:

- *Correspondência: art. 774, CC/1916*

I – à custódia da coisa, como depositário, e a ressarcir ao dono a perda ou deterioração de que for culpado, podendo ser compensada na dívida, até a concorrente quantia, a importância da responsabilidade;

- *Correspondência: art. 774, I e IV e 775, CC/1916*
- *Arts. 368 a 380, 627 a 652, 1.428 e 1.431, parágrafo único, CC*

II – à defesa da posse da coisa empenhada e a dar ciência, ao dono dela, das circunstâncias que tornarem necessário o exercício de ação possessória;

- *Sem correspondência no CC/1616*

III – a imputar o valor dos frutos, de que se apropriar (art. 1.433, inciso V) nas despesas de guarda e conservação, nos juros e no capital da obrigação garantida, sucessivamente;

- *Sem correspondência no CC/1616*

IV – a restituí-la, com os respectivos frutos e acessões, uma vez paga a dívida;

- *Correspondência: art. 774, II, CC/1916*
- *Arts. 652 e 1.445, CC*

V – a entregar o que sobeje do preço, quando a dívida for paga, no caso do inciso IV do art. 1.433.

- *Correspondência: art. 774, III, CC/1916*
- *Art. 1.428, CC*
- *Art. 907, CPC/2015*

SEÇÃO IV – DA EXTINÇÃO DO PENHOR

Art. 1.436. Extingue-se o penhor:

- *Correspondência: art. 802, CC/1916*

I – extinguindo-se a obrigação;

- *Correspondência: art. 802, I, CC/1916*
- *Art. 1.435, IV, CC*

II – perecendo a coisa;

- *Correspondência: art. 802, II, CC/1916*
- *Arts. 1.359e 1.435, I, CC*

III – renunciando o credor;

- *Correspondência: art. 802, III, CC/1916*
- *Art. 1.436, § 1º, CC*

IV – confundindo-se na mesma pessoa as qualidades de credor e de dono da coisa;

- *Correspondência: art. 802, V, CC/1916*
- *Arts. 381 a 384 e 1.436, § 2º, CC*

V – dando-se a adjudicação judicial, a remissão ou a venda da coisa empenhada, feita pelo credor ou por ele autorizada.

- *Correspondência: art. 802, VI, CC/1916*
- *Arts. 1.435, V, e 1.445, CC*
- *Arts. 120, § 2º, e 125, § 4º, Dec.-lei 7.661/1975 (Lei de Falências); sem correspondência na Lei 11.101/2005 (Lei de Recuperação de Empresas e Falência)*

§ 1º Presume-se a renúncia do credor quando consentir na venda particular do penhor sem reserva de preço, quando restituir a sua posse ao devedor, ou quando anuir à sua substituição por outra garantia.

- *Correspondência: art. 803, CC/1916*
- *Art. 387, CC*

§ 2º Operando-se a confusão tão-somente quanto a parte da dívida pignoratícia, subsistirá inteiro o penhor quanto ao resto.

- *Correspondência: art. 804, CC/1916*
- *Arts. 382 e 1.421, CC*

Art. 1.437. Produz efeitos a extinção do penhor depois de averbado o cancelamento do registro, à vista da respectiva prova.

- *Sem correspondência no CC/1916*
- *Art. 250, Lei 6.015/1973 (Lei de Registros Públicos)*

SEÇÃO V – DO PENHOR RURAL

SUBSEÇÃO I – DISPOSIÇÕES GERAIS

Art. 1.438. Constitui-se o penhor rural mediante instrumento público ou particular, registrado no Cartório de Registro de Imóveis da circunscrição em que estiverem situadas as coisas empenhadas.

- *Correspondência: art. 796, CC/1916*
- *Arts. 1º e 2º, Lei 492/1937 (Penhor rural e cédula pignoratícia)*
- *Dec.-lei 2.612/1940 (Registro de penhor rural)*
- *Art. 2.666/1955 (Penhor de produtos agrícolas)*
- *Arts. 51 a 65, Dec. 59.566/1966 (Regulamenta a Lei 4.505/1964)*
- *Art. 9º, Dec.-lei 167/1967 (Títulos de crédito rural)*
- *Art. 167, I-15, Lei 6.015/1973 (Lei de Registros Públicos)*
- *Lei 8.929/1994 (Cédula de produto rural)*

Parágrafo único. Prometendo pagar em dinheiro a dívida, que garante com penhor rural, o devedor poderá emitir, em favor do credor, cédula rural pignoratícia, na forma determinada em lei especial.

- *Sem correspondência no CC/1916*
- *Arts. 14 a 21, Lei 492/1937 (Penhor rural e cédula pignoratícia)*

Art. 1.439. O penhor agrícola e o penhor pecuário não podem ser convencionados por prazos superiores aos das obrigações garantidas.

- *Caput com redação determinada pela Lei 12.873/2013*
- *Arts. 61 e 62, Dec.-lei 167.1967 (Títulos de crédito rural)*

§ 1º Embora vencidos os prazos, permanece a garantia, enquanto subsistirem os bens que a constituem.

- *Sem correspondência no CC/1916*

§ 2º A prorrogação deve ser averbada à margem do registro respectivo, mediante requerimento do credor e do devedor.

- *Sem correspondência no CC/1916*

Art. 1.440. Se o prédio estiver hipotecado, o penhor rural poderá constituir-se independentemente da anuência do credor hipotecário, mas não lhe prejudica o direito de preferência, nem restringe a extensão da hipoteca, ao ser executada.

- *Correspondência: art. 783, CC/1916*

Art. 1.441. Tem o credor direito a verificar o estado das coisas empenhadas, inspecionando-as onde se acharem, por si ou por pessoa que credenciar.

- *Sem correspondência no CC/1916*
- *Arts. 1.450 e 1.464,0CC*
- *Art. 3º, § 2º, Lei 492/1937 (Penhor rural e cédula pignoratícia)*

SUBSEÇÃO II – DO PENHOR AGRÍCOLA

Art. 1.442. Podem ser objeto de penhor:

- *Correspondência: art. 781, CC/1916*
- *Arts. 6º a 9º, Lei 492/1937 (Penhor rural e cédula pignoratícia)*
- *Lei 2.666/1955 (Penhor de produtos agrícolas)*
- *Art. 25, I, Lei 4.829/1965 (Crédito rural)*

I – máquinas e instrumentos de agricultura;

II – colheitas pendentes, ou em via de formação;

- *Art. 1.443, CC*

III – frutos acondicionados ou armazenados;

IV – lenha cortada e carvão vegetal;

V – animais do serviço ordinário de estabelecimento agrícola.

Art. 1.443. O penhor agrícola que recai sobre colheita pendente, ou em via de formação, abrange a imediatamente seguinte, no caso de frustrar-se ou ser insuficiente a que se deu em garantia.

- *Sem correspondência no CC/1916*
- *Art. 1.439, CC*
- *Art. 7º, § 1º, Lei 492/1937 (Penhor rural e cédula pignoratícia)*

Parágrafo único. Se o credor não financiar a nova safra, poderá o devedor constituir com outrem novo penhor, em quantia máxima equivalente à do primeiro; o segundo penhor terá preferência sobre o primeiro, abrangendo este apenas o excesso apurado na colheita seguinte.

SUBSEÇÃO III – DO PENHOR PECUÁRIO

Art. 1.444. Podem ser objeto de penhor os animais que integram a atividade pastoril, agrícola ou de lacticínios.

- *Sem correspondência no CC/1916*
- *Art. 1.439, CC*
- *Arts. 10 a 13, Lei 492/1937 (Penhor rural e cédula pignoratícia)*
- *Art. 25, II, Lei 4.829/1965 (Crédito rural)*
- *Dec.-lei 167/1967 (Títulos de crédito rural)*
- *Art. 127, IV, Lei 6.015/1973 (Lei de Registros Públicos)*

Art. 1.445. O devedor não poderá alienar os animais empenhados sem prévio consentimento, por escrito, do credor.

- *Correspondência: art. 785, CC/1916*
- *Art. 1.435, IV, CC*
- *Arts. 12 e 35, Lei 492/1937 (Penhor rural e cédula pignoratícia)*

Parágrafo único. Quando o devedor pretende alienar o gado empenhado ou, por negligência, ameace prejudicar o credor, poderá este requerer se depositem os animais sob a guarda de terceiro, ou exigir que se lhe pague a dívida de imediato.

- *Correspondência: art. 786, CC/1916*

Art. 1.446. Os animais da mesma espécie, comprados para substituir os mortos, ficam sub-rogados no penhor.

- *Correspondência: art. 787, CC/1916*

› *Art. 12, §§ 2º e 3º, Lei 492/1937 (Penhor rual e cédula pignoratícia)*

Parágrafo único. Presume-se a substituição prevista neste artigo, mas não terá eficácia contra terceiros, se não constar de menção adicional ao respectivo contrato, a qual deverá ser averbada.

SEÇÃO VI – DO PENHOR INDUSTRIAL E MERCANTIL

Art. 1.447. Podem ser objeto de penhor máquinas, aparelhos, materiais, instrumentos, instalados e em funcionamento, com os acessórios ou sem eles; animais, utilizados na indústria; sal e bens destinados à exploração das salinas; produtos de suinocultura, animais destinados à industrialização de carnes e derivados; matérias-primas e produtos industrializados.

› *Sem correspondência no CC/1916*
› *Art. 25, III e IV, lei 4.829/1965 (Crédito rural)*
› *Art. 15, Dec.-lei 167/1967 (Títulos de crédito rural)*
› *Art. 20, Dec.-lei 413/1969 (Títulos de crédito industrial)*
› *Art. 7º, Lei 8.929/1994 (Crédito de produto rural)*

Parágrafo único. Regula-se pelas disposições relativas aos armazéns gerais o penhor das mercadorias neles depositadas.

› *Dec. 1.102/1903 (Armazéns gerais)*

Art. 1.448. Constitui-se o penhor industrial, ou o mercantil, mediante instrumento público ou particular, registrado no Cartório de Registro de Imóveis da circunscrição onde estiverem situadas as coisas empenhadas.

› *Sem correspondência no CC/1916*
› *Art. 167, I-4, Lei 6.015/1973 (Lei de Registros Públicos)*

Parágrafo único. Prometendo pagar em dinheiro a dívida, que garante com penhor industrial ou mercantil, o devedor poderá emitir, em favor do credor, cédula do respectivo crédito, na forma e para os fins que a lei especial determinar.

Art. 1.449. O devedor não pode, sem o consentimento por escrito do credor, alterar as coisas empenhadas ou mudar-lhes a situação, nem delas dispor. O devedor que, anuindo o credor, alienar as coisas empenhadas, deverá repor outros bens da mesma natureza, que ficarão sub-rogados no penhor.

› *Art. 1.435, IV, CC*

Art. 1.450. Tem o credor direito a verificar o estado das coisas empenhadas, inspecionando-as onde se acharem, por si ou por pessoa que credenciar.

› *Sem correspondência no CC/1916*
› *Arts. 1.441 e 1.464, CC*

SEÇÃO VII – DO PENHOR DE DIREITOS E TÍTULOS DE CRÉDITO

Art. 1.451. Podem ser objeto de penhor direitos, suscetíveis de cessão, sobre coisas móveis.

› *Correspondência: arts. 789 e 790, CC/1916*
› *Art. 83, II, CC*
› *Dec. 24.778/1934 (Caução de hipoteca e penhor)*

Art. 1.452. Constitui-se o penhor de direito mediante instrumento público ou particular, registrado no Registro de Títulos e Documentos.

› *Correspondência: art. 791, CC/1916*
› *Art. 127, III, Lei 6.015/1973 (Lei de Registros Públicos)*

Parágrafo único. O titular de direito empenhado deverá entregar ao credor pignoratício os documentos comprobatórios desse direito, salvo se tiver interesse legítimo em conservá-los.

Art. 1.453. O penhor de crédito não tem eficácia senão quando notificado ao devedor; por notificado tem-se o devedor que, em instrumento público ou particular, declarar-se ciente da existência do penhor.

› *Correspondência: arts. 792, II, e 794, CC/1916*
› *Art. 83, III, CC*

Art. 1.454. O credor pignoratício deve praticar os atos necessários à conservação e defesa do direito empenhado e cobrar os juros e mais prestações acessórias compreendidas na garantia.

› *Correspondência: art. 792, I, CC/1916*
› *Art. 1.435, III, CC*

Art. 1.455. Deverá o credor pignoratício cobrar o crédito empenhado, assim que se torne exigível. Se este consistir numa prestação pecuniária, depositará a importância recebida, de acordo com o devedor pignoratício, ou onde o juiz determinar; se consistir na entrega da coisa, nesta se sub-rogará o penhor.

› *Sem correspondência no CC/1916*

Parágrafo único. Estando vencido o crédito pignoratício, tem o credor direito a reter, da quantia recebida, o que lhe é devido, restituindo o restante ao devedor; ou a excutir a coisa a ele entregue.

Art. 1.456. Se o mesmo crédito for objeto de vários penhores, só ao credor pignoratício, cujo direito prefira aos demais, o devedor deve pagar; responde por perdas e danos aos demais credores o credor preferente que, notificado por qualquer um deles, não promover oportunamente a cobrança.

› *Sem correspondência no CC/1916*
› *Arts. 402 a 405, CC*

Art. 1.457. O titular do crédito empenhado só pode receber o pagamento com a anuência, por escrito, do credor pignoratício, caso em que o penhor se extinguirá.

› *Sem correspondência no CC/1916*

Art. 1.458. O penhor, que recai sobre título de crédito, constitui-se mediante instrumento público ou particular ou endosso pignoratício, com a tradição do título ao credor, regendo-se pelas Disposições Gerais deste Título e, no que couber, pela presente Seção.

› *Sem correspondência no CC/1916*
› *Art. 918, CC*

Art. 1.459. Ao credor, em penhor de título de crédito, compete o direito de:

› *Correspondência: art. 792, CC/1916*

I – conservar a posse do título e recuperá-la de quem quer que o detenha;

II – usar dos meios judiciais convenientes para assegurar os seus direitos, e os do credor do título empenhado;

III – fazer intimar ao devedor do título que não pague ao seu credor, enquanto durar o penhor;

› *Art. 1.460, CC*

IV – receber a importância consubstanciada no título e os respectivos juros, se exigíveis, restituindo o título ao devedor, quando este solver a obrigação.

Art. 1.460. O devedor do título empenhado que receber a intimação prevista no inciso III do artigo antecedente, ou se der por ciente do penhor, não poderá pagar ao seu credor. Se o fizer, responderá solidariamente por este, por perdas e danos, perante o credor pignoratício.

› *Correspondência: art. 794, CC/1916*
› *Arts. 264 a 285 e 402 a 405, CC*

Parágrafo único. Se o credor der quitação ao devedor do título empenhado, deverá saldar imediatamente a dívida, em cuja garantia se constituiu o penhor.

› *Correspondência: art. 795, CC/1916*

SEÇÃO VIII – DO PENHOR DE VEÍCULOS

Art. 1.461. Podem ser objeto de penhor os veículos empregados em qualquer espécie de transporte ou condução.

› *Sem correspondência no CC/1916*

Art. 1.462. Constitui-se o penhor, a que se refere o artigo antecedente, mediante instrumento público ou particular, registrado no Cartório de Títulos e Documentos do domicílio do devedor, e anotado no certificado de propriedade.

› *Sem correspondência no CC/1916*
› *Art. 129-7, Lei 6.015/1973 (Lei de Registros Públicos)*

Parágrafo único. Prometendo pagar em dinheiro a dívida garantida com o penhor, poderá o devedor emitir cédula de crédito, na forma e para os fins que a lei especial determinar.

Art. 1.463. *(Revogado pela Lei nº 14.179, de 30/6/2021)*

› *Sem correspondência no CC/1916*

Art. 1.464. Tem o credor direito a verificar o estado do veículo empenhado, inspecionando-o onde se achar, por si ou por pessoa que credenciar.

› *Sem correspondência no CC/1916*
› *Arts. 1.441 e 1.450, CC*

Art. 1.465. A alienação, ou a mudança, do veículo empenhado sem prévia comunicação ao credor importa no vencimento antecipado do crédito pignoratício.

› *Sem correspondência no CC/1916*

Art. 1.466. O penhor de veículos só se pode convencionar pelo prazo máximo de dois anos, prorrogável até o limite de igual tempo, averbada a prorrogação à margem do registro respectivo.

› *Sem correspondência no CC/1916*

SEÇÃO IX – DO PENHOR LEGAL

› *Vide art. 31, Lei 6.533/1978 (Regulamentação das profissões de artista e de técnico em espetáculos de diversões)*

Art. 1.467. São credores pignoratícios, independentemente de convenção:

› *Correspondência: art. 776, CC/1916*
› *Arts. 30, 1.469 e 1.470, CC*
› *Art. 61, Dec. 82.385/1978 (Regulamenta a Lei 6.533/1978)*

I – os hospedeiros, ou fornecedores de pousada ou alimento, sobre as bagagens, móveis, jóias ou dinheiro que os seus consumidores ou fregueses tiverem consigo nas respectivas casas ou estabelecimentos, pelas despesas ou consumo que aí tiverem feito;

- *Arts. 206, § 1º, I, e 1.468, CC*

II – o dono do prédio rústico ou urbano, sobre os bens móveis que o rendeiro ou inquilino tiver guarnecendo o mesmo prédio, pelos aluguéis ou rendas.

Art. 1.468. A conta das dívidas enumeradas no inciso I do artigo antecedente será extraída conforme a tabela impressa, prévia e ostensivamente exposta na casa, dos preços de hospedagem, da pensão ou dos gêneros fornecidos, sob pena de nulidade do penhor.

- *Correspondência: art. 777, CC/1916*

Art. 1.469. Em cada um dos casos do art. 1.467, o credor poderá tomar em garantia um ou mais objetos até o valor da dívida.

- *Correspondência: art. 778, CC/1916*

Art. 1.470. Os credores, compreendidos no art. 1.467, podem fazer efetivo o penhor, antes de recorrerem à autoridade judiciária, sempre que haja perigo na demora, dando aos devedores comprovante dos bens de que se apossarem.

- *Correspondência: art. 779, CC/1916*

Art. 1.471. Tomado o penhor, requererá o credor, ato contínuo, a sua homologação judicial.

- *Correspondência: art. 780, CC/1916*
- *Arts. 703 ,704 e 706, CPC/2015*

Art. 1.472. Pode o locatário impedir a constituição do penhor mediante caução idônea.

- *Sem correspondência no CC/1916*
- *Arts. 37 a 42, Lei 8.245/1991 (Locação de imóveis urbanos)*

CAPÍTULO III – DA HIPOTECA

SEÇÃO I – DISPOSIÇÕES GERAIS

Art. 1.473. Podem ser objeto de hipoteca:

- *Correspondência: art. 810, CC/1916*
- *Arts. 30, 165, parágrafo único, 364, 959, 1.225, IX, e 1.419 a 1.430, CC*
- *Arts. 515, 674, 784, V, 798, e 804, CPC/2015Art. 25, VIII, Lei 4.829/1965 (Crédito rural)*
- *Dec.-lei 70/1966 (Associações de poupança e empréstimo e cédula hipotecária)*
- *Art. 30, VIII, Dec. 58.380/1966 (Regulamenta o crédito rural)*
- *Arts. 20 a 26, 68 e 69, Dec.-lei 167/1967 (Regulamenta o crédito rural)*
- *Arts. 19, III, e 24 a 26, Dec.-lei 413/1969 (Títulos de crédito industrial)*
- *Art. 167, I-2, Lei 6.015/1973 (Lei de Registros Públicos)*
- *Arts. 5º, I, e 6º, Lei 8.929/1994 (Cédula de produto rural)*

I – os imóveis e os acessórios dos imóveis conjuntamente com eles;

- *Correspondência: art. 810, I e II, CC/1916*
- *Arts. 78 a 91 e 92 97, CC*

II – o domínio direto;

- *Correspondência: art. 810, III, CC/1916*
- *Art. 2.038, CC*

III – o domínio útil;

- *Correspondência: art. 810, IV, CC/1916*
- *Arts. 2.038, CC*

IV – as estradas de ferro;

- *Correspondência: art. 810, V, CC/1916*
- *Arts. 1.502 a 1.505, CC*

V – os recursos naturais a que se refere o art. 1.230, independentemente do solo onde se acham;

- *Correspondência: art. 810, VI, CC/1916*

VI – os navios;

- *Correspondência: art. 810, VII, CC/1916*

VII – as aeronaves.

- *Sem correspondência no CC/1916*

VIII – o direito de uso especial para fins de moradia;

- *Inciso VIII acrescentado pela Lei 11.481/2007*

IX – o direito real de uso;

- *Inciso IX acrescentado pela Lei 11.481/2007*

X - a propriedade superficiária;

- *Redação dada pela Lei nº 14.620, de 2023*

XI - os direitos oriundos da imissão provisória na posse, quando concedida à União, aos Estados, ao Distrito Federal, aos Municípios ou às suas entidades delegadas e a respectiva cessão e promessa de cessão.

- *Incluído pela Lei nº 14.620, de 2023*
- *Vide art. 167, I, 36, LRP*

§ 1º A hipoteca dos navios e das aeronaves reger-se-á pelo disposto em lei especial.

- *Renumerado do parágrafo único pela Lei nº 11.481, de 2007*
- *Sem correspondência no CC/1916*
- *Lei 7.656/1986 (Código Brasileiro de Aeronáutica)*
- *Lei 7.652/1988 (Registro de Propriedade marítima)*

§ 2º Os direitos de garantia instituídos nas hipóteses dos incisos IX e X do *caput* deste artigo ficam limitados à duração da concessão ou direito de superfície, caso tenham sido transferidos por período determinado.

- *§ 2º acrescentado pela Lei 11.481/2007*

Art. 1.474. A hipoteca abrange todas as acessões, melhoramentos ou construções do imóvel. Subsistem os ônus reais constituídos e registrados, anteriormente à hipoteca, sobre o mesmo imóvel.

- *Correspondência: art. 811, CC/1916*
- *Arts. 94 a 97 e 1.248 a 1.259, CC*

Art. 1.475. É nula a cláusula que proíbe ao proprietário alienar imóvel hipotecado.

- *Sem correspondência no CC/1916*
- *Arts. 303 e 1.479, CC*

Parágrafo único. Pode convencionar-se que vencerá o crédito hipotecário, se o imóvel for alienado.

Art. 1.476. O dono do imóvel hipotecado pode constituir outra hipoteca sobre ele, mediante novo título, em favor do mesmo ou de outro credor.

- *Correspondência: art. 812, CC/1916*

Art. 1.477. Salvo o caso de insolvência do devedor, o credor da segunda hipoteca, embora vencida, não poderá executar o imóvel antes de vencida a primeira.

- *Correspondência: art. 813, CC/1916*
- *Art. 167, I, 2, Lei n. 6.015/1973 (Registros Públicos)*
- *Arts. 748 a 750, 1.052 CPC*

§ 1º Não se considera insolvente o devedor por faltar ao pagamento das obrigações garantidas por hipotecas posteriores à primeira.

- *Parágrafo único transformado em § 1º pela Lei nº 14.711, de 2023*

§ 2º O inadimplemento da obrigação garantida por hipoteca faculta ao credor declarar vencidas as demais obrigações de que for titular garantidas pelo mesmo imóvel.

- *Incluído pela Lei nº 14.711, de 2023*

Art. 1.478. O credor hipotecário que efetuar o pagamento, a qualquer tempo, das dívidas garantidas pelas hipotecas anteriores sub-rogar-se-á nos seus direitos, sem prejuízo dos que lhe competirem contra o devedor comum.

- *Redação dada pela Lei nº 14.711, de 2023*
- *Correspondência: art. 814, CC/1916*
- *Art. 346, I, CC*
- *Arts. 226 a 276, Lei 6.015/1973 (Lei de Registros Públicos)*

Parágrafo único. Se o primeiro credor estiver promovendo a execução da hipoteca, o credor da segunda depositará a importância do débito e as despesas judiciais.

Art. 1.479. O adquirente do imóvel hipotecado, desde que não se tenha obrigado pessoalmente a pagar as dívidas aos credores hipotecários, poderá exonerar-se da hipoteca, abandonando-lhes o imóvel.

- *Sem correspondência no CC/1916*
- *Arts. 303, 1.475 e 1.478, parágrafo único, CC*

Art. 1.480. O adquirente notificará o vendedor e os credores hipotecários, deferindo-lhes, conjuntamente, a posse do imóvel, ou o depositará em juízo.

- *Sem correspondência no CC/1916*
- *Art. 146, II, CC*

Parágrafo único. Poderá o adquirente exercer a faculdade de abandonar o imóvel hipotecado, até as vinte e quatro horas subsequentes à citação, com que se inicia o procedimento executivo.

Art. 1.481. Dentro em trinta dias, contados do registro do título aquisitivo, tem o adquirente do imóvel hipotecado o direito de remi-lo, citando os credores hipotecários e propondo importância não inferior ao preço por que o adquiriu.

- *Correspondência: art. 815, § 1º, CC/1916*
- *Art. 831, CC*
- *Arts. 226 a 276, Lei 6.015/1973 (Lei de Registros Públicos)*

§ 1º Se o credor impugnar o preço da aquisição ou a importância oferecida, realizar-se-á licitação, efetuando-se a venda judicial a quem oferecer maior preço, assegurada preferência ao adquirente do imóvel.

- *Correspondência: art. 815, § 2º, CC/1916*

§ 2º Não impugnado pelo credor, o preço da aquisição ou o preço proposto pelo adquirente, haver-se-á por definitivamente fixado para a remissão do imóvel, que ficará livre de hipoteca, uma vez pago ou depositado o preço.

- *Correspondência: art. 816, § 1º, CC/1916*
- *Mantivemos a expressão "remissão" conforme publicação oficial. O correto seria "remição"*

§ 3º Se o adquirente deixar de remir o imóvel, sujeitando-o a execução, ficará obrigado a ressarcir os credores hipotecários da desvalorização que, por sua culpa, o mesmo vier a sofrer, além das despesas judiciais da execução.

- *Sem correspondência no CC/1916*

- Arts. 402 a 405, CC

§ 4º Disporá de ação regressiva contra o vendedor o adquirente que ficar privado do imóvel em consequência de licitação ou penhora, o que pagar a hipoteca, o que, por causa de adjudicação ou licitação, desembolsar com o pagamento da hipoteca importância excedente à da compra e o que suportar custas e despesas judiciais.

- Correspondência: art. 816, § 4º, CC/1916
- Art. 346, II, CC
- Art. 125, CPC/2015

Arts. 1.482 e 1.483. *(Revogados pela Lei nº 13.105, de 2015)*

Art. 1.484. É lícito aos interessados fazer constar das escrituras o valor entre si ajustado dos imóveis hipotecados, o qual, devidamente atualizado, será a base para as arrematações, adjudicações e remições, dispensada a avaliação.

- Correspondência: art. 818, 1ª parte, CC/1916
- Art. 871, CPC/2015

Art. 1.485. Mediante simples averbação, requerida por ambas as partes, poderá prorrogar-se a hipoteca, até 30 (trinta) anos da data do contrato. Desde que perfaça esse prazo, só poderá subsistir o contrato de hipoteca reconstituindo-se por novo título e novo registro; e, nesse caso, lhe será mantida a precedência, que então lhe competir.

- Artigo com redação determinada pela Lei 10.931/2004
- Correspondência: art. 817, CC/1916
- Art. 1.498, CC
- Art. 238, Lei 6.015/1973 (Lei de Registros Públicos)

Art. 1.486. Podem o credor e o devedor, no ato constitutivo da hipoteca, autorizar a emissão da correspondente cédula hipotecária, na forma e para os fins previstos em lei especial.

- Sem correspondência no CC/1916
- Dec.-lei 70/1966 (Associações de poupança e empréstimo e cédula hipotecária)

Art. 1.487. A hipoteca pode ser constituída para garantia de dívida futura ou condicionada, desde que determinado o valor máximo do crédito a ser garantido.

- Sem correspondência no CC/1916
- Arts. 121 a 137, CC

§ 1º Nos casos deste artigo, a execução da hipoteca dependerá de prévia e expressa concordância do devedor quanto à verificação da condição, ou ao montante da dívida.

§ 2º Havendo divergência entre o credor e o devedor, caberá àquele fazer prova de seu crédito. Reconhecido este, o devedor responderá, inclusive, por perdas e danos, em razão da superveniente desvalorização do imóvel.

- Arts. 402 a 405, CC

Art. 1.487-A. A hipoteca poderá, por requerimento do proprietário, ser posteriormente estendida para garantir novas obrigações em favor do mesmo credor, mantidos o registro e a publicidade originais, mas respeitada, em relação à extensão, a prioridade de direitos contraditórios ingressos na matrícula do imóvel.

- Incluído pela Lei nº 14.711, de 2023
- Art. 167, I, 2, Lei n. 6.015/1973 (Registros Públicos)

§ 1º A extensão da hipoteca não poderá exceder ao prazo e ao valor máximo garantido constantes da especialização da garantia original.

- Incluído pela Lei nº 14.711, de 2023

§ 2º A extensão da hipoteca será objeto de averbação subsequente na matrícula do imóvel, assegurada a preferência creditória em favor da:

- Incluído pela Lei nº 14.711, de 2023
- Art. 167, I, 2, Lei n. 6.015/1973 (Registros Públicos)
- Art. 246, Lei n. 6.015/1973 (Registros Públicos)

I - obrigação inicial, em relação às obrigações alcançadas pela extensão da hipoteca;

- Incluído pela Lei nº 14.711, de 2023

II - obrigação mais antiga, considerando-se o tempo da averbação, no caso de mais de uma extensão de hipoteca.

- Art. 167, I, 2, Lei n. 6.015/1973 (Registros Públicos)
- Art. 246, Lei n. 6.015/1973 (Registros Públicos)

§ 3º Na hipótese de superveniente multiplicidade de credores garantidos pela mesma hipoteca estendida, apenas o credor titular do crédito mais prioritário, conforme estabelecido no § 2º deste artigo, poderá promover a execução judicial ou extrajudicial da garantia, exceto se convencionado de modo diverso por todos os credores.

- Incluído pela Lei nº 14.711, de 2023

Art. 1.488. Se o imóvel, dado em garantia hipotecária, vier a ser loteado, ou se nele se constituir condomínio edilício, poderá o ônus ser dividido, gravando cada lote ou unidade autônoma, se o requererem ao juiz o credor, o devedor ou os donos, obedecida a proporção entre o valor de cada um deles e o crédito.

- Sem correspondência no CC/1916

§ 1º O credor só poderá se opor ao pedido de desmembramento do ônus, provando que o mesmo importa em diminuição de sua garantia.

§ 2º Salvo convenção em contrário, todas as despesas judiciais ou extrajudiciais necessárias ao desmembramento do ônus correm por conta de quem o requerer.

§ 3º O desmembramento do ônus não exonera o devedor originário da responsabilidade a que se refere o art. 1.430, salvo anuência do credor.

SEÇÃO II – DA HIPOTECA LEGAL

Art. 1.489. A lei confere hipoteca:

- Correspondência: art. 827, CC/1916
- Arts. 30 e 2.040, CC
- Arts. 495 e 759, CPC/2015
- Arts. 470, 564, 565, 626, 632 a 634, 658 e 662, Cco
- Art. 7º, § 1º, Lei 6.001/1973 (Estatuto do Índio)

I – às pessoas de direito público interno (art. 41) sobre os imóveis pertencentes aos encarregados da cobrança, guarda ou administração dos respectivos fundos e rendas;

- Correspondência: art. 827, V, CC/1916
- Art. 4º, § 2º-2, Dec.-lei 3.240/1941 (Sequestro de bens por crimes em prejuízo da Fazenda Pública)

II – aos filhos, sobre os imóveis do pai ou da mãe que passar a outras núpcias, antes de fazer o inventário do casal anterior;

- Correspondência: art. 827, III, CC/1916
- Arts. 1.523, I, 1.568 e 1.641, CC

III – ao ofendido, ou aos seus herdeiros, sobre os imóveis do delinquente, para satisfação do dano causado pelo delito e pagamento das despesas judiciais;

- Correspondência: art. 827, VI, CC/1916
- Arts. 186 e 927 a 954, CC
- Arts. 134 a 144, CPP

IV – ao co-herdeiro, para garantia do seu quinhão ou torna da partilha, sobre o imóvel adjudicado ao herdeiro reponente;

- Correspondência: art. 827, VIII, CC/1916
- Arts. 1.322 e 2.019, CC

V – ao credor sobre o imóvel arrematado, para garantia do pagamento do restante do preço da arrematação.

- Sem correspondência no CC/1916

Art. 1.490. O credor da hipoteca legal, ou quem o represente, poderá, provando a insuficiência dos imóveis especializados, exigir do devedor que seja reforçado com outros.

- Correspondência: art. 819, CC/1916

Art. 1.491. A hipoteca legal pode ser substituída por caução de títulos da dívida pública federal ou estadual, recebidos pelo valor de sua cotação mínima no ano corrente; ou por outra garantia, a critério do juiz, a requerimento do devedor.

- Correspondência: art. 820, CC/1916
- Art. 1.451, CC

SEÇÃO III – DO REGISTRO DA HIPOTECA

Art. 1.492. As hipotecas serão registradas no cartório do lugar do imóvel, ou no de cada um deles, se o título se referir a mais de um.

- Correspondência: art. 831, CC/1916
- Arts. 1.497 e 1.502, CC
- Art. 111, Lei 4.504/1964 (Estatuto da Terra)
- Arts. 13 e 44, Dec.-lei 70/1966 (Associações de poupança e empréstimo e cédula hipotecária)
- Arts. 167, I-2, e 169, II, Lei 6.015/1973 (Lei de Registros Públicos)
- Art. 12, Lei 8.929/1994 (Cédula de produto rural)

Parágrafo único. Compete aos interessados, exibido o título, requerer o registro da hipoteca.

- Correspondência: art. 838, CC/1916

Art. 1.493. Os registros e averbações seguirão a ordem em que forem requeridas, verificando-se ela pela da sua numeração sucessiva no protocolo.

- Correspondência: art. 833, CC/1916
- Art. 1.422, caput, CC

Parágrafo único. O número de ordem determina a prioridade, e esta a preferência entre as hipotecas.

- Art. 186, Lei 6.015/1973 (Lei de Registros Públicos)

Art. 1.494. *(Revogado pela Medida Provisória nº 1.085, de 27/12/2021, convertida na Lei nº 14.382, de 27/6/2022)*

Art. 1.495. Quando se apresentar ao oficial do registro título de hipoteca que mencione a constituição de anterior, não registrada, sobrestará ele na inscrição da nova, depois de a prenotar, até trinta dias, aguardando que o interessado inscreva a precedente; esgotado o prazo, sem que se requeira a inscrição desta, a hipoteca ulterior será registrada e obterá preferência.

- *Correspondência: art. 837, CC/1916*
- *Art. 189, Lei 6.015/1973 (Lei de Registros Públicos)*

Art. 1.496. Se tiver dúvida sobre a legalidade do registro requerido, o oficial fará, ainda assim, a prenotação do pedido. Se a dúvida, dentro em noventa dias, for julgada improcedente, o registro efetuar-se-á com o mesmo número que teria na data da prenotação; no caso contrário, cancelada esta, receberá o registro o número correspondente à data em que se tornar a requerer.

- *Correspondência: arts. 834 e 835, CC/1916*
- *Arts. 198 a 207, Lei 6.015/1973 (Lei de Registros Públicos)*

Art. 1.497. As hipotecas legais, de qualquer natureza, deverão ser registradas e especializadas.

- *Correspondência: art. 828, CC/1916*
- *Art. 1.492, CC*

§ 1º O registro e a especialização das hipotecas legais incumbem a quem está obrigado a prestar a garantia, mas os interessados podem promover a inscrição delas, ou solicitar ao Ministério Público que o faça.

- *Correspondência: art. 837, CC/1916*
- *Art. 1.489, CC*

§ 2º As pessoas, às quais incumbir o registro e a especialização das hipotecas legais, estão sujeitas a perdas e danos pela omissão.

- *Correspondência: art. 845, CC/1916*
- *Arts. 402 a 405, CC*

Art. 1.498. Vale o registro da hipoteca, enquanto a obrigação perdurar; mas a especialização, em completando vinte anos, deve ser renovada.

- *Correspondência: art. 830, CC/1916*
- *Art. 1.485, CC*

SEÇÃO IV – DA EXTINÇÃO DA HIPOTECA

Art. 1.499. A hipoteca extingue-se:

- *Correspondência: art. 849, CC/1916*

I – pela extinção da obrigação principal;

- *Correspondência: 849, I, CC/1916*

II – pelo perecimento da coisa;

- *Correspondência: art. 849, II, CC/1916*
- *Arts. 1.275, IV, e 1.425, § 2º, CC*

III – pela resolução da propriedade;

- *Correspondência: art. 849, II, CC/1916*
- *Arts. 1.359 e 1.360, CC*

IV – pela renúncia do credor;

- *Correspondência: art. 849, III, CC/1916*

V – pela remição;

- *Correspondência: art. 849, IV, CC/1916*
- *Art. 1.481, § 2º, CC*

VI – pela arrematação ou adjudicação.

- *Correspondência: art. 849, VII, CC/1916*
- *Art. 1.501, CC*
- *Arts. 883, 884, 886 a 901 e 903, CPC/2015*

Art. 1.500. Extingue-se ainda a hipoteca com a averbação, no Registro de Imóveis, do cancelamento do registro, à vista da respectiva prova.

- *Correspondência: arts. 850 e 851, CC/1916*
- *Arts. 1º, § 4º, e 16, §§ 1º, c, e 5º, Dec. 3.079/1938 (Regulamento o Dec.-lei 58/1937)*
- *Arts. 251 e 259, Lei 6.015/1973 (Lei de Registros Públicos).*

Art. 1.501. Não extinguirá a hipoteca, devidamente registrada, a arrematação ou adjudicação, sem que tenham sido notificados judicialmente os respectivos credores hipotecários, que não forem de qualquer modo partes na execução.

- *Correspondência: art. 826, CC/1916*
- *Arts. 515, 674, 784, V, 798, e 804, CPC/2015*
- *Art. 119, Dec.-lei 7.661/1945 (Lei de Falências); e art. 142, Lei 11.101/2005 (Lei de Recuperação de Empresas e Falência)*

SEÇÃO V – DA HIPOTECA DE VIAS FÉRREAS

Art. 1.502. As hipotecas sobre as estradas de ferro serão registradas no Município da estação inicial da respectiva linha.

- *Correspondência: art. 852, CC/1916*
- *Arts. 1.473 e 1.494, CC*
- *Dec.-lei 3.109/1941 (Registro de alienações de estradas de ferro)*
- *Art. 171, Lei 6.015/1973 (Lei de Registros Públicos)*

Art. 1.503. Os credores hipotecários não podem embaraçar a exploração da linha, nem contrariar as modificações, que a administração deliberar, no leito da estrada, em suas dependências, ou no seu material.

- *Correspondência: art. 853, CC/1916*

Art. 1.504. A hipoteca será circunscrita à linha ou às linhas especificadas na escritura e ao respectivo material de exploração, no estado em que ao tempo da execução estiverem; mas os credores hipotecários poderão opor-se à venda da estrada, à de suas linhas, de seus ramais ou de parte considerável do material de exploração; bem como à fusão com outra empresa, sempre que com isso a garantia do débito enfraquecer.

- *Correspondência: art. 854, CC/1916*

Art. 1.505. Na execução das hipotecas será intimado o representante da União ou do Estado, para, dentro em quinze dias, remir a estrada de ferro hipotecada, pagando o preço da arrematação ou da adjudicação.

- *Correspondência: art. 855, CC/1916*
- *Art. 22, Dec.-lei 25/1937 (Proteção do patrimônio histórico e artístico)*

CAPÍTULO IV – DA ANTICRESE

Art. 1.506. Pode o devedor ou outrem por ele, com a entrega do imóvel ao credor, ceder-lhe o direito de perceber, em compensação da dívida, os frutos e rendimentos.

- *Correspondência: art. 805, CC/1916*
- *Arts. 165, parágrafo único, 364, 1.225, X, e 1.419 a 1.430, CC*
- *Arts. 515, 674, 784, V, 798, e 804, CPC/2015*
- *Art. 167, I-11, Lei 6.015/1973 (Lei de Registros Públicos)*
- *Art. 17, § 3º, Lei 9.514/1997 (Sistema de Financiamento imobiliário e alienação fiduciária de coisa imóvel)*

§ 1º É permitido estipular que os frutos e rendimentos do imóvel sejam percebidos pelo credor à conta de juros, mas se o seu valor ultrapassar a taxa máxima permitida em lei para as operações financeiras, o remanescente será imputado ao capital.

§ 2º Quando a anticrese recair sobre bem imóvel, este poderá ser hipotecado pelo devedor ao credor anticrético, ou a terceiros, assim como o imóvel hipotecado poderá ser dado em anticrese.

Art. 1.507. O credor anticrético pode administrar os bens dados em anticrese e fruir seus frutos e utilidades, mas deverá apresentar anualmente balanço, exato e fiel, de sua administração.

- *Sem correspondência no CC/1916*
- *Art. 1.509, C*

§ 1º Se o devedor anticrético não concordar com o que se contém no balanço, por ser inexato, ou ruinosa a administração, poderá impugná-lo, e, se o quiser, requerer a transformação em arrendamento, fixando o juiz o valor mensal do aluguel, o qual poderá ser corrigido anualmente.

- *Sem correspondência no CC/1916*

§ 2º O credor anticrético pode, salvo pacto em sentido contrário, arrendar os bens dados em anticrese a terceiro, mantendo, até ser pago, direito de retenção do imóvel, embora o aluguel desse arrendamento não seja vinculativo para o devedor.

- *Correspondência: art. 806, CC/1916*
- *Art. 1.423, CC*

Art. 1.508. O credor anticrético responde pelas deteriorações que, por culpa sua, o imóvel vier a sofrer, e pelos frutos e rendimentos que, por sua negligência, deixar de perceber.

- *Correspondência: art. 807, CC/1916*
- *Art. 569, IV, CC*

Art. 1.509. O credor anticrético pode vindicar os seus direitos contra o adquirente dos bens, os credores quirografários e os hipotecários posteriores ao registro da anticrese.

- *Correspondência: art. 808, CC/1916*
- *Arts. 961 e 1.507, CC*
- *Arts. 102, I, Dec.-lei 7.661/1945 (Lei de Falências); e art. 83, II, Lei 11.101/2005 (Lei de Recuperação de Empresas e Falência)*
- *Art. 125, § 1º, Dec.-lei 7.661/1945 (Lei de Falências); sem correspondência na Lei 11.101/2005 (Lei de Recuperação de Empresas e Falência)*

§ 1º Se executar os bens por falta de pagamento da dívida, ou permitir que outro credor o execute, sem opor o seu direito de retenção ao exequente, não terá preferência sobre o preço.

- *Art. 1.423, CC*

§ 2º O credor anticrético não terá preferência sobre a indenização do seguro, quando o prédio seja destruído, nem, se forem desapropriados os bens, com relação à desapropriação.

- *Art. 1.425, § 1º, CC*

Art. 1.510. O adquirente dos bens dados em anticrese poderá remi-los, antes do vencimento da dívida, pagando a sua totalidade à data do pedido de remição e imitir-se-á, se for o caso, na sua posse.

- *Sem correspondência no CC/1916*

TÍTULO XI – DA LAJE

- *Incluído pela Lei nº 13.465, de 2017*
- *Vide Art. 1.225, CC*
- *Vide arts. 176, § 9º, Lei 6.015/1973*
- *Vide art. 57-A, Lei 10.257/2001*
- *Vide Enunciado 150, II Jornada de Direito Processual Civil*

› *Vide Enunciado 627, VIII Jornada de Direito Civil*
› *Vide Enunciado 669, IX Jornada de Direito Civil*

Art. 1.510-A. O proprietário de uma construção-base poderá ceder a superfície superior ou inferior de sua construção a fim de que o titular da laje mantenha unidade distinta daquela originalmente construída sobre o solo.

› *Incluído pela Lei nº 13.465, de 2017*

§ 1º O direito real de laje contempla o espaço aéreo ou o subsolo de terrenos públicos ou privados, tomados em projeção vertical, como unidade imobiliária autônoma, não contemplando as demais áreas edificadas ou não pertencentes ao proprietário da construção-base.

› *Incluído pela Lei nº 13.465, de 2017*

§ 2º O titular do direito real de laje responderá pelos encargos e tributos que incidirem sobre a sua unidade.

› *Incluído pela Lei nº 13.465, de 2017*

§ 3º Os titulares da laje, unidade imobiliária autônoma constituída em matrícula própria, poderão dela usar, gozar e dispor.

› *Incluído pela Lei nº 13.465, de 2017*

§ 4º A instituição do direito real de laje não implica a atribuição de fração ideal de terreno ao titular da laje ou a participação proporcional em áreas já edificadas.

› *Incluído pela Lei nº 13.465, de 2017*

§ 5º Os Municípios e o Distrito Federal poderão dispor sobre posturas edilícias e urbanísticas associadas ao direito real de laje.

› *Incluído pela Lei nº 13.465, de 2017*

§ 6º O titular da laje poderá ceder a superfície de sua construção para a instituição de um sucessivo direito real de laje, desde que haja autorização expressa dos titulares da construção-base e das demais lajes, respeitadas as posturas edilícias e urbanísticas vigentes.

› *Incluído pela Lei nº 13.465, de 2017*

Art. 1.510-B. É expressamente vedado ao titular da laje prejudicar com obras novas ou com falta de reparação a segurança, a linha arquitetônica ou o arranjo estético do edifício, observadas as posturas previstas em legislação local.

› *Incluído pela Lei nº 13.465, de 2017*

Art. 1.510-C. Sem prejuízo, no que couber, das normas aplicáveis aos condomínios edilícios, para fins do direito real de laje, as despesas necessárias à conservação e fruição das partes que sirvam a todo o edifício e ao pagamento de serviços de interesse comum serão partilhadas entre o proprietário da construção-base e o titular da laje, na proporção que venha a ser estipulada em contrato.

› *Incluído pela Lei nº 13.465, de 2017*

§ 1º São partes que servem a todo o edifício:

› *Incluído pela Lei nº 13.465, de 2017*

I - os alicerces, colunas, pilares, paredes-mestras e todas as partes restantes que constituam a estrutura do prédio;

› *Incluído pela Lei nº 13.465, de 2017*

II - o telhado ou os terraços de cobertura, ainda que destinados ao uso exclusivo do titular da laje;

› *Incluído pela Lei nº 13.465, de 2017*

III - as instalações gerais de água, esgoto, eletricidade, aquecimento, ar condicionado, gás, comunicações e semelhantes que sirvam a todo o edifício; e

› *Incluído pela Lei nº 13.465, de 2017*

IV - em geral, as coisas que sejam afetadas ao uso de todo o edifício.

› *Incluído pela Lei nº 13.465, de 2017*

§ 2º É assegurado, em qualquer caso, o direito de qualquer interessado em promover reparações urgentes na construção na forma do parágrafo único do art. 249 deste Código.

› *Incluído pela Lei nº 13.465, de 2017*

Art. 1.510-D. Em caso de alienação de qualquer das unidades sobrepostas, terão direito de preferência, em igualdade de condições com terceiros, os titulares da construção-base e da laje, nessa ordem, que serão cientificados por escrito para que se manifestem no prazo de trinta dias, salvo se o contrato dispuser de modo diverso.

› *Incluído pela Lei nº 13.465, de 2017*

§ 1º O titular da construção-base ou da laje a quem não se der conhecimento da alienação poderá, mediante depósito do respectivo preço, haver para si a parte alienada a terceiros, se o requerer no prazo decadencial de cento e oitenta dias, contado da data de alienação.

› *Incluído pela Lei nº 13.465, de 2017*

§ 2º Se houver mais de uma laje, terá preferência, sucessivamente, o titular das lajes ascendentes e o titular das lajes descendentes, assegurada a prioridade para a laje mais próxima à unidade sobreposta a ser alienada.

› *Incluído pela Lei nº 13.465, de 2017*

Art. 1.510-E. A ruína da construção-base implica extinção do direito real de laje, salvo:

› *Incluído pela Lei nº 13.465, de 2017*

I - se este tiver sido instituído sobre o subsolo;

› *Incluído pela Lei nº 13.465, de 2017*

II - se a construção-base for reconstruída no prazo de 5 (cinco) anos.

› *Inciso acrescido pela Lei nº 13.465, de 11/7/2017, com redação dada pela Lei nº 14.382, de 27/6/2022*

Parágrafo único. O disposto neste artigo não afasta o direito a eventual reparação civil contra o culpado pela ruína.

› *Incluído pela Lei nº 13.465, de 2017*

LIVRO IV – DO DIREITO DE FAMÍLIA

TÍTULO I – DO DIREITO PESSOAL

SUBTÍTULO I – DO CASAMENTO

CAPÍTULO I – DISPOSIÇÕES GERAIS

Art. 1.511. O casamento estabelece comunhão plena de vida, com base na igualdade de direitos e deveres dos cônjuges.

› *Sem correspondência no CC/1916*
› *Art. 226, § 5º, CF*
› *Arts. 1.565, 1.567, 1.568 e 1.573, CC*

Art. 1.512. O casamento é civil e gratuita a sua celebração.

› *Sem correspondência no CC/1916*
› *Art. 226, § 1º, CF*

Parágrafo único. A habilitação para o casamento, o registro e a primeira certidão serão isentos de selos, emolumentos e custas, para as pessoas cuja pobreza for declarada, sob as penas da lei.

› *Art. 1.515, CC*
› *Arts. 6º e 41, Dec.-lei 3.200/1941 (Organização e proteção da família)*
› *Art. 30, Lei 6.015/1973*
› *Enunciados 9 e 11, I Jornada de Direito Notarial e Registral*

Art. 1.513. É defeso a qualquer pessoa, de direito público ou privado, interferir na comunhão de vida instituída pela família.

› *Sem correspondência no CC/1916*
› *Art. 1.565, § 2º, CF*

Art. 1.514. O casamento se realiza no momento em que o homem e a mulher manifestam, perante o juiz, a sua vontade de estabelecer vínculo conjugal, e o juiz os declara casados.

› *Correspondência: art. 194, CC*
› *Arts. 1.535, 1.538 e 1.542, CC*

Art. 1.515. O casamento religioso, que atender às exigências da lei para a validade do casamento civil, equipara-se a este, desde que registrado no registro próprio, produzindo efeitos a partir da data de sua celebração.

› *Sem correspondência no CC/1916*
› *Art. 226, § 2º, CF*
› *Arts. 1.512 e 1.543, CC*
› *Arts. 1º e 7º, Lei 1.110/1950 (Reconhecimento dos efeitos civis do casamento religioso)*
› *Art. 75, Lei 6.015/1973 (Lei de Registros Públicos)*

Art. 1.516. O registro do casamento religioso submete-se aos mesmos requisitos exigidos para o casamento civil.

› *Sem correspondência no CC/1916*
› *Arts. 72 a 74, Lei 6.015/1973 (Lei de Registros Públicos)*

§ 1º O registro civil do casamento religioso deverá ser promovido dentro de noventa dias de sua realização, mediante comunicação do celebrante ao ofício competente, ou por iniciativa de qualquer interessado, desde que haja sido homologada previamente a habilitação regulada neste Código. Após o referido prazo, o registro dependerá de nova habilitação.

§ 2º O casamento religioso, celebrado sem as formalidades exigidas neste Código, terá efeitos civis se, a requerimento do casal, for registrado, a qualquer tempo, no registro civil, mediante prévia habilitação perante a autoridade competente e observado o prazo do art. 1.532.

› *Arts. 1.525 a 1.532, CC*

§ 3º Será nulo o registro civil do casamento religioso se, antes dele, qualquer dos consorciados houver contraído com outrem casamento civil.

› *Art. 1.521, VI, CC*

CAPÍTULO II – DA CAPACIDADE PARA O CASAMENTO

Art. 1.517. O homem e a mulher com dezesseis anos podem casar, exigindo-se autorização de ambos os pais, ou de seus representantes legais, enquanto não atingida a maioridade civil.

- *Correspondência: arts. 183, XI e XII, e 185, CC/1916*
- *Arts. 5º, caput e parágrafo único, II, 1.519, 1.537, 1.550, I e II, 1.634, 1.690 e 1.747, I, CC*

Parágrafo único. Se houver divergência entre os pais, aplica-se o disposto no parágrafo único do art. 1.631.

- *Correspondência: art. 186, CC/1916*

Art. 1.518. Até a celebração do casamento podem os pais ou tutores revogar a autorização.

- *Redação dada pela Lei nº 13.146, de 2015*

Art. 1.519. A denegação do consentimento, quando injusta, pode ser suprida pelo juiz.

- *Correspondência: art. 188, CC/1916*
- *Art. 148, parágrafo único, c, Lei 8.069/1990 (Estatuto da Criança e do Adolescente)*

Art. 1.520. Não será permitido, em qualquer caso, o casamento de quem não atingiu a idade núbil, observado o disposto no art. 1.517 deste Código.

- *Redação dada pela Lei nº 13.811, de 2019*
- *Arts. 1.550, I, e 1.551, CC*

CAPÍTULO III – DOS IMPEDIMENTOS

Art. 1.521. Não podem casar:

- *Correspondência: art. 183, CC/1916*
- *Arts. 1.529 e 1.723, § 1º, CC*
- *Art. 7º, § 1º, Dec.-lei 4.657/1942 (Lei de Introdução às normas do Direito Brasileiro)*
- *Arts. 236 e 237, CP*

I – os ascendentes com os descendentes, seja o parentesco natural ou civil;

- *Correspondência: art. 183, I, CC/1916*
- *Arts. 1.591 e 1.593, CC*

II – os afins em linha reta;

- *Correspondência: art. 183, II, CC/1916*
- *Arts. 1.591 e 1.595, CC*

III – o adotante com quem foi cônjuge do adotado e o adotado com quem o foi do adotante;

- *Correspondência: art. 183, III, CC/1916*
- *Art. 41, Lei 8.069/1990 (Estatuto da Criança e do Adolescente)*

IV – os irmãos, unilaterais ou bilaterais, e demais colaterais, até o terceiro grau inclusive;

- *Correspondência: art. 183, IV, CC/1916*
- *Art. 1.592, CC*
- *Arts. 1º a 3º, Dec.-lei 3.200/1941 (Organização e proteção da família)*
- *Art. 1º, Lei 5.891/1973 (Exame médico na habilitação de casamento entre colaterais de terceiro grau)*

V – o adotado com o filho do adotante;

- *Correspondência: art. 183, V, CC/1916*
- *Art. 41, Lei 8.069/1990 (Estatuto da Criança e do Adolescente)*

VI – as pessoas casadas;

- *Correspondência: art. 183, VI, CC/1916*
- *Art. 1.723, § 1º, CC*
- *Art. 235, CP*

VII – o cônjuge sobrevivente com o condenado por homicídio ou tentativa de homicídio contra o seu consorte.

- *Correspondência: art. 183, VIII, CC/1916*

Art. 1.522. Os impedimentos podem ser opostos, até o momento da celebração do casamento, por qualquer pessoa capaz.

- *Correspondência: art. 189, III, CC/1916*

Parágrafo único. Se o juiz, ou o oficial de registro, tiver conhecimento da existência de algum impedimento, será obrigado a declará-lo.

- *Correspondência: art. 189, I e II, CC/1916*

CAPÍTULO IV – DAS CAUSAS SUSPENSIVAS

Art. 1.523. Não devem casar:

- *Correspondência: art. 183, CC/1916*
- *Arts. 1.529, 1.641, I, e 1.723, § 2º, CC*
- *Vide Enunciado 139, II Jornada de Prevenção e Solução Extrajudicial de Litígios*

I – o viúvo ou a viúva que tiver filho do cônjuge falecido, enquanto não fizer inventário dos bens do casal e der partilha aos herdeiros;

- *Correspondência: art. 183, XIII, CC/1916*
- *Art. 1.489, II, CC*

II – a viúva, ou a mulher cujo casamento se desfez por ser nulo ou ter sido anulado, até dez meses depois do começo da viuvez, ou da dissolução da sociedade conjugal;

- *Correspondência: art. 183, XIV, CC/1916*
- *Arts. 1.597, II, e 1.598, CC*

III – o divorciado, enquanto não houver sido homologada ou decidida a partilha dos bens do casal;

- *Sem correspondência no CC/1916*

IV – o tutor ou o curador e os seus descendentes, ascendentes, irmãos, cunhados ou sobrinhos, com a pessoa tutelada ou curatelada, enquanto não cessar a tutela ou curatela, e não estiverem saldadas as respectivas contas.

- *Correspondência: art. 183, XV, CC/1916*

Parágrafo único. É permitido aos nubentes solicitar ao juiz que não lhes sejam aplicadas as causas suspensivas previstas nos incisos I, III e IV deste artigo, provando-se a inexistência de prejuízo, respectivamente, para o herdeiro, para o ex-cônjuge e para a pessoa tutelada ou curatelada; no caso do inciso II, a nubente deverá provar nascimento de filho, ou inexistência de gravidez, na fluência do prazo.

- *Sem correspondência no CC/1916*

Art. 1.524. As causas suspensivas da celebração do casamento podem ser arguidas pelos parentes em linha reta de um dos nubentes, sejam consanguíneos ou afins, e pelos colaterais em segundo grau, sejam também consanguíneos ou afins.

- *Correspondência: art. 190, CC/1916*
- *Arts. 1.591 a 1.595, CC*

CAPÍTULO V – DO PROCESSO DE HABILITAÇÃO PARA O CASAMENTO

Art. 1.525. O requerimento de habilitação para o casamento será firmado por ambos os nubentes, de próprio punho, ou, a seu pedido, por procurador, e deve ser instruído com os seguintes documentos:

- *Correspondência: art. 180, caput, CC/1916*
- *Art. 1.542, CC*
- *Art. 7º, § 1º Dec.-lei 4.657/1942 (Lei de Introdução às normas do Direito Brasileiro)*
- *Art. 4º, Lei 1.110/1950 (Reconhecimento dos efeitos civis do casamento religioso)*
- *Arts. 67 a 69, Lei 6.015/1973 (Lei de Registros Públicos)*

I – certidão de nascimento ou documento equivalente;

- *Correspondência: art. 180, I, CC/1916*
- *Arts. 1.517 e 1.550, I e II, CC*

II – autorização por escrito das pessoas sob cuja dependência legal estiverem, ou ato judicial que a supra;

- *Correspondência: art. 180, III, CC/1916*
- *Arts. 1.517, 1.519, 1.550, II, e 1.555, CC*

III – declaração de duas testemunhas maiores, parentes ou não, que atestem conhecê-los e afirmem não existir impedimento que os iniba de casar;

- *Correspondência: art. 180, IV, CC/1916*
- *Art. 228, CC*
- *Art. 342 e 343, CP*

IV – declaração do estado civil, do domicílio e da residência atual dos contraentes e de seus pais, se forem conhecidos;

- *Correspondência: art. 180, II, CC/1916*
- *Art. 1.521, VI, CC*

V – certidão de óbito do cônjuge falecido, de sentença declaratória de nulidade ou de anulação de casamento, transitada em julgado, ou do registro da sentença de divórcio.

- *Correspondência: art. 180,V, CC/1916*
- *Arts. 1.548 a 1.564, CC*

Art. 1.526. A habilitação será feita pessoalmente perante o oficial do Registro Civil, com a audiência do Ministério Público.

- *Artigo com redação determinada pela Lei 12.133/2009 (DOU 18.12.2009), em vigor após decorridos 30 (trinta) dias de sua publicação oficial*
- *Art. 67, § 1º, Lei 6.015/1973 (Lei de Registros Públicos)*

Parágrafo único. Caso haja impugnação do oficial, do Ministério Público ou de terceiro, a habilitação será submetida ao juiz.

- *Incluído pela Lei nº 12.133, de 2009*

Art. 1.527. Estando em ordem a documentação, o oficial extrairá o edital, que se afixará durante quinze dias nas circunscrições do Registro Civil de ambos os nubentes, e, obrigatoriamente, se publicará na imprensa local, se houver.

- *Correspondência: art. 181, caput e § 2º, CC/1916*
- *Arts. 44 e 67, §§ 3º e 4º, Lei 6.015/1973 (Lei de Registros Públicos)*

Parágrafo único. A autoridade competente, havendo urgência, poderá dispensar a publicação.

- *Correspondência: art. 182, parágrafo único, CC/1916*
- *Arts. 1.539 e 1.540, CC*
- *Arts. 67, §§ 3º e 4º, 69 e 76, Lei 6.015/1973 (Lei de Registros Públicos)*

Art. 1.528. É dever do oficial do registro esclarecer os nubentes a respeito dos fatos que podem ocasionar a invalidade do casamento, bem como sobre os diversos regimes de bens.

- *Sem correspondência no CC/1916*
- *Arts. 1.548, 1.550, 1.551, 1.556, 1.558, 1.639 a 1.652 e 1.640, parágrafo único, CC*
- *Art. 28, Lei 6.015/1973 (Lei de Registros Públicos)*

Art. 1.529. Tanto os impedimentos quanto as causas suspensivas serão opostos em declaração escrita e assinada, instruída com as provas do fato alegado, ou com a indicação do lugar onde possam ser obtidas.

- *Correspondência: art. 189, CC/1916*
- *Arts. 1.521 e 1.523, CC*

Art. 1.530. O oficial do registro dará aos nubentes ou a seus representantes nota da oposição, indicando os fundamentos, as provas e o nome de quem a ofereceu.

- *Correspondência: art. 191, CC/1916*
- *Art. 67, § 5º, Lei 6.015/1973 (Lei de Registros Públicos)*

Parágrafo único. Podem os nubentes requerer prazo razoável para fazer prova contrária aos fatos alegados, e promover as ações civis e criminais contra o oponente de má-fé.

Art. 1.531. Cumpridas as formalidades dos arts. 1.526 e 1.527 e verificada a inexistência de fato obstativo, o oficial do registro extrairá o certificado de habilitação.

- *Correspondência: art. 181, § 1º, CC/1916*
- *Art. 2º, Lei 1.110/1950 (Reconhecimento dos efeitos civis no casamento religioso)*
- *Art. 71, Lei 6.015/1973 (Lei de Registros Públicos)*

Art. 1.532. A eficácia da habilitação será de noventa dias, a contar da data em que foi extraído o certificado.

- *Correspondência: art. 181, § 1º, CC/1916*
- *Arts. 2º e 3º, Lei 1.110/1950 (Reconhecimento dos efeitos civis no casamento religioso)*
- *Art. 71, Lei 6.015/1973 (Lei de Registros Públicos)*

CAPÍTULO VI – DA CELEBRAÇÃO DO CASAMENTO

Art. 1.533. Celebrar-se-á o casamento, no dia, hora e lugar previamente designados pela autoridade que houver de presidir o ato, mediante petição dos contraentes, que se mostrem habilitados com a certidão do art. 1.531.

- *Correspondência: art. 192, CC/1916*
- *Arts. 1.542 e 1.726, CC*
- *Arts. 18 e 19, Dec.-lei 4.657/1942 (Lei de Introdução às normas do Direito Brasileiro)*
- *Arts. 238 e 239, CP*
- *Art. 8º, Lei 9.278/1996 (Companheiros – Regula o § 3º do art. 226 da CF)*

Art. 1.534. A solenidade realizar-se-á na sede do cartório, com toda publicidade, a portas abertas, presentes pelo menos duas testemunhas, parentes ou não dos contraentes, ou, querendo as partes e consentindo a autoridade celebrante, noutro edifício público ou particular.

- *Correspondência: art. 193, CC/1916*
- *Art. 228, CC*
- *Art. 70, parágrafo único, Lei 6.015/1973 (Lei de Registros Públicos)*

§ 1º Quando o casamento for em edifício particular, ficará este de portas abertas durante o ato.

§ 2º Serão quatro as testemunhas na hipótese do parágrafo anterior e se algum dos contraentes não souber ou não puder escrever.

Art. 1.535. Presentes os contraentes, em pessoa ou por procurador especial, juntamente com as testemunhas e o oficial do registro, o presidente do ato, ouvida aos nubentes a afirmação de que pretendem casar por livre e espontânea vontade, declarará efetuado o casamento, nestes termos: "De acordo com a vontade que ambos acabais de afirmar perante mim, de vos receberdes por marido e mulher, eu, em nome da lei, vos declaro casados."

- *Correspondência: art. 193, CC/1916*
- *Arts. 1.514, 1.538 e 1.542, CC*

Art. 1.536. Do casamento, logo depois de celebrado, lavrar-se-á o assento no livro de registro. No assento, assinado pelo presidente do ato, pelos cônjuges, as testemunhas, e o oficial do registro, serão exarados:

- *Correspondência: art. 193, CC/1916*
- *Art. 70, Lei 6.015/1973 (Lei de Registros Públicos)*

I – os prenomes, sobrenomes, datas de nascimento, profissão, domicílio e residência atual dos cônjuges;

- *Art. 1.565, § 1º, CC*

II – os prenomes, sobrenomes, datas de nascimento ou de morte, domicílio e residência atual dos pais;

III – o prenome e sobrenome do cônjuge precedente e a data da dissolução do casamento anterior;

IV – a data da publicação dos proclamas e da celebração do casamento;

V – a relação dos documentos apresentados ao oficial do registro;

VI – o prenome, sobrenome, profissão, domicílio e residência atual das testemunhas;

VII – o regime do casamento, com a declaração da data e do cartório em cujas notas foi lavrada a escritura antenupcial, quando o regime não for o da comunhão parcial, ou o obrigatoriamente estabelecido.

- *Art. 1.641, CC*

Art. 1.537. O instrumento da autorização para casar transcrever-se-á integralmente na escritura antenupcial.

- *Correspondência: art. 196, CC/1916*
- *Arts. 215, 220, 1.517, II, 1.634, III, e 1.690, parágrafo único, CC*

Art. 1.538. A celebração do casamento será imediatamente suspensa se algum dos contraentes:

- *Correspondência: art. 197, CC/1916*

I – recusar a solene afirmação da sua vontade;

II – declarar que esta não é livre e espontânea;

III – manifestar-se arrependido.

Parágrafo único. O nubente que, por algum dos fatos mencionados neste artigo, der causa à suspensão do ato, não será admitido a retratar-se no mesmo dia.

Art. 1.539. No caso de moléstia grave de um dos nubentes, o presidente do ato irá celebrá-lo onde se encontrar o impedido, sendo urgente, ainda que à noite, perante duas testemunhas que saibam ler e escrever.

- *Correspondência: art. 198, CC/1916*
- *Art. 1.527, parágrafo único, CC*

§ 1º A falta ou impedimento da autoridade competente para presidir o casamento suprir-se-á por qualquer dos seus substitutos legais, e a do oficial do Registro Civil por outro ad hoc, nomeado pelo presidente do ato.

§ 2º O termo avulso, lavrado pelo oficial ad hoc, será registrado no respectivo registro dentro em cinco dias, perante duas testemunhas, ficando arquivado.

Art. 1.540. Quando algum dos contraentes estiver em iminente risco de vida, não obtendo a presença da autoridade à qual incumba presidir o ato, nem a de seu substituto, poderá o casamento ser celebrado na presença de seis testemunhas, que com os nubentes não tenham parentesco em linha reta, ou, na colateral, até segundo grau.

- *Correspondência: art. 199, II e parágrafo único, CC/1916*
- *Arts. 1.527, parágrafo único, 1.591 e 1.592, CC*
- *Art. 76, Lei 6.015/1973 (Lei de Registros Públicos)*

Art. 1.541. Realizado o casamento, devem as testemunhas comparecer perante a autoridade judicial mais próxima, dentro em dez dias, pedindo que lhes tome por termo a declaração de:

- *Correspondência: art. 200, CC/1916*
- *Art. 76, Lei 6.015/1973 (Lei de Registros Públicos)*

I – que foram convocadas por parte do enfermo;

II – que este parecia em perigo de vida, mas em seu juízo;

III – que, em sua presença, declararam os contraentes, livre e espontaneamente, receber-se por marido e mulher.

§ 1º Autuado o pedido e tomadas as declarações, o juiz procederá às diligências necessárias para verificar se os contraentes podiam ter-se habilitado, na forma ordinária, ouvidos os interessados que o requererem, dentro em quinze dias.

§ 2º Verificada a idoneidade dos cônjuges para o casamento, assim o decidirá a autoridade competente, com recurso voluntário às partes.

§ 3º Se da decisão não se tiver recorrido, ou se ela passar em julgado, apesar dos recursos interpostos, o juiz mandará registrá-la no livro do Registro dos Casamentos.

§ 4º O assento assim lavrado retrotrairá os efeitos do casamento, quanto ao estado dos cônjuges, à data da celebração.

§ 5º Serão dispensadas as formalidades deste e do artigo antecedente, se o enfermo convalescer e puder ratificar o casamento na presença da autoridade competente e do oficial do registro.

Art. 1.542. O casamento pode celebrar-se mediante procuração, por instrumento público, com poderes especiais.

- *Correspondência: art. 201, CC/1916*
- *Art. 657, CC*

§ 1º A revogação do mandato não necessita chegar ao conhecimento do mandatário; mas, celebrado o casamento sem que o mandatário ou o outro contraente tivessem ciência da revogação, responderá o mandante por perdas e danos.

- *Sem correspondência no CC/1916*
- *Arts. 402 a 405 e 1.550, caput, V, e parágrafo único, CC*

§ 2º O nubente que não estiver em iminente risco de vida poderá fazer-se representar no casamento nuncupativo.

- *Sem correspondência no CC/1916*

§ 3º A eficácia do mandato não ultrapassará noventa dias.

- *Sem correspondência no CC/1916*

§ 4º Só por instrumento público se poderá revogar o mandato.

- *Sem correspondência no CC/1916*

CAPÍTULO VII – DAS PROVAS DO CASAMENTO

Art. 1.543. O casamento celebrado no Brasil prova-se pela certidão do registro.

- *Correspondência: art. 202, CC/1916*
- *Arts. 1.515 e 1.516, CC*
- *Arts. 70 e 74, parágrafo único, Lei 6.015/1973 (Lei de Registros Públicos)*

Parágrafo único. Justificada a falta ou perda do registro civil, é admissível qualquer outra espécie de prova.

- *Dec.-lei 7.458/1945 (Prova do casamento das habilitações aos benefícios do seguro social)*

Art. 1.544. O casamento de brasileiro, celebrado no estrangeiro, perante as respectivas autoridades ou os cônsules brasileiros, deverá ser registrado em cento e oitenta dias, a contar da volta de um ou de ambos os cônjuges ao Brasil, no cartório do respectivo domicílio, ou, em sua falta, no 1º Ofício da Capital do Estado em que passarem a residir.

- *Correspondência: art. 204, CC/1916*
- *Arts. 13, 18 e 19, Dec.-lei 4.657/1942 (Lei de Introdução às normas do Direito Brasileiro)*
- *Art. 32, Lei 6.015/1973 (Lei de Registros Públicos)*

Art. 1.545. O casamento de pessoas que, na posse do estado de casadas, não possam manifestar vontade, ou tenham falecido, não se pode contestar em prejuízo da prole comum, salvo mediante certidão do Registro Civil que prove que já era casada alguma delas, quando contraiu o casamento impugnado.

- *Correspondência: art. 203, CC/1916*

Art. 1.546. Quando a prova da celebração legal do casamento resultar de processo judicial, o registro da sentença no livro do Registro Civil produzirá, tanto no que toca aos cônjuges como no que respeita aos filhos, todos os efeitos civis desde a data do casamento.

- *Correspondência: art. 205, CC/1916*

Art. 1.547. Na dúvida entre as provas favoráveis e contrárias, julgar-se-á pelo casamento, se os cônjuges, cujo casamento se impugna, viverem ou tiverem vivido na posse do estado de casados.

- *Correspondência: art. 206, CC/1916*

CAPÍTULO VIII – DA INVALIDADE DO CASAMENTO

Art. 1.548. É nulo o casamento contraído:

- *Correspondência: art. 207, CC/1916*
- *Art. 1.596, CC*
- *Art. 8º, Lei 1.110/1950 (Reconhecimento dos efeitos civis no casamento religioso)*

I – *(Revogado pela Lei nº 13.146, de 2015)*

II – por infringência de impedimento.

- *Arts. 1.521 e 1.561, CC*

Art. 1.549. A decretação de nulidade de casamento, pelos motivos previstos no artigo antecedente, pode ser promovida mediante ação direta, por qualquer interessado, ou pelo Ministério Público.

- *Correspondência: art. 208, parágrafo único, CC/1916*

Art. 1.550. É anulável o casamento:

- *Correspondência: art. 209, CC/1916*
- *Art. 1.561, CC*
- *Art. 8º, Lei 1.110/1950 (Reconhecimento dos efeitos civis no casamento religioso)*

I – de quem não completou a idade mínima para casar;

- *Correspondência: art. 183, XII, CC/1916*
- *Arts. 1.517, 1.520 e 1.551, CC*

II – do menor em idade núbil, quando não autorizado por seu representante legal;

- *Correspondência: art. 183, XI, CC/1916*
- *Arts. 1.517, 1.519 e 1.555, CC*

III – por vício da vontade, nos termos dos arts. 1.556 a 1.558;

- *Correspondência: art. 183, XI, 1ª parte, CC/1916*

IV – do incapaz de consentir ou manifestar, de modo inequívoco, o consentimento;

- *Correspondência: art. 183, XI, 2ª parte, CC/1916*
- *Arts. 3º e 4º, II e III, e 1.560, I, CC*

V – realizado pelo mandatário, sem que ele ou o outro contraente soubesse da revogação do mandato, e não sobrevindo coabitação entre os cônjuges;

- *Sem correspondência no CC/1916*
- *Arts. 1.542 e 1.560, § 2º, CC*

VI – por incompetência da autoridade celebrante.

- *Correspondência: art. 208, caput, 1ª parte, CC/1916*
- *Arts. 1.554 e 1.560, II, CC*

§ 1º. Equipara-se à revogação a invalidade do mandato judicialmente decretada.

- *Redação dada pela Lei nº 13.146, de 2015*

§ 2º A pessoa com deficiência mental ou intelectual em idade núbia poderá contrair matrimônio, expressando sua vontade diretamente ou por meio de seu responsável ou curador.

- *Incluído pela Lei nº 13.146, de 2015*

Art. 1.551. Não se anulará, por motivo de idade, o casamento de que resultou gravidez.

- *Correspondência: art. 215, CC/1916*
- *Arts. 1.517, 1.520 e 1.550, I e II, CC*

Art. 1.552. A anulação do casamento dos menores de dezesseis anos será requerida:

- *Correspondência: art. 213, CC/1916*
- *Arts. 1.551, 1.555 e 1.560, § 1º, CC*

I – pelo próprio cônjuge menor;

- *Correspondência: art. 213, I, CC/1916*

II – por seus representantes legais;

- *Correspondência: art. 213, II, CC/1916*

III – por seus ascendentes.

- *Correspondência: art. 213, III, CC/1916*

Art. 1.553. O menor que não atingiu a idade núbil poderá, depois de completá-la, confirmar seu casamento, com a autorização de seus representantes legais, se necessária, ou com suprimento judicial.

- *Correspondência: art. 211, CC/1916*
- *Arts. 1.517 e 1.519, CC*

Art. 1.554. Subsiste o casamento celebrado por aquele que, sem possuir a competência exigida na lei, exercer publicamente as funções de juiz de casamentos e, nessa qualidade, tiver registrado o ato no Registro Civil.

- *Sem correspondência no CC/1916*
- *Art. 1.550, VI, CC*

Art. 1.555. O casamento do menor em idade núbil, quando não autorizado por seu representante legal, só poderá ser anulado se a ação for proposta em cento e oitenta dias, por iniciativa do incapaz, ao deixar de sê-lo, de seus representantes legais ou de seus herdeiros necessários.

- *Correspondência: arts. 178, § 5º, III, e 210, II e III, CC/1916*
- *Arts. 1.517, 1.550, II, 1.551 e 1.560, I, CC*

§ 1º O prazo estabelecido neste artigo será contado do dia em que cessou a incapacidade, no primeiro caso; a partir do casamento, no segundo; e, no terceiro, da morte do incapaz.

- *Correspondência: art. 178, § 5º, III, CC/1916*

§ 2º Não se anulará o casamento quando à sua celebração houverem assistido os representantes legais do incapaz, ou tiverem, por qualquer modo, manifestado sua aprovação.

- *Sem correspondência no CC/1916*

Art. 1.556. O casamento pode ser anulado por vício da vontade, se houve por parte de um dos nubentes, ao consentir, erro essencial quanto à pessoa do outro.

- *Correspondência: art. 218, CC/1916*
- *Arts. 138, 139, II, e 1.557, CC*
- *Art. 236, CP*

Art. 1.557. Considera-se erro essencial sobre a pessoa do outro cônjuge:

- *Correspondência: art. 219, CC/1916*
- *Arts. 139, II, e 1.560, III, CC*

I – o que diz respeito à sua identidade, sua honra e boa fama, sendo esse erro tal que o seu conhecimento ulterior torne insuportável a vida em comum ao cônjuge enganado;

- *Correspondência: art. 219, I, CC/1916*

II – a ignorância de crime, anterior ao casamento, que, por sua natureza, torne insuportável a vida conjugal;

- *Correspondência: art. 219, II, CC/1916*

III – a ignorância, anterior ao casamento, de defeito físico irremediável que não caracterize deficiência ou de moléstia grave e transmissível, por contágio ou por herança, capaz de pôr em risco a saúde do outro cônjuge ou de sua descendência;

- *Redação dada pela Lei nº 13.146, de 2015*

IV – *(Revogado pela Lei nº 13.146, de 2015)*

Art. 1.558. É anulável o casamento em virtude de coação, quando o consentimento de um ou de ambos os cônjuges houver sido captado mediante fundado temor de mal considerável e iminente para a vida, a saúde e a honra, sua ou de seus familiares.

- *Sem correspondência no CC/1916*
- *Arts. 151 a 155, CC*
- *Art. 147, CP*

Art. 1.559. Somente o cônjuge que incidiu em erro, ou sofreu coação, pode demandar a anulação do casamento; mas a coabitação, havendo ciência do vício, valida o ato, ressalvadas as hipóteses dos incisos III e IV do art. 1.557.

- *Correspondência: art. 210, I, CC/1916*
- *Arts. 138, 139, II, 151 a 155, 1.557, 1.558 e 1.560, IV, CC*

Art. 1.560. O prazo para ser intentada a ação de anulação do casamento, a contar da data da celebração, é de:

- *Correspondência: art. 178, CC/1916*

I – cento e oitenta dias, no caso do inciso IV do art. 1.550;

- *Correspondência: art. 178, § 5º, II, CC/1916*

II – dois anos, se incompetente a autoridade celebrante;

- *Correspondência: art. 208, caput, CC/1916*
- *Arts. 1.550, VI, e 1.554, CC*

III – três anos, nos casos dos incisos I a IV do art. 1.557;

- *Correspondência: art. 178, § 7º, CC/1916*
- *Arts. 1.558 e 1.559, CC*

IV – quatro anos, se houver coação.

- *Sem correspondência no CC/1916*
- *Arts. 1.558 e 1.559, CC*

§ 1º Extingue-se, em cento e oitenta dias, o direito de anular o casamento dos menores de dezesseis anos, contado o prazo para o menor do dia em que perfez essa idade; e da data do casamento, para seus representantes legais ou ascendentes.

- *Correspondência: art. 178, § 5º, III, CC/1916*
- *Arts. 1.517 e 1.552, CC*

§ 2º Na hipótese do inciso V do art. 1.550, o prazo para anulação do casamento é de cento e oitenta dias, a partir da data em que o mandante tiver conhecimento da celebração.

- *Sem correspondência no CC/1916*
- *Art. 1.550, parágrafo único, CC*

Art. 1.561. Embora anulável ou mesmo nulo, se contraído de boa-fé por ambos os cônjuges, o casamento, em relação a estes como aos filhos, produz todos os efeitos até o dia da sentença anulatória.

- *Correspondência: art. 221, caput, CC/1916*
- *Art. 227, § 6º, CF*
- *Arts. 1.596 e 1.617, CC*
- *Art. 20, Lei 8.069/1990 (Estatuto da Criança e do Adolescente)*

§ 1º Se um dos cônjuges estava de boa-fé ao celebrar o casamento, os seus efeitos civis só a ele e aos filhos aproveitarão.

- *Correspondência: art. 221, parágrafo único, CC/1916*
- *Art. 1.564, CC*

§ 2º Se ambos os cônjuges estavam de má-fé ao celebrar o casamento, os seus efeitos civis só aos filhos aproveitarão.

- *Sem correspondência no CC/1916*
- *Art. 14, parágrafo único, Lei 6.515/1977 (Dissolução da sociedade conjugal e do casamento)*

Art. 1.562. Antes de mover a ação de nulidade do casamento, a de anulação, a de separação judicial, a de divórcio direto ou a de dissolução de união estável, poderá requerer a parte, comprovando sua necessidade, a separação de corpos, que será concedida pelo juiz com a possível brevidade.

- *Correspondência: art. 223, CC/1916*
- *Arts. 1.575, 1.580 e 1.585, CC*
- *Arts. 7º, § 1º, e 8º, Lei 6.515/1977 (Dissolução da sociedade conjugal e do casamento)*

Art. 1.563. A sentença que decretar a nulidade do casamento retroagirá à data da sua celebração, sem prejudicar a aquisição de direitos, a título oneroso, por terceiros de boa-fé, nem a resultante de sentença transitada em julgado.

- *Sem correspondência no CC/1916*

Art. 1.564. Quando o casamento for anulado por culpa de um dos cônjuges, este incorrerá:

- *Correspondência: art. 232, CC/1916*

I – na perda de todas as vantagens havidas do cônjuge inocente;

- *Art. 1.561, § 1º, CC*

II – na obrigação de cumprir as promessas que lhe fez no contrato antenupcial.

- *Arts. 1.653 a 1.657, CC*

CAPÍTULO IX – DA EFICÁCIA DO CASAMENTO

Art. 1.565. Pelo casamento, homem e mulher assumem mutuamente a condição de consortes, companheiros e responsáveis pelos encargos da família.

- *Correspondência: art. 240, caput, CC/1916*
- *Art. 226, § 5º, CF*
- *Arts. 1.511, 1.567 e 1.568, CC*
- *Art. 83, Lei 8.112/1990 (Regime jurídico único dos servidores públicos civis da União)*

§ 1º Qualquer dos nubentes, querendo, poderá acrescer ao seu o sobrenome do outro.

- *Correspondência: art. 240, parágrafo único, CC/1916*
- *Arts. 1.571, § 2º, e 1.578, CC*
- *Arts. 55 e seguintes, LRP*
- *Enunciado 120, II Jornada de Prevenção e Solução Extrajudicial de Litígios*

§ 2º O planejamento familiar é de livre decisão do casal, competindo ao Estado propiciar recursos educacionais e financeiros para o exercício desse direito, vedado qualquer tipo de coerção por parte de instituições privadas ou públicas.

- *Sem correspondência no CC/1916*
- *Art. 226, §§ 5º e 7º, CF*
- *Art. 1.513, CC*
- *Lei 9.263/1996 (Planejamento familiar)*

Art. 1.566. São deveres de ambos os cônjuges:

- *Correspondência: art. 231, CC/1916*
- *Art. 226, § 5º, CF*
- *Arts. 1.511, 1.572, 1.573 e 1.724, CC*
- *Art. 5º, Lei 6.515/1977 (Dissolução da sociedade conjugal e do casamento)*

I – fidelidade recíproca;

- *Correspondência: art. 231, I, CC/1916*
- *Art. 1.573, CC*

II – vida em comum, no domicílio conjugal;

- *Correspondência: art. 231, II, CC/1916*
- *Arts. 1.562, 1.569 e 1.573, IV, CC*

III – mútua assistência;

- *Correspondência: art. 231, III, CC/1916*
- *Arts. 1.568 e 1.694, CC*
- *Art. 244, CP*

IV – sustento, guarda e educação dos filhos;

- *Correspondência: art. 231, IV, CC/1916*
- *Arts. 227 e 229, CF*
- *Arts. 1.658, 1.634, I e II, e 1.638, CC*
- *Arts. 244 a 247, CP*
- *Art. 22, Lei 8.069/1990 (Estatuto da Criança e do Adolescente)*

V – respeito e consideração mútuos.

- *Sem correspondência no CC/1916*
- *Art. 1.573, CC*

Art. 1.567. A direção da sociedade conjugal será exercida, em colaboração, pelo marido e pela mulher, sempre no interesse do casal e dos filhos.

- *Correspondência: art. 233, 1ª parte, CC/1916*
- *Art. 226, § 5º, CF*
- *Arts. 1.642, 1.643, 1.647 e 1.651, CC*

Parágrafo único. Havendo divergência, qualquer dos cônjuges poderá recorrer ao juiz, que decidirá tendo em consideração aqueles interesses.

- *Correspondência: art. 245, CC/1916*
- *Art. 1.648, CC*
- *Arts. 73 e 74, CPC/2015*

Art. 1.568. Os cônjuges são obrigados a concorrer, na proporção de seus bens e dos rendimentos do trabalho, para o sustento da família e a educação dos filhos, qualquer que seja o regime patrimonial.

- *Correspondência: arts. 233, 2ª parte, IV, e 277, CC/1916*
- *Art. 226, § 5º, CF*
- *Arts. 1.565, 1.566, III e IV, e 1.688, CC*

Art. 1.569. O domicílio do casal será escolhido por ambos os cônjuges, mas um e outro podem ausentar-se do domicílio conjugal para atender a encargos públicos, ao exercício de sua profissão, ou a interesses particulares relevantes.

- *Correspondência: art. 233, 2ª parte, III, CC/1916*
- *Art. 226, § 5º, CF*
- *Arts. 72 e 1.573, IV, CC*

Art. 1.570. Se qualquer dos cônjuges estiver em lugar remoto ou não sabido, encarcerado por mais de cento e oitenta dias, interditado judicialmente ou privado, episodicamente, de consciência, em virtude de enfermidade ou de acidente, o outro exercerá com exclusividade a direção da família, cabendo-lhe a administração dos bens.

- *Correspondência: art. 251, CC/1916*
- *Arts. 25, 1.647 a 1.651 e 1.775, CC*

CAPÍTULO X – DA DISSOLUÇÃO DA SOCIEDADE E DO VÍNCULO CONJUGAL

Art. 1.571. A sociedade conjugal termina:

- *Sem correspondência no CC/1916*
- *Arts. 2º, 17 e 18, Lei 6.515/1977 (Dissolução da sociedade conjugal e do casamento)*

I – pela morte de um dos cônjuges;

- *Arts. 6º e 7º, CC*

II – pela nulidade ou anulação do casamento;

- *Arts. 1.548 a 1.564, CC*

III – pela separação judicial;

- *Arts. 980, 1.027 e 1.572 a 1.578, CC*
- *Arts. 3º a 23, Lei 6.515/1977 (Dissolução da sociedade conjugal e do casamento)*

IV – pelo divórcio.

- *Arts. 1.579 a 1.582, CC*
- *Arts. 24 a 33, Lei 6.515/1977 (Dissolução da sociedade conjugal e do casamento)*

§ 1º O casamento válido só se dissolve pela morte de um dos cônjuges ou pelo divórcio, aplicando-se a presunção estabelecida neste Código quanto ao ausente.

- *Arts. 22 a 39, CC*

§ 2º Dissolvido o casamento pelo divórcio direto ou por conversão, o cônjuge poderá manter o nome de casado; salvo, no segundo caso, dispondo em contrário a sentença de separação judicial.

- *Arts. 1.565, § 1º, e 1.578, CC*

Art. 1.572. Qualquer dos cônjuges poderá propor a ação de separação judicial, imputando ao outro qualquer ato que importe grave violação dos deveres do casamento e torne insuportável a vida em comum.

- *Sem correspondência no CC/1916*
- *Arts. 1.566, 1.573 e 1.724, CC*
- *Art. 5º, Lei 6.515/1977 (Dissolução da sociedade conjugal e do casamento)*

§ 1º A separação judicial pode também ser pedida se um dos cônjuges provar ruptura da vida em comum há mais de um ano e a impossibilidade de sua reconstituição.

§ 2º O cônjuge pode ainda pedir a separação judicial quando o outro estiver acometido de doença mental grave, manifestada após o casamento, que torne impossível a continuação da vida em comum, desde que, após uma duração de dois anos, a enfermidade tenha sido reconhecida de cura improvável.

- *Enunciado 120, II Jornada de Prevenção e Solução Extrajudicial de Litígios*

§ 3º No caso do parágrafo 2º, reverterão ao cônjuge enfermo, que não houver pedido a separação judicial, os remanescentes dos bens que levou para o casamento, e se o regime dos bens adotado o permitir, a meação dos adquiridos na constância da sociedade conjugal.

Art. 1.573. Podem caracterizar a impossibilidade da comunhão de vida a ocorrência de algum dos seguintes motivos:

- *Sem correspondência no CC/1916*
- *Arts. 1.566, 1.572, §§ 1º e 2º, e 1.724, CC*

I – adultério;

- *A Lei 11.106/2005 revogou o artigo 240 do Código Penal que tratava do crime de adultério*

II – tentativa de morte;

III – sevícia ou injúria grave;

IV – abandono voluntário do lar conjugal, durante um ano contínuo;

V – condenação por crime infamante;

VI – conduta desonrosa.

Parágrafo único. O juiz poderá considerar outros fatos que tornem evidente a impossibilidade da vida em comum.

Art. 1.574. Dar-se-á a separação judicial por mútuo consentimento dos cônjuges se forem casados por mais de um ano e o manifestarem perante o juiz, sendo por ele devidamente homologada a convenção.

- *Sem correspondência no CC/1916*
- *Arts. 1.120 a 1.124, CC*
- *Arts. 4º e 34, § 2º, Lei 6.515/1977 (Dissolução da sociedade conjugal e do casamento)*

Parágrafo único. O juiz pode recusar a homologação e não decretar a separação judicial se apurar que a convenção não preserva suficientemente os interesses dos filhos ou de um dos cônjuges.

Art. 1.575. A sentença de separação judicial importa a separação de corpos e a partilha de bens.

- *Sem correspondência no CC/1916*
- *Arts. 980, 1.562, 1.572, § 3º, 1.576, 1.580, 1.581, 1.585 e 1.639 a 1.688, CC*
- *Art. 7º, Lei 6.515/1977 (Dissolução da sociedade conjugal e do casamento)*

Parágrafo único. A partilha de bens poderá ser feita mediante proposta dos cônjuges e homologada pelo juiz ou por este decidida.

Art. 1.576. A separação judicial põe termo aos deveres de coabitação e fidelidade recíproca e ao regime de bens.

- *Sem correspondência no CC/1916*
- *Arts. 1.566, I e II, e 1.639 a 1.688, CC*
- *Art. 3º, caput e § 1º, Lei 6.515/1977 (Dissolução da sociedade conjugal e do casamento)*

Parágrafo único. O procedimento judicial da separação caberá somente aos cônjuges, e, no caso de incapacidade, serão representados pelo curador, pelo ascendente ou pelo irmão.

- *Arts. 3º, II e III, 4º, II, 1.767, I a III, e 1.780, CC*

Art. 1.577. Seja qual for a causa da separação judicial e o modo como esta se faça, é lícito aos cônjuges restabelecer, a todo tempo, a sociedade conjugal, por ato regular em juízo.

- *Sem correspondência no CC/1916*
- *Art. 46, Lei 6.515/1977 (Dissolução da sociedade conjugal e do casamento)*

Parágrafo único. A reconciliação em nada prejudicará o direito de terceiros, adquirido antes e durante o estado de separado, seja qual for o regime de bens.

- *Arts. 29, § 1º, a, 101, 107, § 2º, e 167, II-10, Lei 6.015/1973 (Lei de Registros Públicos)*

Art. 1.578. O cônjuge declarado culpado na ação de separação judicial perde o direito de usar o sobrenome do outro, desde que expressamente requerido pelo cônjuge inocente e se a alteração não acarretar:

- *Sem correspondência no CC/1916*
- *Arts. 1.565, § 1º, e 1.571, § 2º, CC*
- *Arts. 17, 18 e 25, parágrafo único, Lei 6.515/1977 (Dissolução da sociedade conjugal e do casamento)*

I – evidente prejuízo para a sua identificação;

II – manifesta distinção entre o seu nome de família e o dos filhos havidos da união dissolvida;

III – dano grave reconhecido na decisão judicial.

§ 1º O cônjuge inocente na ação de separação judicial poderá renunciar, a qualquer momento, ao direito de usar o sobrenome do outro.

§ 2º Nos demais casos caberá a opção pela conservação do nome de casado.

Art. 1.579. O divórcio não modificará os direitos e deveres dos pais em relação aos filhos.

- *Sem correspondência no CC/1916*
- *Art. 27, Lei 6.515/1977 (Dissolução da sociedade conjugal e do casamento)*

Parágrafo único. Novo casamento de qualquer dos pais, ou de ambos, não poderá importar restrições aos direitos e deveres previstos neste artigo.

Art. 1.580. Decorrido um ano do trânsito em julgado da sentença que houver decretado a separação judicial, ou da decisão concessiva da medida cautelar de separação de corpos, qualquer das partes poderá requerer sua conversão em divórcio.

- *Emenda Constitucional n. 66/2010 (Dissolução do casamento civil pelo divórcio)*
- *Art. 226, § 5º, CF*
- *Sem correspondência no CC/1916*
- *Arts. 1.562, 1.571, IV, e 1.575, CC*
- *Art. 7º, § 6º, Dec.-lei 4.657/1942 (Lei de Introdução às normas do Direito Brasileiro)*
- *Arts. 25, caput, e 40, caput, Lei 6.515/1977 (Dissolução da sociedade conjugal e do casamento)*

§ 1º A conversão em divórcio da separação judicial dos cônjuges será decretada por sentença, da qual não constará referência à causa que a determinou.

§ 2º O divórcio poderá ser requerido, por um ou por ambos os cônjuges, no caso de comprovada separação de fato por mais de dois anos.

Art. 1.581. O divórcio pode ser concedido sem que haja prévia partilha de bens.

- *Sem correspondência no CC/1916*
- *Arts. 1.523, caput, III, e parágrafo único, 1.575 e 1.576, CC*
- *Art. 731, I e parágrafo único, CPC/2015*
- *Art. 31, Lei 6.515/1977 (Dissolução da sociedade conjugal e do casamento)*
- *Súmula 197, STJ*

Art. 1.582. O pedido de divórcio somente competirá aos cônjuges.

- *Sem correspondência no CC/1916*
- *Art. 24, parágrafo único, Lei 6.515/1977 (Dissolução da sociedade conjugal e do casamento)*

Parágrafo único. Se o cônjuge for incapaz para propor a ação ou defender-se, poderá fazê-lo o curador, o ascendente ou o irmão.

CAPÍTULO XI – DA PROTEÇÃO DA PESSOA DOS FILHOS

Art. 1.583. A guarda será unilateral ou compartilhada. *(Redação dada pela Lei nº 11.698, de 2008).*

- *Sem correspondência no CC/1916*
- *Arts. 1.589 e 1.590, CC*
- *Art. 9º, Lei 6.515/1977 (Dissolução da sociedade conjugal e do casamento)*

§ 1º Compreende-se por guarda unilateral a atribuída a um só dos genitores ou a alguém que o substitua (art. 1.584, § 5º) e, por guarda compartilhada a responsabilização conjunta e o exercício de direitos e deveres do pai e da mãe que não vivam sob o mesmo teto, concernentes ao poder familiar dos filhos comuns. *(Incluído pela Lei nº 11.698, de 2008).*

§ 2º Na guarda compartilhada, o tempo de convívio com os filhos deve ser dividido de forma equilibrada com a mãe e com o pai, sempre tendo em vista as condições fáticas e os interesses dos filhos.

- *Redação dada pela Lei nº 13.058, de 2014*

I a III – *(Revogados pela Lei nº 13.058, de 2014)*

§ 3º Na guarda compartilhada, a cidade considerada base de moradia dos filhos será aquela que melhor atender aos interesses dos filhos.

- *Redação dada pela Lei nº 13.058, de 2014*

§ 4º (VETADO) . *(Incluído pela Lei nº 11.698, de 2008).*

§ 5º A guarda unilateral obriga o pai ou a mãe que não a detenha a supervisionar os interesses dos filhos, e, para possibilitar tal supervisão, qualquer dos genitores sempre será parte legítima para solicitar informações e/ou prestação de contas, objetivas ou subjetivas, em assuntos ou situações que direta ou indiretamente afetem a saúde física e psicológica e a educação de seus filhos.

- *Incluído pela Lei nº 13.058, de 2014*

Art. 1.584. A guarda, unilateral ou compartilhada, poderá ser:

- *Artigo com redação determinada pela Lei 11.698/2008 (DOU 16.06.2008), em vigor 60 (sessenta) dias após a data de sua publicação*
- *Sem correspondência no CC/1916*
- *Arts. 1.589 e 1.612, CC*
- *Art. 10, Lei 6.515/1977 (Dissolução da sociedade conjugal e do casamento)*

I – requerida, por consenso, pelo pai e pela mãe, ou por qualquer deles, em ação autônoma de separação, de divórcio, de dissolução de união estável ou em medida cautelar;

- *Inciso I acrescentado pela Lei 11.698/2008*

II – decretada pelo juiz, em atenção a necessidades específicas do filho, ou em razão da distribuição de tempo necessário ao convívio deste com o pai e com a mãe.

- *Inciso II acrescentado pela Lei 11.698/2008*

§ 1º Na audiência de conciliação, o juiz informará ao pai e à mãe o significado da guarda compartilhada, a sua importância, a similitude de deveres e direitos atribuídos aos genitores e as sanções pelo descumprimento de suas cláusulas.

- *§ 1º acrescentado pela Lei 11.698/2008*

§ 2º Quando não houver acordo entre a mãe e o pai quanto à guarda do filho, encontrando-se ambos os genitores aptos a exercer o poder familiar, será aplicada a guarda compartilhada, salvo se um dos genitores declarar ao magistrado que não deseja a guarda da criança ou do adolescente ou quando houver elementos que evidenciem a probabilidade de risco de violência doméstica ou familiar.

- *Redação dada pela Lei nº 14.713, de 2023*

§ 3º Para estabelecer as atribuições do pai e da mãe e os períodos de convivência sob guarda compartilhada, o juiz, de ofício ou a requerimento do Ministério Público, poderá basear-se em orientação técnico-profissional ou de equipe interdisciplinar, que deverá visar à divisão equilibrada do tempo com o pai e com a mãe.

- *Redação dada pela Lei nº 13.058, de 2014*

§ 4º A alteração não autorizada ou o descumprimento imotivado de cláusula de guarda unilateral ou compartilhada poderá implicar a redução de prerrogativas atribuídas ao seu detentor. *Redação dada pela Lei nº 13.058, de 2014*

§ 5º Se o juiz verificar que o filho não deve permanecer sob a guarda do pai ou da mãe, deferirá a guarda a pessoa que revele compatibilidade com a natureza da medida, considerados, de preferência, o grau de parentesco e as relações de afinidade e afetividade.

- *Redação dada pela Lei nº 13.058, de 2014*

§ 6º Qualquer estabelecimento público ou privado é obrigado a prestar informações a qualquer dos genitores sobre os filhos destes, sob pena de multa de R$ 200,00 (duzentos reais) a R$ 500,00 (quinhentos reais) por dia pelo não atendimento da solicitação.

- *Incluído pela Lei nº 13.058, de 2014*

Art. 1.585. Em sede de medida cautelar de separação de corpos, em sede de medida cautelar de guarda ou em outra sede de fixação liminar de guarda, a decisão sobre guarda de filhos, mesmo que provisória, será proferida preferencialmente após a oitiva de ambas as partes perante o juiz, salvo se a proteção aos interesses dos filhos exigir a concessão de liminar sem a oitiva da outra parte, aplicando-se as disposições do art. 1.584.

- *Sem correspondência no CC/1916*
- *Redação dada pela Lei nº 13.058, de 2014*
- *Art. 1.562, CC*

Art. 1.586. Havendo motivos graves, poderá o juiz, em qualquer caso, a bem dos filhos, regular de maneira diferente da estabelecida nos artigos antecedentes a situação deles para com os pais.

- *Sem correspondência no CC/1916*
- *Art. 13, Lei 6.515/1977 (Dissolução da sociedade conjugal e do casamento)*

Art. 1.587. No caso de invalidade do casamento, havendo filhos comuns, observar-se-á o disposto nos arts. 1.584 e 1.586.

- *Sem correspondência no CC/1916*
- *Arts. 1.548 a 1.564, CC*
- *Art. 14, caput, Lei 6.515/1977 (Dissolução da sociedade conjugal e do casamento)*

Art. 1.588. O pai ou a mãe que contrair novas núpcias não perde o direito de ter consigo os filhos, que só lhe poderão ser retirados por mandado judicial, provado que não são tratados convenientemente.

- *Correspondência: art. 329, CC/1916*
- *Art. 1.636, CC*

Art. 1.589. O pai ou a mãe, em cuja guarda não estejam os filhos, poderá visitá-los e tê-los em sua companhia, segundo o que acordar com o outro cônjuge, ou for fixado pelo juiz, bem como fiscalizar sua manutenção e educação.

- *Sem correspondência no CC/1916*
- *Art. 15, Lei 6.515/1977 (Dissolução da sociedade conjugal e do casamento)*

Parágrafo único. O direito de visita estende-se a qualquer dos avós, a critério do juiz, observados os interesses da criança ou do adolescente.

- *Parágrafo único acrescentado pela Lei 12.398/2011*

Art. 1.590. As disposições relativas à guarda e prestação de alimentos aos filhos menores estendem-se aos maiores incapazes.

- *Sem correspondência no CC/1916*
- *Arts. 3º, II e III, e 4º, II e III, CC*
- *Art. 16, Lei 6.515/1977 (Dissolução da sociedade conjugal e do casamento)*

SUBTÍTULO II – DAS RELAÇÕES DE PARENTESCO

CAPÍTULO I – DISPOSIÇÕES GERAIS

Art. 1.591. São parentes em linha reta as pessoas que estão umas para com as outras na relação de ascendentes e descendentes.

- *Correspondência: art. 330, CC/1916*

Art. 1.592. São parentes em linha colateral ou transversal, até o quarto grau, as pessoas provenientes de um só tronco, sem descenderem uma da outra.

- *Correspondência: art. 331, CC/1916*

Art. 1.593. O parentesco é natural ou civil, conforme resulte de consanguinidade ou outra origem.

- *Sem correspondência no CC/1916*

Art. 1.594. Contam-se, na linha reta, os graus de parentesco pelo número de gerações, e, na colateral, também pelo número delas, subindo de um dos parentes até ao ascendente comum, e descendo até encontrar o outro parente.

- *Correspondência: art. 333, CC/1916*

Art. 1.595. Cada cônjuge ou companheiro é aliado aos parentes do outro pelo vínculo da afinidade.

- *Correspondência: art. 334, CC/1916*

§ 1º O parentesco por afinidade limita-se aos ascendentes, aos descendentes e aos irmãos do cônjuge ou companheiro.

- *Sem correspondência no CC/1916*

§ 2º Na linha reta, a afinidade não se extingue com a dissolução do casamento ou da união estável.

- *Correspondência: art. 335, CC/1916*

CAPÍTULO II – DA FILIAÇÃO

Art. 1.596. Os filhos, havidos ou não da relação de casamento, ou por adoção, terão os mesmos direitos e qualificações, proibidas quaisquer designações discriminatórias relativas à filiação.

- *Sem correspondência no CC/1916*
- *Art. 227, § 6º, CF*
- *Art. 20, Lei 8.069/1990 (Estatuto da Criança e do Adolescente)*

Art. 1.597. Presumem-se concebidos na constância do casamento os filhos:

- *Correspondência: art. 338, CC/1916*
- *Vide Enunciado 7, I Jornada de Direito Notarial e Registral*

I – nascidos cento e oitenta dias, pelo menos, depois de estabelecida a convivência conjugal;

- *Correspondência: art. 338, I, CC/1916*
- *Art. 1.598, CC*

II – nascidos nos trezentos dias subsequentes à dissolução da sociedade conjugal, por morte, separação judicial, nulidade e anulação do casamento;

- *Correspondência: art. 338, II, CC/1916*
- *Art. 1.523, II, CC*

III – havidos por fecundação artificial homóloga, mesmo que falecido o marido;

- *Sem correspondência no CC/1916*

IV – havidos, a qualquer tempo, quando se tratar de embriões excedentários, decorrentes de concepção artificial homóloga;

- *Sem correspondência no CC/1916*

V – havidos por inseminação artificial heteróloga, desde que tenha prévia autorização do marido.

- *Sem correspondência no CC/1916*

Art. 1.598. Salvo prova em contrário, se, antes de decorrido o prazo previsto no inciso II do art. 1.523, a mulher contrair novas núpcias e lhe nascer algum filho, este se presume do primeiro marido, se nascido dentro dos trezentos dias a contar da data do falecimento deste e, do segundo, se o nascimento ocorrer após esse período e já decorrido o prazo a que se refere o inciso I do art. 1597.

- *Correspondência: art. 340, CC/1916*

Art. 1.599. A prova da impotência do cônjuge para gerar, à época da concepção, ilide a presunção da paternidade.

- *Correspondência: art. 342, CC/1916*

Art. 1.600. Não basta o adultério da mulher, ainda que confessado, para ilidir a presunção legal da paternidade.

- *A Lei 11.106/2005 revogou o artigo 240 do Código Penal que tratava do crime de adultério*
- *Correspondência: art. 343, CC/1916*
- *Art. 1.602, CC*

Art. 1.601. Cabe ao marido o direito de contestar a paternidade dos filhos nascidos de sua mulher, sendo tal ação imprescritível.

- *Correspondência: art. 344, CC/1916*

Parágrafo único. Contestada a filiação, os herdeiros do impugnante têm direito de prosseguir na ação.

- *Correspondência: art. 345, CC/1916*

Art. 1.602. Não basta a confissão materna para excluir a paternidade.

- *Correspondência: art. 346, CC/1916*
- *Art. 1.600, CC*

Art. 1.603. A filiação prova-se pela certidão do termo de nascimento registrada no Registro Civil.

- *Sem correspondência no CC/1916*
- *Art. 9º, I, CC*
- *Arts. 29, I e § 1º, b e d, 50 a 66 e 102, ns. 1 e 2, Lei 6.015/1973 (Lei de Registros Públicos)*

Art. 1.604. Ninguém pode vindicar estado contrário ao que resulta do registro de nascimento, salvo provando-se erro ou falsidade do registro.

- *Correspondência: art. 348, CC/1916*
- *Art. 1.608, CC*
- *Arts. 241 a 243, CP*
- *Art. 113, Lei 6.015/1973 (Lei de Registros Públicos)*

Art. 1.605. Na falta, ou defeito, do termo de nascimento, poderá provar-se a filiação por qualquer modo admissível em direito:

- *Correspondência: art. 349, CC/1916*
- *Arts. 212 a 232, CC*

I – quando houver começo de prova por escrito, proveniente dos pais, conjunta ou separadamente;

II – quando existirem veementes presunções resultantes de fatos já certos.

Art. 1.606. A ação de prova de filiação compete ao filho, enquanto viver, passando aos herdeiros, se ele morrer menor ou incapaz.

- *Correspondência: art. 350, CC/1916*
- *Arts. 1.615 e 1.616, CC*
- *Lei 8.560/1992 (Investigação de paternidade)*

Parágrafo único. Se iniciada a ação pelo filho, os herdeiros poderão continuá-la, salvo se julgado extinto o processo.

- *Correspondência: art. 351, CC/1916*

CAPÍTULO III – DO RECONHECIMENTO DOS FILHOS

Art. 1.607. O filho havido fora do casamento pode ser reconhecido pelos pais, conjunta ou separadamente.

- *Correspondência: art. 335, CC/1916*
- *Art. 1.596, CC*
- *Art. 59, Lei 6.015/1973 (Lei de Registros Públicos)*
- *Art. 26, caput, Lei 8.069/1990 (Estatuto da Criança e do Adolescente)*
- *Lei 8.560/1992 (Investigação de paternidade)*

Art. 1.608. Quando a maternidade constar do termo do nascimento do filho, a mãe só poderá contestá-la, provando a falsidade do termo, ou das declarações nele contidas.

- *Correspondência: art. 356, CC/1916*
- *Art. 1.604, CC*
- *Arts. 241 a 243, CP*
- *Art. 113, Lei 6.015/1973 (Lei de Registros Públicos)*

Art. 1.609. O reconhecimento dos filhos havidos fora do casamento é irrevogável e será feito:

- *Correspondência: art. 357, caput, CC/1916*
- *Art. 26, Lei 8.069/1990 (Estatuto da Criança e do Adolescente)*
- *Art. 1º, Lei 8.560/1992 (Investigação de paternidade)*

I – no registro do nascimento;

- *Correspondência: art. 357, caput, CC/1916*

II – por escritura pública ou escrito particular, a ser arquivado em cartório;

- *Correspondência: art. 357, caput, CC/1916*

III – por testamento, ainda que incidentalmente manifestado;

- *Correspondência: art. 357, caput, CC/1916*
- *Art. 1.610, CC*

IV – por manifestação direta e expressa perante o juiz, ainda que o reconhecimento não haja sido o objeto único e principal do ato que o contém.

- *Sem correspondência no CC/1916*

Parágrafo único. O reconhecimento pode preceder o nascimento do filho ou ser posterior ao seu falecimento, se ele deixar descendentes.

- *Correspondência: art. 357, parágrafo único, CC/1916*
- *Art. 26, parágrafo único, Lei 8.069/1990 (Estatuto da Criança e do Adolescente)*

Art. 1.610. O reconhecimento não pode ser revogado, nem mesmo quando feito em testamento.

- *Sem correspondência no CC/1916*
- *Art. 1.609, III, CC*

Art. 1.611. O filho havido fora do casamento, reconhecido por um dos cônjuges, não poderá residir no lar conjugal sem o consentimento do outro.

- *Correspondência: art. 359, CC/1916*
- *Art. 15, Dec.-lei 3.200/1941 (Organização e proteção da família)*

Art. 1.612. O filho reconhecido, enquanto menor, ficará sob a guarda do genitor que o reconheceu, e, se ambos o reconheceram e não houver acordo, sob a de quem melhor atender aos interesses do menor.

- *Correspondência: art. 360, CC/1916*
- *Arts. 1.584, 1.586 e 1.633, CC*
- *Art. 16, Dec.-lei 3.200/1941 (Organização e proteção da família)*

Art. 1.613. São ineficazes a condição e o termo apostos ao ato de reconhecimento do filho.

- *Correspondência: art. 361, CC/1916*
- *Arts. 121, 131 e 135, CC*

Art. 1.614. O filho maior não pode ser reconhecido sem o seu consentimento, e o menor pode impugnar o reconhecimento, nos quatro anos que se seguirem à maioridade, ou à emancipação.

- *Correspondência: art. 362, CC/1916*
- *Art. 5º, caput e parágrafo único, CC*
- *Art. 4º, Lei 8.560/1992 (Investigação de Paternidade)*

Art. 1.615. Qualquer pessoa, que justo interesse tenha, pode contestar a ação de investigação de paternidade, ou maternidade.

- *Correspondência: art. 365, CC/1916*
- *Art. 1.606, CC*

Art. 1.616. A sentença que julgar procedente a ação de investigação produzirá os mesmos efeitos do reconhecimento; mas poderá ordenar que o filho se crie e eduque fora da companhia dos pais ou daquele que lhe contestou essa qualidade.

- *Correspondência: art. 366, CC/1916*
- *Art. 109, § 4º, Lei 6.015/1973 (Lei de Registros Públicos)*

Art. 1.617. A filiação materna ou paterna pode resultar de casamento declarado nulo, ainda mesmo sem as condições do putativo.

- *Correspondência: art. 367, CC/1916*
- *Arts. 1.548, 1.550, 1.556, 1.558 e 1.561, CC*

CAPÍTULO IV – DA ADOÇÃO

- *Res. CNJ 54/2008 (Implantação e funcionamento do Cadastro Nacional de Adoção)*

Art. 1.618. A adoção de crianças e adolescentes será deferida na forma prevista pela Lei nº 8.069, de 13 de julho de 1990 – Estatuto da Criança e do Adolescente.

- *Caput com redação determinada pela Lei 12.010/2009 (DOU 04.08.2009), em vigor 90 (noventa) dias após a data de sua publicação*

Art. 1.619. A adoção de maiores de 18 (dezoito) anos dependerá da assistência efetiva do poder público e de sentença constitutiva, aplicando-se, no que couber, as regras gerais da Lei nº 8.069, de 13 de julho de 1990 – Estatuto da Criança e do Adolescente.

- *Artigo com redação determinada pela Lei 12.010/2009 (DOU 04.08.2009), em vigor 90 (noventa) dias após a data de sua publicação*

Arts. 1.620 a 1.629. *(Revogados pela Lei 12.010/2009)*

CAPÍTULO V – DO PODER FAMILIAR

SEÇÃO I – DISPOSIÇÕES GERAIS

Art. 1.630. Os filhos estão sujeitos ao poder familiar, enquanto menores.

- *Correspondência: art. 379, CC/1916*
- *Arts. 5º, 1.612, 1.635 e 1.638, CC*

Art. 1.631. Durante o casamento e a união estável, compete o poder familiar aos pais; na falta ou impedimento de um deles, o outro o exercerá com exclusividade.

- *Correspondência: art. 380, CC/1916*
- *Arts. 1.511, 1.567, 1.588, 1.637 e 1.690, CC*

› *Art. 21, Lei 8.069/1990 (Estatuto da Criança e do Adolescente)*

Parágrafo único. Divergindo os pais quanto ao exercício do poder familiar, é assegurado a qualquer deles recorrer ao juiz para solução do desacordo.

Art. 1.632. A separação judicial, o divórcio e a dissolução da união estável não alteram as relações entre pais e filhos senão quanto ao direito, que aos primeiros cabe, de terem em sua companhia os segundos.

› *Correspondência: art. 381, CC/1916*
› *Arts. 1.583 a 1.586 e 1.589, CC*
› *Arts. 9º a 27, Lei 6.515/1977 (Dissolução da sociedade conjugal e do casamento)*

Art. 1.633. O filho, não reconhecido pelo pai, fica sob poder familiar exclusivo da mãe; se a mãe não for conhecida ou capaz de exercê-lo, dar-se-á tutor ao menor.

› *Correspondência: art. 383, CC/1916*
› *Art. 1.612, CC*
› *Art. 16, Dec.-lei 3.200/1941 (Organização e proteção da família)*

SEÇÃO II – DO EXERCÍCIO DO PODER FAMILIAR

Art. 1.634. Compete a ambos os pais, qualquer que seja a sua situação conjugal, o pleno exercício do poder familiar, que consiste em, quanto aos filhos:

› *Redação dada pela Lei nº 13.058, de 2014*

I – dirigir-lhes a criação e a educação;

II – exercer a guarda unilateral ou compartilhada nos termos do art. 1.584;

III – conceder-lhes ou negar-lhes consentimento para casarem;

IV – conceder-lhes ou negar-lhes consentimento para viajarem ao exterior; V – conceder-lhes ou negar-lhes consentimento para mudarem sua residência permanente para outro Município;

VI – nomear-lhes tutor por testamento ou documento autêntico, se o outro dos pais não lhe sobreviver, ou o sobrevivo não puder exercer o poder familiar;

VII – representá-los judicial e extrajudicialmente até os 16 (dezesseis) anos, nos atos da vida civil, e assisti-los, após essa idade, nos atos em que forem partes, suprindo-lhes o consentimento;

VIII – reclamá-los de quem ilegalmente os detenha;

› *Incluído pela Lei nº 13.058, de 2014*

IX – exigir que lhes prestem obediência, respeito e os serviços próprios de sua idade e condição. *Incluído pela Lei nº 13.058, de 2014*

SEÇÃO III – DA SUSPENSÃO E EXTINÇÃO DO PODER FAMILIAR

Art. 1.635. Extingue-se o poder familiar:

› *Correspondência: art. 392, CC/1916*

I – pela morte dos pais ou do filho;

› *Correspondência: art. 392, I, CC/1916*

II – pela emancipação, nos termos do art. 5º, parágrafo único;

› *Correspondência: art. 392, II, CC/1916*

III – pela maioridade;

› *Correspondência: art. 392, III, CC/1916*
› *Art. 5º, CC*

IV – pela adoção;

› *Correspondência: art. 392, IV, CC/1916*

V – por decisão judicial, na forma do artigo 1.638.

› *Correspondência: art. 395, CC/1916*

Art. 1.636. O pai ou a mãe que contrai novas núpcias, ou estabelece união estável, não perde, quanto aos filhos do relacionamento anterior, os direitos ao poder familiar, exercendo-os sem qualquer interferência do novo cônjuge ou companheiro.

› *Correspondência: art. 393, CC/1916*
› *Art. 1.588, CC*

Parágrafo único. Igual preceito ao estabelecido neste artigo aplica-se ao pai ou à mãe solteiros que casarem ou estabelecerem união estável.

› *Sem correspondência no CC/1916*

Art. 1.637. Se o pai, ou a mãe, abusar de sua autoridade, faltando aos deveres a eles inerentes ou arruinando os bens dos filhos, cabe ao juiz, requerendo algum parente, ou o Ministério Público, adotar a medida que lhe pareça reclamada pela segurança do menor e seus haveres, até suspendendo o poder familiar, quando convenha.

› *Correspondência: art. 394, CC/1916*
› *Arts. 1.638, IV, e 1.691, CC*
› *Arts. 24, 129, X, e 155 a 163, Lei 8.069/1990 (Estatuto da Criança e do Adolescente)*

Parágrafo único. Suspende-se igualmente o exercício do poder familiar ao pai ou à mãe condenados por sentença irrecorrível, em virtude de crime cuja pena exceda a dois anos de prisão.

› *Art. 92, II, CP*

Art. 1.638. Perderá por ato judicial o poder familiar o pai ou a mãe que:

› *Correspondência: art. 395, CC/1916*
› *Art. 1.635, V, CC*
› *Art. 92, II, CP*
› *Arts. 24, 129, X, 130, 148, parágrafo único, b, e 155 a 163, Lei 8.069/1990 (Estatuto da Criança e do Adolescente)*

I – castigar imoderadamente o filho;

› *Correspondência: art. 395, I, CC/1916*
› *Art. 136, CP*

II – deixar o filho em abandono;

› *Correspondência: art. 395, II, CC/1916*
› *Arts. 244 e 246, CP*

III – praticar atos contrários à moral e aos bons costumes;

› *Correspondência: art. 395, III, CC/1916*
› *Arts. 226, II, 245 e 247, CP*

IV – incidir, reiteradamente, nas faltas previstas no artigo antecedente.

› *Sem correspondência no CC/1916*

V - entregar de forma irregular o filho a terceiros para fins de adoção.

› *Incluído pela Lei nº 13.509, de 2017*

Parágrafo único. Perderá também por ato judicial o poder familiar aquele que:

› *Incluído pela Lei nº 13.715, de 2018*

I – praticar contra outrem igualmente titular do mesmo poder familiar:

a) homicídio, feminicídio ou lesão corporal de natureza grave ou seguida de morte, quando se tratar de crime doloso envolvendo violência doméstica e familiar ou menosprezo ou discriminação à condição de mulher;

b) estupro ou outro crime contra a dignidade sexual sujeito à pena de reclusão;

II – praticar contra filho, filha ou outro descendente:

a) homicídio, feminicídio ou lesão corporal de natureza grave ou seguida de morte, quando se tratar de crime doloso envolvendo violência doméstica e familiar ou menosprezo ou discriminação à condição de mulher;

b) estupro, estupro de vulnerável ou outro crime contra a dignidade sexual sujeito à pena de reclusão.

TÍTULO II – DO DIREITO PATRIMONIAL

SUBTÍTULO I – DO REGIME DE BENS ENTRE OS CÔNJUGES

› *Art. 2.039, CC*

CAPÍTULO I – DISPOSIÇÕES GERAIS

Art. 1.639. É lícito aos nubentes, antes de celebrado o casamento, estipular, quanto aos seus bens, o que lhes aprouver.

› *Correspondência: art. 256, caput, CC/1916*
› *Arts. 108, 1.536, VII, 1.564, II, 1.640, 1.641, 1.653 a 1.657, 1.662, 1.668, IV, 1.688, 1.725 e 2.039, CC*
› *Art. 7º, §§ 4º e 5º, Dec.-lei 4.657/1942 (Lei de Introdução às normas do Direito Brasileiro)*
› *Art. 3º, caput, Lei 6.515/1977 (Dissolução da sociedade conjugal e do casamento)*

§ 1º O regime de bens entre os cônjuges começa a vigorar desde a data do casamento.

› *Correspondência: art. 230, CC/1916*

§ 2º É admissível alteração do regime de bens, mediante autorização judicial em pedido motivado de ambos os cônjuges, apurada a procedência das razões invocadas e ressalvados os direitos de terceiros.

› *Sem correspondência no CC/1916*

Art. 1.640. Não havendo convenção, ou sendo ela nula ou ineficaz, vigorará, quanto aos bens entre os cônjuges, o regime da comunhão parcial.

› *Correspondência: art. 258, caput, CC/1916*
› *Arts. 1.653, 1.655 e 1.657, CC*

Parágrafo único. Poderão os nubentes, no processo de habilitação, optar por qualquer dos regimes que este código regula. Quanto à forma, reduzir-se-á a termo a opção pela comunhão parcial, fazendo-se o pacto antenupcial por escritura pública, nas demais escolhas.

› *Sem correspondência no CC/1916*
› *Arts. 215, 1.528, 1.658, 1.667, 1.672 e 1.687, CC*
› *Art. 550, Provimento CNJ n. 149/2023*

Art. 1.641. É obrigatório o regime da separação de bens no casamento:

› *Correspondência: art. 258, parágrafo único, CC/1916*
› *Art. 997, CC*

I – das pessoas que o contraírem com inobservância das causas suspensivas da celebração do casamento;

› *Correspondência: art. 258, parágrafo único, I, CC/1916*
› *Art. 1.523, CC*

II – da pessoa maior de 70 (setenta) anos;

› *Inciso II com redação determinada pela Lei 12.344/2010*
› *Súmula 655, STJ*

- *Art. 550, § 3º Provimento CNJ n. 149/2023*

III – de todos os que dependerem, para casar, de suprimento judicial.

- *Correspondência: art. 258, parágrafo único, IV, CC/1916*
- *Arts. 1.517, 1.519, 1.634, III, 1.747, I, 1.774 e 1.781, CC*

Art. 1.642. Qualquer que seja o regime de bens, tanto o marido quanto a mulher podem livremente:

- *Correspondência: art. 248, caput, CC/1916*
- *Art. 226, § 5º, CF*
- *Arts. 499, 550, 1.643 e 1.647, CC*

I – praticar todos os atos de disposição e de administração necessários ao desempenho de sua profissão, com as limitações estabelecida no inciso I do art. 1.647;

- *Correspondência: art. 246, caput, CC/1916*

II – administrar os bens próprios;

- *Correspondência: art. 246, caput, CC/1916*
- *Arts. 1.663, § 1º, 1.665 e 1.666, CC*

III – desobrigar ou reivindicar os imóveis que tenham sido gravados ou alienados sem o seu consentimento ou sem suprimento judicial;

- *Correspondência: art. 248, caput, II, CC/1916*
- *Arts. 1.645 e 1.646, CC*

IV – demandar a rescisão dos contratos de fiança e doação, ou a invalidação do aval, realizados pelo outro cônjuge com infração do disposto nos incisos III e IV do art. 1.647;

- *Correspondência: art. 248, caput, III, CC/1916*
- *Arts. 1.645, 1.646 e 1.647, III e IV, CC*

V – reivindicar os bens comuns, móveis ou imóveis, doados ou transferidos pelo outro cônjuge ao concubino, desde que provado que os bens não foram adquiridos pelo esforço comum destes, se o casal estiver separado de fato por mais de cinco anos;

- *Correspondência: art. 248, caput, IV, CC/1916*
- *Arts. 550, 1.645 e 1.647, parágrafo único, CC*

VI – praticar todos os atos que não lhes forem vedados expressamente.

- *Correspondência: art. 248, parágrafo único, VII, CC/1916*

Art. 1.643. Podem os cônjuges, independentemente de autorização um do outro:

- *Correspondência: art. 247, caput, CC/1916*
- *Art. 1.664, CC*

I – comprar, ainda a crédito, as coisas necessárias à economia doméstica;

- *Correspondência: art. 247, caput, I, CC/1916*

II – obter, por empréstimo, as quantias que a aquisição dessas coisas possa exigir.

- *Correspondência: art. 247, caput, II, C/1916*

Art. 1.644. As dívidas contraídas para os fins do artigo antecedente obrigam solidariamente ambos os cônjuges.

- *Correspondência: art. 254, CC/1916*
- *Arts. 275 a 285, CC*

Art. 1.645. As ações fundadas nos incisos III, IV e V do art. 1.642 competem ao cônjuge prejudicado e a seus herdeiros.

- *Correspondência: art. 249, CC/1916*

Art. 1.646. No caso dos incisos III e IV do art. 1.642, o terceiro, prejudicado com a sentença favorável ao autor, terá direito regressivo contra o cônjuge, que realizou o negócio jurídico, ou seus herdeiros.

- *Correspondência: art. 250, CC/1916*
- *Art. 125, CPC/2015*

Art. 1.647. Ressalvado o disposto no art. 1.648, nenhum dos cônjuges pode, sem autorização do outro, exceto no regime da separação absoluta:

- *Correspondência: arts. 235 e 242, CC/1916*
- *Arts. 220, 1.649 e 1.650, CC*
- *Art. 3º, Lei 8.245/1991 (Locação de imóveis urbanos)*

I – alienar ou gravar de ônus real os bens imóveis;

- *Correspondência: arts. 235, I, e 242, II, CC/1916*
- *Arts. 496, 499, 533, II, 978, 1.420, 1.438, parágrafo único, 1.642, III, 1.648, 1.659, I e II, 1.668, I, II e IV, 1.687 e 1.738, CC*
- *Art.11, parágrafo único, Lei 492/1937 (Penhor rural e cédula pignoratícia)*
- *Art. 11, § 2º, Dec.-lei 58/1937 (Loteamento e venda de terrenos para pagamento em prestações)*
- *Art. 117, § 3º, Dec.-lei 7.661/1945 (Lei de Falências); sem correspondência com a Lei 11.101/2005 (Lei de Recuperação de Empresas e Falência)*
- *Art. 17, § 2º, Dec.-lei 70/1966 (Associações de poupança e empréstimo e cédula hipotecária)*
- *Art. 18, VII e § 3º, Lei 6.766/1979 (Parcelamento de solo urbano)*

II – pleitear, como autor ou réu, acerca desses bens ou direitos;

- *Correspondência: art. 235, II, CC/1916*
- *Art. 73, §§ 1º e 2º, CPC/2015*
- *Art. 16, Dec.-lei 1.656/1941 (Desapropriações por utilidade pública)*

III – prestar fiança ou aval;

- *Correspondência: art. 235, III, CC/1916*
- *Art. 1.642, IV, CC*
- *Súmula 332, STJ*

IV – fazer doação, não sendo remuneratória, de bens comuns, ou dos que possam integrar futura meação.

Parágrafo único. São válidas as doações nupciais feitas aos filhos quando casarem ou estabelecerem economia separada.

- *Correspondência: art. 236, CC/1916*

Art. 1.648. Cabe ao juiz, nos casos do artigo antecedente, suprir a outorga, quando um dos cônjuges a denegue sem motivo justo, ou lhe seja impossível concedê-la.

- *Correspondência: art. 237, CC/1916*
- *Arts. 1.567, parágrafo único, e 1.570, CC*
- *Arts. 74 e 725, IV e V, CPC/2015*

Art. 1.649. A falta de autorização, não suprida pelo juiz, quando necessária (art. 1.647), tornará anulável o ato praticado, podendo o outro cônjuge pleitear-lhe a anulação, até dois anos depois de terminada a sociedade conjugal.

- *Correspondência: art. 252, CC/1916*
- *Art. 74, parágrafo único, CPC/2015*

Parágrafo único. A aprovação torna válido o ato, desde que feita por instrumento público, ou particular, autenticado.

Art. 1.650. A decretação de invalidade dos atos praticados sem outorga, sem consentimento, ou sem suprimento do juiz, só poderá ser demandada pelo cônjuge a quem cabia concedê-la, ou por seus herdeiros.

- *Correspondência: art. 239, CC/1916*
- *Art. 1.642, CC*

Art. 1.651. Quando um dos cônjuges não puder exercer a administração dos bens que lhe incumbe, segundo o regime de bens, caberá ao outro:

- *Correspondência: art. 251, CC/1916*
- *Arts. 25, 1.567, 1.570 e 1.775, CC*

I – gerir os bens comuns e os do consorte;

- *Correspondência: art. 251, parágrafo único, I e III, CC/1916*

II – alienar os bens móveis comuns;

- *Correspondência: art. 251, parágrafo único, II, CC/1916*

III – alienar os imóveis comuns e os móveis ou imóveis do consorte, mediante autorização judicial.

- *Correspondência: art. 251, parágrafo único, IV, CC/1916*

Art. 1.652. O cônjuge, que estiver na posse dos bens particulares do outro, será para com este e seus herdeiros responsável:

- *Correspondência: art. 260, CC/1916*
- *Arts. 1.659, 1.668 e 1.783, CC*

I – como usufrutuário, se o rendimento for comum;

- *Arts. 1.391, 1.400 a 1.409 e 1.660, V, CC*

II – como procurador, se tiver mandato expresso ou tácito para os administrar;

- *Arts. 663 e 667 a 674, CC*

III – como depositário, se não for usufrutuário, nem administrador.

- *Arts. 627 a 652, 1.659, I, e 1.687, CC*

CAPÍTULO II – DO PACTO ANTENUPCIAL

Art. 1.653. É nulo o pacto antenupcial se não for feito por escritura pública, e ineficaz se não lhe seguir o casamento.

- *Correspondência: art. 256, parágrafo único, CC/1916*
- *Arts. 108, 166, IV, 215, 1.536, VII, 1.537, 1.564, II, 1.639, 1.642, 1.657, 1.668, IV, e 1.688, CC*

Art. 1.654. A eficácia do pacto antenupcial, realizado por menor, fica condicionada à aprovação de seu representante legal, salvo as hipóteses de regime obrigatório de separação de bens.

- *Sem correspondência no CC/1916*
- *Art. 1.641, CC*

Art. 1.655. É nula a convenção ou cláusula dela que contravenha disposição absoluta de lei.

- *Correspondência: art. 257, II, CC/1916*

Art. 1.656. No pacto antenupcial, que adotar o regime de participação final nos aquestos, poder-se-á convencionar a livre disposição dos bens imóveis, desde que particulares.

- *Sem correspondência no CC/1916*
- *Arts. 1.672 a 1.686, CC*

Art. 1.657. As convenções antenupciais não terão efeito perante terceiros senão depois de registradas, em livro especial, pelo oficial do Registro de Imóveis do domicílio dos cônjuges.

- *Correspondência: art. 261, CC/1916*
- *Art. 979, CC*
- *Arts. 167, I-12 e II-1, e 178, V, 244, Lei 6.015/1973 (Lei de Registros Públicos)*
- *Art. 550, § 6º Provimento CNJ n. 149/2023*

CAPÍTULO III – DO REGIME DE COMUNHÃO PARCIAL

Art. 1.658. No regime de comunhão parcial, comunicam-se os bens que sobrevierem ao casal, na constância do casamento, com as exceções dos artigos seguintes.

- *Sem correspondência no CC/1916*

Art. 1.659. Excluem-se da comunhão:

› *Correspondência: arts. 269, 270 e 271, CC/1916*

I – os bens que cada cônjuge possuir ao casar, e os que lhe sobrevierem, na constância do casamento, por doação ou sucessão, e os sub-rogados em seu lugar;

› *Correspondência: art. 269, I, CC/1916*

II – os bens adquiridos com valores exclusivamente pertencentes a um dos cônjuges em sub-rogação dos bens particulares;

› *Correspondência: art. 269, II, CC/1916*
› *Art. 1.661, CC*

III – as obrigações anteriores ao casamento;

› *Correspondência: art. 270, I, CC/1916*
› *Arts. 1.661 e 1.668, III, CC*

IV – as obrigações provenientes de atos ilícitos, salvo reversão em proveito do casal;

› *Correspondência: art. 270, II, CC/1916*
› *Art. 942, CC*

V – os bens de uso pessoal, os livros e instrumentos de profissão;

› *Sem correspondência no CC/1916*
› *Art. 1.668, V, CC*

VI – os proventos do trabalho pessoal de cada cônjuge;

› *Correspondência: art. 271, VI, CC/1916*
› *Art. 1.668, CC*

VII – as pensões, meios-soldos, montepios e outras rendas semelhantes.

› *Sem correspondência no CC/1916*
› *Art. 1.668, V, CC*

Art. 1.660. Entram na comunhão:

› *Correspondência: art. 271, CC/1916*

I – os bens adquiridos na constância do casamento por título oneroso, ainda que só em nome de um dos cônjuges;

› *Correspondência: art. 271, I, CC/1916*

II – os bens adquiridos por fato eventual, com ou sem o concurso de trabalho ou despesa anterior;

› *Correspondência: art. 271, II, CC/1916*

III – os bens adquiridos por doação, herança ou legado, em favor de ambos os cônjuges;

› *Correspondência: art. 271, III, CC/1916*

IV – as benfeitorias em bens particulares de cada cônjuge;

› *Correspondência: art. 271, IV, CC/1916*
› *Arts. 96 e 97, CC*

V – os frutos dos bens comuns, ou dos particulares de cada cônjuge, percebidos na constância do casamento, ou pendentes ao tempo de cessar a comunhão.

› *Correspondência: art. 271, V, CC/1916*

Art. 1.661. São incomunicáveis os bens cuja aquisição tiver por título uma causa anterior ao casamento.

› *Correspondência: art. 272, CC/1916*
› *Art. 1.659, II, CC*

Art. 1.662. No regime da comunhão parcial, presumem-se adquiridos na constância do casamento os bens móveis, quando não se provar que o foram em data anterior.

› *Correspondência: art. 272, CC/1916*
› *Arts. 82 a 84, CC*

Art. 1.663. A administração do patrimônio comum compete a qualquer dos cônjuges.

› *Correspondência: art. 274, CC/1916*
› *Arts. 1.576 a 1.569 e 1.665, CC*

§ 1º As dívidas contraídas no exercício da administração obrigam os bens comuns e particulares do cônjuge que os administra, e os do outro na razão do proveito que houver auferido.

› *Correspondência: art. 274, CC/1916*
› *Arts. 1.642, II, 1.666 e 1.677, CC*

§ 2º A anuência de ambos os cônjuges é necessária para os atos, a título gratuito, que impliquem cessão do uso ou gozo dos bens comuns.

› *Sem correspondência no CC/1916*

§ 3º Em caso de malversação dos bens, o juiz poderá atribuir a administração a apenas um dos cônjuges.

› *Sem correspondência no CC/1916*

Art. 1.664. Os bens da comunhão respondem pelas obrigações contraídas pelo marido ou pela mulher para atender aos encargos da família, às despesas de administração e às decorrentes de imposição legal.

› *Sem correspondência no CC/1916*
› *Arts. 1.643 e 1.663, § 1º, CC*

Art. 1.665. A administração e a disposição dos bens constitutivos do patrimônio particular competem ao cônjuge proprietário, salvo convenção diversa em pacto antenupcial.

› *Sem correspondência no CC/1916*
› *Arts. 1.642, II, e 1.663, caput, CC*

Art. 1.666. As dívidas, contraídas por qualquer dos cônjuges na administração de seus bens particulares e em benefício destes, não obrigam os bens comuns.

› *Correspondência: art. 274, CC/1916*
› *Arts. 1.642, II, 1.663, § 1º, e 1.677, CC*

CAPÍTULO IV – DO REGIME DE COMUNHÃO UNIVERSAL

Art. 1.667. O regime de comunhão universal importa a comunicação de todos os bens presentes e futuros dos cônjuges e suas dívidas passivas, com as exceções do artigo seguinte.

› *Correspondência: art. 262, CC/1916*
› *Arts. 977, 1.640, 1.641, 1.651 e 1.652, CC*

Art. 1.668. São excluídos da comunhão:

› *Correspondência: art. 263, CC/1916*
› *Arts. 1.652, 1.669 e 1.783, CC*

I – os bens doados ou herdados com a cláusula de incomunicabilidade e os sub-rogados em seu lugar;

› *Correspondência: art. 263, II, CC/1916*

II – os bens gravados de fideicomisso e o direito do herdeiro fideicomissário, antes de realizada a condição suspensiva;

› *Correspondência: art. 263, III, CC/1916*
› *Arts. 1.951 a 1.960, CC*

III – as dívidas anteriores ao casamento, salvo se provierem de despesas com seus aprestos, ou reverterem em proveito comum;

› *Correspondência: art. 263, VII, CC/1916*
› *Art. 1.659, III, CC*

IV – as doações antenupciais feitas por um dos cônjuges ao outro com a cláusula de incomunicabilidade;

› *Correspondência: art. 263, VIII, CC/1916*

V – Os bens referidos nos incisos V a VII do art. 1.659.

› *Sem correspondência no CC/1916*

Art. 1.669. A incomunicabilidade dos bens enumerados no artigo antecedente não se estende aos frutos, quando se percebam ou vençam durante o casamento.

› *Correspondência: art. 265, CC/1916*

Art. 1.670. Aplica-se ao regime da comunhão universal o disposto no Capítulo antecedente, quanto à administração dos bens.

› *Sem correspondência no CC/1916*
› *Arts. 1.663 a 1.666, CC*

Art. 1.671. Extinta a comunhão, e efetuada a divisão do ativo e do passivo, cessará a responsabilidade de cada um dos cônjuges para com os credores do outro.

› *Correspondência: art. 268, CC/1916*
› *Arts. 1.571 e 1.639, § 1º, CC*

CAPÍTULO V – DO REGIME DE PARTICIPAÇÃO FINAL NOS AQUESTOS

Art. 1.672. No regime de participação final nos aquestos, cada cônjuge possui patrimônio próprio, consoante disposto no artigo seguinte, e lhe cabe, à época da dissolução da sociedade conjugal, direito à metade dos bens adquiridos pelo casal, a título oneroso, na constância do casamento.

› *Sem correspondência no CC/1916*
› *Arts. 1.571, 1.656 e 1.673, CC*

Art. 1.673. Integram o patrimônio próprio os bens que cada cônjuge possuía ao casar e os por ele adquiridos, a qualquer título, na constância do casamento.

› *Sem correspondência no CC/1916*

Parágrafo único. A administração desses bens é exclusiva de cada cônjuge, que os poderá livremente alienar, se forem móveis.

› *Arts. 1.647, I, 1.656 e 1.676, CC*

Art. 1.674. Sobrevindo a dissolução da sociedade conjugal, apurar-se-á o montante dos aquestos, excluindo-se da soma dos patrimônios próprios:

› *Sem correspondência no CC/1916*
› *Art. 1.571, CC*

I – os bens anteriores ao casamento e os que em seu lugar se sub-rogaram;

II – os que sobrevieram a cada cônjuge por sucessão ou liberalidade;

III – as dívidas relativas a esses bens.

Parágrafo único. Salvo prova em contrário, presumem-se adquiridos durante o casamento os bens móveis.

› *Art. 1.680, CC*

Art. 1.675. Ao determinar-se o montante dos aquestos, computar-se-á o valor das doações feitas por um dos cônjuges, sem a necessária autorização do outro; nesse caso, o bem poderá ser reivindicado pelo cônjuge prejudicado ou por seus herdeiros, ou declarado no monte partilhável, por valor equivalente ao da época da dissolução.

› *Sem correspondência no CC/1916*
› *Arts. 1.642, V, e 1.647, IV e parágrafo único, CC*

Art. 1.676. Incorpora-se ao monte o valor dos bens alienados em detrimento da meação, se não houver preferência do cônjuge lesado, ou de seus herdeiros, de os reivindicar.

- *Sem correspondência no CC/1916*
- *Art. 1.673, parágrafo único, CC*

Art. 1.677. Pelas dívidas posteriores ao casamento, contraídas por um dos cônjuges, somente este responderá, salvo prova de terem revertido, parcial ou totalmente, em benefício do outro.

- *Sem correspondência no CC/1916*
- *Arts. 1.663, § 1º, e 1.666, CC*

Art. 1.678. Se um dos cônjuges solveu uma dívida do outro com bens do seu patrimônio, o valor do pagamento deve ser atualizado e imputado, na data da dissolução, à meação do outro cônjuge.

- *Sem correspondência no CC/1916*

Art. 1.679. No caso de bens adquiridos pelo trabalho conjunto, terá cada um dos cônjuges uma quota igual no condomínio ou no crédito por aquele modo estabelecido.

- *Sem correspondência no CC/1916*

Art. 1.680. As coisas móveis, em face de terceiros, presumem-se do domínio do cônjuge devedor, salvo se o bem for de uso pessoal do outro.

- *Sem correspondência no CC/1916*
- *Art. 1.674, parágrafo único, CC/1916*

Art. 1.681. Os bens imóveis são de propriedade do cônjuge cujo nome constar no registro.

- *Sem correspondência no CC/1916*

Parágrafo único. Impugnada a titularidade, caberá ao cônjuge proprietário provar a aquisição regular dos bens.

Art. 1.682. O direito à meação não é renunciável, cessível ou penhorável na vigência do regime matrimonial.

- *Sem correspondência no CC/1916*

Art. 1.683. Na dissolução do regime de bens por separação judicial ou por divórcio, verificar-se-á o montante dos aquestos à data em que cessou a convivência.

- *Sem correspondência no CC/1916*
- *Art. 1.571, III e IV, CC*

Art. 1.684. Se não for possível nem conveniente a divisão de todos os bens em natureza, calcular-se-á o valor de alguns ou de todos para reposição em dinheiro ao cônjuge não-proprietário.

- *Sem correspondência no CC/1916*

Parágrafo único. Não se podendo realizar a reposição em dinheiro, serão avaliados e, mediante autorização judicial, alienados tantos bens quantos bastarem.

Art. 1.685. Na dissolução da sociedade conjugal por morte, verificar-se-á a meação do cônjuge sobrevivente de conformidade com os artigos antecedentes, deferindo-se a herança aos herdeiros na forma estabelecida neste Código.

- *Sem correspondência no CC/1916*
- *Art. 1.571, I, CC*

Art. 1.686. As dívidas de um dos cônjuges, quando superiores à sua meação, não obrigam ao outro, ou a seus herdeiros.

- *Sem correspondência no CC/1916*
- *Art. 1.792, CC*

CAPÍTULO VI – DO REGIME DE SEPARAÇÃO DE BENS

Art. 1.687. Estipulada a separação de bens, estes permanecerão sob a administração exclusiva de cada um dos cônjuges, que os poderá livremente alienar ou gravar de ônus real.

- *Correspondência: art. 276, CC/1916*
- *Arts. 977, 1.639, 1.641, 1.642, 1.647, 1.651 e 1.653, CC*

Art. 1.688. Ambos os cônjuges são obrigados a contribuir para as despesas do casal na proporção dos rendimentos de seu trabalho e de seus bens, salvo estipulação em contrário no pacto antenupcial.

- *Correspondência: art. 277, CC/1916*
- *Arts. 1.567 a 1.569 e 1.639, CC*

SUBTÍTULO II – DO USUFRUTO E DA ADMINISTRAÇÃO DOS BENS DE FILHOS MENORES

Art. 1.689. O pai e a mãe, enquanto no exercício do poder familiar:

- *Arts. 1.631, 1.639 e 1.733, CC*
- *Art. 42, Dec.-lei 7.661/1945 (Lei de Falências); sem correspondência na Lei 11.101/2005 (Lei de Recuperação de Empresas e Falência)*

I – são usufrutuários dos bens dos filhos;

- *Correspondência: art. 389, CC/1916*
- *Arts. 1.390 a 1.411, CC*

II – têm a administração dos bens dos filhos menores sob sua autoridade.

- *Correspondência: art. 385, CC/1916*
- *Arts. 3º a 5º, 1.637, caput, e 1.691, caput, CC*

Art. 1.690. Compete aos pais, e na falta de um deles ao outro, com exclusividade, representar os filhos menores de dezesseis anos, bem como assisti-los até completarem a maioridade ou serem emancipados.

- *Correspondência: art. 384, V, CC/1916*
- *Arts. 3º a 5º, 115 a 120, 1.566, IV, e 1.631, CC*
- *Arts. 792 e 793, CLT*
- *Art. 142, caput, Lei 8.069/1990 (Estatuto da Criança e do Adolescente)*

Parágrafo único. Os pais devem decidir em comum as questões relativas aos filhos e a seus bens; havendo divergência, poderá qualquer deles recorrer ao juiz para a solução necessária.

- *Correspondência: art. 380, parágrafo único, CC/1916*

Art. 1.691. Não podem os pais alienar, ou gravar de ônus real os imóveis dos filhos, nem contrair, em nome deles, obrigações que ultrapassem os limites da simples administração, salvo por necessidade ou evidente interesse da prole, mediante prévia autorização do juiz.

- *Correspondência: art. 386, CC/1916*
- *Arts. 1.637 e 1.689, II, CC*

Parágrafo único. Podem pleitear a declaração de nulidade dos atos previstos neste artigo:

- *Correspondência: art. 388, CC/1916*

I – os filhos;

II – os herdeiros;

III – o representante legal.

Art. 1.692. Sempre que no exercício do poder familiar colidir o interesse dos pais com o do filho, a requerimento deste ou do Ministério Público o juiz lhe dará curador especial.

- *Correspondência: art. 387, CC/1916*
- *Arts. 142, parágrafo único, e 148, parágrafo único, f, Lei 8.069/1990 (Estatuto da Criança e do Adolescente)*

Art. 1.693. Excluem-se do usufruto e da administração dos pais:

- *Correspondência: art. 391, CC/1916*
- *Art. 1.689, CC*

I – os bens adquiridos pelo filho havido fora do casamento, antes do reconhecimento;

II – os valores auferidos pelo filho maior de dezesseis anos, no exercício de atividade profissional e os bens com tais recursos adquiridos;

- *Art. 4º, I, CC*

III – os bens deixados ou doados ao filho, sob a condição de não serem usufruídos, ou administrados, pelos pais;

- *Art. 1.816, CC*

IV – os bens que aos filhos couberem na herança, quando os pais forem excluídos da sucessão.

- *Arts. 1.814 e 1.816, parágrafo único, CC*

SUBTÍTULO III – DOS ALIMENTOS

- *Lei 11.804/2008 (Alimentos gravídicos)*

Art. 1.694. Podem os parentes, os cônjuges ou companheiros pedir uns aos outros os alimentos de que necessitem para viver de modo compatível com a sua condição social, inclusive para atender às necessidades de sua educação.

- *Correspondência: art. 396, CC/1916*
- *Art. 5º, LXVII, CF*
- *Arts. 206, § 2º, 557, IV, 1.697, 1.698, 1.700, 1.701, 1.740, I, e 1.920, CC*
- *Dec. 56.826/1965 (Promulga a Convenção sobre Prestação de Alimentos no Estrangeiro)*
- *Lei 5.478/1968 (Ação de alimentos)*
- *Arts. 19 a 23, Lei 6.515/1977 (Dissolução da sociedade conjugal e do casamento)*
- *Art. 1º, Lei 8.971/1994 (Direitos dos companheiros à alimentos e sucessões)*
- *Art. 7º, Lei 9.278/1996 (Companheiros – Regula o § 3º do art. 226 da CF)*
- *Dec. 2.428/1997 (Promulga a Convenção Interamericana sobre Obrigação Alimentar)*

§ 1º Os alimentos devem ser fixados na proporção das necessidades do reclamante e dos recursos da pessoa obrigada.

- *Correspondência: art. 400, CC/1916*
- *Art. 1.699, CC*

§ 2º Os alimentos serão apenas os indispensáveis à subsistência, quando a situação de necessidade resultar de culpa de quem os pleiteia.

- *Sem correspondência no CC/1916*

Art. 1.695. São devidos os alimentos quando quem os pretende não tem bens suficientes, nem pode prover, pelo seu trabalho, à própria mantença, e aquele, de quem se reclamam, pode fornecê-los, sem desfalque do necessário ao seu sustento.

- *Correspondência: art. 399, caput, CC/1916*
- *Art. 229,CF*
- *Art. 244, CP*

Art. 1.696. O direito à prestação de alimentos é recíproco entre pais e filhos, e extensivo a todos os ascendentes, recaindo a obrigação nos mais próximos em grau, uns em falta de outros.

- *Correspondência: art. 397, CC/1916*
- *Art. 229, CF*
- *Art. 871, CC*
- *Súmula 358, STJ*

Art. 1.697. Na falta dos ascendentes cabe a obrigação aos descendentes, guardada a ordem de sucessão e, faltando estes, aos irmãos, assim germanos como unilaterais.

- *Correspondência: art. 398, CC/1916*
- *Art. 871, CC*

Art. 1.698. Se o parente, que deve alimentos em primeiro lugar, não estiver em condições de suportar totalmente o encargo, serão chamados a concorrer os de grau imediato; sendo várias as pessoas obrigadas a prestar alimentos, todas devem concorrer na proporção dos respectivos recursos, e, intentada ação contra uma delas, poderão as demais ser chamadas a integrar a lide.

- *Sem correspondência no CC/1916*

Art. 1.699. Se, fixados os alimentos, sobrevier mudança na situação financeira de quem os supre, ou na de quem os recebe, poderá o interessado reclamar ao juiz, conforme as circunstâncias, exoneração, redução ou majoração do encargo.

- *Correspondência: art. 401, CC/1916*
- *Art. 1.694, § 1º, CC*
- *Art. 15, Lei 5.478/1968 (Ação de alimentos)*
- *Art. 28, Lei 6.515/1977 (Dissolução da sociedade conjugal e do casamento)*

Art. 1.700. A obrigação de prestar alimentos transmite-se aos herdeiros do devedor, na forma do art. 1.694.

- *Correspondência: art. 402, CC/1916*
- *Arts. 948 e 1.997, CC*
- *Art. 23, Lei 6.515/1977 (Dissolução da sociedade conjugal e do casamento)*

Art. 1.701. A pessoa obrigada a suprir alimentos poderá pensionar o alimentando, ou dar-lhe hospedagem e sustento, sem prejuízo do dever de prestar o necessário à sua educação, quando menor.

- *Correspondência: art. 403, CC/1916*
- *Arts. 1.920 e 1.928, CC*
- *Art. 25, Lei 5.478/1968 (Ação de alimentos)*

Parágrafo único. Compete ao juiz, se as circunstâncias o exigirem, fixar a forma do cumprimento da prestação.

- *Arts. 528 e 529, CPC/2015*
- *Art. 7º, Dec.-lei 3.200/1941 (Organização e proteção da família)*

Art. 1.702. Na separação judicial litigiosa, sendo um dos cônjuges inocente e desprovido de recursos, prestar-lhe-á o outro a pensão alimentícia que o juiz fixar, obedecidos os critérios estabelecidos no art. 1.694.

- *Sem correspondência no CC/1916*
- *Art. 19, Lei 6.515/1977 (Dissolução da sociedade conjugal e do casamento)*

Art. 1.703. Para a manutenção dos filhos, os cônjuges separados judicialmente contribuirão na proporção de seus recursos.

- *Sem correspondência no CC/1916*
- *Art. 1.568, CC*
- *Art. 20, Lei 6.515/1977 (Dissolução da sociedade conjugal e do casamento)*

Art. 1.704. Se um dos cônjuges separados judicialmente vier a necessitar de alimentos, será o outro obrigado a prestá-los mediante pensão a ser fixada pelo juiz, caso não tenha sido declarado culpado na ação de separação judicial.

- *Sem correspondência no CC/1916*

Parágrafo único. Se o cônjuge declarado culpado vier a necessitar de alimentos, e não tiver parentes em condições de prestá-los, nem aptidão para o trabalho, o outro cônjuge será obrigado a assegurá-los, fixando o juiz o valor indispensável à sobrevivência.

- *Art. 19, Lei 6.515/1977 (Dissolução da sociedade conjugal e do casamento)*

Art. 1.705. Para obter alimentos, o filho havido fora do casamento pode acionar o genitor, sendo facultado ao juiz determinar, a pedido de qualquer das partes, que a ação se processe em segredo de justiça.

- *Sem correspondência no CC/1916*
- *Art. 7º, Lei 8.560/1992 (Investigação de paternidade)*

Art. 1.706. Os alimentos provisionais serão fixados pelo juiz, nos termos da lei processual.

- *Sem correspondência no CC/1916*
- *Art. 7º, Dec.-lei 3.200/1941 (Organização e proteção da família)*
- *Art. 7º, Lei 8.560/1992 (Investigação de paternidade)*
- *Súmula 226, STF*

Art. 1.707. Pode o credor não exercer, porém lhe é vedado renunciar o direito a alimentos, sendo o respectivo crédito insuscetível de cessão, compensação ou penhora.

- *Correspondência: art. 404, CC/1916*
- *Arts. 833, I e 902, CPC/2015*
- *Súmula 379, STF*
- *Súmula 64, TFR*

Art. 1.708. Com o casamento, a união estável ou o concubinato do credor, cessa o dever de prestar alimentos.

- *Sem correspondência no CC/1916*
- *Art. 29, Lei 6.515/1977 (Dissolução da sociedade conjugal e do casamento)*
- *Art. 1º, Lei 8.971/1994 (Direito dos companheiros à alimentos e sucessão)*

Parágrafo único. Com relação ao credor cessa, também, o direito a alimentos, se tiver procedimento indigno em relação ao devedor.

Art. 1.709. O novo casamento do cônjuge devedor não extingue a obrigação constante da sentença de divórcio.

- *Sem correspondência no CC/1916*
- *Art. 30, Lei 6.515/1977 (Dissolução da sociedade conjugal e do casamento)*

Art. 1.710. As prestações alimentícias, de qualquer natureza, serão atualizadas segundo índice oficial regularmente estabelecido.

- *Sem correspondência no CC/1916*
- *Art. 22, Lei 6.515/1977 (Dissolução da sociedade conjugal e do casamento)*

SUBTÍTULO IV – DO BEM DE FAMÍLIA

Art. 1.711. Podem os cônjuges, ou a entidade familiar, mediante escritura pública ou testamento, destinar parte de seu patrimônio para instituir bem de família, desde que não ultrapasse um terço do patrimônio líquido existente ao tempo da instituição, mantidas as regras sobre a impenhorabilidade do imóvel residencial estabelecida em lei especial.

- *Correspondência: art. 70, caput, CC/1916*
- *Arts. 8º, § 5º, e 19, Dec.-lei 3.200/1941 (Organização e proteção da família)*
- *Art. 41, Dec.-lei 7.661/1945 (Lei de Falências); e art. 108, 4º, Lei 11.101/2005 (Lei de Recuperação de Empresas e Falência)*
- *Art. 1º, Lei 8.009/1990 (Impenhorabilidade do bem de família)*
- *Súmula 364, STJ*

Parágrafo único. O terceiro poderá igualmente instituir bem de família por testamento ou doação, dependendo a eficácia do ato da aceitação expressa de ambos os cônjuges beneficiados ou da entidade familiar beneficiada.

- *Sem correspondência no CC/1916*
- *Art.1.714, CC*
- *Arts. 833, I e 902, CPC/2015*

Art. 1.712. O bem de família consistirá em prédio residencial urbano ou rural, com suas pertenças e acessórios, destinando-se em ambos os casos a domicílio familiar, e poderá abranger valores mobiliários, cuja renda será aplicada na conservação do imóvel e no sustento da família.

- *Sem correspondência no CC/1916*
- *Art. 1.717, CC*
- *Art. 1º, parágrafo único, Lei 8.009/1990 (Impenhorabilidade do bem de família)*

Art. 1.713. Os valores mobiliários, destinados aos fins previstos no artigo antecedente, não poderão exceder o valor do prédio instituído em bem de família, à época de sua instituição.

- *Sem correspondência no CC/1916*

§ 1º Deverão os valores mobiliários ser devidamente individualizados no instrumento de instituição do bem de família.

§ 2º Se se tratar de títulos nominativos, a sua instituição como bem de família deverá constar dos respectivos livros de registro.

- *Arts. 921 a 926, CC*

§ 3º O instituidor poderá determinar que a administração dos valores mobiliários seja confiada a instituição financeira, bem como disciplinar a forma de pagamento da respectiva renda aos beneficiários, caso em que a responsabilidade dos administradores obedecerá às regras do contrato de depósito.

- *Arts. 627 a 652 e 1.818, CC*

Art. 1.714. O bem de família, quer instituído pelos cônjuges ou por terceiro, constitui-se pelo registro de seu título no Registro de Imóveis.

- *Correspondência: art. 73, CC/1916*
- *Art. 1.711, parágrafo único, CC*
- *Arts. 167, I-1, e 260 a 265, Lei 6.015/1973 (Lei de Registros Públicos)*

Art. 1.715. O bem de família é isento de execução por dívidas posteriores à sua instituição, salvo as que provierem de tributos relativos ao prédio, ou de despesas de condomínio.

- *Correspondência: art. 70, caput, CC/1916*
- *Arts. 833, I e 902, CPC/2015*
- *Art. 41, Dec.-lei 7.661/1945 (Lei de Falências); e art. 108, § 4º, Lei 11.101/2005 (Lei de Recuperação de Empresas e Falência)*

Parágrafo único. No caso de execução pelas dívidas referidas neste artigo, o saldo existente será aplicado em outro prédio, como bem de família, ou em títulos da dívida pública, para sustento familiar, salvo se motivos relevantes aconselharem outra solução, a critério do juiz.

- *Sem correspondência no CC/1916*

Art. 1.716. A isenção de que trata o artigo antecedente durará enquanto viver um dos cônjuges, ou, na falta destes, até que os filhos completem a maioridade.

- *Correspondência: art. 70, parágrafo único, CC/1916*
- *Art. 1.722, CC*

Art. 1.717. O prédio e os valores mobiliários, constituídos como bem da família, não podem ter destino diverso do previsto no art. 1.712 ou serem alienados sem o consentimento dos interessados e seus representantes legais, ouvido o Ministério Público.

- *Correspondência: art. 72, CC/1916*

Art. 1.718. Qualquer forma de liquidação da entidade administradora, a que se refere o § 3º do art. 1.713, não atingirá os valores a ela confiados, ordenando o juiz a sua transferência para outra instituição semelhante, obedecendo-se, no caso de falência, ao disposto sobre pedido de restituição.

- *Sem correspondência no CC/1916*
- *Arts. 76 a 79, Dec.-lei 7.661/1945 (Lei de Falências); e arts. 85 a 93, Lei 11.101/2005 (Lei de Recuperação de Empresas e Falência)*

Art. 1.719. Comprovada a impossibilidade da manutenção do bem de família nas condições em que foi instituído, poderá o juiz, a requerimento dos interessados, extingui-lo ou autorizar a sub-rogação dos bens que o constituem em outros, ouvidos o instituidor e o Ministério Público.

- *Sem correspondência no CC/1916*

Art. 1.720. Salvo disposição em contrário do ato de instituição, a administração do bem de família compete a ambos os cônjuges, resolvendo o juiz em caso de divergência.

- *Sem correspondência no CC/1916*

Parágrafo único. Com o falecimento de ambos os cônjuges, a administração passará ao filho mais velho, se for maior, e, do contrário, a seu tutor.

- *Arts. 1.728, I, e 1.741, CC*

Art. 1.721. A dissolução da sociedade conjugal não extingue o bem de família.

- *Sem correspondência no CC/1916*
- *Art. 1.571, CC*

Parágrafo único. Dissolvida a sociedade conjugal pela morte de um dos cônjuges, o sobrevivente poderá pedir a extinção do bem de família, se for o único bem do casal.

Art. 1.722. Extingue-se, igualmente, o bem de família com a morte de ambos os cônjuges e a maioridade dos filhos, desde que não sujeitos a curatela.

- *Sem correspondência no CC/1916*
- *Arts. 1.716 e 1.767, CC*

TÍTULO III – DA UNIÃO ESTÁVEL

Art. 1.723. É reconhecida como entidade familiar a união estável entre o homem e a mulher, configurada na convivência pública, contínua e duradoura e estabelecida com o objetivo de constituição de família.

- *Sem correspondência no CC/1916*
- *Art. 226, § 3º, CF*
- *Arts. 793, 1.652, 1.727, e 1.790, CC*
- *Art. 1º, Lei 9.278/1996 (Companheiros – regula o § 3º do artigo 226 da CF)*
- *Art. 537, Provimento CNJ n .149/2023 (CNN)*

§ 1º A união estável não se constituirá se ocorrerem os impedimentos do art. 1.521; não se aplicando a incidência do inciso VI no caso de a pessoa casada se achar separada de fato ou judicialmente.

§ 2º As causas suspensivas do art. 1.523 não impedirão a caracterização da união estável.

Art. 1.724. As relações pessoais entre os companheiros obedecerão aos deveres de lealdade, respeito e assistência, e de guarda, sustento e educação dos filhos.

- *Sem correspondência no CC/1916*
- *Arts. 1.566, 1.572 e 1.573, CC*
- *Art. 2º, Lei 9.278/1996 (Companheiros – regula o § 3º do artigo 226 da CF)*

Art. 1.725. Na união estável, salvo contrato escrito entre os companheiros, aplica-se às relações patrimoniais, no que couber, o regime da comunhão parcial de bens.

- *Sem correspondência no CC/1916*
- *Arts. 1.658 a 1.666, CC*
- *Art. 5º, Lei 9.278/1996 (Companheiros – regula o § 3º do artigo 226 da CF)*

Art. 1.726. A união estável poderá converter-se em casamento, mediante pedido dos companheiros ao juiz e assento no Registro Civil.

- *Sem correspondência no CC/1916*
- *Art. 8º, Lei 9.278/1996 (Companheiros – regula o § 3º do artigo 226 da CF*

Art. 1.727. As relações não eventuais entre o homem e a mulher, impedidos de casar, constituem concubinato.

- *Sem correspondência no CC/1916*
- *Arts. 550, 1.521, 1.642, V, 1.645, 1.723, § 1º, e 1.801, III, CC*

TÍTULO IV – DA TUTELA, DA CURATELA E DA TOMADA DE DECISÃO APOIADA

- *Redação dada pela Lei nº 13.146, de 2015*

CAPÍTULO I – DA TUTELA

SEÇÃO I – DOS TUTORES

Art. 1.728. Os filhos menores são postos em tutela:

- *Correspondência: art. 406, CC/1916*
- *Arts. 3º a 5º, CC*
- *Arts. 759 a 763, CPC/2015*

I – com o falecimento dos pais, ou sendo estes julgados ausentes;

- *Art. 1.635, I, CC*

II – em caso de os pais decaírem do poder familiar.

- *Arts. 1.635, V, e 1.638, CC*

Art. 1.729. O direito de nomear tutor compete aos pais, em conjunto.

- *Correspondência: art. 407, CC/1916*
- *Arts. 1.634, IV, e 1.738, CC*

Parágrafo único. A nomeação deve constar de testamento ou de qualquer outro documento autêntico.

- *Arts. 1.857 a 1.859, CC*

Art. 1.730. É nula a nomeação de tutor pelo pai ou pela mãe que, ao tempo de sua morte, não tinha o poder familiar.

- *Correspondência: art. 408, CC/1916*
- *Arts. 1.630 a 1.638, CC*

Art. 1.731. Em falta de tutor nomeado pelos pais incumbe a tutela aos parentes consanguíneos do menor, por esta ordem:

- *Correspondência: art. 409, CC/1916*
- *Arts. 1.591 a 1.594, 1.735 e 1.736, CC*

I – aos ascendentes, preferindo o de grau mais próximo ao mais remoto;

II – aos colaterais até o terceiro grau, preferindo os mais próximos aos mais remotos, e, no mesmo grau, os mais velhos aos mais moços; em qualquer dos casos, o juiz escolherá entre eles o mais apto a exercer a tutela em benefício do menor.

Art. 1.732. O juiz nomeará tutor idôneo e residente no domicílio do menor:

- *Correspondência: art. 410, CC/1916*
- *Art. 148, parágrafo único, a e b, Lei 8.069/1990 (Estatuto da Criança e do Adolescente)*

I – na falta de tutor testamentário ou legítimo;

- *Arts. 1.729, parágrafo único, e 1.731, CC*

II – quando estes forem excluídos ou escusados da tutela;

- *Arts. 1.735, 1.736, 1.764, II, e 1.766, CC*

III – quando removidos por não idôneos o tutor legítimo e o testamentário.

- *Arts. 1.735 e 1.764, III, CC*

Art. 1.733. Aos irmãos órfãos dar-se-á um só tutor.

- *Correspondência: art. 411, caput, CC/1916*
- *Arts. 1.735 a 1.737, CC*

§ 1º No caso de ser nomeado mais de um tutor por disposição testamentária sem indicação de precedência, entende-se que a tutela foi cometida ao primeiro, e que os outros lhe sucederão pela ordem de nomeação, se ocorrer morte, incapacidade, escusa ou qualquer outro impedimento.

- *Correspondência: art. 411, caput, CC/1916*
- *Art. 1.897, CC*

§ 2º Quem institui um menor herdeiro, ou legatário seu, poderá nomear-lhe curador especial para os bens deixados, ainda que o beneficiário se encontre sob o poder familiar, ou tutela.

- *Correspondência: art. 411, parágrafo único, CC/1916*
- *Art. 1.630, CC*

Art. 1.734. As crianças e os adolescentes cujos pais forem desconhecidos, falecidos ou que tiverem sido suspensos ou destituídos do poder familiar terão tutores nomeados pelo Juiz ou serão incluídos em programa de colocação familiar, na forma prevista pela Lei nº 8.069, de 13 de julho de 1990 – Estatuto da Criança e do Adolescente.

- *Redação dada pela Lei nº 12.010, de 2009*
- *Art. 1.752, caput, CC*
- *Arts. 28 a 38 e 90 a 94, Lei 8.069/1990 (Estatuto da Criança e do Adolescente)*

SEÇÃO II – DOS INCAPAZES DE EXERCER A TUTELA

Art. 1.735. Não podem ser tutores e serão exonerados da tutela, caso a exerçam:

- *Correspondência: art. 413, CC/1916*
- *Art. 1.764, III, e 1.766, CC*
- *Arts. 761 e 762, CPC/2015*

I – aqueles que não tiverem a livre administração de seus bens;

II – aqueles que, no momento de lhes ser deferida a tutela, se acharem constituídos em obrigação para com o menor, ou tiverem que fazer valer direitos contra este, e aqueles cujos pais, filhos ou cônjuges tiverem demanda contra o menor;

- *Art. 1.751, CC*

III – os inimigos do menor, ou de seus pais, ou que tiverem sido por estes expressamente excluídos da tutela;

IV – os condenados por crime de furto, roubo, estelionato, falsidade, contra a família ou os costumes, tenham ou não cumprido pena;

- *Arts. 92, II, 248 e 249, CP*
- *Art. 692, CPP*
- *Art. 249, Lei 8.069/1990 (Estatuto da Criança e do Adolescente)*

V – as pessoas de mau procedimento, ou falhas em probidade, e as culpadas de abuso em tutorias anteriores;

VI – aqueles que exercerem função pública incompatível com a boa administração da tutela.

SEÇÃO III – DA ESCUSA DOS TUTORES

Art. 1.736. Podem escusar-se da tutela:

- *Correspondência: art. 414, CC/1916*

I – mulheres casadas;

II – maiores de sessenta anos;

III – aqueles que tiverem sob sua autoridade mais de três filhos;

IV – os impossibilitados por enfermidade;

V – aqueles que habitarem longe do lugar onde se haja de exercer a tutela;

VI – aqueles que já exercerem tutela ou curatela;

VII – militares em serviço.

Art. 1.737. Quem não for parente do menor não poderá ser obrigado a aceitar a tutela, se houver no lugar parente idôneo, consanguíneo ou afim, em condições de exercê-la.

- *Correspondência: art. 415, CC/1916*
- *Arts. 1.591 a 1.595, CC*

Art. 1.738. A escusa apresentar-se-á nos dez dias subsequentes à designação, sob pena de entender-se renunciado o direito de alegá-la; se o motivo escusatório ocorrer depois de aceita a tutela, os dez dias contar-se-ão do em que ele sobrevier.

- *Correspondência: art. 416, CC/1916*
- *Art. 760, CPC/2015*

Art. 1.739. Se o juiz não admitir a escusa, exercerá o nomeado a tutela, enquanto o recurso interposto não tiver provimento, e responderá desde logo pelas perdas e danos que o menor venha a sofrer.

- *Correspondência: art. 417, CC/1916*
- *Arts. 402 a 405, CC*

SEÇÃO IV – DO EXERCÍCIO DA TUTELA

Art. 1.740. Incumbe ao tutor, quanto à pessoa do menor:

- *Correspondência: art. 424, CC/1916*
- *Arts. 932, II, 1.634 e 1.768, I, CC*
- *Arts. 3º a 5º, Lei 8.069/1990 (Estatuto da Criança e do Adolescente)*

I – dirigir-lhe a educação, defendê-lo e prestar-lhe alimentos, conforme os seus haveres e condição;

- *Correspondência: art. 424, I, CC/1916*

II – reclamar do juiz que providencie, como houver por bem, quando o menor haja mister correção;

- *Correspondência: art. 424, II, CC/1916*

III – adimplir os demais deveres que normalmente cabem aos pais, ouvida a opinião do menor, se este já contar doze anos de idade.

- *Sem correspondência no CC/1916*

Art. 1.741. Incumbe ao tutor, sob a inspeção do juiz, administrar os bens do tutelado, em proveito deste, cumprindo seus deveres com zelo e boa-fé.

- *Correspondência: art. 422, CC/1916*
- *Arts. 1.742, 1.745, 1.746 e 1.752, CC*
- *Art. 249, lei 8.069/1990 (Estatuto da Criança e do Adolescente)*

Art. 1.742. Para fiscalização dos atos do tutor, pode o juiz nomear um protutor.

- *Sem correspondência no CC/1916*
- *Art. 1.752, §§ 1º e 2º, CC*

Art. 1.743. Se os bens e interesses administrativos exigirem conhecimentos técnicos, forem complexos, ou realizados em lugares distantes do domicílio do tutor, poderá este, mediante aprovação judicial, delegar a outras pessoas físicas ou jurídicas o exercício parcial da tutela.

- *Sem correspondência no CC/1916*

Art. 1.744. A responsabilidade do juiz será:

- *Correspondência: arts. 420 e 421, CC/1916*
- *Art. 143, CPC/2015*

I – direta e pessoal, quando não tiver nomeado o tutor, ou não o houver feito oportunamente;

- *Correspondência: art. 421, CC/1916*

II – subsidiária, quando não tiver exigido garantia legal do tutor, nem o removido, tanto que se tornou suspeito.

- *Correspondência: art. 420, CC/1916*

Art. 1.745. Os bens do menor serão entregues ao tutor mediante termo especificado deles e seus valores, ainda que os pais o tenham dispensado.

- *Correspondência: art. 423, CC/1916*
- *Arts. 1.743 e 1.746, CC*

Parágrafo único. Se o patrimônio do menor for de valor considerável, poderá o juiz condicionar o exercício da tutela à prestação de caução bastante, podendo dispensá-la se o tutor for de reconhecida idoneidade.

- *Correspondência: art. 419, CC/1916*
- *Art. 2.040, CC*
- *Art. 759, CPC/2015*

Art. 1.746. Se o menor possuir bens, será sustentado e educado a expensas deles, arbitrando o juiz para tal fim as quantias que lhe pareçam necessárias, considerado o rendimento da fortuna do pupilo quando o pai ou a mãe não as houver fixado.

- *Correspondência: art. 425, CC/1916*
- *Arts. 1.743 e 1.753, CC*

Art. 1.747. Compete mais ao tutor:

- *Correspondência: arts. 426 e 427, CC/1916*

I – representar o menor, até os dezesseis anos, nos atos da vida civil, e assisti-lo, após essa idade, nos atos em que for parte;

- *Correspondência: art. 426, I, CC/1916*
- *Arts. 3º, I, 4º, I, 5º, 115 a 120 e 1.634, V, CC*

II – receber as rendas e pensões do menor, e as quantias a ele devidas;

- *Correspondência: art. 426, II, CC/1916*
- *Art. 1.753, § 2º, CC*

III – fazer-lhe as despesas de subsistência e educação, bem como as de administração, conservação e melhoramentos de seus bens;

- *Correspondência: art. 426, III, CC/1916*
- *Art. 1.754, CC*

IV – alienar os bens do menor destinados a venda;

- *Correspondência: art. 426, IV, CC/1916*
- *Arts. 1.748, IV, e 1.750, CC*

V – promover-lhe, mediante preço conveniente, o arrendamento de bens de raiz.

- *Correspondência: art. 427, V, CC/1916*

Art. 1.748. Compete também ao tutor, com autorização do juiz:

- *Correspondência: art. 427, CC/1916*

I – pagar as dívidas do menor;

- *Correspondência: art. 427, II, CC/1916*
- *Art. 1.754, CC*

II – aceitar por ele heranças, legados ou doações, ainda que com encargos;

- *Correspondência: art. 427, III, CC/1916*
- *Art. 539, CC*

III – transigir;

- *Correspondência: art. 427, IV, CC/1916*

IV – vender-lhe os bens móveis, cuja conservação não convier, e os imóveis nos casos em que for permitido;

- *Correspondência: art. 427, VI, CC/1916*
- *Art. 1.750, CC*

V – propor em juízo as ações, ou nelas assistir o menor, e promover todas as diligências a bem deste, assim como defendê-lo nos pleitos contra ele movidos.

- *Correspondência: art. 427, VII, CC/1916*

Parágrafo único. No caso de falta de autorização, a eficácia de ato do tutor depende da aprovação ulterior do juiz.

- *Sem correspondência no CC/1916*

Art. 1.749. Ainda com a autorização judicial, não pode o tutor, sob pena de nulidade:

- *Correspondência: art. 428, CC/1916*
- *Art. 1.523, IV, CC*

I – adquirir por si, ou por interposta pessoa, mediante contrato particular, bens móveis ou imóveis pertencentes ao menor;

- *Arts. 79 a 84 e 497, I, CC*

II – dispor dos bens do menor a título gratuito;

- *Art. 580, CC*

III – constituir-se cessionário de crédito ou de direito, contra o menor.

- *Arts. 286 a 289, CC*

Art. 1.750. Os imóveis pertencentes aos menores sob tutela somente podem ser vendidos quando houver manifesta vantagem, mediante prévia avaliação judicial e aprovação do juiz.

- *Correspondência: art. 429, CC/1916*
- *Art. 1.747, IV e 1.748, IV, CC*

Art. 1.751. Antes de assumir a tutela, o tutor declarará tudo o que o menor lhe deva, sob pena de não lhe poder cobrar, enquanto exerça a tutoria, salvo provando que não conhecia o débito quando a assumiu.

- *Correspondência: art. 430, CC/1916*
- *Art. 1.735, II, CC*

Art. 1.752. O tutor responde pelos prejuízos que, por culpa, ou dolo, causar ao tutelado; mas tem direito a ser pago pelo que realmente despender no exercício da tutela, salvo no caso do art. 1.734, e a perceber remuneração proporcional à importância dos bens administrados.

- *Correspondência: art. 431, CC/1916*
- *Arts. 197, III, 402 a 405, 1.741 e 1.760, CC*

§ 1º Ao protutor será arbitrada uma gratificação módica pela fiscalização efetuada.

- *Sem correspondência no CC/1916*
- *Art. 1.742, CC*

§ 2º São solidariamente responsáveis pelos prejuízos as pessoas às quais competia fiscalizar a atividade do tutor, e as que concorreram para o dano.

- *Sem correspondência no CC/1916*

SEÇÃO V – DOS BENS DO TUTELADO

Art. 1.753. Os tutores não podem conservar em seu poder dinheiro dos tutelados, além do necessário para as despesas ordinárias com o seu sustento, a sua educação e a administração de seus bens.

- *Correspondência: art. 432, CC/1916*
- *Art. 1.746, CC*
- *Art. 168, § 1º, II, CP*

§ 1º Se houver necessidade, os objetos de ouro e prata, pedras preciosas e móveis serão avaliados por pessoa idônea e, após autorização judicial, alienados, e o seu produto convertido em títulos, obrigações e letras de responsabilidade direta ou indireta da União ou dos Estados, atendendo-se preferentemente à rentabilidade, e recolhidos ao estabelecimento bancário oficial ou aplicado na aquisição de imóveis, conforme for determinado pelo juiz.

- *Art. 1.754, II, CC*
- *Art. 840, CPC/2015*

§ 2º O mesmo destino previsto no parágrafo antecedente terá o dinheiro proveniente de qualquer outra procedência.

§ 3º Os tutores respondem pela demora na aplicação dos valores acima referidos, pagando os juros legais desde o dia em que deveriam dar esse destino, o que não os exime da obrigação, que o juiz fará efetiva, da referida aplicação.

- *Arts. 406 e 407, CC*

Art. 1.754. Os valores que existirem em estabelecimento bancário oficial, na forma do artigo antecedente, não se poderão retirar, senão mediante ordem do juiz, e somente:

- *Correspondência: art. 433, CC/1916*

I – para as despesas com o sustento e educação do tutelado, ou a administração de seus bens;

- *Art. 1.747, III, CC*

II – para se comprarem bens imóveis e títulos, obrigações ou letras, nas condições previstas no § 1º do artigo antecedente;

- *Arts. 79 a 81 e 887 a 926, CC*

III – para se empregarem em conformidade com o disposto por quem os houver doado, ou deixado;

IV – para se entregarem aos órfãos, quando emancipados, ou maiores, ou, mortos eles, aos seus herdeiros.

- *Art. 5º, CC*

SEÇÃO VI – DA PRESTAÇÃO DE CONTAS

Art. 1.755. Os tutores, embora o contrário tivessem disposto os pais dos tutelados, são obrigados a prestar contas da sua administração.

- *Correspondência: art. 434, CC/1916*
- *Art. 1.783, CC*
- *Art. 553, CPC/2015*

Art. 1.756. No fim de cada ano de administração, os tutores submeterão ao juiz o balanço respectivo, que, depois de aprovado, se anexará aos autos do inventário.

- *Correspondência: art. 435, CC/1916*

Art. 1.757. Os tutores prestarão contas de dois em dois anos, e também quando, por qualquer motivo, deixarem o exercício da tutela ou toda vez que o juiz achar conveniente.

- *Correspondência: art. 436, CC/1916*
- *Art. 553, CPC/2015*

Parágrafo único. As contas serão prestadas em juízo, e julgadas depois da audiência dos interessados, recolhendo o tutor imediatamente a estabelecimento bancário oficial os saldos, ou adquirindo bens imóveis, ou títulos, obrigações ou letras, na forma do § 1º do art. 1.753.

Art. 1.758. Finda a tutela pela emancipação ou maioridade, a quitação do menor não produzirá efeito antes de aprovadas as contas pelo juiz, subsistindo inteira, até então, a responsabilidade do tutor.

- *Correspondência: art. 437, CC/1916*
- *Arts. 5º e 206, § 4º, CC*

Art. 1.759. Nos casos de morte, ausência, ou interdição do tutor, as contas serão prestadas por seus herdeiros ou representantes.

- *Correspondência: art. 438, CC/1916*

Art. 1.760. Serão levadas a crédito do tutor todas as despesas justificadas e reconhecidamente proveitosas ao menor.

- *Correspondência: art. 439, CC/1916*
- *Art. 1.752, caput, CC*

Art. 1.761. As despesas com a prestação das contas serão pagas pelo tutelado.

- *Correspondência: art. 440, CC/1916*

Art. 1.762. O alcance do tutor, bem como o saldo contra o tutelado, são dívidas de valor e vencem juros desde o julgamento definitivo das contas.

- *Correspondência: art. 441, CC/1916*
- *Arts. 406 a 407, CC*

SEÇÃO VII – DA CESSAÇÃO DA TUTELA

Art. 1.763. Cessa a condição de tutelado:

- *Correspondência: art. 442, CC/1916*

I – com a maioridade ou a emancipação do menor;

- *Art. 5º, CC*

II – ao cair o menor sob o poder familiar, no caso de reconhecimento ou adoção.

- *Arts. 1.607 e 1.630, CC*

Art. 1.764. Cessam as funções do tutor:

- *Correspondência: art. 443, CC/1916*

I – ao expirar o termo, em que era obrigado a servir;

- *Art. 1.765, CC*
- *Art. 763, CPC/2015*

II – ao sobrevir escusa legítima;

- *Arts. 1.736 e 1.737, CC*

III – ao ser removido.

- *Arts. 1.735 e 1.766, CC*
- *Arts. 761 a 763, CPC/2015*

Art. 1.765. O tutor é obrigado a servir por espaço de dois anos.

- *Correspondência: art. 444, CC/1916*

Parágrafo único. Pode o tutor continuar no exercício da tutela, além do prazo previsto neste artigo, se o quiser e o juiz julgar conveniente ao menor.

- *Art. 1.198, CC*

Art. 1.766. Será destituído o tutor, quando negligente, prevaricador ou incurso em incapacidade.

- *Correspondência: art. 445, CC/1916*
- *Art. 1.735, CC*
- *Arts. 761 a 763, CPC/2015*
- *Art. 164, Lei 8.069/1990 (Estatuto da Criança e do Adolescente)*

CAPÍTULO II – DA CURATELA

SEÇÃO I – DOS INTERDITOS

Art. 1.767. Estão sujeitos a curatela:

- *Correspondência: art. 446, CC/1916*
- *Arts. 747 a 749, 751 a 756, 759 a 763 e 1.012, CPC/2015*

I – aqueles que, por causa transitória ou permanente, não puderem exprimir sua vontade;

- *Redação dada pela Lei nº 13.146, de 2015*
- *Arts. 1.777 e 1.780, CC*
- *Art. 447, § 1º, I e II, CPC/2015*

II – *(Revogado pela Lei nº 13.146, de 2015)*

III – os ébrios habituais e os viciados em tóxico;

- *Redação dada pela Lei nº 13.146, de 2015*
- *Art. 1.777, CC*
- *Art. 30, caput e 5º, Dec.-lei 891/1938 (Aprova a Lei de Fiscalização de Entorpecentes)*
- *Lei 11.343/2006 (Lei Antidrogas)*

IV – *(Revogado pela Lei nº 13.146, de 2015)*

V – os pródigos.

- *Correspondência: art. 446, III, CC/1916*
- *Art. 1.782, CC*

Arts. 1.768 a 1.773. *(Revogados pela Lei nº 13.105, de 2015)*

Art. 1.774. Aplicam-se à curatela as disposições concernentes à tutela, com as modificações dos artigos seguintes.

- *Correspondência: art. 453, CC/1916*

- Arts. 1.728 a 1.766 e 1.781, CC

Art. 1.775. O cônjuge ou companheiro, não separado judicialmente ou de fato, é, de direito, curador do outro, quando interdito.

- Correspondência: art. 454, CC/1916
- Arts. 25, 1.570, 1.651 e 1.783, CC

§ 1º Na falta do cônjuge ou companheiro, é curador legítimo o pai ou a mãe; na falta destes, o descendente que se demonstrar mais apto.

§ 2º Entre os descendentes, os mais próximos precedem aos mais remotos.

§ 3º Na falta das pessoas mencionadas neste artigo, compete ao juiz a escolha do curador.

- Art. 206, § 5º, II, CC
- Art. 1.183, parágrafo único, CPC
- Arts. 753 a 755, CPC/2015

Art. 1.775-A. Na nomeação de curador para a pessoa com deficiência, o juiz poderá estabelecer curatela compartilhada a mais de uma pessoa.

- Incluído pela Lei nº 13.146, de 2015

Art. 1.776. *(Revogado pela Lei nº 13.146, de 2015)*

Art. 1.777. As pessoas referidas no inciso I do art. 1.767 receberão todo o apoio necessário para ter preservado o direito à convivência familiar e comunitária, sendo evitado o seu recolhimento em estabelecimento que os afaste desse convívio.

- Redação dada pela Lei nº 13.146, de 2015
- Arts. 26, 98 e 99, CP

Art. 1.778. A autoridade do curador estende-se à pessoa e aos bens dos filhos do curatelado, observado o art. 5º.

- Correspondência: art. 458, CC/1916
- Art. 1.779, parágrafo único, CC

SEÇÃO II – DA CURATELA DO NASCITURO E DO ENFERMO OU PORTADOR DE DEFICIÊNCIA FÍSICA

Art. 1.779. Dar-se-á curador ao nascituro, se o pai falecer estando grávida a mulher, e não tendo o poder familiar.

- Correspondência: art. 462, CC/1916
- Arts. 2º e 1.638, CC

Parágrafo único. Se a mulher estiver interdita, seu curador será o do nascituro.

Art. 1.780. *(Revogado pela Lei nº 13.146, de 2015)*

SEÇÃO III – DO EXERCÍCIO DA CURATELA

Art. 1.781. As regras a respeito do exercício da tutela aplicam-se ao da curatela, com a restrição do art. 1.772 e as desta Seção.

- Correspondência: art. 453, CC/1916
- Arts. 1.740 a 1.752 e 1.774, CC

Art. 1.782. A interdição do pródigo só o privará de, sem curador, emprestar, transigir, dar quitação, alienar, hipotecar, demandar ou ser demandado, e praticar, em geral, os atos que não sejam de mera administração.

- Correspondência: art. 459, CC/1916
- Arts. 4º, IV, 1.767, V, e 1.772, CC

Art. 1.783. Quando o curador for o cônjuge e o regime de bens do casamento for de comunhão universal, não será obrigado à prestação de contas, salvo determinação judicial.

- Correspondência: art. 455, caput, CC/1916
- Arts. 1.652, 1.668 e 1.775, CC

CAPÍTULO III – DA TOMADA DE DECISÃO APOIADA

- (Incluído pela Lei nº 13.146, de 2015)

Art. 1.783-A. A tomada de decisão apoiada é o processo pelo qual a pessoa com deficiência elege pelo menos 2 (duas) pessoas idôneas, com as quais mantenha vínculos e que gozem de sua confiança, para prestar-lhe apoio na tomada de decisão sobre atos da vida civil, fornecendo-lhes os elementos e informações necessários para que possa exercer sua capacidade.

- Incluído pela Lei nº 13.146, de 2015

§ 1º Para formular pedido de tomada de decisão apoiada, a pessoa com deficiência e os apoiadores devem apresentar termo em que constem os limites do apoio a ser oferecido e os compromissos dos apoiadores, inclusive o prazo de vigência do acordo e o respeito à vontade, aos direitos e aos interesses da pessoa que devem apoiar.

- Incluído pela Lei nº 13.146, de 2015

§ 2º O pedido de tomada de decisão apoiada será requerido pela pessoa a ser apoiada, com indicação expressa das pessoas aptas a prestarem o apoio previsto no *caput* deste artigo.

- Incluído pela Lei nº 13.146, de 2015

§ 3º Antes de se pronunciar sobre o pedido de tomada de decisão apoiada, o juiz, assistido por equipe multidisciplinar, após oitiva do Ministério Público, ouvirá pessoalmente o requerente e as pessoas que lhe prestarão apoio.

- Incluído pela Lei nº 13.146, de 2015

§ 4º A decisão tomada por pessoa apoiada terá validade e efeitos sobre terceiros, sem restrições, desde que esteja inserida nos limites do apoio acordado.

- Incluído pela Lei nº 13.146, de 2015

§ 5º Terceiro com quem a pessoa apoiada mantenha relação negocial pode solicitar que os apoiadores contra-assinem o contrato ou acordo, especificando, por escrito, sua função em relação ao apoiado.

- Incluído pela Lei nº 13.146, de 2015

§ 6º Em caso de negócio jurídico que possa trazer risco ou prejuízo relevante, havendo divergência de opiniões entre a pessoa apoiada e um dos apoiadores, deverá o juiz, ouvido o Ministério Público, decidir sobre a questão.

- Incluído pela Lei nº 13.146, de 2015

§ 7º Se o apoiador agir com negligência, exercer pressão indevida ou não adimplir as obrigações assumidas, poderá a pessoa apoiada ou qualquer pessoa apresentar denúncia ao Ministério Público ou ao juiz.

- Incluído pela Lei nº 13.146, de 2015

§ 8º Se procedente a denúncia, o juiz destituirá o apoiador e nomeará, ouvida a pessoa apoiada e se for de seu interesse, outra pessoa para prestação de apoio.

- Incluído pela Lei nº 13.146, de 2015

§ 9º A pessoa apoiada pode, a qualquer tempo, solicitar o término de acordo firmado em processo de tomada de decisão apoiada.

- Incluído pela Lei nº 13.146, de 2015

§ 10. O apoiador pode solicitar ao juiz a exclusão de sua participação do processo de tomada de decisão apoiada, sendo seu desligamento condicionado à manifestação do juiz sobre a matéria.

- Incluído pela Lei nº 13.146, de 2015

§ 11. Aplicam-se à tomada de decisão apoiada, no que couber, as disposições referentes à prestação de contas na curatela.

- Incluído pela Lei nº 13.146, de 2015

LIVRO V – DO DIREITO DAS SUCESSÕES

TÍTULO I – DA SUCESSÃO EM GERAL

CAPÍTULO I – DISPOSIÇÕES GERAIS

Art. 1.784. Aberta a sucessão, a herança transmite-se, desde logo, aos herdeiros legítimos e testamentários.

- Correspondência: art. 1.572, CC/1916
- Art. 5º, XXVII, XXX e XXXI, CF
- Arts. 35, 80, II, 91, 426, 1.206, 1.207, 1.788, 1.791, 1.797, 1.829, 1.923 e 1.997, CC

Art. 1.785. A sucessão abre-se no lugar do último domicílio do falecido.

- Correspondência: art. 1.578, CC/1916
- Art. 5º, XXXI, CF
- Arts. 70 a 78, CC
- Art. 10, Dec.-lei 4.657/1942 (Lei de Introdução às normas do Direito Brasileiro)
- Súmula 58, TFR

Art. 1.786. A sucessão dá-se por lei ou por disposição de última vontade.

- Correspondência: art. 1.573, CC/1916
- Arts. 426, 1.788, 1.780, 1.829, 1.857 e 1.897, CC

Art. 1.787. Regula a sucessão e a legitimação para suceder a lei vigente ao tempo da abertura daquela.

- Correspondência: art. 1.577, CC/1916
- Art. 5º, XXXI, CF
- Art. 2.042, CC
- Arts. 6º e 10, § 2º, Dec.-lei 4.657/1942 (Lei de Introdução às normas do Direito Brasileiro)

Art. 1.788. Morrendo a pessoa sem testamento, transmite a herança aos herdeiros legítimos; o mesmo ocorrerá quanto aos bens que não forem compreendidos no testamento; e subsiste a sucessão legítima se o testamento caducar, ou for julgado nulo.

- Correspondência: arts. 1.574 e 1.575, CC/1916
- Arts. 1.829, 1.850, 1.906, 1.908, 1.909, 1.939, 1.940, 1.943, 1.944, 1.966, 1.969 a 1.975 e 1.977, CC

Art. 1.789. Havendo herdeiros necessários, o testador só poderá dispor da metade da herança.

- Correspondência: art. 1.576, CC/1916
- Arts. 549, 1.845, 1.846, 1.961, 1.973 a 1.975 e 2.018, CC

Art. 1.790. A companheira ou o companheiro participará da sucessão do outro, quanto aos bens adquiridos onerosamente na vigência da união estável, nas condições seguintes:

- Sem correspondência no CC/1916

› *Art. 2º, Lei 8.971/1994 (Direito dos companheiros a alimentos e à sucessão)*

I – se concorrer com filhos comuns, terá direito a uma quota equivalente à que por lei for atribuída ao filho;

II – se concorrer com descendentes só do autor da herança, tocar-lhe-á a metade do que couber a cada um daqueles;

III – se concorrer com outros parentes sucessíveis, terá direito a um terço da herança;

IV – não havendo parentes sucessíveis, terá direito à totalidade da herança.

CAPÍTULO II – DA HERANÇA E DE SUA ADMINISTRAÇÃO

Art. 1.791. A herança defere-se como um todo unitário, ainda que vários sejam os herdeiros.

› *Correspondência: art. 1.580, CC/1916*

Parágrafo único. Até a partilha, o direito dos co-herdeiros, quanto à propriedade e posse da herança, será indivisível, e regular-se-á pelas normas relativas ao condomínio.

› *Arts. 88, 91, 1.314 a 1.322, 2.019 e 2.033, CC*

› *Arts. 647, 651 a 664 e 666 a 673, CPC/2015*

Art. 1.792. O herdeiro não responde por encargos superiores às forças da herança; incumbe-lhe, porém, a prova do excesso, salvo se houver inventário que a escuse, demostrando o valor dos bens herdados.

› *Correspondência: art. 1.587, CC/1916*

› *Arts. 836, 943, 1.821 e 1.997, CC*

› *Art. 796, CPC/2015*

Art. 1.793. O direito à sucessão aberta, bem como o quinhão de que disponha o co-herdeiro, pode ser objeto de cessão por escritura pública.

› *Sem correspondência no CC/1916*

› *Arts. 80, II, 215, 426 e 1.794, CC*

§ 1º Os direitos, conferidos ao herdeiro em consequência de substituição ou de direito de acrescer, presumem-se não abrangidos pela cessão feita anteriormente.

› *Arts. 1.941 a 1.960, CC*

§ 2º É ineficaz a cessão, pelo co-herdeiro, de seu direito hereditário sobre qualquer bem da herança considerado singularmente.

› *Arts. 89, 91 e 1.791, CC*

§ 3º Ineficaz é a disposição, sem prévia autorização do juiz da sucessão, por qualquer herdeiro, de bem componente do acervo hereditário, pendente a indivisibilidade.

› *Arts. 88 e 1.791, CC*

Art. 1.794. O co-herdeiro não poderá ceder a sua quota hereditária a pessoa estranha à sucessão, se outro co-herdeiro a quiser, tanto por tanto.

› *Sem correspondência no CC/1916*

› *Arts. 504 e 1.795, parágrafo único, CC*

Art. 1.795. O co-herdeiro, a quem não se der conhecimento da cessão, poderá, depositado o preço, haver para si a quota cedida a estranho, se o requerer até cento e oitenta dias após a transmissão.

› *Sem correspondência no CC/1916*

› *Art. 504, CC*

Parágrafo único. Sendo vários os co-herdeiros a exercer a preferência, entre eles se distribuirá o quinhão cedido, na proporção das respectivas quotas hereditárias.

› *Art. 1.794, CC*

Art. 1.796. No prazo de trinta dias, a contar da abertura da sucessão, instaurar-se-á inventário do patrimônio hereditário, perante o juízo competente no lugar da sucessão, para fins de liquidação e, quando for o caso, de partilha da herança.

› *Correspondência: art. 1.770, CC/1916*

› *Arts. 1.785 e 2.013 a 2.022, CC*

› *Arts. 48, 610 a 647, 651 a 664 e 666 a 673, CPC/2015*

› *Lei 6.858/1980 (Pagamento, aos dependentes ou sucessores, de valores não recebidos em vida pelos respectivos titulares)*

› *Dec. 85.845/1981 (Regulamenta a Lei 6.858/1980)*

Art. 1.797. Até o compromisso do inventariante, a administração da herança caberá, sucessivamente:

› *Correspondência: art. 1.579, CC/1916*

› *Arts. 613 a 617, CPC/2015*

I – ao cônjuge ou companheiro, se com o outro convivia ao tempo da abertura da sucessão;

› *Correspondência: art. 1.579, § 1º, CC/1916*

› *Art. 1.723, CC*

II – ao herdeiro que estiver na posse e administração dos bens, e, se houver mais de um nessas condições, ao mais velho;

› *Correspondência: art. 1.579, § 2º, CC/1916*

› *Art. 1.984, CC*

III – ao testamenteiro;

› *Correspondência: art. 1.579, § 3º, CC/1916*

› *Arts. 1.976, 1.977 e 1.990, CC*

IV – a pessoa de confiança do juiz, na falta ou escusa das indicadas nos incisos antecedentes, ou quando tiverem de ser afastadas por motivo grave levado ao conhecimento do juiz.

› *Sem correspondência no CC/1916*

CAPÍTULO III – DA VOCAÇÃO HEREDITÁRIA

Art. 1.798. Legitimam-se a suceder as pessoas nascidas ou já concebidas no momento da abertura da sucessão.

› *Sem correspondência no CC/1916*

› *Arts. 2º, 1.784 e 1.906, CC*

Art. 1.799. Na sucessão testamentária podem ainda ser chamados a suceder:

› *Correspondência: arts. 1.717 e 1.718, CC/1916*

› *Arts. 1.947, 1.948 e 1.960, CC*

I – os filhos, ainda não concebidos, de pessoas indicadas pelo testador, desde que vivas estas ao abrir-se a sucessão;

› *Correspondência: arts. 1.717 e 1.718, CC/1916*

› *Arts. 2º, 542, 1.800 e 1.952, CC*

II – as pessoas jurídicas;

› *Sem correspondência no CC/1916*

› *Arts. 40 a 61, CC*

› *Art. 11, § 2º, Dec.-lei 4.657/1942 (Lei de Introdução às normas do Direito Brasileiro)*

III – as pessoas jurídicas, cuja organização for determinada pelo testador sob a forma de fundação.

› *Sem correspondência no CC/1916*

› *Arts. 62 a 69, CC*

› *Art. 11, § 2º, Dec.-lei 4.657/1942 (Lei de Introdução às normas do Direito Brasileiro)*

Art. 1.800. No caso do inciso I do artigo antecedente, os bens da herança serão confiados, após a liquidação ou partilha, a curador nomeado pelo juiz.

› *Sem correspondência no CC/1916*

§ 1º Salvo disposição testamentária em contrário, a curatela caberá à pessoa cujo filho o testador esperava ter por herdeiro, e, sucessivamente, às pessoas indicadas no art. 1.775.

§ 2º Os poderes, deveres e responsabilidades do curador, assim nomeado, regem-se pelas disposições concernentes à curatela dos incapazes, no que couber.

› *Arts. 1.767 a 1.783, CC*

§ 3º Nascendo com vida o herdeiro esperado, ser-lhe-á deferida a sucessão, com os frutos e rendimentos relativos à deixa, a partir da morte do testador.

§ 4º Se, decorridos dois anos após a abertura da sucessão, não for concebido o herdeiro esperado, os bens reservados, salvo disposição em contrário do testador, caberão aos herdeiros legítimos.

› *Arts. 1.829, CC*

Art. 1.801. Não podem ser nomeados herdeiros nem legatários:

› *Correspondência: art. 1.719, CC/1916*

› *Art. 1.900, V, CC*

I – a pessoa que, a rogo, escreveu o testamento, nem o seu cônjuge ou companheiro, ou os seus ascendentes e irmãos;

› *Arts. 1.865, 1.868, caput, e 1.870, CC*

II – as testemunhas do testamento;

› *Arts. 1.864, II, 1.868, II e III, 1.876, §§ 1º e 2º, 1.888, 1.893, 1.894 e 1.896, CC*

III – o concubino do testador casado, salvo se este, sem culpa sua, estiver separado de fato do cônjuge há mais de cinco anos;

› *Arts. 1.803 e 1.830, CC*

IV – o tabelião, civil ou militar, ou o comandante ou escrivão, perante quem se fizer, assim como o que fizer ou aprovar o testamento.

› *Arts. 1.864, I, 1.868, III, 1.869, 1.870, 1.874, 1.888, 1.889, 1.893, §§ 1º a 3º, e 1.894, CC*

Art. 1.802. São nulas as disposições testamentárias em favor de pessoas não legitimadas a suceder, ainda quando simuladas sob a forma de contrato oneroso, ou feitas mediante interposta pessoa.

› *Correspondência: art. 1.720, 1ª parte, CC/1916*

› *Arts. 267, § 1º, I, 1.801 e 1.900, CC*

Parágrafo único. Presumem-se pessoas interpostas os ascendentes, os descendentes, os irmãos e o cônjuge ou companheiro do não legitimado a suceder.

› *Correspondência: art. 1.720, 2ª parte, CC/1916*

Art. 1.803. É lícita a deixa ao filho do concubino, quando também o for do testador.

› *Sem correspondência no CC/1916*

› *Súmula 447, STF*

CAPÍTULO IV – DA ACEITAÇÃO E RENÚNCIA DA HERANÇA

Art. 1.804. Aceita a herança, torna-se definitiva a sua transmissão ao herdeiro, desde a abertura da sucessão.

› *Sem correspondência no CC/1916*

› *Arts. 1.784 e 1.812, CC*

Parágrafo único. A transmissão tem-se por não verificada quando o herdeiro renuncia à herança.

› *Art. 52, V, Dec.-lei 7.661/1945 (Lei de Falências); e art. 129, V, Lei 11.101/2005 (Lei de Recuperação de Empresas e Falência)*

Art. 1.805. A aceitação da herança, quando expressa, faz-se por declaração escrita; quando tácita, há de resultar tão-somente de atos próprios da qualidade de herdeiro.

› *Correspondência: art. 1.581, caput e § 1º, CC/1916*
› *Art. 1.807, CC*

§ 1º Não exprimem aceitação de herança os atos oficiosos, como o funeral do finado, os meramente conservatórios, ou os de administração e guarda provisória.

› *Correspondência: art. 1.581, § 2º, CC/1916*

§ 2º Não importa igualmente aceitação a cessão gratuita, pura e simples, da herança, aos demais co-herdeiros.

› *Correspondência: art. 1.582, CC/1916*

Art. 1.806. A renúncia da herança deve constar expressamente de instrumento público ou termo judicial.

› *Correspondência: art. 1.581, caput, CC/1916*
› *Arts. 108, 215, 1.647, 1.807, 1.812, 1.954 e 2.008, CC*
› *Art. 52, V, Dec.-lei 7.661/1945 (Lei de Falências); e art. 129, V, Lei 11.101/2005 (Lei de Recuperação de Empresas e Falência)*

Art. 1.807. O interessado em que o herdeiro declare se aceita, ou não, a herança, poderá, vinte dias após aberta a sucessão, requerer ao juiz prazo razoável, não maior de trinta dias, para, nele, se pronunciar o herdeiro, sob pena de se haver a herança por aceita.

› *Correspondência: art. 1.584, CC/1916*

Art. 1.808. Não se pode aceitar ou renunciar a herança em parte, sob condição ou a termo.

› *Correspondência: art. 1.583, 1ª parte, CC/1916*
› *Arts. 121 a 137, CC*

§ 1º O herdeiro, a quem se testarem legados, pode aceitá-los, renunciando a herança; ou, aceitando-a, repudiá-los.

› *Correspondência: art. 1.583, 2ª parte, CC/1916*
› *Arts. 1.912 a 1.946, CC*

§ 2º O herdeiro, chamado, na mesma sucessão, a mais de um quinhão hereditário, sob títulos sucessórios diversos, pode livremente deliberar quanto aos quinhões que aceita e aos que renuncia.

› *Sem correspondência no CC/1916*

Art. 1.809. Falecendo o herdeiro antes de declarar se aceita a herança, o poder de aceitar passa-lhe aos herdeiros, a menos que se trate de vocação adstrita a uma condição suspensiva, ainda não verificada.

› *Correspondência: art. 1.585, CC/1916*
› *Arts. 125, 1.897 e 1.933, CC*

Parágrafo único. Os chamados à sucessão do herdeiro falecido antes da aceitação, desde que concordem em receber a segunda herança, poderão aceitar ou renunciar a primeira.

› *Sem correspondência no CC/1916*

Art. 1.810. Na sucessão legítima, a parte do renunciante acresce à dos outros herdeiros da mesma classe e, sendo ele o único desta, devolve-se aos da subsequente.

› *Correspondência: art. 1.589, CC/1916*
› *Arts.1.829 a 1.856, CC*

Art. 1.811. Ninguém pode suceder, representando herdeiro renunciante. Se, porém, ele for o único legítimo da sua classe, ou se todos os outros da mesma classe renunciarem a herança, poderão os filhos vir à sucessão, por direito próprio, e por cabeça.

› *Correspondência: art. 1.588, CC/1916*
› *Arts. 1.829, 1.835 e 1.851 a 1.856, CC*

Art. 1.812. São irrevogáveis os atos de aceitação ou de renúncia da herança.

› *Correspondência: art. 1.590, CC/1916*
› *Arts. 138 a 165, CC*

Art. 1.813. Quando o herdeiro prejudicar os seus credores, renunciando à herança, poderão eles, com autorização do juiz, aceitá-la em nome do renunciante.

› *Correspondência: art. 1.586, 1ª parte, CC/1916*
› *Arts. 158 a 165 e 391, CC*
› *Art. 789 e 790, I, CPC/2015*
› *Art. 52, V, Dec.-lei 7.661/1945 (Lei de Falências); e art. 129, V, Lei 11.101/2005 (Lei de Recuperação de Empresas e Falência)*

§ 1º A habilitação dos credores se fará no prazo de trinta dias seguintes ao conhecimento do fato.

› *Sem correspondência no CC/1916*

§ 2º Pagas as dívidas do renunciante, prevalece a renúncia quanto ao remanescente, que será devolvido aos demais herdeiros.

› *Correspondência: art. 1.586, 2ª parte, CC/1916*

CAPÍTULO V – DOS EXCLUÍDOS DA SUCESSÃO

Art. 1.814. São excluídos da sucessão os herdeiros ou legatários:

› *Correspondência: art. 1.595, CC/1916*
› *Arts. 557, 935, 1.818, 1.939, IV, e 1.691 a 1.965, CC*

I – que houverem sido autores, co-autores ou partícipes de homicídio doloso, ou tentativa deste, contra a pessoa de cuja sucessão se tratar, seu cônjuge, companheiro, ascendente ou descendente;

II – que houverem acusado caluniosamente em juízo o autor da herança ou incorrerem em crime contra a sua honra, ou de seu cônjuge ou companheiro;

III – que, por violência ou meios fraudulentos, inibirem ou obstarem o autor da herança de dispor livremente de seus bens por ato de última vontade.

Art. 1.815. A exclusão do herdeiro ou legatário, em qualquer desses casos de indignidade, será declarada por sentença.

› *Correspondência: art. 1.596, CC/1916*
› *Art. 1.939, IV, CC*

§ 1º O direito de demandar a exclusão do herdeiro ou legatário extingue-se em quatro anos, contados da abertura da sucessão.

› *Correspondência: art. 178, § 9º, IV, CC/1916*
› *Art. 1.965, parágrafo único, CC*

§ 2º Na hipótese do inciso I do art. 1.814, o Ministério Público tem legitimidade para demandar a exclusão do herdeiro ou legatário.

› *Incluído pela Lei nº 13.532, de 2017*

Art. 1.815-A. Em qualquer dos casos de indignidade previstos no art. 1.814, o trânsito em julgado da sentença penal condenatória acarretará a imediata exclusão do herdeiro ou legatário indigno, independentemente da sentença prevista no *caput* do art. 1.815 deste Código.

› *Incluído pela Lei nº 14.661, de 2023*

Art. 1.816. São pessoais os efeitos da exclusão; os descendentes do herdeiro excluído sucedem, como se ele morto fosse antes da abertura da sucessão.

› *Correspondência: art. 1.599, CC/1916*
› *Arts. 1.835 e 1.961 a 1.965, CC*

Parágrafo único. O excluído da sucessão não terá direito ao usufruto ou à administração dos bens que a seus sucessores couberem na herança, nem à sucessão eventual desses bens.

› *Correspondência: art. 1.602, CC/1916*
› *Arts. 1.689 e 1.693, IV, CC*

Art. 1.817. São válidas as alienações onerosas de bens hereditários a terceiros de boa-fé, e os atos de administração legalmente praticados pelo herdeiro, antes da sentença de exclusão; mas aos herdeiros subsiste, quando prejudicados, o direito de demandar-lhe perdas e danos.

› *Correspondência: art. 1.600, CC/1916*
› *Arts. 402 a 405, 1.360 e 1.827, CC*

Parágrafo único. O excluído da sucessão é obrigado a restituir os frutos e rendimentos que dos bens da herança houver percebido, mas tem direito a ser indenizado das despesas com a conservação deles.

› *Correspondência: art. 1.598, CC/1916*

Art. 1.818. Aquele que incorreu em atos que determinem a exclusão da herança será admitido a suceder, se o ofendido o tiver expressamente reabilitado em testamento, ou em outro ato autêntico.

› *Correspondência: art. 1.597, CC/1916*
› *Art. 1.814, CC*

Parágrafo único. Não havendo reabilitação expressa, o indigno, contemplado em testamento do ofendido, quando o testador, ao testar, já conhecia a causa da indignidade, pode suceder no limite da disposição testamentária.

› *Sem correspondência no CC/1916*

CAPÍTULO VI – DA HERANÇA JACENTE

Art. 1.819. Falecendo alguém sem deixar testamento nem herdeiro legítimo notoriamente conhecido, os bens da herança, depois de arrecadados, ficarão sob a guarda e administração de um curador, até a sua entrega ao sucessor devidamente habilitado ou à declaração de sua vacância.

› *Correspondência: art. 1.591, I e II, CC/1916*
› *Arts. 26 e 28, § 2º, CC*
› *Arts. 75, VI e 738 a 743, CPC/2015*

Art. 1.820. Praticadas as diligências de arrecadação e ultimado o inventário, serão expedidos editais na forma da lei processual, e, decorrido um ano de sua primeira publicação, sem que haja herdeiro habilitado, ou penda habilitação, será a herança declarada vacante.

› *Correspondência: art. 1.593, CC/1916*
› *Arts. 687 a 690, 692, 741 e 743, CPC/2015*

Art. 1.821. É assegurado aos credores o direito de pedir o pagamento das dívidas reconhecidas, nos limites das forças da herança.

› *Correspondência: art. 1.587, CC/1916*
› *Arts. 836, 1.792 e 1.997, caput, CC*
› *Art. 741, CPC/2015*

Art. 1.822. A declaração de vacância da herança não prejudicará os herdeiros que legalmente se habilitarem; mas, decorridos cinco anos da abertura da sucessão, os bens arrecadados passarão ao domínio do Município ou do Distrito Federal, se localizados nas respectivas circunscrições, incorporando-se ao domínio da União quando situados em território federal.

› *Correspondência: art. 1.594, CC/1916*
› *Arts. 28, § 2º, 39 e 1.844, CC*
› *Art. 739, CPC/2015*

Parágrafo único. Não se habilitando até a declaração de vacância, os colaterais ficarão excluídos da sucessão.

› *Arts. 1.592 e 1.594, CC*
› *Art. 743, CPC/2015*

Art. 1.823. Quando todos os chamados a suceder renunciarem à herança, será esta desde logo declarada vacante.

› *Correspondência: art. 1.591, II, CC/1916*
› *Arts. 1.805, 1.806 e 1.812, CC*

CAPÍTULO VII – DA PETIÇÃO DE HERANÇA

Art. 1.824. O herdeiro pode, em ação de petição de herança, demandar o reconhecimento de seu direito sucessório, para obter a restituição da herança, ou de parte dela, contra quem, na qualidade de herdeiro, ou mesmo sem título, a possua.

› *Sem correspondência no CC/1916*
› *Art. 205, CC*
› *Art. 628, CPC/2015*

Art. 1.825. A ação de petição de herança, ainda que exercida por um só dos herdeiros, poderá compreender todos os bens hereditários.

› *Sem correspondência no CC/1916*

Art. 1.826. O possuidor da herança está obrigado à restituição dos bens do acervo, fixando-se-lhe a responsabilidade segundo a sua posse, observado o disposto nos arts. 1.214 a 1.222.

› *Sem correspondência no CC/1916*

Parágrafo único. A partir da citação, a responsabilidade do possuidor se há de aferir pelas regras concernentes à posse de má-fé e à mora.

› *Arts. 394 a 401 e 405, CC*

Art. 1.827. O herdeiro pode demandar os bens da herança, mesmo em poder de terceiros, sem prejuízo da responsabilidade do possuidor originário pelo valor dos bens alienados.

› *Sem correspondência no CC/1916*

Parágrafo único. São eficazes as alienações feitas, a título oneroso, pelo herdeiro aparente a terceiro de boa-fé.

› *Art. 1.817, CC*

Art. 1.828. O herdeiro aparente, que de boa-fé houver pago um legado, não está obrigado a prestar o equivalente ao verdadeiro sucessor, ressalvado a este o direito de proceder contra quem o recebeu.

› *Sem correspondência no CC/1916*

TÍTULO II – DA SUCESSÃO LEGÍTIMA

CAPÍTULO I – DA ORDEM DA VOCAÇÃO HEREDITÁRIA

Art. 1.829. A sucessão legítima defere-se na ordem seguinte:

› *Correspondência: art. 1.603, CC/1916*
› *Art. 5º, XXXI, CF*
› *Arts. 1.784, 1.788 e 2.041, CC*
› *Art. 10, § 1º, Dec.-lei 4.657/1942 (Lei de Introdução às normas do Direito Brasileiro)*

I – aos descendentes, em concorrência com o cônjuge sobrevivente, salvo se casado este com o falecido no regime da comunhão universal, ou no da separação obrigatória de bens (art. 1.640, parágrafo único); ou se, no regime da comunhão parcial, o autor da herança não houver deixado bens particulares;

› *O regime da separação obrigatória de bens encontra-se no art. 1.641, e não no art. 1.640, parágrafo único*
› *Art. 227, § 6º, CF*
› *Arts. 1.591, 1.594, 1.596, 1.641, 1.658 a 1.671, 1.837 e 1.845, CC*

II – aos ascendentes, em concorrência com o cônjuge;

› *Arts. 1.591, 1.594 e 1.845, CC*

III – ao cônjuge sobrevivente;

› *Arts. 1.790, 1.830 e 1.845, CC*
› *Art. 2º, Lei 8.971/1994 (Direito dos companheiros a alimentos e à sucessão)*

IV – aos colaterais.

› *Arts. 1.592, 1.594 e 1.839, CC*

Art. 1.830. Somente é reconhecido direito sucessório ao cônjuge sobrevivente se, ao tempo da morte do outro, não estavam separados judicialmente, nem separados de fato há mais de dois anos, salvo prova, neste caso, de que essa convivência se tornara impossível sem culpa do sobrevivente.

› *Correspondência: art. 1.611, caput, CC/1916*
› *Art. 1.839, CC*

Art. 1.831. Ao cônjuge sobrevivente, qualquer que seja o regime de bens, será assegurado, sem prejuízo da participação que lhe caiba na herança, o direito real de habitação relativamente ao imóvel destinado à residência da família, desde que seja o único daquela natureza a inventariar.

› *Correspondência: art. 1.611, § 2º, CC/1916*
› *Arts. 1.225, VI, e 1.414 a 1.416, CC*
› *Art. 7º, parágrafo único, lei 9.278/1996 (Companheiros – Regula o § 3º do art. 226 da CF)*

Art. 1.832. Em concorrência com os descendentes (art. 1.829, inciso I) caberá ao cônjuge quinhão igual ao dos que sucederem por cabeça, não podendo a sua quota ser inferior à quarta parte da herança, se for ascendente dos herdeiros com que concorrer.

› *Sem correspondência no CC/1916*

Art. 1.833. Entre os descendentes, os em grau mais próximo excluem os mais remotos, salvo o direito de representação.

› *Sem correspondência no CC/1916*
› *Arts. 1.594 e 1.851, CC*

Art. 1.834. Os descendentes da mesma classe têm os mesmos direitos à sucessão de seus ascendentes.

› *Sem correspondência no CC/1916*

Art. 1.835. Na linha descendente, os filhos sucedem por cabeça, e os outros descendentes, por cabeça ou por estirpe, conforme se achem ou não no mesmo grau.

› *Correspondência: art. 1.604, CC/1916*
› *Art. 227, § 6º, CF*
› *Arts. 1.810, 1.811, 1.816 e 1.852, CC*

Art. 1.836. Na falta de descendentes, são chamados à sucessão os ascendentes, em concorrência com o cônjuge sobrevivente.

› *Correspondência: art. 1.606, CC/1916*

§ 1º Na classe dos ascendentes, o grau mais próximo exclui o mais remoto, sem distinção de linhas.

› *Correspondência: art. 1.607, CC/1916*
› *Arts. 1.594 e 1.852, CC*

§ 2º Havendo igualdade em grau e diversidade em linha, os ascendentes da linha paterna herdam a metade, cabendo a outra aos da linha materna.

› *Correspondência: art. 1.608, CC/1916*

Art. 1.837. Concorrendo com ascendente em primeiro grau, ao cônjuge tocará um terço da herança; caber-lhe-á a metade desta se houver um só ascendente, ou se maior for aquele grau.

› *Sem correspondência no CC/1916*

Art. 1.838. Em falta de descendentes e ascendentes, será deferida a sucessão por inteiro ao cônjuge sobrevivente.

› *Correspondência: art. 1.611, caput, CC/1916*
› *Art. 2º, Lei 8.971/1994 (Direito dos companheiros a alimentos e à sucessão)*

Art. 1.839. Se não houver cônjuge sobrevivente, nas condições estabelecidas no art. 1.830, serão chamados a suceder os colaterais até o quarto grau.

› *Correspondência: art. 1.612, CC/1916*
› *Arts. 1.592, 1.594 e 1.850, CC*

Art. 1.840. Na classe dos colaterais, os mais próximos excluem os mais remotos, salvo o direito de representação concedido aos filhos de irmãos.

› *Correspondência: art. 1.613, CC/1916*
› *Arts. 1.592, 1.594, 1.810, 1.811, 1.816, 1.841, 1.843 e 1.851 a 1.856, CC*

Art. 1.841. Concorrendo à herança do falecido irmãos bilaterais com irmãos unilaterais, cada um destes herdará metade do que cada um daqueles herdar.

› *Correspondência: art. 1.614, CC/1916*
› *Art. 1.843, § 3º, CC*

Art. 1.842. Não concorrendo à herança irmão bilateral, herdarão, em partes iguais, os unilaterais.

› *Correspondência: art. 1.616, CC/1916*

Art. 1.843. Na falta de irmãos, herdarão os filhos destes e, não os havendo, os tios.

› *Correspondência: art. 1.617, CC/1916*

§ 1º Se concorrerem à herança somente filhos de irmãos falecidos, herdarão por cabeça.

- *Art. 1.853, CC*

§ 2º Se concorrem filhos de irmãos bilaterais com filhos de irmãos unilaterais, cada um destes herdará a metade do que herdar cada um daqueles.

§ 3º Se todos forem filhos de irmãos bilaterais, ou todos de irmãos unilaterais, herdarão por igual.

- *Art. 1.841, CC*

Art. 1.844. Não sobrevivendo cônjuge, ou companheiro, nem parente algum sucessível, ou tendo eles renunciado a herança, esta se devolve ao Município ou ao Distrito Federal, se localizada nas respectivas circunscrições, ou à União, quando situada em território federal.

- *Correspondência: art. 1.619, CC/1916*
- *Art. 1.822, CC*
- *Art. 1º, § 2º, Lei 6.858/1980 (Pagamento, aos dependentes ou sucessores, de valores não recebidos em vida pelos respectivos titulares)*
- *Art. 7º, Dec. 85.845/1981 (Regulamenta a Lei 6.858/1980)*

CAPÍTULO II – DOS HERDEIROS NECESSÁRIOS

Art. 1.845. São herdeiros necessários os descendentes, os ascendentes e o cônjuge.

- *Sem correspondência no CC/1916*
- *Arts. 1.814, 1.829, I a III, e 1.961 a 1.963, CC*

Art. 1.846. Pertence aos herdeiros necessários, de pleno direito, a metade dos bens da herança, constituindo a legítima.

- *Correspondência: art. 1.721, CC/1916*
- *Arts. 544, 549, 1.789, 1.814, 1.847, 1.961 a 1.963 e 2.018, CC*

Art. 1.847. Calcula-se a legítima sobre o valor dos bens existentes na abertura da sucessão, abatidas as dívidas e as despesas do funeral, adicionando-se, em seguida, o valor dos bens sujeitos a colação.

- *Correspondência: art. 1.722, CC/1916*
- *Arts. 544, 1.789, 1.967, 1.998, 2.002 a 2.012 e 2.018, CC*

Art. 1.848. Salvo se houver justa causa, declarada no testamento, não pode o testador estabelecer cláusula de inalienabilidade, impenhorabilidade, e de incomunicabilidade, sobre os bens da legítima.

- *Correspondência: art. 1.723, CC/1916*
- *Arts. 1.668, I e IV, 1.911, caput, e 2.042, CC*
- *Arts. 833, 834 e 902, CPC/2015*
- *Arts. 167, II-11, e 247, Lei 6.015/1973 (Lei de Registros Públicos)*
- *Súmula 49, STF*

§ 1º Não é permitido ao testador estabelecer a conversão dos bens da legítima em outros de espécie diversa.

- *Correspondência: art. 1.723, CC/1916*

§ 2º Mediante autorização judicial e havendo justa causa, podem ser alienados os bens gravados, convertendo-se o produto em outros bens, que ficarão sub-rogados nos ônus dos primeiros.

- *Sem correspondência no CC/1916*
- *Art. 1.911, parágrafo único, CC*
- *Art. 1.112, II, CPC*
- *Art. 725, II, CPC/2015*

Art. 1.849. O herdeiro necessário, a quem o testador deixar a sua parte disponível, ou algum legado, não perderá o direito à legítima.

- *Correspondência: art. 1.724, CC/1916*

Art. 1.850. Para excluir da sucessão os herdeiros colaterais, basta que o testador disponha de seu patrimônio sem os contemplar.

- *Correspondência: art. 1.725, CC/1916*
- *Arts. 1.592, 1.788, 1.829, IV, 1.839 e 1.906, CC*

CAPÍTULO III – DO DIREITO DE REPRESENTAÇÃO

Art. 1.851. Dá-se o direito de representação, quando a lei chama certos parentes do falecido a suceder em todos os direitos, em que ele sucederia, se vivo fosse.

- *Correspondência: art. 1.620, CC/1916*
- *Arts. 1.811, 1.816, 1.833 e 1.840, CC*

Art. 1.852. O direito de representação dá-se na linha reta descendente, mas nunca na ascendente.

- *Correspondência: art. 1.621, CC/1916*
- *Arts. 1.591 e 1.835, CC*

Art. 1.853. Na linha transversal, somente se dá o direito de representação em favor dos filhos de irmãos do falecido, quando com irmãos deste concorrerem.

- *Correspondência: art. 1.622, CC/1916*
- *Arts. 1.592 e 1.840 a 1.843, CC*

Art. 1.854. Os representantes só podem herdar, como tais, o que herdaria o representado, se vivo fosse.

- *Correspondência: art. 1.623, CC/1916*

Art. 1.855. O quinhão do representado partir-se-á por igual entre os representantes.

- *Correspondência: art. 1.624, CC/1916*

Art. 1.856. O renunciante à herança de uma pessoa poderá representá-la na sucessão de outra.

- *Correspondência: art. 1.625, CC/1916*

TÍTULO III – DA SUCESSÃO TESTAMENTÁRIA

CAPITULO I – DO TESTAMENTO EM GERAL

Art. 1.857. Toda pessoa capaz pode dispor, por testamento, da totalidade dos seus bens, ou de parte deles, para depois de sua morte.

- *Correspondência: art. 1.626, CC/1916*
- *Arts. 62, 791, 1.784, 1.788, 1.819, 1.860 a 1.862, 1.881 a 1.886 e 1.969 a 1.975, CC*

§ 1º A legítima dos herdeiros necessários não poderá ser incluída no testamento.

- *Sem correspondência no CC/1916*
- *Arts. 1.845 a 1.847 e 1.966 a 1.968, CC*

§ 2º São válidas as disposições testamentárias de caráter não patrimonial, ainda que o testador somente a elas se tenha limitado.

- *Sem correspondência no CC/1916*
- *Arts. 14, 1.332, 1.378, 1.609, III, 1.634, IV, 1.711, 1.729, parágrafo único, 1.818 e 1.848, CC*
- *Art. 7º, Lei 4.591/1964 (Condomínio em edificações e incorporações imobiliárias)*
- *Art. 26, caput, 8.069/1990 (Estatuto da Criança e do Adolescente)*
- *Art. 1º, III, lei 8.560/1992 (Investigação de paternidade)*

Art. 1.858. O testamento é ato personalíssimo, podendo ser mudado a qualquer tempo.

- *Correspondência: art. 1.626, CC/1916*
- *Arts. 1.609, III, 1.863 e 1.969 a 1.972, CC*

Art. 1.859. Extingue-se em cinco anos o direito de impugnar a validade do testamento, contado o prazo da data do seu registro.

- *Sem correspondência no CC/1916*
- *Arts. 1.900, 1.903 e 1.909, CC*

CAPÍTULO II – DA CAPACIDADE DE TESTAR

Art. 1.860. Além dos incapazes, não podem testar os que, no ato de fazê-lo, não tiverem pleno discernimento.

- *Correspondência: art. 1.627, CC/1916*
- *Arts. 3º, 4º, II e III, 166, 1.782, 1.866, 1.867, 1.872, 1.873 e 1.881, CC*

Parágrafo único. Podem testar os maiores de dezesseis anos.

Art. 1.861. A incapacidade superveniente do testador não invalida o testamento, nem o testamento do incapaz se valida com a superveniência da capacidade.

- *Correspondência: art. 1.628, CC/1916*

CAPÍTULO III – DAS FORMAS ORDINÁRIAS DO TESTAMENTO

SEÇÃO I – DISPOSIÇÕES GERAIS

Art. 1.862. São testamentos ordinários:

- *Correspondência: art. 1.629, CC/1916*

I – o público;

- *Arts. 1.864 a 1.867, CC*
- *Art. 7º, II, Lei n. 8.935/1994 (Notários e Registradores)*

II – o cerrado;

- *Arts. 1.868 a 1.875, CC*
- *Art. 7º, II, Lei n. 8.935/1994 (Notários e Registradores)*

III – o particular.

- *Arts. 1.876 a 1.880, CC*

Art. 1.863. É proibido o testamento conjuntivo, seja simultâneo, recíproco ou correspectivo.

- *Correspondência: art. 1.630, CC/1916*
- *Art. 1.858, CC*

SEÇÃO II – DO TESTAMENTO PÚBLICO

Art. 1.864. São requisitos essenciais do testamento público:

- *Correspondência: art. 1.632, caput, CC/1916*
- *Art. 736, CPC/2015*

I – ser escrito por tabelião ou por seu substituto legal em seu livro de notas, de acordo com as declarações do testador, podendo este servir-se de minuta, notas ou apontamentos;

- *Correspondência: art. 1.632, I, CC/1916*
- *Art. 20, § 4º, Lei n. 8.935/1994 (Notários e Registradores)*

II – lavrado o instrumento, ser lido em voz alta pelo tabelião ao testador e a duas testemunhas, a um só tempo; ou pelo testador, se o quiser, na presença destas e do oficial;

- *Correspondência: art. 1.632, III, CC/1916*
- *Art. 228, CC*

III – ser o instrumento, em seguida à leitura, assinado pelo testador, pelas testemunhas e pelo tabelião.

› *Correspondência: art. 1.632, IV, CC/1916*
› *Art. 1.865, CC*

Parágrafo único. O testamento público pode ser escrito manualmente ou mecanicamente, bem como ser feito pela inserção da declaração de vontade em partes impressas de livro de notas, desde que rubricadas todas as páginas pelo testador, se mais de uma.

› *Sem correspondência no CC/1916*

Art. 1.865. Se o testador não souber, ou não puder assinar, o tabelião ou seu substituto legal assim o declarará, assinando, neste caso, pelo testador, e, a seu rogo, uma das testemunhas instrumentárias.

› *Correspondência: art. 1.633, CC/1916*

Art. 1.866. O indivíduo inteiramente surdo, sabendo ler, lerá o seu testamento, e, se não o souber, designará quem o leia em seu lugar, presentes as testemunhas.

› *Correspondência: art. 1.636, CC/1916*

Art. 1.867. Ao cego só se permite o testamento público, que lhe será lido, em voz alta, duas vezes, uma pelo tabelião ou por seu substituto legal, e a outra por uma das testemunhas, designada pelo testador, fazendo-se de tudo circunstanciada menção no testamento.

› *Correspondência: art. 1.637, CC/1916*

SEÇÃO III – DO TESTAMENTO CERRADO

Art. 1.868. O testamento escrito pelo testador, ou por outra pessoa, a seu rogo, e por aquele assinado, será válido se aprovado pelo tabelião ou seu substituto legal, observadas as seguintes formalidades:

› *Correspondência: art. 1.638, I a III, CC/1916*
› *Arts. 1.801, 1.870, 1.871 e 1.972, CC*
› *Art. 735, CPC/2015*
› *Art. 7º, II, Lei n. 8.935/1994 (Notários e Registradores)*

I – que o testador o entregue ao tabelião em presença de duas testemunhas;

› *Correspondência: art. 1.638, IV, CC/1916*

II – que o testador declare que aquele é o seu testamento e quer que seja aprovado;

› *Correspondência: art. 1.638, V, CC/1916*

III – que o tabelião lavre, desde logo, o auto de aprovação, na presença de duas testemunhas, e o leia, em seguida, ao testador e testemunhas;

› *Correspondência: art. 1.638, VI, CC/1916*

IV – que o auto de aprovação seja assinado pelo tabelião, pelas testemunhas e pelo testador.

› *Correspondência: art. 1.638, IX, CC/1916*

Parágrafo único. O testamento cerrado pode ser escrito mecanicamente, desde que seu subscritor numere e autentique, com a sua assinatura, todas as paginas.

› *Sem correspondência no CC/1916*

Art. 1.869. O tabelião deve começar o auto de aprovação imediatamente depois da última palavra do testador, declarando, sob sua fé, que o testador lhe entregou para ser aprovado na presença das testemunhas; passando a cerrar e coser o instrumento aprovado.

› *Correspondência: art. 1.638, VII e XI, CC/1916*

Parágrafo único. Se não houver espaço na última folha do testamento, para início da aprovação, o tabelião aporá nele o seu sinal público, mencionando a circunstância no auto.

› *Correspondência: art. 1.638, VIII, CC/1916*

Art. 1.870. Se o tabelião tiver escrito o testamento a rogo do testador, poderá, não obstante, aprová-lo.

› *Correspondência: art. 1.639, CC/1916*

Art. 1.871. O testamento pode ser escrito em língua nacional ou estrangeira, pelo próprio testador, ou por outrem, a seu rogo.

› *Correspondência: art. 1.640, CC/1916*

Art. 1.872. Não pode dispor de seus bens em testamento cerrado quem não saiba ou não possa ler.

› *Correspondência: art. 1.641, CC/1916*

Art. 1.873. Pode fazer testamento cerrado o surdo-mudo, contanto que o escreva todo, e o assine de sua mão, e que, ao entregá-lo ao oficial público, ante as duas testemunhas, escreva, na face externa do papel ou do envoltório, que aquele é o seu testamento, cuja aprovação lhe pede.

› *Correspondência: art. 1.642, CC/1916*

Art. 1.874. Depois de aprovado e cerrado, será o testamento entregue ao testador, e o tabelião lançará, no seu livro, nota do lugar, dia, mês e ano em que o testamento foi aprovado e entregue.

› *Correspondência: art. 1.643, CC/1916*

Art. 1.875. Falecido o testador, o testamento será apresentado ao juiz, que o abrirá e o fará registrar, ordenando seja cumprido, se não achar vício externo que o torne eivado de nulidade ou suspeito de falsidade.

› *Correspondência: art. 1.644, CC/1916*
› *Art. 1.972, CC*
› *Art. 735, CPC/2015*

SEÇÃO IV – DO TESTAMENTO PARTICULAR

Art. 1.876. O testamento particular pode ser escrito de próprio punho ou mediante processo mecânico.

› *Correspondência: art. 1.645, CC/1916*

§ 1º Se escrito de próprio punho, são requisitos essenciais à sua validade seja lido e assinado por quem o escreveu, na presença de pelo menos três testemunhas, que o devem subscrever.

› *Correspondência: art. 1.645, CC/1916*
› *Arts. 228 e 1.880, CC*

§ 2º Se elaborado por processo mecânico, não pode conter rasuras ou espaços em branco, devendo ser assinado pelo testador, depois de o ter lido na presença de pelo menos três testemunhas, que o subscreverão.

› *Correspondência: art. 1.645, III, CC/1916*

Art. 1.877. Morto o testador, publicar-se-á em juízo o testamento, com citação dos herdeiros legítimos.

› *Correspondência: art. 1.646, CC/1916*
› *Art. 1.829, CC*
› *Art. 737, CPC/2015*

Art. 1.878. Se as testemunhas forem contestes sobre o fato da disposição, ou, ao menos, sobre a sua leitura perante elas, e se reconhecerem as próprias assinaturas, assim como a do testador, o testamento será confirmado.

› *Correspondência: art. 1.647, CC/1916*
› *Art. 297, § 2º, CP*

Parágrafo único. Se faltarem testemunhas, por morte ou ausência, e se pelo menos uma delas o reconhecer, o testamento poderá ser confirmado, se, a critério do juiz, houver prova suficiente de sua veracidade.

› *Correspondência: art. 1.648, CC/1916*

Art. 1.879. Em circunstâncias excepcionais declaradas na cédula, o testamento particular de próprio punho e assinado pelo testador, sem testemunhas, poderá ser confirmado, a critério do juiz.

› *Sem correspondência no CC/1916*

Art. 1.880. O testamento particular pode ser escrito em língua estrangeira, contanto que as testemunhas a compreendam.

› *Correspondência: art. 1.649, CC/1916*

CAPÍTULO IV – DOS CODICILOS

Art. 1.881. Toda pessoa capaz de testar poderá, mediante escrito particular seu, datado e assinado, fazer disposições especiais sobre o seu enterro, sobre esmolas de pouca monta a certas e determinadas pessoas, ou, indeterminadamente, aos pobres de certo lugar, assim como legar móveis, roupas ou jóias, de pouco valor, de seu uso pessoal.

› *Correspondência: art. 1.651, CC/1916*
› *Arts. 1.860, 1.902 e 1.998, CC*

Art. 1.882. Os atos a que se refere o artigo antecedente, salvo direito de terceiro, valerão como codicilos, deixe ou não testamento o autor.

› *Correspondência: art. 1.652, CC/1916*

Art. 1.883. Pelo modo estabelecido no art. 1.881, poder-se-ão nomear ou substituir testamenteiros.

› *Correspondência: art. 1.653, CC/1916*
› *Arts. 1.976 a 1.990, CC*

Art. 1.884. Os atos previstos nos artigos antecedentes revogam-se por atos iguais, e consideram-se revogados, se, havendo testamento posterior, de qualquer natureza, este os não confirmar ou modificar.

› *Correspondência: art. 1.654, CC/1916*
› *Art. 1.969, CC*

Art. 1.885. Se estiver fechado o codicilo, abrir-se-á do mesmo modo que o testamento cerrado.

› *Correspondência: art. 1.655, CC/1916*
› *Art. 1.875, CC*
› *Art. 735, CPC/2015*

CAPÍTULO V – DOS TESTAMENTOS ESPECIAIS

SEÇÃO I – DISPOSIÇÕES GERAIS

Art. 1.886. São testamentos especiais:

› *Sem correspondência no CC/1916*

› *Arts. 1.888 a 1.896, CC*

I – o marítimo;

II – o aeronáutico;

III – o militar.

Art. 1.887. Não se admitem outros testamentos especiais além dos contemplados neste Código.

› *Correspondência: art. 1.631, CC/1916*

SEÇÃO II – DO TESTAMENTO MARÍTIMO E DO TESTAMENTO AERONÁUTICO

Art. 1.888. Quem estiver em viagem, a bordo de navio nacional, de guerra ou mercante, pode testar perante o comandante, em presença de duas testemunhas, por forma que corresponda ao testamento público ou ao cerrado.

› *Correspondência: art. 1.656, CC/1916*
› *Arts. 1.801, II e IV, 1.864 a 1.875 e 1.886, I e II, CC*

Parágrafo único. O registro do testamento será feito no diário de bordo.

Art. 1.889. Quem estiver em viagem, a bordo de aeronave militar ou comercial, pode testar perante pessoa designada pelo comandante, observado o disposto no artigo antecedente.

› *Sem correspondência no CC/1916*

Art. 1.890. O testamento marítimo ou aeronáutico ficará sob a guarda do comandante, que o entregará às autoridades administrativas do primeiro porto ou aeroporto nacional, contra recibo averbado no diário de bordo.

› *Correspondência: art. 1.657, § 1º, CC/1916*

Art. 1.891. Caducará o testamento marítimo, ou aeronáutico, se o testador não morrer na viagem, nem nos noventa dias subsequentes ao seu desembarque em terra, onde possa fazer, na forma ordinária, outro testamento.

› *Correspondência: art. 1.658, CC/1916*

Art. 1.892. Não valerá o testamento marítimo, ainda que feito no curso de uma viagem, se, ao tempo em que se fez, o navio estava em porto onde o testador pudesse desembarcar e testar na forma ordinária.

› *Correspondência: art. 1.659, CC/1916*

SEÇÃO III – DO TESTAMENTO MILITAR

Art. 1.893. O testamento dos militares e demais pessoas a serviço das Forças Armadas em campanha, dentro do País ou fora dele, assim como em praça sitiada, ou que esteja de comunicações interrompidas, poderá fazer-se, não havendo tabelião ou seu substituto legal, ante duas, ou três testemunhas, se o testador não puder, ou não souber assinar, caso em que assinará por ele uma delas.

› *Correspondência: art. 1.660, CC/1916*
› *Arts. 1.801, II e IV, 1.886, III, e 1.896, CC*

§ 1º Se o testador pertencer a corpo ou seção de corpo destacado, o testamento será escrito pelo respectivo comandante, ainda que de graduação ou posto inferior.

§ 2º Se o testador estiver em tratamento em hospital, o testamento será escrito pelo respectivo oficial de saúde, ou pelo diretor do estabelecimento.

§ 3º Se o testador for o oficial mais graduado, o testamento será escrito por aquele que o substituir.

Art. 1.894. Se o testador souber escrever, poderá fazer o testamento de seu punho, contanto que o date e assine por extenso, e o apresente aberto ou cerrado, na presença de duas testemunhas ao auditor, ou ao oficial de patente, que lhe faça as vezes neste mister.

› *Correspondência: art. 1.661, CC/1916*

Parágrafo único. O auditor, ou o oficial a quem o testamento se apresente notará, em qualquer parte dele, lugar, dia, mês e ano, em que lhe for apresentado, nota esta que será assinada por ele e pelas testemunhas.

Art. 1.895. Caduca o testamento militar, desde que, depois dele, o testador esteja, noventa dias seguidos, em lugar onde possa testar na forma ordinária, salvo se esse testamento apresentar as solenidades prescritas no parágrafo único do artigo antecedente.

› *Correspondência: art. 1.662, CC/1916*

Art. 1.896. As pessoas designadas no art. 1.893, estando empenhadas em combate, ou feridas, podem testar oralmente, confiando a sua última vontade a duas testemunhas.

› *Correspondência: art. 1.663, CC/1916*
› *Art. 1.801, II, CC*

Parágrafo único. Não terá efeito o testamento se o testador não morrer na guerra ou convalescer do ferimento.

CAPÍTULO VI – DAS DISPOSIÇÕES TESTAMENTÁRIAS

Art. 1.897. A nomeação de herdeiro, ou legatário, pode fazer-se pura e simplesmente, sob condição, para certo fim ou modo, ou por certo motivo.

› *Correspondência: art. 1.664, CC/1916*
› *Arts. 62, 121, 136, 137, 1.693, III, e 1.733, § 2º, CC*

Art. 1.898. A designação do tempo em que deva começar ou cessar o direito do herdeiro, salvo nas disposições fideicomissárias, ter-se-á por não escrita.

› *Correspondência: art. 1.665, CC/1916*
› *Arts. 1.924, 1.928 e 1.951 a 1.960, CC*

Art. 1.899. Quando a cláusula testamentária for suscetível de interpretações diferentes, prevalecerá a que melhor assegure a observância da vontade do testador.

› *Correspondência: art. 1.666, CC/1916*
› *Arts. 112 e 133, CC*
› *Súmula 49, STF*

Art. 1.900. É nula a disposição:

› *Correspondência: art. 1.667, CC/1916*
› *Arts. 166, 1.859, 1.903 e 1.909, CC*

I – que institua herdeiro ou legatário sob a condição captatória de que este disponha, também por testamento, em benefício do testador, ou de terceiro;

› *Correspondência: art. 1.667, I, CC/1916*

II – que se refira a pessoa incerta, cuja identidade não se possa averiguar;

› *Correspondência: art. 1.667, II, CC/1916*

III – que favoreça a pessoa incerta, cometendo a determinação de sua identidade a terceiro;

› *Correspondência: art. 1.667, III, CC/1916*
› *Art. 1.901, I, CC*

IV – que deixe a arbítrio do herdeiro, ou de outrem, fixar o valor do legado;

› *Correspondência: art. 1.667, IV, CC/1916*
› *Art. 1.901, II, CC*

V – que favoreça as pessoas a que se referem os arts. 1.801 e 1.802.

› *Sem correspondência no CC/1916*
› *Art. 1.803, CC*

Art. 1.901. Valerá a disposição:

› *Correspondência: art. 1.668, CC/1916*

I – em favor de pessoa incerta que deva ser determinada por terceiro, dentre duas ou mais pessoas mencionadas pelo testador, ou pertencentes a uma família, ou a um corpo coletivo, ou a um estabelecimento por ele designado;

› *Art. 1.900, III, CC*

II – em remuneração de serviços prestados ao testador, por ocasião da moléstia de que faleceu, ainda que fique ao arbítrio do herdeiro ou de outrem determinar o valor do legado.

› *Art. 1.900, IV, CC*

Art. 1.902. A disposição geral em favor dos pobres, dos estabelecimentos particulares de caridade, ou dos de assistência pública, entender-se-á relativa aos pobres do lugar do domicílio do testador ao tempo de sua morte, ou dos estabelecimentos aí sitos, salvo se manifestamente constar que tinha em mente beneficiar os de outra localidade.

› *Correspondência: art. 1.669, CC/1916*
› *Art. 1.881, CC*

Parágrafo único. Nos casos deste artigo, as instituições particulares preferirão sempre às públicas.

Art. 1.903. O erro na designação da pessoa do herdeiro, do legatário, ou da coisa legada anula a disposição, salvo se, pelo contexto do testamento, por outros documentos, ou por fatos inequívocos, se puder identificar a pessoa ou coisa a que o testador queria referir-se.

› *Correspondência: art. 1.670, CC/1916*
› *Arts. 142, 1.859, 1.899, 1.900 e 1.909, CC*

Art. 1.904. Se o testamento nomear dois ou mais herdeiros, sem discriminar a parte de cada um, partilhar-se-á por igual, entre todos, a porção disponível do testador.

› *Correspondência: art. 1.671, CC/1916*

Art. 1.905. Se o testador nomear certos herdeiros individualmente e outros coletivamente, a herança será dividida em tantas quotas quantos forem os indivíduos e os grupos designados.

› *Correspondência: art. 1.672, CC/1916*

Art. 1.906. Se forem determinadas as quotas de cada herdeiro, e não absorverem toda a herança, o remanescente pertencerá aos herdeiros legítimos, segundo a ordem da vocação hereditária.

› *Correspondência: art. 1.673, CC/1916*
› *Arts. 1.788, 1.829, 1.850 e 1.966, CC*

Art. 1.907. Se forem determinados os quinhões de uns e não os de outros herdeiros, distribuir-se-á por igual a estes últimos o que restar, depois de completas as porções hereditárias dos primeiros.

- *Correspondência: art. 1.674, CC/1916*
- *Arts. 1.788 e 1.850, CC*

Art. 1.908. Dispondo o testador que não caiba ao herdeiro instituído certo e determinado objeto, dentre os da herança, tocará ele aos herdeiros legítimos.

- *Correspondência: art. 1.675, CC/1916*

Art. 1.909. São anuláveis as disposições testamentárias inquinadas de erro, dolo ou coação.

- *Sem correspondência no CC/1916*
- *Arts. 138 a 155, 171 a 185, 1.788, 1.859, 1.900 e 1.903, CC*

Parágrafo único. Extingue-se em quatro anos o direito de anular a disposição, contados de quando o interessado tiver conhecimento do vício.

Art. 1.910. A ineficácia de uma disposição testamentária importa a das outras que, sem aquela, não teriam sido determinadas pelo testador.

- *Sem correspondência no CC/1916*
- *Arts. 184 e 185, CC*

Art. 1.911. A cláusula de inalienabilidade, imposta aos bens por ato de liberalidade, implica impenhorabilidade e incomunicabilidade.

- *Correspondência: art. 1.676, CC/1916*
- *Arts. 1.693, III, 1.733, § 2º, e 1.848, caput, CC*
- *Arts. 833, 834 e 902, CPC/2015*
- *Art. 41, Dec-lei 7.661/1945 (Lei de Falências); e art. 108, § 4º, Lei 11.101/2005 (Lei de Recuperação de Empresas e Falência)*
- *Art. 4º, Lei 2.666/1955 (Penhor de produtos agrícolas)*
- *Arts. 167, II-11, e 247, Lei 6.015/1973 (Lei de Registros Públicos)*
- *Art. 169, § 2º, Lei 6.404/1976 (Sociedades por ações)*
- *Art. 30, Lei 6.830/1980 (Cobrança judicial da dívida ativa da Fazenda Pública)*
- *Súmula 49, STF*

Parágrafo único. No caso de desapropriação de bens clausulados, ou de sua alienação, por conveniência econômica do donatário ou do herdeiro, mediante autorização judicial, o produto da venda converter-se-á em outros bens, sobre os quais incidirão as restrições apostas aos primeiros.

- *Correspondência: art. 1.677, CC/1916*
- *Art. 1.848, § 2º, CC*
- *Arts. 723 e 725, II, CPC/2015*
- *Art. 31, Dec.-lei 3.365/1941 (Desapropriações por utilidade pública)*
- *Dec.-lei 6.777/1944 (Sub-rogação de imóveis gravados ou inalienáveis)*

CAPÍTULO VII – DOS LEGADOS

SEÇÃO I – DISPOSIÇÕES GERAIS

Art. 1.912. É ineficaz o legado de coisa certa que não pertença ao testador no momento da abertura da sucessão.

- *Correspondência: art. 1.678, CC/1916*
- *Arts. 1.268, § 1º, 1.420, § 1º, e 1.939, II, CC*

Art. 1.913. Se o testador ordenar que o herdeiro ou legatário entregue coisa de sua propriedade a outrem, não o cumprindo ele, entender-se-á que renunciou à herança ou ao legado.

- *Correspondência: art. 1.679, CC/1916*
- *Art. 1.935, CC*

Art. 1.914. Se tão-somente em parte a coisa legada pertencer ao testador, ou, no caso do artigo antecedente, ao herdeiro ou ao legatário, só quanto a essa parte valerá o legado.

- *Correspondência: art. 1.680, CC/1916*
- *Arts. 1.916 e 1.939, II, CC*

Art. 1.915. Se o legado for de coisa que se determine pelo gênero, será o mesmo cumprido, ainda que tal coisa não exista entre os bens deixados pelo testador.

- *Correspondência: art. 1.681, CC/1916*
- *Art. 85, CC*

Art. 1.916. Se o testador legar coisa sua, singularizando-a, só terá eficácia o legado se, ao tempo do seu falecimento, ela se achava entre os bens da herança; se a coisa legada existir entre os bens do testador, mas em quantidade inferior à do legado, este será eficaz apenas quanto à existente.

- *Correspondência: art. 1.682, CC/1916*
- *Arts. 1.914 e 1.939, II, CC*

Art. 1.917. O legado de coisa que deva encontrar-se em determinado lugar só terá eficácia se nele for achada, salvo se removida a título transitório.

- *Correspondência: art. 1.683, CC/1916*

Art. 1.918. O legado de crédito, ou de quitação de dívida, terá eficácia somente até a importância desta, ou daquele, ao tempo da morte do testador.

- *Correspondência: art. 1.685, CC/1916*

§ 1º Cumpre-se o legado, entregando o herdeiro ao legatário o título respectivo.

§ 2º Este legado não compreende as dívidas posteriores à data do testamento.

Art. 1.919. Não o declarando expressamente o testador, não se reputará compensação da sua dívida o legado que ele faça ao credor.

- *Correspondência: art. 1.686, 1ª parte, CC/1916*
- *Arts. 368 a 380, CC*

Parágrafo único. Subsistirá integralmente o legado, se a dívida lhe foi posterior, e o testador a solveu antes de morrer.

- *Correspondência: art. 1.686, 2ª parte, CC/1916*

Art. 1.920. O legado de alimentos abrange o sustento, a cura, o vestuário e a casa, enquanto o legatário viver, além da educação, se ele for menor.

- *Correspondência: art. 1.687, CC/1916*
- *Art. 1.928, parágrafo único, CC*

Art. 1.921. O legado de usufruto, sem fixação de tempo, entende-se deixado ao legatário por toda a sua vida.

- *Correspondência: art. 1.688, CC/1916*
- *Art. 1.410, I, CC*

Art. 1.922. Se aquele que legar um imóvel lhe ajuntar depois novas aquisições, estas, ainda que contíguas, não se compreendem no legado, salvo expressa declaração em contrário do testador.

- *Correspondência: art. 1.689, CC/1916*

Parágrafo único. Não se aplica o disposto neste artigo às benfeitorias necessárias, úteis ou voluptuárias feitas no prédio legado.

- *Art. 96, CC*

SEÇÃO II – DOS EFEITOS DO LEGADO E DO SEU PAGAMENTO

Art. 1.923. Desde a abertura da sucessão, pertence ao legatário a coisa certa, existente no acervo, salvo se o legado estiver sob condição suspensiva.

- *Correspondência: arts. 1.690, caput, e 1.692, CC/1916*
- *Arts. 121, 125, 131, 135, 1.784, 1.900, I, e 1.937, CC*

§ 1º Não se defere de imediato a posse da coisa, nem nela pode o legatário entrar por autoridade própria.

- *Correspondência: art. 1.690, parágrafo único, CC/1916*

§ 2º O legado de coisa certa existente na herança transfere também ao legatário os frutos que produzir, desde a morte do testador, exceto se dependente de condição suspensiva, ou de termo inicial.

- *Correspondência: art. 1.692, CC/1916*

Art. 1.924. O direito de pedir o legado não se exercerá, enquanto se litigue sobre a validade do testamento, e, nos legados condicionais, ou a prazo, enquanto esteja pendente a condição ou o prazo não se vença.

- *Correspondência: art. 1.691, CC/1916*
- *Arts. 125 e 131, CC*

Art. 1.925. O legado em dinheiro só vence juros desde o dia em que se constituir em mora a pessoa obrigada a prestá-lo.

- *Correspondência: art. 1.693, CC/1916*
- *Arts. 394, 397, 406 e 407, CC*

Art. 1.926. Se o legado consistir em renda vitalícia ou pensão periódica, esta ou aquela correrá da morte do testador.

- *Correspondência: art. 1.694, CC/1916*
- *Art. 1.918, parágrafo único, CC*

Art. 1.927. Se o legado for de quantidades certas, em prestações periódicas, datará da morte do testador o primeiro período, e o legatário terá direito a cada prestação, uma vez encetado cada um dos períodos sucessivos, ainda que venha a falecer antes do termo dele.

- *Correspondência: art. 1.695, CC/1916*

Art. 1.928. Sendo periódicas as prestações, só no termo de cada período se poderão exigir.

- *Correspondência: art. 1.696, CC/1916*

Parágrafo único. Se as prestações forem deixadas a título de alimentos, pagar-se-ão no começo de cada período, sempre que outra coisa não tenha disposto o testador.

- *Art. 1.920, CC*

Art. 1.929. Se o legado consiste em coisa determinada pelo gênero, ao herdeiro tocará escolhê-la, guardando o meio-termo entre as congêneres da melhor e pior qualidade.

- *Correspondência: art. 1.697, CC/1916*
- *Arts. 244 e 1.931, CC*

Art. 1.930. O estabelecido no artigo antecedente será observado, quando a escolha for deixada a arbítrio de terceiro; e, se este não a quiser ou não a puder exercer, ao juiz competirá fazê-la, guardado o disposto na última parte do artigo antecedente.

› *Correspondência: art. 1.698, CC/1916*
› *Art. 252, § 4º, CC*

Art. 1.931. Se a opção foi deixada ao legatário, este poderá escolher, do gênero determinado, a melhor coisa que houver na herança; e, se nesta não existir coisa de tal gênero, dar-lhe-á de outra congênere o herdeiro, observada a disposição na última parte do art. 1.929.

› *Correspondência: art. 1.699, CC/1916*
› *Art. 244, CC*

Art. 1.932. No legado alternativo, presume-se deixada ao herdeiro a opção.

› *Correspondência: art. 1.700, CC/1916*
› *Art. 252, caput, CC*

Art. 1.933. Se o herdeiro ou legatário a quem couber a opção falecer antes de exercê-la, passará este poder aos seus herdeiros.

› *Correspondência: art. 1.701, caput, CC/1916*
› *Art. 1.809, CC*

Art. 1.934. No silêncio do testamento, o cumprimento dos legados incumbe aos herdeiros e, não os havendo, aos legatários, na proporção do que herdaram.

› *Correspondência: art. 1.702, CC/1916*

Parágrafo único. O encargo estabelecido neste artigo, não havendo disposição testamentária em contrário, caberá ao herdeiro ou legatário incumbido pelo testador da execução do legado; quando indicados mais de um, os onerados dividirão entre si o ônus, na proporção do que recebam da herança.

› *Correspondência: art. 1.703, CC/1916*

Art. 1.935. Se algum legado consistir em coisa pertencente a herdeiro ou legatário (art. 1.913), só a ele incumbirá cumpri-lo, com regresso contra os co-herdeiros, pela quota de cada um, salvo se o contrário expressamente dispôs o testador.

› *Correspondência: art. 1.704, CC/1916*
› *Art. 125, CPC/2015*

Art. 1.936. As despesas e os riscos da entrega do legado correm à conta do legatário, se não dispuser diversamente o testador.

› *Correspondência: art. 1.705, CC/1916*

Art. 1.937. A coisa legada entregar-se-á, com seus acessórios, no lugar e estado em que se achava ao falecer o testador, passando ao legatário com todos os encargos que a onerarem.

› *Correspondência: art. 1.706, CC/1916*
› *Art. 1.923, CC*

Art. 1.938. Nos legados com encargo, aplica-se ao legatário o disposto neste Código quanto às doações de igual natureza.

› *Correspondência: art. 1.707, CC/1916*
› *Arts. 136 e 553, CC*

SEÇÃO III – DA CADUCIDADE DOS LEGADOS

Art. 1.939. Caducará o legado:

› *Correspondência: art. 1.708, CC/1916*
› *Arts. 1.788 e 1.973 a 1.975, CC*

I – se, depois do testamento, o testador modificar a coisa legada, ao ponto de já não ter a forma nem lhe caber a denominação que possuía;

II – se o testador, por qualquer título, alienar no todo ou em parte a coisa legada; nesse caso, caducará até onde ela deixou de pertencer ao testador;

› *Arts. 1.912, 1.914 e 1.916, CC*

III – se a coisa perecer ou for evicta, vivo ou morto o testador, sem culpa do herdeiro ou legatário incumbido do seu cumprimento;

› *Art. 552, CC*

IV – se o legatário for excluído da sucessão, nos termos do art. 1.815;

V – se o legatário falecer antes do testador.

Art. 1.940. Se o legado for de duas ou mais coisas alternativamente, e algumas delas perecerem, subsistirá quanto às restantes; perecendo parte de uma, valerá, quanto ao seu remanescente, o legado.

› *Correspondência: art. 1.709, CC/1916*
› *Art. 253, CC*

CAPÍTULO VIII – DO DIREITO DE ACRESCER ENTRE HERDEIROS E LEGATÁRIOS

Art. 1.941. Quando vários herdeiros, pela mesma disposição testamentária, forem conjuntamente chamados à herança em quinhões não determinados, e qualquer deles não puder ou não quiser aceitá-la, a sua parte acrescerá à dos co-herdeiros, salvo o direito do substituto.

› *Correspondência: art. 1.710, caput, CC/1916*
› *Art. 1.943, CC*

Art. 1.942. O direito de acrescer competirá aos colegatários, quando nomeados conjuntamente a respeito de uma só coisa, determinada e certa, ou quando o objeto do legado não puder ser dividido sem risco de desvalorização.

› *Correspondência: art. 1.710, parágrafo único, CC/1916*

Art. 1.943. Se um dos co-herdeiros ou co-legatários, nas condições do artigo antecedente, morrer antes do testador; se renunciar a herança ou legado, ou destes for excluído, e, se a condição sob a qual foi instituído não se verificar, acrescerá o seu quinhão, salvo o direito do substituto, à parte dos co-herdeiros ou co-legatários conjuntos.

› *Correspondência: arts. 1.712 e 1.714, CC/1916*
› *Arts. 125, 1.810, 1.814 e 1.974, CC*

Parágrafo único. Os co-herdeiros ou co-legatários, aos quais acresceu o quinhão daquele que não quis ou não pôde suceder, ficam sujeitos às obrigações ou encargos que o oneravam.

› *Art. 136, CC*

Art. 1.944. Quando não se efetua o direito de acrescer, transmite-se aos herdeiros legítimos a quota vaga do nomeado.

› *Correspondência: art. 1.713, CC/1916*
› *Arts. 1.788, 1.906 e 1.908, CC*

Parágrafo único. Não existindo o direito de acrescer entre os co-legatários, a quota do que faltar acresce ao herdeiro ou ao legatário incumbido de satisfazer esse legado, ou a todos os herdeiros, na proporção dos seus quinhões, se o legado se deduziu da herança.

› *Correspondência: art. 1.715, CC/1916*

Art. 1.945. Não pode o beneficiário do acréscimo repudiá-lo separadamente da herança ou legado que lhe caiba, salvo se o acréscimo comportar encargos especiais impostos pelo testador; nesse caso, uma vez repudiado, reverte o acréscimo para a pessoa a favor de quem os encargos foram instituídos.

› *Sem correspondência no CC/1916*

Art. 1.946. Legado um só usufruto conjuntamente a duas ou mais pessoas, a parte da que faltar acresce aos co-legatários.

› *Correspondência: art. 1.716, CC/1916*
› *Art. 1.411, CC*

Parágrafo único. Se não houver conjunção entre os co-legatários, ou se, apesar de conjuntos, só lhes foi legada certa parte do usufruto, consolidar-se-ão na propriedade as quotas dos que faltarem, à medida que eles forem faltando.

CAPÍTULO IX – DAS SUBSTITUIÇÕES

SEÇÃO I – DA SUBSTITUIÇÃO VULGAR E DA RECÍPROCA

Art. 1.947. O testador pode substituir outra pessoa ao herdeiro ou ao legatário nomeado, para o caso de um ou outro não querer ou não poder aceitar a herança ou o legado, presumindo-se que a substituição foi determinada para as duas alternativas, ainda que o testador só a uma se refira.

› *Correspondência: art. 1.729, CC/1916*

Art. 1.948. Também é lícito ao testador substituir muitas pessoas por uma só, ou vice-versa, e ainda substituir com reciprocidade ou sem ela.

› *Correspondência: art. 1.730, CC/1916*

Art. 1.949. O substituto fica sujeito à condição ou encargo imposto ao substituído, quando não for diversa a intenção manifestada pelo testador, ou não resultar outra coisa da natureza da condição ou do encargo.

› *Correspondência: art. 1.731, CC/1916*
› *Arts. 121 e 136, CC*

Art. 1.950. Se, entre muitos co-herdeiros ou legatários de partes desiguais, for estabelecida substituição recíproca, a proporção dos quinhões fixada na primeira disposição entender-se-á mantida na segunda; se, com as outras anteriormente nomeadas, for incluída mais alguma pessoa na substituição, o quinhão vago pertencerá em partes iguais aos substitutos.

› *Correspondência: art. 1.732, CC/1916*

SEÇÃO II – DA SUBSTITUIÇÃO FIDEICOMISSÁRIA

Art. 1.951. Pode o testador instituir herdeiros ou legatários, estabelecendo que, por ocasião de sua morte, a herança ou o legado se transmita ao fiduciário, resolvendo-se o direito deste, por sua morte, a certo tempo ou sob certa condição, em favor de outrem, que se qualifica de fideicomissário.

› *Correspondência: art. 1.733, CC/1916*

- *Arts. 27, III, 1.668, II, 1.898, 1.959 e 1.960, CC*
- *Art. 167, II-11, lei 6.015/1973 (Lei de Registros Públicos)*
- *Art. 169, § 2º, Lei 6.404/1976 (Sociedades por ações)*

Art. 1.952. A substituição fideicomissária somente se permite em favor dos não concebidos ao tempo da morte do testador.

- *Sem correspondência no CC/1916*
- *Arts. 2º, 1.784, 1.799, I, e 1.959, CC*

Parágrafo único. Se, ao tempo da morte do testador, já houver nascido o fideicomissário, adquirirá este a propriedade dos bens fideicometidos, convertendo-se em usufruto o direito do fiduciário.

- *Arts. 1.390 a 1.411, CC*

Art. 1.953. O fiduciário tem a propriedade da herança ou legado, mas restrita e resolúvel.

- *Correspondência: art. 1.734, CC/1916*
- *Arts. 1.231, 1.359 e 1.360, CC*

Parágrafo único. O fiduciário é obrigado a proceder ao inventário dos bens gravados, e a prestar caução de restituí-los se o exigir o fideicomissário.

Art. 1.954. Salvo disposição em contrário do testador, se o fiduciário renunciar a herança ou o legado, defere-se ao fideicomissário o poder de aceitar.

- *Sem correspondência no CC/1916*
- *Arts. 1.806 e 1.943, CC*

Art. 1.955. O fideicomissário pode renunciar a herança ou o legado, e, neste caso, o fideicomisso caduca, deixando de ser resolúvel a propriedade do fiduciário, se não houver disposição contrária do testador.

- *Correspondência: art. 1.735, CC/1916*
- *Art. 1.958, CC*

Art. 1.956. Se o fideicomissário aceitar a herança ou o legado, terá direito à parte que, ao fiduciário, em qualquer tempo acrescer.

- *Correspondência: art. 1.736, CC/1916*

Art. 1.957. Ao sobrevir a sucessão, o fideicomissário responde pelos encargos da herança que ainda restarem.

- *Correspondência: art. 1.737, CC/1916*

Art. 1.958. Caduca o fideicomisso se o fideicomissário morrer antes do fiduciário, ou antes de realizar-se a condição resolutória do direito deste último; nesse caso, a propriedade consolida-se no fiduciário, nos termos do art. 1.955.

- *Correspondência: art. 1.738, CC/1916*

Art. 1.959. São nulos os fideicomissos além do segundo grau.

- *Correspondência: art. 1.739, CC/1916*
- *Art. 1.594, CC*

Art. 1.960. A nulidade da substituição ilegal não prejudica a instituição, que valerá sem o encargo resolutório.

- *Correspondência: art. 1.740, CC/1916*

CAPÍTULO X – DA DESERDAÇÃO

Art. 1.961. Os herdeiros necessários podem ser privados de sua legítima, ou deserdados, em todos os casos em que podem ser excluídos da sucessão.

- *Correspondência: art. 1.741, CC/1916*
- *Arts. 1.789, 1.814 a 1.818, 1.846, 1.962, 1.963 e 1.965, parágrafo único, CC*

Art. 1.962. Além das causas mencionadas no art. 1.814, autorizam a deserdação dos descendentes por seus ascendentes:

- *Correspondência: art. 1.744, CC/1916*

I – ofensa física;

- *Correspondência: art. 1.744, I, CC/1916*

II – injúria grave;

- *Correspondência: art. 1.744, II, CC/1916*

III – relações ilícitas com a madrasta ou com o padrasto;

- *Correspondência: art. 1.744, IV, CC/1916*

IV – desamparo do ascendente em alienação mental ou grave enfermidade.

- *Correspondência: art. 1.744, V, CC/1916*

Art. 1.963. Além das causas enumeradas no art. 1.814, autorizam a deserdação dos ascendentes pelos descendentes:

- *Correspondência: art. 1.745, CC/1916*

I – ofensa física;

- *Correspondência: art. 1.745, I, CC/1916*

II – injúria grave;

- *Correspondência: art. 1.745, II, CC/1916*

III – relações ilícitas com a mulher ou companheira do filho ou a do neto, ou com o marido ou companheiro da filha ou o da neta;

- *Correspondência: art. 1.745, III, CC/1916*

IV – desamparo do filho ou neto com deficiência mental ou grave enfermidade.

- *Sem correspondência no CC/1916*

Art. 1.964. Somente com expressa declaração de causa pode a deserdação ser ordenada em testamento.

- *Correspondência: art. 1.742, CC/1916*
- *Art. 1.975, CC*

Art. 1.965. Ao herdeiro instituído, ou àquele a quem aproveite a deserdação, incumbe provar a veracidade da causa alegada pelo testador.

- *Correspondência: art. 1.743, caput, CC/1916*

Parágrafo único. O direito de provar a causa da deserdação extingue-se no prazo de quatro anos, a contar da data da abertura do testamento.

- *Correspondência: art. 178, § 9º, IV, CC/1916*
- *Art. 1.815, parágrafo único, CC*

CAPÍTULO XI – DA REDUÇÃO DAS DISPOSIÇÕES TESTAMENTÁRIAS

Art. 1.966. O remanescente pertencerá aos herdeiros legítimos, quando o testador só em parte dispuser da quota hereditária disponível.

- *Correspondência: art. 1.726, CC/1916*
- *Arts. 1.788, 1.829, 1.846, 1.847, 1.906 e 1.908, CC*

Art. 1.967. As disposições que excederem a parte disponível reduzir-se-ão aos limites dela, de conformidade com o disposto nos parágrafos seguintes.

- *Correspondência: art. 1.727, CC/1916*
- *Arts. 549, 1.846, 1.847 e 2.007, CC*

§ 1º Em se verificando excederem as disposições testamentárias a porção disponível, serão proporcionalmente reduzidas as quotas do herdeiro ou herdeiros instituídos, até onde baste, e, não bastando, também os legados, na proporção do seu valor.

§ 2º Se o testador, prevenindo o caso, dispuser que se inteirem, de preferência, certos herdeiros e legatários, a redução far-se-á nos outros quinhões ou legados, observando-se a seu respeito a ordem estabelecida no parágrafo antecedente.

Art. 1.968. Quando consistir em prédio divisível o legado sujeito a redução, far-se-á esta dividindo-o proporcionalmente.

- *Correspondência: art. 1.728, CC/1916*
- *Art. 87, CC*

§ 1º Se não for possível a divisão, e o excesso do legado montar a mais de um quarto do valor do prédio, o legatário deixará inteiro na herança o imóvel legado, ficando com o direito de pedir aos herdeiros o valor que couber na parte disponível; se o excesso não for de mais de um quarto, aos herdeiros fará tornar em dinheiro o legatário, que ficará com o prédio.

§ 2º Se o legatário for ao mesmo tempo herdeiro necessário, poderá inteirar sua legítima no mesmo imóvel, de preferência aos outros, sempre que ela e a parte subsistente do legado lhe absorverem o valor.

- *Arts. 1.845 a 1.847 e 1.849, CC*

CAPÍTULO XII – DA REVOGAÇÃO DO TESTAMENTO

Art. 1.969. O testamento pode ser revogado pelo mesmo modo e forma como pode ser feito.

- *Correspondência: art. 1.746, CC/1916*
- *Art. 1.609, III, CC*
- *Art. 1º, III, Lei 8.560/1992 (Investigação de paternidade)*

Art. 1.970. A revogação do testamento pode ser total ou parcial.

- *Correspondência: art. 1.747, CC/1916*

Parágrafo único. Se parcial, ou se o testamento posterior não contiver cláusula revogatória expressa, o anterior subsiste em tudo que não for contrário ao posterior.

Art. 1.971. A revogação produzirá seus efeitos, ainda quando o testamento, que a encerra, vier a caducar por exclusão, incapacidade ou renúncia do herdeiro nele nomeado; não valerá, se o testamento revogatório for anulado por omissão ou infração de solenidades essenciais ou por vícios intrínsecos.

- *Correspondência: art. 1.748, CC/1916*

Art. 1.972. O testamento cerrado que o testador abrir ou dilacerar, ou for aberto ou dilacerado com seu consentimento, haver-se-á como revogado.

- *Correspondência: art. 1.749, CC/1916*
- *Arts. 1.868 a 1.875, CC*

CAPÍTULO XIII – DO ROMPIMENTO DO TESTAMENTO

Art. 1.973. Sobrevindo descendente sucessível ao testador, que não o tinha ou não o conhecia quando testou, rompe-se o testamento em todas as suas disposições, se esse descendente sobreviver ao testador.

- *Correspondência: art. 1.750, CC/1916*
- *Arts. 1.789, 1.845 a 1.847, 1.939 e 1.940, CC*

Art. 1.974. Rompe-se também o testamento feito na ignorância de existirem outros herdeiros necessários.

- *Correspondência: art. 1.751, CC/1916*
- *Arts. 1.789, 1.845 a 1.847, 1.939 e 1.940, CC*

Art. 1.975. Não se rompe o testamento, se o testador dispuser da sua metade, não contemplando os herdeiros necessários de cuja existência saiba, ou quando os exclua dessa parte.

- *Correspondência: art. 1.752, CC/1916*
- *Arts. 1.789, 1.845 a 1.847, 1.850, 1.939, 1.940 e 1.964, CC*

CAPÍTULO XIV – DO TESTAMENTEIRO

Art. 1.976. O testador pode nomear um ou mais testamenteiros, conjuntos ou separados, para lhe darem cumprimento às disposições de última vontade.

- *Correspondência: art. 1.753, CC/1916*
- *Arts. 1.883 e 1.986, CC*

Art. 1.977. O testador pode conceder ao testamenteiro a posse e a administração da herança, ou de parte dela, não havendo cônjuge ou herdeiros necessários.

- *Correspondência: art. 1.754, CC/1916*
- *Arts. 1,797, III, e 1.845, CC*
- *Art. 617, VIII, CPC/2015*

Parágrafo único. Qualquer herdeiro pode requerer partilha imediata, ou devolução da herança, habilitando o testamenteiro com os meios necessários para o cumprimento dos legados, ou dando caução de prestá-los.

Art. 1.978. Tendo o testamenteiro a posse e a administração dos bens, incumbe-lhe requerer inventário e cumprir o testamento.

- *Correspondência: art. 1.755, caput, CC/1916*
- *Arts. 615 e 616, IV, CPC/2015*

Art. 1.979. O testamenteiro nomeado, ou qualquer parte interessada, pode requerer, assim como o juiz pode ordenar, de ofício, ao detentor do testamento, que o leve a registro.

- *Correspondência: art. 1.756, CC/1916*
- *Art. 735, CPC/2015*

Art. 1.980. O testamenteiro é obrigado a cumprir as disposições testamentárias, no prazo marcado pelo testador, e a dar contas do que recebeu e despendeu, subsistindo sua responsabilidade enquanto durar a execução do testamento.

- *Correspondência: art. 1.757, CC/1916*
- *Art. 1.983, CC*

Art. 1.981. Compete ao testamenteiro, com ou sem o concurso do inventariante e dos herdeiros instituídos, defender a validade do testamento.

- *Correspondência: art. 1.760, CC/1916*

Art. 1.982. Além das atribuições exaradas nos artigos antecedentes, terá o testamenteiro as que lhe conferir o testador, nos limites da lei.

- *Correspondência: art. 1.761, CC/1916*

Art. 1.983. Não concedendo o testador prazo maior, cumprirá o testamenteiro o testamento e prestará contas em cento e oitenta dias, contados da aceitação da testamentária.

- *Correspondência: art. 1.761, CC/1916*

Parágrafo único. Pode esse prazo ser prorrogado se houver motivo suficiente.

Art. 1.984. Na falta de testamenteiro nomeado pelo testador, a execução testamentária compete a um dos cônjuges, e, em falta destes, ao herdeiro nomeado pelo juiz.

- *Correspondência: art. 1.763, CC/1916*
- *Art. 1.797, CC*
- *Art. 617, CPC/2015*

Art. 1.985. O encargo da testamentária não se transmite aos herdeiros do testamenteiro, nem é delegável; mas o testamenteiro pode fazer-se representar em juízo e fora dele, mediante mandatário com poderes especiais.

- *Correspondência: art. 1.764, CC/1916*
- *Arts. 653, 660 e 692, CC*

Art. 1.986. Havendo simultaneamente mais de um testamenteiro, que tenha aceitado o cargo, poderá cada qual exercê-lo, em falta dos outros; mas todos ficam solidariamente obrigados a dar conta dos bens que lhes forem confiados, salvo se cada um tiver, pelo testamento, funções distintas, e a elas se limitar.

- *Correspondência: art. 1.765, CC/1916*
- *Arts. 275 a 285 e 1.976, CC*

Art. 1.987. Salvo disposição testamentária em contrário, o testamenteiro, que não seja herdeiro ou legatário, terá direito a um prêmio, que, se o testador não o houver fixado, será de um a cinco por cento, arbitrado pelo juiz, sobre a herança líquida, conforme a importância dela e maior ou menor dificuldade na execução do testamento.

- *Correspondência: art. 1.766, CC/1916*
- *Art. 1.989, CC*

Parágrafo único. O prêmio arbitrado será pago à conta da parte disponível, quando houver herdeiro necessário.

- *Arts. 1.845 a 1.847, CC*

Art. 1.988. O herdeiro ou o legatário nomeado testamenteiro poderá preferir o prêmio à herança ou ao legado.

- *Correspondência: art. 1.767, CC/1916*

Art. 1.989. Reverterá à herança o prêmio que o testamenteiro perder, por ser removido ou por não ter cumprido o testamento.

- *Correspondência: art. 1.768, CC/1916*
- *Arts. 1.796, 1.978 e 1.987, CC*

Art. 1.990. Se o testador tiver distribuído toda a herança em legados, exercerá o testamenteiro as funções de inventariante.

- *Correspondência: art. 1.769, CC/1916*
- *Arts. 1.797, III, 1.912 a 1.938 e 1.991, CC*
- *Arts. 617 a 625, CPC/2015*

TÍTULO IV – DO INVENTÁRIO E DA PARTILHA

CAPÍTULO I – DO INVENTÁRIO

Art. 1.991. Desde a assinatura do compromisso até a homologação da partilha, a administração da herança será exercida pelo inventariante.

- *Sem correspondência no CC/1916*
- *Arts. 1.797, 1.977, 1.978 e 1.990, CC*
- *Arts. 75, VII e § 1º, 617 a 625, CPC/2015*

CAPÍTULO II – DOS SONEGADOS

Art. 1.992. O herdeiro que sonegar bens da herança, não os descrevendo no inventário quando estejam em seu poder, ou, com o seu conhecimento, no de outrem, ou que os omitir na colação, a que os deva levar, ou que deixar de restituí-los, perderá o direito que sobre eles lhe cabia.

- *Correspondência: art. 1.780, CC/1916*
- *Arts. 2.002 a 2.012 e 2.022, CC*
- *Arts. 621 e 669, CPC/2015*

Art. 1.993. Além da pena cominada no artigo antecedente, se o sonegador for o próprio inventariante, remover-se-á, em se provando a sonegação, ou negando ele a existência dos bens, quando indicados.

- *Correspondência: art. 1.781, CC/1916*
- *Art. 622, CPC/2015*

Art. 1.994. A pena de sonegados só se pode requerer e impor em ação movida pelos herdeiros ou pelos credores da herança.

- *Correspondência: art. 1.782, CC/1916*
- *Art. 641, CPC/2015*

Parágrafo único. A sentença que se proferir na ação de sonegados, movida por qualquer dos herdeiros ou credores, aproveita aos demais interessados.

Art. 1.995. Se não se restituírem os bens sonegados, por já não os ter o sonegador em seu poder, pagará ele a importância dos valores que ocultou, mais as perdas e danos.

- *Correspondência: art. 1.783, CC/1916*
- *Arts. 402 a 405, CC*
- *Art. 641, § 2º, CPC/2015*

Art. 1.996. Só se pode arguir de sonegação o inventariante depois de encerrada a descrição dos bens, com a declaração, por ele feita, de não existirem outros por inventariar e partir, assim como arguir o herdeiro, depois de declarar-se no inventário que não os possui.

- *Correspondência: art. 1.784, CC/1916*
- *Art. 621, CPC/2015*

CAPÍTULO III – DO PAGAMENTO DAS DÍVIDAS

Art. 1.997. A herança responde pelo pagamento das dívidas do falecido; mas, feita a partilha, só respondem os herdeiros, cada qual em proporção da parte que na herança lhe coube.

- *Correspondência: art. 1.796, CC/1916*
- *Arts. 276, 836, 943, 1.700, 1.792 e 1.821, CC*
- *Arts. 642 a 646, 659, 789 e 796, CPC/2015*
- *Art. 23, Lei 6.515/1977 (Dissolução da sociedade conjugal e do casamento)*
- *Art. 29, Lei 6.830/1980 (Cobrança judicial da dívida ativa da Fazenda Pública)*
- *Art. 21, Dec. 9.580/2018 (Regulamento do Imposto de Renda)*

§ 1º Quando, antes da partilha, for requerido no inventário o pagamento de dívidas constantes de documentos, revestidos de formalidades legais, constituindo prova bastante da obrigação, e houver impugnação, que não se funde na alegação de pagamento, acompanhada de prova valiosa, o juiz mandará reservar, em poder do inventariante, bens suficientes para solução do débito, sobre os quais venha a recair oportunamente a execução.

- *Arts. 637, 638 e 643, CPC/2015*
- *Art. 189, CTN*
- *Art. 31, Lei 6.830/1980 (Cobrança judicial da dívida ativa da Fazenda Pública)*
- *Art. 23, § 2º, I, Lei 9.532/1997 (Altera a legislação tributária federal)*

§ 2º No caso previsto no parágrafo antecedente, o credor será obrigado a iniciar a ação de cobrança no prazo de trinta dias, sob pena de se tornar de nenhum efeito a providência indicada.

- *Art. 668, I, CPC/2015*

Art. 1.998. As despesas funerárias, haja ou não herdeiros legítimos, sairão do monte da herança; mas as de sufrágios por alma do falecido só obrigarão a herança quando ordenadas em testamento ou codicilo.

- *Correspondência: art. 1.797, CC/1916*
- *Arts. 965, I, 1.847 e 1.881, CC*

Art. 1.999. Sempre que houver ação regressiva de uns contra outros herdeiros, a parte do co-herdeiro insolvente dividir-se-á em proporção entre os demais.

- *Correspondência: art. 1.798, CC/1916*
- *Art. 125, CPC/2015*

Art. 2.000. Os legatários e credores da herança podem exigir que do patrimônio do falecido se discrimine o do herdeiro, e, em concurso com os credores deste, ser-lhes-ão preferidos no pagamento.

- *Correspondência: art. 1.799, CC/1916*

Art. 2.001. Se o herdeiro for devedor ao espólio, sua dívida será partilhada igualmente entre todos, salvo se a maioria consentir que o débito seja imputado inteiramente no quinhão do devedor.

- *Correspondência: art. 1.800, CC/1916*

CAPÍTULO IV – DA COLAÇÃO

Art. 2.002. Os descendentes que concorrerem à sucessão do ascendente comum são obrigados, para igualar as legítimas, a conferir o valor das doações que dele em vida receberam, sob pena de sonegação.

- *Correspondência: art. 1.786, CC/1916*
- *Arts. 544, 1.995, 2.010 e 2.011, CC*
- *Arts. 639 a 641, CPC/2015*

Parágrafo único. Para cálculo da legítima, o valor dos bens conferidos será computado na parte indisponível, sem aumentar a disponível.

- *Correspondência: art. 1.785, 2ª parte, CC/1916*

Art. 2.003. A colação tem por fim igualar, na proporção estabelecida neste Código, as legítimas dos descendentes e do cônjuge sobrevivente, obrigando também os donatários que, ao tempo do falecimento do doador, já não possuírem os bens doados.

- *Correspondência: arts. 1.785, 1ª parte, e 1.787, CC/1916*
- *Art. 2.009, CC*

Parágrafo único. Se, computados os valores das doações feitas em adiantamento de legítima, não houver no acervo bens suficientes para igualar as legítimas dos descendentes e do cônjuge, os bens assim doados serão conferidos em espécie, ou, quando deles já não disponha o donatário, pelo seu valor ao tempo da liberalidade.

- *Sem correspondência no CC/1916*
- *Art. 2.004, CC*

Art. 2.004. O valor de colação dos bens doados será aquele, certo ou estimativo, que lhes atribuir o ato de liberalidade.

- *Correspondência: art. 1.792, CC/1916*
- *Art. 1.014, CC*

§ 1º Se do ato de doação não constar valor certo, nem houver estimação feita naquela época, os bens serão conferidos na partilha pelo que então se calcular valessem ao tempo da liberalidade.

§ 2º Só o valor dos bens doados entrará em colação; não assim o das benfeitorias acrescidas, as quais pertencerão ao herdeiro donatário, correndo também à conta deste os rendimentos ou lucros, assim como os danos e perdas que eles sofrerem.

- *Arts. 96 e 402 a 405, CC*

Art. 2.005. São dispensadas da colação as doações que o doador determinar saiam da parte disponível, contanto que não a excedam, computado o seu valor ao tempo da doação.

Parágrafo único. Presume-se imputada na parte disponível a liberalidade feita a descendente que, ao tempo do ato, não seria chamado à sucessão na qualidade de herdeiro necessário.

Art. 2.006. A dispensa da colação pode ser outorgada pelo doador em testamento, ou no próprio título de liberalidade.

Art. 2.007. São sujeitas à redução as doações em que se apurar excesso quanto ao que o doador poderia dispor, no momento da liberalidade.

§ 1º O excesso será apurado com base no valor que os bens doados tinham, no momento da liberalidade.

§ 2º A redução da liberalidade far-se-á pela restituição ao monte do excesso assim apurado; a restituição será em espécie, ou, se não mais existir o bem em poder do donatário, em dinheiro, segundo o seu valor ao tempo da abertura da sucessão, observadas, no que forem aplicáveis, as regras deste Código sobre a redução das disposições testamentárias.

§ 3º Sujeita-se a redução, nos termos do parágrafo antecedente, a parte da doação feita a herdeiros necessários que exceder a legítima e mais a quota disponível.

§ 4º Sendo várias as doações a herdeiros necessários, feitas em diferentes datas, serão elas reduzidas a partir da última, até a eliminação do excesso.

Art. 2.008. Aquele que renunciou a herança ou dela foi excluído, deve, não obstante, conferir as doações recebidas, para o fim de repor o que exceder o disponível.

Art. 2.009. Quando os netos, representando os seus pais, sucederem aos avós, serão obrigados a trazer à colação, ainda que não o hajam herdado, o que os pais teriam de conferir.

Art. 2.010. Não virão à colação os gastos ordinários do ascendente com o descendente, enquanto menor, na sua educação, estudos, sustento, vestuário, tratamento nas enfermidades, enxoval, assim como as despesas de casamento, ou as feitas no interesse de sua defesa em processo-crime.

Art. 2.011. As doações remuneratórias de serviços feitos ao ascendente também não estão sujeitas a colação.

Art. 2.012. Sendo feita a doação por ambos os cônjuges, no inventário de cada um se conferirá por metade.

CAPÍTULO V – DA PARTILHA

Art. 2.013. O herdeiro pode sempre requerer a partilha, ainda que o testador o proíba, cabendo igual faculdade aos seus cessionários e credores.

- *Correspondência: art. 1.772, caput e § 1º, CC/1916*
- *Arts. 349, 1.796 e 2.023, CC*
- *Arts. 616, II, V e VI, 647 e 651 a 658, CPC/2015*

Art. 2.014. Pode o testador indicar os bens e valores que devem compor os quinhões hereditários, deliberando ele próprio a partilha, que prevalecerá, salvo se o valor dos bens não corresponder às quotas estabelecidas.

- *Sem correspondência no CC/1916*
- *Art. 2.018, CC*

Art. 2.015. Se os herdeiros forem capazes, poderão fazer partilha amigável, por escritura pública, termo nos autos do inventário, ou escrito particular, homologado pelo juiz.

- *Correspondência: art. 1.773, CC/1916*
- *Arts. 657 e 659 a 667, CPC/2015*

Art. 2.016. Será sempre judicial a partilha, se os herdeiros divergirem, assim como se algum deles for incapaz.

- *Correspondência: art. 1.774, CC/1916*
- *Arts. 3º a 5º, CC*
- *Art. 657, CPC/2015*

Art. 2.017. No partilhar os bens, observar-se-á, quanto ao seu valor, natureza e qualidade, a maior igualdade possível.

- *Correspondência: art. 1.775, CC/1916*
- *Art. 2.024, CC*

Art. 2.018. É válida a partilha feita por ascendente, por ato entre vivos ou de última vontade, contanto que não prejudique a legítima dos herdeiros necessários.

- *Correspondência: art. 1.776, CC/1916*
- *Arts. 1.789, 1.845 a 1.847 e 2.014, CC*

Art. 2.019. Os bens insuscetíveis de divisão cômoda, que não couberem na meação do cônjuge sobrevivente ou no quinhão de um só herdeiro, serão vendidos judicialmente, partilhando-se o valor apurado, a não ser que haja acordo para serem adjudicados a todos.

- *Correspondência: art. 1.777, CC/1916*
- *Arts. 1.322 e 1.489, IV, CC*

§ 1º Não se fará a venda judicial se o cônjuge sobrevivente ou um ou mais herdeiros requererem lhes seja adjudicado o bem, repondo aos outros, em dinheiro, a diferença, após avaliação atualizada.

- *Correspondência: art. 1.777, CC/1916*

§ 2º Se a adjudicação for requerida por mais de um herdeiro, observar-se-á o processo da licitação.

- *Sem correspondência no CC/1916*

Art. 2.020. Os herdeiros em posse dos bens da herança, o cônjuge sobrevivente e o inventariante são obrigados a trazer ao acervo os frutos que perceberam, desde a abertura da sucessão; têm direito ao reembolso das despesas necessárias e úteis que fizeram, e respondem pelo dano a que, por dolo ou culpa, deram causa.

- *Correspondência: art. 1.778, CC/1916*
- *Art. 614, CPC/2015*

Art. 2.021. Quando parte da herança consistir em bens remotos do lugar do inventário, litigiosos, ou de liquidação morosa ou difícil, poderá proceder-se, no prazo legal, à partilha dos outros, reservando-se aqueles para uma ou mais sobrepartilhas, sob a guarda e a administração do mesmo ou diverso inventariante, e consentimento da maioria dos herdeiros.

- *Correspondência: art. 1.779, 1ª parte, CC/1916*
- *Art. 669, caput, III e IV, e parágrafo único, CPC/2015*

Art. 2.022. Ficam sujeitos a sobrepartilha os bens sonegados e quaisquer outros bens da herança de que se tiver ciência após a partilha.

- *Correspondência: art. 1.779, 2ª parte, CC/1916*
- *Art. 669, caput, I e II, CPC/2015*

CAPÍTULO VI – DA GARANTIA DOS QUINHÕES HEREDITÁRIOS

Art. 2.023. Julgada a partilha, fica o direito de cada um dos herdeiros circunscrito aos bens do seu quinhão.

- *Correspondência: art. 1.801, CC/1916*

Art. 2.024. Os co-herdeiros são reciprocamente obrigados a indenizar-se no caso de evicção dos bens aquinhoados.

- *Correspondência: art. 1.802, CC/1916*
- *Arts. 447 a 457 e 2.017, CC*

Art. 2.025. Cessa a obrigação mútua estabelecida no artigo antecedente, havendo convenção em contrário, e bem assim dando-se a evicção por culpa do evicto, ou por fato posterior à partilha.

- *Correspondência: art. 1.803, CC/1916*
- *Arts. 447 a 457, CC*

Art. 2.026. O evicto será indenizado pelos co-herdeiros na proporção de suas quotas hereditárias, mas, se algum deles se achar insolvente, responderão os demais na mesma proporção, pela parte desse, menos a quota que corresponderia ao indenizado.

- *Correspondência: art. 1.804, CC/1916*
- *Arts. 447 a 457, CC*

CAPÍTULO VII – DA ANULAÇÃO DA PARTILHA

Art. 2.027. A partilha é anulável pelos vícios e defeitos que invalidam, em geral, os negócios jurídicos. *(Redação dada pela Lei nº 13.105, de 2015)*

Parágrafo único. Extingue-se em um ano o direito de anular a partilha.

- *Correspondência: art. 1.805, CC/1916*
- *Arts. 138 a 184 e 441 a 446, CC*
- *Art. 658, CPC/2015*

LIVRO COMPLEMENTAR – DAS DISPOSIÇÕES FINAIS E TRANSITÓRIAS

Art. 2.028. Serão os da lei anterior os prazos, quando reduzidos por este Código, e se, na data de sua entrada em vigor, já houver transcorrido mais da metade do tempo estabelecido na lei revogada.

- *Sem correspondência no CC/1916*

Art. 2.029. Até dois anos após a entrada em vigor deste Código, os prazos estabelecidos no parágrafo único do art. 1.238 e no parágrafo único do art. 1.242 serão acrescidos de dois anos, qualquer que seja o tempo transcorrido na vigência do anterior, Lei nº 3.071, de 1º de janeiro de 1916.

- *Sem correspondência no CC/1916*

Art. 2.030. O acréscimo de que trata o artigo antecedente, será feito nos casos a que se refere o § 4º do art. 1.228.

- *Sem correspondência no CC/1916*

Art. 2.031. As associações, sociedades e fundações, constituídas na forma das leis anteriores, bem como os empresários, deverão se adaptar às disposições deste Código até 11 de janeiro de 2007.

- *Caput com redação determinada pela Lei 11.127/2005*
- *Sem correspondência no CC/1916*
- *Arts. 44, I a III, 45, 46, 53 a 69 e 966 a 1.195, CC*
- *Portaria MPS 2/2004 (Estatutos das entidades fechadas de previdência complementar em face do art. 2.031 do CC)*

Parágrafo único. O disposto neste artigo não se aplica às organizações religiosas nem aos partidos políticos.

- *Parágrafo único acrescentado pela Lei 10.825/2003*

Art. 2.032. As fundações, instituídas segundo a legislação anterior, inclusive as de fins diversos dos previstos no parágrafo único do art. 62, subordinam-se, quanto ao seu funcionamento, ao disposto neste Código.

- *Sem correspondência no CC/1916*
- *Arts. 62 a 69, CC*

Art. 2.033. Salvo o disposto em lei especial, as modificações dos atos constitutivos das pessoas jurídicas referidas no art. 44, bem como a sua transformação, incorporação, cisão ou fusão, regem-se desde logo por este Código.

- *Sem correspondência no CC/1916*
- *Arts. 53 a 59 e 981 a 1.195, CC*

Art. 2.034. A dissolução e a liquidação das pessoas jurídicas referidas no artigo antecedente, quando iniciadas antes da vigência deste Código, obedecerão ao disposto nas leis anteriores.

- *Sem correspondência no CC/1916*
- *Arts. 1.033 a 1.038 e 1.102 a 1.112, CC*

Art. 2.035. A validade dos negócios e demais atos jurídicos, constituídos antes da entrada em vigor deste Código, obedece ao disposto nas leis anteriores, referidas no art. 2.045, mas os seus efeitos, produzidos após a vigência deste Código, aos preceitos dele se subordinam, salvo se houver sido prevista pelas partes determinada forma de execução.

- *Sem correspondência no CC/1916*
- *Art. 5º, XXXVI, CF*
- *Arts. 104 a 114 e 166 a 185, CC*
- *Art. 1º e 6º, Dec.-lei 4.657/1942 (Lei de Introdução às normas do Direito Brasileiro)*

Parágrafo único. Nenhuma convenção prevalecerá se contrariar preceitos de ordem pública, tais como os estabelecidos por este Código para assegurar a função social da propriedade e dos contratos.

Art. 2.036. A locação de prédio urbano, que esteja sujeita à lei especial, por esta continua a ser regida.

- *Sem correspondência no CC/1916*
- *Arts. 565 a 578, CC*
- *Lei 8.245/1991 (Locação de imóveis urbanos)*

Art. 2.037. Salvo disposição em contrário, aplicam-se aos empresários e sociedades empresárias as disposições de lei não revogadas por este Código, referentes a comerciantes, ou a sociedades comerciais, bem como a atividades mercantis.

- *Sem correspondência no CC/1916*
- *Arts. 966 a 1.195, CC*

Art. 2.038. Fica proibida a constituição de enfiteuses e subenfiteuses, subordinando-se as existentes, até sua extinção, às disposições do Código Civil anterior, Lei nº 3.071, de 1º de janeiro de 1916, e leis posteriores.

- *Sem correspondência no CC/1916*
- *Art. 49, ADCT*
- *Arts. 674, I, e 678 a 694, CC/1916*
- *Art. 549, CPC/2015*
- *Dec.-lei 2.490/1940 (Terrenos de marinha e marginais a rios navegáveis)*
- *Dec.-lei 3.438/1941 (Esclarece e amplia o Dec.-lei 2.490/1940)*
- *Dec.-lei 4.120/1942 (Altera a legislação sobre terrenos de marinha)*
- *Dec.-lei 9.760/1946 (Bens imóveis da União)*
- *Art. 167, I-10, Lei 6.015/1973 (Lei de Registros Públicos)*
- *Art. 34, § 1º, Dec. 85.064/1980 (Regulamenta a Lei 6.634/1979)*
- *Dec-lei 2.398/1987 (Foros, laudêmios e taxas de ocupação de imóveis da União)*
- *Dec. 95.760/1988 (Regulamenta o art. 3º do Dec.-lei 2.398/1987)*
- *Arts. 6º, § 1º, 7º, § 1º, e 12, § 4º, LC 76/1993 (Processo de desapropriação de imóvel rural para reforma agrária)*
- *Lei 9.636/1998 (Regularização, administração, aforamento e alienação de bens imóveis da União)*
- *Súmula 170, STF*

§ 1º Nos aforamentos a que se refere este artigo é defeso:

I – cobrar laudêmio ou prestação análoga nas transmissões de bem aforado, sobre o valor das construções ou plantações;

II – constituir subenfiteuse.

§ 2º A enfiteuse dos terrenos de marinha e acrescidos regula-se por lei especial.

Art. 2.039. O regime de bens nos casamentos celebrados na vigência do Código Civil anterior, Lei nº 3.071, de 1º de janeiro de 1916, é o por ele estabelecido.

- *Sem correspondência no CC/1916*
- *Art. 5º, XXXVI, CF*
- *Arts. 256 a 314, CC/1916*
- *Art. 6º, Dec.-lei 4.657/1942 (Lei de Introdução às normas do Direito Brasileiro)*

Art. 2.040. A hipoteca legal dos bens do tutor ou curador, inscrita em conformidade com o inciso IV do art. 827 do Código

Civil anterior, Lei nº 3.071, de 1º de janeiro de 1916, poderá ser cancelada, obedecido o disposto no parágrafo único do art. 1.745 deste Código.

› *Sem correspondência no CC/1916*

Art. 2.041. As disposições deste Código relativas à ordem da vocação hereditária (arts. 1.829 a 1.844) não se aplicam à sucessão aberta antes de sua vigência, prevalecendo o disposto na lei anterior (Lei nº 3.071, de 1º de janeiro de 1916).

› *Sem correspondência no CC/1916*

Art. 2.042. Aplica-se o disposto no *caput* do art. 1.848, quando aberta a sucessão no prazo de um ano após a entrada em vigor deste Código, ainda que o testamento tenha sido feito na vigência do anterior, Lei nº 3.071, de 1º de janeiro de 1916; se, no prazo, o testador não aditar o testamento para declarar a justa causa de cláusula aposta à legítima, não subsistirá a restrição.

› *Sem correspondência no CC/1916*

Art. 2.043. Até que por outra forma se disciplinem, continuam em vigor as disposições de natureza processual, administrativa ou penal, constantes de leis cujos preceitos de natureza civil hajam sido incorporados a este Código.

› *Sem correspondência no CC/1916*

Art. 2.044. Este Código entrará em vigor 1 (um) ano após a sua publicação.

› *Correspondência: art. 1.806, CC/1916*

› *Art. 8º, § 1º, LC 95/1998 (Elaboração, redação, alteração e consolidação das leis)*

Art. 2.045. Revogam-se a Lei nº 3.071, de 1º de janeiro de 1916 – Código Civil e a Parte Primeira do Código Comercial, Lei nº 556, de 25 de junho de 1850.

› *Correspondência: art. 1.807, CC/1916*

Art. 2.046. Todas as remissões, em diplomas legislativos, aos Códigos referidos no artigo antecedente, consideram-se feitas às disposições correspondentes deste Código.

› *Sem correspondência no CC/1916*

Brasília, 10 de janeiro de 2002;
181º da Independência e 114º da República.
FERNANDO HENRIQUE CARDOSO
(DOU de 11.1.2002)

LEI Nº 3.071, DE 1º DE JANEIRO DE 1916

Revogada pela Lei nº 10.406, de 2002

Código Civil dos Estados Unidos do Brasil.

CÓDIGO CIVIL DOS ESTADOS UNIDOS DO BRASIL

O PRESIDENTE DA REPÚBLICA DOS ESTADOS UNIDOS DO BRASIL: faço saber que o CONGRESSO NACIONAL decretou e eu sanciono a seguinte lei:

INTRODUÇÃO

Art. 1. A lei obriga em todo o território brasileiro, nas suas águas territoriais e, ainda, no estrangeiro, até onde lhe reconhecerem exterritorialidade os princípios e convenções internacionais.

Art. 2. A obrigatoriedade das leis, quando não fixem outro prazo, começará no Distrito Federal três dias depois de oficialmente publicadas, quinze dias no Estado do Rio de Janeiro, trinta dias nos Estados marítimos e no de Minas Gerais, cem dias nos outros, compreendidas as circunscrições não constituídas em Estados.

Parágrafo único. Nos países estrangeiros a obrigatoriedade começará quatro meses depois de oficialmente publicadas na Capital Federal.

Art. 3. A lei não prejudicará, em caso algum, o direito adquirido, o ato jurídico perfeito, ou a coisa julgada.

§ 1º Consideram-se adquiridos, assim os direitos que o seu titular, ou alguém por ele, possa exercer, como aqueles cujo começo de exercício tenha termo prefixo, ou condição preestabelecida, inalterável a arbítrio de outrem.

§ 2º Reputa-se ato jurídico perfeito o já consumado segundo a lei vigente ao tempo em que se efetuou.

§ 3º Chama-se coisa julgada, ou caso julgado, a decisão judicial, de que já não caiba recurso.

Art. 4. A lei só se revoga, ou derroga por outra lei; mas a disposição especial não revoga a geral, nem a geral revoga a especial, senão quando a ela, ou ao seu assunto, ser referir, alternado-a explícita ou implicitamente.

Art. 5. Ninguém se excusa, alegando ignorar, a lei; nem com o silencio, a obscuridade, ou a indecisão dela se exime o juiz de sentenciar, ou despachar.

Art. 6. A lei que abre excepção a regras gerais, ou restringe direitos, só abrange os casos, que especifica.

Art. 7. Aplicam-se nos casos omissos as disposições concernentes aos casos análogos, e, não as havendo, os princípios gerais de direito.

Art. 8. A lei nacional da pessoa determina a capacidade civil, os direitos de família, as relações pessoais dos cônjuges e o regimen dos bens no casamento, sendo licito quanto a este a opção pela lei brasileira.

Art. 9. Aplicar-se-á subsidiariamente a lei do domicílio e, em falta desta, a da residência:

I. Quando a pessoa não tiver nacionalidade.

II. Quando se lhe atribuírem duas nacionalidades, por conflito, não resolvido, entre as leis do país do nascimento, e as do país de origem; caso em que prevalecerá, se um deles for o Brasil, a lei brasileira.

Art. 10. Os bens, moveis, ou imóveis, estão sob a lei do lugar onde situados; ficando, porém, sob a lei pessoal do proprietário os moveis de seu uso pessoal, ou os que ele consiga tiver sempre, bem como os destinados a transporte para outros lugares.

Parágrafo único. Os moveis, cuja situação se mudar na pendência de ação real a seu respeito, continuam sujeitos á lei da situação, que tinham no começo da lide.

Art. 11. A forma extrínseca dos atos, públicos ou particulares, reger-se-á segundo a lei do lugar em que se praticarem.

Art. 12. Os meios de prova regular-se-ão conforme a lei do lugar, onde se passou o ato, ou fato, que se tem de provar.

Art. 13. Regulará, salvo estipulação em contrário, quanto á substância e aos efeitos das obrigações, a lei do lugar, onde forem contraídas.

Parágrafo único. Mas sempre se regerão pela lei brasileira:

I. Os contratos ajustados em países estrangeiros, quando exequíveis no Brasil.

II. As obrigações contraídas entre brasileiros em país estrangeiro.

III. Os atos relativos a imóveis situados no Brasil.

IV. Os atos relativos ao regime hipotecário brasileiro.

Art. 14. A sucessão legitima ou testamenteira, a ordem da vocação hereditária, os direitos dos herdeiros e a validade intrínseca das disposições do testamento, qualquer que seja a natureza dos bens e o país onde se achem, guardado o disposto neste Código acerca das heranças vagas abertas no Brasil, obedecerão á lei nacional do falecido; se este, porém, era casado com brasileira, ou tiver deixado filhos brasileiros, ficarão sujeitos à lei brasileira.

Parágrafo único. Os agentes consulares brasileiros poderão servir de oficiais públicos na celebração e aprovação dos testamentos de brasileiros, em país estrangeiro, guardado o que este Código prescreve.

Art. 15. Rege a competência, a forma do processo e os meios de defesa a lei do lugar, onde se mover a ação; sendo competentes sempre os tribunais brasileiros nas demandas contra as pessoas domiciliadas ou residentes no Brasil, por obrigações contraídas ou responsabilidades assumidas neste ou noutro país.

Art. 16. As sentenças dos tribunais estrangeiros serão exeqüíveis no Brasil, mediante as condições que a lei brasileira fixar.

Art. 17. As leis, atos, sentenças de outro país, bem como as disposições e convenções particulares, não terão eficácia, quando ofenderem a soberania nacional, a ordem pública e os bons costumes.

Art. 18. Nas ações propostas perante os tribunais brasileiros, os autores nacionais ou estrangeiros, residentes fora do país, ou que dele se ausentarem durante a lide, prestarão, quando o réu requerer, caução suficiente ás custas, se não tiverem no Brasil bens imóveis, que lhes assegurem o pagamento.

Art. 19. São reconhecidas as pessoas jurídicas estrangeiras.

Art. 20. As pessoas jurídicas de direito público externo não podem adquirir, ou possuir, por qualquer TÍTULO, propriedade imóvel no Brasil, nem direitos suscetíveis de desapropriação, salvo os prédios necessários para estabelecimento das legações ou consulados.

Parágrafo único. Dependem de aprovação do Governo Federal os estatutos ou compromissos das sociedades estrangeiras por acções e de intuitos não economicos. para poderem funcionar no Brasil, por si mesmas, ou por filiais, agencias, estabelecimentos que as representem, ficando sujeitas às leis e aos tribunais brasileiros.

Art. 21. A lei nacional das pessoas jurídicas determina-lhes a capacidade.

PARTE GERAL – DISPOSIÇÃO PRELIMINAR

Art. 1. Este Código regula os direitos e obrigações de ordem privada concernentes às pessoas, aos bens e ás suas relações.

LIVRO I – DAS PESSOAS

TÍTULO I – DA DIVISÃO DAS PESSOAS

CAPÍTULO I – DAS PESSOAS NATURAES

Art. 2. Todo homem é capaz de direitos e obrigações na ordem civil.

Art. 3. A lei não distingue entre nacionais e estrangeiros quanto à aquisição e ao gozo dos direitos civis.

Art. 4. A personalidade civil do homem começa do nascimento com vida; mas a lei põe a salvo desde a concepção os direitos do nascituro.

Art. 5. São absolutamente incapazes de exercer pessoalmente os atos da vida civil:

I. Os menores de dezesseis anos.

II. Os loucos de todo o gênero.

III. Os surdos-mudos, que não puderem exprimir a sua vontade.

IV. Os ausentes, declarados tais por ato do juiz.

Art. 6. São incapazes relativamente a certos atos (art. 147, nº I), ou à maneira de os exercer: *(Redação dada pela Lei nº 4.121, de 1962)*

I. Os maiores de 16 e os menores de 21 anos (arts. 154 e 156). *(Redação dada pela Lei nº 4.121, de 1962)*

II. Os pródigos. *(Redação dada pela Lei nº 4.121, de 1962)*

III. Os silvícolas. *(Redação dada pela Lei nº 4.121, de 1962)*

Parágrafo único. Os silvícolas ficarão sujeitos ao regime tutelar, estabelecido em leis e regulamentos especiais, o qual cessará à medida que se forem adaptando à civilização do País. *(Redação dada pela Lei nº 4.121, de 1962)*

Art. 7. Supre-se a incapacidade, absoluta, ou relativa, pelo modo instituído neste Código, Parte Especial.

Art. 8. Na proteção que o Código Civil confere aos incapazes não se compreende o benefício de restituição.

Art. 9. Aos vinte e um anos completos acaba a menoridade, ficando habilitado o indivíduo para todos os atos da vida civil.

§ 1º. Cessará, para os menores, a incapacidade: *(Renumerado pelo Decreto nº 20.330, de 1931)*

I. Por concessão do pai, ou, se for morto, da mãe, e por sentença do juiz, ouvido o tutor, se o menor tiver dezoito anos cumpridos.

II. Pelo casamento.

III. Pelo exercício de emprego publico efetivo.

IV. Pela colação de grau cientifico em curso de ensino superior.

V. Pelo estabelecimento civil ou comercial, com economia própria.

§ 2º redigido assim: Para efeito do alistamento e do sorteio militar cessará a incapacidade do menor que houver completado 18 anos de idade. *(Incluído pelo Decreto nº 20.330, de 1931)*

Art. 10. A existência da pessoa natural termina com a morte; Presume-se. esta, quanto aos ausentes, nos casos dos arts. 481 e 482.

Art. 11. Se dois ou mais indivíduos falecerem na mesma ocasião, não se podendo averiguar se algum dos comorientes precedeu aos outros, presumir-se-ão simultaneamente mortos.

Art. 12. Serão inscritos em registro publico:

I - os nascimentos, casamentos, separações judiciais, divórcios e óbitos. *(Redação dada pela Lei nº 6.515, de 1977)*

II. A emancipação por outorga do pai ou mãe, ou por sentença do juiz (art. 9, Parágrafo único, n. 1).

III. A interdicção dos loucos, dos surdos-mudos e dos prodigos.

IV. A sentença declaratória da ausência.

CAPÍTULO II – DAS PESSOAS JURIDICAS

SEÇÃO I – DISPOSIÇÕES GERAIS

Art. 13. As pessoas jurídicas são de direito público, interno, ou externo, e de direito privado.

Art. 14. São pessoas jurídicas de direito publico interno:

I. A União.

II. Cada um dos seus Estados e o Distrito Federal.

III. Cada um dos Municípios legalmente constituídos.

Art. 15. As pessoas jurídicas de direito publico são civilmente responsáveis por atos dos seus representantes que nessa qualidade causem danos a terceiros, procedendo de modo contrario ao direito ou faltando a dever prescrito por lei, salvo o direito regressivo contra os causadores do dano.

Art. 16. São pessoas jurídicas de direito privado:

I. As sociedades civis, religiosas, pias, morais, científicas ou literárias, as associações de utilidade pública e as fundações.

II. As sociedades mercantis.

III. os partidos políticos. *(Incluído pela Lei nº 9.096, de 1995)*

§ 1º As sociedades mencionadas no n. I só se poderão constituir por escrito, lançado no registro geral (art. 20, § 2º), e reger-se-ão pelo disposto a seu respeito neste Código, Parte Especial.

§ 2º As sociedades mercantis continuarão a reger-se pelo estatuto nas leis comerciais.

§ 3º Os partidos políticos reger-se-ão pelo disposto, no que lhes for aplicável, nos arts. 17 a 22 deste Código e em lei específica. *(Incluído pela Lei nº 9.096, de 1995)*

Art. 17. As pessoas jurídicas serão representadas, ativa o passivamente, nos atos judiciais e extrajudiciais, por quem es respectivos estatutos designarem, ou, não o designando, pelos seus diretores.

SEÇÃO II – DO REGISTRO CIVIL DAS PESSOAS JURIDICAS

Art. 18. Começa a existência legal das pessoas jurídicas de direito privado com a inscrição dos seus contratos, atos constitutivos, estatutos ou compromissos no seu registro peculiar, regulado por lei especial, ou com a autorização ou aprovação do Governo, quando precisa.

Parágrafo único. Serão averbadas no registro as alterações, que esses atos sofrerem.

Art. 19. O registro declarará:

I. A denominação, os fins e a sede da associação ou fundação.

II. O modo por que se administra e representa, ativa e passiva, judicial e extra-judicialmente.

III. Se os estatutos, o contrato ou o compromisso são reformáveis no tocante à administração, e de que modo.

IV. Se os membros respondem, ou não, subsidiariamente pelas obrigações sociais.

V. As condições de extinção da pessoa jurídica e o destino do seu patrimônio nesse caso.

SEÇÃO III – DAS SOCIEDADES OU ASSOCIAÇÕES CIVIS

Art. 20. As pessoas jurídicas têm existência distinta da dos seus membros.

§ 1º Não se poderão constituir, sem previa autorização, as sociedades, as agencias ou os estabelecimentos de seguros, montepio e caixas econômicas, salvo as cooperativas e os sindicatos profissionais e agrícolas, legalmente organizados.

Se tiverem de funcionar no Distrito Federal, ou em mais de um Estado, ou em territórios não constituídos em Estados, a autorização será do Governo Federal; se em um só Estado, do Governo deste.

§ 2º As sociedades enumeradas no art. 16, que, por falta de autorização ou de registro, se não reputarem pessoas jurídicas, não poderão acionar a seus membros, nem a terceiros; mas estes poderão responsabiliza-las por todos os seus atos.

Art. 21. Termina a existência da pessoa jurídica:

I. Pela sua dissolução, deliberada entre os seus membros, salvo o direito da minoria e de terceiros.

II. Pela sua dissolução, quando a lei determine.

III. Pela sua dissolução em virtude de ato do Governo, que lhe casse a autorização para funccionar, quando a pessoa jurídica incorra em atos opostos aos seus fins ou nocivos ao bem público.

Art. 22. Extinguindo-se uma associação de intuitos não econômicos, cujos estatutos não disponham quanto ao destino ulterior dos seus bens, e não tendo os sócios adotado a tal respeito deliberação eficaz, devolver-se-á o patrimônio social a um estabelecimento municipal, estadual ou federal, de fins idênticos, ou semelhantes.

Parágrafo único. Não havendo no municipio ou no Estado, no Districto Federal, ou no territorio ainda não constituido em Estado, em que a associação teve a sua séde, estabelecimento nas condições indicadas, o patrimonio se devolverá á Fazenda do Estado, á do Districto Federal, ou á da União.

Art. 23. Extinguindo-se uma sociedade de fins econômicos, o remanescente do patrimônio social compartir-se-á entre os sócios ou seus herdeiros.

SEÇÃO IV – DAS FUNDAÇÕES

Art. 24. Para criar uma fundação, far-lhe-á seu instituidor, por escritura pública ou testamento, dotação especial de bens livres, especificando o fim a que a destina, e declarando, se quiser, a maneira de administrá-la.

Art. 25. Quando insuficientes para constituir a fundação, os bens doados serão convertidos em títulos da divida publica, se outra coisa não dispuser o instituidor, até que, aumentados com os rendimentos ou novas dotações, perfaçam capital bastante.

Art. 26. Velará pelas fundações o Ministério Público do Estado, onde situadas.

§ 1º Se estenderem a atividade a mais de um Estado, caberá em cada um deles ao Ministério Público esse encargo.

§ 2º Aplica-se ao Distrito Federal e aos territórios não constituídos em Estados o aqui disposto quanto a estes.

Art. 27. Aqueles a quem o instituidor cometer a aplicação do patrimônio, em tendo ciência do encargo, formularão logo, de acordo com as suas bases (art. 24), os estatutos da fundação projetada, submetendo-os, em seguida, à aprovação da autoridade competente.

Parágrafo único. Se esta lhe denegar, supri-la o juiz competente no Estado, no Distrito Federal ou nos territórios, com os recursos da lei.

Art. 28. Para se poderem alterar os estatutos da fundação, é mister:

I. Que a reforma seja deliberada pela maioria absoluta dos competentes para gerir e representar a fundação.

II. Que não contrarie o fim desta.

III. Que seja aprovada pela autoridade competente.

Art. 29. A minoria vencida na modificação dos estatutos poderá, dentro em um ano, promover-lhe a nulidade, recorrendo ao juiz competente, salvo o direito de terceiros.

Art. 30. Verificado ser nociva, ou impossível a mantenha de uma fundação, ou vencido o prazo de sua existência, o patrimônio, salvo disposição em contrário no ato constitutivo, ou nos estatutos, será incorporado em outras fundações, que se proponham a fins iguais ou semelhantes.

Parágrafo único. Esta verificação poderá ser promovida judicialmente pela minoria de que trata o art. 29, ou pelo Ministério Público.

TÍTULO II – DO DOMICÍLIO CIVIL

Art. 31. O domicílio civil da pessoa natural é o lugar onde ela estabelece a sua residência com animo definitivo.

Art. 32. Se, porém, a pessoa natural tiver diversas residências onde alternadamente viva, ou vários centros de ocupações habituais, considerar-se-á domicílio seu qualquer destes ou daquelas.

Art. 33. Ter-se-á por domicílio da pessoa natural, que não tenha residência habitual (art. 32), ou empregue a vida em viagens, sem ponto central de negócios, o lugar onde for encontrada.

Art. 34. Muda-se o domicílio, transferindo a residência, com intenção manifesta de o mudar.

Parágrafo único. A prova da intenção resultará do que declarar a pessoa mudada ás municipalidades dos lugares, que deixa, e para onde vai, ou, se tais declarações não fizer, da própria mudança, com as circunstâncias que a acompanharem.

Art. 35. Quanto às pessoas jurídicas o domicílio é:

I. Da União, o Distrito Federal.

II. Dos Estados, as respectivas capitais.

III. Do Município, o lugar onde funcione a administração municipal.

IV. Das demais pessoas jurídicas, o lugar onde funcionarem as respectivas diretorias e administrações, ou onde elegerem domicílio especial nos seus estatutos ou atos constitutivos.

§1º Quando o direito pleiteado se originar de um facto occorrido, ou de um acto praticado, ou que deva produzir os seus effeitos, fóra do Districto Federal, a União será demandada na secção judicial em que o facto occorreu, ou onde tiver sua séde a autoridade de quem o acto emanou, ou esta tenha de ser executado. *(Incluído pelo Decreto nº 3.725, de 1919)*

§ 2º Nos Estados, observar-se-á, quanto ás causas de natureza local, oriundas de factos occorridos, ou actos praticados por suas autoridades, ou dados á execução, fóra das capitaes, o que dispuzer a respectiva legislação. *(Incluído pelo Decreto nº 3.725, de 1919)*

§ 3º Tendo, porém, a pessoa jurídica diversos estabelecimentos em logarcs difierentes, cada um será considerado domicilio para os actos nelle praticados. *(Renumerado do §1º pelo Decreto nº 3.725, de 1919)*

§ 4º Se a administração, ou directoria, ti ver a sé<lc no estrangeiro, haver-se-á por domicilio da pessoa juridica, no tocante ás obrigações contrahidas por cada uma das suas agencias, o logar do estabelecimento, sito no Brasil, a que ella corresponder. *(Renumerado do §2º pelo Decreto nº 3.725, de 1919)*

Art. 36. Os incapazes têm por domicílio o dos seus representantes.

Parágrafo único. A mulher casada tem por domicílio o do marido, salvo se estiver desquitada (art. 315), ou lhe competir a administração do casal (art. 251).

Art. 37. Os funcionários públicos reputam-se domiciliados onde exercem as suas funções, não sendo temporárias, periódicas, ou de simples comissão, porque, nestes casos, elas não operam mudança no domicílio anterior.

Art. 38. O domicílio do militar em serviço ativo é o lugar onde servir.

Parágrafo único. As pessoas com praça na armada têm o seu domicílio na respectiva estação naval, ou na sede do emprego que estiverem exercendo, em terra.

Art. 39. O domicílio dos oficiais e tripulantes da marinha mercante é o lugar onde estiver matriculado o navio.

Art. 40. O preso, in-fine ou o desterrado, tem o domicílio no lugar onde cumpre sentença.

Art. 41. O ministro ou agente diplomático do Brasil, que, citado no estrangeiro, alegar exterritorialidade sem designar onde tem, no país, o seu domicílio, poderá ser demandado no Distrito Federal ou no último ponto do território brasileiro onde o teve.

Art. 42. Nos contratos escritos poderão os contraentes especificar domicílio onde se exercitem e cumpram os direitos e obrigações deles resultantes.

LIVRO II – DOS BENS

TÍTULO ÚNICO – DAS DIFERENTES CLASSES DE BENS

CAPÍTULO I – DOS BENS CONSIDERADOS EM SI MESMOS

SEÇÃO I – DOS BENS IMÓVEIS

Art. 43. São bens imóveis:

I. O o solo com a sua superficie, os seus accessorios e adjacencias naturaes, comprehendendo as arvores, etc e frutos pendentes, o espaço aéreo e o subsolo.

II. Tudo quanto o homem incorporar permanentemente ao solo, como a semente lançada à terra, os edifícios e construções, de modo que se não possa retirar sem destruição, modificação, fratura, ou dano.

III. Tudo quanto no imóvel o proprietário mantiver intencionalmente empregado em sua exploração industrial, aformoseamento, ou comodidade.

Art. 44. Consideram-se imóveis para os efeitos legais:

I. Os direitos reais sobre imóveis, inclusive o penhor agrícola, e as ações que os asseguram.

II. As apólices da dívida pública oneradas com cláusula de inalienabilidade.

III. O direito à sucessão aberta.

Art. 45. Os bens de que trata o art. 43, n. III, podem ser, em qualquer tempo, mobilizados.

Art. 46. Não perdem o caráter de imóveis os materiais provisoriamente separados de um prédio, para nele mesmo se reempregarem.

SEÇÃO II – DOS BENS MÓVEIS

Art. 47. São móveis os bens suscetíveis de movimento próprio, ou de remoção por força alheia.

Art. 48. Consideram-se móveis para os efeitos legais:

I. Os direitos reais sobre objetos móveis e as ações correspondentes.

II. Os direitos de obrigação e as ações respectivas.

III. Os direitos de autor.

Art. 49. Os materiais destinados a alguma construção, enquanto não forem empregados, conservam a sua qualidade de móveis, Readquirem, em vem de readquirindo. essa qualidade os provenientes da demolição de algum prédio.

SEÇÃO III – DAS COISAS FUNGÍVEIS E CONSUMÍVEIS

Art. 50. São fungíveis os móveis que podem, e não fungíveis os que não podem substituir-se por outros da mesma espécie, qualidade e quantidade.

Art. 51. São consumíveis os bens móveis, cujo uso importa destruição imediata da própria substância, sendo também considerados tais os destinados a alienação.

SEÇÃO IV – DAS COISAS DIVISÍVEIS E INDIVISÍVEIS

Art. 52. Coisas divisíveis são as que se podem partir em porções reais e distintas, formando cada qual um todo perfeito.

Art. 53. São indivisíveis:

I. Os bens que se não podem partir sem alteração na sua substância.

II. Os que, embora naturalmente divisíveis, se consideram indivisíveis por lei, ou vontade das partes.

SEÇÃO V – DAS COISAS SINGULARES E COLETIVAS

Art. 54. As coisas simples ou compostas, materiais ou imateriais, são singulares ou coletivas:

I. Singulares, quando, embora reunidas, se consideram por si, independentemente das demais.

II. Coletivas, ou universais, quando se encaram agregadas em todo.

Art. 55. Nas coisas coletivas, em desaparecendo todos os indivíduos, menos um, se tem por extinta a coletividade.

Art. 56. Na coletividade, fica sub-rogado ao indivíduo o respectivo valor, e vice-versa.

Art. 57. O patrimônio e a herança constituem coisas universais, ou universalidade, e como tais subsistem, embora não constem de objetos materiais.

CAPÍTULO II – DOS BENS RECIPROCAMENTE CONSIDERADOS

Art. 58. Principal é a coisa que existe sobre si, abstrata ou concretamente. Acessória, aquela cuja existência supõe a da principal.

Art. 59. Salvo disposição especial em contrário, a coisa acessória segue a principal.

Art. 60. Entram na classe das coisas acessórias os frutos, produtos e rendimentos.

Art. 61. São acessórios do solo:

I. Os produtos orgânicos da superfície.

II. Os minerais contidos no subsolo.

III. As obras de aderência permanente, feitas acima ou abaixo da superfície.

Art. 62. Também se consideram acessórias da coisa todas as benfeitorias, qualquer que seja o seu valor, exceto:

I. A pintura em relação à tela.

II. A escultura em relação à matéria prima.

III. A escritura e outro qualquer trabalho gráfico, em relação à matéria prima que os recebe (art. 614).

Art. 63. As benfeitorias podem ser voluntárias, úteis ou necessárias:

§ 1º São voluntárias as de mero deleite ou recreio, que não aumentam o uso habitual da coisa, ainda que a tornem mais agradável ou sejam de elevado valor.

§ 2º São úteis as que aumentam ou facilitam o uso da coisa.

§ 3º São necessárias as que têm por fim conservar a coisa ou evitar que se deteriore.

Art. 64. Não se consideram benfeitorias ou melhoramentos sobrevindos à coisa sem a intervenção do proprietário, possuidor ou detentor.

CAPÍTULO III – DOS BENS PÚBLICOS E PARTICULARES

Art. 65. São públicos os bens do domínio nacional pertencentes à União, aos Estados, ou aos Municípios. Todos os outros são particulares, seja qual for a pessoa a que pertencerem.

Art. 66. Os bens públicos são:

I. Os de uso comum do povo, tais como os mares, rios, estradas, ruas e praças.

II. Os de uso especial, tais como os edifícios ou terrenos aplicados a serviço ou estabelecimento federal, estadual ou municipal.

III. Os dominicais, isto é, os que constituem o patrimônio da União, dos Estados, ou Municípios, como objeto de direito pessoal, ou real de cada uma dessas entidades.

Art. 67. Os bens de que trata o artigo antecedente só perderão a inalienabilidade, que lhes é peculiar, nos casos e forma que a lei prescrever.

Art. 68. O uso comum dos bens públicos pode ser gratuito, ou retribuído, conforme as leis da União, dos Estados, ou dos Municípios, a cuja administração pertencerem.

CAPÍTULO IV – DAS COISAS QUE ESTÃO FORA DE COMÉRCIO

Art. 69. São coisas fóra do commercio as insuscetíveis de apropriação, e as legalmente inalienáveis.

CAPÍTULO V – DO BEM DA FAMÍLIA

Art. 70. É permitido aos chefes de família destinar um prédio para domicilio desta, com a clausula de ficar isento de execução por dividas, salvo as que provierem de impostos relativos ao mesmo prédio.

Parágrafo único. Essa isenção durará enquanto viverem os cônjuges e até que os filhos completem sua maioridade.

Art. 71. Para o exercício desse direito é necessário que os instituidores no ato da instituição não tenham dívidas, cujo pagamento possa por ele ser prejudicado.

Parágrafo único. A isenção se refere a dividas posteriores ao ato, e não ás anteriores, se verificar que a solução destas se tornou inexeqüível em virtude de ato da instituição.

Art. 72. O prédio, nas condições acima ditas, não poderá ter outro destino, ou ser alienado, sem o consentimento dos interessados e dos seus representantes legais.

Art. 73. A instituição deverá constar de escriptura publica transcripta no registro de imóveis e publicado na imprensa e, na falta desta, na da capital do Estado.

LIVRO III – DOS FATOS JURÍDICOS

DISPOSIÇÕES PRELIMINARES

Art. 74. Na aquisição dos direitos se observarão estas regras:

I. Adquirem-se os direitos mediante ato do adquirente, ou por intermedio de outrem.

II. Pode uma pessoa adquiri-los para si, ou para terceiros.

III. Dizem -se actuaes os direitos complementamente adquiridos e futuros os cuja acquisição não se acabou de operar.

Parágrafo único. Chama-se deferido o direito futuro, quando sua aquisição pende somente do arbítrio do sujeito; não deferido, quando se subordina a fatos ou condições falíveis.

Art. 75. A todo o direito corresponde uma cação, que o assegura.

Art. 76. Para propor, ou contestar uma ação, é necessário ter legitimo interesse econômico, ou moral.

Parágrafo único. O interesse moral só autoriza a ação quando toque diretamente ao autor, ou á sua família.

Art. 77. Perece o direito, perecendo o seu objeto.

Art. 78. Entende-se que pereceu o objeto do direito:

I. Quando perde as qualidades essenciais, ou o valor econômico.

II. Quando se confunde com outro, de modo que se não possa distinguir.

III. Quando fica em logar de onde não pode ser retirado.

Art. 79. Se a coisa perecer por fato alheio á vontade do dono, terá este ação, pelo prejuízos contra o culpado.

Art. 80. A mesma ação, de perdas e danos terá o dono contra aquele que, incumbido de conservar a coisa, por negligencia a deixe perecer; cabendo a este, por sua vez, direito regressivo contra o terceiro culpado.

TÍTULO I – DOS ATOS JURÍDICOS

CAPÍTULO I – DISPOSIÇÕES GERAIS

Art. 81. Todo o ato licito, que tenha por fim imediato adquirir, resguardar, transferir, modificar ou extinguir direitos, se denomina ato jurídico.

Art. 82. A validade do ato jurídico requer agente capaz (art. 145, n.º I), objeto licito e forma prescrita ou não defesa em lei (arts. 129, 130 e 145).

Art. 83. A incapacidade de uma das partes não pode ser invocada pela outra em proveito próprio, salvo se for indivisível o objeto do direito ou da obrigação comum.

Art. 84. As pessoas absolutamente incapazes serão representadas pelos pais, tutores, ou curadores em todos os atos jurídicos (art. 5); as relativamente incapazes pelas pessoas e nos atos que este Código determina . *(Vide Decreto nº 3.725, de 1919)*

Art. 85. Nas declarações de vontade se atenderá mais à sua intenção que ao sentido literal da linguagem.

CAPÍTULO II – DOS DEFEITOS DOS ATOS JURÍDICOS

SEÇÃO I – DO ERRO OU IGNORÂNCIA

Art. 86. São anuláveis os atos jurídicos, quando as declarações de vontade emanarem de erro substancial.

Art. 87. Considera-se erro substancial o que interessa à natureza do ato, o objeto principal de declaração, ou alguma das qualidades a ele essenciais.

Art. 88. Tem-se igualmente por erro substancial o que disser respeito a qualidades essenciais da pessoa, a quem se refira a declaração de vontade.

Art. 89. A transmissão errônea da vontade por instrumento, ou por interposta pessoa, pode argüir-se de nulidade nos mesmos casos em que a declaração direta.

Art. 90. Só vicia o ato a falsa, causa, quando expressa como razão determinante ou sob forma de condição.

Art. 91. O erro na indicação da pessoa, ou coisa, a que se referir a declaração de vontade, não viciará o ato, quando, por seu contexto e pelas circunstâncias, se puder identificar a coisa ou pessoa cogitada.

SEÇÃO II – DO DOLO

Art. 92. Os atos jurídicos são anuláveis por dolo, quando este for a sua causa.

Art. 93. O dolo acidental só obriga à satisfação das perdas e danos. É acidental o dolo, quando a seu despeito o ato se teria praticado, embora por outro modo.

Art. 94. Nos atos bilaterais o silêncio intencional de uma das partes a respeito de fato ou qualidade que a outra parte haja ignorado, constitue omissão dolosa, provando-se que sem ela se não teria celebrado o contrato.

Art. 95. Pode também ser anulado o ato por dolo de terceiro, se uma das partes o soube.

Art. 96. O dolo do representante de uma das partes só obriga o representado a responder civilmente até à importância do proveito que teve.

Art. 97. Se ambas as partes procederam com dolo, nenhuma pode alegá-lo, para anular o ato, ou reclamar indenização.

SEÇÃO III – DA COAÇÃO

Art. 98. A coação, para viciar a manifestação da vontade, há de ser tal, que incuta ao paciente fundado temor de dano à sua pessoa, à sua família, ou seus bens, iminente e igual, pelo menos, ao receiável do ato extorquido.

Art. 99. No apreciar a coação, se terá em conta o sexo, a idade, a condição, a saúde, o temperamento do paciente e todas as demais circunstâncias, que lhe possam influir na gravidade.

Art. 100. Não se considera coação a ameaça do exercício normal de um direito, nem o simples temor reverencial.

Art. 101. A coação vicia o ato, ainda quando exercida por terceiro.

§ 1º Se a coação exercida por terceiro for previamente conhecida à parte, a quem aproveite, responderá esta solidariamente com aquele por todas as perdas e danos.

§ 2º Se a parte prejudicada com a anulação do ato não soube da coação exercida por terceiro, só este responderá pelas perdas e danos.

SEÇÃO IV – DA SIMULAÇÃO

Art. 102. Haverá simulação nos atos jurídicos em geral:

I. Quando aparentarem conferir ou transmitir direitos a pessoas das a quem realmente se conferem, ou transmitem.

II. Quando contiverem declaração, confissão, condição, ou cláusula não verdadeira.

III. Quando os instrumentos particulares forem antedatados, ou posdatados.

Art. 103. A simulação não se considerará defeito em qualquer dos casos do artigo antecedente, quando não houver intenção de prejudicar a terceiros, ou de violar disposição de lei.

Art. 104. Tendo havido intuito de prejudicar a terceiros, ou infringir preceito de lei, nada poderão alegar, ou requerer os contraentes em juízo quanto à simulação do ato, em litígio de um contra o outro, ou contra terceiros.

Art. 105. Poderão demandar a nulidade dos atos simulados os terceiros lesados pela simulação, ou representantes do poder publico, a bem da lei, ou da fazenda.

SEÇÃO V – DA FRAUDE CONTRA CREDORES

Art. 106. Os atos de transmissão gratuita de bens, ou remissão de dívida, quando os pratique o devedor já insolvente, ou por ele reduzido à insolvência, poderão ser anulados pelos credores chirographários como lesivos dos seus direitos (art. 109). *(Vide Decreto nº 3.725, de 1919)*

Parágrafo único. Só os credores, que já o eram ao tempo desses atos, podem pleitear-lhes a anulação.

Art. 107. Serão igualmente anuláveis os contratos onerosos do devedor insolvente, quando a insolvência for notória ou houver motivo para ser conhecida do outro contraente.

Art. 108. Se o adquirente dos bens do devedor dos bens devedor insolvente ainda não tiver o preço e este for, aproximadamente, o corrente, desobrigar-se-á depositando-o em juízo, com citação edital de todos os interessados.

Art. 109. A ação, nos casos dos arts. 106 e 107, poderá ser intentada contra o devedor insolvente, a pessoa que com ele celebrou a estipulação considerada fraudulenta, ou terceiros adquirentes que hajam procedido de má fé. *(Vide Decreto nº 3.725, de 1919)*

Art. 110. O credor chirografário, que receber do devedor insolvente o pagamento da dívida ainda não vencida, ficará obrigado a repor, em proveito do acervo sobre que se tenha de effectuar o concurso de credores, aquillo que recebeu.

Art. 111. Presumem-se fraudatórias dos direitos dos outros credores as garantias de dividas que o devedor insolvente tiver dado a algum credor.

Art. 112. Presumem-se, porém, de boa fé e valem, os negócios ordinários indispensáveis à manutenção de estabelecimento mercantil, agrícola, ou industrial do devedor.

Art. 113. Anulados os atos fraudulentos, a vantagem resultante reverterá em proveito não da massa, mas do acervo sobre que se tenha de effectuar o concurso de credores.

Parágrafo único. Se os atos revogados tinham por único objeto atribuir direitos preferenciais, mediante hipoteca, anticrese, ou penhor, sua nulidade importará somente na anulação da preferência ajustada.

CAPÍTULO III – DAS MODALIDADES DOS ATOS JURÍDICOS

Art. 114. Considera-se condição a cláusula, que subordina o efeito do ato jurídico a evento futuro e incerto.

Art. 115. São lícitas, em geral, todas as condições, que a lei não vedar expressamente. Entre as condições defesas se incluem as que privarem de todo efeito o ato, ou o sujeitarem ao arbítrio de uma das partes.

Art. 116. As condições fisicamente impossíveis, bem como as de não fazer coisa impossível, têm-se por inexistentes. As juridicamente impossíveis invalidam os atos a elas subordinados.

Art. 117. Não se considera condição a cláusula, que não derive exclusivamente da vontade das partes, mas decorra necessariamente da natureza do direito, a que acede.

Art. 118. Subordinando-se a eficácia do ato à condição suspensiva, enquanto esta se não verificar, não se terá adquirido o direito, a que ele visa.

Art. 119. Se for resoluta a condição, enquanto esta se não realizar, vigorará o ato jurídico, podendo exercer-se desde o momento deste o direito por ele estabelecido;

mas, verificada a condição, para todos os efeitos, se extingue, o direito a que ela se opõe.

Parágrafo único. A condição resoluta da obrigação pode ser expressa, ou tácita; operando, no primeiro caso, de pleno direito, e por interpelação judicial, no segundo.

Art. 120. Reputa-se verificada, quanto aos efeitos jurídicos, a condição, cujo implemento for maliciosamente obstado pela parte, a quem desfavorecer.

Concedera-se, ao contrário, não verificada a condição maliciosamente levada a efeito por aquele, a quem aproveita o seu implemento.

Art. 121. Ao titular do direito eventual, no caso de condição suspensiva, é permitido exercer os atos destinados a conservá-lo.

Art. 122. Se alguém dispuser de uma coisa sob condição suspensiva, e, pendente esta, fizer quanto àquela novas disposições, estas não terão valor, realizada a condição, se com ela forem incompatíveis.

Art. 123. O termo inicial suspende o exercício, mas não a aquisição do direito.

Art. 124. Ao termo inicial se aplica o disposto, quanto a condição suspensiva, nos arts. 121 e 122, e ao termo final, o disposto acerca da condição resolutiva no art. 119.

Art. 125. Salvo disposição em contrário, computam-se os prazos, excluindo o dia do começo, o incluindo o do vencimento.

§ 1º Se este cair em dia feriado, considerar-se-á prorrogado o prazo até seguinte dia útil.

§ 2º Meado considera-se, em qualquer mês, o seu décimo quinto dia.

§ 3º Considera-se mês o período sucessivo de trinta dias completos.

§ 4º Os prazos fixados por hora contar-se-ão de minuto a minuto.

Art. 126. Nos testamentos o prazo se presume em favor do herdeiro, e, nos contratos, em proveito do devedor, salvo quanto a esses, se do teor do instrumento, ou da circunstâncias, resultar que se estabeleceu a benefício do credor, ou de ambos os contraentes.

Art. 127. Os atos entre vivos, sem prazo, são exeqüíveis desde logo, salvo se a execução tiver de ser feita em lugar diverso ou depender de tempo.

Art. 128. O encargo não suspende a aquisição, nem o exercício do direito, salvo quando expressamente imposto no ato, pelo dissonante, como condição suspensiva.

CAPÍTULO IV – DA FORMA DOS ATOS JURÍDICOS E DA SUA PROVA

Art. 129. A validade das declarações de vontade não dependerá de forma especial, senão quando a lei expressamente a exigir (art. 82).

Art. 130. Não vale o ato, que deixar de revestir a forma especial, determinada em lei (art. 82), salvo quando esta comine sanção diferente contra a preterição da forma exigida.

Art. 131. As declarações constantes de documentos assinados presumem-se verdadeiras em relação aos signatários.

Parágrafo único. Não tendo relação direta, porém, com as disposições principais, ou com a legitimidade das partes, as declarações enunciativas não eximem os interessados em sua veracidade do ônus de prová-las.

Art. 132. A anuência, ou a autorização de outrem, necessária à validade de um ato, provar-se-á do mesmo modo que este, e constará, sempre que se possa, do próprio instrumento.

Art. 133. No contrato celebrado com a cláusula de não valer sem instrumento público, este é da substância do ato.

Art. 134. É, outro sim, da substância do ato a escriptura publica.

I. Nos pactos antenupciais e nas adoções.

II. Nos contratos constitutivos ou translativos de direitos reais sobre imóveis de valor superior a Cr$50.000,00 (cinqüenta mil cruzeiros), excetuado o penhor agrícola. *(Redação dada pela Lei nº 7.104, de 1983)*

§ 1º - A escritura pública, lavrada em notas de tabelião, é documento dotado de fé pública, fazendo prova plena, e, além de outros requisitos previstos em lei especial, deve conter: *(Incluído pela Lei nº 6.952, de 1981)*

a) data e lugar de sua realização; *(Incluído pela Lei nº 6.952, de 1981)*

b) reconhecimento da identidade e capacidade das partes e de quantos hajam comparecido ao ato; *(Incluído pela Lei nº 6.952, de 1981)*

c) nome, nacionalidade, estado civil, profissão, domicílio e residência das partes e demais comparecentes, com a indicação, quando necessário, do regime de bens do casamento, nome do cônjuge e filiação; *(Incluído pela Lei nº 6.952, de 1981)*

d) manifestação da vontade das partes e dos intervenientes; *(Incluído pela Lei nº 6.952, de 1981)*

e) declaração de ter sido lida às partes e demais comparecentes, ou de que todos a leram; *(Incluído pela Lei nº 6.952, de 1981)*

f) assinatura das partes e dos demais comparecentes, bem como a do tabelião, encerrando o ato. *(Incluído pela Lei nº 6.952, de 1981)*

§ 2º - Se algum comparecente não puder ou não souber assinar, outra pessoa capaz assinará por ele, a seu rogo. *(Incluído pela Lei nº 6.952, de 1981)*

§ 3º - A escritura será redigida em língua nacional. *(Incluído pela Lei nº 6.952, de 1981)*

§ 4º - Se qualquer dos comparecentes não souber a língua nacional e o tabelião não entender o idioma em que se expressa, deverá comparecer tradutor público para servir de intérprete ou, não o havendo na localidade, outra pessoa capaz, que, a juízo do tabelião, tenha idoneidade e conhecimentos bastantes. *(Incluído pela Lei nº 6.952, de 1981)*

§ 5º - Se algum dos comparecentes não for conhecido do tabelião, nem puder identificar-se por documento, deverão participar do ato pelo menos 2 (duas) testemunhas que o conheçam e atestem sua identidade. *(Incluído pela Lei nº 6.952, de 1981)*

§ 6º - O valor previsto no inciso II deste artigo será reajustado em janeiro de cada ano, em função da variação nominal das Obrigações Reajustáveis do Tesouro Nacional - ORTN (Lei nº 6.423, de 17 de junho de 1977). *(Incluído pela Lei nº 7.104, de 1983)*

Art. 135. O instrumento particular, feito e assinado, ou somente assinado por quem esteja na disposição e administração livre de seus bens, sendo subscrito por duas testemunhas, prova as obrigações convencionais de qualquer valor. Mas os seus efeitos, bem como os da cessão, não se operam, a respeito de terceiros (art. 1.067), antes de transcrito no registro público.

Parágrafo único. A prova do instrumento particular pode suprir-se pelas de caráter legal.

Art. 136. Os atos jurídicos, a que se não impõe forma especial, poderão provar-se mediante:

I. Confissão.

II. Atos processados em juizo.

III. Documentos públicos ou particulares.

IV. Testemunhas.

V. Presunção.

VI. Exames e vistorias.

VII. Arbitramento.

Art. 137. Farão a mesma prova que os originais as certidões textuais de qualquer peça judicial, do protocolo das audiências, ou de outro qualquer livro a cargo do escrivão, sendo extraídas por ele, ou sob a sua vigilância, e por ele subscritas, assim como os traslados de autos, quando por outro escrivão concertados.

Art. 138. Terão Também a mesma força probante os traslados e as certidões extraídas por oficial público, de instrumentos ou documentos lançados em suas notas.

Art. 139. Os traslados, ainda que não concertados, e as certidões considerar-se-ão instrumentos publicos, se os originaes se houverem produzido em juizo como prova de algum acto.

Art. 140. Os escritos de obrigação redigidos em língua estrangeira serão, para ter efeitos legais no país, vertidos em português.

Art. 141 - Salvo os casos expressos, a prova exclusivamente testemunhal só se admite nos contratos cujo valor não passe de Cr$ 10.000,00 (dez mil cruzeiros). *(Redação dada pela Lei nº 1.768, de 1952)*

Parágrafo único. Qualquer que seja o valor do contrato, a prova testemunhal é admissível como subsidiária ou complementar da prova por escrito.

Art. 142. Não podem ser admitidos como testemunhas:

I. Os loucos de todo o gênero.

II. Os cegos e surdos, quando a ciência do fato, que se quer provar, dependa dos sentidos, que lhes faltam.

III. Os menores de dezesseis anos.

IV. O interessado no objeto do litígio, bem como o ascedente e o descendente, ou o colateral, até o terceiro grau de alguma das partes, por consangüinidade, ou afinidade.

V. Os cônjuges.

Art. 143. Os ascendentes por consangüinidade, ou afinidade, podem ser admitidos como testemunhas em questões em que se trate de verificar o nascimento, ou o óbito dos filhos.

Art. 144. Ninguém pode ser obrigado a depor de fatos, a cujo respeito, por estado ou profissão, deva guardar segredo.

CAPÍTULO V – DAS NULIDADES

Art. 145. É nulo o ato jurídico:

I. Quando praticado por pessoa absolutamente incapaz (art. 5).

II. Quando for ilícito, ou impossível, o seu objeto.

III. Quando não revestir a forma prescrita em lei arts. 82 e 130).

IV. Quando for preterida alguma solenidade que a lei considere essencial para a sua validade.

V. Quando a lei taxativamente o declarar nulo ou lhe negar efeito.

Art. 146. As nulidades do artigo antecedente podem ser alegadas por qualquer interessado, ou pelo Ministério Público, quando lhe couber intervir.

Parágrafo único. Devem ser pronunciadas pelo juiz, quando conhecer do ato ou dos seus efeitos e as encontrar provadas, não lhe sendo permitido supri-las, ainda a requerimento das partes.

Art. 147. É anulável o ato jurídico:

I. Por incapacidade relativa do agente (art. 6).

II. Por vício resultante de erro, dolo, coação, simulação, ou fraude (art. 86 a 113).

Art. 148. O ato anulável pode ser ratificado pelas partes, salvo direito de terceiro. A ratificação retroage à data do ato.

Art. 149. O ato de ratificação deve conter a substância da obrigação retificada e a vontade expressa de ratificá-la.

Art. 150. É escusada a ratificação expressa, quando a obrigação já foi cumprida em parte pelo devedor, ciente do vício que a inquinava.

Art. 151. A ratificação expressa, ou a execução voluntária da obrigação anulável, nos termos dos arts. 148 a 150, importa renúncia a todas as ações, ou excepções, de que dispusesse contra o ato o devedor.

Art. 152. As nulidades do art. 147 não têm efeito antes de julgadas por sentença, nem se pronunciam de ofício. Só os interessados as podem alegar, e aproveitam exclusivamente aos que as alegarem, salvo o caso de solidariedade, ou indivisibilidade.

Parágrafo único. A nulidade do instrumento não induz a do ato, sempre que este puder provar-se por outro meio.

Art. 153. A nulidade parcial de um ato não o prejudicará na parte válida, se esta for separável. A nulidade da obrigação principal implica a das obrigações acessórias, mas a destas não induz a da obrigação principal.

Art. 154. As obrigações contraídas por menores, entre dezesseis e vinte e um anos, são anuláveis (arts. 6 e 84), quando resultem de atos por eles praticados:

I. Sem autorização de seus legítimos representantes (art. 84).

II. Sem assistência do curador, que neles houvesse de intervir.

Art. 155. O menor, entre dezesseis e vinte e um anos, não pode, para se eximir de uma obrigação, invocar a sua idade, se dolosamente a ocultou, inquirido pela outra parte, ou se, no ato de se obrigar, espontaneamente se declarou maior.

Art. 156. O menor, entre dezesseis e vinte e um anos, equipara-se ao maior quanto às obrigações resultantes de atos ilícitos, em que for culpado.

Art. 157. Ninguém pode reclamar o que, por uma obrigação anulada, pagou a um incapaz, se não provar que reverteu em proveito dele a importância paga.

Art. 158. Anulado o ato, restituir-se-ão as partes ao estado, em que antes dele se achavam, e não sendo possível restituí-las, serão indenizadas com o equivalente.

TÍTULO II – DOS ATOS ILÍCITOS

Art. 159. Aquele que, por ação ou omissão voluntária, negligência, ou imprudência, violar direito, ou causar prejuízo a outrem, fica obrigado a reparar o dano A verificação da culpa e a avaliação da responsabilidade regulam-se pelo disposto neste Código, arts. 1.518 a 1.532 e 1.537 a 1.553.

Art. 160. Não constituem atos ilícitos:

I. Os praticados em legítima defesa ou no exercício regular de um direito reconhecido.

II. A deterioração ou destruição da coisa alheia, afim de remover perigo iminente (arts. 1.519 e 1.520).

Parágrafo único. Neste último caso, o ato será legítimo, somente quando as circunstâncias o tornarem absolutamente necessário, não excedendo os limites do indispensável para a remoção do perigo.

TÍTULO III – DA PRESCRIÇÃO

CAPÍTULO I – DISPOSIÇÕES GERAIS

Art. 161. A renúncia da prescrição pode ser expressa, ou tácita, e só valerá, sendo feita, sem prejuízo de terceiro, depois que a prescrição se consumar.

Tácita é a renúncia, quando se presume de fatos do interessado, incompatíveis com a prescrição.

Art. 162. A prescrição pode ser alegada, em qualquer instância, pela parte a quem aproveita.

Art. 163. As pessoas jurídicas estão sujeitas aos efeitos da prescrição e podem invocá-los sempre que lhes aproveitar.

Art. 164. As pessoas que a lei priva de administrar os próprios bens, têm ação regressiva contra os seus representantes legais, quando estes, por dolo, ou negligência, derem causa à prescrição.

Art. 165. A prescrição iniciada contra um pessoa contínua a correr contra o seu herdeiro.

Art. 166. O juiz não pode conhecer da prescrição de direitos patrimoniais, se não foi invocada pelas partes.

Art. 167. Com o principal prescrevem os direitos acessórios.

CAPÍTULO II – DAS CAUSAS QUE IMPEDEM OU SUSPENDEM A PRESCRIÇÃO

Art. 168. Não corre a prescrição:

I. Entre cônjuges, na constância do matrimônio.

II. Entre ascendentes e descendentes, durante o pátrio poder.

III. Entre tutelados ou curatelados e seus tutores ou curadores, durante a tutela ou curatela.

IV. Em do credor pignoratício, do mandatário, e, em geral, das pessoas que lhes são equiparadas, contra o depositante, o devedor, o mandante e as pessoas representadas, ou seus herdeiros, quanto ao direito e obrigações relativas aos bens confiados à sua guarda.

Art. 169. Também não corre a prescrição:

I. Contra os incapazes de que trata o art. 5.

II. Contra os ausentes do Brasil em serviço público da União, dos Estados, ou dos Municípios.

III. Contra os que se acharem servindo na armada e no exército nacionais, em tempo de guerra.

Art. 170. Não corre igualmente:

I. Pendendo condição suspensiva.

II. Não estando vencido o prazo.

III. Pendendo ação de evicção.

Art. 171. Suspensa a prescrição em favor de um dos credores solidários, só aproveitam os outros, se o objeto da obrigação for indivisível.

CAPÍTULO III – DAS CAUSAS QUE INTERROMPEM A PRESCRIÇÃO

Art. 172. A prescrição interrompe-se:

I. Pela citação pessoal feita ao devedor, ainda que ordenada por juiz incompetente.

II. Pelo protesto, nas condições do número anterior.

III. Pela apresentação do título de crédito em juízo de inventário, ou em concurso de credores.

IV. Por qualquer ato judicial que constitua em mora o devedor.

V. Por qualquer ato inequívoco, ainda que extra-judicial, que importe reconhecimento do direito pelo devedor.

Art. 173. A prescrição interrompida recomeça a correr da data do ato que a interrompeu, ou do último do processo para a interromper.

Art. 174. Em cada um dos casos do art. 172, a interrupção pode ser promovida:

I. Pelo próprio titular do direito em via de prescrição.

II. Por quem legalmente o represente.

III. Por terceiro que tenha legítimo interesse.

Art. 175. A prescrição não se interrompe com a citação nula por vício de forma, por circumducta, ou por se achar perempta a instância, ou a ação.

Art. 176. A interrupção da prescrição por um credor não aproveita aos outros. Semelhantemente, a interrupção operada contra o co-devedor, ou seu herdeiro, não prejudica aos demais co-obrigados.

§ 1º A interrupção, porém, aberta por um dos credores solidários aproveita aos outros; assim como a interrupção efetuada contra o devedor solidário envolve os demais e seus herdeiros.

§ 2º A interrupção operada contra um dos herdeiros do devedor solidário não prejudica aos outros herdeiros ou devedores, senão quando se trate de obrigações e direitos indivisíveis.

§ 3º A interrupção produzida contra o principal devedor prejudica o fiador.

CAPÍTULO IV – DOS PRAZOS DA PRESCRIÇÃO

Art. 177. As ações pessoais prescrevem, ordinàriamente, em vinte anos, as reais em dez, entre presentes e entre ausentes, em quinze, contados da data em que poderiam ter sido propostas. *(Redação dada pela Lei nº 2.437, de 1955)*

Art. 178. Prescreve:

§ 1º Em dez dias, contados do casamento, a ação do marido para anular o matrimônio contraído com mulher já deflorada (arts. 218, 219, n. IV, e 220). *(Vide Decreto nº 13-A, de 1935) (Vide Decreto-Lei nº 5.059, de 1942)*

§ 2º Em quinze dias, contados da tradicção da coisa, a acção para haver abatimento do preço da coisa movel, recebida com vicio redhibitorio, ou para rescindir o contracto e rehaver o preço pago, mais perdas e damnos.

§ 3º Em dois meses, contados do nascimento, se era presente o marido, a ação para este contestar a legitimidade do filho de sua mulher (art. 338 e 344).

§ 4º Em três meses:

I. A mesma ação do parágrafo anterior, se o marido se achava ausente, ou lhe ocultaram o nascimento; contado o prazo do dia de sua volta à casa conjugal, no primeiro caso, e da data do conhecimento do fato, no segundo.

II. A ação do pai, tutor, ou curador para anular o casamento do filho, pupilo, ou curatelado, contraído sem o consentimento daqueles, nem o seu suprimento pelo juiz; contado o prazo do dia em que tiverem ciência do casamento (arts. 180, n. III, 183, n. XI, 209 e 213).

§ 5º Em seis meses:

I. A ação do cônjuge coacto para anular o casamento; contado o prazo do dia em que cessou a coação (arts. 183, n. IX, e 209).

II. A ação para anular o casamento do incapaz de consentir, promovida por este, quando se torne capaz, por seus representantes legais, ou pelos herdeiros; contado o prazo do dia em que cessou a incapacidade, no primeiro caso, do casamento, no segundo, e, no terceiro, da morte do incapaz, quando esta ocorra durante a incapacidade (art. 212).

III. A ação para anular o casamento da menor de dezesseis e do menor de dezoito anos; contado o prazo do dia em que o menor perfez essa idade, se a ação for por ele movida, e da data do matrimônio, quando o for por seus representantes legais ou pelos parentes designados no art. 190. (arts. 213 a 216).

IV. A acção para haver o abatimento do preço da coisa immovel, recebida com vicio redhibitorio, ou para rescindir o contracto commutativo, e haver o preço pago, mais perdas e damnos, contado o prazo da tradição da coisa.

V. A ação dos hospedeiros, estalajadeiros ou fornecedores de víveres destinados ao consumo no próprio estabelecimento, pelo preço da hospedagem ou dos alimentos fornecidos; contado o prazo do último pagamento.

§ 6º Em um ano:

I. A ação do doador para revogar a doação; contado o prazo do dia em que souber do fato, que o autoriza a revogá-la (arts. 1.181 a 1.187).

II. A ação do segurado contra o segurador e vice-versa, se o fato que a autoriza se verificar no país, contado o prazo do dia em que o interessado tiver conhecimento do mesmo fato (art. 178, § 7º, n. V).

III. A ação do filho, para desobrigar e reivindicar os imóveis de sua propriedade, alienados ou gravados pelo pai fora dos casos expressamente legais; contado o prazo do dia em que chegar à maioridade (arts. 386 e 388, n. I)

IV. A ação dos herdeiros do filho, no caso do número anterior, contando-se o prazo do dia do falecimento, se o filho morreu menor, e bem assim a de seu representante legal, se o pai decaiu do pátrio poder, correndo o prazo da data em que houver decaído (arts. 386 e 388, ns. II e III).

V. A ação de nulidade da partilha; contado o prazo da data em que a sentença da partilha passou em julgado (art. 1.805).

VI. A ação dos professores, mestres ou repetidores de ciência, literatura, ou arte, pelas lições que derem, pagáveis por períodos não excedentes a um mês; contado o prazo do termo de cada período vencido.

VII. A ação dos donos de casa de pensão, educação, ou ensino, pelas prestações dos seus pensionistas, alunos ou aprendizes; contado o prazo do vencimento de cada uma.

VIII. A ação dos tabeliães e outros oficiais do juízo, porteiros do auditório e escrivães, pelas custas dos atos que praticarem; contado o prazo da data daqueles por que elas se deverem.

IX. A ação dos médicos, cirurgiões ou farmacêuticos, por suas visitas, operações ou medicamentos, contado o prazo da data do último serviço prestado. *(Redação dada pela Lei nº 2.923, de 1956)*

X. A ação dos advogados, solicitadores, curadores, peritos e procuradores judiciais, para o pagamento de seus honorários; contado o prazo do vencimento do contrato, da decisão final do processo, ou da revogação do mandato.

XI. A ação do proprietário do prédio desfalcado contra o do prédio argumentado pela avulsão, nos termos do art. 541; contado do dia, em que ela ocorreu, o prazo prescribente.

XII. A ação dos herdeiros do filho para prova da legitimidade da filiação; contado o prazo da data do seu falecimento se houver morrido ainda menor ou incapaz.

XIII. A acção do adoptado para se desligar da adopção, realizada quando elle era menor ou se achava interdicção; contado o prazo do dia em que cessar a menoridade ou a interdicção.

§ 7º Em dois anos:

I. A ação do cônjuge para anular o casamento nos casos do art. 219, ns. I, II e III; contado o prazo da data da celebração do casamento; e da data da execução deste Código para os casamentos anteriormente celebrados. *(Vide Decreto nº 13-A, de 1935) (Vide Decreto-Lei nº 5.059, de 1942)*

II. A ação dos credores por dívida inferior a cem mil réis, salvo as contempladas nos ns. VI a VIII do parágrafo anterior; contado o prazo do vencimento respectivo, se estiver prefixado, e, no caso contrário, do dia em que foi contraída.

III. A ação dos professores, mestres e repetidores de ciência, literatura ou arte, cujos honorários sejam estipulados em prestações correspondentes a períodos maiores de um mês; contado o prazo do vencimento da última prestação.

IV. A ação dos engenheiros, arquitetos, agrimensores e estereometras, por seus honorários; contado o prazo do termo dos seus trabalhos.

V. A ação do segurado contra o segurador e, vice-versa, se o fato que a autoriza se verificar fora do Brasil; contado o prazo do dia em que desse fato soube o interessado (art. 178, § 6º, n. II).

VI. A ação do cônjuge ou seus herdeiros necessários para anular a doação feita pelo cônjuge adúltero ao seu cúmplice; contado o prazo da data do desquite, contado o prazo da dissolução da sociedade conjugal (art. 1.177).

VII. A ação do marido ou dos seus herdeiros, para anular atos da mulher, praticados sem o seu consentimento, ou sem o suprimento do juiz, contado o prazo do dia em que se dissolver a sociedade conjugal (art. 252).

§ 8º Em três anos:

A ação do vendedor para resgatar o imóvel vendido; contado o prazo da data da escritura, quando se não fixou no contrato prazo menor (art. 1.141).

§ 9º Em quatro anos:

I. Contados da dissolução da sociedade conjugal, a ação da mulher para:

a) desobrigar ou reivindicar os imóveis do casal, quando o marido os gravou, ou alienou sem outorga uxoria, ou suprimento dela pelo juiz (arts. 235 e 237);

b) anular as fianças prestadas e as doações feitas pelo marido fora dos casos legais (arts. 235, ns. III e IV, e 236).

c) reaver do marido o dote (art. 300), ou os outros bens seus confiados à administração marital (arts. 233, n. II, 263, ns. VIII e IX, 269, n. I, 300 e 311, n. III).

II. A ação dos herdeiros da mulher, nos casos das letras a, b e c do número anterior, quando ela faleceu, sem propor a que ali se lhe assegura; contado o prazo da data do falecimento (arts. 239, 295, n. II, 300 e 311, n. III).

III. A ação da mulher ou seus herdeiros para desobrigar ou reivindicar os bens dotais alienados ou gravados pelo marido; contado o prazo da dissolução da sociedade conjugal (arts. 293 a 296).

IV. A ação do interessado em pleitear a exclusão do herdeiro (arts. 1.595 e 1.596), ou provar à causa da sua deserdação (arts. 1.741 a 1.745), e bem assim a ação do deserdado para a impugnar; contado o prazo da abertura da sucessão.

V. A ação de anular ou rescindir os contratos, para a qual se não tenha estabelecido menor prazo; contado este:

a) no caso de coação, do dia em que ela cessar;

b) no de erro, dolo, simulação ou fraude, do dia em que se realizar o ato ou o contrato;

c) quanto aos atos dos incapazes, do dia em que cessar a incapacidade;

d) *(Suprimido pelo Decreto nº 3.725, de 1919)*

VI. A acção do filho natural para impugnar o reconhecimento; contado a prazo do dia em que attingir a maioridade ou se emancipar.

§ 10. Em cinco anos:

I. As prestações de pensões alimentícias.

II. As prestações de rendas temporárias ou vitalícias.

III. Os juros, ou quaisquer outras prestações acessórias pagáveis anualmente, ou em períodos mais curtos.

VI. Os aluguéis de prédio rústico ou urbano.

V. A ação dos serviçais, operários e jornaleiros, pelo pagamento dos seus salários.

VI. As dívidas passivas da União, dos Estados e dos Municípios, e bem assim toda e qualquer ação contra a Fazenda Federal, Estadual ou Municipal; devendo o prazo da prescrição correr da data do ato ou fato do qual se originar a mesma ação.

Os prazos dos números anteriores serão contados do dia em que cada prestação, juro, aluguel ou salário for exigível.

VII. A ação civil por ofensa a direitos de autor; contado o prazo da data da contrafacção.

VIII. O direito de propor ação rescisória de sentença. *(Vide Decreto nº 3.725, de 1919)*

IX. A ação por ofensa ou dano causados ao direito de propriedade; contado o prazo da data em que se deu a mesma ofensa ou dano.

X. *(Eliminado pelo Decreto nº 3.725, de 1919)*

Art. 179. Os casos de prescrição não previstos neste Código serão regulados, quanto ao prazo, pelo art. 177.

PARTE ESPECIAL
LIVRO I – DO DIREITO DE FAMÍLIA

TÍTULO I – DO CASAMENTO

CAPÍTULO I – DAS FORMALIDADE PRELIMINARES

Art. 180. A habilitação para casamento faz-se perante o oficial do registro civil, apresentando-se os seguintes documentos:

I. Certidão de idade ou prova equivalente.

II. Declaração do estado, do domicílio e da residência atual dos contraentes e de seus pais, se forem conhecidos.

III. Autorização das pessoas sob cuja dependência legal estiverem, ou ato judicial que a supra (arts. 183, n. XI, 188 e 196).

IV. Declaração de duas testemunhas maiores, parentes, ou estranhos, que atestem conhecê-los e afirmem não existir impedimento, que os iniba de casar.

V - certidão de óbito do cônjuge falecido, da anulação do casamento anterior ou do registro da sentença de divórcio. *(Redação dada pela Lei nº 6.515, de 1977)*

Parágrafo único. Se algum dos contraentes houver residido a maior parte do último ano em outro Estado, apresentará prova de que o deixou sem impedimento para casar, ou de que cessou o existente.

Art. 181. À vista desses documentos apresentados pelos pretendentes, ou seus procuradores, o oficial do registro lavrará os proclamas de casamento, mediante edital, que se afixará durante quinze dias, em lugar ostensivo do edifício, onde se celebrarem os casamentos, e se publicará pela imprensa, onde a houver (art. 182, parágrafo único).

§ 1º Se, decorrido esse prazo, não aparecer quem oponha impedimento, nem lhe constar algum dos que de ofício lhe cumpre declarar, o oficial do registro certificará aos pretendentes que estão habilitados para casar dentro nos três meses imediatos (art. 192).

§ 2º Se os nubentes residirem em diversas circunscripções do registro civil, em uma e em outra se publicarão os editais.

Art. 182. O registro dos editais far-se-á no cartório do oficial, que os houver publicado, dando-se deles certidão a quem pedir.

Parágrafo único. A autoridade competente, havendo urgência, poderá dispensar-lhes a publicação, desde que se lhe apresentem os documentos exigidos no art. 180.

CAPÍTULO II – DOS IMPEDIMENTOS

Art. 183. Não podem casar (arts. 207 e 209):

I. Os ascendentes com os descendentes, seja o parentesco legítimo ou ilegítimo, natural ou civil.

II. Os afins em linha reta, seja o vínculo legítimo ou ilegítimo.

III. O adotante com o cônjuge do adotado e o adotado com o cônjuge do adotante (art. 376).

IV. Os irmãos, legítimos ou ilegítimos, germanos ou não e os colaterais, legítimos ou ilegítimos, até o terceiro grau inclusive.

V. O adotado com o filho superveniente ao pai ou à mãe adotiva (art. 376).

VI. As pessoas casadas (art. 203).

VII. O cônjuge adúltero com o seu co-réu, por tal condenado.

VIII. O cônjuge sobrevivente com o condenado como delinqüente no homicídio, ou tentativa de homicídio, contra o seu consorte.

IX. As pessoas por qualquer motivo coactas e as incapazes de consentir.

X. O raptor com a raptada, enquanto esta não se ache fora do seu poder em lugar seguro.

XI. Os sujeitos ao pátrio poder, tutela, ou curatela, enquanto não obtiverem, ou lhes não for suprido o consentimento do pai, tutor, ou curador (art. 212).

XII. As mulheres menores de dezesseis anos e os homens menores de dezoito.

XIII. O viúvo ou a viúva que tiver filho do cônjuge falecido, enquanto não fizer inventário dos bens do casal e der partilha aos herdeiros e der partilha aos herdeiros. (art. 225).

XIV. A viuva, ou a mulher cujo casamento se desfez por ser nullo ou ter sido annullado, até dez mezes depois do começo da viuvez, ou da dissolução da sociedade conjugal, salvo se antes de findo esse prazo dér á luz algum filho.

XV. O tutor ou curador e os seus descendentes, ascendentes, irmãos, cunhados ou sobrinhos, com a pessoa tutelada ou curatelada, enquanto não cessar a tutela ou curatela, e não estiverem saldadas as respectivas contas, salvo permissão paterna ou materna manifestada em escrito autêntico ou em testamento.

XVI. O juiz, ou escrivão e seus descendentes, ascendentes, irmãos, cunhados ou sobrinhos, com órfão ou viúva, da circunscrição territorial onde um ou outro tiver exercício, salvo licença especial da autoridade judiciária superior.

Art. 184. A afinidade resultante de filiação espúria poderá provar-se por confissão espontânea dos ascendentes da pessoa impedida, os quais, se o quiserem, terão o direito de fazê-la em segredo de justiça.

Parágrafo único. A resultante da filiação natural poderá ser também provada por confissão espontânea dos ascendentes, se da filiação não existir a prova prescrita no art. 357.

Art. 185. Para o casamento dos menores de vinte e um anos, sendo filhos legítimos, é mister o consentimento de ambos os pais.

Art. 186 - Discordando eles entre si, prevalecerá a vontade paterna, ou, sendo o casal separado, devorciado ou tiver sido o seu casamento anulado, a vontade do cônjuge, com quem estiverem os filhos. *(Redação dada pela Lei nº 6.515, de 1977)*

Art. 187. Até á celebração do matrimônio podem os paes, tutores e curadores retractar o seu consentimento.

Art. 188. A denegação do consentimento, quando injusta, pode ser suprida pelo juiz, com recurso para a instância superior.

CAPÍTULO III – DA OPOSIÇÃO DOS IMPEDIMENTOS

Art. 189. Os impedimentos do art. 183, ns. I a XII podem ser opostos:

I. Pelo oficial do registro civil (art. 227, n. III).

II. Por quem presidir à celebração do casamento.

III. Por qualquer pessoa maior, que, sob sua assinatura, apresente declaração escrita, instruída com as provas do facto que alegar.

Parágrafo único. Se não puder instruir a oposição com as provas, precisará o oponente o logar, onde existam, ou nomeará, pelo menos, duas testemunhas, residentes no Município, que atestem o impedimento.

Art. 190. Os outros impedimentos só poderão ser opostos:

I. Pelos parentes, em linha reta, de um dos nubentes, sejam consangüíneos ou afins.

II. Pelos colaterais, em segundo grau, sejam consangüíneos ou afins.

Art. 191. O oficial do registro civil dará aos nubentes, ou seus representantes, nota do impedimento oposto, indicando os fundamentos, as provas, e, se o impedimento não se opôs ex-officio, o nome do oponente.

Parágrafo único. Fica salvo aos nubentes fazer a prova contrária ao impedimento e promover as ações civis e criminais contra o opponente de má fé.

CAPÍTULO IV – DA CELEBRAÇÃO DO CASAMENTO

Art. 192. Celebrar-se-á o casamento no dia, hora e lugar previamente designados pela autoridade que houver de presidir ao ato, mediante petição dos contraentes, que se mostrem habilitados com a certidão do art. 181, § 1º.

Art. 193. A solenidade celebrar-se-á na casa das audiências, com toda a publicidade, a portas abertas, presentes, pelo menos, duas testemunhas, parentes ou não dos contraentes, ou, em caso de força maior, querendo as partes, e consentindo o juiz, noutro edifício, público, ou particular.

Parágrafo único. Quando o casamento for em casa particular, ficará esta de portas abertas durante o ato, e, se algum dos contraentes não souber escrever, serão quatro as testemunhas.

Art. 194. Presentes os contraentes, em pessoa ou por procurador especial, juntamente com as testemunhas e o oficial do registro, o presidente do ato, ouvida aos nubentes a afirmação de que persistem no propósito de casar por livre expontânea vontade, declarará efetuado o casamento, nestes termos:

De acordo com a vontade que ambos acabais de afirmar perante mim, de vos receberdes por marido e mulher, eu, em nome da lei, vos declaro casados.>>

Art. 195. Do matrimônio, logo depois de celebrado, se lavrará o assento no livro de registro (art. 202).

No assento, assinado pelo presidente do ato, os cônjuges, as testemunhas e o oficial de registro, serão exarados:

I. Os nomes, prenomes, datas de nascimento, profissão, domicílio e residência atual dos cônjuges.

II. Os nomes, prenomes, datas de nascimento ou de morte, domicílio e residência atual dos pais.

III. Os nomes e prenomes do cônjuge precedente e a data da dissolução do casamento anterior.

IV. A data da publicação as palavras dos proclamas.e da celebração do casamento.

V. A relação dos documentos apresentados ao oficial do registro (art. 180).

VI. Os nomes, prenomes, profissão, domicílio e residência atual das testemunhas.

VII - o regime do casamento, com a declaração data e do cartório em cujas notas foi passada a escritura antenupcial, quando o regime não for o de comunhão parcial, ou o legal estabelecido no Titulo III deste livro, para outros casamentos. *(Redação dada pela Lei nº 6.515, de 1977)*

Art. 196. O instrumento da autorização para casar transcrever-se-á integralmente na escritura antenupcial.

Art. 197. A celebração do casamento será imediatamente suspensa, se algum dos contraentes:

I. Recusar a solene afirmação da sua vontade.

II. Declarar que esta não é livre e espontânea.

III. Manifestar-se arrependido.

Parágrafo único. O nubente que, por algum destes fatos, der causa à suspensão do ato, não será admitido a retratar-se no mesmo dia.

Art. 198. No caso de moléstia grave de um dos nubentes, o presidente do ato irá celebrá-lo na casa do impedido e, sendo urgente, ainda à noite, perante quatro testemunhas, que saibam ler e escrever.

§ 1º A falta ou impedimento da autoridade competente para presidir ao casamento suprir-se-á por qualquer dos seus substitutos legais, e a do oficial do registro civil por outro ad hoc, nomeado pelo presidente do ato.

§ 2º O termo avulso, que o oficial ad hoc lavrar, será levado ao registro no mais breve prazo possível.

Art. 199. O oficial do registro, mediante despacho da autoridade competente, à vista dos documentos exigidos no art. 180 e independentemente do edital de proclamas (art. 181) dar a certidão ordenada no art. 181, § 1º:

I. Quando ocorrer motivo urgente que justifique a imediata celebração do casamento.

II. Quando algum dos contraentes estiver em iminente risco de vida.

Parágrafo único. Neste caso, não obtendo os contraentes a presença da autoridade, a quem incumba presidir ao ato, nem a de seu substituto, poderão celebrá-lo em presença de seis testemunhas, que com os nubentes não tenham parentesco em linha reta, ou, na colateral, em segundo grau.

Art. 200. Essas testemunhas comparecerão dentro em cinco dias ante a autoridade judicial mais próxima, pedindo que se lhes tomem por termo as seguintes declarações:

I. Que foram convocadas por parte do enfermo.

II. Que este parecia em perigo de vida, mas em seu juizo.

III. Que em sua presença declararam os contraentes livre e espontaneamente receber-se por marido e mulher.

§ 1º Autuado o pedido e tomadas as declarações, o juiz procederá às diligências necessárias para verificar se os contraentes podiam ter-se habilitado para o casamento, na forma ordinária, ouvidos os interessados, que o requererem, dentro em quinze dias.

§ 2º Verificada a idoneidade dos cônjuges para o casamento, assim o decidirá a autoridade competente, com recurso voluntário às partes.

§ 3º Se da decisão não se tiver recorrido, ou se ela passar em julgado, apesar dos recursos interpostos, o juiz mandará transcrevê-la no livro do registro dos casamentos.

§ 4º O assento assim lavrado retrotrairá os efeitos do casamento, quanto ao estado dos cônjuges, à data da celebração e, quanto aos filhos comuns, à data do nascimento.

§ 5º Serão dispensadas as formalidade deste e do artigo anterior, se o enfermo convalescer e puder ratificar o casamento em presença da autoridade competente e do oficial do registro.

Art. 201. O casamento pode celebrar-se mediante procuração, que outorgue poderes especiais ao mandatário para receber, em nome do outorgante, o outro contraente.

Parágrafo único. Pode casar por procuração o preso, ou o condenado, quando lhe não permita comparecer em pessoa a autoridade, sob cuja guarda estiver.

CAPÍTULO V – DAS PROVAS DO CASAMENTO

Art. 202. O casamento celebrado no Brasil prova-se pela certidão do registro, feito ao tempo de sua celebração (art. 195).

Parágrafo único. Justificada a falta ou perda do registro civil, é admissível qualquer outra espécie de prova.

Art. 203. O casamento de pessoas que faleceram na posse do estado de casados não se pode contestar em prejuízo da prole comum, salvo mediante certidão do registro civil, que prove que já era casada alguma delas, quando contraiu o matrimônio impugnado (art. 183, nº VI).

Art. 204. O casamento celebrado fora do Brasil prova-se de acordo com a lei do país, onde se celebrou.

Parágrafo único. Se, porém, se contraiu perante agente consular, provar-se-á por certidão do assento no registro do consulado.

Art. 205. Quando a prova da celebração legal do casamento resultar de processo judicial, a inscrição da sentença no livro do registro civil produzirá, assim no que toca aos cônjuges, como no que respeita aos filhos, todos os efeitos civis desde a data do casamento.

Art. 206. Na dúvida entre as provas por e contra, julgar-se-á pelo casamento, se os cônjuges, cujo matrimônio se impugna, vierem ou tiverem vivido na posse do estado de casados.

CAPÍTULO VI – DO CASAMENTO NULO E ANULÁVEL

Art. 207. É nulo e de nenhum efeito, quanto aos contraentes e aos filhos, o casamento contraído com infração de qualquer dos nºs I a VIII do art. 183.

Art. 208. É também nulo o casamento contraído perante autoridade incompetente (arts. 192, 194, 195 e 198). Mas esta nulidade se considerará sanada, se não se alegar dentro em dois anos da celebração.

Parágrafo único. Antes de vencido esse prazo, a declaração da nulidade poderá ser requerida:

I. Por qualquer interessado.

II. Pelo Ministério Público, salvo se já houver falecido algum dos cônjuges.

Art. 209. É anulável o casamento contraído com infração de qualquer dos nºs IX a XII do art. 183.

Art. 210. A anulação do casamento contraído pelo coacto ou pelo incapaz de consentir, só pode ser promovida:

I. Pelo próprio coacto.

II. Pelo incapaz.

III. Por seus representantes legais.

Art. 211. O que contraiu casamento, enquanto incapaz, pode ratifica-lo, quando adquirir a necessária capacidade, e esta ratificação retroagirá os seus efeitos á data da celebração.

Art. 212. A anulação do casamento contraído com infração do nº XI do art. 183 só pode ser requerida pelas pessoas que tinham o direito de consentir e não assistiram ao ato.

Art. 213. A anulação do casamento da menor de dezesseis anos ou menor de dezoito será requerida:

I. Pelo próprio cônjuge menor.

II. Pelos seus representantes legais.

III. Pelas pessoas designadas no art. 190, naquela mesma ordem.

Art. 214. Podem, entretanto, casar-se os referidos menores para evitar a imposição ou o cumprimento de pena criminal.

Parágrafo único. Em tal caso o juiz poderá ordenar a separação de corpos, até que os cônjuges alcancem a idade legal.

Art. 215. Por defeito de idade não se anulará o casamento, de que resultou gravidez.

Art. 216. Quando requerida por terceiros a anulação do casamento (art. 213, nºs II e III), poderão os cônjuges ratifica-lo, em perfazendo a idade fixada no art. 183, nº XII, ante o juiz o oficial do registro civil. A ratificação terá efeito retroativo, subsistindo, entretanto, o regime da separação de bens.

Art. 217. A anulação do casamento não opta à legitimidade do filho concebido ou havido antes ou na constância dele.

Art. 218. É também anulável o casamento, se houve por parte de um dos nubentes, ao consentir, erro essência quanto à pessoa do outro.

Art. 219. Considera-se erro essencial sobre a pessoa do outro cônjuge:

I. O que diz respeito à identidade do outro cônjuge, sua honra e boa fama, sendo esse erro tal, que o seu conhecimento ulterior torne insuportável a vida em comum ao cônjuge enganado.

II. A ignorância de crime inafiançável, anterior ao casamento e definitivamente julgado por sentença condenatória.

III. A ignorância, anterior ao casamentro, de defeito písico irremediável ou de molestia grave e transmissível, por contágio ou herança, capaz de por em risco a saúde do outro cônjuge ou de sua descendência.

IV. O defloramento da mulher, ignorado pelo marido.

Art. 220. A annullação do casamento, nos casos artigo antecedente, só a poderá demandar o conjuge enganado.

Art. 220. A annullação do casamento, nos casos artigo antecedente, só a poderá demandar o conjuge enganado.

Art. 221. Embora annullavel, ou mesmo nullo se contrahido de bôa fé por ambos os conjuges, o casamento, em relação a estes aos filhos, produz todos os effeitos civis até ao dia da sentença annullatoria.

Art. 221. Embora annullavel, ou mesmo nullo se contrahido de bôa fé por ambos os conjuges, o casamento, em relação a estes aos filhos, produz todos os effeitos civis até ao dia da sentença annullatoria.

Parágrafo único. Se um só dos cônjuges estava de boa fé, ao celebrar o casamento, os seus efeitos civis só a esse e aos filhos aproveitarão.

Art. 222. A nulidade do casamento processar-se-á por ação ordinária, na qual será nomeado curador que o defenda.

Art. 223. Antes de mover a ação de nulidade do casamento, a de anulação, ou a de desquite, requererá o autor, com documentos que a autorizem, a separação de corpos, que será concedida pelo juiz com a possível brevidade.

Art. 224. Concedida a separação, a mulher poderá pedir os alimentos provisionais, que lhe serão arbitrados, na fôrma do art. 400.

CAPÍTULO VII – DISPOSIÇÕES PENAIS

Art. 225. O viúvo, ou a viúva, com filhos do cônjuge falecido, que se casar antes de fazer inventário do casal e dar partilha aos herdeiros, perderá o direito ao usufruto dos bens dos mesmos filhos.

Art. 226. No casamento com infração do art. 183, nºs XI a XVI, é obrigatório o regime da separação de bens, não podendo o cônjuge infrator fazer doações ao outro.

Parágrafo único. Considera-se culpado o tutor que não poder apresentar em seu favor a excursa da cláusula final do art. 183, nº XV.

Art. 227. Incorre na multa de cem a quinhentos mil réis, além da responsabilidade penal aplicável ao caso, o oficial do registro:

I. Que publicar o edital do art. 181, não sendo solicitado por ambos os contraentes.

II. Que der a certidão do art. 181, § 1º, antes de apresentados os documentos do art. 180, ou pendente a oposição de algum impedimento.

III. Que não declarar os impedimentos, cuja oposição se lhe fizer, ou cuja existência, sendo aplicável de ofício, lhe constar com certeza (art. 189, nº I).

Art. 228. Nas mesmas penas incorrerá o juiz:

I. Que celebrar o casamento antes de levantados os impedimentos opostos contra algum dos contraentes.

II. Que deixar de recebe-los, quando oportunamente opostos, nos termos dos arts. 189 a 191.

III. Que se obstiver de apoio, quando lhe constarem, e forem dos que se opõem ex-ofício (art. 189, nº II).

IV. Que se recusar a presidir ao casamento, sem justa causa.

Parágrafo único. Cabe aos interessados promover a aplicação das penas cominadas nos arts. 225 e 226. A das deste e do art. 227 será promovida pelo Ministério Público, e poderá ser pelos interessados.

TÍTULO II – DOS EFEITOS JURÍDICOS DO CASAMENTO

CAPÍTULO I – DISPOSIÇÕES GERAIS

Art. 229. Criando a família legítima, o casamento legitima os filhos comuns, antes dele nascidos ou concebidos (arts. 352 a 354).

Art. 230. O regimen dos bens entre os cônjuges começa a vigorar desde a data do casamento, e é irrevogável.

Art. 231. São deveres de ambos os cônjuges:

I. Fidelidade recíproca.

II. Vida em comum, no domicílio conjugal (art. 233, nº IV, e 234).

III. Mutua assistência.

IV. Sustento, guarda e educação dos filhos.

Art. 232. Quando o casamento for anulado por culpa de um dos cônjuges, este incorrerá:

I. Na perda de todas as vantagens havidas do cônjuge inocente.

II. Na obrigação de cumprir as promessas, que lhe fez, no contrato antenupcial (arts. 256 e 312).

CAPÍTULO II – DOS DIREITOS E DEVERES DO MARIDO

Art. 233. O marido é o chefe da sociedade conjugal, função que exerce com a colaboração da mulher, no interêsse comum do casal e dos filhos (arts. 240, 247 e 251). *(Redação dada pela Lei nº 4.121, de 1962)*

Compete-lhe: *(Redação dada pela Lei nº 4.121, de 1962)*

I - A representação legal da família; *(Redação dada pela Lei nº 4.121, de 1962)*

II - a administração dos bens comuns e dos particulares da mulher que ao marido incumbir administrar, em virtude do regime matrimonial adotado, ou de pacto, antenupcial (arts. 178, § 9º, nº I, c, 274, 289, nº I e 311); *(Redação dada pela Lei nº 4.121, de 1962)*

III - o direito de fixar o domicílio da família ressalvada a possibilidade de recorrer a mulher ao Juiz, no caso de deliberação que a prejudique; *(Redação dada pela Lei nº 4.121, de 1962)*

IV - prover a manutenção da família, guardadas as disposições dos arts. 275 e 277. *(Redação dada pela Lei nº 4.121, de 1962)*

Art. 234. A obrigação de sustentar a mulher cessa, para o marido, quando ela abandona sem justo motivo a habitação conjugal, e a esta recusa voltar. Neste caso, o juiz pode, segundo as circunstâncias, ordenar, em proveito do marido e dos filhos, o sequestro temporário de parte dos rendimentos particulares da mulher.

Art. 235. O marido não pode, sem consentimento da mulher, qualquer que seja o regime de bens:

I. Alienar, mmoveis ou direitos reaes, direitos reais sobre imóveis alheios (arts. 178, § 9º, nº I, a, 237, 276 e 293).

II. Pleitear, como autor ou réu, acerca desses bens e direitos.

III. Prestar fiança (arts. 178, § 9º, nº I, b, e 263, nº X).

IV. Fazer doação, não sendo remuneratória ou de pequeno valor, com os bens ou rendimentos comuns (arts. 178, § 9º, nº I, b).

Art. 236. Valerão, porém, os dotes ou doações nupciais feitas às filhas e as doações feitas aos filhos por ocasião de se casarem, ou estabelecerem economia separada (art. 313).

Art. 237. Cabe ao juiz suprir a outorga da mulher, quando esta a denegue sem motivo justo, ou lhe seja impossível dá-la (arts. 235, 238 e 239).

Art. 238. O suprimento judicial da outorga autoriza o ato do marido, mas não obriga os bens próprios da mulher (arts. 247, parágrafo único, 269, 274 e 275).

Art. 239. A anulação dos atos do marido praticados sem outorga da mulher, ou sem suprimento do juiz, só poderá ser demandada por ela, os seus herdeiros (art. 178, § 9º, nº I, a, e nº II).

CAPÍTULO III – DOS DIREITOS E DEVERES DA MULHER

Art. 240 - A mulher, com o casamento, assume a condição de companheira, consorte e colaboradora do marido nos encargos de família, cumprindo-lhe velar pela direção material e moral desta. *(Redação dada pela Lei nº 6.515, de 1970)*

Parágrafo único - A mulher poderá acrescer ao seus os apelidos do marido. *(Incluído pela Lei nº 6.515, de 1977)*

Art. 241. Se o regime de bens não for o da comunhão universal, o marido recobrará da mulher as despesas, que com a defesa dos bens e direitos particulares desta houver feito.

Art. 242. A mulher não pode, sem autorização do marido (art. 251): *(Redação dada pela Lei nº 4.121, de 1962)*

I - praticar os atos que êste não poderia sem consentimento da mulher (art. 235); *(Redação dada pela Lei nº 4.121, de 1962)*

II - Alienar ou gravar de ônus real, os imóveis de seu domínio particular, qualquer que seja o regime dos bens (arts. 263, ns. II, III e VIII, 269, 275 e 310); *(Redação dada pela Lei nº 4.121, de 1962)*

III - Alienar os seus direitos reais sôbre imóveis de outrem; *(Redação dada pela Lei nº 4.121, de 1962)*

IV - Contrair obrigações que possam importar em alheação de bens do casal. *(Redação dada pela Lei nº 4.121, de 1962)*

Art. 243. A autorização do marido pode ser geral ou especial, mas deve constar de instrumento público ou particular previamente autenticado.

Paragrapho unico. O supprimento judicial da autorização (art. 245) valida os actos da mulher, mas não obriga os bens proprios do marido. *(Vide Decreto nº 3.725, de 1919)*

Art. 244. Esta autorização é revogável a todo o tempo, respeitados os direitos de terceiros e os efeitos necessários dos atos iniciados.

Art. 245. A autorização marital pode suprir-se judicialmente:

I. Nos casos do art. 242, nºs I a V.

II. Nos casos do art. 242, nºs VII e VIII, se o marido não ministrar os meios de subsistência à mulher e aos filhos.

Art. 246. A mulher que exercer profissão lucrativa, distinta da do marido terá direito de praticar todos os atos inerentes ao seu exercício e a sua defesa. O produto do seu trabalho assim auferido, e os bens com êle adquiridos, constituem, salvo estipulação diversa em pacto antenupcial, bens reservados, dos quais poderá dispor livremente com observância, porém, do preceituado na parte final do art. 240 e nos ns. II e III, do artigo 242. *(Redação dada pela Lei nº 4.121, de 1962)*

Parágrafo único. Não responde, o produto do trabalho da mulher, nem os bens a que se refere êste artigo pelas dívidas do marido, exceto as contraídas em benefício da família. *(Incluído pela Lei nº 4.123, de 1962)*

Art. 247. Presume-se a mulher autorizada pelo marido:

I. Para a compra, ainda a crédito, das coisas necessárias à economia doméstica.

II. Para obter, por empréstimo, as quantias que a aquisição dessas coisas possa exigir.

III. Para contrair as obrigações concernentes à indústria, ou profissão que exercer com autorização do marido, ou suprimento do juiz.

Paragrapho unico. O supprimento judicial da autorização (art. 245) valida os actos da mulher, mas não obriga os bens proprios do marido (arts. 235, 269 e 275).

Art. 248. A mulher casada pode livremente: *(Redação dada pela Lei nº 4.121, de 1962)*

I - Execer o direito que lhe competir sôbre as pessoas e os bens dos filhos de leito anterior (art. 393); *(Redação dada pela Lei nº 4.121, de 1962)*

II -Desobrigar ou reivindicar os imóveis do casal que o marido tenha gravado ou alegado sem sua outorga ou suprimento do juiz (art. 235, número 1); *(Redação dada pela Lei nº 4.121, de 1962)*

III - Anular as fianças ou doações feitas pelo marido com infração do disposto nos números III e IV do art. 285; *(Redação dada pela Lei nº 4.121, de 1962)*

IV - Reivindicar os bens comuns, móveis ou imóveis, doados ou transferidos pelo marido à concubina (art. 1.177). *(Redação dada pela Lei nº 4.121, de 1962)*

V - Dispor dos bens adquiridos na conformidade do número anterior e de quaisquer outros que possua, livres da administração do marido, não sendo imóveis; *(Redação dada pela Lei nº 4.121, de 1962)*

VI - Promover os meios assecuratórios e as ações que, em razão do dote ou de outros bens seus, sujeitos à administração do marido, contra êste lhe competirem; *(Redação dada pela Lei nº 4.121, de 1962)*

VII - Praticar quaisquer outros atos não vedados por lei. *(Redação dada pela Lei nº 4.121, de 1962)*

VIII - propor a separação judicial e o divórcio. *(Redação dada pela Lei nº 6.515, de 1977)*

Parágrafo único. Êste direito prevalece, esteja ou não a mulher em companhia do marido, e ainda que a doação se dissimule em venda ou outro contrato; *(Redação dada pela Lei nº 4.121, de 1962)*

Art. 249. As ações fundadas nos nºs II, III, IV e VI do artigo antecedente competem à mulher e aos seus herdeiros.

Art. 250. Salvo o caso do nº IV do art. 248, fica ao terceiro, prejudicado com a sentença favorável à mulher, o direito regressivo contra o marido ou seus herdeiros.

Art. 251. À mulher compete a direção e a administração do casal, quando o marido:

I. Estiver em lugar remoto, ou não sabido.

II. Estiver em cárcere por mais de dois anos.

III. For judicialmente declarado interdito.

Parágrafo único. Nestes casos, cabe à mulher:

I. Administrar os bens comuns.

II. Dispor dos particulares e alienar os móveis comuns e os do marido.

III. Administrar os do marido.

IV. Alienar os imóveis comuns e os do marido mediante autorização especial do juiz.

Art. 252. A falta, não suprida pelo juiz, de autorização do marido, quando necessária (art. 242), invalidará o ato da mulher; podendo esta nulidade ser alegada pelo outro cônjuge, até dois anos depois de terminada a sociedade conjugal.

Parágrafo único. A ratificação do marido, provada por instrumento público ou particular autenticado, revalida o ato.

Art. 253. Os atos da mulher autorizados pelo marido obrigam todos os bens do casal, se o regime matrimonial for o da comunhão, e somente os particulares dela, se outro for o regime e o marido não assumir conjuntamente a responsabilidade do ato.

Art. 254. Qualquer que seja o regime do casamento, os bens de ambos os cônjuges ficam obrigados igualmente pelos atos que a mulher praticar na conformidade do artigo 247.

Art. 255. A annullação dos actos de um conjuge por falta da outorga indispensavel do outro, importa ficar o primeiro obrigado pela importancia da vantagem que do acto annullado lhe haja advindo, a elle, ao consorte ou ao casal.

Parágrafo único. Quando o cônjuge responsável pelo ato anulado não tiver bens particulares, que bastem, o dano aos terceiros de boa fé se comporá pelos bens comuns, na razão do proveito que lucrar o casal.

TÍTULO III – DO REGIME DOS BENS ENTRE OS CÔNJUGES

CAPÍTULO I – DISPOSIÇÕES GERAIS

Art. 256. É lícito aos nubentes, antes de celebrado o casamento, estipular, quanto aos seus bens, o que lhes aprouver (arts. 261, 273, 277, 283, 287 e 312).

Parágrafo único. Serão nulas tais convenções:

I. Não se fazendo por escritura pública.

II. Não se lhes seguindo o casamento.

Art. 257. Ter-se-á por não escrita a convenção, ou a cláusula:

I. Que prejudique os direitos cônjugais, ou os paternos.

II. Que contravenha disposição absoluta da lei.

Art. 258 - Não havendo convenção, ou sendo nula, vigorará, quanto aos bens entre os cônjuges, o regime de comunhão parcial. *(Redação dada pela Lei nº 6.515, de 1977)*

Art. 259. Embora o regime não seja o da comunhão de bens, prevalecerão, no silêncio do contrato, os princípios dela, quanto à comunicação dos adquiridos na constância do casamento.

Art. 260. O marido, que estiver na posse de bens particulares da mulher, será para com ela e seus herdeiros responsável:

I. Como usufruário, se o rendimento for comum (arts. 262, 265, 271, nº V e 289, nº II).

II. Como procurador, se tiver mandato, expresso ou tácito, para os administrar (art. 311).

III. Como depositário, se não for usufruário, nem administrador (arts. 269, nº II, 276 e 310).

Art. 261. As convenções antenupciais não terão efeito para com terceiros senão depois de transcriptas, em livro especial, pelo oficial do registro de imóveis do domicílio dos cônjuges (art. 256).

CAPÍTULO II – DO REGIME DA COMUNHÃO UNIVERSAL

Art. 262. O regime da comunhão universal importa a comunicação de todos os bens presentes e futuros dos cônjuges e suas dívidas passivas, com as excepções dos artigos seguinte.

Art. 263. São excluídos da comunhão: *(Redação dada pela Lei nº 4.121, de 1962)*

I - As pensões, meios soldos montepios, tenças, e outras rendas semelhantes; *(Redação dada pela Lei nº 4.121, de 1962)*

II - Os bens doados ou legados com a cláusula de incomunicabilidade e os sub-rogados em seu lugar; *(Redação dada pela Lei nº 4.121, de 1962)*

III - Os bens gravados de fideicomisso e o direito do herdeiro fideicomissário, antes de realizar a condição suspensiva; *(Redação dada pela Lei nº 4.121, de 1962)*

IV - O dote prometido ou constituído a filhos de outro leito; *(Redação dada pela Lei nº 4.121, de 1962)*

V - O dote prometido ou constituído expressamente por um só dos cônjuges a filho comum; *(Redação dada pela Lei nº 4.121, de 1962)*

VI - As obrigações provenientes de atos ilícitos (art. 1.518 e 1.532); *(Redação dada pela Lei nº 4.121, de 1962)*

VII - As dívidas anteriores ao casamento, salvo se provierem de despesas com seus aprestos, ou reverterem em proveito comum; *(Redação dada pela Lei nº 4.121, de 1962)*

VIII - As doações antenupciais feitas por um dos cônjuges ao outro com a cláusula de incomunicabilidade (art. 312); *(Redação dada pela Lei nº 4.121, de 1962)*

IX - As roupas de uso pessoal, as jóias esponsalícias dadas antes do casamento pelo espôso, os livros e instrumentos de profissão e os retratos da família; *(Redação dada pela Lei nº 4.121, de 1962)*

X - A fiança prestada pelo marido sem outorga da mulher (artigos 178, § 9º, nº I alinea b, e 235 nº III); *(Redação dada pela Lei nº 4.121, de 1962)*

XI - Os bens da herança necessária, a que se impuser a cláusula de incomunicabilidade (art. 1.723); *(Redação dada pelo Decreto nº 3.725, de 1919)*

XII - Os bens reservados (art. 246, parágrafo único); *(Incluído pela Lei nº 4.123, de 1962)*

XIII - Os frutos civis do trabalho ou indústria de cada cônjuge ou de ambos. *(Incluído pela Lei nº 4.123, de 1962)*

Art. 264. As dívidas não compreendidas nas duas excepções do nº VII, do artigo antecedente, só se poderão pagar durante o casamento, pelos bens que o cônjuge devedor trouxer para o casal.

Art. 265. A incomunicabilidade dos bens enumerados no art. 263 não se lhes estende aos frutos, quando se percebam ou vençam durante o casamento.

Art. 266. Na constância da sociedade conjugal, a propriedade e posse dos bens é comum.

Parágrafo único. A mulher, porém, só os administrará por autorização do marido, ou nos casos do art. 248, nº V, e art. 251.

Art. 267. Dissolve-se a comunhão:

I. Pela morte de um dos cônjuges (art. 315, nº I).

II. Pela sentença que anula o casamento (art. 222).

III - pela separação judicial; *(Redação dada pela Lei nº 6.515, de 1977)*

IV - pelo divórcio. *(Incluído pela Lei nº 6.515, de 1977)*

Art. 268. Extinta a comunhão, e efetuada a divisão do ativo e passivo, cessará à responsabilidade de cada um dos cônjuges para com os credores do outro por dívidas que este houver contraído.

CAPÍTULO III – DO REGIME DA COMUNICAÇÃO PARCIAL

Art. 269. No regime de comunhão limitada ou parcial, excluem-se da comunhão: *(Redação dada pela Lei nº 4.121, de 1962)*

I - Os bens que cada cônjuge possuir ao casar, e os que lhe sobrevierem, na constância do matrimônio por doação ou por sucessão; *(Redação dada pela Lei nº 4.121, de 1962)*

II - Os adquiridos com valores exclusivamente pertencentes a um dos cônjuges em sub-rogação dos bens particulares; *(Redação dada pela Lei nº 4.121, de 1962)*

III - Os rendimentos de bens de filhos anteriores ao matrimônio, a que tenha direito qualquer dos cônjuges em consequência do pátrio poder; *(Incluído pela Lei nº 4.121, de 1962)*

IV - Os demais bens que se consideram também excluídos da comunhão universa. *(Incluído pela Lei nº 4.121, de 1962)*

Art. 270. Igualmente não se comunicam:

I. As obrigações anteriores ao casamento.

II. As provenientes de atos ilícitos.

Art. 271. Entram na comunhão:

I. Os bens adquiridos na constância do casamento por título oneroso, ainda que só em nome de um dos cônjuges.

II. Os adquiridos por fato eventual, com ou sem o concurso de trabalho ou despesa anterior.

III. Os adquiridos por doação, herança ou legado, em favor de ambos os cônjuges (art. 269, nº I).

IV. As benfeitorias em bens particulares de cada cônjuge.

V. Os frutos dos bens comuns, ou dos particulares de cada cônjuge, percebidos na cosntância do casamento, ou pendentes ao tempo de cessar a comunhão dos adquiridos.

VI. Os frutos civis do trabalho, ou indústria de cada cônjuge, ou de ambos.

Art. 272. São incomunicáveis os bens cuja aquisição tiver por título uma causa anterior ao casamento.

Art. 273. No regime da comunhão parcial presume-se adquiridos na constância do casamento os móveis, quando não se provar com documento autêntico, que o foram em data anterior. *(Redação dada pela Lei nº 4.121, de 1962)*

Art. 274. A administação dos bens do casal compete ao marido, e as dívidas por este contraídas obrigam, não só os bens comuns, senão ainda, em falta destes, os particlares de um e outro cônjuge, na razão do proveito que cada qual houver lucrado.

Art. 275. É aplicável a disposição do artigo antecedente às dívidas contraídas pela mulher, nos casos em que os seus atos são autorizados pelo marido, se presumem pelo, ou escusam autorização (arts. 242 a 244, 247, 248 e 233, nº V).

CAPÍTULO IV – DO REGIME DE SEPARAÇÃO

Art. 276. Quando os contraentes casarem, estipulando separação de bens, permanecerão os de cada cônjuge sob a administração exclusiva dele, que os poderá livremente alienar, se forem móveis (arts. 235, nº I, 242, nº II, e 310).

Art. 277. A mulher é obrigada a contribuir para as despesas do casal com os rendimentos de seus bens, na proporção de seu valor, relativamente ao dos do marido, salvo estipulação em contrato antenupcial (arts. 256 e 312).

CAPÍTULO V – DO REGIMEN DOTAL

SEÇÃO I – DA CONSTITUIÇÃO DO DOTE

Art. 278. É da essencial do regimen dotal descreverem-se e estimarem-se cada um de per si, na escritura antenupcial (art. 256), os bens, que constituem o dote, com expressa declaração de que a este regimen ficam sujeitos.

Art. 279. O dote pode ser constituído pela própria nubente, por qualquer dos seus ascendentes, ou por outro.

Parágrafo único. Na celebração do contrato intervirão sempre, em pessoa, ou por procurador, todos os interessados.

Art. 280. O dote pode compreender, no todo, ou em parte, os bens presentes e futuros da mulher.

Parágrafo único. Os bens futuros, porém, só se consideram compreendidos no dote, quando, adquiridos por titulo gratuito, assim for declarado em clausula expressa do pacto antenupcial.

Art. 281. Não é licito casados aumentar o dote.

Art. 282. O dote constituído por estranhos durante o matrimonio não altera, quanto aos outros bens, o regimen preestabelecido.

Art. 283. É licito estipular na escritura antenupcial a reversão do dote ao dotador, dissolvida a sociedade conjugal.

Art. 284. Se o dote for prometido pelos pais conjuntamente, sem declaração da parte com que um e o outro contribuem, entende-se que cada um se obrigou por metade.

Art. 285. Quando o dote for constituído por qualquer outra pessoa, esta só responderá pela evicção se houver procedido de má fé, ou se a responsabilidade tiver sido estipulada.

Art. 286. Os fructos do dote são devidos desde a celebração do casamento e não se estipulou prazo.

Art. 287. É permitido estipular no contrato dotal:

I. Que a mulher receba, diretamente, para suas despesas particulares, uma determinada parte dos rendimentos dos bens dotais.

II. Que, a par dos bens lotais, haja outros, submetidos a regimens diversos.

Parágrafo único. *(Suprimido pelo Decreto nº 3.725, de 1919)*

Art. 288. Aplica-se, no regimen dotal, aos adquiridos o disposto neste título, capitulo III (arts. 269 a 275).

SEÇÃO II – DOS DIREITOS E OBRIGAÇÕES DO MARIDO EM RELAÇÃO AOS BENS DOTAES

Art. 289. Na vigência da sociedade conjugal, é direito do marido:

I. Administrar os bens dotais.

II. Perceber os seus frutos.

III. Usar das ações judiciais a que derem logra.

Art. 290. Salvo clausula expressa em contrario, presumir-se-á transferido ao marido o domínio dos bens, sobre que recair o dote, se forem moveis, e não transferido, se forem imóveis.

Parágrafo único. *(Suprimido pelo Decreto nº 3.725, de 1919)*

Art. 291. O imóvel adquirido com a importância do dote, quando este consistir em dinheiro, será considerado dotal.

Art. 292. Quando o dote importar alheação, o marido considerar-se-á proprietário, e poderá dispor dos bens dotais, correndo por conta sua os riscos e vantagens, que lhes sobrevierem.

Art. 293. Os imóveis dotais não podem, sob pena de nulidade, ser onerados, nem alienados, salvo em hasta publica, e por autorização do juiz competente, nos casos seguintes:

I. Se de acôrdo o marido e a mulher quiserem dotar suas filhas comuns.

II. em caso de extrema necessidade, por faltarem outros recursos para subsistência da família.

III. No caso da primeira parte do § 2º do art. 299.

IV. Para reparos indispensáveis á conservação de outro imóvel ou imóveis dotais.

V. Quando de acharem indivisos com terceiros, e a divisão for impossível, ou prejudicial.

VI. No caso de desapropriação por utilidade publica.

VII. Quando estiverem situados em lograr distante do domicilio conjugal, e por isso for manifesta a conveniência de vende-los.

Parágrafo único. Nos três últimos casos, o preço será aplicado em outros bens, nos quais ficará sub-rogado.

Art. 294. Ficará subsidiariamente responsável o juiz que conceder a alienação fora dos casos e sem as formalidades do artigo antecedente, ou não providenciar na sub-rogação do preço em conformidade com o parágrafo único do mesmo artigo.

Art. 295. A nulidade da alienação pode ser promovida:

I. Pela mulher.

II. Pelos seus herdeiros.

Parágrafo único. A reivindicação dos moveis, porém, só será permitida, se o marido não tiver bens com que responda pelo seu valor, ou se a alienação pelo marido e as subsequentes entre terceiros tiverem sido feitas por titulo gratuito, ou de má fé.

Art. 296. O marido fica obrigado por perdas e danos aos terceiros prejudicados com a nulidade, se no contrato de alienação (arts. 293 e 294) não se declarar a natureza dotal dos imóveis.

Art. 297. Se o marido não tiver imóveis, que se possam hipotecar em garantia do dote, poder-se-á no contrato antenupcial estipular fiança, ou outra caução.

Art. 298. O direito aos imóveis dotais não prescreve durante o matrimonio. Mas prescreve, sob a responsabilidade do marido, o direito aos moveis dotais.

Art. 299. Quanto às dividas passivas, observar-se-á o seguinte:

§ 1º. As do marido, contraídas antes ou depois do casamento, não serão pagas senão por seus bens particulares.

§ 2º As da mulher, anteriores ao casamento, serão pagas pelos seus bens extradditais, ou, em falta destes, pelos frutos dos bens dotais, pelos moveis doais e, em ultimo caso, pelos imóveis dotais. As contraídas depois do casamento só poderão ser pagas pelos bens extraditais.

§ 3º. As contraídas pelo marido e pela mulher conjuntamente poderão ser pagas, ou pelos bens comuns, ou pelos particulares do marido, ou pelos extraditais.

SEÇÃO III – DA RESTITUIÇÃO DO DOTE

Art. 300. O dote deve ser restituído pelo marido à mulher, ou aos seus herdeiros, dentro no mês que se seguir á dissolução da sociedade conjugal, se não o puder ser imediatamente entrega (art. 178, § 9º, n. I, c, e n. II).

Art. 301. O preço dos bens fungíveis, ou não fungíveis, quando legalmente alienados, só pode ser pedido seis meses depois da dissolução da sociedade conjugal.

Art. 302. Se os moveis dotais se tiverem consumido por uso ordinário, o marido será obrigado a restituir somente os que restarem, e no estado em que se acharem ao tempo da dissolução da sociedade conjugal.

Art. 303. A mulher pode, em todo o caso, reter os objetos de seu uso, em conformidade com a disposição do art. 263, n. IX, deduzindo-se o seu valor do que o marido houver de restituir.

Art. 304. Se o dote compreender capitães ou rendas, que tenham sofrido diminuição ou depreciação eventual, sem culpa do marido, este desonerar-se-á da obrigação de restitui-o, entregando os respectivos títulos.

Parágrafo único. Quando, porém, constituído em usufruto, o marido os seus herdeiros serão obrigados somente a restituir o titulo respectivo e os frutos percebidos após a dissolução da sociedade conjugal.

Art. 305. Presume-se recebido o dote:

I. Se o casamento se tiver prolongado por cinco anos depois do prazo estabelecido para sua entrega.

II. Se o devedor for mulher.

Parágrafo único. Fica, porém, salvo ao marido o direito de provar que não recebeu, apesar de o Ter exigido.

Art. 306. Dada a dissolução da sociedade conjugal, os frutos dotais, que correspondam ao ano corrente, serão divididos entre dois cônjuges, ou entre um e os herdeiros do outro, proporcionalmente á duração do casamento, no decurso do mesmo ano.

Os anos do casamento contam-se da data de sua celebração.

Parágrafo único. Tratando-se de colheitas obtidas em períodos superiores, ou inferiores a um ano, a divisão se efetuará proporcionalmente ao tempo de duração da sociedade conjugal, dentro no período da colheita.

Art. 307. O marido tem direito á indenização das benfeitorias necessárias e úteis, segundo o seu valor ao tempo da restituição, e responde pelos danos de que tiver culpa.

Parágrafo único. Este direito e esta obrigação transmitem-se aos seus herdeiros.

SEÇÃO IV – DA SEPARAÇÃO DO DOTE E SUA ADMINISTRAÇÃO PELA MULHER

Art. 308. A mulher pode requerer judicialmente a separação do dote, quando a desordem nos negócios do marido leve a recear que os bens deste não bastem a assegurar os dela; salvo o direito, que aos credores assiste, de se oporem á separação, quando fraudulenta.

Art. 309. Separado o dote, terá por administradora a mulher, mas continuará inalienável, provendo o juiz, quando conceder a separação , a que sejam convertidos em imóveis os valores entregues pelo marido em reposição dos bens dotais.

Parágrafo único. A sentença da separação será averbada no registro de que trata o art. 261, para produzir efeitos em relação a terceiros.

SEÇÃO V – DOS BENS PARAFERNAES

Art. 310. A mulher conserva a prioridade, a administração, o gozo e a livre disposição dos bens parafernaes; não podendo, porém, alienar os imóveis (art. 276).

Art. 311. Se o marido, como procurador constituído para administrar os bens parafernais ou particulares da mulher, for dispensado, por clausula expressa, de prestar-lhe contas, será somente obrigado a restituir os frutos existentes:

I. Quando ela lhe pedir contas.

II. Quando ela lhe revogar o mandato.

III. Quando dissolvida a sociedade conjugal.

CAPÍTULO VI – DAS DOAÇÕES ANTENUPCIAES

Art. 312. Salvo o caso de separação obrigatória de bens (art. 258, parágrafo único) é livre aos contraentes estipular, na escritura antenupcial, doações reciprocas, ou de um outro, contanto que não excedam à metade dos bens do doador (arts. 263, n. VIII e 232, n. II).

Art. 313. As doações para casamento podem também ser feitas por terceiros, no contrato antenupcial, ou em escriptura publica anterior ao casamento.

Art. 314. As doações estipuladas nos contratos antenupciais, para depois da morte do doador, aproveitarão aos filhos do donatário, ainda que este faleça antes daquele.

Parágrafo único. No caso, porém, de sobreviver o doador a todos os filhos do donatário, caducará a doação.

TÍTULO IV – DA DISSOLUÇÃO DA SOCIEDADE CONJUGAL E DA PROTECÇÃO DA PESSOA DOS FILHOS

CAPÍTULO I – DA DISSOLUÇÃO DA SOCIEDADE CONJUGAL

Art. 315. *(Revogado pela Lei nº 6.515, de 1977)*

Art. 316. *(Revogado pela Lei nº 6.515, de 1977)*

Art. 317. *(Revogado pela Lei nº 6.515, de 1977)*

Art. 318. *(Revogado pela Lei nº 6.515, de 1977)*

Art. 319. *(Revogado pela Lei nº 6.515, de 1977)*

Art. 320. *(Revogado pela Lei nº 6.515, de 1977)*

Art. 321. *(Revogado pela Lei nº 6.515, de 1977)*

Art. 322. *(Revogado pela Lei nº 6.515, de 1977)*

Art. 323. *(Revogado pela Lei nº 6.515, de 1977)*

Art. 324. *(Revogado pela Lei nº 6.515, de 1977)*

CAPÍTULO II – DA PROTEÇÃO DA PESSOA DOS FILHOS

Art. 325. *(Revogado pela Lei nº 6.515, de 1977)*

Art. 326. *(Revogado pela Lei nº 6.515, de 1977)*

Art. 327. *(Revogado pela Lei nº 6.515, de 1977)*

Art. 328. *(Revogado pela Lei nº 6.515, de 1977)*

Art. 329. A mãe, que contrai novas núpcias, não perde o direito a ter consigo os filhos, que só lhe poderão ser retirados, mandando o juiz, provado que ela, ou o padrasto, não os trata convenientemente (art. 248, n. I, e 393).

TÍTULO V – DAS RELAÇÕES DE PARENTESCO

CAPÍTULO I – DISPOSIÇÕES GERAIS

Art. 330. São parente, em linha reta, as pessoas que estão umas para com as outras na relação de ascendentes e descendentes.

Art. 331. São parentes, em linha colateral, ou transversal, até ao sexto grau, as pessoas que provem de um só tronco, sem descenderem uma da outra.

Art. 332. O parentesco é legitimo, ou ilegítimo, segundo procede, ou não de casamento; natural, ou civil, conforme resultar de consangüinidade, ou adoção.

Art. 333. *(Revogado pela Lei nº 8.560, de 1992)*

Art. 334. Cada conjugue é aliado aos parentes do outro pelo vinculo da afinidade.

Art. 335. A afinidade, na linha reta, não se extingue com a dissolução do casamento, que a originou.

Art. 336. A adoção estabelece parentesco meramente civil entre o adotante e o adotado (art. 376).

CAPÍTULO II – DA FILIAÇÃO LEGITIMA

Art. 337. (Revogado pela Lei nº 8.560, de 1992)

Art. 338. Presumem-se concebidos na constância do casamento:

I. Os filhos nascidos cento e oitenta dias, pelo menos, depois de estabelecida a convivência conjugal (art. 339).

II. Os nascidos dentro nos trezentos dias subsequentes à dissolução da sociedade conjugal por morte, desquite, ou anulação.

Art. 339. A legitimidade do filho nascido antes de decorridos os cento e oitenta dias que trata o n. I do artigo antecedente, não pode, entretanto, ser contestada:

I. Se o marido, antes de casar, tinha ciência da gravidez da mulher.

II. Se assistiu, pessoalmente, ou por procurador, a lavrar-se o termo de nascimento do filho, sem contestar a paternidade.

Art. 340. A legitimidade do filho concebido na constância do casamento, ou presumido tal (arts. 337 e 338), só se pode contestar provando-se:

I. que o marido se achava psicamente impossibilitado de coabitar com a mulher nos primeiros cento e vinte e um dias, ou mais, dos trezentos que houverem precedido ao nascimento do filho.

II. Que a esse tempo estavam os conjugues legalmente separados.

Art. 341. Não valerá o motivo do artigo antecedente, n. II, se os conjugues houverem convivido algum dia sob o teto conjugal.

Art. 342. Só em sendo absoluta a importância, vale a sua alegação contra a legitimidade do filho.

Art. 343. Não basta o adultério da mulher, com quem o marido vivia sob o mesmo teto, para ilidir a presunção legal de legitimidade da prole.

Art. 344. Cabe privativamente ao marido o direito de contestar a legitimidade dos filhos nascidos de sua mulher (art. 178, § 3º).

Art. 345. A ação de que trata o artigo antecedente, uma vez iniciada, passa aos herdeiros do marido.

Art. 346. Não basta a confissão materna para excluir a paternidade.

Art. 347. (Revogado pela Lei nº 8.560, de 1992)

Art. 348 - Ninguém pode vindicar estado contrário ao que resulta do registo de nascimento, salvo provando-se êrro ou falsidade do registo. *(Redação dada pelo Decreto-Lei nº 5.860, de 1943)*

Art. 349. Na falta, ou defeito do termo de nascimentos poderá provar-se a filiação legitima, por qualquer modo admissível em direito:

I - Quando houver começo de prova por escrito, proveniente dos pais, conjuntas ou separadamente.

II - Quando existem veementes presunções resultantes de fato já certos.

Art. 350. A ação de prova da filiação legitima compete ao filho, enquanto viver, passando aos herdeiros, se ele morrer menor, ou incapaz.

Art. 351. Se a ação tiver sido iniciada pelo filho, poderão continua-la os herdeiros, salvos se o autor desistiu, ou a instancia foi perenta.

CAPÍTULO III – DA LEGITIMAÇÃO

Art. 352. Os filhos legitimados são, em tudo, equiparados aos legítimos.

Art. 353. A legitimação resulta do casamento dos pais, estando concebido, ou depois de havido o filho (art. 229).

Art. 354. A legitimação dos filhos falecidos aproveita aos seus descendentes.

CAPÍTULO IV – DO RECONHECIMENTO DOS FILHOS ILEGITIMOS

Art. 355. O filho ilegítimo pode ser reconhecido pelos pais, conjuntas ou separadamente.

Art. 356. Quando a maternidade constar do termo de nascimento do filho, mãe só a poderá contestar, provando a falsidade do termo, ou das declarações nele contidas.

Art. 357. O reconhecimento voluntário do filho ilegítimo pode fazer-se ou no próprio termo de nascimento, ou mediante escritura pública, ou por testamento (art. 184, parágrafo único.).

Parágrafo único. O reconhecimento pode preceder o nascimento do filho, ou suceder-lhe ao falecimento, se deixar descendentes.

Art. 358. (Revogado pela Lei nº 7.841, de 1989)

Art. 359. O filho ilegítimo, reconhecido por um dos conjuges, não poderá residir no lar conjugal sem o consentimento do outro.

Art. 360. O filho reconhecido, enquanto menor, ficará sob o poder do progenitor, que o reconheceu, e, se ambos o reconheceram, sob o do pai.

Art. 361. Não se pode subordinar a condição, ou a termo, o reconhecimento do filho.

Art. 362. O filho maior não pode ser reconhecido sem o seu consentimento, e o menor pode impugnar o reconhecimento, dentro nos quatro anos, que se seguirem a maioridade, ou emancipação.

Art. 363. Os filhos ilegítimos de pessoas que não caibam no art. 183, ns. I a VI, têm ação contra os pais, ou seus herdeiros, para demandar o reconhecimento da filiação:

I - Se o tempo da concepção a mãe estava concubinada com o pretendido pai.

II - Se a concepção do filho reclamante coincidiu com o rapto da mãe pelo suposto pai, ou suas relações sexuais com ela.

III - Se existir escrito daquele a quem se atribui a paternidade, reconhecendo-a expressamente.

Art. 364. A investigação da maternidade só se não permite, quando tenha por fim atribuir prole ilegítima à mulher casada, ou incestuosa à solteira (art. 358).

Art. 365. Qualquer pessoa, que justo interesse tenha, pode contestar a ação de investigação da paternidade, ou maternidade.

Art. 366. A sentença, que julgar procedente a ação de investigação, produzirá os mesmos efeitos do reconhecimento; podendo, porém, ordenar que o filho se crie e eduque fora da companhia daquele dos pais, que negou esta qualidade.

Art. 367. A filiação paterna e a materna podem resultar de casamento declarado nulo, ainda mesmo sem as condições do putativo.

CAPÍTULO V – DA ADOÇÃO

Art. 368. Só os maiores de 30 (trinta) anos podem adotar. *(Redação dada pela Lei nº 3.133, de 1957)*

Parágrafo único. Ninguém pode adotar, sendo casado, senão decorridos 5 (cinco) anos após o casamento. *(Incluído pela Lei nº 3.133, de 1957)*

Art. 369. O adotante há de ser, pelo menos, 16 (dezesseis) anos mais velho que o adotado. *(Redação dada pela Lei nº 3.133, de 1957)*

Art. 370. Ninguém pode ser adotado por duas pessoas, salvo se forem marido e mulher.

Art. 371. Enquanto não der contas de sua administração, e saldar o seu alcance, não pode o tutor, ou curador, adotar o pupilo, ou o curatelado.

Art. 372. Não se pode adotar sem o consentimento do adotado ou de seu representante legal se fôr incapaz ou nascituro. *(Redação dada pela Lei nº 3.133, de 1957)*

Art. 373. O adotado, quando menor, ou interdito, poderá desligar-se da adoção no nano imediato ao em que cessar a interdição, ou a menoridade.

Art. 374. Também se dissolve o vínculo da adoção: *(Redação dada pela Lei nº 3.133, de 1957)*

I. Quando as duas partes convierem. *(Redação dada pela Lei nº 3.133, de 1957)*

II. Nos casos em que é admitida a deserdação. *(Redação dada pela Lei nº 3.133, de 1957)*

Art. 375. A adoção far-se-á por escritura pública, em que se não admite condição, em termo.

Art. 376. O parentesco resultante da adoção (art. 336) limita-se ao adotante e ao adotado, salvo quanto aos impedimentos matrimoniais, á cujo respeito se observará o disposto no art. 183, ns. III e V,

Art. 377. Quando o adotante tiver filhos legítimos, legitimados ou reconhecidos, a relação de adoção não envolve a de sucessão hereditária. *(Redação dada pela Lei nº 3.133, de 1957)*

Art. 378. Os direitos e deveres que resultam do parentesco natural não se extinguem pela adoção, exceto o pátrio poder, que será transferido do pai natural para o adotivo.

CAPÍTULO VI – DO PATRIO PODER

SEÇÃO I – DISPOSIÇÕES GERAIS

Art. 379. Os filhos legítimos, os legitimados, os legalmente reconhecidos e os adotivos estão sujeitos ao pátrio poder, enquanto menores.

Art. 380. Durante o casamento compete o pátrio poder aos pais, exercendo-o o marido com a colaboração da mulher. Na falta ou impedimento de um dos progenitores, passará o outro a exercê-lo com exclusividade. *(Redação dada pela Lei nº 4.121, de 1962)*

Parágrafo único. Divergindo os progenitores quanto ao exercício do pátrio poder, prevalecerá a decisão do pai, ressalvado à mãe o direito de recorrer ao juiz, para solução da divergência. *(Incluído pela Lei nº 4.121, de 1962)*

Art. 381. O desquite não altera as relações entre pais e filhos senão quanto ao direito, que aos primeiros cabe, de terem em sua companhia os segundos (arts. 326 e 327).

Art. 382. Dissolvido o casamento pela morte de um dos cônjuges, o pátrio poder compete ao cônjuge sobrevivente.

Art. 383. O filho ilegítimo não reconhecido pelo pai fica sob o poder materno. Se, porém, a mãe não for conhecida, ou capaz de exercer o pátrio poder, dar-se-á tutor ao menor.

SEÇÃO II – DO PATRIO PODER QUANTO À PESSOA DOS FILHOS

Art. 384. Compete aos pais, quanto à pessoa dos filhos menores:

I. Dirigir-lhes a criação e educação.

II. Tê-los em sua companhia e guarda.

III. Conceder-lhes, ou negar-lhes consentimento, para casarem.

IV. Nomear-lhes tutor, por testamento ou documento autentico, se o outro dos pais lhe não sobreviver, ou o sobrevivo não puder exercitar o pátrio poder.

V. Representar-os, até aos dezeseis annos, nos actos da vida civil, e assistil-os, após essa idade, nos actos em que forem partes, supprindo-lhes o consentimento.

VI. Reclama-los de quem ilegalmente os detenha.

VII. Exigir que lhes prestem obediência, respeito e os serviços próprios de sua idade e condição.

SEÇÃO III – DO PATRIO PODER QUANTO AOS BENS DOS FILHOS

Art. 385. O pai e, na sua falta, a mãe são os administradores legais dos bens dos filhos que se achem sob o seu poder, salvo o disposto no art. 225.

Art. 386. Não podem, porém, alienar, hipotecar, ou gravar de ônus reais, os imóveis dos filhos, nem contrair, em nome deles, obrigações que ultrapassem os limites da simples administração, exceto por necessidade, ou evidente utilidade da prole, mediante previa autorização do juiz (art. 178, § 6º, n. III).

Art. 387. Sempre que no exercício do pátrio poder colidirem os interesses dos pais com os do filho, a requerimento deste ou do Ministério Publico, o juiz lhe dará curador especial.

Art. 388. Só têm o direito de opor a nulidade aos atos praticados com infração dos artigos antecedentes:

I. O filho (art. 178, § 6º, n. III).

II. Os herdeiros (art. 178, § 6º, n. IV).

III. O representante legal do filho, se durante a menoridade cessar o pátrio poder (arts. 178, § 6º, n. IV, e 392).

Art. 389. O usufruto dos bens dos filhos é inerente ao exercício do pátrio poder, salvo a disposição do art. 225.

Art. 390. Excetuam-se:

I. Os bens deixados ou doados ao filho com a exclusão do usufruto paterno.

II. Os bens deixados ao filho, para fim certo e determinado.

Art. 391. Excluem-se assim do usufruto como da administração dos pais:

I. Os bens adquiridos pelo filho ilegítimo, antes do reconhecimento.

II. Os adquiridos pelo filho em serviço militar, de magistério, ou em qualquer outra função pública.

III. Os deixados ou doados ao filho, sob a condição de não serem administrados pelos pais.

IV. Os bens que ao filho couberem na herança (art. 1.599) quando os paes forem excluidos da succéssão (art. 1.602).

SEÇÃO IV – DA SUSPENSÃO E EXTINÇÃO DO PATRIO PODER

Art. 392. Extingue-se o pátrio poder:

I. Pela morte dos pais ou do filho.

II. Pela emancipação, nos termos do parágrafo único no art. 9, Parte Geral.

III. Pela maioridade.

IV. Pela adoção.

Art. 393. A mãe que contrai novas núpcias não perde, quanto aos filhos de leito anterior os direitos ao pátrio poder, exercendo-os sem qualquer interferência do marido. *(Redação dada pela Lei nº 4.121, de 1962)*

Art. 394. Se o pai, ou mãe, abusar do seu poder, faltando aos deveres paternos, ou arruinando os bens dos filhos, cabe ao juiz, requerendo alguma parente, ou o Ministério Publico, adotar a medida, que lhe pareça reclamada pela segurança do menor e seus haveres, suspendendo até, quando convenha, o pátrio poder.

Parágrafo único. Suspende-se igualmente o exercício do pátrio poder ao pai ou mãe condenados por sentença irrecorrivel em crime cuja pena exceda de dois anos de prisão.

Art. 395. Perderá por ato judicial o pátrio poder o pai, ou mãe:

I. Que castigar imoderadamente o filho.

II. Que o deixar em abandono.

III. Que praticar atos contrários à moral e aos bons costumes.

CAPÍTULO VII – DOS ALIMENTOS

Art. 396. De acordo com o prescrito neste capitulo podem os parentes exigir uns dos outros os alimentos, de que necessitem para subsistir.

Art. 397. O direito á prestação de alimentos é reciproco entre pais e filhos, e extensivo a todos os ascendentes, recaindo a obrigação nos mais próximos em grau, uns em falta de outros.

Art. 398. Na falta dos ascendentes cabe a obrigação aos descendentes, guardada a ordem da sucessão e, faltando estes, aos irmãos, assim germanos, como unilaterais.

Art. 399. São devidos os alimentos quando o parente, que os pretende, não tem bens, sem pode prover, pelo seu trabalho, á própria mantença, e o de quem se reclamam, pode fornece-los, sem desfalque do necessário ao seu sustento.

Parágrafo único. No caso de pais que, na velhice, carência ou enfermidade, ficaram sem condições de prover o próprio sustento, principalmente quando se despojaram de bens em favor da prole, cabe, sem perda de tempo e até em caráter provisional, aos filhos maiores e capazes, o dever de ajudá-los e ampará-los, com a obrigação irrenunciável de assisti-los e alimentá-los até o final de suas vidas. *(Incluído pela Lei nº 8.648, de 1993)*

Art. 400. Os alimentos devem ser fixados na proporção das necessidades do reclamante e dos recursos da pessoa obrigada.

Art. 401. Se, fixados os alimentos, sobrevier mudança na fortuna de quem os supre, ou na de quem os recebe poderá o interessado reclamar do juiz, conforme as circunstâncias, exoneração, redução, ou agravação do encargo.

Art. 402. A obrigação de prestar alimentos não se transmite aos herdeiros do devedor.

Art. 403. A pessoa obrigada a suprir alimentos poderá pensionar o alimentando, ou dar-lhe em casa hospedagem e sustento.

Parágrafo único. Compete, porém, ao juiz, se as circunstancias exigirem, fixar a maneira da prestação devida.

Art. 404. Pode-se deixar de exercer, mas não se pode renunciar o direito a alimentos.

Art. 405. O casamento, embora nulo, e a filiação espúria, provada quer por sentença irrecorrivel, não provocada pelo filho, quer por confissão, ou declaração escrita do pai, fazem certa a paternidade, sómente para o efeito da prestação de alimentos.

TÍTULO VI – DA TUTELA, DA CURATELA E DA AUSÊNCIA

CAPÍTULO I – DA TUTELA

SEÇÃO I – DOS TUTORES

Art. 406. Os filhos menores são postos em tutela:

I. Falecendo os pais, ou sendo julgados ausentes.

II. Decaindo os pais do pátrio poder.

Art. 407. O direito de nomear tutor compete ao pae, á mãe, ao avó paterno e ao materno. Cada uma destas pessoas o exercerá no caso de falta ou incapacidade das que lhes antecederem na ordem aqui estabelecida.

Parágrafo único. A nomeação deve constar de testamento, ou de qualquer outro documento autentico.

Art. 408. Nula é a nomeação de tutor pelo pai, ou pela mãe, que, ao tempo de sua morte, não tenha o pátrio poder.

Art. 409. Em falta de tutor nomeado pelos pais, incumbe a tutela aos parentes consangüíneos do menor, por esta ordem:

I. Ao avô paterno, depois ao materno, e, na falta deste, á avô paterna, ou materna.

II. Aos irmãos, preferindo os bilaterais aos unilaterais, o do sexo masculino ao do feminino, o mais velho ao mais moço.

III. Aos tios, sendo preferido o do sexo masculino ao do feminino mas velho ao mais moço.

Art. 410. O juiz nomeará tutor idôneo e residente no domicilio do menor:

I. Na falta de tutor testamenteiro, ou legitimo.

II. Quando estes forem excluídos ou excursados da tutela.

III. Quando removidos por não idôneos o tutor legitimo e o testamenteiro.

Art. 411. Aos irmãos órfãos se dará um só tutor. No caso, porém, de ser nomeado mais de um, por disposição testamentaria, entende-se que a tutela foi cometida ao primeiro, e que os outros lhe hão de suceder pela ordem da nomeação, dado o caso de morte, incapacidade, excursa ou qualquer outro impedimento legal.

Parágrafo único. Quem institua um menor herdeiro, ou legatário seu, poderá nomear-lhe curador especial para os bens deixados, ainda que o menor se ache sob o pátrio poder, ou sob tutela.

Art. 412. Os menores abandonados terão tutores nomeados pelo juiz, ou serão recolhidos a estabelecimentos publico para este fim destinados.

Na falta desses estabelecimentos, ficam sob a tutela das pessoas que, voluntária e gratuitamente, se encarregarem da sua criação.

SEÇÃO II – DOS INCAPAZES DE EXERCER A TUTELA

Art. 413. Não podem ser tutores e serão exonerados da tutela, caso a exerçam:

I. Os que não tiverem a livre administração de seus bens.

II. Os que, no momento de lhes ser deferida a tutela, se acharem constituídos em obrigação para com o menor, ou tiverem que fazer valer direitos contra este; e aqueles cujos pais, filhos, ou cônjuges tiverem demanda com o menor.

III. Os inimigos do menor, ou de seus pais, ou que tiverem sido por estes expressamente excluídos da tutela.

IV. Os condenados por crime de furto, roubo, estelionato ou falsidade, tenham ou não cumprido a pena.

V. As pessoas de mau procedimento, ou falhas em probidade, e as culpadas de abuso em tutorias anteriores.

VI. Os que exercerem função pública incompatível com a boa administração da tutela.

SEÇÃO III – DA EXCUSA DOS TUTORES

Art. 414. Podem excursar-se da tutela:

I. As mulheres.

II. Os maiores de sessenta anos.

III. Os que tiverem em seu poder mais de cinco filhos.

IV. Os impossibilitados por enfermidade.

V. Os que habitarem longe do lugar onde se haja de exercer a tutela.

VI. Os que exercerem função pública incompatível com a boa administração da tutela.

VII. Os militares, em serviço.

Art. 415. Quem não for parente do menor não poderá ser obrigado a aceitar a tutela, se houver no lugar parente idôneo, consangüíneo ou afim, em condições de exerce-la.

Art. 416. A excursa apresentar-se-á nos dez dias subsequentes à intimação do nomeado, sob pena de entender-se renunciado o direito de alegá-la.

Se o motivo executorio e ocorrer depois de aceita a tutela, os dez dias contar-se-ão do em que ele sobrevier.

Art. 417. Se o juiz não admitir a excursa, exercerá o nomeado a tutela, enquanto o recurso interposto não tiver provimento, e responderá desde logo pelas perdas e danos, que o menor venha a sofrer.

SEÇÃO IV – DA GARANTIA DA TUTELA

Art. 418. O tutor, antes de assumir a tutela, é obrigado a especializar, em hipoteca legal, que será inscrita, os imóveis necessários, para acautelar, sob a sua administração, os bens do menor.

Art. 419. Se todos os imóveis de sua propriedade não valerem o patrimônio do menor, reforçará o tutor a hipoteca mediante caução real ou fidejussória; salvo se para tal não tiver meios, ou for de reconhecida idoneidade.

Art. 420. O juiz responde subsidiariamente pelos prejuízos, que sofra o menor me razão da insolvência do tutor, de lhe não ter exigido a garantia legal, ou de o não haver removido, tanto que se tornou suspeito.

Art. 421. A responsabilidade será pessoal e direta, quando o juiz não tiver nomeado tutor, ou quando a nomeação não houver sido oportuna.

SEÇÃO V – DO EXERCICIO DA TUTELA

Art. 422. Incumbe ao tutor, sob a inspeção do juiz, reger a pessoa do menor, velar por ele, e administrar-lhe os bens.

Art. 423. Os bens do menor serão entregues ao tutor mediante termo especificado dos bens e seus valores, ainda que os pais o tenham dispensado.

Art. 424. Cabe ao tutor, quanto à pessoa do menor:

I. Dirigir-lhe a educação, defende-lo e prestar-lhe alimentos, conforme os seus haveres e condição.

II. Reclamar do juiz que providencie, como houver por bem, quando o menor haja mister correção.

Art. 425. Se o menor possuir bens, será sustentado e educado a expensas suas, arbitrando o juiz, para tal fim, as quantias, que lhe pareçam necessárias, atento o rendimento da fortuna do pupilo, quando o pai, ou a mãe, não as houver taxado.

Art. 426. Compete mais ao tutor:

I. Representar o menor, até os dezesseis anos, nos atos da vida civil, e assisti-lo, após essa idade, nos atos em que for parte, suprindo-lhe o consentimento.

II. Receber as rendas e pensões do menor.

III. Fazer-lhe as despesas de subsistência e educação, bem como as da administração de seus bens (art. 433, n. I).

IV. Alienar os bens do menor destinados a venda.

Art. 427. Compete-lhe também, com autorização do juiz:

I. Fazer as despesas necessárias com a conservação e o melhoramento dos bens.

II. Receber as quantias devidas ao órfão, e pagar-lhe as dívidas.

III. Aceitar por ele heranças, legados, ou doações, com ou sem encargos.

IV. Transigir.

V. Promover-lhe, mediante praça pública, o arrendamento dos bens de raiz.

VI. Vender-lhe em praça os moveis, cuja conservação não convier, e os imóveis, nos casos em que for permitido (art. 429).

VII. Propor em juízo as ações e promover todas as diligências a bem do menor, assim como defende-lo nos pleitos contra ele movidos, segundo o disposto no art. 84.

Art. 428. Ainda com autorização judicial, não pode o tutor, sob pena de nulidade:

I. Adquirir por si, ou por interposta pessoa, por contrato particular, ou em hasta pública, bens moveis, ou de raiz, pertencentes ao menor.

II. Dispor dos bens do menor a titulo gratuito.

III. Constituir-se cessionário de credito, ou direito, contra o menor.

Art. 429. Os imóveis pertencentes aos menores só podem ser vendidos, quando houver manifesta vantagem, e sempre em hasta pública.

Art. 430. Antes de assumir a tutela, o tutor declarará tudo o que lhe deva o menor, sob pena de lhe não poder cobrar, enquanto exerça a tutoria, salvo provando que não conhecia o debito, quando a assumiu.

Art. 431. O tutor responde pelos prejuízos, que, por negligencia, culpa, ou dolo, causar ao pupilo; mas tem direito a ser pago do que legalmente despender no exercício da tutela, e, salvo no caso do art. 412, à perceber uma gratificação por seu trabalho.

Parágrafo único. Não tendo os pais do menor fixado essa gratificação, arbitrar-la-á o juiz, até dez por cento, no máximo, da renda liquida anual dos bens administrados pelo tutor.

SEÇÃO VI – DOS BENS DE ÓRFÃOS

Art. 432. Os tutores não podem conservar em seu poder dinheiros de seus tutelados, além do necessário, para as despesas ordinárias com o seu sustento, a sua educação e a administração de seus bens.

§ 1º Os objetos de ouro, prata, pedras preciosas e moveis desnecessário, serão vendidos em hasta pública, e seu produto convertido em títulos de responsabilidade da União, ou Estados, recolhido ás Caixas Econômicas Federais ou aplicado na aquisição de imóveis, conforme for determinado pelo juiz. O mesmo destino terá o dinheiro proveniente de qualquer outra procedência.

§ 2º Os tutores respondem pela demora na aplicação dos valores acima ditos, pagando os juros legais desde o dia em que lhes deveriam dar essa destino, o que não os exime da obrigação, que juiz fará efetiva, da referida aplicação.

Art. 433. Os valores que existirem nas Caixas Econômicas Federais, na forma do artigo anterior, não se poderão retirar, senão mediante ordem do juiz, e somente:

I. Para as despesas com o sustento e educação do pupilo, ou administração de seus bens (art. 427, n.I).

II. Para se comprarem bens de raiz e títulos da dívida pública da União ou dos Estados.

III. Para se empregarem em conformidade com o disposto por quem os houver doado, ou deixado.

IV. Para se entregarem os órfãos, quando emancipados, ou maiores, ou menores, ou, mortos eles, aos seus herdeiros.

SEÇÃO VII – DA PRESTAÇÃO DE CONTAS DA TUTELA

Art. 434. Os tutores, embora o contrário dispusessem os pais dos tutelados, são obrigado a prestar contas da sua administração.

Art. 435. No fim de cada anno de administração, os tutores submetterão ao juiz o balanço respectivo, que, depois de approvado, se annexará aos autos do inventario.

Art. 436. O tutores prestarão contas de dois em dois anos, e bem assim quando, por qualquer motivo, deixarem o exercício da tutela, ou toda vez que o juiz o houver por conveniente.

Parágrafo único. As contas serão prestadas em juízo, e julgadas depois de audiência dos interessados; recolhendo o tutor imediatamente em caixas econômicas os saldos, ou adquirido bens imóveis, ou títulos da dívida pública.

Art. 437. Finda a tutela, pela emancipação, ou maioridade, a quitação do menor não produzirá efeito antes de aprovadas as como pelo juiz, subsistindo inteira, até então, a responsabilidade do tutor.

Art. 438. Nos casos de morte, ausência, ou interdição de tutor, as contas serão prestadas por seus herdeiros, ou representantes.

Art. 439. Serão levadas a credito do tutor todas as despesas justificadas e reconhecidamente proveitosas ao menor.

Art. 440. As despesas coma prestação das contas serão pagas pelo tutelado.

Art. 441. O alcance do tutor, bem como o saldo contra o tutelado, vencerão juros desde o julgamento definitivo das contas.

SEÇÃO VIII – DA CESSAÇÃO DA TUTELA

Art. 442. Cessa a condição de pupilo:

I. Com a maioridade, ou a emancipação do menor.

II. Caindo a menor sob o pátrio poder, no caso de legitimação, reconhecimento, ou adoção.

Art. 443. Cessam as funções do tutor:

I. Expirando o termo, em que era obrigado a servir (art. 444).

II. Sobrevindo excursa legitima (arts. 414 a 416).

III. Sendo removido (arts. 413 e 445).

Art. 444. Os tutores são obrigados a servir por espaço de dois anos.

Parágrafo único. Podem, porém, continuar além desse prazo, no exercício da tutela, se o quiserem, e o juiz tiver por conveniente ao menor.

Art. 445. Será destituído o tutor, quando negligente, prevaricador ou incurso em incapacidade.

CAPÍTULO II – DA CURATELA

SEÇÃO I – DISPOSIÇÕES GERAIS

Art. 446. Estão sujeitos à curatela:

I. Os loucos de todo o gênero (arts. 448, n. I, 450 e 457).

II. Os surdos-mudos, sem educação que os habilite a enunciar precisamente a sua vontade (arts. 451 e 456).

III. Os pródigos (arts. 459 e 461).

Art. 447. A interdição deve ser promovida:

I. Pelo pai, mãe ou tutor.

II. Pelo conjugue, ou algum parente próximo.

III. Pelo Ministério Público.

Art. 448. O Ministerio Publico só promoverá a interdicção.

I. No caso de loucura furiosa.

II. Se não existir, ou não promover a interdição alguma das pessoas designadas no artigo antecedente, ns. I e II.

III. Se, existindo forem menores, ou incapazes.

Art. 449. Nos casos em que a interdição por promovida pelo Ministério Público, o juiz nomeará defensor ao suposto incapaz. No demais casos o Ministério Público será o defensor.

Art. 450. Antes de se pronunciar acerca da interdição, examinará pessoalmente o juiz o argüido de incapacidade, ouvindo profissionais.

Art. 451. Pronunciada a interdição do surdo-mudo, o juiz assinará segundo o desenvolvimento mental do interdito, os limites da curatela.

Art. 452. A sentença que declara a interdição produz efeitos desde logo, embora sujeita a recurso.

Art. 453. Decretada a interdição, fica o interdito sujeito à curatela, à qual se aplica o disposto no capítulo antecedente, com a restrição do art. 451. E as modificações dos artigos seguintes:

Art. 454. O conjugue, não separado judicialmente, é, de direito, curador do outro, quando interdito (art. 455).

§ 1º Na falta do conjugue, é curador legitimo o pai; na falta deste, a mãe; e, na desta, o descendente maior.

§ 2º Entre os descendentes, os mais próximos precedem aos mais remotos, e, dentre os do mesmo grau, os varões às mulheres.

§ 3º Na falta das pessoas mencionadas, compete ao juiz a escolha do curador.

Art. 455. Quando o curador for o conjugue, não será obrigado a apresentar os balanços anuais, nem a fazer inventario, se o regime do casamento for o da comunhão, ou se os bens do incapaz se acharem descritos em instrumento público, qualquer que seja o regime do casamento.

§ 1º Se o curador for o marido, observar-se-á o disposto nos arts. 233 a 239.

§ 2º Se for mulher a curadora, observar-se-á o disposto no art. 254, parágrafo único.

§ 3º Se for o pai, ou a mãe, não terá aplicação o disposto no art. 435.

Art. 456. Havendo meio de educar o surdo-mudo, o curador promover-lhe-á o ingresso em estabelecimento apropriado.

Art. 457. Os loucos, sempre que parecer inconveniente conserva-os em casa, ou o exigir o seu tratamento, serão também recolhidos em estabelecimento adequado.

Art. 458. A autoridade do curador estende-se á pessoa e bens dos filhos do enratelado, nascidos ou nascituros (art. 462, paragrapho unico).

SEÇÃO II – DOS PRÓDIGOS

Art. 459. A interdição do pródigo só o privará de, sem curador, emprestar, transigir, dar quitação, alienar hipotecar, demandar ou ser demandado e praticar, em geral, atos que não sejam de mera administração.

Art. 460. O pródigo só incorrerá em interdição, havendo cônjuge, ou tendo ascendentes ou descendentes legítimos, que a promovam.

Art. 461. Levantar-se-á a interdição, cessando a incapacidade, que a determinou, ou existindo mais os parentes designados no artigo anterior.

Parágrafo único. Só o mesmo pródigo e as pessoas designadas no art. 460 poderão agir a nulidade dos atos do interdito durante a interdição.

SEÇÃO III – DA CURATELA DO NASCITURO

Art. 462. Dar-se curador ao nascituro, se o pai falecer, estando a mulher gravida, e não tendo o pátrio poder.

Parágrafo único. Se a mulher estiver interdita, seu curador será o do nascituro (art. 458).

CAPÍTULO III – DA AUSÊNCIA

SEÇÃO I – DA CURADORIA DE AUSENTES

Art. 463. Desaparecendo uma pessoa do seu domicílio, sem que dela haja notícia, se não houver deixado representante, ou procurador, a quem toque administrar-lhe os bens, o juiz, a requerimento de qualquer interessado, ou do Ministério Público, nomear-lhe-á curador.

Art. 464. Também se nomeará curador, quando o ausente deixar mandatário, que não queira, ou não possa exercer ou continuar o mandato.

Art. 465. O juiz, que nomear o curador, fixar-lhe-á os poderes e obrigações, conforme as circunstâncias, observando, no que for aplicável, o disposto a respeito dos tutores e curadores.

Art. 466. O cônjuge do ausente, sempre que não esteja separado judicialmente, será o seu legitimo curador.

Art. 467. Em falta de cônjuge, a curadoria dos bens do ausente incumbe ao pai, a mãe, aos descendentes, nesta ordem, não havendo impedimento que os iniba de exercer o cargo.

Parágrafo único. Entre os descendentes, os mais vizinhos precedem aos mais remotos, e, entre os do mesmo grau, os varões preferem as mulheres.

Art. 468. Nos casos de arrecadação de herança ou quinhão de herdeiros ausentes, observar-se-á, quanto a nomeação de curador, o disposto neste Código, arts. 1.591 a 1.594.

SEÇÃO II – DA SUCESSÃO PROVISÓRIA

Art. 469. Passando-se dois anos, sem que se saiba do ausente, se não deixou representante, nem procurador, ou, se os deixou, em passando quatro anos, poderão os interessados requerer que se lhe abra provisoriamente a sucessão.

Art. 470. Consideram-se, para este efeito, interessados:

I - O cônjuge não separado judicialmente.

II - Os herdeiros presumidos legítimos, ou os testamentários.

III - Os que tiverem sobre os bens do ausente direito subordinado a condição de morte.

IV - Os credores de obrigações vencidas e não pagas.

Art. 471. A sentença que determinar a abertura da sucessão provisória só produzirá efeito seis meses depois de publicada pela imprensa; mas, logo que passe em julgado, se procederá a abertura do testamento, se existir, e ao inventário e partilha dos bens, como se o ausente fosse falecido.

§ 1º Findo o prazo do art. 469, e não havendo absolutamente interessados na sucessão provisória, cumpre ao Ministério Público requere-la ao juízo competente.

§ 2º Não comparecendo herdeiro, ou interessado, tanto que passe em julgado a sentença, que mandar abrir a sucessão provisória, proceder-se-á judicialmente a arrecadação dos bens do ausente pela forma estabelecida nos arts. 1.591 a 1.594.

Art. 472. Antes da partilha o juiz ordenará a conversão dos bens moveis, sujeitos a deterioração ou a extravio, em imóveis, ou em títulos da dívida pública da União, ou dos Estados (art. 477).

Art. 473. Os herdeiros imitidos na posse dos bens do ausente darão garantias da restituição deles, mediante penhores, ou hipotecas, equivalentes aos quinhões respectivos.

Parágrafo único. O que tiver direito a posse provisória, mas não puder prestar a garantia exigida neste artigo, será excluído, mantendo-se os bens que lhe deviam caber sob a administração do curador, ou de outro herdeiro designado pelo juiz, e que preste a dita garantia (art. 478).

Art. 474. Na partilha, os imóveis serão confiados em sua integridade aos sucessores provisórios mais idôneos.

Art. 475. Não sendo por desapropriação, os imóveis do ausente só se poderão alienar, quando o ordene o juiz, para lhes evitar a ruína, ou quando convenha converte-los em títulos da dívida pública.

Art. 476. Empossados nos bens, os sucessores provisórios ficarão representando ativa e passivamente o ausente; de modo que contra eles correrão as ações pendentes e as que de futuro aquele se moverem.

Art. 477. O descendente, ascendente, ou cônjuge, que for sucessor provisório do ausente fará seus todos os frutos e rendimentos dos bens que a este couberem. Os outros sucessores, porém, deverão capitalizar metade desses frutos e rendimentos, segundo o disposto no art. 472, de acordo com o representante do Ministério Público, e prestar anualmente contas ao juiz competente.

Art. 478. O excluído, segundo o art. 473, parágrafo único, da posse provisória, poderá, justificando falta de meios, requerer lhe seja entregue metade dos rendimentos do quinhão, que lhe tocaria.

Art. 479. Se durante a posse provisória se provar a época exata do falecimento do ausente, considerar-se-á, nessa data, aberta a sucessão em favor dos herdeiros, que o eram aquele tempo.

Art. 480. Se o ausente aparecer, ou se lhe provar a existência, depois de estabelecida a posse provisória, cessarão para logo as vantagens dos sucessores nela imitidos, ficando, todavia, obrigados a tomar as medidas assecuratórias precisas, até a entrega dos bens a seu dono.

SEÇÃO III – DA SUCESSÃO DEFINITIVA

Art. 481. Vinte anos depois de passada em julgado a sentença, que concede a abertura da sucessão provisória, poderão os interessados requerer a definitiva e o levantamento das cauções prestadas. *(Redação dada pela Lei nº 2.437, de 1955)*

Art. 482. Também se pode requerer a sucessão definitiva, provando-se que o ausente conta oitenta anos de nascido, e que de cinco datam as últimas notícias suas.

Art. 483. Regressando o ausente nos dez anos seguintes a abertura da sucessão definitiva, ou algum de seus descendentes, ou ascendentes, aquele ou estes haverão só os bens existentes no estado em que se acharem, os sub-rogados em seu lugar, ou o preço que os herdeiros e demais interessados houverem ou recebido pelos alienados depois daquele tempo.

Parágrafo único. Se, nos dez anos deste artigo, o ausente não regressar, e nenhum interessado promover a sucessão definitiva, a plena propriedade dos bens arrecadados ou ao Districto Federal, se o ausente era domiciliado nas respectivas circumscripções, ou á União, se ora em territorio ainda não constituido em Estado.

SEÇÃO IV – DOS EFEITOS DA AUSÊNCIA QUANTO AOS DIREITOS DE FAMÍLIA

Art. 484. Se o ausente deixar filhos menores, e o outro cônjuge houver falecido, ou não tiver direito ao exercício do pátrio poder, proceder-se-á com esses filhos, como se fossem órfãos de pai e mãe.

LIVRO II – DO DIREITO DAS COISAS

TÍTULO I – DA POSSE

CAPÍTULO I – DA POSSE E SUA CLASSIFICAÇÃO

Art. 485. Considera-se possuidor todo aquele, que tem de fato o exercício, pleno, ou não, de algum dos poderes inerentes ao domínio, ou propriedade.

Art. 486. Quando, por força de obrigação, ou direito, em casos com o do usufrutuário, do credor pignoraticio, do locatário, se exerce temporariamente a posse direta, não anula esta as pessoas, de quem eles a houveram, a posse indireta.

Art. 487. Não é possuidor aquele que, achando-se em relação de dependência para com outro, conserva a posse em nome deste e em cumprimento de ordens ou instruções suas.

Art. 488. Se se duas ou mais pessoas possuírem coisa indivisa ou estiverem no goso do mesmo direito, poderá cada uma exercer sobre o objeto comum atos possessorios, contanto que não excluam os dos outros compossuidores.

Art. 489. É justa a posse que não for violenta, clandestina, ou precária.

Art. 490. É de boa fé a posse, se o possuidor ignora o vício, ou o obstáculo que lhe impede da aquisição da coisa, ou do direito possuído.

Parágrafo único. O possuidor em justo título tem por si a presunção de boa fé, salvo prova em contrário, ou quando a lei expressamente não admite esta presunção.

Art. 491. A posse de boa fé só perde este caráter no caso e desde o momento em que as circunstâncias façam presumir que o possuidor não ignora que possui indevidamente.

Art. 492. Salvo prova em contrário, entende-se manter a posse o mesmo caráter, com que foi adquirida.

CAPÍTULO II – DA AQUISIÇÃO DA POSSE

Art. 493. Adquire-se a posse:

I - Pela apreensão da coisa, ou pelo exercício do direito.

II - Pelo fato de se dispor da coisa, ou do direito.

III - Por qualquer dos modos de aquisição em geral.

Parágrafo único. É aplicável à aquisição da posse o disposto neste Código, arts. 81 a 85.

Art. 494. A posse pode ser adquirida:

I - Pela própria pessoa que a pretende.

II - Por seu representante, ou procurador.

III - Por terceiro sem mandato, dependendo de ratificação.

IV - Pelo constituto possessório.

Art. 495. A posse transmite-se com os mesmos caracteres aos herdeiros e legatários do possuidor.

Art. 496. O sucessor universal continua de direito a posse do seu antecessor; e ao sucessor singular é facultado unir sua posse a do antecessor, para os efeitos legais.

Art. 497. Não induzem posse os atos de mera permissão ou tolerância, assim como não autorizam a sua aquisição os atos violentos, ou clandestinos, senão depois de cessar a violência, ou a clandestinidade.

Art. 498. A posse do imóvel faz presumir, até prova contrária, a dos imóveis e objetos que nele estiverem.

CAPÍTULO III – DOS EFEITOS DA POSSE

Art. 499. O possuidor tem direito a ser mantido na posse, em caso de turbação, e restituído, no de esbulho.

Art. 500. Quando mais de uma pessoa se disser possuidora.

Art. 501. O possuidor, que tenha justo receio de ser molestado na posse, poderá impetrar ao juiz que o segure da violência iminente, cominando pena a quem lhe transgredir o preceito.

Art. 502. O possuidor turbado, ou esbulhado, poderá manter-se, ou restituir-se por sua própria força, contanto que o faça logo.

Parágrafo único. Os atos de defesa, ou de desforço, não podem ir além do indispensável a manutenção, ou restituição da posse.

Art. 503. O possuidor manutenido, ou reintegrado, na posse, tem direito a indenização dos prejuízos sofridos, operando-se a reintegração a custa do esbulhador, no mesmo lugar do esbulho.

Art. 504. O possuidor pode intentar a ação de esbulho, ou a de indenização, contra o terceiro, que recebeu a coisa esbulhada, sabendo que o era.

Art. 505. Não obsta a manutenção, ou reintegração na posse, a alegação de domínio, ou de outro direito sobre a coisa. Não se deve, entretanto, julgar a posse em favor daquele a quem evidentemente não pertencer o domínio.

Art. 506. Quando o possuidor tiver sido esbulhado, será reintegrado na posse, desde que o requeira, sem ser ouvido o autor do esbulho antes da reintegração.

Art. 507. Na posse de menos de ano e dia, nenhum possuidor será manutenido, ou reintegrado judicialmente, senão contra os que não tiverem melhor posse.

Parágrafo único. Entende-se melhor a posse que se fundar em justo título; na falta de título, ou sendo os títulos iguais, a mais antiga; se da mesma data, a posse atual. Mas, se todas forem duvidosas, será seqüestrada a coisa, enquanto se não apurar a quem toque.

Art. 508. Se a posse for de mais de ano e dia, o possuidor será mantido sumariamente, até ser convencido pelos meios ordinários.

Art. 509. O disposto nos artigos antecedentes não se aplica as servidões contínuas não aparentes, nem as descontínuas, salvo quando os respectivos títulos provierem do possuidor do prédio serviente, ou daqueles de quem este o houve.

Art. 510. O possuidor de boa fé tem direito, enquanto ela durar, aos frutos percebidos.

Art. 511. Os frutos pendentes ao tempo em que cessar a boa fé devem ser restituídos, depois de deduzidas as despesas da produção e custeio. Devem ser também restituídos os frutos colhidos com antecipação.

Art. 512. Os frutos naturais e industriais reputam-se colhidos e percebidos, logo que são separados. Os civis reputam-se percebidos dia por dia.

Art. 513. O possuidor de má fé responde por todos os frutos colhidos e percebidos, bem como pelos que, por culpa sua, deixou de perceber, desde o momento em que se constituiu de má fé; tem direito, porém, as despesas da produção e custeio.

Art. 514. O possuidor de boa fé não responde pela perda ou deterioração da coisa, a que não der causa.

Art. 515. O possuidor de má fé responde pela perda, ou deterioração da coisa, ainda que acidentais, salvo se provar que do mesmo modo se teriam dado, estando ela na posse do reivindicante.

Art. 516. O possuidor de boa fé tem direito a indenização das benfeitorias necessarias e úteis, bem como, quanto as voluntearias, se lhe não forem pagas, ao de levanta-las, quando o puder sem detrimento da coisa. Pelo valor das benfeitorias necessárias e úteis, poderá exercer o direito de retenção.

Art. 517. Ao possuidor de má fé serão ressarcidas somente as benfeitorias necessárias; mas não lhe assiste o direito de retenção pela importância destas, nem o de levantar as voluntearias.

Art. 518. As benfeitorias compensam-se com os danos, e só obrigam ao ressarcimento, se ao tempo da evicção ainda existirem.

Art. 519. O reivindicante obrigado a indenizar as benfeitorias tem direito de optar entre o seu valor atual e o seu custo.

CAPÍTULO IV – DA PERDA DA POSSE

Art. 520. Perde-se a posse das coisas:

I - Pelo abandono.

II - Pela tradição.

III - Pela perda, ou destruição delas, ou por serem postas fóra do commercio.

IV - Pela posse de outrem, ainda contra a vontade do possuidor, se este não foi manutenido, ou reintegrado em tempo competente.

V - Pelo constituto possessorio.

Parágrafo único. Perde-se a posse dos direitos, em se tornando impossível exercê-los, ou não se exercendo por tempo, que baste para prescreverem.

Art. 521. Aquelle que tiver perdido, ou a quem houverem sido furtados, coisa movel ou titulo ao portador, pode rehavel-os, etc.

Parágrafo único. Sendo o objeto comprado em leilão público, feira ou mercado, o dono, que pretender a restituição, é obrigado a pagar ao possuidor o preço por que o comprou.

Art. 522. Só se considera perdida a posse para o ausente, quando, tendo notícia da ocupação, se abstem de retomar a coisa, ou, tentando recupera-la, é violentamente repelido.

CAPÍTULO V – DA PROTEÇÃO POSSESSORIA

Art. 523. As ações de manutenção, e as de esbulho serão sumarias, quando intentadas dentro em ano e dia da turbação ou esbulho; e passado esse prazo, ordinárias, não perdendo, com tudo, o caráter possessorio.

Parágrafo único. O prazo de ano e dia não corre enquanto o possuidor defende a posse, restabelecendo a situação de fato anterior a turbação, ou ao esbulho.

TÍTULO II – DA PROPRIEDADE

CAPÍTULO I – DA PROPRIEDADE EM GERAL

Art. 524. A lei assegura ao proprietário o direito de usar, gozar e dispor de seus bens, e de reave-los do poder de quem quer que injustamente os possua.

Parágrafo único. A propriedade literária, científica e artística será regulada conforme as disposições do capítulo VI deste título.

Art. 525. É plena a propriedade, quando todos os seus direitos elementares se acham reunidos no do proprietário; limitada, quando tem ônus real, ou é resoluvel.

Art. 526. A propriedade do sólo abrange a do que lhe está superior e inferior em toda a altura e em toda a profundidade, uteis ao seu exercicio, não podendo, todavia, o proprietario oppor-se a trabalhos que sejam emprehendidos a uma altura ou profundidade taes, que não tenha elle interesse algum em impedil-os.

Art. 527. O domínio presume-se exclusivo e ilimitado, até prova em contrário.

Art. 528. Os frutos e mais produtos da coisa pertencem, ainda quando separados, ao seu proprietário, salvo se, por motivo jurídico, especial, houverem de caber a outrem.

Art. 529. O proprietário, ou o inquilino de um prédio, em que alguém tem direito de fazer obras, pode, no caso de dano iminente, exigir do autor delas as precisas seguranças contra o prejuízo eventual.

CAPÍTULO II – DA PROPRIEDADE IMÓVEL

SEÇÃO I – DA AQUISIÇÃO DA PROPRIEDADE IMÓVEL

Art. 530. Adquire-se a propriedade imóvel:

I - Pela transcrição do título de transferência no registro do imóvel.

II - Pela acessão.

III - Pelo usucapião.

IV - Pelo direito hereditário.

SEÇÃO II – DA AQUISIÇÃO PELA TRANSCRIÇÃO DO TÍTULO

Art. 531. Estão sujeitos a transcrição, no respectivo registro, os títulos translativos da propriedade imóvel, por ato entre vivos.

Art. 532. Serão também transcritos:

I - Os julgados, pelos quais, nas ações divisórias, se puzer termo a indivisão.

II - As sentenças, que nos inventarios e partilhas, adjudicarem bens de raiz em pagamento das dívidas da herança.

III - A arrematação e as adjudicações em hasta pública.

Art. 533. Os atos sujeitos a transcrição (arts. 531 e 532 ns. II e III). não transferem o domínio, senão da data em que se transcreverem (arts. 856, 860, parágrafo único).

Art. 534. A transcrição datar-se-á do dia, em que se apresentar o título ao oficial do registro, a este o prenotar no protocolo.

Art. 535. Sobrevindo falência ou insolvência do alienante entre a prenotação do título e a sua transcrição por atraso do oficial, ou dúvida julgada improcedente, far-se-á, não obstante, a transcrição exigida, que retroage, nesse caso, a data da prenotação.

Parágrafo único. Se, porém, ao tempo da transcrição ainda não estiver pago o imóvel, o adquirente, logo que fôr notificado da fallencia, ou tenha conhecimento da insolvencia do alienante.

SEÇÃO III – DA AQUISIÇÃO POR ACESSÃO

Art. 536. A acessão pode dar-se:

I - Pela formação de ilhas.

II - Por aluvião.

III - Por avulsão.

IV - Por abandono de alveo.

V - Pela construção de obras ou plantações.

DAS ILHAS

Art. 537. As ilhas situadas nos rios não navegáveis pertencem aos proprietários ribeirinhos fronteiros, observadas as regras seguintes:

I - As que se formarem no meio do rio, consideram-se acréscimos sobrevindos aos terrenos ribeirinhos fronteiros de ambas as margens, na proporção de suas testadas, até a linha que dividir o alveo em duas partes iguais.

II - As que se formarem entre essa linha e uma das margens consideram-se acréscimos aos terrenos ribeirinhos fronteiros desse mesmo lado.

III - As que se formarem pelo desdobramento de um novo braço do rio continuam a pertencer aos proprietários dos terrenos a custa dos quais se constituíram.

DA ALUVIÃO

Art. 538. Os acréscimos formados por depósitos e aterros naturais, ou pelo desvio das águas dos rios, ainda que estes sejam navegáveis, pertencem aos donos dos terrenos marginais.

Art. 539. Os donos de terrenos que confiem com águas dormentes, como as de lagos e tanques, não adquirem o solo descoberto pela retração delas, nem perdem o que elas invadirem.

Art. 540. Quando o terreno aluvial se formar em frente a prédios de proprietários diferentes, dividir-se-á entre eles, na proporção da testada de cada um sobre a antiga margem; respeitadas as disposições concernentes à navegação.

DA AVULSÃO

Art. 541. Quando, por força natural violenta, uma porção de terra se destacar de um prédio e se juntar a outro, poderá o dono do primeiro reclama-lo do segundo; cabendo a este a opção entre aquiescer a que se remova a parte acrescida, ou indenizar ao reclamante (art. 178, § 6º, n. XI).

Art. 542. Se ninguém reclamar dentro em um ano, considerar-se-á definitivamente incorporada essa porção de terra ao prédio, onde se acha, perdendo o antigo dono o direito a reivindica-la, ou ser indemnizado (art. 178, § 6º, n. XI).

Art. 543. Quando a avulso for de coisa não suscetível de aderência natural, aplicar-se-á o disposto quanto às coisas perdidas.

DO ALVEO ABANDONADO

Art. 544. O álveo abandonado do rio público, ou particular pertence aos proprietários ribeirinhos das duas margens, sem que tenham direito a indenização alguma os donos dos terrenos por onde as águas abrirem novo curso. Entende-se que os prédios marginais se estendem até ao meio do álveo.

DAS CONSTRUÇÕES E PLANTAÇÕES

Art. 545. Toda construção, ou plantação, existente em um terreno, se presume feita pelo proprietário e à sua custa, até que o contrário se prove.

Art. 546. Aquele que semeia, planta, ou edifica em terreno próprio, com sementes, plantas ou materiais alheios, adquire a propriedade destes; mas fica obrigado a pagar-lhes o valor, além de responder por perdas e danos, se obrou de má fé.

Art. 547. Aquele que semeia, planta ou edifica em terreno alheio perde, em proveito do proprietário, as sementes, plantas e construções, mas tem direito à indenização. Não terá, porém, se procedeu de má fé, caso em que poderá ser constrangido a repor as coisas no estado anterior e a pagar os prejuízos.

Art. 548. Se de ambas as partes houve má fé, adquirirá o proprietário as sementes, plantas e construções, com encargo, porém de ressarcia o valor das bem feitorias.

Parágrafo único. Presume-se má fé no proprietário, quando o trabalho de construção, ou lavraria se fez em sua presença e sem impugnação sua.

Art. 549. O disposto no artigo antecedente aplica-se também ao caso de não pertencerem as sementes, plantas, ou materiais a quem de boa fé os empregou em solo alheio.

Parágrafo único. O proprietário das sementes, plantas ou materiais poderá cobrar do proprietário do solo a indenização devida, quando não puder have-la do plantador, ou construtor.

SEÇÃO IV – DO USOCAPIÃO

Art. 550. Aquele que, por vinte anos sem interrupção, nem oposição, possuir como seu, um imóvel, adquirir-lhe-á o domínio independentemente de título de boa fé que, em tal caso, se presume, podendo requerer ao juiz que assim o declare por sentença, a qual lhe servirá de título para a transcrição no registro de imóveis. *(Redação dada pela Lei nº 2.437, de 1955)*

Art. 551. Adquire também o domínio do imóvel aquele que, por dez anos entre presentes, ou quinze entre ausentes, o possuir como seu, contínua e incontestadamente, com justo título e boa fé. *(Redação dada pela Lei nº 2.437, de 1955)*

Parágrafo único. Reputam-se presentes os moradores do mesmo município e ausentes os que habitem município diverso. *(Redação dada pela Lei nº 2.437, de 1955)*

Art. 552. O possuidor pode, para o fim de contar o tempo exigido pelos artigos antecedentes, acrescentar à sua posse a do seu antecessor, art. 496. contanto que ambas sejam contínuas e pacíficas.

Art. 553. As causas que obstam, suspendem, ou interrompem a prescrição, também se aplicam ao usucapião (art. 619, parágrafo único), assim como ao possuidor se estende o disposto quanto ao devedor.

SEÇÃO V – DOS DIREITOS DE VISINHANÇA

DO USO NOCIVO DA PROPRIEDADE

Art. 554. O proprietário, ou inquilino de um prédio tem o direito de impedir que o mão uso da propriedade vizinha possa prejudicar a segurança, o sonego e a saúde dos que o habitam.

Art. 555. O proprietário tem o direito a exigir do dono do prédio vizinho a demolição, ou reparação necessária, quando este ameace ruína, bem como que preste caução pelo dano iminente.

DAS ÁRVORES LIMÍTROFES

Art. 556. A árvore, cujo tronco estiver na linha divisória, presume-se pertencer em comum aos donos dos prédios confiantes.

Art. 557. Os frutos caídos de árvore do terreno vizinho pertencem ao dono do solo onde caíram, se este for de propriedade particular.

Art. 558. As raízes e ramos de árvores que ultrapassarem a extrema do prédio, poderão ser cortados, até o plano vertical divisório, pelo proprietário do terreno invadido.

DA PASSAGEM FORÇADA

Art. 559. O dono do prédio rústico, ou urbano, que se achar encravado em outro, sem saída pela via pública, fonte ou porto, tem direito a reclamar do vizinho que lhe deixe passagem, fixando-se a esta judicialmente o rumo, quando necessario

Art. 560. Os donos dos prédios por onde se estabelece a passagem para o prédio encravado, tem direito à indenização cabal.

Art. 561. O proprietário que, por culpa sua, perder o direito de trânsito pelos prédios contíguos, poderá exigir nova comunicação com a via pública, pagando o dobro do valor da primeira indenização.

Art. 562. Não constituem servidão as passagens e atravessadiços particulares, por propriedades também particulares, que se não dirigem a fontes, pontes, ou lugares públicos, privados de outra serventia.

DAS ÁGUAS

Art. 563. O dono do prédio inferior é obrigado a receber as águas que correm naturalmente do superior. Se o dono deste fizer obras de arte, para facilitar o escoamento, procederá de modo que não piore a condição natural e anterior do outro.

Art. 564. Quando as águas, artificialmente levadas ao prédio superior, correm dele para o inferior, poderá o dono deste reclamar que se desviem, ou se lhe indenize o prejuízo, que sofrer.

Art. 565. O proprietário de fonte não captada, satisfeitas as necessidades de seu consumo, não pode impedir o curso natural das águas pelos prédios inferiores.

Art. 566. As águas pluviais que correm por lugares públicos, assim como as dos rios públicos, podem ser utilizadas, por qualquer proprietário dos terrenos por onde passem, observados os regulamentos administrativos.

Art. 567. É permitido a quem quer que seja, mediante prévia indenização aos proprietários prejudicados, canalizar, em proveito agrícola ou industrial, as águas a que tenha direito, a través de prédios rústicos alheios, não sendo chácaras ou sítios murados, quintais, pateou, hortas, ou jardins.

Parágrafo único. Ao proprietário prejudicado, em tal caso, também assiste o direito de indenização pelos danos, que de futuro lhe advenham com a infiltração ou a irrupção das águas, bem como com a deterioração das obras destinadas a canaliza-as.

Art. 568. Serão pleiteadas em ação sumária as questões relativas a servidão de águas e às indenizações correspondentes.

DOS LIMITES ENTRE PRÉDIOS

Art. 569. Todo proprietário pode obrigar o seu confinante a proceder com ele à demarcação entre os dois prédios, a aviventar rumos apagados e a renovar marcos destruídos ou arruinados, repartindo-se proporcionalmente entre os interessados as respectivas despesas.

Art. 570. No caso de confusão, os limites, em falta de outro meio, se determinarão de conformidade com a posse; e, não se achando ella provada, o terreno contestado se repartirá proporcionalmente entre os predios ou, não sendo possivel a divisão commoda, se adjudicará a um delles, mediante indemnização.

Art. 571. Do intervalo, muro, vala, cerca ou qualquer outra abra divisória entre dois prédios tem direito a usar em comum os proprietários confinantes, presumindo-se, até prova em contrário, pertencer a ambos.

DO DIREITO DE CONSTRUIR

Art. 572. O proprietário pode levantar seu terreno as construções que lhe aprouver, salvo o direito dos vizinhos e os regulamentos administrativos.

Art. 573. O proprietário pode embargar a construção de prédio que invada a área do seu, ou sobre este deite goteiras, bem como a daquele, em que, a menos de metro e meio do seu, se abra janela, ou se faça eirado, terraço, ou varanda.

§ 1º A disposição deste artigo não abrange as frestas, esteiras, ou óculos para luz, não maiores de dez centímetros de largura sobre vinte de comprimento.

§ 2º Os vãos, ou aberturas para luz não prescrevem contra o vizinho, que, a todo tempo, levantará, querendo, a sua casa, ou contra muro, ainda que lhes vede a claridade.

Art. 574. As disposições do artigo precedente não são aplicáveis a prédios separados por estradas, caminho, rua, ou qualquer outra passagem publica.

Art. 575. O proprietário edificará de maneira que o beiral do seu telhado não despeje sobre o prédio vizinho, deixando, entre este e o beiral, quando por outro modo o não possa evitar, um intervalo de dez centímetros, pelo menos.

Art. 576. O proprietário, que anuir em janela, sacada, terraço, ou goteira sobre o seu prédio, só até o lapso de ano e dia após a conclusão da obra poderá exigir que se desfaça.

Art. 577. Em prédio rústico, não se poderão, sem licença do vizinho, fazer novas construções, ou acréscimos as existentes, a menos de metro e meio de limite comum.

Art. 578. As estrebarias, currais, pocilgas, estrumeiras, e, em geral, as construções que incomodam ou prejudicam a vizinhança, guardarão a distância fixada nas posturas municipais e regulamentos de higiene.

Art. 579. Nas cidades, vilas povoados, cujo edificação estiver adstrita a alinhamento, o dono de um terreno vago pode edifica-lo, maneirando na parede divisória do prédio contíguo, se ela agüentar a nova construção; mas terá de embolsar ao vizinho meio valor da parede e do chão correspondente.

Art. 580. O confinante, que primeiro construir, pode assentar a parede divisória até meia espessura no terreno contíguo, sem perder por isso o direito a haver meio valor dela, se o vizinho a travejar (art. 579). Neste caso, o primeiro fixará a largura do alicerce, assim como a profundidade se o terreno não for de rocha.

Parágrafo único. Se a parede divisória pertencer a um dos vizinhos, e não tiver capacidade para ser travejada pelo outro, não poderá este fazer-lhe alicerce ao pé, em prestar canção aquele, pelo risco a que a insuficiência da nova obra exponha a construção anterior.

Art. 581. O condomínio da parede meia pode utiliza-la até ao meio da espessura, não pondo em risco a segurança ou a separação dos dois prédios, e avisando previamente o outro consorte das obras, que ali tencione fazer. Não pode, porém, sem consentimento do outro, fazer, na parede meia, armários, ou obras semelhantes, correspondendo a outras, da mesma natureza, já feitas do lado oposto

Art. 582. O. dono de um prédio, ameaçado, pela construção de chaminés, fogões ou fornos, no contíguo, ainda que a parede seja comum, pode embargar a obra e exigir caução contra os prejuízos possíveis.

Art. 583. Não é licito encostar à parede meia, ou à parede do vizinho, sem permissão sua, fornalhas, fornos de forja ou de fundição, aparelhos higiênicos, fosso, canos de esgotos, depósitos de sal, ou de quaisquer substancias corrosivas, ou susceptíveis de produzir infiltrações, daninhas.

Parágrafo único. Não se incluem na proibição deste e do artigo antecedente as chaminés ordinárias, nem os fornos de cozinha.

Art. 584. São proibidas construções capazes de poluir, ou inutilizar para o uso ordinário a água de poço ou fonte alheia, a elas preexistente.

Art. 585. Não é permitido fazer escavações que tirem ao poço ou à fonte de outrem a água necessária. É, porém, permitido faze-las, se apenas diminuírem o suprimento do poço ou da fonte do vizinho, e não forem mais profundas que as deste, em relação ao nível do lençol d'água.

Art. 586. Todo aquele que violar as disposições dos arts. 580 e seguintes é obrigado a demolir as construções feitas, respondendo por perdas e danos.

Art. 587. Todo o proprietário é obrigado a conseguir que entre no seu prédio, e dele temporariamente use, mediante prévio aviso, o vizinho, quando seja indispensável à reparação ou limpeza, construção e reconstrução de sua casa. Mas, se dai lhe provier dano, terá direito a ser indenizado.

Parágrafo único As mesmas disposições aplicam-se aos casos de limpeza ou reparação dos esgotos, goteiras e aparelhos higiênicos, assim como dos poços e fontes já existentes.

DO DIREITO DE TAPAGEM

Art. 588. O. proprietário tem direito a cercar, murar, valsar, ou tapar de qualquer modo o seu prédio, urbano ou rural, conformando-se com estas disposições:

§ 1º Os tapumes divisórios entre propriedades presumem-se comuns, sendo obrigado a concorrer, partes iguais, para as despesas de sua construção e conservação, os proprietários dos imóveis confinantes.

§ 2º Por "tapumes" entendem-se as sebes vivas, as cercas de arame ou de madeira, as valas ou banquetas, ou quaisquer outro meios de separação dos terrenos, observadas as dimensões estabelecidas em posturas municipais, de acordo com os costumes de cada localidade, contanto que impeçam a passagem de animais de grande porte, como sejam gado vacum, cavalar e muar.

§ 3º A obrigação de cercar as propriedades para deter nos seus limites aves domesticas e animaes, taes como cabritos, porcos e carneiros, que exigem tapumes especiaes, cabe exclusivamente aos proprietarios e detentores.

§ 4º Quando for preciso decotar a cerca viva ou reparar o muro divisório, o proprietário terá direito de entrar no terreno do vizinho depois de o prevenir. Este direito, porém não exclue a obrigação de indenizar ao vizinho todo o dano, que a obra lhe ocasione.

§ 5º Serão feitas e conservadas as cercas marginais das vias publicas pela administração, a quem estas incumbirem, ou pelas pessoas, ou empresas, que as explorarem.

SEÇÃO VI – DA PERDA DA PROPRIEDADE IMÓVEL

Art. 589. Além das causas de extinção considerada neste Código, também se perde a propriedade imóvel:

I. Pela alienação.

II. Pela renuncia.

III. Pelo abandono

IV. Pelo perecimento do imóvel.

§ 1º Nos dois primeiros casos deste artigo, os efeitos da perda do domínio serão subordinados à transcrição do título, ou do ato renunciativo, no registro do lugar do imóvel.

§ 2º - O imóvel abandonado arrecadar-se-á como bem vago e passará ao domínio do Estado, do Território ou do Distrito Federal se se achar nas respectivas circunscrições: *(Redação dada pela Lei nº 6.969, de 1981)*

a) 10 (dez) anos depois, quando se tratar de imóvel localizado em zona urbana; *(Incluído pela Lei nº 6.969, de 1981)*

b) 3 (três) anos depois, quando se tratar de imóvel localizado em zona rural. *(Incluído pela Lei nº 6.969, de 1981)*

Art. 590. Também se perde a propriedade de imóvel mediante desapropriação por necessidade ou utilidade publica.

§ 1º Consideram-se casos de necessidade publica:

I. A defesa do território nacional.

II. A segurança publica.

III. Os socorros públicos, nos casos de calamidade.

IV. A salubridade publica.

§ 2º Consideram-se casos de utilidade publica:

I. A fundação de povoações e de estabelecimentos de assistência, educação ou instrução publica.

II. A abertura, alargamento ou prolongamento de ruas, praças, canais, estradas de ferro e em geral, de quaisquer vias publicas.

III. A construção de obras, ou estabelecimento, destinados ao bem geral de uma localidade, sua decoração e higiene.

IV. A exploração de minas.

Art. 591. Em caso de perigo iminente, como guerra, ou comoção intestina (Constituição Federal, art. 80), poderão as autoridades competentes usar da propriedade particular até onde o bem público o exija, garantido ao proprietário o direito à indenização posterior.

Parágrafo único. Nos demais casos o proprietário será previamente indenizado, e, se recusar a indenização, consignar-se-lhe-á judicialmente o valor.

CAPÍTULO III – DA AQUISIÇÃO E PERDA DA PROPRIEDADE MÓVEL

SEÇÃO I – DA OCUPAÇÃO

Art. 592. Quem se assenhorear de coisa abandonada, ou ainda não apropriada, para logo lhe adquire a propriedade, não sendo essa ocupação defesa por lei.

Parágrafo único. Volvem a não ter dono as coisas móveis, quando o seu as abandona, com intenção de renunciá-las.

Art. 593. São coisas sem dono e sujeitas à apropriação:

I - Os animais bravios, enquanto entregues à sua natural liberdade.

II - Os mansos e domesticados que não forem assinalados, se tiverem perdido o hábito de voltar ao lugar onde costumam recolher-se, salvo a hipótese do art. 596.

III - Os enxames de abelhas, anteriormente apropriados, se o dono da colmeia, a que pertenciam, os não reclamar imediatamente.

IV - As pedras, conchas e outras substâncias minerais, vegetais ou animais arrojadas às praias pelo mar, se não apresentarem sinal de domínio anterior.

DA CAÇA

Art. 594. Observados os regulamentos administrativos da caça, poderá ela exerce-se nas terras públicas, ou nas particulares, com licença de seu dono.

Art. 595. Pertence ao caçador o animal por ele apreendido. Se o Caçador for no encalço do animal e o tiver ferido, este lhe pertencerá, embora outrem o tenha apreendido.

Art. 596. Não se reputam animais de caça os domésticos que fugirem a seus donos, enquanto estes lhes andarem à procura.

Art. 597. Se a caça ferida se acolher a terreno cercado, murado, valiado, ou cultivado, o dono deste, não querendo permitir a entrada do caçador, terá que a entregar, ou expelir.

Art. 598. Aquele, que penetrar em terreno alheio, sem licença do dono, para caçar, perderá para este a caça, que apanhe, e responder-lhe-á pelo dano, que lhe cause.

DA PESCA

Art. 599. Observados os regulamentos administrativos, lícito é pescar em águas públicas, ou nas particulares, com o consentimento de seu dono.

Art. 600. Pertence ao pescador o peixe, que pescar, e o que o arpoado, ou farpado, perseguir, embora outrem o colha.

Art. 601. Aquele, que, sem permissão do proprietário, pescar, em águas alheias, perderá para ele o peixe que apanhe, e responder-lhe-á pelo dano, que lhe faça.

Art. 602. Nas águas particulares, que atravessem terrenos de muitos donos, cada um dos ribeirinhos tem direito a pescar de seu lado, até ao meio dia delas.

DA INVENÇÃO

Art. 603. Quem quer que ache coisa perdida, há de restituí-la ao dono ou legítimo possuidor.

Parágrafo único. Não o conhecendo, o inventor fará por descobri-lo, e, quando se lhe não depare, entregará o objeto achado à autoridade competente no lugar.

Art. 604. O que restituir a coisa achada, nos termos do artigo precedente, terá direito a uma recompensa e à indenização pelas despesas que houver feito com a conservação e transporte da coisa, se o dono não preferir abandoná-la.

Art. 605. O inventor responde pelos prejuízos causados ao proprietário ou possuidor legítimo, quando tiver procedido com dolo.

Art. 606. Decorridos seis mezes do aviso á autoridade, não se apresentando ninguem que mostre dominio sobre a coisa, será esta vendida em hasta publica, e, deduzidas do preço as despesas, mais a recompensa do inventor (art. 604), pertencerá o remanescente ao Estado ou ao Districto Federal, se nas respectivas circumscripções se deparou o objecto perdido, ou á União, se foi achado em territorio ainda não constituido em Estado.

DO TESOURO

Art. 607. O depósito antigo de moeda ou coisas preciosas, enterrado, ou oculto, de cujo dono não haja memória, se alguém casualmente o achar em prédio alheio, dividir-se-á por igual entre o proprietário e o inventor.

Art. 608. Se o que achar for o senhor do prédio, algum operário seu, mandado em pesquisa, ou terceiro não autorizado pelo dono do prédio , a este pertencerá por inteiro o tesouro.

Art. 609. Deparando-se em terreno aforado, partir-se-á igualmente entre o inventor e o enfiteuta, ou será deste por inteiro, quando ele mesmo seja o inventor.

Art. 610. Deixa de considerar-se tesouro o depósito achado, se alguém mostrar que lhe pertence.

SEÇÃO II – DA ESPECIFICAÇÃO

Art. 611. Aquele, que, trabalhando em matéria prima, obtiver espécie nova, desta será proprietário, se a matéria era sua, ainda que só em parte, e não se puder restituir à forma anterior.

Art. 612. Se toda a matéria for alheia, e não se puder reduzir à forma procedente, será do especificador de boa fé a espécie nova.

§ 1º Mas, sendo praticável a redução , ou, quando impraticável, se a espécie nova se obteve de má fé, pertencerá ao dono da matéria prima.

§ 2º Em qualquer caso, porém, se o preço da mão de obra exceder consideravelmente o valor da matéria prima, a espécie nova será do especificador.

Art. 613. Aos prejudicados nas hipóteses dos dois artigos precedentes, menos a última do art. 612, § 1º, concernente à especificação irredutível obtida em má fé, se ressarcirá o dano, que sofrerem.

Art. 614. A especificação obtida por alguma das maneiras do art. 62 atribui a propriedade ao especificador, mas não o exime à indenização.

SEÇÃO III – DA CONFUSÃO, COMISTÃO E ADJUNÇÃO

Art. 615. As coisas pertencentes a diversos donos, confundidas, misturadas, ou ajuntadas, sem o consentimento deles, continuam a pertencer-lhes, sendo possível separá-las se deterioração.

§ 1º Não o sendo, ou exigindo a separação dispêndio excessivo, subsiste indiviso o todo, cabendo a cada um dos donos quinhão proporcional ao valor da coisa, com que entrou para a mistura ou agregado.

§ 2º Se, porém, uma das coisas puder considerar-se principal, o dono selo-á do todo, indenizando os outros.

Art. 616. Se a confusão, adjunção, ou mistura se operou de má fé, à outra parte caberá escolher entre guardar o todo, pagando a porção, que não for sua, ou renunciar as que lhe pertencerem, mediante indenização completa.

Art. 617. Se da mistura de materiais de natureza diversa se formar nova espécie, a confusão terá a natureza diversa se formar nova espécie, a confusão terá na natureza de especificação para o efeito de atribuir o domínio ao respectivo autor.

SEÇÃO IV – DO USOCAPIÃO

Art. 618. Adquirirá o domínio da coisa móvel o que a possuir como sua, sem interrupção, nem oposição, durante três anos.

Parágrafo único. Não gera usucapião a posse, que se não firme em justo título, bem como a inquinada, original ou supervenientemente de má fé.

Art. 619. Se a posse da coisa móvel se prolongar por cinco anos, produzirá usucapião independentemente de título de boa fé. *(Redação dada pela Lei nº 2.437, de 1955)*

Parágrafo único. As disposições dos arts. 552 e 553 são aplicáveis ao usucapião das coisas móveis. *(Redação dada pela Lei nº 2.437, de 1955)*

SEÇÃO V – DA TRADIÇÃO

Art. 620. O domínio das coisas não se transfere pelos contratos antes da tradição. Mas esta se subentende, quando ao transmitente continua a possuir pelo constituto possessório (art. 675).

Art. 621. Se a coisa alienada estiver na posse de terceiro, obterá o adquirente a posse indireta pela cessão que lhe fizer o alienante de seu direito a restituição da coisa.

Parágrafo único. Nos casos deste artigo e do antecedente, parte final, a aquisição da posse indireta eqüivale à tradição.

Art. 622. Feita por quem não seja proprietário, a tradição não alheia a propriedade. Mas, se o adquirente, estive de boa fé, e o alienante adquirir depois o domínio, considerar-se revalidada a transferência e operado o efeito da tradição, desde o momento do seu ato.

Parágrafo único. Também não transfere o domínio a tradição, quando tiver por título um ato nulo.

CAPÍTULO IV – DO CONDOMÍNIO

SEÇÃO I – DOS DIREITOS E DEVERES DOS CONDOMÍNIOS

Art. 623. Na propriedade em comum, com propriedade, ou condomínio, cada condômino ou consorte pode:

I. Usar livremente da coisa conforme seu destino, e sobre ela exercer todos os direitos compatíveis com a indivisão.

II. Reivindicá-la de terceiro.

III. Alhear a respectiva parte indivisa, ou gravá-la art. 1.139.

Art. 624. O condômino é obrigado a concorrer, na proporção de sua parte, para as despesas de conservação ou divisão da coisa e suportar na mesma razão os ônus, a que estiver sujeita.

Parágrafo único. Se com isso não se conformar algum dos condôminos, será dividida a coisa, respondendo o quinhão de cada um pela sua parte nas despesas da divisão.

Art. 625. As dívidas contraídas por um dos condôminos em proveito da comunhão, e durante ela, obrigam o contratante; mas asseguram-lhe ação regressiva contra os demais.

Parágrafo único. Se algum deles não anuir, proceder-se-á conforme o parágrafo único do artigo anterior.

Art. 626. Quando a dívida houver sido contraída por todos os condôminos, sem se discriminar a parte de cada um na obrigação coletiva, nem se estipular solidariedade, entende-se que cada qual se obrigou proporcionalmente ao seu quinhão, ou sorte, na coisa comum.

Art. 627. Cada consorte responde aos outros pelos frutos que percebeu da coisa comum, e pelo dano, que lhe causou.

Art. 628. Nenhum dos co-proprietários pode alterar a coisa comum, sem o consenso dos outros.

Art. 629. A todo tempo será lícito ao condômino exigir a divisão da coisa comum.

Parágrafo único. Podem, porém, os consortes acordar que fique indivisa por termo não maior de cinco anos, suscetível de prorrogação ulterior.

Art. 630. Se a indivisão for condição estabelecida pelo doador, ou testador, entende-se que o foi somente por cinco anos.

Art. 631. A divisão entre condôminos é simplesmente declaratória e não atributiva da propriedade. Esta poderá, entretanto, ser julgada preliminarmente no mesmo processo.

Art. 632. Quando a coisa for indivisível, ou se tornar, pela divisão, imprópria ao seu destino, e os consortes não quiserem adjudicá-la a um só, indenizando os outros, será vendida e repartido o preço, preferindo-se, na venda, em condições iguais de oferta, o condômino ao estranho, entre os condôminos o que tiver na coisa benfeitorias mais valiosas, e, não as havendo, o de quinhão maior.

Art. 633. Nenhum condômino pode, sem prévio consenso dos outros, dar posse, uso, ou gozo da propriedade a estranhos.

Art. 634. O condômino, como qualquer outro possuidor, poderá defender a sua posse contra outrem.

SEÇÃO II – DA ADMINISTRAÇÃO DO CONDOMÍNIO

Art. 635. Quando por circunstância de fato ou por desacordo, não for possível o uso e gozo em comum, resolverão os condomínios se a coisa deve ser administrada, vendida ou alugada.

§1º Se todos concordarem que se não venda, a maioria (art. 637) competirá deliberar sobre a administração ou locação da coisa comum.

§ 2º Pronunciando-se a maioria pela administração, escolherá também o administrador.

Art. 636. Resolvendo-se alugar a coisa comum (artigo 637), preferir-se-á, em condições iguais, o condômino ao estranho.

Art. 637. A maioria será calculada não pelo número, senão pelo valor dos quinhões.

§ 1º As deliberações não obrigarão, não sendo tomadas por maioria absoluta, isto é, por votos que representem mais de meio do valor total.

§ 2º Havendo empate, decidirá o juiz, a requerimento de qualquer condômino, ouvidos os outros.

Art. 638. Os frutos da coisa comum, não havendo em contrário estipulação ou disposição de última vontade, serão partilhados na proporção dos quinhões.

Art. 639. Nos casos de dúvida, presumem-se iguais os quinhões.

Art. 640. O condômino, que administrar sem oposição dos outros, presume-se mandatário comum.

Art. 641. Aplicam-se, nos casos omisso, à divisão do condomínio as regras de partilha da herança (arts. 1.772 e seguintes).

SEÇÃO III – DO CONDOMÍNIO EM PAREDES, CERCAS, MUROS E VALAS

Art. 642. O condomínio por meação de paredes, cercas, muros e valas regula-se pelo disposto neste Código, arts. 569 a 589 e 623 a 634.

Art. 643. O proprietário que tiver direito a extremar um imóvel com paredes, cercas, muros, valas, ou valados, tê-lo-á igualmente a adquirir meação na parede, muro, vala, valado, ou cerca do vizinho, embolsando-lhe metade do que atualmente valer a obra e o terreno por ela ocupado (art. 727).

Art. 644. Não convindo os dois no preço da obra, será este arbitrado por peritos, as expensas de ambos os confinantes.

Art. 645. Qualquer que seja o preço da meação, enquanto o que pretender a divisão não o pagar ou depositar, nenhum uso poderá fazer da parece, muro, vala, cerca, ou qualquer outra obra divisória.

SEÇÃO IV – DO COMPÁSCUO

Art. 646. Se o compáscuo em prédios particulares for estabelecido por servidão, reger-se-á pelas normas desta. Se não, observar-se-á, no que lhe for aplicável, o disposto neste capítulo, caso outra coisa não estipule o título de onde resulte a comunhão de pastos.

Parágrafo único. O compáscuo em terrenos baldios e públicos regular-se-á pelo disposto na legislação municipal.

CAPÍTULO V – DA PROPRIEDADE RESOLÚVEL

Art. 647. Resolvido do domínio pelo implemento da condição ou pelo advento do termo, entendem-se também resolvidos os direitos reais concedidos na sua pendência, e o proprietário, em cujo favor se opera a resolução, pode reivindicar a coisa do poder de que a detenha.

Art. 648. Se, porém, o domínio se resolver por outra causa superveniente, o possuidor, que o tiver adquirido por título anterior à resolução, será considerado proprietário perfeito, restando à pessoa em cujo benefício houve a resolução, ação contra aquele cujo domínios se resolveu para haver a própria coisa, ou seu valor.

CAPÍTULO VI – DA PROPRIEDADE LITERÁRIA, CIENTÍFICA E ARTÍSTICA

Arts. 649 a 673. *(Revogados pela Lei nº 9.610, de 1998)*

TÍTULO III – DOS DIREITOS REAIS SOBRE COISAS ALHEIAS

CAPÍTULO I – DISPOSIÇÕES GERAIS

Art. 674. São direitos reais, além da propriedade:

I - A emfiteuse.

II - As servidões.

III - O usofruto.

IV - O uso.

V - A habitação.

VI - As rendas expressamente constituídas sobre imóveis.

VII - O penhor.

VIII - A anticrise.

IX - A hipoteca.

Art. 675. Os direitos reais sobre coisas móveis, quando constituídos, ou transmitidos por atos entre vivos, só se adquirem com a tradição (art. 620).

Art. 676. Os direitos reais sobre imóveis constituídos, ou transmitidos por atos entre vivos só se adquirem depois da transcrição ou da inscrição, no registro de imóveis, dos referidos títulos (arts. 530, n I, e 856), salvo os casos expressos neste Código.

Art. 677. Os direitos reais passam com o imóvel para o domínio do comprador, adquirente.

Parágrafo único. Os onus dos impostos sobre predios transmitte se aos adquirentes, salvo constando da escritura as certidões do recebimento, pelo fisco, dos impostos devidos e, em caso de venda em praça, até o equivalente do preço da arrematação.

CAPÍTULO II – DA EMFITEUSE

Art. 678. Dá-se a enfiteuse, aforamento, ou emprazamento, quando por ato entre vivos, ou de última vontade, o proprietário atribui à outro o domínio útil do imóvel, pagando a pessoa, que o adquire, e assim se constitui enfiteuta, ao senhorio direto uma pensão, ou foro, anual, certo e invariável.

Art. 679. O contrato de enfiteuse é perpétuo. A enfiteuse por tempo limitado considera-se arrendamento, e com tal se rege.

Art. 680. Só podem ser objeto de enfiteuse terras não cultivadas ou terrenos que se destinem a edificação.

Art. 681. Os bens enfitêuticos transmitem-se por herança na mesma ordem estabelecida a respeito dos alodiais neste Código, arts. 1.603 e 1619; mas, não podem ser divididos em glebas sem consentimento do senhorio.

Art. 682. É obrigado o enfiteuta a satisfazer os impostos e os ônus reais que gravarem o imóvel.

Art. 683. O enfiteuta, ou foreiro, não pode vender nem dar em pagamento o domínio útil, sem prévio aviso ao senhorio direto, para que este exerça o direito de opção; e o senhorio direto tem trinta dia para declarar, por escrito, datado e assinado, que quer a preferência na alienação, pelo mesmo preço e nas mesmas condições.

Se dentro do prazo indicado, não responder ou não oferecer o preço da alienação, poderá o foreiro efetuá-la com quem entender.

Art. 684. Compete igualmente ao foreiro o direito de preferência, no caso de querer o senhorio vender o domínio direto ou dá-lo em pagamento. Para este efeito, ficará o dito senhorio sujeito à mesma obrigação imposta, em semelhantes circunstâncias, ao foreiro.

Art. 685. Se o enfiteuta não cumprir o disposto no art. 683, poderá o senhorio direto usar, não obstante, de seu direito de preferência, havendo do adquirente o prédio pelo preço da aquisição.

Art. 686. Sempre que se realizar a transferência do domínio útil, por venda ou doação em pagamento, o senhorio direto, que não usar da opção, terá direito de receber do alienante o laudêmio, que será de dois e meio por cento sobre o preço da alienação, se outro não se tiver fixado no título de aforamento.

Art. 687. O foreiro não tem direito à remissão do foro, por esterilidade ou destruição parcial do prédio enfitêutico, nem pela perda total de seus frutos; pode, em tais casos, porém, abandoná-lo ao senhorio direto, e, independentemente do seu consenso, fazer inscrever o ato da renúncia (art. 691).

Art. 688. É lícito ao enfiteuta doar, dar em dote, ou trocar por coisa não fungível o prédio aforado, avisando o senhorio direto, dentro em sessenta dias, contados do ato da transmissão, sob pena de continuar responsável pelo pagamento do foro.

Art. 689. Fazendo-se penhora, por dívidas do enfiteuta, sobre o prédio emprazado, será citado o senhorio direto, para assistir à praça, e terá preferência, quer no caso de arrematação, sobre os demais lançadores, em condições iguais, quer, em falta deles, no caso de adjudicação.

Art. 690. Quando o prédio emprazado vier a pertencer a várias pessoas, estas, dentro em seis meses, elegerão um cabecel, sob pena de se devolver ao senhorio o direito de escolha.

§ 1º Feita a escolha, todas as ações do senhorio contra os foreiros serão propostas contra o cabecel, salvo a este o direito regressivo contra os outros pelas respectivas quotas.

§ 2º Se, porém, o senhorio direto convier na divisão do prazo, cada uma das glebas em que for dividido constituirá prazo distinto.

Art. 691. Se o enfiteuta pretender abandonar gratuitamente ao senhorio o prédio aforado, poderão opor-se os credores prejudicados com o abandono, prestando caução pelas pensões futuras, até que sejam pagos de sua dívidas.

Art. 692. A enfiteuse extingue-se:

I - Pela natural deterioração do prédio aforado, quando chegue a não valer o capital correspondente ao fôro e mais um quinto deste.

II - Pelo compromisso, deixando o foreiro de pagar as pensões devidas, por três anos consecutivos, caso em que o senhorio o indenizará das benfeitorias necessárias.

III - Falecendo o emfiteuta, sem herdeiros, salvo o direito dos credores.

Art. 693. Todos os aforamentos, salvo acôrdo entre as partes, são resgatáveis vinte anos depois de constituídos, mediante pagamento de vinte pensões anuais pelo foreiro, que não poderá, no seu contrato, renunciar o direito ao resgate, nem contrariar as disposições imperativas dêste capítulo. *(Redação dada pela Lei nº 2.437, de 1955)*

Art. 694. A sub-emfiteuse está sujeita às mesmas disposições que a enfiteuse. A dos terrenos de marinha e acrescidos será regulada em lei especial.

CAPÍTULO III – DAS SERVIDÕES PREDIAIS

SEÇÃO I – DA CONSTITUIÇÃO DAS SERVIDÕES

Art. 695. Impõe-se a servidão predial a um prédio em favor de outro, pertencente a diverso dono. Por ela perde o proprietário do prédio serviente o exercício de alguns de seus direitos dominicais, ou fica obrigado a tolerar que dele se utilize, para certo fim, o dono do prédio dominante.

Art. 696. A servidão não se presume.

Art. 697. As servidões não aparentes só podem ser estabelecidas por meio de transcrição no registro de imóveis.

Art. 698. A posse incontestada e contínua de uma servidão por dez ou quinze anos, nos têrmos do artigo 551, autoriza o possuidor a transcrevê-la em seu nome no registro de imóveis, servindo-lhe de título a sentença que julgar consumado o usucapião. *(Redação dada pela Lei nº 2.437, de 1955)*

Parágrafo único. Se o possuidor não tiver título, o prazo do usucapião será de vinte anos. *(Redação dada pela Lei nº 2.437, de 1955)*

Art. 699. O dono de uma servidão tem direito a fazer todas as obras necessárias à sua conservação e uso. Se a servidão pertencer a mais de um prédio, serão as despesas rateadas entre os respectivos donos.

Art. 700. As obras a que se refere o artigo antecedente devem ser feitas pelo dono do prédio dominante, se o contrário não dispuser o título expressamente.

Art. 701. Quando a obrigação incumbir ao dono do prédio serviente, este poderá exonerar-se, abandonando a propriedade ao dono do dominante.

Art. 702. O dono do prédio serviente não poderá embaraçar de modo algum o uso legítimo da servidão.

Art. 703. Pode o dono do prédio serviente remover de um local para outro a servidão, contanto que o faça à sua custa, e não diminua em nada as vantagens do prédio dominante.

Art. 704. Restringir-se-á o uso da servidão às necessidades do prédio dominante, evitando, quanto possível, agravar o encargo ao prédio serviente.

Parágrafo único. Constituída para certo fim, a servidão não se pode ampliar a outro, salvo o disposto no artigo seguinte.

Art. 705. Nas servidões de trânsito a de maior inclui a de menor ônus, e a menos exclui a mais onerosa.

Art. 706. Se as necessidades da cultura do prédio dominante impuserem à servidão maior largues, o dono do serviente é obrigado a sofrê-la; mas tem direito a ser indenizado pelo excesso poderá impedi-lo.

Parágrafo único. Se, porém, esse acréscimo de encargo for devido a mudança na maneira de exercer a servidão, como no caso de se pretender edificar em terreno até então destinado a cultura, poderá obstá-lo o dono do prédio serviente.

Art. 707. As servidões prediais são indivisíveis. Subsistem, no caso de partilha, em benefício de cada um dos quinhões do prédio dominante, e continuam a gravar cada um dos do prédio serviente, salvo se, por natureza, ou destino, só se aplicarem a certa parte de um, ou de outro.

SEÇÃO II – DA EXTINÇÃO DAS SERVIDÕES

Art. 708. Salvo nas desapropriações, a servidão, uma vez transcrita, só se extingue, com respeito a terceiros, quando cancelada.

Art. 709. O dono do prédio serviente tem direito, pelos meios judiciais, ao cancelamento da transcrição, embora o dono do prédio dominante lhe impugne:

I - Quando o titular houver renunciado a sua servidão.

II - Quando a servidão for de passagem, que tenha cessado pela abertura de estrada pública, acessível ao prédio dominante.

III - Quando o dono do prédio serviente resgatar a servidão.

Art. 710. As servidões prediais extinguem-se:

I - Pela reunião dos prédios no domínio da mesma pessoa.

II - Pela supressão das respectivas obras por efeito de contrato, ou de outro título expresso.

III - Pelo não uso, durante dez anos contínuos.

Art. 711. Extinta, por alguma das causas do artigo anterior, a servidão predial transcrita, fica ao dono do prédio serviente o direito a fazê-la cancelar, mediante a prova da extinção.

Art. 712. Se o prédio dominante estiver hipotecado, e a servidão se mencionar no título hipotecário, será também preciso, para a cancelar, o consentimento do credor.

CAPÍTULO IV – DO USOFRUTO

SEÇÃO I – DISPOSIÇÕES GERAIS

Art. 713. Constitui usufruto o direito real de fruir as utilidades e frutos de uma coisa, enquanto temporariamente destacado da propriedade.

Art. 714. O usufruto pode recair em um ou mais bens, móveis ou imóveis, em um patrimônio inteiro, ou parte deste, abrangendo-lhe, no todo ou em parte, os frutos e utilidades.

Art. 715. O usufruto de imóveis, quando não resulte do direito de família, dependerá de transcrição no respectivo registro.

Art. 716. Salvo disposição em contrário, o usufruto estende-se aos acessórios da coisa e seus acrescidos.

Art. 717. O usufruto só se pode transferir, por alienação ao proprietário da coisa; mas o seu exercício pode ceder-se por título gratuito ou oneroso.

SEÇÃO II – DOS DIREITOS DO USOFRUTUARIO

Art. 718. O usufrutuário tem direito à posse, uso, administração e percepção dos frutos.

Art. 719. Quando o usufruto recai em títulos de crédito, o usufrutuário tem direito, não só a cobrar as respectivas dívidas, mas ainda a empregar-lhes a importância recebida. Essa aplicação, porém, corre por sua conta e risco; e, cessando o usufruto, o proprietário pode recusar os novos títulos, exigindo em espécie o dinheiro.

Art. 720. Quando o usufruto recai sobre apólices da dívida pública ou títulos semelhantes, de cotação variável, a alienação deles só se efetuará mediante prévio acordo entre o usufrutuário e o dono.

Art. 721. Salvo direito adquirido por outro, o usufrutuário faz seus o frutos naturais, pendentes ao começar o usufruto, sem encargo de pagar as despesas de produção.

Parágrafo único. Os frutos naturais, porém, pendentes no tempo em que cessa o usufruto, pertencem ao dono, também sem compensação das despesas.

Art. 722. As crias dos animais pertencem ao usufrutuário, deduzidas quantas bastem, para inteirar as cabeças de gado existentes ao começar o usufruto.

Art. 723. Os frutos civis, vencidos na data inicial do usufruto, pertencem ao proprietário, e ao usufrutuário os vencidos na data em que cessa o usufruto.

Art. 724. O usufrutuário pode usufruir em pessoa, ou mediante arrendamento, o prédio, mas não mudar-lhe o gênero de cultura, sem licença do proprietário ou autorização expressa no título; salvo se, por algum outro, como os de pai ou marido, lhe couber tal direito.

Art. 725. Se o usufruto recai em florestas, ou minas, podem o dono e o usufrutuário prefixar-lhe a extensão do gozo e a maneira da exploração.

Art. 726. As coisas que se consomem pelo uso, caem para logo no domínio do usufrutuário, ficando, porém, este obrigado a restituir, findo o usufruto, o equivalente em gênero, qualidade e quantidade, ou, não sendo possível, o seu valor, pelo preço corrente ao tempo da restituição.

Parágrafo único. Se, porém, as referidas coisas foram avaliadas no título constitutivo do usufruto, salvo cláusula expressa em contrário, o usufrutuário é obrigado a pagá-las pelo preço da avaliação.

Art. 727. O usufrutuário não tem direito à parte do tesouro achado por outrem, nem ao preço pago pelo vizinho do prédio usufruído, para obter meação em parede, cerca, muro, vala ou valado (art. 643).

Art. 728. Não procede o disposto na segunda parte do artigo anterior, quando o usufruto recair sobre universalidade ou quota parte de bens.

SEÇÃO III – DAS OBRIGAÇÕES DO USOFRUTUÁRIO

Art. 729. O usufrutuário, antes de assumir o usufruto, inventariará, à sua custa, os bens, que receber, determinando o estado em que se acham e dará caução, fidejussória ou real, se lhe exigir o dono, de velar-lhe para conservação, o entregá-los findo o usufruto.

Art. 730. O usufrutuário, que não quiser ou não puder dar caução suficiente, perderá o direito de administrar o usufruto; e, neste caso, os bens serão administrados pelo proprietário, que ficará obrigado, mediante caução, a entregar ao usufrutuário o rendimento deles, deduzidas as despesas da administração, entre as quais se incluirá a quantia taxada pelo juiz em remuneração do administrador.

Art. 731. Não são obrigados à caução:

I - O doador, que se reservar o usofruto da coisa doada.

II - Os pais, usofrutuários dos bens dos filhos menores.

Art. 732. O usufrutuário não é obrigado a pagar as deteriorações resultantes do exercício regular do usufruto.

Art. 733. Incumbe ao usufrutuário:

I - As despesas ordinárias de conservação dos bens no estado em que os recebeu.

II - Os fôros, as pensões e os impostos reais devidos pela posse, ou rendimento da coisa usofruída.

Art. 734. Incumbe ao dono as reparações extraordinárias e as que não forem de custo módico; mas o usufrutuário lhe pagará os juros do capital despendido com as que forem necessárias à conservação, ou argumentarem o rendimento da coisa usufruída.

Parágrafo único. Não se consideram módicas as despesas superiores a dois terços do líquido rendimento em um ano.

Art. 735. Se a coisa estiver segura, incumbe ao usufrutuário pagar, durante o usufruto, as contribuições do seguro.

§ 1º Se o usufrutuário fizer o seguro, ao proprietário caberá o direito dele resultante contra o segurador.

§ 2º Em qualquer hipótese, o direito do usufrutuário fica sub-rogado no valor da indenização do seguro.

Art. 736. Se o usufruto recair em coisa singular, ou parte dela, só responderá o usufrutuário pelo juro da dívida, que ela garantir, quando esse ônus for expresso no título respectivo.

Se recair num patrimônio, ou parte deste, será o usufrutuário obrigado aos juros da dívida que onerar o patrimônio ou a parte dele, sobre que recaia o usufruto.

Art. 737. Se um edifício sujeito a usufruto for destruído sem culpa do proprietário, não será este obrigado a reconstruí-lo, nem o usufruto se restabelecerá, se o proprietário reconstruir à sua custo o prédio; mas se ele estava seguro, a indenização paga fica sujeita ao ônus do usufruto.

Se a indenização do seguro for aplicada à reconstrução do prédio, restabelecer-se-á usufruto.

Art. 738. Também fica sub-rogada no ônus do usufruto, em lugar do prédio, a indenização paga, se ele for desapropriado, ou a importância do dano, ressarcido, pelo terceiro responsável, o caso de danificação, ou perda.

SEÇÃO IV – DA EXTINÇÃO DO USOFRUTO

Art. 739. O usufruto extingue-se:

I - Pela morte do usofrutuário.

II - Pelo termo de sua duração.

III - Pela cessação da causa de que se origina.

IV - Pela destruição da coisa, não sendo fungível, guardadas as disposições dos arts. 735, 737, 2ª Parte, e 738.

V - Pela consolidação.

VI - Pela prescrição.

VII - por culpa do usufrutuário, quando aliena, deteriora, ou deixa arruinar os bens, não lhes acudindo com os reparos de conservação.

Art. 740. Constituído o usufruto em favor de dois ou mais indivíduos, extinguir-se-á parte a parte em relação a cada um dos que falecerem, salvo se, por estipulação expressa, o quinhão desses couber aos sobreviventes.

Art. 741. O usufruto constituído em favor de pessoa jurídica extingue-se com esta, ou, se ela perdurar, aos cem anos da data em que se começou a exercer.

CAPÍTULO V – DO USO

Art. 742. O usuário fruirá a utilidade da coisa dada em uso, quanto o exigirem as necessidades pessoais suas e de sua família.

Art. 743. Avaliar-se-ão as necessidades pessoais do usuário, conforme a sua condição social e o lugar onde viver.

Art. 744. As necessidades da família do usuário compreendem:

I - As de seu cônjuge.

II - As dos filhos solteiros, ainda que ilegítimos.

III - As das pessoas de seu serviço doméstico.

Art. 745. São aplicáveis ao uso, no que não for contrário à sua natureza, as disposições relativas ao usufruto.

CAPÍTULO VI – DA HABITAÇÃO

Art. 746. Quando o uso consistir no direito de habitar gratuitamente casa alheia, o titular deste direito não a pode alugar, nem emprestar, mas simplesmente ocupá-la com sua família.

Art. 747. Se o direito real de habitação for conferido a mais de uma pessoa, qualquer delas, que habite, sozinha, a casa, não terá de pagar aluguel à outra, ou as outras, mas não as pode inibir de exercerem, querendo, o direito, que também lhes compete, de habitá-la.

Art. 748. São aplicáveis à habitação, no em que lhe não contrariarem a natureza, as disposições concernentes ao usufruto.

CAPÍTULO VII – DAS RENDAS CONSTITUÍDAS SOBRE IMÓVEIS

Art. 749. No caso de desapropriação, por necessidade ou utilidade pública, de prédio sujeito a constituição de renda (arts. 1.424 a 1.431), aplicar-se-á em constituir outra o preço do imóvel obrigado. O mesmo destino terá, em caso análogo, a indenização do seguro.

Art. 750. O pagamento da renda constituída sobre um imóvel incumbe, de pleno direito, ao adquirente do prédio gravado. Esta obrigação estende-se as rendas vencidas antes da alienação, salvo o direito regressivo do adquirente contra o alienante.

Art. 751. O imóvel sujeito a prestações de renda pode ser resgatado, pagando o devedor um capital em espécie, cujo rendimento, calculado pela taxa legal dos juros, assegure ao credor renda equivalente.

Art. 752. No caso de falência, insolvência ou execução do prédio gravado, o credor da renda tem preferência aos outros credores para haver o capital indicado no artigo antecedente.

Art. 753. A renda constituída por disposição de última vontade começa a ter efeito desde a morte do constituinte, mas não valerá contra terceiros adquirentes, enquanto não transcrita no competente registro.

Art. 754. No caso de transmissão do prédio gravado a muitos sucessores, o ônus real da renda continua a gravá-lo em todas as suas partes.

CAPÍTULO VIII – DOS DIREITOS REAIS DE GARANTIA

Art. 755. Nas dívidas garantidas por penhor, anticrese ou hipoteca, a coisa dada em garantia fica sujeita, por vinculo real, ao cumprimento da obrigação.

Art. 756. Só aquele que pode alienar, poderá hipotecar, dar em anticrese, ou empenhar. Só as coisas que se podem alienar poderão ser dadas em penhor, anticrese, ou hipoteca.

Parágrafo único. O domínio superveniente revalida, desde a inscrição, as garantias reais estabelecidas por quem possuía a coisa a título de proprietário.

Art. 757. A coisa comum a dois ou mais proprietários não pode ser dada em garantia real, na sua totalidade, sem o consentimento de todos; mas cada um pode individualmente dar em garantia real a parte que tiver, se for divisível a coisa, e só a respeito dessa parte vigorará a indivisibilidade da garantia

Art. 758. O pagamento de uma ou mais prestações da dívida não importa exoneração correspondente da garantia, ainda que esta compreenda vários bens, salvo disposição expressa no título, ou na quitação.

Art. 759. O credor hipotecário e o pignoratício têm o direito de executar a coisa hipotecada, ou empenhada, e preferir, no pagamento, a outros credores, observada, quanto à hipoteca, a prioridade na inscrição.

Parágrafo único. Exceptua-se desta regra a divida proveniente de salarios do trabalhador agricola, que sera paga, precipuamente a quaesquer outros creditos, pelo producto da colheita para a qual houver concorrido com o seu trabalho.

Art. 760. O credor anticrético tem direito a reter em seu poder a coisa, enquanto a dívida não fôr paga. Extingue-se, porém, êsse direito decorridos quinze anos do dia da transcrição. *(Redação dada pela Lei nº 2.437, de 1955)*

Art. 761. Os contratos de penhor, anticrese e hipoteca declararão, sob pena de não valerem contra terceiros:

I - O total da dívida, ou sua estimação.

II - O prazo fixado para pagamento.

III - A taxa dos juros, se houver.

IV - A coisa dada em garantia, com as suas especificações.

Art. 762. A dívida considera-se vencida:

I - Se, deteriorando-se, ou depreciando-se a coisa dada em segurança, desfalcar a garantia, e o devedor, intimado, a não reforçar.

II - Se o devedor cair em insolvência, ou falir.

III - Se as prestações não forem pontualmente pagas, toda vez que deste modo se achar estipulado o pagamento.Neste caso, o recebimento posterior da prestação atrasada importa renuncia do credor ao seu direito de execução imediata.

IV - Faça-se ponto em garantia.

V - Se desapropriar a coisa dada em garantia, depositando-se a parte do preço, que for necessária para o pagamento integral do credor.

§ 1º Nos casos de perecimento ou deterioração do objecto dado era garantia, a indemnização, estando elle seguro ou havendo alguem responsavel pelo damno, se subrogará na coisa destruida ou deteriorada, em beneficio do credor, a quem assistirá sobre ella preferencia até ao seu completo reembolso. *(Incluído pelo Decreto-Lei nº 3.725, de 1970)*

§ 2º. Nos casos dos ns. IV e V, só se vencerá a hipoteca antes do prazo estipulado, se o sinistro, ou a desapropriação recair sobre o objeto dado em garantia, e esta não abranger outros; subsistindo, no caso contrário, a dívida reduzida, com a respectiva garantia sobre os demais bens, não desapropriados, danificados, ou destruídos. *(Renumerado do paragrafo único pelo Decreto-Lei nº 3.725, de 1919)*

Art. 763. O antecipado vencimento da dívida nas hipóteses do artigo anterior, não importa o dos juros correspondentes ao prazo convencional por decorrer.

Art. 764. Salvo cláusula expressa, o terceiro que presta garantia real por dívida alheia, não fica obrigado a substituí-la, ou reforça-la, quando, sem culpa sua., se perca, deteriore, ou desvalie.

Art. 765. É nula a cláusula que autoriza o credor pignoraticio, anticrédito ou hipotecário a ficar com o objeto da garantia, se a dívida não for paga no vencimento.

Art. 766. Os sucessores do devedor não podem remir parcialmente o penhor ou a hipoteca na proporção dos seus quinhões; qualquer deles, porém, pode fazê-lo no todo.

Parágrafo único. O herdeiro ou sucessor que fizer a remissão fica sub-rogado nos direitos do credor pelas quotas que houver satisfeito.

Art. 767. Quando, excluído o penhor, ou executada a hipoteca, o produto não bastar para pagamento da dívida e despesas judicias, continuará o devedor obrigado pessoalmente pelo restante.

CAPÍTULO IX – DO PENHOR

SEÇÃO I – DISPOSIÇÕES GERAIS

Art. 768. Constitui-se o penhor pela tradição efetiva, que, em garantia do débito, ao credor, ou a quem o represente, faz o devedor, ou alguém por ele, de um objeto móvel, suscetível de alienação.

Art. 769. Só se pode constituir o penhor com a posse da coisa móvel pelo credor, salvo no caso de penhor agrícola ou pecuário, em que os objetivos continuam em poder do devedor, por efeito da cláusula constitui.

Art. 770. O instrumento do penhor convencional determinará precisamente o valor do débito e o objeto empenhado, em termos que o discriminem dos seus congêneres.

Quando o objeto do penhor for coisa fungível, bastará declarar-lhe a qualidade e quantidade.

Art. 771. Se o contrato se fizer mediante instrumento particular, será firmado pelas partes, e lavrado em duplicata, ficando um exemplar com cada um dos contratantes, qualquer dos quais pode levá-lo à transcrição.

Art. 772. O credor pignoraticio não pode, paga a dívida, recusar a entrega da coisa a quem a empenhou. Pode retê-la, porém, até que lhe o indemnizem das despesas. devidamente justificadas, que tiver feito, não sendo ocasionadas por culpa sua.

Art. 773. Pode igualmente o credor exigir do devedor a satisfação do prejuízo que houver sofrido por vício da coisa empenhada.

Art. 774. O credor pignoraticio é obrigado, como depositário:

I - A empregar na guarda do penhor a diligência exigida pela natureza da coisa.

II - A entregá-lo com os respectivos frutos e acessões, uma vez paga a dívida, observada as disposições dos artigos antecedentes.

III - A entregar o que sobeje de preço, quando a dívida for paga, seja por excussão judicial, ou por venda amigável, se lhe permitir expressamente o contrato, ou lhe autorizar o devedor mediante procuração especial.

IV - A ressarcir ao dono a perda ou deterioração, de que for culpado.

Art. 775. No caso do artigo antecedente, n. IV, pode compensar-se na dívida, até a concorrente quantia, a importância da responsabilidade do credor.

SEÇÃO II – DO PENHOR LEGAL

Art. 776. São credores pignoraticios, independentemente de convenção:

I - Os hospedeiros, estalajadeiros ou fornecedores de pousada ou alimento, sobre as bagagens, móveis, jóias ou dinheiro que os seus consumidores ou fregueses tiverem consigo nas respectivas casas ou estabelecimentos, pelas despesas ou consumo que ali tiverem feito.

II - O dono do prédio rústico ou urbano, sobre os bens móveis que o rendeiro ou inquilino tiver guarnecendo o mesmo prédio, pelos aluguéis ou rendas.

Art. 777. A conta das dívidas enumeradas no artigo antecedente, n. I, será extraída conforme a tabela impressa, prévia e ostensivamente exposta na casa, dos preços da hospedagem, da pensão ou dos gêneros fornecidos, sob pena de nulidade do penhor.

Art. 778. Em cada um dos casos do art. 776, o credor poderá tomar em garantia um ou mais objetos até ao valor da dívida.

Art. 779. Os credores compreendidos no referido artigo podem fazer efetivo o penhor, antes de recorrerem à autoridade judiciária, sempre que haja perigo na demora.

Art. 780. Tomado o penhor, requererá o credor, ato contínuo, a homologação, apresentando, com a conta por menor das despesas do devedor, a tabela dos preços, junta à relação dos objetos retidos, e pedindo a citação dele para, em vinte e quatro horas, pagar, ou alegar defesa.

SEÇÃO III – DO PENHOR AGRÍCOLA

Art. 781. Podem ser objeto de penhor agrícola:

I - Máquinas e instrumentos aratórios, ou de locomoção.

II - Colheitas pendentes, ou em via de formação no ano do contrato, quer resultem de prévia cultura, quer de produção espontânea do solo.

III - Frutos armazenados, em ser, ou beneficiados e acondicionados para a venda.

IV - lenha cortada ou madeira das matas preparada para o corte.

V - Animais do serviço ordinário de estabelecimento agrícola.

Art. 782. O penhor agrícola só se pode convencionar pelo prazo de um ano, ulteriormente prorrogável por seis meses.

Art. 783. Se o prédio estiver hipotecado, não se poderá, pena de nulidade, sobre ele constituir penhor agrícola, sem anuência do credor hipotecário, por este dada no próprio instrumento de constituição do penhor.

Art. 784. No penhor de animais, sob pena de nulidade, o instrumento designá-los-á com a maior precisão, particularizando, o lugar onde se achem, e o destino, que tiverem.

Art. 785. O devedor não poderá vender o gado empenhado, sem prévio consentimento escrito do credor.

Art. 786. Quando o devedor pretenda vender o gado empenhado, ou, por negligente, ameace prejudicar o credor, poderá este requerer se depositem os animais sob a guarda de terceiro, ou exigir que se lhe pague a dívida in-continenti.

Art. 787. Os animais da mesma espécie, comprados para substituir os mortes, ficam sub-rogados no penhor.

Parágrafo único. Esta substituição presume-se, mas não valerá contra terceiros, se não constar de menção adicional ao respectivo contrato.

Art. 788. O penhor de animais não admite prazo maior de dois anos, mas pode ser prorrogado por igual período, averbando-se a prorrogação no título respectivo.

Parágrafo único. Vencida a prorrogação, o penhor será excutido, quando não seja reconstituído.

SEÇÃO IV – DA CAUÇÃO DE TÍTULOS DE CRÉDITO

Art. 789. A caução de titulos nominativos de divida da União, dos Estados ou dos Municipios equipara-se ao penhor e vale contra terceiros, desde que for transcrita, ainda que esses títulos não hajam sido entregues ao credor.

Art. 790. Tambem se equipara ao penhor, mas com as modificações dos artigos seguintes, a caução de titulos de credito pessoal

Art. 791. Esta caução principia a ter efeito com a tradição do título ao credor, e provar-se-á por escrito, nos termos dos arts. 770 e 771.

Art. 792. Ao credor por esta caução compete o direito de:

I - Conservar e recuperar a posse dos títulos caucionados, por todos os meios cíveis ou crimes, contra qualquer detentor, inclusive o próprio dono.

II - Fazer intimar ao devedor dos títulos caucionados, que não pague ao seu credor, enquanto durar a caução (art. 794).

III - Usar das ações, recursos e exceções convenientes, para assegurar os seus direitos, bem como os do credor caucionante, como se deste fôra procurador especial.

IV - Receber a importância dos títulos caucionados, e restituí-los ao devedor, quando este solver a obrigação por eles garantida.

Art. 793. No caso do artigo antecedente, n. IV, o credor caucionado ficará, como depositário, responsável ao credor caucionário, pelo que receber além do que este lhe devia.

Art. 794. O devedor do título caucionado, tanto que receba a intimação do art. 792, n. II, ou se de por ciente da caução, não poderá receber quitação do seu credor.

Art. 795. Aquele, que, sendo credor num título de crédito, de o ter caucionado, quitar o devedor, ficará, por esse fato, obrigo a saldar imediatamente a dívida, em cuja garantia prestou a caução, e o devedor, que, ciente de estar caucionado o seu título de débito, aceitar quitação do credor caucionante, responderá solidariamente, com este, por perdas e danos ao caucionado.

SEÇÃO V – DA TRANSCRIÇÃO DO PENHOR

Art. 796. O penhor agrícola será transcrito no registro de imóveis.

Parágrafo único. Enquanto não cancelada, continua a transcrição a valer contra terceiros.

Art. 797. O penhor de títulos de bolsa averbar-se-á nas repartições competentes, ou na sede da associação emissora.

Art. 798. O credor, que aceitar em caução títulos ainda não integrados, poderá, sobrevindo qualquer das chamadas ulteriores, executar logo o devedor, que não realize a entrada, ou efetuá-la sob protesto.

Art. 799. Se, nos termos do artigo antecedente, se efetuar, sob protesto, a entrada, ao débito se adicionará o valor desta, ressalvado ao credor o seu direito de executar in-continenti o devedor.

Art. 800. O credor, ou o devedor, um na ausência do outro contraente, pode fazer transcrever o penhor, apresentando o respectivo instrumento na forma do art. 135, se for particular.

Art. 801. Poderá o devedor fazer cancelar a transcrição do instrumento pignoratício, apresentado, com a firma reconhecida, se o documento for particular, a quitação do credor art. 1.093.

Parágrafo único. O mesmo direito compete ao adquirente do penhor por adjudicação, compra, sucessão ou remissão, exibindo seu título.

SEÇÃO VI – DA EXTINÇÃO DO PENHOR

Art. 802. Resolve-se o penhor:

I. Extinguindo-se a obrigação

II. Perecendo a coisa

III. Renunciando o credor

V. Dando-se a adjudicação judicial, a remissão, ou a venda amigavel do penhor, se a permittir expressamente o contracto, ou fôr autorizada pelo devedor (art. 774, n. III), ou pelo credor (art. 785).

V. Confundindo-se na mesma pessoa as qualidades de credor e dono da coisa.

VI. Dando-se a adjudicação judicial, a remissão, ou a venda do penhor, autorizada pelo credor.

Art. 803. Presume-se a renúncia do credor, quando consentir na venda particular do penhor sem reserva de preço, quando restituir a sua posse ao devedor, ou quando anuir à sua substituição por outra garantia.

Art. 804. Operando-se a confusão tão somente quanto à parte da dívida pignoraticia, subsistirá inteiro o penhor quanto ao resto.

CAPÍTULO X – DA ANTICRESE

Art. 805. Pode o devedor, ou outrem por ele, entregando ao credor um imóvel, ceder-lhe o direito de perceber, em compensação da dívida, os frutos e rendimentos.

§ 1º É permitido estipular que os frutos e rendimentos do imóvel, na sua totalidade, sejam percebidos pelo credor, somente à conta de juros.

§ 2º O imóvel hipotecado pode ser dado em anticrese pelo devedor, ao credor hipotecário, assim como o imóvel sujeito a anticrese pode ser hipotecado pelo devedor ao credor anticrético.

Art. 806. O credor anticrético pode fruir diretamente o imóvel ou arrendá-lo a terceiro, salvo pacto em contrário, mantendo, no último caso, até ser pago, o direito de retenção do imóvel.

Art. 807. O credor anticrético responde pelas deteriorações, que, por culpa sua, o imóvel sofrer, e pelos frutos, que, por sua negligência, deixar de perceber.

Art. 808. O credor anticrético pode reivindicar os seus direitos contra o adquirente do imóvel, os credores chirographicos e hipotecários posteriores a transcrição da anticrese.

§ 1º Se porém, executar o imóvel por não pagamento da dívida, ou permitir que outro credor o execute, sem opor o seu direito de retenção ao exeqüente, não terá preferencia sobre o preço.

§ 2º Também não a terá sobre a indenização do seguro, quando o prédio seja destruído, nem, se for desapropriado, sobre a da desapropriação.

CAPÍTULO XI – DA HIPOTECA

SEÇÃO I – DISPOSIÇÕES GERAIS

Art. 809. A lei da hipoteca é a civil, e civil a sua jurisdição, ainda que a dívida seja comercial, e comerciantes as partes.

Art. 810. Podem ser objeto de hipoteca:

I. Os imóveis.

II. os acessórios dos imóveis conjuntamente com eles.

III. O domínio direto.

IV. O domínio útil.

V. As estradas de ferro.

VI. As minas e pedreiras, independentemente do solo onde se acham.

VII. Os navios» (art. 825). *(Incluído pelo Decreto-Lei nº 3.725, de 1970)*

Art. 811. A hipoteca abrange todas as acessões, melhoramentos ou construções do imóvel.

Subsistem os ônus reais constituídos e transcritos, anteriormente à hipoteca, sobre o mesmo imóvel.

Art. 812. O dono do imóvel hipotecado pode constituir sobre ele, mediante novo título, outra hipoteca, em favor do mesmo, ou de outro credor.

Art. 813. Salvo o caso de insolvência do devedor, o credor da segunda hipoteca, embora vencida, não poderá executar o imóvel antes de vencida a primeira.

Parágrafo único. Não se considera insolvente o devedor por, faltar ao pagamento das obrigações garantidas por hypothecas posteriores á primeira.

Art. 814. A hipoteca anterior pode ser remida, em se vencendo, pelo credor da segunda, se o devedor não se oferecer a remi-la.

§ 1º Para a remissão, neste caso, consignará o segundo credor a importância do débito e das despesas judiciais, caso se esteja promovendo a execução, intimando o credor anterior para levantá-la e o devedor para remi-la, se quiser.

§ 2º O segundo credor, que remir a hipoteca anterior, ficará ipso fato sub-rogado nos direitos desta, sem prejuízo dos que lhe competirem contra o devedor comum.

Art. 815. Ao adquirente do imóvel hipotecado cabe igualmente o direito de remi-lo.

§ 1º Se o adquirente quiser forrar-se aos efeitos da execução da hipoteca, notificará judicialmente, dentro em trinta dias, o seu contrato aos credores hipotecários, propondo, para a remissão, no mínimo, o preço por que adquiriu o imóvel.

A notificação executar-se-á no domicílio inscrito (art. 846, parágrafo único), ou por editais, se ali não estiver o credor.

§ 2º O credor notificado pode, no prazo assinado para a oposição, requerer que o imóvel seja licitado.

Art. 816. São admitidos a licitar:

I. Os credores hipotecários.

II. Os fiadores.

III. O mesmo adquirente.

§ 1º Não sendo requerida a licitação, o preço da aquisição ou aquele que o adquirente propuser, haver-se-á por definitivamente fixado para a remissão do imóvel, que, pago, ou depositado o dito preço, ficará livre de hipotecas.

§ 2º Não notificando o adquirente, nos trinta dias do art. 815, § 1º, aos credores hipotecários, fica obrigado:

I. Às perdas e danos para com os credores hipotecários.

II. Às custas e despesas judiciais.

III. À diferença entre a avaliação e a adjudicação, caso esta se efetue.

§ 3º O imóvel será penhorado e vendido por conta do adquirente, ainda que ele queira pagar, ou depositar o preço da venda, ou da avaliação, exceto se o credor consentir, e o preço da venda ou da avaliação bastar para a solução da hipoteca, ou se o adquirente a resgatar.

A avaliação não será nunca em preço inferior ao da venda.

§ 4º Disporá de ação regressiva contra o vendedor o adquirente, que sofrer expropriação do imóvel mediante licitação, ou penhora, o que pagar a hipoteca, o que por causa da adjudicação, ou licitação, desembolsar com o pagamento da hipoteca importância excedente à da compra e o que suportar custas e despesas judiciais.

§ 5º A hipoteca legal é remível na forma por que o são as hipotecas especiais, figurando pelas pessoas, a que pertencer, as competentes segundo a legislação em vigor.

Art. 817. Mediante simples averbação requerida por ambas as partes, poderá prorrogar-se a hipoteca, até perfazer trinta anos, da data do contrato. Desde que perfaça trinta anos, só poderá subsistir o contrato de hipoteca, reconstituindo-se por nova inscrição; e, neste caso lhe será mantida a procedência, que então lhe competir. *(Redação dada pela Lei nº 5.652, de 1970)*

Parágrafo único ... - VETADO ... *(Incluído pela Lei nº 5.652, de 1970)*

Art. 818. É lícito aos interessados fazer constar das escrituras o valor entre si ajustado dos imóveis hipotecados, o qual será a base para as arrematações, adjudicações e remissões, dispensada a avaliação.

As remissões não serão permitidas antes de realizada a primeira praça nem depois da assinatura do auto de arrematação.

Art. 819. O credor da hipoteca legal, ou quem o represente, poderá, mostrando a insuficiência dos imóveis especializados, exigir que seja reforçada com outros, posteriormente adquiridos pelo responsável.

Art. 820. A hipoteca legal pode ser substituída por caução de títulos da dívida pública federal ou estadual, recebidos pelo valor de sua cotação mínima no ano corrente.

Art. 821. No caso de falência do devedor hipotecário, o direito de remissão devolve-se à massa, em prejuízo da qual não poderá o credor impedir o pagamento do preço por que foi avaliado o imóvel. O restante da dívida hipotecária entrará em concurso com as chirographarias. No caso de insolvencia, cabe aquelle direito aos credores em concurso.

Art. 822. Pode o credor hipotecário, no caso de insolvência ou falência do devedor, para pagamento de sua dívida, requer a adjudicação do imóvel avaliado em quantia inferior a esta, desde que dê quitação pela sua totalidade.

Art. 823. São nulas, em benefício da massa, as hipotecas celebradas, em garantia de débitos anteriores, nos quarenta dias precedentes á declaração da quebra ou á instauração do concurso de preferencia.

Art. 824. Compete ao exeqüente o direito de prosseguir na execução da sentença contra os adquirentes dos bens do condenado; mas, para ser oposto a terceiros, conforme valer, e sem importar preferência, depende de inscrição e especialização.

Art. 825. São susceptíveis do contrato de hipoteca nos navios, posto que ainda em construção.

As hipotecas de navios reger-se-ão pelo disposto neste Código e nos regulamentos especiais, que sobre o assunto se expedirem.

Art. 826. A execução do imóvel hipotecado far-se-á por ação executiva. Não será válida a venda judicial de imóveis gravador por hipotecas, devidamente inscritas, sem que tenham sido notificados judicialmente os respectivos credores hipotecários que não forem de qualquer modo partes na execução.

SEÇÃO II – DA HIPOTECA LEGAL

Art. 827. A lei confere hipoteca:

I. À mulher casada, sobre os imóveis do marido para garantia do dote e dos outros bens particulares dela, sujeitos à administração marital.

II. Aos descendentes, sobre os imóveis do ascendente, que lhes administra os bens.

III. Aos filhos, sobre os imóveis do pai, ou da mãe, que passar a outras núpcias, antes de fazer inventário do casal anterior (art. 183, n. XIII).

IV. As pessoas que não tenham a administração de seus bens, sobre os immoveis de seus tutores ou curadores

V. À Fazenda Pública Federal, Estadual ou Municipal, sobre os imóveis dos tesoureiros, coletores, administradores, exatores, prepostos, rendeiros e contratadores de rendas e fiadores.

VI. Ao ofendido, ou aos seus herdeiros, sobre os imóveis do delinquente, para satisfação do dano causado pelo delito e pagamento das custas (art. 842, n. I).

VII. À Fazenda Pública Federal, Estadual ou Municipal, sobre os imóveis do delinquente, para o cumprimento das penas pecuniárias e o pagamento das custas (art. 842, n. II).

VIII. Ao co-herdeiro para garantia do seu quinhão ou torna da partilha, sobre o imóvel adjudicado ao herdeiro reponente.

Art. 828. As hipotecas legais, de qualquer natureza, não valerão em caso algum contra terceiros, não estando inscritas e especializadas.

Art. 829. Quando os bens do criminoso não bastarem para a solução integral das obrigações enumeradas no artigo 827, ns. VI e VII, a satisfação do ofendido e seus herdeiros preferirá às penas pecuniárias e custas judiciais.

Art. 830. Vale a inscrição da hipoteca, enquanto a obrigação perdurar ou; mas a especialização, em completando trinta anos, deve ser renovada. *(Redação dada pela Lei nº 5.652, de 1970)*

SEÇÃO III – DA INSCRIÇÃO DA HIPOTECA

Art. 831. Todas as hipotecas serão inscritas no registro do lugar do imóvel, ou no de cada um deles, se o titulo se referir a mais de um.

Art. 832. Para a inscrição das hipotecas haverá em cada cartório do registro de imóveis os livros necessários.

Art. 833. As inscrições e averbações, nos livros de hipotecas, seguirão a ordem, em que forem requeridas, verificando-se ela pela da sua numeração sucessiva no protocolo.

Parágrafo único. O número de ordem determina a prioridade, e esta a preferência entre as hipotecas.

Art. 834. Quando o oficial tiver dúvida sobre a legalidade da inscrição requerida, declará-la-á por escrito ao requerente, depois de mencionar, em forma de prenotação, o pedido no respectivo livro.

Art. 835. Se a dúvida, dentro em trinta dias, for julgada improcedente, a inscrição far-se-á com o mesmo número que teria na data da prenotação. No caso contrário, desprezada esta, receberá a inscrição o numero correspondente à data, em que se tornar a requerer.

Art. 836. Não se inscreverão no mesmo dia duas hipotecas, ou uma hipoteca e outro direito real, sobre o mesmo imóvel, em favor de pessoas diversas, salvo determinando-se precisamente a hora, em que se lavrou cada uma das escrituras.

Art. 837. Quando, antes de inscrita a primeira, se apresentar ao oficial do registro, para inscrever, segunda hipoteca, sobrestará ele na inscrição desta, depois de a prenotar, até trinta dias, aguardando que o interessado inscreva primeiro a precedente.

Art. 838. Compete aos interessados, exibindo o traslado da escritura, requerer a inscrição da hipoteca; incumbindo especialmente promover a da legal às pessoas determinadas nos artigos seguintes.

Art. 839. Incumbe ao marido, ou ao pai, requerer a inscrição e especialização da hipoteca legal da mulher casada.

§ 1º O oficial público que lavrar a escritura de dote, ou lançar em nota a relação dos bens particulares da mulher, comunicá-lo-á ex-officio ao oficial do registro de imóveis.

§ 2º Consideram-se interessados em requerer a inscrição desta hipoteca, no caso de não fazer o marido ou o pai, o doador, a própria mulher e qualquer dos seus parentes sucessíveis.

Art. 840. Incumbe requerer a inscrição e especialização da hipoteca legal dos incapazes:

I. Ao pai, mãe, tutor, ou curador, antes de assumir a administração dos respectivos bens, e, em falta daqueles, ao Ministério Público.

II. Ao inventariante, ou ao testamenteiro, antes de entregar o legado, ou a herança.

Art. 841. O escrivão, em se assignando termo de tutela ou de curatela, remetterá, de officio, e com a possivel brevidade, uma cópia delle ao official do registro de immoveis

Parágrafo único. Na inscrição desta hipoteca se considerará interessado qualquer parente sucessível do incapaz.

Art. 842. A inscrição da hipoteca legal do ofendido compete, além deste:

I. se ele for incapaz, ao seu representante legal, para satisfação do estatuído no art. 827, n. VI.

II. Ao Ministério Público, para o disposto no art. 827, n. VII.

Art. 843. Os interessados na inscrição das referidas hipotecas podem pessoalmente promovê-la, ou solicitar a sua promoção oficial ao Ministério Público.

Art. 844. A inscrição da hipoteca dos bens dos responsáveis para com a Fazenda Pública será requerida por eles mesmos, e, em sua falta, pelos procuradores e representantes fiscais.

Art. 845. As pessoas a quem incumbir a inscrição e a especialização das hipotecas legais ficarão sujeitas a perdas e danos pela omissão.

Art. 846. A inscrição da hipoteca, legal, ou convencional, declarará:

I. O nome, o domicílio e a profissão do credor e do devedor.

II. A data, a natureza do título, o valor do crédito e o da coisa ou sua estimação, fixada por acôrdo entre as partes, o prazo e os juros estipulados.

III. A situação, a denominação e os característicos da coisa hipotecada.

Parágrafo único. O credor, além do seu domicílio real, poderá designar outro, onde possa também ser citado.

Art. 847. Os credores chirographarios e os por hipoteca não inscrita em primeiro lugar e sem concorrência, só por via de ação ordinária de nulidade ou rescisão poderão invalidar os efeitos da primeira hipoteca, a que compete a prioridade pelo respectivo registro.

Art. 848. As hipotecas somente valem contra terceiros desde a data da inscrição.

Enquanto não inscritas, as hipotecas só subsistem entre os contraentes.

SEÇÃO IV – DA EXTINÇÃO DA HIPOTECA

Art. 849. A hipoteca extingue-se:

I. Pelo desaparecimento da obrigação principal.

II. Pela destruição da coisa ou resolução do domínio.

III. Pela renúncia do credor.

IV. Pela remissão

V. Pela sentença passada em julgado.

VI. Pela prescrição.

VII. Pela arrematação, ou adjudicação.

Art. 850. A extinção da hipoteca só começa a ter efeito contra terceiros depois de averbada no respectivo registro.

Art. 851. A inscrição cancelar-se-á, em cada um dos casos de extinção de hipoteca, à vista da respectiva prova ou, independente desta, a requerimento de ambas as partes, se forem capazes, e conhecidas do oficial do registro.

SEÇÃO V – DA HIPOTECA DE VIAS FERREAS

Art. 852. As hipotecas sobre as estradas de ferro serão inscritas no município da estação inicial da respectiva linha.

Art. 853. Os credores hipotecários não podem embaraçar a exploração da linha, nem contrariar as modificações, que a administração deliberar, o leito da estrada, em suas dependências, ou no seu material.

Art. 854. A hipoteca será circunscrita à linha ou linhas especificadas na escritura e ao respectivo material de exploração, no estado em que ao tempo da execução estiverem. Não obstante, os credores hipotecários poderão opor-se à venda da estrada, à de suas linhas, de seus ramais, ou de parte considerável do material de exploração; bem como à fusão com outra empresa, sempre que a garantia do debito lhes parecer com isso enfraquecida.

Art. 855. Nas execuções dessas hipotecas não se passará carta ao maior licitante, nem ao credor adjudicatário, antes de se intimar o representante a Fazenda Nacional, ou do Estado, a que tocar a preferência, para, dentro em quinze dias, utilizá-la, se quiser, pagamento o preço da arrematação, ou da adjudicação fixada.

SEÇÃO VI – DO REGISTRO DE IMÓVEIS

Art. 856. O registro de imóveis compreende:

I. A transcrição dos títulos de transmissão da propriedade.

II. A transcrição dos títulos enumerados no art. 532.

III. A transcrição dos títulos constitutivos de ônus reais sobre coisas alheias.

IV. A inscrição das hipotecas.

Art. 857. Se o título de transmissão for gratuito, poderá ser promovida a transcrição:

I.Pelo próprio adquirente.

II. Por quem de direito o represente.

III. Pelo próprio transferente, com prova de aceitação do beneficiado.

Art. 858. A transcrição do título de transmissão do domínio direto aproveita ao titular do domínio útil, e vice-versa.

Art. 859. Presume-se pertencer o direito real à pessoa, em cujo nome se inscreveu, ou transcreveu.

Art. 860. Se o teor do registro de imóveis não exprimir a verdade, poderá o prejudicado reclamar que se retifique.

Parágrafo único. Enquanto se não transcrever o título de transmissão, o alienante continua a ser havido como dono do imóvel, e responde pelos seus encargos.

Art. 861. Serão feitas as inscrições, ou transcrições no registro correspondente ao lugar, onde estiver o imóvel.

Art. 862. Salvo convenção em contrário, incumbem ao adquirente as despesas da transcrição dos títulos de transmissão da propriedade e ao devedor as da inscrição, ou transcrição dos ônus reais.

LIVRO III – DO DIREITO DAS OBRIGAÇÕES

TÍTULO I – DAS MODALIDADES DAS OBRIGAÇÕES

CAPÍTULO I – DAS OBRIGAÇÕES

SEÇÃO I – DAS OBRIGAÇÕES DE DAR COISA CERTA

Art. 863. O credor de coisa certa não pode ser obrigado a receber outra, ainda que mais valiosa.

Art. 864. A obrigação de dar coisa certa abrange-lhe os acessórios, posto não mencionados, salvo se o contrário resultar do título, ou das circunstâncias do caso.

Art. 865. Se, no caso do artigo antecedente, a coisa se perder, sem culpa do devedor, antes da tradição, ou pendente a condição suspensiva, fica resolvida a obrigação para ambas as partes.

Se a perda resultar de culpa do devedor, responderá este pelo equivalente, mais as perdas e danos.

Art. 866. Deteriorada a coisa, não sendo o devedor culpado, poderá o credor resolver a obrigação, ou aceitar a coisa, abatido ao seu preço o valor, que perdeu.

Art. 867. Sendo culpado o devedor, poderá o credor exigir o equivalente, ou aceitar a coisa no estado em que se acha, com direito a reclamar, em um ou em outro caso, indenização das perdas e danos.

Art. 868. Até à tradição, pertence ao devedor a coisa, com os seus melhoramentos e acrescidos, pelos quais poderá exigir argumento no preço. Se o credor não anuir, poderá o devedor resolver a obrigação.

Parágrafo único. Também os frutos percebidos são do devedor, cabendo ao credor os pendentes.

Art. 869. Se a obrigação for de restituir coisa certa, e esta, sem culpa do devedor, se perder antes da tradição, sofrerá o credor a perda, e a obrigação se resolverá, salvos, porém, a ele os seus direitos até o dia da perda.

Art. 870. Se a coisa se perder por culpa do devedor, vigorará o disposto no art. 865, 2ª Parte.

Art. 871. Se a coisa restituível se deteriorar sem culpa do devedor, recebê-la-á, tal qual se ache, o credor, sem direito a indenização; se por culpa do devedor, observar-se-á o disposto no art. 867.

Art. 872. Se, no caso do art. 869, a coisa tiver melhoramento ou aumento, sem despesa, ou trabalho do devedor, lucrará o credor o melhoramento, ou aumento, sem pagar indenização.

Art. 873. Se para o melhoramento, ou aumento, empregou o devedor trabalho, ou dispêndio, vigorará o estatuído nos arts. 516 a 519.

Parágrafo único. Quanto aos frutos percebidos, observar-se-á o disposto nos arts. 510 a 513.

SEÇÃO II – DAS OBRIGAÇÕES DE DAR COISA INCERTA

Art. 874. A coisa incerta será indicada, ao menos, pelo gênero e quantidade.

Art. 875. Nas coisas determinadas pelo gênero e pela quantidade, a escolha pertence ao devedor, se o contrário não resultar do título da obrigação. Mas não poderá dar a coisa pior, nem será obrigado a prestar a melhor.

Art. 876. Feita a escolha, vigorará o disposto na seção anterior.

Art. 877. Antes da escolha, não poderá o devedor alegar perda ou deterioração da coisa, ainda que por força maior, ou caso fortuito.

CAPÍTULO II – DAS OBRIGAÇÕES DE FAZER

Art. 878. Na obrigação de fazer, o credor não é obrigado a aceitar de terceiro a prestação, quando for convencionado que o devedor a faça pessoalmente.

Art. 879. Se a prestação do fato se impossibilitar sem culpa do devedor, resolver-se-á a obrigação; se por culpa do devedor, responderá este pelas perdas e danos.

Art. 880. Incorre também na obrigação de indenizar perdas e danos o devedor, que recusar a prestação a ele só imposta, ou só por ele exeqüível.

Art. 881. Se o fato puder ser executado por terceiro, será livre ao credor mandá-lo executar à custa do devedor, havendo recusa ou mora deste, ou pedir indenização por perdas e danos.

CAPÍTULO III – DAS OBRIGAÇÕES DE NÃO FAZER

Art. 882. Extingue-se a obrigação de não fazer, desde que, sem culpa do devedor, se lhe torne impossível abster-se do fato, que se obrigou a não praticar.

Art. 883. Praticado pelo devedor o ato, a cuja abstenção se obrigará, pode o credor pode exigir delle que o desfaça, sob pena de se desfazer à sua custa, ressarcindo o culpado perdas e danos.

CAPÍTULO IV – DAS OBRIGAÇÕES ALTERNATIVAS

Art. 884. Nas obrigações alternativas, a escolha cabe ao devedor, se outra coisa não se estipulou.

§ 1º Não pode, porém, o devedor obrigar o credor a receber parte em uma prestação e parte em outra.

§ 2º Quando a obrigação for de prestações anuais, subentender-se-á, para o devedor, o direito de exercer cada ano a opção.

Art. 885. Se uma das duas prestações não puder ser objeto de obrigação, ou se tornar inexeqüível, subsistirá o débito quanto à outra.

Art. 886. Se, por culpa do devedor não se puder cumprir nenhuma das prestações, não competindo ao credor a escolha, ficará o aquelle. obrigado a pagar o valor da que por último se impossibilitou, mais as perdas e danos que o caso determinar.

Art. 887. Quando a escolha couber ao credor e uma das prestações se tornar impossível por culpa do devedor, o credor terá direito de exigir ou a prestação subsistente ou o valor da outra, com perdas e danos. Se, por culpa do devedor, ambas se tornarem inexeqüíveis, poderá o credor reclamar o valor de qualquer das duas, além da indenização pelas perdas e danos.

Art. 888. Se todas as prestações se tornarem impossíveis, sem culpa do devedor, extinguir-se-á a obrigação.

CAPÍTULO V – DAS OBRIGAÇÕES DIVISÍVEIS E INDIVISÍVEIS

Art. 889. Ainda que a obrigação tenha por objeto prestação divisível, não pode o credor ser obrigado a receber nem o devedor a pagar, e, antes de ajustou, ponha-se a variação pronominal se.

Art. 890. Havendo mais de um devedor, mais de um credor. em obrigação divisível, esta presume-se dividida em tantas obrigações, iguais e distintas, quantos os credores, ou devedores.

Art. 891. Se, havendo vários devedores, a prestação não for divisível, cada um será obrigado pela dívida toda.

Parágrafo único. O devedor, que paga a dívida, sub-roga-se no direito do credor em relação aos outros co-obrigados.

Art. 892. Se a pluralidade for dos credores, poderá cada um destes exigir a dívida inteira. Mas o devedor ou devedores se desobrigarão pagando:

I. A todos conjuntamente.

II. A um, dando esta caução de ratificação dos outros credores.

Art. 893. Se um só dos credores receber a prestação por inteiro, a cada um dos outros assistirá o direito de exigir-lhe em dinheiro a parte, que lhe caiba no total.

Art. 894. Se um dos credores remitir a dívida, a obrigação não ficará extinta para com os outros; mas este só a poderão exigir, descontada a quota do credor remitente.

Parágrafo único. O mesmo se observará no caso de transação, novação, compensação ou confusão.

Art. 895. Perde a qualidade de indivisível a obrigação que se resolver em perdas e danos.

§ 1º Se, para esse efeito, houver culpa de todos os devedores, responderão todos por partes iguais.

§ 2º Se for de um só a culpa, ficarão exonerados os outros, respondendo só esse pelas perdas e danos.

CAPÍTULO VI – DAS OBRIGAÇÕES SOLIDÁRIAS

SEÇÃO I – DISPOSIÇÕES GERAIS

Art. 896. A solidariedade não se presume; resulta da lei ou da vontade das partes.

Parágrafo único. Há solidariedade, quando na mesma obrigação concorre mais de um devedor, mais de um credor, cada um com direito, ou obrigado à divida toda.

Art. 897. A obrigação solidária pode ser pura e simples para um dos co-credores ou co-devedores, e condicional, ou a prazo, para o outro.

SEÇÃO II – DA SOLIDARIEDADE ATIVA

Art. 898. Cada um dos credores solidários tem direito a exigir do devedor o cumprimento da prestação, por inteiro.

Art. 899. Enquanto algum dos credores solidários não demandar o devedor comum, a qualquer daqueles poderá este pagar.

Art. 900. O pagamento feito a um dos credores solidários extingue inteiramente a dívida.

Parágrafo único. O mesmo efeito resulta da novação, da compensação e da remissão.

Art. 901. Se falecer um dos credores solidários, deixando herdeiros, cada um destes só terá direito a exigir e receber a quota do crédito que corresponder ao seu quinhão hereditário, salvo se a obrigação for indivisível.

Art. 902. Convertendo-se a prestação em perdas e danos, subsiste a solidariedade, e em proveito de todos os credores correm os juros da mora.

Art. 903. O credor que tiver remitido a dívida ou recebido o pagamento, responderá aos outros pela parte, que lhes caiba.

SEÇÃO III – DA SOLIDARIEDADE PASSIVA

Art. 904. O credor tem direito a exigir e receber de um ou alguns dos devedores, parcial, ou totalmente, a divida comum. No primeiro caso, todos os demais devedores continuam obrigados solidariamente pelo resto.

Art. 905. Se morrer um dos devedores solidários, deixando herdeiros, cada um destes não será obrigado a pagar senão a quota que corresponder ao seu quinhão hereditário, salvo se o obrigação for indivisível; mas todos reunidos serão considerados como um devedor, solidário em relação aos demais devedores.

Art. 906. O pagamento parcial feito por um dos devedores e a remissão por ele obtida não aproveitam aos outros devedores, senão até à concorrência da quantia paga, ou relevada.

Art. 907. Qualquer cláusula, condição, ou obrigação adicional, estipulada entre um dos devedores solidários e o credor, não poderá agravar a posição dos outros, sem consentimento destes.

Art. 908. Impossibilitando-se a prestação por culpa de um dos devedores solidários, subsiste para todos o encargo de pagar o equivalente; mas pelas perdas e anos só responde o culpado.

Art. 909. Todos os devedores respondem juros da mora, ainda que a ação tenha sido proposta somente contra um; mas o culpado responde aos outros pela obrigação acrescida.

Art. 910. O credor, propondo acção contra um dos devedores solidarios, não fica inhibido de accionar os outros

Art. 911. O devedor demandado pode opor ao credor as exceções que lhe forem pessoais e as comuns a todos; não lhe aproveitando, porém, as pessoas e a outro co-devedor.

Art. 912. O credor pode renunciar a solidariedade em favor de um, alguns, ou todos os devedores.

Parágrafo único. Se o credor exonerar da solidariedade um ou mais devedores, aos outros só lhe ficará o direito de acionar, abatendo no débito a parte correspondente aos devedores, cuja obrigação remitiu (art. 914).

Art. 913. O devedor que satisfez a dívida por inteiro, tem direito a exigir de cada um dos co-devedores a sua quota, dividindo-se igualmente por todos a do insolvente, se o houver. Presumem-se iguais, no débito da solidariedade pelo credor (art.912).

Art. 914. No caso de rateio, entre os co-devedores, pela parte que na obrigação incumbia ao insolvente (art. 913), contribuirão também os exonerados da solidariedade pelo credor (art. 912).

Art. 915. Se a dívida solidária interessar exclusivamente a um dos devedores, responderá este por toda ela para com aquele que pagar.

CAPÍTULO VII – DA CLÁUSULA PENAL

Art. 916. A cláusula penal pode ser estipulada conjuntamente com a obrigação ou em ato posterior.

Art. 917. A cláusula penal pode referir-se à inexecução completa da obrigação, à de alguma cláusula especial ou simplesmente á mora.

Art. 918. Quando se estipular a clausula penal para o caso de total inadimplemento da obrigação, esta converter-se-á em alternativa a benefício do credor.

Art. 919. Quando se estipular a cláusula penal para o caso de mora, ou em segurança especial de outra cláusula determinada, terá o credor o arbítrio de exigir a satisfação da pena cominada, juntamente com o desempenho da obrigação principal.

Art. 920. O valor da cominação imposta na cláusula penal não pode exceder o da obrigação principal.

Art. 921. Incorre de pleno direito o devedor na cláusula penal, desde que se vença o prazo da obrigação, ou, se o não há, desde que se constitua em mora.

Art. 922. A nulidade da obrigação imporá a da cláusula penal.

Art. 923. Resolvida a obrigação, não tendo culpa o devedor, resolve-se a cláusula penal.

Art. 924. Quando se cumprir em parte a obrigação, poderá o juiz reduzir proporcionalmente a pena estipulada para o caso de mora, ou de inadimplemento.

Art. 925. Sendo indivisível a obrigação, todos os devedores e seus herdeiros, caindo em falta um deles, incorrerão na pena; mas esta só se poderá demandar integralmente do culpado. Cada um dos outros só responde pela sua quota.

Parágrafo único. Aos não culpados fica reservada a ação regressiva contra o que deu causa à aplicação da pena.

Art. 926. Quando a obrigação for divisível, só incorre na pena o devedor, ou o herdeiro do devedor que a infringir, e proporcionalmente à sua parte na obrigação.

Art. 927. Para exigir a pena convencional, não é necessário que o credor alegue prejuízo.

O devedor não pode eximir-se de cumpri-la, a pretexto de ser excessiva.

TÍTULO II – DOS EFEITOS DAS OBRIGAÇÕES

CAPÍTULO I – DISPOSIÇÕES GERAIS

Art. 928. A obrigação, não sendo personalíssima, opera, assim entre as partes, como entre os seus herdeiros.

Art. 929. Aquele que tiver prometido fato de terceiro responderá por perdas e danos, quando este o não executar.

CAPÍTULO II – DO PAGAMENTO

SEÇÃO I – DE QUEM DEVE PAGAR

Art. 930. Qualquer interessado na extinção da dívida pode pagá-la, usando, se o credor se opuser, dos meios conducentes à exoneração do devedor.

Parágrafo único. Igual direito cabe ao terceiro não interessado, se o fizer em nome e por conta do devedor.

Art. 931. O terceiro não interessado, que paga a dívida em seu próprio nome, tem direito a reembolsar-se do que pagar; mas não se subroga nos direitos do credor.

Parágrafo único. Se pagar antes de vencida a dívida, só terá direito ao reembolso no vencimento.

Art. 932. Opondo-se o devedor, com justo motivo, ao pagamento de sua dívida por outrem, se ele, não obstante, se efetuar, não será o devedor obrigado a reembolsá-lo, senão até à importância em que lhe ele aproveite.

Art. 933. Só valerá o pagamento, que importar em transmissão da propriedade, quando feito por quem possa alienar o objeto, em que ele consistiu.

Parágrafo único. Se, porém, se der em pagamento coisa fungível, não se poderá mais reclamar do credor, que, de boa fé, a recebeu, e consumiu, ainda que o solvente não tivesse o direito de alheá-la.

SEÇÃO II – DAQUELES A QUEM SE DEVE PAGAR

Art. 934. O pagamento deve ser feito ao credor ou a quem de direito o represente, sob pena de só valer depois de por ele ratificado, ou tanto quanto reverter em seu proveito.

Art. 935. O pagamento feito de boa fé ao credor putativo é válido, ainda provando-se depois que não era credor.

Art. 936. Não vale, porém, o pagamento cientemente feito ao credor incapaz de quitar, se o devedor não provar que em benefício dele efetivamente reverteu.

Art. 937. Considera-se autorizado a receber o pagamento o portador da quitação, exceto se as circunstâncias contrariarem a presunção daí resultante.

Art. 938. Se o devedor pagar ao credor, apesar de intimado da penhora feita sobre o credito, ou da impugnação a ele oposta por terceiros, o pagamento não valerá contra estes, que poderão constranger o devedor a pagar de novo, ficando-lhe, entretanto, salvo o regresso contra o credor.

SEÇÃO III – DO OBJETO DO PAGAMENTO E SUA PROVA

Art. 939. O devedor, que paga, tem direito a quitação regular (art. 940), e pode reter o pagamento, enquanto lhe não for dada.

Art. 940. A quitação designará o valor e a espécie da dívida quitada, o nome do devedor, ou quem por este pagou, o tempo e lugar do pagamento, com a assinatura do credor, ou do seu representante.

Art. 941. Recusando o credor a quitação, ou não a dando na devida forma, (art. 940), pode o devedor cita-lo para esse fim, e ficará quitado pela sentença, que condenar o credor.

Art. 942. Nos débitos, cuja quitação consista na devolução do título, perdido este, poderá o devedor exigir, retendo o pagamento, declaração do credor, que inutilize o título sumido.

Art. 943. Quando o pagamento for em quotas periódicas, a quitação da última estabelece, até prova em contrário, a presunção de estarem solvidas as anteriores.

Art. 944. Sendo a quitação do capital sem reserva dos juros, estes presumem-se pagos.

Art. 945. A entrega do título ao devedor firma a presunção do pagamento.

§ 1º Ficará, porém, sem efeito a quitação assim operada se o credor provar, dentro em sessenta dias, o não pagamento.

§ 2º Não se permite esta prova, quando se der a quitação por escritura pública.

Art. 946. Presumem-se a cargo do devedor as despesas com o pagamento e quitação. Se, porém o credor mudar de domicílio ou morrer, deixando herdeiros em lugares diferentes, correrá por conta do credor a despesa acrescida.

Art. 947. O pagamento em dinheiro, sem determinação da espécie, far-se-á em moeda corrente no lugar do cumprimento da obrigação.

§ 1º *(Revogado pela Lei nº 10.192, de 2001)*

§ 2º *(Revogado pela Lei nº 10.192, de 2001)*

§ 3º Quando o devedor incorrer em mora e o ágio tiver variado entre a data do vencimento e a do pagamento, o credor pode optar por um deles, não se havendo estipulado câmbio fixo.

§ 4º Se a cotação variou no mesmo dia, tomar-se-á por base a média do mercado nessa data.

Art. 948. Nas indenizações por fato ilícito prevalecerá o valor mais favorável ao lesado.

Art. 949. Se o pagamento se houver de fazer por medida, ou peso, entender-se-á, no silêncio das partes, que aceitaram os do lugar da execução.

SEÇÃO IV – DO LUGAR DO PAGAMENTO

Art. 950. Efetuar-se-á o pagamento no domicílio do devedor, salvo se as partes convencionarem diversamente, ou se o contrário dispuserem as circunstâncias, a natureza da obrigação ou a lei.

Parágrafo único. Designados dois ou mais logares. ao credor entre eles a escolha.

Art. 951. Se o pagamento consistir na tradição de um imóvel, ou em prestações relativas a imóvel, far-se-á no lugar onde este se acha.

SEÇÃO V – DO TEMPO DO PAGAMENTO

Art. 952. Salvo disposição especial deste Código e não tendo sido ajustada época para o pagamento, o credor pode exigi-lo imediatamente.

Art. 953. As obrigações condicionais cumprem-se na data do implemento da condição, incumbida ao credor a prova de que deste houve ciência o devedor.

Art. 954. Ao credor assistirá o direito de cobrar a divida antes de vencido o prazo estipulado no contrato ou marcado neste Código:

I - Se, executado o devedor, se abrir concurso creditório.

II - Se os bens, hipotecados, empenhados, ou dados em anticrese, forem penhorados em execução por outro credor.

III - Se cessarem, ou se tornarem insuficientes as garantias do débito, fidejussórias, ou reais, e o devedor, intimado, se negar a reforça-las.

Parágrafo único. Nos casos deste artigo, se houver, no débito, solidariedade passiva (arts. 904 a 915), não se reputará vencido quanto aos outros devedores solventes.

SEÇÃO VI – DA MORA

Art. 955. Considera-se em mora o devedor que não efetuar o pagamento, e o credor que não quiser receber no tempo, lugar e forma convencionados (art. 1.058).

Art. 956. Responde o devedor pelos prejuízos a que a sua mora der causa (art. 1.058).

Parágrafo único. Se a prestação, por causa da mora se tornar inútil ao credor, este poderá enjeita-la, e exigir, satisfação das perdas e danos.

Art. 957. O devedor em mora responde pela impossibilidade da prestação, embora essa impossibilidade resulte de caso fortuito, ou força maior, se estes ocorrerem durante o atraso; salvo se provar isenção de culpa, ou que o dano sobreviria, ainda quando a obrigação fosse oportunamente desempenhada (art. 1.058).

Art. 958. A mora do credor subtrai o devedor isento de dolo a responsabilidade pela conservação da coisa, obriga o credor a ressarcir as despesas empregadas em conserva-la, e sujeita-o a recebe-la pela sua mais alta estimação, se o seu valor oscilar entre o tempo do contrato e o do pagamento.

Art. 959. Purga-se a mora:

I - Por parte do devedor, oferecendo este a prestação, mais a importância dos prejuízos decorrentes até o dia da oferta.

II - Por parte do credor, oferecendo-se este a receber o pagamento e sujeitando-se aos efeitos da mora até a mesma data.

III - Por parte de ambos, renunciando aquele que se julgar por ela prejudicado os direitos que da mesma lhe provierem.

Art. 960. O inadimplemento da obrigação, positiva e líquida, no seu termo constitui de pleno direito em mora o devedor.

Não havendo prazo assinado, começa ela desde a interpelação, notificação, ou protesto.

Art. 961. Nas obrigações negativas, o devedor fica constituído em mora, desde o dia em que executar o ato de que se devia abster.

Art. 962. Nas obrigações provenientes de delito, considera-se o devedor em mora desde que o perpetrou.

Art. 963. Não havendo fato ou omissão imputável ao devedor, não incorre este em mora.

SEÇÃO VII – DO PAGAMENTO INDEVIDO

Art. 964. Todo aquele que recebeu o que lhe não era devido fica obrigado a restituir.

A mesma obrigação incumbe ao que recebe dívida condicional antes de cumprida a condição.

Art. 965. Ao que voluntariamente pagou o indevido incumbe a prova de tê-lo feito por erro.

Art. 966. Aos frutos, acessões, benfeitorias e deteriorações sobrevindas a coisa dada em pagamento indevido, aplica-se o disposto nos arts. 510 a 519.

Art. 967. Se, aquele, que indevidamente recebeu um imóvel, o tiver alienado, deve assistir o proprietário na retificação do registro, nos termos do art. 860.

Art. 968. Se, aquele, que indevidamente recebeu um imóvel, o tiver alienado em boa fé, por título oneroso, responde somente pelo preço recebido; mas, se obrou de má fé, além do valor do imóvel, responde por perda e danos.

Parágrafo único. Se o imóvel se alheou por título gratuito, ou se, alheando-se por título oneroso, obrou de má fé o terceiro adquirente, cabe ao que pagou por erro o direito de reivindicação.

Art. 969. Fica isento de restituir pagamento indevido aquele que, recebendo-o por conta de dívida verdadeira, inutilizou o título, deixou prescrever a ação ou abriu mão das garantias que asseguravam seu direito; mas o que pagou, dispõe de ação regressiva contra o verdadeiro devedor e seu fiador.

Art. 970. Não se pode repetir o que se pagou para solver dívida prescrita, ou cumprir obrigação natural.

Art. 971. Não terá direito a repetição aquele que deu alguma coisa para obter fim ilícito, imoral, ou proibido por lei.

CAPÍTULO III – DO PAGAMENTO POR CONSIGNAÇÃO

Art. 972. Considera-se pagamento, e extingue a obrigação o depósito judicial da coisa devida, nos casos e forma legais.

Art. 973. A consignação tem lugar:

I - Se o credor, sem justa causa, recusar receber o pagamento, ou dar quitação na devida forma.

II - Se o credor não for, nem mandar receber a coisa no lugar, tempo e condições devidas.

III - Se o credor for desconhecido, estiver declarado ausente, ou residir em lugar incerto, ou de acesso perigoso ou difícil.

IV - Se ocorrer dúvida sobre quem deva legitimamente receber o objeto do pagamento.

V - Se pender litígio sobre o objeto do pagamento.

VI - Se houver concurso de preferência aberto contra o credor, ou se este for incapaz de receber o pagamento.

Art. 974. Para que a consignação tenha força de pagamento, será mister concorram, em relação as pessoas, ao objeto, modo e tempo, todos os requisitos sem os quais não é válido o pagamento.

Art. 975. Nos casos do art. 973, ns. I, II e III, citar-se-á o credor, para vir, ou mandar receber, e no do mesmo artigo, n. IV, para provar o seu direito.

Art. 976. O depósito requerer-se-á no lugar do pagamento, cessando, tanto que se efetue, para o depositante, os juros da dívida e os riscos, salvo se for julgado improcedente.

Art. 977. Enquanto o credor não declarar que aceita o depósito, ou não o impugnar, poderá o devedor requerer o levantamento, pagando as respectivas despesas, e subsistindo a obrigação para todas as conseqüências de direito.

Art. 978. Julgado procedente o depósito, o devedor já não poderá levanta-lo, embora o credor consinta, senão de acordo com os outros devedores e fiadores.

Art. 979. O credor que, depois de contestar a lide ou aceitar o depósito, aquiescer no levantamento, perderá a preferência e garantia que lhe competiam com respeito a coisa consignada, ficando para logo desobrigados os co-devedores e fiadores, que não anuíram.

Art. 980. Se a coisa devida for corpo certo que deva ser entregue no mesmo lugar onde está, poderá o devedor citar o credor para vir ou mandar recebe-la, sob pena de ser depositada.

Art. 981. Se a escolha da coisa indeterminada competir ao credor, será ele citado para este fim, sob cominação de perder o direito e de ser depositada a coisa que o devedor escolher. Feita a escolha pelo devedor, proceder-se-á como no artigo antecedente.

Art. 982. As despesas com o depósito, quando julgado procedente, correrão por conta do credor, e no caso contrário, por conta do devedor.

Art. 983. O devedor de obrigação litigiosa exonerar-se-á mediante consignação, mas, se pagar a qualquer dos pretendidos credores, tendo conhecimento do litígio, assumirá o risco do pagamento.

Art. 984. Se a dívida se vencer, pendendo litígio entre credores que se pretendam mutuamente excluir, poderá qualquer deles requerer a consignação.

CAPÍTULO IV – DO PAGAMENTO COM SUBROGAÇÃO

Art. 985. A subrogação opera-se, de pleno direito, em favor:

I - Do credor que paga a dívida do devedor comum ao credor, a quem competia direito de preferência.

II - Do adquirente do imóvel hipotecado, que paga ao credor hipotecário.

III - Do terceiro interessado, que paga a dívida pela qual era ou podia ser obrigado, no todo ou em parte.

Art. 986. A sub-rogação é convencional:

I - Quando o credor receber o pagamento de terceiro e expressamente lhe transfere todos os seus direitos.

II - Quando terceira pessoa empresta ao devedor a quantia precisa para solver a dívida, sob a condição expressa de ficar o mutuante subrogado nos direitos do credor satisfeito.

Art. 987. Na hipótese do artigo antecedente, n. I, vigorará o disposto quanto a cessão de créditos (arts. 1.065 a 1.078).

Art. 988. A sub-rogação transfere ao novo credor todos os direitos, ações, privilégios e garantias do primitivo, em relação a dívida, contra o devedor principal e os fiadores.

Art. 989. Na sub-rogação legal o sub-rogado não poderá exercer os direitos e as ações do credor, senão até a soma, que tiver desembolsado para desobrigar o devedor.

Art. 990. O credor originário, só em parte reembolsado, terá preferência ao sub-rogado, na cobrança da dívida restante, se os bens do devedor não chegarem, para saldar inteiramente o que a um e outro dever.

CAPÍTULO V – DA IMPUTAÇÃO DO PAGAMENTO

Art. 991. A pessoa obrigada, por vários débitos da mesma natureza, a um só credor, tem o direito de indicar a qual deles oferece pagamento, se todos forem líquidos e vencidos.

Sem consentimento do credor, não se fará imputação do pagamento na dívida ilíquida, ou não vencida.

Art. 992. Não tendo o devedor declarado em qual das dívidas líquidas e vencidas quer imputar o pagamento, se aceitar a quitação de uma delas, não terá direito a reclamar contra a imputação feita pelo credor, salvo provando haver ele cometido violência, ou dolo.

Art. 993. Havendo capital e juros, o pagamento imputar-se-á primeiro nos juros vencidos, e, depois no capital, salvo estipulação em contrário, ou se o credor passar a quitação por conta do capital.

Art. 994. Se o devedor não fizer a indicação do art. 991, e a quitação for omissa quanto a imputação, esta se fará nas dívidas líquidas e vencidas em primeiro lugar. Se as dívidas forem todas líquidas e vencidas ao mesmo tempo, a imputação far-se-á na mis onerosa.

CAPÍTULO VI – DA DAÇÃO EM PAGAMENTO

Art. 995. O credor pode consentir em receber coisa que não seja dinheiro, em substituição da prestação que lhe era devida.

Art. 996. Determinado o preço da coisa dada em pagamento, as relações entre as partes regular-se-ão pelas normas do contrato de compra e venda.

Art. 997. Se for título de crédito a coisa dada em pagamento, a transferência importará em cessão.

Art. 998. Se o credor for evicto da coisa recebida em pagamento, restabelecer-se-á a obrigação primitiva, ficando sem efeito a quitação dada.

CAPÍTULO VII – DA NOVAÇÃO

Art. 999. Dá-se a novação:

I - Quando o devedor contrai com o credor nova dívida, para extinguir e substituir a anterior.

II - Quando novo devedor sucede ao antigo, ficado este quite com o credor.

III - Quando, em virtude de obrigação nova, outro credor é substituído ao antigo, ficando o devedor quite com este.

Art. 1.000. Não havendo ânimo de novar, a segunda obrigação confirma simplesmente a primeira.

Art. 1.001. A novação por substituição do devedor, pode ser efetuada independente de consentimento deste.

Art. 1.002. Se o novo devedor for insolvente, não tem o credor, que o aceitou, ação regressiva contra o primeiro, salvo se este obteve por má fé a substituição.

Art. 1.003. A novação extingue os acessórios e garantias da dívida, sempre que não houver estipulação em contrário.

Art. 1.004. Não aproveitará, contudo, ao credor ressalvar a hipoteca, anticrese ou penhor, se os bens dados em garantia pertencerem a terceiro, que não foi parte na novação.

Art. 1.005. Operada a novação entre o credor e um dos devedores solidários, somente sobre os bens do que contrair a nova obrigação subsistem as preferências e garantias do crédito novado.

Parágrafo único. Os outros devedores solidários ficam por esse fato exonerados.

Art. 1.006. Importa exoneração do fiador a novação feita sem seu consenso com o devedor principal.

Art. 1.007. Não se podem validar por novação obrigações nulas ou extintas.

Art. 1.008. A obrigação simplesmente anulável pode ser confirmada pela novação.

CAPÍTULO VIII – DA COMPENSAÇÃO

Art. 1.009. Se duas pessoas forem ao mesmo tempo credor e devedor uma da outra, as duas obrigações extinguem-se, até onde se compensarem.

Art. 1.010. A compensação efetua-se entre dívidas líquidas, vencidas e de coisas fungíveis.

Art. 1.011. Embora sejam do mesmo gênero as coisas fungíveis, objeto das duas prestações, não se compensarão, verificando-se que diferem na qualidade, quando especificada no contrato.

Art. 1.012. Não são compensáveis as prestações de coisas incertas, quando a escolha pertence aos dois credores, ou a um deles como devedor de uma das obrigações e credor da outra.

Art. 1.013. O devedor só pode compensar com o credor o que este lhe dever; mas o fiador pode compensar sua dívida com a de seu credor ao afiançado.

Art. 1.014. Os prazos de favor, embora consagrados pelo uso geral, não obstam a compensação.

Art. 1.015. A diferença de causa nas dívidas não impede a compensação, exceto:

I - Se uma provier de esbulho, furto ou roubo.

II - Se uma se originar de comodato, depósito ou alimentos.

III - Se uma for de coisa não suscetível de penhora.

Art. 1.016. Não pode realizar-se a compensação, havendo renúncia prévia de um dos devedores.

Art. 1.017. As dívidas fiscais da União, dos Estados e dos Municípios também não podem ser objeto de compensação, exceto nos casos de encontro entre a administração e o devedor, autorizados nas leis e regulamentos da Fazenda.

Art. 1.018. Não haverá compensação, quando credor e devedor por mútuo acordo a excluírem.

Art. 1.019. Obrigando-se por terceiro uma pessoa, não pode compensar essa dívida com a que o credor dele lhe dever.

Art. 1.020. O devedor solidário só pode compensar com o credor o que este deve ao seu co-obrigado, até ao equivalente da parte deste na dívida comum.

Art. 1.021. O devedor que, notificado, nada opõe a cessão, que o credor faz a terceiros, dos seus direitos, não pode opor ao cessionário a compensação, que antes da cessão teria podido opor ao cedente. Se, porém, a cessão lhe não tiver sido notificada, poderá opor ao cessionário compensação do crédito que antes tinha contra o cedente.

Art. 1.022. Quando as duas dívidas não são pagáveis no mesmo lugar, não se podem compensar sem dedução das despesas necessárias a operação.

Art. 1.023. Sendo a mesma pessoa obrigada por várias dívidas compensáveis, serão observadas, no compensa-las, as regras estabelecidas quanto a imputação do pagamento (arts. 991 a 994).

Art. 1.024. Não se admite a compensação em prejuízo de direitos de terceiro. O devedor que se torne credor do seu credor, depois de penhorado o crédito deste, não pode opor ao exequete a compensação, de que contra o próprio credor disporia.

CAPÍTULO IX – DA TRANSAÇÃO

Art. 1.025 É lícito aos interessados prevenirem, ou terminarem o litígio mediante concessões mútuas.

Art. 1.026 - Sendo nula qualquer das clausulas da transação, nula será esta.

Parágrafo único. Quando a transação versar sobre diversos direitos contestados e não prevalecer em relação a um, fica, não obstante, valida relativamente aos outros.

Art. 1.027. A transação interpreta-se restritivamente. Por ela não se transmitem, apenas se declaram ou reconhecem direitos.

Art. 1.028. Se a transação recair sobre direitos contestados em juízo, far-se-á:

I - Por termo nos autos, assignado pelos transigentes e homologado pelo juiz.

II - Por instrumento publico, nas obrigações em que a lei exige, ou particular, nas em que ela o admite.

Art. 1.029. Não havendo ainda litígio, a transação realizar-se-á por aquele dos modos indicados no artigo antecedente, nº II, que no caso couber.

Art. 1.030. A transação produz entre as partes o efeito de coisa julgada, e só se rescinde por dolo, violência, ou erro essencial quanto à pessoa ou coisa controversa.

Art. 1.031. A transação não aproveita, nem prejudica senão aos que nela intervieram, ainda que diga respeito a coisa indivisível.

§ 1º Se for concluída entre o credor e o devedor principal, desobrigará o fiador.

§ 2º Se entre um dos credores solidários e o devedor, extingue a obrigação deste para com os outros credores.

§ 3º Se entre um dos devedores solidários e seu credor, extingue a dívida em relação aos co-devedores.

Art. 1032. Dada a evicção da coisa renunciada por um dos transigentes, ou por ele transferida à outra parte, não revive a obrigação extinta pela transação; mas ao evicto cabe o direito de reclamar perdas e danos.

Parágrafo único. Se um dos transigentes adquirir, depois da transação, novo direito sobre a coisa renunciada ou transferida, a transação feita não o inibirá de exerce-lo.

Art. 1.033. A transação concernente a obrigações resultantes de delito não perime a ação penal da justiça publica.

Art. 1.034. É admissível, na transação, a pena convencional.

Art. 1.035. Só quanto a direitos patrimoniais de caráter privado se permite a transação.

Art. 1.036. É nula a transação a respeito de litígio decidido por sentença passada em julgado, se dela não tinha ciência algum dos transatores, ou quando, por título ulteriormente descoberto, se verificar que nenhum deles tinha direito sobre o objeto da transação.

CAPÍTULO X – DO COMPROMISSO

Art. 1.037. *(Revogado pela Lei nº 9.307, de 1996)*

Art. 1.038. *(Revogado pela Lei nº 9.307, de 1996)*

Art. 1.039. *(Revogado pela Lei nº 9.307, de 1996)*

Art. 1.040. *(Revogado pela Lei nº 9.307, de 1996)*

Art. 1.041. *(Revogado pela Lei nº 9.307, de 1996)*

Art. 1.042. *(Revogado pela Lei nº 9.307, de 1996)*

Art. 1.043. *(Revogado pela Lei nº 9.307, de 1996)*

Art. 1.044. *(Revogado pela Lei nº 9.307, de 1996)*

Art. 1.045. *(Revogado pela Lei nº 9.307, de 1996)*

Art. 1.046. *(Revogado pela Lei nº 9.307, de 1996)*

Art. 1.047. *(Revogado pela Lei nº 9.307, de 1996)*

Art. 1.048. *(Revogado pela Lei nº 9.307, de 1996)*

CAPÍTULO XI – DA CONFUSÃO

Art. 1.049. Extingue-se a obrigação, desde que na mesma pessoa se confundam as qualidades de credor e devedor.

Art. 1.050. A confusão pode verificar-se a respeito de toda a dívida, ou só de parte dela.

Art. 1.051. A confusão operada na pessoa do credor ou devedor solidário só extingue a obrigação até à concorrência da respectiva parte do crédito, ou na dívida, subsistindo quanto ao mais a solidariedade.

Art. 1.052. Cessando a confusão, para logo se restabelece, com todos os seus acessórios, a obrigação anterior.

CAPÍTULO XII – DA REMISSÃO DAS DÍVIDAS

Art. 1.053. A entrega voluntária do título da obrigação, quando for escrito particular, prova a desoneração do devedor e seus co-obrigados, se o credor for capaz de alienar, e o devedor, capaz de adquirir.

Art. 1.054. A entrega do objeto empreнhado prova a renuncia do credor à garantia real, mas não a extinção da dívida.

Art. 1.055. A remissão concedida a um dos co-devedores extingue a divida na parte a ele correspondente; de modo que, ainda reservando o credor a solidariedade contra os outros, já lhes não pode cobrar o débito sem dedução da parte remitida.

CAPÍTULO XIII – DAS CONSEQÜÊNCIAS DA INEXECUÇÃO DAS OBRIGAÇÕES

Art. 1.056. Não cumprindo a obrigação, ou deixando de cumpri-la pelo modo e no tempo devidos, responde o devedor por perdas e danos.

Art. 1.057. Nos contratos unilaterais, responde por simples culpa o contraente, a quem o contrato aproveita, é só por dolo, aquele a quem não favoreça.

Nos contratos bilaterais, responde cada uma das partes por culpa.

Art. 1.058. O devedor não responde pelos prejuízos resultantes de caso fortuito, ou força maior, se expressamente não se houver por eles responsabilizado, exceto nos casos dos art. 955, 956 e 957.

Parágrafo único. O caso fortuito, ou de força maior, verifica-se no fato necessário, cujos efeitos não era possível evitar, ou impedir.

CAPÍTULO XIV – DAS PERDAS E DANOS

Art. 1.059. Salvo as exceções previstas neste Código, de modo expresso, as perdas e danos devidos ao credor, abrangem, além do que ele efetivamente perdeu, o que razoavelmente deixou de lucrar.

Parágrafo único. O devedor, porém, que não pagou no tempo e forma devidos, só responde pelos lucros, que foram ou podiam ser previstos na data da obrigação.

Art. 1.060. Ainda que a inexecução resulte de dolo do devedor, as perdas e danos só incluem os prejuízos efetivos e os lucros cessantes por efeito dela direto e imediato.

Art. 1.061. As perdas e danos, nas obrigações de pagamento em dinheiro, consistem nos juros da mora e custas, sem prejuízo da pena convencional.

CAPÍTULO XV – DOS JUROS LEGAIS

Art. 1.062. A taxa dos juros moratórios, quando não convencionada (art. 1.262), será de seis por cento ao ano.

Art. 1.063. Serão também de seis por cento ao ano os juros devidos por força de lei, ou quando as partes os convencionarem sem taxa estipulada.

Art. 1.064. Ainda que se não alegue prejuízo, é obrigado o devedor aos juros da mora, que se contarão assim às dívidas em dinheiro, como às prestações de outra natureza, desde que lhes esteja fixado o valor pecuniário por sentença judicial, arbitramento, ou acordo entre as partes.

TÍTULO III – DA CESSÃO DE CRÉDITO

Art. 1.065. O credor pode ceder o seu crédito, se a isso não se opuser a natureza da obrigação, a lei, ou a convenção com o devedor.

Art. 1.066. Salvo disposição em contrário, na cessão de um crédito se abrangem todos os seus acessórios.

Art. 1.067. Não vale, em relação a terceiros, a transmissão de um crédito, se não celebrar mediante instrumento público, ou o instrumento particular não revestir as solenidade do art. 135 (art. 1.068).

Art. 1.068. A disposição do artigo antecedente, parte primeira, não se aplica à transferência de créditos, operada por lei ou sentença.

Art. 1.069. A cessão de crédito não vale em relação ao devedor, senão quando a este notificada; mas por notificado se tem o devedor que, em escrito público ou particular, se declarou ciente da cessão feita.

Art. 1.070. Ocorrendo varias cessões do mesmo crédito, prevalece a que se completar com a tradição do título do crédito cedido.

Art. 1.071. Fica desobrigado o devedor que, antes de ter conhecimento da cessão, paga ao credor primitivo, ou que, no caso de varias cessões notificadas, paga ao cessionário, que lhe apresenta, com o título da cessão, o da obrigação cedida.

Art. 1.072. O devedor pode opor tanto ao cessionário como ao cedente as exceções que lhe competirem no momento em que tiver conhecimento da cessão; mas, não pode opor ao cessionário de boa fé a simulação do cedente.

Art. 1.073. Na cessão por título oneroso, o cedente, ainda que se não responsabilize, fica responsável ao cessionário pela existência do crédito ao tempo que lhe o cedeu. A mesma responsabilidade lhe cabe nas cessões por título gratuito, se tiver procedido de má fé.

Art. 1.074. Salvo estipulação em contrario, o cedente não responde pela solvência do devedor.

Art. 1.075. O cedente, responsável ao cessionário pela solvência do devedor, não responde por mais do que daquele recebeu, com os respectivos juros; mas tem de ressarci-lhe as despesas da cessão e as que o cessionário houver feito com a cobrança.

Art. 1.076. Quando a transferência do crédito se opera por força de lei, o credor originário não responde pela realidade da dívida, nem pela solvência do devedor.

Art. 1.077. O crédito, uma vez penhorado, não pode mais ser transferido pelo credor que tiver conhecimento da penhora; mas o devedor que o pagar, não tendo notificação dela, fica exonerado, subsistindo somente contra o credor os direitos de terceiro.

Art. 1.078. As disposições deste titulo aplicam-se à cessão de outros direitos para os quais não haja modo especial de transferência.

TÍTULO IV – DOS CONTRATOS

CAPÍTULO I – DISPOSIÇÕES GERAIS

Art. 1.079. A manifestação da vontade, nos contratos, pode ser tácita, quando a lei não exigir que seja expressa.

Art. 1.080. A proposta do contrato obriga o proponente, se o contrario não resultar dos termos dela, da natureza do negócio, ou das circunstancias do caso.

Art. 1.081. Deixa de ser obrigatória a proposta:

I - Se, feita sem prazo a uma pessoa presente, não foi imediatamente aceita.

Considera-se também presente a pessoa que contrata por meio do telefone.

II - Se, feita sem prazo a pessoa ausente, tiver decorrido tempo suficiente para chegar a resposta ao conhecimento do proponente.

III - Se, feita a pessoa ausente, não tiver sido expedida a resposta dentro no prazo dado.

IV - Se, antes dela, ou simultaneamente, chegar ao conhecimento da outra parte e retratação do proponente.

Art. 1.082. Se a aceitação, por circunstância imprevista, chegar tarde ao conhecimento do proponente, este comunicar-lo-á imediatamente ao aceitante, sob pena de responder por perdas e danos.

Art. 1.083. A aceitação fora do prazo, com adições, restrições, ou modificações, importará nova proposta.

Art. 1.084. Se o negocio for daqueles, em que se não costuma a aceitação expressa, ou o proponente a tiver dispensado, reputar-se-á concluído o contrato, não chegando a tempo a recusa.

Art. 1.085. Considera-se inexistente a aceitação, se antes dela ou com ela chegar ao proponente a retratação do aceitante.

Art. 1.086. Os contratos por correspondência epistolar, ou telegráfica, tornam-se perfeitos desde que a aceitação é expedida, exceto:

I - No caso do artigo antecedente.

II - Se o proponente se houver comprometido a esperar resposta.

III - Se ela não chegar no prazo convencionado.

Art. 1.087. Reputar-se-á celebrado o contrato no lugar em que foi proposto.

Art. 1.088. Quando o instrumento público for exigido como prova do contrato, qualquer da partes pode arrepender-se, antes de o assinar, ressarcindo à outra as perdas e danos resultantes do arrependimento, sem prejuízo do estatuído nos arts. 1.095 a 1.097.

Art. 1.089. Não pode ser objeto de contrato a herança de pessoa viva.

Art. 1.090. Os contratos benéficos interpretar-se-ão estritamente.

Art. 1.091. A impossibilidade da prestação não invalida o contrato, sendo relativa, ou cessando antes de realizada a condição.

CAPÍTULO II – DOS CONTRATOS BILATERAIS

Art. 1.092. Nos contratos bilaterais, nenhum dos contraentes, antes de cumprida a sua obrigação, pode exigir o implemento da do outro.

Se, depois de concluído o contrato, sobrevier a uma das partes contratantes diminuição em seu patrimônio, capaz de comprometer ou tornar duvidosa a prestação pela qual se obrigou, pode a parte, a quem incumbe fazer prestação em primeiro lugar, recusar-se a esta, até que a outra satisfaça a que lhe compete ou de garantia bastante de satisfaze-la.

Parágrafo único. A parte lesada pelo inadimplemento pode requerer a rescisão do contrato com perdas e danos.

Art. 1.093. O distrato faz-se pela mesma forma que o contrato. Mas a quitação vale, qualquer que seja a sua forma.

CAPÍTULO III – DAS ARRAS

Art. 1.094. O sinal, ou arras, dado por um dos contraentes firma a presunção de acordo final, e torna obrigatório o contrato.

Art. 1.095. Podem, porém, as partes estipular o direito de se arrepender, não obstante as arras dadas. Em caso tal se o arrependido for o que as deu, perdê-las-á em proveito do outro; se o que as recebeu, restituí-las-á em dobro.

Art. 1.096. Salvo estipulação em contrário, as arras em dinheiro consideram-se princípio de pagamento. Fora esse caso, devem ser restituídas, quando o contrato for concluído, ou ficar desfeito.

Art. 1.097. Se o que deu arras, der causa a se impossibilitar a prestação, ou a se rescindir o contrato, perdê-las-á em benefício do outro.

CAPÍTULO IV – DAS ESTIPULAÇÕES EM FAVOR DE TERCEIROS

Art. 1.098. O que estipula em favor de terceiro pode exigir o cumprimento da obrigação.

Parágrafo único. Ao terceiro, em favor de quem se estipulou a obrigação, também é permitido exigi-la, ficando, todavia, sujeito às condições e normas do contrato, se a ele anuir, e o estipulante o não inovar nos termos do art. 1.100.

Art. 1.099. Se ao terceiro, em favor de quem se fez o contrato, se deixar o direito de reclamar-lhe a execução, não poderá o estipulante exonerar o devedor.

Art. 1.100. O estipulante pode reservar-se o direito de substituir o terceiro designado no contrato, independente da sua anuência e da outro contraente (art. 1.098, parágrafo único).

Parágrafo único. Tal substituição pode ser feita por ato entre vivos ou por disposição de última vontade.

CAPÍTULO V – DOS VÍCIOS REDIBITÓRIOS

Art. 1.101. A coisa recebida em virtude de contrato comutativo pode ser enjeitada por vícios ou defeitos ocultos, que a tornem imprópria ao uso a que é destinada, ou lhe diminuam o valor.

Parágrafo único. É aplicável a disposição deste artigo às doações gravadas de encargo.

Art. 1.102. Salvo clausula expressa no contrato, a ignorância de tais vícios pelo alienante não o exime à responsabilidade (art. 1.103).

Art. 1.103. Se o alienante conhecia o vício, ou o defeito, restituirá o que recebeu com perdas e danos; se o não conhecia, tão somente restituirá o valor recebido, mais as despesas do contrato.

Art. 1.104. A responsabilidade do alienante subsiste ainda que a coisa pereça em poder do alienatório, se parecer por vício oculto, já existente ao tempo da tradição.

Art. 1.105. Em vez de rejeitar a coisa, redigindo o contrato (art. 1.101), pode adquirente reclamar abatimento no preço (art. 178, § 2º e § 5º, n. IV).

Art. 1.106. Se a coisa foi vendida em hasta pública, não cabe a ação redibitoria, nem a de pedir abatimento no preço.

CAPÍTULO VI – DA EVIÇÃO

Art. 1.107. Nos contratos onerosos, pelos quais se transfere o domínio, posse ou uso, será obrigado o alienante a resguardar o adquirente dos riscos da evição, toda vez que se não tenha excluído expressamente esta responsabilidade.

Parágrafo único. As partes pode reforçar ou diminuir essa garantia.

Art. 1.108. Não obstante a clausula que excluir a garantia contra a evição (art. 1.107), se esta se der, tem direito o evicto a recobrar o preço, que pagou pela coisa evicta, se não soube do risco da evição, ou, dele informado, o não assumiu.

Art. 1.109. Salvo estipulação em contrário, tem direito o evicto, além da restituição integral do preço, ou das quantias, que pagou:

I - À indenização dos frutos que tiver sido obrigado a restituir.

II - À das despesas dos contratos e dos prejuízos que diretamente resultarem da evição.

III - Às custas judiciais.

Art. 1.110. Subsiste para o alienante esta obrigação, ainda que a coisa alienada esteja deteriorada, exceto havendo dolo do adquirente.

Art. 1.111. Se o adquirente tiver auferido vantagens das deteriorações, e não tiver sido condenado a indeniza-las, o valor das vantagens será deduzido da quantia que lhe houver de dar o alienante.

Art. 1.112. As benfeitorias necessárias ou úteis, não abonadas ao que sofreu a evição, serão pagas pelo alienante.

Art. 1.113. Se as benfeitorias abonadas ao que sofreu a evição tiverem sido feitas pelo alienante, o valor delas será levado em conta na restituição devida.

Art. 1.114. Se a evição for parcial, mas considerável, poderá o evicto optar entre a rescisão do contrato e a restituição da parte do preço correspondente ao desfalque sofrido.

Art. 1.115. A importância do desfalque, na hipótese do artigo antecedente, será calculada em proporção do valor da coisa ao tempo em que se evenceu.

Art. 1.116. Para poder exercitar o direito, que da evicção lhe resulta, o adquirente notificará do litígio o alienaste, quando e como lho determinarem as leis do processo.

Art. 1.117. Não pode o adquirente demandar pela evicção:

I. Se foi privado da coisa, não pelos meios judiciares, mas por caso fortuito, força maior, roubo, ou furto.

II. Se sabia que a coisa era alheia, ou litigiosa.

CAPÍTULO VII – DOS CONTRACTOS ALEACTORIOS

Art. 1.118. Se o contracto for aleatório, por dizer respeito a coisas futuras, cujo risco de não virem a existir assuma o adquirente, terá direto o alienante a todo o preço, desde que de sua parte não tenha havido culpa, ainda que delas não venha a existir absolutamente nada.

Art. 1.119. Se for aleatório, por serem objeto dele coisas futuras, tomando o adquirente a se risco de virem a existir em qualquer quantidade, terá também direito o alienante a todo o preço, desde que sua parte não tiver concorrido culpa ainda que a coisa venha a existir em quantidade inferior á esperada.

Parágrafo único. Mas, se da coisa nada vier a existir, alienação não haverá, e o adquirente restituíra o preço recebido.

Art. 1.120. Se for aleatório, por se referir a coisas existentes, mas expostas a risco, assumido pelo adquirente, terá igualmente direito o alienante a todo o preço, posto que a coisa já não existisse, em parte, ou de todo, no dia do contracto.

Art. 1.121. A alienação aleatória do artigo antecedente poderá ser anulada como dolosa pelo prejudicado, se provar que o outro contraente não ignorava a consumação do risco, a que no contracto se considerava exposta a coisa.

TÍTULO V – DAS VARIAS ESPECIES DE CONTRACTOS

CAPÍTULO I – DA COMPRA E VENDA

SEÇÃO I – DISPOSICÇÃO GERAES

Art. 1.122. Pelo contracto de compra e venda, um dos contraentes se obriga a transferir o domínio de certa coisa, e o outro, á pagar-lhe certo preço em dinheiro.

Art. 1.123. A fixação do preço pode ser deixada a arbítrio de terceiro ou terceiros, que os contratantes logo designarem ou prometerem designar. Se o terceiro não aceitar a incumbência, ficará em efeito o contracto, salvo quando acordarem os contraentes designar outra pessoa.

Art. 1.124. Também se poderá deixar a fixação do preço á taxa do mercado, ou da bolsa em certo e determinado dia e logar.

Art. 1.125. Nulo é o contracto de compra e venda, quando se deixa ao arbítrio exclusivo de uma das partes a taxação do preço.

Art. 1.126. A compra e venda, quando pura, considerar-se-á obrigatória e perfeita, desde que as partes acordarem no objeto e no preço.

Art. 1.127. Até ao momento da tradição, os riscos da coisa correm por conta do vendedor, e os do preço por conta do comprador.

§ 1º Todavia, os casos fortuitos, ocorrentes no ato de contar, marcar, ou assinalar coisas, que comumente se recebem, contando, pensando, medindo ou assinalando, e que já tiverem sido postas á disposição do comprador, correrão por conta deste.

§ 2º Correrão também por conta do comprador os riscos das referidas coisas, se estiver em mora de as receber, quando posta á sua disposição no tempo, logar e pelo modo ajustados.

Art. 1.128. Se a coisa for expedida para logar diverso, por ordem do comprador, por sua conta correrão os riscos, uma vez entregue a quem haja de transporta-la, salvo se das intrusões dele se afastar o vendedor.

Art. 1.129. Salvo clausula em contrario, ficarão as despesas da escritura a cargo do comprador, e a cargo do vendedor as da tradição.

Art. 1.130. Não sendo a venda a credito, o vendedor não é obrigado a entregar a coisa, antes de receber o preço.

Art. 1.131. Não obstante o prazo ajustado para o pagamento, se antes da tradição o comprador cair em insolvência, poderá o vendedor sobrestar na entrega da coisa, até que o comprador lhe dê caução de pagar no tempo ajustado.

Art. 1.132. Os ascendentes não podem vender aos descendentes, sem que os outros descendentes expressamente consintam.

Art. 1.133. Não podem ser comprados, ainda em hasta publica:

I - Pelos tutores, curadores, testamenteiros e administradores os bens confiados á sua guarda ou administração.

II - Pelos mandatarios, os bens, de cuja administração ou alienação estejam encarregados.

III - Pelos empregados publicos, os bens da União, dos Estados e dos Municipios, que estiverem sob sua administração, directa, ou indirecta. A mesma disposição applica-se aos juizes, arbitradores, ou peritos que, de qualquer modo, possam influir no acto ou no preço da venda.

IV - Pelos juizes, empregados de fazenda, secretários de tribunaes, escrivães e outros officiais de justiça, os bens, ou direitos, sobre que se litigar em tribunal, juizo, ou conselho, no logar onde esses funccionarios servirem, ou a que se estender a sua autoridade.

Art. 1.134. Esta proibição compreende a venda ou cessão de credito, exceto se for entre co-herdeiros, o meu pagamento de divida, ou para garantia de bens já pertencentes a pessoa designadas no artigo anterior, n. IV.

Art. 1.135. Se a venda se realizar á vista de amostras, entender-se-á que o vendedor assegura Ter a coisa vendida as qualidades por elas apresentadas.

Art. 1.136. Se, na venda de um imóvel, se estipular preço por medida de extensão, ou se determinar a respectiva área, e esta não corresponder, em qualquer dos casos, ás dimensões dadas, o comprador terá o direito de exigir o complemento da área, e não sendo isso possível, o de reclamar a rescisão do contracto ou abatimento proporcional do preço. Não lhe cabe, porém, esse direito, se o imóvel foi vendido como coisa certa e discriminada, tendo sido apenas enunciativa a referencia ás suas dimensões.

Parágrafo único. Presume-se que a referencia as dimensões foi simplesmente enunciativa, quando a diferença encontrada não exceder de 1/20 da extensão total enunciada.

Art. 1.137. Em toda escritura de transferencia de imóveis, serão transcritas as certidões de se acharem eles quites com a Fazenda Federal, Estadual e Municipal, de qualquer impostos a que pudessem estar sujeitos.

Parágrafo único. A certidão negativa exonera o imóvel e isenta o adquirente de toda responsabilidade.

Art. 1.138. Nas coisas vendidas conjuntamente, o defeito oculto de uma não autoriza a rejeição de todas.

Art. 1.139. Não pode um condômino em coisa indivisível vender a sua parte a estranhos, se outro consorte a quiser, tanto por tanto. O condômino a quem não se der conhecimento da venda, poderá, depositando o preço, haver para si a parte vendida a estranho, se o requerer no prazo de seis meses.

Parágrafo único. Sendo muitos os condôminos, preferirá o que tiver benfeitorias de maior valor, e na falta de benfeitorias, o de quinhão maior. Se os quinhões forem iguais haverão a parte vendida os co-proprietários, que a quiserem depositando previamente o preço.

SEÇÃO II – DAS CLAUSULAS ESPECIAES Á COMPRA E VENDA DA RETROVENDA

Art. 1.140. O vendedor pode reservar-se o direito de recobrar, em certo prazo, o imóvel, que vendeu, restituindo o preço, mais as despesas feitas pelo comprador.

Parágrafo único. Além destas, reembolsará também, nesse caso, o vendedor ao comprador as empregadas em melhoramentos do imóvel, até ao valor por esses melhoramentos acrescentado á propriedade.

Art. 1.141. O prazo para o resgate, ou retrato, não passará de três anos, sob pena de se reputar não escrito; presumindo-se estipulado o máximo do tempo, quando as partes o não determinarem.

Parágrafo único. O prazo do retrato, expresso, ou presumido, prevalece ainda contra o incapaz. Vencido o prazo, extingue-se o direito ao retrato, e torna-se irretratável a venda.

Art. 1.142. Na retroverta, o vendedor conserva a sua ação contra os terceiros adquirentes da coisa retrovendida, ainda que eles não conhecessem a clausula de retrato.

Art. 1.143. Se varias pessoas tiverem direito ao retrato sobre a mesma coisa, e só uma o exercer, poderá o comprador fazer intimar as outras para nele acordarem.

§ 1º Não havendo acordo entre os interessados, ou não querendo um deles entrar com a importância integral do retrato, caducará o direito de todos.

§ 2º Se os diferentes condomínios do prédio alheado o não retrovenderam conjuntamente e no mesmo ato, poderá cada qual, de per si, exercitar sobre respectivo quinhão, o seu direito de retrato, sem que o comprador possa constranger os demais a resgata-lo por inteiro.

DA VENDA A CONTENTO

Art. 1.144. A venda a contento reputar-se á feita sob condição suspensiva, se no contracto não se lhe tiver dado expressamente o caracter de condição resolutiva.

Parágrafo único. Nesta espécie de venda, se classifica a dos gêneros, que se costumam provar, medir, pesar, ou experimentar antes de aceitos.

Art. 1.145. As obrigações do comprador, que recebeu, sob condição suspensiva, a coisa comprada, são as de mero comodatario, enquanto não manifeste aceita-la.

Art. 1.146. Se o comprador não fizer declaração alguma dentro no prazo, reputar-se-á perfeita a venda, quer seja suspensiva a condição, quer resolutiva; havendo-se, no primeiro caso, o pagamento do preço como expressão de que aceita a coisa vendida.

Art. 1.147. Não havendo prazo estipulado para a declaração do comprador, o vendedor terá direito a intima-lo judicialmente, para que o faça em prazo improrrogável, sob pena de considerar-se perfeita a venda.

Art. 1.148. O direito resultante da venda a contento é simplesmente pessoal.

DA PREEMPÇÃO OU PREFERENCIA

Art. 1.149. A preempção, ou preferencia impõe ao comprador a obrigação de oferecer ao vendedor a coisa que aquele vai vender, ou dar em pagamento, para que este de seu direto de preleção a compra, tanto por tanto.

Art. 1.150. A União, o Estado, ou o Município, oferecerá ao ex-proprietario o imóvel desapropriado, pelo preço por que o foi, o caso não tenha o destino para que se desapropriou.

Art. 1.151. O vendedor pode também exercer o seu direito de prelação intimando-o ao comprador, quando lhe constar que este vai vender a coisa.

Art. 1.152. O direito de preempção não se estende se não as situações indicadas nos arts. 1.149 e 1.150, nem a outro direito real que não a propriedade.

Art. 1.153. O direito de preempção caducará, se a coisa for móvel, não se exercendo nos três dias, e, se for imóvel, não se exercendo nos trinta subsequentes aquele, em que o comprador tiver afrontado o devedor.

Art. 1.154. Quando o direito de preempção for estipulado a favor de vários indivíduos em comum, só poderá ser exercido em relação á coisa no seu todo. Se alguma das pessoas, a quem ele toque, perder, ou não exercer o seu direito, poderão as demais utiliza-lo na forma sobredita.

Art. 1.155. Aquele que exerce a preferencia, está, sob pena de a perder, obrigado a pagar, em condições iguais, o preço encontrado, ou o ajustado.

Art. 1.156. Responderá por perdas e danos o comprador, se ao vendedor não der ciência do preço e das vantagens, que lhe oferecem pela coisa.

Art. 1.157. O direito de preferencia não se pode ceder nem passa aos herdeiros.

DO PACTO DE MELHOR COMPRADOR

Art. 1.158. O contracto de compra e venda pode ser feito com a clausula de se desfazer, se, dentro em certo prazo aparecer quem ofereça maior vantagem.

Parágrafo único. Não excederá de um ano esse prazo, nem clausula vigorá senão entre os contratantes.

Art. 1.159. O pacto de melhor comprador vale por condição resolutiva salvo convenção em contrario.

Art. 1.160. Esse pacto não pode existir nas vendas de moveis.

Art. 1.161. O comprador prefere a quem oferecer iguais vantagens.

Art. 1.162. Se, dentro no prazo fixado, vendedor não aceitar proposta de maior vantagem, a venda se reputará definitiva.

DO PACTO COMISSORIO

Art. 1.163. Ajustado que se desfaça a venda, não se pagando o preço até certo dia, poderá o vendedor, não pago desfazer o contracto ou pedir o preço.

Parágrafo único. Se, em dez dias de vencido o prazo, o vendedor, em tal caso, não reclamar o preço, ficará de pleno direito desfeita a venda.

CAPÍTULO II – DA TROCA

Art. 1.164. Aplicam-se á troca as disposições referentes á compra e venda, com as seguintes modificações:

I - Salvo disposição em contrario, cada um dos contractantes pagará por metade as despezas com o instrumento da troca.

II - São nullas as trocas deseguaes entre ascendentes e descendentes, sem consetimento expresso dos outros descendentes.

CAPÍTULO III – DA DOAÇÃO

SEÇÃO I – DISPOSIÇÕES GERAES

Art. 1.165. Considera-se doação o contracto em que uma pessoa, por liberalidade, transfere do seu pratimônio bens ou vantagens para o de outra, que os aceita.

Art. 1.166. O doador pode fixar prazo ao donatário, para declarar se aceita, ou não, a liberalidade. Desde que o donatário, ciente do prazo, não faça dentro nele, a declaração, entender-se á que aceitou, se a doação não for sujeita a encargo.

Art. 1.167. A doação feita em contemplação do merecimento do donatario não perde o caracter de liberalidade, como o não perde a doação remuneratoria, ou a gravada, no excedente ao valor dos serviços remunerados, ou ao encargo imposto.

Art. 1.168. A doação far-se-á por instrumento publico, ou particular (Art. 134).

Parágrafo único. A doação verbal será valida, se, versando sobre bens moveis e de pequeno valor, se lhe seguir in-continenti a tradição.

Art. 1.169. A doação feita ao nascituro valerá, sendo aceita pelos pais.

Art. 1.170. As pessoas que não puderem contratar é facultado, não obstante, aceitar doações puras.

Art. 1.171. A doação dos pais aos filhos importa adiantamento da legitima.

Art. 1.172. A doação em forma de subvenção periódica ao beneficiado extingue-se, morrendo o doador, salvo se este outra coisa dispuser.

Art. 1.173. A doação feita em contemplação de casamento futuro com certa e determinada pessoa, quer pelos nubentes entre si, quer por terceiro a um deles, a ambos, ou aos filhos que, de futuro, houverem um do outro, não pode ser impugnada por falta de aceitação, e só ficará sem efeito se o casamento não se realizar.

Art. 1.174. O doador pode estipular que os bens doados voltem ao seu patrimônio, se sobreviver ao donatário.

Art. 1.175. É nula a doação de todos os bens, sem reserva de parte, ou renda suficiente para a subsistência do doador.

Art. 1.176. Nula é também a doação quanto á parte, que exceder a de que o doador, no momento da liberalidade, poderia dispor em testamento.

Art. 1.177. A doação de cônjuge adultero ao seu cúmplice pode ser anulada pelo outro cônjuge, ou por seus herdeiros necessários, até dois anos depois de dissolvida a sociedade conjugal (arts. 178, § 7º, n. VI, e 248, n. IV)

Art. 1.178. Salvo declaração em contrario, a doação em comum a varias pessoas entende-se distribuída entre elas por igual.

Parágrafo único. Se os donatários, em tal caso, forem marido e mulher, subsistirá na totalidade a doação para o cônjuge sobrevivo.

Art. 1.179. O doador não é obrigado a pagar juros moratorios, nem é sujeito á evicção, exceto no caso do art. 285.

Art. 1.180 O donatário é obrigado a cumprir os encargos da doação, caso forem a beneficio do doador, de terceiro, ou do interesse geral.

Parágrafo único. Se desta ultima espécie for o encargo, o Ministério Publico poderá exigir sua execução, depois da morte do doador, se este não o tiver feito.

SEÇÃO II – DA REVOGAÇÃO DA DOAÇÃO

Art. 1.181. Além dos casos comuns a todos os contractos, a doação também se revoga por ingratidão do donatário.

Parágrafo único. A doação onerosa poder-se-á revogar por inexecução do encargo, desde que o donatário incorrer em mora.

Art. 1.182. Não se pode renunciar antecipadamente o direito de revogar a liberalidade por ingratidão do donatário.

Art. 1.183. Só se podem revogar por ingratidão as doações:

I - Se o donatario attentou contra a vida do doador.

II - Se commetteu contra elle offensa physica.

III - Se o injuriou gravemente, ou o calumniou.

IV - Se, podendo ministrar-lh'os, recusou ao doador dos alimentos, de que este necessitava.

Art. 1.184. A revogação por qualquer desses motivos pleitear-se-á dentro em um ano, a contar de quando chegues ao conhecimento do doador, fato, que a autorizar (Art. 178, § 6º, n. I).

Art. 1.185. O direito de que trata o artigo precedente não se transmite aos herdeiros do doador, nem prejudica os do donatário. Mas aqueles podem prosseguir na cação iniciada pelo doador, continuando-a contra os herdeiros do donatário, se este falecer depois de contestada a lide.

Art. 1.186. A revogação por ingratidão não prejudica os direitos adquiridos por terceiro, nem obriga o donatário a restituir os frutos, que percebeu antes de contestada a lide; mas sujeita-o a pagar os posteriores, e, quando não possa restituir em espécie as coisas doadas, a indeniza-las pelo meio termo do seu valor.

Art. 1.187. Não se revogam por ingratidão:

I. As doações puramente remuneractorias.

II. As oneradas com encargo.

III. As que se fizerem em cumprimento de obrigações natural.

IV. As feitas para determinado casamento.

CAPÍTULO IV – DA LOTAÇÃO

SEÇÃO I – DA LOCAÇÃO DE COISAS DISPOSIÇÕES GERAIS

Art. 1.188. Na locação de coisas, um das partes se obriga a ceder á outra, por tempo determinado, ou não, o uso e gozo de coisa não fungível, mediante certa retribuição.

Art. 1.189. O locador é obrigado:

I. A entregar ao locatario a coisa alugada, com suas pertenças, em estado de servir ao uso a que se destina, e a mantel-a nesse estado, pelo tempo do contracto, salvo clausula expressa em contrario.

II. A garanti-lhe, durante o tempo do contracto, o uso pacifico da coisa.

Art. 1.190. Se, durante a locação, se deteriorar a coisa alugada, sem culpa do locatário, a este caberá pedir redução proporcional do aluguer, ou rescindir o contracto, caso já não sirva a coisa para o fim, a que se destinava.

Art. 1.191. O locador resguardará o locatário dos embaraços e turbações de terceiros, que tenham, ou pretendam ter direitos sobre a coisa alugada, e responderá pelos seus vícios ou defeitos, anteriores á locação.

Art. 1.192. O locatário é obrigado:

I. A servir-se da coisa alugada para os usos convencionados, ou presumidos, conforme a natureza della e as circunstancias, bem como a tratal-a com o mesmo cuidado como se sua fosse.

II. A pagar pontualmente o aluguer nos prazos ajustados, e, em falta de ajuste, segundo o costume do logar.

III. A levar ao conhecimento do locador as turbações de terceiros, que se pretendam fundadas em direito (Art. 1.191).

IV. A restituir a coisa, finda a locação, no estado em que a recebeu, salvas as deteriorações naturaes ao uso regular.

Art. 1.193. Se o locatário empregar a coisa em uso diverso do ajustado, o do a que se destina, ou se ela se danificar por abuso do locatário, poderá o locador, além de rescindir o contracto, exigir perdas e danos.

Parágrafo único. Havendo prazo estipulado á duração do contracto, antes do vencimento não poderá o locador reaver a coisa alugada senão ressarcindo ao locatário as perdas e danos resultantes, nem o locatário devolve-la ao locador, senão pagando o aluguer pelo tempo que faltar.

Art. 1.194. A locação por tempo determinado cessa de pleno direito findo o prazo estipulado, independentemente de notificação, ou aviso.

Art. 1.195. Se, findo o prazo, o locatário continuar na posse da coisa alugada, sem oposição do locador, presumir-se-á prorrogada a locação pelo mesmo aluguer, mas sem prazo determinado.

Art. 1.196. Se, notificado o locatário, o não restituir a coisa, pagará, enquanto a tiver em seu poder, o aluguel que o locador arbitrar, e responderá pelo dano, que ela venha a sofrer, embora proveniente de caso fortuito.

Art. 1.197. Se, durante a locação, for alienada a coisa, não ficará o adquirente obrigado a respeitar o contracto, se nele não for consignado a clausula da sua vigência no caso de alienação, e constar de registro publico.

Parágrafo único. Nas locações de imóveis, não poderá porem, despedir o locatário, senão observados os prazos do art. 1.209.

Art. 1.198. Morrendo o locador, ou locatário, transfere-se aos seus herdeiros a locação por tempo determinado.

Art. 1.199. Não é licito ao locatário reter a coisa alugada, exceto no caso de benfeitorias necessárias, ou no de benfeitorias úteis, se estas houverem sido feitas com expresso consentimento do locador.

DA LOCAÇÃO DE PREDIOS

Art. 1.200. A locação de prédios pode ser estipulada por qualquer prazo.

Art. 1.201. Não havendo estipulação expressa em contrario, o locatário, nas locações a prazo fixo, poderá sublocar o prédio, no todo, ou em parte, antes ou depois de have-lo recebido, e bem assim empresta-lo, continuando responsável ao locador pela conservação do imóvel e solução do aluguer.

Parágrafo único. Pode também ceder a locação, consentindo o locador.

Art. 1.202. O sublocatário responde, subsidiariamente, ao senhorio pela importância que dever ao sublocado, quando este for demandado, e ainda pelos alugueres que se vencerem durante a lide.

§ 1º Neste caso, notificado a ação ao sublocatário, se não declarar logo que adiantou alugueres ao soblocador, presumir-se-ão fraudulentos todos os recibos de pagamentos adiantados, salvo se constarem de escrito com data autenticada e certa.

§ 2º Salvo o caso deste artigo, nas disposições anteriores, a sublocação não estabelece direitos nem obrigações entre o sublocatário e o senhorio.

Art. 1.203. Rescindida, ou finda, a locação, resolvem-se as sublocações, salvo o direito de indenização que possa competir ao sublocatário contra o sublocador.

Art. 1.204. Durante a locação, o senhorio não pode mudar a forma nem o destino do prédio alugado.

Art. 1.205. Se o prédio necessitar de reparações urgentes, o locatário será obrigado a consenti-las.

§ 1º Se os reparos durarem mais de quinze dias, poderá pedir abatimento proporcional no aluguer.

§ 2º Se durarem mais de um mês, e tolherem o uso regular do prédio, poderá rescindir o contracto.

Art. 1.206. Incumbirão ao locador, salvo cláusula expressa em contrário, todas as reparações de que o prédio necessitar.

Parágrafo único. O locatário é obrigado a fazer por sua conta no prédio as pequenas reparações de estragos, que não provenham naturalmente do tempo, ou do uso.

Art. 1.207. O locatário tem direito a exigir do senhorio, quando este lhe entrega o prédio, relação escrita do seu estado.

Art. 1.208. Responderá o locatário pelo incêndio do prédio, se não provar caso fortuito ou força maior, vício de construção ou propagação de fogo originado em outro prédio.

Parágrafo único. Se o prédio tiver mais de um inquilino, todos responderão pelo incêndio, inclusive o locador, se nele habitar, cada um em proporção da parte que ocupe, exceto provando-se ter começado o incêndio na utilizada por um só morador, que será então o único responsável.

Art. 1.209. O locatário do prédio, notificado para entregá-lo, por não convir ao locador continuar a locação de tempo indeterminado, tem o prazo de um mês, para o desocupar, se for urbano, e, se rústico, o de seis meses (artigo 1.197, Parágrafo único).

DISPOSIÇÃO ESPECIAL AOS PRÉDIOS URBANOS

Art. 1.210. Não havendo estipulação em contrário, o tempo da locação de prédio urbano regular-se-á pelos usos locais.

DISPOSIÇÕES ESPECIAIS AOS PRÉDIOS RÚSTICOS

Art. 1.211. o locatário de prédio rústico utilizá-lo-á no mister a que se destina, de modo que o não danifique, sob pena de rescisão do contrato e satisfação de perdas e danos.

Art. 1.212. A locação de prazo indefinido presume-se contratada pelo tempo indispensável ao locatário para uma colheita.

Art. 1.213. Na locação por tempo indeterminado, não querendo o locatário continuá-la, avisará o senhorio seis meses antes de a deixar.

Art. 1.214. Salvo ajuste em contrário, nem a esterilidade, nem o malogro da colheita por caso fortuito, autorizam o locatário a exigir abate no aluguel.

Art. 1.215. O locatário, que sai, franqueará ao que entra o uso das acomodações necessárias a este para começar o trabalho; e, reciprocamente, o locatário, que entra, facilitará ao que sai o uso do que lhe for mister para a colheita, segundo o costume do lugar.

SEÇÃO II – DA LOCAÇÃO DE SERVIÇOS

Art. 1.216. Toda a espécie de serviço ou trabalho lícito, material ou imaterial, pode ser contratada mediante retribuição.

Art. 1.217. No contrato de locação de serviços, quando qualquer das partes não souber ler, nem escrever, o instrumento poderá ser escrito e assinado a rogo, subscrevendo-o, neste caso, quatro testemunhas.

Art. 1.218. Não se tendo estipulado, nem chegando a acordo as partes, fixar-se-á por arbitramento a retribuição, segundo o costume do lugar, o tempo de serviço e sua qualidade.

Art. 1.219. A retribuição pagar-se-á depois de prestado o serviço, se, convenção, ou costume, não houver de ser adiantada, ou paga em prestações.

Art. 1.220. A locação de serviços não se poderá convencionar por mais quatro anos, embora o contato tenha por causa o pagamento de dívida do locador, ou se destine à execução de certa e determinada obra. Neste caso, decorridos quatro anos, dar-se-á por findo o contrato, ainda que não concluída a obra (art. 1.225).

Art. 1.221. Não havendo prazo estipulado, nem se podendo inferir da natureza do contrato, ou do costume do lugar, qualquer das partes a seu arbítrio, mediante prévio aviso, pode reincidir o contato.

Parágrafo único. Dar-se-á o aviso:

I - Com antecedência de oito dias, se o salário se houver fixado por tempo de um mês, ou mais.

II - Com antecipação de quatro dias, se o salário se tiver ajustado por semana, ou quinzena.

III - De véspera, quando se tenha contratado por menos de sete dias.

Art. 1.222. No contrato de locação de serviços agrícolas, não havendo prazo estipulado, presume-se o de um ano agrário, que termina com a colheita ou safra da principal cultura pelo locatário explorada.

Art. 1.223. Não se conta no prazo do contrato o tempo em que o locador, por culpa sua, deixou de servir.

Art. 1.224. Não sendo o locador contratado para certo e determinado trabalho, entender-se-á que se obrigou a todo e qualquer serviço compatível com as suas forças e condições.

Art. 1.225. O locador contratado por tempo certo, ou por obra determinada, não se pode ausentar, ou despedir, sem justa causa, antes de preenchido o tempo, ou concluída a obra (art. 1.220).

Parágrafo único. Se se despedir sem justa causa, terá direito à retribuição vencida, mas responderá por perdas e danos.

Art. 1.226. São justas causas para dar o locador por findo o contrato:

I - Ter de exercer funções públicas, ou desempenhar obrigações legais, incompatíveis estas ou aquelas com a continuação do serviço.

II - Achar-se inabilitado, por força maior, para cumprir o contrato.

III - Exigir o locatário do locador serviços superiores às suas forças, defesos por lei, contrários aos bons costumes, ou alheiros ao contrato.

IV - Tratar o locatário ao locador com rigor excessivo, ou não lhe dar a alimentação conveniente.

V - Correr o locador perigo manifesto de dano ou mal considerável.

VI - Não cumprir o locatário as obrigações do contrato.

VII - Ofender o locatário, ou tentar ofender o locador na honra de pessoas de sua família.

VIII - Morrer o locatário.

Art. 1.227. O locador poderá dar por findo o contrato em qualquer dos casos do artigo antecedente, embora o contrário tenha convencionado.

§ 1º Despedindo-se por qualquer dos motivos especificados no artigo antecedente, ns I, II, V e VIII, terá direito o locador à remuneração vencida, sem responsabilidade alguma para com o locatário.

§ 2º Despedindo-se por alguns dos motivos designados nesse artigo, ns III, IV, VI e VII, ou por falta do locatário no caso do n. V, assistir-lhe-á direito à retribuição vencida e ao mais do artigo subseqüente.

Art. 1.228. O locatário que, sem justa causa, despedir o locador, será obrigado a pagar-lhe por inteiro a retribuição vencida, e por metade a que lhe tocaria de então ao termo legal do contrato.

Art. 1.229. São justas causas para ser dispensado o locador:

I - Enfermidade, ou qualquer outra causa que o torne incapaz dos serviços contratados.

II - Vícios ou mau procedimento do locador.

III - Força maior que impossibilite o locatário de cumprir suas obrigações.

IV - Falta do locador à observância do contrato.

V - Imperícia do locador no serviço contratado.

VI - Ofensa do ao locatário na honra de pessoa de sua família

Art. 1.230. Na locação agrícola, o locatário é obrigado a dar ao locador atestado de que o contrato está findo; e, no caso de recusa, o juiz a quem competir, deverá expedi-lo, multando o recusante em cem a duzentos mil réis, a favor do locador.

Esta mesma obrigação subsiste, se o locatário, sem justa causa, dispensar os serviços do locador, ou se este, por motivo justificado, der por findo o contrato.

Todavia, se, em qualquer destas hipóteses, o locador estiver em débito, esta circunstância constará do atestado, ficando o novo locatário responsável pelo devido pagamento.

Art. 1.231. O locatário poderá despedir o locador por qualquer das causas especificadas no art. 1.229, ainda que o contrário tenha convencionado.

§ 1º Se o locador for despedido por alguma das causas ali particularizadas sob os ns I, III e V, terá direito à retribuição vencida, sem responsabilidade alguma para com o locatário.

§ 2º Se for despedido por algum dos fundamentos ali admitidos sob os ns II, IV e VI, terá direito à retribuição vencida, respondendo, porém, por perdas e danos.

Art. 1.232. Nem o locatário, ainda que outra coisa tenha contratado, poderá transferir a outros o direito aos serviços ajustados, nem o locador, sem aprazimento do locatário, dar substituto, que os preste.

Art. 1.233. O contrato de locação de serviços acaba com a morte do locador.

Art. 1.234. Embora outra coisa haja estipulado, não poderá o locatário cobrar ao locador juros sobre as soldadas, que lhe adiantar, nem, pelo tempo do contrato, sobre dívida alguma, que o locador esteja pagando com serviços.

Art. 1.235. Aquele que aliciar pessoas obrigadas a outros por locação de serviços agrícolas, haja ou não instrumento deste contrato, pagará em dobro ao locatário prejudicado a importância, que ao locador, pelo ajuste desfeito, houvesse de caber durante quatro anos.

Art. 1.236. A alienação do prédio agrícola onde a locação dos serviços se opera, não importa a rescisão do contrato; salvo ao locador opção entre continuá-lo com o adquirente da propriedade, ou com o locatário anterior.

SEÇÃO III – DA EMPREITADA

Art. 1.237. O empreiteiro de uma obra pode contribuir para ela ou só com seu trabalho, ou com ele e os materiais.

Art. 1.238. Quando o empreiteiro fornece os materiais, correm por sua conta os riscos até o momento da entrega da obra, a contento de quem a encomendou, se este não estiver em mora de receber. Estando, correrão os riscos por igual contra as duas partes.

Art. 1.239. Se o empreiteiro só forneceu a mão de obra, todos os riscos, em que não tiver culpa, correrão por conta do dono.

Art. 1.240. Sendo a empreitada unicamente de lavor (art. 1.239), se a coisa perecer antes de entregue, sem mora do dono, nem culpa do empreiteiro, este perderá também o salário, a não provar que a perda resultou de defeito dos materiais, e que em tempo reclamará contra a sua quantidade ou qualidade.

Art. 1.241. Se a obra constar de partes distintas, ou for das que determinam por medida, o empreiteiro terá direito a que também se verifique por medida, ou segundo as partes em que se dividir.

Parágrafo único. Tudo o que se pagou, presume-se verificado.

Art. 1.242. Concluída a obra de acordo com o ajuste ou o costume do lugar, o dono é obrigado a recebê-la. Poderá, porém, enjeitá-la, se o empreiteiro se afastou das instruções recebidas e dos planos dados, ou das regras técnicas em trabalhos de tal natureza.

Art. 1.243. No caso do artigo antecedente, segunda parte, pode o que encomendou a obra, em vez de enjeitá-la, recebê-la com abatimento no preço.

Art. 1.244. O empreiteiro é obrigado a pagar os materiais que recebeu, se por imperícia os inutilizar.

Art. 1.245. Nos contratos de empreitada de edifícios ou outras construções consideráveis, o empreiteiro de materiais e execução responderá, durante cinco anos, pela solidez e segurança do trabalho, assim em razão dos materiais, como do solo, exceto, quanto a este, se, não achando firme, preveniu em tempo o dono da obra.

Art. 1.246. O arquiteto, ou construtor, que, por empreitada, se incumbir de executar uma obra segundo plano aceito por quem a encomenda, não terá direito a exigir acréscimo no preço, ainda que os dos salários, ou o do material, encareça, nem ainda que se altere ou aumente, em relação à planta, a obra ajustada, salvo se se argumentou, ou alterou, por instruções escritas do outro contratante e exibidas pelo empreiteiro.

Art. 1.247. O dono da obra que, fora dos casos estabelecidos nos ns. III, IV e V do art. 1.229, rescindir o contrato, apesar de começada sua execução, indenizará ao empreiteiro das despesas e do trabalho feito, assim como dos lucros que este poderia ter, se concluísse a obra.

CAPÍTULO V – DO EMPRÉSTIMO

SEÇÃO I – DO COMODATO

Art. 1.248. O comodato é o empréstimo gratuito de coisas não fungíveis. Perfaz-se com a tradição do objeto.

Art. 1.249. Os tutores, curadores, e em geral todos os administradores de bens alheios não poderão dar em comodato, sem autorização especial, os bens confiados à sua guarda.

Art. 1.250. Se o comodato não tiver prazo convencional, presumir-se-lhe-á o necessário para o uso concedido; não podendo o comodato, salvo necessidade imprevista e urgente, reconhecida pelo juiz, suspender o uso e gozo da coisa emprestada, antes de findo o prazo convencional, ou o que se determine pelo uso outorgado.

Art. 1.251. O comodatário é obrigado a conservar, como se sua própria fora, a coisa emprestada, não podendo usá-la senão de acordo com o contrato, ou a natureza dela, sob pena de responder por perdas e danos.

Art. 1.252. O comodatário constituído em mora, além de por ela responder, pagará o aluguel da coisa durante o tempo do atraso em restituí-la.

Art. 1.253. Se, correndo risco o objeto do comodato juntamente com outros do comodatário, antepuser este a salvação dos seus, abandonando o do comandante, responderá pelo dano ocorrido, ainda que possa atribuir a caso fortuito, ou força maior.

Art. 1.254. O comodatário não poderá jamais recobrar do comandante as despesas feitas com o uso e gozo da coisa emprestada.

Art. 1.255. Se duas ou mais pessoas forem simultaneamente comodatárias de uma coisa, ficarão solidariamente responsáveis para com o comandante.

SEÇÃO II – DO MÚTUO

Art. 1.256. O mútuo é o empréstimo de coisas fungíveis. O mutuário é obrigado a restituir ao mutuante o que dele recebeu em coisas do mesmo gênero, qualidade e quantidade.

Art. 1.257. Este empréstimo transfere o domínio da coisa emprestada ao mutuário, por cuja conta correm todos os riscos dela desde a tradição.

Art. 1.258. No mútuo em moedas de ouro e prata pode convencionar-se que o pagamento se efetue nas mesmas espécies e quantidades, qualquer que seja ulteriormente a oscilação dos seus valores.

Art. 1.259. O mútuo feito a pessoa menor, sem previa autorização daquele sob cuja guarda estiver, não pode ser reavido nem do mutuário, nem de seus fiadores, ou abonadores (art. 1.502).

Art. 1.260. Cessa a disposição do artigo antecedente:

I. Se a pessoa de cuja autorização necessitava o mutuário, para contrair o empréstimo, o ratificar posteriormente.

II. Se o menor, estando ausente essa pessoa, se viu obrigado a contrair o empréstimo para os seus alimentos habituais.

III. Se o menor tiver bens da classe indicada no art. 391, n. II. Mas, em tal caso, a execução do credor não lhes poderá ultrapassar as forças.

Art. 1.261. O mutuante pode exigir garantia da restituição, se antes do vencimento o mutuário sofrer notória mudança na fortuna.

Art. 1.262. É permitido, mas só por cláusula expressa, fixar juros ao empréstimo de dinheiro ou de outras coisas fungíveis.

Esses juros podem fixar-se abaixo ou acima da taxa legal (art. 1.062), com ou sem capitalização.

Art. 1.263. O mutuário, que pagar juros não estipulados, não os poderá reaver, nem imputar no capital.

Art. 1.264. Não se tendo convencionado expressamente, o prazo do mútuo será:

I. Até à próxima colheita, se o mútuo for de produtos agrícolas, assim para o consumo, como para a semeadura.

II. De trinta dias, pelo menos, até prova em contrário, se for de dinheiro.

III. Do espaço de tempo que declarar o mutuante, se for de qualquer outra coisa fungível.

CAPÍTULO VI – DE DEPÓSITO

SEÇÃO I – DO DEPÓSITO VOLUNTÁRIO

Art. 1.265. Pelo contrato de depósito recebe o depositário um objeto móvel, para guardar, até que o depositante o reclame.

Parágrafo único. Este contrato é gratuito; mas as partes podem estipular que o depositário seja gratificado.

Art. 1.266. O depositário é obrigado a ter na guarda e conservação da coisa depositada o cuidado e diligência que costuma com o que lhe pertence, bem como a restituí-la, com todos os frutos e acrescidos, quando lhe exija o depositante.

Art. 1.267. Se o depósito se entregou fechado, colado, selado, ou lacrado, nesse mesmo estado se manterá; e, se for devassado, incorrerá o depositário na presunção de culpa.

Art. 1.268. Ainda que o contrato fixe prazo á restituição, o depositário entregará o depósito, logo que se lhe exija, salvo se o objeto for judicialmente embargado, se sobre ele pender execução, notificada ao depositário, ou se ele tiver motivo razoável de suspeitar que a coisa foi furtada, ou roubada (art. 1.273).

Art. 1.269. No caso do artigo antecedente, última parte, o depositário, expondo o fundamento da suspeita, requererá que se recolha o objeto ao depósito público.

Art. 1.270. Ao depositário será facultado, outrosim, requerer depósito judicial da coisa, quando, por motivo plausível, a não possa guardar, e o depositante não lhe a queira receber.

Art. 1.271. O depositário que por força maior houver perdido a coisa depositada e recebido outra em seu lugar, é obrigado a entregar a segunda ao depositante, e ceder-lhe as ações, que no caso tiver contra o terceiro responsável pela restituição da primeira.

Art. 1.272. O herdeiro do depositário, que de boa fé vendeu a coisa depositada, é obrigado a assistir o depositante na reivindicação, e a restituir ao comprador o preço recebido.

Art. 1.273. Salvo os casos previstos nos arts. 1.268 e 1.269, não poderá o depositário furtar-se á restituição do depósito, alegando não pertencer a coisa ao depositante, ou opondo compensação, exceto se noutro depósito se fundar (art. 1.287).

Art. 1.274. Sendo vários os depositantes, e divisível a coisa, a cada um só entregará o depositário a respectiva parte, salvo se houver entre eles solidariedade.

Art. 1.275. Sob pena de responder por perdas e danos, não poderá o depositário, sem licença expressa do depositante, servir-se da coisa depositada.

Art. 1.276. Se o depositário se tornar incapaz, a pessoa que lhe assumir a administração dos bens, diligenciará imediatamente restituir a coisa depositada, e, não querendo ou não podendo o depositante recebê-la, recolhê-la-á, ao depósito público, ou promoverá a nomeação de outro depositário.

Art. 1.277. O depositário não responde pelos casos fortuitos nem de força maior; mas, para que lhe valha a excusa, terá de prová-los.

Art. 1.278. O depositante e obrigado a pagar ao depositário as despesas feitas com a coisa, e os prejuízos que do depósito provierem.

Art. 1.279. O depositário poderá reter o depósito até que se lhe pague o líquido valor das despesas, ou dos prejuízos, a que se refere o artigo anterior, provando imediatamente esses prejuízos ou essas despesas.

Parágrafo único. Se essas despesas ou prejuízos não forem provados suficientemente, ou forem ilíquidos, o depositário poderá exigir caução idônea do depositante ou, na falta desta, a remoção da coisa para o depósito público, até que se liquidem.

Art. 1.280. O depósito de coisas fungíveis, em que o depositário se obrigue a restituir objetos do mesmo gênero, qualidade e quantidade, regular-se-á pelo disposto acerca do mútuo (arts. 1.256 a 1.264).

Art. 1.281. O depósito voluntário provar-se-á por escrito.

SEÇÃO II – DO DEPÓSITO NECESSÁRIO

Art. 1.282. É depósito necessário:

I. O que se faz em desempenho de obrigação legal (art. 1.283).

II. O que se efetua por ocasião de alguma calamidade, como o incêndio, a inundação, o naufrágio, ou o saque.

Art. 1.283 O depósito de que se trata no artigo antecedente, n. I, reger-se-á pela disposição da respectiva lei, e, ao silêncio, ou deficiência dela, pelas concernentes ao depósito voluntário (arts. 1.265 a 1.281).

Parágrafo único. Essas disposições aplicam-se, outrosim aos depósitos previstos no art. 1.282, n, II; podendo estes certificar-se por qualquer meio de prova.

Art. 1.284. A esses depósitos é equiparado o das bagagens dos viajantes, hóspedes ou fregueses, nas hospedarias, estalagens ou casas de pensão, onde eles estiverem.

Parágrafo único. Os hospedeiros ou estalajadeiros por elas responderão como depositários, bem como pelos furtos e roubos que perpetrarem as pessoas empregadas ou admitidas nas suas casas.

Art. 1.285. Cessa, nos casos do artigo antecedente, a responsabilidade dos hospedeiros ou estalajadeiros:

I. Se provarem que os fatos prejudiciais aos hospedes, viajantes ou fregueses, não podiam ter sido evitados.

II. Se ocorrer força maior, como nas hipóteses de escalada, invasão da casa, roubo à mão armada, ou violências semelhantes.

Art. 1.286. O depósito necessário não se presume gratuito.

Na hipótese do art. 1.284, a remuneração pelo depósito está incluída no preço da hospedagem.

Art. 1.287. Seja voluntário ou necessário o depósito, o depositário, que o não restituir, quando exigido, será compelido a fazê-lo mediante prisão não excedente a um ano, e a ressarcir os prejuízos (art. 1.273).

CAPÍTULO VII – DO MANDATO

SEÇÃO I – DISPOSIÇÕES GERAIS

Art. 1.288. Opera-se o mandato, quando alguém recebe de outrem poderes, para, em seu nome, praticar atos, ou administrar interesses.

A procuração é o instrumento do mandato.

Art. 1.289. Tôdas as pessoas maiores ou emancipadas, no gôzo dos direitos civis, são aptas para dar procuração mediante instrumento particular, que valerá desde que tenha a assinatura do outorgante. *(Redação dada pela Lei nº 3.167, de 1957)*

§ 1º O instrumento particular deve conter designação do Estado, da cidade ou circunscrição civil em que fôr passado, a data, o nome do outorgante, a individuação de quem seja o outorgado e bem assim o objetivo da outorga, a natureza, a designação e extensão dos poderes conferidos. *(Redação dada pela Lei nº 3.167, de 1957)*

§ 2º Para o ato que não exigir instrumento público, o mandato, ainda quando por instrumento público seja outorgado, pode substabelecer-se mediante instrumento particular. *(Redação dada pela Lei nº 3.167, de 1957)*

§ 3º O reconhecimento da firma no instrumento particular é condição essencial à sua validade, em relação a terceiros. *(Redação dada pela Lei nº 3.167, de 1957)*

Art. 1.290. O mandato pode ser expresso ou tácito, verbal ou escrito.

Parágrafo único. Presume-se gratuito, quando se não estipulou retribuição, exceto se o objeto do mandato for daqueles que o mandatário trata por ofício ou profissão lucrativa.

Art. 1.291. Para o atos que exigem instrumento público ou particular, não se admite mandato verbal.

Art. 1.292. A aceitação do mandato pode ser tácita, e resulta do começo de execução.

Art. 1.293. O mandato presume-se aceito entre ausentes, quando o negócio para que foi dado é da profissão do mandatário, diz respeito à sua qualidade oficial, ou foi oferecido mediante publicidade, e o mandatário não fez constar imediatamente a sua recusa.

Art. 1.294. O mandato pode ser especial a um ou mais negócios determinadamente, ou geral a todos os do mandante.

Art. 1.295. O mandato em termos gerais só confere poderes de administração.

§ 1º Para alienar, hipotecar, transigir, ou praticar outros quaisquer atos, que exorbitem da administração ordinária, depende a procuração de poderes especiais e expressos.

§ 2º O poder de transigir (art. 1.025 a 1.036) não importa o de firmar compromisso (arts. 1.037 a 1.048).

Art. 1.296. Pode o mandante ratificar ou impugnar os atos praticados em seu nome sem poderes suficientes.

Parágrafo único. A ratificação há de ser expressa, ou resultar de ato inequívoco; mas, sendo válida, retroage à data do ato.

Art. 1.297. O mandatário, que exceder os poderes do mandato, ou proceder contra eles, reputar-se-á mero gestor de negócios, enquanto o mandante lhe não ratificar os atos.

Art. 1.298. O púbere, não emancipado (art. 9), pode ser mandatário, mas o mandante não tem ação contra ele senão de conformidade com as regras gerais, aplicáveis às obrigações contraídas por menores.

Art. 1.299. A mulher casada não pode aceitar mandato sem autorização do marido.

SEÇÃO II – DAS OBRIGAÇÕES DO MANDATÁRIO

Art. 1.300. O mandatário é obrigado a aplicar toda a sua diligência habitual na execução do mandato, e a indenizar qualquer prejuízo causado por culpa sua ou daquele a quem substabelecer, sem autorização, poderes que devia exercer pessoalmente.

§ 1º Se, não obstante proibição do mandante, o mandatário se fizer substituir na execução do mandato, responderá ao seu constituinte pelos prejuízos ocorridos sob a gerência do substituto, embora provenientes de caso fortuito, salvo provando que o caso teria sobrevindo, ainda que não tivesse havido substabelecimento.

§ 2º Havendo poderes de substabelecer, só serão imputáveis aos mandatário os danos causados pelo substabelecido, se for notoriamente incapaz, ou insolvente.

Art. 1.301. O mandatário é obrigado a dar contas de sua gerência ao mandante, transferindo-lhe as vantagens provenientes do mandato, por qualquer título que seja.

Art. 1.302. O mandatário não pode compensar os prejuízos a que deu causa com os proveitos, que, por outro lado, tenha granjeado ao seu constituinte.

Art. 1.303. Pelas somas que devia entregar ao mandante, ou recebeu para despesas, mas empregou em proveito seu, pagará o mandatário juros, desde o momento em que abusou.

Art. 1.304. Sendo vários os mandatários nomeados no mesmo instrumento, entender-se-á que são sucessivos, se não forem expressamente declarados conjuntos ou solidários, nem especificadamente designados para atos diferentes.

Art. 1.305. O mandatário é obrigado a apresentar o instrumento do mandato às pessoas, com quem tratar em nome do mandante, sob pena de responder a elas por qualquer ato, que lhe exceda os poderes.

Art. 1.306. O terceiro que, depois de conhecer os poderes do mandatário, fizer com ele contrato exorbitante do mandato, não tem ação nem contra o mandatário, salvo se este lhe prometeu ratificação do mandante, ou se responsabilizou pessoalmente pelo contrato, nem contra o mandante, senão quando este houver ratificado o excesso do procurador.

Art. 1.307. Se o mandatário obrar em seu próprio nome, não terá o mandante ação contra os que com ele contrataram, nem estes contra o mandante.

Em tal caso, o mandatário ficará diretamente obrigado, como se seu fora o negocio, para com a pessoa, com quem contratou.

Art. 1.308. Embora ciente da morte, interdição ou mudança de estado do mandante, deve o mandatário concluir o negocio já começado, se houver perigo na demora.

SEÇÃO III – DAS OBRIGAÇÕES DO MANDANTE

Art. 1.309. O mandante é obrigado a satisfazer todas as obrigações contraídas pelo mandatário, na conformidade do mandato conferido, e adiantar a importância das despesas necessárias à execução dele, quando o mandatário lhe pedir.

Art. 1.310. É obrigado o mandante a pagar ao mandatário a remuneração ajustada e as despesas de execução do mandato, ainda que o negocio não surta o esperado efeito, salvo tendo o mandatário culpa.

Art. 1.311. As somas adiantadas pelo mandatário, para a execução do mandato, vencem juros, desde a data do desembolso.

Art. 1.312. É igualmente obrigado o mandante a ressarcir ao mandatário as perdas que sofrer com a execução do mandato, sempre que não resultem de culpa sua, ou excesso de poderes.

Art. 1.313. Ainda que o mandatário contrarie as instruções do mandante, se não excedeu os limites do mandato, ficará o mandante obrigado para com aqueles, com quem o seu procurador contratou; mas terá contra esta ação pelas perdas e danos resultantes da inobservância das instruções.

Art. 1.314. Se o mandato for outorgado por varias pessoas, e para negocio comum, cada uma ficará solidariamente responsável ao mandatário por todos os compromissos e efeitos do mandato, salvo direito regressivo, pelas quantias que ela pagar, contra os outros mandantes.

Art. 1.315. O mandatário tem sobre o objeto do mandato direito de retenção, até se reembolsar do que no desempenho do encargo despendeu.

SEÇÃO IV – DA EXTINÇÃO DO MANDATO

Art. 1.316. Cessa o mandato:

I. Pela revogação, ou pela renuncia.

II. Pela morte, ou interdição de uma das partes.

III. Pela mudança de estado, que inabilite o mandante para conferir os poderes, ou o mandatário, para os exercer.

IV. Pela terminação do prazo, ou pela conclusão do negocio.

Art. 1.317. É irrevogável o mandato:

I. Quando se tiver convencionado que o mandante não possa revoga-lo, ou for em causa própria a procuração dada.

II. Nos casos, em geral, em que for condição de um contrato bilateral, ou meio de cumprir uma obrigação contratada, como é, nas letras e ordens, o mandato de paga-las.

III. Quando conferido ao sócio, como administrador ou liquidante da sociedade, por disposição do contrato social, salvo se diversamente se dispuser nos estatutos, ou em texto especial de lei.

Art. 1.318. A revogação do mandato, notificada somente ao mandatário, não se pode opor aos terceiros, que, ignorando-a, de boa fé com ele trataram; mas ficam salvas ao constituinte as ações, que no caso lhe possam caber, contra o procurador.

Art. 1.319. Tanto que for comunicada ao mandatário a nomeação de outro, para o mesmo negocio, considerar-se-á revogado o mandato anterior.

Art. 1.320. A renuncia do mandato será comunicada ao mandante, que, se for prejudicado pela sua inoportunidade, ou pela falta de tempo, afim de prover à substituição do procurador, será indenizado pelo mandatário, salvo se este provar que não podia continuar no mandato sem prejuízo considerável.

Art. 1.321. São válidos, a respeito dos contratantes de boa fé, os atos com estes ajustados em nome do mandante pelo mandatário, enquanto este ignorar a morte daquele, ou a extinção, por qualquer outra causa, do mandato (artigo 1.316).

Art. 1.322. Se falecer o mandatário, pendente o negocio a ela cometido, os herdeiros, tendo ciência do mandato, avisarão o mandante, e providenciarão a bem dele, como as circunstâncias exigirem.

Art. 1.323. Os herdeiros, no caso do artigo antecedente, devem limitar-se às medidas conservatórias, ou continuar os negócios pendentes, que se não possam demorar sem perigo, regulando-se os seus serviços, dentro desse limite pelas mesmas normas, a que os do mandatário estão sujeitos.

SEÇÃO V – DO MANDATO JUDICIAL

Art. 1.324. O mandato judicial pode ser conferido por instrumento público ou particular, devidamente autenticado, a pessoa que possa procurar em juízo.

Art. 1.325. Podem ser procuradores em juízo, todos os legalmente habilitados, que não forem:

I. Menores de vinte e um anos, não emancipados ou não declarados maiores.

II. Juizes em exercício. *(Vide Decreto nº 21.411, de 1932)*

III. Escrivães ou outros funcionários judiciais, correndo o pleito nos juízos onde servirem, e não procurando eles em causa própria.

IV. Inibidos por sentença de procurar em juízo, ou de exercer oficio público.

V. Ascendentes, descendentes, ou irmãos do juiz da causa.

VI. Ascendentes, ou descendentes da parte adversa, exceto em causa própria.

Art. 1.326. A procuração para o foro em geral não confere os poderes para atos, que os exijam especiais.

Art. 1.327. Constituídos, para a mesma causa e pela mesma pessoa, dois ou mais procuradores, consideram-se nomeados para funcionar na falta um do outro, e pela ordem da nomeação, se não forem solidários. Mas a nomeação conjunta pode conter a clausula de que um nada pratique sem os outros.

Art. 1.328. O substabelecimento, sem reserva de poderes, não sendo notificado ao constituinte, não isenta o procurador de responder pelas obrigações do mandato.

Art. 1.329. Sob pena de responder pelo dano resultante, o advogado, ou procurador, que aceitar a procuratura, não se poderá escusar sem motivo justo, e, se o tiver, avisará em tempo o constituinte, afim de que lhe nomeie sucessor.

Art. 1.330. As obrigações do advogado e do procurador serão determinadas, assim pelos termos da procuração, como, e principalmente pelo contrato, escrito, ou verbal, em que se lhes houverem ajustado os serviços.

CAPÍTULO VIII – DA GESTÃO DE NEGOCIOS

Art. 1.331. Aquele, que, sem autorização do interessado, intervém na gestão de negócio alheio, dirigi-lo-á segundo o interesse e a vontade presumível de seu dono, ficando responsável a este e às pessoas com quem tratar.

Art. 1.332. Se a gestão for iniciada contra a vontade manifesta ou presumível do interessado, responderá o gestor até pelos casos fortuitos, não provando que teriam sobrevindo, ainda quando se houvesse abstido.

Art. 1.333. No caso do artigo antecedente, se os prejuízos da gestão excederem o seu proveito, poderá o dono do negocio exigir que o gestor restitua as coisas ao estado anterior, ou lhe indenize a diferença.

Art. 1.334. Tanto que se possa, comunicará o gestor ao dono do negocio a gestão, que assumiu, aguardando-lhe a resposta, se da espera não resultar perigo.

Art. 1.335. Enquanto o dono não providenciar, velará o gestor pelo negocio, até o levar a cabo, esperando, se aquele falecer durante a gestão, as instruções dos herdeiros, sem se descuidar entretanto, das medidas que o caso reclame.

Art. 1.336. O gestor envidará toda a sua diligencia habitual na administração do negocio, ressarcido ao dono todo o prejuízo resultante de qualquer culpa na gestão.

Art. 1.337. Se o gestor se fizer substituir por outrem, responderá pelas faltas do substituto, ainda que seja pessoa iodes, sem prejuízo da ação, que a ele, ou ao dono do negocio, contra ela possa caber.

Parágrafo único. Havendo mais de um gestor, será solidária a sua responsabilidade.

Art. 1.338. O gestor responde pelo caso fortuito, quando fizer operações arriscadas, ainda que o dono costumasse faze-las, ou quando preterir interesses deste por amor dos seus.

Parágrafo único. Não obstante, querendo o dono aproveitar-se da gestão, será obrigado a indenizar ao gestor as despesas necessárias, que tiver feito, e os prejuízos, que, por causa da gestão, houver sofrido.

Art. 1.339. Se negocio for ultimamente administrado, cumprirá o dono as obrigações contraídas em seu nome, reembolsando ao gesto as despesas necessárias ou úteis que houver feito, com os juros legais, desde o desembolso.

§ 1º A utilidade, ou necessidade, da despesa apreciar-se-á, não pelo resultado obtido, mas segundo as circunstâncias da ocasião, em que se fizeram.

§ 2º Vigora o disposto neste artigo, ainda quando o gestor, em erro quanto ao dono do negocio, der a outra pessoa as contas da gestão.

Art. 1.340. Aplica-se, outrossim, a disposição do artigo antecedente, quando a gestão se proponha acudir a prejuízos iminentes, ou redunde em proveito do dono do negocio, ou da coisa. Mas nunca a indenização ao gestor excederá em importância as vantagens obtidas com a gestão.

Art. 1.341. Quando alguém, na ausência do indivíduo abrigado a alimentos, por ele os prestar a quem se devem, poder-lhes-á reaver do devedor a importância, ainda que este não ratifique o ato.

Art. 1.342. As despesas do enterro, proporcionadas aos usos locais e á condição do falecido, feitas por terceiro, podem ser cobradas da pessoa que teria obrigação de alimentar a que veio a falecer, ainda mesmo que esta não tenha deixado bens.

Parágrafo único. Cessa o disposto neste artigo e no antecedente, em se provando que o gestor fez essa despesas com o simples intento de bem fazer.

Art. 1.343. A ratificação pura e simples do dono do negocio retroage ao dia do começo da gestão, e produz todos os efeitos do mandato.

Art. 1.344. Se o dono do negocio, ou da coisa, desaprovar a gestão, por contraria aos seus interesses, vigorará o disposto nos arts. 1.332 e 1.333, salvo o estatuído no art. 1.340.

Art. 1.345. Se os negócios alheios forem conexos aos do gestor, de tal arte que se não possam gerir separadamente, haver-se-á o gestor por sócio daquele, cujos interesses agenciar de volta com os seus.

Parágrafo único. Neste caso aquele em cujo benefício interviu o gestor, só é obrigado na razão das vantagens que lograr.

CAPÍTULO IX – DA EDIÇÃO

Art. 1.346. *(Revogado pela Lei nº 9.610, de 1998)*

Art. 1.347. *(Revogado pela Lei nº 9.610, de 1998)*

Art. 1.348. *(Revogado pela Lei nº 9.610, de 1998)*

Art. 1.349. *(Revogado pela Lei nº 9.610, de 1998)*

Art. 1.350. *(Revogado pela Lei nº 9.610, de 1998)*

Art. 1.351. *(Revogado pela Lei nº 9.610, de 1998)*

Art. 1.352. *(Revogado pela Lei nº 9.610, de 1998)*

Art. 1.353. *(Revogado pela Lei nº 9.610, de 1998)*

Art. 1.354. *(Revogado pela Lei nº 9.610, de 1998)*

Art. 1.355. *(Revogado pela Lei nº 9.610, de 1998)*

Art. 1.356. *(Revogado pela Lei nº 9.610, de 1998)*

Art. 1.357. *(Revogado pela Lei nº 9.610, de 1998)*

Art. 1.358. *(Revogado pela Lei nº 9.610, de 1998)*

CAPÍTULO X – DA REPRESENTAÇÃO DRAMÁTICA

Art. 1.359. *(Revogado pela Lei nº 9.610, de 1998)*

Art. 1.360. *(Revogado pela Lei nº 9.610, de 1998)*

Art. 1.361. *(Revogado pela Lei nº 9.610, de 1998)*

Art. 1.362. *(Revogado pela Lei nº 9.610, de 1998)*

CAPÍTULO XI – DA SOCIEDADE

SEÇÃO I – DISPOSIÇÕES GERAIS

Art. 1.363. Celebram contrato de sociedade as pessoas, que mutualmente se obrigam a combinar seus esforços ou recursos, para lograr fins comuns.

Art. 1.364. Quando as sociedades civis revestirem as formas estabelecidas nas leis comerciais, entre as quais se inclui a das sociedades anônimas, obedecerão aos respectivos precitos, no em que não contrariem os deste Código; mas serão inscritas no registro civil, e será civil o seu foro.

Art. 1.365. Não revestindo nenhuma das formas do artigo antecedente, a sociedade reger-se-á pelo que neste capítulo se prescreve.

Art. 1.366. Nas questões entre os sócios, a sociedade só se provará por escrito; mas os estranhos poderão prova-la de qualquer modo.

Art. 1.367. As sociedades são universais, ou particulares.

Art. 1.368. É universal a sociedade, que abranja todos os bens presentes, ou todos os futuros, quer uns e outros na sua totalidade, quer somente a dos seus frutos e rendimentos.

Art. 1.369. O simples ajuste de sociedade universal, sem outra declaração, entende-se restrito a tudo o que de futuro ganhar cada um dos associados.

Art. 1.370. A sociedade particular só compreende os bens ou serviços especialmente declarados no contrato.

Art. 1.371. Também se considera particular a sociedade constituída especialmente para executar em comum certa empresa, explorar certa indústria, ou exercer certa profissão.

Art. 1.372. É nula a cláusula, que atribua todos os lucros a um dos sócios, ou subtraia o quinhão social de algum deles a composição dos prejuízos.

Parágrafo único. Vale, porém, a estipulação do contrato, que exima o sócio de indústria a compartir as perdas sociais.

Art. 1.373. Se a sociedade for de todos os bens, o domínio e a posse deles tornar-se-ão comuns independentemente da tradição real, salvo o direito de terceiros.

Art. 1.374. No silêncio do contrato, o prazo da sociedade será indefinido, salvo a cada sócio o direito de retirar-se mediante aviso com dois meses de antecedência ao termo do ano social. Se, porém, o objeto da sociedade for negócio ou empresa, que deva durar certo lapso de tempo, enquanto esse, negócio, ou essa empresa, não se ultime, terão os sócios de manter a sociedade.

SEÇÃO II – DOS DIREITOS E OBRIGAÇÕES RECIPROCAS DOS SÓCIOS

Art. 1.375. As obrigações dos sócios começam imediatamente com o contrato, se este não fixar outra época, e acabam quando, dissolvida a sociedade, estiverem satisfeitas e extintas as responsabilidades sociais.

Art. 1.376. A entrada imposta a cada sócio pode consistir em bens, no seu uso e gozo, na cessão de direitos, ou, somente na prestação de serviços. No silêncio do contrato, presumir-se-ão iguais entre si as entradas.

Art. 1.377. Se o sócio entrar para a sociedade com objeto determinado, que venha a ser evicto, responderá aos consócios como o vendedor ao comprador.

Art. 1.378. Se a entrada consistir em coisas fungíveis, ficarão, salvo declaração em contrário, pertencendo em comum aos associados.

Art. 1.379. Pertencem ao patrimônio social todos os lucros obtidos pelo sócio, na industria que se obrigou a exercer em benefício da sociedade.

Art. 1.380. À sociedade indenizará cada sócio os prejuízos, que por sua culpa ela sofrer, e não poderá compensá-los com os proveitos, que lhe houver granjeado.

Art. 1.381. Se o contrato não declarar a parte de cada sócio nos lucros e perdas, entender-se-á proporcionada, quanto aos sócios de capital, à soma com que entraram, e quanto aos de indústria, a menor das entradas.

Art. 1.382. O sócio proposto à administração pode exigir da sociedade, além do que por conta dela despender, a importância das obrigações em boa fé contraídas na gerência dos negócios sociais e o valor dos prejuízos, que lhe ela causar.

Art. 1.383. O sócio investido na administração por texto expresso do contrato pode praticar, independentemente dos outros, todos os atos, que não excederem os limites normas dela, uma vez que proceda sem dolo.

§ 1º Os poderes, que exercer, serão irrevogáveis durante o prazo estabelecido, salvo causa legítima superveniente.

§ 2º Se foram conferidos, porém, depois do contrato, serão revogáveis como os de simples mandato.

§ 3º Também serão revogáveis, em qualquer tempo, os dos diretores ou administradores de sociedades de qualquer espécie, ainda que nomeados nos respectivos contratos, ou estatutos.

Art. 1.384. Se a administração se incumbir a dois ou mais sócios, não se lhes discriminando as funções, nem declarando que só funcionarão conjuntamente, cada um de por si poderá praticar todos os atos, que na administração couberem.

Art. 1.385. Estipulando-se que um dos administradores nada possa fazer sem os outros, entende-se, a não haver convenção posterior, obrigatório o concurso de todos, ainda ausentes, ou impossibilitados, na ocasião, de presta-lo, salvo nos casos urgentes, em que a omissão, ou tardança, das medidas pudesse ocasionar dano irreparável, ou grave.

Art. 1.386. Em falta de estipulações explicitas quanto à gerência social:

I - Presume-se que cada sócio tem o direito de administrar, e válido é o que fizer, ainda em relação aos associados que não consentiram, podendo, porém, qualquer destes opor-se, antes de levado o ato a efeito.

II - Cada sócio pode servir-se das coisas pertencentes à sociedade, contanto que lhes de o seu destino, não as utilize contra o interesse social, nem tolha aos outros aproveita-las nos limites do seu direito.

III - Cada sócio pode obrigar os outros a contribuir com ele para as despesas necessárias à conservação dos bens sociais.

IV - Nenhum sócio, ainda que lhe pareça vantajoso, pode, sem consentimento dos outros, fazer alteração nos imóveis da sociedade.

Art. 1.387. O sócio que não tiver a administração da sociedade, não poderá obrigar os bens sociais.

Art. 1.388. Para associar um estrago ao seu quinhão social, não necessita o sócio do concurso dos outros; mas não pode, sem aquiescência deles, associado à sociedade.

Art. 1.389. O sócio que recebeu por inteiro a sua parte em uma dívida ativa da sociedade, será obrigado a conferi-la, se, por insolvência do devedor, a sociedade não puder acabar de cobra-la.

Art. 1.390. Se as coisas, cujo rendimento constitui o objeto da sociedade, não forem fungíveis, consistindo em corpos certos e determinados, o risco, que correrem, será por conta dos respectivos donos.

§ 1º Se, porém, forem fungíveis, ou se, ainda guardadas, se deteriorem, se forem destinadas a circular no comércio, ou se forem transferidas à sociedade por um valor determinado e constante de inventário ou balanço autênticos, por conta da sociedade correrão os riscos, a que estiverem expostas.

§ 2º Perecendo a coisa de importância determinada nos termos do parágrafo antecedente, ultima parte, o dono só lhe poderá exigir o valor constante do inventário, ou balanço.

Art. 1.391. Os sócios tem direito à indenização das perdas e danos, que sofrerem em seus bens por motivo dos negócios sociais.

Art. 1.392. Havendo comunicação de lucros ilícitos, cada um dos sócios terá de repor o que recebeu do sócio delinqüente, se este for condenado à restituição.

Art. 1.393. O sócio que recebeu de outro lucros ilícitos, conhecendo ou devendo conhecer-lhes a procedência, incorre em cumplicidade, e fica obrigado solidariamente a restituir.

Art. 1.394. Todos os sócios têm direito de votar nas assembléias gerais, onde, salvo estipulação em contrario, sempre se deliberará por maioria de votos.

SEÇÃO III – DAS OBRIGAÇÕES DA SOCIEDADE E DOS SOCIOS PARA COM TERCEIROS

Art. 1.395. São dividas da sociedade as obrigações contraídas conjuntamente por todos os sócios, ou por algum deles no exercício do mandato social.

Art. 1.396. Se o cabedal social não cobrir as dividas da sociedade, por elas responderão os associados, na proporção em que houverem de participar nas perdas sociais.

Parágrafo único. Se um dos sócios for insolvente, sua parte na divida será na mesma razão distribuída entre os outros.

Art. 1.397. Os devedores da sociedade não se desobrigam pagando a um sócio não autorizado para receber.

Art. 1.398. Os sócios não são solidariamente obrigados pelas dividas sociais, nem os atos de um, não autorizado, obrigam os outros, salvo redundando em proveito da sociedade.

SEÇÃO IV – DA DISSOLUÇÃO DA SOCIEDADE

Art. 1.399. Dissolve-se sociedade:

I. Pelo implemento da condição, a que foi subordinada a sua durabilidade, ou pelo vencimento do prazo estabelecido no contrato.

II. Pela extinção do capital social, ou seu desfalque em quantidade tamanha que impossibilite de continuar a sociedade.

III. Pela consecução do fim social, ou pela verificação de sua inexequibilidade.

IV. Pela falência, incapacidade, ou morte de um dos sócios.

V. Pela renuncia de qualquer deles, se a sociedade for de prazo indeterminado (art. 1.404).

Parágrafo único. Os ns: II, IV e V não se aplicam às sociedades de fins não econômicos.

Art. 1.400. A prorrogação do prazo social só se prova por escrito, nas mesmas condições de contrato que o fixou (arts. 1.364 e 1.366).

Art. 1.401. Se a sociedade se propagar depois de vencido o prazo do contrato, entender-se-á que se constituiu de novo;

se dentro no prazo, ter-se-á por continuação anterior.

Art. 1.402. É licito estipular que, morto um dos sócios, continue a sociedade com os herdeiros, ou só com os associados sobrevivos. Neste segundo caso, o herdeiro do falecido terá direito à partilha do que houver, quando ele faleceu, mas não participará nos lucros e perdas ulteriores, que não forem conseqüência direta de atos anteriores ao falecimento.

Art. 1.403. Se o contrato estipular, que a sociedade continue com o herdeiro do sócio falecido, cumprir-se-á a estipulação, toda vez que ser possa; mas, sendo menor o herdeiro, será dissolvido, em relação a ele, vinculo social, caso o juiz o determine.

Art. 1.404. A renuncia de um dos sócios só dissolve a sociedade (art. 1.399, n. V), quando feita de boa fé, em tempo oportuno, e, notificada aos sócios dois meses antes.

Art. 1.405. A renuncia é de má fé, quando o sócio renunciante pretende apropriar-se exclusivamente dos benefícios que os sócios tinham em mente colher em comum; e haver-se-á por inoportuna, se as coisas não estiverem no seu estado integral, ou se a sociedade puder ser prejudicada com a dissolução nesse momento.

Art. 1.406. No primeiro caso do artigo antecedente, os demais sócios tem o direito de excluir desde logo o sócio de má fé, salvas as suas quotas na vantagem esperada. No segundo, a sociedade pode continuar, apesar da oposição do renunciante, até a época do primeiro balanço ordinário, ou até a conclusão do negocio pendente.

Art. 1.407. Subsiste, ainda após a dissolução da sociedade, a responsabilidade social para com terceiros, pelas dividas que houver contraído.

Não se tendo estipulado a responsabilidade de solidária dos sócios para com terceiros, a divida será distribuída por aqueles, em partes proporcionais às suas entradas.

Art. 1.408. Quando a sociedade tiver duração prefixa, nenhum sócio lhe poderá exigir a dissolução, antes de expirar o prazo social, se não provar algum dos casos do artigo 1.399, ns. I a IV.

Art. 1.409. São aplicáveis á partilha entre os sócios as regras da partilha entre herdeiros (arts. 1.772 e seguintes).

Parágrafo único. O Sócio de industria, porém, só terá direito a participar nos lucros da sociedade, sem responsabilidade nas suas perdas, salvo se o contrário se estipulou no contrato.

CAPÍTULO XII – DA PARCERIA RURAL

SEÇÃO I – DA PARCERIA AGRICOLA

Art. 1.410. Dá-se a parceria agrícola, quando uma pessoa cede um prédio rústico a outra, para ser por esta cultivado, repartindo-se os frutos entre as duas, na proporção que estipularem.

Art. 1.411. O parceiro incumbido da cultura não responderá pelos encargos do prédio, se os não assumir.

Art. 1.412. Os riscos de caso fortuito, ou força maior, correrão em comum contra o proprietário e o parceiro.

Art. 1.413. A parceria não passa aos herdeiros dos contraentes, exceto se estes deixaram adiantados os trabalhos de cultura, caso em que durará, quanto baste, para se ultimar a colheita.

Art. 1.414. Aplicam-se a este contrato as regras da locação de prédios rústicos, em tudo o que nesta seção não se acha regulado.

Art. 1.415. A parceria subsiste, quando o prédio se aliena, ficando o adquirente sub-rogado nos direitos e obrigações do alienante.

SEÇÃO II – DA PARCERIA PECUÁRIA

Art. 1.416. Dá-se a parceria pecuária, quando se entregam animais a alguém para os pastoreais, tratar e criar, mediante uma quota nos lucros produzidos.

Art. 1.417. Constituem objeto de partilha as crias dos animais e os seus produtos, como pele, crinas, lãs e leite.

Art. 1.418. O parceiro proprietário substituirá por outros, no caso de evicção, os animais evictos.

Art. 1.419. Salvo convenção em contrário, o parceiro proprietário sofrerá os prejuízos resultantes do caso fortuito, ou força maior.

Art. 1.420. Ao proprietário caberá o proveito, que se obtenha dos animais mortos, pertencentes ao capital.

Art. 1.421. Salvo clausula em contrário, nenhum parceiro, sem licença do outro, poderá dispor do gado.

Art. 1.422. As despesas com o tratamento e criação dos animais, não havendo acordo em contrário, correrão por conta do parceiro tratador e criador.

Art. 1.423. Aplicam-se a este contrato as regras do de sociedade, no que não tiver regulado por convenção das partes, e, na falta, pelo disposto nesta seção.

CAPÍTULO XIII – DA CONSTITUIÇÃO DE RENDA

Art. 1.424. Mediante ato entre vivos, ou de última vontade, e título oneroso, ou gratuito, pode constituir-se, por tempo determinado, em benefício próprio ou alheio, uma renda ou prestação periódica, entregando-se certo capital, em imóveis ou dinheiro, a pessoa que se obrigue a satisfaze-la.

Art. 1.425. É nula a constituição de renda em favor de pessoa já falecida, ou que, dentro nos trinta dias seguintes, vier a falecer de moléstia que já sofria, quando foi celebrado o contrato.

Art. 1.426. Os bens dados em compensação da renda caem, desde a tradição, no domínio da pessoa que por aquela se abrigou.

Art. 1.427. Se o rendeiro, ou censuário, deixar de cumprir a obrigação estipulado, poderá o credor da renda aciona-lo assim para que lhe pague as prestações atrasadas, como para que lhe dê garantias das futuras, sob pena de rescisão do contrato.

Art. 1.428. O credor adquire o direito à renda dia a dia, se a prestação não houver de ser paga adiantada, no começo de cada um dos períodos prefixos.

Art. 1.429. Quando a renda for constituída em beneficio de duas ou mais pessoas, sem determinação da parte de cada uma, entende-se que os seus direitos são iguais; e, salvo estipulação diversas, não adquirirão os sobrevivos direito à parte dos que morrerem.

Art. 1.430. A renda constituída por título gratuito pode, por ato do instituidor, ficar isenta de todas as execuções pendentes e futuras. Esta isenção existe de pleno direito em favor dos montepios e pensões alimentícias.

Art. 1.431. a renda vinculado a um imóvel constitui direito real, de acordo com, o estabelecido nos arts. 749 a 754.

CAPÍTULO XIV – DO CONTRATO DE SEGURO

SEÇÃO I – DISPOSIÇÕES GERAIS

Art. 1.432. Considera-se contrato de seguro aquele pelo qual uma das partes se obriga para com outra, mediante a paga de um prêmio, a indenizar-lhe o prejuízo resultante de riscos futuros, previstos no contrato.

Art. 1.433. Este contrato não obriga antes de reduzido a escrito, e considera-se perfeito desde que o segurador remete a apólice ao segurado, ou faz nos livros o lançamento usual de operação.

Art. 1.434. A apólice consignará os riscos assumidos, o valor do abjeto seguro, o prêmio devido ou pago pelo segurado e quaisquer outra estipulações, que no contrato se firmarem.

Art. 1.435. As diferentes espécies de seguro previstas neste Código serão reguladas pelas clausulas das respectivas apólices, que não contrariarem legais.

Art. 1.436. Nulo será este contrato, quando o resto, de que se ocupa, se filiar a atos ilícitos do segurado, do beneficiado pelo seguro, ou dos representantes e propostos, quer de um, quer do outro.

Art. 1.437. Não se pode segurar uma coisa por mais do que valha, nem pelo seu todo mais de uma vez. É, todavia, licito ao segurado acautela, mediante novo seguro, o risco de falência ou insolvência do segurador (art. 1.439).

Art. 1.438. Se o valor do seguro exceder ao da coisa, o segurador poderá, ainda depois de entregue a apólice, exigir a sua redução ao valor real, restituindo ao segurado o excesso do prêmio; e, provando que o segurado obrou de má fé, terá direito a anular o seguro, sem restituição do prêmio, nem prejuízo da ação penal que no caso couber.

Art. 1.439. Salvo o disposto no art. 1.437, o segundo seguro da coisa já segura pelo mesmo risco e no seu valor integral, pode ser anulado por qualquer das partes. O segundo segurador que ignorava o primeiro contato, pode, sem restituir o prêmio recebido, recusar o pagamento do objeto seguro, ou recobrar o que por ele pagou, na parte excedente ao seu valor real, ainda que não tenha reclamado contrato o contrato antes do sinistro.

Art. 1.440. A vida e as faculdades humanas também se podem estimar como objeto segurável, e segurar, no valor ajustado, contra os riscos possíveis, como o de morte involuntária, inabilitação para trabalhar, ou outros semelhantes.

Parágrafo único. Considera-se morte voluntária a recebida em duelo, bem como o suicido premeditado por pessoa em seu juízo.

Art. 1.441. No caso de seguro sobre a vida, é livre às partes fixar o valor respectivo e fazer mais de um seguro, no mesmo ou em diversos valores, sem prejuízo dos antecedentes.

Art. 1.442. É também livre ás partes fixas entre si a taxa do prêmio, todavia, o seguro feito em sociedade ou companhia, que tenha tabela de prêmios, se presume de conformidade com ela proposto e aceito.

Art. 1.443. O segurado e o segurador são obrigados a guardar no contrato a mais estrita boa fé e veracidade, assim a respeito do objeto, como das circunstâncias e declarações a ele concernentes.

Art. 1.444. Se o segurado não fizer declarações verdadeiras e completas, omitindo circunstâncias que possam influir na aceitação da proposta ou na taxa do prêmio, perderá o direito ao valor do seguro, e pagará o prêmio vencido.

Art. 1.445. Quando o segurado contrata o seguro mediante procurador, também este se faz responsável ao segurador pelas inexatidões, ou lacunas, que possam influir no contrato.

Art. 1.446. O segurador, que, ao tempo do contrato, sabe estar passado o risco, de que o segurado se pretende cobrir, e, não obstante, excede a apólice, pagará em dobro o prêmio estipulado.

Art. 1.447. As apólices podem ser nominativas, à ordem ou ao portador. As de seguro sobre a vida não podem ser ao portador.

Parágrafo único. As apólices nominativas exararão o nome do segurador, o do segurado e o do seu representante, se o houver, ou o do terceiro, em cujo nome se faz o seguro.

Art. 1.448. A apólice declarará também o começo e o fim dos riscos por ano, mês, dia e hora.

§ 1º Em falta de estipulação precisa, contar-se-á o prazo de conformidade com o art. 125.

§ 2º A respeito de coisas que se destinem a transporte de um para outro ponto, os riscos principiarão a correr, desde que sejam recebidas no primeiro lugar, e terminarão quando entregues ao destinatário, no segundo.

SEÇÃO II – DAS OBRIGAÇÕES DO SEGURADO

Art. 1.449. Salvo convenção em contrário, no ato de receber a apólice pagará o segurado o prêmio, que estipulou.

Art. 1.450. O segurado presume-se obrigado a pagar os juros legais do prêmio atrasado, independentemente de interpelação do segurador, se a apólice ou os estatutos não estabelecerem maior taxa.

Art. 1.451. Se o segurado vier a falir, ou for declarado interdito, estando em atraso no prêmios, ou se atrasar após a interdição, ou a falência, ficará o segurador isento da responsabilidade pelos riscos, se a massa, ou o representante do interdito, não pagar antes do sinistro os prêmios atrasados.

Art. 1.452. O fato de se não ter verificado o risco, em previsão do qual se fez o seguro, não exime o segurado a pagar o prêmio, que se estipulou, observadas as disposições especiais do direito marítimo sobre o estorno.

Art. 1.453. Embora se hajam agravado os riscos, além do eu era possível antever no contrato, nem por isso, a não haver nele clausula expressa terá direito o segurador a aumento do prêmio.

Art. 1.454. Embora vigorar o contrato, o segurado abster-se-á de tudo quanto possa aumentar os riscos, ou seja contrário aos têrmos do estipulado, sob pena de perder o direito ao seguro.

Art. 1.455. Sob a mesma pena do artigo antecedente, comunicará o segurado ao segurador todo incidente, que de qualquer modo possa agravar o risco.

Art. 1.456. No aplicar a pena do art. 1.454, procederá o juiz com equidade, atentando-nas circunstâncias reais, e não em probabilidade infundadas, quando à agravação dos riscos.

Art. 1.457. verificando o sinistro, o segurado, logo que saiba, comunicá-lo-á ao segurador.

Parágrafo único. A omissão injustificada exonera o segurador, se este provar que, oportunamente avisado, lhe teria sido possível evitar, ou atenuar, as conseqüências do sinistro.

SEÇÃO III – DAS OBRIGAÇÕES DO SEGURADOR

Art. 1.458. O segurador é obrigado a pagar em dinheiro o prejuízo resultante do risco assumido e, conforme as circunstâncias, o valor total da coisa segura.

Art. 1.459. Sempre se presumirá não se ter obrigado o segurador a indenizar prejuízos resultantes de vicio intrínseco à coisa segura.

Art. 1.460. Quando a apólice limitar ou particularizar os riscos do seguro, não responderá por outros o segurador.

Art. 1.461. Salvo expressa restrição na apólice, o risco do seguro compreenderá todos os prejuízos resultantes ou conseqüentes, como sejam os estragos ocasionados para evitar o sinistro, minorar o dano, ou salvar a coisa.

Art. 1.462. Quando ao objeto do contrato se der valor determinado, e o seguro se fizer por este valor, ficará o segurador obrigado, no caso de perda total, a pagar pelo valor ajustado a importância da indenização, sem perder por isso direito, que lhe asseguram os arts. 1.438 e 1.439.

Art. 1.463. O direito a indenização, pode ser transmitido a terceiro como acessório da propriedade, ou de direito real sobre a coisa segura.

Parágrafo único. Opera-se essa transmissão de pleno direito quanto à coisa hipotecada, ou penhorada, e, fora desses casos, quando a apólice o não vedar.

Art. 1.464. No caso de sinistro, o segurador pode opor ao sucessor ou representante do segurado todos os meios de defesa, que contra este lhe assistiriam.

Art. 1.465. Se o segurador falir antes de passado o risco, poderá o segurado recusa-lhe o pagamento dos prêmios atrasados, e fazer outro seguro pelo valor integral.

SEÇÃO IV – DO SEGURO MÚTUO

Art. 1.466. Pode ajustar-se o seguro, pondo certo número de segurados em comum entre si o prejuízo, que a qualquer deles advenha, do risco por todos corrido.

Em tal caso o conjunto dos segurados constituem a pessoa jurídica, a que pertençam as funções de segurador.

Art. 1.467. Nesta forma de seguro, em lugar do prêmio, os segurados contribuem com as quotas necessárias para ocorrer às despesas da administração e aos prejuízos verificados. Sendo omissos os estatutos, presume-se que a taxa das quotas se determinará segundo as cotas do ano.

Art. 1.468. Será permitido também obrigar a prêmios fixos os segurados, ficando, porém, estes adstritos, se a importância daqueles não cobrir a dos riscos verificados, a quotizarem-se pela diferença.

Se, pelo contrário, a soma dos prêmios exceder à dos riscos verificados, poderão os associados repartir entre si o excesso em dividendo, se não preferirem criar um fundo de reserva.

Art. 1.469. As entradas suplementares e os dividendos serão proporcionais às quotas de cada associado.

Art. 1.470. As quotas dos sócios serão fixadas conforme o valor dos respectivos seguros, podendo-se também levar em conta riscos diferentes, e estabelece-los de duas ou mais categorias.

SEÇÃO V – DO SEGURO SOBRE A VIDA

Art. 1.471. O seguro sobre a vida tem por objeto garantir, mediante o prêmio anual que se ajustar, o pagamento de certa soma a determinada ou determinadas pessoas, por morte do segurado, podendo estipula-se igualmente o pagamento dessa soma ao próprio segurado, ou terceiro, se aquele sobreviver ao prazo de seu contrato.

Parágrafo único. Quando a liquidação só deva operar-se por morte, o prêmio se pode ajustar por prazo limitado ou por toda a vida do segurado, sendo licito a partes contratantes, durante a vigência do contrato, substituírem, de comum acordo, um plano por outro, feita a indenização de prêmios que a substituição exigir.

Art. 1.472. Pode uma pessoa fazer o seguro sobre a própria vida, ou sobre a de outrem, justificando, porém, neste último caso, o proponente o seu interesse pela preservação daquela que segura, sob pena de não valer o seguro em se provando ser falso o motivo alegado.

Parágrafo único. Será dispensada a justificação, se o terceiro, cuja vida se quiser segurar, for descendente, ascendente, irmão ou cônjuge do proponente.

Art. 1.473. Se o seguro não tiver por causa declarada a garantia de alguma obrigação, é licito ao segurado, em qualquer tempo, substituir o seu beneficiário, e, sendo a apólice emitida à ordem, instituir o beneficiário até por ato de última vontade. Em falta de declaração, neste caso, o seguro será pago aos herdeiros do segurado, sem embargo de quaisquer disposições em contrário dos estatutos da companhia ou associação.

Art. 1.474. Não se pode instituir beneficiário pessoa que for legalmente inibida de receber a doação do segurado.

Art. 1.475. A soma estipulada como benefício não está sujeita às obrigações, ou dividas do segurado.

Art. 1.476. É também licito fazer o seguro de modo que só tenha direito a ele o segurado, se chegar a certa idade, ou for vivo a certo tempo.

CAPÍTULO XV – DO JOGO E DA APOSTA

Art. 1.477. As dividas de jogo, ou aposta, não obrigam a pagamento; mas não se pode recobrar a quantia, que voluntariamente se pagou, salvo se foi ganha por dolo, ou se o perdente é menor, ou interdito.

Parágrafo único. Aplica-se esta disposição qualquer contrato que encubra ou envolva reconhecimento, novação ou fiança de dividas de jogo; mas a nulidade resultante não pode ser oposta ao terceiro de boa fé.

Art. 1.478. Não se pode exigir reembolso do que se emprestou para jogo, ou aposta, no ato de apostar, ou jogar.

Art. 1.479. São equiparados ao jogo, submetendo-se, como tais, ao disposto nos artigos antecedentes, os contratos sobre títulos de bolsa, mercadorias ou valores, em que se estipule a liquidação exclusivamente pela diferença entre o preço ajustado e a cotação que eles tiverem, no vencimento do ajuste.

Art. 1.480. O sorteio, para dirimir questões, ou dividir coisas comuns, considerar-se-á sistema de partilha, ou processo de transação, conforme o caso.

CAPÍTULO XVI – DA FIANÇA

SEÇÃO I – DISPOSIÇÕES GERAIS

Art. 1.481. Dá-se o contrato de fiança, quando uma pessoa se obriga por outra, para com o seu credor, a satisfazer a obrigação, caso o devedor não a compra.

Art. 1.482. Se o fiador tiver quem lhe abone a solvência, ao abonador se aplicará o disposto, neste capitulo, sobre fiança.

Art. 1.483. A fiança dar-se-á por escrito, e não admite interpretação extensiva.

Art. 1.484. Pode-se estipular a fiança, ainda sem consentimento do devedor.

Art. 1.485. As dívidas futuras podem ser objeto de fiança; mas o fiador, neste caso, não será demandado senão depois que se fizer certa e líquida a obrigação do principal devedor.

Art. 1.486. Não sendo limitada a fiança, compreenderá todos os acessórios da dívida principal, inclusive as despesas judiciais, desde a citação do fiador.

Art. 1.487. A fiança pode ser de valor inferior ao da obrigação principal e contraída em condições em condições menos onerosas. Quando exceder o valor da divida, ou for mais onerosa que ela, não valerá senão até ao limite da obrigação afiançada.

Art. 1.488. As obrigações nulas não são suscetíveis de fiança, exceto se a nulidade resultar apenas de incapacidade pessoal do devedor.

Parágrafo único. Esta exceção não abrange o caso do art. 1.259.

Art. 1.489. Quando alguém houver de dar fiador, o credor não poder ser obrigado a aceita-lo, se não for pessoa idônea, domiciliada no Município, onde tenha de prestar a fiança, e não possua bens suficientes para desempenhar a obrigação.

Art. 1.490. Se o fiador ser tornar insolvente, ou incapaz, poderá o credor exigir que seja substituído.

SEÇÃO II – DOS EFEITOS DA FIANÇA

Art. 1.491. O fiador demandado pelo pagamento da dívida tem direito a exigir, até á contestação da líder, que sejam primeiro exercidos os bens do devedor.

Parágrafo único. O fiador que alegar o benefício de ordem a que se refere este artigo, deve nomear bens do devedor, sitos no mesmo município, livres e desembargados, quantos bastem para solver o débito (art. 1.504).

Art. 1.492. Não aproveita este benefício ao fiador:

I. Se ele o renunciou expressamente.

II. Se obrigou como principal pagador, ou devedor solidário.

III. Se o devedor for insolvente, ou falido.

Art. 1.493. A fiança conjuntamente prestada a um só débito por mais de uma pessoa, importa o compromisso de solidariedade entre elas, se declaradamente não se reservaram o benefício de divisão.

Parágrafo único. Estipulado este benefício, cada fiador responde unicamente pela parte que, em proporção, lhe couber no pagamento.

Art. 1.494. Pode também cada fiador taxar, no contrato, a parte da dívida que toma sob sua responsabilidade, e, neste caso, não será obrigado a mais.

Art. 1.495. O fiador que pagar integralmente a dívida, fica sub-rogado nos direitos do credor, mas só poderá demandar a cada um dos outros fiadores pela respectiva cota.

Parágrafo único. A parte do fiador insolvente distribuir-se-á pelos outros.

Art. 1.496. O devedor responde também ao fiador por todas as perdas e danos que este pagar, e pelos que sofrer em razão da fiança.

Art. 1.497. O fiador tem direito aos juros de desembolso pela taxa estipulada na obrigação principal, e, não havendo taxa convencionada, aos juros legais de mora.

Art. 1.498. Quando o credor, sem justa causa, demorar a execução iniciada contra o devedor, poderá o fiador, ou o abonador (art. 1.482), promover-lhe o andamento.

Art. 1.499. O fiador, ainda antes de haver pago, pode exigir que o devedor satisfaça a obrigação, ou o exonere da fiança desde que a dívida se torne exigível, ou tenha decorrido o prazo dentro no qual o devedor se obrigou a desonera-lo.

Art. 1.500. O fiador poderá exonerar-se da fiança, que tiver assinado sem limitação de tempo, sempre que lhe convier, ficando, porem, obrigado por todos os efeitos da fiança, anteriores ao ato amigável ou à sentença que o exonerar.

Art. 1.501. a obrigação do fiador passa-lhe aos herdeiros; mas a responsabilidade da fiança se limita ao tempo decorrido até à morte do fiador, e não pode ultrapassar as forças da herança.

SEÇÃO III – DA EXTINÇÃO DA FIANÇA

Art. 1.502. O fiador pode opor ao credor as exceções que lhe forem pessoais, e as instintivas da obrigação que compitam ao devedor principal, se não provierem simplesmente de incapacidade pessoal, salvo o caso do art. 1.259.

Art. 1.503. O fiador ainda que solidário com o principal devedor (arts. 1.492 e 1.493), ficará desobrigado:

I. Se, sem consentimento seu, o credor conceder moratória ao devedor.

II. Se, por fato do credor, for impossível a sub-rogação nos seus direitos e preferencias.

III. Se o credor, em pagamento da divida, aceitar amigavelmente do devedor objeto diverso do que este era obrigado a lhe dar, ainda que depois venha a perde-lo por evicção.

Art. 1.504. Se, feita a nomeação nas condições do art. 1.491, parágrafo único, o devedor, retardando-se a execução, cair insolvência, ficará exonerado o fiador, provando que os bens por ele indicados eram, ao tempo da penhora, suficientes para a solução da dívida afiançada.

TÍTULO VI – DAS OBRIGAÇÕES POR DECLARAÇÃO UNILATERAL DA VONTADE

CAPÍTULO I – DOS TÍTULOS AO PORTADOR

Art. 1.505. O detentor de um título ao portador, quando dele autorizado a dispor, pode reclamar o respectivo subscritor ou emissor a prestação devida. O subscritor, ou emissor, porém, exonera-se, pagando a qualquer detentor, esteja ou não autorizado a dispor do título.

Art. 1.506. A obrigação do emissor subsiste, ainda que o título tenha entrado em circulação contra a sua vontade.

Art. 1.507. Ao portador de boa fé, o subscritor, ou emissor, não poderá opor outra defesa, além da que assente em nulidade interna ou externa do título, ou em direito pessoal ao emissor, ou subscritor, contra o portador.

Art. 1.508. O subscritor, ou emissor não será obrigado a pagar senão à vista do título, salvo se este for declarado nulo.

Art. 1.509. A pessoa injustamente desposada de títulos ao portador, só mediante intervenção judicial poderá impedir que ao ilegítimo detentor se pague a importância do capital, ou seu interesse.

Parágrafo único. Se, citado o detentor desses títulos, não forem apresentados em três anos dessa data, poderá o juiz declara-los caducos, ordenando ao devedor que lavre outros, em substituição dos reclamados.

Art. 1.510. Se o título, com o nome do credor, trouxer a cláusula de poder ser paga a prestação ao portador, embolsando a este, o devedor exonerar-se -á validamente; mas poderá exigir-lhe que justifique seu direito, ou preste caução.

Aquele cujo nome se acha escrito no titulo, presume-se dono, e pode reivindica-lo de quem quer que injustamente o detenha.

Art. 1.511. É nulo o título, em que o signatário, ou emissor, se obrigue, sem autorização de lei federal, a pagar ao portador quantia certa em dinheiro.

Parágrafo único. Esta disposição não se aplica às obrigações emitidas pelos Estados ou pelos Municípios, as quais continuarão a ser regidas por lei especial.

CAPÍTULO II – DA PROMESSA DE RECOMPENSA

Art. 1.512. Aquele que, por anúncios públicos, se comprometer a recompensar, ou gratificar, a quem preencha certa condição, ou desempenhe certo serviço, contra obrigação de fazer o prometido.

Art. 1.513. Quem quer que, nos termos do artigo antecedente, fizer o dito serviço, ou satisfazer a dita condição, ainda que não pelo interesse da promessa, poderá exigir a recompensa estipulada.

Art. 1.514. Antes de prestado o serviço, ou preenchida a condição, pode o promitente revogar a promessa, contando que faça com a mesma publicidade.

Se, porém, houver assinado prazo à execução da tarefa, entender-se-á que renuncia o arbítrio de retirar, durante ele a oferta.

Art. 1.515. se o ato contemplado na promessa for praticado por mais de um indivíduo, terá direito à recompensa o que primeiro o executou.

§. 1º. Sendo simultânea a execução, cada um tocará quinhão igual na recompensa.

§. 2º. Se essa não for divisível, conferir-se-á por sorteio.

Art. 1.516. Nos concursos que se abrirem como promessa pública de recompensa, e condição essencial, para valerem, a fixação de um prazo, observadas também as disposições dos parágrafos seguintes:

§ 1.º A decisão da pessoa nomeada, nos anúncios, como juiz obriga os interessados.

§ 2.º Em falta de pessoa designada para julgar o mérito dos trabalhos, que se apresentarem, entender-se-á que o promitente se reservou a essa função.

§ 3.º Se os trabalhos tiverem mérito igual, proceder-se-á de acordo com o artigo antecedente.

Art. 1.517. As obras premiadas, nos concursos de que trata o artigo anterior, só ficarão pertencendo ao promitente, se tal cláusula estipular na publicação da promessa.

TÍTULO VII – DAS OBRIGAÇÕES POR ATOS ILÍCITOS

Art. 1.518. Os bens do responsável pela ofensa ou violação do direito de outros ficam sujeitos à reparação do dano causado; e, se tiver mais de um autor a ofensa, todos responderão solidariamente pela reparação.

Parágrafo único. São solidariamente responsáveis como autores os cúmplices e as pessoas designadas do artigo 1.521.

Art. 1.519. Se o dono da coisa, no caso do art. 160, nº II, não for culpado do perigo, assistir-lhe-á direto à indenização do prejuízo que sofreu.

Art. 1.520. Se o perigo ocorrer por culpa de terceiro, contra este ficará com ação regressiva, no caso do art. 160, nº II o autor do dano, para haver importância, que tiver ressarcido ao dono da coisa.

Parágrafo único. A mesma ação competirá contra aquele em defesa de quem se danificou a coisa (art. 160, nº I).

Art. 1.521. São também responsáveis pela reparação civil:

I. Os pais, pelos filhos menores que estiverem sob seu poder e em sua companhia.

II. O tutor e curador, pelos pupilos e curatelados, que se acharem nas mesmas condições.

III. O patrão, amo ou comitente, por seus empregados, serviçais e prepostos, no exercício.do trabalho que lhes competir, ou por ocasião deles (art. 1.522).

IV. Os donos de hotéis, hospedarias, casas ou estabelecimentos onde se albergue por dinheiro, mesmo para fins de educação, pelos seus hóspedes, moradores e educadores.

V. os que gratuitamente houverem participado dos produtos do crime, até à concorrente quantia.

Art. 1.522. A responsabilidade estabelecida no artigo antecedente, nº III, abrange as pessoas jurídicas.

Art. 1.523. Excetuadas as do art. 1.521, nº V, só serão responsáveis as pessoas enumeradas nesse e no artigo 1.522, provando-se que elas concorreram para o dano por culpa, ou negligência de sua parte.

Art. 1.524. O que ressarcir o dano causado por outros, se este não for descendente seu, pode reaver, daquele por quem pagou, o que houver pago.

Art. 1.525. A responsabilidade civil é independente da criminal; não se poderá, porém, questionar mais sobre a existência do fato, ou quem seja o seu autor, quando essas questões se acharem decididas no crime.

Art. 1.526. O direito de exigir reparação, e a obrigação de presta-la transmitem-se com a herança, exceto nos casos que este Código excluir.

Art. 1.527. O dono, ou detentor, do animal ressarcirá o dano por este causado, se não provar:

I. Que o guardava e vigiava com o cuidado preciso.

II. Que o animal foi provocado por outro.

III. Que houve imprudência do ofendido.

IV. que o fato resultou de caso fortuito, ou força maior.

Art. 1.528. O dono do edifício ou construção responde pelos danos que resultarem de sua ruína, se esta provier de falta de reparos, cuja necessidade fosse manifesta.

Art. 1.529. Aquele que habitar uma casa, ou parte dela responde, pelo dano proveniente das coisas, que dela caírem ou forem lançadas em lugar indevido.

Art. 1.530. O credor que demandar o devedor antes da vencida a dívida, fora dos casos em que a lei o permita, fica obrigado a esperar o tempo que faltava para o vencimento, a descontar os juros correspondentes, embora estipulados, e a pagar as custas em dobro.

Art. 1.531. Aquele que demandar por dívida já paga, no todo ou em parte, sem ressalvar as quantias recebidas, ou pedir mais do que for devido, ficará obrigado a pagar o devedor, no primeiro caso, o dobro do que houver cobrado e, no segundo, o equivalente do que lhe exigir, salvo se, por lhe estar prescrito o direito, decair da ação.

Art. 1.532. Não se aplicarão as penas dos arts. 1.530 e 1.531, quando o autor desistir da ação antes de contestada a lide.

TÍTULO VIII – DA LIQUIDAÇÃO DAS OBRIGAÇÕES

CAPÍTULO I – DISPOSIÇÕES GERAIS

Art. 1.533. Considera-se líquida a obrigação certa, quanto à sua existência, e determinada, quanto ao seu objeto.

Art. 1.534. Se o devedor não puder cumprir a prestação na espécie ajustada, substituir-se-á pelo seu valor, em moeda corrente, no lugar onde se execute a obrigação.

Art. 1535. A execução judicial das obrigações do fazer, ou não fazer, e, em geral, à indenização de perdas e danos precederá a liquidação do valor respectivo, toda vez que o não fixe a lei, ou a convenção das partes.

Art. 1.536. Para liquidar a importância de uma prestação não cumprida, que tenha valor oficial no lugar da execução, tomar-se-á o meio termo do preço, ou da taxa, entre a data do vencimento e a do pagamento, adicionando-lhe os juros da mora.

§ 1º Nos demais casos, far-se-á a liquidação por arbitramento.

§ 2º Contam-se os juros da mora, nas obrigações ilíquidas, desde a citação inicial.

CAPÍTULO II – DA LIQUIDAÇÃO DAS OBRIGAÇÕES RESULTANTES DE ATOS ILÍCITOS

Art. 1.537. A indenização, no caso de homicídio, consiste:

I. No pagamento das despesas com o tratamento da vítima, seu funeral e o luto da família.

II. Na prestação de alimentos às pessoas a quem o defunto os devia.

Art. 1.538. No caso de ferimento ou outra ofensa à saúde, indenizará o ofensor ao ofendido as despesas do tratamento e os lucros cessantes até ao fim da convalescença, além de lhe pagar a importância da multa no grão médio da pena criminal correspondente.

§ 1º Esta soma será duplicada, se do ferimento resultar aleijão ou deformidade.

§ 2º Se o ofendido, aleijão ou deformado, for mulher solteira ou viuvam ainda capaz de casar, a indenização consistirá em dota-la, segundo as posses do ofensor, as circunstâncias do ofendido e a gravidade do defeito.

Art. 1.539. Se da ofensa resultar defeito, pelo qual o ofendido não possa exercer o seu ofício ou profissão, ou se lhe diminua o valor do trabalho, a indenização, além das despesas do tratamento e lucros cessantes até ao fim da convalescença, incluirá uma pensão correspondente à importância do trabalho, para que se inabilitou, ou da depreciação que ele sofreu.

Art. 1.540. As disposições precedentes se aplicam ainda ao caso em que a morte, ou lesão, resulte de ato considerado crime justificável, se não foi perpetrado pelo ofensor em repulsa de agressão do ofendido.

Art. 1.541. Havendo usurpação ou esbulho do alheio, a indenização consistirá em se restituir a coisa, mais o valor das suas deteriorações, ou, faltando ela, em se embolsar o seu equivalente ao prejudicado (art. 1.543).

Art. 1.542. Se a coisa estiver em poder de terceiro, este será obrigado a entrega-la, correndo a indenização pelos bens do delinqüente.

Art. 1.543. Para se restituir o equivalente, quando não exista a própria coisa (art. 1.544), estimar-se-á ela pelo seu preço ordinário e pelo de afeição, contando que este não se avantaje àquele.

Art. 1.544. Além dos juros ordinários, contados proporcionalmente ao valor do dano, e desde o tempo do crime, a satisfação compreende os juros compostos.

Art. 1.545. Os médicos, cirurgiões, farmacêuticos, parteiras e dentistas são obrigados a satisfazer o dano, sempre que da imprudência, negligência, ou imperícia, em atos profissionais, resultar morte, inabilitarão de servir, ou ferimento.

Art. 1.546. O farmacêutico responde solidariamente pelos erros e enganos do seu preposto.

Art. 1547. A indenização por injúria ou calúnia consistirá na reparação do dano que delas resulte ao ofendido.

Parágrafo único. Se este não puder provar prejuízo material, pagar-lhe-á o ofensor o dobro da multa no grão máximo da pena criminal respectiva (art. 1.550).

Art! 1.548. A mulher agravada em sua honra tem direito a exigir do ofensor, se este não puder ou não quiser reparar o mal pelo casamento, um dote correspondente à condição e estado da ofendida:

I. Se, virgem e menor, for deflorada.

II. Se, mulher honesta, for violentada, ou aterrada por ameaças.

III. Se for seduzida com promessas de casamento.

IV. Se for raptada.

Art. 1.549. Nos demais crimes de violência sexual, ou ultraje ao pudor, arbitrar-se-á judicialmente a indenização.

Art. 1.550. A indenização por ofensa à liberdade pessoal consistirá no pagamento das perdas e danos que sobrevierem ao ofendido, e no de uma soma calculada nos termos do parágrafo único do art. 1.547.

Art. 1.551. Consideram-se ofensivos da liberdade pessoal (art. 1.550):

I. O cárcere privado.

II. A prisão por queixa ou denúncia falsa e de má fé.

III. A prisão ilegal (art. 1.552).

Art. 1.552. No caso do artigo antecedente, nº III, só a autoridade, que ordenou a prisão, é obrigada a ressarcir o dano.

Art. 1.553. Nos casos não previstos neste capítulo, se fixará por arbitramento a indenização.

TÍTULO IX – DO CONCURSO DE CREDORES

DAS PREFERÊNCIAS E PRIVILÉGIOS CREDITÓRIOS

Art. 1.554. Procede-se ao concurso de credores, toda vez que as dívidas excedam à importância dos bens do devedor.

Art. 1.555. A discussão entre os credores pode versar, quer sobre a preferência entre eles disputada, quer sobre a nulidade, simulação fraude, ou falsidade das dívidas e contratos.

Art. 1.556. Não havendo título legal à preferência, terão os credores igual direito sobre os bens do devedor comum.

Art. 1.557. Os títulos legais de preferência são os privilégios e os direitos reais.

Art. 1.558. Conservam seus respectivos direitos os credores, hipotecários ou privilegiados:

I. Sobre o preço do seguro da coisa gravada com hipoteca ou privilégio, ou sobre a indenização devida, havendo responsável pela perda ou danificação da coisa.

II. Sobre o valor da indenização, se a coisa obrigada a hipoteca ou privilégio for desapropriada, ou submetida a servidão legal.

Art. 1.559. Nesses casos, o devedor do preço do seguro, ou da indenização, se exonera pagando sem oposição dos credores hipotecários ou privilegiados.

Art. 1.560. O credito real prefere ao pessoal de qualquer espécie, salvo a excepção estabelecida no parágrafo único do art. 759; o credito pessoal privilegiado ao simples, e o privilegio especial, ao geral.

Art. 1.561. A preferencia resultante de hipoteca, penhor e mais direitos reais (art. 674), determinar-se-á de conformidade com o disposto no livro antecedente.

Art. 1.562. Quando concorrerem aos mesmos bens, e por título igual, diversos credores da mesma classe, especialmente privilegiados, haverá entre eles rateio, proporcional ao valor dos respectivos créditos, se o produto não bastar para o pagamento integral de todos.

Art. 1.563. Os privilegiados - excetuado o de que trata o parágrafo único do art. 759 - se referem somente:

I. Aos bens móveis do devedor, não sujeitos o direito real de outros.

II. Aos imóveis não hipotecados.

III. Ao saldo do preço dos bens sujeitos a penhor ou hipoteca, depois de pagos os respectivos credores.

IV. Ao valor do seguro e da desapropriação.

Art. 1.564. Do preço do imóvel hipotecado, porém, serão deduzidas as custas judiciais de sua execução, bem como as despesas de conservação com ele feitas por terceiro, mediante consenso do devedor e do credor, depois de constituída a hipoteca.

Art. 1.565. O privilégio especial só compreende os bens sujeitos, por expressa disposição de lei, ao pagamento do credito, que ele favorece, e o geral, todos os bens não sujeitos a credito real, nem a privilégio especial.

Art. 1.566. Tem privilégio especial:

I. Sobre a coisa arrecadada e liquidada, o credor de custas e despesas judiciais feitas com a arrecadação e liquidação.

II. Sobre a coisa salvada, o credor por despesas de salvamento.

III. Sobre a coisa beneficiada, o credor por benfeitorias necessárias ou úteis.

IV. Sobre os prédios rústicos ou urbanos, fabricas, oficinas, ou quaisquer outras construções, o credor de matérias, dinheiro, ou serviços para a sua edificação, reconstrução, ou melhoramento.

V. Sobre os frutos agrícolas, os credores por sementes, instrumentos e serviços à cultura ou à colheita.

VI. Sobre as alfaias e utensis de uso doméstico, nos prédios rústicos ou urbanos, os credores de alugueis, quanto às prestações do ano corrente e do anterior.

VII. Sobre os exemplares da obra existente na massa do editor, o autor dela, ou seus legítimos representantes, pelo crédito fundado contra aquele no contrato de edição.

Art. 1.567. Cessa o privilégio estabelecido no artigo antecedente, nº V, desde que os frutos são reduzidos a outra espécie, ou vendidos depois de recolhidos.

Art. 1.568. Havendo, a um tempo, credores com direito ao privilégio do art. 1.566, nº III, e ao desse artigo, nº IV, aplicar-se-lhes-á o disposto no art. 1.562.

Art. 1.569. Gozam de privilégio geral, na ordem seguinte, sobre os bens do devedor:

I. O crédito por despesas do seu funeral, feito sem pompa, segundo a condição do finado e o costume do lugar.

II. O crédito por custas judiciais, ou por despesas com a arrecadação e liquidação da massa.

III. O crédito por despesas com o luto do cônjuge sobrevivo e dos filhos do devedor falecido, se forem moderadas.

IV. O crédito por despesas com a doença, de que faleceu o devedor, no semestre anterior à sua morte.

V. O crédito pelos gastos necessários à manutença do devedor falecido e sua família, no trimestre anterior ao falecimento.

VI. O crédito pelos impostos devidos à Fazenda Pública, no ano corrente e no anterior.

VII. O crédito pelo salário dos criados e mais pessoas de serviço doméstico do devedor, nos seus derradeiros seis meses de vida.

Art. 1.570. Na remuneração do art. 1.569, nº VII, se inclui a dos mestres que, durante o mesmo período, ensinaram aos descendentes menores do devedor.

Art. 1.571. A Fazenda Federal prefere à Estadual, e esta, à Municipal.

LIVRO IV – DO DIREITO DAS SUCESSÕES

TÍTULO I – DA SUCESSÃO EM GERAL

CAPÍTULO I – DISPOSIÇÕES GERAIS

Art. 1.572. Aberta a sucessão, o domínio e a posse da herança transmitem-se, desde logo, aos herdeiros legítimos e testamentários.

Art. 1.573. A sucessão dá-se por disposição de última vontade, ou em virtude da lei.

Art. 1.574. Morrendo a pessoa sem testamento, transmite-se a herança a seus herdeiros legítimos. Ocorrerá outro tanto quanto aos bens que não forem compreendidos no testamento.

Art. 1.575. Também subsiste a sucessão legítima se o testamento caducar, ou for julgado nulo.

Art. 1.576. Havendo herdeiros necessários, o testador só poderá dispor da metade da herança.

Art. 1.577. A capacidade para suceder é a do tempo da abertura da sucessão, que se regulará conforme a lei então em vigor.

CAPÍTULO II – DA TRANSMISSÃO DA HERANÇA

Art. 1.578. A sucessão abre-se no lugar, do último domicílio do falecido.

Art. 1.579. Ao cônjuge sobrevivente, celebrado sôbre regime da comunhão de bens cabe continuar até a partilha na posse da herança com o cargo de cabeça do casal. *(Redação dada pela Lei nº 4.121, de 1962)*

§ 1º Se porém o cônjuge sobrevivo fôr a mulher, será mister, para isso que estivesse vivendo com o marido ao tempo de sua morte, salvo prova de que essa convivência se tornou impossível sem culpa dela. *(Redação dada pela Lei nº 4.121, de 1962)*

§ 2º Na falta de cônjuge sobrevivente, a nomeação de inventariante, recairá no co-herdeiro que se achar na posse corporal e na administração dos bens. Entre co-herdeiros a preferência se graduará pela idoneidade. *(Redação dada pela Lei nº 4.121, de 1962)*

§ 3º Na falta de cônjuge ou de herdeiro, será inventariante o testamenteiro. *(Redação dada pela Lei nº 4.121, de 1962)*

Art. 1.580. Sendo chamadas simultaneamente, a uma herança, várias pessoas, será indivisível o seu direito, quanto a posse e ao domínio, até se ultimar a partilha.

Parágrafo único. Qualquer dos co-herdeiros pode reclamar a universalidade da herança ao terceiro, que indevidamente a possua, não podendo este opor-lhe, em exceção, o caráter parcial do seu direito nos bens da sucessão.

CAPÍTULO III – DA ACEITAÇÃO E RENÚNCIA DA HERANÇA

Art. 1.581. A aceitação da herança pode ser expressa ou tácita; a renúncia, porém, deverá constar, expressamente, de instrumento público, ou termo judicial.

§ 1º É expressa a aceitação, quando se faça por declaração escrita; tácita, quando resulte de atos compatíveis somente com o caráter de herdeiros.

§ 2º Não exprimem aceitação da herança os atos oficiosos, como o funeral do finado, os meramente conservatórios, ou os de administração e guarda interina.

Art. 1.582. Não importa igualmente aceitação a cessão gratuita, pura e simples, da herança, aos demais co-herdeiros.

Art. 1.583. Não se pode aceitar ou renunciar a herança em parte, sob condição, ou a termo; mas o herdeiro, a quem se testaram legados, pode aceita-los, renunciando a herança, ou, aceitando-a, repudia-los.

Art. 1.584. O interessado em que o herdeiro declare se aceita, ou não, a herança, poderá, vinte dias depois de aberta a sucessão, requerer ao juiz prazo razoável, não maior de trinta dias, para, dentro nele, se pronunciar o herdeiro, sob pena de se haver a herança por aceita.

Art. 1.585. Falecendo o herdeiro, antes de declarar se aceita a herança, o direito de aceitar passa-lhe aos herdeiros, a menos que se trate de instituição adstrita a uma condição suspensiva, ainda não verificada.

Art. 1.586. Quando o herdeiro prejudicar os seus credores, renunciando a herança, poderão eles, com autorização do juiz, aceita-la em nome do renunciante.

Nesse caso, e depois de pagas as dívidas do renunciante, o remanescente será devolvido aos outros herdeiros.

Art. 1.587. O herdeiro não responde por encargos superiores as forças da herança; incumbe-lhe, porém, a prova do excesso, salvo se existir inventário, que a excurse, demonstrando o valor dos bens herdados.

Art. 1.588. Ninguém pode suceder, representando herdeiro renunciante. Se, porém, ele for o único legítimo da sua classe, ou se todos os outros da mesma classe renunciarem a herança, poderão os filhos vir a sucessão, por direito próprio, e por cabeça.

Art. 1.589. Na sucessão legítima, a parte do renunciante acresce a dos outros herdeiros da mesma classe, e, sendo ele o único desta, devolve-se aos da subseqüente.

Art. 1.590. É retratável a renúncia, quando proveniente de violência, erro ou dolo, ouvidos os interessados. A aceitação pode retratar-se, se não resultar prejuízo a credores, sendo lícito a estes, no caso contrário, reclamar a providência referida no art. 1.586.

CAPÍTULO IV – DA HERANÇA JACENTE

Art. 1.591. Não havendo testamento, a herança é jacente, e ficará sob a guarda, conservação e administração de um curador:

I - Se o falecido não deixar cônjuge, nem herdeiro descendente ou ascedente, nem colateral sucessível, notoriamente conhecido.

II - Se os herdeiros, descendentes ou ascendentes, renunciarem a herança, e não houver cônjuge, ou colateral sucessível, notoriamente conhecido.

Art. 1.592. Havendo testamento, observar-se-á o disposto no artigo antecedente:

I - Se o falecido não deixar cônjuge, ou herdeiros descendentes ou ascendentes.

II - Se o herdeiro nomeado não existir, ou não aceitar a herança.

III - Se, em qualquer dos casos previstos nos dois números antecedentes, não houver colateral sucessível, notoriamente conhecido.

IV - Se, verificada alguma das hipóteses dos três números anteriores, não houver testamenteiro nomeado, o nomeado não existir, ou não aceitar a testamentaria.

Art. 1.593. Serão declarados vacantes os bens da herança jacente, se, praticadas todas as diligências legais, não aparecerem herdeiros.

Parágrafo único. Esta declaração não se fará senão um ano depois de concluído o inventário.

Art. 1.594. A declaração da vacância da herança não prejudicará os herdeiros que legalmente se habilitarem; mas, decorridos 5 (cinco) anos da abertura da sucessão, os bens arrecadados passarão ao domínio do Município ou do Distrito Federal, se localizados nas respectivas circunscrições, incorporando-se ao domínio da União, quando situados em território federal. *(Redação dada pela Lei nº 8.049, de 1990)*

Parágrafo único, Se não forem notòriamente conhecidos, os colaterais ficarão excluídos da sucessão legítima após a declaração de vacância. *(Incluído pelo Decreto-Lei nº 8.207, de 1945)*

CAPÍTULO V – DOS QUE NÃO PODEM SUCEDER

Art. 1.595. São excluídos da sucessão (arts. 1.708, n. IV, e 1.741 a 1.745), os herdeiros, ou legatários:

I - Que houverem sido autores ou cúmplices em crime de homicídio voluntário, ou tentativa deste, contra a pessoa de cuja sucessão se tratar.

II - Que a acusaram caluniosamente em juízo, ou incorreram em crime contra a sua honra.

III - Que, por violência ou fraude, a inibiram de livremente dispor dos seus bens em testamento ou codicilo, ou lhe obstaram a execução dos atos de última vontade.

Art. 1.596. A exclusão do herdeiro, ou legatário, em qualquer desses casos de indignidade, será declarada por sentença, em ação ordinária, movida por quem tenha interesse na sucessão.

Art. 1.597. O indivíduo incurso em atos que determinem a exclusão da herança (art. 1.595), a ela será, não obstante, admitido, se a pessoa ofendida, cujo herdeiro ele for, assim o resolveu por ato autêntico, ou testamento.

Art. 1.598. O excluído da sucessão é obrigado a restituir os frutos e rendimentos que dos bens da herança houver percebido.

Art. 1.599. São pessoais os efeitos da exclusão. Os descendentes do herdeiro excluído sucedem, como se ele morto fosse (art. 1.602).

Art. 1.600. São válidas as alienações de bens hereditários, e os atos de administração legalmente praticados pelo herdeiro excluído; mas aos co-herdeiros subsiste, quando prejudicados, o direito a demandar-lhe perdas e danos.

Art. 1.601. O herdeiro excluído terá direito a reclamar indenização por quaisquer despesas feitas com a conservação dos bens hereditários, e cobrar os créditos, que lhe assistam contra a herança.

Art. 1.602. O excluído da sucessão não terá direito ao uso fruto e a administração dos bens, que a seus filhos couberem na herança (art. 1.599), ou a sucessão eventual desses bens.

TÍTULO II – DA SUCESSÃO LEGÍTIMA

CAPÍTULO I – DA ORDEM DA VOCAÇÃO HEREDITÁRIA

Art. 1.603. A sucessão legítima defere-se na ordem seguinte: *(Redação dada pela Lei nº 8.049, de 1990)*

I - Aos descendentes.

II - Aos ascendentes.

III - Ao cônjuge sobrevivente.

IV - Aos colaterais.

V - aos Municípios, ao Distrito Federal ou à União. *(Redação dada pela Lei nº 8.049, de 1990)*

Art. 1.604. Na linha descendente, os filhos sucedem por cabeça, e os outros descendentes, por cabeça ou por estirpe, conforme se achem, ou não, no mesmo grau.

Art. 1.605. Para os efeitos da sucessão, aos filhos legítimos se equiparam os legitimados, os naturais reconhecidos e os adotivos.

§ 1º Havendo filho legítimo, ou legitimado, só a metade do que a este couber em herança terá direito o filho natural reconhecido na constância do casamento (art. 358).

§ 2º Ao filho adotivo, se concorrer com legítimos, supervenientes a adoção (art. 368), tocará somente metade da herança cabível a cada um destes.

Art. 1.606. Não havendo herdeiros da classe dos descendentes, são chamados a sucessão os ascendentes.

Art. 1.607. Na classe dos ascendentes, o grau mais próximo exclui o mais remoto, sem distinção de linhas.

Art. 1.608. Havendo igualdade em grau e diversidade em linha, a herança partir-se-á entre as duas linhas meio pelo meio.

Art. 1.609. Falecendo sem descendência o filho adotivo, se lhe sobreviverem os pais e o adotante, aqueles tocará por inteiro a herança.

Parágrafo único. Em falta dos pais, embora haja outros ascendentes, devolve-se a herança ao adotante.

Art. 1.610. Quando o descendente ilegítimo tiver direito a sucessão do ascendente, haverá direito o ascendente ilegítimo a sucessão do descendente.

Art. 1.611 - A falta de descendentes ou ascendentes será deferida a sucessão ao cônjuge sobrevivente se, ao tempo da morte do outro, não estava dissolvida a sociedade conjugal. *(Redação dada pela Lei nº 6.515, de 1977)*

§ 1º O cônjuge viúvo se o regime de bens do casamento não era o da comunhão universal, terá direito, enquanto durar a viuvez, ao usufruto da quarta parte dos bens do cônjuge falecido, se houver filho dêste ou do casal, e à metade se não houver filhos embora sobrevivam ascendentes do "de cujus". *(Incluído pela Lei nº 4.121, de 1962)*

§ 2º Ao cônjuge sobrevivente, casado sob o regime da comunhão universal, enquanto viver e permanecer viúvo será assegurado, sem prejuízo da participação que lhe caiba na herança, o direito real de habilitação relativamente ao imóvel destinado à residência da família, desde que seja o único bem daquela natureza a inventariar. *(Incluído pela Lei nº 4.121, de 1962)*

§ 3º Na falta do pai ou da mãe, estende-se o benefício previsto no § 2º ao filho portador de deficiência que o impossibilite para o trabalho. *(Incluído pela Lei nº 10.050, de 2000)*

Art. 1.612 Se não houver cônjuge sobrevivente, ou êle incorrer na incapacidade do artigo 1.611 serão chamados a suceder os colaterais até o quarto grau. *(Redação dada pelo Decreto-Lei nº 9.461, de 1946)*

Art. 1.613. Na classe dos colaterais, os mais próximos excluem os mais remotos, salvo o direito de representação concedido aos filhos de irmãos.

Art. 1.614. Concorrendo a herança do falecido irmãos bilaterais com irmãos unilaterais, cada um destes herdará metade do que cada um daqueles herdar.

Art. 1.615. Se com tio ou tios concorrerem filhos de irmão unilateral ou bilateral, terão eles, por direito de representação, a parte que caberia ao pai ou a mãe, se vivessem.

Art. 1.616. Não concorrendo a herança irmão germano, herdarão, em partes iguais entre si, os unilaterais.

Art. 1.617. Em falta de irmãos, herdarão os filhos destes:

§ 1º Se só concorrerem a herança filhos de irmãos falecidos, herdarão por cabeça.

§ 2º Se concorrerem filhos de irmãos bilaterais, com filhos de irmãos unilaterais, cada um destes herdará a metade do que herdar cada um daqueles.

§ 3º Se todos forem filhos de irmãos germanos, ou todos de irmãos unilaterais, herdarão todos por igual.

Art. 1.618. Não há direito de sucessão entre o adotado e os parentes do adotante.

Art. 1.619. Não sobrevivendo cônjuge, nem parente algum sucessível, ou tendo eles renunciado a herança, esta se devolve ao Estado, ao Distrito Federal, se o de cujus tiver sido domiciliado nas respectivas circunscrições, ou a União, se tiver sido domiciliado em território não incorporado a qualquer delas.

CAPÍTULO II – DO DIREITO DE REPRESENTAÇÃO

Art. 1.620. Dá-se o direito de representação, quando a lei chama certos parentes do falecido a suceder em todos os direitos, em que ele sucederia, se vivesse.

Art. 1.621. O direito de representação dá-se na linha reta descendente, mas nunca na ascendente.

Art. 1.622. Na linha transversal, só se dá o direito de representação, em favor dos filhos de irmãos do falecido, quando com irmão deste concorrerem.

Art. 1.623. Os representantes só podem herdar, como tais, o que herdaria o representado, se vivesse.

Art. 1.624. O quinhão do representado partir-se-á por igual entre os representantes.

Art. 1.625. O renunciante a herança de uma pessoa poderá representa-la na sucessão de outra.

TÍTULO III – DA SUCESSÃO TESTAMENTÁRIA

CAPÍTULO I – DO TESTAMENTO EM GERAL

Art. 1.626. Considera-se testamento o ato revogável pelo qual alguém, de conformidade com a lei, dispõe, no todo ou em parte, do seu patrimônio, para depois da sua morte.

CAPÍTULO II – DA CAPACIDADE PARA FAZER TESTAMENTO

Art. 1.627. São incapazes de testar:

I - Os menores de dezeseis anos.

II - Os loucos de todo o gênero.

III - Os que, ao testar, não estejam em seu perfeito juízo.

IV - Os surdos-mudos, que não puderem manifestar a sua vontade.

Art. 1.628. A incapacidade superveniente não invalida o testamento eficaz, nem o testamento do incapaz se valida com a superveniência da capacidade.

CAPÍTULO III – DAS FORMAS ORDINÁRIAS DO TESTAMENTO

SEÇÃO I – DISPOSIÇÕES GERAIS

Art. 1.629. Este Código reconhece como testamentos ordinários:

I - O público.

II - O cerrado.

III - O particular.

Art. 1.630. É proibido o testamento conjuntivo, seja simultâneo, recíproco ou correspectivo.

Art. 1.631. Não se admitem outros testamentos especiais, além dos contemplados neste Código (arts. 1.656 a 1.663).

SEÇÃO II – DO TESTAMENTO PÚBLICO

Art. 1.632. São requisitos essenciais do testamento público:

I - Que seja escrito por oficial público em seu livro de notas, de acordo com o ditado ou as declarações do testador, em presença de cinco testemunhas.

II - Que as testemunhas assistam a todo o ato.

III - Que, depois de escrito o testamento, seja lido pelo oficial, na presença do testador e das testemunhas, ou pelo testador, se o quiser, na presença destas e do oficial.

IV - Que, em seguida a leitura, seja o ato assinado pelo testador, pelas testemunhas e pelo oficial.

Parágrafo único. As declarações do testador serão feitas na língua nacional.

Art. 1.633. Se o testador não souber, ou não puder assinar, o oficial assim o declarará, assinando, neste caso, pelo testador, e a seu rogo, uma das testemunhas instrumentárias.

Art. 1.634. O oficial público, especificando cada uma dessas formalidades, portará por fé, no testamento, haverem sido todas observadas.

Parágrafo único. Se faltar, ou não se mencionar alguma delas, será nulo o testamento, respondendo o oficial público civil e criminalmente.

Art. 1.635. Considera-se habilitado a testar publicamente aquele, que puder fazer de viva voz as suas declarações, e verificar, pela sua leitura, haverem sido fielmente exaradas.

Art. 1.636. O indivíduo inteiramente surdo, sabendo ler, lerá o seu testamento, e, se o não souber, designará quem o leia em seu lugar, presentes as testemunhas.

Art. 1.637. Ao cego só se permite o testamento público, que lhe será lido, em alta voz, duas vezes, uma pelo oficial, e a outra por uma das testemunhas, designada pelo testador; fazendo-se de tudo circunstanciada menção no testamento.

SEÇÃO III – DO TESTAMENTO CERRADO

Art. 1.638. São requisitos essenciais do testamento cerrado:

I - Que seja escrito pelo testador, ou por outra pessoa, a seu rogo.

II - Que seja assinado pelo testador.

III - Que não sabendo, ou não podendo o testador assinar, seja assinado pela pessoa que o escreveu.

IV - Que o testador o entregue ao oficial em presença, quando menos, de cinco testemunhas.

V - Que o oficial, perante as testemunhas, pergunte ao testador se aquele é o seu testamento, e quer que seja aprovado, quando o testador não se tenha antecipado em declara-lo.

VI - Que para logo, em presença das testemunhas, o oficial exare o auto de aprovação, declarando nele que o testador lhe entregou o testamento e o tinha por seu, bom, firme e valioso.

VII - Que o instrumento de aprovação comece logo e imediatamente no fim do testamento.

VIII - Que, não havendo lugar na última folha escrita do testamento, para nele começar o instrumento de aprovação, o oficial ponha o seu sinal público no testamento, e assim no instrumento o declare.

IX - Que o instrumento ou auto de aprovação seja lido pelo oficial, assinando ele, as testemunhas e o testador, se souber e puder.

X - Que, não sabendo, ou não podendo o testador assinar, assine por ele uma das testemunhas, declarando, ao pé da assinatura, que o faz a rogo do testador, por não saber ou não poder assinar.

XI - Que o tabelião cerre e cosa o testamento depois de concluído o instrumento de aprovação.

Art. 1.639. Se o oficial tiver escrito o testamento a rogo do testador, pode-lo-á, não obstante, aprovar.

Art. 1.640. O testamento pode ser escrito, em língua nacional ou estrangeira, pelo próprio testador, ou por outrem, a seu rogo. A assinatura será sempre do próprio testador, ou de quem lhe escreveu o testamento (art. 1.638, n. I).

Art. 1.641. Não poderá dispor de seus bens em testamento cerrado quem não saiba, ou não possa ler.

Art. 1.642. Pode fazer testamento cerrado o surdo-mudo, contanto que o escreva todo, e o assine de sua mão, e que, ao entrega-lo ao oficial público, antes as cinco testemunhas, escreva, na face externa do papel, ou do envoltório, que aquele é o seu testamento, cuja aprovação lhe pede.

Art. 1.643. Depois de aprovado e cerrado, será o testamento entregue ao testador, e o oficial lançará, no seu livro, nota do lugar, dia, mês e ano em que o testamento foi aprovado e entregue.

Art. 1.644. O testamento será aberto pelo juiz, que o fará registrar e arquivar no cartório a que tocar, ordenando que seja cumprido, se lhe não achar vício externo que o torne suspeito de nulidade, ou falsidade.

SEÇÃO IV – DO TESTAMENTO PARTICULAR

Art. 1.645. São requisitos essenciais do testamento particular:

I - Que seja escrito e assinado pelo testador.

II - Que intervenham cinco testemunhas, além do testador.

III - Que seja lido perante as testemunhas, e, depois de lido, por elas assinado.

Art. 1.646. Morto o testador, publicar-se-á em juízo o testamento, com citação dos herdeiros legítimos.

Art. 1.647. Se as testemunhas forem contestes sobre o fato da disposição, ou, ao menos, sobre a sua leitura perante elas, e se reconhecerem as próprias assinaturas, assim como a do tastador, será confirmado o testamento.

Art. 1.648. Faltando até duas das testemunhas, por morte, ou ausência em lugar não sabido, o testamento pode ser confirmado, se as três restantes forem contestes, nos termos do artigo antecedente.

Art. 1.649. O testamento particular pode ser escrito em língua estrangeira, contanto que as testemunhas, a compreendam.

SEÇÃO V – DAS TESTEMUNHAS TESTAMENTARIAS

Art. 1.650. Não podem ser testemunhas em testamentos:

I. Os menores de dezeseis anos.

II. Os loucos de todo o genero.

III. Os surdos-mudos e os cegos.

IV. O herdeiro instituido, seus ascendentes e descendentes, irmãos e conjuge.

V. Os legatarios.

CAPÍTULO IV – DOS CODICILLOS

Art. 1.651. Toda pessoa capaz de testar poderá, mediante escrito particular seu, datado e assinado, fazer disposições especiais sobre o seu enterro, sobre esmolas de pouca monta a certas e determinadas pessoas, ou, indeterminadamente, aos pobres de certo logar, assim como legar roupas, moveis ou jóias, não mui valiosas, de seu uso pessoal (art. 1.797).

Art. 1.652. Esses atos, salvo direito de terceiro, valerão como codicilos, deixe, ou não, testamento o autor.

Art. 1.653. Pelo modo estabelecido no art. 1.651, se poderão nomear ou substituir testamenteiros.

Art. 1.654. Os atos desta espécie revogam-se por atos iguais, e consideram-se revogados, se, havendo testamento posterior, de qualquer natureza, este os não confirmar, ou modificar.

Art. 1.655. Se estiver fechado o codicilo, abrir-se-á do mesmo modo que o testamento cerrado (art. 1.644).

CAPÍTULO V – DOS TESTAMENTOS ESPECIAIS

SEÇÃO I – DO TESTAMENTO MARITIMO

Art. 1.656. O testamento, nos navios nacionais, de guerra, ou mercantes, em viagem de alto mar, será lavrado pelo comandante, ou pelo escrivão de bordo, que redigirá as declarações do testador, ou as escreverá, por ele ditadas, ante duas testemunhas idôneas, de preferência escolhidas entre os passageiros, e presentes a todo o ato, cujo instrumento assinarão depois do testador.

Parágrafo único. Se o testador não puder escrever, assinará por ele uma das testemunhas, declarando que o faz a seu rogo.

Art. 1.657. O testador, querendo, poderá escrever ele mesmo o seu testamento, ou faze-lo escrever por outrem. No primeiro caso, o próprio testador assinará; no segundo, quem o escreveu, com a declaração de que o subscreve a rogo do testador.

§ 1º O testamento assim feito será pelo testador entregue ao comandante ou escrivão de bordo, perante duas testemunhas, que reconheçam e entendam o testador, declarando este, no mesmo ato, ser seu testamento o escrito apresentado.

§ 2º O comandante, ou o escrivão, recebe-lo-á, e, em seguida, abaixo do escrito, certificará todo o ocorrido, datando e assinando com o testador e as testemunhas.

Art. 1.658. O testamento marítimo caducará, se o testador não morrer na viagem, nem nos três meses subsequentes ao seu desembarque em terra, onde possa fazer, na forma ordinária, outro testamento.

Art. 1.659. Não valerá o testamento marítimo, bem que feito no curso de uma viagem, se, ao tempo em que se fez, o navio estava em porto, onde o testador pudesse desembarcar, e testar na forma ordinária.

SEÇÃO II – DO TESTAMENTO MILITAR

Art. 1.660. O testamento dos militares e mais pessoas ao serviço do exercito em campanha, dentro ou fora do país, assim como em praça sitiada, ou que esteja de comunicações cortadas, poderá fazer-se, não havendo oficial publico, ante duas testemunhas, ou três, se o testador não puder, ou não souber assinar, caso em que assinará por ele a terceira.

§ 1º Se o testador pertencer a corpo ou seção de corpo destacado, o testamento será escrito pelo respectivo comandante, ainda que oficial inferior.

§ 2º Se o testador estiver em tratamento no hospital, o testamento será escrito pelo respectivo oficial de saúde, ou pelo diretor do estabelecimento.

§ 3º. Se o testador for o oficial mais graduado, o testamento será escrito por aquele que o substituir.

Art. 1.661. Se o testador souber escrever, poderá fazer o testamento de seu punho, contando que o date e assine por extenso, e o apresente aberto ou cerrado, na presença de duas testemunhas ao auditor, ou ao oficial de patente, que lhe faça as vezes neste mister.

Parágrafo único. O auditor, ou oficial, a quem o testamento se apresente, notará, em qualquer parte dele, o logar, dia, mês e ano, em que lhe for apresentado. Esta nota será assinada por ele e pelas ditas testemunhas.

Art. 1.662. Caduca o testamento militar, desde que, depois dele, o testador esteja, três meses seguidos em logar, onde possa testar na forma ordinária, salvo se esse testamento apresentar as solenidade prescritas no Parágrafo único do artigo antecedente.

Art. 1.663. As pessoas designadas no art. 1660, estando empenhadas em combate, ou feridas, podem testar nuncupativamente, confiando a sua ultima vontade a duas testemunhas.

Parágrafo único. Não terá, porém, efeito esse testamento, se o testador não morrer na guerra, e convalescer do ferimento.

CAPÍTULO VI – DAS DISPOSIÇÕES TESTAMENTARIAS EM GERAL

Art. 1.664. A nomeação de herdeiro, ou legatário, pode fazer-se pura e simplesmente, sob condição, para certo fim ou modo, ou por certa causa.

Art. 1.665. A designação do tempo em que deva começar ou cessar o direito do herdeiro, salvo nas disposições fideicomissárias, ter-se-á por não escrita.

Art. 1.666. Quando a cláusula testamentária for suscetível de interpretações diferentes, prevalecerá a que melhor assegure a observância da vontade do testador.

Art. 1.667. É nula a disposição:

I. Que institua herdeiro, ou legatário, sob a condição captatoria de que este disponha, também por testamento, em beneficio do testador, ou de terceiro.

II. Que ser refira a pessoa incerta, cuja identidade se não possa averiguar.

III. Que favoreça a pessoa incerta, commettendo a determinação de sua identidade a terceiro.

IV. Que deixe a arbitrio do herdeiro, ou de outrem, fixar o valor ao legado.

Art. 1.668. Valerá, porém, a disposição:

I. Em favor de pessoa incerta que deva ser determinada por terceiro, dentre diversas pessoas mencionadas pelo testador, ou pertencentes a uma familia, ou a um corpo collectivo, ou a um estabelecimento por elle designado.

II. Em remuneração de serviços prestados ao testador, por occasão da molestia de que falleceu, ainda que fique a arbitrio do herdeiro, ou de outrem, determinar o valor do legado.

Art. 1.669. A disposição geral em favor dos pobres, dos estabelecimentos particulares da caridade, ou dos de assistência pública, entender-se-á relativa aos pobres do logar do domicilio do testador ao tempo de sua morte, ou dos estabelecimentos ahi sitos, salvo se manifestamente constar que tinha em mente beneficiar os de outra localidade.

Parágrafo único. Nestes casos, ás instituições particulares preferirão sempre as publicas.

Art. 1.670. O erro na designação da pessoa do herdeiro, do legatário, ou da coisa legada anula a disposição, salvo se, pelo contexto do testamento, por outros documentos, ou por fatos inequívocos, se puder identificar a pessoa ou coisa, a que o testador queria referir-se.

Art. 1.671. Se muitos herdeiros nomear o testamento, não discriminando a parte de cada um, partilhar-se-á por igual, entre todos, a porção disponível do testador.

Art. 1.672. Se o testador nomear certos herdeiros individualmente, e outros coletivamente, a herança será divida em tantas quotas, quantos forem os indivíduos e os grupos designados.

Art. 1.673. Se forem determinadas as quotas de cada herdeiro, e não absorverem toda a herança, o remanescente pertencerá aos herdeiros legítimos, segundo a ordem da sucessão hereditária.

Art. 1.674. Se forem determinados os quinhões de uns e não os de outros herdeiros, quinhor-se-á, distribuidamente, por igual, a estes últimos o que restar, depois de completas as porções hereditárias dos primeiros.

Art. 1.675. Dispondo o testador que não caiba ao herdeiro instituído certo e determinado objeto, dentre os da herança, tocará ele os herdeiros legítimos.

Art. 1.676. A clausula de inalienabilidade temporária, ou vitalícia, imposta aos bens pelos testadores ou doadores, não poderá, em caso algum, salvo os de expropriação por necessidade ou utilidade publica, e de execução por dividas provenientes de impostos relativos aos respectivos imóveis, ser invalidada ou dispensada por atos judiciais de qualquer espécie, sob pena de nulidade.

Art. 1.677. Quando, nas hipóteses do artigo antecedente, se der alienação de bens clausulados, o produto se converterá em outros bens, que ficarão subrogados nas obrigações dos primeiros.

CAPÍTULO VII – DOS LEGADOS

Art. 1.678. É nulo o legado de coisa alheia. Mas, se a coisa legada, não pertencendo ao testador, quando testou, se houver depois tornado sua, por qualquer titulo, terá efeito a disposição, como se sua fosse a coisa, ao tempo em que ele fez o testamento.

Art. 1.679. Se o testador ordenar que o herdeiro, ou legatário, entregue coisa de sua prioridade a outrem, não o cumprido ele, entender-se-á que renunciou a herança, ou o legado (art. 1.704).

Art. 1.680. Se tão somente em parte pertencer ao testador, ou, no caso do artigo antecedente, ao herdeiro, ou ao legatário, a coisa legada, só quanto a essa parte valerá o legado.

Art. 1.681. Se o legado for de coisa móvel, que se determine pelo gênero, ou pela espécie, será cumprido, ainda que tal coisa não exista entre os bens deixados pelo testador.

Art. 1.682. Se o testador legar coisa sua, singularizando-a, só valerá o legado, se, ao tempo do seu falecimento, ela se achava entre os bens da herança. Se, porém, a coisa legada existir entre os bens do testador, mas em quantidade inferior á do legado, este só valerá quanto á existente.

Art. 1.683. O legado de coisa, ou quantidade, que deva tirar-se de certo logar, só valerá se nele for achada, e até á quantidade, que ali achar.

Art. 1.684. Nulo será o legado consistente em coisa certa, que, na data do testamento, já era do legatário, ou depois lhe foi transferida gratuitamente pelo testador.

Art. 1.685. O legado de credito, ou de quitação de divida, valerá tão somente ate á importância desta, ou daquele, ao tempo da morte do testador.

§ 1º. Cumpre-se este legado, entregando o herdeiro ao legatário o titulo respectivo.

§ 2º Este legado não compreende as dividas posteriores á data do testamento.

Art. 1.686. Não o declarando expressamente o testador, não se ruputurá compensação da sua divida o legado, que ele faça ao credor.

Subsistirá do mesmo modo integralmente esse legado, se a divida lhe foi posterior, e o testador a solveu antes de morrer.

Art. 1.687. O legado de alimentos abrange o sustento, a cura, o vestuário e a casa, enquanto o legatário viver, além da educação, se ele for menor.

Art. 1.688. O legado de usufruto, sem fixação de tempo, entende-se deixado ao legatário por toda a sua vida.

Art. 1.689. Se aquele que legando alguma propriedade, lhe ajuntar depois novas aquisições, estas, ainda que contíguas, não se compreendem no imóvel legado, salvo expressa declaração em contrario do testador.

Parágrafo único. Não se aplica o disposto neste artigo ás benfeitorias necessárias, úteis ou voluptuarias feitas no prédio legado.

CAPÍTULO VIII – DOS EFEITOS DOS LEGADOS E SEU PAGAMENTO

Art. 1.690. O legado puro e simples confere, desde a morte do testador, ao legatário o direito, transmissível aos seus sucessores, de pedir aos herdeiros intituidos a coisa legada.

Parágrafo único. Não pede, porém, o legatário entrar, por autoridade própria, na posse da coisa legada.

Art. 1.691. O direito de pedir o legado não se exercerá, enquanto se litigue sobre a validade do testamento, e, nos legados condicionais, ou a prazo, enquanto penda a condição, ou ele se não vença.

Art. 1.692. Desde o dia da morte do testador pertence ao legatário a coisa legada, com os frutos que produzir.

Art. 1.693. O legado em dinheiro só vence juros desde o dia em que constituir em mora a pessoa obrigada a presta-lo.

Art. 1.694 Se o legado consistir em renda vitalícia, ou pensão periódica, esta, ou aquela, correrá da morte do testador.

Art. 1.695. Se o legado for de quantidades certas, em prestações periódicas, datará da morte do testador o primeiro período, o legatário terá direito a cada prestação, um vez encetado cada um dos períodos sucessivos, ainda que antes do termo dele venha a falecer.

Art. 1.696. Sendo periódicas as prestações, só no termo de cada período se poderão exigir.

Parágrafo único. Se, porém, forem deixadas a titulo de alimentos, pagar-se-ão no começo de cada período, sempre que o contrario não disponha o testador.

Art. 1.697. Se o legado consiste em coisa determinada pelo gênero, ou pela espécie, ao herdeiro tocará escolhe-la, guardando, porém, o meio termo entre as congêneres da melhor e pior qualidade (art. 1.699).

Art. 1.698. A mesma regra observar-se-á, quando a escolha for deixada a arbítrio de terceiro; e, se este a não quiser, ou não puder exercer, ao juiz competirá faze-la, guardado o disposto no artigo anterior, ultima parte.

Art. 1.699. Se o opção foi deixada ao legatário, este poderá escolher, do gênero, ou espécie, determinado, a melhor coisa, que houver na herança; e, se nesta não existir coisa de tal espécie, dar-lhe-á de outra congênere o herdeiro, observada a disposição do art. 1.697, ultima parte.

Art. 1.700. No legado alternativo, presume-se deixada ao herdeiro a opção.

Art. 1.701. Se o herdeiro, ou legatário, a quem couber a opção, falecer antes de exerce-la, passará este direito aos seus herdeiros.

Parágrafo único. Uma vez feita, porém, a opção é irrevogável.

Art. 1.702. Instituído o testador mais de um herdeiro sem designar os que hão de executar o legados, por estes responderão, proporcionalmente ao que herdarem, todos os herdeiros instituídos.

Art. 1.703. Se o testador cometer designadamente a certos herdeiros a execução dos legados, só esses responderão por estes.

Art. 1.704. Se alguma legado consistir em coisa pertencente a herdeiro ou legatário (art. 1.679), só a ele incumbirá cumpri-lo, com regresso contra os co-herdeiros, pela quota de cada um, salvo se o contrario expressamente dispôs o testador.

Art. 1.705. As despesas e os riscos da entrega do legado correm por conta do legatário, se não dispuser diversamente o testador.

Art. 1.706. A coisa legada entregar-se-á, com os seus acessórios, no logar e estado em que se achava ao falecer o testador, passando ao legatário com todos os encargos, que a onerarem.

Art. 1.707. Ao legatário, nos legados com encargo, se aplica o disposto no art. 1.180.

CAPÍTULO IX – DA CADUCIDADE DOS LEGADOS

Art. 1.708. Caducará o legado:

I. Se, depois do testamento, o testador modificar a coisa legada, a ponto de já não ter a fórma, nem lhe caber a denominação, que tinha.

II. Se o testador alienar, por qualquer titulo, no todo, ou em parte, a coisa legada. Em tal caso, caducará o legado, até onde ella deixou de pertencer ao testador.

III. Se a coisa perecer, ou for evicta, vivo ou morto o testador sem culpa do herdeiro.

IV. Se o legatario for excluida da successão, nos termos do art. 1.595.

V. Se o legatario fallecer antes do testador.

Art. 1.709. Se o legado for de duas ou mais coisas alternativamente, e algumas delas perecerem, subsidiará, quanto ás restantes. Perecendo parte de uma, valerá, quanto ao seu remanescente, o legado.

CAPÍTULO X – DO DIREITO DE ACCRESCER ENTRE HERDEIROS E LEGATARIOS

Art. 1.710. Verifica-se o direito de acrescer entre co-herdeiros, quando estes, pela mesma disposição de um testamento, são conjuntamente chamados á herança em quinhões não determinados (art. 1.712).

Parágrafo único. Aos co-legatarios competirá também este direito, quando nomeados conjuntamente a respeito de uma só coisa, determinada e certa, ou quando não se possa dividir o objeto legado, sem risco de se deteriorar.

Art. 1.711. Considera-se feita a distribuição das partes ou quinhões, pelo testador, quando este designa a cada um dos nomeados a sua quota, ou o objeto, que lhe deixa.

Art. 1.712 Se um dos herdeiros nomeados morrer antes do testador, renunciar a herança, ou dela for excluído, e bem assim se a condição, sob a qual foi instituído, não se verificar, acrescerá o seu quinhão, salvo o direito do substituto á parte dos co-herdeiros conjuntos (art. 1.710).

Art. 1.713. Quando se não efetua o direito de acrescer, nos termos do artigo antecedente, transmite-se aos herdeiros legítimos a quota vaga do nomeado.

Art. 1.714. Os co-herdeiros, a quem acrescer o quinhão do que deixou de herdar, ficam sujeitos ás obrigações e encargos, que o oneravam.

Parágrafo único. Esta disposição aplica igualmente ao co-legatario, a quem aproveita a caducidade total ou parcial do legado.

Art. 1.715. Não existindo o direito de acrescer entre os co-legatarios, a quota de que faltar acresce ao herdeiro ou legatário, incumbido de satisfazer esse legado, ou a todos os herdeiros, em proporção dos seus quinhões, se o legado se deduziu da herança.

Art. 1.716. Legado um só usufruto conjuntamente a diversas pessoas, a parte do que faltar acresce aos co-legatarios. Se, porém, não houve conjunção entre estes, ou se, apesar de conjuntos, só lhes foi legada certa parte do usufruto, as quotas dos que faltares consolidar-se-ão na propriedade, á medida que eles forem faltando.

CAPÍTULO XI – DA CAPACIDADE PARA ADQUIRIR POR TESTAMENTO

Art. 1.717. Podem adquirir por testamento as pessoas existentes ao tempo da morte do testador, que não forem por este Código declaradas incapazes.

Art. 1.718. São absolutamente incapazes de adquirir por testamento os indivíduos não concebidos até a morte do testador, salvo se a disposição deste se referir á prole eventual de pessoas por ele designadas e existentes ao abrir-se a sucessão.

Art. 1.719. Não podem também se nomeados herdeiros, nem legatários:

I. A pessoa que, a rogo, escreveu o testamento (arts. 1.638 n. I, 1.656 e 1.657), nem o seu conjuge, ou os seus ascendentes, descendentes e irmãos.

II. As testemunhas do testamento.

III. A concubina do testador casado.

IV. O oficial publico, civil ou militar, nem o comandante, ou escrivão, perante quem se fizer, assim como o que fizer, ou aprovar o testamento.

Art. 1.720. São nulas as disposições em favor de incapazes (arts. 1.718 e 1.719), ainda quando simulem a forma de contracto oneroso, ou os beneficiem por interposta pessoa.

Reputam-se pessoas interpostas o pai, a mãe, os descendentes e o cônjuge do incapaz.

CAPÍTULO XII – DOS HERDEIROS NECESSÁRIOS

Art. 1.721. O testador que tiver descendente ou ascendente sucessível, não poderá dispor de mais da metade de seus bens; a outra pertencerá de pleno direito ao descendente e, em sua falta, ao ascendente, dos quais constitui a legítima, segundo o disposto neste Código (arts. 1.603 a 1.619 e 1.723).

Art. 1.722. Calcula-se a metade disponível (art. 1.721) sobre o total dos bens existentes ao falecer o testador, abatidas as dívidas e as despesas do funeral.

Parágrafo único. Calculam-se as legítimas sobre a soma, que resultar, adicionando-se à metade dos bens que então possuía o testador, a importância das doações por ele feitas aos seus descendentes (art. 1.785).

Art. 1.723. A legítima dos herdeiros, fixada pelo art. 1.721, não impede que o testador determine que sejam convertidos em outras espécies os bens que a constituam, lhes prescreva a incomunicabilidade, atribua à mulher herdeira a livre administração, estabeleça as condições de inalienabilidade temporária ou vitalícia, a qual não prejudicará a livre disposição testamentária, e, na falta desta, a transferência dos bens aos herdeiros-legítimos, desembaraçados de qualquer ônus.

Art. 1.724. O herdeiro necessário, a quem o testador deixar a sua metade disponível, ou algum legado, não perderá o direito à legítima.

Art. 1.725. Para excluir da sucessão os parentes colaterais, basta que o testador disponha do seu patrimônio, sem os contemplar.

CAPÍTULO XIII – DA REDUÇÃO DAS DISPOSIÇÕES TESTAMENTÁRIAS

Art. 1.726. Quando o testador só em parte dispuser da sua metade disponível, entender-se-á que instituiu os herdeiros legítimos no remanescente.

Art. 1.727. As disposições, que excederem a metade disponível, reduzir-se-ão aos limites dela, em conformidade com o disposto nos parágrafos seguintes.

§ 1º Em se verificando excederem as disposições testamentárias a porção disponível, serão proporcionalmente reduzidas as quotas do herdeiro ou herdeiros instituídos, até onde baste, e, não bastando, também os legados, na proporção do seu valor.

§ 2º Se o testador, prevenindo o caso, dispuser que se inteirem, de preferência, certos herdeiros e legatários, a redução far-se-á nos outros quinhões ou legados, observando-se, a seu respeito, a ordem estabelecida no parágrafo anterior.

Art. 1.728. Quando consistir em prédio divisível o legado sujeito à redução, far-se-á esta, dividindo-o proporcionalmente.

§ 1º Se a divisão não for possível, e o excesso do legado montar a mais de um quarto, o legatário deixará inteiro na herança o imóvel legado, ficando com o direito de pedir aos herdeiros o valor da parte que couber na metade disponível, ou receberá o imóvel, tornando-lhes em dinheiro o excesso.

§ 2º Se o legatário for ao mesmo tempo herdeiro necessário, poderá inteirar sua legítima no mesmo imóvel, de preferência aos outros, sempre que ela e a parte subsistente do legado lhe absorverem o valor.

CAPÍTULO XIV – DAS SUBSTITUIÇÕES

Art. 1.729. O testador pode substituir outra pessoa ao herdeiro, ou legatário, nomeado, para o caso de um ou outro não querer ou não poder aceitar a herança, ou o legado. Presume-se que a substituição foi determinada para as duas alternativas, ainda que o testador só a uma se refira.

Art. 1.730. Também lhe é lícito substituir muitas pessoas a uma só, ou vice-versa, e ainda substituir com reciprocidade ou sem ela.

Art. 1.731. O substituto fica sujeito ao encargo ou condição impostos ao substituto, quando não for diversa a intenção manifestada pelo testador, ou não resultar outra coisa da natureza da condição, ou do encargo.

Art. 1.732. Se, entre muitos co-herdeiros ou legatários de partes desiguais, for estabelecida substituição recíproca, a proporção dos quinhões, fixada na primeira disposição, entender-se-á mantida na Segunda. Se, porém, com as outras anteriormente nomeadas, for incluída mais alguma pessoa na substituição, o quinhão vago pertencerá em partes iguais aos substitutos.

Art. 1.733. Pode também o testador instituir herdeiros ou legatários por meio de fideicomisso, impondo a um deles, o gravado ou fiduciário, a obrigação de, por sua morte, a certo tempo, ou sob certa condição, transmitir ao outro, que se qualifica de fideicomissário, a herança, ou o legado.

Art. 1.734. O fiduciário tem a propriedade da herança ou legado, mas restrita e resolúvel.

Parágrafo único. É obrigado, porém, a proceder ao inventário dos bens gravados, e, se lhe exigir o fideicomissário, a prestar caução de restituí-los.

Art. 1.735. O fideicomissário pode renunciar a herança, ou legado, e, neste caso, o fideicomisso caduca, ficando os bens propriedade pura do fiduciário, se não houver disposição contrária do testador.

Art. 1.736. Se o fideicomissário aceitar a herança ou legado, terá direito à parte que, ao fiduciário, em qualquer tempo acrescer.

Art. 1.737. O fideicomissário responde pelos encargos da herança que ainda restarem, quando vier à sucessão.

Art. 1.738. Caduca o fideicomisso, se o fideicomissário morrer antes do fiduciário, ou antes de realizar-se a condição resolutória do direito deste último. Neste caso a propriedade consolida-se no fiduciário nos termos do art. 1.735.

Art. 1.739. São nulos os fideicomissos além do segundo grau.

Art. 1.740. A nulidade da substituição ilegal não prejudica a instituição, que valerá sem o encargo resolutório.

CAPÍTULO XV – DA DESERDAÇÃO

Art. 1.741. Os herdeiros necessários podem ser privados de sua legítima, ou deserdados, em todos os casos em que podem ser excluídos da sucessão.

Art. 1.742. A deserdação só pode ser ordenada em testamento, com expressa declaração de causa.

Art. 1.743. Ao herdeiro instituído, ou àquele a quem aproveite a deserdação, incumbe provar a veracidade da causa alegada pelo testador (art. 1.742).

Parágrafo único. Não se provando a causa invocada para a deserdação, é nula a instituição, e nulas as disposições, que prejudiquem a legítima do deserdado.

Art. 1.744. Além das causas mencionadas no art. 1.595, autorizam a deserdação dos descendentes por seus ascendentes:

I. Ofensas físicas.

II. Injúria grave.

III. Desonestidade da filha que vive na casa paterna.

IV. Relações ilícitas com a madrasta, ou o padrasto.

V. Desamparo do ascendente em alienação mental ou grave enfermidade.

Art. 1.745. Semelhantemente, além das causas enumeradas no art. 1.595, autorizam a deserdação dos ascendentes pelos descendentes:

I. Ofensas físicas.

II. Injúria grave.

III. Relações ilícitas com a mulher do filho ou neto, ou com o genro ou marido da filha ou neta.

IV. Desamparo do filho ou neto em alienação mental ou grave enfermidade.

CAPÍTULO XVI – DA REVOGAÇÃO DOS TESTAMENTOS

Art. 1.746. O testamento pode ser revogado pelo mesmo modo e forma, por que pode ser feito.

Art. 1.747. A revogação do testamento pode ser total ou parcial.

Parágrafo único. Se a revogação for parcial, ou se o testamento posterior não contiver cláusula revogatória expressa, o anterior subsiste em tudo que não for contrário ao posterior.

Art. 1.748. A revogação produzirá seus efeitos, ainda quando o testamento, que a encerra, caduque por exclusão, incapacidade, ou renúncia do herdeiro nele nomeado; mas não valerá, se o testamento revogatório for anulado por omissão ou infração de solenidades essenciais.

Art. 1.749. O testamento cerrado que o testador abrir ou dilacerar, ou for aberto ou dilacerado com seu consentimento, haver-se-á como revogado.

Art. 1.750. Sobrevindo descendente sucessível ao testador, que o não tinha, ou não o conhecia, quando testou, rompe-se o testamento em todas as suas disposições, se esse descendente sobreviver ao testador.

Art. 1.751. Rompe-se também o testamento feito na ignorância de existirem outros herdeiros necessários.

Art. 1.752. Não se rompe, porém, o testamento, em que o testador dispuser da sua metade, não contemplando os herdeiros necessários, de cuja existência saiba, ou deserdando-os, nessa parte, sem menção de causa legal (art. 1.741).

CAPÍTULO XVII – DO TESTAMENTEIRO

Art. 1.753. O testador pode nomear um ou mais testamenteiros, conjuntos ou separados, para lhe darem cumprimento às disposições de última vontade.

Art. 1.754. O testador pode também conceder ao testamenteiro a posse e administração da herança, ou de parte dela, não havendo cônjuge ou herdeiros necessários.

Parágrafo único. Qualquer herdeiro pode, entretanto, requerer partilha imediata, ou devolução da herança, habilitando o testamenteiro com os meios necessários para o cumprimento dos legados, ou dando caução de prestá-los.

Art. 1.755. Tendo o testamenteiro a posse e administração dos bens, incumbe-lhe requerer inventário e cumprir o testamento.

Parágrafo único. Se lhe não competir a posse e a administração, assistir-lhe-á direito a exigir dos herdeiros os meios de cumprir as disposições testamentárias; e, se os legatários o demandarem, poderá nomear à execução os bens da herança.

Art. 1.756. O testamenteiro nomeado, ou qualquer parte interessada, pode requerer, assim como o juiz pode ordenar, de ofício, ao detentor do testamento que o leve a registro.

Art. 1.757. O testamenteiro é obrigado a cumprir as disposições testamentárias, no prazo marcado pelo testador, e a dar contas do que recebeu e despendeu, subsistindo sua responsabilidade enquanto durar a execução do testamento.

Art. 1.758. Levar-se-ão em conta ao testamenteiro as despesas feitas com o desempenho de seu cargo e a execução do testamento.

Art. 1.759. Sendo glosadas as despesas por ilegais, ou por não conformes ao testamento, remover-se-á o testamenteiro, perdendo o prêmio deixado pelo testador (artigo 1.766).

Art. 1.760. Compete ao testamenteiro, com ou sem o concurso do inventariante e dos herdeiros instituídos, propugnar a validade do testamento.

Art. 1.761. Além das atribuições exaradas nos artigos anteriores, terá o testamenteiro as que lhe conferir o testador, nos limites da lei.

Art. 1.762. Não concedendo o testador prazo maior, cumprirá o testamenteiro o testamento e prestará contas no lápis de um ano, contado da aceitação da testamentária.

Parágrafo único. Pode esse prazo prorrogar-se, porém, ocorrendo motivo cabal.

Art. 1.763. Na falta de testamenteiro nomeado pelo testador, a execução testamentária compete ao cabeça do casal, e, em falta deste, ao herdeiro nomeado pelo juiz.

Art. 1.764. O encargo da testamentária não se transmite aos herdeiros do testamenteiro, nem é delegável. Mas o testamenteiro pode fazer-se representar em juízo e fora dele, mediante procurador com poderes especiais.

Art. 1.765. Havendo simultaneamente mais de um testamenteiro, que tenham aceitado o cargo, poderá cada qual exercê-lo, em falta dos outros. Mas todos ficam solidariamente obrigados a dar conta dos bens, que lhes forem confiados, salvo se cada um tiver, pelo testamento, funções distintas, e a elas se limitar.

Art. 1.766. Quando o testamenteiro não for herdeiro, nem legatário, terá direito a um prêmio, que, se o testador o não houver taxado, será de um a cinco por cento, arbitrado pelo juiz, sobre toda a herança líquida, conforme a importância dela, e a maior ou menor dificuldade na execução do testamento (arts. 1.759 e 1768).

Parágrafo único. Este prêmio deduzir-se-á somente da metade disponível, quando houver herdeiro necessário.

Art. 1.767. O testamenteiro que for legatário poderá preferir o prêmio ao legado.

Art. 1.768. Reverterá à herança o prêmio, que o testamenteiro perder, por ser removido, ou não ter cumprido o testamento (art. 1.766).

Art. 1.769. Se o testador tiver distribuído toda a herança em legados, o testamenteiro exercerá as funções de cabeça de casal.

TÍTULO IV – DO INVENTÁRIO E PARTILHA

CAPÍTULO I – DO INVENTÁRIO

Art. 1.770. Proceder-se-á ao inventário e partilha judiciais na forma das leis em vigor no domicílio do falecido, observado o que se dispõe no art. 1.603, começando-se dentro em um mês, a contar da abertura da sucessão, e ultimando-se nos três meses subseqüentes, prazo este que o juiz poderá dilatar, a requerimento do inventariante, por motivo justo.

Parágrafo único. Quando se exceder a último prazo deste artigo, e por culpa do inventariante não se achar finda a partilha, poderá o juiz removê-lo, se algum herdeiro o requerer, e, se for testamenteiro, o privará do prêmio, a que tenha direito (art. 1.766).

Art. 1.771. No inventário, serão descritos com individuação e clareza todos os bens da herança, assim como os alheios nela encontrados.

CAPÍTULO II – DA PARTILHA

Art. 1.772. O herdeiro pode requerer a partilha, embora lhe seja defeso pelo testador.

§ 1º Podem-na requerer também os cessionários e credores do herdeiro.

§ 2º Não obsta à partilha o estar um ou mais herdeiros na posse de certos bens do espólio, salvo se da morte do proprietário houver decorrido vinte anos. *(Redação dada pela Lei nº 2.437, de 1955)*

Art. 1.773. Se os herdeiros forem maiores e capazes, poderão fazer partilha amigável, por instrumento público, termo nos autos do inventário, ou escrito particular, homologado pelo juiz.

Art. 1.774. Será sempre judicial a partilha, se os herdeiros divergirem, assim como se algum deles for menor, ou incapaz.

Art. 1.775. No partilhar os bens, observar-se-á, quanto ao seu valor, natureza e qualidade, a maior igualdade possível.

Art. 1.776. É válida a partilha feita pelo pai, por ato entre vivos ou de última vontade, contanto que não prejudique a legítima dos herdeiros necessário.

Art. 1.777. O imóvel que não couber no quinhão de um só herdeiro, ou não admitir divisão cômoda, será vendido em hasta pública, dividindo-se-lhe o preço, exceto se um ou mais herdeiros requerem lhes seja adjudicado, repondo ele ou eles, aos outros, em dinheiro, o que sobrar.

Art. 1.778. Os herdeiros em posse dos bens da herança, o cabeça de casal o inventariante são obrigados a trazer ao acervo os frutos, que, desde a abertura da sucessão, perceberam, têm direito ao reembolso das despesas necessárias e úteis, que fizeram, e respondem pelo dano, a que, por dolo, ou culpa, deram causa.

Art. 1.779. Quando parte da herança consistir em bens remotos do lugar do inventário, litigiosos, ou de liquidação morosa, ou difícil, poderá proceder-se, no prazo legal à partilha dos outros, reservando-se aqueles para uma ou mais sobrepartilhas, sob a guarda e administração do mesmo, ou diverso inventariante, a aprazimento da maioria dos herdeiros.

Também ficam sujeitos a sobrepartilha os sonegados e quaisquer outros bens da herança que se descobrirem depois da partilha.

CAPÍTULO III – DOS SONEGADOS

Art. 1.780. O herdeiro que sonegar bens da herança, não os descrevendo no inventário, quando estejam em seu poder, ou com ciência sua, no de outrem, o que os omitir na colação, a que os deva levar, ou que deixar de restituí-los, perderá o direito, que sobre eles lhe cabia.

Art. 1.781. Além da pena cominada no artigo antecedente, se o sonegador for o próprio inventariante, remover-se-á, em se provando a sonegação, ou negando ele a existência dos bens, quando indicados.

Art. 1.782. A pena de sonegados só se pode requerer e impor em ação ordinária, movida pelos herdeiros, ou pelos credores da herança.

Parágrafo único. A sentença que se proferir na ação de sonegados, movida por qualquer dos herdeiros, ou credores, aproveita aos demais interessados.

Art. 1.783. Se não se restituírem os bens sonegados, por já os não ter o sonegador em seu poder, pagará ele a importância dos valores, que ocultou, mais as perdas e danos.

Art. 1.784. Só se pode arguir de sonegação o inventariante depois de encerrada a descrição dos bens, com a declaração, por ele feita, de não existirem outros por inventariar e partir, e o herdeiro, depois de declarar no inventário que os não possui.

CAPÍTULO IV – DAS COLAÇÕES

Art. 1.785. A colação tem por fim igualar as legítimas dos herdeiros. Os bens conferidos não aumentam a metade disponível (arts. 1.721 e 1.722).

Art. 1.786. Os descendentes, que concorrerem à sucessão do ascendente comum, são obrigados a conferir as doações e os dotes, que dele em vida receberam.

Parágrafo único. Se ao tempo do falecimento do doador ou doadores, os donatários já não possuírem os bens doados, trarão à colação o seu valor.

Art. 1.787. Os filhos, que de seus pais houveram doações, ou dotes concorrerão com eles à partilha.

Art. 1.788. São dispensados da colação os dotes ou as doações que o doador determinar que saiam de sua metade, contanto que não a excedam, computado o seu valor ao tempo da doação.

Art. 1.789. A dispensa de colação pode ser outorgada pelo doador, ou dotador, em testamento, ou próprio título da liberalidade.

Art. 1.790. O que renunciou a herança, ou foi dela excluído, deve, não obstante, conferir as doações recebidas, para o fim de repor a parte inoficiosa.

Parágrafo único. Considera-se inoficiosa a parte da doação, ou do dote, que exceder a legítima e mais a metade disponível.

Art. 1.791. Quando os netos, representando seus pais, sucederam aos avós, serão obrigados a trazer à colação, ainda que o não hajam herdado, o que os pais teriam de conferir.

Art. 1.792. Os bens doados, ou dotados, imóveis, ou móveis, serão conferidos pelo valor certo, ou pela estimação que deles houver sido feita na data da doação.

§ 1º Se do ato de doação, ou do dote, não constar valor certo, nem houver estimação feita naquela época, os bens serão conferidos na partilha pelo que então se calcular valessem ao tempo daqueles atos.

§ 2º Só o valor dos bens doados ou dotados entrará em colação; não assim o das benfeitorias acrescidas, as quais pertencerão ao herdeiro donatário, correndo também por conta deste os danos e perdas, que eles sofrerem.

Art. 1.793. Não virão também à colação os gastos ordinários do ascendente com o descendente, enquanto menor, na sua educação, estudos, sustento, vestuário, tratamento nas enfermidades, enxoval e despesas de casamento e livramento em processo crime, de que tenha sido absolvido.

Art. 1.794. As doações remuneratórias de serviços feitos ao ascendente também não estão sujeitas à colação.

Art. 1.795. Sendo feita a doação por ambos os cônjuges, no inventário de cada um, se conferirá por metade.

CAPÍTULO V – DO PAGAMENTO DAS DÍVIDAS

Art. 1.796. A herança responde pelo pagamento das dívidas do falecido; mas, feita a partilha, só respondem os herdeiros, cada qual em proporção da parte, que na herança lhe coube.

§ 1º Quando, antes da partilha, for requerido no inventário o pagamento de dívidas constantes de documentos, revestidos de formalidades legais, constituindo prova bastante da obrigação, e houver impugnação, que se não funde na alegação de pagamento, acompanhada de prova valiosa, o juiz mandará reservar, em poder do inventariante, bens suficientes para solução do débito, sobre os quais venha a recair oportunamente a execução.

§ 2º No caso figurado no parágrafo antecedente, o credor será obrigado a iniciar a ação de cobrança dentro no prazo de 30 dias, sob pena de se tornar de nenhum efeito a providência indicada.

Art. 1.797. As despesas funerárias, haja, ou não herdeiros legítimos, sairão do monte da herança. Mas as de sufrágios por alma do finado só obrigarão a herança, quando ordenadas em testamento ou codicilo (art. 1.651).

Art. 1.798. Sempre que houver ação regressiva de uns contra outras herdeiros, a parte do co-herdeiro insolvente dividir-se-á em proporção entre os demais.

Art. 1.799. Os legatários e credores da herança podem exigir que do patrimônio do falecido se discrimine o do herdeiro, e, em concurso com os credores deste, ser-lhes-ão preferidos no pagamento.

Art. 1.800. Se o herdeiro for devedor ao espolio, sua dívida será partilhada igualmente entre todos, salvo se a maioria consentir que o débito seja imputado inteiramente no quinhão do devedor.

CAPÍTULO VI – DA GARANTIA DOS QUINHÕES HEREDITÁRIOS

Art. 1.801. Julgada a partilha, fica o direito de cada um dos herdeiros circunscrito aos bens do seu quinhão.

Art. 1.802. Os co-herdeiros são reciprocamente obrigados a indenizar-se, no caso de evicção, dos bens aquinhoados.

Art. 1.803. Cessa esta obrigação mútua, havendo convenção em contrário, e bem assim dando-se a evicção por culpa do evicto, ou por fato posterior à partilha.

Art. 1.804. O evicto será indenizado pelos co-herdeiros na proporção de suas quotas hereditárias; mais, se algum deles se achar insolvente, responderão os demais co-herdeiros, na mesma proporção, pela parte desse, menos a quota que corresponderia ao indenizado.

CAPÍTULO VII – DA NULIDADE DA PARTILHA

Art. 1.805. A partilha, uma vez feita e julgada, só é anulável pelos vícios e defeitos que invalidam, em geral, os atos jurídicos (art. 178, § 6º, n. V).

DISPOSIÇÕES FINAIS

Art. 1.806. O Código Civil entrará em vigor no dia 1º de janeiro de 1917.

Art. 1.807. Ficam revogadas as Ordenações, Alvarás, Leis, Decretos, Resoluções, Usos e Costumes concernentes às matérias de direito civil reguladas neste Código.

Rio de Janeiro, 1º de Janeiro de 1916, 95º da Independência e 25º da República.

WENCESLAU BRAZ P. GOMES

Carlos Maximiliano Pereira dos Santos

- *Este texto não substitui o publicado no DOU de 5.1.1916*

LEI Nº 10.426, DE 24 DE ABRIL DE 2002*

Altera a legislação tributária federal e dá outras providências.

- *Vide Instrução Normativa RFB 2.186/2024 (Declaração sobre Operações Imobiliárias – DOI)*
- *Faço saber que o PRESIDENTE DA REPÚBLICA adotou a Medida Provisória nº 16, de 2001, que o Congresso Nacional aprovou, e eu, Ramez Tebet, Presidente da Mesa do Congresso Nacional, para os efeitos do disposto no art. 62 da Constituição Federal, com a redação dada pela Emenda Constitucional nº 32, de 2001, promulgo a seguinte Lei:*

(...)

Art. 8º Os serventuários da Justiça deverão informar as operações imobiliárias anotadas, averbadas, lavradas, matriculadas ou registradas nos Cartórios de Notas ou de Registro de Imóveis, Títulos e Documentos sob sua responsabilidade, mediante a apresentação de Declaração sobre Operações Imobiliárias (DOI), em meio magnético, nos termos estabelecidos pela Secretaria da Receita Federal.

- *Art. 289, Lei n. 6.015/1973 (Registros Públicos)*
- *Art. 30, XI da Lei 8.935/1994 (Notários e Registradores)*
- *Art. 134, Lei 5.172/1966 (CTN)*
- *Instrução Normativa RFB 2.186/2024 (Declaração sobre Operações Imobiliárias – DOI)*
- *Art. 184-A, Prov. CNJ n. 149/2023 (CNN)*

§ 1º A cada operação imobiliária corresponderá uma DOI, que deverá ser apresentada até o último dia útil do mês subsequente ao da anotação, averbação, lavratura, matrícula ou registro da respectiva operação, sujeitando-se o responsável, no caso de falta de apresentação, ou apresentação da declaração após o prazo fixado, à multa de 0,1% ao mês-calendário ou fração, sobre o valor da operação, limitada a um por cento, observado o disposto no inciso III do § 2º.

§ 2º A multa de que trata o § 1º:

I - terá como termo inicial o dia seguinte ao término do prazo originalmente fixado para a entrega da declaração e como termo final a data da efetiva entrega ou, no caso de não-apresentação, da lavratura do auto de infração;

II - será reduzida:

a) à metade, caso a declaração seja apresentada antes de qualquer procedimento de ofício;

b) a setenta e cinco por cento, caso a declaração seja apresentada no prazo fixado em intimação;

III – será de, no mínimo, R$ 20,00 (vinte reais). *(Redação dada pela Lei nº 10.865, de 2004)*

§ 3º O responsável que apresentar DOI com incorreções ou omissões será intimado a apresentar declaração retificadora, no prazo estabelecido pela Secretaria da Receita Federal, e sujeitar-se-á à multa de R$ 50,00 (cinquenta reais) por informação inexata, incompleta ou omitida, que será reduzida em cinquenta por cento, caso a retificadora seja apresentada no prazo fixado.

Art. 9º Sujeita-se à multa de que trata o inciso I do caput do art. 44 da Lei nº 9.430, de 27 de dezembro de 1996, duplicada na forma de seu § 1º, quando for o caso, a fonte pagadora obrigada a reter imposto ou contribuição no caso de falta de retenção ou recolhimento, independentemente de outras penalidades administrativas ou criminais cabíveis. *(Redação dada pela Lei nº 11.488, de 2007)*

Parágrafo único. As multas de que trata este artigo serão calculadas sobre a totalidade ou diferença de tributo ou contribuição que deixar de ser retida ou recolhida, ou que for recolhida após o prazo fixado.

Art. 10. Esta Lei entra em vigor na data de sua publicação.

Congresso Nacional, em 24 de abril de 2002; 181º da Independência e 114º da República.

Senador RAMEZ TEBET

Presidente da Mesa do Congresso Nacional

DOU de 25.4.2002

LEI Nº 10.741, DE 1 DE OUTUBRO DE 2003*

Dispõe sobre o Estatuto da Pessoa Idosa e dá outras providências.

(Redação dada pela Lei nº 14.423, de 2022)

O PRESIDENTE DA REPÚBLICA

Faço saber que o Congresso Nacional decreta e eu sanciono a seguinte Lei:

TÍTULO I – DISPOSIÇÕES PRELIMINARES

- *Vide Recomendação CNJ n. 46/2020 (Medidas preventivas para que se evitem atos de violência patrimonial ou financeira contra pessoa idosa no âmbito das serventias extrajudiciais e da execução dos serviços notariais.)*
- *Vide Recomendação CNJ n. 47/2021 (Medidas preventivas para que se evitem atos de violência patrimonial ou financeira contra pessoa idosa no âmbito das serventias extrajudiciais e da execução dos serviços notariais)*

Art. 1º É instituído o Estatuto da Pessoa Idosa, destinado a regular os direitos assegurados às pessoas com idade igual ou superior a 60 (sessenta) anos. (Redação dada pela Lei nº 14.423, de 2022)

Art. 2º A pessoa idosa goza de todos os direitos fundamentais inerentes à pessoa humana, sem prejuízo da proteção integral de que trata esta Lei, assegurando-se-lhe, por lei ou por outros meios, todas as oportunidades e facilidades, para preservação de sua saúde física e mental e seu aperfeiçoamento moral, intelectual, espiritual e social, em condições de liberdade e dignidade.

- *Redação dada pela Lei nº 14.423, de 2022*

Art. 3º É obrigação da família, da comunidade, da sociedade e do poder público assegurar à pessoa idosa, com absoluta prioridade, a efetivação do direito à vida, à saúde, à alimentação, à educação, à cultura, ao esporte, ao lazer, ao trabalho, à cidadania, à liberdade, à dignidade, ao respeito e à convivência familiar e comunitária. (Redação dada pela Lei nº 14.423, de 2022)

§ 1º A garantia de prioridade compreende:

- *Parágrafo único transformado em § 1º pela Lei nº 13.466, de 2017*

I – atendimento preferencial imediato e individualizado junto aos órgãos públicos e privados prestadores de serviços à população;

II – preferência na formulação e na execução de políticas sociais públicas específicas;

III – destinação privilegiada de recursos públicos nas áreas relacionadas com a proteção ao idoso;

IV – viabilização de formas alternativas de participação, ocupação e convívio do idoso com as demais gerações;

V – priorização do atendimento do idoso por sua própria família, em detrimento do atendimento asilar, exceto dos que não a possuam ou careçam de condições de manutenção da própria sobrevivência;

VI – capacitação e reciclagem dos recursos humanos nas áreas de geriatria e gerontologia e na prestação de serviços aos idosos;

VII – estabelecimento de mecanismos que favoreçam a divulgação de informações de caráter educativo sobre os aspectos biopsicossociais de envelhecimento;

VIII – garantia de acesso à rede de serviços de saúde e de assistência social locais.

IX – prioridade no recebimento da restituição do Imposto de Renda. *(Incluído pela Lei nº 11.765, de 2008).*

§ 2º Entre as pessoas idosas, é assegurada prioridade especial aos maiores de 80 (oitenta) anos, atendendo-se suas necessidades sempre preferencialmente em relação às demais pessoas idosas. (Acrescido pela Lei nº 13.466, de 12/7/2017, com redação dada pela Lei nº 14.423, de 2022)

Art. 4º Nenhuma pessoa idosa será objeto de qualquer tipo de negligência, discriminação, violência, crueldade ou opressão, e todo atentado aos seus direitos, por ação ou omissão, será punido na forma da lei. ("Caput" do artigo com redação dada pela Lei nº 14.423, de 2022)

§ 1º É dever de todos prevenir a ameaça ou violação aos direitos da pessoa idosa. (Redação dada pela Lei nº 14.423, de 2022)

§ 2º As obrigações previstas nesta Lei não excluem da prevenção outras decorrentes dos princípios por ela adotados.

Art. 5º A inobservância das normas de prevenção importará em responsabilidade à pessoa física ou jurídica nos termos da lei.

Art. 6º Todo cidadão tem o dever de comunicar à autoridade competente qualquer forma de violação a esta Lei que tenha testemunhado ou de que tenha conhecimento.

Art. 7º Os Conselhos Nacional, Estaduais, do Distrito Federal e Municipais da Pessoa Idosa, previstos na Lei nº 8.842, de 4 de janeiro de 1994, zelarão pelo cumprimento dos direitos da pessoa idosa, definidos nesta Lei. (Redação dada pela Lei nº 14.423, de 2022)

TÍTULO II – DOS DIREITOS FUNDAMENTAIS

CAPÍTULO I – DO DIREITO À VIDA

Art. 8º O envelhecimento é um direito personalíssimo e a sua proteção um direito social, nos termos desta Lei e da legislação vigente.

Art. 9º É obrigação do Estado, garantir à pessoa idosa a proteção à vida e à saúde, mediante efetivação de políticas sociais públicas que permitam um envelhecimento saudável e em condições de dignidade.

CAPÍTULO II – DO DIREITO À LIBERDADE, AO RESPEITO E À DIGNIDADE

Art. 10. É obrigação do Estado e da sociedade assegurar à pessoa idosa a liberdade, o respeito e a dignidade, como pessoa humana e sujeito de direitos civis, políticos, individuais e sociais, garantidos na Constituição e nas leis.

- *Redação dada pela Lei nº 14.423, de 22/7/2022*

§ 1º O direito à liberdade compreende, entre outros, os seguintes aspectos:

I - faculdade de ir, vir e estar nos logradouros públicos e espaços comunitários, ressalvadas as restrições legais;

II - opinião e expressão;

III - crença e culto religioso;

IV - prática de esportes e de diversões;

V - participação na vida familiar e comunitária;

VI - participação na vida política, na forma da lei;

VII - faculdade de buscar refúgio, auxílio e orientação.

§ 2º O direito ao respeito consiste na inviolabilidade da integridade física, psíquica e moral, abrangendo a preservação da imagem, da identidade, da autonomia, de valores, idéias e crenças, dos espaços e dos objetos pessoais.

§ 3º É dever de todos zelar pela dignidade da pessoa idosa, colocando-a a salvo de qualquer tratamento desumano, violento, aterrorizante, vexatório ou constrangedor.

› *Parágrafo com redação dada pela Lei nº 14.423, de 22/7/2022*

CAPÍTULO III – DOS ALIMENTOS

Art. 11. Os alimentos serão prestados à pessoa idosa na forma da lei civil.

› *Redação dada pela Lei nº 14.423, de 22/7/2022*

Art. 12. A obrigação alimentar é solidária, podendo a pessoa idosa optar entre os prestadores.

› *Redação dada pela Lei nº 14.423, de 22/7/2022*

Art. 13. As transações relativas a alimentos poderão ser celebradas perante o Promotor de Justiça ou Defensor Público, que as referendará, e passarão a ter efeito de título executivo extrajudicial nos termos da lei processual civil.

› *Redação dada pela Lei nº 11.737, de 14/7/2008*

Art. 14. Se a pessoa idosa ou seus familiares não possuírem condições econômicas de prover o seu sustento, impõe-se ao poder público esse provimento, no âmbito da assistência social.

› *Redação dada pela Lei nº 14.423, de 22/7/2022*

(...)

CAPÍTULO IX – DA HABITAÇÃO

Art. 37. A pessoa idosa tem direito a moradia digna, no seio da família natural ou substituta, ou desacompanhada de seus familiares, quando assim o desejar, ou, ainda, em instituição pública ou privada.

› *Redação dada pela Lei nº 14.423, de 22/7/2022*

§ 1º A assistência integral na modalidade de entidade de longa permanência será prestada quando verificada inexistência de grupo familiar, casa-lar, abandono ou carência de recursos financeiros próprios ou da família.

§ 2º Toda instituição dedicada ao atendimento à pessoa idosa fica obrigada a manter identificação externa visível, sob pena de interdição, além de atender toda a legislação pertinente.

› *Redação dada pela Lei nº 14.423, de 22/7/2022*

§ 3º As instituições que abrigarem pessoas idosas são obrigadas a manter padrões de habitação compatíveis com as necessidades delas, bem como provê-las com alimentação regular e higiene indispensáveis às normas sanitárias e com estas condizentes, sob as penas da lei.

› *Redação dada pela Lei nº 14.423, de 22/7/2022*

Art. 38. Nos programas habitacionais, públicos ou subsidiados com recursos públicos, a pessoa idosa goza de prioridade na aquisição de imóvel para moradia própria, observado o seguinte:

› *Redação dada pela Lei nº 14.423, de 22/7/2022*

I - reserva de pelo menos 3% (três por cento) das unidades habitacionais residenciais para atendimento às pessoas idosas;

› *Redação dada pela Lei nº 14.423, de 22/7/2022*

II - implantação de equipamentos urbanos comunitários voltados à pessoa idosa;

› *Redação dada pela Lei nº 14.423, de 22/7/2022*

III - eliminação de barreiras arquitetônicas e urbanísticas, para garantia de acessibilidade à pessoa idosa;

› *Redação dada pela Lei nº 14.423, de 22/7/2022*

IV - critérios de financiamento compatíveis com os rendimentos de aposentadoria e pensão.

Parágrafo único. As unidades residenciais reservadas para atendimento a pessoas idosas devem situar-se, preferencialmente, no pavimento térreo.

› *Redação dada pela Lei nº 14.423, de 22/7/2022*

(...)

TÍTULO III – DAS MEDIDAS DE PROTEÇÃO

CAPÍTULO I – DAS DISPOSIÇÕES GERAIS

Art. 43. As medidas de proteção à pessoa idosa são aplicáveis sempre que os direitos reconhecidos nesta Lei forem ameaçados ou violados:

› *Redação dada pela Lei nº 14.423, de 22/7/2022*

I - por ação ou omissão da sociedade ou do Estado;

II - por falta, omissão ou abuso da família, curador ou entidade de atendimento;

III - em razão de sua condição pessoal.

CAPÍTULO II – DAS MEDIDAS ESPECÍFICAS DE PROTEÇÃO

Art. 44. As medidas de proteção à pessoa idosa previstas nesta Lei poderão ser aplicadas, isolada ou cumulativamente, e levarão em conta os fins sociais a que se destinam e o fortalecimento dos vínculos familiares e comunitários.

› *Redação dada pela Lei nº 14.423, de 22/7/2022*

Art. 45. Verificada qualquer das hipóteses previstas no art.43, o Ministério Público ou o Poder Judiciário, a requerimento daquele, poderá determinar, dentre outras, as seguintes medidas:

I - encaminhamento à família ou curador, mediante termo de responsabilidade;

II - orientação, apoio e acompanhamento temporários;

III - requisição para tratamento de sua saúde, em regime ambulatorial, hospitalar ou domiciliar;

IV - inclusão em programa oficial ou comunitário de auxílio, orientação e tratamento a usuários dependentes de drogas lícitas ou ilícitas, à própria pessoa idosa ou à pessoa de sua convivência que lhe cause perturbação;

› *Redação dada pela Lei nº 14.423, de 22/7/2022*

V - abrigo em entidade;

VI - abrigo temporário.

(...)

TÍTULO V – DO ACESSO À JUSTIÇA

CAPÍTULO I – DISPOSIÇÕES GERAIS

Art. 69. Aplica-se, subsidiariamente, às disposições deste Capítulo, o procedimento sumário previsto no Código de Processo Civil, naquilo que não contrarie os prazos previstos nesta Lei.

Art. 70. O poder público poderá criar varas especializadas e exclusivas da pessoa idosa. (Redação dada pela Lei nº 14.423, de 2022)

Art. 71. É assegurada prioridade na tramitação dos processos e procedimentos e na execução dos atos e diligências judiciais em que figure como parte ou interveniente pessoa com idade igual ou superior a 60 (sessenta) anos, em qualquer instância.

§ 1º O interessado na obtenção da prioridade a que alude este artigo, fazendo prova de sua idade, requererá o benefício à autoridade judiciária competente para decidir o feito, que determinará as providências a serem cumpridas, anotando-se essa circunstância em local visível nos autos do processo.

§ 2º A prioridade não cessará com a morte do beneficiado, estendendo-se em favor do cônjuge supérstite, companheiro ou companheira, com união estável, maior de 60 (sessenta) anos.

§ 3º A prioridade se estende aos processos e procedimentos na Administração Pública, empresas prestadoras de serviços públicos e instituições financeiras, ao atendimento preferencial junto à Defensoria Publica da União, dos Estados e do Distrito Federal em relação aos Serviços de Assistência Judiciária.

§ 4º Para o atendimento prioritário, será garantido à pessoa idosa o fácil acesso aos assentos e caixas, identificados com a destinação a pessoas idosas em local visível e caracteres legíveis. (Redação dada pela Lei nº 14.423, de 2022)

§ 5º Dentre os processos de pessoas idosas, dar-se-á prioridade especial aos das maiores de 80 (oitenta) anos. (Acrescido pela Lei nº 13.466, de 2017, com redação dada pela Lei nº 14.423, de 2022)

(...)

TÍTULO VI – DOS CRIMES

CAPÍTULO I – DISPOSIÇÕES GERAIS

Art. 93. Aplicam-se subsidiariamente, no que couber, as disposições da Lei nº 7.347, de 24 de julho de 1985.

Art. 94. Aos crimes previstos nesta Lei, cuja pena máxima privativa de liberdade não ultrapasse 4 (quatro) anos, aplica-se o procedimento previsto na Lei nº 9.099, de 26 de setembro de 1995, e, subsidiariamente, no que couber, as disposições do Código Penal e do Código de Processo Penal. (Vide ADI 3.096-5 – STF)

CAPÍTULO II – DOS CRIMES EM ESPÉCIE

- *Vide Recomendação CNJ n. 46/2020 (Medidas preventivas para que se evitem atos de violência patrimonial ou financeira contra pessoa idosa no âmbito das serventias extrajudiciais e da execução dos serviços notariais.)*
- *Vide Recomendação CNJ n. 47/2021 (Medidas preventivas para que se evitem atos de violência patrimonial ou financeira contra pessoa idosa no âmbito das serventias extrajudiciais e da execução dos serviços notariais)*

Art. 95. Os crimes definidos nesta Lei são de ação penal pública incondicionada, não se lhes aplicando os arts. 181 e 182 do Código Penal.

Art. 96. Discriminar pessoa idosa, impedindo ou dificultando seu acesso a operações bancárias, aos meios de transporte, ao direito de contratar ou por qualquer outro meio ou instrumento necessário ao exercício da cidadania, por motivo de idade:

Pena – reclusão de 6 (seis) meses a 1 (um) ano e multa.

§ 1º Na mesma pena incorre quem desdenhar, humilhar, menosprezar ou discriminar pessoa idosa, por qualquer motivo.

§ 2º A pena será aumentada de 1/3 (um terço) se a vítima se encontrar sob os cuidados ou responsabilidade do agente.

§ 3º Não constitui crime a negativa de crédito motivada por superendividamento da pessoa idosa. (Acrescido pela Lei nº 14.181, de 2021, com redação dada pela Lei nº 14.423, de 2022)

Art. 97. Deixar de prestar assistência à pessoa idosa, quando possível fazê-lo sem risco pessoal, em situação de iminente perigo, ou recusar, retardar ou dificultar sua assistência à saúde, sem justa causa, ou não pedir, nesses casos, o socorro de autoridade pública: ("Caput" do artigo com redação dada pela Lei nº 14.423, de 2022)

Pena – detenção de 6 (seis) meses a 1 (um) ano e multa.

Parágrafo único. A pena é aumentada de metade, se da omissão resulta lesão corporal de natureza grave, e triplicada, se resulta a morte.

Art. 98. Abandonar a pessoa idosa em hospitais, casas de saúde, entidades de longa permanência, ou congêneres, ou não prover suas necessidades básicas, quando obrigado por lei ou mandado: ("Caput" do artigo com redação dada pela Lei nº 14.423, de 2022)

Pena – detenção de 6 (seis) meses a 3 (três) anos e multa.

Art. 99. Expor a perigo a integridade e a saúde, física ou psíquica, da pessoa idosa, submetendo-a a condições desumanas ou degradantes ou privando-a de alimentos e cuidados indispensáveis, quando obrigado a fazê-lo, ou sujeitando-a a trabalho excessivo ou inadequado: ("Caput" do artigo com redação dada pela Lei nº 14.423, de 2022)

Pena – detenção de 2 (dois) meses a 1 (um) ano e multa.

§ 1º Se do fato resulta lesão corporal de natureza grave:

Pena – reclusão de 1 (um) a 4 (quatro) anos.

§ 2º Se resulta a morte:

Pena – reclusão de 4 (quatro) a 12 (doze) anos.

Art. 100. Constitui crime punível com reclusão de 6 (seis) meses a 1 (um) ano e multa:

I – obstar o acesso de alguém a qualquer cargo público por motivo de idade;

II – negar a alguém, por motivo de idade, emprego ou trabalho;

III – recusar, retardar ou dificultar atendimento ou deixar de prestar assistência à saúde, sem justa causa, a pessoa idosa;

IV – deixar de cumprir, retardar ou frustrar, sem justo motivo, a execução de ordem judicial expedida na ação civil a que alude esta Lei;

V – recusar, retardar ou omitir dados técnicos indispensáveis à propositura da ação civil objeto desta Lei, quando requisitados pelo Ministério Público.

Art. 101. Deixar de cumprir, retardar ou frustrar, sem justo motivo, a execução de ordem judicial expedida nas ações em que for parte ou interveniente a pessoa idosa: ("Caput" do artigo com redação dada pela Lei nº 14.423, de 2022)

Pena – detenção de 6 (seis) meses a 1 (um) ano e multa.

Art. 102. Apropriar-se de ou desviar bens, proventos, pensão ou qualquer outro rendimento da pessoa idosa, dando-lhes aplicação diversa da de sua finalidade: ("Caput" do artigo com redação dada pela Lei nº 14.423, de 2022)

Pena – reclusão de 1 (um) a 4 (quatro) anos e multa.

Art. 103. Negar o acolhimento ou a permanência da pessoa idosa, como abrigada, por recusa desta em outorgar procuração à entidade de atendimento: ("Caput" do artigo com redação dada pela Lei nº 14.423, de 2022)

Pena – detenção de 6 (seis) meses a 1 (um) ano e multa.

Art. 104. Reter o cartão magnético de conta bancária relativa a benefícios, proventos ou pensão da pessoa idosa, bem como qualquer outro documento com objetivo de assegurar recebimento ou ressarcimento de dívida: ("Caput" do artigo com redação dada pela Lei nº 14.423, de 2022)

Pena – detenção de 6 (seis) meses a 2 (dois) anos e multa.

Art. 105. Exibir ou veicular, por qualquer meio de comunicação, informações ou imagens depreciativas ou injuriosas à pessoa idosa: ("Caput" do artigo com redação dada pela Lei nº 14.423, de 2022)

Pena – detenção de 1 (um) a 3 (três) anos e multa.

Art. 106. Induzir pessoa idosa sem discernimento de seus atos a outorgar procuração para fins de administração de bens ou deles dispor livremente:

Pena – reclusão de 2 (dois) a 4 (quatro) anos.

Art. 107. Coagir, de qualquer modo, a pessoa idosa a doar, contratar, testar ou outorgar procuração: ("Caput" do artigo com redação dada pela Lei nº 14.423, de 2022)

Pena – reclusão de 2 (dois) a 5 (cinco) anos.

Art. 108. Lavrar ato notarial que envolva pessoa idosa sem discernimento de seus atos, sem a devida representação legal:

Pena – reclusão de 2 (dois) a 4 (quatro) anos.

(...)

Art. 118. Esta Lei entra em vigor decorridos 90 (noventa) dias da sua publicação, ressalvado o disposto no *caput* do art. 36, que vigorará a partir de 1º de janeiro de 2004.

Brasília, 1º de outubro de 2003;
182º da Independência e 115º da República.
LUIZ INÁCIO LULA DA SILVA
Márcio Thomaz Bastos
Antonio Palocci Filho
Rubem Fonseca Filho
Humberto Sérgio Costa Lima
Guido Mantega
Ricardo José Ribeiro Berzoini
Benedita Souza da Silva Sampaio
Álvaro Augusto Ribeiro Costa
(DOU de 3.10.2003)

LEI Nº 11.419, DE 19 DE DEZEMBRO DE 2006*

Dispõe sobre a informatização do processo judicial; altera a Lei nº 5.869, de 11 de janeiro de 1973 – Código de Processo Civil; e dá outras providências.

O PRESIDENTE DA REPÚBLICA Faço saber que o Congresso Nacional decreta e eu sanciono a seguinte Lei:

(...)

CAPÍTULO IV – DISPOSIÇÕES GERAIS E FINAIS

(...)

Art. 16. Os livros cartorários e demais repositórios dos órgãos do Poder Judiciário poderão ser gerados e armazenados em meio totalmente eletrônico.

- *Vide art. 1º § 3º, Lei n. 6.015/1973 (Registros Públicos)*
- *Vide Lei n. 14.382/2022 (SERP)*
- *Vide Resolução CNJ n. 469/2022 (Digitalização de documentos judiciais e administrativos)*
- *Vide Provimento CNJ n. 25/2012 (Malote Digital)*
- *Vide Provimento CNJ n. 61/2017 (CPF/CNPJ)*
- *Vide Provimento CNJ n. 130/2022 (Processo Judicial Eletrônico)*
- *Art. 14, Provimento CNJ n. 149/2023 (CNN)*

(...)

Art. 22. Esta Lei entra em vigor 90 (noventa) dias depois de sua publicação.

Brasília, 19 de dezembro de 2006;
185º da Independência e 118º da República.
LUIZ INÁCIO LULA DA SILVA
Márcio Thomaz Bastos
DOU de 20.12.2006

LEI Nº 11.630, DE 26 DE DEZEMBRO DE 2007

Institui o Dia Nacional do Notário e do Registrador.

O PRESIDENTE DA REPÚBLICA Faço saber que o Congresso Nacional decreta e eu sanciono a seguinte Lei:

Art. 1º Fica instituído o Dia Nacional do Notário e do Registrador, a ser comemorado anualmente no dia 18 de novembro.

Art. 2º Esta Lei entra em vigor na data de sua publicação.

Brasília, 26 de dezembro de 2007; 186º da Independência e 119º da República.

LUIZ INÁCIO LULA DA SILVA

Tarso Genro

DOU de 27.12.2007

LEI Nº 11.971, DE 6 DE JULHO DE 2009

Dispõe sobre as certidões expedidas pelos Ofícios do Registro de Distribuição e Distribuidores Judiciais.

O VICE-PRESIDENTE DA REPÚBLICA, no exercício do cargo de **PRESIDENTE DA REPÚBLICA**

Faço saber que o Congresso Nacional decreta e eu sanciono a seguinte Lei:

Art. 1º. Esta Lei dispõe sobre os requisitos obrigatórios que devem constar das certidões expedidas pelos Ofícios do Registro de Distribuição, serviços extrajudiciais, e pelos Distribuidores Judiciais.

Art. 2º. Os Ofícios do Registro de Distribuição, serviços extrajudiciais, e os Distribuidores Judiciais farão constar em suas certidões, obrigatoriamente, a distribuição dos feitos ajuizados ao Poder Judiciário e o resumo de suas respectivas sentenças criminais condenatórias e, na forma da Lei, as baixas e as sentenças absolutórias, quando requeridas.

Parágrafo único. Deverão constar das certidões referidas no *caput* deste artigo os seguintes dados de identificação, salvo aqueles que não forem disponibilizados pelo Poder Judiciário:

I – nome completo do réu, pessoa natural ou jurídica, proibido o uso de abreviações;

II – nacionalidade;

III – estado civil;

IV – número do documento de identidade e órgão expedidor;

V – número de inscrição do CPF ou CNPJ;

VI – filiação da pessoa natural;

VII – residência ou domicílio, se pessoa natural, e sede, se pessoa jurídica;

VIII – data da distribuição do feito;

IX – tipo da ação;

X – Ofício do Registro de Distribuição ou Distribuidor Judicial competente; e

XI – resumo da sentença criminal absolutória ou condenatória, ou o seu arquivamento.

Art. 3º. É obrigatória a comunicação pelos Órgãos e Juízos competentes, em consonância com a legislação de cada Estado-membro, aos Ofícios do Registro de Distribuição ou Distribuidores Judiciais do teor das sentenças criminais absolutórias ou condenatórias, para o devido registro e as anotações de praxe.

Art. 4º. Os Registradores de feitos ajuizados responderão civil e criminalmente, na forma do disposto no inciso I do *caput* do art. 31 e no art. 32 da Lei nº 8.935, de 18 de novembro de 1994, por danos causados a terceiros, decorrentes da omissão em sua certificação das exigências contidas nesta Lei.

Art. 5º. Esta Lei entra em vigor na data de sua publicação.

Brasília, 6 de julho de 2009; 188º da Independência e 121º da República.

JOSÉ ALENCAR GOMES DA SILVA

(DOU de 7.7.2009)

LEI Nº 12.682, DE 9 DE JULHO DE 2012

Dispõe sobre a elaboração e o arquivamento de documentos em meios eletromagnéticos.

A PRESIDENTA DA REPÚBLICA

Faço saber que o Congresso Nacional decreta e eu sanciono a seguinte Lei:

- *Vide art. 1º § 3º, Lei n. 6.015/1973 (Registros Públicos)*
- *Vide Lei n. 14.382/2022 (SERP)*
- *Vide Resolução CNJ n. 469/2022 (Digitalização de documentos judiciais e administrativos)*
- *Vide Decreto n. 10.278/2020 (Disciplina os requisitos para a digitalização de documentos públicos ou privados, de modo que os representantes digitais produzam os mesmos efeitos legais dos originais)*
- *Vide Provimento CNJ n. 25/2012 (Malote Digital)*
- *Vide Provimento CNJ n. 61/2017 (CPF/CNPJ)*
- *Vide Provimento CNJ n. 130/2022 (Processo Judicial Eletrônico)*

Art. 1º. A digitalização, o armazenamento em meio eletrônico, óptico ou equivalente e a reprodução de documentos públicos e privados serão regulados pelo disposto nesta Lei.

Parágrafo único. Entende-se por digitalização a conversão da fiel imagem de um documento para código digital.

Art. 2º. *(Vetado)*

Art. 2º-A. Fica autorizado o armazenamento, em meio eletrônico, óptico ou equivalente, de documentos públicos ou privados, compostos por dados ou por imagens, observado o disposto nesta Lei, nas legislações específicas e no regulamento.

- *Incluído pela Lei nº 13.874, de 2019*
- *Decreto nº 10.278, de 2020*

§ 1º Após a digitalização, constatada a integridade do documento digital nos termos estabelecidos no regulamento, o original poderá ser destruído, ressalvados os documentos de valor histórico, cuja preservação observará o disposto na legislação específica.

- *Incluído pela Lei nº 13.874, de 2019*

§ 2º O documento digital e a sua reprodução, em qualquer meio, realizada de acordo com o disposto nesta Lei e na legislação específica, terão o mesmo valor probatório do documento original, para todos os fins de direito, inclusive para atender ao poder fiscalizatório do Estado.

- *Incluído pela Lei nº 13.874, de 2019*

§ 3º Decorridos os respectivos prazos de decadência ou de prescrição, os documentos armazenados em meio eletrônico, óptico ou equivalente poderão ser eliminados.

- *Incluído pela Lei nº 13.874, de 2019*

§ 4º Os documentos digitalizados conforme o disposto neste artigo terão o mesmo efeito jurídico conferido aos documentos microfilmados, nos termos da Lei nº 5.433, de 8 de maio de 1968 , e de regulamentação posterior.

- *Incluído pela Lei nº 13.874, de 2019*

§ 5º Ato do Secretário de Governo Digital da Secretaria Especial de Desburocratização, Gestão e Governo Digital do Ministério da Economia estabelecerá os documentos cuja reprodução conterá código de autenticação verificável.

- *Incluído pela Lei nº 13.874, de 2019*

§ 6º Ato do Conselho Monetário Nacional disporá sobre o cumprimento do disposto no § 1º deste artigo, relativamente aos documentos referentes a operações e transações realizadas no sistema financeiro nacional.

- *Incluído pela Lei nº 13.874, de 2019*

§ 7º É lícita a reprodução de documento digital, em papel ou em qualquer outro meio físico, que contiver mecanismo de verificação de integridade e autenticidade, na maneira e com a técnica definidas pelo mercado, e cabe ao particular o ônus de demonstrar integralmente a presença de tais requisitos.

- *Incluído pela Lei nº 13.874, de 2019*

§ 8º Para a garantia de preservação da integridade, da autenticidade e da confidencialidade de documentos públicos será usada certificação digital no padrão da Infraestrutura de Chaves Públicas Brasileira (ICP-Brasil).

- *Incluído pela Lei nº 13.874, de 2019*

Art. 3º. O processo de digitalização deverá ser realizado de forma a manter a integridade, a autenticidade e, se necessário, a confidencialidade do documento digital, com o emprego de assinatura eletrônica. *(Redação dada pela Lei nº 14.129, de 2021)*

Parágrafo único. Os meios de armazenamento dos documentos digitais deverão protegê-los de acesso, uso, alteração, reprodução e destruição não autorizados.

Art. 4º. As empresas privadas ou os órgãos da Administração Pública direta ou indireta que utilizarem procedimentos de armazenamento de documentos em meio eletrônico, óptico ou equivalente deverão adotar sistema de indexação que possibilite a sua precisa localização, permitindo a posterior conferência da regularidade das etapas do processo adotado.

Art. 5º. *(VETADO).*

Art. 6º. Os registros públicos originais, ainda que digitalizados, deverão ser preservados de acordo com o disposto na legislação pertinente.

Art. 7º. *(VETADO).*

Art. 8º. Esta Lei entra em vigor na data de sua publicação.

Brasília, 9 de julho de 2012; 191º da Independência e 124º da República.
DILMA ROUSSEF
(DOU de 10.7.2012)

ÍNDICE SISTEMÁTICO DO CÓDIGO DE PROCESSO CIVIL

LEI Nº 13.105, DE 16 DE MARÇO DE 2015

Código de Processo Civil.

- *Vide Enunciados das I, II e III Jornada de Direito Processual Civil*
- *Vide Enunciados das I e II Jornada de Prevenção e Solução Extrajudicial de Litígios*

A PRESIDENTA DA REPÚBLICA

Faço saber que o Congresso Nacional decreta e eu sanciono a seguinte Lei:

PARTE GERAL

LIVRO I – DAS NORMAS PROCESSUAIS CIVIS

TÍTULO ÚNICO – DAS NORMAS FUNDAMENTAIS E DA APLICAÇÃO DAS NORMAS PROCESSUAIS

CAPÍTULO I – DAS NORMAS FUNDAMENTAIS DO PROCESSO CIVIL

Art. 1º O processo civil será ordenado, disciplinado e interpretado conforme os valores e as normas fundamentais estabelecidos na Constituição da República Federativa do Brasil, observando-se as disposições deste Código.

Art. 2º O processo começa por iniciativa da parte e se desenvolve por impulso oficial, salvo as exceções previstas em lei.

Art. 3º Não se excluirá da apreciação jurisdicional ameaça ou lesão a direito.

§ 1º É permitida a arbitragem, na forma da lei.

§ 2º O Estado promoverá, sempre que possível, a solução consensual dos conflitos.

§ 3º A conciliação, a mediação e outros métodos de solução consensual de conflitos deverão ser estimulados por juízes, advogados, defensores públicos e membros do Ministério Público, inclusive no curso do processo judicial.

Art. 4º As partes têm o direito de obter em prazo razoável a solução integral do mérito, incluída a atividade satisfativa.

Art. 5º Aquele que de qualquer forma participa do processo deve comportar-se de acordo com a boa-fé.

Art. 6º Todos os sujeitos do processo devem cooperar entre si para que se obtenha, em tempo razoável, decisão de mérito justa e efetiva.

Art. 7º É assegurada às partes paridade de tratamento em relação ao exercício de direitos e faculdades processuais, aos meios de defesa, aos ônus, aos deveres e à aplicação de sanções processuais, competindo ao juiz zelar pelo efetivo contraditório.

Art. 8º Ao aplicar o ordenamento jurídico, o juiz atenderá aos fins sociais e às exigências do bem comum, resguardando e promovendo a dignidade da pessoa humana e observando a proporcionalidade, a razoabilidade, a legalidade, a publicidade e a eficiência.

Art. 9º Não se proferirá decisão contra uma das partes sem que ela seja previamente ouvida.

Parágrafo único. O disposto no *caput* não se aplica:

I - à tutela provisória de urgência;

II - às hipóteses de tutela da evidência previstas no art. 311, incisos II e III;

III - à decisão prevista no art. 701.

Art. 10. O juiz não pode decidir, em grau algum de jurisdição, com base em fundamento a respeito do qual não se tenha dado às partes oportunidade de se manifestar, ainda que se trate de matéria sobre a qual deva decidir de ofício.

Art. 11. Todos os julgamentos dos órgãos do Poder Judiciário serão públicos, e fundamentadas todas as decisões, sob pena de nulidade.

Parágrafo único. Nos casos de segredo de justiça, pode ser autorizada a presença somente das partes, de seus advogados, de defensores públicos ou do Ministério Público.

Art. 12. Os juízes e os tribunais atenderão, preferencialmente, à ordem cronológica de conclusão para proferir sentença ou acórdão.

› *"Caput" do artigo com redação dada pela Lei nº 13.256, de 4/2/2016,*

§ 1º A lista de processos aptos a julgamento deverá estar permanentemente à disposição para consulta pública em cartório e na rede mundial de computadores.

§ 2º Estão excluídos da regra do *caput*:

I - as sentenças proferidas em audiência, homologatórias de acordo ou de improcedência liminar do pedido;

II - o julgamento de processos em bloco para aplicação de tese jurídica firmada em julgamento de casos repetitivos;

III - o julgamento de recursos repetitivos ou de incidente de resolução de demandas repetitivas;

IV - as decisões proferidas com base nos arts. 485 e 932;

V - o julgamento de embargos de declaração;

VI - o julgamento de agravo interno;

VII - as preferências legais e as metas estabelecidas pelo Conselho Nacional de Justiça;

VIII - os processos criminais, nos órgãos jurisdicionais que tenham competência penal;

IX - a causa que exija urgência no julgamento, assim reconhecida por decisão fundamentada.

§ 3º Após elaboração de lista própria, respeitar-se-á a ordem cronológica das conclusões entre as preferências legais.

§ 4º Após a inclusão do processo na lista de que trata o § 1º, o requerimento formulado pela parte não altera a ordem cronológica para a decisão, exceto quando implicar a reabertura da instrução ou a conversão do julgamento em diligência.

§ 5º Decidido o requerimento previsto no § 4º, o processo retornará à mesma posição em que anteriormente se encontrava na lista.

§ 6º Ocupará o primeiro lugar na lista prevista no § 1º ou, conforme o caso, no § 3º, o processo que:

I - tiver sua sentença ou acórdão anulado, salvo quando houver necessidade de realização de diligência ou de complementação da instrução;

II - se enquadrar na hipótese do art. 1.040, inciso II.

CAPÍTULO II – DA APLICAÇÃO DAS NORMAS PROCESSUAIS

Art. 13. A jurisdição civil será regida pelas normas processuais brasileiras, ressalvadas as disposições específicas previstas em tratados, convenções ou acordos internacionais de que o Brasil seja parte.

Art. 14. A norma processual não retroagirá e será aplicável imediatamente aos processos em curso, respeitados os atos processuais praticados e as situações jurídicas consolidadas sob a vigência da norma revogada.

Art. 15. Na ausência de normas que regulem processos eleitorais, trabalhistas ou administrativos, as disposições deste Código lhes serão aplicadas supletiva e subsidiariamente.

LIVRO II – DA FUNÇÃO JURISDICIONAL

TÍTULO I – DA JURISDIÇÃO E DA AÇÃO

Art. 16. A jurisdição civil é exercida pelos juízes e pelos tribunais em todo o território nacional, conforme as disposições deste Código.

Art. 17. Para postular em juízo é necessário ter interesse e legitimidade.

Art. 18. Ninguém poderá pleitear direito alheio em nome próprio, salvo quando autorizado pelo ordenamento jurídico.

Parágrafo único. Havendo substituição processual, o substituído poderá intervir como assistente litisconsorcial.

Art. 19. O interesse do autor pode limitar-se à declaração:

I - da existência, da inexistência ou do modo de ser de uma relação jurídica;

II - da autenticidade ou da falsidade de documento.

Art. 20. É admissível a ação meramente declaratória, ainda que tenha ocorrido a violação do direito.

TÍTULO II – DOS LIMITES DA JURISDIÇÃO NACIONAL E DA COOPERAÇÃO INTERNACIONAL

CAPÍTULO I – DOS LIMITES DA JURISDIÇÃO NACIONAL

Art. 21. Compete à autoridade judiciária brasileira processar e julgar as ações em que:

I - o réu, qualquer que seja a sua nacionalidade, estiver domiciliado no Brasil;

II - no Brasil tiver de ser cumprida a obrigação;

III - o fundamento seja fato ocorrido ou ato praticado no Brasil.

Parágrafo único. Para o fim do disposto no inciso I, considera-se domiciliada no Brasil a pessoa jurídica estrangeira que nele tiver agência, filial ou sucursal.

Art. 22. Compete, ainda, à autoridade judiciária brasileira processar e julgar as ações:

I - de alimentos, quando:

a) o credor tiver domicílio ou residência no Brasil;

b) o réu mantiver vínculos no Brasil, tais como posse ou propriedade de bens, recebimento de renda ou obtenção de benefícios econômicos;

II - decorrentes de relações de consumo, quando o consumidor tiver domicílio ou residência no Brasil;

III - em que as partes, expressa ou tacitamente, se submeterem à jurisdição nacional.

Art. 23. Compete à autoridade judiciária brasileira, com exclusão de qualquer outra:

I - conhecer de ações relativas a imóveis situados no Brasil;

II - em matéria de sucessão hereditária, proceder à confirmação de testamento particular e ao inventário e à partilha de bens situados no Brasil, ainda que o autor da herança seja de nacionalidade estrangeira ou tenha domicílio fora do território nacional;

III - em divórcio, separação judicial ou dissolução de união estável, proceder à partilha de bens situados no Brasil, ainda que o titular seja de nacionalidade estrangeira ou tenha domicílio fora do território nacional.

Art. 24. A ação proposta perante tribunal estrangeiro não induz litispendência e não obsta a que a autoridade judiciária brasileira conheça da mesma causa e das que lhe são conexas, ressalvadas as disposições em contrário de tratados internacionais e acordos bilaterais em vigor no Brasil.

Parágrafo único. A pendência de causa perante a jurisdição brasileira não impede a homologação de sentença judicial estrangeira quando exigida para produzir efeitos no Brasil.

Art. 25. Não compete à autoridade judiciária brasileira o processamento e o julgamento da ação quando houver cláusula de eleição de foro exclusivo estrangeiro em contrato internacional, arguida pelo réu na contestação.

§ 1º Não se aplica o disposto no *caput* às hipóteses de competência internacional exclusiva previstas neste Capítulo.

§ 2º Aplica-se à hipótese do *caput* o art. 63, §§ 1º a 4º.

CAPÍTULO II – DA COOPERAÇÃO INTERNACIONAL

SEÇÃO I – DISPOSIÇÕES GERAIS

Art. 26. A cooperação jurídica internacional será regida por tratado de que o Brasil faz parte e observará:

I - o respeito às garantias do devido processo legal no Estado requerente;

II - a igualdade de tratamento entre nacionais e estrangeiros, residentes ou não no Brasil, em relação ao acesso à justiça e à tramitação dos processos, assegurando-se assistência judiciária aos necessitados;

III - a publicidade processual, exceto nas hipóteses de sigilo previstas na legislação brasileira ou na do Estado requerente;

IV - a existência de autoridade central para recepção e transmissão dos pedidos de cooperação;

V - a espontaneidade na transmissão de informações a autoridades estrangeiras.

§ 1º Na ausência de tratado, a cooperação jurídica internacional poderá realizar-se com base em reciprocidade, manifestada por via diplomática.

§ 2º Não se exigirá a reciprocidade referida no § 1º para homologação de sentença estrangeira.

§ 3º Na cooperação jurídica internacional não será admitida a prática de atos que contrariem ou que produzam resultados incompatíveis com as normas fundamentais que regem o Estado brasileiro.

§ 4º O Ministério da Justiça exercerá as funções de autoridade central na ausência de designação específica.

Art. 27. A cooperação jurídica internacional terá por objeto:

I - citação, intimação e notificação judicial e extrajudicial;

II - colheita de provas e obtenção de informações;

III - homologação e cumprimento de decisão;

IV - concessão de medida judicial de urgência;

V - assistência jurídica internacional;

VI - qualquer outra medida judicial ou extrajudicial não proibida pela lei brasileira.

SEÇÃO II – DO AUXÍLIO DIRETO

Art. 28. Cabe auxílio direto quando a medida não decorrer diretamente de decisão de autoridade jurisdicional estrangeira a ser submetida a juízo de delibação no Brasil.

Art. 29. A solicitação de auxílio direto será encaminhada pelo órgão estrangeiro interessado à autoridade central, cabendo ao Estado requerente assegurar a autenticidade e a clareza do pedido.

Art. 30. Além dos casos previstos em tratados de que o Brasil faz parte, o auxílio direto terá os seguintes objetos:

I - obtenção e prestação de informações sobre o ordenamento jurídico e sobre processos administrativos ou jurisdicionais findos ou em curso;

II - colheita de provas, salvo se a medida for adotada em processo, em curso no estrangeiro, de competência exclusiva de autoridade judiciária brasileira;

III - qualquer outra medida judicial ou extrajudicial não proibida pela lei brasileira.

Art. 31. A autoridade central brasileira comunicar-se-á diretamente com suas congêneres e, se necessário, com outros órgãos estrangeiros responsáveis pela tramitação e pela execução de pedidos de cooperação enviados e recebidos pelo Estado brasileiro, respeitadas disposições específicas constantes de tratado.

Art. 32. No caso de auxílio direto para a prática de atos que, segundo a lei brasileira, não necessitem de prestação jurisdicional, a autoridade central adotará as providências necessárias para seu cumprimento.

Art. 33. Recebido o pedido de auxílio direto passivo, a autoridade central o encaminhará à Advocacia-Geral da União, que requererá em juízo a medida solicitada.

Parágrafo único. O Ministério Público requererá em juízo a medida solicitada quando for autoridade central.

Art. 34. Compete ao juízo federal do lugar em que deva ser executada a medida apreciar pedido de auxílio direto passivo que demande prestação de atividade jurisdicional.

SEÇÃO III – DA CARTA ROGATÓRIA

Art. 35. (VETADO).

Art. 36. O procedimento da carta rogatória perante o Superior Tribunal de Justiça é de jurisdição contenciosa e deve assegurar às partes as garantias do devido processo legal.

§ 1º A defesa restringir-se-á à discussão quanto ao atendimento dos requisitos para que o pronunciamento judicial estrangeiro produza efeitos no Brasil.

§ 2º Em qualquer hipótese, é vedada a revisão do mérito do pronunciamento judicial estrangeiro pela autoridade judiciária brasileira.

SEÇÃO IV – DISPOSIÇÕES COMUNS ÀS SEÇÕES ANTERIORES

Art. 37. O pedido de cooperação jurídica internacional oriundo de autoridade brasileira competente será encaminhado à autoridade central para posterior envio ao Estado requerido para lhe dar andamento.

Art. 38. O pedido de cooperação oriundo de autoridade brasileira competente e os documentos anexos que o instruem serão encaminhados à autoridade central, acompanhados de tradução para a língua oficial do Estado requerido.

Art. 39. O pedido passivo de cooperação jurídica internacional será recusado se configurar manifesta ofensa à ordem pública.

Art. 40. A cooperação jurídica internacional para execução de decisão estrangeira dar-se-á por meio de carta rogatória ou de ação de homologação de sentença estrangeira, de acordo com o art. 960.

Art. 41. Considera-se autêntico o documento que instruir pedido de cooperação jurídica internacional, inclusive tradução para a língua portuguesa, quando encaminhado ao Estado brasileiro por meio de autoridade central ou por via diplomática, dispensando-se ajuramentação, autenticação ou qualquer procedimento de legalização.

Parágrafo único. O disposto no *caput* não impede, quando necessária, a aplicação pelo Estado brasileiro do princípio da reciprocidade de tratamento.

TÍTULO III – DA COMPETÊNCIA INTERNA

CAPÍTULO I – DA COMPETÊNCIA

SEÇÃO I – DISPOSIÇÕES GERAIS

Art. 42. As causas cíveis serão processadas e decididas pelo juiz nos limites de sua competência, ressalvado às partes o direito de instituir juízo arbitral, na forma da lei.

Art. 43. Determina-se a competência no momento do registro ou da distribuição da petição inicial, sendo irrelevantes as modificações do estado de fato ou de direito ocorridas posteriormente, salvo quando suprimirem órgão judiciário ou alterarem a competência absoluta.

Art. 44. Obedecidos os limites estabelecidos pela Constituição Federal, a competência é determinada pelas normas previstas neste Código ou em legislação especial, pelas normas de organização judiciária e, ainda, no que couber, pelas constituições dos Estados.

Art. 45. Tramitando o processo perante outro juízo, os autos serão remetidos ao juízo federal competente se nele intervier a União, suas empresas públicas, entidades autárquicas e fundações, ou conselho de fiscalização de atividade profissional, na qualidade de parte ou de terceiro interveniente, exceto as ações:

I - de recuperação judicial, falência, insolvência civil e acidente de trabalho;

II - sujeitas à justiça eleitoral e à justiça do trabalho.

§ 1º Os autos não serão remetidos se houver pedido cuja apreciação seja de competência do juízo perante o qual foi proposta a ação.

§ 2º Na hipótese do § 1º, o juiz, ao não admitir a cumulação de pedidos em razão da incompetência para apreciar qualquer deles, não examinará o mérito daquele em que exista interesse da União, de suas entidades autárquicas ou de suas empresas públicas.

§ 3º O juízo federal restituirá os autos ao juízo estadual sem suscitar conflito se o ente federal cuja presença ensejou a remessa for excluído do processo.

Art. 46. A ação fundada em direito pessoal ou em direito real sobre bens móveis será proposta, em regra, no foro de domicílio do réu.

§ 1º Tendo mais de um domicílio, o réu será demandado no foro de qualquer deles.

§ 2º Sendo incerto ou desconhecido o domicílio do réu, ele poderá ser demandado onde for encontrado ou no foro de domicílio do autor.

§ 3º Quando o réu não tiver domicílio ou residência no Brasil, a ação será proposta no foro de domicílio do autor, e, se este também residir fora do Brasil, a ação será proposta em qualquer foro.

§ 4º Havendo 2 (dois) ou mais réus com diferentes domicílios, serão demandados no foro de qualquer deles, à escolha do autor.

§ 5º A execução fiscal será proposta no foro de domicílio do réu, no de sua residência ou no do lugar onde for encontrado.

› *Vide ADIs nºs 5.492/2016 e 5.737/2017*

Art. 47. Para as ações fundadas em direito real sobre imóveis é competente o foro de situação da coisa.

§ 1º O autor pode optar pelo foro de domicílio do réu ou pelo foro de eleição se o litígio não recair sobre direito de propriedade, vizinhança, servidão, divisão e demarcação de terras e de nunciação de obra nova.

§ 2º A ação possessória imobiliária será proposta no foro de situação da coisa, cujo juízo tem competência absoluta.

Art. 48. O foro de domicílio do autor da herança, no Brasil, é o competente para o inventário, a partilha, a arrecadação, o cumprimento de disposições de última vontade, a impugnação ou anulação de partilha extrajudicial e para todas as ações em que o espólio for réu, ainda que o óbito tenha ocorrido no estrangeiro.

Parágrafo único. Se o autor da herança não possuía domicílio certo, é competente:

I - o foro de situação dos bens imóveis;

II - havendo bens imóveis em foros diferentes, qualquer destes;

III - não havendo bens imóveis, o foro do local de qualquer dos bens do espólio.

Art. 49. A ação em que o ausente for réu será proposta no foro de seu último domicílio, também competente para a arrecadação, o inventário, a partilha e o cumprimento de disposições testamentárias.

Art. 50. A ação em que o incapaz for réu será proposta no foro de domicílio de seu representante ou assistente.

Art. 51. É competente o foro de domicílio do réu para as causas em que seja autora a União.

Parágrafo único. Se a União for a demandada, a ação poderá ser proposta no foro de domicílio do autor, no de ocorrência do ato ou fato que originou a demanda, no de situação da coisa ou no Distrito Federal.

Art. 52. É competente o foro de domicílio do réu para as causas em que seja autor Estado ou o Distrito Federal.

Parágrafo único. Se Estado ou o Distrito Federal for o demandado, a ação poderá ser proposta no foro de domicílio do autor, no de ocorrência do ato ou fato que originou a demanda, no de situação da coisa ou na capital do respectivo ente federado.

› *Vide ADIs nºs 5.492/2016 e 5.737/2017*

Art. 53. É competente o foro:

I - para a ação de divórcio, separação, anulação de casamento e reconhecimento ou dissolução de união estável:

a) de domicílio do guardião de filho incapaz;

b) do último domicílio do casal, caso não haja filho incapaz;

c) de domicílio do réu, se nenhuma das partes residir no antigo domicílio do casal;

d) de domicílio da vítima de violência doméstica e familiar, nos termos da Lei nº 11.340, de 7 de agosto de 2006 (Lei Maria da Penha);

› *Alínea acrescida pela Lei nº 13.894, de 29/10/2019*

II - de domicílio ou residência do alimentando, para a ação em que se pedem alimentos;

III - do lugar:

a) onde está a sede, para a ação em que for ré pessoa jurídica;

b) onde se acha agência ou sucursal, quanto às obrigações que a pessoa jurídica contraiu;

c) onde exerce suas atividades, para a ação em que for ré sociedade ou associação sem personalidade jurídica;

d) onde a obrigação deve ser satisfeita, para a ação em que se lhe exigir o cumprimento;

e) de residência do idoso, para a causa que verse sobre direito previsto no respectivo estatuto;

f) da sede da serventia notarial ou de registro, para a ação de reparação de dano por ato praticado em razão do ofício;

› *Vide Lei 6.015/1973 (Lei dos Registros Públicos)*

› *Vide Lei 8.935/1994 (Lei dos Notários e Registradores)*

› *Vide Lei 9.492/1997 (Lei de Protestos)*

IV - do lugar do ato ou fato para a ação:

a) de reparação de dano;

b) em que for réu administrador ou gestor de negócios alheios;

V - de domicílio do autor ou do local do fato, para a ação de reparação de dano sofrido em razão de delito ou acidente de veículos, inclusive aeronaves.

SEÇÃO II – DA MODIFICAÇÃO DA COMPETÊNCIA

Art. 54. A competência relativa poderá modificar-se pela conexão ou pela continência, observado o disposto nesta Seção.

Art. 55. Reputam-se conexas 2 (duas) ou mais ações quando lhes for comum o pedido ou a causa de pedir.

§ 1º Os processos de ações conexas serão reunidos para decisão conjunta, salvo se um deles já houver sido sentenciado.

§ 2º Aplica-se o disposto no *caput*:

I - à execução de título extrajudicial e à ação de conhecimento relativa ao mesmo ato jurídico;

II - às execuções fundadas no mesmo título executivo.

§ 3º Serão reunidos para julgamento conjunto os processos que possam gerar risco de prolação de decisões conflitantes ou contraditórias caso decididos separadamente, mesmo sem conexão entre eles.

Art. 56. Dá-se a continência entre 2 (duas) ou mais ações quando houver identidade quanto às partes e à causa de pedir, mas o pedido de uma, por ser mais amplo, abrange o das demais.

Art. 57. Quando houver continência e a ação continente tiver sido proposta anteriormente, no processo relativo à ação contida será proferida sentença sem resolução de mérito, caso contrário, as ações serão necessariamente reunidas.

Art. 58. A reunião das ações propostas em separado far-se-á no juízo prevento, onde serão decididas simultaneamente.

Art. 59. O registro ou a distribuição da petição inicial torna prevento o juízo.

Art. 60. Se o imóvel se achar situado em mais de um Estado, comarca, seção ou subseção judiciária, a competência territorial do juízo prevento estender-se-á sobre a totalidade do imóvel.

Art. 61. A ação acessória será proposta no juízo competente para a ação principal.

Art. 62. A competência determinada em razão da matéria, da pessoa ou da função é inderrogável por convenção das partes.

Art. 63. As partes podem modificar a competência em razão do valor e do território, elegendo foro onde será proposta ação oriunda de direitos e obrigações.

§ 1º A eleição de foro somente produz efeito quando constar de instrumento escrito, aludir expressamente a determinado negócio jurídico e guardar pertinência com o domicílio ou a residência de uma das partes ou com o local da obrigação, ressalvada a pactuação consumerista, quando favorável ao consumidor. *(Redação dada pela Lei nº 14.879, de 2024)*

§ 2º O foro contratual obriga os herdeiros e sucessores das partes.

§ 3º Antes da citação, a cláusula de eleição de foro, se abusiva, pode ser reputada ineficaz de ofício pelo juiz, que determinará a remessa dos autos ao juízo do foro de domicílio do réu.

§ 4º Citado, incumbe ao réu alegar a abusividade da cláusula de eleição de foro na contestação, sob pena de preclusão.

§ 5º O ajuizamento de ação em juízo aleatório, entendido como aquele sem vinculação com o domicílio ou a residência das partes ou com o negócio jurídico discutido na demanda, constitui prática abusiva que justifica a declinação de competência de ofício. *(Incluído pela Lei nº 14.879, de 2024)*

SEÇÃO III – DA INCOMPETÊNCIA

Art. 64. A incompetência, absoluta ou relativa, será alegada como questão preliminar de contestação.

§ 1º A incompetência absoluta pode ser alegada em qualquer tempo e grau de jurisdição e deve ser declarada de ofício.

§ 2º Após manifestação da parte contrária, o juiz decidirá imediatamente a alegação de incompetência.

§ 3º Caso a alegação de incompetência seja acolhida, os autos serão remetidos ao juízo competente.

§ 4º Salvo decisão judicial em sentido contrário, conservar-se-ão os efeitos de decisão proferida pelo juízo incompetente até que outra seja proferida, se for o caso, pelo juízo competente.

Art. 65. Prorrogar-se-á a competência relativa se o réu não alegar a incompetência em preliminar de contestação.

Parágrafo único. A incompetência relativa pode ser alegada pelo Ministério Público nas causas em que atuar.

Art. 66. Há conflito de competência quando:

I - 2 (dois) ou mais juízes se declaram competentes;

II - 2 (dois) ou mais juízes se consideram incompetentes, atribuindo um ao outro a competência;

III - entre 2 (dois) ou mais juízes surge controvérsia acerca da reunião ou separação de processos.

Parágrafo único. O juiz que não acolher a competência declinada deverá suscitar o conflito, salvo se a atribuir a outro juízo.

CAPÍTULO II – DA COOPERAÇÃO NACIONAL

Art. 67. Aos órgãos do Poder Judiciário, estadual ou federal, especializado ou comum, em todas as instâncias e graus de jurisdição, inclusive aos tribunais superiores, incumbe o dever de recíproca cooperação, por meio de seus magistrados e servidores.

Art. 68. Os juízos poderão formular entre si pedido de cooperação para prática de qualquer ato processual.

Art. 69. O pedido de cooperação jurisdicional deve ser prontamente atendido, prescinde de forma específica e pode ser executado como:

I - auxílio direto;

II - reunião ou apensamento de processos;

III - prestação de informações;

IV - atos concertados entre os juízes cooperantes.

§ 1º As cartas de ordem, precatória e arbitral seguirão o regime previsto neste Código.

§ 2º Os atos concertados entre os juízes cooperantes poderão consistir, além de outros, no estabelecimento de procedimento para:

I - a prática de citação, intimação ou notificação de ato;

II - a obtenção e apresentação de provas e a coleta de depoimentos;

III - a efetivação de tutela provisória;

IV - a efetivação de medidas e providências para recuperação e preservação de empresas;

V - a facilitação de habilitação de créditos na falência e na recuperação judicial;

VI - a centralização de processos repetitivos;

VII - a execução de decisão jurisdicional.

§ 3º O pedido de cooperação judiciária pode ser realizado entre órgãos jurisdicionais de diferentes ramos do Poder Judiciário.

LIVRO III – DOS SUJEITOS DO PROCESSO

TÍTULO I – DAS PARTES E DOS PROCURADORES

CAPÍTULO I – DA CAPACIDADE PROCESSUAL

Art. 70. Toda pessoa que se encontre no exercício de seus direitos tem capacidade para estar em juízo.

Art. 71. O incapaz será representado ou assistido por seus pais, por tutor ou por curador, na forma da lei.

Art. 72. O juiz nomeará curador especial ao:

I - incapaz, se não tiver representante legal ou se os interesses deste colidirem com os daquele, enquanto durar a incapacidade;

II - réu preso revel, bem como ao réu revel citado por edital ou com hora certa, enquanto não for constituído advogado.

Parágrafo único. A curatela especial será exercida pela Defensoria Pública, nos termos da lei.

Art. 73. O cônjuge necessitará do consentimento do outro para propor ação que verse sobre direito real imobiliário, salvo quando casados sob o regime de separação absoluta de bens.

§ 1º Ambos os cônjuges serão necessariamente citados para a ação:

I - que verse sobre direito real imobiliário, salvo quando casados sob o regime de separação absoluta de bens;

II - resultante de fato que diga respeito a ambos os cônjuges ou de ato praticado por eles;

III - fundada em dívida contraída por um dos cônjuges a bem da família;

IV - que tenha por objeto o reconhecimento, a constituição ou a extinção de ônus sobre imóvel de um ou de ambos os cônjuges.

§ 2º Nas ações possessórias, a participação do cônjuge do autor ou do réu somente é indispensável nas hipóteses de composse ou de ato por ambos praticado.

§ 3º Aplica-se o disposto neste artigo à união estável comprovada nos autos.

Art. 74. O consentimento previsto no art. 73 pode ser suprido judicialmente quando for negado por um dos cônjuges sem justo motivo, ou quando lhe seja impossível concedê-lo.

Parágrafo único. A falta de consentimento, quando necessário e não suprido pelo juiz, invalida o processo.

Art. 75. Serão representados em juízo, ativa e passivamente:

I - a União, pela Advocacia-Geral da União, diretamente ou mediante órgão vinculado;

II - o Estado e o Distrito Federal, por seus procuradores;

III - o Município, por seu prefeito, procurador ou Associação de Representação de Municípios, quando expressamente autorizada;

› *Inciso com redação dada pela Lei nº 14.341, de 18/5/2022*

IV - a autarquia e a fundação de direito público, por quem a lei do ente federado designar;

V - a massa falida, pelo administrador judicial;

VI - a herança jacente ou vacante, por seu curador;

VII - o espólio, pelo inventariante;

VIII - a pessoa jurídica, por quem os respectivos atos constitutivos designarem ou, não havendo essa designação, por seus diretores;

IX - a sociedade e a associação irregulares e outros entes organizados sem personalidade jurídica, pela pessoa a quem couber a administração de seus bens;

X - a pessoa jurídica estrangeira, pelo gerente, representante ou administrador de sua filial, agência ou sucursal aberta ou instalada no Brasil;

XI - o condomínio, pelo administrador ou síndico.

§ 1º Quando o inventariante for dativo, os sucessores do falecido serão intimados no processo no qual o espólio seja parte.

§ 2º A sociedade ou associação sem personalidade jurídica não poderá opor a irregularidade de sua constituição quando demandada.

§ 3º O gerente de filial ou agência presume-se autorizado pela pessoa jurídica estrangeira a receber citação para qualquer processo.

§ 4º Os Estados e o Distrito Federal poderão ajustar compromisso recíproco para prática de ato processual por seus procuradores em favor de outro ente federado, mediante convênio firmado pelas respectivas procuradorias.

§ 5º A representação judicial do Município pela Associação de Representação de Municípios somente poderá ocorrer em questões de interesse comum dos Municípios associados e dependerá de autorização do respectivo chefe do Poder Executivo municipal, com indicação específica do direito ou da obrigação a ser objeto das medidas judiciais.

› *Parágrafo acrescido pela Lei nº 14.341, de 18/5/2022*

Art. 76. Verificada a incapacidade processual ou a irregularidade da representação da parte, o juiz suspenderá o processo e designará prazo razoável para que seja sanado o vício.

§ 1º Descumprida a determinação, caso o processo esteja na instância originária:

I - o processo será extinto, se a providência couber ao autor;

II - o réu será considerado revel, se a providência lhe couber;

III - o terceiro será considerado revel ou excluído do processo, dependendo do polo em que se encontre.

§ 2º Descumprida a determinação em fase recursal perante tribunal de justiça, tribunal regional federal ou tribunal superior, o relator:

I - não conhecerá do recurso, se a providência couber ao recorrente;

II - determinará o desentranhamento das contrarrazões, se a providência couber ao recorrido.

CAPÍTULO II – DOS DEVERES DAS PARTES E DE SEUS PROCURADORES

SEÇÃO I – DOS DEVERES

Art. 77. Além de outros previstos neste Código, são deveres das partes, de seus procuradores e de todos aqueles que de qualquer forma participem do processo:

I - expor os fatos em juízo conforme a verdade;

II - não formular pretensão ou de apresentar defesa quando cientes de que são destituídas de fundamento;

III - não produzir provas e não praticar atos inúteis ou desnecessários à declaração ou à defesa do direito;

IV - cumprir com exatidão as decisões jurisdicionais, de natureza provisória ou final, e não criar embaraços à sua efetivação;

V - declinar, no primeiro momento que lhes couber falar nos autos, o endereço residencial ou profissional onde receberão intimações, atualizando essa informação sempre que ocorrer qualquer modificação temporária ou definitiva;

VI - não praticar inovação ilegal no estado de fato de bem ou direito litigioso;

VII - informar e manter atualizados seus dados cadastrais perante os órgãos do Poder Judiciário e, no caso do § 6º do art. 246 deste Código, da Administração Tributária, para recebimento de citações e intimações.

› *Inciso acrescido pela Lei nº 14.195, de 26/8/2021*

§ 1º Nas hipóteses dos incisos IV e VI, o juiz advertirá qualquer das pessoas mencionadas no *caput* de que sua conduta poderá ser punida como ato atentatório à dignidade da justiça.

§ 2º A violação ao disposto nos incisos IV e VI constitui ato atentatório à dignidade da justiça, devendo o juiz, sem prejuízo das sanções criminais, civis e processuais cabíveis, aplicar ao responsável multa de até vinte por cento do valor da causa, de acordo com a gravidade da conduta.

§ 3º Não sendo paga no prazo a ser fixado pelo juiz, a multa prevista no § 2º será inscrita como dívida ativa da União ou do Estado após o trânsito em julgado da decisão que a fixou, e sua execução observará o procedimento da execução fiscal, revertendo-se aos fundos previstos no art. 97.

§ 4º A multa estabelecida no § 2º poderá ser fixada independentemente da incidência das previstas nos arts. 523, § 1º, e 536, § 1º.

§ 5º Quando o valor da causa for irrisório ou inestimável, a multa prevista no § 2º poderá ser fixada em até 10 (dez) vezes o valor do salário-mínimo.

§ 6º Aos advogados públicos ou privados e aos membros da Defensoria Pública e do Ministério Público não se aplica o disposto nos §§ 2º a 5º, devendo eventual responsabilidade disciplinar ser apurada pelo respectivo órgão de classe ou corregedoria, ao qual o juiz oficiará.

§ 7º Reconhecida violação ao disposto no inciso VI, o juiz determinará o restabelecimento do estado anterior, podendo, ainda, proibir a parte de falar nos autos até a purgação do atentado, sem prejuízo da aplicação do § 2º.

§ 8º O representante judicial da parte não pode ser compelido a cumprir decisão em seu lugar.

Art. 78. É vedado às partes, a seus procuradores, aos juízes, aos membros do Ministério Público e da Defensoria Pública e a qualquer pessoa que participe do processo empregar expressões ofensivas nos escritos apresentados.

§ 1º Quando expressões ou condutas ofensivas forem manifestadas oral ou presencialmente, o juiz advertirá o ofensor de que não as deve usar ou repetir, sob pena de lhe ser cassada a palavra.

§ 2º De ofício ou a requerimento do ofendido, o juiz determinará que as expressões ofensivas sejam riscadas e, a requerimento do ofendido, determinará a expedição de certidão com inteiro teor das expressões ofensivas e a colocará à disposição da parte interessada.

SEÇÃO II – DA RESPONSABILIDADE DAS PARTES POR DANO PROCESSUAL

Art. 79. Responde por perdas e danos aquele que litigar de má-fé como autor, réu ou interveniente.

Art. 80. Considera-se litigante de má-fé aquele que:

I - deduzir pretensão ou defesa contra texto expresso de lei ou fato incontroverso;

II - alterar a verdade dos fatos;

III - usar do processo para conseguir objetivo ilegal;

IV - opuser resistência injustificada ao andamento do processo;

V - proceder de modo temerário em qualquer incidente ou ato do processo;

VI - provocar incidente manifestamente infundado;

VII - interpuser recurso com intuito manifestamente protelatório.

Art. 81. De ofício ou a requerimento, o juiz condenará o litigante de má-fé a pagar multa, que deverá ser superior a um por cento e inferior a dez por cento do valor corrigido da causa, a indenizar a parte contrária pelos prejuízos que esta sofreu e a arcar com os honorários advocatícios e com todas as despesas que efetuou.

§ 1º Quando forem 2 (dois) ou mais os litigantes de má-fé, o juiz condenará cada um na proporção de seu respectivo interesse na causa ou solidariamente aqueles que se coligaram para lesar a parte contrária.

§ 2º Quando o valor da causa for irrisório ou inestimável, a multa poderá ser fixada em até 10 (dez) vezes o valor do salário-mínimo.

§ 3º O valor da indenização será fixado pelo juiz ou, caso não seja possível mensurá-lo, liquidado por arbitramento ou pelo procedimento comum, nos próprios autos.

SEÇÃO III – DAS DESPESAS, DOS HONORÁRIOS ADVOCATÍCIOS E DAS MULTAS

Art. 82. Salvo as disposições concernentes à gratuidade da justiça, incumbe às partes prover as despesas dos atos que realizarem ou requererem no processo, antecipando-lhes o pagamento, desde o início até a sentença final ou, na execução, até a plena satisfação do direito reconhecido no título.

§ 1º Incumbe ao autor adiantar as despesas relativas a ato cuja realização o juiz determinar de ofício ou a requerimento do Ministério Público, quando sua intervenção ocorrer como fiscal da ordem jurídica.

§ 2º A sentença condenará o vencido a pagar ao vencedor as despesas que antecipou.

Art. 83. O autor, brasileiro ou estrangeiro, que residir fora do Brasil ou deixar de residir no país ao longo da tramitação de processo prestará caução suficiente ao pagamento das custas e dos honorários de advogado da parte contrária nas ações que propuser, se não tiver no Brasil bens imóveis que lhes assegurem o pagamento.

§ 1º Não se exigirá a caução de que trata o *caput*:

I - quando houver dispensa prevista em acordo ou tratado internacional de que o Brasil faz parte;

II - na execução fundada em título extrajudicial e no cumprimento de sentença;

III - na reconvenção.

§ 2º Verificando-se no trâmite do processo que se desfalcou a garantia, poderá o interessado exigir reforço da caução, justificando seu pedido com a indicação da depreciação do bem dado em garantia e a importância do reforço que pretende obter.

Art. 84. As despesas abrangem as custas dos atos do processo, a indenização de viagem, a remuneração do assistente técnico e a diária de testemunha.

Art. 85. A sentença condenará o vencido a pagar honorários ao advogado do vencedor.

§ 1º São devidos honorários advocatícios na reconvenção, no cumprimento de sentença, provisório ou definitivo, na execução, resistida ou não, e nos recursos interpostos, cumulativamente.

§ 2º Os honorários serão fixados entre o mínimo de dez e o máximo de vinte por cento sobre o valor da condenação, do proveito econômico obtido ou, não sendo possível mensurá-lo, sobre o valor atualizado da causa, atendidos:

I - o grau de zelo do profissional;

II - o lugar de prestação do serviço;

III - a natureza e a importância da causa;

IV - o trabalho realizado pelo advogado e o tempo exigido para o seu serviço.

§ 3º Nas causas em que a Fazenda Pública for parte, a fixação dos honorários observará os critérios estabelecidos nos incisos I a IV do § 2º e os seguintes percentuais:

I - mínimo de dez e máximo de vinte por cento sobre o valor da condenação ou do proveito econômico obtido até 200 (duzentos) salários-mínimos;

II - mínimo de oito e máximo de dez por cento sobre o valor da condenação ou do proveito econômico obtido acima de 200 (duzentos) salários-mínimos até 2.000 (dois mil) salários-mínimos;

III - mínimo de cinco e máximo de oito por cento sobre o valor da condenação ou do proveito econômico obtido acima de 2.000 (dois mil) salários-mínimos até 20.000 (vinte mil) salários-mínimos;

IV - mínimo de três e máximo de cinco por cento sobre o valor da condenação ou do proveito econômico obtido acima de 20.000 (vinte mil) salários-mínimos até 100.000 (cem mil) salários-mínimos;

V - mínimo de um e máximo de três por cento sobre o valor da condenação ou do proveito econômico obtido acima de 100.000 (cem mil) salários-mínimos.

§ 4º Em qualquer das hipóteses do § 3º:

I - os percentuais previstos nos incisos I a V devem ser aplicados desde logo, quando for líquida a sentença;

II - não sendo líquida a sentença, a definição do percentual, nos termos previstos nos incisos I a V, somente ocorrerá quando liquidado o julgado;

III - não havendo condenação principal ou não sendo possível mensurar o proveito econômico obtido, a condenação em honorários dar-se-á sobre o valor atualizado da causa;

IV - será considerado o salário-mínimo vigente quando prolatada sentença líquida ou o que estiver em vigor na data da decisão de liquidação.

§ 5º Quando, conforme o caso, a condenação contra a Fazenda Pública ou o benefício econômico obtido pelo vencedor ou o valor da causa for superior ao valor previsto no inciso I do § 3º, a fixação do percentual de honorários deve observar a faixa inicial e, naquilo que a exceder, a faixa subsequente, e assim sucessivamente.

§ 6º Os limites e critérios previstos nos §§ 2º e 3º aplicam-se independentemente de qual seja o conteúdo da decisão, inclusive aos casos de improcedência ou de sentença sem resolução de mérito.

§ 6º-A. Quando o valor da condenação ou do proveito econômico obtido ou o valor atualizado da causa for líquido ou liquidável, para fins de fixação dos honorários advocatícios, nos termos dos §§ 2º e 3º, é proibida a apreciação equitativa, salvo nas hipóteses expressamente previstas no § 8º deste artigo.

› *Parágrafo acrescido pela Lei nº 14.365, de 2/6/2022*

§ 7º Não serão devidos honorários no cumprimento de sentença contra a Fazenda Pública que enseje expedição de precatório, desde que não tenha sido impugnada.

§ 8º Nas causas em que for inestimável ou irrisório o proveito econômico ou, ainda, quando o valor da causa for muito baixo, o juiz fixará o valor dos honorários por apreciação equitativa, observando o disposto nos incisos do § 2º.

§ 8º-A. Na hipótese do § 8º deste artigo, para fins de fixação equitativa de honorários sucumbenciais, o juiz deverá observar os valores recomendados pelo Conselho Seccional da Ordem dos Advogados do Brasil a título de honorários advocatícios ou o limite mínimo de 10% (dez por cento) estabelecido no § 2º deste artigo, aplicando-se o que for maior.

› *Parágrafo acrescido pela Lei nº 14.365, de 2/6/2022*

§ 9º Na ação de indenização por ato ilícito contra pessoa, o percentual de honorários incidirá sobre a soma das prestações vencidas acrescida de 12 (doze) prestações vincendas.

§ 10. Nos casos de perda do objeto, os honorários serão devidos por quem deu causa ao processo.

§ 11. O tribunal, ao julgar recurso, majorará os honorários fixados anteriormente levando em conta o trabalho adicional realizado em grau recursal, observando, conforme o caso, o disposto nos §§ 2º a 6º, sendo vedado ao tribunal, no cômputo geral da fixação de honorários devidos ao advogado do vencedor, ultrapassar os respectivos limites estabelecidos nos §§ 2º e 3º para a fase de conhecimento.

§ 12. Os honorários referidos no § 11 são cumuláveis com multas e outras sanções processuais, inclusive as previstas no art. 77.

§ 13. As verbas de sucumbência arbitradas em embargos à execução rejeitados ou julgados improcedentes e em fase de cumprimento de sentença serão acrescidas no valor do débito principal, para todos os efeitos legais.

§ 14. Os honorários constituem direito do advogado e têm natureza alimentar, com os mesmos privilégios dos créditos oriundos da legislação do trabalho, sendo vedada a compensação em caso de sucumbência parcial.

§ 15. O advogado pode requerer que o pagamento dos honorários que lhe caibam seja efetuado em favor da sociedade de advogados que integra na qualidade de sócio, aplicando-se à hipótese o disposto no § 14.

§ 16. Quando os honorários forem fixados em quantia certa, os juros moratórios incidirão a partir da data do trânsito em julgado da decisão.

§ 17. Os honorários serão devidos quando o advogado atuar em causa própria.

§ 18. Caso a decisão transitada em julgado seja omissa quanto ao direito aos honorários ou ao seu valor, é cabível ação autônoma para sua definição e cobrança.

§ 19. Os advogados públicos perceberão honorários de sucumbência, nos termos da lei.

› *Vide ADI nº 6.053/2018*

§ 20. O disposto nos §§ 2º, 3º, 4º, 5º, 6º, 6º-A, 8º, 8º-A, 9º e 10 deste artigo aplica-se aos honorários fixados por arbitramento judicial.

› *Parágrafo acrescido pela Lei nº 14.365, de 2/6/2022*

Art. 86. Se cada litigante for, em parte, vencedor e vencido, serão proporcionalmente distribuídas entre eles as despesas.

Parágrafo único. Se um litigante sucumbir em parte mínima do pedido, o outro responderá, por inteiro, pelas despesas e pelos honorários.

Art. 87. Concorrendo diversos autores ou diversos réus, os vencidos respondem proporcionalmente pelas despesas e pelos honorários.

§ 1º A sentença deverá distribuir entre os litisconsortes, de forma expressa, a responsabilidade proporcional pelo pagamento das verbas previstas no *caput*.

§ 2º Se a distribuição de que trata o § 1º não for feita, os vencidos responderão solidariamente pelas despesas e pelos honorários.

Art. 88. Nos procedimentos de jurisdição voluntária, as despesas serão adiantadas pelo requerente e rateadas entre os interessados.

Art. 89. Nos juízos divisórios, não havendo litígio, os interessados pagarão as despesas proporcionalmente a seus quinhões.

Art. 90. Proferida sentença com fundamento em desistência, em renúncia ou em reconhecimento do pedido, as despesas e os honorários serão pagos pela parte que desistiu, renunciou ou reconheceu.

§ 1º Sendo parcial a desistência, a renúncia ou o reconhecimento, a responsabilidade pelas despesas e pelos honorários será proporcional à parcela reconhecida, à qual se renunciou ou da qual se desistiu.

§ 2º Havendo transação e nada tendo as partes disposto quanto às despesas, estas serão divididas igualmente.

§ 3º Se a transação ocorrer antes da sentença, as partes ficam dispensadas do pagamento das custas processuais remanescentes, se houver.

§ 4º Se o réu reconhecer a procedência do pedido e, simultaneamente, cumprir integralmente a prestação reconhecida, os honorários serão reduzidos pela metade.

Art. 91. As despesas dos atos processuais praticados a requerimento da Fazenda Pública, do Ministério Público ou da Defensoria Pública serão pagas ao final pelo vencido.

§ 1º As perícias requeridas pela Fazenda Pública, pelo Ministério Público ou pela Defensoria Pública poderão ser realizadas por entidade pública ou, havendo previsão orçamentária, ter os valores adiantados por aquele que requerer a prova.

§ 2º Não havendo previsão orçamentária no exercício financeiro para adiantamento dos honorários periciais, eles serão pagos no exercício seguinte ou ao final, pelo vencido, caso o processo se encerre antes do adiantamento a ser feito pelo ente público.

Art. 92. Quando, a requerimento do réu, o juiz proferir sentença sem resolver o mérito, o autor não poderá propor novamente a ação sem pagar ou depositar em cartório as despesas e os honorários a que foi condenado.

Art. 93. As despesas de atos adiados ou cuja repetição for necessária ficarão a cargo da parte, do auxiliar da justiça, do órgão do Ministério Público ou da Defensoria Pública ou do juiz que, sem justo motivo, houver dado causa ao adiamento ou à repetição.

Art. 94. Se o assistido for vencido, o assistente será condenado ao pagamento das custas em proporção à atividade que houver exercido no processo.

Art. 95. Cada parte adiantará a remuneração do assistente técnico que houver indicado, sendo a do perito adiantada pela parte que houver requerido a perícia ou rateada quando a perícia for determinada de ofício ou requerida por ambas as partes.

§ 1º O juiz poderá determinar que a parte responsável pelo pagamento dos honorários do perito deposite em juízo o valor correspondente.

§ 2º A quantia recolhida em depósito bancário à ordem do juízo será corrigida monetariamente e paga de acordo com o art. 465, § 4º.

§ 3º Quando o pagamento da perícia for de responsabilidade de beneficiário de gratuidade da justiça, ela poderá ser:

I - custeada com recursos alocados no orçamento do ente público e realizada por servidor do Poder Judiciário ou por órgão público conveniado;

II - paga com recursos alocados no orçamento da União, do Estado ou do Distrito Federal, no caso de ser realizada por particular, hipótese em que o valor será fixado conforme tabela do tribunal respectivo ou, em caso de sua omissão, do Conselho Nacional de Justiça.

§ 4º Na hipótese do § 3º, o juiz, após o trânsito em julgado da decisão final, oficiará a Fazenda Pública para que promova, contra quem tiver sido condenado ao pagamento das despesas processuais, a execução dos valores gastos com a perícia particular ou com a utilização de servidor público ou da estrutura de órgão público, observando-se, caso o responsável pelo pagamento das despesas seja beneficiário de gratuidade da justiça, o disposto no art. 98, § 2º.

§ 5º Para fins de aplicação do § 3º, é vedada a utilização de recursos do fundo de custeio da Defensoria Pública.

Art. 96. O valor das sanções impostas ao litigante de má-fé reverterá em benefício da parte contrária, e o valor das sanções impostas aos serventuários pertencerá ao Estado ou à União.

Art. 97. A União e os Estados podem criar fundos de modernização do Poder Judiciário, aos quais serão revertidos os valores das sanções pecuniárias processuais destinadas à União e aos Estados, e outras verbas previstas em lei.

SEÇÃO IV – DA GRATUIDADE DA JUSTIÇA

Art. 98. A pessoa natural ou jurídica, brasileira ou estrangeira, com insuficiência de recursos para pagar as custas, as despesas processuais e os honorários advocatícios tem direito à gratuidade da justiça, na forma da lei.

§ 1º A gratuidade da justiça compreende:

› *Vide enunciado 171, III Jornada de Direito Processual Civil do CJF*

I - as taxas ou as custas judiciais;

II - os selos postais;

III - as despesas com publicação na imprensa oficial, dispensando-se a publicação em outros meios;

IV - a indenização devida à testemunha que, quando empregada, receberá do empregador salário integral, como se em serviço estivesse;

V - as despesas com a realização de exame de código genético - DNA e de outros exames considerados essenciais;

VI - os honorários do advogado e do perito e a remuneração do intérprete ou do tradutor nomeado para apresentação de versão em português de documento redigido em língua estrangeira;

VII - o custo com a elaboração de memória de cálculo, quando exigida para instauração da execução;

VIII - os depósitos previstos em lei para interposição de recurso, para propositura de ação e para a prática de outros atos processuais inerentes ao exercício da ampla defesa e do contraditório;

IX - os emolumentos devidos a notários ou registradores em decorrência da prática de registro, averbação ou qualquer outro ato notarial necessário à efetivação de decisão judicial ou à continuidade de processo judicial no qual o benefício tenha sido concedido.

› *Vide Lei 10.169, de 2000 (Emolumentos)*

› *Vide Enunciado 78, I Jornada de Direito Notarial e Registral*

§ 2º A concessão de gratuidade não afasta a responsabilidade do beneficiário pelas despesas processuais e pelos honorários advocatícios decorrentes de sua sucumbência.

§ 3º Vencido o beneficiário, as obrigações decorrentes de sua sucumbência ficarão sob condição suspensiva de exigibilidade e somente poderão ser executadas se, nos 5 (cinco) anos subsequentes ao trânsito em julgado da decisão que as certificou, o credor demonstrar que deixou de existir a situação de insuficiência de recursos que justificou a concessão de gratuidade, extinguindo-se, passado esse prazo, tais obrigações do beneficiário.

§ 4º A concessão de gratuidade não afasta o dever de o beneficiário pagar, ao final, as multas processuais que lhe sejam impostas.

§ 5º A gratuidade poderá ser concedida em relação a algum ou a todos os atos processuais, ou consistir na redução percentual de despesas processuais que o beneficiário tiver de adiantar no curso do procedimento.

§ 6º Conforme o caso, o juiz poderá conceder direito ao parcelamento de despesas processuais que o beneficiário tiver de adiantar no curso do procedimento.

§ 7º Aplica-se o disposto no art. 95, §§ 3º a 5º, ao custeio dos emolumentos previstos no § 1º, inciso IX, do presente artigo, observada a tabela e as condições da lei estadual ou distrital respectiva.

§ 8º Na hipótese do § 1º, inciso IX, havendo dúvida fundada quanto ao preenchimento atual dos pressupostos para a concessão de gratuidade, o notário ou registrador, após praticar o ato, pode requerer, ao juízo competente para decidir questões notariais ou registrais, a revogação total ou parcial do benefício ou a sua substituição pelo parcelamento de que trata o § 6º deste artigo, caso em que o beneficiário será citado para, em 15 (quinze) dias, manifestar-se sobre esse requerimento.

› *Vide Lei 10.169, de 2000*

Art. 99. O pedido de gratuidade da justiça pode ser formulado na petição inicial, na contestação, na petição para ingresso de terceiro no processo ou em recurso.

§ 1º Se superveniente à primeira manifestação da parte na instância, o pedido poderá ser formulado por petição simples, nos autos do próprio processo, e não suspenderá seu curso.

§ 2º O juiz somente poderá indeferir o pedido se houver nos autos elementos que evidenciem a falta dos pressupostos legais para a concessão de gratuidade, devendo, antes de indeferir o pedido, determinar à parte a comprovação do preenchimento dos referidos pressupostos.

§ 3º Presume-se verdadeira a alegação de insuficiência deduzida exclusivamente por pessoa natural.

§ 4º A assistência do requerente por advogado particular não impede a concessão de gratuidade da justiça.

§ 5º Na hipótese do § 4º, o recurso que verse exclusivamente sobre valor de honorários de sucumbência fixados em favor do advogado de beneficiário estará sujeito a preparo, salvo se o próprio advogado demonstrar que tem direito à gratuidade.

§ 6º O direito à gratuidade da justiça é pessoal, não se estendendo a litisconsorte ou a sucessor do beneficiário, salvo requerimento e deferimento expressos.

§ 7º Requerida a concessão de gratuidade da justiça em recurso, o recorrente estará dispensado de comprovar o recolhimento do preparo, incumbindo ao relator, neste caso, apreciar o requerimento e, se indeferi-lo, fixar prazo para realização do recolhimento.

Art. 100. Deferido o pedido, a parte contrária poderá oferecer impugnação na contestação, na réplica, nas contrarrazões de recurso ou, nos casos de pedido superveniente ou formulado por terceiro, por meio de petição simples, a ser apresentada no prazo de 15 (quinze) dias, nos autos do próprio processo, sem suspensão de seu curso.

Parágrafo único. Revogado o benefício, a parte arcará com as despesas processuais que tiver deixado de adiantar e pagará, em caso de má-fé, até o décuplo de seu valor a título de multa, que será revertida em benefício da Fazenda Pública estadual ou federal e poderá ser inscrita em dívida ativa.

Art. 101. Contra a decisão que indeferir a gratuidade ou a que acolher pedido de sua revogação caberá agravo de instrumento, exceto quando a questão for resolvida na sentença, contra a qual caberá apelação.

§ 1º O recorrente estará dispensado do recolhimento de custas até decisão do relator sobre a questão, preliminarmente ao julgamento do recurso.

§ 2º Confirmada a denegação ou a revogação da gratuidade, o relator ou o órgão colegiado determinará ao recorrente o recolhimento das custas processuais, no prazo de 5 (cinco) dias, sob pena de não conhecimento do recurso.

Art. 102. Sobrevindo o trânsito em julgado de decisão que revoga a gratuidade, a parte deverá efetuar o recolhimento de todas as despesas de cujo adiantamento foi dispensada, inclusive as relativas ao recurso interposto, se houver, no prazo fixado pelo juiz, sem prejuízo de aplicação das sanções previstas em lei.

Parágrafo único. Não efetuado o recolhimento, o processo será extinto sem resolução de mérito, tratando-se do autor, e, nos demais casos, não poderá ser deferida a realização de nenhum ato ou diligência requerida pela parte enquanto não efetuado o depósito.

CAPÍTULO III – DOS PROCURADORES

Art. 103. A parte será representada em juízo por advogado regularmente inscrito na Ordem dos Advogados do Brasil.

Parágrafo único. É lícito à parte postular em causa própria quando tiver habilitação legal.

Art. 104. O advogado não será admitido a postular em juízo sem procuração, salvo para evitar preclusão, decadência ou prescrição, ou para praticar ato considerado urgente.

§ 1º Nas hipóteses previstas no *caput*, o advogado deverá, independentemente de caução, exibir a procuração no prazo de 15 (quinze) dias, prorrogável por igual período por despacho do juiz.

§ 2º O ato não ratificado será considerado ineficaz relativamente àquele em cujo nome foi praticado, respondendo o advogado pelas despesas e por perdas e danos.

Art. 105. A procuração geral para o foro, outorgada por instrumento público ou particular assinado pela parte, habilita o advogado a praticar todos os atos do processo, exceto receber citação, confessar, reconhecer a procedência do pedido, transigir, desistir, renunciar ao direito sobre o qual se funda a ação, receber, dar quitação, firmar compromisso e assinar declaração de hipossuficiência econômica, que devem constar de cláusula específica.

§ 1º A procuração pode ser assinada digitalmente, na forma da lei.

§ 2º A procuração deverá conter o nome do advogado, seu número de inscrição na Ordem dos Advogados do Brasil e endereço completo.

§ 3º Se o outorgado integrar sociedade de advogados, a procuração também deverá conter o nome dessa, seu número de registro na Ordem dos Advogados do Brasil e endereço completo.

§ 4º Salvo disposição expressa em sentido contrário constante do próprio instrumento, a procuração outorgada na fase de conhecimento é eficaz para todas as fases do processo, inclusive para o cumprimento de sentença.

Art. 106. Quando postular em causa própria, incumbe ao advogado:

I - declarar, na petição inicial ou na contestação, o endereço, seu número de inscrição na Ordem dos Advogados do Brasil e o nome da sociedade de advogados da qual participa, para o recebimento de intimações;

II - comunicar ao juízo qualquer mudança de endereço.

§ 1º Se o advogado descumprir o disposto no inciso I, o juiz ordenará que se supra a omissão, no prazo de 5 (cinco) dias, antes de determinar a citação do réu, sob pena de indeferimento da petição.

§ 2º Se o advogado infringir o previsto no inciso II, serão consideradas válidas as intimações enviadas por carta registrada ou meio eletrônico ao endereço constante dos autos.

Art. 107. O advogado tem direito a:

I - examinar, em cartório de fórum e secretaria de tribunal, mesmo sem procuração, autos de qualquer processo, independentemente da fase de tramitação, assegurados a obtenção de cópias e o registro de anotações, salvo na hipótese de segredo de justiça, nas quais apenas o advogado constituído terá acesso aos autos;

II - requerer, como procurador, vista dos autos de qualquer processo, pelo prazo de 5 (cinco) dias;

III - retirar os autos do cartório ou da secretaria, pelo prazo legal, sempre que neles lhe couber falar por determinação do juiz, nos casos previstos em lei.

§ 1º Ao receber os autos, o advogado assinará carga em livro ou documento próprio.

§ 2º Sendo o prazo comum às partes, os procuradores poderão retirar os autos somente em conjunto ou mediante prévio ajuste, por petição nos autos.

§ 3º Na hipótese do § 2º, é lícito ao procurador retirar os autos para obtenção de cópias, pelo prazo de 2 (duas) a 6 (seis) horas, independentemente de ajuste e sem prejuízo da continuidade do prazo.

§ 4º O procurador perderá no mesmo processo o direito a que se refere o § 3º se não devolver os autos tempestivamente, salvo se o prazo for prorrogado pelo juiz.

§ 5º O disposto no inciso I do *caput* deste artigo aplica-se integralmente a processos eletrônicos.

› *Parágrafo acrescido pela Lei nº 13.793, de 3/1/2019*

CAPÍTULO IV – DA SUCESSÃO DAS PARTES E DOS PROCURADORES

Art. 108. No curso do processo, somente é lícita a sucessão voluntária das partes nos casos expressos em lei.

Art. 109. A alienação da coisa ou do direito litigioso por ato entre vivos, a título particular, não altera a legitimidade das partes.

§ 1º O adquirente ou cessionário não poderá ingressar em juízo, sucedendo o alienante ou cedente, sem que o consinta a parte contrária.

§ 2º O adquirente ou cessionário poderá intervir no processo como assistente litisconsorcial do alienante ou cedente.

§ 3º Estendem-se os efeitos da sentença proferida entre as partes originárias ao adquirente ou cessionário.

Art. 110. Ocorrendo a morte de qualquer das partes, dar-se-á a sucessão pelo seu espólio ou pelos seus sucessores, observado o disposto no art. 313, §§ 1º e 2º.

Art. 111. A parte que revogar o mandato outorgado a seu advogado constituirá, no mesmo ato, outro que assuma o patrocínio da causa.

Parágrafo único. Não sendo constituído novo procurador no prazo de 15 (quinze) dias, observar-se-á o disposto no art. 76.

Art. 112. O advogado poderá renunciar ao mandato a qualquer tempo, provando, na forma prevista neste Código, que comunicou a renúncia ao mandante, a fim de que este nomeie sucessor.

§ 1º Durante os 10 (dez) dias seguintes, o advogado continuará a representar o mandante, desde que necessário para lhe evitar prejuízo.

§ 2º Dispensa-se a comunicação referida no *caput* quando a procuração tiver sido outorgada a vários advogados e a parte continuar representada por outro, apesar da renúncia.

TÍTULO II – DO LITISCONSÓRCIO

Art. 113. Duas ou mais pessoas podem litigar, no mesmo processo, em conjunto, ativa ou passivamente, quando:

I - entre elas houver comunhão de direitos ou de obrigações relativamente à lide;

II - entre as causas houver conexão pelo pedido ou pela causa de pedir;

III - ocorrer afinidade de questões por ponto comum de fato ou de direito.

§ 1º O juiz poderá limitar o litisconsórcio facultativo quanto ao número de litigantes na fase de conhecimento, na liquidação de sentença ou na execução, quando este comprometer a rápida solução do litígio ou dificultar a defesa ou o cumprimento da sentença.

§ 2º O requerimento de limitação interrompe o prazo para manifestação ou resposta, que recomeçará da intimação da decisão que o solucionar.

Art. 114. O litisconsórcio será necessário por disposição de lei ou quando, pela natureza da relação jurídica controvertida, a eficácia da sentença depender da citação de todos que devam ser litisconsortes.

Art. 115. A sentença de mérito, quando proferida sem a integração do contraditório, será:

I - nula, se a decisão deveria ser uniforme em relação a todos que deveriam ter integrado o processo;

II - ineficaz, nos outros casos, apenas para os que não foram citados.

Parágrafo único. Nos casos de litisconsórcio passivo necessário, o juiz determinará ao autor que requeira a citação de todos que devam ser litisconsortes, dentro do prazo que assinar, sob pena de extinção do processo.

Art. 116. O litisconsórcio será unitário quando, pela natureza da relação jurídica, o juiz tiver de decidir o mérito de modo uniforme para todos os litisconsortes.

Art. 117. Os litisconsortes serão considerados, em suas relações com a parte adversa, como litigantes distintos, exceto no litisconsórcio unitário, caso em que os atos e as omissões de um não prejudicarão os outros, mas os poderão beneficiar.

Art. 118. Cada litisconsorte tem o direito de promover o andamento do processo, e todos devem ser intimados dos respectivos atos.

TÍTULO III – DA INTERVENÇÃO DE TERCEIROS

CAPÍTULO I – DA ASSISTÊNCIA

SEÇÃO I – DISPOSIÇÕES COMUNS

Art. 119. Pendendo causa entre 2 (duas) ou mais pessoas, o terceiro juridicamente interessado em que a sentença seja favorável a uma delas poderá intervir no processo para assisti-la.

Parágrafo único. A assistência será admitida em qualquer procedimento e em todos os graus de jurisdição, recebendo o assistente o processo no estado em que se encontre.

Art. 120. Não havendo impugnação no prazo de 15 (quinze) dias, o pedido do assistente será deferido, salvo se for caso de rejeição liminar.

Parágrafo único. Se qualquer parte alegar que falta ao requerente interesse jurídico para intervir, o juiz decidirá o incidente, sem suspensão do processo.

SEÇÃO II – DA ASSISTÊNCIA SIMPLES

Art. 121. O assistente simples atuará como auxiliar da parte principal, exercerá os mesmos poderes e sujeitar-se-á aos mesmos ônus processuais que o assistido.

Parágrafo único. Sendo revel ou, de qualquer outro modo, omisso o assistido, o assistente será considerado seu substituto processual.

Art. 122. A assistência simples não obsta a que a parte principal reconheça a procedência do pedido, desista da ação, renuncie ao direito sobre o que se funda a ação ou transija sobre direitos controvertidos.

Art. 123. Transitada em julgado a sentença no processo em que interveio o assistente, este não poderá, em processo posterior, discutir a justiça da decisão, salvo se alegar e provar que:

I - pelo estado em que recebeu o processo ou pelas declarações e pelos atos do assistido, foi impedido de produzir provas suscetíveis de influir na sentença;

II - desconhecia a existência de alegações ou de provas das quais o assistido, por dolo ou culpa, não se valeu.

SEÇÃO III – DA ASSISTÊNCIA LITISCONSORCIAL

Art. 124. Considera-se litisconsorte da parte principal o assistente sempre que a sentença influir na relação jurídica entre ele e o adversário do assistido.

CAPÍTULO II – DA DENUNCIAÇÃO DA LIDE

Art. 125. É admissível a denunciação da lide, promovida por qualquer das partes:

I - ao alienante imediato, no processo relativo à coisa cujo domínio foi transferido ao denunciante, a fim de que possa exercer os direitos que da evicção lhe resultam;

II - àquele que estiver obrigado, por lei ou pelo contrato, a indenizar, em ação regressiva, o prejuízo de quem for vencido no processo.

§ 1º O direito regressivo será exercido por ação autônoma quando a denunciação da lide for indeferida, deixar de ser promovida ou não for permitida.

§ 2º Admite-se uma única denunciação sucessiva, promovida pelo denunciado, contra seu antecessor imediato na cadeia dominial ou quem seja responsável por indenizá-lo, não podendo o denunciado sucessivo promover nova denunciação, hipótese em que eventual direito de regresso será exercido por ação autônoma.

Art. 126. A citação do denunciado será requerida na petição inicial, se o denunciante for autor, ou na contestação, se o denunciante for réu, devendo ser realizada na forma e nos prazos previstos no art. 131.

Art. 127. Feita a denunciação pelo autor, o denunciado poderá assumir a posição de litisconsorte do denunciante e acrescentar novos argumentos à petição inicial, procedendo-se em seguida à citação do réu.

Art. 128. Feita a denunciação pelo réu:

I - se o denunciado contestar o pedido formulado pelo autor, o processo prosseguirá tendo, na ação principal, em litisconsórcio, denunciante e denunciado;

II - se o denunciado for revel, o denunciante pode deixar de prosseguir com sua defesa, eventualmente oferecida, e abster-se de recorrer, restringindo sua atuação à ação regressiva;

III - se o denunciado confessar os fatos alegados pelo autor na ação principal, o denunciante poderá prosseguir com sua defesa ou, aderindo a tal reconhecimento, pedir apenas a procedência da ação de regresso.

Parágrafo único. Procedente o pedido da ação principal, pode o autor, se for o caso, requerer o cumprimento da sentença também contra o denunciado, nos limites da condenação deste na ação regressiva.

Art. 129. Se o denunciante for vencido na ação principal, o juiz passará ao julgamento da denunciação da lide.

Parágrafo único. Se o denunciante for vencedor, a ação de denunciação não terá o seu pedido examinado, sem prejuízo da condenação do denunciante ao pagamento das verbas de sucumbência em favor do denunciado.

CAPÍTULO III – DO CHAMAMENTO AO PROCESSO

Art. 130. É admissível o chamamento ao processo, requerido pelo réu:

I - do afiançado, na ação em que o fiador for réu;

II - dos demais fiadores, na ação proposta contra um ou alguns deles;

III - dos demais devedores solidários, quando o credor exigir de um ou de alguns o pagamento da dívida comum.

Art. 131. A citação daqueles que devam figurar em litisconsórcio passivo será requerida pelo réu na contestação e deve ser promovida no prazo de 30 (trinta) dias, sob pena de ficar sem efeito o chamamento.

Parágrafo único. Se o chamado residir em outra comarca, seção ou subseção judiciárias, ou em lugar incerto, o prazo será de 2 (dois) meses.

Art. 132. A sentença de procedência valerá como título executivo em favor do réu que satisfizer a dívida, a fim de que possa exigi-la, por inteiro, do devedor principal, ou, de cada um dos codevedores, a sua quota, na proporção que lhes tocar.

CAPÍTULO IV – DO INCIDENTE DE DESCONSIDERAÇÃO
DA PERSONALIDADE JURÍDICA

Art. 133. O incidente de desconsideração da personalidade jurídica será instaurado a pedido da parte ou do Ministério Público, quando lhe couber intervir no processo.

§ 1º O pedido de desconsideração da personalidade jurídica observará os pressupostos previstos em lei.

§ 2º Aplica-se o disposto neste Capítulo à hipótese de desconsideração inversa da personalidade jurídica.

Art. 134. O incidente de desconsideração é cabível em todas as fases do processo de conhecimento, no cumprimento de sentença e na execução fundada em título executivo extrajudicial.

§ 1º A instauração do incidente será imediatamente comunicada ao distribuidor para as anotações devidas.

§ 2º Dispensa-se a instauração do incidente se a desconsideração da personalidade jurídica for requerida na petição inicial, hipótese em que será citado o sócio ou a pessoa jurídica.

§ 3º A instauração do incidente suspenderá o processo, salvo na hipótese do § 2º.

§ 4º O requerimento deve demonstrar o preenchimento dos pressupostos legais específicos para desconsideração da personalidade jurídica.

Art. 135. Instaurado o incidente, o sócio ou a pessoa jurídica será citado para manifestar-se e requerer as provas cabíveis no prazo de 15 (quinze) dias.

Art. 136. Concluída a instrução, se necessária, o incidente será resolvido por decisão interlocutória.

Parágrafo único. Se a decisão for proferida pelo relator, cabe agravo interno.

Art. 137. Acolhido o pedido de desconsideração, a alienação ou a oneração de bens, havida em fraude de execução, será ineficaz em relação ao requerente.

CAPÍTULO V – DO *AMICUS CURIAE*

Art. 138. O juiz ou o relator, considerando a relevância da matéria, a especificidade do tema objeto da demanda ou a repercussão social da controvérsia, poderá, por decisão irrecorrível, de ofício ou a requerimento das partes ou de quem pretenda manifestar-se, solicitar ou admitir a participação de pessoa natural ou jurídica, órgão ou entidade especializada, com representatividade adequada, no prazo de 15 (quinze) dias de sua intimação.

§ 1º A intervenção de que trata o *caput* não implica alteração de competência nem autoriza a interposição de recursos, ressalvadas a oposição de embargos de declaração e a hipótese do § 3º.

§ 2º Caberá ao juiz ou ao relator, na decisão que solicitar ou admitir a intervenção, definir os poderes do *amicus curiae*.

§ 3º O *amicus curiae* pode recorrer da decisão que julgar o incidente de resolução de demandas repetitivas.

TÍTULO IV – DO JUIZ E DOS AUXILIARES DA JUSTIÇA

CAPÍTULO I – DOS PODERES, DOS DEVERES E DA RESPONSABILIDADE DO JUIZ

Art. 139. O juiz dirigirá o processo conforme as disposições deste Código, incumbindo-lhe:

I - assegurar às partes igualdade de tratamento;

II - velar pela duração razoável do processo;

III - prevenir ou reprimir qualquer ato contrário à dignidade da justiça e indeferir postulações meramente protelatórias;

IV - determinar todas as medidas indutivas, coercitivas, mandamentais ou sub-rogatórias necessárias para assegurar o cumprimento de ordem judicial, inclusive nas ações que tenham por objeto prestação pecuniária;

V - promover, a qualquer tempo, a autocomposição, preferencialmente com auxílio de conciliadores e mediadores judiciais;

VI - dilatar os prazos processuais e alterar a ordem de produção dos meios de prova, adequando-os às necessidades do conflito de modo a conferir maior efetividade à tutela do direito;

VII - exercer o poder de polícia, requisitando, quando necessário, força policial, além da segurança interna dos fóruns e tribunais;

VIII - determinar, a qualquer tempo, o comparecimento pessoal das partes, para inquiri-las sobre os fatos da causa, hipótese em que não incidirá a pena de confesso;

IX - determinar o suprimento de pressupostos processuais e o saneamento de outros vícios processuais;

X - quando se deparar com diversas demandas individuais repetitivas, oficiar o Ministério Público, a Defensoria Pública e, na medida do possível, outros legitimados a que se referem o art. 5º da Lei nº 7.347, de 24 de julho de 1985, e o art. 82 da Lei nº 8.078, de 11 de setembro de 1990, para, se for o caso, promover a propositura da ação coletiva respectiva.

Parágrafo único. A dilação de prazos prevista no inciso VI somente pode ser determinada antes de encerrado o prazo regular.

Art. 140. O juiz não se exime de decidir sob a alegação de lacuna ou obscuridade do ordenamento jurídico.

Parágrafo único. O juiz só decidirá por equidade nos casos previstos em lei.

Art. 141. O juiz decidirá o mérito nos limites propostos pelas partes, sendo-lhe vedado conhecer de questões não suscitadas a cujo respeito a lei exige iniciativa da parte.

Art. 142. Convencendo-se, pelas circunstâncias, de que autor e réu se serviram do processo para praticar ato simulado ou conseguir fim vedado por lei, o juiz proferirá decisão que impeça os objetivos das partes, aplicando, de ofício, as penalidades da litigância de má-fé.

Art. 143. O juiz responderá, civil e regressivamente, por perdas e danos quando:

I - no exercício de suas funções, proceder com dolo ou fraude;

II - recusar, omitir ou retardar, sem justo motivo, providência que deva ordenar de ofício ou a requerimento da parte.

Parágrafo único. As hipóteses previstas no inciso II somente serão verificadas depois que a parte requerer ao juiz que determine a providência e o requerimento não for apreciado no prazo de 10 (dez) dias.

CAPÍTULO II – DOS IMPEDIMENTOS E DA SUSPEIÇÃO

Art. 144. Há impedimento do juiz, sendo-lhe vedado exercer suas funções no processo:

I - em que interveio como mandatário da parte, oficiou como perito, funcionou como membro do Ministério Público ou prestou depoimento como testemunha;

II - de que conheceu em outro grau de jurisdição, tendo proferido decisão;

III - quando nele estiver postulando, como defensor público, advogado ou membro do Ministério Público, seu cônjuge ou companheiro, ou qualquer parente, consanguíneo ou afim, em linha reta ou colateral, até o terceiro grau, inclusive;

IV - quando for parte no processo ele próprio, seu cônjuge ou companheiro, ou parente, consanguíneo ou afim, em linha reta ou colateral, até o terceiro grau, inclusive;

V - quando for sócio ou membro de direção ou de administração de pessoa jurídica parte no processo;

VI - quando for herdeiro presuntivo, donatário ou empregador de qualquer das partes;

VII - em que figure como parte instituição de ensino com a qual tenha relação de emprego ou decorrente de contrato de prestação de serviços;

VIII - em que figure como parte cliente do escritório de advocacia de seu cônjuge, companheiro ou parente, consanguíneo ou afim, em linha reta ou colateral, até o terceiro grau, inclusive, mesmo que patrocinado por advogado de outro escritório;

› *Inciso declarado inconstitucional, em controle concentrado, pelo Supremo Tribunal Federal pela ADI nº 5.953, publicada no DOU de 4/9/2023*

IX - quando promover ação contra a parte ou seu advogado.

§ 1º Na hipótese do inciso III, o impedimento só se verifica quando o defensor público, o advogado ou o membro do Ministério Público já integrava o processo antes do início da atividade judicante do juiz.

§ 2º É vedada a criação de fato superveniente a fim de caracterizar impedimento do juiz.

§ 3º O impedimento previsto no inciso III também se verifica no caso de mandato conferido a membro de escritório de advocacia que tenha em seus quadros advogado que individualmente ostente a condição nele prevista, mesmo que não intervenha diretamente no processo.

Art. 145. Há suspeição do juiz:

I - amigo íntimo ou inimigo de qualquer das partes ou de seus advogados;

II - que receber presentes de pessoas que tiverem interesse na causa antes ou depois de iniciado o processo, que aconselhar alguma das partes acerca do objeto da causa ou que subministrar meios para atender às despesas do litígio;

III - quando qualquer das partes for sua credora ou devedora, de seu cônjuge ou companheiro ou de parentes destes, em linha reta até o terceiro grau, inclusive;

IV - interessado no julgamento do processo em favor de qualquer das partes.

§ 1º Poderá o juiz declarar-se suspeito por motivo de foro íntimo, sem necessidade de declarar suas razões.

§ 2º Será ilegítima a alegação de suspeição quando:

I - houver sido provocada por quem a alega;

II - a parte que a alega houver praticado ato que signifique manifesta aceitação do arguido.

Art. 146. No prazo de 15 (quinze) dias, a contar do conhecimento do fato, a parte alegará o impedimento ou a suspeição, em petição específica dirigida ao juiz do processo, na qual indicará o fundamento da recusa, podendo instruí-la com documentos em que se fundar a alegação e com rol de testemunhas.

§ 1º Se reconhecer o impedimento ou a suspeição ao receber a petição, o juiz ordenará imediatamente a remessa dos autos a seu substituto legal, caso contrário, determinará a autuação em apartado da petição e, no prazo de 15 (quinze) dias, apresentará suas razões, acompanhadas de documentos e de rol de testemunhas, se houver, ordenando a remessa do incidente ao tribunal.

§ 2º Distribuído o incidente, o relator deverá declarar os seus efeitos, sendo que, se o incidente for recebido:

I - sem efeito suspensivo, o processo voltará a correr;

II - com efeito suspensivo, o processo permanecerá suspenso até o julgamento do incidente.

§ 3º Enquanto não for declarado o efeito em que é recebido o incidente ou quando este for recebido com efeito suspensivo, a tutela de urgência será requerida ao substituto legal.

§ 4º Verificando que a alegação de impedimento ou de suspeição é improcedente, o tribunal rejeitá-la-á.

§ 5º Acolhida a alegação, tratando-se de impedimento ou de manifesta suspeição, o tribunal condenará o juiz nas custas e remeterá os autos ao seu substituto legal, podendo o juiz recorrer da decisão.

§ 6º Reconhecido o impedimento ou a suspeição, o tribunal fixará o momento a partir do qual o juiz não poderia ter atuado.

§ 7º O tribunal decretará a nulidade dos atos do juiz, se praticados quando já presente o motivo de impedimento ou de suspeição.

Art. 147. Quando 2 (dois) ou mais juízes forem parentes, consanguíneos ou afins, em linha reta ou colateral, até o terceiro grau, inclusive, o primeiro que conhecer do processo impede que o outro nele atue, caso em que o segundo se escusará, remetendo os autos ao seu substituto legal.

Art. 148. Aplicam-se os motivos de impedimento e de suspeição:

I - ao membro do Ministério Público;

II - aos auxiliares da justiça;

III - aos demais sujeitos imparciais do processo.

§ 1º A parte interessada deverá arguir o impedimento ou a suspeição, em petição fundamentada e devidamente instruída, na primeira oportunidade em que lhe couber falar nos autos.

§ 2º O juiz mandará processar o incidente em separado e sem suspensão do processo, ouvindo o arguido no prazo de 15 (quinze) dias e facultando a produção de prova, quando necessária.

§ 3º Nos tribunais, a arguição a que se refere o § 1º será disciplinada pelo regimento interno.

§ 4º O disposto nos §§ 1º e 2º não se aplica à arguição de impedimento ou de suspeição de testemunha.

CAPÍTULO III – DOS AUXILIARES DA JUSTIÇA

Art. 149. São auxiliares da Justiça, além de outros cujas atribuições sejam determinadas pelas normas de organização judiciária, o escrivão, o chefe de secretaria, o oficial de justiça, o perito, o depositário, o administrador, o intérprete, o tradutor, o mediador, o conciliador judicial, o partidor, o distribuidor, o contabilista e o regulador de avarias.

SEÇÃO I – DO ESCRIVÃO, DO CHEFE DE SECRETARIA E DO OFICIAL DE JUSTIÇA

Art. 150. Em cada juízo haverá um ou mais ofícios de justiça, cujas atribuições serão determinadas pelas normas de organização judiciária.

Art. 151. Em cada comarca, seção ou subseção judiciária haverá, no mínimo, tantos oficiais de justiça quantos sejam os juízos.

Art. 152. Incumbe ao escrivão ou ao chefe de secretaria:

I - redigir, na forma legal, os ofícios, os mandados, as cartas precatórias e os demais atos que pertençam ao seu ofício;

II - efetivar as ordens judiciais, realizar citações e intimações, bem como praticar todos os demais atos que lhe forem atribuídos pelas normas de organização judiciária;

III - comparecer às audiências ou, não podendo fazê-lo, designar servidor para substituí-lo;

IV - manter sob sua guarda e responsabilidade os autos, não permitindo que saiam do cartório, exceto:

a) quando tenham de seguir à conclusão do juiz;

b) com vista a procurador, à Defensoria Pública, ao Ministério Público ou à Fazenda Pública;

c) quando devam ser remetidos ao contabilista ou ao partidor;

d) quando forem remetidos a outro juízo em razão da modificação da competência;

V - fornecer certidão de qualquer ato ou termo do processo, independentemente de despacho, observadas as disposições referentes ao segredo de justiça;

VI - praticar, de ofício, os atos meramente ordinatórios.

§ 1º O juiz titular editará ato a fim de regulamentar a atribuição prevista no inciso VI.

§ 2º No impedimento do escrivão ou chefe de secretaria, o juiz convocará substituto e, não o havendo, nomeará pessoa idônea para o ato.

Art. 153. O escrivão ou o chefe de secretaria atenderá, preferencialmente, à ordem cronológica de recebimento para publicação e efetivação dos pronunciamentos judiciais.

› *"Caput" do artigo com redação dada pela Lei nº 13.256, de 4/2/2016*

§ 1º A lista de processos recebidos deverá ser disponibilizada, de forma permanente, para consulta pública.

§ 2º Estão excluídos da regra do *caput*:

I - os atos urgentes, assim reconhecidos pelo juiz no pronunciamento judicial a ser efetivado;

II - as preferências legais.

§ 3º Após elaboração de lista própria, respeitar-se-ão a ordem cronológica de recebimento entre os atos urgentes e as preferências legais.

§ 4º A parte que se considerar preterida na ordem cronológica poderá reclamar, nos próprios autos, ao juiz do processo, que requisitará informações ao servidor, a serem prestadas no prazo de 2 (dois) dias.

§ 5º Constatada a preterição, o juiz determinará o imediato cumprimento do ato e a instauração de processo administrativo disciplinar contra o servidor.

Art. 154. Incumbe ao oficial de justiça:

I - fazer pessoalmente citações, prisões, penhoras, arrestos e demais diligências próprias do seu ofício, sempre que possível na presença de 2 (duas) testemunhas, certificando no mandado o ocorrido, com menção ao lugar, ao dia e à hora;

II - executar as ordens do juiz a que estiver subordinado;

III - entregar o mandado em cartório após seu cumprimento;

IV - auxiliar o juiz na manutenção da ordem;

V - efetuar avaliações, quando for o caso;

VI - certificar, em mandado, proposta de autocomposição apresentada por qualquer das partes, na ocasião de realização de ato de comunicação que lhe couber.

Parágrafo único. Certificada a proposta de autocomposição prevista no inciso VI, o juiz ordenará a intimação da parte contrária para manifestar-se, no prazo de 5 (cinco) dias, sem prejuízo do andamento regular do processo, entendendo-se o silêncio como recusa.

Art. 155. O escrivão, o chefe de secretaria e o oficial de justiça são responsáveis, civil e regressivamente, quando:

I - sem justo motivo, se recusarem a cumprir no prazo os atos impostos pela lei ou pelo juiz a que estão subordinados;

II - praticarem ato nulo com dolo ou culpa.

SEÇÃO II – DO PERITO

Art. 156. O juiz será assistido por perito quando a prova do fato depender de conhecimento técnico ou científico.

§ 1º Os peritos serão nomeados entre os profissionais legalmente habilitados e os órgãos técnicos ou científicos devidamente inscritos em cadastro mantido pelo tribunal ao qual o juiz está vinculado.

§ 2º Para formação do cadastro, os tribunais devem realizar consulta pública, por meio de divulgação na rede mundial de computadores ou em jornais de grande circulação, além de consulta direta a universidades, a conselhos de classe, ao Ministério Público, à Defensoria Pública e à Ordem dos Advogados do Brasil, para a indicação de profissionais ou de órgãos técnicos interessados.

§ 3º Os tribunais realizarão avaliações e reavaliações periódicas para manutenção do cadastro, considerando a formação profissional, a atualização do conhecimento e a experiência dos peritos interessados.

§ 4º Para verificação de eventual impedimento ou motivo de suspeição, nos termos dos arts. 148 e 467, o órgão técnico ou científico nomeado para realização da perícia informará ao juiz os nomes e os dados de qualificação dos profissionais que participarão da atividade.

§ 5º Na localidade onde não houver inscrito no cadastro disponibilizado pelo tribunal, a nomeação do perito é de livre escolha pelo juiz e deverá recair sobre profissional ou órgão técnico ou científico comprovadamente detentor do conhecimento necessário à realização da perícia.

Art. 157. O perito tem o dever de cumprir o ofício no prazo que lhe designar o juiz, empregando toda sua diligência, podendo escusar-se do encargo alegando motivo legítimo.

§ 1º A escusa será apresentada no prazo de 15 (quinze) dias, contado da intimação, da suspeição ou do impedimento supervenientes, sob pena de renúncia ao direito a alegá-la.

§ 2º Será organizada lista de peritos na vara ou na secretaria, com disponibilização dos documentos exigidos para habilitação à consulta de interessados, para que a nomeação seja distribuída de modo equitativo, observadas a capacidade técnica e a área de conhecimento.

Art. 158. O perito que, por dolo ou culpa, prestar informações inverídicas responderá pelos prejuízos que causar à parte e ficará inabilitado para atuar em outras perícias no prazo de 2 (dois) a 5 (cinco) anos, independentemente das demais sanções previstas em lei, devendo o juiz comunicar o fato ao respectivo órgão de classe para adoção das medidas que entender cabíveis.

SEÇÃO III – DO DEPOSITÁRIO E DO ADMINISTRADOR

Art. 159. A guarda e a conservação de bens penhorados, arrestados, sequestrados ou arrecadados serão confiadas a depositário ou a administrador, não dispondo a lei de outro modo.

Art. 160. Por seu trabalho o depositário ou o administrador perceberá remuneração que o juiz fixará levando em conta a situação dos bens, ao tempo do serviço e às dificuldades de sua execução.

Parágrafo único. O juiz poderá nomear um ou mais prepostos por indicação do depositário ou do administrador.

Art. 161. O depositário ou o administrador responde pelos prejuízos que, por dolo ou culpa, causar à parte, perdendo a remuneração que lhe foi arbitrada, mas tem o direito a haver o que legitimamente despendeu no exercício do encargo.

Parágrafo único. O depositário infiel responde civilmente pelos prejuízos causados, sem prejuízo de sua responsabilidade penal e da imposição de sanção por ato atentatório à dignidade da justiça.

SEÇÃO IV – DO INTÉRPRETE E DO TRADUTOR

Art. 162. O juiz nomeará intérprete ou tradutor quando necessário para:

I - traduzir documento redigido em língua estrangeira;

II - verter para o português as declarações das partes e das testemunhas que não conhecerem o idioma nacional;

III - realizar a interpretação simultânea dos depoimentos das partes e testemunhas com deficiência auditiva que se comuniquem por meio da Língua Brasileira de Sinais, ou equivalente, quando assim for solicitado.

Art. 163. Não pode ser intérprete ou tradutor quem:

I - não tiver a livre administração de seus bens;

II - for arrolado como testemunha ou atuar como perito no processo;

III - estiver inabilitado para o exercício da profissão por sentença penal condenatória, enquanto durarem seus efeitos.

Art. 164. O intérprete ou tradutor, oficial ou não, é obrigado a desempenhar seu ofício, aplicando-se-lhe o disposto nos arts. 157 e 158.

SEÇÃO V – DOS CONCILIADORES E MEDIADORES JUDICIAIS

Art. 165. Os tribunais criarão centros judiciários de solução consensual de conflitos, responsáveis pela realização de sessões e audiências de conciliação e mediação e pelo desenvolvimento de programas destinados a auxiliar, orientar e estimular a autocomposição.

§ 1º A composição e a organização dos centros serão definidas pelo respectivo tribunal, observadas as normas do Conselho Nacional de Justiça.

§ 2º O conciliador, que atuará preferencialmente nos casos em que não houver vínculo anterior entre as partes, poderá sugerir soluções para o litígio, sendo vedada a utilização de qualquer tipo de constrangimento ou intimidação para que as partes conciliem.

§ 3º O mediador, que atuará preferencialmente nos casos em que houver vínculo anterior entre as partes, auxiliará aos interessados a compreender as questões e os interesses em conflito, de modo que eles possam, pelo restabelecimento da comunicação, identificar, por si próprios, soluções consensuais que gerem benefícios mútuos.

Art. 166. A conciliação e a mediação são informadas pelos princípios da independência, da imparcialidade, da autonomia da vontade, da confidencialidade, da oralidade, da informalidade e da decisão informada.

§ 1º A confidencialidade estende-se a todas as informações produzidas no curso do procedimento, cujo teor não poderá ser utilizado para fim diverso daquele previsto por expressa deliberação das partes.

§ 2º Em razão do dever de sigilo, inerente às suas funções, o conciliador e o mediador, assim como os membros de suas equipes, não poderão divulgar ou depor acerca de fatos ou elementos oriundos da conciliação ou da mediação.

§ 3º Admite-se a aplicação de técnicas negociais, com o objetivo de proporcionar ambiente favorável à autocomposição.

§ 4º A mediação e a conciliação serão regidas conforme a livre autonomia dos interessados, inclusive no que diz respeito à definição das regras procedimentais.

Art. 167. Os conciliadores, os mediadores e as câmaras privadas de conciliação e mediação serão inscritos em cadastro nacional e em cadastro de tribunal de justiça ou de tribunal regional federal, que manterá registro de profissionais habilitados, com indicação de sua área profissional.

§ 1º Preenchendo o requisito da capacitação mínima, por meio de curso realizado por entidade credenciada, conforme parâmetro curricular definido pelo Conselho Nacional de Justiça em conjunto com o Ministério da Justiça, o conciliador ou o mediador, com o respectivo certificado, poderá requerer sua inscrição no cadastro nacional e no cadastro de tribunal de justiça ou de tribunal regional federal.

§ 2º Efetivado o registro, que poderá ser precedido de concurso público, o tribunal remeterá ao diretor do foro da comarca, seção ou subseção judiciária onde atuará o conciliador ou o mediador os dados necessários para que seu nome passe a constar da respectiva lista, a ser observada na distribuição alternada e aleatória, respeitado o princípio da igualdade dentro da mesma área de atuação profissional.

§ 3º Do credenciamento das câmaras e do cadastro de conciliadores e mediadores constarão todos os dados relevantes para a sua atuação, tais como o número de processos de que participou, o sucesso ou insucesso da atividade, a matéria sobre a qual versou a controvérsia, bem como outros dados que o tribunal julgar relevantes.

§ 4º Os dados colhidos na forma do § 3º serão classificados sistematicamente pelo tribunal, que os publicará, ao menos anualmente, para conhecimento da população e para fins estatísticos e de avaliação da conciliação, da mediação, das câmaras privadas de conciliação e de mediação, dos conciliadores e dos mediadores.

§ 5º Os conciliadores e mediadores judiciais cadastrados na forma do *caput*, se advogados, estarão impedidos de exercer a advocacia nos juízos em que desempenhem suas funções.

§ 6º O tribunal poderá optar pela criação de quadro próprio de conciliadores e mediadores, a ser preenchido por concurso público de provas e títulos, observadas as disposições deste Capítulo.

Art. 168. As partes podem escolher, de comum acordo, o conciliador, o mediador ou a câmara privada de conciliação e de mediação.

§ 1º O conciliador ou mediador escolhido pelas partes poderá ou não estar cadastrado no tribunal.

§ 2º Inexistindo acordo quanto à escolha do mediador ou conciliador, haverá distribuição entre aqueles cadastrados no registro do tribunal, observada a respectiva formação.

§ 3º Sempre que recomendável, haverá a designação de mais de um mediador ou conciliador.

Art. 169. Ressalvada a hipótese do art. 167, § 6º, o conciliador e o mediador receberão pelo seu trabalho remuneração prevista em tabela fixada pelo tribunal, conforme parâmetros estabelecidos pelo Conselho Nacional de Justiça.

§ 1º A mediação e a conciliação podem ser realizadas como trabalho voluntário, observada a legislação pertinente e a regulamentação do tribunal.

§ 2º Os tribunais determinarão o percentual de audiências não remuneradas que deverão ser suportadas pelas câmaras privadas de conciliação e mediação, com o fim de atender aos processos em que deferida gratuidade da justiça, como contrapartida de seu credenciamento.

Art. 170. No caso de impedimento, o conciliador ou mediador o comunicará imediatamente, de preferência por meio eletrônico, e devolverá os autos ao juiz do processo ou ao coordenador do centro judiciário de solução de conflitos, devendo este realizar nova distribuição.

Parágrafo único. Se a causa de impedimento for apurada quando já iniciado o procedimento, a atividade será interrompida, lavrando-se ata com relatório do ocorrido e solicitação de distribuição para novo conciliador ou mediador.

Art. 171. No caso de impossibilidade temporária do exercício da função, o conciliador ou mediador informará o fato ao centro, preferencialmente por meio eletrônico, para que, durante o período em que perdurar a impossibilidade, não haja novas distribuições.

Art. 172. O conciliador e o mediador ficam impedidos, pelo prazo de 1 (um) ano, contado do término da última audiência em que atuaram, de assessorar, representar ou patrocinar qualquer das partes.

Art. 173. Será excluído do cadastro de conciliadores e mediadores aquele que:

I - agir com dolo ou culpa na condução da conciliação ou da mediação sob sua responsabilidade ou violar qualquer dos deveres decorrentes do art. 166, §§ 1º e 2º;

II - atuar em procedimento de mediação ou conciliação, apesar de impedido ou suspeito.

§ 1º Os casos previstos neste artigo serão apurados em processo administrativo.

§ 2º O juiz do processo ou o juiz coordenador do centro de conciliação e mediação, se houver, verificando atuação inadequada do mediador ou conciliador, poderá afastá-lo de suas atividades por até 180 (cento e oitenta) dias, por decisão fundamentada, informando o fato imediatamente ao tribunal para instauração do respectivo processo administrativo.

Art. 174. A União, os Estados, o Distrito Federal e os Municípios criarão câmaras de mediação e conciliação, com atribuições relacionadas à solução consensual de conflitos no âmbito administrativo, tais como:

I - dirimir conflitos envolvendo órgãos e entidades da administração pública;

II - avaliar a admissibilidade dos pedidos de resolução de conflitos, por meio de conciliação, no âmbito da administração pública;

III - promover, quando couber, a celebração de termo de ajustamento de conduta.

Art. 175. As disposições desta Seção não excluem outras formas de conciliação e mediação extrajudiciais vinculadas a órgãos institucionais ou realizadas por intermédio de profissionais independentes, que poderão ser regulamentadas por lei específica.

Parágrafo único. Os dispositivos desta Seção aplicam-se, no que couber, às câmaras privadas de conciliação e mediação.

TÍTULO V – DO MINISTÉRIO PÚBLICO

Art. 176. O Ministério Público atuará na defesa da ordem jurídica, do regime democrático e dos interesses e direitos sociais e individuais indisponíveis.

Art. 177. O Ministério Público exercerá o direito de ação em conformidade com suas atribuições constitucionais.

Art. 178. O Ministério Público será intimado para, no prazo de 30 (trinta) dias, intervir como fiscal da ordem jurídica nas hipóteses previstas em lei ou na Constituição Federal e nos processos que envolvam:

I - interesse público ou social;

II - interesse de incapaz;

III - litígios coletivos pela posse de terra rural ou urbana.

Parágrafo único. A participação da Fazenda Pública não configura, por si só, hipótese de intervenção do Ministério Público.

- *Vide Enunciado 177, III Jornada de Direito Processual Civil do CJF*

Art. 179. Nos casos de intervenção como fiscal da ordem jurídica, o Ministério Público:

I - terá vista dos autos depois das partes, sendo intimado de todos os atos do processo;

II - poderá produzir provas, requerer as medidas processuais pertinentes e recorrer.

Art. 180. O Ministério Público gozará de prazo em dobro para manifestar-se nos autos, que terá início a partir de sua intimação pessoal, nos termos do art. 183, § 1º.

§ 1º Findo o prazo para manifestação do Ministério Público sem o oferecimento de parecer, o juiz requisitará os autos e dará andamento ao processo.

§ 2º Não se aplica o benefício da contagem em dobro quando a lei estabelecer, de forma expressa, prazo próprio para o Ministério Público.

Art. 181. O membro do Ministério Público será civil e regressivamente responsável quando agir com dolo ou fraude no exercício de suas funções.

TÍTULO VI – DA ADVOCACIA PÚBLICA

Art. 182. Incumbe à Advocacia Pública, na forma da lei, defender e promover os interesses públicos da União, dos Estados, do Distrito Federal e dos Municípios, por meio da representação judicial, em todos os âmbitos federativos, das pessoas jurídicas de direito público que integram a administração direta e indireta.

Art. 183. A União, os Estados, o Distrito Federal, os Municípios e suas respectivas autarquias e fundações de direito público gozarão de prazo em dobro para todas as suas manifestações processuais, cuja contagem terá início a partir da intimação pessoal.

§ 1º A intimação pessoal far-se-á por carga, remessa ou meio eletrônico.

§ 2º Não se aplica o benefício da contagem em dobro quando a lei estabelecer, de forma expressa, prazo próprio para o ente público.

Art. 184. O membro da Advocacia Pública será civil e regressivamente responsável quando agir com dolo ou fraude no exercício de suas funções.

TÍTULO VII – DA DEFENSORIA PÚBLICA

Art. 185. A Defensoria Pública exercerá a orientação jurídica, a promoção dos direitos humanos e a defesa dos direitos individuais e coletivos dos necessitados, em todos os graus, de forma integral e gratuita.

Art. 186. A Defensoria Pública gozará de prazo em dobro para todas as suas manifestações processuais.

§ 1º O prazo tem início com a intimação pessoal do defensor público, nos termos do art. 183, § 1º.

§ 2º A requerimento da Defensoria Pública, o juiz determinará a intimação pessoal da parte patrocinada quando o ato processual depender de providência ou informação que somente por ela possa ser realizada ou prestada.

§ 3º O disposto no *caput* aplica-se aos escritórios de prática jurídica das faculdades de Direito reconhecidas na forma da lei e às entidades que prestam assistência jurídica gratuita em razão de convênios firmados com a Defensoria Pública.

§ 4º Não se aplica o benefício da contagem em dobro quando a lei estabelecer, de forma expressa, prazo próprio para a Defensoria Pública.

Art. 187. O membro da Defensoria Pública será civil e regressivamente responsável quando agir com dolo ou fraude no exercício de suas funções.

LIVRO IV – DOS ATOS PROCESSUAIS

TÍTULO I – DA FORMA, DO TEMPO E DO LUGAR DOS ATOS PROCESSUAIS

CAPÍTULO I – DA FORMA DOS ATOS PROCESSUAIS

SEÇÃO I – DOS ATOS EM GERAL

Art. 188. Os atos e os termos processuais independem de forma determinada, salvo quando a lei expressamente a exigir, considerando-se válidos os que, realizados de outro modo, lhe preencham a finalidade essencial.

Art. 189. Os atos processuais são públicos, todavia tramitam em segredo de justiça os processos:

I - em que o exija o interesse público ou social;

II - que versem sobre casamento, separação de corpos, divórcio, separação, união estável, filiação, alimentos e guarda de crianças e adolescentes;

III - em que constem dados protegidos pelo direito constitucional à intimidade;

IV - que versem sobre arbitragem, inclusive sobre cumprimento de carta arbitral, desde que a confidencialidade estipulada na arbitragem seja comprovada perante o juízo.

§ 1º O direito de consultar os autos de processo que tramite em segredo de justiça e de pedir certidões de seus atos é restrito às partes e aos seus procuradores.

§ 2º O terceiro que demonstrar interesse jurídico pode requerer ao juiz certidão do dispositivo da sentença, bem como de inventário e de partilha resultantes de divórcio ou separação.

Art. 190. Versando o processo sobre direitos que admitam autocomposição, é lícito às partes plenamente capazes estipular mudanças no procedimento para ajustá-lo às especificidades da causa e convencionar sobre os seus ônus, poderes, faculdades e deveres processuais, antes ou durante o processo.

Parágrafo único. De ofício ou a requerimento, o juiz controlará a validade das convenções previstas neste artigo, recusando-lhes aplicação somente nos casos de nulidade ou de inserção abusiva em contrato de adesão ou em que alguma parte se encontre em manifesta situação de vulnerabilidade.

Art. 191. De comum acordo, o juiz e as partes podem fixar calendário para a prática dos atos processuais, quando for o caso.

§ 1º O calendário vincula as partes e o juiz, e os prazos nele previstos somente serão modificados em casos excepcionais, devidamente justificados.

§ 2º Dispensa-se a intimação das partes para a prática de ato processual ou a realização de audiência cujas datas tiverem sido designadas no calendário.

Art. 192. Em todos os atos e termos do processo é obrigatório o uso da língua portuguesa.

Parágrafo único. O documento redigido em língua estrangeira somente poderá ser juntado aos autos quando acompanhado de versão para a língua portuguesa tramitada por via diplomática ou pela autoridade central, ou firmada por tradutor juramentado.

SEÇÃO II – DA PRÁTICA ELETRÔNICA DE ATOS PROCESSUAIS

Art. 193. Os atos processuais podem ser total ou parcialmente digitais, de forma a permitir que sejam produzidos, comunicados, armazenados e validados por meio eletrônico, na forma da lei.

Parágrafo único. O disposto nesta Seção aplica-se, no que for cabível, à prática de atos notariais e de registro.

- *Vide MP 2220-2/2001 (ICP)*
- *Vide Lei 14.382/2022 (Lei do SERP)*
- *Vide Provimento CNJ n. 74/2018 (Padrões Mínimos de Tecnologia de Informação)*
- *Vide Arts. 206 a 343, Provimento CNJ n. 149/2023 (CNN))*

Art. 194. Os sistemas de automação processual respeitarão a publicidade dos atos, o acesso e a participação das partes e de seus procuradores, inclusive nas audiências e sessões de julgamento, observadas as garantias da disponibilidade, independência da plataforma computacional, acessibilidade e interoperabilidade dos sistemas, serviços, dados e informações que o Poder Judiciário administre no exercício de suas funções.

Art. 195. O registro de ato processual eletrônico deverá ser feito em padrões abertos, que atenderão aos requisitos de autenticidade, integridade, temporalidade, não repúdio, conservação e, nos casos que tramitem em segredo de justiça, confidencialidade, observada a infraestrutura de chaves públicas unificada nacionalmente, nos termos da lei.

Art. 196. Compete ao Conselho Nacional de Justiça e, supletivamente, aos tribunais, regulamentar a prática e a comunicação oficial de atos processuais por meio eletrônico e velar pela compatibilidade dos sistemas, disciplinando a incorporação progressiva de novos avanços tecnológicos e editando, para esse fim, os atos que forem necessários, respeitadas as normas fundamentais deste Código.

Art. 197. Os tribunais divulgarão as informações constantes de seu sistema de automação em página própria na rede mundial de computadores, gozando a divulgação de presunção de veracidade e confiabilidade.

Parágrafo único. Nos casos de problema técnico do sistema e de erro ou omissão do auxiliar da justiça responsável pelo registro dos andamentos, poderá ser configurada a justa causa prevista no art. 223, *caput* e § 1º.

Art. 198. As unidades do Poder Judiciário deverão manter gratuitamente, à disposição dos interessados, equipamentos necessários à prática de atos processuais e à consulta e ao acesso ao sistema e aos documentos dele constantes.

Parágrafo único. Será admitida a prática de atos por meio não eletrônico no local onde não estiverem disponibilizados os equipamentos previstos no *caput*.

Art. 199. As unidades do Poder Judiciário assegurarão às pessoas com deficiência acessibilidade aos seus sítios na rede mundial de computadores, ao meio eletrônico de prática de atos judiciais, à comunicação eletrônica dos atos processuais e à assinatura eletrônica.

SEÇÃO III – DOS ATOS DAS PARTES

Art. 200. Os atos das partes consistentes em declarações unilaterais ou bilaterais de vontade produzem imediatamente a constituição, modificação ou extinção de direitos processuais.

Parágrafo único. A desistência da ação só produzirá efeitos após homologação judicial.

Art. 201. As partes poderão exigir recibo de petições, arrazoados, papéis e documentos que entregarem em cartório.

Art. 202. É vedado lançar nos autos cotas marginais ou interlineares, as quais o juiz mandará riscar, impondo a quem as escrever multa correspondente à metade do salário-mínimo.

SEÇÃO IV – DOS PRONUNCIAMENTOS DO JUIZ

Art. 203. Os pronunciamentos do juiz consistirão em sentenças, decisões interlocutórias e despachos.

§ 1º Ressalvadas as disposições expressas dos procedimentos especiais, sentença é o pronunciamento por meio do qual o juiz, com fundamento nos arts. 485 e 487, põe fim à fase cognitiva do procedimento comum, bem como extingue a execução.

§ 2º Decisão interlocutória é todo pronunciamento judicial de natureza decisória que não se enquadre no § 1º.

§ 3º São despachos todos os demais pronunciamentos do juiz praticados no processo, de ofício ou a requerimento da parte.

§ 4º Os atos meramente ordinatórios, como a juntada e a vista obrigatória, independem de despacho, devendo ser praticados de ofício pelo servidor e revistos pelo juiz quando necessário.

Art. 204. Acórdão é o julgamento colegiado proferido pelos tribunais.

Art. 205. Os despachos, as decisões, as sentenças e os acórdãos serão redigidos, datados e assinados pelos juízes.

§ 1º Quando os pronunciamentos previstos no *caput* forem proferidos oralmente, o servidor os documentará, submetendo-os aos juízes para revisão e assinatura.

§ 2º A assinatura dos juízes, em todos os graus de jurisdição, pode ser feita eletronicamente, na forma da lei.

§ 3º Os despachos, as decisões interlocutórias, o dispositivo das sentenças e a ementa dos acórdãos serão publicados no Diário de Justiça Eletrônico.

SEÇÃO V – DOS ATOS DO ESCRIVÃO OU DO CHEFE DE SECRETARIA

Art. 206. Ao receber a petição inicial de processo, o escrivão ou o chefe de secretaria a autuará, mencionando o juízo, a natureza do processo, o número de seu registro, os nomes das partes e a data de seu início, e procederá do mesmo modo em relação aos volumes em formação.

Art. 207. O escrivão ou o chefe de secretaria numerará e rubricará todas as folhas dos autos.

Parágrafo único. À parte, ao procurador, ao membro do Ministério Público, ao defensor público e aos auxiliares da justiça é facultado rubricar as folhas correspondentes aos atos em que intervierem.

Art. 208. Os termos de juntada, vista, conclusão e outros semelhantes constarão de notas datadas e rubricadas pelo escrivão ou pelo chefe de secretaria.

Art. 209. Os atos e os termos do processo serão assinados pelas pessoas que neles intervierem, todavia, quando essas não puderem ou não quiserem firmá-los, o escrivão ou o chefe de secretaria certificará a ocorrência.

§ 1º Quando se tratar de processo total ou parcialmente documentado em autos eletrônicos, os atos processuais praticados na presença do juiz poderão ser produzidos e armazenados de modo integralmente digital em arquivo eletrônico inviolável, na forma da lei, mediante registro em termo, que será assinado digitalmente pelo juiz e pelo escrivão ou chefe de secretaria, bem como pelos advogados das partes.

§ 2º Na hipótese do § 1º, eventuais contradições na transcrição deverão ser suscitadas oralmente no momento de realização do ato, sob pena de preclusão, devendo o juiz decidir de plano e ordenar o registro, no termo, da alegação e da decisão.

Art. 210. É lícito o uso da taquigrafia, da estenotipia ou de outro método idôneo em qualquer juízo ou tribunal.

Art. 211. Não se admitem nos atos e termos processuais espaços em branco, salvo os que forem inutilizados, assim como entrelinhas, emendas ou rasuras, exceto quando expressamente ressalvadas.

CAPÍTULO II – DO TEMPO E DO LUGAR DOS ATOS PROCESSUAIS

SEÇÃO I – DO TEMPO

Art. 212. Os atos processuais serão realizados em dias úteis, das 6 (seis) às 20 (vinte) horas.

- *Vide art. 9º, § 2º, Lei n. 6.015/1973 (Notários e Registradores)*

§ 1º Serão concluídos após as 20 (vinte) horas os atos iniciados antes, quando o adiamento prejudicar a diligência ou causar grave dano.

§ 2º Independentemente de autorização judicial, as citações, intimações e penhoras poderão realizar-se no período de férias forenses, onde as houver, e nos feriados ou dias úteis fora do horário estabelecido neste artigo, observado o disposto no art. 5º, inciso XI, da Constituição Federal.

§ 3º Quando o ato tiver de ser praticado por meio de petição em autos não eletrônicos, essa deverá ser protocolada no horário de funcionamento do fórum ou tribunal, conforme o disposto na lei de organização judiciária local.

Art. 213. A prática eletrônica de ato processual pode ocorrer em qualquer horário até as 24 (vinte e quatro) horas do último dia do prazo.

Parágrafo único. O horário vigente no juízo perante o qual o ato deve ser praticado será considerado para fins de atendimento do prazo.

Art. 214. Durante as férias forenses e nos feriados, não se praticarão atos processuais, excetuando-se:

I - os atos previstos no art. 212, § 2º;

II - a tutela de urgência.

Art. 215. Processam-se durante as férias forenses, onde as houver, e não se suspendem pela superveniência delas:

I - os procedimentos de jurisdição voluntária e os necessários à conservação de direitos, quando puderem ser prejudicados pelo adiamento;

II - a ação de alimentos e os processos de nomeação ou remoção de tutor e curador;

III - os processos que a lei determinar.

Art. 216. Além dos declarados em lei, são feriados, para efeito forense, os sábados, os domingos e os dias em que não haja expediente forense.

SEÇÃO II – DO LUGAR

Art. 217. Os atos processuais realizar-se-ão ordinariamente na sede do juízo, ou, excepcionalmente, em outro lugar em razão de deferência, de interesse da justiça, da natureza do ato ou de obstáculo arguido pelo interessado e acolhido pelo juiz.

CAPÍTULO III – DOS PRAZOS

SEÇÃO I – DISPOSIÇÕES GERAIS

Art. 218. Os atos processuais serão realizados nos prazos prescritos em lei.

§ 1º Quando a lei for omissa, o juiz determinará os prazos em consideração à complexidade do ato.

§ 2º Quando a lei ou o juiz não determinar prazo, as intimações somente obrigarão a comparecimento após decorridas 48 (quarenta e oito) horas.

§ 3º Inexistindo preceito legal ou prazo determinado pelo juiz, será de 5 (cinco) dias o prazo para a prática de ato processual a cargo da parte.

§ 4º Será considerado tempestivo o ato praticado antes do termo inicial do prazo.

Art. 219. Na contagem de prazo em dias, estabelecido por lei ou pelo juiz, computar-se-ão somente os dias úteis.

› *Vide Lei 6.015, de 1973*

Parágrafo único. O disposto neste artigo aplica-se somente aos prazos processuais.

Art. 220. Suspende-se o curso do prazo processual nos dias compreendidos entre 20 de dezembro e 20 de janeiro, inclusive.

§ 1º Ressalvadas as férias individuais e os feriados instituídos por lei, os juízes, os membros do Ministério Público, da Defensoria Pública e da Advocacia Pública e os auxiliares da Justiça exercerão suas atribuições durante o período previsto no *caput*.

§ 2º Durante a suspensão do prazo, não se realizarão audiências nem sessões de julgamento.

Art. 221. Suspende-se o curso do prazo por obstáculo criado em detrimento da parte ou ocorrendo qualquer das hipóteses do art. 313, devendo o prazo ser restituído por tempo igual ao que faltava para sua complementação.

Parágrafo único. Suspendem-se os prazos durante a execução de programa instituído pelo Poder Judiciário para promover a autocomposição, incumbindo aos tribunais especificar, com antecedência, a duração dos trabalhos.

Art. 222. Na comarca, seção ou subseção judiciária onde for difícil o transporte, o juiz poderá prorrogar os prazos por até 2 (dois) meses.

§ 1º Ao juiz é vedado reduzir prazos peremptórios sem anuência das partes.

§ 2º Havendo calamidade pública, o limite previsto no *caput* para prorrogação de prazos poderá ser excedido.

Art. 223. Decorrido o prazo, extingue-se o direito de praticar ou de emendar o ato processual, independentemente de declaração judicial, ficando assegurado, porém, à parte provar que não o realizou por justa causa.

§ 1º Considera-se justa causa o evento alheio à vontade da parte e que a impediu de praticar o ato por si ou por mandatário.

§ 2º Verificada a justa causa, o juiz permitirá à parte a prática do ato no prazo que lhe assinar.

Art. 224. Salvo disposição em contrário, os prazos serão contados excluindo o dia do começo e incluindo o dia do vencimento.

§ 1º Os dias do começo e do vencimento do prazo serão protraídos para o primeiro dia útil seguinte, se coincidirem com dia em que o expediente forense for encerrado antes ou iniciado depois da hora normal ou houver indisponibilidade da comunicação eletrônica.

§ 2º Considera-se como data de publicação o primeiro dia útil seguinte ao da disponibilização da informação no Diário da Justiça eletrônico.

§ 3º A contagem do prazo terá início no primeiro dia útil que seguir ao da publicação.

Art. 225. A parte poderá renunciar ao prazo estabelecido exclusivamente em seu favor, desde que o faça de maneira expressa.

Art. 226. O juiz proferirá:

I - os despachos no prazo de 5 (cinco) dias;

II - as decisões interlocutórias no prazo de 10 (dez) dias;

III - as sentenças no prazo de 30 (trinta) dias.

Art. 227. Em qualquer grau de jurisdição, havendo motivo justificado, pode o juiz exceder, por igual tempo, os prazos a que está submetido.

Art. 228. Incumbirá ao serventuário remeter os autos conclusos no prazo de 1 (um) dia e executar os atos processuais no prazo de 5 (cinco) dias, contado da data em que:

I - houver concluído o ato processual anterior, se lhe foi imposto pela lei;

II - tiver ciência da ordem, quando determinada pelo juiz.

§ 1º Ao receber os autos, o serventuário certificará o dia e a hora em que teve ciência da ordem referida no inciso II.

§ 2º Nos processos em autos eletrônicos, a juntada de petições ou de manifestações em geral ocorrerá de forma automática, independentemente de ato de serventuário da justiça.

Art. 229. Os litisconsortes que tiverem diferentes procuradores, de escritórios de advocacia distintos, terão prazos contados em dobro para todas as suas manifestações, em qualquer juízo ou tribunal, independentemente de requerimento.

§ 1º Cessa a contagem do prazo em dobro se, havendo apenas 2 (dois) réus, é oferecida defesa por apenas um deles.

§ 2º Não se aplica o disposto no *caput* aos processos em autos eletrônicos.

Art. 230. O prazo para a parte, o procurador, a Advocacia Pública, a Defensoria Pública e o Ministério Público será contado da citação, da intimação ou da notificação.

Art. 231. Salvo disposição em sentido diverso, considera-se dia do começo do prazo:

I - a data de juntada aos autos do aviso de recebimento, quando a citação ou a intimação for pelo correio;

II - a data de juntada aos autos do mandado cumprido, quando a citação ou a intimação for por oficial de justiça;

III - a data de ocorrência da citação ou da intimação, quando ela se der por ato do escrivão ou do chefe de secretaria;

IV - o dia útil seguinte ao fim da dilação assinada pelo juiz, quando a citação ou a intimação for por edital;

V - o dia útil seguinte à consulta ao teor da citação ou da intimação ou ao término do prazo para que a consulta se dê, quando a citação ou a intimação for eletrônica;

VI - a data de juntada do comunicado de que trata o art. 232 ou, não havendo esse, a data de juntada da carta aos autos de origem devidamente cumprida, quando a citação ou a intimação se realizar em cumprimento de carta;

VII - a data de publicação, quando a intimação se der pelo Diário da Justiça impresso ou eletrônico;

VIII - o dia da carga, quando a intimação se der por meio da retirada dos autos, em carga, do cartório ou da secretaria;

IX - o quinto dia útil seguinte à confirmação, na forma prevista na mensagem de citação, do recebimento da citação realizada por meio eletrônico.

› *Inciso acrescido pela Lei nº 14.195, de 26/8/2021*

§ 1º Quando houver mais de um réu, o dia do começo do prazo para contestar corresponderá à última das datas a que se referem os incisos I a VI do *caput*.

§ 2º Havendo mais de um intimado, o prazo para cada um é contado individualmente.

§ 3º Quando o ato tiver de ser praticado diretamente pela parte ou por quem, de qualquer forma, participe do processo, sem a intermediação de representante judicial, o dia do começo do prazo para cumprimento da determinação judicial corresponderá à data em que se der a comunicação.

§ 4º Aplica-se o disposto no inciso II do *caput* à citação com hora certa.

Art. 232. Nos atos de comunicação por carta precatória, rogatória ou de ordem, a realização da citação ou da intimação será imediatamente informada, por meio eletrônico, pelo juiz deprecado ao juiz deprecante.

SEÇÃO II – DA VERIFICAÇÃO DOS PRAZOS E DAS PENALIDADES

Art. 233. Incumbe ao juiz verificar se o serventuário excedeu, sem motivo legítimo, os prazos estabelecidos em lei.

§ 1º Constatada a falta, o juiz ordenará a instauração de processo administrativo, na forma da lei.

§ 2º Qualquer das partes, o Ministério Público ou a Defensoria Pública poderá representar ao juiz contra o serventuário que injustificadamente exceder os prazos previstos em lei.

Art. 234. Os advogados públicos ou privados, o defensor público e o membro do Ministério Público devem restituir os autos no prazo do ato a ser praticado.

§ 1º É lícito a qualquer interessado exigir os autos do advogado que exceder prazo legal.

§ 2º Se, intimado, o advogado não devolver os autos no prazo de 3 (três) dias, perderá o direito à vista fora de cartório e incorrerá em multa correspondente à metade do salário-mínimo.

§ 3º Verificada a falta, o juiz comunicará o fato à seção local da Ordem dos Advogados do Brasil para procedimento disciplinar e imposição de multa.

§ 4º Se a situação envolver membro do Ministério Público, da Defensoria Pública ou da Advocacia Pública, a multa, se for o caso, será aplicada ao agente público responsável pelo ato.

§ 5º Verificada a falta, o juiz comunicará o fato ao órgão competente responsável pela instauração de procedimento disciplinar contra o membro que atuou no feito.

Art. 235. Qualquer parte, o Ministério Público ou a Defensoria Pública poderá representar ao corregedor do tribunal ou ao Conselho Nacional de Justiça contra juiz ou relator que injustificadamente exceder os prazos previstos em lei, regulamento ou regimento interno.

§ 1º Distribuída a representação ao órgão competente e ouvido previamente o juiz, não sendo caso de arquivamento liminar, será instaurado procedimento para apuração da responsabilidade, com intimação do representado por meio eletrônico para, querendo, apresentar justificativa no prazo de 15 (quinze) dias.

§ 2º Sem prejuízo das sanções administrativas cabíveis, em até 48 (quarenta e oito) horas após a apresentação ou não da justificativa de que trata o § 1º, se for o caso, o corregedor do tribunal ou o relator no Conselho Nacional de Justiça determinará a intimação do representado por meio eletrônico para que, em 10 (dez) dias, pratique o ato.

§ 3º Mantida a inércia, os autos serão remetidos ao substituto legal do juiz ou do relator contra o qual se representou para decisão em 10 (dez) dias.

TÍTULO II – DA COMUNICAÇÃO DOS ATOS PROCESSUAIS

CAPÍTULO I – DISPOSIÇÕES GERAIS

Art. 236. Os atos processuais serão cumpridos por ordem judicial.

§ 1º Será expedida carta para a prática de atos fora dos limites territoriais do tribunal, da comarca, da seção ou da subseção judiciárias, ressalvadas as hipóteses previstas em lei.

§ 2º O tribunal poderá expedir carta para juízo a ele vinculado, se o ato houver de se realizar fora dos limites territoriais do local de sua sede.

§ 3º Admite-se a prática de atos processuais por meio de videoconferência ou outro recurso tecnológico de transmissão de sons e imagens em tempo real.

Art. 237. Será expedida carta:

I - de ordem, pelo tribunal, na hipótese do § 2º do art. 236;

II - rogatória, para que órgão jurisdicional estrangeiro pratique ato de cooperação jurídica internacional, relativo a processo em curso perante órgão jurisdicional brasileiro;

III - precatória, para que órgão jurisdicional brasileiro pratique ou determine o cumprimento, na área de sua competência territorial, de ato relativo a pedido de cooperação judiciária formulado por órgão jurisdicional de competência territorial diversa;

IV - arbitral, para que órgão do Poder Judiciário pratique ou determine o cumprimento, na área de sua competência territorial, de ato objeto de pedido de cooperação judiciária formulado por juízo arbitral, inclusive os que importem efetivação de tutela provisória.

Parágrafo único. Se o ato relativo a processo em curso na justiça federal ou em tribunal superior houver de ser praticado em local onde não haja vara federal, a carta poderá ser dirigida ao juízo estadual da respectiva comarca.

CAPÍTULO II – DA CITAÇÃO

Art. 238. Citação é o ato pelo qual são convocados o réu, o executado ou o interessado para integrar a relação processual.

Parágrafo único. A citação será efetivada em até 45 (quarenta e cinco) dias a partir da propositura da ação.

› *Parágrafo único acrescido pela Lei nº 14.195, de 26/8/2021*

Art. 239. Para a validade do processo é indispensável a citação do réu ou do executado, ressalvadas as hipóteses de indeferimento da petição inicial ou de improcedência liminar do pedido.

§ 1º O comparecimento espontâneo do réu ou do executado supre a falta ou a nulidade da citação, fluindo a partir desta data o prazo para apresentação de contestação ou de embargos à execução.

§ 2º Rejeitada a alegação de nulidade, tratando-se de processo de:

I - conhecimento, o réu será considerado revel;

II - execução, o feito terá seguimento.

Art. 240. A citação válida, ainda quando ordenada por juízo incompetente, induz litispendência, torna litigiosa a coisa e constitui em mora o devedor, ressalvado o disposto nos arts. 397 e 398 da Lei nº 10.406, de 10 de janeiro de 2002 (Código Civil).

§ 1º A interrupção da prescrição, operada pelo despacho que ordena a citação, ainda que proferido por juízo incompetente, retroagirá à data de propositura da ação.

§ 2º Incumbe ao autor adotar, no prazo de 10 (dez) dias, as providências necessárias para viabilizar a citação, sob pena de não se aplicar o disposto no § 1º.

§ 3º A parte não será prejudicada pela demora imputável exclusivamente ao serviço judiciário.

§ 4º O efeito retroativo a que se refere o § 1º aplica-se à decadência e aos demais prazos extintivos previstos em lei.

Art. 241. Transitada em julgado a sentença de mérito proferida em favor do réu antes da citação, incumbe ao escrivão ou ao chefe de secretaria comunicar-lhe o resultado do julgamento.

Art. 242. A citação será pessoal, podendo, no entanto, ser feita na pessoa do representante legal ou do procurador do réu, do executado ou do interessado.

§ 1º Na ausência do citando, a citação será feita na pessoa de seu mandatário, administrador, preposto ou gerente, quando a ação se originar de atos por eles praticados.

§ 2º O locador que se ausentar do Brasil sem cientificar o locatário de que deixou, na localidade onde estiver situado o imóvel, procurador com poderes para receber citação será citado na pessoa do administrador do imóvel encarregado do recebimento dos aluguéis, que será considerado habilitado para representar o locador em juízo.

§ 3º A citação da União, dos Estados, do Distrito Federal, dos Municípios e de suas respectivas autarquias e fundações de direito público será realizada perante o órgão de Advocacia Pública responsável por sua representação judicial.

Art. 243. A citação poderá ser feita em qualquer lugar em que se encontre o réu, o executado ou o interessado.

Parágrafo único. O militar em serviço ativo será citado na unidade em que estiver servindo, se não for conhecida sua residência ou nela não for encontrado.

Art. 244. Não se fará a citação, salvo para evitar o perecimento do direito:

I - de quem estiver participando de ato de culto religioso;

II - de cônjuge, de companheiro ou de qualquer parente do morto, consanguíneo ou afim, em linha reta ou na linha colateral em segundo grau, no dia do falecimento e nos 7 (sete) dias seguintes;

III - de noivos, nos 3 (três) primeiros dias seguintes ao casamento;

IV - de doente, enquanto grave o seu estado.

Art. 245. Não se fará citação quando se verificar que o citando é mentalmente incapaz ou está impossibilitado de recebê-la.

§ 1º O oficial de justiça descreverá e certificará minuciosamente a ocorrência.

§ 2º Para examinar o citando, o juiz nomeará médico, que apresentará laudo no prazo de 5 (cinco) dias.

§ 3º Dispensa-se a nomeação de que trata o § 2º se pessoa da família apresentar declaração do médico do citando que ateste a incapacidade deste.

§ 4º Reconhecida a impossibilidade, o juiz nomeará curador ao citando, observando, quanto à sua escolha, a preferência estabelecida em lei e restringindo a nomeação à causa.

§ 5º A citação será feita na pessoa do curador, a quem incumbirá a defesa dos interesses do citando.

Art. 246. A citação será feita preferencialmente por meio eletrônico, no prazo de até 2 (dois) dias úteis, contado da decisão que a determinar, por meio dos endereços eletrônicos indicados pelo citando no banco de dados do Poder Judiciário, conforme regulamento do Conselho Nacional de Justiça.

› *"Caput" do artigo com redação dada pela Lei nº 14.195, de 26/8/2021*

› *I a V - (Revogados pela Lei nº 14.195, de 26/8/2021)*

§ 1º As empresas públicas e privadas são obrigadas a manter cadastro nos sistemas de processo em autos eletrônicos, para efeito de recebimento de citações e intimações, as quais serão efetuadas preferencialmente por esse meio.

› *Parágrafo com redação dada pela Lei nº 14.195, de 26/8/2021*

§ 1º-A A ausência de confirmação, em até 3 (três) dias úteis, contados do recebimento da citação eletrônica, implicará a realização da citação:

I - pelo correio;

II - por oficial de justiça;

III - pelo escrivão ou chefe de secretaria, se o citando comparecer em cartório;

IV - por edital.

› *Parágrafo acrescido pela Lei nº 14.195, de 26/8/2021*

§ 1º-B Na primeira oportunidade de falar nos autos, o réu citado nas formas previstas nos incisos I, II, III e IV do § 1º-A deste artigo deverá apresentar justa causa para a ausência de confirmação do recebimento da citação enviada eletronicamente.

› *Parágrafo acrescido pela Lei nº 14.195, de 26/8/2021*

§ 1º-C Considera-se ato atentatório à dignidade da justiça, passível de multa de até 5% (cinco por cento) do valor da causa, deixar de confirmar no prazo legal, sem justa causa, o recebimento da citação recebida por meio eletrônico.

› *Parágrafo acrescido pela Lei nº 14.195, de 26/8/2021*

§ 2º O disposto no § 1º aplica-se à União, aos Estados, ao Distrito Federal, aos Municípios e às entidades da administração indireta.

§ 3º Na ação de usucapião de imóvel, os confinantes serão citados pessoalmente, exceto quando tiver por objeto unidade autônoma de prédio em condomínio, caso em que tal citação é dispensada.

§ 4º As citações por correio eletrônico serão acompanhadas das orientações para realização da confirmação de recebimento e de código identificador que permitirá a sua identificação na página eletrônica do órgão judicial citante.

› *Parágrafo acrescido pela Lei nº 14.195, de 26/8/2021*

§ 5º As microempresas e as pequenas empresas somente se sujeitam ao disposto no § 1º deste artigo quando não possuírem endereço eletrônico cadastrado no sistema integrado da Rede Nacional para a Simplificação do Registro e da Legalização de Empresas e Negócios (Redesim).

› *Parágrafo acrescido pela Lei nº 14.195, de 26/8/2021*

§ 6º Para os fins do § 5º deste artigo, deverá haver compartilhamento de cadastro com o órgão do Poder Judiciário, incluído o endereço eletrônico constante do sistema integrado da Redesim, nos termos da legislação aplicável ao sigilo fiscal e ao tratamento de dados pessoais.

› *Parágrafo acrescido pela Lei nº 14.195, de 26/8/2021*

Art. 247. A citação será feita por meio eletrônico ou pelo correio para qualquer comarca do País, exceto:

› *"Caput" do artigo com redação dada pela Lei nº 14.195, de 26/8/2021*

I - nas ações de estado, observado o disposto no art. 695, § 3º;

II - quando o citando for incapaz;

III - quando o citando for pessoa de direito público;

IV - quando o citando residir em local não atendido pela entrega domiciliar de correspondência;

V - quando o autor, justificadamente, a requerer de outra forma.

Art. 248. Deferida a citação pelo correio, o escrivão ou o chefe de secretaria remeterá ao citando cópias da petição inicial e do despacho do juiz e comunicará o prazo para resposta, o endereço do juízo e o respectivo cartório.

§ 1º A carta será registrada para entrega ao citando, exigindo-lhe o carteiro, ao fazer a entrega, que assine o recibo.

§ 2º Sendo o citando pessoa jurídica, será válida a entrega do mandado a pessoa com poderes de gerência geral ou de administração ou, ainda, a funcionário responsável pelo recebimento de correspondências.

§ 3º Da carta de citação no processo de conhecimento constarão os requisitos do art. 250.

§ 4º Nos condomínios edilícios ou nos loteamentos com controle de acesso, será válida a entrega do mandado a funcionário da portaria responsável pelo recebimento de correspondência, que, entretanto, poderá recusar o recebimento, se declarar, por escrito, sob as penas da lei, que o destinatário da correspondência está ausente.

Art. 249. A citação será feita por meio de oficial de justiça nas hipóteses previstas neste Código ou em lei, ou quando frustrada a citação pelo correio.

Art. 250. O mandado que o oficial de justiça tiver de cumprir conterá:

I - os nomes do autor e do citando e seus respectivos domicílios ou residências;

II - a finalidade da citação, com todas as especificações constantes da petição inicial, bem como a menção do prazo para contestar, sob pena de revelia, ou para embargar a execução;

III - a aplicação de sanção para o caso de descumprimento da ordem, se houver;

IV - se for o caso, a intimação do citando para comparecer, acompanhado de advogado ou de defensor público, à audiência de conciliação ou de mediação, com a menção do dia, da hora e do lugar do comparecimento;

V - a cópia da petição inicial, do despacho ou da decisão que deferir tutela provisória;

VI - a assinatura do escrivão ou do chefe de secretaria e a declaração de que o subscreve por ordem do juiz.

Art. 251. Incumbe ao oficial de justiça procurar o citando e, onde o encontrar, citá-lo:

I - lendo-lhe o mandado e entregando-lhe a contrafé;

II - portando por fé se recebeu ou recusou a contrafé;

III - obtendo a nota de ciente ou certificando que o citando não a apôs no mandado.

Art. 252. Quando, por 2 (duas) vezes, o oficial de justiça houver procurado o citando em seu domicílio ou residência sem o encontrar, deverá, havendo suspeita de ocultação, intimar qualquer pessoa da família ou, em sua falta, qualquer vizinho de que, no dia útil imediato, voltará a fim de efetuar a citação, na hora que designar.

Parágrafo único. Nos condomínios edilícios ou nos loteamentos com controle de acesso, será válida a intimação a que se refere o *caput* feita a funcionário da portaria responsável pelo recebimento de correspondência.

Art. 253. No dia e na hora designados, o oficial de justiça, independentemente de novo despacho, comparecerá ao domicílio ou à residência do citando a fim de realizar a diligência.

§ 1º Se o citando não estiver presente, o oficial de justiça procurará informar-se das razões da ausência, dando por feita a citação, ainda que o citando se tenha ocultado em outra comarca, seção ou subseção judiciárias.

§ 2º A citação com hora certa será efetivada mesmo que a pessoa da família ou o vizinho que houver sido intimado esteja ausente, ou se, embora presente, a pessoa da família ou o vizinho se recusar a receber o mandado.

§ 3º Da certidão da ocorrência, o oficial de justiça deixará contrafé com qualquer pessoa da família ou vizinho, conforme o caso, declarando-lhe o nome.

§ 4º O oficial de justiça fará constar do mandado a advertência de que será nomeado curador especial se houver revelia.

Art. 254. Feita a citação com hora certa, o escrivão ou chefe de secretaria enviará ao réu, executado ou interessado, no prazo de 10 (dez) dias, contado da data da juntada do mandado aos autos, carta, telegrama ou correspondência eletrônica, dando-lhe de tudo ciência.

Art. 255. Nas comarcas contíguas de fácil comunicação e nas que se situem na mesma região metropolitana, o oficial de justiça poderá efetuar, em qualquer delas, citações, intimações, notificações, penhoras e quaisquer outros atos executivos.

Art. 256. A citação por edital será feita:

I - quando desconhecido ou incerto o citando;

II - quando ignorado, incerto ou inacessível o lugar em que se encontrar o citando;

III - nos casos expressos em lei.

§ 1º Considera-se inacessível, para efeito de citação por edital, o país que recusar o cumprimento de carta rogatória.

§ 2º No caso de ser inacessível o lugar em que se encontrar o réu, a notícia de sua citação será divulgada também pelo rádio, se na comarca houver emissora de radiodifusão.

§ 3º O réu será considerado em local ignorado ou incerto se infrutíferas as tentativas de sua localização, inclusive mediante requisição pelo juízo de informações sobre seu endereço nos cadastros de órgãos públicos ou de concessionárias de serviços públicos.

Art. 257. São requisitos da citação por edital:

I - a afirmação do autor ou a certidão do oficial informando a presença das circunstâncias autorizadoras;

II - a publicação do edital na rede mundial de computadores, no sítio do respectivo tribunal e na plataforma de editais do Conselho Nacional de Justiça, que deve ser certificada nos autos;

III - a determinação, pelo juiz, do prazo, que variará entre 20 (vinte) e 60 (sessenta) dias, fluindo da data da publicação única ou, havendo mais de uma, da primeira;

IV - a advertência de que será nomeado curador especial em caso de revelia.

Parágrafo único. O juiz poderá determinar que a publicação do edital seja feita também em jornal local de ampla circulação ou por outros meios, considerando as peculiaridades da comarca, da seção ou da subseção judiciárias.

Art. 258. A parte que requerer a citação por edital, alegando dolosamente a ocorrência das circunstâncias autorizadoras para sua realização, incorrerá em multa de 5 (cinco) vezes o salário-mínimo.

Parágrafo único. A multa reverterá em benefício do citando.

Art. 259. Serão publicados editais:

I - na ação de usucapião de imóvel;

II - na ação de recuperação ou substituição de título ao portador;

III - em qualquer ação em que seja necessária, por determinação legal, a provocação, para participação no processo, de interessados incertos ou desconhecidos.

CAPÍTULO III – DAS CARTAS

Art. 260. São requisitos das cartas de ordem, precatória e rogatória:

I - a indicação dos juízes de origem e de cumprimento do ato;

II - o inteiro teor da petição, do despacho judicial e do instrumento do mandato conferido ao advogado;

III - a menção do ato processual que lhe constitui o objeto;

IV - o encerramento com a assinatura do juiz.

§ 1º O juiz mandará trasladar para a carta quaisquer outras peças, bem como instruí-la com mapa, desenho ou gráfico, sempre que esses documentos devam ser examinados, na diligência, pelas partes, pelos peritos ou pelas testemunhas.

§ 2º Quando o objeto da carta for exame pericial sobre documento, este será remetido em original, ficando nos autos reprodução fotográfica.

§ 3º A carta arbitral atenderá, no que couber, aos requisitos a que se refere o *caput* e será instruída com a convenção de arbitragem e com as provas da nomeação do árbitro e de sua aceitação da função.

Art. 261. Em todas as cartas o juiz fixará o prazo para cumprimento, atendendo à facilidade das comunicações e à natureza da diligência.

§ 1º As partes deverão ser intimadas pelo juiz do ato de expedição da carta.

§ 2º Expedida a carta, as partes acompanharão o cumprimento da diligência perante o juízo destinatário, ao qual compete a prática dos atos de comunicação.

§ 3º A parte a quem interessar o cumprimento da diligência cooperará para que o prazo a que se refere o *caput* seja cumprido.

Art. 262. A carta tem caráter itinerante, podendo, antes ou depois de lhe ser ordenado o cumprimento, ser encaminhada a juízo diverso do que dela consta, a fim de se praticar o ato.

Parágrafo único. O encaminhamento da carta a outro juízo será imediatamente comunicado ao órgão expedidor, que intimará as partes.

Art. 263. As cartas deverão, preferencialmente, ser expedidas por meio eletrônico, caso em que a assinatura do juiz deverá ser eletrônica, na forma da lei.

Art. 264. A carta de ordem e a carta precatória por meio eletrônico, por telefone ou por telegrama conterão, em resumo substancial, os requisitos mencionados no art. 250, especialmente no que se refere à aferição da autenticidade.

Art. 265. O secretário do tribunal, o escrivão ou o chefe de secretaria do juízo deprecante transmitirá, por telefone, a carta de ordem ou a carta precatória ao juízo em que houver de se cumprir o ato, por intermédio do escrivão do primeiro ofício da primeira vara, se houver na comarca mais de um ofício ou de uma vara, observando-se, quanto aos requisitos, o disposto no art. 264.

§ 1º O escrivão ou o chefe de secretaria, no mesmo dia ou no dia útil imediato, telefonará ou enviará mensagem eletrônica ao secretário do tribunal, ao escrivão ou ao chefe de secretaria do juízo deprecante, lendo-lhe os termos da carta e solicitando-lhe que os confirme.

§ 2º Sendo confirmada, o escrivão ou o chefe de secretaria submeterá a carta a despacho.

Art. 266. Serão praticados de ofício os atos requisitados por meio eletrônico e de telegrama, devendo a parte depositar, contudo, na secretaria do tribunal ou no cartório do juízo deprecante, a importância correspondente às despesas que serão feitas no juízo em que houver de praticar-se o ato.

Art. 267. O juiz recusará cumprimento a carta precatória ou arbitral, devolvendo-a com decisão motivada quando:

I - a carta não estiver revestida dos requisitos legais;

II - faltar ao juiz competência em razão da matéria ou da hierarquia;

III - o juiz tiver dúvida acerca de sua autenticidade.

Parágrafo único. No caso de incompetência em razão da matéria ou da hierarquia, o juiz deprecado, conforme o ato a ser praticado, poderá remeter a carta ao juiz ou ao tribunal competente.

Art. 268. Cumprida a carta, será devolvida ao juízo de origem no prazo de 10 (dez) dias, independentemente de traslado, pagas as custas pela parte.

CAPÍTULO IV – DAS INTIMAÇÕES

Art. 269. Intimação é o ato pelo qual se dá ciência a alguém dos atos e dos termos do processo.

§ 1º É facultado aos advogados promover a intimação do advogado da outra parte por meio do correio, juntando aos autos, a seguir, cópia do ofício de intimação e do aviso de recebimento.

§ 2º O ofício de intimação deverá ser instruído com cópia do despacho, da decisão ou da sentença.

§ 3º A intimação da União, dos Estados, do Distrito Federal, dos Municípios e de suas respectivas autarquias e fundações de direito público será realizada perante o órgão de Advocacia Pública responsável por sua representação judicial.

Art. 270. As intimações realizam-se, sempre que possível, por meio eletrônico, na forma da lei.

Parágrafo único. Aplica-se ao Ministério Público, à Defensoria Pública e à Advocacia Pública o disposto no § 1º do art. 246.

Art. 271. O juiz determinará de ofício as intimações em processos pendentes, salvo disposição em contrário.

Art. 272. Quando não realizadas por meio eletrônico, consideram-se feitas as intimações pela publicação dos atos no órgão oficial.

§ 1º Os advogados poderão requerer que, na intimação a eles dirigida, figure apenas o nome da sociedade a que pertençam, desde que devidamente registrada na Ordem dos Advogados do Brasil.

§ 2º Sob pena de nulidade, é indispensável que da publicação constem os nomes das partes e de seus advogados, com o respectivo número de inscrição na Ordem dos Advogados do Brasil, ou, se assim requerido, da sociedade de advogados.

§ 3º A grafia dos nomes das partes não deve conter abreviaturas.

§ 4º A grafia dos nomes dos advogados deve corresponder ao nome completo e ser a mesma que constar da procuração ou que estiver registrada na Ordem dos Advogados do Brasil.

§ 5º Constando dos autos pedido expresso para que as comunicações dos atos processuais sejam feitas em nome dos advogados indicados, o seu desatendimento implicará nulidade.

§ 6º A retirada dos autos do cartório ou da secretaria em carga pelo advogado, por pessoa credenciada a pedido do advogado ou da sociedade de advogados, pela Advocacia Pública, pela Defensoria Pública ou pelo Ministério Público implicará intimação de qualquer decisão contida no processo retirado, ainda que pendente de publicação.

§ 7º O advogado e a sociedade de advogados deverão requerer o respectivo credenciamento para a retirada de autos por preposto.

§ 8º A parte arguirá a nulidade da intimação em capítulo preliminar do próprio ato que lhe caiba praticar, o qual será tido por tempestivo se o vício for reconhecido.

§ 9º Não sendo possível a prática imediata do ato diante da necessidade de acesso prévio aos autos, a parte limitar-se-á a arguir a nulidade da intimação, caso em que o prazo será contado da intimação da decisão que a reconheça.

Art. 273. Se inviável a intimação por meio eletrônico e não houver na localidade publicação em órgão oficial, incumbirá ao escrivão ou chefe de secretaria intimar de todos os atos do processo os advogados das partes:

I - pessoalmente, se tiverem domicílio na sede do juízo;

II - por carta registrada, com aviso de recebimento, quando forem domiciliados fora do juízo.

Art. 274. Não dispondo a lei de outro modo, as intimações serão feitas às partes, aos seus representantes legais, aos advogados e aos demais sujeitos do processo pelo correio ou, se presentes em cartório, diretamente pelo escrivão ou chefe de secretaria.

Parágrafo único. Presumem-se válidas as intimações dirigidas ao endereço constante dos autos, ainda que não recebidas pessoalmente pelo interessado, se a modificação temporária ou definitiva não tiver sido devidamente comunicada ao juízo, fluindo os prazos a partir da juntada aos autos do comprovante de entrega da correspondência no primitivo endereço.

Art. 275. A intimação será feita por oficial de justiça quando frustrada a realização por meio eletrônico ou pelo correio.

§ 1º A certidão de intimação deve conter:

I - a indicação do lugar e a descrição da pessoa intimada, mencionando, quando possível, o número de seu documento de identidade e o órgão que o expediu;

II - a declaração de entrega da contrafé;

III - a nota de ciente ou a certidão de que o interessado não a após no mandado.

§ 2º Caso necessário, a intimação poderá ser efetuada com hora certa ou por edital.

TÍTULO III – DAS NULIDADES

Art. 276. Quando a lei prescrever determinada forma sob pena de nulidade, a decretação desta não pode ser requerida pela parte que lhe deu causa.

Art. 277. Quando a lei prescrever determinada forma, o juiz considerará válido o ato se, realizado de outro modo, lhe alcançar a finalidade.

Art. 278. A nulidade dos atos deve ser alegada na primeira oportunidade em que couber à parte falar nos autos, sob pena de preclusão.

Parágrafo único. Não se aplica o disposto no *caput* às nulidades que o juiz deva decretar de ofício, nem prevalece a preclusão provando a parte legítimo impedimento.

Art. 279. É nulo o processo quando o membro do Ministério Público não for intimado a acompanhar o feito em que deva intervir.

§ 1º Se o processo tiver tramitado sem conhecimento do membro do Ministério Público, o juiz invalidará os atos praticados a partir do momento em que ele deveria ter sido intimado.

§ 2º A nulidade só pode ser decretada após a intimação do Ministério Público, que se manifestará sobre a existência ou a inexistência de prejuízo.

Art. 280. As citações e as intimações serão nulas quando feitas sem observância das prescrições legais.

Art. 281. Anulado o ato, consideram-se de nenhum efeito todos os subsequentes que dele dependam, todavia, a nulidade de uma parte do ato não prejudicará as outras que dela sejam independentes.

Art. 282. Ao pronunciar a nulidade, o juiz declarará que atos são atingidos e ordenará as providências necessárias a fim de que sejam repetidos ou retificados.

§ 1º O ato não será repetido nem sua falta será suprida quando não prejudicar a parte.

§ 2º Quando puder decidir o mérito a favor da parte a quem aproveite a decretação da nulidade, o juiz não a pronunciará nem mandará repetir o ato ou suprir-lhe a falta.

Art. 283. O erro de forma do processo acarreta unicamente a anulação dos atos que não possam ser aproveitados, devendo ser praticados os que forem necessários a fim de se observarem as prescrições legais.

Parágrafo único. Dar-se-á o aproveitamento dos atos praticados desde que não resulte prejuízo à defesa de qualquer parte.

TÍTULO IV – DA DISTRIBUIÇÃO E DO REGISTRO

Art. 284. Todos os processos estão sujeitos a registro, devendo ser distribuídos onde houver mais de um juiz.

Art. 285. A distribuição, que poderá ser eletrônica, será alternada e aleatória, obedecendo-se rigorosa igualdade.

Parágrafo único. A lista de distribuição deverá ser publicada no Diário de Justiça.

Art. 286. Serão distribuídas por dependência as causas de qualquer natureza:

I - quando se relacionarem, por conexão ou continência, com outra já ajuizada;

II - quando, tendo sido extinto o processo sem resolução de mérito, for reiterado o pedido, ainda que em litisconsórcio com outros autores ou que sejam parcialmente alterados os réus da demanda;

III - quando houver ajuizamento de ações nos termos do art. 55, § 3º, ao juízo prevento.

Parágrafo único. Havendo intervenção de terceiro, reconvenção ou outra hipótese de ampliação objetiva do processo, o juiz, de ofício, mandará proceder à respectiva anotação pelo distribuidor.

Art. 287. A petição inicial deve vir acompanhada de procuração, que conterá os endereços do advogado, eletrônico e não eletrônico.

Parágrafo único. Dispensa-se a juntada da procuração:

I - no caso previsto no art. 104;

II - se a parte estiver representada pela Defensoria Pública;

III - se a representação decorrer diretamente de norma prevista na Constituição Federal ou em lei.

Art. 288. O juiz, de ofício ou a requerimento do interessado, corrigirá o erro ou compensará a falta de distribuição.

Art. 289. A distribuição poderá ser fiscalizada pela parte, por seu procurador, pelo Ministério Público e pela Defensoria Pública.

Art. 290. Será cancelada a distribuição do feito se a parte, intimada na pessoa de seu advogado, não realizar o pagamento das custas e despesas de ingresso em 15 (quinze) dias.

TÍTULO V – DO VALOR DA CAUSA

Art. 291. A toda causa será atribuído valor certo, ainda que não tenha conteúdo econômico imediatamente aferível.

Art. 292. O valor da causa constará da petição inicial ou da reconvenção e será:

I - na ação de cobrança de dívida, a soma monetariamente corrigida do principal, dos juros de mora vencidos e de outras penalidades, se houver, até a data de propositura da ação;

II - na ação que tiver por objeto a existência, a validade, o cumprimento, a modificação, a resolução, a resilição ou a rescisão de ato jurídico, o valor do ato ou o de sua parte controvertida;

III - na ação de alimentos, a soma de 12 (doze) prestações mensais pedidas pelo autor;

IV - na ação de divisão, de demarcação e de reivindicação, o valor de avaliação da área ou do bem objeto do pedido;

V - na ação indenizatória, inclusive a fundada em dano moral, o valor pretendido;

VI - na ação em que há cumulação de pedidos, a quantia correspondente à soma dos valores de todos eles;

VII - na ação em que os pedidos são alternativos, o de maior valor;

VIII - na ação em que houver pedido subsidiário, o valor do pedido principal.

§ 1º Quando se pedirem prestações vencidas e vincendas, considerar-se-á o valor de umas e outras.

§ 2º O valor das prestações vincendas será igual a uma prestação anual, se a obrigação for por tempo indeterminado ou por tempo superior a 1 (um) ano, e, se por tempo inferior, será igual à soma das prestações.

§ 3º O juiz corrigirá, de ofício e por arbitramento, o valor da causa quando verificar que não corresponde ao conteúdo patrimonial em discussão ou ao proveito econômico perseguido pelo autor, caso em que se procederá ao recolhimento das custas correspondentes.

Art. 293. O réu poderá impugnar, em preliminar da contestação, o valor atribuído à causa pelo autor, sob pena de preclusão, e o juiz decidirá a respeito, impondo, se for o caso, a complementação das custas.

LIVRO V – DA TUTELA PROVISÓRIA

TÍTULO I – DISPOSIÇÕES GERAIS

Art. 294. A tutela provisória pode fundamentar-se em urgência ou evidência.

Parágrafo único. A tutela provisória de urgência, cautelar ou antecipada, pode ser concedida em caráter antecedente ou incidental.

Art. 295. A tutela provisória requerida em caráter incidental independe do pagamento de custas.

Art. 296. A tutela provisória conserva sua eficácia na pendência do processo, mas pode, a qualquer tempo, ser revogada ou modificada.

Parágrafo único. Salvo decisão judicial em contrário, a tutela provisória conservará a eficácia durante o período de suspensão do processo.

Art. 297. O juiz poderá determinar as medidas que considerar adequadas para efetivação da tutela provisória.

Parágrafo único. A efetivação da tutela provisória observará as normas referentes ao cumprimento provisório da sentença, no que couber.

Art. 298. Na decisão que conceder, negar, modificar ou revogar a tutela provisória, o juiz motivará seu convencimento de modo claro e preciso.

Art. 299. A tutela provisória será requerida ao juízo da causa e, quando antecedente, ao juízo competente para conhecer do pedido principal.

Parágrafo único. Ressalvada disposição especial, na ação de competência originária de tribunal e nos recursos a tutela provisória será requerida ao órgão jurisdicional competente para apreciar o mérito.

TÍTULO II – DA TUTELA DE URGÊNCIA

CAPÍTULO I – DISPOSIÇÕES GERAIS

Art. 300. A tutela de urgência será concedida quando houver elementos que evidenciem a probabilidade do direito e o perigo de dano ou o risco ao resultado útil do processo.

§ 1º Para a concessão da tutela de urgência, o juiz pode, conforme o caso, exigir caução real ou fidejussória idônea para ressarcir os danos que a outra parte possa vir a sofrer, podendo a caução ser dispensada se a parte economicamente hipossuficiente não puder oferecê-la.

§ 2º A tutela de urgência pode ser concedida liminarmente ou após justificação prévia.

§ 3º A tutela de urgência de natureza antecipada não será concedida quando houver perigo de irreversibilidade dos efeitos da decisão.

Art. 301. A tutela de urgência de natureza cautelar pode ser efetivada mediante arresto, sequestro, arrolamento de bens, registro de protesto contra alienação de bem e qualquer outra medida idônea para asseguração do direito.

Art. 302. Independentemente da reparação por dano processual, a parte responde pelo prejuízo que a efetivação da tutela de urgência causar à parte adversa, se:

I - a sentença lhe for desfavorável;

II - obtida liminarmente a tutela em caráter antecedente, não fornecer os meios necessários para a citação do requerido no prazo de 5 (cinco) dias;

III - ocorrer a cessação da eficácia da medida em qualquer hipótese legal;

IV - o juiz acolher a alegação de decadência ou prescrição da pretensão do autor.

Parágrafo único. A indenização será liquidada nos autos em que a medida tiver sido concedida, sempre que possível.

CAPÍTULO II – DO PROCEDIMENTO DA TUTELA ANTECIPADA REQUERIDA EM CARÁTER ANTECEDENTE

Art. 303. Nos casos em que a urgência for contemporânea à propositura da ação, a petição inicial pode limitar-se ao requerimento da tutela antecipada e à indicação do pedido de tutela final, com a exposição da lide, do direito que se busca realizar e do perigo de dano ou do risco ao resultado útil do processo.

§ 1º Concedida a tutela antecipada a que se refere o *caput* deste artigo:

I - o autor deverá aditar a petição inicial, com a complementação de sua argumentação, a juntada de novos documentos e a confirmação do pedido de tutela final, em 15 (quinze) dias ou em outro prazo maior que o juiz fixar;

II - o réu será citado e intimado para a audiência de conciliação ou de mediação na forma do art. 334;

III - não havendo autocomposição, o prazo para contestação será contado na forma do art. 335.

§ 2º Não realizado o aditamento a que se refere o inciso I do § 1º deste artigo, o processo será extinto sem resolução do mérito.

§ 3º O aditamento a que se refere o inciso I do § 1º deste artigo dar-se-á nos mesmos autos, sem incidência de novas custas processuais.

§ 4º Na petição inicial a que se refere o *caput* deste artigo, o autor terá de indicar o valor da causa, que deve levar em consideração o pedido de tutela final.

§ 5º O autor indicará na petição inicial, ainda, que pretende valer-se do benefício previsto no *caput* deste artigo.

§ 6º Caso entenda que não há elementos para a concessão de tutela antecipada, o órgão jurisdicional determinará a emenda da petição inicial em até 5 (cinco) dias, sob pena de ser indeferida e de o processo ser extinto sem resolução de mérito.

Art. 304. A tutela antecipada, concedida nos termos do art. 303, torna-se estável se da decisão que a conceder não for interposto o respectivo recurso.

§ 1º No caso previsto no *caput*, o processo será extinto.

§ 2º Qualquer das partes poderá demandar a outra com o intuito de rever, reformar ou invalidar a tutela antecipada estabilizada nos termos do *caput*.

§ 3º A tutela antecipada conservará seus efeitos enquanto não revista, reformada ou invalidada por decisão de mérito proferida na ação de que trata o § 2º.

§ 4º Qualquer das partes poderá requerer o desarquivamento dos autos em que foi concedida a medida, para instruir a petição inicial da ação a que se refere o § 2º, prevento o juízo em que a tutela antecipada foi concedida.

§ 5º O direito de rever, reformar ou invalidar a tutela antecipada, previsto no § 2º deste artigo, extingue-se após 2 (dois) anos, contados da ciência da decisão que extinguiu o processo, nos termos do § 1º.

§ 6º A decisão que concede a tutela não fará coisa julgada, mas a estabilidade dos respectivos efeitos só será afastada por decisão que a revir, reformar ou invalidar, proferida em ação ajuizada por uma das partes, nos termos do § 2º deste artigo.

CAPÍTULO III – DO PROCEDIMENTO DA TUTELA CAUTELAR REQUERIDA EM CARÁTER ANTECEDENTE

Art. 305. A petição inicial da ação que visa à prestação de tutela cautelar em caráter antecedente indicará a lide e seu fundamento, a exposição sumária do direito que se objetiva assegurar e o perigo de dano ou o risco ao resultado útil do processo.

Parágrafo único. Caso entenda que o pedido a que se refere o *caput* tem natureza antecipada, o juiz observará o disposto no art. 303.

Art. 306. O réu será citado para, no prazo de 5 (cinco) dias, contestar o pedido e indicar as provas que pretende produzir.

Art. 307. Não sendo contestado o pedido, os fatos alegados pelo autor presumir-se-ão aceitos pelo réu como ocorridos, caso em que o juiz decidirá dentro de 5 (cinco) dias.

Parágrafo único. Contestado o pedido no prazo legal, observar-se-á o procedimento comum.

Art. 308. Efetivada a tutela cautelar, o pedido principal terá de ser formulado pelo autor no prazo de 30 (trinta) dias, caso em que será apresentado nos mesmos autos em que deduzido o pedido de tutela cautelar, não dependendo do adiantamento de novas custas processuais.

§ 1º O pedido principal pode ser formulado conjuntamente com o pedido de tutela cautelar.

§ 2º A causa de pedir poderá ser aditada no momento de formulação do pedido principal.

§ 3º Apresentado o pedido principal, as partes serão intimadas para a audiência de conciliação ou de mediação, na forma do art. 334, por seus advogados ou pessoalmente, sem necessidade de nova citação do réu.

§ 4º Não havendo autocomposição, o prazo para contestação será contado na forma do art. 335.

Art. 309. Cessa a eficácia da tutela concedida em caráter antecedente, se:

I - o autor não deduzir o pedido principal no prazo legal;

II - não for efetivada dentro de 30 (trinta) dias;

III - o juiz julgar improcedente o pedido principal formulado pelo autor ou extinguir o processo sem resolução de mérito.

Parágrafo único. Se por qualquer motivo cessar a eficácia da tutela cautelar, é vedado à parte renovar o pedido, salvo sob novo fundamento.

Art. 310. O indeferimento da tutela cautelar não obsta a que a parte formule o pedido principal, nem influi no julgamento desse, salvo se o motivo do indeferimento for o reconhecimento de decadência ou de prescrição.

TÍTULO III – DA TUTELA DA EVIDÊNCIA

Art. 311. A tutela da evidência será concedida, independentemente da demonstração de perigo de dano ou de risco ao resultado útil do processo, quando:

I - ficar caracterizado o abuso do direito de defesa ou o manifesto propósito protelatório da parte;

II - as alegações de fato puderem ser comprovadas apenas documentalmente e houver tese firmada em julgamento de casos repetitivos ou em súmula vinculante;

III - se tratar de pedido reipersecutório fundado em prova documental adequada do contrato de depósito, caso em que será decretada a ordem de entrega do objeto custodiado, sob cominação de multa;

IV - a petição inicial for instruída com prova documental suficiente dos fatos constitutivos do direito do autor, a que o réu não oponha prova capaz de gerar dúvida razoável.

Parágrafo único. Nas hipóteses dos incisos II e III, o juiz poderá decidir liminarmente.

LIVRO VI – DA FORMAÇÃO, DA SUSPENSÃO E DA EXTINÇÃO DO PROCESSO

TÍTULO I – DA FORMAÇÃO DO PROCESSO

Art. 312. Considera-se proposta a ação quando a petição inicial for protocolada, todavia, a propositura da ação só produz quanto ao réu os efeitos mencionados no art. 240 depois que for validamente citado.

TÍTULO II – DA SUSPENSÃO DO PROCESSO

Art. 313. Suspende-se o processo:

I - pela morte ou pela perda da capacidade processual de qualquer das partes, de seu representante legal ou de seu procurador;

II - pela convenção das partes;

III - pela arguição de impedimento ou de suspeição;

IV- pela admissão de incidente de resolução de demandas repetitivas;

V - quando a sentença de mérito:

a) depender do julgamento de outra causa ou da declaração de existência ou de inexistência de relação jurídica que constitua o objeto principal de outro processo pendente;

b) tiver de ser proferida somente após a verificação de determinado fato ou a produção de certa prova, requisitada a outro juízo;

VI - por motivo de força maior;

VII - quando se discutir em juízo questão decorrente de acidentes e fatos da navegação de competência do Tribunal Marítimo;

VIII - nos demais casos que este Código regula;

IX - pelo parto ou pela concessão de adoção, quando a advogada responsável pelo processo constituir a única patrona da causa;

› *Inciso acrescido pela Lei nº 13.363, de 25/11/2016*

X - quando o advogado responsável pelo processo constituir o único patrono da causa e tornar-se pai.

› *Inciso acrescido pela Lei nº 13.363, de 25/11/2016*

§ 1º Na hipótese do inciso I, o juiz suspenderá o processo, nos termos do art. 689.

§ 2º Não ajuizada ação de habilitação, ao tomar conhecimento da morte, o juiz determinará a suspensão do processo e observará o seguinte:

I - falecido o réu, ordenará a intimação do autor para que promova a citação do respectivo espólio, de quem for o sucessor ou, se for o caso, dos herdeiros, no prazo que designar, de no mínimo 2 (dois) e no máximo 6 (seis) meses;

II - falecido o autor e sendo transmissível o direito em litígio, determinará a intimação de seu espólio, de quem for o sucessor ou, se for o caso, dos herdeiros, pelos meios de divulgação que reputar mais adequados, para que manifestem interesse na sucessão processual e promovam a respectiva habilitação no prazo designado, sob pena de extinção do processo sem resolução de mérito.

§ 3º No caso de morte do procurador de qualquer das partes, ainda que iniciada a audiência de instrução e julgamento, o juiz determinará que a parte constitua novo mandatário, no prazo de 15 (quinze) dias, ao final do qual extinguirá o processo sem resolução de mérito, se o autor não nomear novo mandatário, ou ordenará o prosseguimento do processo à revelia do réu, se falecido o procurador deste.

§ 4º O prazo de suspensão do processo nunca poderá exceder 1 (um) ano nas hipóteses do inciso V e 6 (seis) meses naquela prevista no inciso II.

§ 5º O juiz determinará o prosseguimento do processo assim que esgotados os prazos previstos no § 4º.

§ 6º No caso do inciso IX, o período de suspensão será de 30 (trinta) dias, contado a partir da data do parto ou da concessão da adoção, mediante apresentação de certidão de nascimento ou documento similar que comprove a realização do parto, ou de termo judicial que tenha concedido a adoção, desde que haja notificação ao cliente.

› *Parágrafo acrescido pela Lei nº 13.363, de 25/11/2016*

§ 7º No caso do inciso X, o período de suspensão será de 8 (oito) dias, contado a partir da data do parto ou da concessão da adoção, mediante apresentação de certidão de nascimento ou documento similar que comprove a realização do parto, ou de termo judicial que tenha concedido a adoção, desde que haja notificação ao cliente.

› *Parágrafo acrescido pela Lei nº 13.363, de 25/11/2016*

Art. 314. Durante a suspensão é vedado praticar qualquer ato processual, podendo o juiz, todavia, determinar a realização de atos urgentes a fim de evitar dano irreparável, salvo no caso de arguição de impedimento e de suspeição.

Art. 315. Se o conhecimento do mérito depender de verificação da existência de fato delituoso, o juiz pode determinar a suspensão do processo até que se pronuncie a justiça criminal.

§ 1º Se a ação penal não for proposta no prazo de 3 (três) meses, contado da intimação do ato de suspensão, cessará o efeito desse, incumbindo ao juiz cível examinar incidentemente a questão prévia.

§ 2º Proposta a ação penal, o processo ficará suspenso pelo prazo máximo de 1 (um) ano, ao final do qual aplicar-se-á o disposto na parte final do § 1º.

TÍTULO III – DA EXTINÇÃO DO PROCESSO

Art. 316. A extinção do processo dar-se-á por sentença.

Art. 317. Antes de proferir decisão sem resolução de mérito, o juiz deverá conceder à parte oportunidade para, se possível, corrigir o vício.

PARTE ESPECIAL

LIVRO I – DO PROCESSO DE CONHECIMENTO E DO CUMPRIMENTO DE SENTENÇA

TÍTULO I – DO PROCEDIMENTO COMUM

CAPÍTULO I – DISPOSIÇÕES GERAIS

Art. 318. Aplica-se a todas as causas o procedimento comum, salvo disposição em contrário deste Código ou de lei.

Parágrafo único. O procedimento comum aplica-se subsidiariamente aos demais procedimentos especiais e ao processo de execução.

CAPÍTULO II – DA PETIÇÃO INICIAL

SEÇÃO I – DOS REQUISITOS DA PETIÇÃO INICIAL

Art. 319. A petição inicial indicará:

I - o juízo a que é dirigida;

II - os nomes, os prenomes, o estado civil, a existência de união estável, a profissão, o número de inscrição no Cadastro de Pessoas Físicas ou no Cadastro Nacional da Pessoa Jurídica, o endereço eletrônico, o domicílio e a residência do autor e do réu;

III - o fato e os fundamentos jurídicos do pedido;

IV - o pedido com as suas especificações;

V - o valor da causa;

VI - as provas com que o autor pretende demonstrar a verdade dos fatos alegados;

VII - a opção do autor pela realização ou não de audiência de conciliação ou de mediação.

§ 1º Caso não disponha das informações previstas no inciso II, poderá o autor, na petição inicial, requerer ao juiz diligências necessárias a sua obtenção.

§ 2º A petição inicial não será indeferida se, a despeito da falta de informações a que se refere o inciso II, for possível a citação do réu.

§ 3º A petição inicial não será indeferida pelo não atendimento ao disposto no inciso II deste artigo se a obtenção de tais informações tornar impossível ou excessivamente oneroso o acesso à justiça.

Art. 320. A petição inicial será instruída com os documentos indispensáveis à propositura da ação.

Art. 321. O juiz, ao verificar que a petição inicial não preenche os requisitos dos arts. 319 e 320 ou que apresenta defeitos e irregularidades capazes de dificultar o julgamento de mérito, determinará que o autor, no prazo de 15 (quinze) dias, a emende ou a complete, indicando com precisão o que deve ser corrigido ou completado.

Parágrafo único. Se o autor não cumprir a diligência, o juiz indeferirá a petição inicial.

SEÇÃO II – DO PEDIDO

Art. 322. O pedido deve ser certo.

§ 1º Compreendem-se no principal os juros legais, a correção monetária e as verbas de sucumbência, inclusive os honorários advocatícios.

§ 2º A interpretação do pedido considerará o conjunto da postulação e observará o princípio da boa-fé.

Art. 323. Na ação que tiver por objeto cumprimento de obrigação em prestações sucessivas, essas serão consideradas incluídas no pedido, independentemente de declaração expressa do autor, e serão incluídas na condenação, enquanto durar a obrigação, se o devedor, no curso do processo, deixar de pagá-las ou de consigná-las.

Art. 324. O pedido deve ser determinado.

§ 1º É lícito, porém, formular pedido genérico:

I - nas ações universais, se o autor não puder individuar os bens demandados;

II - quando não for possível determinar, desde logo, as consequências do ato ou do fato;

III - quando a determinação do objeto ou do valor da condenação depender de ato que deva ser praticado pelo réu.

§ 2º O disposto neste artigo aplica-se à reconvenção.

Art. 325. O pedido será alternativo quando, pela natureza da obrigação, o devedor puder cumprir a prestação de mais de um modo.

Parágrafo único. Quando, pela lei ou pelo contrato, a escolha couber ao devedor, o juiz lhe assegurará o direito de cumprir a prestação de um ou de outro modo, ainda que o autor não tenha formulado pedido alternativo.

Art. 326. É lícito formular mais de um pedido em ordem subsidiária, a fim de que o juiz conheça do posterior, quando não acolher o anterior.

Parágrafo único. É lícito formular mais de um pedido, alternativamente, para que o juiz acolha um deles.

Art. 327. É lícita a cumulação, em um único processo, contra o mesmo réu, de vários pedidos, ainda que entre eles não haja conexão.

§ 1º São requisitos de admissibilidade da cumulação que:

I - os pedidos sejam compatíveis entre si;

II - seja competente para conhecer deles o mesmo juízo;

III - seja adequado para todos os pedidos o tipo de procedimento.

§ 2º Quando, para cada pedido, corresponder tipo diverso de procedimento, será admitida a cumulação se o autor empregar o procedimento comum, sem prejuízo do emprego das técnicas processuais diferenciadas previstas nos procedimentos especiais a que se sujeitam um ou mais pedidos cumulados, que não forem incompatíveis com as disposições sobre o procedimento comum.

§ 3º O inciso I do § 1º não se aplica às cumulações de pedidos de que trata o art. 326.

Art. 328. Na obrigação indivisível com pluralidade de credores, aquele que não participou do processo receberá sua parte, deduzidas as despesas na proporção de seu crédito.

Art. 329. O autor poderá:

I - até a citação, aditar ou alterar o pedido ou a causa de pedir, independentemente de consentimento do réu;

II - até o saneamento do processo, aditar ou alterar o pedido e a causa de pedir, com consentimento do réu, assegurado o contraditório mediante a possibilidade de manifestação deste no prazo mínimo de 15 (quinze) dias, facultado o requerimento de prova suplementar.

Parágrafo único. Aplica-se o disposto neste artigo à reconvenção e à respectiva causa de pedir.

SEÇÃO III – DO INDEFERIMENTO DA PETIÇÃO INICIAL

Art. 330. A petição inicial será indeferida quando:

I - for inepta;

II - a parte for manifestamente ilegítima;

III - o autor carecer de interesse processual;

IV - não atendidas as prescrições dos arts. 106 e 321.

§ 1º Considera-se inepta a petição inicial quando:

I - lhe faltar pedido ou causa de pedir;

II - o pedido for indeterminado, ressalvadas as hipóteses legais em que se permite o pedido genérico;

III - da narração dos fatos não decorrer logicamente a conclusão;

IV - contiver pedidos incompatíveis entre si.

§ 2º Nas ações que tenham por objeto a revisão de obrigação decorrente de empréstimo, de financiamento ou de alienação de bens, o autor terá de, sob pena de inépcia, discriminar na petição inicial, dentre as obrigações contratuais, aquelas que pretende controverter, além de quantificar o valor incontroverso do débito.

§ 3º Na hipótese do § 2º, o valor incontroverso deverá continuar a ser pago no tempo e modo contratados.

Art. 331. Indeferida a petição inicial, o autor poderá apelar, facultado ao juiz, no prazo de 5 (cinco) dias, retratar-se.

§ 1º Se não houver retratação, o juiz mandará citar o réu para responder ao recurso.

§ 2º Sendo a sentença reformada pelo tribunal, o prazo para a contestação começará a correr da intimação do retorno dos autos, observado o disposto no art. 334.

§ 3º Não interposta a apelação, o réu será intimado do trânsito em julgado da sentença.

CAPÍTULO III – DA IMPROCEDÊNCIA LIMINAR DO PEDIDO

Art. 332. Nas causas que dispensem a fase instrutória, o juiz, independentemente da citação do réu, julgará liminarmente improcedente o pedido que contrariar:

I - enunciado de súmula do Supremo Tribunal Federal ou do Superior Tribunal de Justiça;

II - acórdão proferido pelo Supremo Tribunal Federal ou pelo Superior Tribunal de Justiça em julgamento de recursos repetitivos;

III - entendimento firmado em incidente de resolução de demandas repetitivas ou de assunção de competência;

IV - enunciado de súmula de tribunal de justiça sobre direito local.

§ 1º O juiz também poderá julgar liminarmente improcedente o pedido se verificar, desde logo, a ocorrência de decadência ou de prescrição.

§ 2º Não interposta a apelação, o réu será intimado do trânsito em julgado da sentença, nos termos do art. 241.

§ 3º Interposta a apelação, o juiz poderá retratar-se em 5 (cinco) dias.

§ 4º Se houver retratação, o juiz determinará o prosseguimento do processo, com a citação do réu, e, se não houver retratação, determinará a citação do réu para apresentar contrarrazões, no prazo de 15 (quinze) dias.

CAPÍTULO IV – DA CONVERSÃO DA AÇÃO INDIVIDUAL EM AÇÃO COLETIVA

Art. 333. (VETADO).

CAPÍTULO V – DA AUDIÊNCIA DE CONCILIAÇÃO OU DE MEDIAÇÃO

Art. 334. Se a petição inicial preencher os requisitos essenciais e não for o caso de improcedência liminar do pedido, o juiz designará audiência de conciliação ou de mediação com antecedência mínima de 30 (trinta) dias, devendo ser citado o réu com pelo menos 20 (vinte) dias de antecedência.

§ 1º O conciliador ou mediador, onde houver, atuará necessariamente na audiência de conciliação ou de mediação, observando o disposto neste Código, bem como as disposições da lei de organização judiciária.

§ 2º Poderá haver mais de uma sessão destinada à conciliação e à mediação, não podendo exceder a 2 (dois) meses da data de realização da primeira sessão, desde que necessárias à composição das partes.

§ 3º A intimação do autor para a audiência será feita na pessoa de seu advogado.

§ 4º A audiência não será realizada:

I - se ambas as partes manifestarem, expressamente, desinteresse na composição consensual;

II - quando não se admitir a autocomposição.

§ 5º O autor deverá indicar, na petição inicial, seu desinteresse na autocomposição, e o réu deverá fazê-lo, por petição, apresentada com 10 (dez) dias de antecedência, contados da data da audiência.

§ 6º Havendo litisconsórcio, o desinteresse na realização da audiência deve ser manifestado por todos os litisconsortes.

§ 7º A audiência de conciliação ou de mediação pode realizar-se por meio eletrônico, nos termos da lei.

§ 8º O não comparecimento injustificado do autor ou do réu à audiência de conciliação é considerado ato atentatório à dignidade da justiça e será sancionado com multa de até dois por cento da vantagem econômica pretendida ou do valor da causa, revertida em favor da União ou do Estado.

§ 9º As partes devem estar acompanhadas por seus advogados ou defensores públicos.

§ 10. A parte poderá constituir representante, por meio de procuração específica, com poderes para negociar e transigir.

§ 11. A autocomposição obtida será reduzida a termo e homologada por sentença.

§ 12. A pauta das audiências de conciliação ou de mediação será organizada de modo a respeitar o intervalo mínimo de 20 (vinte) minutos entre o início de uma e o início da seguinte.

CAPÍTULO VI – DA CONTESTAÇÃO

Art. 335. O réu poderá oferecer contestação, por petição, no prazo de 15 (quinze) dias, cujo termo inicial será a data:

I - da audiência de conciliação ou de mediação, ou da última sessão de conciliação, quando qualquer parte não comparecer ou, comparecendo, não houver autocomposição;

II - do protocolo do pedido de cancelamento da audiência de conciliação ou de mediação apresentado pelo réu, quando ocorrer a hipótese do art. 334, § 4º, inciso I;

III - prevista no art. 231, de acordo com o modo como foi feita a citação, nos demais casos.

§ 1º No caso de litisconsórcio passivo, ocorrendo a hipótese do art. 334, § 6º, o termo inicial previsto no inciso II será, para cada um dos réus, a data de apresentação de seu respectivo pedido de cancelamento da audiência.

§ 2º Quando ocorrer a hipótese do art. 334, § 4º, inciso II, havendo litisconsórcio passivo e o autor desistir da ação em relação a réu ainda não citado, o prazo para resposta correrá da data de intimação da decisão que homologar a desistência.

Art. 336. Incumbe ao réu alegar, na contestação, toda a matéria de defesa, expondo as razões de fato e de direito com que impugna o pedido do autor e especificando as provas que pretende produzir.

Art. 337. Incumbe ao réu, antes de discutir o mérito, alegar:

I - inexistência ou nulidade da citação;

II - incompetência absoluta e relativa;

III - incorreção do valor da causa;

IV - inépcia da petição inicial;

V - perempção;

VI - litispendência;

VII - coisa julgada;

VIII - conexão;

IX - incapacidade da parte, defeito de representação ou falta de autorização;

X - convenção de arbitragem;

XI - ausência de legitimidade ou de interesse processual;

XII - falta de caução ou de outra prestação que a lei exige como preliminar;

XIII - indevida concessão do benefício de gratuidade de justiça.

§ 1º Verifica-se a litispendência ou a coisa julgada quando se reproduz ação anteriormente ajuizada.

§ 2º Uma ação é idêntica a outra quando possui as mesmas partes, a mesma causa de pedir e o mesmo pedido.

§ 3º Há litispendência quando se repete ação que está em curso.

§ 4º Há coisa julgada quando se repete ação que já foi decidida por decisão transitada em julgado.

§ 5º Excetuadas a convenção de arbitragem e a incompetência relativa, o juiz conhecerá de ofício das matérias enumeradas neste artigo.

§ 6º A ausência de alegação da existência de convenção de arbitragem, na forma prevista neste Capítulo, implica aceitação da jurisdição estatal e renúncia ao juízo arbitral.

Art. 338. Alegando o réu, na contestação, ser parte ilegítima ou não ser o responsável pelo prejuízo invocado, o juiz facultará ao autor, em 15 (quinze) dias, a alteração da petição inicial para substituição do réu.

Parágrafo único. Realizada a substituição, o autor reembolsará as despesas e pagará os honorários ao procurador do réu excluído, que serão fixados entre três e cinco por cento do valor da causa ou, sendo este irrisório, nos termos do art. 85, § 8º.

Art. 339. Quando alegar sua ilegitimidade, incumbe ao réu indicar o sujeito passivo da relação jurídica discutida sempre que tiver conhecimento, sob pena de arcar com as despesas processuais e de indenizar o autor pelos prejuízos decorrentes da falta de indicação.

§ 1º O autor, ao aceitar a indicação, procederá, no prazo de 15 (quinze) dias, à alteração da petição inicial para a substituição do réu, observando-se, ainda, o parágrafo único do art. 338.

§ 2º No prazo de 15 (quinze) dias, o autor pode optar por alterar a petição inicial para incluir, como litisconsorte passivo, o sujeito indicado pelo réu.

Art. 340. Havendo alegação de incompetência relativa ou absoluta, a contestação poderá ser protocolada no foro de domicílio do réu, fato que será imediatamente comunicado ao juiz da causa, preferencialmente por meio eletrônico.

§ 1º A contestação será submetida a livre distribuição ou, se o réu houver sido citado por meio de carta precatória, juntada aos autos dessa carta, seguindo-se a sua imediata remessa para o juízo da causa.

§ 2º Reconhecida a competência do foro indicado pelo réu, o juízo para o qual for distribuída a contestação ou a carta precatória será considerado prevento.

§ 3º Alegada a incompetência nos termos do *caput*, será suspensa a realização da audiência de conciliação ou de mediação, se tiver sido designada.

§ 4º Definida a competência, o juízo competente designará nova data para a audiência de conciliação ou de mediação.

Art. 341. Incumbe também ao réu manifestar-se precisamente sobre as alegações de fato constantes da petição inicial, presumindo-se verdadeiras as não impugnadas, salvo se:

I - não for admissível, a seu respeito, a confissão;

II - a petição inicial não estiver acompanhada de instrumento que a lei considerar da substância do ato;

III - estiverem em contradição com a defesa, considerada em seu conjunto.

Parágrafo único. O ônus da impugnação especificada dos fatos não se aplica ao defensor público, ao advogado dativo e ao curador especial.

Art. 342. Depois da contestação, só é lícito ao réu deduzir novas alegações quando:

I - relativas a direito ou a fato superveniente;

II - competir ao juiz conhecer delas de ofício;

III - por expressa autorização legal, puderem ser formuladas em qualquer tempo e grau de jurisdição.

CAPÍTULO VII – DA RECONVENÇÃO

Art. 343. Na contestação, é lícito ao réu propor reconvenção para manifestar pretensão própria, conexa com a ação principal ou com o fundamento da defesa.

§ 1º Proposta a reconvenção, o autor será intimado, na pessoa de seu advogado, para apresentar resposta no prazo de 15 (quinze) dias.

§ 2º A desistência da ação ou a ocorrência de causa extintiva que impeça o exame de seu mérito não obsta ao prosseguimento do processo quanto à reconvenção.

§ 3º A reconvenção pode ser proposta contra o autor e terceiro.

§ 4º A reconvenção pode ser proposta pelo réu em litisconsórcio com terceiro.

§ 5º Se o autor for substituto processual, o reconvinte deverá afirmar ser titular de direito em face do substituído, e a reconvenção deverá ser proposta em face do autor, também na qualidade de substituto processual.

§ 6º O réu pode propor reconvenção independentemente de oferecer contestação.

CAPÍTULO VIII – DA REVELIA

Art. 344. Se o réu não contestar a ação, será considerado revel e presumir-se-ão verdadeiras as alegações de fato formuladas pelo autor.

Art. 345. A revelia não produz o efeito mencionado no art. 344 se:

I - havendo pluralidade de réus, algum deles contestar a ação;

II - o litígio versar sobre direitos indisponíveis;

III - a petição inicial não estiver acompanhada de instrumento que a lei considere indispensável à prova do ato;

IV - as alegações de fato formuladas pelo autor forem inverossímeis ou estiverem em contradição com prova constante dos autos.

Art. 346. Os prazos contra o revel que não tenha patrono nos autos fluirão da data de publicação do ato decisório no órgão oficial.

Parágrafo único. O revel poderá intervir no processo em qualquer fase, recebendo-o no estado em que se encontrar.

CAPÍTULO IX – DAS PROVIDÊNCIAS PRELIMINARES E DO SANEAMENTO

Art. 347. Findo o prazo para a contestação, o juiz tomará, conforme o caso, as providências preliminares constantes das seções deste Capítulo.

SEÇÃO I – DA NÃO INCIDÊNCIA DOS EFEITOS DA REVELIA

Art. 348. Se o réu não contestar a ação, o juiz, verificando a inocorrência do efeito da revelia previsto no art. 344, ordenará que o autor especifique as provas que pretenda produzir, se ainda não as tiver indicado.

Art. 349. Ao réu revel será lícita a produção de provas, contrapostas às alegações do autor, desde que se faça representar nos autos a tempo de praticar os atos processuais indispensáveis a essa produção.

SEÇÃO II – DO FATO IMPEDITIVO, MODIFICATIVO OU EXTINTIVO DO DIREITO DO AUTOR

Art. 350. Se o réu alegar fato impeditivo, modificativo ou extintivo do direito do autor, este será ouvido no prazo de 15 (quinze) dias, permitindo-lhe o juiz a produção de prova.

SEÇÃO III – DAS ALEGAÇÕES DO RÉU

Art. 351. Se o réu alegar qualquer das matérias enumeradas no art. 337, o juiz determinará a oitiva do autor no prazo de 15 (quinze) dias, permitindo-lhe a produção de prova.

Art. 352. Verificando a existência de irregularidades ou de vícios sanáveis, o juiz determinará sua correção em prazo nunca superior a 30 (trinta) dias.

Art. 353. Cumpridas as providências preliminares ou não havendo necessidade delas, o juiz proferirá julgamento conforme o estado do processo, observando o que dispõe o Capítulo X.

CAPÍTULO X – DO JULGAMENTO CONFORME O ESTADO DO PROCESSO

SEÇÃO I – DA EXTINÇÃO DO PROCESSO

Art. 354. Ocorrendo qualquer das hipóteses previstas nos arts. 485 e 487, incisos II e III, o juiz proferirá sentença.

Parágrafo único. A decisão a que se refere o *caput* pode dizer respeito a apenas parcela do processo, caso em que será impugnável por agravo de instrumento.

SEÇÃO II – DO JULGAMENTO ANTECIPADO DO MÉRITO

Art. 355. O juiz julgará antecipadamente o pedido, proferindo sentença com resolução de mérito, quando:

I - não houver necessidade de produção de outras provas;

II - o réu for revel, ocorrer o efeito previsto no art. 344 e não houver requerimento de prova, na forma do art. 349.

SEÇÃO III – DO JULGAMENTO ANTECIPADO PARCIAL DO MÉRITO

Art. 356. O juiz decidirá parcialmente o mérito quando um ou mais dos pedidos formulados ou parcela deles:

I - mostrar-se incontroverso;

II - estiver em condições de imediato julgamento, nos termos do art. 355.

§ 1º A decisão que julgar parcialmente o mérito poderá reconhecer a existência de obrigação líquida ou ilíquida.

§ 2º A parte poderá liquidar ou executar, desde logo, a obrigação reconhecida na decisão que julgar parcialmente o mérito, independentemente de caução, ainda que haja recurso contra essa interposto.

§ 3º Na hipótese do § 2º, se houver trânsito em julgado da decisão, a execução será definitiva.

§ 4º A liquidação e o cumprimento da decisão que julgar parcialmente o mérito poderão ser processados em autos suplementares, a requerimento da parte ou a critério do juiz.

§ 5º A decisão proferida com base neste artigo é impugnável por agravo de instrumento.

SEÇÃO IV – DO SANEAMENTO E DA ORGANIZAÇÃO DO PROCESSO

Art. 357. Não ocorrendo nenhuma das hipóteses deste Capítulo, deverá o juiz, em decisão de saneamento e de organização do processo:

I - resolver as questões processuais pendentes, se houver;

II - delimitar as questões de fato sobre as quais recairá a atividade probatória, especificando os meios de prova admitidos;

III - definir a distribuição do ônus da prova, observado o art. 373;

IV - delimitar as questões de direito relevantes para a decisão do mérito;

V - designar, se necessário, audiência de instrução e julgamento.

§ 1º Realizado o saneamento, as partes têm o direito de pedir esclarecimentos ou solicitar ajustes, no prazo comum de 5 (cinco) dias, findo o qual a decisão se torna estável.

§ 2º As partes podem apresentar ao juiz, para homologação, delimitação consensual das questões de fato e de direito a que se referem os incisos II e IV, a qual, se homologada, vincula as partes e o juiz.

§ 3º Se a causa apresentar complexidade em matéria de fato ou de direito, deverá o juiz designar audiência para que o saneamento seja feito em cooperação com as partes, oportunidade em que o juiz, se for o caso, convidará as partes a integrar ou esclarecer suas alegações.

§ 4º Caso tenha sido determinada a produção de prova testemunhal, o juiz fixará prazo comum não superior a 15 (quinze) dias para que as partes apresentem rol de testemunhas.

§ 5º Na hipótese do § 3º, as partes devem levar, para a audiência prevista, o respectivo rol de testemunhas.

§ 6º O número de testemunhas arroladas não pode ser superior a 10 (dez), sendo 3 (três), no máximo, para a prova de cada fato.

§ 7º O juiz poderá limitar o número de testemunhas levando em conta a complexidade da causa e dos fatos individualmente considerados.

§ 8º Caso tenha sido determinada a produção de prova pericial, o juiz deve observar o disposto no art. 465 e, se possível, estabelecer, desde logo, calendário para sua realização.

§ 9º As pautas deverão ser preparadas com intervalo mínimo de 1 (uma) hora entre as audiências.

CAPÍTULO XI – DA AUDIÊNCIA DE INSTRUÇÃO E JULGAMENTO

Art. 358. No dia e na hora designados, o juiz declarará aberta a audiência de instrução e julgamento e mandará apregoar as partes e os respectivos advogados, bem como outras pessoas que dela devam participar.

Art. 359. Instalada a audiência, o juiz tentará conciliar as partes, independentemente do emprego anterior de outros métodos de solução consensual de conflitos, como a mediação e a arbitragem.

Art. 360. O juiz exerce o poder de polícia, incumbindo-lhe:

I - manter a ordem e o decoro na audiência;

II - ordenar que se retirem da sala de audiência os que se comportarem inconvenientemente;

III - requisitar, quando necessário, força policial;

IV - tratar com urbanidade as partes, os advogados, os membros do Ministério Público e da Defensoria Pública e qualquer pessoa que participe do processo;

V - registrar em ata, com exatidão, todos os requerimentos apresentados em audiência.

Art. 361. As provas orais serão produzidas em audiência, ouvindo-se nesta ordem, preferencialmente:

I - o perito e os assistentes técnicos, que responderão aos quesitos de esclarecimentos requeridos no prazo e na forma do art. 477, caso não respondidos anteriormente por escrito;

II - o autor e, em seguida, o réu, que prestarão depoimentos pessoais;

III - as testemunhas arroladas pelo autor e pelo réu, que serão inquiridas.

Parágrafo único. Enquanto depuserem o perito, os assistentes técnicos, as partes e as testemunhas, não poderão os advogados e o Ministério Público intervir ou apartear, sem licença do juiz.

Art. 362. A audiência poderá ser adiada:

I - por convenção das partes;

II - se não puder comparecer, por motivo justificado, qualquer pessoa que dela deva necessariamente participar;

III - por atraso injustificado de seu início em tempo superior a 30 (trinta) minutos do horário marcado.

§ 1º O impedimento deverá ser comprovado até a abertura da audiência, e, não o sendo, o juiz procederá à instrução.

§ 2º O juiz poderá dispensar a produção das provas requeridas pela parte cujo advogado ou defensor público não tenha comparecido à audiência, aplicando-se a mesma regra ao Ministério Público.

§ 3º Quem der causa ao adiamento responderá pelas despesas acrescidas.

Art. 363. Havendo antecipação ou adiamento da audiência, o juiz, de ofício ou a requerimento da parte, determinará a intimação dos advogados ou da sociedade de advogados para ciência da nova designação.

Art. 364. Finda a instrução, o juiz dará a palavra ao advogado do autor e do réu, bem como ao membro do Ministério Público, se for o caso de sua intervenção, sucessivamente, pelo prazo de 20 (vinte) minutos para cada um, prorrogável por 10 (dez) minutos, a critério do juiz.

§ 1º Havendo litisconsorte ou terceiro interveniente, o prazo, que formará com o da prorrogação um só todo, dividir-se-á entre os do mesmo grupo, se não convencionarem de modo diverso.

§ 2º Quando a causa apresentar questões complexas de fato ou de direito, o debate oral poderá ser substituído por razões finais escritas, que serão apresentadas pelo autor e pelo réu, bem como pelo Ministério Público, se for o caso de sua intervenção, em prazos sucessivos de 15 (quinze) dias, assegurada vista dos autos.

Art. 365. A audiência é una e contínua, podendo ser excepcional e justificadamente cindida na ausência de perito ou de testemunha, desde que haja concordância das partes.

Parágrafo único. Diante da impossibilidade de realização da instrução, do debate e do julgamento no mesmo dia, o juiz marcará seu prosseguimento para a data mais próxima possível, em pauta preferencial.

Art. 366. Encerrado o debate ou oferecidas as razões finais, o juiz proferirá sentença em audiência ou no prazo de 30 (trinta) dias.

Art. 367. O servidor lavrará, sob ditado do juiz, termo que conterá, em resumo, o ocorrido na audiência, bem como, por extenso, os despachos, as decisões e a sentença, se proferida no ato.

§ 1º Quando o termo não for registrado em meio eletrônico, o juiz rubricar-lhe-á as folhas, que serão encadernadas em volume próprio.

§ 2º Subscreverão o termo o juiz, os advogados, o membro do Ministério Público e o escrivão ou chefe de secretaria, dispensadas as partes, exceto quando houver ato de disposição para cuja prática os advogados não tenham poderes.

§ 3º O escrivão ou chefe de secretaria trasladará para os autos cópia autêntica do termo de audiência.

§ 4º Tratando-se de autos eletrônicos, observar-se-á o disposto neste Código, em legislação específica e nas normas internas dos tribunais.

§ 5º A audiência poderá ser integralmente gravada em imagem e em áudio, em meio digital ou analógico, desde que assegure o rápido acesso das partes e dos órgãos julgadores, observada a legislação específica.

§ 6º A gravação a que se refere o § 5º também pode ser realizada diretamente por qualquer das partes, independentemente de autorização judicial.

Art. 368. A audiência será pública, ressalvadas as exceções legais.

CAPÍTULO XII – DAS PROVAS

SEÇÃO I – DISPOSIÇÕES GERAIS

Art. 369. As partes têm o direito de empregar todos os meios legais, bem como os moralmente legítimos, ainda que não especificados neste Código, para provar a verdade dos fatos em que se funda o pedido ou a defesa e influir eficazmente na convicção do juiz.

Art. 370. Caberá ao juiz, de ofício ou a requerimento da parte, determinar as provas necessárias ao julgamento do mérito.

Parágrafo único. O juiz indeferirá, em decisão fundamentada, as diligências inúteis ou meramente protelatórias.

Art. 371. O juiz apreciará a prova constante dos autos, independentemente do sujeito que a tiver promovido, e indicará na decisão as razões da formação de seu convencimento.

Art. 372. O juiz poderá admitir a utilização de prova produzida em outro processo, atribuindo-lhe o valor que considerar adequado, observado o contraditório.

Art. 373. O ônus da prova incumbe:

I - ao autor, quanto ao fato constitutivo de seu direito;

II - ao réu, quanto à existência de fato impeditivo, modificativo ou extintivo do direito do autor.

§ 1º Nos casos previstos em lei ou diante de peculiaridades da causa relacionadas à impossibilidade ou à excessiva dificuldade de cumprir o encargo nos termos do *caput* ou à maior facilidade de obtenção da prova do fato contrário, poderá o juiz atribuir o ônus da prova de modo diverso, desde que o faça por decisão fundamentada, caso em que deverá dar à parte a oportunidade de se desincumbir do ônus que lhe foi atribuído.

§ 2º A decisão prevista no § 1º deste artigo não pode gerar situação em que a desincumbência do encargo pela parte seja impossível ou excessivamente difícil.

§ 3º A distribuição diversa do ônus da prova também pode ocorrer por convenção das partes, salvo quando:

I - recair sobre direito indisponível da parte;

II - tornar excessivamente difícil a uma parte o exercício do direito.

§ 4º A convenção de que trata o § 3º pode ser celebrada antes ou durante o processo.

Art. 374. Não dependem de prova os fatos:

I - notórios;

II - afirmados por uma parte e confessados pela parte contrária;

III - admitidos no processo como incontroversos;

IV - em cujo favor milita presunção legal de existência ou de veracidade.

Art. 375. O juiz aplicará as regras de experiência comum subministradas pela observação do que ordinariamente acontece e, ainda, as regras de experiência técnica, ressalvado, quanto a estas, o exame pericial.

Art. 376. A parte que alegar direito municipal, estadual, estrangeiro ou consuetudinário provar-lhe-á o teor e a vigência, se assim o juiz determinar.

Art. 377. A carta precatória, a carta rogatória e o auxílio direto suspenderão o julgamento da causa no caso previsto no art. 313, inciso V, alínea "b", quando, tendo sido requeridos antes da decisão de saneamento, a prova neles solicitada for imprescindível.

Parágrafo único. A carta precatória e a carta rogatória não devolvidas no prazo ou concedidas sem efeito suspensivo poderão ser juntadas aos autos a qualquer momento.

Art. 378. Ninguém se exime do dever de colaborar com o Poder Judiciário para o descobrimento da verdade.

Art. 379. Preservado o direito de não produzir prova contra si própria, incumbe à parte:

I - comparecer em juízo, respondendo ao que lhe for interrogado;

II - colaborar com o juízo na realização de inspeção judicial que for considerada necessária;

III - praticar o ato que lhe for determinado.

Art. 380. Incumbe ao terceiro, em relação a qualquer causa:

I - informar ao juiz os fatos e as circunstâncias de que tenha conhecimento;

II - exibir coisa ou documento que esteja em seu poder.

Parágrafo único. Poderá o juiz, em caso de descumprimento, determinar, além da imposição de multa, outras medidas indutivas, coercitivas, mandamentais ou sub-rogatórias.

SEÇÃO II – DA PRODUÇÃO ANTECIPADA DA PROVA

Art. 381. A produção antecipada da prova será admitida nos casos em que:

I - haja fundado receio de que venha a tornar-se impossível ou muito difícil a verificação de certos fatos na pendência da ação;

II - a prova a ser produzida seja suscetível de viabilizar a autocomposição ou outro meio adequado de solução de conflito;

III - o prévio conhecimento dos fatos possa justificar ou evitar o ajuizamento de ação.

§ 1º O arrolamento de bens observará o disposto nesta Seção quando tiver por finalidade apenas a realização de documentação e não a prática de atos de apreensão.

§ 2º A produção antecipada da prova é da competência do juízo do foro onde esta deva ser produzida ou do foro de domicílio do réu.

§ 3º A produção antecipada da prova não previne a competência do juízo para a ação que venha a ser proposta.

§ 4º O juízo estadual tem competência para a produção antecipada de prova requerida em face da União, de entidade autárquica ou de empresa pública federal se, na localidade, não houver vara federal.

§ 5º Aplica-se o disposto nesta Seção àquele que pretender justificar a existência de algum fato ou relação jurídica para simples documento e sem caráter contencioso, que exporá, em petição circunstanciada, a sua intenção.

Art. 382. Na petição, o requerente apresentará as razões que justificam a necessidade de antecipação da prova e mencionará com precisão os fatos sobre os quais a prova há de recair.

§ 1º O juiz determinará, de ofício ou a requerimento da parte, a citação de interessados na produção da prova ou no fato a ser provado, salvo se inexistente caráter contencioso.

§ 2º O juiz não se pronunciará sobre a ocorrência ou a inocorrência do fato, nem sobre as respectivas consequências jurídicas.

§ 3º Os interessados poderão requerer a produção de qualquer prova no mesmo procedimento, desde que relacionada ao mesmo fato, salvo se a sua produção conjunta acarretar excessiva demora.

§ 4º Neste procedimento, não se admitirá defesa ou recurso, salvo contra decisão que indeferir totalmente a produção da prova pleiteada pelo requerente originário.

Art. 383. Os autos permanecerão em cartório durante 1 (um) mês para extração de cópias e certidões pelos interessados.

Parágrafo único. Findo o prazo, os autos serão entregues ao promovente da medida.

SEÇÃO III – DA ATA NOTARIAL

Art. 384. A existência e o modo de existir de algum fato podem ser atestados ou documentados, a requerimento do interessado, mediante ata lavrada por tabelião.

Parágrafo único. Dados representados por imagem ou som gravados em arquivos eletrônicos poderão constar da ata notarial.

- *Vide art. 7º, Lei 8.935/1994 (Notários e Registradores)*
- *Arts. 216-A, I; 216-B, § 1º, III, Lei n. 6.015/1973 (Registros Públicos)*
- *Arts. 108; 401, I, § 7.º e § 11 ; 402; 440-F; 440-G; 440-M, Provimento CNJ n. 149/2023 (CNN)*
- *Vide Enunciado 70, I Jornada de Direito Notarial e Registral*
- *Vide Enunciado 181, III Jornada de Direito Processual Civil do CJF*

SEÇÃO IV – DO DEPOIMENTO PESSOAL

Art. 385. Cabe à parte requerer o depoimento pessoal da outra parte, a fim de que esta seja interrogada na audiência de instrução e julgamento, sem prejuízo do poder do juiz de ordená-lo de ofício.

§ 1º Se a parte, pessoalmente intimada para prestar depoimento pessoal e advertida da pena de confesso, não comparecer ou, comparecendo, se recusar a depor, o juiz aplicar-lhe-á a pena.

§ 2º É vedado a quem ainda não depôs assistir ao interrogatório da outra parte.

§ 3º O depoimento pessoal da parte que residir em comarca, seção ou subseção judiciária diversa daquela onde tramita o processo poderá ser colhido por meio de videoconferência ou outro recurso tecnológico de transmissão de sons e imagens em tempo real, o que poderá ocorrer, inclusive, durante a realização da audiência de instrução e julgamento.

Art. 386. Quando a parte, sem motivo justificado, deixar de responder ao que lhe for perguntado ou empregar evasivas, o juiz, apreciando as demais circunstâncias e os elementos de prova, declarará, na sentença, se houve recusa de depor.

Art. 387. A parte responderá pessoalmente sobre os fatos articulados, não podendo servir-se de escritos anteriormente preparados, permitindo-lhe o juiz, todavia, a consulta a notas breves, desde que objetivem completar esclarecimentos.

Art. 388. A parte não é obrigada a depor sobre fatos:

I - criminosos ou torpes que lhe forem imputados;

II - a cujo respeito, por estado ou profissão, deva guardar sigilo;

III - acerca dos quais não possa responder sem desonra própria, de seu cônjuge, de seu companheiro ou de parente em grau sucessível;

IV - que coloquem em perigo a vida do depoente ou das pessoas referidas no inciso III.

Parágrafo único. Esta disposição não se aplica às ações de estado e de família.

SEÇÃO V – DA CONFISSÃO

Art. 389. Há confissão, judicial ou extrajudicial, quando a parte admite a verdade de fato contrário ao seu interesse e favorável ao do adversário.

Art. 390. A confissão judicial pode ser espontânea ou provocada.

§ 1º A confissão espontânea pode ser feita pela própria parte ou por representante com poder especial.

§ 2º A confissão provocada constará do termo de depoimento pessoal.

Art. 391. A confissão judicial faz prova contra o confitente, não prejudicando, todavia, os litisconsortes.

Parágrafo único. Nas ações que versarem sobre bens imóveis ou direitos reais sobre imóveis alheios, a confissão de um cônjuge ou companheiro não valerá sem a do outro, salvo se o regime de casamento for o de separação absoluta de bens.

Art. 392. Não vale como confissão a admissão, em juízo, de fatos relativos a direitos indisponíveis.

§ 1º A confissão será ineficaz se feita por quem não for capaz de dispor do direito a que se referem os fatos confessados.

§ 2º A confissão feita por um representante somente é eficaz nos limites em que este pode vincular o representado.

Art. 393. A confissão é irrevogável, mas pode ser anulada se decorreu de erro de fato ou de coação.

Parágrafo único. A legitimidade para a ação prevista no *caput* é exclusiva do confitente e pode ser transferida a seus herdeiros se ele falecer após a propositura.

Art. 394. A confissão extrajudicial, quando feita oralmente, só terá eficácia nos casos em que a lei não exija prova literal.

Art. 395. A confissão é, em regra, indivisível, não podendo a parte que a quiser invocar como prova aceitá-la no tópico que a beneficiar e rejeitá-la no que lhe for desfavorável, porém cindir-se-á quando o confitente a ela aduzir fatos novos, capazes de constituir fundamento de defesa de direito material ou de reconvenção.

SEÇÃO VI – DA EXIBIÇÃO DE DOCUMENTO OU COISA

Art. 396. O juiz pode ordenar que a parte exiba documento ou coisa que se encontre em seu poder.

Art. 397. O pedido formulado pela parte conterá:

I - a descrição, tão completa quanto possível, do documento ou da coisa, ou das categorias de documentos ou de coisas buscados;

› *Inciso com redação dada pela Lei nº 14.195, de 26/8/2021*

II - a finalidade da prova, com indicação dos fatos que se relacionam com o documento ou com a coisa, ou com suas categorias;

› *Inciso com redação dada pela Lei nº 14.195, de 26/8/2021*

III - as circunstâncias em que se funda o requerente para afirmar que o documento ou a coisa existe, ainda que a referência seja a categoria de documentos ou de coisas, e se acha em poder da parte contrária.

› *Inciso com redação dada pela Lei nº 14.195, de 26/8/2021*

Art. 398. O requerido dará sua resposta nos 5 (cinco) dias subsequentes à sua intimação.

Parágrafo único. Se o requerido afirmar que não possui o documento ou a coisa, o juiz permitirá que o requerente prove, por qualquer meio, que a declaração não corresponde à verdade.

Art. 399. O juiz não admitirá a recusa se:

I - o requerido tiver obrigação legal de exibir;

II - o requerido tiver aludido ao documento ou à coisa, no processo, com o intuito de constituir prova;

III - o documento, por seu conteúdo, for comum às partes.

Art. 400. Ao decidir o pedido, o juiz admitirá como verdadeiros os fatos que, por meio do documento ou da coisa, a parte pretendia provar se:

I - o requerido não efetuar a exibição nem fizer nenhuma declaração no prazo do art. 398;

II - a recusa for havida por ilegítima.

Parágrafo único. Sendo necessário, o juiz pode adotar medidas indutivas, coercitivas, mandamentais ou sub-rogatórias para que o documento seja exibido.

Art. 401. Quando o documento ou a coisa estiver em poder de terceiro, o juiz ordenará sua citação para responder no prazo de 15 (quinze) dias.

Art. 402. Se o terceiro negar a obrigação de exibir ou a posse do documento ou da coisa, o juiz designará audiência especial, tomando-lhe o depoimento, bem como o das partes e, se necessário, o de testemunhas, e em seguida proferirá decisão.

Art. 403. Se o terceiro, sem justo motivo, se recusar a efetuar a exibição, o juiz ordenar-lhe-á que proceda ao respectivo depósito em cartório ou em outro lugar designado, no prazo de 5 (cinco) dias, impondo ao requerente que o ressarça pelas despesas que tiver.

Parágrafo único. Se o terceiro descumprir a ordem, o juiz expedirá mandado de apreensão, requisitando, se necessário, força policial, sem prejuízo da responsabilidade por crime de desobediência, pagamento de multa e outras medidas indutivas, coercitivas, mandamentais ou sub-rogatórias necessárias para assegurar a efetivação da decisão.

Art. 404. A parte e o terceiro se escusam de exibir, em juízo, o documento ou a coisa se:

I - concernente a negócios da própria vida da família;

II - sua apresentação puder violar dever de honra;

III - sua publicidade redundar em desonra à parte ou ao terceiro, bem como a seus parentes consanguíneos ou afins até o terceiro grau, ou lhes representar perigo de ação penal;

IV - sua exibição acarretar a divulgação de fatos a cujo respeito, por estado ou profissão, devam guardar segredo;

V - subsistirem outros motivos graves que, segundo o prudente arbítrio do juiz, justifiquem a recusa da exibição;

VI - houver disposição legal que justifique a recusa da exibição.

Parágrafo único. Se os motivos de que tratam os incisos I a VI do *caput* disserem respeito a apenas uma parcela do documento, a parte ou o terceiro exibirá a outra em cartório, para dela ser extraída cópia reprográfica, de tudo sendo lavrado auto circunstanciado.

SEÇÃO VII – DA PROVA DOCUMENTAL

SUBSEÇÃO I – DA FORÇA PROBANTE DOS DOCUMENTOS

Art. 405. O documento público faz prova não só da sua formação, mas também dos fatos que o escrivão, o chefe de secretaria, o tabelião ou o servidor declarar que ocorreram em sua presença.

Art. 406. Quando a lei exigir instrumento público como da substância do ato, nenhuma outra prova, por mais especial que seja, pode suprir-lhe a falta.

Art. 407. O documento feito por oficial público incompetente ou sem a observância das formalidades legais, sendo subscrito pelas partes, tem a mesma eficácia probatória do documento particular.

Art. 408. As declarações constantes do documento particular escrito e assinado ou somente assinado presumem-se verdadeiras em relação ao signatário.

Parágrafo único. Quando, todavia, contiver declaração de ciência de determinado fato, o documento particular prova a ciência, mas não o fato em si, incumbindo o ônus de prová-lo ao interessado em sua veracidade.

Art. 409. A data do documento particular, quando a seu respeito surgir dúvida ou impugnação entre os litigantes, provar-se-á por todos os meios de direito.

Parágrafo único. Em relação a terceiros, considerar-se-á datado o documento particular:

I - no dia em que foi registrado;

II - desde a morte de algum dos signatários;

III - a partir da impossibilidade física que sobreveio a qualquer dos signatários;

IV - da sua apresentação em repartição pública ou em juízo;

V - do ato ou do fato que estabeleça, de modo certo, a anterioridade da formação do documento.

Art. 410. Considera-se autor do documento particular:

I - aquele que o fez e o assinou;

II - aquele por conta de quem ele foi feito, estando assinado;

III - aquele que, mandando compô-lo, não o firmou porque, conforme a experiência comum, não se costuma assinar, como livros empresariais e assentos domésticos.

Art. 411. Considera-se autêntico o documento quando:

I - o tabelião reconhecer a firma do signatário;

II - a autoria estiver identificada por qualquer outro meio legal de certificação, inclusive eletrônico, nos termos da lei;

III - não houver impugnação da parte contra quem foi produzido o documento.

Art. 412. O documento particular de cuja autenticidade não se duvida prova que o seu autor fez a declaração que lhe é atribuída.

Parágrafo único. O documento particular admitido expressa ou tacitamente é indivisível, sendo vedado à parte que pretende utilizar-se dele aceitar os fatos que lhe são favoráveis e recusar os que são contrários ao seu interesse, salvo se provar que estes não ocorreram.

Art. 413. O telegrama, o radiograma ou qualquer outro meio de transmissão tem a mesma força probatória do documento particular se o original constante da estação expedidora tiver sido assinado pelo remetente.

Parágrafo único. A firma do remetente poderá ser reconhecida pelo tabelião, declarando-se essa circunstância no original depositado na estação expedidora.

Art. 414. O telegrama ou o radiograma presume-se conforme com o original, provando as datas de sua expedição e de seu recebimento pelo destinatário.

Art. 415. As cartas e os registros domésticos provam contra quem os escreveu quando:

I - enunciam o recebimento de um crédito;

II - contêm anotação que visa a suprir a falta de título em favor de quem é apontado como credor;

III - expressam conhecimento de fatos para os quais não se exija determinada prova.

Art. 416. A nota escrita pelo credor em qualquer parte de documento representativo de obrigação, ainda que não assinada, faz prova em benefício do devedor.

Parágrafo único. Aplica-se essa regra tanto para o documento que o credor conservar em seu poder quanto para aquele que se achar em poder do devedor ou de terceiro.

Art. 417. Os livros empresariais provam contra seu autor, sendo lícito ao empresário, todavia, demonstrar, por todos os meios permitidos em direito, que os lançamentos não correspondem à verdade dos fatos.

Art. 418. Os livros empresariais que preencham os requisitos exigidos por lei provam a favor de seu autor no litígio entre empresários.

Art. 419. A escrituração contábil é indivisível, e, se dos fatos que resultam dos lançamentos, uns são favoráveis ao interesse de seu autor e outros lhe são contrários, ambos serão considerados em conjunto, como unidade.

Art. 420. O juiz pode ordenar, a requerimento da parte, a exibição integral dos livros empresariais e dos documentos do arquivo:

I - na liquidação de sociedade;

II - na sucessão por morte de sócio;

III - quando e como determinar a lei.

Art. 421. O juiz pode, de ofício, ordenar à parte a exibição parcial dos livros e dos documentos, extraindo-se deles a suma que interessar ao litígio, bem como reproduções autenticadas.

Art. 422. Qualquer reprodução mecânica, como a fotográfica, a cinematográfica, a fonográfica ou de outra espécie, tem aptidão para fazer prova dos fatos ou das coisas representadas, se a sua conformidade com o documento original não for impugnada por aquele contra quem foi produzida.

§ 1º As fotografias digitais e as extraídas da rede mundial de computadores fazem prova das imagens que reproduzem, devendo, se impugnadas, ser apresentada a respectiva autenticação eletrônica ou, não sendo possível, realizada perícia.

§ 2º Se se tratar de fotografia publicada em jornal ou revista, será exigido um exemplar original do periódico, caso impugnada a veracidade pela outra parte.

§ 3º Aplica-se o disposto neste artigo à forma impressa de mensagem eletrônica.

Art. 423. As reproduções dos documentos particulares, fotográficas ou obtidas por outros processos de repetição, valem como certidões sempre que o escrivão ou o chefe de secretaria certificar sua conformidade com o original.

Art. 424. A cópia de documento particular tem o mesmo valor probante que o original, cabendo ao escrivão, intimadas as partes, proceder à conferência e certificar a conformidade entre a cópia e o original.

Art. 425. Fazem a mesma prova que os originais:

I - as certidões textuais de qualquer peça dos autos, do protocolo das audiências ou de outro livro a cargo do escrivão ou do chefe de secretaria, se extraídas por ele ou sob sua vigilância e por ele subscritas;

II - os traslados e as certidões extraídas por oficial público de instrumentos ou documentos lançados em suas notas;

III - as reproduções dos documentos públicos, desde que autenticadas por oficial público ou conferidas em cartório com os respectivos originais;

IV - as cópias reprográficas de peças do próprio processo judicial declaradas autênticas pelo advogado, sob sua responsabilidade pessoal, se não lhes for impugnada a autenticidade;

V - os extratos digitais de bancos de dados públicos e privados, desde que atestado pelo seu emitente, sob as penas da lei, que as informações conferem com o que consta na origem;

VI - as reproduções digitalizadas de qualquer documento público ou particular, quando juntadas aos autos pelos órgãos da justiça e seus auxiliares, pelo Ministério Público e seus auxiliares, pela Defensoria Pública e seus auxiliares, pelas procuradorias, pelas repartições públicas em geral e por advogados, ressalvada a alegação motivada e fundamentada de adulteração.

§ 1º Os originais dos documentos digitalizados mencionados no inciso VI deverão ser preservados pelo seu detentor até o final do prazo para propositura de ação rescisória.

§ 2º Tratando-se de cópia digital de título executivo extrajudicial ou de documento relevante à instrução do processo, o juiz poderá determinar seu depósito em cartório ou secretaria.

Art. 426. O juiz apreciará fundamentadamente a fé que deva merecer o documento, quando em ponto substancial e sem ressalva contiver entrelinha, emenda, borrão ou cancelamento.

Art. 427. Cessa a fé do documento público ou particular sendo-lhe declarada judicialmente a falsidade.

Parágrafo único. A falsidade consiste em:

I - formar documento não verdadeiro;

II - alterar documento verdadeiro.

Art. 428. Cessa a fé do documento particular quando:

I - for impugnada sua autenticidade e enquanto não se comprovar sua veracidade;

II - assinado em branco, for impugnado seu conteúdo, por preenchimento abusivo.

Parágrafo único. Dar-se-á abuso quando aquele que recebeu documento assinado com texto não escrito no todo ou em parte formá-lo ou completá-lo por si ou por meio de outrem, violando o pacto feito com o signatário.

Art. 429. Incumbe o ônus da prova quando:

I - se tratar de falsidade de documento ou de preenchimento abusivo, à parte que a arguir;

II - se tratar de impugnação da autenticidade, à parte que produziu o documento.

SUBSEÇÃO II – DA ARGUIÇÃO DE FALSIDADE

Art. 430. A falsidade deve ser suscitada na contestação, na réplica ou no prazo de 15 (quinze) dias, contado a partir da intimação da juntada do documento aos autos.

Parágrafo único. Uma vez arguida, a falsidade será resolvida como questão incidental, salvo se a parte requerer que o juiz a decida como questão principal, nos termos do inciso II do art. 19.

Art. 431. A parte arguirá a falsidade expondo os motivos em que funda a sua pretensão e os meios com que provará o alegado.

Art. 432. Depois de ouvida a outra parte no prazo de 15 (quinze) dias, será realizado o exame pericial.

Parágrafo único. Não se procederá ao exame pericial se a parte que produziu o documento concordar em retirá-lo.

Art. 433. A declaração sobre a falsidade do documento, quando suscitada como questão principal, constará da parte dispositiva da sentença e sobre ela incidirá também a autoridade da coisa julgada.

SUBSEÇÃO III – DA PRODUÇÃO DA PROVA DOCUMENTAL

Art. 434. Incumbe à parte instruir a petição inicial ou a contestação com os documentos destinados a provar suas alegações.

Parágrafo único. Quando o documento consistir em reprodução cinematográfica ou fonográfica, a parte deverá trazê-lo nos termos do *caput*, mas sua exposição será realizada em audiência, intimando-se previamente as partes.

Art. 435. É lícito às partes, em qualquer tempo, juntar aos autos documentos novos, quando destinados a fazer prova de fatos ocorridos depois dos articulados ou para contrapô-los aos que foram produzidos nos autos.

Parágrafo único. Admite-se também a juntada posterior de documentos formados após a petição inicial ou a contestação, bem como dos que se tornaram conhecidos, acessíveis ou disponíveis após esses atos, cabendo à parte que os produzir comprovar o motivo que a impediu de juntá-los anteriormente e incumbindo ao juiz, em qualquer caso, avaliar a conduta da parte de acordo com o art. 5º.

Art. 436. A parte, intimada a falar sobre documento constante dos autos, poderá:

I - impugnar a admissibilidade da prova documental;

II - impugnar sua autenticidade;

III - suscitar sua falsidade, com ou sem deflagração do incidente de arguição de falsidade;

IV - manifestar-se sobre seu conteúdo.

Parágrafo único. Nas hipóteses dos incisos II e III, a impugnação deverá basear-se em argumentação específica, não se admitindo alegação genérica de falsidade.

Art. 437. O réu manifestar-se-á na contestação sobre os documentos anexados à inicial, e o autor manifestar-se-á na réplica sobre os documentos anexados à contestação.

§ 1º Sempre que uma das partes requerer a juntada de documento aos autos, o juiz ouvirá, a seu respeito, a outra parte, que disporá do prazo de 15 (quinze) dias para adotar qualquer das posturas indicadas no art. 436.

§ 2º Poderá o juiz, a requerimento da parte, dilatar o prazo para manifestação sobre a prova documental produzida, levando em consideração a quantidade e a complexidade da documentação.

Art. 438. O juiz requisitará às repartições públicas, em qualquer tempo ou grau de jurisdição:

I - as certidões necessárias à prova das alegações das partes;

II - os procedimentos administrativos nas causas em que forem interessados a União, os Estados, o Distrito Federal, os Municípios ou entidades da administração indireta.

§ 1º Recebidos os autos, o juiz mandará extrair, no prazo máximo e improrrogável de 1 (um) mês, certidões ou reproduções fotográficas das peças que indicar e das que forem indicadas pelas partes, e, em seguida, devolverá os autos à repartição de origem.

§ 2º As repartições públicas poderão fornecer todos os documentos em meio eletrônico, conforme disposto em lei, certificando, pelo mesmo meio, que se trata de extrato fiel do que consta em seu banco de dados ou no documento digitalizado.

SEÇÃO VIII – DOS DOCUMENTOS ELETRÔNICOS

Art. 439. A utilização de documentos eletrônicos no processo convencional dependerá de sua conversão à forma impressa e da verificação de sua autenticidade, na forma da lei.

Art. 440. O juiz apreciará o valor probante do documento eletrônico não convertido, assegurado às partes o acesso ao seu teor.

Art. 441. Serão admitidos documentos eletrônicos produzidos e conservados com a observância da legislação específica.

SEÇÃO IX – DA PROVA TESTEMUNHAL

SUBSEÇÃO I – DA ADMISSIBILIDADE E DO VALOR DA PROVA TESTEMUNHAL

Art. 442. A prova testemunhal é sempre admissível, não dispondo a lei de modo diverso.

Art. 443. O juiz indeferirá a inquirição de testemunhas sobre fatos:

I - já provados por documento ou confissão da parte;

II - que só por documento ou por exame pericial puderem ser provados.

Art. 444. Nos casos em que a lei exigir prova escrita da obrigação, é admissível a prova testemunhal quando houver começo de prova por escrito, emanado da parte contra a qual se pretende produzir a prova.

Art. 445. Também se admite a prova testemunhal quando o credor não pode ou não podia, moral ou materialmente, obter a prova escrita da obrigação, em casos como o de parentesco, de depósito necessário ou de hospedagem em hotel ou em razão das práticas comerciais do local onde contraída a obrigação.

Art. 446. É lícito à parte provar com testemunhas:

I - nos contratos simulados, a divergência entre a vontade real e a vontade declarada;

II - nos contratos em geral, os vícios de consentimento.

Art. 447. Podem depor como testemunhas todas as pessoas, exceto as incapazes, impedidas ou suspeitas.

§ 1º São incapazes:

I - o interdito por enfermidade ou deficiência mental;

II - o que, acometido por enfermidade ou retardamento mental, ao tempo em que ocorreram os fatos, não podia discerni-los, ou, ao tempo em que deve depor, não está habilitado a transmitir as percepções;

III - o que tiver menos de 16 (dezesseis) anos;

IV - o cego e o surdo, quando a ciência do fato depender dos sentidos que lhes faltam.

§ 2º São impedidos:

I - o cônjuge, o companheiro, o ascendente e o descendente em qualquer grau e o colateral, até o terceiro grau, de alguma das partes, por consanguinidade ou afinidade, salvo se o exigir o interesse público ou, tratando-se de causa relativa ao estado da pessoa, não se puder obter de outro modo a prova que o juiz repute necessária ao julgamento do mérito;

II - o que é parte na causa;

III - o que intervém em nome de uma parte, como o tutor, o representante legal da pessoa jurídica, o juiz, o advogado e outros que assistam ou tenham assistido as partes.

§ 3º São suspeitos:

I - o inimigo da parte ou o seu amigo íntimo;

II - o que tiver interesse no litígio.

§ 4º Sendo necessário, pode o juiz admitir o depoimento das testemunhas menores, impedidas ou suspeitas.

§ 5º Os depoimentos referidos no § 4º serão prestados independentemente de compromisso, e o juiz lhes atribuirá o valor que possam merecer.

Art. 448. A testemunha não é obrigada a depor sobre fatos:

I - que lhe acarretem grave dano, bem como ao seu cônjuge ou companheiro e aos seus parentes consanguíneos ou afins, em linha reta ou colateral, até o terceiro grau;

II - a cujo respeito, por estado ou profissão, deva guardar sigilo.

Art. 449. Salvo disposição especial em contrário, as testemunhas devem ser ouvidas na sede do juízo.

Parágrafo único. Quando a parte ou a testemunha, por enfermidade ou por outro motivo relevante, estiver impossibilitada de comparecer, mas não de prestar depoimento, o juiz designará, conforme as circunstâncias, dia, hora e lugar para inquiri-la.

SUBSEÇÃO II – DA PRODUÇÃO DA PROVA TESTEMUNHAL

Art. 450. O rol de testemunhas conterá, sempre que possível, o nome, a profissão, o estado civil, a idade, o número de inscrição no Cadastro de Pessoas Físicas, o número de registro de identidade e o endereço completo da residência e do local de trabalho.

Art. 451. Depois de apresentado o rol de que tratam os §§ 4º e 5º do art. 357, a parte só pode substituir a testemunha:

I - que falecer;

II - que, por enfermidade, não estiver em condições de depor;

III - que, tendo mudado de residência ou de local de trabalho, não for encontrada.

Art. 452. Quando for arrolado como testemunha, o juiz da causa:

I - declarar-se-á impedido, se tiver conhecimento de fatos que possam influir na decisão, caso em que será vedado à parte que o incluiu no rol desistir de seu depoimento;

II - se nada souber, mandará excluir o seu nome.

Art. 453. As testemunhas depõem, na audiência de instrução e julgamento, perante o juiz da causa, exceto:

I - as que prestam depoimento antecipadamente;

II - as que são inquiridas por carta.

§ 1º A oitiva de testemunha que residir em comarca, seção ou subseção judiciária diversa daquela onde tramita o processo poderá ser realizada por meio de videoconferência ou outro recurso tecnológico de transmissão e recepção de sons e imagens em tempo real, o que poderá ocorrer, inclusive, durante a audiência de instrução e julgamento.

§ 2º Os juízos deverão manter equipamento para a transmissão e recepção de sons e imagens a que se refere o § 1º.

Art. 454. São inquiridos em sua residência ou onde exercem sua função:

I - o presidente e o vice-presidente da República;

II - os ministros de Estado;

III - os ministros do Supremo Tribunal Federal, os conselheiros do Conselho Nacional de Justiça e os ministros do Superior Tribunal de Justiça, do Superior Tribunal Militar, do Tribunal Superior Eleitoral, do Tribunal Superior do Trabalho e do Tribunal de Contas da União;

IV - o procurador-geral da República e os conselheiros do Conselho Nacional do Ministério Público;

V - o advogado-geral da União, o procurador-geral do Estado, o procurador-geral do Município, o defensor público-geral federal e o defensor público-geral do Estado;

VI - os senadores e os deputados federais;

VII - os governadores dos Estados e do Distrito Federal;

VIII - o prefeito;

IX - os deputados estaduais e distritais;

X - os desembargadores dos Tribunais de Justiça, dos Tribunais Regionais Federais, dos Tribunais Regionais do Trabalho e dos Tribunais Regionais Eleitorais e os conselheiros dos Tribunais de Contas dos Estados e do Distrito Federal;

XI - o procurador-geral de justiça;

XII - o embaixador de país que, por lei ou tratado, concede idêntica prerrogativa a agente diplomático do Brasil.

§ 1º O juiz solicitará à autoridade que indique dia, hora e local a fim de ser inquirida, remetendo-lhe cópia da petição inicial ou da defesa oferecida pela parte que a arrolou como testemunha.

§ 2º Passado 1 (um) mês sem manifestação da autoridade, o juiz designará dia, hora e local para o depoimento, preferencialmente na sede do juízo.

§ 3º O juiz também designará dia, hora e local para o depoimento, quando a autoridade não comparecer, injustificadamente, à sessão agendada para a colheita de seu testemunho no dia, hora e local por ela mesma indicados.

Art. 455. Cabe ao advogado da parte informar ou intimar a testemunha por ele arrolada do dia, da hora e do local da audiência designada, dispensando-se a intimação do juízo.

§ 1º A intimação deverá ser realizada por carta com aviso de recebimento, cumprindo ao advogado juntar aos autos, com antecedência de pelo menos 3 (três) dias da data da audiência, cópia da correspondência de intimação e do comprovante de recebimento.

§ 2º A parte pode comprometer-se a levar a testemunha à audiência, independentemente da intimação de que trata o § 1º, presumindo-se, caso a testemunha não compareça, que a parte desistiu de sua inquirição.

§ 3º A inércia na realização da intimação a que se refere o § 1º importa desistência da inquirição da testemunha.

§ 4º A intimação será feita pela via judicial quando:

I - for frustrada a intimação prevista no § 1º deste artigo;

II - sua necessidade for devidamente demonstrada pela parte ao juiz;

III - figurar no rol de testemunhas servidor público ou militar, hipótese em que o juiz o requisitará ao chefe da repartição ou ao comando do corpo em que servir;

IV - a testemunha houver sido arrolada pelo Ministério Público ou pela Defensoria Pública;

V - a testemunha for uma daquelas previstas no art. 454.

§ 5º A testemunha que, intimada na forma do § 1º ou do § 4º, deixar de comparecer sem motivo justificado será conduzida e responderá pelas despesas do adiamento.

Art. 456. O juiz inquirirá as testemunhas separada e sucessivamente, primeiro as do autor e depois as do réu, e providenciará para que uma não ouça o depoimento das outras.

Parágrafo único. O juiz poderá alterar a ordem estabelecida no *caput* se as partes concordarem.

Art. 457. Antes de depor, a testemunha será qualificada, declarará ou confirmará seus dados e informará se tem relações de parentesco com a parte ou interesse no objeto do processo.

§ 1º É lícito à parte contraditar a testemunha, arguindo-lhe a incapacidade, o impedimento ou a suspeição, bem como, caso a testemunha negue os fatos que lhe são imputados, provar a contradita com documentos ou com testemunhas, até 3 (três), apresentadas no ato e inquiridas em separado.

§ 2º Sendo provados ou confessados os fatos a que se refere o § 1º, o juiz dispensará a testemunha ou lhe tomará o depoimento como informante.

§ 3º A testemunha pode requerer ao juiz que a escuse de depor, alegando os motivos previstos neste Código, decidindo o juiz de plano após ouvidas as partes.

Art. 458. Ao início da inquirição, a testemunha prestará o compromisso de dizer a verdade do que souber e lhe for perguntado.

Parágrafo único. O juiz advertirá à testemunha que incorre em sanção penal quem faz afirmação falsa, cala ou oculta a verdade.

Art. 459. As perguntas serão formuladas pelas partes diretamente à testemunha, começando pela que a arrolou, não admitindo o juiz aquelas que puderem induzir a resposta, não tiverem relação com as questões de fato objeto da atividade probatória ou importarem repetição de outra já respondida.

§ 1º O juiz poderá inquirir a testemunha tanto antes quanto depois da inquirição feita pelas partes.

§ 2º As testemunhas devem ser tratadas com urbanidade, não se lhes fazendo perguntas ou considerações impertinentes, capciosas ou vexatórias.

§ 3º As perguntas que o juiz indeferir serão transcritas no termo, se a parte o requerer.

Art. 460. O depoimento poderá ser documentado por meio de gravação.

§ 1º Quando digitado ou registrado por taquigrafia, estenotipia ou outro método idôneo de documentação, o depoimento será assinado pelo juiz, pelo depoente e pelos procuradores.

§ 2º Se houver recurso em processo em autos não eletrônicos, o depoimento somente será digitado quando for impossível o envio de sua documentação eletrônica.

§ 3º Tratando-se de autos eletrônicos, observar-se-á o disposto neste Código e na legislação específica sobre a prática eletrônica de atos processuais.

Art. 461. O juiz pode ordenar, de ofício ou a requerimento da parte:

I - a inquirição de testemunhas referidas nas declarações da parte ou das testemunhas;

II - a acareação de 2 (duas) ou mais testemunhas ou de alguma delas com a parte, quando, sobre fato determinado que possa influir na decisão da causa, divergirem as suas declarações.

§ 1º Os acareados serão reperguntados para que expliquem os pontos de divergência, reduzindo-se a termo o ato de acareação.

§ 2º A acareação pode ser realizada por videoconferência ou por outro recurso tecnológico de transmissão de sons e imagens em tempo real.

Art. 462. A testemunha pode requerer ao juiz o pagamento da despesa que efetuou para comparecimento à audiência, devendo a parte pagá-la logo que arbitrada ou depositá-la em cartório dentro de 3 (três) dias.

Art. 463. O depoimento prestado em juízo é considerado serviço público.

Parágrafo único. A testemunha, quando sujeita ao regime da legislação trabalhista, não sofre, por comparecer à audiência, perda de salário nem desconto no tempo de serviço.

SEÇÃO X – DA PROVA PERICIAL

Art. 464. A prova pericial consiste em exame, vistoria ou avaliação.

§ 1º O juiz indeferirá a perícia quando:

I - a prova do fato não depender de conhecimento especial de técnico;

II - for desnecessária em vista de outras provas produzidas;

III - a verificação for impraticável.

§ 2º De ofício ou a requerimento das partes, o juiz poderá, em substituição à perícia, determinar a produção de prova técnica simplificada, quando o ponto controvertido for de menor complexidade.

§ 3º A prova técnica simplificada consistirá apenas na inquirição de especialista, pelo juiz, sobre ponto controvertido da causa que demande especial conhecimento científico ou técnico.

§ 4º Durante a arguição, o especialista, que deverá ter formação acadêmica específica na área objeto de seu depoimento, poderá valer-se de qualquer recurso tecnológico de transmissão de sons e imagens com o fim de esclarecer os pontos controvertidos da causa.

Art. 465. O juiz nomeará perito especializado no objeto da perícia e fixará de imediato o prazo para a entrega do laudo.

§ 1º Incumbe às partes, dentro de 15 (quinze) dias contados da intimação do despacho de nomeação do perito:

I - arguir o impedimento ou a suspeição do perito, se for o caso;

II - indicar assistente técnico;

III - apresentar quesitos.

§ 2º Ciente da nomeação, o perito apresentará em 5 (cinco) dias:

I - proposta de honorários;

II - currículo, com comprovação de especialização;

III - contatos profissionais, em especial o endereço eletrônico, para onde serão dirigidas as intimações pessoais.

§ 3º As partes serão intimadas da proposta de honorários para, querendo, manifestar-se no prazo comum de 5 (cinco) dias, após o que o juiz arbitrará o valor, intimando-se as partes para os fins do art. 95.

§ 4º O juiz poderá autorizar o pagamento de até cinquenta por cento dos honorários arbitrados a favor do perito no início dos trabalhos, devendo o remanescente ser pago apenas ao final, depois de entregue o laudo e prestados todos os esclarecimentos necessários.

§ 5º Quando a perícia for inconclusiva ou deficiente, o juiz poderá reduzir a remuneração inicialmente arbitrada para o trabalho.

§ 6º Quando tiver de realizar-se por carta, poder-se-á proceder à nomeação de perito e à indicação de assistentes técnicos no juízo ao qual se requisitar a perícia.

Art. 466. O perito cumprirá escrupulosamente o encargo que lhe foi cometido, independentemente de termo de compromisso.

§ 1º Os assistentes técnicos são de confiança da parte e não estão sujeitos a impedimento ou suspeição.

§ 2º O perito deve assegurar aos assistentes das partes o acesso e o acompanhamento das diligências e dos exames que realizar, com prévia comunicação, comprovada nos autos, com antecedência mínima de 5 (cinco) dias.

Art. 467. O perito pode escusar-se ou ser recusado por impedimento ou suspeição.

Parágrafo único. O juiz, ao aceitar a escusa ou ao julgar procedente a impugnação, nomeará novo perito.

Art. 468. O perito pode ser substituído quando:

I - faltar-lhe conhecimento técnico ou científico;

II - sem motivo legítimo, deixar de cumprir o encargo no prazo que lhe foi assinado.

§ 1º No caso previsto no inciso II, o juiz comunicará a ocorrência à corporação profissional respectiva, podendo, ainda, impor multa ao perito, fixada tendo em vista o valor da causa e o possível prejuízo decorrente do atraso no processo.

§ 2º O perito substituído restituirá, no prazo de 15 (quinze) dias, os valores recebidos pelo trabalho não realizado, sob pena de ficar impedido de atuar como perito judicial pelo prazo de 5 (cinco) anos.

§ 3º Não ocorrendo a restituição voluntária de que trata o § 2º, a parte que tiver realizado o adiantamento dos honorários poderá promover execução contra o perito, na forma dos arts. 513 e seguintes deste Código, com fundamento na decisão que determinar a devolução do numerário.

Art. 469. As partes poderão apresentar quesitos suplementares durante a diligência, que poderão ser respondidos pelo perito previamente ou na audiência de instrução e julgamento.

Parágrafo único. O escrivão dará à parte contrária ciência da juntada dos quesitos aos autos.

Art. 470. Incumbe ao juiz:

I - indeferir quesitos impertinentes;

II - formular os quesitos que entender necessários ao esclarecimento da causa.

Art. 471. As partes podem, de comum acordo, escolher o perito, indicando-o mediante requerimento, desde que:

I - sejam plenamente capazes;

II - a causa possa ser resolvida por autocomposição.

§ 1º As partes, ao escolher o perito, já devem indicar os respectivos assistentes técnicos para acompanhar a realização da perícia, que se realizará em data e local previamente anunciados.

§ 2º O perito e os assistentes técnicos devem entregar, respectivamente, laudo e pareceres em prazo fixado pelo juiz.

§ 3º A perícia consensual substitui, para todos os efeitos, a que seria realizada por perito nomeado pelo juiz.

Art. 472. O juiz poderá dispensar prova pericial quando as partes, na inicial e na contestação, apresentarem, sobre as questões de fato, pareceres técnicos ou documentos elucidativos que considerar suficientes.

› *Vide Enunciado 178, III Jornada de Direito Processual Civil do CJF*

Art. 473. O laudo pericial deverá conter:

I - a exposição do objeto da perícia;

II - a análise técnica ou científica realizada pelo perito;

III - a indicação do método utilizado, esclarecendo-o e demonstrando ser predominantemente aceito pelos especialistas da área do conhecimento da qual se originou;

IV - resposta conclusiva a todos os quesitos apresentados pelo juiz, pelas partes e pelo órgão do Ministério Público.

§ 1º No laudo, o perito deve apresentar sua fundamentação em linguagem simples e com coerência lógica, indicando como alcançou suas conclusões.

§ 2º É vedado ao perito ultrapassar os limites de sua designação, bem como emitir opiniões pessoais que excedam o exame técnico ou científico do objeto da perícia.

§ 3º Para o desempenho de sua função, o perito e os assistentes técnicos podem valer-se de todos os meios necessários, ouvindo testemunhas, obtendo informações, solicitando documentos que estejam em poder da parte, de terceiros ou em repartições públicas, bem como instruir o laudo com planilhas, mapas, plantas, desenhos, fotografias ou outros elementos necessários ao esclarecimento do objeto da perícia.

Art. 474. As partes terão ciência da data e do local designados pelo juiz ou indicados pelo perito para ter início a produção da prova.

Art. 475. Tratando-se de perícia complexa que abranja mais de uma área de conhecimento especializado, o juiz poderá nomear mais de um perito, e a parte, indicar mais de um assistente técnico.

Art. 476. Se o perito, por motivo justificado, não puder apresentar o laudo dentro do prazo, o juiz poderá conceder-lhe, por uma vez, prorrogação pela metade do prazo originalmente fixado.

Art. 477. O perito protocolará o laudo em juízo, no prazo fixado pelo juiz, pelo menos 20 (vinte) dias antes da audiência de instrução e julgamento.

§ 1º As partes serão intimadas para, querendo, manifestar-se sobre o laudo do perito do juízo no prazo comum de 15 (quinze) dias, podendo o assistente técnico de cada uma das partes, em igual prazo, apresentar seu respectivo parecer.

§ 2º O perito do juízo tem o dever de, no prazo de 15 (quinze) dias, esclarecer ponto:

I - sobre o qual exista divergência ou dúvida de qualquer das partes, do juiz ou do órgão do Ministério Público;

II - divergente apresentado no parecer do assistente técnico da parte.

§ 3º Se ainda houver necessidade de esclarecimentos, a parte requererá ao juiz que mande intimar o perito ou o assistente técnico a comparecer à audiência de instrução e julgamento, formulando, desde logo, as perguntas, sob forma de quesitos.

§ 4º O perito ou o assistente técnico será intimado por meio eletrônico, com pelo menos 10 (dez) dias de antecedência da audiência.

Art. 478. Quando o exame tiver por objeto a autenticidade ou a falsidade de documento ou for de natureza médico-legal, o perito será escolhido, de preferência, entre os técnicos dos estabelecimentos oficiais especializados, a cujos diretores o juiz autorizará a remessa dos autos, bem como do material sujeito a exame.

§ 1º Nas hipóteses de gratuidade de justiça, os órgãos e as repartições oficiais deverão cumprir a determinação judicial com preferência, no prazo estabelecido.

§ 2º A prorrogação do prazo referido no § 1 º pode ser requerida motivadamente.

§ 3º Quando o exame tiver por objeto a autenticidade da letra e da firma, o perito poderá requisitar, para efeito de comparação, documentos existentes em repartições públicas e, na falta destes, poderá requerer ao juiz que a pessoa a quem se atribuir a autoria do documento lance em folha de papel, por cópia ou sob ditado, dizeres diferentes, para fins de comparação.

Art. 479. O juiz apreciará a prova pericial de acordo com o disposto no art. 371, indicando na sentença os motivos que o levaram a considerar ou a deixar de considerar as conclusões do laudo, levando em conta o método utilizado pelo perito.

Art. 480. O juiz determinará, de ofício ou a requerimento da parte, a realização de nova perícia quando a matéria não estiver suficientemente esclarecida.

§ 1º A segunda perícia tem por objeto os mesmos fatos sobre os quais recaiu a primeira e destina-se a corrigir eventual omissão ou inexatidão dos resultados a que esta conduziu.

§ 2º A segunda perícia rege-se pelas disposições estabelecidas para a primeira.

§ 3º A segunda perícia não substitui a primeira, cabendo ao juiz apreciar o valor de uma e de outra.

SEÇÃO XI – DA INSPEÇÃO JUDICIAL

Art. 481. O juiz, de ofício ou a requerimento da parte, pode, em qualquer fase do processo, inspecionar pessoas ou coisas, a fim de se esclarecer sobre fato que interesse à decisão da causa.

Art. 482. Ao realizar a inspeção, o juiz poderá ser assistido por um ou mais peritos.

Art. 483. O juiz irá ao local onde se encontre a pessoa ou a coisa quando:

I - julgar necessário para a melhor verificação ou interpretação dos fatos que deva observar;

II - a coisa não puder ser apresentada em juízo sem consideráveis despesas ou graves dificuldades;

III - determinar a reconstituição dos fatos.

Parágrafo único. As partes têm sempre direito a assistir à inspeção, prestando esclarecimentos e fazendo observações que considerem de interesse para a causa.

Art. 484. Concluída a diligência, o juiz mandará lavrar auto circunstanciado, mencionando nele tudo quanto for útil ao julgamento da causa.

Parágrafo único. O auto poderá ser instruído com desenho, gráfico ou fotografia.

CAPÍTULO XIII – DA SENTENÇA E DA COISA JULGADA

SEÇÃO I – DISPOSIÇÕES GERAIS

Art. 485. O juiz não resolverá o mérito quando:

I - indeferir a petição inicial;

II - o processo ficar parado durante mais de 1 (um) ano por negligência das partes;

III - por não promover os atos e as diligências que lhe incumbir, o autor abandonar a causa por mais de 30 (trinta) dias;

IV - verificar a ausência de pressupostos de constituição e de desenvolvimento válido e regular do processo;

V - reconhecer a existência de perempção, de litispendência ou de coisa julgada;

VI - verificar ausência de legitimidade ou de interesse processual;

VII - acolher a alegação de existência de convenção de arbitragem ou quando o juízo arbitral reconhecer sua competência;

VIII - homologar a desistência da ação;

IX - em caso de morte da parte, a ação for considerada intransmissível por disposição legal; e

X - nos demais casos prescritos neste Código.

§ 1º Nas hipóteses descritas nos incisos II e III, a parte será intimada pessoalmente para suprir a falta no prazo de 5 (cinco) dias.

§ 2º No caso do § 1º, quanto ao inciso II, as partes pagarão proporcionalmente as custas, e, quanto ao inciso III, o autor será condenado ao pagamento das despesas e dos honorários de advogado.

§ 3º O juiz conhecerá de ofício da matéria constante dos incisos IV, V, VI e IX, em qualquer tempo e grau de jurisdição, enquanto não ocorrer o trânsito em julgado.

§ 4º Oferecida a contestação, o autor não poderá, sem o consentimento do réu, desistir da ação.

§ 5º A desistência da ação pode ser apresentada até a sentença.

§ 6º Oferecida a contestação, a extinção do processo por abandono da causa pelo autor depende de requerimento do réu.

§ 7º Interposta a apelação em qualquer dos casos de que tratam os incisos deste artigo, o juiz terá 5 (cinco) dias para retratar-se.

Art. 486. O pronunciamento judicial que não resolve o mérito não obsta a que a parte proponha de novo a ação.

§ 1º No caso de extinção em razão de litispendência e nos casos dos incisos I, IV, VI e VII do art. 485, a propositura da nova ação depende da correção do vício que levou à sentença sem resolução do mérito.

§ 2º A petição inicial, todavia, não será despachada sem a prova do pagamento ou do depósito das custas e dos honorários de advogado.

§ 3º Se o autor der causa, por 3 (três) vezes, a sentença fundada em abandono da causa, não poderá propor nova ação contra o réu com o mesmo objeto, ficando-lhe ressalvada, entretanto, a possibilidade de alegar em defesa o seu direito.

Art. 487. Haverá resolução de mérito quando o juiz:

I - acolher ou rejeitar o pedido formulado na ação ou na reconvenção;

II - decidir, de ofício ou a requerimento, sobre a ocorrência de decadência ou prescrição;

III - homologar:

a) o reconhecimento da procedência do pedido formulado na ação ou na reconvenção;

b) a transação;

c) a renúncia à pretensão formulada na ação ou na reconvenção.

Parágrafo único. Ressalvada a hipótese do § 1º do art. 332, a prescrição e a decadência não serão reconhecidas sem que antes seja dada às partes oportunidade de manifestar-se.

Art. 488. Desde que possível, o juiz resolverá o mérito sempre que a decisão for favorável à parte a quem aproveitaria eventual pronunciamento nos termos do art. 485.

SEÇÃO II – DOS ELEMENTOS E DOS EFEITOS DA SENTENÇA

Art. 489. São elementos essenciais da sentença:

I - o relatório, que conterá os nomes das partes, a identificação do caso, com a suma do pedido e da contestação, e o registro das principais ocorrências havidas no andamento do processo;

II - os fundamentos, em que o juiz analisará as questões de fato e de direito;

III - o dispositivo, em que o juiz resolverá as questões principais que as partes lhe submeterem.

§ 1º Não se considera fundamentada qualquer decisão judicial, seja ela interlocutória, sentença ou acórdão, que:

I - se limitar à indicação, à reprodução ou à paráfrase de ato normativo, sem explicar sua relação com a causa ou a questão decidida;

II - empregar conceitos jurídicos indeterminados, sem explicar o motivo concreto de sua incidência no caso;

III - invocar motivos que se prestariam a justificar qualquer outra decisão;

IV - não enfrentar todos os argumentos deduzidos no processo capazes de, em tese, infirmar a conclusão adotada pelo julgador;

V - se limitar a invocar precedente ou enunciado de súmula, sem identificar seus fundamentos determinantes nem demonstrar que o caso sob julgamento se ajusta àqueles fundamentos;

VI - deixar de seguir enunciado de súmula, jurisprudência ou precedente invocado pela parte, sem demonstrar a existência de distinção no caso em julgamento ou a superação do entendimento.

§ 2º No caso de colisão entre normas, o juiz deve justificar o objeto e os critérios gerais da ponderação efetuada, enunciando as razões que autorizam a interferência na norma afastada e as premissas fáticas que fundamentam a conclusão.

§ 3º A decisão judicial deve ser interpretada a partir da conjugação de todos os seus elementos e em conformidade com o princípio da boa-fé.

Art. 490. O juiz resolverá o mérito acolhendo ou rejeitando, no todo ou em parte, os pedidos formulados pelas partes.

Art. 491. Na ação relativa à obrigação de pagar quantia, ainda que formulado pedido genérico, a decisão definirá desde logo a extensão da obrigação, o índice de correção monetária, a taxa de juros, o termo inicial de ambos e a periodicidade da capitalização dos juros, se for o caso, salvo quando:

I - não for possível determinar, de modo definitivo, o montante devido;

II - a apuração do valor devido depender da produção de prova de realização demorada ou excessivamente dispendiosa, assim reconhecida na sentença.

§ 1º Nos casos previstos neste artigo, seguir-se-á a apuração do valor devido por liquidação.

§ 2º O disposto no *caput* também se aplica quando o acórdão alterar a sentença.

Art. 492. É vedado ao juiz proferir decisão de natureza diversa da pedida, bem como condenar a parte em quantidade superior ou em objeto diverso do que lhe foi demandado.

Parágrafo único. A decisão deve ser certa, ainda que resolva relação jurídica condicional.

Art. 493. Se, depois da propositura da ação, algum fato constitutivo, modificativo ou extintivo do direito influir no julgamento do mérito, caberá ao juiz tomá-lo em consideração, de ofício ou a requerimento da parte, no momento de proferir a decisão.

Parágrafo único. Se constatar de ofício o fato novo, o juiz ouvirá as partes sobre ele antes de decidir.

Art. 494. Publicada a sentença, o juiz só poderá alterá-la:

I - para corrigir-lhe, de ofício ou a requerimento da parte, inexatidões materiais ou erros de cálculo;

II - por meio de embargos de declaração.

Art. 495. A decisão que condenar o réu ao pagamento de prestação consistente em dinheiro e a que determinar a conversão de prestação de fazer, de não fazer ou de dar coisa em prestação pecuniária valerão como título constitutivo de hipoteca judiciária.

§ 1º A decisão produz a hipoteca judiciária:

I - embora a condenação seja genérica;

II - ainda que o credor possa promover o cumprimento provisório da sentença ou esteja pendente arresto sobre bem do devedor;

III - mesmo que impugnada por recurso dotado de efeito suspensivo.

§ 2º A hipoteca judiciária poderá ser realizada mediante apresentação de cópia da sentença perante o cartório de registro imobiliário, independentemente de ordem judicial, de declaração expressa do juiz ou de demonstração de urgência.

§ 3º No prazo de até 15 (quinze) dias da data de realização da hipoteca, a parte informá-la-á ao juízo da causa, que determinará a intimação da outra parte para que tome ciência do ato.

§ 4º A hipoteca judiciária, uma vez constituída, implicará, para o credor hipotecário, o direito de preferência, quanto ao pagamento, em relação a outros credores, observada a prioridade no registro.

§ 5º Sobrevindo a reforma ou a invalidação da decisão que impôs o pagamento de quantia, a parte responderá, independentemente de culpa, pelos danos que a outra parte tiver sofrido em razão da constituição da garantia, devendo o valor da indenização ser liquidado e executado nos próprios autos.

SEÇÃO III – DA REMESSA NECESSÁRIA

Art. 496. Está sujeita ao duplo grau de jurisdição, não produzindo efeito senão depois de confirmada pelo tribunal, a sentença:

I - proferida contra a União, os Estados, o Distrito Federal, os Municípios e suas respectivas autarquias e fundações de direito público;

II - que julgar procedentes, no todo ou em parte, os embargos à execução fiscal.

§ 1º Nos casos previstos neste artigo, não interposta a apelação no prazo legal, o juiz ordenará a remessa dos autos ao tribunal, e, se não o fizer, o presidente do respectivo tribunal avocá-los-á.

§ 2º Em qualquer dos casos referidos no § 1º, o tribunal julgará a remessa necessária.

§ 3º Não se aplica o disposto neste artigo quando a condenação ou o proveito econômico obtido na causa for de valor certo e líquido inferior a:

I - 1.000 (mil) salários-mínimos para a União e as respectivas autarquias e fundações de direito público;

II - 500 (quinhentos) salários-mínimos para os Estados, o Distrito Federal, as respectivas autarquias e fundações de direito público e os Municípios que constituam capitais dos Estados;

III - 100 (cem) salários-mínimos para todos os demais Municípios e respectivas autarquias e fundações de direito público.

§ 4º Também não se aplica o disposto neste artigo quando a sentença estiver fundada em:

I - súmula de tribunal superior;

II - acórdão proferido pelo Supremo Tribunal Federal ou pelo Superior Tribunal de Justiça em julgamento de recursos repetitivos;

III - entendimento firmado em incidente de resolução de demandas repetitivas ou de assunção de competência;

IV - entendimento coincidente com orientação vinculante firmada no âmbito administrativo do próprio ente público, consolidada em manifestação, parecer ou súmula administrativa.

SEÇÃO IV – DO JULGAMENTO DAS AÇÕES RELATIVAS ÀS PRESTAÇÕES DE FAZER, DE NÃO FAZER E DE ENTREGAR COISA

Art. 497. Na ação que tenha por objeto a prestação de fazer ou de não fazer, o juiz, se procedente o pedido, concederá a tutela específica ou determinará providências que assegurem a obtenção de tutela pelo resultado prático equivalente.

Parágrafo único. Para a concessão da tutela específica destinada a inibir a prática, a reiteração ou a continuação de um ilícito, ou a sua remoção, é irrelevante a demonstração da ocorrência de dano ou da existência de culpa ou dolo.

Art. 498. Na ação que tenha por objeto a entrega de coisa, o juiz, ao conceder a tutela específica, fixará o prazo para o cumprimento da obrigação.

Parágrafo único. Tratando-se de entrega de coisa determinada pelo gênero e pela quantidade, o autor individualizá-la-á na petição inicial, se lhe couber a escolha, ou, se a escolha couber ao réu, este a entregará individualizada, no prazo fixado pelo juiz.

Art. 499. A obrigação somente será convertida em perdas e danos se o autor o requerer ou se impossível a tutela específica ou a obtenção de tutela pelo resultado prático equivalente.

Parágrafo único. Nas hipóteses de responsabilidade contratual previstas nos arts. 441, 618 e 757 da Lei nº 10.406, de 10 de janeiro de 2002 (Código Civil), e de responsabilidade subsidiária e solidária, se requerida a conversão da obrigação em perdas e danos, o juiz concederá, primeiramente, a faculdade para o cumprimento da tutela específica.

› *Parágrafo único acrescido pela Lei nº 14.833, de 27/3/2024*

Art. 500. A indenização por perdas e danos dar-se-á sem prejuízo da multa fixada periodicamente para compelir o réu ao cumprimento específico da obrigação.

Art. 501. Na ação que tenha por objeto a emissão de declaração de vontade, a sentença que julgar procedente o pedido, uma vez transitada em julgado, produzirá todos os efeitos da declaração não emitida.

SEÇÃO V – DA COISA JULGADA

Art. 502. Denomina-se coisa julgada material a autoridade que torna imutável e indiscutível a decisão de mérito não mais sujeita a recurso.

Art. 503. A decisão que julgar total ou parcialmente o mérito tem força de lei nos limites da questão principal expressamente decidida.

§ 1º O disposto no *caput* aplica-se à resolução de questão prejudicial, decidida expressa e incidentemente no processo, se:

I - dessa resolução depender o julgamento do mérito;

II - a seu respeito tiver havido contraditório prévio e efetivo, não se aplicando no caso de revelia;

III - o juízo tiver competência em razão da matéria e da pessoa para resolvê-la como questão principal.

§ 2º A hipótese do § 1º não se aplica se no processo houver restrições probatórias ou limitações à cognição que impeçam o aprofundamento da análise da questão prejudicial.

Art. 504. Não fazem coisa julgada:

I - os motivos, ainda que importantes para determinar o alcance da parte dispositiva da sentença;

II - a verdade dos fatos, estabelecida como fundamento da sentença.

Art. 505. Nenhum juiz decidirá novamente as questões já decididas relativas à mesma lide, salvo:

I - se, tratando-se de relação jurídica de trato continuado, sobreveio modificação no estado de fato ou de direito, caso em que poderá a parte pedir a revisão do que foi estatuído na sentença;

II - nos demais casos prescritos em lei.

Art. 506. A sentença faz coisa julgada às partes entre as quais é dada, não prejudicando terceiros.

› *Vide art. 542, Provimento CNJ n. 149/2023 (CNN)*

Art. 507. É vedado à parte discutir no curso do processo as questões já decididas a cujo respeito se operou a preclusão.

Art. 508. Transitada em julgado a decisão de mérito, considerar-se-ão deduzidas e repelidas todas as alegações e as defesas que a parte poderia opor tanto ao acolhimento quanto à rejeição do pedido.

CAPÍTULO XIV – DA LIQUIDAÇÃO DE SENTENÇA

Art. 509. Quando a sentença condenar ao pagamento de quantia ilíquida, proceder-se-á à sua liquidação, a requerimento do credor ou do devedor:

I - por arbitramento, quando determinado pela sentença, convencionado pelas partes ou exigido pela natureza do objeto da liquidação;

II - pelo procedimento comum, quando houver necessidade de alegar e provar fato novo.

§ 1º Quando na sentença houver uma parte líquida e outra ilíquida, ao credor é lícito promover simultaneamente a execução daquela e, em autos apartados, a liquidação desta.

§ 2º Quando a apuração do valor depender apenas de cálculo aritmético, o credor poderá promover, desde logo, o cumprimento da sentença.

§ 3º O Conselho Nacional de Justiça desenvolverá e colocará à disposição dos interessados programa de atualização financeira.

§ 4º Na liquidação é vedado discutir de novo a lide ou modificar a sentença que a julgou.

Art. 510. Na liquidação por arbitramento, o juiz intimará as partes para a apresentação de pareceres ou documentos elucidativos, no prazo que fixar, e, caso não possa decidir de plano, nomeará perito, observando-se, no que couber, o procedimento da prova pericial.

Art. 511. Na liquidação pelo procedimento comum, o juiz determinará a intimação do requerido, na pessoa de seu advogado ou da sociedade de advogados a que estiver vinculado, para, querendo, apresentar contestação no prazo de 15 (quinze) dias, observando-se, a seguir, no que couber, o disposto no Livro I da Parte Especial deste Código.

Art. 512. A liquidação poderá ser realizada na pendência de recurso, processando-se em autos apartados no juízo de origem, cumprindo ao liquidante instruir o pedido com cópias das peças processuais pertinentes.

TÍTULO II – DO CUMPRIMENTO DA SENTENÇA

CAPÍTULO I – DISPOSIÇÕES GERAIS

Art. 513. O cumprimento da sentença será feito segundo as regras deste Título, observando-se, no que couber e conforme a natureza da obrigação, o disposto no Livro II da Parte Especial deste Código.

§ 1º O cumprimento da sentença que reconhece o dever de pagar quantia, provisório ou definitivo, far-se-á a requerimento do exequente.

§ 2º O devedor será intimado para cumprir a sentença:

I - pelo Diário da Justiça, na pessoa de seu advogado constituído nos autos;

II - por carta com aviso de recebimento, quando representado pela Defensoria Pública ou quando não tiver procurador constituído nos autos, ressalvada a hipótese do inciso IV;

III - por meio eletrônico, quando, no caso do § 1º do art. 246, não tiver procurador constituído nos autos;

IV - por edital, quando, citado na forma do art. 256, tiver sido revel na fase de conhecimento.

§ 3º Na hipótese do § 2º, incisos II e III, considera-se realizada a intimação quando o devedor houver mudado de endereço sem prévia comunicação ao juízo, observado o disposto no parágrafo único do art. 274.

§ 4º Se o requerimento a que alude o § 1º for formulado após 1 (um) ano do trânsito em julgado da sentença, a intimação será feita na pessoa do devedor, por meio de carta com aviso de recebimento encaminhada ao endereço constante dos autos, observado o disposto no parágrafo único do art. 274 e no § 3º deste artigo.

§ 5º O cumprimento da sentença não poderá ser promovido em face do fiador, do coobrigado ou do corresponsável que não tiver participado da fase de conhecimento.

Art. 514. Quando o juiz decidir relação jurídica sujeita a condição ou termo, o cumprimento da sentença dependerá de demonstração de que se realizou a condição ou de que ocorreu o termo.

Art. 515. São títulos executivos judiciais, cujo cumprimento dar-se-á de acordo com os artigos previstos neste Título:

I - as decisões proferidas no processo civil que reconheçam a exigibilidade de obrigação de pagar quantia, de fazer, de não fazer ou de entregar coisa;

II - a decisão homologatória de autocomposição judicial;

III - a decisão homologatória de autocomposição extrajudicial de qualquer natureza;

IV - o formal e a certidão de partilha, exclusivamente em relação ao inventariante, aos herdeiros e aos sucessores a título singular ou universal;

V - o crédito de auxiliar da justiça, quando as custas, emolumentos ou honorários tiverem sido aprovados por decisão judicial;

- *Vide Lei 10.169/2000 (Lei dos Emolumentos)*
- *art. 14 da Lei 6.015/1973 (Lei de Registros Públicos)*
- *arts. 28 e 30, VIII, IX da Lei 8.935/1994 (Lei dos Notários e Registradores)*
- *art. 37 da Lei 9.492/1997 (Lei de Protesto)*

VI - a sentença penal condenatória transitada em julgado;

VII - a sentença arbitral;

VIII - a sentença estrangeira homologada pelo Superior Tribunal de Justiça;

IX - a decisão interlocutória estrangeira, após a concessão do *exequatur* à carta rogatória pelo Superior Tribunal de Justiça;

X - (VETADO).

§ 1º Nos casos dos incisos VI a IX, o devedor será citado no juízo cível para o cumprimento da sentença ou para a liquidação no prazo de 15 (quinze) dias.

§ 2º A autocomposição judicial pode envolver sujeito estranho ao processo e versar sobre relação jurídica que não tenha sido deduzida em juízo.

Art. 516. O cumprimento da sentença efetuar-se-á perante:

I - os tribunais, nas causas de sua competência originária;

II - o juízo que decidiu a causa no primeiro grau de jurisdição;

III - o juízo cível competente, quando se tratar de sentença penal condenatória, de sentença arbitral, de sentença estrangeira ou de acórdão proferido pelo Tribunal Marítimo.

Parágrafo único. Nas hipóteses dos incisos II e III, o exequente poderá optar pelo juízo do atual domicílio do executado, pelo juízo do local onde se encontrem os bens sujeitos à execução ou pelo juízo do local onde deva ser executada a obrigação de fazer ou de não fazer, casos em que a remessa dos autos do processo será solicitada ao juízo de origem.

Art. 517. A decisão judicial transitada em julgado poderá ser levada a protesto, nos termos da lei, depois de transcorrido o prazo para pagamento voluntário previsto no art. 523.

- *Art. 356-B, Prov. CNJ n. 149/2023 (CNN)*

§ 1º Para efetivar o protesto, incumbe ao exequente apresentar certidão de teor da decisão.

§ 2º A certidão de teor da decisão deverá ser fornecida no prazo de 3 (três) dias e indicará o nome e a qualificação do exequente e do executado, o número do processo, o valor da dívida e a data de decurso do prazo para pagamento voluntário.

§ 3º O executado que tiver proposto ação rescisória para impugnar a decisão exequenda pode requerer, a suas expensas e sob sua responsabilidade, a anotação da propositura da ação à margem do título protestado.

§ 4º A requerimento do executado, o protesto será cancelado por determinação do juiz, mediante ofício a ser expedido ao cartório, no prazo de 3 (três) dias, contado da data de protocolo do requerimento, desde que comprovada a satisfação integral da obrigação.

Art. 518. Todas as questões relativas à validade do procedimento de cumprimento da sentença e dos atos executivos subsequentes poderão ser arguidas pelo executado nos próprios autos e nestes serão decididas pelo juiz.

Art. 519. Aplicam-se as disposições relativas ao cumprimento da sentença, provisório ou definitivo, e à liquidação, no que couber, às decisões que concederem tutela provisória.

CAPÍTULO II – DO CUMPRIMENTO PROVISÓRIO DA SENTENÇA QUE RECONHECE A EXIGIBILIDADE DE OBRIGAÇÃO DE PAGAR QUANTIA CERTA

Art. 520. O cumprimento provisório da sentença impugnada por recurso desprovido de efeito suspensivo será realizado da mesma forma que o cumprimento definitivo, sujeitando-se ao seguinte regime:

I - corre por iniciativa e responsabilidade do exequente, que se obriga, se a sentença for reformada, a reparar os danos que o executado haja sofrido;

II - fica sem efeito, sobrevindo decisão que modifique ou anule a sentença objeto da execução, restituindo-se as partes ao estado anterior e liquidando-se eventuais prejuízos nos mesmos autos;

III - se a sentença objeto de cumprimento provisório for modificada ou anulada apenas em parte, somente nesta ficará sem efeito a execução;

IV - o levantamento de depósito em dinheiro e a prática de atos que importem transferência de posse ou alienação de propriedade ou de outro direito real, ou dos quais possa resultar grave dano ao executado, dependem de caução suficiente e idônea, arbitrada de plano pelo juiz e prestada nos próprios autos.

§ 1º No cumprimento provisório da sentença, o executado poderá apresentar impugnação, se quiser, nos termos do art. 525.

§ 2º A multa e os honorários a que se refere o § 1º do art. 523 são devidos no cumprimento provisório de sentença condenatória ao pagamento de quantia certa.

§ 3º Se o executado comparecer tempestivamente e depositar o valor, com a finalidade de isentar-se da multa, o ato não será havido como incompatível com o recurso por ele interposto.

§ 4º A restituição ao estado anterior a que se refere o inciso II não implica o desfazimento da transferência de posse ou da alienação de propriedade ou de outro direito real eventualmente já realizada, ressalvado, sempre, o direito à reparação dos prejuízos causados ao executado.

§ 5º Ao cumprimento provisório de sentença que reconheça obrigação de fazer, de não fazer ou de dar coisa aplica-se, no que couber, o disposto neste Capítulo.

Art. 521. A caução prevista no inciso IV do art. 520 poderá ser dispensada nos casos em que:

I - o crédito for de natureza alimentar, independentemente de sua origem;

II - o credor demonstrar situação de necessidade;

III - pender o agravo do art. 1.042;

- *Inciso com redação dada pela Lei nº 13.256, de 4/2/2016*

IV - a sentença a ser provisoriamente cumprida estiver em consonância com súmula da jurisprudência do Supremo Tribunal Federal ou do Superior Tribunal de Justiça ou em conformidade com acórdão proferido no julgamento de casos repetitivos.

Parágrafo único. A exigência de caução será mantida quando da dispensa possa resultar manifesto risco de grave dano de difícil ou incerta reparação.

Art. 522. O cumprimento provisório da sentença será requerido por petição dirigida ao juízo competente.

Parágrafo único. Não sendo eletrônicos os autos, a petição será acompanhada de cópias das seguintes peças do processo, cuja autenticidade poderá ser certificada pelo próprio advogado, sob sua responsabilidade pessoal:

I - decisão exequenda;

II - certidão de interposição do recurso não dotado de efeito suspensivo;

III - procurações outorgadas pelas partes;

IV - decisão de habilitação, se for o caso;

V - facultativamente, outras peças processuais consideradas necessárias para demonstrar a existência do crédito.

CAPÍTULO III – DO CUMPRIMENTO DEFINITIVO DA SENTENÇA QUE RECONHECE A EXIGIBILIDADE DE OBRIGAÇÃO DE PAGAR QUANTIA CERTA

Art. 523. No caso de condenação em quantia certa, ou já fixada em liquidação, e no caso de decisão sobre parcela incontroversa, o cumprimento definitivo da sentença far-se-á a requerimento do exequente, sendo o executado intimado para pagar o débito, no prazo de 15 (quinze) dias, acrescido de custas, se houver.

§ 1º Não ocorrendo pagamento voluntário no prazo do *caput*, o débito será acrescido de multa de dez por cento e, também, de honorários de advogado de dez por cento.

§ 2º Efetuado o pagamento parcial no prazo previsto no *caput*, a multa e os honorários previstos no § 1º incidirão sobre o restante.

§ 3º Não efetuado tempestivamente o pagamento voluntário, será expedido, desde logo, mandado de penhora e avaliação, seguindo-se os atos de expropriação.

Art. 524. O requerimento previsto no art. 523 será instruído com demonstrativo discriminado e atualizado do crédito, devendo a petição conter:

I - o nome completo, o número de inscrição no Cadastro de Pessoas Físicas ou no Cadastro Nacional da Pessoa Jurídica do exequente e do executado, observado o disposto no art. 319, §§ 1º a 3º;

II - o índice de correção monetária adotado;

III - os juros aplicados e as respectivas taxas;

IV - o termo inicial e o termo final dos juros e da correção monetária utilizados;

V - a periodicidade da capitalização dos juros, se for o caso;

VI - especificação dos eventuais descontos obrigatórios realizados;

VII - indicação dos bens passíveis de penhora, sempre que possível.

§ 1º Quando o valor apontado no demonstrativo aparentemente exceder os limites da condenação, a execução será iniciada pelo valor pretendido, mas a penhora terá por base a importância que o juiz entender adequada.

§ 2º Para a verificação dos cálculos, o juiz poderá valer-se de contabilista do juízo, que terá o prazo máximo de 30 (trinta) dias para efetuá-la, exceto se outro lhe for determinado.

§ 3º Quando a elaboração do demonstrativo depender de dados em poder de terceiros ou do executado, o juiz poderá requisitá-los, sob cominação do crime de desobediência.

§ 4º Quando a complementação do demonstrativo depender de dados adicionais em poder do executado, o juiz poderá, a requerimento do exequente, requisitá-los, fixando prazo de até 30 (trinta) dias para o cumprimento da diligência.

§ 5º Se os dados adicionais a que se refere o § 4º não forem apresentados pelo executado, sem justificativa, no prazo designado, reputar-se-ão corretos os cálculos apresentados pelo exequente apenas com base nos dados de que dispõe.

Art. 525. Transcorrido o prazo previsto no art. 523 sem o pagamento voluntário, inicia-se o prazo de 15 (quinze) dias para que o executado, independentemente de penhora ou nova intimação, apresente, nos próprios autos, sua impugnação.

§ 1º Na impugnação, o executado poderá alegar:

I - falta ou nulidade da citação se, na fase de conhecimento, o processo correu à revelia;

II - ilegitimidade de parte;

III - inexequibilidade do título ou inexigibilidade da obrigação;

IV - penhora incorreta ou avaliação errônea;

V - excesso de execução ou cumulação indevida de execuções;

VI - incompetência absoluta ou relativa do juízo da execução;

VII - qualquer causa modificativa ou extintiva da obrigação, como pagamento, novação, compensação, transação ou prescrição, desde que supervenientes à sentença.

§ 2º A alegação de impedimento ou suspeição observará o disposto nos arts. 146 e 148.

§ 3º Aplica-se à impugnação o disposto no art. 229.

§ 4º Quando o executado alegar que o exequente, em excesso de execução, pleiteia quantia superior à resultante da sentença, cumprir- lhe-á declarar de imediato o valor que entende correto, apresentando demonstrativo discriminado e atualizado de seu cálculo.

§ 5º Na hipótese do § 4º, não apontado o valor correto ou não apresentado o demonstrativo, a impugnação será liminarmente rejeitada, se o excesso de execução for o seu único fundamento, ou, se houver outro, a impugnação será processada, mas o juiz não examinará a alegação de excesso de execução.

§ 6º A apresentação de impugnação não impede a prática dos atos executivos, inclusive os de expropriação, podendo o juiz, a requerimento do executado e desde que garantido o juízo com penhora, caução ou depósito suficientes, atribuir-lhe efeito suspensivo, se seus fundamentos forem relevantes e se o prosseguimento da execução for manifestamente suscetível de causar ao executado grave dano de difícil ou incerta reparação.

§ 7º A concessão de efeito suspensivo a que se refere o § 6º não impedirá a efetivação dos atos de substituição, de reforço ou de redução da penhora e de avaliação dos bens.

§ 8º Quando o efeito suspensivo atribuído à impugnação disser respeito apenas a parte do objeto da execução, esta prosseguirá quanto à parte restante.

§ 9º A concessão de efeito suspensivo à impugnação deduzida por um dos executados não suspenderá a execução contra os que não impugnaram, quando o respectivo fundamento disser respeito exclusivamente ao impugnante.

§ 10. Ainda que atribuído efeito suspensivo à impugnação, é lícito ao exequente requerer o prosseguimento da execução, oferecendo e prestando, nos próprios autos, caução suficiente e idônea a ser arbitrada pelo juiz.

§ 11. As questões relativas a fato superveniente ao término do prazo para apresentação da impugnação, assim como aquelas relativas à validade e à adequação da penhora, da avaliação e dos atos executivos subsequentes, podem ser arguidas por simples petição, tendo o executado, em qualquer dos casos, o prazo de 15 (quinze) dias para formular esta arguição, contado da comprovada ciência do fato ou da intimação do ato.

§ 12. Para efeito do disposto no inciso III do § 1º deste artigo, considera-se também inexigível a obrigação reconhecida em título executivo judicial fundado em lei ou ato normativo considerado inconstitucional pelo Supremo Tribunal Federal, ou fundado em aplicação ou interpretação da lei ou do ato normativo tido pelo Supremo Tribunal Federal como incompatível com a Constituição Federal, em controle de constitucionalidade concentrado ou difuso.

§ 13. No caso do § 12, os efeitos da decisão do Supremo Tribunal Federal poderão ser modulados no tempo, em atenção à segurança jurídica.

§ 14. A decisão do Supremo Tribunal Federal referida no § 12 deve ser anterior ao trânsito em julgado da decisão exequenda.

§ 15. Se a decisão referida no § 12 for proferida após o trânsito em julgado da decisão exequenda, caberá ação rescisória, cujo prazo será contado do trânsito em julgado da decisão proferida pelo Supremo Tribunal Federal.

Art. 526. É lícito ao réu, antes de ser intimado para o cumprimento da sentença, comparecer em juízo e oferecer em pagamento o valor que entender devido, apresentando memória discriminada do cálculo.

§ 1º O autor será ouvido no prazo de 5 (cinco) dias, podendo impugnar o valor depositado, sem prejuízo do levantamento do depósito a título de parcela incontroversa.

§ 2º Concluindo o juiz pela insuficiência do depósito, sobre a diferença incidirão multa de dez por cento e honorários advocatícios, também fixados em dez por cento, seguindo-se a execução com penhora e atos subsequentes.

§ 3º Se o autor não se opuser, o juiz declarará satisfeita a obrigação e extinguirá o processo.

Art. 527. Aplicam-se as disposições deste Capítulo ao cumprimento provisório da sentença, no que couber.

CAPÍTULO IV – DO CUMPRIMENTO DE SENTENÇA QUE RECONHEÇA A EXIGIBILIDADE DE OBRIGAÇÃO DE PRESTAR ALIMENTOS

Art. 528. No cumprimento de sentença que condene ao pagamento de prestação alimentícia ou de decisão interlocutória que fixe alimentos, o juiz, a requerimento do exequente, mandará intimar o executado pessoalmente para, em 3 (três) dias, pagar o débito, provar que o fez ou justificar a impossibilidade de efetuá-lo.

§ 1º Caso o executado, no prazo referido no *caput*, não efetue o pagamento, não prove que o efetuou ou não apresente justificativa da impossibilidade de efetuá-lo, o juiz mandará protestar o pronunciamento judicial, aplicando-se, no que couber, o disposto no art. 517.

§ 2º Somente a comprovação de fato que gere a impossibilidade absoluta de pagar justificará o inadimplemento.

§ 3º Se o executado não pagar ou se a justificativa apresentada não for aceita, o juiz, além de mandar protestar o pronunciamento judicial na forma do § 1º, decretar-lhe-á a prisão pelo prazo de 1 (um) a 3 (três) meses.

§ 4º A prisão será cumprida em regime fechado, devendo o preso ficar separado dos presos comuns.

§ 5º O cumprimento da pena não exime o executado do pagamento das prestações vencidas e vincendas.

§ 6º Paga a prestação alimentícia, o juiz suspenderá o cumprimento da ordem de prisão.

§ 7º O débito alimentar que autoriza a prisão civil do alimentante é o que compreende até as 3 (três) prestações anteriores ao ajuizamento da execução e as que se vencerem no curso do processo.

§ 8º O exequente pode optar por promover o cumprimento da sentença ou decisão desde logo, nos termos do disposto neste Livro, Título II, Capítulo III, caso em que não será admissível a prisão do executado, e, recaindo a penhora em dinheiro, a concessão de efeito suspensivo à impugnação não obsta a que o exequente levante mensalmente a importância da prestação.

§ 9º Além das opções previstas no art. 516, parágrafo único, o exequente pode promover o cumprimento da sentença ou decisão que condena ao pagamento de prestação alimentícia no juízo de seu domicílio.

Art. 529. Quando o executado for funcionário público, militar, diretor ou gerente de empresa ou empregado sujeito à legislação do trabalho, o exequente poderá requerer o desconto em folha de pagamento da importância da prestação alimentícia.

§ 1º Ao proferir a decisão, o juiz oficiará à autoridade, à empresa ou ao empregador, determinando, sob pena de crime de desobediência, o desconto a partir da primeira remuneração posterior do executado, a contar do protocolo do ofício.

§ 2º O ofício conterá o nome e o número de inscrição no Cadastro de Pessoas Físicas do exequente e do executado, a importância a ser descontada mensalmente, o tempo de sua duração e a conta na qual deve ser feito o depósito.

§ 3º Sem prejuízo do pagamento dos alimentos vincendos, o débito objeto de execução pode ser descontado dos rendimentos ou rendas do executado, de forma parcelada, nos termos do *caput* deste artigo, contanto que, somado à parcela devida, não ultrapasse cinquenta por cento de seus ganhos líquidos.

Art. 530. Não cumprida a obrigação, observar-se-á o disposto nos arts. 831 e seguintes.

Art. 531. O disposto neste Capítulo aplica-se aos alimentos definitivos ou provisórios.

§ 1º A execução dos alimentos provisórios, bem como a dos alimentos fixados em sentença ainda não transitada em julgado, se processa em autos apartados.

§ 2º O cumprimento definitivo da obrigação de prestar alimentos será processado nos mesmos autos em que tenha sido proferida a sentença.

Art. 532. Verificada a conduta procrastinatória do executado, o juiz deverá, se for o caso, dar ciência ao Ministério Público dos indícios da prática do crime de abandono material.

Art. 533. Quando a indenização por ato ilícito incluir prestação de alimentos, caberá ao executado, a requerimento do exequente, constituir capital cuja renda assegure o pagamento do valor mensal da pensão.

§ 1º O capital a que se refere o *caput*, representado por imóveis ou por direitos reais sobre imóveis suscetíveis de alienação, títulos da dívida pública ou aplicações financeiras em banco oficial, será inalienável e impenhorável enquanto durar a obrigação do executado, além de constituir-se em patrimônio de afetação.

§ 2º O juiz poderá substituir a constituição do capital pela inclusão do exequente em folha de pagamento de pessoa jurídica de notória capacidade econômica ou, a requerimento do executado, por fiança bancária ou garantia real, em valor a ser arbitrado de imediato pelo juiz.

§ 3º Se sobrevier modificação nas condições econômicas, poderá a parte requerer, conforme as circunstâncias, redução ou aumento da prestação.

§ 4º A prestação alimentícia poderá ser fixada tomando por base o salário-mínimo.

§ 5º Finda a obrigação de prestar alimentos, o juiz mandará liberar o capital, cessar o desconto em folha ou cancelar as garantias prestadas.

CAPÍTULO V – DO CUMPRIMENTO DE SENTENÇA QUE RECONHEÇA A EXIGIBILIDADE DE OBRIGAÇÃO DE PAGAR QUANTIA CERTA PELA FAZENDA PÚBLICA

Art. 534. No cumprimento de sentença que impuser à Fazenda Pública o dever de pagar quantia certa, o exequente apresentará demonstrativo discriminado e atualizado do crédito contendo:

I - o nome completo e o número de inscrição no Cadastro de Pessoas Físicas ou no Cadastro Nacional da Pessoa Jurídica do exequente;

II - o índice de correção monetária adotado;

III - os juros aplicados e as respectivas taxas;

IV - o termo inicial e o termo final dos juros e da correção monetária utilizados;

V - a periodicidade da capitalização dos juros, se for o caso;

VI - a especificação dos eventuais descontos obrigatórios realizados.

§ 1º Havendo pluralidade de exequentes, cada um deverá apresentar o seu próprio demonstrativo, aplicando-se à hipótese, se for o caso, o disposto nos §§ 1º e 2º do art. 113.

§ 2º A multa prevista no § 1º do art. 523 não se aplica à Fazenda Pública.

Art. 535. A Fazenda Pública será intimada na pessoa de seu representante judicial, por carga, remessa ou meio eletrônico, para, querendo, no prazo de 30 (trinta) dias e nos próprios autos, impugnar a execução, podendo arguir:

I - falta ou nulidade da citação se, na fase de conhecimento, o processo correu à revelia;

II - ilegitimidade de parte;

III - inexequibilidade do título ou inexigibilidade da obrigação;

IV - excesso de execução ou cumulação indevida de execuções;

V - incompetência absoluta ou relativa do juízo da execução;

VI - qualquer causa modificativa ou extintiva da obrigação, como pagamento, novação, compensação, transação ou prescrição, desde que supervenientes ao trânsito em julgado da sentença.

§ 1º A alegação de impedimento ou suspeição observará o disposto nos arts. 146 e 148.

§ 2º Quando se alegar que o exequente, em excesso de execução, pleiteia quantia superior à resultante do título, cumprirá à executada declarar de imediato o valor que entende correto, sob pena de não conhecimento da arguição.

§ 3º Não impugnada a execução ou rejeitadas as arguições da executada:

I - expedir-se-á, por intermédio do presidente do tribunal competente, precatório em favor do exequente, observando-se o disposto na Constituição Federal;

II - por ordem do juiz, dirigida à autoridade na pessoa de quem o ente público foi citado para o processo, o pagamento de obrigação de pequeno valor será realizado no prazo de 2 (dois) meses contado da entrega da requisição, mediante depósito na agência de banco oficial mais próxima da residência do exequente.

› *Expressão "de banco oficial" declarada inconstitucional, em controle concentrado pelo Supremo Tribunal Federal, pela ADI nº 5.492/2016, publicada no DOU de 4/5/2023) (Vide ADI nº 5.492/2016*

§ 4º Tratando-se de impugnação parcial, a parte não questionada pela executada será, desde logo, objeto de cumprimento.

› *Vide ADI nº 5.534/2016*

§ 5º Para efeito do disposto no inciso III do *caput* deste artigo, considera-se também inexigível a obrigação reconhecida em título executivo judicial fundado em lei ou ato normativo considerado inconstitucional pelo Supremo Tribunal Federal, ou fundado em aplicação ou interpretação da lei ou do ato normativo tido pelo Supremo Tribunal Federal como incompatível com a Constituição Federal, em controle de constitucionalidade concentrado ou difuso.

§ 6º No caso do § 5º, os efeitos da decisão do Supremo Tribunal Federal poderão ser modulados no tempo, de modo a favorecer a segurança jurídica.

§ 7º A decisão do Supremo Tribunal Federal referida no § 5º deve ter sido proferida antes do trânsito em julgado da decisão exequenda.

§ 8º Se a decisão referida no § 5º for proferida após o trânsito em julgado da decisão exequenda, caberá ação rescisória, cujo prazo será contado do trânsito em julgado da decisão proferida pelo Supremo Tribunal Federal.

CAPÍTULO VI – DO CUMPRIMENTO DE SENTENÇA QUE RECONHEÇA A EXIGIBILIDADE DE OBRIGAÇÃO DE FAZER, DE NÃO FAZER OU DE ENTREGAR COISA

SEÇÃO I – DO CUMPRIMENTO DE SENTENÇA QUE RECONHEÇA A EXIGIBILIDADE DE OBRIGAÇÃO DE FAZER OU DE NÃO FAZER

Art. 536. No cumprimento de sentença que reconheça a exigibilidade de obrigação de fazer ou de não fazer, o juiz poderá, de ofício ou a requerimento, para a efetivação da tutela específica ou a obtenção de tutela pelo resultado prático equivalente, determinar as medidas necessárias à satisfação do exequente.

§ 1º Para atender ao disposto no *caput*, o juiz poderá determinar, entre outras medidas, a imposição de multa, a busca e apreensão, a remoção de pessoas e coisas, o desfazimento de obras e o impedimento de atividade nociva, podendo, caso necessário, requisitar o auxílio de força policial.

§ 2º O mandado de busca e apreensão de pessoas e coisas será cumprido por 2 (dois) oficiais de justiça, observando-se o disposto no art. 846, §§ 1º a 4º, se houver necessidade de arrombamento.

§ 3º O executado incidirá nas penas de litigância de má-fé quando injustificadamente descumprir a ordem judicial, sem prejuízo de sua responsabilização por crime de desobediência.

§ 4º No cumprimento de sentença que reconheça a exigibilidade de obrigação de fazer ou de não fazer, aplica-se o art. 525, no que couber.

§ 5º O disposto neste artigo aplica-se, no que couber, ao cumprimento de sentença que reconheça deveres de fazer e de não fazer de natureza não obrigacional.

Art. 537. A multa independe de requerimento da parte e poderá ser aplicada na fase de conhecimento, em tutela provisória ou na sentença, ou na fase de execução, desde que seja suficiente e compatível com a obrigação e que se determine prazo razoável para cumprimento do preceito.

§ 1º O juiz poderá, de ofício ou a requerimento, modificar o valor ou a periodicidade da multa vincenda ou excluí-la, caso verifique que:

I - se tornou insuficiente ou excessiva;

II - o obrigado demonstrou cumprimento parcial superveniente da obrigação ou justa causa para o descumprimento.

§ 2º O valor da multa será devido ao exequente.

§ 3º A decisão que fixa a multa é passível de cumprimento provisório, devendo ser depositada em juízo, permitido o levantamento do valor após o trânsito em julgado da sentença favorável à parte.

› *Parágrafo com redação dada pela Lei nº 13.256, de 4/2/2016*

§ 4º A multa será devida desde o dia em que se configurar o descumprimento da decisão e incidirá enquanto não for cumprida a decisão que a tiver cominado.

§ 5º O disposto neste artigo aplica-se, no que couber, ao cumprimento de sentença que reconheça deveres de fazer e de não fazer de natureza não obrigacional.

SEÇÃO II – DO CUMPRIMENTO DE SENTENÇA QUE RECONHEÇA A EXIGIBILIDADE DE OBRIGAÇÃO DE ENTREGAR COISA

Art. 538. Não cumprida a obrigação de entregar coisa no prazo estabelecido na sentença, será expedido mandado de busca e apreensão ou de imissão na posse em favor do credor, conforme se tratar de coisa móvel ou imóvel.

§ 1º A existência de benfeitorias deve ser alegada na fase de conhecimento, em contestação, de forma discriminada e com atribuição, sempre que possível e justificadamente, do respectivo valor.

§ 2º O direito de retenção por benfeitorias deve ser exercido na contestação, na fase de conhecimento.

§ 3º Aplicam-se ao procedimento previsto neste artigo, no que couber, as disposições sobre o cumprimento de obrigação de fazer ou de não fazer.

TÍTULO III – DOS PROCEDIMENTOS ESPECIAIS

CAPÍTULO I – DA AÇÃO DE CONSIGNAÇÃO EM PAGAMENTO

Art. 539. Nos casos previstos em lei, poderá o devedor ou terceiro requerer, com efeito de pagamento, a consignação da quantia ou da coisa devida.

§ 1º Tratando-se de obrigação em dinheiro, poderá o valor ser depositado em estabelecimento bancário, oficial onde houver, situado no lugar do pagamento, cientificando-se o credor por carta com aviso de recebimento, assinado o prazo de 10 (dez) dias para a manifestação de recusa.

§ 2º Decorrido o prazo do § 1º, contado do retorno do aviso de recebimento, sem a manifestação de recusa, considerar-se-á o devedor liberado da obrigação, ficando à disposição do credor a quantia depositada.

§ 3º Ocorrendo a recusa, manifestada por escrito ao estabelecimento bancário, poderá ser proposta, dentro de 1 (um) mês, a ação de consignação, instruindo-se a inicial com a prova do depósito e da recusa.

§ 4º Não proposta a ação no prazo do § 3º, ficará sem efeito o depósito, podendo levantá-lo o depositante.

Art. 540. Requerer-se-á a consignação no lugar do pagamento, cessando para o devedor, à data do depósito, os juros e os riscos, salvo se a demanda for julgada improcedente.

Art. 541. Tratando-se de prestações sucessivas, consignada uma delas, pode o devedor continuar a depositar, no mesmo processo e sem mais formalidades, as que se forem vencendo, desde que o faça em até 5 (cinco) dias contados da data do respectivo vencimento.

Art. 542. Na petição inicial, o autor requererá:

I - o depósito da quantia ou da coisa devida, a ser efetivado no prazo de 5 (cinco) dias contados do deferimento, ressalvada a hipótese do art. 539, § 3º;

II - a citação do réu para levantar o depósito ou oferecer contestação.

Parágrafo único. Não realizado o depósito no prazo do inciso I, o processo será extinto sem resolução do mérito.

Art. 543. Se o objeto da prestação for coisa indeterminada e a escolha couber ao credor, será este citado para exercer o direito dentro de 5 (cinco) dias, se outro prazo não constar de lei ou do contrato, ou para aceitar que o devedor a faça, devendo o juiz, ao despachar a petição inicial, fixar lugar, dia e hora em que se fará a entrega, sob pena de depósito.

Art. 544. Na contestação, o réu poderá alegar que:

I - não houve recusa ou mora em receber a quantia ou a coisa devida;

II - foi justa a recusa;

III - o depósito não se efetuou no prazo ou no lugar do pagamento;

IV - o depósito não é integral.

Parágrafo único. No caso do inciso IV, a alegação somente será admissível se o réu indicar o montante que entende devido.

Art. 545. Alegada a insuficiência do depósito, é lícito ao autor completá-lo, em 10 (dez) dias, salvo se corresponder a prestação cujo inadimplemento acarrete a rescisão do contrato.

§ 1º No caso do *caput*, poderá o réu levantar, desde logo, a quantia ou a coisa depositada, com a consequente liberação parcial do autor, prosseguindo o processo quanto à parcela controvertida.

§ 2º A sentença que concluir pela insuficiência do depósito determinará, sempre que possível, o montante devido e valerá como título executivo, facultado ao credor promover-lhe o cumprimento nos mesmos autos, após liquidação, se necessária.

Art. 546. Julgado procedente o pedido, o juiz declarará extinta a obrigação e condenará o réu ao pagamento de custas e honorários advocatícios.

Parágrafo único. Proceder-se-á do mesmo modo se o credor receber e der quitação.

Art. 547. Se ocorrer dúvida sobre quem deva legitimamente receber o pagamento, o autor requererá o depósito e a citação dos possíveis titulares do crédito para provarem o seu direito.

Art. 548. No caso do art. 547:

I - não comparecendo pretendente algum, converter-se-á o depósito em arrecadação de coisas vagas;

II - comparecendo apenas um, o juiz decidirá de plano;

III - comparecendo mais de um, o juiz declarará efetuado o depósito e extinta a obrigação, continuando o processo a correr unicamente entre os presuntivos credores, observado o procedimento comum.

Art. 549. Aplica-se o procedimento estabelecido neste Capítulo, no que couber, ao resgate do aforamento.

CAPÍTULO II – DA AÇÃO DE EXIGIR CONTAS

Art. 550. Aquele que afirmar ser titular do direito de exigir contas requererá a citação do réu para que as preste ou ofereça contestação no prazo de 15 (quinze) dias.

§ 1º Na petição inicial, o autor especificará, detalhadamente, as razões pelas quais exige as contas, instruindo-a com documentos comprobatórios dessa necessidade, se existirem.

§ 2º Prestadas as contas, o autor terá 15 (quinze) dias para se manifestar, prosseguindo-se o processo na forma do Capítulo X do Título I deste Livro.

§ 3º A impugnação das contas apresentadas pelo réu deverá ser fundamentada e específica, com referência expressa ao lançamento questionado.

§ 4º Se o réu não contestar o pedido, observar-se-á o disposto no art. 355.

§ 5º A decisão que julgar procedente o pedido condenará o réu a prestar as contas no prazo de 15 (quinze) dias, sob pena de não lhe ser lícito impugnar as que o autor apresentar.

§ 6º Se o réu apresentar as contas no prazo previsto no § 5º, seguir-se-á o procedimento do § 2º, caso contrário, o autor apresentá-las-á no prazo de 15 (quinze) dias, podendo o juiz determinar a realização de exame pericial, se necessário.

Art. 551. As contas do réu serão apresentadas na forma adequada, especificando-se as receitas, a aplicação das despesas e os investimentos, se houver.

§ 1º Havendo impugnação específica e fundamentada pelo autor, o juiz estabelecerá prazo razoável para que o réu apresente os documentos justificativos dos lançamentos individualmente impugnados.

§ 2º As contas do autor, para os fins do art. 550, § 5º, serão apresentadas na forma adequada, já instruídas com os documentos justificativos, especificando-se as receitas, a aplicação das despesas e os investimentos, se houver, bem como o respectivo saldo.

Art. 552. A sentença apurará o saldo e constituirá título executivo judicial.

Art. 553. As contas do inventariante, do tutor, do curador, do depositário e de qualquer outro administrador serão prestadas em apenso aos autos do processo em que tiver sido nomeado.

Parágrafo único. Se qualquer dos referidos no *caput* for condenado a pagar o saldo e não o fizer no prazo legal, o juiz poderá destituí-lo, sequestrar os bens sob sua guarda, glosar o prêmio ou a gratificação a que teria direito e determinar as medidas executivas necessárias à recomposição do prejuízo.

CAPÍTULO III – DAS AÇÕES POSSESSÓRIAS

SEÇÃO I – DISPOSIÇÕES GERAIS

Art. 554. A propositura de uma ação possessória em vez de outra não obstará a que o juiz conheça do pedido e outorgue a proteção legal correspondente àquela cujos pressupostos estejam provados.

§ 1º No caso de ação possessória em que figure no polo passivo grande número de pessoas, serão feitas a citação pessoal dos ocupantes que forem encontrados no local e a citação por edital dos demais, determinando-se, ainda, a intimação do Ministério Público e, se envolver pessoas em situação de hipossuficiência econômica, da Defensoria Pública.

§ 2º Para fim da citação pessoal prevista no § 1º, o oficial de justiça procurará os ocupantes no local por uma vez, citando-se por edital os que não forem encontrados.

§ 3º O juiz deverá determinar que se dê ampla publicidade da existência da ação prevista no § 1º e dos respectivos prazos processuais, podendo, para tanto, valer-se de anúncios em jornal ou rádio locais, da publicação de cartazes na região do conflito e de outros meios.

Art. 555. É lícito ao autor cumular ao pedido possessório o de:

I - condenação em perdas e danos;

II - indenização dos frutos.

Parágrafo único. Pode o autor requerer, ainda, imposição de medida necessária e adequada para:

I - evitar nova turbação ou esbulho;

II - cumprir-se a tutela provisória ou final.

Art. 556. É lícito ao réu, na contestação, alegando que foi o ofendido em sua posse, demandar a proteção possessória e a indenização pelos prejuízos resultantes da turbação ou do esbulho cometido pelo autor.

Art. 557. Na pendência de ação possessória é vedado, tanto ao autor quanto ao réu, propor ação de reconhecimento do domínio, exceto se a pretensão for deduzida em face de terceira pessoa.

Parágrafo único. Não obsta à manutenção ou à reintegração de posse a alegação de propriedade ou de outro direito sobre a coisa.

Art. 558. Regem o procedimento de manutenção e de reintegração de posse as normas da Seção II deste Capítulo quando a ação for proposta dentro de ano e dia da turbação ou do esbulho afirmado na petição inicial.

Parágrafo único. Passado o prazo referido no *caput*, será comum o procedimento, não perdendo, contudo, o caráter possessório.

Art. 559. Se o réu provar, em qualquer tempo, que o autor provisoriamente mantido ou reintegrado na posse carece de idoneidade financeira para, no caso de sucumbência, responder por perdas e danos, o juiz designar-lhe-á o prazo de 5 (cinco) dias para requerer caução, real ou fidejussória, sob pena de ser depositada a coisa litigiosa, ressalvada a impossibilidade da parte economicamente hipossuficiente.

SEÇÃO II – DA MANUTENÇÃO E DA REINTEGRAÇÃO DE POSSE

Art. 560. O possuidor tem direito a ser mantido na posse em caso de turbação e reintegrado em caso de esbulho.

Art. 561. Incumbe ao autor provar:

I - a sua posse;

II - a turbação ou o esbulho praticado pelo réu;

III - a data da turbação ou do esbulho;

IV - a continuação da posse, embora turbada, na ação de manutenção, ou a perda da posse, na ação de reintegração.

Art. 562. Estando a petição inicial devidamente instruída, o juiz deferirá, sem ouvir o réu, a expedição do mandado liminar de manutenção ou de reintegração, caso contrário, determinará que o autor justifique previamente o alegado, citando-se o réu para comparecer à audiência que for designada.

Parágrafo único. Contra as pessoas jurídicas de direito público não será deferida a manutenção ou a reintegração liminar sem prévia audiência dos respectivos representantes judiciais.

Art. 563. Considerada suficiente a justificação, o juiz fará logo expedir mandado de manutenção ou de reintegração.

Art. 564. Concedido ou não o mandado liminar de manutenção ou de reintegração, o autor promoverá, nos 5 (cinco) dias subsequentes, a citação do réu para, querendo, contestar a ação no prazo de 15 (quinze) dias.

Parágrafo único. Quando for ordenada a justificação prévia, o prazo para contestar será contado da intimação da decisão que deferir ou não a medida liminar.

Art. 565. No litígio coletivo pela posse de imóvel, quando o esbulho ou a turbação afirmado na petição inicial houver ocorrido há mais de ano e dia, o juiz, antes de apreciar o pedido de concessão da medida liminar, deverá designar audiência de mediação, a realizar-se em até 30 (trinta) dias, que observará o disposto nos §§ 2º e 4º.

§ 1º Concedida a liminar, se essa não for executada no prazo de 1 (um) ano, a contar da data de distribuição, caberá ao juiz designar audiência de mediação, nos termos dos §§ 2º a 4º deste artigo.

§ 2º O Ministério Público será intimado para comparecer à audiência, e a Defensoria Pública será intimada sempre que houver parte beneficiária de gratuidade da justiça.

§ 3º O juiz poderá comparecer à área objeto do litígio quando sua presença se fizer necessária à efetivação da tutela jurisdicional.

§ 4º Os órgãos responsáveis pela política agrária e pela política urbana da União, de Estado ou do Distrito Federal e de Município onde se situe a área objeto do litígio poderão ser intimados para a audiência, a fim de se manifestarem sobre seu interesse no processo e sobre a existência de possibilidade de solução para o conflito possessório.

§ 5º Aplica-se o disposto neste artigo ao litígio sobre propriedade de imóvel.

Art. 566. Aplica-se, quanto ao mais, o procedimento comum.

SEÇÃO III – DO INTERDITO PROIBITÓRIO

Art. 567. O possuidor direto ou indireto que tenha justo receio de ser molestado na posse poderá requerer ao juiz que o segure da turbação ou esbulho iminente, mediante mandado proibitório em que se comine ao réu determinada pena pecuniária caso transgrida o preceito.

Art. 568. Aplica-se ao interdito proibitório o disposto na Seção II deste Capítulo.

CAPÍTULO IV – DA AÇÃO DE DIVISÃO E DA DEMARCAÇÃO DE TERRAS PARTICULARES

SEÇÃO I – DISPOSIÇÕES GERAIS

- *Vide Enunciado 49, I Jornada de Direito Notarial e Registral*
- *Vide art. 167, Lei n. 6.015/1973 (Registros Públicos)*

Art. 569. Cabe:

I - ao proprietário a ação de demarcação, para obrigar o seu confinante a estremar os respectivos prédios, fixando-se novos limites entre eles ou aviventando-se os já apagados;

II - ao condômino a ação de divisão, para obrigar os demais consortes a estremar os quinhões.

Art. 570. É lícita a cumulação dessas ações, caso em que deverá processar-se primeiramente a demarcação total ou parcial da coisa comum, citando-se os confinantes e os condôminos.

Art. 571. A demarcação e a divisão poderão ser realizadas por escritura pública, desde que maiores, capazes e concordes todos os interessados, observando-se, no que couber, os dispositivos deste Capítulo.

Art. 572. Fixados os marcos da linha de demarcação, os confinantes considerar-se-ão terceiros quanto ao processo divisório, ficando-lhes, porém, ressalvado o direito de vindicar os terrenos de que se julguem despojados por invasão das linhas limítrofes constitutivas do perímetro ou de reclamar indenização correspondente ao seu valor.

§ 1º No caso do *caput*, serão citados para a ação todos os condôminos, se a sentença homologatória da divisão ainda não houver transitado em julgado, e todos os quinhoeiros dos terrenos vindicados, se a ação for proposta posteriormente.

§ 2º Neste último caso, a sentença que julga procedente a ação, condenando a restituir os terrenos ou a pagar a indenização, valerá como título executivo em favor dos quinhoeiros para haverem dos outros condôminos que forem parte na divisão ou de seus sucessores a título universal, na proporção que lhes tocar, a composição pecuniária do desfalque sofrido.

Art. 573. Tratando-se de imóvel georreferenciado, com averbação no registro de imóveis, pode o juiz dispensar a realização de prova pericial.

SEÇÃO II – DA DEMARCAÇÃO

Art. 574. Na petição inicial, instruída com os títulos da propriedade, designar-se-á o imóvel pela situação e pela denominação, descrever-se-ão os limites por constituir, aviventar ou renovar e nomear-se-ão todos os confinantes da linha demarcanda.

Art. 575. Qualquer condômino é parte legítima para promover a demarcação do imóvel comum, requerendo a intimação dos demais para, querendo, intervir no processo.

Art. 576. A citação dos réus será feita por correio, observado o disposto no art. 247.

Parágrafo único. Será publicado edital, nos termos do inciso III do art. 259.

Art. 577. Feitas as citações, terão os réus o prazo comum de 15 (quinze) dias para contestar.

Art. 578. Após o prazo de resposta do réu, observar-se-á o procedimento comum.

Art. 579. Antes de proferir a sentença, o juiz nomeará um ou mais peritos para levantar o traçado da linha demarcanda.

Art. 580. Concluídos os estudos, os peritos apresentarão minucioso laudo sobre o traçado da linha demarcanda, considerando os títulos, os marcos, os rumos, a fama da vizinhança, as informações de antigos moradores do lugar e outros elementos que coligirem.

Art. 581. A sentença que julgar procedente o pedido determinará o traçado da linha demarcanda.

Parágrafo único. A sentença proferida na ação demarcatória determinará a restituição da área invadida, se houver, declarando o domínio ou a posse do prejudicado, ou ambos.

Art. 582. Transitada em julgado a sentença, o perito efetuará a demarcação e colocará os marcos necessários.

Parágrafo único. Todas as operações serão consignadas em planta e memorial descritivo com as referências convenientes para a identificação, em qualquer tempo, dos pontos assinalados, observada a legislação especial que dispõe sobre a identificação do imóvel rural.

Art. 583. As plantas serão acompanhadas das cadernetas de operações de campo e do memorial descritivo, que conterá:

I - o ponto de partida, os rumos seguidos e a aviventação dos antigos com os respectivos cálculos;

II - os acidentes encontrados, as cercas, os valos, os marcos antigos, os córregos, os rios, as lagoas e outros;

III - a indicação minuciosa dos novos marcos cravados, dos antigos aproveitados, das culturas existentes e da sua produção anual;

IV - a composição geológica dos terrenos, bem como a qualidade e a extensão dos campos, das matas e das capoeiras;

V - as vias de comunicação;

VI - as distâncias a pontos de referência, tais como rodovias federais e estaduais, ferrovias, portos, aglomerações urbanas e polos comerciais;

VII - a indicação de tudo o mais que for útil para o levantamento da linha ou para a identificação da linha já levantada.

Art. 584. É obrigatória a colocação de marcos tanto na estação inicial, dita marco primordial, quanto nos vértices dos ângulos, salvo se algum desses últimos pontos for assinalado por acidentes naturais de difícil remoção ou destruição.

Art. 585. A linha será percorrida pelos peritos, que examinarão os marcos e os rumos, consignando em relatório escrito a exatidão do memorial e da planta apresentados pelo agrimensor ou as divergências porventura encontradas.

Art. 586. Juntado aos autos o relatório dos peritos, o juiz determinará que as partes se manifestem sobre ele no prazo comum de 15 (quinze) dias.

Parágrafo único. Executadas as correções e as retificações que o juiz determinar, lavrar-se-á, em seguida, o auto de demarcação em que os limites demarcandos serão minuciosamente descritos de acordo com o memorial e a planta.

Art. 587. Assinado o auto pelo juiz e pelos peritos, será proferida a sentença homologatória da demarcação.

SEÇÃO III – DA DIVISÃO

Art. 588. A petição inicial será instruída com os títulos de domínio do promovente e conterá:

I - a indicação da origem da comunhão e a denominação, a situação, os limites e as características do imóvel;

II - o nome, o estado civil, a profissão e a residência de todos os condôminos, especificando-se os estabelecidos no imóvel com benfeitorias e culturas;

III - as benfeitorias comuns.

Art. 589. Feitas as citações como preceitua o art. 576, prosseguir-se-á na forma dos arts. 577 e 578.

Art. 590. O juiz nomeará um ou mais peritos para promover a medição do imóvel e as operações de divisão, observada a legislação especial que dispõe sobre a identificação do imóvel rural.

Parágrafo único. O perito deverá indicar as vias de comunicação existentes, as construções e as benfeitorias, com a indicação dos seus valores e dos respectivos proprietários e ocupantes, as águas principais que banham o imóvel e quaisquer outras informações que possam concorrer para facilitar a partilha.

Art. 591. Todos os condôminos serão intimados a apresentar, dentro de 10 (dez) dias, os seus títulos, se ainda não o tiverem feito, e a formular os seus pedidos sobre a constituição dos quinhões.

Art. 592. O juiz ouvirá as partes no prazo comum de 15 (quinze) dias.

§ 1º Não havendo impugnação, o juiz determinará a divisão geodésica do imóvel.

§ 2º Havendo impugnação, o juiz proferirá, no prazo de 10 (dez) dias, decisão sobre os pedidos e os títulos que devam ser atendidos na formação dos quinhões.

Art. 593. Se qualquer linha do perímetro atingir benfeitorias permanentes dos confinantes feitas há mais de 1 (um) ano, serão elas respeitadas, bem como os terrenos onde estiverem, os quais não se computarão na área dividenda.

Art. 594. Os confinantes do imóvel dividendo podem demandar a restituição dos terrenos que lhes tenham sido usurpados.

§ 1º Serão citados para a ação todos os condôminos, se a sentença homologatória da divisão ainda não houver transitado em julgado, e todos os quinhoeiros dos terrenos vindicados, se a ação for proposta posteriormente.

§ 2º Nesse último caso terão os quinhoeiros o direito, pela mesma sentença que os obrigar à restituição, a haver dos outros condôminos do processo divisório ou de seus sucessores a título universal a composição pecuniária proporcional ao desfalque sofrido.

Art. 595. Os peritos proporão, em laudo fundamentado, a forma da divisão, devendo consultar, quanto possível, a comodidade das partes, respeitar, para adjudicação a cada condômino, a preferência dos terrenos contíguos às suas residências e benfeitorias e evitar o retalhamento dos quinhões em glebas separadas.

Art. 596. Ouvidas as partes, no prazo comum de 15 (quinze) dias, sobre o cálculo e o plano da divisão, o juiz deliberará a partilha.

Parágrafo único. Em cumprimento dessa decisão, o perito procederá à demarcação dos quinhões, observando, além do disposto nos arts. 584 e 585, as seguintes regras:

I - as benfeitorias comuns que não comportarem divisão cômoda serão adjudicadas a um dos condôminos mediante compensação;

II - instituir-se-ão as servidões que forem indispensáveis em favor de uns quinhões sobre os outros, incluindo o respectivo valor no orçamento para que, não se tratando de servidões naturais, seja compensado o condômino aquinhoado com o prédio serviente;

III - as benfeitorias particulares dos condôminos que excederem à área a que têm direito serão adjudicadas ao quinhoeiro vizinho mediante reposição;

IV - se outra coisa não acordarem as partes, as compensações e as reposições serão feitas em dinheiro.

Art. 597. Terminados os trabalhos e desenhados na planta os quinhões e as servidões aparentes, o perito organizará o memorial descritivo.

§ 1º Cumprido o disposto no art. 586, o escrivão, em seguida, lavrará o auto de divisão, acompanhado de uma folha de pagamento para cada condômino.

§ 2º Assinado o auto pelo juiz e pelo perito, será proferida sentença homologatória da divisão.

§ 3º O auto conterá:

I - a confinação e a extensão superficial do imóvel;

II - a classificação das terras com o cálculo das áreas de cada consorte e com a respectiva avaliação ou, quando a homogeneidade das terras não determinar diversidade de valores, a avaliação do imóvel na sua integridade;

III - o valor e a quantidade geométrica que couber a cada condômino, declarando-se as reduções e as compensações resultantes da diversidade de valores das glebas componentes de cada quinhão.

§ 4º Cada folha de pagamento conterá:

I - a descrição das linhas divisórias do quinhão, mencionadas as confinantes;

II - a relação das benfeitorias e das culturas do próprio quinhoeiro e das que lhe foram adjudicadas por serem comuns ou mediante compensação;

III - a declaração das servidões instituídas, especificados os lugares, a extensão e o modo de exercício.

Art. 598. Aplica-se às divisões o disposto nos arts. 575 a 578.

CAPÍTULO V – DA AÇÃO DE DISSOLUÇÃO PARCIAL DE SOCIEDADE

Art. 599. A ação de dissolução parcial de sociedade pode ter por objeto:

I - a resolução da sociedade empresária contratual ou simples em relação ao sócio falecido, excluído ou que exerceu o direito de retirada ou recesso; e

II - a apuração dos haveres do sócio falecido, excluído ou que exerceu o direito de retirada ou recesso; ou

III - somente a resolução ou a apuração de haveres.

§ 1º A petição inicial será necessariamente instruída com o contrato social consolidado.

§ 2º A ação de dissolução parcial de sociedade pode ter também por objeto a sociedade anônima de capital fechado quando demonstrado, por acionista ou acionistas que representem cinco por cento ou mais do capital social, que não pode preencher o seu fim.

Art. 600. A ação pode ser proposta:

I - pelo espólio do sócio falecido, quando a totalidade dos sucessores não ingressar na sociedade;

II - pelos sucessores, após concluída a partilha do sócio falecido;

III - pela sociedade, se os sócios sobreviventes não admitirem o ingresso do espólio ou dos sucessores do falecido na sociedade, quando esse direito decorrer do contrato social;

IV - pelo sócio que exerceu o direito de retirada ou recesso, se não tiver sido providenciada, pelos demais sócios, a alteração contratual consensual formalizando o desligamento, depois de transcorridos 10 (dez) dias do exercício do direito;

V - pela sociedade, nos casos em que a lei não autoriza a exclusão extrajudicial; ou

VI - pelo sócio excluído.

Parágrafo único. O cônjuge ou companheiro do sócio cujo casamento, união estável ou convivência terminou poderá requerer a apuração de seus haveres na sociedade, que serão pagos à conta da quota social titulada por este sócio.

Art. 601. Os sócios e a sociedade serão citados para, no prazo de 15 (quinze) dias, concordar com o pedido ou apresentar contestação.

Parágrafo único. A sociedade não será citada se todos os seus sócios o forem, mas ficará sujeita aos efeitos da decisão e à coisa julgada.

Art. 602. A sociedade poderá formular pedido de indenização compensável com o valor dos haveres a apurar.

Art. 603. Havendo manifestação expressa e unânime pela concordância da dissolução, o juiz a decretará, passando-se imediatamente à fase de liquidação.

§ 1º Na hipótese prevista no *caput*, não haverá condenação em honorários advocatícios de nenhuma das partes, e as custas serão rateadas segundo a participação das partes no capital social.

§ 2º Havendo contestação, observar-se-á o procedimento comum, mas a liquidação da sentença seguirá o disposto neste Capítulo.

Art. 604. Para apuração dos haveres, o juiz:

I - fixará a data da resolução da sociedade;

II - definirá o critério de apuração dos haveres à vista do disposto no contrato social; e

III - nomeará o perito.

§ 1º O juiz determinará à sociedade ou aos sócios que nela permanecerem que depositem em juízo a parte incontroversa dos haveres devidos.

§ 2º O depósito poderá ser, desde logo, levantando pelo ex-sócio, pelo espólio ou pelos sucessores.

§ 3º Se o contrato social estabelecer o pagamento dos haveres, será observado o que nele se dispôs no depósito judicial da parte incontroversa.

Art. 605. A data da resolução da sociedade será:

I - no caso de falecimento do sócio, a do óbito;

II - na retirada imotivada, o sexagésimo dia seguinte ao do recebimento, pela sociedade, da notificação do sócio retirante;

III - no recesso, o dia do recebimento, pela sociedade, da notificação do sócio dissidente;

IV - na retirada por justa causa de sociedade por prazo determinado e na exclusão judicial de sócio, a do trânsito em julgado da decisão que dissolver a sociedade; e

V - na exclusão extrajudicial, a data da assembleia ou da reunião de sócios que a tiver deliberado.

Art. 606. Em caso de omissão do contrato social, o juiz definirá, como critério de apuração de haveres, o valor patrimonial apurado em balanço de determinação, tomando-se por referência a data da resolução e avaliando-se bens e direitos do ativo, tangíveis e intangíveis, a preço de saída, além do passivo também a ser apurado de igual forma.

Parágrafo único. Em todos os casos em que seja necessária a realização de perícia, a nomeação do perito recairá preferencialmente sobre especialista em avaliação de sociedades.

Art. 607. A data da resolução e o critério de apuração de haveres podem ser revistos pelo juiz, a pedido da parte, a qualquer tempo antes do início da perícia.

Art. 608. Até a data da resolução, integram o valor devido ao ex-sócio, ao espólio ou aos sucessores a participação nos lucros ou os juros sobre o capital próprio declarados pela sociedade e, se for o caso, a remuneração como administrador.

Parágrafo único. Após a data da resolução, o ex-sócio, o espólio ou os sucessores terão direito apenas à correção monetária dos valores apurados e aos juros contratuais ou legais.

Art. 609. Uma vez apurados, os haveres do sócio retirante serão pagos conforme disciplinar o contrato social e, no silêncio deste, nos termos do § 2º do art. 1.031 da Lei nº 10.406, de 10 de janeiro de 2002 (Código Civil).

CAPÍTULO VI – DO INVENTÁRIO E DA PARTILHA

SEÇÃO I – DISPOSIÇÕES GERAIS

- *Vide Lei 11.441/2007 (Possibilita a realização de inventário, partilha, separação consensual e divórcio consensual por via administrativa)*
- *Vide arts. 733 e seguintes da Lei 13.105/2015 (Código de Processo Civil)*
- *Vide Resolução CNJ n. 35/2007 (Atos notariais relacionados a inventário, partilha, separação consensual, divórcio consensual e extinção consensual de união estável por via administrativa)*
- *Vide Recomendação nº 22, de 6 de junho de 2016 (Recomenda aos Tabelionatos de Notas que procedam a realização de inventário, partilha, separação consensual, divórcio consensual e extinção consensual de união estável, quando houver filhos ou herdeiros emancipados)*
- *Vide Enunciados 47, 48, 52, 53 e 74 I Jornada de Direito Notarial e Registral*

Art. 610. Havendo testamento ou interessado incapaz, proceder-se-á ao inventário judicial.

§ 1º Se todos forem capazes e concordes, o inventário e a partilha poderão ser feitos por escritura pública, a qual constituirá documento hábil para qualquer ato de registro, bem como para levantamento de importância depositada em instituições financeiras.

§ 2º O tabelião somente lavrará a escritura pública se todas as partes interessadas estiverem assistidas por advogado ou por defensor público, cuja qualificação e assinatura constarão do ato notarial.

Art. 611. O processo de inventário e de partilha deve ser instaurado dentro de 2 (dois) meses, a contar da abertura da sucessão, ultimando-se nos 12 (doze) meses subsequentes, podendo o juiz prorrogar esses prazos, de ofício ou a requerimento de parte.

Art. 612. O juiz decidirá todas as questões de direito desde que os fatos relevantes estejam provados por documento, só remetendo para as vias ordinárias as questões que dependerem de outras provas.

Art. 613. Até que o inventariante preste o compromisso, continuará o espólio na posse do administrador provisório.

Art. 614. O administrador provisório representa ativa e passivamente o espólio, é obrigado a trazer ao acervo os frutos que desde a abertura da sucessão percebeu, tem direito ao reembolso das despesas necessárias e úteis que fez e responde pelo dano a que, por dolo ou culpa, der causa.

SEÇÃO II – DA LEGITIMIDADE PARA REQUERER O INVENTÁRIO

Art. 615. O requerimento de inventário e de partilha incumbe a quem estiver na posse e na administração do espólio, no prazo estabelecido no art. 611.

Parágrafo único. O requerimento será instruído com a certidão de óbito do autor da herança.

Art. 616. Têm, contudo, legitimidade concorrente:

I - o cônjuge ou companheiro supérstite;

II - o herdeiro;

III - o legatário;

IV - o testamenteiro;

V - o cessionário do herdeiro ou do legatário;

VI - o credor do herdeiro, do legatário ou do autor da herança;

VII - o Ministério Público, havendo herdeiros incapazes;

VIII - a Fazenda Pública, quando tiver interesse;

IX - o administrador judicial da falência do herdeiro, do legatário, do autor da herança ou do cônjuge ou companheiro supérstite.

SEÇÃO III – DO INVENTARIANTE E DAS PRIMEIRAS DECLARAÇÕES

Art. 617. O juiz nomeará inventariante na seguinte ordem:

I - o cônjuge ou companheiro sobrevivente, desde que estivesse convivendo com o outro ao tempo da morte deste;

II - o herdeiro que se achar na posse e na administração do espólio, se não houver cônjuge ou companheiro sobrevivente ou se estes não puderem ser nomeados;

III - qualquer herdeiro, quando nenhum deles estiver na posse e na administração do espólio;

IV - o herdeiro menor, por seu representante legal;

V - o testamenteiro, se lhe tiver sido confiada a administração do espólio ou se toda a herança estiver distribuída em legados;

VI - o cessionário do herdeiro ou do legatário;

VII - o inventariante judicial, se houver;

VIII - pessoa estranha idônea, quando não houver inventariante judicial.

Parágrafo único. O inventariante, intimado da nomeação, prestará, dentro de 5 (cinco) dias, o compromisso de bem e fielmente desempenhar a função.

Art. 618. Incumbe ao inventariante:

I - representar o espólio ativa e passivamente, em juízo ou fora dele, observando-se, quanto ao dativo, o disposto no art. 75, § 1º;

II - administrar o espólio, velando-lhe os bens com a mesma diligência que teria se seus fossem;

III - prestar as primeiras e as últimas declarações pessoalmente ou por procurador com poderes especiais;

IV - exibir em cartório, a qualquer tempo, para exame das partes, os documentos relativos ao espólio;

V - juntar aos autos certidão do testamento, se houver;

VI - trazer à colação os bens recebidos pelo herdeiro ausente, renunciante ou excluído;

VII - prestar contas de sua gestão ao deixar o cargo ou sempre que o juiz lhe determinar;

VIII - requerer a declaração de insolvência.

Art. 619. Incumbe ainda ao inventariante, ouvidos os interessados e com autorização do juiz:

I - alienar bens de qualquer espécie;

II - transigir em juízo ou fora dele;

III - pagar dívidas do espólio;

IV - fazer as despesas necessárias para a conservação e o melhoramento dos bens do espólio.

Art. 620. Dentro de 20 (vinte) dias contados da data em que prestou o compromisso, o inventariante fará as primeiras declarações, das quais se lavrará termo circunstanciado, assinado pelo juiz, pelo escrivão e pelo inventariante, no qual serão exarados:

I - o nome, o estado, a idade e o domicílio do autor da herança, o dia e o lugar em que faleceu e se deixou testamento;

II - o nome, o estado, a idade, o endereço eletrônico e a residência dos herdeiros e, havendo cônjuge ou companheiro supérstite, além dos respectivos dados pessoais, o regime de bens do casamento ou da união estável;

III - a qualidade dos herdeiros e o grau de parentesco com o inventariado;

IV - a relação completa e individualizada de todos os bens do espólio, inclusive aqueles que devem ser conferidos à colação, e dos bens alheios que nele forem encontrados, descrevendo-se:

a) os imóveis, com as suas especificações, nomeadamente local em que se encontram, extensão da área, limites, confrontações, benfeitorias, origem dos títulos, números das matrículas e ônus que os gravam;

b) os móveis, com os sinais característicos;

c) os semoventes, seu número, suas espécies, suas marcas e seus sinais distintivos;

d) o dinheiro, as joias, os objetos de ouro e prata e as pedras preciosas, declarando-se-lhes especificadamente a qualidade, o peso e a importância;

e) os títulos da dívida pública, bem como as ações, as quotas e os títulos de sociedade, mencionando-se-lhes o número, o valor e a data;

f) as dívidas ativas e passivas, indicando-se-lhes as datas, os títulos, a origem da obrigação e os nomes dos credores e dos devedores;

g) direitos e ações;

h) o valor corrente de cada um dos bens do espólio.

§ 1º O juiz determinará que se proceda:

I - ao balanço do estabelecimento, se o autor da herança era empresário individual;

II - à apuração de haveres, se o autor da herança era sócio de sociedade que não anônima.

§ 2º As declarações podem ser prestadas mediante petição, firmada por procurador com poderes especiais, à qual o termo se reportará.

Art. 621. Só se pode arguir sonegação ao inventariante depois de encerrada a descrição dos bens, com a declaração, por ele feita, de não existirem outros por inventariar.

Art. 622. O inventariante será removido de ofício ou a requerimento:

I - se não prestar, no prazo legal, as primeiras ou as últimas declarações;

II - se não der ao inventário andamento regular, se suscitar dúvidas infundadas ou se praticar atos meramente protelatórios;

III - se, por culpa sua, bens do espólio se deteriorarem, forem dilapidados ou sofrerem dano;

IV - se não defender o espólio nas ações em que for citado, se deixar de cobrar dívidas ativas ou se não promover as medidas necessárias para evitar o perecimento de direitos;

V - se não prestar contas ou se as que prestar não forem julgadas boas;

VI - se sonegar, ocultar ou desviar bens do espólio.

Art. 623. Requerida a remoção com fundamento em qualquer dos incisos do art. 622, será intimado o inventariante para, no prazo de 15 (quinze) dias, defender-se e produzir provas.

Parágrafo único. O incidente da remoção correrá em apenso aos autos do inventário.

Art. 624. Decorrido o prazo, com a defesa do inventariante ou sem ela, o juiz decidirá.

Parágrafo único. Se remover o inventariante, o juiz nomeará outro, observada a ordem estabelecida no art. 617.

Art. 625. O inventariante removido entregará imediatamente ao substituto os bens do espólio e, caso deixe de fazê-lo, será compelido mediante mandado de busca e apreensão ou de imissão na posse, conforme se tratar de bem móvel ou imóvel, sem prejuízo da multa a ser fixada pelo juiz em montante não superior a três por cento do valor dos bens inventariados.

SEÇÃO IV – DAS CITAÇÕES E DAS IMPUGNAÇÕES

Art. 626. Feitas as primeiras declarações, o juiz mandará citar, para os termos do inventário e da partilha, o cônjuge, o companheiro, os herdeiros e os legatários e intimar a Fazenda Pública, o Ministério Público, se houver herdeiro incapaz ou ausente, e o testamenteiro, se houver testamento.

§ 1º O cônjuge ou o companheiro, os herdeiros e os legatários serão citados pelo correio, observado o disposto no art. 247, sendo, ainda, publicado edital, nos termos do inciso III do art. 259.

§ 2º Das primeiras declarações extrair-se-ão tantas cópias quantas forem as partes.

§ 3º A citação será acompanhada de cópia das primeiras declarações.

§ 4º Incumbe ao escrivão remeter cópias à Fazenda Pública, ao Ministério Público, ao testamenteiro, se houver, e ao advogado, se a parte já estiver representada nos autos.

Art. 627. Concluídas as citações, abrir-se-á vista às partes, em cartório e pelo prazo comum de 15 (quinze) dias, para que se manifestem sobre as primeiras declarações, incumbindo às partes:

I - arguir erros, omissões e sonegação de bens;

II - reclamar contra a nomeação de inventariante;

III - contestar a qualidade de quem foi incluído no título de herdeiro.

§ 1º Julgando procedente a impugnação referida no inciso I, o juiz mandará retificar as primeiras declarações.

§ 2º Se acolher o pedido de que trata o inciso II, o juiz nomeará outro inventariante, observada a preferência legal.

§ 3º Verificando que a disputa sobre a qualidade de herdeiro a que alude o inciso III demanda produção de provas que não a documental, o juiz remeterá a parte às vias ordinárias e sobrestará, até o julgamento da ação, a entrega do quinhão que na partilha couber ao herdeiro admitido.

› *Vide Enunciado 179, III Jornada de Direito Processual Civil do CJF*

Art. 628. Aquele que se julgar preterido poderá demandar sua admissão no inventário, requerendo-a antes da partilha.

§ 1º Ouvidas as partes no prazo de 15 (quinze) dias, o juiz decidirá.

§ 2º Se para solução da questão for necessária a produção de provas que não a documental, o juiz remeterá o requerente às vias ordinárias, mandando reservar, em poder do inventariante, o quinhão do herdeiro excluído até que se decida o litígio.

Art. 629. A Fazenda Pública, no prazo de 15 (quinze) dias, após a vista de que trata o art. 627, informará ao juízo, de acordo com os dados que constam de seu cadastro imobiliário, o valor dos bens de raiz descritos nas primeiras declarações.

SEÇÃO V – DA AVALIAÇÃO E DO CÁLCULO DO IMPOSTO

Art. 630. Findo o prazo previsto no art. 627 sem impugnação ou decidida a impugnação que houver sido oposta, o juiz nomeará, se for o caso, perito para avaliar os bens do espólio, se não houver na comarca avaliador judicial.

Parágrafo único. Na hipótese prevista no art. 620, § 1º, o juiz nomeará perito para avaliação das quotas sociais ou apuração dos haveres.

Art. 631. Ao avaliar os bens do espólio, o perito observará, no que for aplicável, o disposto nos arts. 872 e 873.

Art. 632. Não se expedirá carta precatória para a avaliação de bens situados fora da comarca onde corre o inventário se eles forem de pequeno valor ou perfeitamente conhecidos do perito nomeado.

Art. 633. Sendo capazes todas as partes, não se procederá à avaliação se a Fazenda Pública, intimada pessoalmente, concordar de forma expressa com o valor atribuído, nas primeiras declarações, aos bens do espólio.

Art. 634. Se os herdeiros concordarem com o valor dos bens declarados pela Fazenda Pública, a avaliação cingir-se-á aos demais.

Art. 635. Entregue o laudo de avaliação, o juiz mandará que as partes se manifestem no prazo de 15 (quinze) dias, que correrá em cartório.

§ 1º Versando a impugnação sobre o valor dado pelo perito, o juiz a decidirá de plano, à vista do que constar dos autos.

§ 2º Julgando procedente a impugnação, o juiz determinará que o perito retifique a avaliação, observando os fundamentos da decisão.

Art. 636. Aceito o laudo ou resolvidas as impugnações suscitadas a seu respeito, lavrar-se-á em seguida o termo de últimas declarações, no qual o inventariante poderá emendar, aditar ou completar as primeiras.

Art. 637. Ouvidas as partes sobre as últimas declarações no prazo comum de 15 (quinze) dias, proceder-se-á ao cálculo do tributo.

Art. 638. Feito o cálculo, sobre ele serão ouvidas todas as partes no prazo comum de 5 (cinco) dias, que correrá em cartório, e, em seguida, a Fazenda Pública.

§ 1º Se acolher eventual impugnação, o juiz ordenará nova remessa dos autos ao contabilista, determinando as alterações que devam ser feitas no cálculo.

§ 2º Cumprido o despacho, o juiz julgará o cálculo do tributo.

SEÇÃO VI – DAS COLAÇÕES

Art. 639. No prazo estabelecido no art. 627, o herdeiro obrigado à colação conferirá por termo nos autos ou por petição à qual o termo se reportará os bens que recebeu ou, se já não os possuir, trar-lhes-á o valor.

Parágrafo único. Os bens a serem conferidos na partilha, assim como as acessões e as benfeitorias que o donatário fez, calcular-se-ão pelo valor que tiverem ao tempo da abertura da sucessão.

Art. 640. O herdeiro que renunciou à herança ou o que dela foi excluído não se exime, pelo fato da renúncia ou da exclusão, de conferir, para o efeito de repor a parte inoficiosa, as liberalidades que obteve do doador.

§ 1º É lícito ao donatário escolher, dentre os bens doados, tantos quantos bastem para perfazer a legítima e a metade disponível, entrando na partilha o excedente para ser dividido entre os demais herdeiros.

§ 2º Se a parte inoficiosa da doação recair sobre bem imóvel que não comporte divisão cômoda, o juiz determinará que sobre ela se proceda a licitação entre os herdeiros.

§ 3º O donatário poderá concorrer na licitação referida no § 2º e, em igualdade de condições, terá preferência sobre os herdeiros.

Art. 641. Se o herdeiro negar o recebimento dos bens ou a obrigação de os conferir, o juiz, ouvidas as partes no prazo comum de 15 (quinze) dias, decidirá à vista das alegações e das provas produzidas.

§ 1º Declarada improcedente a oposição, se o herdeiro, no prazo improrrogável de 15 (quinze) dias, não proceder à conferência, o juiz mandará sequestrar-lhe, para serem inventariados e partilhados, os bens sujeitos à colação ou imputar ao seu quinhão hereditário o valor deles, se já não os possuir.

§ 2º Se a matéria exigir dilação probatória diversa da documental, o juiz remeterá as partes às vias ordinárias, não podendo o herdeiro receber o seu quinhão hereditário, enquanto pender a demanda, sem prestar caução correspondente ao valor dos bens sobre os quais versar a conferência.

SEÇÃO VII – DO PAGAMENTO DAS DÍVIDAS

Art. 642. Antes da partilha, poderão os credores do espólio requerer ao juízo do inventário o pagamento das dívidas vencidas e exigíveis.

§ 1º A petição, acompanhada de prova literal da dívida, será distribuída por dependência e autuada em apenso aos autos do processo de inventário.

§ 2º Concordando as partes com o pedido, o juiz, ao declarar habilitado o credor, mandará que se faça a separação de dinheiro ou, em sua falta, de bens suficientes para o pagamento.

§ 3º Separados os bens, tantos quantos forem necessários para o pagamento dos credores habilitados, o juiz mandará aliená-los, observando-se as disposições deste Código relativas à expropriação.

§ 4º Se o credor requerer que, em vez de dinheiro, lhe sejam adjudicados, para o seu pagamento, os bens já reservados, o juiz deferir-lhe-á o pedido, concordando todas as partes.

§ 5º Os donatários serão chamados a pronunciar-se sobre a aprovação das dívidas, sempre que haja possibilidade de resultar delas a redução das liberalidades.

Art. 643. Não havendo concordância de todas as partes sobre o pedido de pagamento feito pelo credor, será o pedido remetido às vias ordinárias.

Parágrafo único. O juiz mandará, porém, reservar, em poder do inventariante, bens suficientes para pagar o credor quando a dívida constar de documento que comprove suficientemente a obrigação e a impugnação não se fundar em quitação.

Art. 644. O credor de dívida líquida e certa, ainda não vencida, pode requerer habilitação no inventário.

Parágrafo único. Concordando as partes com o pedido referido no *caput*, o juiz, ao julgar habilitado o crédito, mandará que se faça separação de bens para o futuro pagamento.

Art. 645. O legatário é parte legítima para manifestar-se sobre as dívidas do espólio:

I - quando toda a herança for dividida em legados;

II - quando o reconhecimento das dívidas importar redução dos legados.

Art. 646. Sem prejuízo do disposto no art. 860, é lícito aos herdeiros, ao separarem bens para o pagamento de dívidas, autorizar que o inventariante os indique à penhora no processo em que o espólio for executado.

SEÇÃO VIII – DA PARTILHA

Art. 647. Cumprido o disposto no art. 642, § 3º, o juiz facultará às partes que, no prazo comum de 15 (quinze) dias, formulem o pedido de quinhão e, em seguida, proferirá a decisão de deliberação da partilha, resolvendo os pedidos das partes e designando os bens que devam constituir quinhão de cada herdeiro e legatário.

› *Vide Enunciado 184, III Jornada de Direito Processual Civil do CJF*

Parágrafo único. O juiz poderá, em decisão fundamentada, deferir antecipadamente a qualquer dos herdeiros o exercício dos direitos de usar e de fruir de determinado bem, com a condição de que, ao término do inventário, tal bem integre a cota desse herdeiro, cabendo a este, desde o deferimento, todos os ônus e bônus decorrentes do exercício daqueles direitos.

Art. 648. Na partilha, serão observadas as seguintes regras:

I - a máxima igualdade possível quanto ao valor, à natureza e à qualidade dos bens;

II - a prevenção de litígios futuros;

III - a máxima comodidade dos coerdeiros, do cônjuge ou do companheiro, se for o caso.

Art. 649. Os bens insuscetíveis de divisão cômoda que não couberem na parte do cônjuge ou companheiro supérstite ou no quinhão de um só herdeiro serão licitados entre os interessados ou vendidos judicialmente, partilhando-se o valor apurado, salvo se houver acordo para que sejam adjudicados a todos.

Art. 650. Se um dos interessados for nascituro, o quinhão que lhe caberá será reservado em poder do inventariante até o seu nascimento.

Art. 651. O partidor organizará o esboço da partilha de acordo com a decisão judicial, observando nos pagamentos a seguinte ordem:

I - dívidas atendidas;

II - meação do cônjuge;

III - meação disponível;

IV - quinhões hereditários, a começar pelo coerdeiro mais velho.

Art. 652. Feito o esboço, as partes manifestar-se-ão sobre esse no prazo comum de 15 (quinze) dias, e, resolvidas as reclamações, a partilha será lançada nos autos.

Art. 653. A partilha constará:

I - de auto de orçamento, que mencionará:

a) os nomes do autor da herança, do inventariante, do cônjuge ou companheiro supérstite, dos herdeiros, dos legatários e dos credores admitidos;

b) o ativo, o passivo e o líquido partível, com as necessárias especificações;

c) o valor de cada quinhão;

II - de folha de pagamento para cada parte, declarando a quota a pagar-lhe, a razão do pagamento e a relação dos bens que lhe compõem o quinhão, as características que os individualizam e os ônus que os gravam.

Parágrafo único. O auto e cada uma das folhas serão assinados pelo juiz e pelo escrivão.

Art. 654. Pago o imposto de transmissão a título de morte e juntada aos autos certidão ou informação negativa de dívida para com a Fazenda Pública, o juiz julgará por sentença a partilha.

Parágrafo único. A existência de dívida para com a Fazenda Pública não impedirá o julgamento da partilha, desde que o seu pagamento esteja devidamente garantido.

Art. 655. Transitada em julgado a sentença mencionada no art. 654, receberá o herdeiro os bens que lhe tocarem e um formal de partilha, do qual constarão as seguintes peças:

I - termo de inventariante e título de herdeiros;

II - avaliação dos bens que constituíram o quinhão do herdeiro;

III - pagamento do quinhão hereditário;

IV - quitação dos impostos;

V - sentença.

Parágrafo único. O formal de partilha poderá ser substituído por certidão de pagamento do quinhão hereditário quando esse não exceder a 5 (cinco) vezes o salário-mínimo, caso em que se transcreverá nela a sentença de partilha transitada em julgado.

Art. 656. A partilha, mesmo depois de transitada em julgado a sentença, pode ser emendada nos mesmos autos do inventário, convindo todas as partes, quando tenha havido erro de fato na descrição dos bens, podendo o juiz, de ofício ou a requerimento da parte, a qualquer tempo, corrigir-lhe as inexatidões materiais.

Art. 657. A partilha amigável, lavrada em instrumento público, reduzida a termo nos autos do inventário ou constante de escrito particular homologado pelo juiz, pode ser anulada por dolo, coação, erro essencial ou intervenção de incapaz, observado o disposto no § 4º do art. 966.

Parágrafo único. O direito à anulação de partilha amigável extingue-se em 1 (um) ano, contado esse prazo:

I - no caso de coação, do dia em que ela cessou;

II - no caso de erro ou dolo, do dia em que se realizou o ato;

III - quanto ao incapaz, do dia em que cessar a incapacidade.

Art. 658. É rescindível a partilha julgada por sentença:

I - nos casos mencionados no art. 657;

II - se feita com preterição de formalidades legais;

III - se preteriu herdeiro ou incluiu quem não o seja.

SEÇÃO IX – DO ARROLAMENTO

Art. 659. A partilha amigável, celebrada entre partes capazes, nos termos da lei, será homologada de plano pelo juiz, com observância dos arts. 660 a 663.

§ 1º O disposto neste artigo aplica-se, também, ao pedido de adjudicação, quando houver herdeiro único.

§ 2º Transitada em julgado a sentença de homologação de partilha ou de adjudicação, será lavrado o formal de partilha ou elaborada a carta de adjudicação e, em seguida, serão expedidos os alvarás referentes aos bens e às rendas por ele abrangidos, intimando-se o fisco para lançamento administrativo do imposto de transmissão e de outros tributos porventura incidentes, conforme dispuser a legislação tributária, nos termos do § 2º do art. 662.

› *Vide Enunciado 171, III Jornada de Direito Processual Civil do CJF*

Art. 660. Na petição de inventário, que se processará na forma de arrolamento sumário, independentemente da lavratura de termos de qualquer espécie, os herdeiros:

I - requererão ao juiz a nomeação do inventariante que designarem;

II - declararão os títulos dos herdeiros e os bens do espólio, observado o disposto no art. 630;

III - atribuirão valor aos bens do espólio, para fins de partilha.

Art. 661. Ressalvada a hipótese prevista no parágrafo único do art. 663, não se procederá à avaliação dos bens do espólio para nenhuma finalidade.

Art. 662. No arrolamento, não serão conhecidas ou apreciadas questões relativas ao lançamento, ao pagamento ou à quitação de taxas judiciárias e de tributos incidentes sobre a transmissão da propriedade dos bens do espólio.

› *Vide Enunciado 171, III Jornada de Direito Processual Civil do CJF*

§ 1º A taxa judiciária, se devida, será calculada com base no valor atribuído pelos herdeiros, cabendo ao fisco, se apurar em processo administrativo valor diverso do estimado, exigir a eventual diferença pelos meios adequados ao lançamento de créditos tributários em geral.

§ 2º O imposto de transmissão será objeto de lançamento administrativo, conforme dispuser a legislação tributária, não ficando as autoridades fazendárias adstritas aos valores dos bens do espólio atribuídos pelos herdeiros.

Art. 663. A existência de credores do espólio não impedirá a homologação da partilha ou da adjudicação, se forem reservados bens suficientes para o pagamento da dívida.

Parágrafo único. A reserva de bens será realizada pelo valor estimado pelas partes, salvo se o credor, regularmente notificado, impugnar a estimativa, caso em que se promoverá a avaliação dos bens a serem reservados.

Art. 664. Quando o valor dos bens do espólio for igual ou inferior a 1.000 (mil) salários-mínimos, o inventário processar-se-á na forma de arrolamento, cabendo ao inventariante nomeado, independentemente de assinatura de termo de compromisso, apresentar, com suas declarações, a atribuição de valor aos bens do espólio e o plano da partilha.

§ 1º Se qualquer das partes ou o Ministério Público impugnar a estimativa, o juiz nomeará avaliador, que oferecerá laudo em 10 (dez) dias.

§ 2º Apresentado o laudo, o juiz, em audiência que designar, deliberará sobre a partilha, decidindo de plano todas as reclamações e mandando pagar as dívidas não impugnadas.

§ 3º Lavrar-se-á de tudo um só termo, assinado pelo juiz, pelo inventariante e pelas partes presentes ou por seus advogados.

§ 4º Aplicam-se a essa espécie de arrolamento, no que couber, as disposições do art. 672, relativamente ao lançamento, ao pagamento e à quitação da taxa judiciária e do imposto sobre a transmissão da propriedade dos bens do espólio.

› *Vide Enunciado 171, III Jornada de Direito Processual Civil do CJF*

§ 5º Provada a quitação dos tributos relativos aos bens do espólio e às suas rendas, o juiz julgará a partilha.

Art. 665. O inventário processar-se-á também na forma do art. 664, ainda que haja interessado incapaz, desde que concordem todas as partes e o Ministério Público.

Art. 666. Independerá de inventário ou de arrolamento o pagamento dos valores previstos na Lei nº 6.858, de 24 de novembro de 1980.

Art. 667. Aplicam-se subsidiariamente a esta Seção as disposições das Seções VII e VIII deste Capítulo.

SEÇÃO X – DISPOSIÇÕES COMUNS A TODAS AS SEÇÕES

Art. 668. Cessa a eficácia da tutela provisória prevista nas Seções deste Capítulo:

I - se a ação não for proposta em 30 (trinta) dias contados da data em que da decisão foi intimado o impugnante, o herdeiro excluído ou o credor não admitido;

II - se o juiz extinguir o processo de inventário com ou sem resolução de mérito.

Art. 669. São sujeitos à sobrepartilha os bens:

I - sonegados;

II - da herança descobertos após a partilha;

III - litigiosos, assim como os de liquidação difícil ou morosa;

IV - situados em lugar remoto da sede do juízo onde se processa o inventário.

Parágrafo único. Os bens mencionados nos incisos III e IV serão reservados à sobrepartilha sob a guarda e a administração do mesmo ou de diverso inventariante, a consentimento da maioria dos herdeiros.

Art. 670. Na sobrepartilha dos bens, observar-se-á o processo de inventário e de partilha.

Parágrafo único. A sobrepartilha correrá nos autos do inventário do autor da herança.

Art. 671. O juiz nomeará curador especial:

I - ao ausente, se não o tiver;

II - ao incapaz, se concorrer na partilha com o seu representante, desde que exista colisão de interesses.

Art. 672. É lícita a cumulação de inventários para a partilha de heranças de pessoas diversas quando houver:

I - identidade de pessoas entre as quais devam ser repartidos os bens;

II - heranças deixadas pelos dois cônjuges ou companheiros;

III - dependência de uma das partilhas em relação à outra.

Parágrafo único. No caso previsto no inciso III, se a dependência for parcial, por haver outros bens, o juiz pode ordenar a tramitação separada, se melhor convier ao interesse das partes ou à celeridade processual.

Art. 673. No caso previsto no art. 672, inciso II, prevalecerão as primeiras declarações, assim como o laudo de avaliação, salvo se alterado o valor dos bens.

CAPÍTULO VII – DOS EMBARGOS DE TERCEIRO

Art. 674. Quem, não sendo parte no processo, sofrer constrição ou ameaça de constrição sobre bens que possua ou sobre os quais tenha direito incompatível com o ato constritivo, poderá requerer seu desfazimento ou sua inibição por meio de embargos de terceiro.

§ 1º Os embargos podem ser de terceiro proprietário, inclusive fiduciário, ou possuidor.

§ 2º Considera-se terceiro, para ajuizamento dos embargos:

I - o cônjuge ou companheiro, quando defende a posse de bens próprios ou de sua meação, ressalvado o disposto no art. 843;

II - o adquirente de bens cuja constrição decorreu de decisão que declara a ineficácia da alienação realizada em fraude à execução;

III - quem sofre constrição judicial de seus bens por força de desconsideração da personalidade jurídica, de cujo incidente não fez parte;

IV - o credor com garantia real para obstar expropriação judicial do objeto de direito real de garantia, caso não tenha sido intimado, nos termos legais dos atos expropriatórios respectivos.

Art. 675. Os embargos podem ser opostos a qualquer tempo no processo de conhecimento enquanto não transitada em julgado a sentença e, no cumprimento de sentença ou no processo de execução, até 5 (cinco) dias depois da adjudicação, da alienação por iniciativa particular ou da arrematação, mas sempre antes da assinatura da respectiva carta.

Parágrafo único. Caso identifique a existência de terceiro titular de interesse em embargar o ato, o juiz mandará intimá-lo pessoalmente.

Art. 676. Os embargos serão distribuídos por dependência ao juízo que ordenou a constrição e autuados em apartado.

Parágrafo único. Nos casos de ato de constrição realizado por carta, os embargos serão oferecidos no juízo deprecado, salvo se indicado pelo juízo deprecante o bem constrito ou se já devolvida a carta.

Art. 677. Na petição inicial, o embargante fará a prova sumária de sua posse ou de seu domínio e da qualidade de terceiro, oferecendo documentos e rol de testemunhas.

§ 1º É facultada a prova da posse em audiência preliminar designada pelo juiz.

§ 2º O possuidor direto pode alegar, além da sua posse, o domínio alheio.

§ 3º A citação será pessoal, se o embargado não tiver procurador constituído nos autos da ação principal.

§ 4º Será legitimado passivo o sujeito a quem o ato de constrição aproveita, assim como o será seu adversário no processo principal quando for sua a indicação do bem para a constrição judicial.

Art. 678. A decisão que reconhecer suficientemente provado o domínio ou a posse determinará a suspensão das medidas constritivas sobre os bens litigiosos objeto dos embargos, bem como a manutenção ou a reintegração provisória da posse, se o embargante a houver requerido.

Parágrafo único. O juiz poderá condicionar a ordem de manutenção ou de reintegração provisória de posse à prestação de caução pelo requerente, ressalvada a impossibilidade da parte economicamente hipossuficiente.

Art. 679. Os embargos poderão ser contestados no prazo de 15 (quinze) dias, findo o qual se seguirá o procedimento comum.

Art. 680. Contra os embargos do credor com garantia real, o embargado somente poderá alegar que:

I - o devedor comum é insolvente;

II - o título é nulo ou não obriga a terceiro;

III - outra é a coisa dada em garantia.

Art. 681. Acolhido o pedido inicial, o ato de constrição judicial indevida será cancelado, com o reconhecimento do domínio, da manutenção da posse ou da reintegração definitiva do bem ou do direito ao embargante.

CAPÍTULO VIII – DA OPOSIÇÃO

Art. 682. Quem pretender, no todo ou em parte, a coisa ou o direito sobre que controvertem autor e réu poderá, até ser proferida a sentença, oferecer oposição contra ambos.

Art. 683. O opoente deduzirá o pedido em observação aos requisitos exigidos para propositura da ação.

Parágrafo único. Distribuída a oposição por dependência, serão os opostos citados, na pessoa de seus respectivos advogados, para contestar o pedido no prazo comum de 15 (quinze) dias.

Art. 684. Se um dos opostos reconhecer a procedência do pedido, contra o outro prosseguirá o opoente.

Art. 685. Admitido o processamento, a oposição será apensada aos autos e tramitará simultaneamente à ação originária, sendo ambas julgadas pela mesma sentença.

Parágrafo único. Se a oposição for proposta após o início da audiência de instrução, o juiz suspenderá o curso do processo ao fim da produção das provas, salvo se concluir que a unidade da instrução atende melhor ao princípio da duração razoável do processo.

Art. 686. Cabendo ao juiz decidir simultaneamente a ação originária e a oposição, desta conhecerá em primeiro lugar.

CAPÍTULO IX – DA HABILITAÇÃO

Art. 687. A habilitação ocorre quando, por falecimento de qualquer das partes, os interessados houverem de suceder-lhe no processo.

Art. 688. A habilitação pode ser requerida:

I - pela parte, em relação aos sucessores do falecido;

II - pelos sucessores do falecido, em relação à parte.

Art. 689. Proceder-se-á à habilitação nos autos do processo principal, na instância em que estiver, suspendendo-se, a partir de então, o processo.

Art. 690. Recebida a petição, o juiz ordenará a citação dos requeridos para se pronunciarem no prazo de 5 (cinco) dias.

Parágrafo único. A citação será pessoal, se a parte não tiver procurador constituído nos autos.

Art. 691. O juiz decidirá o pedido de habilitação imediatamente, salvo se este for impugnado e houver necessidade de dilação probatória diversa da documental, caso em que determinará que o pedido seja autuado em apartado e disporá sobre a instrução.

Art. 692. Transitada em julgado a sentença de habilitação, o processo principal retomará o seu curso, e cópia da sentença será juntada aos autos respectivos.

CAPÍTULO X – DAS AÇÕES DE FAMÍLIA

Art. 693. As normas deste Capítulo aplicam-se aos processos contenciosos de divórcio, separação, reconhecimento e extinção de união estável, guarda, visitação e filiação.

Parágrafo único. A ação de alimentos e a que versar sobre interesse de criança ou de adolescente observarão o procedimento previsto em legislação específica, aplicando-se, no que couber, as disposições deste Capítulo.

Art. 694. Nas ações de família, todos os esforços serão empreendidos para a solução consensual da controvérsia, devendo o juiz dispor do auxílio de profissionais de outras áreas de conhecimento para a mediação e conciliação.

Parágrafo único. A requerimento das partes, o juiz pode determinar a suspensão do processo enquanto os litigantes se submetem a mediação extrajudicial ou a atendimento multidisciplinar.

Art. 695. Recebida a petição inicial e, se for o caso, tomadas as providências referentes à tutela provisória, o juiz ordenará a citação do réu para comparecer à audiência de mediação e conciliação, observado o disposto no art. 694.

§ 1º O mandado de citação conterá apenas os dados necessários à audiência e deverá estar desacompanhado de cópia da petição inicial, assegurado ao réu o direito de examinar seu conteúdo a qualquer tempo.

§ 2º A citação ocorrerá com antecedência mínima de 15 (quinze) dias da data designada para a audiência.

§ 3º A citação será feita na pessoa do réu.

§ 4º Na audiência, as partes deverão estar acompanhadas de seus advogados ou de defensores públicos.

Art. 696. A audiência de mediação e conciliação poderá dividir-se em tantas sessões quantas sejam necessárias para viabilizar a solução consensual, sem prejuízo de providências jurisdicionais para evitar o perecimento do direito.

Art. 697. Não realizado o acordo, passarão a incidir, a partir de então, as normas do procedimento comum, observado o art. 335.

Art. 698. Nas ações de família, o Ministério Público somente intervirá quando houver interesse de incapaz e deverá ser ouvido previamente à homologação de acordo.

Parágrafo único. O Ministério Público intervirá, quando não for parte, nas ações de família em que figure como parte vítima de violência doméstica e familiar, nos termos da Lei nº 11.340, de 7 de agosto de 2006 (Lei Maria da Penha).

- *Parágrafo único acrescido pela Lei nº 13.894, de 29/10/2019*

Art. 699. Quando o processo envolver discussão sobre fato relacionado a abuso ou a alienação parental, o juiz, ao tomar o depoimento do incapaz, deverá estar acompanhado por especialista.

Art. 699-A. Nas ações de guarda, antes de iniciada a audiência de mediação e conciliação de que trata o art. 695 deste Código, o juiz indagará às partes e ao Ministério Público se há risco de violência doméstica ou familiar, fixando o prazo de 5 (cinco) dias para a apresentação de prova ou de indícios pertinentes.

- *Artigo acrescido pela Lei nº 14.713, de 30/10/2023*

CAPÍTULO XI – DA AÇÃO MONITÓRIA

Art. 700. A ação monitória pode ser proposta por aquele que afirmar, com base em prova escrita sem eficácia de título executivo, ter direito de exigir do devedor capaz:

I - o pagamento de quantia em dinheiro;

II - a entrega de coisa fungível ou infungível ou de bem móvel ou imóvel;

III - o adimplemento de obrigação de fazer ou de não fazer.

§ 1º A prova escrita pode consistir em prova oral documentada, produzida antecipadamente nos termos do art. 381.

§ 2º Na petição inicial, incumbe ao autor explicitar, conforme o caso:

I - a importância devida, instruindo-a com memória de cálculo;

II - o valor atual da coisa reclamada;

III - o conteúdo patrimonial em discussão ou o proveito econômico perseguido.

§ 3º O valor da causa deverá corresponder à importância prevista no § 2º, incisos I a III.

§ 4º Além das hipóteses do art. 330, a petição inicial será indeferida quando não atendido o disposto no § 2º deste artigo.

§ 5º Havendo dúvida quanto à idoneidade de prova documental apresentada pelo autor, o juiz intimá-lo-á para, querendo, emendar a petição inicial, adaptando-a ao procedimento comum.

§ 6º É admissível ação monitória em face da Fazenda Pública.

§ 7º Na ação monitória, admite-se citação por qualquer dos meios permitidos para o procedimento comum.

Art. 701. Sendo evidente o direito do autor, o juiz deferirá a expedição de mandado de pagamento, de entrega de coisa ou para execução de obrigação de fazer ou de não fazer, concedendo ao réu prazo de 15 (quinze) dias para o cumprimento e o pagamento de honorários advocatícios de cinco por cento do valor atribuído à causa.

§ 1º O réu será isento do pagamento de custas processuais se cumprir o mandado no prazo.

§ 2º Constituir-se-á de pleno direito o título executivo judicial, independentemente de qualquer formalidade, se não realizado o pagamento e não apresentados os embargos previstos no art. 702, observando-se, no que couber, o Título II do Livro I da Parte Especial.

§ 3º É cabível ação rescisória da decisão prevista no *caput* quando ocorrer a hipótese do § 2º.

§ 4º Sendo a ré Fazenda Pública, não apresentados os embargos previstos no art. 702, aplicar-se-á o disposto no art. 496, observando-se, a seguir, no que couber, o Título II do Livro I da Parte Especial.

§ 5º Aplica-se à ação monitória, no que couber, o art. 916.

Art. 702. Independentemente de prévia segurança do juízo, o réu poderá opor, nos próprios autos, no prazo previsto no art. 701, embargos à ação monitória.

§ 1º Os embargos podem se fundar em matéria passível de alegação como defesa no procedimento comum.

§ 2º Quando o réu alegar que o autor pleiteia quantia superior à devida, cumprir-lhe-á declarar de imediato o valor que entende correto, apresentando demonstrativo discriminado e atualizado da dívida.

§ 3º Não apontado o valor correto ou não apresentado o demonstrativo, os embargos serão liminarmente rejeitados, se esse for o seu único fundamento, e, se houver outro fundamento, os embargos serão processados, mas o juiz deixará de examinar a alegação de excesso.

§ 4º A oposição dos embargos suspende a eficácia da decisão referida no *caput* do art. 701 até o julgamento em primeiro grau.

§ 5º O autor será intimado para responder aos embargos no prazo de 15 (quinze) dias.

§ 6º Na ação monitória admite-se a reconvenção, sendo vedado o oferecimento de reconvenção à reconvenção.

§ 7º A critério do juiz, os embargos serão autuados em apartado, se parciais, constituindo-se de pleno direito o título executivo judicial em relação à parcela incontroversa.

§ 8º Rejeitados os embargos, constituir-se-á de pleno direito o título executivo judicial, prosseguindo-se o processo em observância ao disposto no Título II do Livro I da Parte Especial, no que for cabível.

§ 9º Cabe apelação contra a sentença que acolhe ou rejeita os embargos.

§ 10. O juiz condenará o autor de ação monitória proposta indevidamente e de má-fé ao pagamento, em favor do réu, de multa de até dez por cento sobre o valor da causa.

§ 11. O juiz condenará o réu que de má-fé opuser embargos à ação monitória ao pagamento de multa de até dez por cento sobre o valor atribuído à causa, em favor do autor.

CAPÍTULO XII – DA HOMOLOGAÇÃO DO PENHOR LEGAL

- *Vide art. 1.467, CC*
- *Vide Art. 31, Lei 6.533/1978 (Regulamentação das profissões de artista e de técnico em espetáculos de diversões)*

Art. 703. Tomado o penhor legal nos casos previstos em lei, requererá o credor, ato contínuo, a homologação.

§ 1º Na petição inicial, instruída com o contrato de locação ou a conta pormenorizada das despesas, a tabela dos preços e a relação dos objetos retidos, o credor pedirá a citação do devedor para pagar ou contestar na audiência preliminar que for designada.

§ 2º A homologação do penhor legal poderá ser promovida pela via extrajudicial mediante requerimento, que conterá os requisitos previstos no § 1º deste artigo, do credor a notário de sua livre escolha.

- *Vide arts. 8º e 9º, Lei n. 8.935/1994 (Notários e Registradores)*

§ 3º Recebido o requerimento, o notário promoverá a notificação extrajudicial do devedor para, no prazo de 5 (cinco) dias, pagar o débito ou impugnar sua cobrança, alegando por escrito uma das causas previstas no art. 704, hipótese em que o procedimento será encaminhado ao juízo competente para decisão.

§ 4º Transcorrido o prazo sem manifestação do devedor, o notário formalizará a homologação do penhor legal por escritura pública.

Art. 704. A defesa só pode consistir em:

I - nulidade do processo;

II - extinção da obrigação;

III - não estar a dívida compreendida entre as previstas em lei ou não estarem os bens sujeitos a penhor legal;

IV - alegação de haver sido ofertada caução idônea, rejeitada pelo credor.

Art. 705. A partir da audiência preliminar, observar-se-á o procedimento comum.

Art. 706. Homologado judicialmente o penhor legal, consolidar-se-á a posse do autor sobre o objeto.

§ 1º Negada a homologação, o objeto será entregue ao réu, ressalvado ao autor o direito de cobrar a dívida pelo procedimento comum, salvo se acolhida a alegação de extinção da obrigação.

§ 2º Contra a sentença caberá apelação, e, na pendência de recurso, poderá o relator ordenar que a coisa permaneça depositada ou em poder do autor.

CAPÍTULO XIII – DA REGULAÇÃO DE AVARIA GROSSA

Art. 707. Quando inexistir consenso acerca da nomeação de um regulador de avarias, o juiz de direito da comarca do primeiro porto onde o navio houver chegado, provocado por qualquer parte interessada, nomeará um de notório conhecimento.

Art. 708. O regulador declarará justificadamente se os danos são passíveis de rateio na forma de avaria grossa e exigirá das partes envolvidas a apresentação de garantias idôneas para que possam ser liberadas as cargas aos consignatários.

§ 1º A parte que não concordar com o regulador quanto à declaração de abertura da avaria grossa deverá justificar suas razões ao juiz, que decidirá no prazo de 10 (dez) dias.

§ 2º Se o consignatário não apresentar garantia idônea a critério do regulador, este fixará o valor da contribuição provisória com base nos fatos narrados e nos documentos que instruírem a petição inicial, que deverá ser caucionado sob a forma de depósito judicial ou de garantia bancária.

§ 3º Recusando-se o consignatário a prestar caução, o regulador requererá ao juiz a alienação judicial de sua carga na forma dos arts. 879 a 903.

§ 4º É permitido o levantamento, por alvará, das quantias necessárias ao pagamento das despesas da alienação a serem arcadas pelo consignatário, mantendo-se o saldo remanescente em depósito judicial até o encerramento da regulação.

Art. 709. As partes deverão apresentar nos autos os documentos necessários à regulação da avaria grossa em prazo razoável a ser fixado pelo regulador.

Art. 710. O regulador apresentará o regulamento da avaria grossa no prazo de até 12 (doze) meses, contado da data da entrega dos documentos nos autos pelas partes, podendo o prazo ser estendido a critério do juiz.

§ 1º Oferecido o regulamento da avaria grossa, dele terão vista as partes pelo prazo comum de 15 (quinze) dias, e, não havendo impugnação, o regulamento será homologado por sentença.

§ 2º Havendo impugnação ao regulamento, o juiz decidirá no prazo de 10 (dez) dias, após a oitiva do regulador.

Art. 711. Aplicam-se ao regulador de avarias os arts. 156 a 158, no que couber.

CAPÍTULO XIV – DA RESTAURAÇÃO DE AUTOS

Art. 712. Verificado o desaparecimento dos autos, eletrônicos ou não, pode o juiz, de ofício, qualquer das partes ou o Ministério Público, se for o caso, promover-lhes a restauração.

Parágrafo único. Havendo autos suplementares, nesses prosseguirá o processo.

Art. 713. Na petição inicial, declarará a parte o estado do processo ao tempo do desaparecimento dos autos, oferecendo:

I - certidões dos atos constantes do protocolo de audiências do cartório por onde haja corrido o processo;

II - cópia das peças que tenha em seu poder;

III - qualquer outro documento que facilite a restauração.

Art. 714. A parte contrária será citada para contestar o pedido no prazo de 5 (cinco) dias, cabendo-lhe exibir as cópias, as contrafés e as reproduções dos atos e dos documentos que estiverem em seu poder.

§ 1º Se a parte concordar com a restauração, lavrar-se-á o auto que, assinado pelas partes e homologado pelo juiz, suprirá o processo desaparecido.

§ 2º Se a parte não contestar ou se a concordância for parcial, observar-se-á o procedimento comum.

Art. 715. Se a perda dos autos tiver ocorrido depois da produção das provas em audiência, o juiz, se necessário, mandará repeti-las.

§ 1º Serão reinquiridas as mesmas testemunhas, que, em caso de impossibilidade, poderão ser substituídas de ofício ou a requerimento.

§ 2º Não havendo certidão ou cópia do laudo, far-se-á nova perícia, sempre que possível pelo mesmo perito.

§ 3º Não havendo certidão de documentos, esses serão reconstituídos mediante cópias ou, na falta dessas, pelos meios ordinários de prova.

§ 4º Os serventuários e os auxiliares da justiça não podem eximir-se de depor como testemunhas a respeito de atos que tenham praticado ou assistido.

§ 5º Se o juiz houver proferido sentença da qual ele próprio ou o escrivão possua cópia, esta será juntada aos autos e terá a mesma autoridade da original.

Art. 716. Julgada a restauração, seguirá o processo os seus termos.

Parágrafo único. Aparecendo os autos originais, neles se prosseguirá, sendo-lhes apensados os autos da restauração.

Art. 717. Se o desaparecimento dos autos tiver ocorrido no tribunal, o processo de restauração será distribuído, sempre que possível, ao relator do processo.

§ 1º A restauração far-se-á no juízo de origem quanto aos atos nele realizados.

§ 2º Remetidos os autos ao tribunal, nele completar-se-á a restauração e proceder-se-á ao julgamento.

Art. 718. Quem houver dado causa ao desaparecimento dos autos responderá pelas custas da restauração e pelos honorários de advogado, sem prejuízo da responsabilidade civil ou penal em que incorrer.

CAPÍTULO XV – DOS PROCEDIMENTOS DE JURISDIÇÃO VOLUNTÁRIA

SEÇÃO I – DISPOSIÇÕES GERAIS

Art. 719. Quando este Código não estabelecer procedimento especial, regem os procedimentos de jurisdição voluntária as disposições constantes desta Seção.

Art. 720. O procedimento terá início por provocação do interessado, do Ministério Público ou da Defensoria Pública, cabendo-lhes formular o pedido devidamente instruído com os documentos necessários e com a indicação da providência judicial.

Art. 721. Serão citados todos os interessados, bem como intimado o Ministério Público, nos casos do art. 178, para que se manifestem, querendo, no prazo de 15 (quinze) dias.

› *Vide Enunciado 177, III Jornada de Direito Processual Civil do CJF*

Art. 722. A Fazenda Pública será sempre ouvida nos casos em que tiver interesse.

Art. 723. O juiz decidirá o pedido no prazo de 10 (dez) dias.

Parágrafo único. O juiz não é obrigado a observar critério de legalidade estrita, podendo adotar em cada caso a solução que considerar mais conveniente ou oportuna.

Art. 724. Da sentença caberá apelação.

Art. 725. Processar-se-á na forma estabelecida nesta Seção o pedido de:

I - emancipação;

II - sub-rogação;

III - alienação, arrendamento ou oneração de bens de crianças ou adolescentes, de órfãos e de interditos;

IV - alienação, locação e administração da coisa comum;

V - alienação de quinhão em coisa comum;

VI - extinção de usufruto, quando não decorrer da morte do usufrutuário, do termo da sua duração ou da consolidação, e de fideicomisso, quando decorrer de renúncia ou quando ocorrer antes do evento que caracterizar a condição resolutória;

VII - expedição de alvará judicial;

VIII - homologação de autocomposição extrajudicial, de qualquer natureza ou valor.

Parágrafo único. As normas desta Seção aplicam-se, no que couber, aos procedimentos regulados nas seções seguintes.

SEÇÃO II – DA NOTIFICAÇÃO E DA INTERPELAÇÃO

Art. 726. Quem tiver interesse em manifestar formalmente sua vontade a outrem sobre assunto juridicamente relevante poderá notificar pessoas participantes da mesma relação jurídica para dar-lhes ciência de seu propósito.

§ 1º Se a pretensão for a de dar conhecimento geral ao público, mediante edital, o juiz só a deferirá se a tiver por fundada e necessária ao resguardo de direito.

§ 2º Aplica-se o disposto nesta Seção, no que couber, ao protesto judicial.

Art. 727. Também poderá o interessado interpelar o requerido, no caso do art. 726, para que faça ou deixe de fazer o que o requerente entenda ser de seu direito.

Art. 728. O requerido será previamente ouvido antes do deferimento da notificação ou do respectivo edital:

I - se houver suspeita de que o requerente, por meio da notificação ou do edital, pretende alcançar fim ilícito;

II - se tiver sido requerida a averbação da notificação em registro público.

Art. 729. Deferida e realizada a notificação ou interpelação, os autos serão entregues ao requerente.

SEÇÃO III – DA ALIENAÇÃO JUDICIAL

Art. 730. Nos casos expressos em lei, não havendo acordo entre os interessados sobre o modo como se deve realizar a alienação do bem, o juiz, de ofício ou a requerimento dos interessados ou do depositário, mandará aliená-lo em leilão, observando-se o disposto na Seção I deste Capítulo e, no que couber, o disposto nos arts. 879 a 903.

SEÇÃO IV – DO DIVÓRCIO E DA SEPARAÇÃO CONSENSUAIS, DA EXTINÇÃO CONSENSUAL DE UNIÃO ESTÁVEL E DA ALTERAÇÃO DO REGIME DE BENS DO MATRIMÔNIO

- *Arts. 610 e seguintes da Lei 13.105/2015 (Código de Processo Civil)*
- *Lei 11.441/2007 (Possibilita a realização de inventário, partilha, separação consensual e divórcio consensual por via administrativa)*
- *Lei 8.935/1994 (Lei dos Notários e Registradores)*
- *Vide Resolução CNJ n. 35/2007 (Atos notariais relacionados a inventário, partilha, separação consensual, divórcio consensual e extinção consensual de união estável por via administrativa)*
- *Vide Recomendação nº 22, de 6 de junho de 2016 (Recomenda aos Tabelionatos de Notas que procedam a realização de inventário, partilha, separação consensual, divórcio consensual e extinção consensual de união estável, quando houver filhos ou herdeiros emancipados)*
- *Vide Enunciados 47, 48, 52, 53 e 74 I Jornada de Direito Notarial e Registral*

Art. 731. A homologação do divórcio ou da separação consensuais, observados os requisitos legais, poderá ser requerida em petição assinada por ambos os cônjuges, da qual constarão:

I - as disposições relativas à descrição e à partilha dos bens comuns;

II - as disposições relativas à pensão alimentícia entre os cônjuges;

III - o acordo relativo à guarda dos filhos incapazes e ao regime de visitas; e

IV - o valor da contribuição para criar e educar os filhos.

Parágrafo único. Se os cônjuges não acordarem sobre a partilha dos bens, far-se-á esta depois de homologado o divórcio, na forma estabelecida nos arts. 647 a 658.

Art. 732. As disposições relativas ao processo de homologação judicial de divórcio ou de separação consensuais aplicam-se, no que couber, ao processo de homologação da extinção consensual de união estável.

Art. 733. O divórcio consensual, a separação consensual e a extinção consensual de união estável, não havendo nascituro ou filhos incapazes e observados os requisitos legais, poderão ser realizados por escritura pública, da qual constarão as disposições de que trata o art. 731.

§ 1º A escritura não depende de homologação judicial e constitui título hábil para qualquer ato de registro, bem como para levantamento de importância depositada em instituições financeiras.

§ 2º O tabelião somente lavrará a escritura se os interessados estiverem assistidos por advogado ou por defensor público, cuja qualificação e assinatura constarão do ato notarial.

Art. 734. A alteração do regime de bens do casamento, observados os requisitos legais, poderá ser requerida, motivadamente, em petição assinada por ambos os cônjuges, na qual serão expostas as razões que justificam a alteração, ressalvados os direitos de terceiros.

§ 1º Ao receber a petição inicial, o juiz determinará a intimação do Ministério Público e a publicação de edital que divulgue a pretendida alteração de bens, somente podendo decidir depois de decorrido o prazo de 30 (trinta) dias da publicação do edital.

- *Vide Enunciado 177, III Jornada de Direito Processual Civil do CJF*

§ 2º Os cônjuges, na petição inicial ou em petição avulsa, podem propor ao juiz meio alternativo de divulgação da alteração do regime de bens, a fim de resguardar direitos de terceiros.

§ 3º Após o trânsito em julgado da sentença, serão expedidos mandados de averbação aos cartórios de registro civil e de imóveis e, caso qualquer dos cônjuges seja empresário, ao Registro Público de Empresas Mercantis e Atividades Afins.

SEÇÃO V – DOS TESTAMENTOS E DOS CODICILOS

Art. 735. Recebendo testamento cerrado, o juiz, se não achar vício externo que o torne suspeito de nulidade ou falsidade, o abrirá e mandará que o escrivão o leia em presença do apresentante.

§ 1º Do termo de abertura constarão o nome do apresentante e como ele obteve o testamento, a data e o lugar do falecimento do testador, com as respectivas provas, e qualquer circunstância digna de nota.

§ 2º Depois de ouvido o Ministério Público, não havendo dúvidas a serem esclarecidas, o juiz mandará registrar, arquivar e cumprir o testamento.

§ 3º Feito o registro, será intimado o testamenteiro para assinar o termo da testamentária.

§ 4º Se não houver testamenteiro nomeado ou se ele estiver ausente ou não aceitar o encargo, o juiz nomeará testamenteiro dativo, observando-se a preferência legal.

§ 5º O testamenteiro deverá cumprir as disposições testamentárias e prestar contas em juízo do que recebeu e despendeu, observando-se o disposto em lei.

Art. 736. Qualquer interessado, exibindo o traslado ou a certidão de testamento público, poderá requerer ao juiz que ordene o seu cumprimento, observando-se, no que couber, o disposto nos parágrafos do art. 735.

Art. 737. A publicação do testamento particular poderá ser requerida, depois da morte do testador, pelo herdeiro, pelo legatário ou pelo testamenteiro, bem como pelo terceiro detentor do testamento, se impossibilitado de entregá-lo a algum dos outros legitimados para requerê-la.

§ 1º Serão intimados os herdeiros que não tiverem requerido a publicação do testamento.

§ 2º Verificando a presença dos requisitos da lei, ouvido o Ministério Público, o juiz confirmará o testamento.

§ 3º Aplica-se o disposto neste artigo ao codicilo e aos testamentos marítimo, aeronáutico, militar e nuncupativo.

§ 4º Observar-se-á, no cumprimento do testamento, o disposto nos parágrafos do art. 735.

SEÇÃO VI – DA HERANÇA JACENTE

Art. 738. Nos casos em que a lei considere jacente a herança, o juiz em cuja comarca tiver domicílio o falecido procederá imediatamente à arrecadação dos respectivos bens.

Art. 739. A herança jacente ficará sob a guarda, a conservação e a administração de um curador até a respectiva entrega ao sucessor legalmente habilitado ou até a declaração de vacância.

§ 1º Incumbe ao curador:

I - representar a herança em juízo ou fora dele, com intervenção do Ministério Público;

II - ter em boa guarda e conservação os bens arrecadados e promover a arrecadação de outros porventura existentes;

III - executar as medidas conservatórias dos direitos da herança;

IV - apresentar mensalmente ao juiz balancete da receita e da despesa;

V - prestar contas ao final de sua gestão.

§ 2º Aplica-se ao curador o disposto nos arts. 159 a 161.

Art. 740. O juiz ordenará que o oficial de justiça, acompanhado do escrivão ou do chefe de secretaria e do curador, arrole os bens e descreva-os em auto circunstanciado.

§ 1º Não podendo comparecer ao local, o juiz requisitará à autoridade policial que proceda à arrecadação e ao arrolamento dos bens, com 2 (duas) testemunhas, que assistirão às diligências.

§ 2º Não estando ainda nomeado o curador, o juiz designará depositário e lhe entregará os bens, mediante simples termo nos autos, depois de compromissado.

§ 3º Durante a arrecadação, o juiz ou a autoridade policial inquirirá os moradores da casa e da vizinhança sobre a qualificação do falecido, o paradeiro de seus sucessores e a existência de outros bens, lavrando-se de tudo auto de inquirição e informação.

§ 4º O juiz examinará reservadamente os papéis, as cartas missivas e os livros domésticos e, verificando que não apresentam interesse, mandará empacotá-los e lacrá-los para serem assim entregues aos sucessores do falecido ou queimados quando os bens forem declarados vacantes.

§ 5º Se constar ao juiz a existência de bens em outra comarca, mandará expedir carta precatória a fim de serem arrecadados.

§ 6º Não se fará a arrecadação, ou essa será suspensa, quando, iniciada, apresentarem-se para reclamar os bens o cônjuge ou companheiro, o herdeiro ou o testamenteiro notoriamente reconhecido e não houver oposição motivada do curador, de qualquer interessado, do Ministério Público ou do representante da Fazenda Pública.

Art. 741. Ultimada a arrecadação, o juiz mandará expedir edital, que será publicado na rede mundial de computadores, no sítio do tribunal a que estiver vinculado o juízo e na plataforma de editais do Conselho Nacional de Justiça, onde permanecerá por 3 (três) meses, ou, não havendo sítio, no órgão oficial e na imprensa da comarca, por 3 (três) vezes com intervalos de 1 (um) mês, para que os sucessores do falecido venham a habilitar-se no prazo de 6 (seis) meses contado da primeira publicação.

§ 1º Verificada a existência de sucessor ou de testamenteiro em lugar certo, far-se-á a sua citação, sem prejuízo do edital.

§ 2º Quando o falecido for estrangeiro, será também comunicado o fato à autoridade consular.

§ 3º Julgada a habilitação do herdeiro, reconhecida a qualidade do testamenteiro ou provada a identidade do cônjuge ou companheiro, a arrecadação converter-se-á em inventário.

§ 4º Os credores da herança poderão habilitar-se como nos inventários ou propor a ação de cobrança.

Art. 742. O juiz poderá autorizar a alienação:

I - de bens móveis, se forem de conservação difícil ou dispendiosa;

II - de semoventes, quando não empregados na exploração de alguma indústria;

III - de títulos e papéis de crédito, havendo fundado receio de depreciação;

IV - de ações de sociedade quando, reclamada a integralização, não dispuser a herança de dinheiro para o pagamento;

V - de bens imóveis:

a) se ameaçarem ruína, não convindo a reparação;

b) se estiverem hipotecados e vencer-se a dívida, não havendo dinheiro para o pagamento.

§ 1º Não se procederá, entretanto, à venda se a Fazenda Pública ou o habilitando adiantar a importância para as despesas.

§ 2º Os bens com valor de afeição, como retratos, objetos de uso pessoal, livros e obras de arte, só serão alienados depois de declarada a vacância da herança.

Art. 743. Passado 1 (um) ano da primeira publicação do edital e não havendo herdeiro habilitado nem habilitação pendente, será a herança declarada vacante.

§ 1º Pendendo habilitação, a vacância será declarada pela mesma sentença que a julgar improcedente, aguardando-se, no caso de serem diversas as habilitações, o julgamento da última.

§ 2º Transitada em julgado a sentença que declarou a vacância, o cônjuge, o companheiro, os herdeiros e os credores só poderão reclamar o seu direito por ação direta.

SEÇÃO VII – DOS BENS DOS AUSENTES

Art. 744. Declarada a ausência nos casos previstos em lei, o juiz mandará arrecadar os bens do ausente e nomear-lhes-á curador na forma estabelecida na Seção VI, observando-se o disposto em lei.

Art. 745. Feita a arrecadação, o juiz mandará publicar editais na rede mundial de computadores, no sítio do tribunal a que estiver vinculado e na plataforma de editais do Conselho Nacional de Justiça, onde permanecerá por 1 (um) ano, ou, não havendo sítio, no órgão oficial e na imprensa da comarca, durante 1 (um) ano, reproduzida de 2 (dois) em 2 (dois) meses, anunciando a arrecadação e chamando o ausente a entrar na posse de seus bens.

§ 1º Findo o prazo previsto no edital, poderão os interessados requerer a abertura da sucessão provisória, observando-se o disposto em lei.

§ 2º O interessado, ao requerer a abertura da sucessão provisória, pedirá a citação pessoal dos herdeiros presentes e do curador e, por editais, a dos ausentes para requererem habilitação, na forma dos arts. 689 a 692.

§ 3º Presentes os requisitos legais, poderá ser requerida a conversão da sucessão provisória em definitiva.

§ 4º Regressando o ausente ou algum de seus descendentes ou ascendentes para requerer ao juiz a entrega de bens, serão citados para contestar o pedido os sucessores provisórios ou definitivos, o Ministério Público e o representante da Fazenda Pública, seguindo-se o procedimento comum.

SEÇÃO VIII – DAS COISAS VAGAS

Art. 746. Recebendo do descobridor coisa alheia perdida, o juiz mandará lavrar o respectivo auto, do qual constará a descrição do bem e as declarações do descobridor.

§ 1º Recebida a coisa por autoridade policial, esta a remeterá em seguida ao juízo competente.

§ 2º Depositada a coisa, o juiz mandará publicar edital na rede mundial de computadores, no sítio do tribunal a que estiver vinculado e na plataforma de editais do Conselho Nacional de Justiça ou, não havendo sítio, no órgão oficial e na imprensa da comarca, para que o dono ou o legítimo possuidor a reclame, salvo se se tratar de coisa de pequeno valor e não for possível a publicação no sítio do tribunal, caso em que o edital será apenas afixado no átrio do edifício do fórum.

§ 3º Observar-se-á, quanto ao mais, o disposto em lei.

SEÇÃO IX – DA INTERDIÇÃO

Art. 747. A interdição pode ser promovida:

I - pelo cônjuge ou companheiro;

II - pelos parentes ou tutores;

III - pelo representante da entidade em que se encontra abrigado o interditando;

IV - pelo Ministério Público.

Parágrafo único. A legitimidade deverá ser comprovada por documentação que acompanhe a petição inicial.

Art. 748. O Ministério Público só promoverá interdição em caso de doença mental grave:

I - se as pessoas designadas nos incisos I, II e III do art. 747 não existirem ou não promoverem a interdição;

II - se, existindo, forem incapazes as pessoas mencionadas nos incisos I e II do art. 747.

Art. 749. Incumbe ao autor, na petição inicial, especificar os fatos que demonstram a incapacidade do interditando para administrar seus bens e, se for o caso, para praticar atos da vida civil, bem como o momento em que a incapacidade se revelou.

Parágrafo único. Justificada a urgência, o juiz pode nomear curador provisório ao interditando para a prática de determinados atos.

Art. 750. O requerente deverá juntar laudo médico para fazer prova de suas alegações ou informar a impossibilidade de fazê-lo.

Art. 751. O interditando será citado para, em dia designado, comparecer perante o juiz, que o entrevistará minuciosamente acerca de sua vida, negócios, bens, vontades, preferências e laços familiares e afetivos e sobre o que mais lhe parecer necessário para convencimento quanto à sua capacidade para praticar atos da vida civil, devendo ser reduzidas a termo as perguntas e respostas.

§ 1º Não podendo o interditando deslocar-se, o juiz o ouvirá no local onde estiver.

§ 2º A entrevista poderá ser acompanhada por especialista.

§ 3º Durante a entrevista, é assegurado o emprego de recursos tecnológicos capazes de permitir ou de auxiliar o interditando a expressar suas vontades e preferências e a responder às perguntas formuladas.

§ 4º A critério do juiz, poderá ser requisitada a oitiva de parentes e de pessoas próximas.

Art. 752. Dentro do prazo de 15 (quinze) dias contado da entrevista, o interditando poderá impugnar o pedido.

§ 1º O Ministério Público intervirá como fiscal da ordem jurídica.

§ 2º O interditando poderá constituir advogado, e, caso não o faça, deverá ser nomeado curador especial.

§ 3º Caso o interditando não constitua advogado, o seu cônjuge, companheiro ou qualquer parente sucessível poderá intervir como assistente.

Art. 753. Decorrido o prazo previsto no art. 752, o juiz determinará a produção de prova pericial para avaliação da capacidade do interditando para praticar atos da vida civil.

› *Vide Enunciado 178, III Jornada de Direito Processual Civil do CJF*

§ 1º A perícia pode ser realizada por equipe composta por expertos com formação multidisciplinar.

§ 2º O laudo pericial indicará especificadamente, se for o caso, os atos para os quais haverá necessidade de curatela.

Art. 754. Apresentado o laudo, produzidas as demais provas e ouvidos os interessados, o juiz proferirá sentença.

Art. 755. Na sentença que decretar a interdição, o juiz:

I - nomeará curador, que poderá ser o requerente da interdição, e fixará os limites da curatela, segundo o estado e o desenvolvimento mental do interdito;

II - considerará as características pessoais do interdito, observando suas potencialidades, habilidades, vontades e preferências.

§ 1º A curatela deve ser atribuída a quem melhor possa atender aos interesses do curatelado.

§ 2º Havendo, ao tempo da interdição, pessoa incapaz sob a guarda e a responsabilidade do interdito, o juiz atribuirá a curatela a quem melhor puder atender aos interesses do interdito e do incapaz.

§ 3º A sentença de interdição será inscrita no registro de pessoas naturais e imediatamente publicada na rede mundial de computadores, no sítio do tribunal a que estiver vinculado o juízo e na plataforma de editais do Conselho Nacional de Justiça, onde permanecerá por 6 (seis) meses, na imprensa local, 1 (uma) vez, e no órgão oficial, por 3 (três) vezes, com intervalo de 10 (dez) dias, constando do edital os nomes do interdito e do curador, a causa da interdição, os limites da curatela e, não sendo total a interdição, os atos que o interdito poderá praticar autonomamente.

Art. 756. Levantar-se-á a curatela quando cessar a causa que a determinou.

§ 1º O pedido de levantamento da curatela poderá ser feito pelo interdito, pelo curador ou pelo Ministério Público e será apensado aos autos da interdição.

§ 2º O juiz nomeará perito ou equipe multidisciplinar para proceder ao exame do interdito e designará audiência de instrução e julgamento após a apresentação do laudo.

§ 3º Acolhido o pedido, o juiz decretará o levantamento da interdição e determinará a publicação da sentença, após o trânsito em julgado, na forma do art. 755, § 3º, ou, não sendo possível, na imprensa local e no órgão oficial, por 3 (três) vezes, com intervalo de 10 (dez) dias, seguindo-se a averbação no registro de pessoas naturais.

§ 4º A interdição poderá ser levantada parcialmente quando demonstrada a capacidade do interdito para praticar alguns atos da vida civil.

Art. 757. A autoridade do curador estende-se à pessoa e aos bens do incapaz que se encontrar sob a guarda e a responsabilidade do curatelado ao tempo da interdição, salvo se o juiz considerar outra solução como mais conveniente aos interesses do incapaz.

Art. 758. O curador deverá buscar tratamento e apoio apropriados à conquista da autonomia pelo interdito.

SEÇÃO X – DISPOSIÇÕES COMUNS À TUTELA E À CURATELA

Art. 759. O tutor ou o curador será intimado a prestar compromisso no prazo de 5 (cinco) dias contado da:

I - nomeação feita em conformidade com a lei;

II - intimação do despacho que mandar cumprir o testamento ou o instrumento público que o houver instituído.

§ 1º O tutor ou o curador prestará o compromisso por termo em livro rubricado pelo juiz.

§ 2º Prestado o compromisso, o tutor ou o curador assume a administração dos bens do tutelado ou do interditado.

Art. 760. O tutor ou o curador poderá eximir-se do encargo apresentando escusa ao juiz no prazo de 5 (cinco) dias contado:

I - antes de aceitar o encargo, da intimação para prestar compromisso;

II - depois de entrar em exercício, do dia em que sobrevier o motivo da escusa.

§ 1º Não sendo requerida a escusa no prazo estabelecido neste artigo, considerar-se-á renunciado o direito de alegá-la.

§ 2º O juiz decidirá de plano o pedido de escusa, e, não o admitindo, exercerá o nomeado a tutela ou a curatela enquanto não for dispensado por sentença transitada em julgado.

Art. 761. Incumbe ao Ministério Público ou a quem tenha legítimo interesse requerer, nos casos previstos em lei, a remoção do tutor ou do curador.

Parágrafo único. O tutor ou o curador será citado para contestar a arguição no prazo de 5 (cinco) dias, findo o qual observar-se-á o procedimento comum.

Art. 762. Em caso de extrema gravidade, o juiz poderá suspender o tutor ou o curador do exercício de suas funções, nomeando substituto interino.

Art. 763. Cessando as funções do tutor ou do curador pelo decurso do prazo em que era obrigado a servir, ser-lhe-á lícito requerer a exoneração do encargo.

§ 1º Caso o tutor ou o curador não requeira a exoneração do encargo dentro dos 10 (dez) dias seguintes à expiração do termo, entender-se-á reconduzido, salvo se o juiz o dispensar.

§ 2º Cessada a tutela ou a curatela, é indispensável a prestação de contas pelo tutor ou pelo curador, na forma da lei civil.

SEÇÃO XI – DA ORGANIZAÇÃO E DA FISCALIZAÇÃO DAS FUNDAÇÕES

Art. 764. O juiz decidirá sobre a aprovação do estatuto das fundações e de suas alterações sempre que o requeira o interessado, quando:

I - ela for negada previamente pelo Ministério Público ou por este forem exigidas modificações com as quais o interessado não concorde;

II - o interessado discordar do estatuto elaborado pelo Ministério Público.

§ 1º O estatuto das fundações deve observar o disposto na Lei nº 10.406, de 10 de janeiro de 2002 (Código Civil).

§ 2º Antes de suprir a aprovação, o juiz poderá mandar fazer no estatuto modificações a fim de adaptá-lo ao objetivo do instituidor.

Art. 765. Qualquer interessado ou o Ministério Público promoverá em juízo a extinção da fundação quando:

I - se tornar ilícito o seu objeto;

II - for impossível a sua manutenção;

III - vencer o prazo de sua existência.

SEÇÃO XII – DA RATIFICAÇÃO DOS PROTESTOS MARÍTIMOS E DOS PROCESSOS TESTEMUNHÁVEIS FORMADOS A BORDO

Art. 766. Todos os protestos e os processos testemunháveis formados a bordo e lançados no livro Diário da Navegação deverão ser apresentados pelo comandante ao juiz de direito do primeiro porto, nas primeiras 24 (vinte e quatro) horas de chegada da embarcação, para sua ratificação judicial.

Art. 767. A petição inicial conterá a transcrição dos termos lançados no livro Diário da Navegação e deverá ser instruída com cópias das páginas que contenham os termos que serão ratificados, dos documentos de identificação do comandante e das testemunhas arroladas, do rol de tripulantes, do documento de registro da embarcação e, quando for o caso, do manifesto das cargas sinistradas e a qualificação de seus consignatários, traduzidos, quando for o caso, de forma livre para o português.

Art. 768. A petição inicial deverá ser distribuída com urgência e encaminhada ao juiz, que ouvirá, sob compromisso a ser prestado no mesmo dia, o comandante e as testemunhas em número mínimo de 2 (duas) e máximo de 4 (quatro), que deverão comparecer ao ato independentemente de intimação.

§ 1º Tratando-se de estrangeiros que não dominem a língua portuguesa, o autor deverá fazer-se acompanhar por tradutor, que prestará compromisso em audiência.

§ 2º Caso o autor não se faça acompanhar por tradutor, o juiz deverá nomear outro que preste compromisso em audiência.

Art. 769. Aberta a audiência, o juiz mandará apregoar os consignatários das cargas indicados na petição inicial e outros eventuais interessados, nomeando para os ausentes curador para o ato.

Art. 770. Inquiridos o comandante e as testemunhas, o juiz, convencido da veracidade dos termos lançados no Diário da Navegação, em audiência, ratificará por sentença o protesto ou o processo testemunhável lavrado a bordo, dispensado o relatório.

Parágrafo único. Independentemente do trânsito em julgado, o juiz determinará a entrega dos autos ao autor ou ao seu advogado, mediante a apresentação de traslado.

LIVRO II – DO PROCESSO DE EXECUÇÃO

TÍTULO I – DA EXECUÇÃO EM GERAL

CAPÍTULO I – DISPOSIÇÕES GERAIS

Art. 771. Este Livro regula o procedimento da execução fundada em título extrajudicial, e suas disposições aplicam-se, também, no que couber, aos procedimentos especiais de execução, aos atos executivos realizados no procedimento de cumprimento de sentença, bem como aos efeitos de atos ou fatos processuais a que a lei atribuir força executiva.

Parágrafo único. Aplicam-se subsidiariamente à execução as disposições do Livro I da Parte Especial.

Art. 772. O juiz pode, em qualquer momento do processo:

I - ordenar o comparecimento das partes;

II - advertir o executado de que seu procedimento constitui ato atentatório à dignidade da justiça;

III - determinar que sujeitos indicados pelo exequente forneçam informações em geral relacionadas ao objeto da execução, tais como documentos e dados que tenham em seu poder, assinando-lhes prazo razoável.

- *Vide Enunciado 218, III Jornada de Direito Processual Civil do CJF*

Art. 773. O juiz poderá, de ofício ou a requerimento, determinar as medidas necessárias ao cumprimento da ordem de entrega de documentos e dados.

Parágrafo único. Quando, em decorrência do disposto neste artigo, o juízo receber dados sigilosos para os fins da execução, o juiz adotará as medidas necessárias para assegurar a confidencialidade.

Art. 774. Considera-se atentatória à dignidade da justiça a conduta comissiva ou omissiva do executado que:

I - frauda a execução;

II - se opõe maliciosamente à execução, empregando ardis e meios artificiosos;

III - dificulta ou embaraça a realização da penhora;

IV - resiste injustificadamente às ordens judiciais;

V - intimado, não indica ao juiz quais são e onde estão os bens sujeitos à penhora e os respectivos valores, nem exibe prova de sua propriedade e, se for o caso, certidão negativa de ônus.

Parágrafo único. Nos casos previstos neste artigo, o juiz fixará multa em montante não superior a vinte por cento do valor atualizado do débito em execução, a qual será revertida em proveito do exequente, exigível nos próprios autos do processo, sem prejuízo de outras sanções de natureza processual ou material.

Art. 775. O exequente tem o direito de desistir de toda a execução ou de apenas alguma medida executiva.

Parágrafo único. Na desistência da execução, observar-se-á o seguinte:

I - serão extintos a impugnação e os embargos que versarem apenas sobre questões processuais, pagando o exequente as custas processuais e os honorários advocatícios;

II - nos demais casos, a extinção dependerá da concordância do impugnante ou do embargante.

Art. 776. O exequente ressarcirá ao executado os danos que este sofreu, quando a sentença, transitada em julgado, declarar inexistente, no todo ou em parte, a obrigação que ensejou a execução.

Art. 777. A cobrança de multas ou de indenizações decorrentes de litigância de má-fé ou de prática de ato atentatório à dignidade da justiça será promovida nos próprios autos do processo.

CAPÍTULO II – DAS PARTES

Art. 778. Pode promover a execução forçada o credor a quem a lei confere título executivo.

§ 1º Podem promover a execução forçada ou nela prosseguir, em sucessão ao exequente originário:

I - o Ministério Público, nos casos previstos em lei;

II - o espólio, os herdeiros ou os sucessores do credor, sempre que, por morte deste, lhes for transmitido o direito resultante do título executivo;

III - o cessionário, quando o direito resultante do título executivo lhe for transferido por ato entre vivos;

IV - o sub-rogado, nos casos de sub-rogação legal ou convencional.

§ 2º A sucessão prevista no § 1º independe de consentimento do executado.

Art. 779. A execução pode ser promovida contra:

I - o devedor, reconhecido como tal no título executivo;

II - o espólio, os herdeiros ou os sucessores do devedor;

III - o novo devedor que assumiu, com o consentimento do credor, a obrigação resultante do título executivo;

IV - o fiador do débito constante em título extrajudicial;

V - o responsável titular do bem vinculado por garantia real ao pagamento do débito;

VI - o responsável tributário, assim definido em lei.

Art. 780. O exequente pode cumular várias execuções, ainda que fundadas em títulos diferentes, quando o executado for o mesmo e desde que para todas elas seja competente o mesmo juízo e idêntico o procedimento.

CAPÍTULO III – DA COMPETÊNCIA

Art. 781. A execução fundada em título extrajudicial será processada perante o juízo competente, observando-se o seguinte:

I - a execução poderá ser proposta no foro de domicílio do executado, de eleição constante do título ou, ainda, de situação dos bens a ela sujeitos;

II - tendo mais de um domicílio, o executado poderá ser demandado no foro de qualquer deles;

III - sendo incerto ou desconhecido o domicílio do executado, a execução poderá ser proposta no lugar onde for encontrado ou no foro de domicílio do exequente;

IV - havendo mais de um devedor, com diferentes domicílios, a execução será proposta no foro de qualquer deles, à escolha do exequente;

V - a execução poderá ser proposta no foro do lugar em que se praticou o ato ou em que ocorreu o fato que deu origem ao título, mesmo que nele não mais resida o executado.

Art. 782. Não dispondo a lei de modo diverso, o juiz determinará os atos executivos, e o oficial de justiça os cumprirá.

§ 1º O oficial de justiça poderá cumprir os atos executivos determinados pelo juiz também nas comarcas contíguas, de fácil comunicação, e nas que se situem na mesma região metropolitana.

§ 2º Sempre que, para efetivar a execução, for necessário o emprego de força policial, o juiz a requisitará.

§ 3º A requerimento da parte, o juiz pode determinar a inclusão do nome do executado em cadastros de inadimplentes.

§ 4º A inscrição será cancelada imediatamente se for efetuado o pagamento, se for garantida a execução ou se a execução for extinta por qualquer outro motivo.

§ 5º O disposto nos §§ 3º e 4º aplica-se à execução definitiva de título judicial.

CAPÍTULO IV – DOS REQUISITOS NECESSÁRIOS PARA REALIZAR QUALQUER EXECUÇÃO

SEÇÃO I – DO TÍTULO EXECUTIVO

Art. 783. A execução para cobrança de crédito fundar-se-á sempre em título de obrigação certa, líquida e exigível.

Art. 784. São títulos executivos extrajudiciais:

- *Vide Enunciado 60, I Jornada de Direito Notarial e Registral*

I - a letra de câmbio, a nota promissória, a duplicata, a debênture e o cheque;

II - a escritura pública ou outro documento público assinado pelo devedor;

III - o documento particular assinado pelo devedor e por 2 (duas) testemunhas;

IV - o instrumento de transação referendado pelo Ministério Público, pela Defensoria Pública, pela Advocacia Pública, pelos advogados dos transatores ou por conciliador ou mediador credenciado por tribunal;

V - o contrato garantido por hipoteca, penhor, anticrese ou outro direito real de garantia e aquele garantido por caução;

VI - o contrato de seguro de vida em caso de morte;

VII - o crédito decorrente de foro e laudêmio;

VIII - o crédito, documentalmente comprovado, decorrente de aluguel de imóvel, bem como de encargos acessórios, tais como taxas e despesas de condomínio;

IX - a certidão de dívida ativa da Fazenda Pública da União, dos Estados, do Distrito Federal e dos Municípios, correspondente aos créditos inscritos na forma da lei;

X - o crédito referente às contribuições ordinárias ou extraordinárias de condomínio edilício, previstas na respectiva convenção ou aprovadas em assembleia geral, desde que documentalmente comprovadas;

XI - a certidão expedida por serventia notarial ou de registro relativa a valores de emolumentos e demais despesas devidas pelos atos por ela praticados, fixados nas tabelas estabelecidas em lei;

- *Vide Lei 10.169/2000 (Lei de Emolumentos)*
- *Vide Lei 9.492/1997 (Lei de Protesto)*
- *Art. 2º, § 2º, Provimento CNJ n. 127/2022 (SIPE)*

XI-A - o contrato de contragarantia ou qualquer outro instrumento que materialize o direito de ressarcimento da seguradora contra tomadores de seguro-garantia e seus garantidores;

- *Inciso acrescido pela Lei nº 14.711, de 30/10/2023*

XII - todos os demais títulos aos quais, por disposição expressa, a lei atribuir força executiva.

§ 1º A propositura de qualquer ação relativa a débito constante de título executivo não inibe o credor de promover-lhe a execução.

§ 2º Os títulos executivos extrajudiciais oriundos de país estrangeiro não dependem de homologação para serem executados.

§ 3º O título estrangeiro só terá eficácia executiva quando satisfeitos os requisitos de formação exigidos pela lei do lugar de sua celebração e quando o Brasil for indicado como o lugar de cumprimento da obrigação.

§ 4º Nos títulos executivos constituídos ou atestados por meio eletrônico, é admitida qualquer modalidade de assinatura eletrônica prevista em lei, dispensada a assinatura de testemunhas quando sua integridade for conferida por provedor de assinatura.

- *Incluído pela Lei nº 14.620, de 2023*
- *Vide art. 4º, Lei 14.063/2020*

Art. 785. A existência de título executivo extrajudicial não impede a parte de optar pelo processo de conhecimento, a fim de obter título executivo judicial.

SEÇÃO II – DA EXIGIBILIDADE DA OBRIGAÇÃO

Art. 786. A execução pode ser instaurada caso o devedor não satisfaça a obrigação certa, líquida e exigível consubstanciada em título executivo.

Parágrafo único. A necessidade de simples operações aritméticas para apurar o crédito exequendo não retira a liquidez da obrigação constante do título.

Art. 787. Se o devedor não for obrigado a satisfazer sua prestação senão mediante a contraprestação do credor, este deverá provar que a adimpliu ao requerer a execução, sob pena de extinção do processo.

Parágrafo único. O executado poderá eximir-se da obrigação, depositando em juízo a prestação ou a coisa, caso em que o juiz não permitirá que o credor a receba sem cumprir a contraprestação que lhe tocar.

Art. 788. O credor não poderá iniciar a execução ou nela prosseguir se o devedor cumprir a obrigação, mas poderá recusar o recebimento da prestação se ela não corresponder ao direito ou à obrigação estabelecidos no título executivo, caso em que poderá requerer a execução forçada, ressalvado ao devedor o direito de embargá-la.

CAPÍTULO V – DA RESPONSABILIDADE PATRIMONIAL

Art. 789. O devedor responde com todos os seus bens presentes e futuros para o cumprimento de suas obrigações, salvo as restrições estabelecidas em lei.

- *Vide Enunciado 209, III Jornada de Direito Processual Civil do CJF*

Art. 790. São sujeitos à execução os bens:

I - do sucessor a título singular, tratando-se de execução fundada em direito real ou obrigação reipersecutória;

II - do sócio, nos termos da lei;

III - do devedor, ainda que em poder de terceiros;

IV - do cônjuge ou companheiro, nos casos em que seus bens próprios ou de sua meação respondem pela dívida;

V - alienados ou gravados com ônus real em fraude à execução;

VI - cuja alienação ou gravação com ônus real tenha sido anulada em razão do reconhecimento, em ação autônoma, de fraude contra credores;

VII - do responsável, nos casos de desconsideração da personalidade jurídica.

Art. 791. Se a execução tiver por objeto obrigação de que seja sujeito passivo o proprietário de terreno submetido ao regime do direito de superfície, ou o superficiário, responderá pela dívida, exclusivamente, o direito real do qual é titular o executado, recaindo a penhora ou outros atos de constrição exclusivamente sobre o terreno, no primeiro caso, ou sobre a construção ou a plantação, no segundo caso.

- *Vide Enunciado 150, II Jornada de Direito Processual Civil*

§ 1º Os atos de constrição a que se refere o *caput* serão averbados separadamente na matrícula do imóvel, com a identificação do executado, do valor do crédito e do objeto sobre o qual recai o gravame, devendo o oficial destacar o bem que responde pela dívida, se o terreno, a construção ou a plantação, de modo a assegurar a publicidade da responsabilidade patrimonial de cada um deles pelas dívidas e pelas obrigações que a eles estão vinculadas.

§ 2º Aplica-se, no que couber, o disposto neste artigo à enfiteuse, à concessão de uso especial para fins de moradia e à concessão de direito real de uso.

Art. 792. A alienação ou a oneração de bem é considerada fraude à execução:

- *Vide art. 54, Lei 13.087/2015*
- *Vide Enunciado 149, II Jornada de Direito Processual Civil*

I - quando sobre o bem pender ação fundada em direito real ou com pretensão reipersecutória, desde que a pendência do processo tenha sido averbada no respectivo registro público, se houver;

II - quando tiver sido averbada, no registro do bem, a pendência do processo de execução, na forma do art. 828;

III - quando tiver sido averbado, no registro do bem, hipoteca judiciária ou outro ato de constrição judicial originário do processo onde foi arguida a fraude;

IV - quando, ao tempo da alienação ou da oneração, tramitava contra o devedor ação capaz de reduzi-lo à insolvência;

- *Vide art. 54, IV, Lei 13.087/2015*

V - nos demais casos expressos em lei.

§ 1º A alienação em fraude à execução é ineficaz em relação ao exequente.

§ 2º No caso de aquisição de bem não sujeito a registro, o terceiro adquirente tem o ônus de provar que adotou as cautelas necessárias para a aquisição, mediante a exibição das certidões pertinentes, obtidas no domicílio do vendedor e no local onde se encontra o bem.

§ 3º Nos casos de desconsideração da personalidade jurídica, a fraude à execução verifica-se a partir da citação da parte cuja personalidade se pretende desconsiderar.

§ 4º Antes de declarar a fraude à execução, o juiz deverá intimar o terceiro adquirente, que, se quiser, poderá opor embargos de terceiro, no prazo de 15 (quinze) dias.

Art. 793. O exequente que estiver, por direito de retenção, na posse de coisa pertencente ao devedor não poderá promover a execução sobre outros bens senão depois de excutida a coisa que se achar em seu poder.

Art. 794. O fiador, quando executado, tem o direito de exigir que primeiro sejam executados os bens do devedor situados na mesma comarca, livres e desembargados, indicando-os pormenorizadamente à penhora.

§ 1º Os bens do fiador ficarão sujeitos à execução se os do devedor, situados na mesma comarca que os seus, forem insuficientes à satisfação do direito do credor.

§ 2º O fiador que pagar a dívida poderá executar o afiançado nos autos do mesmo processo.

§ 3º O disposto no *caput* não se aplica se o fiador houver renunciado ao benefício de ordem.

Art. 795. Os bens particulares dos sócios não respondem pelas dívidas da sociedade, senão nos casos previstos em lei.

§ 1º O sócio réu, quando responsável pelo pagamento da dívida da sociedade, tem o direito de exigir que primeiro sejam excutidos os bens da sociedade.

§ 2º Incumbe ao sócio que alegar o benefício do § 1º nomear quantos bens da sociedade situados na mesma comarca, livres e desembargados, bastem para pagar o débito.

§ 3º O sócio que pagar a dívida poderá executar a sociedade nos autos do mesmo processo.

§ 4º Para a desconsideração da personalidade jurídica é obrigatória a observância do incidente previsto neste Código.

Art. 796. O espólio responde pelas dívidas do falecido, mas, feita a partilha, cada herdeiro responde por elas dentro das forças da herança e na proporção da parte que lhe coube.

TÍTULO II – DAS DIVERSAS ESPÉCIES DE EXECUÇÃO

CAPÍTULO I – DISPOSIÇÕES GERAIS

Art. 797. Ressalvado o caso de insolvência do devedor, em que tem lugar o concurso universal, realiza-se a execução no interesse do exequente que adquire, pela penhora, o direito de preferência sobre os bens penhorados.

Parágrafo único. Recaindo mais de uma penhora sobre o mesmo bem, cada exequente conservará o seu título de preferência.

Art. 798. Ao propor a execução, incumbe ao exequente:

I - instruir a petição inicial com:

a) o título executivo extrajudicial;

b) o demonstrativo do débito atualizado até a data de propositura da ação, quando se tratar de execução por quantia certa;

c) a prova de que se verificou a condição ou ocorreu o termo, se for o caso;

d) a prova, se for o caso, de que adimpliu a contraprestação que lhe corresponde ou que lhe assegura o cumprimento, se o executado não for obrigado a satisfazer a sua prestação senão mediante a contraprestação do exequente;

II - indicar:

a) a espécie de execução de sua preferência, quando por mais de um modo puder ser realizada;

b) os nomes completos do exequente e do executado e seus números de inscrição no Cadastro de Pessoas Físicas ou no Cadastro Nacional da Pessoa Jurídica;

c) os bens suscetíveis de penhora, sempre que possível.

Parágrafo único. O demonstrativo do débito deverá conter:

I - o índice de correção monetária adotado;

II - a taxa de juros aplicada;

III - os termos inicial e final de incidência do índice de correção monetária e da taxa de juros utilizados;

IV - a periodicidade da capitalização dos juros, se for o caso;

V - a especificação de desconto obrigatório realizado.

Art. 799. Incumbe ainda ao exequente:

I - requerer a intimação do credor pignoratício, hipotecário, anticrético ou fiduciário, quando a penhora recair sobre bens gravados por penhor, hipoteca, anticrese ou alienação fiduciária;

II - requerer a intimação do titular de usufruto, uso ou habitação, quando a penhora recair sobre bem gravado por usufruto, uso ou habitação;

III - requerer a intimação do promitente comprador, quando a penhora recair sobre bem em relação ao qual haja promessa de compra e venda registrada;

IV - requerer a intimação do promitente vendedor, quando a penhora recair sobre direito aquisitivo derivado de promessa de compra e venda registrada;

V - requerer a intimação do superficiário, enfiteuta ou concessionário, em caso de direito de superfície, enfiteuse, concessão de uso especial para fins de moradia ou concessão de direito real de uso, quando a penhora recair sobre imóvel submetido ao regime do direito de superfície, enfiteuse ou concessão;

VI - requerer a intimação do proprietário de terreno com regime de direito de superfície, enfiteuse, concessão de uso especial para fins de moradia ou concessão de direito real de uso, quando a penhora recair sobre direitos do superficiário, do enfiteuta ou do concessionário;

VII - requerer a intimação da sociedade, no caso de penhora de quota social ou de ação de sociedade anônima fechada, para o fim previsto no art. 876, § 7º;

VIII - pleitear, se for o caso, medidas urgentes;

IX - proceder à averbação em registro público do ato de propositura da execução e dos atos de constrição realizados, para conhecimento de terceiros;

X - requerer a intimação do titular da construção-base, bem como, se for o caso, do titular de lajes anteriores, quando a penhora recair sobre o direito real de laje;

› *Inciso acrescido pela Lei nº 13.465, de 11/7/2017*

XI - requerer a intimação do titular das lajes, quando a penhora recair sobre a construção-base.

› *Inciso acrescido pela Lei nº 13.465, de 11/7/2017*

Art. 800. Nas obrigações alternativas, quando a escolha couber ao devedor, esse será citado para exercer a opção e realizar a prestação dentro de 10 (dez) dias, se outro prazo não lhe foi determinado em lei ou em contrato.

§ 1º Devolver-se-á ao credor a opção, se o devedor não a exercer no prazo determinado.

§ 2º A escolha será indicada na petição inicial da execução quando couber ao credor exercê-la.

Art. 801. Verificando que a petição inicial está incompleta ou que não está acompanhada dos documentos indispensáveis à propositura da execução, o juiz determinará que o exequente a corrija, no prazo de 15 (quinze) dias, sob pena de indeferimento.

Art. 802. Na execução, o despacho que ordena a citação, desde que realizada em observância ao disposto no § 2º do art. 240, interrompe a prescrição, ainda que proferido por juízo incompetente.

Parágrafo único. A interrupção da prescrição retroagirá à data de propositura da ação.

Art. 803. É nula a execução se:

I - o título executivo extrajudicial não corresponder a obrigação certa, líquida e exigível;

II - o executado não for regularmente citado;

III - for instaurada antes de se verificar a condição ou de ocorrer o termo.

Parágrafo único. A nulidade de que cuida este artigo será pronunciada pelo juiz, de ofício ou a requerimento da parte, independentemente de embargos à execução.

Art. 804. A alienação de bem gravado por penhor, hipoteca ou anticrese será ineficaz em relação ao credor pignoratício, hipotecário ou anticrético não intimado.

§ 1º A alienação de bem objeto de promessa de compra e venda ou de cessão registrada será ineficaz em relação ao promitente comprador ou ao cessionário não intimado.

§ 2º A alienação de bem sobre o qual tenha sido instituído direito de superfície, seja do solo, da plantação ou da construção, será ineficaz em relação ao concedente ou ao concessionário não intimado.

§ 3º A alienação de direito aquisitivo de bem objeto de promessa de venda, de promessa de cessão ou de alienação fiduciária será ineficaz em relação ao promitente vendedor, ao promitente cedente ou ao proprietário fiduciário não intimado.

§ 4º A alienação de imóvel sobre o qual tenha sido instituída enfiteuse, concessão de uso especial para fins de moradia ou concessão de direito real de uso será ineficaz em relação ao enfiteuta ou ao concessionário não intimado.

§ 5º A alienação de direitos do enfiteuta, do concessionário de direito real de uso ou do concessionário de uso especial para fins de moradia será ineficaz em relação ao proprietário do respectivo imóvel não intimado.

§ 6º A alienação de bem sobre o qual tenha sido instituído usufruto, uso ou habitação será ineficaz em relação ao titular desses direitos reais não intimado.

Art. 805. Quando por vários meios o exequente puder promover a execução, o juiz mandará que se faça pelo modo menos gravoso para o executado.

Parágrafo único. Ao executado que alegar ser a medida executiva mais gravosa incumbe indicar outros meios mais eficazes e menos onerosos, sob pena de manutenção dos atos executivos já determinados.

CAPÍTULO II – DA EXECUÇÃO PARA A ENTREGA DE COISA

SEÇÃO I – DA ENTREGA DE COISA CERTA

Art. 806. O devedor de obrigação de entrega de coisa certa, constante de título executivo extrajudicial, será citado para, em 15 (quinze) dias, satisfazer a obrigação.

§ 1º Ao despachar a inicial, o juiz poderá fixar multa por dia de atraso no cumprimento da obrigação, ficando o respectivo valor sujeito a alteração, caso se revele insuficiente ou excessivo.

§ 2º Do mandado de citação constará ordem para imissão na posse ou busca e apreensão, conforme se tratar de bem imóvel ou móvel, cujo cumprimento se dará de imediato, se o executado não satisfizer a obrigação no prazo que lhe foi designado.

Art. 807. Se o executado entregar a coisa, será lavrado o termo respectivo e considerada satisfeita a obrigação, prosseguindo-se a execução para o pagamento de frutos ou o ressarcimento de prejuízos, se houver.

Art. 808. Alienada a coisa quando já litigiosa, será expedido mandado contra o terceiro adquirente, que somente será ouvido após depositá-la.

Art. 809. O exequente tem direito a receber, além de perdas e danos, o valor da coisa, quando essa se deteriorar, não lhe for entregue, não for encontrada ou não for reclamada do poder de terceiro adquirente.

§ 1º Não constando do título o valor da coisa e sendo impossível sua avaliação, o exequente apresentará estimativa, sujeitando-a ao arbitramento judicial.

§ 2º Serão apurados em liquidação o valor da coisa e os prejuízos.

Art. 810. Havendo benfeitorias indenizáveis feitas na coisa pelo executado ou por terceiros de cujo poder ela houver sido tirada, a liquidação prévia é obrigatória.

Parágrafo único. Havendo saldo:

I - em favor do executado ou de terceiros, o exequente o depositará ao requerer a entrega da coisa;

II - em favor do exequente, esse poderá cobrá-lo nos autos do mesmo processo.

SEÇÃO II – DA ENTREGA DE COISA INCERTA

Art. 811. Quando a execução recair sobre coisa determinada pelo gênero e pela quantidade, o executado será citado para entregá-la individualizada, se lhe couber a escolha.

Parágrafo único. Se a escolha couber ao exequente, esse deverá indicá-la na petição inicial.

Art. 812. Qualquer das partes poderá, no prazo de 15 (quinze) dias, impugnar a escolha feita pela outra, e o juiz decidirá de plano ou, se necessário, ouvindo perito de sua nomeação.

Art. 813. Aplicar-se-ão à execução para entrega de coisa incerta, no que couber, as disposições da Seção I deste Capítulo.

CAPÍTULO III – DA EXECUÇÃO DAS OBRIGAÇÕES DE FAZER OU DE NÃO FAZER

SEÇÃO I – DISPOSIÇÕES COMUNS

Art. 814. Na execução de obrigação de fazer ou de não fazer fundada em título extrajudicial, ao despachar a inicial, o juiz fixará multa por período de atraso no cumprimento da obrigação e a data a partir da qual será devida.

Parágrafo único. Se o valor da multa estiver previsto no título e for excessivo, o juiz poderá reduzi-lo.

SEÇÃO II – DA OBRIGAÇÃO DE FAZER

Art. 815. Quando o objeto da execução for obrigação de fazer, o executado será citado para satisfazê-la no prazo que o juiz lhe designar, se outro não estiver determinado no título executivo.

Art. 816. Se o executado não satisfizer a obrigação no prazo designado, é lícito ao exequente, nos próprios autos do processo, requerer a satisfação da obrigação à custa do executado ou perdas e danos, hipótese em que se converterá em indenização.

Parágrafo único. O valor das perdas e danos será apurado em liquidação, seguindo-se a execução para cobrança de quantia certa.

Art. 817. Se a obrigação puder ser satisfeita por terceiro, é lícito ao juiz autorizar, a requerimento do exequente, que aquele a satisfaça à custa do executado.

Parágrafo único. O exequente adiantará as quantias previstas na proposta que, ouvidas as partes, o juiz houver aprovado.

Art. 818. Realizada a prestação, o juiz ouvirá as partes no prazo de 10 (dez) dias e, não havendo impugnação, considerará satisfeita a obrigação.

Parágrafo único. Caso haja impugnação, o juiz a decidirá.

Art. 819. Se o terceiro contratado não realizar a prestação no prazo ou se o fizer de modo incompleto ou defeituoso, poderá o exequente requerer ao juiz, no prazo de 15 (quinze) dias, que o autorize a concluí-la ou a repará-la à custa do contratante.

Parágrafo único. Ouvido o contratante no prazo de 15 (quinze) dias, o juiz mandará avaliar o custo das despesas necessárias e o condenará a pagá-lo.

Art. 820. Se o exequente quiser executar ou mandar executar, sob sua direção e vigilância, as obras e os trabalhos necessários à realização da prestação, terá preferência, em igualdade de condições de oferta, em relação ao terceiro.

Parágrafo único. O direito de preferência deverá ser exercido no prazo de 5 (cinco) dias, após aprovada a proposta do terceiro.

Art. 821. Na obrigação de fazer, quando se convencionar que o executado a satisfaça pessoalmente, o exequente poderá requerer ao juiz que lhe assine prazo para cumpri-la.

Parágrafo único. Havendo recusa ou mora do executado, sua obrigação pessoal será convertida em perdas e danos, caso em que se observará o procedimento de execução por quantia certa.

SEÇÃO III – DA OBRIGAÇÃO DE NÃO FAZER

Art. 822. Se o executado praticou ato a cuja abstenção estava obrigado por lei ou por contrato, o exequente requererá ao juiz que assine prazo ao executado para desfazê-lo.

Art. 823. Havendo recusa ou mora do executado, o exequente requererá ao juiz que mande desfazer o ato à custa daquele, que responderá por perdas e danos.

Parágrafo único. Não sendo possível desfazer-se o ato, a obrigação resolve-se em perdas e danos, caso em que, após a liquidação, se observará o procedimento de execução por quantia certa.

CAPÍTULO IV – DA EXECUÇÃO POR QUANTIA CERTA

SEÇÃO I – DISPOSIÇÕES GERAIS

Art. 824. A execução por quantia certa realiza-se pela expropriação de bens do executado, ressalvadas as execuções especiais.

Art. 825. A expropriação consiste em:

I - adjudicação;

II - alienação;

III - apropriação de frutos e rendimentos de empresa ou de estabelecimentos e de outros bens.

Art. 826. Antes de adjudicados ou alienados os bens, o executado pode, a todo tempo, remir a execução, pagando ou consignando a importância atualizada da dívida, acrescida de juros, custas e honorários advocatícios.

SEÇÃO II – DA CITAÇÃO DO DEVEDOR E DO ARRESTO

Art. 827. Ao despachar a inicial, o juiz fixará, de plano, os honorários advocatícios de dez por cento, a serem pagos pelo executado.

§ 1º No caso de integral pagamento no prazo de 3 (três) dias, o valor dos honorários advocatícios será reduzido pela metade.

§ 2º O valor dos honorários poderá ser elevado até vinte por cento, quando rejeitados os embargos à execução, podendo a majoração, caso não opostos os embargos, ocorrer ao final do procedimento executivo, levando-se em conta o trabalho realizado pelo advogado do exequente.

› *Vide Enunciado 210, III Jornada de Direito Processual Civil do CJF*

Art. 828. O exequente poderá obter certidão de que a execução foi admitida pelo juiz, com identificação das partes e do valor da causa, para fins de averbação no registro de imóveis, de veículos ou de outros bens sujeitos a penhora, arresto ou indisponibilidade.

› *Art. 792, II, Lei 13.097/2015*

§ 1º No prazo de 10 (dez) dias de sua concretização, o exequente deverá comunicar ao juízo as averbações efetivadas.

§ 2º Formalizada penhora sobre bens suficientes para cobrir o valor da dívida, o exequente providenciará, no prazo de 10 (dez) dias, o cancelamento das averbações relativas àqueles não penhorados.

§ 3º O juiz determinará o cancelamento das averbações, de ofício ou a requerimento, caso o exequente não o faça no prazo.

§ 4º Presume-se em fraude à execução a alienação ou a oneração de bens efetuada após a averbação.

§ 5º O exequente que promover averbação manifestamente indevida ou não cancelar as averbações nos termos do § 2º indenizará a parte contrária, processando-se o incidente em autos apartados.

Art. 829. O executado será citado para pagar a dívida no prazo de 3 (três) dias, contado da citação.

§ 1º Do mandado de citação constarão, também, a ordem de penhora e a avaliação a serem cumpridas pelo oficial de justiça tão logo verificado o não pagamento no prazo assinalado, de tudo lavrando-se auto, com intimação do executado.

§ 2º A penhora recairá sobre os bens indicados pelo exequente, salvo se outros forem indicados pelo executado e aceitos pelo juiz, mediante demonstração de que a constrição proposta lhe será menos onerosa e não trará prejuízo ao exequente.

Art. 830. Se o oficial de justiça não encontrar o executado, arrestar-lhe-á tantos bens quantos bastem para garantir a execução.

§ 1º Nos 10 (dez) dias seguintes à efetivação do arresto, o oficial de justiça procurará o executado 2 (duas) vezes em dias distintos e, havendo suspeita de ocultação, realizará a citação com hora certa, certificando pormenorizadamente o ocorrido.

§ 2º Incumbe ao exequente requerer a citação por edital, uma vez frustradas a pessoal e a com hora certa.

§ 3º Aperfeiçoada a citação e transcorrido o prazo de pagamento, o arresto converter-se-á em penhora, independentemente de termo.

SEÇÃO III – DA PENHORA, DO DEPÓSITO E DA AVALIAÇÃO

SUBSEÇÃO I – DO OBJETO DA PENHORA

Art. 831. A penhora deverá recair sobre tantos bens quantos bastem para o pagamento do principal atualizado, dos juros, das custas e dos honorários advocatícios.

Art. 832. Não estão sujeitos à execução os bens que a lei considera impenhoráveis ou inalienáveis.

Art. 833. São impenhoráveis:

I - os bens inalienáveis e os declarados, por ato voluntário, não sujeitos à execução;

II - os móveis, os pertences e as utilidades domésticas que guarnecem a residência do executado, salvo os de elevado valor ou os que ultrapassem as necessidades comuns correspondentes a um médio padrão de vida;

III - os vestuários, bem como os pertences de uso pessoal do executado, salvo se de elevado valor;

IV - os vencimentos, os subsídios, os soldos, os salários, as remunerações, os proventos de aposentadoria, as pensões, os pecúlios e os montepios, bem como as quantias recebidas por liberalidade de terceiro e destinadas ao sustento do devedor e de sua família, os ganhos de trabalhador autônomo e os honorários de profissional liberal, ressalvado o § 2º;

V - os livros, as máquinas, as ferramentas, os utensílios, os instrumentos ou outros bens móveis necessários ou úteis ao exercício da profissão do executado;

VI - o seguro de vida;

VII - os materiais necessários para obras em andamento, salvo se essas forem penhoradas;

VIII - a pequena propriedade rural, assim definida em lei, desde que trabalhada pela família;

IX - os recursos públicos recebidos por instituições privadas para aplicação compulsória em educação, saúde ou assistência social;

X - a quantia depositada em caderneta de poupança, até o limite de 40 (quarenta) salários-mínimos;

XI - os recursos públicos do fundo partidário recebidos por partido político, nos termos da lei;

XII - os créditos oriundos de alienação de unidades imobiliárias, sob regime de incorporação imobiliária, vinculados à execução da obra.

§ 1º A impenhorabilidade não é oponível à execução de dívida relativa ao próprio bem, inclusive àquela contraída para sua aquisição.

§ 2º O disposto nos incisos IV e X do *caput* não se aplica à hipótese de penhora para pagamento de prestação alimentícia, independentemente de sua origem, bem como às importâncias excedentes a 50 (cinquenta) salários-mínimos mensais, devendo a constrição observar o disposto no art. 528, § 8º, e no art. 529, § 3º.

§ 3º Incluem-se na impenhorabilidade prevista no inciso V do *caput* os equipamentos, os implementos e as máquinas agrícolas pertencentes a pessoa física ou a empresa individual produtora rural, exceto quando tais bens tenham sido objeto de financiamento e estejam vinculados em garantia a negócio jurídico ou quando respondam por dívida de natureza alimentar, trabalhista ou previdenciária.

Art. 834. Podem ser penhorados, à falta de outros bens, os frutos e os rendimentos dos bens inalienáveis.

Art. 835. A penhora observará, preferencialmente, a seguinte ordem:

I - dinheiro, em espécie ou em depósito ou aplicação em instituição financeira;

II - títulos da dívida pública da União, dos Estados e do Distrito Federal com cotação em mercado;

III - títulos e valores mobiliários com cotação em mercado;

IV - veículos de via terrestre;

V - bens imóveis;

VI - bens móveis em geral;

VII - semoventes;

VIII - navios e aeronaves;

IX - ações e quotas de sociedades simples e empresárias;

X - percentual do faturamento de empresa devedora;

XI - pedras e metais preciosos;

XII - direitos aquisitivos derivados de promessa de compra e venda e de alienação fiduciária em garantia;

XIII - outros direitos.

§ 1º É prioritária a penhora em dinheiro, podendo o juiz, nas demais hipóteses, alterar a ordem prevista no *caput* de acordo com as circunstâncias do caso concreto.

§ 2º Para fins de substituição da penhora, equiparam-se a dinheiro a fiança bancária e o seguro garantia judicial, desde que em valor não inferior ao do débito constante da inicial, acrescido de trinta por cento.

§ 3º Na execução de crédito com garantia real, a penhora recairá sobre a coisa dada em garantia, e, se a coisa pertencer a terceiro garantidor, este também será intimado da penhora.

Art. 836. Não se levará a efeito a penhora quando ficar evidente que o produto da execução dos bens encontrados será totalmente absorvido pelo pagamento das custas da execução.

§ 1º Quando não encontrar bens penhoráveis, independentemente de determinação judicial expressa, o oficial de justiça descreverá na certidão os bens que guarnecem a residência ou o estabelecimento do executado, quando este for pessoa jurídica.

§ 2º Elaborada a lista, o executado ou seu representante legal será nomeado depositário provisório de tais bens até ulterior determinação do juiz.

SUBSEÇÃO II – DA DOCUMENTAÇÃO DA PENHORA, DE SEU REGISTRO E DO DEPÓSITO

Art. 837. Obedecidas as normas de segurança instituídas sob critérios uniformes pelo Conselho Nacional de Justiça, a penhora de dinheiro e as averbações de penhoras de bens imóveis e móveis podem ser realizadas por meio eletrônico.

› *Arts. 167, I, 5, 239 e 240 da Lei 6.015/1973 (Lei de Registros Públicos)*

Art. 838. A penhora será realizada mediante auto ou termo, que conterá:

I - a indicação do dia, do mês, do ano e do lugar em que foi feita;

II - os nomes do exequente e do executado;

III - a descrição dos bens penhorados, com as suas características;

IV - a nomeação do depositário dos bens.

Art. 839. Considerar-se-á feita a penhora mediante a apreensão e o depósito dos bens, lavrando-se um só auto se as diligências forem concluídas no mesmo dia.

Parágrafo único. Havendo mais de uma penhora, serão lavrados autos individuais.

Art. 840. Serão preferencialmente depositados:

I - as quantias em dinheiro, os papéis de crédito e as pedras e os metais preciosos, no Banco do Brasil, na Caixa Econômica Federal ou em banco do qual o Estado ou o Distrito Federal possua mais da metade do capital social integralizado, ou, na falta desses estabelecimentos, em qualquer instituição de crédito designada pelo juiz;

› *Expressão "na falta desses estabelecimentos" declarada inconstitucional, em controle concentrado, pelo Supremo Tribunal Federal, pela ADI nº 5.492/2016, publicada no DOU de 4/5/2023) Vide ADI nº 5.492/2016*

II - os móveis, os semoventes, os imóveis urbanos e os direitos aquisitivos sobre imóveis urbanos, em poder do depositário judicial;

III - os imóveis rurais, os direitos aquisitivos sobre imóveis rurais, as máquinas, os utensílios e os instrumentos necessários ou úteis à atividade agrícola, mediante caução idônea, em poder do executado.

§ 1º No caso do inciso II do *caput*, se não houver depositário judicial, os bens ficarão em poder do exequente.

§ 2º Os bens poderão ser depositados em poder do executado nos casos de difícil remoção ou quando anuir o exequente.

§ 3º As joias, as pedras e os objetos preciosos deverão ser depositados com registro do valor estimado de resgate.

Art. 841. Formalizada a penhora por qualquer dos meios legais, dela será imediatamente intimado o executado.

§ 1º A intimação da penhora será feita ao advogado do executado ou à sociedade de advogados a que aquele pertença.

§ 2º Se não houver constituído advogado nos autos, o executado será intimado pessoalmente, de preferência por via postal.

§ 3º O disposto no § 1º não se aplica aos casos de penhora realizada na presença do executado, que se reputa intimado.

§ 4º Considera-se realizada a intimação a que se refere o § 2º quando o executado houver mudado de endereço sem prévia comunicação ao juízo, observado o disposto no parágrafo único do art. 274.

Art. 842. Recaindo a penhora sobre bem imóvel ou direito real sobre imóvel, será intimado também o cônjuge do executado, salvo se forem casados em regime de separação absoluta de bens.

Art. 843. Tratando-se de penhora de bem indivisível, o equivalente à quota-parte do coproprietário ou do cônjuge alheio à execução recairá sobre o produto da alienação do bem.

§ 1º É reservada ao coproprietário ou ao cônjuge não executado a preferência na arrematação do bem em igualdade de condições.

§ 2º Não será levada a efeito expropriação por preço inferior ao da avaliação na qual o valor auferido seja incapaz de garantir, ao coproprietário ou ao cônjuge alheio à execução, o correspondente à sua quota-parte calculado sobre o valor da avaliação.

Art. 844. Para presunção absoluta de conhecimento por terceiros, cabe ao exequente providenciar a averbação do arresto ou da penhora no registro competente, mediante apresentação de cópia do auto ou do termo, independentemente de mandado judicial.

SUBSEÇÃO III – DO LUGAR DE REALIZAÇÃO DA PENHORA

Art. 845. Efetuar-se-á a penhora onde se encontrem os bens, ainda que sob a posse, a detenção ou a guarda de terceiros.

§ 1º A penhora de imóveis, independentemente de onde se localizem, quando apresentada certidão da respectiva matrícula, e a penhora de veículos automotores, quando apresentada certidão que ateste a sua existência, serão realizadas por termo nos autos.

§ 2º Se o executado não tiver bens no foro do processo, não sendo possível a realização da penhora nos termos do § 1º, a execução será feita por carta, penhorando-se, avaliando-se e alienando-se os bens no foro da situação.

Art. 846. Se o executado fechar as portas da casa a fim de obstar a penhora dos bens, o oficial de justiça comunicará o fato ao juiz, solicitando-lhe ordem de arrombamento.

§ 1º Deferido o pedido, 2 (dois) oficiais de justiça cumprirão o mandado, arrombando cômodos e móveis em que se presuma estarem os bens, e lavrarão de tudo auto circunstanciado, que será assinado por 2 (duas) testemunhas presentes à diligência.

§ 2º Sempre que necessário, o juiz requisitará força policial, a fim de auxiliar os oficiais de justiça na penhora dos bens.

§ 3º Os oficiais de justiça lavrarão em duplicata o auto da ocorrência, entregando uma via ao escrivão ou ao chefe de secretaria, para ser juntada aos autos, e a outra à autoridade policial a quem couber a apuração criminal dos eventuais delitos de desobediência ou de resistência.

§ 4º Do auto da ocorrência constará o rol de testemunhas, com a respectiva qualificação.

SUBSEÇÃO IV – DAS MODIFICAÇÕES DA PENHORA

Art. 847. O executado pode, no prazo de 10 (dez) dias contado da intimação da penhora, requerer a substituição do bem penhorado, desde que comprove que lhe será menos onerosa e não trará prejuízo ao exequente.

§ 1º O juiz só autorizará a substituição se o executado:

I - comprovar as respectivas matrículas e os registros por certidão do correspondente ofício, quanto aos bens imóveis;

II - descrever os bens móveis, com todas as suas propriedades e características, bem como o estado deles e o lugar onde se encontram;

III - descrever os semoventes, com indicação de espécie, de número, de marca ou sinal e do local onde se encontram;

IV - identificar os créditos, indicando quem seja o devedor, qual a origem da dívida, o título que a representa e a data do vencimento; e

V - atribuir, em qualquer caso, valor aos bens indicados à penhora, além de especificar os ônus e os encargos a que estejam sujeitos.

§ 2º Requerida a substituição do bem penhorado, o executado deve indicar onde se encontram os bens sujeitos à execução, exibir a prova de sua propriedade e a certidão negativa ou positiva de ônus, bem como abster-se de qualquer atitude que dificulte ou embarace a realização da penhora.

§ 3º O executado somente poderá oferecer bem imóvel em substituição caso o requeira com a expressa anuência do cônjuge, salvo se o regime for o de separação absoluta de bens.

§ 4º O juiz intimará o exequente para manifestar-se sobre o requerimento de substituição do bem penhorado.

Art. 848. As partes poderão requerer a substituição da penhora se:

I - ela não obedecer à ordem legal;

II - ela não incidir sobre os bens designados em lei, contrato ou ato judicial para o pagamento;

III - havendo bens no foro da execução, outros tiverem sido penhorados;

IV - havendo bens livres, ela tiver recaído sobre bens já penhorados ou objeto de gravame;

V - ela incidir sobre bens de baixa liquidez;

VI - fracassar a tentativa de alienação judicial do bem; ou

VII - o executado não indicar o valor dos bens ou omitir qualquer das indicações previstas em lei.

Parágrafo único. A penhora pode ser substituída por fiança bancária ou por seguro garantia judicial, em valor não inferior ao do débito constante da inicial, acrescido de trinta por cento.

Art. 849. Sempre que ocorrer a substituição dos bens inicialmente penhorados, será lavrado novo termo.

Art. 850. Será admitida a redução ou a ampliação da penhora, bem como sua transferência para outros bens, se, no curso do processo, o valor de mercado dos bens penhorados sofrer alteração significativa.

Art. 851. Não se procede à segunda penhora, salvo se:

I - a primeira for anulada;

II - executados os bens, o produto da alienação não bastar para o pagamento do exequente;

III - o exequente desistir da primeira penhora, por serem litigiosos os bens ou por estarem submetidos a constrição judicial.

Art. 852. O juiz determinará a alienação antecipada dos bens penhorados quando:

I - se tratar de veículos automotores, de pedras e metais preciosos e de outros bens móveis sujeitos à depreciação ou à deterioração;

II - houver manifesta vantagem.

Art. 853. Quando uma das partes requerer alguma das medidas previstas nesta Subseção, o juiz ouvirá sempre a outra, no prazo de 3 (três) dias, antes de decidir.

Parágrafo único. O juiz decidirá de plano qualquer questão suscitada.

SUBSEÇÃO V – DA PENHORA DE DINHEIRO EM DEPÓSITO OU EM APLICAÇÃO FINANCEIRA

Art. 854. Para possibilitar a penhora de dinheiro em depósito ou em aplicação financeira, o juiz, a requerimento do exequente, sem dar ciência prévia do ato ao executado, determinará às instituições financeiras, por meio de sistema eletrônico gerido pela autoridade supervisora do sistema financeiro nacional, que torne indisponíveis ativos financeiros existentes em nome do executado, limitando-se a indisponibilidade ao valor indicado na execução.

§ 1º No prazo de 24 (vinte e quatro) horas a contar da resposta, de ofício, o juiz determinará o cancelamento de eventual indisponibilidade excessiva, o que deverá ser cumprido pela instituição financeira em igual prazo.

§ 2º Tornados indisponíveis os ativos financeiros do executado, este será intimado na pessoa de seu advogado ou, não o tendo, pessoalmente.

§ 3º Incumbe ao executado, no prazo de 5 (cinco) dias, comprovar que:

I - as quantias tornadas indisponíveis são impenhoráveis;

II - ainda remanesce indisponibilidade excessiva de ativos financeiros.

› *Vide Enunciado 211, III Jornada de Direito Processual Civil do CJF*

§ 4º Acolhida qualquer das arguições dos incisos I e II do § 3º, o juiz determinará o cancelamento de eventual indisponibilidade irregular ou excessiva, a ser cumprido pela instituição financeira em 24 (vinte e quatro) horas.

§ 5º Rejeitada ou não apresentada a manifestação do executado, converter-se-á a indisponibilidade em penhora, sem necessidade de lavratura de termo, devendo o juiz da execução determinar à instituição financeira depositária que, no prazo de 24 (vinte e quatro) horas, transfira o montante indisponível para conta vinculada ao juízo da execução.

§ 6º Realizado o pagamento da dívida por outro meio, o juiz determinará, imediatamente, por sistema eletrônico gerido pela autoridade supervisora do sistema financeiro nacional, a notificação da instituição financeira para que, em até 24 (vinte e quatro) horas, cancele a indisponibilidade.

§ 7º As transmissões das ordens de indisponibilidade, de seu cancelamento e de determinação de penhora previstas neste artigo far-se-ão por meio de sistema eletrônico gerido pela autoridade supervisora do sistema financeiro nacional.

§ 8º A instituição financeira será responsável pelos prejuízos causados ao executado em decorrência da indisponibilidade de ativos financeiros em valor superior ao indicado na execução ou pelo juiz, bem como na hipótese de não cancelamento da indisponibilidade no prazo de 24 (vinte e quatro) horas, quando assim determinar o juiz.

§ 9º Quando se tratar de execução contra partido político, o juiz, a requerimento do exequente, determinará às instituições financeiras, por meio de sistema eletrônico gerido por autoridade supervisora do sistema bancário, que tornem indisponíveis ativos financeiros somente em nome do órgão partidário que tenha contraído a dívida executada ou que tenha dado causa à violação de direito ou ao dano, ao qual cabe exclusivamente a responsabilidade pelos atos praticados, na forma da lei.

SUBSEÇÃO VI – DA PENHORA DE CRÉDITOS

Art. 855. Quando recair em crédito do executado, enquanto não ocorrer a hipótese prevista no art. 856, considerar-se-á feita a penhora pela intimação:

I - ao terceiro devedor para que não pague ao executado, seu credor;

II - ao executado, credor do terceiro, para que não pratique ato de disposição do crédito.

Art. 856. A penhora de crédito representado por letra de câmbio, nota promissória, duplicata, cheque ou outros títulos far-se-á pela apreensão do documento, esteja ou não este em poder do executado.

§ 1º Se o título não for apreendido, mas o terceiro confessar a dívida, será este tido como depositário da importância.

§ 2º O terceiro só se exonerará da obrigação depositando em juízo a importância da dívida.

§ 3º Se o terceiro negar o débito em conluio com o executado, a quitação que este lhe der caracterizará fraude à execução.

§ 4º A requerimento do exequente, o juiz determinará o comparecimento, em audiência especialmente designada, do executado e do terceiro, a fim de lhes tomar os depoimentos.

Art. 857. Feita a penhora em direito e ação do executado, e não tendo ele oferecido embargos ou sendo estes rejeitados, o exequente ficará sub-rogado nos direitos do executado até a concorrência de seu crédito.

§ 1º O exequente pode preferir, em vez da sub-rogação, a alienação judicial do direito penhorado, caso em que declarará sua vontade no prazo de 10 (dez) dias contado da realização da penhora.

§ 2º A sub-rogação não impede o sub-rogado, se não receber o crédito do executado, de prosseguir na execução, nos mesmos autos, penhorando outros bens.

Art. 858. Quando a penhora recair sobre dívidas de dinheiro a juros, de direito a rendas ou de prestações periódicas, o exequente poderá levantar os juros, os rendimentos ou as prestações à medida que forem sendo depositados, abatendo-se do crédito as importâncias recebidas, conforme as regras de imputação do pagamento.

Art. 859. Recaindo a penhora sobre direito a prestação ou a restituição de coisa determinada, o executado será intimado para, no vencimento, depositá-la, correndo sobre ela a execução.

Art. 860. Quando o direito estiver sendo pleiteado em juízo, a penhora que recair sobre ele será averbada, com destaque, nos autos pertinentes ao direito e na ação correspondente à penhora, a fim de que esta seja efetivada nos bens que forem adjudicados ou que vierem a caber ao executado.

› *Vide Enunciado 155, II Jornada de Direito Processual Civil*

SUBSEÇÃO VII – DA PENHORA DAS QUOTAS OU DAS AÇÕES DE SOCIEDADES PERSONIFICADAS

Art. 861. Penhoradas as quotas ou as ações de sócio em sociedade simples ou empresária, o juiz assinará prazo razoável, não superior a 3 (três) meses, para que a sociedade:

I - apresente balanço especial, na forma da lei;

II - ofereça as quotas ou as ações aos demais sócios, observado o direito de preferência legal ou contratual;

III - não havendo interesse dos sócios na aquisição das ações, proceda à liquidação das quotas ou das ações, depositando em juízo o valor apurado, em dinheiro.

§ 1º Para evitar a liquidação das quotas ou das ações, a sociedade poderá adquiri-las sem redução do capital social e com utilização de reservas, para manutenção em tesouraria.

§ 2º O disposto no *caput* e no § 1º não se aplica à sociedade anônima de capital aberto, cujas ações serão adjudicadas ao exequente ou alienadas em bolsa de valores, conforme o caso.

§ 3º Para os fins da liquidação de que trata o inciso III do *caput*, o juiz poderá, a requerimento do exequente ou da sociedade, nomear administrador, que deverá submeter à aprovação judicial a forma de liquidação.

§ 4º O prazo previsto no *caput* poderá ser ampliado pelo juiz, se o pagamento das quotas ou das ações liquidadas:

I - superar o valor do saldo de lucros ou reservas, exceto a legal, e sem diminuição do capital social, ou por doação; ou

II - colocar em risco a estabilidade financeira da sociedade simples ou empresária.

§ 5º Caso não haja interesse dos demais sócios no exercício de direito de preferência, não ocorra a aquisição das quotas ou das ações pela sociedade e a liquidação do inciso III do *caput* seja excessivamente onerosa para a sociedade, o juiz poderá determinar o leilão judicial das quotas ou das ações.

SUBSEÇÃO VIII – DA PENHORA DE EMPRESA, DE OUTROS ESTABELECIMENTOS E DE SEMOVENTES

Art. 862. Quando a penhora recair em estabelecimento comercial, industrial ou agrícola, bem como em semoventes, plantações ou edifícios em construção, o juiz nomeará administrador-depositário, determinando-lhe que apresente em 10 (dez) dias o plano de administração.

§ 1º Ouvidas as partes, o juiz decidirá.

§ 2º É lícito às partes ajustar a forma de administração e escolher o depositário, hipótese em que o juiz homologará por despacho a indicação.

§ 3º Em relação aos edifícios em construção sob regime de incorporação imobiliária, a penhora somente poderá recair sobre as unidades imobiliárias ainda não comercializadas pelo incorporador.

§ 4º Sendo necessário afastar o incorporador da administração da incorporação, será ela exercida pela comissão de representantes dos adquirentes ou, se se tratar de construção financiada, por empresa ou profissional indicado pela instituição fornecedora dos recursos para a obra, devendo ser ouvida, neste último caso, a comissão de representantes dos adquirentes.

Art. 863. A penhora de empresa que funcione mediante concessão ou autorização far-se-á, conforme o valor do crédito, sobre a renda, sobre determinados bens ou sobre todo o patrimônio, e o juiz nomeará como depositário, de preferência, um de seus diretores.

§ 1º Quando a penhora recair sobre a renda ou sobre determinados bens, o administrador-depositário apresentará a forma de administração e o esquema de pagamento, observando-se, quanto ao mais, o disposto em relação ao regime de penhora de frutos e rendimentos de coisa móvel e imóvel.

§ 2º Recaindo a penhora sobre todo o patrimônio, prosseguirá a execução em seus ulteriores termos, ouvindo-se, antes da arrematação ou da adjudicação, o ente público que houver outorgado a concessão.

Art. 864. A penhora de navio ou de aeronave não obsta que continuem navegando ou operando até a alienação, mas o juiz, ao conceder a autorização para tanto, não permitirá que saiam do porto ou do aeroporto antes que o executado faça o seguro usual contra riscos.

Art. 865. A penhora de que trata esta Subseção somente será determinada se não houver outro meio eficaz para a efetivação do crédito.

SUBSEÇÃO IX – DA PENHORA DE PERCENTUAL DE FATURAMENTO DE EMPRESA

Art. 866. Se o executado não tiver outros bens penhoráveis ou se, tendo-os, esses forem de difícil alienação ou insuficientes para saldar o crédito executado, o juiz poderá ordenar a penhora de percentual de faturamento de empresa.

§ 1º O juiz fixará percentual que propicie a satisfação do crédito exequendo em tempo razoável, mas que não torne inviável o exercício da atividade empresarial.

§ 2º O juiz nomeará administrador-depositário, o qual submeterá à aprovação judicial a forma de sua atuação e prestará contas mensalmente, entregando em juízo as quantias recebidas, com os respectivos balancetes mensais, a fim de serem imputadas no pagamento da dívida.

§ 3º Na penhora de percentual de faturamento de empresa, observar-se-á, no que couber, o disposto quanto ao regime de penhora de frutos e rendimentos de coisa móvel e imóvel.

SUBSEÇÃO X – DA PENHORA DE FRUTOS E RENDIMENTOS DE COISA MÓVEL OU IMÓVEL

Art. 867. O juiz pode ordenar a penhora de frutos e rendimentos de coisa móvel ou imóvel quando a considerar mais eficiente para o recebimento do crédito e menos gravosa ao executado.

Art. 868. Ordenada a penhora de frutos e rendimentos, o juiz nomeará administrador-depositário, que será investido de todos os poderes que concernem à administração do bem e à fruição de seus frutos e utilidades, perdendo o executado o direito de gozo do bem, até que o exequente seja pago do principal, dos juros, das custas e dos honorários advocatícios.

§ 1º A medida terá eficácia em relação a terceiros a partir da publicação da decisão que a conceda ou de sua averbação no ofício imobiliário, em caso de imóveis.

§ 2º O exequente providenciará a averbação no ofício imobiliário mediante a apresentação de certidão de inteiro teor do ato, independentemente de mandado judicial.

Art. 869. O juiz poderá nomear administrador-depositário o exequente ou o executado, ouvida a parte contrária, e, não havendo acordo, nomeará profissional qualificado para o desempenho da função.

§ 1º O administrador submeterá à aprovação judicial a forma de administração e a de prestar contas periodicamente.

§ 2º Havendo discordância entre as partes ou entre essas e o administrador, o juiz decidirá a melhor forma de administração do bem.

§ 3º Se o imóvel estiver arrendado, o inquilino pagará o aluguel diretamente ao exequente, salvo se houver administrador.

§ 4º O exequente ou o administrador poderá celebrar locação do móvel ou do imóvel, ouvido o executado.

§ 5º As quantias recebidas pelo administrador serão entregues ao exequente, a fim de serem imputadas ao pagamento da dívida.

§ 6º O exequente dará ao executado, por termo nos autos, quitação das quantias recebidas.

SUBSEÇÃO XI – DA AVALIAÇÃO

Art. 870. A avaliação será feita pelo oficial de justiça.

Parágrafo único. Se forem necessários conhecimentos especializados e o valor da execução o comportar, o juiz nomeará avaliador, fixando-lhe prazo não superior a 10 (dez) dias para entrega do laudo.

Art. 871. Não se procederá à avaliação quando:

I - uma das partes aceitar a estimativa feita pela outra;

II - se tratar de títulos ou de mercadorias que tenham cotação em bolsa, comprovada por certidão ou publicação no órgão oficial;

III - se tratar de títulos da dívida pública, de ações de sociedades e de títulos de crédito negociáveis em bolsa, cujo valor será o da cotação oficial do dia, comprovada por certidão ou publicação no órgão oficial;

IV - se tratar de veículos automotores ou de outros bens cujo preço médio de mercado possa ser conhecido por meio de pesquisas realizadas por órgãos oficiais ou de anúncios de venda divulgados em meios de comunicação, caso em que caberá a quem fizer a nomeação o encargo de comprovar a cotação de mercado.

Parágrafo único. Ocorrendo a hipótese do inciso I deste artigo, a avaliação poderá ser realizada quando houver fundada dúvida do juiz quanto ao real valor do bem.

Art. 872. A avaliação realizada pelo oficial de justiça constará de vistoria e de laudo anexados ao auto de penhora ou, em caso de perícia realizada por avaliador, de laudo apresentado no prazo fixado pelo juiz, devendo-se, em qualquer hipótese, especificar:

I - os bens, com as suas características, e o estado em que se encontram;

II - o valor dos bens.

§ 1º Quando o imóvel for suscetível de cômoda divisão, a avaliação, tendo em conta o crédito reclamado, será realizada em partes, sugerindo-se, com a apresentação de memorial descritivo, os possíveis desmembramentos para alienação.

§ 2º Realizada a avaliação e, sendo o caso, apresentada a proposta de desmembramento, as partes serão ouvidas no prazo de 5 (cinco) dias.

Art. 873. É admitida nova avaliação quando:

I - qualquer das partes arguir, fundamentadamente, a ocorrência de erro na avaliação ou dolo do avaliador;

II - se verificar, posteriormente à avaliação, que houve majoração ou diminuição no valor do bem;

III - o juiz tiver fundada dúvida sobre o valor atribuído ao bem na primeira avaliação.

Parágrafo único. Aplica-se o art. 480 à nova avaliação prevista no inciso III do *caput* deste artigo.

Art. 874. Após a avaliação, o juiz poderá, a requerimento do interessado e ouvida a parte contrária, mandar:

I - reduzir a penhora aos bens suficientes ou transferi-la para outros, se o valor dos bens penhorados for consideravelmente superior ao crédito do exequente e dos acessórios;

II - ampliar a penhora ou transferi-la para outros bens mais valiosos, se o valor dos bens penhorados for inferior ao crédito do exequente.

Art. 875. Realizadas a penhora e a avaliação, o juiz dará início aos atos de expropriação do bem.

SEÇÃO IV – DA EXPROPRIAÇÃO DE BENS

SUBSEÇÃO I – DA ADJUDICAÇÃO

Art. 876. É lícito ao exequente, oferecendo preço não inferior ao da avaliação, requerer que lhe sejam adjudicados os bens penhorados.

§ 1º Requerida a adjudicação, o executado será intimado do pedido:

I - pelo Diário da Justiça, na pessoa de seu advogado constituído nos autos;

II - por carta com aviso de recebimento, quando representado pela Defensoria Pública ou quando não tiver procurador constituído nos autos;

III - por meio eletrônico, quando, sendo o caso do § 1º do art. 246, não tiver procurador constituído nos autos.

§ 2º Considera-se realizada a intimação quando o executado houver mudado de endereço sem prévia comunicação ao juízo, observado o disposto no art. 274, parágrafo único.

§ 3º Se o executado, citado por edital, não tiver procurador constituído nos autos, é dispensável a intimação prevista no § 1º.

§ 4º Se o valor do crédito for:

I - inferior ao dos bens, o requerente da adjudicação depositará de imediato a diferença, que ficará à disposição do executado;

II - superior ao dos bens, a execução prosseguirá pelo saldo remanescente.

§ 5º Idêntico direito pode ser exercido por aqueles indicados no art. 889, incisos II a VIII, pelos credores concorrentes que hajam penhorado o mesmo bem, pelo cônjuge, pelo companheiro, pelos descendentes ou pelos ascendentes do executado.

§ 6º Se houver mais de um pretendente, proceder-se-á a licitação entre eles, tendo preferência, em caso de igualdade de oferta, o cônjuge, o companheiro, o descendente ou o ascendente, nessa ordem.

§ 7º No caso de penhora de quota social ou de ação de sociedade anônima fechada realizada em favor de exequente alheio à sociedade, esta será intimada, ficando responsável por informar aos sócios a ocorrência da penhora, assegurando-se a estes a preferência.

Art. 877. Transcorrido o prazo de 5 (cinco) dias, contado da última intimação, e decididas eventuais questões, o juiz ordenará a lavratura do auto de adjudicação.

§ 1º Considera-se perfeita e acabada a adjudicação com a lavratura e a assinatura do auto pelo juiz, pelo adjudicatário, pelo escrivão ou chefe de secretaria, e, se estiver presente, pelo executado, expedindo-se:

I - a carta de adjudicação e o mandado de imissão na posse, quando se tratar de bem imóvel;

II - a ordem de entrega ao adjudicatário, quando se tratar de bem móvel.

§ 2º A carta de adjudicação conterá a descrição do imóvel, com remissão à sua matrícula e aos seus registros, a cópia do auto de adjudicação e a prova de quitação do imposto de transmissão.

§ 3º No caso de penhora de bem hipotecado, o executado poderá remi-lo até a assinatura do auto de adjudicação, oferecendo preço igual ao da avaliação, se não tiver havido licitantes, ou ao do maior lance oferecido.

§ 4º Na hipótese de falência ou de insolvência do devedor hipotecário, o direito de remição previsto no § 3º será deferido à massa ou aos credores em concurso, não podendo o exequente recusar o preço da avaliação do imóvel.

Art. 878. Frustradas as tentativas de alienação do bem, será reaberta oportunidade para requerimento de adjudicação, caso em que também se poderá pleitear a realização de nova avaliação.

SUBSEÇÃO II – DA ALIENAÇÃO

Art. 879. A alienação far-se-á:

I - por iniciativa particular;

II - em leilão judicial eletrônico ou presencial.

- *Vide art. 167, Lei n. 6.015/1973 (Registros Públicos)*
- *Art. 4º, Decreto 11.995/2024 (Programa Terra da Gente)*

Art. 880. Não efetivada a adjudicação, o exequente poderá requerer a alienação por sua própria iniciativa ou por intermédio de corretor ou leiloeiro público credenciado perante o órgão judiciário.

§ 1º O juiz fixará o prazo em que a alienação deve ser efetivada, a forma de publicidade, o preço mínimo, as condições de pagamento, as garantias e, se for o caso, a comissão de corretagem.

§ 2º A alienação será formalizada por termo nos autos, com a assinatura do juiz, do exequente, do adquirente e, se estiver presente, do executado, expedindo-se:

I - a carta de alienação e o mandado de imissão na posse, quando se tratar de bem imóvel;

II - a ordem de entrega ao adquirente, quando se tratar de bem móvel.

§ 3º Os tribunais poderão editar disposições complementares sobre o procedimento da alienação prevista neste artigo, admitindo, quando for o caso, o concurso de meios eletrônicos, e dispor sobre o credenciamento dos corretores e leiloeiros públicos, os quais deverão estar em exercício profissional por não menos que 3 (três) anos.

§ 4º Nas localidades em que não houver corretor ou leiloeiro público credenciado nos termos do § 3º, a indicação será de livre escolha do exequente.

Art. 881. A alienação far-se-á em leilão judicial se não efetivada a adjudicação ou a alienação por iniciativa particular.

§ 1º O leilão do bem penhorado será realizado por leiloeiro público.

§ 2º Ressalvados os casos de alienação a cargo de corretores de bolsa de valores, todos os demais bens serão alienados em leilão público.

Art. 882. Não sendo possível a sua realização por meio eletrônico, o leilão será presencial.

§ 1º A alienação judicial por meio eletrônico será realizada, observando-se as garantias processuais das partes, de acordo com regulamentação específica do Conselho Nacional de Justiça.

§ 2º A alienação judicial por meio eletrônico deverá atender aos requisitos de ampla publicidade, autenticidade e segurança, com observância das regras estabelecidas na legislação sobre certificação digital.

§ 3º O leilão presencial será realizado no local designado pelo juiz.

Art. 883. Caberá ao juiz a designação do leiloeiro público, que poderá ser indicado pelo exequente.

Art. 884. Incumbe ao leiloeiro público:

I - publicar o edital, anunciando a alienação;

II - realizar o leilão onde se encontrem os bens ou no lugar designado pelo juiz;

III - expor aos pretendentes os bens ou as amostras das mercadorias;

IV - receber e depositar, dentro de 1 (um) dia, à ordem do juiz, o produto da alienação;

V - prestar contas nos 2 (dois) dias subsequentes ao depósito.

Parágrafo único. O leiloeiro tem o direito de receber do arrematante a comissão estabelecida em lei ou arbitrada pelo juiz.

Art. 885. O juiz da execução estabelecerá o preço mínimo, as condições de pagamento e as garantias que poderão ser prestadas pelo arrematante.

Art. 886. O leilão será precedido de publicação de edital, que conterá:

I - a descrição do bem penhorado, com suas características, e, tratando-se de imóvel, sua situação e suas divisas, com remissão à matrícula e aos registros;

II - o valor pelo qual o bem foi avaliado, o preço mínimo pelo qual poderá ser alienado, as condições de pagamento e, se for o caso, a comissão do leiloeiro designado;

III - o lugar onde estiverem os móveis, os veículos e os semoventes e, tratando-se de créditos ou direitos, a identificação dos autos do processo em que foram penhorados;

IV - o sítio, na rede mundial de computadores, e o período em que se realizará o leilão, salvo se este se der de modo presencial, hipótese em que serão indicados o local, o dia e a hora de sua realização;

V - a indicação de local, dia e hora de segundo leilão presencial, para a hipótese de não haver interessado no primeiro;

VI - menção da existência de ônus, recurso ou processo pendente sobre os bens a serem leiloados.

Parágrafo único. No caso de títulos da dívida pública e de títulos negociados em bolsa, constará do edital o valor da última cotação.

Art. 887. O leiloeiro público designado adotará providências para a ampla divulgação da alienação.

§ 1º A publicação do edital deverá ocorrer pelo menos 5 (cinco) dias antes da data marcada para o leilão.

§ 2º O edital será publicado na rede mundial de computadores, em sítio designado pelo juízo da execução, e conterá descrição detalhada e, sempre que possível, ilustrada dos bens, informando expressamente se o leilão se realizará de forma eletrônica ou presencial.

§ 3º Não sendo possível a publicação na rede mundial de computadores ou considerando o juiz, em atenção às condições da sede do juízo, que esse modo de divulgação é insuficiente ou inadequado, o edital será afixado em local de costume e publicado, em resumo, pelo menos uma vez em jornal de ampla circulação local.

§ 4º Atendendo ao valor dos bens e às condições da sede do juízo, o juiz poderá alterar a forma e a frequência da publicidade na imprensa, mandar publicar o edital em local de ampla circulação de pessoas e divulgar avisos em emissora de rádio ou televisão local, bem como em sítios distintos do indicado no § 2º.

§ 5º Os editais de leilão de imóveis e de veículos automotores serão publicados pela imprensa ou por outros meios de divulgação, preferencialmente na seção ou no local reservados à publicidade dos respectivos negócios.

§ 6º O juiz poderá determinar a reunião de publicações em listas referentes a mais de uma execução.

Art. 888. Não se realizando o leilão por qualquer motivo, o juiz mandará publicar a transferência, observando-se o disposto no art. 887.

Parágrafo único. O escrivão, o chefe de secretaria ou o leiloeiro que culposamente der causa à transferência responde pelas despesas da nova publicação, podendo o juiz aplicar-lhe a pena de suspensão por 5 (cinco) dias a 3 (três) meses, em procedimento administrativo regular.

Art. 889. Serão cientificados da alienação judicial, com pelo menos 5 (cinco) dias de antecedência:

I - o executado, por meio de seu advogado ou, se não tiver procurador constituído nos autos, por carta registrada, mandado, edital ou outro meio idôneo;

II - o coproprietário de bem indivisível do qual tenha sido penhorada fração ideal;

III - o titular de usufruto, uso, habitação, enfiteuse, direito de superfície, concessão de uso especial para fins de moradia ou concessão de direito real de uso, quando a penhora recair sobre bem gravado com tais direitos reais;

IV - o proprietário do terreno submetido ao regime de direito de superfície, enfiteuse, concessão de uso especial para fins de moradia ou concessão de direito real de uso, quando a penhora recair sobre tais direitos reais;

V - o credor pignoratício, hipotecário, anticrético, fiduciário ou com penhora anteriormente averbada, quando a penhora recair sobre bens com tais gravames, caso não seja o credor, de qualquer modo, parte na execução;

VI - o promitente comprador, quando a penhora recair sobre bem em relação ao qual haja promessa de compra e venda registrada;

VII - o promitente vendedor, quando a penhora recair sobre direito aquisitivo derivado de promessa de compra e venda registrada;

VIII - a União, o Estado e o Município, no caso de alienação de bem tombado.

Parágrafo único. Se o executado for revel e não tiver advogado constituído, não constando dos autos seu endereço atual ou, ainda, não sendo ele encontrado no endereço constante do processo, a intimação considerar-se-á feita por meio do próprio edital de leilão.

Art. 890. Pode oferecer lance quem estiver na livre administração de seus bens, com exceção:

I - dos tutores, dos curadores, dos testamenteiros, dos administradores ou dos liquidantes, quanto aos bens confiados à sua guarda e à sua responsabilidade;

II - dos mandatários, quanto aos bens de cuja administração ou alienação estejam encarregados;

III - do juiz, do membro do Ministério Público e da Defensoria Pública, do escrivão, do chefe de secretaria e dos demais servidores e auxiliares da justiça, em relação aos bens e direitos objeto de alienação na localidade onde servirem ou a que se estender a sua autoridade;

IV - dos servidores públicos em geral, quanto aos bens ou aos direitos da pessoa jurídica a que servirem ou que estejam sob sua administração direta ou indireta;

V - dos leiloeiros e seus prepostos, quanto aos bens de cuja venda estejam encarregados;

VI - dos advogados de qualquer das partes.

Art. 891. Não será aceito lance que ofereça preço vil.

Parágrafo único. Considera-se vil o preço inferior ao mínimo estipulado pelo juiz e constante do edital, e, não tendo sido fixado preço mínimo, considera-se vil o preço inferior a cinquenta por cento do valor da avaliação.

Art. 892. Salvo pronunciamento judicial em sentido diverso, o pagamento deverá ser realizado de imediato pelo arrematante, por depósito judicial ou por meio eletrônico.

§ 1º Se o exequente arrematar os bens e for o único credor, não estará obrigado a exibir o preço, mas, se o valor dos bens exceder ao seu crédito, depositará, dentro de 3 (três) dias, a diferença, sob pena de tornar-se sem efeito a arrematação, e, nesse caso, realizar-se-á novo leilão, à custa do exequente.

§ 2º Se houver mais de um pretendente, proceder-se-á entre eles à licitação, e, no caso de igualdade de oferta, terá preferência o cônjuge, o companheiro, o descendente ou o ascendente do executado, nessa ordem.

§ 3º No caso de leilão de bem tombado, a União, os Estados e os Municípios terão, nessa ordem, o direito de preferência na arrematação, em igualdade de oferta.

Art. 893. Se o leilão for de diversos bens e houver mais de um lançador, terá preferência aquele que se propuser a arrematá-los todos, em conjunto, oferecendo, para os bens que não tiverem lance, preço igual ao da avaliação e, para os demais, preço igual ao do maior lance que, na tentativa de arrematação individualizada, tenha sido oferecido para eles.

Art. 894. Quando o imóvel admitir cômoda divisão, o juiz, a requerimento do executado, ordenará a alienação judicial de parte dele, desde que suficiente para o pagamento do exequente e para a satisfação das despesas da execução.

§ 1º Não havendo lançador, far-se-á a alienação do imóvel em sua integridade.

§ 2º A alienação por partes deverá ser requerida a tempo de permitir a avaliação das glebas destacadas e sua inclusão no edital, e, nesse caso, caberá ao executado instruir o requerimento com planta e memorial descritivo subscritos por profissional habilitado.

Art. 895. O interessado em adquirir o bem penhorado em prestações poderá apresentar, por escrito:

I - até o início do primeiro leilão, proposta de aquisição do bem por valor não inferior ao da avaliação;

II - até o início do segundo leilão, proposta de aquisição do bem por valor que não seja considerado vil.

§ 1º A proposta conterá, em qualquer hipótese, oferta de pagamento de pelo menos vinte e cinco por cento do valor do lance à vista e o restante parcelado em até 30 (trinta) meses, garantido por caução idônea, quando se tratar de móveis, e por hipoteca do próprio bem, quando se tratar de imóveis.

§ 2º As propostas para aquisição em prestações indicarão o prazo, a modalidade, o indexador de correção monetária e as condições de pagamento do saldo.

§ 3º (VETADO).

§ 4º No caso de atraso no pagamento de qualquer das prestações, incidirá multa de dez por cento sobre a soma da parcela inadimplida com as parcelas vincendas.

§ 5º O inadimplemento autoriza o exequente a pedir a resolução da arrematação ou promover, em face do arrematante, a execução do valor devido, devendo ambos os pedidos ser formulados nos autos da execução em que se deu a arrematação.

§ 6º A apresentação da proposta prevista neste artigo não suspende o leilão.

§ 7º A proposta de pagamento do lance à vista sempre prevalecerá sobre as propostas de pagamento parcelado.

§ 8º Havendo mais de uma proposta de pagamento parcelado:

I - em diferentes condições, o juiz decidirá pela mais vantajosa, assim compreendida, sempre, a de maior valor;

II - em iguais condições, o juiz decidirá pela formulada em primeiro lugar.

§ 9º No caso de arrematação a prazo, os pagamentos feitos pelo arrematante pertencerão ao exequente até o limite de seu crédito, e os subsequentes, ao executado.

Art. 896. Quando o imóvel de incapaz não alcançar em leilão pelo menos oitenta por cento do valor da avaliação, o juiz o confiará à guarda e à administração de depositário idôneo, adiando a alienação por prazo não superior a 1 (um) ano.

§ 1º Se, durante o adiamento, algum pretendente assegurar, mediante caução idônea, o preço da avaliação, o juiz ordenará a alienação em leilão.

§ 2º Se o pretendente à arrematação se arrepender, o juiz impor-lhe-á multa de vinte por cento sobre o valor da avaliação, em benefício do incapaz, valendo a decisão como título executivo.

§ 3º Sem prejuízo do disposto nos §§ 1º e 2º, o juiz poderá autorizar a locação do imóvel no prazo do adiamento.

§ 4º Findo o prazo do adiamento, o imóvel será submetido a novo leilão.

Art. 897. Se o arrematante ou seu fiador não pagar o preço no prazo estabelecido, o juiz impor-lhe-á, em favor do exequente, a perda da caução, voltando os bens a novo leilão, do qual não serão admitidos a participar o arrematante e o fiador remissos.

Art. 898. O fiador do arrematante que pagar o valor do lance e a multa poderá requerer que a arrematação lhe seja transferida.

Art. 899. Será suspensa a arrematação logo que o produto da alienação dos bens for suficiente para o pagamento do credor e para a satisfação das despesas da execução.

Art. 900. O leilão prosseguirá no dia útil imediato, à mesma hora em que teve início, independentemente de novo edital, se for ultrapassado o horário de expediente forense.

Art. 901. A arrematação constará de auto que será lavrado de imediato e poderá abranger bens penhorados em mais de uma execução, nele mencionadas as condições nas quais foi alienado o bem.

§ 1º A ordem de entrega do bem móvel ou a carta de arrematação do bem imóvel, com o respectivo mandado de imissão na posse, será expedida depois de efetuado o depósito ou prestadas as garantias pelo arrematante, bem como realizado o pagamento da comissão do leiloeiro e das demais despesas da execução.

§ 2º A carta de arrematação conterá a descrição do imóvel, com remissão à sua matrícula ou individuação e aos seus registros, a cópia do auto de arrematação e a prova de pagamento do imposto de transmissão, além da indicação da existência de eventual ônus real ou gravame.

Art. 902. No caso de leilão de bem hipotecado, o executado poderá remi-lo até a assinatura do auto de arrematação, oferecendo preço igual ao do maior lance oferecido.

Parágrafo único. No caso de falência ou insolvência do devedor hipotecário, o direito de remição previsto no *caput* defere-se à massa ou aos credores em concurso, não podendo o exequente recusar o preço da avaliação do imóvel.

Art. 903. Qualquer que seja a modalidade de leilão, assinado o auto pelo juiz, pelo arrematante e pelo leiloeiro, a arrematação será considerada perfeita, acabada e irretratável, ainda que venham a ser julgados procedentes os embargos do executado ou a ação autônoma de que trata o § 4º deste artigo, assegurada a possibilidade de reparação pelos prejuízos sofridos.

- *Vide Enunciados 14 e 36, I Jornada de Direito Notarial e Registral*

§ 1º Ressalvadas outras situações previstas neste Código, a arrematação poderá, no entanto, ser:

I - invalidada, quando realizada por preço vil ou com outro vício;

II - considerada ineficaz, se não observado o disposto no art. 804;

III - resolvida, se não for pago o preço ou se não for prestada a caução.

§ 2º O juiz decidirá acerca das situações referidas no § 1º, se for provocado em até 10 (dez) dias após o aperfeiçoamento da arrematação.

§ 3º Passado o prazo previsto no § 2º sem que tenha havido alegação de qualquer das situações previstas no § 1º, será expedida a carta de arrematação e, conforme o caso, a ordem de entrega ou mandado de imissão na posse.

§ 4º Após a expedição da carta de arrematação ou da ordem de entrega, a invalidação da arrematação poderá ser pleiteada por ação autônoma, em cujo processo o arrematante figurará como litisconsorte necessário.

§ 5º O arrematante poderá desistir da arrematação, sendo-lhe imediatamente devolvido o depósito que tiver feito:

I - se provar, nos 10 (dez) dias seguintes, a existência de ônus real ou gravame não mencionado no edital;

II - se, antes de expedida a carta de arrematação ou a ordem de entrega, o executado alegar alguma das situações previstas no § 1º;

III - uma vez citado para responder a ação autônoma de que trata o § 4º deste artigo, desde que apresente a desistência no prazo de que dispõe para responder a essa ação.

§ 6º Considera-se ato atentatório à dignidade da justiça a suscitação infundada de vício com o objetivo de ensejar a desistência do arrematante, devendo o suscitante ser condenado, sem prejuízo da responsabilidade por perdas e danos, ao pagamento de multa, a ser fixada pelo juiz e devida ao exequente, em montante não superior a vinte por cento do valor atualizado do bem.

SEÇÃO V – DA SATISFAÇÃO DO CRÉDITO

Art. 904. A satisfação do crédito exequendo far-se-á:

I - pela entrega do dinheiro;

II - pela adjudicação dos bens penhorados.

- *Vide art. 167, Lei n. 6.015/1973 (Registros Públicos)*
- *Art. 4º, Decreto 11.995/2024 (Programa Terra da Gente)*

Art. 905. O juiz autorizará que o exequente levante, até a satisfação integral de seu crédito, o dinheiro depositado para segurar o juízo ou o produto dos bens alienados, bem como do faturamento de empresa ou de outros frutos e rendimentos de coisas ou empresas penhoradas, quando:

I - a execução for movida só a benefício do exequente singular, a quem, por força da penhora, cabe o direito de preferência sobre os bens penhorados e alienados;

II - não houver sobre os bens alienados outros privilégios ou preferências instituídos anteriormente à penhora.

Parágrafo único. Durante o plantão judiciário, veda-se a concessão de pedidos de levantamento de importância em dinheiro ou valores ou de liberação de bens apreendidos.

Art. 906. Ao receber o mandado de levantamento, o exequente dará ao executado, por termo nos autos, quitação da quantia paga.

Parágrafo único. A expedição de mandado de levantamento poderá ser substituída pela transferência eletrônica do valor depositado em conta vinculada ao juízo para outra indicada pelo exequente.

Art. 907. Pago ao exequente o principal, os juros, as custas e os honorários, a importância que sobrar será restituída ao executado.

Art. 908. Havendo pluralidade de credores ou exequentes, o dinheiro lhes será distribuído e entregue consoante a ordem das respectivas preferências.

§ 1º No caso de adjudicação ou alienação, os créditos que recaem sobre o bem, inclusive os de natureza propter rem, sub-rogam-se sobre o respectivo preço, observada a ordem de preferência.

§ 2º Não havendo título legal à preferência, o dinheiro será distribuído entre os concorrentes, observando-se a anterioridade de cada penhora.

Art. 909. Os exequentes formularão as suas pretensões, que versarão unicamente sobre o direito de preferência e a anterioridade da penhora, e, apresentadas as razões, o juiz decidirá.

CAPÍTULO V – DA EXECUÇÃO CONTRA A FAZENDA PÚBLICA

- *Vide art. 1º, parágrafo único, Lei n. 9.492/1997 (Lei de Protesto de Títulos e Outros Documentos de Dívida)*
- *Vide Enunciado 63, I Jornada de Direito Notarial e Registral do CJF*

Art. 910. Na execução fundada em título extrajudicial, a Fazenda Pública será citada para opor embargos em 30 (trinta) dias.

§ 1º Não opostos embargos ou transitada em julgado a decisão que os rejeitar, expedir-se-á precatório ou requisição de pequeno valor em favor do exequente, observando-se o disposto no art. 100 da Constituição Federal.

§ 2º Nos embargos, a Fazenda Pública poderá alegar qualquer matéria que lhe seria lícito deduzir como defesa no processo de conhecimento.

§ 3º Aplica-se a este Capítulo, no que couber, o disposto nos artigos 534 e 535.

CAPÍTULO VI – DA EXECUÇÃO DE ALIMENTOS

- *Vide art. 528 §§ 1º e 3º deste Código*

Art. 911. Na execução fundada em título executivo extrajudicial que contenha obrigação alimentar, o juiz mandará citar o executado para, em 3 (três) dias, efetuar o pagamento das parcelas anteriores ao início da execução e das que se vencerem no seu curso, provar que o fez ou justificar a impossibilidade de fazê-lo.

Parágrafo único. Aplicam-se, no que couber, os §§ 2º a 7º do art. 528.

Art. 912. Quando o executado for funcionário público, militar, diretor ou gerente de empresa, bem como empregado sujeito à legislação do trabalho, o exequente poderá requerer o desconto em folha de pagamento de pessoal da importância da prestação alimentícia.

§ 1º Ao despachar a inicial, o juiz oficiará à autoridade, à empresa ou ao empregador, determinando, sob pena de crime de desobediência, o desconto a partir da primeira remuneração posterior do executado, a contar do protocolo do ofício.

§ 2º O ofício conterá os nomes e o número de inscrição no Cadastro de Pessoas Físicas do exequente e do executado, a importância a ser descontada mensalmente, a conta na qual deve ser feito o depósito e, se for o caso, o tempo de sua duração.

Art. 913. Não requerida a execução nos termos deste Capítulo, observar-se-á o disposto no art. 824 e seguintes, com a ressalva de que, recaindo a penhora em dinheiro, a concessão de efeito suspensivo aos embargos à execução não obsta a que o exequente levante mensalmente a importância da prestação.

TÍTULO III – DOS EMBARGOS À EXECUÇÃO

Art. 914. O executado, independentemente de penhora, depósito ou caução, poderá se opor à execução por meio de embargos.

§ 1º Os embargos à execução serão distribuídos por dependência, autuados em apartado e instruídos com cópias das peças processuais relevantes, que poderão ser declaradas autênticas pelo próprio advogado, sob sua responsabilidade pessoal.

§ 2º Na execução por carta, os embargos serão oferecidos no juízo deprecante ou no juízo deprecado, mas a competência para julgá-los é do juízo deprecante, salvo se versarem unicamente sobre vícios ou defeitos da penhora, da avaliação ou da alienação dos bens efetuadas no juízo deprecado.

Art. 915. Os embargos serão oferecidos no prazo de 15 (quinze) dias, contado, conforme o caso, na forma do art. 231.

§ 1º Quando houver mais de um executado, o prazo para cada um deles embargar conta-se a partir da juntada do respectivo comprovante da citação, salvo no caso de cônjuges ou de companheiros, quando será contado a partir da juntada do último.

§ 2º Nas execuções por carta, o prazo para embargos será contado:

I - da juntada, na carta, da certificação da citação, quando versarem unicamente sobre vícios ou defeitos da penhora, da avaliação ou da alienação dos bens;

II - da juntada, nos autos de origem, do comunicado de que trata o § 4º deste artigo ou, não havendo este, da juntada da carta devidamente cumprida, quando versarem sobre questões diversas da prevista no inciso I deste parágrafo.

§ 3º Em relação ao prazo para oferecimento dos embargos à execução, não se aplica o disposto no art. 229.

§ 4º Nos atos de comunicação por carta precatória, rogatória ou de ordem, a realização da citação será imediatamente informada, por meio eletrônico, pelo juiz deprecado ao juiz deprecante.

Art. 916. No prazo para embargos, reconhecendo o crédito do exequente e comprovando o depósito de trinta por cento do valor em execução, acrescido de custas e de honorários de advogado, o executado poderá requerer que lhe seja permitido pagar o restante em até 6 (seis) parcelas mensais, acrescidas de correção monetária e de juros de um por cento ao mês.

§ 1º O exequente será intimado para manifestar-se sobre o preenchimento dos pressupostos do *caput*, e o juiz decidirá o requerimento em 5 (cinco) dias.

§ 2º Enquanto não apreciado o requerimento, o executado terá de depositar as parcelas vincendas, facultado ao exequente seu levantamento.

§ 3º Deferida a proposta, o exequente levantará a quantia depositada, e serão suspensos os atos executivos.

§ 4º Indeferida a proposta, seguir-se-ão os atos executivos, mantido o depósito, que será convertido em penhora.

§ 5º O não pagamento de qualquer das prestações acarretará cumulativamente:

I - o vencimento das prestações subsequentes e o prosseguimento do processo, com o imediato reinício dos atos executivos;

II - a imposição ao executado de multa de dez por cento sobre o valor das prestações não pagas.

§ 6º A opção pelo parcelamento de que trata este artigo importa renúncia ao direito de opor embargos.

§ 7º O disposto neste artigo não se aplica ao cumprimento da sentença.

Art. 917. Nos embargos à execução, o executado poderá alegar:

I - inexequibilidade do título ou inexigibilidade da obrigação;

II - penhora incorreta ou avaliação errônea;

III - excesso de execução ou cumulação indevida de execuções;

IV - retenção por benfeitorias necessárias ou úteis, nos casos de execução para entrega de coisa certa;

V - incompetência absoluta ou relativa do juízo da execução;

VI - qualquer matéria que lhe seria lícito deduzir como defesa em processo de conhecimento.

§ 1º A incorreção da penhora ou da avaliação poderá ser impugnada por simples petição, no prazo de 15 (quinze) dias, contado da ciência do ato.

§ 2º Há excesso de execução quando:

I - o exequente pleiteia quantia superior à do título;

II - ela recai sobre coisa diversa daquela declarada no título;

III - ela se processa de modo diferente do que foi determinado no título;

IV - o exequente, sem cumprir a prestação que lhe corresponde, exige o adimplemento da prestação do executado;

V - o exequente não prova que a condição se realizou.

§ 3º Quando alegar que o exequente, em excesso de execução, pleiteia quantia superior à do título, o embargante declarará na petição inicial o valor que entende correto, apresentando demonstrativo discriminado e atualizado de seu cálculo.

§ 4º Não apontado o valor correto ou não apresentado o demonstrativo, os embargos à execução:

I - serão liminarmente rejeitados, sem resolução de mérito, se o excesso de execução for o seu único fundamento;

II - serão processados, se houver outro fundamento, mas o juiz não examinará a alegação de excesso de execução.

§ 5º Nos embargos de retenção por benfeitorias, o exequente poderá requerer a compensação de seu valor com o dos frutos ou dos danos considerados devidos pelo executado, cumprindo ao juiz, para a apuração dos respectivos valores, nomear perito, observando-se, então, o art. 464.

§ 6º O exequente poderá a qualquer tempo ser imitido na posse da coisa, prestando caução ou depositando o valor devido pelas benfeitorias ou resultante da compensação.

§ 7º A arguição de impedimento e suspeição observará o disposto nos arts. 146 e 148.

Art. 918. O juiz rejeitará liminarmente os embargos:

I - quando intempestivos;

II - nos casos de indeferimento da petição inicial e de improcedência liminar do pedido;

III - manifestamente protelatórios.

Parágrafo único. Considera-se conduta atentatória à dignidade da justiça o oferecimento de embargos manifestamente protelatórios.

Art. 919. Os embargos à execução não terão efeito suspensivo.

§ 1º O juiz poderá, a requerimento do embargante, atribuir efeito suspensivo aos embargos quando verificados os requisitos para a concessão da tutela provisória e desde que a execução já esteja garantida por penhora, depósito ou caução suficientes.

§ 2º Cessando as circunstâncias que a motivaram, a decisão relativa aos efeitos dos embargos poderá, a requerimento da parte, ser modificada ou revogada a qualquer tempo, em decisão fundamentada.

§ 3º Quando o efeito suspensivo atribuído aos embargos disser respeito apenas a parte do objeto da execução, esta prosseguirá quanto à parte restante.

§ 4º A concessão de efeito suspensivo aos embargos oferecidos por um dos executados não suspenderá a execução contra os que não embargaram quando o respectivo fundamento disser respeito exclusivamente ao embargante.

§ 5º A concessão de efeito suspensivo não impedirá a efetivação dos atos de substituição, de reforço ou de redução da penhora e de avaliação dos bens.

Art. 920. Recebidos os embargos:

I - o exequente será ouvido no prazo de 15 (quinze) dias;

II - a seguir, o juiz julgará imediatamente o pedido ou designará audiência;

III - encerrada a instrução, o juiz proferirá sentença.

TÍTULO IV – DA SUSPENSÃO E DA EXTINÇÃO DO PROCESSO DE EXECUÇÃO

CAPÍTULO I – DA SUSPENSÃO DO PROCESSO DE EXECUÇÃO

Art. 921. Suspende-se a execução:

I - nas hipóteses dos arts. 313 e 315, no que couber;

II - no todo ou em parte, quando recebidos com efeito suspensivo os embargos à execução;

III - quando não for localizado o executado ou bens penhoráveis;

- *Inciso com redação dada pela Lei nº 14.195, de 26/8/2021*

IV - se a alienação dos bens penhorados não se realizar por falta de licitantes e o exequente, em 15 (quinze) dias, não requerer a adjudicação nem indicar outros bens penhoráveis;

V - quando concedido o parcelamento de que trata o art. 916.

§ 1º Na hipótese do inciso III, o juiz suspenderá a execução pelo prazo de 1 (um) ano, durante o qual se suspenderá a prescrição.

§ 2º Decorrido o prazo máximo de 1 (um) ano sem que seja localizado o executado ou que sejam encontrados bens penhoráveis, o juiz ordenará o arquivamento dos autos.

§ 3º Os autos serão desarquivados para prosseguimento da execução se a qualquer tempo forem encontrados bens penhoráveis.

§ 4º O termo inicial da prescrição no curso do processo será a ciência da primeira tentativa infrutífera de localização do devedor ou de bens penhoráveis, e será suspensa, por uma única vez, pelo prazo máximo previsto no § 1º deste artigo.

› *Parágrafo com redação dada pela Lei nº 14.195, de 26/8/2021*

§ 4º-A A efetiva citação, intimação do devedor ou constrição de bens penhoráveis interrompe o prazo de prescrição, que não corre pelo tempo necessário à citação e à intimação do devedor, bem como para as formalidades da constrição patrimonial, se necessária, desde que o credor cumpra os prazos previstos na lei processual ou fixados pelo juiz.

› *Parágrafo acrescido pela Lei nº 14.195, de 26/8/2021*

§ 5º O juiz, depois de ouvidas as partes, no prazo de 15 (quinze) dias, poderá, de ofício, reconhecer a prescrição no curso do processo e extingui-lo, sem ônus para as partes.

› *Parágrafo com redação dada pela Lei nº 14.195, de 26/8/2021*

§ 6º A alegação de nulidade quanto ao procedimento previsto neste artigo somente será conhecida caso demonstrada a ocorrência de efetivo prejuízo, que será presumido apenas em caso de inexistência da intimação de que trata o § 4º deste artigo.

› *Parágrafo acrescido pela Lei nº 14.195, de 26/8/2021*

§ 7º Aplica-se o disposto neste artigo ao cumprimento de sentença de que trata o art. 523 deste Código.

› *Parágrafo acrescido pela Lei nº 14.195, de 26/8/2021*

Art. 922. Convindo as partes, o juiz declarará suspensa a execução durante o prazo concedido pelo exequente para que o executado cumpra voluntariamente a obrigação.

Parágrafo único. Findo o prazo sem cumprimento da obrigação, o processo retomará o seu curso.

Art. 923. Suspensa a execução, não serão praticados atos processuais, podendo o juiz, entretanto, salvo no caso de arguição de impedimento ou de suspeição, ordenar providências urgentes.

CAPÍTULO II – DA EXTINÇÃO DO PROCESSO DE EXECUÇÃO

Art. 924. Extingue-se a execução quando:

I - a petição inicial for indeferida;

II - a obrigação for satisfeita;

III - o executado obtiver, por qualquer outro meio, a extinção total da dívida;

IV - o exequente renunciar ao crédito;

V - ocorrer a prescrição intercorrente.

Art. 925. A extinção só produz efeito quando declarada por sentença.

LIVRO III – DOS PROCESSOS NOS TRIBUNAIS E DOS MEIOS DE IMPUGNAÇÃO DAS DECISÕES JUDICIAIS

TÍTULO I – DA ORDEM DOS PROCESSOS E DOS PROCESSOS DE COMPETÊNCIA ORIGINÁRIA DOS TRIBUNAIS

CAPÍTULO I – DISPOSIÇÕES GERAIS

Art. 926. Os tribunais devem uniformizar sua jurisprudência e mantê-la estável, íntegra e coerente.

§ 1º Na forma estabelecida e segundo os pressupostos fixados no regimento interno, os tribunais editarão enunciados de súmula correspondentes a sua jurisprudência dominante.

§ 2º Ao editar enunciados de súmula, os tribunais devem ater-se às circunstâncias fáticas dos precedentes que motivaram sua criação.

Art. 927. Os juízes e os tribunais observarão:

I - as decisões do Supremo Tribunal Federal em controle concentrado de constitucionalidade;

II - os enunciados de súmula vinculante;

III - os acórdãos em incidente de assunção de competência ou de resolução de demandas repetitivas e em julgamento de recursos extraordinário e especial repetitivos;

IV - os enunciados das súmulas do Supremo Tribunal Federal em matéria constitucional e do Superior Tribunal de Justiça em matéria infraconstitucional;

V - a orientação do plenário ou do órgão especial aos quais estiverem vinculados.

§ 1º Os juízes e os tribunais observarão o disposto no art. 10 e no art. 489, § 1º, quando decidirem com fundamento neste artigo.

§ 2º A alteração de tese jurídica adotada em enunciado de súmula ou em julgamento de casos repetitivos poderá ser precedida de audiências públicas e da participação de pessoas, órgãos ou entidades que possam contribuir para a rediscussão da tese.

§ 3º Na hipótese de alteração de jurisprudência dominante do Supremo Tribunal Federal e dos tribunais superiores ou daquela oriunda de julgamento de casos repetitivos, pode haver modulação dos efeitos da alteração no interesse social e no da segurança jurídica.

§ 4º A modificação de enunciado de súmula, de jurisprudência pacificada ou de tese adotada em julgamento de casos repetitivos observará a necessidade de fundamentação adequada e específica, considerando os princípios da segurança jurídica, da proteção da confiança e da isonomia.

§ 5º Os tribunais darão publicidade a seus precedentes, organizando-os por questão jurídica decidida e divulgando-os, preferencialmente, na rede mundial de computadores.

Art. 928. Para os fins deste Código, considera-se julgamento de casos repetitivos a decisão proferida em:

I - incidente de resolução de demandas repetitivas;

II - recursos especial e extraordinário repetitivos.

Parágrafo único. O julgamento de casos repetitivos tem por objeto questão de direito material ou processual.

CAPÍTULO II – DA ORDEM DOS PROCESSOS NO TRIBUNAL

Art. 929. Os autos serão registrados no protocolo do tribunal no dia de sua entrada, cabendo à secretaria ordená-los, com imediata distribuição.

Parágrafo único. A critério do tribunal, os serviços de protocolo poderão ser descentralizados, mediante delegação a ofícios de justiça de primeiro grau.

Art. 930. Far-se-á a distribuição de acordo com o regimento interno do tribunal, observando-se a alternatividade, o sorteio eletrônico e a publicidade.

Parágrafo único. O primeiro recurso protocolado no tribunal tornará prevento o relator para eventual recurso subsequente interposto no mesmo processo ou em processo conexo.

Art. 931. Distribuídos, os autos serão imediatamente conclusos ao relator, que, em 30 (trinta) dias, depois de elaborar o voto, restituí-los-á, com relatório, à secretaria.

Art. 932. Incumbe ao relator:

I - dirigir e ordenar o processo no tribunal, inclusive em relação à produção de prova, bem como, quando for o caso, homologar autocomposição das partes;

II - apreciar o pedido de tutela provisória nos recursos e nos processos de competência originária do tribunal;

III - não conhecer de recurso inadmissível, prejudicado ou que não tenha impugnado especificamente os fundamentos da decisão recorrida;

IV - negar provimento a recurso que for contrário a:

a) súmula do Supremo Tribunal Federal, do Superior Tribunal de Justiça ou do próprio tribunal;

b) acórdão proferido pelo Supremo Tribunal Federal ou pelo Superior Tribunal de Justiça em julgamento de recursos repetitivos;

c) entendimento firmado em incidente de resolução de demandas repetitivas ou de assunção de competência;

V - depois de facultada a apresentação de contrarrazões, dar provimento ao recurso se a decisão recorrida for contrária a:

a) súmula do Supremo Tribunal Federal, do Superior Tribunal de Justiça ou do próprio tribunal;

b) acórdão proferido pelo Supremo Tribunal Federal ou pelo Superior Tribunal de Justiça em julgamento de recursos repetitivos;

c) entendimento firmado em incidente de resolução de demandas repetitivas ou de assunção de competência;

VI - decidir o incidente de desconsideração da personalidade jurídica, quando este for instaurado originariamente perante o tribunal;

VII - determinar a intimação do Ministério Público, quando for o caso;

VIII - exercer outras atribuições estabelecidas no regimento interno do tribunal.

Parágrafo único. Antes de considerar inadmissível o recurso, o relator concederá o prazo de 5 (cinco) dias ao recorrente para que seja sanado vício ou complementada a documentação exigível.

Art. 933. Se o relator constatar a ocorrência de fato superveniente à decisão recorrida ou a existência de questão apreciável de ofício ainda não examinada que devam ser considerados no julgamento do recurso, intimará as partes para que se manifestem no prazo de 5 (cinco) dias.

§ 1º Se a constatação ocorrer durante a sessão de julgamento, esse será imediatamente suspenso a fim de que as partes se manifestem especificamente.

§ 2º Se a constatação se der em vista dos autos, deverá o juiz que a solicitou encaminhá-los ao relator, que tomará as providências previstas no *caput* e, em seguida, solicitará a inclusão do feito em pauta para prosseguimento do julgamento, com submissão integral da nova questão aos julgadores.

Art. 934. Em seguida, os autos serão apresentados ao presidente, que designará dia para julgamento, ordenando, em todas as hipóteses previstas neste Livro, a publicação da pauta no órgão oficial.

Art. 935. Entre a data de publicação da pauta e a da sessão de julgamento decorrerá, pelo menos, o prazo de 5 (cinco) dias, incluindo-se em nova pauta os processos que não tenham sido julgados, salvo aqueles cujo julgamento tiver sido expressamente adiado para a primeira sessão seguinte.

§ 1º Às partes será permitida vista dos autos em cartório após a publicação da pauta de julgamento.

§ 2º Afixar-se-á a pauta na entrada da sala em que se realizar a sessão de julgamento.

Art. 936. Ressalvadas as preferências legais e regimentais, os recursos, a remessa necessária e os processos de competência originária serão julgados na seguinte ordem:

I - aqueles nos quais houver sustentação oral, observada a ordem dos requerimentos;

II - os requerimentos de preferência apresentados até o início da sessão de julgamento;

III - aqueles cujo julgamento tenha iniciado em sessão anterior; e

IV - os demais casos.

Art. 937. Na sessão de julgamento, depois da exposição da causa pelo relator, o presidente dará a palavra, sucessivamente, ao recorrente, ao recorrido e, nos casos de sua intervenção, ao membro do Ministério Público, pelo prazo improrrogável de 15 (quinze) minutos para cada um, a fim de sustentarem suas razões, nas seguintes hipóteses, nos termos da parte final do *caput* do art. 1.021:

I - no recurso de apelação;

II - no recurso ordinário;

III - no recurso especial;

IV - no recurso extraordinário;

V - nos embargos de divergência;

VI - na ação rescisória, no mandado de segurança e na reclamação;

VII - (VETADO);

VIII - no agravo de instrumento interposto contra decisões interlocutórias que versem sobre tutelas provisórias de urgência ou da evidência;

IX - em outras hipóteses previstas em lei ou no regimento interno do tribunal.

§ 1º A sustentação oral no incidente de resolução de demandas repetitivas observará o disposto no art. 984, no que couber.

§ 2º O procurador que desejar proferir sustentação oral poderá requerer, até o início da sessão, que o processo seja julgado em primeiro lugar, sem prejuízo das preferências legais.

§ 3º Nos processos de competência originária previstos no inciso VI, caberá sustentação oral no agravo interno interposto contra decisão de relator que o extinga.

§ 4º É permitido ao advogado com domicílio profissional em cidade diversa daquela onde está sediado o tribunal realizar sustentação oral por meio de videoconferência ou outro recurso tecnológico de transmissão de sons e imagens em tempo real, desde que o requeira até o dia anterior ao da sessão.

Art. 938. A questão preliminar suscitada no julgamento será decidida antes do mérito, deste não se conhecendo caso seja incompatível com a decisão.

§ 1º Constatada a ocorrência de vício sanável, inclusive aquele que possa ser conhecido de ofício, o relator determinará a realização ou a renovação do ato processual, no próprio tribunal ou em primeiro grau de jurisdição, intimadas as partes.

§ 2º Cumprida a diligência de que trata o § 1º, o relator, sempre que possível, prosseguirá no julgamento do recurso.

§ 3º Reconhecida a necessidade de produção de prova, o relator converterá o julgamento em diligência, que se realizará no tribunal ou em primeiro grau de jurisdição, decidindo-se o recurso após a conclusão da instrução.

§ 4º Quando não determinadas pelo relator, as providências indicadas nos §§ 1º e 3º poderão ser determinadas pelo órgão competente para julgamento do recurso.

Art. 939. Se a preliminar for rejeitada ou se a apreciação do mérito for com ela compatível, seguir-se-ão a discussão e o julgamento da matéria principal, sobre a qual deverão se pronunciar os juízes vencidos na preliminar.

Art. 940. O relator ou outro juiz que não se considerar habilitado a proferir imediatamente seu voto poderá solicitar vista pelo prazo máximo de 10 (dez) dias, após o qual o recurso será reincluído em pauta para julgamento na sessão seguinte à data da devolução.

§ 1º Se os autos não forem devolvidos tempestivamente ou se não for solicitada pelo juiz prorrogação de prazo de no máximo mais 10 (dez) dias, o presidente do órgão fracionário os requisitará para julgamento do recurso na sessão ordinária subsequente, com publicação da pauta em que for incluído.

§ 2º Quando requisitar os autos na forma do § 1º, se aquele que fez o pedido de vista ainda não se sentir habilitado a votar, o presidente convocará substituto para proferir voto, na forma estabelecida no regimento interno do tribunal.

Art. 941. Proferidos os votos, o presidente anunciará o resultado do julgamento, designando para redigir o acórdão o relator ou, se vencido este, o autor do primeiro voto vencedor.

§ 1º O voto poderá ser alterado até o momento da proclamação do resultado pelo presidente, salvo aquele já proferido por juiz afastado ou substituído.

§ 2º No julgamento de apelação ou de agravo de instrumento, a decisão será tomada, no órgão colegiado, pelo voto de 3 (três) juízes.

§ 3º O voto vencido será necessariamente declarado e considerado parte integrante do acórdão para todos os fins legais, inclusive de pré-questionamento.

Art. 942. Quando o resultado da apelação for não unânime, o julgamento terá prosseguimento em sessão a ser designada com a presença de outros julgadores, que serão convocados nos termos previamente definidos no regimento interno, em número suficiente para garantir a possibilidade de inversão do resultado inicial, assegurado às partes e a eventuais terceiros o direito de sustentar oralmente suas razões perante os novos julgadores.

§ 1º Sendo possível, o prosseguimento do julgamento dar-se-á na mesma sessão, colhendo-se os votos de outros julgadores que porventura componham o órgão colegiado.

§ 2º Os julgadores que já tiverem votado poderão rever seus votos por ocasião do prosseguimento do julgamento.

§ 3º A técnica de julgamento prevista neste artigo aplica-se, igualmente, ao julgamento não unânime proferido em:

I - ação rescisória, quando o resultado for a rescisão da sentença, devendo, nesse caso, seu prosseguimento ocorrer em órgão de maior composição previsto no regimento interno;

II - agravo de instrumento, quando houver reforma da decisão que julgar parcialmente o mérito.

§ 4º Não se aplica o disposto neste artigo ao julgamento:

I - do incidente de assunção de competência e ao de resolução de demandas repetitivas;

II - da remessa necessária;

III - não unânime proferido, nos tribunais, pelo plenário ou pela corte especial.

Art. 943. Os votos, os acórdãos e os demais atos processuais podem ser registrados em documento eletrônico inviolável e assinados eletronicamente, na forma da lei, devendo ser impressos para juntada aos autos do processo quando este não for eletrônico.

§ 1º Todo acórdão conterá ementa.

§ 2º Lavrado o acórdão, sua ementa será publicada no órgão oficial no prazo de 10 (dez) dias.

Art. 944. Não publicado o acórdão no prazo de 30 (trinta) dias, contado da data da sessão de julgamento, as notas taquigráficas o substituirão, para todos os fins legais, independentemente de revisão.

Parágrafo único. No caso do *caput*, o presidente do tribunal lavrará, de imediato, as conclusões e a ementa e mandará publicar o acórdão.

Art. 945. *(Revogado pela Lei nº 13.256, de 4/2/2016)*

Art. 946. O agravo de instrumento será julgado antes da apelação interposta no mesmo processo.

Parágrafo único. Se ambos os recursos de que trata o *caput* houverem de ser julgados na mesma sessão, terá precedência o agravo de instrumento.

CAPÍTULO III – DO INCIDENTE DE ASSUNÇÃO DE COMPETÊNCIA

Art. 947. É admissível a assunção de competência quando o julgamento de recurso, de remessa necessária ou de processo de competência originária envolver relevante questão de direito, com grande repercussão social, sem repetição em múltiplos processos.

§ 1º Ocorrendo a hipótese de assunção de competência, o relator proporá, de ofício ou a requerimento da parte, do Ministério Público ou da Defensoria Pública, que seja o recurso, a remessa necessária ou o processo de competência originária julgado pelo órgão colegiado que o regimento indicar.

§ 2º O órgão colegiado julgará o recurso, a remessa necessária ou o processo de competência originária se reconhecer interesse público na assunção de competência.

§ 3º O acórdão proferido em assunção de competência vinculará todos os juízes e órgãos fracionários, exceto se houver revisão de tese.

§ 4º Aplica-se o disposto neste artigo quando ocorrer relevante questão de direito a respeito da qual seja conveniente a prevenção ou a composição de divergência entre câmaras ou turmas do tribunal.

CAPÍTULO IV – DO INCIDENTE DE ARGUIÇÃO DE INCONSTITUCIONALIDADE

Art. 948. Arguida, em controle difuso, a inconstitucionalidade de lei ou de ato normativo do poder público, o relator, após ouvir o Ministério Público e as partes, submeterá a questão à turma ou à câmara à qual competir o conhecimento do processo.

Art. 949. Se a arguição for:

I - rejeitada, prosseguirá o julgamento;

II - acolhida, a questão será submetida ao plenário do tribunal ou ao seu órgão especial, onde houver.

Parágrafo único. Os órgãos fracionários dos tribunais não submeterão ao plenário ou ao órgão especial a arguição de inconstitucionalidade quando já houver pronunciamento destes ou do plenário do Supremo Tribunal Federal sobre a questão.

Art. 950. Remetida cópia do acórdão a todos os juízes, o presidente do tribunal designará a sessão de julgamento.

§ 1º As pessoas jurídicas de direito público responsáveis pela edição do ato questionado poderão manifestar-se no incidente de inconstitucionalidade se assim o requererem, observados os prazos e as condições previstos no regimento interno do tribunal.

§ 2º A parte legitimada à propositura das ações previstas no art. 103 da Constituição Federal poderá manifestar-se, por escrito, sobre a questão constitucional objeto de apreciação, no prazo previsto pelo regimento interno, sendo-lhe assegurado o direito de apresentar memoriais ou de requerer a juntada de documentos.

§ 3º Considerando a relevância da matéria e a representatividade dos postulantes, o relator poderá admitir, por despacho irrecorrível, a manifestação de outros órgãos ou entidades.

CAPÍTULO V – DO CONFLITO DE COMPETÊNCIA

Art. 951. O conflito de competência pode ser suscitado por qualquer das partes, pelo Ministério Público ou pelo juiz.

Parágrafo único. O Ministério Público somente será ouvido nos conflitos de competência relativos aos processos previstos no art. 178, mas terá qualidade de parte nos conflitos que suscitar.

Art. 952. Não pode suscitar conflito a parte que, no processo, arguiu incompetência relativa.

Parágrafo único. O conflito de competência não obsta, porém, a que a parte que não o arguiu suscite a incompetência.

Art. 953. O conflito será suscitado ao tribunal:

I - pelo juiz, por ofício;

II - pela parte e pelo Ministério Público, por petição.

Parágrafo único. O ofício e a petição serão instruídos com os documentos necessários à prova do conflito.

Art. 954. Após a distribuição, o relator determinará a oitiva dos juízes em conflito ou, se um deles for suscitante, apenas do suscitado.

Parágrafo único. No prazo designado pelo relator, incumbirá ao juiz ou aos juízes prestar as informações.

Art. 955. O relator poderá, de ofício ou a requerimento de qualquer das partes, determinar, quando o conflito for positivo, o sobrestamento do processo e, nesse caso, bem como no de conflito negativo, designará um dos juízes para resolver, em caráter provisório, as medidas urgentes.

Parágrafo único. O relator poderá julgar de plano o conflito de competência quando sua decisão se fundar em:

I - súmula do Supremo Tribunal Federal, do Superior Tribunal de Justiça ou do próprio tribunal;

II - tese firmada em julgamento de casos repetitivos ou em incidente de assunção de competência.

Art. 956. Decorrido o prazo designado pelo relator, será ouvido o Ministério Público, no prazo de 5 (cinco) dias, ainda que as informações não tenham sido prestadas, e, em seguida, o conflito irá a julgamento.

Art. 957. Ao decidir o conflito, o tribunal declarará qual o juízo competente, pronunciando-se também sobre a validade dos atos do juízo incompetente.

Parágrafo único. Os autos do processo em que se manifestou o conflito serão remetidos ao juiz declarado competente.

Art. 958. No conflito que envolva órgãos fracionários dos tribunais, desembargadores e juízes em exercício no tribunal, observar- se-á o que dispuser o regimento interno do tribunal.

Art. 959. O regimento interno do tribunal regulará o processo e o julgamento do conflito de atribuições entre autoridade judiciária e autoridade administrativa.

CAPÍTULO VI – DA HOMOLOGAÇÃO DE DECISÃO ESTRANGEIRA E DA CONCESSÃO DO *EXEQUATUR* À CARTA ROGATÓRIA

Art. 960. A homologação de decisão estrangeira será requerida por ação de homologação de decisão estrangeira, salvo disposição especial em sentido contrário prevista em tratado.

§ 1º A decisão interlocutória estrangeira poderá ser executada no Brasil por meio de carta rogatória.

§ 2º A homologação obedecerá ao que dispuserem os tratados em vigor no Brasil e o Regimento Interno do Superior Tribunal de Justiça.

§ 3º A homologação de decisão arbitral estrangeira obedecerá ao disposto em tratado e em lei, aplicando-se, subsidiariamente, as disposições deste Capítulo.

Art. 961. A decisão estrangeira somente terá eficácia no Brasil após a homologação de sentença estrangeira ou a concessão do *exequatur* às cartas rogatórias, salvo disposição em sentido contrário de lei ou tratado.

§ 1º É passível de homologação a decisão judicial definitiva, bem como a decisão não judicial que, pela lei brasileira, teria natureza jurisdicional.

§ 2º A decisão estrangeira poderá ser homologada parcialmente.

§ 3º A autoridade judiciária brasileira poderá deferir pedidos de urgência e realizar atos de execução provisória no processo de homologação de decisão estrangeira.

§ 4º Haverá homologação de decisão estrangeira para fins de execução fiscal quando prevista em tratado ou em promessa de reciprocidade apresentada à autoridade brasileira.

§ 5º A sentença estrangeira de divórcio consensual produz efeitos no Brasil, independentemente de homologação pelo Superior Tribunal de Justiça.

› *Vide art. 464 a 467, Provimento CNJ n. 149/2023 (CNN)*

§ 6º Na hipótese do § 5º, competirá a qualquer juiz examinar a validade da decisão, em caráter principal ou incidental, quando essa questão for suscitada em processo de sua competência.

Art. 962. É passível de execução a decisão estrangeira concessiva de medida de urgência.

§ 1º A execução no Brasil de decisão interlocutória estrangeira concessiva de medida de urgência dar-se-á por carta rogatória.

§ 2º A medida de urgência concedida sem audiência do réu poderá ser executada, desde que garantido o contraditório em momento posterior.

§ 3º O juízo sobre a urgência da medida compete exclusivamente à autoridade jurisdicional prolatora da decisão estrangeira.

§ 4º Quando dispensada a homologação para que a sentença estrangeira produza efeitos no Brasil, a decisão concessiva de medida de urgência dependerá, para produzir efeitos, de ter sua validade expressamente reconhecida pelo juiz competente para dar-lhe cumprimento, dispensada a homologação pelo Superior Tribunal de Justiça.

Art. 963. Constituem requisitos indispensáveis à homologação da decisão:

I - ser proferida por autoridade competente;

II - ser precedida de citação regular, ainda que verificada a revelia;

III - ser eficaz no país em que foi proferida;

IV - não ofender a coisa julgada brasileira;

V - estar acompanhada de tradução oficial, salvo disposição que a dispense prevista em tratado;

VI - não conter manifesta ofensa à ordem pública.

Parágrafo único. Para a concessão do *exequatur* às cartas rogatórias, observar-se-ão os pressupostos previstos no *caput* deste artigo e no art. 962, § 2º.

Art. 964. Não será homologada a decisão estrangeira na hipótese de competência exclusiva da autoridade judiciária brasileira.

Parágrafo único. O dispositivo também se aplica à concessão do *exequatur* à carta rogatória.

Art. 965. O cumprimento de decisão estrangeira far-se-á perante o juízo federal competente, a requerimento da parte, conforme as normas estabelecidas para o cumprimento de decisão nacional.

Parágrafo único. O pedido de execução deverá ser instruído com cópia autenticada da decisão homologatória ou do *exequatur*, conforme o caso.

CAPÍTULO VII – DA AÇÃO RESCISÓRIA

Art. 966. A decisão de mérito, transitada em julgado, pode ser rescindida quando:

I - se verificar que foi proferida por força de prevaricação, concussão ou corrupção do juiz;

II - for proferida por juiz impedido ou por juízo absolutamente incompetente;

III - resultar de dolo ou coação da parte vencedora em detrimento da parte vencida ou, ainda, de simulação ou colusão entre as partes, a fim de fraudar a lei;

IV - ofender a coisa julgada;

V - violar manifestamente norma jurídica;

VI - for fundada em prova cuja falsidade tenha sido apurada em processo criminal ou venha a ser demonstrada na própria ação rescisória;

VII - obtiver o autor, posteriormente ao trânsito em julgado, prova nova cuja existência ignorava ou de que não pôde fazer uso, capaz, por si só, de lhe assegurar pronunciamento favorável;

VIII - for fundada em erro de fato verificável do exame dos autos.

§ 1º Há erro de fato quando a decisão rescindenda admitir fato inexistente ou quando considerar inexistente fato efetivamente ocorrido, sendo indispensável, em ambos os casos, que o fato não represente ponto controvertido sobre o qual o juiz deveria ter se pronunciado.

§ 2º Nas hipóteses previstas nos incisos do *caput*, será rescindível a decisão transitada em julgado que, embora não seja de mérito, impeça:

I - nova propositura da demanda; ou

II - admissibilidade do recurso correspondente.

§ 3º A ação rescisória pode ter por objeto apenas 1 (um) capítulo da decisão.

§ 4º Os atos de disposição de direitos, praticados pelas partes ou por outros participantes do processo e homologados pelo juízo, bem como os atos homologatórios praticados no curso da execução, estão sujeitos à anulação, nos termos da lei.

§ 5º Cabe ação rescisória, com fundamento no inciso V do *caput* deste artigo, contra decisão baseada em enunciado de súmula ou acórdão proferido em julgamento de casos repetitivos que não tenha considerado a existência de distinção entre a questão discutida no processo e o padrão decisório que lhe deu fundamento.

› *Parágrafo acrescido pela Lei nº 13.256, de 4/2/2016*

§ 6º Quando a ação rescisória fundar-se na hipótese do § 5º deste artigo, caberá ao autor, sob pena de inépcia, demonstrar, fundamentadamente, tratar-se de situação particularizada por hipótese fática distinta ou de questão jurídica não examinada, a impor outra solução jurídica.

› *Parágrafo acrescido pela Lei nº 13.256, de 4/2/2016*

Art. 967. Têm legitimidade para propor a ação rescisória:

I - quem foi parte no processo ou o seu sucessor a título universal ou singular;

II - o terceiro juridicamente interessado;

III - o Ministério Público:

a) se não foi ouvido no processo em que lhe era obrigatória a intervenção;

b) quando a decisão rescindenda é o efeito de simulação ou de colusão das partes, afim de fraudar a lei;

c) em outros casos em que se imponha sua atuação;

IV - aquele que não foi ouvido no processo em que lhe era obrigatória a intervenção.

Parágrafo único. Nas hipóteses do art. 178, o Ministério Público será intimado para intervir como fiscal da ordem jurídica quando não for parte.

Art. 968. A petição inicial será elaborada com observância dos requisitos essenciais do art. 319, devendo o autor:

I - cumular ao pedido de rescisão, se for o caso, o de novo julgamento do processo;

II - depositar a importância de cinco por cento sobre o valor da causa, que se converterá em multa caso a ação seja, por unanimidade de votos, declarada inadmissível ou improcedente.

§ 1º Não se aplica o disposto no inciso II à União, aos Estados, ao Distrito Federal, aos Municípios, às suas respectivas autarquias e fundações de direito público, ao Ministério Público, à Defensoria Pública e aos que tenham obtido o benefício de gratuidade da justiça.

§ 2º O depósito previsto no inciso II do *caput* deste artigo não será superior a 1.000 (mil) salários-mínimos.

§ 3º Além dos casos previstos no art. 330, a petição inicial será indeferida quando não efetuado o depósito exigido pelo inciso II do *caput* deste artigo.

§ 4º Aplica-se à ação rescisória o disposto no art. 332.

§ 5º Reconhecida a incompetência do tribunal para julgar a ação rescisória, o autor será intimado para emendar a petição inicial, a fim de adequar o objeto da ação rescisória, quando a decisão apontada como rescindenda:

I - não tiver apreciado o mérito e não se enquadrar na situação prevista no § 2º do art. 966;

II - tiver sido substituída por decisão posterior.

§ 6º Na hipótese do § 5º, após a emenda da petição inicial, será permitido ao réu complementar os fundamentos de defesa, e, em seguida, os autos serão remetidos ao tribunal competente.

Art. 969. A propositura da ação rescisória não impede o cumprimento da decisão rescindenda, ressalvada a concessão de tutela provisória.

Art. 970. O relator ordenará a citação do réu, designando-lhe prazo nunca inferior a 15 (quinze) dias nem superior a 30 (trinta) dias para, querendo, apresentar resposta, ao fim do qual, com ou sem contestação, observar-se-á, no que couber, o procedimento comum.

Art. 971. Na ação rescisória, devolvidos os autos pelo relator, a secretaria do tribunal expedirá cópias do relatório e as distribuirá entre os juízes que compuserem o órgão competente para o julgamento.

Parágrafo único. A escolha de relator recairá, sempre que possível, em juiz que não haja participado do julgamento rescindendo.

Art. 972. Se os fatos alegados pelas partes dependerem de prova, o relator poderá delegar a competência ao órgão que proferiu a decisão rescindenda, fixando prazo de 1 (um) a 3 (três) meses para a devolução dos autos.

Art. 973. Concluída a instrução, será aberta vista ao autor e ao réu para razões finais, sucessivamente, pelo prazo de 10 (dez) dias.

Parágrafo único. Em seguida, os autos serão conclusos ao relator, procedendo-se ao julgamento pelo órgão competente.

Art. 974. Julgando procedente o pedido, o tribunal rescindirá a decisão, proferirá, se for o caso, novo julgamento e determinará a restituição do depósito a que se refere o inciso II do art. 968.

Parágrafo único. Considerando, por unanimidade, inadmissível ou improcedente o pedido, o tribunal determinará a reversão, em favor do réu, da importância do depósito, sem prejuízo do disposto no § 2º do art. 82.

Art. 975. O direito à rescisão se extingue em 2 (dois) anos contados do trânsito em julgado da última decisão proferida no processo.

§ 1º Prorroga-se até o primeiro dia útil imediatamente subsequente o prazo a que se refere o *caput*, quando expirar durante férias forenses, recesso, feriados ou em dia em que não houver expediente forense.

§ 2º Se fundada a ação no inciso VII do art. 966, o termo inicial do prazo será a data de descoberta da prova nova, observado o prazo máximo de 5 (cinco) anos, contado do trânsito em julgado da última decisão proferida no processo.

§ 3º Nas hipóteses de simulação ou de colusão das partes, o prazo começa a contar, para o terceiro prejudicado e para o Ministério Público, que não interveio no processo, a partir do momento em que têm ciência da simulação ou da colusão.

CAPÍTULO VIII – DO INCIDENTE DE RESOLUÇÃO DE DEMANDAS REPETITIVAS

Art. 976. É cabível a instauração do incidente de resolução de demandas repetitivas quando houver, simultaneamente:

I - efetiva repetição de processos que contenham controvérsia sobre a mesma questão unicamente de direito;

II - risco de ofensa à isonomia e à segurança jurídica.

§ 1º A desistência ou o abandono do processo não impede o exame de mérito do incidente.

§ 2º Se não for o requerente, o Ministério Público intervirá obrigatoriamente no incidente e deverá assumir sua titularidade em caso de desistência ou de abandono.

§ 3º A inadmissão do incidente de resolução de demandas repetitivas por ausência de qualquer de seus pressupostos de admissibilidade não impede que, uma vez satisfeito o requisito, seja o incidente novamente suscitado.

§ 4º É incabível o incidente de resolução de demandas repetitivas quando um dos tribunais superiores, no âmbito de sua respectiva competência, já tiver afetado recurso para definição de tese sobre questão de direito material ou processual repetitiva.

§ 5º Não serão exigidas custas processuais no incidente de resolução de demandas repetitivas.

Art. 977. O pedido de instauração do incidente será dirigido ao presidente de tribunal:

I - pelo juiz ou relator, por ofício;

II - pelas partes, por petição;

III - pelo Ministério Público ou pela Defensoria Pública, por petição.

Parágrafo único. O ofício ou a petição será instruído com os documentos necessários à demonstração do preenchimento dos pressupostos para a instauração do incidente.

Art. 978. O julgamento do incidente caberá ao órgão indicado pelo regimento interno dentre aqueles responsáveis pela uniformização de jurisprudência do tribunal.

Parágrafo único. O órgão colegiado incumbido de julgar o incidente e de fixar a tese jurídica julgará igualmente o recurso, a remessa necessária ou o processo de competência originária de onde se originou o incidente.

Art. 979. A instauração e o julgamento do incidente serão sucedidos da mais ampla e específica divulgação e publicidade, por meio de registro eletrônico no Conselho Nacional de Justiça.

§ 1º Os tribunais manterão banco eletrônico de dados atualizados com informações específicas sobre questões de direito submetidas ao incidente, comunicando-o imediatamente ao Conselho Nacional de Justiça para inclusão no cadastro.

§ 2º Para possibilitar a identificação dos processos abrangidos pela decisão do incidente, o registro eletrônico das teses jurídicas constantes do cadastro conterá, no mínimo, os fundamentos determinantes da decisão e os dispositivos normativos a ela relacionados.

§ 3º Aplica-se o disposto neste artigo ao julgamento de recursos repetitivos e da repercussão geral em recurso extraordinário.

Art. 980. O incidente será julgado no prazo de 1 (um) ano e terá preferência sobre os demais feitos, ressalvados os que envolvam réu preso e os pedidos de *habeas corpus*.

Parágrafo único. Superado o prazo previsto no *caput*, cessa a suspensão dos processos prevista no art. 982, salvo decisão fundamentada do relator em sentido contrário.

Art. 981. Após a distribuição, o órgão colegiado competente para julgar o incidente procederá ao seu juízo de admissibilidade, considerando a presença dos pressupostos do art. 976.

Art. 982. Admitido o incidente, o relator:

I - suspenderá os processos pendentes, individuais ou coletivos, que tramitam no Estado ou na região, conforme o caso;

II - poderá requisitar informações a órgãos em cujo juízo tramita processo no qual se discute o objeto do incidente, que as prestarão no prazo de 15 (quinze) dias;

III - intimará o Ministério Público para, querendo, manifestar- se no prazo de 15 (quinze) dias.

§ 1º A suspensão será comunicada aos órgãos jurisdicionais competentes.

§ 2º Durante a suspensão, o pedido de tutela de urgência deverá ser dirigido ao juízo onde tramita o processo suspenso.

§ 3º Visando à garantia da segurança jurídica, qualquer legitimado mencionado no art. 977, incisos II e III, poderá requerer, ao tribunal competente para conhecer do recurso extraordinário ou especial, a suspensão de todos os processos individuais ou coletivos em curso no território nacional que versem sobre a questão objeto do incidente já instaurado.

§ 4º Independentemente dos limites da competência territorial, a parte no processo em curso no qual se discuta a mesma questão objeto do incidente é legitimada para requerer a providência prevista no § 3º deste artigo.

§ 5º Cessa a suspensão a que se refere o inciso I do *caput* deste artigo se não for interposto recurso especial ou recurso extraordinário contra a decisão proferida no incidente.

Art. 983. O relator ouvirá as partes e os demais interessados, inclusive pessoas, órgãos e entidades com interesse na controvérsia, que, no prazo comum de 15 (quinze) dias, poderão requerer a juntada de documentos, bem como as diligências necessárias para a elucidação da questão de direito controvertida, e, em seguida, manifestar- se-á o Ministério Público, no mesmo prazo.

§ 1º Para instruir o incidente, o relator poderá designar data para, em audiência pública, ouvir depoimentos de pessoas com experiência e conhecimento na matéria.

§ 2º Concluídas as diligências, o relator solicitará dia para o julgamento do incidente.

Art. 984. No julgamento do incidente, observar-se-á a seguinte ordem:

I - o relator fará a exposição do objeto do incidente;

II - poderão sustentar suas razões, sucessivamente:

a) o autor e o réu do processo originário e o Ministério Público, pelo prazo de 30 (trinta) minutos;

b) os demais interessados, no prazo de 30 (trinta) minutos, divididos entre todos, sendo exigida inscrição com 2 (dois) dias de antecedência.

§ 1º Considerando o número de inscritos, o prazo poderá ser ampliado.

§ 2º O conteúdo do acórdão abrangerá a análise de todos os fundamentos suscitados concernentes à tese jurídica discutida, sejam favoráveis ou contrários.

Art. 985. Julgado o incidente, a tese jurídica será aplicada:

I - a todos os processos individuais ou coletivos que versem sobre idêntica questão de direito e que tramitem na área de jurisdição do respectivo tribunal, inclusive àqueles que tramitem nos juizados especiais do respectivo Estado ou região;

II - aos casos futuros que versem idêntica questão de direito e que venham a tramitar no território de competência do tribunal, salvo revisão na forma do art. 986.

§ 1º Não observada a tese adotada no incidente, caberá reclamação.

§ 2º Se o incidente tiver por objeto questão relativa a prestação de serviço concedido, permitido ou autorizado, o resultado do julgamento será comunicado ao órgão, ao ente ou à agência reguladora competente para fiscalização da efetiva aplicação, por parte dos entes sujeitos a regulação, da tese adotada.

Art. 986. A revisão da tese jurídica firmada no incidente far-se-á pelo mesmo tribunal, de ofício ou mediante requerimento dos legitimados mencionados no art. 977, inciso III.

Art. 987. Do julgamento do mérito do incidente caberá recurso extraordinário ou especial, conforme o caso.

§ 1º O recurso tem efeito suspensivo, presumindo-se a repercussão geral de questão constitucional eventualmente discutida.

§ 2º Apreciado o mérito do recurso, a tese jurídica adotada pelo Supremo Tribunal Federal ou pelo Superior Tribunal de Justiça será aplicada no território nacional a todos os processos individuais ou coletivos que versem sobre idêntica questão de direito.

CAPÍTULO IX – DA RECLAMAÇÃO

Art. 988. Caberá reclamação da parte interessada ou do Ministério Público para:

I - preservar a competência do tribunal;

II - garantir a autoridade das decisões do tribunal;

III - garantir a observância de enunciado de súmula vinculante e de decisão do Supremo Tribunal Federal em controle concentrado de constitucionalidade;

› *Inciso com redação dada pela Lei nº 13.256, de 4/2/2016, em vigor no início da vigência da Lei nº 13.105, de 16/3/2015*

IV - garantir a observância de acórdão proferido em julgamento de incidente de resolução de demandas repetitivas ou de incidente de assunção de competência;

› *Inciso com redação dada pela Lei nº 13.256, de 4/2/2016, em vigor no início da vigência da Lei nº 13.105, de 16/3/2015*

§ 1º A reclamação pode ser proposta perante qualquer tribunal, e seu julgamento compete ao órgão jurisdicional cuja competência se busca preservar ou cuja autoridade se pretenda garantir.

§ 2º A reclamação deverá ser instruída com prova documental e dirigida ao presidente do tribunal.

§ 3º Assim que recebida, a reclamação será autuada e distribuída ao relator do processo principal, sempre que possível.

§ 4º As hipóteses dos incisos III e IV compreendem a aplicação indevida da tese jurídica e sua não aplicação aos casos que a ela correspondam.

§ 5º É inadmissível a reclamação:

› *"Caput" do parágrafo com redação dada pela Lei nº 13.256, de 4/2/2016, em vigor no início da vigência da Lei nº 13.105, de 16/3/2015*

I - proposta após o trânsito em julgado da decisão reclamada;

› *Inciso acrescido pela Lei nº 13.256, de 4/2/2016, em vigor no início da vigência da Lei nº 13.105, de 16/3/2015*

II - proposta para garantir a observância de acórdão de recurso extraordinário com repercussão geral reconhecida ou de acórdão proferido em julgamento de recursos extraordinário ou especial repetitivos, quando não esgotadas as instâncias ordinárias.

› *Inciso acrescido pela Lei nº 13.256, de 4/2/2016, em vigor no início da vigência da Lei nº 13.105, de 16/3/2015*

§ 6º A inadmissibilidade ou o julgamento do recurso interposto contra a decisão proferida pelo órgão reclamado não prejudica a reclamação.

Art. 989. Ao despachar a reclamação, o relator:

I - requisitará informações da autoridade a quem for imputada a prática do ato impugnado, que as prestará no prazo de 10 (dez) dias;

II - se necessário, ordenará a suspensão do processo ou do ato impugnado para evitar dano irreparável;

III - determinará a citação do beneficiário da decisão impugnada, que terá prazo de 15 (quinze) dias para apresentar a sua contestação.

Art. 990. Qualquer interessado poderá impugnar o pedido do reclamante.

Art. 991. Na reclamação que não houver formulado, o Ministério Público terá vista do processo por 5 (cinco) dias, após o decurso do prazo para informações e para o oferecimento da contestação pelo beneficiário do ato impugnado.

Art. 992. Julgando procedente a reclamação, o tribunal cassará a decisão exorbitante de seu julgado ou determinará medida adequada à solução da controvérsia.

Art. 993. O presidente do tribunal determinará o imediato cumprimento da decisão, lavrando-se o acórdão posteriormente.

TÍTULO II – DOS RECURSOS

CAPÍTULO I – DISPOSIÇÕES GERAIS

Art. 994. São cabíveis os seguintes recursos:

I - apelação;

II - agravo de instrumento;

III - agravo interno;

IV - embargos de declaração;

V - recurso ordinário;

VI - recurso especial;

VII - recurso extraordinário;

VIII - agravo em recurso especial ou extraordinário;

IX - embargos de divergência.

Art. 995. Os recursos não impedem a eficácia da decisão, salvo disposição legal ou decisão judicial em sentido diverso.

Parágrafo único. A eficácia da decisão recorrida poderá ser suspensa por decisão do relator, se da imediata produção de seus efeitos houver risco de dano grave, de difícil ou impossível reparação, e ficar demonstrada a probabilidade de provimento do recurso.

Art. 996. O recurso pode ser interposto pela parte vencida, pelo terceiro prejudicado e pelo Ministério Público, como parte ou como fiscal da ordem jurídica.

Parágrafo único. Cumpre ao terceiro demonstrar a possibilidade de a decisão sobre a relação jurídica submetida à apreciação judicial atingir direito de que se afirme titular ou que possa discutir em juízo como substituto processual.

Art. 997. Cada parte interporá o recurso independentemente, no prazo e com observância das exigências legais.

§ 1º Sendo vencidos autor e réu, ao recurso interposto por qualquer deles poderá aderir o outro.

§ 2º O recurso adesivo fica subordinado ao recurso independente, sendo-lhe aplicáveis as mesmas regras deste quanto aos requisitos de admissibilidade e julgamento no tribunal, salvo disposição legal diversa, observado, ainda, o seguinte:

I - será dirigido ao órgão perante o qual o recurso independente fora interposto, no prazo de que a parte dispõe para responder;

II - será admissível na apelação, no recurso extraordinário e no recurso especial;

III - não será conhecido, se houver desistência do recurso principal ou se for ele considerado inadmissível.

Art. 998. O recorrente poderá, a qualquer tempo, sem a anuência do recorrido ou dos litisconsortes, desistir do recurso.

Parágrafo único. A desistência do recurso não impede a análise de questão cuja repercussão geral já tenha sido reconhecida e daquela objeto de julgamento de recursos extraordinários ou especiais repetitivos.

Art. 999. A renúncia ao direito de recorrer independe da aceitação da outra parte.

Art. 1.000. A parte que aceitar expressa ou tacitamente a decisão não poderá recorrer.

Parágrafo único. Considera-se aceitação tácita a prática, sem nenhuma reserva, de ato incompatível com a vontade de recorrer.

Art. 1.001. Dos despachos não cabe recurso.

Art. 1.002. A decisão pode ser impugnada no todo ou em parte.

Art. 1.003. O prazo para interposição de recurso conta-se da data em que os advogados, a sociedade de advogados, a Advocacia Pública, a Defensoria Pública ou o Ministério Público são intimados da decisão.

§ 1º Os sujeitos previstos no *caput* considerar-se-ão intimados em audiência quando nesta for proferida a decisão.

§ 2º Aplica-se o disposto no art. 231, incisos I a VI, ao prazo de interposição de recurso pelo réu contra decisão proferida anteriormente à citação.

§ 3º No prazo para interposição de recurso, a petição será protocolada em cartório ou conforme as normas de organização judiciária, ressalvado o disposto em regra especial.

§ 4º Para aferição da tempestividade do recurso remetido pelo correio, será considerada como data de interposição a data de postagem.

§ 5º Excetuados os embargos de declaração, o prazo para interpor os recursos e para responder-lhes é de 15 (quinze) dias.

§ 6º O recorrente comprovará a ocorrência de feriado local no ato de interposição do recurso.

Art. 1.004. Se, durante o prazo para a interposição do recurso, sobrevier o falecimento da parte ou de seu advogado ou ocorrer motivo de força maior que suspenda o curso do processo, será tal prazo restituído em proveito da parte, do herdeiro ou do sucessor, contra quem começará a correr novamente depois da intimação.

Art. 1.005. O recurso interposto por um dos litisconsortes a todos aproveita, salvo se distintos ou opostos os seus interesses.

Parágrafo único. Havendo solidariedade passiva, o recurso interposto por um devedor aproveitará aos outros quando as defesas opostas ao credor lhes forem comuns.

Art. 1.006. Certificado o trânsito em julgado, com menção expressa da data de sua ocorrência, o escrivão ou o chefe de secretaria, independentemente de despacho, providenciará a baixa dos autos ao juízo de origem, no prazo de 5 (cinco) dias.

Art. 1.007. No ato de interposição do recurso, o recorrente comprovará, quando exigido pela legislação pertinente, o respectivo preparo, inclusive porte de remessa e de retorno, sob pena de deserção.

§ 1º São dispensados de preparo, inclusive porte de remessa e de retorno, os recursos interpostos pelo Ministério Público, pela União, pelo Distrito Federal, pelos Estados, pelos Municípios, e respectivas autarquias, e pelos que gozam de isenção legal.

§ 2º A insuficiência no valor do preparo, inclusive porte de remessa e de retorno, implicará deserção se o recorrente, intimado na pessoa de seu advogado, não vier a supri-lo no prazo de 5 (cinco) dias.

§ 3º É dispensado o recolhimento do porte de remessa e de retorno no processo em autos eletrônicos.

§ 4º O recorrente que não comprovar, no ato de interposição do recurso, o recolhimento do preparo, inclusive porte de remessa e de retorno, será intimado, na pessoa de seu advogado, para realizar o recolhimento em dobro, sob pena de deserção.

§ 5º É vedada a complementação se houver insuficiência parcial do preparo, inclusive porte de remessa e de retorno, no recolhimento realizado na forma do § 4º.

§ 6º Provando o recorrente justo impedimento, o relator relevará a pena de deserção, por decisão irrecorrível, fixando-lhe prazo de 5 (cinco) dias para efetuar o preparo.

§ 7º O equívoco no preenchimento da guia de custas não implicará a aplicação da pena de deserção, cabendo ao relator, na hipótese de dúvida quanto ao recolhimento, intimar o recorrente para sanar o vício no prazo de 5 (cinco) dias.

Art. 1.008. O julgamento proferido pelo tribunal substituirá a decisão impugnada no que tiver sido objeto de recurso.

CAPÍTULO II – DA APELAÇÃO

Art. 1.009. Da sentença cabe apelação.

§ 1º As questões resolvidas na fase de conhecimento, se a decisão a seu respeito não comportar agravo de instrumento, não são cobertas pela preclusão e devem ser suscitadas em preliminar de apelação, eventualmente interposta contra a decisão final, ou nas contrarrazões.

§ 2º Se as questões referidas no § 1º forem suscitadas em contrarrazões, o recorrente será intimado para, em 15 (quinze) dias, manifestar-se a respeito delas.

§ 3º O disposto no *caput* deste artigo aplica-se mesmo quando as questões mencionadas no art. 1.015 integrarem capítulo da sentença.

Art. 1.010. A apelação, interposta por petição dirigida ao juízo de primeiro grau, conterá:

I - os nomes e a qualificação das partes;

II - a exposição do fato e do direito;

III - as razões do pedido de reforma ou de decretação de nulidade;

IV - o pedido de nova decisão.

§ 1º O apelado será intimado para apresentar contrarrazões no prazo de 15 (quinze) dias.

§ 2º Se o apelado interpuser apelação adesiva, o juiz intimará o apelante para apresentar contrarrazões.

§ 3º Após as formalidades previstas nos §§ 1º e 2º, os autos serão remetidos ao tribunal pelo juiz, independentemente de juízo de admissibilidade.

Art. 1.011. Recebido o recurso de apelação no tribunal e distribuído imediatamente, o relator:

I - decidi-lo-á monocraticamente apenas nas hipóteses do art. 932, incisos III a V;

II - se não for o caso de decisão monocrática, elaborará seu voto para julgamento do recurso pelo órgão colegiado.

Art. 1.012. A apelação terá efeito suspensivo.

§ 1º Além de outras hipóteses previstas em lei, começa a produzir efeitos imediatamente após a sua publicação a sentença que:

I - homologa divisão ou demarcação de terras;

II - condena a pagar alimentos;

III - extingue sem resolução do mérito ou julga improcedentes os embargos do executado;

IV - julga procedente o pedido de instituição de arbitragem;

V - confirma, concede ou revoga tutela provisória;

VI - decreta a interdição.

§ 2º Nos casos do § 1º, o apelado poderá promover o pedido de cumprimento provisório depois de publicada a sentença.

§ 3º O pedido de concessão de efeito suspensivo nas hipóteses do § 1º poderá ser formulado por requerimento dirigido ao:

I - tribunal, no período compreendido entre a interposição da apelação e sua distribuição, ficando o relator designado para seu exame prevento para julgá-la;

II - relator, se já distribuída a apelação.

§ 4º Nas hipóteses do § 1º, a eficácia da sentença poderá ser suspensa pelo relator se o apelante demonstrar a probabilidade de provimento do recurso ou se, sendo relevante a fundamentação, houver risco de dano grave ou de difícil reparação.

Art. 1.013. A apelação devolverá ao tribunal o conhecimento da matéria impugnada.

§ 1º Serão, porém, objeto de apreciação e julgamento pelo tribunal todas as questões suscitadas e discutidas no processo, ainda que não tenham sido solucionadas, desde que relativas ao capítulo impugnado.

§ 2º Quando o pedido ou a defesa tiver mais de um fundamento e o juiz acolher apenas um deles, a apelação devolverá ao tribunal o conhecimento dos demais.

§ 3º Se o processo estiver em condições de imediato julgamento, o tribunal deve decidir desde logo o mérito quando:

I - reformar sentença fundada no art. 485;

II - decretar a nulidade da sentença por não ser ela congruente com os limites do pedido ou da causa de pedir;

III - constatar a omissão no exame de um dos pedidos, hipótese em que poderá julgá-lo;

IV - decretar a nulidade de sentença por falta de fundamentação.

§ 4º Quando reformar sentença que reconheça a decadência ou a prescrição, o tribunal, se possível, julgará o mérito, examinando as demais questões, sem determinar o retorno do processo ao juízo de primeiro grau.

§ 5º O capítulo da sentença que confirma, concede ou revoga a tutela provisória é impugnável na apelação.

Art. 1.014. As questões de fato não propostas no juízo inferior poderão ser suscitadas na apelação, se a parte provar que deixou de fazê-lo por motivo de força maior.

CAPÍTULO III – DO AGRAVO DE INSTRUMENTO

Art. 1.015. Cabe agravo de instrumento contra as decisões interlocutórias que versarem sobre:

I - tutelas provisórias;

II - mérito do processo;

III - rejeição da alegação de convenção de arbitragem;

IV - incidente de desconsideração da personalidade jurídica;

V - rejeição do pedido de gratuidade da justiça ou acolhimento do pedido de sua revogação;

VI - exibição ou posse de documento ou coisa;

VII - exclusão de litisconsorte;

VIII - rejeição do pedido de limitação do litisconsórcio;

IX - admissão ou inadmissão de intervenção de terceiros;

X - concessão, modificação ou revogação do efeito suspensivo aos embargos à execução;

XI - redistribuição do ônus da prova nos termos do art. 373, § 1º;

XII - (VETADO);

XIII - outros casos expressamente referidos em lei.

Parágrafo único. Também caberá agravo de instrumento contra decisões interlocutórias proferidas na fase de liquidação de sentença ou de cumprimento de sentença, no processo de execução e no processo de inventário.

- *Vide Enunciado 216, III Jornada de Direito Processual Civil do CJF*

Art. 1.016. O agravo de instrumento será dirigido diretamente ao tribunal competente, por meio de petição com os seguintes requisitos:

I - os nomes das partes;

II - a exposição do fato e do direito;

III - as razões do pedido de reforma ou de invalidação da decisão e o próprio pedido;

IV - o nome e o endereço completo dos advogados constantes do processo.

Art. 1.017. A petição de agravo de instrumento será instruída:

I - obrigatoriamente, com cópias da petição inicial, da contestação, da petição que ensejou a decisão agravada, da própria decisão agravada, da certidão da respectiva intimação ou outro documento oficial que comprove a tempestividade e das procurações outorgadas aos advogados do agravante e do agravado;

II - com declaração de inexistência de qualquer dos documentos referidos no inciso I, feita pelo advogado do agravante, sob pena de sua responsabilidade pessoal;

III - facultativamente, com outras peças que o agravante reputar úteis.

§ 1º Acompanhará a petição o comprovante do pagamento das respectivas custas e do porte de retorno, quando devidos, conforme tabela publicada pelos tribunais.

§ 2º No prazo do recurso, o agravo será interposto por:

I - protocolo realizado diretamente no tribunal competente para julgá-lo;

II - protocolo realizado na própria comarca, seção ou subseção judiciárias;

III - postagem, sob registro, com aviso de recebimento;

IV - transmissão de dados tipo fac-símile, nos termos da lei;

V - outra forma prevista em lei.

§ 3º Na falta da cópia de qualquer peça ou no caso de algum outro vício que comprometa a admissibilidade do agravo de instrumento, deve o relator aplicar o disposto no art. 932, parágrafo único.

§ 4º Se o recurso for interposto por sistema de transmissão de dados tipo fac-símile ou similar, as peças devem ser juntadas no momento de protocolo da petição original.

§ 5º Sendo eletrônicos os autos do processo, dispensam-se as peças referidas nos incisos I e II do *caput*, facultando-se ao agravante anexar outros documentos que entender úteis para a compreensão da controvérsia.

Art. 1.018. O agravante poderá requerer a juntada, aos autos do processo, de cópia da petição do agravo de instrumento, do comprovante de sua interposição e da relação dos documentos que instruíram o recurso.

§ 1º Se o juiz comunicar que reformou inteiramente a decisão, o relator considerará prejudicado o agravo de instrumento.

§ 2º Não sendo eletrônicos os autos, o agravante tomará a providência prevista no *caput*, no prazo de 3 (três) dias a contar da interposição do agravo de instrumento.

§ 3º O descumprimento da exigência de que trata o § 2º, desde que arguido e provado pelo agravado, importa inadmissibilidade do agravo de instrumento.

Art. 1.019. Recebido o agravo de instrumento no tribunal e distribuído imediatamente, se não for o caso de aplicação do art. 932, incisos III e IV, o relator, no prazo de 5 (cinco) dias:

I - poderá atribuir efeito suspensivo ao recurso ou deferir, em antecipação de tutela, total ou parcialmente, a pretensão recursal, comunicando ao juiz sua decisão;

II - ordenará a intimação do agravado pessoalmente, por carta com aviso de recebimento, quando não tiver procurador constituído, ou pelo Diário da Justiça ou por carta com aviso de recebimento dirigida ao seu advogado, para que responda no prazo de 15 (quinze) dias, facultando-lhe juntar a documentação que entender necessária ao julgamento do recurso;

III - determinará a intimação do Ministério Público, preferencialmente por meio eletrônico, quando for o caso de sua intervenção, para que se manifeste no prazo de 15 (quinze) dias.

Art. 1.020. O relator solicitará dia para julgamento em prazo não superior a 1 (um) mês da intimação do agravado.

CAPÍTULO IV – DO AGRAVO INTERNO

Art. 1.021. Contra decisão proferida pelo relator caberá agravo interno para o respectivo órgão colegiado, observadas, quanto ao processamento, as regras do regimento interno do tribunal.

§ 1º Na petição de agravo interno, o recorrente impugnará especificadamente os fundamentos da decisão agravada.

§ 2º O agravo será dirigido ao relator, que intimará o agravado para manifestar-se sobre o recurso no prazo de 15 (quinze) dias, ao final do qual, não havendo retratação, o relator levá-lo-á a julgamento pelo órgão colegiado, com inclusão em pauta.

§ 3º É vedado ao relator limitar-se à reprodução dos fundamentos da decisão agravada para julgar improcedente o agravo interno.

§ 4º Quando o agravo interno for declarado manifestamente inadmissível ou improcedente em votação unânime, o órgão colegiado, em decisão fundamentada, condenará o agravante a pagar ao agravado multa fixada entre um e cinco por cento do valor atualizado da causa.

§ 5º A interposição de qualquer outro recurso está condicionada ao depósito prévio do valor da multa prevista no § 4º, à exceção da Fazenda Pública e do beneficiário de gratuidade da justiça, que farão o pagamento ao final.

CAPÍTULO V – DOS EMBARGOS DE DECLARAÇÃO

Art. 1.022. Cabem embargos de declaração contra qualquer decisão judicial para:

I - esclarecer obscuridade ou eliminar contradição;

II - suprir omissão de ponto ou questão sobre o qual devia se pronunciar o juiz de ofício ou a requerimento;

III - corrigir erro material.

Parágrafo único. Considera-se omissa a decisão que:

I - deixe de se manifestar sobre tese firmada em julgamento de casos repetitivos ou em incidente de assunção de competência aplicável ao caso sob julgamento;

II - incorra em qualquer das condutas descritas no art. 489, § 1º.

Art. 1.023. Os embargos serão opostos, no prazo de 5 (cinco) dias, em petição dirigida ao juiz, com indicação do erro, obscuridade, contradição ou omissão, e não se sujeitam a preparo.

§ 1º Aplica-se aos embargos de declaração o art. 229.

§ 2º O juiz intimará o embargado para, querendo, manifestar-se, no prazo de 5 (cinco) dias, sobre os embargos opostos, caso seu eventual acolhimento implique a modificação da decisão embargada.

Art. 1.024. O juiz julgará os embargos em 5 (cinco) dias.

§ 1º Nos tribunais, o relator apresentará os embargos em mesa na sessão subsequente, proferindo voto, e, não havendo julgamento nessa sessão, será o recurso incluído em pauta automaticamente.

§ 2º Quando os embargos de declaração forem opostos contra decisão de relator ou outra decisão unipessoal proferida em tribunal, o órgão prolator da decisão embargada decidi-los-á monocraticamente.

§ 3º O órgão julgador conhecerá dos embargos de declaração como agravo interno se entender ser este o recurso cabível, desde que determine previamente a intimação do recorrente para, no prazo de 5 (cinco) dias, complementar as razões recursais, de modo a ajustá-las às exigências do art. 1.021, § 1º.

§ 4º Caso o acolhimento dos embargos de declaração implique modificação da decisão embargada, o embargado que já tiver interposto outro recurso contra a decisão originária tem o direito de complementar ou alterar suas razões, nos exatos limites da modificação, no prazo de 15 (quinze) dias, contado da intimação da decisão dos embargos de declaração.

§ 5º Se os embargos de declaração forem rejeitados ou não alterarem a conclusão do julgamento anterior, o recurso interposto pela outra parte antes da publicação do julgamento dos embargos de declaração será processado e julgado independentemente de ratificação.

Art. 1.025. Consideram-se incluídos no acórdão os elementos que o embargante suscitou, para fins de pré-questionamento, ainda que os embargos de declaração sejam inadmitidos ou rejeitados, caso o tribunal superior considere existentes erro, omissão, contradição ou obscuridade.

Art. 1.026. Os embargos de declaração não possuem efeito suspensivo e interrompem o prazo para a interposição de recurso.

§ 1º A eficácia da decisão monocrática ou colegiada poderá ser suspensa pelo respectivo juiz ou relator se demonstrada a probabilidade de provimento do recurso ou, sendo relevante a fundamentação, se houver risco de dano grave ou de difícil reparação.

§ 2º Quando manifestamente protelatórios os embargos de declaração, o juiz ou o tribunal, em decisão fundamentada, condenará o embargante a pagar ao embargado multa não excedente a dois por cento sobre o valor atualizado da causa.

§ 3º Na reiteração de embargos de declaração manifestamente protelatórios, a multa será elevada a até dez por cento sobre o valor atualizado da causa, e a interposição de qualquer recurso ficará condicionada ao depósito prévio do valor da multa, à exceção da Fazenda Pública e do beneficiário de gratuidade da justiça, que a recolherão ao final.

§ 4º Não serão admitidos novos embargos de declaração se os 2 (dois) anteriores houverem sido considerados protelatórios.

CAPÍTULO VI – DOS RECURSOS PARA O SUPREMO TRIBUNAL FEDERAL E PARA O SUPERIOR TRIBUNAL DE JUSTIÇA

SEÇÃO I – DO RECURSO ORDINÁRIO

Art. 1.027. Serão julgados em recurso ordinário:

I - pelo Supremo Tribunal Federal, os mandados de segurança, os habeas data e os mandados de injunção decididos em única instância pelos tribunais superiores, quando denegatória a decisão;

II - pelo Superior Tribunal de Justiça:

a) os mandados de segurança decididos em única instância pelos tribunais regionais federais ou pelos tribunais de justiça dos Estados e do Distrito Federal e Territórios, quando denegatória a decisão;

b) os processos em que forem partes, de um lado, Estado estrangeiro ou organismo internacional e, de outro, Município ou pessoa residente ou domiciliada no País.

§ 1º Nos processos referidos no inciso II, alínea "b", contra as decisões interlocutórias caberá agravo de instrumento dirigido ao Superior Tribunal de Justiça, nas hipóteses do art. 1.015.

§ 2º Aplica-se ao recurso ordinário o disposto nos arts. 1.013, § 3º, e 1.029, § 5º.

Art. 1.028. Ao recurso mencionado no art. 1.027, inciso II, alínea "b", aplicam-se, quanto aos requisitos de admissibilidade e ao procedimento, as disposições relativas à apelação e o Regimento Interno do Superior Tribunal de Justiça.

§ 1º Na hipótese do art. 1.027, § 1º, aplicam-se as disposições relativas ao agravo de instrumento e o Regimento Interno do Superior Tribunal de Justiça.

§ 2º O recurso previsto no art. 1.027, incisos I e II, alínea "a", deve ser interposto perante o tribunal de origem, cabendo ao seu presidente ou vice-presidente determinar a intimação do recorrido para, em 15 (quinze) dias, apresentar as contrarrazões.

§ 3º Findo o prazo referido no § 2º, os autos serão remetidos ao respectivo tribunal superior, independentemente de juízo de admissibilidade.

SEÇÃO II – DO RECURSO EXTRAORDINÁRIO E DO RECURSO ESPECIAL

SUBSEÇÃO I – DISPOSIÇÕES GERAIS

Art. 1.029. O recurso extraordinário e o recurso especial, nos casos previstos na Constituição Federal, serão interpostos perante o presidente ou o vice-presidente do tribunal recorrido, em petições distintas que conterão:

I - a exposição do fato e do direito;

II - a demonstração do cabimento do recurso interposto;

III - as razões do pedido de reforma ou de invalidação da decisão recorrida.

§ 1º Quando o recurso fundar-se em dissídio jurisprudencial, o recorrente fará a prova da divergência com a certidão, cópia ou citação do repositório de jurisprudência, oficial ou credenciado, inclusive em mídia eletrônica, em que houver sido publicado o acórdão divergente, ou ainda com a reprodução de julgado disponível na rede mundial de computadores, com indicação da respectiva fonte, devendo-se, em qualquer caso, mencionar as circunstâncias que identifiquem ou assemelhem os casos confrontados.

§ 2º *(Revogado pela Lei nº 13.256, de 4/2/2016, em vigor no início da vigência da Lei nº 13.105, de 16/3/2015)*

§ 3º O Supremo Tribunal Federal ou o Superior Tribunal de Justiça poderá desconsiderar vício formal de recurso tempestivo ou determinar sua correção, desde que não o repute grave.

§ 4º Quando, por ocasião do processamento do incidente de resolução de demandas repetitivas, o presidente do Supremo Tribunal Federal ou do Superior Tribunal de Justiça receber requerimento de suspensão de processos em que se discuta questão federal constitucional ou infraconstitucional, poderá, considerando razões de segurança jurídica ou de excepcional interesse social, estender a suspensão a todo o território nacional, até ulterior decisão do recurso extraordinário ou do recurso especial a ser interposto.

§ 5º O pedido de concessão de efeito suspensivo a recurso extraordinário ou a recurso especial poderá ser formulado por requerimento dirigido:

I - ao tribunal superior respectivo, no período compreendido entre a publicação da decisão de admissão do recurso e sua distribuição, ficando o relator designado para seu exame prevento para julgá-lo;

› *Inciso com redação dada pela Lei nº 13.256, de 4/2/2016, em vigor no início da vigência da Lei nº 13.105, de 16/3/2015*

II - ao relator, se já distribuído o recurso;

III - ao presidente ou ao vice-presidente do tribunal recorrido, no período compreendido entre a interposição do recurso e a publicação da decisão de admissão do recurso, assim como no caso de o recurso ter sido sobrestado, nos termos do art. 1.037.

› *Inciso com redação dada pela Lei nº 13.256, de 4/2/2016, em vigor no início da vigência da Lei nº 13.105, de 16/3/2015*

Art. 1.030. Recebida a petição do recurso pela secretaria do tribunal, o recorrido será intimado para apresentar contrarrazões no prazo de 15 (quinze) dias, findo o qual os autos serão conclusos ao presidente ou ao vice-presidente do tribunal recorrido, que deverá:

› *"Caput" do artigo com redação dada pela Lei nº 13.256, de 4/2/2016, em vigor no início da vigência da Lei nº 13.105, de 16/3/2015*

I - negar seguimento:

a) a recurso extraordinário que discuta questão constitucional à qual o Supremo Tribunal Federal não tenha reconhecido a existência de repercussão geral ou a recurso extraordinário interposto contra acórdão que esteja em conformidade com entendimento do Supremo Tribunal Federal exarado no regime de repercussão geral;

b) a recurso extraordinário ou a recurso especial interposto contra acórdão que esteja em conformidade com entendimento do Supremo Tribunal Federal ou do Superior Tribunal de Justiça, respectivamente, exarado no regime de julgamento de recursos repetitivos;

› *Inciso acrescido pela Lei nº 13.256, de 4/2/2016, em vigor no início da vigência da Lei nº 13.105, de 16/3/2015*

II - encaminhar o processo ao órgão julgador para realização do juízo de retratação, se o acórdão recorrido divergir do entendimento do Supremo Tribunal Federal ou do Superior Tribunal de Justiça exarado, conforme o caso, nos regimes de repercussão geral ou de recursos repetitivos;

› *Inciso acrescido pela Lei nº 13.256, de 4/2/2016, em vigor no início da vigência da Lei nº 13.105, de 16/3/2015*

III - sobrestar o recurso que versar sobre controvérsia de caráter repetitivo ainda não decidida pelo Supremo Tribunal Federal ou pelo Superior Tribunal de Justiça, conforme se trate de matéria constitucional ou infraconstitucional;

› *Inciso acrescido pela Lei nº 13.256, de 4/2/2016, em vigor no início da vigência da Lei nº 13.105, de 16/3/2015*

IV - selecionar o recurso como representativo de controvérsia constitucional ou infraconstitucional, nos termos do § 6º do art. 1.036;

› *Inciso acrescido pela Lei nº 13.256, de 4/2/2016, em vigor no início da vigência da Lei nº 13.105, de 16/3/2015*

V - realizar o juízo de admissibilidade e, se positivo, remeter o feito ao Supremo Tribunal Federal ou ao Superior Tribunal de Justiça, desde que:

a) o recurso ainda não tenha sido submetido ao regime de repercussão geral ou de julgamento de recursos repetitivos;

b) o recurso tenha sido selecionado como representativo da controvérsia; ou

c) o tribunal recorrido tenha refutado o juízo de retratação.

› *Inciso acrescido pela Lei nº 13.256, de 4/2/2016, em vigor no início da vigência da Lei nº 13.105, de 16/3/2015*

§ 1º Da decisão de inadmissibilidade proferida com fundamento no inciso V caberá agravo ao tribunal superior, nos termos do art. 1.042.

› *Parágrafo único transformado em § 1º e com redação dada pela Lei nº 13.256, de 4/2/2016, em vigor no início da vigência da Lei nº 13.105, de 16/3/2015*

§ 2º Da decisão proferida com fundamento nos incisos I e III caberá agravo interno, nos termos do art. 1.021.

› *Parágrafo acrescido pela Lei nº 13.256, de 4/2/2016, em vigor no início da vigência da Lei nº 13.105, de 16/3/2015*

Art. 1.031. Na hipótese de interposição conjunta de recurso extraordinário e recurso especial, os autos serão remetidos ao Superior Tribunal de Justiça.

§ 1º Concluído o julgamento do recurso especial, os autos serão remetidos ao Supremo Tribunal Federal para apreciação do recurso extraordinário, se este não estiver prejudicado.

§ 2º Se o relator do recurso especial considerar prejudicial o recurso extraordinário, em decisão irrecorrível, sobrestará o julgamento e remeterá os autos ao Supremo Tribunal Federal.

§ 3º Na hipótese do § 2º, se o relator do recurso extraordinário, em decisão irrecorrível, rejeitar a prejudicialidade, devolverá os autos ao Superior Tribunal de Justiça para o julgamento do recurso especial.

Art. 1.032. Se o relator, no Superior Tribunal de Justiça, entender que o recurso especial versa sobre questão constitucional, deverá conceder prazo de 15 (quinze) dias para que o recorrente demonstre a existência de repercussão geral e se manifeste sobre a questão constitucional.

Parágrafo único. Cumprida a diligência de que trata o *caput*, o relator remeterá o recurso ao Supremo Tribunal Federal, que, em juízo de admissibilidade, poderá devolvê-lo ao Superior Tribunal de Justiça.

Art. 1.033. Se o Supremo Tribunal Federal considerar como reflexa a ofensa à Constituição afirmada no recurso extraordinário, por pressupor a revisão da interpretação de lei federal ou de tratado, remetê-lo-á ao Superior Tribunal de Justiça para julgamento como recurso especial.

Art. 1.034. Admitido o recurso extraordinário ou o recurso especial, o Supremo Tribunal Federal ou o Superior Tribunal de Justiça julgará o processo, aplicando o direito.

Parágrafo único. Admitido o recurso extraordinário ou o recurso especial por um fundamento, devolve-se ao tribunal superior o conhecimento dos demais fundamentos para a solução do capítulo impugnado.

Art. 1.035. O Supremo Tribunal Federal, em decisão irrecorrível, não conhecerá do recurso extraordinário quando a questão constitucional nele versada não tiver repercussão geral, nos termos deste artigo.

§ 1º Para efeito de repercussão geral, será considerada a existência ou não de questões relevantes do ponto de vista econômico, político, social ou jurídico que ultrapassem os interesses subjetivos do processo.

§ 2º O recorrente deverá demonstrar a existência de repercussão geral para apreciação exclusiva pelo Supremo Tribunal Federal.

§ 3º Haverá repercussão geral sempre que o recurso impugnar acórdão que:

I - contrarie súmula ou jurisprudência dominante do Supremo Tribunal Federal;

II – *(Revogado pela Lei nº 13.256, de 4/2/2016, em vigor no início da vigência da Lei nº 13.105, de 16/3/2015)*

III - tenha reconhecido a inconstitucionalidade de tratado ou de lei federal, nos termos do art. 97 da Constituição Federal.

§ 4º O relator poderá admitir, na análise da repercussão geral, a manifestação de terceiros, subscrita por procurador habilitado, nos termos do Regimento Interno do Supremo Tribunal Federal.

§ 5º Reconhecida a repercussão geral, o relator no Supremo Tribunal Federal determinará a suspensão do processamento de todos os processos pendentes, individuais ou coletivos, que versem sobre a questão e tramitem no território nacional.

§ 6º O interessado pode requerer, ao presidente ou ao vice-presidente do tribunal de origem, que exclua da decisão de sobrestamento e inadmita o recurso extraordinário que tenha sido interposto intempestivamente, tendo o recorrente o prazo de 5 (cinco) dias para manifestar-se sobre esse requerimento.

§ 7º Da decisão que indeferir o requerimento referido no § 6º ou que aplicar entendimento firmado em regime de repercussão geral ou em julgamento de recursos repetitivos caberá agravo interno.

› *Parágrafo com redação dada pela Lei nº 13.256, de 4/2/2016, em vigor no início da vigência da Lei nº 13.105, de 16/3/2015*

§ 8º Negada a repercussão geral, o presidente ou o vice-presidente do tribunal de origem negará seguimento aos recursos extraordinários sobrestados na origem que versem sobre matéria idêntica.

§ 9º O recurso que tiver a repercussão geral reconhecida deverá ser julgado no prazo de 1 (um) ano e terá preferência sobre os demais feitos, ressalvados os que envolvam réu preso e os pedidos de *habeas corpus*.

§ 10. *(Revogado pela Lei nº 13.256, de 4/2/2016, em vigor no início da vigência da Lei nº 13.105, de 16/3/2015)*

§ 11. A súmula da decisão sobre a repercussão geral constará de ata, que será publicada no diário oficial e valerá como acórdão.

SUBSEÇÃO II – DO JULGAMENTO DOS RECURSOS EXTRAORDINÁRIO E ESPECIAL REPETITIVOS

Art. 1.036. Sempre que houver multiplicidade de recursos extraordinários ou especiais com fundamento em idêntica questão de direito, haverá afetação para julgamento de acordo com as disposições desta Subseção, observado o disposto no Regimento Interno do Supremo Tribunal Federal e no do Superior Tribunal de Justiça.

§ 1º O presidente ou o vice-presidente de tribunal de justiça ou de tribunal regional federal selecionará 2 (dois) ou mais recursos representativos da controvérsia, que serão encaminhados ao Supremo Tribunal Federal ou ao Superior Tribunal de Justiça para fins de afetação, determinando a suspensão do trâmite de todos os processos pendentes, individuais ou coletivos, que tramitem no Estado ou na região, conforme o caso.

§ 2º O interessado pode requerer, ao presidente ou ao vice-presidente, que exclua da decisão de sobrestamento e inadmita o recurso especial ou o recurso extraordinário que tenha sido interposto intempestivamente, tendo o recorrente o prazo de 5 (cinco) dias para manifestar-se sobre esse requerimento.

§ 3º Da decisão que indeferir o requerimento referido no § 2º caberá apenas agravo interno.

› *Parágrafo com redação dada pela Lei nº 13.256, de 4/2/2016, em vigor no início da vigência da Lei nº 13.105, de 16/3/2015*

§ 4º A escolha feita pelo presidente ou vice-presidente do tribunal de justiça ou do tribunal regional federal não vinculará o relator no tribunal superior, que poderá selecionar outros recursos representativos da controvérsia.

§ 5º O relator em tribunal superior também poderá selecionar 2 (dois) ou mais recursos representativos da controvérsia para julgamento da questão de direito independentemente da iniciativa do presidente ou do vice-presidente do tribunal de origem.

§ 6º Somente podem ser selecionados recursos admissíveis que contenham abrangente argumentação e discussão a respeito da questão a ser decidida.

Art. 1.037. Selecionados os recursos, o relator, no tribunal superior, constatando a presença do pressuposto do *caput* do art. 1.036, proferirá decisão de afetação, na qual:

I - identificará com precisão a questão a ser submetida a julgamento;

II - determinará a suspensão do processamento de todos os processos pendentes, individuais ou coletivos, que versem sobre a questão e tramitem no território nacional;

III - poderá requisitar aos presidentes ou aos vice-presidentes dos tribunais de justiça ou dos tribunais regionais federais a remessa de um recurso representativo da controvérsia.

§ 1º Se, após receber os recursos selecionados pelo presidente ou pelo vice-presidente de tribunal de justiça ou de tribunal regional federal, não se proceder à afetação, o relator, no tribunal superior, comunicará o fato ao presidente ou ao vice-presidente que os houver enviado, para que seja revogada a decisão de suspensão referida no art. 1.036, § 1º.

§ 2º *(Revogado pela Lei nº 13.256, de 4/2/2016, em vigor no início da vigência da Lei nº 13.105, de 16/3/2015)*

§ 3º Havendo mais de uma afetação, será prevento o relator que primeiro tiver proferido a decisão a que se refere o inciso I do *caput*.

§ 4º Os recursos afetados deverão ser julgados no prazo de 1 (um) ano e terão preferência sobre os demais feitos, ressalvados os que envolvam réu preso e os pedidos de *habeas corpus*.

§ 5º *(Revogado pela Lei nº 13.256, de 4/2/2016, em vigor no início da vigência da Lei nº 13.105, de 16/3/2015)*

§ 6º Ocorrendo a hipótese do § 5º, é permitido a outro relator do respectivo tribunal superior afetar 2 (dois) ou mais recursos representativos da controvérsia na forma do art. 1.036.

§ 7º Quando os recursos requisitados na forma do inciso III do *caput* contiverem outras questões além daquela que é objeto da afetação, caberá ao tribunal decidir esta em primeiro lugar e depois as demais, em acórdão específico para cada processo.

§ 8º As partes deverão ser intimadas da decisão de suspensão de seu processo, a ser proferida pelo respectivo juiz ou relator quando informado da decisão a que se refere o inciso II do *caput*.

§ 9º Demonstrando distinção entre a questão a ser decidida no processo e aquela a ser julgada no recurso especial ou extraordinário afetado, a parte poderá requerer o prosseguimento do seu processo.

§ 10. O requerimento a que se refere o § 9º será dirigido:

I - ao juiz, se o processo sobrestado estiver em primeiro grau;

II - ao relator, se o processo sobrestado estiver no tribunal de origem;

III - ao relator do acórdão recorrido, se for sobrestado recurso especial ou recurso extraordinário no tribunal de origem;

IV - ao relator, no tribunal superior, de recurso especial ou de recurso extraordinário cujo processamento houver sido sobrestado.

§ 11. A outra parte deverá ser ouvida sobre o requerimento a que se refere o § 9º, no prazo de 5 (cinco) dias.

§ 12. Reconhecida a distinção no caso:

I - dos incisos I, II e IV do § 10, o próprio juiz ou relator dará prosseguimento ao processo;

II - do inciso III do § 10, o relator comunicará a decisão ao presidente ou ao vice-presidente que houver determinado o sobrestamento, para que o recurso especial ou o recurso extraordinário seja encaminhado ao respectivo tribunal superior, na forma do art. 1.030, parágrafo único.

§ 13. Da decisão que resolver o requerimento a que se refere o § 9º caberá:

I - agravo de instrumento, se o processo estiver em primeiro grau;

II - agravo interno, se a decisão for de relator.

Art. 1.038. O relator poderá:

I - solicitar ou admitir manifestação de pessoas, órgãos ou entidades com interesse na controvérsia, considerando a relevância da matéria e consoante dispuser o regimento interno;

II - fixar data para, em audiência pública, ouvir depoimentos de pessoas com experiência e conhecimento na matéria, com a finalidade de instruir o procedimento;

III - requisitar informações aos tribunais inferiores a respeito da controvérsia e, cumprida a diligência, intimará o Ministério Público para manifestar-se.

§ 1º No caso do inciso III, os prazos respectivos são de 15 (quinze) dias, e os atos serão praticados, sempre que possível, por meio eletrônico.

§ 2º Transcorrido o prazo para o Ministério Público e remetida cópia do relatório aos demais ministros, haverá inclusão em pauta, devendo ocorrer o julgamento com preferência sobre os demais feitos, ressalvados os que envolvam réu preso e os pedidos de *habeas corpus*.

§ 3º O conteúdo do acórdão abrangerá a análise dos fundamentos relevantes da tese jurídica discutida.

› *Parágrafo com redação dada pela Lei nº 13.256, de 4/2/2016*

Art. 1.039. Decididos os recursos afetados, os órgãos colegiados declararão prejudicados os demais recursos versando sobre idêntica controvérsia ou os decidirão aplicando a tese firmada.

Parágrafo único. Negada a existência de repercussão geral no recurso extraordinário afetado, serão considerados automaticamente inadmitidos os recursos extraordinários cujo processamento tenha sido sobrestado.

Art. 1.040. Publicado o acórdão paradigma:

I - o presidente ou o vice-presidente do tribunal de origem negará seguimento aos recursos especiais ou extraordinários sobrestados na origem, se o acórdão recorrido coincidir com a orientação do tribunal superior;

II - o órgão que proferiu o acórdão recorrido, na origem, reexaminará o processo de competência originária, a remessa necessária ou o recurso anteriormente julgado, se o acórdão recorrido contrariar a orientação do tribunal superior;

III - os processos suspensos em primeiro e segundo graus de jurisdição retomarão o curso para julgamento e aplicação da tese firmada pelo tribunal superior;

IV - se os recursos versarem sobre questão relativa a prestação de serviço público objeto de concessão, permissão ou autorização, o resultado do julgamento será comunicado ao órgão, ao ente ou à agência reguladora competente para fiscalização da efetiva aplicação, por parte dos entes sujeitos a regulação, da tese adotada.

§ 1º A parte poderá desistir da ação em curso no primeiro grau de jurisdição, antes de proferida a sentença, se a questão nela discutida for idêntica à resolvida pelo recurso representativo da controvérsia.

§ 2º Se a desistência ocorrer antes de oferecida contestação, a parte ficará isenta do pagamento de custas e de honorários de sucumbência.

§ 3º A desistência apresentada nos termos do § 1º independe de consentimento do réu, ainda que apresentada contestação.

Art. 1.041. Mantido o acórdão divergente pelo tribunal de origem, o recurso especial ou extraordinário será remetido ao respectivo tribunal superior, na forma do art. 1.036, § 1º.

§ 1º Realizado o juízo de retratação, com alteração do acórdão divergente, o tribunal de origem, se for o caso, decidirá as demais questões ainda não decididas cujo enfrentamento se tornou necessário em decorrência da alteração.

§ 2º Quando ocorrer a hipótese do inciso II do *caput* do art. 1.040 e o recurso versar sobre outras questões, caberá ao presidente ou ao vice-presidente do tribunal recorrido, depois do reexame pelo órgão de origem e independentemente de ratificação do recurso, sendo positivo o juízo de admissibilidade, determinar a remessa do recurso ao tribunal superior para julgamento das demais questões.

› *Parágrafo com redação dada pela Lei nº 13.256, de 4/2/2016, em vigor no início da vigência da Lei nº 13.105, de 16/3/2015*

SEÇÃO III – DO AGRAVO EM RECURSO ESPECIAL E EM RECURSO EXTRAORDINÁRIO

Art. 1.042. Cabe agravo contra decisão do presidente ou do vice-presidente do tribunal recorrido que inadmitir recurso extraordinário ou recurso especial, salvo quando fundada na aplicação de entendimento firmado em regime de repercussão geral ou em julgamento de recursos repetitivos.

› *"Caput" do artigo com redação dada pela Lei nº 13.256, de 4/2/2016, em vigor no início da vigência da Lei nº 13.105, de 16/3/2015*

I a III – *(Revogados pela Lei nº 13.256, de 4/2/2016, em vigor no início da vigência da Lei nº 13.105, de 16/3/2015)*

§ 1º *(Revogado pela Lei nº 13.256, de 4/2/2016, em vigor no início da vigência da Lei nº 13.105, de 16/3/2015)*

§ 2º A petição de agravo será dirigida ao presidente ou ao vice-presidente do tribunal de origem e independe do pagamento de custas e despesas postais, aplicando-se a ela o regime de repercussão geral e de recursos repetitivos, inclusive quanto à possibilidade de sobrestamento e do juízo de retratação.

› *Parágrafo com redação dada pela Lei nº 13.256, de 4/2/2016, em vigor no início da vigência da Lei nº 13.105, de 16/3/2015*

§ 3º O agravado será intimado, de imediato, para oferecer resposta no prazo de 15 (quinze) dias.

§ 4º Após o prazo de resposta, não havendo retratação, o agravo será remetido ao tribunal superior competente.

§ 5º O agravo poderá ser julgado, conforme o caso, conjuntamente com o recurso especial ou extraordinário, assegurada, neste caso, sustentação oral, observando-se, ainda, o disposto no regimento interno do tribunal respectivo.

§ 6º Na hipótese de interposição conjunta de recursos extraordinário e especial, o agravante deverá interpor um agravo para cada recurso não admitido.

§ 7º Havendo apenas um agravo, o recurso será remetido ao tribunal competente, e, havendo interposição conjunta, os autos serão remetidos ao Superior Tribunal de Justiça.

§ 8º Concluído o julgamento do agravo pelo Superior Tribunal de Justiça e, se for o caso, do recurso especial, independentemente de pedido, os autos serão remetidos ao Supremo Tribunal Federal para apreciação do agravo a ele dirigido, salvo se estiver prejudicado.

SEÇÃO IV – DOS EMBARGOS DE DIVERGÊNCIA

Art. 1.043. É embargável o acórdão de órgão fracionário que:

I - em recurso extraordinário ou em recurso especial, divergir do julgamento de qualquer outro órgão do mesmo tribunal, sendo os acórdãos, embargado e paradigma, de mérito;

II - *(Revogado pela Lei nº 13.256, de 4/2/2016, em vigor no início da vigência da Lei nº 13.105, de 16/3/2015)*

III - em recurso extraordinário ou em recurso especial, divergir do julgamento de qualquer outro órgão do mesmo tribunal, sendo um acórdão de mérito e outro que não tenha conhecido do recurso, embora tenha apreciado a controvérsia;

IV - *(Revogado pela Lei nº 13.256, de 4/2/2016, em vigor no início da vigência da Lei nº 13.105, de 16/3/2015)*

§ 1º Poderão ser confrontadas teses jurídicas contidas em julgamentos de recursos e de ações de competência originária.

§ 2º A divergência que autoriza a interposição de embargos de divergência pode verificar-se na aplicação do direito material ou do direito processual.

§ 3º Cabem embargos de divergência quando o acórdão paradigma for da mesma turma que proferiu a decisão embargada, desde que sua composição tenha sofrido alteração em mais da metade de seus membros.

§ 4º O recorrente provará a divergência com certidão, cópia ou citação de repositório oficial ou credenciado de jurisprudência, inclusive em mídia eletrônica, onde foi publicado o acórdão divergente, ou com a reprodução de julgado disponível na rede mundial de computadores, indicando a respectiva fonte, e mencionará as circunstâncias que identificam ou assemelham os casos confrontados.

§ 5º *(Revogado pela Lei nº 13.256, de 4/2/2016, em vigor no início da vigência da Lei nº 13.105, de 16/3/2015)*

Art. 1.044. No recurso de embargos de divergência, será observado o procedimento estabelecido no regimento interno do respectivo tribunal superior.

§ 1º A interposição de embargos de divergência no Superior Tribunal de Justiça interrompe o prazo para interposição de recurso extraordinário por qualquer das partes.

§ 2º Se os embargos de divergência forem desprovidos ou não alterarem a conclusão do julgamento anterior, o recurso extraordinário interposto pela outra parte antes da publicação do julgamento dos embargos de divergência será processado e julgado independentemente de ratificação.

LIVRO COMPLEMENTAR – DISPOSIÇÕES FINAIS E TRANSITÓRIAS

Art. 1.045. Este Código entra em vigor após decorrido 1 (um) ano da data de sua publicação oficial.

Art. 1.046. Ao entrar em vigor este Código, suas disposições se aplicarão desde logo aos processos pendentes, ficando revogada a Lei nº 5.869, de 11 de janeiro de 1973.

§ 1º As disposições da Lei nº 5.869, de 11 de janeiro de 1973, relativas ao procedimento sumário e aos procedimentos especiais que forem revogadas aplicar-se-ão às ações propostas e não sentenciadas até o início da vigência deste Código.

§ 2º Permanecem em vigor as disposições especiais dos procedimentos regulados em outras leis, aos quais se aplicará supletivamente este Código.

§ 3º Os processos mencionados no art. 1.218 da Lei nº 5.869, de 11 de janeiro de 1973, cujo procedimento ainda não tenha sido incorporado por lei submetem-se ao procedimento comum previsto neste Código.

§ 4º As remissões a disposições do Código de Processo Civil revogado, existentes em outras leis, passam a referir-se às que lhes são correspondentes neste Código.

§ 5º A primeira lista de processos para julgamento em ordem cronológica observará a antiguidade da distribuição entre os já conclusos na data da entrada em vigor deste Código.

Art. 1.047. As disposições de direito probatório adotadas neste Código aplicam-se apenas às provas requeridas ou determinadas de ofício a partir da data de início de sua vigência.

Art. 1.048. Terão prioridade de tramitação, em qualquer juízo ou tribunal, os procedimentos judiciais:

I - em que figure como parte ou interessado pessoa com idade igual ou superior a 60 (sessenta) anos ou portadora de doença grave, assim compreendida qualquer das enumeradas no art. 6º, inciso XIV, da Lei nº 7.713, de 22 de dezembro de 1988;

II - regulados pela Lei nº 8.069, de 13 de julho de 1990 (Estatuto da Criança e do Adolescente);

III - em que figure como parte a vítima de violência doméstica e familiar, nos termos da Lei nº 11.340, de 7 de agosto de 2006 (Lei Maria da Penha);

› *Inciso acrescido pela Lei nº 13.894, de 29/10/2019*

IV - em que se discuta a aplicação do disposto nas normas gerais de licitação e contratação a que se refere o inciso XXVII do *caput* do art. 22 da Constituição Federal.

› *Inciso acrescido pela Lei nº 14.133, de 1º/4/2021*

§ 1º A pessoa interessada na obtenção do benefício, juntando prova de sua condição, deverá requerê-lo à autoridade judiciária competente para decidir o feito, que determinará ao cartório do juízo as providências a serem cumpridas.

§ 2º Deferida a prioridade, os autos receberão identificação própria que evidencie o regime de tramitação prioritária.

§ 3º Concedida a prioridade, essa não cessará com a morte do beneficiado, estendendo-se em favor do cônjuge supérstite ou do companheiro em união estável.

§ 4º A tramitação prioritária independe de deferimento pelo órgão jurisdicional e deverá ser imediatamente concedida diante da prova da condição de beneficiário.

Art. 1.049. Sempre que a lei remeter a procedimento previsto na lei processual sem especificá-lo, será observado o procedimento comum previsto neste Código.

Parágrafo único. Na hipótese de a lei remeter ao procedimento sumário, será observado o procedimento comum previsto neste Código, com as modificações previstas na própria lei especial, se houver.

Art. 1.050. A União, os Estados, o Distrito Federal, os Municípios, suas respectivas entidades da administração indireta, o Ministério Público, a Defensoria Pública e a Advocacia Pública, no prazo de 30 (trinta) dias a contar da data da entrada em vigor deste Código, deverão se cadastrar perante a administração do tribunal no qual atuem para cumprimento do disposto nos arts. 246, § 2º, e 270, parágrafo único.

Art. 1.051. As empresas públicas e privadas devem cumprir o disposto no art. 246, § 1º, no prazo de 30 (trinta) dias, a contar da data de inscrição do ato constitutivo da pessoa jurídica, perante o juízo onde tenham sede ou filial.

Parágrafo único. O disposto no *caput* não se aplica às microempresas e às empresas de pequeno porte.

Art. 1.052. Até a edição de lei específica, as execuções contra devedor insolvente, em curso ou que venham a ser propostas, permanecem reguladas pelo Livro II, Título IV, da Lei nº 5.869, de 11 de janeiro de 1973.

Art. 1.053. Os atos processuais praticados por meio eletrônico até a transição definitiva para certificação digital ficam convalidados, ainda que não tenham observado os requisitos mínimos estabelecidos por este Código, desde que tenham atingido sua finalidade e não tenha havido prejuízo à defesa de qualquer das partes.

Art. 1.054. O disposto no art. 503, § 1º, somente se aplica aos processos iniciados após a vigência deste Código, aplicando-se aos anteriores o disposto nos arts. 5º, 325 e 470 da Lei nº 5.869, de 11 de janeiro de 1973.

Art. 1.055. (VETADO).

Art. 1.056. Considerar-se-á como termo inicial do prazo da prescrição prevista no art. 924, inciso V, inclusive para as execuções em curso, a data de vigência deste Código.

Art. 1.057. O disposto no art. 525, §§ 14 e 15, e no art. 535, §§ 7º e 8º, aplica-se às decisões transitadas em julgado após a entrada em vigor deste Código, e, às decisões transitadas em julgado anteriormente, aplica-se o disposto no art. 475-L, § 1º, e no art. 741, parágrafo único, da Lei nº 5.869, de 11 de janeiro de 1973.

Art. 1.058. Em todos os casos em que houver recolhimento de importância em dinheiro, esta será depositada em nome da parte ou do interessado, em conta especial movimentada por ordem do juiz, nos termos do art. 840, inciso I.

Art. 1.059. À tutela provisória requerida contra a Fazenda Pública aplica-se o disposto nos arts. 1º a 4º da Lei nº 8.437, de 30 de junho de 1992, e no art. 7º, § 2º, da Lei nº 12.016, de 7 de agosto de 2009.

Art. 1.060. O inciso II do art. 14 da Lei nº 9.289, de 4 de julho de 1996, passa a vigorar com a seguinte redação:

"Art. 14. (...)

II - aquele que recorrer da sentença adiantará a outra metade das custas, comprovando o adiantamento no ato de interposição do recurso, sob pena de deserção, observado o disposto nos §§ 1º a 7º do art. 1.007 do Código de Processo Civil;

(...) "

Art. 1.061. O § 3º do art. 33 da Lei nº 9.307, de 23 de setembro de 1996 (Lei de Arbitragem), passa a vigorar com a seguinte redação:

› *Alterações inseridas no texto da referida norma.*

Art. 1.062. O incidente de desconsideração da personalidade jurídica aplica-se ao processo de competência dos juizados especiais.

Art. 1.063. Até a edição de lei específica, os juizados especiais cíveis previstos na Lei nº 9.099, de 26 de setembro de 1995, continuam competentes para o processamento e julgamento das causas previstas no art. 275, inciso II, da Lei nº 5.869, de 11 de janeiro de 1973.

Art. 1.064. O *caput* do art. 48 da Lei nº 9.099, de 26 de setembro de 1995, passa a vigorar com a seguinte redação:

"Art. 48. Caberão embargos de declaração contra sentença ou acórdão nos casos previstos no Código de Processo Civil.

(...)"

Art. 1.065. O art. 50 da Lei nº 9.099, de 26 de setembro de 1995, passa a vigorar com a seguinte redação:

"Art. 50. Os embargos de declaração interrompem o prazo para a interposição de recurso."

Art. 1.066. O art. 83 da Lei nº 9.099, de 26 de setembro de 1995, passam a vigorar com a seguinte redação:

"Art. 83. Cabem embargos de declaração quando, em sentença ou acórdão, houver obscuridade, contradição ou omissão.

(...)

§ 2º Os embargos de declaração interrompem o prazo para a interposição de recurso.

(...)"

Art. 1.067. O art. 275 da Lei nº 4.737, de 15 de julho de 1965 (Código Eleitoral), passa a vigorar com a seguinte redação:

"Art. 275. São admissíveis embargos de declaração nas hipóteses previstas no Código de Processo Civil.

§ 1º Os embargos de declaração serão opostos no prazo de 3 (três) dias, contado da data de publicação da decisão embargada, em petição dirigida ao juiz ou relator, com a indicação do ponto que lhes deu causa.

§ 2º Os embargos de declaração não estão sujeitos a preparo.

§ 3º O juiz julgará os embargos em 5 (cinco) dias.

§ 4º Nos tribunais:

I - o relator apresentará os embargos em mesa na sessão subsequente, proferindo voto;

II - não havendo julgamento na sessão referida no inciso I, será o recurso incluído em pauta;

III - vencido o relator, outro será designado para lavrar o acórdão.

§ 5º Os embargos de declaração interrompem o prazo para a interposição de recurso.

§ 6º Quando manifestamente protelatórios os embargos de declaração, o juiz ou o tribunal, em decisão fundamentada, condenará o embargante a pagar ao embargado multa não excedente a 2 (dois) salários-mínimos.

§ 7º Na reiteração de embargos de declaração manifestamente protelatórios, a multa será elevada a até 10 (dez) salários-mínimos."

Art. 1.068. O art. 274 e o *caput* do art. 2.027 da Lei nº 10.406, de 10 de janeiro de 2002 (Código Civil), passam a vigorar com a seguinte redação:

› *Alterações inseridas no texto da referida norma.*

Art. 1.069. O Conselho Nacional de Justiça promoverá, periodicamente, pesquisas estatísticas para avaliação da efetividade das normas previstas neste Código.

Art. 1.070. É de 15 (quinze) dias o prazo para a interposição de qualquer agravo, previsto em lei ou em regimento interno de tribunal, contra decisão de relator ou outra decisão unipessoal proferida em tribunal.

Art. 1.071. O Capítulo III do Título V da Lei nº 6.015, de 31 de dezembro de 1973 (Lei de Registros Públicos), passa a vigorar acrescida do seguinte art. 216-A:

› *Art. 167, I, 28 da Lei 6.015/1973 (Lei de Registros Públicos)*

"Art. 216-A. Sem prejuízo da via jurisdicional, é admitido o pedido de reconhecimento extrajudicial de usucapião, que será processado diretamente perante o cartório do registro de imóveis da comarca em que estiver situado o imóvel usucapiendo, a requerimento do interessado, representado por advogado, instruído com:

I - ata notarial lavrada pelo tabelião, atestando o tempo de posse do requerente e seus antecessores, conforme o caso e suas circunstâncias;

II - planta e memorial descritivo assinado por profissional legalmente habilitado, com prova de anotação de responsabilidade técnica no respectivo conselho de fiscalização profissional, e pelos titulares de direitos reais e de outros direitos registrados ou averbados na matrícula do imóvel usucapiendo e na matrícula dos imóveis confinantes;

III - certidões negativas dos distribuidores da comarca da situação do imóvel e do domicílio do requerente;

IV - justo título ou quaisquer outros documentos que demonstrem a origem, a continuidade, a natureza e o tempo da posse, tais como o pagamento dos impostos e das taxas que incidirem sobre o imóvel.

§ 1º O pedido será autuado pelo registrador, prorrogando-se o prazo da prenotação até o acolhimento ou a rejeição do pedido.

§ 2º Se a planta não contiver a assinatura de qualquer um dos titulares de direitos reais e de outros direitos registrados ou averbados na matrícula do imóvel usucapiendo e na matrícula dos imóveis confinantes, esse será notificado pelo registrador competente, pessoalmente ou pelo correio com aviso de recebimento, para manifestar seu consentimento expresso em 15 (quinze) dias, interpretado o seu silêncio como discordância.

§ 3º O oficial de registro de imóveis dará ciência à União, ao Estado, ao Distrito Federal e ao Município, pessoalmente, por intermédio do oficial de registro de títulos e documentos, ou pelo correio com aviso de recebimento, para que se manifestem, em 15 (quinze) dias, sobre o pedido.

§ 4º O oficial de registro de imóveis promoverá a publicação de edital em jornal de grande circulação, onde houver, para a ciência de terceiros eventualmente interessados, que poderão se manifestar em 15 (quinze) dias.

§ 5º Para a elucidação de qualquer ponto de dúvida, poderão ser solicitadas ou realizadas diligências pelo oficial de registro de imóveis.

§ 6º Transcorrido o prazo de que trata o § 4º deste artigo, sem pendência de diligências na forma do § 5º deste artigo e achando-se em ordem a documentação, com inclusão da concordância expressa dos titulares de direitos reais e de outros direitos registrados ou averbados na matrícula do imóvel usucapiendo e na matrícula dos imóveis confinantes, o oficial de registro de imóveis registrará a aquisição do imóvel com as descrições apresentadas, sendo permitida a abertura de matrícula, se for o caso.

§ 7º Em qualquer caso, é lícito ao interessado suscitar o procedimento de dúvida, nos termos desta Lei.

§ 8º Ao final das diligências, se a documentação não estiver em ordem, o oficial de registro de imóveis rejeitará o pedido.

§ 9º A rejeição do pedido extrajudicial não impede o ajuizamento de ação de usucapião.

§ 10. Em caso de impugnação do pedido de reconhecimento extrajudicial de usucapião, apresentada por qualquer um dos titulares de direito reais e de outros direitos registrados ou averbados na matrícula do imóvel usucapiendo e na matrícula dos imóveis confinantes, por algum dos entes públicos ou por algum terceiro interessado, o oficial de registro de imóveis remeterá os autos ao juízo competente da comarca da situação do imóvel, cabendo

ao requerente emendar a petição inicial para adequá-la ao procedimento comum."

Art. 1.072. Revogam-se:

I - o art. 22 do Decreto-Lei nº 25, de 30 de novembro de 1937;

II - os arts. 227, *caput*, 229, 230, 456, 1.482, 1.483 e 1.768 a 1.773 da Lei nº 10.406, de 10 de janeiro de 2002 (Código Civil);

III - os arts. 2º, 3º, 4º, 6º, 7º, 11, 12 e 17 da Lei nº 1.060, de 5 de fevereiro de 1950;

IV - os arts. 13 a 18, 26 a 29 e 38 da Lei nº 8.038, de 28 de maio de 1990;

V - os arts. 16 a 18 da Lei nº 5.478, de 25 de julho de 1968; e

VI - o art. 98, § 4º, da Lei nº 12.529, de 30 de novembro de 2011.

Brasília, 16 de março de 2015;
194º da Independência e 127º da República.
DILMA ROUSSEFF
José Eduardo Cardozo
Jaques Wagner
Joaquim Vieira Ferreira Levy
Luís Inácio Lucena Adams
DOU de 17.3.2015

LEI Nº 13.140, DE 26 DE JUNHO DE 2015

Dispõe sobre a mediação entre particulares como meio de solução de controvérsias e sobre a autocomposição de conflitos no âmbito da administração pública; altera a Lei nº 9.469, de 10 de julho de 1997, e o Decreto nº 70.235, de 6 de março de 1972; e revoga o § 2º do art. 6º da Lei nº 9.469, de 10 de julho de 1997.

- *Vide Lei 9.307/1996 (Arbitragem)*
- *Vide Lei 13.105/2015 (CPC)*
- *Vide Resolução CNJ 125/2010 (Política Judiciária Nacional de tratamento adequado dos conflitos de interesses no âmbito do Poder Judiciário)*
- *Vide Provimento CNJ 67/2018 (Conciliação e Mediação), incorporado aos arts. 18 a 57 do Provimento CNJ n. 149/2023 – CNN*
- *Vide Provimento CNJ 72/2018 (Medidas de Quitação e Renegociação de Dívidas), incorporado aos arts. 375 a 388, Provimento CNJ n. 149/2023 (CNN)*
- *Art. 7º-A, III, Lei 8.935/1994*
- *Vide art. 440-G, § 8º, Provimento CNJ n. 150/2023 (CNN)*
- *Vide Recomendação CNJ 28/2018 (CEJUSC)*
- *Vide Enunciados I e II Jornada de Prevenção e Solução Extrajudicial de Litígios*

A PRESIDENTA DA REPÚBLICA

Faço saber que o Congresso Nacional decreta e eu sanciono a seguinte Lei:

Art. 1º Esta Lei dispõe sobre a mediação como meio de solução de controvérsias entre particulares e sobre a autocomposição de conflitos no âmbito da administração pública.

Parágrafo único. Considera–se mediação a atividade técnica exercida por terceiro imparcial sem poder decisório, que, escolhido ou aceito pelas partes, as auxilia e estimula a identificar ou desenvolver soluções consensuais para a controvérsia.

CAPÍTULO – DA MEDIAÇÃO

SEÇÃO I – DISPOSIÇÕES GERAIS

Art. 2º A mediação será orientada pelos seguintes princípios:

I – imparcialidade do mediador;

II – isonomia entre as partes;

III – oralidade;

IV – informalidade;

V – autonomia da vontade das partes;

VI – busca do consenso;

VII – confidencialidade;

VIII – boa-fé.

§ 1º Na hipótese de existir previsão contratual de cláusula de mediação, as partes deverão comparecer à primeira reunião de mediação.

§ 2º Ninguém será obrigado a permanecer em procedimento de mediação.

Art. 3º Pode ser objeto de mediação o conflito que verse sobre direitos disponíveis ou sobre direitos indisponíveis que admitam transação.

§ 1º A mediação pode versar sobre todo o conflito ou parte dele.

§ 2º O consenso das partes envolvendo direitos indisponíveis, mas transigíveis, deve ser homologado em juízo, exigida a oitiva do Ministério Público.

SEÇÃO II – DOS MEDIADORES

SUBSEÇÃO I – DISPOSIÇÕES COMUNS

Art. 4º O mediador será designado pelo tribunal ou escolhido pelas partes.

§ 1º O mediador conduzirá o procedimento de comunicação entre as partes, buscando o entendimento e o consenso e facilitando a resolução do conflito.

§ 2º Aos necessitados será assegurada a gratuidade da mediação.

Art. 5º Aplicam-se ao mediador as mesmas hipóteses legais de impedimento e suspeição do juiz.

Parágrafo único. A pessoa designada para atuar como mediador tem o dever de revelar às partes, antes da aceitação da função, qualquer fato ou circunstância que possa suscitar dúvida justificada em relação à sua imparcialidade para mediar o conflito, oportunidade em que poderá ser recusado por qualquer delas.

Art. 6º O mediador fica impedido, pelo prazo de um ano, contado do término da última audiência em que atuou, de assessorar, representar ou patrocinar qualquer das partes.

Art. 7º O mediador não poderá atuar como árbitro nem funcionar como testemunha em processos judiciais ou arbitrais pertinentes a conflito em que tenha atuado como mediador.

Art. 8º O mediador e todos aqueles que o assessoram no procedimento de mediação, quando no exercício de suas funções ou em razão delas, são equiparados a servidor público, para os efeitos da legislação penal.

SUBSEÇÃO II – DOS MEDIADORES EXTRAJUDICIAIS

- *Art. 7º-A, III, Lei 8.935/1994*
- *Vide Provimento CNJ 67/2018 (Conciliação e Mediação), incorporado aos arts. 18 a 57 do Provimento CNJ n. 149/2023 – CNN*
- *Vide Provimento CNJ 72/2018 (Medidas de Quitação e Renegociação de Dívidas), incorporado aos arts. 375 a 388, Provimento CNJ n. 149/2023 (CNN)*
- *Vide art. 440-G, § 8º, Provimento CNJ n. 150/2023 (CNN)*
- *Vide Recomendação CNJ 28/2018 (CEJUSC)*
- *Vide Enunciados 69 e 73, I Jornada de Direito Notarial e Registral*
- *Vide Enunciados da I e II Jornadas de Prevenção e Solução Extrajudicial de Litígios*

Art. 9º Poderá funcionar como mediador extrajudicial qualquer pessoa capaz que tenha a confiança das partes e seja capacitada para fazer mediação, independentemente de integrar qualquer tipo de conselho, entidade de classe ou associação, ou nele inscrever-se.

- *Vide Enunciado 47, I Jornada de Prevenção e Solução Extrajudicial de Litígios*

Art. 10. As partes poderão ser assistidas por advogados ou defensores públicos.

Parágrafo único. Comparecendo uma das partes acompanhada de advogado ou defensor público, o mediador suspenderá o procedimento, até que todas estejam devidamente assistidas.

SUBSEÇÃO III – DOS MEDIADORES JUDICIAIS

Art. 11. Poderá atuar como mediador judicial a pessoa capaz, graduada há pelo menos dois anos em curso de ensino superior de instituição reconhecida pelo Ministério da Educação e que tenha obtido capacitação em escola ou instituição de formação de mediadores, reconhecida pela Escola Nacional de Formação e Aperfeiçoamento de Magistrados – ENFAM ou pelos tribunais, observados os requisitos mínimos estabelecidos pelo Conselho Nacional de Justiça em conjunto com o Ministério da Justiça.

Art. 12. Os tribunais criarão e manterão cadastros atualizados dos mediadores habilitados e autorizados a atuar em mediação judicial.

§ 1º A inscrição no cadastro de mediadores judiciais será requerida pelo interessado ao tribunal com jurisdição na área em que pretenda exercer a mediação.

§ 2º Os tribunais regulamentarão o processo de inscrição e desligamento de seus mediadores.

Art. 13. A remuneração devida aos mediadores judiciais será fixada pelos tribunais e custeada pelas partes, observado o disposto no § 2º do Art. 4º desta Lei.

SEÇÃO III – DO PROCEDIMENTO DE MEDIAÇÃO

SUBSEÇÃO I – DISPOSIÇÕES COMUNS

Art. 14. No início da primeira reunião de mediação, e sempre que julgar necessário, o mediador deverá alertar as partes acerca das regras de confidencialidade aplicáveis ao procedimento.

Art. 15. A requerimento das partes ou do mediador, e com anuência daquelas, poderão ser admitidos outros mediadores para funcionarem no mesmo procedimento, quando isso for recomendável em razão da natureza e da complexidade do conflito.

Art. 16. Ainda que haja processo arbitral ou judicial em curso, as partes poderão submeter-se à mediação, hipótese em que requererão ao juiz ou árbitro a suspensão do processo por prazo suficiente para a solução consensual do litígio.

§ 1º É irrecorrível a decisão que suspende o processo nos termos requeridos de comum acordo pelas partes.

§ 2º A suspensão do processo não obsta a concessão de medidas de urgência pelo juiz ou pelo árbitro.

Art. 17. Considera-se instituída a mediação na data para a qual for marcada a primeira reunião de mediação.

Parágrafo único. Enquanto transcorrer o procedimento de mediação, ficará suspenso o prazo prescricional.

Art. 18. Iniciada a mediação, as reuniões posteriores com a presença das partes somente poderão ser marcadas com a sua anuência.

Art. 19. No desempenho de sua função, o mediador poderá reunir-se com as partes, em conjunto ou separadamente, bem como solicitar das partes as informações que entender necessárias para facilitar o entendimento entre aquelas.

Art. 20. O procedimento de mediação será encerrado com a lavratura do seu termo final, quando for celebrado acordo ou quando não se justificarem novos esforços para a obtenção de consenso, seja por declaração do mediador nesse sentido ou por manifestação de qualquer das partes.

Parágrafo único. O termo final de mediação, na hipótese de celebração de acordo, constitui título executivo extrajudicial e, quando homologado judicialmente, título executivo judicial.

SUBSEÇÃO II – DA MEDIAÇÃO EXTRAJUDICIAL

- *Vide art. 440-G, § 8º, Provimento CNJ n. 150/2023 (CNN)*
- *Vide Lei 13.105/2015 (CPC)*
- *Vide Resolução CNJ 125/2010 (Política Judiciária Nacional de tratamento adequado dos conflitos de interesses no âmbito do Poder Judiciário)*
- *Vide Provimento CNJ 67/2018 (Conciliação e Mediação), incorporado aos arts. 18 a 57 do Provimento CNJ n. 149/2023 – CNN*
- *Vide Provimento CNJ 72/2018 (Medidas de Quitação e Renegociação de Dívidas), incorporado aos arts. 375 a 388, Provimento CNJ n. 149/2023 (CNN)*
- *Vide Recomendação CNJ 28/2018 (CEJUSC)*
- *Vide Enunciados 69 e 73, I Jornada de Direito Notarial e Registral*
- *Vide Enunciados da I e II Jornadas de Prevenção e Solução Extrajudicial de Litígios*

Art. 21. O convite para iniciar o procedimento de mediação extrajudicial poderá ser feito por qualquer meio de comunicação e deverá estipular o escopo proposto para a negociação, a data e o local da primeira reunião.

Parágrafo único. O convite formulado por uma parte à outra considerar-se-á rejeitado se não for respondido em até trinta dias da data de seu recebimento.

Art. 22. A previsão contratual de mediação deverá conter, no mínimo:

I – prazo mínimo e máximo para a realização da primeira reunião de mediação, contado a partir da data de recebimento do convite;

II – local da primeira reunião de mediação;

III – critérios de escolha do mediador ou equipe de mediação;

IV – penalidade em caso de não comparecimento da parte convidada à primeira reunião de mediação.

§ 1º A previsão contratual pode substituir a especificação dos itens acima enumerados pela indicação de regulamento, publicado por instituição idônea prestadora de serviços de mediação, no qual constem critérios claros para a escolha do mediador e realização da primeira reunião de mediação.

§ 2º Não havendo previsão contratual completa, deverão ser observados os seguintes critérios para a realização da primeira reunião de mediação:

I – prazo mínimo de dez dias úteis e prazo máximo de três meses, contados a partir do recebimento do convite;

II – local adequado a uma reunião que possa envolver informações confidenciais;

III – lista de cinco nomes, informações de contato e referências profissionais de mediadores capacitados; a parte convidada poderá escolher, expressamente, qualquer um dos cinco mediadores e, caso a parte convidada não se manifeste, considerar-se-á aceito o primeiro nome da lista;

IV – o não comparecimento da parte convidada à primeira reunião de mediação acarretará a assunção por parte desta de cinquenta por cento das custas e honorários sucumbenciais caso venha a ser vencedora em procedimento arbitral ou judicial posterior, que envolva o escopo da mediação para a qual foi convidada.

§ 3º Nos litígios decorrentes de contratos comerciais ou societários que não contenham cláusula de mediação, o mediador extrajudicial somente cobrará por seus serviços caso as partes decidam assinar o termo inicial de mediação e permanecer, voluntariamente, no procedimento de mediação.

Art. 23. Se, em previsão contratual de cláusula de mediação, as partes se comprometerem a não iniciar procedimento arbitral ou processo judicial durante certo prazo ou até o implemento de determinada condição, o árbitro ou o juiz suspenderá o curso da arbitragem ou da ação pelo prazo previamente acordado ou até o implemento dessa condição.

Parágrafo único. O disposto no *caput* não se aplica às medidas de urgência em que o acesso ao Poder Judiciário seja necessário para evitar o perecimento de direito.

SUBSEÇÃO III – DA MEDIAÇÃO JUDICIAL

Art. 24. Os tribunais criarão centros judiciários de solução consensual de conflitos, responsáveis pela realização de sessões e audiências de conciliação e mediação, pré-processuais e processuais, e pelo desenvolvimento de programas destinados a auxiliar, orientar e estimular a autocomposição.

Parágrafo único. A composição e a organização do centro serão definidas pelo respectivo tribunal, observadas as normas do Conselho Nacional de Justiça.

Art. 25. Na mediação judicial, os mediadores não estarão sujeitos à prévia aceitação das partes, observado o disposto no Art. 5º desta Lei.

Art. 26. As partes deverão ser assistidas por advogados ou defensores públicos, ressalvadas as hipóteses previstas nas Leis nºs 9.099, de 26 de setembro de 1995, e 10.259, de 12 de julho de 2001.

Parágrafo único. Aos que comprovarem insuficiência de recursos será assegurada assistência pela Defensoria Pública.

Art. 27. Se a petição inicial preencher os requisitos essenciais e não for o caso de improcedência liminar do pedido, o juiz designará audiência de mediação.

Art. 28. O procedimento de mediação judicial deverá ser concluído em até sessenta dias, contados da primeira sessão, salvo quando as partes, de comum acordo, requererem sua prorrogação.

Parágrafo único. Se houver acordo, os autos serão encaminhados ao juiz, que determinará o arquivamento do processo e, desde que requerido pelas partes, homologará o acordo, por sentença, e o termo final da mediação e determinará o arquivamento do processo.

Art. 29. Solucionado o conflito pela mediação antes da citação do réu, não serão devidas custas judiciais finais.

SEÇÃO IV – DA CONFIDENCIALIDADE E SUAS EXCEÇÕES

Art. 30. Toda e qualquer informação relativa ao procedimento de mediação será confidencial em relação a terceiros, não podendo ser revelada sequer em processo arbitral ou judicial salvo se as partes expressamente decidirem de forma diversa ou quando sua divulgação for exigida por lei ou necessária para cumprimento de acordo obtido pela mediação.

§ 1º O dever de confidencialidade aplica-se ao mediador, às partes, a seus prepostos, advogados, assessores técnicos e a outras pessoas de sua confiança que tenham, direta ou indiretamente, participado do procedimento de mediação, alcançando:

I – declaração, opinião, sugestão, promessa ou proposta formulada por uma parte à outra na busca de entendimento para o conflito;

II – reconhecimento de fato por qualquer das partes no curso do procedimento de mediação;

III – manifestação de aceitação de proposta de acordo apresentada pelo mediador;

IV – documento preparado unicamente para os fins do procedimento de mediação.

§ 2º A prova apresentada em desacordo com o disposto neste artigo não será admitida em processo arbitral ou judicial.

§ 3º Não está abrigada pela regra de confidencialidade a informação relativa à ocorrência de crime de ação pública.

§ 4º A regra da confidencialidade não afasta o dever de as pessoas discriminadas no *caput* prestarem informações à administração tributária após o termo final da mediação, aplicando-se aos seus servidores a obrigação de manterem sigilo das informações compartilhadas nos termos do art. 198 da Lei nº 5.172, de 25 de outubro de 1966 – Código Tributário Nacional.

Art. 31. Será confidencial a informação prestada por uma parte em sessão privada, não podendo o mediador revelá-la às demais, exceto se expressamente autorizado.

CAPÍTULO II – DA AUTOCOMPOSIÇÃO DE CONFLITOS EM QUE FOR PARTE PESSOA JURÍDICA DE DIREITO PÚBLICO

SEÇÃO I – DISPOSIÇÕES COMUNS

Art. 32. A União, os Estados, o Distrito Federal e os Municípios poderão criar câmaras de prevenção e resolução administrativa de conflitos, no âmbito dos respectivos órgãos da Advocacia Pública, onde houver, com competência para:

I – dirimir conflitos entre órgãos e entidades da administração pública;

II – avaliar a admissibilidade dos pedidos de resolução de conflitos, por meio de composição, no caso de controvérsia entre particular e pessoa jurídica de direito público;

III – promover, quando couber, a celebração de termo de ajustamento de conduta.

§ 1º O modo de composição e funcionamento das câmaras de que trata o *caput* será estabelecido em regulamento de cada ente federado.

§ 2º A submissão do conflito às câmaras de que trata o *caput* é facultativa e será cabível apenas nos casos previstos no regulamento do respectivo ente federado.

§ 3º Se houver consenso entre as partes, o acordo será reduzido a termo e constituirá título executivo extrajudicial.

§ 4º Não se incluem na competência dos órgãos mencionados no *caput* deste artigo as controvérsias que somente possam ser resolvidas por atos ou concessão de direitos sujeitos a autorização do Poder Legislativo.

§ 5º Compreendem-se na competência das câmaras de que trata o *caput* a prevenção e a resolução de conflitos que envolvam equilíbrio econômico-financeiro de contratos celebrados pela administração com particulares.

Art. 33. Enquanto não forem criadas as câmaras de mediação, os conflitos poderão ser dirimidos nos termos do procedimento de mediação previsto na Subseção I da Seção III do Capítulo I desta Lei.

Parágrafo único. A Advocacia Pública da União, dos Estados, do Distrito Federal e dos Municípios, onde houver, poderá instaurar, de ofício ou mediante provocação, procedimento de mediação coletiva de conflitos relacionados à prestação de serviços públicos.

Art. 34. A instauração de procedimento administrativo para a resolução consensual de conflito no âmbito da administração pública suspende a prescrição.

§ 1º Considera-se instaurado o procedimento quando o órgão ou entidade pública emitir juízo de admissibilidade, retroagindo a suspensão da prescrição à data de formalização do pedido de resolução consensual do conflito.

§ 2º Em se tratando de matéria tributária, a suspensão da prescrição deverá observar o disposto na Lei nº 5.172, de 25 de outubro de 1966 – Código Tributário Nacional.

SEÇÃO II – DOS CONFLITOS ENVOLVENDO A ADMINISTRAÇÃO PÚBLICA FEDERAL DIRETA, SUAS AUTARQUIAS E FUNDAÇÕES

Art. 35. As controvérsias jurídicas que envolvam a administração pública federal direta, suas autarquias e fundações poderão ser objeto de transação por adesão, com fundamento em:

I – autorização do Advogado-Geral da União, com base na jurisprudência pacífica do Supremo Tribunal Federal ou de tribunais superiores; ou

II – parecer do Advogado-Geral da União, aprovado pelo Presidente da República.

§ 1º Os requisitos e as condições da transação por adesão serão definidos em resolução administrativa própria.

§ 2º Ao fazer o pedido de adesão, o interessado deverá juntar prova de atendimento aos requisitos e às condições estabelecidos na resolução administrativa.

§ 3º A resolução administrativa terá efeitos gerais e será aplicada aos casos idênticos, tempestivamente habilitados mediante pedido de adesão, ainda que solucione apenas parte da controvérsia.

§ 4º A adesão implicará renúncia do interessado ao direito sobre o qual se fundamenta a ação ou o recurso, eventualmente pendentes, de natureza administrativa ou judicial, no que tange aos pontos compreendidos pelo objeto da resolução administrativa.

§ 5º Se o interessado for parte em processo judicial inaugurado por ação coletiva, a renúncia ao direito sobre o qual se fundamenta a ação deverá ser expressa, mediante petição dirigida ao juiz da causa.

§ 6º A formalização de resolução administrativa destinada à transação por adesão não implica a renúncia tácita à prescrição nem sua interrupção ou suspensão.

Art. 36. No caso de conflitos que envolvam controvérsia jurídica entre órgãos ou entidades de direito público que integram a administração pública federal, a Advocacia-Geral da União deverá realizar composição extrajudicial do conflito, observados os procedimentos previstos em ato do Advogado-Geral da União.

§ 1º Na hipótese do *caput*, se não houver acordo quanto à controvérsia jurídica, caberá ao Advogado-Geral da União dirimi-la, com fundamento na legislação afeta.

§ 2º Nos casos em que a resolução da controvérsia implicar o reconhecimento da existência de créditos da União, de suas autarquias e fundações em face de pessoas jurídicas de direito público federais, a Advocacia-Geral da União poderá solicitar ao Ministério do Planejamento, Orçamento e Gestão a adequação orçamentária para quitação das dívidas reconhecidas como legítimas.

§ 3º A composição extrajudicial do conflito não afasta a apuração de responsabilidade do agente público que deu causa à dívida, sempre que se verificar que sua ação ou omissão constitui, em tese, infração disciplinar.

§ 4º Nas hipóteses em que a matéria objeto do litígio esteja sendo discutida em ação de improbidade administrativa ou sobre ela haja decisão do Tribunal de Contas da União, a conciliação de que trata o *caput* dependerá da anuência expressa do juiz da causa ou do Ministro Relator.

Art. 37. É facultado aos Estados, ao Distrito Federal e aos Municípios, suas autarquias e fundações públicas, bem como às empresas públicas e sociedades de economia mista federais, submeter seus litígios com órgãos ou entidades da administração pública federal à Advocacia-Geral da União, para fins de composição extrajudicial do conflito.

Art. 38. Nos casos em que a controvérsia jurídica seja relativa a tributos administrados pela Secretaria da Receita Federal do Brasil ou a créditos inscritos em dívida ativa da União:

I – não se aplicam as disposições dos incisos II e III do *caput* do art. 32;

II – as empresas públicas, sociedades de economia mista e suas subsidiárias que explorem atividade econômica de produção ou comercialização de bens ou de prestação de serviços em regime de concorrência não poderão exercer a faculdade prevista no art. 37;

III – quando forem partes as pessoas a que alude o *caput* do art. 36:

a) a submissão do conflito à composição extrajudicial pela Advocacia-Geral da União implica renúncia do direito de recorrer ao Conselho Administrativo de Recursos Fiscais;

b) a redução ou o cancelamento do crédito dependerá de manifestação conjunta do Advogado-Geral da União e do Ministro de Estado da Fazenda.

Parágrafo único. O disposto neste artigo não afasta a competência do Advogado-Geral da União prevista nos incisos VI, X e XI do art. 4º da Lei Complementar nº 73, de 10 de fevereiro de 1993, e na Lei nº 9.469, de 10 de julho de 1997.

› *Redação dada pela Lei nº 13.327, de 2016*

Art. 39. A propositura de ação judicial em que figurem concomitantemente nos polos ativo e passivo órgãos ou entidades de direito público que integrem a administração pública federal deverá ser previamente autorizada pelo Advogado-Geral da União.

Art. 40. Os servidores e empregados públicos que participarem do processo de composição extrajudicial do conflito, somente poderão ser responsabilizados civil, administrativa ou criminalmente quando, mediante dolo ou fraude, receberem qualquer vantagem patrimonial indevida, permitirem ou facilitarem sua recepção por terceiro, ou para tal concorrerem.

CAPÍTULO III – DISPOSIÇÕES FINAIS

Art. 41. A Escola Nacional de Mediação e Conciliação, no âmbito do Ministério da Justiça, poderá criar banco de dados sobre boas práticas em mediação, bem como manter relação de mediadores e de instituições de mediação.

Art. 42. Aplica-se esta Lei, no que couber, às outras formas consensuais de resolução de conflitos, tais como mediações comunitárias e escolares, e àquelas levadas a efeito nas serventias extrajudiciais, desde que no âmbito de suas competências.

Parágrafo único. A mediação nas relações de trabalho será regulada por lei própria.

Art. 43. Os órgãos e entidades da administração pública poderão criar câmaras para a resolução de conflitos entre particulares, que versem sobre atividades por eles reguladas ou supervisionadas.

Art. 44. Os arts. 1º e 2º da Lei nº 9.469, de 10 de julho de 1997, passam a vigorar com a seguinte redação:

*"**Art. 1º** O Advogado-Geral da União, diretamente ou mediante delegação, e os dirigentes máximos das empresas públicas federais, em conjunto com o dirigente estatutário da área afeta ao assunto, poderão autorizar a realização de acordos ou transações para prevenir ou terminar litígios, inclusive os judiciais.*

§ 1º Poderão ser criadas câmaras especializadas, compostas por servidores públicos ou empregados públicos efetivos, com o objetivo de analisar e formular propostas de acordos ou transações.

§ 3º Regulamento disporá sobre a forma de composição das câmaras de que trata o § 1º, que deverão ter como integrante pelo menos um membro efetivo da Advocacia-Geral da União ou, no caso das empresas públicas, um assistente jurídico ou ocupante de função equivalente.

§ 4º Quando o litígio envolver valores superiores aos fixados em regulamento, o acordo ou a transação, sob pena de nulidade, dependerá de prévia e expressa autorização do Advogado-Geral da União e do Ministro de Estado a cuja área de competência estiver afeto o assunto, ou ainda do Presidente da Câmara dos Deputados, do Senado Federal, do Tribunal de Contas da União, de Tribunal ou Conselho, ou do Procurador-Geral da República, no caso de interesse dos órgãos dos Poderes Legislativo e Judiciário ou do Ministério Público da União, excluídas as empresas públicas federais não dependentes, que necessitarão apenas de prévia e expressa autorização dos dirigentes de que trata o caput.

§ 5º Na transação ou acordo celebrado diretamente pela parte ou por intermédio de procurador para extinguir ou encerrar processo judicial, inclusive os casos de extensão administrativa de pagamentos postulados em juízo, as partes poderão definir a responsabilidade de cada uma pelo pagamento dos honorários dos respectivos advogados."

*"**Art. 2º** O Procurador-Geral da União, o Procurador-Geral Federal, o Procurador-Geral do Banco Central do Brasil e os dirigentes das empresas públicas federais mencionadas no caput do Art. 1º poderão autorizar, diretamente ou mediante delegação, a realização de acordos para prevenir ou terminar, judicial ou extrajudicialmente, litígio que envolver valores inferiores aos fixados em regulamento.*

§ 1º No caso das empresas públicas federais, a delegação é restrita a órgão colegiado formalmente constituído, composto por pelo menos um dirigente estatutário.

§ 2º O acordo de que trata o caput poderá consistir no pagamento do débito em parcelas mensais e sucessivas, até o limite máximo de sessenta.

§ 3º O valor de cada prestação mensal, por ocasião do pagamento, será acrescido de juros equivalentes à taxa referencial do Sistema Especial de Liquidação e de Custódia – SELIC para títulos federais, acumulada mensalmente, calculados a partir do mês subsequente ao da consolidação até o mês anterior ao do pagamento e de um por cento relativamente ao mês em que o pagamento estiver sendo efetuado.

§ 4º Inadimplida qualquer parcela, após trinta dias, instaurar-se-á o processo de execução ou nele prosseguir-se-á, pelo saldo."

Art. 45. O Decreto nº 70.235, de 6 de março de 1972, passa a vigorar acrescido do seguinte art. 14-A:

*"**Art. 14-A.** No caso de determinação e exigência de créditos tributários da União cujo sujeito passivo seja órgão ou entidade de direito público da administração pública federal, a submissão do litígio à composição extrajudicial pela Advocacia-Geral da União é considerada reclamação, para fins do disposto no inciso III do art. 151 da Lei nº 5.172, de 25 de outubro de 1966 – Código Tributário Nacional."*

Art. 46. A mediação poderá ser feita pela internet ou por outro meio de comunicação que permita a transação à distância, desde que as partes estejam de acordo.

Parágrafo único. É facultado à parte domiciliada no exterior submeter-se à mediação segundo as regras estabelecidas nesta Lei.

Art. 47. Esta Lei entra em vigor após decorridos cento e oitenta dias de sua publicação oficial.

Art. 48. Revoga-se o § 2º do art. 6º da Lei nº 9.469, de 10 de julho de 1997.

Brasília, 26 de junho de 2015;
194º da Independência e 127º da República.
DILMA ROUSSEFF
José Eduardo Cardozo
Joaquim Vieira Ferreira Levy
Nelson Barbosa
Luís Inácio Lucena Adams
D.O.U. de 29.06.2015.

LEI Nº 13.286, DE 10 DE MAIO DE 2016

Dispõe sobre a responsabilidade civil de notários e registradores, alterando o art. 22 da Lei nº 8.935, de 18 de novembro de 1994

A PRESIDENTA DA REPÚBLICA

Faço saber que o Congresso Nacional decreta e eu sanciono a seguinte Lei:

Art. 1º Esta Lei altera a redação do art. 22 da Lei nº 8.935, de 18 de novembro de 1994, para dispor sobre a responsabilidade de tabeliães e registradores.

Art. 2º O art. 22 da Lei nº 8.935, de 18 de novembro de 1994, passa a vigorar com a seguinte redação:

- *Alterações inseridas no texto da referida norma.*
- *Art. 28 da Lei 6.015/1973*
- *Arts. 23 e 24 da Lei 8.935/1994*
- *Art. 38 da Lei 9.492/1997*
- *Art. 8º, § 2º, Provimento CNJ n. 39/2014, alterado pelo Provimento CNJ 142/2023 (Central de Indisponibilidade)*

Art. 3º Esta Lei entra em vigor na data de sua publicação.

Brasília, 10 de maio de 2016;
195º da Independência e 128º da República.
DILMA ROUSSEFF
Eugênio José Guilherme de Aragão
D.O.U. de 11.05.2016.

LEI Nº 13.709, DE 14 DE AGOSTO DE 2018

Lei Geral de Proteção de Dados Pessoais (LGPD) (Ementa com redação dada pela Lei nº 13.853, de 8/7/2019)

- *Vide art. 5º, LXXIX, CF*
- *Vide art. 9º, Lei n. 14.382/2022*
- *Vide Provimento CNJ 134/2022 (Proteção de Dados), incorporado aos arts. 79 a 135 do Provimento CNJ n. 149/2023 – (CNN)*
- *Vide Resolução Comitê Gestor do Sistema Nacional de Registro Civil n. 8/2021*

O PRESIDENTE DA REPÚBLICA

Faço saber que o Congresso Nacional decreta e eu sanciono a seguinte Lei:

CAPÍTULO I – DISPOSIÇÕES PRELIMINARES

Art. 1º Esta Lei dispõe sobre o tratamento de dados pessoais, inclusive nos meios digitais, por pessoa natural ou por pessoa jurídica de direito público ou privado, com o objetivo de proteger os direitos fundamentais de liberdade e de privacidade e o livre desenvolvimento da personalidade da pessoa natural.

Parágrafo único. As normas gerais contidas nesta Lei são de interesse nacional e devem ser observadas pela União, Estados, Distrito Federal e Municípios. *(Parágrafo único acrescido pela Lei nº 13.853, de 8/7/2019)*

Art. 2º A disciplina da proteção de dados pessoais tem como fundamentos:

I - o respeito à privacidade;

II - a autodeterminação informativa;

III - a liberdade de expressão, de informação, de comunicação e de opinião;

IV - a inviolabilidade da intimidade, da honra e da imagem;

V - o desenvolvimento econômico e tecnológico e a inovação;

VI - a livre iniciativa, a livre concorrência e a defesa do consumidor; e

VII - os direitos humanos, o livre desenvolvimento da personalidade, a dignidade e o exercício da cidadania pelas pessoas naturais.

Art. 3º Esta Lei aplica-se a qualquer operação de tratamento realizada por pessoa natural ou por pessoa jurídica de direito público ou privado, independentemente do meio, do país de sua sede ou do país onde estejam localizados os dados, desde que:

I - a operação de tratamento seja realizada no território nacional;

II - a atividade de tratamento tenha por objetivo a oferta ou o fornecimento de bens ou serviços ou o tratamento de dados de indivíduos localizados no território nacional; ou *(Inciso com redação dada pela Medida Provisória nº 869, de 27/12/2018, convertida na Lei nº 13.853, de 8/7/2019)*

III - os dados pessoais objeto do tratamento tenham sido coletados no território nacional.

§ 1º Consideram-se coletados no território nacional os dados pessoais cujo titular nele se encontre no momento da coleta.

§ 2º Excetua-se do disposto no inciso I deste artigo o tratamento de dados previsto no inciso IV do *caput* do art. 4º desta Lei.

Art. 4º Esta Lei não se aplica ao tratamento de dados pessoais:

I - realizado por pessoa natural para fins exclusivamente particulares e não econômicos;

II - realizado para fins exclusivamente:

a) jornalístico e artísticos; ou

b) acadêmicos, aplicando-se a esta hipótese os arts. 7º e 11 desta Lei;

III - realizado para fins exclusivos de:

a) segurança pública;

b) defesa nacional;

c) segurança do Estado; ou

d) atividades de investigação e repressão de infrações penais; ou

IV - provenientes de fora do território nacional e que não sejam objeto de comunicação, uso compartilhado de dados com agentes de tratamento brasileiros ou objeto de transferência internacional de dados com outro país que não o de proveniência, desde que o país de proveniência proporcione grau de proteção de dados pessoais adequado ao previsto nesta Lei.

§ 1º O tratamento de dados pessoais previsto no inciso III será regido por legislação específica, que deverá prever medidas proporcionais e estritamente necessárias ao atendimento do interesse público, observados o devido processo legal, os princípios gerais de proteção e os direitos do titular previstos nesta Lei.

§ 2º É vedado o tratamento dos dados a que se refere o inciso III do *caput* deste artigo por pessoa de direito privado, exceto em procedimentos sob tutela de pessoa jurídica de direito público, que serão objeto de informe específico à autoridade nacional e que deverão observar a limitação imposta no § 4º deste artigo.

§ 3º A autoridade nacional emitirá opiniões técnicas ou recomendações referentes às exceções previstas no inciso III do *caput* deste artigo e deverá solicitar aos responsáveis relatórios de impacto à proteção de dados pessoais.

§ 4º Em nenhum caso a totalidade dos dados pessoais de banco de dados de que trata o inciso III do *caput* deste artigo poderá ser tratada por pessoa de direito privado, salvo por aquela que possua capital integralmente constituído pelo poder público. *(Parágrafo com redação dada pela Lei nº 13.853, de 8/7/2019)*

Art. 5º Para os fins desta Lei, considera-se:

I - dado pessoal: informação relacionada a pessoa natural identificada ou identificável;

II - dado pessoal sensível: dado pessoal sobre origem racial ou étnica, convicção religiosa, opinião política, filiação a sindicato ou a organização de caráter religioso, filosófico ou político, dado referente à saúde ou à vida sexual, dado genético ou biométrico, quando vinculado a uma pessoa natural;

III - dado anonimizado: dado relativo a titular que não possa ser identificado, considerando a utilização de meios técnicos razoáveis e disponíveis na ocasião de seu tratamento;

IV - banco de dados: conjunto estruturado de dados pessoais, estabelecido em um ou em vários locais, em suporte eletrônico ou físico;

V - titular: pessoa natural a quem se referem os dados pessoais que são objeto de tratamento;

VI - controlador: pessoa natural ou jurídica, de direito público ou privado, a quem competem as decisões referentes ao tratamento de dados pessoais;

VII - operador: pessoa natural ou jurídica, de direito público ou privado, que realiza o tratamento de dados pessoais em nome do controlador;

VIII - encarregado: pessoa indicada pelo controlador e operador para atuar como canal de comunicação entre o controlador, os titulares dos dados e a Autoridade Nacional de Proteção de Dados (ANPD); *(Inciso com redação dada pela Medida Provisória nº 869, de 27/12/2018, convertida na Lei nº 13.853, de 8/7/2019)*

IX - agentes de tratamento: o controlador e o operador;

X - tratamento: toda operação realizada com dados pessoais, como as que se referem a coleta, produção, recepção, classificação, utilização, acesso, reprodução, transmissão, distribuição, processamento, arquivamento, armazenamento, eliminação, avaliação ou controle da informação, modificação, comunicação, transferência, difusão ou extração;

XI - anonimização: utilização de meios técnicos razoáveis e disponíveis no momento do tratamento, por meio dos quais um dado perde a possibilidade de associação, direta ou indireta, a um indivíduo;

XII - consentimento: manifestação livre, informada e inequívoca pela qual o titular concorda com o tratamento de seus dados pessoais para uma finalidade determinada;

XIII - bloqueio: suspensão temporária de qualquer operação de tratamento, mediante guarda do dado pessoal ou do banco de dados;

XIV - eliminação: exclusão de dado ou de conjunto de dados armazenados em banco de dados, independentemente do procedimento empregado;

XV - transferência internacional de dados: transferência de dados pessoais para país estrangeiro ou organismo internacional do qual o país seja membro;

XVI - uso compartilhado de dados: comunicação, difusão, transferência internacional, interconexão de dados pessoais ou tratamento compartilhado de bancos de dados pessoais por órgãos e entidades públicos no cumprimento de suas competências legais, ou entre esses e entes privados, reciprocamente, com autorização específica, para uma ou mais modalidades de tratamento permitidas por esses entes públicos, ou entre entes privados;

XVII - relatório de impacto à proteção de dados pessoais: documentação do controlador que contém a descrição dos processos de tratamento de dados pessoais que podem gerar riscos às liberdades civis e aos direitos fundamentais, bem como medidas, salvaguardas e mecanismos de mitigação de risco;

XVIII - órgão de pesquisa: órgão ou entidade da administração pública direta ou indireta ou pessoa jurídica de direito privado sem fins lucrativos legalmente constituída sob as leis brasileiras, com sede e foro no País, que inclua em sua missão institucional ou em seu objetivo social ou estatutário a pesquisa básica ou aplicada de caráter histórico, científico, tecnológico ou estatístico; e *(Inciso com redação dada pela Medida Provisória nº 869, de 27/12/2018, convertida na Lei nº 13.853, de 8/7/2019)*

XIX - autoridade nacional: órgão da administração pública responsável por zelar, implementar e fiscalizar o cumprimento desta Lei em todo o território nacional. *(Inciso com redação dada pela Lei nº 13.853, de 8/7/2019)*

Art. 6º As atividades de tratamento de dados pessoais deverão observar a boa-fé e os seguintes princípios:

I - finalidade: realização do tratamento para propósitos legítimos, específicos, explícitos e informados ao titular, sem possibilidade de tratamento posterior de forma incompatível com essas finalidades;

II - adequação: compatibilidade do tratamento com as finalidades informadas ao titular, de acordo com o contexto do tratamento;

III - necessidade: limitação do tratamento ao mínimo necessário para a realização de suas finalidades, com abrangência dos dados pertinentes, proporcionais e não excessivos em relação às finalidades do tratamento de dados;

IV - livre acesso: garantia, aos titulares, de consulta facilitada e gratuita sobre a forma e a duração do tratamento, bem como sobre a integralidade de seus dados pessoais;

V - qualidade dos dados: garantia, aos titulares, de exatidão, clareza, relevância e atualização dos dados, de acordo com a necessidade e para o cumprimento da finalidade de seu tratamento;

VI - transparência: garantia, aos titulares, de informações claras, precisas e facilmente acessíveis sobre a realização do tratamento e os respectivos agentes de tratamento, observados os segredos comercial e industrial;

VII - segurança: utilização de medidas técnicas e administrativas aptas a proteger os dados pessoais de acessos não autorizados e de situações acidentais ou ilícitas de destruição, perda, alteração, comunicação ou difusão;

VIII - prevenção: adoção de medidas para prevenir a ocorrência de danos em virtude do tratamento de dados pessoais;

IX - não discriminação: impossibilidade de realização do tratamento para fins discriminatórios ilícitos ou abusivos;

X - responsabilização e prestação de contas: demonstração, pelo agente, da adoção de medidas eficazes e capazes de comprovar a observância e o cumprimento das normas de proteção de dados pessoais e, inclusive, da eficácia dessas medidas.

CAPÍTULO II – DO TRATAMENTO DE DADOS PESSOAIS

SEÇÃO I – DOS REQUISITOS PARA O TRATAMENTO DE DADOS PESSOAIS

Art. 7º O tratamento de dados pessoais somente poderá ser realizado nas seguintes hipóteses:

I - mediante o fornecimento de consentimento pelo titular;

II - para o cumprimento de obrigação legal ou regulatória pelo controlador;

III - pela administração pública, para o tratamento e uso compartilhado de dados necessários à execução de políticas públicas previstas em leis e regulamentos ou respaldadas em contratos, convênios ou instrumentos congêneres, observadas as disposições do Capítulo IV desta Lei;

IV - para a realização de estudos por órgão de pesquisa, garantida, sempre que possível, a anonimização dos dados pessoais;

V - quando necessário para a execução de contrato ou de procedimentos preliminares relacionados a contrato do qual seja parte o titular, a pedido do titular dos dados;

VI - para o exercício regular de direitos em processo judicial, administrativo ou arbitral, esse último nos termos da Lei nº 9.307, de 23 de setembro de 1996 (Lei de Arbitragem);

VII - para a proteção da vida ou da incolumidade física do titular ou de terceiro;

VIII - para a tutela da saúde, exclusivamente, em procedimento realizado por profissionais de saúde, serviços de saúde ou autoridade sanitária; *(Inciso com redação dada pela Lei nº 13.853, de 8/7/2019)*

IX - quando necessário para atender aos interesses legítimos do controlador ou de terceiro, exceto no caso de prevalecerem direitos e liberdades fundamentais do titular que exijam a proteção dos dados pessoais; ou

X - para a proteção do crédito, inclusive quanto ao disposto na legislação pertinente.

§§ 1º e 2º *(Revogados pela Medida Provisória nº 869, de 27/12/2018, convertida na Lei nº 13.853, de 8/7/2019)*

§ 3º O tratamento de dados pessoais cujo acesso é público deve considerar a finalidade, a boa-fé e o interesse público que justificaram sua disponibilização.

§ 4º É dispensada a exigência do consentimento previsto no *caput* deste artigo para os dados tornados manifestamente públicos pelo titular, resguardados os direitos do titular e os princípios previstos nesta Lei.

§ 5º O controlador que obteve o consentimento referido no inciso I do *caput* deste artigo que necessitar comunicar ou compartilhar dados pessoais com outros controladores deverá obter consentimento específico do titular para esse fim, ressalvadas as hipóteses de dispensa do consentimento previstas nesta Lei.

§ 6º A eventual dispensa da exigência do consentimento não desobriga os agentes de tratamento das demais obrigações previstas nesta Lei, especialmente da observância dos princípios gerais e da garantia dos direitos do titular.

§ 7º O tratamento posterior dos dados pessoais a que se referem os §§ 3º e 4º deste artigo poderá ser realizado para novas finalidades, desde que observados os propósitos legítimos e específicos para o novo tratamento e a preservação dos direitos do titular, assim como os fundamentos e os princípios previstos nesta Lei. *(Parágrafo acrescido pela Lei nº 13.853, de 8/7/2019)*

Art. 8º O consentimento previsto no inciso I do art. 7º desta Lei deverá ser fornecido por escrito ou por outro meio que demonstre a manifestação de vontade do titular.

§ 1º Caso o consentimento seja fornecido por escrito, esse deverá constar de cláusula destacada das demais cláusulas contratuais.

§ 2º Cabe ao controlador o ônus da prova de que o consentimento foi obtido em conformidade com o disposto nesta Lei.

§ 3º É vedado o tratamento de dados pessoais mediante vício de consentimento.

§ 4º O consentimento deverá referir-se a finalidades determinadas, e as autorizações genéricas para o tratamento de dados pessoais serão nulas.

§ 5º O consentimento pode ser revogado a qualquer momento mediante manifestação expressa do titular, por procedimento gratuito e facilitado, ratificados os tratamentos realizados sob amparo do consentimento anteriormente manifestado enquanto não houver requerimento de eliminação, nos termos do inciso VI do *caput* do art. 18 desta Lei.

§ 6º Em caso de alteração de informação referida nos incisos I, II, III ou V do art. 9º desta Lei, o controlador deverá informar ao titular, com destaque de forma específica do teor das alterações, podendo o titular, nos casos em que o seu consentimento é exigido, revogá-lo caso discorde da alteração.

Art. 9º O titular tem direito ao acesso facilitado às informações sobre o tratamento de seus dados, que deverão ser disponibilizadas de forma clara, adequada e ostensiva acerca de, entre outras características previstas em regulamentação para o atendimento do princípio do livre acesso:

I - finalidade específica do tratamento;

II - forma e duração do tratamento, observados os segredos comercial e industrial;

III - identificação do controlador;

IV - informações de contato do controlador;

V - informações acerca do uso compartilhado de dados pelo controlador e a finalidade;

VI - responsabilidades dos agentes que realizarão o tratamento; e

VII - direitos do titular, com menção explícita aos direitos contidos no art. 18 desta Lei.

§ 1º Na hipótese em que o consentimento é requerido, esse será considerado nulo caso as informações fornecidas ao titular tenham conteúdo enganoso ou abusivo ou não tenham sido apresentadas previamente com transparência, de forma clara e inequívoca.

§ 2º Na hipótese em que o consentimento é requerido, se houver mudanças da finalidade para o tratamento de dados pessoais não compatíveis com o consentimento original, o controlador deverá informar previamente o titular sobre as mudanças de finalidade, podendo o titular revogar o consentimento, caso discorde das alterações.

§ 3º Quando o tratamento de dados pessoais for condição para o fornecimento de produto ou de serviço ou para o exercício de direito, o titular será informado com destaque sobre esse fato e sobre os meios pelos quais poderá exercer os direitos do titular elencados no art. 18 desta Lei.

Art. 10. O legítimo interesse do controlador somente poderá fundamentar tratamento de dados pessoais para finalidades legítimas, consideradas a partir de situações concretas, que incluem, mas não se limitam a:

I - apoio e promoção de atividades do controlador; e

II - proteção, em relação ao titular, do exercício regular de seus direitos ou prestação de serviços que o beneficiem, respeitadas as legítimas expectativas dele e os direitos e liberdades fundamentais, nos termos desta Lei.

§ 1º Quando o tratamento for baseado no legítimo interesse do controlador, somente os dados pessoais estritamente necessários para a finalidade pretendida poderão ser tratados.

§ 2º O controlador deverá adotar medidas para garantir a transparência do tratamento de dados baseado em seu legítimo interesse.

§ 3º A autoridade nacional poderá solicitar ao controlador relatório de impacto à proteção de dados pessoais, quando o tratamento tiver como fundamento seu interesse legítimo, observados os segredos comercial e industrial.

SEÇÃO II – DO TRATAMENTO DE DADOS PESSOAIS SENSÍVEIS

Art. 11. O tratamento de dados pessoais sensíveis somente poderá ocorrer nas seguintes hipóteses:

I - quando o titular ou seu responsável legal consentir, de forma específica e destacada, para finalidades específicas;

II - sem fornecimento de consentimento do titular, nas hipóteses em que for indispensável para:

a) cumprimento de obrigação legal ou regulatória pelo controlador;

b) tratamento compartilhado de dados necessários à execução, pela administração pública, de políticas públicas previstas em leis ou regulamentos;

c) realização de estudos por órgão de pesquisa, garantida, sempre que possível, a anonimização dos dados pessoais sensíveis;

d) exercício regular de direitos, inclusive em contrato e em processo judicial, administrativo e arbitral, este último nos termos da Lei nº 9.307, de 23 de setembro de 1996 (Lei de Arbitragem);

e) proteção da vida ou da incolumidade física do titular ou de terceiro;

f) tutela da saúde, exclusivamente, em procedimento realizado por profissionais de saúde, serviços de saúde ou autoridade sanitária; ou *(Alínea com redação dada pela Lei nº 13.853, de 8/7/2019)*

g) garantia da prevenção à fraude e à segurança do titular, nos processos de identificação e autenticação de cadastro em sistemas eletrônicos, resguardados os direitos mencionados no art. 9º desta Lei e exceto no caso de prevalecerem direitos e liberdades fundamentais do titular que exijam a proteção dos dados pessoais.

§ 1º Aplica-se o disposto neste artigo a qualquer tratamento de dados pessoais que revele dados pessoais sensíveis e que possa causar dano ao titular, ressalvado o disposto em legislação específica.

§ 2º Nos casos de aplicação do disposto nas alíneas "a" e "b" do inciso II do *caput* deste artigo pelos órgãos e pelas entidades públicas, será dada publicidade à referida dispensa de consentimento, nos termos do inciso I do *caput* do art. 23 desta Lei.

§ 3º A comunicação ou o uso compartilhado de dados pessoais sensíveis entre controladores com objetivo de obter vantagem econômica poderá ser objeto de vedação ou de regulamentação por parte da autoridade nacional, ouvidos os órgãos setoriais do Poder Público, no âmbito de suas competências.

§ 4º É vedada a comunicação ou o uso compartilhado entre controladores de dados pessoais sensíveis referentes à saúde com objetivo de obter vantagem econômica, exceto nas hipóteses relativas a prestação de serviços de saúde, de assistência farmacêutica e de assistência à saúde, desde que observado o § 5º deste artigo, incluídos os serviços auxiliares de diagnose e terapia, em benefício dos interesses dos titulares de dados, e para permitir:

I - a portabilidade de dados quando solicitada pelo titular; ou

II - as transações financeiras e administrativas resultantes do uso e da prestação dos serviços de que trata este parágrafo. *(Inciso com redação dada pela Lei nº 13.853, de 8/7/2019)*

§ 5º É vedado às operadoras de planos privados de assistência à saúde o tratamento de dados de saúde para a prática de seleção de riscos na contratação de qualquer modalidade, assim como na contratação e exclusão de beneficiários. *(Parágrafo acrescido pela Lei nº 13.853, de 8/7/2019)*

Art. 12. Os dados anonimizados não serão considerados dados pessoais para os fins desta Lei, salvo quando o processo de anonimização ao qual foram submetidos for revertido, utilizando exclusivamente meios próprios, ou quando, com esforços razoáveis, puder ser revertido.

§ 1º A determinação do que seja razoável deve levar em consideração fatores objetivos, tais como custo e tempo necessários para reverter o processo de anonimização, de acordo com as tecnologias disponíveis, e a utilização exclusiva de meios próprios.

§ 2º Poderão ser igualmente considerados como dados pessoais, para os fins desta Lei, aqueles utilizados para formação do perfil comportamental de determinada pessoa natural, se identificada.

§ 3º A autoridade nacional poderá dispor sobre padrões e técnicas utilizados em processos de anonimização e realizar verificações acerca de sua segurança, ouvido o Conselho Nacional de Proteção de Dados Pessoais.

Art. 13. Na realização de estudos em saúde pública, os órgãos de pesquisa poderão ter acesso a bases de dados pessoais, que serão tratados exclusivamente dentro do órgão e estritamente para a finalidade de realização de estudos e pesquisas e mantidos em ambiente controlado e seguro, conforme práticas de segurança previstas em regulamento específico e que incluam, sempre que possível, a anonimização ou pseudonimização dos dados, bem como considerem os devidos padrões éticos relacionados a estudos e pesquisas.

§ 1º A divulgação dos resultados ou de qualquer excerto do estudo ou da pesquisa de que trata o *caput* deste artigo em nenhuma hipótese poderá revelar dados pessoais.

§ 2º O órgão de pesquisa será o responsável pela segurança da informação prevista no *caput* deste artigo, não permitida, em circunstância alguma, a transferência dos dados a terceiro.

§ 3º O acesso aos dados de que trata este artigo será objeto de regulamentação por parte da autoridade nacional e das autoridades da área de saúde e sanitárias, no âmbito de suas competências.

§ 4º Para os efeitos deste artigo, a pseudonimização é o tratamento por meio do qual um dado perde a possibilidade de associação, direta ou indireta, a um indivíduo, senão pelo uso de informação adicional mantida separadamente pelo controlador em ambiente controlado e seguro.

SEÇÃO III – DO TRATAMENTO DE DADOS PESSOAIS DE CRIANÇAS E DE ADOLESCENTES

Art. 14. O tratamento de dados pessoais de crianças e de adolescentes deverá ser realizado em seu melhor interesse, nos termos deste artigo e da legislação pertinente.

§ 1º O tratamento de dados pessoais de crianças deverá ser realizado com o consentimento específico e em destaque dado por pelo menos um dos pais ou pelo responsável legal.

§ 2º No tratamento de dados de que trata o § 1º deste artigo, os controladores deverão manter pública a informação sobre os tipos de dados coletados, a forma de sua utilização e os procedimentos para o exercício dos direitos a que se refere o art. 18 desta Lei.

§ 3º Poderão ser coletados dados pessoais de crianças sem o consentimento a que se refere o § 1º deste artigo quando a coleta for necessária para contatar os pais ou o responsável legal, utilizados uma única vez e sem armazenamento, ou para sua proteção, e em nenhum caso poderão ser repassados a terceiro sem o consentimento de que trata o § 1º deste artigo.

§ 4º Os controladores não deverão condicionar a participação dos titulares de que trata o § 1º deste artigo em jogos, aplicações de internet ou outras atividades ao fornecimento de informações pessoais além das estritamente necessárias à atividade.

§ 5º O controlador deve realizar todos os esforços razoáveis para verificar que o consentimento a que se refere o § 1º deste artigo foi dado pelo responsável pela criança, consideradas as tecnologias disponíveis.

§ 6º As informações sobre o tratamento de dados referidas neste artigo deverão ser fornecidas de maneira simples, clara e acessível, consideradas as características físico-motoras, perceptivas, sensoriais, intelectuais e mentais do usuário, com uso de recursos audiovisuais quando adequado, de forma a proporcionar a informação necessária aos pais ou ao responsável legal e adequada ao entendimento da criança.

SEÇÃO IV – DO TÉRMINO DO TRATAMENTO DE DADOS

Art. 15. O término do tratamento de dados pessoais ocorrerá nas seguintes hipóteses:

I - verificação de que a finalidade foi alcançada ou de que os dados deixaram de ser necessários ou pertinentes ao alcance da finalidade específica almejada;

II - fim do período de tratamento;

III - comunicação do titular, inclusive no exercício de seu direito de revogação do consentimento conforme disposto no § 5º do art. 8º desta Lei, resguardado o interesse público; ou

IV - determinação da autoridade nacional, quando houver violação ao disposto nesta Lei.

Art. 16. Os dados pessoais serão eliminados após o término de seu tratamento, no âmbito e nos limites técnicos das atividades, autorizada a conservação para as seguintes finalidades:

I - cumprimento de obrigação legal ou regulatória pelo controlador;

II - estudo por órgão de pesquisa, garantida, sempre que possível, a anonimização dos dados pessoais;

III - transferência a terceiro, desde que respeitados os requisitos de tratamento de dados dispostos nesta Lei; ou

IV - uso exclusivo do controlador, vedado seu acesso por terceiro, e desde que anonimizados os dados.

CAPÍTULO III – DOS DIREITOS DO TITULAR

Art. 17. Toda pessoa natural tem assegurada a titularidade de seus dados pessoais e garantidos os direitos fundamentais de liberdade, de intimidade e de privacidade, nos termos desta Lei.

Art. 18. O titular dos dados pessoais tem direito a obter do controlador, em relação aos dados do titular por ele tratados, a qualquer momento e mediante requisição:

I - confirmação da existência de tratamento;

II - acesso aos dados;

III - correção de dados incompletos, inexatos ou desatualizados;

IV - anonimização, bloqueio ou eliminação de dados desnecessários, excessivos ou tratados em desconformidade com o disposto nesta Lei;

V - portabilidade dos dados a outro fornecedor de serviço ou produto, mediante requisição expressa, de acordo com a regulamentação da autoridade nacional, observados os segredos comercial e industrial; *(Inciso com redação dada pela Lei nº 13.853, de 8/7/2019)*

VI - eliminação dos dados pessoais tratados com o consentimento do titular, exceto nas hipóteses previstas no art. 16 desta Lei;

VII - informação das entidades públicas e privadas com as quais o controlador realizou uso compartilhado de dados;

VIII - informação sobre a possibilidade de não fornecer consentimento e sobre as consequências da negativa;

IX - revogação do consentimento, nos termos do § 5º do art. 8º desta Lei.

§ 1º O titular dos dados pessoais tem o direito de peticionar em relação aos seus dados contra o controlador perante a autoridade nacional.

§ 2º O titular pode opor-se a tratamento realizado com fundamento em uma das hipóteses de dispensa de consentimento, em caso de descumprimento ao disposto nesta Lei.

§ 3º Os direitos previstos neste artigo serão exercidos mediante requerimento expresso do titular ou de representante legalmente constituído, a agente de tratamento.

§ 4º Em caso de impossibilidade de adoção imediata da providência de que trata o § 3º deste artigo, o controlador enviará ao titular resposta em que poderá:

I - comunicar que não é agente de tratamento dos dados e indicar, sempre que possível, o agente; ou

II - indicar as razões de fato ou de direito que impedem a adoção imediata da providência.

§ 5º O requerimento referido no § 3º deste artigo será atendido sem custos para o titular, nos prazos e nos termos previstos em regulamento.

§ 6º O responsável deverá informar, de maneira imediata, aos agentes de tratamento com os quais tenha realizado uso compartilhado de dados a correção, a eliminação, a anonimização ou o bloqueio dos dados, para que repitam idêntico procedimento, exceto nos casos em que esta comunicação seja comprovadamente impossível ou implique esforço desproporcional. *(Parágrafo com redação dada pela Lei nº 13.853, de 8/7/2019)*

§ 7º A portabilidade dos dados pessoais a que se refere o inciso V do *caput* deste artigo não inclui dados que já tenham sido anonimizados pelo controlador.

§ 8º O direito a que se refere o § 1º deste artigo também poderá ser exercido perante os organismos de defesa do consumidor.

Art. 19. A confirmação de existência ou o acesso a dados pessoais serão providenciados, mediante requisição do titular:

I - em formato simplificado, imediatamente; ou

II - por meio de declaração clara e completa, que indique a origem dos dados, a inexistência de registro, os critérios utilizados e a finalidade do tratamento, observados os segredos comercial e industrial, fornecida no prazo de até 15 (quinze) dias, contado da data do requerimento do titular.

§ 1º Os dados pessoais serão armazenados em formato que favoreça o exercício do direito de acesso.

§ 2º As informações e os dados poderão ser fornecidos, a critério do titular:

I - por meio eletrônico, seguro e idôneo para esse fim; ou

II - sob forma impressa.

§ 3º Quando o tratamento tiver origem no consentimento do titular ou em contrato, o titular poderá solicitar cópia eletrônica integral de seus dados pessoais, observados os segredos comercial e industrial, nos termos de regulamentação da autoridade nacional, em formato que permita a sua utilização subsequente, inclusive em outras operações de tratamento.

§ 4º A autoridade nacional poderá dispor de forma diferenciada acerca dos prazos previstos nos incisos I e II do *caput* deste artigo para os setores específicos.

Art. 20. O titular dos dados tem direito a solicitar a revisão de decisões tomadas unicamente com base em tratamento automatizado de dados pessoais que afetem seus interesses, incluídas as decisões destinadas a definir o seu perfil pessoal, profissional, de consumo e de crédito ou os aspectos de sua personalidade. *("Caput" do artigo com redação dada pela Medida Provisória nº 869, de 27/12/2018, convertida na Lei nº 13.853, de 8/7/2019)*

§ 1º O controlador deverá fornecer, sempre que solicitadas, informações claras e adequadas a respeito dos critérios e dos procedimentos utilizados para a decisão automatizada, observados os segredos comercial e industrial.

§ 2º Em caso de não oferecimento de informações de que trata o § 1º deste artigo baseado na observância de segredo comercial e industrial, a autoridade nacional poderá realizar auditoria para verificação de aspectos discriminatórios em tratamento automatizado de dados pessoais.

§ 3º *(VETADO na Lei nº 13.853, de 8/7/2019)*

Art. 21. Os dados pessoais referentes ao exercício regular de direitos pelo titular não podem ser utilizados em seu prejuízo.

Art. 22. A defesa dos interesses e dos direitos dos titulares de dados poderá ser exercida em juízo, individual ou coletivamente, na forma do disposto na legislação pertinente, acerca dos instrumentos de tutela individual e coletiva.

CAPÍTULO IV – DO TRATAMENTO DE DADOS PESSOAIS PELO PODER PÚBLICO

SEÇÃO I – DAS REGRAS

- *Art. 236, CF*
- *Arts. 16 ao 21, Lei n. 6.015/1973*
- *Arts. 1º a 30, Lei n. 8.935/1994*

Art. 23. O tratamento de dados pessoais pelas pessoas jurídicas de direito público referidas no parágrafo único do art. 1º da Lei nº 12.527, de 18 de novembro de 2011 (Lei de Acesso à Informação), deverá ser realizado para o atendimento de sua finalidade pública, na persecução do interesse público, com o objetivo de executar as competências legais ou cumprir as atribuições legais do serviço público, desde que:

I - sejam informadas as hipóteses em que, no exercício de suas competências, realizam o tratamento de dados pessoais, fornecendo informações claras e atualizadas sobre a previsão legal, a finalidade, os procedimentos e as práticas utilizadas para a execução dessas atividades, em veículos de fácil acesso, preferencialmente em seus sítios eletrônicos;

II - (VETADO); e

III - seja indicado um encarregado quando realizarem operações de tratamento de dados pessoais, nos termos do art. 39 desta Lei; e *(Inciso com redação dada pela Lei nº 13.853, de 8/7/2019)*

IV - *(Vetado na Lei nº 13.853, de 8/7/2019)*

§ 1º A autoridade nacional poderá dispor sobre as formas de publicidade das operações de tratamento.

§ 2º O disposto nesta Lei não dispensa as pessoas jurídicas mencionadas no *caput* deste artigo de instituir as autoridades de que trata a Lei nº 12.527, de 18 de novembro de 2011 (Lei de Acesso à Informação).

§ 3º Os prazos e procedimentos para exercício dos direitos do titular perante o Poder Público observarão o disposto em legislação específica, em especial as disposições constantes da Lei nº 9.507, de 12 de novembro de 1997 (Lei do Habeas Data), da

Lei nº 9.784, de 29 de janeiro de 1999 (Lei Geral do Processo Administrativo), e da Lei nº 12.527, de 18 de novembro de 2011 (Lei de Acesso à Informação).

§ 4º Os serviços notariais e de registro exercidos em caráter privado, por delegação do Poder Público, terão o mesmo tratamento dispensado às pessoas jurídicas referidas no *caput* deste artigo, nos termos desta Lei.

- *Art. 236, CF*
- *Arts. 16 ao 21, Lei n. 6.015/1973*
- *Arts. 1º e 30, Lei n. 8.935/1994*
- *Arts. 2º e 27 ao 31, Lei n. 9.492/1997*

§ 5º Os órgãos notariais e de registro devem fornecer acesso aos dados por meio eletrônico para a administração pública, tendo em vista as finalidades de que trata o *caput* deste artigo.

- *Art. 236, CF*
- *Arts. 16 ao 21, Lei n. 6.015/1973*
- *Arts. 1º e 30, Lei n. 8.935/1994*

Art. 24. As empresas públicas e as sociedades de economia mista que atuam em regime de concorrência, sujeitas ao disposto no art. 173 da Constituição Federal, terão o mesmo tratamento dispensado às pessoas jurídicas de direito privado particulares, nos termos desta Lei.

Parágrafo único. As empresas públicas e as sociedades de economia mista, quando estiverem operacionalizando políticas públicas e no âmbito da execução delas, terão o mesmo tratamento dispensado aos órgãos e às entidades do Poder Público, nos termos deste Capítulo.

Art. 25. Os dados deverão ser mantidos em formato interoperável e estruturado para o uso compartilhado, com vistas à execução de políticas públicas, à prestação de serviços públicos, à descentralização da atividade pública e à disseminação e ao acesso das informações pelo público em geral.

Art. 26. O uso compartilhado de dados pessoais pelo Poder Público deve atender a finalidades específicas de execução de políticas públicas e atribuição legal pelos órgãos e pelas entidades públicas, respeitados os princípios de proteção de dados pessoais elencados no art. 6º desta Lei.

§ 1º É vedado ao Poder Público transferir a entidades privadas dados pessoais constantes de bases de dados a que tenha acesso, exceto:

I - em casos de execução descentralizada de atividade pública que exija a transferência, exclusivamente para esse fim específico e determinado, observado o disposto na Lei nº 12.527, de 18 de novembro de 2011 (Lei de Acesso à Informação);

II - (VETADO);

III - nos casos em que os dados forem acessíveis publicamente, observadas as disposições desta Lei;

IV - quando houver previsão legal ou a transferência for respaldada em contratos, convênios ou instrumentos congêneres; ou *(Inciso acrescido pela Medida Provisória nº 869, de 27/12/2018, convertida na Lei nº 13.853, de 8/7/2019)*

V - na hipótese de a transferência dos dados objetivar exclusivamente a prevenção de fraudes e irregularidades, ou proteger e resguardar a segurança e a integridade do titular dos dados, desde que vedado o tratamento para outras finalidades. *(Inciso acrescido pela Medida Provisória nº 869, de 27/12/2018, convertida na Lei nº 13.853, de 8/7/2019)*

§ 2º Os contratos e convênios de que trata o § 1º deste artigo deverão ser comunicados à autoridade nacional.

Art. 27. A comunicação ou o uso compartilhado de dados pessoais de pessoa jurídica de direito público a pessoa de direito privado será informado à autoridade nacional e dependerá de consentimento do titular, exceto:

I - nas hipóteses de dispensa de consentimento previstas nesta Lei;

II - nos casos de uso compartilhado de dados, em que será dada publicidade nos termos do inciso I do *caput* do art. 23 desta Lei; ou

III - nas exceções constantes do § 1º do art. 26 desta Lei.

Parágrafo único. A informação à autoridade nacional de que trata o *caput* deste artigo será objeto de regulamentação. *(Parágrafo único acrescido pela Lei nº 13.853, de 8/7/2019)*

Art. 28. (VETADO).

Art. 29. A autoridade nacional poderá solicitar, a qualquer momento, aos órgãos e às entidades do poder público a realização de operações de tratamento de dados pessoais, informações específicas sobre o âmbito e a natureza dos dados e outros detalhes do tratamento realizado e poderá emitir parecer técnico complementar para garantir o cumprimento desta Lei. *(Artigo com redação dada pela Medida Provisória nº 869, de 27/12/2018, convertida na Lei nº 13.853, de 8/7/2019)*

Art. 30. A autoridade nacional poderá estabelecer normas complementares para as atividades de comunicação e de uso compartilhado de dados pessoais.

SEÇÃO II – DA RESPONSABILIDADE

Art. 31. Quando houver infração a esta Lei em decorrência do tratamento de dados pessoais por órgãos públicos, a autoridade nacional poderá enviar informe com medidas cabíveis para fazer cessar a violação.

Art. 32. A autoridade nacional poderá solicitar a agentes do Poder Público a publicação de relatórios de impacto à proteção de dados pessoais e sugerir a adoção de padrões e de boas práticas para os tratamentos de dados pessoais pelo Poder Público.

CAPÍTULO V – DA TRANSFERÊNCIA INTERNACIONAL DE DADOS

Art. 33. A transferência internacional de dados pessoais somente é permitida nos seguintes casos:

I - para países ou organismos internacionais que proporcionem grau de proteção de dados pessoais adequado ao previsto nesta Lei;

II - quando o controlador oferecer e comprovar garantias de cumprimento dos princípios, dos direitos do titular e do regime de proteção de dados previstos nesta Lei, na forma de:

a) cláusulas contratuais específicas para determinada transferência;

b) cláusulas-padrão contratuais;

c) normas corporativas globais;

d) selos, certificados e códigos de conduta regularmente emitidos;

III - quando a transferência for necessária para a cooperação jurídica internacional entre órgãos públicos de inteligência, de investigação e de persecução, de acordo com os instrumentos de direito internacional;

IV - quando a transferência for necessária para a proteção da vida ou da incolumidade física do titular ou de terceiro;

V - quando a autoridade nacional autorizar a transferência;

VI - quando a transferência resultar em compromisso assumido em acordo de cooperação internacional;

VII - quando a transferência for necessária para a execução de política pública ou atribuição legal do serviço público, sendo dada publicidade nos termos do inciso I do *caput* do art. 23 desta Lei;

VIII - quando o titular tiver fornecido o seu consentimento específico e em destaque para a transferência, com informação prévia sobre o caráter internacional da operação, distinguindo claramente esta de outras finalidades; ou

IX - quando necessário para atender as hipóteses previstas nos incisos II, V e VI do art. 7º desta Lei.

Parágrafo único. Para os fins do inciso I deste artigo, as pessoas jurídicas de direito público referidas no parágrafo único do art. 1º da Lei nº 12.527, de 18 de novembro de 2011 (Lei de Acesso à Informação), no âmbito de suas competências legais, e responsáveis, no âmbito de suas atividades, poderão requerer à autoridade nacional a avaliação do nível de proteção a dados pessoais conferido por país ou organismo internacional.

Art. 34. O nível de proteção de dados do país estrangeiro ou do organismo internacional mencionado no inciso I do *caput* do art. 33 desta Lei será avaliado pela autoridade nacional, que levará em consideração:

I - as normas gerais e setoriais da legislação em vigor no país de destino ou no organismo internacional;

II - a natureza dos dados;

III - a observância dos princípios gerais de proteção de dados pessoais e direitos dos titulares previstos nesta Lei;

IV - a adoção de medidas de segurança previstas em regulamento;

V - a existência de garantias judiciais e institucionais para o respeito aos direitos de proteção de dados pessoais; e

VI - outras circunstâncias específicas relativas à transferência.

Art. 35. A definição do conteúdo de cláusulas-padrão contratuais, bem como a verificação de cláusulas contratuais específicas para uma determinada transferência, normas corporativas globais ou selos, certificados e códigos de conduta, a que se refere o inciso II do *caput* do art. 33 desta Lei, será realizada pela autoridade nacional.

§ 1º Para a verificação do disposto no *caput* deste artigo, deverão ser considerados os requisitos, as condições e as garantias mínimas para a transferência que observem os direitos, as garantias e os princípios desta Lei.

§ 2º Na análise de cláusulas contratuais, de documentos ou de normas corporativas globais submetidas à aprovação da autoridade nacional, poderão ser requeridas informações suplementares ou realizadas diligências de verificação quanto às operações de tratamento, quando necessário.

§ 3º A autoridade nacional poderá designar organismos de certificação para a realização do previsto no *caput* deste artigo, que permanecerão sob sua fiscalização nos termos definidos em regulamento.

§ 4º Os atos realizados por organismo de certificação poderão ser revistos pela autoridade nacional e, caso em desconformidade com esta Lei, submetidos a revisão ou anulados.

§ 5º As garantias suficientes de observância dos princípios gerais de proteção e dos direitos do titular referidas no *caput* deste artigo serão também analisadas de acordo com as medidas técnicas e organizacionais adotadas pelo operador, de acordo com o previsto nos §§ 1º e 2º do art. 46 desta Lei.

Art. 36. As alterações nas garantias apresentadas como suficientes de observância dos princípios gerais de proteção e dos direitos do titular referidas no inciso II do art. 33 desta Lei deverão ser comunicadas à autoridade nacional.

CAPÍTULO VI – DOS AGENTES DE TRATAMENTO DE DADOS PESSOAIS

SEÇÃO I – DO CONTROLADOR E DO OPERADOR

Art. 37. O controlador e o operador devem manter registro das operações de tratamento de dados pessoais que realizarem, especialmente quando baseado no legítimo interesse.

Art. 38. A autoridade nacional poderá determinar ao controlador que elabore relatório de impacto à proteção de dados pessoais, inclusive de dados sensíveis, referente a suas operações de tratamento de dados, nos termos de regulamento, observados os segredos comercial e industrial.

Parágrafo único. Observado o disposto no *caput* deste artigo, o relatório deverá conter, no mínimo, a descrição dos tipos de dados coletados, a metodologia utilizada para a coleta e para a garantia da segurança das informações e a análise do controlador com relação a medidas, salvaguardas e mecanismos de mitigação de risco adotados.

Art. 39. O operador deverá realizar o tratamento segundo as instruções fornecidas pelo controlador, que verificará a observância das próprias instruções e das normas sobre a matéria.

Art. 40. A autoridade nacional poderá dispor sobre padrões de interoperabilidade para fins de portabilidade, livre acesso aos dados e segurança, assim como sobre o tempo de guarda dos registros, tendo em vista especialmente a necessidade e a transparência.

SEÇÃO II – DO ENCARREGADO PELO TRATAMENTO DE DADOS PESSOAIS

Art. 41. O controlador deverá indicar encarregado pelo tratamento de dados pessoais.

§ 1º A identidade e as informações de contato do encarregado deverão ser divulgadas publicamente, de forma clara e objetiva, preferencialmente no sítio eletrônico do controlador.

§ 2º As atividades do encarregado consistem em:

I - aceitar reclamações e comunicações dos titulares, prestar esclarecimentos e adotar providências;

II - receber comunicações da autoridade nacional e adotar providências;

III - orientar os funcionários e os contratados da entidade a respeito das práticas a serem tomadas em relação à proteção de dados pessoais; e

IV - executar as demais atribuições determinadas pelo controlador ou estabelecidas em normas complementares.

§ 3º A autoridade nacional poderá estabelecer normas complementares sobre a definição e as atribuições do encarregado, inclusive hipóteses de dispensa da necessidade de sua indicação, conforme a natureza e o porte da entidade ou o volume de operações de tratamento de dados.

§ 4º *(Vetado na Lei nº 13.853, de 8/7/2019)*

SEÇÃO III – DA RESPONSABILIDADE E DO RESSARCIMENTO DE DANOS

Art. 42. O controlador ou o operador que, em razão do exercício de atividade de tratamento de dados pessoais, causar a outrem dano patrimonial, moral, individual ou coletivo, em violação à legislação de proteção de dados pessoais, é obrigado a repará-lo.

§ 1º A fim de assegurar a efetiva indenização ao titular dos dados:

I - o operador responde solidariamente pelos danos causados pelo tratamento quando descumprir as obrigações da legislação de proteção de dados ou quando não tiver seguido as instruções lícitas do controlador, hipótese em que o operador equipara-se ao controlador, salvo nos casos de exclusão previstos no art. 43 desta Lei;

II - os controladores que estiverem diretamente envolvidos no tratamento do qual decorreram danos ao titular dos dados respondem solidariamente, salvo nos casos de exclusão previstos no art. 43 desta Lei.

§ 2º O juiz, no processo civil, poderá inverter o ônus da prova a favor do titular dos dados quando, a seu juízo, for verossímil a alegação, houver hipossuficiência para fins de produção de prova ou quando a produção de prova pelo titular resultar-lhe excessivamente onerosa.

§ 3º As ações de reparação por danos coletivos que tenham por objeto a responsabilização nos termos do *caput* deste artigo podem ser exercidas coletivamente em juízo, observado o disposto na legislação pertinente.

§ 4º Aquele que reparar o dano ao titular tem direito de regresso contra os demais responsáveis, na medida de sua participação no evento danoso.

Art. 43. Os agentes de tratamento só não serão responsabilizados quando provarem:

I - que não realizaram o tratamento de dados pessoais que lhes é atribuído;

II - que, embora tenham realizado o tratamento de dados pessoais que lhes é atribuído, não houve violação à legislação de proteção de dados; ou

III - que o dano é decorrente de culpa exclusiva do titular dos dados ou de terceiro.

Art. 44. O tratamento de dados pessoais será irregular quando deixar de observar a legislação ou quando não fornecer a segurança que o titular dele pode esperar, consideradas as circunstâncias relevantes, entre as quais:

I - o modo pelo qual é realizado;

II - o resultado e os riscos que razoavelmente dele se esperam;

III - as técnicas de tratamento de dados pessoais disponíveis à época em que foi realizado.

Parágrafo único. Responde pelos danos decorrentes da violação da segurança dos dados o controlador ou o operador que, ao deixar de adotar as medidas de segurança previstas no art. 46 desta Lei, der causa ao dano.

Art. 45. As hipóteses de violação do direito do titular no âmbito das relações de consumo permanecem sujeitas às regras de responsabilidade previstas na legislação pertinente.

CAPÍTULO VII – DA SEGURANÇA E DAS BOAS PRÁTICAS

SEÇÃO I – DA SEGURANÇA E DO SIGILO DE DADOS

Art. 46. Os agentes de tratamento devem adotar medidas de segurança, técnicas e administrativas aptas a proteger os dados pessoais de acessos não autorizados e de situações acidentais ou ilícitas de destruição, perda, alteração, comunicação ou qualquer forma de tratamento inadequado ou ilícito.

§ 1º A autoridade nacional poderá dispor sobre padrões técnicos mínimos para tornar aplicável o disposto no *caput* deste artigo, considerados a natureza das informações tratadas, as características específicas do tratamento e o estado atual da tecnologia, especialmente no caso de dados pessoais sensíveis, assim como os princípios previstos no *caput* do art. 6º desta Lei.

§ 2º As medidas de que trata o *caput* deste artigo deverão ser observadas desde a fase de concepção do produto ou do serviço até a sua execução.

Art. 47. Os agentes de tratamento ou qualquer outra pessoa que intervenha em uma das fases do tratamento obriga-se a garantir a segurança da informação prevista nesta Lei em relação aos dados pessoais, mesmo após o seu término.

Art. 48. O controlador deverá comunicar à autoridade nacional e ao titular a ocorrência de incidente de segurança que possa acarretar risco ou dano relevante aos titulares.

§ 1º A comunicação será feita em prazo razoável, conforme definido pela autoridade nacional, e deverá mencionar, no mínimo:

I - a descrição da natureza dos dados pessoais afetados;

II - as informações sobre os titulares envolvidos;

III - a indicação das medidas técnicas e de segurança utilizadas para a proteção dos dados, observados os segredos comercial e industrial;

IV - os riscos relacionados ao incidente;

V - os motivos da demora, no caso de a comunicação não ter sido imediata; e

VI - as medidas que foram ou que serão adotadas para reverter ou mitigar os efeitos do prejuízo.

§ 2º A autoridade nacional verificará a gravidade do incidente e poderá, caso necessário para a salvaguarda dos direitos dos titulares, determinar ao controlador a adoção de providências, tais como:

I - ampla divulgação do fato em meios de comunicação; e

II - medidas para reverter ou mitigar os efeitos do incidente.

§ 3º No juízo de gravidade do incidente, será avaliada eventual comprovação de que foram adotadas medidas técnicas adequadas que tornem os dados pessoais afetados ininteligíveis, no âmbito e nos limites técnicos de seus serviços, para terceiros não autorizados a acessá-los.

Art. 49. Os sistemas utilizados para o tratamento de dados pessoais devem ser estruturados de forma a atender aos requisitos de segurança, aos padrões de boas práticas e de governança e aos princípios gerais previstos nesta Lei e às demais normas regulamentares.

SEÇÃO II – DAS BOAS PRÁTICAS E DA GOVERNANÇA

Art. 50. Os controladores e operadores, no âmbito de suas competências, pelo tratamento de dados pessoais, individualmente ou por meio de associações, poderão formular regras de boas práticas e de governança que estabeleçam as condições de organização, o regime de funcionamento, os procedimentos, incluindo reclamações e petições de titulares, as normas de segurança, os padrões técnicos, as obrigações específicas para os diversos envolvidos no tratamento, as ações educativas, os mecanismos internos de supervisão e de mitigação de riscos e outros aspectos relacionados ao tratamento de dados pessoais.

§ 1º Ao estabelecer regras de boas práticas, o controlador e o operador levarão em consideração, em relação ao tratamento e aos dados, a natureza, o escopo, a finalidade e a probabilidade e a gravidade dos riscos e dos benefícios decorrentes de tratamento de dados do titular.

§ 2º Na aplicação dos princípios indicados nos incisos VII e VIII do *caput* do art. 6º desta Lei, o controlador, observados a estrutura, a escala e o volume de suas operações, bem como a sensibilidade dos dados tratados e a probabilidade e a gravidade dos danos para os titulares dos dados, poderá:

I - implementar programa de governança em privacidade que, no mínimo:

a) demonstre o comprometimento do controlador em adotar processos e políticas internas que assegurem o cumprimento, de forma abrangente, de normas e boas práticas relativas à proteção de dados pessoais;

b) seja aplicável a todo o conjunto de dados pessoais que estejam sob seu controle, independentemente do modo como se realizou sua coleta;

c) seja adaptado à estrutura, à escala e ao volume de suas operações, bem como à sensibilidade dos dados tratados;

d) estabeleça políticas e salvaguardas adequadas com base em processo de avaliação sistemática de impactos e riscos à privacidade;

e) tenha o objetivo de estabelecer relação de confiança com o titular, por meio de atuação transparente e que assegure mecanismos de participação do titular;

f) esteja integrado a sua estrutura geral de governança e estabeleça e aplique mecanismos de supervisão internos e externos;

g) conte com planos de resposta a incidentes e remediação; e

h) seja atualizado constantemente com base em informações obtidas a partir de monitoramento contínuo e avaliações periódicas;

II - demonstrar a efetividade de seu programa de governança em privacidade quando apropriado e, em especial, a pedido da autoridade nacional ou de outra entidade responsável por promover o cumprimento de boas práticas ou códigos de conduta, os quais, de forma independente, promovam o cumprimento desta Lei.

§ 3º As regras de boas práticas e de governança deverão ser publicadas e atualizadas periodicamente e poderão ser reconhecidas e divulgadas pela autoridade nacional.

Art. 51. A autoridade nacional estimulará a adoção de padrões técnicos que facilitem o controle pelos titulares dos seus dados pessoais.

CAPÍTULO VIII – DA FISCALIZAÇÃO

SEÇÃO I – DAS SANÇÕES ADMINISTRATIVAS

Art. 52. Os agentes de tratamento de dados, em razão das infrações cometidas às normas previstas nesta Lei, ficam sujeitos às seguintes sanções administrativas aplicáveis pela autoridade nacional: *(Artigo republicado no DOU Edição Extra de 15/8/2018)*

I - advertência, com indicação de prazo para adoção de medidas corretivas;

II - multa simples, de até 2% (dois por cento) do faturamento da pessoa jurídica de direito privado, grupo ou conglomerado no Brasil no seu último exercício, excluídos os tributos, limitada, no total, a R$ 50.000.000,00 (cinquenta milhões de reais) por infração;

III - multa diária, observado o limite total a que se refere o inciso II;

IV - publicização da infração após devidamente apurada e confirmada a sua ocorrência;

V - bloqueio dos dados pessoais a que se refere a infração até a sua regularização;

VI - eliminação dos dados pessoais a que se refere a infração;

VII - (VETADO);

VIII - (VETADO);

IX - (VETADO).

X - suspensão parcial do funcionamento do banco de dados a que se refere a infração pelo período máximo de 6 (seis) meses, prorrogável por igual período, até a regularização da atividade de tratamento pelo controlador; *(Inciso acrescido pela Lei nº 13.853, de 8/7/2019, vetado pelo Presidente da República, mantido pelo Congresso Nacional e publicado no DOU de 20/12/2019)*

XI - suspensão do exercício da atividade de tratamento dos dados pessoais a que se refere a infração pelo período máximo de 6 (seis) meses, prorrogável por igual período; *(Inciso acrescido pela Lei nº 13.853, de 8/7/2019, vetado pelo Presidente da República, mantido pelo Congresso Nacional e publicado no DOU de 20/12/2019)*

XII - proibição parcial ou total do exercício de atividades relacionadas a tratamento de dados. *(Inciso acrescido pela Lei nº 13.853, de 8/7/2019, vetado pelo Presidente da República, mantido pelo Congresso Nacional e publicado no DOU de 20/12/2019)*

§ 1º As sanções serão aplicadas após procedimento administrativo que possibilite a oportunidade da ampla defesa, de forma gradativa, isolada ou cumulativa, de acordo com as peculiaridades do caso concreto e considerados os seguintes parâmetros e critérios:

I - a gravidade e a natureza das infrações e dos direitos pessoais afetados;

II - a boa-fé do infrator;

III - a vantagem auferida ou pretendida pelo infrator;

IV - a condição econômica do infrator;

V - a reincidência;

VI - o grau do dano;

VII - a cooperação do infrator;

VIII - a adoção reiterada e demonstrada de mecanismos e procedimentos internos capazes de minimizar o dano, voltados ao tratamento seguro e adequado de dados, em consonância com o disposto no inciso II do § 2º do art. 48 desta Lei;

IX - a adoção de política de boas práticas e governança;

X – a pronta adoção de medidas corretivas; e

XI - a proporcionalidade entre a gravidade da falta e a intensidade da sanção.

§ 2º O disposto neste artigo não substitui a aplicação de sanções administrativas, civis ou penais definidas na Lei nº 8.078, de 11 de setembro de 1990, e em legislação específica. *(Parágrafo com redação dada pela Lei nº 13.853, de 8/7/2019)*

§ 3º O disposto nos incisos I, IV, V, VI, X, XI e XII do *caput* deste artigo poderá ser aplicado às entidades e aos órgãos públicos, sem prejuízo do disposto na Lei nº 8.112, de 11 de dezembro de 1990, na Lei nº 8.429, de 2 de junho de 1992, e na Lei nº 12.527, de 18 de novembro de 2011. *(Parágrafo com redação dada pela Lei nº 13.853, de 8/7/2019, vetado pelo Presidente da República, mantido pelo Congresso Nacional e publicado no DOU de 20/12/2019)*

§ 4º No cálculo do valor da multa de que trata o inciso II do *caput* deste artigo, a autoridade nacional poderá considerar o faturamento total da empresa ou grupo de empresas, quando não dispuser do valor do faturamento no ramo de atividade empresarial em que ocorreu a infração, definido pela autoridade nacional, ou quando o valor for apresentado de forma incompleta ou não for demonstrado de forma inequívoca e idônea.

§ 5º O produto da arrecadação das multas aplicadas pela ANPD, inscritas ou não em dívida ativa, será destinado ao Fundo de Defesa de Direitos Difusos de que tratam o art. 13 da Lei nº 7.347, de 24 de julho de 1985, e a Lei nº 9.008, de 21 de março de 1995. *(Parágrafo acrescido pela Lei nº 13.853, de 8/7/2019)*

§ 6º As sanções previstas nos incisos X, XI e XII do *caput* deste artigo serão aplicadas:

I - somente após já ter sido imposta ao menos 1 (uma) das sanções de que tratam os incisos II, III, IV, V e VI do *caput* deste artigo para o mesmo caso concreto; e

II - em caso de controladores submetidos a outros órgãos e entidades com competências sancionatórias, ouvidos esses órgãos. *(Parágrafo acrescido pela Lei nº 13.853, de 8/7/2019, vetado pelo Presidente da República, mantido pelo Congresso Nacional e publicado no DOU de 20/12/2019)*

§ 7º Os vazamentos individuais ou os acessos não autorizados de que trata o *caput* do art. 46 desta Lei poderão ser objeto de conciliação direta entre controlador e titular e, caso não haja acordo, o controlador estará sujeito à aplicação das penalidades de que trata este artigo. *(Parágrafo acrescido pela Lei nº 13.853, de 8/7/2019)*

Art. 53. A autoridade nacional definirá, por meio de regulamento próprio sobre sanções administrativas a infrações a esta Lei, que deverá ser objeto de consulta pública, as metodologias que orientarão o cálculo do valor-base das sanções de multa.

§ 1º As metodologias a que se refere o *caput* deste artigo devem ser previamente publicadas, para ciência dos agentes de tratamento, e devem apresentar objetivamente as formas e dosimetrias para o cálculo do valor-base das sanções de multa, que deverão conter fundamentação detalhada de todos os seus elementos, demonstrando a observância dos critérios previstos nesta Lei.

§ 2º O regulamento de sanções e metodologias correspondentes deve estabelecer as circunstâncias e as condições para a adoção de multa simples ou diária.

Art. 54. O valor da sanção de multa diária aplicável às infrações a esta Lei deve observar a gravidade da falta e a extensão do dano ou prejuízo causado e ser fundamentado pela autoridade nacional.

Parágrafo único. A intimação da sanção de multa diária deverá conter, no mínimo, a descrição da obrigação imposta, o prazo razoável e estipulado pelo órgão para o seu cumprimento e o valor da multa diária a ser aplicada pelo seu descumprimento.

CAPÍTULO IX – DA AUTORIDADE NACIONAL DE PROTEÇÃO DE DADOS (ANPD) E DO CONSELHO NACIONAL DE PROTEÇÃO DE DADOS PESSOAIS E DA PRIVACIDADE

SEÇÃO I – DA AUTORIDADE NACIONAL DE PROTEÇÃO DE DADOS (ANPD)

Art. 55. (VETADO).

Art. 55-A. Fica criada a Autoridade Nacional de Proteção de Dados (ANPD), autarquia de natureza especial, dotada de autonomia técnica e decisória, com patrimônio próprio e com sede e foro no Distrito Federal.

› *Redação dada pela Lei nº 14.460, de 2022*

§§ 1º a 3º *Revogados pela Lei nº 14.460, de 2022*

Art. 55-B. *(Revogado pela Lei nº 14.460, de 2022)*

Art. 55-C. A ANPD é composta de:

I - Conselho Diretor, órgão máximo de direção;

II - Conselho Nacional de Proteção de Dados Pessoais e da Privacidade;

III - Corregedoria;

IV - Ouvidoria;

V – *(Revogado pela Lei nº 14.460, de 2022)*

V-A - Procuradoria; e *(Incluído pela Lei nº 14.460, de 2022)*

VI - unidades administrativas e unidades especializadas necessárias à aplicação do disposto nesta Lei. (Incluído pela Medida Provisória nº 869, de 27/12/2018, convertida na Lei nº 13.853, de 8/7/2019)

Art. 55-D. O Conselho Diretor da ANPD será composto de 5 (cinco) diretores, incluído o Diretor-Presidente.

§ 1º Os membros do Conselho Diretor da ANPD serão escolhidos pelo Presidente da República e por ele nomeados, após aprovação pelo Senado Federal, nos termos da alínea 'f' do inciso III do art. 52 da Constituição Federal, e ocuparão cargo em comissão do Grupo-Direção e Assessoramento Superiores - DAS, no mínimo, de nível 5.

§ 2º Os membros do Conselho Diretor serão escolhidos dentre brasileiros que tenham reputação ilibada, nível superior de educação e elevado conceito no campo de especialidade dos cargos para os quais serão nomeados.

§ 3º O mandato dos membros do Conselho Diretor será de 4 (quatro) anos.

§ 4º Os mandatos dos primeiros membros do Conselho Diretor nomeados serão de 2 (dois), de 3 (três), de 4 (quatro), de 5 (cinco) e de 6 (seis) anos, conforme estabelecido no ato de nomeação.

§ 5º Na hipótese de vacância do cargo no curso do mandato de membro do Conselho Diretor, o prazo remanescente será completado pelo sucessor. *(Artigo acrescido pela Medida Provisória nº 869, de 27/12/2018, e com redação dada pela Lei nº 13.853, de 8/7/2019, na qual foi convertida a referida Medida Provisória)*

Art. 55-E. Os membros do Conselho Diretor somente perderão seus cargos em virtude de renúncia, condenação judicial transitada em julgado ou pena de demissão decorrente de processo administrativo disciplinar.

§ 1º Nos termos *do caput* deste artigo, cabe ao Ministro de Estado Chefe da Casa Civil da Presidência da República instaurar o processo administrativo disciplinar, que será conduzido por comissão especial constituída por servidores públicos federais estáveis.

§ 2º Compete ao Presidente da República determinar o afastamento preventivo, somente quando assim recomendado pela comissão especial de que trata o § 1º deste artigo, e proferir o julgamento. *(Artigo acrescido pela Medida Provisória nº 869, de 27/12/2018, convertida na Lei nº 13.853, de 8/7/2019)*

Art. 55-F. Aplica-se aos membros do Conselho Diretor, após o exercício do cargo, o disposto no art. 6º da Lei nº 12.813, de 16 de maio de 2013.

Parágrafo único. A infração ao disposto no *caput* caracteriza ato de improbidade administrativa. *(Artigo acrescido pela Medida Provisória nº 869, de 27/12/2018, convertida na Lei nº 13.853, de 8/7/2019)*

Art. 55-G. Ato do Presidente da República disporá sobre a estrutura regimental da A N P D.

§ 1º Até a data de entrada em vigor de sua estrutura regimental, a ANPD receberá o apoio técnico e administrativo da Casa Civil da Presidência da República para o exercício de suas atividades.

§ 2º O Conselho Diretor disporá sobre o regimento interno da ANPD. *(Artigo acrescido pela Medida Provisória nº 869, de 27/12/2018, e com redação dada pela Lei nº 13.853, de 8/7/2019, na qual foi convertida a referida Medida Provisória)*

Art. 55-H. Os cargos em comissão e as funções de confiança da ANPD serão remanejados de outros órgãos e entidades do Poder Executivo federal. *(Artigo acrescido pela Medida Provisória nº 869, de 27/12/2018, convertida na Lei nº 13.853, de 8/7/2019)*

Art. 55-I. Os ocupantes dos cargos em comissão e das funções de confiança da ANPD serão indicados pelo Conselho Diretor e nomeados ou designados pelo Diretor-Presidente. *(Artigo acrescido pela Medida Provisória nº 869, de 27/12/2018, convertida na Lei nº 13.853, de 8/7/2019)*

Art. 55-J. Compete à ANPD:

I - zelar pela proteção dos dados pessoais, nos termos da legislação;

II - zelar pela observância dos segredos comercial e industrial, observada a proteção de dados pessoais e do sigilo das informações quando protegido por lei ou quando a quebra do sigilo violar os fundamentos do art. 2º desta Lei;

III - elaborar diretrizes para a Política Nacional de Proteção de Dados Pessoais e da Privacidade;

IV - fiscalizar e aplicar sanções em caso de tratamento de dados realizado em descumprimento à legislação, mediante processo administrativo que assegure o contraditório, a ampla defesa e o direito de recurso;

V - apreciar petições de titular contra controlador após comprovada pelo titular a apresentação de reclamação ao controlador não solucionada no prazo estabelecido em regulamentação;

VI - promover na população o conhecimento das normas e das políticas públicas sobre proteção de dados pessoais e das medidas de segurança;

VII - promover e elaborar estudos sobre as práticas nacionais e internacionais de proteção de dados pessoais e privacidade;

VIII - estimular a adoção de padrões para serviços e produtos que facilitem o exercício de controle dos titulares sobre seus dados pessoais, os quais deverão levar em consideração as especificidades das atividades e o porte dos responsáveis;

IX - promover ações de cooperação com autoridades de proteção de dados pessoais de outros países, de natureza internacional ou transnacional;

X - dispor sobre as formas de publicidade das operações de tratamento de dados pessoais, respeitados os segredos comercial e industrial;

XI - solicitar, a qualquer momento, às entidades do poder público que realizem operações de tratamento de dados pessoais informe específico sobre o âmbito, a natureza dos dados e os demais detalhes do tratamento realizado, com a possibilidade de emitir parecer técnico complementar para garantir o cumprimento desta Lei;

XII - elaborar relatórios de gestão anuais acerca de suas atividades;

XIII - editar regulamentos e procedimentos sobre proteção de dados pessoais e privacidade, bem como sobre relatórios de impacto à proteção de dados pessoais para os casos em que o tratamento representar alto risco à garantia dos princípios gerais de proteção de dados pessoais previstos nesta Lei;

XIV - ouvir os agentes de tratamento e a sociedade em matérias de interesse relevante e prestar contas sobre suas atividades e planejamento;

XV - arrecadar e aplicar suas receitas e publicar, no relatório de gestão a que se refere o inciso XII do caput deste artigo, o detalhamento de suas receitas e despesas;

XVI - realizar auditorias, ou determinar sua realização, no âmbito da atividade de fiscalização de que trata o inciso IV e com a devida observância do disposto no inciso II do *caput* deste artigo, sobre o tratamento de dados pessoais efetuado pelos agentes de tratamento, incluído o poder público;

XVII - celebrar, a qualquer momento, compromisso com agentes de tratamento para eliminar irregularidade, incerteza jurídica ou situação contenciosa no âmbito de processos administrativos, de acordo com o previsto no Decreto-Lei nº 4.657, de 4 de setembro de 1942;

XVIII - editar normas, orientações e procedimentos simplificados e diferenciados, inclusive quanto aos prazos, para que microempresas e empresas de pequeno porte, bem como iniciativas empresariais de caráter incremental ou disruptivo que se autodeclarem *startups* ou empresas de inovação, possam adequar-se a esta Lei;

XIX - garantir que o tratamento de dados de idosos seja efetuado de maneira simples, clara, acessível e adequada ao seu entendimento, nos termos desta Lei e da Lei nº 10.741, de 1º de outubro de 2003 (Estatuto do Idoso);

XX - deliberar, na esfera administrativa, em caráter terminativo, sobre a interpretação desta Lei, as suas competências e os casos omissos;

XXI - comunicar às autoridades competentes as infrações penais das quais tiver conhecimento; XXII - comunicar aos órgãos de controle interno o descumprimento do disposto nesta Lei por órgãos e entidades da administração pública federal;

XXIII - articular-se com as autoridades reguladoras públicas para exercer suas competências em setores específicos de atividades econômicas e governamentais sujeitas à regulação; e

XXIV - implementar mecanismos simplificados, inclusive por meio eletrônico, para o registro de reclamações sobre o tratamento de dados pessoais em desconformidade com esta Lei.

§ 1º Ao impor condicionantes administrativas ao tratamento de dados pessoais por agente de tratamento privado, sejam eles limites, encargos ou sujeições, a ANPD deve observar a exigência de mínima intervenção, assegurados os fundamentos, os princípios e os direitos dos titulares previstos no art. 170 da Constituição Federal e nesta Lei.

§ 2º Os regulamentos e as normas editados pela ANPD devem ser precedidos de consulta e audiência públicas, bem como de análises de impacto regulatório.

§ 3º A ANPD e os órgãos e entidades públicos responsáveis pela regulação de setores específicos da atividade econômica e governamental devem coordenar suas atividades, nas correspondentes esferas de atuação, com vistas a assegurar o cumprimento de suas atribuições com a maior eficiência e promover o adequado funcionamento dos setores regulados, conforme legislação específica, e o tratamento de dados pessoais, na forma desta Lei.

§ 4º A ANPD manterá fórum permanente de comunicação, inclusive por meio de cooperação técnica, com órgãos e entidades da administração pública responsáveis pela regulação de setores específicos da atividade econômica e governamental, a fim de facilitar as competências regulatória, fiscalizatória e punitiva da ANPD.

§ 5º No exercício das competências de que trata o *caput* deste artigo, a autoridade competente deverá zelar pela preservação do segredo empresarial e do sigilo das informações, nos termos da lei.

§ 6º As reclamações colhidas conforme o disposto no inciso V do *caput* deste artigo poderão ser analisadas de forma agregada, e as eventuais providências delas decorrentes poderão ser adotadas de forma padronizada. *(Artigo acrescido pela Medida Provisória nº 869, de 27/12/2018, e com redação dada pela Lei nº 13.853, de 8/7/2019, na qual foi convertida a referida Medida Provisória)*

Art. 55-K. A aplicação das sanções previstas nesta Lei compete exclusivamente à ANPD, e suas competências prevalecerão, no que se refere à proteção de dados pessoais, sobre as competências correlatas de outras entidades ou órgãos da administração pública.

Parágrafo único. A ANPD articulará sua atuação com outros órgãos e entidades com competências sancionatórias e normativas afetas ao tema de proteção de dados pessoais e será o órgão central de interpretação desta Lei e do estabelecimento de normas e diretrizes para a sua implementação. *(Artigo acrescido pela Medida Provisória nº 869, de 27/12/2018, convertida na Lei nº 13.853, de 8/7/2019)*

Art. 55-L. Constituem receitas da ANPD:

I - as dotações, consignadas no orçamento geral da União, os créditos especiais, os créditos adicionais, as transferências e os repasses que lhe forem conferidos;

II - as doações, os legados, as subvenções e outros recursos que lhe forem destinados;

III - os valores apurados na venda ou aluguel de bens móveis e imóveis de sua propriedade;

IV - os valores apurados em aplicações no mercado financeiro das receitas previstas neste artigo;

V - (VETADO);

VI - os recursos provenientes de acordos, convênios ou contratos celebrados com entidades, organismos ou empresas, públicos ou privados, nacionais ou internacionais;

VII - o produto da venda de publicações, material técnico, dados e informações, inclusive para fins de licitação pública. *(Artigo acrescido pela Lei nº 13.853, de 8/7/2019)*

Art. 55-M. Constituem o patrimônio da ANPD os bens e os direitos: *(Incluído pela Lei nº 14.460, de 2022)*

I - que lhe forem transferidos pelos órgãos da Presidência da República; e *(Incluído pela Lei nº 14.460, de 2022)*

II - que venha a adquirir ou a incorporar. *(Incluído pela Lei nº 14.460, de 2022)*

Art. 56. (VETADO).

Art. 57. (VETADO).

SEÇÃO II – DO CONSELHO NACIONAL DE PROTEÇÃO DE DADOS PESSOAIS E DA PRIVACIDADE

Art. 58. (VETADO).

Art. 58-A. O Conselho Nacional de Proteção de Dados Pessoais e da Privacidade será composto de 23 (vinte e três) representantes, titulares e suplentes, dos seguintes órgãos:

I - 5 (cinco) do Poder Executivo federal;

II - 1 (um) do Senado Federal;

III - 1 (um) da Câmara dos Deputados;

IV - 1 (um) do Conselho Nacional de Justiça;

V - 1 (um) do Conselho Nacional do Ministério Público;

VI - 1 (um) do Comitê Gestor da Internet no Brasil;

VII - 3 (três) de entidades da sociedade civil com atuação relacionada a proteção de dados pessoais;

VIII - 3 (três) de instituições científicas, tecnológicas e de inovação;

IX - 3 (três) de confederações sindicais representativas das categorias econômicas do setor produtivo;

X - 2 (dois) de entidades representativas do setor empresarial relacionado à área de tratamento de dados pessoais; e

XI - 2 (dois) de entidades representativas do setor laboral.

§ 1º Os representantes serão designados por ato do Presidente da República, permitida a delegação.

§ 2º Os representantes de que tratam os incisos I, II, III, IV, V e VI do *caput* deste artigo e seus suplentes serão indicados pelos titulares dos respectivos órgãos e entidades da administração pública.

§ 3º Os representantes de que tratam os incisos VII, VIII, IX, X e XI do *caput* deste artigo e seus suplentes:

I - serão indicados na forma de regulamento;

II - não poderão ser membros do Comitê Gestor da Internet no Brasil;

III - terão mandato de 2 (dois) anos, permitida 1 (uma) recondução.

§ 4º A participação no Conselho Nacional de Proteção de Dados Pessoais e da Privacidade será considerada prestação de serviço público relevante, não remunerada. *(Artigo acrescido pela Medida Provisória nº 869, de 27/12/2018, e com redação dada pela Lei nº 13.853, de 8/7/2019, na qual foi convertida a referida Medida Provisória)*

Art. 58-B. Compete ao Conselho Nacional de Proteção de Dados Pessoais e da Privacidade:

I - propor diretrizes estratégicas e fornecer subsídios para a elaboração da Política Nacional de Proteção de Dados Pessoais e da Privacidade e para a atuação da ANPD;

II - elaborar relatórios anuais de avaliação da execução das ações da Política Nacional de Proteção de Dados Pessoais e da Privacidade;

III - sugerir ações a serem realizadas pela ANPD;

IV - elaborar estudos e realizar debates e audiências públicas sobre a proteção de dados pessoais e da privacidade; e

V - disseminar o conhecimento sobre a proteção de dados pessoais e da privacidade à população. *(Artigo acrescido pela Medida Provisória nº 869, de 27/12/2018, convertida na Lei nº 13.853, de 8/7/2019)*

Art. 59. (VETADO).

CAPÍTULO X – DISPOSIÇÕES FINAIS E TRANSITÓRIAS

Art. 60. A Lei nº 12.965, de 23 de abril de 2014 (Marco Civil da Internet), passa a vigorar com as seguintes alterações:

"Art. 7º (...)

X- exclusão definitiva dos dados pessoais que tiver fornecido a determinada aplicação de internet, a seu requerimento, ao término da relação entre as partes, ressalvadas as hipóteses de guarda obrigatória de registros previstas nesta Lei e na que dispõe sobre a proteção de dados pessoais;

"Art. 16. (...)

II - de dados pessoais que sejam excessivos em relação à finalidade para a qual foi dado consentimento pelo seu titular, exceto nas hipóteses previstas na Lei que dispõe sobre a proteção de dados pessoais."

Art. 61. A empresa estrangeira será notificada e intimada de todos os atos processuais previstos nesta Lei, independentemente de procuração ou de disposição contratual ou estatutária, na pessoa do agente ou representante ou pessoa responsável por sua filial, agência, sucursal, estabelecimento ou escritório instalado no Brasil.

Art. 62. A autoridade nacional e o Instituto Nacional de Estudos e Pesquisas Educacionais Anísio Teixeira (Inep), no âmbito de suas competências, editarão regulamentos específicos para o acesso a dados tratados pela União para o cumprimento do disposto no § 2º do art. 9º da Lei nº 9.394, de 20 de dezembro de 1996 (Lei de Diretrizes e Bases da Educação Nacional), e aos referentes ao Sistema Nacional de Avaliação da Educação Superior (Sinaes), de que trata a Lei nº 10.861, de 14 de abril de 2004.

Art. 63. A autoridade nacional estabelecerá normas sobre a adequação progressiva de bancos de dados constituídos até a data de entrada em vigor desta Lei, consideradas a complexidade das operações de tratamento e a natureza dos dados.

Art. 64. Os direitos e princípios expressos nesta Lei não excluem outros previstos no ordenamento jurídico pátrio relacionados à matéria ou nos tratados internacionais em que a República Federativa do Brasil seja parte.

Art. 65. Esta Lei entra em vigor: *("Caput" do artigo com redação dada pela Medida Provisória nº 869, de 27/12/2018, convertida na Lei nº 13.853, de 8/7/2019)*

I - dia 28 de dezembro de 2018, quanto aos arts. 55-A, 55-B, 55-C, 55-D, 55- E, 55-F, 55-G, 55-H, 55-I, 55-J, 55-K, 55-L, 58-A e 58-B; e *(Inciso acrescido pela Medida Provisória nº 869, de 27/12/2018, e com redação dada pela Lei nº 13.853, de 8/7/2019, na qual foi convertida a referida Medida Provisória)*

I-A - dia 1º de agosto de 2021, quanto aos arts. 52, 53 e 54; *(Inciso acrescido pela Lei nº 14.010, de 10/6/2020)*

II - 24 (vinte e quatro) meses após a data de sua publicação, quanto aos demais artigos. *(Inciso acrescido pela Medida Provisória nº 869, de 27/12/2018, convertida na Lei nº 13.853, de 8/7/2019)*

Brasília, 14 de agosto de 2018;
197º da Independência e 130º da República.
MICHEL TEMER
Torquato Jardim
Aloysio Nunes Ferreira Filho
Eduardo Refinetti Guardia
Esteves Pedro Colnago Junior
Gilberto Magalhães Occhi
Gilberto Kassab
Wagner de Campos Rosário
Gustavo do Vale Rocha
Ilan Goldfajn
Raul Jungmann
Eliseu Padilha

DOU de 15.8.2018, e republicado parcialmente em 15.8.2018

LEI Nº 14.063, DE 23 DE SETEMBRO DE 2020

Dispõe sobre o uso de assinaturas eletrônicas em interações com entes públicos, em atos de pessoas jurídicas e em questões de saúde e sobre as licenças de softwares desenvolvidos por entes públicos; e altera a Lei nº 9.096, de 19 de setembro de 1995, a Lei nº 5.991, de 17 de dezembro de 1973, e a Medida Provisória nº 2.200-2, de 24 de agosto de 2001.

O PRESIDENTE DA REPÚBLICA Faço saber que o Congresso Nacional decreta e eu sanciono a seguinte Lei:

CAPÍTULO I – DISPOSIÇÃO PRELIMINAR

Art. 1º Esta Lei dispõe sobre o uso de assinaturas eletrônicas em interações com entes públicos, em atos de pessoas jurídicas e em questões de saúde e sobre as licenças de *softwares* desenvolvidos por entes públicos, com o objetivo de proteger as informações pessoais e sensíveis dos cidadãos, com base nos incisos X e XII do *caput* do art. 5º da Constituição Federal e na Lei nº 13.709, de 14 de agosto de 2018 (Lei Geral de Proteção de Dados Pessoais), bem como de atribuir eficiência e segurança aos serviços públicos prestados sobretudo em ambiente eletrônico.

CAPÍTULO II– DA ASSINATURA ELETRÔNICA EM INTERAÇÕES COM ENTES PÚBLICOS

SEÇÃO I – DO OBJETO, DO ÂMBITO DE APLICAÇÃO E DAS DEFINIÇÕES

Art. 2º Este Capítulo estabelece regras e procedimentos sobre o uso de assinaturas eletrônicas no âmbito da:

I – interação interna dos órgãos e entidades da administração direta, autárquica e fundacional dos Poderes e órgãos constitucionalmente autônomos dos entes federativos;

II – interação entre pessoas naturais ou pessoas jurídicas de direito privado e os entes públicos de que trata o inciso I do *caput* deste artigo;

III – interação entre os entes públicos de que trata o inciso I do *caput* deste artigo.

Parágrafo único. O disposto neste Capítulo não se aplica:

I – aos processos judiciais;

II – à interação:

a) entre pessoas naturais ou entre pessoas jurídicas de direito privado;

b) na qual seja permitido o anonimato;

c) na qual seja dispensada a identificação do particular;

III – aos sistemas de ouvidoria de entes públicos;

IV – aos programas de assistência a vítimas e a testemunhas ameaçadas;

V – às outras hipóteses nas quais deva ser dada garantia de preservação de sigilo da identidade do particular na atuação perante o ente público.

Art. 3º Para os fins desta Lei, considera-se:

I – autenticação: o processo eletrônico que permite a identificação eletrônica de uma pessoa natural ou jurídica;

II – assinatura eletrônica: os dados em formato eletrônico que se ligam ou estão logicamente associados a outros dados em formato eletrônico e que são utilizados pelo signatário para assinar, observados os níveis de assinaturas apropriados para os atos previstos nesta Lei;

III – certificado digital: atestado eletrônico que associa os dados de validação da assinatura eletrônica a uma pessoa natural ou jurídica;

IV – certificado digital ICP-Brasil: certificado digital emitido por uma Autoridade Certificadora (AC) credenciada na Infraestrutura de Chaves Públicas Brasileira (ICP-Brasil), na forma da legislação vigente.

SEÇÃO II – DA CLASSIFICAÇÃO DAS ASSINATURAS ELETRÔNICAS

Art. 4º Para efeitos desta Lei, as assinaturas eletrônicas são classificadas em:

I – assinatura eletrônica simples:

a) a que permite identificar o seu signatário;

b) a que anexa ou associa dados a outros dados em formato eletrônico do signatário;

II – assinatura eletrônica avançada: a que utiliza certificados não emitidos pela ICP-Brasil ou outro meio de comprovação da autoria e da integridade de documentos em forma eletrônica, desde que admitido pelas partes como válido ou aceito pela pessoa a quem for oposto o documento, com as seguintes características:

a) está associada ao signatário de maneira unívoca;

b) utiliza dados para a criação de assinatura eletrônica cujo signatário pode, com elevado nível de confiança, operar sob o seu controle exclusivo;

c) está relacionada aos dados a ela associados de tal modo que qualquer modificação posterior é detectável;

III – assinatura eletrônica qualificada: a que utiliza certificado digital, nos termos do § 1º do art. 10 da Medida Provisória nº 2.200-2, de 24 de agosto de 2001.

- *Vide art. 17, Lei 6.015/1973 (LRP)*
- *Vide Lei 14.382/2022 (SERP)*
- *Vide arts. 14 § 2º; 228-E; 228-F, § 4º; 354, parágrafo único, Provimento CNJ n. 149/2023 (CNN)*
- *Vide Provimento CNJ n. 157/2023 (Assinatura Eletrônica/ON-RCPN)*
- *Vide Enunciados 55 e 56, I Jornada de Direito Notarial e Registral*

§ 1º Os 3 (três) tipos de assinatura referidos nos incisos I, II e III do *caput* deste artigo caracterizam o nível de confiança sobre a identidade e a manifestação de vontade de seu titular, e a assinatura eletrônica qualificada é a que possui nível mais elevado de confiabilidade a partir de suas normas, de seus padrões e de seus procedimentos específicos.

§ 2º Devem ser asseguradas formas de revogação ou de cancelamento definitivo do meio utilizado para as assinaturas previstas nesta Lei, sobretudo em casos de comprometimento de sua segurança ou de vazamento de dados.

SEÇÃO III – DA ACEITAÇÃO E DA UTILIZAÇÃO DE ASSINATURAS ELETRÔNICAS PELOS ENTES PÚBLICOS

Art. 5º No âmbito de suas competências, ato do titular do Poder ou do órgão constitucionalmente autônomo de cada ente federativo estabelecerá o nível mínimo exigido para a assinatura eletrônica em documentos e em interações com o ente público.

§ 1º O ato de que trata o *caput* deste artigo observará o seguinte:

I – a assinatura eletrônica simples poderá ser admitida nas interações com ente público de menor impacto e que não envolvam informações protegidas por grau de sigilo;

II – a assinatura eletrônica avançada poderá ser admitida, inclusive:

a) nas hipóteses de que trata o inciso I deste parágrafo;

b) (VETADO);

c) no registro de atos perante as juntas comerciais;

III – a assinatura eletrônica qualificada será admitida em qualquer interação eletrônica com ente público, independentemente de cadastramento prévio, inclusive nas hipóteses mencionadas nos incisos I e II deste parágrafo.

§ 2º É obrigatório o uso de assinatura eletrônica qualificada:

I – nos atos assinados por chefes de Poder, por Ministros de Estado ou por titulares de Poder ou de órgão constitucionalmente autônomo de ente federativo;

II – (VETADO);

III – nas emissões de notas fiscais eletrônicas, com exceção daquelas cujos emitentes sejam pessoas físicas ou Microempreendedores Individuais (MEIs), situações em que o uso torna-se facultativo;

IV – nos atos de transferência e de registro de bens imóveis, ressalvado o disposto na alínea "c" do inciso II do § 1º deste artigo;

V – (VETADO);

VI – nas demais hipóteses previstas em lei.

§ 3º (VETADO).

§ 4º O ente público informará em seu *site* os requisitos e os mecanismos estabelecidos internamente para reconhecimento de assinatura eletrônica avançada.

§ 5º No caso de conflito entre normas vigentes ou de conflito entre normas editadas por entes distintos, prevalecerá o uso de assinaturas eletrônicas qualificadas.

§ 6º As certidões emitidas por sistema eletrônico da Justiça Eleitoral possuem fé pública e, nos casos dos órgãos partidários, substituem os cartórios de registro de pessoas jurídicas para constituição dos órgãos partidários estaduais e municipais, dispensados quaisquer registros em cartórios da circunscrição do respectivo órgão partidário.

Art. 6º O art. 7º da Medida Provisória nº 2.200-2, de 24 de agosto de 2001, passa a vigorar com a seguinte redação:

- *Alterações inseridas no texto da referida norma.*

Art. 7º O § 2º do art. 10 e o § 6º do art. 32 da Lei nº 9.096, de 19 de setembro de 1995, passam a vigorar com a seguinte redação:

- *Alterações inseridas no texto da referida norma.*

SEÇÃO IV – DOS ATOS PRATICADOS POR PARTICULARES PERANTE ENTES PÚBLICOS

Art. 8º As assinaturas eletrônicas qualificadas contidas em atas deliberativas de assembleias, de convenções e de reuniões das pessoas jurídicas de direito privado constantes do art. 44 da Lei nº 10.406, de 10 de janeiro de 2002 (Código Civil), devem ser aceitas pelas pessoas jurídicas de direito público e pela administração pública direta e indireta pertencentes aos Poderes Executivo, Legislativo e Judiciário.

Art. 9º (VETADO).

SEÇÃO V – DOS ATOS REALIZADOS DURANTE A PANDEMIA

Art. 10. O ato de que trata o *caput* do art. 5º desta Lei poderá prever nível de assinatura eletrônica incompatível com o previsto no § 1º do art. 5º para os atos realizados durante o período da emergência de saúde pública de importância internacional decorrente da pandemia da Covid-19, de que trata a Lei nº 13.979, de 6 de fevereiro de 2020, com vistas à redução de contatos presenciais ou para a realização de atos que, de outro modo, ficariam impossibilitados.

CAPÍTULO III – DA ATUAÇÃO DO COMITÊ GESTOR E DO INSTITUTO NACIONAL DE TECNOLOGIA DA INFORMAÇÃO PERANTE ENTES PÚBLICOS

Art. 11. (VETADO).

Art. 12. (VETADO).

CAPÍTULO IV – DA ASSINATURA ELETRÔNICA EM QUESTÃO DE SAÚDE PÚBLICA

Art. 13. Os receituários de medicamentos sujeitos a controle especial e os atestados médicos em meio eletrônico, previstos em ato do Ministério da Saúde, somente serão válidos quando subscritos com assinatura eletrônica qualificada do profissional de saúde.

Parágrafo único. As exigências de nível mínimo de assinatura eletrônica previstas no *caput* deste artigo e no art. 14 desta Lei não se aplicam aos atos internos do ambiente hospitalar.

Art. 14. Com exceção do disposto no art. 13 desta Lei, os documentos eletrônicos subscritos por profissionais de saúde e relacionados à sua área de atuação são válidos para todos os fins quando assinados por meio de:

I – assinatura eletrônica avançada; ou

II – assinatura eletrônica qualificada.

Parágrafo único. Observada a legislação específica, o art. 13 desta Lei e o *caput* deste artigo, ato do Ministro de Estado da Saúde ou da Diretoria Colegiada da Agência Nacional de Vigilância Sanitária (Anvisa), no âmbito de suas competências, especificará as hipóteses e os critérios para a validação dos documentos de que trata o *caput* deste artigo.

Art. 15. O art. 35 da Lei nº 5.991, de 17 de dezembro de 1973, passa vigorar com as seguintes alterações, numerando-se o atual parágrafo único como § 1º:

"Art. 35.

(...)

a) (revogada);

b) (revogada);

c) (revogada).

I – que seja escrita no vernáculo, redigida sem abreviações e de forma legível e que observe a nomenclatura e o sistema de pesos e medidas oficiais;

II – que contenha o nome e o endereço residencial do paciente e, expressamente, o modo de usar a medicação; e

III – que contenha a data e a assinatura do profissional de saúde, o endereço do seu consultório ou da sua residência e o seu número de inscrição no conselho profissional.

§ 1º O receituário de medicamentos terá validade em todo o território nacional, independentemente do ente federativo em que tenha sido emitido, inclusive o de medicamentos sujeitos ao controle sanitário especial, nos termos da regulação.

§ 2º As receitas em meio eletrônico, ressalvados os atos internos no ambiente hospitalar, somente serão válidas se contiverem a assinatura eletrônica avançada ou qualificada do profissional e atenderem aos requisitos de ato da Diretoria Colegiada da Agência Nacional de Vigilância Sanitária (Anvisa) ou do Ministro de Estado da Saúde, conforme as respectivas competências.

§ 3º É obrigatória a utilização de assinaturas eletrônicas qualificadas para receituários de medicamentos sujeitos a controle especial e para atestados médicos em meio eletrônico."

CAPÍTULO V – DOS SISTEMAS DE INFORMAÇÃO E DE COMUNICAÇÃO DOS ENTES PÚBLICOS

Art. 16. Os sistemas de informação e de comunicação desenvolvidos exclusivamente por órgãos e entidades da administração direta, autárquica e fundacional dos Poderes e órgãos constitucionalmente autônomos dos entes federativos são regidos por licença de código aberto, permitida a sua utilização, cópia, alteração e distribuição sem restrições por todos os órgãos e entidades abrangidos por este artigo.

§ 1º O disposto no *caput* deste artigo aplica-se, inclusive, aos sistemas de informação e de comunicação em operação na data de entrada em vigor desta Lei.

§ 2º Não estão sujeitos ao disposto neste artigo:

I – os sistemas de informação e de comunicação cujo código-fonte possua restrição de acesso à informação, nos termos do Capítulo IV da Lei nº 12.527, de 18 de novembro de 2011;

II – os dados armazenados pelos sistemas de informação e de comunicação;

III – os componentes de propriedade de terceiros; e

IV – os contratos de desenvolvimento de sistemas de informação e de comunicação que tenham sido firmados com terceiros antes da data de entrada em vigor desta Lei e que contenham cláusula de propriedade intelectual divergente do disposto no *caput* deste artigo.

CAPÍTULO VI – DISPOSIÇÕES FINAIS E TRANSITÓRIAS

Art. 17. O disposto nesta Lei não estabelece obrigação aos órgãos e entidades da administração direta, indireta, autárquica e fundacional dos Poderes e órgãos constitucionalmente autônomos dos entes federativos de disponibilizarem mecanismos de comunicação eletrônica em todas as hipóteses de interação com pessoas naturais ou jurídicas.

Art. 17-A. As instituições financeiras que atuem com crédito imobiliário autorizadas a celebrar instrumentos particulares com caráter de escritura pública e os partícipes dos contratos correspondentes poderão fazer uso das assinaturas eletrônicas nas modalidades avançada e qualificada de que trata esta Lei.

› *Acrescido pela Medida Provisória nº 1.162, de 2023, convertida na Lei nº 14.620, de 2023*

Parágrafo único. *(VETADO na Lei nº 14.620, de 2023).*

Art. 18. Os sistemas em uso na data de entrada em vigor desta Lei que utilizem assinaturas eletrônicas e que não atendam ao disposto no art. 5º desta Lei serão adaptados até 1º de julho de 2021.

Art. 19. Revogam-se as alíneas "*a*", "*b*" e "*c*" do *caput* do art. 35 da Lei nº 5.991, de 17 de dezembro de 1973.

Art. 20. Esta Lei entra em vigor na data de sua publicação.

Brasília, 23 de setembro de 2020; 199º da Independência e 132º da República.

JAIR MESSIAS BOLSONARO

Paulo Guedes

Eduardo Pazuello

Walter Souza Braga Netto

DOU DE 24/09/2020

LEI Nº 14.382, DE 27 DE JUNHO DE 2022

Dispõe sobre o Sistema Eletrônico dos Registros Públicos (Serp); altera as Leis nºs 4.591, de 16 de dezembro de 1964, 6.015, de 31 de dezembro de 1973 (Lei de Registros Públicos), 6.766, de 19 de dezembro de 1979, 8.935, de 18 de novembro de 1994, 10.406, de 10 de janeiro de 2002 (Código Civil), 11.977, de 7 de julho de 2009, 13.097, de 19 de janeiro de 2015, e 13.465, de 11 de julho de 2017; e revoga a Lei nº 9.042, de 9 de maio de 1995, e dispositivos das Leis nºs 4.864, de 29 de novembro de 1965, 8.212, de 24 de julho de 1991, 12.441, de 11 de julho de 2011, 12.810, de 15 de maio de 2013, e 14.195, de 26 de agosto de 2021.

› *Vide Provimento CNJ 46/2015 (Incorporado aos arts. 229 a 245, Provimento CNJ n. 149/2023 (CNN)*

› *Vide Provimento CNJ 48/2016 (Incorporado aos arts. 246 a 256, Provimento CNJ n. 149/2023 (CNN)*

› *Vide Provimento CNJ 74/2018 (Padrões Mínimos de Tecnologia de Informação)*

› *Vide Provimento CNJ 89/2019 (SREI, SAEC, ONR)*

› *Vide Provimento CNJ 115/2021 (Receita do Fundo para Implementação e custeio do SREI)*

› *Vide Provimento CNJ 124/2021 (Prazo para a universalização do acesso por todas as unidades do serviço de registro de imóveis do Brasil, (SREI), operado pelo ONR)*

› *Vide Provimento CNJ 127/2022 – SIPE (Plataforma do Sistema Integrado de Pagamentos Eletrônicos)*

› *Vide Provimento CNJ 139/2023 - SERP (Incorporado aos arts. 211 a 228 do Provimento CNJ n. 149/2023 – CNN)*

› *Vide Provimento CNJ 159/2023 (FIC-ONSERP, FIC-RCPN, e o FIC-RTDPJ)*

› *Arts. 206 a 343, Provimento CNJ n. 149/2023 (CNN)*

› *Vide Recomendação CNJ n. 14/2014 (SREI)*

› *Vide Decreto 11.208/2022 (Sinter)*

O PRESIDENTE DA REPÚBLICA

Faço saber que o Congresso Nacional decreta e eu sanciono a seguinte Lei:

CAPÍTULO I – DISPOSIÇÕES GERAIS

Art. 1º Esta Lei dispõe sobre o Sistema Eletrônico dos Registros Públicos (Serp), de que trata o art. 37 da Lei nº 11.977, de 7 de julho de 2009, bem como moderniza e simplifica os procedimentos relativos aos registros públicos de atos e negócios jurídicos, de que trata a Lei nº 6.015, de 31 de dezembro de 1973 (Lei de Registros Públicos), e de incorporações imobiliárias, de que trata a Lei nº 4.591, de 16 de dezembro de 1964.

Art. 2º Esta Lei aplica-se:

I - às relações jurídicas que envolvam oficiais dos registros públicos; e

II - aos usuários dos serviços de registros públicos.

CAPÍTULO II – DO SISTEMA ELETRÔNICO DE REGISTROS PÚBLICOS

SEÇÃO I – DOS OBJETIVOS E DAS RESPONSABILIDADES

Art. 3º O Serp tem o objetivo de viabilizar:

I - o registro público eletrônico dos atos e negócios jurídicos;

II - a interconexão das serventias dos registros públicos;

III - a interoperabilidade das bases de dados entre as serventias dos registros públicos e entre as serventias dos registros públicos e o Serp;

IV - o atendimento remoto aos usuários de todas as serventias dos registros públicos, por meio da internet;

V - a recepção e o envio de documentos e títulos, a expedição de certidões e a prestação de informações, em formato eletrônico, inclusive de forma centralizada, para distribuição posterior às serventias dos registros públicos competentes;

VI - a visualização eletrônica dos atos transcritos, registrados ou averbados nas serventias dos registros públicos;

VII - o intercâmbio de documentos eletrônicos e de informações entre as serventias dos registros públicos e:

a) os entes públicos, inclusive por meio do Sistema Integrado de Recuperação de Ativos (Sira), de que trata o Capítulo V da Lei nº 14.195, de 26 de agosto de 2021; e

b) os usuários em geral, inclusive as instituições financeiras e as demais instituições autorizadas a funcionar pelo Banco Central do Brasil e os tabeliães;

VIII - o armazenamento de documentos eletrônicos para dar suporte aos atos registrais;

IX - a divulgação de índices e de indicadores estatísticos apurados a partir de dados fornecidos pelos oficiais dos registros públicos, observado o disposto no inciso VII do *caput* do art. 7º desta Lei;

X - a consulta:

a) às indisponibilidades de bens decretadas pelo Poder Judiciário ou por entes públicos;

b) às restrições e aos gravames de origem legal, convencional ou processual incidentes sobre bens móveis e imóveis registrados ou averbados nos registros públicos; e

c) aos atos em que a pessoa pesquisada conste como:

1. devedora de título protestado e não pago;
2. garantidora real;
3. cedente convencional de crédito; ou
4. titular de direito sobre bem objeto de constrição processual ou administrativa; e

XI - outros serviços, nos termos estabelecidos pela Corregedoria Nacional de Justiça do Conselho Nacional de Justiça.

§ 1º Os oficiais dos registros públicos de que trata a Lei nº 6.015, de 31 de dezembro de 1973 (Lei de Registros Públicos), integram o Serp.

§ 2º A consulta a que se refere o inciso X do *caput* deste artigo será realizada com base em indicador pessoal ou, quando compreender bem especificamente identificável, mediante critérios relativos ao bem objeto de busca.

§ 3º O Serp deverá:

I - observar os padrões e os requisitos de documentos, de conexão e de funcionamento estabelecidos pela Corregedoria Nacional de Justiça do Conselho Nacional de Justiça; e

II - garantir a segurança da informação e a continuidade da prestação do serviço dos registros públicos.

§ 4º O Serp terá operador nacional, sob a forma de pessoa jurídica de direito privado, na forma prevista nos incisos I ou III do *caput* do art. 44 da Lei nº 10.406, de 10 de janeiro de 2002 (Código Civil), na modalidade de entidade civil sem fins lucrativos, nos termos estabelecidos pela Corregedoria Nacional de Justiça do Conselho Nacional de Justiça.

Art. 4º Compete aos oficiais dos registros públicos promover a implantação e o funcionamento adequado do Serp, com a disponibilização das informações necessárias, nos termos estabelecidos pela Corregedoria Nacional de Justiça do Conselho Nacional de Justiça, especialmente das informações relativas:

I - às garantias de origem legal, convencional ou processual, aos contratos de arrendamento mercantil financeiro e às cessões convencionais de crédito, constituídos no âmbito da sua competência; e

II - aos dados necessários à produção de índices e de indicadores estatísticos.

§ 1º É obrigatória a adesão ao Serp dos oficiais dos registros públicos de que trata a Lei nº 6.015, de 31 de dezembro de 1973 (Lei de Registros Públicos), ou dos responsáveis interinos pelo expediente.

§ 2º O descumprimento do disposto neste artigo ensejará a aplicação das penas previstas no art. 32 da Lei nº 8.935, de 18 de novembro de 1994, nos termos estabelecidos pela Corregedoria Nacional de Justiça do Conselho Nacional de Justiça.

SEÇÃO II – DO FUNDO PARA A IMPLEMENTAÇÃO E CUSTEIO DO SISTEMA ELETRÔNICO DOS REGISTROS PÚBLICOS

Art. 5º Fica criado o Fundo para a Implementação e Custeio do Sistema Eletrônico dos Registros Públicos (Fics), subvencionado pelos oficiais dos registros públicos, respeitado o disposto no § 9º do art. 76 da Lei nº 13.465, de 11 de julho de 2017.

§ 1º Caberá à Corregedoria Nacional de Justiça do Conselho Nacional de Justiça:

I - disciplinar a instituição da receita do Fics;

II - estabelecer as cotas de participação dos oficiais dos registros públicos;

III - fiscalizar o recolhimento das cotas de participação dos oficiais dos registros públicos; e

IV - supervisionar a aplicação dos recursos e as despesas incorridas.

§ 2º Os oficiais dos registros públicos ficam dispensados de participar da subvenção do Fics na hipótese de desenvolverem e utilizarem sistemas e plataformas interoperáveis necessários para a integração plena dos serviços de suas delegações ao Serp, nos termos estabelecidos pela Corregedoria Nacional de Justiça do Conselho Nacional de Justiça.

▸ *Vide art. 16, Provimento CNJ n. 159/2023 (FIC-ONSERP; FIC-RCPN; FIC-RTDJP)*

SEÇÃO III – DOS EXTRATOS ELETRÔNICOS PARA REGISTRO OU AVERBAÇÃO

Art. 6º Os oficiais dos registros públicos, quando cabível, receberão dos interessados, por meio do Serp, os extratos eletrônicos para registro ou averbação de fatos, de atos e de negócios jurídicos, nos termos do inciso VIII do *caput* do art. 7º desta Lei.

▸ *Vide arts. 193, 194, Lei 6.015/1973 (Registros Públicos)*

§ 1º Na hipótese de que trata o *caput* deste artigo:

I - o oficial:

a) qualificará o título pelos elementos, pelas cláusulas e pelas condições constantes do extrato eletrônico; e

b) disponibilizará ao requerente as informações relativas à certificação do registro em formato eletrônico;

II - o requerente poderá, a seu critério, solicitar o arquivamento da íntegra do instrumento contratual que deu origem ao extrato eletrônico relativo a bens móveis;

III - os extratos eletrônicos relativos a bens imóveis deverão, obrigatoriamente, ser acompanhados do arquivamento da íntegra do instrumento contratual, em cópia simples, exceto se apresentados por tabelião de notas, hipótese em que este arquivará o instrumento contratual em pasta própria.

▸ *Inciso vetado pelo Presidente da República, mantido pela Congresso Nacional e publicado no DOU de 22/12/2022*

IV – os extratos eletrônicos relativos a bens imóveis produzidos pelas instituições financeiras que atuem com crédito imobiliário autorizadas a celebrar instrumentos particulares com caráter de escritura pública, bem como os relativos a garantias de crédito rural em cédulas e títulos de crédito do agronegócio, poderão ser apresentados ao registro eletrônico de imóveis, e as referidas instituições financeiras arquivarão o instrumento contratual ou título em pasta própria.

▸ *Acrescido pela Medida Provisória nº 1.162, de 2023, convertida na Lei nº 14.620, de 2023*

§ 2º No caso de extratos eletrônicos para registro ou averbação de atos e negócios jurídicos relativos a bens imóveis, ficará dispensada a atualização prévia da matrícula quanto aos dados objetivos ou subjetivos previstos no art. 176 da Lei nº 6.015, de 31 de dezembro de 1973 (Lei de Registros Públicos), exceto dos dados imprescindíveis para comprovar a subsunção do objeto e das partes aos dados constantes do título apresentado, ressalvado o seguinte:

I - não poderá ser criada nova unidade imobiliária por fusão ou desmembramento sem observância da especialidade; e

II - subordinar-se-á a dispensa de atualização à correspondência dos dados descritivos do imóvel e dos titulares entre o título e a matrícula.

§ 3º Será dispensada, no âmbito do registro de imóveis, a apresentação da escritura de pacto antenupcial, desde que os dados de seu registro e o regime de bens sejam indicados no extrato eletrônico de que trata o *caput* deste artigo, com a informação sobre a existência ou não de cláusulas especiais.

§ 4º O instrumento contratual a que se referem os incisos II e III do § 1º deste artigo será apresentado por meio de documento eletrônico ou digitalizado, nos termos do inciso VIII do *caput* do art. 3º desta Lei, acompanhado de declaração, assinada eletronicamente, de que seu conteúdo corresponde ao original firmado pelas partes.

SEÇÃO IV – DA COMPETÊNCIA DA CORREGEDORIA NACIONAL DE JUSTIÇA

Art. 7º Caberá à Corregedoria Nacional de Justiça do Conselho Nacional de Justiça disciplinar o disposto nos arts. 37 a 41 e 45 da Lei nº 11.977, de 7 de julho de 2009, e o disposto nesta Lei, em especial os seguintes aspectos:

I - os sistemas eletrônicos integrados ao Serp, por tipo de registro público ou de serviço prestado;

II - o cronograma de implantação do Serp e do registro público eletrônico dos atos jurídicos em todo o País, que poderá considerar as diferenças regionais e as características de cada registro público;

III - os padrões tecnológicos de escrituração, indexação, publicidade, segurança, redundância e conservação de atos registrais, de recepção e comprovação da autoria e da integridade de documentos em formato eletrônico, a serem atendidos pelo Serp e pelas serventias dos registros públicos, observada a legislação;

IV - a forma de certificação eletrônica da data e da hora do protocolo dos títulos para assegurar a integridade da informação e a ordem de prioridade das garantias sobre bens móveis e imóveis constituídas nos registros públicos;

V - a forma de integração do Sistema de Registro Eletrônico de Imóveis (SREI), de que trata o art. 76 da Lei nº 13.465, de 11 de julho de 2017, ao Serp;

VI - a forma de integração da Central Nacional de Registro de Títulos e Documentos, prevista no § 2º do art. 3º da Lei nº 13.775, de 20 de dezembro de 2018, ao Serp;

VII - os índices e os indicadores estatísticos que serão produzidos por meio do Serp, nos termos do inciso II do *caput* do art. 4º desta Lei, a forma de sua divulgação e o cronograma de implantação da obrigatoriedade de fornecimento de dados ao Serp;

VIII - a definição do extrato eletrônico previsto no art. 6º desta Lei e os tipos de documentos que poderão ser recepcionados dessa forma;

IX - o formato eletrônico de que trata a alínea b do inciso I do § 1º do art. 6º desta Lei; e

X - outros serviços a serem prestados por meio do Serp, nos termos do inciso XI do *caput* do art. 3º desta Lei.

Art. 8º A Corregedoria Nacional de Justiça do Conselho Nacional de Justiça poderá definir, em relação aos atos e negócios jurídicos relativos a bens móveis, os tipos de documentos que serão, prioritariamente, recepcionados por extrato eletrônico.

§ 1º São legitimados a apresentar extratos eletrônicos relativos a bens móveis:

› *Incluído pela Lei nº 14.711, de 2023*

I - os tabeliães de notas;

II - as pessoas físicas ou jurídicas, nos negócios em que forem parte, que tenham contratado na qualidade de credor com garantia real, de cessionário de crédito e de arrendador mercantil;

III - as pessoas autorizadas pelo Conselho Nacional de Justiça, em relação a outras espécies de bens móveis ou negócios jurídicos não previstas neste artigo.

§ 2º O disposto neste artigo não se aplica ao registro e à constituição de ônus e de gravames previstos em legislação específica, inclusive:

› *Incluído pela Lei nº 14.711, de 2023*

I - na Lei nº 9.503, de 23 de setembro de 1997 (Código de Trânsito Brasileiro); e

II - no art. 26 da Lei nº 12.810, de 15 de maio de 2013. (Incluído pela Lei nº 14.711, de 2023)

SEÇÃO V – DO ACESSO A BASES DE DADOS DE IDENTIFICAÇÃO

Art. 9º Para verificação da identidade dos usuários dos registros públicos, as bases de dados de identificação civil, inclusive de identificação biométrica, dos institutos de identificação civil, das bases cadastrais da União, inclusive do Cadastro de Pessoas Físicas da Secretaria Especial da Receita Federal do Brasil do Ministério da Economia e da Justiça Eleitoral, poderão ser acessadas, a critério dos responsáveis pelas referidas bases de dados, desde que previamente pactuado, por tabeliães e oficiais dos registros públicos, observado o disposto nas Leis nºs 13.709, de 14 de agosto de 2018 (Lei Geral de Proteção de Dados Pessoais), e 13.444, de 11 de maio de 2017.

› *Vide Enunciados 44, 45 e 46, I Jornada de Direito Notarial e Registral*

CAPÍTULO III – DA ALTERAÇÃO DA LEGISLAÇÃO CORRELATA

Art. 10. A Lei nº 4.591, de 16 de dezembro de 1964, passa a vigorar com as seguintes alterações:

› *Alterações inseridas no texto da referida norma.*

Art. 11. A Lei nº 6.015, de 31 de dezembro de 1973 (Lei de Registros Públicos), passa a vigorar com as seguintes alterações:

› *Alterações inseridas no texto da referida norma.*

Art. 12. A Lei nº 6.766, de 19 de dezembro de 1979, passa a vigorar com as seguintes alterações:

› *Alterações inseridas no texto da referida norma.*

Art. 13. A Lei nº 8.935, de 18 de novembro de 1994, passa a vigorar com as seguintes alterações:

› *Alterações inseridas no texto da referida norma.*

Art. 14. A Lei nº 10.406, de 10 de janeiro de 2002 (Código Civil), passa a vigorar com as seguintes alterações:

› *Alterações inseridas no texto da referida norma.*

Art. 15. A Lei nº 11.977, de 7 de julho de 2009, passa a vigorar com as seguintes alterações:

› *Alterações inseridas no texto da referida norma.*

Art. 16. O art. 54 da Lei nº 13.097, de 19 de janeiro de 2015, passa a vigorar com as seguintes alterações, numerado o parágrafo único como § 1º:

› *Alterações inseridas no texto da referida norma.*

Art. 17. O § 1º do art. 76 da Lei nº 13.465, de 11 de julho de 2017, passa a vigorar com a seguinte redação:

› *Alterações inseridas no texto da referida norma.*

CAPÍTULO IV – DISPOSIÇÕES TRANSITÓRIAS E FINAIS

Art. 18. A data final do cronograma previsto no inciso II do *caput* do art. 7º desta Lei não poderá ultrapassar 31 de janeiro de 2023.

Art. 19. O disposto no art. 206-A da Lei nº 6.015, de 31 de dezembro de 1973 (Lei de Registros Públicos), deverá ser implementado, em todo o território nacional, no prazo de 150 (cento e cinquenta) dias, contado da data de entrada em vigor desta Lei.

Art. 20. Ficam revogados:

I - a alínea *o* do *caput* do art. 32 da Lei nº 4.591, de 16 de dezembro de 1964;

II - o art. 12 da Lei nº 4.864, de 29 de novembro de 1965;

III - os seguintes dispositivos da Lei nº 6.015, de 31 de dezembro de 1973 (Lei de Registros Públicos):

a) §§ 3º, 4º, 5º e 6º do art. 57;

b) §§ 2º, 3º e 4º do art. 67;

c) § 1º do art. 69;

d) inciso IV do *caput* do art. 127;

e) item 2º do *caput* do art. 129;

f) art. 141;

g) art. 144;

h) art. 145;

i) art. 158;

j) §§ 1º e 2º do art. 161;

k) inciso III do *caput* do art. 169; e

l) incisos I, II, III e IV do *caput* do art. 198;

IV - (VETADO);

V - a Lei nº 9.042, de 9 de maio de 1995;

VI - da Lei nº 10.406, de 10 de janeiro de 2002 (Código Civil):

a) o inciso VI do *caput* do art. 44;

b) o Título I-A do Livro II da Parte Especial; e

c) o art. 1.494;

VII - o art. 2º da Lei nº 12.441, de 11 de julho de 2011, na parte em que altera, da Lei nº 10.406, de 10 de janeiro de 2002 (Código Civil):

a) o inciso VI do *caput* do art. 44; e

b) o Título I-A do Livro II da Parte Especial;

VIII - o art. 32 da Lei nº 12.810, de 15 de maio de 2013; e

IX - o art. 43 da Lei nº 14.195, de 26 de agosto de 2021.

Art. 21. Esta Lei entra em vigor:

I - em 1º de janeiro de 2024, quanto ao art. 11, na parte em que altera o art. 130 da Lei nº 6.015, de 31 de dezembro de 1973 (Lei de Registros Públicos); e

II - na data de sua publicação, quanto aos demais dispositivos.

Brasília, 27 de junho de 2022; 201º da Independência e 134º da República.
JAIR MESSIAS BOLSONARO
DOU de 28.6.2022

LEI Nº 14.398, DE 08 DE JULHO DE 2022

Institui o documento de identidade de notários e registradores e de escreventes de serventias extrajudiciais.

- *Vide Lei n. 8.935/1994 (Notários e Registradores)*

O PRESIDENTE DA REPÚBLICA Faço saber que o Congresso Nacional decreta e eu promulgo, nos termos do parágrafo 5º do art. 66 da Constituição Federal, a seguinte Lei:

Art. 1º Esta Lei institui o documento de identidade de notários e registradores e de escreventes de serventias extrajudiciais.

Art. 2º Fica instituído o documento de identidade de notários e registradores e de escreventes de serventias extrajudiciais, a ser emitido diretamente pela Confederação Nacional dos Notários e Registradores, com validade em todo o território nacional como prova de identidade, para qualquer efeito.

Parágrafo único. O documento de identidade de que trata o caput deste artigo poderá ser emitido pelos entes sindicais da estrutura da Confederação Nacional dos Notários e Registradores, desde que com sua autorização expressa e respeitado o modelo próprio.

Art. 3º No documento de identidade de notários e registradores e de escreventes de serventias extrajudiciais deverão constar, no mínimo, os seguintes elementos e informações:

I - o nome completo do solicitante;

II - o nome da mãe do solicitante;

III - a nacionalidade e a naturalidade do solicitante;

IV - a data de nascimento do solicitante;

V - a serventia da qual o solicitante é titular ou na qual trabalha, com indicação da Comarca e do Estado;

VI - as atribuições da serventia referida no inciso V do *caput* deste artigo;

VII - a função exercida pelo solicitante;

VIII - a data de expedição do documento;

IX - a data de validade do documento;

X - uma fotografia do solicitante;

XI - as assinaturas do responsável pela entidade expedidora do documento e do solicitante;

XII - o número de inscrição do solicitante no Cadastro de Pessoas Físicas;

XIII - o grupo sanguíneo do solicitante; e

XIV - a inscrição "Válida em todo o território nacional".

Art. 4º As normas para a expedição e o modelo do documento de identidade de notários e registradores e de escreventes de serventias extrajudiciais serão definidos pela Confederação Nacional dos Notários e Registradores.

§ 1º Para a emissão e a renovação de documento de identidade de notários e registradores será necessária a apresentação dos documentos que comprovem a delegação do serviço notarial e de registro.

§ 2º Para a emissão e a renovação de documento de identidade de escreventes de serventias extrajudiciais será necessária a apresentação da carteira de trabalho e de declaração do titular da serventia sobre a função exercida.

Art. 5º Fica autorizado o uso das Armas Nacionais no documento de identidade de que trata esta Lei.

Art. 6º A identificação do solicitante do documento de identidade de que trata esta Lei será realizada de forma presencial.

Art. 7º O documento de identidade de que trata esta Lei perderá sua validade com a extinção da delegação, para os notários e registradores, e com o fim do contrato de trabalho, para os escreventes de serventias extrajudiciais.

§ 1º Se o documento de identidade perder a validade nos termos do *caput* deste artigo, o portador não poderá utilizá-lo, para qualquer fim, e deverá devolvê-lo à entidade emissora, sob pena de responsabilização civil e criminal.

§ 2º Se o portador do documento de identidade assumir delegação em outra serventia, por remoção ou por ingresso, será necessário solicitar novo documento e devolver o anterior à entidade emissora.

Art. 8º A Confederação Nacional dos Notários e Registradores emitirá o documento de identidade também aos notários e registradores não sindicalizados, bem como aos seus escreventes.

Art. 9º Esta Lei entra em vigor na data de sua publicação.

Brasília, 8 de julho de 2022; 201º da Independência e 134º da República.
JAIR MESSIAS BOLSONARO
DOU de 8.7.2022

LEI Nº 14.534, DE 11 DE JANEIRO DE 2023

Altera as Leis nºs 7.116, de 29 de agosto de 1983, 9.454, de 7 de abril de 1997, 13.444, de 11 de maio de 2017, e 13.460, de 26 de junho de 2017, para adotar número único para os documentos que especifica e para estabelecer o Cadastro de Pessoas Físicas (CPF) como número suficiente para identificação do cidadão nos bancos de dados de serviços públicos.

- *Vide art. 29, § § 3º e 4º, Lei 6.015/1973 (Registros Públicos)*
- *Lei 7.116/1983 (Assegura validade nacional às Carteiras de Identidade)*
- *Lei 13.444/2017 (Identificação Civil Nacional (ICN))*
- *Lei 13.460/2017 (Participação, proteção e defesa dos direitos do usuário dos serviços públicos da administração pública).*
- *Lei 14.534/2023 (Estabelecero Cadastro de Pessoas Físicas (CPF) como número suficiente para identificação do cidadão nos bancos de dados de serviços públicos)*
- *Provimento CNJ n. 61/2017 (Obrigatoriedade de informação do número do Cadastro de Pessoa Física (CPF), do Cadastro Nacional de Pessoa Jurídica (CNPJ)*
- *Provimento CNJ 66/2018 (Prestação de serviços pelos ofícios de registro civil das pessoas naturais mediante convênio, credenciamento e matrícula com órgãos e entidades governamentais e privadas).*
- *Instrução Normativa RFB n. 2.172/2024 (Cadastro de Pessoas Físicas (CPF))*

O PRESIDENTE DA REPÚBLICA Faço saber que o Congresso Nacional decreta e eu sanciono a seguinte Lei:

Art. 1º Fica estabelecido o número de inscrição no Cadastro de Pessoas Físicas (CPF) como número único e suficiente para identificação do cidadão nos bancos de dados de serviços públicos.

§ 1º O número de inscrição no CPF deverá constar dos cadastros e dos documentos de órgãos públicos, do registro civil de pessoas naturais ou dos conselhos profissionais, em especial nos seguintes documentos:

I - certidão de nascimento;

II - certidão de casamento;

III - certidão de óbito;

IV - Documento Nacional de Identificação (DNI);

V - Número de Identificação do Trabalhador (NIT);

VI - registro no Programa de Integração Social (PIS) ou no Programa de Formação do Patrimônio do Servidor Público (Pasep);

VII - Cartão Nacional de Saúde;

VIII - título de eleitor;

IX - Carteira de Trabalho e Previdência Social (CTPS);

X - número da Permissão para Dirigir ou Carteira Nacional de Habilitação (CNH);

XI - certificado militar;

XII - carteira profissional expedida pelos conselhos de fiscalização de profissão regulamentada; e

XIII - outros certificados de registro e números de inscrição existentes em bases de dados públicas federais, estaduais, distritais e municipais.

§ 2º O número de identificação de novos documentos emitidos ou reemitidos por órgãos públicos ou por conselhos profissionais será o número de inscrição no CPF.

Art. 2º O art. 3º da Lei nº 7.116, de 29 de agosto de 1983, passa a vigorar com as seguintes alterações:

- *Alterações inseridas no texto da referida norma.*

Art. 3º O art. 1º da Lei nº 9.454, de 7 de abril de 1997, passa a vigorar acrescido dos seguintes §§ 2º e 3º, numerado o parágrafo único como § 1º:

- *Alterações inseridas no texto da referida norma.*

Art. 4º O art. 8º da Lei nº 13.444, de 11 de maio de 2017, passa a vigorar acrescido do seguinte § 6º:

- *Alterações inseridas no texto da referida norma.*

Art. 5º O § 1º do art. 10-A da Lei nº 13.460, de 26 de junho de 2017, passa a vigorar com a seguinte redação:

- *Alterações inseridas no texto da referida norma.*

Art. 6º (VETADO).

Art. 7º (VETADO).

Art. 8º Ficam revogados os seguintes dispositivos:

I - alínea b do inciso I do § 2º do art. 5º da Lei nº 13.444, de 11 de maio de 2017;

II - (VETADO).

Art. 9º Esta Lei entra em vigor na data de sua publicação e ficam fixados os seguintes prazos:

I - 12 (doze) meses, para que os órgãos e as entidades realizem a adequação dos sistemas e dos procedimentos de atendimento aos cidadãos, para adoção do número de inscrição no CPF como número de identificação; e

II - 24 (vinte e quatro) meses, para que os órgãos e as entidades tenham a interoperabilidade entre os cadastros e as bases de dados a partir do número de inscrição no CPF.

Brasília, 11 de janeiro de 2023; 202º da Independência e 135º da República.
LUIZ INÁCIO LULA DA SILVA
Esther Dweck
DOU de 11.1.2023.

LEI Nº 14.711, DE 30 DE OUTUBRO DE 2023

Dispõe sobre o aprimoramento das regras de garantia, a execução extrajudicial de créditos garantidos por hipoteca, a execução extrajudicial de garantia imobiliária em concurso de credores, o procedimento de busca e apreensão extrajudicial de bens móveis em caso de inadimplemento de contrato de alienação fiduciária, o resgate antecipado de Letra Financeira, a alíquota de imposto de renda sobre rendimentos no caso de fundos de investimento em participações qualificados que envolvam titulares de cotas com residência ou domicílio no exterior e o procedimento de emissão de debêntures; altera as Leis nºs 9.514, de 20 de novembro de 1997, 10.406, de 10 de janeiro de 2002 (Código Civil), 13.476, de 28 de agosto de 2017, 6.015, de 31 de dezembro de 1973 (Lei de Registros Públicos), 6.766, de 19 de dezembro de 1979, 13.105, de 16 de março de 2015 (Código de Processo Civil), 9.492, de 10 de setembro de 1997, 8.935, de 18 de novembro de 1994, 12.249, de 11 de junho de 2010, 14.113, de 25 de dezembro de 2020, 11.312, de 27 de junho de 2006, 6.404, de 15 de dezembro de 1976, e 14.382, de 27 de junho de 2022, e o Decreto-Lei nº 911, de 1º de outubro de 1969; e revoga dispositivos dos Decretos-Leis nºs 70, de 21 de novembro de 1966, e 73, de 21 de novembro de 1966.

O PRESIDENTE DA REPÚBLICA

Faço saber que o Congresso Nacional decreta e eu sanciono a seguinte Lei:

CAPÍTULO I – DO OBJETO

Art. 1º Esta Lei dispõe sobre o aprimoramento das regras relativas ao tratamento do crédito e das garantias e às medidas extrajudiciais para recuperação de crédito.

CAPÍTULO II – DO APRIMORAMENTO DAS REGRAS DE GARANTIAS

Art. 2º A Lei nº 9.514, de 20 de novembro de 1997, passa a vigorar com as seguintes alterações:

› *Alterações inseridas no texto da referida norma.*

Art. 3º A Lei nº 10.406, de 10 de janeiro de 2002 (Código Civil), passa a vigorar com as seguintes alterações:

› *Alterações inseridas no texto da referida norma.*

Art. 4º A Lei nº 13.476, de 28 de agosto de 2017, passa a vigorar com as seguintes alterações:

› *Alterações inseridas no texto da referida norma.*

Art. 5º A Lei nº 6.015, de 31 de dezembro de 1973 (Lei de Registros Públicos), passa a vigorar com as seguintes alterações:

› *Alterações inseridas no texto da referida norma.*

Art. 6º O Decreto-Lei nº 911, de 1º de outubro de 1969, passa a vigorar acrescido dos seguintes arts. 8º-B, 8º-C, 8º-D e 8º-E:

› *Alterações inseridas no texto da referida norma.*

Art. 7º O art. 18 da Lei nº 6.766, de 19 de dezembro de 1979, passa a vigorar acrescido do seguinte § 8º:

› *Alterações inseridas no texto da referida norma.*

Art. 8º O caput do art. 784 da Lei nº 13.105, de 16 de março de 2015 (Código de Processo Civil), passa a vigorar acrescido do seguinte inciso XI-A:

› *Alterações inseridas no texto da referida norma.*

CAPÍTULO III – DA EXECUÇÃO EXTRAJUDICIAL DOS CRÉDITOS GARANTIDOS POR HIPOTECA

› *Vide art. 167, II, Lei n. 6.015/1973 (Registros Públicos)*
› *Vide arts. 1.225, IX; 1.419 a 1.430; 1.473 a 1.505, CC*

Art. 9º Os créditos garantidos por hipoteca poderão ser executados extrajudicialmente na forma prevista neste artigo.

§ 1º Vencida e não paga a dívida hipotecária, no todo ou em parte, o devedor e, se for o caso, o terceiro hipotecante ou seus representantes legais ou procuradores regularmente constituídos serão intimados pessoalmente, a requerimento do credor ou do seu cessionário, pelo oficial do registro de imóveis da situação do imóvel hipotecado, para purgação da mora no prazo de 15 (quinze) dias, observado o disposto no art. 26 da Lei nº 9.514, de 20 de novembro de 1997, no que couber.

§ 2º A não purgação da mora no prazo estabelecido no § 1º deste artigo autoriza o início do procedimento de excussão extrajudicial da garantia hipotecária por meio de leilão público, e o fato será previamente averbado na matrícula do imóvel, a partir do pedido formulado pelo credor, nos 15 (quinze) dias seguintes ao término do prazo estabelecido para a purgação da mora.

§ 3º No prazo de 60 (sessenta) dias, contado da averbação de que trata o § 2º deste artigo, o credor promoverá leilão público do imóvel hipotecado, que poderá ser realizado por meio eletrônico.

§ 4º Para fins do disposto no § 3º deste artigo, as datas, os horários e os locais dos leilões serão comunicados ao devedor e, se for o caso, ao terceiro hipotecante por meio de correspondência dirigida aos endereços constantes do contrato ou posteriormente fornecidos, inclusive ao endereço eletrônico.

§ 5º Na hipótese de o lance oferecido no primeiro leilão público não ser igual ou superior ao valor do imóvel estabelecido no contrato para fins de excussão ou ao valor de avaliação realizada pelo órgão público competente para cálculo do imposto sobre transmissão inter vivos, o que for maior, o segundo leilão será realizado nos 15 (quinze) dias seguintes.

§ 6º No segundo leilão, será aceito o maior lance oferecido, desde que seja igual ou superior ao valor integral da dívida garantida pela hipoteca, das despesas, inclusive emolumentos cartorários, dos prêmios de seguro, dos encargos legais, inclusive tributos, e das contribuições condominiais, podendo, caso não haja lance que alcance referido valor, ser aceito pelo credor hipotecário, a seu exclusivo critério, lance que corresponda a, pelo menos, metade do valor de avaliação do bem.

§ 7º Antes de o bem ser alienado em leilão, é assegurado ao devedor ou, se for o caso, ao prestador da garantia hipotecária o direito de remir a execução, mediante o pagamento da totalidade da dívida, cujo valor será acrescido das despesas relativas ao procedimento de cobrança e leilões, autorizado o oficial de registro de imóveis a receber e a transferir as quantias correspondentes ao credor no prazo de 3 (três) dias.

§ 8º Se o lance para arrematação do imóvel superar o valor da totalidade da dívida, acrescida das despesas previstas no § 7º deste artigo, a quantia excedente será entregue ao hipotecante no prazo de 15 (quinze) dias, contado da data da efetivação do pagamento do preço da arrematação.

§ 9º Na hipótese de o lance oferecido no segundo leilão não ser igual ou superior ao referencial mínimo estabelecido no § 6º deste artigo para arrematação, o credor terá a faculdade de:

I - apropriar-se do imóvel em pagamento da dívida, a qualquer tempo, pelo valor correspondente ao referencial mínimo devidamente atualizado, mediante requerimento ao oficial do registro de imóveis competente, que registrará os autos dos leilões negativos com a anotação da transmissão dominial em ato registral único, dispensadas, nessa hipótese, a ata notarial de especialização de que trata este artigo e a obrigação a que se refere o § 8º deste artigo; ou

II - realizar, no prazo de até 180 (cento e oitenta) dias, contado do último leilão, a venda direta do imóvel a terceiro, por valor não inferior ao referencial mínimo, dispensado novo leilão, hipótese em que o credor hipotecário ficará investido, por força desta Lei, de mandato irrevogável para representar o garantidor hipotecário, com poderes para transmitir domínio, direito, posse e ação, manifestar a responsabilidade do alienante pela evicção e imitir o adquirente na posse.

§ 10. Nas operações de financiamento para a aquisição ou a construção de imóvel residencial do devedor, excetuadas aquelas compreendidas no sistema de consórcio, caso não seja suficiente o produto da excussão da garantia hipotecária para o pagamento da totalidade da dívida e das demais despesas previstas no § 7º deste artigo, o devedor ficará exonerado da responsabilidade pelo saldo remanescente, hipótese em que não se aplica o disposto no art. 1.430 da Lei nº 10.406, de 10 de janeiro de 2002 (Código Civil).

§ 11. Concluído o procedimento e havendo lance vencedor, os autos do leilão e o processo de execução extrajudicial da hipoteca serão distribuídos a tabelião de notas com circunscrição delegada que abranja o local do imóvel para lavratura de ata notarial de arrematação, que conterá os dados da intimação do devedor e do garantidor e dos autos do leilão e constituirá título hábil de transmissão da propriedade ao arrematante a ser registrado na matrícula do imóvel.

§ 12. Aplicam-se à execução hipotecária realizada na forma prevista neste artigo as disposições previstas para o caso de execução extrajudicial da alienação fiduciária em garantia sobre imóveis relativamente à desocupação do ocupante do imóvel excutido, mesmo se houver locação, e à obrigação do fiduciante em arcar com taxa de ocupação e com as despesas vinculadas ao imóvel até a desocupação, conforme os §§ 7º e 8º do art. 27 e os arts. 30 e 37-A da Lei nº 9.514, de 20 de novembro de 1997, equiparada a data de consolidação da propriedade na execução da alienação fiduciária à data da expedição da ata notarial de arrematação ou, se for o caso, do registro da apropriação definitiva do bem pelo credor hipotecário no registro de imóveis.

§ 13. A execução extrajudicial prevista no caput deste artigo não se aplica às operações de financiamento da atividade agropecuária.

§ 14. Em quaisquer das hipóteses de arrematação, venda privada ou adjudicação, deverá ser previamente apresentado ao registro imobiliário o comprovante de pagamento do imposto sobre transmissão inter vivos e, se for o caso, do laudêmio.

§ 15. O título constitutivo da hipoteca deverá conter, sem prejuízo dos requisitos de forma do art. 108 da Lei nº 10.406, de 10 de janeiro de 2002 (Código Civil), ou da lei especial, conforme o caso, como requisito de validade, expressa previsão do procedimento previsto neste artigo, com menção ao teor dos §§ 1º a 10 deste artigo.

CAPÍTULO IV – DA EXECUÇÃO EXTRAJUDICIAL DA GARANTIA IMOBILIÁRIA EM CONCURSO DE CREDORES

▸ *Vide art. 245, Lei n. 6.015/1973 (Registros Públicos)*

Art. 10. Quando houver mais de um crédito garantido pelo mesmo imóvel, realizadas averbações de início da excussão extrajudicial da garantia hipotecária ou, se for o caso, de consolidação da propriedade em decorrência da execução extrajudicial da propriedade fiduciária, o oficial do registro de imóveis competente intimará simultaneamente todos os credores concorrentes para habilitarem os seus créditos, no prazo de 15 (quinze) dias, contado da data de intimação, por meio de requerimento que contenha:

I - o cálculo do valor atualizado do crédito para excussão da garantia, incluídos os seus acessórios;

II - os documentos comprobatórios do desembolso e do saldo devedor, quando se tratar de crédito pecuniário futuro, condicionado ou rotativo; e

III - a sentença judicial ou arbitral que tornar líquido e certo o montante devido, quando ilíquida a obrigação garantida.

§ 1º Decorrido o prazo de que trata o caput deste artigo, o oficial do registro de imóveis lavrará a certidão correspondente e intimará o garantidor e todos os credores em concurso quanto ao quadro atualizado de credores, que incluirá os créditos e os graus de prioridade sobre o produto da excussão da garantia, observada a antiguidade do crédito real como parâmetro na definição desses graus de prioridade.

§ 2º A distribuição dos recursos obtidos a partir da excussão da garantia aos credores, com prioridade, ao fiduciante ou ao hipotecante, ficará a cargo do credor exequente, que deverá observar os graus de prioridade estabelecidos no quadro de credores e os prazos legais para a entrega ao devedor da quantia remanescente após o pagamento dos credores nas hipóteses, conforme o caso, de execução extrajudicial da propriedade fiduciária ou de execução extrajudicial da garantia hipotecária.

CAPÍTULO V – DA SOLUÇÃO NEGOCIAL PRÉVIA AO PROTESTO, DAS MEDIDAS DE INCENTIVO À RENEGOCIAÇÃO DE DÍVIDAS PROTESTADAS E DO APRIMORAMENTO DAS REGRAS SOBRE PROTESTOS

Art. 11. A Lei nº 9.492, de 10 de setembro de 1997, passa a vigorar com as seguintes alterações:

▸ *Alterações inseridas no texto da referida norma.*

CAPÍTULO VI – DA NEGOCIAÇÃO E DA CESSÃO DE PRECATÓRIOS OU CRÉDITOS E DO APRIMORAMENTO DAS REGRAS RELATIVAS A SERVIÇOS NOTARIAIS

Art. 12. A Lei nº 8.935, de 18 de novembro de 1994, passa a vigorar com as seguintes alterações:

▸ *Alterações inseridas no texto da referida norma.*

CAPÍTULO VII – DO RESGATE ANTECIPADO DE LETRA FINANCEIRA

Art. 13. O art. 41 da Lei nº 12.249, de 11 de junho de 2010, passa a vigorar acrescido do seguinte § 2º, numerado o parágrafo único como § 1º:

"Art. 41. (...)

§ 1º (...)

§ 2º Nas condições a serem estabelecidas pelo CMN, o prazo mínimo e as condições para resgate antecipado de que trata o inciso IV do caput deste artigo não se aplicam à Letra Financeira cujo pagamento do principal e dos juros pactuados esteja subordinado ao adimplemento dos pagamentos de direitos creditórios a ela associados."

CAPÍTULO VIII – DA TRANSFERÊNCIA DE RECURSOS NO ÂMBITO DO FUNDO DE MANUTENÇÃO E DESENVOLVIMENTO DA EDUCAÇÃO BÁSICA E DE VALORIZAÇÃO DOS PROFISSIONAIS DA EDUCAÇÃO

Art. 14. O art. 21 da Lei nº 14.113, de 25 de dezembro de 2020, passa a vigorar com as seguintes alterações:

"Art. 21. (...)

§ 9º A vedação à transferência de recursos para outras contas prevista no caput deste artigo não se aplica aos casos em que os governos estaduais, distrital ou municipais tenham contratado ou venham a contratar instituição financeira diversa daquelas referidas no art. 20 desta Lei, com o fim de viabilizar o pagamento de salários, de vencimentos e de benefícios de qualquer natureza aos profissionais da educação em efetivo exercício.

§ 10. Na hipótese prevista no § 9º deste artigo, as instituições financeiras contratadas deverão receber os recursos em uma conta específica e observar o disposto no § 6º deste artigo."

CAPÍTULO IX – DOS LIMITES DA REDUÇÃO DO IMPOSTO DE RENDA INCIDENTE SOBRE RENDIMENTOS AUFERIDOS POR APLICAÇÕES EM FUNDOS DE INVESTIMENTO COM BENEFICIÁRIO RESIDENTE OU DOMICILIADO NO EXTERIOR

Art. 15. O art. 3º da Lei nº 11.312, de 27 de junho de 2006, passa a vigorar com as seguintes alterações:

"Art. 3º (...)

§ 1º (Revogado).

I - (revogado);

II - (revogado);

III - (revogado).

§ 2º (Revogado).

I - (revogado);

a) (revogada);

b) (revogada);

c) (revogada);

II - (revogado).

(...)

§ 4º O disposto neste artigo aplica-se também:

I - ao cotista dos fundos de que trata a Lei nº 11.478, de 29 de maio de 2007, residente ou domiciliado no exterior; e

II - aos fundos soberanos, ainda que residentes ou domiciliados em países com tributação favorecida, nos termos do art. 24 da Lei nº 9.430, de 27 de dezembro de 1996.

§ 5º Para fins do disposto no inciso II do § 4º deste artigo, classificam-se como fundos soberanos os veículos de investimento no exterior cujo patrimônio seja composto

de recursos provenientes exclusivamente da poupança soberana do país.

§ 6º O disposto neste artigo não se aplica ao titular de cotas que seja residente ou domiciliado em jurisdição de tributação favorecida nos termos do art. 24 da Lei nº 9.430, de 27 de dezembro de 1996.

§ 7º O disposto neste artigo aplica-se somente aos fundos de investimento em participações qualificados como entidade de investimento de acordo com as normas estabelecidas pelo Conselho Monetário Nacional."

CAPÍTULO X – DO PROCEDIMENTO DE EMISSÃO DE DEBÊNTURES

Art. 16. A Lei nº 6.404, de 15 de dezembro de 1976, passa a vigorar com as seguintes alterações:

› *Alterações inseridas no texto da referida norma.*

CAPÍTULO XI – DA APRESENTAÇÃO DE EXTRATOS ELETRÔNICOS RELATIVOS A BENS MÓVEIS

Art. 17. O art. 8º da Lei nº 14.382, de 27 de junho de 2022, passa a vigorar com as seguintes alterações:

› *Alterações inseridas no texto da referida norma.*

CAPÍTULO XII – DISPOSIÇÕES FINAIS

Art. 18. Ficam revogados:

I - o Capítulo III do Decreto-Lei nº 70, de 21 de novembro de 1966;

II - o inciso VI do *caput* do art. 33 do Decreto-Lei nº 73, de 21 de novembro de 1966;

III - o art. 8º-A do Decreto-Lei nº 911, de 1º de outubro de 1969;

IV - os seguintes dispositivos do art. 62 da Lei nº 6.404, de 15 de dezembro de 1976:

a) inciso II do *caput*; e

b) §§ 3º e 4º;

V - os seguintes dispositivos da Lei nº 9.514, de 20 de novembro de 1997:

a) § 6º do art. 27; e

b) incisos I e II do art. 39; e

VI - o § 4º do art. 2º e os §§ 1º e 2º do art. 3º da Lei nº 11.312, de 27 de junho de 2006.

Art. 19. Esta Lei entra em vigor:

I - (VETADO);

II - na data de sua publicação, quanto aos demais dispositivos.

Brasília, 30 de outubro de 2023; 202º da Independência e 135º da República.

LUIZ INÁCIO LULA DA SILVA

Fernando Haddad

Camilo Sobreira de Santana

Geraldo José Rodrigues Alckmin Filho

Flávio Dino de Castro e Costa

Roberto Campos Neto

Rui Costa dos Santos

Jorge Rodrigo Araújo Messias

DOU de 31.10.2023.

LEI Nº 14.756, DE 15 DE DEZEMBRO DE 2023

Dispõe sobre emolumentos dos serviços notariais e de registros públicos no âmbito do Distrito Federal e dos Territórios; revoga disposições do Decreto-Lei nº 115, de 25 de janeiro de 1967; e dá outras providências.

› *Vide Lei n. 10.169/2000 (Lei dos Emolumentos)*

O PRESIDENTE DA REPÚBLICA

Faço saber que o Congresso Nacional decreta e eu sanciono a seguinte Lei:

CAPÍTULO I – DISPOSIÇÕES PRELIMINARES

Art. 1º Esta Lei dispõe sobre a incidência e a cobrança de emolumentos dos serviços notariais e de registros públicos no âmbito do Distrito Federal e dos Territórios.

Art. 2º O cálculo, a contagem, o recolhimento, a cobrança e a devolução dos emolumentos dos serviços notariais e de registros do Distrito Federal obedecerão às disposições das Tabelas I, II, III, IV, V e VI do Anexo desta Lei.

§ 1º Os atos não constantes das tabelas de emolumentos são considerados gratuitos, e não se permite interpretação que faça incidir sobre eles qualquer cobrança, mesmo por analogia, paridade ou extensão.

§ 2º A atualização anual das tabelas de emolumentos dos serviços notariais e de registro no Distrito Federal e nos Territórios dar-se-á pelo Índice Nacional de Preços ao Consumidor Amplo (IPCA), da Fundação Instituto Brasileiro de Geografia e Estatística (IBGE), ou pelo índice que vier a substituí-lo.

› *Parágrafo vetado pelo Presidente da República, mantido pelo Congresso Nacional e publicado no DOU de 22/5/2024*

§ 3º Após a atualização das tabelas de emolumentos, os respectivos valores poderão ser arredondados para baixo, quando a última casa for de 1 (um), 2 (dois), 6 (seis) ou 7 (sete) centavos, e para cima, quando for de 3 (três), 4 (quatro), 8 (oito) ou 9 (nove) centavos.

› *Parágrafo vetado pelo Presidente da República, mantido pelo Congresso Nacional e publicado no DOU de 22/5/2024*

Art. 3º As controvérsias suscitadas pelos notários e registradores sobre a aplicação das tabelas que acompanham esta Lei serão resolvidas pela Corregedoria da Justiça do Distrito Federal e dos Territórios, exceto quando relativas à dúvida prevista na Lei nº 6.015, de 31 de dezembro de 1973 (Lei de Registros Públicos).

› *Vide art. 198, Lei n. 6.015/1973*

CAPÍTULO II – DOS SERVIÇOS NOTARIAIS E DE REGISTRO NO DISTRITO FEDERAL

Art. 4º É obrigatória, em todas as serventias extrajudiciais, a reprodução, em lugar visível ao público e de fácil leitura, das tabelas de emolumentos e isenções desta Lei referentes aos respectivos atos.

› *Vide art. 30, VII, Lei n. 8.935/1994*

Parágrafo único. O titular e seus prepostos deverão prestar a qualquer solicitante os esclarecimentos necessários quanto à fórmula de cálculo e ao valor dos emolumentos de cada serviço.

Art. 5º Os notários e registradores fornecerão aos usuários recibos de todos os pagamentos efetuados, ainda que não solicitados, com discriminação dos atos praticados de maneira a identificá-los na tabela de emolumentos.

› *Vide art. 14, Lei n. 6.015/1973*

Art. 6º A cobrança de emolumentos observará estritamente os valores previstos nas tabelas, e será de exclusiva responsabilidade do notário ou registrador o gerenciamento administrativo e financeiro da serventia, inclusive no que diz respeito às despesas de custeio, investimento e pessoal, nos termos da Lei nº 8.935, de 18 de novembro de 1994.

§ 1º É vedada a exigência ou o recebimento de qualquer taxa ou acréscimo de emolumentos a título de urgência, prioridade, plantão, serviço de despachante ou assemelhado.

§ 2º Na eventualidade de recebimento indevido ou excessivo de emolumentos, por dolo ou culpa na cobrança, o notário ou registrador restituirá ao usuário o dobro do valor recebido indevidamente.

Art. 7º Para fins de cálculo de emolumentos, se houver divergência entre o valor declarado pelo interessado e o atribuído pelo poder público, prevalecerá o maior valor.

Art. 8º Diante da cobrança de emolumentos e despesas indevidas, poderá o interessado reclamar aos notários e registradores, independentemente do direito de petição à Corregedoria da Justiça do Distrito Federal e dos Territórios.

Parágrafo único. Em caso de condenação em processo administrativo referente a recebimento indevido ou excessivo de emolumentos, por dolo ou culpa na cobrança, o notário ou registrador restituirá ao usuário o triplo do valor recebido indevidamente.

Art. 9º Os notários e registradores têm direito ao recebimento integral do valor dos emolumentos pelos atos praticados, vedada a imposição de isenções de emolumentos, integrais ou parciais, salvo disposição legal.

Parágrafo único. Os notários e registradores poderão conceder redução dos emolumentos previstos nas tabelas, mediante assinatura de convênio, com intermediação da entidade representativa de classe e autorização da Corregedoria da Justiça do Distrito Federal e dos Territórios.

Art. 10. Aos atos extrajudiciais praticados por notários e registradores serão estendidos os benefícios da gratuidade de justiça relacionados à efetividade do processo judicial.

› *Vide art. 98, IX, CPC*

Art. 11. Verificado óbice ao cumprimento de ordem judicial, o notário ou registrador comunicará o fato ao juízo respectivo.

Parágrafo único. Caso a autoridade judiciária afaste as razões apresentadas pelo notário ou registrador, a ordem deverá ser cumprida ou impugnada judicialmente.

CAPÍTULO III – DA COBRANÇA E DO PAGAMENTO

Art. 12. Para fins de cobrança de emolumentos, considerar-se-á:

I - ato com conteúdo econômico: a manifestação de vontade que expressar um ato ou negócio jurídico que produza efeito na esfera patrimonial, bem como aquele que vise a resguardar, garantir ou prevenir direitos ou negócios futuros com efeitos patrimoniais, com explícita declaração de valores;

II - ato sem conteúdo econômico: a manifestação de vontade que expressar direitos inerentes à personalidade humana ou um ato ou negócio jurídico que produza efeito exclusivamente na esfera existencial.

Art. 13. Os emolumentos serão pagos diretamente nos serviços notariais e de registro ou, a critério do notário ou registrador, por meio de ferramentas disponíveis no sistema financeiro, no momento do requerimento da lavratura do ato ou da apresentação dos documentos exigidos para lavratura ou registro.

Parágrafo único. Os tabeliães de protesto poderão celebrar convênio para receber os emolumentos no ato de desistência, de pagamento, de lavratura, de resgate do título ou no ato de cancelamento do protesto.

- *Vide arts. 369 a 374, Prov. CNJ n. 149/2023*

Art. 14. As despesas com a entrega da intimação, as postais, as bancárias, as de publicação de edital, as de reprodução especial de plantas e documentos, devidamente comprovadas, serão acrescidas aos valores dos emolumentos e correrão por conta e responsabilidade do interessado.

Art. 15. Não são devidos novos emolumentos pelas retificações, restaurações ou repetição de atos decorrentes de erro, negligência ou imperícia do serviço notarial ou de registro, e responde o respectivo titular pelos danos que, por dolo ou culpa, pessoalmente, ou por seus prepostos, assegurado o direito de regresso, cause ao interessado ou a terceiro, na forma da legislação.

Art. 16. As intervenções ou anuências de terceiros nos atos notariais ou de registro não autorizam acréscimo de emolumentos, salvo se implicarem outros atos que poderiam ser praticados isoladamente.

Art. 17. Cancelada a prenotação no serviço registral imobiliário, o registrador providenciará a restituição imediata dos emolumentos pagos ao apresentante, de uma só vez, com retenção de 1/4 (um quarto) de seu valor.

Art. 18. Não será devido nenhum valor referente aos títulos apresentados para simples exame e cálculo de emolumentos.

- *Vide art. 12, Lei n. 6.015/1973*

Art. 19. Se não for ultimado o ato notarial por desistência ou por qualquer outro fato imputável às partes, assegurar-se-á ao notário a percepção integral dos emolumentos inerentes ao ato.

CAPÍTULO IV – DA CONTA DE COMPENSAÇÃO DO REGISTRO CIVIL DAS PESSOAS NATURAIS (CCRCPN)

Art. 20. Fica criada, no âmbito do Distrito Federal, a Conta de Compensação do Registro Civil das Pessoas Naturais (CCRCPN), que será administrada pela Associação dos Notários e Registradores do Distrito Federal (Anoreg/DF), conforme ato normativo a ser expedido pelo Tribunal de Justiça do Distrito Federal e dos Territórios.

- *Artigo vetado pelo Presidente da República, mantido pelo Congresso Nacional e publicado no DOU de 22/5/2024*
- *Vide Prov. CNJ n. 81/2018*

Art. 21. O valor devido pelo usuário do serviço notarial e de registro à CCRCPN corresponderá à alíquota de 7% (sete por cento) sobre os emolumentos constantes das Tabelas I, II, III, IV, V e VI do Anexo desta Lei.

Art. 22. A forma de arrecadação e repasse dos valores às serventias de registro civil das pessoas naturais será estabelecida em ato a ser expedido pelo Tribunal de Justiça do Distrito Federal e dos Territórios e observará a seguinte repartição:

I - 20% (vinte por cento) do valor arrecadado mensalmente, em partes iguais, a cada um dos cartórios de registro civil das pessoas naturais do Distrito Federal;

II - 80% (oitenta por cento) do valor arrecadado mensalmente, proporcionalmente à quantidade de atos gratuitos praticados em cada cartório de registro civil das pessoas naturais do Distrito Federal, referentes a registro de nascimento, de natimorto e de óbito.

CAPÍTULO V – DA FISCALIZAÇÃO

Art. 23. O Tribunal de Justiça do Distrito Federal e dos Territórios inspecionará, a qualquer tempo, os livros e arquivos contábeis das serventias notariais e de registro, inclusive para averiguar a regularidade dos repasses dos valores devidos, criados por esta Lei.

- *Vide arts. 37 e 38 da Lei n. 8.935/1994*

CAPÍTULO VI – DISPOSIÇÕES FINAIS E TRANSITÓRIAS

Art. 24. Ficam revogadas as disposições do Decreto-Lei nº 115, de 25 de janeiro de 1967, referentes aos emolumentos dos serviços notariais e de registros.

Art. 25. Esta Lei entra em vigor na data de sua publicação e produzirá efeitos com observância do disposto nas alíneas b e c do inciso III do *caput* do art. 150 da Constituição Federal.

Parágrafo único. As Tabelas I, II, III, IV, V e VI do Anexo desta Lei serão reajustadas pelo índice previsto no § 2º do art. 2º desta Lei e terão como base o ano de 2016.

- *Parágrafo único pelo Presidente da República, mantido pelo Congresso Nacional e publicado no DOU de 22/5/2024*

Brasília, 15 de dezembro de 2023; 202º da Independência e 135º da República.

LUIZ INÁCIO LULA DA SILVA

Flávio Dino de Castro e Costa

- *Deixamos de publicar o anexo da norma.*

LEIS FEDERAIS AGRUPADAS COM SEUS DECRETOS REGULAMENTADORES

LEI Nº 5.433, DE 8 DE MAIO DE 1968

Regula a microfilmagem de documentos oficiais e dá outras providências.

- *Vide art. 41, Lei n. 8.935/1994 (Notários e Registradores)*
- *Vide art. 41, Lei n. 9.492/1997 (Lei de Protesto)*

O PRESIDENTE DA REPÚBLICA,

Faço saber que o **CONGRESSO NACIONAL** decreta e eu sanciono a seguinte Lei:

Art. 1º É autorizada, em todo o território nacional, a microfilmagem de documentos particulares e oficiais arquivados, estes de órgãos federais, estaduais e municipais.

§ 1º Os microfilmes de que trata esta Lei, assim como as certidões, os traslados e as cópias fotográficas obtidas diretamente dos filmes produzirão os mesmos efeitos legais dos documentos originais em juízo ou fora dele.

§ 2º Os documentos microfilmados poderão, a critério da autoridade competente, ser eliminados por incineração, destruição mecânica ou por outro processo adequado que assegure a sua desintegração.

§ 3º A incineração dos documentos microfilmados ou sua transferência para outro local far-se-á mediante lavratura de termo, por autoridade competente, em livro próprio.

§ 4º Os filmes negativos resultantes de microfilmagem ficarão arquivados na repartição detentora do arquivo, vedada sua saída sob qualquer pretexto.

§ 5º A eliminação ou transferência para outro local dos documentos microfilmados far-se-á mediante lavratura de termo em livro próprio pela autoridade competente.

§ 6º Os originais dos documentos ainda em trânsito, microfilmados não poderão ser eliminados antes de seu arquivamento.

§ 7º Quando houver conveniência, ou por medida de segurança, poderão excepcionalmente ser microfilmados documentos ainda não arquivados, desde que autorizados por autoridade competente.

Art. 2º Os documentos de valor histórico não deverão ser eliminados, podendo ser arquivados em local diverso da repartição detentora dos mesmos.

Art. 3º O Poder Executivo regulamentará, no prazo de 90 (noventa) dias, a presente Lei, indicando as autoridades competentes, nas esferas federais, estaduais e municipais para a autenticação de traslados e certidões originárias de microfilmagem de documentos oficiais.

§ 1º O decreto de regulamentação determinará, igualmente, quais os cartórios e órgãos públicos capacitados para efetuarem a microfilmagem de documentos particulares, bem como os requisitos que a microfilmagem realizada por aqueles cartórios e órgãos públicos devem preencher para serem autenticados, a fim de produzirem efeitos jurídicos, em juízo ou fora dele, quer os microfilmes, quer os seus traslados e certidões originárias.

§ 2º Prescreverá também o decreto as condições que os cartórios competentes terão de cumprir para a autenticação de microfilmes realizados por particulares, para produzir efeitos jurídicos contra terceiros.

Art. 4º É dispensável o reconhecimento da firma da autoridade que autenticar os documentos oficiais arquivados, para efeito de microfilmagem e os traslados e certidões originais de microfilmes.

Art. 5º Esta lei entra em vigor na data de sua publicação.

Art. 6º Revogam-se as disposições em contrário.

Brasília, 8 de maio de 1968;
147º da Independência e 80º da República.
A. COSTA E SILVA
Luís Antônio da Gama e Silva
(D.O.U. de 10.5.1968)

DECRETO Nº 1.799, DE 30 DE JANEIRO DE 1996

Regulamenta a Lei nº 5.433, de 8 de maio de 1968, que regula a microfilmagem de documentos oficiais, e dá outras providências.

- *Vide art. 41, Lei n. 8.935/1994 (Notários e Registradores)*
- *Vide art. 41, Lei n. 9.492/1997 (Lei de Protesto)*

O PRESIDENTE DA REPÚBLICA, no uso da atribuição que lhe confere o art. 84, inciso IV, da Constituição, e tendo em vista o disposto na art. 3º da Lei nº 5.433, de 8 de maio de 1968,

DECRETA:

Art. 1º A microfilmagem, em todo território nacional, autorizada pela Lei nº 5.433, de 8 de maio de 1968, abrange os documentos oficiais ou públicos, de qualquer espécie e em qualquer suporte, produzidos e recebidos pelos órgãos dos Poderes Executivo, Judiciário e Legislativo, inclusive da Administração indireta da União, dos Estados, do Distrito Federal e dos Municípios, e os documentos particulares ou privados, de pessoas físicas ou jurídicas.

Art. 2º A emissão de cópias, traslados e certidões extraídas de microfilmes, bem assim a autenticação desses documentos, para que possam produzir efeitos legais, em juízo ou fora dele, é regulada por este Decreto.

Art. 3º Entende-se por microfilme, para fins deste Decreto, o resultado do processo de reprodução em filme, de documentos, dados e imagens, por meios fotográficos ou eletrônicos, em diferentes graus de redução.

Art. 4º A microfilmagem será feita em equipamentos que garantam a fiel reprodução das informações, sendo permitida a utilização de qualquer microforma.

Parágrafo único. Em se tratando da utilização de microfichas, além dos procedimentos previstos neste Decreto, tanto a original como a cópia terão, na sua parte superior, área reservada à titulação, à identificação e à numeração sequencial, legíveis com a vista desarmada, e fotogramas destinados à indexação.

Art. 5º A microfilmagem, de qualquer espécie, será feita sempre em filme original, com o mínimo de 180 linhas por milímetro de definição, garantida a segurança e a qualidade de imagem e de reprodução.

§ 1° Será obrigatória, para efeito de segurança, a extração de filme cópia do filme original.

§ 2° Fica vedada a utilização de filmes atualizáveis, de qualquer tipo, tanto para a confecção do original, como para a extração de cópias.

§ 3° O armazenamento do filme original deverá ser feito em local diferente do seu filme cópia.

Art. 6º Na microfilmagem poderá ser utilizado qualquer grau de redução, garantida a legibilidade e a qualidade de reprodução.

Parágrafo único. Quando se tratar de original cujo tamanho ultrapasse a dimensão máxima do campo fotográfico do equipamento em uso, a microfilmagem poderá ser feita por etapas, sendo obrigatória a repetição de uma parte da imagem anterior na imagem subsequente, de modo que se possa identificar, por superposição, a continuidade entre as seções adjacentes microfilmadas.

Art. 7° Na microfilmagem de documentos, cada série será precedida de imagem de abertura, com os seguintes elementos:

I – identificação do detentor dos documentos, a serem microfilmados;

II – número do microfilme, se for o caso;

III – local e data da microfilmagem;

IV – registro no Ministério da Justiça;

V – ordenação, identificação e resumo da série de documentos a serem microfilmados;

VI – menção, quando for o caso, de que a série de documentos a serem microfilmados é continuação da série contida em microfilme anterior;

VII – identificação do equipamento utilizado, da unidade filmadora e do grau de redução;

VIII – nome por extenso, qualificação funcional, se for o caso, e assinatura do detentor dos documentos a serem microfilmados;

IX – nome por extenso, qualificação funcional e assinatura do responsável pela unidade, cartório ou empresa executora da microfilmagem.

Art. 8º No final da microfilmagem de cada série, será reproduzida a imagem de encerramento, imediatamente após o último documento, com os seguintes elementos:

I – identificação do detentor dos documentos microfilmados;

II – informações complementares relativas ao inciso V do artigo anterior;

III – termo de encerramento atestando a fiel observância às disposições deste Decreto;

IV – menção, quando for o caso, de que a série de documentos microfilmados continua em microfilme posterior;

V – nome por extenso, qualificação funcional e assinatura do responsável pela unidade, cartório ou empresa executora da microfilmagem.

Art. 9º Os documentos da mesma série ou sequência, eventualmente omitidos quando da microfilmagem, ou aqueles cujas imagens não apresentarem legibilidade, por falha de operação ou por problema técnico, serão reproduzidos posteriormente, não sendo permitido corte ou inserção no filme original.

§ 1º A microfilmagem destes documentos será precedida de uma imagem de observação, com os seguintes elementos:

a) identificação do microfilme, local e data;

b) descrição das irregularidades constatadas;

c) nome por extenso, qualificação funcional e assinatura do responsável pela unidade, cartório ou empresa executora da microfilmagem.

§ 2º É obrigatório fazer indexação remissiva para recuperar as informações e assegurar a localização dos documentos.

§ 3º Caso a complementação não satisfaça os padrões de qualidade exigidos, a microfilmagem dessa série de documentos deverá ser repetida integralmente.

Art. 10. Para o processamento dos filmes, serão utilizados equipamentos e técnicas que assegurem ao filme alto poder de definição, densidade uniforme e durabilidade.

Art. 11. Os documentos, em tramitação ou em estudo, poderão, a critério da autoridade competente, ser microfilmados, não sendo permitida a sua eliminação até a definição de sua destinação final.

Art. 12. A eliminação de documentos, após a microfilmagem, dar-se-á por meios que garantam sua inutilização, sendo a mesma precedida de lavratura de termo próprio e após a revisão e a extração de filme cópia.

Parágrafo único. A eliminação de documentos oficiais ou públicos só deverá ocorrer se prevista na tabela de temporalidade do órgão, aprovada pela autoridade competente na esfera de sua atuação e respeitado o disposto no art. 9º da Lei nº 8.159, de 8 de janeiro de 1991.

Art. 13. Os documentos oficiais ou públicos, com valor de guarda permanente, não poderão ser eliminados após a microfilmagem, devendo ser recolhidos ao arquivo público de sua esfera de atuação ou preservados pelo próprio órgão detentor.

Art. 14. Os traslados, as certidões e as cópias em papel ou em filme de documentos microfilmados, para produzirem efeitos legais em juízo ou fora dele, deverão estar autenticados pela autoridade competente detentora do filme original.

§ 1º Em se tratando de cópia em filme, extraída de microfilmes de documentos privados, deverá ser emitido termo próprio, no qual constará que o filme que o acompanha é cópia fiel do filme original, cuja autenticação far-se-á nos cartórios que satisfizerem os requisitos especificados no artigo seguinte.

§ 2º Em se tratando de cópia em papel, extraída de microfilmes de documentos privados, a autenticação far-se-á por meio de carimbo, aposto em cada folha, nos cartórios que satisfizerem os requisitos especificados no artigo seguinte.

§ 3º A cópia em papel, de que trata o parágrafo anterior, poderá ser extraída utilizando-se qualquer meio de reprodução, desde que seja assegurada a sua fidelidade e a sua qualidade de leitura.

Art. 15. A microfilmagem de documentos poderá ser feita por empresas e cartórios habilitados nos termos deste Decreto.

Parágrafo único. *(Revogado pelo Decreto nº 10.148, de 2019)*

Art. 16. As empresas e os cartórios que se dedicarem a microfilmagem de documentos de terceiros, fornecerão, obrigatoriamente, um documento de garantia, declarando:

I – que a microfilmagem foi executada de acordo com o disposto neste Decreto;

II – que se responsabilizam pelo padrão de qualidade do serviço executado;

III – que o usuário passa a ser responsável pelo manuseio e conservação das microformas.

Art. 17. Os microfilmes e filmes cópias, produzidos no exterior, somente terão valor legal, em juízo ou fora dele, quando:

I – autenticados por autoridade estrangeira competente;

II – tiverem reconhecida, pela autoridade consular brasileira, a firma da autoridade estrangeira que os houver autenticado;

III – forem acompanhados de tradução oficial.

Art. 18. Os microfilmes originais e os filmes cópias resultantes de microfilmagem de documentos sujeitos à fiscalização, ou necessários à prestação de contas, deverão ser mantidos pelos prazos de prescrição a que estariam sujeitos os seus respectivos originais.

Art. 19. As infrações às normas deste Decreto, por parte dos cartórios e empresas registrados no Ministério da Justiça sujeitarão o infrator, observada a gravidade do fato, às penalidades de advertência ou suspensão do registro, sem prejuízo das sanções penais e civis cabíveis.

Parágrafo único. No caso de reincidência por falta grave, o registro para microfilmar será cassado definitivamente.

Art. 20. O Ministério da Justiça expedirá as instruções que se fizerem necessárias ao cumprimento deste Decreto.

Art. 21. Revoga-se o Decreto nº 64.398, de 24 de abril de 1969.

Art. 22. Este Decreto entra em vigor na data de sua publicação.

Brasília, 30 de janeiro de 1996;
175º da Independência e 108º da República.

FERNANDO HENRIQUE CARDOSO
Milton Seligman
(D.O.U. de 31.01.1996)

LEI Nº 8.212, DE 24 DE JULHO DE 1991*

Dispõe sobre a organização da Seguridade Social, institui Plano de Custeio, e dá outras providências.

Vide Instrução Normativa RFB n. 2.110/2022

O PRESIDENTE DA REPÚBLICA

Faço saber que o Congresso Nacional decreta e eu sanciono a seguinte Lei:

LEI ORGÂNICA DA SEGURIDADE SOCIAL

TÍTULO I – CONCEITUAÇÃO E PRINCÍPIOS CONSTITUCIONAIS

Art. 1º A Seguridade Social compreende um conjunto integrado de ações de iniciativa dos poderes públicos e da sociedade, destinado a assegurar o direito relativo à saúde, à previdência e à assistência social.

Parágrafo único. A Seguridade Social obedecerá aos seguintes princípios e diretrizes:

a) universalidade da cobertura e do atendimento;

b) uniformidade e equivalência dos benefícios e serviços às populações urbanas e rurais;

c) seletividade e distributividade na prestação dos benefícios e serviços;

d) irredutibilidade do valor dos benefícios;

e) equidade na forma de participação no custeio;

f) diversidade da base de financiamento;

g) caráter democrático e descentralizado da gestão administrativa com a participação da comunidade, em especial de trabalhadores, empresários e aposentados.

(...)

TÍTULO VI – DO FINANCIAMENTO DA SEGURIDADE SOCIAL

(...)

CAPÍTULO VI – DA CONTRIBUIÇÃO DO PRODUTOR RURAL E DO PESCADOR

(Alterado pela Lei nº 8.398, de 7.1.92)

Art. 25. A contribuição do empregador rural pessoa física, em substituição à contribuição de que tratam os incisos I e II do art. 22, e a do segurado especial, referidos, respectivamente, na alínea a do inciso V e no inciso VII do art. 12 desta Lei, destinada à Seguridade Social, é de: *(Redação dada pela Lei nº 10.256, de 2001)*

I - 1,2% (um inteiro e dois décimos por cento) da receita bruta proveniente da comercialização da sua produção; *(Redação dada pela Lei nº 13.606, de 2018)*

II - 0,1% da receita bruta proveniente da comercialização da sua produção para financiamento das prestações por acidente do trabalho. (Inciso com redação dada pela Lei nº 9.528, de 10/12/1997)

› *Vide Decisão monocrática proferida pelo STF na Petição nº 8.140-DF, incidental ao Recurso Extraordinário nº 718.874*

§ 1º O segurado especial de que trata este artigo, além da contribuição obrigatória referida no *caput*, poderá contribuir, facultativamente, na forma do art. 21 desta Lei. *(Redação dada pela Lei nº 8.540, de 22.12.92)*

§ 2º A pessoa física de que trata a alínea "a" do inciso V do art. 12 contribui, também, obrigatoriamente, na forma do art. 21 desta Lei. *(Redação dada pela Lei nº 8.540, de 22.12.92)*

§ 3º Integram a produção, para os efeitos deste artigo, os produtos de origem animal ou vegetal, em estado natural ou submetidos a processos de beneficiamento ou industrialização rudimentar, assim compreendidos, entre outros, os processos de lavagem, limpeza, descaroçamento, pilagem, descascamento, lenhamento, pasteurização, resfriamento, secagem, fermentação, embalagem, cristalização, fundição, carvoejamento, cozimento, destilação, moagem e torrefação, bem como os subprodutos e os resíduos obtidos por meio desses processos, exceto, no caso de sociedades cooperativas, a parcela de produção que não seja objeto de repasse ao cooperado por meio de fixação de preço. *(Redação dada pela Lei nº 13.986, de 2020)*

§ 4º *(Revogado pela Lei nº 11.718, de 2008).*

§ 5º *(VETADO na Lei nº 8.540, de 22.12.92)*

§§ 6º a 8º *(Revogados pela Lei nº 10.256, de 2001).*

§ 9º *(VETADO) (Incluído pela Lei nº 10.256, de 2001).*

§ 10. Integra a receita bruta de que trata este artigo, além dos valores decorrentes da comercialização da produção relativa aos produtos a que se refere o § 3º deste artigo, a receita proveniente: *(Incluído pela Lei nº 11.718, de 2008).*

I - 1,2% (um inteiro e dois décimos por cento) da receita bruta proveniente da comercialização da sua produção; *(Redação dada pela Lei nº 13.606, de 2018)*

II – da comercialização de artigos de artesanato de que trata o inciso VII do § 10 do art. 12 desta Lei; *(Incluído pela Lei nº 11.718, de 2008).*

III – de serviços prestados, de equipamentos utilizados e de produtos comercializados no imóvel rural, desde que em atividades turística e de entretenimento desenvolvidas no próprio imóvel, inclusive hospedagem, alimentação, recepção, recreação e atividades pedagógicas, bem como taxa de visitação e serviços especiais; *(Incluído pela Lei nº 11.718, de 2008).*

IV – do valor de mercado da produção rural dada em pagamento ou que tiver sido trocada por outra, qualquer que seja o motivo ou finalidade; e *(Incluído pela Lei nº 11.718, de 2008).*

V – de atividade artística de que trata o inciso VIII do § 10 do art. 12 desta Lei. *(Incluído pela Lei nº 11.718, de 2008).*

§ 11. Considera-se processo de beneficiamento ou industrialização artesanal aquele realizado diretamente pelo próprio produtor rural pessoa física, desde que não esteja sujeito à incidência do Imposto Sobre Produtos Industrializados – IPI. *(Incluído pela Lei nº 11.718, de 2008).*

§ 12. Não integra a base de cálculo da contribuição de que trata o *caput* deste artigo a produção rural destinada ao plantio ou reflorestamento, nem o produto animal destinado à reprodução ou criação pecuária ou granjeira e à utilização como cobaia para fins de pesquisas científicas, quando vendido pelo próprio produtor e por quem a utilize diretamente com essas finalidades e, no caso de produto vegetal, por pessoa ou entidade registrada no Ministério da Agricultura, Pecuária e Abastecimento que se dedique ao comércio de sementes e mudas no País. *(Incluído pela Lei nº 13.606, de 2018)*

§ 13. O produtor rural pessoa física poderá optar por contribuir na forma prevista no *caput* deste artigo ou na forma dos incisos I e II do *caput* do art. 22 desta Lei, manifestando sua opção mediante o pagamento da contribuição incidente sobre a folha de salários relativa a janeiro de cada ano, ou à primeira competência subsequente ao início da atividade rural, e será irretratável para todo o ano-calendário. *(Incluído pela Lei nº 13.606, de 2018)*

§ 14. Considera-se receita bruta proveniente da comercialização da produção o valor da fixação de preço repassado ao cooperado pela cooperativa ao qual esteja associado, por ocasião da realização do ato cooperativo de que trata o art. 79 da Lei nº 5.764, de 16 de dezembro de 1971, não compreendidos valores pagos, creditados ou capitalizados a título de sobras, os quais não representam preço ou complemento de preço. *(Incluído pela Lei nº 13.986, de 2020)*

§ 15. Não se considera receita bruta, para fins de base de cálculo das contribuições sociais devidas pelo produtor rural cooperado, a entrega ou o retorno de produção para a cooperativa nas operações em que não ocorra repasse pela cooperativa a título de fixação de preço, não podendo o mero retorno caracterizar permuta, compensação, dação em pagamento ou ressarcimento que represente valor, preço ou complemento de preço. *(Incluído pela Lei nº 13.986, de 2020)*

§ 16. Aplica-se ao disposto no *caput* e nos §§ 3º, 14 e 15 deste artigo o caráter interpretativo de que trata o art. 106 da Lei nº 5.172, de 25 de outubro de 1966 (Código Tributário Nacional). *(Incluído pela Lei nº 13.986, de 2020)*

Art. 25-A. Equipara-se ao empregador rural pessoa física o consórcio simplificado de produtores rurais, formado pela união de produtores rurais pessoas físicas, que outorgar a um deles poderes para contratar, gerir e demitir trabalhadores para prestação de serviços, exclusivamente, aos seus integrantes, mediante documento registrado em cartório de títulos e documentos. *(Incluído pela Lei nº 10.256, de 2001).*

§ 1º O documento de que trata o *caput* deverá conter a identificação de cada produtor, seu endereço pessoal e o de sua propriedade rural, bem como o respectivo registro no Instituto Nacional de Colonização e Reforma Agrária – INCRA ou informações relativas a parceria, arrendamento ou equivalente e a matrícula no Instituto Nacional do Seguro Social – INSS de cada um dos produtores rurais. *(Incluído pela Lei nº 10.256, de 2001).*

§ 2º O consórcio deverá ser matriculado no INSS em nome do empregador a quem hajam sido outorgados os poderes, na forma do regulamento. *(Incluído pela Lei nº 10.256, de 2001).*

§ 3º Os produtores rurais integrantes do consórcio de que trata o *caput* serão responsáveis solidários em relação às obrigações previdenciárias. *(Incluído pela Lei nº 10.256, de 2001).*

§ 4º *(VETADO) (Incluído pela Lei nº 10.256, de 2001).*

(...)

CAPÍTULO XI – DA PROVA DE INEXISTÊNCIA DE DÉBITO

Art. 47. É exigida Certidão Negativa de Débito-CND, fornecida pelo órgão competente, nos seguintes casos: *(Redação dada pela Lei nº 9.032, de 28.4.95).*

I – da empresa:

a) na contratação com o Poder Público e no recebimento de benefícios ou incentivo fiscal ou creditício concedido por ele;

b) na alienação ou oneração, a qualquer título, de bem imóvel ou direito a ele relativo;

c) na alienação ou oneração, a qualquer título, de bem móvel de valor superior a Cr$ 2.500.000,00 (dois milhões e quinhentos mil cruzeiros) incorporado ao ativo permanente da empresa;

d) no registro ou arquivamento, no órgão próprio, de ato relativo a baixa ou redução de capital de firma individual, redução de capital social, cisão total ou parcial, transformação ou extinção de entidade ou sociedade comercial ou civil e transferência de controle de cotas de sociedades de responsabilidade limitada; *(Redação dada pela Lei nº 9.528, de 10.12.97).*

II – do proprietário, pessoa física ou jurídica, de obra de construção civil, quando de sua averbação no registro de imóveis, salvo no caso do inciso VIII do art. 30.

§ 1º A prova de inexistência de débito deve ser exigida da empresa em relação a todas as suas dependências, estabelecimentos e obras de construção civil, independentemente do local onde se encontrem, ressalvado aos órgãos competentes o direito de cobrança de qualquer débito apurado posteriormente.

§ 2º A prova de inexistência de débito, quando exigível ao incorporador, independe da apresentada no registro de imóveis por ocasião da inscrição do memorial de incorporação.

§ 3º Fica dispensada a transcrição, em instrumento público ou particular, do inteiro teor do documento comprobatório de inexistência de débito, bastando a referência ao seu número de série e data da emissão, bem como a guarda do documento comprobatório à disposição dos órgãos competentes.

§ 4º O documento comprobatório de inexistência de débito poderá ser apresentado por cópia autenticada, dispensada a indicação de sua finalidade, exceto no caso do inciso II deste artigo.

§ 5º O prazo de validade da certidão expedida conjuntamente pela Secretaria Especial da Receita Federal do Brasil e pela Procuradoria-Geral da Fazenda Nacional do Ministério da Economia, referente aos tributos federais e à dívida ativa da União por elas administrados, será de até 180 (cento e oitenta) dias, contado da data de emissão da certidão, prorrogável, excepcionalmente, pelo prazo determinado em ato conjunto dos referidos órgãos. *(Redação dada pela Lei nº 14.148, de 2021).*

§ 6º Independe de prova de inexistência de débito:

a) a lavratura ou assinatura de instrumento, ato ou contrato que constitua retificação, ratificação ou efetivação de outro anterior para o qual já foi feita a prova;

b) a constituição de garantia para concessão de crédito rural, em qualquer de suas modalidades, por instituição de crédito pública ou privada, desde que o contribuinte referido no art. 25, não seja responsável direto pelo recolhimento de contribuições sobre a sua produção para a Seguridade Social;

c) a averbação prevista no inciso II deste artigo, relativa a imóvel cuja construção tenha sido concluída antes de 22 de novembro de 1966.

d) o recebimento pelos Municípios de transferência de recursos destinados a ações de assistência social, educação, saúde e em caso de calamidade pública. *(Incluído pela Lei nº 11.960, de 2009)*

e) a averbação da construção civil localizada em área objeto de regularização fundiária de interesse social, na forma da Lei nº 11.977, de 7 de julho de 2009. *(Incluído pela Lei nº 12.424, de 2011)*

§ 7º O condômino adquirente de unidades imobiliárias de obra de construção civil não incorporada na forma da Lei nº 4.591, de 16 de dezembro de 1964, poderá obter documento comprobatório de inexistência de débito, desde que comprove o pagamento das contribuições relativas à sua unidade, conforme dispuser o regulamento.

§ 8º *(Revogado pela Lei nº 11.941, de 2009)*

Art. 48. A prática de ato com inobservância do disposto no artigo anterior, ou o seu registro, acarretará a responsabilidade solidária dos contratantes e do oficial que lavrar ou registrar o instrumento, sendo o ato nulo para todos os efeitos.

§ 1º Os órgãos competentes podem intervir em instrumento que depender de prova de inexistência de débito, a fim de autorizar sua lavratura, desde que o débito seja pago no ato ou o seu pagamento fique assegurado mediante confissão de dívida fiscal com o oferecimento de garantias reais suficientes, na forma estabelecida em regulamento.

§ 2º Em se tratando de alienação de bens do ativo de empresa em regime de liquidação extrajudicial, visando à obtenção de recursos necessários ao pagamento dos credores, independentemente do pagamento ou da confissão de dívida fiscal, o Instituto Nacional do Seguro Social-INSS poderá autorizar a lavratura do respectivo instrumento, desde que o valor do crédito previdenciário conste, regularmente, do quadro geral de credores, observada a ordem de preferência legal. (Parágrafo acrescentado pela Lei nº 9.639, de 25.5.98).

§ 3º O servidor, o serventuário da Justiça, o titular de serventia extrajudicial e a autoridade ou órgão que infringirem o disposto no artigo anterior incorrerão em multa aplicada na forma estabelecida no art. 92, sem prejuízo da responsabilidade administrativa e penal cabível. (Parágrafo renumerado e alterado pela Lei nº 9.639, de 25.5.98).

TÍTULO VII – DAS DISPOSIÇÕES GERAIS

Art. 49. A matrícula da empresa será efetuada nos termos e condições estabelecidos pela Secretaria da Receita Federal do Brasil. *(Redação dada pela Lei nº 11.941, de 2009).*

I e II – *(Revogados pela Lei nº 11.941, de 2009).*

§ 1º No caso de obra de construção civil, a matrícula deverá ser efetuada mediante comunicação obrigatória do responsável por sua execução, no prazo de 30 (trinta) dias, contado do início de suas atividades, quando obterá número cadastral básico, de caráter permanente. *(Redação dada pela Lei nº 11.941, de 2009).*

a) e b) *(Revogadas pela Lei nº 11.941, de 2009).*

§ 2º *(Revogado pela Lei nº 11.941, de 2009).*

§ 3º O não cumprimento do disposto no § 1º deste artigo sujeita o responsável a multa na forma estabelecida no art. 92 desta Lei. *(Redação dada pela Lei nº 11.941, de 2009).*

§ 4º O Departamento Nacional de Registro do Comércio (DNRC), por intermédio das Juntas Comerciais, e os Cartórios de Registro Civil de Pessoas Jurídicas prestarão, obrigatoriamente, ao Ministério da Economia, ao INSS e à Secretaria da Receita Federal do Brasil todas as informações referentes aos atos constitutivos e alterações posteriores relativos a empresas e entidades neles registradas. *(Redação dada pela Lei nº 13.846, de 2019)*

§ 5º A matrícula atribuída pela Secretaria da Receita Federal do Brasil ao produtor rural pessoa física ou segurado especial é o documento de inscrição do contribuinte, em substituição à inscrição no Cadastro Nacional de Pessoa Jurídica – CNPJ, a ser apresentado em suas relações com o Poder Público, inclusive para licenciamento sanitário de produtos de origem animal ou vegetal submetidos a processos de beneficiamento ou industrialização artesanal, com as instituições financeiras, para fins de contratação de operações de crédito, e com os adquirentes de sua produção ou fornecedores de sementes, insumos, ferramentas e demais implementos agrícolas. *(Incluído pela Lei nº 11.718, de 2008).*

§ 6º O disposto no § 5º deste artigo não se aplica ao licenciamento sanitário de produtos sujeitos à incidência de Imposto sobre Produtos Industrializados ou ao contribuinte cuja inscrição no Cadastro Nacional de Pessoa Jurídica – CNPJ seja obrigatória. *(Incluído pela Lei nº 11.718, de 2008).*

Art. 50. Para fins de fiscalização do INSS, o Município, por intermédio do órgão competente, fornecerá relação de alvarás para construção civil e documentos de "habite-se" concedidos. *(Redação dada pela Lei nº 9.476, de 1997)*

Art. 51. O crédito relativo a contribuições, cotas e respectivos adicionais ou acréscimos de qualquer natureza arrecadados pelos órgãos competentes, bem como a atualização monetária e os juros de mora, estão sujeitos, nos processos de falência, concordata ou concurso de credores, às disposições atinentes aos créditos da União, aos quais são equiparados.

Parágrafo único. O Instituto Nacional do Seguro Social-INSS reivindicará os valores descontados pela empresa de seus empregados e ainda não recolhidos.

Art. 52. Às empresas, enquanto estiverem em débito não garantido com a União, aplica-se o disposto no art. 32 da Lei nº 4.357, de 16 de julho de 1964. *(Redação dada pela Lei nº 11.941, de 2009).*

I e II – *(Revogados pela Lei nº 11.941, de 2009).*

Parágrafo único. *(Revogado pela Lei nº 11.941, de 2009).*

Art. 53. Na execução judicial da dívida ativa da União, suas autarquias e fundações públicas, será facultado ao exequente indicar bens à penhora, a qual será efetivada concomitantemente com a citação inicial do devedor.

§ 1º Os bens penhorados nos termos deste artigo ficam desde logo indisponíveis.

§ 2º Efetuado o pagamento integral da dívida executada, com seus acréscimos legais, no prazo de 2 (dois) dias úteis contados da citação, independentemente da juntada aos autos do respectivo mandado, poderá ser liberada a penhora, desde que não haja outra execução pendente.

§ 3º O disposto neste artigo aplica-se também às execuções já processadas.

§ 4º Não sendo opostos embargos, no caso legal, ou sendo eles julgados improcedentes, os autos serão conclusos ao juiz do feito, para determinar o prosseguimento da execução.

(...)

TÍTULO VIII – DAS DISPOSIÇÕES FINAIS E TRANSITÓRIAS

CAPÍTULO I – DA MODERNIZAÇÃO DA PREVIDÊNCIA SOCIAL

(...)

Art. 68. O Titular do Cartório de Registro Civil de Pessoas Naturais remeterá ao INSS, em até 1 (um) dia útil, pelo Sistema Nacional de Informações de Registro Civil (Sirc) ou por outro meio que venha a substituí-lo, a relação dos nascimentos, dos natimortos, dos casamentos, dos óbitos, das averbações, das anotações e das retificações registradas na serventia.

› *Redação dada pela Lei nº 13.846, de 2019*

- *Vide Decreto n. 9.929/2019*
- *Vide Instrução Normativa INSS n. 116, de 2021*
- *Vide Pedido de Providências CNJ 000027286. 2021.2.00.0000*

§ 1º Para os Municípios que não dispõem de provedor de conexão à internet ou de qualquer meio de acesso à internet, fica autorizada a remessa da relação em até 5 (cinco) dias úteis.

- *Redação dada pela Lei nº 13.846, de 2019*

§ 2º Para os registros de nascimento e de natimorto, constarão das informações, obrigatoriamente, a inscrição no Cadastro de Pessoas Físicas (CPF), o sexo, a data e o local de nascimento do registrado, bem como o nome completo, o sexo, a data e o local de nascimento e a inscrição no CPF da filiação.

- *Redação dada pela Lei nº 13.846, de 2019*

§ 3º Para os registros de casamento e de óbito, constarão das informações, obrigatoriamente, a inscrição no CPF, o sexo, a data e o local de nascimento do registrado, bem como, acaso disponíveis, os seguintes dados:

- *Redação dada pela Lei nº 13.846, de 2019*

I - número do cadastro perante o Programa de Integração Social (PIS) ou o Programa de Formação do Patrimônio do Servidor Público (Pasep);

- *Incluído pela Lei nº 13.846, de 2019*

II - Número de Identificação do Trabalhador (NIT);

- *Incluído pela Lei nº 13.846, de 2019*

III - número de benefício previdenciário ou assistencial, se a pessoa falecida for titular de qualquer benefício pago pelo INSS;

- *Incluído pela Lei nº 13.846, de 2019*

IV - número de registro da Carteira de Identidade e respectivo órgão emissor;

- *Incluído pela Lei nº 13.846, de 2019*

V - número do título de eleitor;

- *Incluído pela Lei nº 13.846, de 2019*

VI - número e série da Carteira de Trabalho e Previdência Social (CTPS).

- *Incluído pela Lei nº 13.846, de 2019*

§ 4º No caso de não haver sido registrado nenhum nascimento, natimorto, casamento, óbito ou averbações, anotações e retificações no mês, deverá o Titular do Cartório de Registro Civil de Pessoas Naturais comunicar este fato ao INSS até o 5º (quinto) dia útil do mês subsequente.

- *Redação dada pela Lei nº 13.846, de 2019*

§ 5º O descumprimento de qualquer obrigação imposta neste artigo e o fornecimento de informação inexata sujeitarão o Titular do Cartório de Registro Civil de Pessoas Naturais, além de outras penalidades previstas, à penalidade prevista no art. 92 desta Lei e à ação regressiva proposta pelo INSS, em razão dos danos sofridos.

- *Incluído pela Lei nº 13.846, de 2019*

Art. 68-A. A lavratura de procuração pública e a emissão de sua primeira via para fins exclusivos de recebimento de benefícios previdenciários ou assistenciais administrados pelo INSS são isentas do pagamento das custas e dos emolumentos.

- *Incluído pela Lei nº 14.199, de 2021*
- *Vide art. 7º, I, Lei 8.935/1994 (Notários e Registradores)*

CAPÍTULO II – DAS DEMAIS DISPOSIÇÕES

(...)

Art. 98. Nas execuções fiscais da dívida ativa do INSS, o leilão judicial dos bens penhorados realizar-se-á por leiloeiro oficial, indicado pelo credor, que procederá à hasta pública: (Artigo restabelecido, com nova redação e inclusão de incisos, parágrafos e alíneas, pela Lei nº 9.528, de 10.12.1997).

I – no primeiro leilão, pelo valor do maior lance, que não poderá ser inferior ao da avaliação;

II – no segundo leilão, por qualquer valor, excetuado o vil.

§ 1º Poderá o juiz, a requerimento do credor, autorizar seja parcelado o pagamento do valor da arrematação, na forma prevista para os parcelamentos administrativos de débitos previdenciários.

§ 2º Todas as condições do parcelamento deverão constar do edital de leilão.

§ 3º O débito do executado será quitado na proporção do valor de arrematação.

§ 4º O arrematante deverá depositar, no ato, o valor da primeira parcela.

§ 5º Realizado o depósito, será expedida carta de arrematação, contendo as seguintes disposições:

a) valor da arrematação, valor e número de parcelas mensais em que será pago;

b) constituição de hipoteca do bem adquirido, ou de penhor, em favor do credor, servindo a carta de título hábil para registro da garantia;

c) indicação do arrematante como fiel depositário do bem móvel, quando constituído penhor;

d) especificação dos critérios de reajustamento do saldo e das parcelas, que será sempre o mesmo vigente para os parcelamentos de débitos previdenciários.

§ 6º Se o arrematante não pagar, no vencimento, qualquer das parcelas mensais, o saldo devedor remanescente vencerá antecipadamente, que será acrescido em cinquenta por cento de seu valor a título de multa, e, imediatamente inscrito em dívida ativa e executado.

§ 7º Se no primeiro ou no segundo leilões a que se refere o *caput* não houver licitante, o INSS poderá adjudicar o bem por cinquenta por cento do valor da avaliação.

§ 8º Se o bem adjudicado não puder ser utilizado pelo INSS, e for de difícil venda, poderá ser negociado ou doado a outro órgão ou entidade pública que demonstre interesse na sua utilização.

§ 9º Não havendo interesse na adjudicação, poderá o juiz do feito, de ofício ou a requerimento do credor, determinar sucessivas repetições da hasta pública.

§ 10. O leiloeiro oficial, a pedido do credor, poderá ficar como fiel depositário dos bens penhorados e realizar a respectiva remoção.

§ 11. O disposto neste artigo aplica-se às execuções fiscais da Dívida Ativa da União. (*Incluído pela Lei nº 10.522, de 2002*).

(...)

Art. 104. Esta Lei entrará em vigor na data de sua publicação.

Art. 105. Revogam-se as disposições em contrário.

Brasília, em 24 de julho de 1991; 170º da Independência e 103º da República.

FERNANDO COLLOR (DOU de 25.7.1991)

DECRETO Nº 3.048, DE 6 DE MAIO DE 1999*

Aprova o Regulamento da Previdência Social, e dá outras providências.

- *Vide Decreto nº 8.302, de 2014*

O PRESIDENTE DA REPÚBLICA, no uso da atribuição que lhe confere o art. 84, inciso IV, da Constituição Federal, e de acordo com a Emenda Constitucional nº 20, de 1998, as Leis Complementares nºs 70, de 30 de dezembro de 1991, e 84, de 18 de janeiro de 1996, e as Leis nºs 8.138, de 28 de dezembro de 1990, 8.212, de 24 de julho de 1991, 8.213, de 24 de julho de 1991, 8.218, de 29 de agosto de 1991, 8.383, de 30 de dezembro de 1991, 8.398, de 7 de janeiro de 1992, 8.436, de 25 de junho de 1992, 8.444, de 20 de julho de 1992, 8.540, de 22 de dezembro de 1992, 8.542, de 23 de dezembro de 1992, 8.619, de 5 de janeiro de 1993, 8.620, de 5 de janeiro de 1993, 8.630 de 25 de fevereiro de 1993, 8.647, de 13 de abril de 1993, 8.742, de 7 de dezembro de 1993, 8.745, de 9 de dezembro de 1993, 8.861, de 25 de março de 1994, 8.864, de 28 de março de 1994, 8.870, de 15 de abril de 1994, 8.880, de 27 de maio de 1994, 8.935, de 18 de novembro de 1994, 8.981, de 20 de janeiro de 1995, 9.032, de 28 de abril de 1995, 9.063, de 14 de junho de 1995, 9.065, de 20 de junho de 1995, 9.069, de 29 de junho de 1995, 9.129, de 20 de novembro de 1995, 9.249, de 26 de dezembro de 1995, 9.250, de 26 de dezembro de 1995, 9.317, de 5 de dezembro de 1996,9.429, de 26 de dezembro de 1996, 9.476, de 23 de julho de 1997, 9.506, de 30 de outubro de 1997, 9.528, de 10 de dezembro de 1997, 9.601, de 21 de janeiro de 1998, 9.615, de 24 de março de 1998, 9.639, de 25 de maio de 1998, 9.649, de 27 de maio de 1998, 9.676, de 30 de junho de 1998, 9.703, de 17 de novembro de 1998, 9.711, de 21 de novembro de 1998, 9.717, de 27 de novembro de 1998, 9.718, de 27 de novembro de 1998, 9.719, de 27 de novembro de 1998, 9.720, de 30 de novembro de 1998, e 9.732, de 11 de dezembro de 1998.

DECRETA:

Art. 1º. O Regulamento da Previdência Social passa a vigorar na forma do texto apenso ao presente Decreto, com seus anexos.

Art. 2º. Este Decreto entra em vigor na data de sua publicação.

Art. 3º. Ficam revogados os Decretos nºs 33.335, de 20 de julho de 1953, 36.911, de 15 de fevereiro de 1955, 65.106, de 5 de setembro de 1969, 69.382, de 19 de outubro de 1971, 72.771, de 6 de setembro de 1973, 73.617, de 12 de fevereiro de 1974,73.833, de 13 de março de 1974, 74.661, de 7 de outubro de 1974, 75.478, de 14 de março de 1975, 75.706, de 8 de maio de 1975, 75.884, de 19 de junho de 1975, 76.326, de 23 de setembro de 1975, 77.210, de 20 de fevereiro de 1976, 79.037, de 24 de dezembro de 1976, 79.575, de 26 de abril de 1977, 79.789, de 7 de junho de 1977, 83.080, de 24 de janeiro de 1979, 83.081, de 24 de janeiro de 1979, 85.745, de 23 de fevereiro de 1981, 85.850, de 30 de março 1981, 86.512, de 29 de outubro de 1981, 87.374, de 8 de julho de 1982, 87.430, de 28 de julho de 1982, 88.353, de 6 de junho de 1983,88.367, de 7 de junho de 1983, 88.443, de 29 de junho de 1983, 89.167, de 9 de dezembro de 1983, 89.312, de 23 de janeiro de 1984, 90.038, de 9 de agosto de 1984, 90.195, de 12 de setembro de 1984, 90.817, de 17 de janeiro de 1985, 91.406, de 5 de julho de 1985, 92.588, de 25 de abril de 1986, 92.700, de 21 de maio de 1986, 92.702, de 21 de maio de 1986, 92.769, de 10 de junho de 1986, 92.770, de 10 de junho de 1986,92.976, de 22 de julho de 1986, 94.512, de 24 de junho de 1987, 96.543, de 22 de agosto de 1988, 96.595, de 25 de agosto de 1988, 98.376, de 7 de novembro de 1989, 99.301, de 15 de junho de 1990, 99.351, de 27 de junho 1990, 1.197, de 14 de julho de 1994, 1.514, de 5 de junho de 1995, 1.826, de 29 de fevereiro de 1996, 1.843, de 25 de março de 1996, 2.172, de 5 de março de 1997, 2.173, de 5 de março de 1997, 2.342, de 9 de outubro de 1997, 2.664, de 10 de julho de 1998, 2.782, de 14 de setembro de 1998, 2.803, de 20 de outubro de 1998, 2.924, de 5 de janeiro de 1999, e 3.039, de 28 de abril de 1999.

Brasília, 6 de maio de 1999;
178º da Independência e 111º da República.
FERNANDO HENRIQUE CARDOSO
(DOU de 7.5.1999, republicado em 12.5.1999; retificado em 18.6.1999 e 21.6.1999)

◉ REGULAMENTO DA PREVIDÊNCIA SOCIAL

LIVRO I – DA FINALIDADE E DOS PRINCÍPIOS BÁSICOS

TÍTULO I – DA SEGURIDADE SOCIAL

Art. 1º. A seguridade social compreende um conjunto integrado de ações de iniciativa dos poderes públicos e da sociedade, destinado a assegurar o direito relativo à saúde, à previdência e à assistência social.

Parágrafo único. A seguridade social obedecerá aos seguintes princípios e diretrizes:

I – universalidade da cobertura e do atendimento;

II – uniformidade e equivalência dos benefícios e serviços às populações urbanas e rurais;

III – seletividade e distributividade na prestação dos benefícios e serviços;

IV – irredutibilidade do valor dos benefícios, de forma a preservar-lhe o poder aquisitivo;

V – equidade na forma de participação no custeio;

VI – diversidade da base de financiamento; e

VII – caráter democrático e descentralizado da administração, mediante gestão quadripartite, com participação dos trabalhadores, dos empregadores, dos aposentados e do governo nos órgãos colegiados.

(...)

TÍTULO II – DO REGIME GERAL DE PREVIDÊNCIA SOCIAL

CAPÍTULO I – DOS BENEFICIÁRIOS

(...)

SEÇÃO I – DOS SEGURADOS

Art. 9º São segurados obrigatórios da previdência social as seguintes pessoas físicas:

I – como empregado:

a) aquele que presta serviço de natureza urbana ou rural a empresa, em caráter não eventual, sob sua subordinação e mediante remuneração, inclusive como diretor empregado;

b) aquele que, contratado por empresa de trabalho temporário, na forma prevista em legislação específica, por prazo não superior a cento e oitenta dias, consecutivos ou não, prorrogável por até noventa dias, presta serviço para atender a necessidade transitória de substituição de pessoal regular e permanente ou a acréscimo extraordinário de serviço de outras empresas; *(Redação dada pelo Decreto nº 10.410, de 2020)*.

c) o brasileiro ou o estrangeiro domiciliado e contratado no Brasil para trabalhar como empregado no exterior, em sucursal ou agência de empresa constituída sob as leis brasileiras e que tenha sede e administração no País;

d) o brasileiro ou o estrangeiro domiciliado e contratado no Brasil para trabalhar como empregado em empresa domiciliada no exterior com maioria do capital votante pertencente a empresa constituída sob as leis brasileiras, que tenha sede e administração no País e cujo controle efetivo esteja em caráter permanente sob a titularidade direta ou indireta de pessoas físicas domiciliadas e residentes no País ou de entidade de direito público interno;

e) aquele que presta serviço no Brasil a missão diplomática ou a repartição consular de carreira estrangeira e a órgãos a elas subordinados, ou a membros dessas missões e repartições, excluídos o não-brasileiro sem residência permanente no Brasil e o brasileiro amparado pela legislação previdenciária do país da respectiva missão diplomática ou repartição consular;

f) o brasileiro civil que trabalha para a União no exterior, em organismos oficiais internacionais dos quais o Brasil seja membro efetivo, ainda que lá domiciliado e contratado, salvo se amparado por regime próprio de previdência social;

g) o brasileiro civil que presta serviços à União no exterior, em repartições governamentais brasileiras, lá domiciliado e contratado, inclusive o auxiliar local de que tratam os arts. 56 e 57 da Lei nº 11.440, de 29 de dezembro de 2006, este desde que, em razão de proibição legal, não possa filiar-se ao sistema previdenciário local; *(Redação dada pelo Decreto nº 6.722, de 2008)*.

h) o bolsista e o estagiário que prestam serviços a empresa, em desacordo com a Lei nº 11.788, de 25 de setembro de 2008; *(Redação dada pelo Decreto nº 6.722, de 2008)*.

i) o servidor da União, Estado, Distrito Federal ou Município, incluídas suas autarquias e fundações, ocupante, exclusivamente, de cargo em comissão declarado em lei de livre nomeação e exoneração;

j) o servidor do Estado, Distrito Federal ou Município, bem como o das respectivas autarquias e fundações, ocupante de cargo efetivo, desde que, nessa qualidade, não esteja amparado por regime próprio de previdência social;

l) o servidor contratado pela União, Estado, Distrito Federal ou Município, bem como pelas respectivas autarquias e fundações, por tempo determinado, para atender a necessidade temporária de excepcional interesse público, nos termos do inciso IX do art. 37 da Constituição Federal;

m) o servidor da União, Estado, Distrito Federal ou Município, incluídas suas autarquias e fundações, ocupante de emprego público;

n) *(Revogada pelo Decreto nº 3.265, de 1999)*

o) o escrevente e o auxiliar contratados por titular de serviços notariais e de registro a partir de 21 de novembro de 1994, bem como aquele que optou pelo Regime Geral de Previdência Social, em conformidade com a Lei nº 8.935, de 18 de novembro de 1994; e

- *Vide Lei 8.935, de 1994 (Notários e Registradores)*
- *Vide Instrução Normativa RFB n. 2.110/2022*

p) aquele em exercício de mandato eletivo federal, estadual, distrital ou municipal, desde que não seja vinculado a regime próprio de previdência social; *(Redação dada pelo Decreto nº 10.410, de 2020)*.

q) o empregado de organismo oficial internacional ou estrangeiro em funcionamento no Brasil, salvo quando coberto por regime próprio de previdência social; *(Incluída pelo Decreto nº 3.265, de 1999)*

r) o trabalhador rural contratado por produtor rural pessoa física, na forma do art. 14-A da Lei nº 5.889, de 8 de junho de 1973, para o exercício de atividades de natureza temporária por prazo não superior a dois meses dentro do período de um ano; *(Incluído pelo Decreto nº 6.722, de 2008)*.

s) aquele contratado como trabalhador intermitente para a prestação de serviços, com subordinação, de forma não contínua, com alternância de períodos de prestação de serviços e de inatividade, em conformidade com o disposto no § 3º do art. 443 da Consolidação das Leis do Trabalho, aprovada pelo Decreto-Lei nº 5.452, de 1º de maio de 1943; *(Incluído pelo Decreto nº 10.410, de 2020)*.

II – como empregado doméstico – aquele que presta serviço de forma contínua, subordinada, onerosa e pessoal a pessoa ou família, no âmbito residencial desta, em atividade sem fins lucrativos, por mais de dois dias por semana; *(Redação dada pelo Decreto nº 10.410, de 2020)*.

III e IV – *(Revogados pelo Decreto nº 3.265, de 1999)*

V – como contribuinte individual: *(Redação dada pelo Decreto nº 3.265, de 1999)*

a) a pessoa física, proprietária ou não, que explora atividade agropecuária, a qualquer título, em caráter permanente ou temporário, em área, contínua ou descontínua, superior a quatro módulos fiscais; ou, quando em área igual ou inferior a quatro módulos fiscais ou atividade pesqueira ou extrativista, com auxílio de empregados ou por intermédio de prepostos; ou ainda nas hipóteses dos §§ 8º e 23 deste artigo; *(Redação dada pelo Decreto nº 6.722, de 2008).*

b) a pessoa física, proprietária ou não, que explora atividade de extração mineral – garimpo -, em caráter permanente ou temporário, diretamente ou por intermédio de prepostos, com ou sem o auxílio de empregados, utilizados a qualquer título, ainda que de forma não contínua; *(Redação dada pelo Decreto nº 3.265, de 1999)*

c) o ministro de confissão religiosa e o membro de instituto de vida consagrada, de congregação ou de ordem religiosa; *(Redação dada pelo Decreto nº 4.079, de 2002)*

d) o brasileiro civil que trabalha no exterior para organismo oficial internacional do qual o Brasil é membro efetivo, ainda que lá domiciliado e contratado, salvo quando coberto por regime próprio de previdência social; *(Redação dada pelo Decreto nº 3.265, de 1999)*

e) desde que receba remuneração decorrente de trabalho na empresa: *(Redação dada pelo Decreto nº 10.410, de 2020).*

1. o empresário individual e o titular de empresa individual de responsabilidade limitada, urbana ou rural; *(Incluído pelo Decreto nº 10.410, de 2020).*

2. o diretor não empregado e o membro de conselho de administração de sociedade anônima; *(Incluído pelo Decreto nº 10.410, de 2020).*

3. o sócio de sociedade em nome coletivo; e *(Incluído pelo Decreto nº 10.410, de 2020).*

4. o sócio solidário, o sócio gerente, o sócio cotista e o administrador, quanto a este último, quando não for empregado em sociedade limitada, urbana ou rural; *(Incluído pelo Decreto nº 10.410, de 2020).*

f) *(Revogada pelo Decreto nº 10.410, de 2020).*

g) *(Revogada pelo Decreto nº 10.410, de 2020).*

h) *(Revogada pelo Decreto nº 10.410, de 2020).*

i) o associado eleito para cargo de direção em cooperativa, associação ou entidade de qualquer natureza ou finalidade, bem como o síndico ou administrador eleito para exercer atividade de direção condominial, desde que recebam remuneração; *(Incluída pelo Decreto nº 3.265, de 1999)*

j) quem presta serviço de natureza urbana ou rural, em caráter eventual, a uma ou mais empresas, sem relação de emprego; *(Incluída pelo Decreto nº 3.265, de 1999)*

l) a pessoa física que exerce, por conta própria, atividade econômica de natureza urbana, com fins lucrativos ou não; *(Incluída pelo Decreto nº 3.265, de 1999)*

m) o aposentado de qualquer regime previdenciário nomeado magistrado classista temporário da Justiça do Trabalho, na forma dos incisos II do § 1º do art. 111 ou III do art. 115 ou do parágrafo único do art. 116 da Constituição Federal, ou nomeado magistrado da Justiça Eleitoral, na forma dos incisos II do art. 119 ou III do § 1º do art. 120 da Constituição Federal; *(Incluída pelo Decreto nº 3.265, de 1999)*

n) o cooperado de cooperativa de produção que, nesta condição, presta serviço à sociedade cooperativa mediante remuneração ajustada ao trabalho executado; e *(Incluída pelo Decreto nº 4.032, de 2001)*

o) *(Revogado pelo Decreto nº 7.054, de 2009)*

p) o Micro Empreendedor Individual – MEI de que tratam os arts. 18-A e 18-C da Lei Complementar nº 123, de 14 de dezembro de 2006, que opte pelo recolhimento dos impostos e contribuições abrangidos pelo Simples Nacional em valores fixos mensais; *(Incluído pelo Decreto nº 6.722, de 2008).*

q) o médico participante do Projeto Mais Médicos para o Brasil, instituído pela Lei nº 12.871, de 22 de outubro de 2013, exceto na hipótese de cobertura securitária específica estabelecida por organismo internacional ou filiação a regime de seguridade social em seu país de origem, com o qual a República Federativa do Brasil mantenha acordo de seguridade social; *(Incluído pelo Decreto nº 10.410, de 2020).*

r) o médico em curso de formação no âmbito do Programa Médicos pelo Brasil, instituído pela Lei nº 13.958, de 18 de dezembro de 2019; *(Incluído pelo Decreto nº 10.410, de 2020).*

VI – como trabalhador avulso – aquele que: *(Redação dada pelo Decreto nº 10.410, de 2020).*

a) sindicalizado ou não, preste serviço de natureza urbana ou rural a diversas empresas, ou equiparados, sem vínculo empregatício, com intermediação obrigatória do órgão gestor de mão de obra, nos termos do disposto na Lei nº 12.815, de 5 de junho de 2013, ou do sindicato da categoria, assim considerados: *(Redação dada pelo Decreto nº 10.410, de 2020).*

1. o trabalhador que exerça atividade portuária de capatazia, estiva, conferência e conserto de carga e vigilância de embarcação e bloco; *(Incluído pelo Decreto nº 10.410, de 2020).*

2. o trabalhador de estiva de mercadorias de qualquer natureza, inclusive carvão e minério; *(Incluído pelo Decreto nº 10.410, de 2020).*

3. o trabalhador em alvarenga (embarcação para carga e descarga de navios); *(Incluído pelo Decreto nº 10.410, de 2020).*

4. o amarrador de embarcação; *(Incluído pelo Decreto nº 10.410, de 2020).*

5. o ensacador de café, cacau, sal e similares; *(Incluído pelo Decreto nº 10.410, de 2020).*

6. o trabalhador na indústria de extração de sal; *(Incluído pelo Decreto nº 10.410, de 2020).*

7. o carregador de bagagem em porto; *(Incluído pelo Decreto nº 10.410, de 2020).*

8. o prático de barra em porto; *(Incluído pelo Decreto nº 10.410, de 2020).*

9. o guindasteiro; e *(Incluído pelo Decreto nº 10.410, de 2020).*

10. o classificador, o movimentador e o empacotador de mercadorias em portos; e *(Incluído pelo Decreto nº 10.410, de 2020).*

b) exerça atividade de movimentação de mercadorias em geral, nos termos do disposto na Lei nº 12.023, de 27 de agosto de 2009, em áreas urbanas ou rurais, sem vínculo empregatício, com intermediação obrigatória do sindicato da categoria, por meio de acordo ou convenção coletiva de trabalho, nas atividades de: *(Redação dada pelo Decreto nº 10.410, de 2020).*

1. cargas e descargas de mercadorias a granel e ensacados, costura, pesagem, embalagem, enlonamento, ensaque, arrasto, posicionamento, acomodação, reordenamento, reparação de carga, amostragem, arrumação, remoção, classificação, empilhamento, transporte com empilhadeiras, paletização, ova e desova de vagões, carga e descarga em feiras livres e abastecimento de lenha em secadores e caldeiras; *(Incluído pelo Decreto nº 10.410, de 2020).*

2. operação de equipamentos de carga e descarga; e *(Incluído pelo Decreto nº 10.410, de 2020).*

3. pré-limpeza e limpeza em locais necessários às operações ou à sua continuidade; *(Incluído pelo Decreto nº 10.410, de 2020).*

c) *(Revogada pelo Decreto nº 10.410, de 2020).*

d) *(Revogada pelo Decreto nº 10.410, de 2020).*

e) *(Revogada pelo Decreto nº 10.410, de 2020).*

f) *(Revogada pelo Decreto nº 10.410, de 2020).*

g) *(Revogada pelo Decreto nº 10.410, de 2020).*

h) *(Revogada pelo Decreto nº 10.410, de 2020).;*

i) *(Revogada pelo Decreto nº 10.410, de 2020).*

j) *(Revogada pelo Decreto nº 10.410, de 2020).*

VII – como segurado especial: a pessoa física residente no imóvel rural ou em aglomerado urbano ou rural próximo que, individualmente ou em regime de economia familiar, ainda que com o auxílio eventual de terceiros, na condição de: *(Redação dada pelo Decreto nº 6.722, de 2008).*

a) produtor, seja ele proprietário, usufrutuário, possuidor, assentado, parceiro ou meeiro outorgados, comodatário ou arrendatário rurais, que explore atividade: *(Incluído pelo Decreto nº 6.722, de 2008).*

1. agropecuária em área contínua ou não de até quatro módulos fiscais; ou *(Incluído pelo Decreto nº 6.722, de 2008).*

2. de seringueiro ou extrativista vegetal na coleta e extração, de modo sustentável, de recursos naturais renováveis, e faça dessas atividades o principal meio de vida; *(Incluído pelo Decreto nº 6.722, de 2008).*

b) pescador artesanal ou a este assemelhado, que faça da pesca profissão habitual ou principal meio de vida; e *(Incluído pelo Decreto nº 6.722, de 2008).*

c) cônjuge ou companheiro, bem como filho maior de dezesseis anos de idade ou a este equiparado, do segurado de que tratam as alíneas "a" e "b" deste inciso, que, comprovadamente, tenham participação ativa nas atividades rurais ou pesqueiras artesanais, respectivamente, do grupo familiar. *(Redação dada pelo Decreto nº 8.499, de 2015)*

§ 1º O aposentado pelo Regime Geral de Previdência Social que voltar a exercer atividade abrangida por este regime é segurado obrigatório em relação a essa atividade, ficando sujeito às contribuições de que trata este Regulamento.

§ 2º Considera-se diretor empregado aquele que, participando ou não do risco econômico do empreendimento, seja contratado ou promovido para cargo de direção das sociedades anônimas, mantendo as características inerentes à relação de emprego.

§ 3º Considera-se diretor não empregado aquele que, participando ou não do risco econômico do empreendimento, seja eleito, por assembléia geral dos acionistas, para cargo de direção das sociedades anônimas, não mantendo as características inerentes à relação de emprego.

§ 4º Entende-se por serviço prestado em caráter não eventual aquele relacionado direta ou indiretamente com as atividades normais da empresa.

§ 5º Entende-se como regime de economia familiar a atividade em que o trabalho dos membros da família é indispensável à própria subsistência e ao desenvolvimento socioeconômico do núcleo familiar e é exercido em condições de mútua dependência e colaboração, sem a utilização de empregados permanentes. *(Redação dada pelo Decreto nº 6.722, de 2008).*

§ 6º Entende-se como auxílio eventual de terceiros o que é exercido ocasionalmente, em condições de mútua colaboração, não existindo subordinação nem remuneração.

§ 7º Para efeito do disposto na alínea "a" do inciso VI do *caput*, entende-se por:

I – capatazia – a atividade de movimentação de mercadorias nas instalações dentro do porto, compreendidos o recebimento, a conferência, o transporte interno, a abertura de volumes para a conferência aduaneira, a manipulação, a arrumação e a entrega e o carregamento e a descarga de embarcações, quando efetuados por aparelhamento portuário; *(Redação dada pelo Decreto nº 10.410, de 2020).*

II – estiva – a atividade de movimentação de mercadorias nos conveses ou nos porões das embarcações principais ou auxiliares, incluindo transbordo, arrumação, peação e despeação, bem como o carregamento e a descarga das mesmas, quando realizados com equipamentos de bordo;

III – conferência de carga – a contagem de volumes, anotação de suas características, procedência ou destino, verificação do estado das mercadorias, assistência à pesagem, conferência do manifesto e demais serviços correlatos, nas operações de carregamento e descarga de embarcações;

IV – conserto de carga – o reparo e a restauração das embalagens de mercadoria, nas operações de carregamento e descarga de embarcações, reembalagem, marcação, remarcação, carimbagem, etiquetagem, abertura de volumes para vistoria e posterior recomposição;

V – vigilância de embarcações – a atividade de fiscalização da entrada e saída de pessoas a bordo das embarcações atracadas ou fundeadas ao largo, bem como da movimentação de mercadorias nos portalós, rampas, porões, conveses, plataformas e em outros locais da embarcação; e

VI – bloco – a atividade de limpeza e conservação de embarcações mercantes e de seus tanques, incluindo batimento de ferrugem, pintura, reparo de pequena monta e serviços correlatos.

§ 8º Não é segurado especial o membro de grupo familiar que possuir outra fonte de rendimento, exceto se decorrente de: *(Redação dada pelo Decreto nº 6.722, de 2008).*

I – benefício de pensão por morte, auxílio-acidente ou auxílio-reclusão, cujo valor não supere o do menor benefício da previdência social; *(Redação dada pelo Decreto nº 10.410, de 2020).*

I-A – benefício concedido ao segurado qualificado como segurado especial, independentemente do valor; *(Incluído pelo Decreto nº 10.410, de 2020).*

II – benefício previdenciário pela participação em plano de previdência complementar instituído nos termos do inciso III do § 18 deste artigo; *(Redação dada pelo Decreto nº 6.722, de 2008).*

III – exercício de atividade remunerada em período não superior a cento e vinte dias, corridos ou intercalados, no ano civil, observado o disposto no § 22; *(Redação dada pelo Decreto nº 10.410, de 2020).*

IV – exercício de mandato eletivo de dirigente sindical de organização da categoria de trabalhadores rurais; *(Incluído pelo Decreto nº 6.722, de 2008).*

V – exercício de mandato de vereador do município onde desenvolve a atividade rural, ou de dirigente de cooperativa rural constituída exclusivamente por segurados especiais, observado o disposto no § 22 deste artigo; *(Incluído pelo Decreto nº 6.722, de 2008).*

VI – parceria ou meação outorgada na forma e condições estabelecidas no inciso I do § 18 deste artigo; *(Incluído pelo Decreto nº 6.722, de 2008).*

VII – atividade artesanal desenvolvida com matéria-prima produzida pelo respectivo grupo familiar, podendo ser utilizada matéria-prima de outra origem, desde que, nesse caso, a renda mensal obtida na atividade não exceda ao menor benefício de prestação continuada da previdência social; e *(Incluído pelo Decreto nº 6.722, de 2008).*

VIII – atividade artística, desde que em valor mensal inferior ao menor benefício de prestação continuada da previdência social. *(Incluído pelo Decreto nº 6.722, de 2008).*

§ 9º Para os fins previstos nas alíneas "a" e "b" do inciso V do *caput*, entende-se que a pessoa física, proprietária ou não, explora atividade através de prepostos quando, na condição de parceiro outorgante, desenvolve atividade agropecuária, pesqueira ou de extração de minerais por intermédio de parceiros ou meeiros.

§ 10. O dirigente sindical mantém, durante o exercício do mandato, o mesmo enquadramento no Regime Geral de Previdência Social de antes da investidura no cargo.

§ 11. O magistrado da Justiça Eleitoral, nomeado na forma do inciso II do art. 119 ou III do § 1º do art. 120 da Constituição Federal, mantém o mesmo enquadramento no Regime Geral de Previdência Social de antes da investidura no cargo. *(Redação dada pelo Decreto nº 4.729, de 2003)*

§ 12. O exercício de atividade remunerada sujeita a filiação obrigatória ao Regime Geral de Previdência Social.

§ 13. Aquele que exerce concomitantemente mais de uma atividade remunerada sujeita ao RGPS é obrigatoriamente filiado no referido Regime em relação a cada uma dessas atividades, observado o disposto no inciso III do *caput* do art. 214. *(Redação dada pelo Decreto nº 10.410, de 2020).*

§ 14. Considera-se pescador artesanal aquele que, individualmente ou em regime de economia familiar, faz da pesca sua profissão habitual ou meio principal de vida, desde que: *(Redação dada pelo Decreto nº 3.668, de 2000)*

I – não utilize embarcação; ou *(Redação dada pelo Decreto nº 8.424, de 2015)*

II – utilize embarcação de pequeno porte, nos termos da Lei nº 11.959, de 29 de junho de 2009. *(Redação dada pelo Decreto nº 8.424, de 2015)*

III – *(Revogado pelo Decreto nº 8.424, de 2015)*

§ 14-A. Considera-se assemelhado ao pescador artesanal aquele que realiza atividade de apoio à pesca artesanal, exercendo trabalhos de confecção e de reparos de artes e petrechos de pesca e de reparos em embarcações de pequeno porte ou atuando no processamento do produto da pesca artesanal. *(Incluído dada pelo Decreto nº 8.499, de 2015)*

§ 15. Enquadram-se nas situações previstas nas alíneas "j" e "l" do inciso V do *caput*, entre outros: *(Redação dada pelo Decreto nº 3.265, de 1999)*

I – aquele que trabalha como condutor autônomo de veículo rodoviário, inclusive como taxista ou motorista de transporte remunerado privado individual de passageiros, ou como operador de trator, máquina de terraplenagem, colheitadeira e assemelhados, sem vínculo empregatício; *(Redação dada pelo Decreto nº 10.410, de 2020).*

II – aquele que exerce atividade de auxiliar de condutor autônomo de veículo rodoviário, em automóvel cedido em regime de colaboração, nos termos da Lei nº 6.094, de 30 de agosto de 1974;

III – aquele que, pessoalmente, por conta própria e a seu risco, exerce pequena atividade comercial em via pública ou de porta em porta, como comerciante ambulante, nos termos da Lei nº 6.586, de 6 de novembro de 1978;

IV – o trabalhador associado a cooperativa que, nessa qualidade, presta serviços a terceiros;

V – o membro de conselho fiscal de sociedade por ações;

VI – aquele que presta serviço de natureza não contínua, por conta própria, a pessoa ou família, no âmbito residencial desta, em atividade sem fins lucrativos, até dois dias por semana; *(Redação dada pelo Decreto nº 10.410, de 2020).*

VII – o notário ou tabelião e o oficial de registros ou registrador, titular de cartório, que detêm a delegação do exercício da atividade notarial e de registro, não remunerados pelos cofres públicos, admitidos a partir de 21 de novembro de 1994;

› *Vide Lei n. 8.935/1994*

VIII – aquele que, na condição de pequeno feirante, compra para revenda produtos hortifrutigranjeiros ou assemelhados;

IX – a pessoa física que edifica obra de construção civil;

X – o médico residente de que trata a Lei nº 6.932, de 7 de julho de 1981. *(Redação dada pelo Decreto nº 4.729, de 2003)*

XI – o pescador que trabalha em regime de parceria, meação ou arrendamento, em embarcação de médio ou grande porte, nos termos da Lei nº 11.959, de 2009; *(Redação dada pelo Decreto nº 8.424, de 2015)*

XII – o incorporador de que trata o art. 29 da Lei nº 4.591, de 16 de dezembro de 1964.

XIII – o bolsista da Fundação Habitacional do Exército contratado em conformidade com a Lei nº 6.855, de 18 de novembro de 1980; e *(Incluído pelo Decreto nº 3.265, de 1999)*

XIV – o árbitro e seus auxiliares que atuam em conformidade com a Lei nº 9.615, de 24 de março de 1998.*(Incluído pelo Decreto nº 3.265, de 1999)*

XV – o membro de conselho tutelar de que trata o art. 132 da Lei nº 8.069, de 13 de julho de 1990, quando remunerado; *(Incluído pelo Decreto nº 4.032, de 2001)*

XVI – o interventor, o liquidante, o administrador especial e o diretor fiscal de instituição financeira, empresa ou entidade referida no § 6º do art. 201; *(Redação dada pelo Decreto nº 10.410, de 2020)*.

XVII – o transportador autônomo de cargas e o transportador autônomo de cargas auxiliar, nos termos do disposto na Lei nº 11.442, de 5 de janeiro de 2007; *(Incluído pelo Decreto nº 10.410, de 2020)*

XVIII – o repentista de que trata a Lei nº 12.198, de 14 de janeiro de 2010, desde que não se enquadre na condição de empregado, prevista no inciso I do *caput*, em relação à referida atividade; e *(Incluído pelo Decreto nº 10.410, de 2020)*

XIX – o artesão de que trata a Lei nº 13.180, de 22 de outubro de 2015, desde que não se enquadre em outras categorias de segurado obrigatório do RGPS em relação à referida atividade. *(Incluído pelo Decreto nº 10.410, de 2020)*

§ 16. Aplica-se o disposto na alínea "i" do inciso I do *caput* ao ocupante de cargo de Ministro de Estado, de Secretário Estadual, Distrital ou Municipal, sem vínculo efetivo com a União, Estados, Distrito Federal e Municípios, suas autarquias, ainda que em regime especial, e fundações. *(Incluído pelo Decreto nº 3.265, de 1999)*

§ 17. *(Revogado pelo Decreto nº 8.424, de 2015)*

§ 18. Não descaracteriza a condição de segurado especial: *(Redação dada pelo Decreto nº 6.722, de 2008)*.

I – a outorga, por meio de contrato escrito de parceria, meação ou comodato, de até cinqüenta por cento de imóvel rural cuja área total, contínua ou descontínua, não seja superior a quatro módulos fiscais, desde que outorgante e outorgado continuem a exercer a respectiva atividade, individualmente ou em regime de economia familiar; *(Incluído pelo Decreto nº 6.722, de 2008)*.

II – a exploração da atividade turística da propriedade rural, inclusive com hospedagem, por não mais de cento e vinte dias ao ano; *(Incluído pelo Decreto nº 6.722, de 2008)*.

III – a participação em plano de previdência complementar instituído por entidade classista a que seja associado, em razão da condição de trabalhador rural ou de produtor rural em regime de economia familiar; *(Incluído pelo Decreto nº 6.722, de 2008)*.

IV – a participação como beneficiário ou integrante de grupo familiar que tem algum componente que seja beneficiário de programa assistencial oficial de governo; *(Incluído pelo Decreto nº 6.722, de 2008)*.

V – a utilização pelo próprio grupo familiar de processo de beneficiamento ou industrialização artesanal, na exploração da atividade, de acordo com o disposto no § 25; e *(Incluído pelo Decreto nº 6.722, de 2008)*.

VI – a associação a cooperativa agropecuária ou de crédito rural; *(Redação dada pelo Decreto nº 10.410, de 2020)*.

VII – a incidência do Imposto sobre Produtos Industrializados – IPI sobre o produto das atividades desenvolvidas nos termos do disposto no inciso VIII; e *(Incluído pelo Decreto nº 10.410, de 2020)*

VIII – a participação do segurado especial em sociedade empresária ou em sociedade simples ou a sua atuação como empresário individual ou como titular de empresa individual de responsabilidade limitada de objeto ou âmbito agrícola, agroindustrial ou agroturístico, considerada microempresa nos termos do disposto na Lei Complementar nº 123, de 2006, desde que, mantido o exercício da sua atividade rural na forma prevista no inciso VII do *caput* e no § 5º, a pessoa jurídica seja composta apenas por segurados especiais e sediada no mesmo Município ou em Município limítrofe àquele em que ao menos um deles desenvolva as suas atividades. *(Incluído pelo Decreto nº 10.410, de 2020)*

§ 19. Os segurados de que trata o art. 199-A terão identificação específica nos registros da Previdência Social. *(Incluído pelo Decreto nº 6.042, de 2007)*.

§ 20. Para os fins deste artigo, considera-se que o segurado especial reside em aglomerado urbano ou rural próximo ao imóvel rural onde desenvolve a atividade quando resida no mesmo município de situação do imóvel onde desenvolve a atividade rural, ou em município contíguo ao em que desenvolve a atividade rural. *(Incluído pelo Decreto nº 6.722, de 2008)*.

§ 21. O grupo familiar poderá utilizar-se de empregado contratado por prazo determinado, inclusive daquele referido na alínea "r" do inciso I do *caput*, ou de trabalhador de que trata a alínea "j" do inciso V do *caput*, à razão de, no máximo, cento e vinte pessoas por dia no mesmo ano civil, em períodos corridos ou intercalados, ou, ainda, por tempo equivalente em horas de trabalho, à razão de oito horas por dia e quarenta e quatro horas por semana, hipóteses em que períodos de afastamento em decorrência de percepção de auxílio por incapacidade temporária não serão computados. *(Redação dada pelo Decreto nº 10.410, de 2020)*.

§ 22. O disposto nos incisos III e V do § 8º e no inciso VIII do § 18 não dispensará o recolhimento da contribuição devida em relação ao exercício das atividades de que tratam os referidos incisos. *(Redação dada pelo Decreto nº 10.410, de 2020)*.

§ 23. O segurado especial fica excluído dessa categoria: *(Incluído pelo Decreto nº 6.722, de 2008)*.

I – a contar do primeiro dia do mês em que: *(Incluído pelo Decreto nº 6.722, de 2008)*.

a) deixar de satisfazer as condições estabelecidas no inciso VII do *caput* deste artigo, sem prejuízo do disposto no art. 13, ou exceder qualquer dos limites estabelecidos no inciso I do § 18 deste artigo; *(Incluído pelo Decreto nº 6.722, de 2008)*.

b) se enquadrar em qualquer outra categoria de segurado obrigatório do Regulamento da Previdência Social, exceto nas hipóteses previstas nos incisos III, V, VII e VIII do § 8º e no inciso VIII do § 18, sem prejuízo do disposto no art. 13; *(Redação dada pelo Decreto nº 10.410, de 2020)*.

c) se tornar segurado obrigatório de outro regime previdenciário; ou *(Redação dada pelo Decreto nº 10.410, de 2020)*.

d) na hipótese de descumprimento do disposto no inciso VIII do § 18: *(Incluído pelo Decreto nº 10.410, de 2020)*

1. participar de sociedade empresária ou de sociedade simples; ou *(Incluído pelo Decreto nº 10.410, de 2020)*

2. atuar como empresário individual ou como titular de empresa individual de responsabilidade limitada; ou *(Incluído pelo Decreto nº 10.410, de 2020)*

II – a contar do primeiro dia do mês subseqüente ao da ocorrência, quando o grupo familiar a que pertence exceder o limite de: *(Incluído pelo Decreto nº 6.722, de 2008)*.

a) utilização de trabalhadores nos termos do § 21 deste artigo; *(Incluído pelo Decreto nº 6.722, de 2008)*.

b) dias em atividade remunerada estabelecidos no inciso III do § 8º deste artigo; e *(Incluído pelo Decreto nº 6.722, de 2008)*.

c) dias de hospedagem a que se refere o inciso II do § 18 deste artigo. *(Incluído pelo Decreto nº 6.722, de 2008)*.

§ 24. Aplica-se o disposto na alínea "a" do inciso V do *caput* deste artigo ao cônjuge ou companheiro do produtor que participe da atividade rural por este explorada. *(Incluído pelo Decreto nº 6.722, de 2008)*.

§ 25. Considera-se processo de beneficiamento ou industrialização artesanal aquele realizado diretamente pelo próprio produtor rural pessoa física, observado o disposto no § 5º do art. 200, desde que não esteja sujeito à incidência do Imposto Sobre Produtos Industrializados – IPI.§ 26. É considerado MEI o empresário individual a que se refere o art. 966 da Lei nº 10.406, de 10 de janeiro de 2002 – Código Civil, que tenha auferido receita bruta, no ano-calendário anterior, de até R$ 36.000,00 (trinta e seis mil reais), optante pelo Simples Nacional e que não esteja impedido de optar pela sistemática de recolhimento mencionada na alínea "p" do inciso V do *caput*. *(Incluído pelo Decreto nº 6.722, de 2008)*.

§ 26. É considerado microempreendedor individual – MEI o empresário individual a que se refere o art. 966 da Lei nº 10.406, de 2002 – Código Civil, ou o empreendedor que exerça as atividades de industrialização, comercialização e prestação de serviços no âmbito rural, que tenha auferido receita bruta no ano-calendário imediatamente anterior até o limite estabelecido no art. 18-A da Lei Complementar nº 123, de 2006, que tenha optado pelo Simples Nacional e não esteja impedido de optar pela sistemática de recolhimento a que se refere a alínea "p" do inciso V do *caput*. *(Incluído pelo Decreto nº 10.410, de 2020)*

§ 27. O vínculo empregatício mantido entre cônjuges ou companheiros não impede o reconhecimento da qualidade de segurado do empregado, excluído o doméstico, observado o disposto no art. 19-B. *(Incluído pelo Decreto nº 10.410, de 2020)*

(...)

LIVRO III – DO CUSTEIO DA SEGURIDADE SOCIAL

TÍTULO I – DO FINANCIAMENTO DA SEGURIDADE SOCIAL

CAPÍTULO I – INTRODUÇÃO

Art. 194. A seguridade social é financiada por toda a sociedade, de forma direta e indireta, mediante recursos provenientes dos orçamentos da União, dos Estados, do Distrito Federal, dos Municípios e de contribuições sociais.

Art. 195. No âmbito federal, o orçamento da seguridade social é composto de receitas provenientes:

I – da União;

II – das contribuições sociais; e

III – de outras fontes.

Parágrafo único. Constituem contribuições sociais:

I – as das empresas, incidentes sobre a remuneração paga, devida ou creditada aos segurados e demais pessoas físicas a seu serviço, mesmo sem vínculo empregatício;

II – as dos empregadores domésticos, incidentes sobre o salário-de-contribuição dos empregados domésticos a seu serviço;

III – as dos trabalhadores, incidentes sobre seu salário-de-contribuição;

IV – as das associações desportivas que mantêm equipe de futebol profissional, incidentes sobre a receita bruta decorrente dos espetáculos desportivos de que participem em todo território nacional em qualquer modalidade desportiva, inclusive jogos internacionais, e de qualquer forma de patrocínio, licenciamento de uso de marcas e símbolos, publicidade, propaganda e transmissão de espetáculos desportivos;

V – as incidentes sobre a receita bruta proveniente da comercialização da produção rural;

VI – as das empresas, incidentes sobre a receita ou o faturamento e o lucro; e

VII – as incidentes sobre a receita de concursos de prognósticos.

(...)

CAPÍTULO III – DA CONTRIBUIÇÃO DO SEGURADO

(...)

SEÇÃO III – DA CONTRIBUIÇÃO DO PRODUTOR RURAL PESSOA FÍSICA E DO SEGURADO ESPECIAL

Art. 200. A contribuição do empregador rural pessoa física, em substituição à contribuição de que tratam o inciso I do art. 201 e o art.202, e a do segurado especial, incidente sobre a receita bruta da comercialização da produção rural, é de: *(Redação dada pelo Decreto nº 4.032, de 2001)*

I – um inteiro e dois décimos por cento; e *(Redação dada pelo Decreto nº 10.410, de 2020)*

II – zero vírgula um por cento para o financiamento dos benefícios concedidos em razão do grau de incidência de incapacidade laborativa decorrente dos riscos ambientais do trabalho.

§ 1º *(Revogado pelo Decreto nº 4.032, de 2001)*

§ 2º O segurado especial referido neste artigo, além da contribuição obrigatória de que tratam os incisos I e II do *caput*, poderá contribuir, facultativamente, na forma do art. 199. *(Redação dada pelo Decreto nº 6.042, de 2007)*.

§ 3º O produtor rural pessoa física de que trata a alínea "a" do inciso V do *caput* do art. 9º contribui, também, obrigatoriamente, na forma do art. 199, observando ainda o disposto nas alíneas "a" e "b" do inciso I do art. 216.

§ 4º Integra a receita bruta de que trata este artigo, além dos valores decorrentes da comercialização da produção relativa aos produtos a que se refere o § 5º, a receita proveniente: *(Redação dada pelo Decreto nº 6.722, de 2008)*.

I – da comercialização da produção obtida em razão de contrato de parceria ou meação de parte do imóvel rural; *(Incluído pelo Decreto nº 6.722, de 2008)*.

II – da comercialização de artigos de artesanato de que trata o inciso VII do § 8º do art. 9º; *(Incluído pelo Decreto nº 6.722, de 2008)*.

III – de serviços prestados, de equipamentos utilizados e de produtos comercializados no imóvel rural, desde que em atividades turística e de entretenimento desenvolvidas no próprio imóvel, inclusive hospedagem, alimentação, recepção, recreação e atividades pedagógicas, bem como taxa de visitação e serviços especiais; *(Incluído pelo Decreto nº 6.722, de 2008)*.

IV – do valor de mercado da produção rural dada em pagamento ou que tiver sido trocada por outra, qualquer que seja o motivo ou finalidade; e *(Incluído pelo Decreto nº 6.722, de 2008)*.

V – de atividade artística de que trata o inciso VIII do § 8º do art. 9º. *(Incluído pelo Decreto nº 6.722, de 2008)*.

§ 5º Integram a produção, para os efeitos dos incisos I e II do *caput*, observado o disposto no § 25 do art. 9º, os produtos de origem animal ou vegetal, em estado natural ou submetidos a processos de beneficiamento ou industrialização rudimentar, assim compreendidos, entre outros, os processos de lavagem, limpeza, descaroçamento, pilagem, descascamento, lenhamento, pasteurização, resfriamento, secagem, socagem, fermentação, embalagem, cristalização, fundição, carvoejamento, cozimento, destilação, moagem e torrefação, bem como os subprodutos e os resíduos obtidos por meio desses processos. *(Redação dada pelo Decreto nº 6.722, de 2008)*.

§ 6º *(Revogado pelo Decreto nº 6.722, de 2008)*.

I – o produto vegetal destinado ao plantio e reflorestamento;

II – o produto vegetal vendido por pessoa ou entidade que, registrada no Ministério da Agricultura e do Abastecimento, se dedique ao comércio de sementes e mudas no País;

III – o produto animal destinado à reprodução ou criação pecuária ou granjeira; e

IV – o produto animal utilizado como cobaia para fins de pesquisas científicas no País.

§ 7º A contribuição de que trata este artigo será recolhida:

I – pela empresa adquirente, consumidora ou consignatária ou a cooperativa, que ficam sub-rogadas no cumprimento das obrigações do produtor rural pessoa física de que trata a alínea "a" do inciso V do *caput* do art. 9º e do segurado especial, independentemente de as operações de venda ou consignação terem sido realizadas diretamente com estes ou com intermediário pessoa física, exceto nos casos do inciso III;

II – pela pessoa física não produtor rural, que fica sub-rogada no cumprimento das obrigações do produtor rural pessoa física de que trata a alínea "a" do inciso V do *caput* do art. 9º e do segurado especial, quando adquire produção para venda, no varejo, a consumidor pessoa física; ou

III – pela pessoa física de que trata alínea "a" do inciso V do *caput* do art. 9º e pelo segurado especial, caso comercializem sua produção com adquirente domiciliado no exterior, diretamente, no varejo, a consumidor pessoa física, a outro produtor rural pessoa física ou a outro segurado especial.

§ 8º O produtor rural pessoa física continua obrigado a arrecadar e recolher ao Instituto Nacional do Seguro Social a contribuição do segurado empregado e do trabalhador avulso a seu serviço, descontando-a da respectiva remuneração, nos mesmos prazos e segundo as mesmas normas aplicadas às empresas em geral.

§ 9º Sem prejuízo do disposto no inciso III do § 7º, o produtor rural pessoa física e o segurado especial são obrigados a recolher, diretamente, a contribuição incidente sobre a receita bruta proveniente: *(Incluído pelo Decreto nº 6.722, de 2008)*.

I – da comercialização de artigos de artesanato elaborados com matéria-prima produzida pelo respectivo grupo familiar; *(Incluído pelo Decreto nº 6.722, de 2008)*.

II – de comercialização de artesanato ou do exercício de atividade artística, observado o disposto nos incisos VII e VIII do § 8º do art. 9º; e *(Incluído pelo Decreto nº 6.722, de 2008)*.

III – de serviços prestados, de equipamentos utilizados e de produtos comercializados no imóvel rural, desde que em atividades turística e de entretenimento desenvolvidas no próprio imóvel, inclusive hospedagem, alimentação, recepção, recreação e atividades pedagógicas, bem como taxa de visitação e serviços especiais. *(Incluído pelo Decreto nº 6.722, de 2008)*.

§ 10. O segurado especial é obrigado a arrecadar a contribuição de trabalhadores a seu serviço e a recolhê-la no prazo referido na alínea "b" do inciso I do art. 216. *(Incluído pelo Decreto nº 6.722, de 2008)*.

§ 11. Não integram a base de cálculo da contribuição de que trata o *caput* a produção rural destinada ao plantio ou ao reflorestamento nem o produto animal destinado à reprodução ou à criação pecuária ou granjeira e à utilização como cobaia para fins de pesquisas científicas, quando vendido pelo próprio produtor a quem o utilize diretamente com essas finalidades e, no caso de produto vegetal, a pessoa ou entidade registrada no Ministério da Agricultura, Pecuária e Abastecimento que se dedique ao comércio de sementes e mudas no País. *(Incluído pelo Decreto nº 10.410, de 2020)*

§ 12. O produtor rural pessoa física poderá optar por contribuir na forma prevista no *caput* deste artigo ou na forma prevista no inciso I do *caput* do art. 201 e no art. 202, hipótese em que deverá manifestar a sua opção por meio do pagamento da contribuição incidente sobre a folha de salários relativa a janeiro de cada ano-calendário ou à primeira competência subsequente ao início da atividade rural. *(Incluído pelo Decreto nº 10.410, de 2020)*

§ 13. A opção de contribuição de que trata o § 12 será irretratável para todo o ano-calendário. *(Incluído pelo Decreto nº 10.410, de 2020)*

Art. 200-A. Equipara-se ao empregador rural pessoa física o consórcio simplificado de produtores rurais, formado pela união de produtores rurais pessoas físicas, que outorgar a um deles poderes para contratar, gerir e demitir trabalhadores rurais, na condição de empregados, para prestação de serviços, exclusivamente, aos seus integrantes, mediante documento registrado em cartório de títulos e documentos.*(Incluído pelo Decreto nº 4.032, de 2001)*

§ 1º O documento de que trata o *caput* deverá conter a identificação de cada produtor, seu endereço pessoal e o de sua propriedade rural, bem como o respectivo registro no Instituto Nacional de Colonização e Reforma Agrária ou informações relativas à parceria, arrendamento ou equivalente e à matrícula no INSS de cada um dos produtores rurais. *(Incluído pelo Decreto nº 4.032, de 2001)*

§ 2º O consórcio deverá ser matriculado no INSS, na forma por este estabelecida, em nome do empregador a quem hajam sido outorgados os mencionados poderes. *(Incluído pelo Decreto nº 4.032, de 2001)*

(...)

CAPÍTULO VIII – DA ARRECADAÇÃO E RECOLHIMENTO DAS CONTRIBUIÇÕES

(...)

SEÇÃO III – DAS OBRIGAÇÕES ACESSÓRIAS

(...)

Art. 228. O titular do Cartório de Registro Civil de Pessoas Naturais remeterá ao INSS, no prazo de um dia útil, pelo Sistema Nacional de Informações de Registro Civil, ou pelo sistema que venha a substituí-lo, a relação dos nascimentos, dos natimortos, dos casamentos, dos óbitos, das averbações, das anotações e das retificações registradas na serventia. *(Redação dada pelo Decreto nº 10.410, de 2020)*

§ 1º Para os Municípios que não dispõem de provedor de conexão à internet ou de qualquer meio de acesso à internet, fica autorizada a remessa da relação no prazo de cinco dias úteis, conforme critérios definidos pelo INSS. *(Incluído pelo Decreto nº 10.410, de 2020)*

§ 2º Os registros de nascimento e de natimorto conterão, obrigatoriamente, as seguintes informações do registrado e da filiação: *(Incluído pelo Decreto nº 10.410, de 2020)*

I – nome completo; *(Incluído pelo Decreto nº 10.410, de 2020)*

II – número de inscrição no CPF; *(Incluído pelo Decreto nº 10.410, de 2020)*

III – sexo; e *(Incluído pelo Decreto nº 10.410, de 2020)*

IV – data e local de nascimento. *(Incluído pelo Decreto nº 10.410, de 2020)*

§ 3º Os registros de casamento e de óbito conterão, obrigatoriamente, as seguintes informações do registrado: *(Incluído pelo Decreto nº 10.410, de 2020)*

I – nome completo; *(Incluído pelo Decreto nº 10.410, de 2020)*

II – número de inscrição no CPF; *(Incluído pelo Decreto nº 10.410, de 2020)*

III – sexo; e *(Incluído pelo Decreto nº 10.410, de 2020)*

IV – data e local de nascimento do registrado. *(Incluído pelo Decreto nº 10.410, de 2020)*

§ 4º Além das informações a que se refere o § 3º, constarão dos registros de casamento e de óbito, caso estejam disponíveis, os seguintes dados: *(Incluído pelo Decreto nº 10.410, de 2020)*

I – número de inscrição no PIS ou no Pasep; *(Incluído pelo Decreto nº 10.410, de 2020)*

II – NIT; *(Incluído pelo Decreto nº 10.410, de 2020)*

III – número de benefício previdenciário ou assistencial, se o falecido for titular de qualquer benefício pago pelo INSS; *(Incluído pelo Decreto nº 10.410, de 2020)*

IV – número de registro da carteira de identidade e órgão emissor; *(Incluído pelo Decreto nº 10.410, de 2020)*

V – número do título de eleitor; e *(Incluído pelo Decreto nº 10.410, de 2020)*

VI – número de registro e série da Carteira de Trabalho e Previdência Social. *(Incluído pelo Decreto nº 10.410, de 2020)*

§ 5º Na hipótese de não haver sido registrado nascimento, natimorto, casamento, óbito ou averbação, anotação e retificação no mês, o titular do Cartório de Registro Civil de Pessoas Naturais comunicará este fato ao INSS até o quinto dia útil do mês subsequente, na forma estabelecida pelo INSS. *(Incluído pelo Decreto nº 10.410, de 2020)*

§ 6º O descumprimento de obrigação imposta por este artigo e o fornecimento de informação inexata sujeitarão o titular do Cartório de Registro Civil de Pessoas Naturais, além de outras penalidades, à penalidade prevista na alínea "e" do inciso I do *caput* do art. 283 e a ação regressiva, na forma estabelecida pelo INSS. *(Incluído pelo Decreto nº 10.410, de 2020)*

(...)

CAPÍTULO IX – DA MATRÍCULA DA EMPRESA, DO PRODUTOR RURAL PESSOA FÍSICA E DO SEGURADO ESPECIAL

› *(Redação dada pelo Decreto nº 6.722, de 2008).*

Art. 256. A matrícula da empresa será feita:

I – simultaneamente com a inscrição no Cadastro Nacional da Pessoa Jurídica; ou

II – perante o Instituto Nacional do Seguro Social, no prazo de trinta dias contados do início de suas atividades, quando não sujeita a inscrição no Cadastro Nacional da Pessoa Jurídica.

§ 1º Independentemente do disposto neste artigo, o Instituto Nacional do Seguro Social procederá à matrícula:

I – de ofício, quando ocorrer omissão; e

II – de obra de construção civil, mediante comunicação obrigatória do responsável por sua execução, no prazo do inciso II do *caput*.

§ 2º A unidade matriculada na forma do inciso II do *caput* e do § 1º receberá certificado de matrícula com número cadastral básico, de caráter permanente.

§ 3º O não cumprimento do disposto no inciso II do *caput* e no inciso II do § 1º sujeita o responsável à multa prevista no art. 283.

§ 4º O Departamento Nacional de Registro do Comércio, por intermédio das juntas comerciais, bem como os cartórios de registro civil de pessoas jurídicas, prestarão obrigatoriamente ao Instituto Nacional do Seguro Social todas as informações referentes aos atos constitutivos e alterações posteriores relativos a empresas neles registradas, sem ônus para o Instituto.

§ 5º São válidos perante o Instituto Nacional do Seguro Social os atos de constituição, alteração e extinção de empresa registrados nas juntas comerciais.

§ 6º O Ministério da Previdência e Assistência Social estabelecerá as condições em que o Departamento Nacional de Registro do Comércio, por intermédio das juntas comerciais, e os cartórios de registro civil de pessoas jurídicas cumprirão o disposto no § 4º.

Art. 256-A. A matrícula atribuída pela Secretaria da Receita Federal do Brasil ao produtor rural pessoa física ou segurado especial é o documento de inscrição do contribuinte, em substituição à inscrição no Cadastro Nacional de Pessoa Jurídica – CNPJ, a ser apresentado em suas relações: *(Incluído pelo Decreto nº 6.722, de 2008).*

I – com o Poder Público, inclusive para licenciamento sanitário de produtos de origem animal ou vegetal submetidos a processos de beneficiamento ou industrialização artesanal; *(Incluído pelo Decreto nº 6.722, de 2008).*

II – com as instituições financeiras, para fins de contratação de operações de crédito; e *(Incluído pelo Decreto nº 6.722, de 2008).*

III – com os adquirentes de sua produção ou fornecedores de sementes, insumos, ferramentas e demais implementos agrícolas. *(Incluído pelo Decreto nº 6.722, de 2008).*

§ 1º Para fins de recolhimento das contribuições previdenciárias, a matrícula de que trata o *caput* será atribuída ao grupo familiar no ato de sua inscrição. *(Incluído pelo Decreto nº 6.722, de 2008).*

§ 2º O disposto no *caput* não se aplica ao licenciamento sanitário de produtos sujeitos à incidência do IPI ou ao contribuinte cuja inscrição no CNPJ seja obrigatória. *(Incluído pelo Decreto nº 6.722, de 2008).*

CAPÍTULO X – DA PROVA DE INEXISTÊNCIA DE DÉBITO

Arts. 257 a 259. *(Revogados pelo Decreto nº 8.302, de 2014)*

Art. 260. Serão aceitas as seguintes modalidades de garantia:

I – depósito integral e atualizado do débito em moeda corrente;

II – hipoteca de bens imóveis com ou sem seus acessórios;

III – fiança bancária;

IV – vinculação de parcelas do preço de bens ou serviços a serem negociados a prazo pela empresa;

V – alienação fiduciária de bens móveis; ou

VI – penhora.

Parágrafo único. A garantia deve ter valor mínimo de cento e vinte por cento do total da dívida, observado, em qualquer caso, o valor de mercado dos bens indicados, em conformidade com os critérios estabelecidos pelo Instituto Nacional do Seguro Social.

Art. 261. A autorização do órgão competente para outorga de instrumento em que se estipule o pagamento do débito da empresa no ato, ou apenas parte no ato e o restante em parcelas ou prestações do saldo do preço do bem a ser negociado pela empresa, com vinculação ao cumprimento das obrigações assumidas na confissão de dívida fiscal desta perante a seguridade social, na forma do inciso IV do art. 260, será dada mediante interveniência no instrumento.

Parágrafo único. A autorização para lavratura de instrumento de interesse da empresa em que a garantia oferecida pelo devedor não tem relação com o bem transacionado será dada mediante alvará.

Arts. 262 e 263. *(Revogados pelo Decreto nº 8.302, de 2014)*

Art. 264. A inexistência de débito em relação às contribuições devidas ao Instituto Nacional do Seguro Social é condição necessária para que os Estados, o Distrito Federal e os Municípios possam receber as transferências dos recursos do Fundo de Participação dos Estados e do Distrito Federal e do Fundo de Participação dos Municípios, celebrar acordo, contrato, convênio ou ajuste, bem como receber empréstimo, financiamento, aval ou subvenção em geral de órgão ou entidade da administração direta e indireta da União.

Parágrafo único. Para recebimento do Fundo de Participação dos Estados e do Distrito Federal e do Fundo de Participação dos Municípios e para a consecução dos demais instrumentos citados no *caput*, os Estados, o Distrito Federal e os Municípios deverão apresentar aos órgãos ou entidades responsáveis pela liberação dos fundos, celebração de acordos, contratos, convênios ou ajustes, concessão de empréstimos, financiamentos, avais ou subvenções em geral os comprovantes de recolhimento das suas contribuições ao Instituto Nacional do Seguro Social referentes aos três meses imediatamente anteriores ao mês previsto para a efetivação daqueles procedimentos.

Art. 265. Os Estados, o Distrito Federal e os Municípios serão, igualmente, obrigados a apresentar, para os fins do disposto no art. 264, comprovação de pagamento da parcela mensal referente aos débitos com o Instituto Nacional do Seguro Social objeto do parcelamento.

(...)

TÍTULO II – DAS DISPOSIÇÕES DIVERSAS RELATIVAS AO CUSTEIO DA SEGURIDADE SOCIAL

(...)

Art. 275. O Instituto Nacional do Seguro Social divulgará, trimestralmente, lista atualizada dos devedores com débitos inscritos na Dívida Ativa relativos às contribuições previstas nos incisos I, II, III, IV e V do parágrafo único do art. 195, acompanhada de relatório circunstanciado das medidas administrativas e judiciais adotadas para a cobrança e execução da dívida.

§ 1º O relatório a que se refere o *caput* será encaminhado aos órgãos da administração federal direta e indireta, às entidades controladas direta ou indiretamente pela União, aos registros públicos, cartórios de registro de títulos e documentos, cartórios de registro de imóveis e ao sistema financeiro oficial, para os fins do § 3º do art. 195 da Constituição Federal e da Lei nº 7.711, de 22 de dezembro de 1988.

§ 2º O Ministério da Previdência e Assistência Social fica autorizado a firmar convênio com os governos estaduais, do Distrito Federal e municipais para extensão, àquelas esferas de governo, das hipóteses previstas no art. 1º da Lei nº 7.711, de 1988.

(...)

LIVRO IV – DAS PENALIDADES EM GERAL

(...)

TÍTULO II – DAS INFRAÇÕES E DAS PENALIDADES

(...)

CAPÍTULO III – DAS INFRAÇÕES

Art. 283. Por infração a qualquer dispositivo das Leis nºs 8.212 e 8.213, ambas de 1991, e 10.666, de 8 de maio de 2003, para a qual não haja penalidade expressamente cominada neste Regulamento, fica o responsável sujeito a multa variável de R$ 636,17 (seiscentos e trinta e seis reais e dezessete centavos) a R$ 63.617,35 (sessenta e três mil, seiscentos e dezessete reais e trinta e cinco centavos), conforme a gravidade da infração, aplicando-se-lhe o disposto nos arts. 290 a 292, e de acordo com os seguintes valores: *(Redação dada pelo Decreto nº 4.862, de 2003)*

- *Valor sujeito a atualização por meio de ato do Ministério ou Órgão competente.*

I – a partir de R$ 636,17 (seiscentos e trinta e seis reais e dezessete centavos) nas seguintes infrações:

a) deixar a empresa de preparar folha de pagamento das remunerações pagas, devidas ou creditadas a todos os segurados a seu serviço, de acordo com este Regulamento e com os demais padrões e normas estabelecidos pelo Instituto Nacional do Seguro Social;

b) deixar a empresa de se matricular no Instituto Nacional do Seguro Social, dentro de trinta dias contados da data do início de suas atividades, quando não sujeita a inscrição no Cadastro Nacional da Pessoa Jurídica;

c) deixar a empresa de descontar da remuneração paga aos segurados a seu serviço importância proveniente de dívida ou responsabilidade por eles contraída junto à seguridade social, relativa a benefícios pagos indevidamente;

d) deixar a empresa de matricular no Instituto Nacional do Seguro Social obra de construção civil de sua propriedade ou executada sob sua responsabilidade no prazo de trinta dias do início das respectivas atividades;

e) deixar o Titular de Cartório de Registro Civil de Pessoas Naturais de comunicar ao Instituto Nacional do Seguro Social, até o dia dez de cada mês, a ocorrência ou a não-ocorrência de óbitos, no mês imediatamente anterior, bem como enviar informações inexatas, conforme o disposto no art. 228;

f) deixar o dirigente dos órgãos municipais competentes de prestar ao Instituto Nacional do Seguro Social as informações concernentes aos alvarás, "habite-se" ou documento equivalente, relativos a construção civil, na forma do art. 226; e

g) deixar a empresa de efetuar os descontos das contribuições devidas pelos segurados a seu serviço; *(Redação dada pelo Decreto nº 4.862, de 2003)*

h) deixar a empresa de elaborar e manter atualizado perfil profissiográfico abrangendo as atividades desenvolvidas pelo trabalhador e de fornecer a este, quando da rescisão do contrato de trabalho, cópia autêntica deste documento; e *(Incluída pelo Decreto nº 4.862, de 2003)*

II – a partir de R$ 6.361,73 (seis mil trezentos e sessenta e um reais e setenta e três centavos) nas seguintes infrações:

- *Valor sujeito a atualização por meio de ato do Ministério ou Órgão competente.*

a) deixar a empresa de lançar mensalmente, em títulos próprios de sua contabilidade, de forma discriminada, os fatos geradores de todas as contribuições, o montante das quantias descontadas, as contribuições da empresa e os totais recolhidos;

b) deixar a empresa de apresentar ao Instituto Nacional do Seguro Social e à Secretaria da Receita Federal os documentos que contenham as informações cadastrais, financeiras e contábeis de interesse dos mesmos, na forma por eles estabelecida, ou os esclarecimentos necessários à fiscalização;

c) deixar o servidor, o serventuário da Justiça ou o titular de serventia extrajudicial de exigir documento comprobatório de inexistência de débito, quando da contratação com o poder público ou no recebimento de benefício ou de incentivo fiscal ou creditício;

d) deixar o servidor, o serventuário da Justiça ou o titular de serventia extrajudicial de exigir o documento comprobatório de inexistência de débito, quando da alienação ou oneração, a qualquer título, de bem imóvel ou direito a ele relativo;

e) deixar o servidor, o serventuário da Justiça ou o titular de serventia extrajudicial de exigir a apresentação do documento comprobatório de inexistência de débito na alienação ou oneração, a qualquer título, de bem móvel incorporado ao ativo permanente da empresa, de valor superior a R$ 15.904,18 (quinze mil novecentos e quatro reais e dezoito centavos);

› *Valor sujeito a atualização por meio de ato do Ministério ou Órgão competente.*

f) deixar o servidor, o serventuário da Justiça ou o titular de serventia extrajudicial de exigir documento comprobatório de inexistência de débito no registro ou arquivamento, no órgão próprio, de ato relativo a baixa ou redução de capital de firma individual, redução de capital social, cisão total ou parcial, transformação ou extinção de entidade ou sociedade comercial ou civil e transferência de controle de cotas de sociedades de responsabilidade limitada;

g) deixar o servidor, o serventuário da Justiça ou o titular de serventia extrajudicial de exigir documento comprobatório de inexistência de débito do proprietário, pessoa física ou jurídica, de obra de construção civil, quando da averbação de obra no Registro de Imóveis;

h) deixar o servidor, o serventuário da Justiça ou o titular de serventia extrajudicial de exigir documento comprobatório de inexistência de débito do incorporador, quando da averbação de obra no Registro de Imóveis, independentemente do documento apresentado por ocasião da inscrição do memorial de incorporação;

i) deixar o dirigente da entidade da administração pública direta ou indireta de consignar as dotações necessárias ao pagamento das contribuições devidas à seguridade social, de modo a assegurar a sua regular liquidação dentro do exercício;

j) deixar a empresa, o servidor de órgão público da administração direta e indireta, o segurado da previdência social, o serventuário da Justiça ou o titular de serventia extrajudicial, o síndico ou seu representante, o comissário ou o liquidante de empresa em liquidação judicial ou extrajudicial, de exibir os documentos e livros relacionados com as contribuições previstas neste Regulamento ou apresentá-los sem atender às formalidades legais exigidas ou contendo informação diversa da realidade ou, ainda, com omissão de informação verdadeira;

l) deixar a entidade promotora do espetáculo desportivo de efetuar o desconto da contribuição prevista no § 1º do art. 205;

m) deixar a empresa ou entidade de reter e recolher a contribuição prevista no § 3º do art. 205;

n) deixar a empresa de manter laudo técnico atualizado com referência aos agentes nocivos existentes no ambiente de trabalho de seus trabalhadores ou emitir documento de comprovação de efetiva exposição em desacordo com o respectivo laudo; e *(Redação dada pelo Decreto nº 6.722, de 2008)*.

o) (Revogada pelo Decreto nº 4.882, de 2003)

§ 1º Considera-se dirigente, para os fins do disposto neste Capítulo, aquele que tem a competência funcional para decidir a prática ou não do ato que constitua infração à legislação da seguridade social.

§ 2º A falta de inscrição do segurado sujeita o responsável à multa de R$ 1.254,89 (mil, duzentos e cinquenta e quatro reais e oitenta e nove centavos), por segurado não inscrito. *(Redação dada pelo Decreto nº 6.722, de 2008)*.

§ 3º As demais infrações a dispositivos da legislação, para as quais não haja penalidade expressamente cominada, sujeitam o infrator à multa de R$ 636,17 (seiscentos e trinta e seis reais e dezessete centavos).

(...)

LIVRO VI – DAS DISPOSIÇÕES GERAIS

(...)

Art. 357. A Secretaria Especial de Previdência e Trabalho do Ministério da Economia e o INSS ficam autorizados a editar normas que disponham sobre os critérios e a forma de realização de pesquisas externas. *(Redação dada pelo Decreto nº 10.410, de 2020)*

Parágrafo único. Para efeito do disposto no *caput*, os servidores designados receberão, a título de indenização, o valor correspondente a um onze avos do valor mínimo do salário-de-contribuição do contribuinte individual, por deslocamento com pesquisa concluída. *(Redação dada pelo Decreto nº 3.265, de 1999)*

Art. 358. Na execução judicial da Dívida Ativa da União, suas autarquias e fundações públicas, será facultado ao exequente indicar bens à penhora, a qual será efetivada concomitantemente com a citação inicial do devedor.

§ 1º Os bens penhorados nos termos deste artigo ficam desde logo indisponíveis.

§ 2º Efetuado o pagamento integral da dívida executada, com seus acréscimos legais, no prazo de dois dias úteis contados da citação, independentemente da juntada aos autos do respectivo mandado, poderá ser liberada a penhora, desde que não haja outra execução pendente.

§ 3º O disposto neste artigo aplica-se também às execuções já processadas.

§ 4º Não sendo opostos embargos, no prazo legal, ou sendo eles julgados improcedentes, os autos serão conclusos ao juiz do feito, para determinar o prosseguimento da execução.

Art. 359. O Instituto Nacional do Seguro Social poderá contratar leiloeiros oficiais para promover a venda administrativa dos bens, adjudicados judicialmente ou que receber em dação de pagamento.

Parágrafo único. O Instituto Nacional do Seguro Social, no prazo de sessenta dias, providenciará alienação do bem por intermédio do leiloeiro oficial.

Art. 360. Nas execuções fiscais da Dívida Ativa do Instituto Nacional do Seguro Social, o leilão judicial dos bens penhorados realizar-se-á por leiloeiro oficial, indicado pelo credor, que procederá à hasta pública:

I – no primeiro leilão, pelo valor do maior lance, que não poderá ser inferior ao da avaliação; ou

II – no segundo leilão, por qualquer valor, excetuado o vil.

§ 1º Poderá o juiz, a requerimento do credor, autorizar seja parcelado o pagamento do valor da arrematação, na forma prevista para os parcelamentos administrativos de débitos previdenciários.

§ 2º Todas as condições do parcelamento deverão constar do edital de leilão.

§ 3º O débito do executado será quitado na proporção do valor de arrematação.

§ 4º O arrematante deverá depositar, no ato, o valor da primeira parcela.

§ 5º Realizado o depósito, será expedida carta de arrematação, contendo as seguintes disposições:

I – valor da arrematação, valor e número de parcelas mensais em que será pago;

II – constituição de hipoteca do bem adquirido, ou de penhor, em favor do credor, servindo a carta de título hábil para registro da garantia;

III – indicação do arrematante como fiel depositário do bem móvel, quando constituído penhor; e

IV – especificação dos critérios de reajustamento do saldo e das parcelas, que será sempre o mesmo vigente para os parcelamentos de créditos previdenciários.

§ 6º Se o arrematante não pagar no vencimento qualquer das parcelas mensais, o saldo devedor remanescente vencerá antecipadamente e será acrescido em cinquenta por cento de seu valor a título de multa, devendo, de imediato, ser inscrito em Dívida Ativa e executado.

§ 7º Se no primeiro ou no segundo leilões a que se refere o *caput* não houver licitante, o Instituto Nacional do Seguro Social poderá adjudicar o bem por cinquenta por cento do valor da avaliação.

§ 8º Se o bem adjudicado não puder ser utilizado pelo Instituto Nacional do Seguro Social e for de difícil venda, poderá ser negociado ou doado a outro órgão ou entidade pública que demonstre interesse na sua utilização.

§ 9º Não havendo interesse na adjudicação, poderá o juiz do feito, de ofício ou a requerimento do credor, determinar sucessivas repetições da hasta pública.

§ 10. O leiloeiro oficial, a pedido do credor, poderá ficar como fiel depositário dos bens penhorados e realizar a respectiva remoção.

(...)

› *Não publicamos os anexos desta lei.*

LEI Nº 13.146, DE 6 DE JULHO DE 2015

Institui a Lei Brasileira de Inclusão da Pessoa com Deficiência (Estatuto da Pessoa com Deficiência).

› *Vide Decreto 9.451/2018 (Regulamenta o art. 58 da Lei nº 13.146, de 6 de julho de 2015)*

› *Vide Resolução CNJ 401/2021 (Diretrizes de acessibilidade e inclusão de pessoas com deficiência nos órgãos do Poder Judiciário e de seus serviços auxiliares, e regulamenta o funcionamento de unidades de acessibilidade e inclusão)*

A PRESIDENTA DA REPÚBLICA: Faço saber que o Congresso Nacional decreta e eu sanciono a seguinte Lei:

LIVRO I – PARTE GERAL

TÍTULO I – DISPOSIÇÕES PRELIMINARES

CAPÍTULO – DISPOSIÇÕES GERAIS

Art. 1º É instituída a Lei Brasileira de Inclusão da Pessoa com Deficiência (Estatuto da Pessoa com Deficiência), destinada a assegurar e a promover, em condições de igualdade, o exercício dos direitos e das liberdades fundamentais por pessoa com deficiência, visando à sua inclusão social e cidadania.

Parágrafo único. Esta Lei tem como base a Convenção sobre os Direitos das Pessoas com Deficiência e seu Protocolo Facultativo, ratificados pelo Congresso Nacional por meio do Decreto Legislativo nº 186, de 9 de julho de 2008, em conformidade com o procedimento previsto no § 3º do Art. 5º da Constituição da República Federativa do Brasil, em vigor para o Brasil, no plano jurídico externo, desde 31 de agosto de 2008, e promulgados pelo Decreto nº 6.949, de 25 de agosto de 2009, data de início de sua vigência no plano interno.

Art. 2º Considera-se pessoa com deficiência aquela que tem impedimento de longo prazo de natureza física, mental, intelectual ou sensorial, o qual, em interação com uma ou mais barreiras, pode obstruir sua participação plena e efetiva na sociedade em igualdade de condições com as demais pessoas.

§ 1º A avaliação da deficiência, quando necessária, será biopsicossocial, realizada por equipe multiprofissional e interdisciplinar e considerará:

I - os impedimentos nas funções e nas estruturas do corpo;

II - os fatores socioambientais, psicológicos e pessoais;

III - a limitação no desempenho de atividades; e

IV - a restrição de participação.

§ 2º O Poder Executivo criará instrumentos para avaliação da deficiência.

- *Vide Lei nº 14.126, de 2021 (Classifica a visão monocular como deficiência sensorial, do tipo visual)*
- *Vide Lei nº 14.768, de 2023 (Define deficiência auditiva e estabelece valor referencial da limitação auditiva)*

§ 3º O exame médico-pericial componente da avaliação biopsicossocial da deficiência de que trata o § 1º deste artigo poderá ser realizado com o uso de tecnologia de telemedicina ou por análise documental conforme situações e requisitos definidos em regulamento. (Incluído pela Lei nº 14.724, de 2023)

Art. 2º-A. É instituído o cordão de fita com desenhos de girassóis como símbolo nacional de identificação de pessoas com deficiências ocultas. (Incluído pela Lei nº 14.624, de 2023)

§ 1º O uso do símbolo de que trata o *caput* deste artigo é opcional, e sua ausência não prejudica o exercício de direitos e garantias previstos em lei. (Incluído pela Lei nº 14.624, de 2023)

§ 2º A utilização do símbolo de que trata o *caput* deste artigo não dispensa a apresentação de documento comprobatório da deficiência, caso seja solicitado pelo atendente ou pela autoridade competente. (Incluído pela Lei nº 14.624, de 2023)

Art. 3º Para fins de aplicação desta Lei, consideram-se:

I - acessibilidade: possibilidade e condição de alcance para utilização, com segurança e autonomia, de espaços, mobiliários, equipamentos urbanos, edificações, transportes, informação e comunicação, inclusive seus sistemas e tecnologias, bem como de outros serviços e instalações abertos ao público, de uso público ou privados de uso coletivo, tanto na zona urbana como na rural, por pessoa com deficiência ou com mobilidade reduzida;

II - desenho universal: concepção de produtos, ambientes, programas e serviços a serem usados por todas as pessoas, sem necessidade de adaptação ou de projeto específico, incluindo os recursos de tecnologia assistiva;

III - tecnologia assistiva ou ajuda técnica: produtos, equipamentos, dispositivos, recursos, metodologias, estratégias, práticas e serviços que objetivem promover a funcionalidade, relacionada à atividade e à participação da pessoa com deficiência ou com mobilidade reduzida, visando à sua autonomia, independência, qualidade de vida e inclusão social;

IV - barreiras: qualquer entrave, obstáculo, atitude ou comportamento que limite ou impeça a participação social da pessoa, bem como o gozo, a fruição e o exercício de seus direitos à acessibilidade, à liberdade de movimento e de expressão, à comunicação, ao acesso à informação, à compreensão, à circulação com segurança, entre outros, classificadas em:

a) barreiras urbanísticas: as existentes nas vias e nos espaços públicos e privados abertos ao público ou de uso coletivo;

b) barreiras arquitetônicas: as existentes nos edifícios públicos e privados;

c) barreiras nos transportes: as existentes nos sistemas e meios de transportes;

d) barreiras nas comunicações e na informação: qualquer entrave, obstáculo, atitude ou comportamento que dificulte ou impossibilite a expressão ou o recebimento de mensagens e de informações por intermédio de sistemas de comunicação e de tecnologia da informação;

e) barreiras atitudinais: atitudes ou comportamentos que impeçam ou prejudiquem a participação social da pessoa com deficiência em igualdade de condições e oportunidades com as demais pessoas;

f) barreiras tecnológicas: as que dificultam ou impedem o acesso da pessoa com deficiência às tecnologias;

V - comunicação: forma de interação dos cidadãos que abrange, entre outras opções, as línguas, inclusive a Língua Brasileira de Sinais (Libras), a visualização de textos, o Braille, o sistema de sinalização ou de comunicação tátil, os caracteres ampliados, os dispositivos multimídia, assim como a linguagem simples, escrita e oral, os sistemas auditivos e os meios de voz digitalizados e os modos, meios e formatos aumentativos e alternativos de comunicação, incluindo as tecnologias da informação e das comunicações;

VI - adaptações razoáveis: adaptações, modificações e ajustes necessários e adequados que não acarretem ônus desproporcional e indevido, quando requeridos em cada caso, a fim de assegurar que a pessoa com deficiência possa gozar ou exercer, em igualdade de condições e oportunidades com as demais pessoas, todos os direitos e liberdades fundamentais;

VII - elemento de urbanização: quaisquer componentes de obras de urbanização, tais como os referentes a pavimentação, saneamento, encanamento para esgotos, distribuição de energia elétrica e de gás, iluminação pública, serviços de comunicação, abastecimento e distribuição de água, paisagismo e os que materializam as indicações do planejamento urbanístico;

VIII - mobiliário urbano: conjunto de objetos existentes nas vias e nos espaços públicos, superpostos ou adicionados aos elementos de urbanização ou de edificação, de forma que sua modificação ou seu traslado não provoque alterações substanciais nesses elementos, tais como semáforos, postes de sinalização e similares, terminais e pontos de acesso coletivo às telecomunicações, fontes de água, lixeiras, toldos, marquises, bancos, quiosques e quaisquer outros de natureza análoga;

IX - pessoa com mobilidade reduzida: aquela que tenha, por qualquer motivo, dificuldade de movimentação, permanente ou temporária, gerando redução efetiva da mobilidade, da flexibilidade, da coordenação motora ou da percepção, incluindo idoso, gestante, lactante, pessoa com criança de colo e obeso;

X - residências inclusivas: unidades de oferta do Serviço de Acolhimento do Sistema Único de Assistência Social (Suas) localizadas em áreas residenciais da comunidade, com estruturas adequadas, que possam contar com apoio psicossocial para o atendimento das necessidades da pessoa acolhida, destinadas a jovens e adultos com deficiência, em situação de dependência, que não dispõem de condições de autossustentabilidade e com vínculos familiares fragilizados ou rompidos;

XI - moradia para a vida independente da pessoa com deficiência: moradia com estruturas adequadas capazes de proporcionar serviços de apoio coletivos e individualizados que respeitem e ampliem o grau de autonomia de jovens e adultos com deficiência;

XII - atendente pessoal: pessoa, membro ou não da família, que, com ou sem remuneração, assiste ou presta cuidados básicos e essenciais à pessoa com deficiência no exercício de suas atividades diárias, excluídas as técnicas ou os procedimentos identificados com profissões legalmente estabelecidas;

XIII - profissional de apoio escolar: pessoa que exerce atividades de alimentação, higiene e locomoção do estudante com deficiência e atua em todas as atividades escolares nas quais se fizer necessária, em todos os níveis e modalidades de ensino, em instituições públicas e privadas, excluídas as técnicas ou os procedimentos identificados com profissões legalmente estabelecidas;

XIV - acompanhante: aquele que acompanha a pessoa com deficiência, podendo ou não desempenhar as funções de atendente pessoal.

CAPÍTULO II – DA IGUALDADE E DA NÃO DISCRIMINAÇÃO

Art. 4º Toda pessoa com deficiência tem direito à igualdade de oportunidades com as demais pessoas e não sofrerá nenhuma espécie de discriminação.

§ 1º Considera-se discriminação em razão da deficiência toda forma de distinção, restrição ou exclusão, por ação ou omissão, que tenha o propósito ou o efeito de prejudicar, impedir ou anular o reconhecimento ou o exercício dos direitos e das liberdades fundamentais de pessoa com deficiência, incluindo a recusa de adaptações razoáveis e de fornecimento de tecnologias assistivas.

§ 2º A pessoa com deficiência não está obrigada à fruição de benefícios decorrentes de ação afirmativa.

Art. 5º A pessoa com deficiência será protegida de toda forma de negligência, discriminação, exploração, violência, tortura, crueldade, opressão e tratamento desumano ou degradante.

Parágrafo único. Para os fins da proteção mencionada no *caput* deste artigo, são considerados especialmente vulneráveis a criança, o adolescente, a mulher e o idoso, com deficiência.

Art. 6º A deficiência não afeta a plena capacidade civil da pessoa, inclusive para:

I - casar-se e constituir união estável;

II - exercer direitos sexuais e reprodutivos;

III - exercer o direito de decidir sobre o número de filhos e de ter acesso a informações adequadas sobre reprodução e planejamento familiar;

IV - conservar sua fertilidade, sendo vedada a esterilização compulsória;

V - exercer o direito à família e à convivência familiar e comunitária; e

VI - exercer o direito à guarda, à tutela, à curatela e à adoção, como adotante ou adotando, em igualdade de oportunidades com as demais pessoas.

Art. 7º É dever de todos comunicar à autoridade competente qualquer forma de ameaça ou de violação aos direitos da pessoa com deficiência.

Parágrafo único. Se, no exercício de suas funções, os juízes e os tribunais tiverem conhecimento de fatos que caracterizem as violações previstas nesta Lei, devem remeter peças ao Ministério Público para as providências cabíveis.

Art. 8º É dever do Estado, da sociedade e da família assegurar à pessoa com deficiência, com prioridade, a efetivação dos direitos referentes à vida, à saúde, à sexualidade, à paternidade e à maternidade, à alimentação, à habitação, à educação, à profissionalização, ao trabalho, à previdência social, à habilitação e à reabilitação, ao transporte, à acessibilidade, à cultura, ao desporto, ao turismo, ao lazer, à informação, à comunicação, aos avanços científicos e tecnológicos, à dignidade, ao respeito, à liberdade, à convivência familiar e comunitária, entre outros decorrentes da Constituição Federal, da Convenção sobre os Direitos das Pessoas com Deficiência e seu Protocolo Facultativo e das leis e de outras normas que garantam seu bem-estar pessoal, social e econômico.

SEÇÃO ÚNICA – DO ATENDIMENTO PRIORITÁRIO

Art. 9º A pessoa com deficiência tem direito a receber atendimento prioritário, sobretudo com a finalidade de:

I - proteção e socorro em quaisquer circunstâncias;

II - atendimento em todas as instituições e serviços de atendimento ao público;

III - disponibilização de recursos, tanto humanos quanto tecnológicos, que garantam atendimento em igualdade de condições com as demais pessoas;

IV - disponibilização de pontos de parada, estações e terminais acessíveis de transporte coletivo de passageiros e garantia de segurança no embarque e no desembarque;

V - acesso a informações e disponibilização de recursos de comunicação acessíveis;

VI - recebimento de restituição de imposto de renda;

VII - tramitação processual e procedimentos judiciais e administrativos em que for parte ou interessada, em todos os atos e diligências.

§ 1º Os direitos previstos neste artigo são extensivos ao acompanhante da pessoa com deficiência ou ao seu atendente pessoal, exceto quanto ao disposto nos incisos VI e VII deste artigo.

§ 2º Nos serviços de emergência públicos e privados, a prioridade conferida por esta Lei é condicionada aos protocolos de atendimento médico.

TÍTULO II – DOS DIREITOS FUNDAMENTAIS

CAPÍTULO – DO DIREITO À VIDA

Art. 10. Compete ao poder público garantir a dignidade da pessoa com deficiência ao longo de toda a vida.

Parágrafo único. Em situações de risco, emergência ou estado de calamidade pública, a pessoa com deficiência será considerada vulnerável, devendo o poder público adotar medidas para sua proteção e segurança.

Art. 11. A pessoa com deficiência não poderá ser obrigada a se submeter a intervenção clínica ou cirúrgica, a tratamento ou a institucionalização forçada.

Parágrafo único. O consentimento da pessoa com deficiência em situação de curatela poderá ser suprido, na forma da lei.

Art. 12. O consentimento prévio, livre e esclarecido da pessoa com deficiência é indispensável para a realização de tratamento, procedimento, hospitalização e pesquisa científica.

§ 1º Em caso de pessoa com deficiência em situação de curatela, deve ser assegurada sua participação, no maior grau possível, para a obtenção de consentimento.

§ 2º A pesquisa científica envolvendo pessoa com deficiência em situação de tutela ou de curatela deve ser realizada, em caráter excepcional, apenas quando houver indícios de benefício direto para sua saúde ou para a saúde de outras pessoas com deficiência e desde que não haja outra opção de pesquisa de eficácia comparável com participantes não tutelados ou curatelados.

Art. 13. A pessoa com deficiência somente será atendida sem seu consentimento prévio, livre e esclarecido em casos de risco de morte e de emergência em saúde, resguardado seu superior interesse e adotadas as salvaguardas legais cabíveis.

CAPÍTULO II – DO DIREITO À HABILITAÇÃO E À REABILITAÇÃO

Art. 14. O processo de habilitação e de reabilitação é um direito da pessoa com deficiência.

Parágrafo único. O processo de habilitação e de reabilitação tem por objetivo o desenvolvimento de potencialidades, talentos, habilidades e aptidões físicas, cognitivas, sensoriais, psicossociais, atitudinais, profissionais e artísticas que contribuam para a conquista da autonomia da pessoa com deficiência e de sua participação social em igualdade de condições e oportunidades com as demais pessoas.

Art. 15. O processo mencionado no art. 14 desta Lei baseia-se em avaliação multidisciplinar das necessidades, habilidades e potencialidades de cada pessoa, observadas as seguintes diretrizes:

I - diagnóstico e intervenção precoces;

II - adoção de medidas para compensar perda ou limitação funcional, buscando o desenvolvimento de aptidões;

III - atuação permanente, integrada e articulada de políticas públicas que possibilitem a plena participação social da pessoa com deficiência;

IV - oferta de rede de serviços articulados, com atuação intersetorial, nos diferentes níveis de complexidade, para atender às necessidades específicas da pessoa com deficiência;

V - prestação de serviços próximo ao domicílio da pessoa com deficiência, inclusive na zona rural, respeitadas a organização das Redes de Atenção à Saúde (RAS) nos territórios locais e as normas do Sistema Único de Saúde (SUS).

Art. 16. Nos programas e serviços de habilitação e de reabilitação para a pessoa com deficiência, são garantidos:

I - organização, serviços, métodos, técnicas e recursos para atender às características de cada pessoa com deficiência;

II - acessibilidade em todos os ambientes e serviços;

III - tecnologia assistiva, tecnologia de reabilitação, materiais e equipamentos adequados e apoio técnico profissional, de acordo com as especificidades de cada pessoa com deficiência;

IV - capacitação continuada de todos os profissionais que participem dos programas e serviços.

Art. 17. Os serviços do SUS e do Suas deverão promover ações articuladas para garantir à pessoa com deficiência e sua família a aquisição de informações, orientações e formas de acesso às políticas públicas disponíveis, com a finalidade de propiciar sua plena participação social.

Parágrafo único. Os serviços de que trata o *caput* deste artigo podem fornecer informações e orientações nas áreas de saúde, de educação, de cultura, de esporte, de lazer, de transporte, de previdência social, de assistência social, de habitação, de trabalho, de empreendedorismo, de acesso ao crédito, de promoção, proteção e defesa de direitos e nas demais áreas que possibilitem à pessoa com deficiência exercer sua cidadania.

CAPÍTULO III – DO DIREITO À SAÚDE

Art. 18. É assegurada atenção integral à saúde da pessoa com deficiência em todos os níveis de complexidade, por intermédio do SUS, garantido acesso universal e igualitário.

§ 1º É assegurada a participação da pessoa com deficiência na elaboração das políticas de saúde a ela destinadas.

§ 2º É assegurado atendimento segundo normas éticas e técnicas, que regulamentarão a atuação dos profissionais de saúde e contemplarão aspectos relacionados aos direitos e às especificidades da pessoa com deficiência, incluindo temas como sua dignidade e autonomia.

§ 3º Aos profissionais que prestam assistência à pessoa com deficiência, especialmente em serviços de habilitação e de reabilitação, deve ser garantida capacitação inicial e continuada.

§ 4º As ações e os serviços de saúde pública destinados à pessoa com deficiência devem assegurar:

I - diagnóstico e intervenção precoces, realizados por equipe multidisciplinar;

II - serviços de habilitação e de reabilitação sempre que necessários, para qualquer tipo de deficiência, inclusive para a manutenção da melhor condição de saúde e qualidade de vida;

III - atendimento domiciliar multidisciplinar, tratamento ambulatorial e internação;

IV - campanhas de vacinação;

V - atendimento psicológico, inclusive para seus familiares e atendentes pessoais;

VI - respeito à especificidade, à identidade de gênero e à orientação sexual da pessoa com deficiência;

VII - atenção sexual e reprodutiva, incluindo o direito à fertilização assistida;

VIII - informação adequada e acessível à pessoa com deficiência e a seus familiares sobre sua condição de saúde;

IX - serviços projetados para prevenir a ocorrência e o desenvolvimento de deficiências e agravos adicionais;

X - promoção de estratégias de capacitação permanente das equipes que atuam no SUS, em todos os níveis de atenção, no atendimento à pessoa com deficiência, bem como orientação a seus atendentes pessoais;

XI - oferta de órteses, próteses, meios auxiliares de locomoção, medicamentos, insumos e fórmulas nutricionais, conforme as normas vigentes do Ministério da Saúde.

§ 5º As diretrizes deste artigo aplicam-se também às instituições privadas que participem de forma complementar do SUS ou que recebam recursos públicos para sua manutenção.

Art. 19. Compete ao SUS desenvolver ações destinadas à prevenção de deficiências por causas evitáveis, inclusive por meio de:

I - acompanhamento da gravidez, do parto e do puerpério, com garantia de parto humanizado e seguro;

II - promoção de práticas alimentares adequadas e saudáveis, vigilância alimentar e nutricional, prevenção e cuidado integral dos agravos relacionados à alimentação e nutrição da mulher e da criança;

III - aprimoramento e expansão dos programas de imunização e de triagem neonatal;

IV - identificação e controle da gestante de alto risco.

V - aprimoramento do atendimento neonatal, com a oferta de ações e serviços de prevenção de danos cerebrais e sequelas neurológicas em recém-nascidos, inclusive por telessaúde. *(Incluído pela Lei nº 14.510, de 2022)*

Art. 20. As operadoras de planos e seguros privados de saúde são obrigadas a garantir à pessoa com deficiência, no mínimo, todos os serviços e produtos ofertados aos demais clientes.

Art. 21. Quando esgotados os meios de atenção à saúde da pessoa com deficiência no local de residência, será prestado atendimento fora de domicílio, para fins de diagnóstico e de tratamento, garantidos o transporte e a acomodação da pessoa com deficiência e de seu acompanhante.

Art. 22. À pessoa com deficiência internada ou em observação é assegurado o direito a acompanhante ou a atendente pessoal, devendo o órgão ou a instituição de saúde proporcionar condições adequadas para sua permanência em tempo integral.

§ 1º Na impossibilidade de permanência do acompanhante ou do atendente pessoal junto à pessoa com deficiência, cabe ao profissional de saúde responsável pelo tratamento justificá-la por escrito.

§ 2º Na ocorrência da impossibilidade prevista no § 1º deste artigo, o órgão ou a instituição de saúde deve adotar as providências cabíveis para suprir a ausência do acompanhante ou do atendente pessoal.

Art. 23. São vedadas todas as formas de discriminação contra a pessoa com deficiência, inclusive por meio de cobrança de valores diferenciados por planos e seguros privados de saúde, em razão de sua condição.

Art. 24. É assegurado à pessoa com deficiência o acesso aos serviços de saúde, tanto públicos como privados, e às informações prestadas e recebidas, por meio de recursos de tecnologia assistiva e de todas as formas de comunicação previstas no inciso V do Art. 3º desta Lei.

Art. 25. Os espaços dos serviços de saúde, tanto públicos quanto privados, devem assegurar o acesso da pessoa com deficiência, em conformidade com a legislação em vigor, mediante a remoção de barreiras, por meio de projetos arquitetônico, de ambientação de interior e de comunicação que atendam às especificidades das pessoas com deficiência física, sensorial, intelectual e mental.

Art. 26. Os casos de suspeita ou de confirmação de violência praticada contra a pessoa com deficiência serão objeto de notificação compulsória pelos serviços de saúde públicos e privados à autoridade policial e ao Ministério Público, além dos Conselhos dos Direitos da Pessoa com Deficiência.

Parágrafo único. Para os efeitos desta Lei, considera-se violência contra a pessoa com deficiência qualquer ação ou omissão, praticada em local público ou privado, que lhe cause morte ou dano ou sofrimento físico ou psicológico.

CAPÍTULO IV – DO DIREITO À EDUCAÇÃO

Art. 27. A educação constitui direito da pessoa com deficiência, assegurados sistema educacional inclusivo em todos os níveis e aprendizado ao longo de toda a vida, de forma a alcançar o máximo desenvolvimento possível de seus talentos e habilidades físicas, sensoriais, intelectuais e sociais, segundo suas características, interesses e necessidades de aprendizagem.

Parágrafo único. É dever do Estado, da família, da comunidade escolar e da sociedade assegurar educação de qualidade à pessoa com deficiência, colocando-a a salvo de toda forma de violência, negligência e discriminação.

Art. 28. Incumbe ao poder público assegurar, criar, desenvolver, implementar, incentivar, acompanhar e avaliar:

I - sistema educacional inclusivo em todos os níveis e modalidades, bem como o aprendizado ao longo de toda a vida;

II - aprimoramento dos sistemas educacionais, visando a garantir condições de acesso, permanência, participação e aprendizagem, por meio da oferta de serviços e de recursos de acessibilidade que eliminem as barreiras e promovam a inclusão plena;

III - projeto pedagógico que institucionalize o atendimento educacional especializado, assim como os demais serviços e adaptações razoáveis, para atender às características dos estudantes com deficiência e garantir o seu pleno acesso ao currículo em condições de igualdade, promovendo a conquista e o exercício de sua autonomia;

IV - oferta de educação bilíngue, em Libras como primeira língua e na modalidade escrita da língua portuguesa como segunda língua, em escolas e classes bilíngues e em escolas inclusivas;

V - adoção de medidas individualizadas e coletivas em ambientes que maximizem o desenvolvimento acadêmico e social dos estudantes com deficiência, favorecendo o acesso, a permanência, a participação e a aprendizagem em instituições de ensino;

VI - pesquisas voltadas para o desenvolvimento de novos métodos e técnicas pedagógicas, de materiais didáticos, de equipamentos e de recursos de tecnologia assistiva;

VII - planejamento de estudo de caso, de elaboração de plano de atendimento educacional especializado, de organização de recursos e serviços de acessibilidade e de disponibilização e usabilidade pedagógica de recursos de tecnologia assistiva;

VIII - participação dos estudantes com deficiência e de suas famílias nas diversas instâncias de atuação da comunidade escolar;

IX - adoção de medidas de apoio que favoreçam o desenvolvimento dos aspectos linguísticos, culturais, vocacionais e profissionais, levando-se em conta o talento, a criatividade, as habilidades e os interesses do estudante com deficiência;

X - adoção de práticas pedagógicas inclusivas pelos programas de formação inicial e continuada de professores e oferta de formação continuada para o atendimento educacional especializado;

XI - formação e disponibilização de professores para o atendimento educacional especializado, de tradutores e intérpretes da Libras, de guias intérpretes e de profissionais de apoio;

XII - oferta de ensino da Libras, do Sistema Braille e de uso de recursos de tecnologia assistiva, de forma a ampliar habilidades funcionais dos estudantes, promovendo sua autonomia e participação;

XIII - acesso à educação superior e à educação profissional e tecnológica em igualdade de oportunidades e condições com as demais pessoas;

XIV - inclusão em conteúdos curriculares, em cursos de nível superior e de educação profissional técnica e tecnológica, de temas relacionados à pessoa com deficiência nos respectivos campos de conhecimento;

XV - acesso da pessoa com deficiência, em igualdade de condições, a jogos e a atividades recreativas, esportivas e de lazer, no sistema escolar;

XVI - acessibilidade para todos os estudantes, trabalhadores da educação e demais integrantes da comunidade escolar às edificações, aos ambientes e às atividades concernentes a todas as modalidades, etapas e níveis de ensino;

XVII - oferta de profissionais de apoio escolar;

XVIII - articulação intersetorial na implementação de políticas públicas.

§ 1º Às instituições privadas, de qualquer nível e modalidade de ensino, aplica-se obrigatoriamente o disposto nos incisos I, II, III, V, VII, VIII, IX, X, XI, XII, XIII, XIV, XV, XVI, XVII e XVIII do *caput* deste artigo, sendo vedada a cobrança de valores adicionais de qualquer natureza em suas mensalidades, anuidades e matrículas no cumprimento dessas determinações.

§ 2º Na disponibilização de tradutores e intérpretes da Libras a que se refere o inciso XI do *caput* deste artigo, deve-se observar o seguinte:

I - os tradutores e intérpretes da Libras atuantes na educação básica devem, no mínimo, possuir ensino médio completo e certificado de proficiência na Libras;

II - os tradutores e intérpretes da Libras, quando direcionados à tarefa de interpretar nas salas de aula dos cursos de graduação e pós-graduação, devem possuir nível superior, com habilitação, prioritariamente, em Tradução e Interpretação em Libras.

Art. 29. (VETADO).

Art. 30. Nos processos seletivos para ingresso e permanência nos cursos oferecidos pelas instituições de ensino superior e de educação profissional e tecnológica, públicas e privadas, devem ser adotadas as seguintes medidas:

I - atendimento preferencial à pessoa com deficiência nas dependências das Instituições de Ensino Superior (IES) e nos serviços;

II - disponibilização de formulário de inscrição de exames com campos específicos para que o candidato com deficiência informe os recursos de acessibilidade e de tecnologia assistiva necessários para sua participação;

III - disponibilização de provas em formatos acessíveis para atendimento às necessidades específicas do candidato com deficiência;

IV - disponibilização de recursos de acessibilidade e de tecnologia assistiva adequados, previamente solicitados e escolhidos pelo candidato com deficiência;

V - dilação de tempo, conforme demanda apresentada pelo candidato com deficiência, tanto na realização de exame para seleção quanto nas atividades acadêmicas, mediante prévia solicitação e comprovação da necessidade;

VI - adoção de critérios de avaliação das provas escritas, discursivas ou de redação que considerem a singularidade linguística da pessoa com deficiência, no domínio da modalidade escrita da língua portuguesa;

VII - tradução completa do edital e de suas retificações em Libras.

CAPÍTULO V – DO DIREITO À MORADIA

Art. 31. A pessoa com deficiência tem direito à moradia digna, no seio da família natural ou substituta, com seu cônjuge ou companheiro ou desacompanhada, ou em moradia para a vida independente da pessoa com deficiência, ou, ainda, em residência inclusiva.

§ 1º O poder público adotará programas e ações estratégicas para apoiar a criação e a manutenção de moradia para a vida independente da pessoa com deficiência.

§ 2º A proteção integral na modalidade de residência inclusiva será prestada no âmbito do Suas à pessoa com deficiência em situação de dependência que não disponha de condições de autossustentabilidade, com vínculos familiares fragilizados ou rompidos.

Art. 32. Nos programas habitacionais, públicos ou subsidiados com recursos públicos, a pessoa com deficiência ou o seu responsável goza de prioridade na aquisição de imóvel para moradia própria, observado o seguinte:

I - reserva de, no mínimo, 3% (três por cento) das unidades habitacionais para pessoa com deficiência;

II - (VETADO);

III - em caso de edificação multifamiliar, garantia de acessibilidade nas áreas de uso comum e nas unidades habitacionais no piso térreo e de acessibilidade ou de adaptação razoável nos demais pisos;

IV - disponibilização de equipamentos urbanos comunitários acessíveis;

V - elaboração de especificações técnicas no projeto que permitam a instalação de elevadores.

§ 1º O direito à prioridade, previsto no *caput* deste artigo, será reconhecido à pessoa com deficiência beneficiária apenas uma vez.

§ 2º Nos programas habitacionais públicos, os critérios de financiamento devem ser compatíveis com os rendimentos da pessoa com deficiência ou de sua família.

§ 3º Caso não haja pessoa com deficiência interessada nas unidades habitacionais reservadas por força do disposto no inciso I do *caput* deste artigo, as unidades não utilizadas serão disponibilizadas às demais pessoas.

Art. 33. Ao poder público compete:

I - adotar as providências necessárias para o cumprimento do disposto nos arts. 31 e 32 desta Lei; e

II - divulgar, para os agentes interessados e beneficiários, a política habitacional prevista nas legislações federal, estaduais, distrital e municipais, com ênfase nos dispositivos sobre acessibilidade.

CAPÍTULO VI – DO DIREITO AO TRABALHO

SEÇÃO I – DISPOSIÇÕES GERAIS

Art. 34. A pessoa com deficiência tem direito ao trabalho de sua livre escolha e aceitação, em ambiente acessível e inclusivo, em igualdade de oportunidades com as demais pessoas.

§ 1º As pessoas jurídicas de direito público, privado ou de qualquer natureza são obrigadas a garantir ambientes de trabalho acessíveis e inclusivos.

§ 2º A pessoa com deficiência tem direito, em igualdade de oportunidades com as demais pessoas, a condições justas e favoráveis de trabalho, incluindo igual remuneração por trabalho de igual valor.

§ 3º É vedada restrição ao trabalho da pessoa com deficiência e qualquer discriminação em razão de sua condição, inclusive nas etapas de recrutamento, seleção, contratação, admissão, exames admissional e periódico, permanência no emprego, ascensão profissional e reabilitação profissional, bem como exigência de aptidão plena.

§ 4º A pessoa com deficiência tem direito à participação e ao acesso a cursos, treinamentos, educação continuada, planos de carreira, promoções, bonificações e incentivos profissionais oferecidos pelo empregador, em igualdade de oportunidades com os demais empregados.

§ 5º É garantida aos trabalhadores com deficiência acessibilidade em cursos de formação e de capacitação.

Art. 35. É finalidade primordial das políticas públicas de trabalho e emprego promover e garantir condições de acesso e de permanência da pessoa com deficiência no campo de trabalho.

Parágrafo único. Os programas de estímulo ao empreendedorismo e ao trabalho autônomo, incluídos o cooperativismo e o associativismo, devem prever a participação da pessoa com deficiência e a disponibilização de linhas de crédito, quando necessárias.

SEÇÃO II – DA HABILITAÇÃO PROFISSIONAL E REABILITAÇÃO PROFISSIONAL

Art. 36. O poder público deve implementar serviços e programas completos de habilitação profissional e de reabilitação profissional para que a pessoa com deficiência possa ingressar, continuar ou retornar ao campo do trabalho, respeitados sua livre escolha, sua vocação e seu interesse.

§ 1º Equipe multidisciplinar indicará, com base em critérios previstos no § 1º do Art. 2º desta Lei, programa de habilitação ou de reabilitação que possibilite à pessoa com deficiência restaurar sua capacidade e habilidade profissional ou adquirir novas capacidades e habilidades de trabalho.

§ 2º A habilitação profissional corresponde ao processo destinado a propiciar à pessoa com deficiência aquisição de conhecimentos, habilidades e aptidões para exercício de profissão ou de ocupação, permitindo nível suficiente de desenvolvimento profissional para ingresso no campo de trabalho.

§ 3º Os serviços de habilitação profissional, de reabilitação profissional e de educação profissional devem ser dotados de recursos necessários para atender a toda pessoa com deficiência, independentemente de sua característica específica, a fim de que ela possa ser capacitada para trabalho que lhe seja adequado e ter perspectivas de obtê-lo, de conservá-lo e de nele progredir.

§ 4º Os serviços de habilitação profissional, de reabilitação profissional e de educação profissional deverão ser oferecidos em ambientes acessíveis e inclusivos.

§ 5º A habilitação profissional e a reabilitação profissional devem ocorrer articuladas com as redes públicas e privadas, especialmente de saúde, de ensino e de assistência social, em todos os níveis e modalidades, em entidades de formação profissional ou diretamente com o empregador.

§ 6º A habilitação profissional pode ocorrer em empresas por meio de prévia formalização do contrato de emprego da pessoa com deficiência, que será considerada para o cumprimento da reserva de vagas prevista em lei, desde que por tempo determinado e concomitante com a inclusão profissional na empresa, observado o disposto em regulamento.

§ 7º A habilitação profissional e a reabilitação profissional atenderão à pessoa com deficiência.

SEÇÃO III – DA INCLUSÃO DA PESSOA COM DEFICIÊNCIA NO TRABALHO

Art. 37. Constitui modo de inclusão da pessoa com deficiência no trabalho a colocação competitiva, em igualdade de oportunidades com as demais pessoas, nos termos da legislação trabalhista e previdenciária, na qual devem ser atendidas as regras de acessibilidade, o fornecimento de recursos de tecnologia assistiva e a adaptação razoável no ambiente de trabalho.

Parágrafo único. A colocação competitiva da pessoa com deficiência pode ocorrer por meio de trabalho com apoio, observadas as seguintes diretrizes:

I - prioridade no atendimento à pessoa com deficiência com maior dificuldade de inserção no campo de trabalho;

II - provisão de suportes individualizados que atendam a necessidades específicas da pessoa com deficiência, inclusive a disponibilização de recursos de tecnologia assistiva, de agente facilitador e de apoio no ambiente de trabalho;

III - respeito ao perfil vocacional e ao interesse da pessoa com deficiência apoiada;

IV - oferta de aconselhamento e de apoio aos empregadores, com vistas à definição de estratégias de inclusão e de superação de barreiras, inclusive atitudinais;

V - realização de avaliações periódicas;

VI - articulação intersetorial das políticas públicas;

VII - possibilidade de participação de organizações da sociedade civil.

Art. 38. A entidade contratada para a realização de processo seletivo público ou privado para cargo, função ou emprego está obrigada à observância do disposto nesta Lei e em outras normas de acessibilidade vigentes.

CAPÍTULO VII – DO DIREITO À ASSISTÊNCIA SOCIAL

Art. 39. Os serviços, os programas, os projetos e os benefícios no âmbito da política pública de assistência social à pessoa com deficiência e sua família têm como objetivo a garantia da segurança de renda, da acolhida, da habilitação e da reabilitação, do desenvolvimento da autonomia e da convivência familiar e comunitária, para a promoção do acesso a direitos e da plena participação social.

§ 1º A assistência social à pessoa com deficiência, nos termos do *caput* deste artigo, deve envolver conjunto articulado de serviços do âmbito da Proteção Social Básica e da Proteção Social Especial, ofertados pelo Suas, para a garantia de seguranças fundamentais no enfrentamento de situações de vulnerabilidade e de risco, por fragilização de vínculos e ameaça ou violação de direitos.

§ 2º Os serviços socioassistenciais destinados à pessoa com deficiência em situação de dependência deverão contar com cuidadores sociais para prestar-lhe cuidados básicos e instrumentais.

Art. 40. É assegurado à pessoa com deficiência que não possua meios para prover sua subsistência nem de tê-la provida por sua família o benefício mensal de 1 (um) salário-mínimo, nos termos da Lei nº 8.742, de 7 de dezembro de 1993.

CAPÍTULO VIII – DO DIREITO À PREVIDÊNCIA SOCIAL

Art. 41. A pessoa com deficiência segurada do Regime Geral de Previdência Social (RGPS) tem direito à aposentadoria nos termos da Lei Complementar nº 142, de 8 de maio de 2013.

CAPÍTULO IX – DO DIREITO À CULTURA, AO ESPORTE, AO TURISMO E AO LAZER

Art. 42. A pessoa com deficiência tem direito à cultura, ao esporte, ao turismo e ao lazer em igualdade de oportunidades com as demais pessoas, sendo-lhe garantido o acesso:

I - a bens culturais em formato acessível;

II - a programas de televisão, cinema, teatro e outras atividades culturais e desportivas em formato acessível; e

III - a monumentos e locais de importância cultural e a espaços que ofereçam serviços ou eventos culturais e esportivos.

§ 1º É vedada a recusa de oferta de obra intelectual em formato acessível à pessoa com deficiência, sob qualquer argumento, inclusive sob a alegação de proteção dos direitos de propriedade intelectual.

§ 2º O poder público deve adotar soluções destinadas à eliminação, à redução ou à superação de barreiras para a promoção do acesso a todo patrimônio cultural, observadas as normas de acessibilidade, ambientais e de proteção do patrimônio histórico e artístico nacional.

Art. 43. O poder público deve promover a participação da pessoa com deficiência em atividades artísticas, intelectuais, culturais, esportivas e recreativas, com vistas ao seu protagonismo, devendo:

I - incentivar a provisão de instrução, de treinamento e de recursos adequados, em igualdade de oportunidades com as demais pessoas;

II - assegurar acessibilidade nos locais de eventos e nos serviços prestados por pessoa ou entidade envolvida na organização das atividades de que trata este artigo; e

III - assegurar a participação da pessoa com deficiência em jogos e atividades recreativas, esportivas, de lazer, culturais e artísticas, inclusive no sistema escolar, em igualdade de condições com as demais pessoas.

Art. 44. Nos teatros, cinemas, auditórios, estádios, ginásios de esporte, locais de espetáculos e de conferências e similares, serão reservados espaços livres e assentos para a pessoa com deficiência, de acordo com a capacidade de lotação da edificação, observado o disposto em regulamento.

§ 1º Os espaços e assentos a que se refere este artigo devem ser distribuídos pelo recinto em locais diversos, de boa visibilidade, em todos os setores, próximos aos corredores, devidamente sinalizados, evitando-se áreas segregadas de público e obstrução das saídas, em conformidade com as normas de acessibilidade.

§ 2º No caso de não haver comprovada procura pelos assentos reservados, esses podem, excepcionalmente, ser ocupados por pessoas sem deficiência ou que não tenham mobilidade reduzida, observado o disposto em regulamento.

§ 3º Os espaços e assentos a que se refere este artigo devem situar-se em locais que garantam a acomodação de, no mínimo, 1 (um) acompanhante da pessoa com deficiência ou com mobilidade reduzida, resguardado o direito de se acomodar proximamente a grupo familiar e comunitário.

§ 4º Nos locais referidos no *caput* deste artigo, deve haver, obrigatoriamente, rotas de fuga e saídas de emergência acessíveis, conforme padrões das normas de acessibilidade, a fim de permitir a saída segura da pessoa com deficiência ou com mobilidade reduzida, em caso de emergência.

§ 5º Todos os espaços das edificações previstas no *caput* deste artigo devem atender às normas de acessibilidade em vigor.

§ 6º As salas de cinema devem oferecer, em todas as sessões, recursos de acessibilidade para a pessoa com deficiência.

§ 7º O valor do ingresso da pessoa com deficiência não poderá ser superior ao valor cobrado das demais pessoas.

Art. 45. Os hotéis, pousadas e similares devem ser construídos observando-se os princípios do desenho universal, além de adotar todos os meios de acessibilidade, conforme legislação em vigor.

§ 1º Os estabelecimentos já existentes deverão disponibilizar, pelo menos, 10% (dez por cento) de seus dormitórios acessíveis, garantida, no mínimo, 1 (uma) unidade acessível.

§ 2º Os dormitórios mencionados no § 1º deste artigo deverão ser localizados em rotas acessíveis.

CAPÍTULO X – DO DIREITO AO TRANSPORTE E À MOBILIDADE

Art. 46. O direito ao transporte e à mobilidade da pessoa com deficiência ou com mobilidade reduzida será assegurado em igualdade de oportunidades com as demais pessoas, por meio de identificação e de eliminação de todos os obstáculos e barreiras ao seu acesso.

§ 1º Para fins de acessibilidade aos serviços de transporte coletivo terrestre, aquaviário e aéreo, em todas as jurisdições, consideram-se como integrantes desses serviços os veículos, os terminais, as estações, os pontos de parada, o sistema viário e a prestação do serviço.

§ 2º São sujeitas ao cumprimento das disposições desta Lei, sempre que houver interação com a matéria nela regulada, a outorga, a concessão, a permissão, a autorização, a renovação ou a habilitação de linhas e de serviços de transporte coletivo.

§ 3º Para colocação do símbolo internacional de acesso nos veículos, as empresas de transporte coletivo de passageiros dependem da certificação de acessibilidade emitida pelo gestor público responsável pela prestação do serviço.

Art. 47. Em todas as áreas de estacionamento aberto ao público, de uso público ou privado de uso coletivo e em vias públicas, devem ser reservadas vagas próximas aos acessos de circulação de pedestres, devidamente sinalizadas, para veículos que transportem pessoa com deficiência com comprometimento de mobilidade, desde que devidamente identificados.

§ 1º As vagas a que se refere o *caput* deste artigo devem equivaler a 2% (dois por cento) do total, garantida, no mínimo, 1 (uma) vaga devidamente sinalizada e com as especificações de desenho e traçado de acordo com as normas técnicas vigentes de acessibilidade.

§ 2º Os veículos estacionados nas vagas reservadas devem exibir, em local de ampla visibilidade, a credencial de beneficiário, a ser confeccionada e fornecida pelos órgãos de trânsito, que disciplinarão suas características e condições de uso.

§ 3º A utilização indevida das vagas de que trata este artigo sujeita os infratores às sanções previstas no inciso XX do art. 181 da Lei nº 9.503, de 23 de setembro de 1997 (Código de Trânsito Brasileiro).

› *Redação dada pela Lei nº 13.281, de 2016*

§ 4º A credencial a que se refere o § 2º deste artigo é vinculada à pessoa com deficiência que possui comprometimento de mobilidade e é válida em todo o território nacional.

Art. 48. Os veículos de transporte coletivo terrestre, aquaviário e aéreo, as instalações, as estações, os portos e os terminais em operação no País devem ser acessíveis, de forma a garantir o seu uso por todas as pessoas.

§ 1º Os veículos e as estruturas de que trata o *caput* deste artigo devem dispor de sistema de comunicação acessível que disponibilize informações sobre todos os pontos do itinerário.

§ 2º São asseguradas à pessoa com deficiência prioridade e segurança nos procedimentos de embarque e de desembarque nos veículos de transporte coletivo, de acordo com as normas técnicas.

§ 3º Para colocação do símbolo internacional de acesso nos veículos, as empresas de transporte coletivo de passageiros dependem da certificação de acessibilidade emitida pelo gestor público responsável pela prestação do serviço.

Art. 49. As empresas de transporte de fretamento e de turismo, na renovação de suas frotas, são obrigadas ao cumprimento do disposto nos arts. 46 e 48 desta Lei.

Art. 50. O poder público incentivará a fabricação de veículos acessíveis e a sua utilização como táxis e vans, de forma a garantir o seu uso por todas as pessoas.

Art. 51. As frotas de empresas de táxi devem reservar 10% (dez por cento) de seus veículos acessíveis à pessoa com deficiência.

§ 1º É proibida a cobrança diferenciada de tarifas ou de valores adicionais pelo serviço de táxi prestado à pessoa com deficiência.

§ 2º O poder público é autorizado a instituir incentivos fiscais com vistas a possibilitar a acessibilidade dos veículos a que se refere o *caput* deste artigo.

Art. 52. As locadoras de veículos são obrigadas a oferecer 1 (um) veículo adaptado para uso de pessoa com deficiência, a cada conjunto de 20 (vinte) veículos de sua frota.

Parágrafo único. O veículo adaptado deverá ter, no mínimo, câmbio automático, direção hidráulica, vidros elétricos e comandos manuais de freio e de embreagem.

TÍTULO III – DA ACESSIBILIDADE

CAPÍTULO – DISPOSIÇÕES GERAIS

Art. 53. A acessibilidade é direito que garante à pessoa com deficiência ou com mobilidade reduzida viver de forma independente e exercer seus direitos de cidadania e de participação social.

Art. 54. São sujeitas ao cumprimento das disposições desta Lei e de outras normas relativas à acessibilidade, sempre que houver interação com a matéria nela regulada:

I - a aprovação de projeto arquitetônico e urbanístico ou de comunicação e informação, a fabricação de veículos de transporte coletivo, a prestação do respectivo serviço e a execução de qualquer tipo de obra, quando tenham destinação pública ou coletiva;

II - a outorga ou a renovação de concessão, permissão, autorização ou habilitação de qualquer natureza;

III - a aprovação de financiamento de projeto com utilização de recursos públicos, por meio de renúncia ou de incentivo fiscal, contrato, convênio ou instrumento congênere; e

IV - a concessão de aval da União para obtenção de empréstimo e de financiamento internacionais por entes públicos ou privados.

Art. 55. A concepção e a implantação de projetos que tratem do meio físico, de transporte, de informação e comunicação, inclusive de sistemas e tecnologias da informação e comunicação, e de outros serviços, equipamentos e instalações abertos ao público, de uso público ou privado de uso coletivo, tanto na zona urbana como na rural, devem atender aos princípios do desenho universal, tendo como referência as normas de acessibilidade.

§ 1º O desenho universal será sempre tomado como regra de caráter geral.

§ 2º Nas hipóteses em que comprovadamente o desenho universal não possa ser empreendido, deve ser adotada adaptação razoável.

§ 3º Caberá ao poder público promover a inclusão de conteúdos temáticos referentes ao desenho universal nas diretrizes curriculares da educação profissional e tecnológica e do ensino superior e na formação das carreiras de Estado.

§ 4º Os programas, os projetos e as linhas de pesquisa a serem desenvolvidos com o apoio de organismos públicos de auxílio à pesquisa e de agências de fomento deverão incluir temas voltados para o desenho universal.

§ 5º Desde a etapa de concepção, as políticas públicas deverão considerar a adoção do desenho universal.

Art. 56. A construção, a reforma, a ampliação ou a mudança de uso de edificações abertas ao público, de uso público ou privadas de uso coletivo deverão ser executadas de modo a serem acessíveis.

§ 1º As entidades de fiscalização profissional das atividades de Engenharia, de Arquitetura e correlatas, ao anotarem a responsabilidade técnica de projetos, devem exigir a responsabilidade profissional declarada de atendimento às regras de acessibilidade previstas em legislação e em normas técnicas pertinentes.

§ 2º Para a aprovação, o licenciamento ou a emissão de certificado de projeto executivo arquitetônico, urbanístico e de instalações e equipamentos temporários ou permanentes e para o licenciamento ou a emissão de certificado de conclusão de obra ou de serviço, deve ser atestado o atendimento às regras de acessibilidade.

§ 3º O poder público, após certificar a acessibilidade de edificação ou de serviço, determinará a colocação, em espaços ou em locais de ampla visibilidade, do símbolo internacional de acesso, na forma prevista em legislação e em normas técnicas correlatas.

Art. 57. As edificações públicas e privadas de uso coletivo já existentes devem garantir acessibilidade à pessoa com deficiência em todas as suas dependências e serviços, tendo como referência as normas de acessibilidade vigentes.

Art. 58. O projeto e a construção de edificação de uso privado multifamiliar devem atender aos preceitos de acessibilidade, na forma regulamentar.

§ 1º As construtoras e incorporadoras responsáveis pelo projeto e pela construção das edificações a que se refere o *caput* deste artigo devem assegurar percentual mínimo de suas unidades internamente acessíveis, na forma regulamentar.

§ 2º É vedada a cobrança de valores adicionais para a aquisição de unidades internamente acessíveis a que se refere o § 1º deste artigo.

- *Vide Decreto 9.451, de 2018*

Art. 59. Em qualquer intervenção nas vias e nos espaços públicos, o poder público e as empresas concessionárias responsáveis pela execução das obras e dos serviços devem garantir, de forma segura, a fluidez do trânsito e a livre circulação e acessibilidade das pessoas, durante e após sua execução.

Art. 60. Orientam-se, no que couber, pelas regras de acessibilidade previstas em legislação e em normas técnicas, observado o disposto na Lei nº 10.098, de 19 de dezembro de 2000, nº 10.257, de 10 de julho de 2001, e nº 12.587, de 3 de janeiro de 2012:

I - os planos diretores municipais, os planos diretores de transporte e trânsito, os planos de mobilidade urbana e os planos de preservação de sítios históricos elaborados ou atualizados a partir da publicação desta Lei;

II - os códigos de obras, os códigos de postura, as leis de uso e ocupação do solo e as leis do sistema viário;

III - os estudos prévios de impacto de vizinhança;

IV - as atividades de fiscalização e a imposição de sanções; e

V - a legislação referente à prevenção contra incêndio e pânico.

§ 1º A concessão e a renovação de alvará de funcionamento para qualquer atividade são condicionadas à observação e à certificação das regras de acessibilidade.

§ 2º A emissão de carta de habite-se ou de habilitação equivalente e sua renovação, quando esta tiver sido emitida anteriormente às exigências de acessibilidade, é condicionada à observação e à certificação das regras de acessibilidade.

Art. 61. A formulação, a implementação e a manutenção das ações de acessibilidade atenderão às seguintes premissas básicas:

I - eleição de prioridades, elaboração de cronograma e reserva de recursos para implementação das ações; e

II - planejamento contínuo e articulado entre os setores envolvidos.

Art. 62. É assegurado à pessoa com deficiência, mediante solicitação, o recebimento de contas, boletos, recibos, extratos e cobranças de tributos em formato acessível.

CAPÍTULO II – DO ACESSO À INFORMAÇÃO E À COMUNICAÇÃO

Art. 63. É obrigatória a acessibilidade nos sítios da internet mantidos por empresas com sede ou representação comercial no País ou por órgãos de governo, para uso da pessoa com deficiência, garantindo-lhe acesso às informações disponíveis, conforme as melhores práticas e diretrizes de acessibilidade adotadas internacionalmente.

§ 1º Os sítios devem conter símbolo de acessibilidade em destaque.

§ 2º Telecentros comunitários que receberem recursos públicos federais para seu custeio ou sua instalação e lan houses devem possuir equipamentos e instalações acessíveis.

§ 3º Os telecentros e as lan houses de que trata o § 2º deste artigo devem garantir, no mínimo, 10% (dez por cento) de seus computadores com recursos de acessibilidade para pessoa com deficiência visual, sendo assegurado pelo menos 1 (um) equipamento, quando o resultado percentual for inferior a 1 (um).

Art. 64. A acessibilidade nos sítios da internet de que trata o art. 63 desta Lei deve ser observada para obtenção do financiamento de que trata o inciso III do art. 54 desta Lei.

Art. 65. As empresas prestadoras de serviços de telecomunicações deverão garantir pleno acesso à pessoa com deficiência, conforme regulamentação específica.

Art. 66. Cabe ao poder público incentivar a oferta de aparelhos de telefonia fixa e móvel celular com acessibilidade que, entre outras tecnologias assistivas, possuam possibilidade de indicação e de ampliação sonoras de todas as operações e funções disponíveis.

Art. 67. Os serviços de radiodifusão de sons e imagens devem permitir o uso dos seguintes recursos, entre outros:

I - subtitulação por meio de legenda oculta;

II - janela com intérprete da Libras;

III - audiodescrição.

Art. 68. O poder público deve adotar mecanismos de incentivo à produção, à edição, à difusão, à distribuição e à comercialização de livros em formatos acessíveis, inclusive em publicações da administração pública ou financiadas com recursos públicos, com vistas a garantir à pessoa com deficiência o direito de acesso à leitura, à informação e à comunicação.

§ 1º Nos editais de compras de livros, inclusive para o abastecimento ou a atualização de acervos de bibliotecas em todos os níveis e modalidades de educação e de bibliotecas públicas, o poder público deverá adotar cláusulas de impedimento à participação de editoras que não ofertem sua produção também em formatos acessíveis.

§ 2º Consideram-se formatos acessíveis os arquivos digitais que possam ser reconhecidos e acessados por softwares leitores de telas ou outras tecnologias assistivas que vierem a substituí-los, permitindo leitura com voz sintetizada, ampliação de caracteres, diferentes contrastes e impressão em Braille.

§ 3º O poder público deve estimular e apoiar a adaptação e a produção de artigos científicos em formato acessível, inclusive em Libras.

Art. 69. O poder público deve assegurar a disponibilidade de informações corretas e claras sobre os diferentes produtos e serviços ofertados, por quaisquer meios de comunicação empregados, inclusive em ambiente virtual, contendo a especificação correta de quantidade, qualidade, características, composição e preço, bem como sobre os eventuais riscos à saúde e à segurança do consumidor com deficiência, em caso de sua utilização, aplicando-se, no que couber, os arts. 30 a 41 da Lei nº 8.078, de 11 de setembro de 1990.

§ 1º Os canais de comercialização virtual e os anúncios publicitários veiculados na imprensa escrita, na internet, no rádio, na televisão e nos demais veículos de comunicação abertos ou por assinatura devem disponibilizar, conforme a compatibilidade do meio, os recursos de acessibilidade de que trata o art. 67 desta Lei, a expensas do fornecedor do produto ou do serviço, sem prejuízo da observância do disposto nos arts. 36 a 38 da Lei nº 8.078, de 11 de setembro de 1990.

§ 2º Os fornecedores devem disponibilizar, mediante solicitação, exemplares de bulas, prospectos, textos ou qualquer outro tipo de material de divulgação em formato acessível.

Art. 70. As instituições promotoras de congressos, seminários, oficinas e demais eventos de natureza científico-cultural devem oferecer à pessoa com deficiência, no mínimo, os recursos de tecnologia assistiva previstos no art. 67 desta Lei.

Art. 71. Os congressos, os seminários, as oficinas e os demais eventos de natureza científico-cultural promovidos ou financiados pelo poder público devem garantir as condições de acessibilidade e os recursos de tecnologia assistiva.

Art. 72. Os programas, as linhas de pesquisa e os projetos a serem desenvolvidos com o apoio de agências de financiamento e de órgãos e entidades integrantes da administração pública que atuem no auxílio à pesquisa devem contemplar temas voltados à tecnologia assistiva.

Art. 73. Caberá ao poder público, diretamente ou em parceria com organizações da sociedade civil, promover a capacitação de tradutores e intérpretes da Libras, de guias intérpretes e de profissionais habilitados em Braille, audiodescrição, estenotipia e legendagem.

CAPÍTULO III – DA TECNOLOGIA ASSISTIVA

Art. 74. É garantido à pessoa com deficiência acesso a produtos, recursos, estratégias, práticas, processos, métodos e serviços de tecnologia assistiva que maximizem sua autonomia, mobilidade pessoal e qualidade de vida.

Art. 75. O poder público desenvolverá plano específico de medidas, a ser renovado em cada período de 4 (quatro) anos, com a finalidade de:

I - facilitar o acesso a crédito especializado, inclusive com oferta de linhas de crédito subsidiadas, específicas para aquisição de tecnologia assistiva;

› *Decreto 10.645/2021*

II - agilizar, simplificar e priorizar procedimentos de importação de tecnologia assistiva, especialmente as questões atinentes a procedimentos alfandegários e sanitários;

III - criar mecanismos de fomento à pesquisa e à produção nacional de tecnologia assistiva, inclusive por meio de concessão de linhas de crédito subsidiado e de parcerias com institutos de pesquisa oficiais;

IV - eliminar ou reduzir a tributação da cadeia produtiva e de importação de tecnologia assistiva;

V - facilitar e agilizar o processo de inclusão de novos recursos de tecnologia assistiva no rol de produtos distribuídos no âmbito do SUS e por outros órgãos governamentais.

Parágrafo único. Para fazer cumprir o disposto neste artigo, os procedimentos constantes do plano específico de medidas deverão ser avaliados, pelo menos, a cada 2 (dois) anos.

CAPÍTULO IV – DO DIREITO À PARTICIPAÇÃO NA VIDA PÚBLICA E POLÍTICA

Art. 76. O poder público deve garantir à pessoa com deficiência todos os direitos políticos e a oportunidade de exercê-los em igualdade de condições com as demais pessoas.

§ 1º À pessoa com deficiência será assegurado o direito de votar e de ser votada, inclusive por meio das seguintes ações:

I - garantia de que os procedimentos, as instalações, os materiais e os equipamentos para votação sejam apropriados, acessíveis a todas as pessoas e de fácil compreensão e uso, sendo vedada a instalação de seções eleitorais exclusivas para a pessoa com deficiência;

II - incentivo à pessoa com deficiência a candidatar-se e a desempenhar quaisquer funções públicas em todos os níveis de governo, inclusive por meio do uso de novas tecnologias assistivas, quando apropriado;

III - garantia de que os pronunciamentos oficiais, a propaganda eleitoral obrigatória e os debates transmitidos pelas emissoras de televisão possuam, pelo menos, os recursos elencados no art. 67 desta Lei;

IV - garantia do livre exercício do direito ao voto e, para tanto, sempre que necessário e a seu pedido, permissão para que a pessoa com deficiência seja auxiliada na votação por pessoa de sua escolha.

§ 2º O poder público promoverá a participação da pessoa com deficiência, inclusive quando institucionalizada, na condução das questões públicas, sem discriminação e em igualdade de oportunidades, observado o seguinte:

I - participação em organizações não governamentais relacionadas à vida pública e à política do País e em atividades e administração de partidos políticos;

II - formação de organizações para representar a pessoa com deficiência em todos os níveis;

III - participação da pessoa com deficiência em organizações que a representem.

TÍTULO IV – DA CIÊNCIA E TECNOLOGIA

Art. 77. O poder público deve fomentar o desenvolvimento científico, a pesquisa e a inovação e a capacitação tecnológicas, voltados à melhoria da qualidade de vida e ao trabalho da pessoa com deficiência e sua inclusão social.

§ 1º O fomento pelo poder público deve priorizar a geração de conhecimentos e técnicas que visem à prevenção e ao tratamento de deficiências e ao desenvolvimento de tecnologias assistiva e social.

§ 2º A acessibilidade e as tecnologias assistiva e social devem ser fomentadas mediante a criação de cursos de pós-graduação, a formação de recursos humanos e a inclusão do tema nas diretrizes de áreas do conhecimento.

§ 3º Deve ser fomentada a capacitação tecnológica de instituições públicas e privadas para o desenvolvimento de tecnologias assistiva e social que sejam voltadas para melhoria da funcionalidade e da participação social da pessoa com deficiência.

§ 4º As medidas previstas neste artigo devem ser reavaliadas periodicamente pelo poder público, com vistas ao seu aperfeiçoamento.

Art. 78. Devem ser estimulados a pesquisa, o desenvolvimento, a inovação e a difusão de tecnologias voltadas para ampliar o acesso da pessoa com deficiência às tecnologias da informação e comunicação e às tecnologias sociais.

Parágrafo único. Serão estimulados, em especial:

I - o emprego de tecnologias da informação e comunicação como instrumento de superação de limitações funcionais e de barreiras à comunicação, à informação, à educação e ao entretenimento da pessoa com deficiência;

II - a adoção de soluções e a difusão de normas que visem a ampliar a acessibilidade da pessoa com deficiência à computação e aos sítios da internet, em especial aos serviços de governo eletrônico.

LIVRO II – PARTE ESPECIAL

TÍTULO I – DO ACESSO À JUSTIÇA

CAPÍTULO – DISPOSIÇÕES GERAIS

Art. 79. O poder público deve assegurar o acesso da pessoa com deficiência à justiça, em igualdade de oportunidades com as demais pessoas, garantindo, sempre que requeridos, adaptações e recursos de tecnologia assistiva.

§ 1º A fim de garantir a atuação da pessoa com deficiência em todo o processo judicial, o poder público deve capacitar os membros e os servidores que atuam no Poder Judiciário, no Ministério Público, na Defensoria Pública, nos órgãos de segurança pública e no sistema penitenciário quanto aos direitos da pessoa com deficiência.

§ 2º Devem ser assegurados à pessoa com deficiência submetida a medida restritiva de liberdade todos os direitos e garantias a que fazem jus os apenados sem deficiência, garantida a acessibilidade.

§ 3º A Defensoria Pública e o Ministério Público tomarão as medidas necessárias à garantia dos direitos previstos nesta Lei.

Art. 80. Devem ser oferecidos todos os recursos de tecnologia assistiva disponíveis para que a pessoa com deficiência tenha garantido o acesso à justiça, sempre que figure em um dos polos da ação ou atue como testemunha, partícipe da lide posta em juízo, advogado, defensor público, magistrado ou membro do Ministério Público.

Parágrafo único. A pessoa com deficiência tem garantido o acesso ao conteúdo de todos os atos processuais de seu interesse, inclusive no exercício da advocacia.

Art. 81. Os direitos da pessoa com deficiência serão garantidos por ocasião da aplicação de sanções penais.

Art. 82. (VETADO).

Art. 83. Os serviços notariais e de registro não podem negar ou criar óbices ou condições diferenciadas à prestação de seus serviços em razão de deficiência do solicitante, devendo reconhecer sua capacidade legal plena, garantida a acessibilidade.

Parágrafo único. O descumprimento do disposto no *caput* deste artigo constitui discriminação em razão de deficiência.

› *Vide Arts. 4º e 7º, § 2º, da Lei 8.935/1994 (Notários e Registradores)*

CAPÍTULO II – DO RECONHECIMENTO IGUAL PERANTE A LEI

Art. 84. A pessoa com deficiência tem assegurado o direito ao exercício de sua capacidade legal em igualdade de condições com as demais pessoas.

§ 1º Quando necessário, a pessoa com deficiência será submetida à curatela, conforme a lei.

§ 2º É facultado à pessoa com deficiência a adoção de processo de tomada de decisão apoiada.

§ 3º A definição de curatela de pessoa com deficiência constitui medida protetiva extraordinária, proporcional às necessidades e às circunstâncias de cada caso, e durará o menor tempo possível.

§ 4º Os curadores são obrigados a prestar, anualmente, contas de sua administração ao juiz, apresentando o balanço do respectivo ano.

Art. 85. A curatela afetará tão somente os atos relacionados aos direitos de natureza patrimonial e negocial.

§ 1º A definição da curatela não alcança o direito ao próprio corpo, à sexualidade, ao matrimônio, à privacidade, à educação, à saúde, ao trabalho e ao voto.

§ 2º A curatela constitui medida extraordinária, devendo constar da sentença as razões e motivações de sua definição, preservados os interesses do curatelado.

§ 3º No caso de pessoa em situação de institucionalização, ao nomear curador, o juiz deve dar preferência a pessoa que tenha vínculo de natureza familiar, afetiva ou comunitária com o curatelado.

Art. 86. Para emissão de documentos oficiais, não será exigida a situação de curatela da pessoa com deficiência.

Art. 87. Em casos de relevância e urgência e a fim de proteger os interesses da pessoa com deficiência em situação de curatela, será lícito ao juiz, ouvido o Ministério Público, de ofício ou a requerimento do interessado, nomear, desde logo, curador provisório, o qual estará sujeito, no que couber, às disposições do Código de Processo Civil.

TÍTULO II – DOS CRIMES E DAS INFRAÇÕES ADMINISTRATIVAS

Art. 88. Praticar, induzir ou incitar discriminação de pessoa em razão de sua deficiência:

Pena - reclusão, de 1 (um) a 3 (três) anos, e multa.

§ 1º Aumenta-se a pena em 1/3 (um terço) se a vítima encontrar-se sob cuidado e responsabilidade do agente.

§ 2º Se qualquer dos crimes previstos no *caput* deste artigo é cometido por intermédio de meios de comunicação social ou de publicação de qualquer natureza:

Pena - reclusão, de 2 (dois) a 5 (cinco) anos, e multa.

§ 3º Na hipótese do § 2º deste artigo, o juiz poderá determinar, ouvido o Ministério Público ou a pedido deste, ainda antes do inquérito policial, sob pena de desobediência:

I - recolhimento ou busca e apreensão dos exemplares do material discriminatório;

II - interdição das respectivas mensagens ou páginas de informação na internet.

§ 4º Na hipótese do § 2º deste artigo, constitui efeito da condenação, após o trânsito em julgado da decisão, a destruição do material apreendido.

Art. 89. Apropriar-se de ou desviar bens, proventos, pensão, benefícios, remuneração ou qualquer outro rendimento de pessoa com deficiência:

Pena - reclusão, de 1 (um) a 4 (quatro) anos, e multa.

Parágrafo único. Aumenta-se a pena em 1/3 (um terço) se o crime é cometido:

I - por tutor, curador, síndico, liquidatário, inventariante, testamenteiro ou depositário judicial; ou

II - por aquele que se apropriou em razão de ofício ou de profissão.

Art. 90. Abandonar pessoa com deficiência em hospitais, casas de saúde, entidades de abrigamento ou congêneres:

Pena - reclusão, de 6 (seis) meses a 3 (três) anos, e multa.

Parágrafo único. Na mesma pena incorre quem não prover as necessidades básicas de pessoa com deficiência quando obrigado por lei ou mandado.

Art. 91. Reter ou utilizar cartão magnético, qualquer meio eletrônico ou documento de pessoa com deficiência destinados ao recebimento de benefícios, proventos, pensões ou remuneração ou à realização de operações financeiras, com o fim de obter vantagem indevida para si ou para outrem:

Pena - detenção, de 6 (seis) meses a 2 (dois) anos, e multa.

Parágrafo único. Aumenta-se a pena em 1/3 (um terço) se o crime é cometido por tutor ou curador.

TÍTULO III – DISPOSIÇÕES FINAIS E TRANSITÓRIAS

Art. 92. É criado o Cadastro Nacional de Inclusão da Pessoa com Deficiência (Cadastro-Inclusão), registro público eletrônico com a finalidade de coletar, processar, sistematizar e disseminar informações georreferenciadas que permitam a identificação e a caracterização socioeconômica da pessoa com deficiência, bem como das barreiras que impedem a realização de seus direitos.

§ 1º O Cadastro-Inclusão será administrado pelo Poder Executivo federal e constituído por base de dados, instrumentos, procedimentos e sistemas eletrônicos.

§ 2º Os dados constituintes do Cadastro-Inclusão serão obtidos pela integração dos sistemas de informação e da base de dados de todas as políticas públicas relacionadas aos direitos da pessoa com deficiência, bem como por informações coletadas, inclusive em censos nacionais e nas demais pesquisas realizadas no País, de acordo com os parâmetros estabelecidos pela Convenção sobre os Direitos das Pessoas com Deficiência e seu Protocolo Facultativo.

§ 3º Para coleta, transmissão e sistematização de dados, é facultada a celebração de convênios, acordos, termos de parceria ou contratos com instituições públicas e privadas, observados os requisitos e procedimentos previstos em legislação específica.

§ 4º Para assegurar a confidencialidade, a privacidade e as liberdades fundamentais da pessoa com deficiência e os princípios éticos que regem a utilização de informações, devem ser observadas as salvaguardas estabelecidas em lei.

§ 5º Os dados do Cadastro-Inclusão somente poderão ser utilizados para as seguintes finalidades:

I - formulação, gestão, monitoramento e avaliação das políticas públicas para a pessoa com deficiência e para identificar as barreiras que impedem a realização de seus direitos;

II - realização de estudos e pesquisas.

§ 6º As informações a que se refere este artigo devem ser disseminadas em formatos acessíveis.

Art. 93. Na realização de inspeções e de auditorias pelos órgãos de controle interno e externo, deve ser observado o cumprimento da legislação relativa à pessoa com deficiência e das normas de acessibilidade vigentes.

Art. 94. Terá direito a auxílio-inclusão, nos termos da lei, a pessoa com deficiência moderada ou grave que:

I - receba o benefício de prestação continuada previsto no art. 20 da Lei nº 8.742, de 7 de dezembro de 1993, e que passe a exercer atividade remunerada que a enquadre como segurado obrigatório do RGPS;

II - tenha recebido, nos últimos 5 (cinco) anos, o benefício de prestação continuada previsto no art. 20 da Lei nº 8.742, de 7 de dezembro de 1993, e que exerça atividade remunerada que a enquadre como segurado obrigatório do RGPS.

Art. 95. É vedado exigir o comparecimento de pessoa com deficiência perante os órgãos públicos quando seu deslocamento, em razão de sua limitação funcional e de condições de acessibilidade, imponha-lhe ônus desproporcional e indevido, hipótese na qual serão observados os seguintes procedimentos:

I - quando for de interesse do poder público, o agente promoverá o contato necessário com a pessoa com deficiência em sua residência;

II - quando for de interesse da pessoa com deficiência, ela apresentará solicitação de atendimento domiciliar ou fará representar-se por procurador constituído para essa finalidade.

Parágrafo único. É assegurado à pessoa com deficiência atendimento domiciliar pela perícia médica e social do Instituto Nacional do Seguro Social (INSS), pelo serviço público de saúde ou pelo serviço privado de saúde, contratado ou conveniado, que integre o SUS e pelas entidades da rede socioassistencial integrantes do Suas, quando seu deslocamento, em razão de sua limitação funcional e de condições de acessibilidade, imponha-lhe ônus desproporcional e indevido.

Art. 96. O § 6º-A do art. 135 da Lei nº 4.737, de 15 de julho de 1965 (Código Eleitoral), passa a vigorar com a seguinte redação:

"Art. 135. (...)

§ 6º-A. Os Tribunais Regionais Eleitorais deverão, a cada eleição, expedir instruções aos Juízes Eleitorais para orientá-los na escolha dos locais de votação, de maneira a garantir acessibilidade para o eleitor com deficiência ou com mobilidade reduzida,

inclusive em seu entorno e nos sistemas de transporte que lhe dão acesso.

(...)"

Art. 97. A Consolidação das Leis do Trabalho (CLT), aprovada pelo Decreto-Lei nº 5.452, de 1º de maio de 1943, passa a vigorar com as seguintes alterações:

"Art. 428. (...)

§ 6º Para os fins do contrato de aprendizagem, a comprovação da escolaridade de aprendiz com deficiência deve considerar, sobretudo, as habilidades e competências relacionadas com a profissionalização.

(...)

§ 8º Para o aprendiz com deficiência com 18 (dezoito) anos ou mais, a validade do contrato de aprendizagem pressupõe anotação na CTPS e matrícula e frequência em programa de aprendizagem desenvolvido sob orientação de entidade qualificada em formação técnico-profissional metódica."

"Art. 433. (...)

I - desempenho insuficiente ou inadaptação do aprendiz, salvo para o aprendiz com deficiência quando desprovido de recursos de acessibilidade, de tecnologias assistivas e de apoio necessário ao desempenho de suas atividades;

(...)"

Art. 98. A Lei nº 7.853, de 24 de outubro de 1989, passa a vigorar com as seguintes alterações:

"Art. 3º As medidas judiciais destinadas à proteção de interesses coletivos, difusos, individuais homogêneos e individuais indisponíveis da pessoa com deficiência poderão ser propostas pelo Ministério Público, pela Defensoria Pública, pela União, pelos Estados, pelos Municípios, pelo Distrito Federal, por associação constituída há mais de 1 (um) ano, nos termos da lei civil, por autarquia, por empresa pública e por fundação ou sociedade de economia mista que inclua, entre suas finalidades institucionais, a proteção dos interesses e a promoção de direitos da pessoa com deficiência.

(...)"

"Art. 8º Constitui crime punível com reclusão de 2 (dois) a 5 (cinco) anos e multa:

I - recusar, cobrar valores adicionais, suspender, procrastinar, cancelar ou fazer cessar inscrição de aluno em estabelecimento de ensino de qualquer curso ou grau, público ou privado, em razão de sua deficiência;

II - obstar inscrição em concurso público ou acesso de alguém a qualquer cargo ou emprego público, em razão de sua deficiência;

III - negar ou obstar emprego, trabalho ou promoção à pessoa em razão de sua deficiência;

IV - recusar, retardar ou dificultar internação ou deixar de prestar assistência médico-hospitalar e ambulatorial à pessoa com deficiência;

V - deixar de cumprir, retardar ou frustrar execução de ordem judicial expedida na ação civil a que alude esta Lei;

VI - recusar, retardar ou omitir dados técnicos indispensáveis à propositura da ação civil pública objeto desta Lei, quando requisitados.

§ 1º Se o crime for praticado contra pessoa com deficiência menor de 18 (dezoito) anos, a pena é agravada em 1/3 (um terço).

§ 2º A pena pela adoção deliberada de critérios subjetivos para indeferimento de inscrição, de aprovação e de cumprimento de estágio probatório em concursos públicos não exclui a responsabilidade patrimonial pessoal do administrador público pelos danos causados.

§ 3º Incorre nas mesmas penas quem impede ou dificulta o ingresso de pessoa com deficiência em planos privados de assistência à saúde, inclusive com cobrança de valores diferenciados.

§ 4º Se o crime for praticado em atendimento de urgência e emergência, a pena é agravada em 1/3 (um terço)."

Art. 99. O art. 20 da Lei nº 8.036, de 11 de maio de 1990, passa a vigorar acrescido do seguinte inciso XVIII:

"Art. 20. (...)

XVIII - quando o trabalhador com deficiência, por prescrição, necessite adquirir órtese ou prótese para promoção de acessibilidade e de inclusão social.

(...)"

Art. 100. A Lei nº 8.078, de 11 de setembro de 1990 (Código de Defesa do Consumidor), passa a vigorar com as seguintes alterações:

"Art. 6º (...)

Parágrafo único. A informação de que trata o inciso III do caput deste artigo deve ser acessível à pessoa com deficiência, observado o disposto em regulamento."

"Art. 43. (...)

§ 6º Todas as informações de que trata o caput deste artigo devem ser disponibilizadas em formatos acessíveis, inclusive para a pessoa com deficiência, mediante solicitação do consumidor."

Art. 101. A Lei nº 8.213, de 24 de julho de 1991, passa a vigorar com as seguintes alterações:

"Art. 16. (...)

I - o cônjuge, a companheira, o companheiro e o filho não emancipado, de qualquer condição, menor de 21 (vinte e um) anos ou inválido ou que tenha deficiência intelectual ou mental ou deficiência grave;

(...)

III - o irmão não emancipado, de qualquer condição, menor de 21 (vinte e um) anos ou inválido ou que tenha deficiência intelectual ou mental ou deficiência grave;

(...)"

"Art. 77. (...)

§ 2º (...)

II - para o filho, a pessoa a ele equiparada ou o irmão, de ambos os sexos, pela emancipação ou ao completar 21 (vinte e um) anos de idade, salvo se for inválido ou tiver deficiência intelectual ou mental ou deficiência grave;

(...)

§ 4º (VETADO).

(...)"

"Art. 93. (VETADO):

I - (VETADO);

II - (VETADO);

III - (VETADO);

IV - (VETADO);

V - (VETADO).

§ 1º A dispensa de pessoa com deficiência ou de beneficiário reabilitado da Previdência Social ao final de contrato por prazo determinado de mais de 90 (noventa) dias e a dispensa imotivada em contrato por prazo indeterminado somente poderão ocorrer após a contratação de outro trabalhador com deficiência ou beneficiário reabilitado da Previdência Social.

§ 2º Ao Ministério do Trabalho e Emprego incumbe estabelecer a sistemática de fiscalização, bem como gerar dados e estatísticas sobre o total de empregados e as vagas preenchidas por pessoas com deficiência e por beneficiários reabilitados da Previdência Social, fornecendo-os, quando solicitados, aos sindicatos, às entidades representativas dos empregados ou aos cidadãos interessados.

§ 3º Para a reserva de cargos será considerada somente a contratação direta de pessoa com deficiência, excluído o aprendiz com deficiência de que trata a Consolidação das Leis do Trabalho (CLT), aprovada pelo Decreto-Lei nº 5.452, de 1º de maio de 1943.

§ 4º (VETADO)."

"Art. 110-A. No ato de requerimento de benefícios operacionalizados pelo INSS, não será exigida apresentação de termo de curatela de titular ou de beneficiário com deficiência, observados os procedimentos a serem estabelecidos em regulamento."

Art. 102. O Art. 2º da Lei nº 8.313, de 23 de dezembro de 1991, passa a vigorar acrescido do seguinte § 3º:

"Art. 2º (...)

§ 3º Os incentivos criados por esta Lei somente serão concedidos a projetos culturais que forem disponibilizados, sempre que tecnicamente possível, também em formato acessível à pessoa com deficiência, observado o disposto em regulamento."

Art. 103. O art. 11 da Lei nº 8.429, de 2 de junho de 1992, passa a vigorar acrescido do seguinte inciso IX:

"Art. 11. (...)

IX - deixar de cumprir a exigência de requisitos de acessibilidade previstos na legislação."

Art. 104. A Lei nº 8.666, de 21 de junho de 1993, passa a vigorar com as seguintes alterações:

Nota: *A Lei 8.666/1993 foi revogada pela Lei 14.133/2021.*

"Art. 3º (...)

§ 2º (...)

V - produzidos ou prestados por empresas que comprovem cumprimento de reserva de cargos prevista em lei para pessoa com deficiência ou para reabilitado da Previdência Social e que atendam às regras de acessibilidade previstas na legislação.

(...)

§ 5º Nos processos de licitação, poderá ser estabelecida margem de preferência para:

I - produtos manufaturados e para serviços nacionais que atendam a normas técnicas brasileiras; e

II - bens e serviços produzidos ou prestados por empresas que comprovem cumprimento de reserva de cargos prevista em lei para pessoa com deficiência ou para reabilitado da Previdência Social e que atendam às regras de acessibilidade previstas na legislação.

(...)"

"Art. 66-A. As empresas enquadradas no inciso V do § 2º e no inciso II do § 5º do Art. 3º desta Lei deverão cumprir, durante todo o período de execução do contrato, a reserva de cargos prevista em lei para pessoa com deficiência ou para reabilitado da Previdência Social, bem como as regras de acessibilidade previstas na legislação.

Parágrafo único. Cabe à administração fiscalizar o cumprimento dos requisitos de acessibilidade nos serviços e nos ambientes de trabalho."

Art. 105. O art. 20 da Lei nº 8.742, de 7 de dezembro de 1993, passa a vigorar com as seguintes alterações:

"Art. 20. (...)

§ 2º Para efeito de concessão do benefício de prestação continuada, considera-se pessoa com deficiência aquela que tem impedimento de longo prazo de natureza física, mental, intelectual ou sensorial, o qual, em interação com uma ou mais barreiras, pode obstruir sua participação plena e efetiva na sociedade em igualdade de condições com as demais pessoas.

(...)

§ 9º Os rendimentos decorrentes de estágio supervisionado e de aprendizagem não serão computados para os fins de cálculo da renda familiar per capita a que se refere o § 3º deste artigo.

(...)

§ 11. Para concessão do benefício de que trata o caput deste artigo, poderão ser utilizados outros elementos probatórios da condição de miserabilidade do grupo familiar e da situação de vulnerabilidade, conforme regulamento."

Art. 106. (VETADO).

Art. 107. A Lei nº 9.029, de 13 de abril de 1995, passa a vigorar com as seguintes alterações:

"Art. 1º É proibida a adoção de qualquer prática discriminatória e limitativa para efeito de acesso à relação de trabalho, ou de sua manutenção, por motivo de sexo, origem, raça, cor, estado civil, situação familiar, deficiência, reabilitação profissional, idade, entre outros, ressalvadas, nesse caso, as hipóteses de proteção à criança e ao adolescente previstas no inciso XXXIII do Art. 7º da Constituição Federal."

"Art. 3º Sem prejuízo do prescrito no Art. 2º desta Lei e nos dispositivos legais que tipificam os crimes resultantes de preconceito de etnia, raça, cor ou deficiência, as infrações ao disposto nesta Lei são passíveis das seguintes cominações:

(...)"

"Art. 4º (...)

I - a reintegração com ressarcimento integral de todo o período de afastamento, mediante pagamento das remunerações devidas, corrigidas monetariamente e acrescidas de juros legais;

(...)"

Art. 108. O art. 35 da Lei nº 9.250, de 26 de dezembro de 1995, passa a vigorar acrescido do seguinte § 5º:

"Art. 35. (...)

(...)

§ 5º Sem prejuízo do disposto no inciso IX do parágrafo único do Art. 3º da Lei nº 10.741, de 1º de outubro de 2003, a pessoa com deficiência, ou o contribuinte que tenha dependente nessa condição, tem preferência na restituição referida no inciso III do Art. 4º e na alínea "c" do inciso II do Art. 8º."

Art. 109. A Lei nº 9.503, de 23 de setembro de 1997 (Código de Trânsito Brasileiro), passa a vigorar com as seguintes alterações:

"Art. 2º (...)

Parágrafo único. Para os efeitos deste Código, são consideradas vias terrestres as praias abertas à circulação pública, as vias internas pertencentes aos condomínios constituídos por unidades autônomas e as vias e áreas de estacionamento de estabelecimentos privados de uso coletivo."

"Art. 86-A. As vagas de estacionamento regulamentado de que trata o inciso XVII do art. 181 desta Lei deverão ser sinalizadas com as respectivas placas indicativas de destinação e com placas informando os dados sobre a infração por estacionamento indevido."

"Art. 147-A. Ao candidato com deficiência auditiva é assegurada acessibilidade de comunicação, mediante emprego de tecnologias assistivas ou de ajudas técnicas em todas as etapas do processo de habilitação.

§ 1º O material didático audiovisual utilizado em aulas teóricas dos cursos que precedem os exames previstos no art. 147 desta Lei deve ser acessível, por meio de subtitulação com legenda oculta associada à tradução simultânea em Libras.

§ 2º É assegurado também ao candidato com deficiência auditiva requerer, no ato de sua inscrição, os serviços de intérprete da Libras, para acompanhamento em aulas práticas e teóricas."

"Art. 154. (VETADO)."

"Art. 181. (...)

(...)

XVII - (...)

Infração - grave;

(...)"

Art. 110. O inciso VI e o § 1º do art. 56 da Lei nº 9.615, de 24 de março de 1998, passam a vigorar com a seguinte redação:

"Art. 56. (...)

(...)

VI - 2,7% (dois inteiros e sete décimos por cento) da arrecadação bruta dos concursos de prognósticos e loterias federais e similares cuja realização estiver sujeita a autorização federal, deduzindo-se esse valor do montante destinado aos prêmios;

(...)

§ 1º Do total de recursos financeiros resultantes do percentual de que trata o inciso VI do caput, 62,96% (sessenta e dois inteiros e noventa e seis centésimos por cento) serão destinados ao Comitê Olímpico Brasileiro (COB) e 37,04% (trinta e sete inteiros e quatro centésimos por cento) ao Comitê Paralímpico Brasileiro (CPB), devendo ser observado, em ambos os casos, o conjunto de normas aplicáveis à celebração de convênios pela União.

(...)"

Art. 111. O Art. 1º da Lei nº 10.048, de 8 de novembro de 2000, passa a vigorar com a seguinte redação:

"Art. 1º As pessoas com deficiência, os idosos com idade igual ou superior a 60 (sessenta) anos, as gestantes, as lactantes, as pessoas com crianças de colo e os obesos terão atendimento prioritário, nos termos desta Lei."

Art. 112. A Lei nº 10.098, de 19 de dezembro de 2000, passa a vigorar com as seguintes alterações:

"Art. 2º (...)

I - acessibilidade: possibilidade e condição de alcance para utilização, com segurança e autonomia, de espaços, mobiliários, equipamentos urbanos, edificações, transportes, informação e comunicação, inclusive seus sistemas e tecnologias, bem como de outros serviços e instalações abertos ao público, de uso público ou privados de uso coletivo, tanto na zona urbana como na rural, por pessoa com deficiência ou com mobilidade reduzida;

II - barreiras: qualquer entrave, obstáculo, atitude ou comportamento que limite ou impeça a participação social da pessoa, bem como o gozo, a fruição e o exercício de seus direitos à acessibilidade, à liberdade de movimento e de expressão, à comunicação, ao acesso à informação, à compreensão, à circulação com segurança, entre outros, classificadas em:

a) barreiras urbanísticas: as existentes nas vias e nos espaços públicos e privados abertos ao público ou de uso coletivo;

b) barreiras arquitetônicas: as existentes nos edifícios públicos e privados;

c) barreiras nos transportes: as existentes nos sistemas e meios de transportes;

d) barreiras nas comunicações e na informação: qualquer entrave, obstáculo, atitude ou comportamento que dificulte ou impossibilite a expressão ou o recebimento de mensagens e de informações por intermédio de sistemas de comunicação e de tecnologia da informação;

III - pessoa com deficiência: aquela que tem impedimento de longo prazo de natureza física, mental, intelectual ou sensorial, o qual, em interação com uma ou mais barreiras, pode obstruir sua participação plena e efetiva na sociedade em igualdade de condições com as demais pessoas;

IV - pessoa com mobilidade reduzida: aquela que tenha, por qualquer motivo, dificuldade de movimentação, permanente ou temporária, gerando redução efetiva da mobilidade, da flexibilidade, da coordenação motora ou da percepção, incluindo idoso, gestante, lactante, pessoa com criança de colo e obeso;

V - acompanhante: aquele que acompanha a pessoa com deficiência, podendo ou não desempenhar as funções de atendente pessoal;

VI - elemento de urbanização: quaisquer componentes de obras de urbanização, tais como os referentes a pavimentação, saneamento, encanamento para esgotos, distribuição de energia elétrica e de gás, iluminação pública, serviços de comunicação, abastecimento e distribuição de água, paisagismo e os que materializam as indicações do planejamento urbanístico;

VII - mobiliário urbano: conjunto de objetos existentes nas vias e nos espaços públicos, superpostos ou adicionados aos elementos de urbanização ou de edificação, de forma que sua modificação ou seu traslado não provoque alterações substanciais nesses elementos, tais como semáforos, postes de sinalização e similares, terminais e pontos de acesso coletivo às telecomunicações, fontes de água, lixeiras, toldos, marquises, bancos, quiosques e quaisquer outros de natureza análoga;

VIII - tecnologia assistiva ou ajuda técnica: produtos, equipamentos, dispositivos, recursos, metodologias, estratégias, práticas e serviços que objetivem promover a funcionalidade, relacionada à atividade e à participação da pessoa com deficiência ou com mobilidade reduzida, visando à sua autonomia, independência, qualidade de vida e inclusão social;

IX - comunicação: forma de interação dos cidadãos que abrange, entre outras opções, as línguas, inclusive a Língua Brasileira de Sinais (Libras), a visualização de textos, o Braille, o sistema de sinalização ou de comunicação tátil, os caracteres ampliados, os dispositivos multimídia, assim como a linguagem simples, escrita e oral, os sistemas auditivos e os meios de voz digitalizados e os modos, meios e formatos aumentativos e alternativos de comunicação, incluindo as tecnologias da informação e das comunicações;

X - desenho universal: concepção de produtos, ambientes, programas e serviços a serem usados por todas as pessoas, sem necessidade de adaptação ou de projeto específico, incluindo os recursos de tecnologia assistiva."

"Art. 3º O planejamento e a urbanização das vias públicas, dos parques e dos demais espaços de uso público deverão ser concebidos e executados de forma a torná-los acessíveis para todas as pessoas, inclusive para aquelas com deficiência ou com mobilidade reduzida.

Parágrafo único. O passeio público, elemento obrigatório de urbanização e parte da via pública, normalmente segregado e em nível diferente, destina-se somente à circulação de pedestres e, quando possível, à implantação de mobiliário urbano e de vegetação."

"Art. 9º (...)

Parágrafo único. Os semáforos para pedestres instalados em vias públicas de grande circulação, ou que deem acesso aos serviços de reabilitação, devem obrigatoriamente estar equipados com mecanismo que emita sinal sonoro suave para orientação do pedestre."

"Art. 10-A. A instalação de qualquer mobiliário urbano em área de circulação comum para pedestre que ofereça risco de acidente à pessoa com deficiência deverá ser indicada mediante sinalização tátil de alerta no piso, de acordo com as normas técnicas pertinentes."

"Art. 12-A. Os centros comerciais e os estabelecimentos congêneres devem fornecer carros e cadeiras de rodas, motorizados ou não, para o atendimento da pessoa com deficiência ou com mobilidade reduzida."

Art. 113. A Lei nº 10.257, de 10 de julho de 2001 (Estatuto da Cidade), passa a vigorar com as seguintes alterações:

› *Alterações inseridas no texto da referida norma.*

Art. 114. *A Lei nº 10.406, de 10 de janeiro de 2002 (Código Civil), passa a vigorar com as seguintes alterações:*

› *Alterações inseridas no texto da referida norma.*

Art. 115. O Título IV do Livro IV da Parte Especial da Lei nº 10.406, de 10 de janeiro de 2002 (Código Civil), passa a vigorar com a seguinte redação:

› *Alterações inseridas no texto da referida norma.*

Art. 116. O Título IV do Livro IV da Parte Especial da Lei nº 10.406, de 10 de janeiro de 2002 (Código Civil), passa a vigorar acrescido do seguinte Capítulo III:

› *Alterações inseridas no texto da referida norma.*

Art. 117. O Art. 1º da Lei nº 11.126, de 27 de junho de 2005, passa a vigorar com a seguinte redação:

"Art. 1º É assegurado à pessoa com deficiência visual acompanhada de cão-guia o direito de ingressar e de permanecer com o animal em todos os meios de transporte e em estabelecimentos abertos ao público, de uso público e privados de uso coletivo, desde que observadas as condições impostas por esta Lei.

(...)

§ 2º O disposto no caput deste artigo aplica-se a todas as modalidades e jurisdições do serviço de transporte coletivo de passageiros, inclusive em esfera internacional com origem no território brasileiro."

Art. 118. O inciso IV do art. 46 da Lei nº 11.904, de 14 de janeiro de 2009, passa a vigorar acrescido da seguinte alínea "k":

"Art. 46. (...)

IV - (...)

k) de acessibilidade a todas as pessoas.

(...)"

Art. 119. A Lei nº 12.587, de 3 de janeiro de 2012, passa a vigorar acrescida do seguinte art. 12-B:

"Art. 12-B. Na outorga de exploração de serviço de táxi, reservar-se-ão 10% (dez por cento) das vagas para condutores com deficiência.

§ 1º Para concorrer às vagas reservadas na forma do caput deste artigo, o condutor com deficiência deverá observar os seguintes requisitos quanto ao veículo utilizado:

I - ser de sua propriedade e por ele conduzido; e

II - estar adaptado às suas necessidades, nos termos da legislação vigente.

§ 2º No caso de não preenchimento das vagas na forma estabelecida no caput deste artigo, as remanescentes devem ser disponibilizadas para os demais concorrentes."

Art. 120. Cabe aos órgãos competentes, em cada esfera de governo, a elaboração de relatórios circunstanciados sobre o cumprimento dos prazos estabelecidos por força das Leis nº 10.048, de 8 de novembro de 2000, e nº 10.098, de 19 de dezembro de 2000, bem como o seu encaminhamento ao Ministério Público e aos órgãos de regulação para adoção das providências cabíveis.

Parágrafo único. Os relatórios a que se refere o *caput* deste artigo deverão ser apresentados no prazo de 1 (um) ano a contar da entrada em vigor desta Lei.

Art. 121. Os direitos, os prazos e as obrigações previstos nesta Lei não excluem os já estabelecidos em outras legislações, inclusive em pactos, tratados, convenções e declarações internacionais aprovados e promulgados pelo Congresso Nacional, e devem ser aplicados em conformidade com as demais normas internas e acordos internacionais vinculantes sobre a matéria.

Parágrafo único. Prevalecerá a norma mais benéfica à pessoa com deficiência.

Art. 122. Regulamento disporá sobre a adequação do disposto nesta Lei ao tratamento diferenciado, simplificado e favorecido a ser dispensado às microempresas e às empresas de pequeno porte, previsto no § 3º do Art. 1º da Lei Complementar nº 123, de 14 de dezembro de 2006.

Art. 123. Revogam-se os seguintes dispositivos:

I - o inciso II do § 2º do Art. 1º da Lei nº 9.008, de 21 de março de 1995;

II - os incisos I, II e III do Art. 3º da Lei nº 10.406, de 10 de janeiro de 2002 (Código Civil);

III - os incisos II e III do art. 228 da Lei nº 10.406, de 10 de janeiro de 2002 (Código Civil);

IV - o inciso I do art. 1.548 da Lei nº 10.406, de 10 de janeiro de 2002 (Código Civil);

V - o inciso IV do art. 1.557 da Lei nº 10.406, de 10 de janeiro de 2002 (Código Civil);

VI - os incisos II e IV do art. 1.767 da Lei nº 10.406, de 10 de janeiro de 2002 (Código Civil);

VII - os arts. 1.776 e 1.780 da Lei nº 10.406, de 10 de janeiro de 2002 (Código Civil).

Art. 124. O § 1º do Art. 2º desta Lei deverá entrar em vigor em até 2 (dois) anos, contados da entrada em vigor desta Lei.

Art. 125. Devem ser observados os prazos a seguir discriminados, a partir da entrada em vigor desta Lei, para o cumprimento dos seguintes dispositivos:

I - incisos I e II do § 2º do art. 28, 48 (quarenta e oito) meses;

II - § 6º do art. 44, 84 (oitenta e quatro) meses; *(Inciso com redação dada pela Medida Provisória nº 1.025, de 31/12/2020, convertida na Lei nº 14.159, de 2/6/2021)*

III - art. 45, 24 (vinte e quatro) meses;

IV - art. 49, 48 (quarenta e oito) meses.

Art. 126. Prorroga-se até 31 de dezembro de 2021 a vigência da Lei nº 8.989, de 24 de fevereiro de 1995.

Art. 127. Esta Lei entra em vigor após decorridos 180 (cento e oitenta) dias de sua publicação oficial.

Brasília, 6 de julho de 2015;
194º da Independência e 127º da República.
DILMA ROUSSEFF
Marivaldo de Castro Pereira
Joaquim Vieira Ferreira Levy
Renato Janine Ribeiro
Armando Monteiro
Nelson Barbosa
Gilberto Kassab
Luis Inácio Lucena Adams
Gilberto José Spier Vargas
Guilherme Afif Domingos
DOU de 7.7.2015

DECRETO Nº 9.451, DE 26 DE JULHO DE 2018

Regulamenta o art. 58 da Lei nº 13.146, de 6 de julho de 2015, que institui a Lei Brasileira de Inclusão da Pessoa com Deficiência – Estatuto da Pessoa com Deficiência.

- *Vide Resolução CNJ 401/2021 (Diretrizes de acessibilidade e inclusão de pessoas com deficiência nos órgãos do Poder Judiciário e de seus serviços auxiliares, e regulamenta o funcionamento de unidades de acessibilidade e inclusão)*

A PRESIDENTE DO SUPREMO TRIBUNAL FEDERAL, no exercício do cargo de PRESIDENTE DA REPÚBLICA, no uso da atribuição que lhe confere o art. 84,*caput*, inciso IV, da Constituição, e tendo em vista o disposto no art. 58 da Lei nº 13.146, de 6 de julho de 2015,

DECRETA:

Art. 1º Este Decreto regulamenta o disposto no art. 58 da Lei nº 13.146, de 6 de julho de 2015, para dispor sobre os preceitos de acessibilidade relativos ao projeto e à construção de edificação de uso privado multifamiliar.

Art. 2º Para fins do disposto neste Decreto, considera-se:

I – edificação de uso privado multifamiliar – aquela com duas ou mais unidades autônomas destinadas ao uso residencial, ainda que localizadas em pavimento único;

II – unidade internamente acessível – unidade autônoma de edificação de uso privado multifamiliar, dotada de características específicas que permitam o uso da unidade por pessoa com deficiência ou com mobilidade reduzida, observado o disposto nos Anexos I e II;

III – unidade adaptável – unidade autônoma de edificação de uso privado multifamiliar cujas características construtivas permitam a sua adaptação, a partir de alterações de layout, dimensões internas ou quantidade de ambientes, sem que sejam afetadas a estrutura da edificação e as instalações prediais, observado o disposto neste Decreto;

IV – unidade com adaptação razoável – unidade autônoma de edificação de uso privado multifamiliar, com modificações e ajustes realizados por meio de tecnologia assistiva e de ajuda técnica, a que se refere o Anexo II, que permitam o uso da unidade por pessoa com deficiência auditiva, visual, intelectual ou nanismo; e

V – data do início da obra – a data de emissão do Cadastro Específico do Instituto Nacional do Seguro Social – INSS – CEI.

Parágrafo único. A alteração da quantidade de ambientes a que se refere o inciso III do *caput* somente poderá ser efetuada nas unidades autônomas com área privativa de, no máximo, setenta metros quadrados.

Art. 3º Os empreendimentos de edificação de uso privado multifamiliar serão projetados com unidades adaptáveis, nos termos do disposto neste Decreto, com condições de adaptação dos ambientes para as características de unidade internamente acessível, observadas as especificações estabelecidas nos Anexos I e II.

Parágrafo único. Nas unidades autônomas com mais de um pavimento, será previsto espaço para instalação de equipamento de transposição vertical para acesso a todos os pavimentos da mesma unidade autônoma.

Art. 4º As unidades autônomas das edificações de uso privado multifamiliar deverão ser adaptáveis.

Art. 5º As unidades autônomas adaptáveis deverão ser convertidas em unidades internamente acessíveis quando solicitado pelo adquirente, por escrito, até a data do início da obra.

§ 1º É vedada a cobrança de valores adicionais para a conversão de que trata o *caput*.

§ 2º Na hipótese de desistência ou de resolução contratual por inadimplemento do comprador da unidade internamente acessível, o incorporador poderá reter os custos adicionais incorridos devido à adaptação solicitada, desde que previsto expressamente em cláusula contratual.

Art. 6º Os empreendimentos que adotarem sistema construtivo que não permita alterações posteriores, tais como a alvenaria estrutural, paredes de concreto, impressão 3D ou outros equivalentes, poderão não atender às obrigações previstas nos art. 3º, art. 4º e art. 5º, desde que garantam o percentual mínimo de três por cento de unidades internamente acessíveis, não restritas ao pavimento térreo.

§ 1º Na hipótese de o percentual previsto no *caput* resultar em número menor do que um, os empreendimentos deverão garantir, no mínimo, uma unidade internamente acessível.

§ 2º Ressalvado o disposto no § 1º, na hipótese de a aplicação do percentual previsto no *caput* resultar em número fracionado, este será arredondado para o número inteiro subsequentemente superior.

§ 3º O adquirente do imóvel poderá solicitar, por escrito, a adaptação razoável de sua unidade até a data do início da obra, para informar à construtora ou à incorporadora sobre os itens de sua escolha para instalação na unidade adquirida, observadas as especificações estabelecidas no Anexo II.

§ 4º É vedada a cobrança de valores adicionais para a aquisição de unidades internamente acessíveis ou a adaptação razoável da unidade autônoma, observado o percentual previsto no *caput*.

Art. 7º As áreas de uso comum das edificações de uso privado multifamiliar deverão ser acessíveis e atender aos requisitos estabelecidos nas normas técnicas de acessibilidade vigentes.

Art. 8º Serão reservados dois por cento das vagas de garagem ou estacionamento, vinculadas ao empreendimento, para uso comum, para veículos que transportem pessoa com deficiência com comprometimento de mobilidade, sem prejuízo do disposto no art. 47 da Lei nº 13.146, de 2015.

§ 1º Na hipótese de o percentual previsto no *caput* resultar em número menor do que um, os empreendimentos deverão garantir, no mínimo, a reserva de uma vaga de garagem ao estacionamento para veículos que transportem pessoa com deficiência com comprometimento de mobilidade.

§ 2º Ressalvado o disposto no § 1º, na hipótese de a aplicação do percentual previsto no *caput* resultar em número fracionado, as casas decimais da fração serão desprezadas.

§ 3º As vagas a que se refere o *caput* deverão ser localizadas próximo às rotas acessíveis de pedestres ou aos elevadores, atender aos requisitos estabelecidos nas normas técnicas de acessibilidade vigentes e ficar sob a administração do condomínio em área comum.

§ 4º O morador com deficiência com comprometimento de mobilidade e que tenha vaga vinculada à sua unidade autônoma poderá solicitar uma das vagas sob a administração do condomínio a qualquer tempo, hipótese em que o condomínio deverá ceder a posse temporária da vaga acessível em troca da posse da vaga vinculada à unidade autônoma do morador.

§ 5º O disposto neste artigo não se aplica aos empreendimentos que não ofertem vagas de estacionamento vinculadas às unidades autônomas da edificação.

Art. 9º Ficam dispensados do disposto neste Decreto:

I – edificações de uso privado multifamiliar cujo projeto tenha sido protocolado no órgão responsável pelo licenciamento anteriormente à data de entrada em vigor deste Decreto;

II – unidades autônomas com, no máximo, um dormitório e com área útil de, no máximo, trinta e cinco metros quadrados;

III – unidades autônomas com dois dormitórios e com área útil de, no máximo, quarenta e um metros quadrados;

IV – reforma e regularização de edificação de uso privado multifamiliar, desde que a construção da edificação original a ser reformada ou regularizada tenha se iniciado anteriormente à data de entrada em vigor deste Decreto;

V – reforma das unidades autônomas das edificações de uso privado multifamiliar; e

VI – regularização fundiária de interesse social, desde que o imóvel ou os núcleos informais a serem regularizados tenha se iniciado anteriormente à data de entrada em vigor deste Decreto.

Art. 10. Ficam excluídos do disposto neste Decreto os empreendimentos a que se refere o art. 32 da Lei nº 13.146, de 2015.

Art. 11. Este Decreto entra em vigor dezoito meses após a data de sua publicação.

Brasília, 26 de julho de 2018; 197º da Independência e 130º da República.
CÁRMEN LÚCIA ANTUNES ROCHA
Yana Dumaresq Sobral Alves
Silvani Alves Pereira
Gustavo do Vale Rocha
(D.O.U.: 27.07.2018.)

▸ *Não publicamos o anexo deste Decreto.*

LEI Nº 13.874, DE 20 DE SETEMBRO DE 2019

Institui a Declaração de Direitos de Liberdade Econômica; estabelece garantias de livre mercado; altera as Leis nºs 10.406, de 10 de janeiro de 2002 (Código Civil), 6.404, de 15 de dezembro de 1976, 11.598, de 3 de dezembro de 2007, 12.682, de 9 de julho de 2012, 6.015, de 31 de dezembro 1973, 10.522, de 19 de julho de 2002, 8.934, de 18 de novembro 1994, o Decreto-Lei nº 9.760, de 5 de setembro de 1946 e a Consolidação das Leis do Trabalho, aprovada pelo Decreto-Lei nº 5.452, de 1º de maio de 1943; revoga a Lei Delegada nº 4, de 26 de setembro de 1962, a Lei nº 11.887, de 24 de dezembro de 2008, e dispositivos do Decreto-Lei nº 73, de 21 de novembro de 1966; e dá outras providências.

O PRESIDENTE DA REPÚBLICA: Faço saber que o Congresso Nacional decreta e eu sanciono a seguinte Lei:

CAPÍTULO I – DISPOSIÇÕES GERAIS

Art. 1º Fica instituída a Declaração de Direitos de Liberdade Econômica, que estabelece normas de proteção à livre iniciativa e ao livre exercício de atividade econômica e disposições sobre a atuação do Estado como agente normativo e regulador, nos termos do inciso IV do *caput* do art. 1º, do parágrafo único do art. 170 e do *caput* do art. 174 da Constituição Federal.

§ 1º O disposto nesta Lei será observado na aplicação e na interpretação do direito civil, empresarial, econômico, urbanístico e do trabalho nas relações jurídicas que se encontrem no seu âmbito de aplicação e na ordenação pública, inclusive sobre exercício das profissões, comércio, juntas comerciais, registros públicos, trânsito, transporte e proteção ao meio ambiente.

§ 2º Interpretam-se em favor da liberdade econômica, da boa-fé e do respeito aos contratos, aos investimentos e à propriedade todas as normas de ordenação pública sobre atividades econômicas privadas.

§ 3º O disposto neste Capítulo e nos Capítulos II e III desta Lei não se aplica ao direito tributário e ao direito financeiro, ressalvado o disposto no inciso X do caput do art. 3º desta Lei. *(Parágrafo com redação dada pela Lei nº 14.195, de 26/8/2021)*

§ 4º O disposto nos arts. 1º, 2º, 3º e 4º desta Lei constitui norma geral de direito econômico, conforme o disposto no inciso I do *caput* e nos §§ 1º, 2º, 3º e 4º do art. 24 da Constituição Federal, e será observado para todos os atos públicos de liberação da atividade econômica executados pelos Estados, pelo Distrito Federal e pelos Municípios, nos termos do § 2º deste artigo.

§ 5º O disposto no inciso IX do *caput* do art. 3º desta Lei não se aplica aos Estados, ao Distrito Federal e aos Municípios, exceto se:

I – o ato público de liberação da atividade econômica for derivado ou delegado por legislação ordinária federal; ou

II – o ente federativo ou o órgão responsável pelo ato decidir vincular-se ao disposto no inciso IX do *caput* do art. 3º desta Lei por meio de instrumento válido e próprio.

§ 6º Para fins do disposto nesta Lei, consideram-se atos públicos de liberação a licença, a autorização, a concessão, a inscrição, a permissão, o alvará, o cadastro, o credenciamento, o estudo, o plano, o registro e os demais atos exigidos, sob qualquer denominação, por órgão ou entidade da administração pública na aplicação de legislação, como condição para o exercício de atividade econômica, inclusive o início, a continuação e o fim para a instalação, a construção, a operação, a produção, o funcionamento, o uso, o exercício ou a realização, no âmbito público ou privado, de atividade, serviço, estabelecimento, profissão, instalação, operação, produto, equipamento, veículo, edificação e outros.

Art. 2º São princípios que norteiam o disposto nesta Lei:

I – a liberdade como uma garantia no exercício de atividades econômicas;

II – a boa-fé do particular perante o poder público;

III – a intervenção subsidiária e excepcional do Estado sobre o exercício de atividades econômicas; e

IV – o reconhecimento da vulnerabilidade do particular perante o Estado.

Parágrafo único. Regulamento disporá sobre os critérios de aferição para afastamento do inciso IV do *caput* deste artigo, limitados a questões de má-fé, hipersuficiência ou reincidência.

CAPÍTULO II – DA DECLARAÇÃO DE DIREITOS DE LIBERDADE ECONÔMICA

Art. 3º São direitos de toda pessoa, natural ou jurídica, essenciais para o desenvolvimento e o crescimento econômicos do País, observado o disposto no parágrafo único do art. 170 da Constituição Federal:

I – desenvolver atividade econômica de baixo risco, para a qual se valha exclusivamente de propriedade privada própria ou de terceiros consensuais, sem a necessidade de quaisquer atos públicos de liberação da atividade econômica;

II – desenvolver atividade econômica em qualquer horário ou dia da semana, inclusive feriados, sem que para isso esteja sujeita a cobranças ou encargos adicionais, observadas:

a) as normas de proteção ao meio ambiente, incluídas as de repressão à poluição sonora e à perturbação do sossego público;

b) as restrições advindas de contrato, de regulamento condominial ou de outro negócio jurídico, bem como as decorrentes das normas de direito real, incluídas as de direito de vizinhança; e

c) a legislação trabalhista;

III – definir livremente, em mercados não regulados, o preço de produtos e de serviços como consequência de alterações da oferta e da demanda;

IV – receber tratamento isonômico de órgãos e de entidades da administração pública quanto ao exercício de atos de liberação da atividade econômica, hipótese em que o ato de liberação estará vinculado aos mesmos critérios de interpretação adotados em decisões administrativas análogas anteriores, observado o disposto em regulamento;

V – gozar de presunção de boa-fé nos atos praticados no exercício da atividade econômica, para os quais as dúvidas de interpretação do direito civil, empresarial, econômico e urbanístico serão resolvidas de forma a preservar a autonomia privada, exceto se houver expressa disposição legal em contrário;

VI – desenvolver, executar, operar ou comercializar novas modalidades de produtos e de serviços quando as normas infralegais se tornarem desatualizadas por força de desenvolvimento tecnológico consolidado internacionalmente, nos termos estabelecidos em regulamento, que disciplinará os requisitos para aferição da situação concreta, os procedimentos, o momento e as condições dos efeitos;

VII – (VETADO);

VIII – ter a garantia de que os negócios jurídicos empresariais paritários serão objeto de livre estipulação das partes pactuantes, de forma a aplicar todas as regras de direito empresarial apenas de maneira subsidiária ao avençado, exceto normas de ordem pública;

IX – ter a garantia de que, nas solicitações de atos públicos de liberação da atividade econômica que se sujeitam ao disposto nesta Lei, apresentados todos os elementos necessários à instrução do processo, o particular será cientificado expressa e imediatamente do prazo máximo estipulado para a análise de seu pedido e de que, transcorrido o prazo fixado, o silêncio da autoridade competente importará aprovação tácita para todos os efeitos, ressalvadas as hipóteses expressamente vedadas em lei;

X – arquivar qualquer documento por meio de microfilme ou por meio digital, conforme técnica e requisitos estabelecidos em regulamento, hipótese em que se equiparará a documento físico para todos os efeitos legais e para a comprovação de qualquer ato de direito público;

XI – não ser exigida medida ou prestação compensatória ou mitigatória abusiva, em sede de estudos de impacto ou outras liberações de atividade econômica no direito urbanístico, entendida como aquela que:

a) (VETADO);

b) requeira medida que já era planejada para execução antes da solicitação pelo particular, sem que a atividade econômica altere a demanda para execução da referida medida;

c) utilize-se do particular para realizar execuções que compensem impactos que existiriam independentemente do empreendimento ou da atividade econômica solicitada;

d) requeira a execução ou prestação de qualquer tipo para áreas ou situação além daquelas diretamente impactadas pela atividade econômica; ou

e) mostre-se sem razoabilidade ou desproporcional, inclusive utilizada como meio de coação ou intimidação; e

XII – não ser exigida pela administração pública direta ou indireta certidão sem previsão expressa em lei.

§ 1º Para fins do disposto no inciso I do *caput* deste artigo:

I – ato do Poder Executivo federal disporá sobre a classificação de atividades de baixo risco a ser observada na ausência de legislação estadual, distrital ou municipal específica;

II – na hipótese de ausência de ato do Poder Executivo federal de que trata o inciso I deste parágrafo, será aplicada resolução do Comitê para Gestão da Rede Nacional para a Simplificação do Registro e da Legalização de Empresas e Negócios (CGSIM), independentemente da aderência do ente federativo à Rede Nacional para a Simplificação do Registro e da Legalização de Empresas e Negócios (Redesim); e

III – na hipótese de existência de legislação estadual, distrital ou municipal sobre a classificação de atividades de baixo risco, o ente federativo que editar ou tiver editado norma específica encaminhará notificação ao Ministério da Economia sobre a edição de sua norma.

§ 2º A fiscalização do exercício do direito de que trata o inciso I do *caput* deste artigo será realizada posteriormente, de ofício ou como consequência de denúncia encaminhada à autoridade competente.

§ 3º O disposto no inciso III do *caput* deste artigo não se aplica:

I – às situações em que o preço de produtos e de serviços seja utilizado com a finalidade de reduzir o valor do tributo, de postergar a sua arrecadação ou de remeter lucros em forma de custos ao exterior; e

II – à legislação de defesa da concorrência, aos direitos do consumidor e às demais disposições protegidas por lei federal.

§ 4º *(Revogado pela Lei 14.011, de 2020)*

§ 5º O disposto no inciso VIII do *caput* deste artigo não se aplica à empresa pública e à sociedade de economia mista definidas nos arts. 3º e 4º da Lei nº 13.303, de 30 de junho de 2016.

§ 6º O disposto no inciso IX do *caput* deste artigo não se aplica quando:

I – versar sobre questões tributárias de qualquer espécie ou de concessão de registro de marcas;

II – a decisão importar em compromisso financeiro da administração pública; e

III – houver objeção expressa em tratado em vigor no País.

§ 7º A aprovação tácita prevista no inciso IX do *caput* deste artigo não se aplica quando a titularidade da solicitação for de agente público ou de seu cônjuge, companheiro ou parente em linha reta ou colateral, por consanguinidade ou afinidade, até o 3º (terceiro) grau, dirigida a autoridade administrativa ou política do próprio órgão ou entidade da administração pública em que desenvolva suas atividades funcionais.

§ 8º O prazo a que se refere o inciso IX do *caput* deste artigo será definido pelo órgão ou pela entidade da administração pública solicitada, observados os princípios da impessoalidade e da eficiência e os limites máximos estabelecidos em regulamento.

§ 9º (VETADO).

§ 10. O disposto no inciso XI do *caput* deste artigo não se aplica às situações de acordo resultantes de ilicitude.

§ 11. Para os fins do inciso XII do *caput* deste artigo, é ilegal delimitar prazo de validade de certidão emitida sobre fato imutável, inclusive sobre óbito.

CAPÍTULO III – DAS GARANTIAS DE LIVRE INICIATIVA

Art. 4º É dever da administração pública e das demais entidades que se vinculam a esta Lei, no exercício de regulamentação de norma pública pertencente à legislação sobre a qual esta Lei versa, exceto se em estrito cumprimento a previsão explícita em lei, evitar o abuso do poder regulatório de maneira a, indevidamente:

I – criar reserva de mercado ao favorecer, na regulação, grupo econômico, ou profissional, em prejuízo dos demais concorrentes;

II – redigir enunciados que impeçam a entrada de novos competidores nacionais ou estrangeiros no mercado;

III – exigir especificação técnica que não seja necessária para atingir o fim desejado;

IV – redigir enunciados que impeçam ou retardem a inovação e a adoção de novas tecnologias, processos ou modelos de negócios, ressalvadas as situações consideradas em regulamento como de alto risco;

V – aumentar os custos de transação sem demonstração de benefícios;

VI – criar demanda artificial ou compulsória de produto, serviço ou atividade profissional, inclusive de uso de cartórios, registros ou cadastros;

VII – introduzir limites à livre formação de sociedades empresariais ou de atividades econômicas;

VIII – restringir o uso e o exercício da publicidade e propaganda sobre um setor econômico, ressalvadas as hipóteses expressamente vedadas em lei federal; e

IX – exigir, sob o pretexto de inscrição tributária, requerimentos de outra natureza de maneira a mitigar os efeitos do inciso I do *caput* do art. 3º desta Lei.

Art. 4º-A É dever da administração pública e das demais entidades que se sujeitam a esta Lei, na aplicação da ordenação pública sobre atividades econômicas privadas:

I - dispensar tratamento justo, previsível e isonômico entre os agentes econômicos;

II - proceder à lavratura de autos de infração ou aplicar sanções com base em termos subjetivos ou abstratos somente quando estes forem propriamente regulamentados por meio de critérios claros, objetivos e previsíveis; e

III - observar o critério de dupla visita para lavratura de autos de infração decorrentes do exercício de atividade considerada de baixo ou médio risco.

§ 1º Os órgãos e as entidades competentes, na forma do inciso II do *caput* deste artigo, editarão atos normativos para definir a aplicação e a incidência de conceitos subjetivos ou abstratos por meio de critérios claros, objetivos e previsíveis, observado que:

I - nos casos de imprescindibilidade de juízo subjetivo para a aplicação da sanção, o ato normativo determinará o procedimento para sua aferição, de forma a garantir a maior previsibilidade e impessoalidade possível;

II - a competência da edição dos atos normativos infralegais equivalentes a que se refere este parágrafo poderá ser delegada pelo Poder competente conforme sua autonomia, bem como pelo órgão ou pela entidade responsável pela lavratura do auto de infração.

§ 2º Para os fins administrativos, controladores e judiciais, consideram-se plenamente atendidos pela administração pública os requisitos previstos no inciso II do *caput* deste artigo, quando a advocacia pública, no âmbito da União, dos Estados, do Distrito Federal e dos Municípios, nos limites da respectiva competência, tiver previamente analisado o ato de que trata o § 1º deste artigo.

§ 3º Os órgãos e as entidades deverão editar os atos normativos previstos no § 1º deste artigo no prazo de 4 (quatro) anos, podendo o Poder Executivo estabelecer prazo inferior em regulamento.

§ 4º O disposto no inciso II do *caput* deste artigo aplica-se exclusivamente ao ato de lavratura decorrente de infrações referentes a matérias nas quais a atividade foi considerada de baixo ou médio risco, não se aplicando a órgãos e a entidades da administração pública que não a tenham assim classificado, de forma direta ou indireta, de acordo com os seguintes critérios:

I - direta, quando realizada pelo próprio órgão ou entidade da administração pública que procede à lavratura; e

II - indireta, quando o nível de risco aplicável decorre de norma hierarquicamente superior ou subsidiária, por força de lei, desde que a classificação refira-se explicitamente à matéria sobre a qual se procederá a lavratura.

▸ *Artigo acrescido pela Lei nº 14.195, de 26/8/2021*

CAPÍTULO IV – DA ANÁLISE DE IMPACTO REGULATÓRIO

Art. 5º As propostas de edição e de alteração de atos normativos de interesse geral de agentes econômicos ou de usuários dos serviços prestados, editadas por órgão ou entidade da administração pública federal, incluídas as autarquias e as fundações públicas, serão precedidas da realização de análise de impacto regulatório, que conterá informações e dados sobre os possíveis efeitos do ato normativo para verificar a razoabilidade do seu impacto econômico.

Parágrafo único. Regulamento disporá sobre a data de início da exigência de que trata o *caput* deste artigo e sobre o conteúdo, a metodologia da análise de impacto regulatório, os quesitos mínimos a serem objeto de exame, as hipóteses em que será obrigatória sua realização e as hipóteses em que poderá ser dispensada.

CAPÍTULO V – DAS ALTERAÇÕES LEGISLATIVAS E DISPOSIÇÕES FINAIS

Art. 6º Fica extinto o Fundo Soberano do Brasil (FSB), fundo especial de natureza contábil e financeira, vinculado ao Ministério da Economia, criado pela Lei nº 11.887, de 24 de dezembro de 2008.

Art. 7º A Lei nº 10.406, de 10 de janeiro de 2002 (Código Civil), passa a vigorar com as seguintes alterações:

› *Alterações inseridas no texto da referida norma.*

Art. 8º O art. 85 da Lei nº 6.404, de 15 de dezembro de 1976, passa a vigorar com as seguintes alterações:

*"**Art. 85.** (...)*

§ 1º A subscrição poderá ser feita, nas condições previstas no prospecto, por carta à instituição, acompanhada das declarações a que se refere este artigo e do pagamento da entrada.

§ 2º Será dispensada a assinatura de lista ou de boletim a que se refere o caput deste artigo na hipótese de oferta pública cuja liquidação ocorra por meio de sistema administrado por entidade administradora de mercados organizados de valores mobiliários."

Art. 9º O art. 4º da Lei nº 11.598, de 3 de dezembro de 2007, passa a vigorar acrescido do seguinte § 5º:

*"**Art. 4º** (...)*

§ 5º Ato do Poder Executivo federal disporá sobre a classificação mínima de atividades de baixo risco, válida para todos os integrantes da Redesim, observada a Classificação Nacional de Atividades Econômicas, hipótese em que a autodeclaração de enquadramento será requerimento suficiente, até que seja apresentada prova em contrário."

Art. 10. A Lei nº 12.682, de 9 de julho de 2012, passa a vigorar acrescida do seguinte art. 2º-A:

› *Alterações inseridas no texto da referida norma.*

Art. 11. O Decreto-Lei nº 9.760, de 5 de setembro de 1946, passa a vigorar com as seguintes alterações:

› *Alterações inseridas no texto da referida norma.*

Art. 12. O art. 1º da Lei nº 6.015, de 31 de dezembro de 1973, passa a vigorar acrescido do seguinte § 3º:

› *Alterações inseridas no texto da referida norma.*

Art. 13. A Lei nº 10.522, de 19 de julho de 2002, passa a vigorar com as seguintes alterações:

*"**Art. 18-A.** Comitê formado de integrantes do Conselho Administrativo de Recursos Fiscais, da Secretaria Especial da Receita Federal do Brasil do Ministério da Economia e da Procuradoria-Geral da Fazenda Nacional editará enunciados de súmula da administração tributária federal, conforme o disposto em ato do Ministro de Estado da Economia, que deverão ser observados nos atos administrativos, normativos e decisórios praticados pelos referidos órgãos."*

*"**Art. 19.** Fica a Procuradoria-Geral da Fazenda Nacional dispensada de contestar, de oferecer contrarrazões e de interpor recursos, e fica autorizada a desistir de recursos já interpostos, desde que inexista outro fundamento relevante, na hipótese em que a ação ou a decisão judicial ou administrativa versar sobre:*

(...)

II – tema que seja objeto de parecer, vigente e aprovado, pelo Procurador-Geral da Fazenda Nacional, que conclua no mesmo sentido do pleito do particular;

(...)

IV – tema sobre o qual exista súmula ou parecer do Advogado-Geral da União que conclua no mesmo sentido do pleito do particular;

V – tema fundado em dispositivo legal que tenha sido declarado inconstitucional pelo Supremo Tribunal Federal em sede de controle difuso e tenha tido sua execução suspensa por resolução do Senado Federal, ou tema sobre o qual exista enunciado de súmula vinculante ou que tenha sido definido pelo Supremo Tribunal Federal em sentido desfavorável à Fazenda Nacional em sede de controle concentrado de constitucionalidade;

VI – tema decidido pelo Supremo Tribunal Federal, em matéria constitucional, ou pelo Superior Tribunal de Justiça, pelo Tribunal Superior do Trabalho, pelo Tribunal Superior Eleitoral ou pela Turma Nacional de Uniformização de Jurisprudência, no âmbito de suas competências, quando:

a) for definido em sede de repercussão geral ou recurso repetitivo; ou

b) não houver viabilidade de reversão da tese firmada em sentido desfavorável à Fazenda Nacional, conforme critérios definidos em ato do Procurador-Geral da Fazenda Nacional; e

VII – tema que seja objeto de súmula da administração tributária federal de que trata o art. 18-A desta Lei.

(...)

§ 3º (Revogado);

§ 4º (Revogado);

§ 5º (Revogado);

(...)

§ 7º (Revogado).

§ 8º O parecer da Procuradoria-Geral da Fazenda Nacional que examina a juridicidade de proposições normativas não se enquadra no disposto no inciso II do caput deste artigo.

§ 9º A dispensa de que tratam os incisos V e VI do caput deste artigo poderá ser estendida a tema não abrangido pelo julgado, quando a ele forem aplicáveis os fundamentos determinantes extraídos do julgamento paradigma ou da jurisprudência consolidada, desde que inexista outro fundamento relevante que justifique a impugnação em juízo.

§ 10. O disposto neste artigo estende-se, no que couber, aos demais meios de impugnação às decisões judiciais.

§ 11. O disposto neste artigo aplica-se a todas as causas em que as unidades da Procuradoria-Geral da Fazenda Nacional devam atuar na qualidade de representante judicial ou de autoridade coatora.

§ 12. Os órgãos do Poder Judiciário e as unidades da Procuradoria-Geral da Fazenda Nacional poderão, de comum acordo, realizar mutirões para análise do enquadramento de processos ou de recursos nas hipóteses previstas neste artigo e celebrar negócios processuais com fundamento no disposto no art. 190 da Lei nº 13.105, de 16 de março de 2015 (Código de Processo Civil).

§ 13. Sem prejuízo do disposto no § 12 deste artigo, a Procuradoria-Geral da Fazenda Nacional regulamentará a celebração de negócios jurídicos processuais em seu âmbito de atuação, inclusive na cobrança administrativa ou judicial da dívida ativa da União."

*"**Art. 19-A.** Os Auditores-Fiscais da Secretaria Especial da Receita Federal do Brasil não constituirão os créditos tributários relativos aos temas de que trata o art. 19 desta Lei, observado:*

I – o disposto no parecer a que se refere o inciso II do caput do art. 19 desta Lei, que será aprovado na forma do art. 42 da Lei Complementar nº 73, de 10 de fevereiro de 1993, ou que terá concordância com a sua aplicação pela Secretaria Especial da Receita Federal do Brasil do Ministério da Economia;

II – o parecer a que se refere o inciso IV do caput do art. 19 desta Lei, que será aprovado na forma do disposto no art. 40 da Lei Complementar nº 73, de 10 de fevereiro de 1993, ou que, quando não aprovado por despacho do Presidente da República, terá concordância com a sua aplicação pelo Ministro de Estado da Economia; ou

III – nas hipóteses de que tratam o inciso VI do caput e o § 9º do art. 19 desta Lei, a Procuradoria-Geral da Fazenda Nacional deverá manifestar-se sobre as matérias abrangidas por esses dispositivos.

§ 1º Os Auditores-Fiscais da Secretaria Especial da Receita Federal do Brasil do Ministério da Economia adotarão, em suas decisões, o entendimento a que estiverem vinculados, inclusive para fins de revisão de ofício do lançamento e de repetição de indébito administrativa.

§ 2º O disposto neste artigo aplica-se, no que couber, aos responsáveis pela retenção de tributos e, ao emitirem laudos periciais para atestar a existência de condições que gerem isenção de tributos, aos serviços médicos oficiais."

*"**Art. 19-B.** Os demais órgãos da administração pública que administrem créditos tributários e não tributários passíveis de inscrição e de cobrança pela Procuradoria-Geral da Fazenda Nacional encontram-se dispensados de constituir e de promover a cobrança com fundamento nas hipóteses de dispensa de que trata o art. 19 desta Lei.*

***Parágrafo único.** A aplicação do disposto no caput deste artigo observará, no que couber, as disposições do art. 19-A desta Lei."*

*"**Art. 19-C.** A Procuradoria-Geral da Fazenda Nacional poderá dispensar a prática de atos processuais, inclusive a desistência de recursos interpostos, quando o benefício patrimonial almejado com o ato não atender aos critérios de racionalidade, de economicidade e de eficiência.*

§ 1º O disposto no caput deste artigo inclui o estabelecimento de parâmetros de valor para a dispensa da prática de atos processuais.

§ 2º A aplicação do disposto neste artigo não implicará o reconhecimento da procedência do pedido formulado pelo autor.

§ 3º O disposto neste artigo aplica-se, inclusive, à atuação da Procuradoria-Geral da Fazenda Nacional no âmbito do contencioso administrativo fiscal."

*"**Art. 19-D.** Revogado parcialmente na parte em que altera o Caput pela Lei nº 14.375, de 2022.*

§ 1º Aos órgãos da administração pública federal direta, representados pela Procuradoria-Geral da União, e às autarquias e fundações públicas, representadas pela Procuradoria-Geral Federal ou pela Procuradoria-Geral do Banco Central do Brasil, aplica-se, no que couber, o disposto no art. 19-B desta Lei.

§ 2º Ato do Advogado-Geral da União disciplinará o disposto neste artigo."

*"**Art. 20.** Serão arquivados, sem baixa na distribuição, por meio de requerimento do Procurador da Fazenda Nacional, os autos das execuções fiscais de débitos inscritos em dívida ativa da União pela Procuradoria-Geral da Fazenda Nacional ou por ela cobrados, de valor consolidado igual ou inferior àquele estabelecido em ato do Procurador-Geral da Fazenda Nacional.*

(...)"

Art. 14. A Lei nº 8.934, de 18 de novembro de 1994, passa a vigorar com as seguintes alterações:

› *Alterações inseridas no texto da referida norma.*

Art. 15. A Consolidação das Leis do Trabalho, aprovada pelo Decreto-Lei nº 5.452, de 1º de maio de 1943, passa a vigorar com as seguintes alterações:

*"**Art. 13.** (...)*

§ 2º A Carteira de Trabalho e Previdência Social (CTPS) obedecerá aos modelos que o Ministério da Economia adotar.

§ 3º (Revogado).

§ 4º (Revogado)."

*"**Art. 14.** A CTPS será emitida pelo Ministério da Economia preferencialmente em meio eletrônico.*

Parágrafo único. *Excepcionalmente, a CTPS poderá ser emitida em meio físico, desde que:*

I – nas unidades descentralizadas do Ministério da Economia que forem habilitadas para a emissão;

II – mediante convênio, por órgãos federais, estaduais e municipais da administração direta ou indireta;

III – mediante convênio com serviços notariais e de registro, sem custos para a administração, garantidas as condições de segurança das informações."

*"**Art. 15.** Os procedimentos para emissão da CTPS ao interessado serão estabelecidos pelo Ministério da Economia em regulamento próprio, privilegiada a emissão em formato eletrônico."*

*"**Art. 16.** A CTPS terá como identificação única do empregado o número de inscrição no Cadastro de Pessoas Físicas (CPF).*

I – (revogado);

II – (revogado);

III – (revogado);

IV – (revogado).

Parágrafo único. *(Revogado).*

a) (revogada);

b) (revogada)."

*"**Art. 29.** O empregador terá o prazo de 5 (cinco) dias úteis para anotar na CTPS, em relação aos trabalhadores que admitir, a data de admissão, a remuneração e as condições especiais, se houver, facultada a adoção de sistema manual, mecânico ou eletrônico, conforme instruções a serem expedidas pelo Ministério da Economia.*

(...)

§ 6º A comunicação pelo trabalhador do número de inscrição no CPF ao empregador equivale à apresentação da CTPS em meio digital, dispensado o empregador da emissão de recibo.

§ 7º Os registros eletrônicos gerados pelo empregador nos sistemas informatizados da CTPS em meio digital equivalem às anotações a que se refere esta Lei.

§ 8º O trabalhador deverá ter acesso às informações da sua CTPS no prazo de até 48 (quarenta e oito) horas a partir de sua anotação."

*"**Art. 40.** A CTPS regularmente emitida e anotada servirá de prova:*

(...)

II – (revogado);

(...)"

*"**Art. 74.** O horário de trabalho será anotado em registro de empregados.*

§ 1º (Revogado).

§ 2º Para os estabelecimentos com mais de 20 (vinte) trabalhadores será obrigatória a anotação da hora de entrada e de saída, em registro manual, mecânico ou eletrônico, conforme instruções expedidas pela Secretaria Especial de Previdência e Trabalho do Ministério da Economia, permitida a pré-assinalação do período de repouso.

§ 3º Se o trabalho for executado fora do estabelecimento, o horário dos empregados constará do registro manual, mecânico ou eletrônico em seu poder, sem prejuízo do que dispõe o caput deste artigo.

§ 4º Fica permitida a utilização de registro de ponto por exceção à jornada regular de trabalho, mediante acordo individual escrito, convenção coletiva ou acordo coletivo de trabalho."

*"**Art. 135.** (...)*

§ 3º Nos casos em que o empregado possua a CTPS em meio digital, a anotação será feita nos sistemas a que se refere o § 7º do art. 29 desta Consolidação, na forma do regulamento, dispensadas as anotações de que tratam os §§ 1º e 2º deste artigo."

Art. 16. O Sistema de Escrituração Digital das Obrigações Fiscais, Previdenciárias e Trabalhistas (eSocial) será substituído, em nível federal, por sistema simplificado de escrituração digital de obrigações previdenciárias, trabalhistas e fiscais.

Parágrafo único. Aplica-se o disposto no *caput* deste artigo às obrigações acessórias à versão digital gerenciadas pela Receita Federal do Brasil do Livro de Controle de Produção e Estoque da Secretaria Especial da Receita Federal do Brasil (Bloco K).

Art. 17. Ficam resguardados a vigência e a eficácia ou os efeitos dos atos declaratórios do Procurador-Geral da Fazenda Nacional, aprovados pelo Ministro de Estado respectivo e editados até a data de publicação desta Lei, nos termos do inciso II do *caput* do art. 19 da Lei nº 10.522, de 19 de julho de 2002.

Art. 18. A eficácia do disposto no inciso X do *caput* do art. 3º desta Lei fica condicionada à regulamentação em ato do Poder Executivo federal, observado que:

I – para documentos particulares, qualquer meio de comprovação da autoria, integridade e, se necessário, confidencialidade de documentos em forma eletrônica é válido, desde que escolhido de comum acordo pelas partes ou aceito pela pessoa a quem for oposto o documento; e

II – independentemente de aceitação, o processo de digitalização que empregar o uso da certificação no padrão da Infraestrutura de Chaves Públicas Brasileira (ICP-Brasil) terá garantia de integralidade, autenticidade e confidencialidade para documentos públicos e privados.

Art. 19. Ficam revogados:

I – a Lei Delegada nº 4, de 26 de setembro de 1962;

II – os seguintes dispositivos do Decreto-Lei nº 73, de 21 de novembro de 1966:

a) inciso III do *caput* do art. 5º; e

b) inciso X do *caput* do art. 32;

III – a Lei nº 11.887, de 24 de dezembro de 2008;

IV – (VETADO);

V – os seguintes dispositivos da Consolidação das Leis do Trabalho, aprovada pelo Decreto-Lei nº 5.452, de 1º de maio de 1943:

a) art. 17;

b) art. 20;

c) art. 21;

d) art. 25;

e) art. 26;

f) art. 30;

g) art. 31;

h) art. 32;

i) art. 33;

j) art. 34;

k) inciso II do art. 40;

l) art. 53;

m) art. 54;

n) art. 56;

o) art. 141;

p) parágrafo único do art. 415;

q) art. 417;

r) art. 419;

s) art. 420;

t) art. 421;

u) art. 422; e

v) art. 633;

VI – os seguintes dispositivos da Lei nº 8.934, de 18 de novembro de 1994:

a) parágrafo único do art. 2º;

b) inciso VIII do *caput* do art. 35;

c) art. 43; e

d) parágrafo único do art. 47.

Art. 20. Esta Lei entra em vigor:

I – *(VETADO);*

II – na data de sua publicação, para os demais artigos.

Brasília, 20 de setembro de 2019;
198º da Independência e 131º da República.
JAIR MESSIAS BOLSONARO
Paulo Guedes
Luiz Henrique Mandetta
DOU de 20.9.2019

DECRETO Nº 10.278, DE 18 DE MARÇO DE 2020

Regulamenta o disposto no inciso X do caput do art. 3º da Lei nº 13.874, de 20 de setembro de 2019, e no art. 2º-A da Lei nº 12.682, de 9 de julho de 2012, para estabelecer a técnica e os requisitos para a digitalização de documentos públicos ou privados, a fim de que os documentos digitalizados produzam os mesmos efeitos legais dos documentos originais.

O PRESIDENTE DA REPÚBLICA, no uso da atribuição que lhe confere o art. 84, *caput*, inciso IV, da Constituição, e tendo em vista o disposto no inciso X do *caput* do art. 3º e no art. 18 da Lei nº 13.874, de 20 de setembro de 2019, e no art. 2º- A da Lei nº 12.682, de 9 de julho de 2012,

DECRETA:

OBJETO

Art. 1º Este Decreto regulamenta o disposto no inciso X do *caput* do art. 3º da Lei nº 13.874, de 20 de setembro de 2019, e no art. 2º-A da Lei nº 12.682, de 9 de julho de 2012, para estabelecer a técnica e os requisitos para a digitalização de documentos públicos ou privados, a fim de que os documentos digitalizados produzam os mesmos efeitos legais dos documentos originais.

ÂMBITO DE APLICAÇÃO

Art. 2º Aplica-se o disposto neste Decreto aos documentos físicos digitalizados que sejam produzidos:

I – por pessoas jurídicas de direito público interno, ainda que envolva relações com particulares; e

II – por pessoas jurídicas de direito privado ou por pessoas naturais para comprovação perante:

a) pessoas jurídicas de direito público interno; ou

b) outras pessoas jurídicas de direito privado ou outras pessoas naturais.

Parágrafo único. O disposto neste Decreto não se aplica a:

I – documentos nato-digitais, que são documentos produzidos originalmente em formato digital;

II – documentos referentes às operações e transações realizadas no sistema financeiro nacional;

III – documentos em microfilme;

IV – documentos audiovisuais;

V – documentos de identificação; e

VI – documentos de porte obrigatório.

DEFINIÇÕES

Art. 3º Para fins do disposto neste Decreto, considera-se:

I – documento digitalizado – representante digital do processo de digitalização do documento físico e seus metadados;

II – metadados – dados estruturados que permitem classificar, descrever e gerenciar documentos;

III – documento público – documentos produzidos ou recebidos por pessoas jurídicas de direito público interno ou por entidades privadas encarregadas da gestão de serviços públicos; e

IV – integridade – estado dos documentos que não foram corrompidos ou alterados de forma não autorizada.

REGRAS GERAIS DE DIGITALIZAÇÃO

Art. 4º Os procedimentos e as tecnologias utilizados na digitalização de documentos físicos devem assegurar:

I – a integridade e a confiabilidade do documento digitalizado;

II – a rastreabilidade e a auditabilidade dos procedimentos empregados;

III – o emprego dos padrões técnicos de digitalização para garantir a qualidade da imagem, da legibilidade e do uso do documento digitalizado;

IV – a confidencialidade, quando aplicável; e

V – a interoperabilidade entre sistemas informatizados.

REQUISITOS NA DIGITALIZAÇÃO QUE ENVOLVA ENTIDADES PÚBLICAS

Art. 5º O documento digitalizado destinado a se equiparar a documento físico para todos os efeitos legais e para a comprovação de qualquer ato perante pessoa jurídica de direito público interno deverá:

I – ser assinado digitalmente com certificação digital no padrão da Infraestrutura de Chaves Públicas Brasileira – ICP-Brasil, de modo a garantir a autoria da digitalização e a integridade do documento e de seus metadados;

II – seguir os padrões técnicos mínimos previstos no Anexo I; e

III – conter, no mínimo, os metadados especificados no Anexo II.

REQUISITO NA DIGITALIZAÇÃO ENTRE PARTICULARES

Art. 6º Na hipótese de documento que envolva relações entre particulares, qualquer meio de comprovação da autoria, da integridade e, se necessário, da confidencialidade de documentos digitalizados será válido, desde que escolhido de comum acordo pelas partes ou aceito pela pessoa a quem for oposto o documento.

Parágrafo único. Na hipótese não ter havido acordo prévio entre as partes, aplica-se o disposto no art. 5º.

DESNECESSIDADE DA DIGITALIZAÇÃO

Art. 7º A digitalização de documentos por pessoas jurídicas de direito público interno será precedida da avaliação dos conjuntos documentais, conforme estabelecido em tabelas de temporalidade e destinação de documentos, de modo a identificar previamente os que devem ser encaminhados para descarte.

RESPONSABILIDADE PELA DIGITALIZAÇÃO

Art. 8º O processo de digitalização poderá ser realizado pelo possuidor do documento físico ou por terceiros.

§ 1º Cabe ao possuidor do documento físico a responsabilidade perante terceiros pela conformidade do processo de digitalização ao disposto neste Decreto.

§ 2º Na hipótese de contratação de terceiros pela administração pública federal, o instrumento contratual preverá:

I – a responsabilidade integral do contratado perante a administração pública federal e a responsabilidade solidária e ilimitada em relação ao terceiro prejudicado por culpa ou dolo; e

II – os requisitos de segurança da informação e de proteção de dados, nos termos da legislação vigente.

DESCARTE DOS DOCUMENTOS FÍSICOS

Art. 9º Após o processo de digitalização realizado conforme este Decreto, o documento físico poderá ser descartado, ressalvado aquele que apresente conteúdo de valor histórico.

MANUTENÇÃO DOS DOCUMENTOS DIGITALIZADOS

Art. 10. O armazenamento de documentos digitalizados assegurará:

I – a proteção do documento digitalizado contra alteração, destruição e, quando cabível, contra o acesso e a reprodução não autorizados; e

II – a indexação de metadados que possibilitem:

a) a localização e o gerenciamento do documento digitalizado; e

b) a conferência do processo de digitalização adotado.

PRESERVAÇÃO DOS DOCUMENTOS DIGITALIZADOS

Art. 11. Os documentos digitalizados sem valor histórico serão preservados, no mínimo, até o transcurso dos prazos de prescrição ou decadência dos direitos a que se referem.

PRESERVAÇÃO DE DOCUMENTO DIGITALIZADOS E ENTES PÚBLICOS

Art. 12. As pessoas jurídicas de direito público interno observarão o disposto na Lei nº 8.159, de 8 de janeiro de 1991, e nas tabelas de temporalidade e destinação de documentos aprovadas pelas instituições arquivísticas públicas, no âmbito de suas competências, observadas as diretrizes do Conselho Nacional de Arquivos – Conarq quanto à temporalidade de guarda, à destinação e à preservação de documentos.

Art. 13. Este Decreto entra em vigor na data de sua publicação.

Brasília, 18 de março de 2020;
199º da Independência e 132º da República.
JAIR MESSIAS BOLSONARO
Sérgio Moro
Paulo Guedes
DOU de 19/03/2020

› *Não publicamos os anexos deste Decreto.*

DECRETOS-LEIS

DECRETO-LEI Nº 4.657, DE 4 DE SETEMBRO DE 1942

Lei de Introdução às normas do Direito Brasileiro.

- *Ementa com redação dada pela Lei nº 12.376, de 30/12/2010*
- *Vide Dec. 9.830/2019: regulamenta os arts. 20 a 30 desta norma*
- *Vide Resolução CNJ n. 155/2012 (Traslado de certidões de registro civil de pessoas naturais emitidas no exterior).*

O PRESIDENTE DA REPÚBLICA, usando da atribuição que lhe confere o artigo 180 da Constituição, decreta:

Art. 1º. Salvo disposição contrária, a lei começa a vigorar em todo o país quarenta e cinco dias depois de oficialmente publicada.

§ 1º Nos Estados, estrangeiros, a obrigatoriedade da lei brasileira, quando admitida, se inicia três meses depois de oficialmente publicada.

§ 2º *(Revogado pela Lei nº 12.036, de 2009).*

§ 3º Se, antes de entrar a lei em vigor, ocorrer nova publicação de seu texto, destinada a correção, o prazo deste artigo e dos parágrafos anteriores começará a correr da nova publicação.

§ 4º As correções a texto de lei já em vigor consideram-se lei nova.

Art. 2º. Não se destinando à vigência temporária, a lei terá vigor até que outra a modifique ou revogue. (Vide Lei nº 3.991, de 1961)

§ 1º A lei posterior revoga a anterior quando expressamente o declare, quando seja com ela incompatível ou quando regule inteiramente a matéria de que tratava a lei anterior.

§ 2º A lei nova, que estabeleça disposições gerais ou especiais a par das já existentes, não revoga nem modifica a lei anterior.

§ 3º Salvo disposição em contrário, a lei revogada não se restaura por ter a lei revogadora perdido a vigência.

Art. 3º. Ninguém se escusa de cumprir a lei, alegando que não a conhece.

Art. 4º. Quando a lei for omissa, o juiz decidirá o caso de acordo com a analogia, os costumes e os princípios gerais de direito.

Art. 5º. Na aplicação da lei, o juiz atenderá aos fins sociais a que ela se dirige e às exigências do bem comum.

Art. 6º. A Lei em vigor terá efeito imediato e geral, respeitados o ato jurídico perfeito, o direito adquirido e a coisa julgada. *(Redação dada pela Lei nº 3.238, de 1957)*

§ 1º Reputa-se ato jurídico perfeito o já consumado segundo a lei vigente ao tempo em que se efetuou. *(Incluído pela Lei nº 3.238, de 1957)*

§ 2º Consideram-se adquiridos assim os direitos que o seu titular, ou alguém por ele, possa exercer, como aqueles cujo começo do exercício tenha termo pré-fixo, ou condição pré-estabelecida inalterável, a arbítrio de outrem. *(Incluído pela Lei nº 3.238, de 1957)*

§ 3º Chama-se coisa julgada ou caso julgado a decisão judicial de que já não caiba recurso. *(Incluído pela Lei nº 3.238, de 1957)*

Art. 7º. A lei do país em que domiciliada a pessoa determina as regras sobre o começo e o fim da personalidade, o nome, a capacidade e os direitos de família.

§ 1º Realizando-se o casamento no Brasil, será aplicada a lei brasileira quanto aos impedimentos dirimentes e às formalidades da celebração.

§ 2º O casamento de estrangeiros poderá celebrar-se perante autoridades diplomáticas ou consulares do país de ambos os nubentes. *(Redação dada pela Lei nº 3.238, de 1957)*

§ 3º Tendo os nubentes domicílio diverso, regerá os casos de invalidade do matrimônio a lei do primeiro domicílio conjugal.

§ 4º O regime de bens, legal ou convencional, obedece à lei do país em que tiverem os nubentes domicílio, e, se este for diverso, a do primeiro domicílio conjugal.

§ 5º O estrangeiro casado, que se naturalizar brasileiro, pode, mediante expressa anuência de seu cônjuge, requerer ao juiz, no ato de entrega do decreto de naturalização, se apostile ao mesmo a adoção do regime de comunhão parcial de bens, respeitados os direitos de terceiros e dada esta adoção ao competente registro. *(Redação dada pela Lei nº 6.515, de 1977)*

§ 6º O divórcio realizado no estrangeiro, se um ou ambos os cônjuges forem brasileiros, só será reconhecido no Brasil depois de 1 (um) ano da data da sentença, salvo se houver sido antecedida de separação judicial por igual prazo, caso em que a homologação produzirá efeito imediato, obedecidas as condições estabelecidas para a eficácia das sentenças estrangeiras no país. O Superior Tribunal de Justiça, na forma de seu regimento interno, poderá reexaminar, a requerimento do interessado, decisões já proferidas em pedidos de homologação de sentenças estrangeiras de divórcio de brasileiros, a fim de que passem a produzir todos os efeitos legais. *(Redação dada pela Lei nº 12.036, de 2009).*

- *Vide art. 463, Provimento CNJ n. 149/2023 (CNN)*

§ 7º Salvo o caso de abandono, o domicílio do chefe da família estende-se ao outro cônjuge e aos filhos não emancipados, e o do tutor ou curador aos incapazes sob sua guarda.

§ 8º Quando a pessoa não tiver domicílio, considerar-se-á domiciliada no lugar de sua residência ou naquele em que se encontre.

Art. 8º. Para qualificar os bens e regular as relações a eles concernentes, aplicar-se-á a lei do país em que estiverem situados.

§ 1º Aplicar-se-á a lei do país em que for domiciliado o proprietário, quanto aos bens moveis que ele trouxer ou se destinarem a transporte para outros lugares.

§ 2º O penhor regula-se pela lei do domicílio que tiver a pessoa, em cuja posse se encontre a coisa apenhada.

Art. 9º. Para qualificar e reger as obrigações, aplicar-se-á a lei do país em que se constituírem.

§ 1º Destinando-se a obrigação a ser executada no Brasil e dependendo de forma essencial, será esta observada, admitidas as peculiaridades da lei estrangeira quanto aos requisitos extrínsecos do ato.

§ 2º A obrigação resultante do contrato reputa-se constituída no lugar em que residir o proponente.

Art. 10. A sucessão por morte ou por ausência obedece à lei do país em que domiciliado o defunto ou o desaparecido, qualquer que seja a natureza e a situação dos bens.

§ 1º A sucessão de bens de estrangeiros, situados no País, será regulada pela lei brasileira em benefício do cônjuge ou dos filhos brasileiros, ou de quem os represente, sempre que não lhes seja mais favorável a lei pessoal do de cujus. *(Redação dada pela Lei nº 9.047, de 1995)*

§ 2º A lei do domicílio do herdeiro ou legatário regula a capacidade para suceder.

Art. 11. As organizações destinadas a fins de interesse coletivo, como as sociedades e as fundações, obedecem à lei do Estado em que se constituírem.

§ 1º Não poderão, entretanto ter no Brasil filiais, agências ou estabelecimentos antes de serem os atos constitutivos aprovados pelo Governo brasileiro, ficando sujeitas à lei brasileira.

§ 2º Os Governos estrangeiros, bem como as organizações de qualquer natureza, que eles tenham constituído, dirijam ou hajam investido de funções públicas, não poderão adquirir no Brasil bens imóveis ou suscetíveis de desapropriação.

§ 3º Os Governos estrangeiros podem adquirir a propriedade dos prédios necessários à sede dos representantes diplomáticos ou dos agentes consulares. (Vide Lei nº 4.331, de 1964)

Art. 12. É competente a autoridade judiciária brasileira, quando for o réu domiciliado no Brasil ou aqui tiver de ser cumprida a obrigação.

§ 1º Só à autoridade judiciária brasileira compete conhecer das ações relativas a imóveis situados no Brasil.

§ 2º A autoridade judiciária brasileira cumprirá, concedido o exequatur e segundo a forma estabelecida pele lei brasileira, as diligências deprecadas por autoridade estrangeira competente, observando a lei desta, quanto ao objeto das diligências.

Art. 13. A prova dos fatos ocorridos em país estrangeiro rege-se pela lei que nele vigorar, quanto ao ônus e aos meios de produzir-se, não admitindo os tribunais brasileiros provas que a lei brasileira desconheça.

Art. 14. Não conhecendo a lei estrangeira, poderá o juiz exigir de quem a invoca prova do texto e da vigência.

Art. 15. Será executada no Brasil a sentença proferida no estrangeiro, que reúna os seguintes requisitos:

a) haver sido proferida por juiz competente;

b) terem sido os partes citadas ou haver-se legalmente verificado à revelia;

c) ter passado em julgado e estar revestida das formalidades necessárias para a execução no lugar em que foi proferida;

d) estar traduzida por intérprete autorizado;

e) ter sido homologada pelo Supremo Tribunal Federal. (Vide art.105, I, i da Constituição Federal).

Parágrafo único. *(Revogado pela Lei nº 12.036, de 2009).*

Art. 16. Quando, nos termos dos artigos precedentes, se houver de aplicar a lei estrangeira, ter-se-á em vista a disposição desta, sem considerar-se qualquer remissão por ela feita a outra lei.

Art. 17. As leis, atos e sentenças de outro país, bem como quaisquer declarações de vontade, não terão eficácia no Brasil, quando ofenderem a soberania nacional, a ordem pública e os bons costumes.

Art. 18. Tratando-se de brasileiros, são competentes as autoridades consulares brasileiras para lhes celebrar o casamento e os mais atos de Registro Civil e de tabelionato, inclusive o registro de nascimento e de óbito dos filhos de brasileiro ou brasileira nascido no país da sede do Consulado. *(Redação dada pela Lei nº 3.238, de 1957)*

§ 1º As autoridades consulares brasileiras também poderão celebrar a separação consensual e o divórcio consensual de brasileiros, não havendo filhos menores ou incapazes do casal e observados os requisitos legais quanto aos prazos, devendo constar da respectiva escritura pública as disposições relativas à descrição e à partilha dos bens comuns e à pensão alimentícia e, ainda, ao acordo quanto à retomada pelo cônjuge de seu nome de solteiro ou à manutenção do nome adotado quando se deu o casamento. *(Incluído pela Lei nº 12.874, de 2013)*

§ 2º É indispensável a assistência de advogado, devidamente constituído, que se dará mediante a subscrição de petição, juntamente com ambas as partes, ou com apenas uma delas, caso a outra constitua advogado próprio, não se fazendo necessário que a assinatura do advogado conste da escritura pública. *(Incluído pela Lei nº 12.874, de 2013)*

Art. 19. Reputam-se válidos todos os atos indicados no artigo anterior e celebrados pelos cônsules brasileiros na vigência do Decreto-lei nº 4.657, de 4 de setembro de 1942, desde que satisfaçam todos os requisitos legais. *(Incluído pela Lei nº 3.238, de 1957)*

Parágrafo único. No caso em que a celebração desses atos tiver sido recusada pelas autoridades consulares, com fundamento no artigo 18 do mesmo Decreto-lei, ao interessado é facultado renovar o pedido dentro em 90 (noventa) dias contados da data da publicação desta lei. *(Incluído pela Lei nº 3.238, de 1957)*

Art. 20. Nas esferas administrativa, controladora e judicial, não se decidirá com base em valores jurídicos abstratos sem que sejam consideradas as consequências práticas da decisão. *(Incluído pela Lei nº 13.655, de 2018)*

Parágrafo único. A motivação demonstrará a necessidade e a adequação da medida imposta ou da invalidação de ato, contrato, ajuste, processo ou norma administrativa, inclusive em face das possíveis alternativas. *(Incluído pela Lei nº 13.655, de 2018)*

Art. 21. A decisão que, nas esferas administrativa, controladora ou judicial, decretar a invalidação de ato, contrato, ajuste, processo ou norma administrativa deverá indicar de modo expresso suas consequências jurídicas e administrativas. *(Incluído pela Lei nº 13.655, de 2018)*

Parágrafo único. A decisão a que se refere o *caput* deste artigo deverá, quando for o caso, indicar as condições para que a regularização ocorra de modo proporcional e equânime e sem prejuízo aos interesses gerais, não se podendo impor aos sujeitos atingidos ônus ou perdas que, em função das peculiaridades do caso, sejam anormais ou excessivos. *(Incluído pela Lei nº 13.655, de 2018)*

Art. 22. Na interpretação de normas sobre gestão pública, serão considerados os obstáculos e as dificuldades reais do gestor e as exigências das políticas públicas a seu cargo, sem prejuízo dos direitos dos administrados.

§ 1º Em decisão sobre regularidade de conduta ou validade de ato, contrato, ajuste, processo ou norma administrativa, serão consideradas as circunstâncias práticas que houverem imposto, limitado ou condicionado a ação do agente. *(Incluído pela Lei nº 13.655, de 2018)*

§ 2º Na aplicação de sanções, serão consideradas a natureza e a gravidade da infração cometida, os danos que dela provierem para a administração pública, as circunstâncias agravantes ou atenuantes e os antecedentes do agente. *(Incluído pela Lei nº 13.655, de 2018)*

§ 3º As sanções aplicadas ao agente serão levadas em conta na dosimetria das demais sanções de mesma natureza e relativas ao mesmo fato. *(Incluído pela Lei nº 13.655, de 2018)*

Art. 23. A decisão administrativa, controladora ou judicial que estabelecer interpretação ou orientação nova sobre norma de conteúdo indeterminado, impondo novo dever ou novo condicionamento de direito, deverá prever regime de transição quando indispensável para que o novo dever ou condicionamento de direito seja cumprido de modo proporcional, equânime e eficiente e sem prejuízo aos interesses gerais.

Parágrafo único. (VETADO). *(Incluído pela Lei nº 13.655, de 2018)*

Art. 24. A revisão, nas esferas administrativa, controladora ou judicial, quanto à validade de ato, contrato, ajuste, processo ou norma administrativa cuja produção já se houver completado levará em conta as orientações gerais da época, sendo vedado que, com base em mudança posterior de orientação geral, se declarem inválidas situações plenamente constituídas. *(Incluído pela Lei nº 13.655, de 2018)*

Parágrafo único. Consideram-se orientações gerais as interpretações e especificações contidas em atos públicos de caráter geral ou em jurisprudência judicial ou administrativa majoritária, e ainda as adotadas por prática administrativa reiterada e de amplo conhecimento público. *(Incluído pela Lei nº 13.655, de 2018)*

Art. 25. (VETADO). *(Incluído pela Lei nº 13.655, de 2018)*

Art. 26. Para eliminar irregularidade, incerteza jurídica ou situação contenciosa na aplicação do direito público, inclusive no caso de expedição de licença, a autoridade administrativa poderá, após oitiva do órgão jurídico e, quando for o caso, após realização de consulta pública, e presentes razões de relevante interesse geral, celebrar compromisso com os interessados, observada a legislação aplicável, o qual só produzirá efeitos a partir de sua publicação oficial. *(Incluído pela Lei nº 13.655, de 2018)*

§ 1º O compromisso referido no *caput* deste artigo: *(Incluído pela Lei nº 13.655, de 2018)*

I - buscará solução jurídica proporcional, equânime, eficiente e compatível com os interesses gerais; *(Incluído pela Lei nº 13.655, de 2018)*

II – (VETADO); *(Incluído pela Lei nº 13.655, de 2018)*

III - não poderá conferir desoneração permanente de dever ou condicionamento de direito reconhecidos por orientação geral; *(Incluído pela Lei nº 13.655, de 2018)*

IV - deverá prever com clareza as obrigações das partes, o prazo para seu cumprimento e as sanções aplicáveis em caso de descumprimento. *(Incluído pela Lei nº 13.655, de 2018)*

§ 2º (VETADO). *(Incluído pela Lei nº 13.655, de 2018)*

Art. 27. A decisão do processo, nas esferas administrativa, controladora ou judicial, poderá impor compensação por benefícios indevidos ou prejuízos anormais ou injustos resultantes do processo ou da conduta dos envolvidos. *(Incluído pela Lei nº 13.655, de 2018)*

§ 1º A decisão sobre a compensação será motivada, ouvidas previamente as partes sobre seu cabimento, sua forma e, se for o caso, seu valor. *(Incluído pela Lei nº 13.655, de 2018)*

§ 2º Para prevenir ou regular a compensação, poderá ser celebrado compromisso processual entre os envolvidos. *(Incluído pela Lei nº 13.655, de 2018)*

Art. 28. O agente público responderá pessoalmente por suas decisões ou opiniões técnicas em caso de dolo ou erro grosseiro. *(Incluído pela Lei nº 13.655, de 2018)*

§ 1º (VETADO). *(Incluído pela Lei nº 13.655, de 2018)*

§ 2º (VETADO). *(Incluído pela Lei nº 13.655, de 2018)*

§ 3º (VETADO). *(Incluído pela Lei nº 13.655, de 2018)*

Art. 29. Em qualquer órgão ou Poder, a edição de atos normativos por autoridade administrativa, salvo os de mera organização interna, poderá ser precedida de consulta pública para manifestação de interessados, preferencialmente por meio eletrônico, a qual será considerada na decisão. *(Incluído pela Lei nº 13.655, de 2018)*

§ 1º A convocação conterá a minuta do ato normativo e fixará o prazo e demais condições da consulta pública, observadas as normas legais e regulamentares específicas, se houver. *(Incluído pela Lei nº 13.655, de 2018)*

§ 2º (VETADO). *(Incluído pela Lei nº 13.655, de 2018)*

Art. 30. As autoridades públicas devem atuar para aumentar a segurança jurídica na aplicação das normas, inclusive por meio de regulamentos, súmulas administrativas e respostas a consultas. *(Incluído pela Lei nº 13.655, de 2018)*

Parágrafo único. Os instrumentos previstos no *caput* deste artigo terão caráter vinculante em relação ao órgão ou entidade a que se destinam, até ulterior revisão. *(Incluído pela Lei nº 13.655, de 2018)*

Rio de Janeiro, 4 de setembro de 1942,
121º da Independência e 54º da República.
GETULIO VARGAS
Alexandre Marcondes Filho
Oswaldo Aranha.
DOU de 9.9.1942, retificado em 8.10.1942
e retificado em 17.6.1943

DECRETO-LEI Nº 1.510, DE 27 DE DEZEMBRO DE 1976

Dispõe sobre a tributação de resultados obtidos na venda de participações societárias pelas pessoas físicas; altera o Decreto-lei nº 1.381, de 23 de dezembro de 1974, que dispõe sobre o tratamento tributário aplicável à pessoa física equiparada à pessoa jurídica em decorrência de operações com imóveis, e dá outras providências.

O PRESIDENTE DA REPÚBLICA, no uso das atribuições que lhe confere o artigo 55, inciso II, da Constituição,

DECRETA:

Arts. 1º a 9º *(Revogados pela Lei nº 7.713, de 1988)*

Art. 10. São procedidas as seguintes alterações no Decreto-lei número 1.381, de 23 de dezembro de 1974:

I – Nova redação ao artigo 3º:

*"**Art. 3º** Serão consideradas empresas individuais, para os fins do artigo 1º, as pessoas físicas que:*

I – Alienarem imóveis a empresa a que estejam vinculadas, se as empresas adquirentes explorarem, por qualquer modalidade, a construção, a comercialização de imóveis ou atividade de florestamento ou reflorestamento;

II – praticarem, em nome individual a comercialização de imóveis com habitualidade; ou

III – promoverem a incorporação de prédios em condomínio ou loteamento de terrenos".

II – Nova redação ao § 1º do art. 4º:

"§ 1º Para os efeitos deste artigo, não serão consideradas as alienações:

a) de imóveis havidos por legado, herança, e doação como adiantamento da legítima;

b) de imóveis adquiridos mais de 60 (sessenta) meses antes da data da alienação".

III – Nova redação ao artigo 5º:

*"**Art. 5º** Para os efeitos de equiparação da pessoa física à pessoa jurídica, nos termos do artigo 3º, inciso II, será considerada habitualidade na comercialização de imóveis a alienação:*

I – No prazo de 2 anos calendários consecutivos, de mais de 3 (três) imóveis adquiridos nesse mesmo biênio;

II – No prazo de 5 anos calendários consecutivos, de mais de 5 (cinco) imóveis adquiridos nesse mesmo quinquênio.

§ 1º Nos termos deste artigo, não serão computadas as transferências de imóveis em decorrência de herança ou legado, as doações como adiantamento da legítima nem as alienações:

a) de imóveis por motivo de desapropriação, recuo, ou extinção judicial de condomínio;

b) de imóveis havidos por legado, herança e doação como adiantamento da legítima;

c) de imóvel reavido por rescisão do contrato de alienação desse mesmo imóvel;

d) de unidades imobiliárias havidas em pagamento de terreno a que se refere o artigo 39 da Lei nº 4.591 de 16 de dezembro de 1964 quando se tratar de terreno havido mais de 60 (sessenta) meses antes dessa operação;

e) de vagas para guarda de automóveis.

§ 2º Para os efeitos deste artigo, será considerada como uma única operação:

a) alienação da totalidade ou de fração ideal de um terreno, com ou sem edificações, resultante da unificação de dois ou mais terrenos;

b) a alienação conjunta da totalidade ou de fração ideal de dois terrenos confinantes, com ou sem edificações;

c) a alienação em conjunto de até 5 (cinco) terrenos confinantes com o todo, sem edificações, desde que originados do desmembramento de um mesmo terreno e todos possuindo testada para logradouro público;

d) a alienação conjunta de até 3 (três) unidades não residenciais situadas no mesmo pavimento de edifício e confinantes com o todo, desde que adquiridas de uma só vez pelo alienante.

§ 3º Quando o imóvel alienado não tiver sido adquirido de uma só vez, mas parceladamente em anos diferentes, inclusive nos casos a que se refere o parágrafo anterior, adotar-se-á como ano de aquisição, aquele em que tiver sido adquirida a maior área de terreno ou as unidades que, em conjunto, correspondam a maior fração ideal de terreno; se na quantificação desses valores houver equivalência entre dois ou mais anos, consecutivos ou não, adotar-se-á o mais antigo.

§ 4º O número de adquirentes, em condomínio ou em comunhão, não descaracterizará a unicidade da operação para o alienante".

IV – Nova redação ao § 1º do artigo 6º:

*"**§ 1º** Equipara-se, também, a pessoa jurídica o proprietário ou titular de terrenos ou glebas de terras que, sem efetuar o registro dos documentos de incorporação ou loteamento, neles promova a construção de prédio com mais de duas unidades imobiliárias ou a execução de loteamento se iniciar a alienação das unidades mobiliárias ou dos lotes de terreno antes de decorrido o prazo de 60 (sessenta) meses contado da data da averbação, no Registro Imobiliário, da construção do prédio ou da aceitação das obras do loteamento".*

V – Nova redação ao § 3º do artigo 9º:

*"**§ 3º** No caso das operações que se refere a alínea " c " do § 2º não serão computados para efeito de apuração do lucro da empresa individual o resultado, correção monetária e juros auferidos nas alienações:*

a) de imóveis por desapropriação, recuo ou extinção judicial de condomínio;

b) de imóveis havidos por legado, herança e doação como adiantamento da legítima;

c) de imóveis adquiridos mais de 120 (cento e vinte) meses antes da data da equiparação".

Art. 11. A subdivisão ou desmembramento de imóvel rural em mais de 10 (dez) lotes, ou a alienação de mais de 10 (dez) quinhões ou frações ideais desse imóvel serão equiparadas a loteamento para os efeitos do disposto no inciso III do artigo 3º do Decreto-lei nº 1.381, de 23 de dezembro de 1974.

§ 1º Quando a subdivisão do imóvel rural resultar em até 10 (dez) lotes ou a alienação de frações ideais não exceder de 10 (dez) quinhões, a alienação de cada um desses lotes ou de cada uma das frações ideais será computada como uma operação para os efeitos do disposto no artigo 5º do Decreto-Lei nº 1.381.

§ 2º O disposto neste artigo não se aplica aos casos em que a subdivisão se efetive por força de partilha amigável ou judicial em decorrência de herança, legado, doação como adiantamento da legítima, ou extinção de condomínio.

Art. 12. A pessoa física equiparada a empresa individual por força do disposto no artigo 3º, inciso III do Decreto-lei nº 1.381, de 23 de dezembro de 1974, e do " *caput* " do artigo II deste Decreto-lei, fica obrigada a manter escrituração contábil completa.

Art. 13. A pessoa física equiparada a empresa individual, caso já esteja equiparada em razão da exploração de outra atividade, poderá optar por apresentar mais de uma declaração de rendimentos como pessoa jurídica abrangendo, em uma delas, unicamente os resultados de operações com imóveis.

Parágrafo único. No caso previsto neste artigo a pessoa física deverá ter registro específico no Cadastro Geral de Contribuintes, e a opção exercida será irrevogável.

Art. 14. O lucro anualmente apurado pela pessoa física equiparada a empresa individual em razão de operações com imóveis será considerado como automaticamente distribuído no ano-base.

§ 1º O lucro de que trata este artigo, deduzido da provisão para pagamento do imposto de renda, está sujeito à retenção do imposto na fonte, à alíquota de 10% (dez por cento), que deverá ser recolhido no prazo de 90 (noventa) dias contado do encerramento do ano-base.

§ 2º O contribuinte poderá considerar a incidência referida no parágrafo anterior como exclusiva na fonte ou optar pela inclusão do rendimento na cédula "F" da declaração.

Art. 15. Os serventuários da Justiça responsáveis por Cartório de Notas ou de Registro de Imóveis, Títulos e Documentos, ficam obrigados a fazer comunicação à Secretaria da Receita Federal dos documentos lavrados, anotados, averbados ou registrados em seus Cartórios e que caracterizam aquisição ou alienação de imóveis por pessoas físicas, conforme definidos no art. 2º § 1º do Decreto-lei nº 1.381, de 23 de dezembro de 1974. (Vide Lei nº 9.532, de 1997)

§ 1º A comunicação deve ser efetuada em meio magnético aprovado pela Secretaria da Receita Federal. *(Redação dada pela Lei nº 9.532, de 1997)*

§ 2º O não cumprimento do disposto neste artigo sujeitará o infrator a multa correspondente a 1% (um por cento) do valor do ato.

Art. 16. As disposições referentes à equiparação da pessoa física à pessoa jurídica introduzidas por este Decreto-lei somente se aplicarão às alienações de imóveis havidos após 30 de junho de 1977.

Parágrafo único. Não obstante o disposto neste artigo, ocorrerá a equiparação a empresa individual da pessoa física que, no ano de 1977 alienar mais de três imóveis adquiridos nesse mesmo ano ou, em cada um dos triênios 1975 a 1977 ou 1976 a 1978, alienar mais de seis imóveis adquiridos no mesmo triênio, respeitadas as demais condições de equiparação da legislação que ora se modifica.

Art. 17. O artigo 6º do Decreto-lei nº 1.493, de 7 de dezembro de 1976, constitui nova redação do *caput* do artigo 10 do Decreto-lei nº 401, de 30 de dezembro de 1968, cujos parágrafos permanecem inalterados.

Art. 18. Este Decreto-lei entrará em vigor na data de sua publicação e, excetuado o contido no artigo 17, seus efeitos se produzirão a partir do ano-base de 1977.

Brasília, 27 de dezembro de 1976;
155º da Independência e 88º da República.
ERNESTO GEISEL
(DOU de 27.12.1976 e retificado em 6.1.1977)

DECRETO-LEI Nº 1.537, DE 13 DE ABRIL DE 1977

Isenta do pagamento de custas e emolumentos a prática de quaisquer atos, pelos Ofícios e Cartórios de Registro de Imóveis, de Registro de Títulos e Documentos e de Notas, relativos às solicitações feitas pela União.

▸ Vide Lei n. 10.169/2000 (Lei de Emolumentos)

O PRESIDENTE DA REPÚBLICA, no uso da atribuição que lhe confere o § 1º do artigo 2º do Ato Institucional nº 5, de 13 de dezembro de 1968, tendo em vista o artigo 182 da Constituição e o disposto no Ato Complementar nº 102, de 1º de abril de 1977,

DECRETA:

Art. 1º. É isenta a União do pagamento de custas e emolumentos aos Ofícios e Cartórios de Registro de Imóveis, com relação às transcrições, inscrições, averbações e fornecimento de certidões relativas a quaisquer imóveis de sua propriedade ou de seu interesse, ou que por ela venham a ser adquiridos.

Art. 2º. É isenta a União, igualmente, do pagamento de custas e emolumentos quanto às transcrições, averbações e fornecimento de certidões pelos Ofícios e Cartórios de Registros de Títulos e Documentos, bem como quanto ao fornecimento de certidões de escrituras pelos Cartórios de Notas.

Art. 3º. A isenção de que tratam os artigos anteriores estende-se à prática dos mesmos atos, relativamente a imóveis vinculados ao Fundo Rotativo Habitacional de Brasília (FRHB) e às operações de dação em pagamento, de imóveis recebidos pelo Banco Nacional da Habitação. *(Redação dada pela Lei nº 7.148, de 1983)*

Art. 4º. Este Decreto-lei entra em vigor na data de sua publicação, revogadas as disposições em contrário.

Brasília, 13 de abril de 1977;
156º da Independência e 89º da República.
ERNESTO GEISEL
(DOU de 14.4.1977)

DECRETO Nº 61.078, DE 26 DE JULHO DE 1967

Promulga a Convenção de Viena sobre Relações Consulares.

O PRESIDENTE DA REPÚBLICA, HAVENDO o CONGRESSO NACIONAL aprovado pelo Decreto Legislativo número 6, de 1967, a Convenção de Viena sobre Relações Consulares, assinada nessa cidade, a 24 de abril de 1963; E HAVENDO a referida Convenção entrado em vigor para o Brasil, de conformidade com seu artigo 77, parágrafo 2º a 10 de junho de 1967, isto é, trinta dias após o depósito do instrumento brasileiro de ratificação junto ao Secretário-Geral, das Nações Unidas realizado a 11 de maio de 1967;

DECRETA que a mesma, apensa por cópia ao presente Decreto, seja executada e cumprida tão inteiramente como nela se contém.

Brasília, 26 de julho de 1967;
146º da Independência e 79º da República.
A. COSTA E SILVA
(DOU de 28.7.1967)

⊙ CONFERÊNCIA DAS NAÇÕES UNIDAS SÔBRE RELAÇÕES CONSULARES

Convenção de Viena sobre Relações Consulares.

Os Estados Partes na presente Convenção, Considerando que, desde tempos remotos, se estabeleceram relações consulares entre os povos, Conscientes dos propósitos e princípios da Carta das Nações Unidas relativos à igualdade soberana dos Estados, à manutenção da paz e da segurança internacionais e ao desenvolvimento das relações de amizade entre as nações, Considerando que a Conferência das Nações Unidas sobre as Relações e Imunidades Diplomáticas adotou a Convenção de Viena sobre Relações Diplomáticas, que foi aberta à assinatura no dia 18 de abril de 1961,

Persuadidos de que uma convenção internacional sobre as relações, privilégios e imunidades consulares contribuiria também para o desenvolvimento de relações amistosas entre os países, independentemente de seus regimes constitucionais e sociais, Convencidos de que a finalidade de tais privilégios e imunidades não é beneficiar indivíduos, mas assegurar o eficaz desempenho das funções das repartições consulares, em nome de seus respectivos Estados,

Afirmando que as normas de direito consuetudinário internacional devem continuar regendo as questões que não tenham sido expressamente reguladas pelas disposições da presente convenção, Convieram no seguinte:

Art. 1º. Definições.

1. Para os fins da presente Convenção, as expressões abaixo devem ser entendidas como a seguir se explica:

a) por "repartição consular", todo consulado geral, consulado, vice-consulado ou agência consular;

b) por "jurisdição consular" o território atribuído a uma repartição consular para o exercício das funções consulares;

c) por "chefe de repartição consular", a pessoa encarregada de agir nessa qualidade;

d) por "funcionário consular", toda pessoa, inclusive o chefe da repartição consular, encarregada nesta qualidade do exercício de funções consulares;

e) por "empregado consular", toda pessoa empregada nos serviços administrativos ou técnicos de uma repartição consular;

f) por "membro do pessoal de serviço", toda pessoa empregada no serviço doméstico de uma repartição consular;

g) por "membro da repartição consular", os funcionários consulares empregados consulares e membros do pessoal de serviço;

h) por "membros do pessoal consular", os funcionários consulares, com exceção do chefe da repartição consular, os empregados consulares e os membros do pessoal de serviço;

i) por "membro do pessoal privado", a pessoa empregada exclusivamente no serviço particular de um membro da repartição consular;

j) por "locais consulares", os edifícios, ou parte dos edifícios, e terrenos anexos, que qualquer que, seja seu proprietário, sejam utilizados exclusivamente para as finalidades da repartição consular;

k) por "arquivos consulares", todos os papéis, documentos, correspondência, livros, filmes, fitas magnéticas e registros da repartição consular, bem como as cifras e os códigos, os fichários e os móveis destinados a protegê-los e conservá-los.

2. Existem duas categorias de funcionários consulares: os funcionários consulares de carreira e os funcionários consulares honorários. As disposições do capítulo II da presente Convenção aplicam-se às repartições consulares dirigidas por funcionários consulares de carreira; as disposições do capítulo III aplicam-se às repartições consulares dirigidas por funcionários consulares honorários.

3. A situação peculiar dos membros das repartições consulares que são nacionais ou residentes permanentes do Estado receptor rege-se pelo artigo 71 da presente Convenção.

CAPÍTULO PRIMEIRO – AS RELAÇÕES CONSULARES EM GERAL

SEÇÃO I – ESTABELECIMENTO E EXERCÍCIO DAS RELAÇÕES CONSULARES

Art. 2º. Estabelecimento das Relações Consulares.

1. O estabelecimento de relações consulares entre Estados far-se-á por consentimento mútuo.

2. O consentimento dado para o estabelecimento de relações diplomáticas entre os dois Estados implicará, salvo indicação em contrário, no consentimento para o estabelecimento de relações consulares.

3. A ruptura das relações diplomáticas não acarretará ipso facto a ruptura das relações consulares.

Art. 3º. Exercício das funções consulares

As funções consulares serão exercidas por repartições consulares. Serão também exercidas por missões diplomáticas de conformidade com as disposições da presente Convenção.

Art. 4º. Estabelecimento de uma repartição consular

1. Uma repartição consular não pode ser estabelecida no território do Estado receptor sem seu consentimento.

2. A sede da repartição consular, sua classe e a jurisdição consular serão fixadas pelo Estado que envia e submetidas à aprovação do Estado receptor.

3. O Estado que envia não poderá modificar posteriormente a sede da repartição consular, sua classe ou sua jurisdição consular, sem o consentimento do Estado receptor.

4. Também será necessário o consentimento do Estado receptor se um consulado geral ou consulado desejar abrir em vice-consulado ou uma agência consular numa localidade diferente daquela onde se situa a própria repartição consular.

5. Não se poderá abrir fora da sede da repartição consular uma dependência que dela faça parte, sem haver obtido previamente o consentimento expresso do Estado receptor.

Art. 5º. Funções Consulares

As funções consulares consistem em:

a) proteger, no Estado receptor, os interesses do Estado que envia e de seus nacionais, pessoas físicas ou jurídicas, dentro dos limites permitidos pelo direito internacional;

b) fomentar o desenvolvimento das relações comerciais, econômicas, culturais e científicas entre o Estado que envia o Estado receptor e promover ainda relações amistosas entre eles, de conformidade com as disposições da presente Convenção;

c) informar-se, por todos os meios lícitos, das condições e da evolução da vida comercial, econômica, cultural e científica do Estado receptor, informar a respeito o governo do Estado que envia e fornecer dados às pessoas interessadas;

d) expedir passaporte e documentos de viagem aos nacionais do Estado que envia, bem como visto e documentos apropriados às pessoas que desejarem viajar para o referido Estado;

e) prestar ajuda e assistência aos nacionais, pessoas físicas ou jurídicas, do Estado que envia;

f) agir na qualidade de notário e oficial de registro civil, exercer funções similares, assim como outras de caráter administrativo, sempre que não contrariem as leis e regulamentos do Estado receptor;

g) resguardar, de acordo com as leis e regulamentos do Estado receptor, os interesses dos nacionais do Estado que envia, pessoas físicas ou jurídicas, nos casos de sucessão por morte verificada no território do Estado receptor;

h) resguardar, nos limites fixados pelas leis e regulamentos do Estado receptor, os interesses dos menores e dos incapazes, nacionais do país que envia, particularmente quando para eles for requerida a instituição de tutela ou curatela;

i) representar os nacionais do país que envia e tomar as medidas convenientes para sua representação perante os tribunais e outras autoridades do Estado receptor, de conformidade com a prática e os procedimentos em vigor neste último, visando conseguir, de acordo com as leis e regulamentos do mesmo, a adoção de medidas provisórias para a salvaguarda dos direitos e interesses destes nacionais, quando, por estarem ausentes ou por qualquer outra causa, não possam os mesmos defendê-los em tempo útil;

j) comunicar decisões judiciais e extrajudiciais e executar comissões rogatórias de conformidade com os acordos internacionais em vigor, ou, em sua falta, de qualquer outra maneira compatível com as leis e regulamentos do Estado receptor;

k) exercer, de conformidade com as leis e regulamentos do Estado que envia, os direitos de controle e de inspeção sobre as embarcações que tenham a nacionalidade do Estado que envia, e sobre as aeronaves nele matriculadas, bem como sobre suas tripulações;

l) prestar assistência às embarcações e aeronaves a que se refere a alínea k do presente artigo e também às tripulações; receber as declarações sobre as viagens dessas embarcações examinar e visar os documentos de bordo e, sem prejuízo dos poderes das autoridades do Estado receptor, abrir inquéritos sobre os incidentes ocorridos durante a travessia e resolver todo tipo de litígio que possa surgir entre o capitão, os oficiais e os marinheiros, sempre que autorizado pelas leis e regulamentos do Estado que envia;

m) exercer todas as demais funções confiadas à repartição consular pelo Estado que envia, as quais não sejam proibidas pelas leis e regulamentos do Estado receptor, ou às quais este não se oponha, ou ainda as que lhe sejam atribuídas pelos acordos internacionais em vigor entre o Estado que envia e o Estado receptor.

Art. 6º. Exercício de funções consulares fora da jurisdição consular

Em circunstâncias especiais, o funcionário consular poderá, com o consentimento do Estado receptor, exercer suas funções fora de sua jurisdição consular.

Art. 7º. Exercício de funções consulares em Terceiros Estados

O Estado que envia poderá, depois de notificação aos Estados interessados, e a não ser que um deles isso se opuser expressamente, encarregar uma repartição consular estabelecida em um Estado do exercício de funções consulares em outro Estado.

Art. 8º. Exercício de funções consulares por conta de terceiro Estado

Uma repartição consular do Estado que envia poderá, depois da notificação competente ao Estado receptor e sempre que este não se opuser, exercer funções consulares por conta de um terceiro Estado.

Art. 9º. Categorias de chefes de repartição consular

1. Os chefes de repartição consular se dividem em quatro categorias, a saber:

a) cônsules-gerais
b) cônsules;
c) vice-cônsules;
d) agentes consulares;

2. O parágrafo 1 deste artigo não limitará, de modo algum, o direito de qualquer das Partes Contratantes de fixar a denominação dos funcionários consulares que não forem chefes de repartição consular.

Art. 10. Nomeação e admissão dos chefes de repartição consular

1. Os Chefes de repartição consular serão nomeados pelo Estado que envia e serão admitidos ao exercício de suas funções pelo Estado receptor.

2. Sem prejuízo das disposições desta Convenção, as modalidades de nomeação e admissão do chefe de repartição consular serão determinadas pelas leis, regulamentos e práticas do Estado que envia e do Estado receptor, respectivamente.

Art. 11. Carta-patente ou notificação da nomeação

1. O chefe da repartição consular será munido, pelo Estado que envia, de um documento, sob a forma de carta-patente ou instrumento similar, feito para cada nomeação, que ateste sua qualidade e que indique, como regra geral, seu nome completo, sua classe e categoria, a jurisdição consular e a sede da repartição consular.

2. O Estado que envia transmitirá a carta-patente ou instrumento similar, por via diplomática ou outra via apropriada, ao Governo do Estado em cujo território o chefe da repartição consular irá exercer suas funções.

3. Se o Estado receptor o aceitar, o Estado que envia poderá substituir a carta-patente ou instrumento similar por uma notificação que contenha as indicações referidas no parágrafo 1 do presente artigo.

Art. 12. Exequatur

1. O Chefe da repartição consular será admitido no exercício de suas funções por uma autorização do Estado receptor denominada "exequatur", qualquer que seja a forma dessa autorização.

2. O Estado que negar a concessão de um exequatur não estará obrigado a comunicar ao Estado que envia os motivos dessa recusa.

3. Se prejuízo das disposições dos artigos 13 e 15, o chefe da repartição consular não poderá iniciar suas funções antes de ter recebido o exequatur.

Art. 13. Admissão provisória do chefe da repartição consular

Até que lhe tenha sido concedido o exequatur, o chefe da repartição consular poderá ser admitido provisoriamente no exercício de suas funções. Neste caso, ser-lhe-ão aplicáveis as disposições da presente Convenção.

Art. 14. Notificação às autoridades da jurisdição consular

Logo que o chefe da repartição consular for admitido, ainda que provisoriamente, no exercício de suas funções, o Estado receptor notificará imediatamente às autoridades competentes da jurisdição consular. Estará também obrigado a cuidar de que sejam tomadas as medidas necessárias a fim de que o chefe da repartição consular possa cumprir os deveres de seu cargo e beneficiar-se do tratamento previsto pelas disposições da presente Convenção.

Art. 15. Exercício a título temporário das funções de chefe da repartição consular

1. Se o chefe da repartição consular não puder exercer suas funções ou se seu lugar for considerado vago, um chefe interino poderá atuar, provisoriamente, como tal.

2. O nome completo do chefe interino será comunicado ao Ministério das Relações Exteriores do Estado receptor ou à autoridade designada por esse Ministério, quer pela missão diplomática do Estado que envia, quer, na falta de missão diplomática do Estado que envia no Estado receptor, pelo chefe da repartição consular, ou, se este não puder fazer, por qualquer autoridade competente do Estado que envia. Como regra geral, esta notificação deverá ser feita previamente. O Estado receptor poderá sujeitar à sua aprovação a admissão, como chefe interino, de pessoa que não for nem agente diplomático nem funcionário consular do Estado que envia no Estado receptor.

3. As autoridades competentes do Estado receptor deverão prestar assistência e proteção ao chefe interino da repartição. Durante sua gestão as disposições da presente Convenção lhe serão aplicáveis como o seriam com referência ao chefe da repartição consular interessada. O Estado receptor, entretanto, não será obrigado a conceder a um chefe interino as facilidades, privilégios e imunidades de que goze o titular, caso não esteja aquele nas mesmas condições que preenche o titular.

4. Quando, nas condições previstas no parágrafo 1 do presente artigo, um membro do pessoal diplomático da representação diplomática do Estado que envia no Estado receptor for nomeado chefe interino de repartição consular pelo Estado que envia, continuará a gozar dos privilégios e imunidades diplomáticas, se o Estado receptor a isso não se opuser.

Art. 16. Precedência entre os chefes de repartições consulares

1. A ordem de precedência dos chefes de repartição consular será estabelecida, em cada classe, em função da data da concessão do exequatur.

2. Se, entretanto, o chefe da repartição consular for admitido provisoriamente no exercício de suas funções antes de obter

de precedência; esta ordem será mantida após a concessão do exequatur.

3. A ordem de precedência entre dois ou mais chefes de repartição consular, que obtiveram na mesma data o exequatur ou admissão provisória, será determinada pela data da apresentação ao Estado receptor de suas cartas-patentes ou instrumentos similares ou das notificações previstas no parágrafo 3 do artigo 11.

4. Os chefes interinos virão, na ordem de precedência, após todos os chefes de repartição consular. Entre eles, a precedência será determinada pelas datas em que assumirem suas funções como chefes interinos, as quais tenham sido indicadas nas notificações previstas no parágrafo 2 do artigo 15.

5. Os funcionários consulares honorários que forem chefes de repartição consular virão, na ordem de precedência, em cada classe, após os de carreira, de conformidade com a ordem e as normas estabelecidas nos parágrafos precedentes.

6. Os chefes de repartição consular terão precedência sobre os funcionários consulares que não tenham tal qualidade.

Art. 17. Prática de atos diplomáticos por funcionários consulares

1. Num Estado em que o Estado que envia não tiver missão diplomática e não estiver representado pela de um terceiro Estado, um funcionário consular poderá ser incumbido, com o consentimento do Estado receptor, e sem prejuízo de seu status consular, de praticar atos diplomáticos. A prática desses atos por um funcionário consular não lhe dará direito a privilégios e imunidades diplomáticas.

2. Um funcionário consular poderá, após notificação ao Estado receptor, atuar como representante do Estado que envia junto a qualquer organização intergovernamental. No desempenho dessas funções, terá direito a todos os privilégios e imunidades que o direito internacional consuetudinário ou os acordos internacionais concedam aos representantes junto a organizações intergovernamentais; entretanto, no desempenho de qualquer função consular, não terá direito a imunidade de jurisdição maior do que a reconhecida a funcionários consulares em virtude da presente Convenção.

Art. 18. Nomeação da mesma pessoa, como funcionário consular, por dois ou mais Estados.

1. Dois ou mais Estados poderão, com o consentimento do Estado receptor, nomear a mesma pessoa como funcionário consular nesse Estado.

Art. 19. Nomeação de membros do pessoal consular

1. Respeitadas as disposições dos artigos 20, 22 e 23, o Estado que envia poderá nomear livremente os membros do pessoal consular.

2. O Estado que envia comunicará ao Estado receptor o nome completo, a classe e a categoria de todos os funcionários consulares, com exceção do chefe de repartição consular, com a devida antecedência para que o Estado receptor, se a desejar, possa exercer os direitos que lhe confere o parágrafo 3 artigo 23.

3. O Estado que envia poderá, se suas leis e regulamentos o exigirem, pedir ao Estado receptor a concessão de exequatur para um funcionário consular que não for chefe de repartição consular.

4. O Estado receptor poderá, se suas leis e regulamentos o exigirem, conceder exequatur a um funcionário consular que não for chefe de repartição consular.

Art. 20. Número de membros da repartição consular

Na ausência de acordo expresso sobre o número de membros da repartição consular, o Estado receptor poderá exigir que este número seja mantido nos limites do que considera razoável e normal, segundo as circunstâncias e condições da jurisdição consular e as necessidades da repartição consular em apreço.

Art. 21. Precedência entre as funcionários consulares de uma repartição consular.

A ordem de precedência entre os funcionários consulares de uma repartição consular e quaisquer modificações a mesma serão comunicadas ao Ministério das Relações Exteriores do Estado receptor, ou à autoridade indicada por este Ministério, pela missão diplomática do Estado que envia ou, na falta de tal missão no Estado receptor, pelo chefe da repartição consular.

Art. 22. Nacionalidade dos funcionários consulares.

1. Os funcionários consulares deverão, em princípio, ter a nacionalidade do Estado que envia.

2. Os funcionários consulares só poderão ser escolhidos dentre os nacionais do Estado receptor com o consentimento expresso desse Estado o qual poderá retirá-lo a qualquer momento.

3. O Estado receptor poderá reservar-se o mesmo direito em relação aos nacionais de um terceiro Estado que não forem também nacionais do Estado que envia.

Art. 23. Funcionário declarado "persona non grata".

1. O Estado receptor poderá a qualquer momento notificar ao Estado que envia que um funcionário consular é "persona non grata" ou que qualquer outro membro da repartição consular não é aceitável.

Nestas circunstâncias, o Estado que envia, conforme o caso, ou retirará a referida pessoa ou porá termo a suas funções nessa repartição consular.

2. Se o Estado que envia negar-se a executar, ou não executar num prazo razoável, as obrigações que lhe incumbem nos termos do parágrafo 1º do presente artigo, o Estado receptor poderá, conforme o caso, retirar o exequatur a pessoa referida ou deixar de considerá-la como membro do pessoal consular.

3. Uma pessoa nomeada membro de uma repartição consular poderá ser declarada inaceitável antes de chegar ao território do Estado receptor ou se aí já estiver antes de assumir suas funções na repartição consular. O Estado que envia deverá, em qualquer dos casos, retirar a nomeação.

4. Nos casos mencionados nos parágrafos 1º e 3º do presente artigo, o Estado receptor não é obrigado a comunicar ao Estado que envia os motivos da sua decisão.

Art. 24. Notificação ao Estado receptor das nomeações, chegadas e partidas

1. O Ministério das Relações Exteriores do Estado receptor, ou a autoridade indicada por este Ministério será notificado de:

a) a nomeação dos membros de uma repartição consular, sua chegada após a nomeação para a mesma sua partida definitiva ou a cessação de suas funções, bem como de quaisquer outras modificações que afetem seu status, ocorridas durante o tempo em que servir na repartição consular;

b) a chegada e a partida definitiva de uma pessoa da família de um membro da repartição consular que com ele viva, e, quando for o caso, o fato de uma pessoa se tornar, ou deixar de ser membro da família;

c) a chegada e a partida definitiva dos membros do pessoal privado e quando for o caso, o término de seus serviços nessa qualidade;

d) a contratação e a dispensa de pessoas residentes no Estado receptor, seja na qualidade de membros da repartição consular ou de membros do pessoal privado, que tiverem direito a privilégios e imunidades.

2. a chegada e a partida definitiva serão notificadas igualmente com antecedência, sempre que possível.

SEÇÃO II – TÉRMINO DAS FUNÇÕES CONSULARES

Art. 25. Término das funções de um membro da repartição consular As funções de um membro da repartição terminam inter alia:

a) pela notificação do Estado que envia ao Estado receptor de suas funções chegaram ao fim;

b) pela retirada do exequatur;

c) pela notificação do Estado receptor ao Estado que envia de que deixou de considerar a pessoa em apreço como membro do pessoal consular.

Art. 26. Partida do território do Estado receptor

O Estado receptor deverá, mesmo no caso de conflito armado, conceder aos membros da repartição consular e aos membros do pessoal privado, que não forem nacionais do Estado receptor, assim como aos seus membros de suas famílias que com eles vivam, qualquer que seja sua nacionalidade o tempo e as facilidades necessárias para preparar sua partida e deixar o território o mais cedo possível depois do término das suas funções. Deverá, especialmente, se for o caso pôr a sua disposição os meios de transporte necessários para essas pessoas e seus bens, exceto os bens adquiridos no Estado receptor e cuja exportação estiver proibida no momento da saída.

Art. 27. Proteção dos locais e arquivos consulares e dos interesses do Estado que envia em circunstâncias excepcionais.

1. No caso de rompimento das relações consulares entre dois Estados:

a) o Estado receptor ficará obrigado a respeitar e proteger, inclusive em caso de conflito

armado, os locais consulares, os bens da repartição consular e seus arquivos;
b) o Estado que envia poderá confiar a custódia dos locais consulares, dos bens que ai se achem e dos arquivos consulares, a um terceiro Estado aceitável ao Estado receptor;
c) o Estado que envia poderá confiar a proteção de seus interesses e dos interesses de seus nacionais a um terceiro Estado aceitável pelo Estado receptor.
2. No caso de fechamento temporário ou definitivo de uma repartição consular, aplicar-se-ão as disposições da alínea a do parágrafo 1 do presente artigo.
Além disso:
a) se o Estado que envia, ainda que não estiver representado no Estado receptor por uma missão diplomática, tiver outra repartição consular no território do Estado receptor, esta poderá encarregar-se da custódia dos locais consulares que tenham sido fechados, dos bens que neles se encontrem e dos arquivos consulares e, com o consentimento dos Estado receptor, do exercício das funções consulares na jurisdição da referida repartição consular; ou,
b) se o Estado que envia não tiver missão diplomática nem outra repartição consular no Estado receptor, aplicar-se-ão as disposições das alíneas b e c do parágrafo 1 deste artigo.

CAPÍTULO II – FACILIDADES, PRIVILÉGIOS E IMUNIDADES RELATIVAS ÀS REPARTIÇÕES CONSULARES, AOS FUNCIONÁRIOS CONSULARES DE CARREIRA E A OUTROS MEMBROS DA REPARTIÇÃO CONSULAR.

SEÇÃO I – FACILIDADES, PRIVILÉGIOS E IMUNIDADES RELATIVAS ÀS REPARTIÇÕES CONSULARES

Art. 28. Facilidades concedidas à repartição consular em suas atividades
O Estado receptor concederá todas as facilidades para o exercício das funções da repartição consular.

Art. 29. Uso da bandeira e escudo nacionais
1. O Estado que envia terá direito a atualizar sua bandeira e escudo nacionais no Estado receptor, de acordo com as disposições do presente artigo.
2. O Estado que envia poderá içar sua bandeira nacional e colocar seu escudo no edifício ocupado pela repartição consular, à porta de entrada, assim como na residência do chefe da repartição consular e em seus meios de transporte, quando estes forem utilizados em serviços oficiais.
3. No exercício do direito reconhecido pelo presente artigo, levar-se-ão em conta as leis os regulamentos e usos do Estado receptor.

Art. 30. Acomodações
1. O Estado receptor deverá facilitar, de acordo com suas leis e regulamentos, a aquisição, em seu território, pelo Estado que envia, de acomodações necessárias à repartição consular, ou ajudá-la a obter acomodações de outra maneira.
2. Deverá igualmente ajudar, quando necessário, a repartição consular a obter acomodações convenientes para seus membros.

Art. 31. Inviolabilidade dos locais consulares
1. Os locais consulares serão invioláveis na medida do previsto pelo presente artigo.
2. As autoridades do Estado receptor não poderão penetrar na parte dos locais consulares que a repartição consular utilizar exclusivamente para as necessidades de seu trabalho, a não ser com o consentimento do chefe da repartição consular, da pessoa por ele designada ou do chefe da missão diplomática do Estado que envia. Todavia, o consentimento do chefe da repartição consular poderá ser presumido em caso de incêndio ou outro sinistro que exija medidas de proteção imediata.
3. Sem prejuízo das disposições do parágrafo 2 do presente artigo, o Estado receptor terá a obrigação especial de tomar as medidas apropriadas para proteger os locais consulares contra qualquer invasão ou dano, bem como para impedir que se perturbe a tranquilidade da repartição consular ou se atente contra sua dignidade.
4. Os locais consulares, seus móveis, os bens da repartição consular e seus meios de transporte não poderão ser objeto de qualquer forma de requisição para fins de defesa nacional ou de utilidade pública.
Se, para tais fins, for necessária a desapropriação, tomar-se-ão as medidas apropriadas para que não se perturbe o exercício das funções consulares, e pagar-se-á ao Estado que envia uma indenização rápida, adequada e efetiva.

Art. 32. Isenção fiscal dos locais consulares
1. Os locais consulares e a residência do chefe da repartição consular de carreira de que for proprietário o Estado que envia ou pessoa que atue em seu nome, estarão isentos de quaisquer impostos e taxas nacionais, regionais e municipais, excetuadas as taxas cobradas em pagamento de serviços específicos prestados.
2. A isenção fiscal prevista no parágrafo 1 do presente artigo não se aplica aos mesmos impostos e taxas que, de acordo com as leis e regulamentos do Estado receptor, devam ser pagos pela pessoa que contratou com o Estado que envia ou com a pessoa que atue em seu nome.

Art. 33. Inviolabilidade dos arquivos e documentos consulares
Os arquivos e documentos consulares serão sempre invioláveis, onde quer que estejam.

Art. 34. Liberdade de movimento Sem prejuízo de suas leis e regulamentos relativos às zonas cujo acesso for proibido ou limitado por razões de segurança nacional, o Estado receptor assegurará a liberdade de movimento e circulação em seu território a todos os membros da repartição consular.

Art. 35. Liberdade de comunicação
1. O Estado receptor permitirá e protegerá a liberdade de comunicação da repartição consular para todos os fins oficiais. Ao se comunicar com o Governo, com as missões diplomáticas e outras repartições consulares do Estado que envia, onde quer que estejam, a repartição consular poderá empregar todos os meios de comunicação, apropriados, inclusive correios diplomáticos e consulares, malas diplomáticas e consulares e mensagens em código ou cifra. Todavia, a repartição consular só poderá instalar e usar uma emissora de rádio com o consentimento do Estado receptor.
2. A correspondência oficial da repartição consular é inviolável. Pela expressão "correspondência oficial" entender-se-á qualquer correspondência relativa à repartição consular e suas funções.
3. A mala consultar não poderá ser aberta ou retirada. Todavia, se as autoridades competentes do Estado receptor tiverem razões sérias para acreditar que a mala contém algo além da correspondência, documentos ou objetos mencionados no parágrafo 4º do presente artigo, poderão pedir que a mala seja aberta em sua presença por representante autorizado do Estado que envia. Se o pedido for recusado pelas autoridades do Estado que envia, a mala será devolvida ao lugar de origem.
4. Os volumes que constituírem a mala consultar deverão ser providos de sinais exteriores visíveis, indicadores de seu caráter, e só poderão conter correspondência e documentos oficiais ou objetos destinados exclusivamente a uso oficial.
5. O correio consultar deverá estar munido de documento oficial que ateste sua qualidade e que especifique o número de volumes que constituem a mala diplomática. Exceto com o consentimento do Estado receptor, o correio não poderá ser nacional do Estado receptor nem, salvo se for nacional do Estado que envia, residente permanente no Estado receptor. No exercício de suas funções, o correio será protegido pelo Estado receptor. Gozará de inviolabilidade pessoal e não poderá ser objeto de nenhuma forma de prisão ou detenção.
6. O Estado que envia, suas missões diplomáticas e suas repartições consulares poderão nomear correios consulares ad hoc Neste caso, aplicar-se-ão as disposições do parágrafo 5 do presente artigo, sob a reserva de que as imunidades mencionadas deixarão de ser aplicáveis no momento em que o correio tiver entregue ao destinatário a mala pela qual é responsável.
7. A mala consular poderá ser confiada ao comandante de um navio ou aeronave comercial, que deverá chegar a um ponto de entrada autorizado. Tal comandante terá um documento oficial em que conste o número de volumes que constituem a mala, mas não será considerado correio consular. Mediante prévio acordo com as autoridades locais competentes, a repartição consular poderá enviar um de seus membros para tomar posse da mala direta e livremente, das mãos do comandante do navio ou aeronave.

Art. 36. Comunicação com os nacionais do Estado que envia
1. A fim de facilitar o exercício das funções consulares relativas aos nacionais do Estado que envia:
a) os funcionários consulares terão liberdade de se comunicar com os nacionais do Estado que envia e visitá-los. Os nacionais

do Estado que envia terão a mesma liberdade de se comunicarem com os funcionários consulares e de visitá-los;
b) se o interessado lhes solicitar, as autoridades competentes do Estado receptor deverão, sem tardar, informar à repartição consular competente quando, em sua jurisdição, um nacional do Estado que envia for preso, encarcerado, posto em prisão preventiva ou detido de qualquer outra maneira. Qualquer comunicação endereçada à repartição consular pela pessoa detida, encarcerada ou presa preventivamente deve igualmente ser transmitida sem tardar pelas referidas autoridades. Estas deverão imediatamente informar o interessado de seus direitos nos termos do presente subparágrafo;
c) os funcionários consulares terão direito de visitar o nacional do Estado que envia, o qual estiver detido, encarcerado ou preso preventivamente, conversar e corresponder-se com ele, e providenciar sua defesa perante os tribunais. Terão igualmente o direito de visitar qualquer nacional do Estado que envia encarcerado, preso ou detido em sua jurisdição em virtude de execução de uma sentença, todavia, os funcionário consulares deverão abster-se de intervir em favor de um nacional encarcerado, preso ou detido preventivamente, sempre que o interessado a isso se opuser expressamente.
2. As prerrogativas a que se refere o parágrafo 1 do presente artigo serão exercidas de acordo com as leis e regulamentos do Estado receptor, devendo, contudo, entender-se que tais leis e regulamentos não poderão impedir o pleno efeito dos direitos reconhecidos pelo presente artigo.

Art. 37. Informações em casos de morte, tutela, curatela, naufrágio e acidente aéreo
Quando as autoridades competentes do Estado receptor possuírem as informações correspondentes, estarão obrigadas a:
a) em caso de morte de um nacional do Estado que envia, informar sem demora a repartição consular em cuja jurisdição a morte ocorreu;
b) notificar, sem demora, à repartição consular competente, todos os casos em que fôr necessária a nomeação de tutor ou curador para um menor ou incapaz, nacional do Estado que envia. O fornecimento dessa informação, todavia, não prejudicará a aplicação das leis e regulamentos do Estado receptor, relativas a essas nomeações;
c) informar sem demora à repartição consular mais próxima do lugar do sinistro, quando um navio, que tiver a nacionalidade do Estado que envia, naufragar ou encalhar no mar territorial ou nas águas internas do Estado receptor, ou quando uma aeronave matriculada no Estado que envia sofrer acidente no território do Estado receptor.

Art. 38. Comunicações com as autoridades do Estado receptor
No exercício de sua funções, os funcionários consulares poderão comunicar-se com:
a) as autoridades locais competentes de sua jurisdição consular;
b) as autoridades centrais competentes do Estado receptor, só e na medida em que o permitirem as leis, regulamentos e usos do Estado receptor, bem como os acordos internacionais pertinentes.

Art. 39. Direitos e emolumentos consulares
1. A repartição consular poderá cobrar no território do Estado receptor os direitos e emolumentos que as leis e os regulamentos do Estado que envia prescreverem para os atos consulares.
2. As somas recebidas a título de direitos e emolumentos previstos no parágrafo 1 do presente artigo e os recibos correspondentes estarão isentos de quaisquer impostos e taxas no Estado receptor.

SEÇÃO II – FACILIDADES, PRIVILÉGIOS E IMUNIDADES RELATIVAS AOS FUNCIONÁRIOS CONSULARES DE CARREIRA E OUTROS MEMBROS DA REPARTIÇÃO CONSULAR.

Art. 40. Proteção aos funcionários consulares
O Estado receptor tratará os funcionários consulares com o devido respeito e adotará todas as medidas adequadas para evitar qualquer atentado a sua pessoa, liberdade ou dignidade.

Art. 41. Inviolabilidade pessoal dos funcionário consulares
1. Os funcionários consulares não poderão ser detidos ou presos preventivamente, exceto em caso de crime grave e em decorrência de decisão de autoridade judiciária competente.
2. Exceto no caso previsto no parágrafo 1 do presente artigo, os funcionários consulares não podem ser presos nem submetidos a qualquer outra forma de limitação de sua liberdade pessoal, senão em decorrência de sentença judiciária definitiva.
3. Quando se instaurar processo penal contra um funcionário consular, este será obrigado a comparecer perante as autoridades competentes. Todavia, as diligências serão conduzidas com as deferências devidas à sua posição oficial e, exceto no caso previsto no parágrafo 1 deste artigo, de maneira a que perturbe o menos possível o exercício das funções consulares. Quando, nas circunstâncias previstas no parágrafo 1 deste artigo, for necessário decretar a prisão preventiva de um funcionário consular, o processo correspondente deverá iniciar-se sem a menor demora.

Art. 42. Notificação em caso de detenção, prisão preventiva ou instauração de processo
Em caso de detenção, prisão preventiva de um membro do pessoal consular ou de instauração de processo penal contra o mesmo, o Estado receptor deverá notificar imediatamente o chefe da repartição consular. Se este último for o objeto de tais medidas, o Estado receptor levará o fato ao conhecimento do Estado que enviar, por via diplomática.

Art. 43. Imunidade de Jurisdição
1. Os funcionários consulares e os empregados consulares não estão sujeitos à Jurisdição das autoridades judiciárias e administrativas do Estado receptor pelos atos realizados no exercício das funções consulares.
2. As disposições do parágrafo 1 do presente artigo não se aplicarão entretanto no caso de ação civil:
a) que resulte de contrato que o funcionário ou empregado consular não tiver realizado implícita ou explicitamente como agente do Estado que envia; ou
b) que seja proposta por terceiro como consequência de danos causados por acidente de veículo, navio ou aeronave, ocorrido no Estado receptor.

Art. 44. Obrigação de prestar depoimento
1. Os membros de uma repartição consular poderão ser chamados a depor como testemunhas no decorrer de um processo judiciário ou administrativo. Um empregado consular ou um membro do pessoal de serviço não poderá negar-se a depor como testemunha, exceto nos casos mencionados no parágrafo 3 do presente artigo. Se um funcionário consular recusar-se a prestar depoimento, nenhuma medida coercitiva ou qualquer outra sanção ser-lhe-á aplicada.
2. A autoridade que solicitar o testemunho deverá evitar que o funcionário consular seja perturbado no exercício de suas funções. Poderá tomar o depoimento do funcionário consular em seu domicílio ou na repartição consular, ou aceitar sua declaração por escrito, sempre que for possível.
3. Os membros de uma repartição consular não serão obrigados a depor sobre fatos relacionados com o exercício de suas funções, nem a exibir correspondência e documentos oficiais que a elas se refiram. Poderá, igualmente, recusar-se a depor na qualidade de peritos sobre as leis do Estado que envia.

Art. 45. Renúncia aos privilégios e imunidades
1. O Estado que envia poderá renunciar, com relação a um membro da repartição consular, aos privilégios e imunidades previstos nos artigos 41, 43 e 44.
2. A renúncia será sempre expressa, exceto no caso do disposto no parágrafo 3 do presente artigo, e deve ser comunicada por escrito ao Estado receptor.
3. Se um funcionário consular, ou empregado consular, propor ação judicial sobre matéria de que goze de imunidade de jurisdição de acordo com o disposto no artigo 43, não poderá alegar esta imunidade com relação a qualquer pedido de reconvenção diretamente ligado à demanda principal.
4. A renúncia à imunidade de jurisdição quanto a ações civis ou administrativas não implicará na renúncia à imunidade quanto a medidas de execução de sentença, para as quais nova renúncia será necessária.

Art. 46. Isenção do registro de estrangeiros e da autorização de residência
1. Os funcionários e empregados consulares e os membros de suas famílias que com eles vivam estarão isentos de todas as obrigações previstas pelas leis e regulamentos do Estado receptor relativas ao registro de estrangeiros e à autorização de residência.
2. Todavia, as disposições do parágrafo 1 do presente artigo não se aplicarão aos empregados consulares que não sejam

empregados permanentes do Estado que envia ou que exerçam no Estado receptor atividade privada de caráter lucrativo, nem tampouco aos membros da família desses empregados.

Art. 47. Isenção de autorização de trabalho

1. Os membros da repartição consular estarão isentos, em relação aos serviços prestados ao Estado que envia, de quaisquer obrigações relativas à autorização de trabalho exigida pelas leis e regulamentos do Estado receptor referentes ao emprego de mão de obra estrangeira.

2. Os membros do pessoal privado dos funcionários e empregados consulares, desde que não exerçam outra ocupação de caráter lucrativo no Estado receptor, estarão isentos das obrigações previstas no parágrafo 1 do presente artigo.

Art. 48. Isenção do regime de previdência social

1. Sem prejuízo do disposto no parágrafo 3 do presente artigo, os membros da repartição consular, com relação aos serviços prestados ao Estado que envia, e os membros de sua família que com eles vivam, estarão isentos das disposições de previdência social em vigor no Estado receptor.

2. A isenção prevista no parágrafo 1 do presente artigo aplicar-se-á também aos membros do pessoal privado que estejam a serviço exclusivo dos membros da repartição consular, sempre que:

a) não sejam nacionais do Estado receptor ou nele não residam permanentemente;

b) estejam protegidos pelas disposições sobre previdência social em vigor no Estado que envia ou num terceiro Estado.

3. Os membros da repartição consular que empreguem pessoas às quais não se aplique a isenção prevista no parágrafo 2 do presente artigo devem cumprir as obrigações impostas aos empregadores pelas disposições de previdência social do Estado receptor.

4. A isenção prevista nos parágrafo 1 e 2 do presente artigo não exclui a participação voluntária no regime de previdência social do Estado receptor, desde que seja permitida por este Estado.

Art. 49. Isenção fiscal

1. Os funcionários e empregados consulares, assim como os membros de suas famílias que com eles vivam, estarão isentos de quaisquer impostos e taxas, pessoais ou reais, nacionais, regionais ou municipais, com exceção dos:

a) impostos indiretos normalmente incluídos no preço das mercadorias ou serviços;

b) impostos e taxas sobre bens imóveis privados situados no território do Estado receptor sem prejuízo das disposições do artigo 32;

c) impostos de sucessão e de transmissão exigíveis pelo Estado receptor, sem prejuízo das disposições do parágrafo b) do artigo 51;

d) impostos e taxas sobre rendas particulares, inclusive rendas de capital, que tenham origem no Estado receptor, e impostos sobre capital, correspondentes a investimentos realizados em empresas comerciais ou financeiras situadas no Estado receptor;

e) impostos e taxas percebidos como remuneração de serviços específicos prestados;

f) direitos de registro, taxas judiciárias, hipoteca e selo, sem prejuízo do disposto no artigo 32.

2. Os membros do pessoal de serviço estarão isentos de impostos e taxas sobre salários que recebam como remuneração de seus serviços.

3. Os membros da repartição consular que empregarem pessoas cujos ordenados ou salários não estejam isentos de impostos de renda no Estado receptor deverão respeitar as obrigações que as leis e regulamentos do referido Estado impuserem aos empregadores em matéria de cobrança do imposto de renda.

Art. 50. Isenção de impostos e de inspeção Alfandegária

1. O Estado receptor, de acordo com as leis e regulamentos que adotar, permitirá a entrada e concederá isenção de quaisquer impostos alfandegários, tributos e despesas conexas, com exceção das despesas de depósito, de transporte e serviços análogos, para:

a) os artigos destinados ao uso oficial da repartição consular;

b) os artigos destinados ao uso pessoal do funcionário consular e aos membros da família que com ele vivam, inclusive aos artigos destinados à sua instalação. Os artigos de consumo não deverão exceder as quantidades que estas pessoas necessitam para o consumo pessoal.

2. Os empregados consulares gozarão dos privilégios e isenções previstos no parágrafo 1 do presente artigo com relação aos objetos importados quando da primeira instalação.

3. A bagagem pessoal que acompanha os funcionários consulares e os membros da sua família que com eles vivam estará isenta de inspeção alfandegária. A mesma só poderá ser inspecionada se houver sérias razões para se supor que contenha objetos diferentes dos mencionados na alínea b) do parágrafo 1 do presente artigo, ou cuja importação ou exportação for proibida pelas leis e regulamentos do Estado receptor ou que estejam sujeitos às suas leis e regulamentos de quarentena. Esta inspeção só poderá ser feita na presença do funcionário consular ou do membro de sua família interessado.

Art. 51. Sucessão de um membro da repartição consular ou de um membro de sua família.

No caso de morte de um membro da repartição consular ou de um membro de sua família que com ele viva o Estado receptor será obrigado a:

a) permitir a exportação dos bens móveis do de fundo, exceto dos que, adquiridos no Estado receptor, tiverem a exportação proibida no momento da morte;

b) não cobrar impostos nacionais, regionais ou municipais sobre a sucessão ou a transmissão dos bens móveis que se encontrem no Estado receptor unicamente por ali ter vivido o de fundo, como membro da repartição consular ou membro da família de um membro da repartição consular.

Art. 52. Isenção de prestação de serviços pessoais

O Estado receptor deverá isentar os membros da repartição consular e os membros de sua família que com eles vivam da prestação de qualquer serviço pessoal, de qualquer serviço de interesse público, seja qual for sua natureza, bem como de encargos militares tais como requisição contribuições e alojamentos militares.

Art. 53. Começo e fim dos privilégios e imunidades consulares

1. Todo membro da repartição consular gozará dos privilégios e imunidades previstos pela presente Convenção desde o momento em que entre no território do Estado receptor para chegar a seu posto, ou, se ele já se encontrar nesse território, desde o momento em que assumir suas funções na repartição consular.

2. Os membros da família de um membro da repartição consular que com ele vivam, assim como, os membros de seu pessoal privado, gozarão dos privilégios e imunidades previstos na presente Convenção, a partir da última das seguintes datas: aquela a partir da qual o membro da repartição consular goze dos privilégios e imunidades de acordo com o parágrafo 1 do presente artigo; a data de sua entrada no território do Estado receptor ou a data em que se tornarem membros da referida família ou do referido pessoal privado.

3. Quando terminarem as funções de um membro da repartição consular, seus privilégios e imunidades, assim como os dos membros de sua família que com eles vivam, ou dos membros de seu pessoal privado, cessarão normalmente na primeira das datas seguintes: no momento em que a referida pessoa abandonar o território do Estado receptor ou na expiração de um prazo razoável que lhe será concedido para este fim subsistindo, contudo, até esse momento, mesmo no caso de conflito armado. Quanto às pessoas mencionadas no parágrafo 2 do presente artigo, seus privilégios e imunidades cessarão no momento em que deixarem de pertencer à família de um membro da repartição consular ou de estar a seu serviço. Entretanto, quando essas pessoas se dispuserem a deixar o Estado receptor dentro de um prazo razoável seus privilégios e imunidades subsistirão até o momento de sua partida.

4. Todavia, no que concerne aos atos praticados por um funcionário consular ou um empregado consular no exercício das suas funções a imunidade de jurisdição subsistirá indefinidamente.

5. No caso de morte de um membro da repartição consular, os membros de sua família que com ele tenha vivido continuarão a gozar dos privilégios e imunidade que lhe correspondiam até a primeira das seguintes datas; a da partida do território do Estado receptor ou a da expiração de um prazo razoável que lhes será concedido para esse fim.

Art. 54. Obrigação dos terceiros Estados

1. Se um funcionário consular atravessa o território ou se encontra no território de um terceiro Estado que lhe concedeu um visto, no caso deste visto ter sido necessário, para ir assumir ou reassumir suas funções na sua repartição consular ou para voltar ao Estado que envia, o terceiro Estado conceder-lhe-á as imunidades previstas em outros artigos da presente Convenção necessárias para facilitar-lhe a travessia e o regresso. O terceiro Estado concederá o mesmo tratamento aos membros da família que com ele vivam e que gozem desses privilégios e imunidades, quer acompanhem o funcionário consular quer viajem separadamente para reunir-se a ele ou regressar ao Estado que envia.

2. Em condições análogas àquelas especificadas no parágrafo 1 do presente artigo, os terceiros Estados não deverão dificultar a passagem através do seu território aos demais membros da repartição consular e aos membros de sua família que com ele vivam.

3. Os terceiros Estados concederão à correspondência oficial e a outras comunicações oficiais em trânsito, inclusive às mensagens em código ou cifra, a mesma liberdade e proteção que o Estado receptor estiver obrigado a conceder em virtude da presente Convenção. Concederão aos correios consulares, a quem um visto tenha sido concedido caso necessário, bem como às malas consulares em trânsito a mesma inviolabilidade e proteção que o Estado receptor for obrigado a conceder em virtude da presente Convenção.

4. As obrigações dos terceiros Estados decorrentes dos parágrafos 1, 2 e 3 do presente artigo aplicar-se-ão igualmente às pessoas mencionadas nos respectivos parágrafos, assim como às comunicações oficiais e às malas consulares, quando as mesmas se encontrem no território de terceiro Estado por motivo de força maior.

Art. 55. Respeito às leis e regulamentos do Estado receptor

1. Sem prejuízo de seus privilégios e imunidades todas as pessoas que se beneficiem desses privilégios e imunidades deverão respeitar as lei e regulamentos do Estado receptor. Terão igualmente o dever de não se imiscuir nos assuntos internos do referido Estado.

2. Os locais consulares não devem ser utilizados de maneira incompatível com o exercício das funções consulares.

3. As disposições do parágrafo 2 do presente artigo não excluirão a possibilidade de se instalar, numa parte do edifício onde se encontrem os locais da repartição consular, os escritórios de outros organismos ou agências, contanto que os locais a eles destinados estejam separados dos que utilize a repartição consular. Neste caso, os mencionados escritórios não serão, para os fins da presente Convenção, considerados como parte integrante dos locais consulares.

Art. 56. Seguro contra danos causados a terceiros

Os membros da repartição consular deverão cumprir todas as obrigações impostas pelas leis e regulamentos do Estado receptor relativas ao seguro de responsabilidade civil por danos causados a terceiros pela utilização de qualquer veículo, navio ou aeronave.

Art. 57. Disposições especiais relativas às atividades privadas de caráter lucrativo

1. Os funcionários consulares de carreira não exercerão, em proveito próprio, nenhuma atividade profissional ou comercial no Estado receptor.

2. Os privilégios e imunidades previstas no presente Capítulo não serão concedidos:

a) aos empregados consulares ou membros do pessoal de serviço que exercerem atividade privada de caráter lucrativo no Estado receptor;

b) aos membros da família das pessoas mencionadas na alínea a) do presente parágrafo e aos de seu pessoal privado;

c) aos membros da família do membro da repartição consular que exercerem atividade privada de caráter lucrativo no Estado receptor.

CAPÍTULO III – REGIME APLICÁVEL AOS FUNCIONÁRIOS CONSULARES HONORÁRIOS E ÀS REPARTIÇÕES CONSULARES POR ELES DIRIGIDAS

Art. 58. Disposições gerais relativas às facilidades, privilégios e imunidades

1. Os artigos 28, 29, 30, 34, 35, 36, 37, 38 e 39 parágrafo 3 do artigo 54 e os parágrafos 2 e 3 do artigo 55 aplicar-se-ão às repartições consulares dirigidas por um funcionário consular honorário. Ademais, as facilidades, privilégios e imunidades destas repartições consulares serão reguladas pelos artigos 59, 60, 61 e 62.

2. Os artigos 42 e 43, o parágrafo 3 do artigo 44, os artigos 45 e 53, e o parágrafo 1 do artigo 55, aplicar-se-ão aos funcionários consulares honorários. As facilidades, privilégios e imunidades desses funcionários consulares reger-se-ão outrossim, pelos artigos 63, 64, 65, 66 e 67.

3. Os privilégios e imunidades previstos na presente Convenção não serão concedidos aos membros da família de funcionário consular honorário nem aos da família de empregado consular de repartição consular dirigida por funcionário consular honorário.

4. O intercâmbio de malas consulares entre duas repartições consulares situadas em países diferentes e dirigidas por funcionários consulares honorários só será admitido com o consentimento dos dois Estados receptores.

Art. 59. Proteção dos locais consulares

O Estado receptor adotará todas as medidas apropriadas para proteger os locais consulares de uma repartição consular dirigida por um funcionário consular honorário contra qualquer intrusão ou dano e para evitar perturbações à tranquilidade da repartição consular ou ofensas à sua dignidade.

Art. 60. Isenção fiscal dos locais consulares

1. Os locais consulares de uma repartição consular dirigida por funcionário consular honorário, de que seja proprietário ou locatário o Estado que envia, estarão isentos de todos os impostos e taxas nacionais, regionais e municipais, exceto os que representem remuneração por serviços específicos prestados.

2. A isenção fiscal, prevista no parágrafo 1 do presente artigo, não se aplicará àqueles impostos e taxas cujo pagamento de acordo com as leis e regulamentos do Estado receptor couber às pessoas que contratarem com o Estado que envia.

Art. 61. Inviolabilidade dos arquivos e documentos consulares

Os arquivos e documentos consulares de uma repartição consular, cujo chefe for um funcionário consular honorário, serão sempre invioláveis onde quer que se encontrem, desde que estejam separados de outros papéis e documentos e, especialmente, da correspondência particular de chefe da repartição consular, da de qualquer pessoa que com ele trabalhe, bem como dos objetos, livros e documentos relacionados com sua profissão ou negócios.

Art. 62. Isenção de direitos alfandegários

De acordo com as leis e regulamentos que adotar, o Estado receptor permitirá e entrada com isenção de todos os direitos alfandegários, taxas e despesas conexas, com exceção das de depósito, transporte e serviços análogos, dos seguintes artigos, desde que sejam destinados exclusivamente ao uso oficial de uma repartição consular dirigida por funcionário consular honorário; escudos, bandeiras, letreiros, sinetes e selos, livros impressos oficiais, mobiliário de escritório, material e equipamento de escritório e artigos similares fornecidos à repartição consular pelo Estado que envia ou por solicitação deste.

Art. 63. Processo Penal

Quando um processo penal for instaurado contra funcionário consular honorário, este é obrigado a se apresentar as autoridades competentes. Entretanto, o processo deverá ser conduzido com as deferências devidas ao funcionário consular honorário interessado, em razão de sua posição oficial, e, exceto no caso em que esteja preso ou detido, de maneira a perturbar o menos possível o exercício das funções consulares. Quando for necessário decretar a prisão preventiva de um funcionário consular honorário, o processo correspondente deverá iniciar-se o mais breve possível.

Art. 64. Proteção dos Funcionários consulares honorários

O Estado receptor é obrigado a conceder ao funcionário consular honorário a proteção de que possa necessitar em razão de sua posição oficial.

Art. 65. Isenção do registro de estrangeiros e da autorização de residência O funcionários consulares honorários, com exceção dos que exercerem no Estado receptor atividade profissional ou comercial em proveito próprio, estarão isentos de quaisquer obrigações previstas pelas leis e regulamentos do Estado receptor em matéria de registro de estrangeiros e de autorização de residência.

Art. 66. Isenção Fiscal

Os funcionários consulares honorários estarão isentos de quaisquer impostos e taxas sobre as remunerações e os emolumentos que recebam do Estado que envia em razão do exercício das funções consulares.

Art. 67. Isenção de prestação de serviços pessoais

O Estado receptor isentará os funcionários consulares honorários da prestação de quaisquer serviços pessoais ou de interesse público, qualquer que seja sua natureza, assim como das obrigações de caráter militar, especialmente e requisições, contribuições e alojamentos militares.

Art. 68. Caráter facultativo da instituição dos funcionários consulares honorários

Cada Estado poderá decidir livremente se nomeará ou receberá funcionários consulares honorários.

CAPÍTULO IV – DISPOSIÇÕES GERAIS

Art. 69. Agentes consulares que não sejam chefes de repartição consular

1. Cada Estado poderá decidir livremente se estabelecerá ou admitirá agências consulares dirigidas por agentes consulares que não tenham sido designados chefes de repartição consular pelo Estado que envia.

2. As condições em que as Agências consulares poderão exercer suas atividades de acordo com o parágrafo 1 do presente artigo, assim como os privilégios e imunidades de que poderão gozar os agentes consulares que as dirijam, serão estabelecidas por acordo entre o Estado que envia e o Estado receptor.

Art. 70. Exercício de funções consulares pelas missões diplomáticas

1. As disposições da presente Convenção aplicar-se-ão também, na medida em que o contexto o permitir, ao exercício das funções consulares por missões diplomáticas.

2. Os nomes dos membros da missão diplomática, adidos à seção consular ou encarregados do exercício das funções consulares da missão, serão comunicados ao Ministério das Relações Exteriores do Estado receptor ou à autoridade designada por este Ministério.

3. No exercício das funções consulares, a missão diplomática poderá dirigir-se:

a) às autoridades locais da jurisdição consular;

b) às autoridades centrais do Estado receptor, desde que o permitam as leis, regulamentos e usos desse Estado ou os acordos internacionais pertinentes.

4. Os privilégios e imunidades dos membros da missão diplomática mencionados no parágrafo 2 do presente artigo continuarão a reger-se pelas regras de direito internacional relativas às relações diplomáticas.

Art. 71. Nacionais ou residentes permanentes do Estado receptor

1. Salvo se o Estado receptor conceder outras facilidades, privilégios e imunidades, os funcionários consulares que sejam nacionais ou residentes permanentes desse Estado somente gozarão de imunidade de jurisdição e de inviolabilidade pessoal pelos atos oficiais realizados no exercício de suas funções e do privilégio estabelecido no parágrafo 3 do artigo 44. No que diz respeito a esses funcionários consulares, o Estado receptor deverá também cumprir a obrigação prevista no artigo 42. Se um processo penal for instaurado contra esses funcionários consulares, as diligências deverão ser conduzidas, exceto no caso em que o funcionário estiver preso ou detido, de maneira a que se perturbe o menos possível o exercício das funções consulares.

2. Os demais membros da repartição consular que sejam nacionais ou residentes permanentes do Estado receptor e os membros de sua família, assim como os membros da família dos funcionários consulares mencionados no parágrafo 1 do presente artigo, só gozarão de facilidades, privilégios e imunidades que lhes forem concedidos pelo Estado receptor. Do mesmo modo, os membros da família de um membro da repartição consular e os membros do pessoal privado que sejam nacionais ou residentes permanentes do Estado receptor só gozarão das facilidades, privilégios e imunidades que lhes forem concedidos pelo Estado receptor. Todavia, o Estado receptor deverá exercer sua jurisdição sobre essas pessoas de maneira a não perturbar indevidamente o exercício das funções da repartição consular.

Art. 72. Não discriminação entre Estados

1. O Estado receptor não discriminará entre os Estados ao aplicar as disposições da presente Convenção.

2. Todavia, não será considerado discriminatório:

a) que o Estado receptor aplique restritivamente qualquer das disposições da presente Convenção em consequência de igual tratamento às suas repartições consulares no Estado que envia;

b) que, por costume ou acordo, os Estados se concedam reciprocamente tratamento mais favorável que o estabelecido nas disposições da presente Convenção.

Art. 73. Relação entre a presente Convenção e outros acordos internacionais

1. As disposições da presente Convenção não prejudicarão outros acordos internacionais em vigor entre as partes contratantes dos mesmos.

2. Nenhuma das disposições da presente Convenção impedirá que os Estados concluam acordos que confirmem, completem, estendam ou ampliem suas disposições.

CAPÍTULO V – DISPOSIÇÕES FINAIS

Art. 74. Assinatura

A presente Convenção ficará aberta à assinatura de todos os Estados Membros da Organização das Nações Unidas ou de qualquer organização especializada, bem como de todo Estado Parte do Estatuto da Corte Internacional de Justiça e de qualquer outro Estado convidado pela Assembleia-Geral das Nações Unidas a se tornar parte da Convenção, da seguinte maneira, até 31 de outubro de 1963, no Ministério Federal dos Negócios Estrangeiros da Áustria e depois, até 31 de março de 1964, na Sede da Organização das Nações Unidas, em Nova York.

Art. 75. Ratificação

A presente Convenção está sujeita a ratificação. Os instrumentos de ratificação serão depositados junto ao Secretário-Geral das Nações Unidas.

Art. 76. Adesão

A presente Convenção ficará aberta à adesão dos Estados pertencentes a qualquer das quatro categorias mencionadas no artigo 74. Os instrumentos de adesão serão depositados junto ao Secretário-Geral das Nações Unidas.

Art. 77. Entrada em vigor

1. A presente Convenção entrará em vigor no trigésimo dia que se seguir à data em que seja depositado junto ao Secretário-Geral da Organização das Nações Unidas o vigésimo segundo instrumento de ratificação ou adesão.

2. Para cada um dos Estados que ratificarem a Convenção ou a ela aderirem depois do depósito do vigésimo segundo instrumento de ratificação ou adesão, a Convenção entrará em vigor no trigésimo dias após o depósito, por esse Estado, do instrumento de ratificação ou adesão.

Art. 78. Notificações pelo Secretário-Geral

O Secretário-Geral da Organização das Nações Unidas notificará a todos os Estados pertencentes a qualquer das quatro categorias mencionadas no artigo 74:

a) as assinaturas apostas à presente Convenção e o depósito dos instrumentos de ratificação ou adesão nos termos dos artigos 74, 75 e 76;

b) a data em que a presente Convenção entrar em vigor nos termos do artigo 77.

Art. 79. Textos autênticos

O original da presente Convenção, cujos textos em chinês, espanhol, francês, inglês e russo serão igualmente autênticos, será depositado junto ao Secretário-Geral da Organização das Nações Unidas, que enviará cópias autenticadas a todos os Estados pertencentes a qualquer das quatro categorias mencionadas no artigo 74.

Em fé do que os plenipotenciários abaixo assinados, devidamente autorizados por seus respectivos Governos, assinaram a presente Convenção.

Feito em Viena, aos vinte e quatro de abril de mil novecentos e sessenta e três.

DECRETO Nº 166, DE 3 DE JULHO DE 1991*

Promulga o Convênio de Cooperação Judiciária em Matéria Civil, entre o Governo da República Federativa do Brasil e o Reino da Espanha.

O PRESIDENTE DA REPÚBLICA, usando das atribuições que lhe confere o art. 84, inciso VIII, da Constituição; e,

Considerando que o Governo da República Federativa do Brasil e o Reino da Espanha assinaram, em 13 de abril de 1989, Madri, um Convênio de Cooperação Judiciária em Matéria Civil;

Considerando que o Congresso Nacional aprovou o referido Convênio por meio do

Decreto Legislativo nº 31, de 16 de outubro de 1990;

Considerando que o referido Convênio entrará em vigor em 31 de julho de 1991, por troca de Instrumentos de Ratificação.

DECRETA

Art. 1º O Convênio de Cooperação Judiciária em Matéria Civil, entre o Governo da República Federativa do Brasil e o Reino da Espanha, apenso por cópia ao presente Decreto, será executado e cumprido tão inteiramente como nele se contém.

Art. 2º Este Decreto entra em vigor na data de sua publicação.

Brasília, 3 de julho de 1991;
170º da Independência e 103º da República.
FERNANDO COLLOR
Francisco Rezek
D.O.U. de 4.7.1991

CONVÊNIO DE COOPERAÇÃO JUDICIÁRIA EM MATÉRIA CIVIL, ENTRE GOVERNO DA REPÚBLICA FEDERATIVA DO BRASIL E O REINO DA ESPANHA

O Governo da República Federativa do Brasil e

O Reino da Espanha

Conscientes dos profundos vínculos históricos que unem ambas as Nações, e

Desejando traduzí-los em instrumentos jurídicos de cooperação no âmbito civil,

Decidiram concluir um Convênio de Cooperação Judiciária em Matéria Civil e, para fim, convieram nas seguintes disposições:

(...)

CAPÍTULO V – DISPOSIÇÕES GERAIS

Artigo 30

Para fins deste Convênio, os documentos emitidos pelas autoridades judiciárias ou por autoridades de um dos Estados Contratantes, bem como os documentos que certifiquem o teor e a data, a autenticidade da assinatura ou a conformidade com o original, estarão dispensados da legalização, apostilas ou formalidades análogas, quando apresentados a uma autoridade judiciária do outro Estado.

DECRETO Nº 862, DE 9 DE JULHO DE 1993*

Promulga o Tratado sobre Cooperação Judiciária em Matéria Penal, entre a República Federativa do Brasil e a República Italiana, de l7/10/1989.

O PRESIDENTE DA REPÚBLICA, no uso da atribuição que lhe confere o art. 84, inciso VIII, da Constituição, e

Considerando que a República Federativa do Brasil e a República Italiana assinaram, em 17 de outubro de 1989, em Roma, o Tratado sobre Cooperação Judiciária em Matéria Penal;

Considerando que o Congresso Nacional aprovou esse Tratado por meio de Decreto Legislativo nº 78, de 20 de novembro de 1992;

Considerando que a troca dos instrumentos de ratificação desse documento foi realizada em Brasília, em 14 de junho de 1993;

Considerando que o Tratado entrará em vigor em 1º de agosto de 1993, na forma do segundo parágrafo de seu art. 18,

DECRETA:

Art. 1º O Tratado sobre Cooperação Judiciária em Matéria Penal, entre a República Federativa do Brasil e a República Italiana, em 17 de outubro de 1989, apenso por cópia ao presente Decreto, será executado e cumprido tão inteiramente como nele se contém.

Art. 2º Este Decreto entra em vigor na data de sua publicação.

Brasília, 09 de julho de 1993;
172º da Independência e 105º da República.
ITAMAR FRANCO
Luiz Feiipe Palmeira Lampreia
D.O.U. de 12.7.1993

TRATADO ENTRE A REPÚBLICA FEDERATIVA DO BRASIL E A REPÚBLICA ITALIANA SOBRE COOPERAÇÃO JUDICIÁRIA EM MATÉRIA PENAL

A Republica Federativa do Brasil

e

A República Italiana

(doravante denominadas "Partes"),

Desejando intensificar suas relações no campo da cooperação judiciária,

Acordam o seguinte:

(...)

Artigo 6

Dispensa de Legalização

Para os fins do presente Tratado, os atos, cópias e traduções redigidos ou autenticados pela autoridade competente de cada Parte, que contenham a assinatura e o timbre ou o selo oficial, estarão isentos de qualquer forma de legalização para serem utilizados perante as autoridades da outra Parte.

(...)

Artigo 18

Ratificação e Entrada em Vigor

1. O presente Tratado será ratificado. Os instrumentos de Ratificação serão trocados em Brasília.
2. O presente Tratado entrará em vigor no primeiro dia do segundo mês sucessivo àquele da troca dos Instrumentos de Ratificação.
3. O presente Tratado vigorará por prazo indeterminado.
4. Cada uma das Partes poderá denunciá-lo a qualquer momento. A denúncia terá efeito seis meses após a data em que a outra Parte receber a respectiva notificação.

Feito em Roma, aos 17 dias do mês outubro de 1989, em dois originais nos idiomas português e italiano, sendo ambos os textos igualmente autênticos.

PELA REPÚBLICA FEDERATIVA DO BRASIL
Roberto de Abreu Sodré
PELA REPÚBLICA ITALIANA
Gianni de Michelis

DECRETO Nº 3.598, DE 12 DE SETEMBRO DE 2000*

Promulga o Acordo de Cooperação em Matéria Civil entre o Governo da República Federativa do Brasil e o Governo da República Francesa, celebrado em Paris, em 28 de maio de 1996.

O PRESIDENTE DA REPUBLICA, no uso da atribuição que lhe confere o art. 84, inciso VIII, da Constituição,

Considerando que o Governo da República Federativa do Brasil e o Governo da República Francesa celebraram, em Paris, em 28 de maio de 1996, um Acordo de Cooperação em Matéria Civil;

Considerando que o Congresso Nacional aprovou esse Acordo por meio do Decreto Legislativo nº 163, de 03 de agosto de 2000;

Considerando que o Acordo entrará em vigor em 1º de outubro de 2000, nos termos do seu Art. 27;

DECRETA:

Art. 1º O Acordo de Cooperação em Matéria Civil entre o Governo da República Federativa do Brasil e o Governo da República Francesa, celebrado em Paris, em 28 de maio de 1996, apenso por cópia ao presente Decreto, será executado e cumprido tão inteiramente como nele se contém.

Art. 2º São sujeitos à aprovação do Congresso Nacional quaisquer atos que possam resultar em revisão do referido Acordo, assim como quaisquer ajustes complementares que, nos termos do art. 49, inciso I, da Constituição Federal, acarretem encargos ou compromissos gravosos ao patrimônio nacional.

Art. 3º Este Decreto entra em vigor na data de sua publicação.

Brasília, 12 de setembro de 2000;
179º da Independência e 112º da República.
FERNANDO HENRIQUE CARDOSO
Gilberto Coutinho Paranhos Velloso
DOU de 13.9.2000

ACORDO DE COOPERAÇÃO EM MATÉRIA CIVIL ENTRE O GOVERNO DA REPÚBLICA FEDERATIVA DO BRASIL E O GOVERNO DA REPÚBLICA FRANCESA

O Governo da República Federativa do Brasil e O Governo da República Francesa,

A fim de intensificar suas relações no campo da cooperação judiciária,

Decidiram estabelecer o presente Acordo:

(...)

CAPÍTULO VII – DISPENSA DE LEGALIZAÇÃO

Artigo 23

1. Os atos públicos expedidos no território de um dos dois Estados serão dispensados de legalização ou de qualquer formalidade análoga, quando tiverem que ser apresentados no território do outro Estado.

2. São considerados como atos públicos, no sentido do presente Acordo:

a) os documentos que emanem de um tribunal, do Ministério Público, de um escrivão ou de um Oficial de Justiça;

b) as certidões de estado civil;

c) os atos notariais;

d) os atestados oficiais, tais como transcrições de registro, vistos com data definida e reconhecimentos de firmas apostas num documento particular.

(...)

Pelo Governo da República Federativa do Brasil
Luiz Felipe Lampreia
Ministro de Estado das Relações Exteriores
Pelo Governo da República Francesa
Hervé de Charette
Ministro de Relações Exteriores

DECRETO Nº 6.891, DE 2 DE JULHO DE 2009*

Promulga o Acordo de Cooperação e Assistência Jurisdicional em Matéria Civil, Comercial, Trabalhista e Administrativa entre os Estados Partes do Mercosul, a República da Bolívia e a República do Chile.

O PRESIDENTE DA REPÚBLICA, no uso da atribuição que lhe confere o art. 84, inciso IV, da Constituição, e

Considerando que o Congresso Nacional aprovou, por meio do Decreto Legislativo nº 1.021, de 24 de novembro de 2005, o Acordo de Cooperação e Assistência Jurisdicional em Matéria Civil, Comercial, Trabalhista e Administrativa entre os Estados Partes do Mercosul, a República da Bolívia e a República do Chile, assinado em Buenos Aires, em 5 de julho de 2002;

Considerando que o Governo brasileiro depositou o instrumento de ratificação do referido Acordo junto à República do Paraguai em 28 de março de 2006;

Considerando que o Acordo entrou em vigor para o Brasil, no plano jurídico externo, em 8 de fevereiro de 2009;

DECRETA:

Art. 1º O Acordo de Cooperação e Assistência Jurisdicional em Matéria Civil, Comercial, Trabalhista e Administrativa entre os Estados Partes do Mercosul, a República da Bolívia e a República do Chile, apenso por cópia ao presente Decreto, será executado e cumprido tão inteiramente como nele se contém.

Art. 2º São sujeitos à aprovação do Congresso Nacional quaisquer atos que possam resultar em revisão do referido Acordo ou que acarretem encargos ou compromissos gravosos ao patrimônio nacional, nos termos do art. 49, inciso I, da Constituição.

Art. 3º Este Decreto entra em vigor na data de sua publicação.

Brasília, 2 de julho de 2009; 188º da Independência e 121º da República.
LUIZ INÁCIO LULA DA SILVA
Celso Luiz Nunes Amorim
DOU de 3.7.2009

⦿ ACORDO DE COOPERAÇÃO E ASSISTÊNCIA JURISDICIONAL EM MATÉRIA CIVIL, COMERCIAL, TRABALHISTA E ADMINISTRATIVA ENTRE OS ESTADOS PARTES DO MERCOSUL E A REPÚBLICA DA BOLÍVIA E A REPÚBLICA DO CHILE

A República Argentina, a República Federativa do Brasil, a República do Paraguai, a República Oriental do Uruguai, Estados Partes do Mercado Comum do Sul (MERCOSUL), e a República da Bolívia e a República do Chile, todas doravante denominadas "Estados Partes", para efeito do presente Acordo;

CONSIDERANDO o Protocolo de Cooperação e Assistência Jurisdicional em Matéria Civil, Comercial, Trabalhista e Administrativa, aprovado no Valle de Las Leñas, República Argentina, pela Decisão nº 5/92 do Conselho do Mercado Comum, vigente nos quatro Estados Partes do MERCOSUL;

TENDO EM CONTA o Acordo de Complementação Econômica nº 36 assinado entre o MERCOSUL e a República da Bolívia; o Acordo de Complementação Econômica nº 35 assinado entre o MERCOSUL e a República do Chile e as Decisões do Conselho do Mercado Comum (CMC) nº 14/96 "Participação de terceiros países associados em Reuniões do MERCOSUL" e nº 12/97 "Participação do Chile em Reuniões do MERCOSUL";

(...)

Artigo 26

Os documentos emanados de autoridades jurisdicionais ou outras autoridades de um dos Estados Partes, assim como as escrituras públicas e os documentos que certifiquem a validade, a data e a veracidade da assinatura ou a conformidade com o original, e que sejam transmitidos por intermédio da Autoridade Central, ficam isentos de toda legalização, certificação ou formalidade análoga quando devam ser apresentados no território do outro Estado Parte.

(...)

Feito na cidade de Buenos Aires, República Argentina,
aos cinco (5) dias do mês de julho de 2002,
em um exemplar original,
nos idiomas português e espanhol, sendo ambos os textos igualmente autênticos.
Pela República da Argentina
Carlos Ruckauf
Pela República Federativa do Brasil
Celso Lafer
Pela República do Paraguai
José Antonio Moreno Ruffinelli
Pela República Oriental do Uruguai
Didier Opertti
Pela República da Bolívia
Gustavo Fernández Saavedra
Pela República do Chile
María Soledad Alvear Valenzuela

DECRETO Nº 7.107, DE 11 DE FEVEREIRO DE 2010

Promulga o Acordo entre o Governo da República Federativa do Brasil e a Santa Sé relativo ao Estatuto Jurídico da Igreja Católica no Brasil, firmado na Cidade do Vaticano, em 13 de novembro de 2008.

O PRESIDENTE DA REPÚBLICA, no uso da atribuição que lhe confere o art. 84, inciso IV, da Constituição, e

CONSIDERANDO que o Governo da República Federativa do Brasil e a Santa Sé celebraram, na Cidade do Vaticano, em 13 de novembro de 2008, um Acordo relativo ao Estatuto Jurídico da Igreja Católica no Brasil;

CONSIDERANDO que o Congresso Nacional aprovou esse Acordo por meio do Decreto Legislativo nº 698, de 7 de outubro de 2009;

CONSIDERANDO que o Acordo entrou em vigor internacional em 10 de dezembro de 2009, nos termos de seu Artigo 20;

DECRETA:

Art. 1º. O Acordo entre o Governo da República Federativa do Brasil e a Santa Sé relativo ao Estatuto Jurídico da Igreja Católica no Brasil, firmado na Cidade do Vaticano, em 13 de novembro de 2008, apenso por cópia ao presente Decreto, será executado e cumprido tão inteiramente como nele se contém.

Art. 2º. São sujeitos à aprovação do Congresso Nacional quaisquer atos que possam resultar em revisão do referido Acordo, assim como quaisquer ajustes complementares que, nos termos do art. 49, inciso I, da Constituição, acarretem encargos ou compromissos gravosos ao patrimônio nacional.

Art. 3º. Este Decreto entra em vigor na data de sua publicação.

Brasília, 11 de fevereiro de 2010;
189º da Independência e 122º da República.
LUIZ INÁCIO LULA DA SILVA

⦿ ACORDO ENTRE A REPÚBLICA FEDERATIVA DO BRASIL E A SANTA SÉ RELATIVO AO ESTATUTO JURÍDICO DA IGREJA CATÓLICA NO BRASIL

A República Federativa do Brasil e A Santa Sé (doravante denominadas Altas Partes Contratantes),

CONSIDERANDO que a Santa Sé é a suprema autoridade da Igreja Católica, regida pelo Direito Canônico;

CONSIDERANDO as relações históricas entre a Igreja Católica e o Brasil e suas respectivas responsabilidades a serviço da sociedade e do bem integral da pessoa humana;

Afirmando que as Altas Partes Contratantes são, cada uma na própria ordem, autônomas, independentes e soberanas e cooperam para a construção de uma sociedade mais justa, pacífica e fraterna;

Baseando-se, a Santa Sé, nos documentos do Concílio Vaticano II e no Código de Direito Canônico, e a República Federativa do Brasil, no seu ordenamento jurídico;

Reafirmando a adesão ao princípio, internacionalmente reconhecido, de liberdade religiosa;

Reconhecendo que a Constituição brasileira garante o livre exercício dos cultos religiosos;

Animados da intenção de fortalecer e incentivar as mútuas relações já existentes;

Convieram no seguinte:

Artigo 1º

As Altas Partes Contratantes continuarão a ser representadas, em suas relações diplomáticas, por um Núncio Apostólico acreditado junto à República Federativa do Brasil e por um Embaixador(a) do Brasil acreditado(a) junto à Santa Sé, com as imunidades e garantias asseguradas pela Convenção de Viena sobre Relações Diplomáticas, de 18 de abril de 1961, e demais regras internacionais.

Artigo 2º

A República Federativa do Brasil, com fundamento no direito de liberdade religiosa, reconhece à Igreja Católica o direito de desempenhar a sua missão apostólica, garantindo o exercício público de suas atividades, observado o ordenamento jurídico brasileiro.

Artigo 3º

A República Federativa do Brasil reafirma a personalidade jurídica da Igreja Católica e de todas as Instituições Eclesiásticas que possuem tal personalidade em conformidade com o direito canônico, desde que não contrarie o sistema constitucional e as leis brasileiras, tais como Conferência Episcopal, Províncias Eclesiásticas, Arquidioceses, Dioceses, Prelazias Territoriais ou Pessoais, Vicariatos e Prefeituras Apostólicas, Administrações Apostólicas, Administrações Apostólicas Pessoais, Missões Sui Iuris, Ordinariado Militar e Ordinariados para os Fiéis de Outros Ritos, Paróquias, Institutos de Vida Consagrada e Sociedades de Vida Apostólica.

§ 1º. A Igreja Católica pode livremente criar, modificar ou extinguir todas as Instituições Eclesiásticas mencionadas no *caput* deste artigo.

§ 2º. A personalidade jurídica das Instituições Eclesiásticas será reconhecida pela República Federativa do Brasil mediante a inscrição no respectivo registro do ato de criação, nos termos da legislação brasileira, vedado ao poder público negar-lhes reconhecimento ou registro do ato de criação, devendo também ser averbadas todas as alterações por que passar o ato.

Artigo 4º

A Santa Sé declara que nenhuma circunscrição eclesiástica do Brasil dependerá de Bispo cuja sede esteja fixada em território estrangeiro.

Artigo 5º

As pessoas jurídicas eclesiásticas, reconhecidas nos termos do Artigo 3º, que, além de fins religiosos, persigam fins de assistência e solidariedade social, desenvolverão a própria atividade e gozarão de todos os direitos, imunidades, isenções e benefícios atribuídos às entidades com fins de natureza semelhante previstos no ordenamento jurídico brasileiro, desde que observados os requisitos e obrigações exigidos pela legislação brasileira.

Artigo 6º

As Altas Partes reconhecem que o patrimônio histórico, artístico e cultural da Igreja Católica, assim como os documentos custodiados nos seus arquivos e bibliotecas, constituem parte relevante do patrimônio cultural brasileiro, e continuarão a cooperar para salvaguardar, valorizar e promover a fruição dos bens, móveis e imóveis, de propriedade da Igreja Católica ou de outras pessoas jurídicas eclesiásticas, que sejam considerados pelo Brasil como parte de seu patrimônio cultural e artístico.

§ 1º. A República Federativa do Brasil, em atenção ao princípio da cooperação, reconhece que a finalidade própria dos bens eclesiásticos mencionados no *caput* deste artigo deve ser salvaguardada pelo ordenamento jurídico brasileiro, sem prejuízo de outras finalidades que possam surgir da sua natureza cultural.

§ 2º. A Igreja Católica, ciente do valor do seu patrimônio cultural, compromete-se a facilitar o acesso a ele para todos os que o queiram conhecer e estudar, salvaguardadas as suas finalidades religiosas e as exigências de sua proteção e da tutela dos arquivos.

Artigo 7º

A República Federativa do Brasil assegura, nos termos do seu ordenamento jurídico, as medidas necessárias para garantir a proteção dos lugares de culto da Igreja Católica e de suas liturgias, símbolos, imagens e objetos cultuais, contra toda forma de violação, desrespeito e uso ilegítimo.

§ 1º. Nenhum edifício, dependência ou objeto afeto ao culto católico, observada a função social da propriedade e a legislação, pode ser demolido, ocupado, transportado, sujeito a obras ou destinado pelo Estado e entidades públicas a outro fim, salvo por necessidade ou utilidade pública, ou por interesse social, nos termos da Constituição brasileira.

Artigo 8º

A Igreja Católica, em vista do bem comum da sociedade brasileira, especialmente dos cidadãos mais necessitados, compromete-se, observadas as exigências da lei, a dar assistência espiritual aos fiéis internados em estabelecimentos de saúde, de assistência social, de educação ou similar, ou detidos em estabelecimento prisional ou similar, observadas as normas de cada estabelecimento, e que, por essa razão, estejam impedidos de exercer em condições normais a prática religiosa e a requeiram. A República Federativa do Brasil garante à Igreja Católica o direito de exercer este serviço, inerente à sua própria missão.

Artigo 9º

O reconhecimento recíproco de títulos e qualificações em nível de Graduação e Pós-Graduação estará sujeito, respectivamente, às exigências dos ordenamentos jurídicos brasileiro e da Santa Sé.

Artigo 10

A Igreja Católica, em atenção ao princípio de cooperação com o Estado, continuará a colocar suas instituições de ensino, em todos os níveis, a serviço da sociedade, em conformidade com seus fins e com as exigências do ordenamento jurídico brasileiro.

§ 1º. A República Federativa do Brasil reconhece à Igreja Católica o direito de constituir e administrar Seminários e outros Institutos eclesiásticos de formação e cultura.

§ 2º. O reconhecimento dos efeitos civis dos estudos, graus e títulos obtidos nos Seminários e Institutos antes mencionados é regulado pelo ordenamento jurídico brasileiro, em condição de paridade com estudos de idêntica natureza.

Artigo 11

A República Federativa do Brasil, em observância ao direito de liberdade religiosa, da diversidade cultural e da pluralidade confessional do País, respeita a importância do ensino religioso em vista da formação integral da pessoa.

§ 1º. O ensino religioso, católico e de outras confissões religiosas, de matrícula facultativa, constitui disciplina dos horários normais das escolas públicas de ensino fundamental, assegurado o respeito à diversidade cultural religiosa do Brasil, em conformidade com a Constituição e as outras leis vigentes, sem qualquer forma de discriminação.

Artigo 12

O casamento celebrado em conformidade com as leis canônicas, que atender também às exigências estabelecidas pelo direito brasileiro para contrair o casamento, produz os efeitos civis, desde que registrado no registro próprio, produzindo efeitos a partir da data de sua celebração.

§ 1º. A homologação das sentenças eclesiásticas em matéria matrimonial, confirmadas pelo órgão de controle superior da Santa Sé, será efetuada nos termos da legislação brasileira sobre homologação de sentenças estrangeiras.

Artigo 13

É garantido o segredo do ofício sacerdotal, especialmente o da confissão sacramental.

Artigo 14

A República Federativa do Brasil declara o seu empenho na destinação de espaços a fins religiosos, que deverão ser previstos nos instrumentos de planejamento urbano a serem estabelecidos no respectivo Plano Diretor.

Artigo 15

Às pessoas jurídicas eclesiásticas, assim como ao patrimônio, renda e serviços relacionados com as suas finalidades essenciais, é reconhecida a garantia de imunidade tributária referente aos impostos, em conformidade com a Constituição brasileira.

§ 1º. Para fins tributários, as pessoas jurídicas da Igreja Católica que exerçam atividade social e educacional sem finalidade lucrativa receberão o mesmo tratamento e benefícios outorgados às entidades filantrópicas reconhecidas pelo ordenamento jurídico brasileiro, inclusive, em termos de requisitos e obrigações exigidos para fins de imunidade e isenção.

Artigo 16

Dado o caráter peculiar religioso e beneficente da Igreja Católica e de suas instituições:

I – O vínculo entre os ministros ordenados ou fiéis consagrados mediante votos e as Dioceses ou Institutos Religiosos e equiparados é de caráter religioso e portanto, observado o disposto na legislação trabalhista brasileira, não gera, por si mesmo, vínculo empregatício, a não ser que seja provado o desvirtuamento da instituição eclesiástica.

II – As tarefas de índole apostólica, pastoral, litúrgica, catequética, assistencial, de promoção humana e semelhantes poderão ser realizadas a título voluntário, observado o disposto na legislação trabalhista brasileira.

Artigo 17

Os Bispos, no exercício de seu ministério pastoral, poderão convidar sacerdotes, membros de institutos religiosos e leigos, que não tenham nacionalidade brasileira, para servir no território de suas dioceses, e pedir às autoridades brasileiras, em nome deles, a concessão do visto para exercer atividade pastoral no Brasil.

§ 1º. Em consequência do pedido formal do Bispo, de acordo com o ordenamento jurídico brasileiro, poderá ser concedido o visto permanente ou temporário, conforme o caso, pelos motivos acima expostos.

Artigo 18

O presente acordo poderá ser complementado por ajustes concluídos entre as Altas Partes Contratantes.

§ 1º. Órgãos do Governo brasileiro, no âmbito de suas respectivas competências e a Conferência Nacional dos Bispos do Brasil, devidamente autorizada pela Santa Sé, poderão celebrar convênio sobre matérias específicas, para implementação do presente Acordo.

Artigo 19

Quaisquer divergências na aplicação ou interpretação do presente acordo serão resolvidas por negociações diplomáticas diretas.

Artigo 20

O presente acordo entrará em vigor na data da troca dos instrumentos de ratificação, ressalvadas as situações jurídicas existentes e constituídas ao abrigo do Decreto nº 119-A, de 7 de janeiro de 1890 e do Acordo entre a República Federativa do Brasil e a Santa Sé sobre Assistência Religiosa às Forças Armadas, de 23 de outubro de 1989.

Feito na Cidade do Vaticano, aos 13 dias do mês de novembro do ano de 2008, em dois originais, nos idiomas português e italiano, sendo ambos os textos igualmente autênticos.

PELA REPÚBLICA FEDERATIVA DO BRASIL
Celso Amorim Ministro das Relações Exteriores
PELA SANTA SÉ
Dominique Mamberti Secretário para Relações com os Estados
(DOU de 12.2.2010)

DECRETO Nº 7.574, DE 29 DE SETEMBRO DE 2011*

Regulamenta o processo de determinação e de exigência de créditos tributários da União, o processo de consulta relativo à interpretação da legislação tributária e aduaneira, à classificação fiscal de mercadorias, à classificação de serviços, intangíveis e de outras operações que produzam variações no patrimônio e de outros processos que especifica, sobre matérias administradas pela Secretaria da Receita Federal do Brasil.

- *Redação dada pelo Decreto nº 8.853, de 2016*

A PRESIDENTA DA REPÚBLICA, no uso da atribuição que lhe confere o art. 84, inciso IV, da Constituição,

DECRETA:

Art. 1º O processo de determinação e exigência de créditos tributários da União, o processo de consulta sobre a aplicação da legislação tributária federal e outros processos administrativos relativos às matérias de competência da Secretaria da Receita Federal do Brasil serão regidos conforme o disposto neste Decreto. *(Redação dada pelo Decreto nº 8.853, de 2016).*

(...)

TÍTULO II – DO PROCESSO DE DETERMINAÇÃO E EXIGÊNCIA DE CRÉDITOS TRIBUTÁRIOS

CAPÍTULO I – DO PROCEDIMENTO FISCAL

(...)

SEÇÃO VI – DAS MEDIDAS DE DEFESA DO CRÉDITO TRIBUTÁRIO

SUBSEÇÃO I – DO ARROLAMENTO DE BENS E DIREITOS PARA ACOMPANHAMENTO DO PATRIMÔNIO DO SUJEITO PASSIVO

Art. 43. O Auditor-Fiscal da Receita Federal do Brasil procederá ao arrolamento de bens e direitos do sujeito passivo sempre que o valor dos créditos tributários de sua responsabilidade for superior a trinta por cento do seu patrimônio conhecido. *(Redação dada pelo Decreto nº 8.853, de 2016)*

§ 1º Se o crédito tributário for formalizado contra pessoa física, no arrolamento devem ser identificados, inclusive, os bens e direitos em nome do cônjuge, não gravados com a cláusula de incomunicabilidade (Lei nº 9.532, de 1997, art. 64, § 1º).

§ 2º Na falta de outros elementos indicativos, considera-se patrimônio conhecido o valor constante da última declaração de rendimentos apresentada (Lei nº 9.532, de 1997, art. 64, § 2º).

§ 3º A partir da data da notificação do ato de arrolamento, mediante entrega de cópia do respectivo termo, o proprietário dos bens e direitos arrolados, ao transferi-los, aliená-los ou onerá-los, deve comunicar o fato à unidade da Secretaria da Receita Federal do Brasil em cuja jurisdição o domicílio tributário do sujeito passivo estiver (Lei nº 9.532, de 1997, art. 64, § 3º).

§ 4º A alienação, oneração ou transferência, a qualquer título, dos bens e direitos arrolados, sem o cumprimento da formalidade prevista no § 3º, autoriza o requerimento de medida cautelar fiscal contra o sujeito passivo (Lei nº 9.532, de 1997, art. 64, § 4º).

§ 5º O termo de arrolamento de que trata o § 3º será registrado independentemente de pagamento de custas ou emolumentos (Lei nº 9.532, de 1997, art. 64, § 5º):

I – no competente registro imobiliário, relativamente aos bens imóveis;

II – nos órgãos ou entidades, onde, por força de lei, os bens móveis ou direitos sejam registrados ou controlados; ou

III – no Cartório de Títulos e Documentos e Registros Especiais do domicílio tributário do sujeito passivo, relativamente aos demais bens e direitos.

§ 6º As certidões de regularidade fiscal expedidas deverão conter informações quanto à existência de arrolamento (Lei nº 9.532, de 1997, art. 64, § 6º).

§ 7º Liquidado o crédito tributário que tenha motivado o arrolamento antes de seu encaminhamento para inscrição em dívida ativa da União, o Auditor-Fiscal da Receita Federal do Brasil responsável comunicará o fato ao órgão em que o termo foi registrado para que sejam anulados os efeitos do arrolamento. *(Redação dada pelo Decreto nº 8.853, de 2016)*

§ 8º Liquidado ou garantido, nos termos da Lei nº 6.830, de 22 de setembro de 1980, o crédito tributário que tenha motivado o arrolamento, após seu encaminhamento para inscrição em dívida ativa da União, a comunicação de que trata o § 8º será feita pela autoridade competente da Procuradoria da Fazenda Nacional (Lei nº 9.532, de 1997, art. 64, § 9º).

§ 9º Os órgãos de registro público onde os bens e direitos foram arrolados dispõem do prazo de trinta dias para liberá-los, contado da data de protocolo de cópia do documento comprobatório da comunicação aos órgãos fazendários referido no § 3º. *(Incluído pelo Decreto nº 8.853, de 2016)*

§ 10. O disposto neste artigo é aplicável somente se a soma dos valores dos créditos tributários for superior a R$ 2.000.000,00 (dois milhões de reais). *(Incluído pelo Decreto nº 8.853, de 2016)*

Art. 44. O arrolamento de que trata o art. 43 recairá sobre bens e direitos suscetíveis de registro público, com prioridade aos imóveis, e em valor suficiente para cobrir o montante do crédito tributário de responsabilidade do sujeito passivo (Lei nº 9.532, de 1997, art. 64-A, incluído pela Medida Provisória nº 2.158-35, de 2001, art. 75).

§ 1º O arrolamento somente poderá alcançar outros bens e direitos para fins de complementar o valor referido no *caput*.

§ 2º O Auditor-Fiscal da Receita Federal do Brasil poderá, a requerimento do sujeito passivo, substituir bem ou direito arrolado por outro que seja de valor igual ou superior, desde que respeitada a ordem de prioridade de bens ou direitos a serem arrolados definida pela Secretaria da Receita Federal do Brasil e que seja realizada a avaliação de bem ou direito arrolado e de bem ou direito substituto, nos termos do § 3º. *(Redação dada pelo Decreto nº 8.853, de 2016)*

§ 3º Fica a critério do sujeito passivo, às expensas dele, requerer, anualmente, aos órgãos de registro público onde os bens e direitos estiverem arrolados, por petição fundamentada, avaliação dos referidos ativos, por perito indicado pelo próprio órgão de registro, a identificar o valor justo dos bens e direitos arrolados e evitar, desse modo, excesso de garantia. *(Incluído pelo Decreto nº 8.853, de 2016)*

(...)

TÍTULO IV – DISPOSIÇÕES FINAIS

Art. 149. Este Decreto entra em vigor na data de sua publicação.

Brasília, 29 de setembro de 2011; 190º da Independência 123º da República.
DILMA ROUSSEFF
Guido Mantega
DOU de 30.9.2011 e retificado em 08.11.2011

DECRETO LEGISLATIVO Nº 148, DE 6 DE JULHO DE 2015

Aprova o texto da Convenção sobre a Eliminação da Exigência de Legalização de Documentos Públicos Estrangeiros, celebrada na Haia, em 5 de outubro de 1961.

- *Vide Resolução CNJ 228/2016 (Regulamenta a aplicação, no âmbito do Poder Judiciário,da Convenção sobre a Eliminação da Exigência de Legalização de Documentos Públicos Estrangeiros, celebrada na Haia, em 5 de outubro de 1961 (Convenção da Apostila)).*
- *Vide Provimento CNJ 62/2017 (Uniformização dos procedimentos para a aposição de apostila, no âmbito do Poder Judiciário, da Convenção sobre a Eliminação da Exigência de Legalização de Documentos Públicos Estrangeiros, celebrada na Haia, em 5 de outubro de 1961 (Convenção da Apostila), incorporado aos arts. 1º a 17, Provimento CNJ n. 149/2023 (CNN)*
- *Vide Decreto nº 8.660/2016 (Promulga a Convenção sobre a Eliminação da Exigência de Legalização de Documentos Públicos Estrangeiros, firmada pela República Federativa do Brasil, em Haia, em 5 de outubro de 1961).*
- *Vide Decreto nº 166/1991 (Promulga o Convênio de Cooperação Judiciária em Matéria Civil, entre o Governo da República Federativa do Brasil e o Reino da Espanha).*
- *Vide Decreto nº 862/1993 (Promulga o Tratado sobre Cooperação Judiciária em Matéria Penal, entre a República Federativa do Brasil e a República Italiana, de l7/10/1989).*
- *Decreto nº 3.598/2000 (Promulga o Acordo de Cooperação em Matéria Civil entre o Governo da República Federativa do Brasil e o Governo da República Francesa, celebrado em Paris, em 28 de maio de 1996).*
- *Decreto nº 6.891/2009 (Promulga o Acordo de Cooperação e Assistência Jurisdicional em Matéria Civil, Comercial, Trabalhista e Administrativa entre os Estados Partes do Mercosul, a República da Bolívia e a República do Chile).*
- *Vide Enunciado 3, I Jornada de Direito Notarial e Registral*

O Congresso Nacional decreta:

Art. 1º Fica aprovado o texto da Convenção sobre a Eliminação da Exigência de Legalização de Documentos Públicos Estrangeiros, celebrada na Haia, em 5 de outubro de 1961.

Parágrafo único. Ficam sujeitos à aprovação do Congresso Nacional quaisquer atos que possam resultar em revisão da referida Convenção, bem como quaisquer ajustes complementares que, nos termos do inciso I do art. 49 da Constituição Federal, acarretem encargos ou compromissos gravosos ao patrimônio nacional.

Art. 2º Este Decreto Legislativo entra em vigor na data de sua publicação.

Senado Federal, em 6 de julho de 2015
Senador RENAN CALHEIROS
Presidente do Senado Federal

CONVENÇÃO SOBRE A ELIMINAÇÃO DA EXIGÊNCIA DE LEGALIZAÇÃO DE DOCUMENTOS PÚBLICOS ESTRANGEIROS

- *(Celebrada em 5 de outubro de 1961)*

Os Estados Signatários da presente Convenção,

Desejando eliminar a exigência de legalização diplomática ou consular de documentos públicos estrangeiros,

Decidiram celebrar uma Convenção com essa finalidade e concordaram com as seguintes disposições:

Art. 1º A presente Convenção aplica-se a documentos públicos feitos no território de um dos Estados Contratantes e que devam produzir efeitos no território de outro Estado Contratante.

- *Arts. 1º a 17, Provimento CNJ n. 149/2023 (CNN)*

No âmbito da presente Convenção, são considerados documentos públicos:

a) Os documentos provenientes de uma autoridade ou de um agente público vinculados a qualquer jurisdição do Estado, inclusive os documentos provenientes do Ministério Público, de escrivão judiciário ou de oficial de justiça;

b) Os documentos administrativos;

c) Os atos notariais;

- *Vide art. 6º, Lei n. 8.935/1994 (Notários e Registradores)*

d) As declarações oficiais apostas em documentos de natureza privada, tais como certidões que comprovem o registro de um documento ou a sua existência em determinada data, e reconhecimentos de assinatura.

Entretanto, a presente Convenção não se aplica:

a) Aos documentos emitidos por agentes diplomáticos ou consulares;

b) Aos documentos administrativos diretamente relacionados a operações comerciais ou aduaneiras.

Art. 2º Cada Estado Contratante dispensará a legalização dos documentos aos quais se aplica a presente Convenção e que devam produzir efeitos em seu território. No âmbito da presente Convenção, legalização significa apenas a formalidade pela qual os agentes diplomáticos ou consulares do país no qual o documento deve produzir efeitos atestam a autenticidade da assinatura, a função ou o cargo exercidos pelo signatário do documento e, quando cabível, a autenticidade do selo ou carimbo aposto no documento.

Art. 3º A única formalidade que poderá ser exigida para atestar a autenticidade da assinatura, a função ou cargo exercido pelo signatário do documento e, quando cabível, a autenticidade do selo ou carimbo aposto no documento, consiste na aposição da apostila definida no Artigo 4º, emitida pela autoridade competente do Estado no qual o documento é originado.

Contudo, a formalidade prevista no parágrafo anterior não pode ser exigida se as leis, os regulamentos ou os costumes em vigor no Estado onde o documento deva produzir efeitos – ou um acordo entre dois ou mais Estados contratantes – a afastem ou simplifiquem, ou dispensem o ato de legalização.

Art. 4º A apostila prevista no primeiro parágrafo do Artigo 3º será aposta no próprio documento ou em uma folha a ele apensa e deverá estar em conformidade com o modelo anexo à presente Convenção.

A apostila poderá, contudo, ser redigida no idioma oficial da autoridade que a emite. Os termos padronizados nela inscritos também poderão ser redigidos em um segundo idioma. O título "Apostille (Convention de La Haye du 5 octobre 1961)" deverá ser escrito em francês.

Art. 5º A apostila será emitida mediante solicitação do signatário do documento ou de qualquer portador. Quando preenchida adequadamente, a apostila atesta a autenticidade da assinatura, a função ou o cargo exercido pelo signatário do documento e, quando cabível, a autenticidade do selo ou carimbo nele aposto. A assinatura, selo ou carimbo contidos na apostila serão isentos de qualquer certificação.

Art. 6º Cada Estado Contratante designará as autoridades às quais, em razão do cargo ou função que exercem, será atribuída a competência para emitir a apostila prevista no primeiro parágrafo do Artigo 3º.

Esta designação deverá ser notificada pelo Estado Contratante ao Ministério das Relações Exteriores dos Países Baixos, no momento do depósito do respectivo instrumento de ratificação, adesão ou da respectiva declaração de extensão. Todas as modificações que ocorrerem na designação daquelas autoridades também deverão ser notificadas ao referido Ministério.

Art. 7º Cada uma das autoridades designadas nos termos do Artigo 6º manterá registro ou arquivo no qual serão anotadas as apostilas emitidas, especificando:

a) O número e a data da apostila;

b) O nome do signatário do documento público e o cargo ou função por ele exercida ou, no caso de documentos não-assinados, a indicação da autoridade que após o selo ou carimbo.

Mediante solicitação de qualquer interessado, a autoridade emissora da apostila verificará se os dados nela inscritos correspondem àqueles contidos no registro ou no arquivo.

Art. 8º Sempre que um tratado, convenção ou acordo entre dois ou mais Estados Contratantes contiver disposições que sujeitem o reconhecimento de uma assinatura, selo ou carimbo a certas formalidades, a presente Convenção apenas derrogará as referidas disposições se tais formalidades forem mais rigorosas do que a formalidade prevista nos Artigos 3º e 4º.

Art. 9º Cada Estado Contratante tomará as providências necessárias para evitar que seus agentes diplomáticos ou consulares realizem legalizações nos casos em que esse procedimento seja dispensado pela presente Convenção.

Art. 10. A presente Convenção fica aberta à assinatura pelos Estados representados na 9ª Sessão da Conferência da Haia sobre Direito Internacional Privado, bem como por Irlanda, Islândia, Liechtenstein e Turquia.

A Convenção será ratificada e os instrumentos de ratificação serão depositados junto ao Ministério das Relações Exteriores dos Países Baixos.

Art. 11. A presente Convenção entrará em vigor no sexagésimo dia após o depósito do terceiro instrumento de ratificação previsto no segundo parágrafo do Artigo 10.

A Convenção entrará em vigor, para cada Estado signatário que a ratifique posteriormente, no sexagésimo dia após o depósito do respectivo instrumento de ratificação.

Art. 12. Qualquer Estado que não esteja mencionado no Artigo 10 poderá aderir à presente Convenção depois da sua entrada em vigor, de acordo com o primeiro parágrafo do Artigo 11. O instrumento de adesão será depositado junto ao Ministério das Relações Exteriores dos Países Baixos.

A adesão somente produzirá efeitos no âmbito das relações entre o Estado aderente e os Estados Contratantes que não apresentem objeção à adesão nos seis meses posteriores ao recebimento da notificação prevista no Artigo 15, alínea "d". Qualquer objeção será informada ao Ministério das Relações Exteriores dos Países Baixos.

A Convenção entrará em vigor entre o Estado aderente e os Estados que não tiverem apresentado objeção à adesão no sexagésimo dia após a expiração do prazo de seis meses previsto no parágrafo anterior.

Art. 13. Qualquer Estado, no momento da assinatura, da ratificação ou da adesão, poderá declarar que a aplicação da presente Convenção se estenderá ao conjunto dos territórios que ele representa no plano internacional, ou a um ou a alguns dentre eles. Essa declaração terá efeito na data da entrada em vigor da Convenção para o Estado em questão.

Posteriormente, tais extensões serão notificadas ao Ministério das Relações Exteriores dos Países Baixos.

Quando um Estado que tenha assinado e ratificado a presente Convenção apresentar declaração de extensão, esta entrará em vigor nos territórios em questão conforme o Artigo 11. Quando a declaração de extensão for feita por um Estado que tenha aderido à Convenção, esta entrará em vigor nos territórios em questão conforme o Artigo 12.

Art. 14. A presente Convenção terá vigência de cinco anos a partir da data da sua entrada em vigor, nos termos do primeiro parágrafo do Artigo 11, inclusive para os Estados que a ratificaram ou a ela aderiram posteriormente.

Caso não haja denúncia, a Convenção será renovada tacitamente a cada cinco anos.

A denúncia será notificada ao Ministério das Relações Exteriores dos Países Baixos, pelo menos seis meses antes do final do período de cinco anos.

A denúncia poderá limitar-se a alguns dos territórios aos quais a Convenção se aplica.

A denúncia produzirá efeitos apenas em relação ao Estado que tenha feito a respectiva notificação.

A Convenção permanecerá em vigor para os outros Estados Contratantes.

Art. 15. O Ministério das Relações Exteriores dos Países Baixos deverá notificar os Estados mencionados no Artigo 10 e os Estados que tenham aderido nos termos do Artigo 12 sobre o seguinte:

a) As notificações previstas no segundo parágrafo do Artigo 6º;

b) As assinaturas e ratificações previstas no Artigo 10;

c) A data em que a presente Convenção entrará em vigor nos termos do primeiro parágrafo do Artigo 11;

d) As adesões e objeções previstas no Artigo 12 e a data em que as adesões entrarão em vigor;

e) As extensões previstas no Artigo 13 e a data em que entrarão em vigor; e

f) As denúncias previstas no terceiro parágrafo do Artigo 14.

Em fé do que, os abaixo assinados, devidamente autorizados, firmaram a presente Convenção.

Concluída na Haia, em 5 de outubro de 1961, em francês e inglês, sendo que o texto em francês prevalecerá em caso de divergência entre os dois textos, em uma única cópia que será depositada nos arquivos do Governo dos Países Baixos e da qual será remetida uma cópia autenticada, por via diplomática, para cada Estado representado na 9ª Sessão da Conferência da Haia sobre Direito Internacional Privado, bem como para Irlanda, Islândia, Liechtenstein e Turquia.

Diário do Senado Federal de 12/06/2015

DECRETO Nº 8.660, DE 29 DE JANEIRO DE 2016

Promulga a Convenção sobre a Eliminação da Exigência de Legalização de Documentos Públicos Estrangeiros, firmada pela República Federativa do Brasil, em Haia, em 5 de outubro de 1961.

- *Vide Resolução CNJ 228/2016 (Regulamenta a aplicação, no âmbito do Poder Judiciário,da Convenção sobre a Eliminação da Exigência de Legalização de Documentos Públicos Estrangeiros, celebrada na Haia, em 5 de outubro de 1961 (Convenção da Apostila)).*
- *Vide Provimento CNJ 62/2017 (Uniformização dos procedimentos para a aposição de apostila, no âmbito do Poder Judiciário, da Convenção sobre a Eliminação da Exigência de Legalização de Documentos Públicos Estrangeiros, celebrada na Haia, em 5 de outubro de 1961 (Convenção da Apostila), incorporado aos arts. 1º a 17, Provimento CNJ n. 149/2023 (CNN)*
- *Vide Decreto nº 166/1991 (Promulga o Convênio de Cooperação Judiciária em Matéria Civil, entre o Governo da República Federativa do Brasil e o Reino da Espanha).*
- *Vide Decreto nº 862/1993 (Promulga o Tratado sobre Cooperação Judiciária em Matéria Penal, entre a República Federativa do Brasil e a República Italiana, de 17/10/1989).*
- *Decreto nº 3.598/2000 (Promulga o Acordo de Cooperação em Matéria Civil entre o Governo da República Federativa do Brasil e o Governo da República Francesa, celebrado em Paris, em 28 de maio de 1996).*
- *Vide Decreto nº 6.891/2009 (Promulga o Acordo de Cooperação e Assistência Jurisdicional em Matéria Civil, Comercial, Trabalhista e Administrativa entre os Estados Partes do Mercosul, a República da Bolívia e a República do Chile).*
- *Vide Decreto Legislativo nº 148/2015 (Aprova o texto da Convenção sobre a Eliminação da Exigência de Legalização de Documentos Públicos Estrangeiros, celebrada na Haia, em 5 de outubro de 1961).*

A PRESIDENTA DA REPÚBLICA, no uso da atribuição que lhe confere o art. 84, *caput*, inciso IV, da Constituição, e

Considerando que a Convenção sobre a Eliminação da Exigência de Legalização de Documentos Públicos Estrangeiros foi firmada em Haia, em 5 de outubro de 1961;

Considerando que o Congresso Nacional aprovou a Convenção sobre a Eliminação da Exigência de Legalização de Documentos Públicos Estrangeiros, por meio do Decreto Legislativo nº 148, de 6 de julho de 2015;

Considerando que o Governo brasileiro depositou, junto ao Ministério das Relações Exteriores dos Países Baixos, em 2 de dezembro de 2015, o instrumento de adesão da República Federativa do Brasil à Convenção sobre a Eliminação da Exigência de Legalização de Documentos Públicos Estrangeiros; e

Considerando que a Convenção sobre a Eliminação da Exigência de Legalização de Documentos Públicos Estrangeiros entrará em vigor para a República Federativa do Brasil, no plano jurídico externo, em 14 de agosto de 2016;

DECRETA:

Art. 1º Fica promulgada a Convenção sobre a Eliminação da Exigência de Legalização de Documentos Públicos Estrangeiros, firmada em Haia, em 5 de outubro de 1961, anexa a este Decreto.

Art. 2º São sujeitos à aprovação do Congresso Nacional atos que possam resultar em revisão do Acordo e ajustes complementares que acarretem encargos ou compromissos gravosos ao patrimônio nacional, nos termos do inciso I do *caput* do art. 49 da Constituição.

Art. 3º Este Decreto entra em vigor na data de sua publicação.

Brasília, 29 de janeiro de 2016;
195º da Independência e 128º da República.
DILMA ROUSSEFF
José Eduardo Cardozo
Mauro Luiz Iecker Vieira

CONVENÇÃO SOBRE A ELIMINAÇÃO DA EXIGÊNCIA DE LEGALIZAÇÃO DE DOCUMENTOS PÚBLICOS ESTRANGEIROS

- *(Celebrada em 5 de outubro de 1961)*

Os Estados Signatários da presente Convenção, Desejando eliminar a exigência de legalização diplomática ou consular de documentos públicos estrangeiros, Decidiram celebrar uma Convenção com essa finalidade e concordaram com as seguintes disposições:

Art. 1º. A presente Convenção aplica-se a documentos públicos feitos no território de um dos Estados Contratantes e que devam produzir efeitos no território de outro Estado Contratante. No âmbito da presente Convenção, são considerados documentos públicos:

a) Os documentos provenientes de uma autoridade ou de um agente público vinculados a qualquer jurisdição do Estado, inclusive os documentos provenientes do Ministério Público, de escrivão judiciário ou de oficial de justiça;

b) Os documentos administrativos;

c) Os atos notariais;

› *Vide art. 6º, Lei n. 8.935/1994 (Notários e Registradores)*

d) As declarações oficiais apostas em documentos de natureza privada, tais como certidões que comprovem o registro de um documento ou a sua existência em determinada data, e reconhecimentos de assinatura.

Entretanto, a presente Convenção não se aplica:

a) Aos documentos emitidos por agentes diplomáticos ou consulares;

b) Aos documentos administrativos diretamente relacionados a operações comerciais ou aduaneiras.

Art. 2º. Cada Estado Contratante dispensará a legalização dos documentos aos quais se aplica a presente Convenção e que devam produzir efeitos em seu território. No âmbito da presente Convenção, legalização significa apenas a formalidade pela qual os agentes diplomáticos ou consulares do país no qual o documento deve produzir efeitos atestam a autenticidade da assinatura, a função ou o cargo exercidos pelo signatário do documento e, quando cabível, a autenticidade do selo ou carimbo aposto no documento.

Art. 3º. A única formalidade que poderá ser exigida para atestar a autenticidade da assinatura, a função ou cargo exercido pelo signatário do documento e, quando cabível, a autenticidade do selo ou carimbo aposto no documento, consiste na aposição da apostila definida no Artigo 4º, emitida pela autoridade competente do Estado no qual o documento é originado.

Contudo, a formalidade prevista no parágrafo anterior não pode ser exigida se as leis, os regulamentos ou os costumes em vigor no Estado onde o documento deva produzir efeitos - ou um acordo entre dois ou mais Estados contratantes - a afastem ou simplifiquem, ou dispensem o ato de legalização.

Art. 4º. A apostila prevista no primeiro parágrafo do Artigo 3º será aposta no próprio documento ou em uma folha a ele apensa e deverá estar em conformidade com o modelo anexo à presente Convenção.

A apostila poderá, contudo, ser redigida no idioma oficial da autoridade que a emite. Os termos padronizados nela inscritos também poderão ser redigidos em um segundo idioma. O título "Apostille (Convention de La Haye du 5 octobre 1961)" deverá ser escrito em francês.

Art. 5º. A apostila será emitida mediante solicitação do signatário do documento ou de qualquer portador. Quando preenchida adequadamente, a apostila atesta a autenticidade da assinatura, a função ou o cargo exercido pelo signatário do documento e, quando cabível, a autenticidade do selo ou carimbo nele aposto. A assinatura, selo ou carimbo contidos na apostila serão isentos de qualquer certificação.

Art. 6º. Cada Estado Contratante designará as autoridades às quais, em razão do cargo ou função que exercem, será atribuída a competência para emitir a apostila prevista no primeiro parágrafo do Artigo 3º.

Esta designação deverá ser notificada pelo Estado Contratante ao Ministério das Relações Exteriores dos Países Baixos, no momento do depósito do respectivo instrumento de ratificação, adesão ou da respectiva declaração de extensão. Todas as modificações que ocorrerem na designação daquelas autoridades também deverão ser notificadas ao referido Ministério.

Art. 7º. Cada uma das autoridades designadas nos termos do Artigo 6º manterá registro ou arquivo no qual serão anotadas as apostilas emitidas, especificando:

a) O número e a data da apostila;

b) O nome do signatário do documento público e o cargo ou função por ele exercida ou, no caso de documentos não-assinados, a indicação da autoridade que após o selo ou carimbo.

Mediante solicitação de qualquer interessado, a autoridade emissora da apostila verificará se os dados nela inscritos correspondem àqueles contidos no registro ou no arquivo.

Art. 8º. Sempre que um tratado, convenção ou acordo entre dois ou mais Estados Contratantes contiver disposições que sujeitem o reconhecimento de uma assinatura, selo ou carimbo a certas formalidades, a presente Convenção apenas derrogará as referidas disposições se tais formalidades forem mais rigorosas do que a formalidade prevista nos Artigos 3º e 4º.

Art. 9º. Cada Estado Contratante tomará as providências necessárias para evitar que seus agentes diplomáticos ou consulares realizem legalizações nos casos em que esse procedimento seja dispensado pela presente Convenção.

Art. 10. A presente Convenção fica aberta à assinatura pelos Estados representados na 9ª Sessão da Conferência da Haia sobre Direito Internacional Privado, bem como por Irlanda, Islândia, Liechtenstein e Turquia.

A Convenção será ratificada e os instrumentos de ratificação serão depositados junto ao Ministério das Relações Exteriores dos Países Baixos.

Art. 11. A presente Convenção entrará em vigor no sexagésimo dia após o depósito do terceiro instrumento de ratificação previsto no segundo parágrafo do Artigo 10.

A Convenção entrará em vigor, para cada Estado signatário que a ratifique posteriormente, no sexagésimo dia após o depósito do respectivo instrumento de ratificação.

Art. 12. Qualquer Estado que não esteja mencionado no Artigo 10 poderá aderir à presente Convenção depois da sua entrada em vigor, de acordo com o primeiro parágrafo do Artigo 11. O instrumento de adesão será depositado junto ao Ministério das Relações Exteriores dos Países Baixos.

A adesão somente produzirá efeitos no âmbito das relações entre o Estado aderente e os Estados Contratantes que não apresentem objeção à adesão nos seis meses posteriores ao recebimento da notificação prevista no Artigo 15, alínea "d". Qualquer objeção será informada ao Ministério das Relações Exteriores dos Países Baixos.

A Convenção entrará em vigor entre o Estado aderente e os Estados que não tiverem apresentado objeção à adesão no sexagésimo dia após a expiração do prazo de seis meses previsto no parágrafo anterior.

Art. 13. Qualquer Estado, no momento da assinatura, da ratificação ou da adesão, poderá declarar que a aplicação da presente Convenção se estenderá ao conjunto dos territórios que ele representa no plano internacional, ou a um ou a alguns dentre eles. Essa declaração terá efeito na data da entrada em vigor da Convenção para o Estado em questão.

Posteriormente, tais extensões serão notificadas ao Ministério das Relações Exteriores dos Países Baixos.

Quando um Estado que tenha assinado e ratificado a presente Convenção apresentar declaração de extensão, esta entrará em vigor nos territórios em questão conforme o Artigo 11. Quando a declaração de extensão for feita por um Estado que tenha aderido à Convenção, esta entrará em vigor nos territórios em questão conforme o Artigo 12.

Art. 14. A presente Convenção terá vigência de cinco anos a partir da data da sua entrada em vigor, nos termos do primeiro parágrafo do Artigo 11, inclusive para os Estados que a ratificaram ou a ela aderiram posteriormente. Caso não haja denúncia, a Convenção será renovada tacitamente a cada cinco anos.

A denúncia será notificada ao Ministério das Relações Exteriores dos Países Baixos, pelo menos seis meses antes do final do período de cinco anos.

A denúncia poderá limitar-se a alguns dos territórios aos quais a Convenção se aplica.

A denúncia produzirá efeitos apenas em relação ao Estado que tenha feito a respectiva notificação.

A Convenção permanecerá em vigor para os outros Estados Contratantes.

Art. 15. O Ministério das Relações Exteriores dos Países Baixos deverá notificar os Estados mencionados no Artigo 10 e os Estados que tenham aderido nos termos do Artigo 12 sobre o seguinte:

a) As notificações previstas no segundo parágrafo do Artigo 6º;

b) As assinaturas e ratificações previstas no Artigo 10;

c) A data em que a presente Convenção entrará em vigor nos termos do primeiro parágrafo do Artigo 11;

d) As adesões e objeções previstas no Artigo 12 e a data em que as adesões entrarão em vigor;

e) As extensões previstas no Artigo 13 e a data em que entrarão em vigor; e

f) As denúncias previstas no terceiro parágrafo do Artigo 14. Em fé do que, os abaixo assinados, devidamente autorizados, firmaram a presente Convenção.

Concluída na Haia, em 5 de outubro de 1961, em francês e inglês, sendo que o texto em francês prevalecerá em caso de divergência entre os dois textos, em uma única cópia que será depositada nos arquivos do Governo dos Países Baixos e da qual será remetida uma cópia autenticada, por via diplomática, para cada Estado representado na 9ª Sessão da Conferência da Haia sobre Direito Internacional Privado, bem como para Irlanda, Islândia, Liechtenstein e Turquia.

D.O.U.: 01.02.2016.

- *Não publicamos o anexo deste Decreto*

DECRETO Nº 8.742, DE 4 DE MAIO DE 2016

Dispõe sobre os atos notariais e de registro civil do serviço consular brasileiro e da dispensa de legalização no Brasil das assinaturas e atos emanados das autoridades consulares brasileiras.

- *Vide Resolução CNJ 228/2016 (Regulamenta a aplicação, no âmbito do Poder Judiciário,da Convenção sobre a Eliminação da Exigência de Legalização de Documentos Públicos Estrangeiros, celebrada na Haia, em 5 de outubro de 1961 (Convenção da Apostila)).*
- *Vide Provimento CNJ 62/2017 (Uniformização dos procedimentos para a aposição de apostila, no âmbito do Poder Judiciário, da Convenção sobre a Eliminação da Exigência de Legalização de Documentos Públicos Estrangeiros, celebrada na Haia, em 5 de outubro de 1961 (Convenção da Apostila), incorporado aos arts. 1º a 17, Provimento CNJ n. 149/2023 (CNN)*
- *Vide Decreto nº 166/1991 (Promulga o Convênio de Cooperação Judiciária em Matéria Civil, entre o Governo da República Federativa do Brasil e o Reino da Espanha).*
- *Vide Decreto nº 862/1993 (Promulga o Tratado sobre Cooperação Judiciária em Matéria Penal, entre a República Federativa do Brasil e a República Italiana, de 17/10/1989).*
- *Vide Decreto nº 3.598/2000 (Promulga o Acordo de Cooperação em Matéria Civil entre o Governo da República Federativa do Brasil e o Governo da República Francesa, celebrado em Paris, em 28 de maio de 1996).*
- *Vide Decreto nº 6.891/2009 (Promulga o Acordo de Cooperação e Assistência Jurisdicional em Matéria Civil, Comercial, Trabalhista e Administrativa entre os Estados Partes do Mercosul, a República da Bolívia e a República do Chile).*
- *Vide Decreto Legislativo nº 148/2015 (Aprova o texto da Convenção sobre a Eliminação da Exigência de Legalização de Documentos Públicos Estrangeiros, celebrada na Haia, em 5 de outubro de 1961).*
- *Vide Decreto nº 8.660/2016 (Promulga a Convenção sobre a Eliminação da Exigência de Legalização de Documentos Públicos Estrangeiros, firmada pela República Federativa do Brasil, em Haia, em 5 de outubro de 1961).*
- *Vide Enunciado 3, I Jornada de Direito Notarial e Registral*

A PRESIDENTA DA REPÚBLICA, no uso da atribuição que lhe confere o art. 84, *caput*, inciso VI, "a", da Constituição,

DECRETA:

Art. 1º São consideradas válidas as cópias dos atos notariais e de registro civil escriturados nos livros do serviço consular brasileiro, quando a elas estiver aposta a etiqueta ou a folha de segurança da repartição consular emitente, que leva o nome e a assinatura da autoridade consular brasileira responsável.

§ 1º As assinaturas originais das autoridades consulares brasileiras têm validade em todo o território nacional, ficando dispensada sua legalização.

§ 2º São considerados autoridades consulares brasileiras os servidores do Serviço Exterior Brasileiro no exercício dos seguintes cargos:

I - Cônsul-Geral;

II - Cônsul-Geral Adjunto;

III - Cônsul;

IV - Cônsul-Adjunto;

V - Vice-Cônsul; e

VI - Encarregados de Negócios, Encarregados dos Arquivos das Embaixadas, Encarregados de Consulados-Gerais, Encarregados de Vice-Consulados, Chefes de Setor Consular das Embaixadas, Terceiros, Segundos e Primeiros Secretários, Conselheiros, Ministros-Conselheiros e Embaixadores, quando no exercício de função consular em Missões Diplomáticas ou Representações Consulares.

Art. 2º Em caso de dúvidas quanto à autenticidade ou validade dos atos emitidos pelas autoridades consulares brasileiras supracitadas, as consultas poderão ser dirigidas diretamente aos Consulados e às Embaixadas brasileiras que escrituraram esses atos em seus livros.

Art. 3º As etiquetas e as folhas de segurança emitidas pelas repartições consulares poderão trazer o nome e o cargo da autoridade consular brasileira responsável por sua emissão com ou sem a sua assinatura, sempre que a autenticidade e a validade do documento possam ser comprovadas eletronicamente.

Art. 4º Ficam dispensados de legalização consular, para terem efeito no Brasil, os documentos expedidos por autoridades estrangeiras encaminhados por via diplomática ao Governo brasileiro.

Art. 5º Ficam igualmente dispensados de legalização consular os documentos expedidos por países com os quais a República Federativa do Brasil tenha firmado acordos bilaterais ou multilaterais de simplificação ou dispensa do processo de legalização de documentos.

Art. 6º Este Decreto entra em vigor na data de sua publicação.

Art. 7º Fica revogado o Decreto nº 84.451, 31 de janeiro de 1980.

Brasília, 4 de maio de 2016;
195º da Independência e 128º da República.
DILMA ROUSSEFF
Eugênio José Guilherme de Aragão
Mauro Luiz Iecker Vieira
Valdir Moysés Simão
DOU de 5.5.2016

DECRETO Nº 8.936, DE 19 DE DEZEMBRO DE 2016

Institui a Plataforma de Cidadania Digital e dispõe sobre a oferta dos serviços públicos digitais, no âmbito dos órgãos e das entidades da administração pública federal direta, autárquica e fundacional.

O PRESIDENTE DA REPÚBLICA, no uso da atribuição que lhe confere o art. 84, *caput*, inciso VI, alínea "a" da Constituição,

DECRETA:

Art. 1º Fica instituída a Plataforma gov.br, no âmbito da administração pública federal direta, autárquica e fundacional, com a finalidade de: *(Redação dada pelo Decreto 10.900, de 17.12.2021)*

I – facultar aos cidadãos, às pessoas jurídicas e a outros entes públicos a solicitação e o acompanhamento dos serviços públicos sem a necessidade de atendimento presencial;

II – implementar e difundir o uso dos serviços públicos digitais aos cidadãos, às pessoas jurídicas e a outros entes públicos, inclusive por meio de dispositivos móveis;

III – disponibilizar, em plataforma única e centralizada, mediante o nível de autenticação requerido, o acesso às informações e a prestação direta dos serviços públicos;

IV – simplificar as solicitações, a prestação e o acompanhamento dos serviços públicos, com foco na experiência do usuário;

V – dar transparência à execução e permitir o acompanhamento e o monitoramento dos serviços públicos; e

VI – promover a atuação integrada e sistêmica entre os órgãos e as entidades envolvidos na prestação dos serviços públicos.

Art. 2º Para os fins deste Decreto, considera-se:

I – serviço público – ação dos órgãos e das entidades da administração pública federal para atender, direta ou indiretamente, às demandas da sociedade relativas a exercício de direito ou a cumprimento de dever;

II – serviço público digital – serviço público cuja prestação ocorra por meio eletrônico, sem a necessidade de atendimento presencial;

III – usuário – pessoa física ou jurídica que demanda um serviço público; e

IV – gestor – órgão ou entidade da administração pública federal responsável pela oferta do serviço ao usuário.

Art. 3º Compõem a Plataforma gov.br: *(Redação dada pelo Decreto 10.900, de 17.12.2021)*

I – o portal único gov.br, no qual as informações institucionais, as notícias e os serviços públicos prestados pelo Governo federal serão disponibilizados de maneira centralizada, nos termos do disposto no Decreto nº 9.756, de 11 de abril de 2019; *(Inciso com redação dada pelo Decreto nº 10.332, de 28/4/2020)*

II – o mecanismo de acesso digital único do usuário aos serviços públicos, com nível de segurança compatível com o grau de exigência, natureza e criticidade dos dados e das informações pertinentes ao serviço público solicitado;

III – a ferramenta de solicitação e acompanhamento dos serviços públicos, com as seguintes características:
a) identificação do serviço público e de suas principais etapas;
b) solicitação eletrônica dos serviços;
c) agendamento eletrônico, quando couber;
d) acompanhamento das solicitações por etapas; e
e) peticionamento eletrônico de qualquer natureza;
IV – a ferramenta de avaliação da satisfação dos usuários em relação aos serviços públicos prestados; *(Inciso com redação dada pelo Decreto nº 10.332, de 28/4/2020)*
V – o painel de monitoramento do desempenho dos serviços públicos prestados, com, no mínimo, as seguintes informações para cada serviço, órgão ou entidade da administração pública federal:
a) volume de solicitações;
b) tempo médio de atendimento; *(Alínea com redação dada pelo Decreto nº 9.094, de 17/7/2017)*
c) nível de satisfação dos usuários; e *(Alínea com redação dada pelo Decreto nº 10.332, de 28/4/2020)*
d) número de Solicitações de Simplificação relativas ao serviço. *(Alínea com redação dada pelo Decreto nº 9.094, de 17/7/2017)*
VI – o barramento de interoperabilidade de dados entre órgãos e entidades, que permite o compartilhamento de dados, nos termos do disposto no Decreto nº 10.046, de 9 de outubro de 2019; *(Inciso acrescido pelo Decreto nº 10.332, de 28/4/2020)*
VII – a ferramenta de notificações e mensageria aos usuários de serviços públicos de caixa postal eletrônica. *(Redação dada pelo Decreto 10.900, de 17.12.2021)*
VIII – a ferramenta de meios de pagamentos digitais para serviços públicos, nos termos do disposto no Decreto nº 10.494, de 23 de setembro de 2020 *(Redação dada pelo Decreto 10.900, de 17.12.2021)*
IX - o mecanismo para assinaturas eletrônicas em interações com entes públicos, nos termos do disposto no art. 5º do Decreto nº 10.543, de 13 de novembro de 2020. *(Acrescido pelo Decreto 10.900, de 17.12.2021)*
Parágrafo único. Os órgãos e as entidades da administração pública federal encaminharão à Secretaria de Governo Digital da Secretaria Especial de Desburocratização, Gestão e Governo Digital do Ministério da Economia os dados da prestação dos serviços públicos sob sua responsabilidade para composição dos indicadores do painel de monitoramento do portal único gov.br. *(Parágrafo único acrescido pelo Decreto nº 9.723, de 11/3/2019, e com nova redação dada pelo Decreto nº 10.332, de 28/4/2020)*
Art. 4º Os órgãos e as entidades da administração pública federal direta, autárquica e fundacional deverão, até 30 de junho de 2021: *("Caput" do artigo com redação dada pelo Decreto nº 10.332, de 28/4/2020)*
I – *(Revogado pelo Decreto nº 9.723, de 11/3/2019)*
II – cadastrar e atualizar as informações dos serviços públicos oferecidos no portal único gov.br; *(Inciso com redação dada pelo Decreto nº 10.332, de 28/4/2020)*
III – adotar a ferramenta de solicitação e acompanhamento dos serviços da Plataforma gov.br, por meio da integração de seus sistemas de atendimento e protocolo, inclusive quanto aos serviços que ainda possuam tramitação física de processos; *(Redação dada pelo Decreto 10.900, de 17.12.2021)*
IV – adotar o mecanismo de acesso da Plataforma gov.br na totalidade dos serviços públicos digitais; *(Redação dada pelo Decreto 10.900, de 17.12.2021)*
V – adotar a ferramenta de avaliação da satisfação dos usuários da Plataforma gov.br; *(Redação dada pelo Decreto 10.900, de 17.12.2021)*
VI – *(Revogado pela Decreto 10.900, de 17.12.2021)*
VII – adotar o barramento de interoperabilidade da Plataforma gov.br para integração dos sistemas e das bases de dados dos órgãos e das entidades da administração pública federal; *(Redação dada pelo Decreto 10.900, de 17.12.2021)*
VIII – adotar a ferramenta de notificações aos usuários da Plataforma gov.br na totalidade dos serviços públicos digitais; e *(Redação dada pelo Decreto 10.900, de 17.12.2021)*
IX - adotar a ferramenta de meios de pagamentos digitais da Plataforma gov.br nos serviços públicos oferecidos no portal único gov.br que envolvam cobrança de tributos, respeitada a regulamentação específica da Secretaria Especial da Receita Federal do Brasil do Ministério da Economia, ou de tarifas do usuário. *(Redação dada pelo Decreto 10.900, de 17.12.2021)*
Art. 5º A disponibilidade de canal de atendimento digital para a prestação dos serviços públicos não substitui outros meios de atendimento necessários à natureza e ao público-alvo dos serviços, conforme avaliação do gestor do serviço.
Art. 6º *(Revogado pelo Decreto nº 10.230, de 5/2/2020)*
Art. 7º *(Revogado pelo Decreto nº 10.332, de 28/4/2020)*
Art. 8º O Secretário de Governo Digital da Secretaria Especial de Desburocratização, Gestão e Governo Digital do Ministério da Economia poderá editar normas complementares para o cumprimento do disposto neste Decreto. *(Artigo com redação dada pelo Decreto nº 9.723, de 11/3/2019)*
Art. 9º *(Revogado pelo Decreto nº 9.723, de 11/3/2019)*
Art. 10. Este Decreto entra em vigor na data de sua publicação.

Brasília, 19 de dezembro de 2016; 195º da Independência e 128º da República.
MICHEL TEMER
Dyogo Henrique de Oliveira
Torquato Jardim
DOU de 20.12.2016

DECRETO Nº 9.580, DE 22 DE NOVEMBRO DE 2018*

Regulamenta a tributação, a fiscalização, a arrecadação e a administração do Imposto sobre a Renda e Proventos de Qualquer Natureza.

O PRESIDENTE DA REPÚBLICA, no uso da atribuição que lhe confere o art. 84, *caput*, inciso IV, da Constituição, e tendo em vista o disposto nas leis do Imposto sobre a Renda e Proventos de Qualquer Natureza,
DECRETA:
Art. 1º Fica aprovado o Regulamento do Imposto sobre a Renda e Proventos de Qualquer Natureza, anexo a este Decreto.
Art. 2º O Imposto sobre a Renda e Proventos de Qualquer Natureza será cobrado, fiscalizado, arrecadado e administrado em conformidade com o disposto neste Regulamento.
Art. 3º Este Regulamento consolida a legislação referente ao Imposto sobre a Renda e Proventos de Qualquer Natureza publicada até 31 de dezembro de 2016.
Art. 4º Fica revogado o Decreto nº 3.000, de 26 de março de 1999.
Art. 5º Este Decreto entra em vigor na data de sua publicação.

Brasília, 22 de novembro de 2018; 197º da Independência e 130º da República.
MICHEL TEMER
Eduardo Refinetti Guardia
DOU de 23.11.2018

ANEXO – REGULAMENTO DO IMPOSTO SOBRE A RENDA E PROVENTOS DE QUALQUER NATUREZA

LIVRO I – DA TRIBUTAÇÃO DAS PESSOAS FÍSICAS

TÍTULO I – DOS CONTRIBUINTES E RESPONSÁVEIS

CAPÍTULO I – DOS CONTRIBUINTES

Art. 1º As pessoas físicas que perceberem renda ou proventos de qualquer natureza, inclusive rendimentos e ganhos de capital, são contribuintes do imposto sobre a renda, sem distinção de nacionalidade, sexo, idade, estado civil ou profissão (Lei nº 4.506, de 30 de novembro de 1964, art. 1º; Lei nº 5.172, de 25 de outubro de 1966 - Código Tributário Nacional, art. 43 e art. 45; Lei nº 7.713, de 22 de dezembro de 1988, art. 2º; Lei nº 8.383, de 30 de dezembro de 1991, art. 4º; e Lei nº 9.250, de 26 de dezembro de 1995, art. 3º, parágrafo único).
§ 1º São também contribuintes as pessoas físicas que perceberem rendimentos de bens de que tenham a posse como se lhes pertencessem, de acordo com a legislação em vigor (Lei nº 5.172, de 1966 - Código Tributário Nacional, art. 43 e art. 45).
§ 2º As pessoas físicas residentes no exterior terão suas rendas e seus proventos de qualquer natureza, inclusive os ganhos de capital, percebidos no País tributados de acordo com as disposições contidas nos Capítulos V e VI do Título I do Livro III.
Art. 2º O imposto sobre a renda será devido à medida que os rendimentos e os ganhos de capital forem percebidos, observado o disposto no art. 78 (Lei nº 8.134, de 27 de dezembro de 1990, art. 2º).
(...)

Art. 38. São tributáveis os rendimentos do trabalho não assalariado, tais como (Lei nº 5.172, de 1966 - Código Tributário Nacional, art. 43, § 1º; e Lei nº 7.713, de 1988, art. 3º, § 4º):

(...)

IV - emolumentos e custas dos serventuários da Justiça, como tabeliães, notários, oficiais públicos e outros, quando não forem remunerados exclusivamente pelo erário;

(...)

Art. 68. O contribuinte que perceber rendimentos do trabalho não assalariado, inclusive os titulares dos serviços notariais e de registro, a que se refere o art. 236 da Constituição, e os leiloeiros, poderão deduzir da receita decorrente do exercício da atividade (Lei nº 8.134, de 1990, art. 6º; e Lei nº 9.250, de 1995, art. 4º, *caput*, inciso I):

I - a remuneração paga a terceiros, desde que haja vínculo empregatício, e os encargos trabalhistas e previdenciários correspondentes;

II - os emolumentos pagos a terceiros; e

III - as despesas de custeio pagas, necessárias à percepção da receita e à manutenção da fonte produtora.

Parágrafo único. O disposto neste artigo não se aplica (Lei nº 8.134, de 1990, art. 6º, § 1º):

I - a quotas de depreciação de instalações, máquinas e equipamentos e a despesas de arrendamento;

II - a despesas com locomoção e transporte, exceto na hipótese de representante comercial autônomo; e

III - em relação aos rendimentos a que se referem os art. 39 e art. 40.

(...)

Art. 118. Fica sujeita ao pagamento mensal do imposto sobre a renda a pessoa física que receber de outra pessoa física, ou de fontes situadas no exterior, rendimentos que não tenham sido tributados na fonte, no País, tais como (Lei nº 7.713, de 1988, art. 2º, art. 3º, § 1º, art. 8º e art. 9º; e Lei nº 9.430, de 1996, art. 24, § 2º, inciso IV):

I - os emolumentos e as custas dos serventuários da Justiça, como tabeliães, notários, oficiais públicos, entre outros, quando não forem remunerados exclusivamente pelo erário;

(...)

LIVRO II – DA TRIBUTAÇÃO DAS PESSOAS JURÍDICAS

TÍTULO I – DOS CONTRIBUINTES

Art. 162. As empresas individuais são equiparadas às pessoas jurídicas (Decreto-Lei nº 1.706, de 23 de outubro de 1979, art. 2º).

§ 1º São empresas individuais:

I - os empresários constituídos na forma estabelecida no art. 966 ao art. 969 da Lei nº 10.406, de 2002 - Código Civil;

II - as pessoas físicas que, em nome individual, explorem, habitual e profissionalmente, qualquer atividade econômica de natureza civil ou comercial, com o fim especulativo de lucro, por meio da venda a terceiros de bens ou serviços (Lei nº 4.506, de 1964, art. 41, § 1º, alínea "b"; e Decreto-Lei nº 5.844, de 1943, art. 27, § 1º); e

III - as pessoas físicas que promovam a incorporação de prédios em condomínio ou loteamento de terrenos, nos termos estabelecidos na Seção II deste Capítulo (Decreto-Lei nº 1.381, de 23 de dezembro de 1974, art. 1º e art. 3º, *caput*, inciso III).

§ 2º O disposto no inciso II do § 1º não se aplica às pessoas físicas que, individualmente, exerçam as profissões ou explorem as atividades de:

(...)

IV - serventuários da Justiça, como tabeliães, notários, oficiais públicos, entre outros (Decreto-Lei nº 5.844, de 1943, art. 6º *caput*, alínea "d");

- *Vide Lei n. 6.015/1973 (Registros Públicos)*
- *Vide Lei n. 8.935/1994 (Notários e Registradores)*

DECRETO Nº 9.830, DE 10 DE JUNHO DE 2019

Regulamenta o disposto nos art. 20 ao art. 30 do Decreto-Lei nº 4.657, de 4 de setembro de 1942, que institui a Lei de Introdução às normas do Direito brasileiro.

O PRESIDENTE DA REPÚBLICA, no uso das atribuições que lhe confere o art. 84, *caput*, incisos IV e VI, alínea "a", da Constituição, e tendo em vista o disposto nos art. 20 ao art. 30 do Decreto-Lei nº 4.657, de 4 de setembro de 1942,

DECRETA:

CAPÍTULO I – DISPOSIÇÕES PRELIMINARES

OBJETO

Art. 1º Este Decreto regulamenta o disposto nos art. 20 ao art. 30 do Decreto-Lei nº 4.657, de 4 de setembro de 1942, que institui a Lei de Introdução às normas do Direito brasileiro.

CAPÍTULO II – DA DECISÃO

MOTIVAÇÃO E DECISÃO

Art. 2º A decisão será motivada com a contextualização dos fatos, quando cabível, e com a indicação dos fundamentos de mérito e jurídicos.

§ 1º A motivação da decisão conterá os seus fundamentos e apresentará a congruência entre as normas e os fatos que a embasaram, de forma argumentativa.

§ 2º A motivação indicará as normas, a interpretação jurídica, a jurisprudência ou a doutrina que a embasaram.

§ 3º A motivação poderá ser constituída por declaração de concordância com o conteúdo de notas técnicas, pareceres, informações, decisões ou propostas que precederam a decisão.

MOTIVAÇÃO E DECISÃO BASEADAS EM VALORES JURÍDICOS ABSTRATOS

Art. 3º A decisão que se basear exclusivamente em valores jurídicos abstratos observará o disposto no art. 2º e as consequências práticas da decisão.

§ 1º Para fins do disposto neste Decreto, consideram-se valores jurídicos abstratos aqueles previstos em normas jurídicas com alto grau de indeterminação e abstração.

§ 2º Na indicação das consequências práticas da decisão, o decisor apresentará apenas aquelas consequências práticas que, no exercício diligente de sua atuação, consiga vislumbrar diante dos fatos e fundamentos de mérito e jurídicos.

§ 3º A motivação demonstrará a necessidade e a adequação da medida imposta, inclusive consideradas as possíveis alternativas e observados os critérios de adequação, proporcionalidade e de razoabilidade.

MOTIVAÇÃO E DECISÃO NA INVALIDAÇÃO

Art. 4º A decisão que decretar invalidação de atos, contratos, ajustes, processos ou normas administrativos observará o disposto no art. 2º e indicará, de modo expresso, as suas consequências jurídicas e administrativas.

§ 1º A consideração das consequências jurídicas e administrativas é limitada aos fatos e fundamentos de mérito e jurídicos que se espera do decisor no exercício diligente de sua atuação.

§ 2º A motivação demonstrará a necessidade e a adequação da medida imposta, consideradas as possíveis alternativas e observados os critérios de proporcionalidade e de razoabilidade.

§ 3º Quando cabível, a decisão a que se refere o *caput* indicará, na modulação de seus efeitos, as condições para que a regularização ocorra de forma proporcional e equânime e sem prejuízo aos interesses gerais.

§ 4º Na declaração de invalidade de atos, contratos, ajustes, processos ou normas administrativos, o decisor poderá, consideradas as consequências jurídicas e administrativas da decisão para a administração pública e para o administrado:

I - restringir os efeitos da declaração; ou

II - decidir que sua eficácia se iniciará em momento posteriormente definido.

§ 5º A modulação dos efeitos da decisão buscará a mitigação dos ônus ou das perdas dos administrados ou da administração pública que sejam anormais ou excessivos em função das peculiaridades do caso.

REVISÃO QUANTO À VALIDADE POR MUDANÇA DE ORIENTAÇÃO GERAL

Art. 5º A decisão que determinar a revisão quanto à validade de atos, contratos, ajustes, processos ou normas administrativos cuja produção de efeitos esteja em curso ou que tenha sido concluída levará em consideração as orientações gerais da época.

§ 1º É vedado declarar inválida situação plenamente constituída devido à mudança posterior de orientação geral.

§ 2º O disposto no § 1º não exclui a possibilidade de suspensão de efeitos futuros de relação em curso.

§ 3º Para fins do disposto neste artigo, consideram-se orientações gerais as interpretações e as especificações contidas em atos públicos de caráter geral ou em jurisprudência judicial ou administrativa majoritária e as adotadas por prática administrativa reiterada e de amplo conhecimento público.

§ 4º A decisão a que se refere o *caput* será motivada na forma do disposto nos art. 2º, art. 3º ou art. 4º.

MOTIVAÇÃO E DECISÃO NA NOVA INTERPRETAÇÃO DE NORMA DE CONTEÚDO INDETERMINADO

Art. 6º A decisão administrativa que estabelecer interpretação ou orientação nova sobre norma de conteúdo indeterminado e impuser novo dever ou novo condicionamento de direito, preverá regime de transição, quando indispensável para que o novo dever ou o novo condicionamento de direito seja cumprido de modo proporcional, equânime e eficiente e sem prejuízo aos interesses gerais.

§ 1º A instituição do regime de transição será motivada na forma do disposto nos art. 2º, art. 3º ou art. 4º.

§ 2º A motivação considerará as condições e o tempo necessário para o cumprimento proporcional, equânime e eficiente do novo dever ou do novo condicionamento de direito e os eventuais prejuízos aos interesses gerais.

§ 3º Considera-se nova interpretação ou nova orientação aquela que altera o entendimento anterior consolidado.

REGIME DE TRANSIÇÃO

Art. 7º Quando cabível, o regime de transição preverá:

I - os órgãos e as entidades da administração pública e os terceiros destinatários;

II - as medidas administrativas a serem adotadas para adequação à interpretação ou à nova orientação sobre norma de conteúdo indeterminado; e

III - o prazo e o modo para que o novo dever ou novo condicionamento de direito seja cumprido.

INTERPRETAÇÃO DE NORMAS SOBRE GESTÃO PÚBLICA

Art. 8º Na interpretação de normas sobre gestão pública, serão considerados os obstáculos, as dificuldades reais do agente público e as exigências das políticas públicas a seu cargo, sem prejuízo dos direitos dos administrados.

§ 1º Na decisão sobre a regularidade de conduta ou a validade de atos, contratos, ajustes, processos ou normas administrativos, serão consideradas as circunstâncias práticas que impuseram, limitaram ou condicionaram a ação do agente público.

§ 2º A decisão a que se refere o § 1º observará o disposto nos art. 2º, art. 3º ou art. 4º.

COMPENSAÇÃO

Art. 9º A decisão do processo administrativo poderá impor diretamente à pessoa obrigada compensação por benefícios indevidos ou prejuízos anormais ou injustos resultantes do processo ou da conduta dos envolvidos, com a finalidade de evitar procedimentos contenciosos de ressarcimento de danos.

§ 1º A decisão do processo administrativo é de competência da autoridade pública, que poderá exigir compensação por benefícios indevidamente fruídos pelo particular ou por prejuízos resultantes do processo ou da conduta do particular.

§ 2º A compensação prevista no *caput* será motivada na forma do disposto nos art. 2º, art. 3º ou art. 4º e será precedida de manifestação das partes obrigadas sobre seu cabimento, sua forma e, se for o caso, seu valor.

§ 3º A compensação poderá ser efetivada por meio do compromisso com os interessados a que se refere o art. 10.

CAPÍTULO III – DOS INSTRUMENTOS

COMPROMISSO

Art. 10. Na hipótese de a autoridade entender conveniente para eliminar irregularidade, incerteza jurídica ou situações contenciosas na aplicação do direito público, poderá celebrar compromisso com os interessados, observada a legislação aplicável e as seguintes condições:

I - após oitiva do órgão jurídico;

II - após realização de consulta pública, caso seja cabível; e

III - presença de razões de relevante interesse geral.

§ 1º A decisão de celebrar o compromisso a que se refere o *caput* será motivada na forma do disposto no art. 2º.

§ 2º O compromisso:

I - buscará solução proporcional, equânime, eficiente e compatível com os interesses gerais;

II - não poderá conferir desoneração permanente de dever ou condicionamento de direito reconhecido por orientação geral; e

III - preverá:

a) as obrigações das partes;

b) o prazo e o modo para seu cumprimento;

c) a forma de fiscalização quanto a sua observância;

d) os fundamentos de fato e de direito;

e) a sua eficácia de título executivo extrajudicial; e

f) as sanções aplicáveis em caso de descumprimento.

§ 3º O compromisso firmado somente produzirá efeitos a partir de sua publicação.

§ 4º O processo que subsidiar a decisão de celebrar o compromisso será instruído com:

I - o parecer técnico conclusivo do órgão competente sobre a viabilidade técnica, operacional e, quando for o caso, sobre as obrigações orçamentário-financeiras a serem assumidas;

II - o parecer conclusivo do órgão jurídico sobre a viabilidade jurídica do compromisso, que conterá a análise da minuta proposta;

III - a minuta do compromisso, que conterá as alterações decorrentes das análises técnica e jurídica previstas nos incisos I e II; e

IV - a cópia de outros documentos que possam auxiliar na decisão de celebrar o compromisso.

§ 5º Na hipótese de o compromisso depender de autorização do Advogado-Geral da União e de Ministro de Estado, nos termos do disposto no § 4º do art. 1º ou no art. 4º-A da Lei nº 9.469, de 10 de julho de 1997, ou ser firmado pela Advocacia-Geral da União, o processo de que trata o § 3º será acompanhado de manifestação de interesse da autoridade máxima do órgão ou da entidade da administração pública na celebração do compromisso.

§ 6º Na hipótese de que trata o § 5º, a decisão final quanto à celebração do compromisso será do Advogado-Geral da União, nos termos do disposto no parágrafo único do art. 4º-A da Lei nº 9.469, de 1997.

TERMO DE AJUSTAMENTO DE GESTÃO

Art. 11. Poderá ser celebrado termo de ajustamento de gestão entre os agentes públicos e os órgãos de controle interno da administração pública com a finalidade de corrigir falhas apontadas em ações de controle, aprimorar procedimentos, assegurar a continuidade da execução do objeto, sempre que possível, e garantir o atendimento do interesse geral.

§ 1º A decisão de celebrar o termo de ajustamento de gestão será motivada na forma do disposto no art. 2º.

§ 2º Não será celebrado termo de ajustamento de gestão na hipótese de ocorrência de dano ao erário praticado por agentes públicos que agirem com dolo ou erro grosseiro.

§ 3º A assinatura de termo de ajustamento de gestão será comunicada ao órgão central do sistema de controle interno.

CAPÍTULO IV – DA RESPONSABILIZAÇÃO DO AGENTE PÚBLICO

RESPONSABILIZAÇÃO NA HIPÓTESE DE DOLO OU ERRO GROSSEIRO

Art. 12. O agente público somente poderá ser responsabilizado por suas decisões ou opiniões técnicas se agir ou se omitir com dolo, direto ou eventual, ou cometer erro grosseiro, no desempenho de suas funções.

§ 1º Considera-se erro grosseiro aquele manifesto, evidente e inescusável praticado com culpa grave, caracterizado por ação ou omissão com elevado grau de negligência, imprudência ou imperícia.

§ 2º Não será configurado dolo ou erro grosseiro do agente público se não restar comprovada, nos autos do processo de responsabilização, situação ou circunstância fática capaz de caracterizar o dolo ou o erro grosseiro.

§ 3º O mero nexo de causalidade entre a conduta e o resultado danoso não implica responsabilização, exceto se comprovado o dolo ou o erro grosseiro do agente público.

§ 4º A complexidade da matéria e das atribuições exercidas pelo agente público serão consideradas em eventual responsabilização do agente público.

§ 5º O montante do dano ao erário, ainda que expressivo, não poderá, por si só, ser elemento para caracterizar o erro grosseiro ou o dolo.

§ 6º A responsabilização pela opinião técnica não se estende de forma automática ao decisor que a adotou como fundamento de decidir e somente se configurará se estiverem presentes elementos suficientes para o decisor aferir o dolo ou o erro grosseiro da opinião técnica ou se houver conluio entre os agentes.

§ 7º No exercício do poder hierárquico, só responderá por culpa *in vigilando* aquele cuja omissão caracterizar erro grosseiro ou dolo.

§ 8º O disposto neste artigo não exime o agente público de atuar de forma diligente e eficiente no cumprimento dos seus deveres constitucionais e legais.

ANÁLISE DE REGULARIDADE DA DECISÃO

Art. 13. A análise da regularidade da decisão não poderá substituir a atribuição do agente público, dos órgãos ou das entidades da administração pública no exercício de suas atribuições e competências, inclusive quanto à definição de políticas públicas.

§ 1º A atuação de órgãos de controle privilegiará ações de prevenção antes de processos sancionadores.

§ 2º A eventual estimativa de prejuízo causado ao erário não poderá ser considerada isolada e exclusivamente como motivação para se concluir pela irregularidade de atos, contratos, ajustes, processos ou normas administrativos.

DIREITO DE REGRESSO, DEFESA JUDICIAL E EXTRAJUDICIAL

Art. 14. No âmbito do Poder Executivo federal, o direito de regresso previsto no § 6º do art. 37 da Constituição somente será exercido na hipótese de o agente público ter agido com dolo ou erro grosseiro em suas decisões ou opiniões técnicas, nos termos do disposto no art. 28 do Decreto-Lei nº 4.657, de 1942, e com observância aos princípios constitucionais da proporcionalidade e da razoabilidade.

Art. 15. O agente público federal que tiver que se defender, judicial ou extrajudicialmente, por ato ou conduta praticada no exercício regular de suas atribuições institucionais, poderá solicitar à Advocacia-Geral da União que avalie a verossimilhança de suas alegações e a consequente possibilidade de realizar sua defesa, nos termos do disposto no art. 22 da Lei nº 9.028, de 12 de abril de 1995, e nas demais normas de regência.

DECISÃO QUE IMPUSER SANÇÃO AO AGENTE PÚBLICO

Art. 16. A decisão que impuser sanção ao agente público considerará:

I - a natureza e a gravidade da infração cometida;

II - os danos que dela provierem para a administração pública;

III - as circunstâncias agravantes ou atenuantes;

IV - os antecedentes do agente;

V - o nexo de causalidade; e

VI - a culpabilidade do agente.

§ 1º A motivação da decisão a que se refere o *caput* observará o disposto neste Decreto.

§ 2º As sanções aplicadas ao agente público serão levadas em conta na dosimetria das demais sanções da mesma natureza e relativas ao mesmo fato.

Art. 17. O disposto no art. 12 não afasta a possibilidade de aplicação de sanções previstas em normas disciplinares, inclusive nos casos de ação ou de omissão culposas de natureza leve.

CAPÍTULO V – DA SEGURANÇA JURÍDICA NA APLICAÇÃO DAS NORMAS

CONSULTA PÚBLICA PARA EDIÇÃO DE ATOS NORMATIVOS

Art. 18. A edição de atos normativos por autoridade administrativa poderá ser precedida de consulta pública para manifestação de interessados, preferencialmente por meio eletrônico.

§ 1º A decisão pela convocação de consulta pública será motivada na forma do disposto no art. 3º.

§ 2º A convocação de consulta pública conterá a minuta do ato normativo, disponibilizará a motivação do ato e fixará o prazo e as demais condições.

§ 3º A autoridade decisora não será obrigada a comentar ou considerar individualmente as manifestações apresentadas e poderá agrupar manifestações por conexão e eliminar aquelas repetitivas ou de conteúdo não conexo ou irrelevante para a matéria em apreciação.

§ 4º As propostas de consulta pública que envolverem atos normativos sujeitos a despacho presidencial serão formuladas nos termos do disposto no Decreto nº 9.191, de 1º de novembro de 2017.

SEGURANÇA JURÍDICA NA APLICAÇÃO DAS NORMAS

Art. 19. As autoridades públicas atuarão com vistas a aumentar a segurança jurídica na aplicação das normas, inclusive por meio de normas complementares, orientações normativas, súmulas, enunciados e respostas a consultas.

Parágrafo único. Os instrumentos previstos no *caput* terão caráter vinculante em relação ao órgão ou à entidade da administração pública a que se destinarem, até ulterior revisão.

PARECER DO ADVOGADO-GERAL DA UNIÃO E DE CONSULTORIAS JURÍDICAS E SÚMULAS DA ADVOCACIA-GERAL DA UNIÃO

Art. 20. O parecer do Advogado-Geral da União de que tratam os art. 40 e art. 41 da Lei Complementar nº 73, 10 de fevereiro de 1993, aprovado pelo Presidente da República e publicado no Diário Oficial da União juntamente com o despacho presidencial, vincula os órgãos e as entidades da administração pública federal, que ficam obrigados a lhe dar fiel cumprimento.

§ 1º O parecer do Advogado-Geral da União aprovado pelo Presidente da República, mas não publicado, obriga apenas as repartições interessadas, a partir do momento em que dele tenham ciência.

§ 2º Os pareceres de que tratam o *caput* e o § 1º têm prevalência sobre outros mecanismos de uniformização de entendimento.

Art. 21. Os pareceres das consultorias jurídicas e dos órgãos de assessoramento jurídico, de que trata o art. 42 da Lei Complementar nº 73, de 1993, aprovados pelo respectivo Ministro de Estado, vinculam o órgão e as respectivas entidades vinculadas.

ORIENTAÇÕES NORMATIVAS

Art. 22. A autoridade que representa órgão central de sistema poderá editar orientações normativas ou enunciados que vincularão os órgãos setoriais e seccionais.

§ 1º As controvérsias jurídicas sobre a interpretação de norma, instrução ou orientação de órgão central de sistema poderão ser submetidas à Advocacia-Geral da União.

§ 2º A submissão à Advocacia-Geral da União de que trata o § 1º será instruída com a posição do órgão jurídico do órgão central de sistema, do órgão jurídico que divergiu e dos outros órgãos que se pronunciaram sobre o caso.

ENUNCIADOS

Art. 23. A autoridade máxima de órgão ou da entidade da administração pública poderá editar enunciados que vinculem o próprio órgão ou a entidade e os seus órgãos subordinados.

TRANSPARÊNCIA

Art. 24. Compete aos órgãos e às entidades da administração pública manter atualizados, em seus sítios eletrônicos, as normas complementares, as orientações normativas, as súmulas e os enunciados a que se referem os art. 19 ao art. 23.

VIGÊNCIA

Art. 25. Este Decreto entra em vigor na data de sua publicação.

Brasília, 10 de junho de 2019;
198º da Independência e 131º da República.
JAIR MESSIAS BOLSONARO
Paulo Guedes
Wagner de Campos Rosário
André Luiz de Almeida Mendonça
DOU de 11.6.2019

RESOLUÇÕES DO CONSELHO NACIONAL DE JUSTIÇA – CNJ

RESOLUÇÃO Nº 20, DE 29 DE AGOSTO DE 2006, DO CONSELHO NACIONAL DE JUSTIÇA

Disciplina a contratação, por delegados extrajudiciais, de cônjuge, companheiro e parente, na linha reta e na colateral, até terceiro grau, de magistrado incumbido da corregedoria do respectivo serviço de notas ou de registro.

› *Vide Lei nº 8.935, de 18 de novembro de 1994*

A PRESIDENTE DO CONSELHO NACIONAL DE JUSTIÇA, no uso de suas atribuições conferidas pela Constituição Federal, especialmente o que dispõe o inciso I do § 4º de seu artigo 103-B;

CONSIDERANDO que os serviços extrajudiciais, de registros e de notas, na forma da previsão do artigo 236 da Constituição Federal, bem assim da Lei 8.935/94, são de titularidade pública, fiscalizados pelo Poder Judiciário;

CONSIDERANDO que, enquanto públicos, tais serviços se sujeitam à incidência dos princípios da moralidade e impessoalidade, dispostos no artigo 37 da Constituição Federal;

CONSIDERANDO ainda que, nos termos do artigo 103-B, § 4º, II e III, da Constituição Federal, compete ao Conselho Nacional de Justiça velar pela observância do artigo 37 e pela escorreita prestação dos serviços públicos extrajudiciais;

CONSIDERANDO, por fim, o decidido no Pedido de Providências nº 151;

RESOLVE:

Art. 1º. Fica vedada a contratação, como preposto, por delegado extrajudicial, de cônjuge, companheiro ou parente, natural, civil ou afim, na linha reta ou colateral até terceiro grau, de magistrado de qualquer modo incumbido da atividade de corregedoria dos respectivos serviços de notas e de registros.

Parágrafo Único. Fica ainda proibida igual contratação de cônjuge, companheiro ou parente, natural, civil ou afim, na linha reta ou lateral até terceiro grau, de Desembargador integrante do Tribunal de Justiça do Estado em que desempenhado o respectivo serviço notarial ou de registros.

Art. 2º. A vedação disposta no *caput* do artigo antecedente se estende até dois anos depois de cessada a vinculação correicional e alcança as contratações efetivadas em quaisquer circunstâncias que caracterizem ajuste para burlar a regra neste ato estabelecida.

Art. 3º. Esta resolução entrará em vigor a partir da data de sua publicação.

Ministra Ellen Gracie
Presidente do Conselho Nacional de Justiça
(DJU 04.09.2006).

RESOLUÇÃO Nº 67, DE 3 DE MARÇO DE 2009, DO CONSELHO NACIONAL DE JUSTIÇA

Aprova o Regimento Interno do Conselho Nacional de Justiça e dá outras providências.

O PRESIDENTE DO CONSELHO NACIONAL DE JUSTIÇA, no uso de suas atribuições, tendo em vista o decidido em 79ª Sessão Ordinária de 03.03.2009, nos autos do procedimento Comissão 200900000008320, e com base no disposto no § 2º do art. 5º da Emenda Constitucional nº 45, de 8.12.2004, publicada no Diário Oficial da União de 31.12.2004,

RESOLVE:

Art. 1º. Aprovar o Novo Regimento Interno do Conselho Nacional de Justiça, que sob a forma de anexo passa a integrar a presente Resolução.

Art. 2º. Esta Resolução entra em vigor na data de sua publicação e revoga a Resolução nº 2, de 16 de agosto de 2005 e suas alterações.

Ministro GILMAR MENDES
(DOU 06.03.200 republicado em 09.03.2009)

TÍTULO I – DO CONSELHO NACIONAL DE JUSTIÇA

CAPÍTULO I – DAS DISPOSIÇÕES GERAIS

Art. 1º. O Conselho Nacional de Justiça – CNJ, instalado no dia 14 de junho de 2005, órgão do Poder Judiciário com atuação em todo o território nacional, com sede em Brasília-DF, compõe-se de quinze membros, nos termos do art. 103-B da Constituição Federal.

Art. 2º. Integram o CNJ:

I – o Plenário;

II – a Presidência;

III – a Corregedoria Nacional de Justiça;

IV – os Conselheiros;

V – as Comissões;

VI – a Secretaria-Geral;

VII – a Secretaria de Estratégia e Projetos; *(Redação dada pela Resolução nº 536/2023)*

VIII – o Departamento de Monitoramento e Fiscalização do Sistema Carcerário e do Sistema de Execução de Medidas Socioeducativas – DMF. *(Incluído pela Emenda Regimental nº 01/2010)*

IX – a Ouvidoria *(Renumerado pela Emenda Regimental nº 01/2010)*

CAPÍTULO II – DO PLENÁRIO

SEÇÃO I – DAS DISPOSIÇÕES GERAIS

Art. 3º. O Plenário do CNJ, seu órgão máximo, é constituído por todos os Conselheiros empossados e se reúne validamente com a presença de no mínimo dez (10) de seus integrantes.

Parágrafo único. O Procurador-Geral da República e o Presidente do Conselho Federal da Ordem dos Advogados do Brasil – OAB oficiarão perante o Plenário, podendo usar da palavra.

SEÇÃO II – DA COMPETÊNCIA DO PLENÁRIO

Art. 4º. Ao Plenário do CNJ compete o controle da atuação administrativa e financeira do Poder Judiciário e do cumprimento dos deveres funcionais dos magistrados, cabendo-lhe, além de outras atribuições que lhe forem conferidas pelo Estatuto da Magistratura, o seguinte:

I – zelar pela autonomia do Poder Judiciário e pelo cumprimento do Estatuto da Magistratura, podendo expedir atos regulamentares, no âmbito de sua competência, ou recomendar providências;

II – zelar pela observância do art. 37 da Constituição Federal e apreciar, de ofício ou mediante provocação, a legalidade dos atos administrativos praticados por membros ou órgãos do Poder Judiciário, podendo desconstituí-los, revê-los ou fixar prazo para que se adotem as providências necessárias ao exato cumprimento da lei, sem prejuízo da competência do Tribunal de Contas da União e dos Tribunais de Contas dos Estados;

III – receber as reclamações e delas conhecer contra membros ou órgãos do Poder Judiciário, inclusive contra seus serviços auxiliares, serventias e órgãos prestadores de serviços notariais e de registro que atuem por delegação do poder público ou oficializados, sem prejuízo da competência disciplinar e correicional concorrente dos tribunais, decidindo pelo arquivamento ou instauração do procedimento disciplinar;

IV – avocar, se entender conveniente e necessário, processos disciplinares em curso;

V – propor a realização pelo Corregedor Nacional de Justiça de correições, inspeções e sindicâncias em varas, tribunais, serventias judiciais e serviços notariais e de registro;

VI – julgar os processos disciplinares regularmente instaurados contra magistrados, podendo determinar a remoção, a disponibilidade ou a aposentadoria com subsídios ou proventos proporcionais ao tempo de serviço e aplicar outras sanções administrativas previstas em lei complementar ou neste Regimento, assegurada ampla defesa;

VII – encaminhar peças ao Ministério Público, a qualquer momento ou fase do processo administrativo quando verificada a ocorrência de qualquer crime, ou representar perante ele nos casos de crime contra a administração pública, de crime de abuso de autoridade ou nos casos de improbidade administrativa;

VIII – rever, de ofício ou mediante provocação, os processos disciplinares contra juízes de primeiro grau e membros de tribunais julgados há menos de um ano;

IX – representar ao Ministério Público para propositura de ação civil para a decretação da perda do cargo ou da cassação da aposentadoria;

X – instaurar e julgar processo para verificação de invalidez de Conselheiro;

XI – elaborar relatórios estatísticos sobre processos e outros indicadores pertinentes à atividade jurisdicional;

XII – elaborar relatório anual, o qual deve integrar mensagem do Presidente do Supremo Tribunal Federal a ser remetida ao Congresso Nacional, por ocasião da abertura da sessão legislativa, discutido e aprovado em sessão plenária especialmente convocada para esse fim, versando sobre:

a) avaliação de desempenho de Juízos e Tribunais, com publicação de dados estatísticos sobre cada um dos ramos do sistema de justiça nas regiões, nos Estados e no Distrito Federal, em todos os graus de jurisdição, discriminando dados quantitativos sobre execução orçamentária, movimentação e classificação processual, recursos humanos e tecnológicos;

b) as atividades desenvolvidas pelo CNJ e os resultados obtidos, bem como as medidas e providências que julgar necessárias para o desenvolvimento do Poder Judiciário;

XIII – definir e fixar, em sessão plenária de planejamento especialmente convocada para este fim, com a participação dos órgãos do Poder Judiciário, podendo para tanto serem ouvidas as associações nacionais de classe das carreiras jurídicas e de servidores, o planejamento estratégico, os planos de metas e os programas de avaliação institucional do Poder Judiciário, visando ao aumento da eficiência, da racionalização e da produtividade do sistema, bem como ao maior acesso à Justiça;

XIV – definir e fixar, em sessão plenária especialmente convocada para este fim, o planejamento estratégico do CNJ;

XV – requisitar das autoridades fiscais, monetárias e de outras autoridades competentes informações, exames, perícias ou documentos, sigilosos ou não, imprescindíveis ao esclarecimento de processos ou procedimentos de sua competência submetidos à sua apreciação;

XVI – aprovar notas técnicas elaboradas na forma deste Regimento;

XVII – propor a criação, transformação ou extinção de cargos e a fixação de vencimentos dos servidores do seu quadro de pessoal, cabendo a iniciativa legislativa ao Supremo Tribunal Federal, na forma do disposto no art. 96, II, da Constituição Federal;

XVIII – aprovar, em ato próprio e específico, a organização e a competência de seus órgãos internos, bem como as atribuições das suas chefias e servidores;

XIX – aprovar a sua proposta orçamentária, a ser apresentada pela Secretaria-Geral, com no mínimo quinze (15) dias de antecedência da sessão plenária específica em que será votada, encaminhando-a ao Supremo Tribunal Federal para os fins do disposto no art. 99, § 2º, II, da Constituição Federal;

XX – aprovar a abertura de concurso público para provimento dos cargos efetivos e homologar o respectivo resultado final;

XXI – decidir, na condição de instância revisora, os recursos administrativos cabíveis;

XXII – disciplinar a instauração, autuação, processamento, julgamento e eventual reconstituição dos processos de sua competência;

XXIII – fixar critérios para as promoções funcionais de seus servidores;

XXIV – alterar o Regimento Interno;

XXV – resolver as dúvidas que forem submetidas pela Presidência ou pelos Conselheiros sobre a interpretação e a execução do Regimento ou das Resoluções, podendo editar Enunciados interpretativos com força normativa;

XXVI – conceder licença ao Presidente e, por mais de três (3) meses, aos demais Conselheiros;

XXVII – apreciar os pedidos de providências para garantir a preservação de sua competência ou a autoridade das suas decisões;

XXVIII – produzir estudos e propor medidas com vistas à maior celeridade dos processos judiciais, bem como diagnósticos, avaliações e projetos de gestão dos diversos ramos do Poder Judiciário, visando a sua modernização, desburocratização e eficiência;

XXIX – estimular o desenvolvimento de programas de aperfeiçoamento da gestão administrativa e financeira dos órgãos do Poder Judiciário e de interligação dos respectivos sistemas, estabelecendo metas;

XXX – desenvolver cadastro de dados com informações geradas pelos órgãos prestadores de serviços judiciais, notariais e de registro;

XXXI – aprovar e encaminhar ao Poder Legislativo parecer conclusivo nos projetos de leis de criação de cargos públicos, de estrutura e de natureza orçamentária dos órgãos do Poder Judiciário federal;

XXXII – decidir sobre consulta que lhe seja formulada a respeito de dúvida suscitada na aplicação de dispositivos legais e regulamentares concernentes à matéria de sua competência, na forma estabelecida neste Regimento;

XXXIII – fixar procedimentos e prazos mínimos e máximos para manifestação do Conselheiro sorteado para apreciar processos que tratem sobre prestação de contas anuais, relatórios para o Congresso Nacional, parecer de mérito em propostas orçamentárias, criação de cargos, criação de programas de responsabilidade do CNJ com as respectivas propostas orçamentárias, metas e seus responsáveis, criação de convênios que incluam contrapartida do CNJ, e demais hipóteses analisadas pelo Plenário;

XXXIV – estabelecer sistema de informações obrigatórias aos Conselheiros sobre temas relevantes para o funcionamento do CNJ;

XXXV – celebrar termo de compromisso com as administrações dos Tribunais para estimular, assegurar e desenvolver o adequado controle da sua atuação financeira e promover a agilidade e a transparência no Poder Judiciário;

XXXVI – executar as demais atribuições conferidas por lei.

§ 1º Dos atos e decisões do Plenário não cabe recurso.

§ 2º O Poder Legislativo estadual ou o Tribunal de Justiça poderá consultar o CNJ sobre os projetos de lei referidos no inciso XXXI deste artigo.

§ 3º O CNJ, no exercício de suas atribuições, poderá afastar, por maioria absoluta, a incidência de norma que veicule matéria tida por inconstitucional pelo Supremo Tribunal Federal e que tenha sido utilizada como base para a edição de ato administrativo. *(Incluído pela Emenda Regimental nº 4, de 12.2.2021)*

CAPÍTULO III – DA PRESIDÊNCIA

SEÇÃO I – DAS DISPOSIÇÕES GERAIS

Art. 5º. O Conselho será presidido pelo Presidente do Supremo Tribunal Federal e, nas suas ausências e impedimentos, pelo Vice-Presidente do Supremo Tribunal Federal. *(Redação dada pela Emenda Regimental nº 01/2010)*

SEÇÃO II – DAS ATRIBUIÇÕES DO PRESIDENTE

Art. 6º. São atribuições do Presidente, que pode delegá-las, conforme a oportunidade ou conveniência, observadas as disposições legais:

I – velar pelo respeito às prerrogativas do CNJ;

II – dar posse aos Conselheiros;

III – representar o CNJ perante quaisquer órgãos e autoridades;

IV – convocar e presidir as sessões plenárias do CNJ, dirigindo-lhes os trabalhos, cumprindo e fazendo cumprir o presente Regimento;

V – responder pelo poder de polícia nos trabalhos do CNJ, podendo requisitar, quando necessário, o auxílio de outras autoridades;

VI – antecipar, prorrogar ou encerrar o expediente nos casos urgentes, ad referendum do Plenário;

VII – decidir questões de ordem, ou submetê-las ao Plenário, quando entender necessário;

VIII – conceder licença aos Conselheiros, de até três (3) meses, e aos servidores do quadro de pessoal;

IX – conceder diárias e passagens bem assim o pagamento de ajuda de custo, transporte e/ou indenização de despesa quando for o caso, em conformidade com as tabelas aprovadas pelo CNJ e a legislação aplicável à espécie;

X – orientar e aprovar a organização das pautas de julgamento preparadas pela Secretaria-Geral;
XI – supervisionar as audiências de distribuição;
XII – assinar as atas das sessões do CNJ;
XIII – despachar o expediente do CNJ;
XIV – executar e fazer executar as ordens e deliberações do CNJ;
XV – decidir as matérias relacionadas aos direitos e deveres dos servidores do CNJ;
XVI – prover, na forma da lei, os cargos do quadro de pessoal do CNJ;
XVII – designar o Secretário-Geral e dar posse aos chefes e aos diretores dos órgãos internos do CNJ;
XVIII – exonerar, a pedido, servidor do quadro de pessoal do CNJ;
XIX – superintender a ordem e a disciplina do CNJ, bem como aplicar penalidades aos seus servidores;
XX – autorizar os descontos legais nos vencimentos e/ou proventos dos servidores do quadro de pessoal do CNJ;
XXI – autorizar e aprovar as concorrências, as tomadas de preços e os convites, para aquisição de materiais e de tudo o que for necessário ao funcionamento dos serviços do CNJ;
XXII – autorizar, em caso de urgência e de necessidade extraordinária previstos em lei, a contratação de servidores temporários;
XXIII – autorizar o pagamento de despesas referentes ao fornecimento de material ou prestação de serviços e assinar os contratos relativos à adjudicação desses encargos;
XXIV – prover cargos em comissão e designar servidores para exercer funções gratificadas;
XXV – delegar aos demais Conselheiros, bem como ao Secretário-Geral, a prática de atos de sua competência;
XXVI – praticar, em caso de urgência, ato administrativo de competência do Plenário, submetendo-o ao referendo deste na primeira sessão que se seguir;
XXVII – assinar a correspondência em nome do CNJ;
XXVIII – requisitar magistrados, delegando-lhes quaisquer de suas atribuições, observados os limites legais;
XXIX – requisitar servidores do Poder Judiciário, delegando-lhes atribuições, observados os limites legais;
XXX – apreciar liminarmente, antes da distribuição, os pedidos e requerimentos anônimos ou estranhos à competência do CNJ;
XXXI – instituir grupos de trabalho, visando à realização de estudos e diagnósticos bem como à execução de projetos de interesse específico do CNJ;
XXXII – instituir comitês de apoio, compostos por servidores, para a elaboração de estudos e pareceres técnicos sobre matéria de interesse do CNJ;
XXXIII – aprovar os pareceres de mérito a cargo do CNJ nos casos previstos em lei, com referendo do Plenário e encaminhamento aos órgãos competentes;
XXXIV – firmar convênios e contratos, dando-se ciência imediata aos Conselheiros;
XXXV – praticar os demais atos previstos em lei e neste Regimento.

§ 1º Os magistrados e servidores requisitados conservarão os direitos e vantagens inerentes ao exercício de seus cargos ou empregos no órgão de origem, como se em atividade normal estivessem.

§ 2º A requisição de magistrados de que trata este artigo será permitida pelo prazo de 2 (dois) anos, podendo ser prorrogada desde que devidamente fundamentada. *(Redação dada pela Resolução n. 263, de 9.10.18)*

Art. 6º-A. Na convocação e designação de juízes e juízas auxiliares, na designação de cargos de confiança e assessoramento, na composição de comissões, comitês, grupos de trabalho, ou outros colegiados ou coletivos, nas mesas de eventos institucionais e na contratação de empresa prestadora de serviço terceirizado, considerada cada função do contrato, a Presidência, ou o agente que receber a atribuição por delegação, observará referencialmente, sempre que possível, a participação equânime de homens e mulheres, com perspectiva interseccional de raça e etnia, proporcionando a ocupação de, no mínimo, 50% de mulheres. *(Incluído pela Resolução nº 536, de 7.12.2023)*

§ 1º Para a composição equânime de que trata o *caput*, compreende-se pessoa cisgênero, transgênero e fluida. *(Incluído pela Resolução nº 536, de 7.12.2023)*

§ 2º O preenchimento das vagas deverá respeitar, resguardada a medida do possível, a proporção respectiva de gênero, raça e etnia da população brasileira, segundo o último Censo da Fundação Instituto Brasileiro de Geografia e Estatística (IBGE), sem prejuízo de superação dessa proporção se houver possibilidade, no que se refere aos grupos minorizados. *(Incluído pela Resolução nº 536, de 7.12.2023)*

§ 3º A proporcionalidade de gênero, raça e etnia de que trata o parágrafo segundo deverá ser divulgada nos portais do CNJ, de forma acessível à consulta pública. *(Incluído pela Resolução nº 536, de 7.12.2023)*

§ 4º Comissões, comitês, grupos de trabalho, dentre outros colegiados ou coletivos, criados com objetivo de propor ações voltadas à paridade de gênero, raça e etnia no Poder Judiciário não se incluem no caput, admitindo-se sua formação majoritária ou exclusivamente por pessoas componentes dos grupos minorizados. *(Incluído pela Resolução nº 536, de 7.12.2023)*

§ 5º A observância da paridade de gênero, por função, nos contratos de serviço terceirizado não poderá causar a redução do percentual total de mulheres. *(Incluído pela Resolução nº 536, de 7.12.2023)*

CAPÍTULO IV – DA CORREGEDORIA NACIONAL DE JUSTIÇA

SEÇÃO I – DAS DISPOSIÇÕES GERAIS

Art. 7º. A Corregedoria Nacional de Justiça, órgão do CNJ, será dirigida pelo Corregedor Nacional de Justiça, cuja função será exercida pelo Ministro do Superior Tribunal de Justiça, que ficará excluído da distribuição de processos judiciais no âmbito do seu Tribunal.

Parágrafo único. A Corregedoria Nacional de Justiça terá uma Secretaria, dirigida por um Chefe e encarregada de executar os serviços de apoio ao gabinete do Corregedor Nacional de Justiça, e uma Assessoria, coordenada por um Assessor Chefe indicado pelo Corregedor Nacional de Justiça entre os magistrados requisitados, para auxilio técnico às suas manifestações.

SEÇÃO II – DAS ATRIBUIÇÕES DO CORREGEDOR NACIONAL DE JUSTIÇA

Art. 8º. Compete ao Corregedor Nacional de Justiça, além de outras atribuições que lhe forem conferidas pelo Estatuto da Magistratura:
I – receber as reclamações e denúncias de qualquer interessado relativas aos magistrados e tribunais e aos serviços judiciários auxiliares, serventias, órgãos prestadores de serviços notariais e de registro, determinando o arquivamento sumário das anônimas, das prescritas e daquelas que se apresentem manifestamente improcedentes ou despidas de elementos mínimos para a sua compreensão, de tudo dando ciência ao reclamante;
II – determinar o processamento das reclamações que atendam aos requisitos de admissibilidade, arquivando-as quando o fato não constituir infração disciplinar;
III – instaurar sindicância ou propor, desde logo, ao Plenário a instauração de processo administrativo disciplinar, quando houver indício suficiente de infração;
IV – promover ou determinar a realização de sindicâncias, inspeções e correições, quando houver fatos graves ou relevantes que as justifiquem, desde logo determinando as medidas que se mostrem necessárias, urgentes ou adequadas, ou propondo ao Plenário a adoção das medidas que lhe pareçam suficientes a suprir as necessidades ou deficiências constatadas;
V – requisitar das autoridades fiscais, monetárias e de outras autoridades competentes informações, exames, perícias ou documentos, sigilosos ou não, imprescindíveis ao esclarecimento de processos ou procedimentos submetidos à sua apreciação, dando conhecimento ao Plenário;
VI – requisitar magistrados para auxílio à Corregedoria Nacional de Justiça, delegando-lhes atribuições, observados os limites legais;
VII – requisitar servidores do Poder Judiciário e convocar o auxílio de servidores do CNJ, para tarefa especial e prazo certo, para exercício na Corregedoria Nacional de Justiça, podendo delegar-lhes atribuições nos limites legais;
VIII – elaborar e apresentar relatório anual referente às atividades desenvolvidas pela Corregedoria Nacional de Justiça na primeira sessão do ano seguinte;
IX – apresentar ao Plenário do CNJ, em quinze (15) dias de sua finalização, relatório das inspeções e correições realizadas ou diligências e providências adotadas sobre qualquer assunto, dando-lhe conhecimento das que sejam de sua competência própria e submetendo à deliberação do colegiado as demais;
X – expedir Recomendações, Provimentos, Instruções, Orientações e outros atos normativos destinados ao aperfeiçoamento

das atividades dos órgãos do Poder Judiciário e de seus serviços auxiliares e dos serviços notariais e de registro, bem como dos demais órgãos correicionais, sobre matéria relacionada com a competência da Corregedoria Nacional de Justiça;

XI – propor ao Plenário do CNJ a expedição de recomendações e a edição de atos regulamentares que assegurem a autonomia, a transparência e a eficiência do Poder Judiciário e o cumprimento do Estatuto da Magistratura;

XII – executar, de ofício ou por determinação, e fazer executar as ordens e deliberações do CNJ relativas à matéria de sua competência;

XIII – dirigir-se, no que diz respeito às matérias de sua competência, às autoridades judiciárias e administrativas e aos órgãos ou às entidades, assinando a respectiva correspondência;

XIV – indicar ao Presidente, para fins de designação ou nomeação, o nome dos ocupantes de função gratificada ou cargo em comissão no âmbito da Corregedoria Nacional de Justiça, cabendo àquele dar-lhes posse;

XV – promover a criação de mecanismos e meios para a coleta de dados necessários ao bom desempenho das atividades da Corregedoria Nacional de Justiça;

XVI – manter contato direto com as demais Corregedorias do Poder Judiciário;

XVII – promover reuniões periódicas para estudo, acompanhamento e sugestões com os magistrados envolvidos na atividade correicional;

XVIII – delegar, nos limites legais, aos demais Conselheiros, aos Juízes Auxiliares ou aos servidores expressamente indicados, atribuições sobre questões específicas;

XIX – solicitar a órgãos dos Poderes Executivo e Legislativo, ou a entidade pública, a cessão temporária por prazo certo, sem ônus para o CNJ, de servidor detentor de conhecimento técnico especializado, para colaborar na instrução de procedimento em curso na Corregedoria Nacional de Justiça;

XX – promover de ofício, quando for o caso de urgência e relevância, ou propor ao Plenário, quaisquer medidas com vistas à eficácia e ao bom desempenho da atividade judiciária e dos serviços afetos às serventias e aos órgãos prestadores de serviços notariais e de registro;

XXI – promover, constituir e manter bancos de dados, integrados a banco de dados central do CNJ, atualizados sobre os serviços judiciais e extrajudiciais, inclusive com o acompanhamento da respectiva produtividade e geração de relatórios visando ao diagnóstico e à adoção de providências para a efetividade fiscalizatória e correicional, disponibilizando seus resultados aos órgãos judiciais ou administrativos a quem couber o seu conhecimento.

§ 1º Os magistrados requisitados poderão assessorar em procedimentos, atos e assuntos a serem levados à apreciação do CNJ ou em outros assuntos que se fizerem necessários, subscrevendo os respectivos despachos mediante delegação expressa do Corregedor Nacional de Justiça.

§ 2º Os magistrados e servidores requisitados conservarão os direitos e as vantagens inerentes ao exercício de seus cargos ou empregos de origem, como se em atividade normal estivessem.

§ 3º A requisição de magistrados de que trata este artigo será permitida pelo prazo de 2 (dois) anos, podendo ser prorrogada desde que devidamente fundamentada. *(Redação dada pela Resolução n. 263, de 9.10.18)*

§ 4º Os procedimentos que tramitam na Corregedoria Nacional de Justiça são públicos. Contudo, enquanto não admitidos ou durante as investigações, se for o caso, o acesso aos autos respectivos poderá ficar restrito aos interessados e a seus procuradores nos termos da Constituição e das leis.

§ 5º Das decisões do Corregedor Nacional de Justiça e dos Juízes Auxiliares por ele delegadas, em qualquer caso, será dada ciência ao requerente ou interessado pela imprensa oficial, e por intimação pessoal, pelo modo mais expedito e por via eletrônica, quando a decisão importar em alteração de situação jurídica pessoal do interessado.

CAPÍTULO V – DOS CONSELHEIROS

SEÇÃO I – DAS DISPOSIÇÕES GERAIS

Art. 9º. Os Conselheiros serão nomeados pelo Presidente da República, após arguição pública e depois de aprovada a escolha pela maioria absoluta do Senado Federal, para cumprirem um mandato de dois anos, admitida uma recondução.

§ 1º O biênio é contado ininterruptamente, a partir da posse.

§ 2º Nenhum Conselheiro poderá voltar a integrar o Plenário na mesma classe após cumpridos dois mandatos, consecutivos ou não. *(Redação dada pela Resolução nº 536, de 7.12.2023)*

Art. 10. Até sessenta dias antes do término do mandato, ou imediatamente após a vacância do cargo de Conselheiro, a Presidência do CNJ oficiará ao órgão legitimado nos termos do art. 103-B da Constituição Federal para nova indicação.

Art. 11. Os Conselheiros tomam posse perante o Presidente do CNJ, com a assinatura do termo respectivo.

§ 1º O prazo para a posse é de trinta dias contados da nomeação, salvo motivo de força maior.

§ 2º Em caso de recondução, a assinatura do termo respectivo dispensa a posse formal.

§ 3º Os Conselheiros não integrantes das carreiras da magistratura terão os mesmos direitos, prerrogativas, deveres, impedimentos constitucionais e legais, suspeições e incompatibilidades que regem a carreira da magistratura, no que couber, enquanto perdurar o mandato.

§ 4º Aos Conselheiros é vedado o exercício da advocacia perante o CNJ nos dois (2) anos subsequentes ao término do mandato.

§ 5º Nas hipóteses em que a nomeação de Conselheiro ocorrer quando o cargo ainda estiver provido, o prazo de 30 (trinta) dias previsto no § 1º apenas começará a correr a partir do primeiro dia em que a posse se tornar juridicamente viável por força da vacância. (Incluído pela Resolução n. 464, de 9.6.2022)

Art. 12. A renúncia ao cargo de Conselheiro deverá ser formulada por escrito à Presidência do CNJ, que a comunicará ao Plenário na primeira reunião que se seguir, informando, inclusive, as providências adotadas para o preenchimento da referida vaga.

Art. 13. Se, durante o cumprimento do mandato, algum membro do CNJ for acometido de invalidez, a Presidência levará o fato ao conhecimento do Plenário, que ordenará a formação de um procedimento específico para a declaração da perda do mandato.

Art. 14. O Conselheiro nomeado por sua condição funcional e institucional de magistrado em atividade, membro do Ministério Público, advogado ou cidadão de notável saber jurídico perderá automaticamente o seu mandato se for alterada a condição em que foi originariamente indicado, devendo ser sucedido por novo representante a ser indicado pelo respectivo órgão legitimado, nos termos do art. 103-B da Constituição Federal.

Art. 15. *(Revogado pela Resolução n. 263, de 9.10.18)*

Art. 16. Os Conselheiros perderão os seus mandatos:

I – em virtude de condenação, pelo Senado Federal, em crime de responsabilidade;

II – em virtude de sentença judicial transitada em julgado;

III – em virtude de declaração, pelo Plenário, de perda do mandato por invalidez.

SEÇÃO II – DOS DIREITOS

Art. 17. Os Conselheiros têm os seguintes direitos:

I – tomar lugar nas reuniões do Plenário ou das comissões para as quais hajam sido eleitos, usando da palavra e proferindo voto;

II – registrar em ata o sentido de seus votos ou opiniões manifestadas durante as sessões plenárias ou reuniões das Comissões para as quais hajam sido eleitos, juntando, se entenderem conveniente, seus votos;

III – eleger e serem eleitos integrantes de Comissões instituídas pelo Plenário;

IV – receber o mesmo tratamento protocolar dos Ministros dos Tribunais Superiores;

V – obter informações sobre as atividades do CNJ, tendo acesso a atas e documentos a elas referentes;

VI – elaborar projetos, propostas ou estudos sobre matérias de competência do CNJ e apresentá-los nas sessões plenárias ou reuniões de Comissões, observada a pauta fixada pelos respectivos Presidentes;

VII – requisitar de quaisquer órgãos do Poder Judiciário, do CNJ e de outras autoridades competentes as informações e meios que considerem úteis para o exercício de suas funções;

VIII – propor à Presidência a constituição de grupos de trabalho ou Comissões necessários à elaboração de estudos, propostas e projetos a serem apresentados ao Plenário do CNJ;

IX – requerer a inclusão, na ordem de trabalhos das sessões do Plenário ou das reuniões das Comissões, de assunto que entendam dever ser objeto de deliberação e propor à Presidência do CNJ a realização de sessões extraordinárias;

X – propor a convocação de técnicos, especialistas, representantes de entidades ou autoridades para prestar os esclarecimentos que o CNJ entenda convenientes;

XI – pedir vista dos autos de processos em julgamento.

§ 1º A qualidade de Conselheiro não é incompatível com o exercício do cargo em virtude do qual foram indicados os magistrados e os membros do Ministério Público.

§ 2º Os Conselheiros oriundos da magistratura e do Ministério Público poderão afastar-se de suas atividades funcionais perante esses órgãos.

SEÇÃO III – DOS DEVERES

Art. 18. Os Conselheiros têm os seguintes deveres:

I – participar das sessões plenárias para as quais forem regularmente convocados;

II – despachar, nos prazos legais, os requerimentos ou expedientes que lhes forem dirigidos;

III – desempenhar as funções de Relator nos processos que lhes forem distribuídos;

IV – desempenhar, além das funções próprias do cargo, as que lhes forem delegadas pelo Regimento, pelo Plenário, pelo Presidente ou pelo Corregedor Nacional de Justiça;

V – guardar sigilo dos seus atos, das suas deliberações e das providências determinadas pelo CNJ, ou pelos seus órgãos, que tenham caráter reservado na forma deste Regimento;

VI – declarar os impedimentos, as suspeições ou as incompatibilidades que lhes afetem, comunicando-os de imediato à Presidência.

Parágrafo único. Não são cabíveis impedimentos, suspeições ou incompatibilidades quando se tratar de atos normativos.

SEÇÃO IV – DAS LICENÇAS E SUBSTITUIÇÕES

Art. 19. O Conselheiro pode gozar das licenças concedidas pelos órgãos de origem e das deferidas pelo Plenário.

Art. 20. A licença de Conselheiro será requerida com a indicação do período, começando a correr do dia em que passar a ser usufruída.

Art. 21. O Conselheiro licenciado não poderá exercer qualquer das suas funções no CNJ.

Art. 22. Salvo contraindicação médica, o Conselheiro licenciado poderá reassumir o cargo a qualquer tempo, entendendo-se que desistiu do restante do prazo, bem assim proferir decisões em processos que, antes da licença, lhe hajam sido conclusos para julgamento ou tenham recebido o seu visto como Relator.

Art. 23. Os Conselheiros serão substituídos em suas eventuais ausências e impedimentos: *(Redação dada pela Emenda Regimental nº 01/10)*

I – o Presidente do Conselho, pelo Vice-Presidente do Supremo Tribunal Federal; *(Redação dada pela Emenda Regimental nº 01/10)*

II – o Corregedor Nacional de Justiça, pelo Conselheiro por ele indicado;

III – o Presidente de Comissão, pelo membro por ele indicado.

§ 1º No caso de ausência ou impedimento do Presidente do Conselho e do seu substituto o Vice-Presidente do Supremo Tribunal Federal, substituirá o Presidente o Conselheiro por ele indicado. *(Incluído pela Emenda Regimental nº 01/10)*

§ 2º Considera-se ausência do Presidente do CNJ ou do Vice-Presidente do Supremo Tribunal Federal, para os efeitos deste artigo, os casos de doença e de afastamento da sede do Conselho Nacional de Justiça (art. 92, § 1º). *(Incluído pela Emenda Regimental nº 01/10)*

§ 3º Os processos sob relatoria de Conselheiro que eventualmente esteja substituindo o Presidente não deverão ser apregoados enquanto perdurar a situação. *(Incluído pela Emenda Regimental nº 01/10)*

Art. 24. O Relator será substituído:

I – pelo Conselheiro imediato, observada a ordem prevista neste Regimento, quando se tratar de deliberação sobre medida urgente; verificada a ausência do Conselheiro substituto, os autos serão remetidos ao Conselheiro seguinte na ordem prevista neste Regimento;

II – pelo Conselheiro designado para lavrar a decisão, quando vencido no julgamento;

III – mediante redistribuição, em caso de licença ou ausência por mais de trinta dias, ou de reconhecimento de suspeição ou impedimento;

IV – pelo novo Conselheiro nomeado para a sua vaga, em caso de vacância.

Parágrafo único. O Conselheiro imediato que substituir o Relator, ou na hipótese do Conselheiro seguinte conforme a ordem do Regimento Interno, além das medidas urgentes, poderá praticar atos de impulsionamento de processos administrativos e disciplinares e outros feitos de natureza disciplinar e apresentar ao Plenário processos comrisco de prescrição e casos considerados relevantes pela Presidência doConselho Nacional de Justiça. *(Incluído pela Resolução nº 536, de 7.12.2023)*

SEÇÃO V – DAS ATRIBUIÇÕES DO RELATOR

Art. 25. São atribuições do Relator:

I – ordenar e dirigir o processo, determinando as providências e diligências necessárias a seu andamento e instrução, fixando prazos para os respectivos atendimentos;

II – conceder vista dos autos aos interessados, após o feito lhe ter sido distribuído;

III – submeter ao Plenário, à Comissão ou à Presidência, conforme a competência, quaisquer questões de ordem para o bom andamento dos processos;

IV – decidir os incidentes que não dependerem de pronunciamento do Plenário, bem como fazer executar as diligências necessárias ao julgamento do processo;

V – requisitar, se necessário, os autos originais dos processos que subirem a seu exame em traslados, cópias ou certidões, assim como os feitos que com eles tenham conexão ou dependência, desde que já findos;

VI – solicitar inclusão na pauta de julgamento de processo examinado e relatado;

VII – proferir decisões monocráticas e votos com proposta de ementa e lavrar acórdão quando cabível;

VIII – conduzir e orientar a instrução do processo, realizar atos ou diligências tidas por necessárias, inclusive pelo Plenário, bem como delegar competência a magistrado para colher provas consideradas indispensáveis;

IX – indeferir, monocraticamente, recurso quando intempestivo ou manifestamente incabível;

X – determinar o arquivamento liminar do processo quando a matéria for flagrantemente estranha às finalidades do CNJ, bem como a pretensão for manifestamente improcedente, despida de elementos mínimos para sua compreensão ou quando ausente interesse geral;

XI – deferir medidas urgentes e acauteladoras, motivadamente, quando haja fundado receio de prejuízo, dano irreparável ou risco de perecimento do direito invocado, determinando a inclusão em pauta, na sessão seguinte, para submissão ao referendo do Plenário;

XII – julgar monocraticamente pedido quando houver: *(Redação dada pela Resolução nº 536, de 7.12.2023)*

a) Súmula dos Tribunais Superiores ou Enunciado Administrativo do CNJ; *(Redação dada pela Resolução nº 536, de 7.12.2023)*

b) entendimento firmado pelo CNJ ou pelo Supremo Tribunal Federal; *(Redação dada pela Resolução nº 536, de 7.12.2023)*

c) tese firmada em julgamento de casos repetitivos pelo Superior Tribunal de Justiça; *(Redação dada pela Resolução nº 536, de 7.12.2023)*

d) manifesto confronto com Resolução ou Provimento do CNJ. *(Redação dada pela Resolução nº 536, de 7.12.2023)*

XIII – manifestar-se, em auxílio à Presidência, nas solicitações de informações em processos no Supremo Tribunal Federal questionando decisão sua ou do Plenário;

XIV – praticar os demais atos de sua competência, previstos na lei e neste Regimento.

§ 1º O Relator poderá, nos pedidos de providências e nos procedimentos de controle administrativo, propor, a qualquer momento, conciliação às partes em litígio, em audiência própria, reduzindo a termo o acordo, a ser homologado pelo Plenário.

§ 2º O Relator poderá determinar, monocraticamente, a suspensão de procedimento a fim de aguardar o pronunciamento das instâncias administrativas do órgão judiciário, do qual o ato impugnado se origina.

Art. 25-A. Ao receber o processo, o Relator analisará a necessidade de manutenção ou atribuição de segredo de justiça ou sigilo, determinando, se for o caso, a alteração da situação do processo ou de documentos juntados. *(Incluído pela Resolução nº 536, de 7.12.2023)*

Parágrafo único. Em processos eletrônicos que tramitem em sigilo ou tenham documentos juntados com sigilo atribuído, o Relator deverá: *(Incluído pela Resolução nº 536, de 7.12.2023)*

a) aferir a extensão do acesso às partes cadastradas no processo eletrônico a todos os documentos do processo, em observância às garantias constitucionais relativas ao direito de defesa; *(Incluída pela Resolução nº 536, de 7.12.2023)*

b) avaliar a possibilidade de publicação da ementa do julgado, o que consignará no dispositivo do seu voto, para deliberação do Plenário a respeito. *(Incluída pela Resolução nº 536, de 7.12.2023)*

Art. 26. O Relator poderá, mediante despacho motivado, abrir período de consulta pública ou designar audiência pública para manifestação de terceiros, antes da decisão do pedido, se não houver prejuízo para o interessado.

§ 1º A abertura da consulta pública será objeto de divulgação pelos meios oficiais, a fim de que pessoas físicas ou jurídicas possam examinar os autos, fixando-se prazo para oferecimento de alegações escritas.

§ 2º O comparecimento à consulta pública não caracteriza, por si, a condição de interessado do processo, mas confere o direito restrito ao objeto do procedimento de obter resposta fundamentada, que poderá ser comum a todas as alegações substancialmente iguais.

CAPÍTULO VI – DAS COMISSÕES

Art. 27. O Plenário poderá criar Comissões permanentes ou temporárias, compostas por, no mínimo, três Conselheiros, para o estudo de temas e o desenvolvimento de atividades específicas do interesse respectivo ou relacionadas com suas competências.

Parágrafo único. Os Conselheiros integrantes das Comissões permanentes serão eleitos pelo Plenário.

Art. 28. As Comissões serão constituídas na forma e com as atribuições previstas no ato de que resultar a sua criação, cabendo-lhes, entre outras, as seguintes atribuições:

I – discutir e votar as proposições sujeitas à deliberação que lhes forem distribuídas;

II – realizar audiências públicas com órgãos públicos, entidades da sociedade civil ou especialistas;

III – receber requerimentos e sugestões de qualquer pessoa sobre tema em estudo ou debate em seu âmbito de atuação;

IV – estudar qualquer assunto compreendido no respectivo campo temático ou área de atividade, podendo propor, no âmbito das atribuições para as quais foram criadas, a realização de conferência, exposições, palestras ou seminários.

§ 1º Na sessão de constituição de cada Comissão será eleito, por maioria absoluta, um Presidente, com a determinação do início e do término do mandato correspondente.

§ 2º Nas Comissões buscar-se-á a participação proporcional, preservando, sempre que possível, a representação das diversas categorias funcionais. Em cada uma delas haverá pelo menos um Conselheiro não integrante da Magistratura.

§ 3º As Comissões temporárias observarão os termos e limites do ato de sua constituição.

§ 4º As Comissões serão presididas por um de seus membros. Nos casos de renúncia ou vacância ou impedimento definitivo de qualquer dos membros das Comissões, proceder-se-á à indicação de novo membro, com mandato pelo período que restar.

Art. 29. Sem prejuízo das atribuições das Comissões, poderá o Presidente da Comissão, quando lhe parecer urgente ou relevante, adotar, singularmente ou mediante delegação especial, medidas ou providências que pareçam necessárias ao desempenho das competências respectivas.

Art. 30. A Comissão, dentro de seu âmbito específico de atuação, poderá solicitar à Presidência que sejam colocados à sua disposição magistrados e servidores para auxiliar nos trabalhos que lhe são afetos, sem prejuízo das funções dos requisitados e na medida de suas disponibilidades.

Parágrafo único. Quando for estritamente necessário, a Comissão poderá solicitar ao Presidente do CNJ a contratação de assessorias e auditorias, bem como a celebração de convênios com universidades e outras instituições.

Art. 31. Cada Comissão comunicará ao Presidente do CNJ, em até trinta (30) dias após a sua constituição, os assuntos e as metas de seu âmbito, que deverão ser discutidos e aprovados pelo Plenário em sessão específica de planejamento interno.

Parágrafo único. Qualquer Comissão poderá propor a sua dissolução.

CAPÍTULO VII – DA SECRETARIA-GERAL

Art. 32. Compete à Secretaria-Geral assegurar a assessoria e o apoio técnico e administrativo necessários à preparação e à execução de sua gestão administrativa, das atividades do Plenário, da Presidência do CNJ, da Corregedoria Nacional de Justiça, dos Conselheiros e das Comissões, nos termos previstos neste Regimento e em regulamento específico, editado pelo Plenário.

Parágrafo único. A Secretaria-Geral disporá de quadro próprio de pessoal constituído na forma da lei.

Art. 33. A Secretaria-Geral é composta pelas unidades previstas em seu regulamento aprovado pelo Plenário.

Art. 34. A Secretaria-Geral é dirigida pelo Secretário-Geral, designado pelo Presidente do CNJ entre os magistrados requisitados na forma deste Regimento.

Art. 35. Nos processos administrativos submetidos ao CNJ, os atos ordinatórios, de administração ou de mero expediente serão executados pela Secretaria-Geral; as comunicações, determinações ou ordens de execução concessivas ou restritivas de direito serão subscritas pelo Presidente do CNJ.

Parágrafo único. A Secretaria-Geral poderá prestar apoio para execução da gestão administrativa mediante protocolo de cooperação entre titulares das Secretarias de outros órgãos partes.

CAPÍTULO VIII – DA SECRETARIA DE ESTRATÉGIA E PROJETOS

(Redação dada pela Resolução nº 536, de 7.12.2023)

Art. 36. A Secretaria de Estratégia e Projetos, unidade subordinada à Presidência do Conselho Nacional de Justiça, é dirigida pelo Secretário de Estratégia e Projetos, designado pelo Presidente do CNJ entre os Juízes Auxiliares da Presidência. *(Redação dada pela Resolução nº 536, de 7.12.2023)*

Art. 36-A. Compete à SEP prestar apoio e assessoramento técnico à Presidência e às Comissões Permanentes do Conselho Nacional de Justiça nas atividades relacionadas aos programas e projetos institucionais, às pesquisas judiciárias, à gestão estratégica e à capacitação de servidores do Poder Judiciário, de acordo com o detalhamento previsto em regulamento específico. *(Incluído pela Emenda Regimental nº 6/2021)*

CAPÍTULO VIII-A – DO DEPARTAMENTO DE PESQUISAS JUDICIÁRIAS (DPJ)

(Incluído pela Emenda Regimental nº 6/2021)

Art. 37. O DPJ é órgão de assessoramento técnico do CNJ e os seus objetivos constituem: *(Redação dada pela Emenda Regimental nº 6/2021)*

I - subsidiar a Presidência na elaboração do relatório anual do CNJ, na forma do disposto no inciso VII do § 4º do art. 103-B da Constituição Federal;

II - desenvolver pesquisas destinadas ao conhecimento da função jurisdicional brasileira;

III - realizar análise e diagnóstico dos problemas estruturais e conjunturais dos diversos segmentos do Poder Judiciário;

IV - elaborar relatórios conclusivos e opinar sobre matéria que lhe seja submetida pelo Plenário, pelo Presidente, pelo Corregedor Nacional de Justiça, por Conselheiro ou pelas Comissões;

V - fornecer subsídios técnicos para a formulação de políticas judiciárias;

VI - disseminar informações e conhecimentos por meio de publicações, seminários e outros veículos.

Art. 38. Para a consecução dos objetivos institucionais do DPJ, o CNJ poderá:

I - estabelecer vínculos de cooperação e intercâmbio com quaisquer órgãos e entidades públicas ou privadas, nacionais, estrangeiras ou multinacionais, no campo de sua atuação;

II - celebrar contratos com autoridades públicas nacionais ou estrangeiras e pessoas físicas e jurídicas especializadas nos assuntos que lhe seja submetido a exame.

Art. 39. O DPJ será dirigido por 1 (um) Diretor Executivo, 1 (um) Diretor de Projetos e 1 (um) Diretor Técnico, sob a coordenação do primeiro, e disporá, em sua estrutura, de um Conselho Consultivo composto de nove (9) membros cujas competências serão fixadas em regulamento a ser editado pelo Plenário.

§ 1º Os membros do Conselho Consultivo do DPJ serão indicados pela Presidência e aprovados pelo Plenário do CNJ, devendo obrigatoriamente a escolha recair sobre professores de ensino superior e magistrados, em atividade ou aposentados e com reconhecida experiência nas atividades do Poder Judiciário.

§ 2º A participação no Conselho Consultivo não será remunerada.

Art. 40. Compete ao Conselho Consultivo:

I - opinar sobre estudos, relatórios, análises e pesquisas que o DPJ lhe submeter;

II - opinar sobre as diretrizes metodológicas e os projetos de pesquisas desenvolvidos no DPJ;

III - examinar e opinar sobre a celebração de convênios e acordos que envolvam as informações contidas nos bancos de dados do Poder Judiciário nacional e nos seus arquivos;

IV - propor estudos e projetos nas áreas temáticas relativas a Direito e Sociedade, Direito e Política, Direito e Economia, Reforma Legal e do Judiciário, bem como em outras áreas que atendam aos interesses do CNJ;

V - fazer proposições a respeito das linhas de pesquisa desenvolvidas e suas diretrizes metodológicas;

VI - apoiar a Diretoria do DPJ em suas relações com as comunidades científicas nacional e internacional;

VII - dar parecer sobre qualquer quesito que a Diretoria do DPJ lhe submeter;

VIII - elaborar seu regulamento, a ser submetido à aprovação do Plenário do CNJ.

CAPÍTULO IX – DO DEPARTAMENTO DE MONITORAMENTO E FISCALIZAÇÃO DO SISTEMA CARCERÁRIO E DO SISTEMA DE EXECUÇÃO DE MEDIDAS SOCIOEDUCATIVAS

Art. 40-A O Departamento de Monitoramento e Fiscalização do Sistema Carcerário e do Sistema de Execução de Medidas Socioeducativas – DMF, criado pela Lei nº 12.106, de 2 de dezembro de 2009, é órgão do CNJ de acompanhamento e fiscalização do sistema carcerário e de execução de medidas socioeducativas no âmbito do Poder Judiciário. *(Incluído pela Emenda Regimental nº 01/10)*

§ 1º Constituem objetivos do DMF, dentre outros correlatos que poderão ser estabelecidos administrativamente: *(Incluído pela Emenda Regimental nº 01/10)*

I – monitorar e fiscalizar o cumprimento das recomendações e resoluções do Conselho Nacional de Justiça em relação à prisão provisória e definitiva, medida de segurança e de internação de adolescentes;

II – planejar, organizar e coordenar, no âmbito de cada Tribunal, mutirões para reavaliação da prisão provisória e definitiva, da medida de segurança e da internação de adolescentes e para o aperfeiçoamento de rotinas cartorárias;

III – acompanhar e propor soluções em face de irregularidades verificadas no sistema carcerário e no sistema de execução de medidas socioeducativas;

IV – fomentar a implementação de medidas protetivas e de projetos de capacitação profissional e reinserção social do interno e do egresso do sistema carcerário;

V – propor ao Conselho Nacional de Justiça, em relação ao sistema carcerário e ao sistema de execução de medidas socioeducativas, a uniformização de procedimentos, bem como de estudos para aperfeiçoamento da legislação sobre a matéria;

VI – acompanhar e monitorar projetos relativos à abertura de novas vagas e ao cumprimento da legislação pertinente em relação ao sistema carcerário e ao sistema de execução de medidas socioeducativas;

VII – acompanhar a implantação e o funcionamento de sistema de gestão eletrônica da execução penal e de mecanismo de acompanhamento eletrônico das prisões provisórias;

VIII – coordenar a instalação de unidades de assistência jurídica voluntária no âmbito do sistema carcerário e do sistema de execução de medidas socioeducativas.

IX – monitorar e fiscalizar as decisões do Sistema Interamericano de Direitos Humanos, proferidas em relação à República Federativa do Brasil. *(Redação dada pela Resolução nº 544, de 11.1.2024)*

§ 2º Para a consecução dos objetivos institucionais do DMF, o Conselho Nacional de Justiça poderá: *(Incluído pela Emenda Regimental nº 01/10)*

I – estabelecer vínculos de cooperação e intercâmbio com órgãos e entidades públicas ou privadas, nacionais, estrangeiras ou supranacionais, no campo de sua atuação;

II – celebrar contratos com pessoas físicas e jurídicas especializadas.

Art. 40-B O Departamento será coordenado por 1 (um) juiz auxiliar nomeado pelo Presidente do Conselho Nacional de Justiça e supervisionado por 1 (um) Conselheiro designado pelo plenário e contará com uma estrutura de cargos em comissão e funções comissionadas. *(Incluído pela Emenda Regimental nº 01/10)*

CAPÍTULO X – DA OUVIDORIA

(Renumerado pela Emenda Regimental nº 01/10)

Art. 41. A Ouvidoria do CNJ será coordenada por um Conselheiro, eleito pela maioria do Plenário.

Parágrafo único. As atribuições da Ouvidoria serão regulamentadas por ato do Plenário.

TÍTULO II – DO PROCESSO

CAPÍTULO I – DAS DISPOSIÇÕES GERAIS

Art. 42. Os requerimentos iniciais, as reclamações disciplinares, os processos instaurados de ofício e os processos recebidos de outros órgãos ou os incidentes correlatos serão protocolados no dia da entrada, na ordem de recebimento, e registrados até o primeiro dia útil imediato.

§ 1º Os requerimentos e pedidos iniciais endereçados ao CNJ, bem assim os dirigidos a processos já em andamento, serão protocolados, registrados e devidamente autuados, digitalizados na Secretaria Processual do CNJ até o primeiro dia útil imediato.

§ 2º Os requerimentos e pedidos dirigidos a processos já em andamento serão juntados imediatamente aos autos respectivos ou digitalizados e poderão ser encaminhados:

I – por via eletrônica:

a) no sistema informatizado, mediante cadastramento prévio do advogado ou do interessado;

b) por correspondência eletrônica em endereço indicado no sítio eletrônico do CNJ;

c) em equipamento de transmissão de dados e imagens, no número de linha telefônica divulgado no sítio eletrônico do CNJ, devendo os originais ser entregues em até cinco (5) dias, no Protocolo Geral do CNJ, sob pena de cancelamento da distribuição e arquivamento sumário do feito ou desconsideração da peça, se interlocutória;

II – por requerimento:

a) diretamente apresentados no Protocolo Geral do CNJ;

b) enviados pelo correio ou por outro meio idôneo, sendo o interessado responsável pela observância do prazo legal ou regimental, se for o caso.

§ 3º A dispensa da remessa ou juntada dos originais poderá ser autorizada sempre que a autenticidade dos requerimentos e documentos puder ser de pronto reconhecida ou admitida pelo setor técnico da Secretaria Processual do CNJ.

§ 4º Se o requerimento inicial contiver cumulação de pedidos que não guardem pertinência temática, o requerente será intimado para que, no prazo de quinze (15) dias, individualize em peças autônomas cada uma das pretensões deduzidas, sob pena de indeferimento, dispensada a distribuição.

§ 5º Ato da Presidência do CNJ, ratificado pelo Plenário, poderá regulamentar as hipóteses e condições em que será obrigatória a utilização do meio de encaminhamento de que trata o § 2º, I, 'a', com vistas à implementação plena do processo eletrônico. *(Incluído pela Emenda Regimental nº 01/10)*

§ 6º Aplicam-se aos processos deste Conselho, no que couber, as normas relacionadas com a disciplina legal do processo judicial eletrônico e demais normas referentes à informatização dos procedimentos e à comunicação de atos processuais. *(Incluído pela Emenda Regimental nº 01/10)*

§ 7º O Plenário e o Relator poderão, de ofício ou a requerimento, condenar o litigante de má-fé a pagar multa fixada em até 10 (dez) vezes o valor do salário-mínimo, ficando a propositura de novo procedimento, recurso ou requerimento junto a este Conselho condicionada à comprovação do pagamento desse montante. *(Incluído pela Resolução nº 536, de 7.12.2023)*

§ 8º O valor da multa de que trata o parágrafo anterior poderá ser majorado mediante decisão devidamente fundamentada. *(Incluído pela Resolução nº 536, de 7.12.2023)*

Art. 43. O registro far-se-á em numeração contínua e seriada, observadas as seguintes classes processuais:

I – Inspeção;

II – Correição;

III – Sindicância;

IV – Reclamação Disciplinar;

V – Processo Administrativo Disciplinar;

VI – Representação por Excesso de Prazo;
VII – Avocação;
VIII – Revisão Disciplinar;
IX – Consulta;
X – Procedimento de Controle Administrativo;
XI – Pedido de Providências;
XII – Arguição de Suspeição e Impedimento;
XIII – Acompanhamento de Cumprimento de Decisão;
XIV – Comissão;
XV – *(Revogado pela Resolução nº 536, de 7.12.2023)*
XVI – Reclamação para Garantia das Decisões;
XVII – Ato Normativo;
XVIII – Nota Técnica;
XIX e XX – *(Revogados pela Resolução nº 536, de 7.12.2023)*
XXI – Parecer de Mérito sobre Anteprojeto de Lei.

CAPÍTULO II – DA DISTRIBUIÇÃO

Art. 44. Os pedidos, propostas de atos normativos e processos regularmente registrados serão, quando for o caso, apresentados à distribuição.

§ 1º A distribuição será feita sob a supervisão da Presidência, por sorteio, mediante sistema informatizado, por classe de processo.

§ 2º A distribuição automática, alternada e aleatória de processos será pública, podendo qualquer interessado ter acesso aos dados constantes do respectivo sistema informatizado.

§ 3º Sorteado o Relator, ser-lhe-ão imediatamente conclusos os autos.

§ 4º Havendo prevenção, o processo será distribuído ao Conselheiro que estiver prevento.

§ 5º Considera-se prevento, para todos os feitos supervenientes, o Conselheiro a quem for distribuído o primeiro requerimento pendente de decisão acerca do mesmo ato normativo, edital de concurso ou matéria, operando-se a distribuição por prevenção também no caso de sucessão do Conselheiro Relator original. *(Redação dada pela Emenda Regimental nº 01/10)*

§ 6º Não se submeterá à distribuição a proposta de ato normativo proveniente de Comissão ou decorrente de julgamento de processo já distribuído.

Art. 45. A distribuição se fará entre todos os Conselheiros, inclusive os ausentes ou licenciados por até trinta dias, excetuando o Presidente e o Corregedor Nacional de Justiça.

§ 1º Os processos distribuídos aos Conselheiros permanecerão a eles vinculados ainda que ocorram afastamentos temporários, ressalvada a hipótese de medida urgente que necessite de solução inadiável. Nesse caso, adotadas pelo substituto as providências que se fizerem necessárias, os autos retornarão ao Relator sorteado assim que cessar o motivo do encaminhamento.

§ 2º Distribuir-se-ão por dependência os procedimentos de qualquer natureza quando se relacionarem, por conexão, continência ou afinidade, com outro já ajuizado.

§ 3º O Relator poderá determinar que, na pendência de dois ou mais processos que envolvam a mesma questão de direito, apenas um deles tenha curso regular, ficando suspensa a tramitação dos demais que a ele ficarão apensados, até a decisão final a ser proferida e estendida de modo uniforme a todos os procedimentos em curso, devendo as partes dos processos suspensos serem admitidas automaticamente como terceiros interessados no processo principal. *(Redação dada pela Resolução nº 536, de 7.12.2023)*

§ 4º Na hipótese de afastamento temporário do Relator, por período superior a trinta dias, os processos poderão ser redistribuídos a pedido do interessado ou por determinação da Presidência, ou do Plenário.

§ 5º A distribuição que deixar de ser feita a Conselheiro ausente ou licenciado será compensada quando terminar a licença ou a ausência, salvo se o Plenário dispensar a compensação.

§ 6º Haverá também compensação quando o processo tiver de ser distribuído por prevenção a determinado Conselheiro.

§ 7º O exercício do cargo de Presidente de Comissão não exclui o Conselheiro da distribuição de processos.

Art. 45-A. *(Revogado pela Resolução nº 536, de 7.12.2023)*

Art. 46. Não haverá revisor nos processos submetidos ao CNJ.

Art. 47. Serão distribuídas:

I – ao Presidente as arguições de suspeição ou impedimento em relação aos demais Conselheiros;

II – ao Corregedor Nacional de Justiça:

a) as reclamações disciplinares;

b) as representações por excesso de prazo;

c) os pedidos de providência e avocação de sua competência. *(Incluída pela Emenda Regimental nº 01/10)*

III – aos outros Conselheiros as demais matérias.

Art. 47-A No curso de qualquer processo deste Capítulo, uma vez evidenciada a prática de infração disciplinar por parte de magistrado, servidor, serventuário ou delegatário de serventia extrajudicial em que se verifique a hipótese de infração disciplinar leve, com possível aplicação de pena de advertência, censura ou disponibilidade pelo prazo de até 90 (noventa) dias, o Corregedor Nacional de Justiça poderá propor ao investigado Termo de Ajustamento de Conduta (TAC), que, uma vez aceito, será homologado pelo Corregedor Nacional de Justiça. *(Redação dada pela Resolução nº 548, de 15.3.2024)*

§ 1º Cumpridas as medidas estabelecidas pelo TAC, o respectivo procedimento será arquivado. *(Incluído pela Resolução nº 536, de 7.12.2023)*

§ 2º Descumprido injustificadamente o TAC, o Corregedor Nacional de Justiça aplicará desde logo ao investigado a sanção administrativa de advertência ou censura correspondente à respectiva falta disciplinar, de cuja decisão caberá recurso hierárquico para o Plenário. Caso a pena seja de disponibilidade até 90 (noventa) dias, caberá ao Plenário a sua aplicação. *(Redação dada pela Resolução nº 548, de 15.3.2024)*

§ 3º O investigado beneficiado com o TAC não poderá gozar de novo benefício pelo prazo de 3 (três) anos contados do cumprimento integral do TAC. *(Incluído pela Resolução nº 536, de 7.12.2023)*

§ 4° Durante o cumprimento das medidas estabelecidas no TAC, o prazo prescricional de eventual infração disciplinar ficará suspenso. *(Incluído pela Resolução nº 536, de 7.12.2023)*

§ 5º A Corregedoria Nacional de Justiça, através de Provimento, regulamentará o Termo de Ajustamento de Conduta (TAC). *(Incluído pela Resolução nº 536, de 7.12.2023)*

§ 6º Caso a autoridade competente decida pela utilização da Justiça Restaurativa, as condições serão apenas as estabelecidas no plano de ação eventualmente celebrado, a partir de procedimento restaurativo conduzido em conformidade com regulamentação própria da Corregedoria Nacional de Justiça. *(Incluído pela Resolução nº 548, de 15.3.2024)*

CAPÍTULO III – DOS DIVERSOS TIPOS DE PROCESSOS

SEÇÃO I – DA INSPEÇÃO

Art. 48. A Corregedoria Nacional de Justiça poderá realizar inspeções para apuração de fatos relacionados ao conhecimento e à verificação do funcionamento dos serviços judiciais e auxiliares, das serventias e dos órgãos prestadores de serviços notariais e de registro, havendo ou não evidências de irregularidades.

Parágrafo único. As inspeções poderão ser realizadas rotineiramente ou a qualquer tempo por iniciativa da Corregedoria Nacional de Justiça, por proposição de qualquer Conselheiro ou a requerimento de autoridade pública, sem prejuízo da atuação disciplinar e correicional dos Tribunais.

Art. 49. O Corregedor Nacional de Justiça, ou aquele que for por ele designado, disporá de livre ingresso nos locais onde se processem as atividades inspecionadas, podendo, se entender conveniente, acessar documentos, livros, registros de computadores ou qualquer outro dado ou elemento de prova que repute relevante para os propósitos da inspeção.

§ 1º No exercício de sua função, o Corregedor Nacional de Justiça poderá ser acompanhado de Conselheiros, Juízes Auxiliares, peritos ou funcionários da Corregedoria Nacional de Justiça. *(Incluído pela Emenda Regimental nº 01/10)*

§ 2º Sempre que necessário, poderão ser designados servidores de outros órgãos do Poder Judiciário ou, mediante cooperação, dos órgãos dos Poderes Executivo e Legislativo para auxiliar nos trabalhos de inspeção. *(Incluído pela Emenda Regimental nº 01/10)*

Art. 50. A inspeção será realizada independentemente de convocação ou comunicação prévia, com ou sem a presença das autoridades responsáveis pelos órgãos inspecionados, podendo colher-se a manifestação de interessados e outras autoridades que terão direito a prestar esclarecimentos e fazer observações que reputem de interesse para os fins da inspeção.

Parágrafo único. Sempre que as circunstâncias não recomendem o contrário, a realização da inspeção poderá contar com a realização de audiência pública comunicada à autoridade responsável pelo órgão com antecedência mínima de vinte e quatro (24) horas.

Art. 51. Concluída a diligência, o Corregedor Nacional de Justiça ou aquele por ele designado mandará lavrar auto circunstanciado, mencionando nele tudo quanto for útil aos objetivos daquela.

Art. 52. O Corregedor Nacional de Justiça poderá desde logo adotar as medidas cabíveis de sua competência e proporá ao Plenário as demais que tenha por necessárias e adequadas aos objetivos da inspeção, à vista das necessidades ou deficiências nela evidenciadas.

Parágrafo único. O Plenário do CNJ e o Corregedor Nacional de Justiça poderão, conforme o caso, encaminhar traslado do expediente de inspeção à Corregedoria do Tribunal ao qual esteja o órgão inspecionado vinculado para a adoção das providências a seu cargo com ou sem prazo.

Art. 53. O Plenário do CNJ poderá, tendo em vista o conteúdo das atas de inspeção, em face do órgão inspecionado, regulamentar práticas administrativas, uniformizando procedimentos com vista à melhoria da organização, do funcionamento e do controle dos serviços de administração da Justiça.

SEÇÃO II – DA CORREIÇÃO

Art. 54. A Corregedoria Nacional de Justiça poderá realizar correições para apuração de fatos determinados relacionados com deficiências graves dos serviços judiciais e auxiliares, das serventias e dos órgãos prestadores de serviços notariais e de registro.

§ 1º As correições serão realizadas sem prejuízo da atuação disciplinar e correicional dos Tribunais.

§ 2º A Corregedoria Nacional de Justiça promoverá as diligências necessárias solicitadas por Conselheiro para a instrução de processo sob sua relatoria.

Art. 55. O Corregedor Nacional de Justiça, ou o Juiz Auxiliar por ele designado, disporá de livre ingresso nos locais onde se processem as atividades sob correição, podendo, se entender conveniente, requisitar e acessar documentos, livros, registros de computadores ou qualquer outro dado ou elemento de prova que repute relevante para os propósitos da correição.

Parágrafo único. No exercício de sua função, o Corregedor Nacional de Justiça poderá ser acompanhado de Conselheiros, Juízes Auxiliares, peritos ou funcionários da Corregedoria Nacional de Justiça. Sempre que necessário, poderão ser designados servidores de outros órgãos do Poder Judiciário ou, mediante cooperação, dos órgãos dos Poderes Executivo e Legislativo, para auxiliarem nos trabalhos de correição.

Art. 56. A correição será precedida de ato convocatório com indicação dos fatos a apurar e realizada na presença das autoridades responsáveis pelos órgãos correicionados, que terão direito a prestar esclarecimentos e fazer observações que reputem de interesse para a elucidação dos fatos objeto de apuração.

Parágrafo único. Em caso de extrema urgência ou em virtude de relevante motivação devidamente fundamentada, a correição poderá ser realizada sem a comunicação prévia e independente da ciência da autoridade judiciária responsável.

Art. 57. Concluída a diligência, o Corregedor Nacional de Justiça ou aquele por ele designado mandará lavrar auto circunstanciado, mencionando nele tudo quanto for útil aos objetivos daquela.

Art. 58. O Corregedor Nacional de Justiça poderá desde logo adotar as medidas cabíveis de sua competência e proporá ao Plenário as demais que tenha por pertinentes e adequadas aos objetivos da correição, à vista das necessidades ou deficiências nela verificadas. Em qualquer momento em que apuradas, as irregularidades que constituam ilícito penal serão imediatamente comunicadas ao Ministério Público.

§ 1º Em qualquer momento em que apuradas, as irregularidades que constituam ilícito penal deverão ser imediatamente comunicadas ao Ministério Público. *(Incluído pela Emenda Regimental nº 01/10)*

§ 2º O Plenário do CNJ e o Corregedor Nacional de Justiça poderão encaminhar traslado do expediente de correição à corregedoria do Tribunal ao qual esteja o órgão correicionado vinculado, para a adoção das providências a seu cargo, com ou sem prazo. *(Incluído pela Emenda Regimental nº 01/10)*

Art. 59. O Plenário do CNJ poderá, tendo em vista o conteúdo das atas de correição, regulamentar práticas administrativas, uniformizando procedimentos com vista à melhoria da organização, do funcionamento e do controle dos serviços de administração da Justiça.

Parágrafo único. O Plenário, a Presidência ou o Corregedor Nacional de Justiça poderá, conforme as necessidades apuradas a qualquer tempo, determinar a realização de mutirão para atendimento de excesso ou congestionamento de feitos ou processos em qualquer vara ou juízo, diretamente ou por Juízes Auxiliares, neste caso conferindo-lhes, por delegação especial, poderes correicionais gerais para o completo desempenho das diligências.

SEÇÃO III – DA SINDICÂNCIA

Art. 60. A sindicância é o procedimento investigativo sumário levado a efeito pela Corregedoria Nacional de Justiça, com prazo de conclusão não excedente de sessenta (60) dias, destinado a apurar irregularidades atribuídas a magistrados ou servidores nos serviços judiciais e auxiliares, ou a quaisquer serventuários, nas serventias e nos órgãos prestadores de serviços notariais e de registro, cuja apreciação não se deva dar por inspeção ou correição.

Parágrafo único. A juízo do Corregedor Nacional de Justiça, o prazo de que trata o *caput* deste artigo poderá, conforme a necessidade, ser motivadamente prorrogado por prazo certo. *(Incluído pela Emenda Regimental nº 01/10)*

Art. 61. O Corregedor Nacional de Justiça poderá delegar a Conselheiros e aos magistrados requisitados, em caráter permanente ou temporário, competência para a realização de sindicância.

Parágrafo único. Sempre que necessário, poderão ser designados servidores de outros órgãos do Poder Judiciário ou, mediante cooperação, dos órgãos dos Poderes Executivo e Legislativo para auxiliarem nos trabalhos de apuração da sindicância.

Art. 62. O Corregedor Nacional de Justiça ou o sindicante intimará o sindicado ou seu procurador para acompanhar a inquirição de testemunhas, podendo formular perguntas.

Parágrafo único. Encerrada a investigação, o sindicante elaborará o relatório, do qual será dada vista ao sindicado, pelo prazo de quinze (15) dias, para apresentação de defesa prévia, cabendo ao Corregedor Nacional de Justiça propor ao Plenário do CNJ o arquivamento ou a instauração de processo disciplinar.

Art. 63. O Corregedor Nacional de Justiça ou o sindicante por ele regularmente designado determinará a oitiva do investigado, que poderá apresentar defesa e requerer a produção de prova no prazo de 10 (dez) dias a contar da ciência da instauração da sindicância. *(Redação dada pela Emenda Regimental nº 01/10)*

Parágrafo único. Encerrada a investigação, o sindicante elaborará o relatório, cabendo ao Corregedor Nacional de Justiça, se convencido da existência de infração, propor ao Plenário do CNJ a instauração de processo disciplinar, o que será precedido da intimação para apresentar defesa prévia em 15 (quinze) dias, devendo constar da intimação a descrição do fato e a sua tipificação legal, bem como cópia do teor da acusação. *(Incluído pela Emenda Regimental nº 01/10)*

Art. 64. Não sendo apurado ato ou fato que justifique a aplicação de penalidade, assim demonstrado no relatório, a sindicância será arquivada por ato singular do Corregedor Nacional ou, a seu juízo, levada à apreciação do Plenário, em qualquer caso comunicando-se os interessados. *(Redação dada pela Emenda Regimental nº 01/10)*

Art. 65. Se restar apurada a existência de fundados indícios de infração grave, o Plenário do CNJ poderá deliberar que o processo de sindicância em que o arguido tenha sido ouvido constitua parte instrutória do processo disciplinar.

Art. 66. São aplicáveis à instrução das sindicâncias para a apuração de infrações cometidas por servidores do CNJ ou servidores do Poder Judiciário, no que couberem, as disposições relativas a processos disciplinares previstas na legislação federal ou estadual pertinente à hipótese. *(Redação dada pela Emenda Regimental nº 01/10)*

SEÇÃO IV – DA RECLAMAÇÃO DISCIPLINAR

Art. 67. A reclamação disciplinar poderá ser proposta contra membros do Poder Judiciário e contra titulares de seus serviços auxiliares, serventias e órgãos prestadores de serviços notariais e de registro.

§ 1º A reclamação deverá ser dirigida ao Corregedor Nacional de Justiça em requerimento assinado contendo a descrição do fato, a identificação do reclamado e as provas da infração.

§ 2º Quando não atendidos os requisitos legais ou o fato narrado não configurar infração disciplinar, a reclamação será arquivada.

§ 3º Não sendo caso de arquivamento ou indeferimento sumário, o reclamado será notificado para prestar informações em quinze (15) dias, podendo o Corregedor Nacional de Justiça requisitar informações à corregedoria local e ao tribunal respectivo ou determinar diligência para apuração preliminar da verossimilhança da imputação.

§ 4º Nas reclamações oferecidas contra magistrados de primeiro grau, poderá o Corregedor Nacional de Justiça enviar cópia da petição e dos documentos à Corregedoria de Justiça respectiva, fixando prazo para apuração e comunicação das providências e conclusão adotadas. *(Redação dada pela Emenda Regimental nº 01/10)*

Art. 68. Prestadas as informações, o Corregedor Nacional de Justiça arquivará a reclamação se confirmado que o fato não constitui infração disciplinar.

Art. 69. Configurada a evidência de possível infração disciplinar atribuída a magistrado, se as provas forem suficientes o Corregedor Nacional de Justiça proporá ao Plenário a instauração de processo administrativo disciplinar, caso contrário instaurará sindicância para investigação dos fatos. *(Redação dada pela Emenda Regimental nº 01/10)*

Parágrafo único. O procedimento da reclamação disciplinar contra magistrado obedecerá, subsidiariamente, no que couber, ao disposto no Estatuto da Magistratura. *(Redação dada pela Emenda Regimental nº 01/10)*

Art. 70. No caso de instauração desde logo de processo administrativo disciplinar, o Corregedor Nacional de Justiça, antes de submeter o feito à apreciação do Plenário, intimará o magistrado ou servidor para oferecer defesa prévia em 15 (quinze) dias, devendo constar da intimação a descrição do fato e a sua tipificação legal, bem como cópia do teor da acusação. *(Redação dada pela Emenda Regimental nº 01/10)*

Art. 71. Se da apuração da reclamação disciplinar resultar a verificação de possível falta ou infração atribuída a servidor, serventuário ou delegatário de serventia extrajudicial, o Corregedor Nacional de Justiça poderá determinar, conforme o caso, a instauração de sindicância ou o encaminhamento à Corregedoria local para as providências necessárias. *(Redação dada pela Emenda Regimental nº 01/10)*

Parágrafo único. Se dos fatos apurados ficar evidenciada a existência de elementos suficientes para a imediata instauração de processo administrativo disciplinar contra servidor, serventuário ou delegatário de serventias, o Corregedor Nacional de Justiça proporá ao Plenário essa medida ou encaminhará os dados à Corregedoria local para as providencias cabíveis. *(Incluído pela Emenda Regimental nº 01/10)*

Art. 72. O Corregedor Nacional de Justiça poderá delegar aos Conselheiros e aos magistrados requisitados, em caráter permanente ou temporário, competência para a apuração de irregularidades objeto de reclamações. *(Redação dada pela Emenda Regimental nº 01/10)*

SEÇÃO V – DO PROCESSO ADMINISTRATIVO DISCIPLINAR

Art. 73. O processo administrativo disciplinar é o instrumento destinado a apurar responsabilidades de magistrados por infração disciplinar praticada no exercício de suas atribuições. *(Redação dada pela Resolução nº 536, de 7.12.2023)*

Parágrafo único. Excepcionalmente poderá ser instaurado processo administrativo disciplinar para apurar infração disciplinar praticada por servidores do Poder Judiciário, notadamente quando relacionada com a violação do dever funcional de membros do Poder Judiciário e titulares de serviços notariais e de registro. *(Incluído pela Resolução nº 536, de 7.12.2023)*

Art. 74. Determinada pelo Plenário do CNJ a instauração do processo administrativo disciplinar, o feito será distribuído a um Relator a quem competirá ordenar e dirigir a instrução respectiva. *(Redação dada pela Emenda Regimental nº 01/10)*

Parágrafo único. É impedido de atuar nos processos administrativos disciplinares o Conselheiro que:

I – tenha interesse direto ou indireto na matéria em discussão;

II – tenha participado ou venha a participar como perito, testemunha ou representante, ou se tais situações ocorrem quanto ao cônjuge, companheiro, parente e afins até o terceiro grau;

III – esteja litigando judicial ou administrativamente com o interessado ou o respectivo cônjuge ou companheiro.

Art. 75. O processo administrativo disciplinar instaurado contra magistrado obedecerá ao procedimento ditado no Estatuto da Magistratura, inclusive no que concerne à aplicação pelo CNJ das penas disciplinares respectivas, sujeitando-se subsidiariamente, no que não for incompatível à Resolução do CNJ, à Lei nº 8.112, de 1990, e à Lei nº 9.784, de 1999. *(Redação dada pela Emenda Regimental nº 01/10)*

Parágrafo único. Acolhida a instauração do processo disciplinar, ou no curso dele, o Plenário do CNJ poderá, motivadamente e por maioria absoluta de seus membros, afastar o magistrado ou servidor das suas funções. *(Redação dada pela Emenda Regimental nº 01/10)*

Art. 76. O processo administrativo disciplinar instaurado contra titular de serviços notariais e de registro obedecerá ao procedimento estabelecido na legislação funcional.

Art. 77. Finda a instrução, o Ministério Publico e o magistrado ou seu procurador, terão, sucessivamente, vista dos autos por 10 (dez) dias para razões. *(Redação dada pela Emenda Regimental nº 01/10)*

Parágrafo único. No mesmo prazo poderá manifestar-se o Procurador Geral da República ou o órgão do Ministério Público por este designado. *(Incluído pela Emenda Regimental nº 01/10)*

SEÇÃO VI – DA REPRESENTAÇÃO POR EXCESSO DE PRAZO

Art. 78. A representação contra magistrado por excesso injustificado de prazo para a prática de ato de sua competência jurisdicional ou administrativa poderá ser formulada por qualquer pessoa com interesse legítimo, pelo Ministério Público, pelos Presidentes de tribunais ou, de ofício, pelos Conselheiros.

§ 1º A representação será instruída com os documentos necessários à sua demonstração e será dirigida ao Corregedor Nacional de Justiça.

§ 2º Não sendo o caso de indeferimento sumário da representação, o Corregedor Nacional de Justiça enviará, mediante ofício, a segunda via acompanhada de cópia da documentação ao representado, a fim de que este, no prazo de quinze (15) dias, apresente a sua defesa, com indicação, desde logo, das provas que pretende produzir.

§ 3º Decorrido o prazo de defesa, o Corregedor Nacional de Justiça proporá ao Plenário, conforme o caso, o arquivamento da representação ou a instauração de processo disciplinar.

§ 4º As disposições deste artigo são aplicáveis, no que couber, ao pedido de representação por excesso de prazo apresentado contra servidor do Poder Judiciário ou de seus serviços auxiliares, serventias e órgãos prestadores de serviços notariais e de registro.

§ 5º Independentemente da configuração de infração disciplinar, se verificada pela prova dos autos a existência de grave atraso ou de grande acúmulo de processos, o Corregedor Nacional de Justiça submeterá o caso ao Plenário, com proposta de adoção de providência.

§ 6º Verificada a generalizada ocorrência de atraso ou acúmulo de processos envolvendo dois ou mais magistrados, de primeiro ou segundo grau, do mesmo órgão judiciário, a Corregedoria Nacional de Justiça poderá instaurar procedimento especial para apuração concertada. *(Incluído pela Emenda Regimental nº 01/10)*

SEÇÃO VII – DA AVOCAÇÃO

Art. 79 A avocação de processo de natureza disciplinar em curso contra membros do Poder Judiciário ou de seus serviços auxiliares, serventias e órgãos prestadores de serviços notariais e de registro dar-se-á, a qualquer tempo, mediante representação fundamentada de membro do CNJ, do Procurador-Geral da República, do Presidente do Conselho Federal da OAB ou de entidade nacional da magistratura. *(Redação dada pela Emenda Regimental nº 01/10)*

Parágrafo único. Cuidando-se de matéria de competência da Corregedoria Nacional de Justiça, caberá ao Corregedor Nacional de Justiça deliberar; sendo caso de competência do Plenário do CNJ, será distribuído o feito, cabendo ao Relator decidir sobre a relevância da matéria, podendo, em qualquer caso, determinar-se o arquivamento liminar, se manifestamente infundado o pedido.

Art. 80. O Corregedor Nacional de Justiça, acolhendo o pedido, e ouvido o órgão disciplinar local, com prazo de 15 dias, adotará as providências pertinentes no âmbito da competência da Corregedoria Nacional de Justiça, conhecendo e deliberando definitivamente a respeito, com ciência aos interessados. *(Redação dada pela Emenda Regimental nº 01/10)*

Art. 81. Nos demais casos, o Relator mandará ouvir, em quinze (15) dias, o magistrado ou o servidor e o órgão disciplinar originariamente competente para a decisão.

§ 1º Findo o prazo, com ou sem as informações, o Relator pedirá a inclusão do processo em pauta, para deliberação pelo Plenário.

§ 2º Decidindo o Plenário pela avocação do processo disciplinar, a decisão será imediatamente comunicada ao tribunal respectivo, para o envio dos autos no prazo máximo de quinze (15) dias.

§ 3º Recebidos os autos avocados, esses serão novamente autuados, com distribuição por prevenção ao Relator.

§ 4º Ao Relator caberá ordenar e dirigir o processo disciplinar avocado, podendo aproveitar os atos já praticados regularmente na origem.

§ 5º Se em procedimento em curso no CNJ tornar-se necessário avocar procedimento disciplinar correlato, o Corregedor Nacional de Justiça ou o Relator, depois de ouvir o órgão respectivo, proporá, incidentalmente, ao Plenário a avocação do feito.

Art. 81-A. Recebidos os autos avocados, estes serão novamente autuados como processo disciplinar, com distribuição por prevenção ao Relator ou encaminhados ao Corregedor Nacional, nos casos de sua competência. *(Incluído pela Emenda Regimental nº 01/10)*

Parágrafo único. Ao Corregedor Nacional ou ao Relator caberá ordenar e dirigir o processo disciplinar avocado, podendo aproveitar os atos já praticados regularmente na origem. *(Incluído pela Emenda Regimental nº 01/10)*

Art. 81-B. Se em procedimento em curso no CNJ tornar-se necessário avocar procedimento disciplinar correlato, o Corregedor Nacional de Justiça ou o Relator, depois de ouvir o órgão respectivo, proporá, incidentalmente, ao Plenário a avocação do feito. *(Incluído pela Emenda Regimental nº 01/10)*

SEÇÃO VIII – DA REVISÃO DISCIPLINAR

Art. 82. Poderão ser revistos, de ofício ou mediante provocação de qualquer interessado, os processos disciplinares de juízes e membros de tribunais julgados há menos de um ano do pedido de revisão.

Art. 83. A revisão dos processos disciplinares será admitida:

I – quando a decisão for contrária a texto expresso da lei, à evidência dos autos ou a ato normativo do CNJ;

II – quando a decisão se fundar em depoimentos, exames ou documentos comprovadamente falsos;

III – quando, após a decisão, surgirem fatos novos ou novas provas ou circunstâncias que determinem ou autorizem modificação da decisão proferida pelo órgão de origem.

Art. 84. O pedido de revisão de processo disciplinar será apresentado em petição escrita, devidamente fundamentada e com toda a documentação pertinente. *(Incluído pela Emenda Regimental nº 01/10)*

Art. 85. O Relator poderá indeferir, de plano, o pedido de revisão que se mostre intempestivo, manifestamente sem fundamento ou improcedente.

§ 1º O pedido será instruído com a certidão do julgamento do processo disciplinar e com as peças necessárias à comprovação dos fatos alegados.

§ 2º O Relator poderá determinar que se apensem os autos originais ou cópias autenticadas de todas as peças do processo, bem como as mídias eventualmente existentes, requisitando-se ao Tribunal competente as providências necessárias, no prazo de 15 (quinze) dias. *(Redação dada pela Resolução nº 536, de 7.12.2023).*

Art. 86. A instauração de ofício da revisão de processo disciplinar poderá ser determinada pela maioria absoluta do Plenário do CNJ, mediante proposição de qualquer um dos Conselheiros, do Procurador-Geral da República ou do Presidente do Conselho Federal da OAB.

Art. 87. A instrução do processo de revisão disciplinar observará os princípios do contraditório e da ampla defesa.

Parágrafo único. Finda a instrução, o Procurador-Geral da República e o magistrado acusado ou seu defensor terão vista dos autos por dez dias, para razões.

Art. 88. Julgado procedente o pedido de revisão, o Plenário do CNJ poderá determinar a instauração de processo administrativo disciplinar, alterar a classificação da infração, absolver ou condenar o juiz ou membro de Tribunal, modificar a pena ou anular o processo.

SEÇÃO IX – DA CONSULTA

Art. 89. O Plenário decidirá sobre consultas, em tese, de interesse e repercussão gerais quanto à dúvida suscitada na aplicação de dispositivos legais e regulamentares concernentes à matéria de sua competência.

§ 1º A consulta deve conter indicação precisa do seu objeto, ser formulada articuladamente e estar instruída com a documentação pertinente, quando for o caso.

§ 2º A resposta à consulta, quando proferida pela maioria absoluta do Plenário, tem caráter normativo geral.

Art. 90. A consulta poderá ser respondida monocraticamente, quando a matéria já estiver expressamente regulamentada em Resolução ou Enunciado Administrativo, ou já tiver sido objeto de pronunciamento definitivo do Plenário ou do Supremo Tribunal Federal.

SEÇÃO X – DO PROCEDIMENTO DE CONTROLE ADMINISTRATIVO

Art. 91. O controle dos atos administrativos praticados por membros ou órgãos do Poder Judiciário será exercido pelo Plenário do CNJ, de ofício ou mediante provocação, sempre que restarem contrariados os princípios estabelecidos no art. 37 da Constituição, especialmente os de legalidade, impessoalidade, moralidade, publicidade e eficiência, sem prejuízo da competência do Tribunal de Contas da União e dos Tribunais de Contas dos Estados.

Parágrafo único. Não será admitido o controle de atos administrativos praticados há mais de cinco (5) anos, salvo quando houver afronta direta à Constituição.

Art. 92. O pedido, que deverá ser formulado por escrito com a qualificação do requerente e a indicação clara e precisa do ato impugnado, será autuado e distribuído a um Relator.

Art. 93. A instauração de ofício do procedimento de controle administrativo poderá ser determinada pelo Plenário, mediante proposição de Conselheiro, do Procurador-Geral da República ou do Presidente do Conselho Federal da OAB.

Art. 94. O Relator determinará a notificação da autoridade que praticou o ato impugnado e dos eventuais interessados em seus efeitos, no prazo de quinze (15) dias.

§ 1º O Relator poderá determinar as formas e os meios de notificação pessoal dos eventuais interessados.

§ 2º A notificação será feita por edital quando dirigida a eventuais interessados não identificados, desconhecidos ou com domicílio não informado nos autos.

Art. 95. Não ilidido o fundamento do pedido, o Plenário determinará:

I – a sustação da execução do ato impugnado;

II – a desconstituição ou a revisão do respectivo ato administrativo;

III – o afastamento da autoridade competente pela prática do ato impugnado.

Parágrafo único. O Plenário poderá fixar prazos para que se adotem as providências necessárias ao exato cumprimento da lei ou dos atos do CNJ.

Art. 96. Em se tratando de matéria sujeita à competência administrativa concorrente, o Plenário, por conveniência ou oportunidade, poderá determinar que o procedimento seja iniciado ou tenha prosseguimento perante a autoridade administrativa de menor grau hierárquico para decidir fixando prazo para a sua conclusão.

Art. 97. Aplicam-se ao procedimento previsto neste capítulo, no que couber, as regras previstas na legislação de processo administrativo.

SEÇÃO XI – DO PEDIDO DE PROVIDÊNCIAS

Art. 98. As propostas e sugestões tendentes à melhoria da eficiência e eficácia do Poder Judiciário bem como todo e qualquer expediente que não tenha classificação específica nem seja acessório ou incidente serão incluídos na classe de pedido de providências, cabendo ao Plenário do CNJ ou ao Corregedor Nacional de Justiça, conforme a respectiva competência, o seu conhecimento e julgamento.

Art. 99. Em caso de risco de prejuízo iminente ou de grave repercussão, o Plenário do CNJ, o Presidente ou o Relator poderão, no âmbito de sua competência e motivadamente, adotar providências acauteladoras sem a prévia manifestação da autoridade, observados os limites legais.

Parágrafo único. Quando a medida cautelar for deferida pelo Relator, será submetida a referendo do Plenário na primeira sessão ordinária seguinte.

Art. 100. O expediente será autuado e distribuído a um Relator, que poderá determinar a realização de diligências, audiências públicas, consultas públicas e solicitar esclarecimentos indispensáveis à análise do requerimento.

§ 1º Atendidos os requisitos mínimos, e sendo o caso, o Relator solicitará a sua inclusão na pauta de julgamento.

§ 2º A execução do pedido de providências acolhido pelo Plenário será realizada por determinação do Presidente do CNJ e pelo Corregedor Nacional de Justiça nos casos de sua competência.

SEÇÃO XII – DA RECLAMAÇÃO PARA GARANTIA DAS DECISÕES

Art. 101. A reclamação para garantia das decisões poderá ser instaurada de ofício ou mediante provocação, sendo submetida à Presidência do CNJ. *(Redação dada pela Resolução nº 536, de 7.12.2023)*

§ 1º O requerimento deverá ser instruído com cópia da decisão atacada e referência expressa ao acórdão do Plenário cuja autoridade se deva preservar, sob pena de indeferimento liminar. *(Incluído pela Resolução nº 536, de 7.12.2023)*

§ 2º Não será processada como reclamação para garantia das decisões a alegação de descumprimento de atos normativos ou qualquer outra determinação geral emanada do Plenário, podendo a parte se valer do disposto nos arts. 91 e 98. *(Incluído pela Resolução nº 536, de 7.12.2023)*

SEÇÃO XIII – DO ATO NORMATIVO

Art. 102. O Plenário poderá, por maioria absoluta, editar atos normativos, mediante Resoluções, Instruções ou Enunciados Administrativos e, ainda, Recomendações.

§ 1º A edição de ato normativo ou regulamento poderá ser proposta por Conselheiro ou resultar de decisão do Plenário quando apreciar qualquer matéria, ainda quando o pedido seja considerado improcedente, podendo ser precedida de audiência pública, consulta pública ou consulta aos tribunais. *(Redação dada pela Resolução nº 536, de 7.12.2023)*

§ 2º Ressalvados os casos de urgência justificada, o Relator encaminhará versão final da minuta de ato normativo para análise prévia dos demais Conselheiros com antecedência mínima de 10 (dez) dias da submissão do texto ao Plenário. *(Redação dada pela Resolução nº 536, de 7.12.2023)*

§ 3º Caso decidido pela realização de audiência pública ou consulta pública, o Relator elaborará a minuta do ato normativo e a divulgará no sítio eletrônico do Conselho, designando data da audiência pública com antecedência mínima de 15 (quinze) dias, ou, no caso de consulta pública, fixando do seu prazo de duração entre 5 (cinco) e 30 (trinta) dias corridos. *(Redação dada pela Resolução nº 536, de 7.12.2023)*

§ 4º Os efeitos do ato serão definidos pelo Plenário.

§ 5º As Resoluções e Enunciados Administrativos terão força vinculante, após sua publicação no Diário da Justiça e no sítio eletrônico do CNJ.

§ 6º Os Enunciados serão numerados em ordem crescente de referência, com alíneas, quando necessário, seguidas de menção dos dispositivos legais e dos julgados em que se fundamentam.

§ 7º Nos casos em que a proposta de ato normativo ensejar impacto orçamentário aos órgãos ou Tribunais destinatários, receberá prévio parecer técnico do órgão competente no âmbito do CNJ. *(Incluído pela Emenda Regimental nº 01/10)*

SEÇÃO XIV – DA NOTA TÉCNICA

Art. 103. O Plenário poderá, de ofício ou mediante provocação:

I – elaborar notas técnicas, de ofício ou mediante requerimento de agentes de outros Poderes, sobre políticas públicas que afetem o desempenho do Poder Judiciário, anteprojetos de lei, projetos de lei, e quaisquer outros atos com força normativa que tramitam no Congresso Nacional, nas Assembleias Legislativas ou em quaisquer outros entes da Administração Pública Direta ou Indireta, quando caracterizado o interesse do Poder Judiciário;

II – elaborar notas técnicas sobre normas ou situações específicas da Administração Pública quando caracterizado o interesse do Poder Judiciário;

III – elaborar notas técnicas endereçadas ao Supremo Tribunal Federal relativas aos projetos de lei de iniciativa do Poder Judiciário.

Art. 103-A. Nos casos em que o Relator optar por submeter a minuta de nota técnica ao julgamento presencial, a versão final do texto deverá ser encaminhada para análise prévia dos demais Conselheiros com antecedência mínima de 10 (dez) dias, ressalvados os casos de urgência justificada. *(Incluído pela Resolução nº 536, de 7.12.2023)*

CAPÍTULO IV – DA EFETIVAÇÃO DAS DECISÕES

Art. 104. Cabe à Secretaria-Geral, mediante órgão específico, o acompanhamento do fiel cumprimento dos atos e decisões do CNJ, e à Secretaria da Corregedoria Nacional de Justiça, o das deliberações do Corregedor Nacional de Justiça.

§ 1º A Secretaria-Geral informará o Presidente e o Relator, conforme o caso, permanentemente, sobre os eventos e omissões relacionados com as deliberações do CNJ.

§ 2º A Secretaria-Geral disponibilizará ao público, através do sítio eletrônico do CNJ, planilha atualizada mensalmente indicando o cumprimento ou não, pelos tribunais, dos atos normativos e das decisões do CNJ, separadas por ato decisório e por tribunal.

Art. 105. Comprovada a resistência ao cumprimento da decisão proferida pelo CNJ em mais de 30 dias além do prazo estabelecido, o Plenário, o Presidente ou o Corregedor Nacional de Justiça, de ofício ou por reclamação do interessado, adotará as providências que entenderem cabíveis à sua imediata efetivação, sem prejuízo da instauração do competente procedimento disciplinar contra a autoridade recalcitrante e, quando for o caso, do envio de cópias ao Ministério Público para a adoção das providências pertinentes.

Art. 106. O CNJ determinará à autoridade recalcitrante, sob as cominações do disposto no artigo anterior, o imediato cumprimento de decisão ou ato seu, quando impugnado perante outro juízo que não o Supremo Tribunal Federal. *(Redação dada pela Emenda Regimental nº 01/10)*

CAPÍTULO V – DAS PROVAS

Art. 107. Qualquer meio legal ou moralmente legítimo será hábil para fazer prova dos fatos alegados.

Parágrafo único. A proposição, a admissão e a produção de provas no CNJ obedecerão, no que couber, ao disposto na legislação sobre processo administrativo e subsidiariamente ao processo judicial civil e penal, observados os preceitos deste Regimento.

Art. 108. O requerente deverá instruir seu requerimento com a documentação necessária à compreensão de seu pedido.

Parágrafo único. Havendo documento necessário à prova do alegado em órgãos judiciais ou de serviços auxiliares, serventias e órgãos prestadores de serviços notariais e de registro, ou em poder de autoridade que se recuse a fornecê-lo por certidão, o requerente, indicando esse fato, poderá requerer ao Relator ou ao Corregedor Nacional de Justiça que o requisite ou que fixe prazo para a devida exibição.

Art. 109. O interessado, quando for o caso, será intimado para manifestar-se sobre documento juntado após a sua última intervenção no processo.

Art. 110. No processo em que se fizer necessária a presença do interessado ou de terceiro, o Plenário ou o Relator poderá, independentemente de outras sanções legais, expedir ordem de condução da pessoa que, intimada, deixar de comparecer sem justo motivo no local que lhe for designado.

Art. 111. Os depoimentos poderão ser taquigrafados, estenotipados, vídeo gravados ou gravados e depois transcritos ou copiados os trechos indicados pelos interessados ou pelo Relator.

§ 1º Aplica-se o disposto neste artigo ao interrogatório dos acusados em processos disciplinares.

§ 2º As inquirições ou depoimentos de testemunhas ou interessados, acaso necessários, poderão ser realizados fora da sede do CNJ, mediante carta de ordem a qualquer juízo ou Tribunal, nos termos e forma determinados pelo Relator ou pelo Corregedor Nacional de Justiça nos casos de sua respectiva competência. *(Redação dada pela Emenda Regimental nº 01/10)*

CAPÍTULO VI – DAS AUDIÊNCIAS

Art. 112. As audiências para instrução dos feitos serão realizadas em local, dia e hora designados pelo Relator.

§ 1º A abertura e o encerramento da audiência serão apregoados pelo servidor designado para secretariar os trabalhos.

§ 2º Nas hipóteses previstas em lei, inclusive no que se refere ao sigilo constitucional, e naquelas em que a preservação do direito à intimidade assim o recomendar, as audiências poderão ser realizadas sob caráter reservado, com a presença apenas do Relator, do interessado, dos advogados e do representante do Ministério Público.

Art. 113. O secretário lavrará ata, na qual registrará os nomes dos interessados, dos advogados e do representante do Ministério Público presentes, os requerimentos verbais e todos os outros atos e ocorrências.

Art. 114. Com exceção dos advogados e do representante do Ministério Público, as pessoas que tomarem parte na audiência não poderão retirar-se da sala sem a permissão do Relator.

CAPÍTULO VII – DOS RECURSOS ADMINISTRATIVOS

Art. 115. A autoridade judiciária ou o interessado que se considerar prejudicado por decisão do Presidente, do Corregedor Nacional de Justiça ou do Relator poderá, no prazo de cinco (5) dias, contados da sua intimação, interpor recurso administrativo ao Plenário do CNJ.

§ 1º São recorríveis apenas as decisões monocráticas terminativas de que manifestamente resultar ou puder resultar restrição de direito ou prerrogativa, determinação de conduta ou anulação de ato ou decisão, nos casos de processo disciplinar, reclamação disciplinar, representação por excesso de prazo, procedimento de controle administrativo ou pedido de providências. *(Redação dada pela Emenda Regimental nº 01/10)*

§ 2º O recurso será apresentado, por petição fundamentada, ao prolator da decisão atacada, que poderá reconsiderá-la no prazo de 5 (cinco) dias ou determinar a intimação da parte recorrida para oferecimento de contrarrazões no mesmo prazo, submetendo o feito à apreciação do Plenário para julgamento, salvo em situações excepcionais ou urgentes devidamente fundamentadas. *(Redação dada pela Resolução nº 536, de 7.12.2023)*

§ 3º Relatará o recurso administrativo o prolator da decisão recorrida; quando se tratar de decisão proferida pelo Presidente, a seu juízo o recurso poderá ser livremente distribuído.

§ 4º O recurso administrativo não suspende os efeitos da decisão agravada, podendo, no entanto, o Relator dispor em contrário em caso relevante.

§ 5º A decisão final do colegiado substitui a decisão recorrida para todos os efeitos.

§ 6º Dos atos e decisões do Plenário não cabe recurso.

CAPÍTULO VIII – DAS SESSÕES

Art. 116. As sessões serão públicas, exceto nas hipóteses de sigilo previstas na Constituição Federal e de proteção do direito à intimidade.

Art. 117. Nas sessões do Plenário e das Comissões, observar-se-á a seguinte ordem:

I – verificação do número de Conselheiros;

II – discussão e aprovação da ata anterior;

III – apreciação da pauta;

IV – assuntos gerais.

§ 1º Antes ou durante a sessão, o Conselheiro poderá apresentar indicação ou proposta escritas, devendo o Presidente designar Relator para apresentar relatório e voto escritos na sessão seguinte.

§ 2º O Presidente, em caso de urgência e relevância, pode designar Relator para apresentar relatório e voto orais na mesma sessão ou submeter a matéria diretamente à discussão e à votação.

§ 3º Cabe ao Secretário-Geral secretariar as sessões do Plenário.

Art. 118. As sessões do Plenário poderão ser ordinárias, extraordinárias ou de planejamento.

§ 1º As sessões ordinárias serão realizadas quinzenalmente, em dias úteis, mediante prévia comunicação aos Conselheiros do calendário de planejamento instituído ao início de cada semestre.

§ 2º As sessões extraordinárias serão convocadas pelo Presidente, fora do calendário semestral estabelecido, com pelo menos dois dias úteis de antecedência.

§ 3º O Presidente convocará sessão extraordinária, que se realizará em até quinze (15) dias, quando requerida, por escrito, por um terço dos Conselheiros, devendo o requerimento indicar o tema objeto de análise e deliberação.

Art. 118-A. Será admitido o julgamento em ambiente eletrônico dos procedimentos que aguardam apreciação pelo Plenário. *(Incluído pela Emenda Regimental nº 2, de 15.10.2015)*

§ 1º No ambiente eletrônico próprio ao julgamento dos procedimentos em trâmite no Conselho Nacional de Justiça, denominado Plenário Virtual, serão lançados os votos do relator e dos demais Conselheiros e registrado o resultado final da votação. *(Incluído pela Emenda Regimental nº 2, de 15.10.2015)*

§ 2º As sessões virtuais poderão ser realizadas semanalmente e serão convocadas pelo Presidente, com, pelo menos, dois dias úteis de antecedência. *(Incluído pela Emenda Regimental nº 2, de 15.10.2015)*

§ 3º As partes serão intimadas pelo Diário da Justiça eletrônico de que o julgamento se dará pela via eletrônica. *(Incluído pela Emenda Regimental nº 2, de 15.10.2015)*

§ 4º *(Revogado pela Emenda Regimental nº 03/16)*

§ 5º Não serão incluídos no Plenário Virtual, ou dele serão excluídos, os seguintes procedimentos: *(Incluído pela Emenda Regimental nº 2, de 15.10.2015)*

I – os indicados pelo Relator quando da solicitação de inclusão em Pauta; *(Incluído pela Emenda Regimental nº 2, de 15.10.2015)*

II – os destacados por um ou mais Conselheiros para julgamento presencial, a qualquer tempo; *(Incluído pela Emenda Regimental nº 2, de 15.10.2015)*

III – os destacados pelo Procurador-Geral da República, pelo Presidente do Conselho Federal da Ordem dos Advogados do Brasil – OAB ou seus respectivos representantes; *(Incluído pela Emenda Regimental nº 2, de 15.10.2015)*

IV – aqueles nos quais os Presidentes das associações nacionais manifestarem intenção de usar da palavra, na forma do art. 125, § 8º, deste Regimento; *(Incluído pela Emenda Regimental nº 2, de 15.10.2015)*

V – os que tiverem pedido de sustentação oral, quando admitida pelo regimento interno; *(Redação dada pela Resolução n. 263, de 9.10.18)*

VI – *(Revogado pela Resolução n. 536, de 7.12.2023)*

VII – os processos cujo voto não for disponibilizado até o início da sessão. *(Incluído pela Resolução nº 536, de 7.12.2023)*

§ 6º Os destaques constantes do inciso III do § 5º e a solicitação do inciso IV do mesmo dispositivo deverão ser apresentados, no máximo, até 24 (vinte e quatro) horas antes do horário previsto para o início da sessão virtual. *(Redação dada pela Resolução n. 536, de 7.12.2023)*

§ 6º-A. Nos casos em que os processos forem destacados da sessão virtual para julgamento em sessão presencial, os votos proferidos serão desconsiderados, devendo-se colher novamente os votos do Relator e demais Conselheiros. *(Incluído pela Resolução n. 536, de 7.12.2023)*

§ 6º-B. O disposto no § 6º-A não se aplica em caso de voto proferido por Conselheiro que posteriormente deixe o cargo, hipótese em que seu voto será computado, sem possibilidade de modificação. *(Incluído pela Resolução n. 536, de 7.12.2023)*

§ 6º-C. A inclusão de processos em mesa somente poderá ocorrer até o início da sessão virtual. *(Incluído pela Resolução n. 536, de 7.12.2023)*

§ 6º-D. Se algum dos Conselheiros pedir vista dos autos, deverá apresentá-los, para prosseguimento da votação, na primeira sessão virtual subsequente, com preferência na pauta, independente de nova publicação, sendo vedada a devolução da vista na mesma sessão virtual em que solicitada. *(Incluído pela Resolução n. 536, de 7.12.2023)*

§ 7º O julgamento será considerado concluído se, no horário previsto para encerramento da votação, forem computados pelo menos 10 (dez) votos e alcançada a maioria simples, nos termos do art. 3º deste Regimento. *(Incluído pela Emenda Regimental nº 2, de 15.10.2015)*

§ 8º Não concluído o julgamento, nas hipóteses do §7º, observar-se-á a regra do art. 133 deste Regimento. *(Incluído pela Emenda Regimental nº 2, de 15.10.2015)*

§ 9º Os julgamentos do Plenário Virtual serão públicos e poderão ser acompanhados pela rede mundial de computadores (internet). *(Incluído pela Emenda Regimental nº 2, de 15.10.2015)*

§ 10. Aplicam-se às Sessões do Plenário Virtual, no que couber, as disposições do Capítulo VIII do Título II deste Regimento Interno. *(Incluído pela Emenda Regimental nº 2, de 15.10.2015)*

§ 11. Nas hipóteses regimentais em que couber sustentação oral, nos termos do art. 125 deste Regimento, será facultado ao interessado ou ao seu advogado e, se for o caso, ao Presidente do Tribunal, juntar aos autos sua manifestação, na forma de gravação audiovisual, com duração de no máximo dez minutos, competindo à Secretaria Processual disponibilizar o acesso à gravação na plataforma de julgamento virtual. *(Incluído pela Resolução nº 536, de 7.12.2023)*

Art. 118-B Em situações de emergência, de calamidade pública ou de manifesta excepcionalidade, assim reconhecidas no respectivo ato convocatório, o Presidente do Conselho Nacional de Justiça poderá convocar, a qualquer tempo, sessão extraordinária do Plenário Virtual. *(Incluído pela Resolução nº 312, de 19.3.2020)*

§ 1º O prazo de duração da sessão virtual extraordinária será definido no respectivo ato convocatório. *(Incluído pela Resolução nº 312, de 19.3.2020)*

§ 2º As partes serão intimadas da sessão virtual extraordinária pelo Diário da Justiça eletrônico ou no respectivo processo. *(Incluído pela Resolução nº 312, de 19.3.2020)*

§ 3º Não se aplica às sessões virtuais extraordinárias o disposto nos §§ 2º, 5º e 6º do art. 118-A deste Regimento Interno. *(Incluído pela Resolução nº 312, de 19.3.2020)*

§ 4º Poderão ser incluídos nas sessões virtuais extraordinárias processos que tenham sido pautados em sessões ordinárias ou extraordinárias anteriores do Plenário presencial, para início ou continuidade de julgamento. *(Incluído pela Resolução nº 312, de 19.3.2020)*

§ 5º Nas hipóteses regimentais em que couber sustentação oral, nos termos do art. 125 deste Regimento, será facultado ao interessado ou a seu advogado, e, se for o caso, ao Presidente do Tribunal, juntar aos autos sua manifestação, na forma de memorial ou de gravação audiovisual, com duração de no máximo dez minutos. *(Incluído pela Resolução nº 312, de 19.3.2020)*

§ 6º A manifestação de que trata o parágrafo anterior deverá ser formalizada nos autos após a publicação da pauta ou intimação no processo e até o início da respectiva sessão de julgamento virtual, sob pena de preclusão. *(Incluído pela Resolução nº 312, de 19.3.2020)*

Art. 119. São atribuições da Presidência nas sessões plenárias:

I – dirigir os debates, as votações e as deliberações, podendo limitar a duração das intervenções;

II – após os debates, submeter os casos à deliberação do Plenário delimitando os pontos objeto da votação;

III – manter a ordem dos trabalhos especialmente quanto ao uso do tempo previamente estipulado para os interessados ou quanto aos limites do assunto objeto de deliberação do Plenário;

IV – dispor sobre a suspensão da sessão quando houver motivo relevante e justificado, fixando a hora em que deva ser reiniciada, sempre dentro das vinte e quatro (24) horas seguintes;

V – proferir voto, o qual prevalecerá em caso de empate. *(Redação dada pela Emenda Regimental nº 01/10)*

Art. 120. As pautas do Plenário serão organizadas pela Secretaria-Geral, com aprovação da Presidência, encaminhando-se previamente aos Conselheiros os dados pertinentes aos pontos incluídos em pauta.

§ 1º Poderão ser apresentados em mesa, pela relevância, urgência ou conveniência, assuntos que não se encontrem inscritos na pauta da sessão.

§ 2º A publicação da pauta de julgamento no Diário da Justiça antecederá quarenta e oito (48) horas, pelo menos, à sessão em que os processos possam ser chamados.

§ 3º Para ciência dos interessados, a pauta de julgamentos também será publicada no sítio eletrônico do CNJ.

§ 4º Somente serão incluídos em pauta os processos cujos autos estejam disponíveis na Secretaria Processual, com os respectivos relatórios para inserção no sistema informatizado da sessão de julgamento.

Art. 121. As decisões do Plenário do CNJ e das Comissões serão tomadas pelo voto da maioria simples dos Conselheiros presentes, observado o quorum regimental, exceto nos casos em que haja exigência de quorum qualificado.

Art. 122. Nas sessões do Plenário, o Presidente do CNJ sentará ao centro da mesa principal; à sua direita, tomarão assento, pela ordem, o Procurador-Geral da República e o Presidente do Conselho Federal da OAB; à sua esquerda, o Secretário-Geral.

§ 1º O Corregedor Nacional de Justiça tomará assento na primeira cadeira da bancada à direita da mesa central; o Conselheiro Ministro do Tribunal Superior do Trabalho tomará assento na primeira cadeira da bancada à esquerda da mesa central, seguido, nesta ordem, pelos Conselheiros membros de Tribunal de Justiça, de Tribunal Regional Federal e de Tribunal Regional do Trabalho; pelos Conselheiros magistrados da 1ª instância da Justiça Comum dos Estados, da Justiça Federal e da Justiça do Trabalho; pelos Conselheiros membros do Ministério Público da União e do Ministério Público Estadual; pelos Conselheiros indicados pela OAB; e pelos Conselheiros indicados pela Câmara dos Deputados e Senado Federal.

§ 2º O disposto neste artigo aplica-se às Comissões, no que couber.

§ 3º O Procurador-Geral da República e o Presidente do Conselho Federal da OAB poderão ser representados nas sessões do Plenário por quem eles indicarem.

Art. 123. De cada sessão plenária do CNJ será lavrada uma ata sucinta pelo Secretário-Geral, contendo a data da reunião; os nomes do Presidente e dos demais Conselheiros presentes na instalação dos trabalhos; os nomes do Procurador-Geral da República e do Presidente do Conselho Federal da OAB, quando presentes; assim como um resumo dos principais assuntos tratados e a relação dos números dos processos apresentados em mesa.

Parágrafo único. Na ata constará a relação dos processos julgados, especificando se as votações foram por maioria ou por unanimidade, devendo constar o número exato dos votos emitidos, o sentido de cada um deles, constando, ainda, a relação dos processos adiados e dos com pedido de vista. *(Redação dada pela Resolução nº 536, de 7.12.2023)*

Art. 124. Na sessão plenária, os julgamentos observarão, preferencialmente, a seguinte ordem: as medidas de urgência, os processos com pedido de vista ou com os advogados presentes.

Parágrafo único. Em caso de urgência, o Relator poderá indicar preferência para o julgamento.

Art. 125. Nos julgamentos, será assegurado direito à sustentação oral ao interessado ou ao seu advogado e, no caso dos órgãos do Poder Judiciário, ainda ao Presidente, ao Vice-Presidente, ao Corregedor e ao procurador, tão somente. *(Redação dada pela Resolução nº 536, de 7.12.2023)*

§ 1º Apresentado o relatório, preferentemente resumido, o Relator antecipará a conclusão do voto, hipótese em que poderá ocorrer a desistência da sustentação oral, assegurada pelo Presidente a palavra ao interessado se houver qualquer voto divergente do antecipado pelo Relator.

§ 2º Não havendo desistência da sustentação oral, o Presidente concederá a palavra, sucessivamente, ao requerente que não tenha advogado constituído, ou a seu advogado, e ao requerido que não tenha advogado constituído, ou a seu advogado.

§ 3º Não haverá sustentação oral no julgamento das questões de ordem, dos referendos de medidas de urgência ou acauteladoras, dos processos que tenham se iniciado em sessão anterior e dos recursos administrativos.

§ 4º A solicitação para sustentação oral deverá ser formulada até o horário previsto para o início da sessão de julgamento.

§ 5º No caso de litisconsortes não representados pelo mesmo advogado, o prazo será dividido igualmente entre os do mesmo grupo, se não o convencionarem diversamente.

§ 6º O Procurador-Geral da República e o Presidente do Conselho Federal da OAB terão igual prazo ao dos interessados para as suas respectivas sustentações orais.

§ 7º Os advogados ocuparão a tribuna para formularem requerimento, produzir sustentação oral ou responderem às perguntas que lhes forem feitas pelos Conselheiros.

§ 8º Os Presidentes das associações nacionais, presentes à sessão, poderão usar da palavra.

§ 10. Será facultado às partes e aos interessados ou a seu advogado e, se for o caso, ao Presidente do Tribunal, juntar aos autos sua manifestação, na forma de memoriais. *(Incluído pela Resolução nº 536, de 7.12.2023) Consta conforme publicação oficial.*

§ 11. Nos julgamentos de procedimentos disciplinares, a manifestação do Ministério Público Federal precederá à da defesa, que falará por último. *(Incluído pela Resolução nº 536, de 7.12.2023)*

Art. 126. Durante os debates, cada Conselheiro poderá falar tantas vezes sobre o assunto em discussão quantas forem necessárias ao esclarecimento da causa ou, em regime de votação, para explicar a modificação do voto, desde que devidamente autorizado pelo Presidente.

Parágrafo único. A palavra será solicitada, pela ordem, ao Presidente ou, mediante aparte, a quem dela estiver fazendo uso.

Art. 127. Se algum dos Conselheiros pedir vista dos autos, deverá apresentá-los, para prosseguimento da votação, na primeira sessão ordinária subsequente, com preferência na pauta, independentemente de nova publicação.

§ 1º Ao reiniciar-se o julgamento, serão computados os votos já proferidos pelos Conselheiros, ainda que não compareçam ou hajam deixado o exercício do cargo.

§ 2º Não participarão do julgamento os Conselheiros que não tenham assistido ao relatório ou aos debates, salvo quando se derem por esclarecidos.

§ 3º Se, para o efeito do quorum ou de desempate na votação, for necessário o voto de Conselheiro nas condições do parágrafo anterior, serão renovados o relatório e a sustentação oral, computando-se os votos anteriormente proferidos.

Art. 128. Concluído o debate oral, o Presidente tomará os votos, em primeiro lugar, do Relator e, a seguir, dos demais Conselheiros, na ordem da precedência regimental.

§ 1º Encerrada a votação, o Presidente proclamará a decisão.

§ 2º Se o Relator for vencido, ficará designado para redigir o acórdão o autor do primeiro voto vencedor.

Art. 129. As questões preliminares serão julgadas antes do mérito, deste não se conhecendo se incompatível com a decisão daquelas.

Parágrafo único. Sempre que, antes ou após o relatório, algum dos Conselheiros suscitar preliminar, será ela discutida e decidida, antes da apresentação do voto pelo Relator. Se não for acolhida a preliminar, prosseguir-se-á no julgamento.

Art. 130. Rejeitada a preliminar, ou se com ela for compatível a apreciação do mérito, seguir-se-ão a discussão e o julgamento da matéria principal, pronunciando-se sobre esta os Conselheiros vencidos na preliminar.

Art. 131. O julgamento, uma vez iniciado, ultimar-se-á na mesma sessão, salvo pedido de vista.

Art. 132. O Plenário poderá converter o julgamento em diligência, quando necessária à decisão da causa.

Art. 133. Os processos não julgados serão considerados adiados e estarão automaticamente incluídos na sessão de julgamento seguinte, independentemente de nova publicação, salvo por motivo justificado.

Art. 134. O Relator poderá propor ao Plenário correção da decisão quando constatar a existência de erro material.

TÍTULO III – DAS DISPOSIÇÕES FINAIS E TRANSITÓRIAS

Art. 135. A iniciativa de proposta de emenda regimental cabe a qualquer Conselheiro ou Comissão do CNJ.

Parágrafo único. Recebida a proposta pela Presidência, será imediatamente autuada e encaminhada à Comissão de Reforma do Regimento Interno, que terá prazo de cento e vinte (120) dias para apreciá-la e encaminhá-la para o Plenário.

Art. 136. As emendas considerar-se-ão aprovadas se obtiverem o voto favorável da maioria absoluta do Plenário do CNJ.

Art. 137. Enquanto o CNJ não possuir estrutura administrativa adequada para o seu pleno funcionamento, poderá celebrar convênio com o Supremo Tribunal Federal ou outros Tribunais para que prestem o suporte administrativo necessário.

Art. 138. Até que entre em vigor o Estatuto da Magistratura, o CNJ poderá, por Resolução, nos termos do art. 5º, § 2º, da EC nº 45/2004, disciplinar seu funcionamento, dispor sobre a sua estrutura, direitos e deveres de seus Conselheiros, bem como sobre cargos e funções indispensáveis ao seu regular funcionamento.

Art. 139. Salvo se servidor efetivo, não poderá ser nomeado para cargo em comissão, ou designado para função gratificada, cônjuge, companheiro ou parente, em linha reta ou colateral, até terceiro grau, inclusive, de quaisquer dos Conselheiros em atividade, dos Ministros do Supremo Tribunal Federal e dos Tribunais Superiores, do Procurador-Geral da República, dos Subprocuradores Gerais e dos Conselheiros Federais da OAB, dos Deputados Federais e dos Senadores da República. *(Redação dada pela Resolução nº 536, de 7.12.2023)*

Art. 140. As decisões, atos regulamentares e recomendações do CNJ serão publicados no Diário da Justiça da União e no sítio eletrônico do CNJ.

Art. 141. Ato normativo disciplinará as formas e os meios de notificação dos interessados nos procedimentos de controle administrativo.

Art. 142. Os casos omissos serão resolvidos pelo Plenário.

Art. 143. Este Regimento, aprovado na 79ª Sessão Ordinária do Plenário do CNJ, de 3 de março de 2009, entra em vigor no dia seguinte ao de sua publicação no Diário da Justiça da União e revoga a Resolução nº 2 de 16 de agosto de 2005 e suas alterações.

Ministro Gilmar Mendes
Presidente.

RESOLUÇÃO Nº 80, DE 09 DE JUNHO DE 2009, DO CONSELHO NACIONAL DE JUSTIÇA

Declara a vacância dos serviços notariais e de registro ocupados em desacordo com as normas constitucionais pertinentes à matéria, estabelecendo regras para a preservação da ampla defesa dos interessados, para o período de transição e para a organização das vagas do serviço de notas e registro que serão submetidas a concurso público.

- *Vide Constituição Federal, art. 236, §3º*
- *Vide Ato das Disposições Constitucionais Transitórias da Constituição Federal, arts. 31 e 32*
- *Vide arts. 2º, 16, 17, 26 e parágrafo único, 39, 47, 49 e 50, Lei nº 8.935/1994 (Notários e Registradores)*
- *Vide Resolução CNJ 81/2009 (Concursos públicos de provas e títulos, para a outorga das Delegações de Notas e de Registro, e minuta de edital).*
- *Vide Provimento CNJ 133/2022 (Alimentação do Painel Nacional dos Concursos Públicos), incorporado aos arts. 74 a 77, Provimento CNJ n. 149/2023 (CNN)*
- *Vide Orientação CNJ 7/2018 (Reestruturação Periódica das Serventias Extrajudiciais Vagas)*

O PRESIDENTE DO CONSELHO NACIONAL DE JUSTIÇA, no uso de suas atribuições constitucionais e regimentais, tendo em vista o decidido em Sessão Plenária de 09 de junho de 2009;

CONSIDERANDO que o artigo 236, *caput*, da Constituição Federal estabelece que os serviços notariais e de registro são exercidos em caráter privado, por delegação do Poder Público;

CONSIDERANDO que nos termos do § 3º, do artigo 236 da Constituição Federal, o ingresso na atividade notarial e de registro depende de concurso de provas e títulos, não se permitindo que qualquer serventia fique vaga, sem abertura de concurso de provimento ou de remoção, por mais de seis meses;

CONSIDERANDO ainda que para fins de delegação de serviço notarial e de registro inexiste a figura da remoção por permuta, nem a possibilidade de se tornar "estável" o delegado, bem como que não há Lei Complementar Federal delegando a Estados ou ao Distrito Federal poderes para legislar sobre ingresso por provimento (ingresso inicial) ou remoção no serviço de notas ou de registro (artigo 22, XXV, e parágrafo único da Constituição Federal);

CONSIDERANDO que durante as inspeções realizadas pela Corregedoria Nacional de Justiça junto aos serviços extrajudiciais (e cujos relatórios já aprovados pelo plenário estão publicados no sítio do CNJ na internet) foram verificadas graves falhas nos serviços notariais e de registro, a exemplo de livros em péssimo estado de conservação e inservíveis, grande número de atos praticados de forma incorreta, inexistência de definição das competências territoriais até mesmo em relação aos cartórios imobiliários, descontrole quanto ao recolhimento das custas, falta de fiscalização sobre o regime de trabalho dos empregados contratados pelos responsáveis, livros notariais com folhas intermediárias em branco, escrituras faltando assinaturas, firmas reconhecidas sem os necessários cuidados com os cartões de assinatura (tanto na colheita do material gráfico, como no armazenamento dos cartões), títulos pendentes de protesto muito tempo após o decurso do tríduo legal para o pagamento, inexistência de normas mínimas de serviço editadas pelos Tribunais de Justiça, desconhecimento de regras legais sobre registros públicos e das regras do Código Civil de 2002 sobre as pessoas jurídicas, cartórios de registro civil que enfrentam falta de crédito até para a aquisição do papel necessário para a emissão de certidões de nascimento e de óbito, tudo a demonstrar a necessidade da urgente regulamentação dos trabalhos, de maneira uniforme;

CONSIDERANDO os sucessivos precedentes monocráticos e colegiados do C. Supremo Tribunal Federal, no sentido de que a atual ordem constitucional estabelece que a investidura na titularidade de unidade do serviço, cuja vacância tenha ocorrido após a promulgação da Constituição Federal de 1988, depende da realização de concurso público para fins específicos de delegação, inexistindo direito adquirido ao que dispunha o artigo 208 da Constituição Federal de 1967, na redação da EC 22/1982, quando a vaga ocorreu já na vigência da Constituição Federal de 1988 (RE 182641, 378347 e 566314, MS 27118 e 27104, Agravos de Instrumento 516427 e 743906, ADI 417-4, 363-1 e ADI/MC 4140-1, dentre outros);

CONSIDERANDO que a declaração de vacância de unidades dos serviços extrajudiciais de notas e de registro ocupados em desacordo com o artigo 236 da Constituição Federal, não se confunde com a desconstituição de delegações regularmente concedidas, procedimento sempre antecedido do devido contraditório;

CONSIDERANDO que é no momento da vacância que devem ser efetivadas as acumulações e desacumulações, bem como anexações e desanexações, previstas nos artigos 26 e 49 da Lei nº 8.935/1994, inclusive para que se evite, sempre que possível, que uma mesma serventia elabore uma escritura e proceda depois ao registro imobiliário do mesmo documento, prestando ao mesmo tempo serviços notariais e de registro;

CONSIDERANDO ainda que para fins de outorga da delegação de serviço notarial e de registro cumprirá organizar as vagas existentes segundo o critério estabelecido no artigo 16 da Lei Federal 8.935, de 11 de outubro de 1994, destinando-se dois terços das vagas ao concurso de provimento (ingresso na atividade); e uma terça parte ao concurso de remoção (para aqueles que já detenham a delegação constitucional, por período superior a dois anos, tudo de acordo com o disposto no art. 17 da mesma lei federal citada);

CONSIDERANDO a necessidade de ser estabelecida uma disciplina padronizada e segura, em âmbito nacional, capaz de permitir a organização das vagas existentes, de modo permanente, com observância dos critérios legais estabelecidos na lei, inclusive aquele concernente à proporção referida acima para as vagas de provimento e remoção, cuja ordem deverá obedecer a rigorosa ordem de vacância das unidades do serviço de notas e de registro, desempatando-se, quando for o caso, pela data de criação das unidades cujas vacâncias tenham ocorrido na mesma data;

CONSIDERANDO que os temas relativos ao artigo 236 da Constituição Federal são objeto de inúmeros procedimentos administrativos junto a este Conselho Nacional de Justiça e de inúmeras medidas judiciais junto ao C. Supremo Tribunal Federal e ao C. Superior Tribunal de Justiça (cf. dentre outros, os Procedimentos de Controle Administrativo/CNJ nº 118, 197, 264, 303, 395, 456, 464, 516, 630, 885-5 10734, 11684, 1245, 4280, 13474, 13620, 15.417, 17820, 17931, 8851, 8600, 3614, 14437, 12131, 13474, 10229, 3262, 13632, 8855, 3063, 28350 e 16104, os Pedidos de Providências/CNJ 847, 861 e 13644, 1363-2, os Mandados de Segurança (STF) nº 27895, 27820, 27814, 27673, 27712, 27711, 27571, 27291, 27118, 27334, 27278, 27104, 27000, 26888, 26889, 26860, 27795, 27861, 27845, 26889, 27098, 27713, 27489, 27257, 27350, 27279, 26877, 26209, 27831, 27876, 27098, 27153, 26989, 26677, 26335, 25962, 27955, 27752, 26310 e 27.981; as Reclamações (STF) nº 4799, 4334, 3858, 3876, 3876, 7554, 4799, 7555, 5209, 4344, 4692, 4087, 4087, 3875, 3123, 3954; os Agravos de Instrumento (STF) nº 373519, 743906, 516427, 367969, 394989, 499704, 373823, 453465, 473027, 391272, 375820, 384243, 391002, 325285, 456680, 499706, 500446, 625442, 681024, 481173, 395514, 326100, 681267, 473905; os Recursos Extraordinários nº 566314, 431380, 416420, 429034, 393908, 394345, 432541, 428242, 252313, 378347, 409843, 284321, 591437, 426909, 384977, 434640, 255124, 182641; as Ações Cautelares (STF) n.1783, 1782, 1784, 1781, 1755, 1480, 688, 811, 809; as Ações Diretas de Inconstitucionalidade (STF) nº 363, 417, 1498, 1573, 1855, 2018, 2069-9, 2151, 2415-MC, 2602, 2961, 3016, 3319, 3443, 3517, 3519,, 3522, 3580, 3748, 3812, e 4140; o Agravo Regimental (STF) nº 1914; a Petição (STF) nº 4492; as Arguições de Descumprimento de Preceito Fundamental nº 41 e 87; a Ação Declaratória de Constitucionalidade nº 14; o RMS/STJ 28863, o Ag.Reg. no RMS/STJ 11121, 25487, 17855, 24335, o AgReg na Pet-STJ 4810, REsp 789940 e Resp 924774);

CONSIDERANDO a existência de milhares de unidades de serviço extrajudiciais, a natureza multitudinária das controvérsias sobre o tema e o interesse público de que o entendimento amplamente predominante seja aplicável de maneira uniforme para todas as questões envolvendo a mesma matéria, dando-se ao tema a natureza de processo objetivo e evitando-se as contradições geradoras de insegurança jurídica;

RESOLVE:

I – DA VACÂNCIA DAS UNIDADES DOS SERVIÇOS NOTARIAIS E REGISTRAIS

Art. 1º. É declarada a vacância dos serviços notariais e de registro cujos atuais responsáveis não tenham sido investidos por meio de concurso público de provas e títulos específico para a outorga de delegações de notas e de registro, na forma da Constituição Federal de 1988;

§ 1º Cumprirá aos respectivos tribunais dos Estados, do Distrito Federal e Territórios elaborar lista das delegações vagas, inclusive aquelas decorrentes de desacumulações, encaminhando-a à Corregedoria Nacional de Justiça, acompanhada dos respectivos títulos de investidura dos atuais responsáveis por essas unidades tidas como vagas, com a respectiva data de criação da unidade, no prazo de quarenta e cinco dias.

§ 2º No mesmo prazo os tribunais elaborarão uma lista das delegações que estejam providas segundo o regime constitucional vigente, encaminhando-a, acompanhada dos títulos de investidura daqueles que estão atualmente respondendo por essas unidades como delegados titulares e as respectivas datas de suas criações.

Art. 2º. Recebidas as listas encaminhadas pelos tribunais, na forma do artigo 1º e seus parágrafos, a Corregedoria Nacional de Justiça organizará a Relação Provisória de Vacâncias, das unidades vagas em cada unidade da federação, publicando-as oficialmente a fim de que essas unidades sejam submetidas a concurso público de provas e títulos para outorga de delegações.

Parágrafo único. No prazo de 15 (quinze), a contar da sua ciência, poderá o interessado impugnar a inclusão da vaga na Relação Provisória de Vacâncias, cumprindo à Corregedoria Nacional de Justiça decidir as impugnações, publicando as decisões e a Relação Geral de Vacâncias de cada unidade da federação.

Art. 3º. Fica preservada a situação dos atuais responsáveis pelas unidades declaradas vagas nesta resolução, que permanecerão respondendo pelas unidades dos serviços vagos, precária e interinamente, e sempre em confiança do Poder Público delegante, até a assunção da respectiva unidade pelo novo delegado, que tenha sido aprovado no concurso público de provas e títulos, promovido na forma da disposição constitucional que rege a matéria.

§ 1º A cessação da interinidade antes da assunção da respectiva unidade pelo atual delegado apenas será possível por decisão administrativa motivada e individualizada, que poderá ser proferida pelo Tribunal de Justiça dos Estados, ou do Distrito Federal e Territórios a que estiver afeta a unidade do serviço, ou, ainda, pela Corregedoria Nacional de Justiça.

§ 2º Não se deferirá a interinidade a quem não seja preposto do serviço notarial ou de registro na data da vacância, preferindo-se os prepostos da mesma unidade ao de outra, vedada a designação de parentes até o terceiro grau, por consanguinidade ou afinidade, de magistrados que estejam incumbidos da fiscalização dos serviços notariais e registrais, de Desembargador integrante do Tribunal de Justiça da unidade da federação que desempenha o respectivo serviço notarial ou de registro, ou em qualquer outra hipótese em que ficar constatado o nepotismo, ou o favorecimento de pessoas estranhas ao serviço notarial ou registral, ou designação ofensiva à moralidade administrativa;

§ 3º As designações feitas com ofensa ao § 1º deste artigo sujeitarão o infrator à responsabilidade civil, criminal e administrativa. Em caso de dúvida, fica facultado ao juízo competente pela designação consultar previamente a Corregedoria Nacional de Justiça.

§ 4º Aos responsáveis pelo serviço, que tenham sido designados interinamente, na forma deste artigo, é defeso contratar novos prepostos, aumentar salários dos prepostos já existentes na unidade, ou contratar novas locações de bens móveis ou imóveis, de equipamentos ou de serviços, que possam onerar a renda da unidade vaga de modo continuado, sem a prévia autorização do respectivo tribunal a que estiver afeta a unidade do serviço. Todos os investimentos que comprometam a renda da unidade vaga no futuro deverão ser objeto de projeto a ser encaminhado para a aprovação do respectivo tribunal de justiça;

Art. 4º. Estão incluídas nas disposições de vacância do *caput* do artigo 1º desta resolução todas as demais unidades cujos responsáveis estejam respondendo pelo serviço a qualquer outro título, que não o concurso público específico de provas e títulos para a delegação dos serviços notariais e de registro, a exemplo daqueles que irregularmente foram declarados estáveis depois da Constituição Federal de 1988 e dos que chegaram à qualidade de responsável pela unidade por permuta ou por qualquer outra forma não prevista na Constituição Federal de 5 de outubro de 1988.

Parágrafo único. Excluem-se das disposições de vacância do *caput* do artigo 1º desta resolução as unidades dos serviços de notas e registro, cujos notários e oficiais de registro:

a) tenham sido legalmente nomeados, segundo o regime vigente até antes da Constituição de 1988, assim como está prescrito no artigo 47 da Lei Federal 8.935, de 18 de novembro de 1994, cuja norma deferiu a esses titulares, regularmente investidos sob as regras do regime anterior, a delegação constitucional prevista no art. 2º dessa mesma lei;

b) eram substitutos e foram efetivados, como titulares, com base artigo 208 da Constituição Federal de 1967 (na redação da EC 22/1982). Nesses casos, tanto o período de cinco anos de substituição, devidamente comprovado, como a vacância da antiga unidade, deverão ter ocorrido até a promulgação da Constituição Federal de 05 de outubro de 1988;

c) foram aprovados em concurso de títulos para remoção concluídos, com a publicação da relação dos aprovados, desde a vigência da Lei nº 10.506, de 09 de julho de 2002, que deu nova redação ao artigo 16 da Lei nº 8.935/1994, até a publicação desta Resolução em sessão plenária pública, ressalvando-se eventual modulação temporal em sentido diverso quando do julgamento da Ação Declaratória de Constitucionalidade nº 14 pelo C. Supremo Tribunal Federal;

Art. 5º. São declaradas vagas também as unidades dos serviços notariais e de registro oficializadas cujos servidores titulares tenham tido sua investidura extinta por qualquer causa, já na vigência do atual regime constitucional, salvo se já providas essas unidades por concurso público de provas e títulos específico para outorga de delegação de serviços notariais e de registro na forma da Constituição Federal de 1988 (art. 32 do Ato das Disposições Constitucionais Transitórias da Constituição Federal de 1988 e artigos 39 e 50 da Lei nº 8.935/1994);

§ 1º Até que o serviço extrajudicial delegado entre em funcionamento, subsistirá a cumulação na forma ora existente, a fim de que se garanta a continuidade dos serviços notariais e de registro;

§ 2º Não se inclui nas disposições do *caput* deste artigo, até que ocorra a sua vacância, a unidade do serviço de notas e de registro que já estava oficializada até 05 de outubro de 1988 e cujos servidores titulares permanecem desde a vigência da Constituição Federal de 1967 no exercício de seus cargos.

Art. 6º. Caso os serviços extrajudiciais declarados vagos ainda sejam cumulativamente responsáveis pelo processamento de feitos judiciários (art. 31 do ADCT), deve o Tribunal de Justiça, em 30 (trinta) dias, encaminhar as medidas necessárias para que a oficialização do serviço judiciário esteja efetivada a partir de 1º de janeiro de 2010.

§ 1º Até que o serviço judicial oficializado entre em funcionamento, subsistirá a cumulação na forma ora existente, a fim de que se garanta a continuidade dos serviços judiciários;

§ 2º A cumulação poderá cessar antes de o serviço judicial oficializado entrar em funcionamento, por meio de decisão administrativa individualizada proferida pelo Tribunal de Justiça dos Estados, ou do Distrito Federal e Territórios a que estiver afeta a unidade do serviço, ou, ainda, por decisão da Corregedoria Nacional de Justiça;

Art. 7º. Os Tribunais de Justiça dos Estados e do Distrito Federal e Territórios formalizarão, no prazo de 30 dias a contar da publicação desta resolução, por decisão fundamentada, proposta de acumulações e desacumulações dos serviços notariais e de registro vagos (artigos 26 e 49 da Lei nº 8.935/1994), a qual deverá ser encaminhada à Corregedoria Nacional de Justiça;

§ 1º Sempre que necessário, e também por meio de decisão fundamentada, serão propostas as providências previstas no art. 26, parágrafo único, da Lei Federal 8.935/94.

§ 2º Serão observados os seguintes critérios objetivos para as acumulações e desacumulações que devam ser feitas nas unidades vagas do serviço de notas e de registro, assim como acima declaradas:

a) nas Comarcas de pequeno movimento, quando não estiver assegurada a autonomia financeira, poderão ser acumuladas, excepcionalmente, em decisão fundamentada, todas as especialidades do serviço de notas e de registro, em uma única unidade;

b) nas demais Comarcas, observado o movimento dos serviços de notas e de registro, sempre que possível serão criadas unidades especializadas, evitando-se a acumulação de mais de uma das competências deferidas a notários e registradores na Lei Federal 8.935/94;

c) nas Comarcas que não comportem uma unidade para cada uma das especialidades, os serviços serão organizados de modo que os tabelionatos (tabeliães de notas e tabeliães de protestos) sejam acumulados em uma ou mais unidades; enquanto os serviços de registro (imóveis, títulos e documentos, civil de pessoa natural e civil das pessoas jurídicas, e os outros previstos na lei) componham uma ou mais unidades diversas daquelas notariais;

d) não serão acumulados, salvo na exceção da alínea "a" deste § 2º, serviços de notas e de registro na mesma unidade do serviço notarial ou registral;

e) nos casos em que houver excesso de unidades da mesma especialidade vagas, comprometendo a autonomia financeira do serviço de notas e de registro, o acervo da mais nova poderá ser recolhido ao acervo da mais antiga da mesma especialidade, evitando-se o excesso de unidades de notas, ou de registro, funcionando na mesma comarca desnecessariamente;

f) a fim de garantir o fácil acesso da população ao serviço de registro civil das pessoas naturais, as unidades vagas existentes nos municípios devem ser mantidas e levadas a concurso público de provas e títulos. No caso de não existir candidato, e for inconveniente para o interesse público a sua extinção, será designado para responder pela unidade do serviço vaga o titular da unidade de registro mais próxima, podendo ser determinado o recolhimento do acervo para a sua sede e atendendo-se a comunidade interessada mediante serviço itinerante periódico, até que se viabilize o provimento da unidade vaga;

Art. 8º. Não estão sujeitas aos efeitos desta resolução:

a) as unidades do serviço de notas e de registro cuja declaração de vacância, desconstituição de delegação, inserção ou manutenção em concurso público esteja sub judice junto ao C. Supremo Tribunal Federal na data da publicação desta Resolução em sessão plenária pública, enquanto persistir essa situação;

b) as unidades do serviço de notas e de registro cuja declaração de vacância, desconstituição de delegação, inserção ou manutenção em concurso público seja objeto, na data da publicação desta Resolução em sessão plenária pública, de decisão definitiva em sentido diverso na esfera judicial, de decisão definitiva em sentido diverso junto ao CNJ ou de procedimento administrativo em curso perante este Conselho, desde que já notificado o responsável atual da respectiva unidade.

II – DA ORGANIZAÇÃO DAS VAGAS DO SERVIÇO DE NOTAS E REGISTRO, PARA FIM DE CONCURSO PÚBLICO

Art. 9º. A Relação Geral de Vacância publicada pela Corregedoria Nacional de Justiça será organizada segundo a rigorosa ordem de vacância.

§ 1º As vagas serão numeradas na forma ordinal, em ordem crescente, considerando-se as duas primeiras como vagas destinadas ao concurso de provimento, e a terceira vaga ao concurso de remoção, e assim sucessivamente, sempre duas vagas de provimento e uma de remoção, até o infinito;

§ 2º A cada nova vacância que ocorrer o fato será reconhecido pelo juízo competente, que fará publicar o ato declaratório da vacância, no prazo de 30 (trinta) dias, mencionando ainda, na própria portaria, o número em que ela ingressará na relação geral de vagas e o critério que deverá ser observado para aquela vaga, quando levada a concurso;

Art. 10. A relação tratada no art. 1º, § 1º, desta resolução deverá conter, além da indicação da vaga, do número de ordem e do critério em que a vaga ingressou na lista de vacâncias, também a data da criação da serventia, o que servirá para determinar o desempate e a ordem em que a vaga ingressará na relação geral de vacâncias fixando-se assim o critério que deverá ser adotado ao tempo do concurso de provimento ou remoção.

Parágrafo único. Persistindo o empate, nos casos em que ambas as vacâncias tenham ocorrido na mesma data, e também forem da mesma data a criação ou a desacumulação dessas serventias, o desempate se dará por meio de sorteio público, com prévia publicação de editais para conhecimento geral dos interessados, a fim de que possam acompanhar o ato;

Art. 11. A Relação Geral de Vacâncias prevista nesta resolução é permanente e será atualizada, observados os critérios acima, a cada nova vacância.

§ 1º Sobrevindo as novas vacâncias de unidades do serviço extrajudicial de notas e de registro, o juízo competente a reconhecerá e fará publicar portaria declarando-a, indicando o número que a vaga tomará na Relação Geral de Vacâncias e o critério que deverá ser observado, de provimento ou de remoção, por ocasião de futuro concurso;

§ 2º Publicado o ato declaratório da vacância pelo juízo competente, poderão os interessados apresentar impugnação no prazo de 15 (quinze) dias, cumprindo que ela seja decidida no mesmo prazo, antes de ser incluída na Relação Geral de Vacâncias;

§ 3º Duas vezes por ano, sempre nos meses de janeiro e julho, os Tribunais dos Estados, e o do Distrito Federal e Territórios, publicarão a Relação Geral de Vacâncias das unidades do serviço de notas e de registro atualizada.

Art. 12. Esta resolução entrará em vigor na data de sua aprovação e publicação em sessão pública de julgamento pelo plenário do Conselho Nacional de Justiça, e não se aplica aos concursos em andamento.

Ministro GILMAR MENDES
(DJE 16.06.2009; ret. 17.06.2009).

RESOLUÇÃO Nº 81, DE 9 DE JUNHO DE 2009, DO CONSELHO NACIONAL DE JUSTIÇA

Dispõe sobre os concursos públicos de provas e títulos, para a outorga das Delegações de Notas e de Registro, e minuta de edital.

- *Vide art. 22, inciso XXV e parágrafo único; art. 37 e art. 236, § 3º, Constituição Federal*
- *Vide Ato das Disposições Constitucionais Transitórias da Constituição Federal, art. 31 e 32*
- *Vide arts. 2º, 16, 17, 26 e parágrafo único, 39, 47, 49 e 50, Lei nº 8.935/1994 (Notários e Registradores)*
- *Vide Resolução CNJ 80/2009 (Vacância).*
- *Vide Resolução CNJ 541/2023 (Instituição das comissões de heteroidentificação e o respectivo procedimento nos concursos públicos realizados no âmbito do Poder Judiciário)*
- *Vide Provimento CNJ 133/2022 (Alimentação do Painel Nacional dos Concursos Públicos), incorporado aos arts. 74 a 77, Provimento CNJ n. 149/2023 (CNN)*
- *Vide Orientação CNJ 7/2018 (Reestruturação Periódica das Serventias Extrajudiciais Vagas)*
- *Vide Enunciado 75, I Jornada de Direito Notarial e Registral*

O PRESIDENTE DO CONSELHO NACIONAL DE JUSTIÇA, no uso de suas atribuições legais,

CONSIDERANDO que nos termos do § 3º do artigo 236 da Constituição Federal o ingresso na atividade notarial e de registro depende de concurso de provas e títulos, não se permitindo que qualquer serventia fique vaga, sem abertura de concurso de provimento ou de remoção, por mais de seis meses;

CONSIDERANDO que não há Lei Complementar Federal delegando a Estados ou ao Distrito Federal poderes para, após a vigência da Constituição Federal de 1988, legislar sobre ingresso, por provimento ou remoção, no serviço de notas ou de registro (artigo 22, XXV e parágrafo único, da Constituição Federal de 1988) (Retificação publicada no DJ-e nº 118/2009, em 15/7/09, p. 2);

CONSIDERANDO que compete ao Conselho Nacional de Justiça zelar pela observância do artigo 37 da Constituição Federal;

CONSIDERANDO que os concursos públicos para outorga de delegação de serviços notariais e de registro não têm observado um padrão uniforme e são objeto de inúmeros procedimentos administrativos junto a este Conselho Nacional de Justiça e de inúmeras medidas judiciais junto ao C. Supremo Tribunal Federal e ao C. Superior Tribunal de Justiça (cf. dentre outros, os Procedimentos de Controle Administrativo/CNJ nº 118, 197, 264, 303, 395, 456, 464, 516, 630, 885-5 10734, 11684, 1245,13474, 13620, 15.417, 17931, 8851, 8600, 3614, 4280, 14437, 12131, 13474, 10229, 3262, 13632, 8855, 3063, 17820, 28350 e 16104, os Pedidos de Providências/CNJ 847, 861 e 13644, 1363-2, os Mandados de Segurança (STF) nº 27895, 27820, 27814, 27673, 27712, 27711, 27571, 27291, 27118, 27334, 27278, 27104, 27000, 26888, 26889, 26860, 27795, 27861, 27845, 26889, 27098, 27713, 27489, 27257, 27350, 27279, 26877, 26209, 27831, 27876, 27098, 27153, 26989, 26677, 26335, 25962, 27955, 27752, 26310 e 27.981; as Reclamações (STF) nº 4799, 4334, 3858, 3876, 3876, 7554, 4799, 7555, 5209, 4344, 4692, 4087, 4087, 3875, 3123, 3954; os Agravos de Instrumento (STF) nº 373519, 743906, 516427, 367969, 394989, 499704, 373823, 453465, 473027, 391272, 375820, 384243, 391002, 325285, 456680, 499706, 500446, 625442, 681024, 481173, 395514, 326100, 681267, 473905; os Recursos Extraordinários nº 566314, 431380, 416420, 429034, 393908, 394345, 432541, 428242, 252313, 378347, 409843, 284321, 591437, 426909, 384977, 434640, 255124, 182641; as Ações Cautelares (STF) n.1783, 1782, 1784, 1781, 1755, 1480, 688, 811, 809; as Ações Diretas de Inconstitucionalidade (STF) nº 363, 417, 1498, 1573, 1855, 2018, 2069-9, 2151, 2415-MC, 2602, 2961, 3016, 3319, 3443, 3517, 3519,, 3522, 3580, 3748, 3812, e 4140; o Agravo Regimental (STF) nº 1914; a Petição (STF) nº 4492; as Arguições de Descumprimento de Preceito Fundamental nº 41 e 87 e a Ação Declaratória de Constitucionalidade nº 14; RMS/STJ 28863, Ag.Reg. no RMS/STJ 11121, 25487, 17855, 24335, AgReg na Pet--STJ 4810, REsp 789940 e REsp 924774).

CONSIDERANDO a existência de grande número de unidades de serviço extrajudiciais, a natureza multitudinária das controvérsias sobre o tema e o interesse público de que o entendimento amplamente predominante seja aplicável de maneira uniforme para todas as questões envolvendo a mesma matéria, dando-se ao tema a natureza de processo objetivo e evitando-se contradições geradoras de insegurança jurídica;

RESOLVE:

Art. 1º. O ingresso, por provimento ou remoção, na titularidade dos serviços notariais e de registros declarados vagos, se dará por meio de concurso de provas e títulos realizado pelo Poder Judiciário, nos termos do § 3º do artigo 236 da Constituição Federal.

§ 1º A Comissão Examinadora será composta por um Desembargador, que será seu Presidente, por três Juízes de Direito, um Membro do Ministério Público, um Advogado, um Registrador e um Tabelião cujos nomes constarão do edital.

§ 2º O Desembargador, os Juízes e os respectivos Delegados do Serviço de Notas e de Registro serão designados pelo Presidente do Tribunal de Justiça, depois de aprovados os nomes pelo Pleno ou pelo órgão Especial do Tribunal de Justiça.

§ 3º O Membro do Ministério Público e o Advogado serão indicados, respectivamente, pelo Procurador Geral de Justiça e pelo Presidente da Ordem dos Advogados do Brasil, Secção local.

§ 4º É vedada mais de uma recondução consecutiva de membros da Comissão.

§ 5º Aplica-se à composição da Comissão Examinadora o disposto nos arts. 134 e 135 do Código de Processo Civil quanto aos candidatos inscritos no concurso.

§ 5º-A Aplicam-se aos membros das comissões os seguintes motivos de suspeição e de impedimento: *(Incluído pela Resolução n. 478, de 27.10.2022)*

I – os previstos nos artigos 134 e 135 do Código de Processo Civil quanto aos candidatos inscritos no concurso; *(Incluído pela Resolução n. 478, de 27.10.2022)*

II – o exercício de magistério em cursos formais ou informais de preparação para concurso para a outorga das Delegações de Notas e de Registro, até 3 (três) anos após cessar a referida atividade; *(Incluído pela Resolução n. 478, de 27.10.2022)*

III – a existência de servidores funcionalmente vinculados ao examinador ou de cônjuge, companheiro ou parente em linha reta, colateral ou por afinidade, até o terceiro grau, inclusive, cuja inscrição haja sido deferida; *(Incluído pela Resolução n. 478, de 27.10.2022)*

IV – a participação societária, como administrador, ou não, em cursos formais ou informais de preparação para concurso público para a outorga das Delegações de Notas e de Registro, até 3 (três) anos após cessar a referida atividade, ou contar com parentes nessas condições, até terceiro grau, em linha reta ou colateral. *(Incluído pela Resolução n. 478, de 27.10.2022)*

§ 5º-B Os motivos de suspeição e de impedimento deverão ser comunicados ao Presidente da Comissão de Concurso, por escrito, até 5 (cinco) dias úteis após a publicação da relação dos candidatos inscritos no Diário Oficial. *(Incluído pela Resolução n. 478, de 27.10.2022)*

§ 6º Competem à Comissão Examinadora do Concurso a confecção, aplicação e correção das provas, a apreciação dos recursos, a classificação dos candidatos e demais tarefas para execução do concurso, facultada a delegação de tais atribuições, ou parte delas, assim como o auxílio operacional, à instituição especializada contratada ou conveniada. *(Redação dada pela Resolução n. 478, de 27.10.2022)*

§ 7º Constará do edital o nome dos integrantes da instituição especializada a quem forem delegadas as atribuições do parágrafo anterior, aplicadas as regras de suspeição e impedimento previstas no § 5º-A. *(Redação dada pela Resolução n. 478, de 27.10.2022)*

§ 8º Deverá ser dada ciência à Corregedoria Nacional de Justiça acerca da delegação das atribuições do concurso à instituição especializada. *(Incluído pela Resolução n. 478, de 27.10.2022)*

Art. 2º. Os concursos serão realizados semestralmente ou, por conveniência da Administração, em prazo inferior, caso estiverem vagas ao menos três delegações de qualquer natureza.

§ 1º Os concursos serão concluídos impreterivelmente no prazo de doze meses, com a outorga das delegações. O prazo será contado da primeira publicação do respectivo edital de abertura do concurso, sob pena de apuração de responsabilidade funcional.

§ 2º Duas vezes por ano, sempre nos meses de janeiro e julho, os Tribunais dos Estados, e o do Distrito Federal e Territórios, publicarão a relação geral dos serviços vagos, especificada a data da morte, da aposentadoria, da invalidez, da apresentação da renúncia, inclusive para fins de remoção, ou da decisão final que impôs a perda da delegação (artigo 39, V e VI da Lei nº 8.935/1994).

§ 3º A critério dos tribunais, poderão ser realizadas até 3 (três) audiências de escolha. Só poderão participar da 2ª e 3ª audiências os candidatos que compareceram pessoalmente à 1ª audiência ou enviaram mandatário habilitado, e não tiveram oportunidade de escolher as serventias que permaneceram vagas. *(Incluído pela Resolução n. 478, de 27.10.2022)*

§ 4º Nas audiências de re-escolha poderão ser ofertadas todas as serventias cujo exercício não tenha se aperfeiçoado, além das serventias renunciadas, restando excluídas somente as que vagaram após a publicação do edital. *(Incluído pela Resolução n. 478, de 27.10.2022)*

Art. 2º-A A Escola Nacional de Formação e Aperfeiçoamento de Magistrados (Enfam) e o Centro de Formação e Aperfeiçoamento de Servidores do Poder Judiciário (CEAJud) anualmente elaborarão tabela com os valores mínimos e máximos de remuneração dos membros da Comissão Examinadora do Concurso, quando integrantes do Poder Judiciário, observados os princípios da proporcionalidade e da razoabilidade. *(Incluído pela Resolução n. 478, de 27.10.2022)*

Parágrafo único. Na falta de divulgação da tabela pela Escola Nacional, prevalecerá aquela divulgada pelo CEAJud, quanto aos integrantes do Poder Judiciário, sendo a remuneração dos demais fixada em cada caso, segundo os princípios que regem a administração pública. *(Incluído pela Resolução n. 478, de 27.10.2022)*

Art. 3º. O preenchimento de 2/3 (dois terços) das delegações vagas far-se-á por concurso público, de provas e títulos, destinado à admissão dos candidatos que preencherem os requisitos legais previstos no artigo 14 da Lei Federal nº 8.935/94; e o preenchimento de 1/3 (um terço) das delegações vagas far-se-á por concurso de provas e títulos de remoção, com a participação exclusiva daqueles que já estiverem exercendo a titularidade de outra delegação, de notas ou de registro, em qualquer localidade da unidade da federação que realizará o concurso, por mais de dois anos, na forma do artigo 17 da Lei Federal nº 8.935/94, na data da publicação do primeiro edital de abertura do concurso.

§ 1º Serão reservadas aos negros o percentual mínimo de 20% (vinte por cento) das serventias vagas oferecidas no certame de provimento, aplicando-se a Resolução CNJ nº 203, de 23 de junho de 2015. *(Redação dada pela Resolução n. 382, de 16.03.2021)*

- *Vide Resolução CNJ n. 541/2023 (Disciplina a instituição das comissões de heteroidentificação e o respectivo procedimento nos concursos públicos realizados no âmbito do Poder Judiciário, na forma prevista nas Resoluções CNJ nº 75/2009, 81/2009 e 203/2015).*

§ 1º-A. É vedado o estabelecimento de nota de corte ou qualquer espécie de cláusula de barreira para os candidatos negros na prova objetiva seletiva. *(Redação dada pela Resolução n. 516, de 22.8.2023)*

§ 2º A reserva de vagas aos negros será aplicada sempre que o número de serventias oferecido no concurso público for igual ou superior a 3 (três). *(Redação dada pela Resolução n. 382, de 16.03.2021)*

§ 3º Caso a aplicação do percentual estabelecido nos parágrafos anteriores resulte em número fracionado, este será elevado para o primeiro número inteiro subsequente, em caso de fração igual ou maior que 0,5 (cinco décimos), ou diminuído para o número inteiro imediatamente inferior, em caso de fração menor que 0,5 (cinco décimos). *(Redação dada pela Resolução n. 382, de 16.03.2021)*

§ 4º O critério de escolha das serventias reservadas aos candidatos negros e com deficiência será o sorteio, após a divisão das serventias vagas em 3 (três) classes, por faixa de faturamento, na forma do Anexo do Provimento n. 74/2018 da Corregedoria Nacional de Justiça. *(Incluído pela Resolução n. 478, de 27.10.2022)*

§ 4º-A A regra do parágrafo antecedente só será aplicada caso haja a destinação de pelo menos 1(uma) serventia aos candidatos com deficiência e aos cotistas negros, em cada uma das faixas de faturamento. *(Incluído pela Resolução n. 509, de 28.06.2023)*

§ 5º Os tribunais instituirão, obrigatoriamente, comissões de heteroidentificação, formadas necessariamente por especialistas em questões raciais e direito da antidiscriminação, voltadas à confirmação da condição de negros dos candidatos que assim se identificarem no ato da inscrição. *(Incluído pela Resolução n. 478, de 27.10.2022)*

§ 6º As comissões de que trata o parágrafo anterior deverão funcionar preferencialmente no ato da inscrição ou antes da publicação do resultado final do concurso, de acordo com os critérios de conveniência e oportunidade de cada tribunal. *(Redação dada pela Resolução n. 516, de 22.8.2023)*

Art. 4º. O edital do concurso será publicado por três vezes no Diário Oficial e disporá sobre a forma de realização das provas, que incluirão exame seletivo objetivo, exame escrito e prático, exame oral e análise dos títulos.

Parágrafo Único – O edital somente poderá ser impugnado no prazo de 15 dias da sua primeira publicação.

Art. 5º. O edital indicará as matérias das provas a serem realizadas.

Art. 6º. O Tribunal de Justiça disponibilizará para todos os candidatos os dados disponíveis sobre a receita, despesas, encargos e dívidas das serventias colocadas em concurso;

Art. 7º. São requisitos para inscrição no concurso público, de provimento inicial ou de remoção, de provas e títulos, que preencha o candidato os seguintes requisitos:

I – nacionalidade brasileira;

II – capacidade civil;

III – quitação com as obrigações eleitorais e militares;

IV – ser bacharel em direito, com diploma registrado, ou ter exercido, por dez anos, completados antes da publicação do primeiro edital, função em serviços notariais ou de registros;

V – comprovar conduta condigna para o exercício da atividade delegada.

§ 1º Constará do edital a relação dos documentos destinados à comprovação do preenchimento dos requisitos acima enumerados.

§ 2º Deverão obrigatoriamente ser apresentadas certidões dos distribuidores Cíveis e Criminais, da Justiça Estadual e Federal, bem como de protesto, emitidas nos locais em que o candidato manteve domicilio nos últimos 10 (dez) anos.

§ 3º A abertura do prazo – de no mínimo 30 dias – para o pedido de isenção total ou parcial da taxa de inscrição, assim como a decisão sobre o seu (in)deferimento, deve ocorrer antes da abertura do prazo da inscrição geral. *(Incluído pela Resolução n. 478, de 27.10.2022)*

Art. 8º Os valores conferidos aos títulos serão especificados no edital, observado de modo obrigatório o teor da Minuta do Edital que integra esta Resolução. *(Alteração dada pela Resolução nº 187, de 24 de fevereiro de 2014)*

Art. 9º. Os títulos deverão ser apresentados na oportunidade indicada no edital.

Art. 10. A classificação dos candidatos observará os seguintes critérios:

I – as provas terão peso 9 (nove) e os títulos peso 1 (um); *(Redação dada pela Resolução n. 478, de 27.10.2022)*

II – os títulos terão valor máximo de 10 (dez) pontos;

§ 1º Será considerado habilitado o candidato que obtiver, no mínimo, nota final cinco;

§ 2º A nota final será obtida pela soma das notas e pontos, multiplicados por seus respectivos pesos e divididos por dez;

§ 3º Havendo empate na classificação, decidir-se-á pelos seguintes critérios:

I – a maior nota no conjunto das provas ou, sucessivamente, na prova escrita e prática, na prova objetiva e na prova oral;

II – exercício na função de jurado, e *(Incluído pela Resolução nº 122, de 26.10.10)*

III – mais idade. *(Inciso renumerado conforme Resolução nº 122, de 26.10.10)*

Art. 10-A. Somente serão considerados habilitados e convocados para a Prova Escrita e Prática os candidatos que alcançarem maior pontuação, incluídos os empatados na última colocação, dentro da proporção de até 12 (doze) candidatos por vaga, em cada opção de inscrição. *(Incluído pela Resolução n. 478, de 27.10.2022)*

Art. 11. Publicado o resultado do concurso, os candidatos escolherão, pela ordem de classificação, as delegações vagas que constavam do respectivo edital vedada a inclusão de novas vagas após a publicação do edital.

Art. 12. Das decisões que indeferirem inscrição ou classificarem candidatos caberá recurso ao pleno, órgão especial ou órgão por ele designado, no prazo de 05 (cinco) dias, contados da publicação do respectivo ato no Diário Oficial. Nos recursos referentes à classificação dos candidatos, será assegurado o sigilo da identificação destes.

Art. 13. Encerrado o concurso, o Presidente do Tribunal de Justiça expedirá ato outorgando a delegação.

Art. 14. A investidura na delegação, perante a Corregedoria Geral da Justiça, dar-se-á em 30 (trinta) dias, prorrogáveis por igual período, uma única vez.

Parágrafo único. Não ocorrendo a investidura no prazo marcado, será tornada sem efeito a outorga da delegação, por ato do Presidente do Tribunal de Justiça.

Art. 15. O exercício da atividade notarial ou de registro terá inicio dentro de 30 (trinta) dias, contados da investidura.

§ 1º É competente para dar exercício ao delegado o Corregedor Geral de Justiça do Estado ou do Distrito Federal, ou magistrado por ele designado.

§ 2º Se o exercício não ocorrer no prazo legal, o ato de delegação do serviço será declarado sem efeito pelo Presidente do Tribunal de Justiça.

Art. 16. Os concursos em andamento, na data da publicação da presente resolução, serão concluídos, com outorga das delegações, no prazo máximo de seis meses da data desta resolução, sob pena de apuração de responsabilidade funcional.

Art. 17. Esta resolução entrará em vigor na data de sua publicação em sessão pública de julgamento pelo plenário do Conselho Nacional de Justiça, e, ressalvado o disposto no artigo anterior, não se aplica aos concursos cujos editais de abertura já estavam publicados por ocasião de sua aprovação.

Ministro GILMAR MENDES

(DJE 16.06.2009; ret. 15.07.2009).

ANEXO DA RESOLUÇÃO N. 81, DE 9 DE JUNHO DE 2009

Minuta do edital (Redação dada pela Resolução n. 478, de 27.10.2022)

CONCURSO PÚBLICO DE PROVAS E TÍTULOS PARA A OUTORGA DE DELEGAÇÕES DE NOTAS E DE REGISTRO DO ESTADO DE...

EDITAL DE ABERTURA DE INSCRIÇÕES Nº

O Presidente do Tribunal de Justiça do Estado de..., no âmbito de suas atribuições legais, considerando o disposto no artigo 236, § 3º, da Constituição Federal e as Resoluções n. xxx e xxx do Conselho Nacional de Justiça, torna pública a abertura de inscrições para o ... Concurso Público de Provas e Títulos para Outorga de Delegações de Notas e de Registro do Estado....

1. COMISSÃO DE CONCURSO

1.1. A Comissão de Concurso é composta pelo Desembargador..., que a preside; pelos Juízes de Direito, Doutores; pelo Doutor..., representante do Ministério Público; pelo..., representante da Ordem dos Advogados do Brasil; pelo Doutor..., Registrador e pelo Doutor..., Tabelião.

1.2. Haverá delegação para a empresa especializada da confecção/aplicação/correção das provas/ apreciação dos recursos/ classificação dos candidatos e demais tarefas para execução do concurso.

1.3. Da empresa especializada......, farão parte das ações delegadas os a seguir nominados:

2. OUTORGA DAS DELEGAÇÕES

2.1. A outorga das Delegações, em ambos os critérios de ingresso na titularidade do serviço (provimento e remoção), far-se-á rigorosamente de acordo com os princípios definidos para o preenchimento das vagas pelo artigo 236, § 3º, da Constituição Federal, cujo teor se transcreve: "O ingresso na atividade notarial e de registro depende de concurso público de provas e títulos, não se permitindo que qualquer serventia fique vaga, sem abertura de concurso de provimento ou de remoção, por mais de seis meses."

2.2. Dois terços das vagas serão destinados aos candidatos a provimento que atendam aos requisitos legais previstos nos artigos 14 e 15, § 2º, da Lei Federal n. 8.935/94. Um terço das vagas será destinado a candidatos a remoção, que já exerçam titularidade de registro ou notarial na unidade da federação responsável pelo concurso e atendam aos requisitos legais previstos no artigo 17 da Lei Federal n. 8.935/94.

2.3. As serventias ofertadas no Edital serão ordenadas cronologicamente pela data de vacância, decorrente da extinção da delegação prevista no artigo 39 da Lei n. 8.935/94, e se houver empate ou não for caso de vacância, pela data de criação do serviço. Persistindo o empate, nos casos em que ambas as vacâncias tenham ocorrido na mesma data, e também forem da mesma data a criação dessas serventias, o desempate se dará por meio de sorteio público, com prévia publicação de editais para conhecimento geral dos interessados, a fim de que possam acompanhar o ato.

2.4. Após a divisão das serventias vagas em 3 (três) classes, por faixa de faturamento, na forma do Anexo do Provimento n. 74/2018 da Corregedoria Nacional de Justiça, será realizado o sorteio das serventias reservadas aos candidatos com deficiência e aos negros, devendo haver a indicação da data e do local de realização de sorteio público.

2.5. As pessoas com deficiência poderão concorrer às serventias especialmente reservadas aos candidatos com deficiência, que totalizarão 5% (cinco por cento) das serventias oferecidas no Edital.

2.5.1. Uma vez reservadas as serventias que serão ofertadas aos candidatos com deficiência, na forma do item 2.3, todas as demais serventias serão ofertadas àqueles que preencherem os requisitos legais para ingresso ou remoção.

2.5.2. O candidato com deficiência aprovado será classificado em lista geral de todos os candidatos e em lista específica de candidatos portadores das necessidades que concorrem às serventias reservadas, e quando da realização da audiência pública de escolha das serventias, todos eles serão chamados a escolher, obedecendo-se a rigorosa ordem de classificação final.

2.5.3. A escolha, pelo candidato deficiente, de vaga destinada à ampla concorrência, implicará imediata renúncia de sua inclusão na lista dos aprovados para as vagas reservadas.

2.5.4. As serventias ofertadas aos candidatos deficientes que não forem providas, por qualquer motivo, poderão ser oferecidas aos demais candidatos, observada a ordem de classificação.

2.5.5. Para concorrer a uma das vagas reservadas, o candidato deverá:

a) declarar-se portador de deficiência na ficha de inscrição, em campo específico;

b) encaminhar laudo médico original, emitido por órgão oficial, atestando a espécie e o grau ou nível de deficiência, com expressa referência ao Código correspondente da classificação internacional de doenças (CID-10), bem como a provável causa da deficiência, na forma do disposto no subitem 2.5.6;

c) estar ciente das atribuições do cargo para o qual pretende se inscrever e das condições necessárias para a realização das provas.

2.5.6. O candidato portador de deficiência deverá encaminhar o laudo médico original a que se refere a alínea "b" supra para a entidade responsável pela organização do concurso, no período de inscrição.

2.5.7. O fornecimento do laudo médico original é de responsabilidade exclusiva do candidato.

2.5.8. O candidato portador de deficiência, que necessitar de prova em braile ou ampliada, ou ainda de condição especial para a realização da prova, deverá encaminhar requerimento, no período das inscrições, à entidade responsável pela organização do concurso, especificando o tipo de necessidade. Se não o fizer, seja qual for o motivo alegado, deverá realizar a prova nas condições propiciadas aos demais candidatos.

2.6. As pessoas negras poderão concorrer às vagas reservadas, que totalizarão 20% das vagas oferecidas no concurso público de provimento, sempre que o número de serventias oferecidas no concurso público de provimento for igual ou superior a 3 (três). Caso a aplicação do percentual resulte em número fracionado, será elevado para o primeiro número inteiro subsequente, em caso de fração igual ou maior que 0,5 (cinco décimos), ou diminuído para o número inteiro imediatamente inferior, em caso de fração menor que 0,5 (cinco décimos). *(Incluído pela Resolução n. 382, de 16.03.2021)*

2.6.1. Para concorrer a uma das vagas reservadas a pessoas negras, o candidato deverá declarar-se preto ou pardo, conforme o quesito cor ou raça utilizado pela Fundação Instituto Brasileiro de Geografia e Estatística (IBGE), em campo específico. Presumir-se-á verdadeira a declaração prestada pelo candidato no ato da inscrição do certame, sem prejuízo da apuração das responsabilidades administrativa, civil e penal na hipótese de constatação de declaração falsa. Comprovando-se falsa a declaração, o candidato será eliminado do concurso e, se houver sido nomeado, ficará sujeito à anulação da sua nomeação, após procedimento administrativo em que lhe sejam assegurados o contraditório e a ampla defesa, sem prejuízo de outras sanções cabíveis. *(Incluído pela Resolução n. 382, de 16.03.2021)*

2.6.2. Preferencialmente no ato da inscrição, ou após a publicação do resultado final do concurso, a critério do tribunal, será formada a comissão de heteroidentificação para a confirmação da condição de negros dos candidatos que assim se identificarem.

2.6.3. Ao candidato negro não será estabelecida nota de corte ou qualquer espécie de cláusula de barreira na prova objetiva seletiva, bastando o alcance da nota 6,0 (seis) para que seja admitido às fases subsequentes.

2.6.4. O candidato negro aprovado será classificado em lista geral de todos os candidatos e em lista específica. Os candidatos negros aprovados dentro do número de vagas oferecido para ampla concorrência não serão computados para efeito do preenchimento das vagas reservadas a candidatos negros. A lista específica servirá unicamente para a convocação dos candidatos às vagas reservadas. A escolha das serventias obedecerá a rigorosa ordem de classificação final. *(Incluído pela Resolução n. 382, de 16.03.2021)*

2.7. O candidato poderá inscrever-se simultaneamente como pessoa com deficiência e negra. *(Incluído pela Resolução n. 382, de 16.03.2021)*

2.8. Do Processo n. consta a lista geral das Delegações vagas, publicada no Comunicado n...., respeitada a anterioridade de vacância e observados os critérios de outorga estabelecidos pela Lei Federal n. 8.935/94, e que compreenderá a outorga das seguintes Delegações:

PARA PROVIMENTO:

...

PARA REMOÇÃO:

...

3. INSCRIÇÕES

3.1. O Concurso compreende a inscrição para ambos os critérios de ingresso (provimento ou remoção), e os candidatos poderão se inscrever em uma ou ambas opções, que seguem, compreendendo a inscrição, em cada opção, a totalidade das Delegações nela agrupadas:

a) Provimento para:

b) Remoção para:.

3.1.1. A inscrição implicará a completa ciência e a tácita aceitação das normas e condições estabelecidas neste edital, no disposto no artigo 236, § 3º, da Constituição Federal.

3.1.2. As inscrições serão efetuadas no período de .....a. ...., correspondendo a R$ (... reais) o valor de cada inscrição. Já o pedido de isenção total ou parcial da taxa de inscrição deverá ser solicitado entre os dias ....e .... (antes do prazo de inscrição, no mínimo 30 dias), mediante a devida comprovação.

3.1.3. Não haverá devolução da importância paga, e eventual isenção total ou parcial será concedida àqueles que, a critério da comissão examinadora, demonstrarem hipossuficiência econômica. O candidato que não efetivar a inscrição mediante o recolhimento do respectivo valor da taxa, reduzida ou plena, conforme o caso, terá o pedido de inscrição invalidado.

3.1.4. As inscrições deverão ser efetuadas na rua .... O pagamento da taxa correspondente deverá ser realizado, em qualquer agência da rede bancária, até o dia .

3.1.4.1. Para o pagamento da taxa de inscrição só poderá ser utilizado o boleto bancário impresso pela mesma via e gerado na inscrição, até a data-limite do encerramento das inscrições. Atenção para o horário bancário.

3.1.5. No ato da inscrição, o candidato, obrigatoriamente, apontará, em uma única ficha de inscrição, quais as opções de sua escolha, quanto aos dois critérios de ingresso (provimento e/ou remoção).

3.1.6. As informações prestadas na ficha e no requerimento de inscrição são de inteira responsabilidade do candidato, cabendo à Comissão de Concurso a faculdade de excluir aquele que os preencher com dados incorretos, rasurados ou que prestar informações inverídicas, ou, ainda, que não satisfaça todas as condições estabelecidas neste edital. Verificada qualquer destas hipóteses, será cancelada a inscrição do candidato, sendo, em consequência, anulados todos os atos dela decorrentes, mesmo que aprovado nas provas e exames, e ainda que o fato seja constatado posteriormente.

3.1.6.1. O candidato será responsável por qualquer erro ou omissão, bem como pelas informações prestadas, pessoalmente ou por seu procurador, na ficha e no requerimento de inscrição.

3.1.6.2. Estas informações compreendem:

a. No caso de inscrição para vaga de provimento: estar o candidato habilitado através de Certificado de conclusão do curso de Bacharel em Direito, ou certificado de conclusão - (colação de grau) por faculdade oficial ou reconhecida, até a data da outorga (Súmula 266/STJ); ou de que exerceu, por 10 (dez) anos completos, até a data da inscrição, função em serviço notarial ou de registro.

b. No caso de inscrição para vaga de remoção: exercer o candidato, por mais de 2 (dois) anos, até a data da inscrição, a titularidade de atividade notarial ou de registro.

3.1.6.3. Os documentos comprobatórios do preenchimento de tais requisitos, bem como os referidos no item 4, exceto quanto a escolaridade (Súmula 266/STJ), serão apresentados apenas pelos aprovados na Prova Escrita e Prática, em até 15 (quinze) dias, contados da divulgação dos aprovados, prorrogáveis a critério da Comissão de Concurso, e poderão ser retirados pelos candidatos desistentes ou não aprovados, no prazo de 180 dias após a divulgação do resultado final do concurso, findo o qual serão destruídos.

3.1.7. O candidato portador de deficiência física que necessitar de prova especial deverá solicitá-la, até o término do prazo de inscrição, por requerimento dirigido ao Presidente da Comissão, instruído de atestado médico. O requerimento deverá ser protocolizado na ... O candidato que não o fizer até o término das inscrições não terá a prova especial preparada.

3.1.8. Até 15 (quinze) dias após o encerramento das inscrições, será publicada, no Diário Oficial, a relação dos inscritos e das inscrições indeferidas.

4. REQUISITOS PARA OUTORGA DAS DELEGAÇÕES

4.1. No prazo indicado no item 3.1.6.3, o candidato deverá comprovar ou apresentar:

4.1.1. Para o concurso de provimento:

a) Identificação do estado civil e nacionalidade brasileira (certidão de nascimento ou de casamento, atualizada, ou título de cidadania);

b) Exercício pleno de direitos civis e políticos;

c) Quitação com as obrigações do serviço militar, se do sexo masculino;

d) Aptidão física e mental para o exercício das atribuições do cargo, por meio de órgão médico oficial;

e) Inexistência de antecedentes criminais ou civis incompatíveis com a outorga da Delegação, mediante a apresentação de certidão dos distribuidores civil e criminal (10 anos), da Justiça Federal e Estadual, bem como de protestos de títulos (05 anos), expedidas nos locais em que o candidato manteve domicílio nos últimos dez anos;

f) Certificado de conclusão do curso de bacharel em Direito, ou certificado de conclusão - (colação de grau), por instituição de ensino superior oficial ou devidamente reconhecida pelo MEC, até a data da outorga (Súmula 266/STJ); ou certidão do exercício, por dez anos, completados até a data da inscrição, de função em serviço notarial ou de registro.

4.1.2. Para o concurso de remoção:

a) Certidão de que cumpre o requisito previsto no artigo 17 da Lei Federal n. 8.935/94.

5. DAS PROVAS

5.1. O concurso para os dois critérios de ingresso (provimento e remoção) compreenderá as seguintes fases:

5.1.1. Prova objetiva de Seleção;

5.1.2. Prova Escrita e Prática;

5.1.3. Prova Oral; e

5.1.4. Exame de Títulos.

5.2. A Prova de Seleção terá caráter eliminatório. As demais terão caráter eliminatório e classificatório, e o Exame de Títulos, apenas classificatório.

5.3. As provas versarão sobre as seguintes disciplinas e matérias: Registros Públicos, Direito Constitucional, Direito Administrativo, Direito Tributário, Direito Civil, Direito Processual Civil, Direito Penal, Direito Processual Penal, Direito Comercial, Conhecimentos Gerais e Língua Portuguesa.

5.4. O domínio da Língua Portuguesa será avaliado em todas as fases e provas do concurso, exceto na prova objetiva.

5.5. A Prova objetiva de seleção consistirá em questões de múltipla escolha sobre cada uma das disciplinas referidas, não sendo permitida a consulta a livros, anotações ou comentários de qualquer natureza. A folha definitiva de respostas será assinada pelo candidato em cartão numerado e destacável, de modo a não o identificar.

5.5.1. A Prova de Seleção será distinta para cada critério de ingresso (provimento e remoção). Todas as questões terão o mesmo valor.

5.5.2. Ao final da Prova de Seleção, o caderno de questões poderá ser levado pelo candidato, desde que aguarde no recinto o transcurso do prazo mencionado no item 6.4 deste edital.

5.5.3. Somente serão considerados habilitados e convocados para a Prova Escrita e Prática os que alcançarem maior pontuação, incluídos os empatados na última colocação, dentro da proporção de até 12 (doze) candidatos por vaga, em cada opção de inscrição.

5.5.4. Os não habilitados poderão obter o resultado da Prova de Seleção, mediante requerimento dirigido à Comissão de Concurso.

5.6. A Prova Escrita e Prática consistirá numa dissertação e na elaboração de peça prática, além de questões discursivas.

5.6.1. Será permitida, na Prova Escrita e Prática, a consulta à legislação não comentada ou anotada, vedada a utilização de obras que contenham formulários, modelos e anotações pessoais, inclusive apostilas.

5.6.2. Qualquer prova que contiver algum dado que permita a identificação do candidato será anulada.

5.6.3. Somente serão considerados habilitados para a Prova Oral os candidatos que obtiverem na Prova Escrita e Prática nota igual ou superior a 5,0 (cinco).

5.6.4. A Prova Escrita e Prática valerá 10 (dez) pontos e terá peso 5 (cinco).

5.6.5. Os candidatos aprovados na Prova Escrita e Prática terão que comprovar os requisitos enumerados no item 4 e apresentar 02 (duas) fotografias de data recente, 3x4 cm, e currículo, no prazo do item 3.1.6.3.

5.6.6. Os candidatos residentes em outros Estados, ou que tenham residido, estudado ou trabalhado fora do Estado de realização do concurso após os dezoito anos de idade, também apresentarão, na mesma oportunidade, certidões de distribuidores cíveis e criminais (abrangendo o período de 10 anos), e protestos (05 anos), das comarcas que indicarem, bem como da Justiça Federal, Justiça Militar Federal e Estadual e da Polícia Civil, Federal e Estadual.

5.6.7. O candidato indicará, também, no prazo do item 3.1.6.3, fontes de referência a seu respeito, oferecendo nome, cargo e endereço completos, com CEP e telefone.

5.6.8. O candidato habilitado para a Prova Oral será submetido a exames de personalidade, compreendidos o psicotécnico e o neuropsiquiátrico, na forma que a Comissão de Concurso estabelecer.

5.6.9. O candidato será convocado para os exames, mediante publicação no Diário da Justiça, implicando exclusão do concurso o não comparecimento a qualquer deles.

5.6.10. Os resultados desses exames serão remetidos, em caráter sigiloso, diretamente à Comissão de Concurso.

5.6.11. As provas orais realizar-se-ão de acordo com normas que serão fixadas pela Comissão de Concurso em até 02 (dois) dias úteis após a divulgação da relação dos habilitados na Prova Escrita e Prática.

5.6.12. Na Prova Oral, será permitida, durante a arguição, a consulta a textos de lei, disponibilizados pela Comissão de Concurso, sem anotações ou comentários de qualquer natureza, preservada em qualquer hipótese a incomunicabilidade entre os candidatos.

5.6.13. Decorridos 05 (cinco) dias da publicação da lista dos candidatos habilitados na Prova Escrita e Prática, far-se-á sorteio público para definir a ordem de arguição na Prova Oral.

5.6.14. A Prova Oral valerá 10 (dez) pontos e terá peso 04 (quatro).

5.6.15. O candidato que não obtiver nota igual ou superior a 5,0 na Prova Oral será considerado reprovado.

6. CONDIÇÕES DE REALIZAÇÃO DAS PROVAS

6.1. Todas as provas serão aplicadas na capital da unidade da federação responsável pelo concurso, em datas, locais e horários publicados no Diário da Justiça.

6.2. O candidato deverá comparecer ao local da prova com antecedência mínima de 30 (trinta) minutos do horário fixado para seu início, vedado seu ingresso, em qualquer hipótese, após o fechamento dos portões, munido de:

a) Caneta (tinta azul ou preta);

b) Comprovante de inscrição;

c) Original da cédula de identidade, ou original da carteira de exercício profissional emitida pelos Órgãos criados por Lei Federal, nos termos da Lei 6.206/75 (OAB, CRE, CRC, CRA, CREA, etc.), ou original da Carteira Nacional de Habilitação instituída pela Lei n. 9.503/97 (com foto).

6.2.1. Será exigida, para a participação nas provas, a apresentação do original dos documentos acima referidos, não sendo aceitas cópias, ainda que autenticadas.

6.2.2. O documento deverá estar em perfeitas condições, de forma a permitir, com clareza, a identificação do candidato.

6.2.3. Não serão aceitos protocolos ou quaisquer outros documentos (como crachás, identidade funcional, título de eleitor, carteira nacional de habilitação sem fotografia, etc.), diferentes dos estabelecidos.

6.2.4. Durante as provas, não será admitida comunicação entre os candidatos ou destes com qualquer pessoa, nem a utilização de máquinas calculadoras e agendas eletrônicas ou similares, telefone celular, BIP, 'Pager', I-Pod, gravador ou qualquer outro receptor de mensagens.

6.2.5. As folhas de respostas só poderão ser assinaladas pelos próprios candidatos, vedada qualquer colaboração ou participação de terceiros.

6.2.6. Não haverá segunda chamada para as provas, nem sua realização fora da data, horário, cidade e locais predeterminados.

6.2.7. Questões não respondidas, questões com duas ou mais alternativas assinaladas e questões rasuradas serão desconsideradas.

6.3. Ao terminar a prova, o candidato que não atender às determinações dos itens 5.5.2 e 6.4., deste edital, deverá entregar, ao fiscal de sala, a folha de respostas e o caderno de questões.

6.4. Por motivo de segurança, os candidatos somente poderão retirar-se do recinto onde se realiza a prova, depois de transcorridas duas horas de sua duração, sendo obrigatória a permanência dos 03 (três) últimos candidatos de cada sala, até que o derradeiro deles entregue sua prova.

6.5. As provas de seleção e escrita e prática, que não admitirão revisão, serão assinadas pelo candidato por meio de cartão numerado e destacável, de modo a não as identificar.

7. TÍTULOS

7.1. O exame de títulos valerá, no máximo, 10 (dez) pontos, com peso 1 (um), observado o seguinte:

I – exercício da advocacia ou de delegação, cargo, emprego ou função pública privativa de bacharel em Direito, por um mínimo de três anos até a data da primeira publicação do edital do concurso (2,0);

II – exercício de serviço notarial ou de registro, por não bacharel em direito, por um mínimo de dez anos até a data da publicação do primeiro edital do concurso (art. 15, § 2º, da Lei n. 8.935/1994) (2,0); *(Alteração dada pela Resolução n. 187, de 24 de fevereiro de 2014)*

III – exercício do Magistério Superior na área jurídica pelo período mínimo de 5 (cinco) anos:

a) mediante admissão no corpo docente por concurso ou processo seletivo público de provas e/ou títulos (1,5);

b) mediante admissão no corpo docente sem concurso ou processo seletivo público de provas e/ou títulos (1,0);

IV – diplomas em Cursos de Pós-Graduação:

a) Doutorado reconhecido ou revalidado: em Direito ou em Ciências Sociais ou Humanas (2,0); *(Alteração dada pela Resolução n. 187, de 24 de fevereiro de 2014)*

b) Mestrado reconhecido ou revalidado: em Direito ou em Ciências Sociais ou Humanas (1,0); *(Alteração dada pela Resolução n. 187, de 24 de fevereiro de 2014)*

c) Especialização em Direito, na forma da legislação educacional em vigor, com carga horária mínima de trezentos e sessenta (360) horas-aula, cuja avaliação haja considerado monografia de final de curso (0,5);

V – exercício, no mínimo durante 1 (um) ano, por ao menos 16 horas mensais, das atribuições de conciliador voluntário em unidades judiciárias, ou na prestação de assistência jurídica voluntária (0,5); *(Alteração dada pela Resolução n. 187, de 24 de fevereiro de 2014)*

VI – período igual a 3 (três) eleições, contado uma só vez, de serviço prestado, em qualquer condição, à Justiça Eleitoral (0,5). Nas eleições com dois turnos, considerar-se-á um único período, ainda que haja prestação de serviços em ambos.

7.2. As pontuações previstas nos itens I e II não poderão ser contadas de forma cumulativa.

7.3. Será admitida a apresentação, por candidato, de no máximo dois títulos de doutorado, dois títulos de mestrado e dois títulos de especialização previstos no item IV. *(Incluído pela Resolução n. 187, de 24 de fevereiro de 2014).*

7.4. Os títulos somarão no máximo dez pontos, desprezando-se a pontuação superior. *(Alteração dada pela Resolução n. 187, de 24 de fevereiro de 2014)*

7.5. Os critérios de pontuação acima referidos aplicam-se, no que for cabível, ao concurso de remoção.

7.6. A convocação para apresentação de títulos far-se-á por publicação no Diário da Justiça Eletrônico.

8. PESQUISA SOBRE A PERSONALIDADE DO CANDIDATO

8.1. A Comissão de Concurso reserva-se o direito de solicitar ou requisitar, de quaisquer fontes, informações sigilosas, escritas ou verbais, relativas à personalidade e à vida pregressa do candidato. Cabe à comissão, no prazo de 10 (dez) dias anteriores à prova oral, fundamentar a recusa de qualquer dos candidatos, dando a estes ciência pessoal e reservadamente.

8.2. A Prova Oral e a entrevista pessoal serão realizadas após a vinda das informações e certidões sobre o candidato, a critério da Comissão de Concurso, bem como, depois de aplicados os testes referidos no item 5.6.8.

9. CLASSIFICAÇÃO FINAL

9.1. A nota final do candidato será a média ponderada das notas das provas e dos pontos dos títulos, de acordo com a seguinte fórmula:

NF = [(P1X5) + (P2X4) + (TX1)] / 10:

onde:

NF = Nota Final

P1 = Prova Escrita e Prática

P2 = Prova Oral

T = Títulos

9.2. A classificação será feita segundo a ordem decrescente da nota final, considerado aprovado o candidato que alcançar a média igual ou superior a 5,0 (cinco).

9.3. Em caso de igualdade da nota final, para fim de classificação, terá preferência, sucessivamente, o candidato com:

a) maior nota no conjunto das provas ou, sucessivamente, na Prova Escrita e Prática, na Prova Oral e na Prova Objetiva;

b) exercício na função de jurado, e *(Incluído pela Resolução n. 122, de 26.10.10)*

c) mais idade. *(Inciso renumerado conforme Resolução n. 122, de 26.10.10)*

9.4. Elaborada a lista final de classificação dos candidatos, a Comissão de Concurso designará a sessão de proclamação e divulgação, após o que declarará encerrado o concurso.

10. RECURSOS

10.1. Do indeferimento do pedido de inscrição, ou no caso de exclusão do candidato, pela Comissão de Concurso, caberá recurso para o Pleno do Tribunal de Justiça, o Órgão Especial ou órgão por ele designado, no prazo de 05 (cinco) dias.

10.2. Contra o gabarito da Prova de Seleção, bem como contra o conteúdo das questões, caberá impugnação à Comissão de Concurso, a ser oferecida no prazo de 02 (dois) dias, a partir da publicação do respectivo gabarito ou prova no Diário da Justiça.

10.3. Contra a pontuação por títulos, caberá impugnação à Comissão de Concurso, no prazo de 02 (dois) dias, a partir da sua publicação no Diário da Justiça.

10.4. Os candidatos submetidos à Prova Oral poderão reclamar contra a classificação, no prazo de 03 (três) dias, contado da proclamação do resultado, perante o Pleno do Tribunal de Justiça, o Órgão Especial ou órgão por ele designado, desde que a reclamação verse, exclusivamente, sobre questão de legalidade.

10.5. Quaisquer requerimentos, recursos ou impugnações, obedecidos os prazos estabelecidos nesta seção, deverão ser protocolizados exclusivamente junto à..., sob pena de não serem conhecidos.

11. OUTORGA DAS DELEGAÇÕES

11.1. Os candidatos que lograrem aprovação final em mais de uma das opções de inscrição deverão, na oportunidade da escolha, manifestar-se por apenas uma delas.

11.2. A escolha, que se considera irretratável, e a outorga das Delegações para os portadores de necessidades especiais, dentro das vagas a eles destinadas, serão feitas na forma do item 11.3.

11.3. A Comissão de Concurso organizará, em ordem decrescente de nota, a lista de classificação dos candidatos aprovados que serão previamente convocados para a sessão de proclamação.

11.4 - Publicado o resultado do concurso no Diário Oficial da Justiça, os candidatos serão convocados pelo Presidente do Tribunal de Justiça para escolher, em cada especialidade, pela ordem de classificação, as delegações constantes do respectivo edital.

§ 1º O não comparecimento, no dia, hora e local designados para a escolha, implicará desistência, salvo motivo de força maior

§ 2º Finda a escolha pelos candidatos aprovados no critério de provimento, será, na mesma sessão, dada a oportunidade, aos candidatos aprovados na mesma especialidade pelo critério de remoção, de escolher as vagas remanescentes, originalmente oferecidas por provimento.

§ 3º Finda a escolha, em cada especialidade, pelos candidatos aprovados no critério de remoção, será, na mesma sessão, dada oportunidade, aos candidatos aprovados na mesma especialidade pelo critério de provimento, de escolher as vagas remanescentes, originalmente oferecidas por remoção.

§ 4º O preenchimento da vaga remanescente por critério diverso da oferta especificada no edital não altera a sua natureza originária, tampouco modifica o critério de oferta das demais serventias.

12. A investidura na delegação, perante o Corregedor Geral da Justiça ou magistrado por ele designado, dar-se-á em trinta dias, prorrogáveis por igual período, uma única vez.

§ 1º Não ocorrendo a investidura no prazo marcado, será tornada sem efeito a outorga da delegação, por ato do Presidente do Tribunal de Justiça.

13. O exercício da atividade notarial ou de registro terá início dentro de trinta dias, contados da investidura.

DISPOSIÇÕES GERAIS

14. A Comissão de Concurso terá a sua disposição servidores do Tribunal de Justiça especialmente designados para secretariar os trabalhos.

15. De todas as reuniões da Comissão de Concurso, lavrar-se-á ata, registrada em livro próprio, por um de seus membros, designado pelo Presidente, com o resumo das deliberações tomadas.

CAPÍTULO IX – DISPOSIÇÕES FINAIS

16. Os prazos previstos neste edital são preclusivos, fluindo a contar da data da publicação dos atos no Diário Oficial da Justiça, não se interrompendo ou suspendendo.

17. O concurso expira com a investidura dos candidatos em suas delegações.

RESOLUÇÃO Nº 125, DE 29 DE NOVEMBRO DE 2010, DO CONSELHO NACIONAL DE JUSTIÇA

Dispõe sobre a Política Judiciária Nacional de tratamento adequado dos conflitos de interesses no âmbito do Poder Judiciário e dá outras providências.

- *Vide Constituição Federal, art. 5º, inciso XXXV*
- *Vide Constituição Federal, art. 37*
- *Art. 7º-A, III, Lei 8.935/1994*
- *Vide Lei 9.307/1996 (Lei da Arbitragem)*
- *Vide Lei 13.105/2015 (Código de Processo Civil)*
- *Vide Lei 13.140/2015 (Lei da Mediação)*
- *Vide Provimento CNJ 67/2018 (Conciliação e Mediação), incorporado aos arts. 18 a 57 do Provimento CNJ n. 149/2023 (CNN)*
- *Vide Provimento CNJ 72/2018 (Medidas de Quitação e Renegociação de Dívidas), incorporado aos arts. 375 a 388, Provimento CNJ n. 149/2023 (CNN)*
- *Vide Recomendação CNJ 28/2018 (CEJUSC)*
- *Vide Enunciado 69 e 73, I Jornada de Direito Notarial e Registral*
- *Vide Enunciados da I e II Jornadas de Prevenção e Solução Extrajudicial de Litígios*

O PRESIDENTE DO CONSELHO NACIONAL DE JUSTIÇA, no uso de suas atribuições constitucionais e regimentais,

CONSIDERANDO que compete ao Conselho Nacional de Justiça o controle da atuação administrativa e financeira do Poder Judiciário, bem como zelar pela observância do art. 37 da Constituição da República;

CONSIDERANDO que a eficiência operacional, o acesso ao sistema de Justiça e a responsabilidade social são objetivos estratégicos do Poder Judiciário, nos termos da Resolução/CNJ nº 70, de 18 de março de 2009;

CONSIDERANDO que o direito de acesso à Justiça, previsto no art. 5º, XXXV, da Constituição Federal além da vertente formal perante os órgãos judiciários, implica acesso à ordem jurídica justa;

CONSIDERANDO que, por isso, cabe ao Judiciário estabelecer política pública de tratamento adequado dos problemas jurídicos e dos conflitos de interesses, que ocorrem em larga e crescente escala na sociedade, de forma a organizar, em âmbito nacional, não somente os serviços prestados nos processos judiciais, como também os que possam sê-lo mediante outros mecanismos de solução de conflitos, em especial dos consensuais, como a mediação e a conciliação;

CONSIDERANDO a necessidade de se consolidar uma política pública permanente de incentivo e aperfeiçoamento dos mecanismos consensuais de solução de litígios;

CONSIDERANDO que a conciliação e a mediação são instrumentos efetivos de pacificação social, solução e prevenção de litígios, e que a sua apropriada disciplina em programas já implementados no país tem reduzido a excessiva judicialização dos conflitos de interesses, a quantidade de recursos e de execução de sentenças;

CONSIDERANDO ser imprescindível estimular, apoiar e difundir a sistematização e o aprimoramento das práticas já adotadas pelos tribunais;

CONSIDERANDO a relevância e a necessidade de organizar e uniformizar os serviços de conciliação, mediação e outros métodos consensuais de solução de conflitos, para lhes evitar disparidades de orientação e práticas, bem como para assegurar a boa execução da política pública, respeitadas as especificidades de cada segmento da Justiça;

CONSIDERANDO que a organização dos serviços de conciliação, mediação e outros métodos consensuais de solução de conflitos deve servir de princípio e base para a criação de Juízos de resolução alternativa de conflitos, verdadeiros órgãos judiciais especializados na matéria;

CONSIDERANDO o deliberado pelo Plenário do Conselho Nacional de Justiça na sua 117ª Sessão Ordinária, realizada em de 23 de 2010, nos autos do procedimento do Ato 0006059-82.2010.2.00.0000;

RESOLVE:

CAPÍTULO I – DA POLÍTICA PÚBLICA DE TRATAMENTO ADEQUADO DOS CONFLITOS DE INTERESSES

Art. 1º Fica instituída a Política Judiciária Nacional de Tratamento Adequado dos Conflitos de Interesses, tendente a assegurar a todos o direito à solução dos conflitos por meios adequados à sua natureza e peculiaridade. *(Redação dada pela Resolução nº 326, de 26.6.2020)*

Parágrafo único. Aos órgãos judiciários incumbe, nos termos do art. 334 do Código de Processo Civil de 2015, combinado com o art. 27 da Lei 13.140, de 26 de junho de 2015 (Lei de Mediação), antes da solução adjudicada mediante sentença, oferecer outros mecanismos de soluções de controvérsias, em especial os chamados meios consensuais, como a mediação e a conciliação, bem assim prestar atendimento e orientação ao cidadão. *(Redação dada pela Resolução nº 326, de 26.6.2020)*

Art. 2º Na implementação da Política Judiciária Nacional de Tratamento Adequado dos Conflitos de Interesses, com vista à boa qualidade dos serviços e à disseminação da cultura de pacificação social, serão observados: *(Redação dada pela Resolução nº 326, de 26.6.2020)*

I – centralização das estruturas judiciárias;

II – adequada formação e treinamento de servidores, conciliadores e mediadores;

III – acompanhamento estatístico específico.

Art. 3º O Conselho Nacional de Justiça auxiliará os Tribunais na organização dos serviços mencionados no art. 1º, podendo ser firmadas parcerias com entidades públicas e privadas, em especial quanto à capacitação e credenciamento de mediadores e conciliadores e à realização de mediações e conciliações, nos termos dos arts. 167, § 3º, e 334 do Código de Processo Civil de 2015. *(Redação dada pela Resolução nº 326, de 26.6.2020)*

CAPÍTULO II – DAS ATRIBUIÇÕES DO CONSELHO NACIONAL DE JUSTIÇA

Art. 4º Compete ao Conselho Nacional de Justiça organizar programa com o objetivo de promover ações de incentivo à autocomposição de litígios e à pacificação social por meio da conciliação e da mediação.

Art. 5º O programa será implementado com a participação de rede constituída por todos os órgãos do Poder Judiciário e por entidades públicas e privadas parceiras, inclusive universidades e instituições de ensino.

Art. 6º Para o desenvolvimento da rede referida no art. 5º desta Resolução, caberá ao Conselho Nacional de Justiça: *(Redação dada pela Resolução nº 326, de 26.6.2020)*

I – estabelecer diretrizes para implementação da política pública de tratamento adequado de conflitos a serem observadas pelos Tribunais;

II – desenvolver parâmetro curricular e ações voltadas à capacitação em métodos consensuais de solução de conflitos para servidores, mediadores, conciliadores e demais facilitadores da solução consensual de controvérsias, nos termos do art. 167, § 1º, do Código de Processo Civil de 2015; *(Redação dada pela Resolução nº 326, de 26.6.2020)*

III – providenciar que as atividades relacionadas à conciliação, mediação e outros métodos consensuais de solução de conflitos sejam consideradas nas promoções e remoções de magistrados pelo critério do merecimento;

IV – regulamentar, em código de ética, a atuação dos conciliadores, mediadores e demais facilitadores da solução consensual de controvérsias;

V – buscar a cooperação dos órgãos públicos competentes e das instituições públicas e privadas da área de ensino, para a criação de disciplinas que propiciem o surgimento da cultura da solução pacífica dos conflitos, bem como que, nas Escolas de Magistratura, haja módulo voltado aos métodos consensuais de solução de conflitos, no curso de iniciação funcional e no curso de aperfeiçoamento;

VI – estabelecer interlocução com a Ordem dos Advogados do Brasil, Defensorias Públicas, Procuradorias e Ministério Público, estimulando sua participação nos Centros Judiciários de Solução de Conflitos e Cidadania e valorizando a atuação na prevenção dos litígios;

VII – realizar gestão junto às empresas, públicas e privadas, bem como junto às agências reguladoras de serviços públicos, a fim de implementar práticas autocompositivas e desenvolver acompanhamento estatístico, com a instituição de banco de dados para visualização de resultados, conferindo selo de qualidade;

VIII – atuar junto aos entes públicos de modo a estimular a conciliação, em especial nas demandas que envolvam matérias sedimentadas pela jurisprudência; *(Redação dada pela Emenda nº 2, de 08.03.16)*

IX e X – *(Revogados pela Resolução n. 390, de 6.5.2021)*

XI – criar parâmetros de remuneração de mediadores, nos termos do art. 169 do Código de Processo Civil de 2015; *(Redação dada pela Resolução nº 326, de 26.6.2020)*

XII – monitorar, inclusive por meio do Departamento de Pesquisas Judiciárias, a instalação dos Centros Judiciários de Solução de Conflitos e Cidadania, o seu adequado funcionamento, a avaliação da capacitação e treinamento dos mediadores/conciliadores, orientando e dando apoio às localidades que estiverem enfrentando dificuldades na efetivação da política judiciária nacional instituída por esta Resolução. *(Incluído pela Emenda nº 2, de 08.03.16)*

CAPÍTULO III – DAS ATRIBUIÇÕES DOS TRIBUNAIS

SEÇÃO I – DOS NÚCLEOS PERMANENTES DE MÉTODOS CONSENSUAIS DE SOLUÇÃO DE CONFLITOS

Art. 7º Os Tribunais deverão criar, no prazo de 30 dias a contar da publicação desta Resolução, Núcleos Permanentes de Métodos Consensuais de Solução de Conflitos (Núcleos), coordenados por magistrados e compostos por magistrados da ativa ou aposentados e servidores, preferencialmente atuantes na área, com as seguintes atribuições, entre outras: *(Redação dada pela Resolução nº 326, de 26.6.2020)*

I – implementar, no âmbito de sua competência, a Política Judiciária Nacional de Tratamento Adequado dos Conflitos de Interesses, em conformidade com as diretrizes estabelecidas nesta Resolução; *(Redação dada pela Resolução nº 326, de 26.6.2020)*

II – planejar, implementar, manter e aperfeiçoar as ações voltadas ao cumprimento da política e suas metas;

III – atuar na interlocução com outros Tribunais e com os órgãos integrantes da rede mencionada nos artigos 5º e 6º desta Resolução; *(Redação dada pela Resolução nº 326, de 26.6.2020)*

IV – instalar Centros Judiciários de Solução de Conflitos e Cidadania que concentrarão a realização das sessões de conciliação e mediação que estejam a cargo de conciliadores e mediadores, dos órgãos por eles abrangidos;

V – incentivar ou promover capacitação, treinamento e atualização permanente de magistrados, servidores, conciliadores e mediadores nos métodos consensuais de solução de conflitos;

VI – propor ao Tribunal a realização de convênios e parcerias com entes públicos e privados para atender aos fins desta Resolução; *(Redação dada pela Resolução nº 326, de 26.6.2020)*

VII – criar e manter cadastro de mediadores e conciliadores, de forma a regulamentar o processo de inscrição e de desligamento; *(Incluído pela Emenda nº 2, de 09.03.16)*

VIII – regulamentar, se for o caso, a remuneração de conciliadores e mediadores, nos termos do art. 169 do Código de Processo Civil de 2015, combinado com o art. 13 da Lei nº 13.140, de 26 de junho de 2015 (Lei de Mediação). *(Redação dada pela Resolução nº 326, de 26.6.2020)*

§ 1º A criação dos Núcleos e sua composição deverão ser informadas ao Conselho Nacional de Justiça.

§ 2º Os Núcleos poderão estimular programas de mediação comunitária, desde que esses centros comunitários não se confundam com os Centros Judiciários de Solução de Conflitos e Cidadania previstos nesta Resolução. *(Redação dada pela Resolução nº 326, de 26.6.2020)*

§ 3º Na hipótese de conciliadores, mediadores e Câmaras Privadas de Conciliação e Mediação credenciadas perante o Poder Judiciário, os tribunais deverão criar e manter cadastro ou aderir ao Cadastro Nacional de Mediadores Judiciais e Conciliadores, de forma a regulamentar o processo de inscrição e de desligamento desses facilitadores. *(Redação dada pela Emenda nº 2, de 09.03.16)*

§ 4º Os Tribunais poderão, nos termos do art. 167, § 6º, do Código de Processo Civil de 2015, excepcionalmente e desde que inexistente quadro suficiente de conciliadores e mediadores judiciais atuando como auxiliares da justiça, optar por formar quadro de conciliadores e mediadores admitidos mediante concurso público de provas e títulos. *(Redação dada pela Resolução nº 326, de 26.6.2020)*

§ 5º Nos termos do art. 169, § 1º, do Código de Processo Civil de 2015, a mediação e a conciliação poderão ser realizadas como trabalho voluntário. *(Redação dada pela Resolução nº 326, de 26.6.2020)*

§ 6º Aos mediadores e conciliadores, inclusive membros das Câmaras Privadas de Conciliação, aplicam-se as regras de impedimento e suspeição, nos termos do art. 148, II, do Código de Processo Civil de 2015 e da Resolução CNJ nº 200, de 3 de março de 2015. *(Redação dada pela Resolução nº 326, de 26.6.2020)* § 7º Nos termos do art. 172 do Código de Processo Civil de 2015, o conciliador e o mediador ficam impedidos, pelo prazo de 1 (um) ano, contado do término da última audiência em que atuaram, de assessorar, representar ou patrocinar qualquer das partes. *(Incluído pela Emenda nº 2, de 08.03.16)*

SEÇÃO II – DOS CENTROS JUDICIÁRIOS DE SOLUÇÃO DE CONFLITOS E CIDADANIA

Art. 8º Os tribunais deverão criar os Centros Judiciários de Solução de Conflitos e Cidadania (Centros ou Cejuscs), unidades do Poder Judiciário, preferencialmente, responsáveis pela realização ou gestão das sessões e audiências de conciliação e mediação que estejam a cargo de conciliadores e mediadores, bem como pelo atendimento e orientação ao cidadão. *(Redação dada pela Emenda nº 2, de 08.03.16)*

§ 1º As sessões de conciliação e mediação pré-processuais deverão ser realizadas nos Centros, podendo as sessões de conciliação e mediação judiciais, excepcionalmente, serem realizadas nos próprios juízos, juizados ou varas designadas, desde que o sejam por conciliadores e mediadores cadastrados pelo Tribunal (inciso VII do art. 7º) e supervisionados pelo juiz coordenador do Centro (art. 9º). *(Redação dada pela Resolução nº 326, de 26.6.2020)*

§ 2º Nos Tribunais de Justiça, os Centros deverão ser instalados nos locais onde existam dois juízos, juizados ou varas com competência para realizar audiência, nos termos do art. 334 do Código de Processo Civil de 2015. *(Redação dada pela Resolução nº 326, de 26.6.2020)*

§ 3º Os Tribunais poderão, enquanto não instalados os Centros nas comarcas, regiões, subseções judiciárias e nos juízos do interior dos estados, implantar o procedimento de conciliação e mediação itinerante, utilizando-se de conciliadores e mediadores cadastrados. *(Redação dada pela Resolução nº 326, de 26.6.2020)*

§ 4º Nos Tribunais Regionais Federais e Tribunais de Justiça, é facultativa a implantação de Centros onde exista um juízo, juizado, vara ou subseção, desde que atendidos por centro regional ou itinerante, nos termos do § 3º deste artigo. *(Redação dada pela Resolução nº 326, de 26.6.2020)*]

§ 5º Nas comarcas das capitais dos estados, bem como nas comarcas do interior, subseções e regiões judiciárias, o prazo para a instalação dos Centros será concomitante à entrada em vigor do Código de Processo Civil de 2015. *(Redação dada pela Resolução nº 326, de 26.6.2020)*

§ 6º Os Tribunais poderão, excepcionalmente: *(Redação dada pela Resolução nº 326, de 26.6.2020)*

I – estender os serviços do Centro a unidades ou órgãos situados em outros prédios, desde que próximos daqueles referidos no § 2º deste artigo; e *(Incluído pela Resolução nº 326, de 26.6.2020)*

II – instalar Centros Regionais, enquanto não instalados Centros nos termos referidos no § 2º deste artigo, observada a organização judiciária local. *(Incluído pela Resolução nº 326, de 26.6.2020)*

§ 7º O coordenador do Centro poderá solicitar feitos de outras unidades judiciais com o intuito de organizar pautas concentradas ou mutirões, podendo, para tanto, fixar prazo. *(Redação dada pela Resolução nº 326, de 26.6.2020)*

§ 8º Para efeito de estatística de produtividade, as sentenças homologatórias prolatadas em processos encaminhados ao Centro, de ofício ou por solicitação, serão contabilizadas: *(Redação dada pela Resolução nº 326, de 26.6.2020)*

I – para o próprio Centro, no que se refere à serventia judicial; *(Redação dada pela Resolução nº 326, de 26.6.2020)*

II – para o magistrado que efetivamente homologar o acordo, esteja ele oficiando no juízo de origem do feito ou na condição de coordenador do Centro; e *(Redação dada pela Resolução nº 326, de 26.6.2020)*

III – para o juiz coordenador do Centro, no caso de reclamação préprocessual. *(Redação dada pela Resolução nº 326, de 26.6.2020)*

§ 9º Para o efeito de estatística referido no art. 167, § 4º, do Código de Processo Civil de 2015, os Tribunais disponibilizarão às partes a opção de avaliar câmaras, conciliadores e mediadores, segundo parâmetros estabelecidos pelo Comitê Gestor da Conciliação. *(Redação dada pela Resolução nº 326, de 26.6.2020)*

§ 10. *(Revogado pela Resolução n. 390, de 6.5.2021)*

Art. 9º Os Centros contarão com um juiz coordenador e, se necessário, com um adjunto, aos quais caberá: *(Redação dada pela Resolução nº 326, de 26.6.2020)*

I – administrar o Centro; *(Incluído pela Resolução nº 326, de 26.6.2020)*

II – homologar os acordos entabulados; *(Incluído pela Resolução nº 326, de 26.6.2020)*

III – supervisionar o serviço de conciliadores e mediadores. *(Incluído pela Resolução nº 326, de 26.6.2020)*

§ 1º Salvo disposição diversa em regramento local, os magistrados da Justiça Estadual e da Justiça Federal serão designados pelo Presidente de cada Tribunal entre aqueles que realizaram treinamento segundo o modelo estabelecido pelo Conselho Nacional de Justiça, conforme Anexo I desta Resolução. *(Redação dada pela Resolução nº 326, de 26.6.2020)*

§ 2º Caso o Centro atenda a grande número de juízos, juizados, varas ou região, o respectivo juiz coordenador poderá ficar designado exclusivamente para sua administração.*(Redação dada pela Resolução nº 326, de 26.6.2020)*

§ 3º Os Tribunais de Justiça e os Tribunais Regionais Federais deverão assegurar que nos Centros atue ao menos um servidor com dedicação exclusiva, capacitado em métodos consensuais de solução de conflitos, para triagem e encaminhamento adequado de casos. *(Redação dada pela Resolução nº 326, de 26.6.2020)*

§ 4º O treinamento dos servidores referidos no § 3º deste artigo deverá observar as diretrizes estabelecidas pelo Conselho Nacional de Justiça, conforme Anexo I desta Resolução. *(Incluído pela Resolução nº 326, de 26.6.2020)*

Art. 10. Cada unidade dos Centros deverá obrigatoriamente abranger setor de solução de conflitos pré-processual, de solução de conflitos processual e de cidadania. *(Redação dada pela Resolução nº 326, de 26.6.2020)*

Art. 11. Nos Centros poderão atuar membros do Ministério Público, defensores públicos, procuradores e/ou advogados.

SEÇÃO III – DOS CONCILIADORES E MEDIADORES

Art. 12. Nos Centros, bem como em todos os demais órgãos judiciários nos quais se realizem sessões de conciliação e mediação, somente serão admitidos mediadores e conciliadores capacitados na forma deste ato (Anexo I), cabendo aos Tribunais, antes de sua instalação, realizar o curso de capacitação, podendo fazê-lo por meio de parcerias. *(Redação dada pela Resolução nº 326, de 26.6.2020)*

§ 1º Os tribunais que já realizaram a capacitação referida no *caput* poderão dispensar os atuais mediadores e conciliadores da exigência do certificado de conclusão do curso de capacitação, mas deverão disponibilizar cursos de treinamento e aperfeiçoamento, na forma do Anexo I, como condição prévia de atuação nos Centros. *(Redação dada pela Emenda nº 2, de 08.03.16)*

§ 2º Todos os conciliadores, mediadores e outros especialistas em métodos consensuais de solução de conflitos deverão submeter-se a aperfeiçoamento permanente e a avaliação do usuário. *(Redação dada pela Emenda nº 2, de 08.03.16)*

§ 3º Os cursos de capacitação, treinamento e aperfeiçoamento de mediadores e conciliadores deverão observar as diretrizes curriculares estabelecidas pelo Conselho Nacional de Justiça (Anexo I) e deverão ser compostos necessariamente de estágio supervisionado. *(Redação dada pela Resolução nº 326, de 26.6.2020)*

§ 4º Somente deverão ser certificados mediadores e conciliadores que tiverem concluído o respectivo estágio supervisionado. *(Redação dada pela Resolução nº 326, de 26.6.2020)*

§ 5º Os mediadores, conciliadores e demais facilitadores de diálogo entre as partes ficarão sujeitos ao código de ética estabelecido nesta Resolução (Anexo III). *(Redação dada pela Resolução nº 326, de 26.6.2020)*

§ 6º Ressalvada a hipótese do art. 167, § 6º, do Código de Processo Civil de 2015, o conciliador e o mediador receberão, pelo seu trabalho, remuneração prevista em tabela fixada pelo Tribunal, conforme parâmetros estabelecidos pela Comissão Permanente de Solução Adequada de Conflitos ad referendum do plenário. *(Incluído pela Resolução nº 326, de 26.6.2020)*

SEÇÃO III-A – DOS FÓRUNS DE COORDENADORES DE NÚCLEOS

› *(Incluída pela Emenda nº 2, de 08.03.16)*

Art. 12-A. Os Presidentes de Tribunais de Justiça e de Tribunais Regionais Federais deverão indicar um magistrado para coordenar o respectivo Núcleo e representar o tribunal no respectivo Fórum de Coordenadores de Núcleos. *(Incluído pela Emenda nº 2, de 08.03.16)*

§ 1º Os Fóruns de Coordenadores de Núcleos deverão se reunir de acordo com o segmento da justiça. *(Incluído pela Emenda nº 2, de 08.03.16)*

§ 2º Os enunciados dos Fóruns da Justiça Estadual e da Justiça Federal terão aplicabilidade restrita ao respectivo segmento da justiça e, uma vez aprovados pela Comissão Permanente de Solução Adequada de Conflitos ad referendum do Plenário, integrarão, para fins de vinculatividade, esta Resolução. *(Redação dada pela Resolução nº 326, de 26.6.2020)*

§ 3º O Fórum da Justiça Federal será organizado pelo Conselho da Justiça Federal, podendo contemplar em seus objetivos outras matérias. *(Incluído pela Emenda nº 2, de 08.03.16)*

Art. 12-B. Os Fóruns de Coordenadores de Núcleos poderão estabelecer diretrizes específicas aos seus segmentos, entre outras: *(Incluído pela Emenda nº 2, de 08.03.16)*

I – o âmbito de atuação de conciliadores face ao Código de Processo Civil de 2015; *(Redação dada pela Resolução nº 326, de 26.6.2020)*

II – a estrutura necessária dos Centros para cada segmento da justiça; *(Redação dada pela Resolução nº 326, de 26.6.2020)*

III – o estabelecimento de conteúdos programáticos para cursos de conciliação e mediação próprios para a atuação em áreas específicas, como previdenciária, desapropriação, sistema financeiro de habitação entre outras, respeitadas as diretrizes curriculares estabelecidas no Anexo I. *(Incluído pela Emenda nº 2, de 08.03.16)*

SEÇÃO III-B – DAS CÂMARAS PRIVADAS DE CONCILIAÇÃO E MEDIAÇÃO

› *(Incluída pela Emenda nº 2, de 08.03.16)*

Art. 12-C. As Câmaras Privadas de Conciliação e Mediação ou órgãos semelhantes, bem como seus mediadores e conciliadores, para que possam realizar sessões de mediação ou conciliação incidentes a processo judicial, devem ser cadastradas no Tribunal respectivo ou no Cadastro Nacional de Mediadores Judiciais e Conciliadores, nos termos do art. 167 do Código de Processo Civil de 2015, ficando sujeitas aos termos desta Resolução. *(Redação dada pela Resolução nº 326, de 26.6.2020)*

Parágrafo único. O cadastramento é facultativo para realização de sessões de mediação ou conciliação pré-processuais. *(Incluído pela Emenda nº 2, de 08.03.16)*

Art. 12-D. Os Tribunais determinarão o percentual de audiências não remuneradas que deverão ser suportadas pelas Câmaras Privadas de Conciliação e Mediação, com o fim de atender aos processos em que foi deferida a gratuidade da justiça, como contrapartida de seu credenciamento, nos termos do art.169, § 2º, do Código de Processo Civil de 2015, respeitados os parâmetros definidos pela Comissão Permanente de Solução Adequada de Conflitos ad referendum do Plenário. *(Redação dada pela Resolução nº 326, de 26.6.2020)*

Art. 12-E. As Câmaras Privadas de Mediação e Conciliação e os demais órgãos cadastrados ficam sujeitos à avaliação prevista no art. 8º, § 9º, desta Resolução. *(Incluído pela Emenda nº 2, de 08.03.16)*

Parágrafo único. A avaliação deverá refletir a média aritmética de todos os mediadores e conciliadores avaliados, inclusive daqueles que atuaram voluntariamente, nos termos do art. 169, § 2º, do Código de Processo Civil de 2015. *(Redação dada pela Resolução nº 326, de 26.6.2020)*

Art. 12-F. Fica vedado o uso de brasão e demais signos da República Federativa do Brasil pelas Câmaras Privadas de Conciliação e Mediação ou órgãos semelhantes, bem como por seus mediadores e conciliadores, estendendo-se a vedação ao uso da denominação de "Tribunal" ou expressão semelhante para a entidade e a de "juiz" ou equivalente para seus membros. *(Redação dada pela Resolução nº 326, de 26.6.2020)*

SEÇÃO IV – DOS DADOS ESTATÍSTICOS

Art. 13. Os Tribunais deverão criar e manter banco de dados sobre as atividades de cada Centro, nos termos de Resolução do

Conselho Nacional de Justiça. *(Redação dada pela Resolução nº 326, de 26.6.2020)*

Art. 14. Caberá ao Conselho Nacional de Justiça compilar informações sobre os serviços públicos de solução consensual das controvérsias existentes no país e sobre o desempenho de cada um deles, por meio do Departamento de Pesquisas Judiciárias (DPJ), mantendo permanentemente atualizado o banco de dados. *(Redação dada pela Resolução nº 326, de 26.6.2020)*

CAPÍTULO IV – DO PORTAL DA CONCILIAÇÃO

Art. 15. Fica criado o Portal da Conciliação, a ser disponibilizado no sítio do Conselho Nacional de Justiça na rede mundial de computadores, com as seguintes funcionalidades, entre outras: *(Redação dada pela Resolução nº 326, de 26.6.2020)*

I – publicação das diretrizes da capacitação de conciliadores e mediadores e de seu código de ética;

II – relatório gerencial do programa, por tribunal, detalhado por unidade judicial e por Centro, com base nas informações referidas no art. 13. *(Redação dada pela Emenda nº 2, de 08.03.16)*

III – compartilhamento de boas práticas, projetos, ações, artigos, pesquisas e outros estudos;

IV – fórum permanente de discussão, facultada a participação da sociedade civil;

V – divulgação de notícias relacionadas ao tema;

VI – relatórios de atividades da "Semana da Conciliação".

Parágrafo único. A implementação do Portal será de responsabilidade do Conselho Nacional de Justiça e ocorrerá de forma gradativa, observadas as possibilidades técnicas. *(Redação dada pela Resolução nº 326, de 26.6.2020)*

DISPOSIÇÕES FINAIS

Art. 16. O disposto na presente Resolução não prejudica a continuidade de programas similares já em funcionamento, cabendo aos Tribunais, se necessário, adaptá-los aos termos deste ato. *(Redação dada pela Emenda nº 1, de 31.01.13)*

Parágrafo único. Em relação aos Núcleos e Centros, os Tribunais poderão utilizar siglas e denominações distintas das referidas nesta Resolução, desde que mantidas as suas atribuições previstas no Capítulo III.

Art. 17. Compete à Presidência do Conselho Nacional de Justiça, com o apoio da Comissão Permanente de Solução Adequada de Conflitos, coordenar as atividades da Política Judiciária Nacional de tratamento adequado dos conflitos de interesses, cabendo-lhe instituir, regulamentar e presidir o Comitê Gestor da Conciliação, que será responsável pela implementação e acompanhamento das medidas previstas neste ato. *(Redação dada pela Resolução nº 326, de 26.6.2020)*

Art. 18. Os Anexos integram esta Resolução e possuem caráter vinculante. *(Redação dada pela Emenda nº 1, de 31.01.13)*

Art. 18-A. *(Revogado pela Resolução n. 390, de 6.5.2021)*

Art. 18-B. O Conselho Nacional de Justiça editará Resolução específica dispondo sobre a Política Judiciária de tratamento adequado dos conflitos de interesses da Justiça do Trabalho. *(Redação dada pela Resolução nº 326, de 26.6.2020)*

Art. 18-C. Os Tribunais encaminharão ao Conselho Nacional de Justiça, no prazo de 30 dias, plano de implementação desta Resolução, inclusive quanto à implantação de centros. *(Redação dada pela Resolução nº 326, de 26.6.2020)*

Art. 19. Esta Resolução entra em vigor na data de sua publicação, ressalvados os dispositivos regulamentados pelo Código de Processo Civil de 2015, que seguem sua vigência. *(Redação dada pela Resolução nº 326, de 26.6.2020)*

Ministro CEZAR PELUSO

Não publicamos os anexos desta Resolução.

RESOLUÇÃO Nº 228, DE 22 DE JUNHO DE 2016 DO CONSELHO NACIONAL DE JUSTIÇA

Regulamenta a aplicação, no âmbito do Poder Judiciário, da Convenção sobre a Eliminação da Exigência de Legalização de Documentos Públicos Estrangeiros, celebrada na Haia, em 5 de outubro de 1961 (Convenção da Apostila).

- *Vide Provimento CNJ nº 62/2017 (Apostilamento), incorporado aos arts. 1º a 17 do Provimento CNJ n. 149/2023 – CNN*
- *Vide Decreto Legislativo nº 148/2015 (Aprova o texto da Convenção sobre a Eliminação da Exigência de Legalização de Documentos Públicos Estrangeiros, celebrada na Haia, em 5 de outubro de 1961).*
- *Vide Decreto nº 8.660/2016 (Promulga a Convenção sobre a Eliminação da Exigência de Legalização de Documentos Públicos Estrangeiros, firmada pela República Federativa do Brasil, em Haia, em 5 de outubro de 1961).*
- *Vide Decreto nº 166/1991 (Promulga o Convênio de Cooperação Judiciária em Matéria Civil, entre o Governo da República Federativa do Brasil e o Reino da Espanha).*
- *Vide Decreto nº 862/1993 (Promulga o Tratado sobre Cooperação Judiciária em Matéria Penal, entre a República Federativa do Brasil e a República Italiana, de l7/10/1989).*
- *Decreto nº 3.598/2000 (Promulga o Acordo de Cooperação em Matéria Civil entre o Governo da República Federativa do Brasil e o Governo da República Francesa, celebrado em Paris, em 28 de maio de 1996).*
- *Decreto nº 6.891/2009 (Promulga o Acordo de Cooperação e Assistência Jurisdicional em Matéria Civil, Comercial, Trabalhista e Administrativa entre os Estados Partes do Mercosul, a República da Bolívia e a República do Chile).*
- *Vide Enunciado 3, I Jornada de Direito Notarial e Registral*

O PRESIDENTE DO CONSELHO NACIONAL DE JUSTIÇA (CNJ), no uso de suas atribuições legais e regimentais,

CONSIDERANDO a adesão da República Federativa do Brasil à Convenção sobre a Eliminação da Exigência de Legalização de Documentos Públicos Estrangeiros, celebrada na Haia, em 5 de outubro de 1961 (Convenção da Apostila), aprovada pelo Congresso Nacional consoante Decreto Legislativo 148, de 6 de julho de 2015, ratificada no plano internacional por meio do depósito do instrumento de adesão perante o Ministério dos Negócios Estrangeiros do Reino dos Países Baixos, em 2 de dezembro de 2015, e promulgada no plano interno conforme Decreto 8.660, de 29 de janeiro de 2016;

CONSIDERANDO que o instrumento de adesão à Convenção da Apostila indica o Poder Judiciário como órgão competente para a implementação de suas disposições no território nacional;

CONSIDERANDO que compete ao Poder Judiciário fiscalizar os serviços notariais e de registro, nos termos do art. 236, § 1º, da Constituição Federal e dos art. 37 e 38 da Lei 8.935, de 18 de novembro de 1994;

CONSIDERANDO a economia, a celeridade e a eficiência propiciadas pelos benefícios da simplificação e da desburocratização, decorrentes da eliminação da exigência de legalização diplomática ou consular de documentos determinada pela Convenção da Apostila;

CONSIDERANDO a necessidade de uniformizar, em todo o território nacional, os procedimentos relativos à aplicação da Convenção da Apostila, inclusive quanto ao uso de sistema eletrônico para aposição de apostila em documentos e para certificação da autenticidade do referido ato;

CONSIDERANDO a deliberação do Plenário do CNJ no Procedimento de Ato 0002775-56.2016.2.00.0000, na 4ª Sessão Extraordinária Virtual, realizada entre 16 e 17 de junho de 2016;

RESOLVE:

Art. 1º A legalização de documentos produzidos em território nacional e destinados a produzir efeitos em países partes da Convenção sobre a Eliminação da Exigência de Legalização de Documentos Públicos Estrangeiros (Convenção da Apostila) será realizada, a partir de 14 de agosto de 2016, exclusivamente por meio da aposição de apostila, emitida nos termos desta Resolução.

Parágrafo único. Para os fins desta Resolução, entende-se como legalização, ou chancela consular, a formalidade pela qual se atesta a autenticidade da assinatura, da função ou do cargo exercido pelo signatário do documento e, quando cabível, a autenticidade do selo ou do carimbo nele aposto.

Art. 2º As apostilas emitidas por países partes da Convenção da Apostila, inclusive as emitidas em data anterior à vigência da referida Convenção no Brasil, serão aceitas em todo o território nacional a partir de 14 de agosto de 2016, em substituição à legalização diplomática ou consular.

Art. 3º Não será exigida a aposição de apostila quando, no país onde o documento deva produzir efeitos, a legislação em vigor, tratado, convenção ou acordo de que a República Federativa do Brasil seja parte afaste ou dispense o ato de legalização diplomática ou consular.

§ 1º As disposições de tratado, convenção ou acordo de que a República Federativa do Brasil seja parte e que tratem da simplificação ou dispensa do processo de legalização diplomática ou consular de documentos prevalecem sobre as disposições da Convenção da Apostila, sempre que tais exigências formais sejam menos rigorosas do que as dispostas nos art. 3º e 4º da citada Convenção.

§ 2º Conforme a natureza do documento, poderão ser exigidos procedimentos específicos prévios à aposição da apostila.

Art. 4º Não será aposta apostila em documento que evidentemente consubstancie ato jurídico contrário à legislação brasileira.

Art. 5º Permanece regido pelas normas do Ministério das Relações Exteriores o procedimento de legalização diplomática ou consular de documentos que tenham como origem ou destino países que não sejam partes da Convenção da Apostila, ou quando não for possível a sua aplicação, com base nas exceções previstas em seu art. 1º ou na hipótese de objeção mencionada em seu art. 12.

Parágrafo único. Consoante as normas do Ministério das Relações Exteriores, a legalização de documentos mencionados no *caput* deste artigo poderá continuar a ser realizada na sede daquele Ministério, em Brasília-DF, em seus Escritórios Regionais em território nacional e nas Embaixadas e Repartições Consulares da República Federativa do Brasil.

Art. 6º O Conselho Nacional de Justiça é a autoridade competente para emitir apostilas em documentos originados no Brasil, podendo delegar o exercício do apostilamento a: *(Redação dada pela Resolução n. 392, de 26.5.2021)*

I – pessoas jurídicas de direito público e a órgãos públicos, mediante normatização específica da Corregedoria Nacional de Justiça; e *(Redação dada pela Resolução n. 392, de 26.5.2021)*

II – titulares dos serviços extrajudiciais. *(Redação dada pela Resolução n. 392, de 26.5.2021)*

III – *(Revogado pela Resolução n. 392, de 26.5.2021)*

§ 1º O exercício da competência para emissão de apostilas, observado o art. 17 desta Resolução, pressupõe autorização específica e individualizada da Corregedoria Nacional de Justiça.

§ 2º O CNJ manterá, em sua página eletrônica, para fins de divulgação ao público, lista atualizada das autoridades brasileiras habilitadas a emitir a apostila, bem como relação de países para os quais será possível a emissão do documento.

Art. 7º A apostila deverá estar em conformidade com o modelo constante do Anexo I desta Resolução, apresentando as seguintes características:

I – terá a forma de um quadrado com pelo menos 9 (nove) centímetros de lado;

II – constarão do cabeçalho o brasão de Armas da República Federativa do Brasil e a logomarca do CNJ;

III – título apenas em francês "Apostille (Convention de La Haye du 5 octobre 1961)";

IV – campos fixos inscritos, redigidos em português, inglês e francês;

V – indicar o número sequencial e a data de emissão;

VI – constar o nome do signatário do documento público ou, no caso de documentos não assinados, a indicação da autoridade que apôs o selo ou carimbo, juntamente com o cargo ou a função exercida e a instituição que representa;

§ 1º Os campos 3 (três) e 4 (quatro) serão preenchidos em língua portuguesa, podendo ser acrescidos outros idiomas, mediante apresentação de tradução juramentada do documento original. *(Incluído pela Resolução n. 392, de 26.5.2021)*

§ 2º A Corregedoria Nacional de Justiça definirá os padrões de segurança, validade e eficácia para a aposição da apostila em documento assinado eletronicamente e da emissão de apostila em meio eletrônico. *(Incluído pela Resolução n. 392, de 26.5.2021)*

Art. 8º As apostilas serão emitidas e registradas em sistema eletrônico. *(Redação dada pela Resolução n. 392, de 26.5.2021)*

§ 1º As apostilas serão assinadas com certificado digital e registradas pelo emissor. *(Redação dada pela Resolução n. 392, de 26.5.2021)*

§ 2º A apostila será emitida desde que realizada a conferência de autenticidade da assinatura, da função ou do cargo exercido pelo signatário do documento e, quando cabível, de autenticidade do selo ou do carimbo nele aposto. *(Redação dada pela Resolução n. 392, de 26.5.2021)*

§ 3º O apostilamento de documentos assinados fisicamente dependerá da apresentação do original. *(Redação dada pela Resolução n. 392, de 26.5.2021)*

§ 4º As apostilas emitidas deverão conter mecanismo que permita a verificação eletrônica de existência e de autenticidade, assim como conexão com o documento apostilado.

Art. 9º O sistema eletrônico de apostilamento e registro é de propriedade intelectual da União e administrado pelo Conselho Nacional de Justiça, por meio da Corregedoria Nacional de Justiça. *(Redação dada pela Resolução n. 392, de 26.5.2021)*

Parágrafo único. A Corregedoria Nacional de Justiça poderá, sob sua normatização e fiscalização, delegar, sem ônus para o CNJ, a gestão, administração e manutenção do sistema à Associação de Notários e Registradores do Brasil – ANOREG/BR ou outra entidade de representação nacional de todas as especialidades notariais e registrais que venha a substituí-la. *(Incluído pela Resolução n. 392, de 26.5.2021)*

Art. 10. A numeração da apostila será única em todo o território nacional, cabendo ao CNJ o registro e o armazenamento de todas as informações relativas às apostilas emitidas pelas autoridades de que trata o art. 6º desta Resolução.

Art. 11. A apostila em papel será impressa, nos termos de normatização da Corregedoria Nacional de Justiça, carimbada na forma do Anexo II desta Resolução e rubricada em campo próprio pela autoridade competente. *(Redação dada pela Resolução n. 392, de 26.5.2021)*

Art. 12. O CNJ manterá banco de dados unificado do registro eletrônico das apostilas emitidas em território nacional, permitindo a qualquer interessado, por meio de consulta eletrônica (*online*), a verificação da existência e da autenticidade das apostilas emitidas, bem como da conexão com cada documento apostilado.

Art. 13. *(Revogado pela Resolução n. 392, de 26.5.2021)*

Art. 14. O CNJ manterá interlocução com entidades e autoridades nacionais e estrangeiras, assim como com a Conferência da Haia de Direito Internacional Privado sobre assuntos relacionados à Convenção da Apostila, para o que poderá coordenar-se com o Ministério das Relações Exteriores.

Art. 15. Será constituído Comitê Gestor, no âmbito do Conselho Nacional de Justiça, composto pelos seguintes membros, presidido pelo primeiro e coordenado pelo segundo:

I – Conselheiro Ouvidor do CNJ;

II – Secretário-Geral do CNJ;

III – Diretor-Geral do CNJ;

IV – 1 (um) representante da Corregedoria Nacional de Justiça;

V – 1 (um) representante do Ministério das Relações Exteriores, indicado pelo Subsecretário-Geral das Comunidades Brasileiras no Exterior; e

VI – *(Revogado pela Resolução n. 392, de 26.5.2021)*

Art. 16. Caberá à Ouvidoria do CNJ o recebimento de consultas eventualmente formuladas quanto ao tema disciplinado por esta Resolução.

Art. 17. A Corregedoria Nacional de Justiça editará provimentos para a regulamentação da atuação das autoridades apostilantes, especialmente sobre o controle das atividades regidas por esta Resolução.

Art. 18. Os emolumentos corresponderão, para cada apostila emitida, ao custo de Procuração Sem Valor Declarado, segundo os valores vigentes em cada Estado da Federação.

Parágrafo único. Será isenta da cobrança de emolumentos a emissão de apostila em documentos requeridos por órgãos do Poder Executivo Federal para utilização no exterior, no interesse do serviço público.

Art. 19. A emissão de apostilas será obrigatória em todas as capitais do País a partir de 14 de agosto de 2016, cabendo à Corregedoria Nacional de Justiça, nos termos do art. 6º, § 1º, desta Resolução, a análise da conveniência e da oportunidade quanto à interiorização da prestação deste serviço público.

Art. 20. *(Revogado pela Resolução CNJ nº 247 de 15/05/2018)*

Art. 21. Esta Resolução entra em vigor na data de sua publicação.

Ministro Ricardo Lewandowski

D.J.E.: 23.06.2016.

› *Não publicamos os anexos desta Resolução.*

RESOLUÇÃO Nº 401, DE 16 DE JUNHO DE 2021 DO CONSELHO NACIONAL DE JUSTIÇA

Dispõe sobre o desenvolvimento de diretrizes de acessibilidade e inclusão de pessoas com deficiência nos órgãos do Poder Judiciário e de seus serviços auxiliares, e regulamenta o funcionamento de unidades de acessibilidade e inclusão.

- *Vide art. 83 da Lei 13.146/2015 (Estatuto da Pessoa com Deficiência)*
- *Vide art. 7º § 2º, Lei n. 8.935/1994 (Estatuto dos Notários e Registradores)*
- *Vide art. 555, Prov. CNJ n. 149/2023 (CNN)*

O PRESIDENTE DO CONSELHO NACIONAL DE JUSTIÇA (CNJ), no uso de suas atribuições legais e regimentais,

CONSIDERANDO o art. 3º da Constituição Federal de 1988 que tem como objetivo fundamental da República Federativa do Brasil a promoção do bem de todos, sem preconceitos de origem, raça, sexo, cor, idade e quaisquer outras formas de discriminação, o art. 5º, *caput*, no qual todos são iguais perante a lei, sem distinção de qualquer natureza, garantindo-se a inviolabilidade do direito à igualdade;

CONSIDERANDO o disposto no art. 37 que trata dos princípios da Administração Pública; e o disposto no art. 170, VI e VII, que cuida da ordem econômica, fundada na valorização do trabalho humano e na livre iniciativa, tendo por fim assegurar a todos existência digna, conforme os ditames da justiça social;

CONSIDERANDO que a acessibilidade foi reconhecida, na Convenção sobre os Direitos das Pessoas com Deficiência e seu Protocolo Facultativo, adotada em 13 de dezembro de 2006, por meio da Resolução nº 61/106, durante a 61ª Sessão da Assembleia Geral da Organização das Nações Unidas (ONU), como princípio e como direito, sendo também considerada garantia para o pleno e efetivo exercício de demais direitos;

CONSIDERANDO a ratificação pelo Estado Brasileiro da Convenção sobre os Direitos das Pessoas com Deficiência e de seu Protocolo Facultativo com equivalência de emenda constitucional, por meio do Decreto Legislativo nº 186/2008, com a devida promulgação pelo Decreto nº 6.949/2009;

CONSIDERANDO a Lei nº 13.146/2015, que institui a Lei Brasileira de Inclusão da Pessoa com Deficiência (Estatuto da Pessoa com Deficiência) e normativos correlatos;

CONSIDERANDO a Agenda 2030, que contempla os Objetivos do Desenvolvimento Sustentável (ODS), baseados nas dimensões do desenvolvimento sustentável – econômica, social, ambiental e institucional – de forma integrada, indivisível e transversal para o atingimento das metas associadas;

CONSIDERANDO que nos termos do novo tratado de direitos humanos a deficiência é um contexto em evolução que resulta da interação entre pessoas com deficiência e as barreiras relativas às atitudes e ao meio ambiente que impedem a sua plena e efetiva participação na sociedade em igualdade de oportunidades com as demais pessoas;

CONSIDERANDO que a efetiva prestação de serviços públicos e de interesse público depende, no caso das pessoas com deficiência, da implementação de medidas que assegurem a ampla e irrestrita acessibilidade física, arquitetônica, comunicacional e atitudinal;

CONSIDERANDO a Resolução CNJ nº 343/2020, que institui condições especiais de trabalho a magistrados(as) e servidores(as) com deficiência, necessidades especiais ou doença grave, ou que tenham dependentes legais nessas condições;

CONSIDERANDO os normativos que tratam de acessibilidade e inclusão arquitetônica, comunicacional, tecnológicas: ABNT NBR 9050; ABNT NBR 15290; ABNT NBR 15599; ABNT NBR 15610; ABNT NBR 16452; ABNT NBR 16537; ABNT NBR NM 313/2007; ABNT NBR 16042; ABNT NBR NM 207; ABNT NBR ISO 7176; ABNT NBR ISO/IEC/IEEE 29119-1; ABNT NBR ISO 9241-171; MAG 3.1; e WCAG 2.1, sem prejuízo a eventuais alterações e regulamentações supervenientes;

CONSIDERANDO as dimensões e parâmetros de acessibilidade consolidados na Cartilha "Como Construir um Ambiente Acessível nas Organizações Públicas", elaborada pela Rede de Acessibilidade formada entre órgãos da Administração Pública Federal;

CONSIDERANDO a Resolução CNJ nº 332/2020, que viabilizou a implementação de mecanismos de inteligência artificial e de tecnologias análogas no âmbito judicial, a serem utilizados para a promoção de bem-estar e a prestação jurisdicional equitativa;

CONSIDERANDO a deliberação do Plenário do CNJ no Procedimento de Ato Normativo nº 0003855-79.2021.2.00.0000, na 332ª Sessão Ordinária, realizada em 8 de junho de 2021;

RESOLVE:

CAPÍTULO I – DAS DISPOSIÇÕES GERAIS

Art. 1º O desenvolvimento de diretrizes voltadas à acessibilidade e à inclusão de pessoas com deficiência nos órgãos do Poder Judiciário e de seus serviços auxiliares e ao funcionamento das unidades de acessibilidade e inclusão observarão o disposto nesta Resolução.

Art. 2º A fim de promover a igualdade, deverão ser adotadas, com urgência, medidas apropriadas para eliminar e prevenir quaisquer barreiras urbanísticas ou arquitetônicas, de mobiliários, de acesso aos transportes, nas comunicações e na informação, atitudinais ou tecnológicas.

§ 1º Devem ser garantidas às pessoas com deficiência ou mobilidade reduzida quantas adaptações ou tecnologias assistivas sejam necessárias para assegurar acessibilidade plena a espaços, informações e serviços, coibindo qualquer forma de discriminação por motivo de deficiência.

§ 2º É obrigatório efetivar a acessibilidade nos portais e sítios eletrônicos dos órgãos do Poder Judiciário às pessoas com deficiência, garantindo-lhes o pleno acesso às informações disponíveis, conforme as melhores práticas e diretrizes de acessibilidade adotadas internacionalmente.

Art. 3º Para os fins desta Resolução, consideram-se:

I – acessibilidade: possibilidade e condição de alcance para utilização, com segurança, independência e autonomia, de espaços, mobiliários, equipamentos urbanos, edificações, transportes, informação e comunicação, inclusive seus sistemas e tecnologias, e de outros serviços e instalações abertos ao público, de uso público ou privado de uso coletivo, tanto na zona urbana como na rural, por pessoa com deficiência ou com mobilidade reduzida;

II – acompanhante: aquele(a) que acompanha a pessoa com deficiência, podendo ou não desempenhar as funções de atendente pessoal;

III – atendente pessoal: pessoa, membro ou não da família que, com ou sem remuneração, assiste ou presta cuidados básicos e essenciais à pessoa com deficiência no exercício de suas atividades diárias, excluídas as técnicas ou procedimentos identificados com profissões legalmente estabelecidas;

IV – barreiras: qualquer entrave, obstáculo, atitude ou comportamento que limite ou impeça a participação social da pessoa, bem como o gozo, a fruição e o exercício de seus direitos à acessibilidade, à liberdade de movimento e de expressão, à comunicação, ao acesso à informação, à compreensão, à circulação com segurança, entre outros, classificadas em:

a) barreiras urbanísticas: as existentes nas vias e nos espaços públicos e privados abertos ao público ou de uso coletivo;

b) barreiras arquitetônicas: as existentes nos edifícios públicos e privados;

c) barreiras nos transportes: as existentes nos sistemas e meios de transportes;

d) barreiras nas comunicações e na informação: qualquer entrave, obstáculo, atitude ou comportamento que dificulte ou impossibilite a expressão ou o recebimento de mensagens e de informações por intermédio de sistemas de comunicação e de tecnologia da informação;

e) barreiras atitudinais: atitudes ou comportamentos que impeçam ou prejudiquem a participação social da pessoa com deficiência em igualdade de condições e oportunidades com as demais pessoas; e

f) barreiras tecnológicas: as que dificultam ou impedem o acesso da pessoa com deficiência às tecnologias.

V – desenho universal: concepção de produtos, ambientes, programas e serviços a serem usados por todas as pessoas, sem necessidade de adaptação ou de projeto específico, incluindo os recursos de tecnologia assistiva;

VI – adaptação razoável: significa as modificações e os ajustes necessários e adequados que não acarretem ônus desproporcional ou indevido, quando requeridos em cada caso, a fim de assegurar que as pessoas com deficiência possam gozar ou exercer, em igualdade de oportunidades com as demais pessoas, todos os direitos humanos e liberdades fundamentais;

VII – comunicação: forma de interação que abrange, entre outras opções, as línguas, inclusive a Língua Brasileira de Sinais (Libras), a visualização de textos, legendagem ou estenotipia, o Braille, o sistema de sinalização ou de comunicação tátil, os caracteres ampliados, os dispositivos multimídia, assim como a linguagem simples, escrita e oral, os sistemas auditivos e os meios de voz digitalizados e os modos, meios e formatos aumentativos e alternativos de comunicação, incluindo as tecnologias da informação e das comunicações;

VIII – discriminação por motivo de deficiência: toda e qualquer diferenciação, exclusão ou restrição, por ação ou omissão, baseada em deficiência, com o propósito ou efeito de impedir ou impossibilitar o reconhecimento, o desfrute ou o exercício, em igualdade de oportunidades com as demais pessoas, de direitos humanos e liberdades fundamentais nos âmbitos político, econômico, social, cultural, civil ou qualquer outro, incluindo a recusa de adaptações necessárias e de fornecimento de tecnologias assistivas;

IX – órgãos do Poder Judiciário: conselhos e tribunais do Poder Judiciário;

X – pessoa com deficiência: aquela que tem impedimento de longo prazo de natureza física, mental, intelectual ou sensorial, o qual, em interação com uma ou mais barreiras, pode obstruir a sua participação plena e efetiva na sociedade em igualdade de condições com as demais pessoas;

XI – pessoa com mobilidade reduzida: aquela que tenha, por qualquer motivo, dificuldade de movimentação, permanente ou temporária, gerando redução efetiva da mobilidade, da flexibilidade, da coordenação motora ou da percepção, incluindo idoso(a), gestante, lactante, pessoa com criança de colo e obeso(a);

XII – PLS-Jud: sistema informatizado de sustentabilidade para recebimento de dados socioambientais e de acessibilidade e inclusão dos órgãos do Poder Judiciário;

XIII – quadro de pessoal: magistrados(as) e servidores(as) efetivos(as), requisitados(as), cedidos(as) e comissionados(as) sem vínculo;

XIV – quadro auxiliar: estagiários(as), terceirizados(as), juízes(as) leigos(as), trabalhadores(as) de serventias judiciais privatizadas, conciliadores(as), voluntários(as) e aprendizes;

XV – rota acessível: trajeto contínuo, desobstruído e sinalizado, que conecte os ambientes externos ou internos de espaços e edificações, e que possa ser utilizado de forma autônoma e segura por todas as pessoas, inclusive aquelas com deficiência ou mobilidade reduzida, podendo incorporar estacionamentos, calçadas rebaixadas, faixas de travessia de pedestres, pisos, corredores, escadas e rampas, entre outros; e

XVI – tecnologia assistiva ou ajuda técnica: equipamentos, dispositivos, recursos, metodologias, estratégias, práticas e serviços que objetivem promover a funcionalidade, relacionada à atividade e à participação da pessoa com deficiência ou com mobilidade reduzida, visando a sua autonomia, independência, qualidade de vida e inclusão social.

CAPÍTULO II – DAS DISPOSIÇÕES RELACIONADAS A TODAS AS PESSOAS COM DEFICIÊNCIA

Art. 4º Para promover a acessibilidade, o Poder Judiciário deverá, entre outras atividades, implementar:

I – o uso da Língua Brasileira de Sinais (Libras), do Braille, da audiodescrição, da subtitulação, da comunicação aumentativa e alternativa, e de todos os demais meios, modos e formatos acessíveis de comunicação;

II – a nomeação de tradutor(a) e intérprete de Libras, sempre que figurar no processo pessoa com deficiência auditiva, escolhido dentre aqueles devidamente habilitados e aprovados em curso oficial de tradução e interpretação de Libras ou detentores do certificado de proficiência em Libras;

III – a nomeação ou permissão de utilização de guia-intérprete, sempre que figurar no processo pessoa surdocega, o(a) qual deverá prestar compromisso;

IV – a oferta de atendimento ao público em Libras;

V – recursos de tecnologia assistiva disponíveis para possibilitar à pessoa com deficiência o acesso universal, inclusive, aos portais da internet e intranet, ambientes virtuais de aprendizagem, sistemas judiciários e administrativos, adotando-se os princípios e as diretrizes internacionais de acessibilidade aplicáveis à implementação de sistemas e conteúdos na *web*;

VI – recursos de acessibilidade nas comunicações televisionadas ou em vídeos no formato on-line;

VII – a adoção de todas as normas técnicas de acessibilidade na construção, na reforma, na locação, na ampliação ou na mudança de uso de edificações, primando-se pela adoção do desenho universal e garantindo-se as adaptações razoáveis;

VIII – adaptações arquitetônicas e urbanísticas, observados os limites de sua competência, que permitam a acessibilidade e a livre movimentação, com independência e segurança, da pessoa com deficiência, tais como rampas, elevadores, vagas de estacionamento próximas aos locais de atendimento e acesso facilitado para a circulação de transporte público nos locais dos postos de trabalho e atendimento ao público, tendo como referência as normas vigentes;

IX – a adaptação de mobiliário adequado que atenda aos princípios do desenho universal e às necessidades das pessoas com deficiência ou mobilidade reduzida;

X – a adequação dos sistemas informatizados de tramitação processual dos órgãos do Poder Judiciário, a fim de que seja assegurado o andamento prioritário, em todos os atos e diligências, nos processos judiciais e administrativos em que a pessoa com deficiência seja parte ou interessada;

XI – parcerias e cooperações com Tribunais e outras instituições, nacionais ou internacionais;

XII – medidas de facilitação ao acesso e à obtenção de informações e certidões que tenham como objetivo constituir documentação necessária para instruir procedimentos, judiciais ou extrajudiciais, que busquem garantir a defesa de direitos coletivos, difusos e individuais homogêneos de pessoas com deficiência;

XIII – a adequação de procedimentos judiciais que garantam a acessibilidade isonômica aos serviços da justiça e a prestação jurisdicional sem barreiras;

§ 1º A implementação de medidas que visem à promoção da acessibilidade e inclusão tem como premissas a adoção do desenho universal, como regra geral, e da adaptação razoável, quando justificável.

§ 2º Os serviços de tradutor(a) e intérprete ou guia-intérprete de que tratam os incisos II e III, em qualquer hipótese, serão custeados pela Administração dos órgãos, e poderão ser ofertados, inclusive, por meio de videoconferência, ou por outro recurso de tecnologia assistiva, de modo a garantir o pleno atendimento à pessoa com deficiência.

§ 3º É assegurado a pessoa acompanhada de cão de assistência o direito de ingressar e de permanecer com o animal em todas as dependências dos edifícios e extensões do Poder Judiciário, observadas as condições impostas pela Lei nº 11.126/2005.

Art. 4º-A. Nos concursos do Poder Judiciário, é vedado o estabelecimento de qualquer espécie de cláusula de barreira para os candidatos enquadrados como pessoas com deficiência, bastando o alcance de nota 20% inferior à nota mínima estabelecida para aprovação dos candidatos da ampla concorrência, ou nota 6,0 para os concursos da magistratura, para que sejam admitidos nas fases subsequentes. *(Incluído pela Resolução n. 549, de 18.3.2024)*

Art. 5º As aplicações, microsserviços e soluções de tecnologia a serem compartilhados na Plataforma Digital do Poder Judiciário Brasileiro – PDPJ-Br devem observar os conceitos e padrões internacionais de acessibilidade aplicáveis à implementação de sistemas e conteúdos na *web*, conforme previsão do inciso X, art. 4º, da Resolução CNJ nº 335/2020.

Art. 6º É obrigatória, em áreas de estacionamento aberto ao público, de uso público ou privado de uso coletivo, a reserva de vagas para veículos que transportem pessoas com deficiência e com comprometimento de mobilidade, equivalente a 2% (dois por cento) do total de vagas, garantida, no mínimo, 1 (uma) vaga, em áreas próximas aos acessos de circulação de pedestres, devidamente sinalizada e com as especificações de desenho e traçado de acordo com as normas técnicas vigentes.

§ 1º Os veículos estacionados nas vagas reservadas de que trata o *caput* deste artigo devem exibir, em local de ampla visibilidade, a credencial de beneficiário(a), a ser confeccionada e fornecida pelos órgãos de trânsito, que disciplinarão suas características e condições de uso.

§ 2º Os órgãos do Poder Judiciário adotarão medidas junto aos órgãos públicos locais competentes para disponibilização, em vias públicas onde estão localizadas as suas edificações, da reserva de vagas acessíveis que permitam a livre circulação e o acesso de pessoas com deficiência e mobilidade reduzida.

§ 3º Quando todas as vagas reservadas disponíveis estiverem ocupadas, a

Administração deve agir, na medida do possível, para viabilizar o acesso do usuário com deficiência às suas dependências.

§ 4º Os órgãos do Poder Judiciário deverão promover todos os esforços possíveis para reservar, em localização mais próxima ao acesso à sua edificação, área de embarque e desembarque que permita a parada de veículo que transporte pessoa com deficiência e que possua mobilidade reduzida, por tempo estritamente necessário à prestação de auxílio ao deslocamento do passageiro com deficiência até o interior da edificação.

Art. 7º A formulação, a implementação e a manutenção das ações de acessibilidade e inclusão atenderão às seguintes premissas básicas:

I – eleição de prioridades e elaboração de cronograma para implementação de ações, com previsão orçamentária em conformidade com o Plano Anual de Compras e Contratações do órgão;

II – planejamento contínuo e articulado entre os setores envolvidos; e

III – monitoramento e avaliação das ações implementadas.

Art. 8º Em contratos que envolvam atendimento ao público, devem estar previstos no instrumento de contratação postos de trabalho a serem ocupados por pessoas aptas em comunicação em Libras.

Art. 9º Cada órgão do Poder Judiciário deverá dispor de, pelo menos, 5% (cinco por cento) de servidores(as) com capacitação básica em Libras, nos termos do Decreto nº 9.656/2018.

Art. 10. Os contratos de terceirização firmados no âmbito do Poder Judiciário devem conter cláusula que preveja a comprovação periódica do cumprimento da política de empregabilidade estabelecida no art. 93 da Lei nº 8.213/1991.

Art. 11. Os órgãos deverão firmar convênio, parceria ou contrato visando à oferta de profissionais para atuação e auxílio ao pleno atendimento da pessoa com deficiência.

Art. 12. A pessoa com deficiência tem direito a receber atendimento prioritário, sobretudo, com a finalidade de:

I – proteção e socorro em quaisquer circunstâncias;

II – disponibilização de recursos, tanto humanos quanto tecnológicos, que garantam atendimento em igualdade de condições com as demais pessoas;

III – acesso a informações e disponibilização de recursos de comunicação acessíveis; e

IV – tramitação processual e procedimentos judiciais e administrativos em que for parte ou interessada, em todos os atos e diligências.

Parágrafo único. Os direitos previstos neste artigo são extensivos a acompanhante da pessoa com deficiência ou a seu(sua) atendente pessoal, exceto quanto ao disposto no inciso IV deste artigo.

Art. 12-A. Os(as) servidores(as) com deficiência poderão solicitar a inclusão dos símbolos internacionais de acessibilidade em suas carteiras de identidade funcional, conforme modelo previsto Decreto n. 10.977/2022. *(Incluído pela Resolução n. 537, de 13.12.2023)*

CAPÍTULO III – DA INCLUSÃO E DO ACOMPANHAMENTO PROFISSIONAL DA PESSOA COM DEFICIÊNCIA NOS ÓRGÃOS DO PODER JUDICIÁRIO E NOS SEUS SERVIÇOS AUXILIARES

Art. 13. A avaliação da deficiência de servidores(as) e magistrados(as), quando necessária, será biopsicossocial, realizada por equipe multiprofissional e interdisciplinar, e considerará:

I – os impedimentos nas funções e nas estruturas do corpo;

II – os fatores socioambientais, psicológicos e pessoais;

III – a limitação no desempenho de atividades e os riscos psicossociais no exercício do trabalho; e

IV – a restrição de participação em determinadas atividades.

§ 1º A avaliação da deficiência será realizada a cada cinco anos, ou a pedido do(a) interessado(a).

§ 2º Se a deficiência do(a) servidor(a) for de caráter permanente, a periodicidade da avaliação prevista no § 1º deste artigo poderá ser estendida, a critério da equipe multidisciplinar, podendo, inclusive, ser dispensada.

§ 3º A avaliação da deficiência do(a) servidor(a) poderá ser utilizada para fins de concessão de condições especiais de trabalho, nos termos do que dispõe a Resolução CNJ nº 343/2020.

§ 4ºOs(as) integrantes da equipe multidisciplinar de que trata o *caput* deste artigo deverão possuir capacitação específica para prestar o atendimento biopsicossocial à pessoa com deficiência.

Art. 14. Cada órgão do Poder Judiciário deve manter cadastro dos profissionais com deficiência, integrantes dos respectivos quadros de pessoal e auxiliar.

§ 1º O cadastro tratado no *caput* deste artigo deve especificar a deficiência, as necessidades de adaptação e acessibilidade e as dificuldades particulares de cada pessoa com deficiência.

§ 2º A atualização do cadastro deve ser permanente, devendo ocorrer uma revisão detalhada, no mínimo, uma vez ao ano.

§ 3º Na revisão anual de que trata o § 2º deste artigo, cada pessoa com deficiência dos quadros de pessoal e auxiliar deve ser consultada sobre a existência de possíveis sugestões ou adaptações referentes à sua plena inclusão no ambiente de trabalho.

§ 4º Os Tribunais devem fornecer infraestrutura e tecnologias assistivas para que magistrados(as) e servidores(as) com deficiência cadastrados possam desempenhar adequadamente suas funções e atividades. *(Incluído pela Resolução n. 561, de 27.05.2024)*

§ 5º É assegurada a designação permanente de juiz(a) auxiliar ao(à) magistrado(a) integrante do cadastro, desde que, cumulativamente: *(Incluído pela Resolução n. 561, de 27.05.2024)*

I – seja pessoa com deficiência visual, auditiva ou motora, reconhecida por perícia, realizada na forma do art. 2º da Lei nº 13.146/2015, e previamente averbada em seus assentos funcionais;

II – esteja lotado e efetivamente resida em Comarca que possua volume de casos novos superior à média das demais unidades judiciárias dentro da mesma competência, no respectivo Tribunal.

§ 6º O auxílio previsto no parágrafo anterior será prestado de forma permanente, por meio presencial ou remoto, a critério da Administração. *(Incluído pela Resolução n. 561, de 27.05.2024)*

§ 7º O(a) magistrado(a) integrante do cadastro com deficiência visual, auditiva ou motora, reconhecida por perícia, realizada na forma do art. 2º da Lei nº 13.146/2015, e previamente averbada em seus assentos funcionais, tem o direito à dispensa da prática de atos com alta demanda de intensa acuidade visual ou auditiva, como audiências de instrução e audiências públicas, ou de alta mobilidade, como inspeções judiciais. *(Incluído pela Resolução n. 561, de 27.05.2024)*

§ 8º A dispensa a que se refere o parágrafo anterior pressupõe prévia comunicação do(a) magistrado(a), com antecedência mínima em prazo a ser estipulado pelo Tribunal, a fim de não haver prejuízo à continuidade dos serviços judiciários. *(Incluído pela Resolução n. 561, de 27.05.2024)*

§ 9º O cadastro de que trata este artigo deverá ser compartilhado com a Corregedoria do Tribunal respectivo, para que, no âmbito de suas atribuições, considere a existência da deficiência na avaliação de desempenho e de produtividade do(a) magistrado(a). *(Incluído pela Resolução n. 561, de 27.05.2024)*

§ 10. A implementação das medidas previstas nos parágrafos deste artigo por parte do Tribunal não poderá implicar, direta ou indiretamente, prejuízo financeiro ou redução de vantagens a que o(a) Magistrado(a) teria direito em outras circunstâncias. *(Incluído pela Resolução n. 561, de 27.05.2024)*

Art. 15. A unidade de gestão de pessoas, em parceria com as áreas de saúde e a unidade de acessibilidade e inclusão, na medida de suas respectivas atribuições, devem garantir acompanhamento funcional a servidores(as) com deficiência, com o objetivo de promover as avaliações e as adaptações necessárias ao exercício de suas atribuições de modo compatível com as suas deficiências.

Parágrafo único. As unidades de que tratam o *caput* deste artigo devem possuir servidores(as) com capacitação específica para o desenvolvimento do pleno atendimento à pessoa com deficiência.

Art. 16. O acompanhamento do desempenho da pessoa com deficiência do quadro de pessoal se dará, entre outros, por meio de entrevista para verificar características da localização e acesso ao trabalho, as condições de trabalho, organização da jornada, valorização, desenvolvimento e ascensão profissional.

§ 1º O gestor de unidade, quando necessário, prestará informações acerca da adequação funcional do servidor com deficiência às suas tarefas e posto de trabalho, bem como será notificado acerca de restrições e necessidades específicas, devendo adotar as providências cabíveis que são de sua responsabilidade.

§ 2º O acompanhamento funcional de pessoa com deficiência do quadro auxiliar será dado conforme previsão do instrumento contratual, cabendo ao órgão da administração pública promover as adaptações no ambiente de trabalho e fornecer os recursos de acessibilidade necessários ao pleno desempenho de suas atividades.

Art. 17. Os(as) magistrados(as) e servidores(as) do Poder Judiciário devem ser capacitados(as) nos temas relativos a acolhimento, direitos, atendimento e cotidiano de pessoas com deficiência.

§ 1º As atividades de ambientação de novos servidores(as) e, quando couber, de colaboradores(as) do quadro auxiliar, devem difundir ações de acessibilidade e inclusão, de modo a consolidar comportamentos positivos em relação ao tema.

§ 2º A capacitação de que trata o *caput* deste artigo deverá compor, em caráter obrigatório, o programa de desenvolvimento de líderes do órgão.

Art. 18. Deverão ser promovidas ações de sensibilização sobre os temas de que trata o *caput* do art. 17 desta Resolução, com o objetivo de fomentar maior conscientização e mudanças atitudinais que favoreçam a ampliação da acessibilidade e inclusão no Poder Judiciário.

Art. 19. Os órgãos do Poder Judiciário devem manter em seus quadros profissionais da área de engenharia, arquitetura, tecnologia da informação, cerimonial e eventos, e comunicação social capacitados(as) em normas e padrões de acessibilidade, e na aplicação de tecnologias assistivas, para oferecer pleno atendimento ao público de pessoas com deficiência e assessorar o planejamento, a implementação e o monitoramento de ações que visem ao cumprimento desta Resolução.

Art. 20. A administração deve reservar 2% (dois por cento) do total de vagas disponíveis em estacionamento interno a pessoas com deficiência que possuam comprometimento de mobilidade, em localidade mais próxima aos acessos à edificação, garantida, no mínimo, uma vaga devidamente sinalizada.

§ 1º Além da reserva de vaga prevista no *caput* deste artigo, salvo por absoluta limitação de espaço físico ou outra devidamente fundamentada, a administração deverá providenciar a reserva prioritária de vaga em estacionamento interno de caráter coletivo, em localidade mais próxima ao respectivo local de trabalho, a veículos, devidamente credenciados por órgão de trânsito, de todas as pessoas do quadro de pessoal e do quadro auxiliar do órgão que possuam deficiência com comprometimento de mobilidade.

§ 2º O caminho existente entre a vaga do estacionamento interno e o local de trabalho não deve conter qualquer tipo de barreira que impossibilite ou mesmo dificulte o seu acesso.

§ 3º Para auxílio no desembarque e no deslocamento até o local de trabalho, a vaga tratada no *caput* deste artigo também poderá ser utilizada pelo(a) acompanhante da pessoa com deficiência ou mobilidade reduzida integrante dos quadros de pessoal ou auxiliar do órgão.

§ 4º O(a) acompanhante de que trata o § 3º deste artigo deverá observar as normas de segurança do órgão do Poder Judiciário.

Art. 21. Os órgãos do Poder Judiciário devem garantir ambientes de trabalho acessíveis, inclusivos e seguros a todas as pessoas.

Parágrafo único. Devem ser garantidos às pessoas com deficiência recursos de segurança compatíveis com os padrões de acessibilidade e inclusão, e a localização mais adequada de forma a facilitar o livre acesso à área externa em caso de urgência.

CAPÍTULO IV – DA UNIDADE E DA COMISSÃO DE ACESSIBILIDADE E INCLUSÃO E SUAS COMPETÊNCIAS

SEÇÃO I – DAS UNIDADES DE ACESSIBILIDADE E INCLUSÃO

Art. 22. A unidade de acessibilidade e inclusão deve ter caráter permanente para assessorar o planejamento, a implementação e o monitoramento de ações que visem ao cumprimento desta Resolução.

§ 1º A unidade de acessibilidade e inclusão deve, preferencialmente, ser subordinada diretamente à Presidência, à Secretaria-Geral, ou à Diretoria-Geral do órgão do Poder Judiciário.

§ 2º A unidade de acessibilidade e inclusão deve contar com integrantes em número compatível com a necessidade de execução e acompanhamento tempestivo das ações pertinentes a sua área de atuação, vedada a composição por servidor(a) único(a).

§ 3º Os(as) servidores(as) incumbidos(as) pela unidade de acessibilidade e inclusão desempenharão as suas atribuições concomitantemente com as de seus respectivos cargos.

§ 4º Os(as) servidores(as) incumbidos(as) pela unidade de acessibilidade e inclusão deverão ser continuamente capacitados(as) com vista à obtenção de conhecimento técnico e habilidades necessárias ao desenvolvimento satisfatório do tema.

Art. 23. São competências da unidade de acessibilidade e inclusão:

I – propor, coordenar e, no que couber, implementar planos, programas, projetos e ações voltados à promoção de acessibilidade e inclusão, e à oferta de suporte biopsicossocial e institucional à pessoa com deficiência;

II – auxiliar no desenvolvimento de ações e no atendimento de demandas oriundas da Comissão de Acessibilidade e Inclusão;

III – propor ações de sensibilização e capacitação do quadro de pessoal e, no que couber, do quadro auxiliar, a fim de promover conscientização e promoção de direitos, e o atendimento adequado às pessoas com deficiência ou mobilidade reduzida;

IV – monitorar as ações das unidades responsáveis pelos indicadores constantes do Anexo desta Resolução;

V – participar do acompanhamento funcional dos servidores com deficiência;

VI – prestar as informações referentes aos indicadores constantes do Anexo desta Resolução; e

VII – elaborar relatório anual acerca das ações desenvolvidas para a promoção da acessibilidade e inclusão no órgão.

Art. 24. A unidade de acessibilidade e inclusão deve buscar, incentivar e promover parcerias eficazes com outros tribunais, conselhos, entidades sem fins lucrativos e com a sociedade civil, com foco na acessibilidade e na inclusão, a fim de compartilhar experiências e estratégias, possibilitando a atualização de assuntos relacionados ao tema.

SEÇÃO II – DA COMISSÃO DE ACESSIBILIDADE E INCLUSÃO

Art. 25. A Comissão de Acessibilidade e Inclusão, de caráter permanente e multidisciplinar, será presidida por magistrado(a) e composta, necessariamente, por servidores(as) das áreas de acessibilidade e inclusão, sustentabilidade, gestão estratégica, engenharia ou arquitetura, gestão de pessoas e tecnologia da informação.

Parágrafo único. A comissão prevista no *caput* deste artigo deverá ser composta por integrantes com e sem deficiência, garantindo, tanto quanto possível, a representação das múltiplas formas de deficiências existentes.

Art. 26. São competências da Comissão de Acessibilidade e Inclusão:

I – propor, orientar e acompanhar em nível estratégico as ações de acessibilidade e inclusão voltadas à eliminação de quaisquer formas de discriminação e à remoção de barreiras de qualquer natureza que dificultem o acesso autônomo e seguro às instalações e aos serviços do órgão por pessoas com deficiência ou mobilidade reduzida;

II – propor à Presidência do órgão a edição ou alteração de normas e orientações que disponham, parcial ou integralmente, sobre matéria da área de atuação da Comissão; e

III – aprovar relatório anual de atuação da Comissão, acerca da promoção da acessibilidade e inclusão no órgão.

CAPÍTULO V – DISPOSIÇÕES FINAIS

Art. 27. Os órgãos do Poder Judiciário poderão cadastrar ações de sucesso de acessibilidade e inclusão, que resultaram em impacto positivo quanto a aspectos ambientais, econômicos, sociais e culturais, no Portal CNJ de Boas Práticas do Poder Judiciário, conforme regulamento previsto na Portaria CNJ nº 140/2019.

Art. 28. O disposto nesta Resolução aplica-se, no que couber, aos órgãos seccionais da Justiça Federal.

Art. 29. Para fins de elaboração do Balanço da Sustentabilidade do Poder Judiciário, os órgãos do Poder Judiciário devem observar os indicadores de desempenho constantes do Anexo desta Resolução.

Art. 30. O CNJ disponibilizará aos órgãos do Poder Judiciário acesso ao PLS-Jud para prestarem as informações referentes aos indicadores constantes do Anexo desta Resolução, com o objetivo de padronizar o envio e o recebimento de dados e facilitar a análise dos indicadores que comporão o Balanço da Sustentabilidade do Poder Judiciário.

Art. 31. Aplicam-se a magistrados(as) e servidores(as) com deficiência as normas sobre condições especiais de trabalho estabelecidas na Resolução CNJ nº 343/2020.

Art. 32. O Anexo desta Resolução poderá ser alterado por ato do Presidente do CNJ.

Art. 33. O Departamento de Pesquisas Judiciárias (DPJ) realizará pesquisa aprofundada para o estabelecimento de diagnóstico sobre o nível de acessibilidade e inclusão da pessoa com deficiência nos órgãos do Poder Judiciário, abrangendo, para além dos indicadores previstos no anexo desta Resolução, as seguintes dimensões:

I – gestão de acessibilidade e inclusão;

II – acessibilidade em serviços;

III – acessibilidade comunicacional;

IV – acessibilidade tecnológica; e

V – acessibilidade arquitetônica e urbanística.

Art. 34. Fica revogada a Resolução CNJ nº 230/2016.

Art. 35. Esta Resolução entra em vigor na data de sua publicação.

Ministro LUIZ FUX

D.J.E.: 18.06.2021

- *Não publicamos os anexos desta Resolução*

RESOLUÇÃO Nº 469, DE 31 DE AGOSTO DE 2022 DO CONSELHO NACIONAL DE JUSTIÇA

Estabelece diretrizes e normas sobre a digitalização de documentos judiciais e administrativos e de gestão de documentos digitalizados do Poder Judiciário.

- *Vide art. 1º § 3º, Lei n. 6.015/1973 (Registros Públicos)*
- *Vide art. 16 da Lei 11.419/2006 (Informatização do processo judicial)*
- *Vide art. 6º, Lei 12.682/2012 (Elaboração e o arquivamento de documentos em meios eletromagnéticos)*
- *Vide Lei n. 14.382/2022 (SERP)*
- *Vide Decreto n. 10.278/2020 (Disciplina os requisitos para a digitalização de documentos públicos ou privados, de modo que os representantes digitais produzam os mesmos efeitos legais dos originais)*
- *Vide Provimento CNJ n. 25/2012 (Malote Digital)*
- *Vide Provimento CNJ n. 61/2017 (CPF/CNPJ)*
- *Vide Provimento CNJ n. 130/2022 (Processo Judicial Eletrônico)*

O PRESIDENTE DO CONSELHO NACIONAL DE JUSTIÇA (CNJ), no uso de suas atribuições legais e regimentais,

CONSIDERANDO que cabem à administração pública a gestão da documentação governamental e as providências para franquear sua consulta, nos termos do art. 216, § 2º, da Constituição Federal;

CONSIDERANDO o direito de acesso à informação previsto no art. 5º, inciso XXXIII, e no art. 37, § 3º, inciso II, da Constituição Federal;

CONSIDERANDO a inviolabilidade da intimidade e da vida privada e o direito à proteção dos dados pessoais, inclusive nos meios digitais, conforme art. 5º, incisos X e LXXIX, da Constituição Federal;

CONSIDERANDO que a Lei nº 8.159/1991, ao estabelecer a política nacional de arquivos públicos e privados, determina ser dever do Poder Público promover a gestão documental e a proteção especial a documentos de arquivos como instrumento de apoio à administração, à cultura e ao desenvolvimento científico e como elementos de prova e informação;

CONSIDERANDO a Lei nº 11.419/2006, que dispõe sobre a informatização do processo judicial;

CONSIDERANDO a Lei nº 12.527/2011, que disciplina o direito constitucional de acesso à informação;

CONSIDERANDO a Lei nº 12.682/2012, que disciplina a elaboração e o arquivamento de documentos em meios eletromagnéticos, com as alterações impostas pelas Leis nº 13.874/2019 e 14.129/2021;

CONSIDERANDO a Lei nº 13.709/2018, denominada Lei Geral de Proteção de Dados Pessoais (LGPD);

CONSIDERANDO a Lei nº 14.063/2020, que dispõe sobre o uso de assinaturas eletrônicas;

CONSIDERANDO o Decreto nº 10.278/2020, que disciplina os requisitos para a digitalização de documentos públicos ou privados, de modo que os representantes digitais produzam os mesmos efeitos legais dos originais;

CONSIDERANDO a Resolução CNJ nº 91/2009, que institui o Modelo de Requisitos para Sistemas Informatizados de Gestão de Processos e Documentos do Poder Judiciário e disciplina a obrigatoriedade da sua utilização no desenvolvimento e manutenção de tais sistemas para as atividades judiciárias e administrativas no âmbito do Poder Judiciário;

CONSIDERANDO a Resolução CNJ nº 185/2013, que institui o Sistema Processo Judicial Eletrônico (PJe) para processamento de informações e prática de atos processuais e estabelece os parâmetros para sua implementação e funcionamento;

CONSIDERANDO a Resolução CNJ nº 324/2020, que institui diretrizes e normas de Gestão de Memória e de Gestão Documental e dispõe sobre o Programa Nacional de Gestão Documental e Memória do Poder Judiciário (Proname);

CONSIDERANDO a Resolução CNJ nº 325/2020, que dispõe sobre a Estratégia Nacional do Poder Judiciário de 2021-2026;

CONSIDERANDO a Resolução CNJ nº 370/2021, que dispõe sobre a Estratégia Nacional de Tecnologia da Informação e Comunicação do Poder Judiciário (ENTIC-JUD);

CONSIDERANDO a Resolução CNJ nº 420/2021, que dispõe sobre a adoção de processo eletrônico e o planejamento nacional da conversão e digitalização do acervo processual físico remanescente dos órgãos do Poder Judiciário;

CONSIDERANDO o Plano de Classificação (Tabelas Processuais Unificadas), a Tabela de Temporalidade dos Processos Judiciais do Poder Judiciárioe o Plano de Classificação e Tabela de Temporalidade de Documentos da Administração do Poder Judiciário (PCTTDA), instrumentos do Proname do CNJ;

CONSIDERANDO a Resolução do Conselho Nacional de Arquivos (Conarq) nº 31/2010, que dispõe sobre a adoção das Recomendações para Digitalização de Documentos Arquivísticos Permanentes;

CONSIDERANDO a Resolução Conarq nº 48/2021, que estabelece diretrizes e orientações aos órgãos e entidades integrantes do Sistema Nacional de Arquivos (SINAR) quanto aos procedimentos técnicos a serem observados no processo de digitalização de documentos públicos ou privados;

CONSIDERANDO a necessidade de permitir a manutenção do representante digital desde sua captura pelo sistema informatizado de gestão, de forma a garantir sua integridade, autenticidade, confidencialidade, disponibilidade e preservação;

CONSIDERANDO a necessidade de disciplinar requisitos, padrões técnicos e metodologia adequados à digitalização de acervos documentais correntes, intermediários e permanentes, para acesso em longo prazo, atendidas as peculiaridades de cada fase;

CONSIDERANDO a necessidade de instituir Manual de Digitalização de Documentos do Poder Judiciário, como instrumento do Proname, para especificação de orientações e procedimentos;

CONSIDERANDO o deliberado pelo Plenário do CNJ no procedimento de Ato Normativo nº 0003305-50.2022.2.00.0000, na 110ª Sessão Virtual, realizada em 26 de agosto de 2022;

RESOLVE:

CAPÍTULO I – DAS DISPOSIÇÕES GERAIS

Art. 1º Instituir diretrizes e normas aplicáveis aos órgãos do Poder Judiciário, à exceção do Supremo Tribunal Federal, para:

I – a digitalização de documentos e processos judiciais e administrativos;

II – a gestão de documentos e processos digitalizados.

Art. 2º Para fins desta Resolução, consideram-se os seguintes conceitos:

I – avaliação: processo de análise de documentos de arquivo, que estabelece os prazos de guarda e a destinação, de acordo com os valores primário e secundário, que lhes são atribuídos;

II – classificação: organização física e/ou lógica dos documentos de acordo com um plano de classificação;

III – digitalização: conversão da fiel imagem de um documento físico para código digital;

IV – documento digital: informação registrada, codificada em dígitos binários, acessível e interpretável por meio de sistema computacional, podendo ser nato-digital ou digitalizado;

V – documento digitalizado: representante digital resultante do procedimento de digitalização do documento físico associado a seus metadados;

VI – documento nato-digital: aquele criado originariamente em meio eletrônico;

VII – indexação: método pelo qual documentos ou seu conteúdo são representados por termos, palavras-chave ou descritores, propiciando a recuperação da informação;

VIII – metadado: dado estruturado, que permite classificar, descrever e gerenciar documentos e processos;

IX – seleção: separação dos documentos de valor permanente daqueles passíveis de eliminação, mediante critérios e técnicas previamente estabelecidos em tabela de temporalidade e em outros instrumentos de gestão documental;

X – seleção antecipada: separação, após a digitalização, dos documentos de valor permanente daqueles passíveis de eliminação, em caráter excepcional, com o propósito de promover o descarte desses em momento anterior ao cumprimento da temporalidade originalmente prescrita.

CAPÍTULO II – DA DIGITALIZAÇÃO

Art. 3º A digitalização deverá observar a existência de políticas de gestão documental e de preservação digital aprovadas pelo órgão, podendo incidir sobre documentos textuais, cartográficos e iconográficos, avulsos ou integrantes de processos administrativos ou judiciais.

SEÇÃO I – DAS DIRETRIZES

Art. 4º Constituem diretrizes da digitalização de documentos e processos judiciais e administrativos do Poder Judiciário:

I – o planejamento e a execução das atividades com observância das políticas de gestão documental e de memória do órgão;

II – a eficiência, a economicidade, a sustentabilidade e o uso adequado de recursos humanos e materiais;

III – a adoção de tecnologias e de padrões técnicos de digitalização com os objetivos de garantir a segurança, a preservação, a qualidade da imagem, a legibilidade e o uso do documento digitalizado;

IV – a preferência pelo uso de tecnologias de reconhecimento de caracteres, tais como Reconhecimento Óptico de Caracteres (OCR) e (Reconhecimento Inteligente de Caracteres) ICR;

V – a acessibilidade;

VI – a garantia de manutenção da integridade e da confiabilidade do documento digitalizado;

VII – a rastreabilidade e a auditabilidade dos procedimentos;

VIII – a garantia da confidencialidade e da proteção de dados pessoais constantes nos documentos quando aplicável;

IX – a preservação de documentos e da parte física de processos digitalizados com destinação de guarda permanente, que constituem Patrimônio cultural arquivístico do Poder Judiciário;

X – a observância do Modelo de Requisitos para Sistemas Informatizados de Gestão de Processos e Documentos do Poder Judiciário (MoReq-Jus);

XI – a interoperabilidade entre sistemas informatizados;

XII – a garantia de preservação digital a longo prazo da documentação digitalizada em Repositório Arquivístico Digital Confiável (RDC-Arq).

Art. 5º O documento arquivístico digitalizado será equiparado ao documento físico para todos os efeitos legais e para a comprovação de qualquer ato perante os órgãos do Poder Judiciário mediante as seguintes condições:

I – digitalização em conformidade com o disposto nesta Resolução e no Manual de Digitalização de Documentos do Poder Judiciário;

II – conferência com o original e assinatura eletrônica por servidor do respectivo órgão para garantia da autoria da digitalização, de sua integridade e de seus metadados.

Parágrafo único. Ressalva-se o direito de a parte ou interessado alegar motivadamente a adulteração do documento ou falsidade do original.

Art. 6º Cabe à Comissão Permanente de Avaliação Documental (CPAD) de cada órgão do Poder Judiciário:

I – aprovar o planejamento de digitalização;

II – definir os critérios de valor secundário dos documentos e processos digitalizados, zelando por sua aplicação;

III – orientar as unidades responsáveis pela digitalização quanto aos procedimentos;

IV – analisar e aprovar os editais de eliminação.

Parágrafo único. À Comissão de Gestão da Memória é assegurada a participação nas atribuições previstas no inciso II.

Art. 7º Na hipótese de execução do serviço por meio de contratação ou convênios com agentes externos ao Poder Judiciário, deverão constar as seguintes condições de pactuação:

I – a responsabilidade do ente contratado ou conveniado por danos decorrentes do serviço prestado perante o órgão do Poder Judiciário contratante e o terceiro prejudicado;

II – os requisitos de segurança e de proteção de informações e dados pessoais, nos termos da legislação vigente;

III – os requisitos técnicos previstos nesta Resolução e no Manual de Digitalização de Documentos do Poder Judiciário.

Art. 8º Os procedimentos de digitalização de documentos nos órgãos do Poder Judiciário serão executados por equipe qualificada e capacitada, em espaços físicos adequados, mediante a utilização de infraestrutura computacional, sistemas e equipamentos especializados.

Parágrafo único. Devem ser adotadas ações de capacitação e orientação dos servidores e terceirizados envolvidos na digitalização a fim de que as atividades e os procedimentos observem a legislação e os normativos aplicáveis.

SEÇÃO II – DA CONVERSÃO DE SUPORTE PARA TRAMITAÇÃO ELETRÔNICA

Art. 9º Na digitalização de processos físicos administrativos e judiciais para tramitação nos sistemas eletrônicos utilizados pelos órgãos do Poder Judiciário, serão observados os seguintes requisitos:

I – a existência de política de gestão documental e de preservação digital publicada no sítio eletrônico do órgão do Poder Judiciário, em conformidade com as normas do Pronamee do Conarq;

II – a manutenção da organização do processo físico originário nos autos digitalizados, preferencialmente com a indexação de seus documentos principais;

III – a classificação do processo eletrônico, em que a documentação digitalizada será inserida, com observância do Plano de Classificação e Tabela de Temporalidade de Documentos da Administração do Poder Judiciário (PCTTDA) e do Plano de Classificação (Tabelas Processuais Unificadas) e Tabela de Temporalidade dos Processos Judiciais do Poder Judiciário, instrumentos do Proname, além daqueles específicos aprovados por cada órgão;

IV – a preservação da parte física de processos de guarda permanente digitalizados, sendo vedada sua eliminação;

V – a vinculação sistêmica entre os autos digitais e a parte física digitalizada ou anotação de relacionamento entre ambos;

VI –a inclusão de metadados obrigatórios;

VII – a inclusão de registros relacionados a segredo de justiça, sigilo e confidencialidade e das classificações (ultrassecreta, secreta ou reservada), constantes dos originais nos documentos e processos digitalizados.

Parágrafo único. Os requisitos dos incisos II e III, salvo a exigência de registro da temporalidade, aplicam-se à inserção de documentos digitalizados em processos eletrônicos pelas partes, procuradores, terceiros, intervenientes e servidores das unidades processantes.

Art. 10. Os metadados de documentos e de processos digitalizados para tramitação eletrônica serão registrados nos respectivos sistemas e observarão o MoReq-Jus, garantindo-se, na conversão de suporte, os seguintes:

a) identificador do documento: sinal distintivo atribuído ao documento no ato de sua captura para o sistema informatizado;

b) classificação: especificação do elemento de organização do documento em conformidade com o plano de classificação referido no art. 9º, inciso III;

c) data e hora da digitalização;

d) pessoa física executora da digitalização: usuário responsável pela conversão;

e) referência ao documento originário: identificação do documento objeto da conversão; e

f) hash (checksum) da imagem: código que garante a integridade dos dados após sua transmissão ou armazenamento.

Art. 11. Os processos administrativos e judiciais arquivados em fase intermediária e processos judiciais em fase corrente, na condição de suspensão, arquivamento em Secretaria ou remetidos à unidade de arquivo sem baixa definitiva, poderão ser digitalizados nas seguintes hipóteses:

I – em caso de necessidade de tramitação;

II – mediante decisão prévia e fundamentada da CPAD, justificando a necessidade para atendimento a consultas frequentes ou outro motivo relevante.

Parágrafo único. A digitalização de processos de guarda permanente, em que não haja necessidade de tramitação, observará o disposto no capítulo próprio da presente Resolução.

SEÇÃO III – DA DIGITALIZAÇÃO PARCIAL

Art. 12. É admitida a digitalização parcial de processos administrativos e judiciais para continuidade de tramitação em formato híbrido, atendidas as seguintes condições:

I – digitalização de todas as peças processuais essenciais ao andamento do processo em meio digital, prevenindo a necessidade de carga dos autos físicos para a tramitação regular;

II – disponibilização do processo físico originário para consulta às partes e aos interessados na unidade processante;

III – observância, para a parte física, da temporalidade e a destinação da parte digital, sendo vedadas sua seleção e eliminação antecipadas.

Parágrafo único. Admite-se a digitalização das peças essenciais e do título executivo para instaurar, em meio eletrônico, as fases de liquidação e cumprimento de sentença.

CAPÍTULO III – DA DIGITALIZAÇÃO DE DOCUMENTOS JUDICIAIS

Art. 13. Na digitalização de documentos para a juntada em processos judiciais eletrônicos, devem ser observados os seguintes requisitos:

I – a indexação dos documentos para inserção no processo deverá ser feita previamente, de forma a facilitar o exame dos autos;

II – o apresentante do documento deverá zelar pela sua autenticidade, integridade e legibilidade;

III – o órgão do Poder Judiciário deverá garantir a autenticidade e integridade dos documentos em seus sistemas informatizados.

Art. 14. No caso de conversão de suporte de processos judiciais físicos para continuidade de tramitação em meio eletrônico, devem ser observados os requisitos do art. 9º e os seguintes:

I – as partes e advogados serão intimados para que verifiquem a regularidade da digitalização dos processos convertidos, constando o prazo mínimo de 30 (trinta) dias para alegação de eventual desconformidade com os autos físicos.

II – os documentos originais de identificação pessoal, de natureza previdenciária, os títulos de crédito e os registros públicos originais, que tenham sido juntados aos autos físicos, após a digitalização:

a) serão devolvidos à parte ou ao interessado, com prévia intimação para retirada no prazo de 30 (trinta) dias;

b) serão mantidos como anexo físico vinculado ao processo eletrônico digitalizado, caso decorrido o prazo da intimação de trinta dias sem a retirada pela parte ou interessado.

Parágrafo único. Os documentos mantidos como anexo físico serão objeto de registro no processo eletrônico, seguindo a temporalidade e a destinação estabelecidas nas respectivas tabelas.

Art. 15. O documento, cuja digitalização seja tecnicamente inviável devido ao grande volume, tamanho, formato ou por ilegibilidade, deverá permanecer na secretaria da unidade processante, com o registro cabível em certidão padronizada inserida no processo eletrônico, garantindo-se amplo acesso a seu conteúdo.

§ 1º A parte ou o interessado terá o prazo de 10 (dez) dias, a contar do protocolo da petição, para proceder ao depósito do documento referido no caput na secretaria processante.

§ 2º Se o órgão judicial dispuser de condição técnica e operacional para a conversão do suporte, o documento digitalizado será inserido no sistema e o original será devolvido à parte.

§ 3º Transitada em julgado a sentença, os documentos físicos serão remetidos ao arquivo, com o registro cabível, aplicando- se a mesma temporalidade e destinação dos autos principais.

§ 4º Os documentos referidos no *caput*, caso representem risco à violação da intimidade ou sejam especialmente sensíveis, deverão ser identificados como documento "reservado/sensível" por determinação do juízo processante, com anotação de sigilo para trâmite e guarda.

CAPÍTULO IV – DA DIGITALIZAÇÃO DE DOCUMENTOS ADMINISTRATIVOS

Art. 16. Na digitalização de documentos para a juntada em processos administrativos eletrônicos, devem ser observados os seguintes requisitos:

I – a apresentação do original do documento digitalizado poderá ser exigida na forma da lei ou de ato normativo dos órgãos do Poder Judiciário;

II – a digitalização de documentos físicos deverá ser acompanhada de conferência de sua conformidade, com certificação sobre a respectiva natureza (original, cópia simples, cópia autenticada administrativamente ou cópia autenticada em cartório);

III – o documento físico recebido da parte ou interessado deverá ser retirado, no prazo de 30 (trinta) dias contados da ciência da inserção do representante digital no sistema do processo administrativo eletrônico, observando-se a seguinte disciplina na inércia: a) em caso de cópia simples, autenticada administrativamente ou em cartório, será eliminada; b) em caso de original, permanecerá como anexo físico do processo administrativo eletrônico;

IV – o documento físico recebido de terceiro, digitalizado pelos órgãos do Poder Judiciário para inclusão em processo administrativo eletrônico, será eliminado mediante critérios seguros e observância do art. 20, incisos V, VI e VII após a inserção do representante digital no processo eletrônico, salvo se constituir registro público original, hipótese em que será devolvido ao titular;

V – quando o documento original entregue para digitalização apresentar potencial valor secundário, deverá ser consultada a CPAD para deliberação sobre a sua destinação final.

Parágrafo único. Na hipótese de ser inviável a digitalização:

I – o documento físico permanecerá como anexo ao processo eletrônico, sendo facultados à parte ou ao interessado o amplo acesso ao seu conteúdo e a extração de cópias;

II – findo o processo eletrônico, o documento será remetido ao arquivo com o registro cabível, aplicando-se a mesma temporalidade e destinação daquele.

Art. 17. No caso de conversão de suporte de processos administrativos físicos para continuidade de tramitação em meio eletrônico, deverão ser observados os requisitos do art. 9º e os seguintes:

I – os documentos originais de identificação pessoal e os registros públicos originais serão devolvidos à parte ou ao interessado com prévia intimação para retirada no prazo de 30 (trinta) dias;

II – os documentos originais, mencionados no inciso anterior, serão mantidos nas unidades processantes como anexo físico vinculado ao processo eletrônico digitalizado, caso decorrido o prazo da intimação de trinta dias sem a retirada pela parte ou interessado.

CAPÍTULO V – DA SELEÇÃO E ELIMINAÇÃO ANTECIPADAS

Art. 18. Os órgãos do Poder Judiciário poderão realizar seleção e eliminação antecipadas dos processos físicos judiciais e administrativos após a digitalização, desde que observados os requisitos e condições estabelecidos nos arts. 6º, 9º, 14, 16 e 19 da presente Resolução.

§ 1º Para a seleção antecipada, são dispensadas a guarda física e a aplicação do plano amostral previstas no art. 30, incisos II e X, da Resolução CNJ nº 324/2020.

§ 2º A seleção e eliminação antecipadas são vedadas nas seguintes hipóteses:

I – processos de guarda permanente de acordo com as situações previstas no art. 30 da Resolução CNJ nº 324/2020 e nos instrumentos aprovados em cada órgão do Poder Judiciário;

II – inquéritos policiais, demandas de matéria criminal e habeas corpus, que seguirão a temporalidade e a destinação dos autos digitalizados;

III – processos administrativos relacionados a assentamentos da vida funcional de magistrados e servidores;

IV – processos físicos administrativos e judiciais em que não haja necessidade de tramitação, digitalizados em conformidade com o art. 11, inciso II, da presente Resolução.

Art. 19. Na seleção e eliminação antecipadas dos processos físicos judiciais e administrativos após a digitalização, além dos requisitos e condições indicados no art. 18, serão observados os seguintes:

I – certificação de conformidade dos autos digitais com aqueles físicos por servidor do

Poder Judiciário, mediante assinatura eletrônica, preferencialmente por meio de certificado digital reconhecido pelo ICP – Brasil;

II – observância da temporalidade mínima de um ano contado a partir do lançamento da mencionada certificação da conferência da digitalização e da integridade do representante digital e de seus metadados no sistema informatizado.

Art. 20. A eliminação antecipada da parte física de processos digitalizados para prosseguimento de tramitação deverá observar o seguinte:

I – supervisão dos procedimentos pela CPAD do órgão do Poder Judiciário;

II – elaboração de edital de eliminação de documentos, cujo extrato será publicado no diário oficial do órgão e o inteiro teor no respectivo sítio eletrônico;

III – abertura do prazo de 45 (quarenta e cinco) dias para a manifestação das partes interessadas, que poderão formular requerimento para obtenção dos originais digitalizados e destinados ao descarte, às suas expensas;

IV – acompanhamento dos procedimentos do descarte por servidor designado da Unidade de Gestão Documental do órgão do Poder Judiciário;

V – observância de critérios de sustentabilidade social, ambiental e econômica;

VI – fragmentação manual ou mecânica, com garantia de que a descaracterização dos documentos não possa ser revertida;

VII – reciclagem do material.

CAPÍTULO VI – DA DIGITALIZAÇÃO DOS DOCUMENTOS DE GUARDA PERMANENTE

Art. 21. Os documentos administrativos e judiciais de guarda permanente, inalienáveis e imprescritíveis, constituem patrimônio arquivístico do Poder Judiciário e poderão ser digitalizados, conforme definido em política própria, para possibilitar o amplo acesso, a difusão, a pesquisa e a salvaguarda dos originais físicos, observados os seguintes requisitos:

I – os originais deverão ser mantidos no suporte em que foram produzidos e serão adotadas ações de conservação preventiva dos acervos custodiados pelas instituições arquivísticas do Poder Judiciário com o escopo de garantir sua preservação;

II – os documentos antigos e aqueles em frágil estado de conservação serão digitalizados mediante alimentador manual ou dispositivo não automatizado, a fim de mitigar riscos e garantir a integridade do suporte original;

III – o preparo e manuseio da documentação original deverão ser feitos com a observância de medidas de prevenção e corretivas de riscos, com higienização prévia à digitalização, sob supervisão e orientação da unidade responsável pelo arquivo permanente do órgão;

IV – a guarda dos documentos e processos judiciais e administrativos digitalizados, considerados de valor permanente, observará as normas previstas pelo Proname e pelos órgãos do Poder Judiciário em seu âmbito de competência;

V – os originais deverão ser gerenciados de forma correlacionada com os representantes digitais, por via dos metadados de gestão arquivística;

VI – deverá ser mantida a compatibilidade de suporte e de formato estabelecidos pela política de preservação digital institucional, além da disponibilidade de documentação técnica adequada para processamento e estruturação dos dados do documento de guarda permanente;

VII – deverão ser adotadas medidas que permitam a identificação do documento e o controle no momento de seu recolhimento para fins de preservação digital permanente;

VIII – a documentação permanente digitalizada será incluída em RDC-Arq, desenvolvido com software livre, gratuito e de código aberto, projetado para manter os dados em padrões de preservação digital e acesso em longo prazo;

IX – deverão ser empregadas ações para acesso e difusão da documentação, de acordo com os atos normativos do CNJ, do Conarq e de cada órgão.

CAPÍTULO VII – DA GESTÃO DE DOCUMENTOS DIGITALIZADOS

Art. 22. Os documentos digitalizados estão sujeitos ao regramento de gestão documental aplicável aos documentos natodigitais.

Art. 23. É vedada a seleção e a destinação dos processos físicos digitalizados, com temporalidade cumprida, separadamente dos autos eletrônicos.

Art. 24.O documento digitalizado deve ser inserido em sistema de gestão, que permita sua manutenção desde a captura, pelo tempo necessário, de forma a garantir a integridade, a autenticidade, a confidencialidade, a disponibilidade e a preservação, observados os seguintes requisitos:

I – o armazenamento com garantia de proteção contra alteração, destruição, acesso e reprodução não autorizados;

II – a indexação de metadados que possibilitem a localização e o gerenciamento do documento digitalizado e a conferência do procedimento de digitalização adotado;

III – a adoção de regras e procedimentos de tratamento de informações e controle de acesso em razão de restrição e sigilo.

CAPÍTULO VIII – DAS DISPOSIÇÕES FINAIS

Art. 25. O § 4º do art. 14 da Resolução CNJ nº 185/2013 passa a ter a seguinte redação:

"§ 4º Os documentos cuja digitalização mostre-se tecnicamente inviável devido ao grande volume, tamanho/ formato ou por motivo de ilegibilidade deverão ser apresentados em secretaria no prazo de 10 (dez) dias contados do envio de petição eletrônica comunicando o fato."

Art. 26. O art. 5º da Resolução CNJ nº 324/2020 passa a incluir os seguintes incisos:

"X – o Manual de Digitalização de Documentos do Poder Judiciário;

XI – a Listagem de Verificação para Seleção e Eliminação antecipadas de autos digitalizados, como anexo ao Manual do inciso anterior."

Art. 27. O art. 6º da Resolução CNJ nº 420/2021 passa a ter a seguinte redação:

"Art. 6º A digitalização dos processos físicos e sua gestão deverão observar as normas e os instrumentos do Programa Nacional de Gestão Documental e Memória do Poder Judiciário (Proname) do Conselho Nacional de Justiça, em especial a Resolução CNJ nº 324/2020.

Parágrafo único. As diretrizes, as normas e os requisitos necessários para a digitalização de documentos do Poder Judiciário são disciplinados em Resolução específica do Conselho Nacional de Justiça."

Art. 28. Revoga-se o art. 36 da Resolução CNJ nº 324/2020.

Art. 29. O Comitê do Programa Nacional de Gestão Documental e Memória do Poder Judiciário, no prazo de 60 (sessenta) dias a contar da publicação desta Resolução, submeterá proposta de minuta de Manual de Digitalização de Documentos do Poder Judiciário à Comissão Permanente de Gestão Documental e da Memória e à aprovação da Presidência do Conselho Nacional de Justiça, que o instituirá por portaria.

Art. 30. Aplicam-se as regulamentações legais e normativas do Conselho Nacional de Justiça e do Conselho Nacional de Arquivos à digitalização de processos judiciais e administrativos executada anteriormente à entrada em vigor desta Resolução.

Art. 31. Esta Resolução entra em vigor na data de sua publicação.

Ministro LUIZ FUX
DJe/CNJ 05/09/2022

RESOLUÇÃO Nº 541, DE 18 DE DEZEMBRO DE 2023 DO CONSELHO NACIONAL DE JUSTIÇA

Disciplina a instituição das comissões de heteroidentificação e o respectivo procedimento nos concursos públicos realizados no âmbito do Poder Judiciário, na forma prevista nas Resoluções CNJ nº 75/2009, 81/2009 e 203/2015.

▸ *Vide Resolução CNJ n. 81/2009 (Concursos públicos de provas e títulos, para a outorga das Delegações de Notas e de Registro, e minuta de edital)*

O PRESIDENTE DO CONSELHO NACIONAL DE JUSTIÇA (CNJ), no uso de suas atribuições legais e regimentais,

CONSIDERANDO o disposto na Lei nº 12.990/2014;

CONSIDERANDO o disposto na Lei nº 12.288/2010 (Estatuto da Igualdade Racial);

CONSIDERANDO o que foi decidido pelo Supremo Tribunal Federal na ADPF 186/ Distrito Federal, declarando constitucional ações afirmativas para promover a igualdade racial, bem como a ADC 41/Distrito Federal, que reputou legítima a utilização de critérios subsidiários de heteroidentificação à autodeclaração de pessoa negra;

CONSIDERANDO as Resoluções CNJ nº 81/2009, 203/2015 e 75/2009, as duas últimas alteradas pela Resolução CNJ nº 457/2022;

CONSIDERANDO o relatório da Pesquisa sobre Negros e Negras no Poder Judiciário, realizada por este CNJ e divulgada em 2021;

CONSIDERANDO a necessidade de auxiliar a uniformização dos procedimentos adotados pelos tribunais na composição de suas comissões de heteroidentificação;

CONSIDERANDO o que foi decidido no PCA nº 0002371-92.2022.2.00.0000;

CONSIDERANDO a decisão plenária tomada no procedimento Ato Normativo nº 0005090-13.2023.2.00.0000, na 19ª Sessão Ordinária, realizada em 13 de dezembro de 2023;

RESOLVE:

CAPÍTULO I – DAS DISPOSIÇÕES GERAIS

Art. 1º Disciplinar o procedimento de heteroidentificação complementar à autodeclaração dos(as) candidatos(as) negros(as), a ser previsto nos editais de abertura de concursos públicos para provimento de cargos no âmbito do Poder Judiciário, inclusive de ingresso na magistratura, e para a outorga das delegações de notas e de registro, para fins de preenchimento das vagas reservadas, previstas nas Resoluções CNJ nº 81/2009, 75/2009 e 203/2015, nos termos da Lei nº 12.990/2014.

Parágrafo único. O procedimento de heteroidentificação previsto nesta Resolução submete-se aos seguintes princípios e diretrizes:

I – respeito à dignidade da pessoa humana;

II – observância do contraditório, da ampla defesa e do devido processo legal;

III – garantia de padronização e de igualdade de tratamento entre candidatos(as) submetidos(as) ao procedimento de heteroidentificação promovido no mesmo concurso público;

IV – garantia da publicidade e do controle social do procedimento de heteroidentificação, resguardadas as hipóteses de sigilo previstas em lei;

V – atendimento ao dever de autotutela da legalidade pela administração pública;

VI – garantia da efetividade da ação afirmativa de reserva de vagas a candidatos(as) negros(as) nos concursos públicos de ingresso no serviço público do Poder Judiciário.

Art. 2º Para concorrer às vagas reservadas a candidatos(as) negros(as), o(a) postulante deverá assim se autodeclarar, no momento da inscrição no concurso público, de acordo com os critérios de raça e cor utilizados pela Fundação Instituto Brasileiro de Geografia e Estatística (IBGE).

§ 1º Os(as) candidatos(as) que se autodeclararem negros(as) indicarão em campo específico, no momento da inscrição, se pretendem concorrer pelo sistema de reserva de vagas reservadas.

§ 2º Os(as) candidatos(as) negros(as) que optarem pelas vagas reservadas na forma do §1º concorrerão concomitantemente àquelas destinadas à ampla concorrência, de acordo com sua classificação no concurso público.

Art. 3º A autodeclaração do(a) candidato(a) goza da presunção relativa de veracidade.

Parágrafo único. Sem prejuízo do disposto no *caput*, a autodeclaração do(a) candidato(a) será confirmada mediante procedimento de heteroidentificação.

Art. 4º Os editais de abertura de concursos públicos no âmbito do Poder Judiciário explicitarão as providências a serem adotadas no procedimento de heteroidentificação, nos termos da Lei nº 12.990/2014, bem como o local provável de sua realização.

CAPÍTULO II – DO PROCEDIMENTO PARA FINS DE HETEROIDENTIFICAÇÃO

Art. 5º Considera-se procedimento de heteroidentificação a identificação por terceiros da condição racial autodeclarada.

Art. 6º O procedimento de heteroidentificação será realizado por comissão criada especificamente para este fim.

§ 1º A comissão de heteroidentificação será constituída por cidadãos(ãs) que atendam, cumulativamente, os seguintes requisitos:

I – reputação ilibada;

II – residência no Brasil;

III – participação de curso, com carga horária mínima de 20h, sobre relações raciais e enfrentamento ao racismo, oferecidos por escolas de formação da magistratura, centros de educação judicial, instituições públicas ou privadas de ensino credenciadas pelo MEC, desde que, comprovadamente, adotem política de cotas e possuam comissões de heteroidentificação instituídas, devendo ser abordados os seguintes conteúdos mínimos:

a) construção social e histórica de raça, racismo e suas implicações na condição da pessoa negra no estado brasileiro;

b) estereótipo, preconceito e discriminação racial;

c) dimensões do racismo: estrutural, institucional, intersubjetivo, recreativo;

d) branquitude;

e) ações afirmativas, política de cotas e heteroidentificação;

f) políticas de igualdade racial no Brasil; e

g) legislação convencional, constitucional e infraconstitucional antirracista.

§ 2º A comissão de heteroidentificação será composta por, no mínimo, 5 (cinco) membros e seus suplentes, os quais atuarão nos casos de impedimento ou suspeição, nos termos dos arts. 18 a 21 da Lei nº 9.784/1999.

§ 3º A comissão de heteroidentificação, majoritariamente negra, será composta preferencialmente por pessoas brasileiras e deverá atender ao critério da diversidade de gênero.

Art. 7º O procedimento de heteroidentificação ocorrerá em 2 (duas) etapas.

§ 1º A primeira etapa será realizada a partir das fotos coletadas pela comissão de concurso no momento da inscrição no concurso público.

§ 2º Somente os(as) candidatos(as) cuja autodeclaração não for confirmada após verificação na primeira etapa, serão convocados(as) para a segunda etapa, com averiguação presencial ou telepresencial.

§ 3º O edital definirá se o procedimento de heteroidentificação será promovido sob a forma presencial ou, por decisão motivada, telepresencial, mediante utilização de recursos de tecnologia de comunicação.

§ 4º O procedimento de heteroidentificação ocorrerá na fase da inscrição preliminar ou definitiva, de acordo com os critérios de conveniência e oportunidade de cada tribunal.

§ 5º Serão considerados(as) inaptos(as) a concorrerem nas vagas reservadas para pessoas negras o(a) candidato(a) cuja autodeclaração não seja confirmada pela maioria dos membros da banca nas oitivas presenciais/telepresenciais.

§ 6º O(a) candidato(a) que não comparecer à etapa presencial/telepresencial perderá o direito de concorrer às vagas reservadas aos cotistas, embora permaneça no concurso pela ampla concorrência, caso tenha obtido a nota mínima exigida.

Art. 8º O procedimento de heteroidentificação será filmado e sua gravação será utilizada na análise de eventuais recursos interpostos pelos candidatos.

§ 1º A averiguação presencial/telepresencial será realizada por uma única banca e, durante o processo, o(a) candidato(a) deverá ler e assinar sua autodeclaração de pertencimento racial.

§ 2º O(A) candidato(a) que recusar a realização da filmagem do procedimento para fins de heteroidentificação, nos termos do *caput*, será eliminado(a) do concurso público.

Art. 9º A comissão de heteroidentificação utilizará exclusivamente o critério fenotípico para aferição da condição declarada pelo(a) candidato(a) no concurso público.

§ 1º Serão consideradas as características fenotípicas do(a) candidato(a) ao tempo da realização do procedimento de heteroidentificação.

§ 2º Não serão considerados, para os fins do *caput*, quaisquer registros ou documentos pretéritos eventualmente apresentados, inclusive imagem e certidões referentes à confirmação em procedimentos de heteroidentificação realizados em outros concursos públicos federais, estaduais, distritais e municipais.

Art. 10. Serão direcionados(as) para a lista de ampla concorrência do concurso público os(as) candidatos cujas autodeclarações não forem confirmadas em procedimento de heteroidentificação, salvo comprovada a má-fé em procedimento no qual seja assegurado o contraditório e a ampla defesa.

Art. 11. A comissão de heteroidentificação sempre deliberará pela maioria dos seus membros, sob forma de parecer motivado.

§ 1º As deliberações da comissão de heteroidentificação terão validade apenas para o concurso público para a qual foi designada, não servindo para outras finalidades.

§ 2º É vedado à comissão de heteroidentificação deliberar na presença dos(as) candidatos(as).

§ 3º O teor do parecer motivado será de acesso restrito, nos termos do art. 31 da Lei nº 12.527/2011.

§ 4º O resultado provisório do procedimento de heteroidentificação será publicado em sítio eletrônico da entidade responsável pela realização do certame, do qual constarão os dados de identificação do(a) candidato(a), a conclusão do parecer da comissão de heteroidentificação a respeito da confirmação da autodeclaração e as condições para exercício do direito de recurso pelo(a) interessado(a).

CAPÍTULO III – DA FASE RECURSAL

Art. 12. Os editais preverão a existência de comissão recursal.

§ 1º A comissão recursal será composta por 3 (três) integrantes distintos dos membros da comissão de heteroidentificação.

§ 2º Aplica-se à comissão recursal o disposto nos §§ 1º e 3º do art. 6º e no art. 11 desta Resolução.

Art. 13. Das decisões da comissão de heteroidentificação caberá recurso dirigido à comissão recursal, nos termos do edital.

Parágrafo único. Em face de decisão que não confirmar a autodeclaração, terá interesse recursal o(a) candidato(a) por ela prejudicado(a).

Art. 14. Em suas decisões, a comissão recursal deverá considerar a filmagem do procedimento para fins de heteroidentificação, o parecer emitido pela comissão e o conteúdo do recurso elaborado pelo(a) candidato(a).

§ 1º Das decisões da comissão recursal não caberá recurso

§ 2º O resultado definitivo do procedimento de heteroidentificação será publicado em sítio eletrônico da entidade responsável pela realização do certame e/ou do tribunal, do qual constarão os dados de identificação do(a) candidato(a) e a conclusão final a respeito da confirmação da autodeclaração.

CAPÍTULO IV – DO BANCO NACIONAL DE ESPECIALISTAS PARA COMPOSIÇÃO DE COMISSÕES DE HETEROIDENTIFICAÇÃO

Art. 15. Fica instituído o Banco Nacional de Especialistas para composição de comissões de heteroidentificação no âmbito do Poder Judiciário, para cadastramento de dados de profissionais com formação emquestões raciais, nos termos do art. 6º desta Resolução.

§ 1º Será franqueada consulta pública ao Banco Nacional de Especialistas para composição de comissões de heteroidentificação por meio de painel a ser disponibilizado no Portal do CNJ, ressalvados os dados sujeitos a acesso restrito, nos termos da Lei nº 13.709/2018.

§ 2º A inclusão de profissionais no Banco Nacional se dará a título honorífico, não importando em criação de vínculos empregatícios de qualquer natureza ou em autorização para que a pessoa cadastrada atue como representante do CNJ perante outras instituições.

Art. 16. O cadastramento de profissionais capacitados no Banco Nacional ocorrerá mediante requerimento da pessoa interessada, que deverá fornecer consentimento expresso, nos termos da Lei nº 13.709/2018, para a ampla divulgação dos seguintes dados:

I – nome;

II – cargo, função e vínculo profissional;

III – endereço eletrônico da Plataforma Lattes, se possuir, ou instrumento curricular congênere;

IV – titulação;

V – indicação do curso em questões raciais para o qual foi capacitada, com nome, carga horária e instituição responsável pela formação, nos termos do inciso III do § 1º do art. 6º desta Resolução.

§ 1º A pessoa interessada no cadastramento se responsabilizará pela veracidade das informações declaradas, ficando sujeita às sanções da legislação pertinente em caso de fornecimento de dados falsos.

§ 2º Ao requerer o cadastramento no Banco Nacional, a pessoa interessada poderá fornecer consentimento para que os meios de contato mencionados no § 1º deste artigo sejam compartilhados com outros órgãos do Poder Judiciário, mantido o caráter restrito da informação.

Art. 17. O CNJ poderá, a qualquer momento, tornar indisponível o cadastro de profissional que não atenda às condições estabelecidas nesta Resolução.

Art. 18. O CNJ poderá admitir, para os fins de composição do Banco Nacional, a utilização de profissionais cadastrados pelos tribunais, desde que seja comprovada a observância das diretrizes da Lei nº 13.709/2018 e das regras previstas nesta Resolução.

Art. 19. O Comitê Executivo do Fórum Nacional do Poder Judiciário pela Equidade Racial (Fonaer) funcionará como instância decisória acerca do funcionamento do Banco Nacional de Especialistas para composição de Comissões de Heteroidentificação, cabendo-lhe decidir sobre os casos omissos.

Parágrafo único. O Departamento de Tecnologia da Informação e Comunicação (DTI) e o Departamento de Pesquisas Judiciárias (DPJ) do CNJ prestarão o auxílio necessário à operacionalização técnica do Banco Nacional de Especialistas para composição de Comissões de Heteroidentificação.

CAPÍTULO V – DAS DISPOSIÇÕES FINAIS

Art. 20. O CNJ, subsidiado pelo Fonaer e em parceria com a ENFAM, realizará anualmente, no mínimo, um curso de formação e atualização em questões raciais com o objetivo de capacitar profissionais para a composição de comissões de heteroidentificação.

Art. 21. Esta Resolução entra em vigor em 120 (cento e vinte dias) após sua publicação.

Ministro **Luís Roberto Barroso**

RESOLUÇÕES DO CONSELHO DE CONTROLE DE ATIVIDADES FINANCEIRAS – COAF

RESOLUÇÃO Nº 31, DE 7 DE JUNHO DE 2019

Dispõe sobre os procedimentos a serem observados pelas pessoas físicas e jurídicas reguladas pelo Coaf, na forma do §1º do art. 14 da Lei nº 9.613, de 3 de março de 1998, para cumprimento de sanções impostas nos termos da Lei nº 13.810, de 8 de março de 2019; e para as comunicações de que trata o art. 11 da Lei nº 9.613, de 3 de março de 1998, relacionadas a terrorismo e seu financiamento.

- *Enunciado 5 do XXI Congresso de Direito Notarial de Setembro de 2016*
- *Vide Lei n. 9.613/1998 (Crimes de Lavagem de Dinheiro)*
- *Vide Provimento CNJ 108/2020 (Envio de dados estatísticos pelas Corregedorias-Gerais de Justiça dos Estados e do Distrito Federal, relativos à fiscalização das obrigações impostas a notários e registradores de todo o Brasil)*
- *Vide Provimento CNJ 161/2024 (Lavagem de Dinheiro), incorporado aos arts.137 a 181 do Provimento CNJ n. 149/2023 (CNN)*

O Presidente do Conselho de Controle de Atividades Financeiras – Coaf, no uso da atribuição que lhe confere o inciso IV do art. 9º do Estatuto aprovado pelo Decreto nº 9.663, de 1º de janeiro de 2019, e tendo em vista o disposto no Decreto nº 5.640, de 26 de dezembro de 2005, que promulgou a Convenção Internacional para a Supressão do Financiamento do Terrorismo, adotada pela Assembleia-Geral das Nações Unidas, em 9 de dezembro de 1999, e na Lei nº 13.810, de 8 de março de 2019, que dispõe sobre o cumprimento de sanções impostas por resoluções do Conselho de Segurança das Nações Unidas – CSNU, torna público que o Plenário do Conselho, em sessão realizada nos dias 8 e 9 de maio de 2019, com base no § 1º do art. 14 da Lei nº 9.613, de 3 de março de 1998, resolveu:

Art. 1º Esta Resolução estabelece orientações a serem observadas pelas pessoas físicas e jurídicas que exercem as atividades listadas no artigo 9º da Lei nº 9.613, de 3 de março de 1998, e que são sujeitas à regulação do Coaf, no cumprimento da Lei nº 13.810, de 8 de março de 2019, que dispõe sobre a aplicação imediata de sanções, incluída a indisponibilidade de ativos, impostas por resoluções do Conselho de Segurança das Nações Unidas (CSNU), ou por designações de seus comitês de sanções, por requerimento de autoridade central estrangeira, e por eventuais designações nacionais de pessoas investigadas ou acusadas de terrorismo, de seu financiamento ou de atos a ele correlacionados.

§1º As orientações estabelecidas nesta Resolução são complementares às demais normas do Coaf.

§2º É vedado às pessoas de que trata o *caput* descumprir, por ação ou omissão, sanções impostas por resoluções do CSNU ou por designações de seus comitês de sanções, em benefício de pessoas naturais, pessoas jurídicas, ou entidades sancionadas, inclusive para disponibilizar ativos, direta ou indiretamente, em favor dessas pessoas ou entidades.

Art. 2º As pessoas de que trata o art. 1º devem:

I – implantar procedimentos e controles internos para a identificação, entre seus clientes, de pessoas físicas, de pessoas jurídicas ou de entidades submetidas às sanções de que trata de Lei nº 13.810, de 2019; e

II – adotar ações de treinamento de empregados para a execução das medidas instituídas por esta norma.

Art. 3º No cumprimento das sanções de que trata o art. 1º, as pessoas nele referidas providenciarão, sem demora e sem aviso prévio aos sancionados, na forma da Lei nº 13.810, de 2019, a indisponibilidade de ativos de titularidade, direta ou indireta, de pessoas físicas, de pessoas jurídicas ou de entidades submetidas àquelas sanções.

§1º Devem ser imediatamente comunicadas ao Coaf e ao Ministério da Justiça e Segurança Pública:

I – a indisponibilidade de ativos de que trata o *caput* e eventuais tentativas de transferência dos ativos; e

II – a existência de ativos sujeitos às sanções e as eventuais razões que constituam impedimento para a não adoção da indisponibilidade de ativos, se for o caso.

§2º Também será objeto de comunicação imediata ao Coaf a decisão judicial que determine a liberação total ou parcial dos ativos (que estavam) indisponíveis.

Art. 4º As pessoas de que trata o art. 1º, em observância ao disposto no art. 11, inciso I, da Lei nº 9.613, 1998, devem comunicar ao Coaf, sem demora e sem aviso prévio aos sancionados, independentemente do valor, as operações realizadas, os serviços prestados, ou propostas para sua realização, que:

I – envolvam as pessoas que perpetrem ou intentem perpetrar atos terroristas ou deles participem ou facilitem o seu cometimento, ou as entidades pertencentes ou controladas, direta ou indiretamente, por essas pessoas, bem como por pessoas e entidades atuando em seu nome ou sob seu comando;

II – possam constituir-se em sérios indícios dos atos de financiamento ao terrorismo, previstos na Convenção Internacional para Supressão do Financiamento do Terrorismo, internalizada no ordenamento jurídico nacional por meio do Decreto nº 5.640, de 26 de dezembro de 2005;

III – possam constituir-se em sérios indícios dos crimes previstos na Lei nº 13.260, de 16 de março de 2016.

Art. 5º As comunicações de que tratam os arts. 3º e 4º devem ser efetuadas em meio eletrônico pelo sítio do Coaf.

Parágrafo único. As informações fornecidas ao Coaf serão protegidas por sigilo.

Art. 6º As pessoas de que trata o art. 1º, bem como os seus administradores, que deixarem de cumprir as obrigações desta Resolução, sujeitam-se às sanções previstas no art. 12 da Lei nº 9.613, de 1998, na forma do disposto no Decreto nº 9.663, de 1º de janeiro de 2019.

Art. 7º O Coaf indicará em seu sítio na internet acesso à lista de pessoas sujeitas às sanções de que trata a Lei nº 13.810, de 2019.

Art. 8º Esta Resolução entra em vigor na data de sua publicação.

ROBERTO LEONEL DE OLIVEIRA LIMA

DOU DE 11/06/2019

RESOLUÇÃO COAF Nº 40, DE 22 DE NOVEMBRO DE 2021

Dispõe sobre os procedimentos a serem observados, em relação a pessoas expostas politicamente, por aqueles que se sujeitam à supervisão do Conselho de Controle de Atividades Financeiras – Coaf na forma do § 1º do art. 14 da Lei nº 9.613, de 3 de março de 1998.

- *Enunciado 5 do XXI Congresso de Direito Notarial de Setembro de 2016*
- *Vide Provimento CNJ 88/2019*
- *Vide Provimento CNJ 108/2020*

O PRESIDENTE DO CONSELHO DE CONTROLE DE ATIVIDADES FINANCEIRAS - COAF, no uso da atribuição que lhe confere o inciso IV do art. 9º do Estatuto aprovado pelo Decreto nº 9.663, de 1º de janeiro de 2019, mantido em sua vigência, no que compatível com a Lei nº 13.974, de 7 de janeiro de 2020, na forma do art. 9º da Lei nº 13.901, de 11 de novembro de 2019, torna público que o Plenário do Conselho, em sessão realizada em 7 de outubro de 2021, com fundamento no art. 8º, incisos I, II e IV, do referido Estatuto, e tendo em vista o disposto no § 1º do art. 14 da Lei nº 9.613, de 3 de março de 1998, resolveu:

Art. 1º As pessoas que se sujeitam à supervisão do Conselho de Controle de Atividades Financeiras - Coaf na forma dos arts. 9º e 14, § 1º, da Lei nº 9.613, de 3 de março de 1998, devem adotar as providências previstas nesta Resolução para o acompanhamento de operações ou propostas de operação que envolvam pessoas expostas politicamente.

§ 1º Para fins do disposto nesta Resolução, consideram-se pessoas expostas politicamente:

I - os detentores de mandatos eletivos dos Poderes Executivo e Legislativo da União;

II - os ocupantes de cargo, no Poder Executivo da União, de:

a) Ministro de Estado ou equiparado;

b) Natureza Especial ou equivalente;

c) Presidente, Vice-Presidente e Diretor, ou equivalentes, de entidades da administração pública indireta; e

d) Direção e Assessoramento Superior - DAS de nível 6 ou equivalente;

III - os membros do Conselho Nacional de Justiça, do Supremo Tribunal Federal, dos Tribunais Superiores, dos Tribunais Regionais Federais, dos Tribunais Regionais do Trabalho, dos Tribunais Regionais Eleitorais, do Conselho Superior da Justiça do Trabalho e do Conselho da Justiça Federal;

IV - os membros do Conselho Nacional do Ministério Público, o Procurador-Geral da República, o Vice-Procurador-Geral da República, o Procurador-Geral do Trabalho, o Procurador-Geral da Justiça Militar, os Subprocuradores-Gerais da República e os Procuradores-Gerais de Justiça dos Estados e do Distrito Federal;

V - os membros do Tribunal de Contas da União, o Procurador-Geral e os Subprocuradores-Gerais do Ministério Público junto ao Tribunal de Contas da União;

VI - os Presidentes e Tesoureiros nacionais, ou equivalentes, de partidos políticos;

VII - os Governadores e Secretários de Estado e do Distrito Federal, os Deputados Estaduais e Distritais, os Presidentes, ou equivalentes, de entidades da administração pública indireta estadual e distrital e os Presidentes de Tribunais de Justiça, Militares, de Contas ou equivalentes de Estado e do Distrito Federal;

VIII - os Prefeitos, os Vereadores, os Secretários Municipais, os Presidentes, ou equivalentes, de entidades da administração pública indireta municipal e os Presidentes de Tribunais de Contas de Municípios ou equivalentes.

§ 2º Para fins do disposto nesta Resolução, também são consideradas pessoas expostas politicamente aquelas que, no exterior, sejam:

I - chefes de estado ou de governo;

II - políticos de escalões superiores;

III - ocupantes de cargos governamentais de escalões superiores;

IV - oficiais generais e membros de escalões superiores do poder judiciário;

V - executivos de escalões superiores de empresas públicas;

VI - dirigentes de partidos políticos.

§ 3º Para fins do disposto nesta Resolução, também são consideradas pessoas expostas politicamente os dirigentes de escalões superiores de entidades de direito internacional público ou privado.

§ 4º Para identificação de pessoas expostas politicamente que se enquadrem no § 1º deste artigo ou para confirmação do seu enquadramento em hipótese contemplada em tal dispositivo, devem ser consultadas bases de dados oficiais disponibilizadas pelo Poder Público, a exemplo da relação de pessoas expostas politicamente mantida pela Controladoria-Geral da União - CGU no Portal da Transparência, disponibilizada também pelo Sistema de Controle de Atividades Financeiras - Siscoaf.

§ 5º Para fins de identificação de pessoas expostas politicamente que se enquadrem nos §§ 2º e 3º deste artigo ou para confirmação do seu enquadramento em hipótese contemplada em tais dispositivos, deve-se recorrer a fontes abertas e a bases de dados públicas e privadas.

§ 6º A condição de pessoa exposta politicamente perdura por cinco anos contados da data em que a pessoa deixou de figurar em posição contemplada no § 1º, no § 2º ou no § 3º deste artigo.

Art. 2º As pessoas reguladas pelo Coaf devem dedicar especial atenção às operações ou propostas de operações envolvendo pessoa exposta politicamente, bem como com seus familiares, estreitos colaboradores e ou pessoas jurídicas de que participem, observando, nos casos de maior risco, pelo menos os seguintes procedimentos:

I - obter a autorização prévia do sócio administrador para o estabelecimento de relação de negócios ou para o prosseguimento de relações já existentes;

II - adotar devidas diligências para estabelecer a origem dos recursos;

III - conduzir monitoramento reforçado e contínuo da relação de negócio.

§ 1º Para fins do disposto no caput são considerados familiares os parentes, na linha direta, até o segundo grau, o cônjuge, o companheiro, a companheira, o enteado e a enteada.

§ 2º Para fins do disposto no caput são considerados estreitos colaboradores:

I - pessoas naturais que são conhecidas por terem sociedade ou propriedade conjunta em pessoas jurídicas de direito privado ou em arranjos sem personalidade jurídica, que figurem como mandatárias, ainda que por instrumento particular, ou possuam qualquer outro tipo de estreita relação de conhecimento público com uma pessoa exposta politicamente;

II - pessoas naturais que têm o controle de pessoas jurídicas de direito privado ou em arranjos sem personalidade jurídica, conhecidos por terem sido criados para o benefício de uma pessoa exposta politicamente.

Art. 3º Àqueles mencionados no art. 1º, bem como aos seus administradores, que deixarem de cumprir os deveres disciplinados nesta Resolução serão aplicadas pelo Coaf, cumulativamente ou não, as sanções previstas no art. 12 da Lei nº 9.613, de 1998.

Art. 4º Fica revogada, com a entrada em vigor desta Resolução, a Resolução nº 29, de 7 de dezembro de 2017, do Coaf.

Art. 5º Esta Resolução entra em vigor em 1º de dezembro de 2021.

RICARDO LIÃO

DOU 23/11/2021

PROVIMENTOS DO CONSELHO NACIONAL DE JUSTIÇA – CNJ

PROVIMENTO Nº 23, DE 24 DE OUTUBRO DE 2012**

Dispõe sobre a restauração de livros extraviados ou danificados no serviço extrajudicial de notas e de registro.

Situação: Revogado e incorporado aos ***arts. 197 a 205 do Provimento CNJ n. 149/2023*** *(Código Nacional de Normas da Corregedoria Nacional de Justiça– Foro Extrajudicial (CNN/CN/CNJ-EXTRA)*

‣ *Vide "Considerações" deste Provimento*

O CORREGEDOR NACIONAL DE JUSTIÇA, Ministro Francisco Falcão, no uso de suas atribuições legais e constitucionais;

CONSIDERANDO que em revisão de inspeção realizada no Estado do Pará foi constatada, em delegação de Registro de Imóveis, a prática de abertura de nova matrícula para imóvel tendo por base, apenas, certidão de registro anterior expedida pela mesma unidade do serviço extrajudicial, sem a conferência da existência e do teor do correspondente registro em livro próprio;

CONSIDERANDO que igual prática, caracterizadora de vício na prestação do serviço, também foi constada em unidade distinta do serviço extrajudicial de Registro de Imóveis, no Estado do Piauí;

CONSIDERANDO a verificação, nas inspeções realizadas, de que essa prática irregular é, em geral, adotada quando o livro em que supostamente contido o registro objeto da certidão anteriormente expedida não mais permite manuseio em razão de deterioração ou eventual extravio, ou quando o título protocolado para registro é devolvido ao apresentante com anotação de que praticado o ato registrário embora sem ter efetivamente ocorrido o seu correspondente lançamento na matrícula respectiva;

CONSIDERANDO a necessidade de correta observação das normas atinentes à prestação do serviço extrajudicial de registro de imóveis, para que atenda sua finalidade de proporcionar segurança jurídica;

CONSIDERANDO a necessidade de se promover a restauração dos livros extraviados ou danificados de forma a impedir seu manuseio e uso, para a correta prestação do serviço extrajudicial de notas e de registro;

PROVIMENTO Nº 24, DE 23 DE OUTUBRO DE 2012

Dispõe sobre a alimentação dos dados no sistema "Justiça Aberta".

O Corregedor Nacional de Justiça, no uso de suas atribuições legais e regimentais,

CONSIDERANDO o disposto no art. 8º, X e XV do Regimento Interno do Conselho Nacional de Justiça;

CONSIDERANDO a necessidade de regulamentar datas limite para alimentação dos dados, pelos magistrados, serventias judiciais e serviços notariais e de registro, no sistema "Justiça Aberta" mantido pelo Conselho Nacional de Justiça;

RESOLVE:

Art. 1º. Os órgãos judiciários de 1ª a 2ª Instância deverão alimentar mensalmente e diretamente, via internet, todos os dados no sistema "Justiça Aberta" até o dia 10 seguinte a cada mês (ou até o próximo dia útil subseqüente), devendo também manter atualizadas quaisquer alterações cadastrais.

Art. 2º. Os responsáveis pelos serviços notariais e de registro deverão alimentar semestralmente e diretamente, via internet, todos os dados no sistema "Justiça Aberta" até o dia 15 (quinze) dos meses de JANEIRO e JULHO (ou até o próximo dia útil subsequente), devendo também manter atualizadas quaisquer alterações cadastrais, em até 10 (dez) dias após suas ocorrências.

Parágrafo único. A obrigatoriedade contida neste artigo abrange também os dados de produtividade, arrecadação, bem como os cadastros de eventuais Unidades Interligadas que conectem unidades de saúde e serviços de registro civil.

Art. 3º. Este Provimento entra em vigor na data da sua publicação.

Ministro Francisco Falcão
Corregedor Nacional de Justiça
(DJE 25.10.2012)

PROVIMENTO Nº 25, DE 12 DE NOVEMBRO DE 2012

Dispõe sobre a regulamentação do uso do Malote Digital pelas serventias extrajudiciais de notas e de registro.

‣ *Vide art. 207 do Provimento CNJ n. 149/2023 (CNN)*

O Corregedor Nacional de Justiça, no uso de suas atribuições legais e regimentais,

CONSIDERANDO o disposto no art. 8º, X do Regimento Interno do Conselho Nacional de Justiça;

CONSIDERANDO o disposto na Resolução CNJ nº 100 de 24/11/2009 que trata da comunicação oficial, por meio eletrônico no âmbito do Poder Judiciário;

CONSIDERANDO o disposto no Art. 7º da Lei 11.419/2006, prevendo que as comunicações entre órgãos do Poder Judiciário serão feitas, preferencialmente, por meio eletrônico, medida que pode ser estendida aos serviços extrajudiciais e;

CONSIDERANDO a economia, celeridade e eficiência alcançadas com a utilização do Sistema Hermes – Malote Digital por diversos Tribunais;

RESOLVE:

Art. 1º. As comunicações entre as serventias extrajudiciais de notas e de registro e entre estas e os órgãos do Poder Judiciário, serão realizadas com a utilização do Sistema Hermes – Malote Digital, nos termos deste Provimento e da regulamentação constante de seu Anexo.

Parágrafo único. O disposto no *caput* não se aplica nas hipóteses em que for necessária a remessa de documentos físicos e não substituiu outros sistemas para remessa de documentos eletrônicos.

Art. 2º. Os Tribunais de Justiça dos Estados providenciarão, no prazo de 90 (noventa) dias, o cadastramento de uma Unidade Organizacional – UO para cada uma das serventias existentes, além dos usuários responsáveis por cada uma delas, o que deverá obedecer ao padrão constante na "árvore/Unidade Organizacional" conforme constante no anexo deste Provimento.

§ 1º. Tais "UOs" deverão ser mantidas atualizadas (incluídas ou excluídas) de acordo com a relação geral de serventias extrajudiciais prevista no Sistema Justiça Aberta sob o código Cadastro Nacional de Serventias – CNS, e as senhas dos usuários deverão ser atualizadas sempre que houver alteração na titularidade da serventia.

§ 2º. Não serão mantidos "UOs" autônomos para serventias com acervos recolhidos.

Art. 3º. Os Tribunais poderão, no âmbito de suas competências, expedir normas complementares de utilização do sistema, não conflitantes com o presente Provimento.

Art. 4º. Deverão os Tribunais manter pública no sítio na internet a relação das serventias que estiverem em situação de ausência de comunicação com a rede mundial de computadores ou de falta de estrutura de equipamentos de acesso, recomendando-se, tanto quanto possível, que envidem esforços para que venham a utilizar o sistema.

Art. 5º. Este Provimento entrará em vigor na data de sua publicação.

Conselheiro Jefferson Kravchychyn
Corregedor Nacional de Justiça
(em substituição legal)
(DJE 14.11.2012)

◉ ANEXO I – CGJ – CORREGEDORIA GERAL DE JUSTIÇA

SERVENTIAIS EXTRAJUDIAIS

- Cartórios com competência múltipla ou unificada
- Municípios (em ordem alfabética)
- Cartórios (em ordem pelo número ordinal – 1º, 2º, 3º ofício, etc.)
- Distritos do Município (quando houver)
- Cartórios (em ordem pelo número ordinal – 1º, 2º, 3º ofício, etc.)
- Subdistritos do Município (quando houver)
- Cartórios (em ordem pelo número ordinal – 1º, 2º, 3º ofício, etc.)

REGISTRO CIVIL DE PESSOAS NATURAIS

- Municípios (em ordem alfabética)
- Cartórios (em ordem pelo número ordinal – 1º, 2º, 3º ofício, etc.)
- Distritos do Município (quando houver)
- Cartórios (em ordem pelo número ordinal – 1º, 2º, 3º ofício, etc.)
- Subdistritos do Município (quando houver)
- Cartórios (em ordem pelo número ordinal – 1º, 2º, 3º ofício, etc.)

REGISTRO DE TÍTULOS DOCUMENTOS E CIVIL DE PESSOA JURÍDICA

- Municípios (em ordem alfabética)
- Cartórios (em ordem pelo número ordinal – 1º, 2º, 3º ofício, etc.)
- Distritos do Município (quando houver)
- Cartórios (em ordem pelo número ordinal – 1º, 2º, 3º ofício, etc.)
- Subdistritos do Município (quando houver)
- Cartórios (em ordem pelo número ordinal – 1º, 2º, 3º ofício, etc.)

REGISTRO DE IMÓVEIS

- Municípios (em ordem alfabética)
- Cartórios (em ordem pelo número ordinal – 1º, 2º, 3º ofício, etc.)
- Distritos do Município (quando houver)
- Cartórios (em ordem pelo número ordinal – 1º, 2º, 3º ofício, etc.)
- Subdistritos do Município (quando houver)
- Cartórios (em ordem pelo número ordinal – 1º, 2º, 3º ofício, etc.)

TABELIÃO DE NOTAS

- Municípios (em ordem alfabética)
- Cartórios (em ordem pelo número ordinal – 1º, 2º, 3º ofício, etc.)
- Distritos do Município (quando houver)
- Cartórios (em ordem pelo número ordinal – 1º, 2º, 3º ofício, etc.)
- Subdistritos do Município (quando houver)
- Cartórios (em ordem pelo número ordinal – 1º, 2º, 3º ofício, etc.)

TABELIÃO DE PROTESTO DE TÍTULOS E DOCUMENTOS

- Municípios (em ordem alfabética)
- Cartórios (em ordem pelo número ordinal – 1º, 2º, 3º ofício, etc.)
- Distritos do Município (quando houver)
- Cartórios (em ordem pelo número ordinal – 1º, 2º, 3º ofício, etc.)
- Subdistritos do Município (quando houver)
- Cartórios (em ordem pelo número ordinal – 1º, 2º, 3º ofício, etc.)

DISTRIBUIDOR

- Municípios (em ordem alfabética)
- Cartórios (em ordem pelo número ordinal – 1º, 2º, 3º ofício, etc.)
- Distritos do Município (quando houver)
- Cartórios (em ordem pelo número ordinal – 1º, 2º, 3º ofício, etc.)
- Subdistritos do Município (quando houver)
- Cartórios (em ordem pelo número ordinal – 1º, 2º, 3º ofício, etc.)

PROVIMENTO Nº 41, DE 06 DE OUTUBRO DE 2014

Dispõe sobre a elaboração, a redação, a alteração e a consolidação dos atos normativos expedidos pela Corregedoria Nacional de Justiça.

A CORREGEDORA NACIONAL DE JUSTIÇA, no uso de suas atribuições legais e regimentais,

RESOLVE:

Art. 1º A elaboração, a redação, a alteração e a consolidação dos atos normativos expedidos pela Corregedoria Nacional de Justiça observarão ao disposto neste Provimento.

TÍTULO I – DA ELABORAÇÃO DOS ATOS NORMATIVOS

CAPÍTULO I – DO OBJETO E DO ASSUNTO DOS ATOS NORMATIVOS

SEÇÃO I – DO OBJETO DOS ATOS NORMATIVOS

Art. 2º O primeiro artigo do texto indicará o objeto e o âmbito de aplicação do ato normativo a ser editado.

§ 1º O ato normativo terá um único objeto.

§ 2º Os atos normativos não conterão matéria estranha ao seu objeto, ou a este não vinculada por afinidade, pertinência ou conexão.

SEÇÃO II – DO ASSUNTO DOS ATOS NORMATIVOS

Art. 3º Idêntico assunto não será disciplinado por mais de um ato normativo da mesma espécie, podendo, por remissão expressa na ementa e em seu art. 1º, um ato de menor força regulamentar matéria já tratada em outro, considerado geral e superior.

CAPÍTULO II – DA ESTRUTURA DOS ATOS NORMATIVOS

Art. 4º Os atos normativos expedidos pela Corregedoria Nacional de Justiça levarão, centralizados no alto da página, o Brasão da República; o nome do Conselho Nacional de Justiça e da Corregedoria Nacional de Justiça, no padrão utilizado pelo Conselho Nacional de Justiça.

Art. 5º O texto dos atos normativos serão redigidos em Times New Roman, tamanho 12 (doze), salvo a epígrafe que será redigida em maiúsculo, no tamanho 14 (quatorze) e em negrito.

Parágrafo único. A referência à autoridade signatária no preâmbulo do ato, o comando legislativo e a grafia dos artigos, parágrafos, incisos, alínea e números, serão em negrito e na forma estabelecida neste Provimento.

Art. 6º A referência à espécie do ato normativo, observado o disposto no art. 5º deste Provimento, deverá conter:

I – o título designativo da espécie de ato acompanhado;

II – a expressão "Nº", seguida do número sequencial em algarismo arábico; e

III – a data de sua assinatura.

Art. 7º A numeração dos atos normativos será sequencial e contínua para cada espécie.

§ 1º Os atos normativos editados a partir da data da entrada em vigor deste Provimento, que por qualquer motivo sejam revogados, manterão sua numeração original e esta não poderá ser reaproveitada.

§ 2º A numeração dos atos normativos terá três dígitos.

Art. 8º A ementa ficará recuada e no alinhamento da data do título designativo da espécie do ato normativo, será sucinta e redigida em linguagem técnica e objetiva, preferencialmente composta por frases curtas ou títulos, de maneira a representar a matéria tratada no ato normativo.

Parágrafo único. A ementa será redigida em Times New Roman, em tamanho 12, em itálico e em negrito.

Art. 9º. O preâmbulo deverá ser grafado com um "TAB" da margem da folha, indicando a autoridade signatária e a base legal para sua edição, observado o disposto no parágrafo único do art. 5º deste Provimento.

Art. 10. O comando legislativo deverá ser grafado no alinhamento do preâmbulo, em maiúsculo, em negrito e com as letras separadas entre si, por um espaço, exemplo "R E S O L V E:".

Art. 11. O primeiro artigo do texto deverá retratar o objeto e o respectivo âmbito de aplicação do ato normativo, bem como, a perfeita sintonia com a ementa e, ainda, observar os seguintes princípios:

I – cada ato normativo tratará de um único objeto, ou regulamentará um outro ato normativo único; e

II – o ato não conterá matéria estranha a seu objeto ou a este não vinculada por afinidade, pertinência ou conexão.

CAPÍTULO III – DA ARTICULAÇÃO E DA REDAÇÃO DOS ATOS NORMATIVOS

SEÇÃO I – DA ARTICULAÇÃO DOS ATOS NORMATIVOS

Art. 12. Os textos normativos da Corregedoria Nacional de Justiça serão articulados com a observância dos seguintes princípios:

I – a unidade básica é o artigo, indicado pela abreviatura "Art.", seguida de numeração ordinal até o nono e cardinal a partir deste;

a) a expressão "ART" deverá iniciar o texto do artigo separada da margem da folha por um "TAB"; e

b) o texto do artigo deverá sempre ser iniciado com letra maiúscula e terminar com ponto.

II – os artigos poderão se desdobrar em parágrafos ou em incisos; os parágrafos em incisos; os incisos em alíneas; e as alíneas em itens;

a) aos parágrafos aplica-se o disposto nas alíneas a e b do inciso I deste artigo;

b) o texto dos incisos, das alíneas e dos itens será iniciado sempre por letra minúscula, observado o disposto na alínea a do inciso I deste artigo e termina com:

1) ponto e vírgula;

2) dois pontos, quando se desdobrar; ou

3) ponto, na hipótese de ser o último.

III – os parágrafos serão representados pelo sinal gráfico "§", seguido de numeração ordinal até o nono e cardinal a partir deste, utilizando-se, quando existente apenas um, a expressão "Parágrafo único", seguido de ponto, tudo em negrito, observado o disposto nas alíneas a e b do inciso I deste artigo;

IV – os incisos serão representados por algarismos romanos, seguidos de um espaço, um traço e outro espaço, as alíneas por letras minúsculas seguidas de parêntese e o item por algarismos arábicos seguidos por parênteses, todos em negrito;

V – o agrupamento de artigos poderá constituir-se em uma Subseção; o de Subseções em Seção; o de Seções em Capítulo; o de Capítulos em Título; o de Títulos em Livro e o de Livros em Parte;

VI – as Partes, os Livros, os Títulos e os Capítulos serão grafados em letras maiúsculas, em negrito no centro da página e identificados por algarismos romanos, podendo estes últimos desdobrar-se em Parte Geral e Parte Especial;

VII – as Subseções e Seções serão identificadas em algarismos romanos, grafadas em letras minúsculas no centro da página e postas em negrito; e

VIII – a composição prevista no inciso V poderá também compreender agrupamentos de Disposições Preliminares, Gerais, Finas ou Transitórias, conforme necessário.

SEÇÃO II – DA REDAÇÃO DOS ATOS NORMATIVOS

Art. 13. Serão grafadas:

I – as conjunções e ou "ou" no penúltimo inciso, alínea ou item, conforme a sequência de dispositivos seja, respectivamente, cumulativa ou disjuntiva;

II – as datas da seguinte forma:

a) 7 de setembro de 1890 e não 07 de setembro de 1890;

b) 1º de janeiro de 2015 e não 01 de janeiro de 2015; e

c) a indicação do ano sem o ponto entre as casas do milhar e da centena.

III – as referências a atos normativos da seguinte forma:

a) Lei nº 8.112, de 11 de dezembro de 1990, na ementa, no preâmbulo, na primeira remissão e na cláusula de revogação; e

b) Lei nº 8.112, de 1990, nas demais remissões.

Art. 14. As disposições normativas serão redigidas com clareza, precisão e ordem lógica, observadas as seguintes normas:

I – para obtenção de clareza:

a) usar as palavras e as expressões em seu sentido comum, salvo quando a norma versar sobre assunto técnico, hipótese em que se empregará a nomenclatura própria da área em que se esteja normatizando;

b) usar frases curtas e concisas, construindo orações na ordem direta, evitando preciosismo, neologismo e adjetivações dispensáveis;

c) buscar a uniformidade do tempo verbal em todo o texto das normas legais, dando preferência ao tempo presente ou ao futuro do presente simples; e

d) usar os recursos de pontuação de forma judiciosa, evitando os abusos de estilo.

II – para obtenção de precisão:

a) expressar a ideia, quando repetida no texto, por meio das mesmas palavras, evitando o emprego de sinonímia com propósito meramente de estilo;

b) escolher termos que tenham o mesmo sentido e significado na maior parte do território nacional, evitando o uso de expressões locais ou regionais;

c) usar apenas siglas consagradas pelo uso, observado o princípio de que a primeira referência no texto seja acompanhada de explicação de seu significado: exemplo "Conselho Nacional de Justiça – CNJ";

d) grafar por extenso quaisquer referências a números e percentuais, exceto data, número de lei e nos casos em que houver prejuízo para a compreensão do texto;

e) indicar, expressamente, o dispositivo objeto de remissão, em vez de usar as expressões "anterior", "seguinte", ou "equivalente"; e

f) as palavras e as expressões em latim ou em outros idiomas, quando absolutamente indispensáveis, deverão ser grafadas em itálico.

III – para obtenção de ordem lógica:

a) restringir o conteúdo de cada artigo da lei a um único assunto ou princípio;

b) expressar por meio dos parágrafos os aspectos complementares à norma enunciada no *caput* do artigo e as exceções à regra por este estabelecida; e

c) promover as discriminações e enumerações por meio dos incisos, alíneas e itens.

CAPÍTULO IV – DA CLÁUSULA DE REVOGAÇÃO, DA VIGÊNCIA E DA CONTAGEM DE PRAZO NOS ATOS NORMATIVOS

SEÇÃO I – DA CLÁUSULA DE REVOGAÇÃO DOS ATOS NORMATIVOS

Art. 15. A cláusula de revogação relacionará, de forma expressa, todas as disposições que serão revogadas com a entrada em vigor do ato normativo proposto, não existindo, portanto, a figura da revogação tácita.

Parágrafo único. O artigo que trata da revogação, quando houver, será o penúltimo do texto normativo.

SEÇÃO II – DA VIGÊNCIA DOS ATOS NORMATIVOS

Art. 16. O texto indicará de forma expressa a vigência do ato normativo.

§ 1º A cláusula "entra em vigor na data de sua publicação" somente será utilizada nos atos normativos de menor repercussão, ou que disso dependa a sua eficiência e eficácia.

§ 2º Nos atos normativos de maior repercussão, ou que dependam de regulamentação ou outra providência, será:

I – estabelecido período de vacância razoável para que deles se tenha amplo conhecimento; e

II – utilizada a cláusula "este ....(espécie de ato)... entra em vigor após decorridos (nº de) dias de sua publicação".

Art. 17. O artigo que trata da cláusula de vigência será o último do texto do ato normativo.

SEÇÃO III – DA CONTAGEM DOS PRAZOS DOS ATOS NORMATIVOS

Art. 18. A contagem do prazo para entrada em vigor dos atos normativos que estabeleçam período de vacância far-se-á incluindo o dia do começo e o último dia do prazo, entrando em vigor no dia subsequente à sua consumação integral.

CAPÍTULO V – DO ENCAMINHAMENTO DA PROPOSTA DE EDIÇÃO DO ATO NORMATIVO

Art. 19. As propostas de edição de ato normativo serão encaminhadas ao Corregedor Nacional de Justiça, mediante exposição de motivos, a qual deverá conter:

I – as notas explicativas e justificativas da proposição, fundamentando a edição do ato normativo;

II – explicitar a razão de o ato proposto ser o melhor instrumento normativo para disciplinar a matéria;

III – apontar, se for a hipótese, os atos existentes que serão afetados ou revogados pela proposição; e

IV – discorrer sobre a questão orçamentária quando a proposta demandar despesas.

§ 1º As E.M. terão numeração única e sequencial de três dígitos.

§ 2º Ao critério do Corregedor Nacional de Justiça, a exposição de motivos a que se refere o *caput* deste artigo poderá ser dispensada.

Art. 20. Os Juízes Auxiliares e os Assessores da Corregedoria Nacional de Justiça poderão propor, ao Corregedor Nacional de Justiça, a edição de ato normativo encaminhando minuta elaborada nos termos deste Provimento.

TÍTULO II – DA ALTERAÇÃO DOS ATOS NORMATIVOS

Art. 21. A alteração dos atos normativos far-se-á mediante:

I – reprodução integral em um só texto, quando se tratar de alteração considerável;

II – revogação parcial; ou

III – substituição, supressão ou acréscimo de dispositivo.

Parágrafo único. Nas hipóteses do inciso III deste artigo, serão observadas as seguintes regras:

I – a numeração dos dispositivos alterados não pode ser modificada;

II – é vedada toda renumeração de artigos, devendo os acréscimos serem feitos utilizando-se, separados por hífen, o número do artigo imediatamente anterior e as letras do alfabeto grafadas, em ordem alfabética, tantas vezes quantas forem necessárias para identificar esses acréscimos; e

III – é vedado o aproveitamento de número ou de letra de dispositivo revogado, devendo nas publicações subsequentes do texto integral do ato normativo, este número ou letra vir acompanhado apenas da expressão "REVOGADO", grafada em letra maiúscula, constando do rodapé a mensagem com o ato normativo que revogou aquele dispositivo.

Art. 22. Os atos normativos com alterações muito significativas deverão conter, ao final, artigo que determinar a sua republicação com todas as modificações, de forma a facilitar o manuseio do ato normativo modificado.

TÍTULO III – DA CONSOLIDAÇÃO DOS ATOS NORMATIVOS

Art. 23. A consolidação consistirá na integração de todos os atos normativos pertinentes a determinada matéria em um único diploma, revogando-se formalmente os atos normativos incorporados à consolidação, sem modificação do alcance nem interrupção da força normativa dos dispositivos consolidados.

Art. 24. Preservado o conteúdo normativo original dos atos consolidados, poderão ser feitas as seguintes alterações no texto:

I – introdução de novas divisões do texto normativo;

II – diferente colocação e numeração dos dispositivos consolidados;

III – fusão de disposições repetitivas ou de valor normativo idêntico;

IV – atualização de termos antiquados e modos de escrita ultrapassados;

V – homogeneização terminológica do texto; e

VI – revogação expressa de dispositivos.

Parágrafo único. Os dispositivos com vigência temporária, ainda em vigor à época da consolidação, serão incluídos na parte das disposições transitórias, para que cumpram seu objetivo.

Art. 25. A consolidação poderá ser feita por meio de matriz de consolidação, que consiste no ato normativo básico, ao qual se integrarão os demais que disponham sobre matérias conexas ou afins àquela disciplinada na matriz.

TÍTULO IV – DAS DISPOSIÇÕES TRANSITÓRIAS E FINAIS

CAPÍTULO I – DAS DISPOSIÇÕES TRANSITÓRIAS

Art. 26. As Instruções Normativas existentes serão consolidadas e sua numeração reiniciada.

Art. 27. No momento da consolidação, os atos normativos da mesma espécie, que tratarem do mesmo assunto e com numeração repetitiva, serão transformados num único diploma, mantendo-se o número do ato matriz da incorporação, com revogação expressa do ato incorporado.

Art. 28. Os atos normativos editados até a data de entrada em vigência deste Provimento receberão o terceiro digito em sua numeração, nos moldes do disposto no § 2º do art. 7º deste Provimento.

Art. 29. Os atos normativos editados até a data de entrada em vigência deste Provimento quando consolidados ou por qualquer razão forem alterados, deverão ser reeditados observado o disposto neste Provimento.

CAPÍTULO II – DAS DISPOSIÇÕES FINAIS

Art. 30. Esse Provimento entra em vigor na data de sua aplicação.

Ministra NANCY ANDRIGHI
Corregedora Nacional de Justiça

PROVIMENTO Nº 45, DE 13 DE MAIO DE 2015

Revoga o Provimento 34 de 09/07/2013 e a Orientação 6 de 25/11/2013 e consolida as normas relativas à manutenção e escrituração dos Livros Diário Auxiliar, Visitas e Correições e Controle de Depósito Prévio pelos titulares de delegações e responsáveis interinos do serviço extrajudicial de notas e registros públicos, e dá outras providências.

› *Vide arts. 185 a 195 do Provimento CNJ n. 149/2023 (CNN)*

A CORREGEDORA NACIONAL DE JUSTIÇA, Ministra NANCY ANDRIGHI, no uso de suas atribuições legais e constitucionais;

CONSIDERANDO o poder de fiscalização e normatização pelo Poder Judiciário segundo o disposto nos arts. 103-B, § 4º, I e III, e 236, § 1º, da Constituição Federal de 1988 e no art. 8º, X, do Regimento Interno do Conselho Nacional de Justiça;

CONSIDERANDO a necessidade de aprimoramento e consolidação das normas relativas à escrituração dos livros administrativos obrigatórios mantidos pelo delegatários de serviços extrajudiciais, bem como por aqueles que a qualquer título respondam provisoriamente por tais serviços;

CONSIDERANDO que a fiscalização da prestação do serviço extrajudicial de notas e registros públicos abrange a verificação da regular observância das obrigações tributárias a que estão sujeitos seus titulares e os responsáveis interinamente por delegações vagas, no que tange ao lançamento de valores que compõem as bases de cálculo do Imposto de Renda (IR) e do Imposto Sobre Serviços (ISS), inclusive;

CONSIDERANDO ainda a obrigatoriedade de fiscalização da regular observância da limitação remuneratória dos responsáveis interinamente por delegações vagas de notas e de registros públicos;

RESOLVE:

Arts. 1º a 7º *(Revogados pelo Provimento CN n.149, de 30.8.2023)*

Art. 8º As despesas serão lançadas no dia em que se efetivarem e sempre deverão resultar da prestação do serviço delegado, sendo passíveis de lançamento no Livro Diário Auxiliar todas as relativas investimentos, custeio e pessoal, promovidas a critério do delegatário, dentre outras:

a) locação de bens móveis e imóveis utilizados para a prestação do serviço, incluídos os destinados à guarda de livros, equipamentos e restante do acervo da serventia;

b) contratação de obras e serviços para a conservação, ampliação ou melhoria dos prédios utilizados para a prestação do serviço público;

c) contratação de serviços, os terceirizados inclusive, de limpeza e de segurança;

d) aquisição de móveis, utensílios, eletrodomésticos e equipamentos mantidos no local da prestação do serviço delegado, incluídos os destinados ao entretenimento dos usuários que aguardem a prestação do serviço e os de manutenção de refeitório;

e) aquisição ou locação de equipamentos (hardware), de programas (software) e de serviços de informática, incluídos os de manutenção prestados de forma terceirizada;

f) formação e manutenção de arquivo de segurança;

g) aquisição de materiais utilizados na prestação do serviço, incluídos os utilizados para a manutenção das instalações da serventia;

h) plano individual ou coletivo de assistência médica e odontológica contratado com entidade privada de saúde em favor dos prepostos e seus dependentes legais, assim como do titular da delegação e seus dependentes legais, caso se trate de plano coletivo em que também incluídos os prepostos do delegatário;

i) despesas trabalhistas com prepostos, incluídos FGTS, vale alimentação, vale transporte e quaisquer outros valores que lhes integrem a remuneração, além das contribuições previdenciárias devidas ao Instituto Nacional do Seguro Social - INSS ou ao órgão previdenciário estadual;

j) custeio de cursos de aperfeiçoamento técnico ou formação jurídica fornecidos aos prepostos ou em que regularmente inscrito o titular da delegação, desde que voltados exclusivamente ao aprimoramento dos conhecimentos jurídicos, ou, em relação aos prepostos, à melhoria dos conhecimentos em sua área de atuação;

k) o valor que for recolhido a título de Imposto Sobre Serviço – ISS devido pela prestação do serviço extrajudicial, quando incidente sobre os emolumentos percebidos pelo delegatário;

l) o valor de despesas com assessoria jurídica para a prestação do serviço extrajudicial;

m) o valor de despesas com assessoria de engenharia para a regularização fundiária e a retificação de registro.

Parágrafo único. Serão arquivados na forma definida em lei ou em norma das Corregedorias Gerais da Justiça dos Estados e do Distrito Federal todos os comprovantes das despesas efetuadas, incluindo os de retenção do imposto de renda, pelo prazo mínimo de cinco anos, salvo quando houver expressa previsão de prazo maior.

Arts. 9º a 11. *(Revogados pelo Provimento CN n.149, de 30.8.2023)*

Art. 12. É facultativa a utilização do Livro Diário Auxiliar também para fins de recolhimento do Imposto de Renda (IR), ressalvada nesta hipótese a obrigação de o delegatário indicar quais as despesas não dedutíveis para essa última finalidade e também o saldo mensal específico para fins de imposto de renda.

Parágrafo único. A mesma faculdade aplica-se para os fins de cálculo de Imposto Sobre Serviços (ISS), hipótese em que deverá ser observada a legislação municipal.

Arts. 13 e 14. *(Revogados pelo Provimento CN n.149, de 30.8.2023)*

Art. 15. Este Provimento não revoga, no que forem compatíveis, as normas editadas pelas Corregedorias Gerais da Justiça e pelos Juízes Corregedores, ou Juízes competentes na forma da organização local, relativas à escrituração de Livro Diário, Livro Diário Auxiliar ou Livro Contábil.

Art. 16. As Corregedorias Gerais da Justiça deverão dar ciência deste Provimento aos Juízes Corregedores ou Juízes que na forma da organização local forem competentes para a fiscalização dos serviços extrajudiciais de notas e de registro, e aos responsáveis pelas unidades do serviço extrajudicial de notas e de registro.

Art. 17. Este Provimento entrará em vigor em 30 dias contados de sua publicação, revogando-se o Provimento n. 34/2013 e Orientação 6/2013 desta Corregedoria Nacional de Justiça.

Brasília, 13 de maio de 2015.
Ministra NANCY ANDRIGHI
Corregedoria Nacional de Justiça

PROVIMENTO Nº 50, DE 28 DE SETEMBRO DE 2015

Dispõe sobre a conservação de documentos nos cartórios extrajudiciais.

- *Vide Lei 5.433/1968 (Microfilmagem de Documentos oficiais) e seu Decreto Regulamentador 1.799/1996*
- *Vide Lei n. 6.015/1973 (Registros Públicos), arts. 22 a 27*
- *Vide Lei 8.159/1991 (Política Nacional de Arquivos Públicos e Privados), arts. 7º a 10*
- *Vide Lei 8.935/1994 (Notários e Registradores), arts. 30, I e XIV, e 46, caput*
- *Vide Lei 12.682/2012 (Elaboração e o arquivamento de documentos em meios eletromagnéticos).*
- *Vide Lei 14.382/2022 (SERP)*
- *Vide Provimento CNJ 23/2012 (Restauração de livros extraviados ou danificados no serviço extrajudicial de notas e de registro)*
- *Vide Provimento CNJ 67/2018 (Mediação e Conciliação) incorporado aos arts. 48 a 51 do Provimento CNJ 149/2023 (CNN)*
- *Vide Provimento CNJ 74/2018 (Padrões mínimos de tecnologia da informação)*
- *Vide Recomendação CNJ 9/2013 (Arquivo de Segurança)*

A CORREGEDORA NACIONAL DA JUSTIÇA, MINISTRA NANCY ANDRIGHI, no uso de suas atribuições legais e regimentais,

CONSIDERANDO o disposto no art. 236 da Constituição Federal de 1988, no inciso XIV do art. 30 da Lei 8.935, de 18 de novembro de 1994, no inciso X do art. 8º do Regimento Interno do Conselho Nacional de Justiça, e inciso XI do art. 3º do Regulamento Geral da Corregedoria Nacional de Justiça;

CONSIDERANDO serem responsabilidade dos tabeliães e registradores públicos a guarda, ordem e conservação de livros, fichas, documentos, papéis, microfilmes e sistemas de computação relacionados à prestação dos serviços extrajudiciais correspondentes (arts. 30, inc. I, e 46, *caput*, da Lei 8.935/94);

CONSIDERANDO as normas dos arts. 7º, § 2º, 8º, 9º e 10 da Lei 8.159, de 8 de janeiro de 1991, especialmente a classificação dos documentos em correntes, intermediários e permanentes, e os critérios para sua guarda permanente ou eliminação;

CONSIDERANDO as necessidades impostas pela economia de tempo, esforços e custos;

CONSIDERANDO a experiência que se noticia frutuosa de adoção de Tabela de Temporalidade de Documentos pelo Tribunal de Justiça do Rio de Janeiro;

RESOLVE:

Art. 1º. Ficam autorizados os Cartórios de Notas, Protestos de Letras e Títulos, Registros de Imóveis, Registros Civis de Pessoas Naturais, Registros Civis de Pessoas Jurídicas e Registros de Títulos e Documentos a adotar a anexa Tabela de Temporalidade de Documentos.

Art. 2º. Os documentos que venham a ser descartados devem ser previamente desfigurados de modo que as informações não possam ser recuperadas, especialmente as indicações de identidade pessoal e assinaturas.

Art. 3º. Toda eliminação de documentos pelos cartórios extrajudiciais, observados os termos da Lei 8.159 de 1991 e a Tabela de Temporalidade de Documentos anexa, deverá ser comunicada, semestralmente, ao juízo competente.

Art. 4º. Este Provimento entra em vigor na data de sua publicação.

Ministra NANCY ANDRIGHI
Corregedora Nacional de Justiça

ANEXO

SIGA-DOC (Adm.) ou CNJ (Jud.)	Código (método duplex)	Assunto	Documento	Prazo de guarda (Unidade Competente - fins probatórios)		Destinação final				Observação	Alterações
				Fase Corrente	Fase Intermediária	Eliminação	Guarda Permanente	Microfilmagem	Digitalização		
N/A	3-0	SERVIÇOS NOTARIAIS E DE REGISTRO – PROCESSOS E DOCUMENTOS									
N/A	3-1	REGISTRO CIVIL DAS PESSOAS NATURAIS									
N/A	3-1-1	LIVROS									
N/A	3-1-1-1	Livro tombo		Permanente	----		X			=> BASE LEGAL: -Lei nº 6015/73.	
N/A	3-1-1-2	Livro de editais e proclamas		Permanente	----		X			=> BASE LEGAL: -Lei nº 6015/73.	
N/A	3-1-1-3	Livro de registro de nascimento - assento		Permanente	----		X			=> BASE LEGAL: -Lei nº 6015/73.	
N/A	3-1-1-4	Livro de registro de óbito - assento		Permanente	----		X			=> BASE LEGAL: -Lei nº 6015/73.	
N/A	3-1-1-5	Livro de registro de casamento - assento		Permanente	----		X			=>BASE LEGAL: -Lei nº 6015/73.	

SIGA-DOC (Adm.) ou CNJ (Jud.)	Código (método duplex)	Assunto	Documento	Prazo de guarda (Unidade Competente - fins probatórios)		Destinação final				Observação	Alterações
				Fase Corrente	Fase Intermediária	Eliminação	Guarda Permanente	Microfilmagem	Digitalização		
N/A	3-1-1-6	Livro E – registro de qualquer espécie (sentenças, transcrições, opções de nacionalidade, etc.)		Permanente	----		X			=> BASE LEGAL: -Lei nº 6015/73.	
N/A	3-1-2	REGISTRO DE NASCIMENTO – ASSENTO (INATIVO)		Permanente	----		X	X	X	=> BASE LEGAL: -Lei nº 6015/73.	
N/A	3-1-3	DECLARAÇÃO DE NASCIDO VIVO - DNV		1 ano	----	X				=> Documento controlado pelo Ministério da Saúde.	
N/A	3-1-4	REGISTRO DE ÓBITO – ASSENTO (INATIVO)		Permanente			X	X	X	=> BASE LEGAL: -Lei nº 6015/73.	
N/A	3-1-5	DECLARAÇÃO DE ÓBITO – DO (GUIA)		1 ano	----	X				=> Documento controlado pelo Ministério da Saúde.	
N/A	3-1-6	RETIFICAÇÕES DE QUALQUER ESPÉCIE, REGISTRO DE NASCIMENTO TARDIO E OUTROS PROCESSOS COM TRÂMITE NA PRÓPRIA SERVENTIA		5 anos	----	X				=> BASE LEGAL: -Lei nº 6015/73.	
N/A	3-1-7	AVERBAÇÕES (MANDADO, CARTA DE SENTENÇA, RECONHECIMENTO VOLUNTÁRIO DE PATERNIDADE, ADOÇÃO, LEGITIMAÇÕES ETC.)		5 anos após a averbação propriamente dita	----	X				=> BASE LEGAL: -Lei nº 6015/73.	
N/A	3-1-8	CASAMENTO									
N/A	3-1-8-1	Registro de casamento – assento		Permanente	----		X	X	X	=> BASE LEGAL: -Lei nº 6015/73.	
N/A	3-1-8-2	Habilitação para casamento									
N/A	3 - 1 - 8 - 2-1	Casamentos celebrados		5 anos após o trânsito em julgado da sentença homologatória	----	X		X	X	=> PRAZO DE GUARDA: -A eliminação só é permitida caso a documentação seja microfilmada ou digitalizada; -Microfilmar ou digitalizar: memorial, certidão de nascimento dos noivos, termo de opção, certidão de habilitação de casamento ou a certificação de sua entrega aos nubentes, sentença de suprimento de idade núbil e sentença homologatória (Lei nº 6015/73). '=>QUANTO AO CONTEÚDO, ENGLOBA: - Sentença de suprimento de idade núbil/Suprimento de idade ou consentimento (código 3-1-9)	
N/A	3 - 1 - 8 - 2-2	Casamentos inocorridos		6 meses após a autuação	----	X				=> O casamento não realizado no prazo de 90 (noventa) dias após a efetiva habilitação sofre os efeitos da decadência (Código Civil).	
N/A	3-1-8-3	Edital de proclamas		6 meses após a sua fixação no serviço e publicação	----	X					
N/A	3-1-9	SUPRIMENTO (DE IDADE OU CONSENTIMENTO) (INATIVO)		2 anos após o trânsito em julgado da sentença	----	X		X	X	=> PRAZO DE GUARDA: -A eliminação só é permitida caso a documentação seja microfilmada ou digitalizada; -Microfilmar ou digitalizar: sentença de suprimento (Lei nº 6015/73).	
N/A	3-1-10	COMUNICAÇÕES		2 anos após a efetiva anotação	----	X				=> BASE LEGAL: -Art. 106 da Lei nº 6015/73.	

SIGA-DOC (Adm.) ou CNJ (Jud.)	Código (método duplex)	Assunto	Documento	Prazo de guarda (Unidade Competente - fins probatórios)		Destinação final				Observação	Alterações
				Fase Corrente	Fase Intermediária	Eliminação	Guarda Permanente	Microfilmagem	Digitalização		
N/A	3-1-11	DECLARAÇÃO DE HIPOSSUFICIÊNCIA		1 ano	----	X					
N/A	3-1-12	REGISTRO DE QUALQUER ESPÉCIE (SENTENÇAS, TRANSCRIÇÕES, OPÇÕES DE NACIONALIDADE) (INATIVO)		Permanente	----		X	X	X	´=> BASE LEGAL: -Lei nº 6015/73.	
N/A	3-1-13	DOCUMENTOS QUE INSTRUÍRAM O REGISTRO (FEITOS REFERENTES A BRASILEIROS NO EXTERIOR, APÓS REGISTRO NO RTD; OPÇÕES DE NACIONALIDADE ETC.)		5 anos após o efetivo registro no Livro E	----	X				=> BASE LEGAL: -Lei nº 6015/73.	
N/A	3-2	REGISTRO GERAL DE IMÓVEIS									
N/A	3-2-1	Livros									
N/A	3-2-1-1	Protocolo		Permanente	----		X				
N/A	3-2-1-2	Registro geral		Permanente	----		X				
N/A	3-2-1-3	Registro auxiliar		Permanente	----		X				
N/A	3-2-1-4	Indicador real		Permanente	----		X				
N/A	3-2-1-5	Indicador pessoal		Permanente	----		X				
N/A	3-2-1-6	De estrangeiros de terras rurais		Permanente	----		X				
N/A	3-2-1-7	Indisponibilidade de bens		Permanente	----		X				
N/A	3-2-1-8	Registro de Torrens		Permanente	----		X				
N/A	3-2-2	AVISO DE INDISPONIBILIDADE DE BENS		----	----		X				
N/A	3-2-3	MEMORIAL DE INCORPORAÇÃO		Permanente	----		X				
N/A	3-2-4	MEMORIAL DE LOTEAMENTO		Permanente	----		X				
N/A	3-2-5	DOCUMENTOS APRESENTADOS PARA REGISTRO (TÍTULOS, COM PRENOTAÇÃO CANCELADA, NÃO RETIRADOS PELO REQUERENTE)		5 anos após o cancelamento da prenotação	----	X				=> QUANTO AO CONTEÚDO, ENGLOBA: -carta de adjudicação; formal de partilha; quitação de hipoteca/averbação; escrituras translativas de propriedade, de hipoteca e requerimento de averbação.	
N/A	3-2-5-1	DOCUMENTOS APRESENTADOS PARA REGISTRO (TÍTULOS REGISTRADOS)		1 ano	----	X		X	X	=> PRAZO DE GUARDA: -A eliminação só é permitida caso a documentação seja microfilmada ou digitalizada.	
N/A	3-2-6	COMPROVANTE DE EMISSÃO DE DECLARAÇÃO DE OPERAÇÃO IMOBILIÁRIA (DOI)		5 anos	----	X					
N/A	3-3	REGISTRO DE DISTRIBUIÇÃO / DISTRIBUIDORES									
N/A	3-3-1	LIVROS			----						
N/A	3-3-1-1	Registro de ações distribuídas		Permanente	----		X				
N/A	3-3-1-2	Registro de títulos distribuídos para protesto		Permanente	----		X				
N/A	3-3-1-3	Registro de títulos distribuídos para transferência de domínio		Permanente	----		X			=> ALTERAÇÕES: -Denominação anterior: "Ônus reais".	
N/A	3-3-1-4	Registro de sentença – Varas empresariais		Permanente	----		X				
N/A	3-3-1-5	Registro de escritura pública de imóveis		Permanente	----		X				
N/A	3-3-1-6	Registro de testamentos		Permanente	----		X				
N/A	3-3-1-7	Registro de habilitações de casamentos		Permanente	----		X				
N/A	3-3-1-8	Registro de constituição de pessoa jurídica		Permanente	----		X				
N/A	3-3-1-9	Registro de títulos e documentos		Permanente	----		X				

SIGA-DOC (Adm.) ou CNJ (Jud.)	Código (método duplex)	Assunto	Documento	Prazo de guarda (Unidade Competente - fins probatórios)		Destinação final				Observação	Alterações
				Fase Corrente	Fase Intermediária	Eliminação	Guarda Permanente	Microfilmagem	Digitalização		
N/A	3-3-2	ATAS DE DISTRIBUIÇÃO		5 anos	----	X		X	X	=> PRAZO DE GUARDA: -A eliminação só é permitida caso a documentação seja microfilmada ou digitalizada.	
N/A	3-3-3	AVISOS DA CGJ (SOBRE INDISPONIBILIDADE DE BENS ETC.)		20 anos	----	X		X	X	=> PRAZO DE GUARDA: -A eliminação só é permitida caso a documentação seja microfilmada ou digitalizada.	
N/A	3-3-4	CERTIDÕES DE BAIXAS (PROTESTOS), CARTAS DE ANUÊNCIAS		10 anos	----	X				=> BASE LEGAL: -Art. 205 do Código Civil.	
N/A	3-3-5	COMUNICAÇÃO RELATIVA À HABILITAÇÃO DE CASAMENTO (DAS CIRCUNSCRIÇÕES DE REGISTRO CIVIL)		1 ano após o efetivo registro	----	X				=> BASE LEGAL: -Art. 205 do Código Civil.	
N/A	3-3-6	DECLARAÇÃO DE HOMONÍMIA		20 anos	----	X		X	X	=> PRAZO DE GUARDA: - A eliminação só é permitida caso a documentação seja microfilmada ou digitalizada.	
N/A	3-3-7	FICHAS E ÍNDICES		20 anos	----	X		X	X	=> PRAZO DE GUARDA: - A eliminação só é permitida caso a documentação seja microfilmada ou digitalizada.	
N/A	3-3-8	OFÍCIOS - DE ANOTAÇÕES (AVERBAÇÕES, BAIXAS, RETIFICAÇÕES, INCLUSÕES ETC.)		10 anos	----	X				=> BASE LEGAL: -Art. 205 do Código Civil;	
N/A	3-3-9	OFÍCIOS / PEDIDOS DE CERTIDÕES E CANCELAMENTOS		5 anos	----	X					
N/A	3-3-10	PROTOCOLO DOS TÍTULOS DISTRIBUÍDOS PARA PROTESTO		10 anos	----	X		X	X	=> PRAZO DE GUARDA: -A eliminação só é permitida caso a documentação seja microfilmada ou digitalizada;	
N/A	3-3-11	PUBLICAÇÕES EM JORNAIS - SOBRE REQUISIÇÃO DE CERTIDÕES (DIÁRIO OFICIAL,...)		1 ano	----	X		X	X	´=> PRAZO DE GUARDA: -A eliminação só é permitida caso a documentação seja microfilmada ou digitalizada;	
N/A	3-3-12	CÓPIA DE TÍTULOS E / OU REQUERIMENTOS APRESENTADOS PARA PROTESTO		10 anos	----	X				=> PRAZO DE GUARDA: -Caso estes documentos sejam microfilmados ou digitalizados, a eliminação poderá ocorrer a qualquer tempo (Art. 35 § 2º da Lei nº 9492/97).	
N/A	3-4	TABELIONATO DE PROTESTO DE TÍTULOS									
N/A	3-4-1	LIVROS									
N/A	3-4-1-1	Protocolo		3 anos	----	X				=> BASE LEGAL: -Art. 36 da Lei nº 9492/97	
N/A	3-4-1-2	Registro de protesto		10 anos	----	X				=> BASE LEGAL: -Art. 36 da Lei nº 9492/97	
N/A	3-4-2	COMPROVANTES DE PAGAMENTO DOS CREDORES, DE DEVOLUÇÃO DE TÍTULOS E DOCUMENTOS		1 mês	----	X				=> BASE LEGAL: -Art. 35 § 1º, III, da Lei nº 9492/97	
N/A	3-4-3	INTIMAÇÕES E EDITAIS									
N/A	3-4-3-1	de documentos protestados		1 ano	----	X				=> BASE LEGAL: -Art. 35 § 1º, III, da Lei nº 9492/97	
N/A	3-4-3-2	de títulos pagos ou retirados		6 meses	----	X				=> BASE LEGAL: -Art. 35 § 1º, III, da Lei nº 9492/97	

SIGA-DOC (Adm.) ou CNJ (Jud.)	Código (método duplex)	Assunto	Documento	Prazo de guarda (Unidade Competente - fins probatórios)		Destinação final				Observação	Alterações
				Fase Corrente	Fase Intermediária	Eliminação	Guarda Permanente	Microfilmagem	Digitalização		
N/A	3-4-4	MANDADOS / OFÍCIOS JUDICIAIS		10 anos	----	X				=> BASE LEGAL: -Art. 205 Código Civil	
N/A	3-4-4-1	Mandado de sustação		1 ano após solução definitiva pelo Juiz	----	X				=> BASE LEGAL: -Art. 35 § 3º, da Lei nº 9492/97	
N/A	3-4-5	ORDENS DE CANCELAMENTO		1 ano	----	X				=> BASE LEGAL: -Art. 35 § 1º, I, da Lei nº 9492/97	
N/A	3-4-6	DOCUMENTOS QUE INSTRUÍRAM A AVERBAÇÃO NO REGISTRO		1 ano	----	X				=> BASE LEGAL: -Analogia no art. 35 § 1º, I, da Lei nº 9492/97	
N/A	3-5	OFÍCIO DE NOTAS									
N/A	3-5-1	LIVROS									
N/A	3-5-1-1	Protocolo de livros		Permanente	----		X				
N/A	3-5-1-2	Testamentos públicos		Permanente	----		X				
N/A	3-5-1-3	Aprovação de testamentos cerrados		Permanente	----		X				
N/A	3-5-1-4	Escritura / misto		Permanente	----		X				
N/A	3-5-1-5	Procurações e substabelecimentos / misto		Permanente	----		X				
N/A	3-5-1-6	Depósito de firmas		Permanente	----		X				
N/A	3-5-1-7	Reconhecimento de firmas por autenticidade		Permanente	----		X				
N/A	3-5-1-8	Índice de testamentos e notas		Permanente	----		X				
N/A	3-5-1-9	Outros livros (auxiliares)		Permanente	----		X				
N/A	3-5-2	FICHAS DE DEPÓSITO DE FIRMAS		Permanente	----		X				
N/A	3-5-3	CERTIDÕES DOS DISTRIBUIDORES, INTERDIÇÕES E TUTELAS		10 anos	----	X				=> BASE LEGAL: -Art. 205 do Código Civil.	
N/A	3-5-4	CONTROLE DE DISTRIBUIÇÃO DE ESCRITURAS (NOTAS DE DISTRIBUIÇÃO)		10 anos	----	X				=> BASE LEGAL: -Art. 205 do Código Civil.	
N/A	3-5-5	OUTROS DOCUMENTOS DE ESCRITURA / PROCURAÇÃO		10 anos	----	X				=> BASE LEGAL: -Art. 205 do Código Civil.	
N/A	3-5-6	COMPROVANTE DE EMISSÃO DE DECLARAÇÃO DE OPERAÇÃO IMOBILIÁRIA (DOI)		5 anos	----	X					
N/A	3-6	OFÍCIO DE NOTAS E REGISTROS DE CONTRATOS MARÍTIMOS									
N/A	3-6-1	LIVROS								=> Fazem parte desse grupo os livros da subclasse 3-5 - Ofício de Notas.	
N/A	3-6-1-1	Protocolo		Permanente	----		X				
N/A	3-6-1-2	Registro de contratos		Permanente	----		X				
N/A	3-6-1-3	Procuração		Permanente	----		X				
N/A	3-6-1-4	Escritura		Permanente	----		X				
N/A	3-6-1-5	Abertura de firma		Permanente	----		X				
N/A	3-6-1-6	Reconhecimento de firmas por autenticidade		Permanente	----		X				
N/A	3-6-2	AVISO DE INDISPONIBILIDADE DE BENS		20 anos	----	X		X	X	=> PRAZO DE GUARDA: -A eliminação só é permitida caso a documentação seja microfilmada ou digitalizada.	
N/A	3-6-3	CONTROLE DE DISTRIBUIÇÃO		20 anos	----	X					
N/A	3-6-4	DEPÓSITO DE FIRMAS (FICHAS)		Permanente	----		X				
N/A	3-6-5	MATRÍCULAS (FICHAS)		Permanente	----		X				

SIGA-DOC (Adm.) ou CNJ (Jud.)	Código (método duplex)	Assunto	Documento	Prazo de guarda (Unidade Competente - fins probatórios)		Destinação final				Observação	Alterações
				Fase Corrente	Fase Intermediária	Eliminação	Guarda Permanente	Microfilmagem	Digitalização		
N/A	3-6-6	PUBLICAÇÕES EM JORNAIS (DIÁRIO OFICIAL,...)		2 anos	----	X					
N/A	3-6-7	REGISTROS DIVERSOS (FICHAS)		Permanente	----		X		X		
N/A	3-6-8	DOCUMENTOS QUE INSTRUÍRAM O REGISTRO		15 anos	----	X				=> BASE LEGAL: -Art. 205 do Código Civil.	
N/A	3-6-9	DOCUMENTOS QUE INSTRUÍRAM A PROCURAÇÃO, A ESCRITURA		5 anos	----	X					
N/A	3-7	REGISTRO DE TÍTULOS E DOCUMENTOS									
N/A	3-7-1	LIVROS REGISTRAIS									
N/A	3-7-1-1	Livro A (Protocolo)		Permanente	----		X				
N/A	3-7-1-2	Livro B (Registro integral)		Permanente	----		X				
N/A	3-7-1-3	Livro C (Registro resumido)		Permanente	----		X				
N/A	3-7-1-4	Livro D (Indicador pessoal)		Permanente	----		X				
N/A	3-7-2	AVISO DE INDISPONIBILIDADE DE BENS		20 anos	----	X		X			
N/A	3-7-3	BOLETINS DOS ATOS EXTRAJUDICIAIS		5 anos	----		X				
N/A	3-7-4	COMPROVANTES DE EMISSÃO DE DECLARAÇÃO DE OPERAÇÃO IMOBILIÁRIA (DOI)		5 anos	----	X		X			
N/A	3-7-5	CONTROLE DE DISTRIBUIÇÃO (NOTAS DE DISTRIBUIÇÃO)		10 anos	----	X				=> BASE LEGAL: -Art. 205 do Código Civil.	
N/A	3-7-6	PUBLICAÇÕES EM JORNAIS (DIÁRIO OFICIAL,...)		2 anos	----	X					
N/A	3-7-7	REQUERIMENTOS DE CANCELAMENTOS DE REGISTROS E DOCUMENTOS		10 anos	----	X		X	X	=> PRAZO DE GUARDA: -A eliminação só é permitida caso a documentação seja microfilmada ou digitalizada. BASE LEGAL: - Art. 205 do Código Civil	
N/A	3-7-8	DOCUMENTOS QUE INSTRUÍRAM O REGISTRO		10 anos	----	X				=> BASE LEGAL: -Art. 205 do Código Civil.	
N/A	3-8	REGISTRO CIVIL DE PESSOAS JURÍDICAS									
N/A	3-8-1	LIVROS									
N/A	3-8-1-1	Protocolo		Permanente	----		X			=> BASE LEGAL: -Art. 1º da Lei nº 6015/73.	
N/A	3-8-1-2	Livro A (registros de contratos, estatutos etc.) e B (oficinas, impressoras, jornais e periódicos)		Permanente	----		X			=> BASE LEGAL: -Art. 1º da Lei nº 6015/73.	
N/A	3-8-2	CERTIDÕES RECEBIDAS PARA REGISTROS E AVERBAÇÕES		10 anos	----	X		X	X	=> PRAZO DE GUARDA: -A eliminação só é permitida caso a documentação seja microfilmada ou digitalizada.	
N/A	3-8-3	CÓPIA DE DOCUMENTOS PESSOAIS DOS SÓCIOS / PRESIDENTE		10 anos	----	X		X	X	=> PRAZO DE GUARDA: -A eliminação só é permitida caso a documentação seja microfilmada ou digitalizada.	
N/A	3-8-4	EXEMPLARES DE CONTRATOS SOCIAIS, ATOS, ESTATUTOS (REGISTRADOS)		Permanente	----		X				
N/A	3-8-5	PUBLICAÇÕES EM JORNAIS (DIÁRIO OFICIAL,...)		1 ano	----	X					
N/A	3-8-6	REQUERIMENTOS DE REGISTRO		1 ano	----	X					

SIGA-DOC (Adm.) ou CNJ (Jud.)	Código (método duplex)	Assunto	Documento	Prazo de guarda (Unidade Competente - fins probatórios)		Destinação final				Observação	Alterações
				Fase Corrente	Fase Intermediária	Eliminação	Guarda Permanente	Microfilmagem	Digitalização		
N/A	3-9	DOCUMENTOS COMUNS									
N/A	3-9-1	LIVROS									
N/A	3-9-1-1	Adicional		10 anos	----	X					
N/A	3-9-1-2	Controle de selos		10 anos	----	X					
N/A	3-9-2	CERTIDÃO NÃO PROCURADA PELAS PARTES / CÓPIA DE CERTIDÃO (DOCUMENTOS COMUNS)		3 meses	----	X					
N/A	3-9-3	GUIA DE RECOLHIMENTO DE RECEITA JUDICIÁRIA		10 anos	----	X					
N/A	3-9-4	OFÍCIOS / REQUERIMENTOS		5 anos	----	X					
N/A	3-9-5	RELATÓRIOS DE CORREIÇÃO		5 anos	----	X					
N/A	3-9-6	RECIBO		5 anos	----	X					
N/A	3-9-7	BOLETINS DOS ATOS EXTRAJUDICIAIS		5 anos	----	X					

PROVIMENTO Nº 60, DE 10 DE AGOSTO DE 2017**

Estabelece diretrizes gerais para a cobrança de emolumentos sobre os contratos de exploração de energia eólica.

Situação: Revogado e incorporado aos ***arts. 345 a 352 do Provimento CNJ n. 149/2023*** *(Código Nacional de Normas da Corregedoria Nacional de Justiça– Foro Extrajudicial (CNN/CN/CNJ-EXTRA)*

- *Vide "Considerações" deste Provimento*

O CORREGEDOR NACIONAL DE JUSTIÇA, usando de suas atribuições, legais e regimentais

CONSIDERANDO a competência do Conselho Nacional de Justiça de controlar a atuação administrativa do Poder Judiciário (art. 103-B, § 4°, I. II e III, da Constituição Federal);

CONSIDERANDO o poder de fiscalização e normatização do Conselho Nacional de Justiça em relação aos atos praticados pelos serviços notariais e de registro (arts. 103-B. § 4°, I, II e III, da Constituição Federal e 37 e 38 da Lei n. 8.935, de 18 de novembro de 1994):

CONSIDERANDO a competência da Corregedoria Nacional de Justiça de expedir recomendações, provimentos, instruções, orientações e outros atos normativos destinados ao aperfeiçoamento das atividades dos serviços notariais e de registro (arts. 8°, X, do Regimento Interno do Conselho Nacional de Justiça e 3°, XI, do Regulamento Geral da Corregedoria Nacional de Justiça);

CONSIDERANDO a necessidade de padronização e uniformização da prática dos atos notariais, de registros e da cobrança de emolumentos sobre os contratos de exploração de energia eólica, até que sejam editadas leis estaduais sobre o tema;

CONSIDERANDO o dever dos Estados e do Distrito Federal, nos atos relativos a situações jurídicas com conteúdo financeiro, fixar os emolumentos mediante a observância de faixas que estabeleçam valores mínimos e máximos, nas quais se enquadrará o valor constante do documento apresentado aos serviços notariais e de registro:

CONSIDERANDO a decisão proferida nos autos do Pedido de Providências n. 0005083-65.2016.2.00.0000, em trâmite no Conselho Nacional de Justiça.

PROVIMENTO Nº 61, DE 17 DE OUTUBRO DE 2017

Dispõe sobre a obrigatoriedade de informação do número do Cadastro de Pessoa Física (CPF), do Cadastro Nacional de Pessoa Jurídica (CNPJ) e dos dados necessários à completa qualificação das partes nos feitos distribuídos ao Poder Judiciário e aos serviços extrajudiciais em todo o território nacional.

- *Vide Lei 7.116/1983 (Assegura validade nacional às Carteiras de Identidade)*
- *Vide Lei n. 13.444/2017 (Identificação Civil Nacional (ICN))*
- *Vide Lei 13.460/2017 (Participação, proteção e defesa dos direitos do usuário dos serviços públicos da administração pública).*
- *Vide Lei 14.534/2023 (Estabelecero Cadastro de Pessoas Físicas (CPF) como número suficiente para identificação do cidadão nos bancos de dados de serviços públicos)*
- *Vide Instrução Normativa RFB n. 2.119/2023 (Cadastro Nacional da Pessoa Jurídica)*
- *Vide Instrução Normativa RFB n. 2.172/2024 (Cadastro de Pessoas Físicas (CPF))*

O CORREGEDOR NACIONAL DA JUSTIÇA, usando de suas atribuições constitucionais, legais e regimentais e

CONSIDERANDO o poder de fiscalização e de normatização do Poder Judiciário dos atos praticados por seus órgãos (art. 103-B, § 4º, I, II e III, da Constituição Federal de 1988);

CONSIDERANDO a competência do Poder Judiciário de fiscalizar os serviços notariais e de registro (arts. 103-B, § 4º, I e III, e 236, § 1º, da Constituição Federal);

CONSIDERANDO a competência do Corregedor Nacional de Justiça de expedir provimentos e outros atos normativos destinados ao aperfeiçoamento das atividades dos serviços notariais e de registro (art. 8º, X, do Regimento Interno do Conselho Nacional de Justiça);

CONSIDERANDO o disposto no art. 15 da Lei n. 11.419, de 19 de dezembro de 2006, que impõe às partes, quando da distribuição da petição inicial de qualquer ação judicial, informar o número do Cadastro de Pessoa Física (CPF) ou do Cadastro Nacional de Pessoa Jurídica (CNPJ), salvo impossibilidade que comprometa o acesso à Justiça;

CONSIDERANDO o disposto no art. 319, II, do Código de Processo Civil e no art. 41 do Código de Processo Penal, que prescrevem a necessária qualificação das partes com a respectiva indicação do número do CPF ou do CNPJ;

CONSIDERANDO a edição da Lei n. 13.444, de 11 de maio de 2017, que dispõe sobre a identificação civil nacional do brasileiro em suas relações com a sociedade e com os órgãos e entidades governamentais e privados;

CONSIDERANDO a necessidade de regulamentação do procedimento de qualificação das partes nos feitos distribuídos ao Poder Judiciário e aos serviços extrajudiciais,

RESOLVE:

Art. 1º Estabelecer a obrigatoriedade de informação do número do CPF, do CNPJ e dos dados necessários à completa qualificação das partes nos feitos distribuídos ao

Poder Judiciário e aos serviços extrajudiciais em todo o território nacional.

Parágrafo único. As obrigações que constam deste provimento são atribuições dos cartórios distribuidores privados ou estatizados do fórum em geral, bem como de todos os serviços extrajudiciais.

Art. 2º No pedido inicial formulado ao Poder Judiciário e no requerimento para a prática de atos aos serviços extrajudiciais deverão constar obrigatoriamente, sem prejuízo das exigências legais, as seguintes informações:

I – nome completo de todas as partes, vedada a utilização de abreviaturas;

II – número do CPF ou número do CNPJ;

III – nacionalidade;

IV – estado civil, existência de união estável e filiação;

V – profissão;

VI – domicílio e residência;

VII – endereço eletrônico.

Art. 3º O disposto no artigo anterior aplica-se aos inquéritos com indiciamento; denúncias formuladas pelo Ministério Público; queixas crime; petições iniciais cíveis ou criminais; pedido contraposto; reconvenção; intervenção no processo como terceiro interessado; mandados de citação, intimação, notificação, prisão; e guia de recolhimento ao juízo das execuções penais.

Art. 4º As exigências previstas no art. 2º, imprescindíveis à qualificação das partes, não poderão ser dispensadas, devendo as partes, o juiz e o responsável pelo serviço extrajudicial, no caso de dificuldade na obtenção das informações, atuar de forma conjunta, para regularizá-las.

§ 1º O pedido inicial e o requerimento não serão indeferidos em decorrência do não atendimento do disposto no art. 2º se a obtenção das informações tornar impossível ou excessivamente oneroso o acesso à Justiça ou aos serviços extrajudiciais.

§ 2º No pedido inicial e no requerimento, na hipótese do parágrafo anterior, deverá constar o desconhecimento das informações mencionadas no art. 2º, caso em que o juiz da causa ou o responsável pelo serviço extrajudicial poderá realizar diligências necessárias à obtenção.

Art. 5º Os juízes e os responsáveis pelos serviços extrajudiciais poderão utilizar-se da Central Nacional de Informações do Registro Civil (CRC Nacional), bem como poderão solicitar informações à Receita Federal do Brasil e ao Tribunal Superior Eleitoral para dar fiel cumprimento ao presente provimento.

Art. 6º Nas causas distribuídas aos juizados especiais cíveis, criminais e de fazenda pública, os dados necessários à completa qualificação das partes, quando não tenham sido informados no pedido inicial, deverão ser colhidos em audiência.

Art. 7º As corregedorias de justiça dos Estados e do Distrito Federal orientarão e fiscalizarão o cumprimento do presente provimento pelos órgãos judiciais e pelos serviços extrajudiciais.

Art. 8º Este provimento entra em vigor na data de sua publicação.

Ministro JOÃO OTÁVIO DE NORONHA
D.J.E-CNJ de 18.10.2017.

PROVIMENTO Nº 62, DE 14 DE NOVEMBRO DE 2017

Dispõe sobre a uniformização dos procedimentos para a aposição de apostila, no âmbito do Poder Judiciário, da Convenção sobre a Eliminação da Exigência de Legalização de Documentos Públicos Estrangeiros, celebrada na Haia, em 5 de outubro de 1961 (Convenção da Apostila).

- *Vide Resolução CNJ 228/2016 (Regulamenta a aplicação, no âmbito do Poder Judiciário,da Convenção sobre a Eliminação da Exigência de Legalização de Documentos Públicos Estrangeiros, celebrada na Haia, em 5 de outubro de 1961 (Convenção da Apostila)).*
- *Vide Decreto Legislativo nº 148/2015 (Aprova o texto da Convenção sobre a Eliminação da Exigência de Legalização de Documentos Públicos Estrangeiros, celebrada na Haia, em 5 de outubro de 1961).*
- *Vide Decreto nº 8.660/2016 (Promulga a Convenção sobre a Eliminação da Exigência de Legalização de Documentos Públicos Estrangeiros, firmada pela República Federativa do Brasil, em Haia, em 5 de outubro de 1961).*
- *Vide Decreto nº 166/ 1991 (Promulga o Convênio de Cooperação Judiciária em Matéria Civil, entre o Governo da República Federativa do Brasil e o Reino da Espanha).*
- *Vide Decreto nº 862/1993 (Promulga o Tratado sobre Cooperação Judiciária em Matéria Penal, entre a República Federativa do Brasil e a República Italiana, de 17/10/1989).*
- *Decreto nº 3.598/2000 (Promulga o Acordo de Cooperação em Matéria Civil entre o Governo da República Federativa do Brasil e o Governo da República Francesa, celebrado em Paris, em 28 de maio de 1996).*
- *Decreto nº 6.891/2009 (Promulga o Acordo de Cooperação e Assistência Jurisdicional em Matéria Civil, Comercial, Trabalhista e Administrativa entre os Estados Partes do Mercosul, a República da Bolívia e a República do Chile).*
- *Vide Enunciado 3, I Jornada de Direito Notarial e Registral*

O **CORREGEDOR NACIONAL DA JUSTIÇA**, usando de suas atribuições constitucionais, legais e regimentais e

CONSIDERANDO o poder de fiscalização e de normatização do Poder Judiciário dos atos praticados por seus órgãos (art. 103-B, § 4º, I, II e III, da Constituição Federal de 1988);

CONSIDERANDO a competência do Poder Judiciário de fiscalizar os serviços notariais e de registro (arts. 103-B, § 4º, I e III, e 236, § 1º, da Constituição Federal);

CONSIDERANDO a competência da Corregedoria Nacional de Justiça de expedir provimentos e outros atos normativos destinados ao aperfeiçoamento das atividades dos serviços notariais e de registro (art. 8º, X, do Regimento Interno do Conselho Nacional de Justiça);

CONSIDERANDO a atribuição da Corregedoria Nacional de Justiça de expedir provimento para a regulamentação da atuação das autoridades apostilantes;

CONSIDERANDO a necessidade de uniformização, em todo o território nacional, dos procedimentos relativos ao ato de apostilamento,

RESOLVE:

Art. 1º Dispor sobre a uniformização dos procedimentos para a aposição de apostila em documentos públicos produzidos no território nacional.

Parágrafo único. Equiparam-se a documento público produzido no território nacional os históricos escolares, declarações de conclusão de série e diplomas ou certificados de conclusão de cursos registrados no Brasil (Lei n. 9.394, de 20 de dezembro de 1996).

Arts. 2º a 6º *(Revogados pelo Provimento CN n.149, de 30.8.2023)*

Art. 7º *(Revogado pelo Provimento CN n.149, de 30.8.2023)*

§§ 1º e 2º *(Revogados pelo Provimento CN n.149, de 30.8.2023)*

§ 3º Para fins de apostilamento, considerar-se-ão válidos, pelo prazo de 18 (dezoito) meses contados da publicação do Provimento n. 119, de 7 de julho de 2021, os papéis de segurança previamente adquiridos junto à Casa da Moeda do Brasil, na forma estabelecida em contrato firmado pelo Conselho Nacional de Justiça. *(Redação dada pelo Provimento n. 131, de 30.6.2022)*

Arts. 8º a 17. *(Revogados pelo Provimento CN n.149, de 30.8.2023)*

Art. 18. Este provimento entra em vigor na data de sua publicação, ficando revogado o Provimento CN-CNJ n. 58, de 9 de dezembro de 2016, bem como quaisquer disposições em contrário.

Ministro JOÃO OTÁVIO DE NORONHA.
D.J.E: 17/11/2017.

ANEXO

CADASTRAMENTO PARA SERVENTIAS EXTRAJUDICIAIS

Informações necessárias

- Número do Cadastro Nacional de Serventia (CNS) do cartório (sem ponto e sem hífen)
- Nome, endereço completo e telefone do cartório (tudo em caixa-alta)
- Nome dos colaboradores (tabelião, tabelião substituto e escreventes – no máximo, cinco colaboradores, incluindo tabelião e substituto), CPF (sem ponto e sem hífen), e-mail (cada colaborador deve ter o seu), tudo em caixa-alta

CADASTRAMENTO PARA CORREGEDORIAS-GERAIS

Informações necessárias

- Nome do tribunal completo (sem ponto e sem hífen) e CNPJ
- Endereço completo e telefone do tribunal (tudo em caixa-alta)
- Nome do corregedor-geral e dos colaboradores (juízes auxiliares e assessores – no máximo cinco), CPF (sem ponto e sem hífen), e-mail (cada colaborador deve ter o seu), tudo em caixa-alta

CADASTRAMENTO PARA JUÍZES DIRETORES DE FORO NAS DEMAIS UNIDADES JUDICIÁRIAS, COMARCAS OU SUBSEÇÕES

Informações necessárias

- Nome completo do fórum, comarcas ou subseções e sigla do tribunal a que pertencem (sem ponto e sem hífen)

- Endereço completo e telefone do fórum, comarcas ou subseções (tudo em caixa-alta)
- Nome completo do juiz diretor do fórum, da comarca ou subseção e dos colaboradores (assessores – no máximo cinco), CPF (sem ponto e sem hífen), e-mail (cada colaborador deve ter o seu), tudo em caixa-alta

PROVIMENTO Nº 67, DE 26 DE MARÇO DE 2018**

Dispõe sobre os procedimentos de conciliação e de mediação nos serviços notariais e de registro do Brasil.

*Situação: Revogado e incorporado aos **arts. 18 a 57 do Provimento CNJ n. 149/2023** (Código Nacional de Normas da Corregedoria Nacional de Justiça– Foro Extrajudicial (CNN/CN/CNJ-EXTRA)*

- *Vide "Considerações" deste Provimento*
- *Art. 7º-A, II, § 3º, Lei n. 8.935/1994*
- *Vide Lei 13.105/2015 (Código de Processo Civil)*
- *Vide Lei 13.140/2015 (Lei da Mediação)*
- *Vide Resolução CNJ 125/2010 (Política Judiciária Nacional de tratamento adequado dos conflitos de interesses no âmbito do Poder Judiciário)*
- *Vide Provimento CNJ 72/2018 - Medidas de Quitação e Renegociação de Dívidas, incorporado aos arts. 375 a 388, Provimento CNJ n. 149/2023 (CNN)*
- *Vide Recomendação CNJ 28/2018 (CEJUSC)*
- *Vide Enunciados 69 e 73, I Jornada de Direito Notarial e Registral*
- *Vide Enunciados da I e II Jornadas de Prevenção e Solução Extrajudicial de Litígios*

O **CORREGEDOR NACIONAL DA JUSTIÇA**, usando de suas atribuições constitucionais, legais e regimentais e

CONSIDERANDO o poder de fiscalização e de normatização do Poder Judiciário dos atos praticados por seus órgãos (art. 103-B, § 4º, I, II e III, da Constituição Federal de 1988);

CONSIDERANDO a competência do Poder Judiciário de fiscalizar os serviços notariais e de registro (arts. 103-B, § 4º, I e III, e 236, § 1º, da Constituição Federal);

CONSIDERANDO a competência da Corregedoria Nacional de Justiça de expedir provimentos e outros atos normativos destinados ao aperfeiçoamento das atividades dos serviços notariais e de registro (art. 8º, X, do Regimento Interno do Conselho Nacional de Justiça);

CONSIDERANDO a obrigação dos notários e registradores de cumprir as normas técnicas estabelecidas pelo Poder Judiciário (arts. 37 e 38 da Lei n. 8.935, de 18 de novembro de 1994);

CONSIDERANDO a incumbência do Conselho Nacional de Justiça de consolidar uma política pública permanente de incentivo e aperfeiçoamento dos mecanismos consensuais de solução de litígios (Resolução CNJ n. 125, de 29 de novembro de 2010);

CONSIDERANDO a efetividade da conciliação e da mediação como instrumentos de pacificação social, solução e prevenção de litígios;

CONSIDERANDO a necessidade de organização e uniformização de normas e procedimentos afetos aos serviços de conciliação, mediação e a outros métodos consensuais de solução de conflitos, a serem prestados, de forma facultativa, pelos serviços notariais e de registro;

CONSIDERANDO as disposições do Código de Processo Civil, da Lei n. 13.140, de 26 de junho de 2015, as sugestões e aquiescência da Comissão de Acesso à Justiça e Cidadania (CAJC), do Conselho Nacional de Justiça, bem como a decisão proferida nos autos do Pedido de Providências n. 0005163-92.2017.2.00.0000,

PROVIMENTO Nº 69, DE 12 DE JUNHO DE 2018**

Dispõe sobre o teletrabalho no âmbito dos serviços notariais e de registro do Brasil.

*Situação: Revogado e incorporado aos **arts. 58 a 64 do Provimento CNJ n. 149/2023** (Código Nacional de Normas da Corregedoria Nacional de Justiça– Foro Extrajudicial (CNN/CN/CNJ-EXTRA)*

- *Vide "Considerações" deste Provimento*

O CORREGEDOR NACIONAL DE JUSTIÇA, usando de suas atribuições constitucionais, legais e regimentais e CONSIDERANDO o poder de fiscalização e de normatização do Poder Judiciário dos atos praticados por seus órgãos (art. 103-B, § 4º, I, II e III, da Constituição Federal de 1988);

CONSIDERANDO a competência do Poder Judiciário de fiscalizar os serviços notariais e de registro (arts. 103-B, § 4º, I e III, e 236, § 1º, da Constituição Federal);

CONSIDERANDO a competência do Corregedor Nacional de Justiça de expedir provimentos e outros atos normativos destinados ao aperfeiçoamento das atividades dos serviços notariais e de registro (art. 8º, X, do Regimento Interno do Conselho Nacional de Justiça);

CONSIDERANDO a obrigação dos notários e registradores de cumprir as normas técnicas estabelecidas pelo Poder Judiciário (arts. 37 e 38 da Lei n. 8.935, de 18 de novembro de 1994);

CONSIDERANDO a regulamentação da matéria no âmbito judicial pela Resolução CNJ n. 227, de 15 de junho de 2016;

CONSIDERANDO a Proposição n. 7 da carta do 73º ENCOGE, do Colégio Permanente de Corregedores-Gerais dos Tribunais de Justiça do Brasil (CCOGE);

CONSIDERANDO o avanço tecnológico, a informatização, a implementação de sistemas eletrônicos compartilhados e a implantação de sistema de registro eletrônico que possibilita a realização do trabalho de forma remota, com o uso de tecnologias de informação e comunicação;

CONSIDERANDO a necessidade de se imprimir eficiência e uniformização à prestação do serviço notarial e de registro;

CONSIDERANDO a decisão proferida nos autos do Pedido de Providências n. 00000931-03.2018.2.00.0000, em trâmite no Conselho Nacional de Justiça,

PROVIMENTO Nº 74, DE 31 DE JULHO DE 2018

Dispõe sobre padrões mínimos de tecnologia da informação para a segurança, integridade e disponibilidade de dados para a continuidade da atividade pelos serviços notariais e de registro do Brasil e dá outras providências.

- *Art. 1º § 3º, Lei n. 6.015/1973 (Registros Públicos)*
- *Arts. 7º a 10 da Lei 8.159/1991 (Política Nacional de Arquivos Públicos e Privados)*
- *Arts. 41 e 42-A da Lei 8.935/1994 (Lei dos Notários e Registradores)*
- *Arts. 32, 34, § 2º, 35, § 2º, 39, 41, 41-A, Lei 9.492/1997 (Protesto Extrajudicial)*
- *Art. 16 da Lei 11.419/2006 (Informatização do processo judicial)*
- *Arts. 37 a 45 da Lei 11.977/2009 (Lei do Programa Minha Casa, Minha Vida – PMCMV)*
- *Art. 6º, Lei 12.682/2012 (Elaboração e o arquivamento de documentos em meios eletromagnéticos)*
- *Arts. 3º, II e III, e 11, da Lei 12.965/2014 (Marco Civil da Internet)*
- *Art. 193, Lei 13.105/2015 (Código de Processo Civil)*
- *Art. 76 da Lei 13.465/2017(Regularização fundiária rural e urbana)*
- *Art. 4º Lei 14.063/2020 (Assinaturas eletrônicas em interações com entes públicos).*
- *Lei 14.382/2022 (Sistema Eletrônico dos Registros Públicos - Serp)*
- *Vide Decreto n. 10.278/2020 (Disciplina os requisitos para a digitalização de documentos públicos ou privados, de modo que os representantes digitais produzam os mesmos efeitos legais dos originais*
- *Vide Resolução CNJ n. 469/2022 (Digitalização de documentos judiciais e administrativos)*
- *Vide Provimento CNJ n. 25/2012 (Malote Digital)*
- *Vide Provimento CNJ n. 61/2017 (CPF/CNPJ)*
- *Vide Provimento CNJ n. 130/2022 (Processo Judicial Eletrônico)*
- *Vide art. 206 Provimento CNJ n. 149/2023 (CNN)*
- *Vide Recomendação n. 9, de 7 de março de 2013 (Formação e manutenção de arquivo de segurança)*

O **CORREGEDOR NACIONAL DE JUSTIÇA**, usando de suas atribuições constitucionais, legais e regimentais e

CONSIDERANDO o poder de fiscalização e de normatização do Poder Judiciário dos atos praticados por seus órgãos (art. 103-B, § 4º, I, II e III, da Constituição Federal de 1988);

CONSIDERANDO a competência do Poder Judiciário de fiscalizar os serviços notariais e de registro (arts. 103-B, § 4º, I e III, e 236, § 1º, da Constituição Federal);

CONSIDERANDO a competência do Corregedor Nacional de Justiça de expedir provimentos e outros atos normativos destinados ao aperfeiçoamento das atividades dos serviços notariais e de registro (art. 8º, X, do Regimento Interno do Conselho Nacional de Justiça);

CONSIDERANDO a obrigação dos notários e registradores de cumprir as normas técnicas estabelecidas pelo Poder Judiciário (arts. 37 e 38 da Lei n. 8.935, de 18 de novembro de 1994);

CONSIDERANDO o avanço tecnológico, a informatização e a implementação de sistemas eletrônicos compartilhados e de sistema de registro eletrônico que possibilita a realização das atividades notariais e de registro mediante o uso de tecnologias da informação e comunicação;

CONSIDERANDO a necessidade de se uniformizar a manutenção de arquivos eletrônicos/mídia digital de segurança dos livros e documentos que compõem o acervo dos serviços notariais e de registro, bem como de se imprimir eficiência a esse procedimento;

CONSIDERANDO os resultados obtidos nas inspeções realizadas, em 2016, 2017 e 2018, pela Corregedoria Nacional de Justiça nos serviços notariais e de registro do Brasil, tais como vulnerabilidade e situação de risco das bases de dados e informações afetas aos atos praticados;

CONSIDERANDO os estudos técnicos realizados pela Corregedoria Nacional de Justiça sobre a proteção da base de dados, os sistemas, as condições financeiras e o perfil de arrecadação dos serviços de notas e de registro do Brasil;

CONSIDERANDO as sugestões apresentadas nos autos do Pedido de Providência n. 0002759-34.2018.00.0000, em trâmite no Conselho Nacional de Justiça,

RESOLVE:

Art. 1º Dispor sobre padrões mínimos de tecnologia da informação para a segurança, integridade e disponibilidade de dados para a continuidade da atividade pelos serviços notariais e de registro do Brasil.

Art. 2º Os serviços notariais e de registro deverão adotar políticas de segurança de informação com relação a confidencialidade, disponibilidade, autenticidade e integridade e a mecanismos preventivos de controle físico e lógico.

Parágrafo único. Como política de segurança da informação, entre outras, os serviços de notas e de registro deverão:

I – ter um plano de continuidade de negócios que preveja ocorrências nocivas ao regular funcionamento dos serviços;

II – atender a normas de interoperabilidade, legibilidade e recuperação a longo prazo na prática dos atos e comunicações eletrônicas.

Art. 3º Todos os livros e atos eletrônicos praticados pelos serviços notariais e de registro deverão ser arquivados de forma a garantir a segurança e a integridade de seu conteúdo.

§ 1º Os livros e atos eletrônicos que integram o acervo dos serviços notariais e de registro deverão ser arquivados mediante cópia de segurança (*backup*) feita em intervalos não superiores a 24 horas.

§ 2º Ao longo das 24 horas mencionadas no parágrafo anterior, deverão ser geradas imagens ou cópias incrementais dos dados que permitam a recuperação dos atos praticados a partir das últimas cópias de segurança até pelo menos 30 minutos antes da ocorrência de evento que comprometa a base de dados e informações associadas.

§ 3º A cópia de segurança mencionada no § 1º deverá ser feita tanto em mídia eletrônica de segurança quanto em serviço de cópia de segurança na internet (*backup* em nuvem).

§ 4º A mídia eletrônica de segurança deverá ser armazenada em local distinto da instalação da serventia, observada a segurança física e lógica necessária.

§ 5º Os meios de armazenamento utilizados para todos os dados e componentes de informação relativos aos livros e atos eletrônicos deverão contar com recursos de tolerância a falhas.

Art. 4º O titular delegatário ou o interino/interventor, os escreventes, os prepostos e os colaboradores do serviço notarial e de registro devem possuir formas de autenticação por certificação digital própria ou por biometria, além de usuário e senha associados aos perfis pessoais com permissões distintas, de acordo com a função, não sendo permitido o uso de "usuários genéricos".

Art. 5º O sistema informatizado dos serviços notariais e de registro deverá ter trilha de auditoria própria que permita a identificação do responsável pela confecção ou por eventual modificação dos atos, bem como da data e hora de efetivação.

§ 1º A plataforma de banco de dados deverá possuir recurso de trilha de auditoria ativada.

§ 2º As trilhas de auditoria do sistema e do banco de dados deverão ser preservadas em *backup*, visando a eventuais auditorias.

Art. 6º Os serviços notariais e de registro deverão adotar os padrões mínimos dispostos no anexo do presente provimento, de acordo com as classes nele definidas.

Parágrafo único. Todos os componentes de *software* utilizados pela serventia deverão estar devidamente licenciados para uso comercial, admitindo-se os de código aberto ou os de livre distribuição.

Art. 7º Os serviços notariais e de registro deverão adotar rotina que possibilite a transmissão de todo o acervo eletrônico pertencente à serventia, inclusive banco de dados, *softwares* e atualizações que permitam o pleno uso, além de senhas e dados necessários ao acesso a tais programas, garantindo a continuidade da prestação do serviço de forma adequada e eficiente, sem interrupção, em caso de eventual sucessão.

Art. 8º Os padrões mínimos dispostos no anexo do presente provimento deverão ser atualizados anualmente pelo Comitê de Gestão da Tecnologia da Informação dos Serviços Extrajudiciais (COGETISE).

§ 1º Comporão o COGETISE:

I – a Corregedoria Nacional de Justiça, na condição de presidente;

II – as Corregedorias de Justiça dos Estados e do Distrito Federal;

III – a Associação dos Notários e Registradores do Brasil (ANOREG/BR);

IV – o Colégio Notarial do Brasil - Conselho Federal (CNB/CF);

V – a Associação Nacional dos Registradores de Pessoas Naturais do Brasil (ARPEN/BR);

VI – o Instituto de Registro Imobiliário do Brasil (IRIB/BR);

VII – o Instituto de Estudos de Protesto de Títulos do Brasil (IEPTB/BR); e

VIII – o Instituto de Registro de Títulos e Documentos e de Pessoas Jurídicas do Brasil (IRTDPJ/BR).

§ 2º Compete ao COGETISE divulgar, estimular, apoiar e detalhar a implementação das diretrizes do presente provimento e fixar prazos para tanto.

Art. 9º O descumprimento das disposições do presente provimento pelos serviços notariais e de registro ensejará a instauração de procedimento administrativo disciplinar, sem prejuízo de responsabilização cível e criminal.

Art. 10. A Recomendação CNJ n. 9, de 7 de março de 2013, e as normas editadas pelas corregedorias de justiça dos Estados e do Distrito Federal permanecem em vigor no que forem compatíveis com o presente provimento.

Art. 11. Este provimento entra em vigor após decorridos 180 dias da data de sua publicação.

Ministro JOÃO OTÁVIO DE NORONHA

DJe 01.08.2018

- *Não publicamos o anexo deste Provimento.*

PROVIMENTO Nº 77, DE 07 DE NOVEMBRO DE 2018

Dispõe sobre a designação de responsável interino pelo expediente.

- *Vide arts. 66 a 71, Provimento CNJ n. 149/2023 (CNN)*
- *Vide art. 194, V, Provimento CNJ n. 149/2023 (CNN)*
- *Vide Enunciado 79, I Jornada de Direito Notarial e Registral*

O CORREGEDOR NACIONAL DA JUSTIÇA, usando de suas atribuições constitucionais, legais e regimentais,

CONSIDERANDO o poder de fiscalização e de normatização do Poder Judiciário dos atos praticados por seus órgãos (art. 103-B, § 4º, I, II e III, da Constituição Federal de 1988);

CONSIDERANDO a competência do Poder Judiciário de fiscalizar os serviços extrajudiciais (arts. 103-B, § 4º, I e III, e 236, § 1º, da Constituição Federal);

CONSIDERANDO a competência da Corregedoria Nacional de Justiça de expedir provimentos e outros atos normativos destinados ao aperfeiçoamento das atividades dos serviços extrajudiciais (art. 8º, X, do Regimento Interno do Conselho Nacional de Justiça);

CONSIDERANDO a obrigação dos serviços extrajudiciais de cumprir as normas técnicas estabelecidas pelo Poder Judiciário (arts. 37 e 38 da Lei n. 8.935, de 18 de novembro de 1994);

CONSIDERANDO as Metas Nacionais do Serviço Extrajudicial de n. 13º, 14º, 15º e 16º do ano de 2017 da Corregedoria Nacional de Justiça;

CONSIDERANDO a necessidade de proporcionar a melhor prestação de serviço e corrigir as distorções em busca da modicidade dos emolumentos, da produtividade, da economicidade, da moralidade e da proporcionalidade na prestação dos serviços extrajudiciais;

CONSIDERANDO que os princípios constitucionais da moralidade, da legalidade e da probidade devem orientar todos os atos administrativos, em especial aqueles que emanam do Poder Judiciário, bem como o disposto na Resolução nº 7, de 18 de outubro de 2005 e na Resolução nº 156, de 08 de agosto de 2012, do Conselho Nacional de Justiça.

CONSIDERANDO o que consta do Pedido de Providencias nº 0006070-33.2018.2.00.0000.

CONSIDERANDO os princípios da supremacia do interesse público, da eficiência, da continuidade do serviço público e da segurança jurídica,

RESOLVE:

Art. 1º Dispor sobre a designação de responsável interino pelo expediente de serventias extrajudiciais vagas.

Arts. 2º a 7º *(Revogados pelo Provimento CN n.149, de 30.8.2023)*

Art. 8º Os tribunais deverão adequar as designações dos atuais interinos às regras deste provimento em até 90 dias.

Art. 9º Este provimento entrará em vigor na data de sua publicação.

- *Republicação corretiva*

Ministro HUMBERTO MARTINS
Corregedor Nacional de Justiça
DJe 09.11.2018

PROVIMENTO Nº 78, DE 07 DE NOVEMBRO DE 2018**

Dispõe sobre a incompatibilidade da atividade notarial e de registro com o exercício simultâneo de mandato eletivo e dá outras providências.

Republicado em decorrência de decisão Plenária do CNJ, realizada no dia 28/4/2020, por videoconferência no PP nº 0009976-31.2018.2.00.000.

Situação: Revogado.

- *Vide art. 72 do Provimento CNJ n. 149/2023 (Código Nacional de Normas da Corregedoria Nacional de Justiça– Foro Extrajudicial (CNN/CN/CNJ-EXTRA)*
- *Vide "Considerações" deste Provimento*
- *Vide art. 25 da Lei 8.935/1994 (Notários e Registradores)*

O CORREGEDOR NACIONAL DA JUSTIÇA, usando de suas atribuições constitucionais, legais e regimentais e

CONSIDERANDO o poder de fiscalização e de normalização do Poder Judiciário dos atos praticados por seus órgãos (art. 103-B, § 4°, I, II e III, da Constituição Federal de 1988);

CONSIDERANDO a competência do Poder Judiciário de fiscalizar os serviços extrajudiciais (arts. 103-B, § 4°, I e III, e 236, § 1°, da Constituição Federal);

CONSIDERANDO a competência da Corregedoria Nacional de Justiça de expedir provimentos e outros atos normativos destinados ao aperfeiçoamento das atividades dos serviços extrajudiciais (art. 8°, X, do Regimento Interno do Conselho Nacional de Justiça);

CONSIDERANDO a obrigação dos serviços extrajudiciais de cumprir as normas técnicas estabelecidas pelo Poder Judiciário (arts. 37 e 38 da Lei n. 8.935, de 18 de novembro de 1994);

CONSIDERANDO os princípios da supremacia do interesse público, da eficiência, da continuidade do serviço público e da segurança jurídica;

CONSIDERANDO a necessidade de se garantir o pleno exercício dos direitos políticos e aqueles inerentes à cidadania de notários e registradores;

CONSIDERANDO o que consta da certidão de julgamento da 309ª Sessão Ordinária, realizada no dia 28 de abril de 2020, relativamente ao Pedido de Providências n. 0009976-31.2018.2.00.000,

PROVIMENTO Nº 79, DE 08 DE NOVEMBRO DE 2018

Dispõe sobre a política institucional de Metas Nacionais do Serviço Extrajudicial e dá outras providências.

- *Vide art. 555, Prov. CNJ n. 149/2023 (CNN)*

O CORREGEDOR NACIONAL DE JUSTIÇA, usando de suas atribuições constitucionais, legais e regimentais e

CONSIDERANDO o poder de fiscalização e de normatização do Poder Judiciário dos atos praticados por seus órgãos (art. 103-B, §4º, I, II e III, da Constituição Federal de 1988);

CONSIDERANDO a competência do Poder Judiciá rio de fiscalizar os serviços notariais e de registro (arts. 103-B, §4º, r e III , e 236 , § 1 º, da Constituição Federal);

CONSIDERANDO a competência do Corregedor Nacional de Justiça de expedir provimentos e outros atos normativos destinados ao aperfeiçoamento das atividades dos serviços notariais e de registro (art. 8°, X, do Regimento Interno do Conselho N aciona l de Justiça);

CONSIDERANDO a obrigação dos notários e registradores de cumprir as normas técnicas estabelecidas pelo Poder Judiciário (arts. 37 e 38, da Lei nº 8.935, de 18 de novembro de 1994);

CONSIDERANDO os princípios de gestão participativa e democrática na elaboração das metas nacionais do Poder Judiciário previstos na Resolução nº 221, de I0 de maio de 2016;

CONSIDERANDO a necessidade do estabelecimento de metas nacionais de qualidade para o serviço extrajudicial, a fim de tomá-lo mais eficiente e moderno;

CONSIDERANDO a realização, em 2017, do 1º Encontro Nacional de Corregedores do Serviço Extrajudicial para fins de estabelecimento das Metas,

RESOLVE

Art. 1º Instituir, na forma deste Provimento, no âmbito da Corregedoria Nacional de Justiça, a política institucional de Metas Nacionais do Serviço Extrajudicial, a fim de proporcionar mais eficiência e qualidade à atividade notarial e registral brasileira.

Art. 2º As Metas Nacionais do Serviço Extrajudicial serão anuais e definidas, no ano anterior ao cumprimento, no Encontro Nacional de Corregedores do Serviço Extrajudicial a ser realizado em local e data definidos pela Corregedoria Nacional de Justiça.

§1° A presidência do Encontro Nacional de Corregedores do Serviço Extrajudicial será exercida pelo Corregedor Nacional de Justiça, o qual poderá ser substituído por Conselheiro por ele designado.

§2° A coordenação dos trabalhos ficará sob a responsabilidade de um Juiz Auxiliar da Corregedoria Nacional de Justiça.

§3º O Corregedor Nacional de Justiça designará, por portaria, grupo de trabalho para auxiliar nos atos preparatórios e de organização do encontro.

Art. 3º Cabe à Corregedoria Nacional de Justiça definir as Metas Nacionais do Serviço Extrajudicial a serem cumpridas no exercício seguinte por todas as Corregedorias de Justiça dos Estados.

Parágrafo único: As Corregedorias de Justiça de cada Estado poderão apresentar à Corregedoria Nacional de Justiça, até o dia 31 de junho de cada ano, propostas de Metas Nacionais para o Serviço Extrajudicial.

Art. 4º O cumprimento das Metas Nacionais do Serviço Extrajudicial será aferido pela Corregedoria Nacional de Justiça por meio de inspeções e/ou comunicação oficial do órgão correcional local.

§ 1° A Meta Nacional somente será considerada aferida após seu cumprimento por todas as Corregedorias locais.

§ 2º O cumprimento total ou parcial das Metas Nacionais será publicado no portal da Corregedoria Nacional de Justiça.

§ 3º Em caso de descumprimento de alguma das Metas Nacionais estabelecidas pela Corregedoria Nacional de Justiça, será instaurado pedido de providências a fim de acompanhar o cumprimento.

§ 4° Havendo cumprimento integral das Metas Nacionais, a Corregedoria local será agraciada com Certificado de Eficiência do Serviço Extrajudicial.

Art. 5º Este Provimento entra em vigor na data de sua publicação.

Ministro HUMBERTO MARTINS
Corregedor Nacional de Justiça
DJe 13.11.2018

PROVIMENTO Nº 85, DE 19 DE AGOSTO DE 2019

Dispõe sobre a adoção dos Objetivos de Desenvolvimento Sustentável, da Agenda 2030, pelas Corregedorias do Poder Judiciário e pelo Serviço Extrajudicial.

O CORREGEDOR NACIONAL DE JUSTIÇA, usando de suas atribuições constitucionais, legais e regimentais e

CONSIDERANDO o poder de fiscalização e de normatização do Poder Judiciário dos atos praticados por seus órgãos (art. 103-B, §4º, I, II e III, da Constituição Federal de 1988);

CONSIDERANDO a competência do Poder Judiciário de fiscalizar os serviços notariais e de registro (arts. 103-B, §4º, I e III, e 236, §1º, da Constituição Federal);

CONSIDERANDO que cabe ao Poder Judiciário implementar mecanismos que concretizem o princípio constitucional do amplo acesso à Justiça (art. 5º, inc. XXXV, da Constituição Federal), a igualdade de gênero, a prevenção de conflitos, o combate às desigualdades, a proteção das liberdades fundamentais, o respeito ao direito de todos e a paz social;

CONSIDERANDO que a Agenda 2030 das Nações Unidas, que sucede a Agenda 2015, é um plano de ação com metas e indicadores globais, adotado por 193 Países, inclusive o Estado brasileiro, que tem por escopo a efetivação dos direitos humanos e a promoção do desenvolvimento sustentável em suas dimensões social, econômica, ambiental e institucional;

CONSIDERANDO que a Agenda 2030 está alinhada aos princípios constitucionais e ao Plano Plurianual por meio do PPA Cidadão (https://ppacidadao.planejamento.gov.br/sitioPPA/paginas/agendas-transversais/agendas-ods-modulo.xhtml);

CONSIDERANDO que os 17 Objetivos de Desenvolvimento Sustentável (ODS), desdobrados em 169 metas e 231 indicadores estabelecidos pelas Nações Unidas na Agenda 2030 estão em conformidade com a Estratégia Nacional do Poder Judiciário, os macrodesafios e as metas e indicadores judiciários, porque diretamente relacionados aos temas de produtividade, celeridade na prestação jurisdicional, aumento dos casos solucionados por conciliação, priorização no julgamento das causas relacionadas à improbidade administrativa e aos crimes contra a Administração Pública, ao impulso aos processos na fase de cumprimento de sentença e execução não fiscal e de execução fiscal, as ações coletivas, ao julgamento de processos dos maiores litigantes e dos recursos repetitivos, ao fortalecimento da rede de enfrentamento à violência doméstica e familiar contra as mulheres, dentre outros.

CONSIDERANDO o teor da Portaria 133/2018 da Presidência que instituiu o Comitê Interinstitucional destinado a proceder estudos e apresentar proposta de integração das metas do Poder Judiciário com as metas e indicadores dos Objetivos de Desenvolvimento Sustentável (ODS), Agenda 2030 e a importância de aproximação das metas e indicadores de gestão judiciária com as metas e indicadores da Agenda 2030.

CONSIDERANDO que as metas e indicadores do Poder Judiciário ainda não foram formalmente recepcionadas pela Agenda 2030 ao tratar de políticas públicas e estudos comparativos entre os Países e Municípios, o que evidencia a necessidade de exteriorizar com maior ênfase o impacto da gestão judiciária em favor da sociedade brasileira.

CONSIDERANDO que o alinhamento da atuação do Poder Judiciário à Agenda 2030, da ONU, pode representar um avanço no campo na concretização dos direitos fundamentais dos cidadãos, pois o Judiciário poderá fornecer informações relevantes e necessárias – cuja base de dados é produzida e mantida pelo próprio Poder Judiciário – para o cumprimento das metas dos Objetivos de Desenvolvimento Sustentável.

CONSIDERANDO a competência do Corregedor Nacional de Justiça de expedir provimentos e outros atos normativos destinados ao aperfeiçoamento das atividades dos órgãos do Poder Judiciário e de seus serviços auxiliares e dos serviços notariais e de registro, bem como dos demais órgãos correicionais, sobre matéria relacionada com a competência da Corregedoria Nacional de Justiça (art. 8º, X, do Regimento Interno do Conselho Nacional de Justiça);

CONSIDERANDO, ainda, que o Objetivo de Desenvolvimento Sustentável ODS 16, que trata de Paz, Justiça e Instituições Eficazes está indissociavelmente relacionado aos assuntos tratados pelo Poder Judiciário Brasileiro

RESOLVE

Art. 1º Internalizar, na forma deste Provimento, os Objetivos de Desenvolvimento Sustentável (ODS), da Agenda 2030, das Nações Unidas, à atuação da Corregedoria Nacional de Justiça.

Art. 2º Determinar que conste dos novos atos normativos, a serem editados pela Corregedoria Nacional de Justiça e pelas Corregedorias do Poder Judiciário, a referência ao número do respectivo Objetivo de Desenvolvimento Sustentável, da Agenda 2030, com o qual se adéqua.

§ 1º. A Corregedoria Nacional de Justiça deverá, no prazo de 30 dias, publicar a indexação de seus atos aos ODS, conforme estudo já realizado pela equipe do CNJ.

§ 2º. Determinar que conste dos relatórios estatísticos das Corregedorias do Poder Judiciário a correlação entre os assuntos das Tabelas Processuais Unificadas e os ODS da Agenda 2030, conforme indexação já produzida Comitê Interinstitucional, destinado a proceder estudos e apresentar proposta de integração das metas do Poder Judiciário com as metas e indicadores dos Objetivos de Desenvolvimento Sustentável (ODS), (Portaria 133 de 28/09/2018), considerando que esta medida facilita a interação com a gestão judiciária.

Art. 3º As Corregedorias e as Serventias Extrajudiciais deverão inserir em seus portais ou sites, expressamente, a informação de que internalizaram a Agenda 2030, bem como a correspondência dos respectivos assuntos e atos normativos à cada um dos ODS.

§ 1º Determinar que as Corregedorias e o Serviço Extrajudicial deem visibilidade à integração de seus atos normativos aos Objetivos de Desenvolvimento Sustentável, da Agenda 2030.

§ 2º As serventias deverão deixar a referida informação visível para o público nos seus estabelecimentos, na forma como consta do Anexo I – passo a passo para implementar a Agenda 2030 das Nações Unidas.

Art. 4º Incentivar os Tribunais que criem e instalem Laboratórios de Inovação, Inteligência e Objetivos de Desenvolvimento Sustentável (LIODS), com a metodologia que vem sendo adotada no Conselho Nacional de Justiça – CNJ, como um movimento que une o conhecimento institucional, a inovação e a cooperação com o objetivo de se alcançar a paz, a justiça e eficiência institucional, que será o espaço de interação sobre a Agenda 2030.

Art. 5º Este Provimento entra em vigor na data de sua publicação.

Ministro HUMBERTO MARTINS
Corregedor Nacional de Justiça
DJE de 20.08.2019

PROVIMENTO Nº 107, DE 24 DE JUNHO DE 2020

Dispõe sobre a proibição de cobrança de quaisquer valores dos consumidores finais dos serviços prestados pelas centrais cartorárias em todo o território nacional, e dá outras providências.

- *Vide art. 42-A, Lei 8.935/1994.*
- *Vide art. 344 do Provimento CNJ n. 149/2023 (CNN)*

O CORREGEDOR NACIONAL DE JUSTIÇA, no uso de suas atribuições constitucionais, legais e regimentais e

CONSIDERANDO que os princípios constitucionais da legalidade, moralidade e publicidade, previstos no art. 37 da Constituição Federal;

CONSIDERANDO o poder de fiscalização e de normatização do Poder Judiciário dos atos praticados por seus órgãos (art. 103-B, § 4º, I, II e III, da Constituição Federal de 1988);

CONSIDERANDO a competência do Poder Judiciário de fiscalizar os serviços extrajudiciais (arts. 103-B, § 4º, I e III, e 236, § 1º, da Constituição Federal);

CONSIDERANDO a competência da Corregedoria Nacional de Justiça de expedir provimentos e outros atos normativos destinados ao aperfeiçoamento das atividades dos serviços extrajudiciais (art. 8º, X, do Regimento Interno do Conselho Nacional de Justiça);

CONSIDERANDO a obrigação dos serviços extrajudiciais de cumprir as normas técnicas estabelecidas pelo Poder Judiciário (arts. 37 e 38 da Lei n. 8.935, de 18 de novembro de 1994);

CONSIDERANDO que a Corregedoria Nacional de Justiça regulamentou a criação de diversas centrais de serviços cartorários para, entre outras finalidades, facilitar a interligação dos oficiais de registro e tabeliães na execução de suas atividades;

CONSIDERANDO que as centrais são dirigidas pelas entidades associativas dos notários e registradores brasileiros para a prática de atos inerentes às suas atividades;

CONSIDERANDO que os custos de manutenção, gestão e aprimoramento dos serviços prestados pelas centrais devem ser ressarcidos pelos delegatários, interinos e interventores vinculados as entidades associativas coordenadoras;

CONSIDERANDO que o Provimento n. 100/2020, que instituiu o Sistema de Atos Notariais Eletrônicos, estabeleceu em seu artigo 8°, §3° que os custos pelo uso da plataforma eletrônica disponibilizado pelo Colégio Notarial Brasil, Conselho Federal, podem ser cobrados dos delegatários, interinos e interventores associados;

CONSIDERANDO que o acesso do consumidor aos serviços prestados pelas centrais não pode ser onerado com a cobrança de taxas e/ou contribuições, além dos emolumentos e taxas previstas em leis dos estados e do Distrito Federal;

CONSIDERANDO a remuneração pela prática de atos notariais e registrais em todo o território nacional, ainda que por intermédio de centrais, está vinculada à existência de previsão legal;

CONSIDERANDO que o Conselho Nacional de Justiça, nos autos do Pedido de Providência n. 3703-65.2020.2.00.0000, ratificou liminar da Corregedoria Nacional de Justiça entendendo que "não cabe a nenhuma central cartorária do país efetuar cobranças dos seus usuários, ainda que travestidas de contribuições ou taxas, pela prestação de seus serviços, sem previsão legal. A atividade extrajudicial é um serviço público, exercido em caráter privado, cujos valores dos emolumentos e das taxas cartorárias pressupõem a prévia existência de lei estadual ou distrital";

RESOLVE:

Art. 1º É proibida a cobrança de qualquer valor do consumidor final relativamente aos serviços prestados pelas centrais registrais e notariais, de todo o território nacional, ainda que travestidas da denominação de contribuições ou taxas, sem a devida previsão legal.

Art. 2º Os custos de manutenção, gestão e aprimoramento dos serviços prestados pelas centrais devem ser ressarcidos pelos delegatários, interinos e interventores vinculados as entidades associativas coordenadoras.

Parágrafo único. As entidades associativas podem custear, em nome de seus associados, as despesas descritas no *caput*.

Art. 3º Os valores cobrados a partir da publicação deste provimento deverão ser ressarcidos ao consumidor no prazo de 24 (vinte e quatro) horas.

Art. 4º As corregedorias dos estados e do Distrito Federal deverão fiscalizar todas as centrais existentes, em suas respectivas áreas de competência, a fim de verificar o cumprimento do presente provimento.

Parágrafo único. Sendo constatada a cobrança ilegal, processo administrativo deverá ser instaurado em face do responsável pela entidade coordenadora da central.

Art. 5º As Corregedorias dos estados e do Distrito Federal deverão inserir em seu calendário de correições/inspeções do serviço extrajudicial as centrais estaduais de notários e registradores existentes no respectivo estado, com a finalidade de verificar a observância das normas vigentes que lhe são afetas.

Art. 6º As centrais nacionais de todos os ramos do serviço extrajudicial brasileiro deverão, em 48 (quarenta e oito) horas, após a publicação do presente ato, comunicar à Corregedoria Nacional de Justiça o fiel cumprimento deste provimento.

Art. 7º Este Provimento entra em vigor na data de sua publicação, ficando revogadas todas as disposições em contrário constantes de normas da Corregedoria Nacional de Justiça e das Corregedorias-Gerais de Justiça dos Estados e do Distrito Federal.

Ministro HUMBERTO MARTINS
Corregedor Nacional de Justiça
Dje de 24/06/2020,

PROVIMENTO Nº 108, DE 3 DE JULHO DE 2020

Dispõe sobre o envio de dados estatísticos pelas Corregedorias-Gerais de Justiça dos Estados e do Distrito Federal, relativos à fiscalização das obrigações impostas a notários e registradores de todo o Brasil, no cumprimento dos termos do Provimento n. 88/2019 da Corregedoria Nacional de Justiça e de correlatas sanções que tenham sido aplicadas, na forma do art. 12 da Lei n. 9.613/98 e dá outras providências.

- *Vide Lei n. 9.613/1998 (Crimes de Lavagem de Dinheiro)*
- *Vide Resolução COAF 29/2017*
- *Vide Resolução COAF 31/2019*
- *Vide Provimento CNJ 161/2024 (Lavagem de Dinheiro)*
- *Enunciado 5 do XXI Congresso de Direito Notarial de Setembro de 2016*

O CORREGEDOR NACIONAL DE JUSTIÇA, no uso de suas atribuições constitucionais, legais e regimentais, e

CONSIDERANDO os princípios constitucionais da legalidade, moralidade e publicidade, previstos no art. 37 da Constituição Federal;

CONSIDERANDO o poder de fiscalização e de normatização do Poder Judiciário sobre os atos praticados por seus órgãos (art. 103-B, § 4º, I, II e III, da Constituição Federal de 1988);

CONSIDERANDO a competência do Poder Judiciário de fiscalizar os serviços extrajudiciais (arts. 103-B, § 4º, I e III, e 236, § 1º, da Constituição Federal);

CONSIDERANDO a competência da Corregedoria Nacional de Justiça de expedir provimentos e outros atos normativos destinados ao aperfeiçoamento das atividades dos serviços extrajudiciais (art. 8º, X, do Regimento Interno do Conselho Nacional de Justiça);

CONSIDERANDO a obrigação dos serviços extrajudiciais de cumprir as normas técnicas estabelecidas pelo Poder Judiciário (arts. 37 e 38 da Lei n. 8.935, de 18 de novembro de 1994);

CONSIDERANDO que o Provimento n. 88/2019 da Corregedoria Nacional de Justiça estabeleceu várias obrigações e deveres aos notários, registradores e Corregedorias-Gerais de Justiça de todo o País;

CONSIDERANDO que o Conselho de Operações de Atividades Financeiras – COAF reúne, semestralmente, as estatísticas dos setores obrigados na política de prevenção e combate à lavagem de dinheiro e ao financiamento do terrorismo;

CONSIDERANDO que a Recomendação n. 174314 da Controladoria-Geral da União – CGU orienta no sentido de divulgar as informações gerenciais sobre os resultados das fiscalizações e aplicações de responsabilidades administrativas dos demais setores obrigados;

CONSIDERANDO que semestralmente a Coordenação-Geral de Fiscalização e Regulação do Coaf (Cofir) solicita a atualização das informações estatísticas para publicação na página do Coaf na Internet;

CONSIDERANDO o dever de transparência que órgãos públicos e serviços delegados devem possuir na execução de suas atividades,

RESOLVE:

Art. 1º As Corregedorias-Gerais de Justiça dos Estados e do Distrito Federal devem, semestralmente, enviar ao Conselho Nacional de Justiça, por meio do Departamento de Pesquisas Judiciárias – DPJ, os dados estatísticos das fiscalizações realizadas nos cartórios extrajudiciais, em cumprimento às obrigações estabelecidas no Provimento n. 88/2019 da Corregedoria Nacional de Justiça e de correlatas sanções que tenham sido aplicadas, na forma do art. 12 da Lei n. 9.613/98.

Parágrafo único. O preenchimento dos dados será efetuado eletronicamente através do link http://www.cnj.jus.br/estatisticas-coaf, observados os seguintes prazos:

I – até 15 de julho, referente às fiscalizações realizadas entre os dias 1º de janeiro e 30 de junho do mesmo ano;

II – até 15 de janeiro, referente às fiscalizações realizadas entre os dias 1º de julho e 31 de dezembro do ano anterior.

Art. 2º Os dados estatísticos deverão indicar:

I. a Corregedoria-Geral do Tribunal de Justiça dos Estados e do Distrito Federal;

II. o universo de pessoas supervisionadas alcançado: quantidade de serventias obrigadas em cada unidade da federação, no âmbito da política de prevenção e combate à lavagem de dinheiro e ao financiamento do terrorismo, cadastradas no CNJ e identificadas no último dia útil de cada período de avaliação;

III. procedimentos de fiscalização cujo escopo tenha abrangido obrigações e deveres disciplinados no Provimento n. 88/2019:

a. presencial: somatório dos procedimentos de fiscalização presenciais realizados no período;

b. remoto: somatório dos procedimentos de fiscalização remotos realizados no período.

IV. processos administrativos sancionadores – PAS: quantidade de PAS instaurados em desfavor de delegatários, interventores ou interinos responsáveis pela serventia, tendo por objeto imputação de descumprimento de obrigação ou dever disciplinado no Provimento n. 88/2019.

V. sanções aplicadas aos delegatários em decorrência dos PAS referidos no inciso IV: quantidade de sanções de cada espécie aplicada no período com fundamento no art. 12 da Lei n. 9.613, de 3 de março de 1998;

VI. observações finais: considerações a critério da Corregedoria-Geral de Justiça responsável pela fiscalização e envio dos dados.

Parágrafo único. As sanções referidas no inciso V são aquelas previstas no art. 12 da Lei n. 9.613, de 1998, e que compete às Corregedorias-Gerais de Justiça dos Estados e do Distrito Federal aplicá-las, na forma do disposto no art. 40, § 1º, do Provimento n. 88/2019.

Art. 2º Os dados enviados estarão permanentemente atualizados e disponíveis na forma de painel para a Coordenação-Geral de Fiscalização e Regulação do Coaf (Cofir).

Parágrafo único. Compete à Corregedoria Nacional de Justiça, com o apoio do Departamento de Pesquisas Judiciárias – DPJ, identificar possíveis inconsistências e/ou ausências de dados no sistema.

Art. 3º Este Provimento entra em vigor na data de sua publicação, ficando revogadas todas as disposições em contrário.

Ministro HUMBERTO MARTINS
Corregedor Nacional de Justiça
Dje de 03/07/2020

PROVIMENTO Nº 127, DE 09 DE FEVEREIRO DE 2022

Disciplina a Plataforma do Sistema Integrado de Pagamentos Eletrônicos – SIPE para os serviços notariais e de registro, e dá outras providências.

- *Vide art. 14 Lei . 6.015, de 31 de dezembro de 1973*
- *Vide art. 30, XV, Lei 8.935, de 18 de novembro de 1994*
- *Vide art. 37, Lei n. 9.492, de 10 de setembro de 1997*
- *Art. 76, § 4º, Lei n. 13.465 de 11 julho de 2017*

A CORREGEDORA NACIONAL DE JUSTIÇA, usando de suas atribuições constitucionais, legais e regimentais,

CONSIDERANDO o disposto no art. 76, § 4º, da Lei n. 13.465/2017, que impõe à Corregedoria Nacional de Justiça a função de agente regulador do Operador Nacional do Sistema de Registro Eletrônico de Imóveis – ONR;

CONSIDERANDO as inovações já implementadas, a partir da edição do Provimento CN n. 98, de 27/4/2020, nos procedimentos de pagamento de emolumentos, acréscimos legais, dívidas e demais despesas por meios eletrônicos;

CONSIDERANDO que várias unidades da federação já admitem o pagamento de emolumentos, custas e despesas por meios eletrônicos, a critério do usuário, inclusive mediante parcelamento;

CONSIDERANDO que o § 2º do art. 5º da Emenda Constitucional n. 45/2004, dispõe que, até que entre em vigor o Estatuto da Magistratura, o Conselho Nacional de Justiça, mediante resolução, disciplinará seu funcionamento e definirá as atribuições do Ministro-Corregedor;

CONSIDERANDO que, em cumprimento desse citado mandamento constitucional, o Regimento Interno do Conselho Nacional de Justiça estabelece que compete ao Corregedor Nacional de Justiça, entre outras competências, expedir provimentos, instruções, orientações e outros atos normativos destinados ao aperfeiçoamento das atividades dos serviços auxiliares do Poder Judiciário e dos serviços notariais e de registro (art. 8º, X);

CONSIDERANDO o contido no processo SEI 00396/2022;

RESOLVE:

CAPÍTULO I – DA PLATAFORMA DO SISTEMA INTEGRADO DE PAGAMENTOS ELETRÔNICOS– SIPE

Art. 1º O Operador Nacional do Sistema de Registro Eletrônico de Imóveis (ONR) fica autorizado a desenvolver e gerir a Plataforma do Sistema Integrado de Pagamentos Eletrônicos– SIPE, destinada a receber e repassar os valores recebidos dos usuários dos serviços de registro de imóveis praticados pelos registradores de imóveis e solicitados por meio do Serviço de Atendimento Eletrônico Compartilhado – SAEC, adotados os seguintes meios de pagamento:

I – PIX;

II – cartão de crédito, emitido por operadoras ou administradoras autorizadas a funcionar pelo Banco Central do Brasil, de livre escolha do usuário;

III – boleto bancário;

IV – faturamento; e

V – outras modalidades de pagamento, crédito ou financiamento, autorizadas pelo Banco Central do Brasil, contratadas para que sejam oferecidas aos interessados na plataforma.

Art. 2º Ao menos um dos meios de pagamento previstos no art. 1º será disponibilizado aos usuários sem nenhum custo adicional para os interessados.

§ 1º A oferta dos meios de pagamento observará as seguintes regras:

I– o PIX, quando cobrado ao destinatário da transferência, terá o seu custo suportado pelo gestor da Plataforma do Sistema Integrado de Pagamentos Eletrônicos –SIPE, sem nenhum repasse correspondente aos usuários;

II – os custos da intermediação financeira e/ou de eventual parcelamento por cartão de crédito cobrados pela operadora ou administradora autorizada a funcionar pelo Banco Central do Brasil serão repassados ao usuário e por ele suportados, mediante a inclusão dos valores respectivos no pagamento devido;

III – o custo do boleto, quando esta for a opção do usuário, pessoa jurídica ou física, será incluído no valor devido pela prática do ato, devendo essa tarifa ser especificadamente demonstrada de modo claro e transparente pelo gestor, na Plataforma e no corpo do respectivo boleto;

IV – nas hipóteses autorizadas em lei, quando for adotado o pagamento por meio de faturamento, a fatura relativa aos valores devidos pelos serviços notariais ou registrais será fechada no último dia de cada decêndio, com vencimento no prazo de cinco (5) dias corridos; e

V – no caso de opção pela forma de pagamento por meio de crédito ou financiamento, os juros nominais cobrados pelas instituições de crédito autorizadas a funcionar pelo Banco Central do Brasil, bem como o Custo Efetivo Total (CET), mensal e anual, regulamentado pelas normas de regência destinadas às instituições de crédito, serão também divulgados de modo claro e transparente pelo gestor da Plataforma, permitindo aos interessados comparar os custos e fazer a escolha que lhes for mais conveniente.

§ 2º Quando se tratar de pagamento faturado, assim como previsto no inciso IV do art. 1º e no inciso V deste artigo, vencida a fatura sem pagamento, e decorrido o prazo de dez (10) dias, cumprirá ao titular ou responsável pela serventia expedir certidão correspondente ao crédito, constituindo a certidão título para o protesto extrajudicial e para a ação de execução do crédito (CPC, art. 784, XI).

CAPÍTULO II – DOS EMOLUMENTOS DE SERVIÇOS ELETRÔNICOS NÃO PREVISTOS NAS TABELAS DE CUSTAS E EMOLUMENTOS

Art. 3º Enquanto não for editada, no âmbito dos Estados e do Distrito Federal, legislação específica acerca da fixação de custas e emolumentos para os procedimentos registrais eletrônicos, fica padronizada a cobrança dos atos a seguir, adotadas as seguintes regras:

I – a certidão digital de inteiro teor de matrícula corresponderá ao valor dos emolumentos da certidão de inteiro teor da matrícula, vintenária, com seis (6) páginas ou seis (6) atos;

II – o valor a que se refere o inciso I será atribuído aos emolumentos para a certidão digital da situação jurídica do imóvel, para a certidão digital da transcrição com menção a ônus, ações e alienações, bem como para todas as demais certidões digitais, como disposto no Provimento 124/2022, da Corregedoria Nacional de Justiça;

III – na hipótese de visualização de matrícula, será cobrado o correspondente a 1/3 (um terço) do valor dos emolumentos da certidão digital;

IV – para a Pesquisa Prévia de Bens:

a) será cobrado para cada grupo de cem (100) serventias pesquisadas, ou fração, o valor correspondente a 1/3 (um terço) dos emolumentos da certidão digital; e

b) a soma mensal recebida por todas as pesquisas prévias realizadas será rateada entre todos os oficiais de Registro de Imóveis do respectivo estado ou do Distrito Federal, em partes iguais;

V – no caso de Pesquisa Qualificada, será cobrado o valor correspondente a um pedido de busca ou informação, constante da tabela de custas e emolumentos, ou a 1/3 (um terço) dos emolumentos da certidão digital, prevalecendo o menor valor; e

VI – no Monitor Registral, os emolumentos corresponderão, mensalmente, ao valor de emolumentos de uma certidão digital de inteiro teor de matrícula.

Parágrafo único. Todos os valores previstos nos incisos deste artigo ficam limitados ao teto que corresponderá ao valor resultante da média aritmética calculada a partir dos valores praticados para a certidão prevista no inciso I, em cada uma das unidades federativas, segundo os critérios estabelecidos neste dispositivo.

Art. 4º Para o fim da disposição contida no parágrafo único do art. 3º deste Provimento, o Operador Nacional do Sistema de Registro Eletrônico de Imóveis – ONR, no prazo de cinco (5) dias, apresentará memória de cálculo com o demonstrativo dos valores das certidões referidas no art. 2º e incisos, bem como do valor médio nacional da certidão de inteiro teor da matrícula, para ciência da Corregedoria Nacional de Justiça.

CAPÍTULO III – DAS DISPOSIÇÕES GERAIS

Art. 5º As normas deste Provimento aplicam-se, no que couber, às demais especialidades previstas no artigo 5º da Lei 8.935, de 18 de novembro de 1994, podendo ser implementadas pelos gestores:

I – da Central de Informações de Registro Civil das Pessoas Naturais – CRC, instituída pelo Provimento 46, de 16 de junho de 2015, da Corregedoria Nacional de Justiça;

II – do Sistema de Registro Eletrônico de Títulos e Documentos e Civil de Pessoa Jurídica - SRTDPJ, instituído pelo Provimento 48, de 16 de março de 2016, da Corregedoria Nacional de Justiça;

III – da Central Notarial de Serviços Eletrônicos Compartilhados – CENSEC e ao Sistema de Atos Notariais Eletrônicos – e-Notariado, regulados, respectivamente, pelos Provimentos 18, de 28 de agosto de 2012, e 100, de 26 de maio de 2020, da Corregedoria Nacional de Justiça; e

IV – da Central Nacional de Serviços Eletrônicos dos Tabeliães de Protestos de Títulos - CENPROT, criada pela Lei 9.492, de 10 de setembro de 1997 e regulamentada pelo Provimento 87, de 11 de setembro de 2019, da Corregedoria Nacional de Justiça.

Parágrafo único. Para os fins deste artigo, ficam ressalvadas, no que forem incompatíveis, as disposições normativas específicas existentes para cada uma das especialidades das serventias dos serviços de notas e registro.

Art. 6º Sem prejuízo dos meios de pagamento ordinários, em espécie ou cheque, nos pedidos feitos diretamente na serventia, poderá o titular ou responsável pela unidade do serviço notarial ou registral adotar os meios de pagamento previstos neste Provimento.

Parágrafo único. No caso de pagamento em espécie, o responsável pela serventia deverá comunicar o Conselho de Controle de Atividades Financeiras – COAF, na hipótese de valores em moeda iguais ou superiores a R$ 30.000,00 (trinta mil reais), persistindo no caso a regra do Provimento 88, de 1º de outubro de 2019, da Corregedoria Nacional de Justiça.

Art. 7º As disposições deste Provimento aplicam-se aos Tribunais das unidades federativas que adotam o documento de arrecadação como forma de pagamento de custas, emolumentos, e outros valores devidos pelos serviços de notas e registro.

Art. 8º Nos casos de diferimento do pagamento, o lançamento dos emolumentos no Livro Diário da Receita e Despesa, e a emissão da Nota Fiscal de Serviços, quando for o caso, bem como o recolhimento das custas e contribuições devidas, serão realizados com base no dia do efetivo recebimento dos valores pelo titular ou responsável pela serventia.

Art. 9º Os gestores das Plataformas do Sistema Integrado de Pagamentos Eletrônicos – SIPE, não poderão reter em seu poder quaisquer valores recebidos para repasse em razão dos atos que lhes sejam solicitados encaminhar à serventia competente por meio das plataformas de serviços eletrônicos compartilhados.

Art. 10. Este Provimento entra em vigor na data de sua publicação.

Ministra MARIA THEREZA DE ASSIS MOURA

DJe/CNJ de 10/02/2022

PROVIMENTO Nº 130, DE 24 DE JUNHO DE 2022

Dispõe sobre diretrizes e parâmetros para implantação, utilização e funcionamento do sistema do Processo Judicial Eletrônico nas Corregedorias (PJeCor).

- *Art. 1º § 3º, Lei n. 6.015/1973 (Registros Públicos)*
- *Arts. 7º a 10 da Lei 8.159/1991 (Política Nacional de Arquivos Públicos e Privados)*
- *Arts. 41 e 42-A da Lei 8.935/1994 (Lei dos Notários e Registradores)*
- *Arts. 32, 34, § 2º, 35, § 2º, 39, 41, 41-A, Lei 9.492/1997 (Protesto Extrajudicial)*
- *Art. 16 da Lei 11.419/2006 (Informatização do processo judicial)*
- *Art. 6º, Lei 12.682/2012 (Elaboração e o arquivamento de documentos em meios eletromagnéticos)*
- *Arts. 3º, II e III, e 11, da Lei 12.965/2014 (Marco Civil da Internet)*
- *Art. 193, Lei 13.105/2015 (Código de Processo Civil)*
- *Art. 4º Lei 14.063/2020 (Assinaturas eletrônicas em interações com entes públicos).*
- *Lei 14.382/2022 (Sistema Eletrônico dos Registros Públicos - Serp)*
- *Vide Decreto n. 10.278/2020 (Disciplina os requisitos para a digitalização de documentos públicos ou privados, de modo que os representantes digitais produzam os mesmos efeitos legais dos originais*
- *Vide Resolução CNJ n. 469/2022 (Digitalização de documentos judiciais e administrativos)*
- *Vide Provimento CNJ n. 25/2012 (Malote Digital)*

A CORREGEDORA NACIONAL DE JUSTIÇA, no uso de suas atribuições legais e regimentais,

CONSIDERANDO a competência da Corregedoria Nacional de Justiça de expedir provimentos e outros atos normativos destinados ao aperfeiçoamento das atividades dos órgãos do Poder Judiciário (art. 8º, X, do Regimento Interno do Conselho Nacional de Justiça);

CONSIDERANDO as diretrizes formuladas pela Resolução CNJ 185/2013, com a alteração advinda da Resolução CNJ 320/2020, e o disposto na Lei 11.419/2006;

CONSIDERANDO a importância da utilização de um sistema informatizado único para todas as corregedorias, padronizando-o e garantindo maior eficiência, transparência e economia na atuação dos órgãos correcionais;

CONSIDERANDO a necessidade de regulamentar a utilização do PJeCor pelas Corregedorias de Justiça, sendo uma instalação única da plataforma "Processo Judicial Eletrônico", a partir da qual tramitarão os processos de competência dos órgãos correcionais do Poder Judiciário Nacional;

RESOLVE:

Arts. 1º a 11. *(Revogados pelo Provimento CN n. 165, de 16.4.2024)*

Art. 12. O acervo de procedimentos de natureza disciplinar contra magistrados e delegatários que atualmente tramita em autos físicos, em versão local do PJe ou em sistemas computacionais diversos deverá ser digitalizado pelo órgão julgador, em sua integralidade, e incluído no PJeCor, como procedimento da classe reclamação disciplinar, com o assunto adequado, no prazo de 30 dias. *(Redação dada pelo Provimento n. 132, de 4.8.2022)*

§ 1º Incluem-se na hipótese descrita no caput todos os procedimentos da corregedoria ou dos demais órgãos ou membros do tribunal instaurados com o objetivo de apurar eventual falta disciplinar de magistrado ou delegatário.

§ 2º Não se incluem na hipótese descrita no caput as representações por excesso de prazo.

§ 3º Para o fim de cumprimento do disposto no caput, os pedidos de providências com assunto disciplinar deverão ser incluídos no PJeCor na classe reclamação disciplinar e assunto respectivo. *(Incluído pelo Provimento n. 132, de 4.8.2022)*

Art. 13. Ficam revogados o Provimento n. 102, de 8 de junho de 2020, e o Provimento nº 112, de 3 de fevereiro de 2021.

Art. 14. Este Provimento entra em vigor na data de sua publicação.

Ministra MARIA THEREZA DE ASSIS MOURA

DJe/CNJ 27/06/2022

PROVIMENTO Nº 133, DE 15 DE AGOSTO DE 2022

Disciplina a alimentação do Painel Nacional dos Concursos Públicos de Provas e Títulos para Outorga de Delegações de Serviços de Notas e de Registro, gerido pela Corregedoria Nacional de Justiça.

- *Vide arts. 74 a 77 do Provimento CNJ n. 149/2023 (CNN)*
- *Vide arts. 14 a 21, Lei n. 8.935/1994 (Notários e Registradores)*
- *Vide Resolução CNJ n. 80/2009 (Vacância dos serviços notariais e de registro ocupados em desacordo com as normas constitucionais pertinentes à matéria)*
- *Vide Resolução CNJ n. 81/2009 (Concurso Público de Outorga de Delegações e Minuta de Edital)*
- *Vide Enunciado 75, I Jornada de Direito Notarial e Registral*

A CORREGEDORA NACIONAL DE JUSTIÇA, usando de suas atribuições constitucionais, legais e regimentais,

CONSIDERANDO os princípios constitucionais da legalidade, moralidade e publicidade, previstos no art. 37 da Constituição Federal;

CONSIDERANDO o poder de fiscalização e de normatização do Poder Judiciário sobre os atos praticados por seus órgãos (art. 103-B, § 4º, I, II e III, da Constituição Federal de 1988);

CONSIDERANDO a competência do Poder Judiciário de fiscalizar os serviços extrajudiciais (arts. 103-B, § 4º, I e III, e 236, § 1º, da Constituição Federal);

CONSIDERANDO que o ingresso na atividade notarial e de registro depende de concurso público de provas e títulos, não se permitindo que qualquer serventia fique vaga, sem abertura de concurso de provimento ou de remoção, por mais de seis meses (art. 236, § 3º, da Constituição Federal);

CONSIDERANDO que o § 2º do art. 5º da Emenda Constitucional n. 45/2004, dispõe que, até que entre em vigor o Estatuto da Magistratura, o Conselho Nacional de Justiça, mediante resolução, disciplinará seu funcionamento e definirá as atribuições do Ministro-Corregedor;

CONSIDERANDO a competência da Corregedoria Nacional de Justiça de expedir provimentos e outros atos normativos destinados ao aperfeiçoamento das atividades dos serviços extrajudiciais (art. 8º, X, do Regimento Interno do Conselho Nacional de Justiça);

CONSIDERANDO o dever de transparência que órgãos públicos e serviços delegados devem possuir na execução de suas atividades,

RESOLVE:

Arts. 1º a 4º *(Revogados pelo Provimento CN n. 149, de 30.8.2023)*

Art. 5º Os dados sobre os concursos em andamento deverão ser alimentados no sistema no prazo de 30 (trinta) dias a contar da publicação deste Provimento.

Art. 6º Este Provimento não se aplica aos concursos já concluídos na data da sua publicação.

Art. 7º Este Provimento entra em vigor na data de sua publicação, ficando revogadas todas as disposições em contrário.

Ministra MARIA THEREZA DE ASSIS MOURA
DJe/CNJ de 17/08/2022

PROVIMENTO Nº 134, DE 24 DE AGOSTO DE 2022

Estabelece medidas a serem adotadas pelas serventias extrajudiciais em âmbito nacional para o processo de adequação à Lei Geral de Proteção de Dados Pessoais.

Situação: Alterado.

- *Arts. 1º e 2º e arts. 4º a 57 incorporados aos **arts. 79 a 135 do Provimento CNJ n. 149/2023** (Código Nacional de Normas da Corregedoria Nacional de Justiça– Foro Extrajudicial (CNN/CN/CNJ-EXTRA)*
- *Vide Provimento CNJ n. 161/2024*
- *Vide "Considerações" deste Provimento*
- *Vide art. 5º, LXXIX, CF*
- *Vide Lei n. 13.709, de 14 de agosto de 2018*
- *Vide Lei n. 8.560, de 29 de dezembro de 1992*
- *Vide Lei n. 9.492, de 10 de setembro de 1997*
- *Vide Lei n. 6.015, de 31 de dezembro de 1973*
- *Vide Lei n. 8.935, de 18 de novembro de 1994*
- *Vide Resolução Comitê Gestor do Sistema Nacional de Registro Civil n. 8/2021*

A CORREGEDORA NACIONAL DE JUSTIÇA, no uso de suas atribuições legais e regimentais,

CONSIDERANDO que é missão do Conselho Nacional de Justiça (CNJ) desenvolver políticas judiciárias que promovam a efetividade e a unidade ao Poder Judiciário, incluindo-se as serventias extrajudiciais, para os valores de justiça e de paz social;

CONSIDERANDO a competência dos órgãos judiciários para exercerem função regulatória das atividades prestadas nas serventias notariais e registrais (CRFB, art. 236, § 1º);

CONSIDERANDO que o § 2º do art. 5º da Emenda Constitucional n. 45/2004, dispõe que, até que entre em vigor o Estatuto da Magistratura, o Conselho Nacional de Justiça, mediante resolução, disciplinará seu funcionamento e definirá as atribuições do Ministro Corregedor;

CONSIDERANDO que, em cumprimento desse citado mandamento constitucional, o Regimento Interno do Conselho Nacional de Justiça estabelece que compete ao Corregedor Nacional de Justiça, entre outras competências, expedir provimentos, instruções, orientações e outros atos normativos destinados ao aperfeiçoamento das atividades dos serviços auxiliares do Poder Judiciário e dos serviços notariais e de registro (art. 8º, X);

CONSIDERANDO a necessidade de regulamentar as disposições da Lei n. 13.709, de 14 de agosto de 2018, que dispõe sobre o tratamento de dados pessoais, inclusive nos meios digitais, por pessoa natural ou por pessoa jurídica de direito público ou privado, com o objetivo de proteger os direitos fundamentais de liberdade e de privacidade e o livre desenvolvimento da personalidade da pessoa natural, considerando as resoluções aplicáveis, como a Resolução CD/ANPD n. 02, de 27 de janeiro de 2022;

CONSIDERANDO o princípio da publicidade que orienta a prática dos atos registrais e notariais, possibilitando, inclusive, que a pessoa possa requerer certidão sem informar o motivo ou o interesse do pedido (Lei n. 6.015/1973, art. 17; Lei n. 8.934/1994, art. 1º);

CONSIDERANDO a obrigação das serventias extrajudiciais de cumprir as normas técnicas estabelecidas pelo Poder Judiciário (arts. 37 e 38 da Lei n. 8.935, de 18 de novembro de 1994);

CONSIDERANDO o fato de haver tratamento de dados pessoais, sensíveis ou não, na prestação das atividades notariais e registrais, sendo os responsáveis pelas delegações dos serviços extrajudiciais de notas e de registro, no desempenho de suas atividades, controladores de dados pessoais;

CONSIDERANDO o compartilhamento de dados pessoais pelos responsáveis das serventias extrajudiciais com as centrais de serviços eletrônicos compartilhados, decorrente de previsões legais e normativas;

RESOLVE:

CAPÍTULO I – DAS DISPOSIÇÕES GERAIS

Arts. 1º e 2º *(Revogados pelo Provimento CN n. 149, de 30.8.2023)*

Art. 3º Fica criada, no âmbito da Corregedoria Nacional de Justiça do Conselho Nacional de Justiça, a Comissão de Proteção de Dados – CPD/CN/CNJ, de caráter consultivo, responsável por propor, independentemente de provocação, diretrizes com critérios sobre a aplicação, interpretação e adequação das Serventias à LGPD, espontaneamente ou mediante provocação pelas Associações.

Arts. 4º a 57. *(Revogado pelo Provimento CN n. 149, de 30.8.2023)*

CAPÍTULO XVI – DAS DISPOSIÇÕES FINAIS

Art 58. As Corregedorias Gerais da Justiça dos Estados e do Distrito Federal fiscalizarão a efetiva observância das normas previstas neste Provimento pelas unidades do serviço extrajudicial, expedindo as normas complementares que se fizerem necessárias, bem como promoverão, no prazo estabelecido no art. 59, a adequação das normas locais que contrariarem as regras e diretrizes constantes do presente provimento.

Art. 59. Este provimento entra em vigor na data de sua publicação, observado o prazo de 180 (cento e oitenta) dias para adequação das serventias extrajudiciais às disposições contidas neste documento.

Ministra MARIA THEREZA DE ASSIS MOURA
DJe/CNJ de 24/08/2022

PROVIMENTO Nº 139, DE 01 DE FEVEREIRO DE 2023**

Regulamenta o Sistema Eletrônico dos Registros Públicos (Serp), o Operador Nacional do Sistema de Registros Públicos (ONSERP), o Fundo para a Implementação e Custeio do Sistema Eletrônico de Registros Públicos (FIC-ONSERP), o Fundo para a Implementação e Custeio do Sistema Eletrônico do Registro Civil de Pessoas Naturais (FIC-RCPN) e o Fundo para a Implementação e Custeio do Sistema Eletrônico do Registro de Títulos e Documentos e Civil de Pessoas Jurídicas (FIC-RTDPJ), institui o Operador Nacional do Registro Civil de Pessoas Naturais (ON-RCPN) e o Operador Nacional do Registro de Títulos e Documentos e Civil de Pessoas Jurídicas (ON-RTDPJ), e dá outras providências.

*Situação: Revogado e incorporado aos **arts. 211 a 228 do Provimento CNJ n. 149/2023** (Código Nacional de Normas da Corregedoria Nacional de Justiça– Foro Extrajudicial (CNN/CN/CNJ-EXTRA)*

- *Vide "Considerações" deste Provimento*
- *Vide Lei n. 14.382/2022 (Lei do SERP)*

O CORREGEDOR NACIONAL DE JUSTIÇA, usando de suas atribuições constitucionais, legais e regimentais e,

CONSIDERANDO o disposto no art. 3º, § 4º, da Lei n. 14.382, de 27 de junho de 2022, que conferiu à Corregedoria Nacional de Justiça poderes para estabelecer os termos de funcionamento do Sistema Eletrônico dos Registros Públicos (Serp);

CONSIDERANDO que as especialidades de registros públicos, enumeradas no art. 5º da Lei n. 8.935, de 18 de novembro de 1994, não são acumuláveis, ressalvado o disposto no parágrafo único do art. 26 dessa Lei;

CONSIDERANDO o art. 5º da Lei n. 14.382, de 27 de junho de 2022, que criou o Fundo para a Implementação e Custeio do Sistema Eletrônico dos Registros Públicos (Fics), subvencionado pelos oficiais dos registros públicos, e estabeleceu à Corregedoria Nacional de Justiça as atribuições de disciplinar a instituição da receita do fundo para a implementação e o custeio do registro eletrônico, bem como estabelecer as cotas de participação das serventias de registros públicos e fiscalizar o recolhimento dos recursos;

CONSIDERANDO que o § 2º do art. 5º da Emenda Constitucional n. 45/2004 dispõe que, até que entre em vigor o Estatuto da Magistratura, o Conselho Nacional de Justiça, mediante resolução, disciplinará seu funcionamento e definirá as atribuições do Ministro Corregedor;

CONSIDERANDO que, em cumprimento desse citado mandamento constitucional, o Regimento Interno do Conselho Nacional de Justiça estabelece, em seu art. 8º, X, que compete ao Corregedor Nacional de Justiça, entre outras competências, expedir provimentos, instruções, orientações e outros atos normativos destinados ao aperfeiçoamento das atividades dos serviços auxiliares do Poder Judiciário e dos serviços notariais e de registro;

CONSIDERANDO o que consta do Processo SEI n. 10.495/2022, especialmente, os trabalhos realizados pelo Grupo de Trabalho encarregado da elaboração de estudos e de propostas destinadas ao planejamento, à implantação e ao funcionamento do Sistema Eletrônico de Registros Públicos (Serp), nomeado pela Portaria n. 90, de 31 de outubro de 2022,

PROVIMENTO Nº 147, DE 04 DE JULHO DE 2023

Dispõe sobre a política permanente de enfrentamento a todas as formas de violência contra a mulher, no âmbito das atribuições da Corregedoria Nacional de Justiça; adota protocolo específico para o atendimento a vítimas e recebimento de denúncias de violência contra a mulher envolvendo magistrados, servidores do Poder Judiciário, notários e registradores; cria canal simplificado de acesso a vítimas de violência contra a mulher na Corregedoria Nacional de Justiça e dá outras providências.

› *Vide Recomendação CNJ n. 49/2022 (Adesão dos órgãos prestadores de serviços notariais e de registro à Campanha Sinal Vermelho contra a Violência Doméstica).*

O **CORREGEDOR NACIONAL DE JUSTIÇA**, no uso de suas atribuições legais e regimentais;

CONSIDERANDO que compete ao Conselho Nacional de Justiça - CNJ zelar pelo cumprimento dos deveres funcionais dos membros do Poder Judiciário e pela observância do Estatuto da Magistratura e, para tanto, expedir atos regulamentares, bem como receber e conhecer as reclamações contra membros ou órgãos do Poder Judiciário, inclusive contra seus serviços auxiliares, serventias e órgãos prestadores de serviços notariais e de registro que atuem por delegação do poder público ou oficializados, nos termos do art. 103-B da Constituição Federal;

CONSIDERANDO o disposto na Lei Orgânica da Magistratura Nacional, no Código de Ética da Magistratura Nacional, na Resolução CNJ n. 135/2011, nos Princípios de Bangalore de Conduta Judicial, no Código Ibero-Americano de Ética Judicial e na Lei Federal n. 8.112/1990;

CONSIDERANDO ser dever do Estado assegurar a assistência a todos os integrantes da família, bem como criar mecanismos voltados à harmonização e pacificação em casos de litígio, nos termos do art. 226, § 8º, da Constituição Federal;

CONSIDERANDO ser atribuição do poder público desenvolver políticas para garantia dos direitos fundamentais das mulheres nas relações domésticas e familiares, resguardando-as contra práticas de discriminação, exploração, violência, crueldade e opressão, nos termos do art. 3º, § 1º, da Lei nº 11.340/2006;

CONSIDERANDO que o Brasil é signatário da Convenção Interamericana para Prevenir, Punir e Erradicar a Violência Contra a Mulher – "Convenção de Belém do Pará" (promulgada pelo Decreto n. 1.973, de 1º de agosto de 1996), por meio do qual se comprometeu a incorporar, na legislação interna, normas penais, civis, administrativas e de outra natureza que sejam necessárias para prevenir, punir e erradicar a violência contra a mulher, bem como a adotar as medidas administrativas adequadas que forem aplicáveis;

CONSIDERANDO que o art. 4º, alínea "g", da Convenção de Belém do Pará assegura à mulher o "direito a recurso simples e rápido perante tribunal competente que a proteja contra atos que violem seus direitos";

CONSIDERANDO o que dispõe a Recomendação Geral n. 33 sobre o acesso das mulheres à Justiça, do Comitê sobre a Eliminação da Discriminação contra as Mulheres (CEDAW), no âmbito da Convenção das Nações Unidas sobre a Eliminação de Todas as Formas de Discriminação contra as Mulheres;

CONSIDERANDO a Diretriz Estratégica 8 para o ano de 2023, da Corregedoria Nacional de Justiça, aprovada no XI Encontro Nacional do Poder Judiciário, que dispõe: "Informar à Corregedoria Nacional as medidas adotadas para o cumprimento da Recomendação n. 102/2021 (adoção do protocolo integrado de prevenção e medidas de segurança voltado ao enfrentamento à violência doméstica praticada contra magistradas e servidoras)";

CONSIDERANDO, por fim, a necessidade de adequação do recebimento de denúncias de violência contra a mulher, pela Corregedoria Nacional de Justiça, à Política Judiciária Nacional de Enfrentamento à Violência contra as Mulheres (Resolução CNJ n. 254/2018) e às diretrizes adotadas pelo Protocolo para Julgamento com Perspectiva de Gênero (Resolução CNJ n. 492/2023),

RESOLVE:

Art. 1º Estabelecer a política permanente de enfrentamento a todas as formas de violência contra a mulher, no âmbito das atribuições da Corregedoria Nacional de Justiça, com a adoção de protocolo específico para o atendimento de vítimas e recebimento de representações por violência contra a mulher envolvendo magistrados, servidores do Poder Judiciário e prestadores de serviços notariais e de registro que atuem por delegação do poder público.

› *Art. 236, CF*

› *Vide Lei n. 8.935/1994 (Notários e Registradores)*

› *Vide Recomendação CNJ n. 49/2022 (Adesão dos órgãos prestadores de serviços notariais e de registro à Campanha Sinal Vermelho contra a Violência Doméstica).*

Art. 2º A política permanente de enfrentamento a todas as formas de violência contra a mulher será guiada pelos seguintes princípios:

I – respeito aos direitos fundamentais da vítima, em especial à sua privacidade, o que impõe o sigilo das informações constantes em procedimentos que versem sobre violência contra a mulher;

II – consentimento livre e esclarecido da mulher vítima de qualquer forma de violência;

III – eliminação de todas as noções preconcebidas e estereotipadas sobre as respostas esperadas da mulher à violência sofrida e sobre o padrão de prova exigido para sustentar a ocorrência da agressão;

IV – acesso desburocratizado da vítima aos procedimentos de competência da Corregedoria Nacional de Justiça e atendimento humanizado condizente com as condições peculiares da mulher em situação de violência;

V – não revitimização da ofendida, evitando-se sucessivas inquirições sobre o mesmo fato, bem como questionamentos desnecessários sobre sua vida privada;

VI – enfrentamento da subnotificação dos casos de violência contra a mulher quando a apuração se inserir na competência da Corregedoria Nacional de Justiça, o que impõe ampla publicidade dos canais de acesso disponíveis à vítima e das diversas redes de proteção à mulher;

VII – capacitação de magistrados e servidores da Corregedoria Nacional de Justiça com vistas ao enfrentamento de todas as formas de violência contra a mulher e à atuação segundo o protocolo de julgamento com perspectiva de gênero; e

VIII – interlocução permanente com ouvidorias, fóruns, núcleos e comitês correlatos do CNJ e dos tribunais da Federação.

Art. 3º Sem prejuízo da atuação dos respectivos Tribunais e Corregedorias locais, poderão ser reportadas à Corregedoria Nacional de Justiça, na forma estabelecida por este Provimento, situações de violência contra a mulher praticadas por:

I – magistrados, relacionadas ou não com o exercício do cargo;

II – servidores do Poder Judiciário, quando violadoras de deveres e proibições funcionais (arts. 116 e 117 da Lei n. 8.112/1990);

III – prestadores de serviços notariais e de registro, quando relacionadas ao exercício do serviço delegado.

‣ *Art. 236, CF*

‣ *Vide Lei n. 8.935/1994*

Parágrafo único. Aplicam-se as disposições deste artigo a outras situações de violência quando:

a) embora não tenham sido praticadas diretamente por magistrados, haja indicativo de omissão quanto aos deveres de cuidado pela integridade física e psicológica da vítima, na forma da Lei n. 14.245/2021 e da Lei n. 14.321/2022 (violência institucional); e

b) de alguma forma, possam repercutir no pleno exercício das atribuições de magistradas e servidoras do Poder Judiciário, observado o previsto no § 3º do artigo 4º.

Art. 4º Será criado, no sítio eletrônico do CNJ (no âmbito da Corregedoria Nacional de Justiça), portal específico da política permanente de enfrentamento a todas as formas de violência contra a mulher, o qual deverá conter, no mínimo:

I – formulário simplificado para encaminhamento de representações à Corregedoria Nacional de Justiça por violência contra a mulher, nos limites estabelecidos no art. 3º deste Provimento; e

II – conteúdo informativo acerca das atribuições da Corregedoria Nacional de Justiça no enfrentamento a todas as formas de violência contra a mulher.

§ 1º A possibilidade de formulação de representações prevista no inciso I não exclui outras formas tradicionais de peticionamento no âmbito da Corregedoria Nacional de Justiça.

§ 2º O formulário de que trata o inciso I deverá conter, além de linguagem simplificada e humanizada, dados que permitam a formulação de estudos estatísticos acerca do perfil das demandas, observado o sigilo previsto no inciso I do art. 2º.

§ 3º Caso a apuração dos fatos reportados não seja de competência da Corregedoria Nacional de Justiça, a vítima receberá orientação acerca das vias adequadas para a formulação de sua demanda.

§ 4º Será disponibilizado *link* para acesso direto ao formulário de que trata o art. 4º, inciso I, à Ouvidoria Nacional da Mulher e ao Comitê *de Prevenção* e Enfrentamento do *Assédio* Moral e do *Assédio* Sexual e da Discriminação no Poder Judiciário, bem como aos demais comitês e comissões que tratem do tema da violência contra a mulher no âmbito do CNJ, visando à adoção das medidas previstas neste Provimento de forma célere e eficaz.

Art. 5º As representações por violência contra a mulher recebidas pela Corregedoria Nacional de Justiça, por quaisquer vias, receberão tratamento específico conforme protocolo de julgamento com perspectiva de gênero (Resolução CNJ n. 492/2023), com a adoção, entre outras, das seguintes diretrizes:

I – não será exigida prova pré-constituída dos fatos alegados como requisito de procedibilidade da representação;

II – o procedimento poderá ser integralmente instruído no âmbito da Corregedoria Nacional de Justiça, com colheita de documentos, arquivos e oitiva de testemunhas indicadas pela representante e demais interessados;

III – a representante será sempre indagada se deseja ser ouvida previamente, de preferência, por uma juíza auxiliar da Corregedoria Nacional de Justiça, para reportar os fatos com maior detalhamento;

IV – em caso de necessidade e concordância da vítima, esta poderá ser encaminhada a atendimento de apoio psicossocial oferecido por um órgão judicial de sua preferência, que poderá elaborar estudo a respeito da dinâmica de violência a que estiver exposta, dos riscos porventura ainda existentes e de quaisquer outros aspectos relevantes à compreensão dos fatos alegados;

V – instaurado procedimento a partir do formulário de que trata o art. 4º, inciso I, constará na autuação a Corregedoria Nacional de Justiça como requerente, com imputação de sigilo em todos os casos.

§ 1º Na oitiva de que trata o inciso III, o(a) magistrado(a) que conduzir o ato auxiliará a vítima, se for o caso, a preencher o Formulário de Avaliação de Risco aplicável, conforme as diretrizes da Resolução Conjunta CNJ/CNMP n. 5/2020 e da Lei n. 14.149/2021.

§ 2º A oitiva da vítima, das testemunhas e do agressor será registrada em meio eletrônico, devendo a mídia integrar os autos do procedimento.

Art. 6º Sem prejuízo do poder de requisição previsto no art. 8º, inciso VII, do Regimento Interno do Conselho Nacional de Justiça - RICNJ, a Corregedoria Nacional de Justiça poderá celebrar termos de cooperação com os tribunais ou outros órgãos públicos para o compartilhamento de pessoal e de serviço psicossocial ou multidisciplinar especializados em violência contra a mulher, para fins do que dispõe o inciso IV do art. 5º deste Provimento.

Art. 7º Recebida a representação e analisados os elementos colhidos pela Corregedoria Nacional de Justiça, não sendo caso de arquivamento, o procedimento tramitará conforme a Resolução CNJ n. 135/2011 e o RICNJ.

Art. 8º Este provimento entra em vigor na data de sua publicação.

Ministro LUIS FELIPE SALOMÃO
Corregedor Nacional de Justiça
D.J.E-CNJ de 21.07.2023.

ÍNDICE SISTEMÁTICO - PROVIMENTO CNJ N. 149/2023

⦿ CÓDIGO NACIONAL DE NORMAS DA CORREGEDORIA NACIONAL DE JUSTIÇA— FORO EXTRAJUDICIAL (CNN/CN/CNJ-EXTRA)

PROVIMENTO Nº 149, DE 30 DE AGOSTO DE 2023

Institui o Código Nacional de Normas da Corregedoria Nacional de Justiça do Conselho Nacional de Justiça - Foro Extrajudicial (CNN/ CN/CNJ-Extra), que regulamenta os serviços notariais e de registro.

O CORREGEDOR NACIONAL DE JUSTIÇA, usando de suas atribuições constitucionais, legais e regimentais e

CONSIDERANDO o poder de fiscalização e normatização do Poder Judiciário dos atos praticados pelos serviços notariais e de registro, segundo o disposto no art. 236, § 1.º, da Constituição Federal, e no art. 37 e art. 38 da Lei n. 8.935, de 18 de novembro de 1994;

CONSIDERANDO a atribuição da Corregedoria Nacional de Justiça de expedir provimentos para o aperfeiçoamento das atividades dos órgãos do Poder Judiciário e dos serviços notariais e de registro, conforme o disposto no art. 8º, X, do Regimento Interno do Conselho Nacional de Justiça (CNJ);

CONSIDERANDO a importância de concentrar todos os provimentos, presentes e futuros, da Corregedoria Nacional de Justiça, em um único ato, para evitar os transtornos decorrentes da dispersão de atos normativos;

CONSIDERANDO a conveniência de outros atos normativos do Conselho Nacional de Justiça (CNJ) relativos aos serviços notariais e registrais serem referenciados em um ato normativo único;

CONSIDERANDO as contribuições prestadas em Consulta Pública, pela sociedade, por órgãos e entidades da Administração Pública, pelo meio acadêmico e por entidades representativas da atividade notarial e de registro (processo 04903/2023);

RESOLVE:

Art. 1.º Fica aprovado o Código Nacional de Normas da Corregedoria Nacional de Justiça – Foro Extrajudicial (CNN/CN/CNJ-Extra).

Art. 2.º Fica instituída a Comissão Consultiva Permanente do Código Nacional de Normas da Corregedoria Nacional de Justiça — Foro Extrajudicial (CCP-CNN/CN/CNJ-Extra).

§ 1.º A composição da CCP-CNN/CN/CNJ-Extra será indicada em Portaria do corregedor nacional de Justiça, preferencialmente com a participação de cinco membros, sendo eles quatro juristas e um juiz auxiliar da Corregedoria Nacional de Justiça.

§ 2.º Caberá à CCP-CNN/CN/CNJ-Extra de que trata o caput deste artigo:

I – propor ao corregedor nacional de Justiça alterações, acréscimos e supressões de dispositivos diante de mudanças legislativas, da constatação de divergências de entendimentos entre as serventias do país, da identificação de questões sensíveis com potencial risco de gerar divergência de entendimentos; e

II – opinar sobre questões normativas afetas aos serviços notariais e de registro, a pedido do corregedor nacional de Justiça.

§ 3.º Caberá ao coordenador da CCP-CNN/CN/CNJ-Extra informar ao corregedor nacional de Justiça acerca de eventual divergência de entendimentos jurídicos entre os juristas integrantes da CCP-CNN/CN/CNJ-Extra relativamente às propostas e às opiniões técnicas de que trata o § 2.º deste artigo, expondo, sempre que possível, as motivações da divergência.

Art. 3.º Este Provimento entra em vigor na data de sua publicação.

Ministro LUIS FELIPE SALOMÃO

DJe/CNJ, de 4 de setembro de 2023

CÓDIGO NACIONAL DE NORMAS DA CORREGEDORIA NACIONAL DE JUSTIÇA – FORO EXTRAJUDICIAL (CNN/CN/CNJ-EXTRA)

EXPOSIÇÃO DE MOTIVOS

Trata-se de consolidação de todos os atos normativos do Corregedor Nacional de Justiça, relativamente aos serviços notariais e registrais. O objetivo é eliminar a dispersão normativa atual, que, além de dificultar consultas pelos usuários, é potencialmente nociva à segurança jurídica, seja pela falta de sistematicidade, seja por dificultar a identificação de revogações tácitas, de uma norma por outra.

O CNN/CN/CNJ-Extra vocaciona-se a ser o repositório central de todas as normas da Corregedoria Nacional de Justiça endereçadas aos serviços notariais e de registro, seguindo algumas diretrizes importantes.

Em primeiro lugar, cumpre registrar que não se realizou qualquer tipo de inovação normativa neste primeiro momento. O texto ora apresentado é fruto apenas da consolidação de atos normativos já existentes. Os ajustes redacionais realizados foram apenas aqueles estritamente necessários por imperativo lógico de uma consolidação, como as adaptações de remissões a dispositivos normativos anteriormente existentes.

Numa obra de tamanha envergadura, a inserção de inovações normativas seria perigosa e inconveniente. Perigosa, porque a novidade perder-se-ia em meio aos inúmeros outros dispositivos. Inconveniente, pelo fato de que o nascimento do CNN/CN/CNJ-Extra poderia ser adiado demasiadamente, diante de pontos de divergências que poderiam surgir neste primeiro momento.

Assim, eventuais novidades e ajustes ficarão para momento posterior ao nascimento do CNN/CN/CNJ-Extra, quando, de modo pontual, esta Corregedoria poderá promover as alterações que entender devidas.

Aliás, é nesse contexto que se optou pela criação da *Comissão Consultiva Permanente do Código de Normas Nacional da Corregedoria Nacional de Justiça – Foro Extrajudicial*. A ideia é que essa comissão seja composta por juristas escolhidos pelo Corregedor Nacional de Justiça, os quais serão incumbidos de sugerir e subsidiar os atos do Corregedor no tocante às normas que disciplinam os serviços notariais e registrais.

Em segundo lugar, ressalte-se que foram incorporados à presente consolidação normativa apenas os Provimentos do CNJ, ou seja, atos normativos editados pelo Corregedor Nacional de Justiça. Não foram incorporados o conteúdo de Resoluções, pois trata-se de atos de competência do Plenário do Conselho Nacional de Justiça.

Todavia, tendo em vista a vocação do presente Código Nacional de Normas para ser o depósito de todas as regras da Corregedoria Nacional de Justiça em relação aos serviços notariais e registrais, foram inseridos, ao longo do texto, dispositivos que se remetem às Resoluções aplicáveis aos serviços extrajudiciais. A título de exemplo, a Resolução n. 155/2012, que trata de traslados envolvendo o registro de brasileiros no exterior, é lembrada expressamente neste Código Nacional de Normas, que determina aos registradores civis a observância daquele ato normativo.

A ideia é que os cidadãos, os delegatários, os magistrados e os demais profissionais do Direito encontrem, neste Código Nacional de Normas, tudo de que o Conselho Nacional de Justiça dispõe em matéria de atos normativos relativamente aos serviços notariais e registrais, ainda que por meio de remissões.

Em terceiro lugar, sob a ótica já mencionada de concentração informacional no Código Nacional de Normas, foram feitas remissões a provimentos cuja revogação não convinha neste momento. Como outra ilustração, há provimentos que possuem anexos com modelos de peças, a exemplo do Provimento n. 63/2017. Nessas hipóteses, não foram revogados tais anexos, optando-se pela remissão a eles no Código Nacional de Normas. De fato, soa inconveniente incluir na presente consolidação vários anexos.

É claro que, futuramente, esses anexos poderão ser incluídos ao presente Código, em razão do surgimento de novas regras, o que será adequado até para evitar novas dispersões normativas. Contudo, pareceu salutar que os modelos já presentes em atos normativos anteriores ao nascimento do presente Código Nacional de Normas devem ser mantidos como anexos desses atos, com a devida remissão no presente Código, tudo para evitar transtornos aos usuários que já estão acostumados à localização normativa das peças.

Em quarto lugar, não foram incluídos neste Código Nacional de Normas os atos de "Orientação" e de "Recomendação" expedidos pela Corregedoria Nacional de Justiça, seja porque a natureza jurídica desses atos é mais de recomendação do que de normas propriamente ditas, seja porque as orientações geralmente são esclarecimentos pontuais de temas já normatizados, seja porque várias orientações já se exauriram por terem sido dirigidas a uma ação pontual. Foram elencadas aqui as principais orientações e recomendações editadas pela Corregedoria Nacional de Justiça até o presente momento:

a) Orientação n. 4/2013 (orienta sobre a desnecessidade de preenchimento da coluna "CID" do campo 40 da Declaração de Óbito do Ministério da Saúde para efeito de lavratura de assento de óbito por Oficial de Registro Civil das Pessoas Naturais);

b) Recomendação n. 9/2013 (dispõe sobre a formação e manutenção de arquivo de segurança pelos responsáveis pelas serventias do serviço extrajudicial de notas e de registro);

c) Recomendação n. 14/2014 (dispõe sobre a divulgação do resultado de estudos realizados para a especificação do modelo de sistema digital para implantação de Sistemas de Registro de Imóveis Eletrônico - S- REI);

d) Recomendação n. 22/2009 (recomenda aos tribunais que priorizem e monitorem permanentemente demandas jurídicas envolvendo conflitos fundiários);

e) Recomendação n. 28/2018 (recomenda aos tribunais de justiça dos Estados e do Distrito Federal a celebração de convênios com notários e registradores do Brasil para a instalação de centros judiciários de solução de conflitos e cidadania – CEJUSCs);

f) Recomendação n. 40/2019 (dispõe sobre os prazos e informações a serem prestadas ao Sistema Nacional de Informações de Registro Civil – SIRC pelas serventias extrajudiciais de registro de pessoas naturais);

g) Recomendação n. 46/2020 (dispõe sobre medidas preventivas para que se evitem atos de violência patrimonial ou financeira contra pessoa idosa, especialmente vulnerável no período de Emergência em Saúde Pública de Importância Nacional (ESPIN), no âmbito das serventias extrajudiciais e da execução dos serviços notariais);

h) Recomendação n. 47/2021 (dispõe sobre medidas preventivas para que se evitem atos de violência patrimonial ou financeira contra pessoa idosa, especialmente vulnerável, no âmbito das serventias extrajudiciais e da execução dos serviços notariais);

i) Recomendação n. 6/2012 (dispõe sobre o uso de papel de segurança unificado para a emissão de certidões pelos Ofícios de Registro Civil das Pessoas Naturais);

j) Recomendação n. 8/2012 (dispõe sobre a colocação de criança e adolescente em família substituta por meio de guarda);

k) Recomendação n. 18/2015 (dispõe sobre a expedição de certidão de óbito no estabelecimento de saúde em que ocorra o falecimento);

l) Recomendação n. 19/2015 (dispõe sobre a instituição de Banco de Dados de óbitos de pessoas não identificadas, nos Estados que possuem Central de Registro Civil e no Distrito Federal);

m) Recomendação n. 23/2016 (recomenda aos Oficiais de Registro Civis das Pessoas Naturais que registrem a profissão dos pais a serviço do seu país nos assentos e certidões de nascimento dos seus filhos nascidos no Brasil);

n) Recomendação n. 43/2019 (dispõe sobre o procedimento prévio a ser observado por todos os registradores civis do País para a lavratura de registros de nascimento e passaportes);

o) Orientação n. 5/2013 (orienta sobre o procedimento de averbação de descrição georreferenciada de Gleba Pública Federal na Amazônia Legal previsto nos arts. 3º e 4º do Provimento nº 33/2013 da Corregedoria Nacional de Justiça);

p) Recomendação n. 41/2019 (dispõe sobre a dispensa dos Cartórios de Registro de Imóveis da anuência dos confrontantes na forma dos §§ 3º e 4º do art. 176 da Lei n. 6.015, de 31 de dezembro de 1973, alterada pela Lei n. 13.838, de 4 de junho de 2019);

q) Recomendação n. 3/2012 (dispõe sobre a cientificação prévia das partes, nos atos notariais que especifica, quanto à possibilidade de obterem Certidão Negativa de Débitos Trabalhistas – CNDT);

Em quinto lugar, alguns provimentos não foram total ou parcialmente incorporados ao presente Código Nacional de Normas por motivos diversos. Entretanto, foram inseridos dispositivos neste Código fazendo remissão àqueles provimentos que não perderam o seu objeto. Por exemplo, o Provimento n. 124/2021 previu o prazo para ingresso das serventias no SREI, prazo este que já se exauriu, razão por que não há motivos para ele ser referenciado no presente Código.

Os motivos de alguns provimentos não terem sido tratados neste Código de Nacional Normas variam. Esses provimentos são especificados, conforme explicação a seguir.

De início, alguns foram conservados, ainda que parcialmente, por conterem anexos cuja transposição para este Código Nacional de Normas seria inconveniente. É o que ocorre com o Provimento n. 62/2017 (que regulamenta Convenção da Apostila); o Provimento n. 50/2015 (Tabela de Temporalidade de Documentos); o Provimento n. 74/2018 (padrões mínimos de tecnologia da informação); o Provimento n. 122, de 13 de agosto de 2021 (registro de nascimento de pessoa com sexo ignorado); o Provimento n. 73, de 28 de junho de 2018 (alteração de prenome e de gênero de pessoa *transgênero*); o Provimento n. 16, de 17 de fevereiro de 2012 (investigação oficiosa de paternidade envolvendo pessoas já registradas); e o Provimento n. 63, de 14 de novembro de 2017 (modelos de peças do Registro Civil das Pessoas Naturais).

Outros provimentos foram preservados incólumes total ou parcialmente por envolverem a necessidade de debates sobre a sua eventual reformulação ou a sua revogação por conta da superveniência de novas leis ou de seu exaurimento por conta de sua destinação limitada a uma ação pontual. O exame de eventual aproveitamento desses atos deverá ser feito posteriormente, após o nascimento do presente Código Nacional de Normas. É o caso, por exemplo, dos seguintes atos: Provimento n. 44, de 18 de março de 2015 (registro de regularização fundiária urbana); Provimento n. 82, de 3 de julho de 2019 (lançamento no assento do filho de mudanças de nome do genitor); Provimento n. 89, de 18 de dezembro de 2019 (Sistema de Registro Eletrônico de Imóveis – SREI); Provimento n. 109, de 14 de outubro de 2020 (a atuação da Corregedoria Nacional de Justiça como Agente Regulador do Operador Nacional do Sistema de Registro Eletrônico de Imóveis); Provimento n. 115, de 24 de março de 2021 (custeio do SREI); Provimento n. 124/2021 (prazo para ingresso das serventias no SREI); Provimento n. 107/2020 (vedação de cobrança de valores para custeio das centrais das especialidades); Provimento n. 14, de 29 de abril de 2011 (obtenção de papéis de segurança unificado pelos registradores civis das pessoas naturais na Casa da Moeda); art. 7º, § 3º, do Provimento n. 62, de 14 de novembro de 2017 (fornecimento, pela Casa da Moeda, de papéis de segurança para apostilamento); Provimento n. 12, de 6 de agosto de 2010 (remessa de dados de alunos sem paternidade estabelecida); Provimento n. 26, de 12 de dezembro de 2012 (projeto pai presente – 2012); Provimento n. 140, de 22 de fevereiro de 2023 (programa de enfrentamento ao sub-registro).

Existem outros provimentos que foram conservados em sua totalidade por terem assumido uma referência para além dos serviços notariais e registrais e por se endereçarem a outros setores. É o que ocorre com o Provimento n. 39, de 25 de julho de 2014 (Central Nacional de Indisponibilidade de Bens – CNIB) – com as alterações do Provimento n. 142, de 23 de março de 2023 –; o Provimento n. 81, de 6 de dezembro de 2018 (renda mínima do registrador civil das pessoas naturais); o Provimento n. 79/2018 (política institucional de Metas Nacional do Serviço Extrajudicial); o Provimento n. 56, de 14 de julho de 2016 (consulta de testamentos na CENSEC no caso de inventários judiciais e extrajudiciais); o Provimento n. 25/2012 (Malote Digital pelas serventias extrajudiciais); o Provimento n. 103, de 4 de junho de 2020 (Autorização Eletrônica de Viagem para crianças e adolescentes); e o Provimento n. 144, de 25 de abril de 2023 (Programa Permanente de Regularização Fundiária na Amazônia Legal).

Há, ainda, casos de provimentos já revogados mediante o reconhecimento de decisão do Plenário do CNJ, mas que, no *site* do CNJ, não estão rasurados pelo fato de a revogação não ter sido formalizada por outro provimento. Explicita-se, nesse contexto, o Provimento n. 19, de 29 de agosto de 2012, que previa gratuidade apenas à pessoa reconhecidamente pobre para a averbação do reconhecimento de paternidade no assento de nascimento. O Plenário do CNJ, todavia, reconheceu que essa gratuidade abrange qualquer pessoa, ao contrário do exposto no Provimento (CNJ, Pedido de Providência n. 00004451052017200000, Pleno, Rel. Conselheiro João Otávio de Noronha, Data de Julgamento: 20/04/2018). Em casos assim, foi prevista expressamente a revogação no presente ato para afastar qualquer hesitação.

Enfim, o objetivo do presente Código Nacional de Normas é colaborar para a adequada sistematização das normas envolvendo os serviços notariais e registrais, tudo em proveito dos cidadãos e dos profissionais do Direito que precisam realizar consultas mais objetivas e seguras.

Brasília, agosto de 2023.
Luis Felipe Salomão
Ministro Corregedor Nacional de Justiça

PARTE GERAL

LIVRO I – DO REGIME JURÍDICO ADMINISTRATIVO

TÍTULO I – DAS ATRIBUIÇÕES

CAPÍTULO I – DO APOSTILAMENTO

- *Correspondência do Capítulo I deste Código (CNN): arts. 2.º a 6.º; art. 7.º, caput e §§ 1.º e 2.º; e arts. 8.º a 17 do Provimento n. 62, de 14 de novembro de 2017.*
- *Vide Resolução CNJ 228/2016 (Regulamenta a aplicação, no âmbito do Poder Judiciário,da Convenção sobre a Eliminação da Exigência de Legalização de Documentos Públicos Estrangeiros, celebrada na Haia, em 5 de outubro de 1961 (Convenção da Apostila)).*
- *Vide Decreto Legislativo nº 148/2015 (Aprova o texto da Convenção sobre a Eliminação da Exigência de Legalização de Documentos Públicos Estrangeiros, celebrada na Haia, em 5 de outubro de 1961).*
- *Vide Decreto nº 8.660/2016 (Promulga a Convenção sobre a Eliminação da Exigência de Legalização de Documentos Públicos Estrangeiros, firmada pela República Federativa do Brasil, em Haia, em 5 de outubro de 1961).*
- *Vide Decreto nº 166/ 1991 (Promulga o Convênio de Cooperação Judiciária em Matéria Civil, entre o Governo da República Federativa do Brasil e o Reino da Espanha).*
- *Vide Decreto nº 862/1993 (Promulga o Tratado sobre Cooperação Judiciária em Matéria Penal, entre a República Federativa do Brasil e a República Italiana, de l7/10/1989).*
- *Decreto nº 3.598/2000 (Promulga o Acordo de Cooperação em Matéria Civil entre o Governo da República Federativa do Brasil e o Governo da República Francesa, celebrado em Paris, em 28 de maio de 1996).*
- *Decreto nº 6.891/2009 (Promulga o Acordo de Cooperação e Assistência Jurisdicional em Matéria Civil, Comercial, Trabalhista e Administrativa entre os Estados Partes do Mercosul, a República da Bolívia e a República do Chile).*
- *Vide Enunciado 3, I Jornada de Direito Notarial e Registral*

SEÇÃO I – DAS DISPOSIÇÕES GERAIS

Art. 1.º A legalização de documentos públicos produzidos em território nacional e destinados a produzir efeitos em países partes da Convenção sobre a Eliminação da Exigência de Legalização de Documentos Públicos Estrangeiros (Convenção da Apostila) é realizada exclusivamente por meio da aposição de apostila, emitida nos termos da Resolução CNJ n. 228, de 22 de junho de 2016, e deste Código Nacional de Normas.

§ 1.º Para os fins desta norma, entende-se como legalização, ou chancela consular, a formalidade pela qual se atesta a autenticidade da assinatura, da função ou do cargo exercido pelo signatário do documento e, quando cabível, a autenticidade do selo ou do carimbo nele aposto.

§ 2.º Equiparam-se a documento público produzido no território nacional os históricos escolares, as declarações de conclusão de série e os diplomas ou os certificados de conclusão de cursos registrados no Brasil.

§ 3.º O descumprimento das disposições contidas na mencionada resolução e no presente Código Nacional de Normas pelas autoridades apostilantes ensejará a instauração de procedimento administrativo disciplinar, sem prejuízo de responsabilização cível e criminal.

Art. 2.º A apostila emitida em meio físico será afixada no documento pela autoridade apostilante, não sendo permitida a entrega da apostila de forma avulsa ao solicitante do serviço.

Art. 3.º Serão obrigatórios o cadastramento e a prestação do serviço de apostilamento por todos os serviços de notas e de registro das capitais dos estados e do Distrito Federal.

§ 1.º Os serviços de notas e de registro da capital dos estados e do Distrito Federal que expuserem motivos justificados às corregedorias- gerais de Justiça locais poderão ser dispensados da prestação dos serviços de apostilamento, devendo o ato de dispensa ser comunicado formalmente à Corregedoria Nacional de Justiça.

§ 2.º O cadastramento e a prestação do serviço de apostilamento pelos serviços de notas e de registro do interior de cada Estado serão facultativos, mas recomendáveis para conferir melhor capilaridade ao serviço.

§ 3.º O ato de credenciamento das autoridades apostilantes será realizado pelas corregedorias-gerais de Justiça dos estados e do Distrito Federal, às quais compete enviar à Corregedoria Nacional de Justiça listagem com a identificação das autoridades aptas à prestação do serviço de apostilamento, devidamente capacitadas nos termos do art. 4.º, § 1.º e § 2.º, deste Código Nacional de Normas, e com os dados necessários ao cadastro, conforme Anexo do Provimento n. 62, de 14 de novembro de 2017.

Art. 4.º O serviço notarial e de registro exercerá o apostilamento por delegação do Conselho Nacional de Justiça (CNJ).

§ 1.º O apostilamento poderá ser executado por qualquer notário ou registrador cadastrado, mediante capacitação oferecida por suas entidades de classe, sob supervisão da Corregedoria Nacional de Justiça, independentemente de especialização do serviço ou de circunscrição territorial.

§ 2.º O responsável pela serventia e os escreventes autorizados já cadastrados deverão participar e obter aprovação no curso de capacitação a que se refere o § 1.º deste artigo.

§ 3.º Ao apostilar documentos emitidos por serviço notarial ou registral, a autoridade apostilante deverá verificar a função e a autenticidade da assinatura do subscritor mediante consulta às centrais de sinais públicos das respectivas especialidades, cujo acesso deverá ser franqueado às autoridades apostilantes para este fim.

§ 4.º Será mantida, no sistema eletrônico de apostilamento, ferramenta relacionada a banco de dados de sinais públicos de autoridades brasileiras, para fins de coleta de seus padrões de sinais públicos, assim como identificação civil e documentação comprobatória do cargo ou função exercida, cumprindo-se as formalidades constantes do art. 3.º da Convenção sobre a Eliminação da Exigência de Legalização de Documentos Públicos Estrangeiros, firmada pela República Federativa do Brasil, em Haia, em 5 de outubro de 1961, para consulta e conferência pelas autoridades apostilantes.

§ 5.º No caso de vacância ou afastamento do titular do serviço notarial e de registro, o serviço será prestado pelo designado responsável do serviço extrajudicial.

Art. 5.º A aposição de apostila em documento público brasileiro somente será admitida por autoridade apostilante devidamente cadastrada no sistema eletrônico de apostilamento disponibilizado gratuitamente pelo Conselho Nacional de Justiça (CNJ), para a confecção, consulta e aposição de apostila.

§ 1.º As apostilas serão assinadas com certificado digital e registradas pelo emissor.

§ 2.º A gestão, administração e manutenção do sistema poderá ser delegada pela Corregedoria Nacional de Justiça à Associação de Notários e Registradores do Brasil (Anoreg/BR) ou outra entidade de representação nacional de todas as especialidades notariais e registrais que venha a substituí-la, mediante a celebração de Termo de Cooperação Técnica com os seus institutos membros, no qual serão definidos deveres, responsabilidades, critérios de rateio dos custos, prazo para transição, condições em caso da extinção da delegação prevista neste parágrafo, entre outras disposições pertinentes.

§ 3.º A delegação a que se refere o § 2.º deste artigo ocorrerá sem ônus para o CNJ e será fiscalizada por Comitê Técnico instituído pela Corregedoria Nacional de Justiça, cujas competências serão definidas no ato normativo que o instituir.

Art. 6.º As corregedorias-gerais de Justiça e os juízes diretores do foro das unidades judiciárias são autoridades competentes para o ato de aposição de apostila somente quanto aos documentos de interesse do Poder Judiciário.

Parágrafo único. Consideram-se documentos de interesse do Poder Judiciário aqueles oriundos de seus respectivos órgãos em países signatários da Convenção da Apostila, bem como aqueles necessários à adoção internacional.

Art. 7.º Para fins de apostilamento, a critério do solicitante do serviço, os documentos eletrônicos poderão ser impressos para aposição de apostila.

§ 1.º O papel de segurança padronizado, conforme requisitos de segurança submetidos pela Anoreg/BR e aprovados pela Corregedoria Nacional de Justiça, será numerado sequencialmente e vinculado ao Cadastro Nacional de Serventia de cada unidade (CNS).

§ 2.º O papel de segurança não pode ser alienado ou cedido entre as autoridades apostilantes, sob pena de responsabilidade civil, penal e administrativa.

Art. 8.º As autoridades apostilantes deverão, para fins de controle das corregedorias-gerais de Justiça dos estados e do Distrito Federal, afixar no documento, previamente ao ato de digitalização do documento apostilando, o selo físico, a etiqueta e/ou a estampa de selo eletrônico, conforme regras locais.

Art. 9.º A apostila será emitida mediante solicitação do portador do documento, sendo dispensado requerimento escrito. As autoridades apostilantes darão recibo de protocolo no momento do requerimento, estipulando prazo para entrega, que não poderá ultrapassar cinco dias.

§ 1.º As autoridades apostilantes deverão prestar ao solicitante do serviço todos os esclarecimentos necessários antes da prática do ato de apostilamento.

§ 2.º Para a emissão da apostila, a autoridade apostilante deverá realizar a análise formal do documento apresentado, aferindo a autenticidade de todas as assinaturas apostas, do cargo ou da função exercida pelo signatário e, quando cabível, a autenticidade do selo ou do carimbo aposto.

§ 3.º O apostilamento de reconhecimento de firma ou de cópia autenticada é ato excepcional, caso em que a assinatura, a função ou o cargo exercido a serem lançados na apostila serão do tabelião ou do seu preposto que após a fé pública no documento.

§ 4.º O apostilamento de certidão de registro de documento e de reconhecimento de firma somente será permitido em documentos de natureza privada.

Art. 10. Em caso de dúvida quanto à autenticidade do documento público produzido em território brasileiro, a autoridade apostilante deverá realizar procedimento específico prévio, conforme previsto no art. 3.º, § 2.º, da Resolução CNJ n. 228/2016.

§ 1.º Persistindo a existência de dúvida após a finalização do procedimento específico prévio, a autoridade apostilante poderá recusar a aposição de apostila mediante ato fundamentado, que deverá ser entregue ao solicitante do serviço.

§ 2.º O ato de instauração do procedimento prévio e o de recusa de aposição da apostila poderão ser impugnados pelo solicitante do serviço no prazo de cinco dias, perante a autoridade apostilante, que, não reconsiderando o ato, no mesmo prazo, remeterá o pedido à Corregedoria-Geral de Justiça (CGJ) do Estado ou do Distrito Federal para decisão sobre a questão duvidosa em 30 dias.

Art. 11. A apostila será emitida por documento, não importando a quantidade de páginas que possuir. Será de forma diversa se o solicitante do serviço assim o requerer.

Art. 12. Ao realizar o ato de apostilamento, a autoridade apostilante deverá proceder à inserção da imagem do documento no banco de dados unificado do registro eletrônico das apostilas.

§ 1.º No ato de digitalização do documento, a autoridade apostilante deverá utilizar-se de software que minimize o tamanho do arquivo.

§ 2.º A autoridade apostilante deverá conferir a correspondência entre a imagem eletrônica e o documento.

Art. 13. Encerrado o procedimento de aposição de apostila e constatado erro, a autoridade apostilante deverá refazer o procedimento para a aposição de outra apostila, inutilizando o primeiro ato.

§ 1.º Constatado que o erro ocorreu devido à falha do serviço da autoridade apostilante, o novo apostilamento deverá ser realizado sem custo para o solicitante do serviço.

§ 2.º Constatado que o erro ocorreu devido à falha de informações por parte do solicitante do serviço, o novo apostilamento será por ele custeado.

Art. 14. O documento eletrônico apresentado à autoridade apostilante ou por ela expedido poderá ser apostilado independentemente de impressão em papel, desde que esteja emitido em formato compatível para upload no sistema do CNJ e assinado eletronicamente.

§ 1.º A apostila eletrônica será salva em arquivo único, na sequência do documento, assinada pela autoridade apostilante, entregue em mídia ou enviada no endereço eletrônico fornecido pelo solicitante.

§ 2.º Para os fins estabelecidos no *caput* deste artigo, considera-se assinado eletronicamente:

I – o arquivo eletrônico assinado na forma do art. 10, § 1.º, da Medida Provisória n. 2.200-2, de 24 de agosto de 2001, ou legislação superveniente; ou

II – o documento que contém declaração de ter sido assinado na forma do art. 10, § 1.º, da Medida Provisória n. 2.200-2, de 24 de agosto de 2001; do art. 1.º, § 2.º, III, da Lei n. 11.419, de 19 de dezembro de 2006; ou do art. 4.º da Lei n. 14.063, de 23 de setembro de 2020, cujo conteúdo pode ser conferido na rede mundial de computadores, em site governamental.

§ 3.º Nas hipóteses do § 2.º, II, deste artigo, em caso de dúvida sobre a veracidade do documento ou do sítio eletrônico de verificação, a autoridade apostilante contatará o órgão responsável pela emissão do documento e, permanecendo a dúvida, o apostilamento será negado.

Art. 15. A aposição de apostila em tradução de documento público produzido no território nacional somente será admitida em tradução realizada por tradutor público ou nomeado ad hoc pela junta comercial.

§ 1.º O procedimento deverá ser realizado em duas apostilas distintas: apostila-se primeiro o documento público original e, posteriormente, o traduzido.

§ 2.º Para fins de aposição da apostila, o documento de procedência interna bilíngue, contendo versão em língua estrangeira, não dispensa a apresentação da tradução juramentada.

Art. 16. Em caso de extravio ou de inutilização do papel de segurança utilizado para o ato de aposição da apostila, as autoridades apostilantes deverão inserir a informação diretamente no sistema eletrônico de apostilamento.

Parágrafo único. Em caso de inutilização do papel de segurança, a autoridade apostilante deverá destruí-lo mediante incineração ou procedimento semelhante, registrando o incidente na forma do *caput*.

Art. 17. Os emolumentos serão cobrados por apostila, nos termos do art. 18 da Resolução CNJ n. 228/2016, enquanto não for editada legislação específica no âmbito dos estados e do Distrito Federal.

§ 1.º É dispensada a cobrança de emolumentos para emissão de apostila em documentos requeridos por órgãos da Administração Direta do Poder Executivo Federal, Estadual ou Municipal para utilização no exterior, no interesse do serviço público.

§ 2.º Os órgãos da Administração Direta do Poder Executivo Federal, Estadual ou Municipal solicitarão o apostilamento do documento público produzido no território nacional mediante ofício endereçado ao serviço de notas ou de registro.

§ 3.º O Poder Judiciário dos estados e do Distrito Federal, no âmbito de sua competência, estabelecerá forma de compensação para a emissão de apostila em documentos requeridos por órgãos da Administração Direta do Poder Executivo Federal, Estadual ou Municipal.

§ 4.º É vedada a prática de cobrança parcial ou de não cobrança de emolumentos, ressalvadas as hipóteses de isenção, não incidência ou diferimento previstas na legislação específica.

CAPÍTULO II – DA CONCILIAÇÃO E MEDIAÇÃO

- ***Correspondência dos arts. 18 a 57 deste Código (CNN): Provimento CNJ n. 67, de 26 de março de 2018***
- *Art. 7º-A, III, Lei 8.935/1994 (Notários e Registradores*
- *Lei 9.307/1996 (Arbitragem)*
- *Lei 13.105/2015 (Código de Processo Civil)*
- *Lei 13.140/2015 (Mediação)*
- *Resolução CNJ 125/2010 (Política Judiciária Nacional de tratamento adequado dos conflitos de interesses no âmbito do Poder Judiciário)*
- *Provimento CNJ 72/2018 (Medidas de Quitação e Renegociação de Dívidas nos Tabelionatos de Protesto), incorporado aos arts. 375 a 388, Provimento CNJ n. 149/2023 (CNN)*
- *Art. 440-G, § 8º, Provimento CNJ n. 150/2023 (Adjudicação Compulsória Extrajudicial)*
- *Recomendação CNJ 28/2018 (CEJUSC)*
- *Enunciados 69 e 73, I Jornada de Direito Notarial e Registral*
- *Enunciados da I e II Jornadas de Prevenção e Solução Extrajudicial de Litígios*

SEÇÃO I – DAS DISPOSIÇÕES GERAIS

Art. 18. Os procedimentos de conciliação e de mediação nos serviços notariais e de registro serão facultativos e deverão observar os requisitos previstos neste Código, sem prejuízo do disposto na Lei n. 13.140/2015.

Art. 19. As corregedorias-gerais de Justiça dos estados e do Distrito Federal e dos Territórios manterão em seu site listagem pública dos serviços notariais e de registro autorizados para os procedimentos de conciliação e de mediação, indicando os nomes dos conciliadores e dos mediadores, de livre escolha das partes.

Art. 20. O processo de autorização dos serviços notariais e de registro para a realização de conciliação e de mediação deverá ser regulamentado pelos Núcleos Permanentes de Métodos Consensuais de Solução de Conflitos (Nupemec) e pelas corregedorias-gerais de Justiça dos estados e do Distrito Federal e dos Territórios.

Parágrafo único. Os serviços notariais e de registro poderão solicitar autorização específica para que o serviço seja prestado, sob supervisão do delegatário, por no máximo cinco escreventes habilitados.

Art. 21. Os procedimentos de conciliação e de mediação serão fiscalizados pela Corregedoria-Geral de Justiça (CGJ) e pelo juiz coordenador do Centro Judiciário de Solução de Conflitos e Cidadania (Cejusc) da jurisdição a que estejam vinculados os serviços notariais e de registro.

§ 1.º O Nupemec manterá cadastro de conciliadores e mediadores habilitados, do qual deverão constar dados relevantes de atuação, tais como o número de causas de que participou, o sucesso ou insucesso da atividade, a matéria sobre a qual versou a controvérsia, além de outras informações que julgar relevantes.

§ 2.º Os dados colhidos na forma do parágrafo anterior serão classificados sistematicamente pelo Nupemec, que os publicará, ao menos anualmente, para conhecimento da população e para fins estatísticos e de avaliação da conciliação e da mediação pelos serviços notariais e de registro e de seus conciliadores e mediadores.

Art. 22. Somente poderão atuar como conciliadores ou mediadores aqueles que forem formados em curso para o desempenho das funções, observadas as diretrizes curriculares estabelecidas no Anexo I da Resolução CNJ n. 125/2010, com a redação dada pela Emenda n. 2, de 8 de março de 2016.

§ 1.º O curso de formação mencionado no *caput* deste artigo será custeado pelos serviços notariais e de registro e será ofertado pelas escolas judiciais ou por instituição formadora de mediadores judiciais, nos termos do art. 11 da Lei n. 13.140/2015, regulamentada pela Resolução Enfam n. 6 de 21 de novembro de 2016.

§ 2.º Os tribunais de Justiça dos estados e do Distrito Federal e dos Territórios poderão credenciar associações, escolas e institutos vinculados aos serviços notariais e de registro não integrantes do Poder Judiciário para que realizem, sob supervisão, o curso de formação mencionado no *caput* deste artigo, desde que respeitados os parâmetros estabelecidos pela Resolução Enfam n. 6/2016.

§ 3.º Os conciliadores e mediadores autorizados a prestar o serviço deverão, a cada dois anos, contados da autorização, comprovar à CGJ e ao Nupemec a que estão vinculados a realização de curso de aperfeiçoamento em conciliação e em mediação.

§ 4.º A admissão, como conciliadores ou mediadores, daqueles que comprovarem a realização do curso de formação mencionado no *caput* deste artigo promovido por entidade não integrante do Poder Judiciário e anterior à edição do Provimento n. 67, de 26 de março de 2018, será condicionada a prévio treinamento e aperfeiçoamento (art. 12, § 1.º, da Resolução CNJ n. 125/2010).

Art. 23. O conciliador e o mediador observarão os princípios e as regras previstas na Lei n. 13.140/2015, no art. 166 da Lei n. 13.105, de 16 de março de 2015 (Código de Processo Civil) e no Código de Ética de Conciliadores e Mediadores (Anexo III da Resolução CNJ n. 125/2010).

Art. 24. Toda e qualquer informação revelada na sessão de conciliação ou mediação será confidencial, salvo as hipóteses do art. 30 da Lei n. 13.140/2015.

§ 1.º O dever de confidencialidade aplica-se ao conciliador, ao mediador, às partes, aos seus prepostos, advogados, assessores técnicos e a outras pessoas que tenham, direta ou indiretamente, participado dos procedimentos.

§ 2.º Não será protegida pela regra de confidencialidade a informação relativa à ocorrência de crime de ação pública.

§ 3.º A confidencialidade não afastará o dever de prestar informações à administração tributária.

§ 4.º Serão vedados para fim diverso daquele expressamente deliberado pelas partes o registro, a divulgação e a utilização das informações apresentadas no curso do procedimento.

Art. 25. Aos que atuarem como conciliadores e mediadores aplicar-se-ão as regras de impedimento e suspeição, nos termos do disposto no art. 148, II, 167, § 5.º, art. 172 e art. 173 do CPC e art. 5.º ao art. 8.º da Lei n. 11.340/2016, devendo, quando constatadas essas circunstâncias, ser informadas aos envolvidos, interrompendo-se a sessão.

Parágrafo único. Notários e registradores poderão prestar serviços profissionais relacionados com suas atribuições às partes envolvidas em sessão de conciliação ou de mediação de sua responsabilidade.

SEÇÃO II – DAS PARTES

Art. 26. Podem participar da conciliação e da mediação como requerente ou requerido a pessoa natural absolutamente capaz, a pessoa jurídica e os entes despersonalizados a que a lei confere capacidade postulatória.

§ 1.º A pessoa natural poderá ser representada por procurador devidamente constituído, mediante instrumento público ou particular com poderes para transigir e com firma reconhecida.

§ 2.º A pessoa jurídica e o empresário individual poderão ser representados por preposto, munido de carta de preposição com poderes para transigir e com firma reconhecida, sem necessidade da existência de vínculo empregatício.

§ 3.º Deverá ser exigida da pessoa jurídica a prova de representação mediante a exibição dos seus atos constitutivos.

§ 4.º Os entes despersonalizados poderão ser representados conforme previsto em lei.

Art. 27. As partes poderão ser assistidas por advogados ou defensores públicos munidos de instrumento de mandato com poderes especiais para o ato.

Parágrafo único. Comparecendo uma das partes desacompanhada de advogado ou de defensor público, o conciliador ou mediador suspenderá o procedimento até que todas estejam devidamente assistidas.

SEÇÃO III – DO OBJETO

Art. 28. Os direitos disponíveis e os indisponíveis que admitam transação poderão ser objeto de conciliação e de mediação, o qual poderá versar sobre todo o conflito ou parte dele.

§ 1.º A conciliação e a mediação que envolvam direitos indisponíveis, mas transigíveis, deverão ser homologadas em juízo, na forma do art. 725, VIII, do CPC e do art. 3.º, § 2.º, da Lei n. 13.140/2015.

§ 2.º Na hipótese do parágrafo anterior, o cartório encaminhará ao juízo competente o termo de conciliação ou de mediação e os documentos que instruíram o procedimento e, posteriormente, em caso de homologação, entregará o termo homologado diretamente às partes.

SEÇÃO III – DO REQUERIMENTO

Art. 29. O requerimento de conciliação ou de mediação poderá ser dirigido a qualquer serviço notarial ou de registro de acordo com as respectivas competências (art. 42 da Lei n. 13.140/2015).

Parágrafo único. Admitir-se-á a formulação de requerimento conjunto firmado pelos interessados.

Art. 30. São requisitos mínimos do requerimento de realização de conciliação ou de mediação:

I – qualificação do requerente, em especial, o nome ou denominação social, endereço, telefone e e-mail de contato, número da carteira de identidade e do Cadastro de Pessoa Física (CPF) ou do Cadastro Nacional de Pessoa Jurídica (CNPJ) na Secretaria da Receita Federal, conforme o caso;

II – dados suficientes da outra parte para que seja possível sua identificação e convite;

III – indicação de meio idôneo de notificação da outra parte;

IV – narrativa sucinta do conflito e, se houver, proposta de acordo; e

V – outras informações relevantes, a critério do requerente.

§ 1.º Para os fins do *caput* deste artigo, os serviços notariais e de registro poderão disponibilizar aos usuários, por intermédio da rede mundial de computadores ou presencialmente, um formulário-padrão.

§ 2.º Caberá ao requerente oferecer tantas cópias do requerimento quantas forem as partes interessadas, caso não opte pelo meio eletrônico como forma de notificação.

§ 3.º Serão de inteira responsabilidade do requerente a veracidade e correção dos dados fornecidos relacionados nos incisos I a V deste artigo.

Art. 31. Após o recebimento e protocolo do requerimento, se, em exame formal, for considerado não preenchido algum dos requisitos previstos no art. 30 deste Código de Normas, o requerente será notificado, preferencialmente por meio eletrônico, para sanar o vício no prazo de dez dias, marcando-se nova data para audiência, se necessário.

§ 1.º Persistindo o não cumprimento de qualquer dos requisitos, o conciliador ou o mediador rejeitará o pedido.

§ 2.º A inércia do requerente acarretará o arquivamento do pedido por ausência de interesse.

Art. 32. No ato do requerimento, o requerente pagará emolumentos referentes a uma sessão de mediação de até 60 minutos.

Art. 33. A distribuição do requerimento será anotada no livro de protocolo de conciliação e de mediação conforme a ordem cronológica de apresentação.

Art. 34. Ao receber o requerimento, o serviço notarial ou de registro designará, de imediato, data e hora para a realização da sessão de conciliação ou de mediação e dará ciência dessas informações ao apresentante do pedido, dispensando-se a notificação do requerente.

§ 1.º A ciência a que se refere o *caput* deste artigo recairá na pessoa do apresentante do requerimento, ainda que não seja ele o requerente.

§ 2.º Ao apresentante do requerimento será dado recibo do protocolo e de todos os valores recebidos a título de depósito prévio.

Art. 35. A notificação da parte requerida será realizada por qualquer meio idôneo de comunicação, devendo ocorrer preferencialmente por meio eletrônico, por carta com Aviso de Recebimento (AR) ou notificação por oficial de registro de títulos e documentos do domicílio de quem deva recebê-la.

§ 1.º O serviço notarial ou de registro informará ao requerente os meios idôneos de comunicação permitidos e respectivos custos.

§ 2.º O requerente arcará com o custo da notificação; no entanto, se for feita por meio eletrônico não será cobrada.

§ 3.º O custo do envio da carta com AR não poderá ser superior ao praticado pela Empresa Brasileira de Correios e Telégrafos e o custo da notificação por oficial de registro de títulos e documentos será o previsto na tabela de emolumentos.

Art. 36. O serviço notarial ou de registro remeterá, com notificação, cópia do requerimento à parte requerida, esclarecendo, desde logo, que sua participação na sessão de conciliação ou de mediação será facultativa e concederá prazo de dez dias para que, querendo, indique, por escrito, nova data e novo horário, caso não possa comparecer à sessão designada.

Parágrafo único. Para a conveniência dos trabalhos, o serviço notarial ou de registro poderá manter contato com as partes no intuito de designar data de comum acordo para a sessão de conciliação ou de mediação.

SEÇÃO IV – DAS SESSÕES

Art. 37. Os serviços notariais e de registro manterão espaço reservado em suas dependências para a realização das sessões de conciliação e de mediação durante o horário de atendimento ao público.

§ 1.º Na data e hora designadas para a realização da sessão de conciliação ou de mediação, realizado o chamamento nominal das partes e constatado o não comparecimento de qualquer delas, o requerimento será arquivado.

§ 2.º Não se aplicará o disposto no parágrafo anterior se estiverem preenchidos, cumulativamente, os seguintes requisitos:

I – pluralidade de requerentes ou de requeridos;

II – comparecimento de ao menos duas partes contrárias com o intuito de transigir; e

III – identificação formal da viabilidade de eventual acordo.

§ 3.º A sessão de conciliação ou de mediação terá eficácia apenas entre as partes presentes.

Art. 38. Obtido o acordo, será lavrado termo de conciliação ou de mediação e as partes presentes assinarão a última folha do termo, rubricando as demais. Finalizado o procedimento, o termo será arquivado no livro de conciliação e de mediação.

Parágrafo único. Será fornecida via do termo de conciliação ou de mediação a cada uma das partes presentes à sessão, que será considerado documento público com força de título executivo extrajudicial, nos termos do art. 784, IV, do CPC.

Art. 39. A não obtenção de acordo não impedirá a realização de novas sessões de conciliação ou de mediação até que finalizadas as tratativas.

Art. 40. O pedido será arquivado, independentemente de anuência da parte contrária, se o requerente solicitar, a qualquer tempo e por escrito, a desistência do pedido.

§ 1.º Solicitada a desistência, o requerimento será arquivado em pasta própria, não subsistindo a obrigatoriedade de sua conservação quando for microfilmado ou gravado por processo eletrônico de imagens.

§ 2.º Presumir-se-á a desistência do requerimento se o requerente, após notificado, não se manifestar no prazo de 30 dias.

Art. 41. Em caso de não obtenção do acordo ou de desistência do requerimento antes da sessão de conciliação ou de mediação, o procedimento será arquivado pelo serviço notarial ou de registro, que anotará essa circunstância no livro de conciliação e de mediação.

SEÇÃO V – DOS LIVROS

Art. 42. Os serviços notariais e de registro optantes pela prestação do serviço criarão livro de protocolo específico para recebimento de requerimentos de conciliação e de mediação.

§ 1.º O livro de protocolo, com 300 folhas, será aberto, numerado, autenticado e encerrado pelo oficial do serviço notarial e de registro, podendo ser utilizado, para tal fim, processo mecânico de autenticação previamente aprovado pela autoridade judiciária competente.

§ 2.º Do livro de protocolo deverão constar os seguintes dados:

I – o número de ordem, que seguirá indefinidamente nos livros da mesma espécie;

II – a data da apresentação do requerimento;

III – o nome do requerente; e

IV – a natureza da mediação.

Art. 43. Os serviços notariais e de registro que optarem por prestar o serviço deverão instituir livro de conciliação e de mediação, cuja abertura atenderá às normas estabelecidas pelas corregedorias-gerais de Justiça dos estados e do Distrito Federal e dos Territórios.

§ 1.º Os termos de audiência de conciliação ou de mediação serão lavrados em livro exclusivo, vedada sua utilização para outros fins.

§ 2.º Os livros obedecerão aos modelos de uso corrente, aprovados pelo juízo da vara de registros públicos.

§ 3.º Os números de ordem dos termos de conciliação e de mediação não serão interrompidos ao final de cada livro, mas continuarão indefinidamente nos seguintes da mesma espécie.

§ 4.º Poderá ser adotado simultaneamente mais de um livro de conciliação e de mediação para lavratura de audiências por meio eletrônico.

§ 5.º Deverá ser adotado pelos serviços notariais e de registro livro de carga físico, no qual serão correlacionados os escreventes e os livros quando o serviço utilizar, concomitantemente, mais de um livro de conciliação e de mediação.

§ 6.º O livro sob a responsabilidade de um escrevente é de seu uso exclusivo, permitida a utilização por outro escrevente apenas com autorização prévia do notário e do registrador, lançada e datada no livro de carga.

Art. 44. O livro de conciliação e de mediação terá 300 folhas, permitido o acréscimo apenas para evitar a inconveniência de cisão do ato.

§ 1.º Além do timbre do serviço notarial e de registro, todas as folhas conterão o número do livro e do termo de conciliação ou de mediação correspondentes, numeradas em ordem crescente por sistema mecânico ou eletrônico.

§ 2.º Eventual erro material na numeração das folhas poderá ser corrigido pelo notário ou registrador, devendo constar do termo de encerramento.

§ 3.º O livro eletrônico somente poderá ser adotado por sistema que garanta a verificação da existência e do conteúdo do ato, subordinando-se às mesmas regras de lavratura atinentes ao livro físico.

Art. 45. Nos termos de audiências de conciliação e de mediação lavradas em livro de folhas soltas, as partes lançarão a assinatura no final da última, rubricando as demais.

Parágrafo único. Se os declarantes ou os participantes não puderem, por alguma circunstância, assinar, far-se-á declaração no termo, assinando a rogo outra pessoa e apondo-se à margem do ato a impressão datiloscópica da que não assinar.

Art. 46. As folhas soltas utilizadas serão acondicionadas em pasta própria, correspondente ao livro a que pertençam, até a encadernação, que ocorrerá no período de até 60 dias subsequentes à data do encerramento.

Parágrafo único. O encerramento será feito imediatamente após a lavratura do último termo de audiência, ainda que pendente o decurso do prazo previsto no *caput* deste artigo para ultimação do ato previamente praticado e não subscrito.

Art. 47. O livro de conciliação e de mediação conterá índice alfabético com a indicação dos nomes das partes interessadas presentes à sessão, devendo constar o número do CPF/CNPJ – ou, na sua falta, o número de documento de identidade – e a referência ao livro e à folha em que foi lavrado o termo de conciliação ou de mediação.

Parágrafo único. Os índices poderão ser elaborados pelo sistema de fichas, microfichas ou eletrônico, em que serão anotados os dados das partes envolvidas nos procedimentos de mediação ou de conciliação.

Art. 48. O livro e qualquer documento oriundo de conciliação ou de mediação extrajudicial deverão permanecer no ofício e quaisquer diligências judiciais ou extrajudiciais que exigirem sua apresentação serão realizadas, sempre que possível, no próprio ofício, salvo por determinação judicial, caso em que o documento ou o livro poderá deixar o serviço extrajudicial.

Art. 49. Os serviços notariais e de registro deverão manter em segurança permanente os livros e os documentos de conciliação e de mediação, respondendo pela ordem, guarda e conservação.

Parágrafo único. O livro de conciliação e de mediação poderá ser escriturado em meio eletrônico e o traslado do termo respectivo poderá ser disponibilizado na rede mundial de computadores para acesso restrito, mediante a utilização de código específico fornecido às partes.

Art. 50. Os documentos eventualmente apresentados pelas partes para a instrução da conciliação ou da mediação serão examinados e devolvidos a seus titulares durante a sessão, devendo os serviços notariais e de registro manter em arquivo próprio, além do requerimento firmado pelas partes, todos os documentos que julgar pertinentes.

Art. 51. Os serviços notariais e de registro observarão o prazo mínimo de cinco anos para arquivamento dos documentos relativos à conciliação e à mediação.

Parágrafo único. Não subsistirá a obrigatoriedade de conservação dos documentos microfilmados ou gravados por processo eletrônico de imagens.

SEÇÃO VI – DOS EMOLUMENTOS

Art. 52. Enquanto não editadas, no âmbito dos estados e do Distrito Federal, normas específicas relativas aos emolumentos, observadas as diretrizes previstas pela Lei n. 10.169, de 29 de dezembro de 2000, aplicar-se-á às conciliações e às mediações extrajudiciais a tabela referente ao menor valor cobrado na lavratura de escritura pública sem valor econômico.

§ 1.º Os emolumentos previstos no *caput* deste artigo referem-se a uma sessão de até 60 minutos e neles será incluído o valor de uma via do termo de conciliação e de mediação para cada uma das partes.

§ 2.º Se excedidos os 60 minutos mencionados no parágrafo anterior ou se forem necessárias sessões extraordinárias para a obtenção de acordo, serão cobrados emolumentos proporcionais ao tempo excedido, na primeira hipótese, e relativos a cada nova sessão de conciliação ou de mediação, na segunda hipótese, mas, em todo caso, poderá o custo ser repartido *pro rata* entre as partes, salvo se transigirem de forma diversa.

§ 3.º Será considerada sessão extraordinária aquela não prevista no agendamento.

Art. 53. É vedado aos serviços notariais e de registro receber das partes qualquer vantagem referente à sessão de conciliação ou de mediação, exceto os valores relativos aos emolumentos e às despesas de notificação.

Art. 54. Na hipótese de o arquivamento do requerimento ocorrer antes da sessão de conciliação ou de mediação, 75% do valor recebido a título emolumentos será restituído ao requerente.

Parágrafo único. As despesas de notificação não serão restituídas, salvo se ocorrer desistência do pedido antes da realização do ato.

Art. 55. Com base no art. 169, § 2.º, do CPC, os serviços notariais e de registro realizarão sessões não remuneradas de conciliação e de mediação para atender demandas de gratuidade, como contrapartida da autorização para prestar o serviço.

Parágrafo único. Os tribunais determinarão o percentual de audiências não remuneradas, que não poderá ser inferior a 10% da média semestral das sessões realizadas pelo serviço extrajudicial nem inferior ao percentual fixado para as câmaras privadas.

SEÇÃO VII – DAS DISPOSIÇÕES FINAIS

Art. 56. Será vedado aos serviços notariais e de registro estabelecer, em documentos por eles expedidos, cláusula compromissória de conciliação ou de mediação extrajudicial.

Art. 57. Aplica-se o disposto no art. 132, caput e § 1.º, do Código Civil brasileiro à contagem dos prazos.

TÍTULO II – DA ORGANIZAÇÃO NA PRESTAÇÃO DOS SERVIÇOS

CAPÍTULO I – DO TELETRABALHO

› ***Correspondência dos arts. 58 a 64 deste Código (CNJ): Provimento CNJ n. 69, de 12 de junho de 2018***

SEÇÃO I – DAS DISPOSIÇÕES GERAIS

Art. 58. A adoção do teletrabalho é facultativa aos escreventes, prepostos e colaboradores do serviço notarial e de registro.

Parágrafo único. É vedada a realização de teletrabalho pelos titulares delegatários, bem como pelos interinos e interventores nomeados para responder pelo serviço notarial e de registro.

Art. 59. Os escreventes, prepostos e colaboradores do serviço notarial e de registro, quando autorizados pelos titulares delegatários, interinos e interventores, podem executar suas tarefas fora das dependências da serventia extrajudicial, de forma remota, com a utilização de recursos tecnológicos, sob a denominação de *teletrabalho*.

§ 1.º Não se enquadram no conceito de *teletrabalho* as atividades notariais e de registro executadas externamente em razão da natureza do ato a ser praticado.

§ 2.º O teletrabalho não implica a criação de sucursais e não autoriza ao notário e ao registrador a prática de atos de seu ofício fora do âmbito de sua delegação.

§ 3.º Os afastamentos justificados do titular delegatário do serviço notarial e de registro não são considerados teletrabalho e sempre devem ser comunicados à corregedoria local.

Art. 60. A prestação do serviço notarial e de registro em regime de teletrabalho é auxiliar da prestação do serviço presencial e será realizada sem prejuízo da eficiência e da qualidade do serviço, assim como da continuidade do atendimento presencial aos usuários do serviço.

Art. 61. A atividade notarial e de registro na modalidade teletrabalho está limitada a 30% da força de trabalho da serventia extrajudicial, desde que seja mantida a capacidade plena de funcionamento dos setores de atendimento ao público externo.

§ 1.º A capacidade de funcionamento dos setores de atendimento ao público externo deverá ser avaliada constantemente pelos juízes corregedores permanentes e/ou pelas corregedorias de Justiça dos estados e do Distrito Federal e, em caso de constatação de prejuízo para a prestação do serviço, o teletrabalho deve ser adequado ou suspenso.

§ 2.º Os titulares delegatários definirão, no âmbito do seu poder de gestão das serventias extrajudiciais, as atividades que poderão ser realizadas de forma remota.

§ 3.º É vedada a prestação de serviço notarial e de registro na modalidade teletrabalho em relação aos atos para os quais a lei exija a prática exclusiva pelo titular delegatário da serventia extrajudicial.

Art. 62. O titular do serviço notarial e de registro que decidir implementar ou alterar o regime de teletrabalho na serventia extrajudicial deverá comunicar ao órgão correcional local:

I - o nome, CPF, e-mail e telefone dos escreventes, prepostos e colaboradores do serviço notarial e de registro incluídos no sistema de teletrabalho; e

II - os meios de controle das atividades dos escreventes, prepostos e colaboradores do serviço notarial e de registro incluídos no sistema de teletrabalho.

Parágrafo único. A adoção e a alteração previstas no *caput* deste artigo deverão ser comunicadas à corregedoria local com antecedência mínima de 15 dias.

Art. 63. Os escreventes, prepostos e colaboradores do serviço notarial e de registro incluídos no sistema de teletrabalho deverão estar presentes às correições ordinárias realizadas pelas corregedorias locais e pela Corregedoria Nacional de Justiça.

Art. 64. Aplicam-se ao teletrabalho dos escreventes, prepostos e colaboradores do serviço notarial e de registro, no que couber, as disposições contidas na Resolução CNJ n. 227/2016.

TÍTULO III – DOS INTERINOS E DOS PREPOSTOS

CAPÍTULO I – DAS RESTRIÇÕES

SEÇÃO I – DOS FAMILIARES DE JUÍZES CORREGEDORES

Art. 65. A contratação, por delegados extrajudiciais, de familiares de magistrado incumbido da corregedoria do respectivo serviço de notas ou de registro deverá observar a Resolução n. 20, de agosto de 2006, sem prejuízo de outras normas compatíveis.

CAPÍTULO II – DA DESIGNAÇÃO DE INTERINOS

- ***Correspondência dos arts. 66 a 71 deste Código (CNJ): arts. 2.º a 7.º do Provimento CNJ n. 77, de 7 de novembro de 2018***
- *Vide Art. 194, V, Provimento CNJ n. 149/2023 (CNN)*
- *Vide Enunciado 79, I Jornada de Direito Notarial e Registral*

SEÇÃO I – DAS DISPOSIÇÕES GERAIS

Art. 66. Declarada a vacância de serventia extrajudicial, as corregedorias de Justiça dos estados e do Distrito Federal designarão o substituto mais antigo para responder interinamente pelo expediente.

§ 1.º A designação deverá recair no substituto mais antigo que exerça a substituição no momento da declaração da vacância.

§ 2.º A designação de substituto para responder interinamente pelo expediente não poderá recair sobre cônjuge, companheiro ou parente em linha reta, colateral ou por afinidade, até o terceiro grau do antigo delegatário ou de magistrados do tribunal local.

Art. 67. A designação de substituto para responder interinamente pelo expediente não poderá recair sobre pessoa condenada em decisão com trânsito em julgado ou proferida por órgão jurisdicional colegiado, nas seguintes hipóteses:

I – atos de improbidade administrativa; e

II – crimes:

a) contra a administração pública;

b) contra a incolumidade pública;

c) contra a fé pública;

d) hediondos;

e) praticados por organização criminosa, quadrilha ou bando;

f) de redução de pessoa à condição análoga à de escravo;

g) eleitorais, para os quais a lei comine pena privativa de liberdade; e

h) de lavagem ou ocultação de bens, direitos e valores.

§ 1.º Na mesma proibição dos incisos I e II deste artigo, incide aquele que:

a) praticou ato que acarretou a perda do cargo ou emprego público;

b) foi excluído do exercício da profissão por decisão judicial ou administrativa do órgão profissional competente;

c) teve suas contas relativas ao exercício de cargos ou funções públicas rejeitadas por irregularidade insanável que configure ato doloso de improbidade administrativa, por decisão irrecorrível do órgão competente; e

d) perdeu a delegação por decisão judicial ou administrativa.

Art. 68. Não se aplicam as vedações do art. 66, II, ao crime culposo ou considerado de menor potencial ofensivo.

Art. 69. Não havendo substituto que atenda aos requisitos previstos neste Código de Normas, a Corregedoria de Justiça designará interinamente, como responsável pelo expediente, delegatário em exercício no mesmo município ou no município contíguo que detenha uma das atribuições do serviço vago.

§ 1.º Não havendo delegatário no mesmo município ou no município contíguo que detenha uma das atribuições do serviço vago, a Corregedoria de Justiça designará interinamente, como responsável pelo expediente, substituto de outra serventia bacharel em direito com no mínimo dez anos de exercício em serviço notarial ou registral.

§ 2.º A designação de substituto para responder interinamente pelo expediente será precedida de consulta ao juiz corregedor permanente competente pela fiscalização da serventia extrajudicial vaga.

Art. 70. A designação do substituto para responder interinamente pelo expediente deverá ser revogada se for constatado, em procedimento administrativo, o não repasse ao Tribunal de Justiça do excedente a 90,25% dos subsídios de ministro do Supremo Tribunal Federal (STF).

Art. 71. Os casos omissos serão decididos pela Corregedoria de Justiça local e deverão ser comunicados à Corregedoria Nacional de Justiça no prazo de 30 dias.

TÍTULO IV – DO DELEGATÁRIO

CAPÍTULO I – DAS INCOMPATIBILIDADES E IMPEDIMENTOS

- *Vide "considerações" Provimento CNJ n. 78/2018*
- *Vide Provimento CNJ n. 161/2024 (Atualiza regra de cumulação da atividade notarial e de registro com o exercício de mandato eletivo)*
- *Vide art. 25 da Lei 8.935/1994 (Notários e Registradores)*

SEÇÃO I – DE MANDATOS ELETIVOS

Art. 72. O notário e/ou registrador que desejarem exercer mandato eletivo deverão se afastar do exercício do serviço público delegado desde a sua diplomação.

§ 1.º *(Revogado pelo Provimento CN n. 161, de 11.3.2024)*

§ 2.º Quando do afastamento do delegatário para o exercício do mandato eletivo, a atividade será conduzida pelo escrevente substituto com a designação contemplada pelo art. 20, § 5°, da Lei Federal nº 8.935/1994. *(Redação dada pelo Provimento CN n. 161, de 11.3.2024)*

§ 3.º O notário e/ou o registrador que exercerem mandato eletivo terão o direito à percepção integral dos emolumentos gerados em decorrência da atividade notarial e/ou registral que lhe foi delegada.

TÍTULO V – DA OUTORGA DE DELEGAÇÃO

CAPÍTULO I – DO CONCURSO PÚBLICO

SEÇÃO I – DAS DISPOSIÇÕES GERAIS

Art. 73. Os concursos públicos de provas e títulos para a outorga das Delegações de Notas e de Registro deverão observar a Resolução CNJ n. 81, de 9 de junho de 2009, sem prejuízo de outras normas compatíveis.

- *Arts. 14 a 21, Lei n. 8.935/1994 (Notários e Registradores)*
- *Vide Resolução CNJ n. 80/2009 (Vacância dos serviços notariais e de registro ocupados em desacordo com as normas constitucionais)*
- *Vide Resolução CNJ n. 81/2009 (Concurso Público*
- *Vide Enunciado 75, I Jornada de Direito Notarial e Registral*

SEÇÃO II – DO PAINEL NACIONAL DOS CONCURSOS PÚBLICOS DE PROVAS E TÍTULOS PARA OUTORGA DE DELEGAÇÕES DE SERVIÇOS DE NOTAS E DE REGISTRO

- ***Correspondência dos arts. 74 a 77 deste Código (CNN): arts. 1.º a 4.º do Provimento CNJ n. 133, de 15 de agosto de 2012***

Art. 74. Os tribunais de Justiça dos estados e do Distrito Federal devem enviar ao Conselho Nacional de Justiça (CNJ) os dados e as informações relativas aos Concursos Públicos de Provas e Títulos para Outorga de Delegações de Serviços de Notas e de Registro, conforme seus respectivos normativos.

§ 1.º O envio dar-se-á mediante alimentação do Painel Nacional dos Concursos Públicos de Provas e Títulos para Outorga de Delegações de Serviços de Notas e de Registro, gerido pela Corregedoria Nacional de Justiça.

§ 2.º O preenchimento dos dados será efetuado eletronicamente, de maneira obrigatória e continuada, sempre que houver qualquer alteração no status do concurso.

Art. 75. O cadastro e a alimentação do painel pelos órgãos do Poder Judiciário, pela web, ocorrerão por meio do Sistema de Controle de Acesso (SCA) do CNJ.

§ 1.º Os tribunais deverão manter administradores locais do SCA, que se encarregarão do cadastramento de usuários e das demais informações necessárias ao funcionamento do painel.

§ 2.º Cada administrador regional poderá cadastrar e conceder acesso aos integrantes das comissões dos concursos.

§ 3.º Os responsáveis pela alimentação do painel deverão observar as diretrizes fixadas pela Resolução CNJ n. 269/2018 quando do cumprimento das disposições desta Seção.

Art. 76. Os editais, documentos e links a serem inseridos no painel deverão indicar:

I – lista de vacâncias, em obediência à Resolução CNJ n. 80, de 09/06/2009;

II – comissão de concurso;

III – instituição organizadora do concurso,

IV – data de publicação e links de abertura do concurso;

V – relação final de candidatos inscritos;

VI – fase do concurso em andamento;

VII – relação final de inscrições indeferidas;

VIII – relação dos candidatos que compareceram ao exame psicotécnico;

IX – relação dos candidatos que entregaram a documentação a ser avaliada referente ao laudo neurológico e ao laudo psiquiátrico;

X – convocação para a entrevista pessoal e para a análise de vida pregressa;

XI – publicação dos resultados das provas escritas e práticas;

XII – resultados de prova oral;

XIII – resultados de avaliação de Títulos;

XIV – proclamação do resultado final do concurso, com indicação da ordem de classificação;

XV – data e horário da sessão de escolha; e

XVI – demais editais e comunicados relacionados ao concurso.

Art. 77. Os dados enviados estarão permanentemente atualizados e disponíveis na forma de painel na página da Corregedoria Nacional de Justiça, no portal do CNJ.

Parágrafo único. Compete à Corregedoria Nacional de Justiça, com o apoio da Coordenadoria de Gestão de Serviços Notariais e de Registro, identificar possíveis inconsistências e/ou ausências de dados no sistema.

CAPÍTULO II – DAS DELEGAÇÕES IRREGULARES

SEÇÃO I – DAS DISPOSIÇÕES GERAIS

Art. 78. A declaração de vacância dos serviços notariais e de registro ocupados em desacordo com as normas constitucionais pertinentes à matéria deverá observar o disposto na Resolução n. 80, de 9 de junho de 2009, sem prejuízo de outras normas compatíveis.

TÍTULO VI – DA PROTEÇÃO DE DADOS PESSOAIS

- ***Correspondência dos arts. 79 a 135 deste Código (CNN): arts. 1.º e 2.º; arts. 4.º a 57 do Provimento n. 134, de 24 de agosto de 2022***
- *Vide art. 5º, LXXIX, CF*
- *Vide Lei n. 13.709, de 14 de agosto de 2018 (LGPD)*
- *Vide Lei n. 8.560, de 29 de dezembro de 1992 (Investigação de Paternidade)*
- *Vide Lei n. 9.492, de 10 de setembro de 1997 (Lei de Protesto de Títulos e Outros Documentos de Dívida)*
- *Vide Lei n. 6.015, de 31 de dezembro de 1973 (Registros Públicos)*
- *Vide Lei n. 8.935, de 18 de novembro de 1994 (Notários e Registradores)*
- *Vide Resolução Comitê Gestor do Sistema Nacional de Registro Civil n. 8/2021*

CAPÍTULO I – DA ORGANIZAÇÃO DAS SERVENTIAS

SEÇÃO I – DAS DISPOSIÇÕES GERAIS

Art. 79. Os responsáveis pelas serventias extrajudiciais deverão atender às disposições da Lei Geral de Proteção de Dados Pessoais (LGPD) (Lei n. 13.709/2018), independentemente do meio ou do país onde os dados estão localizados, obedecendo a seus fundamentos, seus princípios e suas obrigações concernentes à governança do tratamento de dados pessoais.

§ 1.º Deverão ser cumpridas as disposições previstas na LGPD e nas diretrizes, nos regulamentos, nas normas, nas orientações e nos procedimentos expedidos pela Autoridade Nacional de Proteção de Dados Pessoais, com base nas competências previstas no artigo 55-J da LGPD. *(Anterior parágrafo único realocado para § 1.º em razão da redação dada pelo Provimento CN n. 161, de 11.3.2024)*

§ 2.º O cumprimento às disposições especiais do Capítulo I (Da Prevenção à Lavagem de Dinheiro e ao Financiamento do Terrorismo e da Proliferação de Armas de Destruição em Massa) do Título II do Livro II deste Código não será prejudicado pelo disposto na LGPD. *(Incluído pelo Provimento CN n. 161, de 11.3.2024)*

Art. 80. O tratamento de dados pessoais destinado à prática dos atos inerentes ao exercício dos respectivos ofícios, consistentes no exercício de competências previstas em legislação específica, será promovido de forma a atender à finalidade da prestação do serviço, na persecução do interesse público, e com os objetivos de executar as competências legais e desempenhar atribuições legais e normativas dos serviços públicos delegados.

Art. 81. Ratifica-se a criação, pelo Provimento n. 134, de 24 de agosto de 2022, no âmbito da Corregedoria Nacional de Justiça do Conselho Nacional de Justiça (CNJ), da Comissão de Proteção de Dados (CPD/CN), de caráter consultivo, responsável por propor, independentemente de provocação, diretrizes com critérios sobre a aplicação, interpretação e adequação das Serventias à LGPD, espontaneamente ou mediante provocação pelas Associações.

Art. 82. Os responsáveis pelas delegações dos serviços extrajudiciais de notas e de registro, na qualidade de titulares das serventias, interventores ou interinos, são controladores no exercício da atividade típica registral ou notarial, a quem compete as decisões referentes ao tratamento de dados pessoais.

Parágrafo único. Os administradores dos operadores nacionais de registros públicos e de centrais de serviços compartilhados são controladores para fins da legislação de proteção de dados pessoais.

Art. 83. O operador, a que se refere o art. 5.º da LGPD, é a pessoa natural ou jurídica, de direito público ou privado, externa ao quadro funcional da serventia, contratada para serviço que envolva o tratamento de dados pessoais em nome e por ordem do controlador.

SEÇÃO II – DA GOVERNANÇA DO TRATAMENTO DE DADOS PESSOAIS NAS SERVENTIAS

Art. 84. Na implementação dos procedimentos de tratamento de dados, o responsável pela serventia extrajudicial deverá verificar o porte da sua serventia e classificá-la, de acordo com o Capítulo I do Título I do Livro IV da Parte Geral deste Código Nacional de Normas, da Corregedoria Nacional de Justiça (Classe I, II ou III), e observadas as regulamentações da Autoridade Nacional de Proteção de Dados (ANPD), fazer a adequação à legislação de proteção de dados conforme o volume e a natureza dos dados tratados, de forma proporcional à sua capacidade econômica e financeira para aporte e custeio de medidas técnicas e organizacionais, adotar ao menos as seguintes providências:

I – nomear encarregado pela proteção de dados;

II – mapear as atividades de tratamento e realizar seu registro;

III – elaborar relatório de impacto sobre suas atividades, na medida em que o risco das atividades o faça necessário;

IV – adotar medidas de transparência aos usuários sobre o tratamento de dados pessoais;

V – definir e implementar Política de Segurança da Informação;

VI – definir e implementar Política Interna de Privacidade e Proteção de Dados;

VII – criar procedimentos internos eficazes, gratuitos e de fácil acesso para atendimento aos direitos dos titulares;

VIII – zelar para que terceiros contratados estejam em conformidade com a LGPD, questionando-os sobre sua adequação e revisando cláusulas de contratação para que incluam previsões sobre proteção de dados pessoais; e

IX – treinar e capacitar os prepostos.

SEÇÃO III – DO MAPEAMENTO DAS ATIVIDADES DE TRATAMENTO

Art. 85. O mapeamento de dados consiste na atividade de identificar o banco de dados da serventia, os dados pessoais objeto de tratamento e o seu ciclo de vida, incluindo todas as operações de tratamento a que estão sujeitos, como a coleta, o armazenamento, o compartilhamento, o descarte e quaisquer outras operações às quais os dados pessoais estejam sujeitos.

§ 1.º O produto final da atividade de mapeamento será denominado "Inventário de Dados Pessoais", devendo o responsável pela serventia:

I – garantir que o inventário de dados pessoais contenha os registros e fluxos de tratamento dos dados com base na consolidação do mapeamento e das decisões tomadas a respeito de eventuais vulnerabilidades encontradas, que conterão informações sobre:

a) finalidade do tratamento;

b) categorias de dados pessoais e descrição dos dados utilizados nas respectivas atividades;

c) identificação das formas de obtenção/coleta dos dados pessoais;

d) base legal;

e) descrição da categoria dos titulares;

f) se há compartilhamento de dados com terceiros, identificando eventual transferência internacional;

g) categorias de destinatários, se houver;

h) prazo de conservação dos dados; e

i) medidas de segurança organizacionais e técnicas adotadas.

I – elaborar plano de ação para a implementação dos novos processos, dos procedimentos, dos controles e das demais medidas internas, incluindo a revisão e criação de documentos, bem como as formas de comunicação com os titulares e a Autoridade Nacional de Proteção de Dados (ANPD), quando necessária;

II – conduzir a avaliação das vulnerabilidades (*gap assessment*) para análise de lacunas em relação à proteção de dados pessoais no que se refere às atividades desenvolvidas na serventia;

III – tomar decisões diante das vulnerabilidades encontradas e implementar as adequações necessárias e compatíveis com a tomada de decisões;

V – atualizar, sempre que necessário, não podendo ultrapassar um ano, o inventário de dados; e

VI – arquivar o inventário de dados pessoais na serventia e disponibilizá-lo em caso de solicitação da Corregedoria-Geral da Justiça (CGJ), da Autoridade Nacional de

Proteção de Dados Pessoais ou de outro órgão de controle.

§ 2.º O responsável pela serventia extrajudicial poderá utilizar formulários e programas de informática adaptados para cada especialidade de serventia para o registro do fluxo dos dados pessoais, abrangendo todas as fases do seu ciclo de vida durante o tratamento, tais como coleta, armazenamento e compartilhamento, eventualmente disponibilizados por associações de classe dos notários e dos registradores.

SEÇÃO IV – DA REVISÃO DOS CONTRATOS

Art. 86. A serventia deverá revisar e adequar todos os contratos que envolvam as atividades de tratamento de dados pessoais às normas de privacidade e proteção de dados pessoais, considerando a responsabilização dos agentes de tratamento prevista na lei, observando os seguintes procedimentos:

I – revisar todos os contratos celebrados com os seus empregados, incluindo a obrigatoriedade de respeito às normas de privacidade e proteção de dados nos contratos ou em regulamentos internos;

II – revisar os modelos existentes de minutas de contratos e convênios externos, que envolvam atividades de tratamento de dados pessoais, incluindo compartilhamento de dados;

III – elaborar "Termos de Tratamento de Dados Pessoais" para assinatura com os operadores, sempre que possível, incluindo as informações sobre quais dados pessoais são tratados, quem são os titulares dos dados tratados, para quais finalidades e quais são os limites do tratamento;

IV – incluir cláusulas de descarte de dados pessoais nos contratos, convênios e instrumentos congêneres, conforme os parâmetros da finalidade (pública) e as necessidades acima indicadas;

V – elaborar orientações e procedimentos para as contratações futuras, no intuito de deixá-los em conformidade com a lei de regência; e

VI – criar procedimentos de auditoria regulares para realizar a gestão de terceiros com quem houver o compartilhamento de dados pessoais.

Art. 87. Os responsáveis pelas serventias extrajudiciais deverão exigir de seus fornecedores de tecnologia, de automação e de armazenamento a adequação às exigências da LGPD quanto aos sistemas e programas de gestão de dados internos utilizados.

SEÇÃO V – DO ENCARREGADO

Art. 88. Deverá ser designado o encarregado pelo tratamento de dados pessoais, conforme o disposto no art. 41 da LGPD, consideradas as seguintes particularidades:

I – os responsáveis pelas serventias extrajudiciais poderão terceirizar o exercício da função de encarregado mediante a contratação de prestador de serviços, pessoa física ou pessoa jurídica, desde que apto ao exercício da função;

II – a função do encarregado não se confunde com a do responsável pela delegação dos serviços extrajudiciais de notas e de registro;

III – a nomeação do encarregado será promovida mediante contrato escrito, a ser arquivado em classificador próprio, de que participarão o controlador, na qualidade de responsável pela nomeação, e o encarregado; e

IV – a nomeação de encarregado não afasta o dever de atendimento pelo responsável pela delegação dos serviços extrajudiciais de notas e de registro, quando for solicitado pelo titular dos dados pessoais.

§ 1.º Serventias classificadas como "Classe I" e "Classe II" pelo Capítulo I do Título I do Livro IV da Parte Geral deste Código Nacional de Normas, da Corregedoria Nacional de Justiça, poderão designar encarregado de maneira conjunta.

§ 2.º A nomeação e contratação do encarregado de Proteção de Dados Pessoais pelas serventias será de livre escolha do titular das serventias, podendo, eventualmente, ser realizada de forma conjunta, ou ser subsidiado ou custeado pelas entidades de classe.

§ 3.º Não há óbice para a contratação independente de um mesmo encarregado por serventias de qualquer classe, desde que demonstrável a inexistência de conflito na cumulação de funções e a manutenção da qualidade dos serviços prestados.

SEÇÃO VI – DO RELATÓRIO DE IMPACTO

Art. 89. Ao responsável pela serventia incumbe cuidar para que seja realizado relatório de impacto à proteção de dados pessoais referente aos atos em que o tratamento de dados pessoais possa gerar risco às liberdades civis e aos direitos fundamentais do titular, de acordo com as orientações expedidas pela ANPD. A elaboração do Relatório deverá se atentar às seguintes instruções:

I – adotar metodologia que resulte na indicação de medidas, salvaguardas e mecanismos de mitigação de risco;

II – elaborar o documento previamente ao contrato ou convênio que seja objeto da avaliação feita por meio do Relatório;

III – franquear, a título de transparência, aos afetados a possibilidade de se manifestarem a respeito do conteúdo; e

IV – elaborar o documento previamente à adoção de novos procedimentos ou novas tecnologias.

§ 1.º Para o cumprimento das providências de que trata o *caput* do artigo, poderão ser fornecidos, pelas entidades representativas de classe, modelos, formulários e programas de informática adaptados para cada especialidade de serventia para elaboração de Relatório de Impacto.

§ 2.º Serventias Classe I e II poderão adotar modelo simplificado de Relatório de Impacto conforme orientações da CPD/CN/CNJ para a simplificação do documento. Na ausência de metodologia simplificada, adotar-se-á o Relatório completo.

§ 3.º Serventias Classe III adotarão o modelo completo de Relatório de Impacto, conforme instruções metodológicas da CPD/CN/CNJ.

SEÇÃO VII – DAS MEDIDAS DE SEGURANÇA, TÉCNICAS E ADMINISTRATIVAS

Art. 90. Cabe ao responsável pelas serventias implementar medidas de segurança, técnicas e administrativas aptas a proteger os dados pessoais de acessos não autorizados e de situações acidentais ou ilícitas de destruição, perda, alteração, comunicação ou qualquer forma de tratamento inadequado ou ilícito, nos termos do art. 46 e dos seguintes da LGPD, por meio de:

I – elaboração de política de segurança da informação que contenha:

a) medidas de segurança técnicas e organizacionais;

b) previsão de adoção de mecanismos de segurança, desde a concepção de novos produtos ou serviços (security by design) (art. 46, § 1.º, da LGPD); e

c) plano de resposta a incidentes (art. 48 da LGPD).

II – avaliação dos sistemas e dos bancos de dados em que houver tratamento de dados pessoais e/ou tratamento de dados sensíveis, submetendo tais resultados à ciência do encarregado pelo tratamento de dados pessoais da serventia;

III – avaliação da segurança de integrações de sistemas;

IV – análise da segurança das hipóteses de compartilhamento de dados pessoais com terceiros; e

V – realização de treinamentos.

Art. 91. O plano de resposta a incidentes de segurança envolvendo dados pessoais deverá prever a comunicação, pelos responsáveis por serventias extrajudiciais, ao titular, à Autoridade Nacional de Proteção de Dados (ANPD), ao juiz corregedor permanente e à Corregedoria-Geral da Justiça (CGJ), no prazo máximo de 48 horas úteis, contados a partir do seu conhecimento, de incidente que possa acarretar risco ou dano relevante aos titulares, com esclarecimento da natureza do incidente e das medidas adotadas para a apuração das suas causas e a mitigação de novos riscos e dos impactos causados aos titulares dos dados.

Art. 92. A inutilização e a eliminação de documentos em conformidade com a Tabela de Temporalidade de Documentos prevista na Seção I do Capítulo I do Título II do Livro III da Parte Geral deste Código Nacional de Normas, da Corregedoria-Nacional de Justiça, serão promovidas de forma a impedir a identificação dos dados pessoais neles contidos.

Parágrafo único. A inutilização e a eliminação de documentos não afastam os deveres previstos na Lei n. 13.709, de 14 de agosto de 2018, em relação aos dados pessoais que remanescerem em índices, classificadores, indicadores, banco de dados, arquivos de segurança ou qualquer outro modo de conservação adotado na unidade dos serviços extrajudiciais de notas e de registro.

Art. 93. O responsável pela serventia extrajudicial, sempre que possível:

I - digitalizará os documentos físicos ainda utilizados; e

II - armazenará os documentos físicos que contenham dados pessoais e dados pessoais sensíveis em salas ou compartimentos com controle de acesso.

Parágrafo único. Após a digitalização, o documento físico poderá ser eliminado, respeitados as disposições e os prazos definidos na Seção I do Capítulo I do Título II do Livro III da Parte Geral deste Código de Normas, da Corregedoria Nacional de Justiça.

SEÇÃO VIII – DO TREINAMENTO

Art. 94. As serventias deverão realizar treinamentos para implementação da cultura de privacidade e proteção de dados pessoais, bem como para a capacitação de todos os envolvidos no tratamento dos dados pessoais sobre os novos controles, processos e procedimentos, observando o seguinte:

I – capacitar todos os trabalhadores da serventia a respeito dos procedimentos de tratamento de dados pessoais;

II – realizar treinamentos com todos os novos trabalhadores;

III – manter treinamentos regulares, de forma a reciclar o conhecimento sobre o assunto e atualizar os procedimentos adotados, sempre que necessário;

IV – organizar, por meio do encarregado e eventual equipe de apoio, programa de conscientização a respeito dos procedimentos de tratamento de dados, que deverá atingir todos os trabalhadores; e

V – manter os comprovantes da participação em cursos, conferências, seminários ou qualquer modo de treinamento proporcionado pelo controlador aos operadores e ao encarregado, com indicação do conteúdo das orientações transmitidas.

Parágrafo único: O responsável pela serventia extrajudicial poderá solicitar apoio à entidade de classe para capacitação de seus prepostos.

SEÇÃO IX – DAS MEDIDAS DE TRANSPARÊNCIA E ATENDIMENTO A DIREITOS DE TITULARES

Art. 95. Como medida de transparência e prezando pelos direitos dos titulares de dados, deverá o responsável pela serventia elaborar, por meio do canal do próprio encarregado, se terceirizado, e/ou em parceria com as respectivas entidades de classe:

I – canal eletrônico específico para atendimento das requisições e/ou reclamações apresentadas pelos titulares dos dados pessoais; e

II – fluxo para atendimento aos direitos dos titulares de dados pessoais, requisições e/ou reclamações apresentadas, desde o seu ingresso até o fornecimento da resposta.

Art. 96. Deverão ser divulgadas em local de fácil visualização e consulta pelo público as informações básicas a respeito dos dados pessoais e dos procedimentos de tratamento, os direitos dos titulares dos dados, o canal de atendimento disponibilizado aos titulares de dados para que exerçam seus direitos e os dados de qualificação do encarregado, com nome, endereço e meios de contato.

Art. 97. Deverão ser disponibilizadas pelos responsáveis pelas serventias informações adequadas a respeito dos procedimentos de tratamento de dados pessoais, nos termos do art. 9.º da LGPD, por meio de:

I – aviso de privacidade e proteção de dados;

II – avisos de cookies no portal de cada serventia, se houver; e

III – aviso de privacidade para navegação no website da serventia, se houver.

Art. 98. A gratuidade do livre acesso dos titulares de dados (art. 6.º, IV, da LGPD) será restrita aos dados pessoais constantes nos sistemas administrativos da serventia, não abrangendo os dados próprios do acervo registral e não podendo, em qualquer hipótese, alcançar ou implicar a prática de atos inerentes à prestação dos serviços notariais e registrais dotados de fé-pública.

§ 1.º Todo documento obtido por força do exercício do direito de acesso deverá conter em seu cabeçalho os seguintes dizeres: "Este não é um documento dotado de fé pública, não se confunde com atos inerentes à prestação do serviço notarial e registral nem substitui quaisquer certidões, destinando-se exclusivamente a atender aos direitos do titular solicitante quanto ao acesso a seus dados pessoais."

§ 2.º A expedição de certidões deverá ser exercida conforme a legislação específica registral e notarial e as taxas e os emolumentos cobrados conforme regulamentação própria.

§ 3.º Mantém-se o disposto quanto aos titulares beneficiários da isenção de emolumentos, na forma da lei específica.

§ 4.º O notário e/ou registrador coletarão as informações necessárias para identificação segura do solicitante, com o objetivo de garantir a confidencialidade.

SEÇÃO X – DAS CERTIDÕES E COMPARTILHAMENTO DE DADOS COM CENTRAIS E ÓRGÃOS PÚBLICOS

Art. 99. Na emissão de certidão o notário ou o registrador deverá observar o conteúdo obrigatório estabelecido em legislação específica, adequado e proporcional à finalidade de comprovação de fato, ato ou relação jurídica.

Parágrafo único. Cabe ao registrador ou notário, na emissão de certidões, apurar a adequação, necessidade e proporcionalidade de particular conteúdo em relação à finalidade da certidão, quando este não for explicitamente exigido ou quando for apenas autorizado pela legislação específica.

Art. 100. Em caso de requerimento de certidões por meio da telemática, havendo necessidade de justificação do interesse na certidão, o solicitante será identificado por meio idôneo, reconhecido pela entidade responsável pela tramitação do serviço eletrônico compartilhado da respectiva especialidade cartorial.

Art. 101. O compartilhamento de dados com centrais de serviços eletrônicos compartilhados é compatível com a proteção de dados pessoais, devendo as centrais observar a adequação, necessidade e persecução da finalidade dos dados a serem compartilhados, bem como a maior eficiência e conveniência dos serviços registrais ou notariais ao cidadão.

Parágrafo único. Deverá ser dada preferência e envidados esforços no sentido de adotar a modalidade de descentralização das bases de dados entre a central de serviços eletrônicos compartilhados e as serventias, por meio do acesso pelas centrais às informações necessárias para a finalidade perseguida, evitando-se a transferência de bases de dados, a não ser quando necessária para atingir a finalidade das centrais ou quando o volume de requisições ou outro aspecto técnico prejudicar a eficiência da prestação do serviço.

Art. 102. O compartilhamento de dados com órgãos públicos pressupõe lei ou ato normativo do órgão solicitante, ou convênio ou outro instrumento formal com objeto compatível com as atribuições e competências legais da atividade notarial e registral.

§ 1.º O compartilhamento deverá ser oferecido na modalidade de fornecimento de acesso a informações específicas adequadas, necessárias e proporcionais ao atendimento das finalidades presentes na política pública perseguida pelo órgão, observando-se os protocolos de segurança da informação e evitando-se a transferência de bancos de dados, a não ser quando estritamente necessária para a persecução do interesse público.

§ 2.º Caso o registrador ou o notário entenda haver desproporcionalidade na solicitação de compartilhamento de dados pelo órgão público, deverá consultar a Corregedoria Nacional de Justiça, no prazo de 24 horas, oferecendo suas razões, à luz do disposto neste artigo.

Art. 103. O responsável pela serventia extrajudicial efetuará, sempre que possível, aplicável e compatível com a finalidade perseguida e o tipo de tratamento, a criptografia ou a pseudonimização de dados pessoais para o acesso a informações ou transferência dos dados para terceiros, inclusive centrais de serviços eletrônicos compartilhados e órgãos públicos.

Art. 104. Os registradores e os notários remeterão dados com a finalidade da formação de indicadores estatísticos às entidades previstas em lei ou regulamento, garantindo que sejam anonimizados na origem, nos termos da Lei Geral de Proteção de Dados Pessoais (LGPD).

Art. 105. Na correição anual será verificada pelo corregedor permanente a adaptação de suas práticas de tratamento de dados pessoais à Lei Geral de Proteção de Dados Pessoais (LGPD) e a este Código de Normas.

SEÇÃO XI – DO TABELIONATO DE NOTAS E A PROTEÇÃO DE DADOS

Art. 106. A emissão e o fornecimento de certidão de ficha de firma e dos documentos depositados por ocasião de sua abertura somente poderão ser realizados a pedido do titular referido nos documentos, seus representantes legais e mandatários com poderes especiais ou mediante decisão judicial.

Art. 107. O fornecimento de certidões para os solicitantes legitimados pode ocorrer por meio de cópia reprográfica.

Art. 108. O pedido de lavratura de ata notarial, realizado por um dos pais, ou pelo responsável legal, envolvendo dados pessoais de sujeito menor de 12 anos de idade, será considerado como consentimento específico e em destaque para o tratamento dos dados da criança.

Art. 109. Nos atos protocolares e nas escrituras públicas, não haverá necessidade de inserção da condição de pessoa exposta politicamente.

Art. 110. A certidão de testamento somente poderá ser fornecida ao próprio testador ou mediante ordem judicial.

Parágrafo único. Após o falecimento, a certidão de testamento poderá ser fornecida ao solicitante que apresentar a certidão de óbito.

Art. 111. No ato notarial, serão inseridos na qualificação dos sujeitos: o nome completo de todas as partes; o documento de identificação, ou, na sua falta, a filiação; o número de CPF; a nacionalidade; o estado civil; a existência de união estável; a profissão; e o domicílio, sendo dispensada a inserção de endereço eletrônico e de número de telefone.

SEÇÃO XII – DO REGISTRO DE TÍTULOS E DOCUMENTOS E CIVIL DE PESSOAS JURÍDICAS E A PROTEÇÃO DE DADOS

Art. 112. As notificações que contenham dados pessoais tratados devem ser feitas preferencialmente pelo Registro de Títulos e Documentos da circunscrição do destinatário. Quando assim não ocorrer, a notificação deverá ser enviada junto à folha adicional informativa com os dados tratados do notificado.

SEÇÃO XIII – DO REGISTRO CIVIL DE PESSOAS NATURAIS E A PROTEÇÃO DE DADOS

Art. 113. É livre o acesso às informações constantes nos livros de Registro Civil das Pessoas Naturais, por meio de certidões de breve relato, com as informações regulamentadas em lei, neste Código de Normas e em outras normas compatíveis, independentemente de requerimento ou de identificação do requerente.

Art. 114. As certidões de registro civil em geral, inclusive as de inteiro teor, requeridas pelos próprios interessados, seus representantes legais, mandatários com poderes especiais, serão expedidas independentemente de autorização do juiz corregedor permanente.

§ 1.º Nas hipóteses em que a emissão da certidão for requerida por terceiros e a certidão contiver dados sensíveis, somente será feita a expedição mediante a autorização do juízo competente.

§ 2.º Após o falecimento do titular do dado sensível, as certidões de que trata o *caput* deste artigo poderão ser fornecidas aos parentes em linha reta, independentemente de autorização judicial.

Art. 115. Nas certidões de breve relato deverão constar somente as informações previstas em lei ou ato normativo, sendo que qualquer outra informação solicitada pela parte constante do registro ou das anotações e das averbações posteriores somente poderá ser fornecida por meio de certidão por quesitos ou por inteiro teor, de acordo com as disposições previstas neste Código de Normas.

Parágrafo único. Sempre deverão constar do campo destinado às observações a existência de adoção simples realizada por meio de escritura pública; as alterações de nome indígena; a declaração do registrado como indígena; a etnia ou a inclusão de etnia; e a alteração de nome em razão da cultura ou do costume indígena.

Art. 116. As solicitações de certidões por quesitos, ou informações solicitadas independentemente da expedição de certidões, receberão o mesmo tratamento destinado às certidões solicitadas em inteiro teor quando os dados solicitados forem restritos, sensíveis ou sigilosos.

§ 1.º São considerados elementos sensíveis os elencados no inciso II do art. 5.º da Lei n. 13.709/2018, ou outros, desde que previstos em legislação específica.

§ 2.º São considerados elementos restritos os previstos no art. 45 e art. 95 da Lei n. 6.015/1973, no art. 6.º e seus parágrafos da Lei n. 8.560/1992, nas normas de alteração de nome ou sexo no caso de pessoa *transgênero*, ou outros, desde que previstos em legislação específica.

§ 3.º São considerados elementos sigilosos os previstos no parágrafo 7.º do artigo 57 da Lei n. 6.015/1973, ou outros, desde que previstos em legislação específica.

Art. 117. A emissão de certidão em inteiro teor sempre depende de requerimento escrito com firma reconhecida do requerente ou com assinatura digital nos padrões ICP-Brasil, no padrão do sistema gov.br ou com assinatura confrontada com o documento de identidade original.

§ 1.º O reconhecimento de firma será dispensado quando o requerimento for firmado na presença do oficial ou de preposto.

§ 2.º Os requerimentos poderão ser recepcionados por e-mail ou por meio da Central de Informações do Registro Civil (CRC), desde que assinados digitalmente, nos padrões da ICP-Brasil, cuja autenticidade e integridade serão conferidas no verificador de conformidade do Instituto Nacional de Tecnologia da Informação (ITI), por meio do sistema de assinatura gov.br ou com assinatura confrontada com o documento de identidade original.

§ 3.º O requerimento de certidão em inteiro teor deverá conter a identificação do requerente, o motivo em virtude do qual se requer a certidão sob a forma de inteiro teor e o grau de parentesco com o registrado, caso exista, bem como o fato de ser este falecido ou não.

§ 4.º A certidão com referência à circunstância de ser legítima a filiação poderá ser fornecida, inclusive a terceiros, independentemente de autorização judicial.

Art. 118. Não é necessário requerimento ou autorização judicial para emissão de certidão de óbito em nenhuma de suas modalidades.

Art. 119. As restrições relativas aos dados sensíveis elencados pelo inciso II do art. 5.º da Lei n. 13.709/2018 não se aplicam ao caso de pessoa falecida.

Art. 120. A emissão e o fornecimento de certidão sobre procedimentos preparatórios ou documentos apresentados para a realização de atos no Registro Civil das Pessoas Naturais somente poderão ser realizados a pedido do próprio interessado ou do titular do documento, seus representantes legais e mandatários com poderes especiais ou mediante autorização judicial ou, ainda, quando o documento solicitado for público com publicidade geral e irrestrita.

Parágrafo único. Após o falecimento do titular, a certidão de que trata o *caput* deste artigo poderá ser fornecida ao solicitante que apresentar a certidão de óbito.

Art. 121. É facultado a qualquer interessado, independentemente de justificação ou de requerimento, realizar buscas nos índices dos Registros Civis das Pessoas Naturais, respeitados os emolumentos estabelecidos pelas legislações estaduais.

Parágrafo único. A realização de buscas com base em outras fontes, além dos índices de registros dos livros do cartório, somente será autorizada mediante requerimento escrito fundamentado, sujeito à análise de finalidade pelo oficial do registro civil das pessoas naturais, de cuja decisão, em caso de indeferimento, caberá revisão pelo juiz competente.

Art. 122. O edital de proclamas conterá tão somente o nome, o estado civil, a filiação, a cidade e a circunscrição do domicílio dos noivos.

Parágrafo único. Quando os nubentes residirem em circunscrições diferentes, constará do edital o endereço dos nubentes para a comprovação deste fato, nos termos do art. 67, § 4.º, da Lei n. 6.015/1973.

SEÇÃO XIV – DO REGISTRO DE IMÓVEIS E A PROTEÇÃO DE DADOS

Art. 123. Dependem de identificação do requerente e independem de indicação da finalidade os pedidos de certidão de registros em sentido estrito, averbações, matrículas, transcrições ou inscrições específicas, expedidas em qualquer modalidade.

§ 1.º Também dependem de identificação do requerente e independem de indicação da finalidade os pedidos de certidão de documentos arquivados no cartório, desde que haja previsão legal ou normativa específica de seu arquivamento no registro.

§ 2.º Pedidos de certidão de documentos arquivados em cartório para a qual não haja previsão legal específica de expedição dependem de identificação do requerente e indicação da finalidade, aplicando-se a regra do § 4.º deste artigo.

§ 3.º Pedidos de certidão, de busca e de informações apresentados em bloco, ainda que instruídos com a numeração dos atos a serem certificados, dependem de identificação do requerente e indicação da finalidade.

§ 4.º Na hipótese do parágrafo anterior, caracterizada tentativa de tratamento de dados em desacordo com as finalidades do Registro de Imóveis e com os princípios da Lei Geral de Proteção de Dados Pessoais (LGPD), poderá o oficial recusar o fornecimento em nota fundamentada do que caberá revisão pelo juízo competente.

Art. 124. Ressalvadas as hipóteses que tenham previsão legal ou normativa expressa, como as certidões de filiação de imóveis, ou de propriedade com negativa de ônus e alienações, ou outras compatíveis com as finalidades dos registros de imóveis e com os princípios da Lei Geral de Proteção de Dados (LGPD) não serão expedidas certidões cujo conteúdo envolva informações sobre dados pessoais extraídos de mais de uma matrícula, assentamento do registro auxiliar, transcrição ou inscrição.

Art. 125. As certidões dos imóveis que já forem objeto de matrícula eletrônica, após a "primeira qualificação eletrônica", serão expedidas, independentemente de indicação de finalidade, em formato nato-digital estruturado, contendo a situação jurídica atual do imóvel, ou seja, a sua descrição, a titularidade e os ônus reais não cancelados.

Parágrafo único. A expedição de certidão de atos anteriores da cadeia filiatória do imóvel depende de identificação segura do requerente e de indicação da finalidade.

Art. 126. O atendimento a requisições de buscas fundadas exclusivamente no indicador pessoal ou real pressupõe a identificação segura do solicitante, bem como a indicação da finalidade, de tudo mantendo-se o registro em meio físico ou virtual.

Art. 127. O fornecimento, pelo registrador, por qualquer meio, de informações sobre o registro não veiculadas por certidão dependerá da segura identificação do solicitante e da indicação da sua finalidade, exceto nos casos em que o solicitante figure no registro em questão.

Art. 128. Serão formados prontuários físicos ou digitais contendo os dados de identificação e indicação de finalidade em todas as hipóteses em que estas tenham sido exigidas.

Parágrafo único. O titular dos dados pessoais solicitados terá direito a requisitar as informações contidas nos prontuários formados em virtude de buscas ou pedidos de informações e certidões para os quais foi exigida a identificação do solicitante e a indicação de finalidade.

SEÇÃO XV – DO PROTESTO DE TÍTULOS E OUTROS DOCUMENTOS DE DÍVIDA E A PROTEÇÃO DE DADOS

Art. 129. Das certidões individuais de protesto deverão constar, sempre que disponíveis, os dados enumerados no art. 259, parágrafo único, deste Código de Normas, excetuados endereço completo, endereço eletrônico e telefone do devedor.

Art. 130. As certidões em forma de relação sobre inadimplementos por pessoas naturais serão elaboradas pelo nome e CPF dos devedores, devidamente identificados, devendo abranger protestos por falta de pagamento, de aceite ou de devolução, vedada exclusão ou omissão, espécie do título ou documento de dívida, data do vencimento da dívida, data do protesto da dívida e valor protestado.

Art. 131. Nas informações complementares requeridas em lote ou em grande volume poderão constar CPF dos devedores, espécie do título ou documento de dívida, número do título ou documento de dívida, data da emissão e data do vencimento da dívida, valor protestado, protocolo e data do protocolo, livro e folha do registro de protesto, data do protesto, nome e endereço do cartório.

Art. 132. O fornecimento de cópias ou certidões de documentos arquivados na serventia se limita ao documento protestado propriamente dito, nos termos do art. 22 da Lei n. 9.492/1997, enquanto perdurar o protesto, e dentro do prazo máximo de 10 anos, nos termos do art. 30 Lei n. 9.492/1997, não devendo ser fornecidas cópias dos demais documentos, salvo para as partes ou com autorização judicial.

Parágrafo único. Tratando-se de documento de identificação pessoal, a cópia arquivada somente deve ser fornecida ao próprio titular.

Art. 133. O tabelião de protesto poderá devolver ou eliminar documentos apresentados para protesto ou para cancelamento que forem considerados desnecessários à prática do ato almejado, após adequada qualificação.

§ 1.º O documento cujo original não precise ser guardado por imposição legal deve ser eliminado de maneira segura quando for digitalizado, evitando-se a duplicidade (art. 35, § 2.º, Lei n. 9.492/1997).

§ 2.º Fica o tabelião de protesto autorizado a eliminar o documento após o término do prazo da tabela de temporalidade prevista no Provimento 50, da Corregedoria Nacional de Justiça, ou superada a necessidade de sua guarda por outras circunstâncias, tais como prescrição civil, tributária e penal.

Art. 134. Antes da expedição do edital para intimação do devedor, o tabelião poderá buscar outros endereços em sua base de dados, nos endereços em que outros tabeliães realizaram a intimação, desde que na mesma base da sua competência territorial, ou nos endereços eletrônicos, a serem compartilhados por meio da CENPROT, bem como nos endereços constantes de bases de natureza jurídica pública e de acesso livre e disponível ao tabelião.

Parágrafo único. A CENPROT deverá compartilhar entre os tabeliães os endereços em que foi possível a realização da intimação de devedores, acompanhado do CNPJ ou CPF do intimado, bem como da data de efetivação.

Art. 135. A declaração eletrônica de anuência para fins de cancelamento de protesto, recebida na forma de modo eletrônico, poderá ser comunicada ao interessado por meio dos Correios, das empresas especializadas, do portador do próprio tabelião ou de correspondência eletrônica, pela internet ou por qualquer outro aplicativo de mensagem, ficando autorizado o encaminhamento de boleto bancário, outro meio de pagamento ou instruções para pagamento dos emolumentos e das despesas relativas ao cancelamento do protesto.

TÍTULO VII – DO REGIME DISCIPLINAR

(Incluído pelo Provimento CN n. 162, de 11.3.2024)

CAPÍTULO I – TERMO DE AJUSTAMENTO DE CONDUTA COM O CNJ

(Incluído pelo Provimento CN n. 162, de 11.3.2024)

Art. 135-A. Aplica-se aos delegatários de serviços notariais e de registro o disposto no Provimento n. 162, de 11 de março de 2024, que trata da celebração de Termo de Ajustamento de Conduta (TAC). (incluído pelo Provimento CN n. 162, de 11.3.2024)

LIVRO II – DA INTERAÇÃO INTERINSTITUCIONAL

TÍTULO I – DO FORNECIMENTO DE INFORMAÇÕES

CAPÍTULO I – DA ALIMENTAÇÃO DOS DADOS NO SISTEMA "JUSTIÇA ABERTA"

SEÇÃO I – DAS DISPOSIÇÕES GERAIS

Art. 136. Os notários e os registradores devem prestar as informações necessárias ao sistema "Justiça Aberta" na forma do art. 2.º do Provimento n. 24, de 23 de outubro de 2012, sem prejuízo da observância de outras normas compatíveis.

TÍTULO II – DA PREVENÇÃO DE CRIMES

CAPÍTULO I – DA PREVENÇÃO À LAVAGEM DE DINHEIRO E AO FINANCIAMENTO DO TERRORISMO E DA PROLIFERAÇÃO DE ARMAS DE DESTRUIÇÃO EM MASSA

(Redação dada pelo Provimento CN n. 161, de 11.3.2024)

- *Vide Lei 9.318/1998 (Crimes de "lavagem" ou ocultação de bens, direitos e valores; a prevenção da utilização do sistema financeiro para os ilícitos previstos nesta Lei; cria o Conselho de Controle de Atividades Financeiras – COAF)*
- *Vide Resolução COAF 31/2019 (Procedimentos a serem observados pelas pessoas físicas e jurídicas reguladas pelo Coaf, na forma do §1º do art. 14 da Lei nº 9.613/1998, para cumprimento de sanções impostas nos termos da Lei nº 13.810/2019; e para as comunicações de que trata o art. 11 da Lei nº 9.613/1998, relacionadas a terrorismo e seu financiamento)*
- *Vide Resolução COAF 40/2021 (Procedimentos a serem observados, em relação a pessoas expostas politicamente, por aqueles que se sujeitam à supervisão do Conselho de Controle de Atividades Financeiras (Coaf) na forma do § 1º do art. 14 da Lei nº 9.613/1998)*
- *Vide Provimento CNJ 108/2020 (Envio de Dados Estatísticos)*
- *Enunciado 5 do XXI Congresso de Direito Notarial de Setembro de 2016*

SEÇÃO I – DAS DISPOSIÇÕES GERAIS

Art. 137. Este Capítulo dispõe sobre o cumprimento dos deveres de prevenção à lavagem de dinheiro e ao financiamento do terrorismo e da proliferação de armas de destruição em massa (PLD/FTP) legalmente atribuídos a serviços notariais e de registro pelos arts. 9º a 11 da Lei n. 9.613, de 1998, pelos arts. 9º a 12 da Lei n. 13.810, de 8 de março de 2019, e por normas correlatas. *(Redação dada pelo Provimento CN n. 161, de 11.3.2024)*

Art. 138. Este Capítulo aplica-se a:

I - tabeliães de notas;

II - tabeliães e oficiais de registro de contratos marítimos;

III - tabeliães de protesto de títulos;

IV - oficiais de registro de imóveis; e

V - oficiais de registro de títulos e documentos e civis das pessoas jurídicas. *(Redação dada pelo Provimento CN n. 161, de 11.3.2024)*

§ 1.º Ficam sujeitos a este Capítulo titulares, interventores e interinos dos serviços notariais e registrais. *(Redação dada pelo Provimento CN n. 161, de 11.3.2024)*

§ 2.º Para os fins deste Capítulo, qualquer referência a notários e a registradores considera-se estendida a autoridades consulares com atribuição notarial e registral. *(Redação dada pelo Provimento CN n. 161, de 11.3.2024)*

Art. 139. Notários e registradores devem observar as disposições deste Capítulo na prestação de serviços e no atendimento a clientes ou usuários, inclusive quando envolverem interpostas pessoas, compreendendo todos os negócios e todas as operações que lhes sejam submetidas, observadas as seguintes particularidades: *(Redação dada pelo Provimento CN n. 161, de 11.3.2024)*

I - as informações que para tanto possam razoavelmente obter; e *(Incluído pelo Provimento CN n. 161, de 11.3.2024)*

II - a especificidade dos diversos tipos de serviços notariais e de registro. *(Incluído pelo Provimento CN n. 161, de 11.3.2024)*

§ 1.º A adoção de política, procedimentos e controles internos em cumprimento a disposições deste Capítulo dar-se-á de forma: *(Incluído pelo Provimento CN n. 161, de 11.3.2024)*

I - compatível com o porte da serventia extrajudicial de que se trate e com o volume de suas operações ou atividades; *(Incluído pelo Provimento CN n. 161, de 11.3.2024)*

II - orientada por abordagem baseada em risco, de modo proporcional aos riscos de PLD/FTP relacionados às atividades de cada notário ou registrador, que deve identificar e avaliar tais riscos, visando à sua efetiva mitigação; e *(Incluído pelo Provimento CN n. 161, de 11.3.2024)*

III - considerando o nível e o tipo de contato com informações documentais e com partes e outros envolvidos, proporcionado pelas características específicas de cada tipo de serviço notarial ou de registro, inclusive no que se refere à peculiar limitação desse contato no desempenho do serviço de protesto de títulos. *(Incluído pelo Provimento CN n. 161, de 11.3.2024)*

§ 2.º A orientação por abordagem baseada em risco de que trata o inciso II do § 1º deste artigo não afasta nem condiciona o dever de notários e registradores em, a teor dos arts. 9º a 12 da Lei n. 13.810, de 2019: *(Incluído pelo Provimento CN n. 161, de 11.3.2024)*

I - dar cumprimento pleno e sem demora a sanções impostas por resoluções do Conselho de Segurança das Nações Unidas (CSNU) ou por designações de seus comitês de sanções relacionadas a terrorismo, proliferação de armas de destruição em massa ou seu financiamento; e *(Incluído pelo Provimento CN n. 161, de 11.3.2024)*

II - proceder às comunicações previstas no art. 11 e no parágrafo único do art. 12 da Lei n. 13.810, de 2019. *(Incluído pelo Provimento CN n. 161, de 11.3.2024)*

Art. 139-A. Para identificar e avaliar riscos de LD/FTP relacionados a suas atividades, notários e registradores devem considerar, entre outras fontes confiáveis de informação, avaliações nacionais ou setoriais de risco conduzidas pelo Poder Público, assim como avaliações setoriais ou subsetoriais realizadas por suas entidades de representação. *(Incluído pelo Provimento CN n. 161, de 11.3.2024)*

Art. 140. Para os fins deste Capítulo, considera-se: *(Redação dada pelo Provimento CN n. 161, de 11.3.2024)*

I - cliente ou usuário do serviço notarial: todo o usuário que comparecer perante um notário como parte direta ou indiretamente interessada em um ato notarial, ainda que por meio de representantes, independentemente de ter sido o notário escolhido pela parte outorgante, outorgada ou por terceiro; *(Redação dada pelo Provimento CN n. 161, de 11.3.2024)*

II - cliente ou usuário do registro imobiliário: o titular de direitos sujeitos a registro; *(Redação dada pelo Provimento CN n. 161, de 11.3.2024)*

III - cliente ou usuário do registro de títulos e documentos e do registro civil da pessoa jurídica: todos que forem qualificados nos instrumentos sujeitos a registro; *(Redação dada pelo Provimento CN n. 161, de 11.3.2024)*

IV - cliente ou usuário cliente do serviço de protesto de títulos: toda pessoa natural ou jurídica que for identificada no título apresentado, bem como seu apresentante; *(Redação dada pelo Provimento CN n. 161, de 11.3.2024)*

V - beneficiário final: a pessoa natural em nome da qual uma transação é conduzida ou que, em última instância, de forma direta ou indireta, possui, controla ou influencia significativamente uma pessoa jurídica, ainda que sem qualificação formal como sócio ou administrador; *(Redação dada pelo Provimento CN n. 161, de 11.3.2024)*

VI - Unidade de Inteligência Financeira (UIF): o Conselho de Controle de Atividades Financeiras (Coaf), que constitui a UIF do Brasil, tendo sido criado pelo art. 14 da Lei n. 9.613, de 3 de março de 1998, e reestruturado na forma da Lei n. 13.974, de 7 de janeiro de 2020; e *(Incluído pelo Provimento CN n. 161, de 11.3.2024)*

VII - em espécie: meio de pagamento consistente em moeda manual, ou seja, em cédulas de papel-moeda ou moedas metálicas fracionárias, também designado por expressões como "dinheiro vivo", numerário ou meio circulante, que não se confundem com expressões como "moeda corrente" ou "moeda de curso legal", referentes apenas à unidade do sistema monetário nacional, que é o Real, conforme art. 1º da Lei n. 9.069, de 29 de junho de 1995, ou à unidade do sistema monetário de outros países, independentemente do meio de pagamento pelo qual seja essa unidade veiculada (a exemplo de transferência bancária, transferência eletrônica entre contas de pagamento, PIX, cheque ou dinheiro em espécie). *(Incluído pelo Provimento CN n. 161, de 11.3.2024)*

Art. 141. Notários e registradores devem implementar procedimentos de monitoramento, seleção e análise de operações, propostas de operação ou situações com o objetivo de identificar aquelas que possam configurar indício de prática de LD/FTP ou de infração correlacionada. *(Redação dada pelo Provimento CN n. 161, de 11.3.2024)*

§ 1.º Os procedimentos de monitoramento e seleção devem permitir a identificação de operações, propostas de operação ou situações que, considerando suas características, especialmente partes, demais envolvidos, valores, modo de realização, meios e formas de pagamento, falta de fundamento econômico ou legal ou, ainda, incompatibilidade com práticas de mercado, sinalizem, inclusive por seu caráter não usual ou atípico, possível indício de prática de LD/FTP ou de infração correlacionada, devendo, por isso, ser objeto de análise com especial atenção na forma do § 2.º. *(Incluído pelo Provimento CN n. 161, de 11.3.2024)*

§ 2.º Os procedimentos de análise das operações, propostas de operação ou situações selecionadas conforme o disposto no § 1.º devem reunir os elementos objetivos com base nos quais se conclua pela configuração, ou não, de possível indício de prática de LD/FTP ou de infração correlacionada. *(Incluído pelo Provimento CN n. 161, de 11.3.2024)*

§ 3.º A análise e a conclusão referidas no § 2.º devem ser documentadas e estarem disponíveis para efeito de demonstração à Corregedoria Nacional de Justiça ou às Corregedorias-Gerais de Justiça estaduais ou do Distrito Federal, independentemente de terem resultado, ou não, no encaminhamento de comunicação à UIF na forma do art. 142. *(Incluído pelo Provimento CN n. 161, de 11.3.2024)*

§ 4.º Nos procedimentos de monitoramento, seleção e análise de que trata este artigo, será dedicada especial atenção a operações, propostas de operação ou situações que envolvam pessoas expostas politicamente, nos termos da norma da UIF, bem como seus familiares, estreitos colaboradores e pessoas jurídicas de que participem ou nas quais se caracterizem como administrador ou beneficiário final. *(Incluído pelo Provimento CN n. 161, de 11.3.2024)*

Art. 142. Notários e registradores comunicarão à UIF, pelo Sistema de Controle de Atividades Financeiras (Siscoaf), quaisquer operações, propostas de operação ou situações quanto às quais concluam, após análise na forma do art. 141, § 3.º, que, por suas características, conforme o indicado no § 1.º do mesmo artigo, possam configurar indício de prática de LD/FTP ou de infração correlacionada. *(Redação dada pelo Provimento CN n. 161, de 11.3.2024)*

Parágrafo único. Sem prejuízo do disposto no *caput*, notários e registradores também comunicarão à UIF o que for definido neste Capítulo como hipótese em que devam fazê-lo independentemente de análise, devendo implementar procedimentos de monitoramento e seleção do que assim houver de ser comunicado. *(Incluído pelo Provimento CN n. 161, de 11.3.2024)*

SEÇÃO II – DA POLÍTICA DE PLD/FTP

(Redação dada pelo Provimento CN n. 161, de 11.3.2024)

Art. 143. Notários e registradores, sob a supervisão da Corregedoria Nacional de Justiça e das Corregedorias dos Tribunais de Justiça dos Estados e do Distrito Federal, devem estabelecer e implementar, no âmbito das serventias extrajudiciais a seu cargo, política de LD/FTP compatível com seu porte e volume de operações ou atividades, a qual deve abranger, no mínimo, diretrizes a adoção de procedimentos e controles internos destinados à: *(Redação dada pelo Provimento CN n. 161, de 11.3.2024)*

I – realização de diligência razoável para a qualificação dos clientes, beneficiários finais e demais envolvidos nas operações que realizarem;

II – obtenção de informações sobre o propósito e a natureza da relação de negócios;

III – identificação de operações ou propostas de operações suspeitas ou de comunicação obrigatória;

IV – mitigação dos riscos de que novos produtos, serviços e novas tecnologias possam ser utilizadas para a lavagem de dinheiro e para o financiamento do terrorismo; e

V – verificação periódica da eficácia da política e dos procedimentos e controles internos adotados.

§ 1.º A política tratada neste artigo deve ser formalizada expressamente por notários e registradores, abrangendo, também, procedimentos para:

I – treinamento dos notários, dos registradores, dos oficiais de cumprimento e dos empregados contratados;

II – disseminação do seu conteúdo ao quadro de pessoal por processos institucionalizados de caráter contínuo;

III – monitoramento das atividades desenvolvidas pelos empregados; e

IV – prevenção de conflitos entre os interesses comerciais/empresariais e os mecanismos de prevenção à lavagem de dinheiro e ao financiamento do terrorismo.

§ 2.º Os tabeliães de protesto de títulos cumprirão o disposto nos incisos I e II do *caput* deste artigo, por meio dos dados e das informações constantes do título ou documento de dívida apresentado, ou de sua indicação, bem como dos dados fornecidos pelo apresentante, não podendo obstar a realização do ato ou exigir elementos não previstos nas leis que regulam a emissão e circulação dos títulos ou documentos em questão.

Art. 144. Os notários e os registradores são os responsáveis pela implantação das políticas, procedimentos e controles internos de prevenção à lavagem de dinheiro e ao financiamento do terrorismo no âmbito da serventia, podendo indicar, entre seus prepostos, oficiais de cumprimento.

§ 1.º Em caso de não nomeação de oficial de cumprimento, será considerado como tal o notário ou o registrador responsável pela serventia.

§ 2.º São atribuições do oficial de cumprimento, do notário ou do registrador, entre outras previstas em instruções complementares:

I – informar à Unidade de Inteligência Financeira (UIF) qualquer operação ou tentativa de operação que, pelos seus aspectos objetivos e subjetivos, possam estar relacionadas às operações de lavagem de dinheiro ou financiamento do terrorismo;

II – prestar, gratuitamente, no prazo estabelecido, as informações e os documentos requisitados pelos órgãos de segurança pública, do Ministério Público e do Poder Judiciário para o adequado exercício das suas funções institucionais, vedada a recusa na sua prestação sob a alegação de justificativa insuficiente ou inadequada;

III – promover treinamentos para os colaboradores da serventia; e

IV – elaborar manuais e rotinas internas sobre regras de condutas e sinais de alertas.

§ 3.º Os notários e os registradores, inclusive interinos e interventores, são solidariamente responsáveis com os oficiais de cumprimento na execução dos seus deveres.

§ 4.º Os notários e os registradores deverão indicar, no Justiça Aberta, o oficial de cumprimento à Corregedoria Nacional de Justiça, no Cadastro Nacional de Serventias, disponibilizando a informação à Unidade de Inteligência Financeira (UIF) para fins de habilitação no Siscoaf.

SEÇÃO III – DO CADASTRO DE CLIENTES E DEMAIS ENVOLVIDOS

Art. 145. Notários e registradores identificarão e manterão cadastro dos envolvidos, inclusive representantes e procuradores, nos atos notariais protocolares e de registro com conteúdo econômico. *(Redação dada pelo Provimento CN n. 161, de 11.3.2024)*

§ 1.º No cadastro das pessoas físicas constarão os seguintes dados: *(Redação dada pelo Provimento CN n. 161, de 11.3.2024)*

I – nome completo;

II – número de inscrição no Cadastro de Pessoas Físicas (CPF); e

III – sempre que possível, desde que compatível com o ato a ser praticado pela serventia:

a) número do documento de identificação e nome do órgão expedidor ou, se estrangeiro, dados do passaporte ou carteira civil;

b) data de nascimento;

c) nacionalidade;

d) profissão;

e) estado civil e qualificação do cônjuge, em qualquer hipótese;

f) endereço residencial e profissional completo, inclusive eletrônico;

g) telefones, inclusive celular;

h) dados biométricos, especialmente impressões digitais e fotografia, em padrões a serem estabelecidos pelas instruções complementares;

i) imagens dos documentos de identificação e dos cartões de autógrafo;

j) eventual enquadramento em lista de pessoas naturais alcançadas pelas sanções de que trata a Lei n. 13.810, de 2019, relacionadas a práticas de terrorismo, proliferação de armas de destruição em massa ou seus financiamentos e impostas por resolução do Conselho de Segurança das Nações Unidas (CSNU) ou por designação de algum de seus comitês de sanções; e *(Redação dada pelo Provimento CN n. 161, de 11.3.2024)*

k) eventual enquadramento na condição de pessoa exposta politicamente, bem como na condição de familiar ou estreito colaborador de pessoa do gênero, nos termos da norma editada a respeito pela UIF. *(Redação dada pelo Provimento CN n. 161, de 11.3.2024)*

§ 2.º No cadastro das pessoas jurídicas constarão os seguintes dados: *(Redação dada pelo Provimento CN n. 161, de 11.3.2024)*

I) razão social e nome de fantasia, este quando constar do contrato social ou do Cadastro Nacional de Pessoa Jurídica (CNPJ);

II) número de inscrição no Cadastro Nacional da Pessoa Jurídica (CNPJ);

III) endereço completo, inclusive eletrônico;

IV - sempre que possível, desde que compatível com o ato a ser praticado pela serventia, elementos indicados no § 1.º em relação a: *(Redação dada pelo Provimento CN n. 161, de 11.3.2024)*

a) proprietários, sócios e beneficiários finais; e *(Redação dada pelo Provimento CN n. 161, de 11.3.2024)*

b) representantes legais, prepostos e demais envolvidos que compareçam ao ato; *(Redação dada pelo Provimento CN n. 161, de 11.3.2024)*

V - número telefônico; e *(Incluído pelo Provimento CN n. 161, de 11.3.2024)*

VI - eventual enquadramento em lista de pessoas jurídicas ou entidades alcançadas pelas sanções de que trata a Lei n. 13.810, de 2019, relacionadas a práticas de terrorismo, proliferação de armas de destruição em massa ou seus financiamentos e impostas por resolução do CSNU ou por designação de algum de seus comitês de sanções. *(Incluído pelo Provimento CN n. 161, de 11.3.2024)*

§ 3.º Constarão do registro a data do cadastro e a de suas atualizações.

§ 4.º Os cadastros, as imagens dos documentos e os cartões de autógrafos poderão ser mantidos exclusivamente em sistema informatizado, observando-se os padrões mínimos da tecnologia da informação para a segurança, integridade e disponibilidade de dados previstos neste Código Nacional de Normas.

§ 5.º Os tabeliães de protesto de títulos poderão cumprir o disposto no § 1.º e § 2.º deste artigo pela manutenção de cadastro com base no nome da pessoa física ou na razão social ou nome fantasia da pessoa jurídica que seja informado pelo credor ou apresentante, acompanhados do respectivo CPF ou CNPJ informado e do endereço fornecido pelo apresentante, salvo quando, pelas circunstâncias da apresentação do título ou documento de dívida apresentado, não houver as referidas informações ou ainda quando for do desconhecimento do apresentante.

§ 6.º Para os fins de enquadramento do cliente como pessoa exposta politicamente, o notário e o registrador deverão consultar o cadastro eletrônico de Pessoas Expostas Politicamente, por intermédio do Siscoaf, ou colher a declaração das próprias partes sobre essa condição, ressalvados os casos em que seja expressamente prevista uma destas formas de identificação como obrigatória.

§ 7.º Aplicam-se ao conceito de beneficiários finais, para os fins deste Capítulo, os critérios definidos por ato normativo da Secretaria da Receita Federal do Brasil (RFB) relativo ao CNPJ.

§ 8.º Para os fins de identificação do beneficiário final da operação, o titular da serventia deverá consultar a base de dados do Cadastro Único de Beneficiários Finais (CBF), complementando as informações por meio de consulta aos cadastros mencionados e com outras informações que puder extrair dos documentos disponíveis.

§ 9.º Quando não for possível identificar o beneficiário final, os notários e os registradores devem dispensar especial atenção à operação e colher dos interessados a declaração sobre quem o é, não sendo vedada a prática do ato sem a indicação do beneficiário final.

§ 10. Os tabeliães de protesto de títulos cumprirão o disposto no § 6.º, § 8.º e § 9.º deste artigo por meio de consulta aos cadastros mencionados, de informações constantes do título ou do documento de dívida apresentado, ou de sua indicação, bem como por meio dos dados fornecidos pelo apresentante, não podendo obstar a realização do ato ou exigir elementos não previstos em lei que regulam a emissão e circulação do título ou do documento em questão.

§ 11. Na definição da política de prevenção à lavagem de dinheiro e ao financiamento do terrorismo, a Corregedoria Nacional de Justiça poderá ampliar, por ato próprio, os requisitos dos registros das operações para fins de aplicação da identificação com base em risco e incluir requisitos mais estritos nos casos de operações que destoam em relação à média.

§ 12. O notário deverá manter cópia do documento de identificação apresentado, bem como dos contratos sociais, dos estatutos, das atas de assembleia ou da reunião, das procurações e de quaisquer outros instrumentos de representação ou dos alvarás que tenham sido utilizados para a prática do ato notarial.

§ 13. A obrigação de que trata o parágrafo anterior aplica-se aos registradores imobiliários em relação ao registro de instrumento particular.

Art. 146. Para a prestação dos serviços de que trata este Código de Normas, os notários e os registradores e/ou os oficiais de cumprimento deverão assegurar-se de que as informações cadastrais estejam atualizadas no momento da prestação do serviço.

Parágrafo único. A identificação das partes e de seus representantes e procuradores para fins de atualização do cadastro prevista no artigo anterior será promovida quando da prática do respectivo ato notarial ou de registro.

SEÇÃO IV – DO CADASTRO ÚNICO DE BENEFICIÁRIOS FINAIS

Art. 147. Os notários e os registradores poderão utilizar o Cadastro Único de Beneficiários Finais (CBF), criado e mantido por suas entidades associativas representativas, que, necessariamente, deverá conter os dados previstos no art. 145, sujeito à fiscalização da Corregedoria Nacional de Justiça.

§ 1.º O Cadastro Único de Beneficiários Finais (CBF) conterá o índice único das pessoas naturais que, em última instância, de forma direta ou indireta, possuem controle ou influência significativa nas entidades que pratiquem ou possam praticar atos ou negócios jurídicos nos quais intervenham os notários e os registradores.

§ 2.º Os dados para a formação e atualização do CBF podem ser obtidos a partir de:

I – outros cadastros da mesma natureza;

II – informações prestadas por outras instituições;

III – declaração das próprias partes;

IV – exame da documentação apresentada; e

V – outras fontes julgadas confiáveis pelo notário ou registrador.

Art. 148. As entidades representativas dos notários e dos registradores poderão firmar convênio com a RFB, as Juntas Comerciais dos estados, o Departamento de Registro Empresarial e Integração (DREI), a Comissão de Valores Mobiliários (CVM) e quaisquer outros órgãos, organismos internacionais ou outras instituições que detenham dados sobre atos constitutivos, modificativos, extintivos ou que informem participações societárias em pessoas jurídicas, com o objetivo de manter atualizado o cadastro de que trata esta seção.

SEÇÃO V – DO REGISTRO SOBRE OPERAÇÕES, PROPOSTAS DE OPERAÇÃO E SITUAÇÕES PARA FINS DE PLD/FTP

(Redação dada pelo Provimento CN n. 161, de 11.3.2024)

Art. 149. Notários e registradores devem manter registro eletrônico, para fins de PLD/FTP, de todos os atos notariais protocolares e registrais de conteúdo econômico que lavrarem ou cuja lavratura lhes seja proposta, bem como sobre situações correlatas. *(Redação dada pelo Provimento CN n. 161, de 11.3.2024)*

Parágrafo único. No registro eletrônico a que se refere o *caput* constarão as seguintes informações em relação ao ato cartorário realizado ou proposto, ou a situação correlata, sempre que cabível, em razão da especialidade da serventia e do ato de que se trate: *(Redação dada pelo Provimento CN n. 161, de 11.3.2024)*

I – identificação de clientes ou proponentes e demais envolvidos; *(Redação dada pelo Provimento CN n. 161, de 11.3.2024)*

II – descrição pormenorizada do ato ou da situação; *(Redação dada pelo Provimento CN n. 161, de 11.3.2024)*

III – valores envolvidos, quando houver, notadamente valores que tenham sido declarados, indicados por avaliadores ou adotados para fins de incidência tributária ou para fins patrimoniais em contexto sucessório ou de integralização de capital societário, por exemplo; *(Redação dada pelo Provimento CN n. 161, de 11.3.2024)*

IV – datas relevantes envolvidas, notadamente do ato cartorário ou da proposta de sua lavratura, de negócios aos quais se refira ou de situações correlatas; *(Redação dada pelo Provimento CN n. 161, de 11.3.2024)*

V – formas de pagamento de valores envolvidos, quando houver; *(Redação dada pelo Provimento CN n. 161, de 11.3.2024)*

VI – meios de pagamento de valores envolvidos, quando houver; *(Redação dada pelo Provimento CN n. 161, de 11.3.2024)*

VII – fontes em que obtidas as informações relativas a cada um dos demais incisos deste artigo incluídas no registro, a exemplo de declaração ou documento apresentado pelas partes, outros documentos disponíveis, registros públicos, bases de dados ou cadastros a que se tenha acesso, fontes abertas disponíveis pela rede mundial de computadores (internet) ou veículos jornalísticos; e *(Redação dada pelo Provimento CN n. 161, de 11.3.2024)*

VIII – outras informações nos termos de regulamentos especiais e instruções complementares. *(Redação dada pelo Provimento CN n. 161, de 11.3.2024)*

Art. 150. Os notários deverão, antes da lavratura de ato notarial, verificar a atualidade dos poderes de uma procuração, abstendo-se da sua prática caso tenham conhecimento de que tenham eles sido revogados ou modificados.

Art. 150-A. O registro de que trata o art. 149: *(Incluído pelo Provimento CN n. 161, de 11.3.2024)*

I - deve ser mantido de modo a viabilizar a implementação dos procedimentos de monitoramento, seleção, análise e comunicação de que tratam os arts. 141 e 142, bem como o atendimento a requisições de autoridades competentes, como as referidas no art. 178; e *(Incluído pelo Provimento CN n. 161, de 11.3.2024)*

II - não se confunde com o ato-fim da própria serventia, ainda que suas informações possam eventualmente constar em um mesmo ambiente ou suporte documental, desde que isso não comprometa a restrição do acesso a informações sensíveis, para fins de PLD/FTP, em conformidade com o disposto no art. 154. *(Incluído pelo Provimento CN n. 161, de 11.3.2024)*

SEÇÃO VI – DAS COMUNICAÇÕES À UNIDADE DE INTELIGÊNCIA FINANCEIRA (UIF)

Art. 151. Notários e registradores, ou seu oficial de cumprimento, devem comunicar à UIF operações, propostas de operação ou situações nestas hipóteses: *(Redação dada pelo Provimento CN n. 161, de 11.3.2024)*

I - constatação, após análise na forma do art. 141, § 2.º, de indício de prática de LD/FTP ou de infração correlacionada; e *(Incluído pelo Provimento CN n. 161, de 11.3.2024)*

II - hipótese de comunicação à UIF independentemente de análise, conforme o definido neste Capítulo. *(Incluído pelo Provimento CN n. 161, de 11.3.2024)*

§ 1.º O monitoramento e a seleção de operações, propostas de operação ou situações cuja comunicação à UIF independa de análise serão concluídos em até 30 (trinta) dias, contados da operação, proposta de operação ou situação, após os quais a comunicação deve ser efetuada em 24 (vinte e quatro) horas. *(Redação dada pelo Provimento CN n. 161, de 11.3.2024)*

§ 2.º O monitoramento, a seleção e a análise de operações, propostas de operação ou situações cuja comunicação à UIF dependa de análise serão concluídos em até 60 (sessenta) dias, contados da operação ou proposta de operação, após os quais a comunicação deve ser efetuada em 24 (vinte e quatro) horas. *(Redação dada pelo Provimento CN n. 161, de 11.3.2024)*

§ 3.º A comunicação de que trata o *caput* será efetuada por meio do Siscoaf, disponibilizado pela página da UIF na internet, resguardando-se o sigilo de que trata o art. 154. *(Redação dada pelo Provimento CN n. 161, de 11.3.2024)*

Art. 152. Na hipótese do art. 151, I, será dedicada especial atenção, conforme o art. 141, § 4.º, no caso de operações, propostas de operação ou situações que envolvam pessoa exposta politicamente, bem como seus familiares, estreitos colaboradores e pessoas jurídicas de que participem ou nas quais se caracterizem como administrador ou beneficiário final. *(Redação dada pelo Provimento CN n. 161, de 11.3.2024)*

Parágrafo único. *(Revogado pelo Provimento CN n. 161, de 11.3.2024)*

Art. 153. Notários e registradores, ou seu oficial de cumprimento, quando não identificarem ao longo de um ano civil nenhuma operação, proposta de operação ou situação que devessem comunicar à UIF na forma do art. 151, apresentarão à Corregedoria-Geral de Justiça estadual ou do Distrito Federal comunicação de não ocorrência nesse sentido até 31 de janeiro do ano seguinte. *(Redação dada pelo Provimento CN n. 161, de 11.3.2024)*

Parágrafo único. A Corregedoria-Geral de Justiça (CGJ) instaurará procedimento administrativo para apurar a responsabilidade de notário ou registrador que deixar de prestar, no prazo estipulado, a informação prevista no *caput* deste artigo.

Art. 154. Notários, registradores e oficiais de cumprimento devem guardar sigilo acerca das comunicações previstas nesta Seção, inclusive em relação a pessoas a que elas possam fazer referência, sendo vedado o compartilhamento de informação com as partes envolvidas ou terceiros, com exceção da Corregedoria Nacional de Justiça ou, na forma por ela autorizada, de órgãos ou integrantes de Corregedoria-Geral de Justiça estadual ou do Distrito Federal. *(Redação dada pelo Provimento CN n. 161, de 11.3.2024)*

Art. 154-A. As comunicações na forma do art. 151, I, devem ser devidamente fundamentadas, incluindo: *(Incluído pelo Provimento CN n. 161, de 11.3.2024)*

I - manifestação circunstanciada dos motivos que levaram a concluir pela configuração de possível indício de prática de LD/FTP ou de infração correlacionada; *(Incluído pelo Provimento CN n. 161, de 11.3.2024)*

II - todos os dados relevantes da operação, proposta de operação ou situação comunicada, a exemplo dos que se refiram à descrição de bens ou direitos e formas de pagamento, assim como à identificação e qualificação das pessoas envolvidas; e *(Incluído pelo Provimento CN n. 161, de 11.3.2024)*

III - indicação das fontes das informações veiculadas ou consideradas na comunicação, tais como documentos em que constem, declarações prestadas, observação direta, correspondências, mensagens de e-mail ou telefonemas, matérias jornalísticas, resultados de pesquisa por mecanismos de busca na internet, redes sociais em seu âmbito mantidas ou mesmo, quando for o caso, suspeitas informalmente compartilhadas em determinado âmbito local, regional, familiar, comunitário ou de praça comercial, por exemplo. *(Incluído pelo Provimento CN n. 161, de 11.3.2024)*

Parágrafo único. Os elementos fornecidos para fundamentar as comunicações de que trata o *caput* devem ser: *(Incluído pelo Provimento CN n. 161, de 11.3.2024)*

I - claros, precisos e suficientes para apoiar conclusão razoável de que a comunicação contém indício de prática de LD/FTP ou de infração correlacionada, de modo a facilitar sua compreensão por autoridades competentes; e *(Incluído pelo Provimento CN n. 161, de 11.3.2024)*

II - inseridos, conforme instruções disponibilizadas pelo site da UIF, no campo "Informações adicionais", em campos específicos ou em outros equivalentes que eventualmente os sucedam ou substituam no formulário eletrônico de comunicação do Siscoaf. *(Incluído pelo Provimento CN n. 161, de 11.3.2024)*

Art. 155. *(Revogado pelo Provimento CN n. 161, de 11.3.2024)*

Art. 155-A. Na hipótese do art. 151, I, envolvendo dever de análise com especial atenção (art. 141, §§ 1.º e 3º), o notário e o registrador atentarão para operações, propostas de operação ou situações que, a partir dos documentos que lhes forem submetidos para a prática do ato: *(Incluído pelo Provimento CN n. 161, de 11.3.2024)*

I - aparentem não decorrer de atividades ou negócios usuais do cliente, de outros envolvidos ou do seu ramo de atuação; *(Incluído pelo Provimento CN n. 161, de 11.3.2024)*

II - tenham origem ou fundamentação econômica ou legal não claramente aferíveis; *(Incluído pelo Provimento CN n. 161, de 11.3.2024)*

III - se mostrem incompatíveis com o patrimônio ou com a capacidade econômico-financeira do cliente ou de outros envolvidos; *(Incluído pelo Provimento CN n. 161, de 11.3.2024)*

IV - envolvam difícil ou inviável identificação de beneficiário(s) final(is); *(Incluído pelo Provimento CN n. 161, de 11.3.2024)*

V - se relacionem a pessoa jurídica domiciliada em jurisdição listada pelo Grupo de Ação Financeira (Gafi) como de alto risco ou com deficiências estratégicas em matéria de PLD/FTP; *(Incluído pelo Provimento CN n. 161, de 11.3.2024)*

VI - envolvam países ou dependências listados pela RFB como de tributação favorecida e/ou regime fiscal privilegiado; *(Incluído pelo Provimento CN n. 161, de 11.3.2024)*

VII - se relacionem a pessoa jurídica cujos sócios, administradores, beneficiários finais, procuradores ou representantes legais mantenham domicílio em jurisdições consideradas pelo Gafi de alto risco ou com deficiências estratégicas em matéria de PLD/FTP; *(Incluído pelo Provimento CN n. 161, de 11.3.2024)*

VIII - apresentem, por parte de cliente ou demais envolvidos, resistência ao fornecimento de informação ou documentação solicitada para fins relacionados ao disposto neste Capítulo; *(Incluído pelo Provimento CN n. 161, de 11.3.2024)*

IX - envolvam a prestação, por parte de cliente ou demais envolvidos, de informação ou documentação falsa ou de difícil ou onerosa verificação; *(Incluído pelo Provimento CN n. 161, de 11.3.2024)*

X - se mostrem injustificadamente mais complexas ou onerosas que de ordinário, mormente se isso puder dificultar o rastreamento de recursos ou a identificação de real propósito; *(Incluído pelo Provimento CN n. 161, de 11.3.2024)*

XI - apresentem sinais de caráter fictício ou de relação com valores incompatíveis com os de mercado; *(Incluído pelo Provimento CN n. 161, de 11.3.2024)*

XII - envolvam cláusulas que estabeleçam condições incompatíveis com as praticadas no mercado; *(Incluído pelo Provimento CN n. 161, de 11.3.2024)*

XIII - aparentem tentativa de burlar controles e registros exigidos pela legislação de PLD/FTP, inclusive mediante fracionamento ou pagamento em espécie, com título emitido ao portador ou por outros meios que dificultem a rastreabilidade; *(Incluído pelo Provimento CN n. 161, de 11.3.2024)*

XIV - envolvam o registro de documento de procedência estrangeira, nos termos do art. 129, 6º, combinado com o art. 148 da Lei n. 6.015, de 31 de dezembro de 1973, que ofereçam dificuldade significativa para a compreensão do seu sentido jurídico no contexto da atividade notarial ou registral de que se trate; *(Incluído pelo Provimento CN n. 161, de 11.3.2024)*

XV - revelem substancial ganho de capital em curto período; *(Incluído pelo Provimento CN n. 161, de 11.3.2024)*

XVI - envolvam lavratura ou utilização de instrumento de procuração que outorgue amplos poderes de administração de pessoa jurídica ou de gestão empresarial, de gerência de negócios ou de movimentação de conta bancária, de pagamento ou de natureza semelhante, especialmente quando conferidos em caráter irrevogável ou irretratável ou isento de prestação de contas, independentemente de se tratar, ou não, de procuração em causa própria ou por prazo indeterminado; *(Incluído pelo Provimento CN n. 161, de 11.3.2024)*

XVII - revelem operações de aumento de capital social que pareçam destoar dos efetivos atributos de valor, patrimônio ou outros aspectos relacionados às condições econômico-financeiras da sociedade, diante de circunstâncias como, por exemplo, partes envolvidas no ato ou características do empreendimento; e *(Incluído pelo Provimento CN n. 161, de 11.3.2024)*

XVIII - quaisquer outras operações, propostas de operação ou situações que, considerando suas características, especialmente partes, demais envolvidos, valores, modo de realização, meios e formas de pagamento, falta de fundamento econômico ou legal ou, ainda, incompatibilidade com práticas de mercado, possam configurar sérios indícios de práticas de LD/FTP ou de infrações que com elas se relacionem. *(Incluído pelo Provimento CN n. 161, de 11.3.2024)*

Parágrafo único. Na hipótese do *caput* deste artigo, o notário e o registrador também atentarão para operações, propostas de operação ou situações que: *(Incluído pelo Provimento CN n. 161, de 11.3.2024)*

I - revelem emprego não usual de meio ou forma de pagamento que possa viabilizar anonimato ou dificultar a rastreabilidade de movimentação de valores ou a identificação de quem a tenha realizado, como o uso de valores anormalmente elevados em espécie ou na forma de título emitido ao portador ou, ainda, de ativo virtual não vinculado nominalmente a quem o movimente; e *(Incluído pelo Provimento CN n. 161, de 11.3.2024)*

II - apresentem algum sinal de possível relação, direta ou indireta, com práticas de terrorismo ou proliferação de armas de destruição em massa ou com seus financiamentos, inclusive em hipóteses correlatas eventualmente contempladas em atos normativos da UIF. *(Incluído pelo Provimento CN n. 161, de 11.3.2024)*

Art. 156. *(Revogado pelo Provimento CN n. 161, de 11.3.2024)*

Art. 156-A. A Corregedoria Nacional de Justiça poderá dispor ou emitir orientações sobre outras hipóteses, além das contempladas neste Capítulo, de: *(Incluído pelo Provimento CN n. 161, de 11.3.2024)*

I - operações, propostas de operação ou situações que devam ser analisadas com especial atenção para efeito de eventual comunicação à UIF; e *(Incluído pelo Provimento CN n. 161, de 11.3.2024)*

II - comunicação à UIF independentemente de análise. *(Incluído pelo Provimento CN n. 161, de 11.3.2024)*

SEÇÃO VII – DAS NORMAS APLICÁVEIS AOS TABELIÃES E OFICIAIS DE REGISTRO DE CONTRATOS MARÍTIMOS

Art. 157. Aplicam-se ao Registro de Contrato Marítimo as disposições referentes ao Registro de Títulos e Documentos.

Art. 158. Aplicam-se ao tabelionato de contrato marítimo as disposições referentes aos tabeliães de notas.

SEÇÃO VIII – DAS NORMAS APLICÁVEIS AOS TABELIÃES DE PROTESTO

Art. 159. O tabelião de protesto, ou seu oficial de cumprimento, comunicará à UIF, na forma do art. 151, II, qualquer operação que envolva pagamento ou recebimento em espécie, ou por título ao portador, de valor igual ou superior a R$ 100.000,00 (cem mil reais) ou ao equivalente em outra moeda, desde que perante o tabelião ou seu preposto. *(Redação dada pelo Provimento CN n. 161, de 11.3.2024)*

Art. 160. O tabelião de protesto, ou seu oficial de cumprimento, deve analisar com especial atenção, para fins de eventual comunicação à UIF na forma do art. 151, I, operações, propostas de operação ou situações relacionadas a pagamentos ou cancelamentos de títulos protestados: *(Redação dada pelo Provimento CN n. 161, de 11.3.2024)*

I - em valor igual ou superior a R$ 100.000,00 (cem mil reais), quando o devedor for pessoa física; *(Incluído pelo Provimento CN n. 161, de 11.3.2024)*

II - em valor igual ou superior a R$ 500.000,00 (quinhentos mil reais), quando o devedor for pessoa jurídica, salvo quando se tratar de instituição do mercado financeiro, do mercado de capitais ou de órgãos e entes públicos. *(Incluído pelo Provimento CN n. 161, de 11.3.2024)*

Parágrafo único. Ocorrendo qualquer das hipóteses previstas no *caput* deste artigo, o tabelião de protesto, ou oficial de cumprimento, comunicará a operação à Unidade de Inteligência Financeira (UIF), caso a considere suspeita, no prazo previsto no art. 151.

SEÇÃO IX – DAS NORMAS APLICÁVEIS AOS REGISTRADORES DE IMÓVEIS

Art. 161. O oficial de registro de imóveis, ou seu oficial de cumprimento, comunicará à UIF, na forma do art. 151, II, registro de documento ou título em que conste declaração das partes de que foi realizado pagamento em espécie, ou por título ao portador, de valor igual ou superior a R$ 100.000,00 (cem mil reais) ou ao equivalente em outra moeda. *(Redação dada pelo Provimento CN n. 161, de 11.3.2024)*

I a III – *(Revogados pelo Provimento CN n. 161, de 11.3.2024)*

Art. 162. O oficial de registro de imóveis, ou seu oficial de cumprimento, deve analisar com especial atenção, para fins de eventual comunicação à UIF na forma do art. 151, I, operações, propostas de operação ou situações relacionadas a: *(Redação dada pelo Provimento CN n. 161, de 11.3.2024)*

I - doações de bens imóveis ou direitos reais sobre bens imóveis para terceiros sem vínculo familiar aparente com o doador, referente a bem imóvel que tenha valor venal atribuído pelo município igual ou superior a R$ 100.000,00 (cem mil reais); *(Redação dada pelo Provimento CN n. 161, de 11.3.2024)*

II - concessão de empréstimos hipotecários ou com alienação fiduciária entre particulares; *(Redação dada pelo Provimento CN n. 161, de 11.3.2024)*

III - registro de negócios celebrados por sociedades que tenham sido dissolvidas e tenham regressado à atividade; *(Redação dada pelo Provimento CN n. 161, de 11.3.2024)*

IV - registro de aquisição de imóveis por fundações e associações, quando as características do negócio não se coadunem com suas finalidades; *(Redação dada pelo Provimento CN n. 161, de 11.3.2024)*

V - registro de transmissões sucessivas do mesmo bem em período e com diferença de valor anormais; e *(Incluído pelo Provimento CN n. 161, de 11.3.2024)*

VI - registro de título no qual conste valor declarado de bem com diferença anormal em relação a outros valores a ele associados, como o de sua avaliação fiscal ou o valor patrimonial pelo qual tenha sido considerado para fins sucessórios ou de integralização de capital de sociedade, por exemplo. *(Incluído pelo Provimento CN n. 161, de 11.3.2024)*

Parágrafo único. Ocorrendo qualquer das hipóteses previstas neste artigo, o registrador de imóveis, ou oficial de cumprimento, comunicará a operação à Unidade de Inteligência Financeira (UIF), caso a considere suspeita, no prazo previsto no art. 151.

SEÇÃO X – DAS NORMAS APLICÁVEIS AOS OFICIAIS DE REGISTRO DE TÍTULOS E DOCUMENTOS E CIVIS DAS PESSOAS JURÍDICAS

Art. 163. O oficial de registro de títulos e documentos e de registro civil das pessoas jurídicas, ou seu oficial de cumprimento, comunicará à UIF, na forma do art. 151, II, qualquer operação que envolva pagamento ou recebimento em espécie, ou por título ao portador, de valor igual ou superior a R$ 100.000,00 (cem mil reais) ou ao equivalente em outra moeda, inclusive quando se relacionar à compra ou venda de bens móveis ou imóveis. *(Redação dada pelo Provimento CN n. 161, de 11.3.2024)*

Art. 164. O oficial de registro de títulos e documentos e de registro civil das pessoas jurídicas, ou seu oficial de cumprimento, deve analisar com especial atenção, para fins de eventual comunicação à UIF na forma do art. 151, I, operações, propostas de operação ou situações relacionadas ao registro de títulos ou documentos que se refiram, ainda que indiretamente, a: *(Redação dada pelo Provimento CN n. 161, de 11.3.2024)*

I - transferências de bens imóveis de qualquer valor, de cotas ou participações societárias ou de bens móveis de valor superior a R$ 100.000,00 (cem mil reais); *(Redação dada pelo Provimento CN n. 161, de 11.3.2024)*

II - mútuos concedidos ou contraídos ou doações concedidas ou recebidas de valor superior ao equivalente a R$ 100.000,00 (cem mil reais); *(Redação dada pelo Provimento CN n. 161, de 11.3.2024)*

III - participações, investimentos ou representações de pessoas naturais ou jurídicas brasileiras em entidades estrangeiras, especialmente *trusts*, arranjos semelhantes ou fundações; e *(Redação dada pelo Provimento CN n. 161, de 11.3.2024)*

IV - cessão de direito de títulos de créditos ou de títulos públicos de valor igual ou superior a R$ 500.000,00 (quinhentos mil reais). *(Redação dada pelo Provimento CN n. 161, de 11.3.2024)*

Parágrafo único. *(Revogado pelo Provimento CN n. 161, de 11.3.2024)*

SEÇÃO XI – DAS NORMAS APLICÁVEIS AOS NOTÁRIOS

SUBSEÇÃO I – DAS DISPOSIÇÕES GERAIS

Art. 165. Nas matérias tratadas nesta Seção, a Corregedoria Nacional de Justiça e as Corregedorias locais contarão, como órgão de supervisão auxiliar, na organização e orientação dos notários, com o Colégio Notarial do Brasil – Conselho Federal (CNB/CF), que divulgará instruções técnicas complementares para o devido cumprimento das disposições deste Capítulo. *(Redação dada pelo Provimento CN n. 161, de 11.3.2024)*

Art. 165-A. Toda escritura pública de constituição, alienação ou oneração de direitos reais sobre imóveis deve indicar, de forma precisa, meios e formas de pagamento que tenham sido utilizados no contexto de sua realização, bem como a eventual condição de pessoa politicamente exposta de cliente ou usuário ou de outros envolvidos nesse mesmo contexto. *(Incluído pelo Provimento CN n. 161, de 11.3.2024)*

§ 1.º Para efeito da indicação de meios e formas de pagamento de que trata o *caput*, deve-se, com base em fonte documental ou declaração das partes, observar o seguinte: *(Incluído pelo Provimento CN n. 161, de 11.3.2024)*

I - o uso de recursos em espécie deve ser expressamente mencionado juntamente com local e data correspondentes; *(Incluído pelo Provimento CN n. 161, de 11.3.2024)*

II - na menção a transferências bancárias, devem ser especificados dados bancários que permitam identificação inequívoca das contas envolvidas, tanto de origem quanto de destino dos recursos transferidos, bem como dos seus titulares e das datas e dos valores das transferências; *(Incluído pelo Provimento CN n. 161, de 11.3.2024)*

III - na referência a cheques, devem ser especificados os seus elementos de identificação, as informações da conta bancária de origem e de eventual conta de destino dos recursos correspondentes e dos seus titulares, bem como a data e os valores envolvidos; *(Incluído pelo Provimento CN n. 161, de 11.3.2024)*

IV - o emprego de outros meios de pagamento que não os indicados nos incisos I, II e III, tais como participações societárias na forma de cotas ou ações, cessões de direitos, títulos e valores mobiliários, ativos virtuais, dações em pagamento, permutas ou prestações de serviço, deve ser expressamente mencionado juntamente com local e data correspondentes e com a especificação de dados destinados a viabilizar a identificação da origem e do destino dos valores pagos; e *(Incluído pelo Provimento CN n. 161, de 11.3.2024)*

V - em relação a pagamentos de forma parcelada, devem ser discriminados os meios de pagamento correspondentes a cada parcela, incluindo os dados apontados nos incisos I, II, III e IV, conforme o meio de pagamento de que se trate. *(Incluído pelo Provimento CN n. 161, de 11.3.2024)*

§ 2.º No caso de pagamento que envolva contas ou recursos de terceiros, estes devem ser qualificados na escritura pública. *(Incluído pelo Provimento CN n. 161, de 11.3.2024)*

§ 3.º A recusa de partes em fornecer informações para viabilizar as indicações de que trata este artigo deve ser mencionada na escritura, sem prejuízo do disposto no art. 155, VIII. *(Incluído pelo Provimento CN n. 161, de 11.3.2024)*

SUBSEÇÃO II – DO CADASTRO ÚNICO DE CLIENTES DO NOTARIADO (CCN)

Art. 166. O CNB/CF criará e manterá o Cadastro Único de Clientes do Notariado (CCN), que reunirá as informações previstas no art. 145 deste Código, além de outros dados que entender necessários, de todas as pessoas cadastradas e qualificadas pelos notários, sejam ou não partes em ato notarial.

§ 1.º Os dados para a formação e atualização da base nacional do CCN serão fornecidos pelos próprios notários de forma sincronizada ou com periodicidade, no máximo, quinzenal e contarão:

I – com dados relativos aos atos notariais protocolares praticados; e

II – com dados relacionados aos integrantes do seu cadastro de firmas abertas, contendo, no mínimo, todos os elementos do art. 145, § 1.º, deste Código, inclusive imagens das documentações, dos cartões de autógrafo e dos dados biométricos.

§ 2.º Nos atos notariais que praticar, o notário deverá qualificar a parte comparecente nos exatos termos do CCN ou, havendo insuficiência ou divergência nos dados, segundo o verificado nos documentos que lhe forem apresentados, encarregando-se de providenciar a atualização da base nacional.

§ 3.º Para a criação, manutenção ou validação dos dados do CCN, e visando à correta individualização de que trata o art. 149 deste Código os notários e o CNB/CF poderão, mediante convênio, se servir também dos dados do Sistema Nacional de Informações de Segurança Pública (Sinesp), INFOSEG, dos dados das secretarias estaduais e do Distrito Federal de segurança pública, de outras bases de dados confiáveis e de bases biométricas públicas, inclusive as constituídas nos termos da Lei n. 13.444, de 11 de maio de 2017, além de criar e manter base de dados biométricos próprios.

§ 4.º O acesso aos bancos de dados referidos nos parágrafos anteriores restringir-se-á à conferência dos documentos de identificação apresentados.

§ 5.º O CCN disponibilizará eletronicamente listagem de fraudes efetivas e tentativas de fraude de identificação que tenham sido comunicadas pelos notários.

SUBSEÇÃO III – DO CADASTRO ÚNICO DE BENEFICIÁRIOS FINAIS

Art. 167. O CNB/CF criará e manterá o Cadastro Único de Beneficiários Finais (CBF), que conterá o índice único das pessoas naturais que, em última instância, de forma direta ou indireta, possuem controle ou influência significativa nas entidades que pratiquem ou possam praticar atos ou negócios jurídicos em que intervenham os notários.

§ 1.º Aplicam-se ao conceito de beneficiários finais, para os fins deste Capítulo, os critérios definidos por ato normativo da Secretaria da Receita Federal do Brasil (RFB) relativo ao CNPJ.

§ 2.º Os dados para a formação e atualização do CBF podem ser obtidos a partir de:

I – outros cadastros da mesma natureza;

II – informações prestadas por outras instituições;

III – declaração das próprias partes;

IV – exame da documentação apresentada; e

V – outras fontes confiáveis.

§ 3.º Para os fins de identificação do beneficiário final da operação, o notário deverá consultar a base de dados do Cadastro Único de Beneficiários Finais (CBF), complementando as informações com outras que puder extrair dos documentos disponíveis.

§ 4.º Quando não for possível identificar o beneficiário final, os notários devem dispensar especial atenção à operação e colher dos interessados a declaração sobre quem o é.

Art. 168. O CNB/CF poderá firmar convênio com a RFB, as Juntas Comerciais dos estados, o Departamento de Registro Empresarial e Integração (DREI), a Comissão de Valores Mobiliários (CVM), instituições representativas dos registradores civis de pessoas jurídicas e quaisquer outros órgãos, organismos internacionais ou instituições que detenham dados sobre atos constitutivos, modificativos, extintivos ou que informem participações societárias em pessoas jurídicas, com o objetivo de manter atualizado o cadastro de que trata esta subseção.

SUBSEÇÃO IV – DO REGISTRO DE OPERAÇÕES E DO ÍNDICE ÚNICO DE ATOS NOTARIAIS

Art. 169. Além do definido em regulamentos especiais, os notários devem manter o registro eletrônico de todos os atos notariais protocolares que lavrarem, independentemente da sua natureza ou objeto, e remeter seus dados essenciais ao CNB/CF por meio eletrônico, de forma sincronizada ou com periodicidade, no máximo, quinzenal.

§ 1.º São dados essenciais:

I – a identificação do cliente;

II – a descrição pormenorizada da operação realizada;

III – o valor da operação realizada;

IV – o valor de avaliação para fins de incidência tributária;

V – a data da operação;

VI – a forma de pagamento;

VII – o meio de pagamento; e

VIII – outros dados, nos termos de regulamentos especiais e das instruções complementares.

§ 2.º As informações de que tratam os incisos III, VI e VII serão as declaradas pelas partes outorgantes e outorgadas, sem prejuízo de o notário fornecer outras de que tenha tido conhecimento a partir dos documentos disponíveis.

Art. 170. O CNB/CF criará e manterá um Índice Único de Atos Notariais, que será composto:

I – pela importação dos dados integrantes da Central Notarial de Serviços Eletrônicos Compartilhados (CENSEC) e, por meio de permanente sincronização, dos dados que a ela forem sendo remetidos pelos notários;

II – pela importação dos dados integrantes das centrais estaduais ou regionais de atos notariais e, por meio de permanente sincronização, dos dados que a elas forem sendo remetidos pelos notários;

III – pelos dados remetidos pelos notários na forma deste Capítulo; e

IV – por outros dados relevantes.

Parágrafo único. Os notários ficam obrigados a remeter ao CNB/CF as informações que compõem o Índice Único simultaneamente à prática do ato ou em periodicidade não superior a 15 dias, nos termos das instruções complementares.

SUBSEÇÃO V – DAS COMUNICAÇÕES DOS TABELIÃES DE NOTAS À UIF

(Redação dada pelo Provimento CN n. 161, de 11.3.2024)

Art. 171. O tabelião de notas, ou seu oficial de cumprimento, comunicará à UIF, na forma do art. 151, II, qualquer operação que envolva pagamento ou recebimento em espécie, ou por título ao portador, de valor igual ou superior a R$ 100.000,00 (cem mil reais) ou ao equivalente em outra moeda, inclusive quando se relacionar à compra ou venda de bens móveis ou imóveis. *(Redação dada pelo Provimento CN n. 161, de 11.3.2024)*

Art. 172. O tabelião de notas, ou seu oficial de cumprimento, deve analisar com especial atenção, para fins de eventual comunicação à UIF na forma do art. 151, I, operações, propostas de operação ou situações relacionadas a quaisquer das hipóteses listadas no art. 162, quando envolverem escritura pública. *(Redação dada pelo Provimento CN n. 161, de 11.3.2024)*

SEÇÃO XII – DA GUARDA E CONSERVAÇÃO DE REGISTROS E DOCUMENTOS

(Renumerada pelo Provimento CN n. 161, de 11.3.2024)

Art. 173. Notários e registradores conservarão os cadastros e os registros de que trata este Capítulo, bem como a documentação correlata, pelo prazo mínimo de cinco anos, contados da prática do ato, sem prejuízo de deveres de conservação por tempo superior decorrentes de legislação diversa. *(Redação dada pelo Provimento CN n. 161, de 11.3.2024)*

Parágrafo único. A conservação de que trata o *caput* poderá ser realizada em meio eletrônico, respeitadas o correspondente regramento de regência. *(Redação dada pelo Provimento CN n. 161, de 11.3.2024)*

SEÇÃO XIII – DAS DISPOSIÇÕES FINAIS

(Renumerada pelo Provimento CN n. 161, de 11.3.2024)

Art. 174. As Corregedorias-Gerais de Justiça dos Estados e do Distrito Federal deverão enviar os dados estatísticos das fiscalizações realizadas nos cartórios extrajudiciais quanto ao cumprimento dos deveres estabelecidos neste Capítulo, bem como de correlatas sanções com base nele aplicadas, na forma do Provimento n. 108, de 3 de julho de 2020. *(Redação dada pelo Provimento CN n. 161, de 11.3.2024)*

Art. 175. A utilização de informações existentes em bancos de dados de entidades públicas ou privadas não substitui nem supre as exigências previstas nos arts. 145, 147, 166 e 167 deste Código, admitindo-se seu uso para complementar ou confirmar dados e informações a serem obtidos também por outras fontes. *(Redação dada pelo Provimento CN n. 161, de 11.3.2024)*

Art. 176. As comunicações de boa-fé, feitas na forma prevista no art. 11 da Lei n. 9.613, de 3 de março de 1998, não acarretarão responsabilidade civil, administrativa ou penal.

Art. 177. O notário ou o registrador, inclusive na condição de interventor ou interino, que deixar de cumprir os deveres previstos neste Capítulo, sujeita-se às sanções previstas no art. 12 da Lei n. 9.613, de 1998. *(Redação dada pelo Provimento CN n. 161, de 11.3.2024)*

§ 1º As sanções serão aplicadas pela Corregedoria Nacional de Justiça ou pelas Corregedorias-Gerais de Justiça dos Estados e do Distrito Federal, cabendo recurso para o Conselho de Recursos do Sistema Financeiro Nacional (CRSFN), na forma do Decreto n. 9.889, de 27 de junho de 2019. *(Redação dada pelo Provimento CN n. 161, de 11.3.2024)*

§ 2º *(Revogado dada pelo Provimento CN n. 161, de 11.3.2024)*

Art. 178. Notários e registradores devem atender às requisições formuladas pela UIF e pelo CNJ na forma e nas condições por eles estabelecidas, cabendo-lhes preservar, nos termos da lei, o sigilo das informações prestadas. *(Redação dada pelo Provimento CN n. 161, de 11.3.2024)*

Art. 179. Notários e registradores não recusarão a prática de ato a seu cargo tão somente por motivo de falta de informação ou documento cuja obtenção seja determinada exclusivamente em razão do disposto neste Capítulo. *(Redação dada pelo Provimento CN n. 161, de 11.3.2024)*

Art. 180. Para fins de cumprimento dos deveres previstos neste Capítulo, as entidades representativas de notários e registradores poderão, por intermédio de convênios e/ou acordos de cooperação, ter acesso aos bancos de dados estatais de identificação da RFB e do Tribunal Superior Eleitoral (TSE), bem como de outras bases confiáveis, limitando-se a consulta aos dados necessários à confirmação da autenticidade de documentos de identificação apresentados. *(Redação dada pelo Provimento CN n. 161, de 11.3.2024)*

Art. 181. Os valores especificados neste Capítulo como parâmetros para comunicação à UIF poderão ser atualizados periodicamente pela Corregedoria Nacional de Justiça. *(Redação dada pelo Provimento CN n. 161, de 11.3.2024)*

TÍTULO III – DA INTERAÇÃO COM ÓRGÃOS E ENTES PÚBLICOS

CAPÍTULO I – DO ENVIO DE DADOS PELO REGISTRO CIVIL DAS PESSOAS NATURAIS

› ***Correspondência dos arts. 182 a 183 deste Código (CNN): Provimento CNJ n. 104, de 9 de junho de 2020***

SEÇÃO I – DO ENVIO DE DADOS REGISTRAIS DE PESSOAS EM ESTADO DE VULNERABILIDADE ECONÔMICA

Art. 182. Os cartórios de registro civil de pessoas naturais, diretamente ou por intermédio da Central de Informações de Registro Civil de Pessoas Naturais (CRC), enviarão aos Institutos de Identificação dos estados e do Distrito Federal, gratuitamente, os dados registrais das pessoas em estado de vulnerabilidade socioeconômica, para fins exclusivos de emissão de registro geral de identidade.

Parágrafo único. Os cartórios de registro civil ou a Central de Informações de Registro Civil de Pessoas Naturais (CRC) deverão enviar, eletronicamente, os dados registrais das pessoas em estado de vulnerabilidade socioeconômica, em até 48 horas, a contar do recebimento da solicitação Institutos de Identificação dos estados e do Distrito Federal.

Art. 183. Considera-se em estado de vulnerabilidade socioeconômica:

I – população em situação de rua, definida no Decreto n. 7.053/2009;

II - povos e comunidades tradicionais, hipossuficientes, definidos no Decreto n. 6.040/2007;

III – pessoa beneficiada por programas sociais do governo federal;

IV – pessoa com deficiência ou idosa incapaz de prover sua manutenção, cuja renda familiar, per capta, seja igual ou inferior a ¼ do salário mínimo; e

V – migrantes, imigrantes e refugiados sem qualquer identidade civil nacional.

§ 1.° A comprovação de quaisquer das hipóteses previstas neste artigo será efetuada pelos órgãos públicos, inclusive de assistência social dos estados e dos municípios, no momento em que formularem a solicitação aos institutos de identificação.

§ 2.° Incorrerá em crime, o agente público que, falsamente, atestar a existência de estado de vulnerabilidade socioeconômica inexistente.

SEÇÃO I – DO ENVIO DE DADOS AO TRIBUNAL SUPERIOR ELEITORAL

› ***Correspondência do art. 184 deste Código (CNN): Provimento CNJ n. 137, de 6 de dezembro de 2022***

Art. 184. Os cartórios de registro civil das pessoas naturais, ao realizarem a comunicação a que se refere o art. 56, § 3.º, da Lei n. 6.015/1973, com a redação dada pela Lei n. 14.382/2022, ao Tribunal Superior Eleitoral (TSE), deverão:

I – prestar as informações suficientes para individualizar a pessoa requerente (nome anterior, nome atualizado, nome dos pais, data de nascimento, documento de identidade e CPF), em documento cuja autenticidade possa ser verificada; e

II – informar à pessoa interessada que a retificação do seu prenome no Cadastro Eleitoral deverá ser por ela requerida à Justiça Eleitoral, mediante operação de revisão, o que é indispensável para possibilitar que as certidões eleitorais e o caderno de votação contemplem o nome atual.

Parágrafo único. A comunicação a que se refere o inciso I deverá ser encaminhada ao Tribunal de Justiça Eleitoral (TSE), preferencialmente, por Malote Digital, nos termos deste Código de Normas.

CAPÍTULO II – DO ENVIO DE DADOS PELOS CARTÓRIOS DE NOTAS E DE REGISTRO DE IMÓVEIS

(Incluído pelo Provimento n. 174, de 2.7.2024 - DJe de 5.7.2024, em vigor 30 dias após a data de sua publicação)

SEÇÃO I – DA COMUNICAÇÃO DE MUDANÇA DE TITULARIDADE ÀS PREFEITURAS

(Incluída pelo Provimento n. 174, de 2.7.2024 - DJe de 5.7.2024, em vigor 30 dias após a data de sua publicação)

Art. 184-A. Os cartórios de notas e de registro de imóveis informarão às prefeituras, até o último dia útil do mês subsequente à prática dos atos, todas as mudanças na titularidade de imóveis realizadas no período, a fim de permitir a atualização cadastral dos contribuintes das Fazendas Municipais (art. 4º da Resolução n. 547, de 22/02/2024). *(Incluído pelo Provimento n. 174, de 2.7.2024 - DJe de 5.7.2024, em vigor 30 dias após a data de sua publicação)*

§ 1.º As hipóteses de comunicação serão as mesmas objeto das Declarações de Operações Imobiliárias encaminhadas para a Secretaria Especial da Receita Federal do Brasil. *(Incluído pelo Provimento n. 174, de 2.7.2024 - DJe de 5.7.2024, em vigor 30 dias após a data de sua publicação)*

§ 2.º Para efeito deste artigo, as informações deverão ser remetidas por meio eletrônico e mediante recibo de entrega: *(Incluído pelo Provimento n. 174, de 2.7.2024 - DJe de 5.7.2024, em vigor 30 dias após a data de sua publicação)*

I – pelos cartórios de notas, à plataforma mantida pelo Colégio Notarial do Brasil-CNB/CF; e

II – pelos cartórios de registro de imóveis, à plataforma mantida pelo Operador Nacional do Sistema de Registro Eletrônico de Imóveis – ONR.

§ 3.º É obrigatória a indicação do fato ou ato jurídico que ensejou a aquisição ou a transmissão do direito real de propriedade (compra e venda, doação, usucapião etc.). *(Incluído pelo Provimento n. 174, de 2.7.2024 - DJe de 5.7.2024, em vigor 30 dias após a data de sua publicação)*

§ 4.º O CNB/CF e o ONR disponibilizarão acesso aos municípios, para obtenção das informações, mediante convênio padronizado, para fins de os destinatários das informações atenderem ao disposto nas regras de proteção de dados e de sigilo fiscal. *(Incluído pelo Provimento n. 174, de 2.7.2024 - DJe de 5.7.2024, em vigor 30 dias após a data de sua publicação)*

§ 5.º O acesso pode ocorrer mediante plataforma que permita aos municípios obterem, em um mesmo ambiente eletrônico, as informações. *(Incluído pelo Provimento n. 174, de 2.7.2024 - DJe de 5.7.2024, em vigor 30 dias após a data de sua publicação)*

§ 6.º Caberão ao CNB/CF e ao ONR a elaboração de manual técnico em que serão estabelecidos o formato dos dados e o padrão dos programas de interface eletrônica (Application Programming Interface – API), a serem utilizados no intercâmbio de dados estruturados entre as serventias extrajudiciais e as municipalidades. *(Incluído pelo Provimento n. 174, de 2.7.2024 - DJe de 5.7.2024, em vigor 30 dias após a data de sua publicação)*

§ 7.º Preservada sua integralidade para as demais finalidades regulamentares, os dados serão anonimizados pelo CNB/CF e pelo ONR, quando de seu recebimento, antes de qualquer tratamento estatístico. *(Incluído pelo Provimento n. 174, de 2.7.2024 - DJe de 5.7.2024, em vigor 30 dias após a data de sua publicação)*

§ 8.º O convênio com o município para acesso das informações poderá dispor sobre a possibilidade de emissão de guias de Imposto de Transmissão de Bens Imóveis Inter Vivos – ITBI – pelos oficiais. *(Incluído pelo Provimento n. 174, de 2.7.2024 - DJe de 5.7.2024, em vigor 30 dias após a data de sua publicação)*

§ 9.º Os emolumentos devidos pelo fornecimento de informações serão tratados de acordo com o disposto na legislação de cada um dos Estados e do Distrito Federal. *(Incluído pelo Provimento n. 174, de 2.7.2024 - DJe de 5.7.2024, em vigor 30 dias após a data de sua publicação)*

LIVRO III – DO ACERVO DAS SERVENTIAS

TÍTULO I – DOS LIVROS

› ***Correspondência dos arts. 185 a 195 deste Código (CNN): arts. 1.º a 7.º, arts. 9.º a 11 e arts. 13 e 14 do Provimento CNJ n. 45, de 13 de maio de 2015***

CAPÍTULO I – DA ESCRITURAÇÃO CONTÁBIL E CORRECIONAL

SEÇÃO I – DAS DISPOSIÇÕES GERAIS

Art. 185. Os serviços notariais e de registros públicos prestados mediante delegação do Poder Público possuirão os seguintes livros administrativos, salvo aqueles previstos em lei especial:

› *Vide arts. 8º e 9º do Provimento CNJ n. 159/2023 (FIC-ONSERP; FIC-RCPN;FIC-RTDJP)*

I – Visitas e Correições;

II – Diário Auxiliar da Receita e da Despesa; e

III – Controle de Depósito Prévio, nos termos do que este Código de Normas dispõe sobre o depósito prévio de emolumentos.

Art. 186. Os livros previstos neste Capítulo serão abertos, numerados, autenticados e encerrados pelo delegatário, podendo utilizar-se, para esse fim, de processo mecânico de autenticação previamente aprovado pela autoridade judiciária competente na esfera estadual ou distrital.

Parágrafo único. O termo de abertura deverá conter o número do livro, o fim a que se destina, o número de folhas que contém, a declaração de que todas as suas folhas estão rubricadas e o fecho, com data, nome do delegatário e assinatura.

Art. 187. Com exceção do Livro de Visitas e Correições, a responsabilidade pela escrituração dos livros referidos neste Código de Normas é do delegatário, ainda quando escriturado pelo seu preposto.

Parágrafo único. O Livro de Visitas e Correições será escriturado pelas competentes autoridades judiciárias fiscalizadoras e conterá 100 páginas, respondendo o delegatário pela guarda e integridade do conjunto de atos nele praticados.

Art. 188. Os delegatários de unidades cujos serviços admitam o depósito prévio de emolumentos manterão livro próprio, especialmente aberto para o controle das importâncias recebidas a esse título, livro em que deverão indicar-se o número do protocolo, a data do depósito e o valor depositado, além da data de sua conversão em emolumentos resultante da prática do ato solicitado, ou, conforme o caso, da data da devolução do valor depositado, quando o ato não for praticado.

Parágrafo único. Considerando a natureza dinâmica do Livro de Controle de Depósito Prévio, poderá este ser escriturado apenas eletronicamente, a critério do delegatário, livro esse que será impresso sempre que a autoridade judiciária competente assim o determinar, sem prejuízo da manutenção de cópia atualizada em sistema de *backup* ou outro método hábil para sua preservação.

Art. 189. O Livro Diário Auxiliar observará o modelo usual para a forma contábil e terá suas folhas divididas em colunas para anotação da data, da discriminação da receita e da despesa, além do valor respectivo, devendo, quando impresso em folhas soltas, encadernar-se tão logo encerrado.

Art. 190. A receita será lançada no Livro Diário Auxiliar separadamente, por especialidade, de forma individualizada, no dia da prática do ato, ainda que o delegatário não tenha recebido os emolumentos, devendo discriminar-se sucintamente, de modo a possibilitar-lhe identificação com a indicação, quando existente, do número do ato, ou do livro e da folha em que praticado, ou ainda o do protocolo.

§ 1.º Para a finalidade prevista no *caput* deste artigo, considera-se como dia da prática do ato o da lavratura e do encerramento do ato notarial, para o serviço de notas; o do registro, para os serviços de registros de imóveis, títulos e documentos e civil de pessoa jurídica; o do registro, para os atos não compensáveis do Registro Civil das Pessoas Naturais; e para seus atos gratuitos, o do momento do recebimento do pagamento efetuado por fundo de reembolso de atos gratuitos e fundo de renda mínima.

§ 2.º Nos estados em que o pagamento dos emolumentos para o serviço de protesto de título for diferido em virtude de previsão legal, será considerado como dia da prática do ato o da lavratura do termo de cancelamento, o do acatamento do pedido de desistência e o do pagamento do título, se outra data não decorrer de norma estadual específica.

§ 3.º Os lançamentos relativos a receitas compreenderão os emolumentos previstos no regimento de custas estadual ou distrital exclusivamente na parte percebida como receita do próprio delegatário, em razão dos atos efetivamente praticados, excluídas as quantias recebidas em depósito para a prática futura de atos, os tributos recebidos a título de substituição tributária ou outro valor que constitua receita devida diretamente ao Estado, ao Distrito Federal, ao Tribunal de Justiça, a outras entidades de direito e aos fundos de renda mínima e de custeio de atos gratuitos, conforme previsão legal específica.

Art. 191. É vedada a prática de cobrança parcial ou de não cobrança de emolumentos, ressalvadas as hipóteses de isenção, não incidência ou diferimento previstas na legislação específica.

Art. 192. Ao final de cada mês serão somadas, em separado, as receitas e as despesas da unidade de serviço extrajudicial, com a apuração do saldo líquido positivo ou negativo do período.

Art. 193. Ao final de cada exercício será feito o balanço anual da unidade de serviço extrajudicial, com a indicação da receita, da despesa e do líquido mês a mês, se entender conveniente.

Parágrafo único. O requerimento de reexame da decisão que determina exclusão de lançamento de despesa deverá ser formulado no prazo de recurso administrativo previsto na Lei de Organização Judiciária local ou, caso inexista, no prazo de 15 dias contados de sua ciência pelo delegatário.

Art. 194. As normas impostas por este Capítulo aos delegatários de serviços notariais e registrais aplicam-se aos designados para responder interinamente por serventias vagas, observadas as seguintes peculiaridades:

I – os responsáveis interinamente por delegações vagas de notas e de registro lançarão, no Livro Diário Auxiliar, o valor da renda líquida excedente a 90,25% dos subsídios de ministro do Supremo Tribunal Federal (STF) que depositarem à disposição do Tribunal de Justiça correspondente, indicando a data do depósito e a conta em que foi realizado, observadas as normas editadas para esse depósito pelo respectivo Tribunal;

II – ao responsável interinamente por delegação vaga é defeso contratar novos prepostos, aumentar salários dos prepostos já existentes na unidade, ou contratar novas locações de bens móveis ou imóveis, de equipamentos ou de serviços, que possam onerar a renda da unidade vaga de modo continuado, sem a prévia autorização do Tribunal a que estiver afeta a unidade do serviço;

III – todos os investimentos que comprometam a renda da unidade vaga deverão ser objeto de projeto a ser encaminhado para a aprovação do Tribunal de Justiça competente;

IV – respeitado o disposto no inciso anterior, para apuração do valor excedente a 90,25% dos subsídios de ministro do Supremo Tribunal Federal (STF), deve abater-se, como despesas do responsável interinamente pela unidade vaga, as previstas em disposição legal ou infralegal;

V – nos prazos previstos no art. 2.º do Provimento n. 24/2012 desta Corregedoria Nacional de Justiça, os responsáveis interinamente pelas unidades vagas lançarão no sistema "Justiça Aberta", em campos específicos criados para essa finalidade, os valores que, nos termos do inciso anterior, depositarem na conta indicada pelo respectivo Tribunal de Justiça; e

VI – a periodicidade de recolhimento do valor da renda líquida excedente a 90,25% dos subsídios de ministro do Supremo Tribunal Federal (STF) é trimestral, considerando-se as receitas e as despesas do trimestre, não havendo lei estadual que estabeleça periodicidade diversa.

Art. 195. Será disciplinado por norma editada pela competente Corregedoria-Geral da Justiça local:

I – o controle dos recolhimentos relativos à taxa de fiscalização, ao selo ou a outro valor que constituir receita devida ao Estado, ao Distrito Federal, ao Tribunal de Justiça, ao Município, a outras entidades de direito e aos fundos de renda mínima e de custeio de atos gratuitos; e

II – o dia da prática do ato notarial ou registral, quanto aos serviços de Registro de Distribuição e de Registro de Contratos Marítimos, eventualmente existentes.

TÍTULO II – DA CONSERVAÇÃO DE DOCUMENTOS

CAPÍTULO I – DO PRAZO

SEÇÃO I – DA TABELA DE TEMPORALIDADE

Art. 196. Os cartórios de notas, protestos de letras e títulos, registros de imóveis, registros civis de pessoas naturais, registros civis de pessoas jurídicas e registros de títulos e documentos adotarão a Tabela de Temporalidade de Documentos na forma indicada no Provimento n. 50, de 28 de setembro de 2015.

TÍTULO III – DO EXTRAVIO OU DANIFICAÇÃO DO ACERVO

› *Correspondência dos arts. 197 a 205 deste Código (CNN): Provimento nº 23, de 24 de outubro de 2012*

CAPÍTULO I – DO PROCEDIMENTO

SEÇÃO I – DAS DISPOSIÇÕES GERAIS

Art. 197. O extravio, ou danificação que impeça a leitura e o uso, no todo ou em parte, de qualquer livro do serviço extrajudicial de notas e de registro deverá ser imediatamente comunicado ao juiz corregedor, assim considerado aquele definido na órbita estadual e do Distrito Federal como competente para a fiscalização judiciária dos atos notariais e de registro, e à Corregedoria-Geral da Justiça (CGJ).

Art. 198. É vedada a abertura de nova matrícula para imóvel tendo como base apenas certidão de matrícula, de transcrição, ou de inscrição expedida pela mesma unidade do serviço extrajudicial de registro de imóveis em que a nova matrícula será aberta, sem que se promova a prévia conferência da existência e do inteiro teor da precedente matrícula, transcrição ou inscrição contida no livro próprio.

Parágrafo único. Em se tratando de registro anterior de imóvel efetuado em outra circunscrição, aplicar-se-á para a abertura de matrícula o disposto no art. 229 e art. 230 da Lei n. 6.015/1973, com arquivamento da respectiva certidão atualizada daquele registro.

Art. 199. É vedada a abertura pelo oficial de registro de imóveis, no Livro n. 2 – Registro Geral, de matrículas para imóveis distintos com uso do mesmo número de ordem, ainda que seguido da aposição de letra do alfabeto (ex. matrícula 1, matrícula 1-A, matrícula 1-B etc.). É vedada a prática no Livro n. 3 – Registro Auxiliar, do Serviço de Registro de Imóveis, de ato que não lhe for atribuído por lei.

Parágrafo único. O oficial de registro de imóveis que mantiver em sua serventia matrículas para imóveis com o mesmo número de ordem, ainda que seguido da aposição de letra do alfabeto, observará o disposto no art. 338 deste Código.

Art. 200. É vedada a expedição de nova certidão de inteiro teor ou de parte de registro de imóvel (transcrição, inscrição, matrícula e averbação) tendo como única fonte de consulta anterior certidão expedida por unidade do serviço extrajudicial.

Art. 201. Sendo impossível a verificação da correspondência entre o teor da certidão já expedida e a respectiva matrícula, transcrição ou inscrição mediante consulta do livro em que contido o ato de que essa certidão foi extraída, por encontrar-se o livro (encadernado ou escriturado por meio de fichas), no todo ou em parte, extraviado ou deteriorado de forma a impedir sua leitura, deverá o oficial da unidade do Registro de Imóveis em que expedida a certidão, para a realização de novos registros e novas averbações e para a expedição de novas certidões, promover a prévia restauração da matrícula, transcrição ou inscrição mediante autorização do juiz corregedor competente.

Art. 202. A autorização para restauração de livro do serviço extrajudicial de notas e de registro, extraviado ou danificado, deverá ser solicitada ao juiz corregedor, a quem se comunicou o extravio ou a danificação, pelo oficial de registro ou tabelião competente para a restauração, e poderá ser requerida pelos demais interessados.

Parágrafo único. A restauração poderá ter por objeto o todo ou parte do livro que se encontrar extraviado ou deteriorado, ou registro ou ato notarial específico.

Art. 203. Uma vez autorizada pelo juiz corregedor competente, se for possível à vista dos elementos constantes dos índices, dos arquivos das unidades do serviço extrajudicial de notas e de registro e dos traslados, das certidões e de outros documentos apresentados pelo oficial de registro, ou pelo tabelião, e pelos demais interessados, a restauração do livro extraviado ou danificado, ou de registro ou ato notarial, será efetuada desde logo pelo oficial de registro ou pelo tabelião.

Art. 204. Para a instrução do procedimento de autorização de restauração poderá o juiz corregedor competente requisitar, de oficial de registro e de tabelião de notas, novas certidões e cópias de livros, assim como cópias de outros documentos arquivados na serventia.

Art. 205. A restauração do assentamento no Registro Civil a que se refere o artigo 109, e seus parágrafos, da Lei n. 6.015/73 poderá ser requerida perante o Juízo do foro do domicílio da pessoa legitimada para pleiteá-la e será processada na forma prevista na referida lei e nas normas editadas pela Corregedoria-Geral da Justiça do Estado em que formulado e processado o requerimento. Quando proveniente de jurisdição diversa, o mandado autorizando a restauração deverá receber o "cumpra-se" do juiz corregedor a que estiver subordinado o Registro Civil das Pessoas Naturais em que lavrado o assento a ser restaurado.

LIVRO IV – DA ORGANIZAÇÃO DIGITAL DOS SERVIÇOS

TÍTULO I – DAS NORMAS GERAIS

CAPÍTULO I – DOS PADRÕES DE TECNOLOGIA DA INFORMAÇÃO

SEÇÃO I – DAS DISPOSIÇÕES GERAIS

Art. 206. Os serviços notariais e de registro deverão observar os padrões mínimos de tecnologia da informação para a segurança, integridade e disponibilidade de dados na forma do Provimento n. 74, de 31 de julho de 2018.

› *Vide Recomendação n. 9, de 7 de março de 2013*

TÍTULO II – DOS SISTEMAS DIGITAIS DOS SERVIÇOS

CAPÍTULO I – DAS NORMAS COMUNS

SEÇÃO I – DAS COMUNICAÇÕES ENTRE AS SERVENTIAS E DESTAS COM O PODER JUDICIÁRIO

Art. 207. As comunicações entre as serventias extrajudiciais de notas e de registro e entre estas e os órgãos do Poder Judiciário serão realizadas com a utilização do Sistema Hermes – Malote Digital na forma do Provimento n. 25, de 12 de novembro de 2012, sem prejuízo de outros meios disciplinados em lei ou em outro ato infralegal.

SEÇÃO II – DA RECEPÇÃO DE TÍTULOS E DOCUMENTOS POR VIA ELETRÔNICA

Art. 208. Os oficiais de registro e os tabeliães, a seu prudente critério, e sob sua responsabilidade, poderão recepcionar diretamente títulos e documentos em forma eletrônica, por outros meios que comprovem a autoria e integridade do arquivo (consoante o disposto no art. 10, § 2.º, da Medida Provisória 2.200-2/2001).

› ***Correspondência dos arts. 208 a 210 deste Código (CNN): Provimento CNJ n. 95, de 1 de abril de 2020***

Art. 209. Todos os oficiais de registro e os tabeliães poderão recepcionar os títulos nato-digitais e digitalizados com padrões técnicos, que forem encaminhados eletronicamente para a unidade do serviço de notas e registro a seu cargo e processá-los para os fins legais.

§ 1.º Considera-se título nativamente digital, para todas as atividades, sem prejuízo daqueles já referidos na Seção II do Capítulo VII do Título II do Livro IV da Parte Geral deste Código Nacional de Normas, e na legislação em vigor, os seguintes:

I – o documento público ou particular gerado eletronicamente em PDF/A e assinado com Certificado Digital ICP-Brasil por todos os signatários e todas as testemunhas;

II – a certidão ou o traslado notarial gerado eletronicamente em PDF/A ou XML e assinado por tabelião de notas, seu substituto ou preposto;

III – os documentos desmaterializados por qualquer notário ou registrador, gerado em PDF/A e assinado por ele, seus substitutos ou prepostos com Certificado Digital ICP-Brasil; e

IV – as cartas de sentença das decisões judiciais, entre as quais, os formais de partilha, as cartas de adjudicação e de arrematação, os mandados de registro, de averbação e de retificação, por meio de acesso direto do oficial do registro ao processo judicial eletrônico, mediante requerimento do interessado.

§ 1.º Considera-se título nativamente digital, para todas as atividades, sem prejuízo daqueles já referidos na Seção II do Capítulo VII do Título II do Livro IV da Parte Geral deste Código Nacional de Normas, e na legislação em vigor, os seguintes:

§ 2.º Consideram-se títulos digitalizados com padrões técnicos, aqueles que forem digitalizados em conformidade com os critérios estabelecidos no art. 5.º do Decreto n. 10.278, de 18 de março de 2020.

Art. 210. Os oficiais de registro ou notários, quando suspeitarem da falsidade do título ou documento que lhes forem apresentados, poderá exigir a apresentação do original e, em caso de dúvida, poderá requerer ao juiz, na forma da lei, as providências que forem cabíveis para esclarecimento do fato.

CAPÍTULO II – DO SISTEMA ELETRÔNICO DOS REGISTROS PÚBLICOS (SERP)

› ***Correspondência dos arts. 211 a 228 deste Código (CNN): Provimento CNJ n. 139, de 1 de fevereiro de 2023***

› *Vide Lei n. 14.382/2022 (Lei do SERP)*

› *Vide Lei n. 6.015/1973 (Lei de Registros Públicos)*

SEÇÃO I – DAS DIRETRIZES PARA ORGANIZAÇÃO DO SISTEMA ELETRÔNICO DE REGISTROS PÚBLICOS (SERP)

Art. 211. O Sistema Eletrônico de Registros Público (Serp), previsto na Lei n. 14.382, de 27 de junho de 2022, será integrado tecnologicamente e de forma obrigatória pelos oficiais de registros públicos de que trata a Lei n. 6.015, de 31 de dezembro de 1973, responsáveis interinos ou interventores, que disponibilizarão, nos termos estabelecidos pela Corregedoria Nacional de Justiça, as informações necessárias para a sua adequada implantação e funcionamento.

Parágrafo único. O Serp reger-se-á pelos princípios que disciplinam a Administração Pública em geral e os serviços notariais e registrais, em especial, os princípios da legalidade, integridade, impessoalidade, moralidade, razoabilidade, finalidade, motivação, interesse público, eficiência, segurança, adequação, regularidade, continuidade, atualidade, generalidade, publicidade, autenticidade e cortesia na prestação dos serviços.

Art. 212. Para promover a implantação, a manutenção e o funcionamento do Sistema Eletrônico de Registros Públicos (Serp), será constituído o Operador Nacional do Sistema Eletrônico dos Registros Públicos (ONSERP), sob a forma de pessoa jurídica de direito privado, prevista nos incisos I e III do art. 44 da Lei n. 10.406, de 10 de janeiro de 2002 (Código Civil), na modalidade de entidade civil sem fins lucrativos, de forma a viabilizar os objetivos constantes no art. 3.º da Lei n. 14.382, de 2022.

§ 1.º Integrarão o ONSERP o Operador Nacional do Sistema de Registro Eletrônico de Imóveis (ONR) e os operadores nacionais de registros públicos mencionados neste Capítulo.

§ 2.º A gestão do ONSERP ficará a cargo do Comitê Executivo de Gestão, composto pelos presidentes dos operadores nacionais de registros públicos, que funcionará sob a orientação e a fiscalização da Corregedoria Nacional de Justiça.

§ 3.º O ONSERP terá sede e foro em Brasília, Distrito Federal.

§ 4.º São atribuições do ONSERP:

I – a implantação e coordenação do Serp, visando ao seu funcionamento uniforme, apoiando os demais operadores nacionais de registros e atuando em cooperação com a Corregedoria Nacional de Justiça e as corregedorias-gerais da Justiça;

II – a operação do Sistema Eletrônico de Registros Públicos (Serp) em consonância com norma específica da Corregedoria Nacional de Justiça, organizando e desenvolvendo as suas atividades estatutárias sob permanente supervisão do agente regulador;

III – a apresentação de sugestões à Corregedoria Nacional de Justiça para edição de instruções técnicas de normatização aplicáveis ao Serp, de modo a propiciar a operação segura do sistema, a interoperabilidade de dados e documentos e a longevidade de arquivos eletrônicos, como também a adaptação eletrônica dos requisitos jurídico-formais implicados nos serviços, visando garantir a autenticidade e a segurança das operações realizadas com documentos digitais; e

IV – a formulação de indicadores de eficiência e a implementação de sistemas em apoio às atividades das corregedorias-gerais da Justiça e do CNJ, que permitam a inspeção remota.

§ 5.º O ONSERP observará:

I – o cumprimento das leis, dos regulamentos, das normas externas e internas, dos convênios e dos contratos, notadamente as normas editadas pela Corregedoria Nacional de Justiça, conforme se extrai dos dispositivos da Lei n. 14.382, de 2022;

II – as normas que regem o segredo de justiça, os sigilos profissional, bancário e fiscal, a autonomia do registrador e sua independência no exercício de suas atribuições, nos termos da Lei n. 8.935, de 18 de novembro de 1994; e

III – as normas gerais e específicas aplicáveis à proteção de dados pessoais, conforme dispõe a Lei Geral de Proteção de Dados (Lei n. 13.709/2018) e este Código Nacional de Normas.

§ 6.º Como órgão técnico do ONSERP, deverá ser instituído, dentro de sua estrutura, o Comitê de Normas Técnicas (CNT/Serp), que elaborará Instruções Técnicas de Normalização (ITN) aplicáveis ao Serp, a serem homologadas pela Corregedoria Nacional de Justiça, para propiciar a operação segura do sistema, a interoperabilidade de dados e documentos e a longevidade de arquivos eletrônicos, como também a adaptação eletrônica dos requisitos jurídico-formais implicados nos serviços, visando garantir a autenticidade e a segurança das operações realizadas com documentos informáticos, inclusive tratando das diretrizes técnicas para uso de assinaturas eletrônicas perante os registros públicos.

SEÇÃO II – DOS OPERADORES NACIONAL DE REGISTROS PÚBLICOS

Art. 213. O Operador Nacional do Sistema Eletrônico dos Registros Públicos (ONSERP) será integrado pelo Operador Nacional do Registro Civil das Pessoas Naturais

(ON-RCPN), pelo Operador Nacional do Registro de Títulos e Documentos e Civil das Pessoas Jurídicas (ON-RTDPJ) e pelo ONR.

Parágrafo único. As unidades do serviço de Registro Civil das Pessoas Naturais e de Registro de Títulos e Documentos e Civil das Pessoas Jurídicas dos Estados e do Distrito Federal integram o Serp, na forma disposta no art. 211 deste Código, e ficam vinculadas ao ON-RCPN e ao ON-RTDPJ, respectivamente.

Art. 214. Os registradores civis das pessoas naturais e os registradores de títulos e documentos e civis das pessoas jurídicas do Brasil, por meio de suas entidades representativas de caráter nacional já instituídas em 1.º de fevereiro de 2023, ficam autorizados a constituir formalmente e organizar, respectivamente, o ON-RCPN e o ON-RTDPJ, na forma de pessoas jurídicas de direito privado, sem fins lucrativos.

§ 1.º Os registradores civis das pessoas naturais e os registradores de títulos e documentos e civis das pessoas jurídicas do Brasil, por meio de suas entidades representativas de caráter nacional já instituídas em 1.º de fevereiro de 2023, respectivamente, apresentarão propostas de estatuto do ON-RCPN e do ON-RTDPJ.

§ 2.º Os estatutos do ON-RCPN e do ON-RTDPJ deverão ser aprovados pelos oficiais de registros das respectivas especialidades de todo o território nacional, reunidos em assembleia geral.

§ 3.º Os registradores civis das pessoas naturais e os registradores de títulos e documentos e civis das pessoas jurídicas vinculados ao ON-RCPN e ao ON-RTDPJ, respectivamente, serão convocados para as assembleias gerais nos demais casos previstos em seus estatutos.

§ 4.º A assembleia geral de que trata o § 3.º deste artigo será convocada pelas entidades representativas dos oficiais dos respectivos registros, de caráter nacional e já instituídas em 1.º de fevereiro de 2023, alcançando os filiados e não filiados, sob supervisão da Corregedoria Nacional de Justiça.

Art. 215. A Corregedoria Nacional de Justiça atuará como agente regulador do ONSERP, ON-RCPN e do ON-RTDPJ, conforme regulamento a ser editado nos moldes da regulamentação do ONR.

§ 1.º O estatuto aprovado pela assembleia geral e suas alterações deverão ser submetidos à Corregedoria Nacional de Justiça para homologação, no exercício de sua função de agente regulador.

§ 2.º As pessoas jurídicas do ON-RCPN e do ON-RTDPJ, mantidas e administradas conforme deliberação da assembleia geral, somente poderão ter em seu quadro diretivo delegatários que estejam em pleno exercício da atividade.

§ 3.º Após aprovação, os estatutos serão registrados no 1.º Ofício de Registro Civil das Pessoas Jurídicas de Brasília/DF.

Art. 216. Os operadores nacionais de registros públicos manterão registros contábeis, financeiros e administrativos, de acordo com as correspondentes arrecadações, deduzidas eventuais despesas a título de ressarcimentos.

SEÇÃO III – DA SUSTENTAÇÃO FINANCEIRA DO ONSERP, ONR, ON-RCPN E ON-RTDPJ

Art. 217. Os recursos financeiros para desenvolvimento, implantação, sustentação e evolução do Sistema Eletrônico de Registros Públicos (Serp) advirão do Fundo para a Implementação e Custeio do Sistema Eletrônico dos Registros Públicos (FIC-ONSERP), criado pelo art. 5.º da Lei 14.382, de 2022.

Parágrafo único. O FIC-ONSERP será subvencionado indiretamente pelos oficiais dos registros públicos, responsáveis interinos ou interventores, dos estados e do Distrito Federal, mediante repasses de percentual das rendas do FIC-RCPN, FIC-RTDPJ e FIC/SREI, em montante a ser definido em processo administrativo análogo ao destinado à definição da cota de participação desses fundos setoriais.

Art. 218. Constituem rendas do ON-RCPN e do ON-RTDPJ:

I – o Fundo para a Implementação e Custeio do Sistema Eletrônico do Registro Civil de Pessoas Naturais (FIC-RCPN) e o Fundo para a Implementação e Custeio do Sistema Eletrônico do Registro de Títulos e Documentos e Civil de Pessoas Jurídicas (FIC-RTDPJ), subvencionados pelos oficiais dos registros públicos, ou responsáveis interinos ou interventores, respectivos dos estados e do Distrito Federal, na forma do art. 5.º da Lei n. 14.382 de 2022;

II – os valores recebidos em atos de liberalidade, como doações e legados;

III – as rendas oriundas de prestação de serviços facultativos, nos termos do art. 42-A da Lei n. 8.935, de 18 de novembro de 1994, e da alienação ou locação de seus bens; e

IV – as rendas eventuais.

§ 1.º A cota da subvenção a que se refere o inciso I deste artigo será definida em processo administrativo instaurado pela Corregedoria Nacional de Justiça, no qual serão realizados estudos sobre o volume de arrecadação dos emolumentos brutos pelos atos praticados nos respectivos registros públicos e colhidas informações sobre os montantes estimados necessários para implementação, sustentação e evolução do Serp por cada operador de registros públicos.

§ 2.º O recolhimento da cota de participação será efetuado até o último dia útil de cada mês, com base nos emolumentos percebidos no mês imediatamente anterior.

Art. 219. O FIC/SREI é gerido pelo ONR, cujas regras estão previstas no Capítulo VII do Título II do Livro IV da Parte Geral deste Código de Normas.

Art. 219-B. OFIC-ONSERP, o FIC-RCPN e o FIC-RTDPJ são geridos pelos respectivos operadores nacionais setoriais (ONSERP, ON-RCPN e ON-RTDPJ), e as regras relativas ao seu custeio, com inclusão dos percentuais de cota de participação devida pelos contribuintes, observará o disposto no Provimento nº 159, de 18 de dezembro de 2023. *(Incluído pelo Provimento n. 159, de 18.12.2023)*

› *Consta conforme publicação oficial*

Art. 220. Ao Operador Nacional do Sistema Eletrônico de Registros Públicos (ONSERP), ao ONR, ao ON-RCPN e ao ON-RTDPJ, bem como aos tabeliães e aos registradores, é vedado cobrar dos usuários do serviço público delegado valores, a qualquer título e sob qualquer pretexto, pela prestação de serviços eletrônicos relacionados com a atividade dos registradores públicos, inclusive pela intermediação dos próprios serviços, conforme disposto no art. 25, caput, da Lei n. 8.935 de 1994, sob pena de ficar configurada a infração administrativa prevista no artigo 31, I, II, III e V, da referida Lei.

SEÇÃO III-A – DO AGENTE REGULADOR

(Incluído pelo Provimento n. 150, de 11.9.2023)

SUBSEÇÃO I – DAS DISPOSIÇÕES GERAIS

(Incluído pelo Provimento n. 150, de 11.9.2023)

Art. 220-A. O Agente Regulador dos Operadores Nacionais dos Registros Públicos (ONSERP, ONR, ON-RCPN e ON-RTDPJ), é o órgão da Corregedoria Nacional de Justiça encarregado de exercer a competência reguladora, conforme se extrai dos seguintes dispositivos da Lei n. 14.382/2002: inciso XI do art. 3º; § 3º, I, do art. 3º; parte final do § 4º do art. 3º; parte final do *caput* do art. 4º; § 2º, do art. 4º; §§ 1º e 2º do art. 5º; art. 7º e art. 8º. *(Incluído pelo Provimento n. 150, de 11.9.2023)*

Art. 220-B. O Agente Regulador funcionará por meio dos seguintes órgãos internos: *(Incluído pelo Provimento n. 150, de 11.9.2023)*

I – Secretaria Executiva; *(Incluído pelo Provimento n. 150, de 11.9.2023)*

II – Câmara de Regulação; e *(Incluído pelo Provimento n. 150, de 11.9.2023)*

III – Conselho Consultivo. *(Incluído pelo Provimento n. 150, de 11.9.2023)*

SUBSEÇÃO II – DAS ATIVIDADES DE REGULAÇÃO DO AGENTE REGULADOR

(Incluído pelo Provimento n. 150, de 11.9.2023)

Art. 220-C. Competem ao Agente Regulador, observados os princípios regentes do Sistema Eletrônico dos Registros Públicos, as seguintes atribuições de regulação: *(Incluído pelo Provimento n. 150, de 11.9.2023)*

I – regular as atividades relacionadas à implementação e à operação do Serp por meio de diretrizes direcionadas ao ONSERP; *(Incluído pelo Provimento n. 150, de 11.9.2023)*

II – propor diretrizes para o funcionamento do ONSERP; *(Incluído pelo Provimento n. 150, de 11.9.2023)*

III – formular propostas ao planejamento estratégico do ONSERP, ONR, ON-RCPN e ON-RTDPJ, sempre visando atingir os seus fins estatutários; *(Incluído pelo Provimento n. 150, de 11.9.2023)*

IV – aprovar as diretrizes nacionais e monitorar a execução do planejamento estratégico do ONSERP, ONR, ON-RCPN e ON-RTDPJ; *(Incluído pelo Provimento n. 150, de 11.9.2023)*

V – zelar pelo cumprimento do estatuto do ONSERP, ONR, ON-RCPN e ON-RTDPJ, e pelo alcance de suas finalidades para as quais foram instituídos; *(Incluído pelo Provimento n. 150, de 11.9.2023)*

VI – homologar as Instruções Técnicas de Normalização (ITN) aplicáveis ao ONSERP, ONR, ON-RCPN e ON-RTDPJ, propostas pela direção de cada operador, bem como revisá-las ou revogá-las a qualquer tempo, conforme regulamentação própria; *(Incluído pelo Provimento n. 150, de 11.9.2023)*

VII – participar da elaboração dos indicadores estatísticos pertinentes à atividade registral, zelando sempre pela aplicação da Lei Geral de Proteção de Dados Pessoais e regras do Título VI do Livro I do presente Código de Normas. *(Incluído pelo Provimento n. 150, de 11.9.2023)*

VIII – regular as atividades do ONSERP, ONR, ON-RCPN e ON-RTDPJ, quando necessário, por meio de diretrizes propostas pela Câmara de Regulação, após audiência com os representantes do Operadores, sempre com o objetivo de zelar pelo cumprimento dos seus fins estatutários e para o estrito cumprimento das finalidades legais dos referidos Operadores Nacionais dos Registros Públicos; *(Incluído pelo Provimento n. 150, de 11.9.2023)*

IX – zelar pela implantação do Serp e pelo contínuo aperfeiçoamento de seu funcionamento; *(Incluído pelo Provimento n. 150, de 11.9.2023)*

X – aprovar as alterações estatutárias do ONSERP, ONR, ON-RCPN e ON-RTDPJ; *(Incluído pelo Provimento n. 150, de 11.9.2023)*

XI – elaborar e aprovar o Regimento Interno do Agente Regulador; e *(Incluído pelo Provimento n. 150, de 11.9.2023)*

XII – responder consultas concernentes à adequada interpretação do Estatuto do ONSERP, ONR, ON-RCPN e ON-RTDPJ. *(Incluído pelo Provimento n. 150, de 11.9.2023)*

§ 1º Das decisões do Agente Regulador, não caberá recurso administrativo. *(Incluído pelo Provimento n. 150, de 11.9.2023)*

§ 2º Os órgãos internos do Agente Regulador poderão, a qualquer tempo, solicitar informes aos operadores nacionais ou convidar seus dirigentes a participar de reuniões ordinárias ou extraordinárias. *(Incluído pelo Provimento n. 150, de 11.9.2023)*

SUBSEÇÃO III – DA FISCALIZAÇÃO DO ONSERP, ONR, ON-RCPN E ON-RTDPJ

(Incluído pelo Provimento n. 150, de 11.9.2023)

Art. 220-D. A fiscalização do ONSERP, ONR, ON-RCPN e ON-RTDPJ será exercida diretamente pela Corregedoria Nacional de Justiça, Agente Regulador dos referidos Operadores Nacionais dos Registros Públicos, a qual caberá: *(Incluído pelo Provimento n. 150, de 11.9.2023)*

I – fiscalizar a gestão administrativa e financeira, buscando sempre assegurar a sua sustentabilidade e o cumprimento de seus fins estatutários; *(Incluído pelo Provimento n. 150, de 11.9.2023)*

II – exercer a atividade correcional, por meio de visitas, inspeções, correições ordinárias e extraordinárias, inclusive intervenções previstas na Lei Federal n. 8.935/1994, com vistas a assegurar o estrito respeito às finalidades do ONSERP, ONR, ON-RCPN e ON-RTDPJ. *(Incluído pelo Provimento n. 150, de 11.9.2023)*

Art. 220-E. No exercício de funções de planejamento, fiscalização e controle, o Agente Regulador poderá atuar de ofício. *(Incluído pelo Provimento n. 150, de 11.9.2023)*

SUBSEÇÃO IV – DOS ÓRGÃOS INTERNOS DO AGENTE REGULADOR

(Incluído pelo Provimento n. 150, de 11.9.2023)

SUBSEÇÃO IV.1 – DA SECRETARIA EXECUTIVA

(Incluído pelo Provimento n. 150, de 11.9.2023)

Art. 220-F. São atribuições da Secretaria Executiva do Agente Regulador do ONSERP, ONR, ON-RCPN e ON-RTDPJ: *(Incluído pelo Provimento n. 150, de 11.9.2023)*

I – receber e processar os procedimentos administrativos de competência do Agente Regulador; *(Incluído pelo Provimento n. 150, de 11.9.2023)*

II – elaborar a pauta das reuniões e secretariar os trabalhos de competência da Câmara de Regulação e do Conselho Consultivo, formalizando a convocação, a pedido dos respectivos coordenadores desses órgãos internos, e lavrando as atas das reuniões; *(Incluído pelo Provimento n. 150, de 11.9.2023)*

III – secretariar os trabalhos de fiscalização do Agente Regulador do ONSERP, ONR, ON-RCPN e ON-RTDPJ, de competência da Corregedoria Nacional de Justiça, quando for o caso, lavrando as respectivas atas; *(Incluído pelo Provimento n. 150, de 11.9.2023)*

IV – outras atividades que lhe sejam atribuídas pela Câmara de Regulação, pelo Conselho Consultivo, ou pelo Regimento Interno do Agente Regulador. *(Incluído pelo Provimento n. 150, de 11.9.2023)*

Parágrafo único. A Coordenadoria de Gestão de Serviços Notariais e de Registro da Corregedoria Nacional de Justiça – CONR funcionará como Secretaria Executiva do Agente Regulador. *(Incluído pelo Provimento n. 150, de 11.9.2023)*

SUBSEÇÃO IV.2 – DA CÂMARA DE REGULAÇÃO

(Incluído pelo Provimento n. 150, de 11.9.2023)

Art. 220-G. A Câmara de Regulação do Agente Regulador será integrada por 7 (sete) membros, designados pelo Corregedor Nacional de Justiça. *(Incluído pelo Provimento n. 150, de 11.9.2023)*

§ 1º A coordenação da Câmara de Regulação competirá a um Juiz Auxiliar da Corregedoria designado pelo Corregedor Nacional de Justiça. *(Incluído pelo Provimento n. 150, de 11.9.2023)*

§ 2º Serão designados dois suplentes que se revezarão, quando possível, para atuar nos impedimentos dos membros titulares, inclusive naqueles ocasionados por necessidade de serviço. *(Incluído pelo Provimento n. 150, de 11.9.2023)*

Art. 220-H. Compete à Câmara de Regulação deliberar sobre todas as atividades do Agente Regulador, especialmente aquelas do elenco dos artigos 220-D e 220-E deste Código, assim como propor soluções e ações para promover os objetivos do Serp, ONSERP, ONR, ON-RCPN e ON-RTDPJ. *(Incluído pelo Provimento n. 150, de 11.9.2023)*

§ 1º As deliberações, propostas de portarias, ordens de serviço, ofícios circulares e decisões administrativas com caráter normativo da Câmara de Regulação serão submetidas ao Corregedor Nacional de Justiça para homologação. *(Incluído pelo Provimento n. 150, de 11.9.2023)*

§ 2º O Corregedor Nacional de Justiça poderá delegar a Juiz Auxiliar da Corregedoria Nacional a homologação dos atos deliberativos e a assinatura dos atos correspondentes, no todo ou em parte. *(Incluído pelo Provimento n. 150, de 11.9.2023)*

Art. 220-I. Os atos e decisões propostos pela Câmara de Regulação, uma vez homologados, serão publicados no Diário da Justiça Eletrônico – DJe para que se dê publicidade e tenham vigência. *(Incluído pelo Provimento n. 150, de 11.9.2023)*

SUBSEÇÃO IV.3 – DO CONSELHO CONSULTIVO

(Incluído pelo Provimento n. 150, de 11.9.2023)

Art. 220-J. O Conselho Consultivo d *(Incluído pelo Provimento n. 150, de 11.9.2023)* o Agente Regulador será integrado por 11 (onze) membros designados pelo Corregedor Nacional de Justiça.

§ 1º A coordenação do Conselho Consultivo competirá a um Juiz Auxiliar da Corregedoria designado pelo Corregedor Nacional de Justiça. *(Incluído pelo Provimento n. 150, de 11.9.2023)*

§ 2º As designações recairão, preferencialmente, sobre nomes com notório saber nas áreas do direito registral imobiliário, civil das pessoas naturais, de título e documentos e civil das pessoas jurídicas, notas e protestos, da administração pública, da gestão estratégica, da tecnologia da informação e da proteção de dados. *(Incluído pelo Provimento n. 150, de 11.9.2023)*

§ 3º Na forma do Regimento Interno do Agente Regulador, a função do Conselho será planejar e propor diretrizes para o funcionamento do SERP, ONSERP, ONR, ON-RCPN e ON-RTDPJ, além de promover estudos, sugerir estratégias e formular propostas em geral, a fim de que sejam apreciadas pela Câmara de Regulação, sempre visando aos fins estatutários. *(Incluído pelo Provimento n. 150, de 11.9.2023)*

SUBSEÇÃO V – DAS DISPOSIÇÕES FINAIS

(Incluído pelo Provimento n. 150, de 11.9.2023)

Art. 220-K. Não são remunerados quaisquer dos serviços prestados pelos integrantes da Câmara de Regulação e do Conselho Consultivo do Agente Regulador, constituindo suas atividades serviço público voluntário e de relevante interesse público. *(Incluído pelo Provimento n. 150, de 11.9.2023)*

SEÇÃO IV – DAS DISPOSIÇÕES GERAIS

(Redação dada pelo Provimento n. 150, de 11.9.2023)

Art. 221. O ONSERP, o ONR, o ON-RCPN e o ON-RTDPJ observarão as disposições estatutárias e as orientações gerais editadas pela Corregedoria Nacional de Justiça para composição de receitas e execução de despesas, bem como prestarão contas anuais aos respectivos órgãos internos e ao agente regulador, acompanhadas de pareceres produzidos por auditoria independente.

Parágrafo único. A prestação de contas e os pareceres também deverão ser apresentados sempre que solicitado pelo agente regulador.

Art. 222. O ONSERP, ONR, ON-RCPN e ON-RTDPJ apresentarão ao agente regulador relatórios semestrais de gestão, sem prejuízo dos demais deveres tratados neste Capítulo e nos atos próprios da Câmara de Regulação.

Art. 223. Ao ONSERP, ONR, ON-RCPN e ON-RTDPJ são aplicáveis, no que couber, as disposições do art. 37 e art. 38, ambos da Lei n. 8.935 de 1994.

Art. 224. O Operador Nacional do Sistema de Registro Eletrônico de Imóveis (ONR) manterá sua organização e governança na forma estabelecida no art. 76 da Lei n. 13.465, de 11 de julho de 2017, e nos atos normativos expedidos pela Corregedoria Nacional de Justiça.

Art. 225. Para viabilizar a consulta referida no art. 3.º, X, "c", "1", da Lei n. 14.382, de 2022, diretamente no Serp, a Central Nacional de Serviços Eletrônicos Compartilhados dos Tabeliães de Protesto (CENPROT), prevista no art. 41-A da Lei n. 9.492, de 10 de setembro de 1997, será integrada por meio de Interface de Programação de Aplicação (API).

Art. 226. O intercâmbio de documentos eletrônicos e de informações entre as serventias de registros públicos e os tabeliães de notas, nos termos do art. 3.º, VII, "b", da Lei n. 14.382, de 2022, será feito por meio de Interface de Programação de Aplicação (API).

Art. 227. As entidades representativas de caráter nacional já constituídas em 1.º de fevereiro de 2023 deverão, até o dia 2 de maio de 2023, instituir os pertinentes operadores nacionais na forma deste Código de Norma.

Art. 228. No prazo de 15 dias da composição do ON-RCPN e do ON-RTDPJ, aqueles que integrarão o Comitê Executivo de Gestão do ONSERP apresentarão proposta de estatuto para homologação pela Corregedoria Nacional de Justiça.

Parágrafo único. Após a homologação, o Comitê Executivo de Gestão realizará a constituição jurídica do ONSERP, na forma disciplinada neste Código de Normas.

SEÇÃO V – DA AUTENTICAÇÃO DE USUÁRIOS, ASSINATURA ELETRÔNICA E LISTA DE SERVIÇOS ELETRÔNICOS CONFIÁVEIS NO ON-RCPN

(Incluído pelo Provimento n. 157, de 13.11.2023)

SUBSEÇÃO I – DAS DISPOSIÇÕES GERAIS

(Incluído pelo Provimento n. 157, de 13.11.2023)

Art. 228-A. Ficam instituídos os seguintes módulos nos sistemas eletrônicos do ON-RCPN: *(Incluído pelo Provimento n. 157, de 13.11.2023)*

I - Sistema de Autenticação Eletrônica do Registro Civil – IdRC; *(Incluído pelo Provimento n. 157, de 13.11.2023)*

II - Infraestrutura de Chaves Públicas do Registro Civil – ICP-RC; *(Incluído pelo Provimento n. 157, de 13.11.2023)*

III - Lista de Serviços Eletrônicos Confiáveis do Registro Civil do Brasil – LSEC-RCPN. *(Incluído pelo Provimento n. 157, de 13.11.2023)*

§ 1º A documentação técnica referente ao IdRC e à ICP-RC será apresentada à Corregedoria Nacional de Justiça, onde ficará arquivada, e será publicada na página eletrônica do ON-RCPN (https://onrcpn.org.br/icp). *(Incluído pelo Provimento n. 157, de 13.11.2023)*

§ 2º A utilização do IdRC e da ICP-RC, para o acesso ao sistema eletrônico do ON-RCPN e para a prática dos atos de Registro Civil das Pessoas Naturais, não gerará custos para o usuário. *(Incluído pelo Provimento n. 157, de 13.11.2023)*

SUBSEÇÃO II – DO SISTEMA DE AUTENTICAÇÃO ELETRÔNICA DO REGISTRO CIVIL - IDRC

(Incluído pelo Provimento n. 157, de 13.11.2023)

Art. 228-B. O IdRC é destinado à autenticação e ao controle de acesso de usuários internos e externos e utilizará o acesso às bases de dados biográficos do Registro Civil das Pessoas Naturais e dados biométricos, na forma do art. 9º da Lei n. 14.382, de 27 de junho de 2022, para validação da identificação do titular. *(Incluído pelo Provimento n. 157, de 13.11.2023)*

Parágrafo único. Se o batimento dos dados biométricos não permitir a identificação do titular, o oficial de Registro Civil poderá fazê-lo presencialmente, à vista de documento de identificação oficial e válido, equiparada a esta a manifestação eletrônica na forma do § 8º do art. 67 da Lei n. 6.015, de 31 de dezembro de 1973. *(Incluído pelo Provimento n. 157, de 13.11.2023)*

Art. 228-C. O IdRC será considerado válido para identificação e autenticação de usuários em todas as plataformas e serviços do Serp, inclusive pelas demais especialidades de registro, sem prejuízo da possibilidade ou obrigatoriedade legal de utilização de certificados qualificados da Infraestrutura de Chaves Públicas Brasileira - ICP-Brasil, ou de outras formas de identificação previstas em Instrução Técnica de Normalização - ITN homologada pela Corregedoria Nacional de Justiça. *(Incluído pelo Provimento n. 157, de 13.11.2023)*

Art. 228-D. O IdRC poderá ser utilizado para a indexação e correlação dos atos de registro e averbação praticados pelos oficiais do Registro Civil. *(Incluído pelo Provimento n. 157, de 13.11.2023)*

SUBSEÇÃO III – DA INFRAESTRUTURA DE CHAVES PÚBLICAS DO REGISTRO CIVIL (ICP-RC)

(Incluído pelo Provimento n. 157, de 13.11.2023)

Art. 228-E. A ICP-RC será utilizada para a gestão do ciclo de vida de chaves públicas de assinaturas eletrônicas avançadas, em conformidade com o disposto no art. 38 da Lei n. 11.977, de 7 de julho de 2009, e art. 4º, II, da Lei n. 14.063, de 23 de setembro de 2020. *(Incluído pelo Provimento n. 157, de 13.11.2023)*

§ 1º A ICP-RC não integra a cadeia hierárquica da ICP-Brasil. *(Incluído pelo Provimento n. 157, de 13.11.2023)*

§ 2º Serão regulamentadas, mediante edição de ITNs e homologação da Corregedoria Nacional, modalidades de assinatura eletrônica avançada não compreendidas na hierarquia da ICP-RC, de menor nível de exigência de requisitos de segurança, destinadas à prática de atos de menor criticidade, nos limites da Lei 14.063/2020. *(Incluído pelo Provimento n. 157, de 13.11.2023)*

SUBSEÇÃO IV – DA LISTA DE SERVIÇOS ELETRÔNICOS CONFIÁVEIS DO REGISTRO CIVIL DO BRASIL (LSEC-RCPN)

(Incluído pelo Provimento n. 157, de 13.11.2023)

Art. 228-F. A LSEC-RCPN conterá dados que descrevem os serviços aceitos como confiáveis pelo ON-RCPN. *(Incluído pelo Provimento n. 157, de 13.11.2023)*

§ 1º A LSEC-RCPN será mantida, atualizada e publicada pelo ON-RCPN. *(Incluído pelo Provimento n. 157, de 13.11.2023)*

§ 2º Serão regulamentadas, mediante edição de ITNs e homologação da Corregedoria Nacional de Justiça, as alterações, inclusões e exclusões da LSEC-RCPN. *(Incluído pelo Provimento n. 157, de 13.11.2023)*

§ 3º A ICP-RC integra a LSEC-RCPN. *(Incluído pelo Provimento n. 157, de 13.11.2023)*

§ 4º É válida a utilização de assinaturas eletrônicas cuja raiz estiver registrada na LSEC-RCPN para os atos descritos nos art. 38 da Lei n. 11.977, de 7 de julho de 2009, art. 17 da Lei n. 6.015, de 31 de dezembro de 1973, e no art. 17-A da Lei n. 14.063, de 14 de julho de 2023. *(Incluído pelo Provimento n. 157, de 13.11.2023)*

Art. 228-G. Os demais Operadores Nacionais dos Registros Públicos (ONSERP, ONR e ON-RTDPJ) poderão adotar a LSEC-RCPN. *(Incluído pelo Provimento n. 157, de 13.11.2023)*

Art. 228-H. A regulamentação das disposições desta Seção ocorrerá mediante edição de ITNs do ON-RCPN, quando necessário. *(Incluído pelo Provimento n. 157, de 13.11.2023)*

CAPÍTULO III – DO REGISTRO CIVIL DAS PESSOAS NATURAIS

SEÇÃO I – DA CENTRAL DE INFORMAÇÕES DE REGISTRO CIVIL DAS PESSOAS NATURAIS (CRC)

› ***Correspondência dos arts. 229 a 245 deste Código (CNN): Provimento CNJ n. 46, de 16 de junho de 2015***

Art. 229. Instituir a Central de Informações de Registro Civil das Pessoas Naturais (CRC) que será operada por meio de sistema interligado, disponibilizado na rede mundial de computadores, com os objetivos de:

I – interligar os oficiais de registro civil das pessoas naturais, permitindo o intercâmbio de documentos eletrônicos e o tráfego de informações e dados;

II – aprimorar tecnologias para viabilizar os serviços de registro civil das pessoas naturais em meio eletrônico;

III – implantar, em âmbito nacional, sistema de localização de registros e solicitação de certidões;

IV – possibilitar o acesso direto de órgãos do Poder Público, mediante ofício ou requisição eletrônica direcionada ao Oficial competente, às informações do registro civil das pessoas naturais; e

V – possibilitar a interligação com o Ministério das Relações Exteriores (MRE), mediante prévia autorização deste, a fim de obter os dados e documentos referentes a atos da vida civil de brasileiros ocorridos no exterior, bem como possibilitar às repartições consulares do Brasil a participação no sistema de localização de registros e solicitação de certidões do registro civil das pessoas naturais.

Parágrafo único. Os oficiais de registro civil das pessoas naturais, pessoalmente, ou por meio das Centrais de Informações do Registro Civil (CRC), devem fornecer meios tecnológicos para o acesso das informações exclusivamente estatísticas à Administração Pública Direta, sendo-lhes vedado o envio e repasse de dados de forma genérica, que não justifiquem seu fim, devendo respeitar-se o princípio e a garantia previstos no inciso X do art. 5.° da Constituição Federal de 1988.

Art. 230. A Central de Informações de Registro Civil das Pessoas Naturais (CRC) será organizada pela Associação Nacional dos Registradores das Pessoas Naturais (Arpen-Brasil), que se apresenta como titular dos direitos autorais e de propriedade intelectual do sistema, do qual detém o conhecimento tecnológico, o código-fonte e o banco de dados, sem ônus ou despesas para o Conselho Nacional de Justiça (CNJ) e os demais órgãos do Poder Público.

§ 1.° As representações estaduais da Arpen-Brasil poderão realizar o acesso ao sistema interligado utilizando infraestrutura própria, ou utilizando infraestrutura de entidade de representação da Arpen-Brasil de outro Estado, mediante prévio acordo, desde que observem os requisitos de interoperabilidade estabelecidos pela Arpen-Brasil e garantam a consulta e comunicação em tempo real.

§ 2.° Todo acesso ao sistema interligado será feito exclusivamente pelo oficial de registro civil ou prepostos que autorizar, os quais serão obrigatoriamente identificados mediante uso de certificado digital emitido conforme a Infraestrutura de Chaves Públicas Brasileira (ICP-Brasil).

§ 3.° O Ministério das Relações Exteriores (MRE) poderá ter acesso à Central de Informações de Registro Civil das Pessoas Naturais (CRC), a ser realizado de forma segura por meio de certificado digital emitido conforme a Infraestrutura de Chaves Públicas Brasileira (ICP-Brasil) ou outro sistema acordado com a Arpen-Brasil.

Art. 231. A Central de Informações de Registro Civil das Pessoas Naturais (CRC) disponibilizará as seguintes funcionalidades:

I – CRC – Buscas: ferramenta destinada a localizar os atos de registro civil das pessoas naturais;

II – CRC – Comunicações: ferramenta destinada a cumprir as comunicações obrigatórias previstas no art. 106 e art. 107 da Lei n. 6.015, de 31 de dezembro de 1973;

III – CRC – Certidões: ferramenta destinada à solicitação de certidões;

IV – CRC – e-Protocolo: ferramenta destinada ao envio de documentos eletrônicos representativos de atos que devem ser cumpridos por outras serventias; e

V – CRC - Interoperabilidade: ferramenta destinada a interligar os serviços prestados por meio de convênios com os programas necessários para o seu desenvolvimento.

Parágrafo único. Mediante iniciativa do Ministério das Relações Exteriores (MRE), poderá promover-se a integração entre a Central de Informações de Registro Civil das Pessoas Naturais (CRC) e o Sistema Consular Integrado do Ministério das Relações Exteriores (SCI/MRE), a fim de possibilitar a consulta à CRC pelas repartições consulares do Brasil no exterior e a consulta, pelos oficiais de registro civil das pessoas naturais, aos índices de atos relativos ao registro civil das pessoas naturais praticados nas repartições consulares.

Art. 231-A. No caso de a utilização do módulo e-Protocolo da Central de Informações de Registro Civil das Pessoas Naturais - CRC decorrer de procedimento iniciado pelo requerente perante serventia diversa da competente para o ato, caber-lhe-á o pagamento dos emolumentos respectivos a todos os registradores envolvidos no procedimento, a exemplo da hipótese do § 2º do art. 517, observadas as gratuidades legais. *(Incluído pelo Provimento n. 152, de 26.9.2023)*

Art. 232. A Central de Informações de Registro Civil das Pessoas Naturais (CRC) será integrada por todos os oficiais de registro civil das pessoas naturais do Brasil que deverão acessá-la para incluir os dados específicos, nos termos desta Seção, observados os requisitos técnicos fixados pela Arpen-Brasil.

§ 1.° A adesão às funcionalidades da Central de Informações de Registro Civil das Pessoas Naturais (CRC) será feita pelas serventias de todos os estados da Federação no prazo máximo de um ano a contar da vigência desta Seção, sendo as informações dessas adesões repassadas pela Arpen-Brasil à Corregedoria Nacional de Justiça, com uso do sistema Justiça Aberta quando disponível.

§ 2.° O acesso por oficial de registro civil das pessoas naturais será efetuado mediante estrutura disponibilizada diretamente pela Arpen-Brasil ou por sua respectiva representação estadual, independentemente de filiação associativa e de qualquer pagamento ou remuneração a título de uso do sistema.

Art. 233. A Central de Informações de Registro Civil das Pessoas Naturais (CRC) permitirá aos oficiais de registro civil das pessoas naturais a consulta em tempo real para a localização dos atos de registro.

Art. 234. Os oficiais de registro civil das pessoas naturais deverão disponibilizar para a Central de Informações de Registro Civil das Pessoas Naturais (CRC) as informações definidas pela Arpen-Brasil, observada a legislação em vigor no que se refere a dados estatísticos, no prazo de 10 dias, corridos, contados da lavratura dos atos, respeitadas as peculiaridades locais.

Parágrafo único. Qualquer alteração nos registros informados à CRC deverá ser atualizada no mesmo prazo e na forma do parágrafo anterior.

Art. 235. Em relação aos assentos lavrados anteriormente à vigência do Provimento 46/2015, serão comunicados à Central de Informações de Registro Civil das Pessoas Naturais (CRC) os elementos necessários à identificação do registro, observadas as definições feitas pela Arpen-Brasil, considerando-se a necessidade de afastar, o mais possível, o risco relativo à existência de homônimos.

§ 1.° As informações serão prestadas progressivamente, começando pelos registros mais recentes.

§ 2.° O prazo para o fornecimento das informações previstas neste artigo será de seis meses para cada cinco anos de registros lavrados, iniciando-se a contagem desse prazo a partir de um ano da vigência do Provimento 46/2015.

§ 3.° O prazo do parágrafo anterior poderá ser reduzido ou prorrogado uma vez, mediante ato da competente Corregedoria-Geral da Justiça (CGJ), fundamentado nas peculiares condições das serventias locais, comunicando-se à Corregedoria Nacional de Justiça e à Arpen-Brasil.

Art. 236. As comunicações previstas no art. 106 e art. 107 da Lei n. 6.015/73 deverão ser enviadas obrigatoriamente pela Central de Informações de Registro Civil das Pessoas Naturais (CRC).

Parágrafo único. O envio de informações entre as serventias pela Central de Informações de Registro Civil das Pessoas Naturais (CRC) dispensa o uso do Sistema Hermes – Malote Digital de que trata este Código de Normas.

Art. 237. A utilização da CRC – Comunicações não impede a realização da anotação por outros meios, como a apresentação diretamente ao oficial de registro civil das pessoas naturais do original ou da cópia autenticada da certidão do ato, ou a informação obtida na CRC – Buscas.

Art. 238. A emissão de certidão negativa pelos oficiais de registro civil das pessoas naturais deverá ser precedida de consulta à Central de Informações de Registro Civil das Pessoas Naturais (CRC), devendo ser consignado na certidão o código da consulta gerado (*hash*).

Parágrafo único. Para a emissão de certidão negativa deverá promover- se consulta prévia ao SCI/MRE quando estiver disponível a integração com o Ministério das Relações Exteriores.

Art. 239. Caso seja encontrado o registro pesquisado, poderá o consulente, no mesmo ato, solicitar a expedição da respectiva certidão que, pagos os emolumentos, as custas e os encargos administrativos devidos, será disponibilizada na Central de Informações de Registro Civil das Pessoas Naturais (CRC), em formato eletrônico, em prazo não superior a cinco dias úteis.

§ 1.° Para a emissão das certidões eletrônicas deverão ser utilizados formatos de documentos eletrônicos de longa duração, compreendidos nessa categoria os formatos PDF/A e os produzidos em linguagem de marcação XML, com certificado digital ICP-Brasil, tipo A3 ou superior, assinatura digital em formato PKCS#7, com disponibilização do código de rastreamento.

§ 2.º As certidões eletrônicas ficarão disponíveis na Central Nacional de Informações do Registro Civil (CRC) pelo prazo de 30 dias corridos, vedado o envio por intermédio de correio eletrônico convencional (e-mail).

§ 3.º Havendo CRC estadual, e nas hipóteses em que o cartório solicitante da certidão eletrônica e o cartório acervo pertençam à mesma unidade da Federação, poderá a certidão permanecer disponível na CRC do mesmo estado, pelo prazo previsto no parágrafo anterior.

§ 4.º O interessado poderá solicitar a qualquer oficial de registro civil das pessoas naturais integrante da Central de Informações de Registro Civil das Pessoas Naturais (CRC), ou a qualquer repartição consular do Brasil no exterior após operacionalização da integração entre CRC e SCI/MRE, que a certidão expedida em formato eletrônico seja materializada em papel e assinada fisicamente, observados os emolumentos devidos.

§ 5.º Ressalvados os casos de gratuidade prevista em lei, os encargos administrativos referidos no *caput* deste artigo serão reembolsados pelo solicitante da certidão na forma e conforme os valores que forem fixados em norma de cada Corregedoria-Geral da Justiça (CGJ). Serão compreendidas como encargos administrativos as despesas com compensação de boleto bancário, a operação de cartão de crédito, as transferências bancárias, a certificação digital (SDK, *framework*, certificado de atributo e de carimbo de tempo) e outras que forem previstas em normas estaduais, desde que indispensáveis para a prestação do serviço solicitado por meio da central informatizada.

Art. 240. Os oficiais de registro civil deverão, obrigatoriamente, atender às solicitações de certidões efetuadas por via postal, telefônica, eletrônica, ou pela Central de Informações de Registro Civil das Pessoas Naturais (CRC), desde que satisfeitos os emolumentos previstos em lei e, se existentes, pagas as despesas de remessa.

Art. 241. A Central de Informações de Registro Civil das Pessoas Naturais (CRC) poderá ser utilizada para consulta por entes públicos que estarão isentos do pagamento de custas e emolumentos, ou somente de custas, conforme as hipóteses contempladas na legislação, e por pessoas naturais ou jurídicas privadas que estarão sujeitas ao pagamento de custas e emolumentos.

Parágrafo único. A Arpen-Brasil poderá firmar convênios com Instituições Públicas e entidades privadas para melhor atender aos serviços disponibilizados pelo CRC, submetendo-se a aprovação prévia pela Corregedoria Nacional de Justiça.

Art. 242. O sistema deverá contar com módulo de geração de relatórios (correição on-line) para efeito de contínuo acompanhamento, controle e fiscalização pelas corregedorias-gerais da Justiça e pelo Conselho Nacional de Justiça (CNJ).

Art. 243. Este Código de Normas define o conjunto mínimo de especificações técnicas e funcionalidades da Central de Informações de Registro Civil das Pessoas Naturais (CRC), de forma que, independentemente de novo ato normativo, as tecnologias utilizadas possam ser aprimoradas com outras que venham a ser adotadas no futuro, a partir de novas funcionalidades incorporadas à CRC.

Art. 244. Ocorrendo a extinção da Arpen-Brasil, ou a paralisação da prestação, por ela, do serviço objeto deste da Seção deste Código de Normas, sem substituição por associação ou entidade de classe que o assuma em idênticas condições mediante autorização do Conselho Nacional de Justiça (CNJ), será o banco de dados, em sua totalidade, transmitido ao CNJ ou à entidade que o CNJ indicar, com o código-fonte e as informações técnicas necessárias para o acesso e a utilização de todos os seus dados, bem como para a continuação de seu funcionamento na forma prevista neste Código de Normas, sem ônus, custos ou despesas para o Poder Público e, notadamente, sem qualquer remuneração por direitos autorais e de propriedade intelectual, a fim de que a Central de Informações de Registro Civil das Pessoas Naturais (CRC) permaneça em integral funcionamento.

Art. 245. A Associação Nacional dos Registradores das Pessoas Naturais (Arpen-Brasil), ou quem a substituir na forma da Seção deste Código de Normas, se obriga a manter sigilo relativo à identificação dos órgãos públicos e dos respectivos servidores que acessarem a Central de Informações de Registro Civil das Pessoas Naturais (CRC), ressalvada requisição judicial e fiscalização pela Corregedoria Nacional de Justiça.

CAPÍTULO IV – DO REGISTRO CIVIL DE TÍTULOS E DOCUMENTOS E DO REGISTRO CIVIL DAS PESSOAS JURÍDICAS

- ***Correspondência dos arts. 246 a 256 deste Código (CNN): Provimento CNJ n. 48, de 16 de março de 2016***
- *Vide Lei n. 14.382/2022 (SERP)*

SEÇÃO I – DO SISTEMA DE REGISTRO ELETRÔNICO DE TÍTULOS E DOCUMENTOS E CIVIL DE PESSOAS JURÍDICAS

Art. 246. O sistema de registro eletrônico de títulos e documentos e civil de pessoas jurídicas (SRTDPJ), sem prejuízo de outras normas aplicáveis, observará o disposto, especialmente:

I – no art. 37 a art. 41 da Lei n. 11.977, de 7 de julho de 2009;

II – no art. 16 da Lei n. 11.419, de 19 de dezembro de 2006;

III – no § 6.º do art. 659 da Lei n. 5.869, de 11 de janeiro de 1973 - Código de Processo Civil;

IV – no art. 185-A da Lei n. 5.172, de 25 de outubro de 1966 - Código Tributário Nacional;

V – no parágrafo único do art. 17 da Lei 6.015, de 31 de dezembro de 1973;

VI – na Lei n. 8.159, de 8 de janeiro de 1991 e seus regulamentos;

VII – nos incisos II e III do art. 3.º e no art. 11 da Lei n. 12.965, de 23 de abril de 2014; e

VIII – neste Código Nacional de Normas, complementado pelas corregedorias-gerais da Justiça de cada um dos estados e do Distrito Federal e dos Territórios, observadas as peculiaridades locais.

Art. 247. O sistema de registro eletrônico de títulos e documentos e civil de pessoas jurídicas deverá ser implantado e integrado por todos os oficiais de registro de títulos e documentos e civil de pessoas jurídicas de cada Estado e do Distrito Federal e dos Territórios, e compreende:

I – o intercâmbio de documentos eletrônicos e de informações entre os ofícios de registro de títulos e documentos e civil de pessoas jurídicas, o Poder Judiciário, a Administração Pública e o público em geral;

II – a recepção e o envio de títulos em formato eletrônico;

III – a expedição de certidões e a prestação de informações em formato eletrônico;

IV – a formação, nos cartórios competentes, de repositórios registrais eletrônicos para o acolhimento de dados e o armazenamento de documentos eletrônicos; e

V – a recepção de títulos em formato físico (papel) para fins de inserção no próprio sistema, objetivando enviá-los para o registro em cartório de outra comarca.

Art. 248. O intercâmbio de documentos eletrônicos e de informações entre os ofícios de registro de títulos e documentos e civil de pessoas jurídicas, o Poder Judiciário, a Administração Pública e o público em geral estará a cargo de centrais de serviços eletrônicos compartilhados que se criarão em cada um dos estados e no Distrito Federal.

§ 1.º As centrais de serviços eletrônicos compartilhados serão criadas pelos oficiais de registro de títulos e documentos e civil de pessoas jurídicas competentes, mediante ato normativo da Corregedoria-Geral da Justiça (CGJ) local.

§ 2.º Haverá uma única central de serviços eletrônicos compartilhados em cada um dos estados e no Distrito Federal.

§ 3.º Onde não seja possível ou conveniente a criação e manutenção de serviços próprios, o tráfego eletrônico far-se-á mediante central de serviço eletrônico compartilhado que já esteja a funcionar em outro Estado ou no Distrito Federal.

§ 4.º As centrais de serviços eletrônicos compartilhados conterão indicadores somente para os ofícios de registro de títulos e documentos e civil de pessoas jurídicas que as integrem.

§ 5.º As centrais de serviços eletrônicos compartilhados coordenar-se- ão entre si para que se universalize o acesso ao tráfego eletrônico e se prestem os mesmos serviços em todo o país.

§ 6.º Em todas as operações das centrais de serviços eletrônicos compartilhados, serão obrigatoriamente respeitados os direitos à privacidade, à proteção dos dados pessoais e ao sigilo das comunicações privadas e, se houver, dos registros.

§ 7.º As centrais de serviços eletrônicos compartilhados deverão observar os padrões e requisitos de documentos, de conexão e de funcionamento, da Infraestrutura de Chaves Públicas Brasileira (ICP) e da arquitetura dos Padrões de Interoperabilidade de Governo Eletrônico (e-Ping).

Art. 249. Todas as solicitações feitas por meio das centrais de serviços eletrônicos compartilhados serão enviadas ao ofício de registro de títulos e documentos e civil de pessoas jurídicas competente, que será o único responsável pelo processamento e atendimento.

Parágrafo único. Os oficiais de registro de títulos e documentos e civil de pessoas jurídicas deverão manter, em segurança e sob seu exclusivo controle, indefinida e permanentemente, os livros, classificadores, documentos e dados eletrônicos e responder por sua guarda e conservação.

Art. 250. Respeitada disposição legal ou infralegal diversa admitindo outras formas de assinaturas eletrônicas, os documentos eletrônicos apresentados aos ofícios de registro de títulos e documentos e civil de pessoas jurídicas, ou por eles expedidos, serão assinados com uso de certificado digital, segundo a Infraestrutura de Chaves Públicas Brasileira (ICP), e observarão a arquitetura dos Padrões de Interoperabilidade de Governo Eletrônico (e-Ping).

Art. 251. Os livros do registro de títulos e documentos e civil de pessoas jurídicas serão escriturados e mantidos segundo a Lei n. 6.015, de 31 de dezembro de 1973, podendo, para este fim, ser adotados os sistemas de computação, microfilmagem, disco óptico e outros meios de reprodução, nos termos do art. 41 da Lei n. 8.935, de 18 de novembro de 1994, e conforme as normas editadas pelas corregedorias-gerais de Justiça dos estados e do Distrito Federal, sem prejuízo da escrituração eletrônica em repositórios registrais eletrônicos.

Art. 252. Os repositórios registrais eletrônicos receberão os dados relativos a todos os atos de registro e aos títulos e documentos que lhes serviram de base.

Parágrafo único. Para a criação, atualização, manutenção e guarda permanente dos repositórios registrais eletrônicos deverão ser observados:

I – a especificação técnica do modelo de sistema digital para implantação de sistemas de registro de títulos e documentos e civil de pessoas jurídicas eletrônico, segundo Recomendações da Corregedoria Nacional da Justiça;

II – as Recomendações para Digitalização de Documentos Arquivísticos Permanentes de 2010, baixadas pelo Conselho Nacional de Arquivos - Conarq; e

III – os atos normativos baixados pelas corregedorias-gerais de Justiça dos estados e do Distrito Federal e dos Territórios.

Art. 253. Aos ofícios de registro de títulos e documentos e civil de pessoas jurídicas é vedado:

I – recepcionar ou expedir documentos eletrônicos por e-mail ou serviços postais ou de entrega;

II – postar ou baixar (*download*) documentos eletrônicos e informações em sites que não sejam os das respectivas centrais de serviços eletrônicos compartilhados; e

III – prestar os serviços eletrônicos referidos neste Capítulo, diretamente ou por terceiros, em concorrência com as centrais de serviços eletrônicos compartilhados, ou fora delas.

Art. 254. Os títulos e documentos eletrônicos, devidamente assinados com o uso de certificado digital, segundo a Infraestrutura de Chaves Públicas Brasileira (ICP), e observada a arquitetura dos Padrões de Interoperabilidade de Governo Eletrônico (e-Ping), podem ser recepcionados diretamente no cartório, caso o usuário assim requeira e compareça na serventia com a devida mídia eletrônica.

Parágrafo único. Nos casos em que o oficial recepcionar quaisquer títulos e documentos diretamente no cartório, ele deverá, no mesmo dia da prática do ato registral, enviar esses títulos e documentos para a central de serviços eletrônicos compartilhados para armazenamento dos indicadores, sob pena de infração administrativa.

Art. 255. Os serviços eletrônicos compartilhados passarão a ser prestados dentro do prazo de 360 dias.

Art. 256. Sempre que solicitado, documentos físicos (papel) poderão ser recepcionados por serventia de registro de títulos e documentos para envio a comarca diversa, o que se dará em meio magnético e mediante utilização de assinatura eletrônica.

§ 1.º Para o fim referido no *caput*, os oficiais de RTDPJ recepcionarão o título em meio físico, farão seu lançamento no livro de protocolo e, em seguida, providenciarão a digitalização e inserção no sistema criado pelo presente provimento, o que se dará mediante envio de arquivo assinado digitalmente que contenha certidão relativa a todo o procedimento e imagem eletrônica do documento.

§ 2.º Ao apresentar seu documento e declarar a finalidade de remessa para registro em outra serventia, o interessado preencherá requerimento em que indicará, além de seus dados pessoais e endereço eletrônico (e-mail), a comarca competente para o registro.

§ 3.º Após o procedimento previsto nos parágrafos anteriores, a cada envio realizado, a serventia devolverá ao interessado o documento físico apresentado e lhe entregará recibo com os valores cobrados e a indicação do sítio eletrônico em que deverá acompanhar a tramitação do pedido, no qual também poderá visualizar o arquivo com a certidão enviada.

§ 4.º O cartório destinatário, por meio do sistema de que trata este Capítulo, informará aos usuários eventuais exigências, valores devidos de emolumentos e taxas e, por fim, lhe facultará o download do título registrado em meio eletrônico.

CAPÍTULO V – DO TABELIONATO DE PROTESTO

› ***Correspondência dos arts. 257 a 263 deste Código (CNN): Provimento CNJ n. 87, de 11 de setembro de 2019***

› *Vide Lei n. 9.492/1997 (Lei de Protestos)*

SEÇÃO I – DOS SERVIÇOS ELETRÔNICOS DOS TABELIÃES DE PROTESTO DE TÍTULOS - CENPROT

Art. 257. Os tabeliães de protesto de títulos de todo território nacional instituirão, no prazo de 30 dias, a – Central Nacional de Serviços Eletrônicos dos Tabeliães de Protesto (CENPROT), para prestação de serviços eletrônicos.

› *Vide art. 41-A, Lei 9.492/1997 (Lei de Protestos)*

Parágrafo único. É obrigatória a adesão de todos os tabeliães de protesto do país ou responsáveis interinos pelo expediente à CENPROT de que trata o *caput* deste artigo, à qual ficarão vinculados, sob pena de responsabilização disciplinar nos termos do inciso I do caput do art. 31 da Lei n. 8.935, de 18 de novembro de 1994.

Art. 258. A CENPROT será operada, mantida e administrada conforme deliberação da assembleia geral dos tabeliães de protesto de títulos, podendo ser delegada à entidade nacional representativa da categoria.

§ 1.º Poderão ser instituídas CENPROT seccionais na forma e locais definidos pela assembleia geral dos tabeliães de protesto de títulos.

§ 2.º A CENPROT e as seccionais instaladas se subordinam às normas, à auditagem e à fiscalização da Corregedoria Nacional de Justiça e da Corregedoria- Geral de Justiça (CGJ) respectiva.

Art. 259. A CENPROT deve disponibilizar, por meio da rede mundial de computadores (internet) pelo menos, os seguintes serviços:

› *Vide art. 41-A, Lei 9.492/1997 (Lei de Protestos)*

› *Vide Enunciado 64, I Jornada de Direito Notarial e Registral*

I – acesso a informações sobre quaisquer protestos válidos lavrados pelos tabeliães de protesto de títulos dos estados ou do Distrito Federal;

II – consulta gratuita às informações indicativas da existência ou inexistência de protesto, respectivos tabelionatos e valor;

III – fornecimento de informação complementar acerca da existência de protesto e sobre dados ou elementos do registro, quando o interessado dispensar a certidão;

IV – fornecimento de instrumentos de protesto em meio eletrônico;

V – recepção de declaração eletrônica de anuência para fins de cancelamento de protesto;

VI – recepção de requerimento eletrônico de cancelamento de protesto;

VII – recepção de títulos e documentos de dívida, em meio eletrônico, para fins de protesto, encaminhados por órgãos do Poder Judiciário, das procuradorias, dos advogados e dos apresentantes cadastrados; e

VIII – recepção de pedidos de certidão de protesto e de cancelamento e disponibilização da certidão eletrônica expedida pelas serventias do Estado ou do Distrito Federal em atendimento a tais solicitações.

Parágrafo único. Na informação complementar requerida pelo interessado, acerca da existência de protesto, poderão constar os seguintes dados:

I – nome do devedor, e quando constar do registro, endereço completo, endereço eletrônico e telefone;

II – se pessoa física, número de inscrição no Cadastro de Pessoas Físicas (CPF) – se pessoa jurídica, número de inscrição no Cadastro Nacional de Pessoas Jurídicas (CNPJ);

III – tipo, número e folha do livro de protesto, ou número do registro sequencial do protesto;

IV – tipo de ocorrência e respectiva data;

V – nome do apresentante do título ou documento de dívida, nome do endossatário (cedente), e tipo do endosso;

VI – nome, número do CPF ou CNPJ do credor (sacador), e quando constar do registro, endereço completo, endereço eletrônico e telefone; e

VII – data e número do protocolo, espécie, número do título ou documento de dívida, data de emissão, data de vencimento, valor original, valor protestado, valor das intimações e, quando houver, valor do edital, com indicação de motivo.

Art. 260. As informações enviadas pelos tabeliães de protesto de títulos à CENPROT, na forma e no prazo estabelecido pela Central, não geram o pagamento aos tabelionatos de protesto de emolumentos ou de quaisquer outras despesas decorrentes do envio.

Parágrafo Único. Será de responsabilidade exclusiva do tabelião de protesto de títulos as consequências pela eventual omissão de informação que deveria ter sido enviada à CENPROT.

Art. 261. Os tabeliães de protesto, ainda que representados por sua entidade escolhida, poderão realizar auditoria, com monitoramento automático do descumprimento de prazos, horários e procedimentos incumbidos aos tabeliães de protesto, atividade denominada "Autogestão on-line" com a geração de relatórios a serem encaminhados ao juízo competente e, quando for o caso, à Corregedoria Nacional de Justiça e à respectiva Corregedoria-Geral de Justiça (CGJ).

Parágrafo único. A atuação prevista no *caput* será preventiva, com o propósito de autogestão da atividade, notificando os tabeliães que incorram em excesso de prazo ou não observância de procedimentos legais e normativos, antes do envio de relatórios aos órgãos correcionais.

Art. 262. As corregedorias-gerais de Justiça dos estados fiscalizarão a efetiva vinculação dos tabeliães de protesto à CENPROT, observados os limites, a temporalidade e o escopo do uso da central, bem como a extensão da responsabilidade dos tabeliães de protesto.

Art. 263. A prestação de serviços a terceiros com a utilização de dados existentes na CENPROT se dará mediante convênio/termo de adesão que deverá conter cláusulas de responsabilidade recíprocas, contendo forma, prazo e taxas administrativas livremente ajustadas entre as partes.

CAPÍTULO VI – DO TABELIONATO DE NOTAS

SEÇÃO I – DA CENTRAL NOTARIAL DE SERVIÇOS ELETRÔNICOS COMPARTILHADOS (CENSEC)

- ***Correspondência dos arts. 264 a 283 deste Código (CNN): Provimento nº 18, de 28 de agosto de 2012***
- *Vide Lei nº 11.441/2007 (Inventário, partilha, separação consensual e divórcio consensual por via administrativa)*
- *Vide Lei nº 13.105/2015/CPC (arts. 610 e seguintes e 733 e seguintes)*
- *Vide Resolução nº 35/2007 (Disciplina a lavratura dos atos notariais relacionados a inventário, partilha, separação consensual, divórcio consensual e extinção consensual de união estável por via administrativa)*

SUBSEÇÃO I – DAS DISPOSIÇÕES GERAIS

Art. 264. Fica corroborada a instituição da Central Notarial de Serviços Eletrônicos Compartilhados (CENSEC), disponível por meio do Sistema de Informações e Gerenciamento Notarial (SIGNO) e publicada sob o domínio www. censec.org.br, desenvolvida, mantida e operada pelo Colégio Notarial do Brasil Conselho Federal (CNB/CF), sem nenhum ônus para o Conselho Nacional de Justiça (CNJ) ou qualquer outro órgão governamental, com objetivo de:

I – interligar as serventias extrajudiciais brasileiras que praticam atos notariais, permitido o intercâmbio de documentos eletrônicos e o tráfego de informações e dados;

II – aprimorar tecnologias com a finalidade de viabilizar os serviços notariais em meio eletrônico;

III – implantar em âmbito nacional um sistema de gerenciamento de banco de dados, para pesquisa;

IV – incentivar o desenvolvimento tecnológico do sistema notarial brasileiro, facilitando o acesso às informações, ressalvadas as hipóteses de acesso restrito nos casos de sigilo; e

V – possibilitar o acesso direto de órgãos do Poder Público a informações e dados correspondentes ao serviço notarial.

Art. 265. A CENSEC funcionará por meio de portal na rede mundial de computadores e será composta dos seguintes módulos operacionais:

I – Registro Central de Testamentos On-Line (RCTO): destinado à pesquisa de testamentos públicos e de instrumentos de aprovação de testamentos cerrados, lavrados no país, no mínimo, desde 1.º de janeiro de 2000;

II – Central de Escrituras de Separações, Divórcios e Inventários (CESDI): destinada à pesquisa de escrituras a que alude a Lei n. 11.441, de 4 de janeiro de 2007, lavradas no país, no mínimo, desde 1.º de janeiro de 2007;

III – Central de Escrituras e Procurações (CEP): destinada à pesquisa de procurações e atos notariais diversos, lavrados no país, no mínimo, desde 1.º de janeiro de 2006; e

- *Vide Enunciado 214, III Jornada de Direito Processual Civil do CJF*

IV – Central Nacional de Sinal Público (CNSIP): destinada ao arquivamento digital de sinal público de notários e registradores e respectiva pesquisa.

Art. 266. A CENSEC será integrada, obrigatoriamente, por todos os tabeliães de notas e oficiais de registro que pratiquem atos notariais, os quais deverão acessar o Portal do CENSEC na internet para incluir dados específicos e emitir informações para cada um dos módulos acima citados, com observância dos procedimentos descritos neste Código de Normas.

SUBSEÇÃO II – DO REGISTRO CENTRAL DE TESTAMENTOS "ON-LINE" (RCTO)

Art. 267. Os tabeliães de notas, com atribuição pura ou cumulativa dessa especialidade, e os oficiais de registro que detenham atribuição notarial para lavratura de testamentos remeterão ao Colégio Notarial do Brasil - Conselho Federal quinzenalmente, por meio da CENSEC, relação dos nomes constantes dos testamentos lavrados em seus livros e respectivas revogações, bem como dos instrumentos de aprovação de testamentos cerrados, ou informação negativa da prática de qualquer desses atos, nos seguintes termos:

I – até o dia 5 de cada mês subsequente, quanto a atos praticados na segunda quinzena do mês anterior; e

II – até o dia 20, quanto a atos praticados na primeira quinzena do próprio mês.

§ 1.º Nos meses em que os dias 5 e 20 não forem dias úteis, a informação deverá ser enviada no dia útil subsequente.

§ 2.º Constarão da informação:

a) nome por extenso do testador, número do documento de identidade (RG ou documento equivalente) e CPF;

b) espécie e data do ato; e

c) livro e folhas em que o ato foi lavrado.

§ 3.º As informações positivas ou negativas serão enviadas, por meio da internet, ao Colégio Notarial do Brasil - Conselho Federal, arquivando-se digitalmente o comprovante do envio.

§ 4.º No prazo para envio da informação, os tabeliães de notas, com atribuição pura ou cumulativa dessa especialidade, e os oficiais de registro que detenham atribuição notarial para lavratura de testamentos remeterão ao Colégio Notarial do Brasil - Conselho Federal, na qualidade de operador do CENSEC, para cada ato comunicado, o valor previsto na legislação estadual, em que houver esta previsão.

Art. 268. A informação sobre a existência ou não de testamento somente será fornecida pelo CNB/CF nos seguintes casos:

I – mediante requisição judicial ou do Ministério Público, gratuitamente;

II – de pessoa viva, a pedido do próprio testador, mediante apresentação da cópia do documento de identidade, observado o parágrafo único deste artigo; e

III – de pessoa falecida, a pedido de interessado, mediante apresentação da certidão de óbito expedida pelo Registro Civil de Pessoas Naturais, observado o parágrafo único deste artigo.

Parágrafo único. O recolhimento de quantia correspondente ao fornecimento da informação será devido na forma e pelo valor que for previsto na legislação da unidade da federação em que tenha ocorrido o óbito, se existir tal previsão.

Art. 269. As informações citadas no 5.º artigo anterior serão remetidas, no prazo de até 48 horas, por documento eletrônico assinado digitalmente, com base no padrão ICP-BRASIL, pelo Presidente do Conselho Federal do Colégio Notarial do Brasil, ou por pessoa por ele designada, sob sua responsabilidade.

SUBSEÇÃO III – DA CENTRAL DE ESCRITURAS DE SEPARAÇÕES, DIVÓRCIOS E INVENTÁRIOS (CESDI)

Art. 270. Os tabeliães de notas, com atribuição pura ou cumulativa dessa especialidade, e os oficiais de registro que detenham atribuição notarial remeterão ao Colégio Notarial do Brasil - Conselho Federal, quinzenalmente, por meio da CENSEC, informação sobre a lavratura de escrituras decorrentes da Lei n. 11.441/07 contendo os dados abaixo relacionados ou, na hipótese de ausência, informação negativa da prática desses atos no período, arquivando-se digitalmente o comprovante de remessa, nos seguintes termos:

I – até o dia 5 de cada mês subsequente, aos atos praticados na segunda quinzena do mês anterior; e

II – até o dia 20, os atos praticados na primeira quinzena do mesmo mês.

§ 1.º Nos meses em que os dias 5 e 20 não forem dias úteis, a informação deverá ser enviada no dia útil subsequente.

§ 2.º Constarão da informação:

a) tipo de escritura;

b) data da lavratura do ato;

c) livro e folhas em que o ato foi lavrado; e

d) nome por extenso das partes: separandos, divorciandos, "de cujus", cônjuge supérstite e herdeiros, bem como seus respectivos números de documento de identidade (RG ou equivalente) e CPF, e do advogado oficiante.

§ 3.º As informações positivas ou negativas serão enviadas, por meio da internet, ao Colégio Notarial do Brasil - Conselho Federal, arquivando-se digitalmente o comprovante do envio.

Art. 271. Poderá qualquer interessado acessar o sítio eletrônico para obter informação sobre a eventual existência dos atos referidos no artigo anterior e o sistema indicará, em caso positivo, o tipo de escritura, a serventia que a lavrou, a data do ato, o respectivo número do livro e das folhas, os nomes dos separandos, divorciandos, "de cujus", cônjuges supérstites e herdeiros, bem como seus respectivos números de documento de identidade (RG ou equivalente) e CPF e o advogado assistente.

SUBSEÇÃO IV – DA CENTRAL DE ESCRITURAS E PROCURAÇÕES (CEP)

› *Vide Enunciado 214, III Jornada de Direito Processual Civil do CJF*

Art. 272. Os tabeliães de notas, com atribuição pura ou cumulativa dessa especialidade, e os oficiais de registro que detenham atribuição notarial remeterão ao Colégio Notarial do Brasil - Conselho Federal, quinzenalmente, por meio da CENSEC, informações constantes das escrituras públicas e procurações públicas ou informação negativa da prática destes atos, exceto quanto às escrituras de separação, divórcio e inventário (que deverão ser informadas à CESDI) e às de testamento (que deverão ser informadas ao RCTO), nos seguintes termos:

I – até o dia 5 do mês subsequente, os atos praticados na segunda quinzena do mês anterior; e

II – até o dia 20, os atos praticados na primeira quinzena do mesmo mês.

§ 1.º Nos meses em que os dias 5 e 20 não forem dias úteis, a informação deverá ser enviada no dia útil subsequente;

§ 2.º Constarão da informação:

a) nomes por extenso das partes;

b) número do documento de identidade (RG ou equivalente);

c) CPF;

d) valor do negócio jurídico (quando existente); e

e) número do livro e folhas.

§ 3.º As informações positivas ou negativas serão enviadas, por meio da internet, ao Colégio Notarial do Brasil - Conselho Federal, arquivando-se digitalmente o comprovante do envio.

§ 4.º Independentemente da prestação de informações à Central de Escrituras e Procurações - CEP, será obrigatória a comunicação da lavratura de escritura pública de revogação de procuração e de escritura pública de rerratificação, pelo notário que as lavrar, ao notário que houver lavrado a escritura de procuração revogada, ou a escritura pública do negócio jurídico objeto da rerratificação, com a realização das anotações remissivas correspondentes, em todas as escrituras, pelo remetente e pelo destinatário.

Art. 273. As informações constantes da CEP poderão ser acessadas, diretamente, por meio de certificado digital, pelos Tabeliães de Notas e Oficiais de Registro que detenham atribuição notarial e serão disponibilizadas, mediante solicitação, aos órgãos públicos, autoridades e outras pessoas indicadas neste Código de Normas ou em outro ato normativo.

SUBSEÇÃO V – DA CENTRAL NACIONAL DE SINAL PÚBLICO (CNSIP)

Art. 274. Os tabeliães de notas e oficiais de registro que detenham atribuição notarial remeterão ao Colégio Notarial do Brasil - Conselho Federal, por meio do CENSEC, cartões com seus autógrafos e os dos seus prepostos, autorizados a subscrever traslados e certidões, reconhecimentos de firmas e autenticações de documentos, para fim de confronto com as assinaturas lançadas nos instrumentos que forem apresentados.

Art. 275. A consulta à CNSIP poderá ser feita gratuitamente pelos tabeliães de notas e oficiais de registro que detenham atribuição notarial.

SUBSEÇÃO VI – DA FISCALIZAÇÃO DA CENSEC

Art. 276. O Conselho Nacional de Justiça (CNJ) terá acesso à CENSEC, para utilização de todos os dados em sua esfera de competência, sem qualquer ônus ou despesa.

Art. 277. A Corregedoria Nacional de Justiça poderá verificar, diretamente pela CENSEC, o cumprimento dos prazos de carga das informações previstas nesta Seção pelos tabeliães de notas e oficiais de registro que detenham atribuição notarial.

Parágrafo Único. O Colégio Notarial do Brasil - Conselho Federal deverá informar à Corregedoria Nacional de Justiça, mensalmente, os casos de descumprimento dos prazos de carga das informações previstas nesta Seção e indicar as serventias omissas em aviso dirigido a todos os usuários do sistema, inclusive nos informes específicos solicitados por particulares e órgãos públicos.

SUBSEÇÃO VII – DO ACESSO À CENSEC

Art. 278. A Presidência do Conselho Nacional de Justiça (CNJ) e a Corregedoria Nacional de Justiça, que detém o poder de fiscalização, terão acesso livre, integral e gratuito às informações referentes à RCTO, CESDI, CEP e CNSIP, independentemente da utilização de certificado digital, mediante informação do número do processo ou procedimento do qual originada a determinação.

Art. 279. Para transparência e segurança, todos os demais acessos às informações constantes da CENSEC somente serão feitos após prévia identificação, por meio de certificado digital emitido conforme a Infraestrutura de Chaves Públicas Brasileira (ICP-Brasil), devendo o sistema manter registros de "log" destes acessos.

§ 1.º Os conselheiros do Conselho Nacional de Justiça (CNJ), para o exercício de suas atribuições, terão acesso livre, integral e gratuito às informações referentes à RCTO, CESDI, CEP e CNSIP, mediante informação do número do processo ou procedimento do qual originada a solicitação.

§ 2.º Os demais órgãos do Poder Judiciário, do Ministério Público e os órgãos públicos indicados pela Presidência do Conselho Nacional de Justiça (CNJ) e pela Corregedoria Nacional de Justiça terão acesso livre, integral e gratuito às informações referentes à CESDI e CEP, mediante informação do número do processo ou procedimento do qual originada a solicitação.

§ 3.º Os tabeliães de notas e oficiais de registro que detenham atribuição notarial terão acesso livre, integral e gratuito às informações referentes à CESDI, CEP e CNSIP, para o exercício de suas atribuições.

Art. 280. Poderão se habilitar para o acesso às informações referentes à CESDI e CEP todos os órgãos do Poder Judiciário e do Ministério Público, bem como os órgãos públicos da União, dos estados, do Distrito Federal e dos municípios que delas necessitem para a prestação do serviço público de que incumbidos.

§ 1.º Os órgãos do Poder Judiciário, de qualquer instância, se habilitarão diretamente na Central Notarial de Serviços Eletrônicos Compartilhados (CENSEC), mediante atendimento dos requisitos técnicos pertinentes.

§ 2.º A habilitação dos órgãos públicos de que trata o *caput* deste artigo será solicitada diretamente ao Colégio Notarial do Brasil - Conselho Federal, em campo a ser disponibilizado no sítio www.censec.org.br, no qual será informado o nome, cargo, matrícula e número do CPF das pessoas autorizadas para acesso ao sistema.

§ 3.º O Colégio Notarial do Brasil - Conselho Federal consultará a Corregedoria Nacional de Justiça, antes de efetivar o acesso, sobre a solicitação de habilitação dos órgãos públicos, sempre que estiver ausente qualquer dos requisitos estabelecidos no *caput* deste artigo.

SUBSEÇÃO VIII – DAS DEFINIÇÕES TÉCNICAS

Art. 281. A definição de padrões tecnológicos e o aprimoramento contínuo da prestação de informações dos serviços notariais por meio eletrônico ficarão a cargo do Colégio Notarial do Brasil - Conselho Federal, sob suas expensas, sem nenhum ônus para o Conselho Nacional de Justiça (CNJ) ou qualquer outro órgão governamental.

Art. 282. A CENSEC, sistema de informações homologado pelo LEA/ICP- Brasil (Laboratório de Ensaios e Auditorias), estará disponível 24 horas por dia, em todos os dias da semana, observadas as seguintes peculiaridades e características técnicas:

§ 1.º Ocorrendo a extinção da CNB-CF, que se apresenta como titular dos direitos autorais e de propriedade intelectual do sistema, do qual detém o conhecimento tecnológico, o código-fonte e o banco de dados, ou a paralisação pela citada entidade da prestação do serviço objeto desta Seção, sem substituição por associação ou entidade de classe que o assuma em idênticas condições mediante autorização do Conselho Nacional de Justiça (CNJ), será o banco de dados, em sua totalidade, transmitido ao CNJ, ou a ente ou órgão público que o CNJ indicar, com o código-fonte e as informações técnicas necessárias para o acesso e utilização de todos os seus dados, bem como para a continuação de seu funcionamento na forma prevista nesta Seção, sem ônus, custos ou despesas para o Poder Público e, notadamente, sem qualquer remuneração por direitos autorais e de propriedade intelectual, a fim de que a Central Notarial de Serviços Eletrônicos Compartilhados – CENSEC permaneça em integral funcionamento.

§ 2.º O sistema foi desenvolvido em plataforma WEB, com sua base de dados em SQL Server, em conformidade com a arquitetura e-Ping.

§ 3.º O acesso ao sistema, bem como as assinaturas de informações ou outros documentos emitidos por meio deste, deve ser feito mediante uso de certificado digital nos padrões da Infraestrutura de Chaves Públicas Brasileira (ICP- Brasil), ressalvado o disposto neste Código de Normas.

Art. 283. O Colégio Notarial do Brasil - Conselho Federal, ou quem o substituir na forma deste Código de Normas, se obriga a manter sigilo relativo à identificação dos órgãos públicos e dos respectivos servidores que acessarem a Central Notarial de Serviços Eletrônicos Compartilhados (CENSEC), ressalvada requisição judicial e fiscalização pela Corregedoria Nacional de Justiça.

SEÇÃO II – DOS ATOS NOTARIAIS ELETRÔNICOS POR MEIO DO E-NOTARIADO

- ***Correspondência dos arts. 284 a 319 deste Código (CNN): Provimento CNJ n. 100, de 26 de maio de 2020***
- *Vide art. 1º, § 1º e § 3º, Lei n. 6.015/1973 (Registros Públicos)*
- *Vide Lei n. 14.382/2022 (SERP)*
- *Vide Decreto n. 10.278/2020 (Disciplina os requisitos para a digitalização de documentos públicos ou privados, de modo que os representantes digitais produzam os mesmos efeitos legais dos originais)*
- *Vide Resolução CNJ n. 469/2022 (Digitalização de documentos judiciais e administrativos)*

SUBSEÇÃO I – DAS DISPOSIÇÕES GERAIS

Art. 284. Esta Seção estabelece normas gerais sobre a prática de atos notariais eletrônicos em todos os tabelionatos de notas do País.

Art. 285. Para fins desta Seção, considera-se:

I – assinatura eletrônica notarizada: qualquer forma de verificação de autoria, integridade e autenticidade de um documento eletrônico realizada por um notário, atribuindo fé pública;

II – certificado digital notarizado: identidade digital de uma pessoa física ou jurídica, identificada presencialmente por um notário a quem se atribui fé pública;

III – assinatura digital: resumo matemático computacionalmente calculado a partir do uso de chave privada e que pode ser verificado com o uso de chave pública, cujo certificado seja conforme a Medida Provisória n. 2.200-2/2001 ou qualquer outra tecnologia autorizada pela lei;

IV – biometria: dado ou conjunto de informações biológicas de uma pessoa, que possibilita ao tabelião confirmar a identidade e a sua presença, em ato notarial ou autenticação em ato particular;

V – videoconferência notarial: ato realizado pelo notário para verificação da livre manifestação da vontade das partes em relação ao ato notarial lavrado eletronicamente;

VI – ato notarial eletrônico: conjunto de metadados, gravações de declarações de anuência das partes por videoconferência notarial e documento eletrônico, correspondentes a um ato notarial;

VII – documento físico: qualquer peça escrita ou impressa em qualquer suporte que ofereça prova ou informação sobre um ato, fato ou negócio, assinada ou não, e emitida na forma que lhe for própria;

VIII – digitalização ou desmaterialização: processo de reprodução ou conversão de fato, ato, documento, negócio ou coisa, produzidos ou representados originalmente em meio não digital, para o formato digital;

IX – papelização ou materialização: processo de reprodução ou conversão de fato, ato, documento, negócio ou coisa, produzidos ou representados originalmente em meio digital, para o formato em papel;

X – documento eletrônico: qualquer arquivo em formato digital que ofereça prova ou informação sobre um ato, fato ou negócio, emitido na forma que lhe for própria, inclusive aquele cuja autoria seja verificável pela internet.

XI – documento digitalizado: reprodução digital de documento originalmente em papel ou outro meio físico;

XII – documento digital: documento originalmente produzido em meio digital;

XIII – meio eletrônico: ambiente de armazenamento ou tráfego de informações digitais;

XIV – transmissão eletrônica: toda forma de comunicação a distância com a utilização de redes de comunicação, tal como os serviços de internet;

XV – usuários internos: tabeliães de notas, substitutos, interinos, interventores, escreventes e auxiliares com acesso às funcionalidades internas do sistema de processamento em meio eletrônico;

XVI – usuários externos: todos os demais usuários, incluídas partes, membros do Poder Judiciário, autoridades, órgãos governamentais e empresariais;

XVII – CENAD: Central Notarial de Autenticação Digital, que consiste em uma ferramenta para os notários autenticarem os documentos digitais, com base em seus originais, que podem ser em papel ou natos-digitais; e

XVIII – cliente do serviço notarial: todo o usuário que comparecer perante um notário como parte direta ou indiretamente interessada em um ato notarial, ainda que por meio de representantes, independentemente de ter sido o notário escolhido pela parte outorgante, outorgada ou por um terceiro;

Art. 286. São requisitos da prática do ato notarial eletrônico:

I – videoconferência notarial para captação do consentimento das partes sobre os termos do ato jurídico;

II – concordância expressada pelas partes com os termos do ato notarial eletrônico;

III – assinatura digital pelas partes, exclusivamente por meio do e-Notariado;

IV – assinatura do tabelião de notas com a utilização de certificado digital ICP-Brasil; e

V – uso de formatos de documentos de longa duração com assinatura digital.

Parágrafo único. A gravação da videoconferência notarial deverá conter, no mínimo:

a) a identificação, a demonstração da capacidade e a livre manifestação das partes atestadas pelo tabelião de notas;

b) o consentimento das partes e a concordância com a escritura pública;

c) o objeto e o preço do negócio pactuado;

d) a declaração da data e horário da prática do ato notarial; e

e) a declaração acerca da indicação do livro, da página e do tabelionato em que será lavrado o ato notarial.

Art. 287. Para a lavratura do ato notarial eletrônico, o notário utilizará a plataforma e-Notariado, por meio do link *www.e-notariado.org.br*, com a realização da videoconferência notarial para captação da vontade das partes e coleta das assinaturas digitais.

Art. 288. O Colégio Notarial do Brasil - Conselho Federal manterá um registro nacional único dos Certificados Digitais Notarizados e de biometria.

Art. 289. A competência para a prática dos atos regulados nesta Seção é absoluta e observará a circunscrição territorial em que o tabelião recebeu sua delegação, nos termos do art. 9.º da Lei n. 8.935/1994.

SUBSEÇÃO II – DO SISTEMA DE ATOS NOTARIAIS ELETRÔNICOS E-NOTARIADO

Art. 290. Fica instituído o Sistema de Atos Notariais Eletrônicos, e-Notariado, disponibilizado na internet pelo Colégio Notarial do Brasil - Conselho Federal, dotado de infraestrutura tecnológica necessária à atuação notarial eletrônica, com o objetivo de:

I – interligar os notários, permitindo a prática de atos notariais eletrônicos, o intercâmbio de documentos e o tráfego de informações e dados;

II – aprimorar tecnologias e processos para viabilizar o serviço notarial em meio eletrônico;

III – implantar, em âmbito nacional, um sistema padronizado de elaboração de atos notariais eletrônicos, possibilitando a solicitação de atos, certidões e a realização de convênios com interessados; e

IV – implantar a Matrícula Notarial Eletrônica (MNE).

§ 1.º O e-Notariado deve oferecer acesso aos dados e às informações constantes de sua base de dados para o juízo competente responsável pela fiscalização da atividade extrajudicial, para as corregedorias dos estados e do Distrito Federal e para a Corregedoria Nacional de Justiça.

§ 2.º Os notários, pessoalmente ou por intermédio do e-Notariado, devem fornecer meios tecnológicos para o acesso das informações exclusivamente estatísticas e genéricas à Administração Pública Direta, sendo-lhes vedado o envio e o repasse de dados, salvo disposição legal ou judicial específica.

Art. 291. O Sistema de Atos Notariais Eletrônicos, e-Notariado, será implementado e mantido pelo Colégio Notarial do Brasil - Conselho Federal, CNB- CF, sem ônus ou despesas para o Conselho Nacional de Justiça (CNJ) e os demais órgãos ou entidades do Poder Público.

§ 1.º Para a implementação e gestão do sistema e-Notariado, o Colégio Notarial do Brasil - Conselho Federal deverá:

I – adotar as medidas operacionais necessárias, coordenando a implantação e o funcionamento dos atos notariais eletrônicos, emitindo certificados eletrônicos;

II – estabelecer critérios e normas técnicas para a seleção dos tabelionatos de notas autorizados a emitir certificados eletrônicos para a lavratura de atos notariais eletrônicos; e

III – estabelecer normas, padrões, critérios e procedimentos de segurança referentes a assinaturas eletrônicas, certificados digitais e emissão de atos notariais eletrônicos e outros aspectos tecnológicos atinentes ao seu bom funcionamento.

§ 2.º As seccionais do Colégio Notarial do Brasil atuarão para capacitar os notários credenciados para a emissão de certificados eletrônicos, segundo diretrizes do Colégio Notarial do Brasil - Conselho Federal.

§ 3.º Para manutenção, gestão e aprimoramento contínuo do e-Notariado, o CNB-CF poderá ser ressarcido dos custos pelos delegatários, interinos e interventores aderentes à plataforma eletrônica na proporção dos serviços utilizados.

Art. 292. O acesso ao e-Notariado será feito com assinatura digital, por certificado digital notarizado, nos termos da MP n. 2.200-2/2001 ou, quando possível, por biometria.

§ 1.º As autoridades judiciárias e os usuários internos terão acesso às funcionalidades do e-Notariado de acordo com o perfil que lhes for atribuído no sistema.

§ 2.º Os usuários externos poderão acessar o e-Notariado mediante cadastro prévio, sem assinatura eletrônica, para conferir a autenticidade de ato em que tenham interesse.

§ 3.º Para a assinatura de atos notariais eletrônicos é imprescindível a realização de videoconferência notarial para captação do consentimento das partes sobre os termos do ato jurídico, a concordância com o ato notarial, a utilização da assinatura digital e a assinatura do tabelião de notas com o uso de certificado digital, segundo a Infraestrutura de Chaves Públicas Brasileira (ICP).

§ 4.º O notário fornecerá, gratuitamente, aos clientes do serviço notarial certificado digital notarizado, para uso exclusivo e por tempo determinado, na plataforma e-Notariado e nas demais plataformas autorizadas pelo Colégio Notarial Brasil-CF.

§ 5.º Os notários poderão operar na Infraestrutura de Chaves Públicas Brasileira (ICP) Brasil ou utilizar e oferecer outros meios de comprovação da autoria e integridade de documentos em forma eletrônica, sob sua fé pública, desde que operados e regulados pelo Colégio Notarial do Brasil - Conselho Federal.

Art. 293. O e-Notariado disponibilizará as seguintes funcionalidades:

I – matrícula notarial eletrônica;

II – portal de apresentação dos notários;

III – fornecimento de certificados digitais notarizados e assinaturas eletrônicas notarizadas;

IV – sistemas para realização de videoconferências notariais para gravação do consentimento das partes e da aceitação do ato notarial;

V – sistemas de identificação e de validação biométrica;

VI – assinador digital e plataforma de gestão de assinaturas;

VII – interconexão dos notários;

VIII – ferramentas operacionais para os serviços notariais eletrônicos;

IX – Central Notarial de Autenticação Digital (CENAD);

X – Cadastro Único de Clientes do Notariado (CCN);

XI – Cadastro Único de Beneficiários Finais (CBF); e

XII – Índice Único de Atos Notariais (IU).

Art. 294. O sistema e-Notariado contará com módulo de fiscalização e geração de relatórios (correição on-line), para efeito de contínuo acompanhamento, controle e fiscalização pelos juízes responsáveis pela atividade extrajudicial, pelas corregedorias de Justiça dos estados e do Distrito Federal e pela Corregedoria Nacional de Justiça.

Parágrafo único. A habilitação dos responsáveis pela fiscalização deverá ser realizada diretamente no link *www.e-notariado.org.br*, acessando o campo "correição on-line", permitindo o acesso ao sistema em até 24 horas (vinte e quatro horas)

SUBSEÇÃO III – DA MATRÍCULA NOTARIAL ELETRÔNICA - MNE

Art. 295. Fica instituída a Matrícula Notarial Eletrônica (MNE), que servirá como chave de identificação individualizada, facilitando a unicidade e rastreabilidade da operação eletrônica praticada.

§ 1.º A Matrícula Notarial Eletrônica será constituída de 24 dígitos, organizados em seis campos, observada a estrutura CCCCCC.AAAA.MM.DD. NNNNNNNN-DD, assim distribuídos:

I - o primeiro campo (CCCCCC) será constituído de seis dígitos, identificará o Código Nacional de Serventia (CNS), atribuído pelo Conselho Nacional de Justiça (CNJ), e determinará o tabelionato de notas em que foi lavrado o ato notarial eletrônico;

II - o segundo campo (AAAA), separado do primeiro por um ponto, será constituído de quatro dígitos e indicará o ano em que foi lavrado o ato notarial;

III - o terceiro campo (MM), separado do segundo por um ponto, será constituído de dois dígitos e indicará o mês em que foi lavrado o ato notarial;

IV - o quarto campo (DD), separado do terceiro por um ponto, será constituído de dois dígitos e indicará o dia em que foi lavrado o ato notarial;

V - o quinto campo (NNNNNNNN), separado do quarto por um ponto, será constituído de oito dígitos e conterá o número sequencial do ato notarial de forma crescente ao infinito; e

VI - o sexto e último campo (DD), separado do quinto por um hífen, será constituído de dois dígitos e conterá os dígitos verificadores, gerados pela aplicação do algoritmo Módulo 97 Base 10, conforme Norma ISO 7064:2003.

§ 2.º O número da Matrícula Notarial Eletrônica integra o ato notarial eletrônico, devendo ser indicado em todas as cópias expedidas.

§ 3.º Os traslados e certidões conterão, obrigatoriamente, a expressão "Consulte a validade do ato notarial em www.docautentico.com.br/valida".

SUBSEÇÃO IV – DO ACESSO AO SISTEMA

Art. 296. O sistema e-Notariado estará disponível 24 horas por dia, ininterruptamente, ressalvados os períodos de manutenção do sistema.

Parágrafo único. As manutenções programadas do sistema serão sempre informadas com antecedência mínima de 24 horas e realizadas, preferencialmente, entre 0h de sábado e 22h de domingo, ou entre 0h e 6h, dos demais dias da semana.

Art. 297. A consulta aos dados e documentos do sistema e-Notariado estará disponível por meio do link *http://www.e-notariado.org.br/consulta*.

§ 1.º Para a consulta de que trata o *caput* deste artigo será exigido o cadastro no sistema por meio do link *http://www.e-notariado.org.br/cadastro*.

§ 2.º O usuário externo que for parte em ato notarial eletrônico ou que necessitar da conferência da autenticidade de um ato notarial será autorizado a acessar o sistema sempre que necessário.

§ 3.º O sítio eletrônico do sistema e-Notariado deverá ser acessível somente por meio de conexão segura HTTPS, e os servidores de rede deverão possuir certificados digitais adequados para essa finalidade.

Art. 298. A impressão do ato notarial eletrônico conterá, em destaque, a chave de acesso e QR Code para consulta e verificação da autenticidade do ato notarial na Internet.

SUBSEÇÃO V – DOS ATOS NOTARIAIS ELETRÔNICOS

Art. 299. Os atos notariais eletrônicos reputam-se autênticos e detentores de fé pública, como previsto na legislação processual.

Parágrafo único. O CNB-CF poderá padronizar campos codificados no ato notarial eletrônico ou em seu traslado, para que a informação estruturada seja tratável eletronicamente.

Art. 300. Os atos notariais celebrados por meio eletrônico produzirão os efeitos previstos no ordenamento jurídico quando observarem os requisitos necessários para a sua validade, estabelecidos em lei e nesta Seção.

Parágrafo único. As partes comparecentes ao ato notarial eletrônico aceitam a utilização da videoconferência notarial, das assinaturas eletrônicas notariais, da assinatura do tabelião de notas e, se aplicável, biometria recíprocas.

Art. 301. A identificação, o reconhecimento e a qualificação das partes, de forma remota, será feita pela apresentação da via original de identidade eletrônica e pelo conjunto de informações a que o tabelião teve acesso, podendo utilizar-se, em especial, do sistema de identificação do e-Notariado, de documentos digitalizados, cartões de assinatura abertos por outros notários, bases biométricas públicas ou próprias, bem como, a seu critério, de outros instrumentos de segurança.

§ 1.º O tabelião de notas poderá consultar o titular da serventia onde a firma da parte interessada esteja depositada, devendo o pedido ser atendido de pronto, por meio do envio de cópia digitalizada do cartão de assinatura e dos documentos via correio eletrônico.

§ 2.º O Colégio Notarial do Brasil - Conselho Federal poderá implantar funcionalidade eletrônica para o compartilhamento obrigatório de cartões de firmas entre todos os usuários do e-Notariado.

§ 3.º O armazenamento da captura da imagem facial no cadastro das partes dispensa a coleta da respectiva impressão digital quando exigida.

Art. 302. Ao tabelião de notas da circunscrição do imóvel ou do domicílio do adquirente compete, de forma remota e com exclusividade, lavrar as escrituras eletronicamente, por meio do e-Notariado, com a realização de videoconferência e assinaturas digitais das partes.

§ 1.º Quando houver um ou mais imóveis de diferentes circunscrições no mesmo ato notarial, será competente para a prática de atos remotos o tabelião de quaisquer delas.

› *Vide arts. 8º e 9º, Lei 8.935/1994 (Notários e Registradores)*

§ 2.º Estando o imóvel localizado no mesmo estado da federação do domicílio do adquirente, este poderá escolher qualquer tabelionato de notas da unidade federativa para a lavratura do ato.

› *Vide arts. 8º e 9º, Lei 8.935/1994 (Notários e Registradores)*

§ 3.º Para os fins desta Seção, entende-se por adquirente, nesta ordem, o comprador, a parte que está adquirindo direito real ou a parte em relação à qual é reconhecido crédito.

Art. 303. Ao tabelião de notas da circunscrição do fato constatado ou, quando inaplicável este critério, ao tabelião do domicílio do requerente compete lavrar as atas notariais eletrônicas, de forma remota e com exclusividade por meio do e-Notariado, com a realização de videoconferência e assinaturas digitais das partes.

› *Vide arts. 7º, III, 8º e 9º, Lei 8.935/1994 (Notários e Registradores)*

Parágrafo único. A lavratura de procuração pública eletrônica caberá ao tabelião do domicílio do outorgante ou do local do imóvel, se for o caso.

› *Vide arts. 7º, II, 8º e 9º, Lei 8.935/1994 (Notários e Registradores)*

Art. 304. A comprovação do domicílio, em qualquer das hipóteses desta Seção do Código Nacional de Normas, será realizada:

I – em se tratando de pessoa jurídica ou ente equiparado: pela verificação da sede da matriz, ou da filial em relação a negócios praticados no local desta, conforme registrado nos órgãos de registro competentes; e

II – em se tratando de pessoa física: pela verificação do título de eleitor, ou outro domicílio comprovado.

Parágrafo único. Na falta de comprovação do domicílio da pessoa física, será observado apenas o local do imóvel, podendo ser estabelecidos convênios com órgãos fiscais para que os notários identifiquem, de forma mais célere e segura, o domicílio das partes.

Art. 305. A desmaterialização será realizada por meio da CENAD nos seguintes documentos:

I – na cópia de um documento físico digitalizado, mediante a conferência com o documento original ou eletrônico; e

II – em documento híbrido.

§ 1.º Após a conferência do documento físico, o notário poderá expedir cópias autenticadas em papel ou em meio digital.

§ 2.º As cópias eletrônicas oriundas da digitalização de documentos físicos serão conferidas na CENAD.

§ 3.º A autenticação notarial gerará um registro na CENAD, que conterá os dados do notário ou preposto que o tenha assinado, a data e hora da assinatura e um código de verificação (hash), que será arquivado.

§ 4.º O interessado poderá conferir o documento eletrônico autenticado pelo envio desse mesmo documento à CENAD, que confirmará a autenticidade por até cinco anos.

Art. 306. Compete, exclusivamente, ao tabelião de notas:

I – a materialização, a desmaterialização, a autenticação e a verificação da autoria de documento eletrônico;

II – autenticar a cópia em papel de documento original digitalizado e autenticado eletronicamente perante outro notário;

III – reconhecer as assinaturas eletrônicas apostas em documentos digitais; e

IV – realizar o reconhecimento da firma como autêntica no documento físico, devendo ser confirmadas, por videoconferência, a identidade. a capacidade daquele que assinou e a autoria da assinatura a ser reconhecida.

§ 1.º Tratando-se de documento atinente a veículo automotor, será competente para o reconhecimento de firma, de forma remota, o tabelião de notas do município de emplacamento do veículo ou de domicílio do adquirente indicados no Certificado de Registro de Veículo (CRV) ou na Autorização para Transferência de Propriedade de Veículo (ATPV).

§ 2.º O tabelião arquivará o trecho da videoconferência em que constar a ratificação da assinatura pelo signatário com expressa menção ao documento assinado, observados os requisitos previstos para o conteúdo da gravação da videoconferência notarial na forma desta Seção do Código Nacional de Normas.

§ 3.º A identidade das partes será atestada remotamente nos termos desta Seção do Código de Normas.

Art. 307. Em todas as escrituras e procurações em que haja substabelecimento ou revogação de outro ato deverá ser devidamente informado o notário, o livro e as folhas, o número de protocolo e a data do ato substabelecido ou revogado.

Art. 308. Deverá ser consignado em todo ato notarial eletrônico de reconhecimento de firma por autenticidade que a assinatura foi aposta no documento, perante o tabelião, seu substituto ou escrevente, em procedimento de videoconferência.

› *Vide Enunciado 50, I Jornada de Direito Notarial e Registral*

Art. 309. Outros atos eletrônicos poderão ser praticados com a utilização do sistema e-Notariado, observando-se as disposições gerais deste Código de Normas.

SUBSEÇÃO VI – DOS CADASTROS

Art. 310. O Colégio Notarial do Brasil - Conselho Federal manterá o cadastro de todos os tabeliães de notas e pessoas com atribuição notarial em todo o território nacional, ainda que conferida em caráter temporário.

§ 1.º O cadastro incluirá dados dos prepostos, especificando quais poderes lhes foram conferidos pelo titular, e conterá as datas de início e término da delegação notarial ou preposição, bem como os seus eventuais períodos de interrupção.

§ 2.º Os tribunais de Justiça deverão, em até 60 dias, verificar se os dados cadastrais dos notários efetivos, interinos e interventores bem como dos seus respectivos prepostos estão atualizados no Sistema Justiça Aberta, instaurando o respectivo procedimento administrativo em desfavor daqueles que não observarem a determinação, comunicando o cumprimento da presente determinação à Corregedoria Nacional de Justiça.

§ 3.º As decisões de suspensão ou perda de delegação de pessoa com atribuição notarial, ainda que sujeitas a recursos, as nomeações de interinos, interventores e prepostos e a outorga e renúncia de delegação deverão ser comunicadas, no prazo de 48 horas, à Corregedoria Nacional de Justiça para fins de atualização no sistema Justiça Aberta.

Art. 311. O Colégio Notarial do Brasil - Conselho Federal manterá o Cadastro Único de Clientes do Notariado (CCN), o Cadastro Único de Beneficiários Finais (CBF) e o Índice Único de Atos Notariais, nos termos do Capítulo I do Título II deste Código da Corregedoria Nacional de Justiça.

§ 1.º Os dados para a formação e atualização da base nacional do CCN serão fornecidos pelos próprios notários de forma sincronizada ou com periodicidade, no máximo, quinzenal, com:

I – dados relativos aos atos notariais protocolares praticados; e

II – dados relacionados aos integrantes do seu cadastro de firmas abertas:

a) para as pessoas físicas: indicação do CPF; nome completo; filiação; profissão; data de nascimento; estado civil e qualificação do cônjuge; cidade; nacionalidade; naturalidade; endereços residencial e profissional completos, com indicação da cidade e CEP; endereço eletrônico; telefones, inclusive celular; documento de identidade com órgão emissor e data de emissão; dados do passaporte ou carteira civil, se estrangeiro; imagem do documento; data da ficha; número da ficha; imagem da ficha; imagem da foto; dados biométricos, especialmente impressões digitais e fotografia; enquadramento na condição de pessoa exposta politicamente, nos termos da Resolução Coaf n. 29, de 7 de dezembro de 2017; e enquadramento em qualquer das condições previstas no art. 1.º da Resolução Coaf n. 31, de 7 de junho de 2019; e *(Redação dada pelo Provimento n. 150, de 11.9.2023)*

b) para as pessoas jurídicas: indicação do CNPJ; razão social e nome de fantasia, este quando constar do contrato social ou do Cadastro Nacional de Pessoa Jurídica (CNPJ); número do telefone; endereço completo, inclusive eletrônico; nome completo, número de inscrição no Cadastro de Pessoas Físicas (CPF), número do documento de identificação e nome do órgão expedidor ou, se estrangeiro, dados do passaporte ou carteira civil dos seus proprietários, sócios e beneficiários finais; nome completo, número de inscrição no Cadastro de Pessoas Físicas (CPF), número do documento de identificação e nome do órgão expedidor ou, se estrangeiro, dados do passaporte ou carteira civil dos representantes legais, prepostos e dos demais envolvidos que compareçam ao ato, nome dos representantes legais, prepostos e dos demais envolvidos que compareçam ao ato.

§ 2.º Os notários ficam obrigados a remeter ao CNB-CF, por sua Central Notarial de Serviços Eletrônicos Compartilhados (CENSEC), os dados essenciais dos atos praticados que compõem o Índice Único, em periodicidade não superior a 15 dias, nos termos das instruções complementares.

§ 3.º São dados essenciais:

I – a identificação do cliente;

II – a descrição pormenorizada da operação realizada;

III – o valor da operação realizada;

IV – o valor de avaliação para fins de incidência tributária;

V – a data da operação;

VI – a forma de pagamento;

VII – o meio de pagamento; e

VIII – outros dados, nos termos de regulamentos especiais, de instruções complementares ou orientações institucionais do CNB-CF.

SUBSEÇÃO VII – DAS DISPOSIÇÕES FINAIS

Art. 312. Os atos notariais eletrônicos, cuja autenticidade seja conferida pela internet por meio do e-Notariado, constituem instrumentos públicos para todos os efeitos legais e são eficazes para os registros públicos, as instituições financeiras, as juntas comerciais, o Detran e para a produção de efeitos jurídicos perante a administração pública e entre os particulares.

Art. 313. Fica autorizada a realização de ato notarial híbrido, com uma das partes assinando fisicamente o ato notarial e a outra, a distância, nos termos deste Código de Normas.

Art. 314. É permitido o arquivamento exclusivamente digital de documentos e papéis apresentados aos notários, seguindo as mesmas regras de organização dos documentos físicos.

Art. 315. A comunicação adotada para atendimento a distância deve incluir os números dos telefones da serventia, endereços eletrônicos de e-mail, o uso de plataformas eletrônicas de comunicação e de mensagens instantâneas como WhatsApp, Skype e outras disponíveis para atendimento ao público, devendo ser dada ampla divulgação.

Art. 316. Os dados das partes poderão ser compartilhados somente entre notários e, exclusivamente, para a prática de atos notariais, em estrito cumprimento à Lei n. 13.709/2018 (LGPD).

Art. 317. Os códigos-fontes do Sistema e-Notariado e respectiva documentação técnica serão mantidos e são de titularidade e propriedade do Colégio Notarial do Brasil - Conselho Federal.

Parágrafo único. Ocorrendo a extinção do Colégio Notarial do Brasil - Conselho Federal, ou a paralisação da prestação dos serviços objeto desta Seção do Código de Normas, sem substituição por associação ou entidade de classe que o assuma em idênticas condições mediante autorização da Corregedoria Nacional de Justiça - CNJ, o sistema e-Notariado e as suas funcionalidades, em sua totalidade, serão transmitidos ao Conselho Nacional de Justiça (CNJ) ou à entidade por ele indicada, com o código-fonte e as informações técnicas necessárias para o acesso e a utilização, bem como para a continuação de seu funcionamento na forma prevista neste Código de Normas, sem ônus, custos ou despesas para o Poder Público, sem qualquer remuneração por direitos autorais e de propriedade intelectual, a fim de que os atos notariais eletrônicos permaneçam em integral funcionamento.

Art. 318. É vedada a prática de atos notariais eletrônicos ou remotos com recepção de assinaturas eletrônicas a distância sem a utilização do e-Notariado.

Art. 319. Nos tribunais de Justiça em que são exigidos selos de fiscalização, o ato notarial eletrônico deverá ser lavrado com a indicação do selo eletrônico ou físico exigido pelas normas estaduais ou distrital.

Parágrafo único. São considerados nulos os atos eletrônicos lavrados em desconformidade com o disposto no *caput* deste artigo.

CAPÍTULO VII – DO REGISTRO DE IMÓVEIS

SEÇÃO I – DA CENTRAL NACIONAL DE INDISPONIBILIDADE DE BENS

Art. 320. A Central Nacional de Indisponibilidade de Bens (CNIB) observará o disposto no Provimento n. 39, de 25 de julho de 2014.

SEÇÃO II – DA PRESTAÇÃO DOS SERVIÇOS ELETRÔNICOS PELOS REGISTROS DE IMÓVEIS

Art. 321. O Sistema de Registro Eletrônico de Imóveis (SREI), previsto no art. 76 da Lei n. 13.465/2017, o Serviço de Atendimento Eletrônico Compartilhado (SAEC), o acesso da Administração Pública Federal às informações do Sistema de Registro Eletrônico de Imóveis (SREI), o estatuto do Operador Nacional do Sistema de Registro Eletrônico (ONR), a atuação da Corregedoria Nacional de Justiça como agente regulador do ONR, o custeio do SREI observará o disposto no Provimento n. 89, de 18 de dezembro de 2019, no Provimento n. 109, de 14 de outubro de 2020, e no Provimento n. 115, de 24 de março de 2021, sem prejuízo do disposto neste Código de Normas.

Art. 322. Poderão os oficiais de registro de imóveis, ou as centrais de serviços eletrônicos compartilhados, oferecer serviço de localização de números de matrículas, a partir de consulta do endereço do imóvel no Indicador Real – Livro 4 *(Redação dada pelo Provimento n. 136, de 30.9.2022).*

› ***Correspondência dos arts. 322 a 329 deste Código (CNN): Provimento CNJ n. 94, de 28 de março de 2020***

Art. 323. Os oficiais de registro de imóveis, a seu prudente critério, e sob sua responsabilidade, poderão recepcionar documentos em forma eletrônica por outros meios que comprovem a autoria e integridade do arquivo (na forma do art. 10, § 2.º, da Medida Provisória 2.200-2/2001).

Art. 324. Todos os oficiais dos Registros de Imóveis deverão recepcionar os títulos nato-digitais e digitalizados com padrões técnicos, que forem encaminhados eletronicamente para a unidade a seu cargo, por meio das centrais de serviços eletrônicos compartilhados ou do Operador Nacional do Sistema de Registro Eletrônico de Imóveis (ONR), e processá-los para os fins do art. 182 e §§ da Lei nº 6.015, de 31 de dezembro de 1973.

§ 1º Considera-se um título nativamente digital:

I - o documento público ou particular gerado eletronicamente em PDF/A e assinado com Certificado Digital ICP-Brasil por todos os signatários e testemunhas:

II - a certidão ou traslado notarial gerado eletronicamente em PDF/A ou XML e assinado por tabelião de notas, seu substituto ou preposto;

III - o resumo de instrumento particular com força de escritura pública, celebrado por agentes financeiros autorizados a funcionar no âmbito do SFH/SFI, pelo Banco Central do Brasil, referido no art. 61, "caput" e parágrafo 4º da Lei nº 4.380, de 21 de agosto de 1.964, assinado pelo representante legal do agente financeiro

IV – as cédulas de crédito emitidas sob a forma escritural, na forma da lei;

V - o documento desmaterializado por qualquer notário ou registrador, gerado em PDF/A e assinado por ele, seus substitutos ou prepostos com Certificado Digital ICP-Brasil.

VI – as cartas de sentença das decisões judiciais, dentre as quais, os formais de partilha, as cartas de adjudicação e de arrematação, os mandados de registro, de averbação e de retificação, mediante acesso direto do oficial do Registro de Imóveis ao processo judicial eletrônico, mediante requerimento do interessado.

› *Vide art. 221, Lei n. 6.015/1973*

§ 2º Consideram-se títulos digitalizados com padrões técnicos aqueles que forem digitalizados de conformidade com os critérios estabelecidos no art. 5º do Decreto nº 10.278, de 18 de março de 2020.

Art. 325. Os Oficiais de Registro de Imóveis verificarão, obrigatoriamente, na abertura e no encerramento do expediente de plantão, bem como, pelo menos, a cada intervalo máximo de uma hora, se existe comunicação de remessa de título para prenotação e de pedidos de certidões.

Art. 326. Os títulos recepcionados serão prenotados observada a ordem rigorosa de remessa eletrônica, devendo ser estabelecido o controle de direitos contraditórios, para fins de emissão de certidões e de tramitação simultânea de títulos contraditórios, ou excludentes de direitos sobre o mesmo imóvel.

Art. 327. A certidão de inteiro teor digital solicitada durante o horário de expediente, com indicação do número da matrícula ou do registro no Livro 3, será emitida e disponibilizada dentro de no máximo 2 horas, salvo no caso de atos manuscritos, cuja emissão não poderá ser retardada por mais de cinco dias, e ficará disponível para *download* pelo requerente pelo prazo mínimo de 30 dias.

Art. 328. O oficial do registro de imóveis, se suspeitar da falsidade do título, poderá exigir a apresentação do original e, em caso de dúvida, poderá requerer ao juiz, na forma da lei, as providências que forem cabíveis para esclarecimento do fato.

Art. 329. O valor do serviço de protocolo eletrônico de títulos é definido pelo valor da prenotação constante da Tabela de Custas e Emolumentos de cada unidade da Federação, que será pago no ato da remessa do título.

§ 1.º Após a prenotação o oficial do Registro de Imóveis promoverá a qualificação da documentação e procederá da seguinte forma:

I – quando o título estiver apto para registro e/ou averbação os emolumentos serão calculados e informados ao apresentante, para fins de depósito prévio. Efetuado o depósito os procedimentos registrais serão finalizados, com realização dos registros/averbações solicitados e a remessa da respectiva certidão contendo os atos registrais efetivados;

II – quando o título não estiver apto para registro e/ou averbação será expedida a Nota de Devolução contendo as exigências formuladas pelo oficial do Registro de Imóveis, que será encaminhada ao apresentante, vedadas exigências que versem sobre assentamentos da serventia ou certidões que são expedidas gratuitamente pela Internet; e

III - cumpridas as exigências de forma satisfatória proceder-se-á de conformidade com o inciso anterior. Não se conformando o apresentante com as exigências ou não as podendo satisfazer, poderá encaminhar, na mesma plataforma, pedido de suscitação de dúvida, para os fins do art. 198 e dos seguintes da Lei de Registros Públicos.

§ 2.º Os atos registrais serão lavrados após a qualificação positiva e dependerão de depósito prévio, que será efetuado diretamente ao oficial do Registro de Imóveis a quem incumbe a prática do ato registral.

§ 3.º Fica autorizada a devolução do título sem a prática dos atos requeridos, caso o depósito prévio não seja efetuado durante a vigência da prenotação.

SEÇÃO III – DO CÓDIGO NACIONAL DE MATRÍCULA

› ***Correspondência dos arts. 330 a 343 deste Código (CNN): arts. 1.º a 12 e art. 19 do Provimento CNJ n. 143, de 24 de abril de 2023.***

SUBSEÇÃO I – DA INSERÇÃO GRÁFICA DO CÓDIGO NACIONAL DE MATRÍCULA

Art. 330. O Código Nacional de Matrícula (CNM), de que trata o art. 235-A da Lei n. 6.015/1973, corresponderá a uma numeração única para as matrículas do registro de imóveis, em âmbito nacional, e será constituído de 16 (dezesseis) dígitos, em quatro campos obrigatórios, observada a estrutura CCCCCC.L.NNNNNNN-DD, na forma seguinte:

I – o primeiro campo (CCCCCC) será constituído de seis dígitos e indicará o Código Nacional da Serventia (CNS), atribuído pelo Conselho Nacional de Justiça (CNJ), determinando o ofício de registro de imóveis onde o imóvel está matriculado;

II – o segundo campo (L), separado do primeiro por um ponto, será constituído de um dígito e indicará tratar-se de matrícula no Livro 2 – Registro Geral, mediante o algarismo 2, ou de matrícula no Livro n. 3 – Registro Auxiliar, mediante o algarismo 3;

III – o terceiro campo (NNNNNNN), separado do segundo por um ponto, será constituído de sete dígitos e determinará o número de ordem da matrícula no Livro n. 2 ou no Livro n. 3, na forma do item 1 do inciso II do § 1.º do art. 176 da Lei n. 6.015, de 31 de dezembro de 1973; e

IV – o quarto campo (DD), separado do terceiro por um hífen, será constituído de dois dígitos verificadores, gerados pela aplicação de algoritmo próprio.

§ 1.º Se o número de ordem da matrícula tratado no item 1 do inciso II do § 1.º do art. 176 da Lei n. 6.015, de 31 de dezembro de 1973,) estiver constituído por menos de sete dígitos, serão atribuídos zeros à esquerda até que se completem os algarismos necessários para o terceiro campo.

§ 2.º Para a constituição do quarto campo, será aplicado o algoritmo Módulo 97 Base 10, conforme Norma ISO 7064:2003, ou outro que vier a ser definido mediante portaria da Corregedoria Nacional de Justiça.

SUBSEÇÃO II – DA REUTILIZAÇÃO DO CÓDIGO NACIONAL DE MATRÍCULA

Art. 331. O Código Nacional de Matrícula será inserido à direita, no alto da face do anverso e do verso de cada ficha solta, por meio de impressão, datilografia, aposição de etiqueta, inserção manuscrita ou outro método seguro, a critério do oficial de registro de imóveis.

Parágrafo único. Os oficiais de registro de imóveis, facultativamente, poderão averbar a renumeração das matrículas existentes, ato pelo qual não serão devidos emolumentos.

SUBSEÇÃO III – DA REUTILIZAÇÃO DO CÓDIGO NACIONAL DE MATRÍCULA

Art. 332. Não poderá ser reutilizado Código Nacional de Matrícula referente à matrícula encerrada, cancelada, anulada ou inexistente, e essa circunstância constará nas informações do Programa Gerador e Validador, em campo próprio.

SUBSEÇÃO IV – DO PROGRAMA GERADOR E VALIDADOR

Art. 333. O Operador Nacional do Registro Eletrônico de Imóveis (ONR) disponibilizará, aos oficiais de registro de imóveis, Programa Gerador e Validador do Código Nacional de Matrícula (PGV-CNM).

§ 1.º O Programa Gerador e Validador:

I – conterá mecanismos para que os oficiais de registro de imóveis possam gerar o Código Nacional de Matrícula;

II – será publicado na rede mundial de computadores no endereço https://cnm.onr.org.br;

III – informará se o Código Nacional de Matrícula é autêntico e válido, bem como se a relativa matrícula está ativa, encerrada, cancelada ou anulada, ou se não existe;

IV – fornecerá um código hash da consulta;

V – permitirá a emissão de relatório de validação; e

VI – gerará relatórios gerenciais sobre a sua utilização, os quais ficarão disponíveis no módulo de correição on-line.

§ 2.º A matrícula será dada como inexistente quando houver salto na numeração sequencial.

SUBSEÇÃO V – DO ACESSO AO PROGRAMA GERADOR E VALIDADOR PELOS OFICIAIS DE REGISTRO DE IMÓVEIS

Art. 334. O acesso dos oficiais de registro de imóveis ao Programa Gerador e Validador será feito mediante certificado digital ICP-Brasil ou comunicação por Application Programming Interface (API).

Parágrafo único. Os oficiais de registro de imóveis terão acesso ao PGV-CNM diretamente ou por prepostos designados para esse fim.

SUBSEÇÃO VI – DA CONSULTA DO PROGRAMA GERADOR E VALIDADOR PELOS USUÁRIOS

Art. 335. O Programa Gerador e Validador poderá ser consultado por qualquer pessoa, sem custos e independentemente de requisição ou cadastramento prévio, para verificação da:

I – validade e autenticidade dos Códigos Nacionais de Matrícula; e

II – situação atual da matrícula, nos termos do § 1.º do art. 333 deste Código.

§ 1.º O operador nacional do registro eletrônico de imóveis adotará todas as medidas necessárias à garantia do desempenho, disponibilidade, uso regular dos sistemas, controle, segurança e proteção de dados.

§ 2.º O Programa Gerador e Validador poderá ser configurado para evitar buscas massivas, baseadas em robôs, e para bloquear o acesso de usuários específicos.

SUBSEÇÃO VII – DA ESCRITURAÇÃO DA MATRÍCULA EM FICHAS SOLTAS

Art. 336. Os oficiais de registro de imóveis transportarão todas as matrículas escrituradas de forma manuscrita em livros encadernados e todas as matrículas escrituradas mecanicamente em livros desdobrados (art. 6.º da Lei n. 6.015, de 31 de dezembro de 1973) para o sistema de fichas soltas (parágrafo único do art. 173 da Lei n. 6.015, de 31 de dezembro de 1973), as quais conterão os atos registrais lançados, por rigorosa ordem sequencial, conservando-se as mesmas numerações, com remissão na relativa matrícula originária e respeitados os prazos postos neste Código.

SUBSEÇÃO VIII – DA UNICIDADE DA MATRÍCULA

Art. 337. Cada imóvel deverá corresponder a uma única matrícula (o imóvel não pode ser matriculado mais de uma vez), e cada matrícula a um único imóvel (não é possível que a matrícula se refira a mais de um imóvel), na forma do inciso I do § 1.º do art. 176 da Lei n. 6.015, de 31 de dezembro de 1973.

§ 1.º Se o mesmo imóvel for objeto de mais de uma matrícula, o oficial de registro de imóveis representará ao juiz competente com proposta de bloqueio administrativo de todas (§ 3.º e § 4.º do art. 214 da Lei n. 6.015, de 31 de dezembro de 1973), e a abertura de nova matrícula dependerá de retificação.

§ 2.º Se o imóvel estiver descrito por partes, em matrículas ou transcrições diversas, nova descrição unificada deverá ser obtida, se necessário, por meio de retificação, ressalvadas as hipóteses em que há regulamentação de tais situações pelas corregedorias-gerais de Justiça.

§ 3.º Se houver mais de um imóvel na mesma matrícula, serão abertas matrículas próprias para cada um deles, ainda que a relativa descrição, de um ou de todos, não atenda por inteiro aos requisitos de especialidade objetiva ou subjetiva, caso em que o oficial de registro de imóveis também representará ao juízo competente com proposta de bloqueio administrativo daquelas que estiverem deficientes.

SUBSEÇÃO IX – DO NÚMERO DE ORDEM

Art. 338. Não poderão ser abertas matrículas, para imóveis distintos, com uso do mesmo número de ordem, ainda que seguido da aposição de letra ou número (por exemplo: matrícula 1, matrícula 1–A, matrícula 1–B; matrícula 1-1, matrícula 1-2, matrícula 1-3 etc.).

Parágrafo único. Se houver matrículas com o mesmo número de ordem, ainda que seguido da aposição de letra ou de número, as matrículas mais recentes deverão ser encerradas ex officio, e para cada imóvel será aberta uma nova, com a data atual, numeração corrente e com remissões recíprocas.

SUBSEÇÃO X – DA RIGOROSA SEQUÊNCIA DO NÚMERO DE ORDEM

Art. 339. Havendo salto na numeração sequencial das matrículas, será inserida ficha de matrícula com uma averbação, a qual consignará que deixou de ser aberta matrícula com esse número e que não existe imóvel matriculado.

§ 1.º Se o salto corresponder a vários números sequenciais, também será inserida única ficha de matrícula, caso em que a relativa averbação indicará todos os números omitidos.

§ 2.º Os saltos na numeração sequencial e ininterrupta das matrículas ficarão documentados no cartório, em arquivo físico ou eletrônico, que conterá o relatório do caso e a decisão do oficial de registro de imóveis.

SUBSEÇÃO XI – DO NÚMERO DE ORDEM E ANEXAÇÃO DE ACERVO DE CARTÓRIO EXTINTO

Art. 340. Havendo extinção de cartório, com a anexação de acervo a um outro, as matrículas do ofício anexado serão renumeradas, seguindo a ordem sequencial de numeração do cartório receptor.

Parágrafo único. O oficial de registro de imóveis manterá controle de correlação entre o número anterior, no cartório extinto, e o número da nova matrícula, mediante remissões recíprocas, o que será lançado no Indicador Real e no Indicador Pessoal.

SUBSEÇÃO XII – DAS DISPOSIÇÕES SOBRE A ABERTURA DE NOVA MATRÍCULA

Art. 341. Nos casos do art. 339 (transposição para o sistema de fichas soltas), do § 3º do art. 340 (abertura de matrícula própria para distintos imóveis matriculados numa única) e do parágrafo único do art. 341 (salto de número de ordem), por ocasião da abertura de nova matrícula, o oficial de registro de imóveis:

I – poderá transportar todos os atos constantes da matrícula encerrada, ou somente aqueles que estejam válidos e eficazes na data da transposição, mantendo-se rigorosa ordem sequencial dos atos, com remissões recíprocas;

II – os ônus não serão transportados quando forem anteriores ao registro de arrematação ou adjudicação, bem como quando decorrer desse registro, de forma inequívoca, o cancelamento direto ou indireto;

III – na nova matrícula, deverá ser consignado, como registro anterior, o seguinte: "Matrícula atualizada com base nos atos vigentes na matrícula n. ......, originariamente aberta em .... de .... de ...., que fica saneada nesta data."

SUBSEÇÃO XIII – DAS DISPOSIÇÕES FINAIS E TRANSITÓRIAS

Art. 342. Os oficiais de registro de imóveis, em relação ao disposto nesta Seção, deverão observar os prazos e os deveres estabelecidos no art. 13 ao art. 16 do Provimento CNJ n. 143, de 25 de abril de 2023.

Art. 343. Os casos omissos na aplicação desta Seção serão submetidos à Corregedoria-Geral de Justiça (CGJ) competente, que comunicará a respectiva decisão à Corregedoria Nacional de Justiça no prazo de 30 dias.

LIVRO V – DOS EMOLUMENTOS NOS SERVIÇOS NOTARIAIS E REGISTRAIS

TÍTULO I – DAS NORMAS GERAIS

CAPÍTULO I – DA COBRANÇA

SEÇÃO I – DAS DISPOSIÇÕES GERAIS

Art. 344. É proibida a cobrança de qualquer valor do consumidor final relativamente aos serviços prestados pelas centrais registrais e notariais, de todo o território nacional, ainda que travestidas da denominação de contribuições ou taxas, sem a devida previsão legal, observado o disposto no Provimento n. 107, de 24 de junho de 2020.

SEÇÃO II – DAS DIRETRIZES PARA CONTRATOS DE EXPLORAÇÃO DE ENERGIA EÓLICA

› ***Correspondência dos arts. 345 a 352 deste Código (CNN): Provimento CNJ n. 60, de 10 de agosto de 2017***

Art. 345. Estabelecer diretrizes gerais para a cobrança de emolumentos sobre os contratos de exploração de energia eólica enquanto não editadas normas específicas relativas à fixação de emolumentos no âmbito dos estados e do Distrito Federal, observados os procedimentos previstos na Lei n. 10.169. de 29 de dezembro de 2000.

Art. 346. Os emolumentos sobre os contratos celebrados para a exploração de energia eólica terão como parâmetro o valor total bruto descrito no contrato.

Art. 347. O valor total bruto corresponde à remuneração percebida pelos contratantes durante a vigência do contrato.

§ 1.º Nos contratos com previsão de remuneração para a etapa de estudo e para a fase operacional, o parâmetro de cobrança dos emolumentos deverá ser o valor total bruto presente no contrato, somadas as duas etapas.

§ 2.º Nos contratos com previsão de remuneração apenas para a etapa de estudo, o parâmetro de cobrança dos emolumentos deverá ser o valor total bruto da referida etapa.

§ 3.º Nos contratos com previsão de remuneração apenas para a etapa operacional, o parâmetro de cobrança deverá ser o valor total bruto da referida etapa.

Art. 348. Incidindo a remuneração em percentual da receita operacional, deverá a parte estimar o valor bruto para a cobrança dos emolumentos.

Art. 349. Nos contratos que não tenham valor expresso, deverão os emolumentos incidir sobre o valor estimado pelas partes, observado o estabelecido nas tabelas de emolumentos das respectivas unidades da Federação.

Art. 350. Inexistindo prazo de vigência do contrato, mas subsistindo remuneração correspondente a determinado período, entender-se-á que a vigência corresponde a esse período.

§ 1.º Se o período contratual ultrapassar o disposto no *caput* deste artigo, deverá ser averbado o aditivo do contrato a fim de que sejam resguardados os direitos dos contratantes.

§ 2.º Se não constarem do contrato o prazo de vigência e o prazo de remuneração, entender-se-á que a vigência é anual.

Art. 351. Havendo a prorrogação do contrato ou futura fixação de remuneração para a fase operacional, deverá ser averbado o respectivo termo aditivo no registro de imóvel, incidindo os respectivos emolumentos sobre o valor total bruto do contrato averbado.

Art. 352. O valor declarado em contrato como parâmetro de cobrança de emolumentos é de inteira responsabilidade das partes contratantes, estando sujeitas às consequências advindas de eventual má-fé.

TÍTULO II – DAS NORMAS ESPECÍFICAS

CAPÍTULO I – DO REGISTRO CIVIL DAS PESSOAS NATURAIS

SEÇÃO I – DA RENDA MÍNIMA

Art. 353. A renda mínima para os registradores civis das pessoas naturais observará o Provimento n. 81, de 6 de dezembro de 2018.

PARTE ESPECIAL

LIVRO I – DO TABELIONATO DE PROTESTO

› ***Correspondência dos arts. 354 a 367 deste Código (CNN): Provimento CNJ n. 87, de 11 de setembro de 2019***

TÍTULO I – DAS DISPOSIÇÕES GERAIS

CAPÍTULO I – DO PROCEDIMENTO PARA PROTESTO

SEÇÃO I – DAS DISPOSIÇÕES GERAIS

Art. 354. Esta Seção estabelece procedimentos administrativos a serem observados pelos tabeliães de protesto de títulos e outros documentos de dívida de que trata a Lei 9.492, de 10 de setembro de 1997, pelos responsáveis interinos pelo expediente dos tabelionatos de protesto declarados vagos e, quando for o caso, pelos oficiais de distribuição de protesto, com funções específicas de distribuição, criado e instalado até a entrada em vigor da Lei n. 9.492, de 10 de setembro de 1997.

› *Vide art. 4º, Lei n. 14.063/2020*

Parágrafo único. Para efeitos desta Seção, considera-se assinatura eletrônica aquela efetivada com uso de certificado digital que atende aos requisitos da "Infraestrutura de Chaves Públicas Brasileira (ICP Brasil)" ou outro meio seguro, disponibilizado pelo tabelionato, previamente autorizado pela respectiva Corregedoria-Geral de Justiça (CGJ).

Art. 355. O juízo competente, assim definido na Lei de Organização Judiciária do Estado e do Distrito Federal, resolverá as dúvidas apresentadas pelo tabelião de protesto.

› *Vide art. 18, Lei n. 9.492/1997*

› *Vide arts, 98 e seguintes e 296, Lei n. 6.015/1973*

§ 1.º Os títulos e outros documentos de dívida podem ser apresentados, mediante simples indicação do apresentante, desde que realizados exclusivamente por meio eletrônico, segundo os requisitos da "Infraestrutura de Chaves Públicas Brasileira (ICP Brasil)" ou outro meio seguro disponibilizado pelo tabelionato, autorizado pela respectiva Corregedoria-Geral de Justiça (CGJ), e com a declaração do apresentante, feita sob as penas da lei, de que a dívida foi regularmente constituída e que os documentos originais ou suas cópias autenticadas, comprobatórios da causa que ensejou a apresentação para protesto, são mantidos em seu poder, comprometendo-se a exibi-los sempre que exigidos no lugar onde for determinado, especialmente se sobrevier sustação judicial do protesto.

› *Vide art. 9º, Lei n. 9.492/1997*

› *Vide Enunciados 55 e 56, I Jornada de Direito Notarial e Registral*

§ 2.º Os tabeliães de protesto, os responsáveis interinos pelo expediente e, quando for o caso, os oficiais de distribuição de protesto estão autorizados a negar seguimento a títulos ou outros documentos de dívida, bem como às suas respectivas indicações eletrônicas sobre os quais recaia, segundo sua prudente avaliação, fundado receio de utilização do instrumento com intuito emulatório do devedor ou como meio de perpetração de fraude ou de enriquecimento ilícito do apresentante.

› *Vide art. 7º, Lei n. 9.492/1997*

Art. 356. O documento hábil a protesto extrajudicial é aquele que caracteriza prova escrita de obrigação pecuniária, líquida, certa e exigível, devendo ser lavrado e registrado no lugar da praça de pagamento constante das cambiais, dos títulos de crédito ou a indicada nos documentos de dívida, facultada a opção pelo cartório da comarca do domicílio do devedor. *(Redação dada pelo Provimento n. 167, de 21.5.2024)*

› *Vide art. 6º, Lei n. 9.492/1997*

§ 1.º Todos os títulos e documentos de dívida protocolizados serão examinados em seus caracteres formais e terão curso se não apresentarem vícios, não cabendo ao Tabelião de Protesto investigar a ocorrência de prescrição ou caducidade. *(Redação dada pelo Provimento n. 167, de 21.5.2024)*

§ 2.º Na falta de indicação ou sempre que assim desejar aquele que proceder ao apontamento, o protesto será tirado no lugar do endereço do sacado, do emitente ou devedor, das cambiais, dos títulos de crédito ou dos documentos de dívida. *(Redação dada pelo Provimento n. 167, de 21.5.2024)*

§ 3.º Respeitada a competência territorial quanto ao lugar da tirada do protesto, a remessa da intimação poderá ser feita por qualquer meio idôneo, desde que o seu recebimento fique assegurado e comprovado mediante protocolo, aviso de recebimento – AR, ou documento equivalente, podendo ser efetivada por portador do próprio Tabelião ou empresa especializada especialmente contratada para este fim. *(Redação dada pelo Provimento n. 167, de 21.5.2024)*

› *Vide art. 14, Lei 9.492/1997*

§ 4.º A intimação deverá conter, ao menos, o nome, CPF ou CNPJ e endereço do devedor, os nomes do credor e do apresentante, com respectivos CPF e/ou CNPJ, elementos de identificação do título ou documento de dívida e o prazo limite para cumprimento da obrigação no Tabelionato, bem como o número do protocolo e o valor a ser pago, exceção à intimação por edital que se limitará a conter o nome e a identificação do devedor. *(Redação dada pelo Provimento n. 167, de 21.5.2024)*

› *Vide art. 14, Lei 9.492/1997*

§ 5.º O tabelião de protesto poderá utilizar meio eletrônico para a intimação quando autorizado pelo devedor e assim declarado pelo apresentante. *(Redação dada pelo Provimento n. 167, de 21.5.2024)*

› *Vide Enunciado 54, I Jornada de Direito Notarial e Registral*

§ 6.º Quando o endereço do devedor for fora da competência territorial do tabelionato, o tabelião, antes de intimar o devedor por edital, deve esgotar os meios de localização, notadamente com o envio de intimação por via postal, no endereço fornecido por aquele que procedeu ao apontamento do protesto, sendo a intimação do protesto consumada por edital se, decorridos dez dias úteis da expedição da intimação, não retornar ao tabelionato de protesto o comprovante de sua entrega ou, se dentro desse prazo, retornar com alguma das ocorrências ensejadoras da publicação do edital. *(Incluído pelo Provimento n. 167, de 21.5.2024)*

› *Vide arts. 14, § 5º, e 15, Lei 9.492/1997*

Art. 356-A. O protesto falimentar deve ser lavrado no cartório de protesto da comarca do principal estabelecimento do devedor, contendo a notificação do protesto a identificação da pessoa que a recebeu. *(Incluído pelo Provimento n. 167, de 21.5.2024)*

› *Vide Súmula 361, STJ*

Parágrafo único. Nas hipóteses em que a notificação pessoal do protesto não lograr obter a identificação de quem se recusou a assinar a carta registrada ou documento idôneo equivalente, o tabelião poderá realizar a intimação do protesto por edital. *(Incluído pelo Provimento n. 167, de 21.5.2024)*

Art. 356-B. O protesto de sentença condenatória, a que alude o art. 517 do CPC, deverá ser feito sempre por tabelionato de protesto da comarca de domicílio do devedor, devendo o tabelião exigir, além da apresentação de cópia da decisão transitada em julgado, certidão do respectivo juízo apontando o trânsito em julgado, o valor atualizado da dívida e o fato de ter transcorrido o prazo para pagamento voluntário. *(Incluído pelo Provimento n. 167, de 21.5.2024)*

Art. 357. A desistência do protesto poderá ser formalizada por meio eletrônico, com a utilização de certificado digital no âmbito da ICP Brasil ou de outro meio seguro disponibilizado pelo tabelionato ao apresentante, autorizado pela respectiva Corregedoria-Geral de Justiça (CGJ).

› *Vide art. 146 Lei 9.492/1997*

Art. 358. É admitido o pedido de cancelamento do protesto pela internet, mediante anuência do credor ou apresentante do título assinada eletronicamente.

› *Vide art. 26, Lei 9.492/1997*

Art. 359. O cancelamento do protesto pode ser requerido diretamente ao tabelião mediante apresentação, pelo interessado, dos documentos que comprovem a extinção da obrigação.

› *Vide art. 26, Lei 9.492/1997*

› *Vide Enunciados 58 e 62, I Jornada de Direito Notarial e Registral*

Art. 360. Os tabeliães de protesto podem fornecer, por solicitação dos interessados, certidão da situação do apontamento do título, dos protestos lavrados e não cancelados, individuais ou em forma de relação.

› *Vide art. 27 e seguintes, Lei 9.492/1997*

Art. 361. Os tabeliães de protesto podem prestar a qualquer pessoa que requeira informações e fornecer cópias de documentos arquivados relativas a protestos não cancelados.

Art. 362. Os pedidos de informações simples ou complementares, de certidões e de cópias podem ser realizados pela internet, bem como atendidos e expedidos pelos tabelionatos por meio eletrônico, mediante assinatura eletrônica.

Art. 363. Das certidões não constarão os protestos cancelados, salvo por requerimento escrito do próprio devedor ou por ordem judicial.

› *Vide art. 31, Lei 9.492/1997*

Art. 364. Sempre que a homonímia puder ser verificada com segurança a partir de elementos de identificação que constem dos assentamentos, o tabelião de protesto expedirá certidão negativa.

› *Vide art. 28, Lei 9.492/1997*

Art. 365. As certidões individuais serão fornecidas pelo tabelião de protesto de títulos, no prazo máximo de cinco dias úteis, mediante pedido escrito ou verbal de qualquer pessoa interessada, abrangendo período mínimo dos cinco anos anteriores ao pedido, salvo quando solicitado período maior ou referente a protesto específico.

Art. 366. Decorridos 30 dias, contados da expedição, os tabeliães de protesto ficam autorizados a inutilizar as certidões caso o interessado não compareça para retirá-las no tabelionato ou, onde houver, no serviço de distribuição, circunstância que deverá ser informada ao interessado no ato do pedido.

Art. 367. Na localidade onde houver mais de um tabelionato de protesto de títulos deverá ser organizado, instalado e mantido, a cargo deles, um serviço centralizado para prestação de informações e fornecimento de certidões.

› *Vide art. 7º, Lei 9.492/1997*

§ 1.º Esse serviço será custeado pelos próprios tabeliães, preferencialmente no mesmo local onde também funcionar o serviço de distribuição, ressalvado o repasse das tarifas bancárias e dos correios para os usuários que optarem pela prestação por essa via de atendimento, além do pagamento dos emolumentos, custas e contribuições e das despesas previstos em lei.

§ 2.º Os tribunais de Justiça dos estados e do Distrito Federal deverão propor a extinção dos ofícios de distribuição de títulos e outros documentos de dívida para protesto que foram criados antes da promulgação da Lei Federal n. 9.492, de 10 de setembro de 1997 e que estejam vagos e que vierem a vagar.

› *Vide art. 53, Lei 8.935/1994*

SEÇÃO II – DAS INTIMAÇÕES

› ***Correspondência do art. 368 deste Código (CNN): Provimento CNJ n. 97, de 27 de abril de 2020***

Art. 368. O tabelião de protesto de títulos ou o responsável interino pelo expediente com a competência territorial para o ato poderá utilizar meio eletrônico ou aplicativo multiplataforma de mensagens instantâneas e chamadas de voz para enviar as intimações, quando disponível os respectivos dados ou o endereço eletrônico do devedor, caso em que a intimação será considerada cumprida quando comprovada por esse mesmo meio a entrega no referido endereço.

› *Vide art. 14, Lei 9.492/1997*

§ 1.º Após três dias úteis sem que haja resposta do devedor à intimação feita na forma do caput, deverá ser providenciada a intimação nos termos do art. 14, parágrafos 1.º e 2.º , da Lei n. 9.492, de 10 de setembro de 1997.

§ 2.º Na hipótese de o Aviso de Recepção (AR) não retornar à serventia dentro do prazo de dez dias úteis, deverá ser providenciada a intimação por edital no sítio eletrônico da Central Nacional de Serviços Eletrônicos dos Tabeliães de Protesto (CENPROT) ou de suas seccionais, observando-se, em todos os casos, o prazo para a lavratura do protesto consignado no art. 13 da Lei n. 9.492, de 10 de setembro de 1997.

§ 3.º Considera-se dia útil para o fim da contagem do prazo para o registro do protesto, aquele em que o expediente bancário para o público, na localidade, esteja sendo prestado de acordo com o horário de atendimento fixado pela Federação Brasileira de Bancos (FEBRABAN).

TÍTULO II – DOS EMOLUMENTOS DO PROCEDIMENTO DE PROTESTO

› ***Correspondência dos arts. 369 a 374 deste Código (CNN): Provimento CNJ n. 86, de 29 de agosto de 2019***

CAPÍTULO I – DO MOMENTO DO PAGAMENTO

SEÇÃO I – DAS DISPOSIÇÕES GERAIS

Art. 369. Pelos atos que praticarem os tabeliães de protesto de títulos ou os responsáveis interinos pelo expediente perceberão diretamente das partes, a título de remuneração, os emolumentos integrais a eles destinados, fixados pela lei da respectiva unidade da Federação, além do reembolso dos tributos, das tarifas, das demais despesas e dos acréscimos instituídos por lei a título de taxa de fiscalização do serviço extrajudicial, das custas, das contribuições, do custeio de atos gratuitos, e à entidade previdenciária ou assistencial, facultada a exigência do depósito prévio.

› *Vide art. 9º-A, Lei 9.430/1996*

Art. 370. A apresentação, a distribuição e todos os atos procedimentais pertinentes às duplicatas escriturais (eletrônicas) e aos demais títulos e outros documentos de dívidas encaminhados a protesto por Banco, Financeira ou pessoa jurídica fiscalizada por órgãos do Sistema Financeiro Nacional, na qualidade de credor ou apresentante, independem de depósito ou pagamento prévio dos emolumentos e dos demais acréscimos legais e das despesas que estão contemplados no *caput*, cujos valores devidos serão exigidos dos interessados, de acordo com a tabela de emolumentos e das despesas reembolsáveis vigentes na data:

I – da protocolização, quando da desistência do pedido do protesto, do pagamento elisivo do protesto ou do aceite ou devolução de devedor; e

II – do pedido de cancelamento do registro do protesto ou da recepção de ordem judicial para a sustação ou cancelamento definitivo do protesto ou de seus efeitos.

§ 1.º As disposições do *caput* deste artigo aplicam-se:

I – às pessoas jurídicas fiscalizadas por agências que regulam as atividades de serviços públicos que são executados por empresas privadas sob concessão, permissão ou autorização, na qualidade de credoras, bem como aos credores ou apresentantes de decisões judiciais transitadas em julgado oriundas da Justiça Estadual, da Justiça Federal ou da Justiça do Trabalho e à União Federal, aos estados, ao Distrito Federal, aos municípios e às suas respectivas autarquias e fundações públicas no que concerne às suas certidões da dívida ativa; e

II – a qualquer pessoa física ou jurídica desde que o vencimento do título ou do documento de dívida não ultrapasse o prazo de um ano no momento da apresentação para protesto.

§ 2.º Os valores destinados aos ofícios de distribuição ou outros serviços extrajudiciais, aos entes públicos ou às entidades, a título de emolumentos, custas, taxa de fiscalização, contribuições, custeio de atos gratuitos, tributos, ou de caráter assistencial, serão devidos na forma prevista no *caput* deste artigo, e repassados somente após o efetivo recebimento pelo tabelião de protesto.

Art. 371. Nenhum valor será devido pelo exame do título ou documento de dívida devolvido ao apresentante por motivo de irregularidade formal.

- *Vide art. 9º, Lei 9.492/1997*

Art. 372. Os emolumentos devidos pela protocolização dos títulos e documentos de dívida que foram protestados nas hipóteses definidas no art. 373 e seu § 1.º são de propriedade do tabelião de protesto ou do oficial de distribuição, quando for o caso, que à época praticou o respectivo ato.

Parágrafo único. Na hipótese do *caput* deste artigo, caberá ao novo tabelião de protesto ou ao responsável interino pelo expediente perceber apenas os emolumentos devidos pelo cancelamento do registro do protesto e, também, transferir os emolumentos devidos pela protocolização para o tabelião de protesto ou o oficial de distribuição, quando for o caso, que à época o praticou, ou, ainda, para o seu respectivo espólio ou herdeiros, sob pena de responsabilidade funcional, além de outras sanções cíveis e criminais cabíveis.

Art. 373. Ficam os tabeliães de protesto ou os responsáveis interinos pelo expediente da serventia autorizados a conceder parcelamento de emolumentos e demais acréscimos legais aos interessados, por meio de cartão de débito ou de crédito, desde que sejam cobrados na primeira parcela os acréscimos legais que estão contemplados no art. 373.

Art. 374. Os estados e o Distrito Federal poderão estabelecer, no âmbito de sua competência, metodologia que preserve o equilíbrio econômico-financeiro do serviço público delegado, sem ônus para o Poder Público.

TÍTULO III – DAS ATRIBUIÇÕES DOS TABELIONATOS DE PROTESTOS

CAPÍTULO I – DA PROPOSTA DE SOLUÇÃO NEGOCIAL PRÉVIA AO PROTESTO E DA PROPOSTA DE RENEGOCIAÇÃO DE DÍVIDA JÁ PROTESTADA

(Redação dada pelo Provimento n. 168, de 27.5.2024)

- *Vide arts 11-A e 26-A da Lei n. 9.492/1997*
- *Vide Lei 13.140/2015*
- *Vide Resolução CNJ 125/2010*
- *Vide Provimento CNJ 67/2018, incorporado aos arts. 18 a 57 deste Código (CNN)*
- *Vide Provimento CNJ 72/2018*
- *Vide Recomendação CNJ 28/2018*
- *Vide Enunciado 69 e 73, I Jornada de Direito Notarial e Registral*
- *Vide Enunciados da I e II Jornadas de Prevenção e Solução Extrajudicial de Litígios*

SEÇÃO I – DAS DISPOSIÇÕES GERAIS

Art. 375. As medidas de solução negocial prévia ou posterior ao protesto, observarão o disposto neste Capítulo. (Redação dada pelo Provimento n. 168, de 27.5.2024)

§ 1º Para efeito deste Capítulo, considera-se: *(Redação dada pelo Provimento n. 168, de 27.5.2024)*

I - medidas de solução negocial prévia ao protesto: as medidas de incentivo à solução negocial de dívidas vencidas ainda não protestadas (art. 11-A da Lei nº 9.492, de 10 de setembro de 1997); *(Redação dada pelo Provimento n. 168, de 27.5.2024)*

II - medidas de solução negocial posterior ao protesto: as medidas de incentivo à renegociação de dívidas protestadas e ainda não canceladas (art. 26-A da Lei nº 9.492, de 10 de setembro de 1997); *(Redação dada pelo Provimento n. 168, de 27.5.2024)*

§ 2º Aplicam-se à União, aos Estados, ao Distrito Federal e aos Municípios, bem como às suas respectivas autarquias e fundações; as medidas de incentivo à solução negocial prévia de dívidas já vencidas e ainda não protestadas; bem como de renegociação de dívidas protestadas e ainda não canceladas, na forma deste Capítulo. *(Redação dada pelo Provimento n. 168, de 27.5.2024)*

§ 3º. Aplica-se o disposto no art. 132, caput e § 1.º, do Código Civil brasileiro, à contagem dos prazos. *(Redação dada pelo Provimento n. 168, de 27.5.2024)*

Art. 376. O requerimento de medidas de solução negocial prévia ou posterior ao protesto será apreciado pelo tabelião territorialmente competente para o ato, no prazo de 1 (um) dia útil. *(Redação dada pelo Provimento n. 168, de 27.5.2024)*

§ 1º Caso não sejam preenchidos quaisquer dos requisitos estabelecidos neste Capítulo, o requerente será comunicado por meio do endereço eletrônico informado no pedido, para sanar o vício no prazo de 3 (três) dias úteis. *(Redação dada pelo Provimento n. 168, de 27.5.2024)*

§ 2º Persistindo o descumprimento de quaisquer dos requisitos, o requerimento será indeferido e arquivado. *(Redação dada pelo Provimento n. 168, de 27.5.2024)*

Art. 377. São requisitos mínimos para se requerer medidas de solução negocial prévia ou posterior ao protesto: *(Redação dada pelo Provimento n. 168, de 27.5.2024)*

I - qualificação do requerente, em especial, o nome ou denominação social, endereço completo, endereço eletrônico e telefone para envio de mensageria eletrônica (como e-mail, SMS, aplicativos de mensagens), o número do cadastro de pessoas físicas (CPF) ou do cadastro nacional de pessoa jurídica (CNPJ) na Secretaria Especial da Receita Federal do Brasil, conforme o caso; *(Redação dada pelo Provimento n. 168, de 27.5.2024)*

II – dados suficientes que permitam a identificação e a localização da outra parte, para convite eletrônico; *(Redação dada pelo Provimento n. 168, de 27.5.2024)*

III - a proposta de solução negocial prévia ou de renegociação, com o prazo de vigência da autorização concedida ao tabelionato de protesto para a adoção das medidas pertinentes de solução negocial prévia e de renegociação de dívidas protestadas. *(Redação dada pelo Provimento n. 168, de 27.5.2024)*

IV - dados de conta bancária para eventual depósito, em favor do credor, do valor recuperado; *(Redação dada pelo Provimento n. 168, de 27.5.2024)*

V – o prazo a ser concedido ao devedor para o direito de resposta a contar da data de sua intimação, observado o limite do inciso I do art. 11-A da Lei nº 9.492, de 10 de setembro de 1997, no caso de medidas de solução negocial prévia ao protesto. *(Redação dada pelo Provimento n. 168, de 27.5.2024)*

VI - outras informações relevantes, a critério do requerente ou da CENPROT, de que trata o art. 41-A da Lei n. 9.492, de 10 de setembro de 1997. *(Redação dada pelo Provimento n. 168, de 27.5.2024)*

§ 1.º O valor recebido do devedor será creditado na conta bancária indicada pelo credor ou colocado à sua disposição, pelo tabelionato de protesto territorialmente competente para o ato, ou pela CENPROT, no primeiro dia útil subsequente ao do seu recebimento. *(Redação dada pelo Provimento n. 168, de 27.5.2024)*

§ 2.º É dever do credor atualizar os dados cadastrais fornecidos, especialmente os bancários. *(Redação dada pelo Provimento n. 168, de 27.5.2024)*

§ 3.º No caso de renegociação de dívida protestada, se ajustado parcelamento do valor da dívida, o registro de protesto poderá ser cancelado após o pagamento da primeira parcela, salvo se houver estipulação em contrário no termo de renegociação da dívida protestada e ainda não cancelada. *(Redação dada pelo Provimento n. 168, de 27.5.2024)*

Art. 378. Os tabeliães de protesto, por intermédio do Instituto de Estudos de Protesto de Títulos do Brasil - IEPTB, deverão desenvolver ferramentas e sistemas que promovam campanhas educativas, meios e alternativas voltados à redução dos índices de inadimplência e à regularização extrajudicial de dívidas e restrições cadastrais, como princípio de maior cidadania financeira, utilizando a solução negocial prévia ao protesto e a renegociação das dívidas protestadas e ainda não canceladas. *(Redação dada pelo Provimento n. 168, de 27.5.2024)*

Art. 379. Os tabeliães de protesto manterão serviços e ferramentas que garantam a qualquer pessoa física ou jurídica o acesso à CENPROT, para a consulta dos registros de adimplemento ou inadimplemento de títulos ou documentos de dívida, sem valor jurídico de uma certidão, visando assegurar a acessibilidade a produtos e serviços que incentivem a solução negocial de dívidas e a obtenção de crédito. *(Redação dada pelo Provimento n. 168, de 27.5.2024)*

Parágrafo único. Diante da presunção legal de veracidade e publicidade inerente aos registros dos tabelionatos de protesto, a reprodução objetiva, fiel e atualizada desses dados na base da CENPROT ou de órgão de proteção ao crédito, independe de nova intimação do devedor. *(Redação dada pelo Provimento n. 168, de 27.5.2024)*

Art. 380. É vedado aos tabeliães de protestos condicionar a prestação do serviço de que trata este Capítulo à contratação, pelas partes, dos serviços de conciliação ou de mediação de que trata o art. 18 deste Código. *(Redação dada pelo Provimento n. 168, de 27.5.2024)*

Art. 381. O tabelião de protesto deverá informar à CENPROT: *(Redação dada pelo Provimento n. 168, de 27.5.2024)*

I - as propostas apresentadas para soluções negociais referentes a dívidas não protestadas; *(Redação dada pelo Provimento n. 168, de 27.5.2024)*

II - as propostas apresentadas para soluções negociais referentes a dívidas protestadas; *(Redação dada pelo Provimento n. 168, de 27.5.2024)*

III - as negociações exitosas previamente ao protesto; *(Redação dada pelo Provimento n. 168, de 27.5.2024)*

IV - as negociações frustradas previamente ao protesto; *(Redação dada pelo Provimento n. 168, de 27.5.2024)*

V - as apresentações para protesto em sentido estrito em sequência à frustração da tentativa de solução negocial; *(Redação dada pelo Provimento n. 168, de 27.5.2024)*

VI - as renegociações exitosas de dívidas protestadas; *(Redação dada pelo Provimento n. 168, de 27.5.2024)*

VII - os andamentos diários de todas as propostas com soluções negociais ainda em curso. *(Redação dada pelo Provimento n. 168, de 27.5.2024)*

§ 1º A obrigação a que refere o caput deste artigo poderá ser cumprida por meio das seccionais estaduais e do Distrito Federal do Instituto de Estudos de Protesto de Títulos do Brasil - IEPTB, as quais também deverão informar à CENPROT acerca dos atos praticados no âmbito das centrais seccionais. *(Redação dada pelo Provimento n. 168, de 27.5.2024)*

§ 2º. Serão disponibilizados, na área ProtestoJud da CENPROT, os dados estatísticos nacionais, estaduais e distritais, diários, mensais e anuais, as informações de que tratam este artigo envolvendo todas as diversas espécies de títulos e documentos de dívida. *(Redação dada pelo Provimento n. 168, de 27.5.2024)*

› ***O Provimento 168/2024, ao processar as alterações no CNN, deixou de mencionar o art. 382.***

Art. 383. Nos termos do caput do art. 11-A da Lei n. 9.492, de 10 de setembro de 1997, a CENPROT deverá ser a plataforma eletrônica designada para a intermediação, negociação e formalização de acordos entre credores e devedores, bem como para a integração com os tabelionatos de protesto territorialmente competentes, via API (Interface de Programação de Aplicações) disponibilizada pela plataforma, assegurando a autenticidade, integridade e legalidade dos atos praticados *(Redação dada pelo Provimento n. 168, de 27.5.2024)*

§ 1º Os responsáveis pelos tabelionatos de protesto territorialmente competentes para o ato deverão lançar, independentemente de autorização dos credores, os títulos e outros documentos de dívida recepcionados pela CENPROT e que envolvam propostas de solução negocial prévia em sistema de computação da serventia, a fim de permitir o pleno controle dos prazos e ocorrências. *(Redação dada pelo Provimento n. 168, de 27.5.2024)*

§ 2º Para o lançamento de que trata o § 1º deste artigo, aplicam-se, no que couberem, as regras de escrituração previstas para os livros e arquivos dos tabelionatos de protestos (arts. 32 da Lei n. 9.492, de 10 de setembro de 1997) bem como as regras de especialidade subjetiva e objetiva das intimações para protestos (art. 356, §3º, deste Código). *(Redação dada pelo Provimento n. 168, de 27.5.2024)*

Art. 384. Os casos omissos de natureza técnica e/ou operacional poderão ser dirimidos diretamente através da CENPROT, por meio de ato próprio do Instituto de Estudos de Protesto de Títulos do Brasil - IEPTB, visando à uniformização e eficiência da atividade de protesto de títulos em todo o território nacional, em colaboração preventiva com a Corregedoria Nacional de Justiça e com as Corregedorias dos Estados e do Distrito Federal, em conformidade com os artigos 258 e 261 do Código Nacional de Normas – Foro Extrajudicial. *(Redação dada pelo Provimento n. 168, de 27.5.2024)*

Parágrafo único. Os atos do IEPTB deverão ser mantidos atualizados no site da CENPROT, com acesso gratuito a qualquer pessoa em local de fácil acesso, sem exigência de prévia identificação ou cadastro prévios. *(Redação dada pelo Provimento n. 168, de 27.5.2024)*

SEÇÃO II – DE DISPOSIÇÕES ESPECÍFICAS A PROPOSTA DE SOLUÇÃO NEGOCIAL PRÉVIA AO PROTESTO

(Redação dada pelo Provimento n. 168, de 27.5.2024)

Art. 385. As ocorrências a serem lançadas no sistema de computação próprio da CENPROT e do tabelionato de protesto, relativas aos títulos e documentos de dívida apresentados com pedidos de adoção de medidas de solução negocial prévia ao protesto são: *(Redação dada pelo Provimento n. 168, de 27.5.2024)*

I - devolvido por irregularidade pelo tabelionato competente; *(Redação dada pelo Provimento n. 168, de 27.5.2024)*

II - pago pelo devedor; (Redação dada pelo Provimento n. 168, de 27.5.2024)

III - retirado pelo apresentante ou credor; e *(Redação dada pelo Provimento n. 168, de 27.5.2024)*

IV - convertido em apontamento a protesto. *(Redação dada pelo Provimento n. 168, de 27.5.2024)*

§ 1.º As hipóteses dos incisos I e III não impedem uma nova apresentação. *(Redação dada pelo Provimento n. 168, de 27.5.2024)*

§ 2.º Ocorrendo a hipótese do inciso II, o tabelião procederá como se se tratasse de um pagamento de dívida no curso do procedimento de protesto (art. 19 da Lei n. 9.492, de 10 de setembro de 1997). *(Redação dada pelo Provimento n. 168, de 27.5.2024)*

§ 3.º Ocorrendo a hipótese do inciso IV, deverá ser indicado o número e a data do protocolo do respectivo pedido de protesto em sentido estrito. *(Redação dada pelo Provimento n. 168, de 27.5.2024)*

Art. 386. Na hipótese do inciso III do caput do art. 11-A da Lei n. 9.492, de 10 de setembro de 1997: *(Redação dada pelo Provimento n. 168, de 27.5.2024)*

I - o registro do protesto e seu instrumento deverão conter também a data de apresentação da proposta de solução negocial frustrada (art. 11-A, § 1º, da lei retrocitada); *(Redação dada pelo Provimento n. 168, de 27.5.2024)*

II – o registro do protesto será feito logo após escoado o prazo de resposta, sem necessidade nova intimação, desde que: *(Redação dada pelo Provimento n. 168, de 27.5.2024)*

a) da anterior intimação (referente à proposta de medida negocial), tenha constado expressamente essa advertência; *(Redação dada pelo Provimento n. 168, de 27.5.2024)*

b) o prazo para resposta concedido ao devedor tenha sido de, no mínimo, a três dias úteis da intimação. *(Redação dada pelo Provimento n. 168, de 27.5.2024)*

Art. 387. Findo o prazo de resposta do devedor para a proposta de solução negocial, que será de até 30 (trinta) dias, e não havendo pagamento nem desistência do apresentante ou credor, o tabelião territorialmente competente para o ato deverá converter a proposta em pedido de protesto pelo valor original da dívida, nos termos do inciso III do art. 11-A da Lei n. 9.492, de 10 de setembro de 1997. *(Redação dada pelo Provimento n. 168, de 27.5.2024)*

Art. 388. *(Revogado pelo Provimento CN n. 168, de 27.5.2024).*

TÍTULO III – DOS TÍTULOS E DOCUMENTOS DE DÍVIDA EM ESPÉCIE

CAPÍTULO I – DO CHEQUE

› ***Correspondência dos arts. 389 a 396 deste Código: Provimento CNJ n. 30, de 16 de abril de 2013***

› *Vide art. 6º, Lei 9.492/1997 (Lei de Protestos)*

› *Vide Enunciado 59, I Jornada de Direito Notarial e Registral*

SEÇÃO I – DAS DISPOSIÇÕES GERAIS

Art. 389. O cheque poderá ser protestado no lugar do pagamento, ou no domicílio do emitente, e deverá conter a prova da apresentação ao banco sacado e o motivo da recusa de pagamento, salvo se o protesto tiver por finalidade instruir medidas contra o estabelecimento de crédito.

Art. 390. É vedado o protesto de cheques devolvidos pelo banco sacado por motivo de furto, roubo ou extravio de folhas ou talonários, ou por fraude, nos casos dos motivos números 20, 25, 28, 30 e 35, da Resolução n. 1.682, de 31.01.1990, da Circular 2.313, de 26.05.1993, da Circular 3.050, de 02.08.2001, e da Circular 3.535, de 16 de maio de 2011, do Banco Central do Brasil, desde que os títulos não tenham circulado por meio de endosso, nem estejam garantidos por aval.

› *Vide Resolução n. 314, Banco Central do Brasil*

§ 1.º A pessoa que figurar como emitente de cheque referido no *caput* deste artigo, já protestado, poderá solicitar diretamente ao tabelião, sem ônus, o cancelamento do protesto tirado por falta de pagamento, instruindo o requerimento com prova do motivo da devolução do cheque pelo Banco sacado. O tabelião, sendo suficiente a prova apresentada, promoverá, em até 30 dias, o cancelamento do protesto e a comunicação dessa medida ao apresentante, pelo Correio ou outro meio hábil.

§ 2.º Existindo nos cheques referidos no *caput* deste artigo endosso ou aval, não constarão nos assentamentos de serviços de protesto os nomes e os números do CPF dos titulares da respectiva conta corrente bancária, anotando- se nos campos próprios que o emitente é desconhecido e elaborando-se, em separado, índice pelo nome do apresentante.

Art. 391. Quando o cheque for apresentado para protesto mais de um ano após sua emissão será obrigatória a comprovação, pelo apresentante, do endereço do emitente.

§ 1.º Igual comprovação poderá ser exigida pelo tabelião quando o lugar de pagamento do cheque for diverso da comarca em que apresentado (ou do município em que sediado o tabelião), ou houver razão para suspeitar da veracidade do endereço fornecido.

§ 2.º A comprovação do endereço do emitente, quando a devolução do cheque decorrer dos motivos correspondentes aos números 11, 12, 13, 14, 21, 22 e 31, previstos nos diplomas mencionados no art. 393, será realizada mediante apresentação de declaração do Banco sacado, em papel timbrado e com identificação do signatário, fornecida nos termos do artigo 6.º da Resolução n. 3.972, de 28 de abril de 2011, do Banco Central do Brasil. Certificando o Banco sacado que não pode fornecer a declaração, poderá o apresentante comprovar o endereço do emitente por outro meio hábil.

§ 3.º Devolvido o cheque por outro motivo, a comprovação do endereço poderá ser feita por meio da declaração do apresentante, ou outras provas documentais idôneas.

Art. 392. Na hipótese prevista de apresentação, para protesto, de cheque emitido há mais de um ano, o apresentante de título para protesto preencherá formulário de apresentação, a ser arquivado na serventia, em que informará, sob sua responsabilidade, as características essenciais do título e os dados do devedor.

§ 1.º O formulário será assinado pelo apresentante ou seu representante legal, se for pessoa jurídica, ou, se não comparecer, pela pessoa que exibir o título ou o documento de dívida para ser protocolizado, devendo constar os nomes completos de ambos, os números de suas cédulas de identidade, de seus endereços e telefones.

§ 2.º Para a recepção do título será conferida a cédula de identidade do apresentante, visando a apuração de sua correspondência com os dados lançados no formulário de apresentação.

§ 3.º Sendo o título exibido para recepção por pessoa distinta do apresentante ou de seu representante legal, além de conferida sua cédula de identidade será o formulário de apresentação instruído com cópia da cédula de identidade do apresentante, ou de seu representante legal se for pessoa jurídica, a ser arquivada na serventia.

§ 4.º Onde houver mais de um tabelião de protesto, o formulário de apresentação será entregue ao distribuidor de títulos, ou ao serviço de distribuição de títulos.

§ 5.º O formulário poderá ser preenchido em duas vias, uma para arquivamento e outra para servir como recibo a ser entregue ao apresentante, e poderá conter outras informações conforme dispuser norma da Corregedoria-Geral da Justiça (CGJ), ou do juiz corregedor permanente ou juiz competente na forma da organização local.

Art. 393. O tabelião recusará o protesto de cheque quando tiver fundada suspeita de que o endereço indicado como sendo do devedor é incorreto.

Parágrafo único. O tabelião de protesto comunicará o fato à autoridade policial quando constatar que o apresentante, agindo de má-fé, declarou endereço incorreto do devedor.

Art. 394. Nos estados em que o recolhimento dos emolumentos for diferido para data posterior à da apresentação e protesto, o protesto facultativo será recusado pelo tabelião quando as circunstâncias da apresentação indicarem exercício abusivo de direito. Entre outras, para tal finalidade, o tabelião verificará as seguintes hipóteses:

I – cheques com datas antigas e valores irrisórios, apresentados, isoladamente ou em lote, por terceiros que não sejam seus beneficiários originais ou emitidos sem indicação do favorecido; e

II – indicação de endereço onde o emitente não residir, feita de modo a inviabilizar a intimação pessoal.

Parágrafo único. Para apuração da legitimidade da pretensão, o tabelião poderá exigir, de forma escrita e fundamentada, que o apresentante preste esclarecimentos sobre os motivos que justificam o protesto, assim como apresente provas complementares do endereço do emitente, arquivando na serventia a declaração e os documentos comprobatórios que lhe forem apresentados.

Art. 395. A recusa da lavratura do protesto deverá ser manifestada em nota devolutiva, por escrito, com exposição de seus fundamentos.

Parágrafo único. Não se conformando com a recusa, o apresentante poderá requerer, em procedimento administrativo, sua revisão pelo juiz Corregedor permanente, ou pelo juiz competente na forma da organização local, que poderá mantê-la ou determinar a lavratura do instrumento de protesto.

Art. 396. As declarações e documentos comprobatórios de endereço poderão ser arquivados em mídia eletrônica ou digital, inclusive com extração de imagem mediante uso de "scanner", fotografia ou outro meio hábil.

LIVRO II – DO REGISTRO DE TÍTULOS E DOCUMENTOS E DO REGISTRO CIVIL DAS PESSOAS JURÍDICAS

TÍTULO I – DO REGISTRO DE TÍTULOS E DOCUMENTOS

CAPÍTULO I – DOS TÍTULOS RELATIVOS A VEÍCULOS AUTOMOTORES

SEÇÃO I – DAS DISPOSIÇÕES GERAIS

› ***Correspondência do art. 397 deste Código: arts. 2.º e 3.º do Provimento CNJ n. 27, de 12 de dezembro de 2012***

Art. 397. É facultativo o registro de contrato de alienação fiduciária e de arrendamento mercantil de veículo por oficial de registro de títulos e documentos.

LIVRO III – DO REGISTRO DE IMÓVEIS

TÍTULO ÚNICO – DAS DISPOSIÇÕES ESPECÍFICAS

CAPÍTULO I – DO PROCEDIMENTO DE USUCAPIÃO

› ***Correspondência dos arts. 398 a 423 deste Código (CNN): Provimento CNJ n. 65, de 14 de dezembro de 2017***

› *Arts. 216-A; 176-A e 213, § 2º, Lei n. 6.015/1973 (Registros Públicos)*

› *Art. 1.071 da Lei n. 13.105 (Código de Processo Civil)*

› *Lei n. 6.766/1979 (Parcelamento do Solo Urbano)*

› *Lei 6.969/1981 (Usucapião Especial de Imóveis Rurais)*

› *Lei n. 10.257/2001 (Estatuto da Cidade): art. 13*

› *Código Civil/2002: arts. 1.238 a 1.244*

› *Enunciados 25, 32, 33, I Jornada de Direito Notarial e Registral*

› *Enunciado 117, II Jornada de Prevenção e Solução Extrajudicial de Litígios*

› *Vide Nota Técnica INCRA n. 3.448/2021 (Procedimentos para a submissão de parcelas no Sistema de Gestão Fundiária para situações de Usucapião Judicial e Extrajudicial)*

SEÇÃO I – DAS DISPOSIÇÕES GERAIS

Art. 398. Esta Seção estabelece diretrizes para o procedimento da usucapião extrajudicial no âmbito dos serviços notariais e de registro de imóveis, nos termos do art. 216-A da LRP.

Art. 399. Sem prejuízo da via jurisdicional, é admitido o pedido de reconhecimento extrajudicial da usucapião formulado pelo requerente – representado por advogado ou por defensor público, nos termos do disposto no art. 216-A da LRP –, que será processado diretamente no ofício de registro de imóveis da circunscrição em que estiver localizado o imóvel usucapiendo ou a maior parte dele.

§ 1.º O procedimento de que trata o *caput* poderá abranger a propriedade e os demais direitos reais passíveis da usucapião.

§ 2.º Será facultada aos interessados a opção pela via judicial ou pela extrajudicial; podendo ser solicitada, a qualquer momento, a suspensão do procedimento pelo prazo de 30 dias ou a desistência da via judicial para promoção da via extrajudicial.

§ 3.º Homologada a desistência ou deferida a suspensão poderão ser utilizadas as provas produzidas na via judicial.

§ 4.º Não se admitirá o reconhecimento extrajudicial da usucapião de bens públicos, nos termos da lei.

Art. 400. O requerimento de reconhecimento extrajudicial da usucapião atenderá, no que couber, aos requisitos da petição inicial, estabelecidos pelo art. 319 do Código de Processo Civil (CPC), bem como indicará:

I – a modalidade de usucapião requerida e sua base legal ou constitucional;

II – a origem e as características da posse, a existência de edificação, de benfeitoria ou de qualquer acessão no imóvel usucapiendo, com a referência às respectivas datas de ocorrência;

III – o nome e estado civil de todos os possuidores anteriores cujo tempo de posse foi somado ao do requerente para completar o período aquisitivo;

IV – o número da matrícula ou a transcrição da área em que se encontra inserido o imóvel usucapiendo ou a informação de que não se encontra matriculado ou transcrito; e

V – o valor atribuído ao imóvel usucapiendo.

Art. 401. O requerimento será assinado por advogado ou por defensor público constituído pelo requerente e instruído com os seguintes documentos:

I – ata notarial com a qualificação, o endereço eletrônico, o domicílio e a residência do requerente e o respectivo cônjuge ou companheiro, se houver, e do titular do imóvel lançado na matrícula objeto da usucapião que ateste:

a) a descrição do imóvel conforme consta na matrícula do registro em caso de bem individualizado ou a descrição da área em caso de não individualização, devendo ainda constar as características do imóvel, tais como a existência de edificação, de benfeitoria ou de qualquer acessão no imóvel usucapiendo;

b) o tempo e as características da posse do requerente e de seus antecessores;

c) a forma de aquisição da posse do imóvel usucapiendo pela parte requerente;

d) a modalidade de usucapião pretendida e sua base legal ou constitucional;

e) o número de imóveis atingidos pela pretensão aquisitiva e a localização: se estão situados em uma ou em mais circunscrições;

f) o valor do imóvel; e

g) outras informações que o tabelião de notas considere necessárias à instrução do procedimento, tais como depoimentos de testemunhas ou partes confrontantes.

II – planta e memorial descritivo assinados por profissional legalmente habilitado e com prova da Anotação da Responsabilidade Técnica (ART) ou do Registro de Responsabilidade Técnica (RTT) no respectivo conselho de fiscalização profissional e pelos titulares dos direitos registrados ou averbados na matrícula do imóvel usucapiendo ou na matrícula dos imóveis confinantes ou pelos ocupantes a qualquer título;

III – justo título ou quaisquer outros documentos que demonstrem a origem, a continuidade, a cadeia possessória e o tempo de posse;

IV – certidões negativas dos distribuidores da Justiça Estadual e da Justiça Federal do local da situação do imóvel usucapiendo expedidas nos últimos 30 dias, demonstrando a inexistência de ações que caracterizem oposição à posse do imóvel, em nome das seguintes pessoas:

a) do requerente e respectivo cônjuge ou companheiro, se houver;

b) do proprietário do imóvel usucapiendo e respectivo cônjuge ou companheiro, se houver;

c) de todos os demais possuidores e respectivos cônjuges ou companheiros, se houver, em caso de sucessão de posse, que é somada à do requerente para completar o período aquisitivo da usucapião;

V – descrição georreferenciada nas hipóteses previstas na Lei n. 10.267, de 28 de agosto de 2001, e nos decretos regulamentadores;

VI – instrumento de mandato, público ou particular, com poderes especiais, outorgado ao advogado pelo requerente e por seu cônjuge ou companheiro;

VII – declaração do requerente, do seu cônjuge ou companheiro que outorgue ao defensor público a capacidade postulatória da usucapião;

VIII – certidão dos órgãos municipais e/ou federais que demonstre a natureza urbana ou rural do imóvel usucapiendo, nos termos da Instrução Normativa Incra n. 82/2015 e da Nota Técnica Incra/DF/DFC n. 2/2016, expedida até 30 dias antes do requerimento.

§ 1.º Os documentos a que se refere o *caput* deste artigo serão apresentados no original.

§ 2.º O requerimento será instruído com tantas cópias quantas forem os titulares de direitos reais ou de outros direitos registrados sobre o imóvel usucapiendo e os proprietários confinantes ou ocupantes cujas assinaturas não constem da planta nem do memorial descritivo referidos no inciso II deste artigo.

§ 3.º O documento oferecido em cópia poderá, no requerimento, ser declarado autêntico pelo advogado ou pelo defensor público, sob sua responsabilidade pessoal, sendo dispensada a apresentação de cópias autenticadas.

§ 4.º Será dispensado o consentimento do cônjuge do requerente se estiverem casados sob o regime de separação absoluta de bens.

§ 5.º Será dispensada a apresentação de planta e memorial descritivo se o imóvel usucapiendo for unidade autônoma de condomínio edilício ou loteamento regularmente instituído, bastando que o requerimento faça menção à descrição constante da respectiva matrícula.

§ 6.º Será exigido o reconhecimento de firma, por semelhança ou autenticidade, das assinaturas lançadas na planta e no memorial mencionados no inciso II do *caput* deste artigo.

§ 7.º O requerimento poderá ser instruído com mais de uma ata notarial, por ata notarial complementar ou por escrituras declaratórias lavradas pelo mesmo ou por diversos notários, ainda que de diferentes municípios, as quais descreverão os fatos conforme sucederem no tempo.

§ 8.º O valor do imóvel declarado pelo requerente será seu valor venal relativo ao último lançamento do imposto predial e territorial urbano ou do imposto territorial rural incidente ou, quando não estipulado, o valor de mercado aproximado.

§ 9.º Na hipótese de já existir procedimento de reconhecimento extrajudicial da usucapião acerca do mesmo imóvel, a prenotação do procedimento permanecerá sobrestada até o acolhimento ou rejeição do procedimento anterior.

§ 10. Existindo procedimento de reconhecimento extrajudicial da usucapião referente à parcela do imóvel usucapiendo, o procedimento prosseguirá em relação à parte incontroversa do imóvel, permanecendo sobrestada a prenotação quanto à parcela controversa.

§ 11. Se o pedido da usucapião extrajudicial abranger mais de um imóvel, ainda que de titularidade diversa, o procedimento poderá ser realizado por meio de único requerimento e de ata notarial, se contíguas as áreas.

Art. 402. A ata notarial de que trata esta Seção será lavrada pelo tabelião de notas do município em que estiver localizado o imóvel usucapiendo ou a maior parte dele, a quem caberá alertar o requerente e as testemunhas de que a prestação de declaração falsa no referido instrumento configurará crime de falsidade, sujeito às penas da lei.

› *Vide arts. 7º, III, 8º e 9º, Lei n. 8.935/1994 (Notários e Registradores)*

§ 1.º O tabelião de notas poderá comparecer ao imóvel usucapiendo para realizar diligências necessárias à lavratura da ata notarial.

§ 2.º Podem constar da ata notarial imagens, documentos, sons gravados em arquivos eletrônicos, além do depoimento de testemunhas, não podendo basear-se apenas em declarações do requerente.

§ 3.º Finalizada a lavratura da ata notarial, o tabelião deve cientificar o requerente e consignar no ato que a ata notarial não tem valor como confirmação ou estabelecimento de propriedade, servindo apenas para a instrução de requerimento extrajudicial de usucapião para processamento perante o registrador de imóveis.

Art. 403. Para o reconhecimento extrajudicial da usucapião de unidade autônoma integrante de condomínio edilício regularmente constituído e com construção averbada, bastará a anuência do síndico do condomínio.

Art. 404. Na hipótese de a unidade usucapienda localizar-se em condomínio edilício constituído de fato, ou seja, sem o respectivo registro do ato de incorporação ou sem a devida averbação de construção, será exigida a anuência de todos os titulares de direito constantes da matrícula.

Art. 405. O reconhecimento extrajudicial da usucapião pleiteado por mais de um requerente será admitido nos casos de exercício comum da posse.

Art. 406. O requerimento, com todos os documentos que o instruírem, será autuado pelo oficial do registro de imóveis competente, prorrogando-se os efeitos da prenotação até o acolhimento ou rejeição do pedido.

§ 1.º Todas as notificações destinadas ao requerente serão efetivadas na pessoa do seu advogado ou do defensor público, por e-mail.

§ 2.º A desídia do requerente poderá acarretar o arquivamento do pedido com base no art. 205 da LRP, bem como o cancelamento da prenotação.

Art. 407. Se a planta não estiver assinada pelos titulares dos direitos registrados ou averbados na matrícula do imóvel usucapiendo ou na matrícula dos imóveis confinantes ou ocupantes a qualquer título e não for apresentado documento autônomo de anuência expressa, eles serão notificados pelo oficial de registro de imóveis ou por intermédio do oficial de registro de títulos e documentos para que manifestem consentimento no prazo de 15 dias, considerando-se sua inércia como concordância.

§ 1.º A notificação poderá ser feita pessoalmente pelo oficial de registro de imóveis ou por escrevente habilitado se a parte notificanda comparecer em cartório.

§ 2.º Se o notificando residir em outra comarca ou circunscrição, a notificação deverá ser realizada pelo oficial de registro de títulos e documentos da outra comarca ou circunscrição, adiantando o requerente as despesas.

§ 3.º A notificação poderá ser realizada por carta com aviso de recebimento, devendo vir acompanhada de cópia do requerimento inicial e da ata notarial, bem como de cópia da planta e do memorial descritivo e dos demais documentos que a instruíram.

§ 4.º Se os notificandos forem casados ou conviverem em união estável, também serão notificados, em ato separado, os respectivos cônjuges ou companheiros.

§ 5.º Deverá constar expressamente na notificação a informação de que o transcurso do prazo previsto no *caput* sem manifestação do titular do direito sobre o imóvel consistirá em anuência ao pedido de reconhecimento extrajudicial da usucapião do bem imóvel.

§ 6.º Se a planta não estiver assinada por algum confrontante, este será notificado pelo oficial de registro de imóveis mediante carta com aviso de recebimento, para manifestar-se no prazo de 15 dias, aplicando-se ao que couber o disposto no § 2.º e nos seguintes do art. 213 e dos seguintes da LRP.

§ 7.º O consentimento expresso poderá ser manifestado pelos confrontantes e titulares de direitos reais a qualquer momento, por documento particular com firma reconhecida ou por instrumento público, sendo prescindível a assistência de advogado ou defensor público.

§ 8.º A concordância poderá ser manifestada ao escrevente encarregado da intimação mediante assinatura de certidão específica de concordância lavrada no ato pelo preposto.

§ 9.º Tratando-se de pessoa jurídica, a notificação deverá ser entregue a pessoa com poderes de representação legal.

§ 10. Se o imóvel usucapiendo for matriculado com descrição precisa e houver perfeita identidade entre a descrição tabular e a área objeto do requerimento da usucapião extrajudicial, fica dispensada a intimação dos confrontantes do imóvel, devendo o registro da aquisição originária ser realizado na matrícula existente.

Art. 408. Infrutíferas as notificações mencionadas neste Capítulo, estando o notificando em lugar incerto, não sabido ou inacessível, o oficial de registro de imóveis certificará o ocorrido e promoverá a notificação por edital publicado, por duas vezes, em jornal local de grande circulação, pelo prazo de 15 dias cada um, interpretando o silêncio do notificando como concordância.

Parágrafo único. A notificação por edital poderá ser publicada em meio eletrônico, desde que o procedimento esteja regulamentado pelo Tribunal.

Art. 409. Na hipótese de algum titular de direitos reais e de outros direitos registrados na matrícula do imóvel usucapiendo e na matrícula do imóvel confinante ter falecido, poderão assinar a planta e memorial descritivo os herdeiros legais, desde que apresentem escritura pública declaratória de únicos herdeiros com nomeação do inventariante.

Art. 410. Considera-se outorgado o consentimento exigido nesta Seção, dispensada a notificação, quando for apresentado pelo requerente justo título ou instrumento que demonstre a existência de relação jurídica com o titular registral, acompanhado de prova da quitação das obrigações e de certidão do distribuidor cível expedida até 30 dias antes do requerimento que demonstre a inexistência de ação judicial contra o requerente ou contra seus cessionários envolvendo o imóvel usucapiendo.

§ 1.º São exemplos de títulos ou instrumentos a que se refere o *caput*:

I – compromisso ou recibo de compra e venda;

II – cessão de direitos e promessa de cessão;

III – pré-contrato;

IV – proposta de compra;

V – reserva de lote ou outro instrumento no qual conste a manifestação de vontade das partes, contendo a indicação da fração ideal, do lote ou unidade, o preço, o modo de pagamento e a promessa de contratar;

VI – procuração pública com poderes de alienação para si ou para outrem, especificando o imóvel;

VII – escritura de cessão de direitos hereditários, especificando o imóvel; e

VIII – documentos judiciais de partilha, arrematação ou adjudicação.

§ 2.º Em qualquer dos casos, deverá ser justificado o óbice à correta escrituração das transações para evitar o uso da usucapião como meio de burla dos requisitos legais do sistema notarial e registral e da tributação dos impostos de transmissão incidentes sobre os negócios imobiliários, devendo registrador alertar o requerente e as testemunhas de que a prestação de declaração falsa na referida justificação configurará crime de falsidade, sujeito às penas da lei.

§ 3.º A prova de quitação será feita por meio de declaração escrita ou da apresentação da quitação da última parcela do preço avençado ou de recibo assinado pelo proprietário com firma reconhecida.

§ 4.º A análise dos documentos citados neste artigo e em seus parágrafos será realizada pelo oficial de registro de imóveis, que proferirá nota fundamentada, conforme seu livre convencimento, acerca da veracidade e idoneidade do conteúdo e da inexistência de lide relativa ao negócio objeto de regularização pela usucapião.

Art. 411. A existência de ônus real ou de gravame na matrícula do imóvel usucapiendo não impedirá o reconhecimento extrajudicial da usucapião.

Parágrafo único. A impugnação do titular do direito previsto no *caput* poderá ser objeto de conciliação ou mediação pelo registrador. Não sendo frutífera, a impugnação impedirá o reconhecimento da usucapião pela via extrajudicial.

Art. 412. Estando o requerimento regularmente instruído com todos os documentos exigidos, o oficial de registro de imóveis dará ciência à União, ao Estado, ao Distrito Federal ou ao Município pessoalmente, por intermédio do oficial de registro de títulos e documentos ou pelo correio com aviso de recebimento, para manifestação sobre o pedido no prazo de 15 dias.

§ 1.º A inércia dos órgãos públicos diante da notificação de que trata este artigo não impedirá o regular andamento do procedimento nem o eventual reconhecimento extrajudicial da usucapião.

§ 2.º Será admitida a manifestação do Poder Público em qualquer fase do procedimento.

§ 3.º Apresentada qualquer ressalva, óbice ou oposição dos entes públicos mencionados, o procedimento extrajudicial deverá ser encerrado e enviado ao juízo competente para o rito judicial da usucapião.

Art. 413. Após a notificação prevista no *caput* do artigo anterior, o oficial de registro de imóveis expedirá edital, que será publicado pelo requerente e às expensas dele, na forma do art. 257, III, do CPC, para ciência de terceiros eventualmente interessados, que poderão manifestar-se nos quinze dias subsequentes ao da publicação.

§ 1.º O edital de que trata o *caput* conterá:

I – o nome e a qualificação completa do requerente;

II – a identificação do imóvel usucapiendo com o número da matrícula, quando houver, sua área superficial e eventuais acessões ou benfeitorias nele existentes;

III – os nomes dos titulares de direitos reais e de outros direitos registrados e averbados na matrícula do imóvel usucapiendo e na matrícula dos imóveis confinantes ou confrontantes de fato com expectativa de domínio;

IV – a modalidade de usucapião e o tempo de posse alegado pelo requerente; e

V – a advertência de que a não apresentação de impugnação no prazo previsto neste artigo implicará anuência ao pedido de reconhecimento extrajudicial da usucapião.

§ 2.º Os terceiros eventualmente interessados poderão manifestar-se no prazo de 15 dias após o decurso do prazo do edital publicado.

§ 3.º Estando o imóvel usucapiendo localizado em duas ou mais circunscrições ou em circunscrição que abranja mais de um município, o edital de que trata o *caput* deste artigo deverá ser publicado em jornal de todas as localidades.

§ 4.º O edital poderá ser publicado em meio eletrônico, desde que o procedimento esteja regulamentado pelo órgão jurisdicional local, dispensada a publicação em jornais de grande circulação.

Art. 414. Para a elucidação de quaisquer dúvidas, imprecisões ou incertezas, poderão ser solicitadas ou realizadas diligências pelo oficial de registro de imóveis ou por escrevente habilitado.

§ 1.º No caso de ausência ou insuficiência dos documentos de que trata o inciso IV do caput do art. 216-A da LRP, a posse e os demais dados necessários poderão ser comprovados em procedimento de justificação administrativa perante o oficial de registro do imóvel, que obedecerá, no que couber, ao disposto no § 5.º do art. 381 e ao rito previsto no art. 382 e art. 383, todos do CPC.

§ 2.º Se, ao final das diligências, ainda persistirem dúvidas, imprecisões ou incertezas, bem como a ausência ou insuficiência de documentos, o oficial de registro de imóveis rejeitará o pedido mediante nota de devolução fundamentada.

§ 3.º A rejeição do pedido extrajudicial não impedirá o ajuizamento de ação de usucapião no foro competente.

§ 4.º Com a rejeição do pedido extrajudicial e a devolução de nota fundamentada, cessarão os efeitos da prenotação e da preferência dos direitos reais determinada pela prioridade, salvo suscitação de dúvida.

§ 5.º A rejeição do requerimento poderá ser impugnada pelo requerente no prazo de quinze dias, perante o oficial de registro de imóveis, que poderá reanalisar o pedido e reconsiderar a nota de rejeição no mesmo prazo ou suscitará dúvida registral nos moldes do art. 198 e dos seguintes da LRP.

Art. 415. Em caso de impugnação do pedido de reconhecimento extrajudicial da usucapião apresentada por qualquer dos titulares de direitos reais e de outros direitos registrados ou averbados na matrícula do imóvel usucapiendo ou na matrícula dos imóveis confinantes, por ente público ou por terceiro interessado, o oficial de registro de imóveis tentará promover a conciliação ou a mediação entre as partes interessadas.

§ 1.º Sendo infrutífera a conciliação ou a mediação mencionada no *caput* deste artigo, persistindo a impugnação, o oficial de registro de imóveis lavrará relatório circunstanciado de todo o processamento da usucapião.

§ 2.º O oficial de registro de imóveis entregará os autos do pedido da usucapião ao requerente, acompanhados do relatório circunstanciado, mediante recibo.

§ 3.º A parte requerente poderá emendar a petição inicial, adequando-a ao procedimento judicial e apresentá-la ao juízo competente da comarca de localização do imóvel usucapiendo.

Art. 416. O registro do reconhecimento extrajudicial da usucapião de imóvel rural somente será realizado após a apresentação:

I – do recibo de inscrição do imóvel rural no Cadastro Ambiental Rural (CAR), de que trata o art. 29 da Lei n. 12.651, de 25 de maio de 2012, emitido por órgão ambiental competente, esteja ou não a reserva legal averbada na matrícula imobiliária, fazendo-se expressa referência, na matrícula, ao número de registro e à data de cadastro constantes daquele documento;

II – do Certificado de Cadastro de Imóvel Rural (CCIR) mais recente, emitido pelo Instituto Nacional de Colonização e Reforma Agrária (Incra), devidamente quitado; e

III – de certificação do Incra que ateste que o poligonal objeto do memorial descritivo não se sobrepõe a nenhum outro constante do seu cadastro georreferenciado e que o memorial atende às exigências técnicas, conforme as áreas e os prazos previstos na Lei n. 10.267/2001 e nos decretos regulamentadores.

Art. 417. O registro do reconhecimento extrajudicial da usucapião de imóvel implica abertura de nova matrícula.

§ 1.º Na hipótese de o imóvel usucapiendo encontrar-se matriculado e o pedido referir-se à totalidade do bem, o registro do reconhecimento extrajudicial de usucapião será averbado na própria matrícula existente.

§ 2.º Caso o reconhecimento extrajudicial da usucapião atinja fração de imóvel matriculado ou imóveis referentes, total ou parcialmente, a duas ou mais matrículas, será aberta nova matrícula para o imóvel usucapiendo, devendo as matrículas atingidas, conforme o caso, ser encerradas ou receber as averbações dos respectivos desfalques ou destaques, dispensada, para esse fim, a apuração da área remanescente.

§ 3.º A abertura de matrícula de imóvel edificado independerá da apresentação de habite-se.

§ 4.º Tratando-se de usucapião de unidade autônoma localizada em condomínio edilício objeto de incorporação, mas ainda não instituído ou sem a devida averbação de construção, a matrícula será aberta para a respectiva fração ideal, mencionando-se a unidade a que se refere.

§ 5.º O ato de abertura de matrícula decorrente de usucapião conterá, sempre que possível, para fins de coordenação e histórico, a indicação do registro anterior desfalcado e, no campo destinado à indicação dos proprietários, a expressão "adquirido por usucapião".

Art. 418. O reconhecimento extrajudicial da usucapião de imóvel matriculado não extinguirá eventuais restrições administrativas nem gravames judiciais regularmente inscritos.

§ 1.º A parte requerente deverá formular pedido de cancelamento dos gravames e restrições diretamente à autoridade que emitiu a ordem.

§ 2.º Os entes públicos ou credores podem anuir expressamente à extinção dos gravames no procedimento da usucapião.

Art. 419. Estando em ordem a documentação e não havendo impugnação, o oficial de registro de imóveis emitirá nota fundamentada de deferimento e efetuará o registro da usucapião.

Art. 420. Em qualquer caso, o legítimo interessado poderá suscitar o procedimento de dúvida, observado o disposto no art. 198 e nos seguintes da LRP.

Art. 421. O oficial do registro de imóveis não exigirá, para o ato de registro da usucapião, o pagamento do Imposto de Transmissão de Bens Imóveis (ITBI), pois trata-se de aquisição originária de domínio.

Art. 422. Em virtude da consolidação temporal da posse e do caráter originário da aquisição da propriedade, o registro declaratório da usucapião não se confunde com as condutas previstas no Capítulo IX da Lei n. 6.766, de 19 de dezembro de 1979, nem delas deriva.

Art. 423. Enquanto não for editada, no âmbito dos estados e do Distrito Federal, legislação específica acerca da fixação de emolumentos para o procedimento da usucapião extrajudicial, serão adotadas as seguintes regras:

I – no tabelionato de notas, a ata notarial será considerada ato de conteúdo econômico, devendo-se tomar por base para a cobrança de emolumentos o valor venal do imóvel relativo ao último lançamento do imposto predial e territorial urbano ou ao imposto territorial rural ou, quando não estipulado, o valor de mercado aproximado; e

II – no registro de imóveis, pelo processamento da usucapião, serão devidos emolumentos equivalentes a 50% do valor previsto na tabela de emolumentos para o registro e, caso o pedido seja deferido, também serão devidos emolumentos pela aquisição da propriedade equivalentes a 50% do valor previsto na tabela de emolumentos para o registro, tomando-se por base o valor venal do imóvel relativo ao último lançamento do imposto predial e territorial urbano ou ao imposto territorial rural ou, quando não estipulado, o valor de mercado aproximado.

Parágrafo único. Diligências, reconhecimento de firmas, escrituras declaratórias, notificações e atos preparatórios e instrutórios para a lavratura da ata notarial, certidões, buscas, averbações, notificações e editais relacionados ao processamento do pedido da usucapião serão considerados atos autônomos para efeito de cobrança de emolumentos nos termos da legislação local, devendo as despesas ser adiantadas pelo requerente.

CAPÍTULO II – DOS ATOS RELATIVOS A TERRAS INDÍGENAS

- *Correspondência dos arts. 424 a 432 deste Código (CNN): Provimento CNJ n. 70, de 12 de junho de 2018*
- *Art. 246, §§ 2º e 3º, Lei n. 6015/1973 (Registros Públicos)*
- *Decreto 1.775/1996 (Demarcação de Terras Indígenas)*
- *Instrução Normativa FUNAI n. 30/2023 (Estabelece as regras para emissão de Declaração de Reconhecimento de Limites em relação a terras indígenas e imóveis confrontantes e declara a nulidade da Instrução Normativa nº 9, de 16 de abril de 2020, que disciplina o requerimento, análise e emissão da Declaração de Reconhecimento de Limites em relação a imóveis privados)*

SEÇÃO I – DAS DISPOSIÇÕES GERAIS

Art. 424. Este Capítulo dispõe sobre a abertura de matrícula e registro de terra indígena com demarcação homologada e averbação da existência de demarcação de área indígena homologada e registrada em matrículas de domínio privado incidentes em seus limites.

§ 1.º Todos os atos registrais de terra indígena com demarcação homologada serão promovidos em nome da União.

§ 2.º Todos os procedimentos administrativos de demarcação de terras tradicionalmente ocupadas pelos índios em caráter permanente, inclusive o resumo do estudo antropológico eventualmente realizado, deverão ser averbados nas matrículas dos imóveis.

Art. 425. O requerimento de abertura de matrícula, quando inexistente registro anterior, ou de averbação de demarcação de terra indígena, quando existente matrícula ou transcrição, em ambos os casos com demarcação homologada, formulado pelo órgão federal de assistência ao índio (art. 6º do Decreto n. 1.775/1996) deverá ser instruído com as seguintes informações e documentos: *(Redação dada pelo Provimento n. 171, de 5.6.2024)*

I – decreto homologatório da demarcação da terra indígena;

II – declaração de inexistência de registro anterior do imóvel, se for o caso. *(Redação dada pelo Provimento n. 171, de 5.6.2024)*

III – certidão de inexistência de registro para o imóvel expedida pelo oficial de registro de imóveis da circunscrição anterior quando ocorrida alteração da competência;

IV – número da matrícula e/ou transcrição da respectiva unidade de registro imobiliário, no caso de terra indígena com demarcação homologada, se existente; *(Redação dada pelo Provimento n. 171, de 5.6.2024)*

V – *(Revogado dada pelo Provimento n. 171, de 5.6.2024)*

VI – certidão de conclusão de processo administrativo expedida pelo órgão competente da União;

VII – número-código de cadastro da terra indígena no Sistema Nacional de Cadastro Rural (SNCR);

VIII – *(Revogado dada pelo Provimento n. 171, de 5.6.2024)*

IX – número do assentimento do Conselho de Defesa Nacional (CDN) quando se tratar de gleba inserida em faixa de fronteira, se houver, para efeito de averbação na matrícula; e

X – requerimento de encerramento de matrículas totalmente incidentes sobre a área.

§ 1º No caso de criação de nova circunscrição de registro imobiliário, e já tendo sido concluído o procedimento previsto no *caput* deste artigo perante a circunscrição anterior, a matrícula será aberta à vista de solicitação do Órgão Federal competente, que apresentará apenas a certidão da matrícula atualizada com prazo de 15 (quinze) dias, juntamente com os documentos técnicos descritos no inciso VII, cujo memorial descritivo constará tão somente o perímetro e área do imóvel situado na nova circunscrição. *(Incluído pelo Provimento n. 171, de 5.6.2024)*

§ 2º Identificada eventual sobreposição de área confirmando que a terra indígena atinge, total ou parcialmente, imóvel até então considerado de propriedade particular, a Fundação Nacional dos Povos Indígenas (FUNAI) solicitará, conforme o caso, a averbação do encerramento da matrícula ou a averbação dos respectivos desfalques, dispensada, para esse fim, a retificação do memorial descritivo da área remanescente. *(Incluído pelo Provimento n. 171, de 5.6.2024)*

Art. 426. Para instrução do requerimento, o oficial de registro de imóveis competente para o ato deverá consultar diretamente os assentamentos que mantiver, inclusive para efeito de verificação da inexistência de registro anterior para o imóvel, sendo vedada a exigência de apresentação de certidões dos assentos existentes em sua própria serventia.

Art. 427. Os atos registrais deverão ser requeridos em todas as circunscrições do registro de imóveis em que a terra indígena com demarcação homologada estiver localizada.

§ 1.º No caso de registro de terra indígena sem título ou registro anterior localizada em mais de uma circunscrição imobiliária, o órgão federal de assistência ao índio poderá requerê-lo separadamente em cada uma das circunscrições envolvidas, instruindo o requerimento também com os memoriais descritivos e a planta da parcela do imóvel que se localizar em cada uma das circunscrições do registro imobiliário.

§ 2.º O oficial de registro de imóveis averbará a demarcação da terra indígena e promoverá o encerramento da respectiva matrícula quando constatar que a demarcação atinge a totalidade do imóvel objeto da matrícula preexistente e, no caso de o imóvel atingido ser objeto de transcrição, será averbada a ocorrência com remissão à nova matrícula aberta.

§ 3.º Se os limites da terra indígena registrada incidirem parcialmente sobre outro imóvel, o oficial de registro de imóveis averbará a circunstância na respectiva matrícula ou transcrição.

§ 4.º Após a averbação da demarcação da terra indígena, o oficial de registro de imóveis abrirá matrícula em nome da União de acordo com a descrição do memorial descritivo apresentado.

Art. 428. O requerimento será recepcionado e lançado no Livro 1 – Protocolo, submetendo-se ao regime de prioridade aplicável aos títulos em geral.

§ 1.º A qualificação negativa do requerimento, mediante formulação de exigência, deverá ser manifestada por meio de nota de devolução fundamentada, em até 15 dias contados da data do protocolo.

§ 2° Decorrido o prazo previsto no parágrafo anterior:

I – havendo discordância expressa com a formulação de exigência em nota de devolução para a abertura de matrícula, registro ou averbação de que trata este Capítulo pelo órgão federal de assistência ao índio, o oficial de registro de imóveis remeterá o procedimento ao juiz competente (art. 198 da Lei de Registros Públicos); e

II – não havendo manifestação do órgão competente da União, a prenotação será cancelada após o decurso de 30 dias contados da data do protocolo.

Art. 429. Havendo identificação do nome e do cargo do subscritor dos requerimentos e dos demais documentos oriundos dos órgãos da União, para os fins previstos neste Capítulo, é dispensado o reconhecimento da firma.

Art. 430. Os atos registrais relativos aos trabalhos de identificação e delimitação de terras indígenas realizados anteriormente poderão ser praticados pelos mesmos procedimentos acima elencados.

Art. 431. Poderão ainda ser realizadas averbações acautelatórias da existência de processos demarcatórios de terras indígenas, em matrículas de domínio privado existentes nos seus limites, caso em que o requerimento deverá ser instruído com os seguintes documentos: *(Redação dada pelo Provimento n. 171, de 5.6.2024)*

I – portaria inaugural do processo administrativo;

II – indicação do número das matrículas e/ou transcrições sobre os quais a averbação deverá ser praticada, sob responsabilidade do órgão federal;

III – *(Revogado pelo Provimento n. 171, de 5.6.2024)*

IV – relatório circunstanciado de identificação de delimitação quando já realizado e decisão administrativa declaratória dos limites da terra indígena a demarcar (artigo 2.º, § 10, I, do Decreto Federal n. 1.775/96).

Art. 432. Inexistindo exigências formuladas pelo registrador, as providências para a abertura, o registro e a averbação deverão ser efetivadas pelo cartório no prazo de 30 dias contado da prenotação do título, sob pena de aplicação de multa diária no valor de R$ 1.000,00, sem prejuízo da responsabilidade civil e penal do oficial de registro, ressalvada a necessidade de dilação do prazo em virtude de diligências, pesquisas e outras circunstâncias que deverão ser enunciadas e justificadas fundamentadamente pelo registrador em nota que será arquivada, microfilmada ou digitalizada junto ao título.

CAPÍTULO III – DO ARRENDAMENTO DE IMÓVEL RURAL POR ESTRANGEIRO

- ***Correspondência dos arts. 433 a 436 deste Código: Provimento CNJ n. 43, de 17 de abril de 2015***
- *Vide Lei n. 5.709/1971 (Aquisição de Imóveis por Estrangeiro)*
- *Vide Lei n. 8.629/1993 (Regulamenta dispositivos constitucionais relativos à reforma agrária): art. 23 e seguintes*
- *Vide Lei n. 10.406/2002 (Código Civil)*
- *Vide Decreto 74.965/1974 (Regulamenta Lei n. 5.709/1971)*
- *Vide Decreto 85.064/1980 (Regulamenta a Lei nº 6.634, de 2 de maio de 1979): arts. 29 e seguintes*
- *Vide Instrução Normativa INCRA n. 88/2017 (Aquisição e o arrendamento de imóvel rural por pessoa natural estrangeira residente no País, pessoa jurídica estrangeira autorizada a funcionar no Brasil e pessoa jurídica brasileira equiparada à estrangeira)*

SEÇÃO I – DAS DISPOSIÇÕES GERAIS

Art. 433. Os contratos de arrendamento de imóvel rural serão necessariamente formalizados por escritura pública, quando celebrados por:

I – pessoa física estrangeira residente no Brasil;

II – pessoa jurídica estrangeira autorizada a funcionar no Brasil; e

III – pessoa jurídica brasileira da qual participe, a qualquer título, pessoa estrangeira física ou jurídica que resida ou tenha sede no exterior e possua a maioria do capital social.

Parágrafo único. Os tabeliães responsáveis pela lavratura de escritura pública relativa a arrendamento de imóvel rural, por pessoa constante do *caput* deste artigo, observarão o disposto no art. 23 da Lei n. 8.629/1993, bem como os requisitos formais previstos no art. 92 e nos seguintes da Lei n. 4.504/1964, regulamentada pelo Decreto n. 59.566/1966, e o art. 215 do Código Civil de 2002.

Art. 434. Será exigida a autorização do Instituto Nacional de Colonização e Reforma Agrária (INCRA), mediante requerimento do interessado em arrendar imóvel rural, nas hipóteses previstas no Decreto 74.965, de

26 de novembro de 1974, ao dispor sobre a aquisição de imóvel rural por estrangeiro.

Parágrafo único. O prazo de validade da autorização do INCRA é de 30 dias, período em que deverá ser lavrada a escritura pública, seguindo-se o registro obrigatório na Circunscrição da situação do imóvel, no prazo de 15 dias, contados da data da lavratura do instrumento público.

Art. 435. Os cartórios de registro de imóveis inscreverão os contratos de arrendamento de imóvel rural celebrados por pessoas indicadas no artigo 375 deste Código no Livro de Registro de Aquisição de Imóveis Rurais por Estrangeiros, na forma prevista no *art. 15 do Decreto n. 74.965/1974*.

Parágrafo único. Os registros relativos a imóveis situados em comarcas ou circunscrições limítrofes serão feitos em todas elas, devendo constar dos registros esta circunstância.

Art. 436. Trimestralmente, os oficiais de registro de imóveis deverão remeter às corregedorias-gerais da Justiça a que estiverem subordinados, e à repartição estadual do INCRA, informações sobre os atos praticados relativos ao arrendamento de imóvel rural por pessoa de que trata este Capítulo.

Parágrafo único. Quando se tratar de imóvel situado em área indispensável à segurança nacional, será necessário o assentimento prévio da Secretaria Geral do Conselho de Segurança Nacional.

CAPÍTULO IV – DA DESCRIÇÃO DE IMÓVEIS PÚBLICOS FEDERAIS NA AMAZÔNIA LEGAL

- ***Correspondência dos art. 437 a 440 deste Código: Provimento CNJ n. 33, de 3 de julho de 2013***
- *Vide Lei n. 11.952/2009 (Regularização fundiária das ocupações incidentes em terras situadas em áreas da União, no âmbito da Amazônia Legal)*
- *Vide Lei n. 13.465/2017 (Regularização Fundiária)*
- *Vide Instrução Normativa INCRA n. 91/2018 (Procedimento para venda direta dos imóveis residenciais de propriedade do INCRA no âmbito da Amazônia Legal, nos termos do art. 38, da Lei nº 11.952/2009)*
- *Vide Instrução Normativa INCRA n. 142/2024 (Dispõe sobre os procedimentos necessários à regularização fundiária de áreas urbanas consolidadas, de expansão urbana e de urbanização específica, incidentes em terras públicas federais do Incra, qualquer que seja sua localização, e da União, administradas pelo Incra na Amazônia Legal previstas no art. 3º da Lei nº 11.952, de 2009)*
- *Vide Provimento CNJ n. 144/2023 (Programa Permanente de Regularização Fundiária na Amazônia Legal)*
- *Vide Orientação CNJ n. 5/2013 (Orienta sobre o procedimento de averbação de descrição georreferenciada de Gleba Pública Federal na Amazônia Legal previsto nos arts. 3º e 4º do Provimento nº 33/2013 da Corregedoria Nacional de Justiça)*
- *Vide Portaria MDA n. 1/2012 (Dispõe sobre o procedimento para regularização fundiária de ocupações incidentes em terras públicas federais, situadas em áreas urbanas na Amazônia Legal, previstas no art. 3º da Lei n. 11.952/2009)*
- *Vide Portaria MDA n. 327/2015 (Dispõe sobre o procedimento de reversão de imóveis rurais na Amazônia Legal à União)*

SEÇÃO I – DAS DISPOSIÇÕES GERAIS

Art. 437. O requerimento de abertura de matrícula de Gleba Pública Federal na Amazônia Legal, quando inexistente registro anterior, formulado pelo Instituto Nacional de Colonização e Reforma Agrária (INCRA) ou pelo Ministério do Desenvolvimento Agrário (MDA), deverá ser instruído com os seguintes documentos:

a) declaração de inexistência de registro anterior do imóvel, instruída com a portaria de arrecadação da gleba expedida pelo órgão competente da União;

b) número-código de cadastro da Gleba Pública Federal no Sistema Nacional de Cadastro Rural (SNCR);

c) planta e memorial descritivo do perímetro da Gleba Pública Federal, contendo as coordenadas dos vértices definidores dos limites dos limites da gleba, georreferenciadas ao Sistema Geodésico Brasileiro e com precisão posicional conforme fixado pelo INCRA; e

d) certidão de inexistência de registro para o imóvel expedida pelo oficial de registro de imóveis da circunscrição anterior, quando ocorrida alteração da competência.

§ 1.º Para instrução do requerimento, o oficial de registro de imóveis competente para o registro deverá consultar diretamente os assentamentos que mantiver, inclusive para efeito de verificação da inexistência de registro anterior para o imóvel, sendo vedada a exigência de apresentação de certidões dos assentamentos existentes em sua própria serventia.

§ 2.º A abertura de matrícula deverá ser requerida em todas as circunscrições do registro de imóveis em que a Gleba estiver localizada.

Art. 438. O registro de demarcação judicial de Gleba situada na Amazônia Legal e de titularidade da União, quando inexistente registro anterior, será promovido conforme o procedimento previsto na legislação específica.

Art. 439. O requerimento de averbação de descrição georreferenciada de Gleba Pública Federal na Amazônia Legal, formulado pelo Instituto Nacional de Colonização e Reforma Agrária (INCRA) ou pelo Ministério do Desenvolvimento Agrário (MDA), deverá ser instruído com as seguintes informações e os documentos:

a) indicação do número de matrícula da Gleba Pública Federal;

b) planta e memorial descritivo do perímetro da Gleba Pública Federal, com anotação de Responsabilidade Técnica (ART) do profissional responsável, contendo as coordenadas dos vértices definidores dos limites dos imóveis rurais, georreferenciadas ao Sistema Geodésico Brasileiro e com precisão posicional conforme fixado pelo INCRA;

c) certificação ou declaração expedida pelo Instituto Nacional de Colonização e Reforma Agrária (INCRA) ou pelo Ministério do Desenvolvimento Agrário (MDA), de que o memorial descritivo da Gleba Pública Federal é referente apenas ao seu perímetro originário;

d) número-código de cadastro da Gleba Pública Federal no Sistema Nacional de Cadastro Rural (SNCR);

e) o número do assentimento do Conselho de Defesa Nacional (CDN) quando se tratar de Gleba inserida em faixa de fronteira, se houver, para efeito de averbação na matrícula.

§ 1.º Sendo necessário, o oficial de registro de imóveis competente para a averbação deverá consultar diretamente os assentamentos que mantiver, sendo vedada a exigência de apresentação de certidões dos assentamentos contidos em sua própria serventia.

§ 2.º Mediante requerimento do órgão fundiário federal, a averbação da descrição georreferenciada do imóvel poderá ser promovida na matrícula já aberta para a Gleba Pública Federal, sendo, nessa hipótese, dispensada a abertura de nova matrícula.

§ 3.º A averbação deverá ser requerida em todas as circunscrições do registro de imóveis em que a Gleba estiver localizada.

§ 4.º Atendidos os requisitos legais, na hipótese do § 3.º deste artigo, o Instituto Nacional de Colonização e Reforma Agrária (INCRA) ou o Ministério do Desenvolvimento Agrário (MDA), poderão requerer o desmembramento do registro da Gleba localizada em mais de uma circunscrição, instruindo o requerimento também com o memorial descritivo e a planta da parcela do imóvel que se localizar em cada uma das circunscrições do registro imobiliário.

Art. 440. O requerimento de abertura de matrícula para Gleba Pública Federal na Amazônia Legal ainda não matriculada, de que figure como titular a União, ou de averbação de descrição georreferenciada de Gleba Pública Federal já registrada como de propriedade da União, tratados nesta Seção, será formulado diretamente ao oficial de registro de imóveis competente para a circunscrição em que situado o imóvel.

§ 1.º O requerimento será recepcionado e lançado no Livro 1 - Protocolo observada a rigorosa ordem de cronológica de apresentação dos títulos.

§ 2.º A qualificação negativa do requerimento de abertura de matrícula para Gleba Pública Federal que ainda não for objeto de registro em Registro de Imóveis, mediante formulação de exigência, deverá ser manifestada por meio de nota de devolução fundamentada em até 15 dias contados da data do protocolo, aplicando-se, se for requerida a suscitação de dúvida, o disposto no art. 198 e nos seguintes da Lei 6.015/73.

§ 3.º A qualificação negativa do requerimento de averbação de descrição georreferenciada de Gleba Pública Federal, mediante formulação de exigência, deverá ser manifestada por meio de nota de devolução fundamentada, em até 15 dias contados da data do protocolo.

§ 4.º Decorrido o prazo previsto no § 3.º deste artigo:

I – sendo apresentada manifestação de discordância com a recusa de averbação da área georreferenciada, pelo órgão público federal, o oficial de registro de imóveis remeterá o procedimento ao juiz competente que decidirá sobre a averbação de plano ou após instrução sumária; e

II – não havendo manifestação do órgão público federal, a prenotação será cancelada após o decurso de 30 dias contados da data do protocolo.

CAPÍTULO V – DA ADJUDICAÇÃO COMPULSÓRIA PELA VIA EXTRAJUDICIAL

› *Vide art. 216-B, LRP*

SEÇÃO I – DAS DISPOSIÇÕES GERAIS

(Incluída pelo Provimento n. 150, de 11.9.2023)

Art. 440-A. Este Capítulo estabelece regras para o processo de adjudicação compulsória pela via extrajudicial, nos termos do art. 216-B da Lei n. 6.015, de 31 de dezembro de 1973. *(Incluído pelo Provimento n. 150, de 11.9.2023)*

Art. 440-B. Podem dar fundamento à adjudicação compulsória quaisquer atos ou negócios jurídicos que impliquem promessa de compra e venda ou promessa de permuta, bem como as relativas cessões ou promessas de cessão, contanto que não haja direito de arrependimento exercitável. *(Incluído pelo Provimento n. 150, de 11.9.2023)*

Parágrafo único. O direito de arrependimento exercitável não impedirá a adjudicação compulsória, se o imóvel houver sido objeto de parcelamento do solo urbano (art. 2º da Lei n. 6.766, de 19 de dezembro de 1979) ou de incorporação imobiliária, com o prazo de carência já decorrido (art. 34 da Lei n. 4.591, de 16 de dezembro de 1964). *(Incluído pelo Provimento n. 150, de 11.9.2023)*

Art. 440-C. Possui legitimidade para a adjudicação compulsória qualquer adquirente ou transmitente nos atos e negócios jurídicos referidos no art. 440-B, bem como quaisquer cedentes, cessionários ou sucessores. *(Incluído pelo Provimento n. 150, de 11.9.2023)*

Parágrafo único. O requerente deverá estar assistido por advogado ou defensor público, constituídos mediante procuração específica. *(Incluído pelo Provimento n. 150, de 11.9.2023)*

Art. 440-D. O requerente poderá cumular pedidos referentes a imóveis diversos, contanto que, cumulativamente: *(Incluído pelo Provimento n. 150, de 11.9.2023)*

I – todos os imóveis estejam na circunscrição do mesmo ofício de registro de imóveis; *(Incluído pelo Provimento n. 150, de 11.9.2023)*

II – haja coincidência de interessados ou legitimados, ativa e passivamente; e *(Incluído pelo Provimento n. 150, de 11.9.2023)*

III – da cumulação não resulte prejuízo ou dificuldade para o bom andamento do processo. *(Incluído pelo Provimento n. 150, de 11.9.2023)*

Art. 440-E. A atribuição para o processo e para a qualificação e registro da adjudicação compulsória extrajudicial será do ofício de registro de imóveis da atual situação do imóvel. *(Incluído pelo Provimento n. 150, de 11.9.2023)*

§ 1º Se o registro do imóvel ainda estiver na circunscrição de ofício de registro de imóveis anterior, o requerente apresentará a respectiva certidão. *(Incluído pelo Provimento n. 150, de 11.9.2023)*

§ 2º Será admitido o processo de adjudicação compulsória ainda que estejam ausentes alguns dos elementos de especialidade objetiva ou subjetiva, se, a despeito disso, houver segurança quanto à identificação do imóvel e dos proprietários descritos no registro. *(Incluído pelo Provimento n. 150, de 11.9.2023)*

Art. 440-F. A ata notarial (inciso III do § 1º do art. 216-B da Lei n. 6.015, de 31 de dezembro de 1973) será lavrada por tabelião de notas de escolha do requerente, salvo se envolver diligências no local do imóvel, respeitados os critérios postos nos arts. 8º e 9º da Lei n. 8.935, de 18 de novembro de 1994, e observadas, no caso de ata notarial eletrônica, as regras de competência territorial de que trata este Código Nacional de Normas. *(Incluído pelo Provimento n. 150, de 11.9.2023)*

Art. 440-G. Além de seus demais requisitos, para fins de adjudicação compulsória, a ata notarial conterá: *(Incluído pelo Provimento n. 150, de 11.9.2023)*

I – a referência à matrícula ou à transcrição, e a descrição do imóvel com seus ônus e gravames; *(Incluído pelo Provimento n. 150, de 11.9.2023)*

II – a identificação dos atos e negócios jurídicos que dão fundamento à adjudicação compulsória, incluído o histórico de todas as cessões e sucessões, bem como a relação de todos os que figurem nos respectivos instrumentos contratuais; *(Incluído pelo Provimento n. 150, de 11.9.2023)*

III – as provas do adimplemento integral do preço ou do cumprimento da contraprestação à transferência do imóvel adjudicando; *(Incluído pelo Provimento n. 150, de 11.9.2023)*

IV – a identificação das providências que deveriam ter sido adotadas pelo requerido para a transmissão de propriedade e a verificação de seu inadimplemento; *(Incluído pelo Provimento n. 150, de 11.9.2023)*

V – o valor venal atribuído ao imóvel adjudicando, na data do requerimento inicial, segundo a legislação local. *(Incluído pelo Provimento n. 150, de 11.9.2023)*

§ 1º O tabelião de notas orientará o requerente acerca de eventual inviabilidade da adjudicação compulsória pela via extrajudicial. *(Incluído pelo Provimento n. 150, de 11.9.2023)*

§ 2º O tabelião de notas fará constar que a ata não tem valor de título de propriedade, que se presta à instrução de pedido de adjudicação compulsória perante o cartório de registro de imóveis, e que poderá ser aproveitada em processo judicial. *(Incluído pelo Provimento n. 150, de 11.9.2023)*

§ 3º A descrição do imóvel urbano matriculado poderá limitar-se à identificação ou denominação do bem e seu endereço. *(Incluído pelo Provimento n. 150, de 11.9.2023)*

§ 4º Caberá ao tabelião de notas fazer constar informações que se prestem a aperfeiçoar ou a complementar a especialidade do imóvel, se houver. *(Incluído pelo Provimento n. 150, de 11.9.2023)*

§ 5º Poderão constar da ata notarial imagens, documentos, gravações de sons, depoimentos de testemunhas e declarações do requerente. As testemunhas deverão ser alertadas de que a falsa afirmação configura crime. *(Incluído pelo Provimento n. 150, de 11.9.2023)*

§ 6º Para fins de prova de quitação, na ata notarial, poderão ser objeto de constatação, além de outros fatos ou documentos: *(Incluído pelo Provimento n. 150, de 11.9.2023)*

I – ação de consignação em pagamento com valores depositados; *(Incluído pelo Provimento n. 150, de 11.9.2023)*

II – mensagens, inclusive eletrônicas, em que se declare quitação ou se reconheça que o pagamento foi efetuado; *(Incluído pelo Provimento n. 150, de 11.9.2023)*

III – comprovantes de operações bancárias; *(Incluído pelo Provimento n. 150, de 11.9.2023)*

IV – informações prestadas em declaração de imposto de renda; *(Incluído pelo Provimento n. 150, de 11.9.2023)*

V – recibos cuja autoria seja passível de confirmação; *(Incluído pelo Provimento n. 150, de 11.9.2023)*

VI – averbação ou apresentação do termo de quitação de que trata a alínea 32 do inciso II do art. 167 da Lei n. 6.015, de 31 de dezembro de 1973; ou *(Incluído pelo Provimento n. 150, de 11.9.2023)*

VII – notificação extrajudicial destinada à constituição em mora. *(Incluído pelo Provimento n. 150, de 11.9.2023)*

§ 7º O tabelião de notas poderá dar fé às assinaturas, com base nos cadastros nacionais dos notários (art. 301 deste Código Nacional de Normas), se assim for viável à vista do estado da documentação examinada. *(Incluído pelo Provimento n. 150, de 11.9.2023)*

§ 8º O tabelião de notas poderá instaurar a conciliação ou a mediação dos interessados, desde que haja concordância do requerente, nos termos do Capítulo II do Título I do Livro I deste Código Nacional de Normas. *(Incluído pelo Provimento n. 150, de 11.9.2023)*

Art. 440-H. A pendência de processo judicial de adjudicação compulsória não impedirá a via extrajudicial, caso se demonstre suspensão daquele por, no mínimo, 90 (noventa) dias úteis. *(Incluído pelo Provimento n. 150, de 11.9.2023)*

Art. 440-I. A qualificação notarial ou registral será negativa sempre que se verificar, em qualquer tempo do processo, ilicitude, fraude à lei ou simulação. *(Incluído pelo Provimento n. 150, de 11.9.2023)*

Art. 440-J. A inércia do requerente, em qualquer ato ou termo, depois de decorrido prazo fixado pelo oficial de registro de imóveis, levará à extinção do processo extrajudicial. *(Incluído pelo Provimento n. 150, de 11.9.2023)*

SEÇÃO II – DO PROCEDIMENTO

(Incluída pelo Provimento n. 150, de 11.9.2023)

SUBSEÇÃO I – DO REQUERIMENTO INICIAL

(Incluída pelo Provimento n. 150, de 11.9.2023)

Art. 440-K. O interessado apresentará, para protocolo, ao oficial de registro de imóveis, requerimento de instauração do processo de adjudicação compulsória. *(Incluído pelo Provimento n. 150, de 11.9.2023)*

Parágrafo único. Os efeitos da prenotação prorrogar-se-ão até o deferimento ou rejeição do pedido.

Art. 440-L. O requerimento inicial atenderá, no que couber, os requisitos do art. 319 da Lei Federal n. 13.105, de 16 de março de 2015 – Código de Processo Civil, trazendo, em especial: *(Incluído pelo Provimento n. 150, de 11.9.2023)*

I – identificação e endereço do requerente e do requerido, com a indicação, no mínimo, de nome e número de Cadastro de Pessoas Físicas – CPF ou de Cadastro Nacional de

Pessoas Jurídicas – CNPJ (art. 2º do Provimento n. 61, de 17 de outubro de 2017, da Corregedoria Nacional de Justiça); *(Incluído pelo Provimento n. 150, de 11.9.2023)*

II – a descrição do imóvel, sendo suficiente a menção ao número da matrícula ou transcrição e, se necessário, a quaisquer outras características que o identifiquem; *(Incluído pelo Provimento n. 150, de 11.9.2023)*

III – se for o caso, o histórico de atos e negócios jurídicos que levaram à cessão ou à sucessão de titularidades, com menção circunstanciada dos instrumentos, valores, natureza das estipulações, existência ou não de direito de arrependimento e indicação específica de quem haverá de constar como requerido; *(Incluído pelo Provimento n. 150, de 11.9.2023)*

IV – a declaração do requerente, sob as penas da lei, de que não pende processo judicial que possa impedir o registro da adjudicação compulsória, ou prova de que tenha sido extinto ou suspenso por mais de 90 (noventa) dias úteis; *(Incluído pelo Provimento n. 150, de 11.9.2023)*

V – o pedido de que o requerido seja notificado a se manifestar, no prazo de 15 (quinze) dias úteis; e *(Incluído pelo Provimento n. 150, de 11.9.2023)*

VI – o pedido de deferimento da adjudicação compulsória e de lavratura do registro necessário para a transferência da propriedade. *(Incluído pelo Provimento n. 150, de 11.9.2023)*

Art. 440-M. O requerimento inicial será instruído, necessariamente, pela ata notarial de que trata este Capítulo deste Código Nacional de Normas e pelo instrumento do ato ou negócio jurídico em que se funda a adjudicação compulsória. *(Incluído pelo Provimento n. 150, de 11.9.2023)*

§ 1º O requerimento inicial será apresentado ao ofício de registro de imóveis, diretamente ou por meio do Sistema Eletrônico dos Registros Públicos – Serp. *(Incluído pelo Provimento n. 150, de 11.9.2023)*

§ 2º O requerimento inicial e os documentos que o instruírem serão autuados. *(Incluído pelo Provimento n. 150, de 11.9.2023)*

§ 3º O oficial de registro de imóveis, a seu critério, poderá digitalizar o requerimento inicial e os documentos que o acompanhem, para que o processo tramite em meio exclusivamente eletrônico. *(Incluído pelo Provimento n. 150, de 11.9.2023)*

§ 4º A pedido do requerente, o requerimento inicial do processo extrajudicial, a ata notarial e os demais documentos poderão ser encaminhados ao oficial de registro de imóveis pelo tabelião de notas, preferencialmente por meio do Sistema Eletrônico dos Registros Públicos – Serp. *(Incluído pelo Provimento n. 150, de 11.9.2023)*

Art. 440-N. Se apresentados para protocolo em meio físico, o requerimento inicial e documentos que o acompanham deverão ser oferecidos em tantas vias quantos forem os requeridos a serem notificados. *(Incluído pelo Provimento n. 150, de 11.9.2023)*

Art. 440-O. Caso seja incerto ou desconhecido o endereço de algum requerido, a sua notificação por edital será solicitada pelo requerente, mediante demonstração de que tenha esgotado todos os meios ordinários de localização. *(Incluído pelo Provimento n. 150, de 11.9.2023)*

Art. 440-P. Também se consideram requeridos e deverão ser notificados o cônjuge e o companheiro, nos casos em que a lei exija o seu consentimento para a validade ou eficácia do ato ou negócio jurídico que dá fundamento à adjudicação compulsória. *(Incluído pelo Provimento n. 150, de 11.9.2023)*

Art. 440-Q. Caso o requerimento inicial não preencha os seus requisitos de que trata esta Subeção deste Código Nacional de Normas, o requerente será notificado, por escrito e fundamentadamente, para que o emende no prazo de 10 (dez) dias úteis. *(Incluído pelo Provimento n. 150, de 11.9.2023)*

Parágrafo único. Decorrido esse prazo sem as providências, o processo será extinto, com o cancelamento da prenotação. *(Incluído pelo Provimento n. 150, de 11.9.2023)*

SUBSEÇÃO II – DA NOTIFICAÇÃO

(Incluída pelo Provimento n. 150, de 11.9.2023)

Art. 440-R. Se o requerimento inicial preencher seus requisitos, o oficial de registro de imóveis notificará o requerido. *(Incluído pelo Provimento n. 150, de 11.9.2023)*

Art. 440-S. A notificação conterá: *(Incluído pelo Provimento n. 150, de 11.9.2023)*

I – a identificação do imóvel; *(Incluído pelo Provimento n. 150, de 11.9.2023)*

II – o nome e a qualificação do requerente e do requerido; *(Incluído pelo Provimento n. 150, de 11.9.2023)*

III – a determinação para que o requerido, no prazo de 15 (quinze) dias úteis, contados a partir do primeiro dia útil posterior ao dia do recebimento da notificação: *(Incluído pelo Provimento n. 150, de 11.9.2023)*

a) anua à transmissão da propriedade; ou *(Incluído pelo Provimento n. 150, de 11.9.2023)*

b) impugne o pedido, com as razões e documentos que entender pertinentes; *(Incluído pelo Provimento n. 150, de 11.9.2023)*

IV – a advertência de que o silêncio do requerido poderá implicar a presunção de que é verdadeira a alegação de inadimplemento; *(Incluído pelo Provimento n. 150, de 11.9.2023)*

V – instruções sobre a forma de apresentação da impugnação. *(Incluído pelo Provimento n. 150, de 11.9.2023)*

Art. 440-T. O instrumento da notificação será elaborado pelo oficial do registro de imóveis, que o encaminhará pelo correio, com aviso de recebimento, facultado o encaminhamento por oficial de registro de títulos e documentos. *(Incluído pelo Provimento n. 150, de 11.9.2023)*

§ 1º Sem prejuízo dessas providências, deverá ser enviada mensagem eletrônica de notificação, se houver prova de endereço eletrônico do requerido. *(Incluído pelo Provimento n. 150, de 11.9.2023)*

§ 2º As despesas de notificação, em qualquer modalidade, serão pagas pelo requerente. *(Incluído pelo Provimento n. 150, de 11.9.2023)*

Art. 440-U. Se o requerido for pessoa jurídica, será eficaz a entrega da notificação a pessoa com poderes de gerência geral ou de administração ou, ainda, a funcionário responsável pelo recebimento de correspondências. *(Incluído pelo Provimento n. 150, de 11.9.2023)*

§ 1º Em caso de pessoa jurídica extinta, a notificação será enviada ao liquidante ou ao último administrador conhecido. *(Incluído pelo Provimento n. 150, de 11.9.2023)*

§ 2º Sendo desconhecidos o liquidante ou o último administrador, ou se estiverem em lugar incerto ou desconhecido, a notificação será feita por edital. *(Incluído pelo Provimento n. 150, de 11.9.2023)*

Art. 440-V. Nos condomínios edilícios ou outras espécies de conjuntos imobiliários com controle de acesso, a notificação será válida quando entregue a funcionário responsável pelo recebimento de correspondência. *(Incluído pelo Provimento n. 150, de 11.9.2023)*

Art. 440-W. Se o requerido for falecido, poderão ser notificados os seus herdeiros legais, contanto que estejam comprovados a qualidade destes, o óbito e a inexistência de inventário judicial ou extrajudicial. *(Incluído pelo Provimento n. 150, de 11.9.2023)*

Parágrafo único. Havendo inventário, bastará a notificação do inventariante. *(Incluído pelo Provimento n. 150, de 11.9.2023)*

Art. 440-X. Infrutíferas as tentativas de notificação pessoal, e não sendo possível a localização do requerido, o oficial de registro de imóveis procederá à notificação por edital, na forma seguinte: *(Incluído pelo Provimento n. 150, de 11.9.2023)*

I – o oficial de registro de imóveis, a expensas do requerente, promoverá a notificação mediante a publicação do edital, por duas vezes, com intervalo de 15 (quinze) dias úteis, em jornal impresso ou eletrônico; e *(Incluído pelo Provimento n. 150, de 11.9.2023)*

II – o edital repetirá o conteúdo previsto para a notificação de que trata esta Subseção deste Código Nacional de Normas. *(Incluído pelo Provimento n. 150, de 11.9.2023)*

§ 1º Será considerado em lugar desconhecido, para fins de notificação por edital, o requerido cujo endereço não conste no registro de imóveis nem no instrumento do ato ou negócio jurídico em que se fundar a adjudicação compulsória, contanto que o requerente declare e comprove que esgotou os meios ordinários para sua localização. *(Incluído pelo Provimento n. 150, de 11.9.2023)*

§ 2º Também se procederá à notificação por edital quando ficar provado que o requerido reside fora do país e não tem procurador munido de poderes para a outorga do título de transmissão. *(Incluído pelo Provimento n. 150, de 11.9.2023)*

SUBSEÇÃO III – DA ANUÊNCIA E DA IMPUGNAÇÃO

(Incluída pelo Provimento n. 150, de 11.9.2023)

Art. 440-Y. A anuência do requerido poderá ser declarada a qualquer momento por instrumento particular, com firma reconhecida, por instrumento público ou por meio eletrônico idôneo, na forma da lei. *(Incluído pelo Provimento n. 150, de 11.9.2023)*

§ 1º A anuência também poderá ser declarada perante o oficial de registro de imóveis, em cartório, ou perante o preposto encarregado da notificação, que lavrará certidão no ato da notificação. *(Incluído pelo Provimento n. 150, de 11.9.2023)*

§ 2º A mera anuência, desacompanhada de providências para a efetiva celebração do negócio translativo de propriedade, implicará o prosseguimento do processo extrajudicial. *(Incluído pelo Provimento n. 150, de 11.9.2023)*

Art. 440-Z. O requerido poderá apresentar impugnação por escrito, no prazo de 15 (quinze) dias úteis. *(Incluído pelo Provimento n. 150, de 11.9.2023)*

Art. 440-AA. O oficial de registro de imóveis notificará o requerente para que se manifeste sobre a impugnação em 15 (quinze) dias úteis e, com ou sem a manifestação, proferirá decisão, no prazo de 10 (dez) dias úteis. *(Incluído pelo Provimento n. 150, de 11.9.2023)*

Parágrafo único. Se entender viável, antes de proferir decisão, o oficial de registro de imóveis poderá instaurar a conciliação ou a mediação dos interessados, nos termos do Capítulo II do Título I do Livro I da Parte Geral deste Código de Normas. *(Incluído pelo Provimento n. 150, de 11.9.2023)*

Art. 440-AB. O oficial de registro de imóveis indeferirá a impugnação, indicando as razões que o levaram a tanto, dentre outras hipóteses, quando: *(Incluído pelo Provimento n. 150, de 11.9.2023)*

I – a matéria já houver sido examinada e refutada em casos semelhantes pelo juízo competente; *(Incluído pelo Provimento n. 150, de 11.9.2023)*

II – não contiver a exposição, ainda que sumária, das razões da discordância; *(Incluído pelo Provimento n. 150, de 11.9.2023)*

III – versar matéria estranha à adjudicação compulsória; *(Incluído pelo Provimento n. 150, de 11.9.2023)*

IV – for de caráter manifestamente protelatório. *(Incluído pelo Provimento n. 150, de 11.9.2023)*

Art. 440-AC. Rejeitada a impugnação, o requerido poderá recorrer, no prazo de 10 (dez) dias úteis, e o oficial de registro de imóveis notificará o requerente para se manifestar, em igual prazo sobre o recurso. *(Incluído pelo Provimento n. 150, de 11.9.2023)*

Art. 440-AD. Acolhida a impugnação, o oficial de registro de imóveis notificará o requerente para que se manifeste em 10 (dez) dias úteis. *(Incluído pelo Provimento n. 150, de 11.9.2023)*

Parágrafo único. Se não houver insurgência do requerente contra o acolhimento da impugnação, o processo será extinto e cancelada a prenotação. *(Incluído pelo Provimento n. 150, de 11.9.2023)*

Art. 440-AE. Com ou sem manifestação sobre o recurso ou havendo manifestação de insurgência do requerente contra o acolhimento, os autos serão encaminhados ao juízo que, de plano ou após instrução sumária, examinará apenas a procedência da impugnação. *(Incluído pelo Provimento n. 150, de 11.9.2023)*

§ 1º Acolhida a impugnação, o juiz determinará ao oficial de registro de imóveis a extinção do processo e o cancelamento da prenotação. *(Incluído pelo Provimento n. 150, de 11.9.2023)*

§ 2º Rejeitada a impugnação, o juiz determinará a retomada do processo perante o oficial de registro de imóveis. *(Incluído pelo Provimento n. 150, de 11.9.2023)*

§ 3º Em qualquer das hipóteses, a decisão do juízo esgotará a instância administrativa acerca da impugnação. *(Incluído pelo Provimento n. 150, de 11.9.2023)*

SUBSEÇÃO IV – DA QUALIFICAÇÃO E DO REGISTRO

(Incluída pelo Provimento n. 150, de 11.9.2023)

Art. 440-AF. Não havendo impugnação, afastada a que houver sido apresentada, ou anuindo o requerido ao pedido, o oficial de registro de imóveis, em 10 (dez) dias úteis: *(Incluído pelo Provimento n. 150, de 11.9.2023)*

I – expedirá nota devolutiva para que se supram as exigências que ainda existirem; ou *(Incluído pelo Provimento n. 150, de 11.9.2023)*

II – deferirá ou rejeitará o pedido, em nota fundamentada. *(Incluído pelo Provimento n. 150, de 11.9.2023)*

§ 1º Os elementos de especialidade objetiva ou subjetiva que não alterarem elementos essenciais do ato ou negócio jurídico, se não constarem dos autos do processo de adjudicação compulsória ou dos assentos e arquivos do ofício de registro de imóveis, poderão ser complementados por documentos ou, quando se tratar de manifestação de vontade, por declarações dos proprietários ou dos interessados, sob sua responsabilidade. *(Incluído pelo Provimento n. 150, de 11.9.2023)*

§ 2º Em caso de exigência ou de rejeição do pedido, caberá dúvida (art. 198 da Lei n. 6.015, de 31 de dezembro de 1973). *(Incluído pelo Provimento n. 150, de 11.9.2023)*

Art. 440-AG. Os direitos reais, ônus e gravames que não impeçam atos de disposição voluntária da propriedade não obstarão a adjudicação compulsória. *(Incluído pelo Provimento n. 150, de 11.9.2023)*

Art. 440-AH. A indisponibilidade não impede o processo de adjudicação compulsória, mas o pedido será indeferido, caso não seja cancelada até o momento da decisão final do oficial de registro de imóveis. *(Incluído pelo Provimento n. 150, de 11.9.2023)*

Art. 440-AI. Não é condição para o deferimento e registro da adjudicação compulsória extrajudicial a comprovação da regularidade fiscal do transmitente, a qualquer título. *(Incluído pelo Provimento n. 150, de 11.9.2023)*

Art. 440-AJ. Para as unidades autônomas em condomínios edilícios não é necessária a prévia prova de pagamento das cotas de despesas comuns. *(Incluído pelo Provimento n. 150, de 11.9.2023)*

Art. 440-AK. É passível de adjudicação compulsória o bem da massa falida, contanto que o relativo ato ou negócio jurídico seja anterior ao reconhecimento judicial da falência, ressalvado o disposto nos arts. 129 e 130 da Lei n. 11.101, de 9 de fevereiro de 2005. *(Incluído pelo Provimento n. 150, de 11.9.2023)*

Parágrafo único. A mesma regra aplicar-se-á em caso de recuperação judicial. *(Incluído pelo Provimento n. 150, de 11.9.2023)* *(Incluído pelo Provimento n. 150, de 11.9.2023)*

Art. 440-AL. O pagamento do imposto de transmissão será comprovado pelo requerente antes da lavratura do registro, dentro de 5 (cinco) dias úteis, contados da notificação que para esse fim lhe enviar o oficial de registro de imóveis. *(Incluído pelo Provimento n. 150, de 11.9.2023)*

§ 1º Esse prazo poderá ser sobrestado, se comprovado justo impedimento. *(Incluído pelo Provimento n. 150, de 11.9.2023)*

§ 2º Não havendo pagamento do imposto, o processo será extinto, nos termos do art. 440-J deste Código Nacional de Normas. *(Incluído pelo Provimento n. 150, de 11.9.2023)*

SEÇÃO III – DAS DISPOSIÇÕES FINAIS

(Incluída pelo Provimento n. 150, de 11.9.2023)

Art. 440-AM. Enquanto não for editada, no âmbito dos Estados e do Distrito Federal, legislação acerca de emolumentos para o processo de adjudicação compulsória extrajudicial, a elaboração da ata notarial com valor econômico e o processamento do pedido pelo oficial de registro de imóveis serão feitos na forma de cobrança da usucapião pela via extrajudicial, ressalvados os atos de notificação e de registro. *(Incluído pelo Provimento n. 150, de 11.9.2023)*

CAPÍTULO VI – DA INCORPORAÇÃO IMOBILIÁRIA E DO CONDOMÍNIO EDILÍCIO

(Incluído pelo Provimento n. 169, de 27.5.2024)

SEÇÃO I – DAS DISPOSIÇÕES GERAIS

(Incluída pelo Provimento n. 169, de 27.5.2024)

Art. 440-AN. O registro único da incorporação e da instituição do condomínio especial sobre frações ideais não se confunde com o registro da instituição e da especificação do condomínio edilício. *(Incluído pelo Provimento n. 169, de 27.5.2024)*

CAPÍTULO VII – DA ALIENAÇÃO FIDUCIÁRIA EM GARANTIA SOBRE IMÓVEIS

(Incluído pelo Provimento CN n. 172, de 5.6.2024)

SEÇÃO I – DO TÍTULO

(Incluída pelo Provimento CN n. 172, de 5.6.2024)

Art. 440-AO. A permissão de que trata o art. 38 da 9.514/1997 para a formalização, por instrumento particular, com efeitos de escritura pública, de alienação fiduciária em garantia sobre imóveis e de atos conexos, é restrita a entidades autorizadas a operar no âmbito do Sistema de Financiamento Imobiliário - SFI (art. 2º da Lei n. 9.514/1997), incluindo: *(Redação dada pelo Provimento n. 175, de 15.7.2024)*

I - as cooperativas de crédito; *(Redação dada pelo Provimento n. 175, de 15.7.2024)*

II – as companhias securitizadoras, os agentes fiduciários e outros entes sujeitos a regulamentação da Comissão de Valores Mobiliários ou do Banco Central do Brasil relativamente a atos de transmissão dos recebíveis imobiliários lastreados em operações de crédito no âmbito do SFI. *(Redação dada pelo Provimento n. 175, de 15.7.2024)*

§ 1º O disposto neste artigo não exclui outras exceções legais à exigência de escritura pública previstas no art. 108 do Código Civil, como os atos envolvendo: *(Incluído pelo*

Provimento CN n. 172, de 5.6.2024 e renumerado pelo Provimento n. 175, de 15.7.2024)

§ 2º São considerados regulares os instrumentos particulares envolvendo alienação fiduciária em garantia sobre imóveis e os atos conexos celebrados por sujeitos de direito não integrantes do Sistema de Financiamento Imobiliário – SFI, desde que tenham sido lavrados antes de 11 de junho de 2024 (data da entrada em vigor do Provimento CN n. 172). *(Incluído pelo Provimento n. 175, de 15.7.2024)*

LIVRO IV – DO TABELIONATO DE NOTAS

TÍTULO ÚNICO – DAS DISPOSIÇÕES ESPECÍFICAS

CAPÍTULO I – DA SEPARAÇÃO, DIVÓRCIO, INVENTÁRIO E PARTILHA EXTRAJUDICIAIS

SEÇÃO I – DAS DISPOSIÇÕES GERAIS

- *Vide Lei 11.441/2007*
- *Vide CPC arts. 610 e seguintes e 733 e seguintes*
- *Vide Resolução CNJ n. 35/2007 (Disciplina a lavratura dos atos notariais relacionados a inventário, partilha, separação consensual, divórcio consensual e extinção consensual de união estável por via administrativa)*
- *Vide Provimento CNJ n. 56/2016 (RCTO)*

Art. 441. Em se tratando da lavratura dos atos notariais relacionados a inventário, partilha, separação consensual, divórcio consensual e extinção consensual de união estável por via administrativa, observar-se-á, sem prejuízo de outros atos normativos vigentes:

I – a Resolução n. 35, de 24 de abril de 2007; e

II – a obrigatoriedade de consulta ao Registro Central de Testamentos On-Line (RCTO), módulo de informação da Central Notarial de Serviços Compartilhados (CENSEC) na forma do Provimento n. 56, de 14 de julho de 2016.

SEÇÃO II – DA OBRIGATORIEDADE DE CONSULTA AO REGISTRO CENTRAL DE TESTAMENTOS ON-LINE (RCTO) NO CASO DE INVENTÁRIOS E PARTILHAS

Art. 442. Em se tratando da lavratura dos atos notariais relacionados a inventário, partilha, separação consensual, divórcio consensual e extinção consensual de união estável por via administrativa, observar-se-á a Resolução n. 35, de 24 de abril de 2007.

CAPÍTULO II – DO ARRENDAMENTO DE IMÓVEL RURAL POR ESTRANGEIRO

SEÇÃO I – DAS DISPOSIÇÕES GERAIS

Art. 443. No caso de escrituras públicas de contratos de arrendamento de imóvel rural celebrados por estrangeiros, os tabeliães deverão observar o disposto neste Código de Normas no Livro III da Parte Especial.

CAPÍTULO III – DA AUTORIZAÇÃO ELETRÔNICA DE VIAGEM DE CRIANÇAS E ADOLESCENTES

SEÇÃO I – DAS DISPOSIÇÕES GERAIS

Art. 444. A Autorização Eletrônica de Viagem (AEV), nacional e internacional, de crianças e adolescentes até 16 anos desacompanhados de ambos ou um de seus pais, é emitida, exclusivamente, por intermédio do Sistema de Atos Notariais Eletrônicos (e-Notariado) nos termos do Provimento n. 103, de 4 de junho de 2020.

- *Vide Resolução CNJ n. 131/2011 (Concessão de autorização de viagem para o exterior de crianças e adolescentes brasileiros)*
- *Vide Resolução CNJ n. 295/2019 (autorização de viagem nacional para crianças e adolescentes)*

CAPÍTULO IV – DA AUTORIZAÇÃO ELETRÔNICA DE DOAÇÃO DE ÓRGÃOS, TECIDOS E PARTES DO CORPO HUMANO

(incluído pelo Provimento n. 164, de 27.3.2024)

SEÇÃO I – DAS DISPOSIÇÕES GERAIS

(Incluída pelo Provimento n. 164, de 27.3.2024)

Art. 444-A. Fica instituída a Autorização Eletrônica de Doação de Órgãos, Tecidos e Partes do Corpo Humano – AEDO, a qual tem validade e efeito perante toda sociedade como declaração de vontade da parte. *(Incluído pelo Provimento n. 164, de 27.3.2024)*

§ 1º A emissão da AEDO, ou a revogação de uma já existente, é feita perante tabelião de notas por meio de módulo específico do e-Notariado, no qual as AEDOs deverão ser armazenadas de forma segura. *(Incluído pelo Provimento n. 164, de 27.3.2024)*

§ 2º O serviço de emissão da AEDO e de sua revogação é gratuito por força de interesse público específico da colaboração dos notários com o sistema de saúde, gratuidade essa que, salvo disposição em contrário, não se estende a outros modos de formalização da vontade de doar órgãos, tecidos e partes do corpo humano. *(Incluído pelo Provimento n. 164, de 27.3.2024)*

§ 3º O serviço de emissão da AEDO consiste na conferência, pelo tabelião de notas, da autenticidade das assinaturas dos cidadãos brasileiros maiores de 18 (dezoito) anos, nas declarações de vontade de doar órgãos, tecidos e partes do corpo humano para fins de transplante ou outra finalidade terapêutica *post mortem*. *(Incluído pelo Provimento n. 164, de 27.3.2024)*

§ 4º A AEDO é facultativa, permanecendo válidas as autorizações de doação de órgãos, tecidos e partes do corpo humano emitidas em meio físico. *(Incluído pelo Provimento n. 164, de 27.3.2024)*

§ 5º A existência da AEDO não dispensa o cumprimento do disposto no art. 4º da Lei n. 9.434, de 4 de fevereiro de 1997. *(Incluído pelo Provimento n. 164, de 27.3.2024)*

Art. 444-B. A Autorização Eletrônica de Doação de Órgãos, Tecidos e Partes do Corpo Humano obedecerá a todas as formalidades exigidas para a prática do ato eletrônico, conforme estabelecido neste Código de Normas, e na legislação vigente. *(Incluído pelo Provimento n. 164, de 27.3.2024)*

Parágrafo único. A autorização eletrônica emitida com a inobservância dos requisitos estabelecidos nos atos normativos previstos no *caput* deste artigo é nula de pleno direito, independentemente de declaração judicial. *(Incluído pelo Provimento n. 164, de 27.3.2024)*

Art. 444-C. Em caso de falecimento por morte encefálica prevista no art. 13 da Lei n. 9.434/1997, a Coordenação Geral do Sistema Nacional de Transplantes ou as Centrais Estaduais de Transplantes poderão consultar as AEDOs para identificar a existência de declaração de vontade de doação. *(Incluído pelo Provimento n. 164, de 27.3.2024)*

§1º Em caso de falecimento por qualquer outra causa, a Coordenação Geral do Sistema Nacional de Transplantes ou as Centrais Estaduais de Transplantes ou os serviços por ela autorizados poderão consultar as AEDOs para identificar a existência de declaração de vontade de doação. *(Incluído pelo Provimento n. 164, de 27.3.2024)*

§2º O Colégio Notarial do Brasil – Conselho Federal promoverá o cadastramento de órgãos públicos e privados ou profissionais que atuem ou tenham por objeto o atendimento médico, devidamente filiados ao Conselho Nacional ou Regional de Medicina, para a consulta das AEDOs. *(Incluído pelo Provimento n. 164, de 27.3.2024)*

§3º Anualmente, o Colégio Notarial do Brasil – Conselho Federal providenciará a atualização do cadastro a que se refere o parágrafo anterior, mediante solicitação, ao Ministério da Saúde, dos dados dos estabelecimentos e profissionais autorizados a consultarem as AEDOs. *(Incluído pelo Provimento n. 164, de 27.3.2024)*

SEÇÃO II – DO PROCEDIMENTO

(Incluída pelo Provimento n. 164, de 27.3.2024)

Art. 444-D. O interessado declarará a sua vontade de doar órgãos, tecidos e partes do corpo humano por meio da AEDO, ou de revogar uma AEDO anterior, por instrumento particular eletrônico e submeterá esse instrumento ao tabelião de notas. *(Incluído pelo Provimento n. 164, de 27.3.2024)*

§ 1º É competente para a emissão da AEDO, ou a sua revogação, o tabelião de notas do domicílio do declarante. *(Incluído pelo Provimento n. 164, de 27.3.2024)*

§ 2º O instrumento particular eletrônico seguirá o modelo dos Anexos II e III deste Código de Normas, os quais deverão estar disponíveis na plataforma eletrônica do e-Notariado de modo a permitir ao interessado fácil e gratuito acesso para *download*. *(Incluído pelo Provimento n. 164, de 27.3.2024)*

§ 3º O instrumento particular eletrônico deverá ser assinado eletronicamente apenas por meio de: *(Incluído pelo Provimento n. 164, de 27.3.2024)*

I – certificado digital notarizado, de emissão gratuita (arts. 285, II, e 292, § 4º, deste Código); *(Incluído pelo Provimento n. 164, de 27.3.2024)*

II – certificado digital no âmbito da Infraestrutura de Chaves Públicas Brasileira - ICP-Brasil. *(Incluído pelo Provimento n. 164, de 27.3.2024)*

§ 4º O tabelião de notas emitirá a AEDO, ou revogará a já existente, após a prática dos seguintes atos: *(Incluído pelo Provimento n. 164, de 27.3.2024)*

I - reconhecimento da assinatura eletrônica aposta no instrumento particular eletrônico por meio do módulo AEDO-TCP do e-Notariado (art. 306, III, deste Código); e *(Incluído pelo Provimento n. 164, de 27.3.2024)*

II – realização de videoconferência notarial para confirmação da identidade e da autoria daquele que assina. *(Incluído pelo Provimento n. 164, de 27.3.2024)*

Art. 444-E. A AEDO conterá, em destaque, a chave de acesso e QR Code para consulta e verificação da autenticidade na internet. *(Incluído pelo Provimento n. 164, de 27.3.2024)*

§ 1º O QR Code constante da AEDO poderá ser validado sem a necessidade de conexão com a internet. *(Incluído pelo Provimento n. 164, de 27.3.2024)*

§ 2º A versão impressa da AEDO poderá ser apresentada pelo interessado, desde que observados os requisitos do *caput*. *(Incluído pelo Provimento n. 164, de 27.3.2024)*

§ 3º A Autorização Eletrônica de Doação de Órgãos, Tecidos e Partes do Corpo Humano poderá ser apresentada em aplicativo desenvolvido pelo CNB/CF. *(Incluído pelo Provimento n. 164, de 27.3.2024)*

§ 4º Não se aplica o art. 319 deste Código Nacional de Normas à Autorização Eletrônica de Doação de Órgãos, Tecidos e Partes do Corpo Humano (AEDO), ficando dispensada neste caso a aposição ou a indicação do selo eletrônico ou físico previsto em normas estaduais ou distrital. *(Incluído pelo Provimento n. 173, de 6.6.2024)*

Art. 444-F. A AEDO poderá ser expedida pelo prazo ou evento a ser indicado pelo declarante e, em caso de omissão, a autorização é válida por prazo indeterminado. *(Incluído pelo Provimento n. 164, de 27.3.2024)*

LIVRO V – DO REGISTRO CIVIL DAS PESSOAS NATURAIS

TÍTULO I – DAS DISPOSIÇÕES GERAIS

CAPÍTULO I – DAS UNIDADES INTERLIGADAS NOS ESTABELECIMENTOS DE SAÚDE

- ***Correspondência dos arts. 445 a 460 deste Código (CNN): Provimento CNJ n. 13, de 3 de setembro de 2010***
- *Arts. 236, 103-B, 177, VIII e 193, CF*
- *Art. 54, § 5º Lei n. 6.015/1973*
- *Arts. 37 e 38, Lei n. 11.977/2009*
- *Vide Lei n. 8.212/1991*
- *Vide Decreto n. 10.063/2019*
- *Vide Decreto n. 7.231/2010*

SEÇÃO I – DAS DISPOSIÇÕES GERAIS

Art. 445. A emissão de certidão de nascimento nos estabelecimentos de saúde que realizam partos será feita por meio da utilização de sistema informatizado que, pela rede mundial de computadores, os interligue às serventias de registro civil existentes nas Unidades Federativas e que aderiram ao Sistema Interligado, a fim de que a mãe e/ou a criança receba alta hospitalar já com a certidão de nascimento.

§ 1.º O posto de remessa, recepção de dados e impressão de certidão de nascimento que funciona em estabelecimentos de saúde que realizam partos e que está conectado pela rede mundial de computadores às serventias de registro civil das pessoas naturais é denominado "Unidade Interligada".

§ 2.º A Unidade Interligada que conecta estabelecimento de saúde aos serviços de registro civil não é considerada sucursal, pois relaciona-se com diversos cartórios.

§ 3.º Todo processo de comunicação de dados entre a Unidade Interligada e os cartórios de registro civil das pessoas naturais, via rede mundial de computadores, deverá ser feito com o uso de certificação digital, desde que atenda aos requisitos da Infraestrutura de Chaves Públicas Brasileira (ICP).

Art. 446. A implantação das unidades interligadas dar-se-á mediante convênio firmado entre o estabelecimento de saúde e o registrador da cidade ou distrito onde estiver localizado o estabelecimento, com a supervisão e a fiscalização das corregedorias-gerais de Justiça dos estados e Distrito Federal, bem como da Corregedoria Nacional de Justiça.

§ 1.º A Unidade Interligada deverá ser cadastrada no Sistema Justiça Aberta mediante solicitação à Corregedoria Nacional de Justiça, formulada por qualquer dos registradores conveniados. A solicitação deverá ser conter certificação digital e ser encaminhada para o endereço: abertaextrajudicial@cnj.jus.br.

§ 2.º Da solicitação de cadastro da Unidade Interligada no Sistema Justiça Aberta, ou de adesão à unidade, obrigatoriamente deve constar o nome completo e o CPF do registrador e dos substitutos ou escreventes autorizados a nela praticar atos pertinentes ao registro civil e que possuam a certificação digital exigida, inclusive daqueles contratados na forma do art. 385 e art. 386 deste Código.

§ 3.º A instalação de Unidade Interligada deverá ser comunicada pelo registrador conveniado à Corregedoria-Geral de Justiça do Estado ou Distrito Federal responsável pela fiscalização.

§ 4.º Mediante prévia comunicação ao juízo competente pela sua fiscalização e devido cadastramento no Sistema Justiça Aberta por meio do endereço eletrônico www.cnj.jus.br/corregedoria/segurança/, qualquer registrador civil do País poderá aderir ou se desvincular do Sistema Interligado, ainda que não esteja conveniado a uma Unidade Interligada. Da adesão do registrador ao Sistema Interligado obrigatoriamente deve constar o nome completo e o CPF do registrador e dos substitutos ou escreventes autorizados praticar atos pertinentes ao registro civil e que possuam a certificação digital exigida.

§ 5.º Todos os cartórios de registro civil do país deverão manter atualizado, no Sistema Justiça Aberta:

a) informação sobre a sua participação ou não no Sistema Interligado que permite o registro de nascimento e a expedição das respectivas certidões na forma deste Capítulo;

b) o nome e o CPF do oficial registrador (titular ou responsável pelo expediente);

c) o nome dos substitutos e dos escreventes autorizados a praticar atos relativos ao registro civil (art. 20 e §§ da Lei n. 8.935/1994); e

d) o endereço completo de sua sede, inclusive com identificação de bairro e CEP quando existentes.

Art. 447. O profissional da Unidade Interligada que operar, nos estabelecimentos de saúde, os sistemas informatizados para transmissão dos dados necessários à lavratura do registro de nascimento e à emissão da respectiva certidão será escrevente preposto do registrador, contratado nos termos do art. 20 da Lei n. 8.935, de 18 de novembro de 1994. Caso os registradores interessados entendam possível a aplicação analógica do disposto no art. 25-A da Lei n. 8.212, de 24 de julho de 1991, o escrevente preposto poderá ser contratado por consórcio simplificado, formado pelos registradores civis interessados.

Parágrafo único. Na hipótese de o estabelecimento de saúde estar localizado em cidade ou distrito que possua mais de um registrador civil, e inexistindo consenso para que preposto de apenas um deles, ou preposto contratado por meio de consórcio, atue na unidade interligada, faculta-se a execução do serviço pelo sistema de rodízio entre substitutos ou escreventes prepostos, no formato estabelecido pelos próprios registradores e comunicado à Corregedoria-Geral de Justiça (CGJ) da respectiva unidade da federação.

Art. 448. Não ocorrendo a designação de preposto na forma do art. 452, poderão ser indicados empregados pelos estabelecimentos de saúde, o qual deverá ser credenciado pelo menos por um registrador civil da cidade ou do distrito no qual funcione a unidade interligada.

§ 1.º No caso da indicação prevista no *caput* deste artigo, e sem prejuízo do disposto no art. 22 e nos seguintes da Lei 8.935, de 1994, em relação aos credenciadores, o estabelecimento de saúde encaminhará termo de compromisso para a Corregedoria-Geral de Justiça (CGJ) de sua unidade da federação, pelo qual se obriga a:

I – responder civilmente pelos erros cometidos por seus funcionários;

II – noticiar à autoridade competente a ocorrência de irregularidades quando houver indícios de dolo; e

III – aceitar a supervisão pela Corregedoria-Geral de Justiça (CGJ) e pela Corregedoria Nacional de Justiça sobre os empregados que mantiver na Unidade Interligada.

§ 2.º Cópia da comunicação do estabelecimento de saúde à Corregedoria-Geral de Justiça (CGJ), com o respectivo comprovante da entrega, permanecerá arquivada na unidade interligada.

§ 3.º O Juízo competente para a fiscalização do serviço solicitará, de ofício ou a requerimento de registrador civil, a substituição de tais empregados quando houver indícios de desídia ou insuficiência técnica na operação da unidade interligada.

Art. 449. Os custos de manutenção do equipamento destinado ao processamento dos registros de nascimento, bem como os custos da transmissão dos dados físicos ou eletrônicos para as serventias de Registro Civil, quando necessário serão financiados:

I – com recursos de convênio, nas localidades onde houver sido firmado entre a unidade federada e a Secretaria de Direitos Humanos da Presidência da República;

II – com recursos da maternidade, nas localidades não abrangidas pelo inciso anterior; e

III – com recursos de convênios firmados entre os registradores e suas entidades e a União, os estados, o Distrito Federal ou os municípios.

Art. 450. Todos os profissionais das unidades interligadas que forem operar os sistemas informatizados, inclusive os empregados dos estabelecimentos de saúde credenciados na forma deste Código Nacional de Normas, devem ser previamente credenciados junto a registrador civil conveniado da unidade e capacitados de acordo com as orientações fornecidas pelo registrador conveniados à unidade ou por suas entidades representativas, sem prejuízo de parcerias com a Secretaria de Direitos Humanos da Presidência da República e supervisão pelas corregedorias locais e pela Corregedoria Nacional de Justiça.

Parágrafo único. A capacitação necessariamente contará com módulo específico sobre a identificação da autenticidade das certificações digitais.

Art. 451. Aos profissionais que atuarão nas Unidades Interligadas incumbe:

I – receber os documentos comprobatórios da declaração de nascimento, por quem de direito, na forma deste Código de Normas;

II – acessar o sistema informatizado de registro civil e efetuar a transmissão dos dados preliminares do registro de nascimento;

III – receber o arquivo de retorno do cartório contendo os dados do registro de nascimento;

IV – imprimir o termo de declaração de nascimento, colhendo a assinatura do declarante e das testemunhas, se for o caso, na forma do art. 37 e dos seguintes da Lei n. 6.015, de 1973;

V – transmitir o Termo de Declaração para o registrador competente;

VI – imprimir a primeira via da certidão de nascimento, já assinada eletronicamente pelo oficial de registro civil competente com o uso de certificação digital;

VII – apor o respectivo selo, na forma das respectivas normas locais, se atuante nas unidades federativas onde haja sistema de selo de fiscalização; e

VIII – zelar pela guarda do papel de segurança, quando obrigatória sua utilização.

§ 1.º Em registro de nascimento de criança apenas com a maternidade estabelecida, o profissional da Unidade Interligada facultará à respectiva mãe a possibilidade de declarar o nome e o prenome, a profissão, a identidade e a residência do suposto pai, reduzindo a termo a declaração positiva ou negativa. O oficial do registro remeterá ao juiz competente de sua Comarca certidão integral do registro, a fim de ser averiguada a procedência da declaração positiva (*Lei n. 8.560/1992*).

§ 2.º As assinaturas apostas no termo de declaração de nascimento de que trata o inciso IV deste artigo suprem aquelas previstas no caput do art. 37 da Lei n. 6.015, de 1973.

§ 3.º As unidades federativas, quando empreguem o sistema de selos de fiscalização, fornecerão os documentos às unidades interligadas, na forma de seus regulamentos, sob critérios que evitem a interrupção do serviço registral.

Art. 452. O profissional da Unidade Interligada que operar o sistema recolherá do declarante do nascimento a documentação necessária para que se proceda ao respectivo registro.

§ 1.º Podem declarar o nascimento perante as unidades interligadas:

I – o pai maior de 16 anos de idade, desde que não seja absolutamente incapaz, ou pessoa por ele autorizada mediante instrumento público; e

II – a mãe maior de 16 anos, desde que não seja absolutamente incapaz.

§ 2.º Caso a mãe seja menor de 16 anos de idade, ou absolutamente incapaz, ou esteja impedida de declarar o nascimento, seus representantes legais podem fazê-lo.

§ 3.º A paternidade somente poderá reconhecida voluntariamente:

I – por declaração do pai, desde que maior de 16 anos de idade e não seja absolutamente incapaz;

II – por autorização ou procuração do pai, desde que formalizada por instrumento público; e

III – por incidência da presunção do art. 1.597 do Código Civil, caso os pais sejam casados.

Art. 453. O registro de nascimento por intermédio da Unidade Interligada depende, em caráter obrigatório, da apresentação de:

I – Declaração de Nascido Vivo (DNV), com a data e local do nascimento;

II – documento oficial de identificação do declarante;

III – documento oficial que identifique o pai e a mãe do registrando, quando participem do ato;

IV – certidão de casamento dos pais, na hipótese de serem estes casados e incidir a presunção do art. 1.597 do Código Civil; e

V – termo negativo ou positivo da indicação da suposta paternidade firmado pela mãe, nos termos do § 1.º do art. 389 deste Código, quando ocorrente a hipótese.

§ 1.º O registro de nascimento solicitado pela Unidade Interligada será feito em cartório da cidade ou distrito de residência dos pais, se este for interligado, ou, mediante expressa opção escrita do declarante e arquivada na unidade interligada, em cartório da cidade ou distrito em que houver ocorrido o parto.

§ 2.º Caso o cartório da cidade ou distrito de residência dos pais não faça parte do sistema interligado, e não haja opção do declarante por cartório do lugar em que houver ocorrido o parto, deve-se informar ao declarante quanto à necessidade de fazer o registro diretamente no cartório competente.

Art. 454. Não poderá ser obstada a adesão à Unidade Interligada de qualquer registrador civil do município ou distrito no qual se localiza o estabelecimento de saúde que realiza partos, desde que possua os equipamentos e certificados digitais necessários ao processo de registros de nascimento e emissão da respectiva certidão pela rede mundial de computadores.

§ 1.º A adesão do registrador civil a uma Unidade Interligada será feita mediante convênio, cujo instrumento será remetido à Corregedoria Nacional de Justiça nos moldes deste Capítulo do Código Nacional de Normas.

§ 2.º No caso de o cartório responsável pelo assento ser diverso daquele que remunera o preposto atuante na unidade interligada, o ato será cindido em duas partes. A primeira será praticada na unidade integrada e formada pela qualificação, recebimento das declarações e entrega das certidões; a segunda será praticada pelo cartório interligado responsável pelo assento e formada pela conferência dos dados e a lavratura do próprio assento.

§ 3.º O ressarcimento pelo registro de nascimento, no caso do parágrafo anterior, deve ser igualmente dividido, na proporção de metade para o registrador ou consórcio responsável pela remuneração do preposto que atua na unidade interligada, e metade para o registrador que efetivar o assento.

§ 4.º Caso o operador da unidade interligada seja remunerado por pessoa diversa dos registradores ou de seus consórcios, o ressarcimento será feito na proporção de metade para o registrador responsável pelo credenciamento do preposto que atua na unidade interligada, e metade para o registrador que efetivar o assento.

Art. 455. Os documentos listados no art. 456, V, e no art. 458, serão digitalizados pelo profissional da Unidade Interligada e remetidos ao cartório de registro civil das pessoas naturais, por meio eletrônico, com observância dos requisitos da Infraestrutura de Chaves Públicas Brasileira (ICP).

Parágrafo único. O oficial do registro civil, recebendo os dados na forma descrita no *caput*, deverá conferir a adequação dos documentos digitalizados para a lavratura do registro de nascimento e posterior transmissão do termo de declaração para a unidade interligada.

Art. 456. O oficial do registro civil responsável pela lavratura do assento, frente à inconsistência ou dúvida em relação à documentação ou declaração, devolverá ao profissional da Unidade Interligada, por meio do sistema informatizado, o requerimento de registro, apontando as correções ou diligências necessárias à lavratura do registro de nascimento.

Art. 457. A certidão do assento de nascimento conterá a identificação da respectiva assinatura eletrônica, propiciando sua conferência na rede mundial de computadores pelo preposto da unidade interligada, que nela aporá a sua assinatura, ao lado da identificação do responsável pelo registro, antes da entrega aos interessados.

Parágrafo único. A certidão somente poderá ser emitida depois de assentado o nascimento no livro próprio de registro, ficando o descumprimento deste dispositivo sujeito às responsabilidades previstas no art. 22/24 e art. 31 e nos seguintes da Lei 8.935, de 1994, e art. 47 da Lei 6.015, de 1973.

Art. 458. A certidão de nascimento deverá ser entregue, pelo profissional da Unidade Interligada, ao declarante ou interessado, nos moldes padronizados, sempre antes da alta da mãe e/ou da criança registrada.

Art. 459. O profissional da Unidade Interligada, após a expedição da certidão, enviará em meio físico, ao registrador que lavrou o respectivo assento, a DNV e o Termo de

Declaração referidos no art. 451, V, e art. 453, I, deste Código de Normas.

Parágrafo único. Os cartórios de registro civil das pessoas naturais que participem do Sistema Interligado deverão manter sistemática própria para armazenamento dos documentos digitais referidos no art. 451, V, e art. 453 deste Código de Normas. E arquivo físico para o armazenamento dos termos de declaração de nascimento e respectivas DNVs.

Art. 460. Sem prejuízo dos poderes conferidos à Corregedoria Nacional de Justiça e às corregedorias dos tribunais de Justiça, a fiscalização judiciária dos atos de registro e emissão das respectivas certidões, decorrentes da aplicação deste Código de Normas, é exercida pelo juízo competente, assim definido na órbita estadual e do Distrito Federal (art. 48 da Lei n. 6.015/1973), sempre que necessário, ou mediante representação de qualquer interessado, em face de atos praticados pelo oficial de registro seus prepostos ou credenciados.

CAPÍTULO II – DA OBTENÇÃO DE PAPÉIS DE SEGURANÇA

SEÇÃO I – DAS DISPOSIÇÕES GERAIS

Art. 461. Sempre que for o caso, a obtenção de papéis de segurança unificado pelos registradores civis das pessoas naturais deverá observar os procedimentos indicados em lei ou em atos infralegais.

- *Vide Provimento CNJ n. 14/2011 (Emissão de certidões pelos Ofícios de Registro Civil das Pessoas Naturais em papel de segurança unificado fornecido pela Casa da Moeda do Brasil)*
- *Vide Provimento CNJ n. 15/2011 (Emissão de certidões pelos Ofícios de Registro Civil das Pessoas Naturais em papel de segurança unificado fornecido pela Casa da Moeda do Brasil e o início de sua utilização obrigatória)*
- *Vide Anexo do Provimento CNJ n. 63/2017 (Novos Modelos de Certidões)*

CAPÍTULO III – DAS SITUAÇÕES JURÍDICO-TRANSNACIONAIS

SEÇÃO I – DO TRASLADO DE ASSENTOS ESTRANGEIROS

- *Vide Resolução CNJ n. 155/2012 (Traslado de certidões de registro civil de pessoas naturais emitidas no exterior)*

Art. 462. O traslado de assentos de nascimento, casamento e óbito de brasileiros em país estrangeiro, tomados por autoridade consular brasileira, nos termos do regulamento consular, ou por autoridade estrangeira competente, a que se refere o caput do art. 32 da Lei n. 6.015, de 31 de dezembro de 1973, observará a Resolução n. 155, de 16 de julho de 2012, e o disposto neste Código de Normas.

SEÇÃO II – DOS TÍTULOS ESTRANGEIROS PARA INGRESSO EM ASSENTO BRASILEIRO

Art. 463. Os cartórios de registros civis de pessoas naturais são autorizados a promover a averbação de Carta de Sentença de Divórcio ou Separação Judicial, oriunda de homologação de sentença estrangeira pelo Superior Tribunal de Justiça, independentemente de seu cumprimento ou execução em Juízo Federal.

- ***Correspondência do art. 463 deste Código (CNJ): Provimento CNJ n. 51, de 22 de setembro de 2015***

Art. 464. A averbação direta no assento de casamento da sentença estrangeira de divórcio consensual simples ou puro, bem como da decisão não judicial de divórcio, que pela lei brasileira tem natureza jurisdicional, deverá ser realizada perante o oficial de registro civil das pessoas naturais a partir de 18 de março de 2016.

- ***Correspondência dos arts. 464 a 467 deste Código (CNJ): Provimento CNJ n. 53, de 16 de março de 2016***
- *Vide arts. 960 a 965, CPC*

§ 1.º A averbação direta de que trata o *caput* desse artigo independe de prévia homologação da sentença estrangeira pelo Superior Tribunal de Justiça e/ ou de prévia manifestação de qualquer outra autoridade judicial brasileira.

§ 2.º A averbação direta dispensa a assistência de advogado ou defensor público.

§ 3.º A averbação da sentença estrangeira de divórcio consensual, que, além da dissolução do matrimônio, envolva disposição sobre guarda de filhos, alimentos e/ ou partilha de bens – aqui denominado divórcio consensual qualificado - dependerá de prévia homologação pelo Superior Tribunal de Justiça.

Art. 465. Para averbação direta, o interessado deverá apresentar, no Registro Civil de Pessoas Naturais junto ao assento de seu casamento, cópia integral da sentença estrangeira, bem como comprovação do trânsito em julgado, acompanhada de tradução oficial juramentada e de chancela consular ou apostilamento.

Art. 466. Havendo interesse em retomar o nome de solteiro, o interessado na averbação direta deverá demonstrar a existência de disposição expressa na sentença estrangeira, exceto quando a legislação estrangeira permitir a retomada, ou quando o interessado comprovar, por documento do registro civil estrangeiro a alteração do nome.

Art. 467. Serão arquivados pelo oficial de registro civil de pessoas naturais, em meio físico ou mídia digital segura, os documentos apresentados para a averbação da sentença estrangeira de divórcio, com referência do arquivamento à margem do respectivo assento.

CAPÍTULO IV – DAS ATRIBUIÇÕES POR CONVÊNIOS

SEÇÃO I – DAS DISPOSIÇÕES GERAIS

Art. 468. As serventias de registro civil das pessoas naturais do Brasil poderão, mediante convênio, credenciamento ou matrícula com órgãos públicos, prestar serviços públicos relacionados à identificação dos cidadãos, visando auxiliar a emissão de documentos pelos órgãos responsáveis.

- *Vide Provimento CNJ n. 66/2018 (Prestação de serviços pelos ofícios de registro civil das pessoas naturais mediante convênio, credenciamento e matrícula com órgãos e entidades governamentais e privadas)*

Parágrafo único. Os serviços públicos referentes à identificação dos cidadãos são aqueles inerentes à atividade registral que tenham por objetivo a identificação do conjunto de atributos de uma pessoa, tais como biometria, fotografia, Cadastro de Pessoa Física (CPF) e passaporte.

Art. 469. O convênio, o credenciamento e a matrícula com órgãos públicos para prestação de serviços de registro civil das pessoas naturais em âmbito nacional dependerão da homologação da Corregedoria Nacional de Justiça.

Parágrafo único. A ANOREG-BR ou a ARPEN-BRASIL formularão pedido de homologação à Corregedoria Nacional de Justiça por meio de PJe.

Art. 470. O convênio, o credenciamento e a matrícula com órgãos públicos para prestação de serviços de registro civil das pessoas naturais em âmbito local dependerão da homologação das corregedorias de Justiça dos estados ou do Distrito Federal, às quais competirá:

I – realizar estudo prévio acerca da viabilidade jurídica, técnica e financeira do serviço; e

II – enviar à Corregedoria Nacional de Justiça cópia do termo celebrado em caso de homologação, para disseminação de boas práticas entre os demais entes da Federação.

Art. 471. As corregedorias de Justiça dos estados e do Distrito Federal manterão em seu *site* listagem pública dos serviços prestados pelos registros civis das pessoas naturais mediante convênio, credenciamento ou matrícula.

TÍTULO II – DAS DISPOSIÇÕES ESPECÍFICAS

CAPÍTULO I – DOS MODELOS DE ATOS

SEÇÃO I – DAS DISPOSIÇÕES GERAIS

- ***Correspondência dos arts. 472 a 479 deste Código (CNJ): art. 2.º ao 8.º do Provimento n. 63, de 14 de novembro de 2017***

Art. 472. Os modelos únicos de certidão de nascimento, de casamento e de óbito, a serem adotados pelos ofícios de registro civil das pessoas naturais em todo o país, ficam instituídos na forma dos Anexos I, II e III do Provimento n. 63, de 14 de novembro de 2017.

Art. 473. As certidões de casamento, nascimento e óbito, sem exceção, devem consignar a matrícula que identifica o código nacional da serventia, o código do acervo, o tipo do serviço prestado, o tipo de livro, o número do livro, o número da folha, o número do termo e o dígito verificador, observados os códigos previstos no Anexo IV do Provimento n. 63, de 14 de novembro de 2017.

§ 1.º A certidão de inteiro teor requerida pelo adotado deverá dispor sobre todo o conteúdo registral, mas dela não deverá constar a origem biológica, salvo por determinação judicial (art. 19, § 3.º, c/c o art. 95, parágrafo único, da Lei de Registros Públicos).

§ 2.º A certidão de inteiro teor, de natimorto e as relativas aos atos registrados ou transcritos no Livro E deverão ser emitidas de acordo com o modelo do Anexo V do Provimento n. 63, de 14 de novembro de 2017.

Art. 474. O oficial de registro civil das pessoas naturais incluirá no assento de nascimento, em campo próprio, a naturalidade do recém-nascido ou a do adotado na hipótese de adoção iniciada antes do registro de nascimento.

§ 1.º O registrando poderá ser cidadão do município em que ocorreu o nascimento ou do município de residência da mãe na data do nascimento, desde que localizado em território nacional, cabendo ao declarante optar no ato de registro de nascimento.

§ 2.º Os modelos de certidão de nascimento continuarão a consignar, em campo próprio, o local de nascimento do registrando, que corresponderá ao local do parto.

Art. 475. As certidões de nascimento deverão conter, no campo filiação, as informações referentes à naturalidade, ao domicílio ou à residência atual dos pais do registrando.

Art. 476. O número da declaração do nascido vivo, quando houver, será obrigatoriamente lançado em campo próprio da certidão de nascimento.

Art. 477. O CPF será obrigatoriamente incluído nas certidões de nascimento, casamento e óbito.

§ 1.º Se o sistema para a emissão do CPF estiver indisponível, o registro não será obstado, devendo o oficial averbar, sem ônus, o número do CPF quando do reestabelecimento do sistema.

§ 2.º Nos assentos de nascimento, casamento e óbito lavrados em data anterior à vigência do Provimento n. 63/2017, poderá ser averbado o número de CPF, de forma gratuita, bem como anotados o número do DNI ou RG, título de eleitor e outros dados cadastrais públicos relativos à pessoa natural, mediante conferência.

§ 3.º A emissão de segunda via de certidão de nascimento, casamento e óbito dependerá, quando possível, da prévia averbação cadastral do número de CPF no respectivo assento, de forma gratuita.

§ 4.º A inclusão de dados cadastrais nos assentos e certidões por meio de averbação ou anotação não dispensará a parte interessada de apresentar o documento original quando exigido pelo órgão solicitante ou quando necessário à identificação do portador.

§ 5.º As certidões não necessitarão de quadros predefinidos, sendo suficiente que os dados sejam preenchidos conforme a disposição prevista nos Anexos I, II, III e IV do Provimento n. 63, de 14 de novembro de 2017, e os sistemas para emissão das certidões de que tratam referidos anexos deverão possuir quadros capazes de adaptar-se ao texto a ser inserido.

Art. 478. Será incluída no assento de casamento a naturalidade dos cônjuges (art. 70 da Lei de Registros Públicos).

Art. 479. O oficial de registro civil das pessoas naturais não poderá exigir a identificação do doador de material genético como condição para a lavratura do registro de nascimento de criança gerada mediante técnica de reprodução assistida.

CAPÍTULO I-A – DO REGISTRO DE NATIMORTO

(Incluído pelo Provimento n. 151, de 26.9.2023)

- *Vide arts. 33, V e 53, LRP*
- *Enunciado 2, I Jornada de Direito Notarial e Registral*
- *Enunciado 123, II Jornada de Prevenção e Solução Extrajudicial de Litígios*

Art. 479-A. É direito dos pais atribuir, se quiserem, nome ao natimorto, devendo o registro ser realizado no Livro "C-Auxiliar", com índice elaborado a partir dos nomes dos pais. *(Incluído pelo Provimento n. 151, de 26.9.2023)*

§ 1º Não será gerado Cadastro de Pessoa Física (CPF) ao natimorto. *(Incluído pelo Provimento n. 151, de 26.9.2023)*

§ 2º É assegurado aos pais o direito à averbação do nome no caso de registros de natimorto anteriormente lavrado sem essa informação. *(Incluído pelo Provimento n. 151, de 26.9.2023)*

§ 3º As regras para composição do nome do natimorto são as mesmas a serem observadas quando do registro de nascimento. *(Incluído pelo Provimento n. 151, de 26.9.2023)*

Art. 479-B. Se a criança, embora tenha nascido viva, morre por ocasião do parto, serão feitos, necessariamente na mesma serventia, dois assentos, o de nascimento e o de óbito, com os elementos cabíveis e remissões recíprocas. *(Incluído pelo Provimento n. 151, de 26.9.2023)*

CAPÍTULO II – DO REGISTRO TARDIO

- ***Correspondência dos arts. 480 a 495 deste Código: Provimento CNJ n. 28, de 5 de fevereiro de 2013***
- *Vide art. 46, LRP*
- *Arts. 127, 129 e 231, Constituição Federal*
- *Lei n 11.790/2008 (Registro Tardio)*
- *Arts. 13, 42, 46, 50 e 54, Lei 6.015/1973 (Registros Públicos)*
- *Lei 12.662/2012 (DNV)*
- *Art. 102, Lei 8.069/ECA*
- *Arts. 1.597, 1.609, I, Código Civil Brasileiro*
- *Art. 4º, Resolução Conjunta CNJ/CNMP 03/2012*

SEÇÃO I – DAS DISPOSIÇÕES GERAIS

Art. 480. As declarações de nascimento feitas após o decurso do prazo previsto no art. 50 da Lei n. 6.015/73 serão registradas nos termos deste Capítulo.

Parágrafo único. O procedimento de registro tardio previsto neste Capítulo não se aplica para a lavratura de assento de nascimento de indígena no Registro Civil das Pessoas Naturais, regulamentado pela Resolução Conjunta n. 03, de 19 de abril de 2012, do Conselho Nacional de Justiça (CNJ) e do Conselho Nacional do Ministério Público, e não afasta a aplicação do previsto no art. 102 da Lei n. 8.069/90.

Art. 481. O requerimento de registro será direcionado ao oficial de registro civil das pessoas naturais do lugar de residência do interessado e será assinado por duas testemunhas, sob as penas da lei.

Parágrafo único. Não tendo o interessado moradia ou residência fixa, será considerado competente o oficial de registro civil das pessoas naturais do local onde se encontrar.

Art. 482. Do requerimento constará:

a) o dia, o mês, o ano e o lugar do nascimento e a hora certa, sempre que possível determiná-la;

b) o sexo do registrando;

c) seu prenome e seu sobrenome;

d) o fato de ser gêmeo, quando assim tiver acontecido;

e) os prenomes e os sobrenomes, a naturalidade, a profissão dos pais e sua residência atual, inclusive para apuração de acordo com este Capítulo;

f) indicação dos prenomes e dos sobrenomes dos avós paternos e maternos que somente serão lançados no registro se o parentesco decorrer da paternidade e da maternidade reconhecidas;

g) a atestação por duas testemunhas entrevistadas pelo oficial de registro, ou preposto expressamente autorizado, devidamente qualificadas (nome completo, data de nascimento, nacionalidade, estado civil, profissão, residência, números de documento de identidade e, se houver, número de inscrição no CPF), sob responsabilidade civil e criminal, da identidade do registrando, bem como do conhecimento de quaisquer dos outros fatos relatados pelo mesmo; e

h) fotografia do registrando e, quando possível, sua impressão datiloscópica, obtidas por meio material ou informatizado, que ficarão arquivadas na serventia, para futura identificação se surgir dúvida sobre a identidade do registrando.

§ 1.º O requerimento poderá ser realizado mediante preenchimento de formulário, que deverá ser fornecido pelo oficial.

§ 2.º O oficial certificará a autenticidade das firmas do interessado ou do seu representante legal, bem como das testemunhas, que forem lançadas em sua presença ou na presença de preposto autorizado.

§ 3.º Caso se trate de interessado analfabeto sem representação, será exigida a aposição de sua impressão digital no requerimento, assinado, a rogo, na presença do oficial.

§ 4.º A ausência das informações previstas nas alíneas d, e, f e h deste artigo não impede o registro, desde que fundamentada a impossibilidade de sua prestação.

§ 5.º Ausente a identificação dos genitores, será adotado o sobrenome indicado pelo registrando, se puder se manifestar, ou, em caso negativo, pelo requerente do registro tardio.

Art. 483. Se a declaração de nascimento se referir à pessoa que já tenha completado 12 anos de idade, as duas testemunhas deverão assinar o requerimento na presença do oficial, ou de preposto expressamente autorizado, que examinará seus documentos pessoais e certificará a autenticidade de suas firmas, entrevistando-as, assim como entrevistará o registrando e, sendo o caso, seu representante legal, para verificar, ao menos:

a) se o registrando consegue se expressar no idioma nacional, como brasileiro;

b) se o registrando conhece razoavelmente a localidade declarada como de sua residência (ruas principais, prédios públicos, bairros, peculiaridades etc.);

c) quais as explicações de seu representante legal, se for caso de comparecimento deste, a respeito da não realização do registro no prazo devido;

d) se as testemunhas realmente conhecem o registrando, se dispõem de informações concretas e se têm idade compatível com a efetiva ciência dos fatos declarados no requerimento, preferindo-se as mais idosas do que ele;

e) quais escolas o registrando já frequentou; em que unidades de saúde busca atendimento médico quando precisa;

f) se o registrando tem irmãos e, se positivo, em que cartório eles estão registrados; se o registrando já se casou e, se positivo, em que cartório; se o registrando tem filhos e, se positivo, em que cartório estão registrados; e

g) se o registrando já teve algum documento, como carteira de trabalho, título de eleitor, documento de identidade, certificado de batismo, solicitando, se possível, a apresentação desses documentos.

Parágrafo único. A ausência de alguma das informações previstas neste artigo não impede o registro, desde que justificada a impossibilidade de sua prestação.

Art. 484. Cada entrevista será feita em separado e o oficial, ou preposto que expressamente autorizar, reduzirá a termo as declarações colhidas, assinando-o junto ao entrevistado.

Art. 485. Das entrevistas realizadas o oficial, ou preposto expressamente autorizado, lavrará minuciosa certidão acerca dos elementos colhidos, decidindo fundamentadamente pelo registro ou pela suspeita, nos termos deste Capítulo.

Parágrafo único. O requerente poderá apresentar ao oficial de registro documentos que confirmem a identidade do registrando, se os tiver, os quais serão arquivados na serventia, em seus originais ou suas cópias, em conjunto com o requerimento apresentado, os termos das entrevistas das testemunhas e as outras provas existentes.

Art. 486. Sendo o registrando menor de 12 anos de idade, ficará dispensado o requerimento escrito e o comparecimento das testemunhas mencionadas neste Capítulo se for apresentada pelo declarante a Declaração de Nascido Vivo (DNV) instituída pela Lei n. 12.662, de 5 de junho de 2012, devidamente preenchida por profissional da saúde ou parteira tradicional.

Parágrafo único. No registro de nascimento de criança com menos de três anos de idade, nascida de parto sem assistência de profissional da saúde ou parteira tradicional, a Declaração de Nascido Vivo será preenchida pelo oficial de registro civil que lavrar o assento de nascimento e será assinada também pelo declarante, o qual se declarará ciente de que o ato será comunicado ao Ministério Público.

Art. 487. O oficial, nos cinco dias após o registro do nascimento ocorrido fora de maternidade ou estabelecimento hospitalar, fornecerá ao Ministério Público da Comarca os dados da criança, dos pais e o endereço onde ocorreu o nascimento.

Art. 488. A maternidade será lançada no registro de nascimento por força da Declaração de Nascido Vivo (DNV), quando for apresentada.

§ 1.º O estabelecimento da filiação poderá ser feito por meio de reconhecimento espontâneo dos genitores, nos termos do artigo 1.609, I do Código Civil Brasileiro, independentemente do estado civil dos pais.

§ 2.º O Capítulo III do Título II do Livro V da Parte Especial deste Código de Normas aplica-se aos registros de nascimento lavrados de forma tardia tanto para o reconhecimento da paternidade como para o da maternidade.

§ 3.º A paternidade ou a maternidade também poderá ser lançada no registro de nascimento por força da presunção estabelecida no art. 1.597 do Código Civil, mediante apresentação de certidão do casamento com data de expedição posterior ao nascimento.

§ 4.º Se o genitor que comparecer para o registro afirmar que estava separado de fato de seu cônjuge ao tempo da concepção, não se aplica a presunção prevista no parágrafo anterior.

§ 5.º Se não houver elementos nos termos do presente artigo para se estabelecer ao menos um dos genitores, o registro deverá será lavrado sem a indicação de filiação.

Art. 489. Admitem-se como testemunhas, além das demais pessoas habilitadas, os parentes em qualquer grau do registrando (art. 42 da Lei 6.015/73), bem como a parteira tradicional ou profissional da saúde que assistiu o parto.

Parágrafo único. Nos casos em que os declarantes e as testemunhas já firmaram o requerimento de registro, fica dispensada nova colheita de assinaturas no livro de registro de nascimentos.

Art. 490. Em qualquer caso, se o oficial suspeitar da falsidade da declaração, poderá exigir provas suficientes.

§ 1.º A suspeita poderá ser relativa à identidade do registrando, à sua nacionalidade, à sua idade, à veracidade da declaração de residência, ao fato de ser realmente conhecido pelas testemunhas, à identidade ou sinceridade destas, à existência de registro de nascimento já lavrado, ou a quaisquer outros aspectos concernentes à pretensão formulada ou à pessoa do interessado.

§ 2.º As provas exigidas serão especificadas em certidão própria, da qual constará se foram, ou não, apresentadas.

§ 3.º As provas documentais, ou redutíveis a termos, ficarão anexadas ao requerimento.

Art. 491. Persistindo a suspeita, o oficial encaminhará os autos ao juiz corregedor permanente, ou ao juiz competente na forma da organização local.

Parágrafo único. Sendo infundada a dúvida, o juiz ordenará a realização do registro; caso contrário, exigirá justificação ou outra prova idônea, sem prejuízo de ordenar, conforme o caso, as providências penais cabíveis.

Art. 492. Nos casos em que o registrando for pessoa incapaz internada em hospital psiquiátrico, Hospital de Custódia e Tratamento Psiquiátrico (HCTP), Instituição de Longa Permanência (ILPI), hospital de retaguarda ou instituições afins, poderá o Ministério Público requerer o registro diretamente ao oficial de registro civil competente, fornecendo os elementos previstos neste Capítulo para o requerimento de registro tardio, no que couber.

§ 1.º O Ministério Público instruirá o requerimento com cópias dos documentos que possam auxiliar a qualificação do registrando, tais como prontuário médico, indicação de testemunhas, documentos de pais, irmãos ou familiares.

§ 2.º Quando ignorada a data de nascimento do registrando, poderá ser atestada por médico a sua idade aparente.

§ 3.º O registro de nascimento será lavrado com a anotação, à margem do assento, de que se trata de registro tardio realizado na forma deste artigo, sem, contudo, constar referência ao fato nas certidões de nascimento que forem expedidas, exceto nas de inteiro teor.

Art. 493. O Ministério Público poderá solicitar o registro tardio de nascimento atuando como assistente, ou substituto, em favor de pessoa tutelada pelo Estatuto da Pessoa Idosa, ou em favor de incapaz submetido à interdição provisória ou definitiva, sendo omisso o Curador, aplicando-se, no que couber, o disposto neste Capítulo.

Art. 494. Lavrado o assento no respectivo livro, haverá anotação, com indicação de livro, folha, número de registro e data, no requerimento que será arquivado em pasta própria, junto aos termos de declarações colhidas e às demais provas apresentadas.

§ 1.º O oficial fornecerá ao Ministério Público, ao Instituto Nacional do Seguro Social (INSS) e à autoridade policial informações sobre os documentos apresentados para o registro e sobre os dados de qualificação das testemunhas, quando for solicitado em decorrência da suspeita de fraude ou de duplicidade de registros, sem prejuízo de fornecimento de certidão nos demais casos previstos em lei.

§ 2.º O oficial, suspeitando de fraude ou constatando a duplicidade de registros depois da lavratura do registro tardio de nascimento, comunicará o fato ao juiz corregedor permanente, ou ao juiz competente na forma da organização local, que, após ouvir o Ministério Público, adotará as providências que forem cabíveis.

Art. 495. Constatada a duplicidade de assentos de nascimento para a mesma pessoa, decorrente do registro tardio, será cancelado o assento de nascimento lavrado em segundo lugar, com transposição, para o assento anterior, das anotações e averbações que não forem incompatíveis.

§ 1.º O cancelamento do registro tardio por duplicidade de assentos poderá ser promovido de ofício pelo juiz corregedor, assim considerado aquele definido na órbita estadual e do Distrito Federal como competente para a fiscalização judiciária dos atos notariais e de registro, ou a requerimento do Ministério Público ou de qualquer interessado, dando-se ciência ao atingido.

§ 2.º Havendo cancelamento de registro tardio por duplicidade de assentos de nascimento, será promovida a retificação de eventuais outros assentos do registro civil das pessoas naturais abertos com fundamento no registro cancelado, para que passem a identificar corretamente a pessoa a que se referem.

CAPÍTULO II-A – DO PROCEDIMENTO DE PROMOÇÃO DO REGISTRO DE NASCIMENTO NO CASO DE OMISSÃO

(Incluído pelo Provimento n. 151, de 26.9.2023)

Art. 495-A. Identificada ação ou omissão do Estado ou sociedade, falta, omissão ou abuso dos pais ou responsável quanto à ausência de registro da criança ou adolescente, o juízo da Infância e da Juventude determinará a expedição de mandado para o registro de nascimento como forma de assegurar sua proteção integral por meio da garantia de seu direito da personalidade, observado o disposto neste Capítulo. *(Incluído pelo Provimento n. 151, de 26.9.2023)*

§ 1º Para se certificar da inexistência de registro de nascimento da criança ou adolescente, o juízo da Infância e da Juventude, antes da providência prevista no caput, deverá proceder à consulta na Central de Informações de Registro Civil das Pessoas Naturais – CRC. *(Incluído pelo Provimento n. 151, de 26.9.2023)*

§ 2º Os mandados judiciais que determinarem o registro de nascimento deverão ser remetidos eletronicamente aos oficiais de registro civil das pessoas naturais, preferencialmente por meio da Central de Informações de Registro Civil das Pessoas Naturais -CRC, ou outro meio que também permita a comprovação de sua recepção pela serventia. *(Incluído pelo Provimento n. 151, de 26.9.2023)*

Art. 495-B. Quando não for possível precisar a qualificação pessoal de criança ou adolescente, a determinação da lavratura do seu registro de nascimento será precedida da confecção de termo circunstanciado sobre o fato, acompanhado das seguintes declarações: *(Incluído pelo Provimento n. 151, de 26.9.2023)*

I – hora, dia, mês e ano do nascimento; *(Incluído pelo Provimento n. 151, de 26.9.2023)*

II – lugar do nascimento; *(Incluído pelo Provimento n. 151, de 26.9.2023)*

III – idade aparente; *(Incluído pelo Provimento n. 151, de 26.9.2023)*

IV – sinais característicos; *(Incluído pelo Provimento n. 151, de 26.9.2023)*

V – objetos encontrados com a criança ou adolescente. *(Incluído pelo Provimento n. 151, de 26.9.2023)*

Art. 495-C. Na instrução do feito relativo ao registro de nascimento de que trata este Capítulo, em não sendo possível identificar o nome atribuído à criança ou ao adolescente pelos genitores, devem ser adotadas as seguintes providências, no que couber: *(Incluído pelo Provimento n. 151, de 26.9.2023)*

I – determinar as provas e diligências necessárias à instrução do feito visando à identificação de dados qualificativos da criança ou do adolescente bem como de seus familiares, a fim de permitir atribuir a ela nome que seja significativo à sua história de vida e ao seu direito à identidade; *(Incluído pelo Provimento n. 151, de 26.9.2023)*

II – sendo conhecido o nome de familiares, verificar se não há registro civil da criança ou adolescente em outra localidade; *(Incluído pelo Provimento n. 151, de 26.9.2023)*

III – verificar se a criança ou o adolescente não é desaparecido, consultando os bancos de dados da polícia, inclusive genéticos; *(Incluído pelo Provimento n. 151, de 26.9.2023)*

IV – em se tratando de criança ou adolescente com capacidade de se comunicar, verbalmente ou por outro meio, tem o direito de ser ouvido para que informe qual o nome pelo qual se identifica. *(Incluído pelo Provimento n. 151, de 26.9.2023)*

Art. 495-D. Na atribuição do nome completo da criança ou adolescente na forma deste Capítulo, o juiz observará os seguintes critérios: *(Incluído pelo Provimento n. 151, de 26.9.2023)*

a) onomástica comum e mais usual brasileira; *(Incluído pelo Provimento n. 151, de 26.9.2023)*

b) para o sobrenome, as circunstâncias locais, históricas e pessoais com o fato, respeitado, se possível, o art. 55, § 2º, da Lei n. 6.015, de 31 de dezembro de 1973; *(Incluído pelo Provimento n. 151, de 26.9.2023)*

c) a diretriz de evitar homonímias; *(Incluído pelo Provimento n. 151, de 26.9.2023)*

d) a prevalência, se for o caso, do nome pelo qual a criança ou o adolescente declara identificar-se. *(Incluído pelo Provimento n. 151, de 26.9.2023)*

e) a vedação de atribuir nomes que: *(Incluído pelo Provimento n. 151, de 26.9.2023)*

I – sejam suscetíveis de exposição ao ridículo; *(Incluído pelo Provimento n. 151, de 26.9.2023)*

- *Art. 55, § 1º Lei n. 6.015/1973 (Registros Públicos)*

II – possibilitem o pronto reconhecimento do motivo do registro; *(Incluído pelo Provimento n. 151, de 26.9.2023)*

III – se relacionem a pessoas de projeção social, política, religiosa ou qualquer outra de fácil identificação, ainda que somente em âmbito local; ou *(Incluído pelo Provimento n. 151, de 26.9.2023)*

IV – de qualquer forma tenham a aptidão de ensejar constrangimento. *(Incluído pelo Provimento n. 151, de 26.9.2023)*

Art. 495-E. Feito o registro, deverá o oficial de registro civil, no prazo de cinco dias úteis e, sob pena de incorrer em infração disciplinar, remeter eletronicamente a certidão de nascimento ao Juízo mandante para juntada aos autos. *(Incluído pelo Provimento n. 151, de 26.9.2023)*

Parágrafo único. A inobservância do dever estabelecido nesse artigo não caracterizará infração disciplinar se decorrer de motivo justificável, devidamente informado ao Juízo mandante dentro do mesmo prazo conferido para o atendimento da obrigação. *(Incluído pelo Provimento n. 151, de 26.9.2023)*

CAPÍTULO III – DO RECONHECIMENTO DE PATERNIDADE

- ***Correspondência dos arts. 496 a 504 (CNN) deste Código: art. 1.º ao 9.º do Provimento CNJ n. 16, de 17 de fevereiro de 2012, mantido o seu Anexo***
- *Art. 226, § 6º da Constituição Federal*
- *Lei 8.560/1992 (Investigação de Paternidade)*
- *Arts. 1.607 a 1.617, Código Civil*
- *Provimento CNJ 12/2010 (Programa Pai Presente)*
- *Provimento CNJ 16/2010 (Programa Pai Presente)*
- *Arts. 505 a 511 (Paternidade/Maternidade Socioafetiva)*
- *Enunciado 6, I Jornada de Direito Notarial e Registral*

SEÇÃO I – DAS DISPOSIÇÕES GERAIS

Art. 496. Em caso de menor que tenha sido registrado apenas com a maternidade estabelecida, sem obtenção, à época, do reconhecimento de paternidade pelo procedimento descrito no art. 2.º, caput, da Lei n. 8.560/92, este deverá ser observado, a qualquer tempo, sempre que, durante a menoridade do filho, a mãe comparecer perante oficial de registro de pessoas naturais e apontar o suposto pai.

Art. 497. Poderá se valer de igual faculdade o filho maior, comparecendo perante oficial de registro de pessoas naturais.

Art. 498. O oficial providenciará o preenchimento de termo, conforme modelo anexo ao Provimento n. 16, de 17 de fevereiro de 2012, do qual constarão os dados fornecidos pela mãe ou, se for o caso, pelo filho maior, e colherá sua assinatura, firmando-o também e zelando pela obtenção do maior número possível de elementos para identificação do genitor, especialmente nome, profissão (se conhecida) e endereço.

§ 1.º Para indicar o suposto pai, com preenchimento e assinatura do termo, a pessoa interessada poderá, facultativamente, comparecer a ofício de registro de pessoas naturais diverso daquele em que realizado o registro de nascimento.

§ 2.º No caso do parágrafo anterior, deverá ser apresentada obrigatoriamente ao oficial, que conferirá sua autenticidade, a certidão de nascimento do filho a ser reconhecido, anexando-se cópia ao termo.

§ 3.º Se o registro de nascimento houver sido realizado na própria serventia, o registrador expedirá nova certidão e a anexará ao termo.

Art. 499. O oficial perante o qual houver comparecido a pessoa interessada remeterá ao seu juiz corregedor permanente, ou ao magistrado da respectiva comarca definido como competente pelas normas locais de organização judiciária ou pelo Tribunal de Justiça do Estado, o termo de indicação do suposto pai, acompanhado da certidão de nascimento, em original ou cópia.

§ 1.º O juiz, sempre que possível, ouvirá a mãe sobre a paternidade alegada e mandará, em qualquer caso, notificar o suposto pai, independentemente de seu estado civil, para que se manifeste sobre a paternidade que lhe é atribuída.

§ 2.º O juiz, quando entender necessário, determinará que a diligência seja realizada em segredo de justiça e, se considerar conveniente, requisitará do oficial perante o qual realizado o registro de nascimento certidão integral.

§ 3.º No caso de o suposto pai confirmar expressamente a paternidade, será lavrado termo de reconhecimento e remetida certidão ao Oficial da serventia em que originalmente feito o registro de nascimento, para a devida averbação.

§ 4.º Se o suposto pai não atender, no prazo de 30 dias, a notificação judicial, ou negar a alegada paternidade, o juiz remeterá os autos ao representante do Ministério Público ou da Defensoria Pública para que intente, havendo elementos suficientes, a ação de investigação de paternidade.

§ 5.º Nas hipóteses previstas no § 4.º deste artigo, é dispensável o ajuizamento de ação de investigação de paternidade pelo Ministério Público se, após o não comparecimento ou a recusa do suposto pai em assumir a paternidade a ele atribuída, a criança for encaminhada para adoção.

§ 6.º A iniciativa conferida ao Ministério Público ou Defensoria Pública não impede a quem tenha legítimo interesse de intentar investigação, visando a obter o pretendido reconhecimento da paternidade.

Art. 500. A sistemática estabelecida no presente Capítulo não poderá ser utilizada se já pleiteado em juízo o reconhecimento da paternidade, razão pela qual constará, ao final do termo referido nos artigos precedentes, conforme modelo, declaração da pessoa interessada, sob as penas da lei, de que isto não ocorreu.

Art. 501. Sem prejuízo das demais modalidades legalmente previstas, o reconhecimento espontâneo de filho poderá ser feito perante oficial de registro de pessoas naturais, a qualquer tempo, por escrito particular, que será arquivado em cartório.

§ 1.º Para tal finalidade, a pessoa interessada poderá optar pela utilização de termo, cujo preenchimento será providenciado pelo oficial, conforme modelo anexo ao Provimento n. 16, de 17 de fevereiro de 2012, o qual será assinado por ambos.

§ 2.º A fim de efetuar o reconhecimento, o interessado poderá, facultativamente, comparecer a ofício de registro de pessoas naturais diverso daquele em que lavrado o assento natalício do filho, apresentando cópia da certidão de nascimento deste, ou informando em qual serventia foi realizado o respectivo registro e fornecendo dados para induvidosa identificação do registrado.

§ 3.º No caso do parágrafo precedente, o oficial perante o qual houver comparecido o interessado remeterá, ao registrador da serventia em que realizado o registro natalício do reconhecido, o documento escrito e assinado em que consubstanciado o reconhecimento, com a qualificação completa da pessoa que reconheceu o filho e com a cópia, se apresentada, da certidão de nascimento.

§ 4.º O reconhecimento de filho por pessoa relativamente incapaz independerá de assistência de seus pais, tutor ou curador.

Art. 502. A averbação do reconhecimento de filho realizado sob a égide deste Capítulo será concretizada diretamente pelo oficial da serventia em que lavrado o assento de nascimento, independentemente de manifestação do Ministério Público ou decisão judicial, mas dependerá de anuência escrita do filho maior, ou, se menor, da mãe.

§ 1.º A colheita dessa anuência poderá ser efetuada não só pelo oficial do local do registro, como por aquele, se diverso, perante o qual comparecer o reconhecedor.

§ 2.º Na falta da mãe do menor, ou impossibilidade de manifestação válida desta ou do filho maior, o caso será apresentado ao juiz competente.

§ 3.º Sempre que qualquer oficial de registro de pessoas naturais, ao atuar nos termos deste Capítulo, suspeitar de fraude, falsidade ou má-fé, não praticará o ato pretendido e submeterá o caso ao magistrado, comunicando, por escrito, os motivos da suspeita.

Art. 503. Nas hipóteses de indicação do suposto pai e de reconhecimento voluntário de filho, competirá ao oficial a minuciosa verificação da identidade de pessoa interessada que, para os fins deste Capítulo, perante ele comparecer, mediante colheita, no termo próprio, de sua qualificação e assinatura, além de rigorosa conferência de seus documentos pessoais.

§ 1.º Em qualquer caso, o oficial perante o qual houver o comparecimento, após conferir o original, manterá em arquivo cópia de documento oficial de identificação do interessado, junto à cópia do termo, ou ao documento escrito, por este assinado.

§ 2.º Na hipótese de comparecimento do interessado perante serventia diversa daquela em que foi lavrado o assento de nascimento, deste Capítulo, o oficial perante o qual o interessado comparecer, sem prejuízo da observância do procedimento já descrito, remeterá ao registrador da serventia em que lavrado o assento de nascimento, também, cópia do documento oficial de identificação do declarante.

Art. 504. Haverá observância, no que couber, das normas legais referentes à gratuidade de atos.

CAPÍTULO IV – DA PARENTALIDADE SOCIOAFETIVA

› ***Correspondência dos arts. 505 a 511 deste Código (CNN): arts. 10 a 15 do Provimento n. 63, de 14 de novembro de 2017***

› *Enunciado 6, I Jornada de Direito Notarial e Registral*

SEÇÃO I – DAS DISPOSIÇÕES GERAIS

Art. 505. O reconhecimento voluntário da paternidade ou da maternidade socioafetiva de pessoas acima de 12 anos de idade será autorizado perante os oficiais de registro civil das pessoas naturais.

§ 1.º O reconhecimento voluntário da paternidade ou da maternidade será irrevogável, somente podendo ser desconstituído pela via judicial, nas hipóteses de vício de vontade, fraude ou simulação.

§ 2.º Poderão requerer o reconhecimento da paternidade ou da maternidade socioafetiva de filho os maiores de 18 anos de idade, independentemente do estado civil.

§ 3.º Não poderão reconhecer a paternidade ou a maternidade socioafetiva os irmãos entre si nem os ascendentes.

§ 4.º O pretenso pai ou mãe será pelo menos 16 anos mais velho que o filho a ser reconhecido.

Art. 506. A paternidade ou a maternidade socioafetiva deve ser estável e deve estar exteriorizada socialmente.

§ 1.º O registrador deverá atestar a existência do vínculo afetivo da paternidade ou da maternidade socioafetiva mediante apuração objetiva por intermédio da verificação de elementos concretos.

§ 2.º O requerente demonstrará a afetividade por todos os meios em direito admitidos, bem como por documentos, tais como: apontamento escolar como responsável ou representante do aluno; inscrição do pretenso filho em plano de saúde ou em órgão de previdência; registro oficial de que residem na mesma unidade domiciliar; vínculo de conjugalidade – casamento ou união estável – com o ascendente biológico; inscrição como dependente do requerente em entidades associativas; fotografias em celebrações relevantes; declaração de testemunhas com firma reconhecida.

§ 3.º A ausência destes documentos não impede o registro, desde que justificada a impossibilidade, no entanto, o registrador deverá atestar como apurou o vínculo socioafetivo.

§ 4.º Os documentos colhidos na apuração do vínculo socioafetivo deverão ser arquivados pelo registrador (originais ou cópias) junto ao requerimento.

Art. 507. O reconhecimento da paternidade ou da maternidade socioafetiva será processado perante o oficial de registro civil das pessoas naturais, ainda que diverso daquele em que foi lavrado o assento, mediante a exibição de documento oficial de identificação com foto do requerente e da certidão de nascimento do filho, ambos em original e cópia, sem constar do traslado menção à origem da filiação.

§ 1.º O registrador deverá proceder à minuciosa verificação da identidade do requerente, mediante coleta, em termo próprio, por escrito particular, conforme modelo constante do Anexo VI do Provimento n. 63, de 14 de novembro de 2017, de sua qualificação e assinatura, além de proceder à rigorosa conferência dos documentos pessoais.

§ 2.º O registrador, ao conferir o original, manterá em arquivo cópia de documento de identificação do requerente, junto ao termo assinado.

§ 3.º Constarão do termo, além dos dados do requerente, os dados do campo FILIAÇÃO e do filho que constam no registro, devendo o registrador colher a assinatura do pai e da mãe do reconhecido, caso este seja menor.

§ 4.º Se o filho for menor de 18 anos de idade, o reconhecimento da paternidade ou da maternidade socioafetiva exigirá o seu consentimento.

§ 5.º A coleta da anuência tanto do pai quanto da mãe e do filho maior de 12 anos de idade deverá ser feita pessoalmente perante o oficial de registro civil das pessoas naturais ou escrevente autorizado.

§ 6.º Na falta da mãe ou do pai do menor, na impossibilidade de manifestação válida destes ou do filho, quando exigido, o caso será apresentado ao juiz competente nos termos da legislação local.

§ 7.º Serão observadas as regras da tomada de decisão apoiada quando o procedimento envolver a participação de pessoa com deficiência (Capítulo III do Título IV do Livro IV do Código Civil).

§ 8.º O reconhecimento da paternidade ou da maternidade socioafetiva poderá ocorrer por meio de documento público ou particular de disposição de última vontade, desde que seguidos os demais trâmites previstos neste Capítulo.

§ 9.º Atendidos os requisitos para o reconhecimento da paternidade ou da maternidade socioafetiva, o registrador encaminhará o expediente ao representante do Ministério Público para parecer:

- Vide Enunciado 118, II Jornada de Prevenção e Solução Extrajudicial de Litígios

I – o registro da paternidade ou da maternidade socioafetiva será realizado pelo registrador após o parecer favorável do Ministério Público;

II – se o parecer for desfavorável, o registrador não procederá o registro da paternidade ou maternidade socioafetiva e comunicará o ocorrido ao requerente, arquivando-se o expediente; e

III – eventual dúvida referente ao registro deverá ser remetida ao juízo competente para dirimi-la.

Art. 508. Suspeitando de fraude, falsidade, má-fé, vício de vontade, simulação ou dúvida sobre a configuração do estado de posse de filho, o registrador fundamentará a recusa, não praticará o ato e encaminhará o pedido ao juiz competente nos termos da legislação local.

Art. 509. A discussão judicial sobre o reconhecimento da paternidade ou de procedimento de adoção obstará o reconhecimento da filiação pela sistemática estabelecida neste Capítulo.

Parágrafo único. O requerente deverá declarar o desconhecimento da existência de processo judicial em que se discuta a filiação do reconhecendo, sob pena de incorrer em ilícito civil e penal.

Art. 510. O reconhecimento da paternidade ou da maternidade socioafetiva somente poderá ser realizado de forma unilateral e não implicará o registro de mais de dois pais e de duas mães no campo FILIAÇÃO no assento de nascimento.

§ 1.º Somente é permitida a inclusão de um ascendente socioafetivo, seja do lado paterno ou do materno.

§ 2.º A inclusão de mais de um ascendente socioafetivo deverá tramitar pela via judicial.

Art. 511. O reconhecimento espontâneo da paternidade ou da maternidade socioafetiva não obstaculizará a discussão judicial sobre a verdade biológica.

CAPÍTULO V – DA REPRODUÇÃO ASSISTIDA

- ***Correspondência dos arts. 512 a 515 deste Código (CNN): arts. 16 a 19 do Provimento n. 63, de 14 de novembro de 2017***

SEÇÃO I – DAS DISPOSIÇÕES GERAIS

Art. 512. O assento de nascimento de filho havido por técnicas de reprodução assistida será inscrito no Livro A, independentemente de prévia autorização judicial e observada a legislação em vigor no que for pertinente, mediante o comparecimento de ambos os pais, munidos de documentação exigida por este Capítulo.

§ 1.º Se os pais forem casados ou conviverem em união estável, poderá somente um deles comparecer ao ato de registro, desde que apresente a documentação exigida neste Capítulo.

§ 2.º No caso de filhos de casais homoafetivos, o assento de nascimento deverá ser adequado para que constem os nomes dos ascendentes, sem referência a distinção quanto à ascendência paterna ou materna.

Art. 513. Será indispensável, para fins de registro e de emissão da certidão de nascimento, a apresentação dos seguintes documentos:

I – declaração de nascido vivo (DNV);

II – declaração, com firma reconhecida, do diretor técnico da clínica, centro ou serviço de reprodução humana em que foi realizada a reprodução assistida, indicando que a criança foi gerada por reprodução assistida heteróloga, assim como o nome dos beneficiários;

III – certidão de casamento, certidão de conversão de união estável em casamento, escritura pública de união estável ou sentença em que foi reconhecida a união estável do casal.

§ 1.º Na hipótese de gestação por substituição, não constará do registro o nome da parturiente, informado na declaração de nascido vivo, devendo ser apresentado termo de compromisso firmado pela doadora temporária do útero, esclarecendo a questão da filiação.

§ 2.º Nas hipóteses de reprodução assistida *post mortem*, além dos documentos elencados nos incisos do *caput* deste artigo, conforme o caso, deverá ser apresentado termo de autorização prévia específica do falecido ou falecida para uso do material biológico preservado, lavrado por instrumento público ou particular com firma reconhecida.

§ 3.º O conhecimento da ascendência biológica não importará no reconhecimento do vínculo de parentesco e dos respectivos efeitos jurídicos entre o doador ou a doadora e o filho gerado por meio da reprodução assistida.

Art. 514. Será vedada aos oficiais registradores a recusa ao registro de nascimento e à emissão da respectiva certidão de filhos havidos por técnica de reprodução assistida, nos termos deste Capítulo.

§ 1.º A recusa prevista no *caput* deverá ser comunicada ao juiz competente nos termos da legislação local, para as providências disciplinares cabíveis.

§ 2.º Todos os documentos apresentados na forma deste Capítulo deverão permanecer arquivados no ofício em que foi lavrado o registro civil.

Art. 515. Os registradores, para os fins do presente Capítulo, deverão observar as normas legais referentes à gratuidade de atos.

CAPÍTULO V-A – DA ALTERAÇÃO EXTRAJUDICIAL DO NOME

- Vide arts. 55, 56, 57 e 58 da Lei n. 6.015/1973 (Registros Públicos)

(Incluído pelo Provimento n. 153, de 26.9.2023)

SEÇÃO I – DAS DISPOSIÇÕES GERAIS

(Incluída pelo Provimento n. 153, de 26.9.2023)

Art. 515-A. A alteração extrajudicial do nome civil da pessoa natural será regulada por este Capítulo. *(Incluído pelo Provimento n. 153, de 26.9.2023)*

Parágrafo único. Em se tratando de alteração de prenome e/ou gênero de pessoa transgênero, aplicam-se as disposições do Capítulo VI do Título II do Livro V da Parte Especial deste Código. *(Incluído pelo Provimento n. 153, de 26.9.2023)*

- Vide anexo Provimento CNJ 73/2018 (Transgênero)

SEÇÃO II – DA COMPOSIÇÃO DO NOME

(Incluída pelo Provimento n. 153, de 26.9.2023)

Art. 515-B. Toda pessoa tem direito ao nome, nele compreendidos o prenome, de livre escolha dos pais, e o sobrenome, que indicará a ascendência do registrado. *(Incluído pelo Provimento n. 153, de 26.9.2023)*

- Art. 16, Código Civil
- Art. 55, Lei n. 6.015/1973 (Registros Públicos)

§ 1º A pedido do declarante, no momento da lavratura do registro de nascimento, serão acrescidos, ao prenome escolhido, os sobrenomes dos pais e/ou de seus ascendentes, em qualquer ordem, sendo obrigatório que o nome contenha o sobrenome de, ao menos, um ascendente de qualquer grau, de qualquer uma das linhas de ascendência, devendo ser apresentadas certidões que comprovem a linha ascendente sempre que o sobrenome escolhido não constar no nome dos pais. *(Incluído pelo Provimento n. 153, de 26.9.2023)*

§ 2º O oficial de registro civil não registrará nascimento que contenha prenome suscetível de expor ao ridículo o seu portador, observado que, quando o declarante não se conformar com a recusa do oficial, este submeterá por escrito o caso à decisão do juiz competente nos termos da legislação local, independentemente da cobrança de quaisquer emolumentos. *(Incluído pelo Provimento n. 153, de 26.9.2023)*

- Art. 55, § 1º Lei n. 6.015/1973 (Registros Públicos)

§ 3º Na hipótese de recusa tratada no parágrafo anterior, o oficial deve informar ao juiz competente as justificativas do declarante para a escolha do prenome, se houver. *(Incluído pelo Provimento n. 153, de 26.9.2023)*

§ 4º Havendo escolha de nome comum, o oficial orientará o declarante acerca da conveniência de acrescer prenomes e/ou sobrenomes a fim de evitar prejuízos ao registrado em razão de homonímia. *(Incluído pelo Provimento n. 153, de 26.9.2023)*

§ 5º Caso o declarante indique apenas o prenome do registrado, o oficial completará o nome incluindo ao menos um sobrenome de cada um dos pais, se houver, em qualquer ordem, sempre tendo em vista o afastamento de homonímia. *(Incluído pelo Provimento n. 153, de 26.9.2023)*

§ 6º Para a composição do nome, é permitido o acréscimo ou supressão de partícula entre os elementos do nome, a critério do declarante. *(Incluído pelo Provimento n. 153, de 26.9.2023)*

§ 7º Se o nome escolhido for idêntico ao de outra pessoa da família, é obrigatório o acréscimo de agnome ao final do nome a fim de distingui-los. *(Incluído pelo Provimento n. 153, de 26.9.2023)*

Art. 515-C. Em até 15 (quinze) dias após o registro de nascimento, qualquer dos pais poderá apresentar, perante o registro civil em que foi lavrado o assento de nascimento, oposição fundamentada ao prenome e/ou sobrenomes indicados pelo declarante, indicando o nome substituto e os motivos dessa opção, hipótese em que se observará a necessidade ou não de submissão do procedimento de retificação ao juiz na forma do § 4º do art. 55 da Lei n. 6.015, de 31 de dezembro de 1973. *(Incluído pelo Provimento n. 153, de 26.9.2023)*

› *Art. 55, § 4º, Lei n. 6.015/1973 (Registros Públicos)*

Parágrafo único. Por não se tratar de erro imputável ao oficial, em qualquer hipótese, serão devidos emolumentos pela retificação realizada. *(Incluído pelo Provimento n. 153, de 26.9.2023)*

SEÇÃO III – DA ALTERAÇÃO DE PRENOME

(Incluída pelo Provimento n. 153, de 26.9.2023)

Art. 515-D. Toda pessoa maior de dezoito anos completos poderá, pessoalmente e de forma imotivada, requerer diretamente ao oficial de registro civil das pessoas naturais a alteração de seu prenome, independentemente de decisão judicial, observado o disposto no art. 56 da Lei n. 6.015, de 31 de dezembro de 1973.

› *Art. 56, § 4º, Lei n. 6.015/1973 (Registros Públicos)*

§ 1º A alteração prevista no caput compreende a substituição, total ou parcial, do prenome, permitido o acréscimo, supressão ou inversão.

§ 2º Para efeito do § 1º do art. 56 da Lei n. 6.015, de 31 de dezembro de 1973, é vedada nova alteração extrajudicial do prenome mesmo na hipótese de a anterior alteração ter ocorrido nas hipóteses de pessoas transgênero.

Art. 515-E. O requerimento de alteração de prenome será assinado pelo requerente na presença do oficial de registro civil das pessoas naturais, indicando a alteração pretendida. *(Incluído pelo Provimento n. 153, de 26.9.2023)*

§ 1º O registrador deverá identificar o requerente mediante coleta, em termo próprio, conforme modelo constante do Anexo 1 deste Código, de sua qualificação e assinatura, além de conferir os documentos pessoais originais apresentados. *(Incluído pelo Provimento n. 153, de 26.9.2023)*

§ 2º O requerente deverá declarar a inexistência de processo judicial em andamento que tenha por objeto a alteração pretendida, sendo que, em caso de existência, deverá comprovar o arquivamento do feito judicial como condição ao prosseguimento do pedido administrativo. *(Incluído pelo Provimento n. 153, de 26.9.2023)*

§ 3º Aplica-se a este procedimento as regras de apresentação de documentos na forma dos §§ 6º a 9º do art. 518 deste Código. *(Incluído pelo Provimento n. 153, de 26.9.2023)*

Art. 515-F. A alteração de prenome de que trata este Capítulo não tem natureza sigilosa, razão pela qual a averbação respectiva deve trazer, obrigatória e expressamente, o prenome anterior e o atual, o nome completo que passou adotar, além dos números de documento de identidade, de inscrição no Cadastro de Pessoas Físicas (CPF) da Secretaria Especial da Receita Federal do Brasil, de título de eleitor do registrado e de passaporte, dados esses que deverão constar expressamente de todas as certidões solicitadas, inclusive as de breve relato. *(Incluído pelo Provimento n. 153, de 26.9.2023)*

› *Art. 519, Provimento CNJ n. 149/2023 (CNN)*

§ 1º Dispensa-se a indicação na averbação dos números cadastrais previstos no caput se o registro de nascimento já contiver tais informações. *(Incluído pelo Provimento n. 153, de 26.9.2023)*

§ 2º No caso de o requerente declarar que não possui passaporte, o registrador deverá consignar essa informação no requerimento de alteração a fim de afastar a exigência de apresentação do referido documento. *(Incluído pelo Provimento n. 153, de 26.9.2023)*

§ 3º Se o pedido do requerente envolver alteração concomitante de prenome e sobrenome, a averbação respectiva deverá trazer todas as informações previstas no caput. *(Incluído pelo Provimento n. 153, de 26.9.2023)*

§ 4º Uma vez realizada a averbação, a alteração deverá ser publicada, a expensas do requerente, em meio eletrônico, na plataforma da Central de Informações de Registro Civil das Pessoas Naturais – CRC. *(Incluído pelo Provimento n. 153, de 26.9.2023)*

Art. 515-G. Finalizado o procedimento de alteração do prenome, o registrador que realizou a alteração comunicará eletronicamente, por meio da Central de Informações de Registro Civil das Pessoas Naturais – CRC, sem qualquer custo, o ato aos órgãos expedidores do RG, CPF, título de eleitor e passaporte. *(Incluído pelo Provimento n. 153, de 26.9.2023)*

› *Art. 56, § 3º, Lei n. 6.015/1973 (Registros Públicos)*

Parágrafo único. A comunicação de que trata o caput, a critério e a expensas do requerente, poderá se dar por outro meio de transmissão, desde que oficial. *(Incluído pelo Provimento n. 153, de 26.9.2023)*

Art. 515-H. Suspeitando de fraude, falsidade, má-fé, vício de vontade ou simulação quanto à real intenção do requerente, o oficial de registro civil, fundamentadamente, recusará a alteração e, caso o requerente não se conforme, poderá, desde que solicitado, encaminhar o pedido ao juiz corregedor competente para decisão. *(Incluído pelo Provimento n. 153, de 26.9.2023)*

› *Art. 56, § 3º, Lei n. 6.015/1973 (Registros Públicos)*

SEÇÃO IV – DA ALTERAÇÃO DE SOBRENOME

(Incluída pelo Provimento n. 153, de 26.9.2023)

› *Art. 57, Lei n. 6.015/1973 (Registros Públicos)*

› *Prov. CNJ 82/2019 (Averbação, no registro de nascimento e no de casamento dos filhos, da alteração do nome do genitor)*

› *Enunciado 122, II Jornada de Prevenção e Solução Extrajudicial de Litígios*

Art. 515-I. A alteração de sobrenomes, em momento posterior ao registro de nascimento, poderá ser requerida diretamente perante o oficial de registro civil das pessoas naturais, com a apresentação de certidões atualizadas do registro civil e de documentos pessoais, e será averbada no assento de nascimento e casamento, se for o caso, independentemente de autorização judicial, a fim de: *(Incluído pelo Provimento n. 153, de 26.9.2023)*

› *Art. 57, Lei n. 6.015/1973 (Registros Públicos)*

I – inclusão de sobrenomes familiares; *(Incluído pelo Provimento n. 153, de 26.9.2023)*

› *Art. 57, I, Lei n. 6.015/1973 (Registros Públicos)*

II – inclusão ou exclusão de sobrenome do cônjuge, na constância do casamento; *(Incluído pelo Provimento n. 153, de 26.9.2023)*

› *Art. 57, II, Lei n. 6.015/1973 (Registros Públicos)*

III – exclusão de sobrenome do ex-cônjuge, após a dissolução da sociedade conjugal, por qualquer de suas causas; *(Incluído pelo Provimento n. 153, de 26.9.2023)*

› *Art. 57, III, Lei n. 6.015/1973 (Registros Públicos)*

IV – inclusão e exclusão de sobrenomes em razão de alteração das relações de filiação, inclusive para os descendentes, cônjuge ou companheiro da pessoa que teve seu estado alterado. *(Incluído pelo Provimento n. 153, de 26.9.2023)*

› *Art. 57, IV, Lei n. 6.015/1973 (Registros Públicos)*

§ 1º A alteração de sobrenome fora das hipóteses acima descritas poderá ser requerida diretamente perante o oficial de registro civil das pessoas naturais, mas dependerá de decisão do juiz corregedor competente, que avaliará a existência de justa causa. *(Incluído pelo Provimento n. 153, de 26.9.2023)*

§ 2º A alteração de sobrenome permite a supressão ou acréscimo de partícula (de, da, do, das, dos etc.), a critério da pessoa requerente. *(Incluído pelo Provimento n. 153, de 26.9.2023)*

§ 3º Para fins do *caput*, considera-se atualizada a certidão do registro civil expedida há, no máximo, 90 (noventa) dias. *(Incluído pelo Provimento n. 153, de 26.9.2023)*

Art. 515-J. Se aquele cujo sobrenome se pretenda alterar for pessoa incapaz, a alteração dependerá de: *(Incluído pelo Provimento n. 153, de 26.9.2023)*

I – no caso de incapacidade por menoridade, requerimento escrito formalizado por ambos os pais na forma do art. 515-P, admitida a representação de qualquer deles mediante procuração por escritura pública ou instrumento particular com firma reconhecida, cumulativamente com o consentimento da pessoa se esta for maior de dezesseis anos; *(Incluído pelo Provimento n. 153, de 26.9.2023)*

II – nos demais casos, decisão do juiz corregedor competente. *(Incluído pelo Provimento n. 153, de 26.9.2023)*

Art. 515-K. A averbação decorrente de alteração de sobrenome independe de publicação em meio eletrônico ou qualquer outra providência complementar. *(Incluído pelo Provimento n. 153, de 26.9.2023)*

Parágrafo único. A certidão emitida com a alteração do sobrenome deve indicar, expressamente, na averbação correspondente, o nome completo anterior e o atual, inclusive nas de breve relato. *(Incluído pelo Provimento n. 153, de 26.9.2023)*

Art. 515-L. A inclusão ou exclusão de sobrenome do outro cônjuge na forma do inciso II do art. 57 da Lei n. 6.015, de 31 de dezembro de 1973, independe da anuência deste. *(Incluído pelo Provimento n. 153, de 26.9.2023)*

§ 1º A inclusão de sobrenome do outro cônjuge na forma do inciso II do art. 57 da Lei n. 6.015, de 31 de dezembro de 1973, autoriza a supressão de sobrenomes originários, desde que remanesça, ao menos, um vinculando a pessoa a uma das suas linhas de ascendência. *(Incluído pelo Provimento n. 153, de 26.9.2023)*

§ 2º A exclusão do sobrenome do cônjuge autoriza o retorno ao nome de solteiro pela pessoa requerente, com resgate de sobrenomes originários eventualmente suprimidos. *(Incluído pelo Provimento n. 153, de 26.9.2023)*

§ 3º Aplicam-se aos conviventes em união estável, devidamente registrada em ofício de RCPN, todas as regras de inclusão e exclusão de sobrenome previstas para as pessoas casadas (art. 57, § 2º, da Lei n. 6.015, de 31 de dezembro de 1973). *(Incluído pelo Provimento n. 153, de 26.9.2023)*

Art. 515-M. A inclusão do sobrenome do padrasto ou da madrasta na forma do § 8º do art. 55 da Lei n. 6.015, de 31 de dezembro de 1973, depende de: *(Incluído pelo Provimento n. 153, de 26.9.2023)*

I – motivo justificável, o qual será presumido com a declaração de relação de afetividade decorrente do padrastio ou madrastio, o que, entretanto, não importa em reconhecimento de filiação socioafetiva, embora possa servir de prova desta; *(Incluído pelo Provimento n. 153, de 26.9.2023)*

II – consentimento, por escrito, de ambos os pais registrais e do padrasto ou madrasta; *(Incluído pelo Provimento n. 153, de 26.9.2023)* e

III – comprovação da relação de padrastio ou madrastio mediante apresentação de certidão de casamento ou sentença judicial, escritura pública ou termo declaratório que comprove relação de união estável entre um dos pais registrais e o padrasto/madrasta. *(Incluído pelo Provimento n. 153, de 26.9.2023)*

SEÇÃO V – DAS REGRAS COMUNS AOS PROCEDIMENTOS DE ALTERAÇÃO DE PRENOME E DE SOBRENOME

(Incluída pelo Provimento n. 153, de 26.9.2023)

Art. 515-N. Nas alterações de prenome ou de sobrenome, se o nome escolhido for idêntico ao de outra pessoa da família, é obrigatório o acréscimo de agnome ao final do nome a fim de distingui-los. *(Incluído pelo Provimento n. 153, de 26.9.2023)*

Art. 515-O. O requerente da alteração do prenome e sobrenome deverá se apresentar pessoalmente perante o oficial de registro civil das pessoas naturais, admitida, porém, sua representação no caso de alteração exclusiva de sobrenome, mediante mandatário constituído por escritura pública lavrada há menos de noventa dias e especificando a alteração a ser realizada, assim como o nome completo a ser adotado. *(Incluído pelo Provimento n. 153, de 26.9.2023)*

Art. 515-P. A manifestação escrita da vontade do requerente ou de terceiros intervenientes, como os declarantes nas hipóteses dos incisos I e II do art. 515-M deste Código, deverá ser feita presencialmente perante o RCPN, equiparada a esta a manifestação eletrônica na forma do § 8º do art. 67 da Lei n. 6.015, de 31 de dezembro de 1973. *(Incluído pelo Provimento n. 153, de 26.9.2023)*

Art. 515-Q. O registrador incumbido do ato de averbação da alteração do prenome ou do sobrenome deverá comunicar as serventias dos atos anteriores na forma do art. 236 deste Código para anotação. *(Incluído pelo Provimento n. 153, de 26.9.2023)*

§ 1º Se o requerente se casou mais que uma vez, basta a comunicação para anotação no assento do seu último casamento. *(Incluído pelo Provimento n. 153, de 26.9.2023)*

§ 2º A comunicação de que tratam este artigo e o art. 515-G deste Código não desobriga o requerente de providenciar a atualização em outros registros ou cadastros mantidos por instituições públicas ou privadas e que digam respeito, direta ou indiretamente, à sua identificação. *(Incluído pelo Provimento n. 153, de 26.9.2023)*

Art. 515-R. Os procedimentos de alteração de prenome e/ou sobrenome poderão ser realizados perante o ofício de RCPN em que se lavrou o assento de nascimento ou diverso, a escolha do requerente, observado o disposto o disposto no art. 517 deste Código. *(Incluído pelo Provimento n. 153, de 26.9.2023)*

Art. 515-S. Os procedimentos e respectivos documentos previstos neste Capítulo deverão permanecer arquivados tanto no ofício do RCPN em que foi lavrado originalmente o registro civil quanto naquele em que foi recepcionada a alteração, se for o caso, pelo prazo indicado na tabela de temporalidade constante no Provimento CNJ n. 50/2015, para os processos de retificação, permitida a eliminação antes do prazo de inutilização, se previamente digitalizados. *(Incluído pelo Provimento n. 153, de 26.9.2023)*

Art. 515-T. Enquanto não for editada legislação específica no âmbito dos Estados e do Distrito Federal, o valor dos emolumentos para o procedimento de alteração de prenome e/ou sobrenome será o correspondente ao procedimento de retificação administrativa, ou, em caso de inexistência desta previsão específica em legislação estadual, de 50% (cinquenta por cento) do valor previsto para o procedimento de habilitação de casamento. *(Incluído pelo Provimento n. 153, de 26.9.2023)*

SEÇÃO VI – DA SITUAÇÃO TRANSNACIONAL

(Incluída pelo Provimento n. 153, de 26.9.2023)

Art. 515-U. No caso de brasileiro naturalizado, observar-se-á o disposto no § 7º-A do art. 518 deste Código. *(Incluído pelo Provimento n. 153, de 26.9.2023)*

Art. 515-V. O procedimento de alteração do prenome e/ou sobrenome realizado perante autoridade consular brasileira observará o disposto no art. 518-A deste Código. *(Incluído pelo Provimento n. 153, de 26.9.2023)*

CAPÍTULO VI – DOS DADOS RELATIVOS À PESSOA TRANSGÊNERO

› ***Correspondência dos arts. 516 a 523 deste Código (CNN): arts. 2.º a 9.º do Provimento CNJ n. 73, de 28 de junho de 2018***

SEÇÃO I – DA ALTERAÇÃO DO PRENOME E DO GÊNERO

Art. 516. Toda pessoa maior de 18 anos de idade completos habilitada à prática de todos os atos da vida civil poderá requerer ao ofício do registro civil das pessoas naturais (RCPN) a alteração e a averbação do prenome e do gênero, a fim de adequá-los à identidade autopercebida.

§ 1.º A alteração referida no *caput* deste artigo poderá abranger a inclusão ou a exclusão de agnomes indicativos de gênero ou de descendência.

§ 2.º A alteração referida no *caput* não compreende a alteração dos nomes de família e não pode ensejar a identidade de prenome com outro membro da família.

§ 3.º A alteração referida no *caput* poderá ser desconstituída na via administrativa, mediante autorização do juiz corregedor permanente, ou na via judicial.

Art. 517. Os procedimentos de alteração do prenome e/ou do gênero poderão ser realizados perante o ofício de RCPN em que se lavrou o assento de nascimento ou diverso, a escolha do requerente. *(Redação dada pelo Provimento n. 152, de 26.9.2023)*

§ 1º No caso de o pedido ser formulado perante ofício de RCPN diverso daquele em que se lavrou o assento de nascimento, deverá o registrador, após qualificação do pedido, encaminhar o procedimento ao oficial competente para qualificação e, se for o caso, a prática dos atos pertinentes no assento de nascimento. *(Redação dada pelo Provimento n. 152, de 26.9.2023)*

§ 2º O encaminhamento de que trata o § 1º será feito por meio do módulo e-Protocolo da Central de Informações de Registro Civil das Pessoas Naturais – CRC. *(Redação dada pelo Provimento n. 152, de 26.9.2023)*

Art. 518. O procedimento será realizado com base na autonomia da pessoa requerente, que deverá declarar, perante o registrador do RCPN, a vontade de proceder à adequação da identidade mediante a averbação do prenome, do gênero ou de ambos.

§ 1.º O atendimento do pedido apresentado ao registrador independe de prévia autorização judicial ou da comprovação de realização de cirurgia de redesignação sexual e/ou de tratamento hormonal ou patologizante, assim como de apresentação de laudo médico ou psicológico.

§ 2.º O registrador deverá identificar a pessoa requerente mediante coleta, em termo próprio, conforme modelo constante do anexo do Provimento n. 73, de 28 de junho de 2018, de sua qualificação e assinatura, além de conferir os documentos pessoais originais.

§ 3.º O requerimento será assinado pela pessoa requerente na presença do registrador do RCPN, indicando a alteração pretendida.

§ 4.º A pessoa requerente deverá declarar a inexistência de processo judicial que tenha por objeto a alteração pretendida.

§ 4º-A. Para efeito deste artigo, equipara-se a atos presenciais os realizados eletronicamente perante o RCPN na forma do § 8º do art. 67 da Lei n. 6.015, de 31 de dezembro de 1973. *(Incluído pelo Provimento n. 152, de 26.9.2023)*

§ 5.º A opção pela via administrativa na hipótese de tramitação anterior de processo judicial cujo objeto tenha sido a alteração pretendida será condicionada à comprovação de arquivamento do feito judicial.

§ 6.º A pessoa requerente deverá apresentar ao ofício do RCPN, no ato do requerimento, os seguintes documentos:

I – certidão de nascimento atualizada;

II – certidão de casamento atualizada, se for o caso;

III – cópia do registro geral de identidade (RG);

IV – cópia da identificação civil nacional (ICN), se for o caso;

V – cópia do passaporte brasileiro, se for o caso;

VI – cópia do Cadastro de Pessoa Física (CPF) no Ministério da Fazenda;

VII – cópia do título de eleitor;

IX – cópia de carteira de identidade social, se for o caso;

X – comprovante de endereço;

XI – certidão do distribuidor cível do local de residência dos últimos cinco anos (estadual/federal);

XII – certidão do distribuidor criminal do local de residência dos últimos cinco anos (estadual/federal);

XIII – certidão de execução criminal do local de residência dos últimos cinco anos (estadual/federal);

XIV – certidão dos tabelionatos de protestos do local de residência dos últimos cinco anos;

XV – certidão da Justiça Eleitoral do local de residência dos últimos cinco anos;

XVI – certidão da Justiça do Trabalho do local de residência dos últimos cinco anos;

XVII – certidão da Justiça Militar, se for o caso.

§ 7.º *(Revogado pelo Provimento n. 152, de 26.9.2023)*

§ 7º-A. No caso de brasileiro naturalizado: *(Incluído pelo Provimento n. 152, de 26.9.2023)*

I - a certidão de nascimento exigida pelo inciso I do § 6º deste artigo será substituída pela certidão do registro, no Livro E do Registro Civil das Pessoas Naturais, do certificado de naturalização ou da portaria de naturalização publicada no Diário Oficial da União ou outro documento oficial que venha a substituí-los; e *(Incluído pelo Provimento n. 152, de 26.9.2023)*

II - a alteração do prenome e/ou do gênero deve ser averbada à margem do registro indicado no inciso I deste parágrafo. *(Incluído pelo Provimento n. 152, de 26.9.2023)*

§ 8.º A falta de documento listado no § 6.º impede a alteração indicada no requerimento apresentado ao ofício do RCPN.

§ 9º Ações em andamento ou débitos pendentes, nas hipóteses dos incisos XI, XII, XIII, XIV, XV, XVI e XVII do § 6.º, não impedem a averbação da alteração pretendida, que deverá ser comunicada aos juízos e órgãos competentes, a expensas do requerente, preferencialmente por meio eletrônico, pelo ofício do RCPN onde a averbação foi realizada. *(Redação dada pelo Provimento n. 153, de 26.9.2023)*

Art. 518-A. O procedimento de alteração do prenome e/ou do gênero da pessoa transgênero realizado perante autoridade consular brasileira deverá observar os requisitos exigidos neste Código. *(Incluído pelo Provimento n. 152, de 26.9.2023)*

§ 1º Em se tratando de brasileiro nascido no exterior, a certidão de que trata o art. 518, § 6º, I, deste Código será substituída pela certidão do registro do traslado de nascimento, observada a Resolução CNJ n. 155/2012. *(Incluído pelo Provimento n. 152, de 26.9.2023)*

§ 2º As certidões de que tratam os incisos XI a XVI do § 6º do art. 518 deste Código poderão ser substituídas por declaração que indique residência no exterior há mais de cinco anos, acompanhada de prova documental do alegado. *(Incluído pelo Provimento n. 152, de 26.9.2023)*

§ 3º O envio do procedimento ao ofício do RCPN competente para a realização da averbação deverá ser realizado eletronicamente por meio da Central de Informações de Registro Civil das Pessoas Naturais – CRC. *(Incluído pelo Provimento n. 152, de 26.9.2023)*

§ 4º O recolhimento dos emolumentos devidos se dará diretamente perante o ofício de registro civil competente, por meio de plataforma disponibilizada pela Central de Informações de Registro Civil das Pessoas Naturais – CRC, devendo o respectivo comprovante ser apresentado à autoridade consular. *(Incluído pelo Provimento n. 152, de 26.9.2023)*

§ 5º As representações consulares brasileiras no exterior que não reúnam condições tecnológicas para acesso à plataforma da Central de Informações de Registro Civil das Pessoas Naturais – CRC poderão enviar o procedimento ao ofício do RCPN competente por meio do Ministério das Relações Exteriores, mantida a forma de pagamento dos emolumentos pelo requerente descrita no parágrafo anterior. *(Incluído pelo Provimento n. 152, de 26.9.2023)*

Art. 519. A alteração de que trata o presente Capítulo tem natureza sigilosa, razão pela qual a informação a seu respeito não pode constar das certidões dos assentos, salvo por solicitação da pessoa requerente ou por determinação judicial, hipóteses em que a certidão deverá dispor sobre todo o conteúdo registral.

› *Art. 515-F, Provimento CNJ n. 149/2023 (CNN)*

Art. 520. Suspeitando de fraude, falsidade, má-fé, vício de vontade ou simulação quanto ao desejo real da pessoa requerente, o registrador do RCPN fundamentará a recusa e encaminhará o pedido ao juiz corregedor permanente.

Art. 521. Todos os documentos apresentados pela pessoa requerente no ato do requerimento deverão permanecer arquivados indefinidamente, de forma física ou eletrônica tanto no ofício do RCPN em que foi lavrado originalmente o registro civil quanto naquele em que foi lavrada a alteração, se diverso do ofício do assento original.

Parágrafo único. O ofício do RCPN deverá manter índice em papel e/ou eletrônico de forma que permita a localização do registro tanto pelo nome original quanto pelo nome alterado.

Art. 522. Finalizado o procedimento de alteração do prenome, o registrador que realizou a alteração comunicará eletronicamente, por meio da Central de Informações de Registro Civil das Pessoas Naturais – CRC, sem qualquer custo, o ato aos órgãos expedidores do RG, CPF, título de eleitor e passaporte. *(Redação dada pelo Provimento n. 152, de 26.9.2023)*

§ 1.º A pessoa requerente deverá providenciar a alteração nos demais registros que digam respeito, direta ou indiretamente, a sua identificação e nos documentos pessoais.

§ 2º A subsequente averbação da alteração do prenome e/ou do gênero no registro de nascimento dos descendentes do requerente dependerá da anuência deles quando relativamente capazes ou maiores, bem como da autorização de ambos os pais, no caso de serem menores. *(Redação dada pelo Provimento n. 152, de 26.9.2023)*

§ 3º A subsequente averbação da alteração do prenome e do gênero no registro de casamento ou de união estável do requerente dependerá da anuência do cônjuge ou o companheiro. *(Redação dada pelo Provimento n. 152, de 26.9.2023)*

§ 4º Havendo discordância dos pais, do cônjuge ou do companheiro quanto à averbação mencionada nos parágrafos anteriores, o consentimento deverá ser suprido judicialmente. *(Redação dada pelo Provimento n. 152, de 26.9.2023)*

§ 5º A comunicação de que trata o *caput*, a critério e a expensas do requerente, poderá se dar por outro meio de transmissão, desde que oficial. *(Incluído pelo Provimento n. 152, de 26.9.2023)*

Art. 523. Enquanto não for editada legislação específica no âmbito dos Estados e do Distrito Federal, o valor dos emolumentos para o procedimento de alteração do prenome e/ou do gênero da pessoa transgênero será o correspondente ao procedimento de retificação administrativa ou, em caso de inexistência dessa previsão específica em legislação estadual, de 50% (cinquenta por cento) do valor previsto para o procedimento de habilitação de casamento. *(Redação dada pelo Provimento n. 152, de 26.9.2023)*

Parágrafo único. O registrador do RCPN, para os fins do presente provimento, deverá observar as normas legais referentes à gratuidade de atos.

CAPÍTULO VII – DA PESSOA COM SEXO IGNORADO

› ***Correspondência dos arts. 524 a 530 deste Código (CNN): art. 2.º ao 8.º do Provimento n. 122, de 13 de agosto de 2021***

› *Vide art. 54, 2º, Lei 6.015/1973 (Registros Públicos)*

SEÇÃO I – DAS DISPOSIÇÕES GERAIS

Art. 524. O assento de nascimento no Registro Civil das Pessoas Naturais nos casos em que o campo sexo da Declaração de Nascido Vivo (DNV), ou da Declaração de Óbito (DO) fetal, tenha sido preenchido "ignorado", será feito na forma deste Capítulo.

Art. 525. Verificado que, na Declaração de Nascido Vivo (DNV), o campo sexo foi preenchido "ignorado", o assento de nascimento será lavrado registrando o sexo "ignorado".

§ 1.º O oficial recomendará ao declarante a escolha de prenome comum aos dois sexos.

§ 2.º Recusada a sugestão, o registro deve ser feito com o prenome indicado pelo declarante.

§ 3.º Verificado que, na Declaração de Óbito (DO) fetal, o campo sexo foi preenchido "ignorado", o assento de óbito será lavrado registrando o sexo "ignorado".

Art. 526. No caso do *caput* do artigo anterior, a designação de sexo será feita por opção, a ser realizada a qualquer tempo e averbada no registro civil de pessoas naturais, independentemente de autorização judicial ou de comprovação de realização de cirurgia de designação sexual ou de tratamento hormonal, ou de apresentação de laudo médico ou psicológico.

§ 1.º É facultada a mudança do prenome junto à opção pela designação de sexo.

§ 2.º A pessoa optante sob poder familiar poderá ser representada ou assistida apenas pela mãe ou pelo pai.

§ 3.º Tratando-se de maior de 12 anos de idade, será necessário o consentimento da pessoa optante.

§ 4.º A opção realizada após a morte da pessoa será feita pela mãe ou pelo pai.

Art. 527. A opção será documentada por termo, conforme modelo constante do Anexo do Provimento n. 122, de 13 de agosto de 2021, lavrado em qualquer ofício do registro civil de pessoas naturais.

Parágrafo único. O oficial ou preposto identificará os presentes, na forma da lei, e colherá as assinaturas em sua presença.

Art. 528. O ofício do registro civil de pessoas naturais do registro do nascimento averbará a opção.

Parágrafo único. Caso a opção tenha sido realizada em ofício do registro civil de pessoas naturais diverso, será encaminhada, às expensas da pessoa requerente, para a averbação, via Central de Informações do Registro Civil (CRC).

Art. 529. Averbada a opção, nenhuma observação sobre sexo ou nome constantes inicialmente do assento, sobre a opção ou sobre sua averbação constarão nas certidões do registro.

§ 1.º Por solicitação da pessoa registrada ou por determinação judicial poderá ser expedida certidão sobre inteiro teor do conteúdo registral.

§ 2.º O ofício do registro civil de pessoas naturais deverá manter índice em papel e/ou eletrônico de forma que permita a localização do registro tanto pelo nome original quanto pelo nome alterado.

Art. 530. A designação do sexo é parte do assento de nascimento e a lavratura do termo de opção, sua averbação e a expedição da primeira certidão subsequente são gratuitas, na forma do art. 30 da Lei n. 6.015, de 31 de dezembro de 1973.

CAPÍTULO VIII – DAS AÇÕES DE CARÁTER INFORMATIVO PARA MELHOR PREPARAÇÃO DO CASAMENTO

- *Vide arts. 1.511 a 1.570, CC*
- *Vide arts. 67 A 76, LRP*
- *Vide Resolução CNJ n. 175/2013*
- *Orientação ENNOR, 6*

SEÇÃO I – DAS DISPOSIÇÕES GERAIS

Art. 531. Os oficiais de registro civil das pessoas naturais devem observar a obrigatoriedade de disponibilização aos nubentes, no momento da habilitação para o matrimônio, de material informativo para melhor preparação para o casamento civil na forma da Resolução n. 402, de 28 de junho de 2021, e deste Código de Normas.

- *Vide arts. 67 a 76, LRP*

Parágrafo único. O material informativo será também disponibilizado a qualquer interessado que compareça a uma unidade do Serviço de Registro Civil das Pessoas Naturais para obter informações sobre o casamento.

Art. 532. O acesso ao material informativo pelos pretendentes ao casamento é facultativo, de modo que não constitui requisito ou condição para a habilitação para o matrimônio.

Art. 533. O material informativo consistirá de manuais, cartilhas, guias rápidos, cartazes a serem afixados nas unidades do Registro Civil e vídeos, acessíveis por meio eletrônico, por intermédio de link a ser fornecido aos interessados pelo registrador.

Parágrafo único. Os vídeos informativos serão disponibilizados nos sítios eletrônicos das unidades do Serviço de Registro Civil de Pessoas Naturais, após sua aprovação pela Presidência do CNJ e pela Corregedoria Nacional de Justiça.

Art. 534. O material informativo de preparação para o casamento civil tem por objetivos:

I – prestar aos interessados em se casar as informações jurídicas necessárias à compreensão do casamento, de suas formalidades, de seus efeitos jurídicos, do regime de bens entre os cônjuges, dos direitos e deveres conjugais, do poder familiar sobre os filhos e das formas de sua dissolução;

II – conscientizar os nubentes sobre a relevância e o significado do casamento, sobre a importância do diálogo como forma de superação de conflitos familiares e de se evitar o divórcio irrefletido e sobre o interesse da sociedade e dos próprios contraentes na estabilidade e permanência das relações matrimoniais;

III – possibilitar aos nubentes a antevisão de seus direitos e deveres e a previsão das consequências jurídicas de suas condutas;

IV – conscientizar os nubentes sobre o exercício adequado da parentalidade, como forma de se assegurar o sadio desenvolvimento de crianças e adolescentes, e de prevenção de maus tratos e abusos; e

V – esclarecer os pretendentes ao matrimônio sobre o fenômeno da violência doméstica e familiar contra a mulher e as formas de sua prevenção e enfrentamento.

§ 1.º O material informativo deverá ser produzido em linguagem acessível ao grande público.

§ 2.º Os conteúdos informativos poderão ser desdobrados por temas, no formato de minicursos, de modo a possibilitar maior verticalização de conhecimentos.

Art. 535. O material informativo, além de observar estritamente os parâmetros descritos neste Capítulo, não poderá se revestir de caráter religioso ou ideológico, haja vista a laicidade do Estado e o princípio fundamental do pluralismo político em que se assenta a República Federativa do Brasil (art. 1º, V, da Constituição Federal).

Art. 536. O material informativo será produzido em conformidade com o disposto nesta Resolução e no Termo de Cooperação Técnica firmado entre o Conselho Nacional de Justiça (CNJ), o Ministério da Mulher, da Família e dos Direitos Humanos, a Confederação Nacional dos Notários e dos Registradores (CNR) e a Associação Nacional dos Registradores de Pessoas Naturais (Arpen- Brasil).

CAPÍTULO IX – DA UNIÃO ESTÁVEL

- ***Correspondência dos arts. 537 a 553 deste Código: Provimento CNJ n. 37, de 7 de julho de 2014***
- *Vide art. 70-A, LRP*
- *Vide art. 94-A, LRP*
- *Vide Provimento CNJ n. 175/2013 (Habilitação, celebração de casamento civil, ou de conversão de união estável em casamento, entre pessoas de mesmo sexo)*
- *Vide Enunciados 7 e 22, I Jornada de Direito Notarial e Registral*

SEÇÃO I – DO REGISTRO DA UNIÃO ESTÁVEL

Art. 537. É facultativo o registro da união estável prevista no art. 1.723 a 1.727 do Código Civil, mantida entre o homem e a mulher, ou entre duas pessoas do mesmo sexo.

- *Art. 94-A, Lei n. 6.015/1973 (Registros Públicos)*

§ 1.º O registro de que trata o *caput* confere efeitos jurídicos à união estável perante terceiros.

§ 2.º Os oficiais deverão manter atualizada a Central de Informações de Registro Civil das Pessoas Naturais (CRC), para fins de busca nacional unificada.

§ 3.º Os títulos admitidos para registro ou averbação na forma deste Capítulo podem ser:

I – sentenças declaratórias do reconhecimento e de dissolução da união estável;

II – escrituras públicas declaratórias de reconhecimento da união estável;

III – escrituras públicas declaratórias de dissolução da união estável nos termos do art. 733 da Lei n. 13.105, de 16 de março de 2015 (Código de Processo Civil); e

IV – termos declaratórios de reconhecimento e de dissolução de união estável formalizados perante o oficial de registro civil das pessoas naturais, exigida a assistência de advogado ou de defensor público no caso de dissolução da união estável nos termos da aplicação analógica do art. 733 da Lei n. 13.105, de 2015 (Código de Processo Civil) e da Resolução n. 35, de 24 de abril de 2007, do Conselho Nacional de Justiça (CNJ).

§ 4.º O registro de reconhecimento ou de dissolução da união estável somente poderá indicar as datas de início ou de fim da união estável se estas constarem de um dos seguintes meios:

I – decisão judicial, respeitado, inclusive, o disposto no § 2.º do art. 544 deste Código de Normas;

II – procedimento de certificação eletrônica de união estável realizado perante oficial de registro civil na forma deste Capítulo; ou

III – escrituras públicas ou termos declaratórios de reconhecimento ou de dissolução de união estável, desde que:

a) a data de início ou, se for o caso, do fim da união estável corresponda à data da lavratura do instrumento; e

b) os companheiros declarem expressamente esse fato no próprio instrumento ou em declaração escrita feita perante o oficial de registro civil das pessoas naturais quando do requerimento do registro.

§ 5.º Fora das hipóteses do § 4.º deste artigo, o campo das datas de início ou, se for o caso, de fim da união estável no registro constará como "não informado".

§ 6.º Havendo nascituro ou filhos incapazes, a dissolução da união estável somente será possível por meio de sentença judicial.

§ 7.º É vedada a representação de qualquer dos companheiros por curador ou tutor, salvo autorização judicial.

Art. 538. O termo declaratório de reconhecimento e de dissolução da união estável consistirá em declaração, por escrito, de ambos os companheiros perante o ofício de registro civil das pessoas naturais de sua livre escolha, com a indicação de todas as cláusulas admitidas nos demais títulos, inclusive a escolha de regime de bens na forma do art. 1.725 da Lei n. 10.406, de 2002 (Código Civil), e de inexistência de lavratura de termo declaratório anterior.

§ 1.º Lavrado o termo declaratório, o título ficará arquivado na serventia, preferencialmente de forma eletrônica, em classificador próprio, expedindo-se a certidão correspondente aos companheiros.

§ 2.º As informações de identificação dos termos deverão ser inseridas em ferramenta disponibilizada pela CRC.

§ 3.º Por ser facultativo, o registro do termo declaratório dependerá de requerimento conjunto dos companheiros.

§ 4.º Quando requerido, o oficial que formalizou o termo declaratório deverá encaminhar o título para registro ao ofício competente, por meio da CRC.

§ 5.º É vedada a lavratura de termo declaratório de união estável havendo um anterior lavrado com os mesmos companheiros, devendo o oficial consultar a CRC previamente à lavratura e consignar o resultado no termo.

§ 6.º Enquanto não for editada legislação específica no âmbito dos estados e do Distrito Federal, o valor dos emolumentos para:

I - os termos declaratórios de reconhecimento ou de dissolução da união estável será de 50% do valor previsto para o procedimento de habilitação de casamento; e

II – o procedimento de certificação eletrônica da união estável será de 50% do valor previsto para o procedimento de habilitação de casamento.

§ 7.º A certidão de que trata o § 1.º deste artigo é título hábil à formalização da partilha de bens realizada no termo declaratório perante órgãos registrais, respeitada, porém, a obrigatoriedade de escritura pública nas hipóteses legais, como na do art. 108 da Lei n. 10.406, de 10 de janeiro de 2002 (Código Civil).

Art. 539. O registro dos títulos de declaração de reconhecimento ou de dissolução da união estável será feito no Livro E do registro civil de pessoas naturais em que os companheiros têm ou tiveram sua última residência, e dele deverão constar, no mínimo:

› *Art. 94-A, Lei n. 6.015/1973 (Registros Públicos)*

I – as informações indicadas nos incisos I a VIII do art. 94-A da Lei n. 6.015, de 31 de dezembro de 1973;

II – data do termo declaratório e serventia de registro civil das pessoas naturais em que formalizado, quando for o caso;

III – caso se trate da hipótese do § 2.º do art. 94-A da Lei n. 6.015, de 1973:

a) a indicação do país em que foi lavrado o título estrangeiro envolvendo união estável com, ao menos, um brasileiro; e

b) a indicação do país em que os companheiros tinham domicílio ao tempo do início da união estável e, no caso de serem diferentes, a indicação do primeiro domicílio convivencial.

IV – data de início e de fim da união estável, desde que corresponda à data indicada na forma autorizada na forma deste Capítulo.

§ 1.º Na hipótese do inciso III deste artigo, somente será admitido o registro de título estrangeiro, se este expressamente referir-se à união estável regida pela legislação brasileira ou se houver sentença de juízo brasileiro reconhecendo a equivalência do instituto estrangeiro.

§ 2.º Havendo a inviabilidade do registro do título estrangeiro, é admitido que os companheiros registrem um título brasileiro de declaração de reconhecimento ou de dissolução de união estável, ainda que este consigne o histórico jurídico transnacional do convívio *more uxorio*.

§ 3.º O disposto no § 3.º do art. 94-A da Lei n. 6.015, de 31 de dezembro de 1973, não afasta, conforme o caso, a exigência do registro da tradução na forma do art. 148 da Lei n. 6.015, de 31 de dezembro de 1973, nem a prévia homologação da sentença estrangeira.

› *Vide autos da Consulta nº 0009075-58.2021.2.00.0000 do Plenário do Conselho Nacional de Justiça no sentido da obrigatoriedade do registro de documentos estrangeiros apostilados no Cartório de Registro de Títulos e Documentos nos termos do art. 129, § 6º, da Lei nº 6.015, de 31 de dezembro de 1973, bem como as discussões objeto do Pedido de Providências nº 0004621-98.2022.2.00.0000*

Art. 540. Serão arquivados pelo oficial de registro civil, em meio físico ou mídia digital segura, os documentos apresentados para o registro da união estável e de sua dissolução, com referência do arquivamento à margem do respectivo assento, de forma a permitir sua localização.

Art. 541. Na hipótese de o título não mencionar o estado civil e não haver indicações acerca dos assentos de nascimento, de casamento ou de união estável das partes (art. 94-A, II e IV, da Lei n. 6.015, de 1973), o registrador deverá obter essas informações para a lavratura do registro mediante as seguintes providências:

I – exigir a apresentação, no prazo de 15 dias, das certidões atualizadas dos referidos assentos, desde que esses assentos tenham sido lavrados em outra serventia; ou

II – consultar os referidos assentos no próprio acervo, se for o caso.

Parágrafo único. Considera-se atualizada a certidão expedida há, no máximo, 90 dias.

Art. 542. O registro da sentença declaratória da união estável, ou de sua dissolução não altera os efeitos da coisa julgada, previstos no art. 506 do Código de Processo Civil.

Art. 543. O oficial deverá anotar o registro da união estável nos atos anteriores, com remissões recíprocas, se lançados em seu Registro Civil das Pessoas Naturais, ou comunicá-lo ao oficial do registro civil das pessoas naturais em que estiverem os registros primitivos dos companheiros.

§ 1.º O oficial anotará, no registro da união estável, o óbito, o casamento, a constituição de nova união estável e a interdição dos companheiros, que lhe serão comunicados pelo oficial de registro que realizar esses registros, se distinto, fazendo constar o conteúdo dessas averbações em todas as certidões que forem expedidas.

§ 2.º As comunicações previstas neste artigo deverão ser efetuadas por meio da CRC.

› *Vide arts. 106 a 108, Lei n. 6.015/1973 (Registros Públicos)*

Art. 544. Não é exigível o prévio registro da união estável para que seja registrada a sua dissolução, devendo, nessa hipótese, constar do registro somente a data da escritura pública de dissolução.

§ 1.º Se existente o prévio registro da união estável, a sua dissolução será averbada à margem daquele ato.

› *Vide art. 97, Lei n. 6.015/1973 (Registros Públicos)*

§ 2.º Contendo a sentença em que declarada a dissolução da união estável a menção ao período em que foi mantida, deverá ser promovido o registro da referida união estável e, na sequência, a averbação de sua dissolução.

Art. 545. Não poderá ser promovido o registro, no Livro E, de união estável de pessoas casadas, ainda que separadas de fato, exceto se separadas judicialmente ou extrajudicialmente, ou se a declaração da união estável decorrer de sentença judicial transitada em julgado.

Parágrafo único. Na hipótese de pessoas indicadas como casadas no título, a comprovação da separação judicial ou extrajudicial poderá ser feita até a data da prenotação desse título, hipótese em que o registro deverá mencionar expressamente essa circunstância e o documento comprobatório apresentado.

Art. 546. Em todas as certidões relativas ao registro de união estável no Livro "E" constará advertência expressa de que esse registro não produz os efeitos da conversão da união estável em casamento.

› *Art. 70-A, Lei n. 6.015/1973 (Registros Públicos)*

SEÇÃO II – DA ALTERAÇÃO DE REGIME DE BENS NA UNIÃO ESTÁVEL

Art. 547. É admissível o processamento do requerimento de ambos os companheiros para a alteração de regime de bens no registro de união estável diretamente perante o registro civil das pessoas naturais, desde que o requerimento tenha sido formalizado pelos companheiros pessoalmente perante o registrador ou por meio de procuração por instrumento público.

§ 1.º O oficial averbará a alteração do regime de bens à vista do requerimento de que trata o *caput* deste artigo, consignando expressamente o seguinte: "a alteração do regime de bens não prejudicará terceiros de boa- fé, inclusive os credores dos companheiros cujos créditos já existiam antes da alteração do regime".

§ 2.º Na hipótese de a certidão de interdições ser positiva, a alteração de regime de bens deverá ocorrer por meio de processo judicial.

§ 3.º Quando no requerimento de alteração de regime de bens houver proposta de partilha de bens – respeitada a obrigatoriedade de escritura pública nas hipóteses legais, como na do art. 108 da Lei n. 10.406, de 10 de janeiro de 2002 (Código Civil) – e/ou quando as certidões dos distribuidores de feitos judiciais cíveis e de execução fiscal, da Justiça do Trabalho e dos tabelionatos de protestos forem positivas, os companheiros deverão estar assistidos por advogado ou defensor público, assinando com este o pedido.

§ 4.º O novo regime de bens produzirá efeitos a contar da respectiva averbação no registro da união estável, não retroagindo aos bens adquiridos anteriormente em nenhuma hipótese, em virtude dessa alteração, observado que, se o regime escolhido for o da comunhão universal de bens, os seus efeitos atingem todos os bens existentes no momento da alteração, ressalvados os direitos de terceiros.

§ 5.º A averbação de alteração de regime de bens no registro da união estável informará o regime anterior, a data de averbação, o número do procedimento administrativo, o registro civil processante e, se houver, a realização da partilha.

§ 6.º O requerimento de que trata este artigo pode ser processado perante o ofício de registro civil das pessoas naturais de livre escolha dos companheiros, hipótese em que caberá ao oficial que recepcionou o pedido encaminhá-lo ao ofício competente por meio da CRC.

§ 7.º Enquanto não for editada legislação específica no âmbito dos estados e do Distrito Federal, o valor dos emolumentos para o processamento do requerimento de alteração de regime de bens no registro da união estável corresponderá ao valor previsto para o procedimento de habilitação de casamento.

§ 8.º Quando processado perante serventia diversa daquela em que consta o registro da união estável, deverá o procedimento ser encaminhado ao ofício competente, por meio da CRC, para que se proceda à respectiva averbação.

Art. 548. Para instrução do procedimento de alteração de regime de bens, o oficial exigirá a apresentação dos seguintes documentos:

I – certidão do distribuidor cível e execução fiscal do local de residência dos últimos cinco anos (estadual/federal);

II – certidão dos tabelionatos de protestos do local de residência dos últimos cinco anos;

III – certidão da Justiça do Trabalho do local de residência dos últimos cinco anos;

IV – certidão de interdições perante o 1.º ofício de registro civil das pessoas naturais do local da residência dos interessados dos últimos cinco anos; e

V – conforme o caso, proposta de partilha de bens – respeitada a obrigatoriedade de escritura pública nas hipóteses legais, como na do art. 108 da Lei n. 10.406, de 10 de janeiro de 2002 (Código Civil) –, ou declaração de que por ora não desejam realizá-la, ou, ainda, declaração de que inexistem bens a partilhar.

SEÇÃO III – DA CONVERSÃO DA UNIÃO ESTÁVEL EM CASAMENTO

Art. 549. No assento de conversão de união estável em casamento, deverá constar os requisitos do art. 70 e art. 70-A, § 4.º, da Lei n. 6.015, de 31 de dezembro de 1973, além, se for o caso, destes dados:

› *Art. 70-A, Lei n. 6.015/1973 (Registros Públicos)*

I – registro anterior da união estável, com especificação dos seus dados de identificação (data, livro, folha e ofício) e a individualização do título que lhe deu origem;

II – o regime de bens que vigorava ao tempo da união estável na hipótese de ter havido alteração no momento da conversão em casamento, desde que o referido regime estivesse indicado em anterior registro de união estável ou em um dos títulos admitidos para registro ou averbação na forma deste Capítulo;

III – a data de início da união estável, desde que observado o disposto neste Capítulo; e

IV – a seguinte advertência no caso de o regime de bens vigente durante a união estável ser diferente do adotado após a conversão desta em casamento: "este ato não prejudicará terceiros de boa-fé, inclusive os credores dos companheiros cujos créditos já existiam antes da alteração do regime".

Art. 550. O regime de bens na conversão da união estável em casamento observará os preceitos da lei civil, inclusive quanto à forma exigida para a escolha de regime de bens diverso do legal, nos moldes do art. 1.640, parágrafo único, da Lei n. 10.406, de 2002 (Código Civil).

§ 1.º A conversão da união estável em casamento implica a manutenção, para todos os efeitos, do regime de bens que existia no momento dessa conversão, salvo pacto antenupcial em sentido contrário.

§ 2.º Quando na conversão for adotado novo regime, será exigida a apresentação de pacto antenupcial, salvo se o novo regime for o da comunhão parcial de bens, hipótese em que se exigirá declaração expressa e específica dos companheiros nesse sentido.

§ 3.º Não se aplica o regime da separação legal de bens do art. 1.641, inciso II, da Lei n. 10.406, de 2002, se inexistia essa obrigatoriedade na data a ser indicada como início da união estável no assento de conversão de união estável em casamento ou se houver decisão judicial em sentido contrário.

§ 4.º Não se impõe o regime de separação legal de bens, previsto no art. 1.641, inciso I, da Lei n. 10.406, de 2002, se superada a causa suspensiva do casamento quando da conversão.

§ 5.º O regime de bens a ser indicado no assento de conversão de união estável em casamento deverá ser:

› *Art. 70-A, Lei n. 6.015/1973 (Registros Públicos)*

I – o mesmo do consignado:

a) em um dos títulos admitidos para registro ou averbação na forma deste Capítulo, se houver; ou

b) no pacto antenupcial ou na declaração de que trata o § 2.º deste artigo.

II – o regime da comunhão parcial de bens nas demais hipóteses.

§ 6.º Para efeito do art. 1.657 do Código Civil, o título a ser registrado em livro especial no Registro de Imóveis do domicílio do cônjuge será o pacto antenupcial ou, se este não houver na forma do § 1.º deste artigo, será um dos títulos admitidos neste Código para registro ou averbação em conjunto com a certidão da conversão da união estável em casamento.

› *Arts. 167, I-12 e II-1, e 178, V, 244, Lei n. 6.015/1973 (Lei de Registros Públicos)*

Art. 551. A conversão extrajudicial da união estável em casamento é facultativa e não obrigatória, cabendo sempre a via judicial, por exercício da autonomia privada das partes.

Art. 552. O falecimento da parte no curso do procedimento de habilitação não impedirá a lavratura do assento de conversão de união estável em casamento, se estiver em termos o pedido (art. 70-A, § 7.º, da Lei n. 6.015, de 1973).

› *Art. 70-A, § 7º Lei n. 6.015/1973 (Registros Públicos)*

Parágrafo único. Para efeito deste artigo, considera-se em termos o pedido quando houver pendências não essenciais, assim entendidas aquelas que não elidam a firmeza da vontade dos companheiros quanto à conversão e que possam ser sanadas pelos herdeiros do falecido.

SEÇÃO IV – DO PROCEDIMENTO DE CERTIFICAÇÃO ELETRÔNICA DA UNIÃO ESTÁVEL

Art. 553. O procedimento de certificação eletrônica de união estável realizado perante oficial de registro civil autoriza a indicação das datas de início e, se for o caso, de fim da união estável no registro e é de natureza facultativa (art. 70-A, § 6.º, Lei n. 6.015, de 1973).

› *Art. 70-A, § 6º Lei n. 6.015/1973 (Registros Públicos)*

§ 1.º O procedimento inicia-se com pedido expresso dos companheiros para que conste do registro as datas de início ou de fim da união estável, pedido que poderá ser eletrônico ou não.

§ 2.º Para comprovar as datas de início ou, se for o caso, de fim da união estável, os companheiros valer-se-ão de todos os meios probatórios em direito admitidos.

§ 3.º O registrador entrevistará os companheiros e, se houver, as testemunhas para verificar a plausibilidade do pedido.

§ 4.º A entrevista deverá ser reduzida a termo e assinada pelo registrador e pelos entrevistados.

§ 5.º Havendo suspeitas de falsidade da declaração ou de fraude, o registrador poderá exigir provas adicionais.

§ 6.º O registrador decidirá fundamentadamente o pedido.

§ 7.º No caso de indeferimento do pedido, os companheiros poderão requerer ao registrador a suscitação de dúvida dentro do prazo de 15 dias da ciência, nos termos do art. 198 e art. 296 da Lei n. 6.015, de 1973.

§ 8.º O registrador deverá arquivar os autos do procedimento.

§ 9.º É dispensado o procedimento de certificação eletrônica de união estável nas hipóteses em que este Capítulo admite a indicação das datas de início e de fim da união estável no registro de reconhecimento ou de dissolução da união estável.

CAPÍTULO X – DO CASAMENTO ENTRE PESSOAS DO MESMO SEXO

SEÇÃO I – DAS DISPOSIÇÕES GERAIS

Art. 554. A recusa de habilitação, celebração de casamento civil ou de conversão de união estável em casamento entre pessoas de mesmo sexo deverá ser comunicada ao juiz corregedor para as providências cabíveis na forma da Resolução n. 175, de 14 de maio de 2013.

LIVRO COMPLEMENTAR – DISPOSIÇÕES FINAIS E TRANSITÓRIAS

Art. 555. Os serviços notariais e de registro deverão observar:

I – a política institucional de Metas Nacionais do Serviço Extrajudicial no âmbito da Corregedoria Nacional de Justiça nos termos do Provimento n. 79, de 8 de novembro de 2018; e

II – as diretrizes voltadas à acessibilidade e à inclusão de pessoas com deficiência nos termos da Resolução n. 401, de 16 de junho de 2021.

Art. 556. Revogam-se as seguintes normas:

I – Provimento n. 13, de 3 de setembro de 2010;

II – art. 1.º ao art. 9.º do Provimento n. 16, de 17 de fevereiro de 2012, preservado o seu Anexo;

III – Provimento n. 18, de 28 de agosto de 2012;

IV – Provimento n. 19, de 29 de agosto de 2012;

V – Provimento n. 23, de 24 de outubro de 2012;

VI – o art. 2.º e art. 3.º do Provimento n. 27, de 12 de dezembro de 2012;

VII – Provimento n. 28, de 5 de fevereiro de 2013;

VIII – Provimento n. 30, de 16 de abril de 2013;

IX – Provimento n. 33, de 3 de julho de 2013;

IX-A – Provimento n. 37, de 7 de julho de 2014; *(Incluído pelo Provimento n. 150, de 11.9.2023)*

X – Provimento n. 43, de 17 de abril de 2015;

XI – art. 1.º ao art. 7.º, art. 9.º ao art. 11 e art. 13 ao art. 14 do Provimento n. 45, de 13 de maio de 2015;

XII – Provimento n. 46, de 16 de junho de 2015;

XIII – Provimento n. 51, de 22 de setembro de 2015;

XIV – Provimento n. 48, de 16 de março de 2016;

XV – Provimento n. 53, de 16 de maio de 2016;

XVI – Provimento n. 60, de 10 de agosto de 2017;

XVII – art. 2.º ao art. 6.º; art. 7.º, *caput* e § 1.º e § 2.º; e art. 8.º ao art. 17 do Provimento n. 62, de 14 de novembro de 2017;

XVIII – art. 2.º ao art. 8.º e art. 10 ao art. 19 do Provimento n. 63, de 14 de novembro de 2017;

XIX – Provimento n. 65, de 14 de dezembro de 2017;

XX – Provimento n. 67, de 26 de março de 2018;

XXI – Provimento n. 69, de 12 de junho de 2018;

XXII – Provimento n. 70, de 12 de junho de 2018;

XXIII – Provimento n. 72, de 27 de junho de 2018;

XXIV – art. 2.º ao art. 9.º do Provimento n. 73, de 28 de junho de 2018;

XXV – art. 2.º ao art. 7.º do Provimento n. 77, de 7 de novembro de 2018;

XXVI – Provimento n. 78, de 7 de novembro de 2018;

XXVII – Provimento n. 86, de 29 de agosto de 2019;

XXVIII – Provimento n. 87, de 11 de setembro de 2019;

XXIX – Provimento n. 88, de 1.º de outubro de 2019;

XXX – Provimento n. 93, de 26 de março de 2020;

XXXI – Provimento n. 94, de 28 de março de 2020;

XXXII – Provimento n. 95, de 1.º de abril de 2020;

XXXIII – Provimento n. 97, de 27 de abril de 2020;

XXXIV – Provimento n. 100, de 26 de maio de 2020;

XXXV – Provimento n. 104, de 9 de junho de 2020;

XXXVI – art. 2.º ao art. 8.º do Provimento n. 122, de 13 de agosto de 2021

XXXVII – art. 1.º ao art. 4.º do Provimento n. 133, de 15 de agosto de 2022

XXXVIII – art. 1.º e art. 2.º bem como art. 4.º ao art. 57 do Provimento n. 134, de 24 de agosto de 2022;

XXXIX – Provimento n. 137, de 6 de dezembro de 2022;

XL – Provimento n. 139, de 1.º de fevereiro de 2023; e

XLI – art. 1.º ao art. 12 e art. 19 do Provimento n. 143, de 25 de abril de 2023.

Parágrafo único. Remissões aos atos normativos acima referidos, por outras normas, deverão ser consideradas como endereçadas aos dispositivos correlatos deste Código Nacional de Normas, se houver.

ANEXO I

(Renumerado pelo Provimento n. 164, de 27.3.2024)

REQUERIMENTO DE ALTERAÇÃO DE PRENOME

(Incluído pelo Provimento n. 153, de 26.9.2023)

OFICIAL DE REGISTRO CIVIL DAS PESSOAS NATURAIS DO MUNICÍPIO DE ...

I - REQUERENTE:
Nome civil completo, nacionalidade, naturalidade, data e local do nascimento, estado civil, profissão, RG, CPF, endereço completo, telefone, endereço eletrônico.

II - REQUERIMENTO:
O(a) REQUERENTE acima indicado(a), registrado(a) nesta serventia, no Livro A- ___, fls.___, termo n.º ___, vem, respeitosamente, requerer, a V.Sa., a **INSTAURAÇÃO DE PROCEDIMENTO PARA ALTERAÇÃO DE PRENOME,** de modo que seu prenome passe a ser _________, passando a ser identificado(a) pelo nome completo de **_________**.

III - DECLARAÇÕES SOB AS PENAS DA LEI:
O(A) REQUERENTE **DECLARA** que:
a) a alteração ora requerida está de acordo com seu nome atual e que responde civil e criminalmente pela veracidade desta afirmação. Declara, ainda, que não é parte em ação judicial em trâmite sobre alteração de prenome ou, em caso de ação judicial com o referido escopo, que a mesma já foi devidamente arquivada, conforme certidão anexa (se for o caso);
b) possui cédula de identidade RG n.º _________(órgão expedidor), inscrição perante o CPF sob o n. ____________, passaporte de n. ___________ e título de eleitor n. _________;
c) não possui cédula de identidade RG emitida em outra unidade da federação (se for o caso);
d) está ciente de que não será admitida outra alteração de prenome por este procedimento diretamente perante Oficial de Registro Civil das Pessoas Naturais, resguardada a via judicial;
e) está ciente que deverá promover a alteração nos demais registros que lhe digam respeito, direta ou indiretamente, e em respectivos documentos de identificação.

IV - FUNDAMENTO JURÍDICO: O presente requerimento está fundamentado no artigo 56 da Lei n. 6.015/1973.
Por ser verdade, firmo o presente termo.

Local e data.
Assinatura do(a) requerente
CERTIFICO E DOU FÉ que a assinatura supra foi lançada em minha presença.
Carimbo e assinatura do Oficial/Preposto autorizado

ANEXO II

(Incluído pelo Provimento n. 164, de 27.3.2024)

DECLARAÇÃO DE DOAÇÃO DE ÓRGÃOS, TECIDOS E PARTES DO CORPO HUMANO PARA DEPOIS DA MORTE

Eu, ____ (nome preenchido automaticamente pelo e-Notariado), CPF n. ____________-_____ (número preenchido automaticamente pelo e-Notariado), DECLARO que sou DOADOR de órgãos, tecidos e partes do corpo humano para fins de transplante ou finalidade terapêutica *post mortem*, ou seja, depois de minha morte. AUTORIZO a retirada de ________________(órgãos, tecidos e partes do corpo humano) para transplantes ou outra finalidade terapêutica. Esta é a minha vontade e solicito que seja cumprida. Autorizo a consulta da presente declaração pelos órgãos e profissionais que atuem na área médica ou estejam autorizados por previsão legal ou normativa. *(Redação dada em razão de republicação do Provimento n. 164, de 27.3.2024)*

___/___/___ (data preenchida automaticamente) ___________(local preenchido automaticamente)

Assinatura Eletrônica e-Notariado

ANEXO III

(Incluído pelo Provimento n. 164, de 27.3.2024)

REVOGAÇÃO DE DECLARAÇÃO DE DOAÇÃO DE ÓRGÃOS, TECIDOS E PARTES DO CORPO HUMANO PARA DEPOIS DA MORTE

Eu, ____ (nome preenchido automaticamente pelo e-Notariado), CPF n. ____________-_____ (número preenchido automaticamente pelo e-Notariado), REVOGO a anterior DECLARAÇÃO DE DOAÇÃO DE ÓRGÃOS, TECIDOS E PARTES DO CORPO HUMANO PARA DEPOIS DA MORTE assinada em ___/___/___ (data preenchida automaticamente).

___/___/___ (data preenchida automaticamente) ___________ (local preenchido automaticamente)

Assinatura Eletrônica e-Notariado

PROVIMENTO Nº 156, DE 04 DE NOVEMBRO DE 2023

Dispõe sobre as normas a serem observadas nas inspeções e correições de competência da Corregedoria Nacional de Justiça, nas unidades judiciais e administrativas dos tribunais e nos serviços notariais e de registro.

- *Vide art. 236, § 2º CF*
- *Vide arts. 37 e 38 da Lei n. 8.935/1994 (Notários e Registradores)*

O **CORREGEDOR NACIONAL DE JUSTIÇA**, no uso de suas atribuições legais e regimentais e,

CONSIDERANDO que compete ao Conselho Nacional de Justiça – CNJ o controle da atuação administrativa e financeira do Poder Judiciário, conforme o disposto no art. 103-B da Constituição Federal;

CONSIDERANDO que a Corregedoria Nacional de Justiça poderá realizar inspeções para apuração de fatos relacionados ao conhecimento e à verificação do funcionamento dos serviços judiciais e auxiliares, das serventias e dos órgãos prestadores de serviços notariais e de registro, havendo ou não evidências de irregularidades (art. 48 do RICNJ);

CONSIDERANDO que a Corregedoria Nacional de Justiça poderá realizar correições para apuração de fatos determinados relacionados com deficiências graves dos serviços judiciais e auxiliares, das serventias e dos órgãos prestadores de serviços notariais e de registro (art. 54 do RICNJ);

CONSIDERANDO que compete ao Corregedor Nacional de Justiça expedir Recomendações, Provimentos, Instruções, Orientações e outros atos normativos destinados ao aperfeiçoamento das atividades dos órgãos do Poder Judiciário e de seus serviços auxiliares e dos serviços notariais e de registro, bem como dos demais órgãos correcionais, sobre matéria relacionada com a competência da Corregedoria Nacional de Justiça (art. 8º, inciso X, RICNJ);

RESOLVE:

CAPÍTULO I – DAS DISPOSIÇÕES GERAIS

Art. 1º Este Provimento estabelece as normas a serem observadas nas inspeções e correições de competência da Corregedoria Nacional de Justiça, nas unidades judiciais e administrativas dos tribunais e nos serviços notariais e de registro, sem prejuízo das disposições constantes na Portaria n. 211/2009, alterada pela Portaria n. 121/2012 e Portaria n. 54/2022 (Regulamento Geral da Corregedoria Nacional de Justiça).

- *Vide art. 236, § 2º CF*
- *Vide art. 48, Lei n. 6.015/1973 (Registros Públicos)*
- *Vide arts. 37 e 38, Lei n. 8.935/1994*

Art. 2º A inspeção destina-se à verificação *in loco* de fatos que interessem à instrução de processos em tramitação na Corregedoria Nacional de Justiça ou no Conselho Nacional de Justiça, bem como da situação de funcionamento dos órgãos jurisdicionais de primeiro e segundo graus, serviços auxiliares, serventias, órgãos prestadores de serviços notariais e de registro, objetivando o aprimoramento dos seus serviços, havendo ou não irregularidades.

- *Vide art. 236, § 2º CF.*
- *Vide arts. 37 e 38, Lei n. 8.935/1994*

Art. 3º A correição destina-se à verificação de fatos determinados relacionados com deficiências graves ou relevantes dos serviços judiciais e auxiliares, das serventias e dos órgãos prestadores de serviços notariais e de registro que atuem por delegação do poder público, ou que prejudiquem a prestação jurisdicional, a disciplina e o prestígio da justiça brasileira, bem como nos casos de descumprimento de resoluções e decisões do Conselho Nacional de Justiça.

Art. 4º Competem à Assessoria de Correição e Inspeção o planejamento e a execução das atividades de inspeções e correições desenvolvidas pela Corregedoria Nacional de Justiça e o monitoramento das determinações delas oriundas.

§ 1º Para o planejamento das inspeções e correições a Assessoria valer-se-á da metodologia de coleta prévia de dados.

§ 2º A coleta de dados será consolidada a partir de procedimentos já existentes no Conselho Nacional de Justiça, dados situacionais obtidos diretamente no Tribunal inspecionado ou correicionado conforme artigo 13 e seguintes, além de fontes abertas da Internet.

§ 3º Poderão ser usados, ainda, outros métodos e fontes necessários para a melhor compreensão da unidade judicial que será inspecionada ou correicionada.

§ 4º Será elaborado relatório a partir dos dados obtidos no cruzamento dos dados coletados, relatório que servirá como subsídio para a escolha das unidades a serem visitadas e/ou eventuais abordagens necessárias durante a execução da visita.

CAPÍTULO II – DA INSPEÇÃO

Art. 5º A inspeção será instaurada por portaria do Corregedor Nacional de Justiça ou por despacho deste em procedimento administrativo em andamento, de ofício ou após deliberação do Plenário do Conselho Nacional de Justiça.

Art. 6º A portaria de instauração da inspeção conterá:

I – a menção dos fatos ou dos motivos determinantes da inspeção;

II – o local, a data e a hora do início dos trabalhos;

III – a indicação dos magistrados delegatários e servidores que participarão dos trabalhos;

IV – o prazo de duração dos trabalhos.

§ 1º O Corregedor Nacional poderá delegar a magistrados vinculados a quaisquer dos tribunais do país a realização dos trabalhos de inspeção, bem como designar servidores para prestar assessoramento.

§ 2º O Corregedor Nacional poderá criar cadastro de magistrados e servidores vinculados a quaisquer tribunais do país, com experiência objetivamente reconhecida, para realização dos trabalhos de inspeção e correição, por delegação, sendo os nomes cadastrados de livre nomeação e destituição.

§ 3º Os servidores ficarão responsáveis pelo registro das situações verificadas nas visitas de inspeção e pela guarda de documentos, arquivos eletrônicos e informações destinadas à consolidação do relatório.

Art. 7º A realização da inspeção será comunicada por ofício encaminhado à autoridade responsável pelo órgão inspecionado, sempre que possível, com antecedência mínima de 24 (vinte e quatro) horas, com determinação das providências que se fizerem necessárias à realização dos trabalhos de inspeção.

§ 1º Nas inspeções envolvendo procedimentos sigilosos, os trabalhos serão conduzidos com a reserva devida, sendo garantido o acompanhamento pela autoridade responsável do órgão ou unidade judiciária, pelos procuradores habilitados em processo correlato e pelos interessados que encaminhem requerimento ao Corregedor Nacional ou a quem tenha sido delegada a coordenação dos trabalhos.

§ 2º Se o conhecimento prévio da realização da inspeção pelo magistrado ou servidor investigado puder comprometer o sucesso da diligência, notadamente quanto à colheita de provas, o Corregedor Nacional, em despacho fundamentado ou na portaria de instauração, poderá determinar que a realização dos trabalhos seja divulgada somente após iniciada a inspeção, configurando quebra do dever de sigilo a revelação prévia por qualquer magistrado envolvido no ato, conforme insculpido no artigo 27 da Resolução n. 60 (Código de Ética da Magistratura Nacional), de 19 de setembro de 2008.

Art. 8º Poderão ser convidados para acompanhamento dos trabalhos o Presidente, o Corregedor e demais membros do respectivo tribunal, os magistrados de primeiro grau, o Ministério Público com atuação perante os respectivos órgãos, a Ordem dos Advogados do Brasil, as defensorias públicas, associações de magistrados e representantes de outros órgãos ou segmentos da sociedade, sempre a critério do Corregedor Nacional ou de quem tenha sido designado coordenador dos trabalhos.

Art. 9º A Presidência e a Corregedoria locais, assim como demais autoridades judiciárias e administrativas locais colaborarão, materialmente e com os recursos humanos necessários, para o bom desempenho dos trabalhos da inspeção.

Parágrafo único. O Corregedor Nacional, a seu exclusivo critério, poderá requisitar de outras autoridades apoio administrativo para o planejamento e a execução dos trabalhos.

Art. 10. Os magistrados e servidores do órgão inspecionado prestarão as informações que lhes forem solicitadas pela equipe da Corregedoria Nacional de Justiça, devendo-lhe franquear o acesso a instalações, sistemas, arquivos e apresentar autos, livros e tudo o mais que for necessário à realização dos trabalhos.

Art. 11. Nos casos em que houver interesse público relevante, em momento anterior à data de início da inspeção, poderá ser convocada audiência pública ou determinado atendimento ao público, para recolhimento de informações que auxiliem o aprimoramento do serviço jurisdicional prestado pelo tribunal, de tudo lavrando-se auto circunstanciado.

§ 1º Da data, da hora e do local da realização da audiência pública ou do atendimento ao público será dado amplo conhecimento por meio de publicação do edital no diário oficial e por divulgação na imprensa local.

§ 2º Poderão ser recebidas manifestações de qualquer pessoa ou interessado devidamente identificado, em particular ou reservadas, perante magistrados ou servidores designados pelo Corregedor Nacional, as quais serão reduzidas a termo e incluídas em ata ou no auto circunstanciado da inspeção.

Art. 12. Durante a inspeção, para além das unidades previamente selecionadas, o Corregedor Nacional de Justiça ou os magistrados delegatários da inspeção poderão visitar ou determinar a visita a quaisquer outras, com a finalidade de analisar instalações e dependências, examinar os aspectos processuais e de funcionamento dos serviços prestados e ouvir explicações e solicitações, bem como obter informações e documentos sempre que julgar necessária a medida para apurar situação que tenha surgido durante os trabalhos, consignando-se toda a situação no futuro relatório.

CAPÍTULO III – DO PROCEDIMENTO PREPARATÓRIO DE INSPEÇÃO

Art. 13. Nas inspeções ordinárias, serão requisitados do tribunal inspecionado, com antecedência mínima de 10 (dez) dias da data provável de sua realização, dados relativos à situação das unidades de primeiro e segundo graus do tribunal.

§ 1º O relatório situacional das unidades de primeiro grau deverá indicar, entre outros dados solicitados pela Corregedoria Nacional de Justiça, o seguinte:

I – a denominação;

II – os processos em tramitação na unidade (incluindo suspensos, sobrestados ou arquivados provisoriamente);

III – os processos suspensos, sobrestados e arquivados provisoriamente;

IV – os processos distribuídos e redistribuídos para a unidade nos últimos doze meses;

V – os processos despachados, decididos e julgados com e sem mérito nos últimos 12 (doze) meses;

VI – os processos sem movimentação há mais de 100 (cem) dias (excluídos os suspensos, sobrestados e arquivados provisoriamente);

VII – os processos conclusos ao magistrado (excluídos os suspensos, sobrestados e arquivados provisoriamente), com discriminação do número daqueles conclusos há mais de 100 (cem) dias.

§ 2º O relatório situacional das unidades de segundo grau deverá indicar, além dos dados constantes no parágrafo anterior, o total de processos julgados nos últimos 12 (doze) meses por decisão colegiada.

§ 3º Os tribunais deverão indicar, para assessoramento da equipe de inspeção, um servidor com conhecimentos específicos sobre os sistemas utilizados e tramitação dos processos judiciais e administrativos, bem como um servidor responsável pelo recebimento das solicitações da Corregedoria Nacional de Justiça.

Art. 14. O tribunal devolverá o relatório situacional respondido, no formato e leiaute disponibilizados pela Corregedoria Nacional de Justiça, em prazo previamente fixado.

Art. 15. Recebido o relatório situacional pela Corregedoria Nacional de Justiça, a equipe de inspeção analisará os dados fornecidos pelo tribunal e proporá ao Corregedor as unidades que serão inspecionadas, levando-se em consideração aspectos quantitativos e qualitativos das unidades indicadas.

Art. 16. Assim que requisitado, o tribunal inspecionado deverá garantir à Assessoria de Correição e Inspeção e à equipe designada para realização dos trabalhos acesso prévio aos sistemas judiciais e administrativos e plataformas de inteligência locais, com o perfil de maior alcance dos dados armazenados.

Art. 17. Depois de aprovada pelo Corregedor Nacional, o tribunal receberá a lista de unidades que serão inspecionadas, devendo, em relação a elas, manter o acesso da equipe da Corregedoria aos sistemas judiciais e administrativos até que o relatório final e outros procedimentos resultantes da inspeção sejam julgados pelo Plenário do CNJ.

Art. 18. Nas inspeções ordinárias, será requisitado das unidades que serão inspecionadas, com antecedência mínima de 15 (quinze) dias da data de sua realização, o preenchimento de questionário próprio contendo pontos a serem avaliados por ocasião dos trabalhos de inspeção, os quais considerarão aspectos quantitativos e qualitativos da atividade desenvolvida na unidade.

Parágrafo único. As unidades a serem inspecionadas devolverão o questionário de inspeção respondido, no formato e leiaute disponibilizados pela Corregedoria Nacional de Justiça, com antecedência de 10 (dez) dias da data de início da inspeção, ou em prazo determinado.

Art. 19. As inspeções ordinárias terão como fase preliminar e preparatória a realização de pesquisas, pela Assessoria de Correição e Inspeção, em fontes abertas na *internet* e sistemas de dados do Conselho Nacional de Justiça, de situações envolvendo o tribunal a ser inspecionado, seus magistrados e/ou servidores, a fim de orientar a escolha das unidades que serão inspecionadas.

CAPÍTULO IV – DA INSPEÇÃO NAS UNIDADES JUDICIAIS DE PRIMEIRO GRAU

Art. 20. Os trabalhos de inspeção nas unidades judiciais de primeiro grau, qualquer que seja sua competência, alcançarão, além da análise do cumprimento das metas nacionais estabelecidas pelo Conselho Nacional de Justiça, os seguintes elementos:

I – os dados funcionais e administrativos da unidade, tais como número de magistrados e de servidores, forma de designação dos magistrados, tempo de exercício, natureza do vínculo dos servidores com o tribunal, realização de teletrabalho, horário de expediente, jornada de trabalho dos servidores, fruição de férias, licenças e folgas compensatórias, número de funções e cargos comissionados, atendimento das instalações físicas e de recursos de tecnologia às necessidades da unidade;

II – os aspectos estatísticos processuais, como os elencados no art. 12, § 1º, deste Provimento, além do número de processos encaminhados aos NUPMECs/NUVMECs/CEJUSCs, processos com prioridade legal conclusos há mais de 100 (cem) dias e total de processos baixados definitivamente nos últimos 12 (doze) meses;

III – a análise de amostra com os processos sem sentença mais antigos na unidade, excluídos os processos de execução de título extrajudicial, com exceção de embargos à execução, se houver, com datas de distribuição e do último movimento;

IV – a análise de amostra com os processos por improbidade administrativa mais antigos na unidade, relacionados a ações civis públicas (jurisdição civil e fazendária) e a crimes contra a administração pública (jurisdição criminal);

V – os processos com liminar ou medidas cautelares pendentes de exame;

VI – as pendências relacionadas à última inspeção realizada pela Corregedoria Nacional de Justiça e pela Corregedoria local, indicando as medidas adotadas para o cumprimento das determinações e recomendações, bem como aquelas não cumpridas;

VII – os sinalizadores de retenção do fluxo processual, como processos suspensos aguardando decisão de IRDR, julgamento de recurso repetitivo ou com repercussão geral, audiências marcadas, realizadas, redesignadas ou canceladas, processos aguardando audiência, petições aguardando juntada ou leitura, existência de arquivo provisório ou similar em secretaria, existência de pré-conclusão, processos com carga às partes, intervenientes ou ao Ministério Público, cartas precatórias e mandados pendentes de cumprimento e sua forma de controle, existência de autos físicos, indicação de autos físicos extraviados e marcadores processuais das prioridades legais de tramitação;

VIII – a utilização de *BI – Business Intelligence* – para o controle e gestão das metas nacionais do CNJ, bem como as medidas adotadas em caso de não cumprimento;

IX – as declarações de suspeição ou de impedimento pelo magistrado;

X – a existência e identificação de promotores e defensores públicos atuantes na unidade;

XI – o fluxo de processos na unidade, com descrição da metodologia de trabalho na secretaria e no gabinete, do controle do tempo médio em cada tarefa, da gestão do acervo, da produtividade da equipe e da elaboração e revisão de minutas e de documentos;

XII – o atendimento ao público, inclusive por meio virtual;

XIII – o controle de acesso por servidores, estagiários e terceirizados a sistemas sensíveis, como BNMP, SISBAJUD e SEEU;

XIV – a identificação, entre servidores e magistrados, da existência de problemas de saúde física ou mental;

XV – a necessidade de treinamento/capacitação para servidores e magistrados;

XVI – a identificação de boas práticas e projetos desenvolvidos na unidade ou no tribunal;

XVII – as eventuais disparidades de alocação de recursos humanos e administrativos entre as unidades de competência similar;

XVIII – as informações eventualmente coletadas em trabalho de inteligência pela Assessoria de Correição e Inspeção da Corregedoria Nacional de Justiça.

Art. 21. Os trabalhos de inspeção nas unidades judiciais de primeiro grau com competência criminal e Tribunal do Júri alcançarão, no que for aplicável, os aspectos listados no artigo anterior e os seguintes elementos:

I – o controle e sinalização de processos com réu preso;

II – o controle de prazo prescricional, com observância da Resolução CNJ n. 112/2010;

III – a realização de audiências de custódia, com observância da Resolução CNJ n. 213/2015;

IV – a correta alimentação do Banco Nacional de Medidas Penais e Prisões – BNMP, com observância da aposição de informações obrigatórias, dos prazos referentes a mandados de prisão, alvarás de soltura e mandados de desinternação, bem como seu cumprimento, conforme Resolução CNJ n. 417/2021;

V – a expedição de guias de recolhimento, com observância da Resolução CNJ n. 113/2010;

VI – o controle do depósito e da destinação de armas de fogo e munições apreendidas, com observância da Resolução CNJ n. 134/2011;

VII – o cumprimento da Resolução CNJ n. 369/2021, dos arts. 318 e 318-A do Código de Processo Penal e da decisão proferida pela 2ª Turma do Supremo Tribunal Federal nos HCs ns. 143.641/SP e 165.704/DF, quanto à substituição da privação de liberdade de gestantes, mães, pais e responsáveis por crianças ou pessoas com deficiência;

VIII – a observância da Resolução CNJ n. 287/2019, quanto ao tratamento dispensado a acusados, réus e condenados indígenas;

IX – a observância da Resolução CNJ n. 348/2020, quanto ao tratamento dispensado a acusados, réus e condenados pertencentes à população LGBTQIA+;

X – o cumprimento da Resolução CNJ n. 414/2021, conforme os parâmetros do Protocolo de Istambul, acerca das diretrizes e dos quesitos periciais para a realização dos exames de corpo de delito nos casos em que haja indícios de prática de tortura e outros tratamentos cruéis, desumanos ou degradantes;

XI – o controle de prazos de vencimento de benefícios penais;

XII – o perfil da pauta de audiências, considerando processos com réu preso e réu solto;

XIII – o controle dos prazos para a revisão de prisões preventivas (art. 316 do Código de Processo Penal);

XIV – as providências adotadas para movimentação de processos suspensos com fundamento no art. 366 do Código de Processo Penal;

XV – as sentenças de pronúncia, impronúncia e absolvição sumária, ao término da primeira fase em processos de competência do Tribunal do Júri;

XVI – as sessões plenárias do Tribunal do Júri realizadas, designadas e aguardando designação;

XVII – a existência de ações e projetos específicos de atendimento à mulher vítima de tentativa de feminicídio.

Art. 22. Os trabalhos de inspeção nas unidades judiciais de primeiro grau com competência em violência doméstica e familiar contra a mulher alcançarão, no que for aplicável, os aspectos listados nos artigos antecedentes e os seguintes elementos:

I – a existência de equipe multidisciplinar para o atendimento à unidade, com sua composição, disponibilidade e eventuais limitações;

II – a existência de Coordenadoria Estadual da Mulher em Situação de Violência Doméstica e Familiar e qual a forma de interlocução com a unidade, as formas de cooperação para a melhoria da prestação jurisdicional e capacitação de magistrados, servidores e colaboradores;

III – o cumprimento da Recomendação CNJ n. 105/2021 sobre prioridade na apreciação das hipóteses de descumprimento de medidas protetivas de urgência e atuação em rede, com o Ministério Público e os órgãos integrantes da Segurança Pública;

IV – a integração dos sistemas judiciais do tribunal com os das delegacias de polícia nos pedidos de medidas protetivas de urgência;

V – a forma de intimação e de realização de oitivas de vítima e agressor;

VI – o tempo médio de apreciação de pedidos de medida protetiva de urgência e do cumprimento dos mandados pelos oficiais de justiça;

VII – a existência de oficiais de justiça exclusivos para o juízo ou com capacitação em violência doméstica contra a mulher;

VIII – o uso de mecanismos de alerta disponibilizados a vítimas, como patrulha Maria da Penha, aplicativos de celular ou outros, a forma de acompanhamento dessas situações e critérios para o encaminhamento de casos;

IX – o atendimento de vítimas por delegacias especializadas, inclusive em regime de plantão;

X – o arquivamento de inquéritos nos últimos seis meses e as causas principais para a extinção;

XI – a utilização do Formulário de Avaliação de Riscos (Resolução Conjunta CNJ/CNMP n. 5/2020);

XII – a existência de políticas públicas municipais de enfrentamento da violência doméstica e familiar contra a mulher;

XIII – a atuação dos demais integrantes do sistema de justiça, como Ministério Público e Defensoria Pública;

XIV – os projetos do tribunal, da unidade ou de outros integrantes do sistema de justiça voltados para a prevenção e atendimento psicológico ou médico a mulheres vítimas de violência;

XV – a forma de abordagem da mulher em situação de violência doméstica quando ela manifesta intenção de desistir de ou renunciar a direitos processuais;

XVI – o número de ações penais e autos de medida protetiva em curso;

XVII – o número de inquéritos arquivados e de ações penais extintas por prescrição nos últimos seis meses;

XVIII – os impactos decorrentes do EAREsp n. 2.099.532/RJ, Terceira Seção, julgado em 26/10/2022, no qual se definiu que, nas comarcas em que não houver vara especializada, compete ao juizado de violência doméstica e familiar contra a mulher, onde houver, processar e julgar os casos em que são apurados crimes envolvendo violência contra crianças e adolescentes no âmbito doméstico e familiar, independentemente do gênero da vítima;

XIX – as ações e mudanças adotadas para dar cumprimento ao que se decidiu no EAREsp n. 2.099.532/RJ, Terceira Seção, julgado em 26/10/2022, caso tenha havido acréscimo significativo na distribuição de processos à unidade.

Art. 23. Os trabalhos de inspeção nas unidades judiciais de primeiro grau com competência em execução penal alcançarão, no que for aplicável, os aspectos listados nos artigos antecedentes e os seguintes elementos:

I – o número de apenados em regime fechado, semiaberto e aberto sob a jurisdição da unidade;

II – a existência de casa de albergado, colônia agrícola ou industrial e a forma como são cumpridas as penas nos regimes semiaberto e aberto;

III – a existência de dispositivos de monitoração eletrônica (tornozeleira) disponíveis ao juízo, o perfil dos presos que os utilizam, a adequação do número de equipamentos às necessidades da unidade e os possíveis aprimoramentos na logística de instalação e monitoramento do preso;

IV – o número de estabelecimentos penais sob responsabilidade do juízo, a realização de inspeções e a elaboração de relatórios (Resolução CNJ n. 47/2007);

V – as denúncias por maus-tratos e tortura e a forma de apuração;

VI – a existência de facções identificadas no sistema prisional, com suas principais lideranças;

VII – a presença de presos transferidos a presídios federais;

VIII – o número de presas, os regimes prisionais, os estabelecimentos penais específicos, a existência de berçários/creche e o fornecimento de material de higiene adequado a questões de gênero;

IX – as ações e projetos em curso relacionados ao "Programa Começar de Novo" (Resolução CNJ n. 96/2010);

X – a forma de execução de medidas de segurança e local de recolhimento em casos de medida de segurança de internação;

XI – os casos de desinternação condicional nos últimos seis meses e a forma de acompanhamento;

XII – a adequação da forma e do prazo de realização de exame criminológico;

XIII – a observância da Resolução CNJ n. 113/2010 quanto à emissão de atestado de pena a cumprir;

XIV – a existência de plantão judicial para que os beneficiados com a suspensão condicional do processo, a suspensão condicional da pena e o livramento condicional possam informar as atividades realizadas (Provimento CNJ n. 08/2010).

Art. 24. Os trabalhos de inspeção nas unidades judiciais de primeiro grau com competência em infância e juventude alcançarão, no que for aplicável, os aspectos listados nos artigos antecedentes e os seguintes elementos:

I – a existência de equipe multidisciplinar (arts. 150 e 151 do Estatuto da Criança e do Adolescente), com sua composição;

II – a presença de voluntários ou agentes de proteção disponíveis à unidade (comissários), com a descrição das atividades exercidas e a indicação das normas que disciplinam a atuação no âmbito do Tribunal;

III – a forma de articulação entre a unidade judicial e os demais integrantes das redes de proteção, como Ministério Público, Defensoria Pública, Conselho Tutelar, órgãos assistenciais e de saúde e educação;

IV – a forma de fiscalização das unidades de acolhimento, os procedimentos instaurados e o registro no Conselho Municipal dos Direitos da Criança e do Adolescente, em observância dos arts. 90 a 95 do Estatuto da Criança e do Adolescente;

V – a forma e prazo de comunicação da apreensão de adolescentes (art. 107 do Estatuto da Criança e do Adolescente), com indicação dos processos em que há internação provisória em curso na unidade;

VI – a observância do prazo de 45 (quarenta e cinco) dias para a internação provisória (art. 183 do Estatuto da Criança e do Adolescente) e as providências adotadas em caso de extrapolação sem conclusão do procedimento (art. 108 do Estatuto da Criança e do Adolescente e art. 1º da Instrução Normativa CNJ n. 2/2009);

VII – o cumprimento do prazo máximo de 3 (três) anos para a medida socioeducativa de internação ou a liberação do reeducando que tenha completado 21 (vinte e um) anos de idade, com a indicação de processos em que haja essa modalidade de medida;

VIII – a existência de sistemas digitais para o controle de medidas socioeducativas restritivas de liberdade;

IX – o acompanhamento, pela unidade, da execução de medidas socioeducativas e a forma de reavaliação periódica (art. 121, § 2º, do Estatuto da Criança e do Adolescente);

X – a forma e o prazo de reavaliação de acolhimento institucional e familiar (art. 19, § 1º, do Estatuto da Criança e do Adolescente e Provimento CNJ n. 118/2021);

XI – a forma, a periodicidade e a rotina de alimentação do Sistema Nacional de Adoção e Acolhimento (SNA);

XII – a análise do número de crianças e adolescentes acolhidos sem reavaliação, de processos de destituição do poder familiar em tramitação há mais de 120 (cento e vinte) dias e de processos de adoção em tramitação há mais de 240 (duzentos e quarenta) dias;

XIII – o correto cadastramento de CPF de crianças e adolescentes acolhidas, as habilitações à adoção expiradas, ou próximas de expirar, e as crianças e os adolescentes sem pretendentes para adoção nacional;

XIV – os pedidos de habilitação sem sentença;

XV – o serviço de acolhimento com extrapolação do número máximo de acolhidos;

XVI – os registros e o exame de autos de adoção internacional nos últimos 12 (doze) meses;

XVII – a realização de inspeções pessoais pelo magistrado nas entidades de atendimento a adolescentes em conflito com a lei, com o preenchimento de formulário eletrônico disponibilizado pelo CNJ (Cadastro Nacional de Inspeções em Unidades e Programas Socioeducativos – CNIUPS).

Art. 25. Os trabalhos de inspeção nas unidades judiciais de primeiro grau com competência em falência e recuperação judicial alcançarão, no que for aplicável, os aspectos listados no art. 19 e a análise do controle e dos cadastros de:

I – administradores e peritos nomeados pelo juízo e critérios de escolha;

II – arrematantes.

CAPÍTULO V – DA INSPEÇÃO NAS UNIDADES JUDICIAIS DE SEGUNDO GRAU

Art. 26. Os trabalhos de inspeção em unidades judiciais de segundo grau observarão, no que for aplicável, os aspectos das inspeções em unidades de primeiro grau e os seguintes elementos:

I – Nos gabinetes de desembargadores e de juízes substitutos de segundo grau:

a) os órgãos fracionários que o magistrado integra;

b) os processos originários de que seja relator em tramitação no gabinete, com indicação daqueles sem decisão de mérito;

c) os processos com pedido de vista na unidade, com indicação do tempo transcorrido (Resolução CNJ n. 202/2015);

d) os procedimentos administrativos disciplinares de que seja relator, incluindo sindicâncias e outras classes destinadas a investigação prévia;

e) a existência de ações penais e de procedimentos investigativos de natureza criminal, de relatoria do inspecionado, envolvendo magistrados, em curso, julgados ou arquivados nos últimos 12 (doze) meses;

f) a participação em plantão judicial nos últimos 12 (doze) meses, com indicação da forma de designação, critérios de substituição, decisões concessivas de liminar e escolha de servidores;

g) o tempo de exercício de juízes substitutos de segundo grau, a forma e os critérios de convocação, com indicação dos regulamentos internos aplicáveis;

h) os concursos em andamento ou os realizados nos últimos 12 (doze) meses, caso o magistrado tenha participado da organização do certame, para ingresso na magistratura e provimento de cargos de servidores, com indicação do contrato com instituições privadas, se houver.

II – Nas secretarias de órgãos julgadores:

a) os processos aguardando remessa externa à origem, a instâncias superiores ou aos gabinetes; publicação; elaboração de expedientes; voto-vista; inclusão em pauta; sessão de julgamento; baixa de instâncias superiores; e certificação de trânsito em julgado;

b) a periodicidade das sessões de julgamento, os critérios para elaboração da pauta, o número médio de processos pautados por sessão e a média de processos julgados e adiados;

c) a forma de trabalho entre a unidade e os plantões judiciários.

Art. 27. A inspeção em gabinetes de desembargador ou de juízes substitutos de segundo grau será realizada pelo Corregedor Nacional de Justiça ou, em caso de delegação, preferencialmente, por magistrado com atuação em segundo grau de jurisdição.

CAPÍTULO VI – DA INSPEÇÃO NO SETOR DE PRECATÓRIOS

Art. 28. Os trabalhos de inspeção no setor de precatórios observarão, no que for aplicável, os aspectos das inspeções em unidades judiciais de primeiro grau e os seguintes elementos:

I – a metodologia de trabalho, com descrição do fluxo de procedimentos adotados desde a entrada do precatório até seu pagamento;

II – a estrutura e quadro de pessoal do setor responsável, conforme a Recomendação do CNJ n. 39/2012 e Resolução CNJ n. 303/2019;

III – a padronização do ofício precatório, conforme arts. 6º e 7º da Resolução CNJ n. 303/2019;

IV – a utilização de sistema eletrônico para recebimento, o processamento e o pagamento de RPVs pelos juízos da execução, com indicação do fluxo de pagamento e medidas adotadas em caso de inadimplemento;

V – a existência de listas separadas de ordens cronológicas dos entes devedores submetidos ao Regime Especial de Pagamento (art. 53, § 3º, da Resolução CNJ nº 303/2019);

VI – o fluxo dos procedimentos para casos de cessão, penhora ou compensação de créditos;

VII – o prazo médio entre a disponibilização do crédito pelo ente devedor e o efetivo pagamento;

VIII – os relatórios com indicação do regime de pagamento de cada ente devedor – geral e especial;

IX – a ordem cronológica atualizada de cada ente devedor no regime especial e geral;

X – a receita corrente líquida de cada ente devedor posicionado no regime especial utilizada no cálculo do respectivo percentual de comprometimento nos 2 (dois) últimos exercícios;

XI – o relatório da dívida consolidada de cada ente público em 31 de dezembro do último exercício;

XII – o relatório com o percentual de comprometimento mínimo e suficiente da receita corrente líquida relativo ao último exercício para cada ente devedor posicionado no regime especial;

XIII – os valores dos repasses mensal e anual previstos para o exercício atual de cada ente devedor posicionado no regime especial;

XIV – os planos anuais de pagamento homologados para os 2 (dois) últimos exercícios;

XV – o relatório em que constem os entes devedores posicionados no regime especial optantes pelo acordo direto;

XVI – os editais de acordo direto publicados nos últimos dois anos para chamamento dos credores interessados, com o fluxo do procedimento utilizado para a formalização do acordo e o acompanhamento do seu cumprimento;

XVII – os extratos das contas judiciais abertas para a realização de depósitos pelos entes devedores, sob responsabilidade do tribunal, compreendendo o último exercício financeiro;

XVIII – os pagamentos de precatórios efetuados pelo Tribunal no período de janeiro a dezembro do último exercício, relacionando-os com os precatórios incluídos no orçamento e os precatórios expedidos;

XIX – os pagamentos preferenciais efetuados nos últimos 2 (dois) exercícios, por ente devedor;

XX – os repasses efetuados pelos entes devedores, a partir de janeiro do exercício anterior até o último efetivado;

XXI – o demonstrativo do montante pago e a quantidade de beneficiários atingidos, nos últimos 2 (dois) exercícios;

XXII – a relação dos 20 (vinte) maiores precatórios pagos nos últimos 2 (dois) exercícios, na proporção de 70% de natureza comum e de 30% de natureza alimentar, com a indicação do índice de atualização monetária aplicado e apresentação da íntegra dos autos;

XXIII – o registro dos entes devedores inadimplentes com o tribunal nos regimes especial e geral, com indicação das medidas adotadas em caso de atraso no pagamento;

XXIV – o sequestro de verbas públicas para pagamento de precatórios nos últimos 2 (dois) exercícios;

XXV – os valores repassados ao Tribunal Regional do Trabalho e ao Tribunal Regional Federal;

XXVI – os atos normativos editados pelo tribunal relacionados à matéria constitucional de precatórios, bem como os relativos à criação do setor, designação de juízes, constituição de comitês e acordos de cooperação;

XXVII – a legislação local relacionada a precatórios, inclusive as que digam respeito a cessão de créditos e compensação tributária;

XXVIII – o contrato em vigor pactuado pelo tribunal e entidade financeira responsável pela administração e remuneração das contas especiais de precatórios;

XXIX – as atas de reuniões do Comitê Gestor das Contas Especiais realizadas nos últimos 2 (dois) anos;

XXX – as providências adotadas pelo tribunal para adaptar suas rotinas, procedimentos e sistemas à Resolução CNJ n. 303/2019.

CAPÍTULO VII – DA INSPEÇÃO NAS DEMAIS UNIDADES ADMINISTRATIVAS

Art. 29. Os trabalhos de inspeção nas demais unidades administrativas dos tribunais observarão, no que for aplicável, os aspectos das inspeções em unidades judiciais de primeiro grau e os seguintes elementos:

I – Diretoria-Geral:

a) a metodologia e rotinas de coordenação e supervisão da área administrativa por delegação da Presidência;

b) a ordenação e autorização de despesas.

II – Secretaria de Auditoria Interna:

a) a metodologia e rotinas de atividades de auditoria interna e consultoria;

b) a observância das normas emanadas do CNJ que regem o setor.

III – Secretaria de Gestão de Pessoas:

a) a metodologia de capacitação e avaliação de desempenho dos servidores;

b) os registros e documentos funcionais;

c) a folha de pagamento;

d) a seleção de terceirizados, concursos para servidores e rotina de admissão de pessoal;

e) a governança.

IV – Secretaria de Orçamento e Finanças:

a) a liquidação e pagamento de despesas;

b) o planejamento orçamentário.

V – Secretaria de Planejamento Estratégico e Estatística:

a) a metodologia e rotinas de definição do planejamento estratégico do órgão;

b) o acompanhamento de metas administrativas e judiciais;

c) a estatística e parametrização de sistemas e painéis de dados administrativos e judiciais;

d) a gestão de projetos, escritório corporativo, gestão de riscos, governança ou apoio à governança.

VI – Secretaria de Administração:

a) a gestão de contratos e elaboração de editais;

b) a instrução de procedimentos de licitação, comissão permanente, governança de contratações;

c) o fornecimento de serviços (engenharia, transporte, limpeza e conservação, e outros) e de materiais ao Tribunal (administração de depósitos de material de consumo e permanente);

d) o arquivo judicial e administrativo.

CAPÍTULO VIII – DA INSPEÇÃO NOS SERVIÇOS EXTRAJUDICIAIS

› *Vide art. 236, § 2º CF.*

› *Vide arts. 37 e 38, Lei n. 8.935/1994*

Art. 30. Os trabalhos de inspeção nos serviços notariais e de registro observarão, no que for aplicável, os aspectos das inspeções em unidades judiciais de primeiro grau e os parâmetros definidos no Plano de Trabalho de Execução das Atividades da Coordenadoria de Gestão de Serviços Notariais e de Registro, aprovado pela Portaria CN n. 53, de 15 de outubro de 2020 (art. 6º).

CAPÍTULO IX – DO RELATÓRIO DE INSPEÇÃO

Art. 31. Cada uma das equipes responsáveis pela inspeção nas unidades de primeiro e segundo graus elaborará relatório individualizado das atividades, que deverá conter:

a) a descrição das irregularidades encontradas e esclarecimentos eventualmente prestados pelos magistrados ou servidores;

b) as determinações dirigidas à Presidência e/ou à Corregedoria para solução dos achados identificados;

c) as recomendações dirigidas à Presidência e/ou à Corregedoria preventivas de erros e/ou que visem o aperfeiçoamento do serviço judicial;

c) as reclamações recebidas contra a secretaria do órgão ou magistrado durante a inspeção ou que tramitem na Corregedoria local;

d) as boas práticas identificadas durante os trabalhos;

e) quaisquer outros registros que considerar relevantes.

§ 1º Os documentos referentes aos relatórios elaborados por cada uma das equipes que realizaram os trabalhos de inspeção serão anexados à "Equipe Teams" da inspeção respectiva (ou plataforma equivalente em uso), em campo próprio, previamente definido pela Assessoria de Correição e Inspeção.

§ 2° Os relatórios a que se refere o *caput* desse artigo deverão ser concluídos e anexados, na forma especificada no §1°, no prazo de 10 (dez) dias úteis, contados a partir do dia de encerramento dos trabalhos de inspeção.

§ 3° Os relatórios a que se refere o *caput* deste artigo serão reunidos e consolidados pela Assessoria de Correição e Inspeção para formar o Relatório Final de Inspeção.

Art. 32. O Relatório Final de Inspeção será submetido ao Corregedor Nacional de Justiça para análise e manifestação acerca das determinações sugeridas pelas equipes que realizaram os trabalhos, na forma de Voto.

§ 1° O Voto elaborado pelo Corregedor Nacional de Justiça especificará as determinações sugeridas pela equipe de inspeção que foram aprovadas e fixará prazo para seu cumprimento.

§ 2° O Voto a que se refere o § 1º, após a sua elaboração, será levado à consideração do Plenário do CNJ, juntamente com o Relatório Final de Inspeção, no prazo de 15 (quinze) dias do término dos trabalhos (art. 8º, inciso IX, RICNJ).

Art. 33. Se no curso dos trabalhos de inspeção forem identificadas, de plano, infrações disciplinares e, em sendo dispensável a sindicância, o Corregedor Nacional de Justiça, desde logo, poderá instaurar procedimento administrativo adequado às circunstâncias do caso concreto.

§ 1º O procedimento administrativo referido no *caput* deste artigo poderá ser proposto ao Corregedor pelo magistrado responsável pelos trabalhos de inspeção, caso sejam observados indícios de irregularidades graves e que demandem resposta imediata, independentemente da conclusão do relatório de inspeção da unidade respectiva.

§ 2º Instaurado procedimento referido no *caput* deste artigo e no §1º, constará no Relatório Final da Inspeção a irregularidade identificada e as providências adotadas.

Art. 34. As determinações decorrentes da inspeção serão dirigidas, preferencialmente, à Presidência e à Corregedoria-Geral do tribunal inspecionado, de modo a racionalizar o acompanhamento de seu cumprimento.

Parágrafo único. Para acompanhar o cumprimento das determinações aprovadas pelo Plenário do CNJ, serão instaurados pedidos de providência. Para cada órgão do tribunal para o qual foram dirigidas determinações será instaurado um procedimento específico.

CAPÍTULO X – DA CORREIÇÃO

Art. 35 Aplicam-se à correição, no que couber, as disposições referentes à inspeção, inclusive quanto à elaboração do respectivo relatório, com os acréscimos deste capítulo.

Art. 36 Havendo necessidade de oitiva de pessoas previamente indicadas, a portaria de instauração da correição determinará à Presidência do tribunal as seguintes providências:

I – a disponibilização de sala adequada para as oitivas, com equipamento que dê acesso à internet, que disponha de captação de som e de imagem e possibilidade de transmissão e gravação do ato;

II – a intimação para que compareçam presencialmente na data e hora assinaladas, e se necessário, mediante transporte fornecido pelo órgão, cuidando da incomunicabilidade das pessoas que serão ouvidas, inclusive com recolhimento de aparelhos celulares, ou, no caso de absoluta impossibilidade de comparecimento, que sejam inquiridas por videoconferência, observadas, quando for o caso, as prerrogativas inerentes à magistratura (LOMAN, art. 33, inciso I);

III – a permissão de acesso de magistrados e servidores da Corregedoria Nacional às unidades objeto de correição, no horário e data indicados, acompanhados, se for necessário, de servidor do tribunal;

IV – a indicação de servidores de outros setores para que forneçam documentos, sigilosos ou não, requisitados pela equipe de correição da Corregedoria Nacional (arts. 8º, inciso I, e 55 do RICN).

Parágrafo único. Caso seja conveniente à instrução processual, independentemente de nova determinação do Corregedor Nacional, poderão ser ouvidas outras pessoas referidas nas oitivas previamente designadas, a critério do magistrado coordenador da correição.

CAPÍTULO XI – DAS DISPOSIÇÕES FINAIS

Art. 37. Consideram-se sob inspeção ou correição as unidades visitadas até que o respectivo relatório ou procedimentos delas decorrentes sejam julgados pelo Plenário do CNJ.

Parágrafo único. Até a aprovação do relatório final da inspeção e respectivo voto pelo Plenário do CNJ, o tribunal inspecionado deve manter o acesso da equipe de inspeção ou correição aos seus sistemas de dados judicial e administrativo, podendo qualquer magistrado auxiliar, independentemente de despacho do Corregedor Nacional, solicitar informações, documentos, relatórios ou auditorias dos órgãos responsáveis no tribunal, que digam respeito ao objeto de investigação.

Art. 38. Os casos omissos e as dúvidas surgidas na aplicação deste provimento serão solucionados pelo Corregedor Nacional de Justiça, no âmbito de sua competência, ou pelo Plenário do CNJ, nos demais casos.

Art. 39. Este provimento entra em vigor na data de sua publicação.

Ministro LUIS FELIPE SALOMÃO
Corregedor Nacional de Justiça
DJe/CNJ, de 10 de novembro de 2023.

PROVIMENTO Nº 159, DE 18 DE DEZEMBRO DE 2023

Institui o Fundo para a Implementação e Custeio do Sistema Eletrônico dos Registros Públicos – FIC-ONSERP, o Fundo para a Implementação e Custeio do Sistema Eletrônico do Registro Civil das Pessoas Naturais – FIC-RCPN, e o Fundo para a Implementação e Custeio do Sistema Eletrônico do Registro de Títulos e Documentos e Civis das Pessoas Jurídicas – FIC-RTDPJ; dispõe sobre suas receitas; e dá outras providências

O **CORREGEDOR NACIONAL DE JUSTIÇA**, usando de suas atribuições constitucionais, legais e regimentais e,

CONSIDERANDO o poder de fiscalização e de normatização do Poder Judiciário dos atos praticados por seus órgãos (art. 103-B, § 4º, I, II e III, da Constituição Federal);

CONSIDERANDO a competência do Poder Judiciário de fiscalizar os serviços notariais e de registro (arts. 103-B, § 4º, I e III, e 236, § 1º, da Constituição Federal);

CONSIDERANDO a obrigação de os notários e registradores cumprirem as normas técnicas estabelecidas pelo Poder Judiciário (arts. 30, XIV, e 38 da Lei n. 8.935, de 18 de novembro de 1994);

CONSIDERANDO a competência da Corregedoria Nacional de Justiça de expedir provimentos e outros atos normativos destinados ao aperfeiçoamento das atividades dos serviços notariais e de registro (art. 8º, X, do Regimento Interno do Conselho Nacional de Justiça);

CONSIDERANDO as disposições da Lei 14.382, de 27 de junho de 2022, que instituí o Sistema Eletrônico dos Registros Públicos – Serp e dispôs sobre a atribuição da Corregedoria Nacional de Justiça para disciplinar a instituição da receita do Fundo para a Implementação e Custeio do Sistema Eletrônico dos Registros Públicos (FICs) (art. 5º);

CONSIDERANDO a função de Agente Regulador da Corregedoria Nacional de Justiça dos Operadores Nacionais dos Registros Públicos (ONSERP, ONR, ON-RCPN e ON-RTDPJ) e a necessidade de estabelecer a sustentação financeira para o desenvolvimento, implantação, sustentação e evolução do Sistema Eletrônico dos Registros Públicos – Serp, na forma do art. 217 e ss. do CNN/CN/CNJ-Extra;

CONSIDERANDO, finalmente, o que consta do Processo SEI n. 07378/2023, especialmente a proposta analisada pela Câmara de Regulação, que, nos termos dos arts. 220-G e ss. do CNN/CN/CNJ-Extra, é órgão do Agente Regulador dos Operadores Nacionais dos Registros Públicos;

CONSIDERANDO as Metas 11.1 e 16.6 dos Objetivos de Desenvolvimento Sustentável (ODS), da Agenda 2030, das Nações Unidas,

RESOLVE:

CAPÍTULO I – DAS DISPOSIÇÕES GERAIS

Art. 1º Este Provimento institui o Fundo para a Implementação e Custeio do Sistema Eletrônico dos Registros Públicos – FICONSERP, o Fundo para a Implementação e Custeio do Sistema Eletrônico do Registro Civil das Pessoas Naturais – FIC-RCPN, e o Fundo para a Implementação e Custeio do Sistema Eletrônico do Registro de Títulos e Documentos e Civis das Pessoas Jurídicas – FIC-RTDPJ; dispõe sobre suas receitas; e dá outras providências.

Art. 2º Ficam instituídos:

I - o Fundo para a Implementação e Custeio do Sistema Eletrônico dos Registros Públicos – FIC-ONSERP;

II - o Fundo para a Implementação e Custeio do Sistema Eletrônico do Registro Civil das Pessoas Naturais – FIC-RCPN; e

III - o Fundo para a Implementação e Custeio do Sistema Eletrônico do Registro de Títulos e Documentos e Civis das Pessoas Jurídicas – FIC-RTDPJ.

Parágrafo único. Na hipótese de a serventia acumular mais de uma especialidade, a cota de participação do FIC-RCPN e FIC-RTDPJ é devida, respectivamente, apenas sobre os atos do serviço de registro civil das pessoas naturais e de títulos e documentos e civil das pessoas jurídicas, excluídos os demais atos praticados na respectiva serventia que sejam relacionados com as competências das outras especialidades.

CAPÍTULO II – DA RECEITA DO FUNDO PARA A IMPLEMENTAÇÃO E CUSTEIO DO SISTEMA ELETRÔNICO DO REGISTRO CIVIL DAS PESSOAS NATURAIS – FIC-RCPN

Art. 3º Constitui-se receita do FIC-RCPN a cota de participação dos oficiais de registro civil das pessoas naturais dos Estados e Distrito Federal, sob o regime de delegação ou oficializadas, providas ou vagas, instaladas e em funcionamento, vinculados ao ON-RCPN.

§ 1º A cota de participação é devida mensalmente.

§ 2º A cota de participação corresponde a 1,5% (um e meio por cento) da receita percebida pelos atos praticados pelo oficial de registro de civil das pessoas naturais da respectiva serventia, assim compreendidos:

a) todos os emolumentos recebidos pelo oficial de registro civil na prática de atos de atribuição do registro civil das pessoas naturais;

b) outros emolumentos ou valores recebidos por serviços autorizados mediante convênio, credenciamento e matrícula com órgãos e entidades governamentais e privadas a serem praticados pelo oficial do registro civil das pessoas naturais, no âmbito estadual ou nacional, inclusive os decorrentes de Ofício da Cidadania;

c) valores recebidos a título de complementação de renda ou ressarcimento de atos gratuitos, considerado o valor efetivamente recebido em conta e a data do recebimento, independentemente da data de competência de realização dos atos.

§ 3º Retenções ou repasses legais que não se destinarem ao oficial de registro civil das pessoas naturais não se incluem no percentual de cálculo da cota de participação do FIC-RCPN, tais como ISS, taxas de fiscalização ou outras correlatas.

Art. 4º Considerando que o FIC-RCPN também será remunerado por valores recebidos a título de complementação de renda, parte dos valores arrecadados, havendo disponibilidade, deverá ser utilizada para a modernização tecnológica das serventias deficitárias, nos termos do Provimento CNJ n. 74/2018.

CAPÍTULO III – DA RECEITA DO FUNDO PARA A IMPLEMENTAÇÃO E CUSTEIO DO SISTEMA ELETRÔNICO DO REGISTRO DE TÍTULOS E DOCUMENTOS E CIVIL DAS PESSOAS JURÍDICAS – FIC-RTDPJ

Art. 5º Constitui-se receita do FIC-RTDPJ a cota de participação dos oficiais de registro de títulos e documentos e civil das pessoas jurídicas dos Estados e do Distrito Federal, sob o regime de delegação ou oficializadas, providas ou vagas, instaladas e em funcionamento, vinculados ao ON-RTDPJ.

§ 1º A cota de participação é devida mensalmente.

§ 2º A cota de participação corresponde a 1,2% (um inteiro e dois décimos por cento) da receita percebida pelos atos praticados pelo oficial do registro de títulos e documentos e civil das pessoas jurídicas da respectiva serventia, assim compreendidos:

a) todos os emolumentos recebidos pelo oficial de registro de títulos e documentos e civil das pessoas jurídicas;

b) outros emolumentos recebidos por serviços incorporados ou autorizados a serem praticados pelo oficial de registro de títulos e documentos e civil das pessoas jurídicas;

c) valores recebidos a título de complementação de renda ou ressarcimento de atos gratuitos, considerando o valor efetivamente recebido em conta e a data do recebimento, independentemente da data de competência.

§ 3º Retenções ou repasses legais que não se destinarem ao oficial de registro de títulos e documentos e civil das pessoas jurídicas não constituem renda para fim de cálculo do percentual da cota de participação do FIC-RTDPJ, tais como ISS, taxas de fiscalização ou outras correlatas.

Art. 6º Considerando que o FIC-RTDPJ também será remunerado por valores recebidos a título de complementação de renda, parte dos valores arrecadados, havendo disponibilidade, deverá ser utilizada para a modernização tecnológica das serventias deficitárias, nos termos do Provimento CNJ n. 74/2018.

CAPÍTULO IV – DA RECEITA DO FUNDO PARA A IMPLEMENTAÇÃO E CUSTEIO DO SISTEMA ELETRÔNICO DOS REGISTROS PÚBLICOS – FIC-ONSERP

Art. 7º Constituem receita do FIC-ONSERP os valores repassados pelos FICs dos demais operadores (ONR, ON-RCPN e ON-RTDPJ) de forma proporcional à capacidade contributiva de cada um, de acordo com o percentual correspondente ao total arrecadado entre todos os operadores, no semestre anterior.

Parágrafo único. Os valores referentes à contribuição para o FIC-ONSERP serão recolhidos mensalmente, até o quinto dia útil de cada mês.

CAPÍTULO V – DA ESCRITURAÇÃO, RECOLHIMENTO E FISCALIZAÇÃO DO FIC-RCPN E FIC-RTDPJ

SEÇÃO I – DA ESCRITURAÇÃO

› *Vide art. 186, Provimento CNJ n. 149/2023 (CNN)*

Art. 8º Os valores mensais recolhidos ao FIC-RCPN e ao FIC-RTDPJ serão apurados em separado, contendo a respectiva memória de cálculo em que, necessariamente, devem ser identificados:

I – os valores correspondentes aos atos praticados no serviço de registro respectivo;

II – o valor correspondente à parte dos emolumentos reservada ao oficial de registro.

§ 1º O valor da cota de participação deve ser destacado no relatório detalhado de apuração do respectivo mês de referência.

§ 2º O relatório detalhado da apuração deve ser mantido, preferencialmente, em meio eletrônico, por 5 (cinco) anos, para fins de fiscalização.

Art. 9º Os valores apurados e recolhidos ao FIC-RCPN e ao FIC-RTDPJ serão lançados como despesa obrigatória, tal como previsto em lei, no Livro Diário Auxiliar da Receita e Despesa de que trata o Capítulo I do Título I do Livro III do Código Nacional de Normas – Foro Extrajudicial (CNN/CN/CNJ-Extra), instituído pelo Provimento n. 149, de 30 de agosto de 2023.

SEÇÃO II – DO RECOLHIMENTO

Art. 10. O ON-RCPN e o ON-RTDPJ implantarão sistema informatizado para o gerenciamento do recolhimento das cotas de participação das serventias do serviço de registro a eles vinculadas.

§ 1º O recolhimento ocorrerá obrigatoriamente por meio do sistema bancário, em contas próprias do ON-RCPN e ON-RTDPJ mantidas para essa finalidade.

§ 2º O recolhimento da cota de participação será efetuado até o último dia útil de cada mês, no valor apurado com base nos valores percebidos no mês imediatamente anterior

Art. 11. Quando não recolhido no prazo, o débito relativo à cota de participação no FIC-RCPN e FIC-RTDPJ fica sujeito à incidência de multa, atualização monetária e juros de mora calculados em conformidade com as disposições contidas em portaria regulamentar após proposta do ONSERP, homologada pelo Agente Regulador.

§ 1º O ON-RCPN e o ON-RTDPJ informarão às Corregedorias-Gerais das Justiças dos Estados e do Distrito Federal, até o último dia do mês subsequente ao do recolhimento, a listagem, organizada por unidade da federação, das serventias que não efetuaram o recolhimento no mês de referência imediatamente anterior.

§ 2º As Corregedorias-Gerais das Justiças dos Estados e do Distrito Federal deverão adotar providências administrativas disciplinares junto às serventias que não tenham cumprido a obrigação de recolher a cota de participação devida ao FIC/SREI, FIC-RCPN e FICRTDPJ, sem prejuízo das ações de cobrança pelo Operador Nacional de cada especialidade.

SEÇÃO III – DA FISCALIZAÇÃO

Art. 12. A fiscalização do recolhimento da cota de participação do FIC-RCPN e FIC-RTDPJ caberá às Corregedorias- Gerais das Justiças dos Estados e do Distrito Federal e aos Juízos que detenham competência correcional junto aos serviços de registro civil das pessoas naturais e de títulos e documentos e civil das pessoas jurídicas de sua jurisdição, sem prejuízo da fiscalização concorrente do respectivo Operador Nacional, cabendo a atuação subsidiária da Corregedoria Nacional de Justiça.

§ 1º O recolhimento da cota de participação do FIC-RCPN e FIC-RTDPJ será, necessariamente, objeto de fiscalização ordinária por ocasião de inspeções ou correições, presenciais ou no módulo *on-line*, realizadas por órgãos competentes do Poder Judiciário nas serventias de serviços de registro.

§ 2º Nas atas lavradas durante as atividades de fiscalização, deverão constar os seguintes registros:

I – a verificação da regularidade dos recolhimentos da cota de participação, mediante anotações sobre a análise dos relatórios mensais de apuração do valor devido, da escrituração da despesa no Livro Diário Auxiliar da Receita e da Despesa, bem como dos comprovantes de recolhimento;

II – a ocorrência de eventuais irregularidades, especificando-as e indicando as medidas saneadoras que forem determinadas e/ou, se for o caso, a infração cometida.

CAPÍTULO VI – DAS INFRAÇÕES

Art. 13. O não recolhimento da cota de participação do FIC-RCPN e FIC-RTDPJ configura, em tese, a infração disciplinar prevista no art. 31, I, da Lei n. 8.935/1994.

Art. 14. A falta de apuração em separado do valor devido ao FIC-RCPN e FIC-RTDPJ configura, em tese, a infração disciplinar prevista no art. 31, V, combinado com o art. 30, XIV, da Lei n. 8.935/1994.

Art. 15. Será substituído o interino que praticar qualquer das infrações a que se referem os artigos anteriores, caso seja constatada a quebra de confiança, apurada com a observância do devido processo legal, sem prejuízo da responsabilização civil e criminal, quando for o caso.

CAPÍTULO VII – DA DISPENSA DE PAGAMENTO DO FIC/SREI,FIC-RCPN, FIC-RTDPJ E FIC-ONSERP

Art. 16. O pedido de dispensa de participação na subvenção do FIC/SREI, FIC-RCPN, FIC-RTDPJ e FIC-ONSERP pelo oficial de registro público que desenvolver plataforma eletrônica própria, na forma do § 2º do art. 5º da Lei 14.382, de 27 de junho de 2022, deverá ser formalizado até o dia 31 de janeiro de cada ano e dirigido ao ONSERP.

§ 1º O procedimento de análise do pedido de dispensa previsto no *caput* será objeto de Instrução Técnica de Normalização do ONSERP, a ser homologada pelo Agente Regulador.

§ 2º O ONSERP proferirá decisão fundamentada, para deferir ou indeferir o pedido de dispensa, na forma do disposto na Instrução Técnica de Normalização, e o requerente poderá dela recorrer ao Agente Regulador, no prazo de 5 (cinco) dias, deduzindo as razões do seu inconformismo.

§ 3º Instrução Técnica de Normalização definirá a parte da subvenção sobre a qual recairá a dispensa de participação de que trata este artigo.

CAPÍTULO VIII – DAS DISPOSIÇÕES FINAIS E TRANSITÓRIAS

Art. 17. A primeira cota de participação do FIC-RCPN e FIC-RTDPJ será devida no último dia útil do mês de fevereiro de 2024, e terá por base os emolumentos percebidos no período de 1º a 31 de janeiro de 2024, prosseguindo-se os recolhimentos seguintes na foram do art. 10 deste Provimento.

Art. 18. O sistema informatizado para o gerenciamento do recolhimento das cotas de participação das serventias do serviço de registro vinculadas ao respectivo Operador Nacional deverá estar disponibilizado pelo respectivo Operadora o oficial de registros públicos até o dia 31 de janeiro de 2024.

Art. 19. O Código Nacional de Normas da Corregedoria Nacional de Justiça do Conselho Nacional de Justiça – Foro Extrajudicial (CNN/CN/CNJ-Extra), instituído pelo Provimento n. 149, de 30 de agosto de 2023, passa a vigorar acrescido do seguinte artigo:

› *Alterações inseridas no texto da referida norma.*

Art. 20. O Provimento nº 115, de 24 de março de 2021, passa a vigorar com as seguintes alterações:

› *Alterações inseridas no texto da referida norma.*

Art. 21. Este Provimento entra em vigor na data de sua publicação.

Ministro LUIS FELIPE SALOMÃO

D.J.E-CNJ de 20.12.2023.

PROVIMENTO Nº 162, DE 11 DE MARÇO DE 2024

Regulamenta o art. 47-A do Regimento Interno do Conselho Nacional de Justiça (RICNJ), acerca da celebração de Termo de Ajustamento de Conduta (TAC) entre a Corregedoria Nacional de Justiça e magistrados, servidores e serventuários do Poder Judiciário ou delegatários de serventias extrajudiciais, e dá outras providências.

› *Vide arts. 31 a 36, Lei n 8.935/1994 (Notários e Registradores)*

› *Vide Código de Ética da ANOREG-BR*

O CORREGEDOR NACIONAL DE JUSTIÇA, no uso de suas atribuições legais e regimentais,

CONSIDERANDO que o ordenamento jurídico brasileiro adota, de forma ampla, a predileção por soluções adequadas para a prevenção e resolução de conflitos instalados no âmbito judicial ou extrajudicial, sobretudo de ordem consensual e não punitiva (*e.g.* Lei dos Juizados Especiais Cíveis e Criminais – Lei n. 9.099/1995; art. 28-A do Código de Processo Penal; Lei de Improbidade Administrativa, com a redação que lhe foi atribuída pela Lei n. 14.230/2021; Lei n. 13.140/2015 – Lei da Mediação; art. 3º, § 2º, e art. 174 do Código de Processo Civil);

CONSIDERANDO os termos da Resolução CNJ n. 125/2010, que dispõe sobre a "Política Judiciária Nacional de tratamento adequado dos conflitos de interesses no âmbito do Poder Judiciário";

CONSIDERANDO que a Recomendação n. 21/2015 da Corregedoria Nacional de Justiça fomenta "a adoção de mecanismos de conciliação e mediação nos procedimentos preliminares e processos administrativos disciplinares em trâmite no âmbito do Poder Judiciário cuja apuração se limite à prática de infrações, por servidores ou magistrados, caracterizadas por seu reduzido potencial de lesividade a deveres funcionais";

CONSIDERANDO que o art. 47-A, § 5º, do Regimento Interno do Conselho Nacional de Justiça (RICNJ) delegou à Corregedoria Nacional de Justiça a regulamentação do Termo de Ajustamento de Conduta (TAC), como instrumento de resolução consensual de conflitos de ordem disciplinar e alternativa à abertura de Processo Administrativo Disciplinar (PAD) ou à aplicação de sanções a magistrados, servidores e serventuários do Poder Judiciário ou delegatários de serviços notariais e de registro;

CONSIDERANDO, por fim, a necessidade de uniformização de procedimentos em todas as corregedorias dos tribunais submetidos à fiscalização do Conselho Nacional de Justiça (CNJ);

RESOLVE:

Art. 1º Fica instituído o Termo de Ajustamento de Conduta (TAC) como mecanismo de não persecução disciplinar e de resolução consensual de conflitos cuja apreciação se insira nas atribuições da Corregedoria Nacional de Justiça.

Art. 2º Em quaisquer procedimentos, recebidos ou instaurados de ofício pela Corregedoria Nacional, não sendo caso de arquivamento e presentes indícios relevantes de autoria e materialidade de infração disciplinar de reduzido potencial de lesividade a deveres funcionais, nos termos do art. 47-A do RICNJ, o Corregedor Nacional poderá propor ao investigado a celebração de TAC, desde que a medida seja necessária e suficiente para a prevenção de novas infrações e para a promoção da cultura da moralidade e da eficiência no serviço público.

§ 1º Considera-se infração disciplinar de reduzido potencial de lesividade a deveres funcionais a conduta de cujas circunstâncias se anteveja a aplicação de penalidade de advertência, censura ou disponibilidade por até 90 (noventa) dias.

§ 2º Para a celebração do TAC, o magistrado deve preencher os seguintes requisitos subjetivos:

I – ser vitalício;

II – não estar respondendo a PAD já instaurado por outro fato, no CNJ ou no tribunal de origem;

III – não ter sido apenado disciplinarmente nos últimos 3 (três) anos, consideradas as datas da nova infração e do trânsito em julgado da decisão que aplicou a pena;

IV – não ter celebrado TAC ou outro instrumento congênere nos últimos 3 (três) anos, consideradas as datas da nova infração e do cumprimento integral das condições anteriormente ajustadas.

§ 3º Na análise da adequação e da necessidade da medida, o Corregedor Nacional poderá avaliar, entre outros fatores, os antecedentes funcionais, o dolo ou a má-fé do investigado, o tempo de exercício da magistratura, as consequências da infração, os motivos da conduta, o comportamento do ofendido e a natureza do conflito, se está relacionado preponderantemente à esfera privada dos envolvidos.

Art. 3º Com a aceitação do TAC, o investigado se compromete a reconhecer a inadequação da conduta a ele imputada e a cumprir as seguintes condições, que poderão ser adotadas isolada ou cumulativamente:

I – reparação do dano, salvo absoluta impossibilidade de fazê-lo;

II – retratação;

III – correção de conduta;

IV – incremento de produtividade;

V – frequência a cursos oficiais de capacitação e aperfeiçoamento;

VI – suspensão do exercício cumulativo e remunerado de funções judiciais;

VII – suspensão do exercício remunerado de funções administrativas ou de caráter singular ou especial.

§ 1º Poderão ser acordadas outras condições, desde que alinhadas ao propósito de prevenir novas infrações e de promover a cultura da moralidade e eficiência no serviço público.

§ 2º O Corregedor Nacional de Justiça poderá decidir pela utilização da Justiça Restaurativa, hipótese em que as condições serão apenas as estabelecidas no plano de ação eventualmente celebrado, a partir de procedimento restaurativo.

Art. 4º O incremento de produtividade consistirá no acréscimo de até 50% de sentenças de mérito e/ou de audiências a ser cumprido no decorrer de 6 (seis) meses a 1 (um) ano, considerada como base de cálculo a produtividade do magistrado nos últimos 12 (doze) meses.

Parágrafo único. Na definição do percentual de acréscimo a que faz referência o *caput*, deverá ser considerada também a produtividade média de juízos com a mesma competência ou competência similar à exercida pelo investigado.

Art. 5º A frequência a cursos oficiais de capacitação e aperfeiçoamento consistirá na aprovação em cursos oferecidos por escolas da magistratura, com carga horária mínima de 40h, a serem cumpridas no prazo máximo de 12 (doze) meses, de preferência com temática relacionada à falta disciplinar.

Art. 6º As suspensões de que tratam os incisos VI e VII do art. 3º perdurarão pelo período de 1 (um) a 3 (três) meses.

Art. 7º Havendo indicativo de cabimento de TAC em procedimentos de competência da Corregedoria Nacional, será requisitada do tribunal a que estiver vinculado o magistrado certidão disciplinar e de todas as funções administrativas, singulares, especiais ou judiciais ocupadas nos últimos 12 (doze) meses, inclusive a título de cumulação, bem como sua produtividade individual e a produtividade média dos juízos com a mesma ou similar competência em igual período.

Art. 8º Preenchidos os requisitos do art. 2º, o investigado será intimado para que se manifeste acerca do interesse na celebração do TAC, devendo ser a ele encaminhado, desde já, o esboço das condições que figurarão no instrumento do acordo.

§ 1º O instrumento do TAC deverá conter:

I - a qualificação do magistrado;

II - os fundamentos de fato e de direito para sua celebração;

III - a descrição das obrigações assumidas;

IV - o prazo e o modo para o cumprimento das obrigações; e

V - a forma de fiscalização das obrigações assumidas.

§ 2º Havendo concordância sem reservas pelo investigado, o TAC será homologado pelo Corregedor Nacional.

§ 3º O TAC poderá ser homologado por escrito nos autos ou por audiência específica, a critério do Corregedor Nacional.

Art. 9º Não havendo concordância com os termos do acordo, o procedimento seguirá curso normal, com intimação do investigado para apresentação de defesa prévia, nos termos do art. 14, *caput*, da Resolução CNJ n. 135/2011 e do art. 70 do RICNJ.

Parágrafo único. Ocorrendo a hipótese do *caput*, primeira parte, o Corregedor Nacional, antes da submissão do procedimento ao Plenário, poderá convocar, a seu critério, audiência de conciliação ou mediação, observado, no que couber, o disposto no art. 166 do Código de Processo Civil.

Art. 10. O despacho a que se refere o art. 8º suspende o prazo prescricional para a responsabilização disciplinar do investigado.

Art. 11. Cumpridas todas as condições estabelecidas no TAC, será declarada extinta a punibilidade do investigado pela falta administrativa, com o arquivamento definitivo dos autos.

Parágrafo único. Durante o cumprimento do TAC, não correrá a prescrição para responsabilização disciplinar do investigado.

Art. 12. Havendo indícios de descumprimento de condições estabelecidas no TAC, o investigado será intimado para, em 5 (cinco) dias, apresentar justificativas.

§ 1º Aceitas as justificativas, o acompanhamento do acordo retomará o curso, podendo o Corregedor Nacional, a seu critério, prorrogar o prazo final para o cumprimento, ajustar com o investigado outras condições ou modificar as já existentes.

§ 2º Não apresentadas ou não aceitas as justificativas, declarar-se-á rescindido o acordo, hipótese na qual serão aplicadas ao investigado as penas de advertência ou de censura pelo Corregedor Nacional de Justiça, ou de disponibilidade por até 90 (noventa) dias pelo Plenário.

§ 3º Caberá recurso administrativo ao Plenário da decisão do Corregedor Nacional que aplicar pena de advertência ou de censura, devendo o investigado apresentar todas as teses de defesa nas razões recursais.

§ 4º Havendo indicativo de cabimento de pena de disponibilidade por até 90 (noventa) dias, antes da submissão do processo ao Plenário, o investigado será intimado para apresentar defesa.

§ 5º Em caso de rescisão do TAC por força do disposto no § 2º deste artigo, não decorrerá nenhum direito ao investigado do cumprimento parcial das condições estabelecidas no acordo, seja de que natureza for.

Art. 13. A celebração de TAC não tem caráter de pena disciplinar, tampouco constitui direito subjetivo do investigado, e somente constará dos registros funcionais do magistrado pelo período de 3 (três) anos, a contar da declaração de extinção da punibilidade pelo cumprimento, com a exclusiva finalidade de obstar o recebimento de novo benefício durante o referido prazo.

Art. 14. O Corregedor Nacional poderá delegar a juízes auxiliares atos de conciliação e de mediação entre os envolvidos, bem como as tratativas para a celebração do TAC, homologando, posteriormente, o instrumento ajustado.

Art. 15. Poderão ser delegados às corregedorias gerais e regionais os atos de celebração, homologação e de acompanhamento do cumprimento do TAC ou somente os de acompanhamento de seu cumprimento, com comunicação posterior à Corregedoria Nacional de Justiça, nos termos do art. 28 da Resolução CNJ n. 135/2011.

Art. 16. A celebração de TAC pelo investigado e a participação dos interessados em audiência de conciliação ou mediação independem de constituição de advogado.

Art. 17. Os tribunais poderão celebrar TAC com magistrados, observadas, no que couber, as disposições deste Provimento, com comunicação à Corregedoria Nacional de Justiça, na forma do art. 28 da Resolução CNJ n. 135/2011.

Art. 18. Aplica-se este Provimento, no que couber, à(s) falta(s) cometida(s) por delegatários de serviços notariais e de registro, desde que se trate de infração disciplinar de reduzido potencial de lesividade aos deveres de conduta elencados no art. 31 da Lei n. 8.935/1994, dos quais se anteveja a aplicação de penalidade de repreensão ou multa.

§ 1º O órgão julgador ou a autoridade julgadora que entender conveniente celebrar TAC com o delegatário deverá buscar solução proporcional, equânime, eficiente e compatível com os interesses gerais e com a irregularidade constatada.

§ 2º Na análise da adequação e da conveniência do TAC, a autoridade considerará, entre outros elementos, o objetivo de eliminar irregularidades, incerteza jurídica, situações potencialmente contenciosas ou atentatórias às instituições notariais e de registro, bem como de estabelecer a compensação por benefícios indevidos ou prejuízos, públicos ou privados, resultantes das condutas praticadas.

§ 3º O instrumento do TAC deverá conter:

a) as obrigações do delegatário, que podem envolver, a partir do exame ponderado da autoridade competente, à luz da infração disciplinar e circunstâncias em que cometida, da realidade local e da capacidade econômica da serventia, dentre outras possíveis soluções, melhorias na prestação dos serviços ou instalações da serventia, qualificação do celebrante, estabelecimento de participação e aproveitamento em curso que tenha utilidade para as atividades cartorárias e/ou oferecimento de curso de qualificação aos empregados;

b) o prazo e o modo para cumprimento;

c) a forma de fiscalização quanto a sua observância; e

d) os fundamentos de fato e de direito.

Art. 19. Aplicam-se, no que couber, a faltas disciplinares cometidas por magistrados e por delegatários de serviços notariais e de registro, as disposições referentes a instrumentos de solução adequada de conflitos previstas na Lei dos Juizados Especiais Cíveis e Criminais, no Código de Processo Penal, no Código de Processo Civil, na Lei de Improbidade Administrativa e na Lei da Mediação.

Art. 20. Os tribunais disciplinarão a celebração de TAC com servidores do Poder Judiciário, levando-se em consideração as normas federais aplicáveis e os respectivos regimes jurídicos.

Art. 21. O Livro I da Parte Geral do Código Nacional de Normas da Corregedoria Nacional de Justiça do Conselho Nacional de Justiça – Foro Extrajudicial (CNN/CN/CNJ-Extra), instituído pelo Provimento n. 149, de 30 de agosto de 2023, fica acrescido com o seguinte Título VII:

› *Alterações inseridas no texto da referida norma.*

Art. 22. Este Provimento entra em vigor na data de sua publicação.

Ministro LUIS FELIPE SALOMÃO
Corregedor Nacional de Justiça
DJe/CNJ, de 14 de março de 2024

RECOMENDAÇÕES DA CORREGEDORIA NACIONAL DE JUSTIÇA DO CNJ

RECOMENDAÇÃO Nº 9, DE 7 DE MARÇO DE 2013

Dispõe sobre a formação e manutenção de arquivo de segurança pelos responsáveis pelas serventias do serviço extrajudicial de notas e de registro.

- *Lei 5.433/1968 (Microfilmagem de Documentos oficiais) e seu Decreto Regulamentador 1.799/1996*
- *Arts. 1º § 3º, 22 a 26 Lei n. 6.015/1973 (Registros Públicos)*
- *Arts. 7º a 10 da Lei 8.159/1991 (Política Nacional de Arquivos Públicos e Privados)*
- *Art. 41 da Lei 8.935/1994 (Lei dos Notários e Registradores)*
- *Arts. 32, 34, § 2º, 35, § 2º, 39, 41, 41-A, Lei 9.492/1997 (Protesto Extrajudicial)*
- *Art. 16 da Lei 11.419/2006 (Informatização do processo judicial)*
- *Arts. 37 a 45 da Lei 11.977/2009 (Lei do Programa Minha Casa, Minha Vida – PMCMV)*
- *Art. 6º, Lei 12.682/2012 (Elaboração e o arquivamento de documentos em meios eletromagnéticos)*
- *Lei 14.382/2022 (Sistema Eletrônico dos Registros Públicos - Serp)*
- *Decreto n. 10.278/2020 (Disciplina os requisitos para a digitalização de documentos públicos ou privados, de modo que os representantes digitais produzam os mesmos efeitos legais dos originais*
- *Resolução CNJ n. 469/2022 (Digitalização de documentos judiciais e administrativos)*
- *Provimento CNJ 23/2012 (Restauração de livros extraviados ou danificados no serviço extrajudicial de notas e de registro)*
- *Provimento CNJ 50/2015 (Conservação de documentos nos cartórios extrajudiciais).*
- *Provimento CNJ 74/2018 (Padrões mínimos de tecnologia da informação)*
- *Vide art. 206 Provimento CNJ n. 149/2023 (CNN)*

O CORREGEDOR NACIONAL DE JUSTIÇA, Ministro Francisco Falcão, *no uso de suas atribuições legais e constitucionais;*

CONSIDERANDO as notícias de destruição de acervos em decorrência de acidentes naturais, acarretando a necessidade de restauração de livros;

CONSIDERANDO a necessidade de manutenção de arquivo de segurança, para melhor preservação dos livros e documentos que compõem o acervo da serventia;

CONSIDERANDO a existência de sistemas de informatização que possibilitam a formação e manutenção de arquivo de segurança em formato eletrônico ou em mídia digital, com custos inferiores ao tradicional sistema de microfilmagem;

RESOLVE:

Art. 1º. Recomendar aos titulares e aos responsáveis pelas delegações do serviço extrajudicial denotas e de registro que mantenham cópias de segurança em microfilme, ou arquivo em mídia digital formado por imagens extraídas por meio de "scanner", ou fotografia, ou arquivo de dados assinado eletronicamente com certificado digital emitido em consonância com as normas do ICP-Brasil, ou qualquer outro método hábil, que, em sua fase inicial, deverá abranger os livros obrigatórios previstos em lei para as suas respectivas especialidades.

§ 1º Mediante opção do Tabelião ou do Oficial de Registro, a formação de arquivo de segurança dos Livros de Notas poderá abranger os livros escriturados a partir do ano de 1980. O arquivo de segurança dos Livros de Protesto poderá abranger os livros escriturados nos últimos cinco anos *(Redação dada pela Rec. CNJ 11/2013)*

§ 2º O arquivo de segurança dos livros de protocolo de todas as especialidades do serviço de notas e de registro poderá ser formado por meio informatizado, dispensada a assinatura digital e a reprodução de imagem.

§ 3º O arquivo de segurança dos índices do Registro Civil de Pessoas Jurídicas, do indicador pessoal do Registro de Títulos e Documentos (Livro D) e dos indicadores real e pessoal do Registro de Imóveis (Livros nºs 4 e 5) poderá ser formado por meio exclusivamente informatizado, dispensada a assinatura digital e a reprodução de imagem.

§ 4º Poderá ser dispensada, a critério do Oficial de Registro, a formação de arquivo de segurança do Livro "D – de registro de proclama" do Registro Civil das Pessoas Naturais.

Art. 2º. Recomendar que o arquivo de segurança seja atualizado com periodicidade não superior a um mês e que ao menos uma de suas vias seja arquivada em local distinto da serventia, facultado o uso de servidores externos ou qualquer espécie de sistema de mídia eletrônica ou digital.

Art. 3º. Alertar que deverá ser formado e mantido arquivo de segurança dos documentos eletrônicos que integrarem o acervo da delegação do serviço extrajudicial, mediante "backup" em mídia eletrônica, digital ou outro método hábil à sua preservação.

Art. 4º. Alertar que o arquivo de segurança integrará o acervo da respectiva serventia e deverá ser transmitido ao novo titular da delegação em caso de extinção da delegação anterior, ou ao novo responsável pela delegação, em conjunto com os softwares que permitam o seu pleno uso e atualização.

Art. 5º. Esclarecer que prevalecerão as normas e determinações das Corregedorias Gerais da Justiça, dos Juízes Corregedores ou Juízes competentes na forma da organização local, sobre a formação e guarda de arquivo de segurança, caso existentes.

Art. 6º. Determinar que, em 120 dias, os titulares e responsáveis pelas delegações do serviço extrajudicial informem se possuem, ou não, arquivo de segurança e, se não o possuírem, quais as providências que estão adotando para formá-lo e a previsão do tempo que estimam para sua realização. *(Redação dada pela Rec. CNJ 11/2013)*

Parágrafo único. As informações previstas no *caput* deste artigo deverão ser encaminhadas à Corregedoria Nacional de Justiça, diretamente pelos Oficiais e Tabeliães, por meio de resposta eletrônica em questionário disponível no Sistema de Serventias Extrajudiciais, que pode ser acessado pelo link "http://www.cnj.jus.br/corregedoria.

Art. 7º. Determinar o encaminhamento de cópia desta Recomendação às Corregedorias Gerais da Justiça, inclusive para ciência aos responsáveis pelas unidades do serviço extrajudicial de notas e de registro e aos Juízes Corregedores, ou Juízes competentes na forma da organização local para a fiscalização dos serviços extrajudiciais de notas e de registro.

Brasília – DF,

Ministro FRANCISCO FALCÃO

Corregedor Nacional de Justiça

(DOU DE 07.03.2013).

RECOMENDAÇÃO Nº 28, DE 17 DE AGOSTO DE 2018

Recomenda aos tribunais de justiça dos Estados e do Distrito Federal a celebração de convênios com notários e registradores do Brasil para a instalação de centros judiciários de solução de conflitos e cidadania (CEJUSCs).

- *Art. 7º-A, II, § 3º, Lei n. 8.935/1994 (Notários e Registradores)*
- *Vide Lei 9.307/1996 (Arbitragem)*
- *Vide Lei 13.140/2015 (Mediação)*
- *Vide Lei 13.105/2015 (Código de Processo Civil)*
- *Vide Resolução CNJ 125/2010 (Política Judiciária Nacional de tratamento adequado dos conflitos de interesses no âmbito do Poder Judiciário)*
- *Vide Provimento CNJ 67/2018 (Conciliação e Mediação), incorporado aos arts. 18 a 57 do Provimento CNJ n. 149/2023 (CNN)*
- *Vide Provimento CNJ 72/2018 (Medidas de Quitação e Renegociação de Dívidas nos Tabelionatos de Protesto), incorporado aos arts. 375 a 388, Prov. CNJ n. 149/2023 (CNN)*
- *Vide Enunciado 69 e 73, I Jornada de Direito Notarial e Registral*
- *Vide Enunciados da I e II Jornadas de Prevenção e Solução Extrajudicial de Litígios*

O CORREGEDOR NACIONAL DA JUSTIÇA, usando de suas atribuições constitucionais, legais e regimentais e

CONSIDERANDO o poder de fiscalização e de normatização do Poder Judiciário dos atos praticados por seus órgãos (art. 103-B, § 4º, I, II e III, da Constituição Federal);

CONSIDERANDO a competência do Poder Judiciário de fiscalizar os serviços notariais e de registro (arts. 103-B, § 4º, I e III, e 236, § 1º, da Constituição Federal);

CONSIDERANDO a competência da Corregedoria Nacional de Justiça de expedir provimentos e outros atos normativos destinados ao aperfeiçoamento das atividades dos serviços notariais e de registro (art. 8º, X, do Regimento Interno do Conselho Nacional de Justiça);

CONSIDERANDO a obrigação dos notários e registradores de cumprir as normas técnicas estabelecidas pelo Poder Judiciário (arts. 37 e 38 da Lei n. 8.935, de 18 de novembro de 1994);

CONSIDERANDO a atribuição do Conselho Nacional de Justiça de editar normas pertinentes à composição e à organização dos centros judiciários de solução de conflitos e cidadania (art. 165, § 1º, do CPC);

CONSIDERANDO a incumbência do Conselho Nacional de Justiça de consolidar política pública permanente de incentivo e aperfeiçoamento dos mecanismos consensuais de solução de litígios (Resolução CNJ n. 125, de 29 de novembro de 2010);

CONSIDERANDO a obrigatoriedade da instalação de CEJUSCs pelos tribunais, por intermédio dos núcleos permanentes de métodos consensuais de solução de conflitos (NUPEMECs) (arts. 165, *caput*, do CPC e 4º, 7º, IV, e 8º, § 2º, da Resolução CNJ n. 125/2010);

CONSIDERANDO a necessidade de instalação dos CEJUSCs nos locais onde existam dois juízos – juizados ou varas – com competência para a realização de audiência (art. 8º, § 2º, da Resolução CNJ n. 125/2010);

CONSIDERANDO a facultatividade de instalação dos CEJUSCs nos locais onde exista um juízo – juizado, vara ou subseção – que seja atendido por centro regional ou itinerante (art. 8º, § 4º, da Resolução CNJ n. 125/2010);

CONSIDERANDO a não instalação dos CEJUSCs como descumprimento das disposições da Resolução CNJ n. 125/2010 (arts. 4º e 8º, § 2º) e do Código de Processo Civil (art. 165); CONSIDERANDO as disposições do Código de Processo Civil, da Lei n. 13.140, de 26 de junho de 2015, e dos Provimentos CN-CNJ n. 67, de 26 de março de 2018, e 72, de 27 de junho de 2018;

CONSIDERANDO a efetividade da conciliação e da mediação como instrumentos de pacificação social, solução e prevenção de litígios;

CONSIDERANDO as sugestões e aquiescência da Comissão de Acesso à Justiça e Cidadania (CAJC), do Conselho Nacional de Justiça,

RESOLVE:

Art. 1º Recomendar aos tribunais de justiça dos Estados e do Distrito Federal, por intermédio de seus Núcleos Permanentes de Métodos Consensuais de Solução de Conflitos, a celebração de convênios com notários e registradores do Brasil para a instalação de centros judiciários de solução de conflitos e cidadania nos locais em que ainda não tenham sido implantados.

§ 1º A celebração do convênio de que trata o *caput* deverá ser precedida de estudo preliminar acerca da viabilidade jurídica, técnica e financeira do serviço.

§ 2º O estudo prévio referido no parágrafo anterior deverá ser realizado pelos tribunais de justiça dos Estados e do Distrito Federal, por meio dos NUPEMECs, em conjunto com os notários ou registradores da jurisdição a que estiverem vinculados.

Art. 2º Firmado termo de convênio com base nesta recomendação, os tribunais de justiça dos Estados e do Distrito Federal deverão:

I – encaminhar cópia do termo à Corregedoria Nacional de Justiça, via PJe, para conhecimento e disseminação de boas práticas entre os demais entes da Federação;

II – manter, em seu site, por intermédio dos núcleos permanentes de métodos consensuais de solução de conflitos, listagem pública dos centros judiciários de solução de conflitos e cidadania instalados mediante convênio com os serviços notariais e de registro.

Art. 3º Os procedimentos de conciliação e de mediação realizados nos CEJUSCs instalados nos serviços notariais e de registro em virtude do convênio objeto desta recomendação serão fiscalizados pela corregedoria-geral de justiça (CGJ) e pelo juiz coordenador do CEJUSC da jurisdição a que o serviço notarial e de registro estiver vinculado.

Art. 4º Aplicar-se-ão aos centros judiciários de solução de conflitos e cidadania instalados nos termos desta recomendação as disposições dos Provimentos CN-CNJ n. 67/2018 e 72/2018.

Art. 5º Esta recomendação entra em vigor na data da sua publicação.

Ministro JOÃO OTÁVIO DE NORONHA

DJe 20.08.2018.

RECOMENDAÇÃO CNJ Nº 46, DE 22 DE JUNHO DE 2020

Dispõe sobre medidas preventivas para que se evitem atos de violência patrimonial ou financeira contra pessoa idosa, especialmente vulnerável no período de Emergência em Saúde Pública de Importância Nacional (ESPIN), no âmbito das serventias extrajudiciais e da execução dos serviços notariais.

- *Vide arts. 96 a 108 da Lei n. 10.741/2003 (Estatuto da Pessoa Idosa)*
- *Vide art. 108 da Lei n. 10.741/2003 (Estatuto da Pessoa Idosa)*

O CORREGEDOR NACIONAL DE JUSTIÇA, usando de suas atribuições constitucionais, legais e regimentais e Considerando o poder de fiscalização e de normatização do Poder Judiciário dos atos praticados por seus órgãos (art. 103-B, § 4º, I, II e III, da Constituição Federal);

Considerando a competência do Poder Judiciário de fiscalizar os serviços notariais e de registro (arts. 103-B, § 4º, I e III, e 236, § 1º, da Constituição Federal);

Considerando a competência do Corregedor Nacional de Justiça de expedir recomendações e outros atos normativos destinados ao aperfeiçoamento das atividades dos serviços notariais e de registro (art. 8º, X, do Regimento Interno do Conselho Nacional de Justiça);

Considerando a condição de vulnerabilidade da pessoa idosa, especialmente em período de Emergência em Saúde Pública de Importância Nacional (ESPIN), em decorrência da Infecção Humana pelo novo coronavírus (Sars-Cov-2);

Considerando o que consta do Pedido de Providências nº 0004772-35.2020.2.00.000, instaurado após recebimento do Ofício nº 3041/2020GM.MMFDH/MMFDH em que o Ministério da Mulher, da Família e dos Direitos Humanos informa que dados mais recentes do canal Disque 100 apontam que os casos de violência patrimonial contra a pessoa idosa, em 2019, tiveram um aumento de 19% e que, em 2020, com o isolamento social imposto pela pandemia, a situação tornou-se cada vez mais crítica;

Considerando que, nos termos do art. 102 da Lei 10.741/2003, configura crime apropriar-se de ou desviar bens, proventos, pensão ou qualquer outro rendimento do idoso, dando-lhes aplicação diversa da de sua finalidade, cominando-se pena de reclusão de 1 (um) a 4 (quatro) anos e multa;

Considerando o relevante caráter preventivo dos serviços notariais e de registro, ao evitarem conflitos e protegerem a sociedade, garantindo publicidade, autenticidade, segurança e eficácia dos atos jurídicos,

RESOLVE:

Art. 1º RECOMENDAR aos serviços notariais e de registro do Brasil, a adoção de medidas preventivas para a coibir a prática de abusos contra pessoas idosas, especialmente vulneráveis no período de Emergência em Saúde Pública de Importância Nacional (ESPIN), realizando diligências se entenderem necessário, a fim de evitar violência patrimonial ou financeira nos seguintes casos:

I – antecipação de herança;

II – movimentação indevida de contas bancárias;

III – venda de imóveis;

IV – tomada ilegal;

V – mau uso ou ocultação de fundos, bens ou ativos; e

VI – qualquer outra hipótese relacionada à exploração inapropriada ou ilegal de recursos financeiros e patrimoniais sem o devido consentimento do idoso.

Art. 2º Havendo indícios de qualquer tipo de violência contra idosos nos atos a serem praticados perante notários e registradores, o fato deverá ser comunicado imediatamente ao Conselho Municipal do Idoso, Defensoria Pública, Polícia Civil ou Ministério Público.

Art. 3º Esta recomendação entra em vigor na data de sua publicação e terá validade até 31 de dezembro de 2020, podendo sua validade ser prorrogada ou reduzida por ato do Corregedor Nacional de Justiça, enquanto subsistir a situação excepcional que levou à sua edição.

Ministro HUMBERTO MARTINS
Corregedor Nacional de Justiça

DJe-CNJ disp. 22/6/2020

RECOMENDAÇÃO CNJ Nº 47, DE 12 DE MARÇO DE 2021

Dispõe sobre medidas preventivas para que se evitem atos de violência patrimonial ou financeira contra pessoa idosa, especialmente vulnerável, no âmbito das serventias extrajudiciais e da execução dos serviços notariais.

- *Vide arts. 96 a 108 da Lei n. 10741/2003 (Estatuto da Pessoa Idosa)*
- *Vide art. 108 da Lei n. 10741/2003 (Estatuto da Pessoa Idosa)*

A CORREGEDORA NACIONAL DE JUSTIÇA, usando de suas atribuições constitucionais, legais e regimentais, e

CONSIDERANDO o poder de fiscalização e de normatização do Poder Judiciário dos atos praticados por seus órgãos (art. 103-B, § 4º,I, II e III, da Constituição Federal);

CONSIDERANDO a competência do Poder Judiciário de fiscalizar os serviços notariais e de registro (arts. 103-B, § 4º, I e III, e 236, § 1º, da Constituição Federal);

CONSIDERANDO a competência do Corregedor Nacional de Justiça de expedir recomendações e outros atos normativos destinados ao aperfeiçoamento das atividades dos serviços notariais e de registro (art. 8º, X, do Regimento Interno do Conselho Nacional de Justiça);

CONSIDERANDO a condição de vulnerabilidade da pessoa idosa;

CONSIDERANDO o que consta do Pedido de Providências n. 0004772-35.2020.2.00.000, instaurado após recebimento do Ofício n. 3041/2020GM.MMFDH/MMFDH, em que o Ministério da Mulher, da Família e dos Direitos Humanos informa que dados mais recentes do canal Disque 100 apontam que os casos de violência patrimonial contra a pessoa idosa, em 2019, tiveram um aumento de 19% e que, em 2020, com o isolamento social imposto pela pandemia, a situação tornou-se cada vez mais crítica;

CONSIDERANDO que, nos termos do art. 102 da Lei 10.741/2003, configura crime apropriar-se de ou desviar bens, proventos, pensão ou qualquer outro rendimento do idoso, dando-lhes aplicação diversa da de sua finalidade, cominando-se pena de reclusão de 1 (um) a 4 (quatro) anos e multa;

CONSIDERANDO o relevante caráter preventivo dos serviços notariais e de registro, ao evitarem conflitos e protegerem a sociedade, garantindo publicidade, autenticidade, segurança e eficácia dos atos jurídicos,

CONSIDERANDO a necessidade de tornar perenes as disposições da Recomendação nº 46, de 22 de junho de 2020, de modo a preservar as medidas preventivas contra atos de violência patrimonial ou financeira em desfavor da pessoa idosa,

RESOLVE:

Art. 1º Recomendar aos serviços notariais e de registro do Brasil que adotem medidas preventivas para coibir a prática de abusos contra pessoas idosas, especialmente vulneráveis, realizando diligências se entenderem necessário, a fim de evitar violência patrimonial ou financeira nos seguintes casos:

I – antecipação de herança;

II – movimentação indevida de contas bancárias;

III – venda de imóveis;

IV – tomada ilegal;

V – mau uso ou ocultação de fundos, bens ou ativos; e

VI – qualquer outra hipótese relacionada à exploração inapropriada ou ilegal de recursos financeiros e patrimoniais sem o devido consentimento do idoso.

Art. 2º Havendo indícios de qualquer tipo de violência contra idosos nos atos a serem praticados perante notários e registradores, o fato deverá ser comunicado imediatamente ao Conselho Municipal do Idoso, Defensoria Pública, Polícia Civil ou Ministério Público.

Art. 3º Esta recomendação entra em vigor na data de sua publicação.

Ministra MARIA THEREZA DE ASSIS MOURA
Corregedora Nacional de Justiça
DJe-CNJ disp. 17/03/2021

RECOMENDAÇÃO CNJ Nº 49, DE 03 DE MARÇO DE 2022

Dispõe sobre a adesão dos órgãos prestadores de serviços notariais e de registro à Campanha Sinal Vermelho contra a Violência Doméstica.

A CORREGEDORIA NACIONAL DE JUSTIÇA, usando de suas atribuições constitucionais, legais e regimentais;

CONSIDERANDO o poder de fiscalização e de normatização do Poder Judiciário dos atos praticados por seus órgãos (art. 103-B, § 4º, I, II e III, da Constituição Federal);

CONSIDERANDO a competência do Poder Judiciário de fiscalizar os serviços notariais e de registro (arts. 103-B, § 4º, I e III, e 236, § 1º, da Constituição Federal);

CONSIDERANDO o disposto no art. 226, § 8º, da Constituição Federal, que atribui ao Estado o dever de criar mecanismos voltados a coibir a violência no âmbito das relações familiares;

CONSIDERANDO a promulgação da Lei nº 14.188/2021, que define o Programa de Cooperação Sinal Vermelho contra a Violência Doméstica como uma das medidas de enfrentamento à violência doméstica e familiar contra a mulher;

CONSIDERANDO a sistemática e as diretrizes para coibir a violência doméstica e familiar contra a mulher previstas na Lei nº 11.340/2006 (Lei Maria da Penha);

CONSIDERANDO a Meta nº 8 das Metas Nacionais para o Poder Judiciário brasileiro em 2021, que impõe prioridade de julgamento para os casos de feminicídio e violência doméstica;

CONSIDERANDO que a Associação dos Notários e Registradores do Brasil (ANOREG-BR) aderiu à Campanha Sinal Vermelho e disponibilizou material informativo ao serviço extrajudicial;

CONSIDERANDO o Objetivo de Desenvolvimento Sustentável (ODS) nº 5 da Agenda 2030 para o Desenvolvimento Sustentável da Organização das Nações Unidas, que consiste na promoção da igualdade de gênero;

CONSIDERANDO a necessidade da ampliação e interiorização da campanha em todo território nacional e a abrangência territorial dos serviços notariais e de registro;

CONSIDERANDO que mais de 17 milhões de mulheres sofreram violência física, psicológica ou sexual entre agosto de 2020 e julho de 2021;

RESOLVE:

Art. 1º Recomendar que os delegatários e responsáveis interinos, no exercício de atividades notariais e de registro, adiram à Campanha Sinal Vermelho contra a Violência Doméstica, nos termos do artigo 3º da Lei n. 14.188/2021, como forma de enfrentamento da violência doméstica e familiar contra a mulher.

Art. 2º Orientar notários, registradores, interventores e interinos quanto à necessidade de oferta, a escreventes, a auxiliares e a quaisquer outros serventuários, de capacitação adequada ao acolhimento e ao tratamento eficaz dos pedidos de socorro recebidos, na forma prevista no artigo 2º da Lei n. 14.188/2021, ou sob qualquer outra forma, desde que inequívoca, com:

I – atribuição de sigilo e de prioridade ao processamento do pedido de socorro, dispensando-se cautela necessária para que, no mínimo até a chegada da Autoridade Policial, a requisição de ajuda seja mantida sob conhecimento exclusivo do serventuário que a tenha recebido e do responsável pela serventia, caso este não a tenha acolhido diretamente;

II – uso do bom senso, discrição, zelo e urgência necessários à proteção prioritária da pessoa que requisitou socorro e eventualmente esteja ao alcance do potencial agressor, bem como do cuidado à salvaguarda da imagem, da intimidade e da vida privada dos envolvidos;

III – comunicação imediata e discreta à Autoridade Policial, com fornecimento dos elementos necessários à identificação do potencial agressor e da potencial vítima, inclusive quando esta não puder aguardar as providências na própria unidade extrajudicial;

IV – uso adequado, comedido e racional de comunicação não violenta, bem como de técnicas e de tecnologias tendentes à preservação da segurança e da integridade física dos serventuários, dos demais usuários, da potencial vítima, do potencial agressor e das instalações.

Art. 3º Esta Recomendação entra em vigor na data de sua publicação.

Ministra MARIA THEREZA DE ASSIS MOURA
DJe/CNJ de 4/03/2022

ORIENTAÇÃO DA CORREGEDORIA NACIONAL DE JUSTIÇA DO CNJ

ORIENTAÇÃO Nº 7, DE 07 DE NOVEMBRO DE 2018

Dispõe sobre a reestruturação periódica das serventias extrajudiciais vagas

- *Art. 236, § 3º e art. 32, ADCT da Constituição Federal*
- *Resolução CNJ 80/2009 (Vacância dos serviços notariais e de registro)*
- *Resolução CNJ 81/2009 (Concursos Públicos)*

O **CORREGEDOR NACIONAL DA JUSTIÇA**, usando de suas atribuições constitucionais, legais e regimentais,

CONSIDERANDO o poder de fiscalização e de normatização do Poder Judiciário dos atos praticados por seus órgãos (art. 103-B, § 4º, I, II e III, da Constituição Federal de 1988);

CONSIDERANDO a competência do Poder Judiciário de fiscalizar os serviços extrajudiciais (arts. 103-B, § 4º, I e III, e 236, § 1º, da Constituição Federal);

CONSIDERANDO a competência da Corregedoria Nacional de Justiça de expedir provimentos e outros atos normativos destinados ao aperfeiçoamento das atividades dos serviços extrajudiciais (art. 8º, X, do Regimento Interno do Conselho Nacional de Justiça);

CONSIDERANDO a obrigação dos serviços extrajudiciais de cumprir as normas técnicas estabelecidas pelo Poder Judiciário (arts. 37 e 38 da Lei n. 8.935, de 18 de novembro de 1994);

CONSIDERANDO a necessidade constante de reestruturação dos serviços extrajudiciais nos Estados e no Distrito Federal (art. 39 da Lei nº 8.935, de 18 de novembro de 1994);

CONSIDERANDO a Meta Nacional do Serviço Extrajudicial de nº 11/2017 da Corregedoria Nacional de Justiça;

CONSIDERANDO a necessidade de proporcionar a melhor prestação de serviço e corrigir as distorções em busca da modicidade dos emolumentos, da produtividade, da economicidade, da moralidade e da proporcionalidade na prestação dos serviços extrajudiciais;

CONSIDERANDO os princípios da supremacia do interesse público, da eficiência, da continuidade do serviço público e da segurança jurídica,

RESOLVE:

Art. 1º Orientar aos Tribunais que procedam à reestruturação periódica das serventias extrajudiciais vagas.

Art. 2º A reestruturação compreende a criação, a alteração, a acumulação, a desacumulação, o desmembramento, o desdobramento e a extinção dos serviços extrajudiciais, devendo considerar as variáveis sociais e econômicas da localidade a que se destina, bem como a viabilidade econômica do serviço.

§ 1º A serventia vaga há mais de 5 (cinco) anos e que já foi oferecida em concurso público de provas e títulos para provimento originário ou remoção, sem que algum candidato tenha efetivamente entrado em exercício, deverá ser, obrigatoriamente, objeto de reestruturação.

§ 2º O projeto de lei de reestruturação deverá ser apresentado à respectiva casa legislativa no prazo de 90 (noventa) dias, a contar da ausência de interesse no provimento da serventia vaga, verificada na forma do § 1º.

§ 3º O juiz corregedor permanente competente será ouvido previamente acerca da reestruturação.

§ 4º O disposto no *caput* deste artigo não incidirá sobre os Ofícios de Registro Civil de Pessoas Naturais.

Art. 3º A acumulação do serviço extrajudicial vago recairá preferencialmente em serventia que detenha ao menos uma das atribuições a serem acumuladas.

Parágrafo único. O estudo de reestruturação por acumulação abrange a análise da capacidade das instalações físicas e tecnológicas, bem como da capacidade de incorporação dos respectivos acervos sem causar prejuízo à prestação do serviço.

Art. 4º Os casos omissos serão decididos pela corregedoria de justiça e deverão ser comunicados à Corregedoria Nacional de Justiça no prazo de 30 (trinta) dias.

Art. 5º Esta orientação entrará em vigor na data de sua publicação.

Ministro HUMBERTO MARTINS

Corregedor Nacional de Justiça

DJe/CNJ 09.11.2018

PORTARIA CONJUNTA DA PROCURADORIA-GERAL DA FAZENDA NACIONAL – PGFN E RECEITA FEDERAL DO BRASIL – RFB

PORTARIA Nº 1.751, DE 2 DE OUTUBRO DE 2014

Dispõe sobre a prova de regularidade fiscal perante a Fazenda Nacional.

O SECRETÁRIO DA RECEITA FEDERAL DO BRASIL e a PROCURADORA-GERAL DA FAZENDA NACIONAL, no uso das atribuições que lhes conferem o inciso III do art. 280 do Regimento Interno da Secretaria da Receita Federal do Brasil, aprovado pela Portaria MF nº 203, de 14 de maio de 2012, e o art. 82 do Regimento Interno da Procuradoria-Geral da Fazenda Nacional, aprovado pela Portaria MF nº 36, de 24 de janeiro de 2014, e tendo em vista o disposto nos arts. 205 e 206 da Lei nº 5.172, de 25 de outubro de 1966 – Código Tributário Nacional (CTN), no art. 62 do Decreto-Lei nº 147, de 3 de fevereiro de 1967, no § 1º do art. 1º do Decreto-Lei nº 1.715, de 22 de novembro de 1979, no inciso III do art. 3º da Portaria MF nº 289, de 28 de julho de 1999, e na Portaria MF nº 358, de 5 de setembro de 2014, resolvem:

CAPÍTULO I – DAS DISPOSIÇÕES GERAIS

Art. 1º A prova de regularidade fiscal perante a Fazenda Nacional será efetuada mediante apresentação de certidão expedida conjuntamente pela Secretaria da Receita Federal do Brasil (RFB) e pela Procuradoria-Geral da Fazenda Nacional (PGFN), referente a todos os créditos tributários federais e à Dívida Ativa da União (DAU) por elas administrados.

§ 1º A certidão a que se refere o *caput* abrange inclusive os créditos tributários relativos *(Redação dada pela Portaria Conjunta RFB/PGFN nº 3.193/2017)*

I – às contribuições sociais previstas nas alíneas "a", "b" e "c" do parágrafo único do art. 11 da Lei nº 8.212, de 24 de julho de 1991, às contribuições instituídas a título de substituição, e às contribuições devidas por lei a terceiros, inclusive inscritas em DAU *(Incluído pela Portaria Conjunta RFB/PGFN nº 3.193/2017)*; e

II – ao Imposto sobre a Propriedade Territorial Rural (ITR), inclusive inscrito em DAU, hipótese em que a certidão abrangerá exclusivamente o imóvel nela identificado *(Incluído pela Portaria Conjunta RFB/PGFN nº 3.193/2017)*.

§ 2º A certidão relativa a obra de construção civil será emitida na forma e nas condições estabelecidas no Capítulo VIII da Instrução Normativa RFB nº 2.021, de 16 de abril de 2021. *(Redação dada pela Portaria Conjunta PGFN RFB nº 103, de 20 de dezembro de 2021)*

§ 3º *(Revogado pela Portaria Conjunta PGFN/RFB nº 3193, de 27 de novembro de 2017)*

§ 4º Nos termos da Portaria Conjunta INSS/RFB nº 6, de 3 de junho de 2008, a prova de regularidade de inscrição e de recolhimento das contribuições do Contribuinte Individual para com a Previdência Social, efetuada mediante a apresentação da Declaração de Regularidade de Situação do Contribuinte Individual (DRS-CI), será fornecida exclusivamente pelo Instituto Nacional do Seguro Social (INSS).

Art. 2º O direito de obter certidão nos termos desta Portaria é assegurado, independentemente do pagamento de taxa, ao sujeito passivo inscrito no Cadastro Nacional da Pessoa Jurídica (CNPJ), no Cadastro de Pessoas Física (CPF) ou no Cadastro de Imóveis Rurais (Cafir) como proprietário, titular do domínio útil ou possuidor a qualquer título do imóvel objeto do pedido de certidão *(Redação dada pela Portaria Conjunta RFB/PGFN nº 3.193/2017)*.

Parágrafo único. Para o produtor rural pessoa física e para o segurado especial que possuir matrícula atribuída pela RFB, a regularidade fiscal da matrícula será comprovada por meio de emissão de certidão relativa ao número de inscrição no CPF do sujeito passivo. *(Redação dada pelo(a) Portaria Conjunta PGFN RFB nº 103, de 20 de dezembro de 2021)*

Art. 3º A certidão emitida para pessoa jurídica é válida para o estabelecimento matriz e suas filiais.

§ 1º A emissão de certidão pela Internet para órgãos públicos de qualquer dos Poderes dos estados, do Distrito Federal e dos municípios depende da inexistência de pendências em todos os órgãos dos poderes executivo, legislativo e judiciário do respectivo ente, inclusive dos fundos públicos da administração direta que compõem a sua estrutura. *(Redação dada pela Portaria Conjunta PGFN RFB nº 20, de 08 de novembro de 2023)*

§ 2º Se houver pendência impeditiva sob responsabilidade de algum dos poderes do ente federativo, a certidão em benefício dos demais poderá ser emitida com base no requerimento a que se refere o art. 12. *(Incluído(a) pela Portaria Conjunta PGFN RFB nº 20, de 08 de novembro de 2023)*

CAPÍTULO II – DA CERTIDÃO NEGATIVA DE DÉBITOS RELATIVOS A CRÉDITOS TRIBUTÁRIOS FEDERAIS E À DÍVIDA ATIVA DA UNIÃO

Art. 4º A Certidão Negativa de Débitos relativos a Créditos Tributários Federais e à Dívida Ativa da União (CND) será emitida quando não existirem pendências em nome do sujeito passivo:

I - perante a RFB, relativas a débito tributário, a dados cadastrais ou a irregularidade de declaração que tenha por objeto informações previdenciárias ou constituição de crédito tributário relativo a contribuições previdenciárias; e *(Redação dada pela Portaria Conjunta PGFN RFB nº 20, de 08 de novembro de 2023)*

II – perante a PGFN, relativas a inscrições em Dívida Ativa da União (DAU).

Parágrafo único. A certidão de que trata este artigo será emitida conforme os modelos constantes dos Anexos I, II e III desta Portaria *(Redação dada pela Portaria Conjunta RFB/PGFN nº 3.193/2017)*.

CAPÍTULO III – DA CERTIDÃO POSITIVA COM EFEITOS DE NEGATIVA DE DÉBITOS RELATIVOS A CRÉDITOS TRIBUTÁRIOS FEDERAIS E À DÍVIDA ATIVA DA UNIÃO

Art. 5º A Certidão Positiva com Efeitos de Negativa de Débitos relativos a Créditos Tributários Federais e à Dívida Ativa da União (CPEND) será emitida quando, em relação ao sujeito passivo, constar débito administrado pela RFB ou inscrição em DAU na forma do art. 206 da Lei nº 5.172, de 25 de outubro de 1966 – Código Tributário Nacional (CTN).

§ 1º A certidão de que trata o *caput* também será emitida quando, em relação ao sujeito passivo, existir débito:

I – inscrito em DAU, garantido mediante bens ou direitos, na forma da legislação, cuja avaliação seja igual ou superior ao montante do débito atualizado; e

II – ajuizado e com embargos recebidos, quando o sujeito passivo for órgão da administração direta da União, dos Estados, do Distrito Federal, dos Municípios ou for autarquia ou fundação de direito público dessas entidades estatais.

§ 2º A certidão de que trata este artigo produzirá os mesmos efeitos da Certidão Negativa de Débitos e será emitida conforme os modelos constantes dos Anexos IV a XII desta Portaria *(Redação dada pela Portaria Conjunta RFB/PGFN nº 3.193/2017)*

CAPÍTULO IV – DA CERTIDÃO POSITIVA DE DÉBITOS RELATIVOS A CRÉDITOS TRIBUTÁRIOS FEDERAIS E À DÍVIDA ATIVA DA UNIÃO

Art. 6º A Certidão Positiva de Débitos relativos a Créditos Tributários Federais e à Dívida Ativa da União (CPD) indicará a existência de pendências do sujeito passivo:

I - perante a RFB, relativas a débito tributário, a dados cadastrais ou a irregularidade de declaração que tenha por objeto informações previdenciárias ou constituição de crédito tributário relativo a contribuições previdenciárias; e *(Redação dada pela Portaria Conjunta PGFN RFB nº 20, de 08 de novembro de 2023)*

II – perante a PGFN, relativas a inscrições em cobrança.

§ 1º A certidão de que trata este artigo será emitida conforme os modelos constantes dos Anexos XIII a XV desta Portaria. *(Redação dada pela Portaria Conjunta RFB/PGFN nº 3.193/2017)*

§ 2º A certidão de que trata este artigo será também emitida quando houver determinação judicial para não emissão de CND ou CPEND.

CAPÍTULO V – DA SOLICITAÇÃO, DA EMISSÃO E DA VALIDADE

Art. 7º As certidões referidas nesta Portaria serão solicitadas e emitidas por meio da Internet, nos endereços <http://www.gov.br/receitafederal/pt-br> ou <http://www.regularize.pgfn.gov.br>. *(Redação dada pela Portaria Conjunta PGFN RFB nº 103, de 20 de dezembro de 2021)*

§ 1º Caso as informações constantes das bases de dados da RFB ou da PGFN sejam insuficientes para a emissão das certidões na forma prevista no caput o sujeito passivo poderá consultar sua situação fiscal no Portal do Centro Virtual de Atendimento (Portal e-CAC) ou no Portal Regularize. *(Redação dada pela Portaria Conjunta PGFN RFB nº 20, de 08 de novembro de 2023)*

§ 2º Regularizadas as pendências que impedem a emissão da certidão, esta poderá ser emitida na forma do *caput*.

Art. 8º A CPD será emitida pela RFB, observado o disposto nos §§ 2º e 3º do art. 12. *(Redação dada pela Portaria Conjunta PGFN RFB nº 682, de 11 de abril de 2019)*

Art. 9º Somente serão válidas as certidões emitidas eletronicamente, mediante sistema informatizado específico, sendo vedada qualquer outra forma de certificação manual ou eletrônica.

§ 1º As pesquisas sobre a situação fiscal e cadastral do requerente restringir-se-ão ao sistema eletrônico de emissão de certidões.

§ 2º As certidões referidas no *caput* conterão, obrigatoriamente, a hora, a data de emissão e o código de controle.

§ 3º Somente produzirá efeitos a certidão cuja autenticidade for confirmada nos endereços eletrônicos referidos no *caput* do art. 7º.

Art. 10. As certidões emitidas na forma desta Portaria terão prazo de validade de 180 (cento e oitenta) dias, contado de sua emissão, à exceção da certidão a que se refere o art. 6º.

Parágrafo único. A certidão terá eficácia, dentro do seu prazo de validade, para prova de regularidade fiscal relativa a créditos tributários ou exações quaisquer administrados pela RFB, e à DAU administrada pela PGFN.

Art. 11. A certidão que for emitida com fundamento em determinação judicial deverá conter, em campo específico, os fins a que se destina, nos termos da decisão que determinar sua emissão.

CAPÍTULO VI – DA FORMALIZAÇÃO E DO LOCAL DE APRESENTAÇÃO DO REQUERIMENTO DE CERTIDÃO

Art. 12. Na impossibilidade de emissão pela Internet, o sujeito passivo poderá apresentar requerimento de certidão no Portal e-CAC ou no Portal Regularize, conforme a pendência seja relativa a tributo administrado pela RFB ou PGFN, respectivamente. *(Redação dada pela Portaria Conjunta PGFN RFB nº 20, de 08 de novembro de 2023)*

§ 1º O requerimento a que se refere o caput deverá ser apresentado por meio da solicitação do serviço disponível nos endereços eletrônicos previstos no caput do art. 7º. *(Redação dada pela Portaria Conjunta PGFN RFB nº 103, de 20 de dezembro de 2021)*

§ 2º Na hipótese deste artigo, as certidões serão emitidas no prazo de 10 (dez) dias, contado da data de apresentação do requerimento e da documentação necessária à análise do pedido de certidão. *(Redação dada pela Portaria Conjunta PGFN RFB nº 682, de 11 de abril de 2019)*

§ 3º *(Revogado pela Portaria Conjunta PGFN RFB nº 103, de 20 de dezembro de 2021)*

Art. 13. Na hipótese do art. 12, a certidão poderá ser requerida:

I - se relativa a pessoa física, pela própria, por procurador ou por responsável legal; *(Redação dada pela Portaria Conjunta PGFN RFB nº 103, de 20 de dezembro de 2021)*

II – se relativa a pessoa jurídica ou a ente despersonalizado obrigado à inscrição no CNPJ, pelo responsável ou seu preposto perante o referido cadastro *(Redação dada pela Portaria Conjunta RFB e PGFN nº 3.193/2017)* ou

III – se relativa a imóvel rural, pelo responsável perante o Cafir *(Redação dada pela Portaria Conjunta RFB/PGFN nº 3.193/2017)*.

§ 1º Na hipótese do inciso II, a certidão poderá ser requerida também por sócio, administrador ou procurador, com poderes para a prática desse ato.

§ 2º No caso de partilha ou adjudicação de bens de espólio e de suas rendas, poderá requerer a certidão o inventariante, o herdeiro, o meeiro ou o legatário, ou seus respectivos procuradores.

§§ 3º a 7º *(Revogados pela Portaria Conjunta PGFN RFB nº 103, de 20 de dezembro de 2021)*

§ 7º-A Na hipótese de certidão relativa a imóvel rural, se o requerente não constar do Cafir ou do Cadastro Nacional de Imóveis Rurais (CNIR) como proprietário, titular do domínio útil ou possuidor a qualquer título do imóvel objeto do pedido, deverá comprovar a propriedade, o domínio ou a posse no ato do pedido. *(Redação dada pela Portaria Conjunta PGFN RFB nº 103, de 20 de dezembro de 2021)*

§ 8º A RFB e a PGFN poderão especificar, no âmbito de suas competências, as informações ou documentos que, além dos mencionados neste artigo, deverão instruir o requerimento.

§ 9º Caso o requerimento seja apresentado por meio do Portal e-CAC: *(Redação dada pela Portaria Conjunta PGFN RFB nº 103, de 20 de dezembro de 2021)*

I - fica dispensada a apresentação de formulário quando houver pendências exclusivamente no âmbito da RFB; e *(Incluído pela Portaria Conjunta PGFN RFB nº 103, de 20 de dezembro de 2021)*

II - deverá ser apresentado formulário próprio quando houver pendência no âmbito da PGFN. *(Incluído pela Portaria Conjunta PGFN RFB nº 103, de 20 de dezembro de 2021)*

CAPÍTULO VII – DA COMPETÊNCIA PARA A CERTIFICAÇÃO E ANULAÇÃO DA REGULARIDADE FISCAL

(Redação dada pela Portaria Conjunta PGFN RFB nº 103, de 20 de dezembro de 2021)

Art. 14. A certificação da regularidade fiscal do sujeito passivo compete:

I – no âmbito da RFB, aos titulares das Delegacias ou Inspetorias da Receita Federal do Brasil; e

II – no âmbito da PGFN, aos Procuradores da Fazenda Nacional.

Art. 15. Compete às autoridades referidas no art. 14 a determinação de anulação das certidões expedidas nos termos desta Portaria Conjunta. *(Redação dada pela Portaria Conjunta PGFN RFB nº 103, de 20 de dezembro de 2021)*

Parágrafo único. A anulação de certidão será efetuada mediante ato a ser publicado no Diário Oficial da União (DOU), dispensada a edição e publicação nos casos: *(Redação dada pela Portaria Conjunta PGFN RFB nº 103, de 20 de dezembro de 2021)*

I - de revogação ou cassação de decisão judicial que tenha justificado a sua emissão; e *(Incluído pela Portaria Conjunta PGFN RFB nº 103, de 20 de dezembro de 2021)*

II - em que a anulação da certidão a que se refere o § 2º do art. 1º for a pedido do responsável pela obra de construção civil. *(Incluído pela Portaria Conjunta PGFN RFB nº 103, de 20 de dezembro de 2021)*

CAPÍTULO VIII – DAS DISPOSIÇÕES FINAIS

Art. 16. Nos contratos com o Poder Público, a comprovação da regularidade fiscal deverá ser exigida na licitação, na contratação e em cada pagamento efetuado, conforme disposto no inciso XIII do art. 55 da Lei nº 8.666, de 21 de junho de 1993.

Art. 17. Fica dispensada a apresentação de comprovação da regularidade fiscal:

I – na alienação ou oneração, a qualquer título, de bem imóvel ou direito a ele relativo, que envolva empresa que explore exclusivamente atividade de compra e venda de imóveis, locação, desmembramento ou loteamento de terrenos, incorporação imobiliária ou construção de imóveis destinados à venda, desde que o imóvel objeto da transação esteja contabilmente lançado no ativo circulante e não conste, nem tenha constado, do ativo permanente da empresa;

II – nos atos relativos à transferência de bens envolvendo a arrematação, a desapropriação de bens imóveis e móveis de qualquer valor, bem como nas ações de usucapião de bens móveis ou imóveis nos procedimentos de inventário e partilha decorrentes de sucessão causa mortis;

III – nos demais casos previstos em lei.

Art. 18. A RFB e a PGFN poderão expedir, no âmbito das respectivas competências, atos necessários ao cumprimento desta Portaria Conjunta.

Art. 19. Esta Portaria Conjunta entrará em vigor a partir do dia 3 de novembro de 2014. *(Redação dada pela Portaria Conjunta RFB/PGFN nº 1.821 de 17/10/2014).*

Art. 20. Fica revogada a Portaria Conjunta PGFN/RFB nº 3, de 2 de maio de 2007.

CARLOS ALBERTO FREITAS BARRETO
Secretário da Receita Federal do Brasil
ADRIANA QUEIROZ DE CARVALHO
Procuradora-Geral da Fazenda Nacional
(DOU de 03/10/2014)

› *Não publicamos os anexos desta norma.*

PORTARIA DA SECRETARIA DE COORDENAÇÃO E GOVERNANÇA DO PATRIMÔNIO DA UNIÃO DA SECRETARIA ESPECIAL DE DESESTATIZAÇÃO, DESINVESTIMENTO E MERCADOS DO MINISTÉRIO DA ECONOMIA – SPUSEDDM/ME

PORTARIA Nº 24.218, DE 26 DE NOVEMBRO DE 2020

Estabelece as normas para envio da Declaração sobre Operações Imobiliárias em Terrenos da União (Doitu) pelos cartórios à Secretaria de Coordenação e Governança do Patrimônio da União, da Secretaria Especial de Desestatização, Desinvestimento e Mercados, do Ministério da Economia.

O SECRETÁRIO DE COORDENAÇÃO E GOVERNANÇA DO PATRIMÔNIO DA UNIÃO, DA SECRETARIA ESPECIAL DE DESESTATIZAÇÃO, DESINVESTIMENTO E MERCADOS, DO MINISTÉRIO DA ECONOMIA, no uso das atribuições que lhes conferem os arts. 102 e 181 do Anexo I do Decreto nº 9.745, de 8 de abril de 2019, e considerando o disposto no Decreto-Lei nº 2.398, de 21 de dezembro de 1987, resolve:

CAPÍTULO I – DAS DISPOSIÇÕES GERAIS

Art. 1º Regulamentar o envio à Secretaria de Coordenação e Governança do Patrimônio da União da Declaração sobre Operações Imobiliárias em Terrenos da União (Doitu) prevista no art. 3º-A do Decreto-Lei nº 2.398, de 21 de dezembro de 1987, com a redação dada pela Lei nº 13.465 de 11 de julho de 2017.

Art. 2º O envio da Declaração sobre Operações Imobiliárias em Terrenos da União (Doitu) é obrigatória para os oficiais de cartórios de notas, de registro de imóveis ou de títulos e documentos que promoverem operações imobiliárias anotadas, averbadas, lavradas, matriculadas ou registradas nos assentos de suas serventias que envolvam terrenos da União.

CAPÍTULO II – DA OPERACIONALIZAÇÃO E IMPLEMENTAÇÃO DO PADRÃO ELETRÔNICO DA DOITU

Art. 3º A apresentação da Declaração sobre Operações Imobiliárias em Terrenos da União (Doitu) será realizada em meio magnético, a partir do envio de arquivo no sistema corporativo de gestão dos imóveis da União denominado SPUnet, cujo acesso se dará pelo endereço eletrônico http://www.patrimoniodetodos.gov.br, observado o seguinte:

§ 1º O portal de atendimento do SPUnet, será o canal de recepção da Doitu que deverá ser enviada regularmente pelos oficiais de cartórios de que trata esta Portaria.

§ 2º Os dados estruturados conforme instruções desta Portaria deverão ser remetidos via Portal de Atendimento da SPU (http://www.patrimoniodetodos.gov.br), que disponibilizará área específica para este recebimento denominada "Enviar Doitu (exclusivo para cartórios)".

§ 3º A Doitu deverá ser enviada pelo tabelião ou oficial responsável pelo respectivo cartório de notas, de títulos e documentos ou de registro de imóveis ou por representante legalmente instituído.

§ 4º O envio da Doitu, correspondente a cada operação efetivada, deverá ser realizado até o último dia útil do mês subsequente à data de lançamento do ato registral nos assentos da serventia respectiva, sob pena de incorrer nas sanções previstas no art. 6º desta portaria.

SEÇÃO I – DAS INFORMAÇÕES

Art. 4º Deverão constar obrigatoriamente na Doitu as seguintes informações:

I – número do Registro de Identificação Patrimonial do imóvel – RIP, se declarado ou presente nos assentos da serventia;

II – número da Certidão de Autorização para Transferência – CAT, quando aplicável;

III – valor do ITBI, quando aplicável e se a transferência for anterior à 31/12/2015;

IV – endereço completo do imóvel, incluindo estado e município, com CEP do imóvel ou, na sua ausência, da sede da serventia;

V – nome da serventia, conforme cadastro no Conselho Nacional de Justiça;

VI – número da matrícula/transcrição do imóvel, se houver, e do respectivo assento;

VII – livro e folha(s) do assento;

VIII – cópia do assento ou certidão contendo o texto do ato registral realizado;

IX – nome/Razão Social e CPF/CNPJ do transmitente/promitente;

X – nome/Razão Social e CPF/CNPJ do adquirente/promissário;

XI – nome e CPF do representante legal ou do cônjuge, quando exigidos para o ato;

XII – data do lançamento do ato registral no assento; e

XIII – valor do negócio jurídico, se houver.

§ 1° O conjunto de dados listados no *caput* deverá ser estruturado em planilha de dados e correspondente arquivo .csv, conforme modelo disponibilizado no portal de serviços da SPU.

§ 2° Com a evolução das integrações eletrônicas, a comunicação dos dados será adaptada às evoluções do SPUnet, conforme cronograma de desenvolvimento do projeto.

§ 3° A SPU poderá solicitar informações complementares em caso de inconsistências ou de dúvidas geradas a partir dos dados apresentados, os quais deverão ser fornecidos pelo tabelião ou registrador no prazo de até 30 dias contados da notificação.

§ 4º É facultado ao responsável pela serventia encaminhar, na mesma planilha e arquivo .csv correspondente, a Doitu de várias operações imobiliárias distintas, desde que respeitados os requisitos definidos por esta portaria.

§ 5º Na ocasião do envio de informações que trata o *caput*, o responsável pela serventia deverá declarar que as informações são verdadeiras e que seguem o disposto no Decreto n° 2.398/1987, na Lei n° 13.465/2017, na Lei n° 6.015/1973 e na Lei n° 8.935/1994, sob pena de responsabilização.

Art. 5° Fica o Departamento de Caracterização e Incorporação do Patrimônio – DECIP/SPU – autorizado promover a interlocução com órgãos do Poder Judiciário e com entidades representativas dos notários e registradores, incluindo o Operador Nacional do Sistema de Registro Eletrônico de Imóveis– ONR, de modo a criar mecanismo de interoperabilidade de sistemas capaz de criar alternativa à plataforma que trata o artigo anterior.

CAPÍTULO III – DAS PENALIDADES

Art. 6° Os oficiais que não enviarem as operações imobiliárias por meio da Doitu ou apresentarem a declaração após o prazo fixado, na forma definida nos arts. 2° e 3° desta Portaria, ficam sujeitos à multa de 0,1% (zero vírgula um por cento) ao mês-calendário ou fração, sobre o valor da operação, limitada a 1% (um por cento), conforme art. 3°-A do Decreto n° 2.2398/1987.

§ 1° A multa de que trata este artigo:

I – terá como termo inicial o dia seguinte ao término do prazo originalmente fixado para a entrega da declaração e como termo final a data da efetiva entrega ou, no caso de não-apresentação, da lavratura do auto de infração;

II – será reduzida:

a) à metade, caso a declaração seja apresentada antes de qualquer procedimento de ofício;

b) a 75% (setenta e cinco por cento), caso a declaração seja apresentada no prazo fixado em intimação;

III – será de, no mínimo, R$ 20,00 (vinte reais).

§ 2° O responsável que apresentar Doitu com incorreções ou omissões será intimado a apresentar declaração retificadora, no prazo estabelecido pela Secretaria de Coordenação e Governança do Patrimônio da União, e sujeitar-se– á à multa de R$ 50,00 (cinqüenta reais) por informação inexata, incompleta ou omitida, que será reduzida em 50% (cinqüenta por cento) caso a retificadora seja apresentada no prazo fixado.

Art. 7° As penalidades que trata esta Portaria serão aplicadas pelo Superintendente do Patrimônio da União no Estado.

CAPÍTULO IV – RECURSO ADMINISTRATIVO

Art. 8° O recurso administrativo contra a decisão do Superintendente do Patrimônio da União no Estado deverá ser dirigido a essa autoridade, que, se não a reconsiderar, o encaminhará ao Secretário de Coordenação e Governança do Patrimônio da União.

Art. 9° Contra a decisão do Secretário de Coordenação e Governança do Patrimônio da União, caberá recurso, a ser dirigido a essa autoridade que, se não a reconsiderar, o encaminhará ao Secretário Especial de Desestatização, Desinvestimentos e Mercados do Ministério da Economia.

Art. 10 Os recursos administrativos em todas as instâncias deverão ser apresentados no prazo máximo de 10 dias, contado a partir da ciência ou divulgação oficial da decisão recorrida, e sempre serão protocolados na Superintendência do Patrimônio da União no Estado, fisicamente ou em plataforma eletrônica a ser divulgada pela Secretaria de Coordenação e Governança do Patrimônio da União.

Parágrafo único. Após o recebimento dos recursos administrativos, a Superintendência do Patrimônio da União no Estado promoverá o encaminhamento à autoridade competente.

Art. 11 A decisão em grau de recurso deverá ser motivada, com a indicação dos fatos e fundamentos jurídicos em que se baseia, podendo confirmar, modificar, anular ou revogar, total ou parcialmente, a decisão recorrida.

Art. 12 A notificação do julgamento do recurso ao interessado será efetuada pela Superintendência do Patrimônio da União no Estado em todas as instâncias, após encaminhamento da autoridade que a proferiu.

CAPÍTULO V – DISPOSIÇÕES FINAIS E TRANSITÓRIAS

Art. 13 Os casos omissos serão resolvidos por esta Secretaria de Coordenação e Governança do Patrimônio da União.

Art. 14 Esta Portaria entra em vigor na data de 02 de janeiro de 2021.

MAURO BENEDITO DE SANTANA FILHO

D.O.U de 22.12.2020.

INSTRUÇÕES DA SECRETARIA DA RECEITA FEDERAL DO BRASIL – RFB

INSTRUÇÃO NORMATIVA RFB Nº 2.110, DE 17 DE OUTUBRO DE 2022*

Dispõe sobre normas gerais de tributação previdenciária e de arrecadação das contribuições sociais destinadas à Previdência Social e das contribuições devidas a terceiros, administradas pela Secretaria Especial da Receita Federal do Brasil (RFB).

O SECRETÁRIO ESPECIAL DA RECEITA FEDERAL DO BRASIL, no uso da atribuição que lhe confere o inciso III do art. 350 do Regimento Interno da Secretaria Especial da Receita Federal do Brasil, aprovado pela Portaria ME nº 284, de 27 de julho de 2020, e tendo em vista o disposto na Lei nº 8.212, de 24 de julho de 1991, na Lei nº 8.213, de 24 de julho de 1991, na Lei nº 8.870, de 15 de abril de 1994, na Lei nº 10.666, de 8 de maio de 2003, na Lei nº 11.457, de 16 de março de 2007, e no Regulamento da Previdência Social, aprovado pelo Decreto nº 3.048, de 6 de maio de 1999, resolve:

Art. 1º Esta Instrução Normativa dispõe sobre normas gerais de tributação das contribuições sociais destinadas ao Regime Geral de Previdência Social (RGPS) e das contribuições devidas a terceiros, assim entendidas outras entidades e fundos, e estabelece os procedimentos aplicáveis à arrecadação dessas contribuições pela Secretaria Especial da Receita Federal do Brasil (RFB).

TÍTULO I – DAS OBRIGAÇÕES PREVIDENCIÁRIAS

CAPÍTULO I – DOS CONTRIBUINTES DA PREVIDÊNCIA SOCIAL

SEÇÃO I – DOS CONCEITOS

Art. 2º Para os fins desta Instrução Normativa considera-se:

I - empresa, o empresário ou a sociedade que assume o risco de atividade econômica urbana ou rural, com fins lucrativos ou não, bem como os órgãos e as entidades da administração pública direta e indireta; *(Lei nº 8.212, de 24 de julho de 1991, art. 15, caput, inciso I; e Regulamento da Previdência Social, de 1999, art. 12, caput, inciso I)*

II - empregador doméstico, a pessoa, a família ou a entidade familiar que admite empregado doméstico a seu serviço, mediante remuneração e sem finalidade lucrativa; *(Lei nº 8.212, de 1991, art. 15, caput, inciso II; e Regulamento da Previdência Social, de 1999, art. 12, caput, inciso II)*

III - empresa de trabalho temporário, a pessoa jurídica urbana cuja atividade consiste em colocar à disposição de outras empresas, por prazo não superior a 180 (cento e oitenta) dias, consecutivos ou não, prorrogável por até 90 (noventa) dias, trabalhadores qualificados, por ela remunerados e assistidos, ficando obrigada a registrar a condição de temporalidade na Carteira de Trabalho e Previdência Social (CTPS) do trabalhador; *(Lei nº 6.019, de 3 de janeiro de 1974, art. 10, §§ 1º e 2º)*

IV - administração pública, a administração direta ou indireta da União, dos estados, do Distrito Federal ou dos municípios, abrangendo, inclusive, as entidades com personalidade jurídica de direito privado sob o controle do poder público e as fundações por ele mantidas;

V - instituição financeira, a pessoa jurídica, pública ou privada, que tem como atividade principal ou acessória a intermediação ou a aplicação de recursos financeiros próprios ou de terceiros, em moeda nacional ou estrangeira, autorizada pelo Banco Central do Brasil, ou por decreto do Poder Executivo, a funcionar no território nacional; e

VI - agroindústria, o produtor rural pessoa jurídica cuja atividade econômica seja a industrialização de produção própria ou de produção própria e adquirida de terceiros. *(Lei nº 8.212, de 1991, art. 22-A, caput; e Regulamento da Previdência Social, de 1999, art. 201-A, caput)*

Parágrafo único. Equiparam-se a empresa para fins de cumprimento de obrigações previdenciárias: *(Lei nº 8.212, de 1991, art. 15, parágrafo único; e Regulamento da Previdência Social, art. 12, parágrafo único)*

I - o contribuinte individual, em relação ao segurado que lhe presta serviços;

II - a cooperativa, conforme definida no art. 181 desta Instrução Normativa e nos arts. 1.093 a 1096 da Lei nº 10.406, de 10 de janeiro de 2002 - Código Civil;

III - a associação ou a entidade de qualquer natureza ou finalidade, inclusive o condomínio;

IV - a missão diplomática e a repartição consular de carreiras estrangeiras;

V - o operador portuário e o Órgão Gestor de Mão de Obra (Ogmo); e

VI - o proprietário do imóvel, o incorporador ou o dono de obra de construção civil, quando pessoa física, em relação a segurado que lhe presta serviços.

Art. 3º São segurados obrigatórios da Previdência Social as pessoas físicas que exercem atividade remunerada abrangida pelo RGPS na qualidade de:

I - empregado; *(Lei nº 8.212, de 1991, art. 12, caput, inciso I; e Regulamento da Previdência Social, de 1999, art. 9º, caput, inciso I)*

II - trabalhador avulso; *(Lei nº 8.212, de 1991, art. 12, caput, inciso VI; e Regulamento da Previdência Social, de 1999, art. 9º, caput, inciso VI)*

III - empregado doméstico; *(Lei nº 8.212, de 1991, art. 12, caput, inciso II; e Regulamento da Previdência Social, de 1999, art. 9º, caput, inciso II)*

IV - contribuinte individual; e *(Lei nº 8.212, de 1991, art. 12, caput, inciso V; e Regulamento da Previdência Social, de 1999, art. 9º, caput, inciso V)*

V - segurado especial. *(Lei nº 8.212, de 1991, art. 12, caput, inciso VII; e Regulamento da Previdência Social, de 1999, art. 9º, caput, inciso VII)*

(...)

SEÇÃO II – DOS SEGURADOS CONTRIBUINTES OBRIGATÓRIOS

Art. 5º Deve contribuir obrigatoriamente na qualidade de segurado empregado:

(...)

XXI - o escrevente e o auxiliar contratados por titular de serviços notariais e de registro, bem como aquele de investidura estatutária ou de regime especial que optou pelo regime da legislação trabalhista, em conformidade com a Lei nº 8.935, de 18 de novembro de 1994, observado o disposto no § 11; *(Lei nº 8.935, de 1994, arts. 40 e 48; e Regulamento da Previdência Social, de 1999, art. 9º, caput, inciso I, alínea "o")*

(...)

Art. 8º Deve contribuir obrigatoriamente na qualidade de contribuinte individual:

(...)

XXIII - o notário, o tabelião, o oficial de registro ou o registrador, nomeados a partir de 21 de novembro de 1994, em decorrência da Lei nº 8.935, de 1994; *(Lei nº 8.212, de 1991, art. 12, caput, inciso V, alínea "h"; Lei nº 8.935, de 1994, art. 40; e Regulamento da Previdência Social, de 1999, art. 9º, § 15, inciso VII)*

(...)

XL - o notário, o tabelião, o oficial de registro ou registrador, nomeados até 20 de novembro de 1994, que detêm a delegação para o exercício da atividade notarial e de registro não remunerada pelos cofres públicos; e *(Incluído pela IN RFB 2.185, de 2024)*

XLI - o notário, o tabelião, o oficial de registro ou registrador, nomeados até 20 de novembro de 1994, que detêm a delegação para o exercício da atividade notarial e de registro, mesmo que amparados por RPPS, conforme o disposto no art. 51 da Lei nº 8.935, de 1994, a partir de 16 de dezembro de 1998, por força da Emenda Constitucional nº 20, de 15 de dezembro de 1998. (Lei nº 8.212, de 1991, art. 12, *caput*, inciso V, alínea "h"; Lei nº 8.935, de 1994, art. 51) *(Incluído pela IN RFB 2.185, de 2024)*

CAPÍTULO VII – DA CONTRIBUIÇÃO DEVIDA A TERCEIROS

(...)

SEÇÃO II – DA NÃO INCIDÊNCIA DA CONTRIBUIÇÃO

Art. 82. Não estão sujeitos à contribuição devida, por lei, a terceiros de que trata o art. 81:

(...)

VI - as serventias notariais e de registro, exceto quanto à contribuição social do salário-educação;

(...)

TÍTULO VI

(...)

CAPÍTULO II – DOS DOCUMENTOS DE CONSTITUIÇÃO DO CRÉDITO

(...)

SEÇÃO IV – DO AUTO DE INFRAÇÃO OU DA NOTIFICAÇÃO DE LANÇAMENTO PELO DESCUMPRIMENTO DE OBRIGAÇÃO PRINCIPAL OU ACESSÓRIA

SUBSEÇÃO I – DISPOSIÇÕES GERAIS

Art. 258. O titular de serviço notarial e de registro é pessoalmente responsável pela infração a obrigação acessória prevista na legislação previdenciária, em nome do qual será lavrado o documento de constituição do crédito tributário, por meio de sua matrícula CEI ou CAEPF atribuída ou não de ofício. *(Lei nº 8.212, de 1991, art. 48, § 3º, e art. 68, § 5º; e Regulamento da Previdência Social, de 1999, art. 228, § 6º)*

(...)

TÍTULO VII

(...)

Art. 277. Esta Instrução Normativa será publicada no Diário Oficial da União e entrará em vigor em 1º de novembro de 2022.

JULIO CESAR VIEIRA GOMES

DOU de 19/10/2022

Não publicamos os anexos desta norma

INSTRUÇÃO NORMATIVA RFB Nº 2.186, DE 12 DE ABRIL DE 2024

Aprova o programa e as instruções para preenchimento da Declaração sobre Operações Imobiliárias, versão 6.1, define regras para a sua apresentação e dá outras providências.

- *Art. 8º, Lei n. 10.426/2002 (Legislação Tributária Federal)*
- *Art. 289, Lei n. 6.015/1973 (Registros Públicos)*
- *Art. 30, XI da Lei 8.935/1994 (Notários e Registradores)*
- *Art. 134, Lei 5.172/1966 (CTN)*
- *Art. 184-A, Prov. CNJ n. 149/2023 (CNN)*

O **SECRETÁRIO ESPECIAL DA RECEITA FEDERAL DO BRASIL**, no uso da atribuição que lhe confere o inciso III do art. 350 do Regimento Interno da Secretaria Especial da Receita Federal do Brasil, aprovado pela Portaria ME nº 284, de 27 de julho de 2020, e tendo em vista o disposto na Lei nº 8.935, de 18 de novembro de 1994, no art. 8º da Lei nº 10.426, de 24 de abril de 2002, e no Decreto nº 10.543, de 13 de novembro de 2020, resolve:

Art. 1º A Declaração sobre Operações Imobiliárias (DOI) de que trata o art. 8º da Lei nº 10.426, de 24 de abril de 2002, deverá ser apresentada à Secretaria Especial da Receita Federal do Brasil (RFB) em conformidade com o disposto nesta Instrução Normativa.

CAPÍTULO I – DISPOSIÇÕES PRELIMINARES

Art. 2º A apresentação da Declaração sobre Operações Imobiliárias (DOI) deverá ser feita por meio do DOI-Web, sistema informatizado disponível no Centro Virtual de Atendimento ao Contribuinte (e-CAC), no endereço eletrônico <https://www.gov.br/receitafederal>.

Art. 3º Para fins do disposto nesta Instrução Normativa, considera-se:

I - conta gov.br, o mecanismo de acesso digital único do usuário aos serviços públicos com nível de segurança compatível com o grau de exigência, natureza e criticidade dos dados e das informações pertinentes ao serviço público solicitado;

II - Identidade Digital Prata, a obtida por meio de cadastro com garantia de identidade mediante validador de acesso digital, nos termos do inciso II do § 1º do art. 1º da Portaria SEDGGME nº 2.154, de 23 de fevereiro de 2021;

III - Identidade Digital Ouro, a obtida por meio de cadastro validado em base de dados biométrica individualizada, de abrangência nacional, nos termos do inciso III do § 1º do art. 1º da Portaria SEDGGME nº 2.154, de 2021;

IV - DOI-Web, o sistema informatizado online por meio do qual será efetuada a entrega da DOI à RFB;

V - e-CAC, o canal de prestação de serviços digitais da RFB, disponível no portal único gov.br na Internet, no endereço a que se refere o art. 2º; e

VI - procuração digital, a procuração emitida por meio do e-CAC, a qual permite ao titular do serviço notarial ou de registro outorgar poderes para que um terceiro, pessoa física ou jurídica, acesse o sistema DOI-Web ou entregue a DOI em seu nome.

CAPÍTULO II – DA OBRIGATORIEDADE DE APRESENTAÇÃO

Art. 4º Ficam obrigados a apresentar a DOI, sempre que ocorrer operação de aquisição ou alienação de imóvel realizada por pessoa física ou jurídica, independentemente de seu valor, os seguintes serventuários da Justiça, titulares ou designados:

I - do Cartório de Notas, quando da lavratura do respectivo instrumento, do qual deverá constar a expressão "EMITIDA A DOI";

II - do Cartório de Registro de Imóveis, quando o documento tiver sido:

a) celebrado por instrumento particular;

b) celebrado por instrumento particular com força de escritura pública;

c) emitido por autoridade judicial, nos casos de adjudicação, herança, legado ou meação;

d) decorrente de alienação por iniciativa particular ou mediante leilão judicial;

e) assinado pela União, estados, municípios ou Distrito Federal, no âmbito de programas de regularização fundiária ou de programas habitacionais de interesse social; ou

f) lavrado pelo Cartório de Notas ou consulados brasileiros, independentemente de ter havido emissão anterior de DOI; e

III - do Cartório de Registro de Títulos e Documentos, quando o documento celebrado por instrumento particular for submetido a registro, do qual deverá constar a expressão "EMITIDA A DOI".

§ 1º Deverá ser emitida uma declaração para cada imóvel alienado ou adquirido.

§ 2º O valor da operação imobiliária será o informado pelas partes ou, na ausência deste, o valor que serviu de base para o cálculo do Imposto sobre a Transmissão de Bens Imóveis - ITBI ou para o cálculo do Imposto sobre Transmissão Causa Mortis e Doação de Quaisquer Bens ou Direitos - ITCD.

CAPÍTULO III – DO PRAZO E DO MEIO DISPONÍVEL PARA A APRESENTAÇÃO

Art. 5º A DOI deverá ser apresentada até o último dia útil do mês subsequente ao da lavratura, anotação, averbação, matrícula ou registro do documento que tenha por objeto a operação de aquisição ou alienação de imóvel.

§ 1º A DOI será elaborada exclusivamente no sistema DOI-Web, disponível no portal único gov.br na Internet, no endereço eletrônico <https://www.gov.br/pt-br/servicos/declarar-operacoes-imobiliarias>, cujo acesso será realizado mediante autenticação por meio de conta gov.br, com Identidade Digital Prata ou Ouro.

§ 2º O sistema DOI-Web será restrito aos titulares dos serviços notariais ou registrais, ou a seus procuradores.

§ 3º A DOI deverá ser assinada digitalmente mediante certificado emitido por entidade credenciada pela Infraestrutura de Chaves Públicas Brasileira - ICP-Brasil, a fim de garantir a autoria, a autenticidade, a integridade e a validade jurídica do documento digital.

Art. 6º A habilitação para acesso ao sistema DOI-Web por meio de procuração digital será realizada pelo titular do serviço notarial ou registral por meio do e-CAC da RFB, disponível no endereço eletrônico a que se refere o art. 2º.

CAPÍTULO IV – DAS PENALIDADES

Art. 7º A falta de apresentação da DOI ou sua apresentação depois do prazo a que se refere o caput do art. 5º sujeita o serventuário da Justiça à multa de 0,1% (um décimo por cento) ao mês-calendário ou fração de atraso, lançada de ofício e calculada sobre o valor da operação imobiliária.

Parágrafo único. A multa de que trata o *caput*:

I - será limitada a 1% (um por cento) do valor da operação imobiliária;

II - terá valor mínimo de R$ 20,00 (vinte reais);

III - sofrerá redução de 50% (cinquenta por cento) caso a declaração seja apresentada antes de qualquer procedimento de ofício;

IV - sofrerá redução de 25% (vinte e cinco por cento) caso a declaração seja apresentada no prazo fixado em intimação fiscal; e

V - seu termo inicial será o dia seguinte ao término do prazo originalmente fixado para a entrega da declaração e seu termo final será a data da efetiva entrega ou, no caso de não apresentação, a data da lavratura do auto de infração.

Art. 8º A entrega da DOI com incorreções ou omissões sujeita o serventuário da Justiça à multa de R$ 50,00 (cinquenta reais) por informação inexata, incompleta ou omitida.

§ 1º Na hipótese prevista no caput o serventuário da Justiça será intimado a apresentar declaração retificadora no prazo estabelecido pela RFB.

§ 2º Em caso de apresentação de declaração retificadora dentro do prazo a que se refere o § 1º a multa a que se refere o caput será reduzida em 50% (cinquenta por cento).

CAPÍTULO V – DISPOSIÇÃO TRANSITÓRIA

Art. 9º As declarações relativas a operações imobiliárias cujos documentos foram lavrados, anotados, averbados, matriculados ou registrados nos meses de maio e junho de 2024 poderão ser entregues até o último dia útil do mês de agosto de 2024.

(Redação dada pela Instrução Normativa RFB nº 2.202, de 16 de julho de 2024).

CAPÍTULO VI – DISPOSIÇÕES FINAIS

Art. 10. Ficam revogadas:

I - a Instrução Normativa RFB nº 1.112, de 28 de dezembro de 2010;

II - a Instrução Normativa RFB nº 1.193, de 15 de setembro de 2011; e

III - a Instrução Normativa RFB nº 1.239, de 17 de janeiro de 2012.

Art. 11. Esta Instrução Normativa entra em vigor no dia 1º de junho de 2024.

ROBINSON SAKIYAMA BARREIRINHAS

D.O.U. de 16.04.2024.

2

PARTE ESPECIAL

2.1

REGISTRO CIVIL DAS PESSOAS NATURAIS

LEIS FEDERAIS

LEI Nº 765, DE 14 DE JULHO DE 1949

Dispõe sobre o registro civil de nascimento.

- *Vide Lei do Rito Sumaríssimo para Retificações no Registro Civil (Lei 3.764/1960)*
- *Vide Lei nº 9.534, de 1997 (Gratuidade dos atos necessários ao exercício da cidadania)*
- *Arts. 50 a 66 da Lei de Registros Públicos (Lei 6.015/1973)*

O Presidente da República,

Faço saber que o Congresso Nacional decreta e eu sanciono a seguinte Lei:

Art. 1º. Os brasileiros, de um e outro sexo, ainda não inscritos no registro civil de nascimentos serão registrados independente do pagamento da multa regulamentar, mediante petição isenta de selos, taxas, emolumentos e custas, despachada pelo Juiz competente e apenas atestada por duas testemunhas idôneas, na forma e sob as penas da lei;

§ 1º Se o registrado for maior de dezoito anos de idade ou menor de 21 anos, ou nascidos anteriormente a obrigatoriedade do registro civil;

§ 2º Se o registrado for maior de dezoito anos e durante o período do alistamento eleitoral ou se maior de dezessete anos durante o período do alistamento militar determinados em lei;

§ 3º Se o registrado for menor de dezoito anos ou maior de vinte e um, quando apresentado atestado firmado por autoridade competente, desde que considerado pessoa pobre, dispensada, para os menores de doze anos de idade, a petição de que trata este artigo, porém, com atestação de duas testemunhas idôneas.

Art. 2º. As custas dos registros lavrados nos termos desta lei, serão cobrados apenas sobre os atos taxados nos regimentos respectivos para inscrição do nascimento e sua primeira certidão no talão, excluídas quaisquer outras previstas nos mesmos regimentos de custas dispensados do pagamento destas custas mínimas os que apresentarem atestados de pobreza extrema nos termos do art. 40 do Decreto número 4.857 de 9 de novembro de 1939.

- *Art. 30 da Lei 6.015/1973 (Lei de Registros Públicos)*

Art. 3º. O Juiz terá o prazo de quarenta e oito horas para despachar a petição respectiva.

Art. 4º. Esta lei entrará em vigor na data da sua publicação, revogadas as disposições em contrário.

Rio de Janeiro, 14 de julho de 1949; 128º da Independência e 61º da República.

Eurico G. Dutra

(DOU de 21.07.1949).

LEI Nº 2.375, DE 21 DE DEZEMBRO DE 1954

Dispõe sobre a inscrição no Registro Público da emancipação por outorga do pai ou da mãe.

O **PRESIDENTE DA REPÚBLICA**,

Faço saber que o CONGRESSO NACIONAL decreta e eu sanciono a seguinte Lei:

Art. 1º. A inscrição no Registro Público da emancipação por outorga do pai ou da mãe (Código Civil, artigo 12, nº 2) não depende de homologação judicial.

- *Reporta-se ao Código Civil de 1916*
- *Arts. 5º, 9º, II, 1.635, II, 1.690, parágrafo único, 1.758 do Código Civil de 2002*
- *Art. 13, § 2º, 29, IV, 89 a 91, 104 e 107, § 1º da Lei de Registros Públicos (Lei 6.015/1973)*

Art. 2º. Esta lei entrará em vigor na data de sua publicação, revogadas as disposições em contrário, inclusive o § 2º do art. 16 do Decreto nº 4.857, de 9 de novembro de 1939.

Rio de Janeiro, em 21 de dezembro de 1954; 133º da Independência e 66º da República.

JOÃO CAFÉ FILHO

(DOU. de 24.12.1954)

LEI Nº 3.764, DE 25 DE ABRIL DE 1960

Estabelece rito sumaríssimo para retificações no registro civil.

- *Arts. 109 e 110 da Lei de Registros Públicos (Lei 6.015/1973)*

O PRESIDENTE DA REPÚBLICA, Faço saber que o CONGRESSO NACIONAL decreta e eu sanciono a seguinte Lei:

Art. 1º. A retificação de registro de pessoa natural poderá ser processada no próprio cartório onde se encontrar o assentamento, mediante petição assinada pelo interessado, ou procurador, independentemente do pagamento de selos e taxas.

Art. 2º. Recebida a petição, protocolada e autuada, o oficial de registro a submeterá com documentos ao órgão do Ministério Público e fará os autos conclusos ao juiz togado da circunscrição, que despachará em quarenta e oito (48) horas.

§ 1º – Quando a prova depender de dados existentes no próprio cartório, poderá o oficial certificá-lo nos autos.

§ 2º – A identidade do requerente e a veracidade de suas declarações poderão ser atestadas pelo próprio oficial ou por duas testemunhas idôneas.

Art. 3º. Deferido o pedido, o oficial averbará a retificação à margem do registro, mencionando número do protocolo, a data da decisão e seu trânsito em julgado.

Art. 4º. Entendendo o juiz que o pedido exige maior indagação, ou sendo impugnado pelo órgão do Ministério Público, mandará distribuir os autos a um dos cartórios judiciais da circunscrição, procedendo-se à retificação na forma da lei processual, assistida por advogado.

Art. 5º. Os atos praticados no cartório do registro vencerão emolumentos, conforme regimento de custas, dispensado delas o requerente reconhecidamente pobre.

Parágrafo único – Quando o erro do registro for atribuível ao oficial, não lhes serão devidos emolumentos pela retificação.

Art. 6º. Esta lei entrará em vigor na data de sua publicação, revogadas as disposições em contrário.

Brasília, 25 de abril de 1960; 139º da Independência e 72º da República.

JUSCELINO KUBITSCHEK

(DOU de 28.4.1960 e retificado em 3.5.1960)

LEI Nº 6.001, DE 19 DE DEZEMBRO DE 1973

Dispõe sobre o Estatuto do Índio.

- *Vide Resolução Conjunta CNJ/CNMP n. 3/2012 (Registro do Indígena)*

O PRESIDENTE DA REPÚBLICA,

Faço saber que o Congresso Nacional decreta e eu sanciono a seguinte Lei:

TÍTULO I – DOS PRINCÍPIOS E DEFINIÇÕES

Art. 1º. Esta Lei regula a situação jurídica dos índios ou silvícolas e das comunidades indígenas, com o propósito de preservar a sua cultura e integrá-los, progressiva e harmoniosamente, à comunhão nacional.

Parágrafo único. Aos índios e às comunidades indígenas se estende a proteção das leis do País, nos mesmos termos em que se aplicam aos demais brasileiros, resguardados os usos, costumes e tradições indígenas, bem como as condições peculiares reconhecidas nesta Lei.

Art. 2º. Cumpre à União, aos Estados e aos Municípios, bem como aos órgãos das respectivas administrações indiretas, nos limites de sua competência, para a proteção das comunidades indígenas e a preservação dos seus direitos:

I – estender aos índios os benefícios da legislação comum, sempre que possível a sua aplicação;

II – prestar assistência aos índios e às comunidades indígenas ainda não integrados à comunhão nacional;

III – respeitar, ao proporcionar aos índios meios para o seu desenvolvimento, as peculiaridades inerentes à sua condição;

IV – assegurar aos índios a possibilidade de livre escolha dos seus meios de vida e subsistência;

V – garantir aos índios a permanência voluntária no seu habitat, proporcionando-lhes ali recursos para seu desenvolvimento e progresso;

VI – respeitar, no processo de integração do índio à comunhão nacional, a coesão das comunidades indígenas, os seus valores culturais, tradições, usos e costumes;

VII – executar, sempre que possível mediante a colaboração dos índios, os programas e projetos tendentes a beneficiar as comunidades indígenas;

VIII – utilizar a cooperação, o espírito de iniciativa e as qualidades pessoais do índio, tendo em vista a melhoria de suas condições de vida e a sua integração no processo de desenvolvimento;

IX - garantir aos índios e comunidades indígenas, nos termos da Constituição Federal, a posse permanente das terras tradicionalmente ocupadas em 5 de outubro de 1988, reconhecendo-lhes o direito ao usufruto exclusivo das riquezas naturais e de todas as utilidades naquelas terras existentes; *(Redação dada pela Lei nº 14.701, de 2023, vetado pelo Presidente da República, mantido pelo Congresso Nacional e publicado no* DOU *de 28.12.2023)*

X – garantir aos índios o pleno exercício dos direitos civis e políticos que em face da legislação lhes couberem.

Parágrafo único. *(Vetado)*.

Art. 3º. Para os efeitos de lei, ficam estabelecidas as definições a seguir discriminadas:

I – Índio ou Silvícola – É todo indivíduo de origem e ascendência pré-colombiana que se identifica e é identificado como pertencente a um grupo étnico cujas características culturais o distinguem da sociedade nacional;

II – Comunidade Indígena ou Grupo Tribal – É um conjunto de famílias ou comunidades índias, quer vivendo em estado de completo isolamento em relação aos outros setores da comunhão nacional, quer em contatos intermitentes ou permanentes, sem contudo estarem neles integrados.

Art. 4º. Os índios são considerados:

I – Isolados – Quando vivem em grupos desconhecidos ou de que se possuem poucos e vagos informes através de contatos eventuais com elementos da comunhão nacional;

II – Em vias de integração – Quando, em contato intermitente ou permanente com grupos estranhos, conservam menor ou maior parte das condições de sua vida nativa, mas aceitam algumas práticas e modos de existência comuns aos demais setores da comunhão nacional, da qual vão necessitando cada vez mais para o próprio sustento;

III – Integrados – Quando incorporados à comunhão nacional e reconhecidos no pleno exercício dos direitos civis, ainda que conservem usos, costumes e tradições característicos da sua cultura.

TÍTULO II – DOS DIREITOS CIVIS E POLÍTICOS

CAPÍTULO I – DOS PRINCÍPIOS

Art. 5º. Aplicam-se aos índios ou silvícolas as normas dos artigos 145 e 146, da Constituição Federal, relativas à nacionalidade e à cidadania.

Parágrafo único. O exercício dos direitos civis e políticos pelo índio depende da verificação das condições especiais estabelecidas nesta Lei e na legislação pertinente.

Art. 6º. Serão respeitados os usos, costumes e tradições das comunidades indígenas e seus efeitos, nas relações de família, na ordem de sucessão, no regime de propriedade e nos atos ou negócios realizados entre índios, salvo se optarem pela aplicação do direito comum.

Parágrafo único. Aplicam-se as normas de direito comum às relações entre índios não integrados e pessoas estranhas à comunidade indígena, excetuados os que forem menos favoráveis a eles e ressalvado o disposto nesta Lei.

CAPÍTULO II – DA ASSISTÊNCIA OU TUTELA

Art. 7º. Os índios e as comunidades indígenas ainda não integrados à comunhão nacional ficam sujeito ao regime tutelar estabelecido nesta Lei.

§ 1º Ao regime tutelar estabelecido nesta Lei aplicam-se no que couber, os princípios e normas da tutela de direito comum, independendo, todavia, o exercício da tutela da especialização de bens imóveis em hipoteca legal, bem como da prestação de caução real ou fidejussória.

§ 2º Incumbe a tutela à União, que a exercerá através do competente órgão federal de assistência aos silvícolas.

Art. 8º. São nulos os atos praticados entre o índio não integrado e qualquer pessoa estranha à comunidade indígena quando não tenha havido assistência do órgão tutelar competente.

Parágrafo único. Não se aplica a regra deste artigo no caso em que o índio revele consciência e conhecimento do ato praticado, desde que não lhe seja prejudicial, e da extensão dos seus efeitos.

Art. 9º. Qualquer índio poderá requerer ao Juiz competente a sua liberação do regime tutelar previsto nesta Lei, investindo-se na plenitude da capacidade civil, desde que preencha os requisitos seguintes:

I – idade mínima de 21 anos;

II – conhecimento da língua portuguesa;

III – habilitação para o exercício de atividade útil, na comunhão nacional;

IV – razoável compreensão dos usos e costumes da comunhão nacional.

Parágrafo único. O Juiz decidirá após instrução sumária, ouvidos o órgão de assistência ao índio e o Ministério Público, transcrita a sentença concessiva no registro civil.

Art. 10. Satisfeitos os requisitos do artigo anterior e a pedido escrito do interessado, o órgão de assistência poderá reconhecer ao índio, mediante declaração formal, a condição de integrado, cessando toda restrição à capacidade, desde que, homologado judicialmente o ato, seja inscrito no registro civil.

Art. 11. Mediante decreto do Presidente da República, poderá ser declarada a emancipação da comunidade indígena e de seus membros, quanto ao regime tutelar estabelecido em lei, desde que requerida pela maioria dos membros do grupo e comprovada, em inquérito realizado pelo órgão federal competente, a sua plena integração na comunhão nacional.

Parágrafo único. Para os efeitos do disposto neste artigo, exigir-se-á o preenchimento, pelos requerentes, dos requisitos estabelecidos no artigo 9º.

CAPÍTULO III – DO REGISTRO CIVIL

- *Art. 50, § 2º da Lei de Registros Públicos (Lei 6.015/1973)*
- *Resolução conjunta CNJ/CNMP nº 03/2012*

Art. 12. Os nascimentos e óbitos, e os casamentos civis dos índios não integrados, serão registrados de acordo com a legislação comum, atendidas as peculiaridades de sua condição quanto à qualificação do nome, prenome e filiação.

Parágrafo único. O registro civil será feito a pedido do interessado ou da autoridade administrativa competente.

Art. 13. Haverá livros próprios, no órgão competente de assistência, para o registro administrativo de nascimentos e óbitos dos índios, da cessação de sua incapacidade e dos casamentos contraídos segundo os costumes tribais.

Parágrafo único. O registro administrativo constituirá, quando couber documento hábil para proceder ao registro civil do ato correspondente, admitido, na falta deste, como meio subsidiário de prova.

CAPÍTULO IV – DAS CONDIÇÕES DE TRABALHO

Art. 14. Não haverá discriminação entre trabalhadores indígenas e os demais trabalhadores, aplicando-se-lhes todos os direitos e garantias das leis trabalhistas e de previdência social.

- *Súmula 657, STJ.*

Parágrafo único. É permitida a adaptação de condições de trabalho aos usos e costumes da comunidade a que pertencer o índio.

Art. 15. Será nulo o contrato de trabalho ou de locação de serviços realizado com os índios de que trata o artigo 4º, I.

Art. 16. Os contratos de trabalho ou de locação de serviços realizados com indígenas em processo de integração ou habitantes de parques ou colônias agrícolas dependerão de prévia aprovação do órgão de proteção ao índio, obedecendo, quando necessário, a normas próprias.

§ 1º Será estimulada a realização de contratos por equipe, ou a domicílio, sob a orientação do órgão competente, de modo a favorecer a continuidade da via comunitária.

§ 2º Em qualquer caso de prestação de serviços por indígenas não integrados, o órgão de proteção ao índio exercerá permanente fiscalização das condições de trabalho, denunciando os abusos e providenciando a aplicação das sanções cabíveis.

§ 3º O órgão de assistência ao indígena propiciará o acesso, aos seus quadros, de índios integrados, estimulando a sua especialização indigenista.

TÍTULO III – DAS TERRAS DOS ÍNDIOS

CAPÍTULO I – DAS DISPOSIÇÕES GERAIS

Art. 17. Reputam-se terras indígenas:

I – as terras ocupadas ou habitadas pelos silvícolas, a que se referem os artigos 4º, IV, e 198, da Constituição;

II – as áreas reservadas de que trata o Capítulo III deste Título;

III – as terras de domínio das comunidades indígenas ou de silvícolas.

Art. 18. As terras indígenas não poderão ser objeto de arrendamento ou de qualquer ato ou negócio jurídico que restrinja o pleno exercício da posse direta pela comunidade indígena ou pelos silvícolas.

§ 1º Nessas áreas, é vedada a qualquer pessoa estranha aos grupos tribais ou comunidades indígenas a prática da caça, pesca ou coleta de frutos, assim como de atividade agropecuária ou extrativa.

§ 2º *(Vetado).*

Art. 19. As terras indígenas, por iniciativa e sob orientação do órgão federal de assistência ao índio, serão administrativamente demarcadas, de acordo com o processo estabelecido em decreto do Poder Executivo.

§ 1º A demarcação promovida nos termos deste artigo, homologada pelo Presidente da República, será registrada em livro próprio do Serviço do Patrimônio da União (SPU) e do registro imobiliário da comarca da situação das terras.

§ 2º Contra a demarcação processada nos termos deste artigo não caberá a concessão de interdito possessório, facultado aos interessados contra ela recorrer à ação petitória ou à demarcatória.

Art. 20. Em caráter excepcional e por qualquer dos motivos adiante enumerados, poderá a União intervir, se não houver solução alternativa, em área indígena, determinada a providência por decreto do Presidente da República.

1º A intervenção poderá ser decretada:

a) para pôr termo à luta entre grupos tribais;

b) para combater graves surtos epidêmicos, que possam acarretar o extermínio da comunidade indígena, ou qualquer mal que ponha em risco a integridade do silvícola ou do grupo tribal;

c) por imposição da segurança nacional;

d) para a realização de obras públicas que interessem ao desenvolvimento nacional;

e) para reprimir a turbação ou esbulho em larga escala;

f) para a exploração de riquezas do subsolo de relevante interesse para a segurança e o desenvolvimento nacional.

2º A intervenção executar-se-á nas condições estipuladas no decreto e sempre por meios suasórios, dela podendo resultar, segundo a gravidade do fato, uma ou algumas das medidas seguintes:

a) contenção de hostilidades, evitando-se o emprego de força contra os índios;

b) deslocamento temporário de grupos tribais de uma para outra área;

c) remoção de grupos tribais de uma para outra área.

3º Somente caberá a remoção de grupo tribal quando de todo impossível ou desaconselhável a sua permanência na área sob intervenção, destinando-se à comunidade indígena removida área equivalente à anterior, inclusive quanto às condições ecológicas.

4º A comunidade indígena removida será integralmente ressarcida dos prejuízos decorrentes da remoção.

5º O ato de intervenção terá a assistência direta do órgão federal que exercita a tutela do índio.

Art. 21. As terras espontânea e definitivamente abandonadas por comunidade indígena ou grupo tribal reverterão, por proposta do órgão federal de assistência ao índio e mediante ato declaratório do Poder Executivo, à posse e ao domínio pleno da União.

CAPÍTULO II – DAS TERRAS OCUPADAS

Art. 22. Cabe aos índios ou silvícolas a posse permanente das terras que habitam e o direito ao usufruto exclusivo das riquezas naturais e de todas as utilidades naquelas terras existentes.

Parágrafo único. As terras ocupadas pelos índios, nos termos deste artigo, serão bens inalienáveis da União (artigo 4º, IV, e 198, da Constituição Federal).

Art. 23. Considera-se posse do índio ou silvícola a ocupação efetiva da terra que, de acordo com os usos, costumes e tradições tribais, detém e onde habita ou exerce atividade indispensável à sua subsistência ou economicamente útil.

Art. 24. O usufruto assegurado aos índios ou silvícolas compreende o direito à posse, uso e percepção das riquezas naturais e de todas as utilidades existentes nas terras ocupadas, bem assim ao produto da exploração econômica de tais riquezas naturais e utilidades.

§ 1º Incluem-se, no usufruto, que se estende aos acessórios e seus acrescidos, o uso dos mananciais e das águas dos trechos das vias fluviais compreendidos nas terras ocupadas.

§ 2º É garantido ao índio o exclusivo exercício da caça e pesca nas áreas por ele ocupadas, devendo ser executadas por forma suasória as medidas de polícia que em relação a ele eventualmente tiverem de ser aplicadas.

Art. 25. O reconhecimento do direito dos índios e grupos tribais à posse permanente das terras por eles habitadas, nos termos do artigo 198, da Constituição Federal, independerá de sua demarcação, e será assegurado pelo órgão federal de assistência aos silvícolas, atendendo à situação atual e ao consenso histórico sobre a antiguidade da ocupação, sem prejuízo das medidas cabíveis que, na omissão ou erro do referido órgão, tomar qualquer dos Poderes da República.

CAPÍTULO III – DAS ÁREAS RESERVADAS

Art. 26. A União poderá estabelecer, em qualquer parte do território nacional, áreas destinadas à posse e ocupação pelos índios, onde possam viver e obter meios de subsistência, com direito ao usufruto e utilização das riquezas naturais e dos bens nelas existentes, respeitadas as restrições legais.

Parágrafo único. As áreas reservadas na forma deste artigo não se confundem com as de posse imemorial das tribos indígenas, podendo organizar-se sob uma das seguintes modalidades:

a) reserva indígena;

b) parque indígena;

c) colônia agrícola indígena.

Art. 27. Reserva indígena é uma área destinada a servidor de habitat a grupo indígena, com os meios suficientes à sua subsistência.

Art. 28. Parque indígena é a área contida em terra na posse de índios, cujo grau de integração permita assistência econômica, educacional e sanitária dos órgãos da União, em que se preservem as reservas de flora e fauna e as belezas naturais da região.

§ 1º Na administração dos parques serão respeitados a liberdade, usos, costumes e tradições dos índios.

§ 2º As medidas de polícia, necessárias à ordem interna e à preservação das riquezas existentes na área do parque, deverão ser tomadas por meios suasórios e de acordo com o interesse dos índios que nela habitem.

§ 3º O loteamento das terras dos parques indígenas obedecerá ao regime de propriedade, usos e costumes tribais, bem como às normas administrativas nacionais, que deverão ajustar-se aos interesses das comunidades indígenas.

Art. 29. Colônia agrícola indígena é a área destinada à exploração agropecuária, administrada pelo órgão de assistência ao índio, onde convivam tribos aculturadas e membros da comunidade nacional.

Art. 30. Território federal indígena é a unidade administrativa subordinada à União, instituída em região na qual pelo menos um terço da população seja formado por índios.

Art. 31. As disposições deste Capítulo serão aplicadas, no que couber, às áreas em que a posse decorra da aplicação do artigo 198, da Constituição Federal.

CAPÍTULO IV – DAS TERRAS DE DOMÍNIO INDÍGENA

Art. 32. São de propriedade plena do índio ou da comunidade indígena, conforme o caso, as terras havidas por qualquer das formas de aquisição do domínio, nos termos da legislação civil.

Art. 33. O índio, integrado ou não, que ocupe como próprio, por dez anos consecutivos, trecho de terra inferior a cinquenta hectares, adquirir-lhe-á a propriedade plena.

Parágrafo único. O disposto neste artigo não se aplica às terras do domínio da União, ocupadas por grupos tribais, às áreas reservadas de que trata esta Lei, nem às terras de propriedade coletiva de grupo tribal.

CAPÍTULO V – DA DEFESA DAS TERRAS INDÍGENAS

Art. 34. O órgão federal de assistência ao índio poderá solicitar a colaboração das Forças Armadas e Auxiliares e da Polícia Federal, para assegurar a proteção das terras ocupadas pelos índios e pelas comunidades indígenas.

Art. 35. Cabe ao órgão federal de assistência ao índio a defesa judicial ou extrajudicial dos direitos dos silvícolas e das comunidades indígenas.

Art. 36. Sem prejuízo do disposto no artigo anterior, compete à União adotar as medidas administrativas ou propor, por intermédio do Ministério Público Federal, as medidas judiciais adequadas à proteção da posse dos silvícolas sobre as terras que habitem.

Parágrafo único. Quando as medidas judiciais previstas neste artigo forem propostas pelo órgão federal de assistência, ou contra ele, a União será litisconsorte ativa ou passiva.

Art. 37. Os grupos tribais ou comunidades indígenas são partes legítimas para a defesa dos seus direitos em juízo, cabendo-lhes, no caso, a assistência do Ministério Público Federal ou do órgão de proteção ao índio.

Art. 38. As terras indígenas são inusucapíveis e sobre elas não poderá recair desapropriação, salvo o previsto no artigo 20.

TÍTULO IV – DOS BENS E RENDA DO PATRIMÔNIO INDÍGENA

Art. 39. Constituem bens do Patrimônio Indígena:

I – as terras pertencentes ao domínio dos grupos tribais ou comunidades indígenas;

II – o usufruto exclusivo das riquezas naturais e de todas as utilidades existentes nas terras ocupadas por grupos tribais ou comunidades indígenas e nas áreas a eles reservadas;

III – os bens móveis ou imóveis, adquiridos a qualquer título.

Art. 40. São titulares do Patrimônio Indígena:

I – a população indígena do País, no tocante a bens ou rendas pertencentes ou destinadas aos silvícolas, sem discriminação de pessoas ou grupos tribais;

II – o grupo tribal ou comunidade indígena determinada, quanto à posse e usufruto das terras por ele exclusivamente ocupadas, ou a ele reservadas;

III – a comunidade indígena ou grupo tribal nomeado no título aquisitivo da propriedade, em relação aos respectivos imóveis ou móveis.

Art. 41. Não integram o Patrimônio Indígena:

I – as terras de exclusiva posse ou domínio do índio ou silvícola, individualmente considerado, e o usufruto das respectivas riquezas naturais e utilidades;

II – a habitação, os móveis e utensílios domésticos, os objetos de uso pessoal, os instrumentos de trabalho e os produtos da lavoura, caça, pesca e coleta ou do trabalho em geral dos silvícolas.

Art. 42. Cabe ao órgão de assistência a gestão do Patrimônio Indígena, propiciando-se, porém, a participação dos silvícolas e dos grupos tribais na administração dos próprios bens, sendo-lhes totalmente confiado o encargo, quando demonstrem capacidade efetiva para o seu exercício.

Parágrafo único. O arrolamento dos bens do Patrimônio Indígena será permanentemente atualizado, procedendo-se à fiscalização rigorosa de sua gestão, mediante controle interno e externo, a fim de tornar efetiva a responsabilidade dos seus administradores.

Art. 43. A renda indígena é a resultante da aplicação de bens e utilidades integrantes do Patrimônio Indígena, sob a responsabilidade do órgão de assistência ao índio.

§ 1º A renda indígena será preferencialmente reaplicada em atividades rentáveis ou utilizada em programas de assistência ao índio.

§ 2º A reaplicação prevista no parágrafo anterior reverterá principalmente em benefício da comunidade que produziu os primeiros resultados econômicos.

Art. 44. As riquezas do solo, nas áreas indígenas, somente pelos silvícolas podem ser exploradas, cabendo-lhes com exclusividade o exercício da garimpagem, faiscação e cata das áreas referidas.

Art. 45. A exploração das riquezas do subsolo nas áreas pertencentes aos índios, ou do domínio da União, mas na posse de comunidades indígenas, far-se-á nos termos da legislação vigente, observado o disposto nesta Lei.

§ 1º O Ministério do Interior, através do órgão competente de assistência aos índios, representará os interesses da União, como proprietária do solo, mas a participação no resultado da exploração, as indenizações e a renda devida pela ocupação do terreno, reverterão em benefício dos índios e constituirão fontes de renda indígena.

§ 2º Na salvaguarda dos interesses do Patrimônio Indígena e do bem-estar dos silvícolas, a autorização de pesquisa ou lavra, a terceiros, nas posses tribais, estará condicionada a prévio entendimento com o órgão de assistência ao índio.

Art. 46. O corte de madeira nas florestas indígenas, consideradas em regime de preservação permanente, de acordo com a letra g e § 2º, do artigo 3º, do Código Florestal, está condicionado à existência de programas ou projetos para o aproveitamento das terras respectivas na exploração agropecuária, na indústria ou no reflorestamento.

TÍTULO V – DA EDUCAÇÃO, CULTURA E SAÚDE

Art. 47. É assegurado o respeito ao patrimônio cultural das comunidades indígenas, seus valores artísticos e meios de expressão.

Art. 48. Estende-se à população indígena, com as necessárias adaptações, o sistema de ensino em vigor no País.

Art. 49. A alfabetização dos índios far-se-á na língua do grupo a que pertençam, e em português, salvaguardado o uso da primeira.

Art. 50. A educação do índio será orientada para a integração na comunhão nacional mediante processo de gradativa compreensão dos problemas gerais e valores da sociedade nacional, bem como do aproveitamento das suas aptidões individuais.

Art. 51. A assistência aos menores, para fins educacionais, será prestada, quanto possível, sem afastá-los do convívio familiar ou tribal.

Art. 52. Será proporcionada ao índio a formação profissional adequada, de acordo com o seu grau de aculturação.

Art. 53. O artesanato e as indústrias rurais serão estimulados, no sentido de elevar o padrão de vida do índio com a conveniente adaptação às condições técnicas modernas.

Art. 54. Os índios têm direito aos meios de proteção à saúde facultados à comunhão nacional.

Parágrafo único. Na infância, na maternidade, na doença e na velhice, deve ser assegurada ao silvícola, especial assistência dos poderes públicos, em estabelecimentos a esse fim destinados.

Art. 55. O regime geral da previdência social será extensivo aos índios, atendidas as condições sociais, econômicas e culturais das comunidades beneficiadas.

▸ *Súmula 657, STJ.*

TÍTULO VI – DAS NORMAS PENAIS

CAPÍTULO I – DOS PRINCÍPIOS

Art. 56. No caso de condenação de índio por infração penal, a pena deverá ser atenuada e na sua aplicação o Juiz atenderá também ao grau de integração do silvícola.

Parágrafo único. As penas de reclusão e de detenção serão cumpridas, se possível, em regime especial de semiliberdade, no local de funcionamento do órgão federal de assistência aos índios mais próximos da habitação do condenado.

Art. 57. Será tolerada a aplicação, pelos grupos tribais, de acordo com as instituições próprias, de sanções penais ou disciplinares contra os seus membros, desde que não revistam caráter cruel ou infamante, proibida em qualquer caso a pena de morte.

CAPÍTULO II – DOS CRIMES CONTRA OS ÍNDIOS

Art. 58. Constituem crimes contra os índios e a cultura indígena:

I – escarnecer de cerimônia, rito, uso, costume ou tradição culturais indígenas, vilipendiá-los ou perturbar, de qualquer modo, a sua prática. Pena – detenção de um a três meses;

II – utilizar o índio ou comunidade indígena como objeto de propaganda turística ou de exibição para fins lucrativos. Pena – detenção de dois a seis meses;

III – propiciar, por qualquer meio, a aquisição, o uso e a disseminação de bebidas alcoólicas, nos grupos tribais ou entre índios não integrados. Pena – detenção de seis meses a dois anos.

Parágrafo único. As penas estatuídas neste artigo são agravadas de um terço, quando o crime for praticado por funcionário ou empregado do órgão de assistência ao índio.

Art. 59. No caso de crime contra a pessoa, o patrimônio ou os costumes, em que o ofendido seja índio não integrado ou comunidade indígena, a pena será agravada de um terço.

TÍTULO VII – DISPOSIÇÕES GERAIS

Art. 60. Os bens e rendas do Patrimônio Indígena gozam de plena isenção tributária.

Art. 61. São extensivos aos interesses do Patrimônio Indígena os privilégios da Fazenda Pública, quanto à impenhorabilidade de bens, rendas e serviços, ações especiais, prazos processuais, juros e custas.

Art. 62. Ficam declaradas a nulidade e a extinção dos efeitos jurídicos dos atos de qualquer natureza que tenham por objeto o domínio, a posse ou a ocupação das terras habitadas pelos índios ou comunidades indígenas.

§ 1º Aplica-se o disposto deste artigo às terras que tenham sido desocupadas pelos índios ou comunidades indígenas em virtude de ato ilegítimo de autoridade e particular.

§ 2º Ninguém terá direito a ação ou indenização contra a União, o órgão de assistência ao índio ou os silvícolas em virtude da nulidade e extinção de que trata este artigo, ou de suas consequências econômicas.

§ 3º Em caráter excepcional e a juízo exclusivo do dirigente do órgão de assistência ao índio, será permitida a continuação, por prazo razoável dos efeitos dos contratos de arrendamento em vigor na data desta Lei, desde que a sua extinção acarrete graves consequências sociais.

Art. 63. Nenhuma medida judicial será concedida liminarmente em causas que envolvam interesse de silvícolas ou do Patrimônio Indígena, sem prévia audiência da União e do órgão de proteção ao índio.

Art. 64. *(Vetado).*

Parágrafo único. *(Vetado).*

Art. 65. O Poder Executivo fará, no prazo de cinco anos, a demarcação das terras indígenas, ainda não demarcadas.

Art. 66. O órgão de proteção ao silvícola fará divulgar e respeitar as normas da Convenção 107, promulgada pelo Decreto nº 58.824, de 14 julho de 1966.

Art. 67. É mantida a Lei nº 5.371, de 5 de dezembro de 1967.

Art. 68. Esta Lei entrará em vigor na data de sua publicação, revogadas as disposições em contrário.

EMÍLIO G. MEDICI

(DOU de 21.12.1973)

LEI Nº 6.515, DE 26 DE DEZEMBRO DE 1977

Regula os casos de dissolução da sociedade conjugal e do casamento, seus efeitos e respectivos processos, e dá outras providências.

- *Arts. 1.571 a 1.590 do Código Civil*
- *Emenda Constitucional nº 66/2010*

O PRESIDENTE DA REPÚBLICA,

Faço saber que o CONGRESSO NACIONAL decreta e eu sanciono a seguinte Lei:

Art. 1º. A separação judicial, a dissolução do casamento, ou a cessação de seus efeitos civis, de que trata a Emenda Constitucional nº 9, de 28 de junho de 1977, ocorrerão nos casos e segundo a forma que esta Lei regula.

CAPÍTULO I – DA DISSOLUÇÃO DA SOCIEDADE CONJUGAL

Art. 2º. A Sociedade Conjugal termina:

I – pela morte de um dos cônjuges;

II – pela nulidade ou anulação do casamento;

III – pela separação judicial;

IV – pelo divórcio.

Parágrafo único. O casamento válido somente se dissolve pela morte de um dos cônjuges ou pelo divórcio.

SEÇÃO I – DOS CASOS E EFEITOS DA SEPARAÇÃO JUDICIAL

Art. 3º. A separação judicial põe termo aos deveres de coabitação, fidelidade recíproca e ao regime matrimonial de bens, como se o casamento fosse dissolvido.

§ 1º – O procedimento judicial da separação caberá somente aos cônjuges, e, no caso de incapacidade, serão representados por curador, ascendente ou irmão.

§ 2º – O juiz deverá promover todos os meios para que as partes se reconciliem ou transijam, ouvindo pessoal e separadamente cada uma delas e, a seguir, reunindo-as em sua presença, se assim considerar necessário.

§ 3º – Após a fase prevista no parágrafo anterior, se os cônjuges pedirem, os advogados deverão ser chamados a assistir aos entendimentos e deles participar.

Art. 4º. Dar-se-á a separação judicial por mútuo consentimento dos cônjuges, se forem casados há mais de 2 (dois) anos, manifestado perante o juiz e devidamente homologado.

Art. 5º. A separação judicial pode ser pedida por um só dos cônjuges quando imputar ao outro conduta desonrosa ou qualquer ato que importe em grave violação dos deveres do casamento e tornem insuportável a vida em comum.

§ 1º A separação judicial pode, também, ser pedida se um dos cônjuges provar a ruptura da vida em comum há mais de um ano consecutivo, e a impossibilidade de sua reconstituição. *(Redação dada pela Lei nº 8.408, de 1992)*

§ 2º – O cônjuge pode ainda pedir a separação judicial quando o outro estiver acometido de grave doença mental, manifestada após o casamento, que torne impossível a continuação da vida em comum, desde que, após uma duração de 5 (cinco) anos, a enfermidade tenha sido reconhecida de cura improvável.

§ 3º – Nos casos dos parágrafos anteriores, reverterão, ao cônjuge que não houver pedido a separação judicial, os remanescentes dos bens que levou para o casamento, e, se o regime de bens adotado o permitir, também a meação nos adquiridos na constância da sociedade conjugal.

Art. 6º. Nos casos dos §§ 1º e 2º do artigo anterior, a separação judicial poderá ser negada, se constituir respectivamente, causa de agravamento das condições pessoais ou da doença do outro cônjuge, ou determinar, em qualquer caso, consequências morais de excepcional gravidade para os filhos menores.

Art. 7º. A separação judicial importará na separação de corpos e na partilha de bens.

§ 1º A separação de corpos poderá ser determinada como medida cautelar (art. 796 do CPC).

§ 2º A partilha de bens poderá ser feita mediante proposta dos cônjuges e homologada pelo juiz ou por este decidida.

Art. 8º. A sentença que julgar a separação judicial produz seus efeitos à data de seu trânsito em julgado, o à da decisão que tiver concedido separação cautelar.

SEÇÃO II – DA PROTEÇÃO DA PESSOA DOS FILHOS

Art. 9º. No caso de dissolução da sociedade conjugal pela separação judicial consensual (art. 4º), observar-se-á o que os cônjuges acordarem sobre a guarda dos filhos.

Art. 10. Na separação judicial fundada no " *caput* " do art. 5º, os filhos menores ficarão com o cônjuge que a e não houver dado causa.

§ 1º Se pela separação judicial forem responsáveis ambos os cônjuges; os filhos menores ficarão em poder da mãe, salvo se o juiz verificar que de tal solução possa advir prejuízo de ordem moral para eles.

§ 2º Verificado que não devem os filhos permanecer em poder da mãe nem do pai, deferirá o juiz a sua guarda a pessoa notoriamente idônea da família de qualquer dos cônjuges.

Art. 11. Quando a separação judicial ocorrer com fundamento no § 1º do art. 5º, os filhos ficarão em poder do cônjuge em cuja companhia estavam durante o tempo de ruptura da vida em comum.

Art. 12. Na separação judicial fundada no § 2º do art. 5º, o juiz deferirá a entrega dos filhos ao cônjuge que estiver em condições de assumir, normalmente, a responsabilidade de sua guarda e educação.

Art. 13. Se houver motivos graves, poderá o juiz, em qualquer caso, a bem dos filhos, regular por maneira diferente da estabelecida nos artigos anteriores a situação deles com os pais.

Art. 14. No caso de anulação do casamento, havendo filhos comuns, observar-se-á o disposto nos arts. 10 e 13.

Parágrafo único. Ainda que nenhum dos cônjuges esteja de boa fé ao contrair o casamento, seus efeitos civis aproveitarão aos filhos comuns.

Art. 15. Os pais, em cuja guarda não estejam os filhos, poderão visitá-los e tê-los em sua companhia, segundo fixar o juiz, bem como fiscalizar sua manutenção e educação.

Art. 16. As disposições relativas à guarda e à prestação de alimentos aos filhos menores estendem-se aos filhos maiores inválidos.

SEÇÃO III – DO USO DO NOME

Art. 17. Vencida na ação de separação judicial (art. 5º "*caput*"), voltará a mulher a usar o nome de solteira.

§ 1º Aplica-se, ainda, o disposto neste artigo, quando é da mulher a iniciativa da separação judicial com fundamento nos §§ 1º e 2º do art. 5º.

§ 2º Nos demais casos, caberá à mulher a opção pela conservação do nome de casada.

Art. 18. Vencedora na ação de separação judicial (art. 5º "*caput*"), poderá a mulher renunciar, a qualquer momento, o direito de usar o nome do marido.

SEÇÃO IV – DOS ALIMENTOS

Art. 19. O cônjuge responsável pela separação judicial prestará ao outro, se dela necessitar, a pensão que o juiz fixar.

Art. 20. Para manutenção dos filhos, os cônjuges, separados judicialmente, contribuirão na proporção de seus recursos.

Art. 21. Para assegurar o pagamento da pensão alimentícia, o juiz poderá determinar a constituição de garantia real ou fidejussória.

§ 1º Se o cônjuge credor preferir, o juiz poderá determinar que a pensão consista no usufruto de determinados bens do cônjuge devedor.

§ 2º Aplica-se, também, o disposto no parágrafo anterior, se o cônjuge credor justificar a possibilidade do não recebimento regular da pensão.

Art. 22. Salvo decisão judicial, as prestações alimentícias, de qualquer natureza, serão corrigidas monetariamente na forma dos índices de atualização das Obrigações Reajustáveis do Tesouro Nacional – ORTN.

Parágrafo único. No caso do não pagamento das referidas prestações no vencimento, o devedor responderá, ainda, por custas e honorários de advogado apurados simultaneamente.

Art. 23. A obrigação de prestar alimentos transmite-se aos herdeiros do devedor, na forma do art. 1.796 do Código Civil.

CAPÍTULO II – DO DIVÓRCIO

Art. 24. O divórcio põe termo ao casamento e aos efeitos civis do matrimônio religioso.

Parágrafo único. O pedido somente competirá aos cônjuges, podendo, contudo, ser exercido, em caso de incapacidade, por curador, ascendente ou irmão.

Art. 25. A conversão em divórcio da separação judicial dos cônjuges existente há mais de um ano, contada da data da decisão ou da que concedeu a medida cautelar correspondente (art. 8º), será decretada por sentença, da qual não constará referência à causa que a determinou. *(Redação dada pela Lei nº 8.408, de 1992)*

Parágrafo único. A sentença de conversão determinará que a mulher volte a usar o nome que tinha antes de contrair matrimônio, só conservando o nome de família do ex-marido se alteração prevista neste artigo acarretar: *(Incluído pela Lei nº 8.408, de 1992)*

I – evidente prejuízo para a sua identificação; *(Incluído pela Lei nº 8.408, de 1992)*

II – manifesta distinção entre o seu nome de família e dos filhos havidos da união dissolvida; *(Incluído pela Lei nº 8.408, de 1992)*

III – dano grave reconhecido em decisão judicial. *(Incluído pela Lei nº 8.408, de 1992)*

Art. 26. No caso de divórcio resultante da separação prevista nos §§ 1º e 2º do art. 5º, o cônjuge que teve a iniciativa da separação continuará com o dever de assistência ao outro. (Código Civil – art. 231, nº III).

Art. 27. O divórcio não modificará os direitos e deveres dos pais em relação aos filhos.

Parágrafo único. O novo casamento de qualquer dos pais ou de ambos também não importará restrição a esses direitos e deveres.

Art. 28. Os alimentos devidos pelos pais e fixados na sentença de separação poderão ser alterados a qualquer tempo.

Art. 29. O novo casamento do cônjuge credor da pensão extinguirá a obrigação do cônjuge devedor.

Art. 30. Se o cônjuge devedor da pensão vier a casar-se, o novo casamento não alterará sua obrigação.

Art. 31. Não se decretará o divórcio se ainda não houver sentença definitiva de separação judicial, ou se esta não tiver decidido sobre a partilha dos bens.

Art. 32. A sentença definitiva do divórcio produzirá efeitos depois de registrada no Registro Público competente.

› *Arts. 29 § 1º, a, 97, 100 § 1º, e 107, §§ 1º e 2º da Lei 6.015/1973 (Lei de Registros Públicos)*

Art. 33. Se os cônjuges divorciados quiserem restabelecer a união conjugal só poderão fazê-lo mediante novo casamento.

CAPÍTULO III – DO PROCESSO

Art. 34. A separação judicial consensual se fará pelo procedimento previsto nos arts. 1.120 e 1.124 do Código de Processo Civil, e as demais pelo procedimento ordinário.

§ 1º. A petição será também assinada pelos advogados das partes ou pelo advogado escolhido de comum acordo.

§ 2º. O juiz pode recusar a homologação e não decretar a separação judicial, se comprovar que a convenção não preserva suficientemente os interesses dos filhos ou de um dos cônjuges.

§ 3º. Se os cônjuges não puderem ou não souberem assinar, é lícito que outrem o faça a rogo deles.

§ 4º. As assinaturas, quando não lançadas na presença do juiz, serão, obrigatoriamente, reconhecidas por tabelião.

Art. 35. A conversão da separação judicial em divórcio será feita mediante pedido de qualquer dos cônjuges.

Parágrafo único. O pedido será apensado aos autos da separação judicial. (art. 48)

Art. 36. Do pedido referido no artigo anterior, será citado o outro cônjuge, em cuja resposta não caberá reconvenção.

Parágrafo único. A contestação só pode fundar-se em:

I. falta do decurso de 1 (um) ano da separação judicial; *(Redação dada pela Lei nº 7.841, de 1989)*

II. descumprimento das obrigações assumidas pelo requerente na separação.

Art. 37. O juiz conhecerá diretamente do pedido, quando não houver contestação ou necessidade de produzir prova em audiência, e proferirá sentença dentro em 10 (dez) dias.

§ 1º. A sentença limitar-se-á à conversão da separação em divórcio, que não poderá ser negada, salvo se provada qualquer das hipóteses previstas no parágrafo único do artigo anterior.

§ 2º. A improcedência do pedido de conversão não impede que o mesmo cônjuge o renove, desde que satisfeita a condição anteriormente descumprida.

Art. 38. *(Revogado pela Lei nº 7.841, de 1989)*

Art. 39. O capítulo III do Título II do Livro IV do Código de Processo Civil, as expressões "desquite por mútuo consentimento", "desquite" e "desquite litigioso" são substituídas por "separação consensual" e "separação judicial".

CAPÍTULO IV – DAS DISPOSIÇÕES FINAIS E TRANSITÓRIAS

Art. 40. No caso de separação de fato, e desde que completados 2 (dois) anos consecutivos, poderá ser promovida ação de divórcio, na qual deverá ser comprovado decurso do tempo da separação. *(Redação dada pela Lei nº 7.841, de 1989)*

§ 1º *(Revogado pela Lei nº 7.841, de 1989)*

§ 2º No divórcio consensual, o procedimento adotado será o previsto nos artigos 1.120 a 1.124 do Código de Processo Civil, observadas, ainda, as seguintes normas:

I – a petição conterá a indicação dos meios probatórios da separação de fato, e será instruída com a prova documental já existente;

II – a petição fixará o valor da pensão do cônjuge que dela necessitar para sua manutenção, e indicará as garantias para o cumprimento da obrigação assumida;

III – se houver prova testemunhal, ela será produzida na audiência de ratificação do pedido de divórcio a qual será obrigatoriamente realizada.

IV – a partilha dos bens deverá ser homologada pela sentença do divórcio.

§ 3º Nos demais casos, adotar-se-á o procedimento ordinário.

Art. 41. As causas de desquite em curso na data da vigência desta Lei, tanto as que se processam pelo procedimento especial quanto as de procedimento ordinário, passam automaticamente a visar à separação judicial.

Art. 42. As sentenças já proferidas em causas de desquite são equiparadas, para os efeitos desta Lei, às de separação judicial.

Art. 43. Se, na sentença do desquite, não tiver sido homologada ou decidida a partilha dos bens, ou quando esta não tenha sido feita posteriormente, a decisão de conversão disporá sobre ela.

Art. 44. Contar-se-á o prazo de separação judicial a partir da data em que, por decisão judicial proferida em qualquer processo, mesmo nos de jurisdição voluntária, for determinada ou presumida a separação dos cônjuges.

Art. 45. Quando o casamento se seguir a uma comunhão de vida entre os nubentes, existentes antes de 28 de junho de 1977, que haja perdurado por 10 (dez) anos consecutivos ou da qual tenha resultado filhos, o regime matrimonial de bens será estabelecido livremente, não se lhe aplicando o disposto no artigo 258, parágrafo único, nº II, do Código Civil.

Art. 46. Seja qual for a causa da separação judicial, e o modo como esta se faça, é permitido aos cônjuges restabelecer a todo o tempo a sociedade conjugal, nos termos sem que fora constituída, contanto que o façam mediante requerimento nos autos da ação de separação.

Parágrafo único. A reconciliação em nada prejudicará os direitos de terceiros, adquiridos antes e durante a separação, seja qual for o regime de bens.

Art. 47. Se os autos do desquite ou os da separação judicial tiverem sido extraviados, ou se encontrarem em outra circunscrição judiciária, o pedido de conversão em divórcio será instruído com a certidão da sentença, ou da sua averbação no assento de casamento.

Art. 48. Aplica-se o disposto no artigo anterior, quando a mulher desquitada tiver domicílio diverso daquele em que se julgou o desquite.

Art. 49. Os §§ 5º e 6º do art. 7º da Lei de Introdução ao Código Civil passam a vigorar com a seguinte redação:

› *Alterações inseridas no texto da referida norma.*

Art. 50. São introduzidas no Código Civil as alterações seguintes:

1) "Art. 12. [...]

I – os nascimentos, casamentos, separações judiciais, divórcios e óbitos."

2) "Art. 180. [...]

V – certidão de óbito do cônjuge falecido, da anulação do casamento anterior ou do registro da sentença de divórcio."

3) "Art. 186. Discordando eles entre si, prevalecerá a vontade paterna, ou, sendo o casal separado, divorciado ou tiver sido o seu casamento anulado, a vontade do cônjuge, com quem estiverem os filhos."

4) "Art. 195. [...]

VII – o regime do casamento, com a declaração data e do cartório em cujas notas foi passada a escritura antenupcial, quando o regime não for o de comunhão parcial, ou o legal estabelecido no Título III deste livro, para outros casamentos."

5) "Art. 240. A mulher, com o casamento, assume a condição de companheira, consorte e colaboradora do marido nos encargos de família, cumprindo-lhe velar pela direção material e moral desta.

Parágrafo único. A mulher poderá acrescer ao seus os apelidos do marido."

6) "Art. 248. [...]

VIII – propor a separação judicial e o divórcio."

7) "Art. 258. Não havendo convenção, ou sendo nela, vigorará, quanto aos bens entre os cônjuges, o regime de comunhão parcial."

8) "Art. 267. [...]

III – pela separação judicial;

IV – pelo divórcio."

9) "Art. 1.611. A falta de descendentes ou ascendentes será deferida a sucessão ao cônjuge sobrevivente se, ao tempo da morte do outro, não estava dissolvida a sociedade conjugal."

Art. 51. A Lei nº 883, de 21 de outubro de 1949 passa a vigorar com as seguintes alterações:

1) "Art. 1º. [...]

Parágrafo único. Ainda na vigência do casamento qualquer dos cônjuges poderá reconhecer o filho havido fora do matrimônio, em testamento cerrado, aprovado antes ou depois do nascimento do filho, e, nessa parte, irrevogável."

2) "Art. 2º. Qualquer que seja a natureza da filiação, o direito à herança será reconhecido em igualdade de condições."

3) "Art. 4º. [...]

Parágrafo único. Dissolvida a sociedade conjugal do que foi condenado a prestar alimentos, quem os obteve não precisa propor ação de investigação para ser reconhecido, cabendo, porém, aos interessados o direito de impugnar a filiação."

4) "Art. 9º. O filho havido fora do casamento e reconhecido pode ser privado da herança nos casos dos arts. 1.595 e 1.744 do Código Civil."

Art. 52. O nº I do art. 100, o nº II do art. 155 e o § 2º do art. 733 do Código de Processo Civil passam a vigorar com a seguinte redação:

› *Alterações inseridas no texto da referida norma.*

Art. 53. A presente Lei entrará em vigor na data de sua publicação.

Art. 54. Revogam-se os arts. 315 a 328 e o § 1º do art. 1605 do Código Civil e as demais disposições em contrário.

› *Reporta-se ao Código Civil de 1916*

Brasília, em 26 de dezembro de 1977; 156º da Independência e 89º da República.

ERNESTO GEISEL

(DOU de 27.12.1977)

LEI Nº 6.683, DE 28 DE AGOSTO DE 1979

Concede anistia e dá outras providências.

O PRESIDENTE DA REPÚBLICA:

Faço saber que o Congresso Nacional decreta e eu sanciono a seguinte Lei:

Art. 1º É concedida anistia a todos quantos, no período compreendido entre 02 de setembro de 1961 e 15 de agosto de 1979, cometeram crimes políticos ou conexo com estes, crimes eleitorais, aos que tiveram seus direitos políticos suspensos e aos servidores da Administração Direta e Indireta, de fundações vinculadas ao poder público, aos Servidores dos Poderes Legislativo e Judiciário, aos Militares e aos dirigentes e representantes sindicais, punidos com fundamento em Atos Institucionais e Complementares *(vetado)*.

§ 1º Consideram-se conexos, para efeito deste artigo, os crimes de qualquer natureza relacionados com crimes políticos ou praticados por motivação política.

§ 2º Excetuam-se dos benefícios da anistia os que foram condenados pela prática de crimes de terrorismo, assalto, seqüestro e atentado pessoal.

§ 3º Terá direito à reversão ao Serviço Público a esposa do militar demitido por Ato Institucional, que foi obrigada a pedir exoneração do respectivo cargo, para poder habilitar-se ao montepio militar, obedecidas as exigências do art. 3º.

Art. 2º *(Revogado pela Lei nº 10.559, de 2002)*

Art. 3º O retorno ou a reversão ao serviço ativo somente deferido para o mesmo cargo ou emprego, posto ou graduação que o servidor, civil ou militar, ocupava na data de seu afastamento, condicionado, necessariamente, à existência de vaga e ao interesse da Administração.

§ 1º Os requerimentos serão processados e instituídos por comissões especialmente designadas pela autoridade a qual caiba a apreciá-los.

§ 2º O despacho decisório será proferido nos centos e oitenta dias seguintes ao recebimento do pedido.

§ 3º No caso de deferimento, o servidor civil será incluído em Quadro Suplementar e o Militar de acordo com o que estabelecer o Decreto a que se refere o art. 13 desta Lei.

§ 4º O retorno e a reversão ao serviço ativo não serão permitidos se o afastamento tiver sido motivado por improbabilidade do servidor.

§ 5º *(Revogado pela Lei nº 10.559, de 2002)*

Arts. 4º e 5º *(Revogados pela Lei nº 10.559, de 2002)*

Art. 6º O cônjuge, qualquer parente, ou afim, na linha reta, ou na colateral, ou o Ministro Público, poderá requerer a declaração de ausência de pessoa que, envolvida em atividades políticas, esteja, até a data de vigência desta Lei, desaparecida do seu domicílio, sem que dela haja notícias por mais de 1 (um) ano

§ 1º Na petição, o requerente, exibindo a prova de sua legitimidade, oferecerá rol de, no mínimo, 3 (três) testemunhas e os documentos relativos ao desaparecimento, se existentes.

§ 2º O juiz designará audiência, que, na presença do órgão do Ministério Público, será realizada nos 10 (dez) dias seguintes ao da apresentação do requerente e proferirá, tanto que concluída a instrução, no prazo máximo de 5 (cinco) dias, sentença, da qual, se concessiva do pedido, não caberá recurso.

§ 3º Se os documentos apresentados pelo requerente constituírem prova suficiente do desaparecimento, o juiz, ouvido o Ministério Público em 24 (vinte e quatro) horas, proferirá, no prazo de 5 (cinco) dias e independentemente de audiência, sentença, da qual, se concessiva, não caberá recurso.

§ 4º Depois de averbada no registro civil, a sentença que declarar a ausência gera a presunção de morte do desaparecido, para os fins de dissolução do casamento e de abertura de sucessão definitiva.

Art. 7º A conhecida anistia aos empregados das empresas privadas que, por motivo de participação em grave ou em quaisquer movimentos reivindicatórios ou de reclamação de direitos regidos pela legislação social, haja sido despedidos do trabalho, ou destituídos de cargos administrativos ou de representação sindical.

Art. 8º Os anistiados, em relação as infrações e penalidades decorrentes do não cumprimento das obrigações do serviço militar, os que à época do recrutamento, se encontravam, por motivos políticos, exilados ou impossibilitados de se apresentarem.

Parágrafo único. O disposto nesse artigo aplica-se aos dependentes do anistiado.

Art. 9º Terão os benefícios da anistia os dirigentes e representantes sindicais punidos pelos Atos a que se refere o art. 1º, ou que tenham sofrido punições disciplinares incorrido em faltas ao serviço naquele período, desde que não excedentes de 30 (trinta) dias, bem como os estudantes.

Art. 10. Os servidores civis e militares reaproveitados, nos termos do art. 2º, será contado o tempo de afastamento do serviço ativo, respeitado o disposto no art. 11.

Art. 11. Esta Lei, além dos direitos nela expressos, não gera quaisquer outros, inclusive aqueles relativos a vencimentos, saldos, salários, proventos, restituições, atrasados, indenizações, promoções ou ressarcimentos.

Art. 12. Os anistiados que se inscreveram em partido político legalmente constituído poderão voltar e ser votados nas convenções partidárias a se realizarem no prazo de 1 (um) ano a partir da vigência desta Lei.

Art. 13. O Poder Executivo, dentro de 30 (trinta) dias, baixará decreto regulamentando esta Lei.

Art. 14. Esta Lei entrará em vigor na data de sua publicação.

Art. 15. Revogam-se as disposições em contrário.

Brasília, 28 de agosto de 1979;
158º da Independência e 91º da República.
JOÃO FIGUEIREDO
(DOU de 28.8.1979)

LEI Nº 8.069, DE 13 DE JULHO DE 1990

Dispõe sobre o Estatuto da Criança e do Adolescente e dá outras providências.

O PRESIDENTE DA REPÚBLICA:

Faço saber que o Congresso Nacional decreta e eu sanciono a seguinte Lei:

TÍTULO I – DAS DISPOSIÇÕES PRELIMINARES

Art. 1º. Esta Lei dispõe sobre a proteção integral à criança e ao adolescente.

Art. 2º. Considera-se criança, para os efeitos desta Lei, a pessoa até doze anos de idade incompletos, e adolescente aquela entre doze e dezoito anos de idade.

Parágrafo único. Nos casos expressos em lei, aplica-se excepcionalmente este Estatuto às pessoas entre dezoito e vinte e um anos de idade.

Art. 3º. A criança e o adolescente gozam de todos os direitos fundamentais inerentes à pessoa humana, sem prejuízo da proteção integral de que trata esta Lei, assegurando-se-lhes, por lei ou por outros meios, todas as oportunidades e facilidades, a fim de lhes facultar o desenvolvimento físico, mental, moral, espiritual e social, em condições de liberdade e de dignidade.

Parágrafo único. Os direitos enunciados nesta Lei aplicam-se a todas as crianças e adolescentes, sem discriminação de nascimento, situação familiar, idade, sexo, raça, etnia ou cor, religião ou crença, deficiência, condição pessoal de desenvolvimento e aprendizagem, condição econômica, ambiente social, região e local de moradia ou outra condição que diferencie as pessoas, as famílias ou a comunidade em que vivem. *(Incluído pela Lei nº 13.257, de 2016)*

Art. 4º. É dever da família, da comunidade, da sociedade em geral e do poder público assegurar, com absoluta prioridade, a efetivação dos direitos referentes à vida, à saúde, à alimentação, à educação, ao esporte, ao lazer, à profissionalização, à cultura, à dignidade, ao respeito, à liberdade e à convivência familiar e comunitária.

Parágrafo único. A garantia de prioridade compreende:

a) primazia de receber proteção e socorro em quaisquer circunstâncias;

b) precedência de atendimento nos serviços públicos ou de relevância pública;

c) preferência na formulação e na execução das políticas sociais públicas;

d) destinação privilegiada de recursos públicos nas áreas relacionadas com a proteção à infância e à juventude.

Art. 5º. Nenhuma criança ou adolescente será objeto de qualquer forma de negligência, discriminação, exploração, violência, crueldade e opressão, punido na forma da lei qualquer atentado, por ação ou omissão, aos seus direitos fundamentais.

Art. 6º. Na interpretação desta Lei levar-se-ão em conta os fins sociais a que ela se dirige, as exigências do bem comum, os direitos e deveres individuais e coletivos, e a condição peculiar da criança e do adolescente como pessoas em desenvolvimento.

TÍTULO II – DOS DIREITOS FUNDAMENTAIS

CAPÍTULO I – DO DIREITO À VIDA E À SAÚDE

Art. 7º. A criança e o adolescente têm direito a proteção à vida e à saúde, mediante a efetivação de políticas sociais públicas que permitam o nascimento e o desenvolvimento sadio e harmonioso, em condições dignas de existência.

Art. 8º É assegurado a todas as mulheres o acesso aos programas e às políticas de saúde da mulher e de planejamento reprodutivo e, às gestantes, nutrição adequada, atenção humanizada à gravidez, ao parto e ao puerpério e atendimento pré-natal, perinatal e pós-natal integral no âmbito do Sistema Único de Saúde. *(Redação dada pela Lei nº 13.257, de 2016)*

§ 1º O atendimento pré-natal será realizado por profissionais da atenção primária. *(Redação dada pela Lei nº 13.257, de 2016)*

§ 2º Os profissionais de saúde de referência da gestante garantirão sua vinculação, no último trimestre da gestação, ao estabelecimento em que será realizado o parto, garantido o direito de opção da mulher. *(Redação dada pela Lei nº 13.257, de 2016)*

§ 3º Os serviços de saúde onde o parto for realizado assegurarão às mulheres e aos seus filhos recém-nascidos alta hospitalar responsável e contrarreferência na atenção primária, bem como o acesso a outros serviços e a grupos de apoio à amamentação. *(Redação dada pela Lei nº 13.257, de 2016)*

§ 4º Incumbe ao poder público proporcionar assistência psicológica à gestante e à mãe, no período pré e pós-natal, inclusive como forma de prevenir ou minorar as consequências do estado puerperal. *(Incluído pela Lei nº 12.010, de 2009)*

§ 5º A assistência referida no § 4º deste artigo deverá ser prestada também a gestantes e mães que manifestem interesse em entregar seus filhos para adoção, bem como a gestantes e mães que se encontrem em situação de privação de liberdade. *(Redação dada pela Lei nº 13.257, de 2016)*

§ 6º A gestante e a parturiente têm direito a 1 (um) acompanhante de sua preferência durante o período do pré-natal, do trabalho de parto e do pós-parto imediato. *(Incluído pela Lei nº 13.257, de 2016)*

§ 7º A gestante deverá receber orientação sobre aleitamento materno, alimentação complementar saudável e crescimento e desenvolvimento infantil, bem como sobre formas de favorecer a criação de vínculos afetivos e de estimular o desenvolvimento integral da criança. *(Incluído pela Lei nº 13.257, de 2016)*

§ 8º A gestante tem direito a acompanhamento saudável durante toda a gestação e a parto natural cuidadoso, estabelecendo-se a aplicação de cesariana e outras intervenções cirúrgicas por motivos médicos. *(Incluído pela Lei nº 13.257, de 2016)*

§ 9º A atenção primária à saúde fará a busca ativa da gestante que não iniciar ou que abandonar as consultas de pré-natal, bem como da puérpera que não comparecer às consultas pós-parto. *(Incluído pela Lei nº 13.257, de 2016)*

§ 10. Incumbe ao poder público garantir, à gestante e à mulher com filho na primeira infância que se encontrem sob custódia em unidade de privação de liberdade, ambiência que atenda às normas sanitárias e assistenciais do Sistema Único de Saúde para o acolhimento do filho, em articulação com o sistema de ensino competente, visando ao desenvolvimento integral da criança. *(Incluído pela Lei nº 13.257, de 2016)*

§ 11 . A assistência psicológica à gestante, à parturiente e à puérpera deve ser indicada após avaliação do profissional de saúde no pré-natal e no puerpério, com encaminhamento de acordo com o prognóstico. *(Incluído pela Lei 14.721, de 2023 - DOU 09.11.2023)*

Art. 8º-A. Fica instituída a Semana Nacional de Prevenção da Gravidez na Adolescência, a ser realizada anualmente na semana que incluir o dia 1º de fevereiro, com o objetivo de disseminar informações sobre medidas preventivas e educativas que contribuam para a redução da incidência da gravidez na adolescência *(Incluído pela Lei nº 13.798, de 2019).*

Parágrafo único. As ações destinadas a efetivar o disposto no *caput* deste artigo ficarão a cargo do poder público, em conjunto com organizações da sociedade civil, e serão dirigidas prioritariamente ao público adolescente *(Incluído pela Lei nº 13.798, de 2019).*

Art. 9º O poder público, as instituições e os empregadores propiciarão condições adequadas ao aleitamento materno, inclusive aos filhos de mães submetidas a medida privativa de liberdade.

§ 1º Os profissionais das unidades primárias de saúde desenvolverão ações sistemáticas, individuais ou coletivas, visando ao planejamento, à implementação e à avaliação de ações de promoção, proteção e apoio ao aleitamento materno e à alimentação complementar saudável, de forma contínua. *(Incluído pela Lei nº 13.257, de 2016)*

§ 2º Os serviços de unidades de terapia intensiva neonatal deverão dispor de banco de leite humano ou unidade de coleta de leite humano. *(Incluído pela Lei nº 13.257, de 2016)*

Art. 10. Os hospitais e demais estabelecimentos de atenção à saúde de gestantes, públicos e particulares, são obrigados a:

I – manter registro das atividades desenvolvidas, através de prontuários individuais, pelo prazo de dezoito anos;

II – identificar o recém-nascido mediante o registro de sua impressão plantar e digital e da impressão digital da mãe, sem prejuízo de outras formas normatizadas pela autoridade administrativa competente;

III – proceder a exames visando ao diagnóstico e terapêutica de anormalidades no metabolismo do recém-nascido, bem como prestar orientação aos pais;

IV – fornecer declaração de nascimento onde constem necessariamente as intercorrências do parto e do desenvolvimento do neonato;

V – manter alojamento conjunto, possibilitando ao neonato a permanência junto à mãe.

VI – acompanhar a prática do processo de amamentação, prestando orientações quanto à técnica adequada, enquanto a mãe permanecer na unidade hospitalar, utilizando o corpo técnico já existente. *(Incluído pela Lei nº 13.436, de 2017)*

VII – desenvolver atividades de educação, de conscientização e de esclarecimentos a respeito da saúde mental da mulher no período da gravidez e do puerpério. *(Incluído pela Lei 14.721, de 2023 - DOU 09.11.2023)*

§ 1º Os testes para o rastreamento de doenças no recém-nascido serão disponibilizados pelo Sistema Único de Saúde, no âmbito do Programa Nacional de Triagem Neonatal (PNTN), na forma da regulamentação elaborada pelo Ministério da Saúde, com implementação de forma escalonada, de acordo com a seguinte ordem de progressão:

I - etapa 1:

a) fenilcetonúria e outras hiperfenilalaninemias;

b) hipotireoidismo congênito;

c) doença falciforme e outras hemoglobinopatias;

d) fibrose cística;

e) hiperplasia adrenal congênita;

f) deficiência de biotinidase;

g) toxoplasmose congênita;

II - etapa 2:

a) galactosemias;

b) aminoacidopatias;

c) distúrbios do ciclo da ureia;

d) distúrbios da betaoxidação dos ácidos graxos;

III - etapa 3: doenças lisossômicas;

IV - etapa 4: imunodeficiências primárias;

V - etapa 5: atrofia muscular espinhal. *(Parágrafo acrescido pela Lei nº 14.154, de 26/5/2021)*

§ 2º A delimitação de doenças a serem rastreadas pelo teste do pezinho, no âmbito do PNTN, será revisada periodicamente, com base em evidências científicas, considerados os benefícios do rastreamento, do diagnóstico e do tratamento precoce, priorizando as doenças com maior prevalência no País, com protocolo de tratamento aprovado e com tratamento incorporado no Sistema Único de Saúde. *(Parágrafo acrescido pela Lei nº 14.154, de 26/5/2021)*

§ 3º O rol de doenças constante do § 1º deste artigo poderá ser expandido pelo poder público com base nos critérios estabelecidos no § 2º deste artigo. *(Parágrafo acrescido pela Lei nº 14.154, de 26/5/2021)*

§ 4º Durante os atendimentos de pré-natal e de puerpério imediato, os profissionais de saúde devem informar a gestante e os acompanhantes sobre a importância do teste do pezinho e sobre as eventuais diferenças existentes entre as modalidades oferecidas no Sistema Único de Saúde e na rede privada de saúde. *(Parágrafo acrescido pela Lei nº 14.154, de 26/5/2021, publicada no DOU de 27/5/2021)*

Art. 11. É assegurado acesso integral às linhas de cuidado voltadas à saúde da criança e do adolescente, por intermédio do Sistema Único de Saúde, observado o princípio da equidade no acesso a ações e serviços para promoção, proteção e recuperação da saúde. *(Redação dada pela Lei nº 13.257, de 2016)*

§ 1º A criança e o adolescente com deficiência serão atendidos, sem discriminação ou segregação, em suas necessidades gerais de saúde e específicas de habilitação e reabilitação. *(Redação dada pela Lei nº 13.257, de 2016)*

§ 2º Incumbe ao poder público fornecer gratuitamente, àqueles que necessitarem, medicamentos, órteses, próteses e outras tecnologias assistivas relativas ao tratamento, habilitação ou reabilitação para crianças e adolescentes, de acordo com as linhas de cuidado voltadas às suas necessidades específicas. *(Redação dada pela Lei nº 13.257, de 2016)*

§ 3º Os profissionais que atuam no cuidado diário ou frequente de crianças na primeira infância receberão formação específica e permanente para a detecção de sinais de risco para o desenvolvimento psíquico, bem como para o acompanhamento que se fizer necessário. *(Incluído pela Lei nº 13.257, de 2016)*

Art. 12. Os estabelecimentos de atendimento à saúde, inclusive as unidades neonatais, de terapia intensiva e de cuidados intermediários, deverão proporcionar condições para a permanência em tempo integral de um dos pais ou responsável, nos casos de internação de criança ou adolescente. *(Redação dada pela Lei nº 13.257, de 2016)*

Art. 13. Os casos de suspeita ou confirmação de castigo físico, de tratamento cruel ou degradante e de maus-tratos contra criança ou adolescente serão obrigatoriamente comunicados ao Conselho Tutelar da respectiva localidade, sem prejuízo de outras providências legais. *(Redação dada pela Lei nº 13.010, de 2014)*

§ 1º As gestantes ou mães que manifestem interesse em entregar seus filhos para adoção serão obrigatoriamente encaminhadas, sem constrangimento, à Justiça da Infância e da Juventude. *(Incluído pela Lei nº 13.257, de 2016)*

§ 2º Os serviços de saúde em suas diferentes portas de entrada, os serviços de assistência social em seu componente especializado, o Centro de Referência Especializado de Assistência Social (Creas) e os demais órgãos do Sistema de Garantia de Direitos da Criança e do Adolescente deverão conferir máxima prioridade ao atendimento das crianças na faixa etária da primeira infância com suspeita ou confirmação de violência de qualquer natureza, formulando projeto terapêutico singular que inclua intervenção em rede e, se necessário, acompanhamento domiciliar. *(Incluído pela Lei nº 13.257, de 2016)*

Art. 14. O Sistema Único de Saúde promoverá programas de assistência médica e odontológica para a prevenção das enfermidades que ordinariamente afetam a população infantil, e campanhas de educação sanitária para pais, educadores e alunos.

§ 1º É obrigatória a vacinação das crianças nos casos recomendados pelas autoridades sanitárias. *(Renumerado do parágrafo único pela Lei nº 13.257, de 2016)*

§ 2º O Sistema Único de Saúde promoverá a atenção à saúde bucal das crianças e das gestantes, de forma transversal, integral e intersetorial com as demais linhas de cuidado direcionadas à mulher e à criança. *(Incluído pela Lei nº 13.257, de 2016)*

§ 3º A atenção odontológica à criança terá função educativa protetiva e será prestada, inicialmente, antes de o bebê nascer, por meio de aconselhamento pré-natal, e, posteriormente, no sexto e no décimo segundo anos de vida, com orientações sobre saúde bucal. *(Incluído pela Lei nº 13.257, de 2016)*

§ 4º A criança com necessidade de cuidados odontológicos especiais será atendida pelo Sistema Único de Saúde. *(Incluído pela Lei nº 13.257, de 2016)*

§ 5º É obrigatória a aplicação a todas as crianças, nos seus primeiros dezoito meses de vida, de protocolo ou outro instrumento construído com a finalidade de facilitar a detecção, em consulta pediátrica de acompanhamento da criança, de risco para o seu desenvolvimento psíquico. *(Incluído pela Lei nº 13.438, de 2017)*

CAPÍTULO II – DO DIREITO À LIBERDADE, AO RESPEITO E À DIGNIDADE

Art. 15. A criança e o adolescente têm direito à liberdade, ao respeito e à dignidade como pessoas humanas em processo de desenvolvimento e como sujeitos de direitos civis, humanos e sociais garantidos na Constituição e nas leis.

Art. 16. O direito à liberdade compreende os seguintes aspectos:

I – ir, vir e estar nos logradouros públicos e espaços comunitários, ressalvadas as restrições legais;

II – opinião e expressão;

III – crença e culto religioso;

IV – brincar, praticar esportes e divertir-se;

V – participar da vida familiar e comunitária, sem discriminação;

VI – participar da vida política, na forma da lei;

VII – buscar refúgio, auxílio e orientação.

Art. 17. O direito ao respeito consiste na inviolabilidade da integridade física, psíquica e moral da criança e do adolescente, abrangendo a preservação da imagem, da identidade, da autonomia, dos valores, idéias e crenças, dos espaços e objetos pessoais.

Art. 18. É dever de todos velar pela dignidade da criança e do adolescente, pondo-os a salvo de qualquer tratamento desumano, violento, aterrorizante, vexatório ou constrangedor.

Art. 18-A. A criança e o adolescente têm o direito de ser educados e cuidados sem o uso de castigo físico ou de tratamento cruel ou degradante, como formas de correção, disciplina, educação ou qualquer outro pretexto, pelos pais, pelos integrantes da família ampliada, pelos responsáveis, pelos agentes públicos executores de medidas socioeducativas ou por qualquer pessoa encarregada de cuidar deles, tratá-los, educá-los ou protegê-los. *(Incluído pela Lei nº 13.010, de 2014)*

Parágrafo único. Para os fins desta Lei, considera-se: *(Incluído pela Lei nº 13.010, de 2014)*

I – castigo físico: ação de natureza disciplinar ou punitiva aplicada com o uso da força física sobre a criança ou o adolescente que resulte em: *(Incluído pela Lei nº 13.010, de 2014)*

a) sofrimento físico; ou *(Incluído pela Lei nº 13.010, de 2014)*

b) lesão; *(Incluído pela Lei nº 13.010, de 2014)*

II – tratamento cruel ou degradante: conduta ou forma cruel de tratamento em relação à criança ou ao adolescente que: *(Incluído pela Lei nº 13.010, de 2014)*

a) humilhe; ou *(Incluído pela Lei nº 13.010, de 2014)*

b) ameace gravemente; ou *(Incluído pela Lei nº 13.010, de 2014)*

c) ridicularize. *(Incluído pela Lei nº 13.010, de 2014)*

Art. 18-B. Os pais, os integrantes da família ampliada, os responsáveis, os agentes públicos executores de medidas socioeducativas ou qualquer pessoa encarregada de cuidar de crianças e de adolescentes, tratá-los, educá-los ou protegê-los que utilizarem castigo físico ou tratamento cruel ou degradante como formas de correção, disciplina, educação ou qualquer outro pretexto estarão sujeitos, sem prejuízo de outras sanções cabíveis, às seguintes medidas, que serão aplicadas de acordo com a gravidade do caso: *(Incluído pela Lei nº 13.010, de 2014)*

I – encaminhamento a programa oficial ou comunitário de proteção à família; *(Incluído pela Lei nº 13.010, de 2014)*

II – encaminhamento a tratamento psicológico ou psiquiátrico; *(Incluído pela Lei nº 13.010, de 2014)*

III – encaminhamento a cursos ou programas de orientação; *(Incluído pela Lei nº 13.010, de 2014)*

IV – obrigação de encaminhar a criança a tratamento especializado; *(Incluído pela Lei nº 13.010, de 2014)*

V – advertência. *(Incluído pela Lei nº 13.010, de 2014)*

VI – garantia de tratamento de saúde especializado à vítima. *(Incluído pela Lei nº 14.344, de 2022)*

Parágrafo único. As medidas previstas neste artigo serão aplicadas pelo Conselho Tutelar, sem prejuízo de outras providências legais. *(Incluído pela Lei nº 13.010, de 2014)*

CAPÍTULO III – DO DIREITO À CONVIVÊNCIA FAMILIAR E COMUNITÁRIA

SEÇÃO I – DISPOSIÇÕES GERAIS

Art. 19. É direito da criança e do adolescente ser criado e educado no seio de sua família e, excepcionalmente, em família substituta, assegurada a convivência familiar e comunitária, em ambiente que garanta seu desenvolvimento integral. *(Redação dada pela Lei nº 13.257, de 2016)*

§ 1º Toda criança ou adolescente que estiver inserido em programa de acolhimento familiar ou institucional terá sua situação reavaliada, no máximo, a cada 3 (três) meses, devendo a autoridade judiciária competente, com base em relatório elaborado por equipe interprofissional ou multidisciplinar, decidir de forma fundamentada pela possibilidade de reintegração familiar ou pela colocação em família substituta, em quaisquer das modalidades previstas no art. 28 desta Lei. *(Redação dada pela Lei nº 13.509, de 2017, vetado pelo Presidente da República, mantido pelo Congresso Nacional e publicado no DOU-Edição Extra de 23/2/2018)*

§ 2º A permanência da criança e do adolescente em programa de acolhimento institucional não se prolongará por mais de 18 (dezoito meses), salvo comprovada necessidade que atenda ao seu superior interesse, devidamente fundamentada pela autoridade judiciária. *(Redação dada pela Lei nº 13.509, de 2017)*

§ 3º A manutenção ou a reintegração de criança ou adolescente à sua família terá preferência em relação a qualquer outra providência, caso em que será esta incluída em serviços e programas de proteção, apoio e promoção, nos termos do § 1º do art. 23, dos incisos I e IV do *caput* do art. 101 e dos incisos I a IV do *caput* do art. 129 desta Lei. *(Redação dada pela Lei nº 13.257, de 2016)*

§ 4º Será garantida a convivência da criança e do adolescente com a mãe ou o pai privado de liberdade, por meio de visitas periódicas promovidas pelo responsável ou, nas hipóteses de acolhimento institucional, pela entidade responsável, independentemente de autorização judicial. *(Incluído pela Lei nº 12.962, de 2014)*

§ 5º Será garantida a convivência integral da criança com a mãe adolescente que estiver em acolhimento institucional. *(Incluído pela Lei nº 13.509, de 2017)*

§ 6º A mãe adolescente será assistida por equipe especializada multidisciplinar. *(Incluído pela Lei nº 13.509, de 2017)*

Art. 19-A. A gestante ou mãe que manifeste interesse em entregar seu filho para adoção, antes ou logo após o nascimento, será encaminhada à Justiça da Infância e da Juventude. *(Incluído pela Lei nº 13.509, de 2017)*

§ 1º A gestante ou mãe será ouvida pela equipe interprofissional da Justiça da Infância e da Juventude, que apresentará relatório à autoridade judiciária, considerando inclusive os eventuais efeitos do estado gestacional e puerperal. *(Incluído pela Lei nº 13.509, de 2017)*

§ 2º De posse do relatório, a autoridade judiciária poderá determinar o encaminhamento da gestante ou mãe, mediante sua expressa concordância, à rede pública de saúde e assistência social para atendimento especializado. *(Incluído pela Lei nº 13.509, de 2017)*

§ 3º A busca à família extensa, conforme definida nos termos do parágrafo único do art. 25 desta Lei, respeitará o prazo máximo de 90 (noventa) dias, prorrogável por igual período. *(Incluído pela Lei nº 13.509, de 2017)*

§ 4º Na hipótese de não haver a indicação do genitor e de não existir outro representante da família extensa apto a receber a guarda, a autoridade judiciária competente deverá decretar a extinção do poder familiar e determinar a colocação da criança sob a guarda provisória de quem estiver habilitado a adotá-la ou de entidade que desenvolva programa de acolhimento familiar ou institucional. *(Incluído pela Lei nº 13.509, de 2017)*

§ 5º Após o nascimento da criança, a vontade da mãe ou de ambos os genitores, se houver pai registral ou pai indicado, deve ser manifestada na audiência a que se refere o § 1º do art. 166 desta Lei, garantido o sigilo sobre a entrega. *(Incluído pela Lei nº 13.509, de 2017)*

§ 6º Na hipótese de não comparecerem à audiência nem o genitor nem representante da família extensa para confirmar a intenção de exercer o poder familiar ou a guarda, a autoridade judiciária suspenderá o poder familiar da mãe, e a criança será colocada sob a guarda provisória de quem esteja habilitado a adotá-la. *(Parágrafo vetado pelo Presidente da República na Lei nº 13.509, de 2017, mantido pelo Congresso Nacional e publicado no DOU-Edição Extra de 23/2/2018)*

§ 7º Os detentores da guarda possuem o prazo de 15 (quinze) dias para propor a ação de adoção, contado do dia seguinte à data do término do estágio de convivência. *(Incluído pela Lei nº 13.509, de 2017)*

§ 8º Na hipótese de desistência pelos genitores - manifestada em audiência ou perante a equipe interprofissional - da entrega da criança após o nascimento, a criança será mantida com os genitores, e será determinado pela Justiça da Infância e da Juventude o acompanhamento familiar pelo prazo de 180 (cento e oitenta) dias. *(Incluído pela Lei nº 13.509, de 2017)*

§ 9º É garantido à mãe o direito ao sigilo sobre o nascimento, respeitado o disposto no art. 48 desta Lei. *(Incluído pela Lei nº 13.509, de 2017)*

§ 10. Serão cadastrados para adoção recém-nascidos e crianças acolhidas não procuradas por suas famílias no prazo de 30 (trinta) dias, contado a partir do dia do acolhimento. *(Parágrafo vetado pelo Presidente da República na Lei nº 13.509, de 2017, mantido pelo Congresso Nacional e publicado no DOU-Edição Extra de 23/2/2018)*

Art. 19-B. A criança e o adolescente em programa de acolhimento institucional ou familiar poderão participar de programa de apadrinhamento.

§ 1º O apadrinhamento consiste em estabelecer e proporcionar à criança e ao adolescente vínculos externos à instituição para fins de convivência familiar e comunitária e colaboração com o seu desenvolvimento nos aspectos social, moral, físico, cognitivo, educacional e financeiro. *(Incluído pela Lei nº 13.509, de 2017)*

§ 2º Podem ser padrinhos ou madrinhas pessoas maiores de 18 (dezoito) anos não inscritas nos cadastros de adoção, desde que cumpram os requisitos exigidos pelo programa de apadrinhamento de que fazem parte. *(Parágrafo vetado pelo Presidente da República na Lei nº 13.509, de 2017, mantido pelo Congresso Nacional e publicado no DOU-Edição Extra de 23/2/2018)*

§ 3º Pessoas jurídicas podem apadrinhar criança ou adolescente a fim de colaborar para o seu desenvolvimento. *(Incluído pela Lei nº 13.509, de 2017)*

§ 4º O perfil da criança ou do adolescente a ser apadrinhado será definido no âmbito de cada programa de apadrinhamento, com prioridade para crianças ou adolescentes com remota possibilidade de reinserção familiar ou colocação em família adotiva. *(Incluído pela Lei nº 13.509, de 2017)*

§ 5º Os programas ou serviços de apadrinhamento apoiados pela Justiça da Infância e da Juventude poderão ser executados por órgãos públicos ou por organizações da sociedade civil. *(Incluído pela Lei nº 13.509, de 2017)*

§ 6º Se ocorrer violação das regras de apadrinhamento, os responsáveis pelo programa e pelos serviços de acolhimento deverão imediatamente notificar a autoridade judiciária competente. *(Incluído pela Lei nº 13.509, de 2017)*

Art. 20. Os filhos, havidos ou não da relação do casamento, ou por adoção, terão os mesmos direitos e qualificações, proibidas quaisquer designações discriminatórias relativas à filiação.

Art. 21. O poder familiar será exercido, em igualdade de condições, pelo pai e pela mãe, na forma do que dispuser a legislação civil, assegurado a qualquer deles o direito de, em caso de discordância, recorrer à autoridade judiciária competente para a solução da divergência. *(Expressão substituída pela Lei nº 12.010, de 2009)*

Art. 22. Aos pais incumbe o dever de sustento, guarda e educação dos filhos menores, cabendo-lhes ainda, no interesse destes, a obrigação de cumprir e fazer cumprir as determinações judiciais.

Parágrafo único. A mãe e o pai, ou os responsáveis, têm direitos iguais e deveres e responsabilidades compartilhados no cuidado e na educação da criança, devendo ser resguardado o direito de transmissão familiar de suas crenças e culturas, assegurados os direitos da criança estabelecidos nesta Lei. *(Incluído pela Lei nº 13.257, de 2016)*

Art. 23. A falta ou a carência de recursos materiais não constitui motivo suficiente para a perda ou a suspensão do poder familiar. *(Expressão substituída pela Lei nº 12.010, de 2009)*

§ 1º Não existindo outro motivo que por si só autorize a decretação da medida, a criança ou o adolescente será mantido em sua família de origem, a qual deverá obrigatoriamente ser incluída em serviços e programas oficiais de proteção, apoio e promoção. *(Redação dada pela Lei nº 13.257, de 2016)*

§ 2º A condenação criminal do pai ou da mãe não implicará a destituição do poder familiar, exceto na hipótese de condenação por crime doloso sujeito à pena de reclusão contra outrem igualmente titular do mesmo poder familiar ou contra filho, filha ou outro descendente. *(Redação dada pela Lei nº 13.715, de 2018)*

Art. 24. A perda e a suspensão do poder familiar serão decretadas judicialmente, em procedimento contraditório, nos casos previstos na legislação civil, bem como na hipótese de descumprimento injustificado dos deveres e obrigações a que alude o art. 22. *(Expressão substituída pela Lei nº 12.010, de 2009)*

SEÇÃO II – DA FAMÍLIA NATURAL

Art. 25. Entende-se por família natural a comunidade formada pelos pais ou qualquer deles e seus descendentes. *(Vide Lei nº 12.010, de 2009)*

Parágrafo único. Entende-se por família extensa ou ampliada aquela que se estende para além da unidade pais e filhos ou da unidade do casal, formada por parentes próximos com os quais a criança ou adolescente convive e mantém vínculos de afinidade e afetividade. *(Incluído pela Lei nº 12.010, de 2009)*

Art. 26. Os filhos havidos fora do casamento poderão ser reconhecidos pelos pais, conjunta ou separadamente, no próprio termo de nascimento, por testamento, mediante escritura ou outro documento público, qualquer que seja a origem da filiação.

Parágrafo único. O reconhecimento pode preceder o nascimento do filho ou suceder-lhe ao falecimento, se deixar descendentes.

Art. 27. O reconhecimento do estado de filiação é direito personalíssimo, indisponível e imprescritível, podendo ser exercitado contra os pais ou seus herdeiros, sem qualquer restrição, observado o segredo de Justiça.

SEÇÃO III – DA FAMÍLIA SUBSTITUTA

SUBSEÇÃO I – DISPOSIÇÕES GERAIS

Art. 28. A colocação em família substituta far-se-á mediante guarda, tutela ou adoção, independentemente da situação jurídica da criança ou adolescente, nos termos desta Lei.

§ 1º Sempre que possível, a criança ou o adolescente será previamente ouvido por equipe interprofissional, respeitado seu estágio de desenvolvimento e grau de compreensão sobre as implicações da medida, e terá sua opinião devidamente considerada. *(Redação dada pela Lei nº 12.010, de 2009)*

§ 2º Tratando-se de maior de 12 (doze) anos de idade, será necessário seu consentimento, colhido em audiência. *(Redação dada pela Lei nº 12.010, de 2009)*

§ 3º Na apreciação do pedido levar-se-á em conta o grau de parentesco e a relação de afinidade ou de afetividade, a fim de evitar ou minorar as consequências decorrentes da medida. *(Incluído pela Lei nº 12.010, de 2009)*

§ 4º Os grupos de irmãos serão colocados sob adoção, tutela ou guarda da mesma família substituta, ressalvada a comprovada existência de risco de abuso ou outra situação que justifique plenamente a excepcionalidade de solução diversa, procurando-se, em qualquer caso, evitar o rompimento definitivo dos vínculos fraternais. *(Incluído pela Lei nº 12.010, de 2009)*

§ 5º A colocação da criança ou adolescente em família substituta será precedida de sua preparação gradativa e acompanhamento posterior, realizados pela equipe interprofissional a serviço da Justiça da Infância e da Juventude, preferencialmente com o apoio dos técnicos responsáveis pela execução da política municipal de garantia do direito à convivência familiar. *(Incluído pela Lei nº 12.010, de 2009)*

§ 6º Em se tratando de criança ou adolescente indígena ou proveniente de comunidade remanescente de quilombo, é ainda obrigatório: *(Incluído pela Lei nº 12.010, de 2009)*

I – que sejam consideradas e respeitadas sua identidade social e cultural, os seus costumes e tradições, bem como suas instituições, desde que não sejam incompatíveis com os direitos fundamentais reconhecidos por esta Lei e pela Constituição Federal; *(Incluído pela Lei nº 12.010, de 2009)*

II – que a colocação familiar ocorra prioritariamente no seio de sua comunidade ou junto a membros da mesma etnia; *(Incluído pela Lei nº 12.010, de 2009)*

III – a intervenção e oitiva de representantes do órgão federal responsável pela política indigenista, no caso de crianças e adolescentes indígenas, e de antropólogos, perante a equipe interprofissional ou multidisciplinar que irá acompanhar o caso. *(Incluído pela Lei nº 12.010, de 2009)*

Art. 29. Não se deferirá colocação em família substituta a pessoa que revele, por qualquer modo, incompatibilidade com a natureza da medida ou não ofereça ambiente familiar adequado.

Art. 30. A colocação em família substituta não admitirá transferência da criança ou adolescente a terceiros ou a entidades governamentais ou não-governamentais, sem autorização judicial.

Art. 31. A colocação em família substituta estrangeira constitui medida excepcional, somente admissível na modalidade de adoção.

Art. 32. Ao assumir a guarda ou a tutela, o responsável prestará compromisso de bem e fielmente desempenhar o encargo, mediante termo nos autos.

SUBSEÇÃO II – DA GUARDA

Art. 33. A guarda obriga a prestação de assistência material, moral e educacional à criança ou adolescente, conferindo a seu detentor o direito de opor-se a terceiros, inclusive aos pais. (Vide Lei nº 12.010, de 2009)

§ 1º A guarda destina-se a regularizar a posse de fato, podendo ser deferida, liminar ou incidentalmente, nos procedimentos de tutela e adoção, exceto no de adoção por estrangeiros.

§ 2º Excepcionalmente, deferir-se-á a guarda, fora dos casos de tutela e adoção, para atender a situações peculiares ou suprir a falta eventual dos pais ou responsável, podendo ser deferido o direito de representação para a prática de atos determinados.

§ 3º A guarda confere à criança ou adolescente a condição de dependente, para todos os fins e efeitos de direito, inclusive previdenciários.

§ 4º Salvo expressa e fundamentada determinação em contrário, da autoridade judiciária competente, ou quando a medida for aplicada em preparação para adoção, o deferimento da guarda de criança ou adolescente a terceiros não impede o exercício do direito de visitas pelos pais, assim como o dever de prestar alimentos, que serão objeto de regulamentação específica, a pedido do interessado ou do Ministério Público. *(Incluído pela Lei nº 12.010, de 2009)*

Art. 34. O poder público estimulará, por meio de assistência jurídica, incentivos fiscais e subsídios, o acolhimento, sob a forma de guarda, de criança ou adolescente afastado do convívio familiar. *(Redação dada pela Lei nº 12.010, de 2009)*

§ 1º A inclusão da criança ou adolescente em programas de acolhimento familiar terá preferência a seu acolhimento institucional, observado, em qualquer caso, o caráter temporário e excepcional da medida, nos termos desta Lei. *(Incluído pela Lei nº 12.010, de 2009)*

§ 2º Na hipótese do § 1º deste artigo a pessoa ou casal cadastrado no programa de acolhimento familiar poderá receber a criança ou adolescente mediante guarda, observado o disposto nos arts. 28 a 33 desta Lei. *(Incluído pela Lei nº 12.010, de 2009)*

§ 3º A União apoiará a implementação de serviços de acolhimento em família acolhedora como política pública, os quais deverão dispor de equipe que organize o acolhimento temporário de crianças e de adolescentes em residências de famílias selecionadas, capacitadas e acompanhadas que não estejam no cadastro de adoção. *(Incluído pela Lei nº 13.257, de 2016)*

§ 4º Poderão ser utilizados recursos federais, estaduais, distritais e municipais para a manutenção dos serviços de acolhimento em família acolhedora, facultando-se o repasse de recursos para a própria família acolhedora. *(Incluído pela Lei nº 13.257, de 2016)*

Art. 35. A guarda poderá ser revogada a qualquer tempo, mediante ato judicial fundamentado, ouvido o Ministério Público.

SUBSEÇÃO III – DA TUTELA

Art. 36. A tutela será deferida, nos termos da lei civil, a pessoa de até 18 (dezoito) anos incompletos. *(Redação dada pela Lei nº 12.010, de 2009)*

Parágrafo único. O deferimento da tutela pressupõe a prévia decretação da perda ou suspensão do poder familiar e implica necessariamente o dever de guarda. (Expressão substituída pela Lei nº 12.010, de 2009)

Art. 37. O tutor nomeado por testamento ou qualquer documento autêntico, conforme previsto no parágrafo único do art. 1.729 da Lei nº 10.406, de 10 de janeiro de 2002 – Código Civil, deverá, no prazo de 30 (trinta) dias após a abertura da sucessão, ingressar com pedido destinado ao controle judicial do ato, observando o procedimento previsto nos arts. 165 a 170 desta Lei. *(Redação dada pela Lei nº 12.010, de 2009)*

Parágrafo único. Na apreciação do pedido, serão observados os requisitos previstos nos arts. 28 e 29 desta Lei, somente sendo deferida a tutela à pessoa indicada na disposição de última vontade, se restar comprovado que a medida é vantajosa ao tutelando e que não existe outra pessoa em melhores condições de assumi-la. *(Redação dada pela Lei nº 12.010, de 2009)*

Art. 38. Aplica-se à destituição da tutela o disposto no art. 24.

SUBSEÇÃO IV – DA ADOÇÃO

- *Vide Lei de Registros Públicos (Lei 6.015/1973)*
- *Vide Enunciado 12, I Jornada de Direito Notarial e Registral*
- *Vide Provimento CNJ n. 63/2017*

Art. 39. A adoção de criança e de adolescente reger-se-á segundo o disposto nesta Lei.

§ 1º A adoção é medida excepcional e irrevogável, à qual se deve recorrer apenas quando esgotados os recursos de manutenção da criança ou adolescente na família natural ou extensa, na forma do parágrafo único do art. 25 desta Lei. *(Incluído pela Lei nº 12.010, de 2009)*

§ 2º É vedada a adoção por procuração. *(Incluído pela Lei nº 12.010, de 2009)*

§ 3º Em caso de conflito entre direitos e interesses do adotando e de outras pessoas, inclusive seus pais biológicos, devem prevalecer os direitos e os interesses do adotando. *(Incluído pela Lei nº 13.509, de 2017)*

Art. 40. O adotando deve contar com, no máximo, dezoito anos à data do pedido, salvo se já estiver sob a guarda ou tutela dos adotantes.

Art. 41. A adoção atribui a condição de filho ao adotado, com os mesmos direitos e deveres, inclusive sucessórios, desligando-o de qualquer vínculo com pais e parentes, salvo os impedimentos matrimoniais.

§ 1º Se um dos cônjuges ou concubinos adota o filho do outro, mantêm-se os vínculos de filiação entre o adotado e o cônjuge ou concubino do adotante e os respectivos parentes.

§ 2º É recíproco o direito sucessório entre o adotado, seus descendentes, o adotante, seus ascendentes, descendentes e colaterais até o 4º grau, observada a ordem de vocação hereditária.

Art. 42. Podem adotar os maiores de 18 (dezoito) anos, independentemente do estado civil. *(Redação dada pela Lei nº 12.010, de 2009)*

§ 1º Não podem adotar os ascendentes e os irmãos do adotando.

§ 2º Para adoção conjunta, é indispensável que os adotantes sejam casados civilmente ou mantenham união estável, comprovada a estabilidade da família. *(Redação dada pela Lei nº 12.010, de 2009)*

§ 3º O adotante há de ser, pelo menos, dezesseis anos mais velho do que o adotando.

§ 4º Os divorciados, os judicialmente separados e os ex-companheiros podem adotar conjuntamente, contanto que acordem sobre a guarda e o regime de visitas e desde que o estágio de convivência tenha sido iniciado na constância do período de convivência e que seja comprovada a existência de vínculos de afinidade e afetividade com aquele não detentor da guarda, que justifiquem a excepcionalidade da concessão. *(Redação dada pela Lei nº 12.010, de 2009)*

§ 5º Nos casos do § 4º deste artigo, desde que demonstrado efetivo benefício ao adotando, será assegurada a guarda compartilhada, conforme previsto no art. 1.584 da Lei nº 10.406, de 10 de janeiro de 2002 – Código Civil. *(Redação dada pela Lei nº 12.010, de 2009)*

§ 6º A adoção poderá ser deferida ao adotante que, após inequívoca manifestação de vontade, vier a falecer no curso do procedimento, antes de prolatada a sentença. *(Incluído pela Lei nº 12.010, de 2009)*

Art. 43. A adoção será deferida quando apresentar reais vantagens para o adotando e fundar-se em motivos legítimos.

Art. 44. Enquanto não der conta de sua administração e saldar o seu alcance, não pode o tutor ou o curador adotar o pupilo ou o curatelado.

Art. 45. A adoção depende do consentimento dos pais ou do representante legal do adotando.

§ 1º. O consentimento será dispensado em relação à criança ou adolescente cujos pais sejam desconhecidos ou tenham sido destituídos do poder familiar. *(Expressão substituída pela Lei nº 12.010, de 2009)*

§ 2º. Em se tratando de adotando maior de doze anos de idade, será também necessário o seu consentimento.

Art. 46. A adoção será precedida de estágio de convivência com a criança ou adolescente, pelo prazo máximo de 90 (noventa) dias, observadas a idade da criança ou adolescente e as peculiaridades do caso. *(Redação dada pela Lei nº 13.509, de 2017)*

§ 1º O estágio de convivência poderá ser dispensado se o adotando já estiver sob a tutela ou guarda legal do adotante durante tempo suficiente para que seja possível avaliar a conveniência da constituição do vínculo. *(Redação dada pela Lei nº 12.010, de 2009)*

§ 2º A simples guarda de fato não autoriza, por si só, a dispensa da realização do estágio de convivência. *(Redação dada pela Lei nº 12.010, de 2009)*

§ 2º-A. O prazo máximo estabelecido no *caput* deste artigo pode ser prorrogado por até igual período, mediante decisão fundamentada da autoridade judiciária. *(Incluído pela Lei nº 13.509, de 2017)*

§ 3º Em caso de adoção por pessoa ou casal residente ou domiciliado fora do País, o estágio de convivência será de, no mínimo, 30 (trinta) dias e, no máximo, 45 (quarenta e cinco) dias, prorrogável por até igual período, uma única vez, mediante decisão fundamentada da autoridade judiciária. *(Redação dada pela Lei nº 13.509, de 2017)*

§ 3º-A. Ao final do prazo previsto no § 3º deste artigo, deverá ser apresentado laudo fundamentado pela equipe mencionada no § 4º deste artigo, que recomendará ou não o deferimento da adoção à autoridade judiciária. *(Incluído pela Lei nº 13.509, de 2017)*

§ 4º O estágio de convivência será acompanhado pela equipe interprofissional a serviço da Justiça da Infância e da Juventude, preferencialmente com apoio dos técnicos responsáveis pela execução da política de garantia do direito à convivência familiar, que apresentarão relatório minucioso acerca da conveniência do deferimento da medida. *(Incluído pela Lei nº 12.010, de 2009)*

§ 5º O estágio de convivência será cumprido no território nacional, preferencialmente na comarca de residência da criança ou adolescente, ou, a critério do juiz, em cidade limítrofe, respeitada, em qualquer hipótese, a competência do juízo da comarca de residência da criança. *(Incluído pela Lei nº 13.509, de 2017)*

Art. 47. O vínculo da adoção constitui-se por sentença judicial, que será inscrita no registro civil mediante mandado do qual não se fornecerá certidão.

- *Vide arts. 29, VIII, 33, I, 95, 96, Lei de Registros Públicos (Lei 6.015/1973)*
- *Vide Enunciado 12, I Jornada de Direito Notarial e Registral*
- *Vide arts. 3º e 13, Provimento CNJ n. 63/2017*

§ 1º A inscrição consignará o nome dos adotantes como pais, bem como o nome de seus ascendentes.

§ 2º O mandado judicial, que será arquivado, cancelará o registro original do adotado.

§ 3º A pedido do adotante, o novo registro poderá ser lavrado no Cartório do Registro Civil do Município de sua residência. *(Redação dada pela Lei nº 12.010, de 2009)*

§ 4º Nenhuma observação sobre a origem do ato poderá constar nas certidões do registro. *(Redação dada pela Lei nº 12.010, de 2009)*

§ 5º A sentença conferirá ao adotado o nome do adotante e, a pedido de qualquer deles, poderá determinar a modificação do prenome. *(Redação dada pela Lei nº 12.010, de 2009)*

§ 6º Caso a modificação de prenome seja requerida pelo adotante, é obrigatória a oitiva do adotando, observado o disposto nos §§ 1º e 2º do art. 28 desta Lei. *(Redação dada pela Lei nº 12.010, de 2009)*

§ 7º A adoção produz seus efeitos a partir do trânsito em julgado da sentença constitutiva, exceto na hipótese prevista no § 6º do art. 42 desta Lei, caso em que terá força retroativa à data do óbito. *(Incluído pela Lei nº 12.010, de 2009)*

§ 8º O processo relativo à adoção assim como outros a ele relacionados serão mantidos em arquivo, admitindo-se seu armazenamento em microfilme ou por outros meios, garantida a sua conservação para consulta a qualquer tempo. *(Incluído pela Lei nº 12.010, de 2009)*

§ 9º Terão prioridade de tramitação os processos de adoção em que o adotando for criança ou adolescente com deficiência ou com doença crônica. *(Incluído pela Lei nº 12.955, de 2014)*

§ 10. O prazo máximo para conclusão da ação de adoção será de 120 (cento e vinte) dias, prorrogável uma única vez por igual período, mediante decisão fundamentada da autoridade judiciária. *(Incluído pela Lei nº 13.509, de 2017)*

Art. 48. O adotado tem direito de conhecer sua origem biológica, bem como de obter acesso irrestrito ao processo no qual a medida foi aplicada e seus eventuais incidentes, após completar 18 (dezoito) anos. *(Redação dada pela Lei nº 12.010, de 2009)*

Parágrafo único. O acesso ao processo de adoção poderá ser também deferido ao adotado menor de 18 (dezoito) anos, a seu pedido, assegurada orientação e assistência jurídica e psicológica. *(Incluído pela Lei nº 12.010, de 2009)*

Art. 49. A morte dos adotantes não restabelece o poder familiar dos pais naturais. (Expressão substituída pela Lei nº 12.010, de 2009)

Art. 50. A autoridade judiciária manterá, em cada comarca ou foro regional, um registro de crianças e adolescentes em condições de serem adotados e outro de pessoas interessadas na adoção. (Vide Lei nº 12.010, de 2009)

§ 1º O deferimento da inscrição dar-se-á após prévia consulta aos órgãos técnicos do juizado, ouvido o Ministério Público.

§ 2º Não será deferida a inscrição se o interessado não satisfazer os requisitos legais, ou verificada qualquer das hipóteses previstas no art. 29.

§ 3º A inscrição de postulantes à adoção será precedida de um período de preparação psicossocial e jurídica, orientado pela equipe técnica da Justiça da Infância e da Juventude, preferencialmente com apoio dos técnicos responsáveis pela execução da política municipal de garantia do direito à convivência familiar. *(Incluído pela Lei nº 12.010, de 2009)*

§ 4º Sempre que possível e recomendável, a preparação referida no § 3º deste artigo incluirá o contato com crianças e adolescentes em acolhimento familiar ou institucional em condições de serem adotados, a ser realizado sob a orientação, supervisão e avaliação da equipe técnica da Justiça da Infância e da Juventude, com apoio dos técnicos responsáveis pelo programa de acolhimento e pela execução da política municipal de garantia do direito à convivência familiar. *(Incluído pela Lei nº 12.010, de 2009)*

§ 5º Serão criados e implementados cadastros estaduais e nacional de crianças e adolescentes em condições de serem adotados e de pessoas ou casais habilitados à adoção. *(Incluído pela Lei nº 12.010, de 2009)*

§ 6º Haverá cadastros distintos para pessoas ou casais residentes fora do País, que somente serão consultados na inexistência de postulantes nacionais habilitados nos cadastros mencionados no § 5º deste artigo. *(Incluído pela Lei nº 12.010, de 2009)*

§ 7º As autoridades estaduais e federais em matéria de adoção terão acesso integral aos cadastros, incumbindo-lhes a troca de informações e a cooperação mútua, para melhoria do sistema. *(Incluído pela Lei nº 12.010, de 2009)*

§ 8º A autoridade judiciária providenciará, no prazo de 48 (quarenta e oito) horas, a inscrição das crianças e adolescentes em condições de serem adotados que não tiveram colocação familiar na comarca de origem, e das pessoas ou casais que tiveram deferida sua habilitação à adoção nos cadastros estadual e nacional referidos no § 5º deste artigo, sob pena de responsabilidade. *(Incluído pela Lei nº 12.010, de 2009)*

§ 9º Compete à Autoridade Central Estadual zelar pela manutenção e correta alimentação dos cadastros, com posterior comunicação à Autoridade Central Federal Brasileira. *(Incluído pela Lei nº 12.010, de 2009)*

§ 10. Consultados os cadastros e verificada a ausência de pretendentes habilitados residentes no País com perfil compatível e interesse manifesto pela adoção de criança ou adolescente inscrito nos cadastros existentes, será realizado o encaminhamento da criança ou adolescente à adoção internacional. *(Redação dada pela Lei nº 13.509, de 2017)*

§ 11. Enquanto não localizada pessoa ou casal interessado em sua adoção, a criança ou o adolescente, sempre que possível e recomendável, será colocado sob guarda de família cadastrada em programa de acolhimento familiar. *(Incluído pela Lei nº 12.010, de 2009)*

§ 12. A alimentação do cadastro e a convocação criteriosa dos postulantes à adoção serão fiscalizadas pelo Ministério Público. *(Incluído pela Lei nº 12.010, de 2009)*

§ 13. Somente poderá ser deferida adoção em favor de candidato domiciliado no Brasil não cadastrado previamente nos termos desta Lei quando: *(Incluído pela Lei nº 12.010, de 2009)*

I – se tratar de pedido de adoção unilateral; *(Incluído pela Lei nº 12.010, de 2009)*

II – for formulada por parente com o qual a criança ou adolescente mantenha vínculos de afinidade e afetividade; *(Incluído pela Lei nº 12.010, de 2009)*

III – oriundo o pedido de quem detém a tutela ou guarda legal de criança maior de 3 (três) anos ou adolescente, desde que o lapso de tempo de convivência comprove a fixação de laços de afinidade e afetividade, e não seja constatada a ocorrência de má-fé ou qualquer das situações previstas nos arts. 237 ou 238 desta Lei. *(Incluído pela Lei nº 12.010, de 2009)*

§ 14. Nas hipóteses previstas no § 13 deste artigo, o candidato deverá comprovar, no curso do procedimento, que preenche os requisitos necessários à adoção, conforme previsto nesta Lei. *(Incluído pela Lei nº 12.010, de 2009)*

§ 15. Será assegurada prioridade no cadastro a pessoas interessadas em adotar criança ou adolescente com deficiência, com doença crônica ou com necessidades específicas de saúde, além de grupo de irmãos. *(Incluído pela Lei nº 13.509, de 2017)*

Art. 51. Considera-se adoção internacional aquela na qual o pretendente possui residência habitual em país-parte da Convenção de Haia, de 29 de maio de 1993, Relativa à Proteção das Crianças e à Cooperação em Matéria de Adoção Internacional, promulgada pelo Decreto nº 3.087, de 21 junho de 1999, e deseja adotar criança em outro país-parte da Convenção. *(Redação dada pela Lei nº 13.509, de 2017)*

§ 1º A adoção internacional de criança ou adolescente brasileiro ou domiciliado no Brasil somente terá lugar quando restar comprovado: *(Redação dada pela Lei nº 12.010, de 2009)*

I – que a colocação em família adotiva é a solução adequada ao caso concreto; *(Redação dada pela Lei nº 13.509, de 2017)*

II - que foram esgotadas todas as possibilidades de colocação da criança ou adolescente em família adotiva brasileira, com a comprovação, certificada nos autos, da inexistência de adotantes habilitados residentes no Brasil com perfil compatível com a criança ou adolescente, após consulta aos cadastros mencionados nesta Lei; *(Redação dada pela Lei nº 13.509, de 2017)*

III – que, em se tratando de adoção de adolescente, este foi consultado, por meios adequados ao seu estágio de desenvolvimento, e que se encontra preparado para a medida, mediante parecer elaborado por equipe interprofissional, observado o disposto nos §§ 1º e 2º do art. 28 desta Lei. *(Incluído pela Lei nº 12.010, de 2009)*

§ 2º Os brasileiros residentes no exterior terão preferência aos estrangeiros, nos casos de adoção internacional de criança ou adolescente brasileiro. *(Redação dada pela Lei nº 12.010, de 2009)*

§ 3º A adoção internacional pressupõe a intervenção das Autoridades Centrais Estaduais e Federal em matéria de adoção internacional. *(Redação dada pela Lei nº 12.010, de 2009)*

Art. 52. A adoção internacional observará o procedimento previsto nos arts. 165 a 170 desta Lei, com as seguintes adaptações: *(Redação dada pela Lei nº 12.010, de 2009)*

I – a pessoa ou casal estrangeiro, interessado em adotar criança ou adolescente brasileiro, deverá formular pedido de habilitação à adoção perante a Autoridade Central em matéria de adoção internacional no país de acolhida, assim entendido aquele onde está situada sua residência habitual; *(Incluído pela Lei nº 12.010, de 2009)*

II – se a Autoridade Central do país de acolhida considerar que os solicitantes estão habilitados e aptos para adotar, emitirá um relatório que contenha informações sobre a identidade, a capacidade jurídica e adequação dos solicitantes para adotar, sua situação pessoal, familiar e médica, seu meio social, os motivos que os animam e sua aptidão para assumir uma adoção internacional; *(Incluído pela Lei nº 12.010, de 2009)*

III – a Autoridade Central do país de acolhida enviará o relatório à Autoridade Central Estadual, com cópia para a Autoridade Central Federal Brasileira; *(Incluído pela Lei nº 12.010, de 2009)*

IV – o relatório será instruído com toda a documentação necessária, incluindo estudo psicossocial elaborado por equipe interprofissional habilitada e cópia autenticada da legislação pertinente, acompanhada da respectiva prova de vigência; *(Incluído pela Lei nº 12.010, de 2009)*

V – os documentos em língua estrangeira serão devidamente autenticados pela autoridade consular, observados os tratados e convenções internacionais, e acompanhados da respectiva tradução, por tradutor público juramentado; *(Incluído pela Lei nº 12.010, de 2009)*

VI – a Autoridade Central Estadual poderá fazer exigências e solicitar complementação sobre o estudo psicossocial do postulante estrangeiro à adoção, já realizado no país de acolhida; *(Incluído pela Lei nº 12.010, de 2009)*

VII – verificada, após estudo realizado pela Autoridade Central Estadual, a compatibilidade da legislação estrangeira com a nacional, além do preenchimento por parte dos postulantes à medida dos requisitos objetivos e subjetivos necessários ao seu deferimento, tanto à luz do que dispõe esta Lei como da legislação do país de acolhida, será expedido laudo de habilitação à adoção internacional, que terá validade por, no máximo, 1 (um) ano; *(Incluído pela Lei nº 12.010, de 2009)*

VIII – de posse do laudo de habilitação, o interessado será autorizado a formalizar pedido de adoção perante o Juízo da Infância e da Juventude do local em que se encontra a criança ou adolescente, conforme indicação efetuada pela Autoridade Central Estadual. *(Incluído pela Lei nº 12.010, de 2009)*

§ 1º Se a legislação do país de acolhida assim o autorizar, admite-se que os pedidos de habilitação à adoção internacional sejam intermediados por organismos credenciados. *(Incluído pela Lei nº 12.010, de 2009)*

§ 2º Incumbe à Autoridade Central Federal Brasileira o credenciamento de organismos nacionais e estrangeiros encarregados de intermediar pedidos de habilitação à adoção internacional, com posterior comunicação às Autoridades Centrais Estaduais e publicação nos órgãos oficiais de imprensa e em sítio próprio da internet. *(Incluído pela Lei nº 12.010, de 2009)*

§ 3º Somente será admissível o credenciamento de organismos que: *(Incluído pela Lei nº 12.010, de 2009)*

I – sejam oriundos de países que ratificaram a Convenção de Haia e estejam devidamente credenciados pela Autoridade Central do país onde estiverem sediados e no país de acolhida do adotando para atuar em adoção internacional no Brasil; *(Incluído pela Lei nº 12.010, de 2009)*

II – satisfizerem as condições de integridade moral, competência profissional, experiência e responsabilidade exigidas pelos países respectivos e pela Autoridade Central Federal Brasileira; *(Incluído pela Lei nº 12.010, de 2009)*

III – forem qualificados por seus padrões éticos e sua formação e experiência para atuar na área de adoção internacional; *(Incluído pela Lei nº 12.010, de 2009)*

IV – cumprirem os requisitos exigidos pelo ordenamento jurídico brasileiro e pelas normas estabelecidas pela Autoridade Central Federal Brasileira. *(Incluído pela Lei nº 12.010, de 2009)*

§ 4º Os organismos credenciados deverão ainda: *(Incluído pela Lei nº 12.010, de 2009)*

I – perseguir unicamente fins não lucrativos, nas condições e dentro dos limites fixados pelas autoridades competentes do país onde estiverem sediados, do país de acolhida e pela Autoridade Central Federal Brasileira; *(Incluído pela Lei nº 12.010, de 2009)*

II – ser dirigidos e administrados por pessoas qualificadas e de reconhecida idoneidade moral, com comprovada formação ou experiência para atuar na área de adoção internacional, cadastradas pelo Departamento de Polícia Federal e aprovadas pela Autoridade Central Federal Brasileira, mediante publicação de portaria do órgão federal competente; *(Incluída pela Lei nº 12.010, de 2009)*

III – estar submetidos à supervisão das autoridades competentes do país onde estiverem sediados e no país de acolhida, inclusive quanto à sua composição, funcionamento e situação financeira; *(Incluído pela Lei nº 12.010, de 2009)*

IV – apresentar à Autoridade Central Federal Brasileira, a cada ano, relatório geral das atividades desenvolvidas, bem como relatório de acompanhamento das adoções internacionais efetuadas no período, cuja cópia será encaminhada ao Departamento de Polícia Federal; *(Incluído pela Lei nº 12.010, de 2009)*

V – enviar relatório pós-adotivo semestral para a Autoridade Central Estadual, com cópia para a Autoridade Central Federal Brasileira, pelo período mínimo de 2 (dois) anos. O envio do relatório será mantido até a juntada de cópia autenticada do registro civil, estabelecendo a cidadania do país de acolhida para o adotado; *(Incluído pela Lei nº 12.010, de 2009)*

VI – tomar as medidas necessárias para garantir que os adotantes encaminhem à Autoridade Central Federal Brasileira cópia da certidão de registro de nascimento estrangeira e do certificado de nacionalidade tão logo lhes sejam concedidos. *(Incluído pela Lei nº 12.010, de 2009)*

§ 5º A não apresentação dos relatórios referidos no § 4º deste artigo pelo organismo credenciado poderá acarretar a suspensão de seu credenciamento. *(Incluído pela Lei nº 12.010, de 2009)*

§ 6º O credenciamento de organismo nacional ou estrangeiro encarregado de intermediar pedidos de adoção internacional terá validade de 2 (dois) anos. *(Incluído pela Lei nº 12.010, de 2009)*

§ 7º A renovação do credenciamento poderá ser concedida mediante requerimento protocolado na Autoridade Central Federal Brasileira nos 60 (sessenta) dias anteriores ao término do respectivo prazo de validade. *(Incluído pela Lei nº 12.010, de 2009)*

§ 8º Antes de transitada em julgado a decisão que concedeu a adoção internacional, não será permitida a saída do adotando do território nacional. *(Incluído pela Lei nº 12.010, de 2009)*

§ 9º Transitada em julgado a decisão, a autoridade judiciária determinará a expedição de alvará com autorização de viagem, bem como para obtenção de passaporte, constando, obrigatoriamente, as características da criança ou adolescente adotado, como idade, cor, sexo, eventuais sinais ou traços peculiares, assim como foto recente e a aposição da impressão digital do seu polegar direito, instruindo o documento com cópia autenticada da decisão e certidão de trânsito em julgado. *(Incluído pela Lei nº 12.010, de 2009)*

§ 10. A Autoridade Central Federal Brasileira poderá, a qualquer momento, solicitar informações sobre a situação das crianças e adolescentes adotados. *(Incluído pela Lei nº 12.010, de 2009)*

§ 11. A cobrança de valores por parte dos organismos credenciados, que sejam considerados abusivos pela Autoridade Central Federal Brasileira e que não estejam devidamente comprovados, é causa de seu descredenciamento. *(Incluído pela Lei nº 12.010, de 2009)*

§ 12. Uma mesma pessoa ou seu cônjuge não podem ser representados por mais de uma entidade credenciada para atuar na cooperação em adoção internacional. *(Incluído pela Lei nº 12.010, de 2009)*

§ 13. A habilitação de postulante estrangeiro ou domiciliado fora do Brasil terá validade máxima de 1 (um) ano, podendo ser renovada. *(Incluído pela Lei nº 12.010, de 2009)*

§ 14. É vedado o contato direto de representantes de organismos de adoção, nacionais ou estrangeiros, com dirigentes de programas de acolhimento institucional ou familiar, assim como com crianças e adolescentes em condições de serem adotados, sem a devida autorização judicial. *(Incluído pela Lei nº 12.010, de 2009)*

§ 15. A Autoridade Central Federal Brasileira poderá limitar ou suspender a concessão de novos credenciamentos sempre que julgar necessário, mediante ato administrativo fundamentado. *(Incluído pela Lei nº 12.010, de 2009)*

Art. 52-A. É vedado, sob pena de responsabilidade e descredenciamento, o repasse de recursos provenientes de organismos estrangeiros encarregados de intermediar pedidos de adoção internacional a organismos nacionais ou a pessoas físicas. *(Incluído pela Lei nº 12.010, de 2009)*

Parágrafo único. Eventuais repasses somente poderão ser efetuados via Fundo dos Direitos da Criança e do Adolescente e estarão sujeitos às deliberações do respectivo Conselho de Direitos da Criança e do Adolescente. *(Incluído pela Lei nº 12.010, de 2009)*

Art. 52-B. A adoção por brasileiro residente no exterior em país ratificante da Convenção de Haia, cujo processo de adoção tenha sido processado em conformidade com a legislação vigente no país de residência e atendido o disposto na Alínea "c" do Artigo 17 da referida Convenção, será automaticamente recepcionada com o reingresso no Brasil. *(Incluído pela Lei nº 12.010, de 2009)*

§ 1º Caso não tenha sido atendido o disposto na Alínea "c" do Artigo 17 da Convenção de Haia, deverá a sentença ser homologada pelo Superior Tribunal de Justiça. *(Incluído pela Lei nº 12.010, de 2009)*

§ 2º O pretendente brasileiro residente no exterior em país não ratificante da Convenção de Haia, uma vez reingressado no Brasil, deverá requerer a homologação da sentença estrangeira pelo Superior Tribunal de Justiça. *(Incluído pela Lei nº 12.010, de 2009)*

Art. 52-C. Nas adoções internacionais, quando o Brasil for o país de acolhida, a decisão da autoridade competente do país de origem da criança ou do adolescente será conhecida pela Autoridade Central Estadual que tiver processado o pedido de habilitação dos pais adotivos, que comunicará o fato à Autoridade Central Federal e determinará as providências necessárias à expedição do Certificado de Naturalização Provisório. *(Incluído pela Lei nº 12.010, de 2009)*

§ 1º A Autoridade Central Estadual, ouvido o Ministério Público, somente deixará de reconhecer os efeitos daquela decisão se restar demonstrado que a adoção é manifestamente contrária à ordem pública ou não atende ao interesse superior da criança ou do adolescente. *(Incluído pela Lei nº 12.010, de 2009)*

§ 2º Na hipótese de não reconhecimento da adoção, prevista no § 1º deste artigo, o Ministério Público deverá imediatamente requerer o que for de direito para resguardar os interesses da criança ou do adolescente, comunicando-se as providências à Autoridade Central Estadual, que fará a comunicação à Autoridade Central Federal Brasileira e à Autoridade Central do país de origem. *(Incluído pela Lei nº 12.010, de 2009)*

Art. 52-D. Nas adoções internacionais, quando o Brasil for o país de acolhida e a adoção não tenha sido deferida no país de origem porque a sua legislação a delega ao país de acolhida, ou, ainda, na hipótese de, mesmo com decisão, a criança ou o adolescente ser oriundo de país que não tenha aderido à Convenção referida, o processo de adoção seguirá as regras da adoção nacional. *(Incluído pela Lei nº 12.010, de 2009)*

CAPÍTULO IV – DO DIREITO À EDUCAÇÃO, À CULTURA, AO ESPORTE E AO LAZER

Art. 53. A criança e o adolescente têm direito à educação, visando ao pleno desenvolvimento de sua pessoa, preparo para o exercício da cidadania e qualificação para o trabalho, assegurando-se-lhes:

I – igualdade de condições para o acesso e permanência na escola;

II – direito de ser respeitado por seus educadores;

III – direito de contestar critérios avaliativos, podendo recorrer às instâncias escolares superiores;

IV – direito de organização e participação em entidades estudantis;

V – acesso à escola pública e gratuita, próxima de sua residência, garantindo-se vagas no mesmo estabelecimento a irmãos que frequentem a mesma etapa ou ciclo de ensino da educação básica. *(Redação dada pela Lei nº 13.845, de 2019)*

Parágrafo único. É direito dos pais ou responsáveis ter ciência do processo pedagógico, bem como participar da definição das propostas educacionais.

Art. 53-A. É dever da instituição de ensino, clubes e agremiações recreativas e de estabelecimentos congêneres assegurar medidas de conscientização, prevenção e enfrentamento ao uso ou dependência de drogas ilícitas. *(Incluído pela Lei nº 13.840, de 2019)*

Art. 54. É dever do Estado assegurar à criança e ao adolescente:

I - ensino fundamental, obrigatório e gratuito, inclusive para os que a ele não tiveram acesso na idade própria;

II - progressiva extensão da obrigatoriedade e gratuidade ao ensino médio;

III - atendimento educacional especializado aos portadores de deficiência, preferencialmente na rede regular de ensino;

IV – atendimento em creche e pré-escola às crianças de zero a cinco anos de idade; *(Redação dada pela Lei nº 13.306, de 2016)*

V - acesso aos níveis mais elevados do ensino, da pesquisa e da criação artística, segundo a capacidade de cada um;

VI - oferta de ensino noturno regular, adequado às condições do adolescente trabalhador;

VII - atendimento no ensino fundamental, através de programas suplementares de material didático-escolar, transporte, alimentação e assistência à saúde.

§ 1º O acesso ao ensino obrigatório e gratuito é direito público subjetivo.

§ 2º O não oferecimento do ensino obrigatório pelo poder público ou sua oferta irregular importa responsabilidade da autoridade competente.

§ 3º Compete ao poder público recensear os educandos no ensino fundamental, fazer-lhes a chamada e zelar, junto aos pais ou responsável, pela frequência à escola.

Art. 55. Os pais ou responsável têm a obrigação de matricular seus filhos ou pupilos na rede regular de ensino.

Art. 56. Os dirigentes de estabelecimentos de ensino fundamental comunicarão ao Conselho Tutelar os casos de:

I – maus-tratos envolvendo seus alunos;

II – reiteração de faltas injustificadas e de evasão escolar, esgotados os recursos escolares;

III – elevados níveis de repetência.

Art. 57. O poder público estimulará pesquisas, experiências e novas propostas relativas a calendário, seriação, currículo, metodologia, didática e avaliação, com vistas à inserção de crianças e adolescentes excluídos do ensino fundamental obrigatório.

Art. 58. No processo educacional respeitar-se-ão os valores culturais, artísticos e históricos próprios do contexto social da criança e do adolescente, garantindo-se a estes a liberdade da criação e o acesso às fontes de cultura.

Art. 59. Os municípios, com apoio dos estados e da União, estimularão e facilitarão a destinação de recursos e espaços para programações culturais, esportivas e de lazer voltadas para a infância e a juventude.

Art. 59-A. As instituições sociais públicas ou privadas que desenvolvam atividades com crianças e adolescentes e que recebam recursos públicos deverão exigir e manter certidões de antecedentes criminais de todos os seus colaboradores, as quais deverão ser atualizadas a cada 6 (seis) meses. *(Incluído pela Lei nº 14.811, de 2024)*

Parágrafo único. Os estabelecimentos educacionais e similares, públicos ou privados, que desenvolvem atividades com crianças e adolescentes, independentemente de recebimento de recursos públicos, deverão manter fichas cadastrais e certidões de antecedentes criminais atualizadas de todos os seus colaboradores. *(Incluído pela Lei nº 14.811, de 2024)*

CAPÍTULO V – DO DIREITO À PROFISSIONALIZAÇÃO E À PROTEÇÃO NO TRABALHO

Art. 60. É proibido qualquer trabalho a menores de quatorze anos de idade, salvo na condição de aprendiz. (Vide Constituição Federal)

Art. 61. A proteção ao trabalho dos adolescentes é regulada por legislação especial, sem prejuízo do disposto nesta Lei.

Art. 62. Considera-se aprendizagem a formação técnico-profissional ministrada segundo as diretrizes e bases da legislação de educação em vigor.

Art. 63. A formação técnico-profissional obedecerá aos seguintes princípios:

I – garantia de acesso e frequência obrigatória ao ensino regular;

II – atividade compatível com o desenvolvimento do adolescente;

III – horário especial para o exercício das atividades.

Art. 64. Ao adolescente até quatorze anos de idade é assegurada bolsa de aprendizagem.

Art. 65. Ao adolescente aprendiz, maior de quatorze anos, são assegurados os direitos trabalhistas e previdenciários.

Art. 66. Ao adolescente portador de deficiência é assegurado trabalho protegido.

Art. 67. Ao adolescente empregado, aprendiz, em regime familiar de trabalho, aluno de escola técnica, assistido em entidade governamental ou não-governamental, é vedado trabalho:

I – noturno, realizado entre as vinte e duas horas de um dia e as cinco horas do dia seguinte;

II – perigoso, insalubre ou penoso;

III – realizado em locais prejudiciais à sua formação e ao seu desenvolvimento físico, psíquico, moral e social;

IV – realizado em horários e locais que não permitam a frequência à escola.

Art. 68. O programa social que tenha por base o trabalho educativo, sob responsabilidade de entidade governamental ou não-governamental sem fins lucrativos, deverá assegurar ao adolescente que dele participe condições de capacitação para o exercício de atividade regular remunerada.

§ 1º Entende-se por trabalho educativo a atividade laboral em que as exigências pedagógicas relativas ao desenvolvimento pessoal e social do educando prevalecem sobre o aspecto produtivo.

§ 2º A remuneração que o adolescente recebe pelo trabalho efetuado ou a participação na venda dos produtos de seu trabalho não desfigura o caráter educativo.

Art. 69. O adolescente tem direito à profissionalização e à proteção no trabalho, observados os seguintes aspectos, entre outros:

I – respeito à condição peculiar de pessoa em desenvolvimento;

II – capacitação profissional adequada ao mercado de trabalho.

TÍTULO III – DA PREVENÇÃO

CAPÍTULO I – DISPOSIÇÕES GERAIS

Art. 70. É dever de todos prevenir a ocorrência de ameaça ou violação dos direitos da criança e do adolescente.

Art. 70-A. A União, os Estados, o Distrito Federal e os Municípios deverão atuar de forma articulada na elaboração de políticas públicas e na execução de ações destinadas a coibir o uso de castigo físico ou de tratamento cruel ou degradante e difundir formas não violentas de educação de crianças e de adolescentes, tendo como principais ações: *(Incluído pela Lei nº 13.010, de 2014)*

I – a promoção de campanhas educativas permanentes para a divulgação do direito da criança e do adolescente de serem educados e cuidados sem o uso de castigo físico ou de tratamento cruel ou degradante e dos instrumentos de proteção aos direitos humanos; *(Incluído pela Lei nº 13.010, de 2014)*

II – a integração com os órgãos do Poder Judiciário, do Ministério Público e da Defensoria Pública, com o Conselho Tutelar, com os Conselhos de Direitos da Criança e do Adolescente e com as entidades não governamentais que atuam na promoção, proteção e defesa dos direitos da criança e do adolescente; *(Incluído pela Lei nº 13.010, de 2014)*

III – a formação continuada e a capacitação dos profissionais de saúde, educação e assistência social e dos demais agentes que atuam na promoção, proteção e defesa dos direitos da criança e do adolescente para o desenvolvimento das competências necessárias à prevenção, à identificação de evidências, ao diagnóstico e ao enfrentamento de todas as formas de violência contra a criança e o adolescente;*(Incluído pela Lei nº 13.010, de 2014)*

IV – o apoio e o incentivo às práticas de resolução pacífica de conflitos que envolvam violência contra a criança e o adolescente; *(Incluído pela Lei nº 13.010, de 2014)*

V – a inclusão, nas políticas públicas, de ações que visem a garantir os direitos da criança e do adolescente, desde a atenção pré-natal, e de atividades junto aos pais e responsáveis com o objetivo de promover a informação, a reflexão, o debate e a orientação sobre alternativas ao uso de castigo físico ou de tratamento cruel ou degradante no processo educativo; *(Incluído pela Lei nº 13.010, de 2014)*

VI – a promoção de espaços intersetoriais locais para a articulação de ações e a elaboração de planos de atuação conjunta focados nas famílias em situação de violência, com participação de profissionais de saúde, de assistência social e de educação e de órgãos de promoção, proteção e defesa dos direitos da criança e do adolescente. *(Incluído pela Lei nº 13.010, de 2014)*

VII – a promoção de estudos e pesquisas, de estatísticas e de outras informações relevantes às consequências e à frequência das formas de violência contra a criança e o adolescente para a sistematização de dados nacionalmente unificados e a avaliação periódica dos resultados das medidas adotadas; *(Incluído pela Lei nº 14.344, de 2022)*

VIII – o respeito aos valores da dignidade da pessoa humana, de forma a coibir a violência, o tratamento cruel ou degradante e as formas violentas de educação, correção ou disciplina; *(Incluído pela Lei nº 14.344, de 2022)*

IX – a promoção e a realização de campanhas educativas direcionadas ao público escolar e à sociedade em geral e a difusão desta Lei e dos instrumentos de proteção aos direitos humanos das crianças e dos adolescentes, incluídos os canais de denúncia existentes; *(Incluído pela Lei nº 14.344, de 2022)*

X – a celebração de convênios, de protocolos, de ajustes, de termos e de outros instrumentos de promoção de parceria entre órgãos governamentais ou entre estes e entidades não governamentais, com o objetivo de implementar programas de erradicação da violência, de tratamento cruel ou degradante e de formas violentas de educação, correção ou disciplina; *(Incluído pela Lei nº 14.344, de 2022)*

XI – a capacitação permanente das Polícias Civil e Militar, da Guarda Municipal, do Corpo de Bombeiros, dos profissionais nas escolas, dos Conselhos Tutelares e dos profissionais pertencentes aos órgãos e às áreas referidos no inciso II deste *caput*, para que identifiquem situações em que crianças e adolescentes vivenciam violência e agressões no âmbito familiar ou institucional; *(Incluído pela Lei nº 14.344, de 2022)*

XII – a promoção de programas educacionais que disseminem valores éticos de irrestrito respeito à dignidade da pessoa humana, bem como de programas de fortalecimento da parentalidade positiva, da educação sem castigos físicos e de ações de prevenção e enfrentamento da violência doméstica e familiar contra a criança e o adolescente; *(Incluído pela Lei nº 14.344, de 2022)*

XIII – o destaque, nos currículos escolares de todos os níveis de ensino, dos conteúdos relativos à prevenção, à identificação e à resposta à violência doméstica e familiar. *(Incluído pela Lei nº 14.344, de 2022)*

Parágrafo único. As famílias com crianças e adolescentes com deficiência terão prioridade de atendimento nas ações e políticas públicas de prevenção e proteção. *(Incluído pela Lei nº 13.010, de 2014)*

Art. 70-B. As entidades, públicas e privadas, que atuem nas áreas da saúde e da educação, além daquelas às quais se refere o art. 71 desta Lei, entre outras, devem contar, em seus quadros, com pessoas capacitadas a reconhecer e a comunicar ao Conselho Tutelar suspeitas ou casos de crimes praticados contra a criança e o adolescente. *(Redação dada pela Lei nº 14.344, de 2022)*

Parágrafo único. São igualmente responsáveis pela comunicação de que trata este artigo, as pessoas encarregadas, por razão de cargo, função, ofício, ministério, profissão ou ocupação, do cuidado, assistência ou guarda de crianças e adolescentes, punível, na forma deste Estatuto, o injustificado retardamento ou omissão, culposos ou dolosos. (Incluído pela Lei nº 13.046, de 2014)

Art. 71. A criança e o adolescente têm direito a informação, cultura, lazer, esportes, diversões, espetáculos e produtos e serviços que respeitem sua condição peculiar de pessoa em desenvolvimento.

Art. 72. As obrigações previstas nesta Lei não excluem da prevenção especial outras decorrentes dos princípios por ela adotados.

Art. 73. A inobservância das normas de prevenção importará em responsabilidade da pessoa física ou jurídica, nos termos desta Lei.

CAPÍTULO II – DA PREVENÇÃO ESPECIAL

SEÇÃO I – DA INFORMAÇÃO, CULTURA, LAZER, ESPORTES, DIVERSÕES E ESPETÁCULOS

Art. 74. O poder público, através do órgão competente, regulará as diversões e espetáculos públicos, informando sobre a natureza deles, as faixas etárias a que não se recomendem, locais e horários em que sua apresentação se mostre inadequada.

Parágrafo único. Os responsáveis pelas diversões e espetáculos públicos deverão afixar, em lugar visível e de fácil acesso, à entrada do local de exibição, informação destacada sobre a natureza do espetáculo e a faixa etária especificada no certificado de classificação.

Art. 75. Toda criança ou adolescente terá acesso às diversões e espetáculos públicos classificados como adequados à sua faixa etária.

Parágrafo único. As crianças menores de dez anos somente poderão ingressar e permanecer nos locais de apresentação ou exibição quando acompanhadas dos pais ou responsável.

Art. 76. As emissoras de rádio e televisão somente exibirão, no horário recomendado para o público infanto juvenil, programas com finalidades educativas, artísticas, culturais e informativas.

Parágrafo único. Nenhum espetáculo será apresentado ou anunciado sem aviso de sua classificação, antes de sua transmissão, apresentação ou exibição.

Art. 77. Os proprietários, diretores, gerentes e funcionários de empresas que explorem a venda ou aluguel de fitas de programação em vídeo cuidarão para que não haja venda ou locação em desacordo com a classificação atribuída pelo órgão competente.

Parágrafo único. As fitas a que alude este artigo deverão exibir, no invólucro, informação sobre a natureza da obra e a faixa etária a que se destinam.

Art. 78. As revistas e publicações contendo material impróprio ou inadequado a crianças e adolescentes deverão ser comercializadas em embalagem lacrada, com a advertência de seu conteúdo.

Parágrafo único. As editoras cuidarão para que as capas que contenham mensagens pornográficas ou obscenas sejam protegidas com embalagem opaca.

Art. 79. As revistas e publicações destinadas ao público infanto-juvenil não poderão conter ilustrações, fotografias, legendas, crônicas ou anúncios de bebidas alcoólicas, tabaco, armas e munições, e deverão respeitar os valores éticos e sociais da pessoa e da família.

Art. 80. Os responsáveis por estabelecimentos que explorem comercialmente bilhar, sinuca ou congênere ou por casas de jogos, assim entendidas as que realizem apostas, ainda que eventualmente, cuidarão para que não seja permitida a entrada e a permanência de crianças e adolescentes no local, afixando aviso para orientação do público.

SEÇÃO II – DOS PRODUTOS E SERVIÇOS

Art. 81. É proibida a venda à criança ou ao adolescente de:

I – armas, munições e explosivos;

II – bebidas alcoólicas;

III – produtos cujos componentes possam causar dependência física ou psíquica ainda que por utilização indevida;

IV – fogos de estampido e de artifício, exceto aqueles que pelo seu reduzido potencial sejam incapazes de provocar qualquer dano físico em caso de utilização indevida;

V – revistas e publicações a que alude o art. 78;

VI – bilhetes lotéricos e equivalentes.

Art. 82. É proibida a hospedagem de criança ou adolescente em hotel, motel, pensão ou estabelecimento congênere, salvo se autorizado ou acompanhado pelos pais ou responsável.

SEÇÃO III – DA AUTORIZAÇÃO PARA VIAJAR

Art. 83. Nenhuma criança ou adolescente menor de 16 (dezesseis) anos poderá viajar para fora da comarca onde reside desacompanhado dos pais ou dos responsáveis sem expressa autorização judicial. *(Redação dada pela Lei nº 13.812, de 2019)*

§ 1º A autorização não será exigida quando:

a) tratar-se de comarca contígua à da residência da criança ou do adolescente menor de 16 (dezesseis) anos, se na mesma unidade da Federação, ou incluída na mesma região metropolitana; *(Redação dada pela Lei nº 13.812, de 2019)*

b) a criança ou o adolescente menor de 16 (dezesseis) anos estiver acompanhado: *(Redação dada pela Lei nº 13.812, de 2019)*

1) de ascendente ou colateral maior, até o terceiro grau, comprovado documentalmente o parentesco;

2) de pessoa maior, expressamente autorizada pelo pai, mãe ou responsável.

§ 2º A autoridade judiciária poderá, a pedido dos pais ou responsável, conceder autorização válida por dois anos.

Art. 84. Quando se tratar de viagem ao exterior, a autorização é dispensável, se a criança ou adolescente:

I – estiver acompanhado de ambos os pais ou responsável;

II – viajar na companhia de um dos pais, autorizado expressamente pelo outro através de documento com firma reconhecida.

Art. 85. Sem prévia e expressa autorização judicial, nenhuma criança ou adolescente nascido em território nacional poderá sair do País em companhia de estrangeiro residente ou domiciliado no exterior.

PARTE ESPECIAL

TÍTULO I – DA POLÍTICA DE ATENDIMENTO

CAPÍTULO I – DISPOSIÇÕES GERAIS

Art. 86. A política de atendimento dos direitos da criança e do adolescente far-se-á através de um conjunto articulado de ações governamentais e não-governamentais, da União, dos estados, do Distrito Federal e dos municípios.

Art. 87. São linhas de ação da política de atendimento: (Vide Lei nº 12.010, de 2009)

I – políticas sociais básicas;

II - serviços, programas, projetos e benefícios de assistência social de garantia de proteção social e de prevenção e redução de violações de direitos, seus agravamentos ou reincidências; *(Redação dada pela Lei nº 13.257, de 2016)*

III – serviços especiais de prevenção e atendimento médico e psicossocial às vítimas de negligência, maus-tratos, exploração, abuso, crueldade e opressão;

IV – serviço de identificação e localização de pais, responsável, crianças e adolescentes desaparecidos;

V – proteção jurídico-social por entidades de defesa dos direitos da criança e do adolescente.

VI – políticas e programas destinados a prevenir ou abreviar o período de afastamento do convívio familiar e a garantir o efetivo exercício do direito à convivência familiar de crianças e adolescentes; *(Incluído pela Lei nº 12.010, de 2009)*

VII – campanhas de estímulo ao acolhimento sob forma de guarda de crianças e adolescentes afastados do convívio familiar e à adoção, especificamente inter-racial, de crianças maiores ou de adolescentes, com necessidades específicas de saúde ou com deficiências e de grupos de irmãos. *(Incluído pela Lei nº 12.010, de 2009)*

Parágrafo único . A linha de ação da política de atendimento a que se refere o inciso IV do caput deste artigo será executada em cooperação com o Cadastro Nacional de Pessoas Desaparecidas, criado pela Lei nº 13.812, de 16 de março de 2019, com o Cadastro Nacional de Crianças e Adolescentes Desaparecidos, criado pela Lei nº 12.127, de 17 de dezembro de 2009, e com os demais cadastros, sejam eles nacionais, estaduais ou municipais. *(Incluído pela Lei nº 14.548, de 2023)*

Art. 88. São diretrizes da política de atendimento:

I – municipalização do atendimento;

II – criação de conselhos municipais, estaduais e nacional dos direitos da criança e do adolescente, órgãos deliberativos e controladores das ações em todos os níveis, assegurada a participação popular paritária por meio de organizações representativas, segundo leis federal, estaduais e municipais;

III – criação e manutenção de programas específicos, observada a descentralização político-administrativa;

IV – manutenção de fundos nacional, estaduais e municipais vinculados aos respectivos conselhos dos direitos da criança e do adolescente;

V – integração operacional de órgãos do Judiciário, Ministério Público, Defensoria, Segurança Pública e Assistência Social, preferencialmente em um mesmo local, para efeito de agilização do atendimento inicial a adolescente a quem se atribua autoria de ato infracional;

VI – integração operacional de órgãos do Judiciário, Ministério Público, Defensoria, Conselho Tutelar e encarregados da execução das políticas sociais básicas e de assistência social, para efeito de agilização do atendimento de crianças e de adolescentes inseridos em programas de acolhimento familiar ou institucional, com vista na sua rápida reintegração à família de origem ou, se tal solução se mostrar comprovadamente inviável, sua colocação em família substituta, em quaisquer das modalidades previstas no art. 28 desta Lei; *(Redação dada pela Lei nº 12.010, de 2009)*

VII – mobilização da opinião pública para a indispensável participação dos diversos segmentos da sociedade. *(Incluído pela Lei nº 12.010, de 2009)*

VIII - especialização e formação continuada dos profissionais que trabalham nas diferentes áreas da atenção à primeira infância, incluindo os conhecimentos sobre direitos da criança e sobre desenvolvimento infantil; *(Incluído pela Lei nº 13.257, de 2016)*

IX - formação profissional com abrangência dos diversos direitos da criança e do adolescente que favoreça a intersetorialidade no atendimento da criança e do adolescente e seu desenvolvimento integral; *(Incluído pela Lei nº 13.257, de 2016)*

X - realização e divulgação de pesquisas sobre desenvolvimento infantil e sobre prevenção da violência. *(Incluído pela Lei nº 13.257, de 2016)*

Art. 89. A função de membro do conselho nacional e dos conselhos estaduais e municipais dos direitos da criança e do adolescente é considerada de interesse público relevante e não será remunerada.

CAPÍTULO II – DAS ENTIDADES DE ATENDIMENTO

SEÇÃO I – DISPOSIÇÕES GERAIS

Art. 90. As entidades de atendimento são responsáveis pela manutenção das próprias unidades, assim como pelo planejamento e execução de programas de proteção e sócio-educativos destinados a crianças e adolescentes, em regime de:

I – orientação e apoio sócio-familiar;

II – apoio sócio-educativo em meio aberto;

III – colocação familiar;

IV – acolhimento institucional; *(Redação dada pela Lei nº 12.010, de 2009)*

V – prestação de serviços à comunidade; *(Redação dada pela Lei nº 12.594, de 2012)*

VI – liberdade assistida; *(Redação dada pela Lei nº 12.594, de 2012)*

VII – semiliberdade; e *(Redação dada pela Lei nº 12.594, de 2012)*

VIII – internação. *(Incluído pela Lei nº 12.594, de 2012)*

§ 1º As entidades governamentais e não governamentais deverão proceder à inscrição de seus programas, especificando os regimes de atendimento, na forma definida neste artigo, no Conselho Municipal dos Direitos da Criança e do Adolescente, o qual manterá registro das inscrições e de suas alterações, do que fará comunicação ao Conselho Tutelar e à autoridade judiciária. *(Incluído pela Lei nº 12.010, de 2009)*

§ 2º Os recursos destinados à implementação e manutenção dos programas relacionados neste artigo serão previstos nas dotações orçamentárias dos órgãos públicos encarregados das áreas de Educação, Saúde e Assistência Social, dentre outros, observando-se o princípio da prioridade absoluta à criança e ao adolescente preconizado pelo *caput* do art. 227 da Constituição Federal e pelo *caput* e parágrafo único do art. 4º desta Lei. *(Incluído pela Lei nº 12.010, de 2009)*

§ 3º Os programas em execução serão reavaliados pelo Conselho Municipal dos Direitos da Criança e do Adolescente, no máximo, a cada 2 (dois) anos, constituindo-se critérios para renovação da autorização de funcionamento: *(Incluído pela Lei nº 12.010, de 2009)*

I – o efetivo respeito às regras e princípios desta Lei, bem como às resoluções relativas à modalidade de atendimento prestado expedidas pelos Conselhos de Direitos da Criança e do Adolescente, em todos os níveis; *(Incluído pela Lei nº 12.010, de 2009)*

II – a qualidade e eficiência do trabalho desenvolvido, atestadas pelo Conselho Tutelar, pelo Ministério Público e pela Justiça da Infância e da Juventude; *(Incluído pela Lei nº 12.010, de 2009)*

III – em se tratando de programas de acolhimento institucional ou familiar, serão considerados os índices de sucesso na reintegração familiar ou de adaptação à família substituta, conforme o caso. *(Incluído pela Lei nº 12.010, de 2009)*

Art. 91. As entidades não-governamentais somente poderão funcionar depois de registradas no Conselho Municipal dos Direitos da Criança e do Adolescente, o qual comunicará o registro ao Conselho Tutelar e à autoridade judiciária da respectiva localidade.

§ 1º Será negado o registro à entidade que: *(Incluído pela Lei nº 12.010, de 2009)*

a) não ofereça instalações físicas em condições adequadas de habitabilidade, higiene, salubridade e segurança;

b) não apresente plano de trabalho compatível com os princípios desta Lei;

c) esteja irregularmente constituída;

d) tenha em seus quadros pessoas inidôneas.

e) não se adequar ou deixar de cumprir as resoluções e deliberações relativas à modalidade de atendimento prestado expedidas pelos Conselhos de Direitos da Criança e do Adolescente, em todos os níveis. *(Incluída pela Lei nº 12.010, de 2009)*

§ 2º O registro terá validade máxima de 4 (quatro) anos, cabendo ao Conselho Municipal dos Direitos da Criança e do Adolescente, periodicamente, reavaliar o cabimento de sua renovação, observado o disposto no § 1º deste artigo. *(Incluído pela Lei nº 12.010, de 2009)*

Art. 92. As entidades que desenvolvam programas de acolhimento familiar ou institucional deverão adotar os seguintes princípios: *(Redação dada pela Lei nº 12.010, de 2009)*

I – preservação dos vínculos familiares e promoção da reintegração familiar; *(Redação dada pela Lei nº 12.010, de 2009)*

II – integração em família substituta, quando esgotados os recursos de manutenção na família natural ou extensa; *(Redação dada pela Lei nº 12.010, de 2009)*

III – atendimento personalizado e em pequenos grupos;

IV – desenvolvimento de atividades em regime de co-educação;

V – não desmembramento de grupos de irmãos;

VI – evitar, sempre que possível, a transferência para outras entidades de crianças e adolescentes abrigados;

VII – participação na vida da comunidade local;

VIII – preparação gradativa para o desligamento;

IX – participação de pessoas da comunidade no processo educativo.

§ 1º O dirigente de entidade que desenvolve programa de acolhimento institucional é equiparado ao guardião, para todos os efeitos de direito. *(Incluído pela Lei nº 12.010, de 2009)*

§ 2º Os dirigentes de entidades que desenvolvem programas de acolhimento familiar ou institucional remeterão à autoridade judiciária, no máximo a cada 6 (seis) meses, relatório circunstanciado acerca da situação de cada criança ou adolescente acolhido e sua família, para fins da reavaliação prevista no § 1º do art. 19 desta Lei. *(Incluído pela Lei nº 12.010, de 2009)*

§ 3º Os entes federados, por intermédio dos Poderes Executivo e Judiciário, promoverão conjuntamente a permanente qualificação dos profissionais que atuam direta ou indiretamente em programas de acolhimento institucional e destinados à colocação familiar de crianças e adolescentes, incluindo membros do Poder Judiciário, Ministério Público e Conselho Tutelar. *(Incluído pela Lei nº 12.010, de 2009)*

§ 4º Salvo determinação em contrário da autoridade judiciária competente, as entidades que desenvolvem programas de acolhimento familiar ou institucional, se necessário com o auxílio do Conselho Tutelar e dos órgãos de assistência social, estimularão o contato da criança ou adolescente com seus pais e parentes, em cumprimento ao disposto nos incisos I e VIII do *caput* deste artigo. *(Incluído pela Lei nº 12.010, de 2009)*

§ 5º As entidades que desenvolvem programas de acolhimento familiar ou institucional somente poderão receber recursos públicos se comprovado o atendimento dos princípios, exigências e finalidades desta Lei. *(Incluído pela Lei nº 12.010, de 2009)*

§ 6º O descumprimento das disposições desta Lei pelo dirigente de entidade que desenvolva programas de acolhimento familiar ou institucional é causa de sua destituição, sem prejuízo da apuração de sua responsabilidade administrativa, civil e criminal. *(Incluído pela Lei nº 12.010, de 2009)*

§ 7º Quando se tratar de criança de 0 (zero) a 3 (três) anos em acolhimento institucional, dar-se-á especial atenção à atuação de educadores de referência estáveis e qualitativamente significativos, às rotinas específicas e ao atendimento das necessidades básicas, incluindo as de afeto como prioritárias. *(Incluído pela Lei nº 13.257, de 2016)*

Art. 93. As entidades que mantenham programa de acolhimento institucional poderão, em caráter excepcional e de urgência, acolher crianças e adolescentes sem prévia determinação da autoridade competente, fazendo comunicação do fato em até 24 (vinte e quatro) horas ao Juiz da Infância e da Juventude, sob pena de responsabilidade. *(Redação dada pela Lei nº 12.010, de 2009)*

Parágrafo único. Recebida a comunicação, a autoridade judiciária, ouvido o Ministério Público e se necessário com o apoio do Conselho Tutelar local, tomará as medidas necessárias para promover a imediata reintegração familiar da criança ou do adolescente ou, se por qualquer razão não for isso possível ou recomendável, para seu encaminhamento a programa de acolhimento familiar, institucional ou a família substituta, observado o disposto no § 2º do art. 101 desta Lei. *(Incluído pela Lei nº 12.010, de 2009)*

Art. 94. As entidades que desenvolvem programas de internação têm as seguintes obrigações, entre outras:

I – observar os direitos e garantias de que são titulares os adolescentes;

II – não restringir nenhum direito que não tenha sido objeto de restrição na decisão de internação;

III – oferecer atendimento personalizado, em pequenas unidades e grupos reduzidos;

IV – preservar a identidade e oferecer ambiente de respeito e dignidade ao adolescente;

V – diligenciar no sentido do restabelecimento e da preservação dos vínculos familiares;

VI – comunicar à autoridade judiciária, periodicamente, os casos em que se mostre inviável ou impossível o reatamento dos vínculos familiares;

VII – oferecer instalações físicas em condições adequadas de habitabilidade, higiene, salubridade e segurança e os objetos necessários à higiene pessoal;

VIII – oferecer vestuário e alimentação suficientes e adequados à faixa etária dos adolescentes atendidos;

IX – oferecer cuidados médicos, psicológicos, odontológicos e farmacêuticos;

X – propiciar escolarização e profissionalização;

XI – propiciar atividades culturais, esportivas e de lazer;

XII – propiciar assistência religiosa àqueles que desejarem, de acordo com suas crenças;

XIII – proceder a estudo social e pessoal de cada caso;

XIV – reavaliar periodicamente cada caso, com intervalo máximo de seis meses, dando ciência dos resultados à autoridade competente;

XV – informar, periodicamente, o adolescente internado sobre sua situação processual;

XVI – comunicar às autoridades competentes todos os casos de adolescentes portadores de moléstias infecto-contagiosas;

XVII – fornecer comprovante de depósito dos pertences dos adolescentes;

XVIII – manter programas destinados ao apoio e acompanhamento de egressos;

XIX – providenciar os documentos necessários ao exercício da cidadania àqueles que não os tiverem;

XX – manter arquivo de anotações onde constem data e circunstâncias do atendimento, nome do adolescente, seus pais ou responsável, parentes, endereços, sexo, idade, acompanhamento da sua formação, relação de seus pertences e demais dados que possibilitem sua identificação e a individualização do atendimento.

§ 1º Aplicam-se, no que couber, as obrigações constantes deste artigo às entidades que mantêm programas de acolhimento institucional e familiar. *(Redação dada pela Lei nº 12.010, de 2009)*

§ 2º No cumprimento das obrigações a que alude este artigo as entidades utilizarão preferencialmente os recursos da comunidade.

Art. 94-A. As entidades, públicas ou privadas, que abriguem ou recepcionem crianças e adolescentes, ainda que em caráter temporário, devem ter, em seus quadros, profissionais capacitados a reconhecer e reportar ao Conselho Tutelar suspeitas ou ocorrências de maus-tratos. *(Incluído pela Lei nº 13.046, de 2014)*

SEÇÃO II – DA FISCALIZAÇÃO DAS ENTIDADES

Art. 95. As entidades governamentais e não-governamentais referidas no art. 90 serão fiscalizadas pelo Judiciário, pelo Ministério Público e pelos Conselhos Tutelares.

Art. 96. Os planos de aplicação e as prestações de contas serão apresentados ao estado ou ao município, conforme a origem das dotações orçamentárias.

Art. 97. São medidas aplicáveis às entidades de atendimento que descumprirem obrigação constante do art. 94, sem prejuízo da responsabilidade civil e criminal de seus dirigentes ou prepostos: (Vide Lei nº 12.010, de 2009)

I – às entidades governamentais:

a) advertência;

b) afastamento provisório de seus dirigentes;

c) afastamento definitivo de seus dirigentes;

d) fechamento de unidade ou interdição de programa.

II – às entidades não-governamentais:

a) advertência;

b) suspensão total ou parcial do repasse de verbas públicas;

c) interdição de unidades ou suspensão de programa;

d) cassação do registro.

§ 1º Em caso de reiteradas infrações cometidas por entidades de atendimento, que coloquem em risco os direitos assegurados nesta Lei, deverá ser o fato comunicado ao Ministério Público ou representado perante autoridade judiciária competente para as providências cabíveis, inclusive suspensão das atividades ou dissolução da entidade. *(Redação dada pela Lei nº 12.010, de 2009)*

§ 2º As pessoas jurídicas de direito público e as organizações não governamentais responderão pelos danos que seus agentes causarem às crianças e aos adolescentes, caracterizado o descumprimento dos princípios norteadores das atividades de proteção específica. *(Redação dada pela Lei nº 12.010, de 2009)*

TÍTULO II – DAS MEDIDAS DE PROTEÇÃO

CAPÍTULO I – DISPOSIÇÕES GERAIS

Art. 98. As medidas de proteção à criança e ao adolescente são aplicáveis sempre que os direitos reconhecidos nesta Lei forem ameaçados ou violados:

I – por ação ou omissão da sociedade ou do Estado;

II – por falta, omissão ou abuso dos pais ou responsável;

III – em razão de sua conduta.

CAPÍTULO II – DAS MEDIDAS ESPECÍFICAS DE PROTEÇÃO

Art. 99. As medidas previstas neste Capítulo poderão ser aplicadas isolada ou cumulativamente, bem como substituídas a qualquer tempo.

Art. 100. Na aplicação das medidas levar-se-ão em conta as necessidades pedagógicas, preferindo-se aquelas que visem ao fortalecimento dos vínculos familiares e comunitários.

Parágrafo único. São também princípios que regem a aplicação das medidas: *(Incluído pela Lei nº 12.010, de 2009)*

I – condição da criança e do adolescente como sujeitos de direitos: crianças e adolescentes são os titulares dos direitos previstos nesta e em outras Leis, bem como na Constituição Federal; *(Incluído pela Lei nº 12.010, de 2009)*

II – proteção integral e prioritária: a interpretação e aplicação de toda e qualquer norma contida nesta Lei deve ser voltada à proteção integral e prioritária dos direitos de que crianças e adolescentes são titulares; *(Incluído pela Lei nº 12.010, de 2009)*

III – responsabilidade primária e solidária do poder público: a plena efetivação dos direitos assegurados a crianças e a adolescentes por esta Lei e pela Constituição Federal, salvo nos casos por esta expressamente ressalvados, é de responsabilidade de primária e solidária das 3 (três) esferas de governo, sem prejuízo da municipalização do atendimento e da possibilidade da execução de programas por entidades não governamentais; *(Incluído pela Lei nº 12.010, de 2009)*

IV – interesse superior da criança e do adolescente: a intervenção deve atender prioritariamente aos interesses e direitos da criança e do adolescente, sem prejuízo da consideração que for devida a outros interesses legítimos no âmbito da pluralidade dos interesses presentes no caso concreto; *(Incluído pela Lei nº 12.010, de 2009)*

V – privacidade: a promoção dos direitos e proteção da criança e do adolescente deve ser efetuada no respeito pela intimidade, direito à imagem e reserva da sua vida privada; *(Incluído pela Lei nº 12.010, de 2009)*

VI – intervenção precoce: a intervenção das autoridades competentes deve ser efetuada logo que a situação de perigo seja conhecida; *(Incluído pela Lei nº 12.010, de 2009)*

VII – intervenção mínima: a intervenção deve ser exercida exclusivamente pelas autoridades e instituições cuja ação seja indispensável à efetiva promoção dos direitos e à proteção da criança e do adolescente; *(Incluído pela Lei nº 12.010, de 2009)*

VIII – proporcionalidade e atualidade: a intervenção deve ser a necessária e adequada à situação de perigo em que a criança ou o adolescente se encontram no momento em que a decisão é tomada; *(Incluído pela Lei nº 12.010, de 2009)*

IX – responsabilidade parental: a intervenção deve ser efetuada de modo que os pais assumam os seus deveres para com a criança e o adolescente; *(Incluído pela Lei nº 12.010, de 2009)*

X – prevalência da família: na promoção de direitos e na proteção da criança e do adolescente deve ser dada prevalência às medidas que os mantenham ou reintegrem na sua família natural ou extensa ou, se isso não for possível, que promovam a sua integração em família adotiva; *(Redação dada pela Lei nº 13.509, de 2017)*

XI – obrigatoriedade da informação: a criança e o adolescente, respeitado seu estágio de desenvolvimento e capacidade de compreensão, seus pais ou responsável devem ser informados dos seus direitos, dos motivos que determinaram a intervenção e da forma como esta se processa; *(Incluído pela Lei nº 12.010, de 2009)*

XII – oitiva obrigatória e participação: a criança e o adolescente, em separado ou na companhia dos pais, de responsável ou de pessoa por si indicada, bem como os seus pais ou responsável, têm direito a ser ouvidos e a participar nos atos e na definição da medida de promoção dos direitos e de proteção, sendo sua opinião devidamente considerada pela autoridade judiciária competente, observado o disposto nos §§ 1º e 2º do art. 28 desta Lei. *(Incluído pela Lei nº 12.010, de 2009)*

Art. 101. Verificada qualquer das hipóteses previstas no art. 98, a autoridade competente poderá determinar, dentre outras, as seguintes medidas:

I – encaminhamento aos pais ou responsável, mediante termo de responsabilidade;

II – orientação, apoio e acompanhamento temporários;

III – matrícula e frequência obrigatórias em estabelecimento oficial de ensino fundamental;

IV - inclusão em serviços e programas oficiais ou comunitários de proteção, apoio e promoção da família, da criança e do adolescente; *(Redação dada pela Lei nº 13.257, de 2016)*

V – requisição de tratamento médico, psicológico ou psiquiátrico, em regime hospitalar ou ambulatorial;

VI – inclusão em programa oficial ou comunitário de auxílio, orientação e tratamento a alcoólatras e toxicômanos;

VII – acolhimento institucional; *(Redação dada pela Lei nº 12.010, de 2009)*

VIII – inclusão em programa de acolhimento familiar; *(Redação dada pela Lei nº 12.010, de 2009)*

IX – colocação em família substituta. *(Incluído pela Lei nº 12.010, de 2009)*

§ 1º O acolhimento institucional e o acolhimento familiar são medidas provisórias e excepcionais, utilizáveis como forma de transição para reintegração familiar ou, não sendo esta possível, para colocação em família substituta, não implicando privação de liberdade. *(Incluído pela Lei nº 12.010, de 2009)*

§ 2º Sem prejuízo da tomada de medidas emergenciais para proteção de vítimas de violência ou abuso sexual e das providências a que alude o art. 130 desta Lei, o afastamento da criança ou adolescente do convívio familiar é de competência exclusiva da autoridade judiciária e importará na deflagração, a pedido do Ministério Público ou de quem tenha legítimo interesse, de procedimento judicial contencioso, no qual se garanta aos pais ou ao responsável legal o exercício do contraditório e da ampla defesa. *(Incluído pela Lei nº 12.010, de 2009)*

§ 3º Crianças e adolescentes somente poderão ser encaminhados às instituições que executam programas de acolhimento institucional, governamentais ou não, por meio de uma Guia de Acolhimento, expedida pela autoridade judiciária, na qual obrigatoriamente constará, dentre outros: *(Incluído pela Lei nº 12.010, de 2009)*

I – sua identificação e a qualificação completa de seus pais ou de seu responsável, se conhecidos; *(Incluído pela Lei nº 12.010, de 2009)*

II – o endereço de residência dos pais ou do responsável, com pontos de referência; *(Incluído pela Lei nº 12.010, de 2009)*

III – os nomes de parentes ou de terceiros interessados em tê-los sob sua guarda; *(Incluído pela Lei nº 12.010, de 2009)*

IV – os motivos da retirada ou da não reintegração ao convívio familiar. *(Incluído pela Lei nº 12.010, de 2009)*

§ 4º Imediatamente após o acolhimento da criança ou do adolescente, a entidade responsável pelo programa de acolhimento institucional ou familiar elaborará um plano individual de atendimento, visando à reintegração familiar, ressalvada a existência de ordem escrita e fundamentada em contrário de autoridade judiciária competente, caso em que também deverá contemplar sua colocação em família substituta, observadas as regras e princípios desta Lei. *(Incluído pela Lei nº 12.010, de 2009)*

§ 5º O plano individual será elaborado sob a responsabilidade da equipe técnica do respectivo programa de atendimento e levará em consideração a opinião da criança ou do adolescente e a oitiva dos pais ou do responsável. *(Incluído pela Lei nº 12.010, de 2009)*

§ 6º Constarão do plano individual, dentre outros: *(Incluído pela Lei nº 12.010, de 2009)*

I – os resultados da avaliação interdisciplinar; *(Incluído pela Lei nº 12.010, de 2009)*

II – os compromissos assumidos pelos pais ou responsável; e *(Incluído pela Lei nº 12.010, de 2009)*

III – a previsão das atividades a serem desenvolvidas com a criança ou com o adolescente acolhido e seus pais ou responsável, com vista na reintegração familiar ou, caso seja esta vedada por expressa e fundamentada determinação judicial, as providências a serem tomadas para sua colocação em família substituta, sob direta supervisão da autoridade judiciária. *(Incluído pela Lei nº 12.010, de 2009)*

§ 7º O acolhimento familiar ou institucional ocorrerá no local mais próximo à residência dos pais ou do responsável e, como parte do processo de reintegração familiar, sempre que identificada a necessidade, a família de origem será incluída em programas oficiais de orientação, de apoio e de promoção social, sendo facilitado e estimulado o contato com a criança ou com o adolescente acolhido. *(Incluído pela Lei nº 12.010, de 2009)*

§ 8º Verificada a possibilidade de reintegração familiar, o responsável pelo programa de acolhimento familiar ou institucional fará imediata comunicação à autoridade judiciária, que dará vista ao Ministério Público, pelo prazo de 5 (cinco) dias, decidindo em igual prazo. *(Incluído pela Lei nº 12.010, de 2009)*

§ 9º Em sendo constatada a impossibilidade de reintegração da criança ou do adolescente à família de origem, após seu encaminhamento a programas oficiais ou comunitários de orientação, apoio e promoção social, será enviado relatório fundamentado ao Ministério Público, no qual conste a descrição pormenorizada das providências tomadas e a expressa recomendação, subscrita pelos técnicos da entidade ou responsáveis pela execução da política municipal de garantia do direito à convivência familiar, para a destituição do poder familiar, ou destituição de tutela ou guarda. *(Incluído pela Lei nº 12.010, de 2009)*

§ 10. Recebido o relatório, o Ministério Público terá o prazo de 15 (quinze) dias para o ingresso com a ação de destituição do poder familiar, salvo se entender necessária a realização de estudos complementares ou de outras providências indispensáveis ao ajuizamento da demanda. *(Redação dada pela Lei nº 13.509, de 2017)*

§ 11. A autoridade judiciária manterá, em cada comarca ou foro regional, um cadastro contendo informações atualizadas sobre as crianças e adolescentes em regime de acolhimento familiar e institucional sob sua responsabilidade, com informações pormenorizadas sobre a situação jurídica de cada um, bem como as providências tomadas para sua reintegração familiar ou colocação em família substituta, em qualquer das modalidades previstas no art. 28 desta Lei. *(Incluído pela Lei nº 12.010, de 2009)*

§ 12. Terão acesso ao cadastro o Ministério Público, o Conselho Tutelar, o órgão gestor da Assistência Social e os Conselhos Municipais dos Direitos da Criança e do Adolescente e da Assistência Social, aos quais incumbe deliberar sobre a implementação de políticas públicas que permitam reduzir o número de crianças e adolescentes afastados do convívio familiar e abreviar o período de permanência em programa de acolhimento. *(Incluído pela Lei nº 12.010, de 2009)*

Art. 102. As medidas de proteção de que trata este Capítulo serão acompanhadas da regularização do registro civil. (Vide Lei nº 12.010, de 2009)

§ 1º Verificada a inexistência de registro anterior, o assento de nascimento da criança ou adolescente será feito à vista dos elementos disponíveis, mediante requisição da autoridade judiciária.

§ 2º Os registros e certidões necessários à regularização de que trata este artigo são isentos de multas, custas e emolumentos, gozando de absoluta prioridade.

§ 3º Caso ainda não definida a paternidade, será deflagrado procedimento específico destinado à sua averiguação, conforme previsto pela Lei nº 8.560, de 29 de dezembro de 1992. *(Incluído pela Lei nº 12.010, de 2009)*

§ 4º Nas hipóteses previstas no § 3º deste artigo, é dispensável o ajuizamento de ação de investigação de paternidade pelo Ministério Público se, após o não comparecimento ou a recusa do suposto pai em assumir a paternidade a ele atribuída, a criança for encaminhada para adoção. *(Incluído pela Lei nº 12.010, de 2009)*

§ 5º Os registros e certidões necessários à inclusão, a qualquer tempo, do nome do pai no assento de nascimento são isentos de multas, custas e emolumentos, gozando de absoluta prioridade. *(Incluído dada pela Lei nº 13.257, de 2016)*

§ 6º São gratuitas, a qualquer tempo, a averbação requerida do reconhecimento de paternidade no assento de nascimento e a certidão correspondente. *(Incluído dada pela Lei nº 13.257, de 2016)*

TÍTULO III – DA PRÁTICA DE ATO INFRACIONAL

CAPÍTULO I – DISPOSIÇÕES GERAIS

Art. 103. Considera-se ato infracional a conduta descrita como crime ou contravenção penal.

Art. 104. São penalmente inimputáveis os menores de dezoito anos, sujeitos às medidas previstas nesta Lei.

Parágrafo único. Para os efeitos desta Lei, deve ser considerada a idade do adolescente à data do fato.

Art. 105. Ao ato infracional praticado por criança corresponderão as medidas previstas no art. 101.

CAPÍTULO II – DOS DIREITOS INDIVIDUAIS

Art. 106. Nenhum adolescente será privado de sua liberdade senão em flagrante de ato infracional ou por ordem escrita e fundamentada da autoridade judiciária competente.

Parágrafo único. O adolescente tem direito à identificação dos responsáveis pela sua apreensão, devendo ser informado acerca de seus direitos.

Art. 107. A apreensão de qualquer adolescente e o local onde se encontra recolhido serão incontinenti comunicados à autoridade judiciária competente e à família do apreendido ou à pessoa por ele indicada.

Parágrafo único. Examinar-se-á, desde logo e sob pena de responsabilidade, a possibilidade de liberação imediata.

Art. 108. A internação, antes da sentença, pode ser determinada pelo prazo máximo de quarenta e cinco dias.

Parágrafo único. A decisão deverá ser fundamentada e basear-se em indícios suficientes de autoria e materialidade, demonstrada a necessidade imperiosa da medida.

Art. 109. O adolescente civilmente identificado não será submetido a identificação compulsória pelos órgãos policiais, de proteção e judiciais, salvo para efeito de confrontação, havendo dúvida fundada.

CAPÍTULO III – DAS GARANTIAS PROCESSUAIS

Art. 110. Nenhum adolescente será privado de sua liberdade sem o devido processo legal.

Art. 111. São asseguradas ao adolescente, entre outras, as seguintes garantias:

I – pleno e formal conhecimento da atribuição de ato infracional, mediante citação ou meio equivalente;

II – igualdade na relação processual, podendo confrontar-se com vítimas e testemunhas e produzir todas as provas necessárias à sua defesa;

III – defesa técnica por advogado;

IV – assistência judiciária gratuita e integral aos necessitados, na forma da lei;

V – direito de ser ouvido pessoalmente pela autoridade competente;

VI – direito de solicitar a presença de seus pais ou responsável em qualquer fase do procedimento.

CAPÍTULO IV – DAS MEDIDAS SÓCIO-EDUCATIVAS

SEÇÃO I – DISPOSIÇÕES GERAIS

Art. 112. Verificada a prática de ato infracional, a autoridade competente poderá aplicar ao adolescente as seguintes medidas:

I – advertência;

II – obrigação de reparar o dano;

III – prestação de serviços à comunidade;

IV – liberdade assistida;

V – inserção em regime de semiliberdade;

VI – internação em estabelecimento educacional;

VII – qualquer uma das previstas no art. 101, I a VI.

§ 1º A medida aplicada ao adolescente levará em conta a sua capacidade de cumpri-la, as circunstâncias e a gravidade da infração.

§ 2º Em hipótese alguma e sob pretexto algum, será admitida a prestação de trabalho forçado.

§ 3º Os adolescentes portadores de doença ou deficiência mental receberão tratamento individual e especializado, em local adequado às suas condições.

Art. 113. Aplica-se a este Capítulo o disposto nos arts. 99 e 100.

Art. 114. A imposição das medidas previstas nos incisos II a VI do art. 112 pressupõe a existência de provas suficientes da autoria e da materialidade da infração, ressalvada a hipótese de remissão, nos termos do art. 127.

Parágrafo único. A advertência poderá ser aplicada sempre que houver prova da materialidade e indícios suficientes da autoria.

SEÇÃO II – DA ADVERTÊNCIA

Art. 115. A advertência consistirá em admoestação verbal, que será reduzida a termo e assinada.

SEÇÃO III – DA OBRIGAÇÃO DE REPARAR O DANO

Art. 116. Em se tratando de ato infracional com reflexos patrimoniais, a autoridade poderá determinar, se for o caso, que o adolescente restitua a coisa, promova o ressarcimento do dano, ou, por outra forma, compense o prejuízo da vítima.

Parágrafo único. Havendo manifesta impossibilidade, a medida poderá ser substituída por outra adequada.

SEÇÃO IV – DA PRESTAÇÃO DE SERVIÇOS À COMUNIDADE

Art. 117. A prestação de serviços comunitários consiste na realização de tarefas gratuitas de interesse geral, por período não excedente a seis meses, junto a entidades assistenciais, hospitais, escolas e outros estabelecimentos congêneres, bem como em programas comunitários ou governamentais.

Parágrafo único. As tarefas serão atribuídas conforme as aptidões do adolescente, devendo ser cumpridas durante jornada máxima de oito horas semanais, aos sábados, domingos e feriados ou em dias úteis, de modo a não prejudicar a frequência à escola ou à jornada normal de trabalho.

SEÇÃO V – DA LIBERDADE ASSISTIDA

Art. 118. A liberdade assistida será adotada sempre que se afigurar a medida mais adequada para o fim de acompanhar, auxiliar e orientar o adolescente.

§ 1º A autoridade designará pessoa capacitada para acompanhar o caso, a qual poderá ser recomendada por entidade ou programa de atendimento.

§ 2º A liberdade assistida será fixada pelo prazo mínimo de seis meses, podendo a qualquer tempo ser prorrogada, revogada ou substituída por outra medida, ouvido o orientador, o Ministério Público e o defensor.

Art. 119. Incumbe ao orientador, com o apoio e a supervisão da autoridade competente, a realização dos seguintes encargos, entre outros:

I – promover socialmente o adolescente e sua família, fornecendo-lhes orientação e inserindo-os, se necessário, em programa oficial ou comunitário de auxílio e assistência social;

II – supervisionar a frequência e o aproveitamento escolar do adolescente, promovendo, inclusive, sua matrícula;

III – diligenciar no sentido da profissionalização do adolescente e de sua inserção no mercado de trabalho;

IV – apresentar relatório do caso.

SEÇÃO VI – DO REGIME DE SEMILIBERDADE

Art. 120. O regime de semiliberdade pode ser determinado desde o início, ou como forma de transição para o meio aberto, possibilitada a realização de atividades externas, independentemente de autorização judicial.

§ 1º São obrigatórias a escolarização e a profissionalização, devendo, sempre que possível, ser utilizados os recursos existentes na comunidade.

§ 2º A medida não comporta prazo determinado aplicando-se, no que couber, as disposições relativas à internação.

SEÇÃO VII – DA INTERNAÇÃO

Art. 121. A internação constitui medida privativa da liberdade, sujeita aos princípios de brevidade, excepcionalidade e respeito à condição peculiar de pessoa em desenvolvimento.

§ 1º Será permitida a realização de atividades externas, a critério da equipe técnica da entidade, salvo expressa determinação judicial em contrário.

§ 2º A medida não comporta prazo determinado, devendo sua manutenção ser reavaliada, mediante decisão fundamentada, no máximo a cada seis meses.

§ 3º Em nenhuma hipótese o período máximo de internação excederá a três anos.

§ 4º Atingido o limite estabelecido no parágrafo anterior, o adolescente deverá ser liberado, colocado em regime de semiliberdade ou de liberdade assistida.

§ 5º A liberação será compulsória aos vinte e um anos de idade.

§ 6º Em qualquer hipótese a desinternação será precedida de autorização judicial, ouvido o Ministério Público.

§ 7º A determinação judicial mencionada no § 1º poderá ser revista a qualquer tempo pela autoridade judiciária. *(Incluído pela Lei nº 12.594, de 2012)*

Art. 122. A medida de internação só poderá ser aplicada quando:

I – tratar-se de ato infracional cometido mediante grave ameaça ou violência a pessoa;

II – por reiteração no cometimento de outras infrações graves;

III – por descumprimento reiterado e injustificável da medida anteriormente imposta.

§ 1º O prazo de internação na hipótese do inciso III deste artigo não poderá ser superior a 3 (três) meses, devendo ser decretada judicialmente após o devido processo legal. *(Redação dada pela Lei nº 12.594, de 2012)*

§ 2º. Em nenhuma hipótese será aplicada a internação, havendo outra medida adequada.

Art. 123. A internação deverá ser cumprida em entidade exclusiva para adolescentes, em local distinto daquele destinado ao abrigo, obedecida rigorosa separação por critérios de idade, compleição física e gravidade da infração.

Parágrafo único. Durante o período de internação, inclusive provisória, serão obrigatórias atividades pedagógicas.

Art. 124. São direitos do adolescente privado de liberdade, entre outros, os seguintes:

I – entrevistar-se pessoalmente com o representante do Ministério Público;

II – peticionar diretamente a qualquer autoridade;

III – avistar-se reservadamente com seu defensor;

IV – ser informado de sua situação processual, sempre que solicitada;

V – ser tratado com respeito e dignidade;

VI – permanecer internado na mesma localidade ou naquela mais próxima ao domicílio de seus pais ou responsável;

VII – receber visitas, ao menos, semanalmente;

VIII – corresponder-se com seus familiares e amigos;

IX – ter acesso aos objetos necessários à higiene e asseio pessoal;

X – habitar alojamento em condições adequadas de higiene e salubridade;

XI – receber escolarização e profissionalização;

XII – realizar atividades culturais, esportivas e de lazer:

XIII – ter acesso aos meios de comunicação social;

XIV – receber assistência religiosa, segundo a sua crença, e desde que assim o deseje;

XV – manter a posse de seus objetos pessoais e dispor de local seguro para guardá-los, recebendo comprovante daqueles porventura depositados em poder da entidade;

XVI – receber, quando de sua desinternação, os documentos pessoais indispensáveis à vida em sociedade.

§ 1º Em nenhum caso haverá incomunicabilidade.

§ 2º A autoridade judiciária poderá suspender temporariamente a visita, inclusive de pais ou responsável, se existirem motivos sérios e fundados de sua prejudicialidade aos interesses do adolescente.

Art. 125. É dever do Estado zelar pela integridade física e mental dos internos, cabendo-lhe adotar as medidas adequadas de contenção e segurança.

CAPÍTULO V – DA REMISSÃO

Art. 126. Antes de iniciado o procedimento judicial para apuração de ato infracional, o representante do Ministério Público poderá conceder a remissão, como forma de exclusão do processo, atendendo às circunstâncias e consequências do fato, ao contexto social, bem como à personalidade do adolescente e sua maior ou menor participação no ato infracional.

Parágrafo único. Iniciado o procedimento, a concessão da remissão pela autoridade judiciária importará na suspensão ou extinção do processo.

Art. 127. A remissão não implica necessariamente o reconhecimento ou comprovação da responsabilidade, nem prevalece para efeito de antecedentes, podendo incluir eventualmente a aplicação de qualquer das medidas previstas em lei, exceto a colocação em regime de semiliberdade e a internação.

Art. 128. A medida aplicada por força da remissão poderá ser revista judicialmente, a qualquer tempo, mediante pedido expresso do adolescente ou de seu representante legal, ou do Ministério Público.

TÍTULO IV – DAS MEDIDAS PERTINENTES AOS PAIS OU RESPONSÁVEL

Art. 129. São medidas aplicáveis aos pais ou responsável:

I - encaminhamento a serviços e programas oficiais ou comunitários de proteção, apoio e promoção da família; *(Redação dada pela Lei nº 13.257, de 2016)*

II – inclusão em programa oficial ou comunitário de auxílio, orientação e tratamento a alcoólatras e toxicômanos;

III – encaminhamento a tratamento psicológico ou psiquiátrico;

IV – encaminhamento a cursos ou programas de orientação;

V – obrigação de matricular o filho ou pupilo e acompanhar sua frequência e aproveitamento escolar;

VI – obrigação de encaminhar a criança ou adolescente a tratamento especializado;

VII – advertência;

VIII – perda da guarda;

IX – destituição da tutela;

X – suspensão ou destituição do poder familiar. (Expressão substituída pela Lei nº 12.010, de 2009)

Parágrafo único. Na aplicação das medidas previstas nos incisos IX e X deste artigo, observar-se-á o disposto nos arts. 23 e 24.

Art. 130. Verificada a hipótese de maus-tratos, opressão ou abuso sexual impostos pelos pais ou responsável, a autoridade judiciária poderá determinar, como medida cautelar, o afastamento do agressor da moradia comum.

Parágrafo único. Da medida cautelar constará, ainda, a fixação provisória dos alimentos de que necessitem a criança ou o adolescente dependentes do agressor. *(Incluído pela Lei nº 12.415, de 2011)*

TÍTULO V – DO CONSELHO TUTELAR

CAPÍTULO I – DISPOSIÇÕES GERAIS

Art. 131. O Conselho Tutelar é órgão permanente e autônomo, não jurisdicional, encarregado pela sociedade de zelar pelo cumprimento dos direitos da criança e do adolescente, definidos nesta Lei.

Art. 132. Em cada Município e em cada Região Administrativa do Distrito Federal haverá, no mínimo, 1 (um) Conselho Tutelar como órgão integrante da administração pública local, composto de 5 (cinco) membros, escolhidos pela população local para mandato de 4 (quatro) anos, permitida recondução por novos processos de escolha. *(Redação dada pela Lei nº 13.824, de 2019)*

Art. 133. Para a candidatura a membro do Conselho Tutelar, serão exigidos os seguintes requisitos:

I – reconhecida idoneidade moral;

II – idade superior a vinte e um anos;

III – residir no município.

Art. 134. Lei municipal ou distrital disporá sobre o local, dia e horário de funcionamento do Conselho Tutelar, inclusive quanto à remuneração dos respectivos membros, aos quais é assegurado o direito a: *(Redação dada pela Lei nº 12.696, de 2012)*

I – cobertura previdenciária; *(Incluído pela Lei nº 12.696, de 2012)*

II – gozo de férias anuais remuneradas, acrescidas de 1/3 (um terço) do valor da remuneração mensal; *(Incluído pela Lei nº 12.696, de 2012)*

III – licença-maternidade; *(Incluído pela Lei nº 12.696, de 2012)*

IV – licença-paternidade; *(Incluído pela Lei nº 12.696, de 2012)*

V – gratificação natalina. *(Incluído pela Lei nº 12.696, de 2012)*

Parágrafo único. Constará da lei orçamentária municipal e da do Distrito Federal previsão dos recursos necessários ao funcionamento do Conselho Tutelar e à remuneração e formação continuada dos conselheiros tutelares. *(Redação dada pela Lei nº 12.696, de 2012)*

Art. 135. O exercício efetivo da função de conselheiro constituirá serviço público relevante e estabelecerá presunção de idoneidade moral. *(Redação dada pela Lei nº 12.696, de 2012)*

CAPÍTULO II – DAS ATRIBUIÇÕES DO CONSELHO

Art. 136. São atribuições do Conselho Tutelar:

I – atender as crianças e adolescentes nas hipóteses previstas nos arts. 98 e 105, aplicando as medidas previstas no art. 101, I a VII;

II – atender e aconselhar os pais ou responsável, aplicando as medidas previstas no art. 129, I a VII;

III – promover a execução de suas decisões, podendo para tanto:

a) requisitar serviços públicos nas áreas de saúde, educação, serviço social, previdência, trabalho e segurança;

b) representar junto à autoridade judiciária nos casos de descumprimento injustificado de suas deliberações.

IV – encaminhar ao Ministério Público notícia de fato que constitua infração administrativa ou penal contra os direitos da criança ou adolescente;

V – encaminhar à autoridade judiciária os casos de sua competência;

VI – providenciar a medida estabelecida pela autoridade judiciária, dentre as previstas no art. 101, de I a VI, para o adolescente autor de ato infracional;

VII – expedir notificações;

VIII – requisitar certidões de nascimento e de óbito de criança ou adolescente quando necessário;

IX – assessorar o Poder Executivo local na elaboração da proposta orçamentária para planos e programas de atendimento dos direitos da criança e do adolescente;

X – representar, em nome da pessoa e da família, contra a violação dos direitos previstos no art. 220, § 3º, inciso II, da Constituição Federal;

XI – representar ao Ministério Público para efeito das ações de perda ou suspensão do poder familiar, após esgotadas as possibilidades de manutenção da criança ou do adolescente junto à família natural. *(Redação dada pela Lei nº 12.010, de 2009)*

XII - promover e incentivar, na comunidade e nos grupos profissionais, ações de divulgação e treinamento para o reconhecimento de sintomas de maus-tratos em crianças e adolescentes. *(Incluído pela Lei nº 13.046, de 2014)*

XIII - adotar, na esfera de sua competência, ações articuladas e efetivas direcionadas à identificação da agressão, à agilidade no atendimento da criança e do adolescente vítima de violência doméstica e familiar e à responsabilização do agressor; *(Incluído pela Lei nº 14.344, de 2022)*

XIV - atender à criança e ao adolescente vítima ou testemunha de violência doméstica e familiar, ou submetido a tratamento cruel ou degradante ou a formas violentas de educação, correção ou disciplina, a seus familiares e a testemunhas, de forma a prover orientação e aconselhamento acerca de seus direitos e dos encaminhamentos necessários; *(Incluído pela Lei nº 14.344, de 2022)*

XV - representar à autoridade judicial ou policial para requerer o afastamento do agressor do lar, do domicílio ou do local de convivência com a vítima nos casos de violência doméstica e familiar contra a criança e o adolescente; *(Incluído pela Lei nº 14.344, de 2022)*

XVI - representar à autoridade judicial para requerer a concessão de medida protetiva de urgência à criança ou ao adolescente vítima ou testemunha de violência doméstica e familiar, bem como a revisão daquelas já concedidas; *(Incluído pela Lei nº 14.344, de 2022)*

XVII - representar ao Ministério Público para requerer a propositura de ação cautelar de antecipação de produção de prova nas causas que envolvam violência contra a criança e o adolescente; *(Incluído pela Lei nº 14.344, de 2022)*

XVIII - tomar as providências cabíveis, na esfera de sua competência, ao receber comunicação da ocorrência de ação ou omissão, praticada em local público ou privado, que constitua violência doméstica e familiar contra a criança e o adolescente; *(Incluído pela Lei nº 14.344, de 2022)*

XIX - receber e encaminhar, quando for o caso, as informações reveladas por noticiantes ou denunciantes relativas à prática de violência, ao uso de tratamento cruel ou degradante ou de formas violentas de educação, correção ou disciplina contra a criança e o adolescente; *(Incluído pela Lei nº 14.344, de 2022)*

XX - representar à autoridade judicial ou ao Ministério Público para requerer a concessão de medidas cautelares direta ou indiretamente relacionada à eficácia da proteção de noticiante ou denunciante de informações de crimes que envolvam violência doméstica e familiar contra a criança e o adolescente. *(Incluído pela Lei nº 14.344, de 2022)*

Parágrafo único. Se, no exercício de suas atribuições, o Conselho Tutelar entender necessário o afastamento do convívio familiar, comunicará incontinenti o fato ao Ministério Público, prestando-lhe informações sobre os motivos de tal entendimento e as providências tomadas para a orientação, o apoio e a promoção social da família. *(Incluído pela Lei nº 12.010, de 2009)*

Art. 137. As decisões do Conselho Tutelar somente poderão ser revistas pela autoridade judiciária a pedido de quem tenha legítimo interesse.

CAPÍTULO III – DA COMPETÊNCIA

Art. 138. Aplica-se ao Conselho Tutelar a regra de competência constante do art. 147.

CAPÍTULO IV – DA ESCOLHA DOS CONSELHEIROS

Art. 139. O processo para a escolha dos membros do Conselho Tutelar será estabelecido em lei municipal e realizado sob a responsabilidade do Conselho Municipal dos Direitos da Criança e do Adolescente, e a fiscalização do Ministério Público. *(Redação dada pela Lei nº 8.242, de 12.10.1991)*

§ 1º O processo de escolha dos membros do Conselho Tutelar ocorrerá em data unificada em todo o território nacional a cada 4 (quatro) anos, no primeiro domingo do mês de outubro do ano subsequente ao da eleição presidencial. *(Incluído pela Lei nº 12.696, de 2012)*

§ 2º A posse dos conselheiros tutelares ocorrerá no dia 10 de janeiro do ano subsequente ao processo de escolha. *(Incluído pela Lei nº 12.696, de 2012)*

§ 3º No processo de escolha dos membros do Conselho Tutelar, é vedado ao candidato doar, oferecer, prometer ou entregar ao eleitor bem ou vantagem pessoal de qualquer natureza, inclusive brindes de pequeno valor. *(Incluído pela Lei nº 12.696, de 2012)*

CAPÍTULO V – DOS IMPEDIMENTOS

Art. 140. São impedidos de servir no mesmo Conselho marido e mulher, ascendentes e descendentes, sogro e genro ou nora, irmãos, cunhados, durante o cunhadio, tio e sobrinho, padrasto ou madrasta e enteado.

Parágrafo único. Estende-se o impedimento do conselheiro, na forma deste artigo, em relação à autoridade judiciária e ao representante do Ministério Público com atuação na Justiça da Infância e da Juventude, em exercício na comarca, foro regional ou distrital.

TÍTULO VI – DO ACESSO À JUSTIÇA

CAPÍTULO I – DISPOSIÇÕES GERAIS

Art. 141. É garantido o acesso de toda criança ou adolescente à Defensoria Pública, ao Ministério Público e ao Poder Judiciário, por qualquer de seus órgãos.

§ 1º. A assistência judiciária gratuita será prestada aos que dela necessitarem, através de defensor público ou advogado nomeado.

§ 2º As ações judiciais da competência da Justiça da Infância e da Juventude são isentas de custas e emolumentos, ressalvada a hipótese de litigância de má-fé.

Art. 142. Os menores de dezesseis anos serão representados e os maiores de dezesseis e menores de vinte e um anos assistidos por seus pais, tutores ou curadores, na forma da legislação civil ou processual.

Parágrafo único. A autoridade judiciária dará curador especial à criança ou adolescente, sempre que os interesses destes colidirem com os de seus pais ou responsável, ou quando carecer de representação ou assistência legal ainda que eventual.

Art. 143. É vedada a divulgação de atos judiciais, policiais e administrativos que digam respeito a crianças e adolescentes a que se atribua autoria de ato infracional.

Parágrafo único. Qualquer notícia a respeito do fato não poderá identificar a criança ou adolescente, vedando-se fotografia, referência a nome, apelido, filiação, parentesco, residência e, inclusive, iniciais do nome e sobrenome. *(Redação dada pela Lei nº 10.764, de 12.11.2003)*

Art. 144. A expedição de cópia ou certidão de atos a que se refere o artigo anterior somente será deferida pela autoridade judiciária competente, se demonstrado o interesse e justificada a finalidade.

CAPÍTULO II – DA JUSTIÇA DA INFÂNCIA E DA JUVENTUDE

SEÇÃO I – DISPOSIÇÕES GERAIS

Art. 145. Os estados e o Distrito Federal poderão criar varas especializadas e exclusivas da infância e da juventude, cabendo ao Poder Judiciário estabelecer sua proporcionalidade por número de habitantes, dotá-las de infraestrutura e dispor sobre o atendimento, inclusive em plantões.

SEÇÃO II – DO JUIZ

Art. 146. A autoridade a que se refere esta Lei é o Juiz da Infância e da Juventude, ou o juiz que exerce essa função, na forma da lei de organização judiciária local.

Art. 147. A competência será determinada:

I – pelo domicílio dos pais ou responsável;

II – pelo lugar onde se encontre a criança ou adolescente, à falta dos pais ou responsável.

§ 1º. Nos casos de ato infracional, será competente a autoridade do lugar da ação ou omissão, observadas as regras de conexão, continência e prevenção.

§ 2º A execução das medidas poderá ser delegada à autoridade competente da residência dos pais ou responsável, ou do local onde sediar-se a entidade que abrigar a criança ou adolescente.

§ 3º Em caso de infração cometida através de transmissão simultânea de rádio ou televisão, que atinja mais de uma comarca, será competente, para aplicação da penalidade, a autoridade judiciária do local da sede estadual da emissora ou rede, tendo a sentença eficácia para todas as transmissoras ou retransmissoras do respectivo estado.

Art. 148. A Justiça da Infância e da Juventude é competente para:

I – conhecer de representações promovidas pelo Ministério Público, para apuração de ato infracional atribuído a adolescente, aplicando as medidas cabíveis;

II – conceder a remissão, como forma de suspensão ou extinção do processo;

III – conhecer de pedidos de adoção e seus incidentes;

IV – conhecer de ações civis fundadas em interesses individuais, difusos ou coletivos afetos à criança e ao adolescente, observado o disposto no art. 209;

V – conhecer de ações decorrentes de irregularidades em entidades de atendimento, aplicando as medidas cabíveis;

VI – aplicar penalidades administrativas nos casos de infrações contra norma de proteção à criança ou adolescente;

VII – conhecer de casos encaminhados pelo Conselho Tutelar, aplicando as medidas cabíveis.

Parágrafo único. Quando se tratar de criança ou adolescente nas hipóteses do art. 98, é também competente a Justiça da Infância e da Juventude para o fim de:

a) conhecer de pedidos de guarda e tutela;

b) conhecer de ações de destituição do poder familiar, perda ou modificação da tutela ou guarda; (Expressão substituída pela Lei nº 12.010, de 2009)

c) suprir a capacidade ou o consentimento para o casamento;

d) conhecer de pedidos baseados em discordância paterna ou materna, em relação ao exercício do poder familiar; (Expressão substituída pela Lei nº 12.010, de 2009)

e) conceder a emancipação, nos termos da lei civil, quando faltarem os pais;

f) designar curador especial em casos de apresentação de queixa ou representação, ou de outros procedimentos judiciais ou extrajudiciais em que haja interesses de criança ou adolescente;

g) conhecer de ações de alimentos;

h) determinar o cancelamento, a retificação e o suprimento dos registros de nascimento e óbito.

Art. 149. Compete à autoridade judiciária disciplinar, através de portaria, ou autorizar, mediante alvará:

I – a entrada e permanência de criança ou adolescente, desacompanhado dos pais ou responsável, em:

a) estádio, ginásio e campo desportivo;

b) bailes ou promoções dançantes;

c) boate ou congêneres;

d) casa que explore comercialmente diversões eletrônicas;

e) estúdios cinematográficos, de teatro, rádio e televisão.

II – a participação de criança e adolescente em:

a) espetáculos públicos e seus ensaios;

b) certames de beleza.

§ 1º Para os fins do disposto neste artigo, a autoridade judiciária levará em conta, dentre outros fatores:

a) os princípios desta Lei;

b) as peculiaridades locais;

c) a existência de instalações adequadas;

d) o tipo de frequência habitual ao local;

e) a adequação do ambiente a eventual participação ou frequência de crianças e adolescentes;

f) a natureza do espetáculo.

§ 2º As medidas adotadas na conformidade deste artigo deverão ser fundamentadas, caso a caso, vedadas as determinações de caráter geral.

SEÇÃO III – DOS SERVIÇOS AUXILIARES

Art. 150. Cabe ao Poder Judiciário, na elaboração de sua proposta orçamentária, prever recursos para manutenção de equipe interprofissional, destinada a assessorar a Justiça da Infância e da Juventude.

Art. 151. Compete à equipe interprofissional dentre outras atribuições que lhe forem reservadas pela legislação local, fornecer subsídios por escrito, mediante laudos, ou verbalmente, na audiência, e bem assim desenvolver trabalhos de aconselhamento, orientação, encaminhamento, prevenção e outros, tudo sob a imediata subordinação à autoridade judiciária, assegurada a livre manifestação do ponto de vista técnico.

Parágrafo único. Na ausência ou insuficiência de servidores públicos integrantes do Poder Judiciário responsáveis pela realização dos estudos psicossociais ou de quaisquer outras espécies de avaliações técnicas exigidas por esta Lei ou por determinação judicial, a autoridade judiciária poderá proceder à nomeação de perito, nos termos do art. 156 da Lei nº 13.105, de 16 de março de 2015 (Código de Processo Civil). *(Incluído pela Lei nº 13.509, de 2017)*

CAPÍTULO III – DOS PROCEDIMENTOS

SEÇÃO I – DISPOSIÇÕES GERAIS

Art. 152. Aos procedimentos regulados nesta Lei aplicam-se subsidiariamente as normas gerais previstas na legislação processual pertinente.

§ 1º É assegurada, sob pena de responsabilidade, prioridade absoluta na tramitação dos processos e procedimentos previstos nesta Lei, assim como na execução dos atos e diligências judiciais a eles referentes. *(Incluído pela Lei nº 12.010, de 2009)*

§ 2º Os prazos estabelecidos nesta Lei e aplicáveis aos seus procedimentos são contados em dias corridos, excluído o dia do começo e incluído o dia do vencimento, vedado o prazo em dobro para a Fazenda Pública e o Ministério Público. *(Incluído pela Lei nº 13.509, de 2017)*

Art. 153. Se a medida judicial a ser adotada não corresponder a procedimento previsto nesta ou em outra lei, a autoridade judiciária poderá investigar os fatos e ordenar de ofício as providências necessárias, ouvido o Ministério Público.

Parágrafo único. O disposto neste artigo não se aplica para o fim de afastamento da criança ou do adolescente de sua família de origem e em outros procedimentos necessariamente contenciosos. *(Incluído pela Lei nº 12.010, de 2009)*

Art. 154. Aplica-se às multas o disposto no art. 214.

Da Perda e da Suspensão do Familiar (Expressão substituída pela Lei nº 12.010, de 2009)

Art. 155. O procedimento para a perda ou a suspensão do poder familiar terá início por provocação do Ministério Público ou de quem tenha legítimo interesse. (Expressão substituída pela Lei nº 12.010, de 2009)

- *Vide art. 102, 6º, Lei n. 6.015/1973 (Registros Públicos)*

Art. 156. A petição inicial indicará:

I – a autoridade judiciária a que for dirigida;

II – o nome, o estado civil, a profissão e a residência do requerente e do requerido, dispensada a qualificação em se tratando de pedido formulado por representante do Ministério Público;

III – a exposição sumária do fato e o pedido;

IV – as provas que serão produzidas, oferecendo, desde logo, o rol de testemunhas e documentos.

Art. 157. Havendo motivo grave, poderá a autoridade judiciária, ouvido o Ministério Público, decretar a suspensão do poder familiar, liminar ou incidentalmente, até o julgamento definitivo da causa, ficando a criança ou adolescente confiado a pessoa idônea, mediante termo de responsabilidade. *(Expressão substituída pela Lei nº 12.010, de 2009)*

§ 1º Recebida a petição inicial, a autoridade judiciária determinará, concomitantemente ao despacho de citação e independentemente de requerimento do interessado, a realização de estudo social ou perícia por equipe interprofissional ou multidisciplinar para comprovar a presença de uma das causas de suspensão ou destituição do poder familiar, ressalvado o disposto no § 10 do art. 101 desta Lei, e observada a Lei nº 13.431, de 4 de abril de 2017. *(Incluído pela Lei nº 13.509, de 2017)*

§ 2º Em sendo os pais oriundos de comunidades indígenas, é ainda obrigatória a intervenção, junto à equipe interprofissional ou multidisciplinar referida no § 1º deste artigo, de representantes do órgão federal responsável pela política indigenista, observado o disposto no § 6º do art. 28 desta Lei. *(Incluído pela Lei nº 13.509, de 2017)*

§ 3º A concessão da liminar será, preferencialmente, precedida de entrevista da criança ou do adolescente perante equipe multidisciplinar e de oitiva da outra parte, nos termos da Lei nº 13.431, de 4 de abril de 2017. *(Incluído pela Lei nº 14.340, de 2022)*

§ 4º Se houver indícios de ato de violação de direitos de criança ou de adolescente, o juiz comunicará o fato ao Ministério Público e encaminhará os documentos pertinentes. *(Incluído pela Lei nº 14.340, de 2022)*

Art. 158. O requerido será citado para, no prazo de dez dias, oferecer resposta escrita, indicando as provas a serem produzidas e oferecendo desde logo o rol de testemunhas e documentos.

§ 1º A citação será pessoal, salvo se esgotados todos os meios para sua realização. *(Incluído pela Lei nº 12.962, de 2014)*

§ 2º O requerido privado de liberdade deverá ser citado pessoalmente. *(Incluído pela Lei nº 12.962, de 2014)*

§ 3º Quando, por 2 (duas) vezes, o oficial de justiça houver procurado o citando em seu domicílio ou residência sem o encontrar, deverá, havendo suspeita de ocultação, informar qualquer pessoa da família ou, em sua falta, qualquer vizinho do dia útil em que voltará a fim de efetuar a citação, na hora que designar, nos termos do art. 252 e seguintes da Lei nº 13.105, de 16 de março de 2015 (Código de Processo Civil). *(Incluído pela Lei nº 13.509, de 2017)*

§ 4º Na hipótese de os genitores encontrarem-se em local incerto ou não sabido, serão citados por edital no prazo de 10 (dez) dias, em publicação única, dispensado o envio de ofícios para a localização. *(Incluído pela Lei nº 13.509, de 2017)*

Art. 159. Se o requerido não tiver possibilidade de constituir advogado, sem prejuízo do próprio sustento e de sua família, poderá requerer, em cartório, que lhe seja nomeado dativo, ao qual incumbirá a apresentação de resposta, contando-se o prazo a partir da intimação do despacho de nomeação.

Parágrafo único. Na hipótese de requerido privado de liberdade, o oficial de justiça deverá perguntar, no momento da citação pessoal, se deseja que lhe seja nomeado defensor. *(Incluído pela Lei nº 12.962, de 2014)*

Art. 160. Sendo necessário, a autoridade judiciária requisitará de qualquer repartição ou órgão público a apresentação de documento que interesse à causa, de ofício ou a requerimento das partes ou do Ministério Público.

Art. 161. Se não for contestado o pedido e tiver sido concluído o estudo social ou a perícia realizada por equipe interprofissional ou multidisciplinar, a autoridade judiciária dará vista dos autos ao Ministério Público, por 5 (cinco) dias, salvo quando este for o requerente, e decidirá em igual prazo. *(Redação dada pela Lei nº 13.509, de 2017)*

§ 1º A autoridade judiciária, de ofício ou a requerimento das partes ou do Ministério Público, determinará a oitiva de testemunhas que comprovem a presença de uma das causas de suspensão ou destituição do poder familiar previstas nos arts. 1.637 e 1.638 da Lei nº 10.406, de 10 de janeiro de 2002 (Código Civil), ou no art. 24 desta Lei. *(Redação dada pela Lei nº 13.509, de 2017)*

§ 2º (Revogado). *(Redação dada pela Lei nº 13.509, de 2017)*

§ 3º Se o pedido importar em modificação de guarda, será obrigatória, desde que possível e razoável, a oitiva da criança ou adolescente, respeitado seu estágio de desenvolvimento e grau de compreensão sobre as implicações da medida. *(Incluído pela Lei nº 12.010, de 2009) Vigência*

§ 4º É obrigatória a oitiva dos pais sempre que eles forem identificados e estiverem em local conhecido, ressalvados os casos de não comparecimento perante a Justiça quando devidamente citados. *(Redação dada pela Lei nº 13.509, de 2017)*

§ 5º Se o pai ou a mãe estiverem privados de liberdade, a autoridade judicial requisitará sua apresentação para a oitiva. *(Incluído pela Lei nº 12.962, de 2014)*

Art. 162. Apresentada a resposta, a autoridade judiciária dará vista dos autos ao

Ministério Público, por cinco dias, salvo quando este for o requerente, designando, desde logo, audiência de instrução e julgamento.

§ 1º (Revogado). *(Redação dada pela Lei nº 13.509, de 2017)*

§ 2º Na audiência, presentes as partes e o Ministério Público, serão ouvidas as testemunhas, colhendo-se oralmente o parecer técnico, salvo quando apresentado por escrito, manifestando-se sucessivamente o requerente, o requerido e o Ministério Público, pelo tempo de 20 (vinte) minutos cada um, prorrogável por mais 10 (dez) minutos. *(Redação dada pela Lei nº 13.509, de 2017)*

§ 3º A decisão será proferida na audiência, podendo a autoridade judiciária, excepcionalmente, designar data para sua leitura no prazo máximo de 5 (cinco) dias. *(Incluído pela Lei nº 13.509, de 2017)*

§ 4º Quando o procedimento de destituição de poder familiar for iniciado pelo Ministério Público, não haverá necessidade de nomeação de curador especial em favor da criança ou adolescente. *(Incluído pela Lei nº 13.509, de 2017)*

Art. 163. O prazo máximo para conclusão do procedimento será de 120 (cento e vinte) dias, e caberá ao juiz, no caso de notória inviabilidade de manutenção do poder familiar, dirigir esforços para preparar a criança ou o adolescente com vistas à colocação em família substituta. *(Redação dada pela Lei nº 13.509, de 2017)*

Parágrafo único. A sentença que decretar a perda ou a suspensão do poder familiar será averbada à margem do registro de nascimento da criança ou do adolescente. *(Incluído pela Lei nº 12.010, de 2009)*

› *Vide art. 102, 6º, Lei n. 6.015/1973 (Registros Públicos)*

SEÇÃO III – DA DESTITUIÇÃO DA TUTELA

Art. 164. Na destituição da tutela, observar-se-á o procedimento para a remoção de tutor previsto na lei processual civil e, no que couber, o disposto na seção anterior.

› *Arts. 759 a 763, CPC*

SEÇÃO IV – DA COLOCAÇÃO EM FAMÍLIA SUBSTITUTA

Art. 165. São requisitos para a concessão de pedidos de colocação em família substituta:

I – qualificação completa do requerente e de seu eventual cônjuge, ou companheiro, com expressa anuência deste;

II – indicação de eventual parentesco do requerente e de seu cônjuge, ou companheiro, com a criança ou adolescente, especificando se tem ou não parente vivo;

III – qualificação completa da criança ou adolescente e de seus pais, se conhecidos;

IV – indicação do cartório onde foi inscrito nascimento, anexando, se possível, uma cópia da respectiva certidão;

V – declaração sobre a existência de bens, direitos ou rendimentos relativos à criança ou ao adolescente.

Parágrafo único. Em se tratando de adoção, observar-se-ão também os requisitos específicos.

Art. 166. Se os pais forem falecidos, tiverem sido destituídos ou suspensos do poder familiar, ou houverem aderido expressamente ao pedido de colocação em família substituta, este poderá ser formulado diretamente em cartório, em petição assinada pelos próprios requerentes, dispensada a assistência de advogado. *(Redação dada pela Lei nº 12.010, de 2009)*

§ 1º Na hipótese de concordância dos pais, o juiz: *(Redação dada pela Lei nº 13.509, de 2017)*

I - na presença do Ministério Público, ouvirá as partes, devidamente assistidas por advogado ou por defensor público, para verificar sua concordância com a adoção, no prazo máximo de 10 (dez) dias, contado da data do protocolo da petição ou da entrega da criança em juízo, tomando por termo as declarações; e *(Incluído pela Lei nº 13.509, de 2017)*

II - declarará a extinção do poder familiar. *(Incluído pela Lei nº 13.509, de 2017)*

§ 2º O consentimento dos titulares do poder familiar será precedido de orientações e esclarecimentos prestados pela equipe interprofissional da Justiça da Infância e da Juventude, em especial, no caso de adoção, sobre a irrevogabilidade da medida. *(Incluído pela Lei nº 12.010, de 2009)*

§ 3º São garantidos a livre manifestação de vontade dos detentores do poder familiar e o direito ao sigilo das informações. *(Redação dada pela Lei nº 13.509, de 2017)*

§ 4º O consentimento prestado por escrito não terá validade se não for ratificado na audiência a que se refere o § 1º deste artigo. *(Redação dada pela Lei nº 13.509, de 2017)*

§ 5º O consentimento é retratável até a data da realização da audiência especificada no § 1º deste artigo, e os pais podem exercer o arrependimento no prazo de 10 (dez) dias, contado da data de prolação da sentença de extinção do poder familiar. *(Redação dada pela Lei nº 13.509, de 2017)*

§ 6º O consentimento somente terá valor se for dado após o nascimento da criança. *(Incluído pela Lei nº 12.010, de 2009)*

§ 7º A família natural e a família substituta receberão a devida orientação por intermédio de equipe técnica interprofissional a serviço da Justiça da Infância e da Juventude, preferencialmente com apoio dos técnicos responsáveis pela execução da política municipal de garantia do direito à convivência familiar. *(Redação dada pela Lei nº 13.509, de 2017)*

Art. 167. A autoridade judiciária, de ofício ou a requerimento das partes ou do Ministério Público, determinará a realização de estudo social ou, se possível, perícia por equipe interprofissional, decidindo sobre a concessão de guarda provisória, bem como, no caso de adoção, sobre o estágio de convivência.

Parágrafo único. Deferida a concessão da guarda provisória ou do estágio de convivência, a criança ou o adolescente será entregue ao interessado, mediante termo de responsabilidade. *(Incluído pela Lei nº 12.010, de 2009)*

Art. 168. Apresentado o relatório social ou o laudo pericial, e ouvida, sempre que possível, a criança ou o adolescente, dar-se-á vista dos autos ao Ministério Público, pelo prazo de cinco dias, decidindo a autoridade judiciária em igual prazo.

Art. 169. Nas hipóteses em que a destituição da tutela, a perda ou a suspensão do poder familiar constituir pressuposto lógico da medida principal de colocação em família substituta, será observado o procedimento contraditório previsto nas Seções II e III deste Capítulo. (Expressão substituída pela Lei nº 12.010, de 2009)

Parágrafo único. A perda ou a modificação da guarda poderá ser decretada nos mesmos autos do procedimento, observado o disposto no art. 35.

Art. 170. Concedida a guarda ou a tutela, observar-se-á o disposto no art. 32, e, quanto à adoção, o contido no art. 47.

Parágrafo único. A colocação de criança ou adolescente sob a guarda de pessoa inscrita em programa de acolhimento familiar será comunicada pela autoridade judiciária à entidade por este responsável no prazo máximo de 5 (cinco) dias. *(Incluído pela Lei nº 12.010, de 2009)*

SEÇÃO V – DA APURAÇÃO DE ATO INFRACIONAL ATRIBUÍDO A ADOLESCENTE

Art. 171. O adolescente apreendido por força de ordem judicial será, desde logo, encaminhado à autoridade judiciária.

Art. 172. O adolescente apreendido em flagrante de ato infracional será, desde logo, encaminhado à autoridade policial competente.

Parágrafo único. Havendo repartição policial especializada para atendimento de adolescente e em se tratando de ato infracional praticado em co-autoria com maior, prevalecerá a atribuição da repartição especializada, que, após as providências necessárias e conforme o caso, encaminhará o adulto à repartição policial própria.

Art. 173. Em caso de flagrante de ato infracional cometido mediante violência ou grave ameaça a pessoa, a autoridade policial, sem prejuízo do disposto nos arts. 106, parágrafo único, e 107, deverá:

I – lavrar auto de apreensão, ouvidos as testemunhas e o adolescente;

II – apreender o produto e os instrumentos da infração;

III – requisitar os exames ou perícias necessários à comprovação da materialidade e autoria da infração.

Parágrafo único. Nas demais hipóteses de flagrante, a lavratura do auto poderá ser substituída por boletim de ocorrência circunstanciada.

Art. 174. Comparecendo qualquer dos pais ou responsável, o adolescente será prontamente liberado pela autoridade policial, sob termo de compromisso e responsabilidade de sua apresentação ao representante do Ministério Público, no mesmo dia ou, sendo impossível, no primeiro dia útil imediato, exceto quando, pela gravidade do ato infracional e sua repercussão social, deva o adolescente permanecer sob internação para garantia de sua segurança pessoal ou manutenção da ordem pública.

Art. 175. Em caso de não liberação, a autoridade policial encaminhará, desde logo, o adolescente ao representante do Ministério Público, juntamente com cópia do auto de apreensão ou boletim de ocorrência.

§ 1º Sendo impossível a apresentação imediata, a autoridade policial encaminhará o adolescente à entidade de atendimento, que fará a apresentação ao representante do Ministério Público no prazo de vinte e quatro horas.

§ 2º Nas localidades onde não houver entidade de atendimento, a apresentação far-se-á pela autoridade policial. À falta de repartição policial especializada, o adolescente aguardará a apresentação em dependência separada da destinada a maiores, não podendo, em qualquer hipótese, exceder o prazo referido no parágrafo anterior.

Art. 176. Sendo o adolescente liberado, a autoridade policial encaminhará imediatamente ao representante do Ministério Público cópia do auto de apreensão ou boletim de ocorrência.

Art. 177. Se, afastada a hipótese de flagrante, houver indícios de participação de adolescente na prática de ato infracional, a autoridade policial encaminhará ao representante do Ministério Público relatório das investigações e demais documentos.

Art. 178. O adolescente a quem se atribua autoria de ato infracional não poderá ser conduzido ou transportado em compartimento fechado de veículo policial, em condições atentatórias à sua dignidade, ou que impliquem risco à sua integridade física ou mental, sob pena de responsabilidade.

Art. 179. Apresentado o adolescente, o representante do Ministério Público, no mesmo dia e à vista do auto de apreensão, boletim de ocorrência ou relatório policial, devidamente autuados pelo cartório judicial e com informação sobre os antecedentes do adolescente, procederá imediata e informalmente à sua oitiva e, em sendo possível, de seus pais ou responsável, vítima e testemunhas.

Parágrafo único. Em caso de não apresentação, o representante do Ministério Público notificará os pais ou responsável para apresentação do adolescente, podendo requisitar o concurso das polícias civil e militar.

Art. 180. Adotadas as providências a que alude o artigo anterior, o representante do Ministério Público poderá:

I – promover o arquivamento dos autos;

II – conceder a remissão;

III – representar à autoridade judiciária para aplicação de medida sócio-educativa.

Art. 181. Promovido o arquivamento dos autos ou concedida a remissão pelo representante do Ministério Público, mediante termo fundamentado, que conterá o resumo dos fatos, os autos serão conclusos à autoridade judiciária para homologação.

§ 1º Homologado o arquivamento ou a remissão, a autoridade judiciária determinará, conforme o caso, o cumprimento da medida.

§ 2º Discordando, a autoridade judiciária fará remessa dos autos ao Procurador-Geral de Justiça, mediante despacho fundamentado, e este oferecerá representação, designará outro membro do Ministério Público para apresentá-la, ou ratificará o arquivamento ou a remissão, que só então estará a autoridade judiciária obrigada a homologar.

Art. 182. Se, por qualquer razão, o representante do Ministério Público não promover o arquivamento ou conceder a remissão, oferecerá representação à autoridade judiciária, propondo a instauração de procedimento para aplicação da medida sócio-educativa que se afigurar a mais adequada.

§ 1º A representação será oferecida por petição, que conterá o breve resumo dos fatos e a classificação do ato infracional e, quando necessário, o rol de testemunhas, podendo ser deduzida oralmente, em sessão diária instalada pela autoridade judiciária.

§ 2º A representação independe de prova pré-constituída da autoria e materialidade.

Art. 183. O prazo máximo e improrrogável para a conclusão do procedimento, estando o adolescente internado provisoriamente, será de quarenta e cinco dias.

Art. 184. Oferecida a representação, a autoridade judiciária designará audiência de apresentação do adolescente, decidindo, desde logo, sobre a decretação ou manutenção da internação, observado o disposto no art. 108 e parágrafo.

§ 1º O adolescente e seus pais ou responsável serão cientificados do teor da representação, e notificados a comparecer à audiência, acompanhados de advogado.

§ 2º Se os pais ou responsável não forem localizados, a autoridade judiciária dará curador especial ao adolescente.

§ 3º Não sendo localizado o adolescente, a autoridade judiciária expedirá mandado de busca e apreensão, determinando o sobrestamento do feito, até a efetiva apresentação.

§ 4º Estando o adolescente internado, será requisitada a sua apresentação, sem prejuízo da notificação dos pais ou responsável.

Art. 185. A internação, decretada ou mantida pela autoridade judiciária, não poderá ser cumprida em estabelecimento prisional.

§ 1º Inexistindo na comarca entidade com as características definidas no art. 123, o adolescente deverá ser imediatamente transferido para a localidade mais próxima.

§ 2º Sendo impossível a pronta transferência, o adolescente aguardará sua remoção em repartição policial, desde que em seção isolada dos adultos e com instalações apropriadas, não podendo ultrapassar o prazo máximo de cinco dias, sob pena de responsabilidade.

Art. 186. Comparecendo o adolescente, seus pais ou responsável, a autoridade judiciária procederá à oitiva dos mesmos, podendo solicitar opinião de profissional qualificado.

§ 1º Se a autoridade judiciária entender adequada a remissão, ouvirá o representante do Ministério Público, proferindo decisão.

§ 2º Sendo o fato grave, passível de aplicação de medida de internação ou colocação em regime de semiliberdade, a autoridade judiciária, verificando que o adolescente não possui advogado constituído, nomeará defensor, designando, desde logo, audiência em continuação, podendo determinar a realização de diligências e estudo do caso.

§ 3º O advogado constituído ou o defensor nomeado, no prazo de três dias contado da audiência de apresentação, oferecerá defesa prévia e rol de testemunhas.

§ 4º Na audiência em continuação, ouvidas as testemunhas arroladas na representação e na defesa prévia, cumpridas as diligências e juntado o relatório da equipe interprofissional, será dada a palavra ao representante do Ministério Público e ao defensor, sucessivamente, pelo tempo de vinte minutos para cada um, prorrogável por mais dez, a critério da autoridade judiciária, que em seguida proferirá decisão.

Art. 187. Se o adolescente, devidamente notificado, não comparecer, injustificadamente à audiência de apresentação, a autoridade judiciária designará nova data, determinando sua condução coercitiva.

Art. 188. A remissão, como forma de extinção ou suspensão do processo, poderá ser aplicada em qualquer fase do procedimento, antes da sentença.

Art. 189. A autoridade judiciária não aplicará qualquer medida, desde que reconheça na sentença:

I – estar provada a inexistência do fato;

II – não haver prova da existência do fato;

III – não constituir o fato ato infracional;

IV – não existir prova de ter o adolescente concorrido para o ato infracional.

Parágrafo único. Na hipótese deste artigo, estando o adolescente internado, será imediatamente colocado em liberdade.

Art. 190. A intimação da sentença que aplicar medida de internação ou regime de semiliberdade será feita:

I – ao adolescente e ao seu defensor;

II – quando não for encontrado o adolescente, a seus pais ou responsável, sem prejuízo do defensor.

§ 1º Sendo outra a medida aplicada, a intimação far-se-á unicamente na pessoa do defensor.

§ 2º Recaindo a intimação na pessoa do adolescente, deverá este manifestar se deseja ou não recorrer da sentença.

SEÇÃO V-A – DA INFILTRAÇÃO DE AGENTES DE POLÍCIA PARA A INVESTIGAÇÃO DE CRIMES CONTRA A DIGNIDADE SEXUAL DE CRIANÇA E DE ADOLESCENTE

(Incluído pela Lei nº 13.441, de 2017)

Art. 190-A. A infiltração de agentes de polícia na internet com o fim de investigar os crimes previstos nos arts. 240, 241, 241-A, 241-B, 241-C e 241-D desta Lei e nos arts. 154-A, 217-A, 218, 218-A e 218-B do Decreto-Lei nº 2.848, de 7 de dezembro de 1940 (Código Penal), obedecerá às seguintes regras: *(Incluído pela Lei nº 13.441, de 2017)*

I – será precedida de autorização judicial devidamente circunstanciada e fundamentada, que estabelecerá os limites da infiltração para obtenção de prova, ouvido o Ministério Público; *(Incluído pela Lei nº 13.441, de 2017)*

II – dar-se-á mediante requerimento do Ministério Público ou representação de delegado de polícia e conterá a demonstração de sua necessidade, o alcance das tarefas dos policiais, os nomes ou apelidos das pessoas investigadas e, quando possível, os dados de conexão ou cadastrais que permitam a identificação dessas pessoas; *(Incluído pela Lei nº 13.441, de 2017)*

III – não poderá exceder o prazo de 90 (noventa) dias, sem prejuízo de eventuais renovações, desde que o total não exceda a 720 (setecentos e vinte) dias e seja demonstrada sua efetiva necessidade, a critério da autoridade judicial. *(Incluído pela Lei nº 13.441, de 2017)*

§ 1º A autoridade judicial e o Ministério Público poderão requisitar relatórios parciais da operação de infiltração antes do término do prazo de que trata o inciso II do § 1º deste artigo. *(Incluído pela Lei nº 13.441, de 2017)*

§ 2º Para efeitos do disposto no inciso I do § 1º deste artigo, consideram-se: *(Incluído pela Lei nº 13.441, de 2017)*

I – dados de conexão: informações referentes a hora, data, início, término, duração, endereço de Protocolo de Internet (IP) utilizado e terminal de origem da conexão; *(Incluído pela Lei nº 13.441, de 2017)*

II – dados cadastrais: informações referentes a nome e endereço de assinante ou de usuário registrado ou autenticado para a conexão a quem endereço de IP, identificação de usuário ou código de acesso tenha sido atribuído no momento da conexão.

§ 3º A infiltração de agentes de polícia na internet não será admitida se a prova puder ser obtida por outros meios. *(Incluído pela Lei nº 13.441, de 2017)*

Art. 190-B. As informações da operação de infiltração serão encaminhadas diretamente ao juiz responsável pela autorização da medida, que zelará por seu sigilo. *(Incluído pela Lei nº 13.441, de 2017)*

Parágrafo único. Antes da conclusão da operação, o acesso aos autos será reservado ao juiz, ao Ministério Público e ao delegado de polícia responsável pela operação, com o objetivo de garantir o sigilo das investigações. *(Incluído pela Lei nº 13.441, de 2017)*

Art. 190-C. Não comete crime o policial que oculta a sua identidade para, por meio da internet, colher indícios de autoria e materialidade dos crimes previstos nos arts. 240, 241, 241-A, 241-B, 241-C e 241-D desta Lei e nos arts. 154-A, 217-A, 218, 218-A e 218-B do Decreto-Lei nº 2.848, de 7 de dezembro de 1940 (Código Penal). *(Incluído pela Lei nº 13.441, de 2017)*

Parágrafo único. O agente policial infiltrado que deixar de observar a estrita finalidade da investigação responderá pelos excessos praticados. *(Incluído pela Lei nº 13.441, de 2017)*

Art. 190-D. Os órgãos de registro e cadastro público poderão incluir nos bancos de dados próprios, mediante procedimento sigiloso e requisição da autoridade judicial, as informações necessárias à efetividade da identidade fictícia criada. *(Incluído pela Lei nº 13.441, de 2017)*

Parágrafo único. O procedimento sigiloso de que trata esta Seção será numerado e tombado em livro específico. *(Incluído pela Lei nº 13.441, de 2017)*

Art. 190-E. Concluída a investigação, todos os atos eletrônicos praticados durante a operação deverão ser registrados, gravados, armazenados e encaminhados ao juiz e ao Ministério Público, juntamente com relatório circunstanciado. *(Incluído pela Lei nº 13.441, de 2017)*

Parágrafo único. Os atos eletrônicos registrados citados no *caput* deste artigo serão reunidos em autos apartados e apensados ao processo criminal juntamente com o inquérito policial, assegurando-se a preservação da identidade do agente policial infiltrado e a intimidade das crianças e dos adolescentes envolvidos. *(Incluído pela Lei nº 13.441, de 2017)*

SEÇÃO VI – DA APURAÇÃO DE IRREGULARIDADES EM ENTIDADE DE ATENDIMENTO

Art. 191. O procedimento de apuração de irregularidades em entidade governamental e não-governamental terá início mediante portaria da autoridade judiciária ou representação do Ministério Público ou do Conselho Tutelar, onde conste, necessariamente, resumo dos fatos.

Parágrafo único. Havendo motivo grave, poderá a autoridade judiciária, ouvido o Ministério Público, decretar liminarmente o afastamento provisório do dirigente da entidade, mediante decisão fundamentada.

Art. 192. O dirigente da entidade será citado para, no prazo de dez dias, oferecer resposta escrita, podendo juntar documentos e indicar as provas a produzir.

Art. 193. Apresentada ou não a resposta, e sendo necessário, a autoridade judiciária designará audiência de instrução e julgamento, intimando as partes.

§ 1º Salvo manifestação em audiência, as partes e o Ministério Público terão cinco dias para oferecer alegações finais, decidindo a autoridade judiciária em igual prazo.

§ 2º Em se tratando de afastamento provisório ou definitivo de dirigente de entidade governamental, a autoridade judiciária oficiará à autoridade administrativa imediatamente superior ao afastado, marcando prazo para a substituição.

§ 3º Antes de aplicar qualquer das medidas, a autoridade judiciária poderá fixar prazo para a remoção das irregularidades verificadas. Satisfeitas as exigências, o processo será extinto, sem julgamento de mérito.

§ 4º A multa e a advertência serão impostas ao dirigente da entidade ou programa de atendimento.

SEÇÃO VII – DA APURAÇÃO DE INFRAÇÃO ADMINISTRATIVA ÀS NORMAS DE PROTEÇÃO À CRIANÇA E AO ADOLESCENTE

Art. 194. O procedimento para imposição de penalidade administrativa por infração às normas de proteção à criança e ao adolescente terá início por representação do Ministério Público, ou do Conselho Tutelar, ou auto de infração elaborado por servidor efetivo ou voluntário credenciado, e assinado por duas testemunhas, se possível.

§ 1º No procedimento iniciado com o auto de infração, poderão ser usadas fórmulas impressas, especificando-se a natureza e as circunstâncias da infração.

§ 2º Sempre que possível, à verificação da infração seguir-se-á a lavratura do auto, certificando-se, em caso contrário, dos motivos do retardamento.

Art. 195. O requerido terá prazo de dez dias para apresentação de defesa, contado da data da intimação, que será feita:

I – pelo autuante, no próprio auto, quando este for lavrado na presença do requerido;

II – por oficial de justiça ou funcionário legalmente habilitado, que entregará cópia do auto ou da representação ao requerido, ou a seu representante legal, lavrando certidão;

III – por via postal, com aviso de recebimento, se não for encontrado o requerido ou seu representante legal;

IV – por edital, com prazo de trinta dias, se incerto ou não sabido o paradeiro do requerido ou de seu representante legal.

Art. 196. Não sendo apresentada a defesa no prazo legal, a autoridade judiciária dará vista dos autos do Ministério Público, por cinco dias, decidindo em igual prazo.

Art. 197. Apresentada a defesa, a autoridade judiciária procederá na conformidade do artigo anterior, ou, sendo necessário, designará audiência de instrução e julgamento. *(Vide Lei nº 12.010, de 2009)*

Parágrafo único. Colhida a prova oral, manifestar-se-ão sucessivamente o Ministério Público e o procurador do requerido, pelo tempo de vinte minutos para cada um, prorrogável por mais dez, a critério da autoridade judiciária, que em seguida proferirá sentença.

SEÇÃO VIII – DA HABILITAÇÃO DE PRETENDENTES À ADOÇÃO

› *Incluída pela Lei nº 12.010, de 2009*

Art. 197-A. Os postulantes à adoção, domiciliados no Brasil, apresentarão petição inicial na qual conste: *(Incluído pela Lei nº 12.010, de 2009)*

I – qualificação completa; *(Incluído pela Lei nº 12.010, de 2009)*

II – dados familiares; *(Incluído pela Lei nº 12.010, de 2009)*

III – cópias autenticadas de certidão de nascimento ou casamento, ou declaração relativa ao período de união estável; *(Incluído pela Lei nº 12.010, de 2009)*

IV – cópias da cédula de identidade e inscrição no Cadastro de Pessoas Físicas; *(Incluído pela Lei nº 12.010, de 2009)*

V – comprovante de renda e domicílio; *(Incluído pela Lei nº 12.010, de 2009)*

VI – atestados de sanidade física e mental; *(Incluído pela Lei nº 12.010, de 2009)*

VII – certidão de antecedentes criminais; *(Incluído pela Lei nº 12.010, de 2009)*

VIII – certidão negativa de distribuição cível. *(Incluído pela Lei nº 12.010, de 2009)*

Art. 197-B. A autoridade judiciária, no prazo de 48 (quarenta e oito) horas, dará vista dos autos ao Ministério Público, que no prazo de 5 (cinco) dias poderá: *(Incluído pela Lei nº 12.010, de 2009)*

I – apresentar quesitos a serem respondidos pela equipe interprofissional encarregada de elaborar o estudo técnico a que se refere o art. 197-C desta Lei; *(Incluído pela Lei nº 12.010, de 2009)*

II – requerer a designação de audiência para oitiva dos postulantes em juízo e testemunhas; *(Incluído pela Lei nº 12.010, de 2009)*

III – requerer a juntada de documentos complementares e a realização de outras diligências que entender necessárias. *(Incluído pela Lei nº 12.010, de 2009)*

Art. 197-C. Intervirá no feito, obrigatoriamente, equipe interprofissional a serviço da Justiça da Infância e da Juventude, que deverá elaborar estudo psicossocial, que conterá subsídios que permitam aferir a capacidade e o preparo dos postulantes para o exercício de uma paternidade ou maternidade responsável, à luz dos requisitos e princípios desta Lei. *(Incluído pela Lei nº 12.010, de 2009)*

§ 1º É obrigatória a participação dos postulantes em programa oferecido pela Justiça da Infância e da Juventude, preferencialmente com apoio dos técnicos responsáveis pela execução da política municipal de garantia do direito à convivência familiar e dos grupos de apoio à adoção devidamente habilitados perante a Justiça da Infância e da Juventude, que inclua preparação psicológica, orientação e estímulo à adoção inter-racial, de crianças ou de adolescentes com deficiência, com doenças crônicas ou com necessidades específicas de saúde, e de grupos de irmãos. *(Redação dada pela Lei nº 13.509, de 2017)*

§ 2º Sempre que possível e recomendável, a etapa obrigatória da preparação referida no § 1º deste artigo incluirá o contato com crianças e adolescentes em regime de acolhimento familiar ou institucional, a ser realizado sob orientação, supervisão e avaliação da equipe técnica da Justiça da Infância e da Juventude e dos grupos de apoio à adoção, com apoio dos técnicos responsáveis pelo programa de acolhimento familiar e institucional e pela execução da política municipal de garantia do direito à convivência familiar. *(Redação dada pela Lei nº 13.509, de 2017)*

§ 3º É recomendável que as crianças e os adolescentes acolhidos institucionalmente ou por família acolhedora sejam preparados por equipe interprofissional antes da inclusão em família adotiva. *(Incluído pela Lei nº 13.509, de 2017)*

Art. 197-D. Certificada nos autos a conclusão da participação no programa referido no art. 197-C desta Lei, a autoridade judiciária, no prazo de 48 (quarenta e oito) horas, decidirá acerca das diligências requeridas pelo Ministério Público e determinará a juntada do estudo psicossocial, designando, conforme o caso, audiência de instrução e julgamento. *(Incluído pela Lei nº 12.010, de 2009)*

Parágrafo único. Caso não sejam requeridas diligências, ou sendo essas indeferidas, a autoridade judiciária determinará a juntada do estudo psicossocial, abrindo a seguir vista dos autos ao Ministério Público, por 5 (cinco) dias, decidindo em igual prazo. *(Incluído pela Lei nº 12.010, de 2009)*

Art. 197-E. Deferida a habilitação, o postulante será inscrito nos cadastros referidos no art. 50 desta Lei, sendo a sua convocação para a adoção feita de acordo com ordem cronológica de habilitação e conforme a disponibilidade de crianças ou adolescentes adotáveis. *(Incluído pela Lei nº 12.010, de 2009)*

§ 1º A ordem cronológica das habilitações somente poderá deixar de ser observada pela autoridade judiciária nas hipóteses previstas no § 13 do art. 50 desta Lei, quando comprovado ser essa a melhor solução no interesse do adotando. *(Incluído pela Lei nº 12.010, de 2009)*

§ 2º A habilitação à adoção deverá ser renovada no mínimo trienalmente mediante avaliação por equipe interprofissional. *(Redação dada pela Lei nº 13.509, de 2017)*

§ 3º Quando o adotante candidatar-se a uma nova adoção, será dispensável a renovação da habilitação, bastando a avaliação por equipe interprofissional. *(Incluído pela Lei nº 13.509, de 2017)*

§ 4º Após 3 (três) recusas injustificadas, pelo habilitado, à adoção de crianças ou adolescentes indicados dentro do perfil escolhido, haverá reavaliação da habilitação concedida. *(Incluído pela Lei nº 13.509, de 2017)*

§ 5º A desistência do pretendente em relação à guarda para fins de adoção ou a devolução da criança ou do adolescente depois do trânsito em julgado da sentença de adoção importará na sua exclusão dos cadastros de adoção. *(Incluído pela Lei nº 13.509, de 2017)*

Art. 197-F. O prazo máximo para conclusão da habilitação à adoção será de 120 (cento e vinte) dias, prorrogável por igual período, mediante decisão fundamentada da autoridade judiciária. *(Incluído pela Lei nº 13.509, de 2017)*

CAPÍTULO IV – DOS RECURSOS

Art. 198. Nos procedimentos afetos à Justiça da Infância e da Juventude, inclusive os relativos à execução das medidas socioeducativas, adotar-se-á o sistema recursal da Lei nº 5.869, de 11 de janeiro de 1973 (Código de Processo Civil), com as seguintes adaptações: *(Redação dada pela Lei nº 12.594, de 2012)*

I – os recursos serão interpostos independentemente de preparo;

II – em todos os recursos, salvo nos embargos de declaração, o prazo para o Ministério Público e para a defesa será sempre de 10 (dez) dias; *(Redação dada pela Lei nº 12.594, de 2012)*

III – os recursos terão preferência de julgamento e dispensarão revisor;

IV – *(Revogado pela Lei nº 12.010, de 2009)*

V – *(Revogado pela Lei nº 12.010, de 2009)*

VI – *(Revogado pela Lei nº 12.010, de 2009)*

VII – antes de determinar a remessa dos autos à superior instância, no caso de apelação, ou do instrumento, no caso de agravo, a autoridade judiciária proferirá despacho fundamentado, mantendo ou reformando a decisão, no prazo de cinco dias;

VIII – mantida a decisão apelada ou agravada, o escrivão remeterá os autos ou o instrumento à superior instância dentro de vinte e quatro horas, independentemente de novo pedido do recorrente; se a reformar, a remessa dos autos dependerá de pedido expresso da parte interessada ou do Ministério Público, no prazo de cinco dias, contados da intimação.

Art. 199. Contra as decisões proferidas com base no art. 149 caberá recurso de apelação.

Art. 199-A. A sentença que deferir a adoção produz efeito desde logo, embora sujeita a apelação, que será recebida exclusivamente no efeito devolutivo, salvo se se tratar de adoção internacional ou se houver perigo de dano irreparável ou de difícil reparação ao adotando. *(Incluído pela Lei nº 12.010, de 2009)*

Art. 199-B. A sentença que destituir ambos ou qualquer dos genitores do poder familiar fica sujeita a apelação, que deverá ser recebida apenas no efeito devolutivo. *(Incluído pela Lei nº 12.010, de 2009)*

Art. 199-C. Os recursos nos procedimentos de adoção e de destituição de poder familiar, em face da relevância das questões, serão processados com prioridade absoluta, devendo ser imediatamente distribuídos, ficando vedado que aguardem, em qualquer situação, oportuna distribuição, e serão colocados em mesa para julgamento sem revisão e com parecer urgente do Ministério Público. *(Incluído pela Lei nº 12.010, de 2009)*

Art. 199-D. O relator deverá colocar o processo em mesa para julgamento no prazo máximo de 60 (sessenta) dias, contado da sua conclusão. *(Incluído pela Lei nº 12.010, de 2009)*

Parágrafo único. O Ministério Público será intimado da data do julgamento e poderá na sessão, se entender necessário, apresentar oralmente seu parecer. *(Incluído pela Lei nº 12.010, de 2009)*

Art. 199-E. O Ministério Público poderá requerer a instauração de procedimento para apuração de responsabilidades se constatar o descumprimento das providências e do prazo previstos nos artigos anteriores. *(Incluído pela Lei nº 12.010, de 2009)*

CAPÍTULO V – DO MINISTÉRIO PÚBLICO

Art. 200. As funções do Ministério Público previstas nesta Lei serão exercidas nos termos da respectiva lei orgânica.

Art. 201. Compete ao Ministério Público:

I – conceder a remissão como forma de exclusão do processo;

II – promover e acompanhar os procedimentos relativos às infrações atribuídas a adolescentes;

III – promover e acompanhar as ações de alimentos e os procedimentos de suspensão e destituição do poder familiar, nomeação e remoção de tutores, curadores e guardiães, bem como oficiar em todos os demais procedimentos da competência da

Justiça da Infância e da Juventude; (Expressão substituída pela Lei nº 12.010, de 2009)

IV – promover, de ofício ou por solicitação dos interessados, a especialização e a inscrição de hipoteca legal e a prestação de contas dos tutores, curadores e quaisquer administradores de bens de crianças e adolescentes nas hipóteses do art. 98;

- *Art. 1.497 do Código Civil*
- *Art. 167, I, 2 da Lei 6.015/1973*

V – promover o inquérito civil e a ação civil pública para a proteção dos interesses individuais, difusos ou coletivos relativos à infância e à adolescência, inclusive os definidos no art. 220, § 3º inciso II, da Constituição Federal;

VI – instaurar procedimentos administrativos e, para instruí-los:

a) expedir notificações para colher depoimentos ou esclarecimentos e, em caso de não comparecimento injustificado, requisitar condução coercitiva, inclusive pela polícia civil ou militar;

b) requisitar informações, exames, perícias e documentos de autoridades municipais, estaduais e federais, da administração direta ou indireta, bem como promover inspeções e diligências investigatórias;

c) requisitar informações e documentos a particulares e instituições privadas;

VII – instaurar sindicâncias, requisitar diligências investigatórias e determinar a instauração de inquérito policial, para apuração de ilícitos ou infrações às normas de proteção à infância e à juventude;

VIII – zelar pelo efetivo respeito aos direitos e garantias legais assegurados às crianças e adolescentes, promovendo as medidas judiciais e extrajudiciais cabíveis;

IX – impetrar mandado de segurança, de injunção e habeas corpus, em qualquer juízo, instância ou tribunal, na defesa dos interesses sociais e individuais indisponíveis afetos à criança e ao adolescente;

X – representar ao juízo visando à aplicação de penalidade por infrações cometidas contra as normas de proteção à infância e à juventude, sem prejuízo da promoção da responsabilidade civil e penal do infrator, quando cabível;

XI – inspecionar as entidades públicas e particulares de atendimento e os programas de que trata esta Lei, adotando de pronto as medidas administrativas ou judiciais necessárias à remoção de irregularidades porventura verificadas;

XII – requisitar força policial, bem como a colaboração dos serviços médicos, hospitalares, educacionais e de assistência social, públicos ou privados, para o desempenho de suas atribuições.

XIII - intervir, quando não for parte, nas causas cíveis e criminais decorrentes de violência doméstica e familiar contra a criança e o adolescente. *(Incluído pela Lei nº 14.344, de 2022)*

§ 1º A legitimação do Ministério Público para as ações cíveis previstas neste artigo não impede a de terceiros, nas mesmas hipóteses, segundo dispuserem a Constituição e esta Lei.

§ 2º As atribuições constantes deste artigo não excluem outras, desde que compatíveis com a finalidade do Ministério Público.

§ 3º O representante do Ministério Público, no exercício de suas funções, terá livre acesso a todo local onde se encontre criança ou adolescente.

§ 4º O representante do Ministério Público será responsável pelo uso indevido das informações e documentos que requisitar, nas hipóteses legais de sigilo.

§ 5º Para o exercício da atribuição de que trata o inciso VIII deste artigo, poderá o representante do Ministério Público:

a) reduzir a termo as declarações do reclamante, instaurando o competente procedimento, sob sua presidência;

b) entender-se diretamente com a pessoa ou autoridade reclamada, em dia, local e horário previamente notificados ou acertados;

c) efetuar recomendações visando à melhoria dos serviços públicos e de relevância pública afetos à criança e ao adolescente, fixando prazo razoável para sua perfeita adequação.

Art. 202. Nos processos e procedimentos em que não for parte, atuará obrigatoriamente o Ministério Público na defesa dos direitos e interesses de que cuida esta Lei, hipótese em que terá vista dos autos depois das partes, podendo juntar documentos e requerer diligências, usando os recursos cabíveis.

Art. 203. A intimação do Ministério Público, em qualquer caso, será feita pessoalmente.

Art. 204. A falta de intervenção do Ministério Público acarreta a nulidade do feito, que será declarada de ofício pelo juiz ou a requerimento de qualquer interessado.

Art. 205. As manifestações processuais do representante do Ministério Público deverão ser fundamentadas.

CAPÍTULO VI – DO ADVOGADO

Art. 206. A criança ou o adolescente, seus pais ou responsável, e qualquer pessoa que tenha legítimo interesse na solução da lide poderão intervir nos procedimentos de que trata esta Lei, através de advogado, o qual será intimado para todos os atos, pessoalmente ou por publicação oficial, respeitado o segredo de justiça.

Parágrafo único. Será prestada assistência judiciária integral e gratuita àqueles que dela necessitarem.

Art. 207. Nenhum adolescente a quem se atribua a prática de ato infracional, ainda que ausente ou foragido, será processado sem defensor.

§ 1º Se o adolescente não tiver defensor, ser-lhe-á nomeado pelo juiz, ressalvado o direito de, a todo tempo, constituir outro de sua preferência.

§ 2º A ausência do defensor não determinará o adiamento de nenhum ato do processo, devendo o juiz nomear substituto, ainda que provisoriamente, ou para o só efeito do ato.

§ 3º Será dispensada a outorga de mandato, quando se tratar de defensor nomeado ou, sido constituído, tiver sido indicado por ocasião de ato formal com a presença da autoridade judiciária.

CAPÍTULO VII – DA PROTEÇÃO JUDICIAL DOS INTERESSES INDIVIDUAIS, DIFUSOS E COLETIVOS

Art. 208. Regem-se pelas disposições desta Lei as ações de responsabilidade por ofensa aos direitos assegurados à criança e ao adolescente, referentes ao não oferecimento ou oferta irregular: (Vide Lei nº 12.010, de 2009)

I – do ensino obrigatório;

II – de atendimento educacional especializado aos portadores de deficiência;

III – de atendimento em creche e pré-escola às crianças de zero a cinco anos de idade; *(Redação dada pela Lei nº 13.306, de 2016)*

IV – de ensino noturno regular, adequado às condições do educando;

V – de programas suplementares de oferta de material didático-escolar, transporte e assistência à saúde do educando do ensino fundamental;

VI – de serviço de assistência social visando à proteção à família, à maternidade, à infância e à adolescência, bem como ao amparo às crianças e adolescentes que dele necessitem;

VII – de acesso às ações e serviços de saúde;

VIII – de escolarização e profissionalização dos adolescentes privados de liberdade.

IX – de ações, serviços e programas de orientação, apoio e promoção social de famílias e destinados ao pleno exercício do direito à convivência familiar por crianças e adolescentes. *(Incluído pela Lei nº 12.010, de 2009)*

X – de programas de atendimento para a execução das medidas socioeducativas e aplicação de medidas de proteção. *(Incluído pela Lei nº 12.594, de 2012)*

§ 1º As hipóteses previstas neste artigo não excluem da proteção judicial outros interesses individuais, difusos ou coletivos, próprios da infância e da adolescência, protegidos pela Constituição e pela Lei. (Renumerado do Parágrafo único pela Lei nº 11.259, de 2005)

§ 2º A investigação do desaparecimento de crianças ou adolescentes será realizada imediatamente após notificação aos órgãos competentes, que deverão comunicar o fato aos portos, aeroportos, Polícia Rodoviária e companhias de transporte interestaduais e internacionais, fornecendo-lhes todos os dados necessários à identificação do desaparecido. *(Incluído pela Lei nº 11.259, de 2005)*

§ 3º A notificação a que se refere o § 2º deste artigo será imediatamente comunicada ao Cadastro Nacional de Pessoas Desaparecidas e ao Cadastro Nacional de Crianças e Adolescentes Desaparecidos, que deverão ser prontamente atualizados a cada nova informação. *(Incluído pela Lei nº 14.548, de 2023)*

Art. 209. As ações previstas neste Capítulo serão propostas no foro do local onde ocorreu ou deva ocorrer a ação ou omissão, cujo juízo terá competência absoluta para processar a causa, ressalvadas a competência da Justiça Federal e a competência originária dos tribunais superiores.

Art. 210. Para as ações cíveis fundadas em interesses coletivos ou difusos, consideram-se legitimados concorrentemente:

I – o Ministério Público;

II – a União, os estados, os municípios, o Distrito Federal e os territórios;

III – as associações legalmente constituídas há pelo menos um ano e que incluam entre seus fins institucionais a defesa dos interesses e direitos protegidos por esta Lei, dispensada a autorização da assembleia, se houver prévia autorização estatutária.

§ 1º Admitir-se-á litisconsórcio facultativo entre os Ministérios Públicos da União e dos estados na defesa dos interesses e direitos de que cuida esta Lei.

§ 2º Em caso de desistência ou abandono da ação por associação legitimada, o Ministério Público ou outro legitimado poderá assumir a titularidade ativa.

Art. 211. Os órgãos públicos legitimados poderão tomar dos interessados compromisso de ajustamento de sua conduta às exigências legais, o qual terá eficácia de título executivo extrajudicial.

Art. 212. Para defesa dos direitos e interesses protegidos por esta Lei, são admissíveis todas as espécies de ações pertinentes.

§ 1º Aplicam-se às ações previstas neste Capítulo as normas do Código de Processo Civil.

§ 2º Contra atos ilegais ou abusivos de autoridade pública ou agente de pessoa jurídica no exercício de atribuições do poder público, que lesem direito líquido e certo previsto nesta Lei, caberá ação mandamental, que se regerá pelas normas da lei do mandado de segurança.

Art. 213. Na ação que tenha por objeto o cumprimento de obrigação de fazer ou não fazer, o juiz concederá a tutela específica da obrigação ou determinará providências que assegurem o resultado prático equivalente ao do adimplemento.

§ 1º Sendo relevante o fundamento da demanda e havendo justificado receio de ineficácia do provimento final, é lícito ao juiz conceder a tutela liminarmente ou após justificação prévia, citando o réu.

§ 2º O juiz poderá, na hipótese do parágrafo anterior ou na sentença, impor multa diária ao réu, independentemente de pedido do autor, se for suficiente ou compatível com a obrigação, fixando prazo razoável para o cumprimento do preceito.

§ 3º A multa só será exigível do réu após o trânsito em julgado da sentença favorável ao autor, mas será devida desde o dia em que se houver configurado o descumprimento.

Art. 214. Os valores das multas reverterão ao fundo gerido pelo Conselho dos Direitos da Criança e do Adolescente do respectivo município.

§ 1º As multas não recolhidas até trinta dias após o trânsito em julgado da decisão serão exigidas através de execução promovida pelo Ministério Público, nos mesmos autos, facultada igual iniciativa aos demais legitimados.

§ 2º Enquanto o fundo não for regulamentado, o dinheiro ficará depositado em estabelecimento oficial de crédito, em conta com correção monetária.

Art. 215. O juiz poderá conferir efeito suspensivo aos recursos, para evitar dano irreparável à parte.

Art. 216. Transitada em julgado a sentença que impuser condenação ao poder público, o juiz determinará a remessa de peças à autoridade competente, para apuração da responsabilidade civil e administrativa do agente a que se atribua a ação ou omissão.

Art. 217. Decorridos sessenta dias do trânsito em julgado da sentença condenatória sem que a associação autora lhe promova a execução, deverá fazê-lo o Ministério Público, facultada igual iniciativa aos demais legitimados.

Art. 218. O juiz condenará a associação autora a pagar ao réu os honorários advocatícios arbitrados na conformidade do § 4º do art. 20 da Lei nº 5.869, de 11 de janeiro de 1973 (Código de Processo Civil), quando reconhecer que a pretensão é manifestamente infundada.

Parágrafo único. Em caso de litigância de má-fé, a associação autora e os diretores responsáveis pela propositura da ação serão solidariamente condenados ao décuplo das custas, sem prejuízo de responsabilidade por perdas e danos.

Art. 219. Nas ações de que trata este Capítulo, não haverá adiantamento de custas, emolumentos, honorários periciais e quaisquer outras despesas.

Art. 220. Qualquer pessoa poderá e o servidor público deverá provocar a iniciativa do Ministério Público, prestando-lhe informações sobre fatos que constituam objeto de ação civil, e indicando-lhe os elementos de convicção.

Art. 221. Se, no exercício de suas funções, os juízos e tribunais tiverem conhecimento de fatos que possam ensejar a propositura de ação civil, remeterão peças ao Ministério Público para as providências cabíveis.

Art. 222. Para instruir a petição inicial, o interessado poderá requerer às autoridades competentes as certidões e informações que julgar necessárias, que serão fornecidas no prazo de quinze dias.

Art. 223. O Ministério Público poderá instaurar, sob sua presidência, inquérito civil, ou requisitar, de qualquer pessoa, organismo público ou particular, certidões, informações, exames ou perícias, no prazo que assinalar, o qual não poderá ser inferior a dez dias úteis.

§ 1º Se o órgão do Ministério Público, esgotadas todas as diligências, se convencer da inexistência de fundamento para a propositura da ação cível, promoverá o arquivamento dos autos do inquérito civil ou das peças informativas, fazendo-o fundamentadamente.

§ 2º Os autos do inquérito civil ou as peças de informação arquivados serão remetidos, sob pena de se incorrer em falta grave, no prazo de três dias, ao Conselho Superior do Ministério Público.

§ 3º Até que seja homologada ou rejeitada a promoção de arquivamento, em sessão do Conselho Superior do Ministério público, poderão as associações legitimadas apresentar razões escritas ou documentos, que serão juntados aos autos do inquérito ou anexados às peças de informação.

§ 4º A promoção de arquivamento será submetida a exame e deliberação do Conselho Superior do Ministério Público, conforme dispuser o seu regimento.

§ 5º Deixando o Conselho Superior de homologar a promoção de arquivamento, designará, desde logo, outro órgão do Ministério Público para o ajuizamento da ação.

Art. 224. Aplicam-se subsidiariamente, no que couber, as disposições da Lei nº 7.347, de 24 de julho de 1985.

TÍTULO VII – DOS CRIMES E DAS INFRAÇÕES ADMINISTRATIVAS

CAPÍTULO I – DOS CRIMES

SEÇÃO I – DISPOSIÇÕES GERAIS

Art. 225. Este Capítulo dispõe sobre crimes praticados contra a criança e o adolescente, por ação ou omissão, sem prejuízo do disposto na legislação penal.

Art. 226. Aplicam-se aos crimes definidos nesta Lei as normas da Parte Geral do Código Penal e, quanto ao processo, as pertinentes ao Código de Processo Penal.

§ 1º Aos crimes cometidos contra a criança e o adolescente, independentemente da pena prevista, não se aplica a Lei nº 9.099, de 26 de setembro de 1995. *(Incluído pela Lei nº 14.344, de 2022)*

§ 2º Nos casos de violência doméstica e familiar contra a criança e o adolescente, é vedada a aplicação de penas de cesta básica ou de outras de prestação pecuniária, bem como a substituição de pena que implique o pagamento isolado de multa. *(Incluído pela Lei nº 14.344, de 2022)*

Art. 227. Os crimes definidos nesta Lei são de ação pública incondicionada.

Art. 227-A. Os efeitos da condenação prevista no inciso I do *caput* do art. 92 do Decreto-Lei nº 2.848, de 7 de dezembro de 1940 (Código Penal), para os crimes previstos nesta Lei, praticados por servidores públicos com abuso de autoridade, são condicionados à ocorrência de reincidência. *(Incluído pela Lei nº 13.869, de 2019, em vigor 120 (cento e vinte) dias após a sua publicação oficial)*

Parágrafo único. A perda do cargo, do mandato ou da função, nesse caso, independerá da pena aplicada na reincidência. *(Incluído pela Lei nº 13.869, de 2019, em vigor 120 dias após a sua publicação - DOU 05/09/2019)*

SEÇÃO II – DOS CRIMES EM ESPÉCIE

Art. 228. Deixar o encarregado de serviço ou o dirigente de estabelecimento de atenção à saúde de gestante de manter registro das atividades desenvolvidas, na forma e prazo referidos no art. 10 desta Lei, bem como de fornecer à parturiente ou a seu responsável, por ocasião da alta médica, declaração de nascimento, onde constem as intercorrências do parto e do desenvolvimento do neonato:

Pena – detenção de seis meses a dois anos.

Parágrafo único. Se o crime é culposo:

Pena – detenção de dois a seis meses, ou multa.

Art. 229. Deixar o médico, enfermeiro ou dirigente de estabelecimento de atenção à saúde de gestante de identificar corretamente o neonato e a parturiente, por ocasião do parto, bem como deixar de proceder aos exames referidos no art. 10 desta Lei:

Pena – detenção de seis meses a dois anos.

Parágrafo único. Se o crime é culposo:

Pena – detenção de dois a seis meses, ou multa.

Art. 230. Privar a criança ou o adolescente de sua liberdade, procedendo à sua apreensão sem estar em flagrante de ato infracional ou inexistindo ordem escrita da autoridade judiciária competente:

Pena – detenção de seis meses a dois anos.

Parágrafo único. Incide na mesma pena aquele que procede à apreensão sem observância das formalidades legais.

Art. 231. Deixar a autoridade policial responsável pela apreensão de criança ou adolescente de fazer imediata comunicação à autoridade judiciária competente e à família do apreendido ou à pessoa por ele indicada:

Pena – detenção de seis meses a dois anos.

Art. 232. Submeter criança ou adolescente sob sua autoridade, guarda ou vigilância a vexame ou a constrangimento:

Pena – detenção de seis meses a dois anos.

Art. 233. *(Revogado pela Lei nº 9.455, de 7.4.1997).*

Art. 234. Deixar a autoridade competente, sem justa causa, de ordenar a imediata liberação de criança ou adolescente, tão logo tenha conhecimento da ilegalidade da apreensão:

Pena – detenção de seis meses a dois anos.

Art. 235. Descumprir, injustificadamente, prazo fixado nesta Lei em benefício de adolescente privado de liberdade:

Pena – detenção de seis meses a dois anos.

Art. 236. Impedir ou embaraçar a ação de autoridade judiciária, membro do Conselho Tutelar ou representante do Ministério Público no exercício de função prevista nesta Lei:

Pena – detenção de seis meses a dois anos.

Art. 237. Subtrair criança ou adolescente ao poder de quem o tem sob sua guarda em virtude de lei ou ordem judicial, com o fim de colocação em lar substituto:

Pena – reclusão de dois a seis anos, e multa.

Art. 238. Prometer ou efetivar a entrega de filho ou pupilo a terceiro, mediante paga ou recompensa:

Pena – reclusão de um a quatro anos, e multa.

Parágrafo único. Incide nas mesmas penas quem oferece ou efetiva a paga ou recompensa.

Art. 239. Promover ou auxiliar a efetivação de ato destinado ao envio de criança ou adolescente para o exterior com inobservância das formalidades legais ou com o fito de obter lucro:

Pena – reclusão de quatro a seis anos, e multa.

Parágrafo único. Se há emprego de violência, grave ameaça ou fraude: *(Incluído pela Lei nº 10.764, de 12.11.2003)*

Pena – reclusão, de 6 (seis) a 8 (oito) anos, além da pena correspondente à violência.

Art. 240. Produzir, reproduzir, dirigir, fotografar, filmar ou registrar, por qualquer meio, cena de sexo explícito ou pornográfica, envolvendo criança ou adolescente: *(Redação dada pela Lei nº 11.829, de 2008)*

Pena – reclusão, de 4 (quatro) a 8 (oito) anos, e multa. *(Redação dada pela Lei nº 11.829, de 2008)*

§ 1º Incorre nas mesmas penas quem: *(Redação dada pela Lei nº 14.811, de 2024)*

I - agencia, facilita, recruta, coage ou de qualquer modo intermedeia a participação de criança ou adolescente nas cenas referidas no *caput* deste artigo, ou ainda quem com esses contracena; *(Incluído pela Lei nº 14.811, de 2024)*

II - exibe, transmite, auxilia ou facilita a exibição ou transmissão, em tempo real, pela internet, por aplicativos, por meio de dispositivo informático ou qualquer meio ou ambiente digital, de cena de sexo explícito ou pornográfica com a participação de criança ou adolescente. *(Incluído pela Lei nº 14.811, de 2024)*

§ 2º Aumenta-se a pena de 1/3 (um terço) se o agente comete o crime: *(Redação dada pela Lei nº 11.829, de 2008)*

I – no exercício de cargo ou função pública ou a pretexto de exercê-la; *(Redação dada pela Lei nº 11.829, de 2008)*

II – prevalecendo-se de relações domésticas, de coabitação ou de hospitalidade; ou *(Redação dada pela Lei nº 11.829, de 2008)*

III – prevalecendo-se de relações de parentesco consanguíneo ou afim até o terceiro grau, ou por adoção, de tutor, curador, preceptor, empregador da vítima ou de quem, a qualquer outro título, tenha autoridade sobre ela, ou com seu consentimento. *(Incluído pela Lei nº 11.829, de 2008)*

Art. 241. Vender ou expor à venda fotografia, vídeo ou outro registro que contenha cena de sexo explícito ou pornográfica envolvendo criança ou adolescente: *(Redação dada pela Lei nº 11.829, de 2008)*

Pena – reclusão, de 4 (quatro) a 8 (oito) anos, e multa. *(Redação dada pela Lei nº 11.829, de 2008)*

Art. 241-A. Oferecer, trocar, disponibilizar, transmitir, distribuir, publicar ou divulgar por qualquer meio, inclusive por meio de sistema de informática ou telemático, fotografia, vídeo ou outro registro que contenha cena de sexo explícito ou pornográfica envolvendo criança ou adolescente: *(Incluído pela Lei nº 11.829, de 2008)*

Pena – reclusão, de 3 (três) a 6 (seis) anos, e multa. *(Incluído pela Lei nº 11.829, de 2008)*

§ 1º Nas mesmas penas incorre quem: *(Incluído pela Lei nº 11.829, de 2008)*

I – assegura os meios ou serviços para o armazenamento das fotografias, cenas ou imagens de que trata o *caput* deste artigo; *(Incluído pela Lei nº 11.829, de 2008)*

II – assegura, por qualquer meio, o acesso por rede de computadores às fotografias, cenas ou imagens de que trata o *caput* deste artigo. *(Incluído pela Lei nº 11.829, de 2008)*

§ 2º As condutas tipificadas nos incisos I e II do § 1º deste artigo são puníveis quando o responsável legal pela prestação do serviço, oficialmente notificado, deixa de desabilitar o acesso ao conteúdo ilícito de que trata o *caput* deste artigo. *(Incluído pela Lei nº 11.829, de 2008)*

Art. 241-B. Adquirir, possuir ou armazenar, por qualquer meio, fotografia, vídeo ou outra forma de registro que contenha cena de sexo explícito ou pornográfica envolvendo criança ou adolescente: *(Incluído pela Lei nº 11.829, de 2008)*

Pena – reclusão, de 1 (um) a 4 (quatro) anos, e multa. *(Incluído pela Lei nº 11.829, de 2008)*

§ 1º A pena é diminuída de 1 (um) a 2/3 (dois terços) se de pequena quantidade o material a que se refere o *caput* deste artigo. *(Incluído pela Lei nº 11.829, de 2008)*

§ 2º Não há crime se a posse ou o armazenamento tem a finalidade de comunicar às autoridades competentes a ocorrência das condutas descritas nos arts. 240, 241, 241-A e 241-C desta Lei, quando a comunicação for feita por: *(Incluído pela Lei nº 11.829, de 2008)*

I – agente público no exercício de suas funções; *(Incluído pela Lei nº 11.829, de 2008)*

II – membro de entidade, legalmente constituída, que inclua, entre suas finalidades institucionais, o recebimento, o processamento e o encaminhamento de notícia dos crimes referidos neste parágrafo; *(Incluído pela Lei nº 11.829, de 2008)*

III – representante legal e funcionários responsáveis de provedor de acesso ou serviço prestado por meio de rede de computadores, até o recebimento do material relativo à notícia feita à autoridade policial, ao Ministério Público ou ao Poder Judiciário. *(Incluído pela Lei nº 11.829, de 2008)*

§ 3º As pessoas referidas no § 2º deste artigo deverão manter sob sigilo o material ilícito referido. *(Incluído pela Lei nº 11.829, de 2008)*

Art. 241-C. Simular a participação de criança ou adolescente em cena de sexo explícito ou pornográfica por meio de adulteração, montagem ou modificação de fotografia, vídeo ou qualquer outra forma de representação visual: *(Incluído pela Lei nº 11.829, de 2008)*

Pena – reclusão, de 1 (um) a 3 (três) anos, e multa. *(Incluído pela Lei nº 11.829, de 2008)*

Parágrafo único. Incorre nas mesmas penas quem vende, expõe à venda, disponibiliza, distribui, publica ou divulga por qualquer meio, adquire, possui ou armazena o material produzido na forma do *caput* deste artigo. *(Incluído pela Lei nº 11.829, de 2008)*

Art. 241-D. Aliciar, assediar, instigar ou constranger, por qualquer meio de comunicação, criança, com o fim de com ela praticar ato libidinoso: *(Incluído pela Lei nº 11.829, de 2008)*

Pena – reclusão, de 1 (um) a 3 (três) anos, e multa. *(Incluído pela Lei nº 11.829, de 2008)*

Parágrafo único. Nas mesmas penas incorre quem: *(Incluído pela Lei nº 11.829, de 2008)*

I – facilita ou induz o acesso à criança de material contendo cena de sexo explícito ou pornográfica com o fim de com ela praticar ato libidinoso; *(Incluído pela Lei nº 11.829, de 2008)*

II – pratica as condutas descritas no *caput* deste artigo com o fim de induzir criança a se exibir de forma pornográfica ou sexualmente explícita. *(Incluído pela Lei nº 11.829, de 2008)*

Art. 241-E. Para efeito dos crimes previstos nesta Lei, a expressão "cena de sexo explícito ou pornográfica" compreende qualquer situação que envolva criança ou adolescente em atividades sexuais explícitas, reais ou simuladas, ou exibição dos órgãos genitais de uma criança ou adolescente para fins primordialmente sexuais. *(Incluído pela Lei nº 11.829, de 2008)*

Art. 242. Vender, fornecer ainda que gratuitamente ou entregar, de qualquer forma, a criança ou adolescente arma, munição ou explosivo:

Pena – reclusão, de 3 (três) a 6 (seis) anos. *(Redação dada pela Lei nº 10.764, de 12.11.2003)*

Art. 243. Vender, fornecer, servir, ministrar ou entregar, ainda que gratuitamente, de qualquer forma, a criança ou a adolescente, bebida alcoólica ou, sem justa causa, outros produtos cujos componentes possam causar dependência física ou psíquica: *(Redação dada pela Lei nº 13.106, de 2015)*

Pena - detenção de 2 (dois) a 4 (quatro) anos, e multa, se o fato não constitui crime mais grave. *(Redação dada pela Lei nº 13.106, de 2015)*

Art. 244. Vender, fornecer ainda que gratuitamente ou entregar, de qualquer forma, a criança ou adolescente fogos de estampido ou de artifício, exceto aqueles que, pelo seu reduzido potencial, sejam incapazes de provocar qualquer dano físico em caso de utilização indevida:

Pena – detenção de seis meses a dois anos, e multa.

Art. 244-A. Submeter criança ou adolescente, como tais definidos no *caput* do art. 2º desta Lei, à prostituição ou à exploração sexual: *(Incluído pela Lei nº 9.975, de 23.6.2000)*

Pena – reclusão de quatro a dez anos e multa, além da perda de bens e valores utilizados na prática criminosa em favor do Fundo dos Direitos da Criança e do Adolescente da unidade da Federação (Estado ou Distrito Federal) em que foi cometido o crime, ressalvado o direito de terceiro de boa-fé. *(Redação dada pela Lei nº 13.440, de 2017)*

§ 1º Incorrem nas mesmas penas o proprietário, o gerente ou o responsável pelo local em que se verifique a submissão de criança ou adolescente às práticas referidas no *caput* deste artigo. *(Incluído pela Lei nº 9.975, de 23.6.2000)*

§ 2º Constitui efeito obrigatório da condenação a cassação da licença de localização e de funcionamento do estabelecimento. *(Incluído pela Lei nº 9.975, de 23.6.2000)*

Art. 244-B. Corromper ou facilitar a corrupção de menor de 18 (dezoito) anos, com ele praticando infração penal ou induzindo-o a praticá-la: *(Incluído pela Lei nº 12.015, de 2009)*

Pena – reclusão, de 1 (um) a 4 (quatro) anos. *(Incluído pela Lei nº 12.015, de 2009)*

§ 1º Incorre nas penas previstas no *caput* deste artigo quem pratica as condutas ali tipificadas utilizando-se de quaisquer meios eletrônicos, inclusive salas de bate-papo da internet. *(Incluído pela Lei nº 12.015, de 2009)*

§ 2º As penas previstas no *caput* deste artigo são aumentadas de um terço no caso de a infração cometida ou induzida estar incluída no rol do art. 1º da Lei nº 8.072, de 25 de julho de 1990. *(Incluído pela Lei nº 12.015, de 2009)*

Art. 244-C. Deixar o pai, a mãe ou o responsável legal, de forma dolosa, de comunicar à autoridade pública o desaparecimento de criança ou adolescente: *(Incluído pela Lei nº 14.811, de 2024)*

Pena – reclusão, de 2 (dois) a 4 (quatro) anos, e multa. *(Incluído pela Lei nº 14.811, de 2024)*

CAPÍTULO II – DAS INFRAÇÕES ADMINISTRATIVAS

Art. 245. Deixar o médico, professor ou responsável por estabelecimento de atenção à saúde e de ensino fundamental, pré-escola ou creche, de comunicar à autoridade competente os casos de que tenha conhecimento, envolvendo suspeita ou confirmação de maus-tratos contra criança ou adolescente:

Pena – multa de três a vinte salários de referência, aplicando-se o dobro em caso de reincidência.

Art. 246. Impedir o responsável ou funcionário de entidade de atendimento o exercício dos direitos constantes nos incisos II, III, VII, VIII e XI do art. 124 desta Lei:

Pena – multa de três a vinte salários de referência, aplicando-se o dobro em caso de reincidência.

Art. 247. Divulgar, total ou parcialmente, sem autorização devida, por qualquer meio de comunicação, nome, ato ou documento de procedimento policial, administrativo ou judicial relativo a criança ou adolescente a que se atribua ato infracional:

Pena – multa de três a vinte salários de referência, aplicando-se o dobro em caso de reincidência.

§ 1º Incorre na mesma pena quem exibe ou transmite imagem, vídeo ou corrente de vídeo de criança ou adolescente envolvido em ato infracional ou em outro ato ilícito que lhe seja atribuído, de forma a permitir sua identificação. *(Redação dada pela Lei nº 14.811, de 2024)*

§ 2º Se o fato for praticado por órgão de imprensa ou emissora de rádio ou televisão, além da pena prevista neste artigo, a autoridade judiciária poderá determinar a apreensão da publicação ou a suspensão da programação da emissora até por dois dias, bem como da publicação do periódico até por dois números. (Expressão declarada inconstitucional pela ADIN 869-2).

Art. 248. *(Revogado pela Lei nº 13.431, de 2017)*

Art. 249. Descumprir, dolosa ou culposamente, os deveres inerentes ao poder familiar ou decorrente de tutela ou guarda, bem assim determinação da autoridade judiciária ou Conselho Tutelar: (Expressão substituída pela Lei nº 12.010, de 2009)

Pena – multa de três a vinte salários de referência, aplicando-se o dobro em caso de reincidência.

Art. 250. Hospedar criança ou adolescente desacompanhado dos pais ou responsável, ou sem autorização escrita desses ou da autoridade judiciária, em hotel, pensão, motel ou congênere: *(Redação dada pela Lei nº 12.038, de 2009).*

Pena – multa. *(Redação dada pela Lei nº 12.038, de 2009).*

§ 1º Em caso de reincidência, sem prejuízo da pena de multa, a autoridade judiciária poderá determinar o fechamento do estabelecimento por até 15 (quinze) dias. *(Incluído pela Lei nº 12.038, de 2009).*

§ 2º Se comprovada a reincidência em período inferior a 30 (trinta) dias, o estabelecimento será definitivamente fechado e terá sua licença cassada. *(Incluído pela Lei nº 12.038, de 2009).*

Art. 251. Transportar criança ou adolescente, por qualquer meio, com inobservância do disposto nos arts. 83, 84 e 85 desta Lei:

Pena – multa de três a vinte salários de referência, aplicando-se o dobro em caso de reincidência.

Art. 252. Deixar o responsável por diversão ou espetáculo público de afixar, em lugar visível e de fácil acesso, à entrada do local de exibição, informação destacada sobre a natureza da diversão ou espetáculo e a faixa etária especificada no certificado de classificação:

Pena – multa de três a vinte salários de referência, aplicando-se o dobro em caso de reincidência.

Art. 253. Anunciar peças teatrais, filmes ou quaisquer representações ou espetáculos, sem indicar os limites de idade a que não se recomendem:

Pena – multa de três a vinte salários de referência, duplicada em caso de reincidência, aplicável, separadamente, à casa de espetáculo e aos órgãos de divulgação ou publicidade.

Art. 254. Transmitir, através de rádio ou televisão, espetáculo em horário diverso do autorizado ou sem aviso de sua classificação:

Pena – multa de vinte a cem salários de referência; duplicada em caso de reincidência a autoridade judiciária poderá determinar a suspensão da programação da emissora por até dois dias.

Art. 255. Exibir filme, trailer, peça, amostra ou congênere classificado pelo órgão competente como inadequado às crianças ou adolescentes admitidos ao espetáculo:

Pena – multa de vinte a cem salários de referência; na reincidência, a autoridade poderá determinar a suspensão do espetáculo ou o fechamento do estabelecimento por até quinze dias.

Art. 256. Vender ou locar a criança ou adolescente fita de programação em vídeo, em desacordo com a classificação atribuída pelo órgão competente:

Pena – multa de três a vinte salários de referência; em caso de reincidência, a autoridade judiciária poderá determinar o fechamento do estabelecimento por até quinze dias.

Art. 257. Descumprir obrigação constante dos arts. 78 e 79 desta Lei:

Pena – multa de três a vinte salários de referência, duplicando-se a pena em caso de reincidência, sem prejuízo de apreensão da revista ou publicação.

Art. 258. Deixar o responsável pelo estabelecimento ou o empresário de observar o que dispõe esta Lei sobre o acesso de criança ou adolescente aos locais de diversão, ou sobre sua participação no espetáculo: *(Vide Lei nº 12.010, de 2009)*

Pena – multa de três a vinte salários de referência; em caso de reincidência, a autoridade judiciária poderá determinar o fechamento do estabelecimento por até quinze dias.

Art. 258-A. Deixar a autoridade competente de providenciar a instalação e operacionalização dos cadastros previstos no art. 50 e no § 11 do art. 101 desta Lei: *(Incluído pela Lei nº 12.010, de 2009)*

Pena – multa de R$ 1.000,00 (mil reais) a R$ 3.000,00 (três mil reais). *(Incluído pela Lei nº 12.010, de 2009)*

Parágrafo único. Incorre nas mesmas penas a autoridade que deixa de efetuar o cadastramento de crianças e de adolescentes em condições de serem adotadas, de pessoas ou casais habilitados à adoção e de crianças e adolescentes em regime de acolhimento institucional ou familiar. *(Incluído pela Lei nº 12.010, de 2009)*

Art. 258-B. Deixar o médico, enfermeiro ou dirigente de estabelecimento de atenção à saúde de gestante de efetuar imediato encaminhamento à autoridade judiciária de caso de que tenha conhecimento de mãe ou gestante interessada em entregar seu filho para adoção: *(Incluído pela Lei nº 12.010, de 2009)*

Pena – multa de R$ 1.000,00 (mil reais) a R$ 3.000,00 (três mil reais). *(Incluído pela Lei nº 12.010, de 2009)*

Parágrafo único. Incorre na mesma pena o funcionário de programa oficial ou comunitário destinado à garantia do direito à convivência familiar que deixa de efetuar a comunicação referida no *caput* deste artigo. *(Incluído pela Lei nº 12.010, de 2009)*

Art. 258-C. Descumprir a proibição estabelecida no inciso II do art. 81: *(Redação dada pela Lei nº 13.106, de 2015)*

Pena - multa de R$ 3.000,00 (três mil reais) a R$ 10.000,00 (dez mil reais); *(Redação dada pela Lei nº 13.106, de 2015)*

Medida Administrativa - interdição do estabelecimento comercial até o recolhimento da multa aplicada. *(Redação dada pela Lei nº 13.106, de 2015)*

DISPOSIÇÕES FINAIS E TRANSITÓRIAS

Art. 259. A União, no prazo de noventa dias contados da publicação deste Estatuto, elaborará projeto de lei dispondo sobre a criação ou adaptação de seus órgãos às diretrizes da política de atendimento fixadas no art. 88 e ao que estabelece o Título V do Livro II.

Parágrafo único. Compete aos estados e municípios promoverem a adaptação de seus órgãos e programas às diretrizes e princípios estabelecidos nesta Lei.

Art. 260. Os contribuintes poderão efetuar doações aos Fundos dos Direitos da Criança e do Adolescente nacional, distrital, estaduais ou municipais, devidamente comprovadas, sendo essas integralmente deduzidas do imposto de renda, obedecidos os seguintes limites: *(Redação dada pela Lei nº 12.594, de 2012)*

I – 1% (um por cento) do imposto sobre a renda devido apurado pelas pessoas jurídicas tributadas com base no lucro real; e *(Redação dada pela Lei nº 12.594, de 2012)*

II – 6% (seis por cento) do imposto sobre a renda apurado pelas pessoas físicas na Declaração de Ajuste Anual, observado o disposto no art. 22 da Lei nº 9.532, de 10 de dezembro de 1997. *(Redação dada pela Lei nº 12.594, de 2012)*

§ 1º – *(Revogado pela Lei nº 9.532, de 10.12.1997)*

§ 1º-A. Na definição das prioridades a serem atendidas com os recursos captados pelos fundos nacional, estaduais e municipais dos direitos da criança e do adolescente, serão consideradas as disposições do Plano Nacional de Promoção, Proteção e Defesa do Direito de Crianças e Adolescentes à Convivência Familiar e Comunitária e as do Plano Nacional pela Primeira Infância. *(Redação dada pela Lei nº 13.257, de 2016)*

§ 2º Os conselhos nacional, estaduais e municipais dos direitos da criança e do adolescente fixarão critérios de utilização, por meio de planos de aplicação, das dotações subsidiadas e demais receitas, aplicando necessariamente percentual para incentivo ao acolhimento, sob a forma de guarda, de crianças e adolescentes e para programas de atenção integral à primeira infância em áreas de maior carência socioeconômica e em situações de calamidade. *(Redação dada pela Lei nº 13.257, de 2016)*

§ 2º-A. O contribuinte poderá indicar o projeto que receberá a destinação de recursos, entre os projetos aprovados por conselho dos direitos da criança e do adolescente. *(Incluído pela Lei nº 14.692, de 2023)*

§ 2º-B. É facultado aos conselhos chancelar projetos ou banco de projetos, por meio de regulamentação própria, observadas as seguintes regras: *(Incluído pela Lei nº 14.692, de 2023)*

I – a chancela deverá ser entendida como a autorização para captação de recursos por meio dos Fundos dos Direitos da Criança e do Adolescente com a finalidade de viabilizar a execução dos projetos aprovados pelos conselhos; *(Incluído pela Lei nº 14.692, de 2023)*

II – os projetos deverão garantir os direitos fundamentais e humanos das crianças e dos adolescentes; *(Incluído pela Lei nº 14.692, de 2023)*

III – a captação de recursos por meio do Fundo dos Direitos da Criança e do Adolescente deverá ser realizada pela instituição proponente para o financiamento do respectivo projeto; *(Incluído pela Lei nº 14.692, de 2023)*

IV – os recursos captados serão repassados para a instituição proponente mediante formalização de instrumento de repasse de recursos, conforme a legislação vigente; *(Incluído pela Lei nº 14.692, de 2023)*

V – os conselhos deverão fixar percentual de retenção dos recursos captados, em cada chancela, que serão destinados ao Fundo dos Direitos da Criança e do Adolescente; *(Incluído pela Lei nº 14.692, de 2023)*

VI – o tempo de duração entre a aprovação do projeto e a captação dos recursos deverá ser de 2 (dois) anos e poderá ser prorrogado por igual período; *(Incluído pela Lei nº 14.692, de 2023)*

VII – a chancela do projeto não deverá obrigar seu financiamento pelo Fundo dos Direitos da Criança e do Adolescente, caso não tenha sido captado valor suficiente. *(Incluído pela Lei nº 14.692, de 2023)*

§ 3º O Departamento da Receita Federal, do Ministério da Economia, Fazenda e Planejamento, regulamentará a comprovação das doações feitas aos fundos, nos termos deste artigo. *(Incluído pela Lei nº 8.242, de 12.10.1991)*

§ 4º O Ministério Público determinará em cada comarca a forma de fiscalização da aplicação, pelo Fundo Municipal dos Direitos da Criança e do Adolescente, dos incentivos fiscais referidos neste artigo. *(Incluído pela Lei nº 8.242, de 12.10.1991)*

§ 5º Observado o disposto no § 4º do art. 3º da Lei nº 9.249, de 26 de dezembro de 1995, a dedução de que trata o inciso I do *caput*: *(Redação dada pela Lei nº 12.594, de 2012)*

I – será considerada isoladamente, não se submetendo a limite em conjunto com outras deduções do imposto; e *(Incluído pela Lei nº 12.594, de 2012)*

II – não poderá ser computada como despesa operacional na apuração do lucro real. *(Incluído pela Lei nº 12.594, de 2012)*

Art. 260-A. A partir do exercício de 2010, ano-calendário de 2009, a pessoa física poderá optar pela doação de que trata o inciso II do *caput* do art. 260 diretamente em sua Declaração de Ajuste Anual. *(Incluído pela Lei nº 12.594, de 2012)*

§ 1º A doação de que trata o *caput* poderá ser deduzida até os seguintes percentuais aplicados sobre o imposto apurado na declaração: *(Incluído pela Lei nº 12.594, de 2012)*

I – *(VETADO)*; *(Incluído pela Lei nº 12.594, de 2012)*

II – *(VETADO)*; *(Incluído pela Lei nº 12.594, de 2012)*

III – 3% (três por cento) a partir do exercício de 2012. *(Incluído pela Lei nº 12.594, de 2012)*

§ 2º A dedução de que trata o *caput*: *(Incluído pela Lei nº 12.594, de 2012)*

I – está sujeita ao limite de 6% (seis por cento) do imposto sobre a renda apurado na declaração de que trata o inciso II do *caput* do art. 260; *(Incluído pela Lei nº 12.594, de 2012)*

II – não se aplica à pessoa física que: *(Incluído pela Lei nº 12.594, de 2012)*

a) utilizar o desconto simplificado; *(Incluído pela Lei nº 12.594, de 2012)*

b) apresentar declaração em formulário; ou *(Incluído pela Lei nº 12.594, de 2012)*

c) entregar a declaração fora do prazo; *(Incluído pela Lei nº 12.594, de 2012)*

III – só se aplica às doações em espécie; e *(Incluído pela Lei nº 12.594, de 2012)*

IV – não exclui ou reduz outros benefícios ou deduções em vigor. *(Incluído pela Lei nº 12.594, de 2012)*

§ 3º O pagamento da doação deve ser efetuado até a data de vencimento da primeira quota ou quota única do imposto, observadas instruções específicas da Secretaria da Receita Federal do Brasil. *(Incluído pela Lei nº 12.594, de 2012)*

§ 4º O não pagamento da doação no prazo estabelecido no § 3º implica a glosa definitiva desta parcela de dedução, ficando a pessoa física obrigada ao recolhimento da diferença de imposto devido apurado na Declaração de Ajuste Anual com os acréscimos legais previstos na legislação. *(Incluído pela Lei nº 12.594, de 2012)*

§ 5º A pessoa física poderá deduzir do imposto apurado na Declaração de Ajuste Anual as doações feitas, no respectivo ano-calendário, aos fundos controlados pelos Conselhos dos Direitos da Criança e do Adolescente municipais, distrital, estaduais e nacional concomitantemente com a opção de que trata o *caput*, respeitado o limite previsto no inciso II do art. 260. *(Incluído pela Lei nº 12.594, de 2012)*

Art. 260-B. A doação de que trata o inciso I do art. 260 poderá ser deduzida: *(Incluído pela Lei nº 12.594, de 2012)*

I – do imposto devido no trimestre, para as pessoas jurídicas que apuram o imposto trimestralmente; e *(Incluído pela Lei nº 12.594, de 2012)*

II – do imposto devido mensalmente e no ajuste anual, para as pessoas jurídicas que apuram o imposto anualmente. *(Incluído pela Lei nº 12.594, de 2012)*

Parágrafo único. A doação deverá ser efetuada dentro do período a que se refere a apuração do imposto. *(Incluído pela Lei nº 12.594, de 2012)*

Art. 260-C. As doações de que trata o art. 260 desta Lei podem ser efetuadas em espécie ou em bens. *(Incluído pela Lei nº 12.594, de 2012)*

Parágrafo único. As doações efetuadas em espécie devem ser depositadas em conta específica, em instituição financeira pública, vinculadas aos respectivos fundos de que trata o art. 260. *(Incluído pela Lei nº 12.594, de 2012)*

Art. 260-D. Os órgãos responsáveis pela administração das contas dos Fundos dos Direitos da Criança e do Adolescente nacional, estaduais, distrital e municipais devem emitir recibo em favor do doador, assinado por pessoa competente e pelo presidente do Conselho correspondente, especificando: *(Incluído pela Lei nº 12.594, de 2012)*

I – número de ordem; *(Incluído pela Lei nº 12.594, de 2012)*

II – nome, Cadastro Nacional da Pessoa Jurídica (CNPJ) e endereço do emitente; *(Incluído pela Lei nº 12.594, de 2012)*

III – nome, CNPJ ou Cadastro de Pessoas Físicas (CPF) do doador; *(Incluído pela Lei nº 12.594, de 2012)*

IV – data da doação e valor efetivamente recebido; e *(Incluído pela Lei nº 12.594, de 2012)*

V – ano-calendário a que se refere a doação. *(Incluído pela Lei nº 12.594, de 2012)*

§ 1º O comprovante de que trata o *caput* deste artigo pode ser emitido anualmente, desde que discrimine os valores doados mês a mês. *(Incluído pela Lei nº 12.594, de 2012)*

§ 2º No caso de doação em bens, o comprovante deve conter a identificação dos bens, mediante descrição em campo próprio ou em relação anexa ao comprovante, informando também se houve avaliação, o nome, CPF ou CNPJ e endereço dos avaliadores. *(Incluído pela Lei nº 12.594, de 2012)*

Art. 260-E. Na hipótese da doação em bens, o doador deverá: *(Incluído pela Lei nº 12.594, de 2012)*

I – comprovar a propriedade dos bens, mediante documentação hábil; *(Incluído pela Lei nº 12.594, de 2012)*

II – baixar os bens doados na declaração de bens e direitos, quando se tratar de pessoa física, e na escrituração, no caso de pessoa jurídica; e *(Incluído pela Lei nº 12.594, de 2012)*

III – considerar como valor dos bens doados: *(Incluído pela Lei nº 12.594, de 2012)*

a) para as pessoas físicas, o valor constante da última declaração do imposto de renda, desde que não exceda o valor de mercado; *(Incluído pela Lei nº 12.594, de 2012)*

b) para as pessoas jurídicas, o valor contábil dos bens. *(Incluído pela Lei nº 12.594, de 2012)*

Parágrafo único. O preço obtido em caso de leilão não será considerado na determinação do valor dos bens doados, exceto se o leilão for determinado por autoridade judiciária. *(Incluído pela Lei nº 12.594, de 2012)*

Art. 260-F. Os documentos a que se referem os arts. 260-D e 260-E devem ser mantidos pelo contribuinte por um prazo de 5 (cinco) anos para fins de comprovação da dedução perante a Receita Federal do Brasil. *(Incluído pela Lei nº 12.594, de 2012)*

Art. 260-G. Os órgãos responsáveis pela administração das contas dos Fundos dos Direitos da Criança e do Adolescente nacional, estaduais, distrital e municipais devem: *(Incluído pela Lei nº 12.594, de 2012)*

I – manter conta bancária específica destinada exclusivamente a gerir os recursos do Fundo; *(Incluído pela Lei nº 12.594, de 2012)*

II – manter controle das doações recebidas; e *(Incluído pela Lei nº 12.594, de 2012)*

III – informar anualmente à Secretaria da Receita Federal do Brasil as doações recebidas mês a mês, identificando os seguintes dados por doador: *(Incluído pela Lei nº 12.594, de 2012)*

a) nome, CNPJ ou CPF; *(Incluído pela Lei nº 12.594, de 2012)*

b) valor doado, especificando se a doação foi em espécie ou em bens. *(Incluído pela Lei nº 12.594, de 2012)*

Art. 260-H. Em caso de descumprimento das obrigações previstas no art. 260-G, a Secretaria da Receita Federal do Brasil dará conhecimento do fato ao Ministério Público. *(Incluído pela Lei nº 12.594, de 2012)*

Art. 260-I. Os Conselhos dos Direitos da Criança e do Adolescente nacional, estaduais, distrital e municipais divulgarão amplamente à comunidade: *(Incluído pela Lei nº 12.594, de 2012)*

I – o calendário de suas reuniões; *(Incluído pela Lei nº 12.594, de 2012)*

II – as ações prioritárias para aplicação das políticas de atendimento à criança e ao adolescente; *(Incluído pela Lei nº 12.594, de 2012)*

III – os requisitos para a apresentação de projetos a serem beneficiados com recursos dos Fundos dos Direitos da Criança e do Adolescente nacional, estaduais, distrital ou municipais; *(Incluído pela Lei nº 12.594, de 2012)*

IV – a relação dos projetos aprovados em cada ano-calendário e o valor dos recursos previstos para implementação das ações, por projeto; *(Incluído pela Lei nº 12.594, de 2012)*

V – o total dos recursos recebidos e a respectiva destinação, por projeto atendido, inclusive com cadastramento na base de dados do Sistema de Informações sobre a Infância e a Adolescência; e *(Incluído pela Lei nº 12.594, de 2012)*

VI – a avaliação dos resultados dos projetos beneficiados com recursos dos Fundos dos Direitos da Criança e do Adolescente nacional, estaduais, distrital e municipais. *(Incluído pela Lei nº 12.594, de 2012)*

Art. 260-J. O Ministério Público determinará, em cada Comarca, a forma de fiscalização da aplicação dos incentivos fiscais referidos no art. 260 desta Lei. *(Incluído pela Lei nº 12.594, de 2012)*

Parágrafo único. O descumprimento do disposto nos arts. 260-G e 260-I sujeitará os infratores a responder por ação judicial proposta pelo Ministério Público, que poderá atuar de ofício, a requerimento ou representação de qualquer cidadão. *(Incluído pela Lei nº 12.594, de 2012)*

Art. 260-K. A Secretaria de Direitos Humanos da Presidência da República (SDH/PR) encaminhará à Secretaria da Receita Federal do Brasil, até 31 de outubro de cada ano, arquivo eletrônico contendo a relação atualizada dos Fundos dos Direitos da Criança e do Adolescente nacional, distrital, estaduais e municipais, com a indicação dos respectivos números de inscrição no CNPJ e das contas bancárias específicas mantidas em instituições financeiras públicas, destinadas exclusivamente a gerir os recursos dos Fundos. *(Incluído pela Lei nº 12.594, de 2012)*

Art. 260-L. A Secretaria da Receita Federal do Brasil expedirá as instruções necessárias à aplicação do disposto nos arts. 260 a 260-K. *(Incluído pela Lei nº 12.594, de 2012)*

Art. 261. A falta dos conselhos municipais dos direitos da criança e do adolescente, os registros, inscrições e alterações a que se referem os arts. 90, parágrafo único, e 91 desta Lei serão efetuados perante a autoridade judiciária da comarca a que pertencer a entidade.

Parágrafo único. A União fica autorizada a repassar aos estados e municípios, e os estados aos municípios, os recursos referentes aos programas e atividades previstos nesta Lei, tão logo estejam criados os conselhos dos direitos da criança e do adolescente nos seus respectivos níveis.

Art. 262. Enquanto não instalados os Conselhos Tutelares, as atribuições a eles conferidas serão exercidas pela autoridade judiciária.

Art. 263. O Decreto-Lei nº 2.848, de 7 de dezembro de 1940 (Código Penal), passa a vigorar com as seguintes alterações:

"1) Art. 121 [...]

§ 4º No homicídio culposo, a pena é aumentada de um terço, se o crime resulta de inobservância de regra técnica de profissão, arte ou ofício, ou se o agente deixa de prestar imediato socorro à vítima, não procura diminuir as consequências do seu ato, ou foge para evitar prisão em flagrante. Sendo doloso o homicídio, a pena é aumentada de um terço, se o crime é praticado contra pessoa menor de catorze anos.

2) Art. 129 [...]

§ 7º Aumenta-se a pena de um terço, se ocorrer qualquer das hipóteses do art. 121, § 4º.

§ 8º Aplica-se à lesão culposa o disposto no § 5º do art. 121.

3) Art. 136 [...]

§ 3º Aumenta-se a pena de um terço, se o crime é praticado contra pessoa menor de catorze anos.

4) Art. 213 [...]

Parágrafo único. Se a ofendida é menor de catorze anos:

Pena – reclusão de quatro a dez anos.

5) Art. 214 [...]

Parágrafo único. Se o ofendido é menor de catorze anos:

Pena – reclusão de três a nove anos."

Art. 264. O art. 102 da Lei nº 6.015, de 31 de dezembro de 1973, fica acrescido do seguinte item:

› *Alterações inseridas no texto da referida norma.*

Art. 265-A. O poder público fará periodicamente ampla divulgação dos direitos da criança e do adolescente nos meios de comunicação social. *(Redação dada pela Lei nº 13.257, de 2016)*

Parágrafo único. A divulgação a que se refere o *caput* será veiculada em linguagem clara, compreensível e adequada a crianças e adolescentes, especialmente às crianças com idade inferior a 6 (seis) anos. *(Incluído dada pela Lei nº 13.257, de 2016)*

Art. 266. Esta Lei entra em vigor noventa dias após sua publicação.

Parágrafo único. Durante o período de vacância deverão ser promovidas atividades e campanhas de divulgação e esclarecimentos acerca do disposto nesta Lei.

Art. 267. Revogam-se as Leis nº 4.513, de 1964, e 6.697, de 10 de outubro de 1979 (Código de Menores), e as demais disposições em contrário.

Brasília, 13 de julho de 1990; 169º da Independência e 102º da República.

FERNANDO COLLOR

(DOU 16.7.1990 e retificado em 27.9.1990)

LEI Nº 8.501, DE 30 DE NOVEMBRO DE 1992

Dispõe sobre a utilização de cadáver não reclamado, para fins de estudos ou pesquisas científicas e dá outras providências.

O VICE-PRESIDENTE DA REPÚBLICA, no exercício do cargo de **PRESIDENTE DA REPÚBLICA**

Faço saber que o Congresso Nacional decreta e eu sanciono a seguinte Lei:

Art. 1º Esta Lei visa disciplinar a destinação de cadáver não reclamado junto às autoridades públicas, para fins de ensino e pesquisa.

Art. 2º O cadáver não reclamado junto às autoridades públicas, no prazo de trinta dias, poderá ser destinado às escolas de medicina, para fins de ensino e de pesquisa de caráter científico.

Art. 3º Será destinado para estudo, na forma do artigo anterior, o cadáver:

I — sem qualquer documentação;

II — identificado, sobre o qual inexistem informações relativas a endereços de parentes ou responsáveis legais.

§ 1º Na hipótese do inciso II deste artigo, a autoridade competente fará publicar, nos principais jornais da cidade, a título de utilidade pública, pelo menos dez dias, a notícia do falecimento.

§ 2º Se a morte resultar de causa não natural, o corpo será, obrigatoriamente, submetido à necropsia no órgão competente.

§ 3º É defeso encaminhar o cadáver para fins de estudo, quando houver indício de que a morte tenha resultado de ação criminosa.

§ 4º Para fins de reconhecimento, a autoridade ou instituição responsável manterá, sobre o falecido:

a) os dados relativos às características gerais;

b) a identificação;

c) as fotos do corpo;

d) a ficha datiloscópica;

e) o resultado da necropsia, se efetuada; e

f) outros dados e documentos julgados pertinentes.

Art. 4º Cumpridas as exigências estabelecidas nos artigos anteriores, o cadáver poderá ser liberado para fins de estudo.

Art. 5º A qualquer tempo, os familiares ou representantes legais terão acesso aos elementos de que trata o § 4º do art. 3º desta Lei.

Art. 6º Esta Lei entra em vigor na data de sua publicação.

Art. 7º Revogam-se as disposições em contrário.

Brasília, 30 de novembro de 1992; 171º da Independência e 104º da República.

ITAMAR FRANCO

(DOU de 1º.12.1992 e republicado no DOU de 15.12.1992)

LEI Nº 8.560, DE 29 DE DEZEMBRO DE 1992

Regula a investigação de paternidade dos filhos havidos fora do casamento e dá outras providências.

› *Arts. 1.607 a 1.617 do Código Civil*

› *Provimento CNJ 12/2010 (Determina que seja remetido, em forma que preserve o sigilo, para cada uma das 27 Corregedorias Gerais dos Tribunais de Justiça, o CD com os nomes e endereços dos alunos que, naquela unidade da Federação, não possuem paternidade estabelecida, segundo os dados do Censo escola)*

› *Provimento CNJ 16/2012 (Reconhecimento de Filhos)/ Arts. 496 a 504, Provimento CNJ n. 149/2023 (CNN).*

› *Provimento CNJ 63/2017 (Parentalidade Socioafetiva)/ Arts. 505 a 511, Provimento CNJ n. 149/2023 (CNN).*

O PRESIDENTE DA REPÚBLICA,

Faço saber que o Congresso Nacional decreta e eu sanciono a seguinte lei:

Art. 1º O reconhecimento dos filhos havidos fora do casamento é irrevogável e será feito:

I – no registro de nascimento;

II – por escritura pública ou escrito particular, a ser arquivado em cartório;

III – por testamento, ainda que incidentalmente manifestado;

IV – por manifestação expressa e direta perante o juiz, ainda que o reconhecimento não haja sido o objeto único e principal do ato que o contém.

› *Vide art. 1.609, CC*

Art. 2º Em registro de nascimento de menor apenas com a maternidade estabelecida, o oficial remeterá ao juiz certidão integral do registro e o nome e prenome, profissão, identidade e residência do suposto pai, a fim de ser averiguada oficiosamente a procedência da alegação.

§ 1º O juiz, sempre que possível, ouvirá a mãe sobre a paternidade alegada e mandará, em qualquer caso, notificar o suposto pai, independente de seu estado civil, para que se manifeste sobre a paternidade que lhe é atribuída.

§ 2º O juiz, quando entender necessário, determinará que a diligência seja realizada em segredo de justiça.

§ 3º No caso do suposto pai confirmar expressamente a paternidade, será lavrado termo de reconhecimento e remetida certidão ao oficial do registro, para a devida averbação.

§ 4º Se o suposto pai não atender no prazo de trinta dias, a notificação judicial, ou negar a alegada paternidade, o juiz remeterá os autos ao representante do Ministério Público para que intente, havendo elementos suficientes, a ação de investigação de paternidade.

§ 5º Nas hipóteses previstas no § 4º deste artigo, é dispensável o ajuizamento de ação de investigação de paternidade pelo Ministério Público se, após o não comparecimento ou a recusa do suposto pai em assumir a paternidade a ele atribuída, a criança for encaminhada para adoção. *(Redação dada pela Lei nº 12.010, de 2009)*

§ 6º A iniciativa conferida ao Ministério Público não impede a quem tenha legítimo interesse de intentar investigação, visando a obter o pretendido reconhecimento da paternidade. *(Incluído pela Lei nº 12.010, de 2009)*

Art. 2º-A. Na ação de investigação de paternidade, todos os meios legais, bem como os moralmente legítimos, serão hábeis para provar a verdade dos fatos. *(Incluído pela Lei nº 12.004, de 2009).*

§ 1º A recusa do réu em se submeter ao exame de código genético – DNA gerará a presunção da paternidade, a ser apreciada em conjunto com o contexto probatório. *(Incluído pela Lei nº 12.004, de 2009 e renumerado pela Lei 14.138, de 2021).*

§ 2º Se o suposto pai houver falecido ou não existir notícia de seu paradeiro, o juiz determinará, a expensas do autor da ação, a realização do exame de pareamento do código genético (DNA) em parentes consanguíneos, preferindo-se os de grau mais próximo aos mais distantes, importando a recusa em presunção da paternidade, a ser apreciada em conjunto com o contexto probatório. *(Incluído pela Lei nº 14.138, de 2021).*

Art. 3º E vedado legitimar e reconhecer filho na ata do casamento.

Parágrafo único. É ressalvado o direito de averbar alteração do patronímico materno, em decorrência do casamento, no termo de nascimento do filho.

Art. 4º O filho maior não pode ser reconhecido sem o seu consentimento.

Art. 5º. No registro de nascimento não se fará qualquer referência à natureza da filiação, à sua ordem em relação a outros irmãos do mesmo prenome, exceto gêmeos, ao lugar e cartório do casamento dos pais e ao estado civil destes.

Art. 6º Das certidões de nascimento não constarão indícios de a concepção haver sido decorrente de relação extraconjugal.

§ 1º Não deverá constar, em qualquer caso, o estado civil dos pais e a natureza da filiação, bem como o lugar e cartório do casamento, proibida referência à presente lei.

§ 2º São ressalvadas autorizações ou requisições judiciais de certidões de inteiro teor, mediante decisão fundamentada, assegurados os direitos, as garantias e interesses relevantes do registrado.

Art. 7º Sempre que na sentença de primeiro grau se reconhecer a paternidade, nela se fixarão os alimentos provisionais ou definitivos do reconhecido que deles necessite.

› *Súmula 01 do Superior Tribunal de Justiça*

Art. 8º Os registros de nascimento, anteriores à data da presente lei, poderão ser retificados por decisão judicial, ouvido o Ministério Público.

Art. 9º Esta lei entra em vigor na data de sua publicação.

Art. 10. São revogados os arts. 332, 337 e 347 do Código Civil e demais disposições em contrário.

› *Reporta-se ao Código Civil de 1916*

Brasília, 29 de dezembro de 1992;
171º da Independência e 104º da República.
ITAMAR FRANCO
(DOU de 30.12.1992)

LEI Nº 8.971, DE 29 DE DEZEMBRO DE 1994

Regula o direito dos companheiros a alimentos e à sucessão.

› *Vide art. 70-A, LRP*

› *Vide art. 94-A, LRP*

› *Vide Resolução CNJ n. 175/2013 (Habilitação, celebração de casamento civil, ou de conversão de união estável em casamento, entre pessoas de mesmo sexo)*

› *Provimento 37/2014 CNJ (Registro da União Estável), incorporado aos arts. 537 a 553 do Provimento CNJ n. 149/2023 (CNN)*

› *Vide Enunciados 7 e 22, I Jornada de Direito Notarial e Registral*

O PRESIDENTE DA REPÚBLICA

Faço saber que o Congresso Nacional decreta e eu sanciono a seguinte lei:

Art. 1º. A companheira comprovada de um homem solteiro, separado judicialmente, divorciado ou viúvo, que com ele viva há mais de cinco anos, ou dele tenha prole, poderá valer-se do disposto na Lei nº 5.478, de 25 de julho de 1968, enquanto não constituir nova união e desde que prove a necessidade.

Parágrafo único. Igual direito e nas mesmas condições é reconhecido ao companheiro de mulher solteira, separada judicialmente, divorciada ou viúva.

Art. 2º. As pessoas referidas no artigo anterior participarão da sucessão do(a) companheiro(a) nas seguintes condições:

I – o (a) companheiro(a) sobrevivente terá direito enquanto não constituir nova união, ao usufruto de quarta parte dos bens do de cujos, se houver filhos ou comuns;

II – o (a) companheiro(a) sobrevivente terá direito, enquanto não constituir nova união, ao usufruto da metade dos bens do de cujos, se não houver filhos, embora sobrevivam ascendentes;

III – na falta de descendentes e de ascendentes, o(a) companheiro(a) sobrevivente terá direito à totalidade da herança.

Art. 3º. Quando os bens deixados pelo (a) autor(a) da herança resultarem de atividade em que haja colaboração do(a) companheiro, terá o sobrevivente direito à metade dos bens.

Art. 4º. Esta lei entra em vigor na data de sua publicação.

Art. 5º. Revogam-se as disposições em contrário.

Brasília, 29 de dezembro de 1994;
173º da Independência e 106º da República.
ITAMAR FRANCO
(DOU de 30.12.1994)

LEI Nº 9.140, DE 04 DE DEZEMBRO DE 1995

Reconhece como mortas pessoas desaparecidas em razão de participação, ou acusação de participação, em atividades políticas, no período de 2 de setembro de 1961 a 15 de agosto de 1979, e dá outras providências.

O PRESIDENTE DA REPÚBLICA

Faço saber que o Congresso Nacional decreta e eu sanciono a seguinte Lei:

Art. 1º. São reconhecidos como mortas, para todos os efeitos legais, as pessoas que tenham participado, ou tenham sido acusadas de participação, em atividades políticas, no período de 2 de setembro de 1961 a 5 de outubro de 1988, e que, por este motivo, tenham sido detidas por agentes públicos, achando-se, deste então, desaparecidas, sem que delas haja notícias. *(Redação dada pela Lei nº 10.536, de 2002)*

Art. 2º. A aplicação das disposições desta Lei e todos os seus efeitos orientar-se-ão pelo princípio de reconciliação e de pacificação nacional, expresso na Lei nº 6.683, de 28 de agosto de 1979 – Lei de Anistia.

Art. 3º. O cônjuge, o companheiro ou a companheira, descendente, ascendente, ou colateral até quarto grau, das pessoas nominadas na lista referida no art. 1º, comprovando essa condição, poderão requerer a oficial de registro civil das pessoas naturais de seu domicílio a lavratura do assento de óbito, instruindo o pedido com original ou cópia da publicação desta Lei e de seus anexos.

› *Vide art. 77, Lei n. 6.015/1973 (Registros Públicos)*

Parágrafo único. Em caso de dúvida, será admitida justificação judicial.

Art. 4º. Fica criada Comissão Especial que, face às circunstâncias descritas no art. 1º desta Lei, assim como diante da situação política nacional compreendida no período de 2 de setembro de 1961 a 5 de outubro de 1988, tem as seguintes atribuições: *(Redação dada pela Lei nº 10.875, de 2004)*

I – proceder ao reconhecimento de pessoas:

a) desaparecidas, não relacionadas no Anexo I desta Lei;

b) que, por terem participado, ou por terem sido acusadas de participação, em atividades políticas, tenham falecido por causas não-naturais, em dependências policiais ou assemelhadas; *(Redação dada pela Lei nº 10.875, de 2004)*

c) que tenham falecido em virtude de repressão policial sofrida em manifestações públicas ou em conflitos armados com agentes do poder público; *(Incluída pela Lei nº 10.875, de 2004)*

d) que tenham falecido em decorrência de suicídio praticado na iminência de serem presas ou em decorrência de sequelas psicológicas resultantes de atos de tortura praticados por agentes do poder público; *(Incluída pela Lei nº 10.875, de 2004)*

II – envidar esforços para a localização dos corpos de pessoas desaparecidas no caso de existência de indícios quanto ao local em que possam estar depositados;

III – emitir parecer sobre os requerimentos relativos a indenização que venham a ser formulados pelas pessoas mencionadas no art. 10 desta Lei.

Art. 5º. A Comissão Especial será composta por sete membros, de livre escolha e designação do Presidente da República, que indicará, dentre eles, quem irá presidi-la, com voto de qualidade.

§ 1º Dos sete membros da Comissão, quatro serão escolhidos:

I – dentre os membros da Comissão de Direitos Humanos da Câmara dos Deputados;

II – dentre as pessoas com vínculo com os familiares das pessoas referidas na lista constante do Anexo I;

III – dentre os membros do Ministério Público Federal; e

IV – dentre os integrantes do Ministério da Defesa. *(Redação dada pela Lei nº 10.875, de 2004)*

§ 2º A Comissão Especial poderá ser assessorada por funcionários públicos federais, designados pelo Presidente da República, podendo, ainda, solicitar o auxílio das Secretarias de Justiça dos Estados, mediante convênio com a Secretaria Especial dos Direitos Humanos da Presidência da República, se necessário. *(Redação dada pela Lei nº 10.875, de 2004)*

Art. 6º. A Comissão Especial funcionará junto à Secretaria Especial dos Direitos Humanos da Presidência da República, que lhe dará o apoio necessário. *(Redação dada pela Lei nº 10.875, de 2004)*

Art. 7º. Para fins de reconhecimento de pessoas desaparecidas não relacionadas no Anexo I desta Lei, os requerimentos, por qualquer das pessoas mencionadas no art. 3º, serão apresentados perante a Comissão Especial, no prazo de cento e vinte dias, contado a partir da data da publicação desta Lei, e serão instruídos com informações e documentos que possam comprovar a pretensão.

› *Vide Lei nº 10.536, de 2002*

§ 1º Idêntico procedimento deverá ser observado nos casos baseados na alínea b do inciso I do art. 4º.

§ 2º Os deferimentos, pela Comissão Especial, dos pedidos de reconhecimento de pessoas não mencionadas no Anexo I desta Lei instruirão os pedidos de assento de óbito de que trata o art. 3º, contado o prazo de cento e vinte dias, a partir da ciência da decisão deferitória.

Art. 8º. A Comissão Especial, no prazo de cento e vinte dias de sua instalação, mediante solicitação expressa de qualquer das pessoas mencionadas no art. 3º, e concluindo pela existência de indícios suficientes, poderá diligenciar no sentido da localização dos restos mortais do desaparecido.

Art. 9º. Para os fins previstos nos arts. 4º e 7º, a Comissão Especial poderá solicitar:

I – documentos de qualquer órgão público;

II – a realização de perícias;

II – a colaboração de testemunhas;

IV – a intermediação do Ministério das Relações Exteriores para a obtenção de informações junto a governos e a entidades estrangeiras.

Art. 10. A indenização prevista nesta Lei é deferida às pessoas abaixo indicadas, na seguinte ordem:

I – ao cônjuge;

II – ao companheiro ou companheira, definidos pela Lei nº 8.971, de 29 de dezembro de 1994;

III – aos descendentes;

IV – aos ascendentes;

V – aos colaterais, até o quarto grau.

§ 1º O pedido de indenização poderá ser formulado até cento e vinte dias a contar da publicação desta Lei. No caso de reconhecimento pela Comissão Especial, o prazo se conta da data do reconhecimento.

› *Vide Lei nº 10.536, de 2002 e Lei nº 10.875, de 2004*

§ 2º Havendo acordo entre as pessoas nominadas no *caput* deste artigo, a indenização poderá ser requerida independentemente da ordem nele prevista.

§ 3º Reconhecida a morte nas situações previstas nas alíneas b a d do inciso I do art. 4º desta Lei, as pessoas mencionadas no *caput* poderão, na mesma ordem e condições, requerer indenização à Comissão Especial. *(Redação dada pela Lei nº 10.875, de 2004)*

Art. 11. A indenização, a título reparatório, consistirá no pagamento de valor único igual a R$ 3.000,00 (três mil reais) multiplicado pelo número de anos correspondentes à expectativa de sobrevivência do desaparecido, levando-se em consideração a idade à época do desaparecimento e os critérios e valores traduzidos na tabela constante do Anexo II desta Lei.

§ 1º Em nenhuma hipótese o valor da indenização será inferior a R$ 100.000,00 (cem mil reais).

§ 2º A indenização será concedida mediante decreto do Presidente da República, após parecer favorável da Comissão Especial criada por esta Lei.

Art. 12. No caso de localização, com vida, de pessoa desaparecida, ou de existência de provas contrárias às apresentadas, serão revogados os respectivos atos decorrentes da aplicação desta Lei, não cabendo ação regressiva para o ressarcimento do pagamento já efetuado, salvo na hipótese de comprovada má-fé.

Art. 13. Finda a apreciação dos requerimentos, a Comissão Especial elaborará relatório circunstanciado, que encaminhará, para publicação, ao Presidente da República, e encerrará seus trabalhos.

Parágrafo único. Enquanto durarem seus trabalhos, a Comissão Especial deverá apresentar trimestralmente relatórios de avaliação.

Art. 14. Nas ações judiciais indenizatórias fundadas em fatos decorrentes da situação política mencionada no art. 1º, os recursos das sentenças condenatórias serão recebidos somente no efeito devolutivo.

Art. 15. As despesas decorrentes da aplicação desta Lei correrão à conta de dotações consignadas no orçamento da União pela Lei Orçamentária.

Art. 16. Esta Lei entra em vigor na data de sua publicação.

Brasília, 4 de dezembro de 1995;
174º da Independência e 107º da República.
FERNANDO HENRIQUE CARDOSO
(DOU. de 5.12.1995)

› *Não publicamos os Anexos desta Lei.*

LEI Nº 9.265, DE 12 DE FEVEREIRO DE 1996

Regulamenta o inciso LXXVII do art. 5º da Constituição, dispondo sobre a gratuidade dos atos necessários ao exercício da cidadania.

› *Vide art. 30, Lei n. 6.015/1973 (Registros Públicos)*

› *Vide art. 45, Lei n. 8.935/1994 (Notários e Registradores)*

› *Lei 9.465/1997 (Fornecimento gratuito de registro extemporâneo de nascimento)*

› *Vide Provimento CNJ n. 140/2023 (Programa de Enfrentamento ao Sub-registro Civil e de Ampliação ao Acesso à Documentação Básica por Pessoas Vulneráveis)*

› *Vide Enunciados 9, 11, 78, I Jornada de Direito Notarial e Registral*

O PRESIDENTE DA REPÚBLICA

Faço saber que o Congresso Nacional decreta e eu sanciono a seguinte Lei:

Art. 1º. São gratuitos os atos necessários ao exercício da cidadania, assim considerados:

I – os que capacitam o cidadão ao exercício da soberania popular, a que se reporta o art. 14 da Constituição;

II – aqueles referentes ao alistamento militar;

III – os pedidos de informações ao poder público, em todos os seus âmbitos, objetivando a instrução de defesa ou a denúncia de irregularidades administrativas na órbita pública;

IV – as ações de impugnação de mandato eletivo por abuso do poder econômico, corrupção ou fraude;

V – quaisquer requerimentos ou petições que visem as garantias individuais e a defesa do interesse público.

VI – O registro civil de nascimento e o assento de óbito, bem como a primeira certidão respectiva. *(Incluído pela Lei nº 9.534, de 1997)*

VII – o requerimento e a emissão de documento de identificação específico, ou segunda via, para pessoa com transtorno do espectro autista. *(Inciso acrescido pela Lei nº 13.977, de 8/1/2020)*

Art. 2º. Esta Lei entra em vigor na data de sua publicação.

Art. 3º. Revogam-se as disposições em contrário.

Brasília, 12 de fevereiro de 1996;
175º da Independência e 108º da República.
FERNANDO HENRIQUE CARDOSO
(DOU. de 13.2.1996)

LEI Nº 9.278, DE 10 DE MAIO DE 1996

Regula o § 3º do art. 226 da Constituição Federal.

- *Vide Provimento 37/2014 CNJ*
- *Arts. 1.723 a 1.727 do Código Civil*

O PRESIDENTE DA REPÚBLICA

Faço saber que o Congresso Nacional decreta e eu sanciono a seguinte Lei:

Art. 1º. É reconhecida como entidade familiar a convivência duradoura, pública e contínua, de um homem e uma mulher, estabelecida com objetivo de constituição de família.

Art. 2º. São direitos e deveres iguais dos conviventes:

I – respeito e consideração mútuos;

II – assistência moral e material recíproca;

III – guarda, sustento e educação dos filhos comuns.

Arts. 3º e 4º. *(VETADOS)*

Art. 5º. Os bens móveis e imóveis adquiridos por um ou por ambos os conviventes, na constância da união estável e a título oneroso, são considerados fruto do trabalho e da colaboração comum, passando a pertencer a ambos, em condomínio e em partes iguais, salvo estipulação contrária em contrato escrito.

§ 1º Cessa a presunção do *caput* deste artigo se a aquisição patrimonial ocorrer com o produto de bens adquiridos anteriormente ao início da união.

§ 2º A administração do patrimônio comum dos conviventes compete a ambos, salvo estipulação contrária em contrato escrito.

Art. 6º. *(VETADO)*

Art. 7º. Dissolvida a união estável por rescisão, a assistência material prevista nesta Lei será prestada por um dos conviventes ao que dela necessitar, a título de alimentos.

Parágrafo único. Dissolvida a união estável por morte de um dos conviventes, o sobrevivente terá direito real de habitação, enquanto viver ou não constituir nova união ou casamento, relativamente ao imóvel destinado à residência da família.

Art. 8º. Os conviventes poderão, de comum acordo e a qualquer tempo, requerer a conversão da união estável em casamento, por requerimento ao Oficial do Registro Civil da Circunscrição de seu domicílio.

Art. 9º. Toda a matéria relativa à união estável é de competência do juízo da Vara de Família, assegurado o segredo de justiça.

Art. 10. Esta Lei entra em vigor na data de sua publicação.

Art. 11. Revogam-se as disposições em contrário.

Brasília, 10 de maio de 1996;
175º da Independência e 108º da República.
FERNANDO HENRIQUE CARDOSO
(DOU. de 13.5.1996)

LEI Nº 9.465, DE 7 DE JULHO DE 1997

Dispõe sobre fornecimento gratuito de registro extemporâneo de nascimento.

- *Vide art. 30, Lei n. 6.015/1973 (Registros Públicos)*
- *Vide art. 45, Lei n. 8.935/1994 (Notários e Registradores)*
- *Lei 9.265/1996 (Regulamenta o inciso LXXVII do art. 5º da Constituição, dispondo sobre a gratuidade dos atos necessários ao exercício da cidadania)*
- *Vide Provimento CNJ n. 140/2023 (Programa de Enfrentamento ao Sub-registro Civil e de Ampliação ao Acesso à Documentação Básica por Pessoas Vulneráveis)*
- *Vide Enunciados 9, 11, 78, I Jornada de Direito Notarial e Registral*

O PRESIDENTE DA REPÚBLICA

Faço saber que o Congresso Nacional decreta e eu sanciono a seguinte Lei:

Art. 1º. Não haverá incidência de emolumentos ou multas no registro de nascimento efetuado fora de prazo, quando destinado à obtenção de Carteira do Trabalho e Previdência Social.

Art. 2º. Esta Lei entra em vigor na data de sua publicação.

Art. 3º. Revogam-se as disposições em contrário.

Brasília, 7 de julho de 1997;
176º da Independência e 109º da República.
FERNANDO HENRIQUE CARDOSO
(DOU. de 8.7.1997)

LEI Nº 11.804, DE 5 DE NOVEMBRO DE 2008

Disciplina o direito a alimentos gravídicos e a forma como ele será exercido e dá outras providências.

O PRESIDENTE DA REPÚBLICA

Faço saber que o Congresso Nacional decreta e eu sanciono a seguinte Lei:

Art. 1º. Esta Lei disciplina o direito de alimentos da mulher gestante e a forma como será exercido.

Art. 2º. Os alimentos de que trata esta Lei compreenderão os valores suficientes para cobrir as despesas adicionais do período de gravidez e que sejam dela decorrentes, da concepção ao parto, inclusive as referentes a alimentação especial, assistência médica e psicológica, exames complementares, internações, parto, medicamentos e demais prescrições preventivas e terapêuticas indispensáveis, a juízo do médico, além de outras que o juiz considere pertinentes.

Parágrafo único. Os alimentos de que trata este artigo referem-se à parte das despesas que deverá ser custeada pelo futuro pai, considerando-se a contribuição que também deverá ser dada pela mulher grávida, na proporção dos recursos de ambos.

Arts. 3º a 5º. *(VETADOS)*

Art. 6º. Convencido da existência de indícios da paternidade, o juiz fixará alimentos gravídicos que perdurarão até o nascimento da criança, sopesando as necessidades da parte autora e as possibilidades da parte ré.

Parágrafo único. Após o nascimento com vida, os alimentos gravídicos ficam convertidos em pensão alimentícia em favor do menor até que uma das partes solicite a sua revisão.

Art. 7º. O réu será citado para apresentar resposta em 5 (cinco) dias.

Arts. 8º a 10. *(VETADOS)*

Art. 11. Aplicam-se supletivamente nos processos regulados por esta Lei as disposições das Leis nºs 5.478, de 25 de julho de 1968, e 5.869, de 11 de janeiro de 1973 – Código de Processo Civil.

Art. 12. Esta Lei entra em vigor na data de sua publicação.

Brasília, 5 de novembro de 2008;
187º da Independência e 120º da República.
LUIZ INÁCIO LULA DA SILVA
(DOU de 6.11.2008)

LEI Nº 11.976, DE 7 DE JULHO DE 2009

Dispõe sobre a Declaração de Óbito e a realização de estatísticas de óbitos em hospitais públicos e privados.

- *Vide arts. 77 a 88 , Lei n. 6.015/1973 (Registros Públicos)*
- *Resolução CNJ 155/2012 (Traslado de certidões de registro civil de pessoas naturais emitidas no exterior)*
- *Provimento CNJ 63/2017 (Certidões)*
- *Recomendação CNJ 18/2015 (Expedição de certidão de óbito no estabelecimento de saúde em que ocorra o falecimento)*
- *Recomendação CNJ 19/2015 (Instituição de Banco de Dados de óbitos de pessoas não identificadas, nos Estados que possuem Central de Registro Civil e no Distrito Federal)*
- *Orientação CNJ 4/2013 (Desnecessidade de preenchimento da coluna "CID" do campo 40 da Declaração de Óbito do Ministério da Saúde para efeito de lavratura de assento de óbito por Oficial de Registro Civil das Pessoas Naturais)*
- *Portaria conjunta RFB/MPS/INSS 1.735/ 2015 (Comunicação de registro de óbitos)*

O VICE-PRESIDENTE DA REPÚBLICA, no exercício do cargo de **PRESIDENTE DA REPÚBLICA**

Faço saber que o Congresso Nacional decreta e eu sanciono a seguinte Lei:

Art. 1º O documento oficial do Sistema Único de Saúde para atestar a morte de indivíduos, pacientes e não pacientes, é a Declaração de Óbito.

Art. 2º *(VETADO)*

§ 1º A Declaração de Óbito deve ser preenchida em tantas vias quantas forem determinadas e da forma como for estabelecida pela regulamentação específica.

§ 2º Obrigatoriamente, uma das vias será remetida a cartório de registro civil e outra à secretaria estadual ou municipal de saúde da jurisdição onde ocorreu o óbito.

§ 3º Nas regiões e nos locais onde forem instalados sistemas informatizados de comunicação de informações, os órgãos envolvidos obedecerão ao disposto na respectiva regulamentação.

§ 4º Para a identificação das doenças deve ser usada a Classificação Internacional de Doenças (CID) da Organização Mundial da

Saúde, salvo definição alternativa emanada do Sistema Único de Saúde.

Art. 3º *(VETADO)*

Art. 4º Todos os hospitais, e outros estabelecimentos de saúde onde ocorrerem óbitos, devem realizar, mensalmente, estudo da respectiva estatística de óbitos com a finalidade de aperfeiçoar os seus serviços e os registros correspondentes.

Art. 5º As secretarias estaduais e municipais de saúde instalarão comissões ou serviços de investigação e/ou verificação de óbitos visando a resolução de casos de falecimentos por causas mal definidas e a busca da plena notificação dos falecimentos ao Sistema Único de Saúde.

Art. 6º *(VETADO)*

Art. 7º Esta Lei entra em vigor na data de sua publicação.

Brasília, 7 de julho de 2009;
188º da Independência e 121º da República.
JOSÉ ALENCAR GOMES DA SILVA
Luiz Paulo Teles Ferreira Barreto
José Gomes Temporão
(DOU de 8.7.2009)

LEI Nº 12.662, DE 5 DE JUNHO DE 2012

Assegura validade nacional à Declaração de Nascido Vivo – DNV, regula sua expedição, altera a Lei nº 6.015, de 31 de dezembro de 1973, e dá outras providências.

› *Vide art. 54, Lei 6.015/1973*

A PRESIDENTA DA REPÚBLICA

Faço saber que o Congresso Nacional decreta e eu sanciono a seguinte Lei:

Art. 1º. Esta Lei regula a expedição e a validade nacional da Declaração de Nascido Vivo.

Art. 2º. A Declaração de Nascido Vivo tem validade em todo o território nacional até que seja lavrado o assento do registro do nascimento.

Art. 3º. A Declaração de Nascido Vivo será emitida para todos os nascimentos com vida ocorridos no País e será válida exclusivamente para fins de elaboração de políticas públicas e lavratura do assento de nascimento.

§ 1º A Declaração de Nascido Vivo deverá ser emitida por profissional de saúde responsável pelo acompanhamento da gestação, do parto ou do recém-nascido, inscrito no Cadastro Nacional de Estabelecimentos de Saúde – CNES ou no respectivo Conselho profissional.

§ 2º A Declaração de Nascido Vivo não substitui ou dispensa, em qualquer hipótese, o registro civil de nascimento, obrigatório e gratuito, nos termos da Lei.

Art. 4º. A Declaração de Nascido Vivo deverá conter número de identificação nacionalmente unificado, a ser gerado exclusivamente pelo Ministério da Saúde, além dos seguintes dados:

I – nome e prenome do indivíduo;

II – dia, mês, ano, hora e Município de nascimento;

III – sexo do indivíduo;

IV – informação sobre gestação múltipla, quando for o caso;

V – nome e prenome, naturalidade, profissão, endereço de residência da mãe e sua idade na ocasião do parto;

VI – nome e prenome do pai; e

VII – outros dados a serem definidos em regulamento.

§ 1º O prenome previsto no inciso I não pode expor seu portador ao ridículo.

§ 2º Caso não seja possível determinar a hora do nascimento, prevista no inciso II, admite-se a declaração da hora aproximada.

§ 3º A declaração e o preenchimento dos dados do inciso VI são facultativos.

§ 4º A Declaração de Nascido Vivo deverá conter inscrição indicando que o registro civil de nascimento permanece obrigatório, não sendo substituído por esse documento.

§ 5º A Declaração de Nascido Vivo deverá conter campo para que sejam descritas, quando presentes, as anomalias ou malformações congênitas observadas. *(Incluído pela Lei nº 13.685,de 2018)*

Art. 5º. Os dados colhidos nas Declarações de Nascido Vivo serão consolidados em sistema de informação do Ministério da Saúde.

§ 1º Os dados do sistema previsto no *caput* poderão ser compartilhados com outros órgãos públicos, para elaboração de estatísticas voltadas ao desenvolvimento, avaliação e monitoramento de políticas públicas, respeitadas as normas do Ministério da Saúde sobre acesso a informações que exigem confidencialidade.

§ 2º O sistema previsto no *caput* deverá assegurar a interoperabilidade com o sistema de registro eletrônico determinado pela Lei nº 11.977, de 7 de julho de 2009, de modo a permitir a troca de dados com os serviços de registro civil de pessoas naturais.

§ 3º O sistema previsto no *caput* deverá assegurar a interoperabilidade com o Sistema Nacional de Informações de Registro Civil (Sirc). *(Incluído pela Lei nº 13.257, de 2016)*

§ 4º Os estabelecimentos de saúde públicos e privados que realizam partos terão prazo de 1 (um) ano para se interligarem, mediante sistema informatizado, às serventias de registro civil existentes nas unidades federativas que aderirem ao sistema interligado previsto em regramento do Conselho Nacional de Justiça (CNJ). *(Incluído pela Lei nº 13.257, de 2016)*

Art. 6º. Os arts. 49 e 54 da Lei nº 6.015, de 31 de dezembro de 1973, passam a vigorar com a seguinte redação:

› *Alterações inseridas no texto da referida norma.*

Art. 7º. Esta Lei entra em vigor na data de sua publicação.

Brasília, 5 de junho de 2012;
191º da Independência e 124º da República.
DILMA ROUSSEFF
(DOU de 6.6.2012)

LEI Nº 13.257, DE 8 DE MARÇO DE 2016*

Dispõe sobre as políticas públicas para a primeira infância e altera a Lei nº 8.069, de 13 de julho de 1990 (Estatuto da Criança e do Adolescente), o Decreto-Lei nº 3.689, de 3 de outubro de 1941 (Código de Processo Penal), a Consolidação das Leis do Trabalho (CLT), aprovada pelo Decreto-Lei nº 5.452, de 1º de maio de 1943, a Lei nº 11.770, de 9 de setembro de 2008, e a Lei nº 12.662, de 5 de junho de 2012.

A PRESIDENTA DA REPÚBLICA

Faço saber que o Congresso Nacional decreta e eu sanciono a seguinte Lei:

Art. 1º Esta Lei estabelece princípios e diretrizes para a formulação e a implementação de políticas públicas para a primeira infância em atenção à especificidade e à relevância dos primeiros anos de vida no desenvolvimento infantil e no desenvolvimento do ser humano, em consonância com os princípios e diretrizes da Lei nº 8.069, de 13 de julho de 1990 (Estatuto da Criança e do Adolescente); altera a Lei nº 8.069, de 13 de julho de 1990 (Estatuto da Criança e do Adolescente); altera os arts. 6º, 185, 304 e 318 do Decreto-Lei nº 3.689, de 3 de outubro de 1941 (Código de Processo Penal); acrescenta incisos ao art. 473 da Consolidação das Leis do Trabalho (CLT), aprovada pelo Decreto-Lei nº 5.452, de 1º de maio de 1943; altera os arts. 1º, 3º, 4º e 5º da Lei nº 11.770, de 9 de setembro de 2008; e acrescenta parágrafos ao art. 5º da Lei nº 12.662, de 5 de junho de 2012.

Art. 2º Para os efeitos desta Lei, considera-se primeira infância o período que abrange os primeiros 6 (seis) anos completos ou 72 (setenta e dois) meses de vida da criança.

Art. 3º A prioridade absoluta em assegurar os direitos da criança, do adolescente e do jovem, nos termos do art. 227 da Constituição Federal e do art. 4º da Lei nº 8.069, de 13 de julho de 1990, implica o dever do Estado de estabelecer políticas, planos, programas e serviços para a primeira infância que atendam às especificidades dessa faixa etária, visando a garantir seu desenvolvimento integral.

§ 1º É instituída a Política Nacional de Atendimento Educacional Especializado a Crianças de Zero a Três Anos (Atenção Precoce), viabilizada por meio da criação e da articulação de serviços multiprofissionais e intersetoriais de atenção precoce destinados a potencializar o processo de desenvolvimento e aprendizagem das crianças de 0 (zero) a 3 (três) anos, em cooperação, preferencialmente, com os serviços de saúde e assistência social. *(Incluído pela Lei nº 14.880, de 2024)*

§ 2º A Atenção Precoce priorizará as crianças de 0 (zero) a 3 (três) anos que necessitem de atendimento educacional especializado e os bebês que tenham nascido em condição de risco, como os prematuros, os acometidos por asfixia perinatal ou os que apresentem problemas neurológicos, malformações congênitas, síndromes genéticas, entre outros. *(Incluído pela Lei nº 14.880, de 2024)*

Art. 4º As políticas públicas voltadas ao atendimento dos direitos da criança na primeira infância serão elaboradas e executadas de forma a:

I - atender ao interesse superior da criança e à sua condição de sujeito de direitos e de cidadã;

II - incluir a participação da criança na definição das ações que lhe digam respeito, em conformidade com suas características etárias e de desenvolvimento;

III - respeitar a individualidade e os ritmos de desenvolvimento das crianças e valorizar a diversidade da infância brasileira, assim como as diferenças entre as crianças em seus contextos sociais e culturais;

IV - reduzir as desigualdades no acesso aos bens e serviços que atendam aos direitos da criança na primeira infância, priorizando o investimento público na promoção da justiça social, da equidade e da inclusão sem discriminação da criança;

V - articular as dimensões ética, humanista e política da criança cidadã com as evidências científicas e a prática profissional no atendimento da primeira infância;

VI - adotar abordagem participativa, envolvendo a sociedade, por meio de suas organizações representativas, os profissionais, os pais e as crianças, no aprimoramento da qualidade das ações e na garantia da oferta dos serviços;

VII - articular as ações setoriais com vistas ao atendimento integral e integrado;

VIII - descentralizar as ações entre os entes da Federação;

IX - promover a formação da cultura de proteção e promoção da criança, com apoio dos meios de comunicação social;

X - promover o desenvolvimento das potencialidades das crianças de 0 (zero) a 3 (três) anos com deficiência, transtornos globais do desenvolvimento, altas habilidades ou superdotação e dos bebês que nasceram em condição de risco, no que se refere aos aspectos físico, cognitivo, psicoafetivo, social e cultural, de forma a priorizar o processo de interação e comunicação mediante atividades significativas e lúdicas; *(Incluído pela Lei nº 14.880, de 2024)*

XI - garantir o conjunto de serviços, apoios e recursos necessários para atender às necessidades das crianças de 0 (zero) a 3 (três) anos e às necessidades de suas famílias, com vistas à promoção do desenvolvimento infantil pleno e inclusivo, em colaboração interfederativa. *(Incluído pela Lei nº 14.880, de 2024)*

Parágrafo único. A participação da criança na formulação das políticas e das ações que lhe dizem respeito tem o objetivo de promover sua inclusão social como cidadã e dar-se-á de acordo com a especificidade de sua idade, devendo ser realizada por profissionais qualificados em processos de escuta adequados às diferentes formas de expressão infantil.

Art. 5º Constituem áreas prioritárias para as políticas públicas para a primeira infância a saúde, a alimentação e a nutrição, a educação infantil, a convivência familiar e comunitária, a assistência social à família da criança, a cultura, o brincar e o lazer, o espaço e o meio ambiente, bem como a proteção contra toda forma de violência e de pressão consumista, a prevenção de acidentes e a adoção de medidas que evitem a exposição precoce à comunicação mercadológica.

Parágrafo único. Será conferida às crianças de 0 (zero) a 3 (três) anos referidas no § 2º do art. 3º desta Lei prioridade absoluta na oferta de serviços, apoios e recursos necessários ao seu pleno desenvolvimento infantil. *(Incluído pela Lei nº 14.880, de 2024)*

Art. 6º A Política Nacional Integrada para a primeira infância será formulada e implementada mediante abordagem e coordenação intersetorial que articule as diversas políticas setoriais a partir de uma visão abrangente de todos os direitos da criança na primeira infância.

Art. 7º A União, os Estados, o Distrito Federal e os Municípios poderão instituir, nos respectivos âmbitos, comitê intersetorial de políticas públicas para a primeira infância com a finalidade de assegurar a articulação das ações voltadas à proteção e à promoção dos direitos da criança, garantida a participação social por meio dos conselhos de direitos.

§ 1º Caberá ao Poder Executivo no âmbito da União, dos Estados, do Distrito Federal e dos Municípios indicar o órgão responsável pela coordenação do comitê intersetorial previsto no *caput* deste artigo.

§ 2º O órgão indicado pela União nos termos do § 1º deste artigo manterá permanente articulação com as instâncias de coordenação das ações estaduais, distrital e municipais de atenção à criança na primeira infância, visando à complementaridade das ações e ao cumprimento do dever do Estado na garantia dos direitos da criança.

Art. 8º O pleno atendimento dos direitos da criança na primeira infância constitui objetivo comum de todos os entes da Federação, segundo as respectivas competências constitucionais e legais, a ser alcançado em regime de colaboração entre a União, os Estados, o Distrito Federal e os Municípios.

Parágrafo único. A União buscará a adesão dos Estados, do Distrito Federal e dos Municípios à abordagem multi e intersetorial no atendimento dos direitos da criança na primeira infância e oferecerá assistência técnica na elaboração de planos estaduais, distrital e municipais para a primeira infância que articulem os diferentes setores.

Art. 9º As políticas para a primeira infância serão articuladas com as instituições de formação profissional, visando à adequação dos cursos às características e necessidades das crianças e à formação de profissionais qualificados, para possibilitar a expansão com qualidade dos diversos serviços.

Art. 10. Os profissionais que atuam nos diferentes ambientes de execução das políticas e programas destinados à criança na primeira infância terão acesso garantido e prioritário à qualificação, sob a forma de especialização e atualização, em programas que contemplem, entre outros temas, a especificidade da primeira infância, a estratégia da intersetorialidade na promoção do desenvolvimento integral e a prevenção e a proteção contra toda forma de violência contra a criança.

Art. 11. As políticas públicas terão, necessariamente, componentes de monitoramento e coleta sistemática de dados, avaliação periódica dos elementos que constituem a oferta dos serviços à criança e divulgação dos seus resultados.

§ 1º A União manterá instrumento individual de registro unificado de dados do crescimento e desenvolvimento da criança, assim como sistema informatizado, que inclua as redes pública e privada de saúde, para atendimento ao disposto neste artigo.

§ 2º A União informará à sociedade a soma dos recursos aplicados anualmente no conjunto dos programas e serviços para a primeira infância e o percentual que os valores representam em relação ao respectivo orçamento realizado, bem como colherá informações sobre os valores aplicados pelos demais entes da Federação.

Art. 12. A sociedade participa solidariamente com a família e o Estado da proteção e da promoção da criança na primeira infância, nos termos do *caput* e do § 7º do art. 227, combinado com o inciso II do art. 204 da Constituição Federal, entre outras formas:

I - formulando políticas e controlando ações, por meio de organizações representativas;

II - integrando conselhos, de forma paritária com representantes governamentais, com funções de planejamento, acompanhamento, controle social e avaliação;

III - executando ações diretamente ou em parceria com o poder público;

IV - desenvolvendo programas, projetos e ações compreendidos no conceito de responsabilidade social e de investimento social privado;

V - criando, apoiando e participando de redes de proteção e cuidado à criança nas comunidades;

VI - promovendo ou participando de campanhas e ações que visem a aprofundar a consciência social sobre o significado da primeira infância no desenvolvimento do ser humano.

Art. 13. A União, os Estados, o Distrito Federal e os Municípios apoiarão a participação das famílias em redes de proteção e cuidado da criança em seus contextos sociofamiliar e comunitário visando, entre outros objetivos, à formação e ao fortalecimento dos vínculos familiares e comunitários, com prioridade aos contextos que apresentem riscos ao desenvolvimento da criança.

Art. 14. As políticas e programas governamentais de apoio às famílias, incluindo as visitas domiciliares e os programas de promoção da paternidade e maternidade responsáveis, buscarão a articulação das áreas de saúde, nutrição, educação, assistência social, cultura, trabalho, habitação, meio ambiente e direitos humanos, entre outras, com vistas ao desenvolvimento integral da criança.

§ 1º Os programas que se destinam ao fortalecimento da família no exercício de sua função de cuidado e educação de seus filhos na primeira infância promoverão atividades centradas na criança, focadas na família e baseadas na comunidade.

§ 2º As famílias identificadas nas redes de saúde, educação e assistência social e nos órgãos do Sistema de Garantia dos Direitos da Criança e do Adolescente que se encontrem em situação de vulnerabilidade e de risco ou com direitos violados para exercer seu papel protetivo de cuidado e educação da criança na primeira infância, bem como as que têm crianças com indicadores de risco ou deficiência, terão prioridade nas políticas sociais públicas.

§ 3º As gestantes e as famílias com crianças na primeira infância deverão receber orientação e formação sobre maternidade e paternidade responsáveis, aleitamento materno, alimentação complementar saudável, crescimento e desenvolvimento infantil integral, prevenção de acidentes e educação sem uso de castigos físicos, nos termos da Lei nº 13.010, de 26 de junho de 2014, com o intuito de favorecer a formação e a consolidação de vínculos afetivos e estimular o desenvolvimento integral na primeira infância.

§ 4º A oferta de programas e de ações de visita domiciliar e de outras modalidades que estimulem o desenvolvimento integral na primeira infância será considerada estratégia de atuação sempre que respaldada pelas políticas públicas sociais e avaliada pela equipe profissional responsável.

§ 5º Os programas de visita domiciliar voltados ao cuidado e educação na primeira infância deverão contar com profissionais qualificados, apoiados por medidas que assegurem sua permanência e formação continuada.

§ 6º Os programas de visita domiciliar deverão dar prioridade de atendimento às crianças referidas no § 2º do art. 3º desta Lei, com o objetivo de identificar de forma precoce necessidades específicas de atenção e promover o desenvolvimento integral dessas crianças, encaminhadas, inclusive, por meio de serviços estruturados de atenção precoce. *(Incluído pela Lei nº 14.880, de 2024)*

Art. 15. As políticas públicas criarão condições e meios para que, desde a primeira infância, a criança tenha acesso à produção cultural e seja reconhecida como produtora de cultura.

Art. 16. A expansão da educação infantil deverá ser feita de maneira a assegurar a qualidade da oferta, com instalações e equipamentos que obedeçam a padrões de infraestrutura estabelecidos pelo Ministério da Educação, com profissionais qualificados conforme dispõe a Lei nº 9.394, de 20 de dezembro de 1996 (Lei de Diretrizes e Bases da Educação Nacional), e com currículo e materiais pedagógicos adequados à proposta pedagógica.

§ 1º A expansão da educação infantil das crianças de 0 (zero) a 3 (três) anos de idade, no cumprimento da meta do Plano Nacional de Educação, atenderá aos critérios definidos no território nacional pelo competente sistema de ensino, em articulação com as demais políticas sociais. *(Parágrafo único transformado em § 1º pela Lei nº 14.880, de 2024)*

§ 2º Os serviços de atenção precoce atinentes à faixa etária de 0 (zero) a 3 (três) anos, expressão do atendimento educacional especializado em uma perspectiva inclusiva, serão realizados em espaços físicos adequados ou adaptados às necessidades da criança, que contarão com infraestrutura e recursos pedagógicos e de acessibilidade apropriados ao trabalho a ser desenvolvido, bem como com profissionais qualificados. *(Incluído pela Lei nº 14.880, de 2024)*

§ 3º Os serviços de atenção precoce e sua operacionalização deverão ter como eixos a perspectiva inclusiva e o processo de aprendizagem global das crianças e deverão fixar objetivos pedagógicos, enfatizar a construção do conhecimento e desenvolver trabalhos coletivos direcionados à aquisição de competências humanas e sociais. *(Incluído pela Lei nº 14.880, de 2024)*

Art. 17. A União, os Estados, o Distrito Federal e os Municípios deverão organizar e estimular a criação de espaços lúdicos que propiciem o bem-estar, o brincar e o exercício da criatividade em locais públicos e privados onde haja circulação de crianças, bem como a fruição de ambientes livres e seguros em suas comunidades.

Art. 18. O art. 3º da Lei nº 8.069, de 13 de julho de 1990 (Estatuto da Criança e do Adolescente), passa a vigorar acrescido do seguinte parágrafo único:

› *Alterações inseridas no texto da referida norma.*

Art. 19. O art. 8º da Lei nº 8.069, de 13 de julho de 1990, passa a vigorar com a seguinte redação:

› *Alterações inseridas no texto da referida norma.*

Art. 20. O art. 9º da Lei nº 8.069, de 13 de julho de 1990, passa a vigorar acrescido dos seguintes §§ 1º e 2º:

› *Alterações inseridas no texto da referida norma.*

Art. 21. O art. 11 da Lei nº 8.069, de 13 de julho de 1990 , passa a vigorar com a seguinte redação:

› *Alterações inseridas no texto da referida norma.*

Art. 22. O art. 12 da Lei nº 8.069, de 13 de julho de 1990, passa a vigorar com a seguinte redação:

› *Alterações inseridas no texto da referida norma.*

Art. 23. O art. 13 da Lei nº 8.069, de 13 de julho de 1990, passa a vigorar acrescido do seguinte § 2º, numerando-se o atual parágrafo único como § 1º:

› *Alterações inseridas no texto da referida norma.*

Art. 24. O art. 14 da Lei nº 8.069, de 13 de julho de 1990, passa a vigorar acrescido dos seguintes §§ 2º, 3º e 4º, numerando-se o atual parágrafo único como § 1º:

› *Alterações inseridas no texto da referida norma.*

Art. 25. O art. 19 da Lei nº 8.069, de 13 de julho de 1990, passa a vigorar com a seguinte redação:

› *Alterações inseridas no texto da referida norma.*

Art. 26. O art. 22 da Lei nº 8.069, de 13 de julho de 1990, passa a vigorar acrescido do seguinte parágrafo único:

› *Alterações inseridas no texto da referida norma.*

Art. 27. O § 1º do art. 23 da Lei nº 8.069, de 13 de julho de 1990, passa a vigorar com a seguinte redação:

› *Alterações inseridas no texto da referida norma.*

Art. 28. O art. 34 da Lei nº 8.069, de 13 de julho de 1990, passa a vigorar acrescido dos seguintes §§ 3º e 4º:

› *Alterações inseridas no texto da referida norma.*

Art. 29. O inciso II do art. 87 da Lei nº 8.069, de 13 de julho de 1990, passa a vigorar com a seguinte redação:

› *Alterações inseridas no texto da referida norma.*

Art. 30. O art. 88 da Lei nº 8.069, de 13 de julho de 1990, passa a vigorar acrescido dos seguintes incisos VIII, IX e X:

› *Alterações inseridas no texto da referida norma.*

Art. 31. O art. 92 da Lei nº 8.069, de 13 de julho de 1990, passa a vigorar acrescido do seguinte § 7º:

› *Alterações inseridas no texto da referida norma.*

Art. 32. O inciso IV do *caput* do art. 101 da Lei nº 8.069, de 13 de julho de 1990, passa a vigorar com a seguinte redação:

› *Alterações inseridas no texto da referida norma.*

Art. 33. O art. 102 da Lei nº 8.069, de 13 de julho de 1990, passa a vigorar acrescido dos seguintes §§ 5º e 6º:

› *Alterações inseridas no texto da referida norma.*

Art. 34. O inciso I do art. 129 da Lei nº 8.069, de 13 de julho de 1990, passa a vigorar com a seguinte redação:

› *Alterações inseridas no texto da referida norma.*

Art. 35. Os §§ 1º-A e 2º do art. 260 da Lei nº 8.069, de 13 de julho de 1990, passam a vigorar com a seguinte redação:

› *Alterações inseridas no texto da referida norma.*

Art. 36. A Lei nº 8.069, de 13 de julho de 1990, passa a vigorar acrescida do seguinte art. 265-A:

› *Alterações inseridas no texto da referida norma.*

(...)

Art. 42. O art. 5º da Lei nº 12.662, de 5 de junho de 2012, passa a vigorar acrescido dos seguintes §§ 3º e 4º:

› *Alterações inseridas no texto da referida norma.*

Art. 43. Esta Lei entra em vigor na data de sua publicação.

Brasília, 8 de março de 2016;
195º da Independência e 128º da República.

DILMA ROUSSEFF
Nelson Barbosa
Aloizio Mercadante
Marcelo Costa e Castro
Tereza Campello
Nilma Lino Gomes
DOU de 9.3.2016

LEI Nº 13.444, DE 11 DE MAIO DE 2017

Dispõe sobre a Identificação Civil Nacional (ICN).

› *Lei 7.116/1983 (Assegura validade nacional às Carteiras de Identidade)*

› *Lei 9.454/1997 (Número único de Registro de Identidade Civil)*

› *Lei 13.460/2017 (Participação, proteção e defesa dos direitos do usuário dos serviços públicos da administração pública)*

› *Lei 14.534/2023 (Estabelecer o Cadastro de Pessoas Físicas (CPF) como número suficiente para identificação do cidadão nos bancos de dados de serviços públicos)*

› *Vide art. 9º da Lei 14.382/2022 (SERP)*

› *Decreto 10.977/2022 (Regulamenta a Lei nº 7.116/1983)*

› *Provimento CNJ n. 61/2017 (Obrigatoriedade de informação do número do Cadastro de Pessoa Fí-*

sica (CPF), do Cadastro Nacional de Pessoa Jurídica (CNPJ)

- *Provimento CNJ 66/2018 (Prestação de serviços pelos ofícios de registro civil das pessoas naturais mediante convênio, credenciamento e matrícula com órgãos e entidades governamentais e privadas).*
- *Instrução Normativa RFB n. 2.172/2024 (Cadastro de Pessoas Físicas (CPF))*

O PRESIDENTE DA REPÚBLICA Faço saber que o Congresso Nacional decreta e eu sanciono a seguinte Lei:

Art. 1º É criada a Identificação Civil Nacional (ICN), com o objetivo de identificar o brasileiro em suas relações com a sociedade e com os órgãos e entidades governamentais e privados.

Art. 2º A ICN utilizará:

I – a base de dados biométricos da Justiça Eleitoral;

II – a base de dados do Sistema Nacional de Informações de Registro Civil (Sirc), criado pelo Poder Executivo federal, e da Central Nacional de Informações do Registro Civil (CRC Nacional), instituída pelo Conselho Nacional de Justiça, em cumprimento ao disposto no art. 41 da Lei nº 11.977, de 7 de julho de 2009;

III – outras informações, não disponíveis no Sirc, contidas em bases de dados da Justiça Eleitoral, dos institutos de identificação dos Estados e do Distrito Federal ou do Instituto Nacional de Identificação, ou disponibilizadas por outros órgãos, conforme definido pelo Comitê Gestor da ICN.

§ 1º A base de dados da ICN será armazenada e gerida pelo Tribunal Superior Eleitoral, que a manterá atualizada e adotará as providências necessárias para assegurar a integridade, a disponibilidade, a autenticidade e a confidencialidade de seu conteúdo e a interoperabilidade entre os sistemas eletrônicos governamentais.

§ 2º A interoperabilidade de que trata o § 1º deste artigo observará a legislação aplicável e as recomendações técnicas da arquitetura dos Padrões de Interoperabilidade de Governo Eletrônico (e-Ping).

Art. 3º O Tribunal Superior Eleitoral garantirá aos Poderes Executivo e Legislativo da União, dos Estados, do Distrito Federal e dos Municípios acesso à base de dados da ICN, de forma gratuita, exceto quanto às informações eleitorais.

§ 1º O Poder Executivo dos entes federados poderá integrar aos seus próprios bancos de dados as informações da base de dados da ICN, com exceção dos dados biométricos.

§ 2º Ato do Tribunal Superior Eleitoral disporá sobre a integração dos registros biométricos pelas Polícias Federal e Civil, com exclusividade, às suas bases de dados.

Art. 4º É vedada a comercialização, total ou parcial, da base de dados da ICN.

§ 1º (VETADO).

§ 2º O disposto no *caput* deste artigo não impede o serviço de conferência de dados que envolvam a biometria prestado a particulares, a ser realizado exclusivamente pelo Tribunal Superior Eleitoral.

Art. 5º É criado o Comitê Gestor da ICN.

§ 1º O Comitê Gestor da ICN será composto por:

I – 3 (três) representantes do Poder Executivo federal;

II – 3 (três) representantes do Tribunal Superior Eleitoral;

III – 1 (um) representante da Câmara dos Deputados;

IV – 1 (um) representante do Senado Federal;

V – 1 (um) representante do Conselho Nacional de Justiça.

§ 2º Compete ao Comitê Gestor da ICN:

I – recomendar:

a) o padrão biométrico da ICN;

b) *(Revogada pela Lei nº 14.534, de 2023)*

c) o padrão e os documentos necessários para expedição do Documento Nacional de Identidade (DNI);

d) os parâmetros técnicos e econômico-financeiros da prestação do serviço de conferência de dados que envolvam a biometria;

e) as diretrizes para administração do Fundo da Identificação Civil Nacional (FICN) e para gestão de seus recursos;

II – orientar a implementação da interoperabilidade entre os sistemas eletrônicos do Poder Executivo federal e da Justiça Eleitoral;

III – estabelecer regimento.

§ 3º As decisões do Comitê Gestor da ICN serão tomadas por maioria de 2/3 (dois terços) dos membros.

§ 4º O Comitê Gestor da ICN poderá criar grupos técnicos, com participação paritária do Poder Executivo federal, do Poder Legislativo federal e do Tribunal Superior Eleitoral, para assessorá-lo em suas atividades.

§ 5º A participação no Comitê Gestor da ICN e em seus grupos técnicos será considerada serviço público relevante, não remunerado.

§ 6º A coordenação do Comitê Gestor da ICN será alternada entre os representantes do Poder Executivo federal e do Tribunal Superior Eleitoral, conforme regimento.

Art. 6º É instituído o Fundo da Identificação Civil Nacional (FICN), de natureza contábil, gerido e administrado pelo Tribunal Superior Eleitoral, com a finalidade de constituir fonte de recursos para o desenvolvimento e a manutenção da ICN e das bases por ela utilizadas.

§ 1º Constituem recursos do FICN:

I – os que lhe forem destinados no orçamento da União especificamente para os fins de que trata esta Lei, que não se confundirão com os recursos do orçamento da Justiça Eleitoral;

II – o resultado de aplicações financeiras sobre as receitas diretamente arrecadadas;

III – a receita proveniente da prestação do serviço de conferência de dados;

IV – outros recursos que lhe forem destinados, tais como os decorrentes de convênios e de instrumentos congêneres ou de doações.

§ 2º O FICN será administrado pelo Tribunal Superior Eleitoral, observadas as diretrizes estabelecidas pelo Comitê Gestor da ICN.

§ 3º O saldo positivo do FICN apurado em balanço será transferido para o exercício seguinte, a crédito do mesmo fundo.

§ 4º Observadas as diretrizes estabelecidas pelo Comitê Gestor da ICN, o FICN deverá garantir o funcionamento, a integração, a padronização e a interoperabilidade das bases biométricas no âmbito da União.

Art. 7º O Tribunal Superior Eleitoral estabelecerá cronograma das etapas de implementação da ICN e de coleta das informações biométricas.

Art. 8º É criado o Documento Nacional de Identidade (DNI), com fé pública e validade em todo o território nacional.

§ 1º O DNI faz prova de todos os dados nele incluídos, dispensando a apresentação dos documentos que lhe deram origem ou que nele tenham sido mencionados.

§ 2º (VETADO).

§ 3º O DNI será emitido:

I – pela Justiça Eleitoral;

II – pelos institutos de identificação civil dos Estados e do Distrito Federal, com certificação da Justiça Eleitoral;

III – por outros órgãos, mediante delegação do Tribunal Superior Eleitoral, com certificação da Justiça Eleitoral.

§ 4º O DNI poderá substituir o título de eleitor, observada a legislação do alistamento eleitoral, na forma regulamentada pelo Tribunal Superior Eleitoral.

§ 5º (VETADO).

§ 6º Na emissão dos novos DNIs, será adotado o número de inscrição no Cadastro de Pessoas Físicas (CPF) como número único. *(Incluído pela Lei nº 14.534, de 2023) (Vide prazos fixados no art. 9º, incisos I e II da Lei nº 14.534, de 11/1/2023)*

Art. 9º O número de inscrição no Cadastro de Pessoas Físicas (CPF) será incorporado, de forma gratuita, aos documentos de identidade civil da União, dos Estados e do Distrito Federal.

Art. 10. O documento emitido por entidade de classe somente será validado se atender aos requisitos de biometria e de fotografia estabelecidos para o DNI.

Parágrafo único. As entidades de classe terão 2 (dois) anos para adequarem seus documentos aos requisitos estabelecidos para o DNI.

Art. 11. O poder público deverá oferecer mecanismos que possibilitem o cruzamento de informações constantes de bases de dados oficiais, a partir do número de inscrição no CPF do solicitante, de modo que a verificação do cumprimento de requisitos de elegibilidade para a concessão e a manutenção de benefícios sociais possa ser feita pelo órgão concedente.

Art. 12. O Poder Executivo federal e o Tribunal Superior Eleitoral editarão, no âmbito de suas competências, atos complementares para a execução do disposto nesta Lei.

Art. 13. Esta Lei entra em vigor na data de sua publicação.

Brasília, 11 de maio de 2017;
196º da Independência e 129º da República.

MICHEL TEMER
Osmar Serraglio
Dyogo Henrique de Oliveira
Eliseu Padilha
DOU de 12.5.2017

LEI FEDERAL AGRUPADA COM SEU DECRETO REGULAMENTADOR

LEI Nº 7.116, DE 29 DE AGOSTO DE 1983

Assegura validade nacional às Carteiras de Identidade, regula sua expedição e dá outras providências.

- *Lei 7.116/1983 (Assegura validade nacional às Carteiras de Identidade)*
- *Lei 9.454/1997 (Número único de Registro de Identidade Civil)*
- *Lei n. 13.444/2017 (Identificação Civil Nacional (ICN))*
- *Lei 13.460/2017 (Participação, proteção e defesa dos direitos do usuário dos serviços públicos da administração pública)*
- *Lei 14.534/2023 (Estabelecer o Cadastro de Pessoas Físicas (CPF) como número suficiente para identificação do cidadão nos bancos de dados de serviços públicos)*
- *Vide art. 9º da Lei 14.382/2022 (SERP)*
- *Decreto 10.977/2022 (Regulamenta a Lei nº 7.116/1983)*
- *Provimento CNJ n. 61/2017 (Obrigatoriedade de informação do número do Cadastro de Pessoa Física (CPF), do Cadastro Nacional de Pessoa Jurídica (CNPJ)*
- *Provimento CNJ 66/2018 (Prestação de serviços pelos ofícios de registro civil das pessoas naturais mediante convênio, credenciamento e matrícula com órgãos e entidades governamentais e privadas).*
- *Instrução Normativa RFB n. 2.172/2024 (Cadastro de Pessoas Físicas (CPF))*

O PRESIDENTE DA REPÚBLICA

Faço saber que o Congresso Nacional decreta e eu sanciono a seguinte Lei:

Art. 1º A Carteira de Identidade emitida por órgãos de Identificação dos Estados, do Distrito Federal e dos Territórios tem fé pública e validade em todo o território nacional.

Art. 2º Para a expedição da Carteira de Identidade de que trata esta Lei não será exigida do interessado a apresentação de qualquer outro documento, além da certidão de nascimento ou de casamento.

§ 1º A requerente do sexo feminino apresentará obrigatoriamente a certidão de casamento, caso seu nome de solteira tenha sido alterado em consequência do matrimônio.

§ 2º O brasileiro naturalizado apresentará o Certificado de Naturalização.

§ 3º É gratuita a primeira emissão da Carteira de Identidade. *(Parágrafo acrescido pela Lei nº 12.687, de 18/7/2012)*

Art. 3º A Carteira de Identidade conterá os seguintes elementos:

a) Armas da República e inscrição "República Federativa do Brasil";

b) nome da Unidade da Federação;

c) identificação do órgão expedidor;

d) registro geral no órgão emitente, local e data da expedição;

e) nome, filiação, local e data de nascimento do identificado, bem como, de forma resumida, a comarca, cartório, livro, folha e número do registro de nascimento;

f) fotografia, no formato 3 x 4 cm, assinatura e impressão digital do polegar direito do identificado;

g) assinatura do dirigente do órgão expedidor; e *(Redação dada pela Lei nº 14.534, de 11/1/2023) (Vide prazos fixados no art. 9º, incisos I e II da Lei nº 14.534, de 11/1/2023)*

h) número de inscrição no Cadastro de Pessoas Físicas (CPF). *(Incluída pela Lei nº 14.129, de 29/3/2021)*

§ 1º O órgão emissor deverá, na emissão de novos documentos, utilizar o número de inscrição no CPF como número de registro geral da Carteira de Identidade. *(Redação dada pela Lei nº 14.534, de 11/1/2023) (Vide prazos fixados no art. 9º, incisos I e II da Lei nº 14.534, de 11/1/2023)*

§ 2º Os órgãos emissores de registro geral deverão realizar pesquisa na base do CPF, a fim de verificar a integridade das informações, bem como disponibilizar dados cadastrais e biométricos do registro geral à Secretaria Especial da Receita Federal do Brasil. *(Redação dada pela Lei nº 14.534, de 11/1/2023) (Vide prazos fixados no art. 9º, incisos I e II da Lei nº 14.534, de 11/1/2023)*

§ 3º Caso o requerente da Carteira de Identidade não esteja inscrito no CPF, o órgão de identificação realizará a sua inscrição. *(Redação dada pela Lei nº 14.534, de 11/1/2023) (Vide prazos fixados no art. 9º, incisos I e II da Lei nº 14.534, de 11/1/2023)*

Art. 4º Desde que o interessado o solicite, a Carteira de Identidade conterá, além dos elementos referidos no art. 3º desta Lei, os números de inscrição do titular no Programa de Integração Social - PIS ou no Programa de Formação do Patrimônio do Servidor Público - PASEP e no Cadastro de Pessoas Físicas do Ministério da Fazenda.

§ 1º O Poder Executivo Federal poderá aprovar a inclusão de outros dados opcionais na Carteira de Identidade.

§ 2º A inclusão na Carteira de Identidade dos dados referidos neste artigo poderá ser parcial e dependerá exclusivamente da apresentação dos respectivos documentos comprobatórios.

Art. 5º A Carteira de Identidade do português beneficiado pelo Estatuto da Igualdade será expedida consoante o disposto nesta Lei, devendo dela constar referência a sua nacionalidade e à Convenção promulgada pelo Decreto nº 70.391, de 12 de abril de 1972.

Art. 6º A Carteira de Identidade fará prova de todos os dados nela incluídos, dispensando a apresentação dos documentos que lhe deram origem ou que nela tenham sido mencionados.

Art. 7º A expedição de segunda via da Carteira de Identidade será efetuada mediante simples solicitação do interessado, vedada qualquer outra exigência, além daquela prevista no art. 2º desta Lei.

Art. 8º A Carteira de Identidade de que trata esta Lei será expedida com base no processo de identificação datiloscópica.

Art. 9º A apresentação dos documentos a que se refere o art. 2º desta Lei poderá ser feita por cópia regularmente autenticada.

Art. 10. O Poder Executivo Federal aprovará o modelo da Carteira de Identidade e expedirá as normas complementares que se fizerem necessárias ao cumprimento desta Lei.

Art. 11. As Carteiras de Identidade emitidas anteriormente à vigência desta Lei continuarão válidas em todo o território nacional.

Art. 12. Esta Lei entra em vigor na data de sua publicação.

Art. 13. Revogam-se as disposições em contrário.

Brasília, em 29 de agosto de 1983; 162º da Independência e 95º da República.
JOÃO FIGUEIREDO
Ibrahim Abi-Ackel
Hélio Beltrão

DOU de 30.8.1983 e retificado em 21.12.1983

LEI Nº 9.454, DE 07 DE ABRIL DE 1997

Institui o número único de Registro de Identidade Civil e dá outras providências.

- *Lei 7.116/1983 (Assegura validade nacional às Carteiras de Identidade)*
- *Lei n. 13.444/2017 (Identificação Civil Nacional (ICN))*
- *Lei 13.460/2017 (Participação, proteção e defesa dos direitos do usuário dos serviços públicos da administração pública)*
- *Lei 14.534/2023 (Estabelecer o Cadastro de Pessoas Físicas (CPF) como número suficiente para identificação do cidadão nos bancos de dados de serviços públicos)*
- *Vide art. 9º da Lei 14.382/2022 (SERP)*
- *Decreto 10.977/2022 (Regulamenta a Lei nº 7.116/1983)*
- *Provimento CNJ n. 61/2017 (Obrigatoriedade de informação do número do Cadastro de Pessoa Física (CPF), do Cadastro Nacional de Pessoa Jurídica (CNPJ)*
- *Provimento CNJ 66/2018 (Prestação de serviços pelos ofícios de registro civil das pessoas naturais mediante convênio, credenciamento e matrícula com órgãos e entidades governamentais e privadas).*
- *Instrução Normativa RFB n. 2.172/2024 (Cadastro de Pessoas Físicas (CPF))*

O PRESIDENTE DA REPÚBLICA

Faço saber que o Congresso Nacional decreta e eu sanciono a seguinte Lei:

Art. 1º É instituído o número único de Registro de Identidade Civil, pelo qual cada cidadão brasileiro, nato ou naturalizado, será identificado em suas relações com a sociedade e com os organismos governamentais e privados. *("Caput" do artigo com redação dada pela Lei nº 12.058, de 13/10/2009)*

§ 1º (VETADO) *(Parágrafo único transformado em § 1º pela Lei nº 14.534, de 11/1/2023)*

I a III - (VETADOS)

§ 2º Será adotado, nos documentos novos, para o número único de que trata este artigo, o número de inscrição no Cadastro de Pessoas Físicas (CPF). *(Parágrafo acrescido pela Lei nº 14.534, de 11/1/2023) (Vide prazos fixados no art. 9º, incisos I e II da Lei nº 14.534, de 11/1/2023)*

§ 3º O número de inscrição no CPF é único e definitivo para cada pessoa física. *(Parágrafo acrescido pela Lei nº 14.534, de 11/1/2023) (Vide prazos fixados no art. 9º, incisos I e II da Lei nº 14.534, de 11/1/2023)*

Art. 2º É instituído o Cadastro Nacional de Registro de Identificação Civil, destinado a conter o número único de Registro de Identidade Civil, acompanhado dos dados de identificação de cada cidadão. *(Artigo com redação dada pela Lei nº 12.058, de 13/10/2009)*

Art. 3º O Poder Executivo definirá a entidade que centralizará as atividades de implementação, coordenação e controle do Cadastro Nacional de Registro de Identificação Civil, que se constituirá em órgão central do Sistema Nacional de Registro de Identificação Civil.

§ 1º Fica a União autorizada a firmar convênio com os Estados e o Distrito Federal para a implementação do número único de registro de identificação civil. *(Parágrafo com redação dada pela Lei nº 12.058, de 13/10/2009)*

§ 2º Os Estados e o Distrito Federal, signatários do convênio, participarão do Sistema Nacional de Registro de Identificação Civil e ficarão responsáveis pela operacionalização e atualização, nos respectivos territórios, do Cadastro Nacional de Registro de Identificação Civil, em regime de compartilhamento com o órgão central, a quem caberá disciplinar a forma de compartilhamento a que se refere este parágrafo. *(Parágrafo com redação dada pela Lei nº 12.058, de 13/10/2009)*

§ 3º *(Revogado pela Lei nº 12.058, de 13/10/2009)*

Art. 4º Será incluída, na proposta orçamentária do órgão central do sistema, a provisão de meios necessários, acompanhada do cronograma de implementação e manutenção do sistema.

Art. 5º O Poder Executivo providenciará, no prazo de cento e oitenta dias, a regulamentação desta Lei e, no prazo de trezentos e sessenta dias, o início de sua implementação.

Art. 6º *(Revogado pela Lei nº 12.058, de 13/10/2009)*

Art. 7º Esta Lei entra em vigor na data de sua publicação.

Art. 8º Revogam-se as disposições em contrário.

Brasília, 7 de abril de 1997; 176º da Independência e 109º da República.

FERNANDO HENRIQUE CARDOSO

Nelson A. Jobim

DOU de 8.4.1997

DECRETO Nº 10.977, DE 23 DE FEVEREIRO DE 2022

Regulamenta a Lei nº 7.116, de 29 de agosto de 1983, para estabelecer os procedimentos e os requisitos para a expedição da Carteira de Identidade por órgãos de identificação dos Estados e do Distrito Federal, e a Lei nº 9.454, de 7 de abril de 1997, para estabelecer o Serviço de Identificação do Cidadão como o Sistema Nacional de Registro de Identificação Civil.

- *Lei 7.116/1983 (Assegura validade nacional às Carteiras de Identidade)*
- *Lei 9.454/1997 (Número único de Registro de Identidade Civil)*
- *Lei n. 13.444/2017 (Identificação Civil Nacional (ICN))*
- *Lei 13.460/2017 (Participação, proteção e defesa dos direitos do usuário dos serviços públicos da administração pública)*
- *Lei 14.534/2023 (Estabelecer o Cadastro de Pessoas Físicas (CPF) como número suficiente para identificação do cidadão nos bancos de dados de serviços públicos)*
- *Vide art. 9º da Lei 14.382/2022 (SERP)*
- *Provimento CNJ n. 61/2017 (Obrigatoriedade de informação do número do Cadastro de Pessoa Física (CPF), do Cadastro Nacional de Pessoa Jurídica (CNPJ)*
- *Provimento CNJ 66/2018 (Prestação de serviços pelos ofícios de registro civil das pessoas naturais mediante convênio, credenciamento e matrícula com órgãos e entidades governamentais e privadas).*
- *Instrução Normativa RFB n. 2.172/2024 (Cadastro de Pessoas Físicas (CPF))*

O PRESIDENTE DA REPÚBLICA, no uso das atribuições que lhe confere o art. 84, *caput*, incisos IV e VI, alínea "a", da Constituição, e tendo em vista o disposto na Lei nº 7.116, de 29 de agosto de 1983, na Lei nº 9.049, de 18 de maio de 1995, na Lei nº 9.454, de 7 de abril de 1997, e na Lei nº 13.444, de 11 de maio de 2017,

DECRETA:

ÂMBITO DE APLICAÇÃO

Art. 1º Este Decreto regulamenta:

I - a Lei nº 7.116, de 29 de agosto de 1983, para estabelecer os procedimentos e os requisitos para a expedição da Carteira de Identidade por órgãos de identificação dos Estados e do Distrito Federal; e

II - a Lei nº 9.454, de 7 de abril de 1997, para estabelecer o Serviço de Identificação do Cidadão como o Sistema Nacional de Registro de Identificação Civil.

VALIDADE

Art. 2º A Carteira de Identidade tem fé pública, validade em todo o território nacional e constitui documento de identidade válido para todos os fins legais.

Parágrafo único. A Carteira de Identidade é única em âmbito nacional e a sua expedição em ente federativo distinto do local de expedição da primeira via será considerada como segunda via do documento.

NÚMERO ÚNICO

Art. 3º A Carteira de Identidade adota o número de inscrição no Cadastro de Pessoas Físicas - CPF como registro geral nacional previsto no inciso IV do *caput* do art. 11.

Parágrafo único. Na hipótese de o requerente da Carteira de Identidade não estar inscrito no CPF, o órgão de identificação realizará, de ofício, a sua inscrição, de acordo com as normas estabelecidas pela Secretaria Especial da Receita Federal do Brasil do Ministério da Fazenda e observado o disposto no art. 21. *(Redação dada pelo Decreto nº 11.797, de 2023)*

DOCUMENTOS EXIGIDOS PARA A EXPEDIÇÃO

Art. 4º Para a expedição da Carteira de Identidade, somente será exigida do requerente a apresentação da certidão de nascimento ou de casamento em formato físico ou digital.

§ 1º Em caso de dúvida sobre a autenticidade da certidão apresentada, de forma fundamentada, o órgão expedidor poderá exigir do requerente a apresentação de:

I - certidão expedida nos últimos seis meses; ou

II - documento de identificação civil referido no art. 2º da Lei nº 12.037, de 1º de outubro de 2009.

§ 2º Na hipótese de alteração de dados biográficos, o requerente apresentará ao órgão expedidor certidão que comprove essa alteração.

§ 3º O brasileiro naturalizado apresentará ao órgão expedidor o certificado de naturalização oficialmente reconhecido.

§ 4º O português beneficiado pelo disposto no § 1º do art. 12 da Constituição comprovará a sua condição por meio da apresentação do ato de outorga oficialmente reconhecido de igualdade de direitos e obrigações civis, com ou sem o gozo dos direitos políticos no País.

§ 5º A Carteira de Identidade será expedida mediante:

I - a solicitação do requerente; e

II - a atualização e a conferência dos dados biométricos do requerente.

§ 6º A documentação apresentada pelo requerente será registrada pelo órgão expedidor da Carteira de Identidade.

§ 7º O requerente poderá solicitar a inclusão das informações previstas no § 2º do art. 14 na Carteira de Identidade.

§ 8º É vedada a formulação de exigências não previstas neste Decreto.

MODELO

Art. 5º A Carteira de Identidade será expedida em papel de segurança ou em cartão de policarbonato, e em formato digital, conforme modelo e parâmetros constantes dos Anexos I, II e III.

Parágrafo único. A Carteira de Identidade em formato digital será expedida no mesmo processo de identificação e gerada após a entrega do documento em formato físico.

Art. 6º Os órgãos de identificação seguirão integralmente os padrões da Carteira de Identidade estabelecidos neste Decreto.

DETALHES DE SEGURANÇA

Art. 7º O Ministério da Justiça e Segurança Pública manterá os detalhes das especificações de segurança dos modelos de que trata o art. 5º em grau de sigilo.

Parágrafo único. O acesso aos detalhes das especificações de segurança dos modelos de que trata o caput será concedido, mediante compromisso de sigilo, aos órgãos de identificação ou a outros órgãos públicos sempre que se faça necessário para a expedição do documento de identidade ou a aferição da autenticidade do documento.

REQUISITOS

Art. 8º A Carteira de Identidade atenderá aos requisitos de segurança, integridade e interoperabilidade estabelecidos pela Câmara-Executiva Federal de Identificação do Cidadão - CEFIC.

RENOVAÇÕES

Art. 9º As renovações da Carteira de Identidade por decurso de prazo de validade serão realizadas para a atualização dos dados cadastrais e biométricos do titular e serão consideradas como continuidade da primeira expedição do documento.

Parágrafo único. A expedição da Carteira de Identidade para alteração ou inclusão de dados biográficos ou biométricos, a pedido do titular, será considerada segunda via do documento.

INTEGRAÇÃO AO SERVIÇO DE IDENTIFICAÇÃO DO CIDADÃO

Art. 10. A Carteira de Identidade em formato digital será integrada ao Serviço de Identificação do Cidadão.

Parágrafo único. O disposto no *caput* não impede o ente federativo de disponibilizar, em paralelo, por meios próprios, a Carteira de Identidade em formato digital.

INFORMAÇÕES ESSENCIAIS

Art. 11. A Carteira de Identidade conterá:

I - as Armas da República Federativa do Brasil, a inscrição "República Federativa do Brasil" e a inscrição "Governo Federal";

II - a identificação do ente federativo que a expediu;

III - a identificação do órgão expedidor;

IV - o número do registro geral nacional;

V - o nome, a filiação, o sexo, a nacionalidade, o local e a data de nascimento do titular;

VI - o número único da matrícula de nascimento ou de casamento do titular ou, se não houver, de forma resumida, a comarca, o cartório, o livro, a folha e o número do registro de nascimento ou casamento;

VII - a fotografia, em proporção que observe o formato 3x4 cm, de acordo com o padrão da Organização Internacional da Aviação Civil - OACI, a assinatura e a impressão digital do polegar direito do titular;

VIII - a assinatura do dirigente do órgão expedidor;

IX - a expressão "Válida em todo o território nacional";

X - a data de validade, o local e a data de expedição do documento;

XI - o código de barras bidimensional no padrão *QR (quick response code)*; e

XII - a zona de leitura mecânica (*machine readable zone*), de acordo com o padrão estabelecido pela OACI.

§ 1º As informações de que trata este artigo constarão do documento em formato digital.

§ 2º As informações de que trata o inciso VI do *caput* e a impressão digital do polegar direito do titular serão disponibilizadas para consulta e verificação por meio da leitura de código de barras bidimensional no padrão *QR*.

§ 3º A matrícula de nascimento ou de casamento de que trata o inciso VI do *caput* adotará os modelos constantes de provimento editado pelo Conselho Nacional de Justiça.

§ 4º Compete ao órgão expedidor conferir junto ao Serviço de Identificação do Cidadão os dados a que se refere o *caput*.

§ 5º Caso a impressão digital do polegar direito do titular não possa ser digitalizada, a ordem de inclusão da impressão da digital será a seguinte:

I - polegar esquerdo;

II - indicador direito;

III - indicador esquerdo;

IV - médio direito;

V - médio esquerdo;

VI - anular direito;

VII - anular esquerdo;

VIII - mínimo direito; e

IX - mínimo esquerdo.

VERIFICAÇÃO BIOMÉTRICA

Art. 12. Na expedição da Carteira de Identidade, será realizada a consulta biométrica no Serviço de Identificação do Cidadão.

INFORMAÇÕES INCLUÍDAS A PEDIDO

Art. 13. O nome social será incluído mediante requerimento, nos termos do disposto no Decreto nº 8.727, de 28 de abril de 2016.

§ 1º A inclusão do nome social ocorrerá:

I - mediante requerimento escrito e assinado do interessado;

II - com a expressão "nome social";

III - sem prejuízo da menção ao nome do registro civil da Carteira de Identidade; e

IV - sem a exigência de documentação comprobatória.

§ 2º O nome social poderá ser excluído por meio de requerimento escrito do interessado.

§ 3º Os requerimentos de que tratam o inciso I do § 1º e o § 2º serão arquivados no órgão expedidor, juntamente com o histórico de alterações do nome social.

Art. 14. O titular poderá requerer a inclusão das informações constantes dos documentos de que trata o art. 1º da Lei nº 9.049, de 18 de maio de 1995, na Carteira de Identidade em formato digital.

§ 1º As informações de que trata o *caput* serão disponibilizadas na Carteira de Identidade em formato digital e para consulta e verificação por meio da leitura de código de barras bidimensional no padrão *QR*.

§ 2º O titular poderá requerer a inclusão das seguintes informações na Carteira de Identidade:

I - tipo sanguíneo e fator RH;

II - disposição a doar órgãos em caso de morte; e

III - condições específicas de saúde cuja divulgação possa contribuir para preservar a sua saúde ou salvar a sua vida.

VALIDADE DA CARTEIRA DE IDENTIDADE

Art. 15. O prazo de validade da Carteira de Identidade será estabelecido de acordo com a idade do titular no momento da expedição do documento.

Parágrafo único. A Carteira de Identidade terá validade:

I - de cinco anos, para pessoas com idade de zero a onze anos;

II - de dez anos, para pessoas com idade de doze anos completos a cinquenta e nove anos; e

III - indeterminada, para pessoas com idade a partir de sessenta anos.

Art. 16. A Carteira de Identidade poderá ter a validade negada em razão de:

I - alteração dos dados nela contidos, quanto ao ponto específico;

II - existência de danos no meio físico que comprometam a verificação da sua autenticidade;

III - alteração de características físicas do titular que suscitem dúvidas fundadas sobre a sua identidade; ou

IV - mudança significativa no gesto gráfico da sua assinatura.

Parágrafo único. A validade da Carteira de Identidade não poderá ser negada com fundamento no disposto nos incisos III e IV do *caput* quando o titular for pessoa enferma ou tiver idade a partir de sessenta anos.

CANCELAMENTO EM DECORRÊNCIA DE PERDA DE NACIONALIDADE

Art. 17. O português beneficiado pelo disposto no § 1º do art. 12 da Constituição que perder essa condição e o brasileiro que perder a nacionalidade conforme o disposto no § 4º do art. 12 da Constituição terão a Carteira de Identidade recolhida pela Polícia Federal e encaminhada ao órgão expedidor para cancelamento.

COMPETÊNCIA DA CEFIC

Art. 18. *(Revogado pelo Decreto nº 11.797, de 2023)*

COMPETÊNCIAS DOS ESTADOS E DO DISTRITO FEDERAL

Art. 19. As disposições para operacionalização das medidas necessárias à expedição da Carteira de Identidade e à aplicação do disposto neste Decreto caberão ao ente federativo correspondente, respeitadas as competências da CEFIC.

INTEGRAÇÃO COM O SERVIÇO DE IDENTIFICAÇÃO DO CIDADÃO

Art. 20. A aplicação do disposto no § 5º do art. 11 e no art. 12 fica condicionada à existência de integração entre os processos de expedição da Carteira de Identidade e o Serviço de Identificação do Cidadão, observado o disposto no Decreto nº 11.797, de 27 de novembro de 2023. *(Redação dada pelo Decreto nº 11.797, de 2023)*

ACESSO AO BANCO DE DADOS DO CPF

Art. 21. O acesso dos órgãos de identificação ao banco de dados do CPF será efetuado a pedido do ente federativo, dispensada a celebração de convênio ou instrumento congênere, e operacionalizado por meio de solução tecnológica disponibilizada pelo Governo federal, observadas as normas pertinentes à segurança da informação editadas pela Secretaria Especial da Receita Federal do Brasil do Ministério da Fazenda. *(Redação dada pelo Decreto nº 11.797, de 2023)*

SUBSTITUIÇÃO DO SISTEMA NACIONAL DE REGISTRO DE IDENTIFICAÇÃO CIVIL

Art. 22. Para fins do disposto neste Decreto, o Serviço de Identificação do Cidadão, instituído pelo Decreto nº 11.797, de 2023, substituirá o Sistema Nacional de Registro de Identificação Civil. *(Redação dada pelo Decreto nº 11.797, de 2023)*

VALIDAÇÃO ELETRÔNICA DA CARTEIRA DE IDENTIDADE

Art. 23. O Governo federal disponibilizará ferramentas para a validação eletrônica da Carteira de Identidade, observado o prazo estabelecido no art. 24.

PRAZO PARA ADAPTAÇÃO

Art. 24. A partir de 11 de janeiro de 2024, em acordo com a Lei nº 14.534, de 11 de janeiro de 2023, os órgãos expedidores ficarão obrigados a adotar os padrões da Carteira de Identidade estabelecidos neste Decreto. *(Redação dada pelo Decreto nº 11.797, de 2023)*

VALIDADE DOS DOCUMENTOS EMITIDOS DE ACORDO COM O MODELO ANTIGO

Art. 25. As Carteiras de Identidade expedidas de acordo com os padrões anteriores aos estabelecidos neste Decreto permanecerão válidas pelo prazo de dez anos, contado da data de entrada em vigor deste Decreto.

Parágrafo único. Na hipótese prevista no *caput*, a Carteira de Identidade de pessoa com idade a partir de sessenta anos na data de entrada em vigor deste Decreto terá validade indeterminada.

EXPEDIÇÃO DA CARTEIRA DE IDENTIDADE EM PAPEL

Art. 26. A expedição da Carteira de Identidade em papel de segurança de acordo com o modelo constante do Anexo I será permitida até 1º de março de 2032.

§ 1º Até 1º de março de 2032, a Carteira de Identidade poderá ser expedida em papel de segurança ou em cartão de policarbonato, a critério do titular do documento, observada a disponibilidade no ente federativo correspondente.

§ 2º A renovação de que trata o art. 9º será para o modelo em papel, ressalvada a hipótese prevista no § 3º deste artigo.

§ 3º O ente federativo poderá encerrar a expedição da Carteira de Identidade em papel de segurança em prazo anterior ao estabelecido no *caput*.

§ 4º A emissão da Carteira de Identidade para titular que já possui o documento em formato anterior à edição deste Decreto será considerada primeira emissão.

REVOGAÇÕES

Art. 27. Ficam revogados:

I - o Decreto nº 7.166, de 5 de maio de 2010;

II - o Decreto nº 9.278, de 5 de fevereiro de 2018;

III - o Decreto nº 9.376, de 15 de maio de 2018;

IV - o Decreto nº 10.636, de 26 de fevereiro de 2021; e

V - o art. 26 do Decreto nº 10.900, de 2021.

VIGÊNCIA

Art. 28. Este Decreto entra em vigor em 1º de março de 2022.

Brasília, 23 de fevereiro de 2022; 201º da Independência e 134º da República.

JAIR MESSIAS BOLSONARO
Anderson Gustavo Torres
Paulo Guedes
Luiz Eduardo Ramos Baptista Pereira
DOU de 23.2.2022

› *Não publicamos os anexos deste Decreto.*

LEI Nº 13.445, DE 24 DE MAIO DE 2017

Institui a Lei de Migração

O PRESIDENTE DA REPÚBLICA Faço saber que o Congresso Nacional decreta e eu sanciono a seguinte Lei:

CAPÍTULO I – DISPOSIÇÕES PRELIMINARES

SEÇÃO I – DISPOSIÇÕES GERAIS

Art. 1º. Esta Lei dispõe sobre os direitos e os deveres do migrante e do visitante, regula a sua entrada e estada no País e estabelece princípios e diretrizes para as políticas públicas para o emigrante.

§ 1º Para os fins desta Lei, considera-se:

I - (VETADO);

II - imigrante: pessoa nacional de outro país ou apátrida que trabalha ou reside e se estabelece temporária ou definitivamente no Brasil;

III - emigrante: brasileiro que se estabelece temporária ou definitivamente no exterior;

IV - residente fronteiriço: pessoa nacional de país limítrofe ou apátrida que conserva a sua residência habitual em município fronteiriço de país vizinho;

V - visitante: pessoa nacional de outro país ou apátrida que vem ao Brasil para estadas de curta duração, sem pretensão de se estabelecer temporária ou definitivamente no território nacional;

VI - apátrida: pessoa que não seja considerada como nacional por nenhum Estado, segundo a sua legislação, nos termos da Convenção sobre o Estatuto dos Apátridas, de 1954, promulgada pelo Decreto nº 4.246, de 22 de maio de 2002, ou assim reconhecida pelo Estado brasileiro.

§ 2º (VETADO).

Art. 2º. Esta Lei não prejudica a aplicação de normas internas e internacionais específicas sobre refugiados, asilados, agentes e pessoal diplomático ou consular, funcionários de organização internacional e seus familiares.

SEÇÃO II – DOS PRINCÍPIOS E DAS GARANTIAS

Art. 3º. A política migratória brasileira rege-se pelos seguintes princípios e diretrizes:

I - universalidade, indivisibilidade e interdependência dos direitos humanos;

II - repúdio e prevenção à xenofobia, ao racismo e a quaisquer formas de discriminação;

III - não criminalização da migração;

IV - não discriminação em razão dos critérios ou dos procedimentos pelos quais a pessoa foi admitida em território nacional;

V - promoção de entrada regular e de regularização documental;

VI - acolhida humanitária;

VII - desenvolvimento econômico, turístico, social, cultural, esportivo, científico e tecnológico do Brasil;

VIII - garantia do direito à reunião familiar;

IX - igualdade de tratamento e de oportunidade ao migrante e a seus familiares;

X - inclusão social, laboral e produtiva do migrante por meio de políticas públicas;

XI - acesso igualitário e livre do migrante a serviços, programas e benefícios sociais, bens públicos, educação, assistência jurídica integral pública, trabalho, moradia, serviço bancário e seguridade social;

XII - promoção e difusão de direitos, liberdades, garantias e obrigações do migrante;

XIII - diálogo social na formulação, na execução e na avaliação de políticas migratórias e promoção da participação cidadã do migrante;

XIV - fortalecimento da integração econômica, política, social e cultural dos povos da América Latina, mediante constituição de espaços de cidadania e de livre circulação de pessoas;

XV - cooperação internacional com Estados de origem, de trânsito e de destino de movimentos migratórios, a fim de garantir efetiva proteção aos direitos humanos do migrante;

XVI - integração e desenvolvimento das regiões de fronteira e articulação de políticas públicas regionais capazes de garantir efetividade aos direitos do residente fronteiriço;

XVII - proteção integral e atenção ao superior interesse da criança e do adolescente migrante;

XVIII - observância ao disposto em tratado;

XIX - proteção ao brasileiro no exterior;

XX - migração e desenvolvimento humano no local de origem, como direitos inalienáveis de todas as pessoas;

XXI - promoção do reconhecimento acadêmico e do exercício profissional no Brasil, nos termos da lei; e

XXII - repúdio a práticas de expulsão ou de deportação coletivas.

Art. 4º. Ao migrante é garantida no território nacional, em condição de igualdade com os nacionais, a inviolabilidade do direito à vida, à liberdade, à igualdade, à segurança e à propriedade, bem como são assegurados:

I - direitos e liberdades civis, sociais, culturais e econômicos;

II - direito à liberdade de circulação em território nacional;

III - direito à reunião familiar do migrante com seu cônjuge ou companheiro e seus filhos, familiares e dependentes;

IV - medidas de proteção a vítimas e testemunhas de crimes e de violações de direitos;

V - direito de transferir recursos decorrentes de sua renda e economias pessoais a outro país, observada a legislação aplicável;

VI - direito de reunião para fins pacíficos;

VII - direito de associação, inclusive sindical, para fins lícitos;

VIII - acesso a serviços públicos de saúde e de assistência social e à previdência social, nos termos da lei, sem discriminação em razão da nacionalidade e da condição migratória;

IX - amplo acesso à justiça e à assistência jurídica integral gratuita aos que comprovarem insuficiência de recursos;

X - direito à educação pública, vedada a discriminação em razão da nacionalidade e da condição migratória;

XI - garantia de cumprimento de obrigações legais e contratuais trabalhistas e de aplicação das normas de proteção ao trabalhador, sem discriminação em razão da nacionalidade e da condição migratória;

XII - isenção das taxas de que trata esta Lei, mediante declaração de hipossuficiência econômica, na forma de regulamento;

XIII - direito de acesso à informação e garantia de confidencialidade quanto aos dados pessoais do migrante, nos termos da Lei nº 12.527, de 18 de novembro de 2011;

XIV - direito a abertura de conta bancária;

XV - direito de sair, de permanecer e de reingressar em território nacional, mesmo enquanto pendente pedido de autorização de residência, de prorrogação de estada ou de transformação de visto em autorização de residência; e

XVI - direito do imigrante de ser informado sobre as garantias que lhe são asseguradas para fins de regularização migratória.

§ 1º Os direitos e as garantias previstos nesta Lei serão exercidos em observância ao disposto na Constituição Federal, independentemente da situação migratória, observado o disposto no § 4º deste artigo, e não excluem outros decorrentes de tratado de que o Brasil seja parte.

§§ 2º a 4º (VETADOS).

CAPÍTULO II – DA SITUAÇÃO DOCUMENTAL DO MIGRANTE E DO VISITANTE

SEÇÃO I – DOS DOCUMENTOS DE VIAGEM

Art. 5º. São documentos de viagem:

I - passaporte;

II - laissez-passer;

III - autorização de retorno;

IV - salvo-conduto;

V - carteira de identidade de marítimo;

VI - carteira de matrícula consular;

VII - documento de identidade civil ou documento estrangeiro equivalente, quando admitidos em tratado;

VIII - certificado de membro de tripulação de transporte aéreo; e

IX - outros que vierem a ser reconhecidos pelo Estado brasileiro em regulamento.

§ 1º Os documentos previstos nos incisos I, II, III, IV, V, VI e IX, quando emitidos pelo Estado brasileiro, são de propriedade da União, cabendo a seu titular a posse direta e o uso regular.

§ 2º As condições para a concessão dos documentos de que trata o § 1º serão previstas em regulamento.

SEÇÃO II – DOS VISTOS

SUBSEÇÃO I – DISPOSIÇÕES GERAIS

Art. 6º. O visto é o documento que dá a seu titular expectativa de ingresso em território nacional.

Parágrafo único. (VETADO).

Art. 7º. O visto será concedido por embaixadas, consulados-gerais, consulados, vice-consulados e, quando habilitados pelo órgão competente do Poder Executivo, por escritórios comerciais e de representação do Brasil no exterior.

Parágrafo único. Excepcionalmente, os vistos diplomático, oficial e de cortesia poderão ser concedidos no Brasil.

Art. 8º. Poderão ser cobrados taxas e emolumentos consulares pelo processamento do visto.

Art. 9º. Regulamento disporá sobre:

I - requisitos de concessão de visto, bem como de sua simplificação, inclusive por reciprocidade;

II - prazo de validade do visto e sua forma de contagem;

III - prazo máximo para a primeira entrada e para a estada do imigrante e do visitante no País;

IV - hipóteses e condições de dispensa recíproca ou unilateral de visto e de taxas e emolumentos consulares por seu processamento; e

V - solicitação e emissão de visto por meio eletrônico.

Parágrafo único. A simplificação e a dispensa recíproca de visto ou de cobrança de taxas e emolumentos consulares por seu processamento poderão ser definidas por comunicação diplomática.

Art. 10. Não se concederá visto:

I - a quem não preencher os requisitos para o tipo de visto pleiteado;

II - a quem comprovadamente ocultar condição impeditiva de concessão de visto ou de ingresso no País; ou

III - a menor de 18 (dezoito) anos desacompanhado ou sem autorização de viagem por escrito dos responsáveis legais ou de autoridade competente.

Art. 11. Poderá ser denegado visto a quem se enquadrar em pelo menos um dos casos de impedimento definidos nos incisos I, II, III, IV e IX do art. 45.

Parágrafo único. A pessoa que tiver visto brasileiro denegado será impedida de ingressar no País enquanto permanecerem as condições que ensejaram a denegação.

SUBSEÇÃO II – DOS TIPOS DE VISTO

Art. 12. Ao solicitante que pretenda ingressar ou permanecer em território nacional poderá ser concedido visto:

I - de visita;

II - temporário;

III - diplomático;

IV - oficial;

V - de cortesia.

SUBSEÇÃO III – DO VISTO DE VISITA

Art. 13. O visto de visita poderá ser concedido ao visitante que venha ao Brasil para estada de curta duração, sem intenção de estabelecer residência, nos seguintes casos:

I - turismo;

II - negócios;

III - trânsito;

IV - atividades artísticas ou desportivas; e

V - outras hipóteses definidas em regulamento.

§ 1º É vedado ao beneficiário de visto de visita exercer atividade remunerada no Brasil.

§ 2º O beneficiário de visto de visita poderá receber pagamento do governo, de empregador brasileiro ou de entidade privada a título de diária, ajuda de custo, cachê, pró-labore ou outras despesas com a viagem, bem como concorrer a prêmios, inclusive em dinheiro, em competições desportivas ou em concursos artísticos ou culturais.

§ 3º O visto de visita não será exigido em caso de escala ou conexão em território nacional, desde que o visitante não deixe a área de trânsito internacional.

SUBSEÇÃO IV – DO VISTO TEMPORÁRIO

Art. 14. O visto temporário poderá ser concedido ao imigrante que venha ao Brasil com o intuito de estabelecer residência por tempo determinado e que se enquadre em pelo menos uma das seguintes hipóteses:

I - o visto temporário tenha como finalidade:

a) pesquisa, ensino ou extensão acadêmica;

b) tratamento de saúde;

c) acolhida humanitária;

d) estudo;

e) trabalho;

f) férias-trabalho;

g) prática de atividade religiosa ou serviço voluntário;

h) realização de investimento ou de atividade com relevância econômica, social, científica, tecnológica ou cultural;

i) reunião familiar;

j) atividades artísticas ou desportivas com contrato por prazo determinado;

II - o imigrante seja beneficiário de tratado em matéria de vistos;

III - outras hipóteses definidas em regulamento.

§ 1º O visto temporário para pesquisa, ensino ou extensão acadêmica poderá ser concedido ao imigrante com ou sem vínculo empregatício com a instituição de pesquisa ou de ensino brasileira, exigida, na hipótese de vínculo, a comprovação de formação superior compatível ou equivalente reconhecimento científico.

§ 2º O visto temporário para tratamento de saúde poderá ser concedido ao imigrante e a seu acompanhante, desde que o imigrante comprove possuir meios de subsistência suficientes.

§ 3º O visto temporário para acolhida humanitária poderá ser concedido ao apátrida ou ao nacional de qualquer país em situação de grave ou iminente instabilidade institucional, de conflito armado, de calamidade de grande proporção, de desastre ambiental ou de grave violação de direitos humanos ou de direito internacional humanitário, ou em outras hipóteses, na forma de regulamento.

§ 4º O visto temporário para estudo poderá ser concedido ao imigrante que pretenda vir ao Brasil para frequentar curso regular ou realizar estágio ou intercâmbio de estudo ou de pesquisa.

§ 5º Observadas as hipóteses previstas em regulamento, o visto temporário para trabalho poderá ser concedido ao imigrante que venha exercer atividade laboral, com ou sem vínculo empregatício no Brasil, desde que comprove oferta de trabalho formalizada por pessoa jurídica em atividade no País, dispensada esta exigência se o imigrante comprovar titulação em curso de ensino superior ou equivalente.

§ 6º O visto temporário para férias-trabalho poderá ser concedido ao imigrante maior de 16 (dezesseis) anos que seja nacional de país que conceda idêntico benefício ao nacional brasileiro, em termos definidos por comunicação diplomática.

§ 7º Não se exigirá do marítimo que ingressar no Brasil em viagem de longo curso ou em cruzeiros marítimos pela costa brasileira o visto temporário de que trata a alínea "e" do inciso I do *caput*, bastando a apresentação da carteira internacional de marítimo, nos termos de regulamento.

§ 8º É reconhecida ao imigrante a quem se tenha concedido visto temporário para trabalho a possibilidade de modificação do local de exercício de sua atividade laboral.

§ 9º O visto para realização de investimento poderá ser concedido ao imigrante que aporte recursos em projeto com potencial para geração de empregos ou de renda no País.

§ 10. (VETADO).

SUBSEÇÃO V – DOS VISTOS DIPLOMÁTICO, OFICIAL E DE CORTESIA

Art. 15. Os vistos diplomático, oficial e de cortesia serão concedidos, prorrogados ou dispensados na forma desta Lei e de regulamento.

Parágrafo único. Os vistos diplomático e oficial poderão ser transformados em autorização de residência, o que importará cessação de todas as prerrogativas, privilégios e imunidades decorrentes do respectivo visto.

Art. 16. Os vistos diplomático e oficial poderão ser concedidos a autoridades e funcionários estrangeiros que viajem ao Brasil em missão oficial de caráter transitório ou permanente, representando Estado estrangeiro ou organismo internacional reconhecido.

§ 1º Não se aplica ao titular dos vistos referidos no *caput* o disposto na legislação trabalhista brasileira.

§ 2º Os vistos diplomático e oficial poderão ser estendidos aos dependentes das autoridades referidas no *caput*.

Art. 17. O titular de visto diplomático ou oficial somente poderá ser remunerado por Estado estrangeiro ou organismo internacional, ressalvado o disposto em tratado que contenha cláusula específica sobre o assunto.

Parágrafo único. O dependente de titular de visto diplomático ou oficial poderá exercer atividade remunerada no Brasil, sob o amparo da legislação trabalhista brasileira, desde que seja nacional de país que assegure reciprocidade de tratamento ao nacional brasileiro, por comunicação diplomática.

Art. 18. O empregado particular titular de visto de cortesia somente poderá exercer atividade remunerada para o titular de visto diplomático, oficial ou de cortesia ao qual esteja vinculado, sob o amparo da legislação trabalhista brasileira.

Parágrafo único. O titular de visto diplomático, oficial ou de cortesia será responsável pela saída de seu empregado do território nacional.

SEÇÃO III – DO REGISTRO E DA IDENTIFICAÇÃO CIVIL DO IMIGRANTE E DOS DETENTORES DE VISTOS DIPLOMÁTICO, OFICIAL E DE CORTESIA

Art. 19. O registro consiste na identificação civil por dados biográficos e biométricos, e é obrigatório a todo imigrante detentor de visto temporário ou de autorização de residência.

§ 1º O registro gerará número único de identificação que garantirá o pleno exercício dos atos da vida civil.

§ 2º O documento de identidade do imigrante será expedido com base no número único de identificação.

§ 3º Enquanto não for expedida identificação civil, o documento comprobatório de que o imigrante a solicitou à autoridade competente garantirá ao titular o acesso aos direitos disciplinados nesta Lei.

Art. 20. A identificação civil de solicitante de refúgio, de asilo, de reconhecimento de apatridia e de acolhimento humanitário poderá ser realizada com a apresentação dos documentos de que o imigrante dispuser.

Art. 21. Os documentos de identidade emitidos até a data de publicação desta Lei continuarão válidos até sua total substituição.

Art. 22. A identificação civil, o documento de identidade e as formas de gestão da base cadastral dos detentores de vistos diplomático, oficial e de cortesia atenderão a disposições específicas previstas em regulamento.

CAPÍTULO III – DA CONDIÇÃO JURÍDICA DO MIGRANTE E DO VISITANTE

SEÇÃO I – DO RESIDENTE FRONTEIRIÇO

Art. 23. A fim de facilitar a sua livre circulação, poderá ser concedida ao residente fronteiriço, mediante requerimento, autorização para a realização de atos da vida civil.

Parágrafo único. Condições específicas poderão ser estabelecidas em regulamento ou tratado.

Art. 24. A autorização referida no *caput* do art. 23 indicará o Município fronteiriço no qual o residente estará autorizado a exercer os direitos a ele atribuídos por esta Lei.

§ 1º O residente fronteiriço detentor da autorização gozará das garantias e dos direitos assegurados pelo regime geral de migração desta Lei, conforme especificado em regulamento.

§ 2º O espaço geográfico de abrangência e de validade da autorização será especificado no documento de residente fronteiriço.

Art. 25. O documento de residente fronteiriço será cancelado, a qualquer tempo, se o titular:

I - tiver fraudado documento ou utilizado documento falso para obtê-lo;

II - obtiver outra condição migratória;

III - sofrer condenação penal; ou

IV - exercer direito fora dos limites previstos na autorização.

SEÇÃO II – DA PROTEÇÃO DO APÁTRIDA E DA REDUÇÃO DA APATRIDIA

Art. 26. Regulamento disporá sobre instituto protetivo especial do apátrida, consolidado em processo simplificado de naturalização.

§ 1º O processo de que trata o *caput* será iniciado tão logo seja reconhecida a situação de apatridia.

§ 2º Durante a tramitação do processo de reconhecimento da condição de apátrida, incidem todas as garantias e mecanismos protetivos e de facilitação da inclusão social relativos à Convenção sobre o Estatuto dos Apátridas de 1954, promulgada pelo Decreto nº 4.246, de 22 de maio de 2002, à Convenção relativa ao Estatuto dos Refugiados, promulgada pelo Decreto nº 50.215, de 28 de janeiro de 1961, e à Lei nº 9.474, de 22 de julho de 1997.

§ 3º Aplicam-se ao apátrida residente todos os direitos atribuídos ao migrante relacionados no art. 4º.

§ 4º O reconhecimento da condição de apátrida assegura os direitos e garantias previstos na Convenção sobre o Estatuto dos Apátridas, de 1954, promulgada pelo Decreto nº 4.246, de 22 de maio de 2002, bem como outros direitos e garantias reconhecidos pelo Brasil.

§ 5º O processo de reconhecimento da condição de apátrida tem como objetivo verificar se o solicitante é considerado nacional pela legislação de algum Estado e poderá considerar informações, documentos e declarações prestadas pelo próprio solicitante e por órgãos e organismos nacionais e internacionais.

§ 6º Reconhecida a condição de apátrida, nos termos do inciso VI do § 1º do art. 1º, o solicitante será consultado sobre o desejo de adquirir a nacionalidade brasileira.

§ 7º Caso o apátrida opte pela naturalização, a decisão sobre o reconhecimento será encaminhada ao órgão competente do Poder Executivo para publicação dos atos necessários à efetivação da naturalização no prazo de 30 (trinta) dias, observado o art. 65.

§ 8º O apátrida reconhecido que não opte pela naturalização imediata terá a autorização de residência outorgada em caráter definitivo.

§ 9º Caberá recurso contra decisão negativa de reconhecimento da condição de apátrida.

§ 10. Subsistindo a denegação do reconhecimento da condição de apátrida, é vedada a devolução do indivíduo para país onde sua vida, integridade pessoal ou liberdade estejam em risco.

§ 11. Será reconhecido o direito de reunião familiar a partir do reconhecimento da condição de apátrida.

§ 12. Implica perda da proteção conferida por esta Lei:

I - a renúncia;

II - a prova da falsidade dos fundamentos invocados para o reconhecimento da condição de apátrida; ou

III - a existência de fatos que, se fossem conhecidos por ocasião do reconhecimento, teriam ensejado decisão negativa.

SEÇÃO III – DO ASILADO

Art. 27. O asilo político, que constitui ato discricionário do Estado, poderá ser diplomático ou territorial e será outorgado como instrumento de proteção à pessoa.

Parágrafo único. Regulamento disporá sobre as condições para a concessão e a manutenção de asilo.

Art. 28. Não se concederá asilo a quem tenha cometido crime de genocídio, crime contra a humanidade, crime de guerra ou crime de agressão, nos termos do Estatuto de Roma do Tribunal Penal Internacional, de 1998, promulgado pelo Decreto nº 4.388, de 25 de setembro de 2002.

Art. 29. A saída do asilado do País sem prévia comunicação implica renúncia ao asilo.

SEÇÃO IV – DA AUTORIZAÇÃO DE RESIDÊNCIA

Art. 30. A residência poderá ser autorizada, mediante registro, ao imigrante, ao residente fronteiriço ou ao visitante que se enquadre em uma das seguintes hipóteses:

I - a residência tenha como finalidade:

a) pesquisa, ensino ou extensão acadêmica;

b) tratamento de saúde;

c) acolhida humanitária;

d) estudo;

e) trabalho;

f) férias-trabalho;

g) prática de atividade religiosa ou serviço voluntário;

h) realização de investimento ou de atividade com relevância econômica, social, científica, tecnológica ou cultural;

i) reunião familiar;

II - a pessoa:

a) seja beneficiária de tratado em matéria de residência e livre circulação;

b) seja detentora de oferta de trabalho;

c) já tenha possuído a nacionalidade brasileira e não deseje ou não reúna os requisitos para readquiri-la;

d) (VETADO);

e) seja beneficiária de refúgio, de asilo ou de proteção ao apátrida;

f) seja menor nacional de outro país ou apátrida, desacompanhado ou abandonado, que se encontre nas fronteiras brasileiras ou em território nacional;

g) tenha sido vítima de tráfico de pessoas, de trabalho escravo ou de violação de direito agravada por sua condição migratória;

h) esteja em liberdade provisória ou em cumprimento de pena no Brasil;

III - outras hipóteses definidas em regulamento.

§ 1º Não se concederá a autorização de residência a pessoa condenada criminalmente no Brasil ou no exterior por sentença transitada em julgado, desde que a conduta esteja tipificada na legislação penal brasileira, ressalvados os casos em que:

I - a conduta caracterize infração de menor potencial ofensivo;

II - (VETADO); ou

III - a pessoa se enquadre nas hipóteses previstas nas alíneas "b", "c" e "i" do inciso I e na alínea "a" do inciso II do *caput* deste artigo.

§ 2º O disposto no § 1º não obsta progressão de regime de cumprimento de pena, nos termos da Lei nº 7.210, de 11 de julho de 1984, ficando a pessoa autorizada a trabalhar quando assim exigido pelo novo regime de cumprimento de pena.

§ 3º Nos procedimentos conducentes ao cancelamento de autorização de residência e no recurso contra a negativa de concessão de autorização de residência devem ser respeitados o contraditório e a ampla defesa.

Art. 31. Os prazos e o procedimento da autorização de residência de que trata o art. 30 serão dispostos em regulamento, observado o disposto nesta Lei.

§ 1º Será facilitada a autorização de residência nas hipóteses das alíneas "a" e "e" do inciso I do art. 30 desta Lei, devendo a deliberação sobre a autorização ocorrer em prazo não superior a 60 (sessenta) dias, a contar de sua solicitação.

§ 2º Nova autorização de residência poderá ser concedida, nos termos do art. 30, mediante requerimento.

§ 3º O requerimento de nova autorização de residência após o vencimento do prazo da autorização anterior implicará aplicação da sanção prevista no inciso II do art. 109.

§ 4º O solicitante de refúgio, de asilo ou de proteção ao apátrida fará jus a autorização provisória de residência até a obtenção de resposta ao seu pedido.

§ 5º Poderá ser concedida autorização de residência independentemente da situação migratória.

Art. 32. Poderão ser cobradas taxas pela autorização de residência.

Art. 33. Regulamento disporá sobre a perda e o cancelamento da autorização de residência em razão de fraude ou de ocultação de condição impeditiva de concessão de visto, de ingresso ou de permanência no País, observado procedimento administrativo que garanta o contraditório e a ampla defesa.

Art. 34. Poderá ser negada autorização de residência com fundamento nas hipóteses previstas nos incisos I, II, III, IV e IX do art. 45.

Art. 35. A posse ou a propriedade de bem no Brasil não confere o direito de obter visto ou autorização de residência em território nacional, sem prejuízo do disposto sobre visto para realização de investimento.

Art. 36. O visto de visita ou de cortesia poderá ser transformado em autorização de residência, mediante requerimento e registro, desde que satisfeitos os requisitos previstos em regulamento.

SEÇÃO V – DA REUNIÃO FAMILIAR

Art. 37. O visto ou a autorização de residência para fins de reunião familiar será concedido ao imigrante:

I - cônjuge ou companheiro, sem discriminação alguma;

II - filho de imigrante beneficiário de autorização de residência, ou que tenha filho brasileiro ou imigrante beneficiário de autorização de residência;

III - ascendente, descendente até o segundo grau ou irmão de brasileiro ou de imigrante beneficiário de autorização de residência; ou

IV - que tenha brasileiro sob sua tutela ou guarda.

Parágrafo único. (VETADO).

CAPÍTULO IV – DA ENTRADA E DA SAÍDA DO TERRITÓRIO NACIONAL

SEÇÃO I – DA FISCALIZAÇÃO MARÍTIMA, AEROPORTUÁRIA E DE FRONTEIRA

Art. 38. As funções de polícia marítima, aeroportuária e de fronteira serão realizadas pela Polícia Federal nos pontos de entrada e de saída do território nacional.

Parágrafo único. É dispensável a fiscalização de passageiro, tripulante e estafe de navio em passagem inocente, exceto quando houver necessidade de descida de pessoa a terra ou de subida a bordo do navio.

Art. 39. O viajante deverá permanecer em área de fiscalização até que seu documento de viagem tenha sido verificado, salvo os casos previstos em lei.

Art. 40. Poderá ser autorizada a admissão excepcional no País de pessoa que se encontre em uma das seguintes condições, desde que esteja de posse de documento de viagem válido:

I - não possua visto;

II - seja titular de visto emitido com erro ou omissão;

III - tenha perdido a condição de residente por ter permanecido ausente do País na forma especificada em regulamento e detenha as condições objetivas para a concessão de nova autorização de residência;

IV - (VETADO); ou

V - seja criança ou adolescente desacompanhado de responsável legal e sem autorização expressa para viajar desacompanhado, independentemente do documento de viagem que portar, hipótese em que haverá imediato encaminhamento ao Conselho Tutelar ou, em caso de necessidade, a instituição indicada pela autoridade competente.

Parágrafo único. Regulamento poderá dispor sobre outras hipóteses excepcionais de admissão, observados os princípios e as diretrizes desta Lei.

Art. 41. A entrada condicional, em território nacional, de pessoa que não preencha os requisitos de admissão poderá ser autorizada mediante a assinatura, pelo transportador ou por seu agente, de termo de compromisso de custear as despesas com a permanência e com as providências para a repatriação do viajante.

Art. 42. O tripulante ou o passageiro que, por motivo de força maior, for obrigado a interromper a viagem em território nacional poderá ter seu desembarque permitido mediante termo de responsabilidade pelas despesas decorrentes do transbordo.

Art. 43. A autoridade responsável pela fiscalização contribuirá para a aplicação de medidas sanitárias em consonância com o Regulamento Sanitário Internacional e com outras disposições pertinentes

SEÇÃO II – DO IMPEDIMENTO DE INGRESSO

Art. 44. (VETADO).

Art. 45. Poderá ser impedida de ingressar no País, após entrevista individual e mediante ato fundamentado, a pessoa:

I - anteriormente expulsa do País, enquanto os efeitos da expulsão vigorarem;

II - condenada ou respondendo a processo por ato de terrorismo ou por crime de genocídio, crime contra a humanidade, crime de guerra ou crime de agressão, nos termos definidos pelo Estatuto de Roma do Tribunal Penal Internacional, de 1998, promulgado pelo Decreto nº 4.388, de 25 de setembro de 2002;

III - condenada ou respondendo a processo em outro país por crime doloso passível de extradição segundo a lei brasileira;

IV - que tenha o nome incluído em lista de restrições por ordem judicial ou por compromisso assumido pelo Brasil perante organismo internacional;

V - que apresente documento de viagem que:

a) não seja válido para o Brasil;

b) esteja com o prazo de validade vencido; ou

c) esteja com rasura ou indício de falsificação;

VI - que não apresente documento de viagem ou documento de identidade, quando admitido;

VII - cuja razão da viagem não seja condizente com o visto ou com o motivo alegado para a isenção de visto;

VIII - que tenha, comprovadamente, fraudado documentação ou prestado informação falsa por ocasião da solicitação de visto; ou

IX - que tenha praticado ato contrário aos princípios e objetivos dispostos na Constituição Federal.

Parágrafo único. Ninguém será impedido de ingressar no País por motivo de raça, religião, nacionalidade, pertinência a grupo social ou opinião política.

CAPÍTULO V – DAS MEDIDAS DE RETIRADA COMPULSÓRIA

SEÇÃO I – DISPOSIÇÕES GERAIS

Art. 46. A aplicação deste Capítulo observará o disposto na Lei nº 9.474, de 22 de julho de 1997, e nas disposições legais, tratados, instrumentos e mecanismos que tratem da proteção aos apátridas ou de outras situações humanitárias.

Art. 47. A repatriação, a deportação e a expulsão serão feitas para o país de nacionalidade ou de procedência do migrante ou do visitante, ou para outro que o aceite, em observância aos tratados dos quais o Brasil seja parte.

Art. 48. Nos casos de deportação ou expulsão, o chefe da unidade da Polícia Federal poderá representar perante o juízo federal, respeitados, nos procedimentos judiciais, os direitos à ampla defesa e ao devido processo legal.

SEÇÃO II – DA REPATRIAÇÃO

Art. 49. A repatriação consiste em medida administrativa de devolução de pessoa em situação de impedimento ao país de procedência ou de nacionalidade.

§ 1º Será feita imediata comunicação do ato fundamentado de repatriação à empresa transportadora e à autoridade consular do país de procedência ou de nacionalidade do migrante ou do visitante, ou a quem o representa.

§ 2º A Defensoria Pública da União será notificada, preferencialmente por via eletrônica, no caso do § 4º deste artigo ou quando a repatriação imediata não seja possível.

§ 3º Condições específicas de repatriação podem ser definidas por regulamento ou tratado, observados os princípios e as garantias previstos nesta Lei.

§ 4º Não será aplicada medida de repatriação à pessoa em situação de refúgio ou de apatridia, de fato ou de direito, ao menor de 18 (dezoito) anos desacompanhado ou separado de sua família, exceto nos casos em que se demonstrar favorável para a garantia de seus direitos ou para a reintegração a sua família de origem, ou a quem necessite de acolhimento humanitário, nem, em qualquer caso, medida de devolução para país ou região que possa apresentar risco à vida, à integridade pessoal ou à liberdade da pessoa.

§ 5º (VETADO).

SEÇÃO III – DA DEPORTAÇÃO

Art. 50. A deportação é medida decorrente de procedimento administrativo que consiste na retirada compulsória de pessoa que se encontre em situação migratória irregular em território nacional.

§ 1º A deportação será precedida de notificação pessoal ao deportando, da qual constem, expressamente, as irregularidades verificadas e prazo para a regularização não inferior a 60 (sessenta) dias, podendo ser prorrogado, por igual período, por despacho fundamentado e mediante compromisso de a pessoa manter atualizadas suas informações domiciliares.

§ 2º A notificação prevista no § 1º não impede a livre circulação em território nacional, devendo o deportando informar seu domicílio e suas atividades.

§ 3º Vencido o prazo do § 1º sem que se regularize a situação migratória, a deportação poderá ser executada.

§ 4º A deportação não exclui eventuais direitos adquiridos em relações contratuais ou decorrentes da lei brasileira.

§ 5º A saída voluntária de pessoa notificada para deixar o País equivale ao cumprimento da notificação de deportação para todos os fins.

§ 6º O prazo previsto no § 1º poderá ser reduzido nos casos que se enquadrem no inciso IX do art. 45.

Art. 51. Os procedimentos conducentes à deportação devem respeitar o contraditório e a ampla defesa e a garantia de recurso com efeito suspensivo.

§ 1º A Defensoria Pública da União deverá ser notificada, preferencialmente por meio eletrônico, para prestação de assistência ao deportando em todos os procedimentos administrativos de deportação.

§ 2º A ausência de manifestação da Defensoria Pública da União, desde que prévia e devidamente notificada, não impedirá a efetivação da medida de deportação.

Art. 52. Em se tratando de apátrida, o procedimento de deportação dependerá de prévia autorização da autoridade competente.

Art. 53. Não se procederá à deportação se a medida configurar extradição não admitida pela legislação brasileira.

SEÇÃO IV – DA EXPULSÃO

Art. 54. A expulsão consiste em medida administrativa de retirada compulsória de migrante ou visitante do território nacional, conjugada com o impedimento de reingresso por prazo determinado.

§ 1º Poderá dar causa à expulsão a condenação com sentença transitada em julgado relativa à prática de:

I - crime de genocídio, crime contra a humanidade, crime de guerra ou crime de agressão, nos termos definidos pelo Estatuto de Roma do Tribunal Penal Internacional, de 1998, promulgado pelo Decreto nº 4.388, de 25 de setembro de 2002; ou

II - crime comum doloso passível de pena privativa de liberdade, consideradas a gravidade e as possibilidades de ressocialização em território nacional.

§ 2º Caberá à autoridade competente resolver sobre a expulsão, a duração do impedimento de reingresso e a suspensão ou a revogação dos efeitos da expulsão, observado o disposto nesta Lei.

§ 3º O processamento da expulsão em caso de crime comum não prejudicará a progressão de regime, o cumprimento da pena, a suspensão condicional do processo, a comutação da pena ou a concessão de pena alternativa, de indulto coletivo ou individual, de anistia ou de quaisquer benefícios concedidos em igualdade de condições ao nacional brasileiro.

§ 4º O prazo de vigência da medida de impedimento vinculada aos efeitos da expulsão será proporcional ao prazo total da pena aplicada e nunca será superior ao dobro de seu tempo.

Art. 55. Não se procederá à expulsão quando:

I - a medida configurar extradição inadmitida pela legislação brasileira;

II - o expulsando:

a) tiver filho brasileiro que esteja sob sua guarda ou dependência econômica ou socioafetiva ou tiver pessoa brasileira sob sua tutela;

b) tiver cônjuge ou companheiro residente no Brasil, sem discriminação alguma, reconhecido judicial ou legalmente;

c) tiver ingressado no Brasil até os 12 (doze) anos de idade, residindo desde então no País;

d) for pessoa com mais de 70 (setenta) anos que resida no País há mais de 10 (dez) anos, considerados a gravidade e o fundamento da expulsão; ou

e) (VETADO).

Art. 56. Regulamento definirá procedimentos para apresentação e processamento de pedidos de suspensão e de revogação dos efeitos das medidas de expulsão e de impedimento de ingresso e permanência em território nacional.

Art. 57. Regulamento disporá sobre condições especiais de autorização de residência para viabilizar medidas de ressocialização a migrante e a visitante em cumprimento de penas aplicadas ou executadas em território nacional.

Art. 58. No processo de expulsão serão garantidos o contraditório e a ampla defesa.

§ 1º A Defensoria Pública da União será notificada da instauração de processo de expulsão, se não houver defensor constituído.

§ 2º Caberá pedido de reconsideração da decisão sobre a expulsão no prazo de 10 (dez) dias, a contar da notificação pessoal do expulsando.

Art. 59. Será considerada regular a situação migratória do expulsando cujo processo esteja pendente de decisão, nas condições previstas no art. 55.

Art. 60. A existência de processo de expulsão não impede a saída voluntária do expulsando do País.

SEÇÃO V – DAS VEDAÇÕES

Art. 61. Não se procederá à repatriação, à deportação ou à expulsão coletivas.

Parágrafo único. Entende-se por repatriação, deportação ou expulsão coletiva aquela que não individualiza a situação migratória irregular de cada pessoa.

Art. 62. Não se procederá à repatriação, à deportação ou à expulsão de nenhum indivíduo quando subsistirem razões para acreditar que a medida poderá colocar em risco a vida ou a integridade pessoal.

CAPÍTULO VI – DA OPÇÃO DE NACIONALIDADE E DA NATURALIZAÇÃO

SEÇÃO I – DA OPÇÃO DE NACIONALIDADE

- *Vide art. 12, CF*
- *Vide arts. 213 e seguintes do Decreto n. 9.199/2017 (Regulamenta Lei n. 13.445/2017)*
- *Vide Resolução CNJ n. 155/2012 (Traslado)*
- *Vide art. 33, parágrafo único, LRP*
- *Portaria Interministerial n. 8/2019 MJ/MRE (Procedimentos de Naturalização)*

Art. 63. O filho de pai ou de mãe brasileiro nascido no exterior e que não tenha sido registrado em repartição consular poderá, a qualquer tempo, promover ação de opção de nacionalidade.

Parágrafo único. O órgão de registro deve informar periodicamente à autoridade competente os dados relativos à opção de nacionalidade, conforme regulamento.

SEÇÃO II – DAS CONDIÇÕES DA NATURALIZAÇÃO

Art. 64. A naturalização pode ser:

I - ordinária;

II - extraordinária;

III - especial; ou

IV - provisória.

Art. 65. Será concedida a naturalização ordinária àquele que preencher as seguintes condições:

I - ter capacidade civil, segundo a lei brasileira;

II - ter residência em território nacional, pelo prazo mínimo de 4 (quatro) anos;

III - comunicar-se em língua portuguesa, consideradas as condições do naturalizando; e

IV - não possuir condenação penal ou estiver reabilitado, nos termos da lei.

Art. 66. O prazo de residência fixado no inciso II do *caput* do art. 65 será reduzido para, no mínimo, 1 (um) ano se o naturalizando preencher quaisquer das seguintes condições:

I - (VETADO);

II - ter filho brasileiro;

III - ter cônjuge ou companheiro brasileiro e não estar dele separado legalmente ou de fato no momento de concessão da naturalização;

IV - (VETADO);

V - haver prestado ou poder prestar serviço relevante ao Brasil; ou

VI - recomendar-se por sua capacidade profissional, científica ou artística.

Parágrafo único. O preenchimento das condições previstas nos incisos V e VI do *caput* será avaliado na forma disposta em regulamento.

Art. 67. A naturalização extraordinária será concedida a pessoa de qualquer nacionalidade fixada no Brasil há mais de 15 (quinze) anos ininterruptos e sem condenação penal, desde que requeira a nacionalidade brasileira.

Art. 68. A naturalização especial poderá ser concedida ao estrangeiro que se encontre em uma das seguintes situações:

I - seja cônjuge ou companheiro, há mais de 5 (cinco) anos, de integrante do Serviço Exterior Brasileiro em atividade ou de pessoa a serviço do Estado brasileiro no exterior; ou

II - seja ou tenha sido empregado em missão diplomática ou em repartição consular do Brasil por mais de 10 (dez) anos ininterruptos.

Art. 69. São requisitos para a concessão da naturalização especial:

I - ter capacidade civil, segundo a lei brasileira;

II - comunicar-se em língua portuguesa, consideradas as condições do naturalizando; e

III - não possuir condenação penal ou estiver reabilitado, nos termos da lei.

Art. 70. A naturalização provisória poderá ser concedida ao migrante criança ou adolescente que tenha fixado residência em território nacional antes de completar 10 (dez) anos de idade e deverá ser requerida por intermédio de seu representante legal.

Parágrafo único. A naturalização prevista no *caput* será convertida em definitiva se o naturalizando expressamente assim o requerer no prazo de 2 (dois) anos após atingir a maioridade.

Art. 71. O pedido de naturalização será apresentado e processado na forma prevista pelo órgão competente do Poder Executivo, sendo cabível recurso em caso de denegação.

§ 1º No curso do processo de naturalização, o naturalizando poderá requerer a tradução ou a adaptação de seu nome à língua portuguesa.

§ 2º Será mantido cadastro com o nome traduzido ou adaptado associado ao nome anterior.

Art. 72. No prazo de até 1 (um) ano após a concessão da naturalização, deverá o naturalizado comparecer perante a Justiça Eleitoral para o devido cadastramento.

SEÇÃO III – DOS EFEITOS DA NATURALIZAÇÃO

Art. 73. A naturalização produz efeitos após a publicação no Diário Oficial do ato de naturalização.

Art. 74. (VETADO).

SEÇÃO IV – DA PERDA DA NACIONALIDADE

Art. 75. O naturalizado perderá a nacionalidade em razão de condenação transitada em julgado por atividade nociva ao interesse nacional, nos termos do inciso I do § 4º do art. 12 da Constituição Federal.

Parágrafo único. O risco de geração de situação de apatridia será levado em consideração antes da efetivação da perda da nacionalidade.

SEÇÃO V – DA REAQUISIÇÃO DA NACIONALIDADE

Art. 76. O brasileiro que, em razão do previsto no inciso II do § 4º do art. 12 da Constituição Federal, houver perdido a nacionalidade, uma vez cessada a causa, poderá readquiri-la ou ter o ato que declarou a perda revogado, na forma definida pelo órgão competente do Poder Executivo.

CAPÍTULO VII – DO EMIGRANTE

SEÇÃO I – DAS POLÍTICAS PÚBLICAS PARA OS EMIGRANTES

Art. 77. As políticas públicas para os emigrantes observarão os seguintes princípios e diretrizes:

I - proteção e prestação de assistência consular por meio das representações do Brasil no exterior;

II - promoção de condições de vida digna, por meio, entre outros, da facilitação do registro consular e da prestação de serviços consulares relativos às áreas de educação, saúde, trabalho, previdência social e cultura;

III - promoção de estudos e pesquisas sobre os emigrantes e as comunidades de brasileiros no exterior, a fim de subsidiar a formulação de políticas públicas;

IV - atuação diplomática, nos âmbitos bilateral, regional e multilateral, em defesa dos direitos do emigrante brasileiro, conforme o direito internacional

V - ação governamental integrada, com a participação de órgãos do governo com atuação nas áreas temáticas mencionadas nos incisos I, II, III e IV, visando a assistir as comunidades brasileiras no exterior; e

VI - esforço permanente de desburocratização, atualização e modernização do sistema de atendimento, com o objetivo de aprimorar a assistência ao emigrante.

SEÇÃO II – DOS DIREITOS DO EMIGRANTE

Art. 78. Todo emigrante que decida retornar ao Brasil com ânimo de residência poderá introduzir no País, com isenção de direitos de importação e de taxas aduaneiras, os bens novos ou usados que um viajante, em compatibilidade com as circunstâncias de sua viagem, puder destinar para seu uso ou consumo pessoal e profissional, sempre que, por sua quantidade, natureza ou variedade, não permitam presumir importação ou exportação com fins comerciais ou industriais.

Art. 79. Em caso de ameaça à paz social e à ordem pública por grave ou iminente instabilidade institucional ou de calamidade de grande proporção na natureza, deverá ser prestada especial assistência ao emigrante pelas representações brasileiras no exterior.

Art. 80. O tripulante brasileiro contratado por embarcação ou armadora estrangeira, de cabotagem ou a longo curso e com sede ou filial no Brasil, que explore economicamente o mar territorial e a costa brasileira terá direito a seguro a cargo do contratante, válido para todo o período da contratação, conforme o disposto no Registro de Embarcações Brasileiras (REB), contra acidente de trabalho, invalidez total ou parcial e morte, sem prejuízo de benefícios de apólice mais favorável vigente no exterior.

CAPÍTULO VIII – DAS MEDIDAS DE COOPERAÇÃO

SEÇÃO I – DA EXTRADIÇÃO

Art. 81. A extradição é a medida de cooperação internacional entre o Estado brasileiro e outro Estado pela qual se concede ou solicita a entrega de pessoa sobre quem recaia condenação criminal definitiva ou para fins de instrução de processo penal em curso.

§ 1º A extradição será requerida por via diplomática ou pelas autoridades centrais designadas para esse fim.

§ 2º A extradição e sua rotina de comunicação serão realizadas pelo órgão competente do Poder Executivo em coordenação com as autoridades judiciárias e policiais competentes.

Art. 82. Não se concederá a extradição quando:

I - o indivíduo cuja extradição é solicitada ao Brasil for brasileiro nato;

II - o fato que motivar o pedido não for considerado crime no Brasil ou no Estado requerente;

III - o Brasil for competente, segundo suas leis, para julgar o crime imputado ao extraditando;

IV - a lei brasileira impuser ao crime pena de prisão inferior a 2 (dois) anos;

V - o extraditando estiver respondendo a processo ou já houver sido condenado ou absolvido no Brasil pelo mesmo fato em que se fundar o pedido;

VI - a punibilidade estiver extinta pela prescrição, segundo a lei brasileira ou a do Estado requerente;

VII - o fato constituir crime político ou de opinião;

VIII - o extraditando tiver de responder, no Estado requerente, perante tribunal ou juízo de exceção; ou

IX - o extraditando for beneficiário de refúgio, nos termos da Lei nº 9.474, de 22 de julho de 1997, ou de asilo territorial.

§ 1º A previsão constante do inciso VII do *caput* não impedirá a extradição quando o fato constituir, principalmente, infração à lei penal comum ou quando o crime comum, conexo ao delito político, constituir o fato principal.

§ 2º Caberá à autoridade judiciária competente a apreciação do caráter da infração.

§ 3º Para determinação da incidência do disposto no inciso I, será observada, nos casos de aquisição de outra nacionalidade por naturalização, a anterioridade do fato gerador da extradição.

§ 4º O Supremo Tribunal Federal poderá deixar de considerar crime político o atentado contra chefe de Estado ou quaisquer autoridades, bem como crime contra a humanidade, crime de guerra, crime de genocídio e terrorismo.

§ 5º Admite-se a extradição de brasileiro naturalizado, nas hipóteses previstas na Constituição Federal.

Art. 83. São condições para concessão da extradição:

I - ter sido o crime cometido no território do Estado requerente ou serem aplicáveis ao extraditando as leis penais desse Estado; e

II - estar o extraditando respondendo a processo investigatório ou a processo penal ou ter sido condenado pelas autoridades judiciárias do Estado requerente a pena privativa de liberdade.

Art. 84. Em caso de urgência, o Estado interessado na extradição poderá, previamente ou conjuntamente com a formalização do pedido extradicional, requerer, por via diplomática ou por meio de autoridade central do Poder Executivo, prisão cautelar com o objetivo de assegurar a executoriedade da medida de extradição que, após exame da presença dos pressupostos formais de admissibilidade exigidos nesta Lei ou em tratado, deverá representar à autoridade judicial competente, ouvido previamente o Ministério Público Federal.

§ 1º O pedido de prisão cautelar deverá conter informação sobre o crime cometido e deverá ser fundamentado, podendo ser apresentado por correio, fax, mensagem eletrônica ou qualquer outro meio que assegure a comunicação por escrito.

§ 2º O pedido de prisão cautelar poderá ser transmitido à autoridade competente para extradição no Brasil por meio de canal estabelecido com o ponto focal da Organização Internacional de Polícia Criminal (Interpol) no País, devidamente instruído com a documentação comprobatória da existência de ordem de prisão proferida por Estado estrangeiro, e, em caso de ausência de tratado, com a promessa de reciprocidade recebida por via diplomática.

§ 3º Efetivada a prisão do extraditando, o pedido de extradição será encaminhado à autoridade judiciária competente.

§ 4º Na ausência de disposição específica em tratado, o Estado estrangeiro deverá formalizar o pedido de extradição no prazo de 60 (sessenta) dias, contado da data em que tiver sido cientificado da prisão do extraditando.

§ 5º Caso o pedido de extradição não seja apresentado no prazo previsto no § 4º, o extraditando deverá ser posto em liberdade, não se admitindo novo pedido de prisão cautelar pelo mesmo fato sem que a extradição tenha sido devidamente requerida.

§ 6º A prisão cautelar poderá ser prorrogada até o julgamento final da autoridade judiciária competente quanto à legalidade do pedido de extradição.

Art. 85. Quando mais de um Estado requerer a extradição da mesma pessoa, pelo mesmo fato, terá preferência o pedido daquele em cujo território a infração foi cometida.

§ 1º Em caso de crimes diversos, terá preferência, sucessivamente:

I - o Estado requerente em cujo território tenha sido cometido o crime mais grave, segundo a lei brasileira;

II - o Estado que em primeiro lugar tenha pedido a entrega do extraditando, se a gravidade dos crimes for idêntica;

III - o Estado de origem, ou, em sua falta, o domiciliar do extraditando, se os pedidos forem simultâneos.

§ 2º Nos casos não previstos nesta Lei, o órgão competente do Poder Executivo decidirá sobre a preferência do pedido, priorizando o Estado requerente que mantiver tratado de extradição com o Brasil.

§ 3º Havendo tratado com algum dos Estados requerentes, prevalecerão suas normas no que diz respeito à preferência de que trata este artigo.

Art. 86. O Supremo Tribunal Federal, ouvido o Ministério Público, poderá autorizar prisão albergue ou domiciliar ou determinar que o extraditando responda ao processo de extradição em liberdade, com retenção do documento de viagem ou outras medidas cautelares necessárias, até o julgamento da extradição ou a entrega do extraditando, se pertinente, considerando a situação administrativa migratória, os antecedentes do extraditando e as circunstâncias do caso.

Art. 87. O extraditando poderá entregar-se voluntariamente ao Estado requerente, desde que o declare expressamente, esteja assistido por advogado e seja advertido de que tem direito ao processo judicial de extradição e à proteção que tal direito encerra, caso em que o pedido será decidido pelo Supremo Tribunal Federal.

Art. 88. Todo pedido que possa originar processo de extradição em face de Estado estrangeiro deverá ser encaminhado ao órgão competente do Poder Executivo diretamente pelo órgão do Poder Judiciário responsável pela decisão ou pelo processo penal que a fundamenta.

§ 1º Compete a órgão do Poder Executivo o papel de orientação, de informação e de avaliação dos elementos formais de admissibilidade dos processos preparatórios para encaminhamento ao Estado requerido.

§ 2º Compete aos órgãos do sistema de Justiça vinculados ao processo penal gerador de pedido de extradição a apresentação de todos os documentos, manifestações e demais elementos necessários para o processamento do pedido, inclusive suas traduções oficiais.

§ 3º O pedido deverá ser instruído com cópia autêntica ou com o original da sentença condenatória ou da decisão penal proferida, conterá indicações precisas sobre o local, a data, a natureza e as circunstâncias do fato criminoso e a identidade do extraditando e será acompanhado de cópia dos textos legais sobre o crime, a competência, a pena e a prescrição.

§ 4º O encaminhamento do pedido de extradição ao órgão competente do Poder Executivo confere autenticidade aos documentos.

Art. 89. O pedido de extradição originado de Estado estrangeiro será recebido pelo órgão competente do Poder Executivo e, após exame da presença dos pressupostos formais de admissibilidade exigidos nesta Lei ou em tratado, encaminhado à autoridade judiciária competente.

Parágrafo único. Não preenchidos os pressupostos referidos no *caput*, o pedido será arquivado mediante decisão fundamentada, sem prejuízo da possibilidade de renovação do pedido, devidamente instruído, uma vez superado o óbice apontado.

Art. 90. Nenhuma extradição será concedida sem prévio pronunciamento do Supremo Tribunal Federal sobre sua legalidade e procedência, não cabendo recurso da decisão.

Art. 91. Ao receber o pedido, o relator designará dia e hora para o interrogatório do extraditando e, conforme o caso, nomear-lhe-á curador ou advogado, se não o tiver.

§ 1º A defesa, a ser apresentada no prazo de 10 (dez) dias contado da data do interrogatório, versará sobre a identidade da pessoa reclamada, defeito de forma de documento apresentado ou ilegalidade da extradição.

§ 2º Não estando o processo devidamente instruído, o Tribunal, a requerimento do órgão do Ministério Público Federal correspondente, poderá converter o julgamento em diligência para suprir a falta.

§ 3º Para suprir a falta referida no § 2º, o Ministério Público Federal terá prazo improrrogável de 60 (sessenta) dias, após o qual o pedido será julgado independentemente da diligência.

§ 4º O prazo referido no § 3º será contado da data de notificação à missão diplomática do Estado requerente.

Art. 92. Julgada procedente a extradição e autorizada a entrega pelo órgão competente do Poder Executivo, será o ato comunicado por via diplomática ao Estado requerente, que, no prazo de 60 (sessenta) dias da comunicação, deverá retirar o extraditando do território nacional.

Art. 93. Se o Estado requerente não retirar o extraditando do território nacional no prazo previsto no art. 92, será ele posto em liberdade, sem prejuízo de outras medidas aplicáveis.

Art. 94. Negada a extradição em fase judicial, não se admitirá novo pedido baseado no mesmo fato.

Art. 95. Quando o extraditando estiver sendo processado ou tiver sido condenado, no Brasil, por crime punível com pena privativa de liberdade, a extradição será executada somente depois da conclusão do processo ou do cumprimento da pena, ressalvadas as hipóteses de liberação antecipada pelo Poder Judiciário e de determinação da transferência da pessoa condenada.

§ 1º A entrega do extraditando será igualmente adiada se a efetivação da medida puser em risco sua vida em virtude de enfermidade grave comprovada por laudo médico oficial.

§ 2º Quando o extraditando estiver sendo processado ou tiver sido condenado, no Brasil, por infração de menor potencial ofensivo, a entrega poderá ser imediatamente efetivada.

Art. 96. Não será efetivada a entrega do extraditando sem que o Estado requerente assuma o compromisso de:

I - não submeter o extraditando a prisão ou processo por fato anterior ao pedido de extradição;

II - computar o tempo da prisão que, no Brasil, foi imposta por força da extradição;

III - comutar a pena corporal, perpétua ou de morte em pena privativa de liberdade, respeitado o limite máximo de cumprimento de 30 (trinta) anos;

IV - não entregar o extraditando, sem consentimento do Brasil, a outro Estado que o reclame;

V - não considerar qualquer motivo político para agravar a pena; e

VI - não submeter o extraditando a tortura ou a outros tratamentos ou penas cruéis, desumanos ou degradantes.

Art. 97. A entrega do extraditando, de acordo com as leis brasileiras e respeitado o direito de terceiro, será feita com os objetos e instrumentos do crime encontrados em seu poder.

Parágrafo único. Os objetos e instrumentos referidos neste artigo poderão ser entregues independentemente da entrega do extraditando.

Art. 98. O extraditando que, depois de entregue ao Estado requerente, escapar à ação da Justiça e homiziar-se no Brasil, ou por ele transitar, será detido mediante pedido feito diretamente por via diplomática ou pela Interpol e novamente entregue, sem outras formalidades.

Art. 99. Salvo motivo de ordem pública, poderá ser permitido, pelo órgão competente do Poder Executivo, o trânsito no território nacional de pessoa extraditada por Estado estrangeiro, bem como o da respectiva guarda, mediante apresentação de documento comprobatório de concessão da medida.

SEÇÃO II – DA TRANSFERÊNCIA DE EXECUÇÃO DA PENA

Art. 100. Nas hipóteses em que couber solicitação de extradição executória, a autoridade competente poderá solicitar ou autorizar a transferência de execução da pena, desde que observado o princípio do non bis in idem.

Parágrafo único. Sem prejuízo do disposto no Decreto-Lei nº 2.848, de 7 de dezembro de 1940 (Código Penal), a transferência de execução da pena será possível quando preenchidos os seguintes requisitos:

I - o condenado em território estrangeiro for nacional ou tiver residência habitual ou vínculo pessoal no Brasil;

II - a sentença tiver transitado em julgado;

III - a duração da condenação a cumprir ou que restar para cumprir for de, pelo menos, 1 (um) ano, na data de apresentação do pedido ao Estado da condenação;

IV - o fato que originou a condenação constituir infração penal perante a lei de ambas as partes; e

V - houver tratado ou promessa de reciprocidade.

Art. 101. O pedido de transferência de execução da pena de Estado estrangeiro será requerido por via diplomática ou por via de autoridades centrais.

§ 1º O pedido será recebido pelo órgão competente do Poder Executivo e, após exame da presença dos pressupostos formais de admissibilidade exigidos nesta Lei ou em tratado, encaminhado ao Superior Tribunal de Justiça para decisão quanto à homologação.

§ 2º Não preenchidos os pressupostos referidos no § 1º, o pedido será arquivado mediante decisão fundamentada, sem prejuízo da possibilidade de renovação do pedido, devidamente instruído, uma vez superado o óbice apontado.

Art. 102. A forma do pedido de transferência de execução da pena e seu processamento serão definidos em regulamento.

Parágrafo único. Nos casos previstos nesta Seção, a execução penal será de competência da Justiça Federal.

SEÇÃO III – DA TRANSFERÊNCIA DE PESSOA CONDENADA

Art. 103. A transferência de pessoa condenada poderá ser concedida quando o pedido se fundamentar em tratado ou houver promessa de reciprocidade.

§ 1º O condenado no território nacional poderá ser transferido para seu país de nacionalidade ou país em que tiver residência habitual ou vínculo pessoal, desde que expresse interesse nesse sentido, a fim de cumprir pena a ele imposta pelo Estado brasileiro por sentença transitada em julgado.

§ 2º A transferência de pessoa condenada no Brasil pode ser concedida juntamente com a aplicação de medida de impedimento de reingresso em território nacional, na forma de regulamento.

Art. 104. A transferência de pessoa condenada será possível quando preenchidos os seguintes requisitos:

I - o condenado no território de uma das partes for nacional ou tiver residência habitual ou vínculo pessoal no território da outra parte que justifique a transferência;

II - a sentença tiver transitado em julgado;

III - a duração da condenação a cumprir ou que restar para cumprir for de, pelo menos, 1 (um) ano, na data de apresentação do pedido ao Estado da condenação;

IV - o fato que originou a condenação constituir infração penal perante a lei de ambos os Estados;

V - houver manifestação de vontade do condenado ou, quando for o caso, de seu representante; e

VI - houver concordância de ambos os Estados.

Art. 105. A forma do pedido de transferência de pessoa condenada e seu processamento serão definidos em regulamento.

§ 1º Nos casos previstos nesta Seção, a execução penal será de competência da Justiça Federal.

§ 2º Não se procederá à transferência quando inadmitida a extradição.

§ 3º (VETADO).

CAPÍTULO IX – DAS INFRAÇÕES E DAS PENALIDADES ADMINISTRATIVAS

Art. 106. Regulamento disporá sobre o procedimento de apuração das infrações administrativas e seu processamento e sobre a fixação e a atualização das multas, em observância ao disposto nesta Lei.

Art. 107. As infrações administrativas previstas neste Capítulo serão apuradas em processo administrativo próprio, assegurados o contraditório e a ampla defesa e observadas as disposições desta Lei.

§ 1º O cometimento simultâneo de duas ou mais infrações importará cumulação das sanções cabíveis, respeitados os limites estabelecidos nos incisos V e VI do art. 108.

§ 2º A multa atribuída por dia de atraso ou por excesso de permanência poderá ser convertida em redução equivalente do período de autorização de estada para o visto de visita, em caso de nova entrada no País.

Art. 108. O valor das multas tratadas neste Capítulo considerará:

I - as hipóteses individualizadas nesta Lei;

II - a condição econômica do infrator, a reincidência e a gravidade da infração;

III - a atualização periódica conforme estabelecido em regulamento;

IV - o valor mínimo individualizável de R$ 100,00 (cem reais);

V - o valor mínimo de R$ 100,00 (cem reais) e o máximo de R$ 10.000,00 (dez mil reais) para infrações cometidas por pessoa física;

VI - o valor mínimo de R$ 1.000,00 (mil reais) e o máximo de R$ 1.000.000,00 (um milhão de reais) para infrações cometidas por pessoa jurídica, por ato infracional.

Art. 109. Constitui infração, sujeitando o infrator às seguintes sanções:

I - entrar em território nacional sem estar autorizado:

Sanção: deportação, caso não saia do País ou não regularize a situação migratória no prazo fixado;

II - permanecer em território nacional depois de esgotado o prazo legal da documentação migratória:

Sanção: multa por dia de excesso e deportação, caso não saia do País ou não regularize a situação migratória no prazo fixado;

III - deixar de se registrar, dentro do prazo de 90 (noventa) dias do ingresso no País, quando for obrigatória a identificação civil:

Sanção: multa;

IV - deixar o imigrante de se registrar, para efeito de autorização de residência, dentro do prazo de 30 (trinta) dias, quando orientado a fazê-lo pelo órgão competente:

Sanção: multa por dia de atraso;

V - transportar para o Brasil pessoa que esteja sem documentação migratória regular:

Sanção: multa por pessoa transportada;

VI - deixar a empresa transportadora de atender a compromisso de manutenção da estada ou de promoção da saída do território nacional de quem tenha sido autorizado a ingresso condicional no Brasil por não possuir a devida documentação migratória:

Sanção: multa;

VII - furtar-se ao controle migratório, na entrada ou saída do território nacional:

Sanção: multa.

Art. 110. As penalidades aplicadas serão objeto de pedido de reconsideração e de recurso, nos termos de regulamento.

Parágrafo único. Serão respeitados o contraditório, a ampla defesa e a garantia de recurso, assim como a situação de hipossuficiência do migrante ou do visitante.

CAPÍTULO X – DISPOSIÇÕES FINAIS E TRANSITÓRIAS

Art. 111. Esta Lei não prejudica direitos e obrigações estabelecidos por tratados vigentes no Brasil e que sejam mais benéficos ao migrante e ao visitante, em particular os tratados firmados no âmbito do Mercosul.

Art. 112. As autoridades brasileiras serão tolerantes quanto ao uso do idioma do residente fronteiriço e do imigrante quando eles se dirigirem a órgãos ou repartições públicas para reclamar ou reivindicar os direitos decorrentes desta Lei.

Art. 113. As taxas e emolumentos consulares são fixados em conformidade com a tabela anexa a esta Lei.

§ 1º Os valores das taxas e emolumentos consulares poderão ser ajustados pelo órgão competente da administração pública federal, de forma a preservar o interesse nacional ou a assegurar a reciprocidade de tratamento.

§ 2º Não serão cobrados emolumentos consulares pela concessão de:

I - vistos diplomáticos, oficiais e de cortesia; e

II - vistos em passaportes diplomáticos, oficiais ou de serviço, ou equivalentes, mediante reciprocidade de tratamento a titulares de documento de viagem similar brasileiro.

§ 3º Não serão cobrados taxas e emolumentos consulares pela concessão de vistos ou para a obtenção de documentos para regularização migratória aos integrantes de grupos vulneráveis e indivíduos em condição de hipossuficiência econômica.

§ 4º (VETADO).

Art. 114. Regulamento poderá estabelecer competência para órgãos do Poder Executivo disciplinarem aspectos específicos desta Lei.

Art. 115. O Decreto-Lei nº 2.848, de 7 de dezembro de 1940 (Código Penal), passa a vigorar acrescido do seguinte art. 232-A:

"**Promoção de migração ilegal**

Art. 232-A. Promover, por qualquer meio, com o fim de obter vantagem econômica, a entrada ilegal de estrangeiro em território nacional ou de brasileiro em país estrangeiro:

Pena - reclusão, de 2 (dois) a 5 (cinco) anos, e multa.

§ 1º Na mesma pena incorre quem promover, por qualquer meio, com o fim de obter vantagem econômica, a saída de estrangeiro do território nacional para ingressar ilegalmente em país estrangeiro.

§ 2º A pena é aumentada de 1/6 (um sexto) a 1/3 (um terço) se:

I - o crime é cometido com violência; ou

II - a vítima é submetida a condição desumana ou degradante.

§ 3º A pena prevista para o crime será aplicada sem prejuízo das correspondentes às infrações conexas."

Art. 116. (VETADO).

Art. 117. O documento conhecido por Registro Nacional de Estrangeiro passa a ser denominado Registro Nacional Migratório.

Art. 118. (VETADO).

Art. 119. O visto emitido até a data de entrada em vigor desta Lei poderá ser utilizado até a data prevista de expiração de sua validade, podendo ser transformado ou ter seu prazo de estada prorrogado, nos termos de regulamento.

Art. 120. A Política Nacional de Migrações, Refúgio e Apatridia terá a finalidade de coordenar e articular ações setoriais implementadas pelo Poder Executivo federal em regime de cooperação com os Estados, o Distrito Federal e os Municípios, com participação de organizações da sociedade civil, organismos internacionais e entidades privadas, conforme regulamento.

§ 1º Ato normativo do Poder Executivo federal poderá definir os objetivos, a organização e a estratégia de coordenação da Política Nacional de Migrações, Refúgio e Apatridia.

§ 2º Ato normativo do Poder Executivo federal poderá estabelecer planos nacionais e outros instrumentos para a efetivação dos objetivos desta Lei e a coordenação entre órgãos e colegiados setoriais.

§ 3º Com vistas à formulação de políticas públicas, deverá ser produzida informação quantitativa e qualitativa, de forma sistemática, sobre os migrantes, com a criação de banco de dados.

Art. 121. Na aplicação desta Lei, devem ser observadas as disposições da Lei nº 9.474, de 22 de julho de 1997, nas situações que envolvam refugiados e solicitantes de refúgio.

Art. 122. A aplicação desta Lei não impede o tratamento mais favorável assegurado por tratado em que a República Federativa do Brasil seja parte.

Art. 123. Ninguém será privado de sua liberdade por razões migratórias, exceto nos casos previstos nesta Lei.

Art. 124. Revogam-se:

I - a Lei nº 818, de 18 de setembro de 1949; e

II - a Lei nº 6.815, de 19 de agosto de 1980 (Estatuto do Estrangeiro).

Art. 125. Esta Lei entra em vigor após decorridos 180 (cento e oitenta) dias de sua publicação oficial.

Brasília, 24 de maio de 2017; 196º da Independência e 129º da República.

MICHEL TEMER

Osmar Serraglio

Aloysio Nunes Ferreira Filho

Henrique Meirelles

Eliseu Padilha

Sergio Westphalen Etchegoyen26/05/2017

Grace Maria Fernandes Mendonça

DOU de 25.5.2017

› *Não publicamos o anexo desta Lei.*

DECRETO Nº 9.199, DE 20 DE NOVEMBRO DE 2017*

Regulamenta a Lei nº 13.445, de 24 de maio de 2017, que institui a Lei de Migração.

O PRESIDENTE DA REPÚBLICA, no uso da atribuição que lhe confere o art. 84, *caput*, inciso IV, da Constituição, e tendo em vista o disposto na Lei nº 13.445, de 24 de maio de 2017,

DECRETA:

CAPÍTULO I – DISPOSIÇÕES PRELIMINARES

Art. 1º. Este Decreto regulamenta a Lei de Migração, instituída pela Lei nº 13.445, de 24 de maio de 2017.

Parágrafo único. Para fins do disposto na Lei nº 13.445, de 2017, consideram-se:

I - migrante - pessoa que se desloque de país ou região geográfica ao território de outro país ou região geográfica, em que estão incluídos o imigrante, o emigrante e o apátrida;

II - imigrante - pessoa nacional de outro país ou apátrida que trabalhe ou resida e se estabeleça temporária ou definitivamente na República Federativa do Brasil;

III - emigrante - brasileiro que se estabeleça temporária ou definitivamente no exterior;

IV - residente fronteiriço - pessoa nacional de país limítrofe ou apátrida que conserve a sua residência habitual em Município fronteiriço de país vizinho;

V - visitante - pessoa nacional de outro país ou apátrida que venha à República Federativa do Brasil para estadas de curta duração, sem pretensão de se estabelecer temporária ou definitivamente no território nacional;

VI - apátrida - pessoa que não seja considerada como nacional por nenhum Estado, conforme a sua legislação, nos termos da Convenção sobre o Estatuto dos Apátridas, de 1954, promulgada pelo Decreto nº 4.246, de 22 de maio de 2002, ou assim reconhecida pelo Estado brasileiro;

VII - refugiado - pessoa que tenha recebido proteção especial do Estado brasileiro, conforme previsto na Lei nº 9.474, de 22 de julho de 1997; e

VIII - ano migratório - período de doze meses, contado da data da primeira entrada do visitante no território nacional, conforme disciplinado em ato do dirigente máximo da Polícia Federal.

Art. 2º. Ao imigrante são garantidos os direitos previstos em lei, vedada a exigência de prova documental impossível ou descabida que dificulte ou impeça o exercício de seus direitos.

Parágrafo único. Os órgãos da administração pública federal revisarão procedimentos e normativos internos com vistas à observância ao disposto no *caput*.

Art. 3º. É vedado denegar visto ou residência ou impedir o ingresso no País por motivo de etnia, religião, nacionalidade, pertinência a grupo social ou opinião política.

(...)

Art. 81. Os Cartórios de Registro Civil remeterão mensalmente à Polícia Federal, preferencialmente por meio eletrônico, informações acerca dos registros e do óbito de imigrantes.

› *Vide Lei 6.015/1973 (Registros Públicos)*

(...)

CAPÍTULO XII – DA NACIONALIDADE E DA NATURALIZAÇÃO

SEÇÃO I – DA OPÇÃO PELA NACIONALIDADE BRASILEIRA

› *Vide art. 12, CF*

› *Vide arts. 63 e seguintes, Lei 13.445/2017 (Lei da Migração)*

› *Vide Resolução CNJ n. 155/2012 (Traslado)*

› *Vide art. 33, parágrafo único, LRP*

Art. 213. A opção pela nacionalidade é o ato pelo qual o brasileiro nascido no exterior e que não tenha sido registrado em repartição consular confirma, perante a autoridade judiciária competente, a sua intenção de manter a nacionalidade brasileira.

§ 1º A opção de nacionalidade não importará a renúncia de outras nacionalidades.

§ 2º A opção de nacionalidade é ato personalíssimo e deverá ocorrer por meio de procedimento específico, de jurisdição voluntária, perante a Justiça Federal, a qualquer tempo, após atingida a maioridade civil.

§ 3º A União sempre será ouvida no processo de opção de nacionalidade por meio de citação dirigida à Advocacia-Geral da União, observado o disposto no art. 721 da Lei nº 13.105, de 16 de março de 2015 - Código de Processo Civil.

Art. 214. O filho de pai ou de mãe brasileira nascido no exterior e que não tenha sido registrado em repartição consular poderá, a qualquer tempo, desde que esteja residindo no País, promover ação de opção de nacionalidade.

Art. 215. O filho de pai ou mãe brasileira nascido no exterior e cujo registro estrangeiro de nascimento tenha sido transcrito diretamente em cartório competente no País terá a confirmação da nacionalidade vinculada à opção pela nacionalidade brasileira e pela residência no território nacional.

§ 1º Depois de atingida a maioridade e até que se faça a opção pela nacionalidade brasileira, a condição de brasileiro nato ficará suspensa para todos os efeitos.

§ 2º Feita a opção pela nacionalidade brasileira, os efeitos da condição de brasileiro nato retroagem à data de nascimento do interessado.

Art. 216. A comprovação da opção pela nacionalidade brasileira ocorrerá por meio do registro da sentença no Cartório de Registro Civil das Pessoas Naturais, observado o disposto no art. 29, *caput*, inciso VII, da Lei nº 6.015, de 31 de dezembro de 1973.

Parágrafo único. O órgão de registro deverá informar, periodicamente, os dados relativos à opção pela nacionalidade brasileira à Polícia Federal.

› *Vide Lei 6.015/1973 (Registros Públicos)*
› *Vide Resolução CNJ 155/2012*

Art. 217. O registro consular de nascimento deverá ser trasladado em Cartório de Registro Civil das Pessoas Naturais para gerar efeitos plenos no território nacional, observado o disposto no art. 32 da Lei nº 6.015, de 1973.

› *Vide Resolução CNJ 155/2012*

SEÇÃO II – DAS CONDIÇÕES DA NATURALIZAÇÃO

Art. 218. A naturalização, cuja concessão é de competência exclusiva do Ministério da Justiça e Segurança Pública, poderá ser:

I - ordinária;

II - extraordinária;

III - especial; ou

IV - provisória.

Art. 219. Ato do Ministro de Estado da Justiça e Segurança Pública disporá sobre os documentos e as diligências necessários à comprovação dos requisitos para a solicitação de cada tipo de naturalização.

Art. 220. Ato do Ministro de Estado da Justiça e Segurança Pública concederá a naturalização, desde que satisfeitas as condições objetivas necessárias à naturalização, consideradas requisito preliminar para o processamento do pedido.

Art. 221. Para fins de contagem dos prazos de residência mencionados nas exigências para obtenção da naturalização ordinária e extraordinária, serão considerados os períodos em que o imigrante tenha passado a residir no País por prazo indeterminado.

Parágrafo único. A residência será considerada fixa, para fins da naturalização provisória prevista no art. 244, a partir do momento em que o imigrante passar a residir no País por prazo indeterminado.

Art. 222. A avaliação da capacidade do naturalizando de se comunicar em língua portuguesa será regulamentada por ato do Ministro de Estado da Justiça e Segurança Pública.

Parágrafo único. Para fins do disposto no inciso III do *caput* do art. 233 e no inciso II do *caput* do art. 241, as condições do naturalizando quanto à capacidade de comunicação em língua portuguesa considerarão aquelas decorrentes de deficiência, nos termos da legislação vigente.

Art. 223. O naturalizando poderá requerer a tradução ou a adaptação de seu nome à língua portuguesa.

Art. 224. O interessado que desejar ingressar com pedido de naturalização ordinária, extraordinária, provisória ou de transformação da naturalização provisória em definitiva deverá apresentar requerimento em unidade da Polícia Federal, dirigido ao Ministério da Justiça e Segurança Pública.

Parágrafo único. Na hipótese de naturalização especial, a petição poderá ser apresentada a autoridade consular brasileira, que a remeterá ao Ministério da Justiça e Segurança Pública.

Art. 225. As notificações relacionadas com o processo de naturalização serão efetuadas preferencialmente por meio eletrônico.

Art. 226. Os Ministérios da Justiça e Segurança Pública e das Relações Exteriores tramitarão os pedidos de naturalização por meio de sistema eletrônico integrado.

Art. 227. A Polícia Federal, ao processar o pedido de naturalização:

I - coletará os dados biométricos do naturalizando;

II - juntará as informações sobre os antecedentes criminais do naturalizando; e

III - relatará o requerimento de naturalização; e

IV - poderá apresentar outras informações que instruam a decisão quanto ao pedido de naturalização.

Parágrafo único. Na hipótese de naturalização especial, a coleta dos dados biométricos prevista no inciso I do *caput* será realizada pelo Ministério das Relações Exteriores.

Art. 228. O procedimento de naturalização se encerrará no prazo de cento e oitenta dias, contado da data do recebimento do pedido.

§ 1º Na hipótese de naturalização especial, a contagem do prazo se iniciará a partir do recebimento do pedido pelo Ministério da Justiça e Segurança Pública.

§ 2º Caso sejam necessárias diligências para o procedimento de naturalização, o prazo previsto no *caput* poderá ser prorrogado por meio de ato do Ministro de Estado da Justiça e Segurança Pública que fundamente a prorrogação.

Art. 229. O brasileiro que tenha optado pela nacionalidade brasileira ou aquele naturalizado que tenha cumprido as suas obrigações militares no país de sua nacionalidade anterior fará jus ao Certificado de Dispensa de Incorporação.

Art. 230. A naturalização produz efeitos após a data da publicação no Diário Oficial da União do ato de naturalização.

§ 1º Publicado o ato de naturalização no Diário Oficial da União, o Ministério da Justiça e Segurança Pública comunicará as naturalizações concedidas, preferencialmente por meio eletrônico:

I - ao Ministério da Defesa;

II - ao Ministério das Relações Exteriores; e

III - à Polícia Federal.

§ 2º O registro do ato de concessão da naturalização será realizado, em sistema próprio do Ministério da Justiça e Segurança Pública, com o nome anterior e, caso exista, o traduzido ou o adaptado.

Art. 231. No prazo de até um ano após a concessão da naturalização, o naturalizado maior de dezoito anos e menor de setenta anos deverá comparecer perante a Justiça Eleitoral para o devido cadastramento.

Parágrafo único. A informação quanto à necessidade de comparecimento ou não perante a Justiça Eleitoral constará da decisão de naturalização publicada pelo Ministério da Justiça e Segurança Pública no Diário Oficial da União.

Art. 232. O prazo para apresentação de recurso na hipótese de indeferimento do pedido de naturalização será de dez dias, contado da data do recebimento da notificação.

§ 1º O recurso deverá ser julgado no prazo de sessenta dias, contado da data da sua interposição.

§ 2º A manutenção da decisão não impedirá a apresentação de novo pedido de naturalização, desde que satisfeitas as condições objetivas necessárias à naturalização.

§ 3º Na hipótese de naturalização especial, o prazo estabelecido no *caput* será contado da data da notificação do requerente pelo Ministério das Relações Exteriores.

SEÇÃO III – DA NATURALIZAÇÃO ORDINÁRIA

Art. 233. No procedimento para a concessão de naturalização ordinária, deverão ser comprovados:

I - capacidade civil, segundo a lei brasileira;

II - residência no território nacional, pelo prazo mínimo de quatro anos;

III - capacidade de se comunicar em língua portuguesa, consideradas as condições do naturalizando; e

IV - inexistência de condenação penal ou comprovação de reabilitação, nos termos da legislação vigente.

§ 1º O prazo de residência no território nacional a que se refere o inciso II do *caput* deverá ser imediatamente anterior à apresentação do pedido.

§ 2º Na contagem do prazo previsto no inciso II do *caput*, as viagens esporádicas do naturalizando ao exterior cuja soma dos períodos de duração não ultrapassem o período de doze meses não impedirão o deferimento da naturalização ordinária.

§ 3º A posse ou a propriedade de bens no País não será prova suficiente do requisito estabelecido no inciso II do *caput*, hipótese em que deverá ser comprovada a residência efetiva no País.

§ 4º O Ministério da Justiça e Segurança Pública consultará bancos de dados oficiais para comprovar o prazo de residência de que trata o inciso II do *caput*.

Art. 234. O pedido de naturalização ordinária se efetivará por meio da:

I - apresentação da Carteira de Registro Nacional Migratório do naturalizando;

II - comprovação de residência no território nacional pelo prazo mínimo requerido;

III - demonstração do naturalizando de que se comunica em língua portuguesa, consideradas as suas condições;

IV - apresentação de certidões de antecedentes criminais expedidas pelos Estados onde tenha residido nos últimos quatro anos e, se for o caso, de certidão de reabilitação; e

V - apresentação de atestado de antecedentes criminais expedido pelo país de origem.

Art. 235. O prazo de residência mínimo estabelecido no inciso II do *caput* do art. 233 será reduzido para um ano se o naturalizando preencher um dos seguintes requisitos:

I - ter filho brasileiro nato ou naturalizado, ressalvada a naturalização provisória; ou

II - ter cônjuge ou companheiro brasileiro e não estar dele separado legalmente ou de fato no momento de concessão da naturalização.

Art. 236. O prazo de residência mínimo estabelecido no inciso II do *caput* do art. 233 será reduzido para dois anos se o naturalizando preencher um dos seguintes requisitos:

I - ter prestado ou poder prestar serviço relevante ao País; ou

II - ser recomendo por sua capacidade profissional, científica ou artística.

Parágrafo único. A avaliação sobre a relevância do serviço prestado ou a ser prestado ao País e sobre a capacidade profissional, científica ou artística será realizada pelo Ministério da Justiça e Segurança Pública, que poderá consultar outros órgãos da administração pública.

Art. 237. Observado o disposto no art. 12, *caput*, inciso II, alínea "a", da Constituição, para os imigrantes originários de países de língua portuguesa serão exigidas:

I - residência no País por um ano ininterrupto; e

II - idoneidade moral.

SEÇÃO IV – DA NATURALIZAÇÃO EXTRAORDINÁRIA

Art. 238. A naturalização extraordinária será concedida a pessoa de qualquer nacionalidade que tenha fixado residência no território nacional há mais de quinze anos ininterruptos e sem condenação penal, ou já reabilitada na forma da legislação vigente, desde que requeira a nacionalidade brasileira.

§ 1º O prazo de residência no território nacional a que se refere o *caput* deverá ser imediatamente anterior à apresentação do pedido.

§ 2º Na contagem do prazo previsto no *caput*, as viagens esporádicas do naturalizando ao exterior não impedirão o deferimento da naturalização extraordinária.

§ 3º A posse ou a propriedade de bens no País não será prova suficiente do requisito estabelecido no *caput*, hipótese em que deverá ser comprovada a residência efetiva no País.

§ 4º O Ministério da Justiça e Segurança Pública poderá consultar bancos de dados oficiais para comprovar o prazo de residência no País previsto no *caput*.

Art. 239. O pedido de naturalização extraordinária se efetivará por meio da apresentação:

I - da Carteira de Registro Nacional Migratório do naturalizando;

II - de certidões de antecedentes criminais expedidas pelos Estados onde tenha residido nos últimos quatro anos e, se for o caso, de certidão de reabilitação; e

III - de atestado de antecedentes criminais expedido pelo país de origem.

SEÇÃO V – DA NATURALIZAÇÃO ESPECIAL

Art. 240. A naturalização especial poderá ser concedida ao estrangeiro que se enquadre em uma das seguintes hipóteses:

I - ser cônjuge ou companheiro, há mais de cinco anos, de integrante do Serviço Exterior Brasileiro em atividade ou de pessoa a serviço do Estado brasileiro no exterior; ou

II - ser ou ter sido empregado em missão diplomática ou em repartição consular do País por mais de dez anos ininterruptos.

§ 1º Para fins do disposto no inciso I do *caput*, considera-se pessoa a serviço do Estado brasileiro aquela cujo ato de designação ou nomeação tenha sido feito por autoridade competente e publicado no Diário Oficial da União.

§ 2º Serão computados na contagem do prazo estabelecido no inciso II do *caput* os afastamentos do empregado por motivo de:

I - férias;

II - licença-maternidade ou licença-paternidade;

III - saúde; ou

IV - licença, nos termos da legislação trabalhista do país em que esteja instalada a missão diplomática ou repartição consular, cujo prazo de duração seja inferior a seis meses.

Art. 241. No procedimento para a concessão da naturalização especial deverão ser comprovados:

I - capacidade civil, segundo a lei brasileira;

II - capacidade de se comunicar em língua portuguesa, consideradas as condições do naturalizando; e

III - inexistência de condenação penal ou comprovação de reabilitação, nos termos da legislação vigente.

Art. 242. O pedido de naturalização especial se efetivará por meio da:

I - apresentação de documento de identidade civil válido do naturalizando;

II - demonstração do naturalizando de que se comunica em língua portuguesa, consideradas as suas condições;

III - apresentação de atestado de antecedentes criminais expedido pelo país de origem e, se residir em país diferente, também pelo país de residência.

Art. 243. Ato conjunto dos Ministros de Estado da Justiça e Segurança Pública e das Relações Exteriores disporá sobre os documentos necessários para a comprovação dos requisitos estabelecidos para a solicitação de naturalização especial.

SEÇÃO VI – DA NATURALIZAÇÃO PROVISÓRIA

Art. 244. A naturalização provisória poderá ser concedida ao migrante criança ou adolescente que tenha fixado residência no território nacional antes de completar dez anos de idade e deverá ser requerida por intermédio de seu representante legal.

Art. 245. O pedido de naturalização provisória se efetivará por meio da apresentação:

I - da Carteira de Registro Nacional Migratório do naturalizando; e

II - de documento de identificação civil do representante ou do assistente legal da criança ou do adolescente.

Art. 246. A naturalização provisória será convertida em definitiva se o naturalizando o expressamente assim o requerer ao Ministério da Justiça e Segurança Pública no prazo de dois anos após atingir a maioridade civil.

§ 1º Na avaliação do pedido de conversão de que trata o *caput*, será exigida a apresentação de certidões de antecedentes criminais expedidas pelos Estados onde o naturalizando tenha residido após completar a maioridade civil e, se for o caso, de certidão de reabilitação.

§ 2º O Ministério da Justiça e Segurança Pública consultará bancos de dados oficiais para comprovar a residência do naturalizando no País.

SEÇÃO VII – DA IGUALDADE DE DIREITOS ENTRE PORTUGUESES E BRASILEIROS

Art. 247. O procedimento para solicitação de igualdade de direitos entre portugueses e brasileiros a que se referem a Convenção de Reciprocidade de Tratamento entre Brasileiros e Portugueses, promulgada pelo Decreto nº 70.391, de 12 de abril de 1972, e o Tratado de Amizade, Cooperação e Consulta entre a República Federativa do Brasil e a República Portuguesa, promulgado pelo Decreto nº 3.927, de 19 de setembro de 2001, será previsto em ato do Ministro de Estado da Justiça e Segurança Pública.

SEÇÃO VIII – DA PERDA DA NACIONALIDADE

Art. 248. O naturalizado perderá a nacionalidade em razão de sentença transitada em julgado por atividade nociva ao interesse nacional, nos termos estabelecidos no art. 12, § 4º, inciso I, da Constituição.

Parágrafo único. A sentença judicial que cancelar a naturalização por atividade nociva ao interesse nacional produzirá efeitos após o trânsito em julgado.

Art. 249. A perda da nacionalidade será declarada ao brasileiro que adquirir outra nacionalidade, exceto nas seguintes hipóteses:

I - de reconhecimento de nacionalidade originária pela lei estrangeira; e

II - de imposição de naturalização, pela norma estrangeira, ao brasileiro residente em estado estrangeiro, como condição para permanência em seu território ou para o exercício de direitos civis.

Art. 250. A declaração da perda de nacionalidade brasileira se efetivará por ato do Ministro de Estado da Justiça e Segurança Pública, após procedimento administrativo, no qual serão garantidos os princípios do contraditório e da ampla defesa.

Art. 251. Na hipótese de procedimento de perda de nacionalidade instaurado a pedido do interessado, a solicitação deverá conter, no mínimo:

I - a identificação do interessado, com a devida documentação;

II - o relato do fato motivador e a sua fundamentação legal;

III - a documentação que comprove a incidência de hipótese de perda de nacionalidade, devidamente traduzida, se for o caso;

IV - endereço de correio eletrônico do interessado, se o possuir.

§ 1º O Ministério da Justiça e Segurança Pública dará publicidade da decisão quanto à perda de nacionalidade em seu sítio eletrônico, inclusive quando houver interposição de recurso.

§ 2º Caberá recurso da decisão a que se refere o § 1º à instância imediatamente superior, no prazo de dez dias, contado da data da publicação no sítio eletrônico do Ministério da Justiça e Segurança Pública.

Art. 252. O Ministério da Justiça e Segurança Pública dará ciência da perda da nacionalidade:

I - ao Ministério das Relações Exteriores;

II - ao Conselho Nacional de Justiça; e

III - à Polícia Federal.

Art. 253. O risco de geração de situação de apatridia será considerado previamente à declaração da perda da nacionalidade.

SEÇÃO IX – DA REAQUISIÇÃO DA NACIONALIDADE

Art. 254. O brasileiro que houver perdido a nacionalidade, em razão do disposto no inciso II do § 4º do art. 12 da Constituição, poderá, se cessada a causa, readquiri-la ou ter revogado o ato que declarou a sua perda.

§ 1º Cessada a causa da perda de nacionalidade, o interessado, por meio de requerimento endereçado ao Ministro da Justiça e Segurança Pública, poderá pleitear a sua reaquisição.

§ 2º A reaquisição da nacionalidade brasileira ficará condicionada à:

I - comprovação de que possuía a nacionalidade brasileira; e

II - comprovação de que a causa que deu razão à perda da nacionalidade brasileira cessou.

§ 3º A cessação da causa da perda da nacionalidade brasileira poderá ser demonstrada por meio de ato do interessado que represente pedido de renúncia da nacionalidade então adquirida.

§ 4º O ato que declarou a perda da nacionalidade poderá ser revogado por decisão do Ministro de Estado da Justiça e Segurança Pública caso seja constatado que estava presente uma das exceções previstas nas alíneas "a" e "b" do inciso II do § 4º do art. 12 da Constituição.

§ 5º A decisão de revogação será fundamentada por meio da comprovação de reconhecimento de nacionalidade originária pela lei estrangeira ou de imposição de naturalização, o que poderá ser realizado por qualquer meio permitido na legislação brasileira.

§ 6º Os efeitos decorrentes da perda da nacionalidade constarão da decisão de revogação.

§ 7º O deferimento do requerimento de reaquisição ou a revogação da perda importará no restabelecimento da nacionalidade originária brasileira.

(...)

Art. 319. Este Decreto entra em vigor na data de sua publicação.

Brasília, 20 de novembro de 2017;
196º da Independência e 129º da República.
MICHEL TEMER
Torquato Jardin
Aloysio Nunes Ferreira Filho
Ronaldo Nogueira de Oliveira
DOU de 21.11.2017

› *Não publicamos o anexo deste decreto.*

DECRETOS

DECRETO Nº 7.037, DE 21 DE DEZEMBRO DE 2009*

Aprova o Programa Nacional de Direitos Humanos – PNDH-3 e dá outras providências.

O PRESIDENTE DA REPÚBLICA, no uso da atribuição que lhe confere o art. 84, inciso VI, alínea "a", da Constituição,

DECRETA:

Art. 1º Fica aprovado o Programa Nacional de Direitos Humanos – PNDH-3, em consonância com as diretrizes, objetivos estratégicos e ações programáticas estabelecidos, na forma do Anexo deste Decreto.

Art. 2º O PNDH-3 será implementado de acordo com os seguintes eixos orientadores e suas respectivas diretrizes:

(...)

III – (...)

a) Diretriz 7: Garantia dos Direitos Humanos de forma universal, indivisível e interdependente, assegurando a cidadania plena;

(...)

Brasília, 21 de dezembro de 2009; 188º da Independência e 121º da República.

LUIZ INÁCIO LULA DA SILVA

(DOU de 22.12.2009)

ANEXO

(...)

Diretriz 7: Garantia dos Direitos Humanos de forma universal, indivisível e interdependente, assegurando a cidadania plena.

Objetivo estratégico I:

Universalização do registro civil de nascimento e ampliação do acesso à documentação básica.

Ações programáticas:

a) Ampliar e reestruturar a rede de atendimento para a emissão do registro civil de nascimento visando a sua universalização.

• Interligar maternidades e unidades de saúde aos cartórios, por meio de sistema manual ou informatizado, para emissão de registro civil de nascimento logo após o parto, garantindo ao recém-nascido a certidão de nascimento antes da alta médica.

• Fortalecer a Declaração de Nascido Vivo (DNV), emitida pelo Sistema Único de Saúde , como mecanismo de acesso ao registro civil de nascimento, contemplando a diversidade na emissão pelos estabelecimentos de saúde e pelas parteiras.

• Realizar orientação sobre a importância do registro civil de nascimento para a cidadania por meio da rede de atendimento (saúde, educação e assistência social) e pelo sistema de Justiça e de segurança pública.

• Aperfeiçoar as normas e o serviço público notarial e de registro, em articulação com o Conselho Nacional de Justiça, para garantia da gratuidade e da cobertura do serviço de registro civil em âmbito nacional.

Responsáveis: Ministério da Saúde; Ministério do Desenvolvimento Social e Combate à Fome; Ministério da Previdência Social; Ministério da Justiça; Ministério do Planejamento, Orçamento e Gestão; Secretaria Especial dos Direitos Humanos da Presidência da República

b) Promover a mobilização nacional com intuito de reduzir o número de pessoas sem registro civil de nascimento e documentação básica.

• Instituir comitês gestores estaduais, distrital e municipais com o objetivo de articular as instituições públicas e as entidades da sociedade civil para a implantação de ações que visem à ampliação do acesso à documentação básica.• Realizar campanhas para orientação e conscientização da população e dos agentes responsáveis pela articulação e pela garantia do acesso aos serviços de emissão de registro civil de nascimento e de documentação básica.

• Realizar mutirões para emissão de registro civil de nascimento e documentação básica, com foco nas regiões de difícil acesso e no atendimento às populações específicas como os povos indígenas, quilombolas, ciganos, pessoas em situação de rua, institucionalizadas e às trabalhadoras rurais.

Responsáveis: Ministério da Saúde; Ministério do Desenvolvimento Social e Combate à Fome; Ministério da Defesa; Ministério da Fazenda; Ministério do Trabalho e Emprego; Ministério da Justiça; Secretaria Especial dos Direitos Humanos da Presidência da República

c) Criar bases normativas e gerenciais para garantia da universalização do acesso ao registro civil de nascimento e à documentação básica.

• Implantar sistema nacional de registro civil para interligação das informações de estimativas de nascimentos, de nascidos vivos e do registro civil, a fim de viabilizar a busca ativa dos nascidos não registrados e aperfeiçoar os indicadores para subsidiar políticas públicas.

• Desenvolver estudo e revisão da legislação para garantir o acesso do cidadão ao registro civil de nascimento em todo o território nacional.

• Realizar estudo de sustentabilidade do serviço notarial e de registro no País.

• Desenvolver a padronização do registro civil (certidão de nascimento, de casamento e de óbito) em território nacional.

• Garantir a emissão gratuita de Registro Geral e Cadastro de Pessoa Física aos reconhecidamente pobres.

• Desenvolver estudo sobre a política nacional de documentação civil básica.

Responsáveis: Ministério da Saúde; Ministério do Desenvolvimento Social e Combate à Fome; Ministério do Planejamento, Orçamento e Gestão; Ministério da Fazenda; Ministério da Justiça; Ministério do Trabalho e Emprego; Ministério da Previdência Social; Secretaria Especial dos Direitos Humanos da Presidência da República

d) Incluir no questionário do censo demográfico perguntas para identificar a ausência de documentos civis na população.

Responsável: Secretaria Especial dos Direitos Humanos da Presidência da República

Responsáveis: Ministério do Desenvolvimento Social e Combate à Fome; Ministério do Desenvolvimento Agrário; Ministério da Agricultura, Pecuária e Abastecimento

DECRETO Nº 7.231, DE 14 DE JULHO DE 2010

Regulamenta o art. 29, incisos I, II e III, da Lei nº 6.015, de 31 de dezembro de 1973, que dispõe sobre os registros públicos, e dá outras providências.

› *Vide Anexos do Provimento CNJ n. 63/2017 (Novos Modelos de Certidões)*

› *Vide arts. 472 a 479, Provimento CNJ n. 149/2023 (CNN)*

O PRESIDENTE DA REPÚBLICA, no uso da atribuição que lhe confere o art. 84, inciso IV, da Constituição, e tendo em vista o disposto nos arts. 18, 19 e 29 da Lei nº 6.015, de 31 de dezembro de 1973,

DECRETA:

Art. 1º A certidão decorrente do registro previsto no art. 29, inciso I, da Lei nº 6.015, de 31 de dezembro de 1973, observará o modelo determinado em ato conjunto do Ministério da Justiça e da Secretaria de Direitos Humanos da Presidência da República.

Art. 2º As certidões decorrentes dos registros previstos no art. 29, incisos II e III, da Lei nº 6.015, de 1973, observarão os modelos determinados em ato do Ministério da Justiça.

Art. 3º As certidões previstas nos arts. 1º e 2º deverão contar com matrícula padronizada e unificada nacionalmente, que identifique o código nacional da serventia, o código do acervo, tipo de serviço prestado, ano do registro, tipo do livro, número do livro, número da folha, número do termo e dígito verificador.

Parágrafo único. O número da Declaração de Nascido Vivo – DNV, quando houver, deverá ser lançado em campo próprio da certidão de nascimento.

Art. 4º As certidões de nascimento, de casamento e de óbito, emitidas anteriormente à vigência deste Decreto, permanecerão válidas em todo o território nacional.

Art. 5º Os atos praticados com base neste Decreto observarão a competência fiscalizatória prevista no § 1º do art. 236 da Constituição.

Art. 6º Este Decreto entra em vigor na data de sua publicação.

Art. 7º Fica revogado o Decreto nº 6.828, de 27 de abril de 2009.

Brasília, 14 de julho de 2010;
189º da Independência e 122º da República.
LUIZ INÁCIO LULA DA SILVA
(DOU de 15.7.2010)

DECRETO Nº 8.727, DE 28 DE ABRIL DE 2016

Dispõe sobre o uso do nome social e o reconhecimento da identidade de gênero de pessoas travestis e transexuais no âmbito da administração pública federal direta, autárquica e fundacional.

A PRESIDENTA DA REPÚBLICA, no uso da atribuição que lhe confere o art. 84, *caput*, inciso VI, alínea "a", da Constituição, e tendo em vista o disposto no art. 1º, *caput*, inciso III, no art. 3º, *caput*, inciso IV; e no art. 5º, *caput*, da Constituição,

DECRETA:

Art. 1º Este Decreto dispõe sobre o uso do nome social e o reconhecimento da identidade de gênero de pessoas travestis ou transexuais no âmbito da administração pública federal direta, autárquica e fundacional.

Parágrafo único. Para os fins deste Decreto, considera-se:

I - nome social - designação pela qual a pessoa travesti ou transexual se identifica e é socialmente reconhecida; e

II - identidade de gênero – dimensão da identidade de uma pessoa que diz respeito à forma como se relaciona com as representações de masculinidade e feminilidade e como isso se traduz em sua prática social, sem guardar relação necessária com o sexo atribuído no nascimento.

Art. 2º Os órgãos e as entidades da administração pública federal direta, autárquica e fundacional, em seus atos e procedimentos, deverão adotar o nome social da pessoa travesti ou transexual, de acordo com seu requerimento e com o disposto neste Decreto.

Parágrafo único. É vedado o uso de expressões pejorativas e discriminatórias para referir-se a pessoas travestis ou transexuais.

Art. 3º Os registros dos sistemas de informação, de cadastros, de programas, de serviços, de fichas, de formulários, de prontuários e congêneres dos órgãos e das entidades da administração pública federal direta, autárquica e fundacional deverão conter o campo "nome social" em destaque, acompanhado do nome civil, que será utilizado apenas para fins administrativos internos.

Art. 4º Constará nos documentos oficiais o nome social da pessoa travesti ou transexual, se requerido expressamente pelo interessado, acompanhado do nome civil.

Art. 5º O órgão ou a entidade da administração pública federal direta, autárquica e fundacional poderá empregar o nome civil da pessoa travesti ou transexual, acompanhado do nome social, apenas quando estritamente necessário ao atendimento do interesse público e à salvaguarda de direitos de terceiros.

Art. 6º A pessoa travesti ou transexual poderá requerer, a qualquer tempo, a inclusão de seu nome social em documentos oficiais e nos registros dos sistemas de informação, de cadastros, de programas, de serviços, de fichas, de formulários, de prontuários e congêneres dos órgãos e das entidades da administração pública federal direta, autárquica e fundacional.

Art. 7º Este Decreto entra em vigor:

I - um ano após a data de sua publicação, quanto ao art. 3º ; e

II - na data de sua publicação, quanto aos demais dispositivos.

Brasília, 28 de abril de 2016;
195º da Independência e 128º da República.
DILMA ROUSSEFF
Nilma Lino Gomes
DOU de 29.4.2016

DECRETO Nº 9.929, DE 22 DE JULHO DE 2019

Dispõe sobre o Sistema Nacional de Informações de Registro Civil - Sirc e sobre o seu comitê gestor.

- *Vide art. 52, § 3º; 75, parágrafo único;*
- *Instrução Normativa INSS N.116/2021 (Procedimento relativo à apuração de descumprimento de qualquer obrigação imposta pelo art. 68 da Lei 8.212/1991)*
- *Portaria INSS n. 901/2021 (Regras de condutas de acesso pelos Titulares e Substitutos de Cartórios de Registro Civil ao SIRC).*
- *Resolução 01/2015 Comitê Gestor do SIRC*
- *Resolução 04/2019 Comitê Gestor do SIRC*
- *Resolução 08/2021 Comitê Gestor do SIRC*
- *Recomendação CNJ n. 40/2019 (Prazos e informações a serem prestadas ao Sistema Nacional de Informações de Registro Civil – SIRC pelas serventias extrajudiciais de registro de pessoas naturais)*

O PRESIDENTE DA REPÚBLICA , no uso das atribuições que lhe confere o art. 84, *caput* , incisos IV e VI, alínea "a", da Constituição, e tendo em vista o disposto no art. 37 a art. 41 da Lei nº 11.977, de 7 de julho de 2009,

DECRETA :

Art. 1º Este Decreto dispõe sobre o Sistema Nacional de Informações de Registro Civil - Sirc, que tem a finalidade de captar, processar, arquivar e disponibilizar dados relativos a registros de nascimento, de casamento, de óbito e de natimorto produzidos pelos cartórios de registro civil das pessoas naturais, e sobre o seu comitê gestor.

Parágrafo único. O Sirc tem base de dados própria, constituída pelos dados referidos no *caput* .

Art. 2º O Sirc tem os seguintes objetivos:

I - apoiar e otimizar o planejamento e a gestão de políticas públicas que demandarem o conhecimento e a utilização dos dados a que se refere o art. 1º.

II - promover o aperfeiçoamento da troca de dados entre os cartórios de registro civil de pessoas naturais e o Poder Executivo federal;

III - promover a interoperabilidade entre os sistemas dos cartórios de registro civil de pessoas naturais e os cadastros mantidos pelo Poder Executivo federal; e

IV - a padronizar os procedimentos para envio de dados pelos cartórios de registro civil de pessoas naturais ao Poder Executivo federal.

Art. 3º O Comitê Gestor do Sistema Nacional de Informações de Registro Civil - CGSirc é responsável pelo estabelecimento de diretrizes para o funcionamento, a gestão e a disseminação do Sirc e pelo monitoramento do uso dos dados nele contidos.

§ 1º Compete ao CGSirc:

I - estabelecer procedimentos para a implementação, a operacionalização, o controle e o aprimoramento do Sirc;

II - definir procedimentos para assegurar a integridade, a disponibilidade, a autenticidade e a confidencialidade dos dados e a interoperabilidade entre o Sirc e outros sistemas de informação dos órgãos e entidades envolvidos, observada a legislação aplicável e as recomendações técnicas da arquitetura dos Padrões de Interoperabilidade de Governo Eletrônico - e-PING;

III - deliberar, de forma presencial ou eletrônica, e expedir resoluções normativas no âmbito de suas competências, respeitadas as diretrizes de governança de dados adotadas pelo Governo federal;

IV - autorizar o acesso aos dados do Sirc, de acordo com o disposto no art. 7º;

V - estabelecer níveis de acesso aos dados do Sirc;

VI - estabelecer as regras referentes ao custeio da disponibilização dos dados do Sirc a órgãos e entidades públicos que não estejam representados no CGSirc;

VII - zelar pela eficácia e pela efetividade das medidas adotadas no âmbito do Sirc;

VIII - promover a realização de estudos e pesquisas voltados para o aprimoramento do Sirc;

IX - propor medidas, em cooperação com o Poder Judiciário e com outros órgãos públicos, para fortalecimento e modernização do registro civil das pessoas naturais;

X - dispor sobre a divulgação pública de dados obtidos por meio do Sirc, na forma do disposto no § 6º do art. 7º;

XI - monitorar a disponibilização e o uso dos dados do Sirc e suspendê-los em caso de comprovado abuso, irregularidade ou desvio de finalidade;

XII - acompanhar e propor medidas de aprimoramento da sistemática de envio dos dados de que trata o art. 8º;

XIII - aprovar por maioria absoluta dos seus membros o Regimento Interno, que deverá dispor sobre a sua estrutura, as suas competências e o seu funcionamento; e

XIV - dispor sobre outras questões referentes ao Sirc, nos termos do disposto no seu Regimento Interno.

§ 2º O CGSirc disporá de secretaria-executiva responsável por apoiar permanentemente o seu funcionamento.

Art. 4º O CGSirc é composto por representantes dos seguintes órgãos e entidades:

I - Ministério da Justiça e Segurança Pública;

II - Ministério da Defesa;

III - Ministério das Relações Exteriores;

IV - Ministério da Economia;

V - Ministério da Cidadania;

VI - Ministério da Saúde;

VII - Ministério da Mulher, Família e Direitos Humanos;

VIII - Instituto Nacional do Seguro Social - INSS; e

IX - Instituto Brasileiro de Geografia e Estatística - IBGE.

§ 1º Cada membro do CGSirc terá um suplente, que o substituirá em suas ausências e impedimentos.

§ 2º A coordenação do CGSirc será exercida de forma alternada, anualmente, pelo Ministério da Economia e pelo Ministério da Mulher, Família e Direitos Humanos, na forma disposta no seu Regimento Interno.

§ 3º O Coordenador do CGSirc será o membro titular do Ministério e será designado pelo Ministro de Estado ao qual estiver subordinado.

§ 4º A Secretaria-Executiva do CGSirc é de responsabilidade do Ministério que estiver exercendo a coordenação.

§ 5º O Secretário-Executivo do CGSirc será designado em ato do Coordenador do Comitê.

§ 6º É vedado aos membros do CGSirc, titulares e suplentes, exercer simultaneamente a função de Secretário-Executivo.

§ 7º O Coordenador do CGSirc convidará o Conselho Nacional de Justiça, o Tribunal Superior Eleitoral e duas entidades de representação nacional dos registradores civis de pessoas naturais a participarem das reuniões do Comitê sem direito a voto.

§ 8º Os membros do CGSircm e respectivos suplentes serão indicados pelo titular do órgão que representam e caberá ao Coordenador do CGSirc tornar pública a composição do Comitê.

§ 9º As indicações dos representantes do INSS e do IBGE serão encaminhadas ao Coordenador do CGSirc por meio do Ministério da Economia.

§ 10. O quórum de reunião do CGSirc é de maioria absoluta e o quórum de aprovação é de maioria simples.

§ 11. O desenvolvimento, a operacionalização e a manutenção do Sirc caberão ao INSS, observadas as diretrizes e as deliberações do CGSirc.

§ 12. O CGSirc se reunirá em caráter ordinário bimestralmente, por meio de convocação do seu Coordenador com antecedência mínima de dez dias.

Art. 5º O CGSirc poderá instituir grupos de trabalho com o objetivo de:

I - subsidiar o CGSirc quanto aos aspectos técnicos;

II - elaborar e apresentar estudos e propostas sobre a implementação, a operacionalização, o controle e o aprimoramento do Sirc; e

III - executar atividades relativas à implementação das deliberações e resoluções do CGSirc.

§ 1º Os membros dos grupos de trabalho serão indicados pelos aos membros titulares do CGSirc, ou pelos suplentes no exercício da titularidade.

§ 2º Os grupos de trabalho:

I - serão compostos na forma de ato do Coordenador do CGSirc;

II - não poderão ter mais de cinco membros;

III - terão caráter temporário e duração não superior a seis meses, prorrogável por igual período; e

IV - estão limitados a três operando simultaneamente.

Art. 6º A participação no CGSirc e em seus grupos de trabalho será considerada prestação de serviço público relevante, não remunerada.

Parágrafo único. Os membros do CGSirc e dos grupos de trabalho que se encontrarem no Distrito Federal se reunirão presencialmente e os membros que se encontrarem em outros entes federativos participarão da reunião por meio de videoconferência.

Art. 7º Os dados contidos no Sirc poderão ser disponibilizados, após autorização do CGSirc, aos órgãos e entidades da administração pública federal, estadual, distrital e municipal que os solicitarem, observado o disposto no art. 31 da Lei nº 12.527, de 18 de novembro de 2011.

§ 1º A disponibilização dos dados contidos no Sirc a órgãos e entidades integrantes do CGSirc independe de autorização.

§ 2º A solicitação de dados do Sirc deverá ser motivada e somente será autorizado o acesso à base de dados quando verificada a pertinência entre a competência institucional do órgão ou da entidade pública e a utilidade dos dados solicitados.

§ 3º Os órgãos e entidades referidos neste artigo poderão integrar às suas próprias bases de dados os dados disponibilizados pelo Sirc.

§ 4º Os dados contidos no Sirc serão disponibilizados ao Ministério da Justiça e Segurança Pública para viabilizar a integração com o Cadastro Nacional de Registro de Identificação Civil, instituído pelo art. 2º da Lei nº 9.454, de 7 de abril de 1997.

§ 5º Os órgãos e entidades referidos neste artigo não poderão transferir a terceiros o acesso à base de dados do Sirc.

§ 6º Resolução do CGSirc regulamentará a divulgação pública dos dados obtidos por meio do Sirc, vedada a identificação das pessoas a quem os dados se referirem.

› *Vide Resolução do Comitê Gestor do Sistema Nacional de Registro Civil n. 8/2021*

§ 7º Os dados contidos no Sirc poderão ser disponibilizados a entidades privadas, exclusivamente para fins de estudos e pesquisas, após autorização do CGSirc, vedada a identificação das pessoas a que os dados se referirem.

Art. 8º Os dados atualizados relativos aos registros de nascimento, de casamento, de óbito e de natimorto serão disponibilizados no Sirc eletronicamente na forma disposta no art. 39 e no art. 41 da Lei nº 11.977, de 7 de julho de 2009 , e no art. 68 da Lei nº 8.212, de 24 de julho de 1991 .

§ 1º O titular do cartório de registro civil de pessoas naturais deverá inserir no Sirc, de preferência diariamente, os dados de nascimento, de casamento, de óbito e de natimorto registrados, observado como prazo máximo o dia 10 do mês subsequente, na forma definida pelo CGSirc.

§ 2º Na hipótese de não haver sido registrado nenhum nascimento, casamento, óbito ou natimorto, deverá o titular do cartório de registro civil de pessoas naturais comunicar o fato por meio do Sirc, no prazo previsto no § 1º.

§ 3º Os atos registrais referentes a nascimentos, casamentos, óbitos e natimortos praticados a partir da vigência da Lei nº 6.015, de 31 de dezembro de 1973, ainda não constantes Sirc, serão inseridos no Sistema na forma disposta pelo CGSirc, observado o disposto no art. 39 da Lei nº 11.977, de 2009.

Art. 9º Os dados obtidos por meio do Sirc não substituem certidões emitidas pelos cartórios de registros civis das pessoas naturais.

Art. 10. Os registradores civis das pessoas naturais terão acesso, por meio do Sirc, a informações suficientes para localização dos registros e identificação do cartório para que possam solicitar e emitir certidões, inclusive por meio eletrônico.

§ 1º As certidões eletrônicas poderão ser produzidas, transmitidas, armazenadas e assinadas por meio eletrônico, na forma da lei.

§ 2º Cada certidão eletrônica só poderá ser impressa uma vez pelo registrador civil.

§ 3º As certidões eletrônicas serão consideradas válidas desde que atendidos os requisitos da Infraestrutura de Chaves Públicas Brasileira - ICP-Brasil.

§ 4º O emitente da certidão eletrônica proverá mecanismo de acesso público e gratuito na internet que possibilite ao usuário verificar a autenticidade da certidão emitida, na forma definida pelo CGSirc.

Art. 11. As despesas com o desenvolvimento, a manutenção, a operação e demais atividades de tecnologia da informação do Sirc serão custeadas por meio de recursos consignados no orçamento do INSS, observado o disposto no inciso VI do § 1º do art. 3º.

Art. 12. Fica revogado o Decreto nº 8.270, de 26 de junho de 2014 .

Art. 13. Este Decreto entra em vigor na data de sua publicação.

Brasília, 22 de julho de 2019;
198º da Independência e 131º da República.
JAIR MESSIAS BOLSONARO
Damares Regina Alves
DOU de 23.7.2019

DECRETO Nº 10.063, DE 14 DE OUTUBRO DE 2019

Dispõe sobre o Compromisso Nacional pela Erradicação do Sub-registro Civil de Nascimento e Ampliação do Acesso à Documentação Básica, o Comitê Gestor Nacional do Compromisso Nacional pela

Erradicação do Sub-registro Civil de Nascimento e Ampliação da Documentação Básica e a Semana Nacional de Mobilização para o Registro Civil de Nascimento e a Documentação Básica.

- *Vide Provimento CNJ 140/2023 (Programa de Enfrentamento ao Sub-registro Civil e de Ampliação ao Acesso à Documentação Básica por Pessoas Vulneráveis)*

O PRESIDENTE DA REPÚBLICA, no uso da atribuição que lhe confere o art. 84, *caput*, inciso VI, alínea "a", da Constituição,

DECRETA:

Art. 1º Este Decreto dispõe sobre o Compromisso Nacional pela Erradicação do Sub-registro Civil de Nascimento e Ampliação do Acesso à Documentação Básica, o Comitê Gestor Nacional do Compromisso Nacional pela Erradicação do Sub-registro Civil de Nascimento e Ampliação da Documentação Básica e a Semana Nacional de Mobilização para o Registro Civil de Nascimento e a Documentação Básica.

Art. 2º O Compromisso Nacional pela Erradicação do Sub-registro Civil de Nascimento e Ampliação do Acesso à Documentação Básica objetiva conjugar esforços da União, dos Estados, do Distrito Federal e dos Municípios para erradicar o sub-registro civil de nascimento no País e ampliar o acesso à documentação civil básica a todos os brasileiros.

§ 1º Os entes federativos que aderirem ao Compromisso Nacional pela Erradicação do Sub-registro Civil de Nascimento e Ampliação do Acesso à Documentação Básica atuarão em regime de colaboração e articulação com o Poder Judiciário e o Poder Legislativo, e com as serventias extrajudiciais de registro civil de pessoas naturais, as organizações da sociedade civil, os organismos internacionais, a iniciativa privada, a comunidade e as famílias, de forma a potencializar os esforços da sociedade no intuito de erradicar o sub-registro no País e ampliar o acesso à documentação civil básica.

§ 2º Para fins deste Decreto, compreende-se como documentação civil básica os seguintes documentos:

I - Cadastro de Pessoas Físicas - CPF;

II - Carteira de Identidade ou Registro Geral; e

III - Carteira de Trabalho e Previdência Social - CTPS.

Art. 3º O Poder Executivo federal, na atuação direta ou em articulação com os entes federativos, com o Poder Judiciário e o Poder Legislativo e com as entidades que aderirem ao Compromisso Nacional pela Erradicação do Sub-registro Civil de Nascimento e Ampliação do Acesso à Documentação Básica, observará as seguintes diretrizes:

I - erradicação do sub-registro civil de nascimento por meio da realização de ações de mobilização para o registro civil de nascimento;

II - divulgação sobre a orientação sobre a documentação civil básica;

III - ampliação da rede de serviços de registro civil de nascimento e documentação civil básica para alcançar abrangência nacional;

IV - aperfeiçoamento do Sistema Brasileiro de Registro Civil de Nascimento, para garantir a universalização, a informatização, a padronização e a segurança; e

V – ampliação do acesso gratuito ao registro civil de nascimento, ao registro geral e ao Cadastro de Pessoas Físicas, garantida a sustentabilidade dos serviços.

Art. 4º A adesão dos Estados, do Distrito Federal e dos Municípios ao Compromisso Nacional pela Erradicação do Sub-registro Civil de Nascimento e Ampliação do Acesso à Documentação Básica ocorrerá por meio de termo de adesão, cujos objetivos refletirão as diretrizes estabelecidas neste Decreto.

§ 1º A adesão de cada ente federativo ao Compromisso Nacional pela Erradicação do Sub-registro Civil de Nascimento e Ampliação do Acesso à Documentação Básica implica a assunção da responsabilidade de realizar ações articuladas e integradas destinadas a erradicar o sub-registro civil de nascimento e ampliar o acesso à documentação civil básica, observadas as diretrizes estabelecidas no art. 3º.

§ 2º Os Estados, o Distrito Federal e os Municípios que aderirem ao Compromisso Nacional pela Erradicação do Sub-registro Civil de Nascimento e Ampliação do Acesso à Documentação Básica deverão instituir comitês gestores em seus âmbitos de atuação, cuja composição e modo de funcionamento serão objeto de regulamentação própria, com o objetivo de planejar, implementar, monitorar e avaliar as ações para erradicação do sub-registro de nascimento e ampliação do acesso à documentação civil básica.

§ 3º A União poderá prestar apoio aos Estados, ao Distrito Federal e aos Municípios por meio de assistência técnica ou financeira, para a implementação das ações que visem à erradicação do sub-registro civil de nascimento e à ampliação do acesso a documentação civil básica, observados os limites operacionais e orçamentários.

Art. 5º Poderão colaborar com o Compromisso Nacional pela Erradicação do Sub-registro Civil de Nascimento e Ampliação do Acesso à Documentação Básica, órgãos e entidades públicas e privadas e pessoas físicas que se mobilizem para a erradicação do sub-registro no País e ampliação do acesso à documentação civil básica.

Art. 6º O Comitê Gestor Nacional do Compromisso Nacional pela Erradicação do Sub-registro Civil de Nascimento e Ampliação do Acesso à Documentação Básica é órgão de assessoramento destinado a promover a articulação dos órgãos e entidades envolvidos na implementação das ações relacionadas à erradicação do sub-registro civil de nascimento e ampliação do acesso à documentação civil básica, resultantes do Compromisso de que trata o art. 2º.

§ 1º O Comitê Gestor Nacional do Compromisso Nacional pela Erradicação do Sub-registro Civil de Nascimento e Ampliação do Acesso à Documentação Básica é composto por representantes dos seguintes órgãos:

I - Ministério da Mulher, da Família e dos Direitos Humanos, que o coordenará;

II - Ministério da Justiça e Segurança Pública;

III - Ministério da Economia;

IV - Ministério da Agricultura, Pecuária e Abastecimento;

V - Ministério da Cidadania;

VI - Ministério da Saúde; e

VII - Ministério do Meio Ambiente.

§ 2º Poderão ser convidados a participar como colaboradores do Comitê Gestor Nacional do Compromisso Nacional pela Erradicação do Sub-registro Civil de Nascimento e Ampliação do Acesso à Documentação Básica, com direito a voz, mas sem direito a voto, representantes dos seguintes órgãos ou entidades ou da sociedade civil:

I - Conselho Nacional de Justiça;

II - Instituto Brasileiro de Geografia e Estatística;

III - Instituto Nacional do Seguro Social;

IV - populações vulneráveis consideradas prioritárias para a política de registro civil e documentação básica;

V - Comitês Estaduais e Municipais de Erradicação do Sub-registro Civil de Nascimento; e

VI - entidades de representação nacional dos registradores civis de pessoas naturais.

§ 3º Os membros e os colaboradores serão indicados pelo dirigente máximo de cada órgão ou entidade, por meio de ato próprio.

§ 4º Os membros e os colaboradores serão designados em ato do Ministro de Estado da Mulher, da Família e dos Direitos Humanos.

§ 5º A Secretaria-Executiva do Comitê Gestor Nacional do Compromisso Nacional pela Erradicação do Sub-registro Civil de Nascimento e Ampliação do Acesso à Documentação Básica será exercida pela Secretaria Nacional de Proteção Global do Ministério da Mulher, da Família e dos Direitos Humanos, observadas a disponibilidade orçamentária.

§ 6º A participação no Comitê Gestor Nacional do Compromisso Nacional pela Erradicação do Sub-registro Civil de Nascimento e Ampliação do Acesso à Documentação Básica será considerada prestação de serviço público relevante, não remunerada.

Art. 7º O regimento interno do Comitê Gestor Nacional do Compromisso Nacional pela Erradicação do Sub-registro Civil de Nascimento e Ampliação do Acesso à Documentação Básica será elaborado e aprovado por maioria absoluta, no prazo de noventa dias, contado da data de publicação deste Decreto.

Art. 8º Compete ao Comitê Gestor Nacional do Compromisso Nacional pela Erradicação do Sub-registro Civil de Nascimento e Ampliação do Acesso à Documentação Básica:

I - planejar, monitorar e avaliar a implementação do Plano Social Registro Civil de Nascimento e Documentação Básica, por meio da conjugação de esforços da União, dos Estados, do Distrito Federal e dos Municípios e entidades da sociedade civil;

II - promover o Compromisso Nacional pela Erradicação do Sub-registro Civil de Nascimento e Ampliação do Acesso à Documentação Básica em parceria com os Estados, o Distrito Federal, os Municípios e entidades da sociedade civil;

III - apoiar a implementação do Plano Social Registro Civil de Nascimento e Documentação Básica nos Estados, no Distrito Federal e nos Municípios;

IV - apoiar a realização da Semana Nacional de Mobilização para o Registro Civil de Nascimento e a Documentação Básica; e

V - propor medidas, em cooperação com o Poder Judiciário, para o fortalecimento e aprimoramento do registro civil das pessoas naturais e a ampliação do acesso à documentação básica.

Art. 9º Para execução de suas competências, o Comitê Gestor Nacional do Compromisso Nacional pela Erradicação do Sub-registro Civil de Nascimento e Ampliação do Acesso à Documentação Básica poderá instituir subcomitês temáticos.

§ 1º Os subcomitês temáticos:

I - serão compostos na forma de ato do Comitê Gestor Nacional do Compromisso Nacional pela Erradicação do Sub-registro Civil de Nascimento e Ampliação do Acesso à Documentação Básica;

II - não poderão ter mais de quatro membros;

III - terão caráter temporário e duração não superior a um ano, permitida sua recriação, por igual período, desde que justificada sua necessidade pelo Comitê Gestor Nacional do Compromisso Nacional pela Erradicação do Sub-registro Civil de Nascimento e Ampliação do Acesso à Documentação Básica; e

IV - estão limitados a quatro operando simultaneamente.

§ 2º Poderão ser convidados a participar dos trabalhos dos subcomitês temáticos, sem direito a voto, representantes de outros órgãos e de entidades públicas e privadas.

Art. 10. O Comitê Gestor Nacional do Compromisso Nacional pela Erradicação do Sub-registro Civil de Nascimento e Ampliação do Acesso à Documentação Básica se reunirá em Brasília em caráter ordinário a cada três meses, conforme calendário de reuniões, e em caráter extraordinário em local previamente estabelecido pelo Coordenador.

§ 1º Os membros do Comitê Gestor Nacional do Compromisso Nacional pela Erradicação do Sub-registro Civil de Nascimento e Ampliação do Acesso à Documentação Básica e do subcomitês temáticos que se encontrarem no Distrito Federal participarão das reuniões ordinárias presencialmente e os membros que se encontrem em outros entes federativos participarão por meio de videoconferência.

§ 2º As reuniões ordinárias serão convocadas com a antecedência mínima de quinze dias e as extraordinárias com a antecedência mínima de cinco dias úteis.

§ 3º As reuniões extraordinárias poderão ser convocadas pelo Coordenador ou a pedido de qualquer dos membros, *ad referendum* do Coordenador.

§ 4º A convocação das reuniões será encaminhada aos membros do Comitê Gestor Nacional do Compromisso Nacional pela Erradicação do Sub-registro Civil de Nascimento e Ampliação do Acesso à Documentação Básica, e conterá o dia, a hora e o local da reunião, a pauta e a documentação pertinente.

Art. 11. O quórum de reunião do Comitê Gestor Nacional do Compromisso Nacional pela Erradicação do Sub-registro Civil de Nascimento e Ampliação do Acesso à Documentação Básica é de maioria absoluta dos membros.

§ 1º A ausência simultânea do membro titular e do respectivo suplente deverá ser justificada e formalizada pelo titular ao Coordenador do Comitê Gestor Nacional do Compromisso Nacional pela Erradicação do Sub-registro Civil de Nascimento e Ampliação do Acesso à Documentação Básica.

§ 2º O membro titular comunicará ao Coordenador a impossibilidade de comparecimento à reunião e informará a participação do suplente.

Art. 12. As deliberações do Comitê Gestor do Compromisso Nacional pela Erradicação do Sub-registro Civil de Nascimento e Ampliação do Acesso à Documentação Básica serão preferencialmente aprovadas por consenso e, caso este não seja possível, serão aprovadas por maioria simples, em processo nominal aberto.

Parágrafo único. Além do voto ordinário, o Coordenador do Comitê Gestor do Compromisso Nacional pela Erradicação do Sub-registro Civil de Nascimento e Ampliação do Acesso à Documentação Básica terá o voto de qualidade em caso de empate.

Art. 13. É vedada a divulgação das discussões em curso no Comitê Gestor Nacional do Compromisso Nacional pela Erradicação do Sub-registro Civil de Nascimento e Ampliação do Acesso à Documentação Básica sem a prévia anuência do Coordenador.

Art. 14. A Semana Nacional de Mobilização para o Registro de Nascimento e a Documentação Civil ocorrerá anualmente em data a ser definida pelo Comitê Gestor Nacional do Compromisso Nacional pela Erradicação do Sub-registro Civil de Nascimento e Ampliação do Acesso à Documentação Básica.

§ 1º O objetivo da Semana Nacional de Mobilização é o desenvolvimento de ações conjuntas e articuladas entre a União, os Estados, o Distrito Federal e os Municípios para orientar e universalizar o acesso à documentação civil básica.

§ 2º Os trabalhos da Semana Nacional de Mobilização para o Registro de Nascimento e a Documentação Civil serão coordenados pela Secretaria Nacional de Proteção Global do Ministério da Mulher, da Família e dos Direitos Humanos, em colaboração com os demais integrantes do Comitê Gestor Nacional do Compromisso Nacional pela Erradicação do Sub-registro Civil de Nascimento e Ampliação do Acesso à Documentação Básica e as entidades vinculadas ao setor.

Art. 15. Fica revogado o Decreto nº 6.289, de 6 de dezembro de 2007.

Art. 16. Este Decreto entra em vigor na data de sua publicação.

Brasília, 14 de outubro de 2019; 198º da Independência e 131º da República.
JAIR MESSIAS BOLSONARO
Damares Regina Alves
DOU de 15.10.2019

RESOLUÇÃO DO CONSELHO NACIONAL DE JUSTIÇA (CNJ) E DO CONSELHO NACIONAL DO MINISTÉRIO PÚBLICO (CNMP)

RESOLUÇÃO CONJUNTA Nº 03, DE 19 DE ABRIL DE 2012 DO CONSELHO NACIONAL DE JUSTIÇA (CNJ) E DO CONSELHO NACIONAL DO MINISTÉRIO PÚBLICO (CNMP)

Dispõe sobre o assento de nascimento de indígena no Registro Civil das Pessoas Naturais.

- *Vide Constituição Federal. Art. 231*
- *Vide Lei nº 6.001/1973. Arts. 12 e 13*
- *Vide Lei nº 6.015/1973. Arts. 46, 50, 55, 57, 110*

O **PRESIDENTE DO CONSELHO NACIONAL DE JUSTIÇA e o PRESIDENTE DO CONSELHO NACIONAL DO MINISTÉRIO PÚBLICO**, no uso das suas atribuições constitucionais e regimentais,

CONSIDERANDO que compete ao Conselho Nacional de Justiça o controle da atuação administrativa e financeira do Poder Judiciário;

CONSIDERANDO os direitos e garantias fundamentais previstos no *caput* do art. 5º da Constituição da República Federativa do Brasil, que consagram a igualdade entre brasileiros;

CONSIDERANDO o disposto no art. 231 da Constituição Federal, no parágrafo único do artigo 12 e no parágrafo único do artigo 13 da Lei nº 6.001/73, bem como no § 2º do art. 50 da Lei nº 6.015/73;

CONSIDERANDO a tutela judicial dos índios conferida ao Ministério Público pelo art. 232 da Constituição Federal;

CONSIDERANDO a experiência positiva decorrente do disposto no Prov. nº 22/09 da E. Corregedoria Geral da Justiça do Estado de São Paulo e no Prov. nº 18/09 da E. Corregedoria Geral da Justiça do Estado de Mato Grosso do Sul;

CONSIDERANDO a positiva experiência dos registradores civis em mutirões de registro de etnias aldeadas;

CONSIDERANDO a necessidade de se regulamentar em âmbito nacional o assento de nascimento de indígenas nos Serviços de Registro Civil das Pessoas Naturais;

CONSIDERANDO a experiência positiva decorrente do disposto no Provimento nº 22/2009, da Corregedoria Geral da Justiça do Estado de São Paulo, no Provimento nº 18/2009, da Corregedoria Geral da Justiça do Estado do Mato Grosso do Sul, e no Provimento nº 22/2009-CG, da Corregedoria Geral da Justiça do Estado de Rondônia;

RESOLVE:

Art. 1º O assento de nascimento de indígena não integrado no Registro Civil das Pessoas Naturais é facultativo.

Art. 2º No assento de nascimento do indígena, integrado ou não, deve ser lançado, a pedido do apresentante, o nome indígena do registrando, de sua livre escolha, não sendo caso de aplicação do art. 55, parágrafo único da Lei nº 6.015/73.

§ 1º. No caso de registro de indígena, a etnia do registrando pode ser lançada como sobrenome, a pedido do interessado.

§ 2º. A pedido do interessado, a aldeia de origem do indígena e a de seus pais poderão constar como informação a respeito das respectivas naturalidades, juntamente com o município de nascimento.

§ 3º A pedido do interessado, poderão figurar, como observações do assento de nascimento, a declaração do registrando como indígena e a indicação da respectiva etnia.

§ 4º Em caso de dúvida fundada acerca do pedido de registro, o registrador poderá exigir o Registro Administrativo de Nascimento do Indígena – RANI, ou a presença de representante da FUNAI.

§ 5º Se o oficial suspeitar de fraude ou falsidade, submeterá o caso ao Juízo competente para fiscalização dos atos notariais e registrais, assim definido na órbita estadual e do Distrito Federal, comunicando-lhe os motivos da suspeita.

§ 6º. O Oficial deverá comunicar imediatamente à FUNAI o assento de nascimento do indígena, para as providências necessárias ao registro administrativo.

Art. 3º O indígena já registrado no Serviço de Registro Civil das Pessoas Naturais poderá solicitar, na forma do art. 57 da Lei nº 6.015/73, pela via judicial, a retificação do seu assento de nascimento, pessoalmente ou por representante legal, para inclusão das informações constantes do art. 2º, *"caput"* e § 1º.

§ 1º. Caso a alteração decorra de equívocos que não dependem de maior indagação para imediata constatação, bem como nos casos de erro de grafia, a retificação poderá ser procedida na forma prevista no art. 110 da Lei nº 6.015/73.

§ 2º. Nos casos em que haja alterações de nome no decorrer da vida em razão da cultura ou do costume indígena, tais alterações podem ser averbadas à margem do registro na forma do art. 57 da Lei nº 6.015/73, sendo obrigatório constar em todas as certidões do registro o inteiro teor destas averbações, para fins de segurança jurídica e de salvaguarda dos interesses de terceiros.

§ 3º. Nos procedimentos judiciais de retificação ou alteração de nome, deve ser observado o benefício previsto na lei 1.060/50, levando-se em conta a situação sociocultural do indígena interessado.

Art. 4º O registro tardio do indígena poderá ser realizado:

I – mediante a apresentação do RANI;

II – mediante apresentação dos dados, em requerimento, por representante da Fundação Nacional do Índio – FUNAI a ser identificado no assento; ou

III – na forma do art. 46 da Lei nº 6.015/73.

§ 1º Em caso de dúvida fundada acerca da autenticidade das declarações ou de suspeita de duplicidade de registro, o registrador poderá exigir a presença de representante da FUNAI e apresentação de certidão negativa de registro de nascimento das serventias de registro que tenham atribuição para os territórios em que nasceu o interessado, onde é situada sua aldeia de origem e onde esteja atendido pelo serviço de saúde.

§ 2º Persistindo a dúvida ou a suspeita, o registrador submeterá o caso ao Juízo competente para fiscalização dos atos notariais e registrais, assim definido na órbita estadual e do Distrito Federal, comunicando-lhe os motivos.

§ 3º O Oficial deverá comunicar o registro tardio de nascimento do indígena imediatamente à FUNAI, a qual informará o juízo competente quando constatada duplicidade, para que sejam tomadas as providências cabíveis.

Art. 5º Esta Resolução entra em vigor na data da sua publicação.

Brasília, 19 de abril de 2012.

Min. Ayres Britto PRESIDENTE DO CNJ

Roberto Monteiro Gurgel Santos
PRESIDENTE DO CNMP

(DJE 26.10.2012)

RESOLUÇÃO DO CONSELHO NACIONAL DE JUSTIÇA – CNJ

RESOLUÇÃO Nº 155, DE 16 DE JULHO DE 2012, DO CONSELHO NACIONAL DE JUSTIÇA – CNJ

Dispõe sobre traslado de certidões de registro civil de pessoas naturais emitidas no exterior

- *Resolução alteradora CNJ 419/2021*
- *Vide Constituição Federal, art. 12, CF*
- *Vide Decreto-Lei nº 4.657, de 4 de setembro de 1942*
- *Vide Lei nº 6.015, de 31 de dezembro de 1973*
- *Vide Decreto nº 8.742, de 4 de maio de 2016*
- *Vide Lei 13.445/2017. Art. 63 e seguintes*
- *Vide Decreto 9.199/2017. Art. 213 e seguintes*
- *Vide Provimento CNJ nº 63, de 14 de novembro de 2017 (anexo V)*
- *Vide art. 462 do Provimento CNJ n. 149/2023 (CNN)*

O PRESIDENTE DO CONSELHO NACIONAL DE JUSTIÇA, no uso de suas atribuições constitucionais e regimentais, visando ao aprimoramento dos serviços judiciários,

CONSIDERANDO o disposto no inciso II do § 4º do art. 103-B da Constituição Federal, que trata da apreciação, de ofício ou mediante provocação, da legalidade dos atos administrativos praticados por membros ou órgãos do Poder Judiciário;

CONSIDERANDO que, segundo dados do Ministério das Relações Exteriores, vivem cerca de três milhões de brasileiros residentes no exterior e que utilizam os consulados para o exercício de seus direitos;

CONSIDERANDO, igualmente, que o Ministério das Relações Exteriores é responsável pela lavratura de registro de nascimento, casamento e óbito, de acordo com o disposto na Lei de Introdução às Normas do Direito Brasileiro, no Decreto-Lei nº 4.657/1942, alterado pela Lei nº 12. 376/2010, no qual dispõe que: "tratando-se de brasileiros, são competentes as autoridades consulares brasileiras para lhes celebrar o casamento e os mais atos de Registro Civil e de tabelionato, inclusive o registro de nascimento e de óbito dos filhos de brasileiro ou brasileira nascido no país da sede do Consulado";

CONSIDERANDO a necessidade de uniformizar normas e procedimentos para transcrições no Brasil de documentos lavrados no exterior, uma vez que essas são distintas em cada unidade da Federação;

CONSIDERANDO a decisão do plenário do Conselho Nacional de Justiça, tomada no julgamento do Ato nº 0003659-27.2012.2.00.0000, na 150ª Sessão Ordinária, realizada em 3 de julho de 2012;

RESOLVE:

DISPOSIÇÕES COMUNS

Art. 1º O traslado de assentos de nascimento, casamento e óbito de brasileiros em país estrangeiro, tomados por autoridade consular brasileira, nos termos do regulamento consular, ou por autoridade estrangeira competente, a que se refere o *caput* do art. 32 da Lei nº 6.015/1973, será efetuado no Livro "E" do 1º Ofício de Registro Civil de Pessoas Naturais da Comarca do domicílio do interessado ou do 1º Ofício de Registro Civil de Pessoas Naturais do Distrito Federal, sem a necessidade de autorização judicial.

- *Vide Enunciados 1 e 8, I Jornada de Direito Notarial e Registral*
- *Vide art. 33, parágrafo único, LRP*

Art. 2º Os assentos de nascimento, casamento e óbito de brasileiros lavrados por autoridade estrangeira competente, que não tenham sido previamente registrados em repartição consular brasileira, somente poderão ser trasladados no Brasil se estiverem legalizados por autoridade consular brasileira que tenha jurisdição sobre o local em que foram emitidas.

§ 1º Antes de serem trasladados, tais assentos também deverão ser traduzidos por tradutor público juramentado, inscrito em junta comercial brasileira.

§ 2º A legalização efetuada por autoridade consular brasileira consiste no reconhecimento da assinatura de notário/autoridade estrangeira competente aposta em documento original/fotocópia autenticada ou na declaração de autenticidade de documento original não assinado, nos termos do regulamento consular. O reconhecimento, no Brasil, da assinatura da autoridade consular brasileira no documento será dispensado, conforme previsto no art. 2º do Decreto nº 84.451/1980.

- *Vide Decreto 8.742/2016 (Dispõe sobre os atos notariais e de registro civil do serviço consular brasileiro e da dispensa de legalização no Brasil das assinaturas e atos emanados das autoridades consulares brasileiras.)*

§ 3º Os oficiais de registro civil deverão observar a eventual existência de acordos multilaterais ou bilaterais, de que o Brasil seja parte, que prevejam a dispensa de legalização de documentos públicos originados em um Estado a serem apresentados no território do outro Estado, ou a facilitação dos trâmites para a sua legalização.

Art. 3º Sempre que o traslado for indeferido pelo oficial de registro civil, será feita nota com os motivos do indeferimento, cumprindo-se, quando for o caso, o art. 198 c.c. o art. 296 da Lei nº 6.015/1973.

Art. 4º O traslado de certidões de assentos de nascimento, casamento e óbito de brasileiros lavrados em país estrangeiro será efetuado mediante apresentação de documentos originais.

Parágrafo único. O arquivamento de tais documentos poderá ser feito por cópia reprográfica conferida pelo oficial de registro civil.

Art. 5º O oficial de registro civil deverá efetuar o traslado das certidões de assentos de nascimento, casamento e óbito de brasileiros ocorridos em país estrangeiro, ainda que o requerente relate a eventual necessidade de retificação do seu conteúdo. Após a efetivação do traslado, para os erros que não exijam qualquer indagação para a constatação imediata de necessidade de sua correção, o oficial de registro deverá proceder à retificação conforme art. 110 da Lei nº 6.015/1973.

Parágrafo único. Para os demais erros, aplica-se o disposto no art. 109 da referida Lei.

Art. 6º As certidões dos traslados de nascimento, de casamento e de óbito, emitidas pelos Cartórios de 1º Ofício de Registro Civil de Pessoas Naturais deverão seguir os padrões e modelos estabelecidos pelo Provimento CN-CNJ nº 63/2017, bem como por outro(s) subsequente(s) que venha(m) a alterá-lo ou complementá-lo, com as adaptações que se fizerem necessárias. *(Redação dada pela Resolução n. 419, de 21.9.2021)*

Art. 6º-A. Poderá ser averbado o número de CPF nos traslados dos assentos de nascimento, casamento e óbito de brasileiros em país estrangeiro, de forma gratuita. *(Incluído pela Resolução n. 419, de 21.9.2021)*

TRASLADO DE NASCIMENTO

Art. 7º O traslado de assento de nascimento, lavrado por autoridade consular brasileira, deverá ser efetuado mediante a apresentação dos seguintes documentos:

a) certidão de assento de nascimento emitida por autoridade consular brasileira;

b) declaração de domicílio do registrando na Comarca ou comprovante de residência/domicílio, a critério do interessado. Na falta de domicílio no Brasil, o traslado deverá ser efetuado no 1º Ofício do Distrito Federal; e

c) requerimento assinado pelo registrado, por um dos seus genitores, pelo responsável legal ou por procurador.

§ 1º Deverá constar do assento e da respectiva certidão do traslado a seguinte observação: "Brasileiro nato, conforme os termos da alínea c do inciso I do art. 12, in limine, da Constituição Federal."

Art. 8º O traslado de assento estrangeiro de nascimento de brasileiro, que não tenha sido previamente registrado em repartição consular brasileira, deverá ser efetuado mediante a apresentação dos seguintes documentos:

a) certidão do assento estrangeiro de nascimento, legalizada por autoridade consular brasileira e traduzida por tradutor público juramentado;

b) declaração de domicílio do registrando na Comarca ou comprovante de residência/domicílio, a critério do interessado. Na falta de domicílio no Brasil, o traslado deverá ser efetuado no 1º Ofício do Distrito Federal;

c) requerimento assinado pelo registrado, por um dos seus genitores, pelo responsável legal ou por procurador; e

d) documento que comprove a nacionalidade brasileira de um dos genitores.

§ 1º Deverá constar do assento e da respectiva certidão do traslado a seguinte observação: "Nos termos do artigo 12, inciso I, alínea "c", in fine, da Constituição Federal, a confirmação da nacionalidade brasileira depende de residência no Brasil e de opção, depois de atingida a maioridade, em qualquer tempo, pela nacionalidade brasileira, perante a Justiça Federal".

Art. 9º O traslado de assento de nascimento ocorrido em país estrangeiro poderá ser requerido a qualquer tempo.

Art. 10. Caso não conste o sobrenome do registrando no assento de nascimento ocorrido em país estrangeiro, faculta-se ao requerente a sua indicação, mediante declaração escrita que será arquivada.

Art. 11. A omissão no assento de nascimento ocorrido em país estrangeiro de dados previstos no art. 54 da Lei nº 6.015/1973 não obstará o traslado.

Parágrafo único. Os dados faltantes poderão ser inseridos posteriormente por averbação, mediante a apresentação de documentação comprobatória, sem a necessidade de autorização judicial.

Art. 12. Por força da redação atual da alínea c do inciso I do art. 2 da Constituição Federal e do art. 95 do Ato das Disposições Constitucionais Transitórias (Emenda Constitucional nº 54, de 20 de setembro de 2007), o oficial de registro civil deverá, de ofício ou a requerimento do interessado/procurador, sem a necessidade de autorização judicial, efetuar averbação em traslado de assento consular de nascimento, cujo registro em repartição consular brasileira tenha sido lavrado entre 7 de junho de 1994 e 21 de setembro de 2007, em que se declara que o registrado é: "Brasileiro nato de acordo com o disposto no art. 12, inciso I, alínea "c", in limine, e do artigo 95 dos ADCTs da Constituição Federal."

Parágrafo único. A averbação também deverá tornar sem efeito eventuais informações que indiquem a necessidade de residência no Brasil e a opção pela nacionalidade brasileira perante a Justiça Federal, ou ainda expressões que indiquem tratar-se de um registro provisório, que não mais deverão constar na respectiva certidão.

TRASLADO DE CASAMENTO

Art. 13. O traslado do assento de casamento de brasileiro ocorrido em país estrangeiro deverá ser efetuado mediante a apresentação dos seguintes documentos:

a) certidão de assento de casamento emitida por autoridade consular brasileira ou certidão estrangeira de casamento legalizada por autoridade consular brasileira e traduzida por tradutor público juramentado;

b) certidão de nascimento do cônjuge brasileiro, ou certidão de casamento anterior com prova da sua dissolução, para fins do artigo 106 da Lei nº 6.015/1973;

c) declaração de domicílio do registrando na Comarca ou comprovante de residência/domicílio, a critério do interessado. Na falta de domicílio no Brasil, o traslado deverá ser efetuado no 1º Ofício do Distrito Federal; e

d) requerimento assinado por um dos cônjuges ou por procurador.

§ 1º Se o assento de casamento a ser trasladado referir-se a brasileiro naturalizado, será obrigatória também a apresentação do certificado de naturalização ou outro documento que comprove a nacionalidade brasileira.

§ 2º A omissão do regime de bens no assento de casamento, lavrado por autoridade consular brasileira ou autoridade estrangeira competente, não obstará o traslado.

§ 3º Faculta-se a averbação do regime de bens posteriormente, sem a necessidade de autorização judicial, mediante apresentação de documentação comprobatória.

§ 4º Deverá sempre constar do assento e da respectiva certidão a seguinte anotação: "Aplica-se o disposto no art. 7º, § 4º, do Decreto-Lei nº 4.657/1942".

§ 5º Na eventual existência de pacto antenupcial, lavrado perante autoridade estrangeira competente, o oficial de registro civil deverá, antes de efetuar o traslado, solicitar que os interessados providenciem o seu registro em cartório de registro de títulos e documentos no Brasil, alertando-os que o documento deverá estar previamente legalizado por autoridade consular brasileira e tenha jurisdição sobre o local em que foi emitido e traduzido por tradutor público juramentado.

§ 6º A omissão do(s) nome(s) adotado(s) pelos cônjuges após o matrimônio no assento de casamento ocorrido em país estrangeiro não obstará o traslado.

§ 7º Nesse caso, deverão ser mantidos os nomes de solteiro dos cônjuges. Faculta-se a averbação posterior, sem a necessidade de autorização judicial, mediante apresentação de documentação comprobatória de que os nomes foram modificados após o matrimônio, em conformidade com a legislação do país em que os nubentes tinham domicílio, nos termos do art. 7 do Decreto-Lei nº 4.657/1942.

§ 8º A omissão no assento de casamento ocorrido em país estrangeiro de outros dados previstos no art. 70 da Lei nº 6.015/1973 não obstará o traslado.

§ 9º Os dados faltantes poderão ser inseridos posteriormente por averbação, mediante a apresentação de documentação comprobatória, sem a necessidade de autorização judicial.

§ 10 Os casamentos celebrados por autoridades estrangeiras são considerados autênticos, nos termos da lei do local de celebração, conforme previsto no *caput* do art. 32 da Lei nº 6.015/1973, inclusive no que respeita aos possíveis impedimentos, desde que não ofendam a soberania nacional, a ordem pública e os bons costumes, nos termos do art. 17 do Decreto nº 4.657/1942.

§ 11 O traslado no Brasil, a que se refere o § 1º do referido artigo, efetuado em Cartório de 1º Ofício, tem o objetivo de dar publicidade e eficácia ao casamento, já reconhecido válido para o ordenamento brasileiro, possibilitando que produza efeitos jurídicos plenos no território nacional.

TRASLADO DE CERTIDÃO DE ÓBITO

Art. 14. O traslado do assento de óbito de brasileiro, ocorrido em país estrangeiro, deverá ser efetuado mediante a apresentação da seguinte documentação:

a) certidão do assento de óbito emitida por autoridade consular brasileira ou certidão estrangeira de óbito, legalizada por autoridade consular brasileira e traduzida por tradutor público juramentado;

b) certidão de nascimento e, se for o caso, de casamento do falecido, para fins do artigo 106 da Lei nº 6.015/1973; e

c) requerimento assinado por familiar ou por procurador.

§ 1º A omissão no assento de óbito ocorrido em país estrangeiro, de dados previstos no art. 80 da Lei nº 6.015/73 não obstará o traslado.

§ 2º Os dados faltantes poderão ser inseridos posteriormente por averbação, mediante a apresentação de documentação comprobatória, sem a necessidade de autorização judicial.

REGISTRO DE NASCIMENTO DE NASCIDOS NO BRASIL FILHOS DE PAIS ESTRANGEIROS A SERVIÇO DE SEU PAÍS

Art. 15. Os registros de nascimento de nascidos no território nacional em que ambos os genitores sejam estrangeiros e em que pelo menos um deles esteja a serviço de seu país no Brasil deverão ser efetuado no Livro "E" do 1º Ofício do Registro Civil da Comarca, devendo constar do assento e da respectiva certidão a seguinte observação: "O registrando não possui a nacionalidade brasileira, conforme do art. 12, inciso I, alínea "a", in fine, da Constituição Federal."

Art. 16. Esta Resolução entra em vigor na data de sua publicação.

Ministro AYRES BRITTO

(DJE 17.07.2012)

RESOLUÇÃO Nº 175, DE 14 DE MAIO DE 2013, DO CONSELHO NACIONAL DE JUSTIÇA – CNJ

Dispõe sobre a habilitação, celebração de casamento civil, ou de conversão de união estável em casamento, entre pessoas de mesmo sexo.

› *Vide art. 554, Provimento CNJ n. 149/2023 (CNN)*

O PRESIDENTE DO CONSELHO NACIONAL DE JUSTIÇA, no uso de suas atribuições constitucionais e regimentais,

CONSIDERANDO a decisão do plenário do Conselho Nacional de Justiça, tomada no julgamento do Ato Normativo nº 0002626-65.2013.2.00.0000, na 169ª Sessão Ordinária, realizada em 14 de maio de 2013;

CONSIDERANDO que o Supremo Tribunal Federal, nos acórdãos prolatados em julgamento da ADPF 132/RJ e da ADI 4277/DF, reconheceu a inconstitucionalidade de distinção de tratamento legal às uniões estáveis constituídas por pessoas de mesmo sexo;

CONSIDERANDO que as referidas decisões foram proferidas com eficácia vinculante à administração pública e aos demais órgãos do Poder Judiciário;

CONSIDERANDO que o Superior Tribunal de Justiça, em julgamento do RESP 1.183.378/RS, decidiu inexistir óbices legais à celebração de casamento entre pessoas de mesmo sexo;

CONSIDERANDO a competência do Conselho Nacional de Justiça, prevista no art. 103-B, da Constituição Federal de 1988;

RESOLVE:

Art. 1º É vedada às autoridades competentes a recusa de habilitação, celebração de casamento civil ou de conversão de união estável em casamento entre pessoas de mesmo sexo.

Art. 2º A recusa prevista no artigo 1º implicará a imediata comunicação ao respectivo juiz corregedor para as providências cabíveis.

Art. 3º Esta resolução entra em vigor na data de sua publicação.

Ministro Joaquim Barbosa

(D.J.E de 16.05.2013)

RESOLUÇÃO Nº 270, DE 11 DE DEZEMBRO DE 2018, DO CONSELHO NACIONAL DE JUSTIÇA – CNJ

Dispõe sobre o uso do nome social pelas pessoas trans, travestis e transexuais usuárias dos serviços judiciários, membros, servidores, estagiários e trabalhadores terceirizados dos tribunais brasileiros.

› *Vide Decreto nº 8.727, de 28 de abril de 2016.*

O PRESIDENTE DO CONSELHO NACIONAL DE JUSTIÇA, no uso de suas atribuições legais e regimentais,

CONSIDERANDO a importância do princípio da eficiência para a Administração Pública, art. 37 da Constituição Federal;

CONSIDERANDO a dignidade humana, fundamento da República Federativa previsto no art. 1º, III, da Constituição Federal;

CONSIDERANDO o art. 3º da Constituição Federal que determina ser objetivo fundamental da República Federativa do Brasil constituir uma sociedade livre, justa e solidária, além da promoção do bem de todos, sem preconceitos de origem, raça, sexo, cor, idade e quaisquer outras formas de discriminação;

CONSIDERANDO a necessidade de se dar a máxima efetividade aos direitos fundamentais;

CONSIDERANDO a necessidade de se dar tratamento isonômico aos usuários dos serviços judiciários, membros, servidores, terceirizados e estagiários no âmbito dos órgãos do Poder Judiciário;

CONSIDERANDO a publicação do Decreto nº 8.727, de 28 de abril de 2016, da Presidência da República, que dispõe sobre o uso do nome social e o reconhecimento da identidade de gênero de pessoas travestis e transexuais no âmbito da administração pública federal direta, autárquica e fundacional;

CONSIDERANDO os Princípios de Yogyakarta, de novembro de 2006, que dispõem sobre a aplicação da legislação internacional de Direitos Humanos em relação à orientação sexual e identidade de gênero;

CONSIDERANDO que o Estado deve assegurar o pleno respeito às pessoas, independentemente da identidade de gênero, respeitando a igualdade, a liberdade e a autonomia individual, que deve constituir a base do Estado Democrático de Direitos e nortear a realização de políticas públicas destinadas à promoção da cidadania e respeito às diferenças humanas, incluídas as diferenças sexuais;

CONSIDERANDO a deliberação do Plenário do CNJ no Procedimento de Ato Normativo nº 0002026-39.2016.2.00.0000, na 40ª Sessão Virtual, realizada entre 22 e 30 de novembro de 2018;

RESOLVE:

Art. 1º Fica assegurada a possibilidade de uso do nome social às pessoas trans, travestis e transexuais usuárias dos serviços judiciários, aos magistrados, aos estagiários, aos servidores e aos trabalhadores terceirizados do Poder Judiciário, em seus registros funcionais, sistemas e documentos, na forma disciplinada por esta Resolução.

Parágrafo único. Entende-se por nome social aquele adotado pela pessoa, por meio do qual se identifica e é reconhecida na sociedade, e por ela declarado.

Art. 2º Os sistemas de processos eletrônicos deverão conter campo especificamente destinado ao registro do nome social desde o cadastramento inicial ou a qualquer tempo, quando requerido.

§ 1º O nome social do usuário deve aparecer na tela do sistema de informática em espaço que possibilite a sua imediata identificação, devendo ter destaque em relação ao respectivo nome constante do registro civil

§ 2º Nos casos de menores de dezoito anos não emancipados, o nome social deve ser requerido pelos pais ou responsáveis legais.

§ 3º As testemunhas e quaisquer outras pessoas que não forem parte do processo poderão requerer que sejam tratadas pelo nome social, nos termos do art. 1º desta Resolução.

§ 4º Os agentes públicos deverão respeitar a identidade de gênero e tratar a pessoa pelo prenome indicado nas audiências, nos pregões e nos demais atos processuais, devendo, ainda, constar nos atos escritos.

§ 5º Em caso de divergência entre o nome social e o nome constante do registro civil, o prenome escolhido deve ser utilizado para os atos que ensejarão a emissão de documentos externos, acompanhado do prenome constante do registro civil, devendo haver a inscrição "registrado(a) civilmente como", para identificar a relação entre prenome escolhido e prenome civil.

Art. 3º Será utilizado, em processos judiciais e administrativos em trâmite nos órgãos judiciários, o nome social em primeira posição, seguido da menção do nome registral precedido de "registrado(a) civilmente como".

Parágrafo único. Nas comunicações dirigidas a órgãos externos, não havendo espaço específico para registro de nome social, poderá ser utilizado o nome registral desde que se verifique que o uso do nome social poderá acarretar prejuízo à obtenção do direito pretendido pelo assistido.

Art. 4º A solicitação de uso do nome social por magistrado, servidor, estagiário ou terceirizado poderá ser requerida por escrito no momento da posse, ou a qualquer tempo, à Secretaria de Gestão de Pessoas ou ao responsável pelos recursos humanos da respectiva unidade de lotação.

Art. 5º Sem prejuízo de outras circunstâncias em que se constatar necessário, o nome social será utilizado nas seguintes ocorrências:

I – comunicações internas de uso social;

II – cadastro de dados, prontuários, informações de uso social e endereço de correio eletrônico;

III – identificação funcional de uso interno;

IV – listas de números de telefones e ramais; e

V– nome de usuário em sistemas de informática.

Parágrafo único. É garantido, no caso do inciso III, bem como nos demais instrumentos internos de identificação, o uso exclusivo do nome social, mantendo registro administrativo que faça a vinculação entre o nome social e a identificação civil.

Art. 6º Os setores administrativos responsáveis promoverão a divulgação da presente Resolução e expedirão orientações e esclarecimentos sobre a questão de identidade de gênero.

Art. 7º As Escolas Nacionais da Magistratura (ENFAM e ENAMAT) e o CEAJUD, em cooperação com as escolas judiciais, promoverão a formação continuada de magistrados, servidores, terceirizados e estagiários sobre a temática de identidade de gênero para a devida aplicação de presente Resolução.

Art. 8º As denúncias referentes a não utilização do nome social deverão ser encaminhadas às respectivas Corregedorias dos Tribunais, estabelecendo um prazo de noventa dias para verificação e inclusão do nome social em todos os documentos descritos no art. 5º e em outros específicos de cada Tribunal, bem como aos sistemas de informação e congêneres.

Art. 9º Esta Resolução entra em vigor na data de sua publicação, fixando-se prazo de noventa dias, para adequação dos documentos e sistemas de informática pelos tribunais.

Ministro DIAS TOFFOLI

DJe 12/12/2018

RESOLUÇÃO Nº 402, DE 28 DE JUNHO DE 2021, DO CONSELHO NACIONAL DE JUSTIÇA – CNJ

Dispõe sobre ações de caráter informativo, no âmbito do Serviço de Registro Civil das Pessoas Naturais, para melhor preparação para o casamento civil, e dá outras providências.

- *Vide arts. 1.511 a 1.570, CC*
- *Vide arts. 67 a 76, LRP*
- *Vide Resolução CNJ 175/2013*
- *Vide art. 531 do Provimento CNJ n. 149/2023 (CNN)*

O PRESIDENTE DO CONSELHO NACIONAL DE JUSTIÇA (CNJ), no uso de suas atribuições legais e regimentais,

CONSIDERANDO que a família, base da sociedade, merece especial atenção e proteção do Estado (art. 226 da Constituição Federal);

CONSIDERANDO que a educação, direito de todos e dever do Estado e da família, será promovida e incentivada com a colaboração da sociedade, visando ao pleno desenvolvimento da pessoa (art. 205 da Constituição Federal);

CONSIDERANDO que o casamento é forma solene de constituição de uma família, e que as formas que o regulamentam são de ordem pública (art. 226, §§ 1º e 2º, da Constituição Federal, e arts. 71 a 76 da Lei nº 6.015/1973 – Lei dos Registros Públicos);

CONSIDERANDO que a finalidade do casamento é estabelecer uma comunhão plena de vida, com base na igualdade de direitos e deveres dos cônjuges (art. 226, § 5º, da Constituição Federal, e art. 1.511, do Código Civil);

CONSIDERANDO a relevância e o significado do casamento, bem como o interesse da sociedade e dos próprios nubentes na estabilidade e na permanência das relações matrimoniais;

CONSIDERANDO a relevância do diálogo e da comunicação entre os cônjuges para o bem-estar familiar e para o fortalecimento do matrimônio;

CONSIDERANDO que, como corolário do direito fundamental à segurança jurídica, o Estado deve possibilitar aos nubentes a antevisão de seus direitos e deveres e a previsão das consequências jurídicas de suas condutas;

CONSIDERANDO o dever do Estado de prestar aos nubentes as informações jurídicas necessárias à compreensão da natureza jurídica do casamento, de suas formalidades, de seus efeitos jurídicos, do regime de bens entre os cônjuges, dos direitos e deveres conjugais, do poder familiar sobre os filhos e das formas de sua dissolução (art. 1.511 e seguintes do Código Civil, e arts. 70 a 76 da Lei nº 6.015/1973 – Lei dos Registros Públicos);

CONSIDERANDO que essas informações devem estar desvestidas de qualquer viés religioso ou ideológico, haja vista a laicidade do Estado e o princípio fundamental do pluralismo político em que se assenta a República Federativa do Brasil (art. 1º, V, da Constituição Federal);

CONSIDERANDO os impactos sociais, econômicos e psicológicos da fragilização e da ruptura dos vínculos familiares;

CONSIDERANDO a importância do exercício adequado da parentalidade para se assegurar o sadio e regular desenvolvimento de crianças e adolescentes;

CONSIDERANDO que, conforme enfatizado pela Convenção sobre os Direitos da Criança em seu preâmbulo, a criança, para o pleno e harmonioso desenvolvimento de sua personalidade, deve crescer no seio da família, em um ambiente de felicidade, amor e compreensão, e que o Brasil assumiu o compromisso de assegurar a ela a proteção e o cuidado necessários ao seu bem-estar;

CONSIDERANDO que a criança e o adolescente, enquanto pessoas em desenvolvimento, têm o direito de conviverem pacificamente no seio de suas famílias e de serem protegidos de toda forma de sofrimento, violência, abuso, crueldade e opressão (art. 227, da Constituição Federal, e arts. 2º, parágrafo único, e 5º, VII, X e XIII, ambos da Lei nº 13.431/2017);

CONSIDERANDO que o poder público deve desenvolver políticas que visem garantir os direitos humanos das mulheres no âmbito das relações domésticas e familiares no sentido de resguardá-las de toda forma de negligência, discriminação, exploração, violência, crueldade e opressão (art. 3º, § 1º, da Lei nº 11.340/2006), de tal modo que a preparação para o casamento deve compreender o esclarecimento dos nubentes sobre o fenômeno da violência doméstica e familiar contra a mulher e as formas de prevenção;

CONSIDERANDO que um dos objetivos da Política Judiciária Nacional de Enfrentamento à Violência contra as Mulheres, instituída pela Resolução CNJ nº 254/2018, é estimular parcerias entre órgãos governamentais, ou entre estes e entidades não governamentais, nas áreas de segurança pública, assistência social, saúde, educação, trabalho e habitação, para a efetivação de programas de prevenção e combate a todas as formas de violência contra a mulher (arts. 2º, II, e 9º);

CONSIDERANDO os objetivos do Termo de Cooperação Técnica firmado entre o Conselho Nacional de Justiça, o Ministério da Mulher, da Família e dos Direitos Humanos, a Confederação Nacional dos Notários e Registradores (CNR) e a Associação Nacional dos Registradores de Pessoas Naturais (Arpen-Brasil);

CONSIDERANDO a decisão proferida pelo Plenário do CNJ no julgamento do Procedimento de Ato Normativo n. 0003633-14.2021.2.00.0000, na 333ª Sessão Ordinária, realizada em 15 de junho de 2021;

RESOLVE:

Art. 1º Instituir, no âmbito do Serviço de Registro Civil das Pessoas Naturais, a obrigatoriedade de disponibilização aos nubentes, no momento da habilitação para o matrimônio, de material informativo para melhor preparação para o casamento civil.

Parágrafo único. O material informativo será também disponibilizado a qualquer interessado(a) que compareça a uma unidade do Serviço de Registro Civil das Pessoas Naturais para obter informações sobre o casamento.

Art. 2º O acesso ao material informativo pelos pretendentes ao casamento é facultativo, de modo que não constitui requisito ou condição para a habilitação para o matrimônio.

Art. 3º O material informativo consistirá de manuais, cartilhas, guias rápidos, cartazes a serem afixados nas unidades do Registro Civil e vídeos, acessíveis por meio eletrônico, por intermédio de *link* a ser fornecido aos(às) interessados(as) pelo(a) registrador(a).

Parágrafo único. Os vídeos informativos serão disponibilizados nos sítios eletrônicos das unidades do Serviço de Registro Civil de Pessoas Naturais, após sua aprovação pela Presidência do CNJ e pela Corregedoria Nacional de Justiça.

Art. 4º O material informativo de preparação para o casamento civil tem por objetivos:

I – prestar aos(às) interessados(as) em se casar as informações jurídicas necessárias à compreensão do casamento, de suas formalidades, de seus efeitos jurídicos, do regime de bens entre os cônjuges, dos direitos e deveres conjugais, do poder familiar sobre os filhos e das formas de sua dissolução;

II – conscientizar os(as) nubentes sobre a relevância e o significado do casamento, sobre a importância do diálogo como forma de superação de conflitos familiares e de se evitar o divórcio irrefletido, e sobre o interesse da sociedade e dos(as) próprios(as) contraentes na estabilidade e permanência das relações matrimoniais;

III – possibilitar aos(às) nubentes a antevisão de seus direitos e deveres e a previsão das consequências jurídicas de suas condutas;

IV – conscientizar os(as) nubentes sobre o exercício adequado da parentalidade, como forma de se assegurar o sadio desenvolvimento de crianças e adolescentes, e de prevenção de maus tratos e abusos; e

V – esclarecer os(as) pretendentes ao matrimônio sobre o fenômeno da violência doméstica e familiar contra a mulher e as formas de sua prevenção e enfrentamento.

§ 1º O material informativo deverá ser produzido em linguagem acessível ao grande público.

§ 2º Os conteúdos informativos poderão ser desdobrados por temas, no formato de minicursos, de modo a possibilitar maior verticalização de conhecimentos.

Art. 5º O material informativo, além de observar estritamente os parâmetros descritos no artigo anterior, não poderá se revestir de caráter religioso ou ideológico, haja vista a laicidade do Estado e o princípio fundamental do pluralismo político em que se assenta a República Federativa do Brasil (art. 1º, V, da Constituição Federal).

Art. 6º O material informativo será produzido em conformidade com o disposto nesta Resolução e no Termo de Cooperação Técnica firmado entre o Conselho Nacional de Justiça, o Ministério da Mulher, da Família e dos Direitos Humanos, a Confederação Nacional dos Notários e Registradores (CNR) e a Associação Nacional dos Registradores de Pessoas Naturais (Arpen-Brasil).

Art. 7º Esta Resolução entra em vigor na data de sua publicação.

Ministro LUIZ -FUX

D.J.E-CNJ de 01.07.2021.

RESOLUÇÃO DO COMITÊ GESTOR DO SISTEMA NACIONAL DE INFORMAÇÕES DE REGISTRO CIVIL

RESOLUÇÃO Nº 01, DE 09 DE JULHO DE 2015

Dispõe sobre a padronização dos procedimentos para envio de dados pelas serventias de registro civil de pessoas naturais ao Sistema Nacional de Informações de Registro Civil – Sirc.

O COMITÊ GESTOR DO SISTEMA NACIONAL DE INFORMAÇÕES DE REGISTRO CIVIL, no uso da atribuição que lhe confere o inciso I do art. 2º da Portaria Conjunta nº 253, de 15 de junho de 2015 e tendo em vista o disposto na Lei nº. 11.977, de 07 de julho de 2009 e no Decreto nº 8.270, de 26 de junho de 2014,

› *Vide Decreto 9.929, de 2019*

Resolve:

Art. 1º As serventias de registro civil de pessoas naturais deverão informar ao Sistema Nacional de Informações de Registro Civil - Sirc, por meio eletrônico, os dados relativos aos registros de nascimento, casamento, óbito e natimorto, nos termos do art. 8º do Decreto nº 8.270, de 26 de junho de 2014.

§ 1º Os dados de que trata o *caput* deverão ser enviados mediante um dos seguintes módulos do Sirc:

I – SIRC WEB INTERNET:

a) utilizado para incluir, alterar e excluir dados de registros civis de forma individualizada por meio da internet; e

b) utilizado para carregar arquivo gerado pelo SIRC CARTÓRIO ou por meio de sistema próprio utilizado pelas serventias;

II – SIRC CARGA: utilizado para transmissão de arquivos de dados de registros civis por meio da utilização direta do sistema próprio da serventia.

III – SIRC CARTÓRIO:

a) utilizado para incluir, alterar e excluir registros civis de forma individualizada, quando a serventia não dispuser de acesso à internet; e

b) utilizado para gravar o arquivo gerado em meio digital, para posterior envio ao Sirc.

IV – CENTRAL DE ENVIO DE REGISTRO CIVIL: utilizado para recepcionar os dados de registros civis das serventias integradas as Centrais de Registros Civis.

§ 2º As especificações técnicas para envio dos dados de que trata o *caput* devem observar o contido no "Manual de Recomendações Técnicas" disponível no Sirc (www.sirc.gov.br)

§ 3º O titular da serventia de registro civil de pessoas naturais deverá inserir no Sirc, de preferência diariamente, os dados de que trata o *caput*, registrados no mês, inclusive na hipótese de inexistência de registros, observado o prazo máximo o dia 10 (dez) do mês subsequente, conforme disposto no § 1º do art. 8º do Decreto nº 8.270, de 2014.

▸ *Vide Decreto 9.929, de 2019*

§ 4º As serventias de registro civil de pessoas naturais terão até o dia 10 de dezembro de 2015, para dar início ao envio dos dados, na forma desta Resolução *(Redação dada pela Resolução n. 2 de 8 de outubro de 2015, do Comitê Gestor do Sirc)*

§ 5º O descumprimento do disposto neste artigo ensejará a aplicação das penas previstas no parágrafo único do art. 41 da Lei nº 11.977, de 7 de julho de 2009, garantido o contraditório e ampla defesa.

Art. 2º Os órgãos do governo federal deverão substituir a forma de recebimento dos dados de registro civis das serventias, passando a obtê-los diretamente no Sirc, conforme estiverem disponíveis no sistema, da forma disposta em regulamento próprio de cada órgão.

Art. 3º A troca de dados entre os sistemas governamentais e o Sirc dependerá das especificações aprovadas pelo Comitê Gestor do Sirc.

Art. 4º Os órgãos e entidades integrantes do Comitê Gestor do Sirc regulamentarão, no âmbito de suas competências, o disposto nesta Resolução.

Art. 5º Esta Resolução entra em vigor na data de sua publicação.

MARCO ANTÔNIO JULIATTO

D.O.U.: de 14.07.2015

RESOLUÇÃO Nº 4, DE 28 DE MAIO DE 2019

Dispõe sobre o compartilhamento de dados do Sistema Nacional de Informações de Registro Civil - Sirc.

O COMITÊ GESTOR DO SISTEMA NACIONAL DE REGISTRO CIVIL - CGSirc, no uso das atribuições previstas no art. 3º do Decreto nº 8.270, de 26 de junho de 2014, e no art. 2º, incisos I, II e XII do Regimento Interno, resolve:

Art. 1º Aprovar, na forma do Anexo, o Procedimento para Compartilhamento de Dados do Sistema Nacional de Informações de Registro Civil, previsto no art. 7º do Decreto nº 8.270, de 26 de junho de 2014.

Art. 2º Fica revogada a Resolução nº 3, de 4 de julho de 2016. Art. 3º Esta Resolução entra em vigor:

I - quanto aos artigos 6º e 12 do Anexo, na data estipulada pelo inciso II do art. 65 da Lei nº 13.709, de 14 de agosto de 2018; e

II - quanto aos demais artigos, na data de sua publicação.

SÉRGIO PAULO DA SILVEIRA NASCIMENTO

Coordenador

D.O.U. de 05.07.2019

◉ ANEXO

PROCEDIMENTO PARA COMPARTILHAMENTO DE DADOS DO SISTEMA NACIONAL DE INFORMAÇÕES DE REGISTRO CIVIL - SIRC

CAPÍTULO I – DAS DISPOSIÇÕES GERAIS

Art. 1º Fica estabelecido o procedimento para compartilhamento de dados do Sistema Nacional de Informações de Registro Civil - Sirc, a pessoas jurídicas de direito público referidas no parágrafo único do art. 1º da Lei nº 12.527, de 18 de novembro de 2011 (Lei de Acesso à Informação), conforme art. 7º do Decreto nº 8.270, de 26 de junho de 2014.

§ 1º É vedado o compartilhamento de dados do Sirc com entidades privadas, mesmo que por batimentos de informações, excetuando-se a hipótese prevista no art. 7º, § 7º, do Decreto nº 8.270, de 2014.

§ 2º Para os fins desta Resolução, considera-se:

I - dado pessoal: informação relacionada a pessoa natural identificada ou identificável;

II - dado anonimizado: dado relativo a titular que não possa ser identificado, considerando a utilização de meios técnicos razoáveis e disponíveis na ocasião de seu tratamento;

III - base de dados: conjunto estruturado de dados pessoais, estabelecido em um ou em vários locais, em suporte eletrônico ou físico;

IV - controlador: pessoa natural ou jurídica, de direito público ou privado, a quem competem as decisões referentes ao tratamento de dados pessoais;

V - operador: pessoa natural ou jurídica, de direito público ou privado, que realiza o tratamento de dados pessoais em nome do controlador;

VI - agentes de tratamento: o controlador e o operador;

VII - tratamento: toda operação realizada com dados pessoais, como as que se referem a coleta, produção, recepção, classificação, utilização, acesso, reprodução, transmissão, distribuição, processamento, arquivamento, armazenamento, eliminação, avaliação ou controle da informação, modificação, comunicação, transferência, difusão ou extração;

VIII - anonimização: utilização de meios técnicos razoáveis e disponíveis no momento do tratamento, por meio dos quais um dado perde a possibilidade de associação, direta ou indireta, a um indivíduo;

IX - uso compartilhado de dados: comunicação, difusão, transferência internacional, interconexão de dados pessoais ou tratamento compartilhado de bancos de dados pessoais por órgãos e entidades públicos no cumprimento de suas competências legais, ou entre esses e entes privados, reciprocamente, com autorização específica, para uma ou mais modalidades de tratamento permitidas por esses entes públicos;

X - órgão de pesquisa: órgão ou entidade da administração pública direta ou indireta ou pessoa jurídica de direito privado sem fins lucrativos legalmente constituída sob as leis brasileiras, com sede e foro no País, que inclua em sua missão institucional ou em seu objetivo social ou estatutário a pesquisa básica ou aplicada de caráter histórico, científico, tecnológico ou estatístico; e

XI - empresa de tecnologia: empresa contratada para desenvolvimento e manutenção do Sirc pelo Instituto Nacional de Seguro Social - INSS.

Art. 2º Fica autorizado o Instituto Nacional de Seguro Social - INSS a compartilhar os dados oriundos do Sistema Nacional de Informações de Registro Civil - Sirc com órgãos e entidades públicas da União, Estados, do Distrito Federal e dos Municípios que os solicitarem, e a manter e celebrar Acordos de Cooperação Técnica, observado o disposto na legislação aplicável e nos artigos 2º, incisos IV, V e VI e 6º, inciso I, do Regimento Interno do CGSirc (Portaria Conjunta nº 253, de 15 de junho de 2015).

CAPÍTULO II – DAS FINALIDADES

Art. 3º O uso compartilhado de dados pessoais pelo Poder Público deve atender a finalidades específicas de execução de políticas públicas e atribuição legal pelos órgãos e pelas entidades públicas, respeitados os princípios de proteção de dados pessoais da legislação aplicável.

CAPÍTULO III – DO COMPARTILHAMENTO DOS DADOS

SEÇÃO I – DO FLUXO

Art. 4º O órgão que necessite ter acesso aos dados do Sirc deverá enviar solicitação por ofício ao INSS, acompanhado dos Anexos I (Formulário para Solicitação de Dados) e II (Termo de Compromisso de Manutenção de Sigilo) dessa Resolução devidamente preenchidos e assinados.

§ 1º Após o recebimento da documentação referida no *caput* deste Artigo, o INSS formalizará processo administrativo e se manifestará a respeito da completude dos documentos apresentados.

§ 2º O INSS se manifestará pelo deferimento ou indeferimento, emitirá sua resposta e nos casos em que houver deferimento encaminhará ao órgão solicitante o Termo de Autorização de Acesso ao Sirc (Anexo III).

§ 3º Após o recebimento do Termo de Autorização de Acesso ao Sirc, o órgão solicitante deverá celebrar contrato ou outro instrumento com a empresa de tecnologia para remunerar os serviços, caso existam.

§ 4º Órgãos ou entidades de pesquisa que necessitem acesso aos dados do Sirc deverão enviar projeto de estudo ou pesquisa que justifique a disponibilização por meio de extração específica, respeitando a anonimização dos dados, às expensas do solicitante, acompanhado dos Anexos I (Formulário para Solicitação de Dados) e II (Termo de Compromisso de Manutenção de Sigilo) dessa Resolução devidamente preenchidos e assinados.

§ 5º As solicitações que tenham finalidade diversa da prevista no art. 3º serão encaminhadas para deliberação do Comitê Gestor, na forma prevista no seu Regimento.

§ 6º O órgão interessado em solicitar o acesso aos dados do Sirc disponíveis em plataformas de interoperabilidade do Governo Federal submetem-se às regras próprias destas plataformas e estão dispensados do envio de solicitação de permissão de acesso ao INSS.

Art. 5º A disponibilização dos dados contidos no Sirc a órgãos e entidades integrantes do Comitê Gestor independerá de autorização, devendo o órgão solicitante enviar ao INSS tão somente o Termo de Compromisso de Manutenção de Sigilo devidamente assinado pelos operadores que realizarão o tratamento de dados, nos termos do art. 7º, § 1º, do Decreto nº 8.270, de 2014.

SEÇÃO II – DO FORMATO

Art. 6º Os dados serão mantidos em formato interoperável e estruturado para o uso compartilhado, com vistas à execução de políticas públicas, à prestação de serviços públicos e à descentralização da atividade pública, nos termos do art. 25, da Lei nº 13.709, de 14 de agosto de 2018.

Art. 7º Os dados serão compartilhados com os órgãos membros do Comitê Gestor por meio de:

I - extração de dados: arquivo único contendo as informações dos registros da base de dados; e

II - download de atualização: arquivos incrementais, disponibilizados mensalmente, para atualização periódica da base e acessados a partir de interface segura e com controle de acesso.

Parágrafo único. O INSS custeará um único serviço de extração de dados para os membros do Comitê Gestor, em data a ser comunicada em reunião ordinária do CGSirc, através do orçamento específico constante do art. 9º do Decreto nº 8.270, de 2014.

Art. 8º O INSS e o Conselho Nacional de Justiça, por meio de suas Corregedorias Estaduais, terão acesso direto aos dados do Sirc com intuito de auxiliar na socialização das serventias e assegurar o envio dos dados.

Art. 9º Os dados do Sirc poderão ser compartilhados com os órgãos e entidades públicas da União, Estados, do Distrito Federal e dos Municípios, por meio de: *(Redação dada pela Resolução n. 7, de 2021)*

I - API (Interface de Programação de Aplicativos): integração direta entre sistemas de informação a partir de chamadas diretas ao banco de dados, através de barramento de serviços, que permite o compartilhamento ordenado de dados em modelo de serviço pela internet, por meio de canais seguros e criptografados; ou *(Redação dada pela Resolução n. 7, de 2021)*

II - batimento de dados: batimento, com layout previamente definido, entre os dados contidos no Sirc e as informações derivadas de outra(s) base(s) de dados, com a finalidade de qualificar, certificar ou complementar as informações contidas nos cadastros. *(Redação dada pela Resolução n. 7, de 2021)*

Art. 10. O INSS informará a empresa de tecnologia sobre a autorização de acesso e a forma de sua operacionalização.

CAPÍTULO IV – DA SEGURANÇA E RESTRIÇÕES DE ACESSO

Art. 11. O órgão solicitante ou qualquer outra pessoa que intervenha em uma das fases do tratamento obriga-se a garantir a segurança da informação dos dados pessoais, mesmo após o término da operação, nos termos da Lei nº 13.709, de 2018.

§ 1º O tratamento dos dados deverá atender às finalidades específicas de execução das políticas públicas e atribuição legal do órgão solicitante, conforme disposto no art. 3º.

§ 2º O tratamento dos dados poderá ser realizado para efeitos de estudos por órgãos de pesquisa, sendo vedada a identificação das pessoas a que os dados se referirem, conforme disposto no § 7º do art. 7º do Decreto nº 8.270, de 2014.

§ 3º O acesso aos dados poderá ser concedido somente aos agentes públicos do respectivo órgão, mediante assinatura do Termo de Compromisso e Manutenção do Sigilo - TCMS (Anexo II), que deverá ser encaminhado ao INSS, conforme art. 4º.

§ 4º O órgão solicitante deverá requerer imediatamente ao INSS a substituição do agente público citado no parágrafo anterior, nos casos de desligamento ou afastamento das atividades de tratamento dos dados objeto desta Resolução.

Art. 12. O INSS, por meio da empresa de tecnologia deverá:

I - manter o registro das operações de tratamento de dados do Sirc;

II - adotar medidas de segurança, técnicas e administrativas aptas a proteger os dados pessoais de acessos não autorizados e de situações acidentais ou ilícitas de destruição, perda, alteração, comunicação ou qualquer forma de tratamento inadequado ou ilícito; e

III - assegurar que os sistemas utilizados para o tratamento de dados pessoais sejam estruturados de forma a atender aos requisitos de segurança, aos padrões de boas práticas e de governança e aos princípios gerais previstos nas normas regulamentares.

Parágrafo único. O INSS deverá implementar, por meio da empresa de tecnologia, os ambientes destinados a execução do compartilhamento de dados observando os seguintes procedimentos operacionais:

I - acesso controlado aos ambientes de download de dados, com uso de credenciais de segurança fortes e mecanismos de rastreabilidade de acessos e eventos;

II - mecanismos de comunicação via protocolo seguro e criptografado de dados (HTTPS) com uso de certificado digital ICP-Brasil, emitido em nome do órgão solicitante dos dados do Sirc;

III - estabelecer procedimentos de ltragem de endereços IP atribuídos aos órgãos receptores dos dados; e

IV - controle de eventos nas camadas de interoperabilidade entre sistemas (API/Web Services) permitindo controle de bilhetagem de uso e auditoria nas informações solicitadas pelos sistemas parceiros.

Art. 13. Os órgãos solicitantes devem observar e implementar os seguintes requisitos mínimos de segurança nos sistemas receptores dos dados e informações oriundos do Sirc:

I - manter o registro das operações de tratamento de dados do Sirc;

II - adotar medidas de segurança, técnicas e administrativas aptas a proteger os dados pessoais de acessos não autorizados e de situações acidentais ou ilícitas de destruição, perda, alteração, comunicação ou qualquer forma de tratamento inadequado ou ilícito; e

III - assegurar que os sistemas utilizados para o tratamento de dados pessoais sejam estruturados de forma a atender aos requisitos de segurança, aos padrões de boas práticas e de governança e aos princípios gerais previstos nas normas regulamentares.

Parágrafo único. Os órgãos solicitantes deverão implementar os ambientes destinados a execução do tratamento de dados observando os seguintes procedimentos operacionais:

I - acesso identificado por meio de credenciais de segurança compostas de no mínimo usuário e senha pessoal, fornecidas pelo órgão solicitante;

II - uso de protocolos criptografados para tráfego e armazenamento de dados;

III - registro de todos os eventos de logs que envolvam os dados objetos do convênio ou autorização, permitindo identificar individualmente a operação efetuada, o usuário, estação de trabalho e data/hora das transações realizadas, devendo ser armazenados registros por até cinco anos;

IV - adoção dos meios necessários para promover criptografa dos backups operacionais;

V - estabelecimento de pers de acesso com definição de atribuições e responsabilidades dos usuários neles habilitados; e

VI - acesso regulamentado mediante processos formais para a solicitação de acesso aos perfis dos sistemas, permitindo verificar, inclusive, os autorizadores que concederam as permissões ao usuário.

Art. 14. A autorização de compartilhamento de dados será revogada quando:

I - houver alteração normativa ou de interpretação a afastar o motivo invocado para a sua concessão;

II - forem descumpridas as regras de utilização dos dados; ou

III - o órgão solicitante formalizar interesse em revogar a autorização.

Parágrafo único. A revogação da autorização não exime os agentes de tratamento dos dados das sanções administrativas aplicáveis em razão de infrações às normas previstas na legislação.

Art. 15. Os convênios, acordos de cooperação técnica e termos de execução descentralizada celebrados pelo Instituto Nacional de Seguro Social – INSS, anteriores a presente resolução, que tratam da utilização dos dados de óbito, terão até 10/01/2022, para se adequarem à forma de compartilhamento de dados prevista nesta norma. *(Redação dada pela Resolução CGSIRC nº 6, de 2021)*

Parágrafo único. Os registros de óbito lavrados até 10/01/2022 ficarão disponíveis aos usuários de que trata o *caput* para cópia até 30/01/2022. *(Redação dada pela Resolução CGSIRC nº 6, de 2021)*

Art. 16. O INSS, por meio da empresa de tecnologia, ca autorizado a implementar os mecanismos tecnológicos necessários para viabilizar a operacionalização do compartilhamento de dados e verificar o cumprimento dos requisitos mínimos de segurança de que trata o art. 13 junto aos sistemas dos órgãos solicitantes.

CAPÍTULO V – DAS DISPOSIÇÕES FINAIS

Art. 17. A assinatura do Termo de Autorização de Acesso ao Sirc (Anexo III) não acarretará transferência de recursos financeiros entre os partícipes.

Art. 18. A vigência das autorizações de que trata esta Resolução será, em regra, por prazo indeterminado. Obs.: Os Anexos I (Formulário para Solicitação de Dados), II (Termo de Compromisso de Manutenção de Sigilo) e III (Termo de Autorização de Acesso ao Sirc) estão disponíveis para download no sítio do SIRC: http://www.sirc.gov.br

› *Não publicamos os anexos desta Resolução.*

RESOLUÇÃO Nº 8, DE 02 DE DEZEMBRO DE 2021

Regulamenta o § 6º do artigo 7º do Decreto nº 9.929 de 22 de julho de 2019.

O **COMITÊ GESTOR DO SISTEMA NACIONAL DE REGISTRO CIVIL - CGSirc**, no uso da atribuição que lhe confere o inciso I do art. 2º da Portaria Conjunta nº 253, de 15 de junho de 2015 e tendo em vista o disposto no Decreto nº 9.929, de 22 de julho de 2019, resolve:

Art. 1º A divulgação pública dos dados obtidos por meio do Sirc ocorrerá por meio do endereço eletrônico www.sirc.gov.br.

Parágrafo único. A divulgação constante do caput consiste na apresentação dos números de registros de nascimento, casamento e óbito obtidos por meio do Sirc.

Art. 2º Os campos do Sirc são classificados conforme a Lei nº 13.709, de 14 de agosto de 2018 - LGPD na forma do Anexo I, sendo as informações classificadas como dados pessoais, dados sensíveis, dados públicos e dados anonimizados.

Art. 3º. A categorização das informações visando o cumprimento do Decreto nº 10.046/19 estão elencadas no Anexo I, sendo classificadas em ampla, restrita e específica.

Art. 4º Esta Resolução entra em vigor no dia 1º de fevereiro de 2022.

JAILTON ALMEIDA DO NASCIMENTO
Coordenador do Comitê

D.O.U.: de 25.01.2022

RESOLUÇÃO DO CONSELHO FEDERAL DE MEDICINA (CFM)

RESOLUÇÃO Nº 2.320, DE 1º DE SETEMBRO DE 2022 DO CONSELHO FEDERAL DE MEDICINA (CFM)

Adota normas éticas para a utilização de técnicas de reprodução assistida – sempre em defesa do aperfeiçoamento das práticas e da observância aos princípios éticos e bioéticos que ajudam a trazer maior segurança e eficácia a tratamentos e procedimentos médicos, tornando-se o dispositivo deontológico a ser seguido pelos médicos brasileiros e revogando a Resolução CFM nº 2.294, publicada no Diário Oficial da União de 15 de junho de 2021, Seção I, p. 60.

› *Vide Anexos Provimento CNJ N. 63/2017 (Registro de filhos gerados por Reprodução Assistida).*

› *Arts. 512 a 515, Provimento CNJ n. 149/2023 (CNN)*

O CONSELHO FEDERAL DE MEDICINA (CFM), no uso das atribuições que lhe confere a Lei nº 3.268, de 30 de setembro de 1957, regulamentada pela Decreto nº 44.045, de 19 de julho de 1958, alterado pelo Decreto nº 10.911, de 22 de dezembro de 2021; a Lei nº 12.842, de 10 de julho de 2013; e o Decreto nº 8.516, de 10 de setembro de 2015, e

CONSIDERANDO o Código de Ética Médica, especialmente o artigo 15 e seus parágrafos e o artigo 40;

CONSIDERANDO a infertilidade humana como um problema de saúde, com implicações médicas e psicológicas, e a legitimidade do anseio de superá-la;

CONSIDERANDO o aumento das taxas de sobrevida e cura após os tratamentos das neoplasias malignas, possibilitando às pessoas acometidas um planejamento reprodutivo antes de uma intervenção com risco de levar à infertilidade;

CONSIDERANDO a postergação da gestação pela população, evidenciada pelas estatísticas atuais, e a diminuição da probabilidade de engravidar com o avanço da idade;

CONSIDERANDO que o avanço do conhecimento científico permite auxiliar nos processos de reprodução humana a todas as pessoas que deles necessitem;

CONSIDERANDO o reconhecimento e qualificação como entidade familiar a união estável homoafetiva pelo Pleno do Supremo Tribunal Federal, na sessão de julgamento de 5 de maio de 2011, ao julgar a ADI 4.277 e a ADPF 132;

CONSIDERANDO a necessidade de harmonizar o uso dessas técnicas com os princípios da ética médica;

CONSIDERANDO o disposto na Resolução CFM nº 2.217, de 27 de setembro de 2018, que aprova o Código de Ética Médica;

CONSIDERANDO o Decreto nº 678, de 8 de novembro de 1992;

CONSIDERANDO a Lei nº 11.105, de 24 de março de 2005,que dispõe sobre a criação do Conselho Nacional de Biossegurança; e

CONSIDERANDO, finalmente, o decidido na sessão plenária do Conselho Federal de Medicina, realizada em 1º de setembro de 2022,

RESOLVE:

Art. 1º Adotar as normas éticas para a utilização das técnicas de reprodução assistida, anexas à presente resolução, como dispositivo deontológico a ser seguido pelos médicos.

Art. 2º Revogar a Resolução CFM nº 2.294, publicada no Diário Oficial da União (DOU) de 15 de junho de 2021, Seção I, p. 60.

Art. 3º Esta resolução entra em vigor na data de sua publicação.

Brasília, DF, 1º de setembro de 2022.

JOSÉ HIRAN DA SILVA GALLO
Presidente

DILZA TERESINHA AMBRÓS RIBEIRO
Secretária-geral

ANEXO

NORMAS ÉTICAS PARA A UTILIZAÇÃO DAS TÉCNICAS DE REPRODUÇÃO ASSISTIDA

I – PRINCÍPIOS GERAIS

1. As técnicas de reprodução assistida (RA) têm o papel de auxiliar no processo de procriação.

2. As técnicas de reprodução assistida podem ser utilizadas para doação de gametas e para preservação de gametas, embriões e tecidos germinativos por razões médicas e não médicas.

3. As técnicas de reprodução assistida podem ser utilizadas, desde que exista possibilidade de sucesso e baixa probabilidade de risco grave à saúde do(a) paciente ou do possível descendente.

3.1. A idade máxima das candidatas à gestação por técnicas de reprodução assistida é de 50 anos.

3.2. As exceções a esse limite são aceitas com base em critérios técnicos e científicos, fundamentados pelo médico responsável, sobre a ausência de comorbidades não relacionadas à infertilidade da mulher e após esclarecimento ao(s) candidato(s) sobre os riscos envolvidos para a paciente e para os descendentes eventualmente gerados a partir da intervenção, respeitando a autonomia da paciente e do médico.

4. O consentimento livre e esclarecido é obrigatório para todos os pacientes submetidos às técnicas de reprodução assistida. Os aspectos médicos envolvendo a totalidade das circunstâncias da aplicação de uma técnica de RA devem ser detalhadamente expostos, bem como os resultados obtidos naquela unidade de tratamento com a técnica proposta. As informações devem também atingir dados de caráter biológico, jurídico e ético. O documento de consentimento livre e esclarecido deve ser elaborado em formulário específico e estará completo com a concordância, por escrito, obtida a partir de discussão entre as partes envolvidas nas técnicas de reprodução assistida.

5. As técnicas de reprodução assistida não podem ser aplicadas com a intenção de selecionar o sexo (presença ou ausência de cromossomo Y) ou qualquer outra característica biológica da criança, exceto para evitar doenças no possível descendente.

6. É proibida a fecundação de oócitos humanos com qualquer outra finalidade que não a procriação humana.

7. Quanto ao número de embriões a serem transferidos, determina-se, de acordo com a idade:

a) mulheres com até 37 (trinta e sete) anos: até 2 (dois) embriões;

b) mulheres com mais de 37 (trinta e sete) anos: até 3 (três) embriões;

c) em caso de embriões euploides ao diagnóstico genético, até 2 (dois) embriões, independentemente da idade; e

d) nas situações de doação de oócitos, considera-se a idade da doadora no momento de sua coleta.

8. Em caso de gravidez múltipla, decorrente do uso de técnicas de reprodução assistida, é proibida a utilização de procedimentos que visem a redução embrionária.

II – PACIENTES DAS TÉCNICAS DE REPRODUÇÃO ASSISTIDA

1. Todas as pessoas capazes que tenham solicitado o procedimento e cuja indicação não se afaste dos limites desta resolução podem ser receptoras das técnicas de reprodução assistida, desde que os participantes estejam de inteiro acordo e devidamente esclarecidos, conforme legislação vigente.

2. É permitida a gestação compartilhada em união homoafetiva feminina. Considera-se gestação compartilhada a situação em que o embrião obtido a partir da fecundação do(s) oócito(s) de uma mulher é transferido para o útero de sua parceira.

III – REFERENTE ÀS CLÍNICAS, CENTROS OU SERVIÇOS QUE APLICAM TÉCNICAS DE REPRODUÇÃO ASSISTIDA

As clínicas, centros ou serviços que aplicam técnicas de reprodução assistida são responsáveis pelo controle de doenças infectocontagiosas, pela coleta, pelo manuseio, pela conservação, pela distribuição, pela transferência e pelo descarte de material biológico humano dos pacientes submetidos às técnicas de reprodução assistida. Devem apresentar como requisitos mínimos:

1. Diretor técnico médico registrado no Conselho Regional de Medicina (CRM) de sua jurisdição com registro de especialista em áreas de interface com a reprodução assistida, que será responsável por todos os procedimentos médicos e laboratoriais executados;

2. Registro permanente das gestações e seus desfechos (dos abortamentos, dos nascimentos e das malformações de fetos ou recém-nascidos), provenientes das diferentes técnicas de reprodução assistida aplicadas na unidade em apreço, bem como dos procedimentos laboratoriais na manipulação de gametas e embriões; e

3. Registro permanente dos exames laboratoriais a que são submetidos os pacientes, com a finalidade precípua de evitar a transmissão de doenças.

4. Os registros devem estar disponíveis para fiscalização dos Conselhos Regionais de Medicina.

IV – DOAÇÃO DE GAMETAS OU EMBRIÕES

1. A doação não pode ter caráter lucrativo ou comercial.

2. Os doadores não devem conhecer a identidade dos receptores e vice-versa, exceto na doação de gametas ou embriões para parentesco de até 4º (quarto) grau, de um dos receptores (primeiro grau: pais e filhos; segundo grau: avós e irmãos; terceiro grau: tios e sobrinhos; quarto grau: primos), desde que não incorra em consanguinidade.

2.1. Deve constar em prontuário o relatório médico atestando a adequação da saúde física e mental de todos os envolvidos.

2.2. A doadora de óvulos ou embriões não pode ser a cedente temporária do útero.

3. A doação de gametas pode ser realizada a partir da maioridade civil, sendo a idade limite de 37 (trinta e sete) anos para a mulher e de 45 (quarenta e cinco) anos para o homem.

3.1. Exceções ao limite da idade feminina podem ser aceitas nos casos de doação de oócitos previamente congelados, embriões previamente congelados e doação familiar conforme descrito no item 2, desde que a receptora/receptores seja(m) devidamente esclarecida(os) sobre os riscos que envolvem a prole.

4. Deve ser mantido, obrigatoriamente, sigilo sobre a identidade dos doadores de gametas e embriões, bem como dos receptores, com a ressalva do item 2 do Capítulo IV. Em situações especiais, informações sobre os doadores, por motivação médica, podem ser fornecidas exclusivamente aos médicos, resguardando a identidade civil do(a) doador(a).

5. As clínicas, centros ou serviços onde são feitas as doações devem manter, de forma permanente, um registro com dados clínicos de caráter geral, características fenotípicas, de acordo com a legislação vigente.

6. Na região de localização da unidade, o registro dos nascimentos evitará que um(a) doador(a) tenha produzido mais de 2 (dois) nascimentos de crianças de sexos diferentes em uma área de 1 (um) milhão de habitantes. Exceto quando uma mesma família receptora escolher um(a) mesmo(a) doador(a), que pode, então, contribuir com quantas gestações forem desejadas.

7. Não é permitido aos médicos, funcionários e demais integrantes da equipe multidisciplinar das clínicas, unidades ou serviços serem doadores nos programas de reprodução assistida.

8. É permitida a doação voluntária de gametas, bem como a situação identificada como doação compartilhada de oócitos em reprodução assistida, em que doadora e receptora compartilham tanto do material biológico quanto dos custos financeiros que envolvem o procedimento.

9. A escolha das doadoras de oócitos, nos casos de doação compartilhada, é de responsabilidade do médico assistente. Dentro do possível, o médico assistente deve selecionar a doadora que tenha a maior semelhança fenotípica com a receptora, que deve dar sua anuência à escolha.

10. A responsabilidade pela seleção dos doadores é exclusiva dos usuários quando da utilização de banco de gametas ou embriões.

11. Na eventualidade de embriões formados por gametas de pacientes ou doadores distintos, a transferência embrionária deverá ser realizada com embriões de uma única origem para a segurança da prole e rastreabilidade.

V – CRIOPRESERVAÇÃO DE GAMETAS OU EMBRIÕES

1. As clínicas, centros ou serviços podem criopreservar espermatozoides, oócitos, embriões e tecidos gonadais.

2. O número total de embriões gerados em laboratório será comunicado aos pacientes para que decidam quantos embriões serão transferidos a fresco, conforme determina esta Resolução. Os excedentes viáveis devem ser criopreservados.

3. Antes da geração dos embriões, os pacientes devem manifestar sua vontade, por escrito, quanto ao destino dos embriões criopreservados em caso de divórcio, dissolução de união estável ou falecimento de um deles ou de ambos, e se desejam doá-los.

VI – DIAGNÓSTICO GENÉTICO PRÉ-IMPLANTACIONAL DE EMBRIÕES

1.As técnicas de reprodução assistida podem ser aplicadas à seleção de embriões submetidos a diagnóstico de alterações genéticas causadoras de doenças, podendo nesses casos ser doados para pesquisa ou descartados, conforme a decisão do(s) paciente(s), devidamente documentada com consentimento informado livre e esclarecido.

2. As técnicas de reprodução assistida também podem ser utilizadas para tipagem do Antígeno Leucocitário Humano (HLA) do embrião, no intuito de selecionar embriões HLA- compatíveis com algum irmão já afetado pela doença e cujo tratamento efetivo seja o transplante de células-tronco, de acordo com a legislação vigente.

3. O tempo máximo de desenvolvimento de embriões in vitro é de até 14 (quatorze) dias.

VII – SOBRE A GESTAÇÃO DE SUBSTITUIÇÃO (CESSÃO TEMPORÁRIA DO ÚTERO)

As clínicas, centros ou serviços de reprodução podem usar técnicas de reprodução assistida para criar a situação identificada como gestação de substituição, desde que exista uma condição que impeça ou contraindique a gestação.

1. A cedente temporária do útero deve:

a) ter ao menos um filho vivo;

b) pertencer à família de um dos parceiros em parentesco consanguíneo até o quarto grau (primeiro grau: pais e filhos; segundo grau: avós e irmãos; terceiro grau: tios e sobrinhos; quarto grau: primos);

c) na impossibilidade de atender o item b, deverá ser solicitada autorização do Conselho Regional de Medicina (CRM).

2. A cessão temporária do útero não pode ter caráter lucrativo ou comercial e a clínica de reprodução não pode intermediar a escolha da cedente.

3. Nas clínicas de reprodução assistida, os seguintes documentos e observações devem constar no prontuário da paciente:

a) termo de consentimento livre e esclarecido assinado pelos pacientes e pela cedente temporária do útero, contemplando aspectos biopsicossociais e riscos envolvidos no ciclo gravídico-puerperal, bem como aspectos legais da filiação;

b) relatório médico atestando a adequação da saúde física e mental de todos os envolvidos;

c) termo de Compromisso entre o(s) paciente(s) e a cedente temporária do útero que receberá o embrião em seu útero, estabelecendo claramente a questão da filiação da criança;

d) compromisso, por parte do(s) paciente(s) contratante(s) de serviços de reprodução assistida, públicos ou privados, com tratamento e acompanhamento médico, inclusive por equipes multidisciplinares, se necessário, à mulher que ceder temporariamente o útero, até o puerpério;

e) compromisso do registro civil da criança pelos pacientes, devendo essa documentação ser providenciada durante a gravidez; e

f) aprovação do(a) cônjuge ou companheiro(a), apresentada por escrito, se a cedente temporária do útero for casada ou viver em união estável.

VIII – REPRODUÇÃO ASSISTIDA POST *MORTEM*

É permitida a reprodução assistida post mortem, desde que haja autorização específica para o uso do material biológico criopreservado em vida, de acordo com a legislação vigente.

IX – DISPOSIÇÃO FINAL

Casos de exceção não previstos nesta resolução dependerão da autorização do Conselho Regional de Medicina da jurisdição e, em grau recursal, do Conselho Federal de Medicina.

D.O.U. de 20.09.2022

PROVIMENTOS DO CONSELHO NACIONAL DE JUSTIÇA – CNJ

PROVIMENTO Nº 12, DE 06 DE AGOSTO DE 2010

Determinar que seja remetido, em forma que preserve o sigilo, para cada uma das 27 Corregedorias Gerais dos Tribunais de Justiça, o CD com os nomes e endereços dos alunos que, naquela unidade da Federação, não possuem paternidade estabelecida, segundo os dados do Censo escolar.

- *Vide Lei nº 8.560, de 29 de dezembro de 1992. Art. 1º, IV*
- *Vide Lei nº 10.406, de 10 de janeiro de 2002 (Código Civil)*
- *Vide Provimento CNJ n. 16/2012 (Reconhecimento de Filhos)*
- *Arts. 496 a 504 (Reconhecimento de Paternidade) do Provimento CNJ n. 149/2023 (CNN)*

O Corregedor Nacional de Justiça, Ministro Gilson Dipp, no uso de suas atribuições legais e regimentais,

CONSIDERANDO que durante as inspeções realizadas em inúmeras varas judiciais e serviços extrajudiciais do País a Corregedoria Nacional de Justiça observou que o número de averiguações de paternidade (Lei n. 8.560/1992) é insignificante;

CONSIDERANDO que em resposta a solicitação desta Corregedoria Nacional (Processo n. 0000072-65.2010.2.00.0000) o Ministério da Educação, por meio do Instituto Nacional de Estudos e Pesquisas Educacionais Anísio Teixeira – INEP – forneceu dados do Censo Escolar (Sistema Educacenso) de 2009;

CONSIDERANDO que o Censo de 2009 identificou 4.869.363 (quatro milhões, oitocentos e sessenta e nove mil, trezentos e sessenta e três) alunos para os quais não existe informação sobre o nome do pai, dos quais 3.853.972 (três milhões, oitocentos e cinqüenta e três mil, novecentos e setenta e dois) eram menores de 18 anos;

CONSIDERANDO que o Censo Escolar consigna campo para o preenchimento do nome do pai do aluno, embora a informação não seja de preenchimento obrigatório;

CONSIDERANDO os bons resultados obtidos pela Associação dos Registradores das Pessoas Naturais – ARPEN – e pelos Tribunais de Justiça de Alagoas, Mato Grosso do Sul, Santa Catarina e São Paulo, dentre outros, em trabalhos relativos à averiguação e ao reconhecimento de paternidade;

CONSIDERANDO que o reconhecimento da paternidade pode ser manifestado expressa e diretamente perante o juiz (artigo 1º, IV, da Lei n. 8.560/1992 e artigo 1609, IV, do Código Civil);

RESOLVE:

Art. 1º Determinar que seja remetido, em forma que preserve o sigilo, para cada uma das 27 Corregedorias Gerais dos Tribunais de Justiça, o CD com os nomes e endereços dos alunos que, naquela unidade da Federação, não possuem paternidade estabelecida, segundo os dados do Censo escolar;

Art. 2º Ao receber o CD, a Corregedoria do Tribunal de Justiça do Estado, ou do DF, sempre preservando o nome e o endereço do aluno e de sua mãe, deverá abrir a mídia, observar o município de residência de cada aluno e que já consta do CD, encaminhar as informações ao Juiz competente para os procedimentos previstos nos artigos 1º, IV e 2º, ambos da Lei n. 8.560/1992, e tomar as medidas necessárias para que eventuais exames de DNA decorrentes das medidas adotadas possam ser realizados com segurança e celeridade;

Art. 3º Recebida a informação, o juiz competente providenciará a notificação de cada mãe, para que compareça perante o ofício/secretaria judicial, munida de seu documento de identidade e, se possível, com a certidão de nascimento do filho, para que, querendo, informe os dados (nome e endereço) do suposto pai, caso estes realmente não constem do registro de nascimento. O aluno maior de idade será notificado pessoalmente (art. 4º da lei n. 8.560/1992 e art. 1614 do Código Civil);

§ 1º O procedimento, salvo determinação judicial em sentido diverso, correrá em segredo de justiça e deverá ser realizado de forma a preservar a dignidade dos envolvidos.

§ 2º Positivada a notificação do genitor, o expediente será registrado e formalmente autuado na distribuição forense do local em que tramita, onde ao final será arquivado.

Art. 4º Caso atenda à notificação, compareça perante o ofício/secretaria judicial e forneça dados suficientes para o chamamento do genitor, a mãe do menor ou o interessado (se maior de 18 anos e capaz) sairá intimada (o) da data da audiência designada para a manifestação do suposto genitor;

§ 1º A anuência da genitora do menor de idade é indispensável para que a averiguação seja iniciada. E se o reconhecido for maior de idade, seu consentimento é imprescindível.

§ 2º O procedimento não depende de advogado e a participação do Ministério Público é facultativa.

§ 3º O reconhecimento de filho independe do estado civil dos genitores ou de eventual parentesco entre eles.

Art. 5º Na própria audiência, após os interessados serem identificados por documento oficial com fotografia e ouvidos pelo Juiz, será lavrado e assinado o termo de reconhecimento espontâneo de paternidade.

§ 1º Inexistindo norma local em sentido diverso, faculta-se aos Tribunais atribuir aos Juízes Corregedores Permanentes dos Oficiais do Registro Civil das Pessoas Naturais, aos Juízes da Infância e da Juventude, aos Juízes dos Juizados Especiais Cíveis, aos Juízes dos Juizados Itinerantes e aos juízes de família a prestação de serviço de reconhecimento voluntário da paternidade.

§ 2º O reconhecimento da paternidade pelo pai relativamente incapaz independerá da assistência de seus pais ou tutor. O reconhecimento da paternidade pelo absolutamente incapaz dependerá de decisão judicial, a qual poderá ser proferida na esfera administrativa pelo próprio juiz que tomar a declaração do representante legal.

§ 3º O expediente, formado pelo termo de reconhecimento, cópia dos documentos apresentados pelos interessados e deliberação do Juiz elaborada de forma que sirva de mandado de averbação, será encaminhado ao serviço de registro civil em até cinco dias.

§ 4º Na hipótese de o registro de nascimento do reconhecido ter sido lavrado no Cartório de Registro Civil da mesma Comarca do Juízo que formalizou o reconhecimento da paternidade, será imediatamente determinada a averbação da paternidade, independentemente do "cumpra-se" do Juízo Corregedor do serviço extrajudicial na decisão que serve de mandado, ressalvados os casos de dúvida do Oficial no cumprimento, os quais sempre deverão ser submetidos à análise e decisão da Corregedoria do Oficial destinatário da ordem de averbação.

§ 5º Nas hipóteses de o registro de nascimento do reconhecido ter sido lavrado no Cartório de Registro Civil de outra Comarca, do mesmo ou de outro Estado da Federação, a decisão que serve de mandado de averbação será remetida pelo Juízo responsável, por ofício, ao endereço fornecido pela Corregedoria Geral de Justiça ao qual está vinculado o serviço extrajudicial destinatário, para cumprimento.

§ 6º Em 05 (cinco) dias as Corregedorias Gerais de Justiça deverão fornecer à Corregedoria Nacional de Justiça o endereço que receberá os mandados de averbação. Os endereços permanecerão disponíveis no endereço eletrônico da Corregedoria Nacional.

§ 7º Os interessados deverão ser orientados a solicitar a certidão de nascimento averbada ao Cartório de Registro Civil competente.

Art. 6º Àquele que se declarar pobre, por não ter condição de arcar com as custas e emolumentos eventualmente devidos sem prejuízo do próprio sustento ou da família, será reconhecida a isenção.

Art. 7º Caso não haja reconhecimento incondicionado, mas seja possível o reconhecimento consensual após a realização de exame de DNA admitido pelos envolvidos, o juízo tomará as providências necessárias para a realização do exame, designando nova audiência quando necessário.

Art. 8º Caso o suposto pai não atenda à notificação judicial, ou negue a paternidade que lhe é atribuída, o Juiz, a pedido da mãe ou do interessado capaz, remeterá o expediente para o representante do Ministério Público, ou da Defensoria Pública ou para serviço de assistência judiciária, a fim de que seja proposta ação de investigação de paternidade caso os elementos disponíveis sejam suficientes.

Parágrafo único. A iniciativa conferida ao Ministério Público não impede a quem tenha legítimo interesse de intentar a investigação, visando obter o pretendido reconhecimento da paternidade.

Art. 9º No prazo de 60 dias, contados da publicação deste Provimento, as Corregedorias Gerais de cada um dos Tribunais de Justiça deverá informar à Corregedoria Nacional as providências tomadas para a execução deste provimento e o encaminhamento das informações aos juízes competentes.

Parágrafo único. Da ata de inspeção e/ou de correição de cada Corregedoria local deverá constar informação sobre o cumprimento das medidas previstas no artigo 2º da Lei n. 8.560/1992 pelos registradores e pelos magistrados competentes para os atos.

Art. 10. O presente provimento veicula regulamentação geral sobre o tema e não proíbe a edição ou a manutenção de normas locais capazes de adaptar as suas finalidades às peculiaridades de cada região.

Parágrafo único. As normas locais sobre o tema deverão ser informadas a esta Corregedoria Nacional.

Art. 11. Este Provimento entra em vigor na data de sua publicação.

Brasília, 06 de agosto de 2010.
Ministro Gilson Dipp
Corregedor Nacional de Justiça
(D.J.E 10-08-2010)

PROVIMENTO Nº 13, DE 03 DE SETEMBRO DE 2010**

Dispõe sobre a emissão de certidão de nascimento nos estabelecimentos de saúde que realizam partos.

*Situação: Revogado e incorporado aos **arts. 445 a 460 do Provimento CNJ n. 149/2023** (Código Nacional de Normas da Corregedoria Nacional de Justiça– Foro Extrajudicial (CNN/CN/CNJ-EXTRA)*

- *Vide "Considerações" deste Provimento*
- *Vide Constituição Federal. Art. 236, 103-B, 177, VIII e 193*
- *Vide Lei nº 11.977, de 7 de julho de 2009. Arts. 37 e 38*
- *Vide Lei nº 8.212, de 24 de julho de 1991*
- *Vide Decreto nº 10.063, de 14 de outubro de 2019*
- *Vide Decreto nº 7.231 de 14 de julho de 2019*
- *Provimento CNJ 140/2023 (Programa de Enfrentamento ao Sub-registro Civil e de Ampliação ao Acesso à Documentação Básica por Pessoas Vulneráveis)*

O CORREGEDOR NACIONAL DE JUSTIÇA, Ministro Gilson Dipp, no uso de suas atribuições legais e regimentais,

CONSIDERANDO os termos dos arts. 236 e 103 – B, § 4º, III, da Constituição Federal,

CONSIDERANDO os termos dos arts. 37 e 38 da Lei nº 11.977, de 07 de julho de 2009,

CONSIDERANDO o disposto no art. 8º, X, do Regimento Interno do Conselho Nacional de Justiça, dotado de força normativa, na forma do art. 5º, § 2º, da Emenda Constitucional nº 45, de 30 de dezembro de 2004, e

CONSIDERANDO que é o registro de nascimento perante as serventias extrajudiciais do registro civil das pessoas naturais que confere, em primeira ordem, identidade ao cidadão e dá início ao seu relacionamento formal com o Estado, conforme dispõem os arts. 2º e 9º do Código Civil em vigor;

CONSIDERANDO a instituição do Compromisso Nacional pela Erradicação do Sub – registro Civil de Nascimento e a ampliação do acesso à Documentação Básica, por meio do Decreto nº 6.289, de 6 de dezembro de 2007, e da publicação dos Protocolos de Cooperação Federativa – Compromissos: Mais Nordeste pela Cidadania e Mais Amazônia pela Cidadania, que estabelecem a intensificação das ações para erradicar o sub – registro civil de nascimento nas respectivas regiões, até o final de 2010, incluída o registro de nascimento e a emissão de certidão de nascimento nos estabelecimentos de saúde antes da alta hospitalar;

CONSIDERANDO a parceria firmada entre a Secretaria de Direitos Humanos da Presidência da República, o Conselho Nacional de Justiça, o Ministério da Justiça, a Associação dos Notários e Registradores do Brasil e a Arpen Brasil – Associação Nacional dos Registradores de Pessoas Naturais, por meio do Acordo de Cooperação, processo nº 00005.003503/2007 – 71, publicado no Diário Oficial em 3 de janeiro de 2008, o qual objetiva cooperação com vistas à implantação do Plano Social de Registro Civil de Nascimento e Documentação Básica, destinado à erradicação do sub – registro civil de nascimento;

CONSIDERANDO a participação do Conselho Nacional de Justiça no Grupo de Trabalho que discute a criação e implantação do SIRC – Sistema de Informações de Registro Civil, de acordo com Portaria Conjunta SEDH/PR/MJ/CNJ, publicada em 18 de fevereiro de 2009;

CONSIDERANDO a participação do Conselho Nacional da Justiça (CNJ), da Corregedoria Nacional de Justiça e das Corregedorias-Gerais de Justiça dos Estados e Distrito Federal nas ações de Mobilização Nacional pela Certidão de Nascimento;

CONSIDERANDO a publicação do Decreto nº 7.231 de 14 de julho de 2010 e dos provimentos nº 02 de 27 de abril de 2009, nº 03 de 17 de novembro de 2009 e nº 10 de 13 de julho de 2010 da Corregedoria Nacional de Justiça do Conselho Nacional de Justiça;

CONSIDERANDO que a Associação dos Registradores das Pessoas Naturais do Brasil (ARPEN – BR) sugeriu a possibilidade de formação de consórcio de empregadores urbanos para a contratação de preposto capaz de atuar em parte dos estabelecimentos de saúde;

CONSIDERANDO o entendimento de que a aplicação analógica do artigo 25 – A da Lei nº 8.212/1991 não encontra óbice legal (art. 5º, II, da CF) e contribui para a obtenção do pleno emprego e para o incremento do bem-estar e da justiça social (art. 170, VIII e 193, ambos da Constituição Federal);

CONSIDERANDO, por fim, a conveniência de uniformizar e aperfeiçoar o registro de nascimento e a emissão da respectiva certidão nos estabelecimentos de saúde, antes da alta hospitalar da mãe ou da criança;

PROVIMENTO Nº 14, DE 29 DE ABRIL DE 2011

Dispõe sobre a emissão de certidões pelos Ofícios de Registro Civil das Pessoas Naturais em papel de segurança unificado fornecido pela Casa da Moeda do Brasil.

- *Vide Anexos do Provimento CNJ n. 63/2017 (Novos Modelos de Certidões)*
- *Vide art. 461, Provimento CNJ n. 149/2023 (CNN)*

A **CORREGEDORA NACIONAL DE JUSTIÇA**, Ministra Eliana Calmon, no uso de suas atribuições legais e regimentais;

CONSIDERANDO o disposto nos Provimentos nº 2 e nº 3, desta Corregedoria Nacional de Justiça, com vistas a uniformizar e aperfeiçoar as atividades do registro civil das pessoas naturais;

CONSIDERANDO a viabilização do fornecimento e da distribuição, pela Casa da Moeda do Brasil, de papel de segurança unificado e padronizado sem ônus financeiros adicionais para o registrador;

CONSIDERANDO a obrigatoriedade de seu uso que emerge do preenchimento, assim, do requisito previsto no artigo 6º do aludido Provimento nº 3;

CONSIDERANDO a necessidade de regulamentação adicional, de modo a escoimar dúvidas, garantir a segurança jurídica e dar plena efetividade ao estabelecido nos Provimentos anteriores;

CONSIDERANDO os resultados do diálogo com a Secretaria de Direitos Humanos da Presidência da República, a Secretaria de Reforma do Judiciário do Ministério da Justiça, a Casa da Moeda do Brasil e a Associação dos Registradores das Pessoas Naturais do Brasil – ARPEN-BR;

RESOLVE:

Art. 1º Os registradores civis das pessoas naturais deverão solicitar, desde logo, à Casa da Moeda do Brasil, o papel de segurança unificado, mediante regular preenchimento do formulário eletrônico por esta disponibilizado na rede mundial de computadores.

Parágrafo único – Observarão, para tanto, as instruções veiculadas por meio de manual próprio acessível pela mesma via (CERTUNI Versão 1.0.0 – Guia Rápido do Usuário, ou outra versão que venha a substituí-lo).

Art. 2º Em situações excepcionais, quando evidenciada a absoluta impossibilidade de acesso à rede mundial de computadores, a solicitação deverá ser feita pelo correio, dirigida ao endereço físico da Casa da Moeda do Brasil (Rua René Bittencourt, 371, Distrito Industrial de Santa Cruz, Rio de Janeiro – RJ, CEP 23565-200, telefones 21 2414-2319 e 2418-1130).

Art. 3º A partir de 1º de janeiro de 2012 será obrigatório o uso do papel de segurança unificado, fornecido pela Casa da Moeda do Brasil, para a expedição de certidões de nascimento, casamento e óbito, com estrita observância dos modelos editados por esta Corregedoria Nacional de Justiça, bem como para a expedição de certidões de inteiro teor.

Art. 4º Caso o registrador opte por iniciar a utilização do papel de segurança unificado antes da data prevista no artigo anterior, ficará obrigado, desde a expedição da primeira certidão neste papel especial, a empregá-lo para emitir todas as certidões de nascimento, casamento e óbito subsequentes, inclusive as de inteiro teor, sem quebra de continuidade, vedado o uso de qualquer outro.

Art. 5º Para preenchimento e impressão de certidões não é obrigatório o emprego de formulários eletrônicos específicos disponibilizados no âmbito do sistema da Casa da Moeda (CERTUNI).

Art. 6º Os registradores deverão armazenar os estoques de papel especial em condições adequadas de segurança.

Art. 7º As Corregedorias Gerais de Justiça dos Estados poderão, em caráter preventivo, solicitar à Casa da Moeda o envio de papel de segurança unificado em quantidade suficiente para o fornecimento, mediante rígido controle, a registradores em situações emergenciais.

Parágrafo único – Em caso de fornecimento emergencial, a Corregedoria responsável comunicará à Casa da Moeda, no prazo de 10 dias contado da remessa, o serviço de registro destinatário do papel de segurança e a numeração das folhas encaminhadas.

Art. 8º Este provimento entrará em vigor na data de sua publicação.

Brasília, 29 de abril de 2011.
Ministra ELIANA CALMON
Corregedora Nacional de Justiça
(DJE 02.05.2011)

PROVIMENTO Nº 15, DE 15 DE DEZEMBRO DE 2011

Dispõe sobre a emissão de certidões pelos Ofícios de Registro Civil das Pessoas Naturais em papel de segurança unificado fornecido pela Casa da Moeda do Brasil e o início de sua utilização obrigatória.

- *Vide Anexos do Provimento CNJ n. 63/2017 (Novos Modelos de Certidões)*

A CORREGEDORA NACIONAL DE JUSTIÇA, Ministra Eliana Calmon, no uso de suas atribuições legais e regimentais;

CONSIDERANDO o disposto nos Provimentos nº 2, nº 3 e nº 14, desta Corregedoria Nacional de Justiça, com vistas a uniformizar e aperfeiçoar as atividades do registro civil das pessoas naturais;

CONSIDERANDO a constatação, por esta Corregedoria Nacional de Justiça, em recentes inspeções realizadas nos Estados do Amapá e do Paraná, de que diversos Oficiais de Registro Civil de Pessoas Naturais solicitaram formalmente à Casa da Moeda do Brasil o papel de segurança unificado, mas ainda não o receberam, situação noticiada, também, por registradores de outros Estados;

CONSIDERANDO as notórias dificuldades encontradas pela Casa da Moeda do Brasil para cumprir integralmente o compromisso de fornecimento e distribuição do papel de segurança unificado a todos os registradores do país até a data de início da obrigatoriedade de seu uso, anteriormente fixada;

CONSIDERANDO a necessidade de readequação do marco inicial dessa obrigatoriedade, a fim de evitar qualquer prejuízo ao serviço;

CONSIDERANDO os resultados do diálogo com a Secretaria de Direitos Humanos da Presidência da República, a Secretaria de Reforma do Judiciário do Ministério da Justiça, a Casa da Moeda do Brasil e a Associação dos Registradores das Pessoas Naturais do Brasil - ARPEN-BR;

RESOLVE:

Art. 1º Fica transferido para o dia 02 de julho de 2012 o início da obrigatoriedade do uso do papel de segurança unificado, fornecido pela Casa da Moeda do Brasil, para a expedição de certidões de nascimento, casamento e óbito, bem como para a expedição de certidões de inteiro teor.

Art. 2º Caso o registrador opte por iniciar a utilização do papel de segurança unificado antes da data prevista no artigo anterior, ficará obrigado, desde a expedição da primeira certidão neste papel especial, a empregá-lo para emitir todas as certidões de nascimento, casamento e óbito subsequentes, inclusive as de inteiro teor, sem quebra de continuidade, vedado o uso de qualquer outro.

§ 1º Se houver sido iniciado antecipadamente o uso do papel de segurança unificado, mas o estoque se esgotar antes da data acima fixada e, apesar da regular solicitação de novo lote pelo registrador, a Casa da Moeda do Brasil não o fornecer em tempo hábil, as certidões posteriores deverão ser expedidas em papel comum, para evitar a interrupção do serviço.

§ 2º Na hipótese do parágrafo anterior, o registrador comunicará o fato, para controle, ao Juiz Corregedor Permanente da respectiva comarca, apresentando-lhe cópia da solicitação ainda não atendida pela Casa da Moeda.

§ 3º Tão logo receba o novo lote de papel de segurança, deverá o registrador retomar, prontamente, sua utilização.

§ 4º O disposto nos parágrafos anteriores também se aplicará se, em algum caso, a Casa da Moeda do Brasil não entregar ao registrador, até a data prevista no art. 1º, seu primeiro lote de papel de segurança.

§ 5º Após 02 de julho de 2012, caso o uso do papel de segurança já tenha sido iniciado e as folhas se esgotarem antes da chegada de outras, o registrador deverá solicitar à Corregedoria Geral da Justiça do respectivo Estado, imediatamente, a remessa de lote suplementar, a ser extraído do estoque de emergência por esta mantido.

§ 6º Em nenhuma hipótese deverá o registrador, após 02 de julho de 2012, retomar, excepcional e provisoriamente, o uso de papel comum sem expressa autorização da Corregedoria Geral da Justiça local, fundada na efetiva impossibilidade de atender a solicitação prevista no parágrafo anterior e na necessidade de garantir a continuidade da prestação do serviço à população.

Art. 3º Ficam integralmente mantidas as regras previstas no Provimento nº 14 desta Corregedoria Nacional de Justiça, com as adaptações ora estabelecidas no presente Provimento nº 15.

Art. 4º Este provimento entrará em vigor na data de sua publicação.

Brasília, 15 de dezembro de 2011.
Ministra ELIANA CALMON
Corregedora Nacional de Justiça

PROVIMENTO Nº 16, DE 17 DE FEVEREIRO DE 2012

Dispõe sobre a recepção, pelos Oficiais de Registro Civil das Pessoas Naturais, de indicações de supostos pais de pessoas que já se acharem registradas sem paternidade estabelecida, bem como sobre o reconhecimento espontâneo de filhos perante os referidos registradores.

- *Vide Lei nº 8.560, de 29 de dezembro de 1992*
- *Vide Código Civil*
- *Vide Provimento nº 12, de 6 de agosto de 2010*
- *Vide art. 488, § 2º, e arts. 496 a 504 , Provimento CNJ n. 149/2023 (CNN)*

A CORREGEDORA NACIONAL DE JUSTIÇA, Ministra Eliana Calmon, no uso de suas atribuições legais e regimentais;

CONSIDERANDO o alcance social e os alentadores resultados do chamado "Programa Pai Presente", instituído pelo Provimento nº 12, de 06 de agosto de 2010, desta Corregedoria Nacional de Justiça, para obtenção do reconhecimento da paternidade de alunos matriculados na rede de ensino;

CONSIDERANDO a utilidade de se propiciar, no mesmo espírito, facilitação para que as mães de filhos menores já registrados sem paternidade reconhecida possam, com escopo de sanar a lacuna, apontar os supostos pais destes, a fim de que sejam adotadas as providências previstas na Lei nº 8.560/92;

CONSIDERANDO a pertinência de se disponibilizar igual facilidade aos filhos maiores que desejem indicar seus pais e às pessoas que pretendam reconhecer, espontaneamente, seus filhos;

CONSIDERANDO o interesse de se viabilizar o sucesso de campanhas e mutirões realizados para a colheita de manifestações dessa natureza;

CONSIDERANDO os resultados do diálogo com a Associação dos Registradores das Pessoas Naturais do Brasil – ARPEN-BR e os esforços encetados em conjunto para a consecução dos relevantes fins sociais almejados;

RESOLVE:

Arts. 1º a 9º *(Revogados pelo Provimento CN n. 149, de 30.8.2023)*

Art. 10. Este provimento entrará em vigor na data de sua publicação.

Brasília, 17 de fevereiro de 2012.
Ministra ELIANA CALMON
Corregedora Nacional de Justiça
(DJE 23.02.2012)

ANEXO I
(PROVIMENTO Nº 16) TERMO DE INDICAÇÃO DE PATERNIDADE

Qualificação completa (nome completo, nacionalidade, naturalidade, data de nascimento, estado civil, profissão, RG, CPF, endereços e telefones) da pessoa que fez a indicação (filho maior ou mãe de filho menor):

Qualificação completa do filho menor (se o caso):

Dados do suposto pai:

A) De preenchimento obrigatório: Nome: Endereço:

B) De preenchimento tão completo quanto possível (mas observando-se que a falta dos dados abaixo não obstará o andamento do pedido):

Profissão: endereço do local de trabalho:

telefones fixos (residencial e profissional): ; telefone(s) celular(es):

outras informações (inclusive RG e CPF):

Declaração da pessoa que faz a indicação:

DECLARO, sob as penas da lei, que o reconhecimento da paternidade não foi pleiteado em juízo.

Local: ______________________________ data:

Assinaturas: ____ (pessoa que faz a indicação) ____ (Oficial de Registros de Pessoas Naturais, com identificação e carimbo) Obs.: o Oficial deverá anexar a certidão de nascimento, original (Prov.16, art. 3º, §3º) ou por cópia conferida (art 3º, §2º)

ANEXO II
(PROVIMENTO Nº 16) TERMO DE RECONHECIMENTO DE FILHO(A)

Qualificação completa da pessoa que comparece espontaneamente para reconhecer filho (nome completo, nacionalidade, naturalidade, data de nascimento, estado civil, profissão, RG, CPF, endereços, telefones e filiação, com especificação dos nomes completos dos respectivos genitores, para constarem como avós do reconhecido):

____

____

Dados para identificação induvidosa do filho(a) reconhecido(a), em especial seu nome completo e indicação do Ofício de Registro de Pessoas Naturais em que realizado seu registro de nascimento, que poderá ser diverso daquele em que preenchido o presente termo (sem prejuízo de outros elementos que seja possível consignar, tais como nome da mãe, endereços desta e do filho(a), respectivos telefones, identificação e localização de outros parentes etc.):

____

____

Declaração da pessoa que realiza o reconhecimento: DECLARO, sob as penas da lei, que a filiação por mim afirmada é verdadeira e que RECONHEÇO, nos termos do art. 1.609, II, do Código Civil, meu(minha) FILHO(A) BIOLÓGICO(A) acima identificado(a). Por ser expressão da verdade, firmo o presente termo.

Local:______________________, data:

Assinaturas:

____

pessoa que reconhece o(a) filho (a)

____

filho(a) maior ou mãe de filho(a) menor, caso compareça simultaneamente para anuência (com qualificação no campo acima)

____

Oficial de Registro de Pessoas Naturais, com identificação e carimbo Obs.: o Oficial deverá anexar cópia da certidão de nascimento se apresentada nos termos do art. 6º, § 2º, do Prov. nº 16.

PROVIMENTO Nº 26 DE 12 DE DEZEMBRO DE 2012

Dispõe sobre o "Projeto Pai Presente – 2012".

- Vide Lei nº 8.560, de 29 de dezembro de 1992 (Investigação de Paternidade).
- Vide Provimento nº 12, de 6 de agosto de 2010 (Determina que seja remetido, em forma que preserve o sigilo, para cada uma das 27 Corregedorias Gerais dos Tribunais de Justiça, o CD com os nomes e endereços dos alunos que naquela unidade da federação não possuem paternidade estabelecida, segundo os dados do Censo Escolar).
- Provimento CNJ 16/2012 (Reconhecimento de Filhos); Arts. 496 e 504, Provimento CNJ nº 149/2023 (CNN).
- Provimento CNJ 63/2017 (Parentalidade Socioafetiva); Arts. 505 a 511, Provimento CNJ nº 149/2023 (CNN).

O Corregedor Nacional de Justiça, no uso de suas atribuições legais e regimentais,

CONSIDERANDO o resultado positivo do programa "Pai Presente" iniciado pelo Provimento 12/2010 desta Corregedoria Nacional e acompanhado nos autos nº 0000772-65.2010.2.00.0000, realizado com a colaboração de todos os Tribunais de Justiça do País;

CONSIDERANDO que durante as inspeções realizadas em inúmeras varas judiciais e serviços extrajudiciais a Corregedoria Nacional de Justiça observou que o número de averiguações de paternidade (Lei nº 8.560/1992) ainda é insignificante;

CONSIDERANDO o elevado número de crianças e adolescentes ainda sem registro paterno, conforme dados fornecidos pelo Poder Executivo Federal em 2012, a saber:

a) pelo "EDUCACENSO" do Ministério da Educação (MEC) existem 5.494.267 estudantes menores de 18 anos sem registro paterno e

b) pelo "Cadastro de Programas Sociais" do Ministério do Desenvolvimento Social e Combate à Fome (MDS) existem 3.265.905 crianças ou adolescentes sem registro paterno;

CONSIDERANDO que o reconhecimento da paternidade pode ser manifestado expressa e diretamente perante o Juiz (artigo 1º, IV, da Lei nº 8.560/1992 e artigo 1609, IV, do Código Civil) ou perante os próprios oficiais de registro civil nos termos do Provimento 16 desta Corregedoria Nacional;

RESOLVE:

Art. 1º Determinar a remessa em forma que preserve o sigilo, para cada uma das 27 Corregedorias Gerais dos Tribunais de Justiça, de dois CDs (um com dados do cadastro do MEC e outro do MDS) com os nomes e endereços das crianças e adolescentes que, naquela unidade da Federação, não possuem paternidade estabelecida, segundo os referidos cadastros.

Parágrafo único. Ressalvar que, como as informações são de cadastros diversos, é possível que a mesma criança ou adolescente conste em ambos os CDs, bem como que, mesmo constando nos cadastros como "sem registro paterno", é possível que esse registro exista e tenha sido omitido quando do preenchimento do cadastro.

Art. 2º Ao receber os CDs, a Corregedoria do Tribunal de Justiça do Estado ou do DF, sempre preservando o nome e o endereço da criança ou adolescente e de sua mãe, deverá abrir as mídias, observar o município de residência e que já consta dos CDs, encaminhar as informações ao Juiz competente para os procedimentos previstos nos artigos 1º, IV, e 2º, ambos da Lei nº 8.560/1992, e tomar as medidas necessárias para que eventuais exames de DNA decorrentes das medidas adotadas possam ser realizados com segurança e celeridade.

Art. 3º Recebida a informação, o juiz competente providenciará a notificação de cada mãe, para que compareça perante o ofício/secretaria judicial, munida de seu documento de identidade e, se possível, com a certidão de nascimento do filho, para que, querendo, informe os dados (nome e endereço) do suposto pai, caso estes realmente não constem do registro de nascimento, sendo recomendável que conste na notificação que "caso a paternidade já esteja regularizada, ou a mãe não tenha interesse, ou já tenha sido procurada antes e já tenha tomado as providências, que desconsidere o aviso".

§ 1º O procedimento, salvo determinação judicial em sentido diverso, correrá em segredo de justiça e deverá ser realizado de forma a preservar a dignidade dos envolvidos.

§ 2º Positivada a notificação do genitor, o expediente será registrado e formalmente autuado na distribuição forense do local em que tramite, onde ao final será arquivado.

Art. 4º Caso atenda à notificação, compareça perante o ofício/secretaria judicial e forneça dados suficientes para o chamamento do genitor, a mãe do menor será intimada da data da audiência designada para a manifestação do suposto genitor.

§ 1º A anuência da genitora do menor de idade é indispensável para que a averiguação seja iniciada.

§ 2º O procedimento não depende de advogado e a participação do Ministério Público é facultativa.

§ 3º O reconhecimento de filho independe do estado civil dos genitores ou de eventual parentesco entre eles.

Art. 5º Na própria audiência, após os interessados serem identificados por documento oficial com fotografia e ouvidos pelo Juiz, será lavrado e assinado o termo de reconhecimento espontâneo de paternidade.

§ 1º Inexistindo norma local em sentido diverso, faculta-se aos Tribunais atribuir aos Juízes Corregedores Permanentes dos Oficiais do Registro Civil das Pessoas Naturais, aos Juízes da Infância e da Juventude, aos Juízes dos Juizados Especiais Cíveis, aos Juízes dos Juizados Itinerantes e aos juízes de família a prestação de serviço de reconhecimento voluntário da paternidade.

§ 2º O reconhecimento da paternidade pelo pai relativamente incapaz independerá da assistência de seus pais ou tutor. O reconhecimento da paternidade pelo absolutamente incapaz dependerá de decisão judicial, a qual poderá ser proferida na esfera administrativa pelo próprio juiz que tomar a declaração do representante legal.

§ 3º O expediente, formado pelo termo de reconhecimento, cópia dos documentos apresentados pelos interessados e deliberação do Juiz elaborada de forma que sirva de mandado de averbação, será encaminhado ao serviço de registro civil em até cinco dias.

§ 4º Na hipótese de o registro de nascimento do reconhecido ter sido lavrado no Cartório do Registro Civil da mesma Comarca do Juízo que formalizou o reconhecimento da paternidade, será imediatamente determinada a averbação da paternidade, independentemente do "cumpra-se" do Juízo Corregedor do serviço extrajudicial na decisão que serve de mandado, ressalvados os casos de dúvida do Oficial no cumprimento, os quais sempre deverão ser submetidos à análise e decisão da Corregedoria do Oficial destinatário da ordem de averbação.

§ 5º Nas hipóteses de o registro de nascimento do reconhecido ter sido lavrado no Cartório de Registro Civil de outra Comarca, do mesmo ou de outro Estado da Federação, a decisão que serve de mandado de averbação será remetida pelo Juízo responsável, por ofício, ao endereço fornecido pela Corregedoria Geral da Justiça ao qual está vinculado o serviço extrajudicial destinatário, para cumprimento.

§ 6º Os interessados deverão ser orientados a solicitar a certidão de nascimento averbada ao Cartório de Registro Civil competente.

Art. 6º Aquele que se declarar pobre, por não ter condição de arcar com as custas e emolumentos eventualmente devidos sem prejuízo do próprio sustento ou da família, será reconhecida a isenção.

Art. 7º Caso não haja reconhecimento incondicionado, mas seja possível o reconhecimento consensual após a realização de exame de DNA admitido pelos envolvidos, o juiz tomará as providências necessárias para a realização do exame, designando nova audiência quando necessário.

Art. 8º Caso o suposto pai não atenda à notificação judicial, ou negue a paternidade que lhe é atribuída, o Juiz, a pedido da mãe ou do interessado capaz, remeterá o expediente para o representante do Ministério Público, ou da Defensoria Pública ou para serviço de assistência judiciária, a fim de que seja proposta ação de investigação de paternidade caso os elementos disponíveis sejam suficientes.

Parágrafo único. A iniciativa conferida ao Ministério Público não impede, a quem

PROVIMENTO Nº 26, DE 12 DE DEZEMBRO DE 2012

Dispõe sobre o "Projeto Pai Presente – 2012"

- *Vide Lei nº 8.560, de 29 de dezembro de 1992 (Investigação de Paternidade)*
- *Vide Provimento nº 12, de 6 de agosto de 2010 (Determina que seja remetido, em forma que preserve o sigilo, para cada uma das 27 Corregedorias Gerais dos Tribunais de Justiça, o CD com os nomes e endereços dos alunos que, naquela unidade da Federação, não possuem paternidade estabelecida, segundo os dados do Censo escola)*
- *Provimento CNJ 16/2012 (Reconhecimento de Filhos)/ Arts. 496 a 504, Provimento CNJ n. 149/2023 (CNN).*
- *Provimento CNJ 63/2017 (Parentalidade Socioafetiva)/ Arts. 505 a 511, Provimento CNJ n. 149/2023 (CNN).*

O Corregedor Nacional de Justiça, no uso de suas atribuições legais e regimentais,

CONSIDERANDO o resultado positivo do programa "Pai Presente" iniciado pelo Provimento 12/2010 desta Corregedoria Nacional e acompanhado nos autos nº 0000072-65.2010.2.00.0000, realizado com a colaboração de todos os Tribunais de Justiça do País;

CONSIDERANDO que durante as inspeções realizadas em inúmeras varas judiciais e serviços extrajudiciais a Corregedoria Nacional de Justiça observou que o número de averiguações de paternidade (Lei nº 8.560/1992) ainda é insignificante;

CONSIDERANDO o elevado número de crianças e adolescentes ainda sem registro paterno, conforme dados fornecidos pelo Poder Executivo Federal em 2012, a saber:

a) pelo "EDUCACENSO" do Ministério da Educação (MEC) existem 5.494.257 estudantes menores de 18 anos sem registro paterno e;

b) pelo "Cadastro de Programas Sociais" do Ministério do Desenvolvimento Social e Combate à Fome (MDS) existem 3.265.905 crianças ou adolescentes sem registro paterno;

CONSIDERANDO que o reconhecimento da paternidade pode ser manifestado expressa e diretamente perante o juiz (artigo 1º, IV, da Lei nº 8.560/1992 e artigo 1609, IV, do Código Civil) ou perante os próprios oficiais de registro civil nos termos do Provimento 16 desta Corregedoria Nacional;

RESOLVE:

Art. 1º Determinar a remessa em forma que preserve o sigilo, para cada uma das 27 Corregedorias Gerais dos Tribunais de Justiça, de dois CDs (um com dados do cadastro do MEC e outro do MDS), com os nomes e endereços das crianças e adolescentes que, naquela unidade da Federação, não possuem paternidade estabelecida, segundo os referidos cadastros.

Parágrafo único. Ressalvar que, como as informações são de cadastros diversos, é possível que a mesma criança ou adolescente conste em ambos os CDs, bem como que, mesmo constando nos cadastros como "sem registro paterno", é possível que esse registro exista e tenha sido omitido quando do preenchimento do cadastro.

Art. 2º Ao receber os CDs, a Corregedoria do Tribunal de Justiça do Estado, ou do DF, sempre preservando o nome e o endereço da criança ou adolescente e de sua mãe, deverá abrir as mídias, observar o município de residência e que já consta dos CDs, encaminhar as informações ao Juiz competente para os procedimentos previstos nos artigos 1º, IV e 2º, ambos da Lei nº 8.560/1992, e tomar as medidas necessárias para que eventuais exames de DNA decorrentes das medidas adotadas possam ser realizados com segurança e celeridade.

Art. 3º Recebida a informação, o juiz competente providenciará a notificação de cada mãe, para que compareça perante o ofício/ secretaria judicial, munida de seu documento de identidade e, se possível, com a certidão de nascimento do filho, para que, querendo, informe os dados (nome e endereço) do suposto pai, caso estes realmente não constem do registro de nascimento, sendo recomendável que conste na notificação que "caso a paternidade já esteja regularizada, ou a mãe não tenha interesse, ou já tenha sido procurada antes e já tenha tomado as providências, que desconsidere o aviso".

§ 1º O procedimento, salvo determinação judicial em sentido diverso, correrá em segredo de justiça e deverá ser realizado de forma a preservar a dignidade dos envolvidos.

§ 2º Positivada a notificação do genitor, o expediente será registrado e formalmente autuado na distribuição forense do local em que tramita, onde ao final será arquivado.

Art. 4º Caso atenda à notificação, compareça perante o ofício/secretaria judicial e forneça dados suficientes para o chamamento do genitor, a mãe do menor sairá intimada da data da audiência designada para a manifestação do suposto genitor.

§ 1º A anuência da genitora do menor de idade é indispensável para que a averiguação seja iniciada.

§ 2º O procedimento não depende de advogado e a participação do Ministério Público é facultativa.

§ 3º O reconhecimento de filho independe do estado civil dos genitores ou de eventual parentesco entre eles.

Art. 5º Na própria audiência, após os interessados serem identificados por documento oficial com fotografia e ouvidos pelo Juiz, será lavrado e assinado o termo de reconhecimento espontâneo de paternidade.

§ 1º Inexistindo norma local em sentido diverso, faculta-se aos Tribunais atribuir aos Juízes Corregedores Permanentes dos Oficiais do Registro Civil das Pessoas Naturais, aos Juízes da Infância e da Juventude, aos Juízes dos Juizados Especiais Cíveis, aos Juízes dos Juizados Itinerantes e aos juízes de família a prestação de serviço de reconhecimento voluntário da paternidade.

§ 2º O reconhecimento da paternidade pelo pai relativamente incapaz independerá da assistência de seus pais ou tutor. O reconhecimento da paternidade pelo absolutamente incapaz dependerá de decisão judicial, a qual poderá ser proferida na esfera administrativa pelo próprio juiz que tomar a declaração do representante legal.

§ 3º O expediente, formado pelo termo de reconhecimento, cópia dos documentos apresentados pelos interessados e deliberação do Juiz elaborada de forma que sirva de mandado de averbação, será encaminhado ao serviço de registro civil em até cinco dias.

§ 4º Na hipótese de o registro de nascimento do reconhecido ter sido lavrado no Cartório de Registro Civil da mesma Comarca do Juízo que formalizou o reconhecimento da paternidade, será imediatamente determinada a averbação da paternidade, independentemente do "cumpra-se" do Juízo Corregedor do serviço extrajudicial na decisão que serve de mandado, ressalvados os casos de dúvida do Oficial no cumprimento, os quais sempre deverão ser submetidos à análise e decisão da Corregedoria do Oficial destinatário da ordem de averbação.

§ 5º Nas hipóteses de o registro de nascimento do reconhecido ter sido lavrado no Cartório de Registro Civil de outra Comarca, do mesmo ou de outro Estado da Federação, a decisão que serve de mandado de averbação será remetida pelo Juízo responsável, por ofício, ao endereço fornecido pela Corregedoria Geral de Justiça ao qual está vinculado o serviço extrajudicial destinatário, para cumprimento.

§ 6º Os interessados deverão ser orientados a solicitar a certidão de nascimento averbada ao Cartório de Registro Civil competente.

Art. 6º Àquele que se declarar pobre, por não ter condição de arcar com as custas e emolumentos eventualmente devidos sem prejuízo do próprio sustento ou da família, será reconhecida a isenção.

Art. 7º Caso não haja reconhecimento incondicionado, mas seja possível o reconhecimento consensual após a realização de exame de DNA admitido pelos envolvidos, o juízo tomará as providências necessárias para a realização do exame, designando nova audiência quando necessário.

Art. 8º Caso o suposto pai não atenda à notificação judicial, ou negue a paternidade que lhe é atribuída, o Juiz, a pedido da mãe ou do interessado capaz, remeterá o expediente para o representante do Ministério Público, ou da Defensoria Pública ou para serviço de assistência judiciária, a fim de que seja proposta ação de investigação de paternidade caso os elementos disponíveis sejam suficientes.

Parágrafo único: A iniciativa conferida ao Ministério Público não impede a quem tenha legítimo interesse de intentar a investigação, visando obter o pretendido reconhecimento da paternidade.

Art. 9º No prazo de 60 (sessenta) dias, contados da publicação deste Provimento, as Corregedorias Gerais de cada um dos Tribunais de Justiça deverão informar à Corregedoria Nacional sobre o encaminhamento das informações aos juízes competentes.

Parágrafo único. Da ata de inspeção e/ou de correição de cada Corregedoria local deverá constar informação sobre o cumprimento das medidas previstas no artigo 2º da Lei nº 8.560/1992 pelos registradores e pelos magistrados competentes para os atos, bem como do Provimento 16 da Corregedoria Nacional pelos registradores.

Art. 10. O presente provimento veicula regulamentação geral sobre o tema e não proíbe a edição ou a manutenção de normas locais capazes de adaptar as suas finalidades às peculiaridades de cada região.

Art. 11. Este Provimento entra em vigor na data de sua publicação.

Brasília, 12 de dezembro de 2012

Ministro FRANCISCO FALCÃO

Corregedor Nacional de Justiça

(DJE 14.12.2012)

PROVIMENTO Nº 28, DE 5 DE FEVEREIRO DE 2013**

Dispõe sobre o registro tardio de nascimento, por Oficial de Registro Civil das Pessoas Naturais, nas hipóteses que disciplina.

*Situação: Revogado e incorporado aos **arts. 480 a 495 do Provimento CNJ n. 149/2023** (Código Nacional de Normas da Corregedoria Nacional de Justiça– Foro Extrajudicial (CNN/CN/CNJ-EXTRA)*

- *Vide "Considerações" deste Provimento*
- *Vide Constituição Federal. Arts. 127, 129 e 231*
- *Vide Lei nº 11.790, de 02 de outubro de 2008 (Registro Tardio de Nascimento)*
- *Vide Lei nº 6.015, de 31 de dezembro de 1973 (Registros Públicos). Arts. 13, 42, 46, 50 e 54*
- *Vide Lei nº 12.662, de 5 de junho de 2012 (DNV)*
- *Vide Lei nº 8.069, de 13 de julho de 1990 (ECA). Art. 102*
- *Vide Código Civil Brasileiro. Arts. 1.597, 1.609, I*
- *Vide Provimento CNJ n. 16/2012 (Reconhecimento de Filhos), incorporado aos arts. 496 a 504 do Provimento CNJ n. 149/2023 (CNN)*
- *Vide Resolução Conjunta CNJ/CNMP 03, de 19 de abril de 2012 (Registro de Indígena)*

O CORREGEDOR NACIONAL DE JUSTIÇA, Ministro Francisco Falcão, no uso de suas atribuições legais constitucionais;

CONSIDERANDO o advento da Lei nº 11.790, de 02 de outubro de 2008, que alterou o art. 46 da Lei nº 6.015, de 31 de dezembro de 1973 (Lei de Registros Públicos), para permitir o registro da declaração de nascimento, fora do prazo legal, diretamente nas serventias extrajudiciais;

CONSIDERANDO os relevantes aspectos sociais, no combate ao sub-registro, abrangidos na sistemática instituída pela Lei nº 11.790, de 02 de outubro de 2008;

CONSIDERANDO a Lei nº 12.662, de 5 de junho de 2012, que disciplinando a expedição e validade da Declaração de Nascido Vivo – DNV;

CONSIDERANDO o disposto nos arts. 46 e 54, § 3º, ambos da Lei nº 6.015, de 31 de dezembro de 1973 (Lei de Registros Públicos);

CONSIDERANDO o disposto no art. 13, incisos II e III, da Lei nº 6.015/73 e nos arts. 127 e 129 da Constituição Federal;

CONSIDERANDO o disposto o disposto no art. 231, da Constituição Federal, e a Resolução Conjunta CNJ/CNMP nº 03, de 18 de abril de 2012, que dispõe sobre o assento de nascimento de indígena no Registro Civil das Pessoas Naturais;

CONSIDERANDO os subsídios e valiosas contribuições apresentadas ao Conselho Nacional de Justiça pelos órgãos e entidades a seguir relacionados: Conselho Nacional do Ministério Público; Comissão de Direitos Fundamentais; Secretaria de Direitos Humanos da Presidência da República, Procuradoria Federal dos Direitos do Cidadão; INSS – Instituto Nacional de Seguridade Social; Associação dos Notários e Registradores do Brasil – ANOREG-BR; Associação Nacional de Registradores das Pessoas Naturais – ARPEN-BR; Associação dos Registradores de Pessoas Naturais do Estado de São Paulo – ARPEN-SP

PROVIMENTO Nº 37, DE 7 DE JULHO DE 2014**

Dispõe sobre o registro de união estável no Livro "E" do registro civil das pessoas naturais, sobre o termo declaratório de reconhecimento e dissolução de união estável lavrado perante o registro civil das pessoas naturais, sobre a alteração extrajudicial do regime de bens na união estável e sobre a conversão da união estável em casamento. (Redação dada pelo Provimento n. 141, de 16.3.2023)

*Situação: Revogado e incorporado aos **arts. 537 a 553 do Provimento CNJ n. 149/2023** (Código Nacional de Normas da Corregedoria Nacional de Justiça– Foro Extrajudicial (CNN/CN/CNJ-EXTRA)*

- *Vide "Considerações" deste Provimento*
- *Vide art. 70-A, LRP*
- *Vide art. 94-A, LRP*
- *Vide Provimento CNJ n. 175/2013*
- *Vide Enunciados 7 e 22, I Jornada de Direito Notarial e Registral*

O CORREGEDOR NACIONAL DE JUSTIÇA em exercício, Conselheiro Guilherme Calmon, no uso de suas atribuições legais e regimentais;

CONSIDERANDO que compete ao Conselho Nacional de Justiça o controle da atuação administrativa do Poder Judiciário (art. 103-B, § 4º, I, II e III, da Constituição Federal);

CONSIDERANDO que compete ao Poder Judiciário a fiscalização dos serviços notariais e de registro (art. 103-B, § 4º, I e III, e art. 236, § 1º, ambos da Constituição Federal);

CONSIDERANDO que compete ao Corregedor Nacional de Justiça expedir provimentos, e outros atos normativos, destinados ao aperfeiçoamento das atividades dos serviços notariais e de registro (art. 8º, X, do Regimento Interno do Conselho Nacional de Justiça);

CONSIDERANDO a existência de regulamentação, pelas Corregedorias Gerais da Justiça, do registro de união estável no Livro "E" do Registro Civil das Pessoas Naturais;

CONSIDERANDO a conveniência da edição de normas básicas e uniformes para a realização desse registro, visando conferir segurança jurídica na relação mantida entre os companheiros e desses com terceiros, inclusive no que tange aos aspectos patrimoniais;

CONSIDERANDO que o reconhecimento da necessidade de edição dessas normas encontra amparo em requerimento nesse sentido formulado pela Associação Nacional dos Registradores de Pessoas Naturais – ARPENBRASIL, autuado como Pedido de Providências nº 0006113-43.2013.2.00.0000;

CONSIDERANDO o disposto na Resolução nº 175, de 14 de maio de 2013, do Conselho Nacional de Justiça;

PROVIMENTO Nº 46, DE 16 DE JUNHO DE 2015**

Revoga o Provimento 38 de 25/07/2014 e dispõe sobre a Central de Informações de Registro Civil das Pessoas Naturais – CRC.

*Situação: Revogado e incorporado aos **arts. 229 a 245 do Provimento CNJ n. 149/2023** (Código Nacional de Normas da Corregedoria Nacional de Justiça– Foro Extrajudicial (CNN/CN/CNJ-EXTRA)*

- *Vide "Considerações" deste Provimento*

A CORREGEDORA NACIONAL DE JUSTIÇA, Ministra NANCY ANDRIGHI, no uso de suas atribuições legais e constitucionais;

CONSIDERANDO o poder de fiscalização e normatização pelo Poder Judiciário segundo o disposto nos arts. 103-B, § 4º, I e III, e 236, § 1º, da Constituição Federal de 1988, e no art. 8º, X, do Regimento Interno do Conselho Nacional de Justiça;

CONSIDERANDO o que consta dos arts. 38 e 30, inciso XIV, da Lei n. 8.935, de 18 de novembro de 1994, que preveem a obrigação de os notários e registradores cumprirem as normas técnicas editadas pelo juízo competente, ao qual compete, por sua vez, zelar para que os serviços notariais e registrários sejam prestados com rapidez, qualidade satisfatória e de modo eficiente;

CONSIDERANDO a experiência positiva resultante do funcionamento de centrais estaduais mantidas por associações de registradores com autorização das Corregedorias Gerais da Justiça dos Estados de Minas Gerais, Paraná, Rio de Janeiro, Rio Grande do Sul, Santa Catarina e São Paulo, centrais que se destinam à circulação de informações do Registro Civil de Pessoas Naturais;

CONSIDERANDO o princípio e garantia constitucional previsto no inciso X do art. 5º da Constituição Federal, referentes à inviolabilidade da intimidade, da vida privada, da honra e da imagem das pessoas;

CONSIDERANDO que a interligação entre os cartórios de registro civil das pessoas naturais, o Poder Judiciário e os órgãos da Administração Pública atende ao interesse público, à racionalidade, à economicidade e à desburocratização da prestação dos serviços correspondentes;

PROVIMENTO Nº 51, DE 22 DE SETEMBRO DE 2015**

Dispõe sobre a averbação de carta de sentença expedida após homologação de sentença estrangeira relativa a divórcio ou separação judicial.

*Situação: Revogado e incorporado ao **art. 463 do Provimento CNJ n. 149/2023** (Código Nacional de Normas da Corregedoria Nacional de Justiça– Foro Extrajudicial (CNN/CN/CNJ-EXTRA)*

- *Vide "Considerações" deste Provimento*

A Corregedora Nacional da Justiça, Ministra Nancy Andrighi, no uso de suas atribuições legais e regimentais,

Considerando o disposto no art. 236 da Constituição Federal de 1988, no inciso XIV do art. 30 da Lei 8.935, de 18 de novembro de 1994, no inciso X do art. 8º do Regimento Interno do Conselho Nacional de Justiça, e inciso XI do art. 3º do Regulamento Geral da Corregedoria Nacional de Justiça;

Considerando a necessidade de homologação das sentenças estrangeiras pelo Superior Tribunal de Justiça para produzirem efeitos no Brasil (art. 105, I, i da CF/1988);

Considerando a norma do art. 7º, § 6º do Decreto-Lei 4.657/1942, que prevê a possibilidade de que a homologação do divórcio produza efeito imediato;

Considerando que a exigência de cumprimento ou execução da sentença estrangeira homologada, nos termos do Código do Processo Civil, supõe o interesse de agir na via judicial;

PROVIMENTO Nº 53, DE 16 DE MAIO DE 2016**

Dispõe sobre a averbação direta por Oficial de Registro Civil das Pessoas Naturais da sentença estrangeira de divórcio consensual simples ou puro, no assento de casamento, independentemente de homologação judicial.

*Situação: Revogado e incorporado aos **arts. 464 a 467 do Provimento CNJ n. 149/2023** (Código Nacional de Normas da Corregedoria Nacional de Justiça– Foro Extrajudicial (CNN/CN/CNJ-EXTRA)*

- *Vide "Considerações" deste Provimento*
- *Vide Enunciado 10, I Jornada de Direito Notarial e Registral*

A CORREGEDORA NACIONAL DA JUSTIÇA, MINISTRA NANCY ANDRIGHI, no uso de suas atribuições legais e constitucionais,

CONSIDERANDO o disposto no art. 236 da Constituição Federal de 1988, no inciso XIV do art. 30 da Lei 8.935, de 18 de novembro de 1994, no § 5º do art. 961 da Lei 13.105/2015, no inciso X do art. 8º do Regimento Interno do Conselho Nacional de Justiça, e no inciso XI do art. 3º do Regulamento Geral da Corregedoria Nacional de Justiça;

CONSIDERANDO a atual redação do § 5º do art. 961 do CPC de que "a sentença estrangeira de divórcio consensual produz efeitos no Brasil, independentemente de homologação pelo Superior Tribunal de Justiça";

CONSIDERANDO que conforme o disposto no § 1º do já citado art. 961 é passível de homologação a decisão judicial definitiva, bem como a decisão não judicial que, pela lei brasileira, teria natureza jurisdicional;

CONSIDERANDO a necessidade de uniformização em todo território nacional d a averbação da sentença estrangeira de divórcio consensual não homologada pelo Superior Tribunal de Justiça;

CONSIDERANDO a necessidade de interpretação sistemática do disposto nos arts. 960 a 965 do Código de Processo Civil com o disposto nos arts. 32 e 100 da Lei n. 6.015/1973, e no art. 10 do Código Civil;

PROVIMENTO Nº 63, DE 14 DE NOVEMBRO DE 2017

Institui modelos únicos de certidão de nascimento, de casamento e de óbito, a serem adotadas pelos ofícios de registro civil das pessoas naturais, e dispõe sobre o reconhecimento voluntário e a averbação da paternidade e maternidade socioafetiva no Livro "A" e sobre o registro de nascimento e emissão da respectiva certidão dos filhos havidos por reprodução assistida.

- *Vide arts. 472 a 479 (Novos Modelos de Certidões) do Provimento CNJ n. 149/2023 (CNN)*
- *Vide arts. 505 a 511 (Parentalidade Socioafetiva) do Provimento CNJ n. 149/2023 (CNN)*
- *Vide arts. 512 a 515 (Reprodução Assistida) do Provimento CNJ n. 149/2023 (CNN)*
- *Vide Resolução CFM n. 2.320/2022 (Reprodução Assistida)*
- *Vide Enunciado 6, I Jornada de Direito Notarial e Registral*

O CORREGEDOR NACIONAL DE JUSTIÇA, usando de suas atribuições, legais e regimentais e

CONSIDERANDO o poder de fiscalização e de normatização do Poder Judiciário dos atos praticados por seus órgãos (art. 103-B, § 4º, I, II e III, da Constituição Federal de 1988);

CONSIDERANDO a competência do Poder Judiciário de fiscalizar os serviços notariais e de registro (arts. 103-B, § 4º, I e III, e 236, § 1º, da Constituição Federal);

CONSIDERANDO a competência da Corregedoria Nacional de Justiça de regulamentar a padronização das certidões de nascimento, casamento, óbito e certidão de inteiro teor (art. 19, *caput*, da Lei de Registros Públicos);

CONSIDERANDO a existência de convênio firmado entre a Associação dos Registradores de Pessoas Naturais (ARPEN-Brasil) e a Receita Federal do Brasil (RFB) que viabiliza a integração da Central Nacional de Informações do Registro Civil (CRC) com o banco de dados da RFB;

CONSIDERANDO a gratuidade da incorporação do número do Cadastro de Pessoas Físicas (CPF) aos documentos de identidade civil da União, dos Estados e do Distrito Federal e, mediante essa integração de dados, a possibilidade de verificação do cumprimento dos requisitos de elegibilidade para concessão e manutenção dos benefícios sociais pelo órgão concedente (art. 9º da Lei n. 13.444, de 11 de maio de 2017);

CONSIDERANDO a possibilidade de a naturalidade do cidadão corresponder à do município em que ocorreu o nascimento ou à do município de residência da mãe do registrando, desde que localizado em território nacional, cabendo a opção ao declarante no ato de registro de nascimento (art. 1º da Lei n. 13.484, de 26 de setembro de 2017);

CONSIDERANDO a possibilidade, no caso de adoção iniciada antes do registro de nascimento, de o declarante optar pela naturalidade do município de residência do adotante na data do registro;

CONSIDERANDO a necessidade de constar no assento de casamento a naturalidade dos cônjuges (art. 1º da Lei n. 13.484/2017);

CONSIDERANDO a importância da integração de dados para aumentar a confiabilidade da documentação e diminuir as possibilidades de fraudes no país, além de contemplar as fontes primárias de todo e qualquer cidadão concernentes ao nascimento, casamento e óbito, que compõem a base de dados da CRC;

CONSIDERANDO o eventual interesse de pessoa física de solicitar, quando da expedição de nascimento atualizada, a averbação de outros documentos, de forma a facilitar seu acesso a programas sociais e reunir informações em documento único;

CONSIDERANDO o sistema de registro eletrônico, que facilita a interoperabilidade de dados (arts. 37 e seguintes da Lei n. 11.977, de 7 de julho de 2009);

CONSIDERANDO o direito do adotado de acesso irrestrito a todos os procedimentos e incidentes da adoção (art. 48 do Estatuto da Criança e do Adolescente);

CONSIDERANDO a existência de regulamentação pelas corregedorias-gerais de justiça dos Estados do reconhecimento voluntário de paternidade e maternidade socioafetiva perante os oficiais de registro civil das pessoas naturais;

CONSIDERANDO a conveniência de edição de normas básicas e uniformes para a realização do registro ou averbação, visando conferir segurança jurídica à paternidade ou à maternidade socioafetiva estabelecida, inclusive no que diz respeito a aspectos sucessórios e patrimoniais;

CONSIDERANDO a ampla aceitação doutrinária e jurisprudencial da paternidade e maternidade socioafetiva, contemplando os princípios da afetividade e da dignidade da pessoa humana como fundamento da filiação civil;

CONSIDERANDO a possibilidade de o parentesco resultar de outra origem que não a consanguinidade e o reconhecimento dos mesmos direitos e qualificações aos filhos, havidos ou não da relação de casamento ou por adoção, proibida toda designação discriminatória relativa à filiação (arts. 1.539 e 1.596 do Código Civil);

CONSIDERANDO a possibilidade de reconhecimento voluntário da paternidade perante o oficial de registro civil das pessoas naturais e, ante o princípio da igualdade jurídica e de filiação, de reconhecimento voluntário da paternidade ou maternidade socioafetiva;

CONSIDERANDO a necessidade de averbação, em registro público, dos atos judiciais ou extrajudiciais que declararem ou reconhecerem a filiação (art. 10, II, do Código Civil);

CONSIDERANDO o fato de que a paternidade socioafetiva, declarada ou não em registro público, não impede o reconhecimento do vínculo de filiação concomitante baseado na origem biológica, com os efeitos jurídicos próprios (Supremo Tribunal Federal – RE n. 898.060/SC);

CONSIDERANDO o previsto no art. 227, § 6º, da Constituição Federal e no art. 1.609 do Código Civil;

CONSIDERANDO as disposições do Provimento CN-CNJ n. 13, de 3 de setembro de 2010, bem como da Resolução CNJ n. 175, de 14 de maio de 2013;

CONSIDERANDO o reconhecimento da união contínua, pública e duradoura entre pessoas do mesmo sexo como família, com eficácia *erga omnes* e efeito vinculante para toda a administração pública e demais órgãos do Poder Judiciário (Supremo Tribunal Federal, ADPF n. 132/RJ e ADI n. 4.277/DF);

CONSIDERANDO a garantia do direito ao casamento civil às pessoas do mesmo sexo (Superior Tribunal de Justiça, REsp n. 1.183.378/RS);

CONSIDERANDO as normas éticas para uso de técnicas de reprodução assistida, tornando-as dispositivo deontológico a ser seguido por todos os médicos brasileiros (Resolução CFM n. 2.121, DOU de 24 de setembro de 2015);

CONSIDERANDO a necessidade de uniformização, em todo o território nacional, do registro de nascimento e da emissão da respectiva certidão para filhos havidos por técnica de reprodução assistida de casais homoafetivos e heteroafetivos;

CONSIDERANDO a competência da Corregedoria Nacional de Justiça de expedir provimentos e outros atos normativos destinados ao aperfeiçoamento das atividades dos serviços notariais e de registro (art. 8º, X, do Regimento Interno do Conselho Nacional de Justiça);

CONSIDERANDO as sugestões encaminhadas à Corregedoria Nacional de Justiça, bem como as decisões proferidas nos autos dos Pedidos de Providência n. 0006194-84.2016.2.00.0000, 0002653-77.2015.2.00.0000, 00003764-28.2017.2.00.0000 e 0005066-92.2017.2.00.0000, em trâmite no Conselho Nacional de Justiça,

RESOLVE:

SEÇÃO I – DAS REGRAS GERAIS

Art. 1º Os modelos únicos de certidão de nascimento, de casamento e de óbito, a serem adotados pelos ofícios de registro civil das pessoas naturais em todo o país, ficam instituídos na forma dos Anexos I, II e III deste provimento.

Arts. 2º a 8º *(Revogados pelo Provimento CN n. 149, de 30.8.2023)*

Art. 9º Os novos modelos deverão ser implementados até o dia 1º de janeiro de 2018 e não devem conter quadros preestabelecidos para o preenchimento dos nomes dos genitores e progenitores, bem como para anotações de cadastro que não estejam averbadas ou anotadas nos respectivos registros.

Parágrafo único. As certidões expedidas em modelo diverso até a data de implementação mencionada no *caput* deste artigo não precisarão ser substituídas e permanecerão válidas por prazo indeterminado.

SEÇÃO II – DA PATERNIDADE SOCIOAFETIVA

Arts. 10 a 15. *(Revogados pelo Provimento CN n. 149, de 30.8.2023)*

SEÇÃO III – DA REPRODUÇÃO ASSISTIDA

Arts. 16 a 19. *(Revogados pelo Provimento CN n. 149, de 30.8.2023)*

SEÇÃO IV – DAS DISPOSIÇÕES FINAIS

Art. 20. Revogam-se os Provimentos CN-CNJ n. 2 e 3, de 27 de abril de 2009, e 52, de 14 de março de 2016.

Art. 21. Este provimento entra em vigor na data de sua publicação.

Ministro JOÃO OTÁVIO DE NORONHA

DJe de 17 de novembro de 2017

ANEXO I

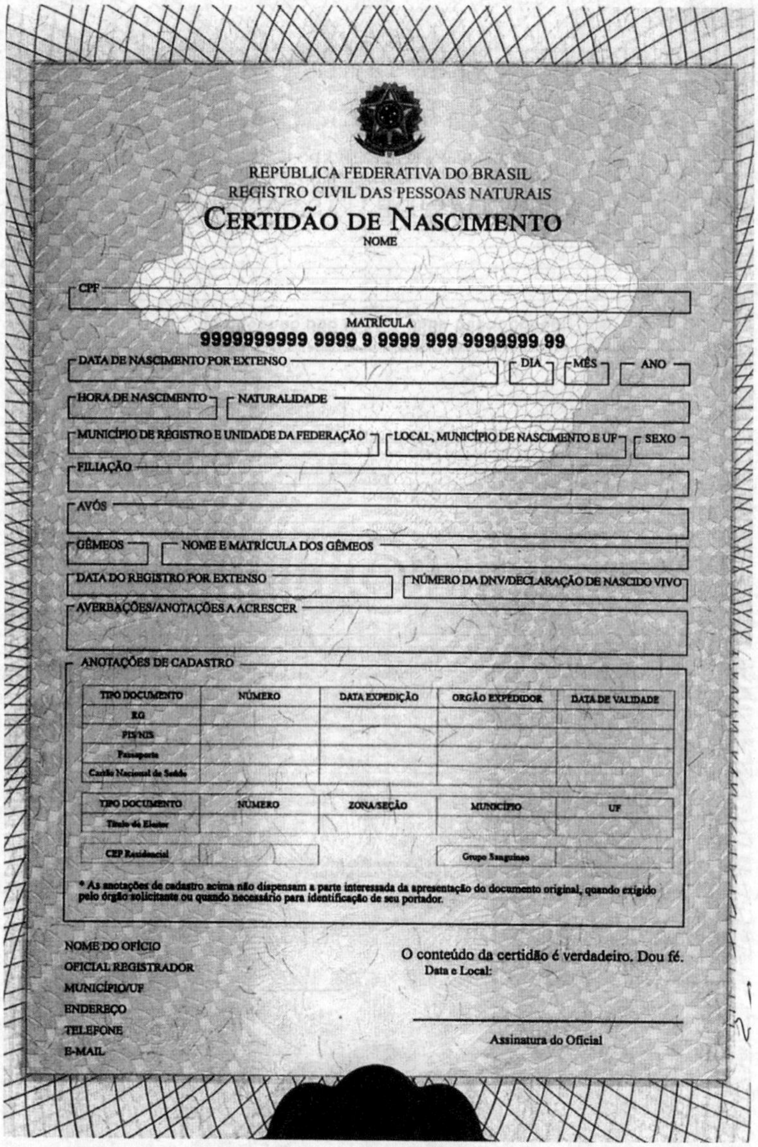

REPÚBLICA FEDERATIVA DO BRASIL
REGISTRO CIVIL DAS PESSOAS NATURAIS

CERTIDÃO DE NASCIMENTO

NOME

CPF

MATRÍCULA
9999999999 9999 9 9999 999 9999999 99

DATA DE NASCIMENTO POR EXTENSO | DIA | MÊS | ANO

HORA DE NASCIMENTO | NATURALIDADE

MUNICÍPIO DE REGISTRO E UNIDADE DA FEDERAÇÃO | LOCAL, MUNICÍPIO DE NASCIMENTO E UF | SEXO

FILIAÇÃO

AVÓS

GÊMEOS | NOME E MATRÍCULA DOS GÊMEOS

DATA DO REGISTRO POR EXTENSO | NÚMERO DA DNV/DECLARAÇÃO DE NASCIDO VIVO

AVERBAÇÕES/ANOTAÇÕES A ACRESCER

ANOTAÇÕES DE CADASTRO

TIPO DOCUMENTO	NÚMERO	DATA EXPEDIÇÃO	ORGÃO EXPEDIDOR	DATA DE VALIDADE
RG				
PIS/NIS				
Passaporte				
Cartão Nacional de Saúde				

TIPO DOCUMENTO	NÚMERO	ZONA/SEÇÃO	MUNICÍPIO	UF
Título de Eleitor				

CEP Residencial		Grupo Sanguíneo	

* As anotações de cadastro acima não dispensam a parte interessada da apresentação do documento original, quando exigido pelo órgão solicitante ou quando necessário para identificação de seu portador.

NOME DO OFÍCIO
OFICIAL REGISTRADOR
MUNICÍPIO/UF
ENDEREÇO
TELEFONE
E-MAIL

O conteúdo da certidão é verdadeiro. Dou fé.
Data e Local:

Assinatura do Oficial

ANEXO II

REPÚBLICA FEDERATIVA DO BRASIL
REGISTRO CIVIL DAS PESSOAS NATURAIS

CERTIDÃO DE CASAMENTO

NOMES

	CPF
	CPF

MATRÍCULA

9999999999 9999 9 9999 999 9999999 99

Nomes completos de solteiro, datas de nascimento, naturalidade, nacionalidade e filiação dos cônjuges.

DATA DO REGISTRO DO CASAMENTO (POR EXTENSO) | DIA | MÊS | ANO

REGIME DE BENS DO CASAMENTO

NOME QUE CADA UM DOS CÔNJUGES PASSOU A UTILIZAR (QUANDO HOUVER ALTERAÇÃO)

AVERBAÇÕES/ANOTAÇÕES A ACRESCER

ANOTAÇÕES DE CADASTRO

TIPO DOCUMENTO	NÚMERO	DATA EXPEDIÇÃO	ORGÃO EXPEDIDOR	DATA DE VALIDADE
RG				
PIS/NIS				
Passaporte				
Cartão Nacional de Saúde				

TIPO DOCUMENTO	NÚMERO	ZONA/SEÇÃO	MUNICÍPIO	UF
Título de Eleitor				

CEP Residencial			Grupo Sanguíneo	

* As anotações de cadastro acima não dispensam a parte interessada da apresentação do documento original, quando exigido pelo órgão solicitante ou quando necessário para identificação de seu portador.

NOME DO OFÍCIO
OFICIAL REGISTRADOR
MUNICÍPIO/UF
ENDEREÇO
TELEFONE
E-MAIL

O conteúdo da certidão é verdadeiro. Dou fé.
Data e Local:

Assinatura do Oficial

ANEXO III

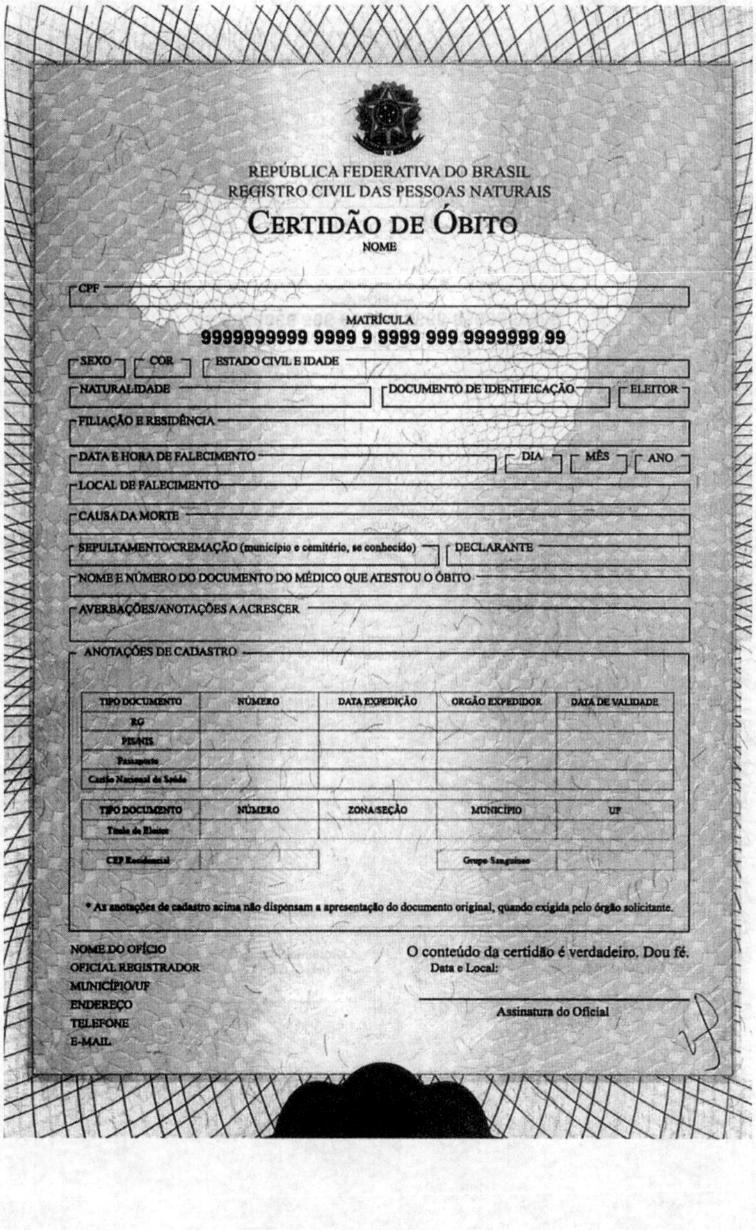

REPÚBLICA FEDERATIVA DO BRASIL
REGISTRO CIVIL DAS PESSOAS NATURAIS

CERTIDÃO DE ÓBITO

NOME

CPF

MATRÍCULA
9999999999 9999 9 9999 999 9999999 99

SEXO | COR | ESTADO CIVIL E IDADE

NATURALIDADE | DOCUMENTO DE IDENTIFICAÇÃO | ELEITOR

FILIAÇÃO E RESIDÊNCIA

DATA E HORA DE FALECIMENTO | DIA | MÊS | ANO

LOCAL DE FALECIMENTO

CAUSA DA MORTE

SEPULTAMENTO/CREMAÇÃO (município e cemitério, se conhecido) | DECLARANTE

NOME E NÚMERO DO DOCUMENTO DO MÉDICO QUE ATESTOU O ÓBITO

AVERBAÇÕES/ANOTAÇÕES A ACRESCER

ANOTAÇÕES DE CADASTRO

TIPO DOCUMENTO	NÚMERO	DATA EXPEDIÇÃO	ORGÃO EXPEDIDOR	DATA DE VALIDADE
RG				
PIS/NIS				
Passaporte				
Cartão Nacional de Saúde				

TIPO DOCUMENTO	NÚMERO	ZONA/SEÇÃO	MUNICÍPIO	UF
Título de Eleitor				

CEP Residencial			Grupo Sanguíneo	

* As anotações de cadastro acima não dispensam a apresentação do documento original, quando exigida pelo órgão solicitante.

NOME DO OFÍCIO
OFICIAL REGISTRADOR
MUNICÍPIO/UF
ENDEREÇO
TELEFONE
E-MAIL

O conteúdo da certidão é verdadeiro. Dou fé.
Data e Local:

Assinatura do Oficial

ANEXO V

REPÚBLICA FEDERATIVA DO BRASIL
REGISTRO CIVIL DAS PESSOAS NATURAIS

CERTIDÃO

NOME

MATRÍCULA
9999999999 9999 9 9999 999 9999999 99

DESCRIÇÃO

NOME DO OFÍCIO
OFICIAL REGISTRADOR
MUNICÍPIO/UF
ENDEREÇO
TELEFONE
E-MAIL

O conteúdo da certidão é verdadeiro. Dou fé.
Data e Local:

Assinatura do Oficial

ANEXO IV – VERSO DO IMPRESSO DE SEGURANÇA

DETALHAMENTO DA MATRÍCULA

MATRÍCULA	
PADRÃO	
	DETALHAMENTO
	CÓDIGO NACIONAL DA SERVENTIA (IDENTIFICAÇÃO ÚNICA DO CARTÓRIO)
	CÓDIGO DO ACERVO, SENDO: **01 - ACERVO PRÓPRIO** **OUTROS - ACERVOS INCORPORADOS**
	TIPO DE SERVIÇO PRESTADO, SENDO: **51: SERVIÇO DE NOTAS** **52: SERVIÇO DE PROTESTO DE TÍTULOS** **53: SERVIÇO DE REGISTRO DE IMÓVEIS** **54: SERVIÇO DE REGISTRO DE TÍTULOS E DOCUMENTO CIVIL DE PESSOA JURÍDICA** **55: SERVIÇO DE REGISTRO CIVIL DAS PESSOAS NATURAIS** **56: SERVIÇO DE REGISTRO DE CONTRATOS MARÍTIMOS** **57: REGISTRO DE DISTRIBUIÇÃO**
	ANO DO REGISTRO
	TIPO DO LIVRO, SENDO: **1: LIVRO A (NASCIMENTO)** **2: LIVRO B (CASAMENTO)** **3: LIVRO B (REGISTRO DE CASAMENTO RELIGIOSO PARA FINS CIVIS)** **4: LIVRO C (ÓBITO)** **5: LIVRO C AUXILIAR (REGISTRO DE NATIMORTOS)** **6: LIVRO D (REGISTRO DE PROCLAMAS)** **7: LIVRO E (DEMAIS ATOS RELATIVOS AO REGISTRO CIVIL)**
	NÚMERO DO LIVRO
	NÚMERO DA FOLHA
	NÚMERO DO TERMO
	DÍGITO VERIFICADOR

ANEXO VI

TERMO DE RECONHECIMENTO DE FILIAÇÃO SOCIOAFETIVA

Qualificação completa da pessoa que comparece espontaneamente para reconhecer o(a) filho(a) (nome completo, nacionalidade, naturalidade, data e local de nascimento, estado civil, profissão, RG, CPF, endereços, telefones, endereço eletrônico e filiação, com especificação dos nomes completos dos respectivos genitores, para constarem como avós do reconhecido):____________________

____

____

____

____

Dados para identificação induvidosa do filho(a) reconhecido(a), em especial seu nome completo e indicação do Oficial de Registro de Pessoas Naturais em que realizado seu registro de nascimento, que poderá ser diverso daquele em que preenchido o presente termo (sem prejuízo de outros elementos que seja possível consignar, tais como nome da mãe, endereços desta e do filho(a), respectivos telefones, endereço eletrônico, identificação e localização de outros parentes etc.): ____________________

____

____

____

____

Declaração da pessoa que realiza o reconhecimento: **DECLARO, sob as penas da lei, que:**

1. a filiação socioafetiva ora afirmada é verdadeira e que **RECONHEÇO**, nos termos do Provimento nº --- do Conselho Nacional de Justiça, meu(minha) filho(a) **SOCIOAFETIVO** acima identificado(a);
2. o reconhecimento da filiação socioafetiva ou adoção não foi pleiteado em juízo;
3. não há vínculo de parentesco biológico na linha de ascendente ou de irmãos com o(a) filho(a) reconhecido(a);
4. possuo diferença de idade em, no mínimo, de 16 anos com o(a) filho(a) reconhecido(a);
5. tenho conhecimento que o(a) filho(a) reconhecido(a) passará a ter todos os direitos legais de filho, inclusive os direitos sucessórios, em igualdade com os filhos biológicos ou adotados, sem distinção;
6. tenho ciência de que o reconhecimento é irrevogável nos termos do art. 1.610 do vigente Código Civil.

Por ser expressão da verdade, firmo o presente termo.

(Local), ___/___/___

____

Pessoa que reconhece o(a) filho(a)

____

Filho(a) maior de 12 anos ou mãe do(a) filho(a) menor, caso compareça simultaneamente para anuência (com qualificação no campo acima)

____

Oficial de Registro de Pessoas Naturais, com identificação e carimbo

PROVIMENTO Nº 66, DE 25 DE JANEIRO DE 2018

Dispõe sobre a prestação de serviços pelos ofícios de registro civil das pessoas naturais mediante convênio, credenciamento e matrícula com órgãos e entidades governamentais e privadas.

- *Vide ADI 5.855*
- *Vide Recomendação CNJ 43/2019 (Dispõe sobre o procedimento prévio a ser observado por todos os registradores civis do País para a lavratura de registros de nascimento e passaporte)*
- *Vide arts. 468 a 471 do Provimento CNJ n. 149/2023 (CNN)*
- *Arts. 29, § 3º e § 4º, Lei n. 6.015/1973 (Registros Públicos)*
- *Lei 7.116/1983 (Assegura validade nacional às Carteiras de Identidade)*
- *Lei n. 13.444/2017 (Identificação Civil Nacional (ICN))*
- *Lei 13.460/2017 (Participação, proteção e defesa dos direitos do usuário dos serviços públicos da administração pública).*
- *Lei 14.534/2023 (Estabelecer o Cadastro de Pessoas Físicas (CPF) como número suficiente para identificação do cidadão nos bancos de dados de serviços públicos)*
- *Provimento CNJ n. 61/2017 (Obrigatoriedade de informação do número do Cadastro de Pessoa Física (CPF), do Cadastro Nacional de Pessoa Jurídica (CNPJ)*
- *Instrução Normativa RFB n. 2.172/2024 (Cadastro de Pessoas Físicas (CPF))*

O CORREGEDOR NACIONAL DA JUSTIÇA, usando de suas atribuições constitucionais, legais e regimentais e

CONSIDERANDO o poder de fiscalização e de normatização do Poder Judiciário dos atos praticados por seus órgãos (art. 103-B, § 4º, I, II e III, da Constituição Federal de 1988);

CONSIDERANDO a competência do Poder Judiciário de fiscalizar os serviços de registro (arts. 103-B, § 4º, I e III, e 236, § 1º, da Constituição Federal);

CONSIDERANDO a competência do corregedor nacional de justiça de expedir provimentos e outros atos normativos destinados ao aperfeiçoamento das atividades dos serviços de registro (art. 8º, X, do Regimento Interno do Conselho Nacional de Justiça);

CONSIDERANDO a obrigação dos registradores de cumprir as normas técnicas estabelecidas pelo Poder Judiciário (arts. 37 e 38 da Lei n. 8.935, de 18 de novembro de 1994);

CONSIDERANDO a incumbência do Conselho Nacional de Justiça de consolidar uma política pública permanente de desburocratização do serviço público prestado ao cidadão brasileiro;

CONSIDERANDO o compromisso nacional de ampliação do acesso do cidadão brasileiro à documentação civil básica, mediante colaboração e articulação dos entes públicos (art. 1º do Decreto n. 6.289, de 6 de dezembro de 2007);

CONSIDERANDO a existência do serviço de registro civil das pessoas naturais em cada município do Brasil para atendimento à população (art. 44, § 2º, da Lei n. 8.935, de 18 de novembro de 1994);

CONSIDERANDO a prestação dos serviços de registro civil das pessoas naturais em no mínimo seis horas diárias ininterruptas, podendo ocorrer inclusive aos sábados, domingos e feriados (art. 8º, parágrafo único, da Lei n. 6.015, de 31 de dezembro de 1973, e art. 4º, §§ 1º e 2º, da Lei n. 8.935/1994);

CONSIDERANDO a localização de fácil acesso ao público dos serviços de registro civil das pessoas naturais (art. 4º, *caput*, da Lei n. 8.935/1994);

CONSIDERANDO a instituição da Identificação Civil Nacional (ICN) com a finalidade de identificar o brasileiro em suas relações com a sociedade e com os órgãos e entidades governamentais e privadas (Lei n. 13.444, de 11 de maio de 2017, e Resoluções n. 1/2017, 2/2017, 3/2017 e 4/2017 do Comitê Gestor da Identificação Civil Nacional);

CONSIDERANDO a necessidade de formação e operacionalização de uma base de dados de identificação civil nacional (Resolução TSE n. 23.526/2017);

CONSIDERANDO a necessidade de empreender esforços para que os serviços de registro civil das pessoas naturais implantem a Identidade Civil Nacional e a biometria interligada com o Tribunal Superior Eleitoral e expeçam cadastro de pessoas físicas;

CONSIDERANDO a necessidade de fortalecimento e sustentabilidade dos ofícios de registro civil das pessoas naturais, que prestam serviços de forma gratuita ao cidadão;

CONSIDERANDO as experiências exitosas em vários Estados e a necessidade de organizar e uniformizar normas e procedimentos de registro civil das pessoas naturais,

RESOLVE:

Art. 1º Dispor sobre a prestação de serviços de registro civil das pessoas naturais do Brasil mediante convênio, credenciamento e matrícula com órgãos e entidades governamentais e privadas.

Art. 2º As serventias de registro civil das pessoas naturais do Brasil poderão, mediante convênio, credenciamento ou matrícula com órgãos públicos, prestar serviços públicos relacionados à identificação dos cidadãos, visando auxiliar a emissão de documentos pelos órgãos responsáveis.

Parágrafo único. Os serviços públicos referentes à identificação dos cidadãos são aqueles inerentes à atividade registral que tenham por objetivo a identificação do conjunto de atributos de uma pessoa, tais como biometria, fotografia, cadastro de pessoa física e passaporte.

Art. 3º O convênio, credenciamento e matrícula com órgãos públicos para prestação de serviços de registro civil das pessoas naturais em âmbito nacional dependerão da homologação da Corregedoria Nacional de Justiça.

Parágrafo único. A ANOREG-BR ou a ARPEN-BRASIL formularão pedido de homologação à Corregedoria Nacional de Justiça via Pje.

Art. 4º O convênio, credenciamento e matrícula com órgãos públicos para prestação de serviços de registro civil das pessoas naturais em âmbito local dependerão da homologação das corregedorias de justiça dos Estados ou do Distrito Federal, às quais competirá:

I – realizar estudo prévio acerca da viabilidade jurídica, técnica e financeira do serviço;

II – enviar à Corregedoria Nacional de Justiça cópia do termo celebrado em caso de homologação, para disseminação de boas práticas entre os demais entes da Federação.

Art. 5º As corregedorias de justiça dos Estados e do Distrito Federal manterão em seu site listagem pública dos serviços prestados pelos registros civis das pessoas naturais mediante convênio, credenciamento ou matrícula.

Art. 6º Este provimento entrará em vigor na data de sua publicação, permanecendo válidos os provimentos editados pelas corregedorias de justiça no que forem compatíveis.

Ministro JOÃO OTÁVIO DE NORONHA
Corregedor Nacional de Justiça
DJe de 26 de janeiro de 2018

PROVIMENTO Nº 73, DE 28 DE JUNHO DE 2018

Dispõe sobre a averbação da alteração do prenome e do gênero nos assentos de nascimento e casamento de pessoa transgênero no Registro Civil das Pessoas Naturais (RCPN).

- *Vide arts. 515-A, parágrafo único; 515-D, § 2º; arts. 516 a 523, Provimento CNJ n. 149/2023 (CNN)*
- *Vide Provimento CNJ n. 152/2023 (Aprimora as regras de averbação de alteração de nome, de gênero ou de ambos de pessoas transgênero)*

***O CORREGEDOR NACIONAL DE JUSTIÇA**, usando de suas atribuições* constitucionais, legais e regimentais e

CONSIDERANDO o poder de fiscalização e de normatização do Poder Judiciário dos atos praticados por seus órgãos [art. 103-B, § 4º, I, II e III, da Constituição Federal de 1988 (CF/88)];

CONSIDERANDO a competência do Poder Judiciário de fiscalizar os serviços dos RCPNs (arts. 103-B, § 4º, I e III, e 236, § 1º, da CF/88);

CONSIDERANDO a competência do Corregedor Nacional de Justiça de expedir provimentos e outros atos normativos destinados ao aperfeiçoamento das atividades dos ofícios do RCPN (art. 8º, X, do Regimento Interno do Conselho Nacional de Justiça);

CONSIDERANDO a obrigação dos registradores do RCPN de cumprir as normas técnicas estabelecidas pelo Poder Judiciário (arts. 37 e 38 da Lei n. 8.935, de 18 de novembro de 1994);

CONSIDERANDO a legislação internacional de direitos humanos, em especial, o Pacto de San Jose da Costa Rica, que impõe o respeito ao direito ao nome (art. 18), ao reconhecimento da personalidade jurídica (art. 3º), à liberdade pessoal (art. 7º.1) e à honra e à dignidade (art. 11.2);

CONSIDERANDO a Convenção Interamericana de Direitos Humanos, da qual a República Federativa do Brasil é signatária e cujos dispositivos devem ser observados sob pena de responsabilidade internacional;

CONSIDERANDO a Opinião Consultiva n. 24/17 da Corte Interamericana de Direitos

Humanos, que trata da identidade de gênero, igualdade e não discriminação e define as obrigações dos Estados-Parte no que se refere à alteração do nome e à identidade de gênero;

CONSIDERANDO o direito constitucional à dignidade (art. 1º, III, da CF/88), à intimidade, à vida privada, à honra, à imagem (art. 5º, X, da CF/88), à igualdade (art. 5º, *caput*, da CF/88), à identidade ou expressão de gênero sem discriminações;

CONSIDERANDO a decisão da Organização Mundial da Saúde de excluir a transexualidade do capítulo de doenças mentais da Classificação Estatística Internacional de Doenças e Problemas Relacionados à Saúde (CID);

CONSIDERANDO a possibilidade de o Brasil, como Estado-Membro das Nações Unidas, adotar a nova CID a partir de maio de 2019, quando da apresentação do documento na Assembleia Mundial da Saúde, sendo permitidos, desde já, o planejamento e a adoção de políticas e providências, inclusive normativas, adequadas à nova classificação;

CONSIDERANDO a decisão do Supremo Tribunal Federal que conferiu ao art. 58 da Lei n. 6.015, de 31 de dezembro de 1973, interpretação conforme à Constituição Federal, reconhecendo o direito da pessoa *transgênero* que desejar, independentemente de cirurgia de redesignação ou da realização de tratamentos hormonais ou patologizantes, à substituição de prenome e gênero diretamente no ofício do RCPN (ADI n. 4.275/DF);

CONSIDERANDO a decisão proferida nos autos do Pedido de Providências n. 0005184-05.2016.2.00.0000, em trâmite no Conselho Nacional de Justiça,

RESOLVE:

Art. 1º Dispor sobre a averbação da alteração do prenome e do gênero nos assentos de nascimento e casamento de pessoa transgênero no Registro Civil das Pessoas Naturais.

Arts. 2º a 9º *(Revogados pelo Provimento CN n. 149, de 30.8.2023)*

Art. 10. Este provimento entra em vigor na data de sua publicação.

Ministro JOÃO OTÁVIO DE NORONHA

DJe de 29/06/2018

◉ ANEXO

OFICIAL DE REGISTRO CIVIL DAS PESSOAS NATURAIS DO MUNICÍPIO DE ...

I - REQUERENTE:

Nome civil completo, nacionalidade, naturalidade, data e local do nascimento, estado civil, profissão, RG, CPF, endereço completo, telefone, endereço eletrônico.

II - REQUERIMENTO:

Visto que o gênero que consta em meu registro de nascimento não coincide com minha identidade autopercebida e vivida, solicito que seja averbada a alteração do sexo para (masculino ou feminino), bem como seja alterado o prenome para...

III - DECLARAÇÕES SOB AS PENAS DA LEI

Declaro que não possuo passaporte, identificação civil nacional (ICN) ou registro geral de identidade (RG) emitido em outra unidade da Federação.

OU

Declaro que possuo o Passaporte n. ...., ICN n. .... e RG n. ...

Estou ciente de que não será admitida outra alteração de sexo e prenome por este procedimento diretamente no registro civil, resguardada a via administrativa perante o juiz corregedor permanente.

Estou ciente de que deverei providenciar a alteração nos demais registros que digam respeito, direta ou indiretamente, a minha pessoa e nos documentos pessoais.

Declaro que não sou parte em ação judicial em trâmite sobre identidade de gênero (ou Declaro que o pedido que estava em trâmite na via judicial foi arquivado, conforme certidão anexa.)

IV - FUNDAMENTO JURÍDICO

O presente requerimento está fundamentado no princípio da dignidade da pessoa humana, no art. 58 da Lei n. 6.015/1973, interpretado pelo Supremo Tribunal Federal no julgamento da ADI n. 4.275, e no Provimento CN-CNJ n. ..../2018.

Por ser verdade, firmo o presente termo.
Local e data.
Assinatura do requerente
CERTIFICO E DOU FÉ que a assinatura supra foi lançada em minha presença.
Local e data.
Carimbo e assinatura do cartório

PROVIMENTO Nº 81, DE 06 DE DEZEMBRO DE 2018

Dispõe sobre a Renda Mínima do Registrador Civil de Pessoas Naturais

• Vide art. 403 do Provimento CNJ n. 149/2023 (CNN).

O CORREGEDOR NACIONAL DA JUSTIÇA, usando de suas atribuições constitucionais, legais e regimentais,

CONSIDERANDO o poder de fiscalização e de normatização do Poder Judiciário dos atos praticados por seus órgãos (art. 103-B, § 4º, I, II e III, da Constituição Federal de 1988);

CONSIDERANDO a competência do Poder Judiciário de fiscalizar os serviços extrajudiciais (arts. 103-B, § 4º, I e III, e 236, § 1º, da Constituição Federal);

CONSIDERANDO a competência da Corregedoria Nacional de Justiça de expedir provimentos e outros atos normativos destinados ao aperfeiçoamento das atividades dos serviços extrajudiciais (art. 8º, X, do Regimento Interno do Conselho Nacional de Justiça);

CONSIDERANDO a obrigação dos serviços extrajudiciais de cumprir as normas técnicas estabelecidas pelo Poder Judiciário (arts. 37 e 38 da Lei n. 8.935, de 18 de novembro de 1994);

CONSIDERANDO a exigência legal de existência de, no mínimo, um registrador civil de pessoas naturais em cada sede municipal, sendo que naqueles municípios de significativa extensão territorial, em cada sede distrital deve existir, também, ao menos um registrador civil das pessoas naturais (art. 44, §§ 2º e 3º da Lei n. 8.935, de 18 de novembro de 1994);

CONSIDERANDO a necessidade de proporcionar a melhor prestação de serviço à população, de garantir a presença do serviço registral de pessoas naturais em todos os locais exigidos por lei, bem como de garantir a economicidade, a moralidade e a proporcionalidade na remuneração dos registradores civis de pessoas naturais, considerando a existência de delegatários e de interinos no exercício da titularidade das Serventias Extrajudiciais de Registro de Pessoas Naturais;

CONSIDERANDO a existência de fundos financeiros criados pelos Estados e vinculados aos Tribunais de Justiça que realizam a complementação da renda dos registradores de pessoas naturais, garantindo uma renda mínima para viabilizar a manutenção do serviço à população em todos os locais exigidos legalmente;

CONSIDERANDO a necessidade de preservação do equilíbrio atuarial, econômico e financeiro dos fundos financeiros que garantem a complementação de renda dos registradores de pessoas naturais;

CONSIDERANDO o que foi decidido no âmbito do Pedido de Providências n. 0002006-77.2018.2.00.0000;

CONSIDERANDO os princípios da supremacia do interesse público, da eficiência, da continuidade do serviço público e da segurança jurídica,

RESOLVE:

Art. 1º Dispor sobre a renda mínima dos registradores de pessoas naturais.

Art. 2º Os Tribunais de Justiça devem estabelecer uma renda mínima para os registradores de pessoas naturais com a finalidade de garantir a presença do respectivo serviço registral em toda sede municipal e nas sedes distritais dos municípios de significativa extensão territorial, assim considerado pelo poder delegante.

Parágrafo único. A renda mínima é garantida através do pagamento, ao delegatário ou ao interino que exerce a titularidade da serventia de Registro de Pessoas Naturais, do valor necessário para que a receita do serviço registral de pessoas naturais atinja o valor mínimo da renda estipulado por ato próprio do tribunal.

Art. 3º Além de outras fontes de recursos, devem ser utilizadas para o pagamento da renda mínima a que se refere o artigo anterior, as receitas oriundas do recolhimento, efetuado pelos interinos de qualquer serventia extrajudicial, aos tribunais ou aos respectivos fundos financeiros, relativamente aos valores excedentes a 90,25% do teto constitucional.

Art. 4º O valor da renda mínima do interino que exerce a titularidade da serventia de Registro de Pessoas Naturais não poderá ser inferior a 50% da renda mínima do delegatário.

Parágrafo único. O valor da renda mínima poderá ser majorado ou reduzido para manter o equilíbrio financeiro do fundo responsável pelo seu pagamento.

Art. 5º O delegatário ou interino que exerce a titularidade de serventia de Registro de Pessoas Naturais, quando estiver exercendo a titularidade de mais de uma serventia, não poderá receber renda mínima que exceda, globalmente, 90,25% do teto constitucional.

Art. 6º Os tribunais deverão instituir ou adequar a renda mínima Registrador de Pessoas Naturais conforme as regras deste provimento em até 90 dias.

Art. 7º Este provimento entrará em vigor na data de sua publicação.

Ministro HUMBERTO MARTINS

Corregedor Nacional de Justiça

DJe 07/12/2018

PROVIMENTO Nº 82, DE 03 DE JULHO DE 2019

Dispõe sobre o procedimento de averbação, no registro de nascimento e no de casamento dos filhos, da alteração do nome do genitor e dá outras providências.

• Vide art. 57 da Lei n. 6.015/1973 (Registros Públicos).
• Vide Provimento CNJ n. 149/2023 (Prevê diretamente a alteração extrajudicial do nome perante o Registro Civil das Pessoas Naturais).

O CORREGEDOR NACIONAL DA JUSTIÇA, usando de suas atribuições constitucionais, legais e regimentais e

CONSIDERANDO o poder de fiscalização e de normatização do Poder Judiciário dos atos praticados por seus órgãos (art. 103-B, § 4º, I, II e III, da Constituição Federal de 1988);

CONSIDERANDO a competência do Poder Judiciário de fiscalizar os serviços extrajudiciais (arts. 103-B, § 4º, I e III, e 236, § 1º, da Constituição Federal);

CONSIDERANDO a competência do Corregedor Nacional de Justiça de expedir provimentos e outros atos normativos destinados ao aperfeiçoamento das atividades dos oficiais de Registro Civil das Pessoas Naturais (art. 8º, X, do Regimento Interno do Conselho Nacional de Justiça);

CONSIDERANDO a obrigação dos Oficiais de Registro Civil das Pessoas Naturais de cumprir as normas técnicas estabelecidas pelo Poder Judiciário (arts. 37 e 38 da Lei n. 8.935, de 18 de novembro de 1994);

CONSIDERANDO a possibilidade de os genitores alterarem o seu nome quando do casamento para incluir o patronímico do cônjuge, e quando da separação e do divórcio voltar a assinar o nome de solteiro (arts. 1.565, § 1º, 1.571, § 2º, e 1.578, da Lei n. 10.406, de 10 de janeiro de 2002, Código Civil);

CONSIDERANDO que é direito da personalidade ter um nome, nele compreendidos o prenome e o sobrenome (art. 16, da Lei n. 10.406, de 10 de janeiro de 2002, Código Civil), e que ter o patronímico familiar dos seus genitores consiste no retrato da identidade da pessoa, em sintonia com princípio fundamental da dignidade humana;

CONSIDERANDO a jurisprudência do Superior Tribunal de Justiça, em especial o decidido no Recurso Especial n. 1.069.864;

CONSIDERANDO o que consta do Pedido de Providências n. 0002323-41.2019.2.00.0000,

RESOLVE:

Art. 1º Poderá ser requerida, perante o Oficial de Registro Civil competente, a averbação no registro de nascimento e no de casamento das alterações de patronímico dos genitores em decorrência de casamento, separação e divórcio, mediante a apresentação da certidão respectiva.

§ 1º O procedimento administrativo previsto no *caput* deste artigo não depende de autorização judicial.

§ 2º A certidão de nascimento e a de casamento serão emitidas com o nome mais atual, sem fazer menção sobre a alteração ou o seu motivo, devendo fazer referência no campo 'observações' ao parágrafo único do art. 21 da Lei n. 6.015, de 31 de dezembro de 1973.

§ 3º Por ocasião do óbito do(a) cônjuge, poderá o(a) viúvo(a) requerer averbação para eventual retorno ao nome de solteiro(a).

Art. 2º Poderá ser requerido, perante o Oficial de Registro Civil competente, a averbação do acréscimo do patronímico de genitor ao nome do filho menor de idade, quando:

PROVIMENTO Nº 81, DE 06 DE DEZEMBRO DE 2018

Dispõe sobre a Renda Mínima do Registrador Civil de Pessoas Naturais.

› *Vide art. 353 do Provimento CNJ n. 149/2023 (CNN)*

O CORREGEDOR NACIONAL DA JUSTIÇA, usando de suas atribuições constitucionais, legais e regimentais,

CONSIDERANDO o poder de fiscalização e de normatização do Poder Judiciário dos atos praticados por seus órgãos (art. 103-B, § 4º, I, II e III, da Constituição Federal de 1988);

CONSIDERANDO a competência do Poder Judiciário de fiscalizar os serviços extrajudiciais (arts. 103-B, § 4º, I e III, e 236, § 1º, da Constituição Federal);

CONSIDERANDO a competência da Corregedoria Nacional de Justiça de expedir provimentos e outros atos normativos destinados ao aperfeiçoamento das atividades dos serviços extrajudiciais (art. 8º, X, do Regimento Interno do Conselho Nacional de Justiça);

CONSIDERANDO a obrigação dos serviços extrajudiciais de cumprir as normas técnicas estabelecidas pelo Poder Judiciário (arts. 37 e 38 da Lei n. 8.935, de 18 de novembro de 1994);

CONSIDERANDO a exigência legal de existência de, no mínimo, um registrador civil de pessoas naturais em cada sede municipal, sendo que naqueles municípios de significativa extensão territorial, em cada sede distrital deve existir também ao menos um registrador civil das pessoas naturais. (art. 44, §§ 2º e 3º da Lei n. 8.935, de 18 de novembro de 1994);

CONSIDERANDO a necessidade de proporcionar a melhor prestação de serviço à população, de garantir a presença do serviço registral de pessoas naturais em todos os locais exigidos por lei, bem como de garantir a economicidade, a moralidade e a proporcionalidade na remuneração dos registradores civis de pessoas naturais, considerando a existência de delegatários e de interinos no exercício da titularidade das Serventias Extrajudiciais de Registro de Pessoas Naturais;

CONSIDERANDO a existência de fundos financeiros criados nos Estados e vinculados aos Tribunais de Justiça que realizam a complementação de renda dos registradores de pessoas naturais, garantindo uma renda mínima para viabilizar a manutenção do serviço à população em todos os locais exigidos legalmente;

CONSIDERANDO a necessidade de preservação do equilíbrio atuarial, econômico e financeiro dos fundos financeiros que garantem a complementação de renda dos registradores de pessoas naturais;

CONSIDERANDO o que foi decidido no âmbito do Pedido de Providencias nº 0002006-77.2018.2.00.0000.

CONSIDERANDO os princípios da supremacia do interesse público, da eficiência, da continuidade do serviço público e da segurança jurídica,

RESOLVE:

Art. 1º Dispor sobre a renda mínima dos registradores de pessoas naturais.

Art. 2º Os Tribunais de Justiça devem estabelecer uma renda mínima para os registradores de pessoas naturais com a finalidade de garantir a presença do respectivo serviço registral em toda sede de municipal e nas sedes distritais dos municípios de significativa extensão territorial assim considerado pelo poder delegante.

Parágrafo Único. A renda mínima é garantida através do pagamento, ao delegatário ou ao interino que exerce a titularidade da serventia de Registro de Pessoas Naturais, do valor necessário para que a receita do serviço registral de pessoas naturais atinja o valor mínimo da receita estipulado por ato próprio do tribunal.

Art. 3º Além de outras fontes de recursos, devem ser utilizadas para o pagamento da renda mínima a que se refere o artigo anterior, as receitas originadas do recolhimento, efetuado pelos interinos de qualquer serventia extrajudicial, aos tribunais ou aos respectivos fundos financeiros, relativamente aos valores excedentes a 90,25% do teto constitucional.

Art. 4º O valor da renda mínima do interino que exerce a titularidade da serventia de Registro de Pessoas Naturais não poderá ser inferior à 50% da renda mínima do delegatário.

Parágrafo Único. O valor da renda mínima poderá ser majorado ou reduzido para manter o equilíbrio financeiro do fundo responsável pelo seu pagamento.

Art. 5º O delegatário ou interino que exerce a titularidade da serventia de Registro de Pessoas Naturais, quando estiver exercendo a titularidade de mais de uma serventia, não poderá receber renda mínima que exceda, globalmente, 90,25% do teto constitucional.

Art. 6º Os tribunais deverão instituir ou adequar a renda mínima Registrador de Pessoas Naturais conforme as regras deste provimento em até 90 dias.

Art. 7º Este provimento entrará em vigor na data de sua publicação.

Ministro HUMBERTO MARTINS
Corregedor Nacional de Justiça
DJe 07/12/2018

PROVIMENTO Nº 82, DE 03 DE JULHO DE 2019

Dispõe sobre o procedimento de averbação, no registro de nascimento e no de casamento dos filhos, da alteração do nome do genitor e dá outras providências.

› *Vide art. 57, Lei n. 6.015/1973 (Registros Públicos)*
› *Vide Provimento CNJ n. 153/2023 (Procedimento de alteração extrajudicial do nome perante o Registro Civil das Pessoas Naturais)*

O CORREGEDOR NACIONAL DA JUSTIÇA, usando de suas atribuições constitucionais, legais e regimentais e

CONSIDERANDO o poder de fiscalização e de normatização do Poder Judiciário dos atos praticados por seus órgãos (art. 103-B, § 4º, I, II e III, da Constituição Federal de 1988);

CONSIDERANDO a competência do Poder Judiciário de fiscalizar os serviços extrajudiciais (arts. 103-B, § 4º, I e III, e 236, § 1º, da Constituição Federal);

CONSIDERANDO a competência do Corregedor Nacional de Justiça de expedir provimentos e outros atos normativos destinados ao aperfeiçoamento das atividades dos ofícios de Registro Civil das Pessoas Naturais (art. 8º, X, do Regimento Interno do Conselho Nacional de Justiça);

CONSIDERANDO a obrigação dos Oficiais de Registro Civil das Pessoas Naturais de cumprir as normas técnicas estabelecidas pelo Poder Judiciário (arts. 37 e 38 da Lei nº 8.935, de 18 de novembro de 1994);

CONSIDERANDO a possibilidade de os genitores alterarem o seu nome quando do casamento para incluir o patronímico do cônjuge, e quando da separação e do divórcio voltar a assinar o nome de solteiro (arts. 1.565, § 1º; 1.571, §2º, e 1.578, da Lei nº 10.406, de 10 de janeiro de 2002, Código Civil);

CONSIDERANDO que é direito da personalidade ter um nome, nele compreendidos o prenome e o sobrenome (art. 16, da Lei nº 10.406, de 10 de janeiro de 2002, Código Civil), e que ter o patronímico familiar dos seus genitores consiste no retrato da identidade da pessoa, em sintonia com princípio fundamental da dignidade humana;

CONSIDERANDO a jurisprudência do Superior Tribunal de Justiça, em especial o decidido no Recurso Especial n.1.069.864.

CONSIDERANDO o que consta do Pedido de Providências n. 0002323-41.2019.2.00.0000.

RESOLVE:

Art. 1º Poderá ser requerida, perante o Oficial de Registro Civil competente, a averbação no registro de nascimento e no de casamento das alterações de patronímico dos genitores em decorrência de casamento, separação e divórcio, mediante a apresentação da certidão respectiva.

§ 1º. O procedimento administrativo previsto no *caput* deste artigo não depende de autorização judicial.

§ 2º. A certidão de nascimento e a de casamento serão emitidas com o nome mais atual, sem fazer menção sobre a alteração ou o seu motivo, devendo fazer referência no campo 'observações' ao parágrafo único art. 21 da lei 6.015, de 31 de dezembro de 1973.

§ 3º. Por ocasião do óbito do(a) cônjuge, poderá o(a) viúvo(a) requerer averbação para eventual retorno ao nome de solteiro(a).

Art. 2º Poderá ser requerido, perante o Oficial de Registro Civil competente, a averbação do acréscimo do patronímico de genitor ao nome do filho menor de idade, quando:

I - Houver alteração do nome do genitor em decorrência de separação, divórcio ou viuvez;

II - O filho tiver sido registrado apenas com o patronímico do outro genitor.

§ 1º. O procedimento administrativo previsto no *caput* deste artigo não depende de autorização judicial.

§ 2º. Se o filho for maior de dezesseis anos, o acréscimo do patronímico exigirá o seu consentimento.

§ 3º. Somente será averbado o acréscimo do patronímico ao nome do filho menor de idade, quando o nome do genitor for alterado no registro de nascimento, nos termos do art. 1º, deste Provimento.

§ 4º. A certidão de nascimento será emitida com o acréscimo do patronímico do genitor ao nome do filho no respectivo campo, sem fazer menção expressa sobre a alteração ou seu motivo, devendo fazer referência no campo 'observações' ao parágrafo único do art. 21 da lei 6.015, de 31 de dezembro de 1973.

Art. 3º Para os fins deste provimento deverão ser respeitadas as tabelas estaduais de emolumentos, bem como as normas referentes à gratuidade de atos, quando for o caso.

Art. 4º Este provimento entra em vigor na data de sua publicação.

Ministro HUMBERTO MARTINS
Corregedor Nacional de Justiça
DJe de 03.09.2019

PROVIMENTO Nº 104, DE 09 DE JUNHO DE 2020**

Dispõe sobre o envio de dados registrais, das pessoas em estado de vulnerabilidade socioeconômica, pelo Cartórios de Registro Civil de Pessoas Naturais, diretamente ou por intermédio da Central de Informações de Registro Civil de Pessoas Naturais- CRC, aos Institutos de Identificação dos Estados e do Distrito Federal, para fins exclusivos de emissão de registro geral de identidade.

Situação: Revogado e incorporado aos ***arts. 182 e 183 do Provimento CNJ n. 149/2023*** *(Código Nacional de Normas da Corregedoria Nacional de Justiça– Foro Extrajudicial (CNN/CN/CNJ-EXTRA)*

- *Vide "Considerações" deste Provimento*

O CORREGEDOR NACIONAL DE JUSTIÇA, usando de suas atribuições constitucionais, legais e regimentais e

CONSIDERANDO o poder de fiscalização e de normatização do Poder Judiciário dos atos praticados por seus órgãos (art. 103-B, § 4º, I, II e III, da Constituição Federal de 1988);

CONSIDERANDO a competência do Poder Judiciário de fiscalizar os serviços notariais e de registro (arts. 103-B, § 4º, I e III, e 236, § 1º, da Constituição Federal);

CONSIDERANDO a competência do Corregedor Nacional de Justiça de expedir provimentos e outros atos normativos destinados ao aperfeiçoamento das atividades dos serviços notariais e de registro (art. 8º, X, do Regimento Interno do Conselho Nacional de Justiça);

CONSIDERANDO a obrigação dos notários e registradores de cumprir as normas técnicas estabelecidas pelo Poder Judiciário (arts. 37 e 38 da Lei n. 8.935, de 18 de novembro de 1994);

CONSIDERANDO que a cidadania e dignidade da pessoa humana constituem fundamentos constitucionais do Estado Democrático de Direito (art. 1º da Constituição de Federal);

CONSIDERANDO que são objetivos fundamentais da República Federativa do Brasil a construção de uma sociedade livre, justa e solidária, a garantia do desenvolvimento nacional, a erradicação da pobreza e da marginalização, a redução de desigualdades sociais e regionais, a promoção do bem de todos, sem preconceitos de origem, raça, sexo, cor, idade e quaisquer outras formas de discriminação (art. 3º da Constituição de Federal);

CONSIDERANDO necessidade de garantir às pessoas em situação de maior vulnerabilidade acesso à obtenção de documentos civis, nos termos da alínea "b" inciso XXXIV do artigo 5º da Constituição Federal;

CONSIDERANDO que a Agenda 2030 das Nações Unidas é um plano de ação com metas e indicadores globais, adotado por 193 Países, inclusive o Estado brasileiro, e possui por escopo a efetivação dos direitos humanos e a promoção do desenvolvimento sustentável em suas dimensões social, econômica, ambiental e institucional;

CONSIDERANDO que a Agenda 2030 está alinhada aos princípios constitucionais e ao Plano Plurianual Cidadão-PPA Cidadão;

CONSIDERANDO a adesão da Corregedoria Nacional de Justiça à Agenda 2030 das Nações Unidas (Provimento nº 85/2019), que dispõe no item 16.9 como Objetivo de Desenvolvimento Sustentável que *"até 2030, fornecer identidade legal para todos, incluindo o registro de nascimento."*

CONSIDERANDO a incumbência do Conselho Nacional de Justiça de consolidar uma política pública permanente de desburocratização do serviço público prestado ao cidadão brasileiro (Lei nº 13.726/2018);

CONSIDERANDO o compromisso nacional de ampliação do acesso do cidadão brasileiro à documentação civil básica, mediante colaboração e articulação dos entes públicos (art. 1º do Decreto n. 6.289, de 6 de dezembro de 2007);

CONSIDERANDO a necessidade de acesso a dados biográficos eletrônicos para a obtenção e confirmação de cadastros pelos órgãos públicos e privados visando ao exercício de direitos fundamentais;

CONSIDERANDO que as pessoas em situação de vulnerabilidade social não têm condições socioeconômicas de obter os dados registrais para o exercício de direitos fundamentais;

CONSIDERANDO que a ausência dos dados registrais tem impedido o fornecimento dos demais documentos civis das pessoas em situação de vulnerabilidade, atingindo o exercício da cidadania, o que, por questão humanitária e escopo do Estado Democrático de Direito, exige esforços das instituições para sua superação;

CONSIDERANDO que a tecnologia permite a organização nacional de remessa digital dos dados registrais de forma organizada e uniformizada;

PROVIMENTO Nº 122, DE 13 DE AGOSTO DE 2021

Dispõe sobre o assento de nascimento no Registro Civil das Pessoas Naturais nos casos em que o campo sexo da Declaração de Nascido Vivo (DNV) ou na Declaração de Óbito (DO) fetal tenha sido preenchido "ignorado".

- *Vide arts. 524 a 530 do Provimento CNJ n. 149/2023 (CNN)*
- *Vide art. 54, 2º, Lei 6.015/1973*

A CORREGEDORA NACIONAL DE JUSTIÇA, usando de suas atribuições constitucionais, legais e regimentais,

CONSIDERANDO o direito constitucional à dignidade (CR, art. 1º, III), à intimidade, à vida privada, à honra, à imagem (CR, art. 5º, X), à igualdade (CR art. 5º, *caput*);

CONSIDERANDO que a Constituição Federal prevê no artigo 227 que é dever do Estado assegurar à criança e ao adolescente, com absoluta prioridade, o direito à dignidade e ao respeito, colocando-os a salvo de toda forma de negligência, discriminação, exploração, violência, crueldade e opressão;

CONSIDERANDO a competência do Poder Judiciário de fiscalizar os serviços dos Registros Civis das Pessoas Naturais (RCPNs) (CR arts. 103-B, § 4º, I e III, e 236, § 1º);

CONSIDERANDO que a Convenção Internacional sobre os Direitos da Criança, em seu artigo 2º, prescreve o dever dos Estados Partes de assegurar sua aplicação a cada criança sujeita à sua jurisdição, sem distinção alguma, e que os Estados Partes tomarão todas as medidas apropriadas para assegurar a proteção da criança contra toda forma de discriminação ou castigo por causa da condição, das atividades, das opiniões manifestadas ou das crenças de seus pais, representantes legais ou familiares;

CONSIDERANDO que a Convenção Internacional sobre os Direitos da Criança prevê, em seu art. 12, o direito da criança de ser ouvida sobre os assuntos que lhe concernem e, nos termos do art. 5º, estabelece que sua decisão deve ser devidamente considerada na medida em que evolui em sua capacidade, devendo-se dar prevalência da decisão a quem terá de viver pessoalmente com suas consequências;

CONSIDERANDO a obrigação dos registradores do RCPN de cumprir as normas técnicas estabelecidas pelo Poder Judiciário (Lei n. 8.935, de 18 de novembro de 1994, arts. 37 e 38);

CONSIDERANDO a legislação internacional de direitos humanos, em especial, o Pacto de San Jose da Costa Rica, que impõe o respeito ao direito ao nome (art. 18), ao reconhecimento da personalidade jurídica (art. 3º), à liberdade pessoal (art. 7º.1) e à honra e à dignidade (art. 11.2);

CONSIDERANDO a Opinião Consultiva n. 24/17 da Corte Interamericana de Direitos Humanos;

CONSIDERANDO que os formulários da Declaração de Nascido Vivo – DNV e da Declaração de Óbito (DO) fetal apresentam, no campo "sexo" da pessoa recém-nascida, três opções à pessoa responsável pelo preenchimento: "masculino", "feminino" e "ignorado";

CONSIDERANDO que o Registro de Nascimento é relevante ao exercício da cidadania e dos direitos da personalidade;

CONSIDERANDO que o Registro de Nascimento tem como um de seus principais objetivos individualizar a pessoa perante a sociedade;

CONSIDERANDO que o direito ao nome, incluindo o prenome, é atributo da personalidade, a ser estabelecido no registro de nascimento logo após o nascimento;

CONSIDERANDO a Meta 5 dos Objetivos de Desenvolvimento Sustentável (ODS), da Agenda 2030, das Nações Unidas e o disposto no art. 2º do Provimento CN 85/2019 do Conselho Nacional de Justiça; e

CONSIDERANDO a decisão plenária tomada no julgamento do Pedido de Providências n. 0005130-34.2019.2.00.0000 em Sessão Virtual, finalizada em 13 de agosto de 2021;

RESOLVE:

Art. 1º Este Provimento dispõe sobre o assento de nascimento no Registro Civil das Pessoas Naturais nos casos em que o campo sexo da Declaração de Nascido Vivo (DNV), ou da Declaração de Óbito (DO) fetal, tenha sido preenchido "ignorado".

Arts. 2º a 8º *(Revogados pelo Provimento CN n. 149, de 30.8.2023)*

Ministra MARIA THEREZA DE ASSIS MOURA

ANEXO
(ART. 4º DO PROVIMENTO N. 122, DE 13 DE AGOSTO DE 2021)

OFICIAL DE REGISTRO CIVIL DAS PESSOAS NATURAIS DO MUNICÍPIO DE ...

I - OPTANTE:
Nome civil completo, nacionalidade, naturalidade, data e local do nascimento, estado civil, profissão, RG, CPF, endereço completo, telefone, endereço eletrônico.

II – REPRESENTANTE(S) OU ASSISTENTE(S)
Nome civil completo, nacionalidade, naturalidade, data e local do nascimento, estado civil, profissão, RG, CPF, endereço completo, telefone, endereço eletrônico.

III - OPÇÃO:
Consta no assento de nascimento da pessoa optante a indicação do sexo "ignorado". Solicito a averbação da opção pelo sexo (masculino ou feminino) no assento de nascimento.

IV – PRENOME
A pessoa optante não deseja alterar o prenome.
OU
Solicito seja alterado o prenome da pessoa optante, averbando-se o novo prenome...

Local e data.
Assinaturas

D.J.E-CNJ de 20.08.2021.

PROVIMENTO Nº [illegible] DE 06 DE DEZEMBRO DE 2022

Estabelece regras para o envio ao Tribunal Superior Eleitoral da comunicação de alteração de prenome prevista no art. 56, § 2º, da Lei n. 6.015/1973, com a redação dada pela Lei n. 14.382/2022.

Revogado, e incorporado ao art. 184 do Provimento CNJ n. 149/2023 (Código Nacional de Normas da Corregedoria Nacional de Justiça – Foro Extrajudicial (CNN/CN/CNJ-EXTRA)).

- Vide Considerações deste Provimento.
- Vide Lei n. 6.015, de 31 de dezembro de 1973.
- Vide Lei n. 14.382, de 27 de junho de 2022.
- Vide Provimento n. 25, de 12 de novembro de 2012 (Morte Digital).
- Provimento CNJ 81/2018 (Renda Mínima do Registrador).
- Provimento CNJ 104/2020 (Envio de dados registrais das pessoas em estado de vulnerabilidade socioeconômica) (incorporado aos arts. 182 a 183 do Provimento CNJ 149/2023 (CNN)).

O CORREGEDOR NACIONAL DE JUSTIÇA, usando de suas atribuições constitucionais, legais e regimentais e

CONSIDERANDO a competência dos órgãos judiciários para exercerem função regulatória das atividades prestadas nas serventias notariais e registrais (CRFB, art. 236, § 1º);

CONSIDERANDO que o § 2º do art. 5º da Emenda Constitucional n. 45/2004 dispõe que, até que entre em vigor o Estatuto da Magistratura, o Conselho Nacional de Justiça, mediante resolução, disciplinará seu funcionamento e definirá as atribuições do Ministro Corregedor;

CONSIDERANDO que, em cumprimento desse citado mandamento constitucional, o Regimento Interno do Conselho Nacional de Justiça estabelece que compete ao Corregedor Nacional de Justiça, entre outras competências, expedir provimentos, instruções, orientações e outros atos normativos destinados ao aperfeiçoamento das atividades dos serviços auxiliares do Poder Judiciário e dos serviços notariais e de registro (art. 8º, X);

CONSIDERANDO a necessidade de regulamentar o disposto no art. 56, § 2º, da Lei n. 6.015/1973, com a redação dada pela Lei n. 14.382/2022, que estabeleceu a obrigatoriedade de comunicação, pelos ofícios de registro civil das pessoas naturais, aos órgãos expedidores do documento de identidade, do CPF e do passaporte, bem como ao Tribunal Superior Eleitoral, da realização do ato de alteração de prenome;

CONSIDERANDO que algumas comunicações dos Cartórios de Registro Civil ao Tribunal Superior Eleitoral não apresentam dados suficientes para identificar a pessoa que alterou o prenome;

CONSIDERANDO que a Lei n. 6.015/1973, com a redação dada pela Lei n. 14.382/2022, ao determinar a comunicação dos Cartórios ao Tribunal Superior Eleitoral é passível de gerar impressão equivocada para a pessoa interessada de que seu prenome será automaticamente retificado no Cadastro Eleitoral;

CONSIDERANDO o disposto no Ofício-CGE n. 23/2022, expedido pelo Exmo. Corregedor-Geral da Justiça Eleitoral, constante no Processo SEI/CNJ 11686/2022,

PROVIMENTO Nº 140 DE 22 DE FEVEREIRO DE 2023

Estabelece, no âmbito do Poder Judiciário, o Programa de Enfrentamento ao Sub-registro Civil e de Ampliação ao Acesso à Documentação Básica por Pessoas Vulneráveis; institui a Semana Nacional do Registro Civil e dá outras providências.

- Vide art. 30, Lei n. 6.015/1973 (Registros Públicos).
- Vide art. 45, Lei n. 8.935/1994 (Notários e Registradores).
- Vide Decreto n. 10.063/2019 (Sub-registro).
- Provimento CNJ 81/2018 (Renda Mínima do Registrador).
- Provimento CNJ 104/2020 (Envio de dados registrais das pessoas em estado de vulnerabilidade socioeconômica) (incorporado aos arts. 182 e 183 do Provimento CNJ 149/2023 (CNN)).

O CORREGEDOR NACIONAL DE JUSTIÇA, no uso de suas atribuições legais e regimentais,

CONSIDERANDO o poder de fiscalização e de normatização do Poder Judiciário em relação aos atos praticados por seus órgãos (art. 103- B, § 4º, I, II e III, da Constituição Federal de 1988);

CONSIDERANDO a competência do Poder Judiciário de fiscalizar os serviços notariais e de registro (arts. 103-B, § 4º, I e III, e 236, § 1º, da Constituição Federal);

CONSIDERANDO a atribuição do Corregedor Nacional de Justiça de expedir provimentos e outros atos normativos destinados ao aperfeiçoamento das atividades dos serviços notariais e de registro (art. 8º, X, do Regimento Interno do Conselho Nacional de Justiça);

CONSIDERANDO que se insere no rol de direitos fundamentais a gratuidade do registro civil de nascimento aos reconhecidamente pobres (art. 5º, inciso LXXVI, alínea "a", da Constituição Federal de 1988);

CONSIDERANDO que são direitos sociais, entre outros, a assistência aos desamparados (art. 6º, caput, da Constituição Federal de 1988);

CONSIDERANDO a Meta 16.9 da Agenda 2030 da ONU para o Desenvolvimento Sustentável, de "até 2030, fornecer identidade legal para todos, incluindo o registro de nascimento";

CONSIDERANDO a Diretriz Estratégica n. 5 para o ano de 2023 da Corregedoria Nacional de Justiça, aprovada no XVI Encontro Nacional do Poder Judiciário, que dispõe: "Aprimoramento – Sub-registro Civil – Proceder ao incremento das unidades interligadas no Estado, programar e realizar ações visando à erradicação do sub-registro civil nas localidades identificadas com maior concentração potencial do número de ocorrências, bem como conferir tramitação prioritária aos processos judiciais concernentes ao registro tardio";

RESOLVE:

Art. 1º Estabelecer, no âmbito do Poder Judiciário Nacional, o Programa de Enfrentamento ao Sub-registro Civil e de Ampliação ao Acesso à Documentação Básica por Pessoas Vulneráveis e instituir a Semana Nacional do Registro Civil.

Art. 2º A Corregedoria Nacional de Justiça e as Corregedorias-Gerais de Justiça dos Tribunais de Justiça e dos Tribunais Regionais Federais deverão conjugar esforços com a União, Estados, Distrito Federal, Municípios, demais entidades públicas, entidades representativas dos oficiais de registro civil das pessoas naturais, organizações da sociedade civil, iniciativa privada e comunidade, visando erradicar o sub-registro civil de nascimento no País e ampliar o acesso à documentação civil básica a todos os brasileiros, especialmente à população socialmente vulnerável.

Parágrafo único. Considera-se população socialmente vulnerável, para fins deste provimento:

I - população em situação de rua, nos termos do parágrafo único do art. 1º do Decreto n. 7.053, de 23 de dezembro de 2009 (Política Nacional para a População em Situação de Rua);

II - povos originários;

III - população ribeirinha;

IV - refugiados;

V - população em cumprimento de medidas de segurança, situação manicomial carcerária e egressos do cárcere.

Art. 3º A Corregedoria Nacional de Justiça, no âmbito nacional, e as Corregedorias Gerais de Justiça, no âmbito estadual e municipal, atuando diretamente ou em articulação com os demais entes federados e outros Poderes, com as entidades representativas dos oficiais de registro civil, demais entidades e pessoas que se vincularem ao Programa, observarão as seguintes diretrizes:

I - erradicação do sub-registro civil de nascimento por meio da realização de ações de mobilização nacional, estadual ou municipal;

II - fortalecimento de ações que visem a ampliação do acesso à documentação civil básica, sobretudo da população vulnerável;

III - ampliação da rede de serviços dos registros públicos das pessoas naturais, visando assegurar a eficiência, desburocratização e a capilaridade do atendimento, com a garantia de sustentabilidade destes serviços;

IV - fomento ao procedimento administrativo de registro tardio de nascimento por meio do aperfeiçoamento normativo e ações de conscientização; e

V - observância da renda mínima ao registrador civil, nos termos do Provimento n. 81, de 6 de dezembro de 2018, do Conselho Nacional de Justiça.

Art. 4º As Corregedorias-Gerais de Justiça realizarão, de forma contínua, no âmbito de suas atribuições, o planejamento, o desenvolvimento e a monitoração de ações voltadas ao enfrentamento do sub-registro civil de nascimento e de ampliação ao acesso à documentação civil básica por pessoas vulneráveis.

PROVIMENTO Nº 137, DE 06 DE DEZEMBRO DE 2022**

Estabelece regras para o envio, ao Tribunal Superior Eleitoral, da comunicação de alteração de prenome prevista no art. 56, § 3º, da Lei n. 6.015/1973, com a redação dada pela Lei n. 14.382/2022.

Situação: Revogado e incorporado ao ***art. 184 do Provimento CNJ n. 149/2023*** *(Código Nacional de Normas da Corregedoria Nacional de Justiça– Foro Extrajudicial (CNN/CN/CNJ-EXTRA)*

- *Vide "Considerações" deste Provimento*
- *Vide Lei n. 6.015, de 31 de dezembro de 1973*
- *Vide Lei n. 14.382, de 27 de junho de 2022*
- *Vide Provimento n. 25, de 12 de novembro de 2012 (Malote Digital)*
- *Provimento CNJ 81/2018 (Renda Mínima do Registrador)*
- *Provimento CNJ 104/2020 (Envio de dados registrais, das pessoas em estado de vulnerabilidade socioeconômica,) incorporado aos arts. 182 e 183 do Provimento CNJ 149/2023 (CNN)*

O CORREGEDOR NACIONAL DE JUSTIÇA, usando de suas atribuições constitucionais, legais e regimentais e

CONSIDERANDO a competência dos órgãos judiciários para exercerem função regulatória das atividades prestadas nas serventias notariais e registrais (CRFB, art. 236, § 1º);

CONSIDERANDO que o § 2º do art. 5º da Emenda Constitucional n. 45/2004, dispõe que, até que entre em vigor o Estatuto da Magistratura, o Conselho Nacional de Justiça, mediante resolução, disciplinará seu funcionamento e definirá as atribuições do Ministro Corregedor;

CONSIDERANDO que, em cumprimento desse citado mandamento constitucional, o Regimento Interno do Conselho Nacional de Justiça estabelece que compete ao Corregedor Nacional de Justiça, entre outras competências, expedir provimentos, instruções, orientações e outros atos normativos destinados ao aperfeiçoamento das atividades dos serviços auxiliares do Poder Judiciário e dos serviços notariais e de registro (art. 8º, X);

CONSIDERANDO a necessidade de regulamentar o disposto no art. 56, § 3º, da Lei n. 6.015/1973, com a redação dada pela Lei n. 14.382/2022, que estabeleceu a obrigatoriedade de comunicação, pelos ofícios de registro civil das pessoas naturais, aos órgãos expedidores do documento de identidade, do CPF e do passaporte, bem como ao Tribunal Superior Eleitoral, da realização do ato de alteração de prenome;

CONSIDERANDO que algumas comunicações dos Cartórios de Registro Civil ao Tribunal Superior Eleitoral não apresentam dados suficientes para identificar a pessoa que alterou o prenome;

CONSIDERANDO que a Lei n. 6.015/1973, com a redação dada pela Lei n. 14.382/2022, ao determinar a comunicação dos Cartórios ao Tribunal Superior Eleitoral é passível de gerar impressão equivocada para a pessoa interessada de que seu prenome será automaticamente retificado no Cadastro Eleitoral;

CONSIDERANDO o disposto no Ofício CGE n. 33/2022, expedido pelo Exmo. Corregedor-Geral da Justiça Eleitoral, constante no Processo SEI/CNJ 11686/2022,

PROVIMENTO Nº 140, DE 22 DE FEVEREIRO DE 2023

Estabelece, no âmbito do Poder Judiciário, o Programa de Enfrentamento ao Sub-registro Civil e de Ampliação ao Acesso à Documentação Básica por Pessoas Vulneráveis; institui a Semana Nacional do Registro Civil e dá outras providências.

- *Vide art. 30, Lei n. 6.015/1973 (Registros Públicos)*
- *Vide art. 45, Lei n. 8.935/1994 (Notários e Registradores)*
- *Vide Decreto n. 10.063/2019 (Sub-registro)*
- *Provimento CNJ 81/2018 (Renda Mínima do Registrador)*
- *Provimento CNJ 104/2020 (Envio de dados registrais, das pessoas em estado de vulnerabilidade socioeconômica,) incorporado aos arts. 182 e 183 do Provimento CNJ 149/2023 (CNN)*

O CORREGEDOR NACIONAL DE JUSTIÇA, no uso de suas atribuições legais e regimentais;

CONSIDERANDO o poder de fiscalização e de normatização do Poder Judiciário em relação aos atos praticados por seus órgãos (art. 103- B, § 4º, I, II e III, da Constituição Federal de 1988);

CONSIDERANDO a competência do Poder Judiciário de fiscalizar os serviços notariais e de registro (arts. 103-B, § 4º, I e III, e 236, § 1º, da Constituição Federal);

CONSIDERANDO a atribuição do Corregedor Nacional de Justiça de expedir provimentos e outros atos normativos destinados ao aperfeiçoamento das atividades dos serviços notariais e de registro (art. 8º, X, do Regimento Interno do Conselho Nacional de Justiça);

CONSIDERANDO que se insere no rol de direitos fundamentais a gratuidade do registro civil de nascimento aos reconhecidamente pobres (art. 5º, inciso LXXVI, alínea "a", da Constituição Federal de 1988);

CONSIDERANDO que são direitos sociais, entre outros, a assistência aos desamparados (art. 6º, caput, da Constituição Federal de 1988);

CONSIDERANDO a Meta 16.9 da Agenda 2030 da ONU para o Desenvolvimento Sustentável, de "até 2030, fornecer identidade legal para todos, incluindo o registro de nascimento";

CONSIDERANDO a Diretriz Estratégica n. 5 para o ano de 2023, da Corregedoria Nacional de Justiça, aprovada no XI Encontro Nacional do Poder Judiciário, que dispõe: "Aprimoramento – Sub-registro Civil – Proceder ao incremento das unidades interligadas no Estado, programar e realizar ações visando à erradicação do sub-registro civil, nas localidades identificadas com maior concentração potencial do número de ocorrências, bem como conferir tramitação prioritária aos processos judiciais concernentes ao registro tardio";

RESOLVE:

Art. 1º Estabelecer, no âmbito do Poder Judiciário Nacional, o Programa de Enfrentamento ao Sub-registro Civil e de Ampliação ao Acesso à Documentação Básica por Pessoas Vulneráveis e instituir a Semana Nacional do Registro Civil.

Art. 2º A Corregedoria Nacional de Justiça e as Corregedorias-Gerais de Justiça dos Tribunais de Justiça e dos Tribunais Regionais Federais deverão conjugar esforços com a União, Estados, Distrito Federal, Municípios, demais entidades públicas, entidades representativas dos oficiais de registro civil das pessoas naturais, organizações da sociedade civil, iniciativa privada e comunidade, visando erradicar o sub-registro civil de nascimento no País e ampliar o acesso à documentação civil básica a todos os brasileiros, especialmente à população socialmente vulnerável.

Parágrafo único. Considera-se população socialmente vulnerável, para fins deste provimento:

I - população em situação de rua, nos termos do parágrafo único do art. 1º do Decreto n. 7.053, de 23 de dezembro de 2009 (Política Nacional para a População em Situação de Rua);

II - povos originários;

III - população ribeirinha;

IV - refugiados;

V - população em cumprimento de medidas de segurança, situação manicomial, carcerária e egressos do cárcere.

Art. 3º A Corregedoria Nacional de Justiça, no âmbito nacional, e as Corregedorias-Gerais de Justiça, no âmbito estadual e municipal, atuando diretamente ou em articulação com os demais entes federados e outros Poderes, com as entidades representativas dos oficiais de registro civil, demais entidades e pessoas que se vincularem ao Programa, observarão as seguintes diretrizes:

I - erradicação do sub-registro civil de nascimento por meio da realização de ações de mobilização nacional, estadual ou municipal;

II - fortalecimento de ações que visem à ampliação do acesso à documentação civil básica, sobretudo da população vulnerável;

III - ampliação da rede de serviços dos registros públicos das pessoas naturais, visando assegurar a eficiência, desburocratização e a capilaridade do atendimento, com a garantia de sustentabilidade destes serviços;

IV - fomento ao procedimento administrativo de registro tardio de nascimento por meio do aperfeiçoamento normativo e ações de conscientização; e

V - observância da renda mínima ao registrador civil, nos termos do Provimento n. 81, de 6 de dezembro de 2018, do Conselho Nacional de Justiça.

Art. 4º As Corregedorias-Gerais de Justiça realizarão, de forma contínua, no âmbito de suas atribuições, o planejamento, o desenvolvimento e a monitoração de ações voltadas ao enfrentamento do sub-registro civil de nascimento e de ampliação ao acesso à documentação civil básica por pessoas vulneráveis.

Art. 5º Fica instituída a Semana Nacional do Registro Civil – "Registre-se!", que ocorrerá, no mínimo, uma vez a cada ano, com convocação prévia pela Corregedoria Nacional de Justiça.

§ 1º A Semana Nacional "Registre-se!" será realizada sempre na segunda semana do mês de maio, sem prejuízo de outras convocações.

§ 2º Durante a Semana Nacional "Registre-se!", serão realizados esforços concentrados e eventos, no mínimo, nas capitais dos vinte e seis Estados e no Distrito Federal, voltados à identificação civil da parcela da população socialmente vulnerável indicada no art. 2º deste Provimento.

Art. 6º A Semana Nacional "Registre-se!"será coordenada pela Corregedoria Nacional de Justiça, devendo as ações ser desenvolvidas e implementadas no âmbito local pelas Corregedorias-Gerais de Justiça, com o apoio dos oficiais de registro civil das pessoas naturais.

§ 1º A realização da semana de esforço concentrado será precedida do planejamento e definição de estratégias levados a efeito a partir de reuniões preparatórias realizadas entre a Corregedoria Nacional e Corregedorias-Gerais dos Tribunais, podendo haver a participação dos demais atores convidados.

§ 2º Serão convidados a participar do projeto as associações representativas dos oficiais de registro civil das pessoas naturais em âmbito nacional e estadual, órgãos federais, estaduais e municipais de identificação civil, os parceiros referidos nos §§ 1º e 2º do art. 4º e os demais aderentes das ações.

Art. 7º Nos dias de realização da Semana Nacional "Registre-se!", os oficiais de registro civil das pessoas naturais deverão atender às solicitações de certidão oriundas do projeto de forma prioritária.

Parágrafo único. As declarações de hipossuficiência, necessárias à concessão da gratuidade dos atos, serão prestadas eletronicamente pelos interessados, conforme ferramenta disponibilizada pelos oficiais de registro civil das pessoas naturais.

Art. 8º Os oficiais de registro civil das pessoas naturais serão ressarcidos por todos os atos gratuitos que praticarem em decorrência do projeto.

§ 1º O ressarcimento a que se refere o caput ocorrerá no mês subsequente à realização do projeto, conforme relatório encaminhado aos administradores dos Fundos estaduais de custeio de atos gratuitos pela Central de Informações de Registro Civil das Pessoas Naturais, instituída pelo Provimento n. 46, de 16 de junho de 2015, do Conselho Nacional de Justiça.

§ 2º Os gestores dos Fundos estaduais de custeio de atos gratuitos deverão encaminhar à Corregedoria Nacional de Justiça, em até 10 (dez) dias depois do término do prazo para o ressarcimento, a comprovação do pagamento dos atos indicados no § 1º deste artigo.

Art. 9º Os pedidos de certidão de registro civil realizados durante a Semana Nacional serão processados em ambiente reservado e controlado, por meio de módulo próprio da Central de Informações de Registro Civil das Pessoas Naturais, cujo acesso será franqueado aos usuários indicados pela Associação Nacional dos Registradores de Pessoas Naturais – Arpen Brasil.

Art. 10. Compete às Corregedorias-Gerais dos Tribunais informar à Corregedoria Nacional de Justiça, em até 10 (dez) dias após a realização da semana de esforço concentrado, os dados e relatórios dos resultados alcançados, incluindo a quantidade de pedidos de certidão de registro civil realizados e a população socialmente vulnerável atendida.

Art. 11. Este Provimento será publicado na imprensa oficial e encaminhado a todos os Tribunais de Justiça, Tribunais Regionais Federais e à Associação Nacional dos Registradores de Pessoas Naturais – Arpen Brasil.

Art. 12. Este Provimento entra em vigor na data de sua publicação.

Ministro LUIS FELIPE SALOMÃO
Corregedor Nacional de Justiça
DJe/CNJ de 23/02/2023

PROVIMENTO Nº 151, DE 26 DE SETEMBRO DE 2023

Altera o Código Nacional de Normas da Corregedoria Nacional de Justiça do Conselho Nacional de Justiça – Foro Extrajudicial (CNN/CN/CNJ-Extra), instituído pelo Provimento n. 149, de 30 de agosto de 2023, para dispor sobre o registro do natimorto e para estabelecer o procedimento de promoção do registro de nascimento de criança ou adolescente no caso de omissão.

- *Vide arts. 33, V; 63, Lei n. 6.015/1973 (Registros Públicos)*
- *Enunciado 2, I Jornada de Direito Notarial e Registral*
- *Enunciado 123, II Jornada de Prevenção e Solução Extrajudicial de Litígios*
- *Arts. 479-A e 479-B, Provimento CNJ n. 149/2023 (CNN)*

O CORREGEDOR NACIONAL DE JUSTIÇA, usando de suas atribuições constitucionais, legais e regimentais e,

CONSIDERANDO o poder de fiscalização e de normatização do Poder Judiciário dos atos praticados por seus órgãos (art. 103-B, § 4º, I, II e III, da Constituição Federal);

CONSIDERANDO a competência do Poder Judiciário de fiscalizar os serviços notariais e de registro (arts. 103-B, § 4º, I e III, e 236, § 1º, da Constituição Federal);

CONSIDERANDO a obrigação de os notários e registradores cumprirem as normas técnicas estabelecidas pelo Poder Judiciário (arts. 30, XIV, e 38 da Lei n. 8.935, de 18 de novembro de 1994);

CONSIDERANDO a competência da Corregedoria Nacional de Justiça de expedir provimentos e outros atos normativos destinados ao aperfeiçoamento das atividades dos serviços notariais e de registro (art. 8º, X, do Regimento Interno do Conselho Nacional de Justiça);

CONSIDERANDO ser a dignidade da pessoa humana um dos fundamentos da República Federativa do Brasil (art. 1º, III, da Constituição Federal);

CONSIDERANDO ser dever do Estado assegurar à criança e ao adolescente, com absoluta prioridade, o direito à dignidade e ao respeito, colocando-os a salvo de toda forma de negligência, discriminação, exploração, violência, crueldade e opressão (art. 227 da Constituição Federal);

CONSIDERANDO o dever dos registradores de observância das normas técnicas estabelecidas pelo Poder Judiciário (arts. 30, XIV, 37 e 38 da Lei n. 8.935/1994);

CONSIDERANDO que o Código Civil assegura, a título de direito da personalidade, que "*Toda pessoa tem direito ao nome, nele compreendidos o prenome e o sobrenome*" (art. 16 da Lei n. 10.406/2002);

CONSIDERANDO o Estatuto da Criança e do Adolescente prever a regularização do Registro Civil (art. 102 da Lei n. 8.069/1990);

CONSIDERANDO o Pacto Internacional sobre Direitos Civis e Políticos estabelecer que "*Toda criança deverá ser registrada imediatamente após seu nascimento e deverá receber um nome*" (art. 24, item 2, do Decreto n. 592/1992);

CONSIDERANDO a Convenção Internacional sobre os Direitos da Criança, que prescreve que "*A criança será registrada rapidamente após seu nascimento e terá direito, desde o momento em que nasce, a um nome, a uma nacionalidade e, na medida do possível, a conhecer seus pais e ser cuidada por eles*", bem como que "*Quando uma criança se vir privada ilegalmente de algum ou de todos os elementos que configuram sua identidade, os Estados Partes deverão prestar assistência e proteção adequadas com vistas a restabelecer rapidamente sua identidade*" (arts. 7, item 1, e 8, item 2, do Decreto n. 99.710/1990);

CONSIDERANDO a Convenção Americana sobre Direitos Humanos (Pacto de São José da Costa Rica) encetar que "*Toda pessoa tem direito a um prenome e aos nomes de seus pais ou de um destes. A lei deve regular a forma de assegurar a todos esses direitos, mediante nomes fictícios, se for necessário*" (art. 18 do Decreto n. 678/1992);

CONSIDERANDO o disposto na Resolução CNJ n. 485, de 18 de janeiro de 2023, sobre o adequado atendimento de gestante ou parturiente que manifeste desejo de entregar o filho para adoção e a proteção integral da criança;

CONSIDERANDO que o direito ao nome é atributo da personalidade a ser estabelecido no registro de nascimento, bem como atende ao princípio da dignidade da pessoa humana possibilitar aos pais atribuir nome ao natimorto;

CONSIDERANDO que o Registro de Nascimento é relevante ao exercício da cidadania e aos direitos da personalidade; e

CONSIDERANDO que um dos principais objetivos do Registro de Nascimento é o de individualizar a pessoa perante a sociedade,

RESOLVE:

Art. 1º O Título II do Livro V da Parte Especial do Código Nacional de Normas da Corregedoria Nacional de Justiça do Conselho Nacional de Justiça – Foro Extrajudicial (CNN/CN/CNJ-Extra), instituído pelo Provimento n. 149, de 30 de agosto de 2023, passa a vigorar acrescido do seguinte Capítulo I-A e do seguinte Capítulo II-A:

› *Alterações inseridas no texto da referida norma.*

Art. 2º As Corregedorias-Gerais das Justiças dos Estados e do Distrito Federal deverão promover a revogação ou a adaptação das normas locais que contrariarem as regras e diretrizes constantes no presente Provimento.

Art. 3º Este Provimento entra em vigor na data da sua publicação.

Ministro LUIS FELIPE SALOMÃO

DJe/CNJ, de 29.09.2023.

PROVIMENTO Nº 152, DE 26 DE SETEMBRO DE 2023

Altera o Código Nacional de Normas da Corregedoria Nacional de Justiça do Conselho Nacional de Justiça – Foro Extrajudicial (CNN/CN/CNJ-Extra), instituído pelo Provimento n. 149, de 30 de agosto de 2023, para aprimorar as regras de averbação de alteração de nome, de gênero ou de ambos de pessoas transgênero.

› *Vide ADI n. 4.275/DF - STF*

› *Vide Lei n. 6.015, de 31 de dezembro de 1973 (Registros Públicos)*

› *Vide Lei n. 14.382, de 27 de junho de 2022 (SERP)*

› *Arts 516 a 523, Provimento CNJ n. 149/2023 (CNN)*

O CORREGEDOR NACIONAL DE JUSTIÇA, usando de suas atribuições constitucionais, legais e regimentais e,

CONSIDERANDO o poder de fiscalização e de normatização do Poder Judiciário dos atos praticados por seus órgãos (art. 103-B, § 4º, I, II e III, da Constituição Federal);

CONSIDERANDO a competência do Poder Judiciário de fiscalizar os serviços notariais e de registro (arts. 103-B, § 4º, I e III, e 236, § 1º, da Constituição Federal);

CONSIDERANDO a obrigação de os notários e registradores cumprirem as normas técnicas estabelecidas pelo Poder Judiciário (arts. 30, XIV, e 38 da Lei n. 8.935, de 18 de novembro de 1994);

CONSIDERANDO a competência da Corregedoria Nacional de Justiça de expedir provimentos e outros atos normativos destinados ao aperfeiçoamento das atividades dos serviços notariais e de registro (art. 8º, X, do Regimento Interno do Conselho Nacional de Justiça);

CONSIDERANDO o julgamento, pelo Supremo Tribunal Federal, da ADI n. 4.275/DF, que garantiu "aos transgêneros que assim o desejarem, independentemente da cirurgia de transgenitalização, ou de realização de tratamentos hormonais ou patologizantes, o direito à substituição do prenome e sexo diretamente no registro civil", o que não abrange a possibilidade de ampliação dos gêneros passíveis de alteração diretamente no Registro Civil das Pessoas Naturais;

CONSIDERANDO as regras estabelecidas para a alteração de prenome e sobrenome em decorrência da nova redação dos arts. 55, 56 e 57, da Lei de Registros Públicos (Lei n. 6.015/1973), conferida pela Lei n. 14.382, de 27 de junho de 2022;

CONSIDERANDO a necessidade da uniformização das normas e procedimentos para a realização da alteração do prenome, sobrenome e/ou gênero diretamente no Registro Civil das Pessoas Naturais;

CONSIDERANDO a decisão proferida nos autos do Pedido de Providências n. 0004155-41.2021.2.00.000, em trâmite no Conselho Nacional de Justiça;

RESOLVE:

Art. 1º O Código Nacional de Normas da Corregedoria Nacional de Justiça do Conselho Nacional de Justiça – Foro Extrajudicial (CNN/CN/CNJ-Extra), instituído pelo Provimento n. 149, de 30 de agosto de 2023, passa a vigorar com as seguintes alterações:

› *Alterações inseridas no texto da referida norma.*

Art. 2º As Corregedorias-Gerais das Justiças dos Estados e do Distrito Federal deverão promover a revogação ou a adaptação das normas locais que contrariarem as regras e diretrizes constantes do presente provimento.

Art. 3º Este Provimento entra em vigor na data da sua publicação.

Art. 4º Fica revogado o § 7º, com todos os seus incisos, do art. 518 do Código Nacional de Normas da Corregedoria Nacional de Justiça do Conselho Nacional de Justiça – Foro Extrajudicial (CNN/CN/CNJ-Extra), instituído pelo Provimento n. 149, de 30 de agosto de 2023.

Ministro **LUIS FELIPE SALOMÃO**

DJe/CNJ, de 29.09.2023.

PROVIMENTO Nº 153, DE 26 DE SETEMBRO DE 2023

Altera o Código Nacional de Normas da Corregedoria Nacional de Justiça do Conselho Nacional de Justiça – Foro Extrajudicial (CNN/CN/CNJ-Extra), instituído pelo Provimento n. 149, de 30 de agosto de 2023, para dispor sobre o procedimento de alteração extrajudicial do nome perante o Registro Civil das Pessoas Naturais.

› *Vide arts. 55, 56 e 57, Lei n. 6.015/1973 (Registros Públicos)*

O CORREGEDOR NACIONAL DE JUSTIÇA, usando de suas atribuições constitucionais, legais e regimentais e,

CONSIDERANDO o poder de fiscalização e de normatização do Poder Judiciário dos atos praticados por seus órgãos (art. 103-B, § 4º, I, II e III, da Constituição Federal);

CONSIDERANDO a competência do Poder Judiciário de fiscalizar os serviços notariais e de registro (arts. 103-B, § 4º, I e III, e 236, § 1º, da Constituição Federal);

CONSIDERANDO a obrigação de os notários e registradores cumprirem as normas técnicas estabelecidas pelo Poder Judiciário (arts. 30, XIV, e 38 da Lei n. 8.935, de 18 de novembro de 1994);

CONSIDERANDO a competência da Corregedoria Nacional de Justiça de expedir provimentos e outros atos normativos destinados ao aperfeiçoamento das atividades dos serviços notariais e de registro (art. 8º, X, do Regimento Interno do Conselho Nacional de Justiça);

CONSIDERANDO a recente alteração da Lei n. 6.015/1973 (Lei de Registros Públicos - LRP), realizada por meio da Lei n. 14.382/2022, com a respectiva modificação dos arts. 55, 56 e 57 da LRP, de modo a preconizar a competência e atribuição extrajudicial dos Oficiais de Registro Civil das Pessoas Naturais no âmbito da desjudicialização, possibilitando-se a realização de procedimentos para alteração de prenome e sobrenome;

CONSIDERANDO que é direito da personalidade ter um nome, nele compreendidos o prenome e o sobrenome (art. 16 da Lei n. 10.406, de 10 de janeiro de 2002, Código Civil), e que ter o patronímico familiar dos seus genitores ou de seus ascendentes consiste no retrato da identidade da pessoa, em sintonia com princípio fundamental da dignidade humana;

CONSIDERANDO a necessidade de se assegurar a necessária segurança jurídica aos atos e fatos que envolvem as pessoas naturais;

CONSIDERANDO a necessidade de se uniformizar normas e procedimentos para a realização de procedimentos extrajudiciais para alteração de prenome e sobrenome, o que foi demonstrado de grande importância por ocasião da edição do Provimento CNJ n. 73/2018;

CONSIDERANDO os profícuos resultados do diálogo com a Associação dos Registradores das Pessoas Naturais do Brasil - ARPEN-BR e os esforços encetados em conjunto para a consecução dos relevantes fins sociais almejados;

RESOLVE:

Art. 1º O Título II do Livro V da Parte Especial do Código Nacional de Normas da Corregedoria Nacional de Justiça do Conselho Nacional de Justiça – Foro Extrajudicial (CNN/CN/CNJ-Extra), instituído pelo Provimento n. 149, de 30 de agosto de 2023, passa a vigorar acrescido do seguinte Capítulo V-A:

› *Alterações inseridas no texto da referida norma.*

Art. 2º O § 9º do art. 518 do Código Nacional de Normas da Corregedoria Nacional de Justiça do Conselho Nacional de Justiça – Foro Extrajudicial (CNN/CN/CNJ-Extra), instituído pelo Provimento n. 149, de 30 de agosto de 2023, passa a vigorar com a seguinte redação:

› *Alterações inseridas no texto da referida norma.*

Art. 3º Inclua-se o Anexo deste Provimento como *Anexo 1* do Código Nacional de Normas da Corregedoria Nacional de Justiça do Conselho Nacional de Justiça – Foro Extrajudicial (CNN/CN/CNJ-Extra), instituído pelo Provimento n. 149, de 30 de agosto de 2023.

Art. 4º As Corregedorias-Gerais das Justiças dos Estados e do Distrito Federal deverão promover a revogação ou a adaptação das normas locais que contrariarem as regras e diretrizes constantes do presente provimento.

Art. 5º Este Provimento entra em vigor na data da sua publicação.

Ministro LUIS FELIPE SALOMÃO
DJe/CNJ, de 29.09.2023

ANEXO

Alterações inseridas no texto da referida norma.

PROVIMENTO Nº 157, DE 13 DE NOVEMBRO DE 2023

Altera o Código Nacional de Normas da Corregedoria Nacional de Justiça do Conselho Nacional de Justiça – Foro Extrajudicial (CNN/CN/CNJ-Extra), instituído pelo Provimento n. 149, de 30 de agosto de 2023, para dispor sobre a autenticação de usuários, assinatura eletrônica e lista de serviços eletrônicos confiáveis do Operador Nacional do Registro Civil das Pessoas Naturais – ON-RCPN.

- *Vide Lei n. 6.015/1973 (Registros Públicos)*
- *Lei n. 11.977/2009 (PMCMV)*
- *Lei n. 14.063/2020 (Assinaturas Eletrônicas)*
- *Lei n. 14.382/2022 (SERP)*

O CORREGEDOR NACIONAL DE JUSTIÇA, usando de suas atribuições constitucionais, legais e regimentais e,

CONSIDERANDO o poder de fiscalização e de normatização do Poder Judiciário dos atos praticados por seus órgãos (art. 103-B, § 4º, I, II e III, da Constituição Federal);

CONSIDERANDO a competência do Poder Judiciário de fiscalizar os serviços notariais e de registro (arts. 103-B, § 4º, I e III, e 236, § 1º, da Constituição Federal);

CONSIDERANDO a obrigação de os notários e registradores cumprirem as normas técnicas estabelecidas pelo Poder Judiciário (arts. 30, XIV, e 38 da Lei n. 8.935, de 18 de novembro de 1994);

CONSIDERANDO a competência da Corregedoria Nacional de Justiça de expedir provimentos e outros atos normativos destinados ao aperfeiçoamento das atividades dos serviços notariais e de registro (art. 8º, X, do Regimento Interno do Conselho Nacional de Justiça);

CONSIDERANDO o disposto no art. 7º, I, da Lei n. 14.382, de 27 de junho de 2022, que atribuiu à Corregedoria Nacional de Justiça a função, como Agente Regulador, de disciplinar os sistemas eletrônicos integrados ao Sistema Eletrônico dos Registros Públicos - Serp, por tipo de registro público ou de serviço prestado;

CONSIDERANDO o disposto no art. 212 do Código Nacional de Normas da Corregedoria Nacional de Justiça do Conselho Nacional de Justiça - Foro Extrajudicial (CCC/CN/CNJ-Extra), que estabeleceu que o Operador Nacional do Sistema Eletrônico dos Registros Públicos -ONSERP será integrado pelo Operador Nacional do Sistema de Registro Eletrônico de Imóveis – ONR, Operador Nacional do Registro Civil das Pessoas Naturais - ON-RCPN e Operador Nacional do Registro de Títulos e Documentos e Civil das Pessoas Jurídicas - ON-RTDPJ;

CONSIDERANDO que foi aprovada, em Assembleia Geral realizada em 26 de abril de 2023, a fundação do Operador Nacional do Registro Civil das Pessoas Naturais - ON-RCPN, devidamente homologada pela Corregedoria Nacional de Justiça (Pedido de Providências n. 0002967-42.2023.2.00.0000);

CONSIDERANDO a necessidade de regulamentar as ações estruturantes das plataformas eletrônicas dos Registros Públicos, dentre elas a autenticação de usuários internos e externos, o controle de acesso aos sistemas, e disponibilização de assinatura eletrônica, bem como a manutenção de lista de serviços eletrônicos confiáveis.

RESOLVE:

Art. 1º O Capítulo II do Livro IV da Parte Geral do Código Nacional de Normas da Corregedoria Nacional de Justiça do Conselho Nacional de Justiça – Foro Extrajudicial (CNN/CN/CNJ-Extra), instituído pelo Provimento n. 149, de 30 de agosto de 2023, passa a vigorar acrescido da seguinte Seção V:

Alterações inseridas no texto da referida norma.

Art. 2º Este Provimento entra em vigor na data da sua publicação.

Ministro LUIS FELIPE SALOMÃO
DJe/CNJ, de 16.11.2023

RECOMENDAÇÕES DA CORREGEDORIA NACIONAL DE JUSTIÇA DO CNJ

RECOMENDAÇÃO Nº 6, DE 2 DE JULHO DE 2012

Dispõe sobre o uso de papel de segurança unificado para emissão de certidões pelos Ofícios de Registro Civil das Pessoas Naturais.

- *Vide Provimento CNJ n. 14/2011 (Emissão de certidões pelos Ofícios de Registro Civil das Pessoas Naturais em papel de segurança unificado fornecido pela Casa da Moeda do Brasil)*
- *Vide Provimento CNJ n. 15/2011 (Emissão de certidões pelos Ofícios de Registro Civil das Pessoas Naturais em papel de segurança unificado fornecido pela Casa da Moeda do Brasil e o início de sua utilização obrigatória)*
- *Vide Anexos, Provimento CNJ n. 63/2017 (Novos Modelos de Certidão)*
- *Vide arts. 472 a 479, Provimento CNJ n. 149/2023 (CNN)*

A **CORREGEDORIA NACIONAL DE JUSTIÇA**, no uso de suas atribuições constitucionais e regimentais;

CONSIDERANDO a iminência do termo inicial da utilização obrigatória do papel de segurança unificado para emissão de certidões pelos Ofícios de Registro Civil das Pessoas Naturais;

CONSIDERANDO que alguns registradores, apesar de haverem formalizado solicitações à Casa da Moeda, não receberam o referido papel;

CONSIDERANDO que, dada sua relevância social e institucional, o projeto de implantação nacional do papel de segurança unificado está integralmente mantido;

RESOLVE:

Art. 1º Recomendar aos Oficiais de Registro de Pessoas Naturais que observem, rigorosamente, a data (2 de julho de 2012) e as regras estabelecidas no Provimento 15, desta Corregedoria Nacional.

Art. 2º Recomendar aos registradores que, até tal data, não hajam recebido o papel de segurança, ou cujos estoques tenham se esgotado, que, nos termos do citado Provimento, comuniquem o fato ao respectivo Juiz Corregedor Permanente, com cópia da solicitação não atendida pela Casa da Moeda, e continuem a expedir certidões normalmente, sem interrupção, utilizando outro papel.

§ 1º Os registradores que se encontrem na situação prevista no *caput* deverão iniciar a utilização do papel de segurança tão logo o recebam.

§ 2º Os que já houverem iniciado o uso do papel de segurança deverão mantê-lo, sem interrupção, até que o estoque se esgote e, caso não recebam novo lote depois de esgotado o anterior, procederão na forma do *caput*.

Art. 3º Recomendar que as Corregedorias Gerais de Justiça dos Estados zelem pela estrita observância do acima disposto.

Brasília, 2 de julho de 2012.
Ministra Eliana Calmon
Corregedora Nacional de justiça
(DJE 03.07.2012)

RECOMENDAÇÃO Nº 8, DE 7 DE NOVEMBRO DE 2012

Dispõe sobre a colocação de criança e adolescente em família substituta por meio de guarda.

- *Vide Lei nº 8.069, de 13 de julho de 1990, art. 50, § 13, incisos I, II e III*

O **CORREGEDOR NACIONAL DE JUSTIÇA**, no uso de suas atribuições constitucionais e regimentais, tendo em vista a relevância do tema e do disposto no artigo 8º, X do Regimento Interno do Conselho Nacional de Justiça;

CONSIDERANDO o Cadastro Nacional de Adoção – CNA implantado pela Resolução nº 54 de 29 de abril de 2008;

CONSIDERANDO o disposto no art. 50, § 13, incisos I, II e III da Lei nº 8.069/1990 – Estatuto da Criança e do Adolescente;

CONSIDERANDO a necessidade de se evitar o assédio de qualquer tipo à família biológica pelos pretendentes a adotar;

CONSIDERANDO os muitos problemas que tem se verificado pelo país com a apresentação perante o Poder Judiciário, de pessoas previamente "ajustadas" com a família biológica da criança e adolescente na busca da adoção *intuito personae*;

CONSIDERANDO que, embora provisória, a guarda cria vínculo afetivo natural entre as partes, que muitas vezes leva a futuros pedidos de adoção;

RESOLVE:

Art. 1º Recomendar aos juízes com jurisdição na infância e juventude que ao conceder a guarda provisória, em se tratando de criança com idade menor ou igual a 3 anos, seja ela concedida somente a pessoas ou casais previamente habilitados nos cadastros a que se refere o art. 50 do ECA, em consulta a ser feita pela ordem cronológica da data de habilitação na seguinte ordem: primeiro os da comarca; esgotados eles, os do Estado e, em não havendo, os do Cadastro Nacional de Adoção.

Art. 2º Publique-se, inclusive no site do CNJ e encaminhe-se cópia aos Presidentes dos Tribunais de Justiça dos Estados para que providenciem ampla divulgação a todos os magistrados que atuam na infância e juventude.

Art. 3º A presente Recomendação entrará em vigor na data de sua publicação.

Brasília, 7 de novembro de 2012.
Ministro FRANCISCO FALCÃO
Corregedor Nacional de Justiça
(D.J.E 09-11-2012)

RECOMENDAÇÃO Nº 18, DE 02 DE MARÇO DE 2015

Dispõe sobre a expedição de certidão de óbito no estabelecimento de saúde em que ocorra o falecimento.

- *Art. 68 da Lei 8.212/1991 (Seguridade Social)*
- *Lei 8.501/1992 (Utilização de cadáver não reclamado, para fins de estudos ou pesquisas científicas)*
- *Lei 9.140/1995 (Reconhece como mortas pessoas desaparecidas em razão de participação, ou acusação de participação, em atividades políticas, no período de 2 de setembro de 1961 a 15 de agosto de 1979)*
- *Lei 11.976/2009 (Declaração de Óbito)*
- *Provimento CNJ 63/2017 (Novos Modelos de Certidões)*
- *Recomendação CNJ 19/2015 (Instituição de Banco de Dados de óbitos de pessoas não identificadas, nos Estados que possuem Central de Registro Civil e no Distrito Federal)*
- *Orientação CNJ 4/2013 (Desnecessidade de preenchimento da coluna "CID" do campo 40 da Declaração de Óbito do Ministério da Saúde para efeito de lavratura de assento de óbito por Oficial de Registro Civil das Pessoas Naturais)*
- *Portaria conjunta RFB/MPS/INSS 1.735/2015 (Comunicação de registro de óbitos)*

A CORREGEDORA NACIONAL DE JUSTIÇA, Ministra NANCY ANDRIGHI, no uso de suas atribuições legais e regimentais,

CONSIDERANDO o disposto no art. 8º, X, do Regimento Interno do Conselho Nacional de Justiça;

CONSIDERANDO os resultados assertivos da expedição de certidões de nascimento nos estabelecimentos de saúde em que se realizam partos, objeto do Provimento nº 13, de 3 de setembro de 2010, e do Provimento nº 17, de 10 de agosto de 2012, ambos da Corregedoria Nacional de Justiça;

CONSIDERANDO convir a experiência de estender símile prática à emissão de certidão de óbito no estabelecimento de saúde em que ocorra o falecimento, na medida em que isso representa economia de tempo e de esforços, sobretudo para os primeiros obrigados legalmente a fazer a declaração de óbito (art. 79 da Lei nº 6.015, de 31-12-1973);

CONSIDERANDO as variadas circunstâncias locais na Federação incluídos os casos em que, para a tomada de dados do óbito, haja participação de serviços funerários ou empresas conveniadas, o que sugere prudência na imposição nacional da prática sob exame,

RESOLVE:

Art. 1º Recomendar às Corregedorias Gerais de Justiça dos Estados e do Distrito Federal que promovam e fiscalizem a expedição da certidão de óbito no estabelecimento de saúde em que ocorra o falecimento, utilizando analogicamente o procedimento disposto nos Provimentos nºs 13 e 17 da Corregedoria Nacional de Justiça, observada a Lei nº 6.015, de 1973.

Art. 2º Oficiar a todos os Corregedores Gerais de Justiça para que informem à Corregedoria Nacional os resultados das práticas locais objeto desta Recomendação.

Art. 3º Esta Recomendação entra em vigor na data de sua publicação.

Brasília, 2 de março de 2015.
Ministra NANCY ANDRIGHI
Corregedora Nacional de Justiça
D.J.E.–CNJ de 04.03.2015.

Ministra NANCY ANDRIGHI
Corregedora Nacional de Justiça
D.J.E.-CNJ de 30.06.2016

RECOMENDAÇÃO Nº 19, DE 25 DE MARÇO DE 2015

Dispõe sobre a instituição de Banco de Dados de óbitos de pessoas não identificadas, nos Estados que possuem Central de Registro Civil e no Distrito Federal.

A CORREGEDORA NACIONAL DE JUSTIÇA, Ministra Nancy Andrighi, no uso de suas atribuições legais e regimentais,

CONSIDERANDO o disposto no art.8º, X, do Regimento Interno do Conselho Nacional de Justiça;

CONSIDERANDO o fato notório de que muitas pessoas no País buscam parentes desaparecidos;

CONSIDERANDO que, entre outras possibilidades, a pessoa desaparecida pode ter falecido sem portar documento, com seu óbito registrado sem dados que permitam sua identificação, nos termos do artigo 81 da Lei 6.015, de 31 de dezembro de 1973;

CONSIDERANDO que vários Estados da Federação e o Distrito Federal já possuem Central de Dados alimentada pelos Registros Civis das Pessoas Naturais,

RESOLVE:

Art. 1º Recomendar a instituição de um Banco de Dados de óbitos de pessoas não identificadas, junto à Central de Registro Civil dos Estados e do Distrito Federal.

Art. 2º O Banco de Dados disponibilizará informações para identificação da pessoa falecida, tais como: a idade presumida, o sexo, a cor da pele, os sinais aparentes e a data do óbito.

Art. 3º A confirmação da identidade será feita mediante confronto datiloscópico ou exame de DNA.

Art. 4º Esta Recomendação entra em vigor na data de sua publicação.

Ministra NANCY ANDRIGHI
D.J.E.-CNJ de 27.03.2015

RECOMENDAÇÃO Nº 23, DE 28 DE JUNHO DE 2016

Recomenda aos Oficiais de Registro Civis das Pessoas Naturais que registrem a profissão dos pais a serviço do seu país nos assentos e certidões de nascimento dos seus filhos nascidos no Brasil.

- *Vide Lei n. 6.015, de 31 de dezembro de 1973 (Registros Públicos)*
- *Vide Resolução n. 155, 16 de julho de 2012 (Traslados)*
- *Anexos do Provimento CNJ n. 63/2017 (Novos Modelos de Certidões)*
- *Arts. 472 a 479, Provimento CNJ n. 149/2023 (CNN)*

A CORREGEDORA NACIONAL DE JUSTIÇA, Ministra NANCY ANDRIGHI, no uso de suas atribuições legais e constitucionais;

CONSIDERANDO o poder de fiscalização e normatização pelo Poder Judiciário segundo o disposto nos arts. 103-B, § 4º, I e III, e 236, § 1º, da Constituição Federal de 1988, e no art. 8º, X, do Regimento Interno do Conselho Nacional de Justiça;

CONSIDERANDO que todo nascimento que ocorrer no território nacional deverá ser dado a registro, no lugar em que tiver ocorrido o parto ou no lugar da residência dos pais, dentro do prazo de quinze dias, que será ampliado em até três meses para os lugares distantes mais de trinta quilômetros da sede do cartório, conforme determina o art. 50 da Lei 6.015/73;

CONSIDERANDO que o art. 54 da Lei 6.015/73 prevê a obrigatoriedade da inclusão da profissão dos pais no assento do nascimento;

CONSIDERANDO a informação do Ministério das Relações Exteriores de que vem detectando casos de funcionários de Missões Diplomáticas e Consulares estrangeiras, a serviço no Brasil com vistos diplomáticos ou oficiais, que registram em cartórios brasileiros seus filhos aqui nascidos como se brasileiros fossem;

CONSIDERANDO a redação do art. 12, inciso I, alínea "a" da Constituição Federal de 1988 que dispõe que são brasileiros natos os nascidos na República Federativa do Brasil, ainda que de pais estrangeiros, desde que estes não estejam a serviço de seu país;

CONSIDERANDO a redação do art. 15 da Resolução CNJ 155/2012 que dispõe que "Os registros de nascimento de nascidos no território nacional em que ambos os genitores sejam estrangeiros e em que pelo menos um deles esteja a serviço de seu país no Brasil deverão ser efetuados no Livro "E" do 1º Ofício do Registro Civil da Comarca, devendo constar do assento e da respectiva certidão a seguinte observação:

"O registrando não possui a nacionalidade brasileira, conforme o art. 12, inciso I, alínea "a", *in fine*, da Constituição Federal";

RESOLVE:

Art. 1º Recomendar aos Oficiais de Registro Civis das Pessoas Naturais que promovam e fiscalizem a inclusão completa dos dados referentes à profissão dos pais nos assentos de nascimento e nas respectivas certidões.

Parágrafo único. O registro de nascimento de filhos de funcionários de Missões Diplomáticas e Consulares estrangeiras, a serviço no Brasil, deverá ser efetuado no Livro "E" do Registro Civil da Comarca, devendo constar do assento e da respectiva certidão a seguinte observação: 'O registrando não possui a nacionalidade brasileira, conforme o art. 12, inciso I, alínea "a", *in fine*, da Constituição Federal'.

Art. 2º Esta Recomendação não revoga, no que forem compatíveis, as normas editadas pelas Corregedorias Gerais da Justiça e pelos Juízes Corregedores, ou Juízes competentes na forma da organização local relativas à matéria.

Art. 3º As Corregedorias Gerais da Justiça dos Estados e do Distrito Federal deverão dar ciência desta Recomendação aos Juízes Corregedores ou Juízes que na forma da organização local forem competentes para a fiscalização dos serviços extrajudiciais de Registro Civis das Pessoas Naturais e de Interdições e Tutelas, e aos responsáveis pelas unidades de Registro Civis das Pessoas Naturais e de Interdições e Tutelas.

Art. 4º Esta Recomendação entra em vigor na data de sua publicação.

Brasília, 27 de junho de 2016.

RECOMENDAÇÃO Nº 40, DE 02 DE JULHO DE 2019

Dispõe sobre os prazos e informações a serem prestadas ao Sistema Nacional de Informações de Registro Civil – SIRC pelas serventias extrajudiciais de registro de pessoas naturais.

- *Decreto 9.929/2019 (Sistema Nacional de Informações de Registro Civil – SIRC)*
- *Instrução Normativa INSS N.116/2021 (Procedimento relativo à apuração de descumprimento de qualquer obrigação imposta pelo art. 68 da Lei 8.212/1991)*
- *Portaria INSS n. 901/2021 (Regras de condutas de acesso pelos Titulares e Substitutos de Cartórios de Registro Civil ao SIRC).*
- *Resolução 01/2015 Comitê Gestor do SIRC*
- *Resolução 04/2019 Comitê Gestor do SIRC*
- *Resolução 08/2021 Comitê Gestor do SIRC*

O CORREGEDOR NACIONAL DA JUSTIÇA, usando de suas atribuições constitucionais, legais e regimentais e

CONSIDERANDO o poder de fiscalização e de normatização do Poder Judiciário dos atos praticados por seus órgãos (art. 103-B, § 4º, I, II e III, da Constituição Federal);

CONSIDERANDO a competência do Poder Judiciário de fiscalizar os serviços notariais e de registro (arts. 103-B, § 4º, I e III, e 236, § 1º, da Constituição Federal);

CONSIDERANDO a competência do Corregedor Nacional de Justiça de expedir recomendações e outros atos normativos destinados ao aperfeiçoamento das atividades dos serviços notariais e de registro (art. 8º, X, do Regimento Interno do Conselho Nacional de Justiça);

CONSIDERANDO a obrigação dos notários e registradores de cumprir as normas técnicas estabelecidas pelo Poder Judiciário (arts. 37 e 38 da Lei n. 8.935, de 18 de novembro de 1994);

CONSIDERANDO as normas do art. 41 da Lei n. 11.977/2009 e do Decreto n. 8.270/2014, que instituiu o Sistema Nacional de Informações de Registro Civil – SIRC;

CONSIDERANDO as normas do Provimento n. 46, de 16/6/2015, da Corregedoria Nacional de Justiça, que dispõe sobre a Central de Informações de Registro Civil das Pessoas Naturais – CRC;

CONSIDERANDO o avanço tecnológico, a informatização e a implementação de sistemas eletrônicos compartilhados e de sistema de registro eletrônico que possibilitam a realização das atividades notariais e de registro mediante o uso de tecnologias da informação e comunicação;

CONSIDERANDO as inovações legais trazidas pelo art. 68 da Lei n. 8.212/1991, com a redação dada pela Lei n. 13.846/2019, que estabeleceu novos prazos para a prestação de informações ao SIRC pelas serventias extrajudiciais de registro de pessoas naturais;

CONSIDERANDO que o SIRC não é uma ferramenta exclusiva do INSS e tem como finalidade o apoio à formulação de políticas públicas em diversas áreas de atuação do

Poder Executivo Federal, devendo ser fornecidas todas as informações, previstas em lei, como de repasse obrigatório aos órgãos públicos, constantes do registro civil de pessoas naturais;

CONSIDERANDO o decidido no Pedido de Providências n. 0002327-78.2019.2.00.0000,

RESOLVE:

Art. 1º RECOMENDAR às serventias extrajudiciais de registro de pessoas naturais a observância do prazo de 1 (um) dia útil estabelecido pela Lei n. 13.846, de 18 de junho de 2019, para remessa ao INSS pelo Sistema Nacional de Informações de Registro Civil (SIRC), ou por outro meio que venha a substituí-lo, da relação dos nascimentos, dos natimortos, dos casamentos, dos óbitos, das averbações, das anotações e das retificações registradas na serventia.

Parágrafo Único. As serventias extrajudiciais de registro de pessoas naturais localizadas em municípios que não dispõem de provedor de conexão com a internet ou de qualquer meio de acesso à internet poderão remeter as informações de que trata o *caput* em até 5 (cinco) dias úteis.

Art. 2º Devem ser remetidas pelas serventias extrajudiciais de registro de pessoas naturais todas as informações, previstas em lei, como de repasse obrigatório aos órgãos públicos, constantes do registro civil de pessoas naturais, por meio do sistema informatizado de transmissão eletrônica de dados.

Art. 3º As Corregedorias locais devem fiscalizar o cumprimento dos prazos fixados em lei, bem como o integral fornecimento das informações disponíveis no registro pelas serventias extrajudiciais de registro de pessoas naturais.

Art. 4º Esta recomendação entra em vigor na data de sua publicação.

DJe de 03.07.2019

- *Republicada com alteração de texto por força da decisão proferida no Pedido de Providências nº 0002327-78.2019.2.00.0000, exarada em 02 de outubro de 2019.*

RECOMENDAÇÃO Nº 43, DE 30 DE OUTUBRO DE 2019

Dispõe sobre o procedimento prévio a ser observado por todos os registradores civis do País para a lavratura de registros de nascimento e passaportes.

- *Arts. 29, § 3º e § 4º, Lei n. 6.015/1973 (Registros Públicos)*
- *Provimento CNJ 66/2018 (Prestação de serviços pelos ofícios de registro civil das pessoas naturais mediante convênio, credenciamento e matrícula com órgãos e entidades governamentais e privadas).*

O CORREGEDOR NACIONAL DE JUSTIÇA, usando de suas atribuições constitucionais, legais e regimentais e

CONSIDERANDO o poder de fiscalização e de normatização do Poder Judiciário dos atos praticados por seus órgãos (art. 103-B, § 4º, I, II e III, da Constituição Federal);

CONSIDERANDO a competência do Poder Judiciário de fiscalizar os serviços notariais e de registro (arts. 103-B, § 4º, I e III, e 236, § 1º, da Constituição Federal);

CONSIDERANDO a competência do Corregedor Nacional de Justiça de expedir recomendações e outros atos normativos destinados ao aperfeiçoamento das atividades dos serviços notariais e de registro (art. 8º, X, do Regimento Interno do Conselho Nacional de Justiça);

CONSIDERANDO a obrigação dos notários e registradores de cumprir as normas técnicas estabelecidas pelo Poder Judiciário (arts. 37 e 38 da Lei n. 8.935, de 18 de novembro de 1994);

CONSIDERANDO as normas do Provimento n. 46, de 16/6/2015, da Corregedoria Nacional de Justiça, que dispõe sobre a Central de Informações de Registro Civil das Pessoas Naturais – CRC;

CONSIDERANDO o avanço tecnológico, a informatização e a implementação de sistemas eletrônicos compartilhados e de sistema de registro eletrônico que possibilitam a realização das atividades de registro mediante o uso de tecnologias da informação e comunicação;

CONSIDERANDO a possibilidade da ocorrência de fraudes na lavratura de registro de nascimento com fundamento na mesma Declaração de Nascido Vivo-DNV;

CONSIDERANDO a necessidade de estabelecer um protocolo prévio de verificação das Declarações de Nascido Vivo – DNV por todos os registradores civis do País, antes da lavratura dos registros de nascimento, a fim de garantir maior segurança jurídica na prática do ato;

CONSIDERANDO o decidido no Pedido de Providências n. 0008479-45.2019.2.00.0000,

RESOLVE:

Art. 1º RECOMENDAR aos Ofícios de Registro Civil de Pessoas Naturais de todo o território nacional que, antes da lavratura de qualquer registro de nascimento, seja realizada consulta prévia à Central de Informações de Registro Civil das Pessoas Naturais – CRC, a fim de verificar a existência de registro de nascimento lavrado com o mesmo número de Declaração de Nascido Vivo-DNV.

Parágrafo único. Havendo registro de nascimento anteriormente lavrado com o mesmo número da Declaração de Nascido Vivo-DNV apresentado, o Oficial de Registro Civil, titular, interino ou interventor, não lavrará o registro de nascimento, encaminhando cópias dos documentos apresentados pelo interessado e sua identificação às autoridades policiais e ao Ministério Público no prazo de 48 (quarenta e oito) horas.

Art. 2º Os Ofícios de Registro Civil de Pessoas Naturais que emitirem documentos de identificação dos cidadãos, mediante convênio, credenciamento e matrícula com órgãos e entidades governamentais privadas, na forma do Provimento n. 66, de 25 de janeiro de 2018, deverão, antes da emissão de passaportes, efetuar consulta à Central de Informações de Registro Civil das Pessoas Naturais – CRC, a fim de verificar a regularidade do registro de nascimento e respectiva Declaração de Nascido Vivo – DNV.

Parágrafo único. Sendo constatada a utilização da mesma Declaração de Nascido Vivo – DNV para a lavratura de mais de um registro de nascimento, deve o Oficial de Registro Civil, titular, interino ou interventor agir na forma do parágrafo único do artigo anterior.

Art. 3º As Corregedorias dos Tribunais de Justiça dos Estados e do Distrito Federal devem fiscalizar o cumprimento desta Recomendação, instaurando procedimentos administrativos em desfavor dos registradores que deixarem de observar as regras aqui estabelecidas, sem prejuízo da comunicação e envio dos documentos às autoridades policiais e ao Ministério Público.

Art. 4º Esta recomendação entra em vigor na data de sua publicação.

Ministro HUMBERTO MARTINS
Corregedor Nacional de Justiça
D.J.E.: 30.10.2019.

RECOMENDAÇÃO Nº 50, DE 18 DE JULHO DE 2022

Dispõe sobre a prevalência do direito fundamental ao nome sobre exigências não estabelecidas na Lei de Registros Públicos, para fins de registro de nascimento ou de óbito de crianças.

- *Vide art. 16, CC*
- *Vide arts. 55 a 58, Lei n. 6.015/1973 (Registros Públicos)*
- *Vide Provimento CNJ n. 152/2023 (Aprimorar as regras de averbação de alteração de nome, de gênero ou de ambos de pessoas transgênero)*
- *Vide Provimento CNJ n. 153/2023 (Procedimento de alteração extrajudicial do nome perante o Registro Civil das Pessoas Naturais)*
- *Arts. 515-A a 515-V; 516 a 523, Provimento CNJ n. 149/2023 (CNN)*

A CORREGEDORA NACIONAL DE JUSTIÇA, usando de suas atribuições constitucionais, legais e regimentais, bem como:

CONSIDERANDO os direitos da personalidade enquanto direitos fundamentais;

CONSIDERANDO que toda pessoa tem direito ao nome, nele compreendidos o prenome e o sobrenome (Lei n. 10.406/2002, artigo 16); e

CONSIDERANDO que a Lei n. 13.846/2019, de cunho previdenciário, alterou a Lei n. 8.212/1991, mas não alterou a Lei n. 6.015/1973 no que tange aos requisitos para lavratura do assento de nascimento ou para registro de criança nascida morta,

RESOLVE:

Art. 1º Recomendar aos registradores civis que promovam o registro de nascimento e de natimorto, independentemente da apresentação dos números de inscrição no CPF dos respectivos pais (biológicos ou socioafetivos), ofertando prioridade à erradicação do sub-registro.

Art. 2º Recomendar que, nas situações em que os pais do registrando não estejam previamente cadastrados na base de dados da Receita Federal do Brasil, os oficiais de registro providenciem o assento de nascimento ou o registro de óbito exclusivamente à vista dos elementos essenciais descritos nos números 1 a 11 do artigo 54 da Lei n. 6.015/1973, com observância do regramento constante do Provimento CNJ n. 63/2017 e da Recomendação CN n. 38/2019.

Art. 3º Esta Recomendação entra em vigor na data de sua publicação.

Ministra MARIA THEREZA DE ASSIS MOURA
DJe/CNJ de 26/07/2022

ORIENTAÇÃO DA CORREGEDORIA NACIONAL DE JUSTIÇA DO CNJ

ORIENTAÇÃO Nº 4, DE 25 DE JUNHO DE 2013

Orienta sobre a desnecessidade de preenchimento da coluna "CID" do campo 40 da Declaração de Óbito do Ministério da Saúde para efeito de lavratura de assento de óbito por Oficial de Registro Civil das Pessoas Naturais.

- *Vide art. 80, Lei n. 6.015/1973 (Registros Públicos)*
- *Vide Lei nº 11.976, de 7 de julho de 2009. Art. 1º, § 4º (Declaração de Óbito e a realização de estatísticas de óbitos em hospitais públicos e privados)*

O CORREGEDOR NACIONAL DE JUSTIÇA, Ministro Francisco Falcão, no uso de suas atribuições legais e constitucionais;

CONSIDERANDO o disposto no art. 1º, § 4º, da Lei nº 11.976, de 07 de julho de 2009, sobre a identificação de doença em Declaração de Óbito;

CONSIDERANDO as dúvidas manifestadas sobre o efeito da não indicação, em Declaração de Óbito, do Código de Identificação de Doença conforme a Classificação Internacional de Doenças (CID) da Organização Mundial da Saúde;

CONSIDERANDO que o Manual de Instruções para o Preenchimento da Declaração de Óbito editado pelo Ministério da Saúde prevê, em sua pág. 24, que "Os espaços destinados aos códigos da CID são destinados à codificação das causas pelo profissional responsável por este trabalho, nas Secretarias de Saúde, o codificador de causas de morte. Não devem ser preenchidos pelo médico" (Brasília: Ministério da Saúde, 2011), cabendo ao médico responsável pelo preenchimento da Declaração de Óbito promover, portanto, somente a correta descrição do(s) nome(s) da(s) causa(s) da morte em conformidade terminologia prevista nos volumes 1 a 3 da CID.

CONSIDERANDO a necessidade de adoção de procedimento uniforme sobre o tema, para evitar postergação da lavratura de assento de óbito;

RESOLVE:

Art. 1º Orientar os Oficiais de Registro Civil das Pessoas Naturais que a ausência da indicação do Código da Classificação Internacional de Doenças (CID) da Organização Mundial da Saúde na coluna "CID" do campo 40 da Declaração de Óbito não constitui impedimento para a lavratura do respectivo assento de óbito.

Art. 2º Esclarecer que compete ao médico responsável pelo preenchimento da Declaração de Óbito promover a correta descrição do(s) nome(s) da(s) causa(s) da morte em conformidade terminologia prevista nos volumes 1 a 3 da CID, sendo que o oportuno preenchimento da coluna "CID" do campo 40 da Declaração de Óbito será feito de forma independente da lavratura do assento de óbito, por profissional da Secretaria da Saúde, conforme previsto no Manual de Instruções para o Preenchimento da Declaração de Óbito editado pelo Ministério da Saúde (Brasília: Ministério da Saúde, 2011, p. 24)

Art. 3º Determinar o encaminhamento de cópia desta Orientação às Corregedorias Gerais da Justiça dos Estados e do Distrito Federal, inclusive para ciência aos responsáveis pelas unidades do serviço extrajudicial de registro civil das pessoas naturais.

Brasília – DF, 25 de junho de 2013.

Ministro FRANCISCO FALCÃO

Corregedor Nacional de Justiça

(D.J.E. 28-06-2013)

INSTRUÇÃO NORMATIVA DA RECEITA FEDERAL DO BRASIL

INSTRUÇÃO NORMATIVA RFB Nº 2.172, DE 09 DE JANEIRO DE 2024

Dispõe sobre o Cadastro de Pessoas Físicas (CPF).

- *Vide art. 29, §§ 3º e 4º, Lei 6.015/1973 (Registros Públicos)*
- *Lei n. 13.444/2017 (Identificação Civil Nacional (ICN))*
- *Lei 14.534/2023 (Estabelecer o Cadastro de Pessoas Físicas (CPF) como número suficiente para identificação do cidadão nos bancos de dados de serviços públicos)*
- *Provimento CNJ n. 61/2017 (Obrigatoriedade de informação do número do Cadastro de Pessoa Física (CPF), do Cadastro Nacional de Pessoa Jurídica (CNPJ)*
- *Provimento CNJ 66/2018 (Prestação de serviços pelos ofícios de registro civil das pessoas naturais mediante convênio, credenciamento e matrícula com órgãos e entidades governamentais e privadas).*

O SECRETÁRIO ESPECIAL DA RECEITA FEDERAL DO BRASIL, no uso da atribuição que lhe confere o inciso III do art. 350 do Regimento Interno da Secretaria Especial da Receita Federal do Brasil, aprovado pela Portaria ME nº 284, de 27 de julho de 2020, e tendo em vista o disposto no art. 11 da Lei nº 4.862, de 29 de novembro de 1965, nos arts. 1º e 3º do Decreto-Lei nº 401, de 30 de dezembro de 1968, no art. 16 da Lei nº 9.779, de 19 de janeiro de 1999, no art. 32 do Decreto nº 9.580, de 22 de novembro de 2018, e nas Portarias Interministeriais MF/MRE nº 101 e nº 102, de 23 de abril de 2002,: resolve:

CAPÍTULO I – DISPOSIÇÕES PRELIMINARES

Art. 1º Esta Instrução Normativa dispõe sobre o Cadastro de Pessoas Físicas - CPF administrado pela Secretaria Especial da Receita Federal do Brasil - RFB.

§ 1º O CPF é o banco de dados nacional que contém informações individualizadas de pessoas físicas brasileiras e estrangeiras, residentes e não residentes no Brasil.

§ 2º À pessoa física inscrita no CPF é atribuído um identificador único, vedada a concessão de mais de um número para a mesma pessoa, denominado número de inscrição no CPF - NI-CPF.

CAPÍTULO II – DA SITUAÇÃO CADASTRAL E DOS ATOS CADASTRAIS NO CPF

SEÇÃO I – DA SITUAÇÃO CADASTRAL NO CPF

Art. 2º A inscrição no CPF será enquadrada, quanto à situação cadastral, em:

I - "Regular", caso não haja inconsistência cadastral e não conste omissão na entrega de Declaração de Ajuste Anual do Imposto sobre a Renda da Pessoa Física - DIRPF;

II - "Pendente de Regularização", caso conste omissão na entrega de DIRPF, na hipótese de sua obrigatoriedade;

III - "Suspensa", caso haja inconsistência cadastral;

IV - "Cancelada", em caso de multiplicidade de inscrição, por decisão administrativa ou determinação judicial;

V - "Titular Falecido", caso conste informação de óbito do titular da inscrição; e

VI - "Nula", em caso de constatação de fraude.

Parágrafo único. A situação cadastral no CPF independe da regularidade dos pagamentos dos tributos administrados pela RFB.

SEÇÃO II – DOS ATOS PRATICADOS PERANTE O CPF

Art. 3º No CPF são praticados os seguintes atos cadastrais:

I - inscrição;

II - alteração de dados cadastrais;

III - indicação de pendência de regularização;

IV - suspensão da inscrição;

V - regularização da situação cadastral;

VI - cancelamento da inscrição;

VII - declaração de nulidade da inscrição; e

VIII - restabelecimento da inscrição.

§ 1º Para a prática dos atos relacionados nos incisos I, II, V, VI e VIII, poderá ser exigida a coleta de dados biométricos.

§ 2º Os atos no CPF podem ser praticados a pedido da pessoa física ou de ofício, à exceção dos atos relacionados nos incisos III, IV e VII do caput, que somente serão praticados de ofício.

§ 3º Os atos praticados de ofício no CPF somente poderão ser realizados pela RFB ou por órgãos públicos autorizados.

CAPÍTULO III – DA INSCRIÇÃO

SEÇÃO I – DA OBRIGATORIEDADE DE INSCRIÇÃO

Art. 4º Estão obrigadas à inscrição no CPF as pessoas físicas:

I - residentes no Brasil, que integrem o polo passivo de relação tributária principal ou acessória, na condição de contribuinte ou responsável, e os respectivos representantes legais, nos termos da legislação tributária da União, dos estados, do Distrito Federal ou dos municípios;

II - residentes no Brasil ou no exterior, que:

a) praticarem, no Brasil, operações imobiliárias de quaisquer espécies;

b) possuírem, no Brasil, contas bancárias, de poupança ou de investimentos;

c) operarem no mercado financeiro ou de capitais no Brasil, inclusive em bolsas de valores, de mercadorias, de futuros e assemelhados; ou

d) possuírem, no Brasil, bens e direitos sujeitos a registro público ou cadastro específico, incluídos imóveis, veículos, embarcações, aeronaves, instrumentos financeiros e participações societárias ou no mercado de capitais;

III - que constem como dependentes ou alimentandos para fins do Imposto sobre a Renda da Pessoa Física - IRPF;

IV - cuja inscrição seja exigida por órgãos ou entidades da administração pública federal, estadual, distrital ou municipal, nos termos da legislação própria afeta aos negócios desses órgãos e entidades;

V - registradas em ofício de registro civil de pessoas naturais no Brasil, no momento da lavratura do assento de nascimento; ou

VI - filiadas como segurados obrigatórios da Previdência Social ou requerentes de benefícios de qualquer espécie no Instituto Nacional do Seguro Social - INSS.

Parágrafo único. As pessoas físicas não obrigadas à inscrição de que trata este artigo podem solicitar a sua inscrição.

SEÇÃO II – DA COMPROVAÇÃO DA INSCRIÇÃO

Art. 5º A comprovação da inscrição no CPF será feita mediante a apresentação de documento, emitido por órgão público no Brasil, em que conste o NI-CPF, em especial nos seguintes documentos:

I - Carteira de Identidade;

II - Carteira Nacional de Habilitação;

III - Certidão de Nascimento;

IV - Certidão de Casamento;

V - Certidão de Óbito;

VI - Carteira de Trabalho e Previdência Social - CTPS;

VII - Carteira de identidade profissional, expedida por órgãos fiscalizadores de exercício de profissão regulamentada;

VIII - carteiras funcionais emitidas por órgãos públicos, válidas como documento de identificação em todo o território nacional; ou

IX - Carteira de Registro Nacional Migratório - CRNM ou Documento Provisório de Registro Nacional Migratório - DPRNM.

§ 1º Para fins de comprovação de inscrição no CPF, são válidos também os seguintes documentos, desde que acompanhados de documento de identificação do titular da inscrição:

I - Comprovante de Inscrição no CPF, impresso por meio do site da RFB na Internet, no endereço <https://www.gov.br/receitafederal>, ou emitido pela entidade conveniada;

II - Comprovante de Inscrição no CPF, acessado por meio do aplicativo da RFB para dispositivos móveis; e

III - Cartão CPF emitido em conformidade com a legislação anterior.

§ 2º O Comprovante de Inscrição no CPF, conforme modelos constantes dos Anexos I e II, conterá obrigatoriamente:

I - o nome da pessoa física;

II - o número de inscrição;

III - a data de nascimento; e

IV - a data e hora da emissão e o código de controle, que deverão ser utilizados para comprovar a autenticidade do comprovante.

§ 3º A inscrição no CPF também pode ser comprovada mediante a Certidão Narrativa de Inscrição no CPF constante do Anexo III.

§ 4º O Comprovante de Inscrição no CPF e a Certidão Narrativa de Inscrição no CPF somente produzirão efeitos mediante confirmação de autenticidade no site da RFB na Internet.

§ 5º Nos casos em que o Comprovante de Inscrição no CPF for emitido por uma das entidades conveniadas citadas nos incisos I a III do caput do art. 24, será permitida a inserção de sua logomarca, conforme modelo constante do Anexo I.

§ 6º Nos casos em que o Comprovante de Inscrição no CPF for emitido pelas entidades conveniadas citadas nos incisos IV a VI do caput do art. 24, deverá ser adotado o modelo constante do Anexo II.

SEÇÃO III – DOS DOCUMENTOS NECESSÁRIOS À INSCRIÇÃO E LOCAIS DE SOLICITAÇÃO

Art. 6º Ressalvada a hipótese prevista no inciso II do caput do art. 7º, a inscrição no CPF será solicitada conforme estabelecido no Anexo IV.

Parágrafo único. Além dos documentos relacionados no Anexo IV, poderão ser exigidos outros documentos, a critério da RFB.

SEÇÃO IV – DA INSCRIÇÃO REALIZADA PELA RFB

Art. 7º Além das hipóteses enumeradas no Anexo IV, as inscrições serão realizadas pela RFB nas seguintes hipóteses:

I - caso haja solicitação de:

a) unidade prisional ou unidade socioeducativa de internação;

b) órgão público, entidade de assistência social ou entidade de saúde pública ou privada, em razão da impossibilidade de solicitação pela pessoa física ou seu representante, por meio dos canais de atendimento da RFB previstos no Anexo IV;

c) órgão de identificação civil para fins de emissão da Carteira de Identidade Nacional - CIN, nos termos de norma editada pela RFB; e

d) Conselho Tutelar, para menores em situação de risco;

II - no interesse da administração tributária; e

III - em atendimento a determinação judicial.

§ 1º Na inscrição solicitada por unidade prisional ou por unidade socioeducativa de internação, deverá ser observado o disposto no Anexo V.

§ 2º A inscrição realizada conforme disposto no inciso II do caput será comunicada à pessoa física interessada.

CAPÍTULO IV – DA ALTERAÇÃO DE DADOS CADASTRAIS

SEÇÃO I – DOS DOCUMENTOS NECESSÁRIOS À ALTERAÇÃO E LOCAIS DE SOLICITAÇÃO

Art. 8º A alteração no CPF será solicitada conforme estabelecido no Anexo IV.

§ 1º Além dos documentos exigidos no Anexo IV, poderão ser exigidos outros documentos que comprovem a alteração cadastral.

§ 2º A pessoa física é responsável pela atualização da informação relativa a seu endereço, dispensada a apresentação de documentos comprobatórios, a qual poderá ser efetuada por meio:

I - da DIRPF;

II - do Centro Virtual de Atendimento - e-CAC ou do Pedido de Alteração, disponíveis no site da RFB na Internet;

III - de solicitação perante as entidades relacionadas no art. 24;

IV - do formulário Ficha Cadastral de Pessoa Física, disponível no site da RFB na internet, no caso de residente no exterior; ou

V - dos canais de atendimento da RFB, no caso de alteração de endereço para o exterior.

§ 3º A informação de óbito do titular resultará na mudança da situação cadastral da inscrição no CPF para "Titular Falecido", prevista no inciso V do caput do art.2º.

SEÇÃO II – DA ALTERAÇÃO REALIZADA PELA RFB

Art. 9º Além das hipóteses enumeradas no Anexo IV, as alterações de dados cadastrais no CPF serão realizadas pela RFB:

I - caso haja solicitação de:

a) unidade prisional ou unidade socioeducativa de internação;

b) órgão público, entidade de assistência social ou entidade de saúde pública ou privada, em razão da impossibilidade de solicitação pela pessoa física ou seu representante, por meio dos canais de atendimento da RFB previstos no Anexo IV;

c) órgão de identificação civil para fins de emissão da CIN, nos termos de norma editada pela RFB; e

d) Conselho Tutelar, para menores em situação de risco;

II - para inclusão ou exclusão de nome social de pessoa travesti ou transexual, mediante solicitação do interessado, conforme previsto no art. 6º do Decreto nº 8.727, de 28 de abril de 2016;

III - no caso de informações disponibilizadas por terceiros, em conformidade com convênios celebrados para troca de informações;

IV - no interesse da administração tributária; e

V - em atendimento a determinação judicial.

§ 1º Na alteração solicitada por unidade prisional ou por unidade socioeducativa de internação, deverá ser observado o disposto no Anexo V.

§ 2º A alteração efetuada em conformidade com o disposto no inciso IV do caput será comunicada à pessoa física interessada por meio da emissão do:

I - Comprovante de Situação Cadastral no CPF, conforme modelo constante do Anexo VI, disponível no site da RFB na Internet; ou

II - Comprovante de Situação Cadastral no CPF, acessado por meio do aplicativo da RFB para dispositivos móveis.

§ 3º A informação de óbito do titular resultará na mudança da situação cadastral no CPF para "Titular Falecido", prevista no inciso V do caput do art. 2º.

§ 4º Na alteração a que se refere o inciso II do caput, deverá ser observado o disposto nos Anexos VII e VIII.

CAPÍTULO V – DA PENDÊNCIA DE REGULARIZAÇÃO

SEÇÃO I – DA INDICAÇÃO E DA COMUNICAÇÃO

Art. 10. A indicação de pendência de regularização será realizada quando não houver entrega de DIRPF, se obrigatória.

Parágrafo único. A situação cadastral "Pendente de Regularização" será comunicada por meio do:

I - Comprovante de Situação Cadastral no CPF, conforme modelo constante do Anexo VI, disponível no site da RFB na Internet;

II - Comprovante de Situação Cadastral no CPF, acessado por meio do aplicativo da RFB para dispositivos móveis.

SEÇÃO II – DA REGULARIZAÇÃO DA PENDÊNCIA

Art. 11. A pessoa física regularizará a situação cadastral "Pendente de Regularização" mediante a apresentação, ainda que em atraso:

I - da DIRPF a que estava obrigada; ou

II - da Declaração de Saída Definitiva do País.

§ 1º A situação cadastral "Pendente de Regularização" será regularizada na RFB, quando houver erro na indicação de pendência ou em decorrência de decisão judicial ou administrativa.

§ 2º A regularização será efetuada sem prejuízo da exigência do imposto que for devido e da imposição das penalidades cabíveis.

CAPÍTULO VI – DA SUSPENSÃO DA INSCRIÇÃO

SEÇÃO I – DA SUSPENSÃO E DA COMUNICAÇÃO

Art. 12. A suspensão da inscrição no CPF será realizada pela RFB quando houver inconsistência cadastral ou em atendimento a determinação judicial.

§ 1º A suspensão da inscrição no CPF será comunicada por meio:

I - do Comprovante de Situação Cadastral no CPF, conforme modelo constante do Anexo VI, disponível no site da RFB na Internet;

II - do Comprovante de Situação Cadastral no CPF, acessado por meio do aplicativo da RFB para dispositivos móveis;

III - do serviço de notificação ao cidadão, constante do cadastro digital do governo federal, disponível no endereço <https://www.gov.br> ou no aplicativo da RFB para dispositivos móveis;

IV - de mensagem eletrônica - e-mail ou Short Message Service (SMS);

V - de carta; ou

VI - de edital a ser publicado no site da RFB na Internet, nos casos em que não for possível contatar a pessoa física pelos meios relacionados nos incisos I a V.

§ 2º No período de 90 (noventa) dias, o e-CAC emitirá alerta sobre a existência das comunicações relacionadas nos incisos I e II do § 1º.

§ 3º A inscrição constante da base de dados do CPF que se encontre suspensa há, pelo menos, 5 (cinco) anos pode ser cancelada de ofício.

SEÇÃO II – DOS DOCUMENTOS NECESSÁRIOS À REGULARIZAÇÃO E DOS LOCAIS DE SOLICITAÇÃO

Art. 13. A regularização da inscrição na situação cadastral "Suspensa" será realizada conforme estabelecido no Anexo IV.

§ 1º Além dos documentos relacionados no Anexo IV, poderão ser exigidos outros documentos, a critério da RFB.

§ 2º A regularização de inscrição na situação cadastral "Suspensa" em razão de determinação judicial somente poderá ser efetuada em decorrência de outra determinação judicial.

§ 3º Depois de 90 (noventa) dias contados da data de comunicação da suspensão, a inscrição pode ser cancelada de ofício.

SEÇÃO III – DA REGULARIZAÇÃO REALIZADA PELA RFB

Art. 14. Além das hipóteses enumeradas no Anexo IV, a regularização da situação cadastral "Suspensa" será realizada pela RFB:

I - no caso de solicitação de:

a) unidade prisional ou unidade socioeducativa de internação;

b) órgão público, entidade de assistência social ou entidade de saúde pública ou privada, em razão da impossibilidade de solicitação pela pessoa física ou seu representante, por meio dos canais de atendimento da RFB previstos no Anexo IV;

c) órgão de identificação civil para fins de emissão da CIN, nos termos de norma editada pela RFB; e

d) Conselho Tutelar, para menores em situação de risco;

II - no interesse da administração tributária; e

III - em atendimento a determinação judicial.

§ 1º Na regularização da situação cadastral "Suspensa" solicitada por unidade prisional ou por unidade socioeducativa de internação, deverá ser observado o disposto no Anexo V.

§ 2º A regularização da situação cadastral "Suspensa", quando realizada no interesse da administração tributária, será comunicada à pessoa física interessada por meio do:

I - Comprovante de Situação Cadastral no CPF, conforme modelo constante do Anexo VI, disponível no site da RFB na Internet; ou

II - Comprovante de Situação Cadastral no CPF, acessado por meio do aplicativo da RFB para dispositivos móveis.

CAPÍTULO VII DO CANCELAMENTO DA INSCRIÇÃO

SEÇÃO I – DAS FORMAS DE CANCELAMENTO

Art. 15. O cancelamento da inscrição no CPF poderá ocorrer:

I - a pedido; ou

II - de ofício.

SEÇÃO II – DO CANCELAMENTO A PEDIDO

Art. 16. O cancelamento da inscrição no CPF a pedido ocorrerá exclusivamente quando constatada a multiplicidade de inscrições pela própria pessoa física.

Parágrafo único. O cancelamento da inscrição no CPF será realizado em conformidade com o disposto no Anexo IV, ficando a critério da administração tributária eleger o número de inscrição no CPF a ser mantido válido.

SEÇÃO III DO CANCELAMENTO DE OFÍCIO

Art. 17. Será cancelada de ofício a inscrição no CPF nas seguintes hipóteses:

I - atribuição de mais de um número de inscrição para uma mesma pessoa física;

II - por decisão administrativa; ou

III - por determinação judicial.

Parágrafo único. O cancelamento de ofício da inscrição no CPF será comunicado por meio do:

I - Comprovante de Situação Cadastral no CPF, conforme modelo constante do Anexo VI, disponível no site da RFB na Internet;

II - Comprovante de Situação Cadastral no CPF, acessado por meio do aplicativo da RFB para dispositivos móveis.

CAPÍTULO VIII – DA DECLARAÇÃO DE NULIDADE DA INSCRIÇÃO

Art. 18. Será declarada nula a inscrição no CPF em que for constatada fraude.

Art. 19. A declaração de nulidade da inscrição no CPF será realizada pelo titular da unidade da RFB ou por Auditor-Fiscal da Receita Federal do Brasil que constatar a fraude, por meio de Ato Declaratório Executivo, com indicação de sua motivação.

Art. 20. A declaração de nulidade da inscrição no CPF produzirá efeitos retroativos à data de inscrição, ressalvado o disposto no § 1º.

§ 1º Caso haja multiplicidade de inscrições fraudulentas para a mesma pessoa física, estas ficarão vinculadas à inscrição legítima, desde que comprovado, em processo administrativo em que sejam assegurados o contraditório e a ampla defesa, que a pessoa física tinha ciência da fraude e dela se aproveitou.

§ 2º Constatada a fraude ao final do processo administrativo, o fato deverá ser comunicado aos órgãos responsáveis pela persecução penal.

CAPÍTULO IX – DO RESTABELECIMENTO DA INSCRIÇÃO

Art. 21. O restabelecimento da inscrição é o ato cadastral praticado para reverter o cancelamento ou a nulidade da inscrição, por decisão judicial ou administrativa.

§ 1º O restabelecimento de inscrição na situação cadastral "Nula" será efetuado pelo titular da unidade da RFB ou por Auditor-Fiscal da Receita Federal do Brasil que constatar o erro da nulidade, por meio de Ato Declaratório Executivo.

§ 2º O restabelecimento de inscrição na situação cadastral "Cancelada" em razão de determinação judicial somente poderá ser efetuado em decorrência de outra determinação judicial.

CAPÍTULO X – DA CONSULTA À SITUAÇÃO CADASTRAL E AO NÚMERO DE INSCRIÇÃO NO CPF

Art. 22. A consulta pública à situação cadastral do NI-CPF poderá ser realizada por meio do Comprovante de Situação Cadastral no CPF, disponível no site da RFB na Internet ou por meio do aplicativo da RFB para dispositivos móveis.

Art. 23. A informação sobre o NI-CPF poderá ser obtida em uma Serventia de Registro Civil de Pessoas Naturais ou em um dos canais de atendimento da RFB, e será fornecida apenas para o titular, representante legal ou procurador.

§ 1º No caso de pessoa física com 16 (dezesseis) ou 17 (dezessete) anos de idade, o NI-CPF poderá ser fornecido também a um dos pais, a tutor ou a guardião.

§ 2º No caso de pessoa física falecida, o NI-CPF poderá ser fornecido:

I - ao inventariante, cônjuge, companheiro ou sucessor a qualquer título, caso haja bens a inventariar; ou

II - ao cônjuge, companheiro ou parente, caso não haja bens a inventariar.

§ 3º O NI-CPF também poderá ser fornecido aos órgãos relacionados no inciso I do caput do art. 7º, nas hipóteses nele previstas.

CAPÍTULO XI – DAS ENTIDADES CONVENIADAS

SEÇÃO I – DOS CONVÊNIOS

SUBSEÇÃO I – DAS ENTIDADES COM AS QUAIS A RFB PODE CELEBRAR CONVÊNIOS

Art. 24. Para a execução dos atos perante o CPF, a RFB poderá celebrar convênios com as seguintes entidades:

I - Banco do Brasil S.A.;

II - Caixa Econômica Federal - CEF;

III - Empresa Brasileira de Correios e Telégrafos - ECT;

IV - órgãos públicos federais;

V - Associação dos Registradores de Pessoas Naturais do Brasil - ARPEN-BR; e

VI - Comissão de Valores Mobiliários - CVM.

SUBSEÇÃO II – DOS CONVÊNIOS CELEBRADOS PELA RFB

Art. 25. Os órgãos a que se refere o inciso IV do caput do art.24 poderão praticar, de forma gratuita, os atos cadastrais previstos no art. 3º, nos termos previstos em convênio.

Art. 26. Para praticarem atos perante o CPF, as entidades relacionadas no art. 24 deverão celebrar convênio com a RFB.

§ 1º Ressalvada a hipótese de serviço prestado a título gratuito pelas conveniadas relacionadas nos incisos IV e V do caput do art. 24, nos termos previstos em convênio, as entidades de que trata o caput poderão cobrar do interessado o valor correspondente aos serviços de atendimento, conclusivo ou não conclusivo, sem qualquer ônus à RFB.

§ 2º O valor referido no § 1º não excederá a quantia de R$ 7,00 (sete reais).

§ 3º A prática dos atos perante o CPF será efetuada de imediato, exceto nos casos previstos no art. 30, e implicará, obrigatoriamente, a entrega do Comprovante de Inscrição no CPF ao solicitante, conforme modelo constante do Anexo I.

SUBSEÇÃO III – DA IDENTIFICAÇÃO DOS ATOS DA ENTIDADE CONVENIADA

Art. 27. Todos os atos praticados pelas entidades conveniadas serão identificados individualmente, mediante a indicação da entidade na qual hajam sido praticados, do local, da data e hora de sua ocorrência, bem como do responsável pela inserção dos dados no CPF.

SUBSEÇÃO IV – DA RESPONSABILIDADE DA ENTIDADE CONVENIADA

Art. 28. A conferência dos documentos apresentados e a fidelidade na transcrição dos dados informados perante o CPF serão de responsabilidade da entidade conveniada, ressalvado o disposto no § 2º.

§ 1º As entidades conveniadas serão responsáveis, por si e por seus funcionários, pelo sigilo das informações de que tiverem conhecimento em decorrência dos atos praticados perante o CPF, inclusive quanto à reparação das irregularidades e dos danos causados ao interessado ou a terceiros.

§ 2º Em relação a atos praticados com fundamento no convênio celebrado com a entidade relacionada no inciso VI do caput do art. 24, a conferência dos documentos apresentados, a fidelidade na transcrição dos dados informados perante o CPF e a guarda da documentação apresentada serão de responsabilidade das instituições financeiras representantes do investidor estrangeiro no Brasil.

SUBSEÇÃO V – DO ATENDIMENTO NÃO CONCLUSIVO

Art. 29. São não conclusivos os atendimentos iniciados nas entidades conveniadas ou na Internet que necessitem ser concluídos pela RFB.

Parágrafo único. Para o atendimento não conclusivo, será gerado protocolo de atendimento, contendo a relação de documentos que devem ser apresentados pelo interessado na RFB, em conformidade com o estabelecido no Anexo IV.

Art. 30. Nos casos de atendimentos não conclusivos:

I - o código constante do protocolo de atendimento permitirá ao solicitante acompanhar o andamento da solicitação pelo site da RFB na Internet;

II - o código constante do formulário Ficha Cadastral de Pessoa Física, para as solicitações efetuadas no exterior, permitirá o seu acompanhamento pelo site da RFB na Internet; e

III - o código constante do protocolo de atendimento iniciado em uma serventia de registro civil de pessoas naturais permitirá ao solicitante acompanhar o andamento da solicitação pelo endereço eletrônico disponibilizado pela ARPEN-BR.

SEÇÃO II – DOS ATOS PRATICADOS POR ENTIDADES CONVENIADAS

Art. 31. Os atos de inscrição, alteração de dados cadastrais e regularização de situação cadastral "Suspensa" são praticados por entidades conveniadas, nos termos dos arts. 25 e 26.

SEÇÃO III – DOS ATOS PRATICADOS POR REPARTIÇÕES DIPLOMÁTICAS BRASILEIRAS NO EXTERIOR E PELO MINISTÉRIO DAS RELAÇÕES EXTERIORES

Art. 32. As repartições diplomáticas brasileiras no exterior e o Ministério das Relações Exteriores - MRE podem praticar, perante o CPF, os atos relacionados nos incisos I e II do caput do art. 3º, de forma conclusiva.

§ 1º As repartições diplomáticas e o MRE também podem iniciar o atendimento dos atos descritos nos incisos I, II, V e VI do caput do art. 3º.

§ 2º No caso de atendimento conclusivo, as repartições diplomáticas e o MRE devem imprimir e entregar ao interessado o Comprovante de Inscrição no CPF, conforme modelo constante do Anexo II.

CAPÍTULO XII – DISPOSIÇÕES GERAIS

Art. 33. Os documentos apresentados para fins de atos cadastrais no CPF poderão ser originais ou cópias autenticadas, simples ou eletrônicas, obtidas por meio de digitalização.

§ 1º No atendimento presencial devem ser apresentados obrigatoriamente documentos originais ou cópias autenticadas.

§ 2º No caso de dúvida relativa à autenticidade ou à veracidade de documento apresentado em cópia, ou diante da indisponibilidade de meios para atestá-lo, a RFB poderá exigir a apresentação do documento original, a qualquer tempo.

§ 3º Para fins do disposto no caput, poderão ser exigidos:

I - apostilamento ou legalização consular de documentos estrangeiros; e

II - tradução juramentada de documentos em língua estrangeira.

Art. 34. Nas solicitações realizadas por procurador, devem ser apresentados:

I - os documentos exigidos no Anexo IV, conforme o caso;

II - documento de identificação oficial com foto do procurador;

III - documento do procurador que comprove sua inscrição no CPF; e

IV - instrumento público ou particular de procuração.

Parágrafo único. O instrumento público de procuração lavrado no exterior ou o instrumento particular com firma reconhecida no exterior devem ser apostilados, caso tenha sido emitido em país signatário da Convenção Haia, ou ter sua validade reconhecida por repartição consular brasileira, salvo disposição de lei, acordo ou tratado internacional em contrário.

CAPÍTULO XIII – DISPOSIÇÕES FINAIS

Art. 35. Para fins de inscrição no Cadastro Informativo de Créditos Não Quitados do Setor Público Federal - Cadin, nos termos do inciso II do caput do art. 2º da Lei nº 10.522, de 19 de julho de 2002, a situação cadastral "Nula" perante o CPF equivale à situação cancelada.

Art. 36. A Coordenação-Geral de Gestão de Cadastros e Benefícios Fiscais - Cocad poderá editar atos complementares à aplicação do disposto nesta Instrução Normativa e para alterar seus Anexos.

Art. 37. Ficam revogadas:

I - a Instrução Normativa RFB nº 1.548, de 13 de fevereiro de 2015;

II - a Instrução Normativa RFB nº 1.588, de 7 de outubro de 2015;

III - a Instrução Normativa RFB nº 1.718, de 18 de julho de 2017;

IV - a Instrução Normativa RFB nº 1.746, de 28 de setembro de 2017;

V - a Instrução Normativa RFB nº 1.760, de 16 de novembro de 2017;

VI - a Instrução Normativa RFB nº 1.890, de 14 de maio de 2019;

VII - a Instrução Normativa RFB nº 1.938, de 15 de abril de 2020;

VIII - a Instrução Normativa RFB nº 1.957, de 29 de maio de 2020;

IX - a Instrução Normativa RFB nº 1.961, de 29 de junho de 2020; e

X - a Instrução Normativa RFB nº 2.034, de 24 de junho de 2021.

Art. 38. Esta Instrução Normativa entra em vigor na data de sua publicação no Diário Oficial da União.

ROBINSON SAKIYAMA BARREIRINHAS

› *Não publicamos os anexos desta Instrução Normativa.*

INSTRUÇÃO NORMATIVA DO INSTITUTO NACIONAL DO SEGURO SOCIAL – INSS

INSTRUÇÃO NORMATIVA Nº 116, DE 5 MAIO DE 2021

Disciplina o procedimento relativo à apuração de descumprimento de qualquer obrigação imposta pelo art. 68 da Lei nº 8.212, de 24 de julho de 1991, assim como o fornecimento de informação inexata pelos Titulares de Cartórios de Registro Civil de Pessoas Naturais, para fins de aplicação de multa e propositura de ação regressiva.

- *Vide Pedido de Providências CNJ º 0000272-86.2021.2.00.0000*
- *Vide Decreto 9.929/2019*
- *Vide Portaria INSS n. 901/2021*
- *Vide Resolução 01/2015 Comitê Gestor do SIRC*
- *Vide Resolução 04/2019 Comitê Gestor do SIRC*
- *Vide Resolução 08/2021 Comitê Gestor do SIRC*
- *Vide Recomendação CNJ 40/2019*
- *Vide art. 52, § 3º, Lei 6.015/1973*
- *Vide art. 75, parágrafo único, Lei 6.015/1973*

O PRESIDENTE DO INSTITUTO NACIONAL DO SEGURO SOCIAL - INSS, no uso das atribuições que lhe confere o Decreto nº 9.746, de 8 de abril de 2019, e tendo em vista o disposto nos arts. 68 e 92 da Lei nº 8.212, de 24 de julho de 1991, no art. 125-A da Lei nº 8.213, de 24 de julho de 1991, no § 6º do art. 228 e na alínea "e" do inciso I do art. 283 do Decreto nº 3.048, de 6 de maio de 1999, bem como o que consta do Processo Administrativo nº 00407.007019/2010-94, resolve:

Art. 1º Disciplinar o procedimento relativo à apuração de descumprimento de qualquer obrigação imposta pelo art. 68 da Lei nº 8.212, de 24 de julho de 1991, assim como o fornecimento de informação inexata pelos Titulares de Cartórios de Registro Civil de Pessoas Naturais, para fins de aplicação de penalidade e propositura de ação regressiva.

CAPÍTULO I – DAS DISPOSIÇÕES PRELIMINARES

SEÇÃO I – DAS OBRIGAÇÕES E INFRAÇÕES

Art. 2º O Titular do Cartório de Registro Civil de Pessoas Naturais remeterá ao INSS, em até 1 (um) dia útil, pelo Sistema Nacional de Informações de Registro Civil (Sirc) ou por outro meio que venha a substituí-lo, a relação dos nascimentos, dos natimortos, dos casamentos, dos óbitos, das averbações, das anotações e das retificações registradas na serventia.

§ 1º Para os municípios que não dispõem de provedor de conexão à internet ou de qualquer meio de acesso à internet, fica autorizada a remessa das informações constantes do *caput* em até 5 (cinco) dias úteis.

§ 2º Para os registros de nascimento e de natimorto, constarão das informações, obrigatoriamente, a inscrição no Cadastro de Pessoas Físicas (CPF), o sexo, a data e o local de nascimento do registrado, bem como o nome completo, o sexo, a data e o local de nascimento e a inscrição no CPF da filiação.

§ 3º Para os registros de casamento e de óbito, constarão das informações, obrigatoriamente, a inscrição no CPF, o sexo, a data e o local de nascimento do registrado, bem como, caso disponíveis, os seguintes dados:

I - número do cadastro perante o Programa de Integração Social (PIS) ou o Programa de Formação do Patrimônio do Servidor Público (Pasep);

II - número de Identificação do Trabalhador (NIT);

III - número de benefício previdenciário ou assistencial, se a pessoa falecida for titular de qualquer benefício pago pelo INSS;

IV - número de registro da Carteira de Identidade e respectivo órgão emissor;

V - número do título de eleitor; e

VI - número e série da Carteira de Trabalho e Previdência Social (CTPS).

§ 4º No caso de não ter sido registrado nenhum nascimento, natimorto, casamento, óbito ou averbações, anotações e retificações no mês, deverá o Titular do Cartório de Registro Civil de Pessoas Naturais comunicar este fato ao INSS até o 5º (quinto) dia útil do mês subsequente.

§ 5º Constarão também das informações prestadas qualquer outro dado solicitado pelo Sirc, ou por outro meio que venha a substituí-lo, que seja de conhecimento do Oficial do Registro, nos estados que preveem esta obrigatoriedade.

§ 6º Nos casos de vacância, licença, afastamento ou suspensão do Titular do Cartório de Registro Civil de Pessoas Naturais, as obrigações contidas neste artigo aplicam-se ao responsável designado pela Corregedoria do Tribunal de Justiça.

§ 7º O novo Titular do Cartório de Registro Civil de Pessoas Naturais ou a pessoa designada pela Corregedoria do Tribunal de Justiça, no prazo de até 10 (dias) da notificação do INSS, promoverá a retificação, complementação ou envio do dado incorreto ou omisso, ainda que relativo ao período anterior.

Art. 3º Constituem também infração ao art. 2º, sujeita à penalidade de multa prevista no art. 92 da Lei nº 8.212, de 1991, as seguintes condutas:

I - não remeter as informações de registro de nascimento, natimorto, casamento, óbito ou averbações, anotações e retificações;

II - remeter as informações de registro de nascimento, natimorto, casamento, óbito ou averbações, anotações e retificações após o prazo legal;

III - não comunicar a inexistência de registro de nascimento, natimorto, casamento, óbito ou averbações, anotações e retificações no mês até o 5º (quinto) dia útil do mês subsequente;

IV - não comunicar a informação obrigatória ou fornecer informação inexata ou equivocada de registro de nascimento, natimorto, casamento, óbito ou averbações, anotações e retificações; e

V - no caso de substituição da titularidade do Cartório de Registro Civil de Pessoas Naturais ou de designação de responsável pela Corregedoria do Tribunal de Justiça, não promover a retificação, complementação ou envio de dado omisso de registro de nascimento, natimorto, casamento, óbito ou averbações, anotações e retificações no prazo de até 10 (dias) da notificação do INSS.

SEÇÃO II – DAS FORMAS DE COMUNICAÇÃO, DA COMPETÊNCIA E DA RESPONSABILIDADE PELA INFRAÇÃO

Art. 4º A comunicação prevista no art. 2º deverá ser realizada por algum dos meios definidos pelo Comitê Gestor do Sistema Nacional de Informações de Registro Civil - CGSirc, na forma do art. 3º do Decreto nº 9.929, de 22 de julho de 2019.

Art. 5º Compete ao INSS, nos termos do art. 125-A da Lei nº 8.213, de 1991, apurar as infrações, aplicar a multa prevista no art. 92 da Lei nº 8.212, de 1991, combinado com a alínea "e" do inciso I do art. 283 do Decreto nº 3.048, de 1999, e fornecer os subsídios à Procuradoria-Geral Federal para o ingresso de ação regressiva.

§ 1º Compete à Diretoria de Benefícios do INSS monitorar a recepção das informações encaminhadas pelos Cartórios quanto às obrigações constantes do art. 2º e, havendo descumprimento de prazos e demais obrigações, encaminhar às áreas competentes relativas à constituição da multa e proposição de ação regressiva.

§ 2º Compete à Diretoria de Integridade, Governança e Gerenciamento de Riscos - DIGOV a constituição e a aplicação da multa, bem como análise das impugnações e recursos, e demais providências necessárias para a realização de cobranças administrativas e judiciais que estejam a cargo do INSS, bem como o encaminhamento ao órgão de execução da Procuradoria-Geral Federal competente, dos casos que ensejarem proposição de ação regressiva.

Art. 6º O Titular do Cartório de Registro Civil de Pessoas Naturais ou o responsável designado pela Corregedoria do Tribunal de Justiça respondem pessoalmente pelo descumprimento das obrigações previstas nos arts. 2º e 3º.

SEÇÃO III – DA MULTA E SUA APLICAÇÃO

Art. 7º Pelo descumprimento das obrigações previstas nos arts. 2º e 3º, fica o responsável sujeito à multa prevista na alínea "e" do inciso I do art. 283 do Decreto nº 3.048, de 1999, conforme a gravidade da infração.

Parágrafo único. As circunstâncias agravantes previstas nos arts. 8º e 9º serão aplicadas, com a consequente gradação da multa, somente aos fatos ocorridos posteriormente à publicação e ao início da vigência deste normativo.

Art. 8º Constituem circunstâncias agravantes da infração, das quais dependerá a gradação da multa, ter o autuado:

I - subornado ou tentado subornar servidor do INSS;

II - agido com dolo, fraude ou má-fé;

III - desacatado, no ato da ação fiscal, o agente da fiscalização;

IV - obstado de qualquer forma a ação da fiscalização;

V - incorrido em reincidência;

VI - enviado as informações após o prazo de 30 (trinta) dias da realização do registro, averbação, anotação ou retificação;

VII - possibilitado, com sua conduta, o pagamento indevido de qualquer benefício; ou

VIII - não promovido a retificação, complementação ou envio do dado incorreto ou omisso, em conformidade com o art. 68 da Lei nº 8.212, de 1991, até o final do prazo previsto no art. 12.

Art. 9º A multa será aplicada da seguinte forma:

I - na ausência de agravantes, para o caso disposto na alínea "e" do inciso I do art. 283, no valor mínimo previsto no inciso I do art. 283, ambos do Decreto nº 3.048, de 1999;

II - as circunstâncias agravantes dos incisos I, II, VII e VIII do art. 8º elevam a multa em 3 (três) vezes;

III - as circunstâncias agravantes dos incisos III, IV e VI do art. 8º elevam a multa em 2 (duas) vezes; e

IV - a circunstância agravante do inciso V do art. 8º eleva a multa em 3 (três) vezes a cada reincidência, observado o valor máximo previsto no *caput* do art. 283, quanto ao disposto na alínea "e", do inciso I do art. 283, ambos do Decreto nº 3.048, de 1999.

§ 1º Na hipótese do inciso VIII do art. 8º, para que não seja elevada a multa em 3 (três) vezes, o autuado deverá apresentar o comprovante de envio da retificação, complementação ou envio do dado incorreto ou omisso no Sirc.

§ 2º O INSS poderá substituir a multa aplicada por advertência, quando o autuado tiver:

I - descumprido pela 1ª (primeira) vez qualquer das obrigações constantes do art. 2º;

II - descumprido qualquer das obrigações do art. 2º, não sendo reincidente nos 12 (doze) últimos meses; e

III - na hipótese do § 4º do art. 2º, comunicado este fato ao INSS até o final do prazo previsto no art. 12.

§ 3º Para fazer jus à substituição da pena de multa por advertência, o autuado deverá promover, no prazo previsto no art. 12, a retificação, complementação ou envio do dado incorreto ou omisso, em conformidade com o art. 68 da Lei nº 8.212, de 1991.

CAPÍTULO II – DOS PROCEDIMENTOS

SEÇÃO I – DO AUTO DE INFRAÇÃO E DA NOTIFICAÇÃO

Art. 10. Constatado o descumprimento de qualquer obrigação prevista na Seção I do Capítulo I, será lavrado Auto de Infração, que conterá, obrigatoriamente:

I - a qualificação do autuado e da autoridade autuante;

II - a discriminação clara e precisa da infração e das circunstâncias em que foi praticada;

III - o dispositivo legal infringido;

IV - o valor e a fundamentação legal da multa e os critérios de gradação;

V - a notificação para pagar, parcelar a multa, ou impugná-la no prazo de 10 (dez) dias;

VI - local, dia e hora da lavratura; e

VII - a informação de que a renúncia ao direito de impugnar pelo autuado permite a redução da multa em 50% (cinquenta por cento), desde que promovida a retificação, complementação ou envio do dado incorreto ou omisso, dentro do prazo previsto no art. 12, e que seja efetuado o pagamento, limitado ao valor mínimo previsto na alínea "e", do inciso I do art. 283 do Decreto nº 3.048, de 1999.

Art. 11. O autuado será notificado do Auto de Infração:

I - por via postal, com Aviso de Recebimento - AR;

II - pessoalmente, mediante recibo na 2ª (segunda) via;

III - eletronicamente, desde que assegurada a certeza da ciência pelo autuado; ou

IV - por edital, quando os meios previstos nos incisos I a III restarem infrutíferos.

§ 1º Ocorrendo recusa de recebimento do Auto de Infração, o agente do INSS certificará, nas 2 (duas) vias, a expressão "recusou-se a assinar", seguida da identificação do responsável pela recusa, e indicando 2 (duas) testemunhas, se possível, considerando-se dessa forma efetuada a notificação.

§ 2º Na hipótese do inciso IV, o edital será publicado 1 (uma) única vez em órgão de imprensa oficial, ou 2 (duas) vezes em jornal de grande circulação na localidade, considerando-se notificado o autuado no dia útil seguinte ao término do prazo de 15 (quinze) dias da última publicação.

SEÇÃO II – DA IMPUGNAÇÃO, DO RECURSO E DO JULGAMENTO

Art. 12. O autuado terá o prazo de 10 (dez) dias, a partir da notificação, para impugnar a autuação, pagar ou parcelar a multa.

Parágrafo único. A renúncia ao direito de impugnar pelo autuado reduz o valor da multa em 50% (cinquenta por cento), desde que promovida a retificação, complementação ou envio do dado incorreto ou omisso e que seja efetuado o pagamento, tudo dentro do prazo previsto no *caput*, limitado ao valor mínimo previsto no inciso I do art. 283, quanto ao disposto na alínea "e" do inciso I do art. 283, ambos do Decreto nº 3.048, de 1999;

Art. 13. A impugnação, formulada por escrito, será apresentada ao INSS e deverá conter:

I - o órgão ou autoridade administrativa a que se dirige;

II - a identificação e endereço do autuado ou de quem o represente;

III - o número do auto de infração;

IV - as razões de fato e de direito; e

V - os documentos em que se fundamenta.

Art. 14. Ao autuado caberá a prova dos fatos que tenha alegado, sem prejuízo do dever atribuído à autoridade julgadora para instrução do processo.

Art. 15. A impugnação não será apreciada quando apresentada:

I - fora do prazo;

II - por quem não seja legitimado; ou

III - perante órgão ou entidade incompetente.

Art. 16. A autoridade competente julgará a impugnação apresentada, homologando o Auto de Infração, e da decisão constará a motivação com a indicação dos fatos e fundamentos jurídicos em que se baseia.

Art. 17. Julgada a impugnação, o autuado será notificado da decisão para, no prazo de 10 (dez) dias, pagar, parcelar a multa ou recorrer.

§ 1º A desistência do direito de recorrer pelo autuado reduz o valor da multa em 25% (vinte e cinco por cento), desde que promovida a retificação, complementação ou envio do dado incorreto ou omisso e que seja efetuado o pagamento, limitado ao valor mínimo previsto no inciso I do art. 283, quanto ao disposto na alínea "e" do inciso I do art. 283, ambos do Decreto nº 3.048, de 1999, tudo no prazo previsto no *caput*.

§ 2º Constará da notificação:

I - a qualificação do autuado, da autoridade decisória e da autoridade recursal;

II - a decisão;

III - o valor da multa; e

IV - a informação de que a renúncia ao direito de recorrer reduz o valor da multa em 25% (vinte e cinco por cento), desde que promovida a retificação, complementação ou envio do dado incorreto ou omisso e seja efetuado o pagamento, limitado ao valor mínimo previsto no inciso I do art. 283, quanto ao disposto na alínea "e" do inciso I do art. 283, ambos do Decreto nº 3.048, de 1999, tudo no prazo previsto no *caput*.

§ 3º Em sendo acolhida a impugnação, será notificado o impugnante da decisão e do arquivamento do processo.

Art. 18. O recurso administrativo será apresentado ao INSS e deverá conter:

I - o órgão ou autoridade administrativa a que se dirige;

II - a identificação e endereço do autuado ou de quem o represente;

III - o número do auto de infração;

IV - as razões de fato e de direito; e

V - os documentos em que se fundamenta.

Art. 19. O recurso não será apreciado quando apresentado:

I - fora do prazo;

II - por quem não seja legitimado;

III - perante órgão ou entidade incompetente; ou

IV - após exaurida a esfera administrativa.

Art. 20. A autoridade competente julgará o recurso apresentado, e da decisão administrativa definitiva constará a motivação, com a indicação dos fatos e fundamentos jurídicos em que se baseia.

Art. 21. Julgado o recurso, o recorrente será notificado da decisão para, no prazo de 10 (dez) dias, pagar ou parcelar a multa.

§ 1º Constará da notificação:

I - a qualificação do autuado e da autoridade decisória;

II - a decisão; e

III - o valor da multa.

§ 2º Em sendo acolhido o recurso, o recorrente será notificado da decisão e do arquivamento do processo.

SEÇÃO III –DA COBRANÇA ADMINISTRATIVA

Art. 22. Esgotados os prazos a que se referem os arts. 12, 17 e 21, sem que a multa tenha sido integralmente quitada ou objeto de parcelamento, o processo administrativo será encaminhado para fins de registro no Cadastro Informativo de Créditos não Quitados do Setor Público Federal - Cadin, na forma da Lei nº 10.522, de 19 de julho de 2002, e, posteriormente, enviado ao órgão de execução da Procuradoria-Geral Federal competente, para fins de cobrança.

Parágrafo único. Na ocorrência da circunstância a que se refere o inciso VII do art. 8º, não tendo sido possível a recuperação dos valores pagos indevidamente, na forma do art. 36 da Lei nº 13.846, de 18 de junho de 2019, o processo administrativo também será enviado ao órgão de execução da Procuradoria-Geral Federal competente, para fins de propositura de ação regressiva.

Art. 23. O valor da multa será acrescido de:

I - juros equivalentes à taxa referencial do Sistema Especial de Liquidação e Custódia - SELIC, a partir do 1º (primeiro) dia do mês subsequente ao vencimento do prazo até o mês anterior ao do pagamento, e de 1% (um por cento) no mês do pagamento; e

II - multa de mora, calculada à taxa de 0,33% (trinta e três centésimos por cento), por dia de atraso, a partir do primeiro dia subsequente ao do vencimento do prazo previsto para recolhimento até o dia em que ocorrer o seu pagamento, limitada a 20% (vinte por cento).

Art. 24. A requerimento do autuado, o valor da multa poderá ser objeto de parcelamento em até 60 (sessenta) parcelas mensais, conforme dispõe o art. 10 da Lei nº 10.522, de 2002.

CAPÍTULO III –DAS DISPOSIÇÕES GERAIS E FINAIS

Art. 25. O INSS poderá solicitar a apresentação de documentos ou realizar pesquisas externas a fim de subsidiar a lavratura do Auto de Infração ou a instrução do processo.

Parágrafo único. É vedada a retenção de documentos do autuado.

Art. 26. O não conhecimento do recurso não impede o INSS de rever de ofício o ato ilegal.

Art. 27. O autuado poderá ser representado por advogado ou procurador legalmente constituído, devendo, para tanto, apresentar o respectivo instrumento de procuração.

Art. 28. O autuado poderá ter vista dos autos e obter cópias dos documentos neles contidos.

Art. 29. O pagamento do valor da multa ou a substituição por advertência não exime o autuado de cumprir as obrigações previstas nos arts. 2º, 3º e inciso VIII do art. 8º, devendo o servidor ou equipe responsável, em último caso, encaminhar expediente à Procuradoria Federal Especializada junto ao INSS para análise da adoção de medidas judiciais cabíveis, visando obter a informação correta do óbito, nascimento, casamento, natimorto, averbação, anotação ou retificação, com eventual encaminhamento à unidade responsável da Procuradoria-Geral Federal para interposição da ação judicial.

Art. 30. Confirmada a autuação, o INSS encaminhará cópia da decisão administrativa definitiva à Corregedoria do Tribunal de Justiça do Estado ou do Distrito Federal para ciência e providências a seu cargo.

Art. 31. A multa será recolhida por meio de Guia de Recolhimento da União – GRU.

Parágrafo único. Com o pagamento do valor da multa, o Auto de Infração será liquidado e o processo arquivado.

Art. 32. O recolhimento do valor da multa, com redução, implica renúncia ao direito de impugnar ou de recorrer.

Art. 33. Salvo disposição em contrário, computar-se-ão os prazos, excluindo o dia do começo e incluindo o do vencimento.

Parágrafo único. Considera-se prorrogado o prazo até o 1ª (primeiro) dia útil se o vencimento cair em feriado ou em dia em que:

I - for determinado o fechamento do órgão; ou

II - o expediente do órgão for encerrado antes do horário normal de funcionamento.

Art. 34. Esta Instrução Normativa entra em vigor em 1º de junho de 2021.

LEONARDO JOSÉ ROLIM GUIMARÃES

D.O.U. de 07.05.2021.

PORTARIAS

PORTARIA Nº 938, DE 20 DE MAIO DE 2002 DO MINISTÉRIO DA SAÚDE

› *Vide arts. 50 a 66, Lei n. 6.015/1973 (Registros Públicos)*

O Ministro de Estado da Saúde, no uso de suas atribuições,

CONSIDERANDO a Lei nº 9.534, de 10 de dezembro de 1997, que dá nova redação ao Artigo 30 da Lei nº 6.015, de 31 de dezembro de1973, que dispõe sobre os registros públicos e acrescenta Inciso ao Artigo 1º da Lei nº 9.265, de 12 de fevereiro de 1996, que trata da gratuidade dos atos necessários ao exercício da cidadania;

CONSIDERANDO o Protocolo de Intenções celebrado entre o Ministério da Saúde e a ANOREG-BR para propiciar o registro de nascimento nas maternidades, publicado no Diário Oficial da União do dia 23 de dezembro de 1999;

CONSIDERANDO a necessidade de complementar as medidas já adotadas pelo Ministério da Saúde, no sentido de aprimorar a assistência ao recém-nato, e

CONSIDERANDO a necessidade de adotar medidas destinadas a assegurar as informações relacionadas ao atendimento neonatal, resolve:

Art. 1º Incluir, na Tabela de Procedimentos Especiais do SIH/SUS, o código 99.085.01-1 – Incentivo ao Registro Civil de Nascimento.

Art. 2º Estabelecer que o Incentivo de que trata o Artigo 1º desta Portaria será pago aos hospitais integrantes do SIH/SUS que propiciarem o registro de nascimento, antes da alta hospitalar.

Parágrafo único. O pagamento do Incentivo está vinculado às informações sobre o Registro Civil do Recém-nato, a serem preenchidas na AIH do parto.

Art. 3º Instruir que o Incentivo ao Registro Civil de Nascimento será lançado no Campo de Serviços Profissionais da Autorização de Internação Hospitalar do parto, conforme abaixo especificado:

Incentivo ao Registro Civil de Nascimento	99.085.01-1
Valor	R$ 5,00
Tipo (CNPJ) do Hospital	36
Tipo de Ato	46
Limite de Utilização	01

Art. 4º Determinar que o Departamento de Informática do SUS – DATASUS faça as alterações necessárias no programa de digitação da AIH, o executável SISAIH01, incluindo os campos para informação dos dados constantes do documento de registro, para implementação desta Portaria, conforme abaixo especificados:

– Número da DN (Declaração de Nascido Vivo);
– Nome do recém-nato;
– Razão Social do Cartório;
– Livro;
– Folhas;
– Termo;
– Data emissão da certidão.

Art. 5º Determinar ao Departamento de Informática do SUS – DATASUS que adote as providências necessárias para que, a partir de agosto de 2002, em todos os partos realizados na rede do Sistema Único de Saúde, sejam coletadas as informações necessárias à emissão do Cartão Nacional de Saúde para as correspondentes gestantes.

Art. 6º Determinar ao Departamento de Informática do SUS – DATASUS que adote as providências necessárias para que, a partir de agosto de 2002, sejam coletadas as informações necessárias à emissão do Cartão Nacional de Saúde para todos os recém-nascidos em hospitais integrantes do SIH/SUS, com Registro Civil de Nascimento até a alta hospitalar.

Art. 7º Determinar que o procedimento constante desta Portaria seja incluído na relação de procedimentos estratégicos do SUS e financiado com recursos do Fundo de Ações Estratégicas e Compensação – FAEC.

Parágrafo único. Os recursos orçamentários de que trata esta Portaria correrão por conta do orçamento do Ministério da Saúde, devendo onerar os Programas de Trabalho:

10.302.0023.4306 – Atendimento Ambulatorial, Emergencial e Hospitalar em regime de Gestão Plena do Sistema Único de Saúde – SUS;

10.302.0023.4307 – Atendimento Ambulatorial, Emergencial e Hospitalar prestado pela rede cadastrada no Sistema Único de Saúde – SUS.

Art. 8º Esta Portaria entra em vigor na data de sua publicação, com efeitos financeiros a contar de 1º de julho de 2002.

BARJAS NEGRI

PORTARIA Nº 116, DE 11 DE FEVEREIRO DE 2009 DA SECRETARIA DE VIGILÂNCIA EM SAÚDE, DO MINISTÉRIO DA SAÚDE

Regulamenta a coleta de dados, fluxo e periodicidade de envio das informações sobre óbitos e nascidos vivos para os Sistemas de Informações em Saúde sob gestão da Secretaria de Vigilância em Saúde.

› *Vide arts. 50 a 66; 77 a 88, Lei n. 6.015/1973 (Registros Públicos)*

O SECRETÁRIO DE VIGILÂNCIA EM SAÚDE, no uso das atribuições que lhe confere o Decreto Nº 5.974, de 29 de novembro de 2006, e

CONSIDERANDO a Lei nº 8.080, de 19 de setembro de 1990 e suas alterações, que dispõe sobre as condições para a promoção, proteção e recuperação da saúde, a organização e o funcionamento dos serviços correspondentes;

CONSIDERANDO o Decreto nº 3.156, de 27 de agosto de 1999, que dispõe sobre as condições para a prestação de assistência à saúde dos povos indígenas, no âmbito do Sistema Único de Saúde;

CONSIDERANDO a Portaria nº 1.172/GM, de 15 de junho de 2004, que regulamenta a NOB SUS 01/96 no que se refere às competências da União, Estados, Municípios e Distrito Federal, na área de Vigilância em Saúde e define a sistemática de financiamento;

CONSIDERANDO a Portaria Nº 204/GM, de 29 de janeiro de 2007, que regulamenta o financiamento e a transferência dos recursos federais para as ações e os serviços de saúde, na forma de blocos de financiamento, com o respectivo monitoramento e controle;

CONSIDERANDO a Portaria nº 2.656/GM, de 17 de outubro de 2007, que dispõe sobre as responsabilidades na prestação da atenção à saúde dos povos indígenas, no Ministério da Saúde e regulamentação dos Incentivos de Atenção Básica e Especializada aos Povos Indígenas; e

CONSIDERANDO a Resolução CFM nº 1.779/2005, que regulamenta a responsabilidade médica no fornecimento da Declaração de Óbito, resolve:

CAPÍTULO I – DAS DISPOSIÇÕES INICIAIS

Art. 1º O conjunto de ações relativas à coleta, codificação, processamento de dados, fluxo, consolidação, avaliação e divulgação de informações sobre os óbitos ocorridos no País compõe o Sistema de Informações sobre Mortalidade (SIM).

Art. 2º O conjunto de ações relativas à coleta, codificação, processamento de dados, fluxo, consolidação, avaliação e divulgação de informações sobre nascidos vivos ocorridos no País compõe o Sistema de Informações sobre Nascidos Vivos (SINASC).

CAPÍTULO II – DAS COMPETÊNCIAS

Art. 3º A Secretaria de Vigilância em Saúde (SVS/MS), como gestora nacional do SIM e do SINASC, tem as seguintes atribuições:

I – Estabelecer e divulgar diretrizes, normas técnicas, rotinas e procedimentos de gerenciamento dos sistemas;

II – Consolidar e avaliar os dados processados e transferidos pelos Estados;

III – Estabelecer prazos para o envio de dados pelo nível Estadual;

IV – Desenvolver ações visando o aprimoramento da qualidade da informação;

V – Retroalimentar os dados para os integrantes do Sistema; e

VI – Divulgar informações e análises epidemiológicas.

§ 1º Para cumprir o disposto na alínea V deste Artigo, a SVS/MS garantirá ferramentas que assegurem aos Gestores Estaduais/Distrito Federal, Municipais e aos Chefes de Distritos Sanitários Especiais Indígenas, a retroalimentação automática dos dados de interesse transferidos ao módulo nacional do sistema.

§ 2º A SVS/MS é responsável pela geração e manutenção do cadastro de acesso dos Gestores Estaduais ao módulo nacional do sistema, de forma que possam utilizar o módulo de retroalimentação automática do sistema.

Art. 4º As Secretarias de Estado da Saúde, gestoras estaduais do SIM e do SINASC, em consonância com normas e diretrizes nacionais, têm as seguintes atribuições:

I – Criar e manter as condições necessárias à descentralização do sistema até o nível municipal;

II – Consolidar e avaliar os dados provenientes das unidades notificadoras no âmbito do seu território;

III – Estabelecer fluxos e prazos para o envio de dados pelo nível municipal e/ou regional;

IV – Remeter regularmente os dados ao nível nacional do sistema, dentro dos prazos estabelecidos nesta Portaria;

V – Desenvolver ações visando o aprimoramento da qualidade da informação;

VI – Retroalimentar os dados para as Secretarias Municipais de Saúde (SMS);

VII – Divulgar informações e análises epidemiológicas; e

VIII – Estabelecer e divulgar diretrizes, normas técnicas, rotinas e procedimentos de gerenciamento dos sistemas, no âmbito do Estado, em caráter complementar à atuação do nível Federal.

§ 1º Para cumprir o disposto na alínea V deste Artigo, o Gestor Estadual dos sistemas será responsável pela geração e manutenção do cadastro dos Gestores Municipais, de forma que possam utilizar o módulo de retroalimentação automática do sistema, garantido pela SVS/MS no módulo nacional do sistema.

§ 2º Os Gestores Municipais de localidades com a presença de população indígena aldeiada em seu território, devem estabelecer pactuação com os Chefes dos Distritos Sanitários Especiais Indígenas referente à operacionalização do SIM e SINASC, na área de intersecção entre estes e o âmbito do Município.

Art. 5º As Secretarias Municipais de Saúde, gestoras do SIM e do SINASC no âmbito municipal, em consonância com normas e diretrizes nacionais e estaduais, têm as seguintes atribuições:

I – coletar, processar, consolidar e avaliar os dados provenientes das unidades notificantes;

II – transferir os dados em conformidade com os fluxos e prazos estabelecidos pelos níveis nacional e estadual;

III – desenvolver ações para o aprimoramento da qualidade da informação;

IV – retroalimentar os dados para as unidades notificadoras;

V – divulgar informações e análises epidemiológicas; e

VI – estabelecer e divulgar diretrizes, normas técnicas, rotinas e procedimentos de gerenciamento dos sistemas, no âmbito do Município, em caráter complementar à atuação das esferas Federal e Estadual.

Art. 6º O órgão responsável pela Coordenação Nacional do Subsistema de Saúde Indígena no SUS, no Ministério da Saúde, terá as seguintes atribuições em relação à operacionalização do SIM e do SINASC:

I – Estabelecer parceria com a SVS/MS e pactuação com os gestores estaduais e distritais indígenas, referente a operacionalização do SIM e SINASC na área de intersecção entre estes;

II – Gerar e manter o cadastro dos Chefes Distritais de Saúde Indígena, de forma que possam utilizar o módulo de retroalimentação automática do sistema, garantido pela SVS no módulo nacional do sistema;

III – Criar e manter as condições necessárias à descentralização do sistema até a esfera distrital do Subsistema de Saúde Indígena.

IV – Desenvolver ações, em parceria com a SVS/MS, visando o aprimoramento da qualidade da informação;

IV – Divulgar informações e análises epidemiológicas; e

V – Estabelecer e divulgar diretrizes, normas técnicas, rotinas e procedimentos de gerenciamento dos sistemas, no âmbito dos distritos sanitários especiais indígenas, em consonância com as normas e diretrizes nacionais e estaduais.

Art. 7º Compete aos Distritos Sanitários Especiais Indígenas (DSEI), enquanto coordenadores do SIM e do SINASC no recorte territorial de sua área de abrangência, em consonância com normas e diretrizes nacionais e estaduais:

I – Estabelecer pactuação com os gestores municipais para operacionalização do SIM e SINASC, na área de intersecção entre estes e o âmbito do Distrito;

II – coletar, processar e consolidar os dados provenientes dos eventos ocorridos em aldeias indígenas;

III – analisar os dados provenientes de eventos envolvendo indígenas, independente do local de ocorrência;

IV – transferir os dados, observados os fluxos e prazos estabelecidos pelos níveis nacional e estadual;

V – desenvolver ações para o aprimoramento da qualidade da informação;

VI – retroalimentar os dados para as unidades notificadoras;

VII – divulgar informações e análises epidemiológicas; e

VIII – estabelecer e divulgar diretrizes, normas técnicas, rotinas e procedimentos de gerenciamento dos sistemas, no âmbito de seu território, em caráter complementar à atuação das esferas Federal e Estadual.

Parágrafo único. A competência dos DSEI no que se refere à alimentação de óbitos e nascimentos no SIM e SINASC, refere-se exclusivamente aos eventos ocorridos em aldeias indígenas, sendo que os eventos envolvendo indígenas, ocorridos fora destes territórios são de competência dos gestores Estaduais e Municipais do SUS, e seus registros nestes sistemas, estarão acessíveis aos DSEI por meio de retroalimentação.

Art. 8º Compete ao Distrito Federal, no que couberem, as atribuições referentes a estados e municípios.

CAPÍTULO III – DOS SISTEMAS E DOCUMENTOS-PADRÃO

SEÇÃO I – DO SISTEMA INFORMATIZADO

Art. 9º O Departamento de Análise da Situação de Saúde (DASIS/SVS/MS) é o responsável pela distribuição das versões atualizadas dos sistemas informatizados, necessários ao processamento dos dados coletados e registrados nos documentos-padrão, bem como a definição das estruturas responsáveis pelo treinamento e suporte técnico para implantação, operação, monitoramento e avaliação dos sistemas junto às Secretarias Estaduais de Saúde, que os repassarão para as Secretarias Municipais, de acordo com estratégias estabelecidas por cada Unidade Federada.

§ 1º A distribuição de versões personalizadas do aplicativo informatizado para atender especificidades dos DSEI será realizada pelo DASIS/SVS/MS que as repassarão ao órgão responsável pela Coordenação Nacional do Subsistema de Saúde Indígena no SUS, no Ministério da Saúde, que as distribuirão para os DSEI.

SEÇÃO II – DOS DOCUMENTOS-PADRÃO

Art. 10. Deve ser utilizado o formulário da Declaração de Óbito (DO), constante no Anexo I desta Portaria, ou novos modelos que venham a ser distribuídos pelo Ministério da Saúde, como documento padrão de uso obrigatório em todo o território nacional, para a coleta dos dados sobre óbitos e considerado como o documento hábil para os fins do Art. 77, da Lei nº 6.015/1973 para a lavratura da Certidão de Óbito, pelos Cartórios do Registro Civil.

Art. 11. Deve ser utilizado o formulário da Declaração de Nascidos Vivos (DN), constante do Anexo II desta Portaria, ou novos modelos que venham a ser distribuídos pelo Ministério da Saúde, como documento padrão de uso obrigatório em todo o território nacional, para a coleta dos dados sobre nascidos vivos, considerado como o documento hábil para os fins do inciso IV, Art. 10, da Lei nº 8.069/1990, e do Art. 50, da Lei nº 6.015/1973 para a lavratura da Certidão de Nascimento, pelos Cartórios do Registro Civil.

§ 1º A emissão da DN em caso de registro tardio, deve ser regulamentada pelas SES na área de sua competência, não podendo, entretanto, ocorrer para eventos anteriores à implantação do SINASC em cada Unidade Federada.

§ 2º O DASIS/SVS/MS elaborará e divulgará regularmente as rotinas e procedimentos operacionais necessários ao preenchimento da DO e da DN, bem como os conceitos, critérios e definições de cada campo das declarações.

Art. 12. A DO e a DN devem ter sua impressão, distribuição e controle sob a responsabilidade da SVS/MS, que poderá delegá-las às Secretarias Estaduais de Saúde, mediante pactuação.

§ 1º A DO e a DN devem ser impressas com seqüência numérica única, em conjuntos de três vias autocopiativas, conforme fotolito padronizado pela SVS/MS que poderá ser fornecido às Secretarias Estaduais de Saúde, sempre que houver a pactuação prevista no *caput* deste Artigo.

§ 2º Cabe ao DASIS/SVS/MS, o controle da numeração que será utilizada nos formulários de ambos os sistemas.

§ 3º As Secretarias Estaduais de Saúde que pactuarem a delegação prevista no *caput* deste Artigo, deverão solicitar ao DASIS/SVS/MS, a faixa numérica a ser utilizada sempre que for necessária a impressão de novos formulários.

Art. 13. As Secretarias Estaduais de Saúde são responsáveis pela distribuição das DO e DN, diretamente ou por meio das suas instâncias regionais de saúde, às Secretarias Municipais de Saúde e aos Distritos Sanitários Especiais Indígenas, que estabelecerão controle sobre a distribuição e utilização de cada um dos documentos padrão, em sua esfera de gerenciamento dos sistemas.

§ 1º As Secretarias Estaduais e Municipais de Saúde e os DSEI deverão informar e manter atualizado o módulo de distribuição de documentos-padrão, DO e DN, no aplicativo informatizado dos sistemas.

§ 2º A distribuição de DO e DN para DSEI cuja área de abrangência extrapole os limites de uma UF, será de responsabilidade do órgão responsável pela Coordenação Nacional do Subsistema de Saúde Indígena no SUS, no Ministério da Saúde, mediante pactuação com a SVS/MS.

§ 3º A SVS/MS deverá apresentar padrão para interoperabilidade entre o módulo de distribuição de documentos-padrão SIM-SINASC e os sistemas informatizados de controle de documentos padrão das UF, que disponham de ferramenta mais completas e eficazes, permitindo que estas os utilizem em substituição aos sistemas oficiais, após análise técnica e pactuação com o Ministério da Saúde.

§ 4º As Secretarias Municipais de Saúde deverão fornecer e controlar a utilização de formulários de DO para as seguintes unidades notificadoras e notificadores, que passarão a serem responsáveis solidárias pela série numérica recebida:

I – Estabelecimentos e Serviços de saúde, inclusive os de atendimento ou internação domiciliar;

II – Institutos Médicos Legais (IML);

III – Serviços de Verificação de Óbitos (SVO); e

IV – Médicos cadastrados pelas Secretarias Municipais de Saúde.

§ 5º É vedada a distribuição da DO às empresas funerárias.

§ 6º É permitida a distribuição de formulários de DO para cartórios de Registro Civil, somente em localidades onde não exista médico, salvo decisão em contrário do Gestor Municipal de Saúde a ser pactuada nas instâncias colegiadas do SUS com a Secretaria Estadual de Saúde, e em consonância com a Corregedoria de Justiça local.

§ 7º Os DSEI deverão fornecer e controlar a utilização de formulários de DO e DN para os profissionais de saúde cadastrados pelo órgão responsável pela Coordenação Nacional do Subsistema de Saúde Indígena no SUS, no Ministério da Saúde, que passarão a serem responsáveis solidários pela série numérica recebida.

§ 8º As Secretarias Municipais de Saúde deverão fornecer e controlar a utilização de formulários de DN para as seguintes unidades notificadoras e notificadores, que passarão a serem responsáveis solidárias pela série numérica recebida:

I – Estabelecimentos e Serviços de Saúde, onde possam ocorrer partos, inclusive os de atendimento ou internação domiciliar;

II – Médicos e enfermeiros, parteiras tradicionais reconhecidas e vinculadas a unidades de saúde, que atuem em partos domiciliares, cadastrados pelas Secretarias Municipais de Saúde; e

III – Cartórios de Registro Civil.

§ 9º A emissão indevida da DO e DN, quando conhecida, deve ser denunciada aos órgãos competentes pela instância que tinha a sua guarda, e pela instância que diretamente a distribuiu ao Notificador que tinha a última guarda.

SEÇÃO III – DO PROCESSAMENTO DOS DADOS

Art. 14. A SES deve organizar a logística de processamento de dados, cobrindo todo o território da UF, incluindo a definição do local onde serão processados os dados de eventos ocorridos em municípios que, por qualquer motivo, não assumam diretamente esta atribuição.

Parágrafo único. A ausência de condições em assumir o processamento de dados, não isenta o Município de todas as demais responsabilidades envolvidas na gestão do sistema, como distribuição e controle de documentos, coleta, busca ativa, aprimoramento da qualidade, investigação, etc.

Art. 15. A SES e a SMS devem manter equipes para manutenção dos sistemas de informação, composta dos profissionais necessários às várias funções assumidas, incluindo a codificação de causas de mortalidade.

Art. 16. Os dados constantes da DO e da DN deverão ser processados no Município onde ocorreu o evento.

§ 1º O processamento dos dados das DO emitidas pelos IML e SVO poderá, a critério da SES, ser realizado no Município que sedia o referido serviço e não no Município de ocorrência, de forma a assegurar o seu efetivo processamento.

§ 2º Além da retroalimentação de eventos de residentes ocorridos fora do Município ou UF, a SVS/MS disponibilizará meios para assegurar a retroalimentação aos municípios de ocorrência de dados de eventos processados em outros municípios ou UF.

§ 3º Os eventos ocorridos em aldeias indígenas, terão as DO e as DN processadas sob a responsabilidade do DSEI da área de abrangência correspondente, conforme lista constante do Anexo III.

§ 4º A SVS/MS disponibilizará meios para assegurar a retroalimentação dos dados de eventos ocorridos e processados nos DSEI, aos municípios e UF onde as aldeias estejam sediadas.

§ 5º A SVS/MS disponibilizará meios para assegurar que os dados de eventos ocorridos fora do Município de residência possam ter os dados de endereçamento qualificados no sistema informatizado, pelo Município de residência, após a retroalimentação, visando à busca ativa e vigilância a saúde do RN.

SEÇÃO IV – DAS ATRIBUIÇÕES E RESPONSABILIDADES DOS MÉDICOS SOBRE A EMISSÃO DA DECLARAÇÃO DE ÓBITO

Art. 17. A emissão da DO é de competência do médico responsável pela assistência ao paciente, ou substitutos, excetuando-se apenas os casos confirmados ou suspeitos de morte por causas externas, quando a responsabilidade por este ato é atribuída ao médico do IML ou equivalente.

Art. 18. Os dados informados em todos os campos da DO são de responsabilidade do médico que atestou a morte, cabendo ao atestante preencher pessoalmente e revisar o documento antes de assiná-lo.

Art. 19. A competência para a emissão da DO será atribuída com base nos seguintes parâmetros:

I – Nos óbitos por causas naturais com assistência médica, a DO deverá ser fornecida, sempre que possível, pelo médico que vinha prestando assistência ao paciente, ou de acordo com as seguintes orientações:

a) A DO do paciente internado sob regime hospitalar deverá ser fornecida pelo médico assistente e, na sua ausência ou impedimento, pelo médico substituto, independente do tempo decorrido entre a admissão ou internação e o óbito;

b) A DO do paciente em tratamento sob regime ambulatorial deverá ser fornecida por médico designado pela instituição que prestava assistência, ou pelo SVO;

c) A DO do paciente em tratamento sob regime domiciliar na Estratégia Saúde da Família (ESF), internação domiciliar e outros deverá ser fornecida pelo médico pertencente ao programa ao qual o paciente estava cadastrado, podendo ainda ser emitida pelo SVO, caso o médico não disponha de elementos para correlacionar o óbito com o quadro clínico concernente ao acompanhamento registrado nos prontuários ou fichas médicas destas instituições; e

d) Nas localidades sem SVO ou referência de SVO definida pela CIB, cabe ao médico da ESF ou da Unidade de Saúde mais próxima verificar a realidade da morte, identificar o falecido e emitir a DO, nos casos de óbitos de paciente em tratamento sob regime domiciliar, podendo registrar "morte com causa indeterminada" quando os registros em prontuários ou fichas médicas não ofereçam elementos para correlacionar o óbito com o quadro clínico concernente ao acompanhamento que fazia. Se a causa da morte for desconhecida, poderá registrar "causa indeterminada" na Parte I do Atestado Médico da DO, devendo entretanto se tiver conhecimento, informar doenças pré-existentes na Parte II deste documento.

II – Nos óbitos por causas naturais, sem assistência médica durante a doença que ocasionou a morte:

a) Nas localidades com SVO, a DO deverá ser emitida pelos médicos do SVO;

b) Nas localidades sem SVO, a Declaração de Óbito deverá ser fornecida pelos médicos do serviço público de saúde mais próximo do local onde ocorreu o evento e, na sua ausência, por qualquer médico da localidade. Se a causa da morte for desconhecida, poderá registrar "causa indeterminada" na Parte I do Atestado Médico da DO, devendo, entretanto se tiver conhecimento, informar doenças pré-existentes na Parte II deste documento.

III – Nos óbitos fetais, os médicos que prestaram assistência à mãe ficam obrigados a fornecer a DO quando a gestação tiver duração igual ou superior a 20 (vinte) semanas, ou o feto tiver peso corporal igual ou superior a 500 (quinhentos) gramas, e/ou estatura igual ou superior a 25 (vinte e cinco) centímetros.

IV – Nos óbitos não fetais, de crianças que morreram pouco tempo após o nascimento, os médicos que prestaram assistência à mãe ou à criança, ou seus substitutos, ficam obrigados a fornecer a DO independente da duração da gestação, peso corporal ou estatura do recém-nascido, devendo ser assegurada neste caso também a emissão da Declaração de Nascidos Vivos pelo médico presente ou pelos demais profissionais de saúde.

V – Nas mortes por causas externas:

a) Em localidade com IML de referência ou equivalente, a DO deverá, obrigatoriamente, ser emitida pelos médicos dos serviços médico-legais, qualquer que tenha sido o tempo decorrido entre o evento violento e a morte propriamente; e

b) Em localidade sem IML de referência ou equivalente, a DO deverá ser emitida por qualquer médico da localidade, ou outro profissional investido pela autoridade judicial ou policial na função de perito legista eventual (ad hoc), qualquer que tenha sido o tempo decorrido entre o evento violento e a morte propriamente.

§ 6º Nos óbitos ocorridos em localidades onde exista apenas um médico, este é o responsável pela emissão da DO.

§ 7º Nos óbitos naturais ocorridos em localidades sem médico, a emissão das 3 (três) vias da DO deverá ser solicitada ao Cartório do Registro Civil de referência, pelo responsável pelo falecido, acompanhado de 2 (duas) testemunhas, em conformidade com os fluxos acordados com as corregedorias de Justiça local.

§ 8º As Secretarias Municipais de Saúde deverão indicar o médico que emitirá a DO, de acordo com o preconizado acima, caso restem dúvidas sobre a atribuição.

§ 9º As Secretarias Municipais de Saúde deverão utilizar-se dos meios disponíveis na busca ativa de casos não notificados ao SIM.

SEÇÃO V – DO FLUXO DA DECLARAÇÃO DE ÓBITO

Art. 20. No caso de óbito natural ocorrido em estabelecimento de saúde, a DO emitida na Unidade Notificadora, terá a seguinte destinação:

I – 1ª via: Secretaria Municipal de Saúde;

II – 2ª via: representante/responsável da família do falecido,para ser utilizada na obtenção da Certidão de Óbito junto ao Cartório do Registro Civil, o qual reterá o documento; e

III – 3ª via: Unidade Notificadora, para arquivar no prontuário do falecido.

Art. 21. No caso de óbito natural ocorrido fora de estabelecimento de saúde e com assistência médica, a DO preenchida pelo médico responsável, conforme normatizado na Seção IV, terá a seguinte destinação:

I – 1ª e 3ª vias: Secretarias Municipais de Saúde; e

II – 2ª via: representante/responsável da família do falecido para ser utilizada na obtenção da Certidão de Óbito junto ao Cartório do Registro Civil, o qual reterá o documento.

Parágrafo único. No caso de óbito natural, sem assistência médica em localidades sem SVO, as vias da DO emitidas pelo médico do Serviço de Saúde mais próximo, ou pelo médico designado pela Secretaria Municipal de Saúde, em conformidade com o § 8º do Art. 19 desta Portaria, deverão ter a mesma destinação disposta no *caput* deste Artigo.

Art. 22. No caso de óbito natural, sem assistência médica em localidades com SVO, a DO emitida pelo médico daquele Serviço, deverão ter a seguinte destinação:

I – 1ª via: Secretaria Municipal de Saúde;

II – 2ª via: representante/responsável da família do falecido,para ser utilizada na obtenção da Certidão de Óbito junto ao Cartório do Registro Civil, o qual reterá o documento; e

III – 3ª via: Serviço de Verificação de Óbitos.

Art. 23. No caso de óbito natural ocorrido em localidade sem médico, a DO preenchida pelo Cartório do Registro Civil terá a seguinte destinação:

I – 1ª e 3ª vias: Cartório de Registro Civil, para posterior coleta pela Secretaria Municipal de Saúde responsável pelo processamento dos dados; e

II – 2ª via: Cartório de Registro Civil, que emitirá a Certidão de Óbito a ser entregue ao representante/responsável pelo falecido.

§ 1º As Secretarias Municipais de Saúde deverão utilizar-se dos meios disponíveis na busca ativa de casos não notificados, valendo-se de todos os meios disponíveis para esta finalidade.

§ 2º No caso de óbito de indígena ocorrido em aldeia, nas condições do *caput* deste Artigo, a 1ª via será coletada pelo DSEI para processamento dos dados.

Art. 24. No caso de óbito natural ocorrido em aldeia indígena, com assistência médica, a DO emitida terá a seguinte destinação:

I – 1ª via: Distrito Sanitário Especial Indígena;

II – 2ª via: representante/responsável da família do falecido,para ser utilizada na obtenção da Certidão de Óbito junto ao Cartório do Registro Civil, o qual reterá o documento; e

III – 3ª via: Unidade Notificadora, para arquivar no prontuário do falecido.

Art. 25. Nos casos de óbitos por causas acidentais e/ou violentas, as três vias da DO, emitidas pelo médico do IML de referência, ou equivalente, deverão ter a seguinte destinação:

I – 1ª via: Secretaria Municipal de Saúde;

II – 2ª via: representante/responsável da família do falecido,para ser utilizada na obtenção da Certidão de Óbito junto ao Cartório do Registro Civil, o qual reterá o documento; e

III – 3ª via: Instituto Médico Legal.

Art. 26. Nos casos de óbitos por causas acidentais e/ou violentas, nas localidades onde não exista IML de referência, ou equivalente, as três vias da DO, emitidas pelo perito designado pela autoridade judicial ou policial para tal finalidade, deverão ter a seguinte destinação:

I – 1ª e 3ª vias: Secretarias Municipais de Saúde; e

II – 2ª via: representante/responsável da família do falecido para ser utilizada na obtenção da Certidão de Óbito junto ao Cartório do Registro Civil, o qual reterá o documento.

SEÇÃO VI – DAS ATRIBUIÇÕES E RESPONSABILIDADES PROFISSIONAIS DE SAÚDE OU PARTEIRAS TRADICIONAIS SOBRE A EMISSÃO DA DECLARAÇÃO DE NASCIDO VIVO

Art. 27. A emissão da DN é de competência dos profissionais de saúde, ou parteiras tradicionais responsáveis pela assistência ao parto ou ao recém-nascido (reconhecidas e vinculadas a unidades de Saúde), no caso dos partos hospitalares ou domiciliares com assistência.

§ 1º É obrigatória a emissão de DN para todo nascido vivo, independente da duração da gestação, peso e estatura do recém nascido.

§ 2º Para o preenchimento da DN devem ser privilegiadas as informações prestadas pela puérpera, todos profissionais de saúde presentes em sala de parto, bem como todos os documentos disponíveis, como prontuários e anotações pertinentes.

Art. 28. Para partos domiciliares sem assistência de profissionais de saúde ou parteiras tradicionais, a DN deverá ser emitida pelo Cartório de Registro Civil, mediante autorização dada em provimento da Corregedoria de Justiça do Estado.

Art. 29. Os nascimentos sem assistência, ocorridos em famílias cadastradas na Estratégia de Saúde da Família ou no Programa de Agentes Comunitários de Saúde (PACS), a DN deverá ser emitida por um profissional de saúde devidamente habilitado, pertencente à equipe ou unidade a que a mãe da criança esteja vinculada.

Parágrafo único. As Secretarias Municipais de Saúde deverão utilizar-se dos meios disponíveis na busca ativa de casos não notificados ao SINASC.

SEÇÃO VII – DO FLUXO DA DECLARAÇÃO DE NASCIDO VIVO

Art. 30. Para os partos hospitalares, a DN preenchida pela Unidade Notificadora terá a seguinte destinação:

I – 1ª via: Secretaria Municipal de Saúde;

II – 2ª via: pai ou responsável legal, para ser utilizada na obtenção da Certidão de Nascimento junto ao Cartório do Registro Civil, o qual reterá o documento; e

III – 3ª via: arquivo da Unidade de Saúde junto a outros registros hospitalares da puérpera.

Art. 31. Para os partos domiciliares com assistência, a DN preenchida pelo profissional de saúde responsável pela assistência, deverá ter a seguinte destinação:

I – 1ª via: Secretaria Municipal de Saúde;

II – 2ª via: pai ou responsável legal, para ser utilizada na obtenção da Certidão de Nascimento junto ao Cartório do Registro Civil, o qual reterá o documento; e

III – 3ª via: pai ou responsável legal, para ser apresentada na primeira consulta em Unidade de Saúde.

Art. 32. Para os partos domiciliares sem assistência de qualquer profissional de saúde ou parteiras tradicionais – reconhecidas e vinculadas a unidades de saúde – a DN preenchida pelo Cartório de Registro Civil, mediante autorização dada em provimento da Corregedoria de Justiça do Estado terá a seguinte destinação:

I – 1ª via: Cartório de Registro Civil, até ser recolhida pela Secretaria Municipal de Saúde;

II – 2ª via: Cartório de Registro Civil, que emitirá a Certidão de nascimento; e

III – 3ª via: pai ou responsável legal, para ser apresentada na primeira consulta na unidade de saúde.

Parágrafo único. As Secretarias Municipais de Saúde deverão utilizar-se dos meios disponíveis na busca ativa de casos não notificados, valendo-se inclusive, dos Agentes Comunitários de Saúde e parteiras tradicionais.

Art. 33. Para os partos domiciliares de indígenas em aldeias, com assistência, a DN preenchida pelo profissional de saúde ou parteira tradicional responsável pela assistência, deverá ter a seguinte destinação:

I – 1ª via: Distrito Sanitário Especial Indígena;

II – 2ª via: pai ou responsável legal, para ser utilizada na obtenção da Certidão de Nascimento junto ao Cartório do Registro Civil, o qual reterá o documento; e

III – 3ª via: pai ou responsável legal, para ser apresentada na primeira consulta em unidade de saúde.

CAPÍTULO IV – DA TRANSFERÊNCIA DOS DADOS, DOS PRAZOS E DA REGULARIDADE

Art. 34. *(Revogado conforme determinado na Portaria SVS nº 47, de 3.5.2016, DOU 5.5.2016)*

Art. 35. As Secretarias Municipais de Saúde e os DSEI deverão disponibilizar os arquivos de transferência ao gestor estadual, no prazo máximo de 30 (trinta) dias após o encerramento do mês de ocorrência, com o volume esperado de registros, segundo parâmetros a serem definidos pelo gestor estadual para viabilizar o alcance de suas metas junto ao gestor nacional.

Parágrafo único. O Ministério da Saúde poderá indicar parâmetros para estimar volume esperado de nascimentos e óbitos por Município ou micro-regiões formadas por municípios de residência, como forma de apoiar o Gestor Estadual no acompanhamento do envio de dados pelos municípios de que trata o *caput* deste Artigo.

Art. 36. Os registros transferidos pelas Secretarias Estaduais de Saúde ao módulo nacional do Sistema deverão ser avaliados quanto à qualidade, completude, consistência e integridade continuamente pelo Gestor Nacional dos sistemas.

§ 1º A qualidade, completude, consistência e integridade dos dados são de responsabilidade do nível de gestão do sistema que o gerou, devendo ser revisado, atualizado e retransmitido por este até a consolidação do banco de dados, sempre que percebida a necessidade ou demandado pelos demais níveis de gestão do sistema, nos prazos definidos pelos gestores nacional e estadual.

§ 2º A consolidação do ano estatístico pela SVS/MS deverá ocorrer até o dia 30 de junho de cada ano, relativamente aos dados do ano anterior.

Art. 37. Os dados serão divulgados em caráter preliminar, e posteriormente em caráter definitivo, nos seguintes prazos:

I – Entre 30 de junho e 30 de agosto do ano subseqüente ao ano de ocorrência, em caráter preliminar; e

II – Até 30 de dezembro do ano subseqüente ao ano de ocorrência, em caráter oficial.

Art. 38. São responsabilidades dos gestores nas três esferas de governo a manutenção, integridade e confidencialidade das bases de dados do SIM e do SINASC.

CAPÍTULO V – DAS DISPOSIÇÕES FINAIS

Art. 39. As Secretarias Estaduais de Saúde poderão adotar, em sua jurisdição, fluxos alternativos aos definidos nos nesta Portaria, mediante pactuação na CIB referendada pela SVS/MS e:

I – Garantias de que não haja subnotificação dos eventos; e

II – Haja agilidade no sistema de informação, e o máximo de integração com o Sistema de Vigilância em Saúde local e nacional.

Art. 40. A SVS/MS emitirá norma complementar regulamentando o processo de investigação de óbitos e nascimentos, cujo registro na DO ou na DN tenha sido feito com qualidade inadequada aos padrões aceitáveis.

Parágrafo único. O resgate de registros de óbitos e nascimentos não documentados adequadamente por ocasião dos fatos será objeto desta normatização complementar, que tratará de instrumentos padrão e fluxos, com entrada identificada nos sistemas.

Art. 41. As Secretarias Estaduais de Saúde deverão normatizar, no âmbito do Estado, a guarda das Declarações de Óbito e Nascimento utilizadas para o processamento da informação, podendo destruí-los para descarte em seguida, desde que obedecidos os seguintes prazos e critérios mínimos:

I – 10 (dez) anos para a guarda do documento impresso não digitalizado;

II – 3 (três) anos para a guarda do documento impresso que tenha sido digitalizado ou microfilmado;

III – A destruição dos documentos originais que tenham sido cancelados por erro de preenchimento, poderá ser feita imediatamente após conferência e a digitação de seu cancelamento no módulo de distribuição de documentos-padrão no sistema informatizado; e

IV – A guarda da via do prontuário deverá durar o mesmo tempo que durar a guarda do próprio prontuário.

Art. 42. As Secretarias Municipais de Saúde deverão incentivar o Registro Civil de Nascimentos e de Óbitos por meio de integração com os cartórios e o encaminhamento, orientação e sensibilização aos familiares dos nascidos ou falecidos sobre a importância deste ato.

Art. 43. *(Revogado pela PRT SVS/MS nº. 201 de 03.11.2010)*

Art. 44. O Ministério da Saúde têm um prazo máximo de 120 (cento e vinte) dias, após a publicação desta Portaria, para disponibilizar as soluções de informática previstas nos compromissos assumidos com a retroalimentação por local de ocorrência, e 180 (cento e oitenta) dias para o desenvolvimento e implantação das soluções relacionadas aos aplicativos a serem distribuídos nas áreas indígenas, envolvendo aspectos relativos à sua territorialidade e questões étnicas específicas.

Art. 45. Esta Portaria entra em vigor na data de sua publicação.

Art. 46. Fica revogada a Portaria nº 20/SVS, de 3 de outubro de 2003, publicado no Diário Oficial da União nº 194, Seção 1, pág. 50, de 7 de outubro de 2003 e republicada no Diário Oficial da União nº 196, Seção 1, pág. 71, de 9 de outubro de 2003.

GERSON OLIVEIRA PENNA

› *Não publicamos os anexos desta Portaria.*

PORTARIA INTERMINISTERIAL Nº 8, DE 8 DE OUTUBRO DE 2019 DOS MINISTÉRIOS DA JUSTIÇA E DAS RELAÇÕES EXTERIORES

Dispõe sobre os procedimentos a serem adotados em relação à tramitação dos pedidos de naturalização especial.

- *Art. 32, Lei n. 6.015/1973 (Registros Públicos)*
- *Art. 12 da Constituição Federal*
- *Art. 63, Lei 13.445/2017 (Lei da Migração),*
- *Arts. 213 e ss do Decreto n. 9.199/2017 (Regulamenta Lei da Migração).*

OS MINISTROS DE ESTADO DA JUSTIÇA E SEGURANÇA PÚBLICA E DAS RELAÇÕES EXTERIORES, no uso das atribuições que lhe conferem o art. 87, parágrafo único, inciso II, da Constituição, e tendo em vista o disposto nos arts. 64, inciso III, 68 e 69 da Lei nº 13.445, de 24 de maio de 2017, e nos arts. 240 a 243 do Decreto nº 9.199, de 20 de novembro de 2017, resolvem:

CAPÍTULO I – DISPOSIÇÕES PRELIMINARES

Art. 1º A presente Portaria estabelece procedimentos a serem adotados em relação à tramitação dos requerimentos de naturalização especial, no âmbito dos Ministérios da Justiça e Segurança Pública e das Relações Exteriores.

Art. 2º Compete ao Secretário Nacional de Justiça do Ministério da Justiça e Segurança Pública decidir sobre os requerimentos de naturalização especial.

Art. 3º Para as finalidades desta Portaria, entende-se por:

a) Missão Diplomática: Embaixadas, Missões e Delegações Permanentes junto a Organismos Internacionais; e

b) Repartição Consular: Consulados-Gerais, Consulados e Vice-Consulados.

CAPÍTULO II – DO PROCEDIMENTO

Art. 4º O requerimento de naturalização especial e os documentos que instruem o pedido serão apresentados no Ministério das Relações Exteriores e em seus órgãos no exterior.

§ 1º Os dados biométricos do naturalizando serão coletados pelos postos do Ministério das Relações Exteriores, nos termos do art. 227, parágrafo único, do Decreto nº 9.199, de 2017.

§ 2º Os postos deverão fornecer à Secretaria de Estado das Relações Exteriores, por expediente telegráfico, informações adicionais e quaisquer outras especificações necessárias para a análise do pedido.

§ 3° A Secretaria de Estado das Relações Exteriores do Ministério das Relações Exteriores procederá ao envio do processo ao Ministério da Justiça e Segurança Pública.

4° Os Ministérios da Justiça e Segurança Pública e das Relações Exteriores tramitarão os pedidos de naturalização especial por meio de sistema eletrônico integrado, quando disponível.

Art. 5º O Ministério da Justiça e Segurança Pública informará diretamente ao requerente, por via eletrônica:

I – o efetivo recebimento do pedido e o número do processo eletrônico gerado;

II – as notificações relacionadas com a tramitação do processo de naturalização; e

III – a decisão sobre o deferimento ou indeferimento do pedido de naturalização especial.

Art. 6º O procedimento de naturalização será encerrado no prazo de cento e oitenta dias, contado da data do recebimento do pedido pelo Ministério da Justiça e Segurança Pública.

Parágrafo único. Caso sejam necessárias diligências para o procedimento de naturalização especial, o prazo previsto no *caput* poderá ser prorrogado por meio de ato do Secretário Nacional de Justiça que fundamente a prorrogação.

Art. 7º O indeferimento do pedido de naturalização especial será informado pelo Ministério da Justiça e Segurança Pública ao Ministério das Relações Exteriores.

Art. 8º Indeferido o pedido de naturalização especial, o prazo para apresentação de recurso será de dez dias, contado da data da notificação do requerente pelo Ministério das Relações Exteriores.

Parágrafo único. O recurso será apresentado ao Ministério da Justiça e Segurança Pública, ao Ministério das Relações Exteriores ou a qualquer um dos postos no exterior.

Art. 9º O recurso será endereçado ao Secretário Nacional de Justiça que, mantendo o indeferimento, o submeterá a julgamento do Ministro de Estado da Justiça e Segurança Pública.

CAPÍTULO III – DA DOCUMENTAÇÃO GERAL

Art. 10. O pedido de naturalização especial deverá conter:

I – requerimento dirigido ao Ministro de Estado da Justiça e Segurança Pública, de acordo com modelo constante do Anexo I;

II – documento oficial de identificação que contenha, obrigatoriamente, dados de filiação;

III – tradução oficial do documento estrangeiro de identificação, apostilada ou legalizada;

IV – atestado de antecedentes criminais, oficialmente traduzido e legalizado ou apostilado, expedido pelo País de origem e, se residir em País diferente, também pelo País de residência, excetuando-se os períodos em que o naturalizando tenha gozado de imunidade diplomática ou consular;

V – comprovação da capacidade de se comunicar em língua portuguesa, nos termos da Portaria Interministerial nº 16, de 3 de outubro de 2018.

§ 1º O eventual período em que o naturalizando tenha gozado de imunidade diplomática ou consular será atestado pelo Ministério das Relações Exteriores.

§ 2º O requerente deverá apresentar, caso possua, documento de viagem válido, expedido pelo País de que seja nacional.

§ 3° Caso requeira a tradução ou adaptação do nome para o português, o requerente deverá apresentar adicionalmente:

I – declaração da Chancelaria do Estado de que é nacional, traduzida oficialmente e apostilada ou legalizada, na qual conste as diversas formas de grafia do nome do requerente; e

II – declaração manifestando preferência por uma grafia de seu nome na portaria de naturalização, caso haja mais de uma.

§ 4º Caso seja dispensável a tradução ou adaptação do nome para o português, o requerente deverá fazer constar esse fato no requerimento.

§ 5° Em caso de reabilitação criminal, o requerente deverá apresentar o documento que a comprove, bem como a respectiva tradução oficial, apostilada ou legalizada.

CAPÍTULO IV – DA DOCUMENTAÇÃO ESPECÍFICA

Art. 11. O pedido de naturalização especial de cônjuge, casado há mais de cinco anos com integrante do Serviço Exterior Brasileiro deverá conter, adicionalmente à documentação geral:

I – comprovação de casamento válido, por meio de

a) certidão de casamento, se o ato foi realizado no território nacional;

b) transcrição em cartório de registro civil competente no Brasil do casamento realizado no exterior; ou

c) transcrição em cartório de registro civil competente no Brasil do registro consular de casamento estrangeiro; e

II – prova da autorização do Governo brasileiro para a celebração do casamento

Art. 12. O pedido de naturalização de companheiro, em regime de união estável há mais de cinco anos com integrante do Serviço Exterior Brasileiro deverá ser instruído, adicionalmente à documentação geral, com:

I – sentença judicial brasileira de reconhecimento de união estável;

II – sentença judicial estrangeira de reconhecimento de união estável devidamente homologada no Brasil pela autoridade competente; ou

III – escritura pública brasileira de lavratura de união estável, realizada por autoridade consular ou cartorária competente.

Art. 13. O pedido de naturalização especial de cônjuge, casado há mais de cinco anos com pessoa a serviço do Estado brasileiro no exterior deverá conter, adicionalmente à documentação geral:

I – ato de designação ou nomeação da pessoa a serviço do Estado brasileiro no exterior; e

II – comprovação de casamento válido, por meio de:

a) certidão de casamento, se o ato foi realizado no território nacional;

b) transcrição em cartório de registro civil competente no Brasil do casamento realizado no exterior; ou

c) transcrição em cartório de registro civil competente no Brasil do registro consular de casamento estrangeiro.

Art. 14. O pedido de naturalização de companheiro, em regime de união estável há mais de cinco anos com pessoa a serviço do Estado brasileiro no exterior deverá conter, adicionalmente à documentação geral e ao respectivo ato de designação para serviço no exterior:

I – sentença judicial brasileira de reconhecimento de união estável;

II – sentença judicial estrangeira de reconhecimento de união estável devidamente homologada no Brasil pela autoridade competente; ou

III – escritura pública brasileira de lavratura de união estável, realizada por autoridade consular ou cartorária competente.

Art. 15. Não sendo possível a apresentação dos documentos mencionados nos arts. 11 e 13, a união estável poderá ser comprovada na forma prevista no § 2° do art. 7° da Portaria Interministerial n° 12, de 13 de junho de 2018.

Art. 16. O pedido de naturalização especial de empregado em missão diplomática ou em repartição consular do País por mais de dez anos ininterruptos deverá conter, adicionalmente à documentação geral, declaração do Ministério das Relações Exteriores, pela qual se ateste que o interessado conta ou contou com mais de dez anos ininterruptos de serviço.

CAPÍTULO V – DISPOSIÇÕES FINAIS

Art. 17. Nos procedimentos previstos nesta Portaria, cumpre ao requerente:

I- informar endereço eletrônico quando do preenchimento do formulário de solicitação;

II – atualizar os seus dados no decorrer da tramitação do procedimento;

III – acompanhar o trâmite do processo por meio de:

a) publicações no Diário Oficial da União – DOU; e

b) mensagens eletrônicas enviadas ao seu endereço.

Art. 18. A naturalização produz efeitos a partir da data da publicação do ato de naturalização no Diário Oficial da União.

Parágrafo único. Dispensam-se da entrega do certificado de naturalização os pedidos de naturalização especial cuja portaria de concessão tenha sido publicada a partir de 21 de novembro de 2017.

Art. 19. Os pedidos de naturalização especial, protocolados no Ministério das Relações Exteriores até 20 de novembro de 2017, tramitarão de acordo com a legislação vigente à época.

Art. 20. Esta Portaria entra em vigor na data de sua publicação.

SERGIO MORO
Ministro de Estado da Justiça e Segurança Pública

ERNESTO HENRIQUE FRAGA ARAÚJO
Ministro de Estado das Relações Exteriores

⊙ ANEXO I – MODELO DE REQUERIMENTO DE NATURALIZAÇÃO ESPECIAL

Senhor Ministro de Estado da Justiça e Segurança Pública,

Eu, (nome por extenso), com correio eletrônico para comunicações (tal), nascido em (naturalidade), nacional do (nome oficial do Estado), filho de (nome completo da mãe e do pai), (sexo), (estado civil), (profissão), expresso, voluntariamente, o desejo de adquirir, por naturalização especial, com base no art. 12, inciso II, alínea "a" da Constituição Federal, e dos dispositivos da Lei nº 13.445/2017, e do Decreto nº 9.199/2017, que o regulamentam, a nacionalidade brasileira, pois:

( ) Sou cônjuge de membro do Serviço Exterior Brasileiro há mais de cinco anos;

( ) Sou companheiro(a) de membro do Serviço Exterior Brasileiro há mais de cinco anos;

( ) Sou cônjuge de pessoa a serviço do Estado brasileiro no exterior há mais de cinco anos;

( ) Sou companheiro(a) de pessoa a serviço do Estado brasileiro no exterior há mais de cinco anos; ou

( ) Fui ou sou empregado(a) em missão diplomática ou em repartição consular do Brasil por mais de dez anos ininterruptos.

Declaro a Vossa Excelência, ainda, que

a) nos últimos cinco anos, residi nas seguintes localidades (indicar caso tenha gozado de imunidades diplomáticas ou consulares em alguma dessas localidades):

b) tive meu nome alterado nas seguintes situações:

Informo, por fim, ter (ou não) interesse em adaptar meu nome ao idioma português (em caso positivo, indicar a grafia de preferência).

As circunstâncias mencionadas acima estão comprovadas na documentação que se apresenta em anexo.

Respeitosamente,

Local, data e assinatura

DOU de 09.10.2019

PORTARIA Nº 901, DE 20 DE MAIO DE 2021 DO INSTITUTO NACIONAL DO SEGURO SOCIAL - INSS

Dispõe sobre regras de condutas de acesso pelos Titulares e Substitutos de Cartórios de Registro Civil ao Sistema Nacional de Informações de Registros Civis - SIRC.

- *Art. 52, § 3º e 75, parágrafo único, Lei n. 6.015/1973 (Registros Públicos)*
- *Decreto 9.929/2019 (Sistema Nacional de Informações de Registro Civil – SIRC)*
- *Instrução Normativa INSS N.116/2021 (Procedimento relativo à apuração de descumprimento de qualquer obrigação imposta pelo art. 68 da Lei 8.212/1991)*
- *Portaria INSS n. 901/2021 (Regras de condutas de acesso pelos Titulares e Substitutos de Cartórios de Registro Civil ao SIRC).*
- *Resolução 01/2015 Comitê Gestor do SIRC*
- *Resolução 04/2019 Comitê Gestor do SIRC*
- *Resolução 08/2021 Comitê Gestor do SIRC*
- *Recomendação CNJ n. 40/2019 (Prazos e informações a serem prestadas ao Sistema Nacional de Informações de Registro Civil – SIRC pelas serventias extrajudiciais de registro de pessoas naturais).*

O Diretor de Benefícios do Instituto Nacional do Seguro Social - INSS, no uso da competência que lhe confere o Decreto nº 9.746, de 8 de abril de 2019, e tendo em vista o que consta no Processo Administrativo nº 35014.105039/2021-81, Resolve:

Art. 1º Comunicar as regras de condutas de acesso pelos Titulares e Substitutos de Cartórios de Registro Civil ao Sistema Nacional de Informações de Registros Civis - SIRC, conforme descrição constante do anexo.

Art. 2º Esta Portaria entra em vigor na data de sua publicação.

ALESSANDRO ROOSEVELT SILVA RIBEIRO

ANEXO I – REGRAS DE CONDUTAS DE ACESSO AO SIRC

1. Com o objetivo de evitar irregularidades quanto ao controle de autorização e gestão de acesso ao Sistema Nacional de Informações dos Registro Civil - SIRC, ratificamos que as credenciais externas de acesso devem ser concedidas somente aos Titulares de Cartórios de Registros Civis de Pessoas Naturais, o substituto oficial e funcionários da serventia.

2. Os acessos e gestões ao SIRC dos Titulares de Cartórios de Registros Civis de Pessoas Naturais e substitutos são concedidos pelos servidores do INSS representantes da Central Especializada de Serviço de Informações de Segurados--CES/AIS das Gerências-Executivas de abrangência do cartório.

3. Os acessos dos funcionários dos cartórios de registro civil serão concedidos pelos Titulares ou substituto do cartório ou quem seja delegado para esta competência na serventia. Neste último caso, o Titular deverá repassar a gestão do SIRC ao delegado para a função.

4. A renovação da gestão de acesso, bem como do acesso dos usuários, ocorre por meio do Gerenciamento de Permissões e Acesso - GPA, no Gerenciamento de Identidades - GERID, pelo endereço eletrônico geridinss.dataprev.gov.br/gpa.

5. Quanto à utilização das credenciais e perfis de acesso ao SIRC, o usuário:

I - deve manter sigilo das informações obtidas por meio do perfil concedido;

II - deve utilizar os serviços e as informações obtidas, por meio do perfil de acesso, única e exclusivamente em razão do cumprimento do disposto no artigo 68 da Lei nº 8.212/1991, quanto à obrigatoriedade do Cartório de Registro Civil de Pessoas Naturais e para os fins que lhe foi designado, cumprindo os procedimentos dispostos neste normativo, sem prejuízo das demais normatizações vigentes na Administração Pública Federal;

III - não pode divulgar, nem mesmo compartilhar, os códigos de segurança que lhe forem atribuídos (credenciais de acesso), os quais são pessoais e intransferíveis;

IV - não pode utilizar as credenciais para acessar os recursos disponíveis em mais de uma estação de trabalho simultaneamente;

V - não pode fazer uso das credenciais de acesso de outros usuários;

VI - deve comunicar ao INSS quaisquer violações ou incidentes referentes à proteção do dado, do software ou de outros ativos da informação;

VII - deve, sempre que for necessário, afastar-se da estação de trabalho, certificar-se de que a sessão de acesso ao sistema corporativo esteja encerrada ou bloqueada;

VIII - deverá, obrigatoriamente, efetuar processo de alteração da sua senha em seu primeiro acesso à rede de dados corporativa; e

IX - no ato do primeiro acesso, o usuário deverá manifestar concordância com os termos dispostos na mesma e com o contido no item 11 do presente documento.

6. É vedado aos Gestores de Acesso ao SIRC atribuir perfil de acesso e/ou de gestão ao referido Sistema aos menores de 18 anos de idade, salvo os devidamente emancipados.

7. É obrigação dos Gestores de Acesso ao SIRC realizar a manutenção de credenciamentos dos usuários em decorrência da sua gestão, devendo para tanto:

I - excluir perfil de acesso e/ou de gestão ao SIRC de Titular, substituto ou funcionário que não esteja mais no quadro funcional do Cartório de registro Civil que possui credencial;

II - excluir perfil de acesso e/ou de gestão ao SIRC de Titular, substituto ou funcionário que tenha vindo à óbito.

8. Em caso de alteração do emissor da credencial, para fins de captura do perfil de acesso ou gestão no GERID, o novo gestor de acesso deverá localizar no GPA, por meio do filtro de pesquisa, o usuário que deseja alterar, selecioná-lo, clicar em "Alterar" e em seguida não havendo necessidade de alteração da credencial, clicar em "Confirmar".

9. Compete aos Titulares e/ou substituto do cartório responsáveis pela atribuição de perfis de acesso ao SIRC efetuar o controle dos acessos, bem como orientar seus funcionários quanto ao uso responsável e adequado dos acessos concedidos, sendo que aqueles que fizerem mau uso desses acessos estarão sujeitos à responsabilização penal, civil e disciplinar.

10. Com relação às senhas de acesso, deve se observar que:

I - deverão ter no mínimo oito caracteres e conter, obrigatoriamente, caracteres alfanuméricos (combinação de letras e números). O usuário poderá acrescentar caracteres especiais (espaços em branco, símbolos, sinais de pontuação, etc.);

II - é vedada a reutilização das últimas quatro senhas utilizadas pelo usuário;

III - podem ser alteradas sempre que preciso ou quando o usuário achar necessário;

IV - o prazo de validade não deve ultrapassar 90 (noventa) dias; e

V - o usuário receberá, por meio de comunicado direto (via interface do sistema ou por mensagem no correio eletrônico), a informação do prazo próximo de vencimento da senha, quando esta estiver a 15 (quinze) dias da sua data de expiração.

11. O Termo de Responsabilidade de Compromisso e Sigilo - TCMS possui os seguintes termos, devendo o usuário comprometer-se à:

I - Manusear os dados identificados do SIRC apenas por necessidade de determinação expressa legal;

II - Manter a absoluta cautela quando da exibição de dados em tela, impressora, ou, ainda, na gravação em meios eletrônicos, afim de evitar que deles venham a tomar ciência pessoas não autorizadas;

III - Não se ausentar do terminal sem encerrar a sessão de uso do SIRC, garantindo assim a impossibilidade de acesso indevido por pessoas não autorizadas;

IV - Manter sigilo dos dados ou informações sigilosas obtidas por força de suas atribuições, abstendo-se de revelá-los ou divulgá-los, sob pena de incorrer nas sanções civis e penais decorrentes de eventual divulgação;

V - Realizar atividades de tratamento de dados observando a boa-fé e os princípios definidos na Lei nº 13.709, de 14 de Agosto de 2018, que dispõe sobre a proteção de dados pessoais e altera a Lei nº 12.965, de 23 de abril de 2014 (Marco Civil da Internet) e estar ciente das Sanções Administrativas previstas em seu Art. 52, § 3º;

VI - Estar ciente das restrições previstas no artigo 31, § 2º, da Lei Federal nº 12.527/2011 (Lei de Acesso à Informação) e do § 2º, do artigo 61 do Decreto nº 7.724/2012 (uso indevido da informação), no artigo 20 (divulgação autorizada ou necessária) da Lei nº 10.406/2002 (Código Civil) e nos artigos 138 a 145 (crimes contra a honra), 297, 299 e 304 (crimes de falsidade documental) do Decreto-Lei nº 2.848/1940 (Código Penal);

VII - Reconhecer que a utilização das informação do SIRC poderá ser monitorada;

VIII - Não utilizar e nem disponibilizar os dados para uso comercial; e

IX - Responder, em todas as instâncias devidas, pelas consequências decorrentes das ações ou omissões que possam pôr em risco ou comprometer a exclusividade de conhecimento de sua senha.

DOU de 21.05.2021

PORTARIA Nº 1.137, DE 24 DE NOVEMBRO DE 2023 DO MINISTÉRIO DOS TRANSPORTES

Credencia a Associação Nacional dos Registradores de Pessoas Naturais (ARPEN Brasil) para prestar o serviço de disponibilização e assinatura da Autorização para Transferência de Propriedade do Veículo em meio digital (ATPV-e).

▸ *Vide art. 29, Lei n. 6.015/1973 (Registros Públicos)*

O SECRETÁRIO NACIONAL DE TRÂNSITO, no uso da competência que lhe conferem o incisos I, VII, IX e XIV do art. 19 do Código de Trânsito Brasileiro (CTB), e a Resolução CONTRAN nº 809, de 15 de dezembro de 2020, com base no que consta no processo administrativo nº 50000.030270/2022-37, resolve:

Art. 1º Esta Portaria credencia a pessoa jurídica Associação Nacional dos Registradores de Pessoas Naturais (ARPEN Brasil), inscrita no CNPJ sob o nº 73.611.568/0001-12, para prestar o serviço de disponibilização e assinatura da Autorização para Transferência de Propriedade do Veículo em meio digital (ATPV-e).

Parágrafo único. O serviço de que trata o caput é um canal de atendimento aos cidadãos facultativo, de livre escolha dos vendedores e compradores de veículos, em âmbito nacional.

Art. 2º Fica a ARPEN Brasil autorizada a acessar dados de sistemas e subsistemas informatizados organizados e mantidos pela Secretaria Nacional de Trânsito (SENATRAN) com a finalidade específica de disponibilização e assinatura da ATPV-e.

§ 1º A relação dos dados autorizados está disposta no Anexo.

§ 2º A hipótese de tratamento de dados para a finalidade específica indicada no caput é a prevista no inciso I, § 1º, do art. 26 da Lei nº 13.709, de 14 de agosto de 2018, a Lei Geral de Proteção de Dados Pessoais (LGPD).

Art. 3º A integração de soluções e o acesso aos dados de que trata o art. 2º serão viabilizados mediante solicitação efetivada na plataforma Credencia, mantida pela SENATRAN.

§ 1º No momento da solicitação, além do cumprimento das exigências previstas no § 1º, do art. 10, da Portaria SENATRAN nº 922, de 20 de julho de 2022, a ARPEN Brasil deverá apresentar comprovante de homologação do credenciamento de que trata esta Portaria junto à Corregedoria Nacional de Justiça do Conselho Nacional de Justiça, sob pena de indeferimento.

§ 2º A ARPEN Brasil deverá observar as regras e especificações técnicas de integração definidas pela SENATRAN.

Art. 4º No caso de cometimento de irregularidades no uso dos dados ou na disponibilização dos serviços de que trata esta Portaria, será aplicada pela SENATRAN a sanção administrativa de suspensão do credenciamento por, no mínimo, 30 (trinta) dias.

Parágrafo único. Após o período de suspensão, caso a ARPEN Brasil não tenha solucionado o fato gerador, ou tenha incorrido em outras irregularidades, estará sujeita à aplicação pela SENATRAN de sanção administrativa de cassação do credenciamento, assegurado o contraditório e a ampla defesa.

Art. 5º Esta Portaria entra em vigor na data de sua publicação.

ADRUALDO DE LIMA CATÃO

DOU: 27/11/2023

ANEXO

Dados com autorização de acesso para prestação do serviço de disponibilização e assinatura da ATPV-e:

1. Placa do veículo;

2. Número RENAVAM do veículo;

3. Número de documento do proprietário do veículo (pessoa física ou pessoa jurídica); 4. Nome do proprietário do veículo;

5. Score biométrico do comprador e vendedor do veículo (para validação biométrica de identidade); 6. Restrições do veículo existentes nas bases RENAVAM e RENAINF; 7. Vendas digitais abertas por veículo; e

8. ATPV-e.

2.2

REGISTRO DE TÍTULOS E DOCUMENTOS E REGISTRO CIVIL DAS PESSOAS JURÍDICAS

LEI COMPLEMENTAR

LEI COMPLEMENTAR Nº 123, DE 14 DE DEZEMBRO DE 2006

(Republicação em atendimento ao disposto no art. 5º da Lei Complementar nº 139, de 10 de novembro de 2011.)

Institui o Estatuto Nacional da Microempresa e da Empresa de Pequeno Porte; altera dispositivos das Leis nº 8.212 e 8.213, ambas de 24 de julho de 1991, da Consolidação das Leis do Trabalho – CLT, aprovada pelo Decreto-Lei nº 5.452, de 1º de maio de 1943, da Lei nº 10.189, de 14 de fevereiro de 2001, da Lei Complementar nº 63, de 11 de janeiro de 1990; e revoga as Leis nº 9.317, de 5 de dezembro de 1996, e 9.841, de 5 de outubro de 1999.

O PRESIDENTE DA REPÚBLICA Faço saber que o Congresso Nacional decreta e eu sanciono a seguinte Lei Complementar:

CAPÍTULO I – DISPOSIÇÕES PRELIMINARES

Art. 1º Esta Lei Complementar estabelece normas gerais relativas ao tratamento diferenciado e favorecido a ser dispensado às microempresas e empresas de pequeno porte no âmbito dos Poderes da União, dos Estados, do Distrito Federal e dos Municípios, especialmente no que se refere:

I - à apuração e recolhimento dos impostos e contribuições da União, dos Estados, do Distrito Federal e dos Municípios, mediante regime único de arrecadação, inclusive obrigações acessórias;

II - ao cumprimento de obrigações trabalhistas e previdenciárias, inclusive obrigações acessórias;

III - ao acesso a crédito e ao mercado, inclusive quanto à preferência nas aquisições de bens e serviços pelos Poderes Públicos, à tecnologia, ao associativismo e às regras de inclusão.

IV - ao cadastro nacional único de contribuintes a que se refere o inciso IV do parágrafo único do art. 146, *in fine*, da Constituição Federal. *(Incluído pela Lei Complementar nº 147, de 2014)*

§ 1º Cabe ao Comitê Gestor do Simples Nacional (CGSN) apreciar a necessidade de revisão, a partir de 1º de janeiro de 2015, dos valores expressos em moeda nesta Lei Complementar.

§ 2º (VETADO).

§ 3º Ressalvado o disposto no Capítulo IV, toda nova obrigação que atinja as microempresas e empresas de pequeno porte deverá apresentar, no instrumento que a instituiu, especificação do tratamento diferenciado, simplificado e favorecido para cumprimento. *(Incluído pela Lei Complementar nº 147, de 2014)*

§ 4º Na especificação do tratamento diferenciado, simplificado e favorecido de que trata o § 3º, deverá constar prazo máximo, quando forem necessários procedimentos adicionais, para que os órgãos fiscalizadores cumpram as medidas necessárias à emissão de documentos, realização de vistorias e atendimento das demandas realizadas pelas microempresas e empresas de pequeno porte com o objetivo de cumprir a nova obrigação. *(Incluído pela Lei Complementar nº 147, de 2014)*

§ 5º Caso o órgão fiscalizador descumpra os prazos estabelecidos na especificação do tratamento diferenciado e favorecido, conforme o disposto no § 4º, a nova obrigação será inexigível até que seja realizada visita para fiscalização orientadora e seja reiniciado o prazo para regularização. *(Incluído pela Lei Complementar nº 147, de 2014)*

§ 6º A ausência de especificação do tratamento diferenciado, simplificado e favorecido ou da determinação de prazos máximos, de acordo com os §§ 3º e 4º, tornará a nova obrigação inexigível para as microempresas e empresas de pequeno porte. *(Incluído pela Lei Complementar nº 147, de 2014)*

§ 7º A inobservância do disposto nos §§ 3º a 6º resultará em atentado aos direitos e garantias legais assegurados ao exercício profissional da atividade empresarial. *(Incluído pela Lei Complementar nº 147, de 2014)*

Art. 2º O tratamento diferenciado e favorecido a ser dispensado às microempresas e empresas de pequeno porte de que trata o art. 1º desta Lei Complementar será gerido pelas instâncias a seguir especificadas:

I - Comitê Gestor do Simples Nacional, vinculado ao Ministério da Economia, composto de 4 (quatro) representantes da União, 2 (dois) dos Estados e do Distrito Federal, 2 (dois) dos Municípios, 1 (um) do Serviço Brasileiro de Apoio às Micro e Pequenas Empresas (Sebrae) e 1 (um) das confederações nacionais de representação do segmento de microempresas e empresas de pequeno porte referidas no art. 11 da Lei Complementar nº 147, de 7 de agosto de 2014, para tratar dos aspectos tributários; (Redação dada pela Lei Complementar nº 188, de 2021)

II - Fórum Permanente das Microempresas e Empresas de Pequeno Porte, com a participação dos órgãos federais competentes e das entidades vinculadas ao setor, para tratar dos demais aspectos, ressalvado o disposto no inciso III do *caput* deste artigo;

III - Comitê para Gestão da Rede Nacional para Simplificação do Registro e da Legalização de Empresas e Negócios - CGSIM, vinculado à Secretaria da Micro e Pequena Empresa da Presidência da República, composto por representantes da União, dos Estados e do Distrito Federal, dos Municípios e demais órgãos de apoio e de registro empresarial, na forma definida pelo Poder Executivo, para tratar do processo de registro e de legalização de empresários e de pessoas jurídicas. *(Redação pela Lei Complementar nº 147, de 2014)*

§ 1º Os Comitês de que tratam os incisos I e III do *caput* deste artigo serão presididos e coordenados por representantes da União.

§ 2º Os representantes dos Estados e do Distrito Federal nos Comitês referidos nos incisos I e III do *caput* deste artigo serão indicados pelo Conselho Nacional de Política Fazendária - CONFAZ e os dos Municípios serão indicados, um pela entidade representativa das Secretarias de Finanças das Capitais e outro pelas entidades de representação nacional dos Municípios brasileiros.

§ 3º As entidades de representação referidas no inciso III do *caput* e no § 2º deste artigo serão aquelas regularmente constituídas há pelo menos 1 (um) ano antes da publicação desta Lei Complementar.

§ 4º Os comitês de que tratam os incisos I e III do caput deste artigo elaborarão seus regimentos internos mediante resolução, observado, quanto ao CGSN, o disposto nos §§ 4º-A e 4º-B deste artigo. (Redação dada pela Lei Complementar nº 188, de 2021)

§ 4º-A. O quórum mínimo para a realização das reuniões do CGSN será de 3/4 (três quartos) dos componentes, dos quais um deles será necessariamente o Presidente. (Incluído pela Lei Complementar nº 188, de 2021)

§ 4º-B. As deliberações do CGSN serão tomadas por 3/4 (três quartos) dos componentes presentes às reuniões, presenciais ou virtuais, ressalvadas as decisões que determinem a exclusão de ocupações autorizadas a atuar na qualidade de Microempreendedor Individual (MEI), quando a deliberação deverá ser unânime. (Incluído pela Lei Complementar nº 188, de 2021)

§ 5º O Fórum referido no inciso II do *caput* deste artigo tem por finalidade orientar e assessorar a formulação e coordenação da política nacional de desenvolvimento das microempresas e empresas de pequeno porte, bem como acompanhar e avaliar a sua implantação, sendo presidido e coordenado pela Secretaria da Micro e Pequena Empresa da Presidência da República. *(Redação dada pela Lei nº 12.792, de 2013)*

§ 6º Ao Comitê de que trata o inciso I do *caput* deste artigo compete regulamentar a opção, exclusão, tributação, fiscalização, arrecadação, cobrança, dívida ativa, recolhimento e demais itens relativos ao regime de que trata o art. 12 desta Lei Complementar, observadas as demais disposições desta Lei Complementar.

§ 7º Ao Comitê de que trata o inciso III do *caput* deste artigo compete, na forma da lei, regulamentar a inscrição, cadastro, abertura, alvará, arquivamento, licenças, permissão, autorização, registros e demais itens relativos à abertura, legalização e funcionamento de empresários e de pessoas jurídicas de qualquer porte, atividade econômica ou composição societária.

§ 8º Os membros dos comitês de que tratam os incisos I e III do caput deste artigo serão designados pelo Ministro de Estado da Economia, mediante indicação dos órgãos e entidades vinculados. (Redação dada pela Lei Complementar nº 188, de 2021)

§ 8º-A. Dos membros da União que compõem o comitê de que trata o inciso I do caput deste artigo, 3 (três) serão representantes da Secretaria Especial da Receita Federal do Brasil e 1 (um) da Subsecretaria de Desenvolvimento das Micro e Pequenas Empresas, Empreendedorismo e Artesanato da Secretaria Especial de Produtividade e Competitividade ou do órgão que vier a substituí-la. (Incluído pela Lei Complementar nº 188, de 2021)

§ 8º-B. A vaga das confederações nacionais de representação do segmento de microempresas e empresas de pequeno porte no comitê de que trata o inciso I do caput deste artigo será ocupada em regime de rodízio anual entre as confederações. (Incluído pela Lei Complementar nº 188, de 2021)

§ 9º O CGSN poderá determinar, com relação à microempresa e à empresa de pequeno porte optante pelo Simples Nacional, a forma, a periodicidade e o prazo: *(Incluído pela Lei Complementar nº 147, de 2014)*

I - de entrega à Secretaria da Receita Federal do Brasil - RFB de uma única declaração com dados relacionados a fatos geradores, base de cálculo e valores da contribuição para a Seguridade Social devida sobre a remuneração do trabalho, inclusive a descontada dos trabalhadores a serviço da empresa, do Fundo de Garantia do Tempo de Serviço - FGTS e outras informações de interesse do Ministério do Trabalho e Emprego - MTE, do Instituto Nacional do Seguro Social - INSS e do Conselho Curador do FGTS, observado o disposto no § 7º deste artigo; e *(Incluído pela Lei Complementar nº 147, de 2014)*

II - do recolhimento das contribuições descritas no inciso I e do FGTS. *(Incluído pela Lei Complementar nº 147, de 2014)*

§ 10. O recolhimento de que trata o inciso II do § 9º deste artigo poderá se dar de forma unificada relativamente aos tributos apurados na forma do Simples Nacional. *(Incluído pela Lei Complementar nº 147, de 2014)*

§ 11. A entrega da declaração de que trata o inciso I do § 9º substituirá, na forma regulamentada pelo CGSN, a obrigatoriedade de entrega de todas as informações, formulários e declarações a que estão sujeitas as demais empresas ou equiparados que contratam trabalhadores, inclusive relativamente ao recolhimento do FGTS, à Relação Anual de Informações Sociais e ao Cadastro Geral de Empregados e Desempregados. *(Incluído pela Lei Complementar nº 147, de 2014)*

§ 12. Na hipótese de recolhimento do FGTS na forma do inciso II do § 9º deste artigo, deve-se assegurar a transferência dos recursos e dos elementos identificadores do recolhimento ao gestor desse fundo para crédito na conta vinculada do trabalhador. *(Incluído pela Lei Complementar nº 147, de 2014)*

§ 13. O documento de que trata o inciso I do § 9º tem caráter declaratório, constituindo instrumento hábil e suficiente para a exigência dos tributos, contribuições e dos débitos fundiários que não tenham sido recolhidos resultantes das informações nele prestadas. *(Incluído pela Lei Complementar nº 147, de 2014)*

CAPÍTULO II – DA DEFINIÇÃO DE MICROEMPRESA E DE EMPRESA DE PEQUENO PORTE

Art. 3º Para os efeitos desta Lei Complementar, consideram-se microempresas ou empresas de pequeno porte, a sociedade empresária, a sociedade simples, a empresa individual de responsabilidade limitada e o empresário a que se refere o art. 966 da Lei nº 10.406, de 10 de janeiro de 2002 (Código Civil), devidamente registrados no Registro de Empresas Mercantis ou no Registro Civil de Pessoas Jurídicas, conforme o caso, desde que:

I - no caso da microempresa, aufira, em cada ano-calendário, receita bruta igual ou inferior a R$ 360.000,00 (trezentos e sessenta mil reais); e

II - no caso de empresa de pequeno porte, aufira, em cada ano-calendário, receita bruta superior a R$ 360.000,00 (trezentos e sessenta mil reais) e igual ou inferior a R$ 4.800.000,00 (quatro milhões e oitocentos mil reais). *(Redação dada pela Lei Complementar nº 155, de 2016)*

§ 1º Considera-se receita bruta, para fins do disposto no *caput* deste artigo, o produto da venda de bens e serviços nas operações de conta própria, o preço dos serviços prestados e o resultado nas operações em conta alheia, não incluídas as vendas canceladas e os descontos incondicionais concedidos.

§ 2º No caso de início de atividade no próprio ano-calendário, o limite a que se refere o *caput* deste artigo será proporcional ao número de meses em que a microempresa ou a empresa de pequeno porte houver exercido atividade, inclusive as frações de meses.

§ 3º O enquadramento do empresário ou da sociedade simples ou empresária como microempresa ou empresa de pequeno porte bem como o seu desenquadramento não implicarão alteração, denúncia ou qualquer restrição em relação a contratos por elas anteriormente firmados.

§ 4º Não poderá se beneficiar do tratamento jurídico diferenciado previsto nesta Lei Complementar, incluído o regime de que trata o art. 12 desta Lei Complementar, para nenhum efeito legal, a pessoa jurídica:

I - de cujo capital participe outra pessoa jurídica;

II - que seja filial, sucursal, agência ou representação, no País, de pessoa jurídica com sede no exterior;

III - de cujo capital participe pessoa física que seja inscrita como empresário ou seja sócia de outra empresa que receba tratamento jurídico diferenciado nos termos desta Lei Complementar, desde que a receita bruta global ultrapasse o limite de que trata o inciso II do *caput* deste artigo;

IV - cujo titular ou sócio participe com mais de 10% (dez por cento) do capital de outra empresa não beneficiada por esta Lei Complementar, desde que a receita bruta global ultrapasse o limite de que trata o inciso II do *caput* deste artigo;

V - cujo sócio ou titular seja administrador ou equiparado de outra pessoa jurídica com fins lucrativos, desde que a receita bruta global ultrapasse o limite de que trata o inciso II do *caput* deste artigo;

VI - constituída sob a forma de cooperativas, salvo as de consumo;

VII - que participe do capital de outra pessoa jurídica;

VIII - que exerça atividade de banco comercial, de investimentos e de desenvolvimento, de caixa econômica, de sociedade de crédito, financiamento e investimento ou de crédito imobiliário, de corretora ou de distribuidora de títulos, valores mobiliários e câmbio, de empresa de arrendamento mercantil, de seguros privados e de capitalização ou de previdência complementar;

IX - resultante ou remanescente de cisão ou qualquer outra forma de desmembramento de pessoa jurídica que tenha ocorrido em um dos 5 (cinco) anos-calendário anteriores;

X - constituída sob a forma de sociedade por ações.

XI - cujos titulares ou sócios guardem, cumulativamente, com o contratante do serviço, relação de pessoalidade, subordinação e habitualidade. *(Incluído pela Lei Complementar nº 147, de 2014)*

§ 5º O disposto nos incisos IV e VII do § 4º deste artigo não se aplica à participação no capital de cooperativas de crédito, bem como em centrais de compras, bolsas de subcontratação, no consórcio referido no art. 50 desta Lei Complementar e na sociedade de propósito específico prevista no art. 56 desta Lei Complementar, e em associações assemelhadas, sociedades de interesse econômico, sociedades de garantia solidária e outros tipos de sociedade, que tenham como objetivo social a defesa exclusiva dos interesses econômicos das microempresas e empresas de pequeno porte.

§ 6º Na hipótese de a microempresa ou empresa de pequeno porte incorrer em alguma das situações previstas nos incisos do § 4º, será excluída do tratamento jurídico diferenciado previsto nesta Lei Complementar, bem como do regime de que trata o art. 12, com efeitos a partir do mês seguinte ao que incorrida a situação impeditiva.

§ 7º Observado o disposto no § 2º deste artigo, no caso de início de atividades, a microempresa que, no ano-calendário, exceder o limite de receita bruta anual previsto no inciso I do *caput* deste artigo passa, no ano-calendário seguinte, à condição de empresa de pequeno porte.

§ 8º Observado o disposto no § 2º deste artigo, no caso de início de atividades, a empresa de pequeno porte que, no ano-calendário, não ultrapassar o limite de receita bruta anual previsto no inciso I do *caput* deste artigo passa, no ano-calendário seguinte, à condição de microempresa.

§ 9º A empresa de pequeno porte que, no ano-calendário, exceder o limite de receita bruta anual previsto no inciso II do *caput* deste artigo fica excluída, no mês subsequente à ocorrência do excesso, do tratamento jurídico diferenciado previsto nesta Lei Complementar, incluído o regime de que trata o art. 12, para todos os efeitos legais, ressalvado o disposto nos §§ 9º-A, 10 e 12.

§ 9º-A. Os efeitos da exclusão prevista no § 9º dar-se-ão no ano-calendário subsequente se o excesso verificado em relação à receita bruta não for superior a 20% (vinte por cento) do limite referido no inciso II do *caput*.

§ 10. A empresa de pequeno porte que no decurso do ano-calendário de início de atividade ultrapassar o limite proporcional de receita bruta de que trata o § 2º estará excluída do tratamento jurídico diferenciado previsto nesta Lei Complementar, bem como do regime de que trata o art. 12 desta Lei Complementar, com efeitos retroativos ao início de suas atividades.

§ 11. Na hipótese de o Distrito Federal, os Estados e os respectivos Municípios adotarem um dos limites previstos nos incisos I e II do *caput* do art. 19 e no art. 20, caso a receita bruta auferida pela empresa durante o ano-calendário de início de atividade ultrapasse 1/12 (um doze avos) do limite estabelecido multiplicado pelo número de meses de funcionamento nesse período, a empresa não poderá recolher o ICMS e o ISS na forma do Simples Nacional, relativos ao estabelecimento localizado na unidade da federação que os houver adotado, com efeitos retroativos ao início de suas atividades.

§ 12. A exclusão de que trata o § 10 não retroagirá ao início das atividades se o excesso verificado em relação à receita bruta não for superior a 20% (vinte por cento) do respectivo limite referido naquele parágrafo, hipótese em que os efeitos da exclusão dar-se-ão no ano-calendário subsequente.

§ 13. O impedimento de que trata o § 11 não retroagirá ao início das atividades se o excesso verificado em relação à receita bruta não for superior a 20% (vinte por cento) dos respectivos limites referidos naquele parágrafo, hipótese em que os efeitos do impedimento ocorrerão no ano-calendário subsequente.

§ 14. Para fins de enquadramento como microempresa ou empresa de pequeno porte, poderão ser auferidas receitas no mercado interno até o limite previsto no inciso II do *caput* ou no § 2º, conforme o caso, e, adicionalmente, receitas decorrentes da exportação de mercadorias ou serviços, inclusive quando realizada por meio de comercial exportadora ou da sociedade de propósito específico prevista no art. 56 desta Lei Complementar, desde que as receitas de exportação também não excedam os referidos limites de receita bruta anual. *(Redação dada pela Lei Complementar nº 147, de 2014)*

§ 15. Na hipótese do § 14, para fins de determinação da alíquota de que trata o § 1º do art. 18, da base de cálculo prevista em seu § 3º e das majorações de alíquotas previstas em seus §§ 16, 16-A, 17 e 17-A, serão consideradas separadamente as receitas brutas auferidas no mercado interno e aquelas decorrentes da exportação. *(Redação dada pela Lei Complementar nº 147, de 2014)*

§ 16. O disposto neste artigo será regulamentado por resolução do CGSN. *(Incluído pela Lei Complementar nº 147, de 2014)*

§ 17. (VETADO). *(Incluído pela Lei Complementar nº 155, de 2016)*

§ 18. (VETADO). *(Incluído pela Lei Complementar nº 155, de 2016)*

Art. 3º-A. Aplica-se ao produtor rural pessoa física e ao agricultor familiar conceituado na Lei nº 11.326, de 24 de julho de 2006, com situação regular na Previdência Social e no Município que tenham auferido receita bruta anual até o limite de que trata o inciso II do *caput* do art. 3º o disposto nos arts. 6º e 7º, nos Capítulos V a X, na Seção IV do Capítulo XI e no Capítulo XII desta Lei Complementar, ressalvadas as disposições da Lei nº 11.718, de 20 de junho de 2008. *(Incluído pela Lei Complementar nº 147, de 2014)*

Parágrafo único. A equiparação de que trata o *caput* não se aplica às disposições do Capítulo IV desta Lei Complementar. *(Incluído pela Lei Complementar nº 147, de 2014)*

Art. 3º-B. Os dispositivos desta Lei Complementar, com exceção dos dispostos no Capítulo IV, são aplicáveis a todas as microempresas e empresas de pequeno porte, assim definidas pelos incisos I e II do *caput* e § 4º do art. 3º, ainda que não enquadradas no regime tributário do Simples Nacional, por vedação ou por opção. *(Incluído pela Lei Complementar nº 147, de 2014)*

CAPÍTULO III – DA INSCRIÇÃO E DA BAIXA

Art. 4º Na elaboração de normas de sua competência, os órgãos e entidades envolvidos na abertura e fechamento de empresas, dos 3 (três) âmbitos de governo, deverão considerar a unicidade do processo de registro e de legalização de empresários e de pessoas jurídicas, para tanto devendo articular as competências próprias com aquelas dos demais membros, e buscar, em conjunto, compatibilizar e integrar procedimentos, de modo a evitar a duplicidade de exigências e garantir a linearidade do processo, da perspectiva do usuário.

§ 1º O processo de abertura, registro, alteração e baixa da microempresa e empresa de pequeno porte, bem como qualquer exigência para o início de seu funcionamento, deverão ter trâmite especial e simplificado, preferencialmente eletrônico, opcional para o empreendedor, observado o seguinte: *(Redação dada pela Lei Complementar nº 147, de 2014)*

I - poderão ser dispensados o uso da firma, com a respectiva assinatura autógrafa, o capital, requerimentos, demais assinaturas, informações relativas ao estado civil e regime de bens, bem como remessa de documentos, na forma estabelecida pelo CGSIM; e

II - (Revogado). *(Redação dada pela Lei Complementar nº 147, de 2014)*

§ 2º (REVOGADO)

§ 3º Ressalvado o disposto nesta Lei Complementar, ficam reduzidos a 0 (zero) todos os custos, inclusive prévios, relativos à abertura, à inscrição, ao registro, ao funcionamento, ao alvará, à licença, ao cadastro, às alterações e procedimentos de baixa e encerramento e aos demais itens relativos ao Microempreendedor Individual, incluindo os valores referentes a taxas, a emolumentos e a demais contribuições relativas aos órgãos de registro, de licenciamento, sindicais, de regulamentação, de anotação de responsabilidade técnica, de vistoria e de fiscalização do exercício de profissões regulamentadas. *(Redação dada pela Lei Complementar nº 147, de 2014)*

§ 3º-A. O agricultor familiar, definido conforme a Lei nº 11.326, de 24 de julho de 2006, e identificado pela Declaração de Aptidão ao Pronaf - DAP física ou jurídica, bem como o MEI e o empreendedor de economia solidária ficam isentos de taxas e outros valores relativos à fiscalização da vigilância sanitária. *(Incluído pela Lei Complementar nº 147, de 2014)*

§ 4º No caso do MEI, de que trata o art. 18-A desta Lei Complementar, a cobrança associativa ou oferta de serviços privados relativos aos atos de que trata o § 3º deste artigo somente poderá ser efetuada a partir de demanda prévia do próprio MEI, firmado por meio de contrato com assinatura autógrafa, observando-se que: *(Incluído pela Lei Complementar nº 147, de 2014)*

I - para a emissão de boletos de cobrança, os bancos públicos e privados deverão exigir das instituições sindicais e associativas autorização prévia específica a ser emitida pelo CGSIM; *(Incluído pela Lei Complementar nº 147, de 2014)*

II - o desrespeito ao disposto neste parágrafo configurará vantagem ilícita pelo induzimento ao erro em prejuízo do MEI, aplicando-se as sanções previstas em lei. *(Incluído pela Lei Complementar nº 147, de 2014)*

§ 5º (VETADO). *(Incluído pela Lei Complementar nº 147, de 2014)*

§ 6º Na ocorrência de fraude no registro do Microempreendedor Individual - MEI feito por terceiros, o pedido de baixa deve ser feito por meio exclusivamente eletrônico, com efeitos retroativos à data de registro, na forma a ser regulamentada pelo CGSIM, não sendo aplicáveis os efeitos do § 1º do art. 29 desta Lei Complementar. *(Incluído pela Lei Complementar nº 155, de 2016)*

Art. 5º Os órgãos e entidades envolvidos na abertura e fechamento de empresas, dos 3 (três) âmbitos de governo, no âmbito de suas atribuições, deverão manter à disposição dos usuários, de forma presencial e pela rede mundial de computadores, informações, orientações e instrumentos, de forma integrada e consolidada, que permitam pesquisas prévias às etapas de registro ou inscrição, alteração e baixa de empresários e pessoas jurídicas, de modo a prover ao usuário certeza quanto à documentação exigível e quanto à viabilidade do registro ou inscrição.

Parágrafo único. As pesquisas prévias à elaboração de ato constitutivo ou de sua alteração deverão bastar a que o usuário seja informado pelos órgãos e entidades competentes:

I - da descrição oficial do endereço de seu interesse e da possibilidade de exercício da atividade desejada no local escolhido;

II - de todos os requisitos a serem cumpridos para obtenção de licenças de autorização de funcionamento, segundo a atividade pretendida, o porte, o grau de risco e a localização; e

III - da possibilidade de uso do nome empresarial de seu interesse.

Art. 6º Os requisitos de segurança sanitária, metrologia, controle ambiental e prevenção contra incêndios, para os fins de registro e legalização de empresários e pessoas jurídicas, deverão ser simplificados, racionalizados e uniformizados pelos órgãos envolvidos na abertura e fechamento de empresas, no âmbito de suas competências.

§ 1º Os órgãos e entidades envolvidos na abertura e fechamento de empresas que sejam responsáveis pela emissão de licenças e autorizações de funcionamento somente realizarão vistorias após o início de operação do estabelecimento, quando a atividade, por sua natureza, comportar grau de risco compatível com esse procedimento.

§ 2º Os órgãos e entidades competentes definirão, em 6 (seis) meses, contados da publicação desta Lei Complementar, as atividades cujo grau de risco seja considerado alto e que exigirão vistoria prévia.

§ 3º Na falta de legislação estadual, distrital ou municipal específica relativa à definição do grau de risco da atividade aplicar-se-á resolução do CGSIM. *(Incluído pela Lei Complementar nº 147, de 2014)*

§ 4º A classificação de baixo grau de risco permite ao empresário ou à pessoa jurídica a obtenção do licenciamento de atividade mediante o simples fornecimento de dados e a substituição da comprovação prévia do cumprimento de exigências e restrições por declarações do titular ou responsável. *(Incluído pela Lei Complementar nº 147, de 2014)*

§ 5º O disposto neste artigo não é impeditivo da inscrição fiscal. *(Incluído pela Lei Complementar nº 147, de 2014)*

Art. 7º Exceto nos casos em que o grau de risco da atividade seja considerado alto, os Municípios emitirão Alvará de Funcionamento Provisório, que permitirá o início de operação do estabelecimento imediatamente após o ato de registro.

Parágrafo único. Nos casos referidos no *caput* deste artigo, poderá o Município conceder Alvará de Funcionamento Provisório para o microempreendedor individual, para microempresas e para empresas de pequeno porte:

I - instaladas em área ou edificação desprovidas de regulação fundiária e imobiliária, inclusive habite-se; ou *(Incluído pela Lei Complementar nº 147, de 2014)*

II - em residência do microempreendedor individual ou do titular ou sócio da microempresa ou empresa de pequeno porte, na hipótese em que a atividade não gere grande circulação de pessoas.

Art. 8º Será assegurado aos empresários e pessoas jurídicas: *(Redação dada pela Lei Complementar nº 147, de 2014)*

I - entrada única de dados e documentos; *(Incluído pela Lei Complementar nº 147, de 2014)*

II - processo de registro e legalização integrado entre os órgãos e entes envolvidos, por meio de sistema informatizado que garanta: *(Incluído pela Lei Complementar nº 147, de 2014)*

a) sequenciamento das seguintes etapas: consulta prévia de nome empresarial e de viabilidade de localização, registro empresarial, inscrições fiscais e licenciamento de atividade; *(Incluído pela Lei Complementar nº 147, de 2014)*

b) criação da base nacional cadastral única de empresas; *(Incluído pela Lei Complementar nº 147, de 2014)*

III - identificação nacional cadastral única que corresponderá ao número de inscrição no Cadastro Nacional de Pessoas Jurídicas - CNPJ. *(Incluído pela Lei Complementar nº 147, de 2014)*

§ 1º O sistema de que trata o inciso II do *caput* deve garantir aos órgãos e entidades integrados: *(Incluído pela Lei Complementar nº 147, de 2014)*

I - compartilhamento irrestrito dos dados da base nacional única de empresas; *(Incluído pela Lei Complementar nº 147, de 2014)*

II - autonomia na definição das regras para comprovação do cumprimento de exigências nas respectivas etapas do processo. *(Incluído pela Lei Complementar nº 147, de 2014)*

§ 2º A identificação nacional cadastral única substituirá para todos os efeitos as demais inscrições, sejam elas federais, estaduais ou municipais, após a implantação do sistema a que se refere o inciso II do *caput*, no prazo e na forma estabelecidos pelo CGSIM. *(Incluído pela Lei Complementar nº 147, de 2014)*

§ 3º É vedado aos órgãos e entidades integrados ao sistema informatizado de que trata o inciso II do *caput* o estabelecimento de exigências não previstas em lei. *(Incluído pela Lei Complementar nº 147, de 2014)*

§ 4º A coordenação do desenvolvimento e da implantação do sistema de que trata o inciso II do *caput* ficará a cargo do CGSIM. *(Incluído pela Lei Complementar nº 147, de 2014)*

Art. 9º O registro dos atos constitutivos, de suas alterações e extinções (baixas), referentes a empresários e pessoas jurídicas em qualquer órgão dos 3 (três) âmbitos de governo ocorrerá independentemente da regularidade de obrigações tributárias, previdenciárias ou trabalhistas, principais ou acessórias, do empresário, da sociedade, dos sócios, dos administradores ou de empresas de que participem, sem prejuízo das responsabilidades do empresário, dos titulares, dos sócios ou dos administradores por tais obrigações, apuradas antes ou após o ato de extinção. *(Redação dada pela Lei Complementar nº 147, de 2014)*

§ 1º O arquivamento, nos órgãos de registro, dos atos constitutivos de empresários, de sociedades empresárias e de demais equiparados que se enquadrarem como microempresa ou empresa de pequeno porte bem como o arquivamento de suas alterações são dispensados das seguintes exigências:

I - certidão de inexistência de condenação criminal, que será substituída por declaração do titular ou administrador, firmada sob as penas da lei, de não estar impedido de exercer atividade mercantil ou a administração de sociedade, em virtude de condenação criminal;

II - prova de quitação, regularidade ou inexistência de débito referente a tributo ou contribuição de qualquer natureza.

§ 2º Não se aplica às microempresas e às empresas de pequeno porte o disposto no § 2º do art. 1º da Lei nº 8.906, de 4 de julho de 1994.

§ 3º (Revogado). *(Redação dada pela Lei Complementar nº 147, de 2014)*

§ 4º A baixa do empresário ou da pessoa jurídica não impede que, posteriormente, sejam lançados ou cobrados tributos, contribuições e respectivas penalidades, decorrentes da falta do cumprimento de obrigações ou da prática comprovada e apurada em processo administrativo ou judicial de outras irregularidades praticadas pelos empresários, pelas pessoas jurídicas ou por seus titulares, sócios ou administradores. *(Redação dada pela Lei Complementar nº 147, de 2014)*

§ 5º A solicitação de baixa do empresário ou da pessoa jurídica importa responsabilidade solidária dos empresários, dos titulares, dos sócios e dos administradores no período da ocorrência dos respectivos fatos geradores. *(Redação dada pela Lei Complementar nº 147, de 2014)*

§ 6º Os órgãos referidos no *caput* deste artigo terão o prazo de 60 (sessenta) dias para efetivar a baixa nos respectivos cadastros.

§ 7º Ultrapassado o prazo previsto no § 6º deste artigo sem manifestação do órgão competente, presumir-se-á a baixa dos registros das microempresas e a das empresas de pequeno porte.

§ 8º (Revogado). *(Redação dada pela Lei Complementar nº 147, de 2014)*

§ 9º (Revogado). *(Redação dada pela Lei Complementar nº 147, de 2014)*

§ 10. (Revogado). *(Redação dada pela Lei Complementar nº 147, de 2014)*

§ 11. (Revogado). *(Redação dada pela Lei Complementar nº 147, de 2014)*

§ 12. (Revogado). *(Redação dada pela Lei Complementar nº 147, de 2014)*

Art. 10. Não poderão ser exigidos pelos órgãos e entidades envolvidos na abertura e fechamento de empresas, dos 3 (três) âmbitos de governo:

I - excetuados os casos de autorização prévia, quaisquer documentos adicionais aos requeridos pelos órgãos executores do Registro Público de Empresas Mercantis e Atividades Afins e do Registro Civil de Pessoas Jurídicas;

II - documento de propriedade ou contrato de locação do imóvel onde será instalada a sede, filial ou outro estabelecimento, salvo para comprovação do endereço indicado;

III - comprovação de regularidade de prepostos dos empresários ou pessoas jurídicas com seus órgãos de classe, sob qualquer forma, como requisito para deferimento de ato de inscrição, alteração ou baixa de empresa, bem como para autenticação de instrumento de escrituração.

Art. 11. Fica vedada a instituição de qualquer tipo de exigência de natureza documental ou formal, restritiva ou condicionante, pelos órgãos envolvidos na abertura e fechamento de empresas, dos 3 (três) âmbitos de governo, que exceda o estrito limite dos requisitos pertinentes à essência do ato de registro, alteração ou baixa da empresa.

CAPÍTULO IV – DOS TRIBUTOS E CONTRIBUIÇÕES

SEÇÃOI – DA INSTITUIÇÃO E ABRANGÊNCIA

Art. 12. Fica instituído o Regime Especial Unificado de Arrecadação de Tributos e Contribuições devidos pelas Microempresas e Empresas de Pequeno Porte - Simples Nacional.

Parágrafo único. (VETADO). *(Incluído pela Lei Complementar nº 155, de 2016)*

Art. 13. O Simples Nacional implica o recolhimento mensal, mediante documento único de arrecadação, dos seguintes impostos e contribuições:

I - Imposto sobre a Renda da Pessoa Jurídica - IRPJ;

II - Imposto sobre Produtos Industrializados - IPI, observado o disposto no inciso XII do § 1º deste artigo;

III - Contribuição Social sobre o Lucro Líquido - CSLL;

IV - Contribuição para o Financiamento da Seguridade Social - COFINS, observado o disposto no inciso XII do § 1º deste artigo;

V - Contribuição para o PIS/Pasep, observado o disposto no inciso XII do § 1º deste artigo;

VI - Contribuição Patronal Previdenciária - CPP para a Seguridade Social, a cargo da pessoa jurídica, de que trata o art. 22 da Lei nº 8.212, de 24 de julho de 1991, exceto no caso da microempresa e da empresa de pequeno porte que se dedique às atividades de prestação de serviços referidas no § 5º-C do art. 18 desta Lei Complementar;

VII - Imposto sobre Operações Relativas à Circulação de Mercadorias e Sobre Prestações de Serviços de Transporte Interestadual e Intermunicipal e de Comunicação - ICMS;

VIII - Imposto sobre Serviços de Qualquer Natureza - ISS.

§ 1º O recolhimento na forma deste artigo não exclui a incidência dos seguintes impostos ou contribuições, devidos na qualidade de contribuinte ou responsável, em relação aos quais será observada a legislação aplicável às demais pessoas jurídicas:

I - Imposto sobre Operações de Crédito, Câmbio e Seguro, ou Relativas a Títulos ou Valores Mobiliários - IOF;

II - Imposto sobre a Importação de Produtos Estrangeiros - II;

III - Imposto sobre a Exportação, para o Exterior, de Produtos Nacionais ou Nacionalizados - IE;

IV - Imposto sobre a Propriedade Territorial Rural - ITR;

V - Imposto de Renda, relativo aos rendimentos ou ganhos líquidos auferidos em aplicações de renda fixa ou variável;

VI - Imposto de Renda relativo aos ganhos de capital auferidos na alienação de bens do ativo permanente;

VII - Contribuição Provisória sobre Movimentação ou Transmissão de Valores e de Créditos e Direitos de Natureza Financeira - CPMF;

VIII - Contribuição para o Fundo de Garantia do Tempo de Serviço - FGTS;

IX - Contribuição para manutenção da Seguridade Social, relativa ao trabalhador;

X - Contribuição para a Seguridade Social, relativa à pessoa do empresário, na qualidade de contribuinte individual;

XI - Imposto de Renda relativo aos pagamentos ou créditos efetuados pela pessoa jurídica a pessoas físicas;

XII - Contribuição para o PIS/Pasep, Cofins e IPI incidentes na importação de bens e serviços;

XIII - ICMS devido:

a) nas operações sujeitas ao regime de substituição tributária, tributação concentrada em uma única etapa (monofásica) e sujeitas ao regime de antecipação do recolhimento do imposto com encerramento de tributação, envolvendo combustíveis e lubrificantes; energia elétrica; cigarros e outros produtos derivados do fumo; bebidas; óleos e azeites vegetais comestíveis; farinha de trigo e misturas de farinha de trigo; massas alimentícias; açúcares; produtos lácteos; carnes e suas preparações; preparações à base de cereais; chocolates; produtos de padaria e da indústria de bolachas e biscoitos; sorvetes e preparados para fabricação de sorvetes em máquinas; cafés e mates, seus extratos, essências e concentrados; preparações para molhos e molhos preparados; preparações de produtos vegetais; rações para animais domésticos; veículos automotivos e automotores, suas peças, componentes e acessórios; pneumáticos; câmaras de ar e protetores de borracha; medicamentos e outros produtos farmacêuticos para uso humano ou veterinário; cosméticos; produtos de perfumaria e de higiene pessoal; papéis; plásticos; canetas e malas; cimentos; cal e argamassas; produtos cerâmicos; vidros; obras de metal e plástico para construção; telhas e caixas d'água; tintas e vernizes; produtos eletrônicos, eletroeletrônicos e eletrodomésticos; fios; cabos e outros condutores; transformadores elétricos e reatores; disjuntores; interruptores e tomadas; isoladores; para-raios e lâmpadas; máquinas e aparelhos de ar-condicionado; centrifugadores de uso doméstico; aparelhos e instrumentos de pesagem de uso doméstico; extintores; aparelhos ou máquinas de barbear; máquinas de cortar o cabelo ou de tosquiar; aparelhos de depilar, com motor elétrico incorporado; aquecedores elétricos de água para uso doméstico e termômetros; ferramentas; álcool etílico; sabões em pó e líquidos para roupas; detergentes; alvejantes; esponjas; palhas de aço e amaciantes de roupas; venda de mercadorias pelo sistema porta a porta; nas operações sujeitas ao regime de substituição tributária pelas operações anteriores; e nas prestações de serviços sujeitas aos regimes de substituição tributária e de antecipação de recolhimento do imposto com encerramento de tributação; *(Redação dada pela Lei Complementar nº 147, de 2014)*

b) por terceiro, a que o contribuinte se ache obrigado, por força da legislação estadual ou distrital vigente;

c) na entrada, no território do Estado ou do Distrito Federal, de petróleo, inclusive lubrificantes e combustíveis líquidos e gasosos dele derivados, bem como energia elétrica, quando não destinados à comercialização ou industrialização;

d) por ocasião do desembaraço aduaneiro;

e) na aquisição ou manutenção em estoque de mercadoria desacobertada de documento fiscal;

f) na operação ou prestação desacobertada de documento fiscal;

g) nas operações com bens ou mercadorias sujeitas ao regime de antecipação do recolhimento do imposto, nas aquisições em outros Estados e Distrito Federal:

1. com encerramento da tributação, observado o disposto no inciso IV do § 4º do art. 18 desta Lei Complementar;

2. sem encerramento da tributação, hipótese em que será cobrada a diferença entre a alíquota interna e a interestadual, sendo vedada a agregação de qualquer valor;

h) nas aquisições em outros Estados e no Distrito Federal de bens ou mercadorias, não sujeitas ao regime de antecipação do recolhimento do imposto, relativo à diferença entre a alíquota interna e a interestadual;

XIV - ISS devido:

a) em relação aos serviços sujeitos à substituição tributária ou retenção na fonte;

b) na importação de serviços;

XV - demais tributos de competência da União, dos Estados, do Distrito Federal ou dos Municípios, não relacionados nos incisos anteriores.

§ 1º-A. Os valores repassados aos profissionais de que trata a Lei nº 12.592, de 18 de janeiro de 2012, contratados por meio de parceria, nos termos da legislação civil, não integrarão a receita bruta da empresa contratante para fins de tributação, cabendo ao contratante a retenção e o recolhimento dos tributos devidos pelo contratado. *(Incluído pela Lei Complementar nº 155, de 2016)*

§ 2º Observada a legislação aplicável, a incidência do imposto de renda na fonte, na hipótese do inciso V do § 1º deste artigo, será definitiva.

§ 3º As microempresas e empresas de pequeno porte optantes pelo Simples Nacional ficam dispensadas do pagamento das demais contribuições instituídas pela União, inclusive as contribuições para as entidades privadas de serviço social e de formação profissional vinculadas ao sistema sindical, de que trata o art. 240 da Constituição Federal, e demais entidades de serviço social autônomo.

§ 4º (VETADO).

§ 5º A diferença entre a alíquota interna e a interestadual de que tratam as alíneas g e h do inciso XIII do § 1º deste artigo será calculada tomando-se por base as alíquotas aplicáveis às pessoas jurídicas não optantes pelo Simples Nacional.

§ 6º O Comitê Gestor do Simples Nacional:

I - disciplinará a forma e as condições em que será atribuída à microempresa ou empresa de pequeno porte optante pelo Simples Nacional a qualidade de substituta tributária; e

II - poderá disciplinar a forma e as condições em que será estabelecido o regime de antecipação do ICMS previsto na alínea g do inciso XIII do § 1º deste artigo.

§ 7º O disposto na alínea *a* do inciso XIII do § 1º será disciplinado por convênio celebrado pelos Estados e pelo Distrito Federal, ouvidos o CGSN e os representantes dos segmentos econômicos envolvidos. *(Incluído pela Lei Complementar nº 147, de 2014)*

§ 8º Em relação às bebidas não alcóolicas, massas alimentícias, produtos lácteos, carnes e suas preparações, preparações à base de cereais, chocolates, produtos de padaria e da indústria de bolachas e biscoitos, preparações para molhos e molhos preparados, preparações de produtos vegetais, telhas e outros produtos cerâmicos para construção e detergentes, aplica-se o disposto na alínea *a* do inciso XIII do § 1º aos fabricados em escala industrial relevante em cada segmento, observado o disposto no § 7º. *(Incluído pela Lei Complementar nº 147, de 2014)*

Art. 13-A. Para efeito de recolhimento do ICMS e do ISS no Simples Nacional, o limite máximo de que trata o inciso II do *caput* do art. 3º será de R$ 3.600.000,00 (três milhões e seiscentos mil reais), observado o disposto nos §§ 11, 13, 14 e 15 do mesmo artigo, nos §§ 17 e 17-A do art. 18 e no § 4º do art. 19. *(Incluído pela Lei Complementar nº 155, de 2016)*

Art. 14. Consideram-se isentos do imposto de renda, na fonte e na declaração de ajuste do beneficiário, os valores efetivamente pagos ou distribuídos ao titular ou sócio da microempresa ou empresa de pequeno porte optante pelo Simples Nacional, salvo os que corresponderem a pró-labore, aluguéis ou serviços prestados.

§ 1º A isenção de que trata o *caput* deste artigo fica limitada ao valor resultante da aplicação dos percentuais de que trata o art. 15 da Lei nº 9.249, de 26 de dezembro de 1995, sobre a receita bruta mensal, no caso de antecipação de fonte, ou da receita bruta total anual, tratando-se de declaração de ajuste, subtraído do valor devido na forma do Simples Nacional no período.

§ 2º O disposto no § 1º deste artigo não se aplica na hipótese de a pessoa jurídica manter escrituração contábil e evidenciar lucro superior àquele limite.

Art. 15. (VETADO).

Art. 16. A opção pelo Simples Nacional da pessoa jurídica enquadrada na condição de microempresa e empresa de pequeno porte dar-se-á na forma a ser estabelecida em ato do Comitê Gestor, sendo irretratável para todo o ano-calendário.

§ 1º Para efeito de enquadramento no Simples Nacional, considerar-se-á microempresa ou empresa de pequeno porte aquela cuja receita bruta no ano-calendário anterior ao da opção esteja compreendida dentro dos limites previstos no art. 3º desta Lei Complementar.

§ 1º-A. A opção pelo Simples Nacional implica aceitação de sistema de comunicação eletrônica, destinado, dentre outras finalidades, a:

I - cientificar o sujeito passivo de quaisquer tipos de atos administrativos, incluídos os relativos ao indeferimento de opção, à exclusão do regime e a ações fiscais;

II - encaminhar notificações e intimações; e

III - expedir avisos em geral.

§ 1º-B. O sistema de comunicação eletrônica de que trata o § 1º-A será regulamentado pelo CGSN, observando-se o seguinte:

I - as comunicações serão feitas, por meio eletrônico, em portal próprio, dispensando-se a sua publicação no Diário Oficial e o envio por via postal;

II - a comunicação feita na forma prevista no *caput* será considerada pessoal para todos os efeitos legais;

III - a ciência por meio do sistema de que trata o § 1º-A com utilização de certificação digital ou de código de acesso possuirá os requisitos de validade;

IV - considerar-se-á realizada a comunicação no dia em que o sujeito passivo efetivar a consulta eletrônica ao teor da comunicação; e

V - na hipótese do inciso IV, nos casos em que a consulta se dê em dia não útil, a comunicação será considerada como realizada no primeiro dia útil seguinte.

§ 1º-C. A consulta referida nos incisos IV e V do § 1º-B deverá ser feita em até 45 (quarenta e cinco) dias contados da data da disponibilização da comunicação no portal a que se refere o inciso I do § 1º-B, ou em prazo superior estipulado pelo CGSN, sob pena de ser considerada automaticamente realizada na data do término desse prazo.

§ 1º-D. Enquanto não editada a regulamentação de que trata o § 1º-B, os entes federativos poderão utilizar sistemas de comunicação eletrônica, com regras próprias, para as finalidades previstas no § 1º-A, podendo a referida regulamentação prever a adoção desses sistemas como meios complementares de comunicação.

§ 2º A opção de que trata o *caput* deste artigo deverá ser realizada no mês de janeiro, até o seu último dia útil, produzindo efeitos a partir do primeiro dia do ano-calendário da opção, ressalvado o disposto no § 3º deste artigo.

§ 3º A opção produzirá efeitos a partir da data do início de atividade, desde que exercida nos termos, prazo e condições a serem estabelecidos no ato do Comitê Gestor a que se refere o *caput* deste artigo.

§ 4º Serão consideradas inscritas no Simples Nacional, em 1º de julho de 2007, as microempresas e empresas de pequeno porte regularmente optantes pelo regime tributário de que trata a Lei nº 9.317, de 5 de dezembro de 1996, salvo as que estiverem impedidas de optar por alguma vedação imposta por esta Lei Complementar.

§ 5º O Comitê Gestor regulamentará a opção automática prevista no § 4º deste artigo.

§ 6º O indeferimento da opção pelo Simples Nacional será formalizado mediante ato da Administração Tributária segundo regulamentação do Comitê Gestor.

SEÇÃO II – DAS VEDAÇÕES AO INGRESSO NO SIMPLES NACIONAL

Art. 17. Não poderão recolher os impostos e contribuições na forma do Simples Nacional a microempresa ou empresa de pequeno porte: *(Redação dada pela Lei Complementar nº 167, de 2019)*

I - que explore atividade de prestação cumulativa e contínua de serviços de assessoria creditícia, gestão de crédito, seleção e riscos, administração de contas a pagar e a receber, gerenciamento de ativos (*asset management*) ou compra de direitos creditórios resultantes de vendas mercantis a prazo ou de prestação de serviços (*factoring*) ou que execute operações de empréstimo, de financiamento e de desconto de títulos de crédito, exclusivamente com recursos próprios, tendo como contrapartes microempreendedores individuais, microempresas e empresas de pequeno porte, inclusive sob a forma de empresa simples de crédito; *(Redação dada pela Lei Complementar nº 167, de 2019)*

II - que tenha sócio domiciliado no exterior;

III - de cujo capital participe entidade da administração pública, direta ou indireta, federal, estadual ou municipal;

IV - (REVOGADO)

V - que possua débito com o Instituto Nacional do Seguro Social - INSS, ou com as Fazendas Públicas Federal, Estadual ou Municipal, cuja exigibilidade não esteja suspensa;

VI - que preste serviço de transporte intermunicipal e interestadual de passageiros, exceto quando na modalidade fluvial ou quando possuir características de transporte urbano ou metropolitano ou realizar-se sob fretamento contínuo em área metropolitana para o transporte de estudantes ou trabalhadores; *(Redação dada pela Lei Complementar nº 147, de 2014)*

VII - que seja geradora, transmissora, distribuidora ou comercializadora de energia elétrica;

VIII - que exerça atividade de importação ou fabricação de automóveis e motocicletas;

IX - que exerça atividade de importação de combustíveis;

X - que exerça atividade de produção ou venda no atacado de:

a) cigarros, cigarrilhas, charutos, filtros para cigarros, armas de fogo, munições e pólvoras, explosivos e detonantes;

b) bebidas não alcoólicas a seguir descritas: *(Redação dada pela Lei Complementar nº 155, de 2016)*

1 - *(Revogado pela Lei Complementar nº 155, de 2016)*

2 - refrigerantes, inclusive águas saborizadas gaseificadas;

2. (Revogado); *(Redação dada pela Lei Complementar nº 147, de 2014)*

3 - preparações compostas, não alcoólicas (extratos concentrados ou sabores

concentrados), para elaboração de bebida refrigerante, com capacidade de diluição de até 10 (dez) partes da bebida para cada parte do concentrado;

3. (Revogado); *(Redação dada pela Lei Complementar nº 147, de 2014)*

4 - cervejas sem álcool;

c) bebidas alcoólicas, exceto aquelas produzidas ou vendidas no atacado por: *(Incluído pela Lei Complementar nº 155, de 2016)*

1. micro e pequenas cervejarias; *(Incluído pela Lei Complementar nº 155, de 2016)*

2. micro e pequenas vinícolas; *(Incluído pela Lei Complementar nº 155, de 2016)*

3. produtores de licores; *(Incluído pela Lei Complementar nº 155, de 2016)*

4. micro e pequenas destilarias; *(Incluído pela Lei Complementar nº 155, de 2016)*

XI - (Revogado); *(Redação dada pela Lei Complementar nº 147, de 2014)*

XII - que realize cessão ou locação de mão-de-obra;

XIII - (Revogado); *(Redação dada pela Lei Complementar nº 147, de 2014)*

XIV - que se dedique ao loteamento e à incorporação de imóveis.

XV - que realize atividade de locação de imóveis próprios, exceto quando se referir a prestação de serviços tributados pelo ISS.

XVI - com ausência de inscrição ou com irregularidade em cadastro fiscal federal, municipal ou estadual, quando exigível.

§ 1º As vedações relativas a exercício de atividades previstas no *caput* deste artigo não se aplicam às pessoas jurídicas que se dediquem exclusivamente às atividades referidas nos §§ 5º-B a 5º-E do art. 18 desta Lei Complementar, ou as exerçam em conjunto com outras atividades que não tenham sido objeto de vedação no *caput* deste artigo.

I - (REVOGADO)
II - (REVOGADO)
III - (REVOGADO)
IV - (REVOGADO)
V - (REVOGADO)
VI - (REVOGADO)
VII - (REVOGADO)
VIII - (REVOGADO)
IX - (REVOGADO)
X - (REVOGADO)
XI - (REVOGADO)
XII - (REVOGADO)
XIII - (REVOGADO)
XIV - (REVOGADO)
XV - (REVOGADO)
XVI - (REVOGADO)
XVII - (REVOGADO)
XVIII - (REVOGADO)
XIX - (REVOGADO)
XX - (REVOGADO)
XXI - (REVOGADO)
XXII - (VETADO);
XXIII - (REVOGADO)
XXIV - (REVOGADO)
XXV - (REVOGADO)
XXVI - (REVOGADO)
XXVII - (REVOGADO)
XXVIII - (VETADO).

§ 2º Também poderá optar pelo Simples Nacional a microempresa ou empresa de pequeno porte que se dedique à prestação de outros serviços que não tenham sido objeto de vedação expressa neste artigo, desde que não incorra em nenhuma das hipóteses de vedação previstas nesta Lei Complementar.

§ 3º (VETADO).

§ 4º Na hipótese do inciso XVI do *caput*, deverá ser observado, para o MEI, o disposto no art. 4º desta Lei Complementar.

§ 5º As empresas que exerçam as atividades previstas nos itens da alínea *c* do inciso X do *caput* deste artigo deverão obrigatoriamente ser registradas no Ministério da Agricultura, Pecuária e Abastecimento e obedecerão também à regulamentação da Agência Nacional de Vigilância Sanitária e da Secretaria da Receita Federal do Brasil quanto à produção e à comercialização de bebidas alcoólicas. *(Incluído pela Lei Complementar nº 155, de 2016)*

SEÇÃO III – DAS ALÍQUOTAS E BASE DE CÁLCULO

Art. 18. O valor devido mensalmente pela microempresa ou empresa de pequeno porte optante pelo Simples Nacional será determinado mediante aplicação das alíquotas efetivas, calculadas a partir das alíquotas nominais constantes das tabelas dos Anexos I a V desta Lei Complementar, sobre a base de cálculo de que trata o § 3º deste artigo, observado o disposto no § 15 do art. 3º. *(Redação dada pela Lei Complementar nº 155, de 2016)*

§ 1º Para efeito de determinação da alíquota nominal, o sujeito passivo utilizará a receita bruta acumulada nos doze meses anteriores ao do período de apuração. *(Redação dada pela Lei Complementar nº 155, de 2016)*

§ 1º-A. A alíquota efetiva é o resultado de:

$$\frac{RBT12 \times Aliq - PD}{RBT12}$$, em que:

I - RBT12: receita bruta acumulada nos doze meses anteriores ao período de apuração; *(Incluído pela Lei Complementar nº 155, de 2016)*

II - Aliq: alíquota nominal constante dos Anexos I a V desta Lei Complementar; *(Incluído pela Lei Complementar nº 155, de 2016)*

III - PD: parcela a deduzir constante dos Anexos I a V desta Lei Complementar. *(Incluído pela Lei Complementar nº 155, de 2016)*

§ 1º-B. Os percentuais efetivos de cada tributo serão calculados a partir da alíquota efetiva, multiplicada pelo percentual de repartição constante dos Anexos I a V desta Lei Complementar, observando-se que: *(Incluído pela Lei Complementar nº 155, de 2016)*

I - o percentual efetivo máximo destinado ao ISS será de 5% (cinco por cento), transferindo-se eventual diferença, de forma proporcional, aos tributos federais da mesma faixa de receita bruta anual; *(Incluído pela Lei Complementar nº 155, de 2016)*

II - eventual diferença centesimal entre o total dos percentuais e a alíquota efetiva será transferida para o tributo com maior percentual de repartição na respectiva faixa de receita bruta. *(Incluído pela Lei Complementar nº 155, de 2016)*

§ 1º-C. Na hipótese de transformação, extinção, fusão ou sucessão dos tributos referidos nos incisos IV e V do art. 13, serão mantidas as alíquotas nominais e efetivas previstas neste artigo e nos Anexos I a V desta Lei Complementar, e lei ordinária disporá sobre a repartição dos valores arrecadados para os tributos federais, sem alteração no total dos percentuais de repartição a eles devidos, e mantidos os percentuais de repartição destinados ao ICMS e ao ISS. *(Incluído pela Lei Complementar nº 155, de 2016)*

§ 2º Em caso de início de atividade, os valores de receita bruta acumulada constantes dos Anexos I a V desta Lei Complementar devem ser proporcionalizados ao número de meses de atividade no período. *(Redação dada pela Lei Complementar nº 155, de 2016)*

§ 3º Sobre a receita bruta auferida no mês incidirá a alíquota efetiva determinada na forma do *caput* e dos §§ 1º, 1º-A e 2º deste artigo, podendo tal incidência se dar, à opção do contribuinte, na forma regulamentada pelo Comitê Gestor, sobre a receita recebida no mês, sendo essa opção irretratável para todo o ano-calendário. *(Redação dada pela Lei Complementar nº 155, de 2016)*

§ 4º O contribuinte deverá considerar, destacadamente, para fim de pagamento, as receitas decorrentes da: *(Redação dada pela Lei Complementar nº 147, de 2014)*

I - revenda de mercadorias, que serão tributadas na forma do Anexo I desta Lei Complementar; *(Redação dada pela Lei Complementar nº 147, de 2014)*

II - venda de mercadorias industrializadas pelo contribuinte, que serão tributadas na forma do Anexo II desta Lei Complementar; *(Redação dada pela Lei Complementar nº 147, de 2014)*

III - prestação de serviços de que trata o § 5º-B deste artigo e dos serviços vinculados à locação de bens imóveis e corretagem de imóveis desde que observado o disposto no inciso XV do art. 17, que serão tributados na forma do Anexo III desta Lei Complementar; *(Redação dada pela Lei Complementar nº 147, de 2014)*

IV - prestação de serviços de que tratam os §§ 5º-C a 5º-F e 5º-I deste artigo, que serão tributadas na forma prevista naqueles parágrafos; *(Redação dada pela Lei Complementar nº 147, de 2014)*

V - locação de bens móveis, que serão tributadas na forma do Anexo III desta Lei Complementar, deduzida a parcela correspondente ao ISS; *(Redação dada pela Lei Complementar nº 147, de 2014)*

VI - atividade com incidência simultânea de IPI e de ISS, que serão tributadas na forma do Anexo II desta Lei Complementar, deduzida a parcela correspondente ao ICMS e acrescida a parcela correspondente ao ISS prevista no Anexo III desta Lei Complementar; *(Incluído pela Lei Complementar nº 147, de 2014)*

VII - comercialização de medicamentos e produtos magistrais produzidos por manipulação de fórmulas: *(Incluído pela Lei Complementar nº 147, de 2014)*

a) sob encomenda para entrega posterior ao adquirente, em caráter pessoal, mediante prescrições de profissionais habilitados ou indicação pelo farmacêutico, produzidos no próprio estabelecimento após o atendimento inicial, que serão tributadas na forma do Anexo III desta Lei Complementar; *(Incluído pela Lei Complementar nº 147, de 2014)*

b) nos demais casos, quando serão tributadas na forma do Anexo I desta Lei Complementar. *(Incluído pela Lei Complementar nº 147, de 2014)*

§ 4º-A. O contribuinte deverá segregar, também, as receitas: *(Incluído pela Lei Complementar nº 147, de 2014)*

I - decorrentes de operações ou prestações sujeitas à tributação concentrada em uma única etapa (monofásica), bem como, em relação ao ICMS, que o imposto já tenha sido recolhido por substituto tributário ou por antecipação tributária com encerramento de tributação; *(Incluído pela Lei Complementar nº 147, de 2014)*

II - sobre as quais houve retenção de ISS na forma do § 6º deste artigo e § 4º do art. 21 desta Lei Complementar, ou, na hipótese do § 22-A deste artigo, seja devido em valor fixo ao respectivo município; *(Incluído pela Lei Complementar nº 147, de 2014)*

III - sujeitas à tributação em valor fixo ou que tenham sido objeto de isenção ou redução de ISS ou de ICMS na forma prevista nesta Lei Complementar; *(Incluído pela Lei Complementar nº 147, de 2014)*

IV - decorrentes da exportação para o exterior, inclusive as vendas realizadas por meio de comercial exportadora ou da sociedade de propósito específico prevista no art. 56 desta Lei Complementar; *(Incluído pela Lei Complementar nº 147, de 2014)*

V - sobre as quais o ISS seja devido a Município diverso do estabelecimento prestador, quando será recolhido no Simples Nacional. *(Incluído pela Lei Complementar nº 147, de 2014)*

§ 5º As atividades industriais serão tributadas na forma do Anexo II desta Lei Complementar.

I a VII - (REVOGADOS)

§ 5º-A. (Revogado). *(Redação dada pela Lei Complementar nº 147, de 2014)*

§ 5º-B Sem prejuízo do disposto no § 1º do art. 17 desta Lei Complementar, serão tributadas na forma do Anexo III desta Lei Complementar as seguintes atividades de prestação de serviços:

I - creche, pré-escola e estabelecimento de ensino fundamental, escolas técnicas, profissionais e de ensino médio, de línguas estrangeiras, de artes, cursos técnicos de pilotagem, preparatórios para concursos, gerenciais e escolas livres, exceto as previstas nos incisos II e III do § 5º-D deste artigo;

II - agência terceirizada de correios;

III - agência de viagem e turismo;

IV - centro de formação de condutores de veículos automotores de transporte terrestre de passageiros e de carga;

V - agência lotérica;

VI a VIII - (REVOGADOS)

IX - serviços de instalação, de reparos e de manutenção em geral, bem como de usinagem, solda, tratamento e revestimento em metais;

X a XII - (REVOGADOS)

XIII - transporte municipal de passageiros;

XIV - escritórios de serviços contábeis, observado o disposto nos §§ 22-B e 22-C deste artigo.

XV - produções cinematográficas, audiovisuais, artísticas e culturais, sua exibição ou apresentação, inclusive no caso de música, literatura, artes cênicas, artes visuais, cinematográficas e audiovisuais.

XVI - fisioterapia; *(Incluído pela Lei Complementar nº 147, de 2014)*

XVII - corretagem de seguros. *(Incluído pela Lei Complementar nº 147, de 2014)*

XVIII - arquitetura e urbanismo; *(Incluído pela Lei Complementar nº 155, de 2016)*

XIX - medicina, inclusive laboratorial, e enfermagem; *(Incluído pela Lei Complementar nº 155, de 2016)*

XX - odontologia e prótese dentária; *(Incluído pela Lei Complementar nº 155, de 2016)*

XXI - psicologia, psicanálise, terapia ocupacional, acupuntura, podologia, fonoaudiologia, clínicas de nutrição e de vacinação e bancos de leite. *(Incluído pela Lei Complementar nº 155, de 2016)*

§ 5º-C Sem prejuízo do disposto no § 1º do art. 17 desta Lei Complementar, as atividades de prestação de serviços seguintes serão tributadas na forma do Anexo IV desta Lei Complementar, hipótese em que não estará incluída no Simples Nacional a contribuição prevista no inciso VI do *caput* do art. 13 desta Lei Complementar, devendo ela ser recolhida segundo a legislação prevista para os demais contribuintes ou responsáveis:

I - construção de imóveis e obras de engenharia em geral, inclusive sob a forma de subempreitada, execução de projetos e serviços de paisagismo, bem como decoração de interiores;

II a V - (REVOGADOS)

VI - serviço de vigilância, limpeza ou conservação.

VII - serviços advocatícios. *(Incluído pela Lei Complementar nº 147, de 2014)*

§ 5º-D. Sem prejuízo do disposto no § 1º do art. 17 desta Lei Complementar, as seguintes atividades de prestação de serviços serão tributadas na forma do Anexo III desta Lei Complementar: *(Redação dada pela Lei Complementar nº 155, de 2016)*

I - administração e locação de imóveis de terceiros; *(Redação dada pela Lei Complementar nº 147, de 2014)*

II - academias de dança, de capoeira, de ioga e de artes marciais;

III - academias de atividades físicas, desportivas, de natação e escolas de esportes;

IV - elaboração de programas de computadores, inclusive jogos eletrônicos, desde que desenvolvidos em estabelecimento do optante;

V - licenciamento ou cessão de direito de uso de programas de computação;

VI - planejamento, confecção, manutenção e atualização de páginas eletrônicas, desde que realizados em estabelecimento do optante;

VII e VIII - (REVOGADOS)

IX - empresas montadoras de estandes para feiras;

X e XI - (REVOGADOS)

XII - laboratórios de análises clínicas ou de patologia clínica;

XIII - serviços de tomografia, diagnósticos médicos por imagem, registros gráficos e métodos óticos, bem como ressonância magnética;

XIV - serviços de prótese em geral.

§ 5º-E. Sem prejuízo do disposto no § 1º do art. 17 desta Lei Complementar, as atividades de prestação de serviços de comunicação e de transportes interestadual e intermunicipal de cargas, e de transportes autorizados no inciso VI do *caput* do art. 17, inclusive na modalidade fluvial, serão tributadas na forma do Anexo III, deduzida a parcela correspondente ao ISS e acrescida a parcela correspondente ao ICMS prevista no Anexo I. *(Redação dada pela Lei Complementar nº 147, de 2014)*

§ 5º-F. As atividades de prestação de serviços referidas no § 2º do art. 17 desta Lei Complementar serão tributadas na forma do Anexo III desta Lei Complementar, salvo se, para alguma dessas atividades, houver previsão expressa de tributação na forma dos Anexos IV ou V desta Lei Complementar. *(Redação dada pela Lei Complementar nº 155, de 2016)*

§ 5º-G. (Revogado). *(Redação dada pela Lei Complementar nº 147, de 2014)*

§ 5º-H. A vedação de que trata o inciso XII do *caput* do art. 17 desta Lei Complementar não se aplica às atividades referidas no § 5º-C deste artigo.

§ 5º-I. Sem prejuízo do disposto no § 1º do art. 17 desta Lei Complementar, as seguintes atividades de prestação de serviços serão tributadas na forma do Anexo V desta Lei Complementar: *(Redação dada pela Lei Complementar nº 155, de 2016)*

I - *(Revogado pela Lei Complementar nº 155, de 2016)*

II - medicina veterinária; *(Incluído pela Lei Complementar nº 147, de 2014)*

III e IV - *(Revogados pela Lei Complementar nº 155, de 2016)*

V - serviços de comissaria, de despachantes, de tradução e de interpretação; *(Incluído pela Lei Complementar nº 147, de 2014)*

VI - engenharia, medição, cartografia, topografia, geologia, geodésia, testes, suporte e análises técnicas e tecnológicas, pesquisa, *design*, desenho e agronomia; *(Redação dada pela Lei Complementar nº 155, de 2016)*

VII - representação comercial e demais atividades de intermediação de negócios e serviços de terceiros; *(Incluído pela Lei Complementar nº 147, de 2014)*

VIII - perícia, leilão e avaliação; *(Incluído pela Lei Complementar nº 147, de 2014)*

IX - auditoria, economia, consultoria, gestão, organização, controle e administração; *(Incluído pela Lei Complementar nº 147, de 2014)*

X - jornalismo e publicidade; *(Incluído pela Lei Complementar nº 147, de 2014)*

XI - agenciamento, exceto de mão de obra; *(Incluído pela Lei Complementar nº 147, de 2014)*

XII - outras atividades do setor de serviços que tenham por finalidade a prestação de serviços decorrentes do exercício de atividade intelectual, de natureza técnica, científica, desportiva, artística ou cultural, que constitua profissão regulamentada ou não, desde que não sujeitas à tributação na forma dos Anexos III ou IV desta Lei Complementar. *(Redação dada pela Lei Complementar nº 155, de 2016)*

§ 5º-J. As atividades de prestação de serviços a que se refere o § 5º-I serão tributadas na forma do Anexo III desta Lei Complementar caso a razão entre a folha de salários e a receita bruta da pessoa jurídica seja igual ou superior a 28% (vinte e oito por cento). *(Incluído pela Lei Complementar nº 155, de 2016)*

§ 5º-K. Para o cálculo da razão a que se referem os §§ 5º-J e 5º-M, serão considerados, respectivamente, os montantes pagos e auferidos nos doze meses anteriores ao período de apuração para fins de enquadramento no regime tributário do Simples Nacional. *(Incluído pela Lei Complementar nº 155, de 2016)*

§ 5º-L. (VETADO). *(Incluído pela Lei Complementar nº 155, de 2016)*

§ 5º-M. Quando a relação entre a folha de salários e a receita bruta da microempresa ou da empresa de pequeno porte for inferior a 28% (vinte e oito por cento), serão tributadas na forma do Anexo V desta Lei Complementar as atividades previstas: *(Incluído pela Lei Complementar nº 155, de 2016)*

I - nos incisos XVI, XVIII, XIX, XX e XXI do § 5º-B deste artigo; *(Incluído pela Lei Complementar nº 155, de 2016)*

II - no § 5º-D deste artigo. *(Incluído pela Lei Complementar nº 155, de 2016)*

§ 6º No caso dos serviços previstos no § 2º do art. 6º da Lei Complementar nº 116, de 31 de julho de 2003, prestados pelas microempresas e pelas empresas de pequeno porte, o tomador do serviço deverá reter o montante correspondente na forma da legislação do município onde estiver localizado, observado o disposto no §4º do art. 21 desta Lei Complementar.

§ 7º A sociedade de propósito específico de que trata o art. 56 desta Lei Complementar que houver adquirido mercadorias de microempresa ou empresa de pequeno porte que seja sua sócia, bem como a empresa comercial exportadora que houver adquirido mercadorias ou serviços de empresa optante pelo Simples Nacional, com o fim específico de exportação para o exterior, que, no prazo de 180 (cento e oitenta) dias, contado da data da emissão da nota fiscal pela vendedora, não comprovar o seu embarque para o exterior ficará sujeita ao pagamento de todos os impostos e contribuições que deixaram de ser pagos pela empresa vendedora, acrescidos de juros de mora e multa, de mora ou de ofício, calculados na forma da legislação relativa à cobrança do tributo não pago, aplicável à sociedade de propósito específico ou à própria comercial exportadora. *(Redação dada pela Lei Complementar nº 147, de 2014)*

§ 8º Para efeito do disposto no § 7º deste artigo, considera-se vencido o prazo para o pagamento na data em que a empresa vendedora deveria fazê-lo, caso a venda houvesse sido efetuada para o mercado interno.

§ 9º Relativamente à contribuição patronal previdenciária, devida pela vendedora, a sociedade de propósito específico de que trata o art. 56 desta Lei Complementar ou a comercial exportadora deverão recolher, no prazo previsto no § 8º deste artigo, o valor correspondente a 11% (onze por cento) do valor das mercadorias não exportadas nos termos do § 7º deste artigo.

§ 10. Na hipótese do § 7º deste artigo, a sociedade de propósito específico de que trata o art. 56 desta Lei Complementar ou a empresa comercial exportadora não poderão deduzir do montante devido qualquer valor a título de crédito de Imposto sobre Produtos Industrializados - IPI da Contribuição para o PIS/PASEP ou da COFINS, decorrente da aquisição das mercadorias e serviços objeto da incidência.

§ 11. Na hipótese do § 7º deste artigo, a sociedade de propósito específico ou a empresa comercial exportadora deverão pagar, também, os impostos e contribuições devidos nas vendas para o mercado interno, caso, por qualquer forma, tenham alienado ou utilizado as mercadorias.

§ 12. Na apuração do montante devido no mês relativo a cada tributo, para o contribuinte que apure receitas mencionadas nos incisos I a III e V do § 4º-A deste artigo, serão consideradas as reduções relativas aos tributos já recolhidos, ou sobre os quais tenha havido tributação monofásica, isenção, redução ou, no caso do ISS, que o valor tenha sido objeto de retenção ou seja devido diretamente ao Município. *(Redação dada pela Lei Complementar nº 147, de 2014)*

§ 13. Para efeito de determinação da redução de que trata o § 12 deste artigo, as receitas serão discriminadas em comerciais, industriais ou de prestação de serviços, na forma dos Anexos I, II, III, IV e V desta Lei Complementar. *(Redação dada pela Lei Complementar nº 155, de 2016)*

§ 14. A redução no montante a ser recolhido no Simples Nacional relativo aos valores das receitas decorrentes da exportação de que trata o inciso IV do § 4º-A deste artigo corresponderá tão somente às alíquotas efetivas relativas à Cofins, à Contribuição para o PIS/Pasep, ao IPI, ao ICMS e ao ISS, apuradas com base nos Anexos I a V desta Lei Complementar. *(Redação dada pela Lei Complementar nº 155, de 2016)*

I e II - *(Revogados pela Lei Complementar nº 147, de 2014)*

§ 15. Será disponibilizado sistema eletrônico para realização do cálculo simplificado do valor mensal devido referente ao Simples Nacional.

§ 15-A. As informações prestadas no sistema eletrônico de cálculo de que trata o § 15:

I - têm caráter declaratório, constituindo confissão de dívida e instrumento hábil e suficiente para a exigência dos tributos e contribuições que não tenham sido recolhidos resultantes das informações nele prestadas; e

II - deverão ser fornecidas à Secretaria da Receita Federal do Brasil até o vencimento do prazo para pagamento dos tributos devidos no Simples Nacional em cada mês, relativamente aos fatos geradores ocorridos no mês anterior.

§ 16. Na hipótese do § 12 do art. 3º, a parcela de receita bruta que exceder o montante determinado no § 10 daquele artigo estará sujeita às alíquotas máximas previstas nos Anexos I a V desta Lei Complementar, proporcionalmente, conforme o caso. *(Redação dada pela Lei Complementar nº 155, de 2016)*

§ 16-A. O disposto no § 16 aplica-se, ainda, às hipóteses de que trata o § 9º do art. 3º, a partir do mês em que ocorrer o excesso do limite da receita bruta anual e até o mês anterior aos efeitos da exclusão.

§ 17. Na hipótese do § 13 do art. 3º, a parcela de receita bruta que exceder os montantes determinados no § 11 daquele artigo estará sujeita, em relação aos percentuais aplicáveis ao ICMS e ao ISS, às alíquotas máximas correspondentes a essas faixas previstas nos Anexos I a V desta Lei Complementar, proporcionalmente, conforme o caso. *(Redação dada pela Lei Complementar nº 155, de 2016)*

§ 17-A. O disposto no § 17 aplica-se, ainda, à hipótese de que trata o § 1º do art. 20, a partir do mês em que ocorrer o excesso do limite da receita bruta anual e até o mês anterior aos efeitos do impedimento.

§ 18. Os Estados, o Distrito Federal e os Municípios, no âmbito das respectivas competências, poderão estabelecer, na forma definida pelo Comitê Gestor, independentemente da receita bruta recebida no mês pelo contribuinte, valores fixos mensais para o recolhimento do ICMS e do ISS devido por microempresa que aufira receita bruta, no ano-calendário anterior, de até o limite máximo previsto na segunda faixa de receitas brutas anuais constantes dos Anexos I a VI, ficando a microempresa sujeita a esses valores durante todo o ano-calendário, ressalvado o disposto no § 18-A. *(Redação dada pela Lei Complementar nº 147, de 2014)*

§ 18-A. A microempresa que, no ano-calendário, exceder o limite de receita bruta previsto no § 18 fica impedida de recolher o ICMS ou o ISS pela sistemática de valor fixo, a partir do mês subsequente à ocorrência do excesso, sujeitando-se à apuração desses tributos na forma das demais empresas optantes pelo Simples Nacional. *(Incluído pela Lei Complementar nº 147, de 2014)*

§ 19. Os valores estabelecidos no § 18 deste artigo não poderão exceder a 50% (cinqüenta por cento) do maior recolhimento possível do tributo para a faixa de enquadramento prevista na tabela do *caput* deste artigo, respeitados os acréscimos decorrentes do tipo de atividade da empresa estabelecidos no § 5º deste artigo.

§ 20. Na hipótese em que o Estado, o Município ou o Distrito Federal concedam isenção ou redução do ICMS ou do ISS devido por microempresa ou empresa de pequeno porte, ou ainda determine recolhimento de valor fixo para esses tributos, na forma do § 18 deste artigo, será realizada redução proporcional ou ajuste do valor a ser recolhido, na forma definida em resolução do Comitê Gestor.

§ 20-A. A concessão dos benefícios de que trata o § 20 deste artigo poderá ser realizada:

I - mediante deliberação exclusiva e unilateral do Estado, do Distrito Federal ou do Município concedente;

II - de modo diferenciado para cada ramo de atividade.

§ 20-B. A União, os Estados e o Distrito Federal poderão, em lei específica destinada à ME ou EPP optante pelo Simples Nacional, estabelecer isenção ou redução de COFINS, Contribuição para o PIS/PASEP e ICMS para produtos da cesta básica, discriminando a abrangência da sua concessão. *(Incluído pela Lei Complementar nº 147, de 2014)*

§ 21. O valor a ser recolhido na forma do disposto no § 20 deste artigo, exclusivamente na hipótese de isenção, não integrará o montante a ser partilhado com o respectivo Município, Estado ou Distrito Federal.

§ 22. (REVOGADO)

§ 22-A. A atividade constante do inciso XIV do § 5º-B deste artigo recolherá o ISS em valor fixo, na forma da legislação municipal.

§ 22-B. Os escritórios de serviços contábeis, individualmente ou por meio de suas entidades representativas de classe, deverão:

I – promover atendimento gratuito relativo à inscrição, à opção de que trata o art. 18-A desta Lei Complementar e à primeira declaração anual simplificada da microempresa individual, podendo, para tanto, por meio de suas entidades representativas de classe, firmar convênios e acordos com a União, os Estados, o Distrito Federal e os Municípios, por intermédio dos seus órgãos vinculados;

II – fornecer, na forma estabelecida pelo Comitê Gestor, resultados de pesquisas quantitativas e qualitativas relativas às microempresas e empresas de pequeno porte optantes pelo Simples Nacional por eles atendidas;

III – promover eventos de orientação fiscal, contábil e tributária para as microempresas e empresas de pequeno porte optantes pelo Simples Nacional por eles atendidas.

§ 22-C. Na hipótese de descumprimento das obrigações de que trata o § 22-B deste artigo, o escritório será excluído do Simples Nacional, com efeitos a partir do mês subseqüente ao do descumprimento, na forma regulamentada pelo Comitê Gestor.

§ 23. Da base de cálculo do ISS será abatido o material fornecido pelo prestador dos serviços previstos nos itens 7.02 e 7.05 da lista de serviços anexa à Lei Complementar nº 116, de 31 de julho de 2003.

§ 24. Para efeito de aplicação do § 5º-K, considera-se folha de salários, incluídos encargos, o montante pago, nos doze meses anteriores ao período de apuração, a título de remunerações a pessoas físicas decorrentes do trabalho, acrescido do montante efetivamente recolhido a título de contribuição patronal previdenciária e FGTS, incluídas as retiradas de pró-labore. *(Redação dada pela Lei Complementar nº 155, de 2016)*

§ 25. Para efeito do disposto no § 24 deste artigo, deverão ser consideradas tão somente as remunerações informadas na forma prevista no inciso IV do *caput* do art. 32 da Lei nº 8.212, de 24 de julho de 1991.

§ 26. Não são considerados, para efeito do disposto no § 24, valores pagos a título de aluguéis e de distribuição de lucros, observado o disposto no § 1º do art. 14.

§ 27. (VETADO). *(Incluído pela Lei Complementar nº 155, de 2016)*

Art. 18-A. O Microempreendedor Individual - MEI poderá optar pelo recolhimento dos impostos e contribuições abrangidos pelo Simples Nacional em valores fixos mensais, independentemente da receita bruta por ele auferida no mês, na forma prevista neste artigo.

§ 1º Para os efeitos desta Lei Complementar, considera-se MEI quem tenha auferido receita bruta, no ano-calendário anterior, de até R$ 81.000,00 (oitenta e um mil reais), que seja optante pelo Simples Nacional e que não esteja impedido de optar pela sistemática prevista neste artigo, e seja empresário individual que se enquadre na definição do art. 966 da Lei nº 10.406, de 10 de janeiro de 2002 (Código Civil), ou o empreendedor que exerça: (Redação dada pela Lei Complementar nº 188, de 2021)

I - as atividades de que trata o § 4º-A deste artigo; (Incluído pela Lei Complementar nº 188, de 2021)

II - as atividades de que trata o § 4º-B deste artigo estabelecidas pelo CGSN; e (Incluído pela Lei Complementar nº 188, de 2021)

III - as atividades de industrialização, comercialização e prestação de serviços no âmbito rural. (Incluído pela Lei Complementar nº 188, de 2021)

§ 2º No caso de início de atividades, o limite de que trata o § 1º será de R$ 6.750,00 (seis mil, setecentos e cinquenta reais) multiplicados pelo número de meses compreendido entre o início da atividade e o final do respectivo ano-calendário, consideradas as frações de meses como um mês inteiro. *(Redação dada pela Lei Complementar nº 155, de 2016)*

§ 3º Na vigência da opção pela sistemática de recolhimento prevista no *caput* deste artigo:

I – não se aplica o disposto no § 18 do art. 18 desta Lei Complementar;

II – não se aplica a redução prevista no § 20 do art. 18 desta Lei Complementar ou qualquer dedução na base de cálculo;

III - não se aplicam as isenções específicas para as microempresas e empresas de pequeno porte concedidas pelo Estado, Município ou Distrito Federal a partir de 1º de julho de 2007 que abranjam integralmente a faixa de receita bruta anual até o limite previsto no § 1º;

IV – a opção pelo enquadramento como Microempreendedor Individual importa opção pelo recolhimento da contribuição referida no inciso X do § 1º do art. 13 desta Lei Complementar na forma prevista no § 2º do art. 21 da Lei nº 8.212, de 24 de julho de 1991;

V – o MEI, com receita bruta anual igual ou inferior a R$ 81.000,00 (oitenta e um mil reais), recolherá, na forma regulamentada pelo Comitê Gestor, valor fixo mensal correspondente à soma das seguintes parcelas: *(Redação dada pela Lei Complementar nº 155, de 2016)*

a) R$ 45,65 (quarenta e cinco reais e sessenta e cinco centavos), a título da contribuição prevista no inciso IV deste parágrafo;

b) R$ 1,00 (um real), a título do imposto referido no inciso VII do *caput* do art. 13 desta Lei Complementar, caso seja contribuinte do ICMS; e

c) R$ 5,00 (cinco reais), a título do imposto referido no inciso VIII do *caput* do art. 13 desta Lei Complementar, caso seja contribuinte do ISS;

VI – sem prejuízo do disposto nos §§ 1º a 3º do art. 13, o MEI terá isenção dos tributos referidos nos incisos I a VI do *caput* daquele artigo, ressalvado o disposto no art. 18-C.

§ 4º Não poderá optar pela sistemática de recolhimento prevista no *caput* deste artigo o MEI:

I - cuja atividade seja tributada na forma dos Anexos V ou VI desta Lei Complementar, salvo autorização relativa a exercício de atividade isolada na forma regulamentada pelo CGSN; *(Redação dada pela Lei Complementar nº 147, de 2014)*

II - que possua mais de um estabelecimento;

III - que participe de outra empresa como titular, sócio ou administrador; ou

IV *(Revogado pela Lei Complementar nº 155, de 2016)*

V - constituído na forma de *startup*. *(Incluído pela Lei Complementar nº 167, de 2019)*

§ 4º-A. Observadas as demais condições deste artigo, poderá optar pela sistemática de recolhimento prevista no *caput* o empresário individual que exerça atividade de comercialização e processamento de produtos de natureza extrativista.

§ 4º-B. O CGSN determinará as atividades autorizadas a optar pela sistemática de recolhimento de que trata este artigo, de forma a evitar a fragilização das relações de trabalho, bem como sobre a incidência do ICMS e do ISS.

§ 5º A opção de que trata o *caput* deste artigo dar-se-á na forma a ser estabelecida em ato do Comitê Gestor, observando-se que:

I - será irretratável para todo o ano-calendário;

II - deverá ser realizada no início do ano-calendário, na forma disciplinada pelo Comitê Gestor, produzindo efeitos a partir do primeiro dia do ano-calendário da opção, ressalvado o disposto no inciso III;

III - produzirá efeitos a partir da data do início de atividade desde que exercida nos termos, prazo e condições a serem estabelecidos em ato do Comitê Gestor a que se refere o *caput* deste parágrafo.

§ 6º O desenquadramento da sistemática de que trata o *caput* deste artigo será realizado de ofício ou mediante comunicação do MEI.

§ 7º O desenquadramento mediante comunicação do MEI à Secretaria da Receita Federal do Brasil - RFB dar-se-á:

I - por opção, que deverá ser efetuada no início do ano-calendário, na forma disciplinada pelo Comitê Gestor, produzindo efeitos a partir de 1º de janeiro do ano-calendário da comunicação;

II - obrigatoriamente, quando o MEI incorrer em alguma das situações previstas no § 4º deste artigo, devendo a comunicação ser efetuada até o último dia útil do mês subseqüente àquele em que ocorrida a situação de vedação, produzindo efeitos a partir do mês subseqüente ao da ocorrência da situação impeditiva;

III - obrigatoriamente, quando o MEI exceder, no ano-calendário, o limite de receita bruta previsto no § 1º deste artigo, devendo a comunicação ser efetuada até o último dia útil do mês subseqüente àquele em que ocorrido o excesso, produzindo efeitos:

a) a partir de 1º de janeiro do ano-calendário subseqüente ao da ocorrência do excesso, na hipótese de não ter ultrapassado o referido limite em mais de 20% (vinte por cento);

b) retroativamente a 1º de janeiro do ano-calendário da ocorrência do excesso, na hipótese de ter ultrapassado o referido limite em mais de 20% (vinte por cento);

IV - obrigatoriamente, quando o MEI exceder o limite de receita bruta previsto no § 2º deste artigo, devendo a comunicação ser efetuada até o último dia útil do mês subseqüente àquele em que ocorrido o excesso, produzindo efeitos:

a) a partir de 1º de janeiro do ano-calendário subseqüente ao da ocorrência do excesso, na hipótese de não ter ultrapassado o referido limite em mais de 20% (vinte por cento);

b) retroativamente ao início de atividade, na hipótese de ter ultrapassado o referido limite em mais de 20% (vinte por cento).

§ 8º O desenquadramento de ofício dar-se-á quando verificada a falta de comunicação de que trata o § 7º deste artigo.

§ 9º O Empresário Individual desenquadrado da sistemática de recolhimento prevista no *caput* deste artigo passará a recolher os tributos devidos pela regra geral do Simples Nacional a partir da data de início dos efeitos do desenquadramento, ressalvado o disposto no § 10 deste artigo.

§ 10. Nas hipóteses previstas nas alíneas a dos incisos III e IV do § 7º deste artigo, o MEI deverá recolher a diferença, sem acréscimos, em parcela única, juntamente com a da apuração do mês de janeiro do ano-calendário subseqüente ao do excesso, na forma a ser estabelecida em ato do Comitê Gestor.

§ 11. O valor referido na alínea *a* do inciso V do § 3º deste artigo será reajustado, na forma prevista em lei ordinária, na mesma data de reajustamento dos benefícios de que trata a Lei nº 8.213, de 24 de julho de 1991, de forma a manter equivalência com a contribuição de que trata o § 2º do art. 21 da Lei nº 8.212, de 24 de julho de 1991.

§ 12. Aplica-se ao MEI que tenha optado pela contribuição na forma do § 1º deste artigo o disposto no § 4º do art. 55 e no § 2º do art. 94, ambos da Lei nº 8.213, de 24 de julho de 1991, exceto se optar pela complementação da contribuição previdenciária a que se refere o § 3º do art. 21 da Lei nº 8.212, de 24 de julho de 1991.

§ 13. O MEI está dispensado, ressalvado o disposto no art. 18-C desta Lei Complementar, de:

I - atender o disposto no inciso IV do *caput* do art. 32 da Lei nº 8.212, de 24 de julho de 1991;

II - apresentar a Relação Anual de Informações Sociais (Rais); e

III - declarar ausência de fato gerador para a Caixa Econômica Federal para emissão da Certidão de Regularidade Fiscal perante o FGTS.

§ 14. O Comitê Gestor disciplinará o disposto neste artigo.

§ 15. A inadimplência do recolhimento do valor previsto na alínea "a" do inciso V do § 3º tem como consequência a não contagem da competência em atraso para fins de carência para obtenção dos benefícios previdenciários respectivos.

§ 15-A. Ficam autorizados os Estados, o Distrito Federal e os Municípios a promover a remissão dos débitos decorrentes dos valores previstos nas alíneas *b* e *c* do inciso V do § 3º, inadimplidos isolada ou simultaneamente. *(Incluído pela Lei Complementar nº 147, de 2014)*

§ 15-B. O MEI poderá ter sua inscrição automaticamente cancelada após período de 12 (doze) meses consecutivos sem recolhimento ou declarações, independentemente de qualquer notificação, devendo a informação ser publicada no Portal do Empreendedor, na forma regulamentada pelo CGSIM. *(Incluído pela Lei Complementar nº 147, de 2014)*

§ 16. O CGSN estabelecerá, para o MEI, critérios, procedimentos, prazos e efeitos diferenciados para desenquadramento da sistemática de que trata este artigo, cobrança, inscrição em dívida ativa e exclusão do Simples Nacional.

§ 16-A A baixa do MEI via portal eletrônico dispensa a comunicação aos órgãos da administração pública. *(Incluído pela Lei Complementar nº 155, de 2016)*

§ 17. A alteração de dados no CNPJ informada pelo empresário à Secretaria da Receita Federal do Brasil equivalerá à comunicação obrigatória de desenquadramento da sistemática de recolhimento de que trata este artigo, nas seguintes hipóteses:

I - alteração para natureza jurídica distinta de empresário individual a que se refere o art. 966 da Lei nº 10.406, de 10 de janeiro de 2002 (Código Civil);

II - inclusão de atividade econômica não autorizada pelo CGSN;

III - abertura de filial.

§ 18. Os Municípios somente poderão realizar o cancelamento da inscrição do MEI caso tenham regulamentação própria de classificação de risco e o respectivo processo simplificado de inscrição e legalização, em conformidade com esta Lei Complementar e com as resoluções do CGSIM. *(Incluído pela Lei Complementar nº 147, de 2014)*

§ 19. Fica vedada aos conselhos representativos de categorias econômicas a exigência de obrigações diversas das estipuladas nesta Lei Complementar para inscrição do MEI em seus quadros, sob pena de responsabilidade. *(Incluído pela Lei Complementar nº 147, de 2014)*

§ 19-A O MEI inscrito no conselho profissional de sua categoria na qualidade de pessoa física é dispensado de realizar nova inscrição no mesmo conselho na qualidade de empresário individual. *(Incluído pela Lei Complementar nº 155, de 2016)*

§ 19-B. São vedadas aos conselhos profissionais, sob pena de responsabilidade, a exigência de inscrição e a execução de qualquer tipo de ação fiscalizadora quando a ocupação do MEI não exigir registro profissional da pessoa física. *(Incluído pela Lei Complementar nº 155, de 2016)*

§ 20. Os documentos fiscais das microempresas e empresas de pequeno porte poderão ser emitidos diretamente por sistema nacional informatizado e pela internet, sem custos para o empreendedor, na forma regulamentada pelo Comitê Gestor do Simples Nacional. *(Incluído pela Lei Complementar nº 147, de 2014)*

§ 21. Assegurar-se-á o registro nos cadastros oficiais ao guia de turismo inscrito como MEI. *(Incluído pela Lei Complementar nº 147, de 2014)*

§ 22. Fica vedado às concessionárias de serviço público o aumento das tarifas pagas pelo MEI por conta da modificação da sua condição de pessoa física para pessoa jurídica. *(Incluído pela Lei Complementar nº 147, de 2014)*

§ 23. (VETADO). *(Incluído pela Lei Complementar nº 147, de 2014)*

§ 24. Aplica-se ao MEI o disposto no inciso XI do § 4º do art. 3º. *(Incluído pela Lei Complementar nº 147, de 2014)*

§ 25. O MEI poderá utilizar sua residência como sede do estabelecimento, quando não for indispensável a existência de local próprio para o exercício da atividade. *(Incluído pela Lei Complementar nº 154, de 2016)*

Art. 18-B. A empresa contratante de serviços executados por intermédio do MEI mantém, em relação a esta contratação, a obrigatoriedade de recolhimento da contribuição a que se refere o inciso III do *caput* e o § 1º do art. 22 da Lei nº 8.212, de 24 de julho de 1991, e o cumprimento das obrigações acessórias relativas à contratação de contribuinte individual. (Vide Lei Complementar nº 147, de 2014)

§ 1º Aplica-se o disposto neste artigo exclusivamente em relação ao MEI que for contratado para prestar serviços de hidráulica, eletricidade, pintura, alvenaria, carpintaria e de manutenção ou reparo de veículos. *(Redação dada pela Lei Complementar nº 147, de 2014)*

§ 2º O disposto no *caput* e no **§ 1º** não se aplica quando presentes os elementos da relação de emprego, ficando a contratante sujeita a todas as obrigações dela decorrentes, inclusive trabalhistas, tributárias e previdenciárias.

Art. 18-C. Observado o disposto no *caput* e nos §§ 1º a 25 do art. 18-A desta Lei Complementar, poderá enquadrar-se como MEI o empresário individual ou o empreendedor que exerça as atividades de industrialização, comercialização e prestação de serviços no âmbito rural que possua um único empregado que receba exclusivamente um salário mínimo ou o piso salarial da categoria profissional. *(Redação dada pela Lei Complementar nº 155, de 2016)*

§ 1º Na hipótese referida no *caput*, o MEI:

I - deverá reter e recolher a contribuição previdenciária relativa ao segurado a seu serviço na forma da lei, observados prazo e condições estabelecidos pelo CGSN;

II - é obrigado a prestar informações relativas ao segurado a seu serviço, na forma estabelecida pelo CGSN; e

III - está sujeito ao recolhimento da contribuição de que trata o inciso VI do *caput* do art. 13, calculada à alíquota de 3% (três por cento) sobre o salário de contribuição previsto no *caput*, na forma e prazos estabelecidos pelo CGSN.

§ 2º Para os casos de afastamento legal do único empregado do MEI, será permitida a contratação de outro empregado, inclusive por prazo determinado, até que cessem as condições do afastamento, na forma estabelecida pelo Ministério do Trabalho e Emprego.

§ 3º O CGSN poderá determinar, com relação ao MEI, a forma, a periodicidade e o prazo:

I - de entrega à Secretaria da Receita Federal do Brasil de uma única declaração com dados relacionados a fatos geradores, base de cálculo e valores dos tributos previstos nos arts. 18-A e 18-C, da contribuição para a Seguridade Social descontada do empregado e do Fundo de Garantia do Tempo de Serviço (FGTS), e outras informações de interesse do Ministério do Trabalho e Emprego, do Instituto Nacional do Seguro Social (INSS) e do Conselho Curador do FGTS, observado o disposto no § 7º do art. 26;

II - do recolhimento dos tributos previstos nos arts. 18-A e 18-C, bem como do FGTS e da contribuição para a Seguridade Social descontada do empregado.

§ 4º A entrega da declaração única de que trata o inciso I do § 3º substituirá, na forma regulamentada pelo CGSN, a obrigatoriedade de entrega de todas as informações, formulários e declarações a que estão sujeitas as demais empresas ou equiparados que contratam empregados, inclusive as relativas ao recolhimento do FGTS, à Relação Anual de Informações Sociais (Rais) e ao Cadastro Geral de Empregados e Desempregados (Caged).

§ 5º Na hipótese de recolhimento do FGTS na forma do inciso II do § 3º, deve-se assegurar a transferência dos recursos e dos elementos identificadores do recolhimento ao gestor desse fundo para crédito na conta vinculada do trabalhador.

§ 6º O documento de que trata o inciso I do § 3º deste artigo tem caráter declaratório, constituindo instrumento hábil e suficiente para a exigência dos tributos e dos débitos fundiários que não tenham sido recolhidos resultantes das informações nele prestadas. *(Incluído pela Lei Complementar nº 147, de 2014)*

Art. 18-D. A tributação municipal do imposto sobre imóveis prediais urbanos deverá assegurar tratamento mais favorecido ao MEI para realização de sua atividade no mesmo local em que residir, mediante aplicação da menor alíquota vigente para aquela localidade, seja residencial ou comercial, nos termos da lei, sem prejuízo de eventual isenção ou imunidade existente. *(Incluído pela Lei Complementar nº 147, de 2014)*

Art. 18-E. O instituto do MEI é uma política pública que tem por objetivo a formalização de pequenos empreendimentos e a inclusão social e previdenciária. *(Incluído pela Lei Complementar nº 147, de 2014)*

§ 1º A formalização de MEI não tem caráter eminentemente econômico ou fiscal. *(Incluído pela Lei Complementar nº 147, de 2014)*

§ 2º Todo benefício previsto nesta Lei Complementar aplicável à microempresa estende-se ao MEI sempre que lhe for mais favorável. *(Incluído pela Lei Complementar nº 147, de 2014)*

§ 3º O MEI é modalidade de microempresa. *(Incluído pela Lei Complementar nº 147, de 2014)*

§ 4º É vedado impor restrições ao MEI relativamente ao exercício de profissão ou participação em licitações, em função da sua natureza jurídica, inclusive por ocasião da contratação dos serviços previstos no § 1º do art. 18-B desta Lei Complementar. *(Redação dada pela Lei Complementar nº 155, de 2016)*

§ 5º O empreendedor que exerça as atividades de industrialização, comercialização e prestação de serviços no âmbito rural que efetuar seu registro como MEI não perderá a condição de segurado especial da Previdência Social. *(Incluído pela Lei Complementar nº 155, de 2016)*

§ 6º O disposto no § 5º e o licenciamento simplificado de atividades para o empreendedor que exerça as atividades de industrialização, comercialização e prestação de serviços no âmbito rural serão regulamentados pelo CGSIM em até cento e oitenta dias. *(Incluído pela Lei Complementar nº 155, de 2016)*

§ 7º O empreendedor que exerça as atividades de industrialização, comercialização e prestação de serviços no âmbito rural manterá todas as suas obrigações relativas à condição de produtor rural ou de agricultor familiar. *(Incluído pela Lei Complementar nº 155, de 2016)*

Art. 18-F. Para o transportador autônomo de cargas inscrito como MEI, nos termos do art. 18-A desta Lei Complementar: (Incluído pela Lei Complementar nº 188, de 2021)

I - o limite da receita bruta de que trata o § 1º e o inciso V do § 3º do art. 18-A desta Lei Complementar será de R$ 251.600,00 (duzentos e cinquenta e um mil e seiscentos reais); (Incluído pela Lei Complementar nº 188, de 2021)

II - o limite será de R$ 20.966,67 (vinte mil novecentos e sessenta e seis reais e sessenta e sete centavos) multiplicados pelo número de meses compreendidos entre o início da atividade e o final do respectivo ano-calendário, consideradas as frações de meses como um mês inteiro, no caso de início de atividades de que trata o § 2º do art. 18-A desta Lei Complementar; (Incluído pela Lei Complementar nº 188, de 2021)

III - o valor mensal da contribuição de que trata o inciso X do § 1º do art. 13 desta Lei Complementar corresponderá ao valor resultante da aplicação da alíquota de 12% (doze por cento) sobre o salário-mínimo mensal. (Incluído pela Lei Complementar nº 188, de 2021)

Art. 19. Sem prejuízo da possibilidade de adoção de todas as faixas de receita previstas nos Anexos I a V desta Lei Complementar, os Estados cuja participação no Produto Interno Bruto brasileiro seja de até 1% (um por cento) poderão optar pela aplicação de sublimite para efeito de recolhimento do ICMS na forma do Simples Nacional nos respectivos territórios, para empresas com receita bruta anual de até R$ 1.800.000,00 (um milhão e oitocentos mil reais). *(Redação dada pela Lei Complementar nº 155, de 2016)*

§ 1º A participação no Produto Interno Bruto brasileiro será apurada levando em conta o último resultado divulgado pelo Instituto Brasileiro de Geografia e Estatística ou outro órgão que o substitua.

§ 2º A opção prevista no *caput* produzirá efeitos somente para o ano-calendário subsequente, salvo deliberação do CGSN. *(Redação dada pela Lei Complementar nº 155, de 2016)*

§ 3º O disposto neste artigo aplica-se ao Distrito Federal.

§ 4º Para os Estados que não tenham adotado sublimite na forma do *caput* e para aqueles cuja participação no Produto Interno Bruto brasileiro seja superior a 1% (um por cento), para efeito de recolhimento do ICMS e do ISS, observar-se-á obrigatoriamente o sublimite no valor de R$ 3.600.000,00 (três milhões e seiscentos mil reais). *(Incluído pela Lei Complementar nº 155, de 2016)*

Art. 20. A opção feita na forma do art. 19 desta Lei Complementar pelos Estados importará adoção do mesmo limite de receita bruta anual para efeito de recolhimento na forma do ISS dos Municípios nele localizados, bem como para o do ISS devido no Distrito Federal.

§ 1º A empresa de pequeno porte que ultrapassar os limites a que se referem o *caput* e o § 4º do art. 19 estará automaticamente impedida de recolher o ICMS e o ISS na forma do Simples Nacional, a partir do mês subsequente àquele em que tiver ocorrido o excesso, relativamente aos seus estabelecimentos localizados na unidade da Federação que os houver adotado, ressalvado o disposto nos §§ 11 e 13 do art. 3º. *(Redação dada pela Lei Complementar nº 155, de 2016)*

§ 1º-A. Os efeitos do impedimento previsto no § 1º ocorrerão no ano-calendário subsequente se o excesso verificado não for superior a 20% (vinte por cento) dos limites referidos.

§ 2º O disposto no § 1º deste artigo não se aplica na hipótese de o Estado ou de o Distrito Federal adotarem, compulsoriamente ou por opção, a aplicação de faixa de receita bruta superior à que vinha sendo utilizada no ano-calendário em que ocorreu o excesso da receita bruta.

§ 3º Na hipótese em que o recolhimento do ICMS ou do ISS não esteja sendo efetuado por meio do Simples Nacional por força do disposto neste artigo e no art. 19 desta Lei Complementar, as faixas de receita do Simples Nacional superiores àquela que tenha sido objeto de opção pelos Estados ou pelo Distrito Federal sofrerão, para efeito de recolhimento do Simples Nacional, redução da alíquota efetiva desses impostos, apurada de acordo com os Anexos I a V desta Lei Complementar, conforme o caso. *(Redação dada pela Lei Complementar nº 155, de 2016)*

§ 4º O Comitê Gestor regulamentará o disposto neste artigo e no art. 19 desta Lei Complementar.

SEÇÃO IV – DO RECOLHIMENTO DOS TRIBUTOS DEVIDOS

Art. 21. Os tributos devidos, apurados na forma dos arts. 18 a 20 desta Lei Complementar, deverão ser pagos:

I - por meio de documento único de arrecadação, instituído pelo Comitê Gestor;

II - (REVOGADO)

III - enquanto não regulamentado pelo Comitê Gestor, até o último dia útil da primeira quinzena do mês subseqüente àquele a que se referir;

IV - em banco integrante da rede arrecadadora do Simples Nacional, na forma regulamentada pelo Comitê Gestor.

§ 1º Na hipótese de a microempresa ou a empresa de pequeno porte possuir filiais, o recolhimento dos tributos do Simples Nacional dar-se-á por intermédio da matriz.

§ 2º Poderá ser adotado sistema simplificado de arrecadação do Simples Nacional, inclusive sem utilização da rede bancária, mediante requerimento do Estado, Distrito Federal ou Município ao Comitê Gestor.

§ 3º O valor não pago até a data do vencimento sujeitar-se-á à incidência de encargos legais na forma prevista na legislação do imposto sobre a renda.

§ 4º A retenção na fonte de ISS das microempresas ou das empresas de pequeno porte optantes pelo Simples Nacional somente será permitida se observado o disposto no art. 3º da Lei Complementar nº 116, de 31 de julho de 2003, e deverá observar as seguintes normas:

I - a alíquota aplicável na retenção na fonte deverá ser informada no documento fiscal e corresponderá à alíquota efetiva de ISS a que a microempresa ou a empresa de pequeno porte estiver sujeita no mês anterior ao da prestação; *(Redação dada pela Lei Complementar nº 155, de 2016)*

II - na hipótese de o serviço sujeito à retenção ser prestado no mês de início de atividades da microempresa ou da empresa de pequeno porte, deverá ser aplicada pelo tomador a alíquota efetiva de 2% (dois por cento); *(Redação dada pela Lei Complementar nº 155, de 2016)*

III – na hipótese do inciso II deste parágrafo, constatando-se que houve diferença entre a alíquota utilizada e a efetivamente apurada, caberá à microempresa ou empresa de pequeno porte prestadora dos serviços efetuar o recolhimento dessa diferença no mês subseqüente ao do início de atividade em guia própria do Município;

IV – na hipótese de a microempresa ou empresa de pequeno porte estar sujeita à tributação do ISS no Simples Nacional por valores fixos mensais, não caberá a retenção a que se refere o *caput* deste parágrafo;

V - na hipótese de a microempresa ou a empresa de pequeno porte não informar a alíquota de que tratam os incisos I e II deste parágrafo no documento fiscal, aplicar-se-á a alíquota efetiva de 5% (cinco por cento); *(Redação dada pela Lei Complementar nº 155, de 2016)*

VI – não será eximida a responsabilidade do prestador de serviços quando a alíquota do ISS informada no documento fiscal for inferior à devida, hipótese em que o recolhimento dessa diferença será realizado em guia própria do Município;

VII – o valor retido, devidamente recolhido, será definitivo, não sendo objeto de partilha com os municípios, e sobre a receita de prestação de serviços que sofreu a retenção não haverá incidência de ISS a ser recolhido no Simples Nacional.

§ 4º-A. Na hipótese de que tratam os incisos I e II do § 4º, a falsidade na prestação dessas informações sujeitará o responsável, o titular, os sócios ou os administradores da microempresa e da empresa de pequeno porte, juntamente com as demais pessoas que para ela concorrerem, às penalidades previstas na legislação criminal e tributária.

§ 5º O CGSN regulará a compensação e a restituição dos valores do Simples Nacional recolhidos indevidamente ou em montante superior ao devido.

§ 6º O valor a ser restituído ou compensado será acrescido de juros obtidos pela aplicação da taxa referencial do Sistema Especial de Liquidação e de Custódia (Selic) para títulos federais, acumulada mensalmente, a partir do mês subsequente ao do pagamento indevido ou a maior que o devido até o mês anterior ao da compensação ou restituição, e de 1% (um por cento) relativamente ao mês em que estiver sendo efetuada.

§ 7º Os valores compensados indevidamente serão exigidos com os acréscimos moratórios de que trata o art. 35.

§ 8º Na hipótese de compensação indevida, quando se comprove falsidade de declaração apresentada pelo sujeito passivo, o contribuinte estará sujeito à multa isolada aplicada no percentual previsto no inciso I do *caput* do art. 44 da Lei nº 9.430, de 27 de dezembro de 1996, aplicado em dobro, e terá como base de cálculo o valor total do débito indevidamente compensado.

§ 9º É vedado o aproveitamento de créditos não apurados no Simples Nacional, inclusive de natureza não tributária, para extinção de débitos do Simples Nacional.

§ 10. Os créditos apurados no Simples Nacional não poderão ser utilizados para extinção de outros débitos para com as Fazendas Públicas, salvo por ocasião da compensação de ofício oriunda de deferimento em processo de restituição ou após a exclusão da empresa do Simples Nacional.

§ 11. No Simples Nacional, é permitida a compensação tão somente de créditos para extinção de débitos para com o mesmo ente federado e relativos ao mesmo tributo.

§ 12. Na restituição e compensação no Simples Nacional serão observados os prazos de decadência e prescrição previstos na Lei nº 5.172, de 25 de outubro de 1966 (Código Tributário Nacional).

§ 13. É vedada a cessão de créditos para extinção de débitos no Simples Nacional.

§ 14. Aplica-se aos processos de restituição e de compensação o rito estabelecido pelo CGSN.

§ 15. Compete ao CGSN fixar critérios, condições para rescisão, prazos, valores mínimos de amortização e demais procedimentos para parcelamento dos recolhimentos em atraso dos débitos tributários apurados no Simples Nacional, observado o disposto no § 3º deste artigo e no art. 35 e ressalvado o disposto no § 19 deste artigo. (Vide Lei Complementar nº 155, de 2016)

§ 16. Os débitos de que trata o § 15 poderão ser parcelados em até 60 (sessenta) parcelas mensais, na forma e condições previstas pelo CGSN. (Vide Lei Complementar nº 155, de 2016)

§ 17. O valor de cada prestação mensal, por ocasião do pagamento, será acrescido de juros equivalentes à taxa referencial do Sistema Especial de Liquidação e de Custódia (Selic) para títulos federais, acumulada mensalmente, calculados a partir do mês subsequente ao da consolidação até o mês anterior ao do pagamento, e de 1% (um por cento) relativamente ao mês em que o pagamento estiver sendo efetuado, na forma regulamentada pelo CGSN. (Vide Lei Complementar nº 155, de 2016)

§ 18. Será admitido reparcelamento de débitos constantes de parcelamento em curso ou que tenha sido rescindido, podendo ser incluídos novos débitos, na forma regulamentada pelo CGSN. (Vide Lei Complementar nº 155, de 2016)

§ 19. Os débitos constituídos de forma isolada por parte de Estado, do Distrito Federal ou de Município, em face de ausência de aplicativo para lançamento unificado, relativo a tributo de sua competência, que não estiverem inscritos em Dívida Ativa da União, poderão ser parcelados pelo ente responsável pelo lançamento de acordo com a respectiva legislação, na forma regulamentada pelo CGSN. (Vide Lei Complementar nº 155, de 2016)

§ 20. O pedido de parcelamento deferido importa confissão irretratável do débito e configura confissão extrajudicial. (Vide Lei Complementar nº 155, de 2016)

§ 21. Serão aplicadas na consolidação as reduções das multas de lançamento de ofício previstas na legislação federal, conforme regulamentação do CGSN. (Vide Lei Complementar nº 155, de 2016)

§ 22. O repasse para os entes federados dos valores pagos e da amortização dos débitos parcelados será efetuado proporcionalmente ao valor de cada tributo na composição da dívida consolidada. (Vide Lei Complementar nº 155, de 2016)

§ 23. No caso de parcelamento de débito inscrito em dívida ativa, o devedor pagará custas, emolumentos e demais encargos legais. (Vide Lei Complementar nº 155, de 2016)

§ 24. Implicará imediata rescisão do parcelamento e remessa do débito para inscrição em dívida ativa ou prosseguimento da execução, conforme o caso, até deliberação do CGSN, a falta de pagamento: (Vide Lei Complementar nº 155, de 2016)

I - de 3 (três) parcelas, consecutivas ou não; ou

II - de 1 (uma) parcela, estando pagas todas as demais.

§ 25. O documento previsto no inciso I do *caput* deste artigo deverá conter a partilha discriminada de cada um dos tributos abrangidos pelo Simples Nacional, bem como os valores destinados a cada ente federado. *(Incluído pela Lei Complementar nº 155, de 2016)*

Art. 21-A. A inscrição de microempresa ou empresa de pequeno porte no Cadastro Informativo dos créditos não quitados do setor público federal - CADIN, somente ocorrerá mediante notificação prévia com prazo para contestação. *(Incluído pela Lei Complementar nº 147, de 2014)*

Art. 21-B. Os Estados e o Distrito Federal deverão observar, em relação ao ICMS, o prazo mínimo de 60 (sessenta) dias, contado a partir do primeiro dia do mês do fato gerador da obrigação tributária, para estabelecer a data de vencimento do imposto devido por substituição tributária, tributação concentrada em uma única etapa (monofásica) e por antecipação tributária com ou sem encerramento de tributação, nas hipóteses em que a responsabilidade recair sobre operações ou prestações subsequentes, na forma regulamentada pelo Comitê Gestor. *(Incluído pela Lei Complementar nº 147, de 2014)*

SEÇÃO V – DO REPASSE DO PRODUTO DA ARRECADAÇÃO

Art. 22. O Comitê Gestor definirá o sistema de repasses do total arrecadado, inclusive encargos legais, para o:

I - Município ou Distrito Federal, do valor correspondente ao ISS;

II - Estado ou Distrito Federal, do valor correspondente ao ICMS;

III - Instituto Nacional do Seguro Social, do valor correspondente à Contribuição para manutenção da Seguridade Social.

Parágrafo único. Enquanto o Comitê Gestor não regulamentar o prazo para o repasse previsto no inciso II do *caput* deste artigo, esse será efetuado nos prazos estabelecidos nos convênios celebrados no âmbito do colegiado a que se refere a alínea g do inciso XII do § 2º do art. 155 da Constituição Federal.

SEÇÃO VI – DOS CRÉDITOS

Art. 23. As microempresas e as empresas de pequeno porte optantes pelo Simples Nacional não farão jus à apropriação nem transferirão créditos relativos a impostos ou contribuições abrangidos pelo Simples Nacional.

§ 1º As pessoas jurídicas e aquelas a elas equiparadas pela legislação tributária não optantes pelo Simples Nacional terão direito a crédito correspondente ao ICMS incidente sobre as suas aquisições de mercadorias de microempresa ou empresa de pequeno porte optante pelo Simples Nacional, desde que destinadas à comercialização ou industrialização e observado, como limite, o ICMS efetivamente devido pelas optantes pelo Simples Nacional em relação a essas aquisições.

§ 2º A alíquota aplicável ao cálculo do crédito de que trata o § 1º deste artigo deverá ser informada no documento fiscal e corresponderá ao percentual de ICMS previsto nos Anexos I ou II desta Lei Complementar para a faixa de receita bruta a que a microempresa ou a empresa de pequeno porte estiver sujeita no mês anterior ao da operação.

§ 3º Na hipótese de a operação ocorrer no mês de início de atividades da microempresa ou empresa de pequeno porte optante pelo Simples Nacional, a alíquota aplicável ao cálculo do crédito de que trata o § 1º deste artigo corresponderá ao percentual de ICMS referente à menor alíquota prevista nos Anexos I ou II desta Lei Complementar.

§ 4º Não se aplica o disposto nos §§ 1º a 3º deste artigo quando:

I - a microempresa ou empresa de pequeno porte estiver sujeita à tributação do ICMS no Simples Nacional por valores fixos mensais;

II - a microempresa ou a empresa de pequeno porte não informar a alíquota de que trata o § 2º deste artigo no documento fiscal;

III - houver isenção estabelecida pelo Estado ou Distrito Federal que abranja a faixa de receita bruta a que a microempresa ou a empresa de pequeno porte estiver sujeita no mês da operação.

IV - o remetente da operação ou prestação considerar, por opção, que a alíquota determinada na forma do *caput* e dos §§ 1º e 2º do art. 18 desta Lei Complementar deverá incidir sobre a receita recebida no mês.

§ 5º Mediante deliberação exclusiva e unilateral dos Estados e do Distrito Federal, poderá ser concedido às pessoas jurídicas e àquelas a elas equiparadas pela legislação tributária não optantes pelo Simples Nacional crédito correspondente ao ICMS incidente sobre os insumos utilizados nas mercadorias adquiridas de indústria optante pelo Simples Nacional, sendo vedado o estabelecimento de diferenciação no valor do crédito em razão da procedência dessas mercadorias.

§ 6º O Comitê Gestor do Simples Nacional disciplinará o disposto neste artigo.

Art. 24. As microempresas e as empresas de pequeno porte optantes pelo Simples Nacional não poderão utilizar ou destinar qualquer valor a título de incentivo fiscal.

§ 1º Não serão consideradas quaisquer alterações em bases de cálculo, alíquotas e percentuais ou outros fatores que alterem o valor de imposto ou contribuição apurado na forma do Simples Nacional, estabelecidas pela União, Estado, Distrito Federal ou Município, exceto as previstas ou autorizadas nesta Lei Complementar. *(Redação dada pela Lei Complementar nº 155, de 2016)*

§ 2º (VETADO). *(Incluído pela Lei Complementar nº 155, de 2016)*

SEÇÃO VII – DAS OBRIGAÇÕES FISCAIS ACESSÓRIAS

Art. 25. A microempresa ou empresa de pequeno porte optante pelo Simples Nacional deverá apresentar anualmente à Secretaria da Receita Federal do Brasil declaração única e simplificada de informações socioeconômicas e fiscais, que deverá ser disponibilizada aos órgãos de fiscalização tributária e previdenciária, observados prazo e modelo aprovados pelo CGSN e observado o disposto no § 15-A do art. 18.

§ 1º A declaração de que trata o *caput* deste artigo constitui confissão de dívida e instrumento hábil e suficiente para a exigência dos tributos e contribuições que não tenham sido recolhidos resultantes das informações nela prestadas.

§ 2º A situação de inatividade deverá ser informada na declaração de que trata o *caput* deste artigo, na forma regulamentada pelo Comitê Gestor.

§ 3º Para efeito do disposto no § 2º deste artigo, considera-se em situação de inatividade a microempresa ou a empresa de pequeno porte que não apresente mutação patrimonial e atividade operacional durante todo o ano-calendário.

§ 4º A declaração de que trata o *caput* deste artigo, relativa ao MEI definido no art. 18-A desta Lei Complementar, conterá, para efeito do disposto no art. 3º da Lei Complementar nº 63, de 11 de janeiro de 1990, tão-somente as informações relativas à receita bruta total sujeita ao ICMS, sendo vedada a instituição de declarações adicionais em decorrência da referida Lei Complementar.

§ 5º A declaração de que trata o *caput*, a partir das informações relativas ao ano-calendário de 2012, poderá ser prestada por meio da declaração de que trata o § 15-A do art. 18 desta Lei Complementar, na periodicidade e prazos definidos pelo CGSN. *(Incluído pela Lei Complementar nº 147, de 2014)*

Art. 26. As microempresas e empresas de pequeno porte optantes pelo Simples Nacional ficam obrigadas a:

I - emitir documento fiscal de venda ou prestação de serviço, de acordo com instruções expedidas pelo Comitê Gestor;

II - manter em boa ordem e guarda os documentos que fundamentaram a apuração dos impostos e contribuições devidos e o cumprimento das obrigações acessórias a que se refere o art. 25 desta Lei Complementar enquanto não decorrido o prazo decadencial e não prescritas eventuais ações que lhes sejam pertinentes.

§ 1º O MEI fará a comprovação da receita bruta mediante apresentação do registro de vendas ou de prestação de serviços na forma estabelecida pelo CGSN, ficando dispensado da emissão do documento fiscal previsto no inciso I do *caput*, ressalvadas as hipóteses de emissão obrigatória previstas pelo referido Comitê.

I - (REVOGADO)

II - (REVOGADO)

III - (REVOGADO)

§ 2º As demais microempresas e as empresas de pequeno porte, além do disposto nos incisos I e II do *caput* deste artigo, deverão, ainda, manter o livro-caixa em que será escriturada sua movimentação financeira e bancária.

§ 3º A exigência de declaração única a que se refere o *caput* do art. 25 desta Lei Complementar não desobriga a prestação de informações relativas a terceiros.

§ 4º É vedada a exigência de obrigações tributárias acessórias relativas aos tributos apurados na forma do Simples Nacional além daquelas estipuladas pelo CGSN e atendidas por meio do Portal do Simples Nacional, bem como, o estabelecimento de exigências adicionais e unilaterais pelos entes federativos, exceto os programas de cidadania fiscal. *(Redação dada pela Lei Complementar nº 147, de 2014)*

§ 4º-A. A escrituração fiscal digital ou obrigação equivalente não poderá ser exigida da microempresa ou empresa de pequeno porte optante pelo Simples Nacional, salvo se, cumulativamente, houver: *(Incluído pela Lei Complementar nº 147, de 2014)*

I - autorização específica do CGSN, que estabelecerá as condições para a obrigatoriedade; *(Incluído pela Lei Complementar nº 147, de 2014)*

II - disponibilização por parte da administração tributária estipulante de aplicativo gratuito para uso da empresa optante. *(Incluído pela Lei Complementar nº 147, de 2014)*

§ 4º-B. A exigência de apresentação de livros fiscais em meio eletrônico aplicar-se-á somente na hipótese de substituição da entrega em meio convencional, cuja obrigatoriedade tenha sido prévia e especificamente estabelecida pelo CGSN. *(Incluído pela Lei Complementar nº 147, de 2014)*

§ 4º-C. Até a implantação de sistema nacional uniforme estabelecido pelo CGSN com compartilhamento de informações com os entes federados, permanece válida norma publicada por ente federado até o primeiro trimestre de 2014 que tenha veiculado exigência vigente de a microempresa ou empresa de pequeno porte apresentar escrituração fiscal digital ou obrigação equivalente. *(Incluído pela Lei Complementar nº 147, de 2014)*

§ 5º As microempresas e empresas de pequeno porte ficam sujeitas à entrega de declaração eletrônica que deva conter os dados referentes aos serviços prestados ou tomados de terceiros, na conformidade do que dispuser o Comitê Gestor.

§ 6º Na hipótese do § 1º deste artigo:

I - deverão ser anexados ao registro de vendas ou de prestação de serviços, na forma regulamentada pelo Comitê Gestor, os documentos fiscais comprobatórios das entradas de mercadorias e serviços tomados referentes ao período, bem como os documentos fiscais relativos às operações ou prestações realizadas eventualmente emitidos;

II - será obrigatória a emissão de documento fiscal nas vendas e nas prestações de serviços realizadas pelo MEI para destinatário cadastrado no Cadastro Nacional da Pessoa Jurídica (CNPJ), ficando dispensado desta emissão para o consumidor final.

§ 7º Cabe ao CGSN dispor sobre a exigência da certificação digital para o cumprimento de obrigações principais e acessórias por parte da microempresa, inclusive o MEI, ou empresa de pequeno porte optante pelo Simples Nacional, inclusive para o recolhimento do FGTS.

§ 8º O CGSN poderá disciplinar sobre a disponibilização, no portal do SIMPLES Nacional, de documento fiscal eletrônico de venda ou de prestação de serviço para o MEI, microempresa ou empresa de pequeno porte optante pelo Simples Nacional. *(Incluído pela Lei Complementar nº 147, de 2014)*

§ 9º O desenvolvimento e a manutenção das soluções de tecnologia, capacitação e orientação aos usuários relativas ao disposto no § 8º, bem como as demais relativas ao Simples Nacional, poderão ser apoiadas pelo Serviço Brasileiro de Apoio às Micro e Pequenas Empresas - SEBRAE. *(Incluído pela Lei Complementar nº 147, de 2014)*

§ 10. O ato de emissão ou de recepção de documento fiscal por meio eletrônico estabelecido pelas administrações tributárias, em qualquer modalidade, de entrada, de saída ou de prestação, na forma estabelecida pelo CGSN, representa sua própria escrituração fiscal e elemento suficiente para a fundamentação e a constituição do crédito tributário. *(Incluído pela Lei Complementar nº 147, de 2014)*

§ 11. Os dados dos documentos fiscais de qualquer espécie podem ser compartilhados entre as administrações tributárias da União, Estados, Distrito Federal e Municípios e, quando emitidos por meio eletrônico, na forma estabelecida pelo CGSN, a microempresa ou empresa de pequeno porte optante pelo Simples Nacional fica desobrigada de transmitir seus dados às administrações tributárias. *(Incluído pela Lei Complementar nº 147, de 2014)*

§ 12. As informações a serem prestadas relativas ao ICMS devido na forma prevista nas alíneas *a*, *g* e *h* do inciso XIII do § 1º do art. 13 serão fornecidas por meio de aplicativo único. *(Incluído pela Lei Complementar nº 147, de 2014)*

§ 13. Fica estabelecida a obrigatoriedade de utilização de documentos fiscais eletrônicos estabelecidos pelo Confaz nas operações e prestações relativas ao ICMS efetuadas por microempresas e empresas de pequeno porte nas hipóteses previstas nas alíneas *a*, *g* e *h* do inciso XIII do § 1º do art. 13. *(Incluído pela Lei Complementar nº 147, de 2014)*

§ 14. Os aplicativos necessários ao cumprimento do disposto nos §§ 12 e 13 deste artigo serão disponibilizados, de forma gratuita, no portal do Simples Nacional. *(Incluído pela Lei Complementar nº 147, de 2014)*

§ 15. O CGSN regulamentará o disposto neste artigo. *(Incluído pela Lei Complementar nº 147, de 2014)*

Art. 27. As microempresas e empresas de pequeno porte optantes pelo Simples Nacional poderão, opcionalmente, adotar contabilidade simplificada para os registros e controles das operações realizadas, conforme regulamentação do Comitê Gestor.

SEÇÃO VIII – DA EXCLUSÃO DO SIMPLES NACIONAL

Art. 28. A exclusão do Simples Nacional será feita de ofício ou mediante comunicação das empresas optantes.

Parágrafo único. As regras previstas nesta seção e o modo de sua implementação serão regulamentados pelo Comitê Gestor.

Art. 29. A exclusão de ofício das empresas optantes pelo Simples Nacional dar-se-á quando:

I - verificada a falta de comunicação de exclusão obrigatória;

II - for oferecido embaraço à fiscalização, caracterizado pela negativa não justificada de exibição de livros e documentos a que estiverem obrigadas, bem como pelo não fornecimento de informações sobre bens, movimentação financeira, negócio ou atividade que estiverem intimadas a apresentar, e nas demais hipóteses que autorizam a requisição de auxílio da força pública;

III - for oferecida resistência à fiscalização, caracterizada pela negativa de acesso ao estabelecimento, ao domicílio fiscal ou a qualquer outro local onde desenvolvam suas atividades ou se encontrem bens de sua propriedade;

IV - a sua constituição ocorrer por interpostas pessoas;

V - tiver sido constatada prática reiterada de infração ao disposto nesta Lei Complementar;

VI - a empresa for declarada inapta, na forma dos arts. 81 e 82 da Lei nº 9.430, de 27 de dezembro de 1996, e alterações posteriores;

VII - comercializar mercadorias objeto de contrabando ou descaminho;

VIII - houver falta de escrituração do livro-caixa ou não permitir a identificação da movimentação financeira, inclusive bancária;

IX - for constatado que durante o ano-calendário o valor das despesas pagas supera em 20% (vinte por cento) o valor de ingressos de recursos no mesmo período, excluído o ano de início de atividade;

X - for constatado que durante o ano-calendário o valor das aquisições de mercadorias para comercialização ou industrialização, ressalvadas hipóteses justificadas de aumento de estoque, for superior a 80% (oitenta por cento) dos ingressos de recursos no mesmo período, excluído o ano de início de atividade;

XI - houver descumprimento reiterado da obrigação contida no inciso I do *caput* do art. 26;

XII - omitir de forma reiterada da folha de pagamento da empresa ou de documento de informações previsto pela legislação previdenciária, trabalhista ou tributária, segurado empregado, trabalhador avulso ou contribuinte individual que lhe preste serviço.

§ 1º Nas hipóteses previstas nos incisos II a XII do *caput* deste artigo, a exclusão produzirá efeitos a partir do próprio mês em que incorridas, impedindo a opção pelo regime diferenciado e favorecido desta Lei Complementar pelos próximos 3 (três) anos-calendário seguintes.

§ 2º O prazo de que trata o § 1º deste artigo será elevado para 10 (dez) anos caso seja constatada a utilização de artifício, ardil ou qualquer outro meio fraudulento que induza ou mantenha a fiscalização em erro, com o fim de suprimir ou reduzir o pagamento de tributo apurável segundo o regime especial previsto nesta Lei Complementar.

§ 3º A exclusão de ofício será realizada na forma regulamentada pelo Comitê Gestor, cabendo o lançamento dos tributos e contribuições apurados aos respectivos entes tributantes.

§ 4º (REVOGADO)

§ 5º A competência para exclusão de ofício do Simples Nacional obedece ao disposto no art. 33, e o julgamento administrativo, ao disposto no art. 39, ambos desta Lei Complementar.

§ 6º Nas hipóteses de exclusão previstas no *caput*, a notificação:

I - será efetuada pelo ente federativo que promoveu a exclusão; e

II - poderá ser feita por meio eletrônico, observada a regulamentação do CGSN.

§ 7º (REVOGADO)

§ 8º A notificação de que trata o § 6º aplica-se ao indeferimento da opção pelo Simples Nacional.

§ 9º Considera-se prática reiterada, para fins do disposto nos incisos V, XI e XII do *caput*:

I - a ocorrência, em 2 (dois) ou mais períodos de apuração, consecutivos ou alternados, de idênticas infrações, inclusive de natureza acessória, verificada em relação aos últimos 5 (cinco) anos-calendário, formalizadas por intermédio de auto de infração ou notificação de lançamento; ou

II - a segunda ocorrência de idênticas infrações, caso seja constatada a utilização de artifício, ardil ou qualquer outro meio fraudulento que induza ou mantenha a fiscalização em erro, com o fim de suprimir ou reduzir o pagamento de tributo.

Art. 30. A exclusão do Simples Nacional, mediante comunicação das microempresas ou das empresas de pequeno porte, dar-se-á:

I - por opção;

II - obrigatoriamente, quando elas incorrerem em qualquer das situações de vedação previstas nesta Lei Complementar; ou

III - obrigatoriamente, quando ultrapassado, no ano-calendário de início de atividade, o limite proporcional de receita bruta de que trata o § 2º do art. 3º;

IV - obrigatoriamente, quando ultrapassado, no ano-calendário, o limite de receita bruta previsto no inciso II do *caput* do art. 3º, quando não estiver no ano-calendário de início de atividade.

§ 1º A exclusão deverá ser comunicada à Secretaria da Receita Federal:

I - na hipótese do inciso I do *caput* deste artigo, até o último dia útil do mês de janeiro;

II - na hipótese do inciso II do *caput* deste artigo, até o último dia útil do mês subseqüente àquele em que ocorrida a situação de vedação;

III - na hipótese do inciso III do *caput*:

a) até o último dia útil do mês seguinte àquele em que tiver ultrapassado em mais de 20% (vinte por cento) o limite proporcional de que trata o § 10 do art. 3º; ou

b) até o último dia útil do mês de janeiro do ano-calendário subsequente ao de início de atividades, caso o excesso seja inferior a 20% (vinte por cento) do respectivo limite;

IV - na hipótese do inciso IV do *caput*:

a) até o último dia útil do mês subsequente à ultrapassagem em mais de 20% (vinte por cento) do limite de receita bruta previsto no inciso II do *caput* do art. 3º; ou

b) até o último dia útil do mês de janeiro do ano-calendário subsequente, na hipótese de não ter ultrapassado em mais de 20% (vinte por cento) o limite de receita bruta previsto no inciso II do *caput* do art. 3º.

§ 2º A comunicação de que trata o *caput* deste artigo dar-se-á na forma a ser estabelecida pelo Comitê Gestor.

§ 3º A alteração de dados no CNPJ, informada pela ME ou EPP à Secretaria da Receita Federal do Brasil, equivalerá à comunicação obrigatória de exclusão do Simples Nacional nas seguintes hipóteses:

I - alteração de natureza jurídica para Sociedade Anônima, Sociedade Empresária em Comandita por Ações, Sociedade em Conta de Participação ou Estabelecimento, no Brasil, de Sociedade Estrangeira;

II - inclusão de atividade econômica vedada à opção pelo Simples Nacional;

III - inclusão de sócio pessoa jurídica;

IV - inclusão de sócio domiciliado no exterior;

V - cisão parcial; ou

VI - extinção da empresa.

Art. 31. A exclusão das microempresas ou das empresas de pequeno porte do Simples Nacional produzirá efeitos:

I - na hipótese do inciso I do *caput* do art. 30 desta Lei Complementar, a partir de 1º de janeiro do ano-calendário subseqüente, ressalvado o disposto no § 4º deste artigo;

II - na hipótese do inciso II do *caput* do art. 30 desta Lei Complementar, a partir do mês seguinte da ocorrência da situação impeditiva;

III - na hipótese do inciso III do *caput* do art. 30 desta Lei Complementar:

a) desde o início das atividades;

b) a partir de 1º de janeiro do ano-calendário subsequente, na hipótese de não ter ultrapassado em mais de 20% (vinte por cento) o limite proporcional de que trata o § 10 do art. 3º;

IV - na hipótese do inciso V do *caput* do art. 17 desta Lei Complementar, a partir do ano-calendário subseqüente ao da ciência da comunicação da exclusão;

V - na hipótese do inciso IV do *caput* do art. 30:

a) a partir do mês subsequente à ultrapassagem em mais de 20% (vinte por cento) do limite de receita bruta previsto no inciso II do art. 3º;

b) a partir de 1º de janeiro do ano-calendário subsequente, na hipótese de não ter ultrapassado em mais de 20% (vinte por cento) o limite de receita bruta previsto no inciso II do art. 3º.

§ 1º Na hipótese prevista no inciso III do *caput* do art. 30 desta Lei Complementar, a microempresa ou empresa de pequeno porte não poderá optar, no ano-calendário subseqüente ao do início de atividades, pelo Simples Nacional.

§ 2º Na hipótese dos incisos V e XVI do *caput* do art. 17, será permitida a permanência da pessoa jurídica como optante pelo Simples Nacional mediante a comprovação da regularização do débito ou do cadastro fiscal no prazo de até 30 (trinta) dias contados a partir da ciência da comunicação da exclusão.

§ 3º O CGSN regulamentará os procedimentos relativos ao impedimento de recolher o ICMS e o ISS na forma do Simples Nacional, em face da ultrapassagem dos limites estabelecidos na forma dos incisos I ou II do art. 19 e do art. 20.

§ 4º No caso de a microempresa ou a empresa de pequeno porte ser excluída do Simples Nacional no mês de janeiro, na hipótese do inciso I do *caput* do art. 30 desta Lei Complementar, os efeitos da exclusão dar-se-ão nesse mesmo ano.

§ 5º Na hipótese do inciso II do *caput* deste artigo, uma vez que o motivo da exclusão deixe de existir, havendo a exclusão retroativa de ofício no caso do inciso I do *caput* do art. 29 desta Lei Complementar, o efeito desta dar-se-á a partir do mês seguinte ao da ocorrência da situação impeditiva, limitado, porém, ao último dia do ano-calendário em que a referida situação deixou de existir.

Art. 32. As microempresas ou as empresas de pequeno porte excluídas do Simples Nacional sujeitar-se-ão, a partir do período em que se processarem os efeitos da exclusão, às normas de tributação aplicáveis às demais pessoas jurídicas.

§ 1º Para efeitos do disposto no *caput* deste artigo, na hipótese da alínea a do inciso III do *caput* do art. 31 desta Lei Complementar, a microempresa ou a empresa de pequeno porte desenquadrada ficará sujeita ao pagamento da totalidade ou diferença dos respectivos impostos e contribuições, devidos de conformidade com as normas gerais de incidência, acrescidos, tão-somente, de juros de mora, quando efetuado antes do início de procedimento de ofício.

§ 2º Para efeito do disposto no *caput* deste artigo, o sujeito passivo poderá optar pelo recolhimento do imposto de renda e da Contribuição Social sobre o Lucro Líquido na forma do lucro presumido, lucro real trimestral ou anual.

§ 3º Aplica-se o disposto no *caput* e no § 1º em relação ao ICMS e ao ISS à empresa impedida de recolher esses impostos na forma do Simples Nacional, em face da ultrapassagem dos limites a que se referem os incisos I e II do *caput* do art. 19, relativamente ao estabelecimento localizado na unidade da federação que os houver adotado.

SEÇÃO IX – DA FISCALIZAÇÃO

Art. 33. A competência para fiscalizar o cumprimento das obrigações principais e acessórias relativas ao Simples Nacional e para verificar a ocorrência das hipóteses previstas no art. 29 desta Lei Complementar é da Secretaria da Receita Federal e das Secretarias de Fazenda ou de Finanças do Estado ou do Distrito Federal, segundo a localização do estabelecimento, e, tratando-se de prestação de serviços incluídos na competência tributária municipal, a competência será também do respectivo Município.

§ 1º As Secretarias de Fazenda ou Finanças dos Estados poderão celebrar convênio com os Municípios de sua jurisdição para atribuir a estes a fiscalização a que se refere o *caput* deste artigo.

§ 1º-A. Dispensa-se o convênio de que trata o § 1º na hipótese de ocorrência de prestação de serviços sujeita ao ISS por estabelecimento localizado no Município.

§ 1º-B. A fiscalização de que trata o *caput*, após iniciada, poderá abranger todos os demais estabelecimentos da microempresa ou da empresa de pequeno porte, independentemente da atividade por eles exercida ou de sua localização, na forma e condições estabelecidas pelo CGSN.

§ 1º-C. As autoridades fiscais de que trata o *caput* têm competência para efetuar o lançamento de todos os tributos previstos nos incisos I a VIII do art. 13, apurados na forma do Simples Nacional, relativamente a todos os estabelecimentos da empresa, independentemente do ente federado instituidor.

§ 1º-D. A competência para autuação por descumprimento de obrigação acessória é privativa da administração tributária perante a qual a obrigação deveria ter sido cumprida.

§ 2º Na hipótese de a microempresa ou empresa de pequeno porte exercer alguma das atividades de prestação de serviços previstas no § 5º-C do art. 18 desta Lei Complementar, caberá à Secretaria da Receita Federal do Brasil a fiscalização da Contribuição para a Seguridade Social, a cargo da empresa, de que trata o art. 22 da Lei nº 8.212, de 24 de julho de 1991.

§ 3º O valor não pago, apurado em procedimento de fiscalização, será exigido em lançamento de ofício pela autoridade competente que realizou a fiscalização.

§ 4º O Comitê Gestor disciplinará o disposto neste artigo.

SEÇÃO X – DA OMISSÃO DE RECEITA

Art. 34. Aplicam-se à microempresa e à empresa de pequeno porte optantes pelo Simples Nacional todas as presunções de omissão de receita existentes nas legislações de regência dos impostos e contribuições incluídos no Simples Nacional.

§ 1º É permitida a prestação de assistência mútua e a permuta de informações entre a Fazenda Pública da União e as dos Estados, do Distrito Federal e dos Municípios, relativas às microempresas e às empresas de pequeno porte, para fins de planejamento ou de execução de procedimentos fiscais ou preparatórios. *(Incluído pela Lei Complementar nº 155, de 2016)*

§ 2º (VETADO). *(Incluído pela Lei Complementar nº 155, de 2016)*

§ 3º Sem prejuízo de ação fiscal individual, as administrações tributárias poderão utilizar procedimento de notificação prévia visando à autorregularização, na forma e nos prazos a serem regulamentados pelo CGSN, que não constituirá início de procedimento fiscal. *(Incluído pela Lei Complementar nº 155, de 2016)*

§ 4º (VETADO). *(Incluído pela Lei Complementar nº 155, de 2016)*

SEÇÃO XI – DOS ACRÉSCIMOS LEGAIS

Art. 35. Aplicam-se aos impostos e contribuições devidos pela microempresa e pela empresa de pequeno porte, inscritas no Simples Nacional, as normas relativas aos juros e multa de mora e de ofício previstas para o imposto de renda, inclusive, quando for o caso, em relação ao ICMS e ao ISS.

Art. 36. A falta de comunicação, quando obrigatória, da exclusão da pessoa jurídica do Simples Nacional, nos prazos determinados no § 1º do art. 30 desta Lei Complementar, sujeitará a pessoa jurídica a multa correspondente a 10% (dez por cento) do total dos impostos e contribuições devidos de conformidade com o Simples Nacional no mês que anteceder o início dos efeitos da exclusão, não inferior a R$ 200,00 (duzentos reais), insuscetível de redução.

Art. 36-A. A falta de comunicação, quando obrigatória, do desenquadramento do microempreendedor individual da sistemática de recolhimento prevista no art. 18-A desta Lei Complementar nos prazos determinados em seu § 7º sujeitará o microempreendedor individual a multa no valor de R$ 50,00 (cinquenta reais), insuscetível de redução.

Art. 37. A imposição das multas de que trata esta Lei Complementar não exclui a aplicação das sanções previstas na legislação penal, inclusive em relação a declaração falsa, adulteração de documentos e emissão de nota fiscal em desacordo com a operação efetivamente praticada, a que estão sujeitos o titular ou sócio da pessoa jurídica.

Art. 38. O sujeito passivo que deixar de apresentar a Declaração Simplificada da Pessoa Jurídica a que se refere o art. 25 desta Lei Complementar, no prazo fixado, ou que a apresentar com incorreções ou omissões, será intimado a apresentar declaração original, no caso de não-apresentação, ou a prestar esclarecimentos, nos demais casos, no prazo estipulado pela autoridade fiscal, na forma definida pelo Comitê Gestor, e sujeitar-se-á às seguintes multas:

I - de 2% (dois por cento) ao mês-calendário ou fração, incidentes sobre o montante dos tributos e contribuições informados na Declaração Simplificada da Pessoa Jurídica, ainda que integralmente pago, no caso de falta de entrega da declaração ou entrega após o prazo, limitada a 20% (vinte por cento), observado o disposto no § 3º deste artigo;

II - de R$ 100,00 (cem reais) para cada grupo de 10 (dez) informações incorretas ou omitidas.

§ 1º Para efeito de aplicação da multa prevista no inciso I do *caput* deste artigo, será considerado como termo inicial o dia seguinte ao término do prazo originalmente fixado para a entrega da declaração e como termo final a data da efetiva entrega ou, no caso de não-apresentação, da lavratura do auto de infração.

§ 2º Observado o disposto no § 3º deste artigo, as multas serão reduzidas:

I - à metade, quando a declaração for apresentada após o prazo, mas antes de qualquer procedimento de ofício;

II - a 75% (setenta e cinco por cento), se houver a apresentação da declaração no prazo fixado em intimação.

§ 3º A multa mínima a ser aplicada será de R$ 200,00 (duzentos reais).

§ 4º Considerar-se-á não entregue a declaração que não atender às especificações técnicas estabelecidas pelo Comitê Gestor.

§ 5º Na hipótese do § 4º deste artigo, o sujeito passivo será intimado a apresentar nova declaração, no prazo de 10 (dez) dias, contados da ciência da intimação, e sujeitar-se-á à multa prevista no inciso I do *caput* deste artigo, observado o disposto nos §§ 1º a 3º deste artigo.

§ 6º A multa mínima de que trata o § 3º deste artigo a ser aplicada ao Microempreendedor Individual na vigência da opção de que trata o art. 18-A desta Lei Complementar será de R$ 50,00 (cinqüenta reais).

Art. 38-A. O sujeito passivo que deixar de prestar as informações no sistema eletrônico de cálculo de que trata o § 15 do art. 18, no prazo previsto no § 15-A do mesmo artigo, ou que as prestar com incorreções ou omissões, será intimado a fazê-lo, no caso de não apresentação, ou a prestar esclarecimentos, nos demais casos, no prazo estipulado pela autoridade fiscal, na forma definida pelo CGSN, e sujeitar-se-á às seguintes multas, para cada mês de referência:

I - de 2% (dois por cento) ao mês-calendário ou fração, a partir do primeiro dia do quarto mês do ano subsequente à ocorrência dos fatos geradores, incidentes sobre o montante dos impostos e contribuições decorrentes das informações prestadas no sistema eletrônico de cálculo de que trata o § 15 do art. 18, ainda que integralmente pago, no caso de ausência de prestação de informações ou sua efetuação após o prazo, limitada a 20% (vinte por cento), observado o disposto no § 2º deste artigo; e

II - de R$ 20,00 (vinte reais) para cada grupo de 10 (dez) informações incorretas ou omitidas.

§ 1º Para efeito de aplicação da multa prevista no inciso I do *caput*, será considerado como termo inicial o primeiro dia do quarto mês do ano subsequente à ocorrência dos fatos geradores e como termo final a data da efetiva prestação ou, no caso de não prestação, da lavratura do auto de infração.

§ 2º A multa mínima a ser aplicada será de R$ 50,00 (cinquenta reais) para cada mês de referência.

§ 3º Aplica-se ao disposto neste artigo o disposto nos §§ 2º, 4º e 5º do art. 38.

§ 4º O CGSN poderá estabelecer data posterior à prevista no inciso I do *caput* e no § 1º.

Art. 38-B. As multas relativas à falta de prestação ou à incorreção no cumprimento de obrigações acessórias para com os órgãos e entidades federais, estaduais, distritais e municipais, quando em valor fixo ou mínimo, e na ausência de previsão legal de valores específicos e mais favoráveis para MEI, microempresa ou empresa de pequeno porte, terão redução de: *(Incluído pela Lei Complementar nº 147, de 2014)*

I - 90% (noventa por cento) para os MEI; *(Incluído pela Lei Complementar nº 147, de 2014)*

II - 50% (cinquenta por cento) para as microempresas ou empresas de pequeno porte optantes pelo Simples Nacional. *(Incluído pela Lei Complementar nº 147, de 2014)*

Parágrafo único. As reduções de que tratam os incisos I e II do *caput* não se aplicam na: *(Incluído pela Lei Complementar nº 147, de 2014)*

I - hipótese de fraude, resistência ou embaraço à fiscalização; *(Incluído pela Lei Complementar nº 147, de 2014)*

II - ausência de pagamento da multa no prazo de 30 (trinta) dias após a notificação. *(Incluído pela Lei Complementar nº 147, de 2014)*

SEÇÃO XII – DO PROCESSO ADMINISTRATIVO FISCAL

Art. 39. O contencioso administrativo relativo ao Simples Nacional será de competência do órgão julgador integrante da estrutura administrativa do ente federativo que efetuar o lançamento, o indeferimento da opção ou a exclusão de ofício, observados os dispositivos legais atinentes aos processos administrativos fiscais desse ente.

§ 1º O Município poderá, mediante convênio, transferir a atribuição de julgamento exclusivamente ao respectivo Estado em que se localiza.

§ 2º No caso em que o contribuinte do Simples Nacional exerça atividades incluídas no campo de incidência do ICMS e do ISS e seja apurada omissão de receita de que não se consiga identificar a origem, a autuação será feita utilizando a maior alíquota prevista nesta Lei Complementar, e a parcela autuada que não seja correspondente aos tributos e contribuições federais será rateada entre Estados e Municípios ou Distrito Federal.

§ 3º Na hipótese referida no § 2º deste artigo, o julgamento caberá ao Estado ou ao Distrito Federal.

§ 4º A intimação eletrônica dos atos do contencioso administrativo observará o disposto nos §§ 1º-A a 1º-D do art. 16.

§ 5º A impugnação relativa ao indeferimento da opção ou à exclusão poderá ser decidida em órgão diverso do previsto no *caput*, na forma estabelecida pela respectiva administração tributária.

§ 6º Na hipótese prevista no § 5º, o CGSN poderá disciplinar procedimentos e prazos, bem como, no processo de exclusão, prever efeito suspensivo na hipótese de apresentação de impugnação, defesa ou recurso.

Art. 40. As consultas relativas ao Simples Nacional serão solucionadas pela Secretaria da Receita Federal, salvo quando se referirem a tributos e contribuições de competência estadual ou municipal, que serão solucionadas conforme a respectiva competência tributária, na forma disciplinada pelo Comitê Gestor.

SEÇÃO XIII – DO PROCESSO JUDICIAL

Art. 41. Os processos relativos a impostos e contribuições abrangidos pelo Simples Nacional serão ajuizados em face da União, que será representada em juízo pela Procuradoria-Geral da Fazenda Nacional, observado o disposto no § 5º deste artigo.

§ 1º Os Estados, Distrito Federal e Municípios prestarão auxílio à Procuradoria-Geral da Fazenda Nacional, em relação aos tributos de sua competência, na forma a ser disciplinada por ato do Comitê Gestor.

§ 2º Os créditos tributários oriundos da aplicação desta Lei Complementar serão apurados, inscritos em Dívida Ativa da União e cobrados judicialmente pela Procuradoria-Geral da Fazenda Nacional, observado o disposto no inciso V do § 5º deste artigo.

§ 3º Mediante convênio, a Procuradoria-Geral da Fazenda Nacional poderá delegar aos Estados e Municípios a inscrição em dívida ativa estadual e municipal e a cobrança judicial dos tributos estaduais e municipais a que se refere esta Lei Complementar.

§ 4º Aplica-se o disposto neste artigo aos impostos e contribuições que não tenham sido recolhidos resultantes das informações prestadas:

I - no sistema eletrônico de cálculo dos valores devidos no Simples Nacional de que trata o § 15 do art. 18;

II - na declaração a que se refere o art. 25.

§ 5º Excetuam-se do disposto no *caput* deste artigo:

I - os mandados de segurança nos quais se impugnem atos de autoridade coatora pertencente a Estado, Distrito Federal ou Município;

II - as ações que tratem exclusivamente de tributos de competência dos Estados, do Distrito Federal ou dos Municípios, as quais serão propostas em face desses entes federativos, representados em juízo por suas respectivas procuradorias;

III - as ações promovidas na hipótese de celebração do convênio de que trata o § 3º deste artigo;

IV - o crédito tributário decorrente de auto de infração lavrado exclusivamente em face de descumprimento de obrigação acessória, observado o disposto no § 1º-D do art. 33;

V - o crédito tributário relativo ao ICMS e ao ISS de que tratam as alíneas *b* e *c* do inciso V do § 3º do art. 18-A desta Lei Complementar. *(Redação dada pela Lei Complementar nº 147, de 2014)*

CAPÍTULO V – DO ACESSO AOS MERCADOS

(Redação dada pela Lei Complementar nº 147, de 2014)

SEÇÃO I – DAS AQUISIÇÕES PÚBLICAS

Art. 42. Nas licitações públicas, a comprovação de regularidade fiscal e trabalhista das microempresas e das empresas de pequeno porte somente será exigida para efeito de assinatura do contrato. *(Redação dada pela Lei Complementar nº 155, de 2016)*

Art. 43. As microempresas e as empresas de pequeno porte, por ocasião da participação em certames licitatórios, deverão apresentar toda a documentação exigida para efeito de comprovação de regularidade fiscal e trabalhista, mesmo que esta apresente alguma restrição. *(Redação dada pela Lei Complementar nº 155, de 2016)*

§ 1º Havendo alguma restrição na comprovação da regularidade fiscal e trabalhista, será assegurado o prazo de cinco dias úteis, cujo termo inicial corresponderá ao momento em que o proponente for declarado vencedor do certame, prorrogável por igual período, a critério da administração pública, para regularização da documentação, para pagamento ou parcelamento do débito e para emissão de eventuais certidões negativas ou positivas com efeito de certidão negativa. *(Redação dada pela Lei Complementar nº 155, de 2016)*

§ 2º A não-regularização da documentação, no prazo previsto no § 1º deste artigo, implicará decadência do direito à contratação, sem prejuízo das sanções previstas no art. 81 da Lei nº 8.666, de 21 de junho de 1993, sendo facultado à Administração convocar os licitantes remanescentes, na ordem de classificação, para a assinatura do contrato, ou revogar a licitação.

Art. 44. Nas licitações será assegurada, como critério de desempate, preferência de contratação para as microempresas e empresas de pequeno porte.

§ 1º Entende-se por empate aquelas situações em que as propostas apresentadas pelas microempresas e empresas de pequeno porte sejam iguais ou até 10% (dez por cento) superiores à proposta mais bem classificada.

§ 2º Na modalidade de pregão, o intervalo percentual estabelecido no § 1º deste artigo será de até 5% (cinco por cento) superior ao melhor preço.

Art. 45. Para efeito do disposto no art. 44 desta Lei Complementar, ocorrendo o empate, proceder-se-á da seguinte forma:

I - a microempresa ou empresa de pequeno porte mais bem classificada poderá apresentar proposta de preço inferior àquela considerada vencedora do certame, situação em que será adjudicado em seu favor o objeto licitado;

II - não ocorrendo a contratação da microempresa ou empresa de pequeno porte, na forma do inciso I do *caput* deste artigo, serão convocadas as remanescentes que porventura se enquadrem na hipótese dos §§ 1º e 2º do art. 44 desta Lei Complementar, na ordem classificatória, para o exercício do mesmo direito;

III - no caso de equivalência dos valores apresentados pelas microempresas e empresas de pequeno porte que se encontrem nos intervalos estabelecidos nos §§ 1º e 2º do art. 44 desta Lei Complementar, será realizado sorteio entre elas para que se identifique aquela que primeiro poderá apresentar melhor oferta.

§ 1º Na hipótese da não-contratação nos termos previstos no *caput* deste artigo, o objeto licitado será adjudicado em favor da proposta originalmente vencedora do certame.

§ 2º O disposto neste artigo somente se aplicará quando a melhor oferta inicial não tiver sido apresentada por microempresa ou empresa de pequeno porte.

§ 3º No caso de pregão, a microempresa ou empresa de pequeno porte mais bem classificada será convocada para apresentar nova proposta no prazo máximo de 5 (cinco) minutos após o encerramento dos lances, sob pena de preclusão.

Art. 46. A microempresa e a empresa de pequeno porte titular de direitos creditórios decorrentes de empenhos liquidados por órgãos e entidades da União, Estados, Distrito Federal e Município não pagos em até 30 (trinta) dias contados da data de liquidação poderão emitir cédula de crédito microempresarial.

Art. 47. Nas contratações públicas da administração direta e indireta, autárquica e fundacional, federal, estadual e municipal, deverá ser concedido tratamento diferenciado e simplificado para as microempresas e empresas de pequeno porte objetivando a promoção do desenvolvimento econômico e social no âmbito municipal e regional, a ampliação da eficiência das políticas públicas e o incentivo à inovação tecnológica. *(Redação dada pela Lei Complementar nº 147, de 2014)*

Parágrafo único. No que diz respeito às compras públicas, enquanto não sobrevier legislação estadual, municipal ou regulamento específico de cada órgão mais favorável à microempresa e empresa de pequeno porte, aplica-se a legislação federal. *(Incluído pela Lei Complementar nº 147, de 2014)*

Art. 48. Para o cumprimento do disposto no art. 47 desta Lei Complementar, a administração pública: *(Redação dada pela Lei Complementar nº 147, de 2014)*

I - deverá realizar processo licitatório destinado exclusivamente à participação de microempresas e empresas de pequeno porte nos itens de contratação cujo valor seja de até R$ 80.000,00 (oitenta mil reais); *(Redação dada pela Lei Complementar nº 147, de 2014)*

II - poderá, em relação aos processos licitatórios destinados à aquisição de obras e serviços, exigir dos licitantes a subcontratação de microempresa ou empresa de pequeno porte; *(Redação dada pela Lei Complementar nº 147, de 2014)*

III - deverá estabelecer, em certames para aquisição de bens de natureza divisível, cota de até 25% (vinte e cinco por cento) do objeto para a contratação de microempresas e empresas de pequeno porte. *(Redação dada pela Lei Complementar nº 147, de 2014)*

§ 1º (Revogado). *(Redação dada pela Lei Complementar nº 147, de 2014)*

§ 2º Na hipótese do inciso II do *caput* deste artigo, os empenhos e pagamentos do órgão ou entidade da administração pública poderão ser destinados diretamente às microempresas e empresas de pequeno porte subcontratadas.

§ 3º Os benefícios referidos no *caput* deste artigo poderão, justificadamente, estabelecer a prioridade de contratação para as microempresas e empresas de pequeno porte sediadas local ou regionalmente, até o limite de 10% (dez por cento) do melhor preço válido. *(Incluído pela Lei Complementar nº 147, de 2014)*

Art. 49. Não se aplica o disposto nos arts. 47 e 48 desta Lei Complementar quando:

I - (Revogado); *(Redação dada pela Lei Complementar nº 147, de 2014)*

II - não houver um mínimo de 3 (três) fornecedores competitivos enquadrados como microempresas ou empresas de pequeno porte sediados local ou regionalmente e capazes de cumprir as exigências estabelecidas no instrumento convocatório;

III - o tratamento diferenciado e simplificado para as microempresas e empresas de pequeno porte não for vantajoso para a administração pública ou representar prejuízo ao conjunto ou complexo do objeto a ser contratado;

IV - a licitação for dispensável ou inexigível, nos termos dos arts. 24 e 25 da Lei nº 8.666, de 21 de junho de 1993, excetuando-se as dispensas tratadas pelos incisos I e II do art. 24 da mesma Lei, nas quais a compra deverá ser feita preferencialmente de microempresas e empresas de pequeno porte, aplicando-se o disposto no inciso I do art. 48. *(Redação dada pela Lei Complementar nº 147, de 2014)*

SEÇÃO II – ACESSO AO MERCADO EXTERNO

› *(Redação dada pela Lei Complementar nº 147, de 2014)*

Art. 49-A. A microempresa e a empresa de pequeno porte beneficiárias do SIMPLES usufruirão de regime de exportação que contemplará procedimentos simplificados de habilitação, licenciamento, despacho aduaneiro e câmbio, na forma do regulamento. *(Incluído pela Lei Complementar nº 147, de 2014)*

Parágrafo único. As pessoas jurídicas prestadoras de serviço de logística internacional, quando contratadas pelas empresas descritas nesta Lei Complementar, estão autorizadas a realizar atividades relativas a licenciamento administrativo, despacho aduaneiro, consolidação e desconsolidação de carga e a contratar seguro, câmbio, transporte e armazenagem de mercadorias, objeto da prestação do serviço, de forma simplificada e por meio eletrônico, na forma de regulamento. *(Redação dada pela Lei Complementar nº 155, de 2016)*

Art. 49-B. (VETADO). *(Incluído pela Lei Complementar nº 155, de 2016)*

CAPÍTULO VI – DA SIMPLIFICAÇÃO DAS RELAÇÕES DE TRABALHO

SEÇÃO I – DA SEGURANÇA E DA MEDICINA DO TRABALHO

Art. 50. As microempresas e as empresas de pequeno porte serão estimuladas pelo poder público e pelos Serviços Sociais Autônomos a formar consórcios para acesso a serviços especializados em segurança e medicina do trabalho.

SEÇÃO II – DAS OBRIGAÇÕES TRABALHISTAS

Art. 51. As microempresas e as empresas de pequeno porte são dispensadas:

I - da afixação de Quadro de Trabalho em suas dependências;

II - da anotação das férias dos empregados nos respectivos livros ou fichas de registro;

III - de empregar e matricular seus aprendizes nos cursos dos Serviços Nacionais de Aprendizagem;

IV - da posse do livro intitulado "Inspeção do Trabalho"; e

V - de comunicar ao Ministério do Trabalho e Emprego a concessão de férias coletivas.

Art. 52. O disposto no art. 51 desta Lei Complementar não dispensa as microempresas e as empresas de pequeno porte dos seguintes procedimentos:

I - anotações na Carteira de Trabalho e Previdência Social - CTPS;

II - arquivamento dos documentos comprobatórios de cumprimento das obrigações trabalhistas e previdenciárias, enquanto não prescreverem essas obrigações;

III - apresentação da Guia de Recolhimento do Fundo de Garantia do Tempo de Serviço e Informações à Previdência Social – GFIP;

IV - apresentação das Relações Anuais de Empregados e da Relação Anual de Informações Sociais - RAIS e do Cadastro Geral de Empregados e Desempregados - CAGED.

Parágrafo único. (VETADO).

Art. 53. (REVOGADO)

SEÇÃO III – DO ACESSO À JUSTIÇA DO TRABALHO

Art. 54. É facultado ao empregador de microempresa ou de empresa de pequeno porte fazer-se substituir ou representar perante a Justiça do Trabalho por terceiros que conheçam dos fatos, ainda que não possuam vínculo trabalhista ou societário.

CAPÍTULO VII – DA FISCALIZAÇÃO ORIENTADORA

Art. 55. A fiscalização, no que se refere aos aspectos trabalhista, metrológico, sanitário, ambiental, de segurança, de relações de consumo e de uso e ocupação do solo das microempresas e das empresas de pequeno porte, deverá ser prioritariamente orientadora quando a atividade ou situação, por sua natureza, comportar grau de risco compatível com esse procedimento. *(Redação dada pela Lei Complementar nº 155, de 2016)*

§ 1º Será observado o critério de dupla visita para lavratura de autos de infração, salvo quando for constatada infração por falta de registro de empregado ou anotação da Carteira de Trabalho e Previdência Social – CTPS, ou, ainda, na ocorrência de reincidência, fraude, resistência ou embaraço à fiscalização.

§ 2º (VETADO).

§ 3º Os órgãos e entidades competentes definirão, em 12 (doze) meses, as atividades e situações cujo grau de risco seja considerado alto, as quais não se sujeitarão ao disposto neste artigo.

§ 4º O disposto neste artigo não se aplica ao processo administrativo fiscal relativo a tributos, que se dará na forma dos arts. 39 e 40 desta Lei Complementar.

§ 5º O disposto no § 1º aplica-se à lavratura de multa pelo descumprimento de obrigações acessórias relativas às matérias do *caput*, inclusive quando previsto seu cumprimento de forma unificada com matéria de outra natureza, exceto a trabalhista. *(Incluído pela Lei Complementar nº 147, de 2014)*

§ 6º A inobservância do critério de dupla visita implica nulidade do auto de infração lavrado sem cumprimento ao disposto neste artigo, independentemente da natureza principal ou acessória da obrigação. *(Incluído pela Lei Complementar nº 147, de 2014)*

§ 7º Os órgãos e entidades da administração pública federal, estadual, distrital e municipal deverão observar o princípio do tratamento diferenciado, simplificado e favorecido por ocasião da fixação de valores decorrentes de multas e demais sanções administrativas. *(Incluído pela Lei Complementar nº 147, de 2014)*

§ 8º A inobservância do disposto no *caput* deste artigo implica atentado aos direitos e garantias legais assegurados ao exercício profissional da atividade empresarial. *(Incluído pela Lei Complementar nº 147, de 2014)*

§ 9º O disposto no *caput* deste artigo não se aplica a infrações relativas à ocupação irregular da reserva de faixa não edificável, de área destinada a equipamentos urbanos, de áreas de preservação permanente e nas faixas de domínio público das rodovias, ferrovias e dutovias ou de vias e logradouros públicos. *(Incluído pela Lei Complementar nº 147, de 2014)*

CAPÍTULO VIII – DO ASSOCIATIVISMO

SEÇÃO ÚNICA – DA SOCIEDADE DE PROPÓSITO ESPECÍFICO FORMADA POR MICROEMPRESAS E EMPRESAS DE PEQUENO PORTE OPTANTES PELO SIMPLES NACIONAL

Art. 56. As microempresas ou as empresas de pequeno porte poderão realizar negócios de compra e venda de bens e serviços para os mercados nacional e internacional, por meio de sociedade de propósito específico, nos termos e condições estabelecidos pelo Poder Executivo federal. *(Redação dada pela Lei Complementar nº 147, de 2014)*

§ 1º Não poderão integrar a sociedade de que trata o *caput* deste artigo pessoas jurídicas não optantes pelo Simples Nacional.

§ 2º A sociedade de propósito específico de que trata este artigo:

I - terá seus atos arquivados no Registro Público de Empresas Mercantis;

II - terá por finalidade realizar:

a) operações de compras para revenda às microempresas ou empresas de pequeno porte que sejam suas sócias;

b) operações de venda de bens adquiridos das microempresas e empresas de pequeno porte que sejam suas sócias para pessoas jurídicas que não sejam suas sócias;

III - poderá exercer atividades de promoção dos bens referidos na alínea b do inciso II deste parágrafo;

IV - apurará o imposto de renda das pessoas jurídicas com base no lucro real, devendo manter a escrituração dos livros Diário e Razão;

V - apurará a Cofins e a Contribuição para o PIS/Pasep de modo não-cumulativo;

VI - exportará, exclusivamente, bens a ela destinados pelas microempresas e empresas de pequeno porte que dela façam parte;

VII - será constituída como sociedade limitada;

VIII - deverá, nas revendas às microempresas ou empresas de pequeno porte que sejam suas sócias, observar preço no mínimo igual ao das aquisições realizadas para revenda; e

IX - deverá, nas revendas de bens adquiridos de microempresas ou empresas de pequeno porte que sejam suas sócias, observar preço no mínimo igual ao das aquisições desses bens.

§ 3º A aquisição de bens destinados à exportação pela sociedade de propósito específico não gera direito a créditos relativos a impostos ou contribuições abrangidos pelo Simples Nacional.

§ 4º A microempresa ou a empresa de pequeno porte não poderá participar simultaneamente de mais de uma sociedade de propósito específico de que trata este artigo.

§ 5º A sociedade de propósito específico de que trata este artigo não poderá:

I - ser filial, sucursal, agência ou representação, no País, de pessoa jurídica com sede no exterior;

II - ser constituída sob a forma de cooperativas, inclusive de consumo;

III - participar do capital de outra pessoa jurídica;

IV - exercer atividade de banco comercial, de investimentos e de desenvolvimento, de caixa econômica, de sociedade de crédito, financiamento e investimento ou de crédito imobiliário, de corretora ou de distribuidora de títulos, valores mobiliários e câmbio, de empresa de arrendamento mercantil, de seguros privados e de capitalização ou de previdência complementar;

V - ser resultante ou remanescente de cisão ou qualquer outra forma de desmembramento de pessoa jurídica que tenha ocorrido em um dos 5 (cinco) anos-calendário anteriores;

VI - exercer a atividade vedada às microempresas e empresas de pequeno porte optantes pelo Simples Nacional.

§ 6º A inobservância do disposto no § 4º deste artigo acarretará a responsabilidade solidária das microempresas ou empresas de pequeno porte sócias da sociedade de propósito específico de que trata este artigo na hipótese em que seus titulares, sócios ou administradores conhecessem ou devessem conhecer tal inobservância.

§ 7º O Poder Executivo regulamentará o disposto neste artigo até 31 de dezembro de 2008.

§ 8º (VETADO). *(Incluído pela Lei Complementar nº 155, de 2016)*

CAPÍTULO IX – DO ESTÍMULO AO CRÉDITO E À CAPITALIZAÇÃO

SEÇÃO I – DISPOSIÇÕES GERAIS

Art. 57. O Poder Executivo federal proporá, sempre que necessário, medidas no sentido de melhorar o acesso das microempresas e empresas de pequeno porte aos mercados de crédito e de capitais, objetivando a redução do custo de transação, a elevação da eficiência alocativa, o incentivo ao ambiente concorrencial e a qualidade do conjunto informacional, em especial o acesso e portabilidade das informações cadastrais relativas ao crédito.

Art. 58. Os bancos comerciais públicos e os bancos múltiplos públicos com carteira comercial, a Caixa Econômica Federal e o Banco Nacional do Desenvolvimento Econômico e Social - BNDES manterão linhas de crédito específicas para as microempresas e para as empresas de pequeno porte, vinculadas à reciprocidade social, devendo o montante disponível e suas condições de acesso ser expressos nos respectivos orçamentos e amplamente divulgados. *(Redação dada pela Lei Complementar nº 155, de 2016)*

§ 1º As instituições mencionadas no *caput* deste artigo deverão publicar, juntamente com os respectivos balanços, relatório circunstanciado dos recursos alocados às linhas de crédito referidas no *caput* e daqueles efetivamente utilizados, consignando, obrigatoriamente, as justificativas do desempenho alcançado. *(Redação dada pela Lei Complementar nº 155, de 2016)*

§ 2º O acesso às linhas de crédito específicas previstas no *caput* deste artigo deverá ter tratamento simplificado e ágil, com divulgação ampla das respectivas condições e exigências. *(Incluído pela Lei Complementar nº 147, de 2014)*

§ 3º (VETADO). *(Incluído pela Lei Complementar nº 155, de 2016)*

§ 4º O Conselho Monetário Nacional - CMN regulamentará o percentual mínimo de direcionamento dos recursos de que trata o *caput*, inclusive no tocante aos recursos de que trata a alínea *b* do inciso III do art. 10 da Lei nº 4.595, de 31 de dezembro de 1964. *(Incluído pela Lei Complementar nº 155, de 2016)*

Art. 58-A. Os bancos públicos e privados não poderão contabilizar, para cumprimento de metas, empréstimos realizados a pessoas físicas, ainda que sócios de empresas, como disponibilização de crédito para microempresas e empresas de pequeno porte. *(Incluído pela Lei Complementar nº 147, de 2014)*

Art. 59. As instituições referidas no *caput* do art. 58 desta Lei Complementar devem se articular com as respectivas entidades de apoio e representação das microempresas e empresas de pequeno porte, no sentido de proporcionar e desenvolver programas de treinamento, desenvolvimento gerencial e capacitação tecnológica.

Art. 60. (VETADO).

Art. 60-A. Poderá ser instituído Sistema Nacional de Garantias de Crédito pelo Poder Executivo, com o objetivo de facilitar o acesso das microempresas e empresas de pequeno porte a crédito e demais serviços das instituições financeiras, o qual, na forma de regulamento, proporcionará a elas tratamento diferenciado, favorecido e simplificado, sem prejuízo de atendimento a outros públicos-alvo.

Parágrafo único. O Sistema Nacional de Garantias de Crédito integrará o Sistema Financeiro Nacional.

Art. 60-B. Os fundos garantidores de risco de crédito empresarial que possuam participação da União na composição do seu capital atenderão, sempre que possível, as operações de crédito que envolvam microempresas e empresas de pequeno porte, definidas na forma do art. 3º desta Lei. *(Incluído pela Lei Complementar nº 147, de 2014)*

Art. 60-C. (VETADO). *(Incluído pela Lei Complementar nº 147, de 2014)*

Art. 61. Para fins de apoio creditício às operações de comércio exterior das microempresas e das empresas de pequeno porte, serão utilizados os parâmetros de enquadramento ou outros instrumentos de alta significância para as microempresas, empresas de pequeno porte exportadoras segundo o porte de empresas, aprovados pelo Mercado Comum do Sul - MERCOSUL.

Art. 61-A. Para incentivar as atividades de inovação e os investimentos produtivos, a sociedade enquadrada como microempresa ou empresa de pequeno porte, nos termos desta Lei Complementar, poderá admitir o aporte de capital, que não integrará o capital social da empresa. *(Incluído pela Lei Complementar nº 155, de 2016)*

§ 1º As finalidades de fomento a inovação e investimentos produtivos deverão constar do contrato de participação, com vigência não superior a sete anos. *(Incluído pela Lei Complementar nº 155, de 2016)*

§ 2º O aporte de capital poderá ser realizado por pessoa física, por pessoa jurídica ou por fundos de investimento, conforme regulamento da Comissão de Valores Mobiliários, que serão denominados investidores-anjos. *(Redação dada pela Lei Complementar nº 182, de 2021)*

§ 3º A atividade constitutiva do objeto social é exercida unicamente por sócios regulares, em seu nome individual e sob sua exclusiva responsabilidade. *(Incluído pela Lei Complementar nº 155, de 2016)*

§ 4º O investidor-anjo: *(Incluído pela Lei Complementar nº 155, de 2016)*

I - não será considerado sócio nem terá qualquer direito a gerência ou a voto na administração da empresa, resguardada a possibilidade de participação nas deliberações em caráter estritamente consultivo, conforme pactuação contratual; *(Redação dada pela Lei Complementar nº 182, de 2021)*

II - não responderá por qualquer dívida da empresa, inclusive em recuperação judicial, não se aplicando a ele o art. 50 da Lei nº 10.406, de 10 de janeiro de 2002 - Código Civil; *(Incluído pela Lei Complementar nº 155, de 2016)*

III - será remunerado por seus aportes, nos termos do contrato de participação, pelo prazo máximo de 7 (sete) anos; *(Incluído pela Lei Complementar nº 182, de 2021)*

IV - poderá exigir dos administradores as contas justificadas de sua administração e, anualmente, o inventário, o balanço patrimonial e o balanço de resultado econômico; e *(Incluído pela Lei Complementar nº 182, de 2021)*

V - poderá examinar, a qualquer momento, os livros, os documentos e o estado do caixa e da carteira da sociedade, exceto se houver pactuação contratual que determine época própria para isso. *(Incluído pela Lei Complementar nº 182, de 2021)*

§ 5º Para fins de enquadramento da sociedade como microempresa ou empresa de pequeno porte, os valores de capital aportado não são considerados receitas da sociedade. *(Incluído pela Lei Complementar nº 155, de 2016)*

§ 6º As partes contratantes poderão: *(Redação dada pela Lei Complementar nº 182, de 2021)*

I - estipular remuneração periódica, ao final de cada período, ao investidor-anjo, conforme contrato de participação; ou *(Incluído pela Lei Complementar nº 182, de 2021)*

II - prever a possibilidade de conversão do aporte de capital em participação societária. *(Incluído pela Lei Complementar nº 182, de 2021)*

§ 7º O investidor-anjo somente poderá exercer o direito de resgate depois de decorridos, no mínimo, 2 (dois) anos do aporte de capital, ou prazo superior estabelecido no contrato de participação, e seus haveres serão pagos na forma prevista no art. 1.031 da Lei nº 10.406, de 10 de janeiro de 2002 (Código Civil), não permitido ultrapassar o valor investido devidamente corrigido por índice previsto em contrato. *(Redação dada pela Lei Complementar nº 182, de 2021)*

§ 8º O disposto no § 7º deste artigo não impede a transferência da titularidade do aporte para terceiros. *(Incluído pela Lei Complementar nº 155, de 2016)*

§ 9º A transferência da titularidade do aporte para terceiro alheio à sociedade dependerá do consentimento dos sócios, salvo estipulação contratual expressa em contrário. *(Incluído pela Lei Complementar nº 155, de 2016)*

§ 10. O Ministério da Fazenda poderá regulamentar a tributação sobre retirada do capital investido. *(Incluído pela Lei Complementar nº 155, de 2016)*

Art. 61-B. A emissão e a titularidade de aportes especiais não impedem a fruição do Simples Nacional. *(Incluído pela Lei Complementar nº 155, de 2016)*

Art. 61-C. Caso os sócios decidam pela venda da empresa, o investidor-anjo terá direito de preferência na aquisição, bem como direito de venda conjunta da titularidade do aporte de capital, nos mesmos termos e condições que forem ofertados aos sócios regulares. *(Incluído pela Lei Complementar nº 155, de 2016)*

Art. 61-D. Os fundos de investimento poderão aportar capital como investidores-anjos em microempresas e em empresas de pequeno porte, conforme regulamentação da Comissão de Valores Mobiliários. *(Redação dada pela Lei Complementar nº 182, de 2021)*

SEÇÃO I-A – DA SOCIEDADE DE GARANTIA SOLIDÁRIA E DA SOCIEDADE DE CONTRAGARANTIA

(Seção acrescida pela Lei Complementar nº 169, de 2019, em vigor 180 dias após a sua publicação – DOU 03/12/2019)

Art. 61-E. É autorizada a constituição de sociedade de garantia solidária (SGS), sob a forma de sociedade por ações, para a concessão de garantia a seus sócios participantes. *(Incluído pela Lei Complementar nº 169, de 2019, em vigor 180 dias após a sua publicação - DOU 03/12/2019)*

§ 1º (VETADO)

§ 2º (VETADO)

§ 3º Os atos da sociedade de garantia solidária serão arquivados no Registro Público de Empresas Mercantis e Atividades Afins.

§ 4º É livre a negociação, entre sócios participantes, de suas ações na respectiva sociedade de garantia solidária, respeitada a participação máxima que cada sócio pode atingir.

§ 5º Podem ser admitidos como sócios participantes os pequenos empresários, microempresários e microempreendedores e as pessoas jurídicas constituídas por esses associados.

§ 6º (VETADO)

§ 7º Sem prejuízo do disposto nesta Lei Complementar, aplicam-se à sociedade de garantia solidária as disposições da lei que rege as sociedades por ações. *(Incluído pela Lei Complementar nº 169, de 2019)*

Art. 61-F. O contrato de garantia solidária tem por finalidade regular a concessão da garantia pela sociedade ao sócio participante, mediante o recebimento de taxa de remuneração pelo serviço prestado, devendo fixar as cláusulas necessárias ao cumprimento das obrigações do sócio beneficiário perante a sociedade. *(Incluído pela Lei Complementar nº 169, de 2019, em vigor 180 dias após a sua publicação - DOU 03/12/2019)*

Parágrafo único. Para a concessão da garantia, a sociedade de garantia solidária poderá exigir contragarantia por parte do sócio participante beneficiário, respeitados os princípios que orientam a existência daquele tipo de sociedade.

Art. 61-G. A sociedade de garantia solidária pode conceder garantia sobre o montante de recebíveis de seus sócios participantes que sejam objeto de securitização. *(Incluído pela Lei Complementar nº 169, de 2019, em vigor 180 dias após a sua publicação - DOU 03/12/2019)*

Art. 61-H. É autorizada a constituição de sociedade de contragarantia, que tem como finalidade o oferecimento de contragarantias à sociedade de garantia solidária, nos termos a serem definidos por regulamento. *(Incluído pela Lei Complementar nº 169, de 2019, em vigor 180 dias após a sua publicação - DOU 03/12/2019)*

Art. 61-I. A sociedade de garantia solidária e a sociedade de contragarantia integrarão o Sistema Financeiro Nacional e terão sua constituição, organização e funcionamento disciplinados pelo Conselho Monetário Nacional, observado o disposto nesta Lei Complementar. *(Incluído pela Lei Complementar nº 169, de 2019, em vigor 180 dias após a sua publicação - DOU 03/12/2019)*

SEÇÃO II – DAS RESPONSABILIDADES DO BANCO CENTRAL DO BRASIL

Art. 62. O Banco Central do Brasil disponibilizará dados e informações das instituições financeiras integrantes do Sistema Financeiro Nacional, inclusive por meio do Sistema de Informações de Crédito – SCR, de modo a ampliar o acesso ao crédito para microempresas e empresas de pequeno porte e fomentar a competição bancária. *(Redação dada pela Lei Complementar nº 147, de 2014)*

§ 1º O disposto no *caput* deste artigo alcança a disponibilização de dados e informações específicas relativas ao histórico de relacionamento bancário e creditício das microempresas e das empresas de pequeno porte, apenas aos próprios titulares.

§ 2º O Banco Central do Brasil poderá garantir o acesso simplificado, favorecido e diferenciado dos dados e informações constantes no § 1º deste artigo aos seus respectivos interessados, podendo a instituição optar por realizá-lo por meio das instituições financeiras, com as quais o próprio cliente tenha relacionamento.

SEÇÃO III – DAS CONDIÇÕES DE ACESSO AOS DEPÓSITOS ESPECIAIS DO FUNDO DE AMPARO AO TRABALHADOR – FAT

Art. 63. O CODEFAT poderá disponibilizar recursos financeiros por meio da criação de programa específico para as cooperativas de crédito de cujos quadros de cooperados participem microempreendedores, empreendedores de microempresa e empresa de pequeno porte bem como suas empresas.

Parágrafo único. Os recursos referidos no *caput* deste artigo deverão ser destinados exclusivamente às microempresas e empresas de pequeno porte.

SEÇÃO IV– (VETADO)

(Incluído pela Lei Complementar nº 155, de 2016)

CAPÍTULO X – DO ESTÍMULO À INOVAÇÃO

SEÇÃO I – DISPOSIÇÕES GERAIS

Art. 64. Para os efeitos desta Lei Complementar considera-se:

I - inovação: a concepção de um novo produto ou processo de fabricação, bem como a agregação de novas funcionalidades ou características ao produto ou processo que implique melhorias incrementais e efetivo ganho de qualidade ou produtividade, resultando em maior competitividade no mercado;

II - agência de fomento: órgão ou instituição de natureza pública ou privada que tenha entre os seus objetivos o financiamento de ações que visem a estimular e promover o desenvolvimento da ciência, da tecnologia e da inovação;

III - Instituição Científica e Tecnológica - ICT: órgão ou entidade da administração pública que tenha por missão institucional, dentre outras, executar atividades de pesquisa básica ou aplicada de caráter científico ou tecnológico;

IV - núcleo de inovação tecnológica: núcleo ou órgão constituído por uma ou mais ICT com a finalidade de gerir sua política de inovação;

V - instituição de apoio: instituições criadas sob o amparo da Lei nº 8.958, de 20 de dezembro de 1994, com a finalidade de dar apoio a projetos de pesquisa, ensino e extensão e de desenvolvimento institucional, científico e tecnológico.

VI - instrumentos de apoio tecnológico para a inovação: qualquer serviço disponibilizado presencialmente ou na internet que possibilite acesso a informações, orientações, bancos de dados de soluções de informações, respostas técnicas, pesquisas e atividades de apoio complementar desenvolvidas pelas instituições previstas nos incisos II a V deste artigo. *(Incluído pela Lei Complementar nº 147, de 2014)*

SEÇÃO II – DO APOIO À INOVAÇÃO E DO INOVA SIMPLES DA EMPRESA SIMPLES DE INOVAÇÃO

(Incluído pela Lei Complementar nº 167, de 2019)

Art. 65. A União, os Estados, o Distrito Federal e os Municípios, e as respectivas agências de fomento, as ICT, os núcleos de inovação tecnológica e as instituições de apoio manterão programas específicos para as microempresas e para as empresas de pequeno porte, inclusive quando estas revestirem a forma de incubadoras, observando-se o seguinte:

I - as condições de acesso serão diferenciadas, favorecidas e simplificadas;

II - o montante disponível e suas condições de acesso deverão ser expressos nos respectivos orçamentos e amplamente divulgados.

§ 1º As instituições deverão publicar, juntamente com as respectivas prestações de contas, relatório circunstanciado das estratégias para maximização da participação do segmento, assim como dos recursos alocados às ações referidas no *caput* deste artigo e aqueles efetivamente utilizados, consignando, obrigatoriamente, as justificativas do desempenho alcançado no período.

§ 2º As pessoas jurídicas referidas no *caput* deste artigo terão por meta a aplicação de, no mínimo, 20% (vinte por cento) dos recursos destinados à inovação para o desenvolvimento de tal atividade nas microempresas ou nas empresas de pequeno porte.

§ 3º Os órgãos e entidades integrantes da administração pública federal, estadual e municipal atuantes em pesquisa, desenvolvimento ou capacitação tecnológica terão por meta efetivar suas aplicações, no percentual mínimo fixado neste artigo, em programas e projetos de apoio às microempresas ou às empresas de pequeno porte, transmitindo ao Ministério da Ciência, Tecnologia e Inovação, no primeiro trimestre de cada ano, informação relativa aos valores alocados e a respectiva relação percentual em relação ao total dos recursos destinados para esse fim. *(Redação dada pela Lei Complementar nº 147, de 2014)*

§ 4º Ficam autorizados a reduzir a 0 (zero) as alíquotas dos impostos e contribuições a seguir indicados, incidentes na aquisição, ou importação, de equipamentos, máquinas, aparelhos, instrumentos, acessórios, sobressalentes e ferramentas que os acompanhem, na forma definida em regulamento, quando adquiridos, ou importados, diretamente por microempresas ou empresas de pequeno porte para incorporação ao seu ativo imobilizado:

I - a União, em relação ao IPI, à Cofins, à Contribuição para o PIS/Pasep, à Cofins-Importação e à Contribuição para o PIS/Pasep-Importação; e

II - os Estados e o Distrito Federal, em relação ao ICMS.

§ 5º A microempresa ou empresa de pequeno porte, adquirente de bens com o benefício previsto no § 4º deste artigo, fica obrigada, nas hipóteses previstas em regulamento, a recolher os impostos e contribuições que deixaram de ser pagos, acrescidos de juros e multa, de mora ou de ofício, contados a partir da data da aquisição, no mercado interno, ou do registro da declaração de importação - DI, calculados na forma da legislação que rege a cobrança do tributo não pago.

§ 6º Para efeito da execução do orçamento previsto neste artigo, os órgãos e instituições poderão alocar os recursos destinados à criação e ao custeio de ambientes de inovação, incluindo incubadoras, parques e centros vocacionais tecnológicos, laboratórios metrológicos, de ensaio, de pesquisa ou apoio ao treinamento, bem como custeio de bolsas de extensão e remuneração de professores, pesquisadores e agentes envolvidos nas atividades de apoio tecnológico complementar. *(Incluído pela Lei Complementar nº 147, de 2014)*

Art. 65-A. Fica criado o Inova Simples, regime especial simplificado que concede às iniciativas empresariais de caráter incremental ou disruptivo que se autodeclarem como empresas de inovação tratamento diferenciado com vistas a estimular sua criação, formalização, desenvolvimento e consolidação como agentes indutores de avanços tecnológicos e da geração de emprego e renda. *(Redação dada pela Lei Complementar nº 182, de 2021)*

§ 1º (Revogado). *(Redação dada pela Lei Complementar nº 182, de 2021)*

§ 2º (Revogado). *(Redação dada pela Lei Complementar nº 182, de 2021)*

§ 3º O tratamento diferenciado a que se refere o *caput* deste artigo consiste na fixação de rito sumário para abertura e fechamento de empresas sob o regime do Inova Simples, que se dará de forma simplificada e automática, no mesmo ambiente digital do portal da Rede Nacional para a Simplificação do Registro e da Legalização de Empresas e Negócios (Redesim), em sítio eletrônico oficial do governo federal, por meio da utilização de formulário digital próprio, disponível em janela ou ícone intitulado Inova Simples. *(Incluído pela Lei Complementar nº 167, de 2019)*

§ 4º Os titulares de empresa submetida ao regime do Inova Simples preencherão cadastro básico com as seguintes informações: *(Incluído pela Lei Complementar nº 167, de 2019)*

I - qualificação civil, domicílio e CPF; *(Incluído pela Lei Complementar nº 167, de 2019)*

II - descrição do escopo da intenção empresarial inovadora, que utilize modelos de negócios inovadores para a geração de produtos ou serviços, e definição do nome empresarial, que conterá a expressão 'Inova Simples (I.S.)'; *(Redação dada pela Lei Complementar nº 182, de 2021)*

III - autodeclaração, sob as penas da lei, de que o funcionamento da empresa submetida ao regime do Inova Simples não produzirá poluição, barulho e aglomeração de tráfego de veículos, para fins de caracterizar baixo grau de risco, nos termos do § 4º do art. 6º desta Lei Complementar; *(Incluído pela Lei Complementar nº 167, de 2019)*

IV - definição do local da sede, que poderá ser comercial, residencial ou de uso misto, sempre que não proibido pela legislação municipal ou distrital, admitindo-se a possibilidade de sua instalação em locais onde funcionam parques tecnológicos, instituições de ensino, empresas juniores, incubadoras, aceleradoras e espaços compartilhados de trabalho na forma de **coworking**; e *(Incluído pela Lei Complementar nº 167, de 2019)*

V - em caráter facultativo, a existência de apoio ou validação de instituto técnico, científico ou acadêmico, público ou privado, bem como de incubadoras, aceleradoras e instituições de ensino, nos parques tecnológicos e afins. *(Incluído pela Lei Complementar nº 167, de 2019)*

§ 5º Realizado o correto preenchimento das informações, será gerado automaticamente número de CNPJ específico, em nome da denominação da empresa Inova Simples, em código próprio Inova Simples. *(Incluído pela Lei Complementar nº 167, de 2019)*

§ 6º A empresa submetida ao regime do Inova Simples constituída na forma deste artigo deverá abrir, imediatamente, conta bancária de pessoa jurídica, para fins de captação e integralização de capital, proveniente de aporte próprio de seus titulares ou de investidor domiciliado no exterior, de linha de crédito público ou privado e de outras fontes previstas em lei. *(Incluído pela Lei Complementar nº 167, de 2019)*

§ 7º No portal da Redesim, no espaço destinado ao preenchimento de dados do Inova Simples, será disponibilizado ícone que direcionará a ambiente virtual do Instituto Nacional da Propriedade Industrial (INPI), do qual constarão orientações para o depósito de pedido de patente ou de registro de marca. *(Redação dada pela Lei Complementar nº 182, de 2021)*

§ 8º O exame dos pedidos de patente ou de registro de marca, nos termos deste artigo, que tenham sido depositados por empresas participantes do Inova Simples será realizado em caráter prioritário. *(Redação dada pela Lei Complementar nº 182, de 2021)*

§ 9º *(Revogado)*. *(Redação dada pela Lei Complementar nº 182, de 2021)*

§ 10. É permitida a comercialização experimental do serviço ou produto até o limite fixado para o MEI nesta Lei Complementar. *(Incluído pela Lei Complementar nº 167, de 2019)*

§ 11. Na eventualidade de não lograr êxito no desenvolvimento do escopo pretendido, a baixa do CNPJ será automática, mediante procedimento de autodeclaração no portal da Redesim. *(Incluído pela Lei Complementar nº 167, de 2019)*

§ 12. (VETADO). *(Incluído pela Lei Complementar nº 167, de 2019)*

§ 13. O disposto neste artigo será regulamentado pelo Comitê Gestor do Simples Nacional. *(Incluído pela Lei Complementar nº 167, de 2019)*

Art. 66. No primeiro trimestre do ano subseqüente, os órgãos e entidades a que alude o art. 67 desta Lei Complementar transmitirão ao Ministério da Ciência e Tecnologia relatório circunstanciado dos projetos realizados, compreendendo a análise do desempenho alcançado.

Art. 67. Os órgãos congêneres ao Ministério da Ciência e Tecnologia estaduais e municipais deverão elaborar e divulgar relatório anual indicando o valor dos recursos recebidos, inclusive por transferência de terceiros, que foram aplicados diretamente ou por organizações vinculadas, por Fundos Setoriais e outros, no segmento das microempresas e empresas de pequeno porte, retratando e avaliando os resultados obtidos e indicando as previsões de ações e metas para ampliação de sua participação no exercício seguinte.

SEÇÃO III – DO APOIO À CERTIFICAÇÃO

(Incluído pela Lei Complementar nº 155, de 2016)

Art. 67-A. O órgão competente do Poder Executivo disponibilizará na internet informações sobre certificação de qualidade de produtos e processos para microempresas e empresas de pequeno porte. *(Incluído pela Lei Complementar nº 155, de 2016)*

Parágrafo único. Os órgãos da administração direta e indireta e as entidades certificadoras privadas, responsáveis pela criação, regulação e gestão de processos de certificação de qualidade de produtos e processos, deverão, sempre que solicitados, disponibilizar ao órgão competente do Poder Executivo informações referentes a procedimentos e normas aplicáveis aos processos de certificação em seu escopo de atuação. *(Incluído pela Lei Complementar nº 155, de 2016)*

CAPÍTULO XI – DAS REGRAS CIVIS E EMPRESARIAIS

SEÇÃO I – DAS REGRAS CIVIS

SUBSEÇÃO I – DO PEQUENO EMPRESÁRIO

Art. 68. Considera-se pequeno empresário, para efeito de aplicação do disposto nos arts. 970 e 1.179 da Lei nº 10.406, de 10 de janeiro de 2002 (Código Civil), o empresário individual caracterizado como microempresa na forma desta Lei Complementar que aufira receita bruta anual até o limite previsto no § 1º do art. 18-A.

SUBSEÇÃO II – (VETADO).

Art. 69. (VETADO).

SEÇÃO II – DAS DELIBERAÇÕES SOCIAIS E DA ESTRUTURA ORGANIZACIONAL

Art. 70. As microempresas e as empresas de pequeno porte são desobrigadas da realização de reuniões e assembléias em qualquer das situações previstas na legislação civil, as quais serão substituídas por deliberação representativa do primeiro número inteiro superior à metade do capital social.

§ 1º O disposto no *caput* deste artigo não se aplica caso haja disposição contratual em contrário, caso ocorra hipótese de justa causa que enseje a exclusão de sócio ou caso um ou mais sócios ponham em risco a continuidade da empresa em virtude de atos de inegável gravidade.

§ 2º Nos casos referidos no § 1º deste artigo, realizar-se-á reunião ou assembléia de acordo com a legislação civil.

Art. 71. Os empresários e as sociedades de que trata esta Lei Complementar, nos termos da legislação civil, ficam dispensados da publicação de qualquer ato societário.

SEÇÃO III – DO NOME EMPRESARIAL

Art. 72. *(Revogado pela Lei Complementar nº 155, de 2016)*

SEÇÃO IV – DO PROTESTO DE TÍTULOS

Vide Lei 9.492/1997

Art. 73. O protesto de título, quando o devedor for microempresário ou empresa de pequeno porte, é sujeito às seguintes condições:

I - sobre os emolumentos do tabelião não incidirão quaisquer acréscimos a título de taxas, custas e contribuições para o Estado ou Distrito Federal, carteira de previdência, fundo de custeio de atos gratuitos, fundos especiais do Tribunal de Justiça, bem como de associação de classe, criados ou que venham a ser criados sob qualquer título ou denominação, ressalvada a cobrança do devedor das despesas de correio, condução e publicação de edital para realização da intimação;

II - para o pagamento do título em cartório, não poderá ser exigido cheque de emissão de estabelecimento bancário, mas, feito o pagamento por meio de cheque, de emissão de estabelecimento bancário ou não, a quitação dada pelo tabelionato de protesto será condicionada à efetiva liquidação do cheque;

III - o cancelamento do registro de protesto, fundado no pagamento do título, será feito independentemente de declaração de anuência do credor, salvo no caso de impossibilidade de apresentação do original protestado;

IV - para os fins do disposto no *caput* e nos incisos I, II e III do *caput* deste artigo, o devedor deverá provar sua qualidade de microempresa ou de empresa de pequeno porte perante o tabelionato de protestos de títulos, mediante documento expedido pela Junta Comercial ou pelo Registro Civil das Pessoas Jurídicas, conforme o caso;

V - quando o pagamento do título ocorrer com cheque sem a devida provisão de fundos, serão automaticamente suspensos pelos cartórios de protesto, pelo prazo de 1 (um) ano, todos os benefícios previstos para o devedor neste artigo, independentemente da lavratura e registro do respectivo protesto.

Art. 73-A. São vedadas cláusulas contratuais relativas à limitação da emissão ou circulação de títulos de crédito ou direitos creditórios originados de operações de compra e venda de produtos e serviços por microempresas e empresas de pequeno porte. *(Incluído pela Lei Complementar nº 147, de 2014)*

CAPÍTULO XII – DO ACESSO À JUSTIÇA

SEÇÃO I – DO ACESSO AOS JUIZADOS ESPECIAIS

Art. 74. Aplica-se às microempresas e às empresas de pequeno porte de que trata esta Lei Complementar o disposto no § 1º do art. 8º da Lei nº 9.099, de 26 de setembro de 1995, e no inciso I do *caput* do art. 6º da Lei nº 10.259, de 12 de julho de 2001, as quais, assim como as pessoas físicas capazes, passam a ser admitidas como proponentes de ação perante o Juizado Especial, excluídos os cessionários de direito de pessoas jurídicas.

Art. 74-A. O Poder Judiciário, especialmente por meio do Conselho Nacional de Justiça - CNJ, e o Ministério da Justiça implementarão medidas para disseminar o tratamento diferenciado e favorecido às microempresas e empresas de pequeno porte em suas respectivas áreas de competência. *(Incluído pela Lei Complementar nº 147, de 2014)*

SEÇÃO II – DA CONCILIAÇÃO PRÉVIA, MEDIAÇÃO E ARBITRAGEM

Art. 75. As microempresas e empresas de pequeno porte deverão ser estimuladas a utilizar os institutos de conciliação prévia, mediação e arbitragem para solução dos seus conflitos.

§ 1º Serão reconhecidos de pleno direito os acordos celebrados no âmbito das comissões de conciliação prévia.

§ 2º O estímulo a que se refere o *caput* deste artigo compreenderá campanhas de divulgação, serviços de esclarecimento e tratamento diferenciado, simplificado e favorecido no tocante aos custos administrativos e honorários cobrados.

SEÇÃO III – DAS PARCERIAS

Art. 75-A. Para fazer face às demandas originárias do estímulo previsto nos arts. 74 e 75 desta Lei Complementar, entidades privadas, públicas, inclusive o Poder Judiciário, poderão firmar parcerias entre si, objetivando a instalação ou utilização de ambientes propícios para a realização dos procedimentos inerentes a busca da solução de conflitos.

Art. 75-B. (VETADO). *(Incluído pela Lei Complementar nº 155, de 2016)*

CAPÍTULO XIII – DO APOIO E DA REPRESENTAÇÃO

Art. 76. Para o cumprimento do disposto nesta Lei Complementar, bem como para desenvolver e acompanhar políticas públicas voltadas às microempresas e empresas de pequeno porte, o poder público, em consonância com o Fórum Permanente das Microempresas e Empresas de Pequeno Porte, sob a coordenação da Secretaria da Micro e Pequena Empresa da Presidência da República, deverá incentivar e apoiar a criação de fóruns com participação dos órgãos públicos competentes e das entidades vinculadas ao setor. *(Redação dada pela Lei nº 12.792, de 2013)*

Parágrafo único. A Secretaria da Micro e Pequena Empresa da Presidência da República coordenará com as entidades representativas das microempresas e empresas de pequeno porte a implementação dos fóruns regionais nas unidades da federação. *(Redação dada pela Lei nº 12.792, de 2013)*

Art. 76-A. As instituições de representação e apoio empresarial deverão promover programas de sensibilização, de informação, de orientação e apoio, de educação fiscal, de regularidade dos contratos de trabalho e de adoção de sistemas informatizados e eletrônicos, como forma de estímulo à formalização de empreendimentos, de negócios e empregos, à ampliação da competitividade e à disseminação do associativismo entre as microempresas, os microempreendedores individuais, as empresas de pequeno porte e equiparados. *(Incluído pela Lei Complementar nº 147, de 2014)*

CAPÍTULO XIV – DISPOSIÇÕES FINAIS E TRANSITÓRIAS

Art. 77. Promulgada esta Lei Complementar, o Comitê Gestor expedirá, em 30 (trinta) meses, as instruções que se fizerem necessárias à sua execução.

§ 1º O Ministério do Trabalho e Emprego, a Secretaria da Receita Federal, a Secretaria da Receita Previdenciária, os Estados, o Distrito Federal e os Municípios deverão editar, em 1 (um) ano, as leis e demais atos necessários para assegurar o pronto e imediato tratamento jurídico diferenciado, simplificado e favorecido às microempresas e às empresas de pequeno porte.

§ 2º A administração direta e indireta federal, estadual e municipal e as entidades paraestatais acordarão, no prazo previsto no § 1º deste artigo, as providências necessárias à adaptação dos respectivos atos normativos ao disposto nesta Lei Complementar.

§ 3º (VETADO).

§ 4º O Comitê Gestor regulamentará o disposto no inciso I do § 6º do art. 13 desta Lei Complementar até 31 de dezembro de 2008.

§ 5º A partir de 1º de janeiro de 2009, perderão eficácia as substituições tributárias que não atenderem à disciplina estabelecida na forma do § 4º deste artigo.

§ 6º O Comitê de que trata o inciso III do *caput* do art. 2º desta Lei Complementar expedirá, até 31 de dezembro de 2009, as instruções que se fizerem necessárias relativas a sua competência.

Art. 78. (REVOGADO)

Art. 79. Será concedido, para ingresso no Simples Nacional, parcelamento, em até 100 (cem) parcelas mensais e sucessivas, dos débitos com o Instituto Nacional do Seguro Social – INSS, ou com as Fazendas Públicas federal, estadual ou municipal, de responsabilidade da microempresa ou empresa de pequeno porte e de seu titular ou sócio, com vencimento até 30 de junho de 2008.

§ 1º O valor mínimo da parcela mensal será de R$ 100,00 (cem reais), considerados isoladamente os débitos para com a Fazenda Nacional, para com a Seguridade Social, para com a Fazenda dos Estados, dos Municípios ou do Distrito Federal.

§ 2º Esse parcelamento alcança inclusive débitos inscritos em dívida ativa.

§ 3º O parcelamento será requerido à respectiva Fazenda para com a qual o sujeito passivo esteja em débito.

§ 3º-A O parcelamento deverá ser requerido no prazo estabelecido em regulamentação do Comitê Gestor.

§ 4º Aplicam-se ao disposto neste artigo as demais regras vigentes para parcelamento de tributos e contribuições federais, na forma regulamentada pelo Comitê Gestor.

§§ 5º a 8º (VETADOS)

§ 9º O parcelamento de que trata o *caput* deste artigo não se aplica na hipótese de reingresso de microempresa ou empresa de pequeno porte no Simples Nacional.

Art. 79-A. (VETADO)

Art. 79-B. Excepcionalmente para os fatos geradores ocorridos em julho de 2007, os tributos apurados na forma dos arts. 18 a 20 desta Lei Complementar deverão ser pagos até o último dia útil de agosto de 2007.

Art. 79-C. A microempresa e a empresa de pequeno porte que, em 30 de junho de 2007, se enquadravam no regime previsto na Lei nº 9.317, de 5 de dezembro de 1996, e que não ingressaram no regime previsto no art. 12 desta Lei Complementar sujeitar-se-ão, a partir de 1º de julho de 2007, às normas de tributação aplicáveis às demais pessoas jurídicas.

§ 1º Para efeito do disposto no *caput* deste artigo, o sujeito passivo poderá optar pelo recolhimento do Imposto sobre a Renda da Pessoa Jurídica – IRPJ e da Contribuição Social sobre o Lucro Líquido - CSLL na forma do lucro real, trimestral ou anual, ou do lucro presumido.

§ 2º A opção pela tributação com base no lucro presumido dar-se-á pelo pagamento, no vencimento, do IRPJ e da CSLL devidos, correspondente ao 3º (terceiro) trimestre de 2007 e, no caso do lucro real anual, com o pagamento do IRPJ e da CSLL relativos ao mês de julho de 2007 com base na estimativa mensal.

Art. 79-D Excepcionalmente, para os fatos geradores ocorridos entre 1º de julho de 2007 e 31 de dezembro de 2008, as pessoas jurídicas que exerçam atividade sujeita simultaneamente à incidência do IPI e do ISS deverão recolher o ISS diretamente ao Município em que este imposto é devido até o último dia útil de fevereiro de 2009, aplicando-se, até esta data, o disposto no parágrafo único do art. 100 da Lei nº 5.172, de 25 de outubro de 1966 - Código Tributário Nacional - CTN.

Art. 79-E. A empresa de pequeno porte optante pelo Simples Nacional em 31 de dezembro de 2017 que durante o ano-calendário de 2017 auferir receita bruta total anual entre R$ 3.600.000,01 (três milhões, seiscentos mil reais e um centavo) e R$ 4.800.000,00 (quatro milhões e oitocentos mil reais) continuará automaticamente incluída no Simples Nacional com efeitos a partir de 1º de janeiro de 2018, ressalvado o direito de exclusão por comunicação da optante. *(Redação dada pela Lei Complementar nº 155, de 2016)*

Art. 80. O art. 21 da Lei nº 8.212, de 24 de julho de 1991, fica acrescido dos seguintes §§ 2º e 3º, passando o parágrafo único a vigorar como § 1º:

> *"Art. 21. (...)*
>
> *§ 2º É de 11% (onze por cento) sobre o valor correspondente ao limite mínimo mensal do salário-de-contribuição a alíquota de contribuição do segurado contribuinte*

individual que trabalhe por conta própria, sem relação de trabalho com empresa ou equiparado, e do segurado facultativo que optarem pela exclusão do direito ao benefício de aposentadoria por tempo de contribuição.

§ 3º O segurado que tenha contribuído na forma do § 2º deste artigo e pretenda contar o tempo de contribuição correspondente para fins de obtenção da aposentadoria por tempo de contribuição ou da contagem recíproca do tempo de contribuição a que se refere o art. 94 da Lei nº 8.213, de 24 de julho de 1991, deverá complementar a contribuição mensal mediante o recolhimento de mais 9% (nove por cento), acrescido dos juros moratórios de que trata o disposto no art. 34 desta Lei."

Art. 81. O art. 45 da Lei nº 8.212, de 24 de julho de 1991, passa a vigorar com as seguintes alterações:

"Art. 45. (...)

§ 2º Para apuração e constituição dos créditos a que se refere o § 1º deste artigo, a Seguridade Social utilizará como base de incidência o valor da média aritmética simples dos maiores salários-de-contribuição, reajustados, correspondentes a 80% (oitenta por cento) de todo o período contributivo decorrido desde a competência julho de 1994.

(...)

§ 4º Sobre os valores apurados na forma dos §§ 2º e 3º deste artigo incidirão juros moratórios de 0,5% (zero vírgula cinco por cento) ao mês, capitalizados anualmente, limitados ao percentual máximo de 50% (cinqüenta por cento), e multa de 10% (dez por cento).

(...)

§ 7º A contribuição complementar a que se refere o § 3º do art. 21 desta Lei será exigida a qualquer tempo, sob pena de indeferimento do benefício."

Art. 82. A Lei nº 8.213, de 24 de julho de 1991, passa a vigorar com as seguintes alterações:

"Art. 9º (...)

§ 1º O Regime Geral de Previdência Social - RGPS garante a cobertura de todas as situações expressas no art. 1º desta Lei, exceto as de desemprego involuntário, objeto de lei específica, e de aposentadoria por tempo de contribuição para o trabalhador de que trata o § 2º do art. 21 da Lei nº 8.212, de 24 de julho de 1991.

(...)

"Art (...)

I - (...)

(...)

c) aposentadoria por tempo de contribuição;

(...)

§ 3º O segurado contribuinte individual, que trabalhe por conta própria, sem relação de trabalho com empresa ou equiparado, e o segurado facultativo que contribuam na forma do § 2º do art. 21 da Lei nº 8.212, de 24 de julho de 1991, não farão jus à aposentadoria por tempo de contribuição."

"Art. 55 (...)

§ 4º Não será computado como tempo de contribuição, para efeito de concessão do benefício de que trata esta subseção, o período em que o segurado contribuinte individual ou facultativo tiver contribuído na forma do § 2º do art. 21 da Lei nº 8.212, de 24 de julho de 1991, salvo se tiver complementado as contribuições na forma do § 3º do mesmo artigo."

Art. 83. O art. 94 da Lei nº 8.213, de 24 de julho de 1991, fica acrescido do seguinte § 2º, passando o parágrafo único a vigorar como § 1º:

"Art. 94 (...)

§ 2º Não será computado como tempo de contribuição, para efeito dos benefícios previstos em regimes próprios de previdência social, o período em que o segurado contribuinte individual ou facultativo tiver contribuído na forma do § 2º do art. 21 da Lei nº 8.212, de 24 de julho de 1991, salvo se complementadas as contribuições na forma do § 3º do mesmo artigo."

Art. 84. O art. 58 da Consolidação das Leis do Trabalho - CLT, aprovada pelo Decreto-Lei nº 5.452, de 1º de maio de 1943, passa a vigorar acrescido do seguinte § 3º:

"Art. 58 (...)

§ 3º Poderão ser fixados, para as microempresas e empresas de pequeno porte, por meio de acordo ou convenção coletiva, em caso de transporte fornecido pelo empregador, em local de difícil acesso ou não servido por transporte público, o tempo médio despendido pelo empregado, bem como a forma e a natureza da remuneração."

Art. 85. (VETADO).

Art. 85-A. Caberá ao Poder Público Municipal designar Agente de Desenvolvimento para a efetivação do disposto nesta Lei Complementar, observadas as especificidades locais.

§ 1º A função de Agente de Desenvolvimento caracteriza-se pelo exercício de articulação das ações públicas para a promoção do desenvolvimento local e territorial, mediante ações locais ou comunitárias, individuais ou coletivas, que visem ao cumprimento das disposições e diretrizes contidas nesta Lei Complementar, sob supervisão do órgão gestor local responsável pelas políticas de desenvolvimento.

§ 2º O Agente de Desenvolvimento deverá preencher os seguintes requisitos:

I - residir na área da comunidade em que atuar;

II - haver concluído, com aproveitamento, curso de qualificação básica para a formação de Agente de Desenvolvimento; e

III - possuir formação ou experiência compatível com a função a ser exercida; *(Redação dada pela Lei Complementar nº 147, de 2014)*

IV - ser preferencialmente servidor efetivo do Município. *(Incluído pela Lei Complementar nº 147, de 2014)*

§ 3º A Secretaria da Micro e Pequena Empresa da Presidência da República juntamente com as entidades municipalistas e de apoio e representação empresarial prestarão suporte aos referidos agentes na forma de capacitação, estudos e pesquisas, publicações, promoção de intercâmbio de informações e experiências. *(Redação dada pela Lei nº 12.792, de 2013)*

Art. 86. As matérias tratadas nesta Lei Complementar que não sejam reservadas constitucionalmente a lei complementar poderão ser objeto de alteração por lei ordinária.

Art. 87. O § 1º do art. 3º da Lei Complementar nº 63, de 11 de janeiro de 1990, passa a vigorar com a seguinte redação:

"Art. 3º ....

§ 1º O valor adicionado corresponderá, para cada Município:

I - ao valor das mercadorias saídas, acrescido do valor das prestações de serviços, no seu território, deduzido o valor das mercadorias entradas, em cada ano civil;

II - nas hipóteses de tributação simplificada a que se refere o parágrafo único do art. 146 da Constituição Federal, e, em outras situações, em que se dispensem os controles de entrada, considerar-se-á como valor adicionado o percentual de 32% (trinta e dois por cento) da receita bruta.

(...)

Art. 87-A. Os Poderes Executivos da União, Estados, Distrito Federal e Municípios expedirão, anualmente, até o dia 30 de novembro, cada um, em seus respectivos âmbitos de competência, decretos de consolidação da regulamentação aplicável relativamente às microempresas e empresas de pequeno porte. *(Incluído pela Lei Complementar nº 147, de 2014)*

Art. 88. Esta Lei Complementar entra em vigor na data de sua publicação, ressalvado o regime de tributação das microempresas e empresas de pequeno porte, que entra em vigor em 1º de julho de 2007.

Art. 89. Ficam revogadas, a partir de 1º de julho de 2007, a Lei nº 9.317, de 5 de dezembro de 1996, e a Lei nº 9.841, de 5 de outubro de 1999.

Brasília, 14 de dezembro de 2006;
185º da Independência e 118º da República.
LUIZ INÁCIO LULA DA SILVA
(DOU de 15.12.2006, republicado em 31.1.2009, em 31.1.2012 e em 6.3.2012).

› *Não publicamos os anexos desta lei.*

LEI Nº 5.764, DE 16 DE DEZEMBRO DE 1971

Define a Política Nacional de Cooperativismo, institui o regime jurídico das sociedades cooperativas, e dá outras providências.

› *Vide art. 983, paragrafo único,; arts. 1.093 a 1.095, Código Civil*

O PRESIDENTE DA REPÚBLICA,

Faço saber que o Congresso Nacional decreta e eu sanciono a seguinte Lei:

CAPÍTULO I – DA POLÍTICA NACIONAL DE COOPERATIVISMO

Art. 1º Compreende-se como Política Nacional de Cooperativismo a atividade decorrente das iniciativas ligadas ao sistema cooperativo, originárias de setor público ou privado, isoladas ou coordenadas entre si, desde que reconhecido seu interesse público.

Art. 2º As atribuições do Governo Federal na coordenação e no estímulo às atividades de cooperativismo no território nacional serão exercidas na forma desta Lei e das normas que surgirem em sua decorrência.

Parágrafo único. A ação do Poder Público se exercerá, principalmente, mediante prestação de assistência técnica e de incentivos financeiros e creditórios especiais, necessários à criação, desenvolvimento e integração das entidades cooperativas.

CAPÍTULO II – DAS SOCIEDADES COOPERATIVAS

Art. 3º Celebram contrato de sociedade cooperativa as pessoas que reciprocamente se obrigam a contribuir com bens ou serviços para o exercício de uma atividade econômica, de proveito comum, sem objetivo de lucro.

Art. 4º As cooperativas são sociedades de pessoas, com forma e natureza jurídica próprias, de natureza civil, não sujeitas a falência, constituídas para prestar serviços aos associados, distinguindo-se das demais sociedades pelas seguintes características:

I – adesão voluntária, com número ilimitado de associados, salvo impossibilidade técnica de prestação de serviços;

II – variabilidade do capital social representado por quotas-partes;

III – limitação do número de quotas-partes do capital para cada associado, facultado, porém, o estabelecimento de critérios de proporcionalidade, se assim for mais adequado para o cumprimento dos objetivos sociais;

IV – incessibilidade das quotas-partes do capital a terceiros, estranhos à sociedade;

V – singularidade de voto, podendo as cooperativas centrais, federações e confederações de cooperativas, com exceção das que exerçam atividade de crédito, optar pelo critério da proporcionalidade;

VI – quorum para o funcionamento e deliberação da Assembleia Geral baseado no número de associados e não no capital;

VII – retorno das sobras líquidas do exercício, proporcionalmente às operações realizadas pelo associado, salvo deliberação em contrário da Assembleia Geral;

VIII – indivisibilidade dos fundos de Reserva e de Assistência Técnica Educacional e Social;

IX – neutralidade política e indiscriminação religiosa, racial e social;

X – prestação de assistência aos associados, e, quando previsto nos estatutos, aos empregados da cooperativa;

XI – área de admissão de associados limitada às possibilidades de reunião, controle, operações e prestação de serviços.

CAPÍTULO III – DO OBJETIVO E CLASSIFICAÇÃO DAS SOCIEDADES COOPERATIVAS

Art. 5º As sociedades cooperativas poderão adotar por objeto qualquer gênero de serviço, operação ou atividade, assegurando-se-lhes o direito exclusivo e exigindo-se-lhes a obrigação do uso da expressão "cooperativa" em sua denominação.

Parágrafo único. É vedado às cooperativas o uso da expressão "Banco".

Art. 6º As sociedades cooperativas são consideradas:

I – singulares, as constituídas pelo número mínimo de 20 (vinte) pessoas físicas, sendo excepcionalmente permitida a admissão de pessoas jurídicas que tenham por objeto as mesmas ou correlatas atividades econômicas das pessoas físicas ou, ainda, aquelas sem fins lucrativos;

II – cooperativas centrais ou federações de cooperativas, as constituídas de, no mínimo, 3 (três) singulares, podendo, excepcionalmente, admitir associados individuais;

III – confederações de cooperativas, as constituídas, pelo menos, de 3 (três) federações de cooperativas ou cooperativas centrais, da mesma ou de diferentes modalidades.

§ 1º Os associados individuais das cooperativas centrais e federações de cooperativas serão inscritos no Livro de Matrícula da sociedade e classificados em grupos visando à transformação, no futuro, em cooperativas singulares que a elas se filiarão.

§ 2º A exceção estabelecida no item II, in fine, do *caput* deste artigo não se aplica às centrais e federações que exerçam atividades de crédito.

Art. 7º As cooperativas singulares se caracterizam pela prestação direta de serviços aos associados.

Art. 8º As cooperativas centrais e federações de cooperativas objetivam organizar, em comum e em maior escala, os serviços econômicos e assistenciais de interesse das filiadas, integrando e orientando suas atividades, bem como facilitando a utilização recíproca dos serviços.

Parágrafo único. Para a prestação de serviços de interesse comum, é permitida a constituição de cooperativas centrais, às quais se associem outras cooperativas de objetivo e finalidades diversas.

Art. 9º As confederações de cooperativas têm por objetivo orientar e coordenar as atividades das filiadas, nos casos em que o vulto dos empreendimentos transcender o âmbito de capacidade ou conveniência de atuação das centrais e federações.

Art. 10. As cooperativas se classificam também de acordo com o objeto ou pela natureza das atividades desenvolvidas por elas ou por seus associados.

§ 1º Além das modalidades de cooperativas já consagradas, caberá ao respectivo órgão controlador apreciar e caracterizar outras que se apresentem.

§ 2º Serão consideradas mistas as cooperativas que apresentarem mais de um objeto de atividades.

§ 3º *(Revogado pela Lei Complementar nº 130, de 2009)*

Art. 11. As sociedades cooperativas serão de responsabilidade limitada, quando a responsabilidade do associado pelos compromissos da sociedade se limitar ao valor do capital por ele subscrito.

Art. 12. As sociedades cooperativas serão de responsabilidade ilimitada, quando a responsabilidade do associado pelos compromissos da sociedade for pessoal, solidária e não tiver limite.

Art. 13. A responsabilidade do associado para com terceiros, como membro da sociedade, somente poderá ser invocada depois de judicialmente exigida da cooperativa.

CAPÍTULO IV – DA CONSTITUIÇÃO DAS SOCIEDADES COOPERATIVAS

Art. 14. A sociedade cooperativa constitui-se por deliberação da Assembleia Geral dos fundadores, constantes da respectiva ata ou por instrumento público.

Art. 15. O ato constitutivo, sob pena de nulidade, deverá declarar:

I – a denominação da entidade, sede e objeto de funcionamento;

II – o nome, nacionalidade, idade, estado civil, profissão e residência dos associados, fundadores que o assinaram, bem como o valor e número da quota-parte de cada um;

III – aprovação do estatuto da sociedade;

IV – o nome, nacionalidade, estado civil, profissão e residência dos associados eleitos para os órgãos de administração, fiscalização e outros.

Art. 16. O ato constitutivo da sociedade e os estatutos, quando não transcritos naquele, serão assinados pelos fundadores.

SEÇÃO I – DA AUTORIZAÇÃO DE FUNCIONAMENTO

Art. 17. A cooperativa constituída na forma da legislação vigente apresentará ao respectivo órgão executivo federal de controle, no Distrito Federal, Estados ou Territórios, ou ao órgão local para isso credenciado, dentro de 30 (trinta) dias da data da constituição, para fins de autorização, requerimento acompanhado de 4 (quatro) vias do ato constitutivo, estatuto e lista nominativa, além de outros documentos considerados necessários.

Art. 18. Verificada, no prazo máximo de 60 (sessenta) dias, a contar da data de entrada em seu protocolo, pelo respectivo órgão executivo federal de controle ou órgão local para isso credenciado, a existência de condições de funcionamento da cooperativa em constituição, bem como a regularidade da documentação apresentada, o órgão controlador devolverá, devidamente autenticadas, 2 (duas) vias à cooperativa, acompanhadas de documento dirigido à Junta Comercial do Estado, onde a entidade estiver sediada, comunicando a aprovação do ato constitutivo da requerente.

§ 1º Dentro desse prazo, o órgão controlador, quando julgar conveniente, no interesse do fortalecimento do sistema, poderá ouvir o Conselho Nacional de Cooperativismo, caso em que não se verificará a aprovação automática prevista no parágrafo seguinte.

§ 2º A falta de manifestação do órgão controlador no prazo a que se refere este artigo implicará a aprovação do ato constitutivo e o seu subseqüente arquivamento na Junta Comercial respectiva.

§ 3º Se qualquer das condições citadas neste artigo não for atendida satisfatoriamente, o órgão ao qual compete conceder a autorização dará ciência ao requerente, indicando as exigências a serem cumpridas no prazo de 60 (sessenta) dias, findos os quais, se não atendidas, o pedido será automaticamente arquivado.

§ 4º À parte é facultado interpor da decisão proferida pelo órgão controlador, nos Estados, Distrito Federal ou Territórios, recurso para a respectiva administração central, dentro do prazo de 30 (trinta) dias contado da data do recebimento da comunicação e, em segunda e última instância, ao Conselho Nacional de Cooperativismo, também no prazo de 30 (trinta) dias, exceção feita às cooperativas de crédito, às seções de crédito das cooperativas agrícolas mistas, e às cooperativas habitacionais, hipótese em que o recurso será apreciado pelo Conselho Monetário Nacional, no tocante às duas primeiras, e pelo Banco Nacional de Habitação em relação às últimas.

§ 5º Cumpridas as exigências, deverá o despacho do deferimento ou indeferimento da autorização ser exarado dentro de 60 (sessenta) dias, findos os quais, na ausência de decisão, o requerimento será considerado deferido. Quando a autorização depender de dois ou mais órgãos do Poder Público, cada um deles terá o prazo de 60 (sessenta) dias para se manifestar.

§ 6º Arquivados os documentos na Junta Comercial e feita a respectiva publicação, a cooperativa adquire personalidade jurídica, tornando-se apta a funcionar.

§ 7º A autorização caducará, independentemente de qualquer despacho, se a cooperativa não entrar em atividade dentro do prazo de 90 (noventa) dias contados da data em que forem arquivados os documentos na Junta Comercial.

§ 8º Cancelada a autorização, o órgão de controle expedirá comunicação à respectiva Junta Comercial, que dará baixa nos documentos arquivados.

§ 9º A autorização para funcionamento das cooperativas de habitação, das de crédito e das seções de crédito das cooperativas agrícolas mistas subordina-se ainda, à política dos respectivos órgãos normativos.

§ 10 *(Revogado pela Lei Complementar nº 130, de 2009)*

Art. 19. A cooperativa escolar não estará sujeita ao arquivamento dos documentos de constituição, bastando remetê-los ao Instituto Nacional de Colonização e Reforma Agrária, ou respectivo órgão local de controle, devidamente autenticados pelo diretor do estabelecimento de ensino ou a maior autoridade escolar do município, quando a cooperativa congregar associações de mais de um estabelecimento de ensino.

Art. 20. A reforma de estatutos obedecerá, no que couber, ao disposto nos artigos anteriores, observadas as prescrições dos órgãos normativos.

SEÇÃO II – DO ESTATUTO SOCIAL

Art. 21. O estatuto da cooperativa, além de atender ao disposto no artigo 4º, deverá indicar:

I – a denominação, sede, prazo de duração, área de ação, objeto da sociedade, fixação do exercício social e da data do levantamento do balanço geral;

II – os direitos e deveres dos associados, natureza de suas responsabilidades e as condições de admissão, demissão, eliminação e exclusão e as normas para sua representação nas assembleias gerais;

III – o capital mínimo, o valor da quota-parte, o mínimo de quotas-partes a ser subscrito pelo associado, o modo de integralização das quotas-partes, bem como as condições de sua retirada nos casos de demissão, eliminação ou de exclusão do associado;

IV – a forma de devolução das sobras registradas aos associados, ou do rateio das perdas apuradas por insuficiência de contribuição para cobertura das despesas da sociedade;

V – o modo de administração e fiscalização, estabelecendo os respectivos órgãos, com definição de suas atribuições, poderes e funcionamento, a representação ativa e passiva da sociedade em juízo ou fora dele, o prazo do mandato, bem como o processo de substituição dos administradores e conselheiros fiscais;

VI – as formalidades de convocação das assembleias gerais e a maioria requerida para a sua instalação e validade de suas deliberações, vedado o direito de voto aos que nelas tiverem interesse particular sem privá-los da participação nos debates;

VII – os casos de dissolução voluntária da sociedade;

VIII – o modo e o processo de alienação ou oneração de bens imóveis da sociedade;

IX – o modo de reformar o estatuto;

X – o número mínimo de associados.

XI – se a cooperativa tem poder para agir como substituta processual de seus associados, na forma do art. 88-A desta Lei. *(Incluído pela Lei nº 13.806, de 2019)*

CAPÍTULO V – DOS LIVROS

Art. 22. A sociedade cooperativa deverá possuir os seguintes livros:

I – de Matrícula;

II – de Atas das Assembleias Gerais;

III – de Atas dos Órgãos de Administração;

IV – de Atas do Conselho Fiscal;

V – de presença dos Associados nas Assembleias Gerais;

VI – outros, fiscais e contábeis, obrigatórios.

Parágrafo único. É facultada a adoção de livros de folhas soltas ou fichas ou em meio digital, nos termos de regulamento do órgão competente do Poder Executivo federal. *(Redação dada pela Lei nº 14.195, de 2021)*

Art. 23. No Livro de Matrícula, os associados serão inscritos por ordem cronológica de admissão, dele constando:

I – o nome, idade, estado civil, nacionalidade, profissão e residência do associado;

II – a data de sua admissão e, quando for o caso, de sua demissão a pedido, eliminação ou exclusão;

III – a conta corrente das respectivas quotas-partes do capital social.

CAPÍTULO VI – DO CAPITAL SOCIAL

Art. 24. O capital social será subdividido em quotas-partes, cujo valor unitário não poderá ser superior ao maior salário mínimo vigente no País.

§ 1º Nenhum associado poderá subscrever mais de 1/3 (um terço) do total das quotas-partes, salvo nas sociedades em que a subscrição deva ser diretamente proporcional ao movimento financeiro do cooperado ou ao quantitativo dos produtos a serem comercializados, beneficiados ou transformados, ou ainda, em relação à área cultivada ou ao número de plantas e animais em exploração.

§ 2º Não estão sujeitas ao limite estabelecido no parágrafo anterior as pessoas jurídicas de direito público que participem de cooperativas de eletrificação, irrigação e telecomunicações.

§ 3º É vedado às cooperativas distribuírem qualquer espécie de benefício às quotas-partes do capital ou estabelecer outras vantagens ou privilégios, financeiros ou não, em favor de quaisquer associados ou terceiros excetuando-se os juros até o máximo de 12% (doze por cento) ao ano que incidirão sobre a parte integralizada.

§ 4º As quotas de que trata o *caput* deixam de integrar o patrimônio líquido da cooperativa quando se tornar exigível, na forma prevista no estatuto social e na legislação vigente, a restituição do capital integralizado pelo associado, em razão do seu desligamento, por demissão, exclusão ou eliminação. *(Incluído pela Lei nº 13.097, de 2015)*

Art. 25. Para a formação do capital social poder-se-á estipular que o pagamento das quotas-partes seja realizado mediante prestações periódicas, independentemente de chamada, por meio de contribuições ou outra forma estabelecida a critério dos respectivos órgãos executivos federais.

Art. 26. A transferência de quotas-partes será averbada no Livro de Matrícula, mediante termo que conterá as assinaturas do cedente, do cessionário e do diretor que o estatuto designar.

Art. 27. A integralização das quotas-partes e o aumento do capital social poderão ser feitos com bens avaliados previamente e após homologação em Assembleia Geral ou mediante retenção de determinada porcentagem do valor do movimento financeiro de cada associado.

§ 1º O disposto neste artigo não se aplica às cooperativas de crédito, às agrícolas mistas com seção de crédito e às habitacionais.

§ 2º Nas sociedades cooperativas em que a subscrição de capital for diretamente proporcional ao movimento ou à expressão econômica de cada associado, o estatuto deverá prever sua revisão periódica para ajustamento às condições vigentes.

CAPÍTULO VII – DOS FUNDOS

Art. 28. As cooperativas são obrigadas a constituir:

I – Fundo de Reserva destinado a reparar perdas e atender ao desenvolvimento de suas atividades, constituído com 10% (dez por cento), pelo menos, das sobras líquidas do exercício;

II – Fundo de Assistência Técnica, Educacional e Social, destinado a prestação de assistência aos associados, seus familiares e, quando previsto nos estatutos, aos empregados da cooperativa, constituído de 5% (cinco por cento), pelo menos, das sobras líquidas apuradas no exercício.

§ 1º Além dos previstos neste artigo, a Assembleia Geral poderá criar outros fundos, inclusive rotativos, com recursos destinados a fins específicos fixando o modo de formação, aplicação e liquidação.

§ 2º Os serviços a serem atendidos pelo Fundo de Assistência Técnica, Educacional e Social poderão ser executados mediante convênio com entidades públicas e privadas.

CAPÍTULO VIII – DOS ASSOCIADOS

Art. 29. O ingresso nas cooperativas é livre a todos que desejarem utilizar os serviços prestados pela sociedade, desde que adiram aos propósitos sociais e preencham as condições estabelecidas no estatuto, ressalvado o disposto no artigo 4º, item I, desta Lei.

§ 1º A admissão dos associados poderá ser restrita, a critério do órgão normativo respectivo, às pessoas que exerçam determinada atividade ou profissão, ou estejam vinculadas a determinada entidade.

§ 2º Poderão ingressar nas cooperativas de pesca e nas constituídas por produtores rurais ou extrativistas, as pessoas jurídicas que pratiquem as mesmas atividades econômicas das pessoas físicas associadas.

§ 3º Nas cooperativas de eletrificação, irrigação e telecomunicações, poderão ingressar as pessoas jurídicas que se localizem na respectiva área de operações.

§ 4º Não poderão ingressar no quadro das cooperativas os agentes de comércio e empresários que operem no mesmo campo econômico da sociedade.

Art. 30. À exceção das cooperativas de crédito e das agrícolas mistas com seção de crédito, a admissão de associados, que se efetive mediante aprovação de seu pedido de ingresso pelo órgão de administração, complementa-se com a subscrição das quotas-partes de capital social e a sua assinatura no Livro de Matrícula.

Art. 31. O associado que aceitar e estabelecer relação empregatícia com a cooperativa, perde o direito de votar e ser votado, até que sejam aprovadas as contas do exercício em que ele deixou o emprego.

Art. 32. A demissão do associado será unicamente a seu pedido.

Art. 33. A eliminação do associado é aplicada em virtude de infração legal ou estatutária, ou por fato especial previsto no estatuto, mediante termo firmado por quem de direito no Livro de Matrícula, com os motivos que a determinaram.

Art. 34. A diretoria da cooperativa tem o prazo de 30 (trinta) dias para comunicar ao interessado a sua eliminação.

Parágrafo único. Da eliminação cabe recurso, com efeito suspensivo à primeira Assembleia Geral.

Art. 35. A exclusão do associado será feita:

I – por dissolução da pessoa jurídica;

II – por morte da pessoa física;

III – por incapacidade civil não suprida;

IV – por deixar de atender aos requisitos estatutários de ingresso ou permanência na cooperativa.

Art. 36. A responsabilidade do associado perante terceiros, por compromissos da sociedade, perdura para os demitidos, eliminados ou excluídos até quando aprovadas as contas do exercício em que se deu o desligamento.

Parágrafo único. As obrigações dos associados falecidos, contraídas com a sociedade, e as oriundas de sua responsabilidade como associado em face de terceiros, passam aos herdeiros, prescrevendo, porém, após um ano contado do dia da abertura da sucessão, ressalvados os aspectos peculiares das cooperativas de eletrificação rural e habitacionais.

Art. 37. A cooperativa assegurará a igualdade de direitos dos associados sendo-lhe defeso:

I – remunerar a quem agencie novos associados;

II – cobrar prêmios ou ágio pela entrada de novos associados ainda a título de compensação das reservas;

III – estabelecer restrições de qualquer espécie ao livre exercício dos direitos sociais.

CAPÍTULO IX – DOS ÓRGÃOS SOCIAIS

SEÇÃO I – DAS ASSEMBLEIAS GERAIS

Art. 38. A Assembleia Geral dos associados é o órgão supremo da sociedade, dentro dos limites legais e estatutários, tendo poderes para decidir os negócios relativos ao objeto da sociedade e tomar as resoluções convenientes ao desenvolvimento e defesa desta, e suas deliberações vinculam a todos, ainda que ausentes ou discordantes.

§ 1º As Assembleias Gerais serão convocadas com antecedência mínima de 10 (dez) dias, em primeira convocação, mediante editais afixados em locais apropriados das dependências comumente mais freqüentadas pelos associados, publicação em jornal e comunicação aos associados por intermédio de circulares. Não havendo no horário estabelecido, quorum de instalação, as assembleias poderão ser realizadas em segunda ou terceira convocações desde que assim permitam os estatutos e conste do respectivo edital, quando então será observado o intervalo mínimo de 1 (uma) hora entre a realização por uma ou outra convocação.

§ 2º A convocação será feita pelo Presidente, ou por qualquer dos órgãos de administração, pelo Conselho Fiscal, ou após solicitação não atendida, por 1/5 (um quinto) dos associados em pleno gozo dos seus direitos.

§ 3º As deliberações nas Assembleias Gerais serão tomadas por maioria de votos dos associados presentes com direito de votar.

Art. 39. É da competência das Assembleias Gerais, ordinárias ou extraordinárias, a destituição dos membros dos órgãos de administração ou fiscalização.

Parágrafo único. Ocorrendo destituição que possa afetar a regularidade da administração ou fiscalização da entidade, poderá a Assembleia designar administradores e conselheiros provisórios, até a posse dos novos, cuja eleição se efetuará no prazo máximo de 30 (trinta) dias.

Art. 40. Nas Assembleias Gerais o quorum de instalação será o seguinte:

I – 2/3 (dois terços) do número de associados, em primeira convocação;

II – metade mais 1 (um) dos associados em segunda convocação;

III – mínimo de 10 (dez) associados na terceira convocação ressalvado o caso de cooperativas centrais e federações e confederações de cooperativas, que se instalarão com qualquer número.

Art. 41. Nas Assembleias Gerais das cooperativas centrais, federações e confederações de cooperativas, a representação será feita por delegados indicados na forma dos seus estatutos e credenciados pela diretoria das respectivas filiadas.

Parágrafo único. Os grupos de associados individuais das cooperativas centrais e federações de cooperativas serão representados por 1 (um) delegado, escolhida entre seus membros e credenciado pela respectiva administração.

Art. 42. Nas cooperativas singulares, cada associado presente não terá direito a mais de 1 (um) voto, qualquer que seja o número de suas quotas-partes. *(Redação dada pela Lei nº 6.981, de 30/03/82)*

§ 1º Não será permitida a representação por meio de mandatário. *(Redação dada pela Lei nº 6.981, de 30/03/82)*

§ 2º Quando o número de associados, nas cooperativas singulares exceder a 3.000 (três mil), pode o estatuto estabelecer que os mesmos sejam representados nas Assembleias Gerais por delegados que tenham a qualidade de associados no gozo de seus direitos sociais e não exerçam cargos eletivos na sociedade. *(Redação dada pela Lei nº 6.981, de 30/03/82)*

§ 3º O estatuto determinará o número de delegados, a época e forma de sua escolha por grupos seccionais de associados de igual número e o tempo de duração da delegação. *(Redação dada pela Lei nº 6.981, de 30/03/82)*

§ 4º Admitir-se-á, também, a delegação definida no parágrafo anterior nas cooperativas singulares cujo número de associados seja inferior a 3.000 (três mil), desde que haja filiados residindo a mais de 50 km (cinqüenta quilômetros) da sede. *(Redação dada pela Lei nº 6.981, de 30/03/82)*

§ 5º Os associados, integrantes de grupos seccionais, que não sejam delegados, poderão comparecer às Assembleias Gerais, privados, contudo, de voz e voto. *(Redação dada pela Lei nº 6.981, de 30/03/82)*

§ 6º As Assembleias Gerais compostas por delegados decidem sobre todas as matérias que, nos termos da lei ou dos estatutos, constituem objeto de decisão da assembleia geral dos associados. *(Redação dada pela Lei nº 6.981, de 30/03/82)*

Art. 43. Prescreve em 4 (quatro) anos, a ação para anular as deliberações da Assembleia Geral viciadas de erro, dolo, fraude ou simulação, ou tomadas com violação da lei ou do estatuto, contado o prazo da data em que a Assembleia foi realizada.

Art. 43-A. O associado poderá participar e votar a distância em reunião ou em assembleia, que poderão ser realizadas em meio digital, nos termos do regulamento do órgão competente do Poder Executivo federal. *("Caput" do artigo acrescido pela Medida Provisória nº 931, de 30/3/2020, convertida e com redação dada pela Lei nº 14.030, de 28/7/2020)*

Parágrafo único. A assembleia geral poderá ser realizada de forma digital, respeitados os direitos legalmente previstos de participação e de manifestação dos associados e os demais requisitos regulamentares. *(Parágrafo único acrescido pela Lei nº 14.030, de 28/7/2020)*

SEÇÃO II – DAS ASSEMBLEIAS GERAIS ORDINÁRIAS

Art. 44. A Assembleia Geral Ordinária, que se realizará anualmente nos 3 (três) primeiros meses após o término do exercício social, deliberará sobre os seguintes assuntos que deverão constar da ordem do dia:

I – prestação de contas dos órgãos de administração acompanhada de parecer do Conselho Fiscal, compreendendo:

a) relatório da gestão;

b) balanço;

c) demonstrativo das sobras apuradas ou das perdas decorrentes da insuficiência das contribuições para cobertura das despesas da sociedade e o parecer do Conselho Fiscal.

II – destinação das sobras apuradas ou rateio das perdas decorrentes da insuficiência das contribuições para cobertura das despesas da sociedade, deduzindo-se, no primeiro caso as parcelas para os Fundos Obrigatórios;

III – eleição dos componentes dos órgãos de administração, do Conselho Fiscal e de outros, quando for o caso;

IV – quando previsto, a fixação do valor dos honorários, gratificações e cédula de presença dos membros do Conselho de Administração ou da Diretoria e do Conselho Fiscal;

V – quaisquer assuntos de interesse social, excluídos os enumerados no artigo 46.

§ 1º Os membros dos órgãos de administração e fiscalização não poderão participar da votação das matérias referidas nos itens I e IV deste artigo.

§ 2º À exceção das cooperativas de crédito e das agrícolas mistas com seção de crédito, a aprovação do relatório, balanço e contas dos órgãos de administração, desonera seus componentes de responsabilidade, ressalvados os casos de erro, dolo, fraude ou simulação, bem como a infração da lei ou do estatuto.

SEÇÃO III – DAS ASSEMBLEIAS GERAIS EXTRAORDINÁRIAS

Art. 45. A Assembleia Geral Extraordinária realizar-se-á sempre que necessário e poderá deliberar sobre qualquer assunto de interesse da sociedade, desde que mencionado no edital de convocação.

Art. 46. É da competência exclusiva da Assembleia Geral Extraordinária deliberar sobre os seguintes assuntos:

I – reforma do estatuto;

II – fusão, incorporação ou desmembramento;

III – mudança do objeto da sociedade;

IV – dissolução voluntária da sociedade e nomeação de liquidantes;

V – contas do liquidante.

Parágrafo único. São necessários os votos de 2/3 (dois terços) dos associados presentes, para tornar válidas as deliberações de que trata este artigo.

SEÇÃO IV – DOS ÓRGÃOS DE ADMINISTRAÇÃO

Art. 47. A sociedade será administrada por uma Diretoria ou Conselho de Administração, composto exclusivamente de associados eleitos pela Assembleia Geral, com mandato nunca superior a 4 (quatro) anos, sendo obrigatória a renovação de, no mínimo, 1/3 (um terço) do Conselho de Administração.

§ 1º O estatuto poderá criar outros órgãos necessários à administração.

§ 2º A posse dos administradores e conselheiros fiscais das cooperativas de crédito e das agrícolas mistas com seção de crédito e habitacionais fica sujeita à prévia homologação dos respectivos órgãos normativos.

Art. 48. Os órgãos de administração podem contratar gerentes técnicos ou comerciais, que não pertençam ao quadro de associados, fixando-lhes as atribuições e salários.

Art. 49. Ressalvada a legislação específica que rege as cooperativas de crédito, as seções de crédito das cooperativas agrícolas mistas e as de habitação, os administradores eleitos ou contratados não serão pessoalmente responsáveis pelas obrigações que contraírem em nome da sociedade, mas responderão solidariamente pelos prejuízos resultantes de seus atos, se procederem com culpa ou dolo.

Parágrafo único. A sociedade responderá pelos atos a que se refere a última parte deste artigo se os houver ratificado ou deles logrado proveito.

Art. 50. Os participantes de ato ou operação social em que se oculte a natureza da sociedade podem ser declarados pessoalmente responsáveis pelas obrigações em nome dela contraídas, sem prejuízo das sanções penais cabíveis.

Art. 51. São inelegíveis, além das pessoas impedidas por lei, os condenados a pena que vede, ainda que temporariamente, o acesso a cargos públicos; ou por crime falimentar, de prevaricação, peita ou suborno, concussão, peculato, ou contra a economia popular, a fé pública ou a propriedade.

Parágrafo único. Não podem compor uma mesma Diretoria ou Conselho de Administração, os parentes entre si até 2º (segundo) grau, em linha reta ou colateral.

Art. 52. O diretor ou associado que, em qualquer operação, tenha interesse oposto ao da sociedade, não pode participar das deliberações referentes a essa operação, cumprindo-lhe acusar o seu impedimento.

Art. 53. Os componentes da Administração e do Conselho fiscal, bem como os liquidantes, equiparam-se aos administradores das sociedades anônimas para efeito de responsabilidade criminal.

Art. 54. Sem prejuízo da ação que couber ao associado, a sociedade, por seus diretores, ou representada pelo associado escolhido em Assembleia Geral, terá direito de ação contra os administradores, para promover sua responsabilidade.

Art. 55. Os empregados de empresas que sejam eleitos diretores de sociedades cooperativas pelos mesmos criadas, gozarão das garantias asseguradas aos dirigentes sindicais pelo artigo 543 da Consolidação das Leis do Trabalho (Decreto-Lei n. 5.452, de 1º de maio de 1943).

SEÇÃO V – DO CONSELHO FISCAL

Art. 56. A administração da sociedade será fiscalizada, assídua e minuciosamente, por um Conselho Fiscal, constituído de 3 (três) membros efetivos e 3 (três) suplentes, todos associados eleitos anualmente pela Assembleia Geral, sendo permitida apenas a reeleição de 1/3 (um terço) dos seus componentes.

§ 1º Não podem fazer parte do Conselho Fiscal, além dos inelegíveis enumerados no artigo 51, os parentes dos diretores até o 2º (segundo) grau, em linha reta ou colateral, bem como os parentes entre si até esse grau.

§ 2º O associado não pode exercer cumulativamente cargos nos órgãos de administração e de fiscalização.

CAPÍTULO X – FUSÃO, INCORPORAÇÃO E DESMEMBRAMENTO

Art. 57. Pela fusão, duas ou mais cooperativas formam nova sociedade.

§ 1º Deliberada a fusão, cada cooperativa interessada indicará nomes para comporem comissão mista que procederá aos estudos necessários à constituição da nova sociedade, tais como o levantamento patrimonial, balanço geral, plano de distribuição de quotas-partes, destino dos fundos de reserva e outros e o projeto de estatuto.

§ 2º Aprovado o relatório da comissão mista e constituída a nova sociedade em Assembleia Geral conjunta os respectivos documentos serão arquivados, para aquisição de personalidade jurídica, na Junta Comercial competente, e duas vias dos mesmos, com a publicação do arquivamento, serão encaminhadas ao órgão executivo de controle ou ao órgão local credenciado.

§ 3º Exclui-se do disposto no parágrafo anterior a fusão que envolver cooperativas que exerçam atividades de crédito. Nesse caso, aprovado o relatórios da comissão mista e constituída a nova sociedade em Assembleia Geral conjunta, a autorização para funcionar e o registro dependerão de prévia anuência do Banco Central do Brasil.

Art. 58. A fusão determina a extinção das sociedades que se unem para formar a nova sociedade que lhe sucederá nos direitos e obrigações.

Art. 59. Pela incorporação, uma sociedade cooperativa absorve o patrimônio, recebe os associados, assume as obrigações e se investe nos direitos de outra ou outras cooperativas.

Parágrafo único. Na hipótese prevista neste artigo, serão obedecidas as mesmas formalidades estabelecidas para a fusão, limitadas as avaliações ao patrimônio da ou das sociedades incorporandas.

Art. 60. As sociedades cooperativas poderão desmembrar-se em tantas quantas forem necessárias para atender aos interesses dos seus associados, podendo uma das novas entidades ser constituída como cooperativa central ou federação de cooperativas, cujas autorizações de funcionamento e os arquivamentos serão requeridos conforme o disposto nos artigos 17 e seguintes.

Art. 61. Deliberado o desmembramento, a Assembleia designará uma comissão para estudar as providências necessárias à efetivação da medida.

§ 1º O relatório apresentado pela comissão, acompanhado dos projetos de estatutos das novas cooperativas, será apreciado em nova Assembleia especialmente convocada para esse fim.

§ 2º O plano de desmembramento preverá o rateio, entre as novas cooperativas, do ativo e passivo da sociedade desmembrada.

§ 3º No rateio previsto no parágrafo anterior, atribuir-se-á a cada nova cooperativa parte do capital social da sociedade desmembrada em quota correspondente à participação dos associados que passam a integrá-la.

§ 4º Quando uma das cooperativas for constituída como cooperativa central ou federação de cooperativas, prever-se-á o montante das quotas-partes que as associadas terão no capital social.

Art. 62. Constituídas as sociedades e observado o disposto nos artigos 17 e seguintes, proceder-se-á às transferências contábeis e patrimoniais necessárias à concretização das medidas adotadas.

CAPÍTULO XI – DA DISSOLUÇÃO E LIQUIDAÇÃO

Art. 63. As sociedades cooperativas se dissolvem de pleno direito:

I – quando assim deliberar a Assembleia Geral, desde que os associados, totalizando o número mínimo exigido por esta Lei, não se disponham a assegurar a sua continuidade;

II – pelo decurso do prazo de duração;

III – pela consecução dos objetivos predeterminados;

IV – devido à alteração de sua forma jurídica;

V – pela redução do número mínimo de associados ou do capital social mínimo se, até a Assembleia Geral subseqüente, realizada em prazo não inferior a 6 (seis) meses, eles não forem restabelecidos;

VI – pelo cancelamento da autorização para funcionar;

VII – pela paralisação de suas atividades por mais de 120 (cento e vinte) dias.

Parágrafo único. A dissolução da sociedade importará no cancelamento da autorização para funcionar e do registro.

Art. 64. Quando a dissolução da sociedade não for promovida voluntariamente, nas hipóteses previstas no artigo anterior, a medida poderá ser tomada judicialmente a pedido de qualquer associado ou por iniciativa do órgão executivo federal.

Art. 65. Quando a dissolução for deliberada pela Assembleia Geral, esta nomeará um liquidante ou mais, e um Conselho Fiscal de 3 (três) membros para proceder à sua liquidação.

§ 1º O processo de liquidação só poderá ser iniciado após a audiência do respectivo órgão executivo federal.

§ 2º A Assembleia Geral, nos limites de suas atribuições, poderá, em qualquer época, destituir os liquidantes e os membros do Conselho Fiscal, designando os seus substitutos.

Art. 66. Em todos os atos e operações, os liquidantes deverão usar a denominação da cooperativa, seguida da expressão: "Em liquidação".

Art. 67. Os liquidantes terão todos os poderes normais de administração podendo praticar atos e operações necessários à realização do ativo e pagamento do passivo.

Art. 68. São obrigações dos liquidantes:

I – providenciar o arquivamento, na junta Comercial, da Ata da Assembleia Geral em que foi deliberada a liquidação;

II – comunicar à administração central do respectivo órgão executivo federal e ao Banco Nacional de Crédito Cooperativo S/A., a sua nomeação, fornecendo cópia da Ata da Assembleia Geral que decidiu a matéria;

III – arrecadar os bens, livros e documentos da sociedade, onde quer que estejam;

IV – convocar os credores e devedores e promover o levantamento dos créditos e débitos da sociedade;

V – proceder nos 15 (quinze) dias seguintes ao de sua investidura e com a assistência, sempre que possível, dos administradores, ao levantamento do inventário e balanço geral do ativo e passivo;

VI – realizar o ativo social para saldar o passivo e reembolsar os associados de suas quotas-partes, destinando o remanescente, inclusive o dos fundos indivisíveis, ao Banco Nacional de Crédito Cooperativo S/A.;

VII – exigir dos associados a integralização das respectivas quotas-partes do capital social não realizadas, quando o ativo não bastar para solução do passivo;

VIII – fornecer aos credores a relação dos associados, se a sociedade for de responsabilidade ilimitada e se os recursos apurados forem insuficientes para o pagamento das dívidas;

IX – convocar a Assembleia Geral, cada 6 (seis) meses ou sempre que necessário, para apresentar relatório e balanço do estado da liquidação e prestar contas dos atos praticados durante o período anterior;

X – apresentar à Assembleia Geral, finda a liquidação, o respectivo relatório e as contas finais;

XI – averbar, no órgão competente, a Ata da Assembleia Geral que considerar encerrada a liquidação.

Art. 69. As obrigações e as responsabilidades dos liquidantes regem-se pelos preceitos peculiares aos dos administradores da sociedade liquidanda.

Art. 70. Sem autorização da Assembleia não poderá o liquidante gravar de ônus os móveis e imóveis, contrair empréstimos, salvo quando indispensáveis para o pagamento de obrigações inadiáveis, nem prosseguir, embora para facilitar a liquidação, na atividade social.

Art. 71. Respeitados os direitos dos credores preferenciais, pagará o liquidante as dívidas sociais proporcionalmente e sem distinção entre vencidas ou não.

Art. 72. A Assembleia Geral poderá resolver, antes de ultimada a liquidação, mas depois de pagos os credores, que o liquidante faça rateios por antecipação da partilha, à medida em que se apurem os haveres sociais.

Art. 73. Solucionado o passivo, reembolsados os cooperados até o valor de suas quotas-partes e encaminhado o remanescente conforme o estatuído, convocará o liquidante Assembleia Geral para prestação final de contas.

Art. 74. Aprovadas as contas, encerra-se a liquidação e a sociedade se extingue, devendo a ata da Assembleia ser arquivada na Junta Comercial e publicada.

Parágrafo único. O associado discordante terá o prazo de 30 (trinta) dias, a contar da publicação da ata, para promover a ação que couber.

Art. 75. A liquidação extrajudicial das cooperativas poderá ser promovida por iniciativa do respectivo órgão executivo federal, que designará o liquidante, e será processada de acordo com a legislação específica e demais disposições regulamentares, desde que a sociedade deixe de oferecer condições operacionais, principalmente por constatada insolvência.

§ 1º A liquidação extrajudicial, tanto quanto possível, deverá ser precedida de intervenção na sociedade.

§ 2º Ao interventor, além dos poderes expressamente concedidos no ato de intervenção, são atribuídas funções, prerrogativas e obrigações dos órgãos de administração.

Art. 76. A publicação no Diário Oficial, da ata da Assembleia Geral da sociedade, que deliberou sua liquidação, ou da decisão do órgão executivo federal quando a medida for de sua iniciativa, implicará a sustação de qualquer ação judicial contra a cooperativa, pelo prazo de 1 (um) ano, sem prejuízo, entretanto, da fluência dos juros legais ou pactuados e seus acessórios.

Parágrafo único. Decorrido o prazo previsto neste artigo, sem que, por motivo relevante, esteja encerrada a liquidação, poderá ser o mesmo prorrogado, no máximo por mais 1 (um) ano, mediante decisão do órgão citado no artigo, publicada, com os mesmos efeitos, no Diário Oficial.

Art. 77. Na realização do ativo da sociedade, o liquidante deverá:

I – mandar avaliar, por avaliadores judiciais ou de Instituições Financeiras Públicas, os bens de sociedade;

II – proceder à venda dos bens necessários ao pagamento do passivo da sociedade, observadas, no que couber, as normas constantes dos artigos 117 e 118 do Decreto-Lei n. 7.661, de 21 de junho de 1945.

Art. 78. A liquidação das cooperativas de crédito e da seção de crédito das cooperativas agrícolas mistas reger-se-á pelas normas próprias legais e regulamentares.

CAPÍTULO XII – DO SISTEMA OPERACIONAL DAS COOPERATIVAS

SEÇÃO I – DO ATO COOPERATIVO

Art. 79. Denominam-se atos cooperativos os praticados entre as cooperativas e seus associados, entre estes e aquelas e pelas cooperativas entre si quando associados, para a consecução dos objetivos sociais.

Parágrafo único. O ato cooperativo não implica operação de mercado, nem contrato de compra e venda de produto ou mercadoria.

SEÇÃO II – DAS DISTRIBUIÇÕES DE DESPESAS

Art. 80. As despesas da sociedade serão cobertas pelos associados mediante rateio na proporção direta da fruição de serviços.

Parágrafo único. A cooperativa poderá, para melhor atender à equanimidade de cobertura das despesas da sociedade, estabelecer:

I – rateio, em partes iguais, das despesas gerais da sociedade entre todos os associados, quer tenham ou não, no ano, usufruído dos serviços por ela prestados, conforme definidas no estatuto;

II – rateio, em razão diretamente proporcional, entre os associados que tenham usufruído dos serviços durante o ano, das sobras líquidas ou dos prejuízos verificados no balanço do exercício, excluídas as despesas gerais já atendidas na forma do item anterior.

Art. 81. A cooperativa que tiver adotado o critério de separar as despesas da sociedade e estabelecido o seu rateio na forma indicada no parágrafo único do artigo anterior deverá levantar separadamente as despesas gerais.

SEÇÃO III – DAS OPERAÇÕES DA COOPERATIVA

Art. 82. A cooperativa que se dedicar a vendas em comum poderá registrar-se como armazém geral, podendo também desenvolver as atividades previstas na Lei nº 9.973, de 29 de maio de 2000, e nessa condição expedir Conhecimento de Depósito, Warrant, Certificado de Depósito Agropecuário – CDA e Warrant Agropecuário – WA para os produtos de seus associados conservados em seus armazéns, próprios ou arrendados, sem prejuízo da emissão de outros títulos decorrentes de suas atividades normais, aplicando-se, no que couber, a legislação específica. *(Redação dada pela Lei nº 11.076, de 2004)*

§ 1º Para efeito deste artigo, os armazéns da cooperativa se equiparam aos "Armazéns Gerais", com as prerrogativas e obrigações destes, ficando os componentes do Conselho de Administração ou Diretoria Executiva, emitente do título, responsáveis pessoal e solidariamente, pela boa guarda e conservação dos produtos vinculados, respondendo criminal e civilmente pelas declarações constantes do título, como também por qualquer ação ou omissão que acarrete o desvio, deterioração ou perda dos produtos.

§ 2º Observado o disposto no § 1º, as cooperativas poderão operar unidades de armazenagem, embalagem e frigorificação, bem como armazéns gerais alfandegários, nos termos do disposto no Capítulo IV da Lei n. 5.025, de 10 de junho de 1966.

Art. 83. A entrega da produção do associado à sua cooperativa significa a outorga a esta de plenos poderes para a sua livre disposição, inclusive para gravá-la e dá-la em garantia de operações de crédito realizadas pela sociedade, salvo se, tendo em vista os usos e costumes relativos à comercialização de determinados produtos, sendo de interesse do produtor, os estatutos dispuserem de outro modo.

Art. 84 *(Revogado pela Lei Complementar nº 130, de 2009)*

Art. 85. As cooperativas agropecuárias e de pesca poderão adquirir produtos de não associados, agricultores, pecuaristas ou pescadores, para completar lotes destinados ao cumprimento de contratos ou suprir capacidade ociosa de instalações industriais das cooperativas que as possuem.

Art. 86. As cooperativas poderão fornecer bens e serviços a não associados, desde que tal faculdade atenda aos objetivos sociais e estejam de conformidade com a presente lei.

Parágrafo único *(Revogado pela Lei Complementar nº 130, de 2009)*

Art. 87. Os resultados das operações das cooperativas com não associados, mencionados nos artigos 85 e 86, serão levados à conta do "Fundo de Assistência Técnica, Educacional e Social" e serão contabilizados em separado, de molde a permitir cálculo para incidência de tributos.

Art. 88. Poderão as cooperativas participar de sociedades não cooperativas para melhor atendimento dos próprios objetivos e de outros de caráter acessório ou complementar. *(Redação dada pela Medida Provisória nº 2.168-40, de 24 de agosto de 2001)*

Art. 88-A. A cooperativa poderá ser dotada de legitimidade extraordinária autônoma concorrente para agir como substituta processual em defesa dos direitos coletivos de seus associados quando a causa de pedir versar sobre atos de interesse direto dos associados que tenham relação com as operações de mercado da cooperativa, desde que isso seja previsto em seu estatuto e haja, de forma expressa, autorização manifestada individualmente pelo associado ou por meio de assembleia geral que delibere sobre a propositura da medida judicial. *(Incluído pela Lei nº 13.806, de 2019)*

SEÇÃO IV – DOS PREJUÍZOS

Art. 89. Os prejuízos verificados no decorrer do exercício serão cobertos com recursos provenientes do Fundo de Reserva e, se insuficiente este, mediante rateio, entre os associados, na razão direta dos serviços usufruídos, ressalvada a opção prevista no parágrafo único do artigo 80.

SEÇÃO V – DO SISTEMA TRABALHISTA

Art. 90. Qualquer que seja o tipo de cooperativa, não existe vínculo empregatício entre ela e seus associados.

Art. 91. As cooperativas igualam-se às demais empresas em relação aos seus empregados para os fins da legislação trabalhista e previdenciária.

CAPÍTULO XIII – DA FISCALIZAÇÃO E CONTROLE

Art. 92. A fiscalização e o controle das sociedades cooperativas, nos termos desta lei e dispositivos legais específicos, serão exercidos, de acordo com o objeto de funcionamento, da seguinte forma:

I – as de crédito e as seções de crédito das agrícolas mistas pelo Banco Central do Brasil;

II – as de habitação pelo Banco Nacional de Habitação;

III – as demais pelo Instituto Nacional de Colonização e Reforma Agrária.

§ 1º Mediante autorização do Conselho Nacional de Cooperativismo, os órgãos controladores federais, poderão solicitar, quando julgarem necessário, a colaboração de outros órgãos administrativos, na execução das atribuições previstas neste artigo.

§ 2º As sociedades cooperativas permitirão quaisquer verificações determinadas pelos respectivos órgãos de controle, prestando os esclarecimentos que lhes forem solicitados, além de serem obrigadas a remeter-lhes anualmente a relação dos associados admitidos, demitidos, eliminados e excluídos no período, cópias de atas, de balanços e dos relatórios do exercício social e parecer do Conselho Fiscal.

Art. 93. O Poder Público, por intermédio da administração central dos órgãos executivos federais competentes, por iniciativa própria ou solicitação da Assembleia Geral ou do Conselho Fiscal, intervirá nas cooperativas quando ocorrer um dos seguintes casos:

I – violação contumaz das disposições legais;

II – ameaça de insolvência em virtude de má administração da sociedade;

III – paralisação das atividades sociais por mais de 120 (cento e vinte) dias consecutivos;

IV – inobservância do artigo 56, § 2º.

Parágrafo único. Aplica-se, no que couber, às cooperativas habitacionais, o disposto neste artigo.

Art. 94. Observar-se-á, no processo de intervenção, a disposição constante do § 2º do artigo 75.

CAPÍTULO XIV – DO CONSELHO NACIONAL DE COOPERATIVISMO

Art. 95. A orientação geral da política cooperativista nacional caberá ao Conselho Nacional de Cooperativismo – CNC, que passará a funcionar junto ao Instituto Nacional de Colonização e Reforma Agrária – INCRA, com plena autonomia administrativa e financeira, na forma do artigo 172 do Decreto-Lei n. 200, de 25 de fevereiro de 1967, sob a presidência do Ministro da Agricultura e composto de 8 (oito) membros indicados pelos seguintes representados:

I – Ministério do Planejamento e Coordenação Geral;

II – Ministério da Fazenda, por intermédio do Banco Central do Brasil;

III – Ministério do Interior, por intermédio do Banco Nacional da Habitação;

IV – Ministério da Agricultura, por intermédio do Instituto Nacional de Colonização e Reforma Agrária – INCRA, e do Banco Nacional de Crédito Cooperativo S/A.;

V – Organização das Cooperativas Brasileiras.

Parágrafo único. A entidade referida no inciso V deste artigo contará com 3 (três) elementos para fazer-se representar no Conselho.

Art. 96. O Conselho, que deverá reunir-se ordinariamente uma vez por mês, será presidido pelo Ministro da Agricultura, a quem caberá o voto de qualidade, sendo suas resoluções votadas por maioria simples, com a presença, no mínimo de 3 (três) representantes dos órgãos oficiais mencionados nos itens I a IV do artigo anterior.

Parágrafo único. Nos seus impedimentos eventuais, o substituto do Presidente será o Presidente do Instituto Nacional de Colonização e Reforma Agrária.

Art. 97. Ao Conselho Nacional de Cooperativismo compete:

I – editar atos normativos para a atividade cooperativista nacional;

II – baixar normas regulamentadoras, complementares e interpretativas, da legislação cooperativista;

III – organizar e manter atualizado o cadastro geral das cooperativas nacionais;

IV – decidir, em última instância, os recursos originários de decisões do respectivo órgão executivo federal;

V – apreciar os anteprojetos que objetivam a revisão da legislação cooperativista;

VI – estabelecer condições para o exercício de quaisquer cargos eletivos de administração ou fiscalização de cooperativas;

VII – definir as condições de funcionamento do empreendimento cooperativo, a que se refere o artigo 18;

VIII – votar o seu próprio regimento;

IX – autorizar, onde houver condições, a criação de Conselhos Regionais de Cooperativismo, definindo-lhes as atribuições;

X – decidir sobre a aplicação do Fundo Nacional de Cooperativismo, nos termos do artigo 102 desta Lei;

XI – estabelecer em ato normativo ou de caso a caso, conforme julgar necessário, o limite a ser observado nas operações com não associados a que se referem os artigos 85 e 86.

Parágrafo único. As atribuições do Conselho Nacional de Cooperativismo não se estendem às cooperativas de habitação, às de crédito e às seções de crédito das cooperativas agrícolas mistas, no que forem regidas por legislação própria.

Art. 98. O Conselho Nacional de Cooperativismo – CNC contará com uma Secretaria Executiva que se incumbirá de seus encargos administrativos, podendo seu Secretário Executivo requisitar funcionários de qualquer órgão da Administração Pública.

§ 1º O Secretário Executivo do Conselho Nacional de Cooperativismo será o Diretor do Departamento de Desenvolvimento Rural do Instituto Nacional de Colonização e Reforma Agrária – INCRA, devendo o Departamento referido incumbir-se dos encargos administrativos do Conselho Nacional de Cooperativismo.

§ 2º Para os impedimentos eventuais do Secretário Executivo, este indicará à apreciação do Conselho seu substituto.

Art. 99. Compete ao Presidente do Conselho Nacional de Cooperativismo:

I – presidir as reuniões;

II – convocar as reuniões extraordinárias;

III – proferir o voto de qualidade.

Art. 100. Compete à Secretaria Executiva do Conselho Nacional de Cooperativismo:

I – dar execução às resoluções do Conselho;

II – comunicar as decisões do Conselho ao respectivo órgão executivo federal;

III – manter relações com os órgãos executivos federais, bem assim com quaisquer outros órgãos públicos ou privados, nacionais ou estrangeiros, que possam influir no aperfeiçoamento do cooperativismo;

IV – transmitir aos órgãos executivos federais e entidade superior do movimento cooperativista nacional todas as informações relacionadas com a doutrina e práticas cooperativistas de seu interesse;

V – organizar e manter atualizado o cadastro geral das cooperativas nacionais e expedir as respectivas certidões;

VI – apresentar ao Conselho, em tempo hábil, a proposta orçamentária do órgão, bem como o relatório anual de suas atividades;

VII – providenciar todos os meios que assegurem o regular funcionamento do Conselho;

VIII – executar quaisquer outras atividades necessárias ao pleno exercício das atribuições do Conselho.

Art. 101. O Ministério da Agricultura incluirá, em sua proposta orçamentária anual, os recursos financeiros solicitados pelo Conselho Nacional de Cooperativismo – CNC, para custear seu funcionamento.

Parágrafo único. As contas do Conselho Nacional de Cooperativismo – CNC, serão prestadas por intermédio do Ministério da Agricultura, observada a legislação específica que regula a matéria.

Art. 102. Fica mantido, junto ao Banco Nacional de Crédito Cooperativo S/A., o "Fundo Nacional de Cooperativismo", criado pelo Decreto-Lei n. 59, de 21 de novembro de 1966, destinado a prover recursos de apoio ao movimento cooperativista nacional.

§ 1º O Fundo de que trata este artigo será, suprido por:

I – dotação incluída no orçamento do Ministério da Agricultura para o fim específico de incentivos às atividades cooperativas;

II – juros e amortizações dos financiamentos realizados com seus recursos;

III – doações, legados e outras rendas eventuais;

IV – dotações consignadas pelo Fundo Federal Agropecuário e pelo Instituto Nacional de Colonização e Reforma Agrária – INCRA.

§ 2º Os recursos do Fundo, deduzido o necessário ao custeio de sua administração, serão aplicados pelo Banco Nacional de Crédito Cooperativo S/A., obrigatoriamente, em financiamento de atividades que interessem de maneira relevante o abastecimento das populações, a critério do Conselho Nacional de Cooperativismo.

§ 3º O Conselho Nacional de Cooperativismo poderá, por conta do Fundo, autorizar a concessão de estímulos ou auxílios para execução de atividades que, pela sua relevância sócio-econômica, concorram para o desenvolvimento do sistema cooperativista nacional.

CAPÍTULO XV – DOS ÓRGÃOS GOVERNAMENTAIS

Art. 103. As cooperativas permanecerão subordinadas, na parte normativa, ao Conselho Nacional de Cooperativismo, com exceção das de crédito, das seções de crédito das agrícolas mistas e das de habitação, cujas normas continuarão a ser baixadas pelo Conselho Monetário Nacional, relativamente às duas primeiras, e Banco Nacional de Habitação, com relação à última, observado o disposto no artigo 92 desta Lei.

Parágrafo único. Os órgãos executivos federais, visando à execução descentralizada de seus serviços, poderão delegar sua competência, total ou parcialmente, a órgãos e entidades da administração estadual e municipal, bem como, excepcionalmente, a outros órgãos e entidades da administração federal.

Art. 104. Os órgãos executivos federais comunicarão todas as alterações havidas nas cooperativas sob a sua jurisdição ao Conselho Nacional de Cooperativismo, para fins de atualização do cadastro geral das cooperativas nacionais.

CAPÍTULO XVI – DA REPRESENTAÇÃO DO SISTEMA COOPERATIVISTA

Art. 105. A representação do sistema cooperativista nacional cabe à Organização das Cooperativas Brasileiras – OCB, sociedade civil, com sede na Capital Federal, órgão técnico-consultivo do Governo, estruturada nos termos desta Lei, sem finalidade lucrativa, competindo-lhe precipuamente:

a) manter neutralidade política e indiscriminação racial, religiosa e social;

b) integrar todos os ramos das atividades cooperativistas;

c) manter registro de todas as sociedades cooperativas que, para todos os efeitos, integram a Organização das Cooperativas Brasileiras – OCB;

d) manter serviços de assistência geral ao sistema cooperativista, seja quanto à estrutura social, seja quanto aos métodos operacionais e orientação jurídica, mediante pareceres e recomendações, sujeitas, quando for o caso, à aprovação do Conselho Nacional de Cooperativismo – CNC;

e) denunciar ao Conselho Nacional de Cooperativismo práticas nocivas ao desenvolvimento cooperativista;

f) opinar nos processos que lhe sejam encaminhados pelo Conselho Nacional de Cooperativismo;

g) dispor de setores consultivos especializados, de acordo com os ramos de cooperativismo;

h) fixar a política da organização com base nas proposições emanadas de seus órgãos técnicos;

i) exercer outras atividades inerentes à sua condição de órgão de representação e defesa do sistema cooperativista;

j) manter relações de integração com as entidades congêneres do exterior e suas cooperativas.

§ 1º A Organização das Cooperativas Brasileiras – OCB, será constituída de entidades, uma para cada Estado, Território e Distrito Federal, criadas com as mesmas características da organização nacional.

§ 2º As Assembleias Gerais do órgão central serão formadas pelos Representantes credenciados das filiadas, 1 (um) por entidade, admitindo-se proporcionalidade de voto.

§ 3º A proporcionalidade de voto, estabelecida no parágrafo anterior, ficará a critério da OCB, baseando-se no número de associados – pessoas físicas e as exceções previstas nesta Lei – que compõem o quadro das cooperativas filiadas.

§ 4º A composição da Diretoria da Organização das Cooperativas Brasileiras – OCB será estabelecida em seus estatutos sociais.

§ 5º Para o exercício de cargos de Diretoria e Conselho Fiscal, as eleições se processarão por escrutínio secreto, permitida a reeleição para mais um mandato consecutivo.

Art. 106. A atual Organização das Cooperativas Brasileiras e as suas filiadas ficam investidas das atribuições e prerrogativas conferidas nesta Lei, devendo, no prazo de 1 (um) ano, promover a adaptação de seus estatutos e a transferência da sede nacional.

Art. 107. As cooperativas são obrigadas, para seu funcionamento, a registrar-se na Organização das Cooperativas Brasileiras ou na entidade estadual, se houver, mediante apresentação dos estatutos sociais e suas alterações posteriores.

Parágrafo único. Por ocasião do registro, a cooperativa pagará 10% (dez por cento) do maior salário mínimo vigente, se a soma do respectivo capital integralizado e fundos não exceder de 250 (duzentos e cinqüenta) salários mínimos, e 50% (cinqüenta por cento) se aquele montante for superior.

Art. 108. Fica instituída, além do pagamento previsto no parágrafo único do artigo anterior, a Contribuição Cooperativista, que será recolhida anualmente pela cooperativa após o encerramento de seu exercício social, a favor da Organização das Cooperativas Brasileiras de que trata o artigo 105 desta Lei.

§ 1º A Contribuição Cooperativista constituir-se-á de importância correspondente a 0,2% (dois décimos por cento) do valor do capital integralizado e fundos da sociedade cooperativa, no exercício social do ano anterior, sendo o respectivo montante distribuído, por metade, a suas filiadas, quando constituídas.

§ 2º No caso das cooperativas centrais ou federações, a Contribuição de que trata o parágrafo anterior será calculada sobre os fundos e reservas existentes.

§ 3º A Organização das Cooperativas Brasileiras poderá estabelecer um teto à Contribuição Cooperativista, com base em estudos elaborados pelo seu corpo técnico.

CAPÍTULO XVII – DOS ESTÍMULOS CREDITÍCIOS

Art. 109. Caberá ao Banco Nacional de Crédito Cooperativo S/A., estimular e apoiar as cooperativas, mediante concessão de financiamentos necessários ao seu desenvolvimento.

§ 1º Poderá o Banco Nacional de Crédito Cooperativo S/A., receber depósitos das cooperativas de crédito e das seções de crédito das cooperativas agrícolas mistas.

§ 2º Poderá o Banco Nacional de Crédito Cooperativo S/A., operar com pessoas físicas ou jurídicas, estranhas ao quadro social cooperativo, desde que haja benefício para as cooperativas e estas figurem na operação bancária.

§ 3º O Banco Nacional de Crédito Cooperativo S/A., manterá linhas de crédito específicas para as cooperativas, de acordo com o objeto e a natureza de suas atividades, a juros módicos e prazos adequados inclusive com sistema de garantias ajustado às peculiaridades das cooperativas a que se destinam.

§ 4º O Banco Nacional de Crédito Cooperativo S/A., manterá linha especial de crédito para financiamento de quotas-partes de capital.

Art. 110. Fica extinta a contribuição de que trata o artigo 13 do Decreto-Lei n. 60, de 21 de novembro de 1966, com a redação dada pelo Decreto-Lei n. 668, de 3 de julho de 1969.

CAPÍTULO XVIII – DAS DISPOSIÇÕES GERAIS E TRANSITÓRIAS

Art. 111. Serão considerados como renda tributável os resultados positivos obtidos pelas cooperativas nas operações de que tratam os artigos 85, 86 e 88 desta Lei.

Art. 112. O Balanço Geral e o Relatório do exercício social que as cooperativas deverão encaminhar anualmente aos órgãos de controle serão acompanhados, a juízo destes, de parecer emitido por um serviço independente de auditoria credenciado pela Organização das Cooperativas Brasileiras.

Parágrafo único. Em casos especiais, tendo em vista a sede da Cooperativa, o volume de suas operações e outras circunstâncias dignas de consideração, a exigência da apresentação do parecer pode ser dispensada.

Art. 113. Atendidas as deduções determinadas pela legislação específica, às sociedades cooperativas ficará assegurada primeira prioridade para o recebimento de seus créditos de pessoas jurídicas que efetuem descontos na folha de pagamento de seus empregados, associados de cooperativas.

Art. 114. Fica estabelecido o prazo de 36 (trinta e seis) meses para que as cooperativas atualmente registradas nos órgãos competentes reformulem os seus estatutos, no que for cabível, adaptando-os ao disposto na presente Lei.

Art. 115. As Cooperativas dos Estados, Territórios ou do Distrito Federal, enquanto não constituírem seus órgãos de representação, serão convocadas às Assembleias da OCB, como vogais, com 60 (sessenta) dias de antecedência, mediante editais publicados 3 (três) vezes em jornal de grande circulação local.

Art. 116. A presente Lei não altera o disposto nos sistemas próprios instituídos para as cooperativas de habitação e cooperativas de crédito, aplicando-se ainda, no que couber, o regime instituído para essas últimas às seções de crédito das agrícolas mistas.

Art. 117. Esta Lei entrará em vigor na data de sua publicação, revogadas as disposições em contrário e especificamente o Decreto-Lei n. 59, de 21 de novembro de 1966, bem como o Decreto n. 60.597, de 19 de abril de 1967.

Brasília, 16 de dezembro de 1971;
150º da Independência e 83º da República.
EMÍLIO G. MEDICI
Antônio Delfim Netto
L. F. Cirne Lima
João Paulo dos Reis Velloso
José Costa Cavalcanti
(DOU de 16.12.1971)

LEI Nº 6.099, DE 12 DE SETEMBRO DE 1974

Dispõe sobre o tratamento tributário das operações de arrendamento mercantil e dá outras providências.

O PRESIDENTE DA REPÚBLICA,
Faço saber que o **CONGRESSO NACIONAL** decreta e eu sanciono a seguinte Lei:

Art. 1º O tratamento tributário das operações de arrendamento mercantil reger-se-á pelas disposições desta Lei.

Parágrafo único – Considera-se arrendamento mercantil, para os efeitos desta Lei, o negócio jurídico realizado entre pessoa jurídica, na qualidade de arrendadora, e pessoa física ou jurídica, na qualidade de arrendatária, e que tenha por objeto o arrendamento de bens adquiridos pela arrendadora, segundo especificações da arrendatária e para uso próprio desta. *(Redação dada pela Lei nº 7.132, de 1983)*

› *Vide art. 1º, Lei n.9.492/1994 (Lei de Protesto de Títulos e Outros Documentos de Dívida)*

Art. 2º Não terá o tratamento previsto nesta Lei o arrendamento de bens contratado entre pessoas jurídicas direta ou indiretamente coligadas ou interdependentes, assim como o contratado com o próprio fabricante.

§ 1º O Conselho Monetário Nacional especificará em regulamento os casos de coligação e interdependência.

§ 2º Somente farão jus ao tratamento previsto nesta Lei as operações realizadas ou por empresas arrendadoras que fizerem dessa operação o objeto principal de sua atividade ou que centralizarem tais operações em um departamento especializado com escrituração própria.

Art. 3º Serão escriturados em conta especial do ativo imobilizado da arrendadora os bens destinados a arrendamento mercantil.

Art. 4º A pessoa jurídica arrendadora manterá registro individualizado que permita a verificação do fator determinante da receita e do tempo efetivo de arrendamento.

Art. 5º Os contratos de arrendamento mercantil conterão as seguintes disposições:

a) prazo do contrato;
b) valor de cada contraprestação por períodos determinados, não superiores a um semestre;
c) opção de compra ou renovação de contrato, como faculdade do arrendatário;
d) preço para opção de compra ou critério para sua fixação, quando for estipulada esta cláusula.

Parágrafo único – Poderá o Conselho Monetário Nacional, nas operações que venha a definir, estabelecer que as contraprestações sejam estipuladas por períodos superiores aos previstos na alínea b deste artigo. (Parágrafo incluído pela Lei nº 7.132, de 1983)

Art. 6º O Conselho Monetário Nacional poderá estabelecer índices máximos para a soma das contraprestações, acrescida do preço para exercício da opção da compra nas operações de arrendamento mercantil.

§ 1º Ficam sujeitas à regra deste artigo as prorrogações do arrendamento nele referido.

§ 2º Os índices de que trata este artigo serão fixados: considerando o custo do arrendamento em relação ao do funcionamento da compra e venda.

Art. 7º Todas as operações de arrendamento mercantil subordinam-se ao controle e fiscalização do Banco Central do Brasil, segundo normas estabelecidas pelo Conselho Monetário Nacional, a elas se aplicando, no que couber, as disposições da Lei número 4.595, de 31 de dezembro de 1964, e legislação posterior relativa ao Sistema Financeiro Nacional.

Art. 8º O Conselho Monetário Nacional poderá baixar resolução disciplinando as condições segundo as quais as instituições financeiras poderão financiar suas controladas, coligadas ou interdependentes que se especializarem em operações de arrendamento mercantil. *(Redação dada pela Lei nº 11.882, de 2008)*

Parágrafo único. A aquisição de debêntures emitidas por sociedades de arrendamento mercantil em mercado primário ou secundário constitui obrigação de natureza cambiária, não caracterizando operação de empréstimo ou adiantamento. *(Redação dada pela Lei nº 11.882, de 2008)*

Art. 9º As operações de arrendamento mercantil contratadas com o próprio vendedor do bem ou com pessoas jurídicas a ele vinculadas, mediante quaisquer das relações previstas no art. 2º desta Lei, poderão também ser realizadas por instituições financeiras expressamente autorizadas pelo Conselho Monetário Nacional, que estabelecerá as condições para a realização das operações previstas neste artigo. *(Redação dada pela Lei nº 7.132, de 1983)*

Parágrafo único – Nos casos deste artigo, o prejuízo decorrente da venda do bem não será dedutível na determinação do lucro real. *(Redação dada pela Lei nº 7.132, de 1983)*

Art. 10. Somente poderão ser objeto de arrendamento mercantil os bens de produção estrangeira que forem enumerados pelo Conselho Monetário Nacional, que poderá, também, estabelecer condições para seu arrendamento a empresas cujo controle acionário pertencer a pessoas residentes no exterior.

Art. 11. Serão consideradas como custo ou despesa operacional da pessoa jurídica arrendatária as contraprestações pagas ou creditadas por força do contrato de arrendamento mercantil.

§ 1º A aquisição pelo arrendatário de bens arrendados em desacordo com as disposições desta Lei, será considerada operação de compra e venda a prestação.

§ 2º O preço de compra e venda, no caso do parágrafo anterior, será o total das contraprestações pagas durante a vigência do arrendamento, acrescido da parcela paga a título de preço de aquisição.

§ 3º Na hipótese prevista no parágrafo primeiro deste artigo, as importâncias já deduzidas, como custo ou despesa operacional pela adquirente, acrescerão ao lucro tributável pelo imposto de renda, no exercício correspondente à respectiva dedução.

§ 4º O imposto não recolhido na hipótese do parágrafo anterior, será devido com acréscimo de juros e correção monetária, multa e demais penalidades legais.

Art. 12. Serão admitidas como custos das pessoas jurídicas arrendadoras as cotas de depreciação do preço de aquisição de bem arrendado, calculadas de acordo com a vida útil do bem.

§ 1º Entende-se por vida útil do bem o prazo durante o qual se possa esperar a sua efetiva utilização econômica.

§ 2º A Secretaria da Receita Federal publicará periodicamente o prazo de vida útil admissível, em condições normais, para cada espécie de bem.

§ 3º Enquanto não forem publicados os prazos de vida útil de que trata o parágrafo anterior, a sua determinação se fará segundo as normas previstas pela legislação do imposto de renda para fixação da taxa de depreciação.

Art. 13. Nos casos de operações de vendas de bens que tenham sido objeto de arrendamento mercantil, o saldo não depreciado será admitido como custo para efeito de apuração do lucro tributável pelo imposto de renda.

Art. 14. Não será dedutível, para fins de apuração do lucro tributável pelo imposto de renda, a diferença a menor entre o valor contábil residual do bem arrendado e o seu preço de venda, quando do exercício da opção de compra.

Art. 15. *(Revogado pela Lei nº 12.973, de 2014)*

Art. 16. *(Revogado pela Lei nº 14.286, de 2021)*

Art. 17. A entrada no território nacional dos bens objeto de arrendamento mercantil, contratado com entidades arrendadoras domiciliadas no exterior, não se confunde com o regime de admissão temporária de que trata o Decreto-lei nº 37, de 18 de novembro de 1966, e se sujeitará a todas as normas legais que regem a importação. *(Redação dada pela Lei nº 7.132, de 1983)*

Art. 18. A base de cálculo, para efeito do imposto sobre Produtos Industrializados, do fato gerador que acorrer por ocasião da remessa de bens importados ao estabelecimento da empresa arrendatária, corresponderá ao preço atacado desse bem na praça em que a empresa arrendadora estiver domiciliada. *(Redação dada pela Lei nº 7.132, de 1983)*

§ 1º *(Revogado pela Lei nº 9.532, de 1997)*

§ 2º Nas hipóteses em que o preço dos bens importados para o fim de arrendamento for igual ou superior ao que seria pago pelo arrendatário se os importasse diretamente, a base de cálculo mencionado no *caput* deste artigo será o valor que servir de base para o recolhimento do Imposto Sobre Produtos Industrializados, por ocasião do desembaraço alfandegário desses bens.

Art. 19. Fica equiparada à exportação a compra e venda de bens no mercado interno, para o fim específico de arrendamento pelo comprador a arrendatário domiciliado no exterior. (Vide Decreto-Lei nº 2.413, de 1988)

Art. 20. São assegurados ao vendedor dos bens de que trata o artigo anterior todos os benefícios fiscais concedidos por lei para incentivo a exportação, observadas as condições de qualidade da pessoa do vendedor e outras exigidas para os casos de exportação direta ou indireta. (Vide Decreto-Lei nº 2.413, de 1988)

§ 1º Os benefícios fiscais de que trata este artigo serão concedidos sobre o equivalente em moeda nacional de garantia irrevogável do pagamento das contraprestações do arrendamento contratado, limitada a base de cálculo ao preço da compra e venda.

§ 2º Para os fins do disposto no § 1º, a equivalência em moeda nacional será determinada pela maior taxa de câmbio do dia da utilização dos benefícios fiscais, quando o pagamento das contraprestações do arrendamento contratado for efetivado em moeda estrangeira de livre conversibilidade. *(Redação dada pela Lei nº 12.024, de 2009)*

Art. 21. O Ministro da Fazenda poderá estender aos arrendatários de máquinas, aparelhos e equipamentos de produção nacional, objeto de arrendamento mercantil, os benefícios de que trata o Decreto-lei nº 1.136, de 7 de dezembro de 1970.

Art. 22. As pessoas jurídicas que estiverem operando com arrendamento de bens, e que se ajustarem as disposições desta lei dentro de 180 (cento e oitenta) dias, a contar da sua vigência, terão as suas operações regidas por este diploma legal, desde que ajustem convenientemente os seus contratos, mediante instrumentos de aditamento.

Art. 23. Fica o Conselho Monetário Nacional autorizado a:

a) expedir normas que visem a estabelecer mecanismos reguladores das atividades previstas nesta Lei, inclusive excluir modalidades de operações do tratamento nela previsto e limitar ou proibir sua prática por determinadas categorias de pessoas físicas ou jurídicas; *(Redação dada pela Lei nº 7.132, de 1983)*

b) enumerar restritivamente os bens que não poderão ser objeto de arrendamento mercantil, tendo em vista a política econômica-financeira do País.

Art. 24. *Revogado pela Lei nº 14.286, de 2021*

Art. 25. Esta Lei entrará em vigor na data de sua publicação, revogadas as disposições em contrário. (Artigo renumerado pela Lei nº 7.132, de 1983)

Brasília, 12 de setembro de 1974;
153º da Independência e 86º da República.
ERNESTO GEISEL
(DOU de 13.9.1974)

LEI Nº 8.906, DE 4 DE JULHO DE 1994*

Dispõe sobre o Estatuto da Advocacia e a Ordem dos Advogados do Brasil (OAB).

Art. 1º São atividades privativas de advocacia:

(...)

§ 2º Os atos e contratos constitutivos de pessoas jurídicas, sob pena de nulidade, só podem ser admitidos a registro, nos órgãos competentes, quando visados por advogados.

▸ *Arts. 114; 122 a 126 da Lei 6.015/1973 (Registros Públicos)*

(...)

Art. 7º São direitos do advogado:

I - exercer, com liberdade, a profissão em todo o território nacional;

(...)

VI - ingressar livremente:

(...)

b) nas salas e dependências de audiências, secretarias, cartórios, ofícios de justiça, serviços notariais e de registro, e, no caso de delegacias e prisões, mesmo fora da hora de expediente e independentemente da presença de seus titulares;

(...)

Art. 16. Não são admitidas a registro nem podem funcionar todas as espécies de sociedades de advogados que apresentem forma ou características de sociedade empresária, que adotem denominação de fantasia, que realizem atividades estranhas à advocacia, que incluam como sócio ou titular de sociedade unipessoal de advocacia pessoa não inscrita como advogado ou totalmente proibida de advogar. *("Caput" do artigo com redação dada pela Lei nº 13.247, de 12/1/2016)*

(...)

§ 3º É proibido o registro, nos cartórios de registro civil de pessoas jurídicas e nas juntas comerciais, de sociedade que inclua, entre outras finalidades, a atividade de advocacia.

(...)

Art. 86. Esta Lei entra em vigor na data de sua publicação.

(...)

Brasília, 4 de julho de 1994;
173º da Independência e 106º da República.
ITAMAR FRANCO
Alexandre de Paula Dupeyrat Martins
(D.O.U. de 5.7.1994).

LEI Nº 9.096, DE 19 DE SETEMBRO DE 1995

Dispõe sobre partidos políticos, regulamenta os arts. 17 e 14, § 3º, inciso V, da Constituição Federal.

▸ *Vide art. 114, Lei n. 6.015/1973 (Registros Públicos)*

O VICE-PRESIDENTE DA REPÚBLICA no exercício do cargo de **PRESIDENTE DA REPÚBLICA**

Faço saber que o Congresso Nacional decreta e eu sanciono a seguinte Lei:

TÍTULO I – DISPOSIÇÕES PRELIMINARES

Art. 1º. O partido político, pessoa jurídica de direito privado, destina-se a assegurar, no interesse do regime democrático, a autenticidade do sistema representativo e a defender os direitos fundamentais definidos na Constituição Federal.

Parágrafo único. O partido político não se equipara às entidades paraestatais. *(incluído pela Lei nº 13.488, de 2017)*

Art. 2º. É livre a criação, fusão, incorporação e extinção de partidos políticos cujos programas respeitem a soberania nacional, o regime democrático, o pluripartidarismo e os direitos fundamentais da pessoa humana.

Art. 3º. É assegurada, ao partido político, autonomia para definir sua estrutura interna, organização e funcionamento.

§ 1º. É assegurada aos candidatos, partidos políticos e coligações autonomia para definir o cronograma das atividades eleitorais de campanha e executá-lo em qualquer dia e horário, observados os limites estabelecidos em lei. *(Renumerado do parágrafo único pela Lei nº 13.831, de 2019)*

§ 2º É assegurada aos partidos políticos autonomia para definir o prazo de duração dos mandatos dos membros dos seus órgãos partidários permanentes ou provisórios. *(Incluído pela Lei nº 13.831, de 2019)*

§ 3º O prazo de vigência dos órgãos provisórios dos partidos políticos poderá ser de até 8 (oito) anos. *(Incluído pela Lei nº 13.831, de 2019)*

§ 4º Exaurido o prazo de vigência de um órgão partidário, ficam vedados a extinção automática do órgão e o cancelamento de sua inscrição no Cadastro Nacional da Pessoa Jurídica (CNPJ). *(Incluído pela Lei nº 13.831, de 2019)*

Art. 4º. Os filiados de um partido político têm iguais direitos e deveres.

Art. 5º. A ação do partido tem caráter nacional e é exercida de acordo com seu estatuto e programa, sem subordinação a entidades ou governos estrangeiros.

Art. 6º. É vedado ao partido político ministrar instrução militar ou paramilitar, utilizar-se de organização da mesma natureza e adotar uniforme para seus membros.

Art. 7º. O partido político, após adquirir personalidade jurídica na forma da lei civil, registra seu estatuto no Tribunal Superior Eleitoral.

§ 1º Só é admitido o registro do estatuto de partido político que tenha caráter nacional, considerando-se como tal aquele que comprove, no período de dois anos, o apoiamento de eleitores não filiados a partido político, correspondente a, pelo menos, 0,5% (cinco décimos por cento) dos votos dados na última eleição geral para a Câmara dos Deputados, não computados os votos em branco e os nulos, distribuídos por um terço, ou mais, dos Estados, com um mínimo de 0,1% (um décimo por cento) do eleitorado que haja votado em cada um deles. *(Redação dada pela Lei nº 13.165, de 2015)*

§ 2º Só o partido que tenha registrado seu estatuto no Tribunal Superior Eleitoral poderá participar do processo eleitoral, receber recursos do Fundo Partidário e ter acesso gratuito ao rádio e à televisão, nos termos fixados nesta Lei.

§ 3º Somente o registro do estatuto do partido no Tribunal Superior Eleitoral assegura a exclusividade da sua denominação, sigla e símbolos, vedada a utilização, por outros partidos, de variações que venham a induzir a erro ou confusão.

TÍTULO II – DA ORGANIZAÇÃO E FUNCIONAMENTO DOS PARTIDOS POLÍTICOS CAPÍTULO I – DA CRIAÇÃO E DO REGISTRO DOS PARTIDOS POLÍTICOS

- *Vide arts. 114 a 126 da Lei 6.015/1973 (Lei de Registros Públicos)*
- *Vide Resolução TSE n. 23.670/2021*

Art. 8º O requerimento do registro de partido político, dirigido ao cartório competente do Registro Civil das Pessoas Jurídicas do local de sua sede, deve ser subscrito pelos seus fundadores, em número nunca inferior a 101 (cento e um), com domicílio eleitoral em, no mínimo, 1/3 (um terço) dos Estados, e será acompanhado de: *(Redação dada pela Lei nº 13.877, de 2019)*

I – cópia autêntica da ata da reunião de fundação do partido;

II – exemplares do Diário Oficial que publicou, no seu inteiro teor, o programa e o estatuto;

III – relação de todos os fundadores com o nome completo, naturalidade, número do título eleitoral com a Zona, Seção, Município e Estado, profissão e endereço da residência.

§ 1º O requerimento indicará o nome e a função dos dirigentes provisórios e o endereço da sede do partido no território nacional. *(Redação dada pela Lei nº 13.877, de 2019)*

§ 2º Satisfeitas as exigências deste artigo, o Oficial do Registro Civil efetua o registro no livro correspondente, expedindo certidão de inteiro teor.

§ 3º Adquirida a personalidade jurídica na forma deste artigo, o partido promove a obtenção do apoiamento mínimo de eleitores a que se refere o § 1º do art. 7º e realiza os atos necessários para a constituição definitiva de seus órgãos e designação dos dirigentes, na forma do seu estatuto.

Art. 9º. Feita a constituição e designação, referidas no § 3º do artigo anterior, os dirigentes nacionais promoverão o registro do estatuto do partido junto ao Tribunal Superior Eleitoral, através de requerimento acompanhado de:

I – exemplar autenticado do inteiro teor do programa e do estatuto partidários, inscritos no Registro Civil;

II – certidão do registro civil da pessoa jurídica, a que se refere o § 2º do artigo anterior;

III – certidões dos cartórios eleitorais que comprovem ter o partido obtido o apoiamento mínimo de eleitores a que se refere o § 1º do art. 7º.

§ 1º A prova do apoiamento mínimo de eleitores é feita por meio de suas assinaturas, com menção ao número do respectivo título eleitoral, em listas organizadas para cada Zona, sendo a veracidade das respectivas assinaturas e o número dos títulos atestados pelo Escrivão Eleitoral.

§ 2º O Escrivão Eleitoral dá imediato recibo de cada lista que lhe for apresentada e, no prazo de quinze dias, lavra o seu atestado, devolvendo-a ao interessado.

§ 3º Protocolado o pedido de registro no Tribunal Superior Eleitoral, o processo respectivo, no prazo de quarenta e oito horas, é distribuído a um Relator, que, ouvida a Procuradoria-Geral, em dez dias, determina, em igual prazo, diligências para sanar eventuais falhas do processo.

§ 4º Se não houver diligências a determinar, ou após o seu atendimento, o Tribunal Superior Eleitoral registra o estatuto do partido, no prazo de trinta dias.

Art. 10. As alterações programáticas ou estatutárias, após registradas no Ofício Civil competente, devem ser encaminhadas, para o mesmo fim, ao Tribunal Superior Eleitoral.

§ 1º. O Partido comunica à Justiça Eleitoral a constituição de seus órgãos de direção e os nomes dos respectivos integrantes, bem como as alterações que forem promovidas, para anotação: *(Incluído pela Lei nº 9.259, de 1996) (Renumerado pela Lei nº 13.877, de 2019)*

I - no Tribunal Superior Eleitoral, dos integrantes dos órgãos de âmbito nacional; *(Incluído pela Lei nº 9.259, de 1996) (Renumerado pela Lei nº 13.877, de 2019)*

II - nos Tribunais Regionais Eleitorais, dos integrantes dos órgãos de âmbito estadual, municipal ou zonal. *(Incluído pela Lei nº 9.259, de 1996) (Renumerado pela Lei nº 13.877, de 2019)*

§ 2º Após o recebimento da comunicação de constituição dos órgãos de direção regionais e municipais, definitivos ou provisórios, o Tribunal Superior Eleitoral, na condição de unidade cadastradora, deverá proceder à inscrição, ao restabelecimento e à alteração de dados cadastrais e da situação cadastral perante o CNPJ na Secretaria Especial da Receita Federal do Brasil. *(Parágrafo acrescido pela Lei nº 13.877, de 27/9/2019, e com nova redação dada pela Lei nº 14.063, de 23/9/2020)*

Art. 11. O partido com registro no Tribunal Superior Eleitoral pode credenciar, respectivamente:

I – delegados perante o Juiz Eleitoral;

II – delegados perante o Tribunal Regional Eleitoral;

III – delegados perante o Tribunal Superior Eleitoral.

Parágrafo único. Os delegados credenciados pelo órgão de direção nacional representam o partido perante quaisquer Tribunais ou Juízes Eleitorais; os credenciados pelos órgãos estaduais, somente perante o Tribunal Regional Eleitoral e os Juízes Eleitorais do respectivo Estado, do Distrito Federal ou Território Federal; e os credenciados pelo órgão municipal, perante o Juiz Eleitoral da respectiva jurisdição.

Art. 11-A. Dois ou mais partidos políticos poderão reunir-se em federação, a qual, após sua constituição e respectivo registro perante o Tribunal Superior Eleitoral, atuará como se fosse uma única agremiação partidária. *(Incluído pela Lei nº 14.208, de 2021)*

§ 1º Aplicam-se à federação de partidos todas as normas que regem o funcionamento parlamentar e a fidelidade partidária. *(Incluído pela Lei nº 14.208, de 2021)*

§ 2º Assegura-se a preservação da identidade e da autonomia dos partidos integrantes de federação. *(Incluído pela Lei nº 14.208, de 2021)*

§ 3º A criação de federação obedecerá às seguintes regras: *(Incluído pela Lei nº 14.208, de 2021)*

I – a federação somente poderá ser integrada por partidos com registro definitivo no Tribunal Superior Eleitoral; *(Incluído pela Lei nº 14.208, de 2021)*

II – os partidos reunidos em federação deverão permanecer a ela filiados por, no mínimo, 4 (quatro) anos; *(Incluído pela Lei nº 14.208, de 2021)*

III – a federação poderá ser constituída até a data final do período de realização das convenções partidárias; *(Incluído pela Lei nº 14.208, de 2021)*

IV – a federação terá abrangência nacional e seu registro será encaminhado ao Tribunal Superior Eleitoral. *(Incluído pela Lei nº 14.208, de 2021)*

§ 4º O descumprimento do disposto no inciso II do § 3º deste artigo acarretará ao partido vedação de ingressar em federação, de celebrar coligação nas 2 (duas) eleições seguintes e, até completar o prazo mínimo remanescente, de utilizar o fundo partidário. *(Incluído pela Lei nº 14.208, de 2021)*

§ 5º Na hipótese de desligamento de 1 (um) ou mais partidos, a federação continuará em funcionamento, até a eleição seguinte, desde que nela permaneçam 2 (dois) ou mais partidos. *(Incluído pela Lei nº 14.208, de 2021)*

§ 6º O pedido de registro de federação de partidos encaminhado ao Tribunal Superior Eleitoral será acompanhado dos seguintes documentos: *(Incluído pela Lei nº 14.208, de 2021)*

I – cópia da resolução tomada pela maioria absoluta dos votos dos órgãos de deliberação nacional de cada um dos partidos integrantes da federação; *(Incluído pela Lei nº 14.208, de 2021)*

II – cópia do programa e do estatuto comuns da federação constituída; *(Incluído pela Lei nº 14.208, de 2021)*

III – ata de eleição do órgão de direção nacional da federação. *(Incluído pela Lei nº 14.208, de 2021)*

§ 7º O estatuto de que trata o inciso II do § 6º deste artigo definirá as regras para a composição da lista da federação para as eleições proporcionais. *(Incluído pela Lei nº 14.208, de 2021)*

§ 8º Aplicam-se à federação de partidos todas as normas que regem as atividades dos partidos políticos no que diz respeito às eleições, inclusive no que se refere à escolha e registro de candidatos para as eleições majoritárias e proporcionais, à arrecadação e aplicação de recursos em campanhas eleitorais, à propaganda eleitoral, à contagem de votos, à obtenção de cadeiras, à prestação de contas e à convocação de suplentes. *(Incluído pela Lei nº 14.208, de 2021)*

§ 9º Perderá o mandato o detentor de cargo eletivo que se desfiliar, sem justa causa, de partido que integra federação. *(Incluído pela Lei nº 14.208, de 2021)*

CAPÍTULO II – DO FUNCIONAMENTO PARLAMENTAR

Art. 12. O partido político funciona, nas Casas Legislativas, por intermédio de uma bancada, que deve constituir suas lideranças de acordo com o estatuto do partido, as disposições regimentais das respectivas Casas e as normas desta Lei.

Art. 13. Tem direito a funcionamento parlamentar, em todas as Casas Legislativas para as quais tenha elegido representante, o partido que, em cada eleição para a Câmara dos Deputados obtenha o apoio de, no mínimo, cinco por cento dos votos apurados, não computados os brancos e os nulos, distribuídos em, pelo menos, um terço dos Estados, com um mínimo de dois por cento do total de cada um deles. *(Vide Adins nºs 1.351-3 e 1.354-8)*

CAPÍTULO III – DO PROGRAMA E DO ESTATUTO

Art. 14. Observadas as disposições constitucionais e as desta Lei, o partido é livre para fixar, em seu programa, seus objetivos políticos e para estabelecer, em seu estatuto, a sua estrutura interna, organização e funcionamento.

Art. 15. O Estatuto do partido deve conter, entre outras, normas sobre:

I - nome, denominação abreviada e o estabelecimento da sede no território nacional; *(Redação dada pela Lei nº 13.877, de 2019)*

II – filiação e desligamento de seus membros;

III – direitos e deveres dos filiados;

IV – modo como se organiza e administra, com a definição de sua estrutura geral e identificação, composição e competências dos órgãos partidários nos níveis municipal, estadual e nacional, duração dos mandatos e processo de eleição dos seus membros;

V – fidelidade e disciplina partidárias, processo para apuração das infrações e aplicação das penalidades, assegurado amplo direito de defesa;

VI – condições e forma de escolha de seus candidatos a cargos e funções eletivas;

VII – finanças e contabilidade, estabelecendo, inclusive, normas que os habilitem a apurar as quantias que os seus candidatos possam despender com a própria eleição, que fixem os limites das contribuições dos filiados e definam as diversas fontes de receita do partido, além daquelas previstas nesta Lei;

VIII – critérios de distribuição dos recursos do Fundo Partidário entre os órgãos de nível municipal, estadual e nacional que compõem o partido;

IX – procedimento de reforma do programa e do estatuto.

X – prevenção, repressão e combate à violência política contra a mulher. *(Incluído pela Lei nº 14.192, de 2021)*

Art. 15-A. A responsabilidade, inclusive civil e trabalhista, cabe exclusivamente ao órgão partidário municipal, estadual ou nacional que tiver dado causa ao não cumprimento da obrigação, à violação de direito, a dano a outrem ou a qualquer ato ilícito, excluída a solidariedade de outros órgãos de direção partidária. *(Redação dada pela Lei nº 12.034, de 2009)*

Parágrafo único. O órgão nacional do partido político, quando responsável, somente poderá ser demandado judicialmente na circunscrição especial judiciária da sua sede, inclusive nas ações de natureza cível ou trabalhista. *(Incluído pela Lei nº 12.891, de 2013)*

CAPÍTULO IV – DA FILIAÇÃO PARTIDÁRIA

Art. 16. Só pode filiar-se a partido o eleitor que estiver no pleno gozo de seus direitos políticos.

Art. 17. Considera-se deferida, para todos os efeitos, a filiação partidária, com o atendimento das regras estatutárias do partido.

Parágrafo único. Deferida a filiação do eleitor, será entregue comprovante ao interessado, no modelo adotado pelo partido.

Art. 18. *(Revogado pela Lei nº 13.165, de 2015)*

Art. 19. Deferido internamente o pedido de filiação, o partido político, por seus órgãos de direção municipais, regionais ou nacional, deverá inserir os dados do filiado no sistema eletrônico da Justiça Eleitoral, que automaticamente enviará aos juízes eleitorais, para arquivamento, publicação e cumprimento dos prazos de filiação partidária para efeito de candidatura a cargos eletivos, a relação dos nomes de todos os seus filiados, da qual constará a data de filiação, o número dos títulos eleitorais e das seções em que estão inscritos. *(Redação dada pela Lei nº 13.877, de 2019)*

§ 1º Nos casos de mudança de partido de filiado eleito, a Justiça Eleitoral deverá intimar pessoalmente a agremiação partidária e dar-lhe ciência da saída do seu filiado, a partir do que passarão a ser contados os prazos para ajuizamento das ações cabíveis. *(Redação dada pela Lei nº 13.877, de 2019)*

§ 2º Os prejudicados por desídia ou má-fé poderão requerer, diretamente à Justiça Eleitoral, a observância do que prescreve o *caput* deste artigo.

§ 3º Os órgãos de direção nacional dos partidos políticos terão pleno acesso às informações de seus filiados constantes do cadastro eleitoral. *(Incluído pela Lei nº 12.034, de 2009)*

§ 4º A Justiça Eleitoral disponibilizará eletronicamente aos órgãos nacional e estaduais dos partidos políticos, conforme sua circunscrição eleitoral, acesso a todas as informações de seus filiados constantes do cadastro eleitoral, incluídas as relacionadas a seu nome completo, sexo, número do título de eleitor e de inscrição no Cadastro de Pessoa Física (CPF), endereço, telefones, entre outras. *(Incluído pela Lei nº 13.877, de 2019)*

Art. 20. É facultado ao partido político estabelecer, em seu estatuto, prazos de filiação partidária superiores aos previstos nesta Lei, com vistas a candidatura a cargos eletivos.

Parágrafo único. Os prazos de filiação partidária, fixados no estatuto do partido, com vistas a candidatura a cargos eletivos, não podem ser alterados no ano da eleição.

Art. 21. Para desligar-se do partido, o filiado faz comunicação escrita ao órgão de direção municipal e ao Juiz Eleitoral da Zona em que for inscrito.

Parágrafo único. Decorridos dois dias da data da entrega da comunicação, o vínculo torna-se extinto, para todos os efeitos.

Art. 22. O cancelamento imediato da filiação partidária verifica-se nos casos de:

I – morte;

II – perda dos direitos políticos;

III – expulsão;

IV – outras formas previstas no estatuto, com comunicação obrigatória ao atingido no prazo de quarenta e oito horas da decisão.

V – filiação a outro partido, desde que a pessoa comunique o fato ao juiz da respectiva Zona Eleitoral. *(Incluído pela Lei nº 12.891, de 2013)*

Parágrafo único. Havendo coexistência de filiações partidárias, prevalecerá a mais recente, devendo a Justiça Eleitoral determinar o cancelamento das demais. *(Redação dada pela Lei nº 12.891, de 2013)*

Art. 22-A. Perderá o mandato o detentor de cargo eletivo que se desfiliar, sem justa causa, do partido pelo qual foi eleito. *(Incluído pela Lei nº 13.165, de 2015)*

Parágrafo único. Consideram-se justa causa para a desfiliação partidária somente as seguintes hipóteses: *(Incluído pela Lei nº 13.165, de 2015)*

I - mudança substancial ou desvio reiterado do programa partidário; *(Incluído pela Lei nº 13.165, de 2015)*

II - grave discriminação política pessoal; e *(Incluído pela Lei nº 13.165, de 2015)*

III - mudança de partido efetuada durante o período de trinta dias que antecede o prazo de filiação exigido em lei para concorrer à eleição, majoritária ou proporcional, ao término do mandato vigente. *(Incluído pela Lei nº 13.165, de 2015)*

CAPÍTULO V – DA FIDELIDADE E DA DISCIPLINA PARTIDÁRIAS

Art. 23. A responsabilidade por violação dos deveres partidários deve ser apurada e punida pelo competente órgão, na conformidade do que disponha o estatuto de cada partido.

§ 1º Filiado algum pode sofrer medida disciplinar ou punição por conduta que não esteja tipificada no estatuto do partido político.

§ 2º Ao acusado é assegurado amplo direito de defesa.

Art. 24. Na Casa Legislativa, o integrante da bancada de partido deve subordinar sua ação parlamentar aos princípios doutrinários e programáticos e às diretrizes estabelecidas pelos órgãos de direção partidários, na forma do estatuto.

Art. 25. O estatuto do partido poderá estabelecer, além das medidas disciplinares básicas de caráter partidário, normas sobre penalidades, inclusive com desligamento temporário da bancada, suspensão do direito de voto nas reuniões internas ou perda de todas as prerrogativas, cargos e funções que exerça em decorrência da representação e da proporção partidária, na respectiva Casa Legislativa, ao parlamentar que se opuser, pela atitude ou pelo voto, às diretrizes legitimamente estabelecidas pelos órgãos partidários.

Art. 26. Perde automaticamente a função ou cargo que exerça, na respectiva Casa Legislativa, em virtude da proporção partidária, o parlamentar que deixar o partido sob cuja legenda tenha sido eleito.

CAPÍTULO VI – DA FUSÃO, INCORPORAÇÃO E EXTINÇÃO DOS PARTIDOS POLÍTICOS

Art. 27. Fica cancelado, junto ao Ofício Civil e ao Tribunal Superior Eleitoral, o registro do partido que, na forma de seu estatuto, se dissolva, se incorpore ou venha a se fundir a outro.

Art. 28. O Tribunal Superior Eleitoral, após trânsito em julgado de decisão, determina o cancelamento do registro civil e do estatuto do partido contra o qual fique provado:

I – ter recebido ou estar recebendo recursos financeiros de procedência estrangeira;

II – estar subordinado a entidade ou governo estrangeiros;

III – não ter prestado, nos termos desta Lei, as devidas contas à Justiça Eleitoral;

IV – que mantém organização paramilitar.

§ 1º A decisão judicial a que se refere este artigo deve ser precedida de processo regular, que assegure ampla defesa.

§ 2º O processo de cancelamento é iniciado pelo Tribunal à vista de denúncia de qualquer eleitor, de representante de partido, ou de representação do Procurador-Geral Eleitoral.

§ 3º O partido político, em nível nacional, não sofrerá a suspensão das cotas do Fundo Partidário, nem qualquer outra punição como consequência de atos praticados por órgãos regionais ou municipais. (Parágrafo incluído pela Lei nº 9.693, de 27.7.98)

§ 4º Despesas realizadas por órgãos partidários municipais ou estaduais ou por candidatos majoritários nas respectivas circunscrições devem ser assumidas e pagas exclusivamente pela esfera partidária correspondente, salvo acordo expresso com órgão de outra esfera partidária. *(Incluído pela Lei nº 12.034, de 2009)*

§ 5º Em caso de não pagamento, as despesas não poderão ser cobradas judicialmente dos órgãos superiores dos partidos políticos, recaindo eventual penhora exclusivamente sobre o órgão partidário que contraiu a dívida executada. *(Incluído pela Lei nº 12.034, de 2009)*

§ 6º O disposto no inciso III do *caput* refere-se apenas aos órgãos nacionais dos partidos políticos que deixarem de prestar contas ao Tribunal Superior Eleitoral, não ocorrendo o cancelamento do registro civil e do estatuto do partido quando a omissão for dos órgãos partidários regionais ou municipais. *(Incluído pela Lei nº 12.034, de 2009)*

Art. 29. Por decisão de seus órgãos nacionais de deliberação, dois ou mais partidos poderão fundir-se num só ou incorporar-se um ao outro.

§ 1º No primeiro caso, observar-se-ão as seguintes normas:

I – os órgãos de direção dos partidos elaborarão projetos comuns de estatuto e programa;

II – os órgãos nacionais de deliberação dos partidos em processo de fusão votarão em reunião conjunta, por maioria absoluta, os projetos, e elegerão o órgão de direção nacional que promoverá o registro do novo partido.

§ 2º No caso de incorporação, observada a lei civil, caberá ao partido incorporando deliberar por maioria absoluta de votos, em seu órgão nacional de deliberação, sobre a adoção do estatuto e do programa de outra agremiação.

§ 3º Adotados o estatuto e o programa do partido incorporador, realizar-se-á, em reunião conjunta dos órgãos nacionais de deliberação, a eleição do novo órgão de direção nacional.

§ 4º Na hipótese de fusão, a existência legal do novo partido tem início com o registro, no Ofício Civil competente da sede do novo partido, do estatuto e do programa, cujo requerimento deve ser acompanhado das atas das decisões dos órgãos competentes. *(Redação dada pela Lei nº 13.877, de 2019)*

§ 5º No caso de incorporação, o instrumento respectivo deve ser levado ao Ofício Civil competente, que deve, então, cancelar o registro do partido incorporado a outro.

§ 6º No caso de incorporação, o instrumento respectivo deve ser levado ao Ofício Civil competente, que deve, então, cancelar o registro do partido incorporado a outro. *(Redação dada pela Lei nº 13.107, de 2015)*

§ 7º Havendo fusão ou incorporação, devem ser somados exclusivamente os votos dos partidos fundidos ou incorporados obtidos na última eleição geral para a Câmara dos Deputados, para efeito da distribuição dos recursos do Fundo Partidário e do acesso gratuito ao rádio e à televisão. *(Redação dada pela Lei nº 13.107, de 2015)*

§ 8º O novo estatuto ou instrumento de incorporação deve ser levado a registro e averbado, respectivamente, no Ofício Civil e no Tribunal Superior Eleitoral. *(Incluído pela Lei nº 13.107, de 2015)*

§ 9º Somente será admitida a fusão ou incorporação de partidos políticos que hajam obtido o registro definitivo do Tribunal Superior Eleitoral há, pelo menos, 5 (cinco) anos. *(Incluído pela Lei nº 13.107, de 2015)*

TÍTULO III – DAS FINANÇAS E CONTABILIDADE DOS PARTIDOS

CAPÍTULO I – DA PRESTAÇÃO DE CONTAS

Art. 30. O partido político, através de seus órgãos nacionais, regionais e municipais, deve manter escrituração contábil, de forma a permitir o conhecimento da origem de suas receitas e a destinação de suas despesas.

Art. 31. É vedado ao partido receber, direta ou indiretamente, sob qualquer forma ou pretexto, contribuição ou auxílio pecuniário ou estimável em dinheiro, inclusive através de publicidade de qualquer espécie, procedente de:

I – entidade ou governo estrangeiros;

II - entes públicos e pessoas jurídicas de qualquer natureza, ressalvadas as dotações referidas no art. 38 desta Lei e as proveniente do Fundo Especial de Financiamento de Campanha; *(Redação dada pela Lei nº 13.488, de 2017)*

III - (revogado); *(Redação dada pela Lei nº 13.488, de 2017)*

IV – entidade de classe ou sindical.

V - pessoas físicas que exerçam função ou cargo público de livre nomeação e exoneração, ou cargo ou emprego público temporário, ressalvados os filiados a partido político. *(Incluído pela Lei nº 13.488, de 2017)*

Art. 32. O partido está obrigado a enviar, anualmente, à Justiça Eleitoral, o balanço contábil do exercício findo, até o dia 30 de junho do ano seguinte. *(Redação dada pela Lei nº 13.877, de 2019)*

§ 1º O balanço contábil do órgão nacional será enviado ao Tribunal Superior Eleitoral, o dos órgãos estaduais aos Tribunais Regionais Eleitorais e o dos órgãos municipais aos Juízes Eleitorais.

§ 2º A Justiça Eleitoral determina, imediatamente, a publicação dos balanços na imprensa oficial, e, onde ela não exista, procede à afixação dos mesmos no Cartório Eleitoral.

§ 3º (Revogado). *(Redação dada pela Lei nº 13.165, de 2015)*

§ 4º Os órgãos partidários municipais que não hajam movimentado recursos financeiros ou arrecadado bens estimáveis em dinheiro ficam desobrigados de prestar contas à Justiça Eleitoral e de enviar declarações de isenção, declarações de débitos e créditos tributários federais ou demonstrativos contábeis à Receita Federal do Brasil, bem como ficam dispensados da certificação digital, exigindo-se do responsável partidário, no prazo estipulado no *caput* deste artigo, a apresentação de declaração da ausência de movimentação de recursos nesse período. *(Redação dada pela Lei nº 13.831, de 2019)*

§ 5º A desaprovação da prestação de contas do partido não ensejará sanção alguma que o impeça de participar do pleito eleitoral. *(Incluído pela Lei nº 13.165, de 2015)*

§ 6º O Tribunal Superior Eleitoral, na condição de unidade cadastradora, deverá proceder à reativação da inscrição perante o CNPJ na Secretaria Especial da Receita Federal do Brasil dos órgãos partidários municipais referidos no § 4º deste artigo que estejam com a inscrição baixada ou inativada, após o recebimento da comunicação de constituição de seus órgãos de direção regionais e municipais, definitivos ou provisórios. *(Parágrafo acrescido pela Lei nº 13.831, de 17/5/2019, e com nova redação dada pela Lei nº 14.063, de 23/9/2020)*

§ 7º O requerimento a que se refere o § 6º deste artigo indicará se a agremiação partidária pretende a efetivação imediata da reativação da inscrição pela Secretaria Especial da Receita Federal do Brasil ou a partir de 1º de janeiro de 2020, hipótese em que a efetivação será realizada sem a cobrança de quaisquer taxas, multas ou outros encargos administrativos relativos à ausência de prestação de contas. *(Incluído pela Lei nº 13.831, de 2019)*

§ 8º As decisões da Justiça Eleitoral nos processos de prestação de contas não ensejam, ainda que desaprovadas as contas, a inscrição dos dirigentes partidários no Cadastro Informativo dos Créditos não Quitados do Setor Público Federal (Cadin). *(Incluído pela Lei nº 13.831, de 2019)*

Art. 33. Os balanços devem conter, entre outros, os seguintes itens:

I – discriminação dos valores e destinação dos recursos oriundos do fundo partidário;

II – origem e valor das contribuições e doações;

III – despesas de caráter eleitoral, com a especificação e comprovação dos gastos com programas no rádio e televisão, comitês, propaganda, publicações, comícios, e demais atividades de campanha;

IV – discriminação detalhada das receitas e despesas.

Art. 34. A Justiça Eleitoral exerce a fiscalização sobre a prestação de contas do partido e das despesas de campanha eleitoral, devendo atestar se elas refletem adequadamente a real movimentação financeira, os dispêndios e os recursos aplicados nas campanhas eleitorais, exigindo a observação das seguintes normas: *(Redação dada pela Lei nº 13.165, de 2015)*

I - obrigatoriedade de designação de dirigentes partidários específicos para movimentar recursos financeiros nas campanhas eleitorais; *(Redação dada pela Lei nº 13.165, de 2015)*

II - (revogado); *(Redação dada pela Lei nº 13.165, de 2015)*

III - relatório financeiro, com documentação que comprove a entrada e saída de dinheiro ou de bens recebidos e aplicados; *(Redação dada pela Lei nº 13.165, de 2015)*

IV - obrigatoriedade de ser conservada pelo partido, por prazo não inferior a cinco anos, a documentação comprobatória de suas prestações de contas; *(Redação dada pela Lei nº 13.165, de 2015)*

V - obrigatoriedade de prestação de contas pelo partido político e por seus candidatos no encerramento da campanha eleitoral, com o recolhimento imediato à tesouraria do partido dos saldos financeiros eventualmente apurados. *(Redação dada pela Lei nº 13.165, de 2015)*

§ 1º A fiscalização de que trata o *caput* tem por escopo identificar a origem das receitas e a destinação das despesas com as atividades partidárias e eleitorais, mediante o exame formal dos documentos fiscais apresentados pelos partidos políticos e candidatos, sendo vedada a análise das atividades político-partidárias ou qualquer interferência em sua autonomia. *(Redação dada pela Lei nº 13.165, de 2015)*

§ 2º Para efetuar os exames necessários ao atendimento do disposto no *caput*, a Justiça Eleitoral pode requisitar técnicos do Tribunal de Contas da União ou dos Estados, pelo tempo que for necessário. *(Incluído pela Lei nº 12.891, de 2013)*

§ 3º (VETADO). *(Incluído pela Lei nº 13.877, de 2019)*

§ 4º Para o exame das prestações de contas dos partidos políticos, o sistema de contabilidade deve gerar e disponibilizar os relatórios para conhecimento da origem das receitas e das despesas. *(Incluído pela Lei nº 13.877, de 2019)*

§ 5º Os relatórios emitidos pelas áreas técnicas dos tribunais eleitorais devem ser fundamentados estritamente com base na legislação eleitoral e nas normas de contabilidade, vedado opinar sobre sanções aplicadas aos partidos políticos, cabendo aos magistrados emitir juízo de valor. *(Incluído pela Lei nº 13.877, de 2019)*

§ 6º A Justiça Eleitoral não pode exigir dos partidos políticos apresentação de certidão ou documentos expedidos por outro órgão da administração pública ou por entidade bancária e do sistema financeiro que mantêm convênio ou integração de sistemas eletrônicos que realizam o envio direto de documentos para a própria Justiça Eleitoral. *(Incluído pela Lei nº 13.877, de 2019)*

Art. 35. O Tribunal Superior Eleitoral e os Tribunais Regionais Eleitorais, à vista de denúncia fundamentada de filiado ou delegado de partido, de representação do Procurador-Geral ou Regional ou de iniciativa do Corregedor, determinarão o exame da escrituração do partido e a apuração de qualquer ato que viole as prescrições legais ou estatutárias a que, em matéria financeira, aquele ou seus filiados estejam sujeitos, podendo, inclusive, determinar a quebra de sigilo bancário das contas dos partidos para o esclarecimento ou apuração de fatos vinculados à denúncia.

Parágrafo único. O partido pode examinar, na Justiça Eleitoral, as prestações de contas mensais ou anuais dos demais partidos, quinze dias após a publicação dos balanços financeiros, aberto o prazo de cinco dias para impugná-las, podendo, ainda, relatar fatos, indicar provas e pedir abertura de investigação para apurar qualquer ato que viole as prescrições legais ou estatutárias a que, em matéria financeira, os partidos e seus filiados estejam sujeitos.

Art. 36. Constatada a violação de normas legais ou estatutárias, ficará o partido sujeito às seguintes sanções:

I – no caso de recursos de origem não mencionada ou esclarecida, fica suspenso o recebimento das quotas do fundo partidário até que o esclarecimento seja aceito pela Justiça Eleitoral;

II – no caso de recebimento de recursos mencionados no art. 31, fica suspensa a participação no fundo partidário por um ano;

III – no caso de recebimento de doações cujo valor ultrapasse os limites previstos no art. 39, § 4º, fica suspensa por dois anos a participação no fundo partidário e será aplicada ao partido multa correspondente ao valor que exceder aos limites fixados.

Art. 37. A desaprovação das contas do partido implicará exclusivamente a sanção de devolução da importância apontada como irregular, acrescida de multa de até 20% (vinte por cento). *(Redação dada pela Lei nº 13.165, de 2015)*

§ 1º. A Justiça Eleitoral pode determinar diligências necessárias à complementação de informações ou ao saneamento de irregularidades encontradas nas contas dos órgãos de direção partidária ou de candidatos.*(Parágrafo renumerado pela Lei nº 9.693, de 1998)*

§ 2º A sanção a que se refere o *caput* será aplicada exclusivamente à esfera partidária responsável pela irregularidade, não suspendendo o registro ou a anotação de seus órgãos de direção partidária nem tornando devedores ou inadimplentes os respectivos responsáveis partidários. *(Redação dada pela Lei nº 13.165, de 2015)*

§ 3º A sanção a que se refere o *caput* deste artigo deverá ser aplicada de forma proporcional e razoável, pelo período de 1 (um) a 12 (doze) meses, e o pagamento deverá ser feito por meio de desconto nos futuros repasses de cotas do fundo partidário a, no máximo, 50% (cinquenta por cento) do valor mensal, desde que a prestação de contas seja julgada, pelo juízo ou tribunal competente, em até 5 (cinco) anos de sua apresentação, vedada a acumulação de sanções. *(Redação dada pela Lei nº 13.877, de 2019)*

§ 3º-A. O cumprimento da sanção aplicada a órgão estadual, distrital ou municipal somente será efetivado a partir da data de juntada aos autos do processo de prestação de contas do aviso de recebimento da citação ou intimação, encaminhada, por via postal, pelo Tribunal Regional Eleitoral ou

Juízo Eleitoral ao órgão partidário hierarquicamente superior. *(Incluído pela Lei nº 13.877, de 2019)*

§ 4º Da decisão que desaprovar total ou parcialmente a prestação de contas dos órgãos partidários caberá recurso para os Tribunais Regionais Eleitorais ou para o Tribunal Superior Eleitoral, conforme o caso, o qual deverá ser recebido com efeito suspensivo. *(Incluído pela Lei nº 12.034, de 2009)*

§ 5º As prestações de contas desaprovadas pelos Tribunais Regionais e pelo Tribunal Superior poderão ser revistas para fins de aplicação proporcional da sanção aplicada, mediante requerimento ofertado nos autos da prestação de contas. *(Incluído pela Lei nº 12.034, de 2009)*

§ 6º O exame da prestação de contas dos órgãos partidários tem caráter jurisdicional. *(Incluído pela Lei nº 12.034, de 2009)*

§§ 7º e 8º *(VETADOS) (Incluído pela Lei nº 12.891, de 2013)*

§ 9º O desconto no repasse de cotas resultante da aplicação da sanção a que se refere o *caput* será suspenso durante o segundo semestre do ano em que se realizarem as eleições. *(Incluído pela Lei nº 13.165, de 2015)*

§ 10. Os gastos com passagens aéreas serão comprovados mediante apresentação de fatura ou duplicata emitida por agência de viagem, quando for o caso, e os beneficiários deverão atender ao interesse da respectiva agremiação e, nos casos de congressos, reuniões, convenções, palestras, poderão ser emitidas independentemente de filiação partidária segundo critérios interna corporis, vedada a exigência de apresentação de qualquer outro documento para esse fim. *(Redação dada pela Lei nº 13.877, de 2019)*

§ 11. Os órgãos partidários poderão apresentar documentos hábeis para esclarecer questionamentos da Justiça Eleitoral ou para sanear irregularidades a qualquer tempo, enquanto não transitada em julgado a decisão que julgar a prestação de contas. *(Incluído pela Lei nº 13.165, de 2015)*

§ 12. Erros formais ou materiais que no conjunto da prestação de contas não comprometam o conhecimento da origem das receitas e a destinação das despesas não acarretarão a desaprovação das contas. *(Incluído pela Lei nº 13.165, de 2015)*

§ 13. A responsabilização pessoal civil e criminal dos dirigentes partidários decorrente da desaprovação das contas partidárias e de atos ilícitos atribuídos ao partido político somente ocorrerá se verificada irregularidade grave e insanável resultante de conduta dolosa que importe enriquecimento ilícito e lesão ao patrimônio do partido. *(Incluído pela Lei nº 13.165, de 2015)*

§ 14. O instituto ou fundação de pesquisa e de doutrinação e educação política não será atingido pela sanção aplicada ao partido político em caso de desaprovação de suas contas, exceto se tiver diretamente dado causa à reprovação. *(Incluído pela Lei nº 13.165, de 2015)*

§ 15. As responsabilidades civil e criminal são subjetivas e, assim como eventuais dívidas já apuradas, recaem somente sobre o dirigente partidário responsável pelo órgão partidário à época do fato e não impedem que o órgão partidário receba recurso do fundo partidário. *(Incluído pela Lei nº 13.831, de 2019)*

Art. 37-A. A falta de prestação de contas implicará a suspensão de novas cotas do Fundo Partidário enquanto perdurar a inadimplência e sujeitará os responsáveis às penas da lei. *(Incluído pela Lei nº 13.165, de 2015)*

CAPÍTULO II – DO FUNDO PARTIDÁRIO

Art. 38. O Fundo Especial de Assistência Financeira aos Partidos Políticos (Fundo Partidário) é constituído por:

I – multas e penalidades pecuniárias aplicadas nos termos do Código Eleitoral e leis conexas;

II – recursos financeiros que lhe forem destinados por lei, em caráter permanente ou eventual;

III – doações de pessoa física ou jurídica, efetuadas por intermédio de depósitos bancários diretamente na conta do Fundo Partidário;

IV – dotações orçamentárias da União em valor nunca inferior, cada ano, ao número de eleitores inscritos em 31 de dezembro do ano anterior ao da proposta orçamentária, multiplicados por trinta e cinco centavos de real, em valores de agosto de 1995.

§§ 1º e 2º *(VETADOS)*

Art. 39. Ressalvado o disposto no art. 31, o partido político pode receber doações de pessoas físicas e jurídicas para constituição de seus fundos.

§ 1º As doações de que trata este artigo podem ser feitas diretamente aos órgãos de direção nacional, estadual e municipal, que remeterão, à Justiça Eleitoral e aos órgãos hierarquicamente superiores do partido, o demonstrativo de seu recebimento e respectiva destinação, juntamente com o balanço contábil.

§ 2º Outras doações, quaisquer que sejam, devem ser lançadas na contabilidade do partido, definidos seus valores em moeda corrente.

§ 3º As doações de recursos financeiros somente poderão ser efetuadas na conta do partido político por meio de: *(Redação dada pela Lei nº 13.165, de 2015)*

I - cheques cruzados e nominais ou transferência eletrônica de depósitos; *(Incluído pela Lei nº 13.165, de 2015)*

II - depósitos em espécie devidamente identificados; *(Incluído pela Lei nº 13.165, de 2015)*

III - mecanismo disponível em sítio do partido na internet que permita o uso de cartão de crédito, cartão de débito, emissão on-line de boleto bancário ou, ainda, convênios de débitos em conta, no formato único e no formato recorrente, e outras modalidades, e que atenda aos seguintes requisitos: *(Redação dada pela Lei nº 13.877, de 2019)*

a) identificação do doador; *(Incluído pela Lei nº 13.165, de 2015)*

b) emissão obrigatória de recibo eleitoral para cada doação realizada. *(Incluído pela Lei nº 13.165, de 2015)*

§ 4º *(Revogado pela Lei nº 9.504, de 1997)*

§ 5º Em ano eleitoral, os partidos políticos poderão aplicar ou distribuir pelas diversas eleições os recursos financeiros recebidos de pessoas físicas e jurídicas, observando-se o disposto no § 1º do art. 23, no art. 24 e no § 1º do art. 81 da Lei nº 9.504, de 30 de setembro de 1997, e os critérios definidos pelos respectivos órgãos de direção e pelas normas estatutárias. *(Incluído pela Lei nº 12.034, de 2009)*

§ 6º Os bancos e empresas de meios de pagamentos, incluídos os denominados digitais, ficam obrigados a disponibilizar a abertura de contas bancárias e os seus serviços de meios de pagamentos e compensação, inclusive on-line, para que os partidos políticos possam desenvolver e operacionalizar os mecanismos previstos no inciso III do § 3º deste artigo. *(Incluído pela Lei nº 13.877, de 2019)*

§ 7º Os serviços para os partidos políticos não se caracterizam e não acarretam restrições relativas às pessoas politicamente expostas, e seus serviços serão disponibilizados pelo preço oferecido pela instituição financeira a outras pessoas jurídicas. *(Incluído pela Lei nº 13.877, de 2019)*

§ 8º As instituições financeiras devem oferecer aos partidos políticos pacote de serviços bancários que agreguem o conjunto dos serviços financeiros, e a mensalidade desse pacote não poderá ser superior à soma das tarifas avulsas praticadas no mercado. *(Incluído pela Lei nº 13.877, de 2019)*

Art. 40. A previsão orçamentária de recursos para o Fundo Partidário deve ser consignada, no Anexo do Poder Judiciário, ao Tribunal Superior Eleitoral.

§ 1º O Tesouro Nacional depositará, mensalmente, os duodécimos no Banco do Brasil, em conta especial à disposição do Tribunal Superior Eleitoral.

§ 2º Na mesma conta especial serão depositadas as quantias arrecadadas pela aplicação de multas e outras penalidades pecuniárias, previstas na Legislação Eleitoral.

Art. 41. O Tribunal Superior Eleitoral, dentro de cinco dias, a contar da data do depósito a que se refere o § 1º do artigo anterior, fará a respectiva distribuição aos órgãos nacionais dos partidos, obedecendo aos seguintes critérios:

- *Vide Adins nºs 1.351-3 e 1.354-8*

I – um por cento do total do Fundo Partidário será destacado para entrega, em partes iguais, a todos os partidos que tenham seus estatutos registrados no Tribunal Superior Eleitoral; *(Vide Adins nºs 1.351-3 e1.354-8)*

II – noventa e nove por cento do total do Fundo Partidário serão distribuídos aos partidos que tenham preenchido as condições do art. 13, na proporção dos votos obtidos na última eleição geral para a Câmara dos Deputados.

- *Vide Adins nºs 1.351-3 e 1.354-8*

Art. 41-A. Do total do Fundo Partidário: *(Redação dada pela Lei nº 12.875, de 2013)*

I - 5% (cinco por cento) serão destacados para entrega, em partes iguais, a todos os partidos que atendam aos requisitos constitucionais de acesso aos recursos do Fundo Partidário; e *(Redação dada pela Lei nº 13.165, de 2015)*

II – 95% (noventa e cinco por cento) serão distribuídos aos partidos na proporção dos votos obtidos na última eleição geral para a Câmara dos Deputados. *(Incluído pela Lei nº 12.875, de 2013)*

Parágrafo único. Para efeito do disposto no inciso II, serão desconsideradas as mudanças de filiação partidária em quaisquer hipóteses. *(Redação dada pela Lei nº 13.107, de 2015)*

Art. 42. Em caso de cancelamento ou caducidade do órgão de direção nacional do partido, reverterá ao Fundo Partidário a quota que a este caberia.

§ 1º O órgão de direção nacional do partido está obrigado a abrir conta bancária exclusivamente para movimentação do fundo partidário e para a aplicação dos recursos prevista no inciso V do *caput* do art. 44 desta Lei, observado que, para os demais órgãos do partido e para outros tipos de receita, a obrigação prevista neste parágrafo somente se aplica quando existir movimentação financeira. *(Incluído pela Lei nº 13.831, de 2019)*

§ 2º A certidão do órgão superior, ou do próprio órgão regional e municipal, de inexistência de movimentação financeira tem fé pública como prova documental para aplicação do art. 32 desta Lei, sem prejuízo de apuração de ilegalidade de acordo com o disposto no art. 35 desta Lei. *(Incluído pela Lei nº 13.831, de 2019)*

Art. 43. Os depósitos e movimentações dos recursos oriundos do Fundo Partidário serão feitos em estabelecimentos bancários controlados pelo Poder Público Federal, pelo Poder Público Estadual ou, inexistindo estes, no banco escolhido pelo órgão diretivo do partido.

Art. 44. Os recursos oriundos do Fundo Partidário serão aplicados:

I - na manutenção das sedes e serviços do partido, permitido o pagamento de pessoal, a qualquer título, observado, do total recebido, os seguintes limites: *(Redação dada pela Lei nº 13.165, de 2015)*

a) 50% (cinquenta por cento) para o órgão nacional; *(Incluído pela Lei nº 13.165, de 2015)*

b) 60% (sessenta por cento) para cada órgão estadual e municipal; *(Incluído pela Lei nº 13.165, de 2015)*

II - na propaganda doutrinária e política;

III - no alistamento e campanhas eleitorais;

IV - na criação e manutenção de instituto ou fundação de pesquisa e de doutrinação e educação política, sendo esta aplicação de, no mínimo, vinte por cento do total recebido.

V - na criação e manutenção de programas de promoção e difusão da participação política das mulheres, criados e executados pela Secretaria da Mulher ou, a critério da agremiação, por instituto com personalidade jurídica própria presidido pela Secretária da Mulher, em nível nacional, conforme percentual que será fixado pelo órgão nacional de direção partidária, observado o mínimo de 5% (cinco por cento) do total; *(Redação dada pela Lei nº 13.877, de 2019)*

VI - no pagamento de mensalidades, anuidades e congêneres devidos a organismos partidários internacionais que se destinem ao apoio à pesquisa, ao estudo e à doutrinação política, aos quais seja o partido político regularmente filiado; *(Incluído pela Lei nº 13.165, de 2015)*

VII - no pagamento de despesas com alimentação, incluindo restaurantes e lanchonetes. *(Incluído pela Lei nº 13.165, de 2015)*

VIII - na contratação de serviços de consultoria contábil e advocatícia e de serviços para atuação jurisdicional em ações de controle de constitucionalidade e em demais processos judiciais e administrativos de interesse partidário, bem como nos litígios que envolvam candidatos do partido, eleitos ou não, relacionados exclusivamente ao processo eleitoral; *(Incluído pela Lei nº 13.877, de 2019)*

IX - (VETADO); *(Incluído pela Lei nº 13.877, de 2019)*

X - na compra ou locação de bens móveis e imóveis, bem como na edificação ou construção de sedes e afins, e na realização de reformas e outras adaptações nesses bens; *(Incluído pela Lei nº 13.877, de 2019)*

XI - no custeio de impulsionamento, para conteúdos contratados diretamente com provedor de aplicação de internet com sede e foro no País, incluída a priorização paga de conteúdos resultantes de aplicações de busca na internet, inclusive plataforma de compartilhamento de vídeos e redes sociais, mediante o pagamento por meio de boleto bancário, de depósito identificado ou de transferência eletrônica diretamente para conta do provedor, proibido, nos anos de eleição, no período desde o início do prazo das convenções partidárias até a data do pleito. *(Inciso acrescido pela Lei nº 13.877, de 27/9/2019, com redação dada pela Lei nº 14.291, de 3/1/2022)*

§ 1º Na prestação de contas dos órgãos de direção partidária de qualquer nível devem ser discriminadas as despesas realizadas com recursos do Fundo Partidário, de modo a permitir o controle da Justiça Eleitoral sobre o cumprimento do disposto nos incisos I e IV deste artigo.

§ 2º A Justiça Eleitoral pode, a qualquer tempo, investigar sobre a aplicação de recursos oriundos do Fundo Partidário.

§ 3º Os recursos de que trata este artigo não estão sujeitos ao regime da Lei nº 8.666, de 21 de junho de 1993, tendo os partidos políticos autonomia para contratar e realizar despesas. *(Redação dada pela Lei nº 12.891, de 2013)*

§ 4º Não se incluem no cômputo do percentual previsto no inciso I deste artigo encargos e tributos de qualquer natureza. *(Incluído pela Lei nº 12.034, de 2009)*

§ 5º O partido político que não cumprir o disposto no inciso V do *caput* deverá transferir o saldo para conta específica, sendo vedada sua aplicação para finalidade diversa, de modo que o saldo remanescente deverá ser aplicado dentro do exercício financeiro subsequente, sob pena de acréscimo de 12,5% (doze inteiros e cinco décimos por cento) do valor previsto no inciso V do *caput*, a ser aplicado na mesma finalidade. *(Redação dada pela Lei nº 13.165, de 2015)*

§ 5º-A. A critério das agremiações partidárias, os recursos a que se refere o inciso V poderão ser acumulados em diferentes exercícios financeiros, mantidos em contas bancárias específicas, para utilização futura em campanhas eleitorais de candidatas do partido. *(Incluído pela Lei nº 13.165, de 2015) (Vide ADIN Nº 5.617)*

§ 6º No exercício financeiro em que a fundação ou instituto de pesquisa não despender a totalidade dos recursos que lhe forem assinalados, a eventual sobra poderá ser revertida para outras atividades partidárias, conforme previstas no *caput* deste artigo. *(Incluído pela Lei nº 12.891, de 2013)*

§ 7º A critério da secretaria da mulher ou, inexistindo a secretaria, a critério da fundação de pesquisa e de doutrinação e educação política, os recursos a que se refere o inciso V do *caput* poderão ser acumulados em diferentes exercícios financeiros, mantidos em contas bancárias específicas, para utilização futura em campanhas eleitorais de candidatas do partido, não se aplicando, neste caso, o disposto no § 5º. *(Incluído pela Lei nº 13.165, de 2015) (Vide ADIN Nº 5.617)*

Art. 44-A. As atividades de direção exercidas nos órgãos partidários e em suas fundações e institutos, bem como as de assessoramento e as de apoio político-partidário, assim definidas em normas internas de organização, não geram vínculo de emprego, não sendo aplicável o regime jurídico previsto na Consolidação das Leis do Trabalho, aprovada pelo Decreto-Lei nº 5.452, de 1º de maio de 1943, quando remuneradas com valor mensal igual ou superior a 2 (duas) vezes o limite máximo do benefício do Regime Geral de Previdência Social. *(Incluído pela Lei nº 13.877, de 2019)*

Parágrafo único. O partido político poderá ressarcir despesas comprovadamente realizadas no desempenho de atividades partidárias e deverá manter registro contábil de todos os dispêndios efetuados, sem computar esses valores para os fins do inciso I do *caput* do art. 44 desta Lei. *(Incluído pela Lei nº 13.877, de 2019)*

TÍTULO IV – DO ACESSO GRATUITO AO RÁDIO E À TELEVISÃO

Art. 45. *(Revogado pela Lei nº 13.487, de 2017)*

Art. 45-A. *(VETADO). (Incluído pela Lei nº 13.877, de 2019)*

Art. 46. *(Revogado pela Lei nº 13.487, de 2017)*

Art. 46-A. *(VETADO). (Incluído pela Lei nº 13.877, de 2019)*

Art. 47. *(Revogado pela Lei nº 13.487, de 2017)*

Art. 47-A. *(VETADO). (Incluído pela Lei nº 13.877, de 2019)*

Art. 48. *(Revogado pela Lei nº 13.487, de 2017)*

Art. 48-A. *(VETADO). (Incluído pela Lei nº 13.877, de 2019)*

Art. 49. *(Revogado pela Lei nº 13.487, de 2017)*

Art. 49-A. *(VETADO). (Incluído pela Lei nº 13.877, de 2019)*

TÍTULO V – DISPOSIÇÕES GERAIS

Art. 50. *(VETADO)*

Art. 50-A. A propaganda partidária gratuita mediante transmissão no rádio e na televisão será realizada entre as 19h30 (dezenove horas e trinta minutos) e as 22h30 (vinte e duas horas e trinta minutos), em âmbito nacional e estadual, por iniciativa e sob a responsabilidade dos respectivos órgãos de direção partidária.

§ 1º As transmissões serão em bloco, em cadeia nacional ou estadual, por meio de inserções de 30 (trinta) segundos, no intervalo da programação normal das emissoras.

§ 2º O órgão partidário respectivo apresentará à Justiça Eleitoral requerimento da fixação das datas de formação das cadeias nacional e estaduais.

§ 3º A formação das cadeias nacional e estaduais será autorizada respectivamente pelo Tribunal Superior Eleitoral e pelos Tribunais Regionais Eleitorais, que farão a necessária requisição dos horários às emissoras de rádio e de televisão.

§ 4º A critério do órgão partidário nacional, as inserções em redes nacionais poderão veicular conteúdo regionalizado, com comunicação prévia ao Tribunal Superior Eleitoral.

§ 5º Se houver coincidência de data, a Justiça Eleitoral dará prioridade ao partido político que apresentou o requerimento primeiro.

§ 6º As inserções serão entregues às emissoras com a antecedência mínima acordada e em mídia com tecnologia compatível com a da emissora recebedora.

§ 7º As inserções a serem feitas na programação das emissoras serão determinadas:

I - pelo Tribunal Superior Eleitoral, quando solicitadas por órgão de direção nacional de partido político;

II - pelo Tribunal Regional Eleitoral, quando solicitadas por órgão de direção estadual de partido político.

§ 8º Em cada rede somente serão autorizadas até 10 (dez) inserções de 30 (trinta) segundos por dia.

§ 9º As inserções deverão ser veiculadas pelas emissoras de rádio e de televisão no horário estabelecido no caput, divididas proporcionalmente dentro dos intervalos comerciais no decorrer das 3 (três) horas de veiculação, da seguinte forma:

I - na primeira hora de veiculação, no máximo 3 (três) inserções;

II - na segunda hora de veiculação, no máximo 3 (três) inserções;

III - na terceira hora de veiculação, no máximo 4 (quatro) inserções.

§ 10. É vedada a veiculação de inserções sequenciais, observado obrigatoriamente o intervalo mínimo de 10 (dez) minutos entre cada veiculação.

§ 11. As inserções serão veiculadas da seguinte forma:

I - as nacionais: nas terças-feiras, quintas-feiras e sábados;

II - as estaduais: nas segundas-feiras, quartas-feiras e sextas-feiras. *(Artigo acrescido pela Lei nº 14.291, de 3/1/2022)*

Art. 50-B. O partido político com estatuto registrado no Tribunal Superior Eleitoral poderá divulgar propaganda partidária gratuita mediante transmissão no rádio e na televisão, por meio exclusivo de inserções, para:

I - difundir os programas partidários;

II - transmitir mensagens aos filiados sobre a execução do programa partidário, os eventos com este relacionados e as atividades congressuais do partido;

III - divulgar a posição do partido em relação a temas políticos e ações da sociedade civil;

IV - incentivar a filiação partidária e esclarecer o papel dos partidos na democracia brasileira;

V - promover e difundir a participação política das mulheres, dos jovens e dos negros.

§ 1º Os partidos políticos que tenham cumprido as condições estabelecidas no § 3º do art. 17 da Constituição Federal terão assegurado o direito de acesso gratuito ao rádio e à televisão, na proporção de sua bancada eleita em cada eleição geral, nos seguintes termos:

I - o partido que tenha eleito acima de 20 (vinte) Deputados Federais terá assegurado o direito à utilização do tempo total de 20 (vinte) minutos por semestre para inserções de 30 (trinta) segundos nas redes nacionais, e de igual tempo nas emissoras estaduais;

II - o partido que tenha eleito entre 10 (dez) e 20 (vinte) Deputados Federais terá assegurado o direito à utilização do tempo total de 10 (dez) minutos por semestre para inserções de 30 (trinta) segundos nas redes nacionais, e de igual tempo nas emissoras estaduais;

III - o partido que tenha eleito até 9 (nove) Deputados Federais terá assegurado o direito à utilização do tempo total de 5 (cinco) minutos por semestre para inserções de 30 (trinta) segundos nas redes nacionais, e de igual tempo nas redes estaduais.

§ 2º Do tempo total disponível para o partido político, no mínimo 30% (trinta por cento) deverão ser destinados à promoção e à difusão da participação política das mulheres.

§ 3º Nos anos de eleições, as inserções somente serão veiculadas no primeiro semestre.

§ 4º Ficam vedadas nas inserções:

I - a participação de pessoas não filiadas ao partido responsável pelo programa;

II - a divulgação de propaganda de candidatos a cargos eletivos e a defesa de interesses pessoais ou de outros partidos, bem como toda forma de propaganda eleitoral;

III - a utilização de imagens ou de cenas incorretas ou incompletas, de efeitos ou de quaisquer outros recursos que distorçam ou falseiem os fatos ou a sua comunicação;

IV - a utilização de matérias que possam ser comprovadas como falsas (fake news);

V - a prática de atos que resultem em qualquer tipo de preconceito racial, de gênero ou de local de origem;

VI - a prática de atos que incitem a violência.

§ 5º Tratando-se de propaganda partidária no rádio e na televisão, o partido político que descumprir o disposto neste artigo será punido com a cassação do tempo equivalente a 2 (duas) a 5 (cinco) vezes o tempo da inserção ilícita, no semestre seguinte.

§ 6º A representação, que poderá ser oferecida por partido político ou pelo Ministério Público Eleitoral, será julgada pelo Tribunal Superior Eleitoral quando se tratar de inserções nacionais e pelos Tribunais Regionais Eleitorais quando se tratar de inserções transmitidas nos Estados correspondentes.

§ 7º O prazo para o oferecimento da representação prevista no § 6º deste artigo encerra-se no último dia do semestre em que for veiculado o programa impugnado ou, se este tiver sido transmitido nos últimos 30 (trinta) dias desse período, até o 15º (décimo quinto) dia do semestre seguinte.

§ 8º Da decisão do Tribunal Regional Eleitoral que julgar procedente a representação, cassando o direito de transmissão de propaganda partidária, caberá recurso para o Tribunal Superior Eleitoral, que será recebido com efeito suspensivo. *(Artigo acrescido pela Lei nº 14.291, de 3/1/2022)*

Art. 50-C. Para agilizar os procedimentos, condições especiais podem ser pactuadas diretamente entre as emissoras de rádio e de televisão e os órgãos de direção do partido, obedecidos os limites estabelecidos nesta Lei, dando-se conhecimento ao Tribunal Eleitoral da respectiva jurisdição. *(Artigo acrescido pela Lei nº 14.291, de 3/1/2022)*

Art. 50-D. A propaganda partidária no rádio e na televisão fica restrita aos horários gratuitos disciplinados nesta Lei, com proibição de propaganda paga. *(Artigo acrescido pela Lei nº 14.291, de 3/1/2022)*

Art. 50-E. As emissoras de rádio e de televisão terão direito a compensação fiscal pela cessão do horário gratuito previsto nesta Lei, em conformidade com os critérios estabelecidos no art. 99 da Lei nº 9.504, de 30 de setembro de 1997.

§ 1º A compensação fiscal à qual as emissoras de rádio e de televisão farão jus deverá ser calculada com base na média do faturamento dos comerciais dos anunciantes do horário compreendido entre as 19h30 (dezenove horas e trinta minutos) e as 22h30 (vinte e duas horas e trinta minutos).

§ 2º A emissora de rádio ou de televisão que não exibir as inserções partidárias nos termos desta Lei perderá o direito à compensação fiscal e ficará obrigada a ressarcir o partido político lesado mediante a exibição de inserções por igual tempo, nos termos definidos em decisão judicial. *(Artigo acrescido pela Lei nº 14.291, de 3/1/2022, vetado pelo Presidente da República, mantido pelo Congresso Nacional e publicado no DOU de 15/2/2022)*

Art. 51. É assegurado ao partido político com estatuto registrado no Tribunal Superior Eleitoral o direito à utilização gratuita de escolas públicas ou Casas Legislativas para a realização de suas reuniões ou convenções, responsabilizando-se pelos danos porventura causados com a realização do evento.

Art. 52. *(VETADO)*

Parágrafo único. *(Revogado pela Lei nº 13.487, de 2017)*

Art. 53. A fundação ou instituto de direito privado, criado por partido político, destinado ao estudo e pesquisa, à doutrinação e à educação política, rege-se pelas normas da lei civil e tem autonomia para contratar com instituições públicas e privadas, prestar serviços e manter estabelecimentos de acordo com suas finalidades, podendo, ainda, manter intercâmbio com instituições não nacionais.

§ 1º O instituto poderá ser criado sob qualquer das formas admitidas pela lei civil. *(Incluído pela Lei nº 13.487, de 2017)*

§ 2º O patrimônio da fundação ou do instituto de direito privado a que se referem o inciso IV do art. 44 desta Lei e o *caput* deste artigo será vertido ao ente que vier a sucedê-lo nos casos de: *(Incluído pela Lei nº 13.487, de 2017)*

I - extinção da fundação ou do instituto, quando extinto, fundido ou incorporado o partido político, assim como nas demais hipóteses previstas na legislação; *(Incluído pela Lei nº 13.487, de 2017)*

II - conversão ou transformação da fundação em instituto, assim como deste em fundação. *(Incluído pela Lei nº 13.487, de 2017)*

§ 3º Para fins do disposto no § 2º deste artigo, a versão do patrimônio implica a sucessão de todos os direitos, os deveres e as obrigações da fundação ou do instituto extinto, transformado ou convertido. *(Incluído pela Lei nº 13.487, de 2017)*

§ 4º A conversão, a transformação ou, quando for o caso, a extinção da fundação ou do instituto ocorrerá por decisão do órgão de direção nacional do partido político. *(Incluído pela Lei nº 13.487, de 2017)*

Art. 54. Para fins de aplicação das normas estabelecidas nesta Lei, consideram-se como equivalentes a Estados e Municípios o Distrito Federal e os Territórios e respectivas divisões político-administrativas.

TÍTULO VI – DISPOSIÇÕES FINAIS E TRANSITÓRIAS

Art. 55. O partido político que, nos termos da legislação anterior, tenha registro definitivo, fica dispensado da condição estabelecida no § 1º do art. 7º, e deve providenciar a adaptação de seu estatuto às disposições desta Lei, no prazo de seis meses da data de sua publicação.

§ 1º A alteração estatutária com a finalidade prevista neste artigo pode ser realizada pelo partido político em reunião do órgão nacional máximo, especialmente convocado na forma dos estatutos, com antecedência mínima de trinta dias e ampla divulgação, entre seus órgãos e filiados, do projeto do estatuto.

§ 2º Aplicam-se as disposições deste artigo ao partido que, na data da publicação desta Lei:

I – tenha completado seu processo de organização nos termos da legislação anterior e requerido o registro definitivo;

II – tenha seu pedido de registro ***sub judice***, desde que sobrevenha decisão favorável do órgão judiciário competente;

III – tenha requerido registro de seus estatutos junto ao Tribunal Superior Eleitoral, após o devido registro como entidade civil.

Art. 55-A. Os partidos que não tenham observado a aplicação de recursos prevista no inciso V do *caput* do art. 44 desta Lei nos exercícios anteriores a 2019, e que tenham utilizado esses recursos no financiamento das candidaturas femininas até as eleições de 2018, não poderão ter suas contas rejeitadas ou sofrer qualquer outra penalidade. *(Incluído pela Lei nº 13.831, de 2019)*

Art. 55-B. Os partidos que, nos termos da legislação anterior, ainda possuam saldo em conta bancária específica conforme o disposto no § 5º-A do art. 44 desta Lei poderão utilizá-lo na criação e na manutenção de programas de promoção e difusão da participação política das mulheres até o exercício de 2020, como forma de compensação. *(Incluído pela Lei nº 13.831, de 2019)*

Art. 55-C. A não observância do disposto no inciso V do *caput* do art. 44 desta Lei até o exercício de 2018 não ensejará a desaprovação das contas. *(Incluído pela Lei nº 13.831, de 2019)*

Art. 55-D. Ficam anistiadas as devoluções, as cobranças ou as transferências ao Tesouro Nacional que tenham como causa as doações ou contribuições feitas em anos anteriores por servidores públicos que exerçam função ou cargo público de livre nomeação e exoneração, desde que filiados a partido político. *(Incluído pela Lei nº 13.831, de 2019)*

Art. 55-E. O disposto no art. 30 desta Lei deverá ser implantado no prazo máximo de 180 (cento e oitenta) dias, contado da data de entrada em vigor deste artigo. *(Incluído pela Lei nº 13.877, de 2019)*

Art. 56. *(Revogado pela Lei nº 13.165, de 2015)*

Art. 57. *(Revogado pela Lei nº 13.165, de 2015)*

Art. 58. A requerimento de partido, o Juiz Eleitoral devolverá as fichas de filiação partidária existentes no cartório da respectiva Zona, devendo ser organizada a primeira relação de filiados, nos termos do art. 19, obedecidas as normas estatutárias.

Parágrafo único. Para efeito de candidatura a cargo eletivo será considerada como primeira filiação a constante das listas de que trata este artigo.

Art. 59. O art. 16 da Lei nº 3.071, de 1º de janeiro de 1916 (Código Civil), passa a vigorar com a seguinte redação:

> *"Art.16. [...]*
>
> *III – os partidos políticos.*
>
> *[...]*
>
> *§ 3º Os partidos políticos reger-se-ão pelo disposto, no que lhes for aplicável, nos arts. 17 a 22 deste Código e em lei específica."*

Art. 60. Os artigos a seguir enumerados da Lei nº 6.015, de 31 de dezembro de 1973, passam a vigorar com a seguinte redação:

▸ *Alterações inseridas no texto da referida Lei*

Art. 61. O Tribunal Superior Eleitoral expedirá instruções para a fiel execução desta Lei.

Art. 62. Esta Lei entra em vigor na data de sua publicação.

Art. 63. Ficam revogadas a Lei nº 5.682, de 21 de julho de 1971, e respectivas alterações; a Lei nº 6.341, de 5 de julho de 1976; a Lei nº 6.817, de 5 de setembro de 1980; a Lei nº 6.957, de 23 de novembro de 1981; o art. 16 da Lei nº 6.996, de 7 de junho de 1982; a Lei nº 7.307, de 9 de abril de 1985, e a Lei nº 7.514, de 9 de julho de 1986.

Brasília, 19 de setembro de 1995; 174º da Independência e 107º da República.

MARCO ANTONIO DE OLIVEIRA MACIEL

(DOU de 20.9.1995)

LEI Nº 12.879, DE 05 DE NOVEMBRO DE 2013

Dispõe sobre a gratuidade dos atos de registro, pelas associações de moradores, necessários à adaptação estatutária à Lei nº 10.406, de 10 de janeiro de 2002 – Código Civil, e para fins de enquadramento dessas entidades como Organizações da Sociedade Civil de Interesse Público.

A PRESIDENTA DA REPÚBLICA

Faço saber que o Congresso Nacional decreta e eu sanciono a seguinte Lei:

Art. 1º As associações de moradores são isentas do pagamento de preços, taxas e emolumentos remuneratórios do registro necessário à sua adaptação estatutária à Lei nº 10.406, de 10 de janeiro de 2002 – Código Civil, consoante o disposto no art. 2.031 desse diploma legal, assim como para fins de sua qualificação como Organizações da Sociedade Civil de Interesse Público, de que trata a Lei nº 9.790, de 23 de março de 1999.

▸ *Vide art. 114, Lei n. 6.015/1973 (Registros Públicos)*

Art. 2º Esta Lei entra em vigor na data de sua publicação.

Brasília, 5 de novembro de 2013; 192º da Independência e 125º da República.

DILMA ROUSSEFF

José Eduardo Cardozo

(DOU de 6.11.2013)

LEI Nº 12.881, DE 12 DE NOVEMBRO DE 2013

Dispõe sobre a definição, qualificação, prerrogativas e finalidades das Instituições Comunitárias de Educação Superior – ICES, disciplina o Termo de Parceria e dá outras providências.

A PRESIDENTA DA REPÚBLICA

Faço saber que o Congresso Nacional decreta e eu sanciono a seguinte Lei:

CAPÍTULO I – DA DEFINIÇÃO, QUALIFICAÇÃO, PRERROGATIVAS E FINALIDADES DAS INSTITUIÇÕES COMUNITÁRIAS DE EDUCAÇÃO SUPERIOR

Art. 1º As Instituições Comunitárias de Educação Superior são organizações da sociedade civil brasileira que possuem, cumulativamente, as seguintes características:

I – estão constituídas na forma de associação ou fundação, com personalidade jurídica de direito privado, inclusive as instituídas pelo poder público;

II – patrimônio pertencente a entidades da sociedade civil e/ou poder público;

III – sem fins lucrativos, assim entendidas as que observam, cumulativamente, os seguintes requisitos:

a) não distribuem qualquer parcela de seu patrimônio ou de suas rendas, a qualquer título;

b) aplicam integralmente no País os seus recursos na manutenção dos seus objetivos institucionais;

c) mantêm escrituração de suas receitas e despesas em livros revestidos de formalidades capazes de assegurar sua exatidão;

IV – transparência administrativa, nos termos dos arts. 3º e 4º;

V – destinação do patrimônio, em caso de extinção, a uma instituição pública ou congênere.

§ 1º A outorga da qualificação de Instituição Comunitária de Educação Superior é ato vinculado ao cumprimento dos requisitos instituídos por esta Lei.

§ 2º Às Instituições Comunitárias de Educação Superior é facultada a qualificação de entidade de interesse social e de utilidade pública mediante o preenchimento dos respectivos requisitos legais.

§ 3º As Instituições Comunitárias de Educação Superior ofertarão serviços gratuitos à população, proporcionais aos recursos obtidos do poder público, conforme previsto em instrumento específico.

§ 4º As Instituições Comunitárias de Educação Superior institucionalizarão programas permanentes de extensão e ação comunitária voltados à formação e desenvolvimento dos alunos e ao desenvolvimento da sociedade.

Art. 2º As Instituições Comunitárias de Educação Superior contam com as seguintes prerrogativas:

I – ter acesso aos editais de órgãos governamentais de fomento direcionados às instituições públicas;

II – receber recursos orçamentários do poder público para o desenvolvimento de atividades de interesse público;

III – *(VETADO)*.

IV – ser alternativa na oferta de serviços públicos nos casos em que não são proporcionados diretamente por entidades públicas estatais;

V – oferecer de forma conjunta com órgãos públicos estatais, mediante parceria, serviços de interesse público, de modo a bem aproveitar recursos físicos e humanos existentes nas instituições comunitárias, evitar a multiplicação de estruturas e assegurar o bom uso dos recursos públicos.

Art. 3º Para obter a qualificação de Comunitária, a Instituição de Educação Superior deve prever em seu estatuto normas que disponham sobre:

I – a adoção de práticas de gestão administrativa, necessárias e suficientes para coibir a obtenção, de forma individual ou coletiva, de privilégios, benefícios ou vantagens pessoais;

II – a constituição de conselho fiscal ou órgão equivalente, dotado de competência para opinar sobre os relatórios de desempenho financeiro e contábil e sobre as operações patrimoniais realizadas, emitindo pareceres para os organismos superiores da entidade;

III – normas de prestação de contas a serem atendidas pela entidade, que determinarão, no mínimo:

a) a observância dos princípios fundamentais de contabilidade e das Normas Brasileiras de Contabilidade;

b) publicidade, por qualquer meio eficaz, no encerramento do exercício fiscal, do relatório de atividades e das demonstrações financeiras da entidade;

c) prestação de contas de todos os recursos e bens de origem pública;

IV – participação de representantes dos docentes, estudantes e técnicos administrativos em órgãos colegiados acadêmicos deliberativos da instituição.

Art. 4º Cumpridos os requisitos desta Lei, a instituição interessada em obter a qualificação de Instituição Comunitária de Educação Superior deverá formular requerimento escrito ao Ministério da Educação, instruído com cópias autenticadas dos seguintes documentos:

I – estatuto registrado em cartório;

II – balanço patrimonial e demonstração do resultado do exercício anterior;

III – Declaração de Regular Funcionamento;

IV – Relatório de Responsabilidade Social relativo ao exercício do ano anterior;

V – inscrição no Cadastro Nacional de Pessoas Jurídicas.

Art. 5º Recebido o requerimento previsto no art. 4º, o Ministério da Educação decidirá, no prazo de 30 (trinta) dias, deferindo ou não o pedido.

§ 1º No caso de deferimento, o Ministério da Educação publicará a decisão no Diário Oficial da União, no prazo de 15 (quinze) dias, e emitirá, no mesmo prazo, certificado de qualificação da requerente como Instituição Comunitária de Educação Superior.

§ 2º O pedido de qualificação será indeferido quando:

I – a requerente não atender aos requisitos estabelecidos nesta Lei;

II – a documentação apresentada estiver incompleta.

§ 3º Indeferido o pedido, o Ministério da Educação dará ciência da decisão, mediante publicação no Diário Oficial da União, cabendo recurso da instituição, no prazo de 30 (trinta) dias, ao Ministro da Educação, que promoverá novo exame.

CAPÍTULO II – DO TERMO DE PARCERIA

Art. 6º Fica instituído o Termo de Parceria, instrumento a ser firmado entre o poder público e as Instituições Comunitárias de Educação Superior qualificadas como Comunitárias, destinado à formação de vínculo de cooperação entre as partes, para o fomento e a execução das atividades de interesse público previstas nesta Lei.

Art. 7º O Termo de Parceria firmado de comum acordo entre o poder público e as Instituições Comunitárias de Educação Superior discriminará direitos, responsabilidades e obrigações das partes signatárias.

§ 1º A celebração do Termo de Parceria será precedida de consulta aos Conselhos de Políticas Públicas da área educacional, nos respectivos níveis de governo.

§ 2º São cláusulas essenciais do Termo de Parceria:

I – a do objeto, que conterá a especificação do programa de trabalho proposto pela Instituição Comunitária de Educação Superior;

II – a de estipulação das metas e dos resultados a serem atingidos e os respectivos prazos de execução ou cronograma;

III – a de previsão expressa dos critérios objetivos de avaliação de desempenho a serem utilizados, mediante indicadores de resultado;

IV – a de previsão de receitas e despesas a serem realizadas em seu cumprimento, estipulando item por item as categorias contábeis usadas pela organização e o detalhamento das remunerações e benefícios de pessoal a serem pagos, com recursos oriundos ou vinculados ao Termo de Parceria, a seus diretores, empregados e consultores;

V – a que estabelece as obrigações da Instituição Comunitária de Educação Superior, entre as quais a de apresentar ao poder público, ao término de cada exercício, relatório sobre a execução do objeto do Termo de Parceria, contendo comparativo específico das metas propostas com os resultados alcançados, acompanhado de prestação de contas dos gastos e receitas efetivamente realizados, independentemente das previsões mencionadas no inciso IV;

VI – a de publicação, na imprensa oficial do Município, do Estado ou da União, conforme o alcance das atividades pactuadas entre o órgão parceiro e a Instituição Comunitária de Educação Superior, de extrato do Termo de Parceria e de demonstrativo da sua execução física e financeira, conforme modelo simplificado estabelecido no regulamento desta Lei, contendo os dados principais da documentação obrigatória do inciso V, sob pena de não liberação dos recursos previstos no Termo de Parceria.

Art. 8º A execução do objeto do Termo de Parceria será acompanhada e fiscalizada pelas seguintes instâncias:

I – Conselho da Instituição Comunitária de Educação Superior responsável pelas parcerias com o poder público, com caráter deliberativo;

II – órgão do poder público responsável pela parceria com a instituição comunitária de educação;

III – conselho de política pública educacional da esfera governamental correspondente.

§ 1º Os resultados atingidos com a execução do Termo de Parceria devem ser analisados por comissão de avaliação, composta de comum acordo entre o órgão parceiro e a Instituição Comunitária de Educação Superior.

§ 2º A comissão encaminhará à autoridade competente relatório conclusivo sobre a avaliação realizada.

§ 3º Os Termos de Parceria destinados ao fomento de atividades nas áreas de que trata esta Lei estarão sujeitos aos mecanismos de controle social previstos na legislação.

Art. 9º A Instituição Comunitária de Educação Superior fará publicar, no prazo máximo de 30 (trinta) dias, contado da assinatura do Termo de Parceria, regulamento próprio contendo os procedimentos que adotará para a contratação de obras e serviços, bem como para compras com emprego de recursos provenientes do poder público.

CAPÍTULO III – DISPOSIÇÕES FINAIS

Art. 10. O Termo de Parceria instituído pelo art. 6º desta Lei não substitui as modalidades de ajuste, acordo e convênio previstos na legislação vigente.

Art. 11. *(VETADO).*

Art. 12. É vedado às Instituições Comunitárias de Educação Superior financiar campanhas político-partidárias ou eleitorais.

Art. 13. *(VETADO).*

Art. 14. Esta Lei entra em vigor na data de sua publicação.

Brasília, 12 de novembro de 2013;
192º da Independência e 125º da República.
DILMA ROUSSEFF
Guido Mantega
Aloizio Mercadante
Miriam Belchior
Luís Inácio Lucena Adams
(DOU de 13.11.2013)

LEI Nº 12.973, DE 13 DE MAIO DE 2014*

Altera a legislação tributária federal relativa ao Imposto sobre a Renda das Pessoas Jurídicas – IRPJ, à Contribuição Social sobre o Lucro Líquido – CSLL, à Contribuição para o PIS/Pasep e à Contribuição para o Financiamento da Seguridade Social – Cofins; revoga o Regime Tributário de Transição – RTT, instituído pela Lei nº 11.941, de 27 de maio de 2009; dispõe sobre a tributação da pessoa jurídica domiciliada no Brasil, com relação ao acréscimo patrimonial decorrente de participação em lucros auferidos no exterior por controladas e coligadas; altera o Decreto-Lei nº 1.598, de 26 de dezembro de 1977 e as Leis nºs 9.430, de 27 de dezembro de 1996, 9.249, de 26 de dezembro de 1995, 8.981, de 20 de janeiro de 1995, 4.506, de 30 de novembro de 1964, 7.689, de 15 de dezembro de 1988, 9.718, de 27 de novembro de 1998, 10.865, de 30 de abril de 2004, 10.637, de 30 de dezembro de 2002, 10.833, de 29 de dezembro de 2003, 12.865, de 9 de outubro de 2013, 9.532, de 10 de dezembro de 1997, 9.656, de 3 de junho de 1998, 9.826, de 23 de agosto de 1999, 10.485, de 3 de julho de 2002, 10.893, de 13 de julho de 2004, 11.312, de 27 de junho de 2006, 11.941, de 27 de maio de 2009, 12.249, de 11 de junho de 2010, 12.431, de 24 de junho de 2011, 12.716, de 21 de setembro de 2012, e 12.844, de 19 de julho de 2013; e dá outras providências.

A PRESIDENTA DA REPÚBLICA
Faço saber que o Congresso Nacional decreta e eu sanciono a seguinte Lei:

Art. 1º O Imposto sobre a Renda das Pessoas Jurídicas – IRPJ, a Contribuição Social sobre o Lucro Líquido – CSLL, a Contribuição para o PIS/Pasep e a Contribuição para o Financiamento da Seguridade Social – Cofins serão determinados segundo as normas da legislação vigente, com as alterações desta Lei.

CAPÍTULO I – DO IMPOSTO SOBRE A RENDA DAS PESSOAS JURÍDICAS E DA CONTRIBUIÇÃO SOCIAL SOBRE O LUCRO LÍQUIDO

Art. 2º O Decreto-Lei nº 1.598, de 26 de dezembro de 1977, passa a vigorar com as seguintes alterações:

(...)

"Art. 20. O contribuinte que avaliar investimento pelo valor de patrimônio líquido deverá, por ocasião da aquisição da participação, desdobrar o custo de aquisição em:

(...)

§ 3º O valor de que trata o inciso II do caput deverá ser baseado em laudo elaborado por perito independente que deverá ser protocolado na Secretaria da Receita Federal do Brasil ou cujo sumário deverá ser registrado em Cartório de Registro de Títulos e Documentos, até o último dia útil do 13º (décimo terceiro) mês subsequente ao da aquisição da participação.

(...)

CAPÍTULO XI – DISPOSIÇÕES FINAIS

(...)

Art. 119. Esta Lei entra em vigor em 1º de janeiro de 2015, exceto os arts. 3º, 72 a 75 e 93 a 119, que entram em vigor na data de sua publicação.

(...)

Brasília, 13 de maio de 2014;
193º da Independência e 126º da República.
DILMA ROUSSEFF
José Eduardo Cardozo
Guido Mantega
César Borges
Arthur Chioro
Miriam Belchior
Luís Inácio Lucena Adams
Antonio Henrique Pinheiro Silveira
Moreira Franco
(DOU de 14.5.2014)

LEI Nº 13.019, DE 31 DE JULHO DE 2014*

Estabelece o regime jurídico das parcerias entre a administração pública e as organizações da sociedade civil, em regime de mútua cooperação, para a consecução de finalidades de interesse público e recíproco, mediante a execução de atividades ou de projetos previamente estabelecidos em planos de trabalho inseridos em termos de colaboração, em termos de fomento ou em acordos de cooperação; define diretrizes para a política de fomento, de colaboração e de cooperação com organizações da sociedade civil; e altera as Leis nºs 8.429, de 2 de junho de 1992, e 9.790, de 23 de março de 1999. (Redação dada pela Lei nº 13.204, de 2015)

A PRESIDENTA DA REPÚBLICA
Faço saber que o Congresso Nacional decreta e eu sanciono a seguinte Lei:

Art. 1º Esta Lei institui normas gerais para as parcerias entre a administração pública e organizações da sociedade civil, em regime de mútua cooperação, para a consecução de finalidades de interesse público e recíproco, mediante a execução de atividades ou de projetos previamente estabelecidos em planos de trabalho inseridos em termos de colaboração, em termos de fomento ou em acordos de cooperação. *(Redação dada pela Lei nº 13.204, de 2015)*

(...)

CAPÍTULO II – DA CELEBRAÇÃO DO TERMO DE COLABORAÇÃO OU DE FOMENTO

(...)

SEÇÃO IX – DOS REQUISITOS PARA CELEBRAÇÃO DO TERMO DE COLABORAÇÃO E DO TERMO DE FOMENTO

Art. 33. Para celebrar as parcerias previstas nesta Lei, as organizações da sociedade civil deverão ser regidas por normas de organização interna que prevejam, expressamente: *(Redação dada pela Lei nº 13.204, de 2015)*

I - objetivos voltados à promoção de atividades e finalidades de relevância pública e social;

II - *(Revogado pela Lei nº 13.204, de 2015)*

III - que, em caso de dissolução da entidade, o respectivo patrimônio líquido seja transferido a outra pessoa jurídica de igual natureza que preencha os requisitos desta Lei e cujo objeto social seja, preferencialmente, o mesmo da entidade extinta; *(Redação dada pela Lei nº 13.204, de 2015)*

IV - escrituração de acordo com os princípios fundamentais de contabilidade e com as Normas Brasileiras de Contabilidade; *(Redação dada pela Lei nº 13.204, de 2015)*

a) (revogada); *(Redação dada pela Lei nº 13.204, de 2015)*

b) (revogada); *(Redação dada pela Lei nº 13.204, de 2015)*

V - possuir: *(Incluído pela Lei nº 13.204, de 2015)*

a) no mínimo, um, dois ou três anos de existência, com cadastro ativo, comprovados por meio de documentação emitida pela Secretaria da Receita Federal do Brasil, com base no Cadastro Nacional da Pessoa Jurídica - CNPJ, conforme, respectivamente, a parceria seja celebrada no âmbito dos Municípios, do Distrito Federal ou dos Estados e da União, admitida a redução desses prazos por ato específico de cada ente na hipótese de nenhuma organização atingi-los; *(Incluído pela Lei nº 13.204, de 2015)*

b) experiência prévia na realização, com efetividade, do objeto da parceria ou de natureza semelhante; *(Incluído pela Lei nº 13.204, de 2015)*

c) instalações, condições materiais e capacidade técnica e operacional para o desenvolvimento das atividades ou projetos previstos na parceria e o cumprimento das metas estabelecidas. *(Incluído pela Lei nº 13.204, de 2015)*

§ 1º Na celebração de acordos de cooperação, somente será exigido o requisito previsto no inciso I. *(Incluído pela Lei nº 13.204, de 2015)*

§ 2º Serão dispensadas do atendimento ao disposto nos incisos I e III as organizações religiosas. *(Incluído pela Lei nº 13.204, de 2015)*

§ 3º As sociedades cooperativas deverão atender às exigências previstas na legislação específica e ao disposto no inciso IV, estando dispensadas do atendimento aos requisitos previstos nos incisos I e III. *(Incluído pela Lei nº 13.204, de 2015)*

§ 4º (VETADO). *(Incluído pela Lei nº 13.204, de 2015)*

§ 5º Para fins de atendimento do previsto na alínea c do inciso V, não será necessária a demonstração de capacidade instalada prévia. *(Incluído pela Lei nº 13.204, de 2015)*

Art. 34. Para celebração das parcerias previstas nesta Lei, as organizações da sociedade civil deverão apresentar:

I - (revogado); *(Redação dada pela Lei nº 13.204, de 2015)*

II - certidões de regularidade fiscal, previdenciária, tributária, de contribuições e de dívida ativa, de acordo com a legislação aplicável de cada ente federado;

III - certidão de existência jurídica expedida pelo cartório de registro civil ou cópia do estatuto registrado e de eventuais alterações ou, tratando-se de sociedade cooperativa, certidão simplificada emitida por junta comercial; *(Redação dada pela Lei nº 13.204, de 2015)*

IV -(revogado); *(Redação dada pela Lei nº 13.204, de 2015)*

V - cópia da ata de eleição do quadro dirigente atual;

VI - relação nominal atualizada dos dirigentes da entidade, com endereço, número e órgão expedidor da carteira de identidade e número de registro no Cadastro de Pessoas Físicas - CPF da Secretaria da Receita Federal do Brasil - RFB de cada um deles;

VII - comprovação de que a organização da sociedade civil funciona no endereço por ela declarado; *(Redação dada pela Lei nº 13.204, de 2015)*

VIII - (revogado). *(Redação dada pela Lei nº 13.204, de 2015)*

Parágrafo único. *(VETADO):*

I a III - *(VETADOS);*

Art. 35. A celebração e a formalização do termo de colaboração e do termo de fomento dependerão da adoção das seguintes providências pela administração pública:

I - realização de chamamento público, ressalvadas as hipóteses previstas nesta Lei;

II - indicação expressa da existência de prévia dotação orçamentária para execução da parceria;

III - demonstração de que os objetivos e finalidades institucionais e a capacidade técnica e operacional da organização da sociedade civil foram avaliados e são compatíveis com o objeto;

IV - aprovação do plano de trabalho, a ser apresentado nos termos desta Lei;

V - emissão de parecer de órgão técnico da administração pública, que deverá pronunciar-se, de forma expressa, a respeito:

a) do mérito da proposta, em conformidade com a modalidade de parceria adotada;

b) da identidade e da reciprocidade de interesse das partes na realização, em mútua cooperação, da parceria prevista nesta Lei;

c) da viabilidade de sua execução; *(Redação dada pela Lei nº 13.204, de 2015)*

d) da verificação do cronograma de desembolso; *(Redação dada pela Lei nº 13.204, de 2015)*

e) da descrição de quais serão os meios disponíveis a serem utilizados para a fiscalização da execução da parceria, assim como dos procedimentos que deverão ser adotados para avaliação da execução física e financeira, no cumprimento das metas e objetivos;

f) (Revogada); *(Redação dada pela Lei nº 13.204, de 2015)*

g) da designação do gestor da parceria;

h) da designação da comissão de monitoramento e avaliação da parceria;

i) (Revogada); *(Redação dada pela Lei nº 13.204, de 2015)*

VI - emissão de parecer jurídico do órgão de assessoria ou consultoria jurídica da administração pública acerca da possibilidade de celebração da parceria. *(Redação dada pela Lei nº 13.204, de 2015)*

§ 1º Não será exigida contrapartida financeira como requisito para celebração de parceria, facultada a exigência de contrapartida em bens e serviços cuja expressão monetária será obrigatoriamente identificada no termo de colaboração ou de fomento. *(Redação dada pela Lei nº 13.204, de 2015)*

§ 2º Caso o parecer técnico ou o parecer jurídico de que tratam, respectivamente, os incisos V e VI concluam pela possibilidade de celebração da parceria com ressalvas, deverá o administrador público sanar os aspectos ressalvados ou, mediante ato formal, justificar a preservação desses aspectos ou sua exclusão. *(Redação dada pela Lei nº 13.204, de 2015)*

§ 3º Na hipótese de o gestor da parceria deixar de ser agente público ou ser lotado em outro órgão ou entidade, o administrador público deverá designar novo gestor, assumindo, enquanto isso não ocorrer, todas as obrigações do gestor, com as respectivas responsabilidades.

§ 4º (Revogado). *(Redação dada pela Lei nº 13.204, de 2015)*

§ 5º Caso a organização da sociedade civil adquira equipamentos e materiais permanentes com recursos provenientes da celebração da parceria, o bem será gravado com cláusula de inalienabilidade, e ela deverá formalizar promessa de transferência da propriedade à administração pública, na hipótese de sua extinção.

§ 6º Será impedida de participar como gestor da parceria ou como membro da comissão de monitoramento e avaliação pessoa que, nos últimos 5 (cinco) anos, tenha mantido relação jurídica com, ao menos, 1 (uma) das organizações da sociedade civil partícipes.

§ 7º Configurado o impedimento do § 6º, deverá ser designado gestor ou membro substituto que possua qualificação técnica equivalente à do substituído.

(...)

Art. 88. Esta Lei entra em vigor após decorridos quinhentos e quarenta dias de sua publicação oficial, observado o disposto nos §§ 1º e 2º deste artigo. *(Redação dada pela Lei nº 13.204, de 2015)*

§ 1º Para os Municípios, esta Lei entra em vigor a partir de 1º de janeiro de 2017. *(Incluído pela Lei nº 13.204, de 2015)*

§ 2º Por ato administrativo local, o disposto nesta Lei poderá ser implantado nos Municípios a partir da data decorrente do disposto no *caput*. *(Incluído pela Lei nº 13.204, de 2015)*

Brasília, 31 de julho de 2014;
193º da Independência e 126º da República.
DILMA ROUSSEFF
José Eduardo Cardozo
Guido Mantega
Miriam Belchior
Tereza Campello
Clélio Campolina Diniz
Vinícius Nobre Lages
Gilberto Carvalho
Luís Inácio Lucena Adams
Jorge Hage Sobrinho
DOU de 1º.8.2014

LEI Nº 13.267, DE 06 DE ABRIL DE 2016

Disciplina a criação e a organização das associações denominadas empresas juniores, com funcionamento perante instituições de ensino superior.

A PRESIDENTA DA REPÚBLICA

Faço saber que o Congresso Nacional decreta e eu sanciono a seguinte Lei:

Art. 1º Esta Lei disciplina a criação e a organização das associações denominadas empresas juniores, com funcionamento perante instituições de ensino superior.

Art. 2º Considera-se empresa júnior a entidade organizada nos termos desta Lei, sob a forma de associação civil gerida por estudantes matriculados em cursos de graduação de instituições de ensino superior, com o propósito de realizar projetos e serviços que contribuam para o desenvolvimento acadêmico e profissional dos associados, capacitando-os para o mercado de trabalho.

§ 1º A empresa júnior será inscrita como associação civil no Registro Civil das Pessoas Jurídicas e no Cadastro Nacional da Pessoa Jurídica.

§ 2º A empresa júnior vincular-se-á a instituição de ensino superior e desenvolverá atividades relacionadas ao campo de abrangência de pelo menos um curso de graduação indicado no estatuto da empresa júnior, nos termos do estatuto ou do regimento interno da instituição de ensino superior, vedada qualquer forma de ligação partidária.

Art. 3º Poderão integrar a empresa júnior estudantes regularmente matriculados na instituição de ensino superior e no curso de graduação a que a entidade seja vinculada, desde que manifestem interesse, observados os procedimentos estabelecidos no estatuto.

§ 1º (VETADO).

§ 2º Os estudantes matriculados em curso de graduação e associados à respectiva empresa júnior exercem trabalho voluntário, nos termos da Lei nº 9.608, de 18 de fevereiro de 1998.

Art. 4º A empresa júnior somente poderá desenvolver atividades que atendam a pelo menos uma das seguintes condições:

I – relacionem-se aos conteúdos programáticos do curso de graduação ou dos cursos de graduação a que se vinculem;

II – constituam atribuição da categoria profissional correspondente à formação superior dos estudantes associados à entidade.

§ 1º As atividades desenvolvidas pela empresa júnior deverão ser orientadas e supervisionadas por professores e profissionais especializados, e a empresa, desde que devidamente reconhecida nos termos do art. 9º, terá gestão autônoma em relação à direção da faculdade, ao centro acadêmico e a qualquer outra entidade acadêmica.

§ 2º A empresa júnior poderá cobrar pela elaboração de produtos e pela prestação de serviços independentemente de autorização do conselho profissional regulamentador de sua área de atuação profissional, ainda que esse seja regido por legislação específica, desde que essas atividades sejam acompanhadas por professores orientadores da instituição de ensino superior ou supervisionadas por profissionais habilitados.

Art. 5º A empresa júnior, cujos fins são educacionais e não lucrativos, terá, além de outros específicos, os seguintes objetivos:

I – proporcionar a seus membros as condições necessárias para a aplicação prática dos conhecimentos teóricos referentes à respectiva área de formação profissional, dando-lhes oportunidade de vivenciar o mercado de trabalho em caráter de formação para o exercício da futura profissão e aguçando-lhes o espírito crítico, analítico e empreendedor;

II – aperfeiçoar o processo de formação dos profissionais em nível superior;

III – estimular o espírito empreendedor e promover o desenvolvimento técnico, acadêmico, pessoal e profissional de seus membros associados por meio de contato direto com a realidade do mercado de trabalho, desenvolvendo atividades de consultoria e de assessoria a empresários e empreendedores, com a orientação de professores e profissionais especializados;

IV – melhorar as condições de aprendizado em nível superior, mediante a aplicação da teoria dada em sala de aula na prática do mercado de trabalho no âmbito dessa atividade de extensão;

V – proporcionar aos estudantes a preparação e a valorização profissionais por meio da adequada assistência de professores e especialistas;

VI – intensificar o relacionamento entre as instituições de ensino superior e o meio empresarial;

VII – promover o desenvolvimento econômico e social da comunidade ao mesmo tempo em que fomenta o empreendedorismo de seus associados.

Art. 6º Para atingir seus objetivos, caberá à empresa júnior:

I – promover o recrutamento, a seleção e o aperfeiçoamento de seu pessoal com base em critérios técnicos;

II – realizar estudos e elaborar diagnósticos e relatórios sobre assuntos específicos inseridos em sua área de atuação;

III – assessorar a implantação das soluções indicadas para os problemas diagnosticados;

IV – promover o treinamento, a capacitação e o aprimoramento de graduandos em suas áreas de atuação;

V – buscar a capacitação contínua nas atividades de gerenciamento e desenvolvimento de projetos;

VI – desenvolver projetos, pesquisas e estudos, em nível de consultoria, assessoramento, planejamento e desenvolvimento, elevando o grau de qualificação dos futuros profissionais e colaborando, assim, para aproximar o ensino superior da realidade do mercado de trabalho;

VII – fomentar, na instituição a que seja vinculada, cultura voltada para o estímulo ao surgimento de empreendedores, com base em política de desenvolvimento econômico sustentável;

VIII – promover e difundir o conhecimento por meio de intercâmbio com outras associações, no Brasil e no exterior.

Art. 7º É vedado à empresa júnior:

I – captar recursos financeiros para seus integrantes por intermédio da realização de seus projetos ou de qualquer outra atividade;

II – propagar qualquer forma de ideologia ou pensamento político-partidário.

§ 1º A renda obtida com os projetos e serviços prestados pela empresa júnior deverá ser revertida exclusivamente para o incremento das atividades-fim da empresa.

§ 2º É permitida a contratação de empresa júnior por partidos políticos para a prestação de serviços de consultoria e de publicidade.

Art. 8º A empresa júnior deverá comprometer-se a:

I – exercer suas atividades em regime de livre e leal concorrência;

II – exercer suas atividades segundo a legislação específica aplicável a sua área de atuação e segundo os acordos e as convenções da categoria profissional correspondente;

III – promover, com outras empresas juniores, o intercâmbio de informações de natureza comercial, profissional e técnica sobre estrutura e projetos;

IV – cuidar para que não se faça publicidade ou propaganda comparativa, por qualquer meio de divulgação, que deprecie, desabone ou desacredite a concorrência;

V – integrar os novos membros por meio de política previamente definida, com períodos destinados à qualificação e à avaliação;

VI – captar clientela com base na qualidade dos serviços e na competitividade dos preços, vedado o aliciamento ou o desvio desleal de clientes da concorrência, bem como o pagamento de comissões e outras benesses a quem os promova.

Art. 9º O reconhecimento de empresa júnior por instituição de ensino superior dar-se-á conforme as normas internas dessa instituição e nos termos deste artigo.

§ 1º Competirá ao órgão colegiado da unidade de ensino da instituição de ensino superior a aprovação do plano acadêmico da empresa júnior, cuja elaboração deverá contar com a participação do professor orientador e dos estudantes envolvidos na iniciativa júnior.

§ 2º O plano acadêmico indicará, entre outros, os seguintes aspectos educacionais e estruturais da empresa júnior e da instituição de ensino superior:

I – reconhecimento da carga horária dedicada pelo professor orientador;

II – suporte institucional, técnico e material necessário ao início das atividades da empresa júnior.

§ 3º A instituição de ensino superior é autorizada a ceder espaço físico a título gratuito, dentro da própria instituição, que servirá de sede para as atividades de assessoria e consultoria geridas pelos estudantes empresários juniores.

§ 4º As atividades da empresa júnior serão inseridas no conteúdo acadêmico da instituição de ensino superior preferencialmente como atividade de extensão.

§ 5º Competirá ao órgão colegiado da instituição de ensino superior criar normas para disciplinar sua relação com a empresa júnior, assegurada a participação de representantes das empresas juniores na elaboração desse regramento.

Art. 10. Esta Lei entra em vigor na data de sua publicação.

Brasília, 6 de abril de 2016;
195º da Independência e 128º da República.
DILMA ROUSSEFF
Nelson Barbosa
D.O.U de 07.04.2016 e retificado em 08.04.2016

LEI Nº 14.030, DE 28 DE JULHO DE 2020

Dispõe sobre as assembleias e as reuniões de sociedades anônimas, de sociedades limitadas, de sociedades cooperativas e de entidades de representação do cooperativismo durante o exercício de 2020; altera as Leis nºs 5.764, de 16 de dezembro de 1971, 6.404, de 15 de dezembro de 1976, e 10.406, de 10 de janeiro de 2002 (Código Civil); e dá outras providências.

▸ *Vide art. 114, Lei n. 6.015/1973 (Registros Públicos)*

O PRESIDENTE DA REPÚBLICA Faço saber que o Congresso Nacional decreta e eu sanciono a seguinte Lei:

Art. 1º A sociedade anônima cujo exercício social tenha sido encerrado entre 31 de dezembro de 2019 e 31 de março de 2020 poderá, excepcionalmente, realizar a assembleia geral ordinária a que se refere o art. 132 da Lei nº 6.404, de 15 de dezembro de 1976, no prazo de 7 (sete) meses, contado do término do seu exercício social.

§ 1º Disposições contratuais que exijam a realização da assembleia geral ordinária em prazo inferior ao estabelecido no *caput* deste artigo serão consideradas sem efeito no exercício de 2020.

§ 2º Os prazos de gestão ou de atuação dos administradores, dos membros do conselho fiscal e de comitês estatutários ficam prorrogados até a realização da assembleia geral ordinária nos termos do *caput* deste artigo ou até a ocorrência da reunião do conselho de administração, conforme o caso.

§ 3º Ressalvada a hipótese de previsão diversa no estatuto social, caberá ao conselho de administração deliberar, *ad referendum*, sobre assuntos urgentes de competência da assembleia geral, os quais serão objeto de deliberação na primeira reunião subsequente da assembleia geral.

§ 4º O disposto neste artigo aplica-se às empresas públicas, às sociedades de economia mista e às subsidiárias das referidas empresas e sociedades.

Art. 2º Até que seja realizada a assembleia geral ordinária a que se refere o art. 1º desta Lei, o conselho de administração, se houver, ou a diretoria poderá, independentemente de reforma do estatuto social, declarar dividendos, nos termos do art. 204 da Lei nº 6.404, de 15 de dezembro de 1976.

Art. 3º Excepcionalmente, durante o exercício de 2020, a Comissão de Valores Mobiliários (CVM) poderá prorrogar os prazos estabelecidos na Lei nº 6.404, de 15 de dezembro de 1976, para as companhias abertas.

Parágrafo único. Competirá à CVM definir a data de apresentação das demonstrações financeiras das companhias abertas.

Art. 4º A sociedade limitada cujo exercício social tenha sido encerrado entre 31 de dezembro de 2019 e 31 de março de 2020 poderá, excepcionalmente, realizar a assembleia de sócios a que se refere o art. 1.078 da Lei nº 10.406, de 10 de janeiro de 2002 (Código Civil), no prazo de 7 (sete) meses, contado do término do seu exercício social.

§ 1º Disposições contratuais que exijam a realização da assembleia de sócios em prazo inferior ao estabelecido no *caput* deste artigo serão consideradas sem efeito no exercício de 2020.

§ 2º Os mandatos dos administradores e dos membros do conselho fiscal previstos para se encerrarem antes da realização da assembleia de sócios nos termos do *caput* deste artigo ficam prorrogados até a sua realização.

Art. 5º A sociedade cooperativa e a entidade de representação do cooperativismo poderão, excepcionalmente, realizar a assembleia geral ordinária a que se refere o art. 44 da Lei nº 5.764, de 16 de dezembro de 1971, ou o art. 17 da Lei Complementar nº 130, de 17 de abril de 2009, no prazo de 9 (nove) meses, contado do término do seu exercício social.

Parágrafo único. Os mandatos dos membros dos órgãos de administração e de fiscalização e dos outros órgãos estatutários previstos para se encerrarem antes da realização da assembleia geral ordinária nos termos do *caput* deste artigo ficam prorrogados até a sua realização.

Art. 6º Enquanto durarem as medidas restritivas ao funcionamento normal das juntas comerciais decorrentes exclusivamente da pandemia da Covid-19, deverão ser observadas as seguintes disposições:

I – o prazo de que trata o art. 36 da Lei nº 8.934, de 18 de novembro de 1994, será contado da data em que a junta comercial respectiva restabelecer a prestação regular dos seus serviços, para os atos sujeitos a arquivamento assinados a partir de 16 de fevereiro de 2020; e

II – a exigência de arquivamento prévio de ato para a realização de emissões de valores mobiliários e para outros negócios jurídicos fica suspensa a partir de 1º de março de 2020, e o arquivamento deverá ser feito na junta comercial respectiva no prazo de 30 (trinta) dias, contado da data em que a junta comercial restabelecer a prestação regular dos seus serviços.

Art. 7º As associações, as fundações e as demais sociedades não abrangidas pelo disposto nos arts. 1º, 4º e 5º desta Lei deverão observar as restrições à realização de reuniões e de assembleias presenciais até 31 de dezembro de 2020, observadas as determinações sanitárias das autoridades locais.

Parágrafo único. Aplicam-se às pessoas jurídicas de direito privado mencionadas no *caput* deste artigo:

I – a extensão, em até 7 (sete) meses, dos prazos para realização de assembleia geral e de duração do mandato de dirigentes, no que couber;

II – o disposto no art. 5º da Lei nº 14.010, de 10 de junho de 2020.

Art. 8º A Lei nº 5.764, de 16 de dezembro de 1971, passa a vigorar acrescida do seguinte art. 43-A:

› *Alterações inseridas no texto da referida norma.*

Art. 9º Os arts. 121 e 124 da Lei nº 6.404, de 15 de dezembro de 1976, passam a vigorar com as seguintes alterações:

"Art. 121. (...)

Parágrafo único. Nas companhias, abertas e fechadas, o acionista poderá participar e votar a distância em assembleia geral, nos termos do regulamento da Comissão de Valores Mobiliários e do órgão competente do Poder Executivo federal, respectivamente."

"Art. 124. (...)

§ 2º A assembleia geral deverá ser realizada, preferencialmente, no edifício onde a companhia tiver sede ou, por motivo de força maior, em outro lugar, desde que seja no mesmo Município da sede e seja indicado com clareza nos anúncios.

§ 2º-A. Sem prejuízo do disposto no § 2º deste artigo, as companhias, abertas e fechadas, poderão realizar assembleia digital, nos termos do regulamento da Comissão de Valores Mobiliários e do órgão competente do Poder Executivo federal, respectivamente.

(...)"

Art. 10. A Lei nº 10.406, de 10 de janeiro de 2002 (Código Civil), passa a vigorar acrescida do seguinte art. 1.080-A:

› *Alterações inseridas no texto da referida norma.*

Art. 11. (VETADO).

Art. 12. Esta Lei entra em vigor na data de sua publicação.

Brasília, 28 de julho de 2020;
199º da Independência e 132º da República.
JAIR MESSIAS BOLSONARO
Paulo Guedes
Bento Albuquerque
Roberto de Oliveira Campos Neto
José Levi Mello do Amaral Júnior
DOU de 29.7.2020.

LEI Nº 14.195, DE 26 DE AGOSTO DE 2021*

Dispõe sobre a facilitação para abertura de empresas, sobre a proteção de acionistas minoritários, sobre a facilitação do comércio exterior, sobre o Sistema Integrado de Recuperação de Ativos (Sira), sobre as cobranças realizadas pelos conselhos profissionais, sobre a profissão de tradutor e intérprete público, sobre a obtenção de eletricidade, sobre a desburocratização societária e de atos processuais e a prescrição intercorrente na Lei nº 10.406, de 10 de janeiro de 2002 (Código Civil); altera as Leis nºs 11.598, de 3 de dezembro de 2007, 8.934, de 18 de novembro de 1994, 6.404, de 15 de dezembro de 1976, 7.913, de 7 de dezembro de 1989, 12.546, de 14 de dezembro 2011, 9.430, de 27 de dezembro de 1996, 10.522, de 19 de julho de 2002, 12.514, de 28 de outubro de 2011, 6.015, de 31 de dezembro de 1973, 10.406, de 10 de janeiro de 2002 (Código Civil), 13.105, de 16 de março de 2015 (Código de Processo Civil), 4.886, de 9 de dezembro de 1965, 5.764, de 16 de dezembro de 1971, 6.385, de 7 de dezembro de 1976, e 13.874, de 20 de setembro de 2019, e o Decreto-Lei nº 341, de 17 de março de 1938; e revoga as Leis nºs 2.145, de 29 de dezembro de 1953, 2.807, de 28 de junho de 1956, 2.815, de 6 de julho de 1956, 3.187, de 28 de junho de 1957, 3.227, de 27 de julho de 1957, 4.557, de 10 de dezembro de 1964, 7.409, de 25 de novembro de 1985, e 7.690, de 15 de dezembro de 1988, os Decretos nºs 13.609, de 21 de outubro de 1943, 20.256, de 20 de dezembro de 1945, e 84.248, de 28 de novembro de 1979, e os Decretos-Lei nºs 1.416, de 25 de agosto de 1975, e 1.427, de 2 de dezembro de 1975, e dispositivos das Leis nºs 2.410, de 29 de janeiro de 1955, 2.698, de 27 de dezembro de 1955, 3.053, de 22 de dezembro de 1956, 5.025, de 10 de junho de 1966, 6.137, de 7 de novembro de 1974, 8.387, de 30 de dezembro de 1991, 9.279, de 14 de maio de 1996, e 9.472, de 16 de julho de 1997, e dos Decretos-Lei nºs 491, de 5 de março de 1969, 666, de 2 de julho de 1969, e 687, de 18 de julho de 1969; e dá outras providências.

O PRESIDENTE DA REPÚBLICA

Faço saber que o Congresso Nacional decreta e eu sanciono a seguinte Lei:

CAPÍTULO I – DO OBJETO

Art. 1º Esta Lei dispõe sobre a facilitação para abertura de empresas, sobre a proteção de acionistas minoritários, sobre a facilitação do comércio exterior, sobre o Sistema Integrado de Recuperação de Ativos (Sira), sobre as cobranças realizadas pelos conselhos profissionais, sobre a profissão de tradutor e intérprete público, sobre a obtenção de eletricidade, sobre a desburocratização societária e de atos processuais e a prescrição intercorrente na Lei nº 10.406, de 10 de janeiro de 2002 (Código Civil).

CAPÍTULO II – DA FACILITAÇÃO PARA ABERTURA DE EMPRESAS

(...)

CAPÍTULO III – DA PROTEÇÃO DE ACIONISTAS MINORITÁRIOS

(...)

CAPÍTULO IV – DA FACILITAÇÃO DO COMÉRCIO EXTERIOR

SEÇÃO I – DAS LICENÇAS, DAS AUTORIZAÇÕES OU DAS EXIGÊNCIAS ADMINISTRATIVAS PARA IMPORTAÇÕES OU PARA EXPORTAÇÕES

Art. 8º Será provida aos importadores, aos exportadores e aos demais intervenientes no comércio exterior solução de guichê único eletrônico por meio do qual possam encaminhar documentos, dados ou informações aos órgãos e às entidades da administração pública federal direta e indireta como condição para a importação ou a exportação de bens a ponto único acessível por meio da internet, bem como acesso às instituições autorizadas a operar no mercado de câmbio, exclusivamente para consulta a tais dados, informações e documentos, desde que autorizadas por seus clientes.

§ 1º O órgão ou a entidade responsável pela exigência administrativa, após a análise dos documentos, dos dados ou das informações recebidos por meio da solução referida no *caput* deste artigo, notificará o demandante do resultado por meio do guichê único eletrônico, nos prazos previstos na legislação.

§ 2º A solução de que trata o *caput* deste artigo deverá:

I - permitir aos importadores, aos exportadores e aos demais intervenientes no comércio exterior, inclusive as instituições autorizadas a operar no mercado de câmbio, conhecer as exigências administrativas impostas por órgãos e por entidades da administração pública federal direta e indireta para a concretização de operações de importação ou de exportação; e

II - atender ao disposto no Artigo 10, parágrafo 4, do Acordo sobre a Facilitação do Comércio anexo ao Protocolo de Emenda ao Acordo Constitutivo da Organização Mundial do Comércio, promulgado pelo Decreto nº 9.326, de 3 de abril de 2018.

§ 3º O recolhimento das taxas impostas por órgãos e por entidades da administração pública federal direta e indireta, em razão do exercício do poder de polícia ou da prestação de serviço público, bem como qualquer outra receita federal relacionada a operações de comércio exterior, ocorrerá por meio de Documento de Arrecadação de Receitas Federais (Darf) em transação financeira eletrônica, preferencialmente em pagamento unificado por meio da solução de guichê único eletrônico a que se refere o *caput* deste artigo.

§ 4º Compete ao Ministério da Economia a gestão da solução de guichê único eletrônico a que se refere o *caput* deste artigo.

§ 5º O acesso de usuários ao guichê único eletrônico a que se refere o *caput* deste artigo ocorrerá nos termos da Lei nº 14.063, de 23 de setembro de 2020.

§ 6º É garantido o livre acesso do cidadão às informações públicas do guichê único eletrônico a que se refere o *caput* deste artigo, atendidos os requisitos de dado acessível ao público conforme definição constante do inciso V do *caput* do art. 4º da Lei nº 14.129, de 29 de março de 2021.

Art. 9º Fica vedado aos órgãos e às entidades da administração pública federal direta e indireta exigir o preenchimento de formulários em papel ou em formato eletrônico ou a apresentação de documentos, de dados ou de informações para a realização de importações ou de exportações por outros meios, distintos da solução de guichê único eletrônico a que se refere o art. 8º desta Lei.

§ 1º O disposto no *caput* deste artigo não se aplica:

I - quando, em razão de circunstâncias técnicas ou operacionais excepcionais relacionadas a determinada exportação ou importação, não for possível o uso da solução de guichê único eletrônico a que se refere o art. 8º desta Lei; e

II - aos procedimentos de habilitação, de registro ou de certificação de estabelecimentos, de produtos ou de processos produtivos relacionados com o comércio doméstico ou de modo análogo a ele.

§ 2º As exigências vigentes na data de publicação desta Lei serão revisadas na forma estabelecida em ato do Poder Executivo federal.

Art. 10. Somente será admitida a imposição de licenças ou de autorizações como requisito para importações ou para exportações em razão de características das mercadorias quando tais restrições estiverem previstas em lei ou em ato normativo editado por órgão ou por entidade competente da administração pública federal.

§ 1º As propostas de edição ou de alteração dos atos normativos a que se refere o *caput* deste artigo serão objeto de consulta pública prévia e da análise de impacto regulatório de que trata a Lei nº 13.874, de 20 de setembro de 2019.

§ 2º O guichê único eletrônico a que se refere o art. 8º desta Lei deverá exibir em seu sítio eletrônico todas as licenças, autorizações ou exigências administrativas, como requisitos a importações ou a exportações, impostas por órgãos e por entidades da administração pública federal direta e indireta, bem como o ato normativo que lhes deu origem.

§ 3º As exigências de que trata o *caput* deste artigo, vigentes na data de publicação desta Lei, serão revisadas na forma estabelecida em ato do Poder Executivo federal.

(...)

CAPÍTULO V – DO SISTEMA INTEGRADO DE RECUPERAÇÃO DE ATIVOS

Art. 13. Fica o Poder Executivo federal autorizado a instituir, sob a governança da Procuradoria-Geral da Fazenda Nacional, o Sistema Integrado de Recuperação de Ativos (Sira), constituído de um conjunto de instrumentos, mecanismos e iniciativas destinados a facilitar a identificação e a localização de bens e de devedores, bem como a constrição e a alienação de ativos.

Art. 14. São objetivos do Sira:

I - promover o desenvolvimento nacional e o bem-estar social por meio da redução dos custos de transação de concessão de créditos mediante aumento do índice de efetividade das ações que envolvam a recuperação de ativos;

II - conferir efetividade às decisões judiciais que visem à satisfação das obrigações de qualquer natureza, em âmbito nacional;

III - reunir dados cadastrais, relacionamentos e bases patrimoniais de pessoas físicas e jurídicas para subsidiar a tomada de decisão, no âmbito de processo judicial em que seja demandada a recuperação de créditos públicos ou privados;

IV - fornecer aos usuários, conforme os respectivos níveis de acesso, os dados cadastrais, os relacionamentos e as bases patrimoniais das pessoas requisitadas, de forma estruturada e organizada; e

V - garantir, com a quantidade, a qualidade e a tempestividade necessárias, os insumos de dados e informações relevantes para a recuperação de créditos públicos ou privados.

Parágrafo único. O Sira zelará pela liberdade de acesso, de uso e de gerenciamento dos dados pelo seu titular, na forma do art. 9º da Lei nº 13.709, de 14 de agosto de 2018, e obedecerá ao regime geral de proteção de dados aplicável.

Art. 15. São princípios do Sira:

I - melhoria da efetividade e eficiência das ações de recuperação de ativos;

II - promoção da transformação digital e estímulo ao uso de soluções tecnológicas na recuperação de créditos públicos e privados;

III - racionalização e sustentabilidade econômico-financeira das soluções de tecnologia da informação e comunicação de dados, permitida a atribuição aos usuários, quando houver, dos custos de operacionalização do serviço, na forma prevista em regulamento;

IV - respeito à privacidade, à inviolabilidade da intimidade, da honra e da imagem das pessoas e às instituições, na forma prevista em lei; e

V - ampla interoperabilidade e integração com os demais sistemas semelhantes, em especial aqueles utilizados pelo Poder Judiciário, de forma a subsidiar a tomada de decisão, bem como de racionalizar e permitir o cumprimento eficaz de ordens judiciais relacionadas à recuperação de ativos.

Art. 16. Ato do Presidente da República disporá sobre:

I - as regras e as diretrizes para o compartilhamento de dados e informações, observado que, para usuários privados, apenas poderão ser fornecidos dados públicos não sujeitos a nenhuma restrição de acesso;

II - a relação nominal das bases mínimas que comporão o Sira;

III - a periodicidade com que a Procuradoria-Geral da Fazenda Nacional apresentará ao Ministério da Economia e ao Conselho Nacional de Justiça relatório sobre as bases geridas e integradas;

IV - o procedimento administrativo para o exercício, na forma prevista em lei, do poder de requisição das informações contidas em bancos de dados geridos por órgãos e por entidades públicos e privados e o prazo para o atendimento da requisição, sem prejuízo da celebração de acordos de cooperação, de convênios e de ajustes de qualquer natureza, quando necessário;

V - a forma de sustentação econômico-financeira do Sira; e

VI - as demais competências da Procuradoria-Geral da Fazenda Nacional e do órgão central de tecnologia da informação no âmbito do Sira.

Art. 17. Fica o Poder Executivo federal autorizado a instituir, sob governança da Procuradoria-Geral da Fazenda Nacional, o Cadastro Fiscal Positivo, com o objetivo de:

I - criar condições para construção permanente de um ambiente de confiança entre os contribuintes e a administração tributária federal;

II - garantir a previsibilidade das ações da Procuradoria-Geral da Fazenda Nacional em face dos contribuintes inscritos no referido cadastro;

III - criar condições para solução consensual dos conflitos tributários, com incentivo à redução da litigiosidade;

IV - reduzir os custos de conformidade em relação aos créditos inscritos em dívida ativa da União e à situação fiscal do contribuinte, a partir das informações constantes do Sira;

V - tornar mais eficientes a gestão de risco dos contribuintes inscritos no referido cadastro e a realização de negócios jurídicos processuais;

VI - melhorar a compreensão das atividades empresariais e dos gargalos fiscais.

Parágrafo único. A Procuradoria-Geral da Fazenda Nacional poderá estabelecer convênio com Estados, com Municípios e com o Distrito Federal para compartilhamento de informações que contribuam para a formação do Cadastro Fiscal Positivo.

Art. 18. Compete ao Procurador-Geral da Fazenda Nacional regulamentar o Cadastro Fiscal Positivo, o qual poderá dispor sobre atendimento, sobre concessões inerentes a garantias, sobre prazos para apreciação de requerimentos, sobre recursos e demais solicitações do contribuinte, sobre cumprimento de obrigações perante a Procuradoria-Geral da Fazendo Nacional e sobre atos de cobrança administrativa ou judicial, especialmente:

I - criação de canais de atendimento diferenciado, inclusive para recebimento de pedidos de transação no contencioso judicial ou na cobrança da dívida ativa da União, nos termos da Lei nº 13.988, de 14 de abril de 2020, ou para esclarecimento sobre esses pedidos;

II - flexibilização das regras para aceitação ou para substituição de garantias, inclusive sobre a possibilidade de substituição de depósito judicial por seguro-garantia ou por outras garantias baseadas na capacidade de geração de resultados dos contribuintes;

III - possibilidade de antecipar a oferta de garantias para regularização de débitos futuros;

IV - execução de garantias em execução fiscal somente após o trânsito em julgado da discussão judicial relativa ao título executado.

Parágrafo único. Será conferido, exclusivamente ao contribuinte, mediante solicitação, acesso aos dados próprios, relacionados ao seu enquadramento no Cadastro Fiscal Positivo.

(...)

CAPÍTULO VI – DAS COBRANÇAS REALIZADAS POR CONSELHOS PROFISSIONAIS

(...)

CAPÍTULO VII – DA PROFISSÃO DE TRADUTOR E INTÉRPRETE PÚBLICO

Art. 22. São requisitos para o exercício da profissão de tradutor e intérprete público:

I - ter capacidade civil;

II - ter formação em curso superior completo em qualquer área do conhecimento;

III - ser brasileiro ou estrangeiro residente no País;

IV - ser aprovado em concurso para aferição de aptidão;

V - não estar enquadrado nas hipóteses de inelegibilidade previstas na alínea e do inciso I do *caput* do art. 1º da Lei Complementar nº 64, de 18 de maio de 1990; e

VI - ter registro na junta comercial do local de seu domicílio ou de atuação mais frequente.

Parágrafo único. A exigência do concurso previsto no inciso IV do *caput* deste artigo poderá ser dispensada àqueles que obtiverem grau de excelência em exames nacionais e internacionais de proficiência, nos termos do regulamento do Departamento Nacional de Registro Empresarial e Integração da Secretaria de Governo Digital da Secretaria Especial de Desburocratização, Gestão e Governo Digital do Ministério da Economia.

Art. 23. O tradutor e intérprete público poderá habilitar-se e registrar-se para um ou mais idiomas estrangeiros ou, ainda, em Língua Brasileira de Sinais (Libras).

Art. 24. O cumprimento do disposto no art. 22 desta Lei habilita o tradutor e intérprete público a atuar em qualquer Estado e no Distrito Federal e a manter inscrição apenas no local de seu domicílio ou de atuação mais frequente.

Art. 25. O concurso para aferição de aptidão de que trata o inciso IV do *caput* do art. 22 desta Lei:

I - será válido por prazo indefinido;

II - incluirá prova escrita e prova oral, com simulação de interpretação consecutiva, para avaliar a compreensão das sutilezas e das dificuldades de cada um dos idiomas;

III - será organizado nacionalmente pelo Departamento Nacional de Registro Empresarial e Integração da Secretaria de Governo Digital da Secretaria Especial de Desburocratização, Gestão e Governo Digital do Ministério da Economia, com apoio das juntas comerciais dos Estados e do Distrito Federal; e

IV - será regido pelas normas editadas pelo Diretor do Departamento Nacional de Registro Empresarial e Integração da Secretaria de Governo Digital da Secretaria Especial de Desburocratização, Gestão e Governo Digital do Ministério da Economia.

Art. 26. São atividades privativas do tradutor e intérprete público:

I - traduzir qualquer documento que tenha de ser apresentado em outro idioma perante pessoa jurídica de direito público interno ou perante serviços notariais e de registro de notas ou de títulos e documentos;

II - realizar traduções oficiais, quando exigido por lei;

III - interpretar e verter verbalmente perante ente público a manifestação de pessoa que não domine a língua portuguesa se não houver agente público apto a realizar a atividade ou se for exigido por lei específica;

IV - transcrever, traduzir ou verter mídia eletrônica de áudio ou vídeo, em outro idioma, certificada por ato notarial; e

V - realizar, quando solicitados pela autoridade competente, os exames necessários à verificação da exatidão de qualquer tradução que tenha sido arguida como incompleta, imprecisa, errada ou fraudulenta.

Parágrafo único. O disposto no *caput* deste artigo não impede:

I - a designação pela autoridade competente de tradutor e intérprete público ad hoc no caso de inexistência, de impedimento ou de indisponibilidade de tradutor e intérprete público habilitado para o idioma; e

II - a realização da atividade por agente público:

a) ocupante de cargo ou emprego com atribuições relacionadas com a atividade de tradutor ou intérprete; ou

b) com condições de realizar traduções e interpretações simples e correlatas com as atribuições de seu cargo ou emprego.

Art. 27. Presumem-se fiéis e exatas as traduções realizadas por tradutor e intérprete público.

§ 1º Nenhuma tradução terá fé pública se não for realizada por tradutor e intérprete público, exceto as traduções:

I - feitas por corretores de navios, em sua área de atuação;

II - relativas aos manifestos e documentos que as embarcações estrangeiras tiverem de apresentar para despacho aduaneiro;
III - feitas por agente público com cargo ou emprego de tradutor ou intérprete ou que sejam inerentes às atividades do cargo ou emprego; e
IV - enquadradas nas hipóteses previstas em ato do Poder Executivo federal.
§ 2º A presunção de que trata o *caput* deste artigo não afasta:
I - a obrigação de o documento na língua original acompanhar a sua respectiva tradução; e
II - a possibilidade de ente público ou qualquer interessado impugnar, nos termos estabelecidos nas normas de processo administrativo ou de processo judicial aplicáveis ao caso concreto, a fidedignidade ou a exatidão da tradução.

Art. 28. O tradutor e intérprete público que realizar tradução incompleta, imprecisa, errada ou fraudulenta estará sujeito, além de eventual responsabilização civil e criminal, às seguintes sanções:
I - advertência;
II - suspensão do registro por até 1 (um) ano; e
III - cassação do registro, vedada nova habilitação em prazo inferior a 15 (quinze) anos.
Parágrafo único. Para a dosimetria da pena, deverão ser consideradas:
I - as punições recebidas pelo tradutor e intérprete público nos últimos 10 (dez) anos;
II - a existência ou não de má-fé; e
III - a gravidade do erro ou a configuração de culpa grave.

Art. 29. O processo administrativo contra o tradutor e intérprete público seguirá o disposto na Lei nº 9.784, de 29 de janeiro de 1999.

Art. 30. O processo administrativo será processado e julgado pela junta comercial do Estado ou do Distrito Federal no qual o tradutor e intérprete público estiver inscrito.
Parágrafo único. Caberá recurso da decisão da junta comercial ao Diretor do Departamento Nacional de Registro Empresarial e Integração da Secretaria de Governo Digital da Secretaria Especial de Desburocratização, Gestão e Governo Digital do Ministério da Economia, que decidirá em última instância.

Art. 31. Os tradutores públicos e intérpretes comerciais que, na data de entrada em vigor desta Lei, já estavam habilitados na forma prevista no regulamento aprovado pelo Decreto nº 13.609, de 21 de outubro de 1943, poderão continuar a exercer as atividades no território nacional, nos termos deste Capítulo.

Art. 32. O tradutor e intérprete público poderá optar por organizar-se na forma de sociedade unipessoal.

Art. 33. O tradutor e intérprete público poderá realizar os seus atos em meio eletrônico, atendido o disposto na Lei nº 14.063, de 23 de setembro de 2020.

Art. 34. O Diretor do Departamento Nacional de Registro Empresarial e Integração da Secretaria de Governo Digital da Secretaria Especial de Desburocratização, Gestão e Governo Digital do Ministério da Economia poderá editar normas complementares para a execução do disposto neste Capítulo.

CAPÍTULO VIII – DA OBTENÇÃO DE ELETRICIDADE

Art. 35. Na execução de obras de extensão de redes aéreas de distribuição de responsabilidade da concessionária ou permissionária de serviço público de distribuição de energia elétrica, a licença ou autorização para realização de obras em vias públicas, quando for exigida e não houver prazo estabelecido pelo poder público local, será emitida pelo órgão público competente no prazo de 5 (cinco) dias úteis, contado da data de apresentação do requerimento.
§ 1º Na hipótese de não haver decisão do órgão competente após o encerramento do prazo estabelecido no *caput* deste artigo ou na legislação local, a concessionária ou permissionária de serviço público de distribuição de energia elétrica ficará autorizada a realizar a obra em conformidade com as condições estabelecidas no requerimento apresentado, observada a legislação aplicável.
§ 2º Na hipótese de descumprimento das condições estabelecidas no requerimento ou na legislação aplicável, o órgão público poderá cassar, a qualquer tempo, a licença ou autorização a que se refere o § 1º deste artigo, assegurado o direito à ampla defesa e ao contraditório à concessionária ou permissionária.
§ 3º O disposto neste artigo aplica-se exclusivamente às solicitações de conexão, com potência contratada de até 140 kVA (cento e quarenta quilovolts-amperes), desde que não haja a necessidade de realização de obras de ampliação, de reforço ou de melhoria no sistema de distribuição de energia elétrica existente, e que:
I - em área urbana, a distância até a rede de distribuição mais próxima seja de, no máximo, 150 m (cento e cinquenta metros);
II - em área semiurbana e rural, a distância até a rede de distribuição mais próxima seja de, no máximo, 1.000 m (mil metros).

Art. 36. A obtenção da eletricidade deve ser solicitada à concessionária ou permissionária local que presta o serviço público de distribuição de energia elétrica no Município do solicitante e observará as seguintes condições:
I - os procedimentos necessários para a obtenção da eletricidade, desde a solicitação até o início do fornecimento, devem ser realizados em até 45 (quarenta e cinco) dias para as unidades consumidoras em área urbana, enquadradas no Grupo A e que respeitem as condições previstas no inciso I do § 3º do art. 35 desta Lei; e
II - os procedimentos necessários para a obtenção de eletricidade para os demais casos não previstos no inciso I deste *caput* devem atender aos prazos e condições regulamentados pela Agência Nacional de Energia Elétrica (Aneel).

Art. 37. Para a obtenção da eletricidade de que trata o inciso I do *caput* do art. 36 desta Lei, o projeto e a execução das instalações elétricas internas do imóvel deverão possuir responsável técnico, que responderá administrativa, civil e criminalmente em caso de danos e de acidentes decorrentes de eventuais erros de projeto ou de execução, dispensada a exigibilidade de:
I - (VETADO); e
II - aprovação prévia de projeto pela concessionária ou permissionária local.
Parágrafo único. O responsável técnico deverá fornecer, no pedido de obtenção de eletricidade, seu número de registro válido no conselho profissional competente.

CAPÍTULO IX – DA DESBUROCRATIZAÇÃO EMPRESARIAL E DOS ATOS PROCESSUAIS E DA PRESCRIÇÃO INTERCORRENTE

Arts. 38 a 40. (VETADOS).

Art. 41. As empresas individuais de responsabilidade limitada existentes na data da entrada em vigor desta Lei serão transformadas em sociedades limitadas unipessoais independentemente de qualquer alteração em seu ato constitutivo.
Parágrafo único. Ato do Drei disciplinará a transformação referida neste artigo.

Art. 42. (VETADO).

Art. 43. *(Revogado pela Lei nº 14.382, de 2022)*

CAPÍTULO X – DA RACIONALIZAÇÃO PROCESSUAL

(...)

CAPÍTULO XI – DA NOTA COMERCIAL

Art. 45. A nota comercial, valor mobiliário de que trata o inciso VI do *caput* do art. 2º da Lei nº 6.385, de 7 de dezembro de 1976, é título de crédito não conversível em ações, de livre negociação, representativo de promessa de pagamento em dinheiro, emitido exclusivamente sob a forma escritural por meio de instituições autorizadas a prestar o serviço de escrituração pela Comissão de Valores Mobiliários.

Art. 46. Podem emitir a nota comercial as sociedades anônimas, as sociedades limitadas e as sociedades cooperativas.
Parágrafo único. A deliberação sobre emissão de nota comercial é de competência dos órgãos de administração, quando houver, ou do administrador do emissor, observado o que dispuser a respeito o respectivo ato constitutivo.

Art. 47. A nota comercial terá as seguintes características, que deverão constar de seu termo constitutivo:
I - a denominação "Nota Comercial";
II - o nome ou razão social do emitente;
III - o local e a data de emissão;
IV - o número da emissão e a divisão em séries, quando houver;
V - o valor nominal;
VI - o local de pagamento;
VII - a descrição da garantia real ou fidejussória, quando houver;
VIII - a data e as condições de vencimento;
IX - a taxa de juros, fixa ou flutuante, admitida a capitalização;

X - a cláusula de pagamento de amortização e de rendimentos, quando houver;

XI - a cláusula de correção por índice de preço, quando houver; e

XII - os aditamentos e as retificações, quando houver.

§ 1º As notas comerciais de uma mesma série terão igual valor nominal e conferirão a seus titulares os mesmos direitos.

§ 2º A alteração das características a que se refere o *caput* deste artigo dependerá de aprovação da maioria simples dos titulares de notas comerciais em circulação, presentes em assembleia, se maior quórum não for estabelecido no termo de emissão.

§ 3º Aplica-se à convocação e ao funcionamento da assembleia prevista no § 2º deste artigo, entre outros aspectos, o disposto na Lei nº 6.404, de 15 de dezembro de 1976, sobre assembleia geral de debenturistas.

Art. 48. A nota comercial é título executivo extrajudicial, que pode ser executado independentemente de protesto, com base em certidão emitida pelo escriturador ou pelo depositário central, quando esse título for objeto de depósito centralizado.

Parágrafo único. A nota comercial poderá ser considerada vencida na hipótese de inadimplemento de obrigação constante do respectivo termo de emissão.

Art. 49. A titularidade da nota comercial será atribuída exclusivamente por meio de controle realizado nos sistemas informatizados do escriturador ou no depositário central, quando esse título for objeto de depósito centralizado.

Art. 50. A Comissão de Valores Mobiliários poderá estabelecer requisitos adicionais aos previstos nesta Lei, inclusive a eventual necessidade de contratação de agente fiduciário, relativos à nota comercial que seja:

I - ofertada publicamente; ou

II - admitida à negociação em mercados regulamentados de valores mobiliários.

Art. 51. Nas distribuições privadas, o serviço de escrituração deverá ser efetuado em sistemas que atendam aos seguintes requisitos:

I - comprovação da observância de padrões técnicos adequados, em conformidade com os Princípios para Infraestruturas do Mercado Financeiro do *Bank for International Settlements (BIS)*, inclusive no que diz respeito à segurança, à governança e à continuidade de negócios;

II - garantia de acesso integral às informações mantidas por si ou por terceiros por elas contratados para realizar atividades relacionadas com a escrituração;

III - garantia de acesso amplo a informações claras e objetivas aos participantes do mercado, sempre observadas as restrições legais de acesso a informações; e

IV - observância de requisitos e emprego de mecanismos que assegurem a interoperabilidade com os demais sistemas de escrituração autorizados pela Comissão de Valores Mobiliários.

§ 1º As instituições autorizadas a prestar o serviço de escrituração não poderão escriturar títulos em que sejam participantes como credoras ou emissoras, direta ou indiretamente.

§ 2º A oferta privada de nota comercial poderá conter cláusula de conversibilidade em participação societária, exceto em relação às sociedades anônimas.

CAPÍTULO XII – DISPOSIÇÕES GERAIS

(...)

CAPÍTULO XIII – DISPOSIÇÕES FINAIS

Art. 57. Ficam revogados:

I - o Decreto nº 13.609, de 21 de outubro de 1943;

II - o Decreto nº 20.256, de 20 de dezembro de 1945;

III - a Lei nº 2.145, de 29 de dezembro de 1953;

IV - o art. 1º da Lei nº 2.410, de 29 de janeiro de 1955;

V - o art. 1º da Lei nº 2.698, de 27 de dezembro de 1955;

VI - a Lei nº 2.807, de 28 de junho de 1956;

VII - a Lei nº 2.815, de 6 de julho de 1956;

VIII - o art. 1º da Lei nº 3.053, de 22 de dezembro de 1956;

IX - a Lei nº 3.187, de 28 de junho de 1957;

X - a Lei nº 3.227, de 27 de julho de 1957;

XI - a Lei nº 4.557, de 10 de dezembro de 1964;

XII - os arts. 14 e 15 da Lei nº 5.025, de 10 de junho de 1966;

XIII - o art. 15 do Decreto-Lei nº 491, de 5 de março de 1969;

XIV - o art. 2º do Decreto-Lei nº 666, de 2 de julho de 1969;

XV - a parte do art. 1º do Decreto-Lei nº 687, de 18 de julho de 1969, que altera o art. 2º do Decreto-Lei nº 666, de 2 de julho de 1969;

XVI - (VETADO);

XVII - o art. 2º da Lei nº 6.137, de 7 de novembro de 1974;

XVIII - o Decreto-Lei nº 1.416, de 25 de agosto de 1975;

XIX - o Decreto-Lei nº 1.427, de 2 de dezembro de 1975;

XX - o § 2º do art. 110 da Lei nº 6.404, de 15 de dezembro de 1976;

XXI - o Decreto nº 84.248, de 28 de novembro de 1979;

XXII - a Lei nº 7.409, de 25 de novembro de 1985;

XXIII - a Lei nº 7.690, de 15 de dezembro de 1988;

XXIV - o art. 5º da Lei nº 8.387, de 30 de dezembro de 1991;

XXV - os seguintes dispositivos da Lei nº 8.934, de 18 de novembro de 1994:

a) (VETADO);

b) inciso IV do *caput* do art. 35;

c) art. 58; e

d) art. 60;

XXVI - o parágrafo único do art. 40 e o art. 229-C da Lei nº 9.279, de 14 de maio de 1996;

XXVII - os seguintes dispositivos da Lei nº 9.430, de 27 de dezembro de 1996:

a) §§ 1º, 2º, 3º e 4º do art. 80;

b) arts. 80-A, 80-B e 80-C; e

c) §§ 1º e 5º do art. 81;

XXVIII - o parágrafo único do art. 18 da Lei nº 9.472, de 16 de julho de 1997;

XXIX - os seguintes dispositivos da Lei nº 10.406, de 10 de janeiro de 2002 (Código Civil):

a) (VETADO);

b) (VETADO);

c) parágrafo único do art. 1.015;

d) inciso IV do *caput* e o parágrafo único do art. 1.033; e

e) (VETADO);

XXX - os seguintes dispositivos da Lei nº 11.598, de 3 de dezembro de 2007:

a) §§ 1º, 2º, 3º e 4º do art. 4º;

b) art. 6º; e

c) inciso III do *caput* do art. 11;

XXXI - os seguintes dispositivos da Lei nº 12.546, de 14 de dezembro de 2011:

a) incisos II e III do § 1º e §§ 2º, 3º, 4º, 5º e 6º do art. 25;

b) §§ 1º, 2º, 3º e 4º do art. 26; e

c) art. 37;

XXXII - os incisos I, II, III, IV e V do *caput* do art. 246 da Lei nº 13.105, de 16 de março de 2015 (Código de Processo Civil).

Art. 58. Esta Lei entra em vigor na data de sua publicação e produzirá efeitos:

I - em 3 (três) anos, contados da data de sua publicação, quanto ao inciso I do *caput* do art. 36, podendo a Aneel determinar a antecipação da produção de efeitos em cada área de concessão ou permissão;

II - em 360 (trezentos e sessenta) dias, contados da data de sua publicação, quanto à parte do art. 5º que altera o § 3º do art. 138 da Lei nº 6.404, de 15 de dezembro de 1976;

III - em 180 (cento e oitenta) dias, contados da data de sua publicação, quanto ao § 3º do art. 8º;

IV - no primeiro dia útil do primeiro mês subsequente ao da data de sua publicação, quanto aos arts. 8º, 9º, 10, 11 e 12 e aos incisos III a XV, XVIII, XXIII e XXXI do *caput* do art. 57; e

V - na data de sua publicação, quanto aos demais dispositivos.

Brasília, 26 de agosto de 2021;
200º da Independência e 133º da República.
JAIR MESSIAS BOLSONARO
Anderson Gustavo Torres
Paulo Guedes
Bento Albuquerque
Ciro Nogueira Lima Filho
Luiz Eduardo Ramos Baptista Pereira
Bruno Bianco Leal
DOU de 27.8.2021

LEI FEDERAL AGRUPADA COM SEU DECRETO REGULAMENTADOR

LEI Nº 8.934, DE 18 DE NOVEMBRO DE 1994

Dispõe sobre o Registro Público de Empresas Mercantis e Atividades Afins e dá outras providências.

▸ *Vide arts. 966 a 1.195, Código Civil*

O PRESIDENTE DA REPÚBLICA,

Faço saber que o Congresso Nacional decreta e eu sanciono a seguinte lei:

TÍTULO I – DO REGISTRO PÚBLICO DE EMPRESAS MERCANTIS E ATIVIDADES AFINS

CAPÍTULO I – DAS FINALIDADES E DA ORGANIZAÇÃO

SEÇÃO I – DAS FINALIDADES

Art. 1º O Registro Público de Empresas Mercantis e Atividades Afins, observado o disposto nesta Lei, será exercido em todo o território nacional, de forma sistêmica, por órgãos federais, estaduais e distrital, com as seguintes finalidades: *(Redação dada pela Lei nº 13.833,de 2019)*

I - dar garantia, publicidade, autenticidade, segurança e eficácia aos atos jurídicos das empresas mercantis, submetidos a registro na forma desta lei;

II - cadastrar as empresas nacionais e estrangeiras em funcionamento no País e manter atualizadas as informações pertinentes;

III - proceder à matrícula dos agentes auxiliares do comércio, bem como ao seu cancelamento.

Art. 2º Os atos das firmas mercantis individuais e das sociedades mercantis serão arquivados no Registro Público de Empresas Mercantis e Atividades Afins, independentemente de seu objeto, salvo as exceções previstas em lei.

Parágrafo único. *(Revogado pela Lei nº 13.874, de 2019)*

SEÇÃO II – DA ORGANIZAÇÃO

Art. 3º Os serviços do Registro Público de Empresas Mercantis e Atividades Afins serão exercidos, em todo o território nacional, de maneira uniforme, harmônica e interdependente, pelo Sistema Nacional de Registro de Empresas Mercantis (Sinrem), composto pelos seguintes órgãos:

I - o Departamento Nacional de Registro Empresarial e Integração, órgão central do Sinrem, com as seguintes funções: *(Redação dada pela Lei nº 13.833,de 2019)*

a) supervisora, orientadora, coordenadora e normativa, na área técnica; e *(Redação dada pela Lei nº 13.833,de 2019)*

b) supletiva, na área administrativa; e *(Redação dada pela Lei nº 13.833,de 2019)*

II - as Juntas Comerciais, como órgãos locais, com funções executora e administradora dos serviços de registro.

SUBSEÇÃO I – DO DEPARTAMENTO NACIONAL DE REGISTRO EMPRESARIAL E INTEGRAÇÃO

(Redação dada pela Lei nº 13.833,de 2019)

Art. 4º O Departamento Nacional de Registro Empresarial e Integração (Drei) da Secretaria de Governo Digital da Secretaria Especial de Desburocratização, Gestão e Governo Digital do Ministério da Economia tem por finalidade: *(Redação dada pela Lei nº 13.874, de 2019)*

I - supervisionar e coordenar, no plano técnico, os órgãos incumbidos da execução dos serviços de Registro Público de Empresas Mercantis e Atividades Afins;

II - estabelecer e consolidar, com exclusividade, as normas e diretrizes gerais do Registro Público de Empresas Mercantis e Atividades Afins;

III - solucionar dúvidas ocorrentes na interpretação das leis, regulamentos e demais normas relacionadas com o registro de empresas mercantis, baixando instruções para esse fim;

IV - prestar orientação às Juntas Comerciais, com vistas à solução de consultas e à observância das normas legais e regulamentares do Registro Público de Empresas Mercantis e Atividades Afins;

V - exercer ampla fiscalização jurídica sobre os órgãos incumbidos do Registro Público de Empresas Mercantis e Atividades Afins, representando para os devidos fins às autoridades administrativas contra abusos e infrações das respectivas normas, e requerendo tudo o que se afigurar necessário ao cumprimento dessas normas;

VI - estabelecer normas procedimentais de arquivamento de atos de firmas mercantis individuais e sociedades mercantis de qualquer natureza;

VII - promover ou providenciar, supletivamente, as medidas tendentes a suprir ou corrigir as ausências, falhas ou deficiências dos serviços de Registro Público de Empresas Mercantis e Atividades Afins;

VIII - prestar colaboração técnica e financeira às juntas comerciais para a melhoria dos serviços pertinentes ao Registro Público de Empresas Mercantis e Atividades Afins;

IX - organizar e manter atualizado o cadastro nacional das empresas mercantis em funcionamento no País, com a cooperação das juntas comerciais;

X - instruir, examinar e encaminhar os pedidos de autorização para nacionalização ou instalação de filial, de agência, de sucursal ou de estabelecimento no País por sociedade estrangeira, ressalvada a competência de outros órgãos federais; *(Redação dada pela Lei nº 14.195, de 2021)*

XI - promover e elaborar estudos e publicações e realizar reuniões sobre temas pertinentes ao Registro Público de Empresas Mercantis e Atividades Afins. *(Redação dada pela Lei nº 13.833,de 2019)*

XII - apoiar a articulação e a supervisão dos órgãos e das entidades envolvidos na integração para o registro e a legalização de empresas; *(Incluído pela Lei nº 14.195, de 2021)*

XIII - quanto à integração para o registro e a legalização de empresas: *(Incluído pela Lei nº 14.195, de 2021)*

a) propor planos de ação e diretrizes e implementar as medidas deles decorrentes, em articulação com outros órgãos e entidades públicas, inclusive estaduais, distritais e municipais; *(Incluída pela Lei nº 14.195, de 2021)*

b) (VETADO); *(Incluída pela Lei nº 14.195, de 2021)*

c) (VETADO); e *(Incluída pela Lei nº 14.195, de 2021)*

d) propor e implementar projetos, ações, convênios e programas de cooperação, em articulação com órgãos e com entidades públicas e privadas, nacionais e estrangeiras, no âmbito de sua área de competência; *(Incluída pela Lei nº 14.195, de 2021)*

XIV - quanto ao Registro Público de Empresas Mercantis e Atividades Afins, propor os planos de ação, as diretrizes e as normas e implementar as medidas necessárias; *(Incluído pela Lei nº 14.195, de 2021)*

XV - coordenar as ações dos órgãos incumbidos da execução dos serviços do Registro Público de Empresas Mercantis e Atividades Afins; *(Incluído pela Lei nº 14.195, de 2021)*

XVI - especificar, desenvolver, implementar, manter e operar os sistemas de informação relativos à integração para o registro e para a legalização de empresas, em articulação com outros órgãos e observadas as competências destes; e *(Incluído pela Lei nº 14.195, de 2021)*

XVII - propor, implementar e monitorar medidas relacionadas com a desburocratização do registro público de empresas e destinadas à melhoria do ambiente de negócios no País. *(Incluído pela Lei nº 14.195, de 2021)*

Parágrafo único. O cadastro nacional a que se refere o inciso IX do *caput* deste artigo será mantido com as informações originárias do cadastro estadual de empresas, vedados a exigência de preenchimento de formulário pelo empresário ou o fornecimento de novos dados ou informações, bem como a cobrança de preço pela inclusão das informações no cadastro nacional. *(Incluído pela Lei nº 13.874, de 2019)*

SUBSEÇÃO II – DAS JUNTAS COMERCIAIS

Art. 5º Haverá uma junta comercial em cada unidade federativa, com sede na capital e jurisdição na área da circunscrição territorial respectiva.

Art. 6º As juntas comerciais subordinam-se, administrativamente, ao governo do respectivo ente federativo e, tecnicamente, ao Departamento Nacional de Registro Empresarial e Integração, nos termos desta Lei. *(Redação dada pela Lei nº 13.833,de 2019)*

Parágrafo único. *(Revogado). (Redação dada pela Lei nº 13.833,de 2019)*

Art. 7º As juntas comerciais poderão desconcentrar os seus serviços, mediante convênios com órgãos públicos e entidades privadas sem fins lucrativos, preservada a competência das atuais delegacias.

Art. 8º Às Juntas Comerciais incumbe:

I - executar os serviços previstos no art. 32 desta lei;

II - elaborar a tabela de preços de seus serviços, observadas as normas legais pertinentes;

III - processar a habilitação e a nomeação dos tradutores públicos e intérpretes comerciais;

IV - elaborar os respectivos Regimentos Internos e suas alterações, bem como as resoluções de caráter administrativo necessárias ao fiel cumprimento das normas legais, regulamentares e regimentais;

V - expedir carteiras de exercício profissional de pessoas legalmente inscritas no Registro Público de Empresas Mercantis e Atividades Afins;

VI - o assentamento dos usos e práticas mercantis.

Art. 9º A estrutura básica das juntas comerciais será integrada pelos seguintes órgãos:

I - a Presidência, como órgão diretivo e representativo;

II - o Plenário, como órgão deliberativo superior;

III - as Turmas, como órgãos deliberativos inferiores;

IV - a Secretaria-Geral, como órgão administrativo;

V - a Procuradoria, como órgão de fiscalização e de consulta jurídica.

§ 1º As juntas comerciais poderão ter uma assessoria técnica, com a competência de preparar e relatar os documentos a serem submetidos à sua deliberação, cujos membros deverão ser bacharéis em Direito, Economistas, Contadores ou Administradores.

§ 2º As juntas comerciais, por seu plenário, poderão resolver pela criação de delegacias, órgãos locais do registro do comércio, nos termos da legislação estadual respectiva.

Art. 10. O Plenário, composto de Vogais e respectivos suplentes, será constituído pelo mínimo de onze e no máximo de vinte e três Vogais. *(Redação dada pela Lei nº 10.194, de 14.2.2001)*

Art. 11. Os vogais e os respectivos suplentes serão nomeados, salvo disposição em contrário, pelos governos dos Estados e do Distrito Federal, dentre brasileiros que atendam às seguintes condições: *(Redação dada pela Lei nº 13.833, de 2019)*

I - estejam em pleno gozo dos direitos civis e políticos;

II - não estejam condenados por crime cuja pena vede o acesso a cargo, emprego e funções públicas, ou por crime de prevaricação, falência fraudulenta, peita ou suborno, concussão, peculato, contra a propriedade, a fé pública e a economia popular;

III - sejam, ou tenham sido, por mais de cinco anos, titulares de firma mercantil individual, sócios ou administradores de sociedade mercantil, valendo como prova, para esse fim, certidão expedida pela junta comercial;

IV - estejam quites com o serviço militar e o serviço eleitoral.

Parágrafo único. Qualquer pessoa poderá representar fundadamente à autoridade competente contra a nomeação de vogal ou suplente, contrária aos preceitos desta lei, no prazo de quinze dias, contados da data da posse.

Art. 12. Os vogais e respectivos suplentes serão escolhidos da seguinte forma:

I - a metade do número de vogais e suplentes será designada mediante indicação de nomes, em listas tríplices, pelas entidades patronais de grau superior e pelas Associações Comerciais, com sede na jurisdição da junta;

II - um Vogal e respectivo suplente, representando a União, por nomeação do Ministro de Estado do Desenvolvimento, Indústria e Comércio Exterior; *(Redação dada pela Lei nº 10.194, de 14.2.2001)*

III – quatro vogais e respectivos suplentes representando a classe dos advogados, a dos economistas, a dos contadores e a dos administradores, todos mediante indicação, em lista tríplice, do Conselho Seccional ou Regional do Órgão Corporativo dessas categorias profissionais; *(Redação dada pela Lei nº 9.829, de 1999)*

IV - os demais vogais e suplentes serão designados, nos Estados e no Distrito Federal, por livre escolha dos respectivos governadores. *(Redação dada pela Lei nº 13.833,de 2019)*

§ 1º Os vogais e respectivos suplentes de que tratam os incisos II e III deste artigo ficam dispensados da prova do requisito previsto no inciso III do art. 11, mas exigir-se-á a prova de mais de 5 (cinco) anos de efetivo exercício da profissão em relação aos vogais e suplentes de que trata o inciso III.

§ 2º As listas referidas neste artigo devem ser remetidas até 60 (sessenta) dias antes do término do mandato, caso contrário será considerada, com relação a cada entidade que se omitir na remessa, a última lista que não inclua pessoa que exerça ou tenha exercido mandato de vogal.

Art. 13. Os vogais serão remunerados por presença, nos termos da legislação da unidade federativa a que pertencer a junta comercial.

Art. 14. O vogal será substituído por seu suplente durante os impedimentos e, no caso de vaga, até o final do mandato.

Art. 15. São incompatíveis para a participação no colégio de vogais da mesma junta comercial os parentes consangüíneos e afins até o segundo grau e os sócios da mesma empresa.

Parágrafo único. Em caso de incompatibilidade, serão seguidos, para a escolha dos membros, sucessivamente, os critérios da precedência na nomeação, da precedência na posse, ou do membro mais idoso.

Art. 16. O mandato de vogal e respectivo suplente será de 4 (quatro) anos, permitida apenas uma recondução.

Art. 17. O vogal ou seu suplente perderá o mandato nos seguintes casos:

I - mais de 3 (três) faltas consecutivas às sessões, ou 12 (doze) alternadas no mesmo ano, sem justo motivo;

II - por conduta incompatível com a dignidade do cargo.

Art. 18. Na sessão inaugural do plenário das juntas comerciais, que iniciará cada período de mandato, serão distribuídos os vogais por turmas de três membros cada uma, com exclusão do presidente e do vice-presidente.

Art. 19. Ao plenário compete o julgamento dos processos em grau de recurso, nos termos previstos no regulamento desta lei.

Art. 20. As sessões ordinárias do plenário e das turmas efetuar-se-ão com a periodicidade e do modo determinado no regimento da junta comercial; e as extraordinárias, sempre justificadas, por convocação do presidente ou de dois terços dos seus membros.

Art. 21. Compete às turmas julgar, originariamente, os pedidos relativos à execução dos atos de registro.

Art. 22. Compete aos respectivos governadores a nomeação para os cargos em comissão de presidente e vice-presidente das juntas comerciais dos Estados e do Distrito Federal, escolhidos dentre os vogais do Plenário. *(Redação dada pela Lei nº 13.833,de 2019)*

Art. 23. Compete ao presidente:

I - a direção e representação geral da junta;

II - dar posse aos vogais, convocar e dirigir as sessões do Plenário, superintender todos os serviços e velar pelo fiel cumprimento das normas legais e regulamentares.

Art. 24. Ao vice-presidente incumbe substituir o presidente em suas faltas ou impedimentos e efetuar a correição permanente dos serviços, na forma do regulamento desta lei.

Art. 25. Compete aos respectivos governadores a nomeação para o cargo em comissão de secretário-geral das juntas comerciais dos Estados e do Distrito Federal, e a escolha deverá recair sobre brasileiros de notória idoneidade moral e com conhecimentos em direito empresarial. *(Redação dada pela Lei nº 13.833, de 2019)*

Art. 26. À secretaria-geral compete a execução dos serviços de registro e de administração da junta.

Art. 27. As procuradorias serão compostas de 1 (um) ou mais procuradores e chefiadas pelo procurador que for designado pelo governador do Estado ou do

Distrito Federal. *(Redação dada pela Lei nº 13.833,de 2019)*

Art. 28. A procuradoria tem por atribuição fiscalizar e promover o fiel cumprimento das normas legais e executivas, oficiando, internamente, por sua iniciativa ou mediante solicitação da presidência, do plenário e das turmas; e, externamente, em atos ou feitos de natureza jurídica, inclusive os judiciais, que envolvam matéria do interesse da junta.

CAPÍTULO II – DA PUBLICIDADE DO REGISTRO PÚBLICO DE EMPRESAS MERCANTIS E ATIVIDADES AFINS

SEÇÃO I – DAS DISPOSIÇÕES GERAIS

Art. 29. Qualquer pessoa, sem necessidade de provar interesse, poderá consultar os assentamentos existentes nas juntas comerciais e obter certidões, mediante pagamento do preço devido.

Art. 30. A forma, prazo e procedimento de expedição de certidões serão definidos no regulamento desta lei.

SEÇÃO II – DA PUBLICAÇÃO DOS ATOS

Art. 31. Os atos decisórios serão publicados em sítio da rede mundial de computadores da junta comercial do respectivo ente federativo. *(Redação dada pela Lei nº 13.874, de 2019)*

CAPÍTULO III – DOS ATOS PERTINENTES AO REGISTRO PÚBLICO DE EMPRESAS MERCANTIS E ATIVIDADES AFINS

SEÇÃO I – DA COMPREENSÃO DOS ATOS

Art. 32. O registro compreende:

I - a matrícula e seu cancelamento: dos leiloeiros, tradutores públicos e intérpretes comerciais, trapicheiros e administradores de armazéns-gerais;

II - O arquivamento:

a) dos documentos relativos à constituição, alteração, dissolução e extinção de firmas mercantis individuais, sociedades mercantis e cooperativas;

b) dos atos relativos a consórcio e grupo de sociedade de que trata a Lei nº 6.404, de 15 de dezembro de 1976;

c) dos atos concernentes a empresas mercantis estrangeiras autorizadas a funcionar no Brasil;

d) das declarações de microempresa;

e) de atos ou documentos que, por determinação legal, sejam atribuídos ao Registro Público de Empresas Mercantis e Atividades Afins ou daqueles que possam interessar ao empresário e às empresas mercantis;

III - a autenticação dos instrumentos de escrituração das empresas mercantis registradas e dos agentes auxiliares do comércio, na forma de lei própria.

§ 1º Os atos, os documentos e as declarações que contenham informações meramente cadastrais serão levados automaticamente a registro se puderem ser obtidos de outras bases de dados disponíveis em órgãos públicos. *(Incluído pela Lei nº 13.874, de 2019)*

§ 2º Ato do Departamento Nacional de Registro Empresarial e Integração definirá os atos, os documentos e as declarações que contenham informações meramente cadastrais. *(Incluído pela Lei nº 13.874, de 2019)*

Art. 33. A proteção ao nome empresarial decorre automaticamente do arquivamento dos atos constitutivos de firma individual e de sociedades, ou de suas alterações.

§ 1º (Vetado).

§ 2º (Vetado).

Art. 34. O nome empresarial obedecerá aos princípios da veracidade e da novidade.

SEÇÃO II – DAS PROIBIÇÕES DE ARQUIVAMENTO

Art. 35. Não podem ser arquivados:

I - os documentos que não obedecerem às prescrições legais ou regulamentares ou que contiverem matéria contrária aos bons costumes ou à ordem pública, bem como os que colidirem com o respectivo estatuto ou contrato não modificado anteriormente;

II - os documentos de constituição ou alteração de empresas mercantis de qualquer espécie ou modalidade em que figure como titular ou administrador pessoa que esteja condenada pela prática de crime cuja pena vede o acesso à atividade mercantil;

III - os atos constitutivos de empresas mercantis que, além das cláusulas exigidas em lei, não designarem o respectivo capital e a declaração de seu objeto, cuja indicação no nome empresarial é facultativa; *(Redação dada pela Lei nº 14.195, de 2021)*

IV - *(revogado)*; *(Redação dada pela Lei nº 14.195, de 2021)*

V - os atos de empresas mercantis com nome idêntico a outro já existente; *(Redação dada pela Lei nº 14.195, de 2021)*

VI - a alteração contratual, por deliberação majoritária do capital social, quando houver cláusula restritiva;

VII - os contratos sociais ou suas alterações em que haja incorporação de imóveis à sociedade, por instrumento particular, quando do instrumento não constar:

a) a descrição e identificação do imóvel, sua área, dados relativos à sua titulação, bem como o número da matrícula no registro imobiliário;

b) a outorga uxória ou marital, quando necessária;

VIII - *(revogado)*. *(Redação dada pela Lei nº 13.874, de 2019)*

§ 1º O registro dos atos constitutivos e de suas alterações e extinções ocorrerá independentemente de autorização governamental prévia, e os órgãos públicos deverão ser informados pela Rede Nacional para a Simplificação do Registro e da Legalização de Empresas e Negócios (Redesim) a respeito dos registros sobre os quais manifestarem interesse. *(Incluído pela Lei nº 14.195, de 2021)*

§ 2º Eventuais casos de confronto entre nomes empresariais por semelhança poderão ser questionados pelos interessados, a qualquer tempo, por meio de recurso ao Drei. *(Incluído pela Lei nº 14.195, de 2021)*

Art. 35-A. O empresário ou a pessoa jurídica poderá optar por utilizar o número de inscrição no Cadastro Nacional da Pessoa Jurídica (CNPJ) como nome empresarial, seguido da partícula identificadora do tipo societário ou jurídico, quando exigida por lei. *(Incluído pela Lei nº 14.195, de 2021)*

SEÇÃO III – DA ORDEM DOS SERVIÇOS

SUBSEÇÃO I – DA APRESENTAÇÃO DOS ATOS E ARQUIVAMENTO

Art. 36. Os documentos referidos no inciso II do art. 32 deverão ser apresentados a arquivamento na junta, dentro de 30 (trinta) dias contados de sua assinatura, a cuja data retroagirão os efeitos do arquivamento; fora desse prazo, o arquivamento só terá eficácia a partir do despacho que o conceder.

Art. 37. Instruirão obrigatoriamente os pedidos de arquivamento:

I - o instrumento original de constituição, modificação ou extinção de empresas mercantis, assinado pelo titular, pelos administradores, sócios ou seus procuradores;

II - declaração do titular ou administrador, firmada sob as penas da lei, de não estar impedido de exercer o comércio ou a administração de sociedade mercantil, em virtude de condenação criminal; *(Redação dada pela Lei nº 10.194, de 14.2.2001)*

III - a ficha cadastral padronizada, que deverá seguir o modelo aprovado pelo Drei, a qual incluirá, no mínimo, as informações sobre os seus titulares e administradores, bem como sobre a forma de representação da empresa mercantil; *(Redação dada pela Lei nº 14.195, de 2021)*

IV - os comprovantes de pagamento dos preços dos serviços correspondentes;

V - a prova de identidade dos titulares e dos administradores da empresa mercantil.

Parágrafo único. Além dos referidos neste artigo, nenhum outro documento será exigido das firmas individuais e sociedades referidas nas alíneas a, b e d do inciso II do art. 32.

Art. 38. Para cada empresa mercantil, a junta comercial organizará um prontuário com os respectivos documentos.

SUBSEÇÃO II – DAS AUTENTICAÇÕES

Art. 39. As juntas comerciais autenticarão:

I - os instrumentos de escrituração das empresas mercantis e dos agentes auxiliares do comércio;

II - as cópias dos documentos assentados.

Parágrafo único. Os instrumentos autenticados, não retirados no prazo de 30 (trinta) dias, contados da sua apresentação, poderão ser eliminados.

Art. 39-A. A autenticação dos documentos de empresas de qualquer porte realizada por meio de sistemas públicos eletrônicos dispensa qualquer outra. *(Incluído pela Lei Complementar nº 147, de 2014)*

Art. 39-B. A comprovação da autenticação de documentos e da autoria de que trata esta Lei poderá ser realizada por meio eletrônico, na forma do regulamento. *(Incluído pela Lei Complementar nº 147, de 2014)*

SUBSEÇÃO III – DO EXAME DAS FORMALIDADES

Art. 40. Todo ato, documento ou instrumento apresentado a arquivamento será objeto de exame do cumprimento das formalidades legais pela junta comercial.

§ 1º Verificada a existência de vício insanável, o requerimento será indeferido; quando for sanável, o processo será colocado em exigência.

§ 2º As exigências formuladas pela junta comercial deverão ser cumpridas em até 30 (trinta) dias, contados da data da ciência pelo interessado ou da publicação do despacho.

§ 3º O processo em exigência será entregue completo ao interessado; não devolvido no prazo previsto no parágrafo anterior, será considerado como novo pedido de arquivamento, sujeito ao pagamento dos preços dos serviços correspondentes.

SUBSEÇÃO IV – DO PROCESSO DECISÓRIO

Art. 41. Estão sujeitos ao regime de decisão colegiada pelas juntas comerciais, na forma desta lei:

I - o arquivamento:

a) dos atos de constituição de sociedades anônimas; *(Redação dada pela Lei nº 13.874, de 2019)*

b) dos atos referentes à transformação, incorporação, fusão e cisão de empresas mercantis;

c) dos atos de constituição e alterações de consórcio e de grupo de sociedades, conforme previsto na Lei nº 6.404, de 15 de dezembro de 1976;

II - o julgamento do recurso previsto nesta lei.

Parágrafo único. Os pedidos de arquivamento de que trata o inciso I do *caput* deste artigo serão decididos no prazo de 5 (cinco) dias úteis, contado da data de seu recebimento, sob pena de os atos serem considerados arquivados, mediante provocação dos interessados, sem prejuízo do exame das formalidades legais pela procuradoria. *(Incluído pela Lei nº 13.874, de 2019)*

Art. 42. Os atos próprios do Registro Público de Empresas Mercantis e Atividades Afins, não previstos no artigo anterior, serão objeto de decisão singular proferida pelo presidente da junta comercial, por vogal ou servidor que possua comprovados conhecimentos de Direito Comercial e de Registro de Empresas Mercantis.

§ 1º. Os vogais e servidores habilitados a proferir decisões singulares serão designados pelo presidente da junta comercial. *(Redação dada pela Lei nº 13.874, de 2019)*

§ 2º Os pedidos de arquivamento não previstos no inciso I do *caput* do art. 41 desta Lei serão decididos no prazo de 2 (dois) dias úteis, contado da data de seu recebimento, sob pena de os atos serem considerados arquivados, mediante provocação dos interessados, sem prejuízo do exame das formalidades legais pela procuradoria. *(Incluído pela Lei nº 13.874, de 2019)*

§ 3º O arquivamento dos atos constitutivos e de alterações não previstos no inciso I do *caput* do art. 41 desta Lei terá o registro deferido automaticamente caso cumpridos os requisitos de: *(Incluído pela Lei nº 13.874, de 2019)*

I - aprovação da consulta prévia da viabilidade do nome empresarial e da viabilidade de localização, quando o ato exigir; e *(Incluído pela Lei nº 13.874, de 2019)*

II - utilização pelo requerente do instrumento padrão estabelecido pelo Departamento Nacional de Registro Empresarial e Integração (Drei) da Secretaria de Governo Digital da Secretaria Especial de Desburocratização, Gestão e Governo Digital do Ministério da Economia. *(Incluído pela Lei nº 13.874, de 2019)*

§ 4º O arquivamento dos atos de extinção não previstos no inciso I do *caput* do art. 41 desta Lei terá o registro deferido automaticamente no caso de utilização pelo requerente do instrumento padrão estabelecido pelo Drei. *(Incluído pela Lei nº 13.874, de 2019)*

§ 5º Nas hipóteses de que tratam os §§ 3º e 4º do *caput* deste artigo, a análise do cumprimento das formalidades legais será feita posteriormente, no prazo de 2 (dois) dias úteis, contado da data do deferimento automático do registro. *(Incluído pela Lei nº 13.874, de 2019)*

§ 6º Após a análise de que trata o § 5º deste artigo, a identificação da existência de vício acarretará: *(Incluído pela Lei nº 13.874, de 2019)*

I - o cancelamento do arquivamento, se o vício for insanável; ou *(Incluído pela Lei nº 13.874, de 2019)*

II - a observação do procedimento estabelecido pelo Drei, se o vício for sanável. *(Incluído pela Lei nº 13.874, de 2019)*

Art. 43. *(Revogado pela Lei nº 13.874, de 2019)*

SUBSEÇÃO V – DO PROCESSO REVISIONAL

Art. 44. O processo revisional pertinente ao Registro Público de Empresas Mercantis e Atividades Afins dar-se-á mediante:

I - Pedido de Reconsideração;

II - Recurso ao Plenário;

III - Recurso ao Departamento Nacional de Registro Empresarial e Integração. *(Redação dada pela Lei nº 13.874, de 2019)*

Art. 45. O Pedido de Reconsideração terá por objeto obter a revisão de despachos singulares ou de Turmas que formulem exigências para o deferimento do arquivamento e será apresentado no prazo para cumprimento da exigência para apreciação pela autoridade recorrida em 3 (três) dias úteis ou 5 (cinco) dias úteis, respectivamente. *(Redação dada pela Lei nº 11.598, de 2007)*

Art. 46. Das decisões definitivas, singulares ou de turmas, cabe recurso ao plenário, que deverá ser decidido no prazo máximo de 30 (trinta) dias, a contar da data do recebimento da peça recursal, ouvida a procuradoria, no prazo de 10 (dez) dias, quando a mesma não for a recorrente.

Art. 47. Das decisões do plenário cabe recurso ao Departamento Nacional de Registro Empresarial e Integração como última instância administrativa. *(Redação dada pela Lei nº 13.874, de 2019)*

Parágrafo único. (Revogado). *(Redação dada pela Lei nº 13.874, de 2019)*

Art. 48. Os recursos serão indeferidos liminarmente pelo presidente da junta quando assinados por procurador sem mandato ou, ainda, quando interpostos fora do prazo ou antes da decisão definitiva, devendo ser, em qualquer caso, anexados ao processo.

Art. 49. Os recursos de que trata esta lei não têm efeito suspensivo.

Art. 50. Todos os recursos previstos nesta lei deverão ser interpostos no prazo de 10 (dez) dias úteis, cuja fluência começa na data da intimação da parte ou da publicação do ato no órgão oficial de publicidade da junta comercial.

Art. 51. A procuradoria e as partes interessadas, quando for o caso, serão intimadas para, no mesmo prazo de 10 (dez) dias, oferecerem contra-razões.

TÍTULO II – DAS DISPOSIÇÕES FINAIS E TRANSITÓRIAS

CAPÍTULO I – DAS DISPOSIÇÕES FINAIS

Art. 52. (Vetado).

Art. 53. As alterações contratuais ou estatutárias poderão ser efetivadas por escritura pública ou particular, independentemente da forma adotada no ato constitutivo.

Art. 54. A prova da publicidade de atos societários, quando exigida em lei, será feita mediante anotação nos registros da junta comercial à vista da apresentação da folha do Diário Oficial, em sua versão eletrônica, dispensada a juntada da mencionada folha. *(Redação dada pela Lei nº 13.874, de 2019)*

Art. 55. Compete ao Departamento Nacional de Registro Empresarial e Integração propor a elaboração da tabela de preços dos serviços pertinentes ao Registro Público de Empresas Mercantis, na parte relativa aos atos de natureza federal, bem como especificar os atos a serem observados pelas juntas comerciais na elaboração de suas tabelas locais. *(Redação dada pela Lei nº 13.874, de 2019)*

§ 1º As isenções de preços de serviços restringem-se aos casos previstos em lei. *(Incluído pela Lei nº 13.874, de 2019)*

§ 2º É vedada a cobrança de preço pelo serviço de arquivamento dos documentos relativos à extinção do registro do empresário individual, da empresa individual de responsabilidade limitada (Eireli) e da sociedade limitada. *(Incluído pela Lei nº 13.874, de 2019)*

Art. 56. Os documentos arquivados pelas juntas comerciais não serão retirados, em qualquer hipótese, de suas dependências, ressalvado o disposto no art. 57 desta Lei. *(Redação dada pela Lei nº 14.195, de 2021)*

Art. 57. Quaisquer atos e documentos, após microfilmados ou preservada a sua imagem por meios tecnológicos mais avançados, poderão ser eliminados pelas juntas comerciais, conforme disposto em regulamento. *(Redação dada pela Lei nº 14.195, de 2021)*

Parágrafo único. Antes da eliminação prevista no *caput* deste artigo, será concedido o prazo de 30 (trinta) dias para os acionistas, os diretores e os procuradores das empresas ou outros interessados retirarem, facultativamente, a documentação original, sem qualquer custo. *(Incluído pela Lei nº 14.195, de 2021)*

Art. 58. *(Revogado pela Lei nº 14.195, de 2021)*

Art. 59. Expirado o prazo da sociedade celebrada por tempo determinado, esta perderá a proteção do seu nome empresarial.

Art. 60. *(Revogado pela Lei nº 14.195, de 2021)*

Art. 61. O fornecimento de informações cadastrais aos órgãos executores do Registro Público de Empresas Mercantis e Atividades Afins desobriga as firmas individuais e sociedades de prestarem idênticas informações a outros órgãos ou entidades das Administrações Federal, Estadual ou Municipal.

Parágrafo único. O Departamento Nacional de Registro Empresarial e Integração manterá à disposição dos órgãos ou das entidades de que trata este artigo os seus serviços de cadastramento de empresas mercantis. *(Redação dada pela Lei nº 13.833,de 2019)*

Art. 62. *(Revogado pela Lei nº 13.833,de 2019)*

Art. 63. Os atos levados a arquivamento nas juntas comerciais são dispensados de reconhecimento de firma. *(Redação dada pela Lei nº 14.195, de 2021)*

§ 1º A cópia de documento, autenticada na forma prevista em lei, dispensará nova conferência com o documento original. *(Incluído pela Lei nº 13.874, de 2019)*

§ 2º A autenticação do documento poderá ser realizada por meio de comparação entre o documento original e a sua cópia pelo servidor a quem o documento seja apresentado. *(Incluído pela Lei nº 13.874, de 2019)*

§ 3º Fica dispensada a autenticação a que se refere o § 1º do *caput* deste artigo quando o advogado ou o contador da parte interessada declarar, sob sua responsabilidade pessoal, a autenticidade da cópia do documento. *(Incluído pela Lei nº 13.874, de 2019)*

Art. 64. A certidão dos atos de constituição e de alteração de empresários individuais e de sociedades mercantis, fornecida pelas juntas comerciais em que foram arquivados, será o documento hábil para a transferência, por transcrição no registro público competente, dos bens com que o subscritor tiver contribuído para a formação ou para o aumento do capital. *(Redação dada pela Lei nº 14.195, de 2021)*

- *Vide art. 167, I-32 da Lei de Registros Públicos (Lei 6.015/1973)*

CAPÍTULO II – DAS DISPOSIÇÕES TRANSITÓRIAS

Art. 65. As juntas comerciais adaptarão os respectivos regimentos ou regulamentos às disposições desta lei no prazo de 180 (cento e oitenta) dias.

Art. 65-A. Os atos de constituição, alteração, transformação, incorporação, fusão, cisão, dissolução e extinção de registro de empresários e de pessoas jurídicas poderão ser realizados também por meio de sistema eletrônico criado e mantido pela administração pública federal. *(Incluído pela Lei nº 13.874, de 2019)*

Art. 66. (Vetado).

Art. 67. Esta lei será regulamentada pelo Poder Executivo no prazo de 90 (noventa) dias e entrará em vigor na data da sua publicação, revogadas as Leis nºs 4.726, de 13 de julho de 1965, 6.939, de 09 de setembro de 1981, 6.054, de 12 de junho de 1974, o § 4º do art. 71 da Lei nº 4.215, de 27 de abril de 1963, acrescentado pela Lei nº 6.884, de 09 de dezembro de 1980, e a Lei nº 8.209, de 18 de julho de 1991.

Brasília, 18 de novembro de 1994;
173º da Independência e 106º da República.
ITAMAR FRANCO
Ciro Ferreira Gomes
Elcio Álvares
DOU. 21.11.1994.

DECRETO Nº 1.800, DE 30 DE JANEIRO DE 1996

Regulamenta a Lei nº 8.934, de 18 de novembro de 1994, que dispõe sobre o Registro Público de Empresas Mercantis e Atividades Afins e dá outras providências.

- *Vide arts. 966 a 1.195, Código Civil*

O PRESIDENTE DA REPÚBLICA, no uso da atribuição que lhe confere o art. 84, inciso IV, da Constituição, e tendo em vista o disposto no art. 67 da Lei nº 8.934, de 18 de novembro de 1994,

DECRETA:

TÍTULO I – DAS FINALIDADES E DA ORGANIZAÇÃO DO REGISTRO PÚBLICO DE EMPRESAS MERCANTIS E ATIVIDADES AFINS

CAPÍTULO I – DAS FINALIDADES

Art. 1º O Registro Público de Empresas Mercantis e Atividades Afins será exercido no território nacional, de forma sistêmica, por órgãos federais, estaduais e distritais, com as seguintes finalidades: *(Redação dada pelo Decreto nº 10.173, de 2019)*

I - dar garantia, publicidade, autenticidade, segurança e eficácia aos atos jurídicos das empresas, submetidos a registro na forma da lei; *(Redação dada pelo Decreto nº 10.173, de 2019)*

II - cadastrar e manter atualizadas as informações relacionadas às empresas nacionais e estrangeiras em funcionamento no País; e *(Redação dada pelo Decreto nº 10.173, de 2019)*

III - proceder à matrícula dos agentes auxiliares do comércio, bem como ao seu cancelamento.

Art. 2º Os atos das organizações destinadas à exploração de qualquer atividade econômica com fins lucrativos, compreendidos os empresários individuais e as sociedades empresárias, independentemente de seu objeto social, serão arquivados no Registro Público de Empresas Mercantis e Atividades Afins, respeitadas as exceções previstas em lei. *(Redação dada pelo Decreto nº 10.173, de 2019)*

CAPÍTULO II – DA ORGANIZAÇÃO

SEÇÃO I – DAS DISPOSIÇÕES GERAIS

Art. 3º Os serviços do Registro Público de Empresas Mercantis e Atividades Afins serão exercidos, em todo o território nacional, de maneira uniforme, harmônica e interdependente, pelo Sistema Nacional de Registro de Empresas Mercantis – SINREM, composto pelos seguintes órgãos:

I - Departamento Nacional de Registro Empresarial e Integração da Secretaria de Governo Digital da Secretaria Especial de Desburocratização, Gestão e Governo Digital do Ministério da Economia, órgão central do SINREM, com as seguintes funções: *(Redação dada pelo Decreto nº 10.173, de 2019)*

a) supervisão, orientação, coordenação e normativa, na área técnica; e *(Incluído pelo Decreto nº 10.173, de 2019)*

b) supletiva, na área administrativa; e *(Incluído pelo Decreto nº 10.173, de 2019)*

II - Juntas Comerciais, com funções executora e administradora dos serviços de Registro Público de Empresas Mercantis e Atividades Afins.

SEÇÃO II – DO DEPARTAMENTO NACIONAL DE REGISTRO EMPRESARIAL E INTEGRAÇÃO

(Redação dada pelo Decreto nº 10.173, de 2019)

Art. 4º O Departamento Nacional de Registro Empresarial e Integração da Secretaria de Governo Digital da Secretaria Especial de Desburocratização, Gestão e Governo Digital do Ministério da Economia tem por finalidade: *(Redação dada pelo Decreto nº 10.173, de 2019)*

I - supervisionar e coordenar, no plano técnico, os órgãos incumbidos da execução dos serviços do Registro Público de Empresas Mercantis e Atividades Afins;

II - estabelecer e consolidar, com exclusividade, as normas e diretrizes gerais do Registro Público de Empresas Mercantis e Atividades Afins;

III - solucionar dúvidas ocorrentes na interpretação das leis, regulamentos e demais normas relacionadas com os serviços do Registro Público de Empresas Mercantis e Atividades Afins, baixando instruções para esse fim;

IV - prestar orientações às Juntas Comerciais, com vistas à solução de consultas e à observância das normas legais e regulamentares do Registro Público de Empresas Mercantis e Atividades Afins;

V - exercer ampla fiscalização jurídica sobre os órgãos incumbidos do Registro Público de Empresas Mercantis e Atividades Afins, representando para os devidos fins às autoridades administrativas contra abusos e infrações das respectivas normas e requerendo o que for necessário ao seu cumprimento;

VI - estabelecer normas procedimentais de arquivamento de atos de empresários individuais e de sociedades empresárias de qualquer natureza; *(Redação dada pelo Decreto nº 10.173, de 2019)*

VII - promover ou providenciar, supletivamente, no plano administrativo, medidas tendentes a suprir ou corrigir ausências, falhas ou deficiências dos serviços de Registro Público de Empresas Mercantis e Atividades Afins;

VIII - prestar apoio técnico e financeiro às Juntas Comerciais para a melhoria dos serviços de Registro Público de Empresas Mercantis e Atividades Afins;

IX - organizar e manter atualizado o Cadastro Nacional de Empresas - CNE, mediante colaboração mútua com as Juntas Comerciais; *(Redação dada pelo Decreto nº 10.173, de 2019)*

X - instruir, examinar e encaminhar os processos a serem decididos pelo Ministro de Estado da Economia, incluídos os pedidos de autorização para nacionalização ou instalação de filial, agência, sucursal ou estabelecimento no País, por sociedade empresária estrangeira, sem prejuízo da competência de outros órgãos públicos federais; e *(Redação dada pelo Decreto nº 10.173, de 2019)*

XI - promover e elaborar estudos e publicações e realizar reuniões sobre temas pertinentes ao Registro Público de Empresas Mercantis e Atividades Afins. *(Redação dada pelo Decreto nº 10.173, de 2019)*

X - instruir, examinar e encaminhar os pedidos de autorização para nacionalização ou instalação de filial, de agência, de sucursal ou de estabelecimento no País por sociedade estrangeira, ressalvada a competência de outros órgãos federais; *(Redação dada pelo Decreto nº 11.250, de 2022)*

XI - promover e elaborar estudos e publicações e realizar reuniões sobre temas pertinentes ao Registro Público de Empresas Mercantis e Atividades Afins; *(Redação dada pelo Decreto nº 11.250, de 2022)*

XII - apoiar a articulação e a supervisão dos órgãos e das entidades envolvidos na integração para o registro e a legalização de empresas; *(Incluído pelo Decreto nº 11.250, de 2022)*

XIII - quanto à integração para o registro e a legalização de empresas: *(Incluído pelo Decreto nº 11.250, de 2022)*

a) propor planos de ação e diretrizes e implementar as medidas deles decorrentes, em articulação com outros órgãos e entidades públicas, inclusive estaduais, distritais e municipais; e *(Incluída pelo Decreto nº 11.250, de 2022)*

b) propor e implementar projetos, ações, convênios e programas de cooperação, em articulação com órgãos e com entidades públicas e privadas, nacionais e estrangeiras, no âmbito de sua área de competência; *(Incluída pelo Decreto nº 11.250, de 2022)*

XIV - quanto ao Registro Público de Empresas Mercantis e Atividades Afins, propor os planos de ação, as diretrizes e as normas e implementar as medidas necessárias; *(Incluído pelo Decreto nº 11.250, de 2022)*

XV - coordenar as ações dos órgãos incumbidos da execução dos serviços do Registro Público de Empresas Mercantis e Atividades Afins; *(Incluído pelo Decreto nº 11.250, de 2022)*

XVI - especificar, desenvolver, homologar, implementar, manter e operar os sistemas de informação relativos à integração para o registro e para a legalização de empresas, em articulação com outros órgãos e observadas as competências destes; e *(Incluído pelo Decreto nº 11.250, de 2022)*

XVII - propor, implementar e monitorar medidas relacionadas com a desburocratização do registro público de empresas e destinadas à melhoria do ambiente de negócios no País. *(Incluído pelo Decreto nº 11.250, de 2022)*

§ 1º Para fins do disposto neste artigo, o Departamento Nacional de Registro Empresarial e Integração da Secretaria de Governo Digital da Secretaria Especial de Desburocratização, Gestão e Governo Digital do Ministério da Economia, observadas suas finalidades, poderá constituir comissões integradas por servidores dos órgãos que compõem o SINREM. *(Incluído pelo Decreto nº 10.173, de 2019)*

§ 2º O cadastro nacional a que se refere o inciso IX do *caput* incluirá as informações originárias do cadastro estadual de empresas, vedados a exigência de preenchimento de formulário pelo empresário, o fornecimento de novos dados ou informações ou a cobrança de preço pela inclusão das informações no cadastro nacional. *(Incluído pelo Decreto nº 10.173, de 2019)*

SEÇÃO III – DAS JUNTAS COMERCIAIS

Art. 5º A Junta Comercial de cada unidade federativa, com jurisdição na respectiva área da circunscrição territorial e sede na capital, subordina-se, administrativamente, ao Governo de sua unidade federativa e, tecnicamente, ao Departamento Nacional de Registro Empresarial e Integração da Secretaria de Governo Digital da Secretaria Especial de Desburocratização, Gestão e Governo Digital do Ministério da Economia. *(Redação dada pelo Decreto nº 10.173, de 2019)*

Parágrafo único. *(Revogado pelo Decreto nº 10.173, de 2019)*

Art. 6º As Juntas Comerciais poderão desconcentrar seus serviços mediante convênios com órgãos da Administração direta, autarquias e fundações públicas e entidades privadas sem fins lucrativos.

Parágrafo único. Ato do Departamento Nacional de Registro Empresarial e Integração da Secretaria de Governo Digital da Secretaria Especial de Desburocratização, Gestão e Governo Digital do Ministério da Economia estabelecerá as orientações necessárias à execução do disposto no *caput*. *(Redação dada pelo Decreto nº 10.173, de 2019)*

Art. 7º Compete às Juntas Comerciais:

I - executar os serviços de registro de empresas, neles compreendidos: *(Redação dada pelo Decreto nº 10.173, de 2019)*

a) o arquivamento dos atos relativos à constituição, alteração, dissolução e extinção de empresas, de cooperativas, das declarações de microempresas e empresas de pequeno porte e dos atos relativos a consórcios e grupo de sociedades de que trata a *Lei nº 6.404, de 15 de dezembro de 1976*; *(Redação dada pelo Decreto nº 10.173, de 2019)*

b) o arquivamento dos atos relacionados às sociedades empresárias estrangeiras autorizadas a funcionar no País; *(Redação dada pelo Decreto nº 10.173, de 2019)*

c) o arquivamento de atos ou documentos que, por determinação legal, seja atribuído ao Registro Público de Empresas Mercantis e Atividades Afins e daqueles que possam interessar ao empresário ou às sociedades empresárias; *(Redação dada pelo Decreto nº 10.173, de 2019)*

d) a autenticação dos instrumentos de escrituração das empresas registradas e dos agentes auxiliares do comércio, nos termos do disposto na legislação específica; e *(Redação dada pelo Decreto nº 10.173, de 2019)*

e) a emissão de certidões dos documentos arquivados;

II - elaborar a tabela de preços de seus serviços, observado o disposto em ato do Departamento Nacional de Registro Empresarial e Integração da Secretaria de Governo Digital da Secretaria Especial de Desburocratização, Gestão e Governo Digital do Ministério da Economia; *(Redação dada pelo Decreto nº 10.173, de 2019)*

III - processar, em relação aos agentes auxiliares do comércio:

a) a habilitação, nomeação, matrícula e seu cancelamento dos tradutores públicos e intérpretes comerciais;

b) a matrícula e seu cancelamento de leiloeiros, trapicheiros e administradores de armazéns-gerais;

IV - elaborar os respectivos Regimentos Internos e suas alterações, bem como as resoluções de caráter administrativo necessárias ao fiel cumprimento das normas legais, regulamentares e regimentais;

V - expedir carteiras de exercício profissional para os agentes auxiliares do comércio matriculados no Registro Público de Empresas Mercantis e Atividades Afins, observado o disposto em ato do Departamento Nacional de Registro Empresarial e Integração da Secretaria de Governo Digital da Secretaria Especial de Desburocratização, Gestão e Governo Digital do Ministério da Economia; *(Redação dada pelo Decreto nº 10.173, de 2019)*

VI - proceder ao assentamento dos usos e práticas empresariais; *(Redação dada pelo Decreto nº 10.173, de 2019)*

VII - prestar ao Departamento Nacional de Registro Empresarial e Integração da Secretaria de Governo Digital da Secretaria Especial de Desburocratização, Gestão e Governo Digital do Ministério da Economia as informações necessárias: *(Redação dada pelo Decreto nº 10.173, de 2019)*

a) à organização, formação e atualização do cadastro nacional das empresas em funcionamento no País; *(Redação dada pelo Decreto nº 10.173, de 2019)*

b) à realização de estudos para o aperfeiçoamento dos serviços de Registro Público de Empresas Mercantis e Atividades Afins;

c) ao acompanhamento e à avaliação da execução dos serviços de Registro Público de Empresas Mercantis e Atividades Afins;

d) à catalogação dos assentamentos de usos e práticas empresariais procedidos; e *(Redação dada pelo Decreto nº 10.173, de 2019)*

VIII - organizar, formar, atualizar e auditar, observado o disposto nos atos do Departamento Nacional de Registro Empresarial e Integração da Secretaria de Governo Digital da Secretaria Especial de Desburocratização, Gestão e Governo Digital do Ministério da Economia, o Cadastro Estadual de Empresas - CEE, integrante do Cadastro Nacional de Empresas - CNE. *(Redação dada pelo Decreto nº 10.173, de 2019)*

Parágrafo único. As competências das Juntas Comerciais referentes aos agentes auxiliares do comércio, trapiches e armazéns-gerais serão exercidas nos termos do disposto neste Regulamento, na legislação específica e nos atos do Departamento Nacional de Registro Empresarial e Integração da Secretaria de Governo Digital da Secretaria Especial de Desburocratização, Gestão e Governo Digital do Ministério da Economia. *(Redação dada pelo Decreto nº 10.173, de 2019)*

Art. 8º A estrutura básica das Juntas Comerciais será integrada pelos seguintes órgãos:

I - Presidência, como órgão diretivo e representativo;

II - Plenário, como órgão deliberativo superior;

III - Turmas, como órgãos deliberativos inferiores;

IV - Secretaria-Geral, como órgão administrativo;

V - Procuradoria, como órgão de fiscalização e de consulta jurídica.

§ 1º As Juntas Comerciais poderão ter uma Assessoria Técnica, com a competência de examinar e relatar os processos de Registro Público de Empresas Mercantis e Atividades Afins a serem submetidos à sua deliberação, cujos membros deverão ser bacharéis em Direito, Economistas, Contadores ou Administradores.

§ 2º As Juntas Comerciais, por seu Plenário, nos termos da legislação estadual respectiva, poderão criar delegacias, como órgãos subordinados, para exercerem, em suas jurisdições, as atribuições de autenticar instrumentos de escrituração das empresas e dos agentes auxiliares do comércio e de decidir sobre os atos submetidos ao regime de decisão singular, proferida por servidor público com comprovado conhecimento em Direito Empresarial e nos serviços de Registro Público de Empresas Mercantis e Atividades Afins. *(Redação dada pelo Decreto nº 10.173, de 2019)*

§ 3º Ficam preservadas as competências das atuais Delegacias.

Art. 9º O Plenário poderá ser constituído por onze, quatorze, dezessete, vinte ou vinte e três Vogais e igual número de suplentes, conforme determinar a legislação da unidade federativa a que pertencer a Junta Comercial. *(Redação dada pelo Decreto nº 3.395, de 2000)*

Parágrafo único. A proposta de alteração do número de Vogais e respectivos suplentes será devidamente fundamentada, ouvida a Junta Comercial.

Art. 10. Os Vogais e respectivos suplentes serão nomeados dentre brasileiros que satisfaçam as seguintes condições:

I - estejam em pleno gozo dos direitos civis e políticos;

II - não estejam condenados por crime cuja pena vede o acesso a cargo, emprego e funções públicas, ou por crime de prevaricação, falência fraudulenta, peita ou suborno, concussão, peculato, contra a propriedade, a fé pública e a economia popular;

III - sejam, ou tenham sido, por mais de cinco anos, empresários individuais, sócios ou administradores de sociedade empresária, situação essa comprovada por meio de certidão expedida pela Junta Comercial, dispensada essa exigência para os representantes da União e os das classes dos advogados, dos economistas e dos contadores; *(Redação dada pelo Decreto nº 10.173, de 2019)*

IV - tenham mais de cinco anos de efetivo exercício da profissão, quando se tratar de representantes das classes dos advogados, dos economistas, dos contadores ou dos administradores; *(Redação dada pelo Decreto nº 3.395, de 2000)*

V - estejam quites com o serviço militar e o serviço eleitoral.

Art. 11. Os Vogais e respectivos suplentes serão escolhidos da seguinte forma:

I - a metade, quando par, ou o primeiro número inteiro superior à metade, quando ímpar, dos Vogais e respectivos suplentes, dentre os nomes indicados, em listas tríplices, pelas entidades patronais de grau superior e pelas Associações Comerciais com sede na jurisdição da Junta Comercial;

II - um Vogal e respectivo suplente, representando a União;

III - quatro Vogais e respectivos suplentes, representando, respectivamente, a classe dos advogados, a dos economistas, a dos contadores e a dos administradores, todos mediante indicação, em lista tríplice, do Conselho Seccional ou Regional do órgão corporativo destas categorias profissionais; *(Redação dada pelo Decreto nº 3.395, de 2000)*

IV - os demais Vogais e suplentes, nas hipóteses em que o Plenário tenha sido constituído por número superior a onze, por livre escolha dos Governadores dos respectivos Estados e Distrito Federal. *(Redação dada pelo Decreto nº 10.173, de 2019)*

Parágrafo único. As listas referidas neste artigo, contendo, cada uma, proposta de três nomes para Vogal e de três para suplente, deverão ser remetidas até sessenta dias antes do término do mandato, sendo considerada, com relação a cada entidade omissa, a última lista que inclua pessoa que não exerça ou tenha exercido mandato de Vogal.

Art. 12. Serão nomeados:

I - pelo Governador do Estado ou do Distrito Federal, salvo disposição em contrário, os Vogais e respectivos suplentes de que tratam os incisos I, III e IV do *caput* do art. 11; e *(Redação dada pelo Decreto nº 10.173, de 2019)*

II - pelo Ministro de Estado da Economia, os Vogais e respectivos suplentes de que trata o inciso II do *caput* do art. 11. *(Redação dada pelo Decreto nº 10.173, de 2019)*

§ 1º Qualquer pessoa poderá representar fundamentadamente à autoridade competente contra a nomeação de Vogal ou de suplente contrária aos preceitos deste Regulamento, no prazo de quinze dias, contados da data da posse.

§ 2º Julgada procedente a representação:

a) fundamentada na falta de preenchimento de condições ou na incompatibilidade de Vogal ou suplente para a participação no Colégio de Vogais, ocorrerá a vaga da função respectiva;

b) fundamentada em ato contrário à forma de escolha da representatividade do Colégio de Vogais, será efetuada nova nomeação de Vogal e suplente, observadas as disposições deste Regulamento.

Art. 13. A posse dos Vogais e respectivos suplentes ocorrerá dentro de trinta dias, contados da publicação do ato de nomeação, prorrogável por mais trinta dias, a requerimento do interessado.

§ 1º A posse poderá se dar mediante procuração específica.

§ 2º Será tornado sem efeito o ato de nomeação se a posse não ocorrer nos prazos previstos no *caput* deste artigo.

Art. 14 Os Vogais serão remunerados por presença, nos termos da legislação da unidade federativa a que pertencer a Junta Comercial.

Art. 15. O Vogal será substituído por seu respectivo suplente durante os impedimentos e, no caso de vaga, até o final do mandato.

Parágrafo único. A vaga de suplente implica, necessariamente, nova nomeação, observadas as disposições deste Regulamento.

Art. 16. É incompatível a participação, no Colégio de Vogais da mesma Junta Comercial, de parentes consanguíneos ou afins nas linhas ascendente, descendente e colateral, até o segundo grau, e os sócios da mesma sociedade empresária. *(Redação dada pelo Decreto nº 10.173, de 2019)*

Parágrafo único. Em caso de incompatibilidade, serão seguidos, para a escolha dos membros, sucessivamente, os critérios da precedência na nomeação, da precedência na posse, ou do mais idoso.

Art. 17. O mandato dos Vogais e respectivos suplentes será de quatro anos, permitida apenas uma recondução.

Art. 18. O Vogal ou seu suplente perderá o exercício do mandato na forma deste artigo e do Regimento Interno da Junta Comercial, nos seguintes casos:

I - mais de três faltas consecutivas às sessões do Plenário ou das Turmas, ou doze alternadas no mesmo ano, sem justo motivo;

II - por conduta incompatível com a dignidade do cargo.

§ 1º A justificativa de falta deverá ser entregue à Junta Comercial até a primeira sessão plenária seguinte à sua ocorrência.

§ 2º Na hipótese do inciso I, à vista de representação fundamentada, ou de ofício pelo Presidente, o Plenário, se julgar insatisfatórias, por decisão tomada pelo primeiro número inteiro superior à metade dos membros presentes, as justificativas ou se estas não tiverem sido apresentadas, assegurados o contraditório e a ampla defesa, comunicará às autoridades ou entidades competentes a perda do mandato.

§ 3º Na hipótese do inciso II, à vista de representação fundamentada, ou de ofício pelo Presidente, o Plenário, assegurados o contraditório e a ampla defesa, se julgá-la procedente, por decisão tomada pelo primeiro número inteiro superior à metade dos membros do Colégio de Vogais, comunicará às autoridades ou entidades competentes a perda do mandato.

§ 4º A deliberação pela perda do mandato afasta imediatamente o Vogal ou o suplente do exercício de suas funções, com perda da remuneração correspondente, e a perda do mandato será definitiva após a publicação da declaração de vacância no Diário Oficial da União, do Estado ou do Distrito Federal, conforme o caso. *(Redação dada pelo Decreto nº 10.173, de 2019)*

Art. 19. *Revogado pelo Decreto nº 11.250, de 2022*

Art. 20. Na sessão inaugural do Plenário das Juntas Comerciais, que iniciará cada período de mandato, serão distribuídos os Vogais por Turmas de três membros cada uma, com exclusão do Presidente e do Vice-Presidente.

Art. 21. Compete ao Plenário:

I - julgar os recursos interpostos das decisões definitivas, singulares ou colegiadas;

II - deliberar sobre a tabela de preços dos serviços da Junta Comercial, submetendo-a, quando for o caso, à autoridade superior;

III - deliberar sobre o assentamento dos usos e práticas empresariais; *(Redação dada pelo Decreto nº 10.173, de 2019)*

IV - aprovar o Regimento Interno e suas alterações, submetendo-o, quando for o caso, à autoridade superior;

V - decidir sobre matérias de relevância, conforme previsto no Regimento Interno;

VI - deliberar, por proposta do Presidente, sobre a criação de Delegacias;

VII - deliberar sobre as proposições de perda de mandato de Vogal ou suplente;

VIII - manifestar-se sobre proposta de alteração do número de Vogais e respectivos suplentes;

IX - exercer as demais atribuições e praticar os atos que estiverem implícitos em sua competência, ou que vierem a ser atribuídos em leis ou em outras normas federais ou estaduais.

Art. 22. As sessões ordinárias do Plenário e das Turmas efetuar-se-ão com a periodicidade e do modo determinado no Regimento Interno, e as extraordinárias, sempre justificadas, por convocação do Presidente ou de dois terços dos seus membros.

Parágrafo único. A presidência de sessão plenária, ausentes o Presidente e o Vice-Presidente, será exercida pelo Vogal mais idoso.

Art. 23. Compete às Turmas:

I - julgar, originariamente, os pedidos de arquivamento dos atos sujeitos ao regime de decisão colegiada;

II - julgar os pedidos de reconsideração de seus despachos;

III - exercer as demais atribuições que forem fixadas pelo Regimento Interno da Junta Comercial.

Art. 24. O Presidente e o Vice-Presidente serão nomeados, em comissão, pelos Governadores dos Estados e do Distrito Federal, dentre os membros do Colégio de Vogais. *(Redação dada pelo Decreto nº 10.173, de 2019)*

Art. 25. Ao Presidente incumbe:

I - dirigir e representar extrajudicialmente a Junta Comercial e, judicialmente, quando for o caso;

II - dar posse aos Vogais e suplentes, convocando-os nas hipóteses previstas neste Regulamento e no Regimento Interno;

III - convocar e presidir as sessões plenárias;

IV - encaminhar à deliberação do Plenário, os casos de que trata o art. 18;

V - superintender os serviços da Junta Comercial;

VI - julgar, originariamente, os atos de Registro Público de Empresas Mercantis e Atividades Afins, sujeitos ao regime de decisão singular;

VII - determinar o arquivamento de atos, mediante provocação dos interessados, nos pedidos não decididos nos prazos previstos neste Regulamento;

VIII - assinar deliberações e resoluções aprovadas pelo Plenário;

IX - designar Vogal ou servidor habilitado para proferir decisões singulares;

X - velar pelo fiel cumprimento das normas legais e executivas;

XI - cumprir e fazer cumprir as deliberações do Plenário;

XII - orientar e coordenar os serviços da Junta Comercial através da Secretaria-Geral;

XIII - abrir vista à parte interessada e à Procuradoria e designar Vogal Relator nos processos de recurso ao Plenário;

XIV - propor ao Plenário a criação de Delegacias;

XV - submeter a tabela de preços dos serviços da Junta Comercial à deliberação do Plenário;

XVI - encaminhar à Procuradoria os processos e matérias que tiverem de ser submetidos ao seu exame e parecer;

XVII - baixar Portarias e exarar despachos, observada a legislação aplicável;

XVIII - apresentar, anualmente, relatório do exercício anterior à autoridade superior e enviar cópia ao Departamento Nacional de Registro Empresarial e Integração da Secretaria de Governo Digital da Secretaria Especial de Desburocratização, Gestão e Governo Digital do Ministério da Economia; *(Redação dada pelo Decreto nº 10.173, de 2019)*

XIX - despachar os recursos, indeferindo-os liminarmente nos casos previstos neste Regulamento;

XX - submeter o Regimento Interno e suas alterações à deliberação do Plenário;

XXI - submeter o assentamento de usos e práticas empresariais à deliberação do Plenário; *(Redação dada pelo Decreto nº 10.173, de 2019)*

XXII - assinar carteiras de exercício profissional;

XXIII - praticar os atos que estiverem no âmbito de suas competências e de outras que vierem a ser atribuídas por leis ou normas federais, estaduais ou distritais. *(Redação dada pelo Decreto nº 10.173, de 2019)*

Art. 26. Ao Vice-Presidente da Junta Comercial incumbe:

I - auxiliar e substituir o Presidente em suas faltas ou impedimentos;

II - efetuar correição permanente dos serviços da Junta Comercial;

III - exercer as demais atribuições que forem fixadas pelo Regimento Interno.

Art. 27. Compete aos respectivos Governadores a nomeação para o cargo em comissão de Secretário-Geral das juntas comerciais dos Estados e do Distrito Federal, escolhido dentre brasileiros de notória idoneidade moral e conhecimentos em Direito Empresarial. *(Redação dada pelo Decreto nº 10.173, de 2019)*

Art. 28. Ao Secretário-Geral incumbe:

I - supervisionar, coordenar e fiscalizar a execução dos serviços de registro e de administração da Junta Comercial;

II - exercer o controle sobre os prazos recursais e fazer incluir na pauta das sessões os processos de recursos a serem apreciados pelo Plenário, solicitando ao Presidente a convocação de sessão extraordinária, quando necessário;

III - despachar com o Presidente e participar das sessões do Plenário;

IV - baixar ordens de serviço, instruções e recomendações, bem como exarar despachos para execução e funcionamento dos serviços a cargo da Secretaria-Geral;

V - assinar as certidões expedidas ou designar servidor para esse fim;

VI - elaborar estudos de viabilidade de criação de Delegacias;

VII - elaborar estudos sobre a tabela de preços dos serviços da Junta Comercial;

VIII - visar e controlar os atos e documentos enviados para publicação no órgão de divulgação determinado em portaria do Presidente;

IX - colaborar na elaboração de trabalhos técnicos promovidos pelo Departamento Nacional de Registro Empresarial e Integração da Secretaria de Governo Digital da Secretaria Especial de Desburocratização, Gestão e Governo Digital do Ministério da Economia; e *(Redação dada pelo Decreto nº 10.173, de 2019)*

X - praticar os atos que estiverem no âmbito de suas competências e de outras que vierem a ser atribuídas por lei ou normas federais, estaduais ou distritais. *(Redação dada pelo Decreto nº 10.173, de 2019)*

Art. 29. A Procuradoria será composta por um ou mais Procuradores e chefiada pelo Procurador que for designado pelo Governador, ou autoridade competente, do Estado ou do Distrito Federal. *(Redação dada pelo Decreto nº 10.173, de 2019)*

Art. 30. Ao Procurador incumbe:

I - internamente:

a) fiscalizar o fiel cumprimento das normas legais e executivas em matéria de Registro Público de Empresas Mercantis e Atividades Afins;

b) emitir parecer nos recursos dirigidos ao Plenário e nas demais matérias de sua competência;

c) promover estudos para assentamento de usos e práticas empresariais; *(Redação dada pelo Decreto nº 10.173, de 2019)*

d) participar das sessões do Plenário e das Turmas, conforme disposto no Regimento Interno;

e) requerer diligências e promover responsabilidades perante os órgãos e poderes competentes;

f) recorrer ao Plenário de decisão singular ou de Turma, em matéria de Registro Público de Empresas Mercantis e Atividades Afins;

g) praticar os atos que estiverem no âmbito de suas competências e de outras que vierem a ser atribuídas por leis ou normas federais, estaduais ou distritais; e *(Redação dada pelo Decreto nº 10.173, de 2019)*

II - externamente:

a) oficiar junto aos órgãos do Poder Judiciário, nas matérias e questões relacionadas com a prática dos atos de Registro Público de Empresas Mercantis e Atividades Afins;

b) recorrer ao Departamento Nacional de Registro Empresarial e Integração da Secretaria de Governo Digital da Secretaria Especial de Desburocratização, Gestão e Governo Digital do Ministério da Economia das decisões do Plenário, em matéria de Registro Público de Empresas Mercantis e Atividades Afins; e *(Redação dada pelo Decreto nº 10.173, de 2019)*

c) colaborar na elaboração de trabalhos técnicos promovidos pelo Departamento Nacional de Registro Empresarial e Integração da Secretaria de Governo Digital da Secretaria Especial de Desburocratização, Gestão e Governo Digital do Ministério da Economia. *(Redação dada pelo Decreto nº 10.173, de 2019)*

Art. 31. *(Revogado pelo Decreto nº 10.173, de 2019)*

TÍTULO II – DOS ATOS E DA ORDEM DOS SERVIÇOS DE REGISTRO PÚBLICO DE EMPRESAS MERCANTIS E ATIVIDADES AFINS

CAPÍTULO I – DA COMPREENSÃO DOS ATOS

Art. 32. O Registro Público de Empresas Mercantis e Atividades Afins compreende:

I - a matrícula e seu cancelamento, de:

a) leiloeiros oficiais;

b) tradutores públicos e intérpretes comerciais;

c) administradores de armazéns-gerais;

d) trapicheiros;

II - o arquivamento:

a) dos atos constitutivos, alterações e extinções de empresário individual; *(Redação dada pelo Decreto nº 10.173, de 2019)*

b) das declarações de microempresas e de empresas de pequeno porte;

c) dos atos constitutivos e das atas das sociedades anônimas, bem como os de sua dissolução e extinção;

d) dos atos constitutivos e respectivas alterações das demais pessoas jurídicas organizadas sob a forma empresarial, e de sua dissolução e extinção; *(Redação dada pelo Decreto nº 10.173, de 2019)*

e) dos documentos relativos à constituição, alteração, dissolução e extinção de cooperativas;

f) dos atos relativos a consórcios e grupos de sociedades;

g) dos atos relativos à incorporação, cisão, fusão e transformação de sociedades empresárias;

h) *Revogado pelo Decreto nº 11.250, de 2022*

i) dos atos relativos a sociedades empresárias estrangeiras autorizadas a funcionar no País; *(Redação dada pelo Decreto nº 10.173, de 2019)*

j) das decisões judiciais referentes a empresas registradas; *(Redação dada pelo Decreto nº 10.173, de 2019)*

l) dos atos de nomeação de trapicheiros, administradores e fiéis de armazéns-gerais;

m) dos demais documentos que, por determinação legal, sejam atribuídos ao Registro Público de Empresas Mercantis e Atividades Afins ou daqueles que possam interessar ao empresário ou à sociedade empresária; e *(Redação dada pelo Decreto nº 10.173, de 2019)*

III - a autenticação dos instrumentos de escrituração das empresas registradas e dos agentes auxiliares do comércio, na forma da lei específica. *(Redação dada pelo Decreto nº 10.173, de 2019)*

§ 1º Os atos, os documentos e as declarações que contenham informações meramente cadastrais serão levados automaticamente a registro se puderem ser obtidos por meio de bases de dados disponíveis em órgãos públicos. *(Incluído pelo Decreto nº 10.173, de 2019)*

§ 2º Ato do Departamento Nacional de Registro Empresarial e Integração da Secretaria de Governo Digital da Secretaria Especial de Desburocratização, Gestão e Governo Digital do Ministério da Economia estabelecerá os atos, os documentos e as declarações que contenham informações meramente cadastrais. *(Incluído pelo Decreto nº 10.173, de 2019)*

CAPÍTULO II – DA ORDEM DOS SERVIÇOS

SEÇÃO I – DA APRESENTAÇÃO DOS ATOS A ARQUIVAMENTO

Art. 33. Os documentos referidos no inciso II do art. 32 deverão ser apresentados a arquivamento na Junta Comercial, mediante requerimento dirigido ao seu Presidente, dentro de trinta dias contados de sua assinatura, a cuja data retroagirão os efeitos do arquivamento.

Parágrafo único. Protocolados fora desse prazo, os efeitos a que se refere este artigo só se produzirão a partir da data do despacho que deferir o arquivamento.

Art. 34. Instruirão obrigatoriamente os pedidos de arquivamento:

I - instrumento original, particular, certidão ou publicação de autorização legal, de constituição, alteração, dissolução ou extinção de empresário individual, e de sociedade empresária, de cooperativa, de ato de consórcio e de grupo de sociedades, e de declaração de microempresa e de empresa de pequeno porte, datado e assinado, quando for o caso, pelo titular, sócios, administradores, consorciados ou seus procuradores e testemunhas; *(Redação dada pelo Decreto nº 10.173, de 2019)*

II - declaração do titular ou administrador, firmada sob as penas da lei, de não estar impedido de exercer a atividade empresarial ou a administração de empresa, em virtude de condenação criminal; *(Redação dada pelo Decreto nº 10.173, de 2019)*

III - ficha de cadastro nacional, conforme modelo aprovado pelo Departamento Nacional de Registro Empresarial e Integração, a qual conterá, no mínimo, as seguintes informações sobre a empresa mercantil: (Redação dada pelo Decreto nº 11.250, de 2022)

a) os titulares e administradores; e *(Incluída pelo Decreto nº 11.250, de 2022)*

b) a forma de representação; *(Incluída pelo Decreto nº 11.250, de 2022)*

IV - comprovantes de pagamento dos preços dos serviços correspondentes;

V - prova de identidade do empresário individual e do administrador de sociedade empresária e de cooperativa: *(Redação dada pelo Decreto nº 10.173, de 2019)*

a) poderão servir como prova de identidade, mesmo por cópia regularmente autenticada, a cédula de identidade, o certificado de reservista, a carteira de identidade profissional, a carteira de identidade de estrangeiro e a carteira nacional de habilitação; *(Redação dada pelo Decreto nº 3.395, de 2000)*

b) para o imigrante, empresário individual ou administrador de sociedade empresária ou cooperativa, a identidade conterá a comprovação da condição de residente no País; *(Redação dada pelo Decreto nº 10.173, de 2019)*

c) o documento comprobatório de identidade, ou sua cópia autenticada, será devolvido ao interessado logo após exame, vedada a sua retenção;

d) fica dispensada nova apresentação de prova de identidade no caso de já constar anotada, em processo anteriormente arquivado, e desde que indicado o número do registro daquele processo.

Parágrafo único. Nenhum outro documento, além dos referidos neste Regulamento, será exigido dos empresários individuais e das sociedades empresárias, salvo expressa determinação legal, reputadas como verdadeiras, até prova em contrário, as declarações feitas perante os órgãos do Registro Público de Empresas Mercantis e Atividades Afins. *(Redação dada pelo Decreto nº 10.173, de 2019)*

Art. 35. O instrumento particular ou a certidão apresentada à Junta Comercial não poderá conter emendas, rasuras e entrelinhas, admitida a ressalva expressa no próprio instrumento ou certidão, com a assinatura das partes ou do tabelião, conforme o caso.

Art. 36. O ato constitutivo de sociedade empresária e de cooperativa somente poderá ser arquivado se visado por advogado, com a indicação do nome e número de inscrição na respectiva Seccional da Ordem dos Advogados do Brasil. *(Redação dada pelo Decreto nº 10.173, de 2019)*

Art. 37. O arquivamento de ato de empresa sujeita a controle de órgão de fiscalização de exercício profissional não dependerá de aprovação prévia desse órgão. *(Redação dada pelo Decreto nº 10.173, de 2019)*

Art. 38. A cópia de documento, autenticada na forma prevista em lei, dispensará nova conferência com o documento original. *(Redação dada pelo Decreto nº 10.173, de 2019)*

§ 1º A autenticação do documento poderá ser realizada por meio de comparação entre o documento original e a sua cópia pelo servidor a quem o documento seja apresentado. *(Incluído pelo Decreto nº 10.173, de 2019)*

§ 2º Fica dispensada a autenticação a que se refere o *caput* quando o advogado ou o contador da parte interessada declarar, sob sua responsabilidade pessoal, a autenticidade da cópia do documento. *(Incluído pelo Decreto nº 10.173, de 2019)*

Art. 39. Os atos levados a arquivamento nas Juntas Comerciais são dispensados de reconhecimento de firma, exceto quando se tratar de documentos oriundos do exterior, se, neste caso, tal formalidade não tiver sido cumprida no consulado brasileiro. *(Redação dada pelo Decreto nº 11.250, de 2022)*

Art. 40. As assinaturas nos requerimentos, instrumentos ou documentos particulares serão lançadas com a indicação do nome do signatário, por extenso, datilografado ou em letra de forma e do número de identidade e órgão expedidor, quando se tratar de testemunha.

§ 1º Sempre que for devidamente comprovada a falsificação da assinatura constante de ato arquivado, o Presidente da Junta Comercial deverá, após intimação dos interessados, garantidos a ampla defesa e o contraditório aos envolvidos, desarquivar o ato viciado e comunicar o fato à Polícia Civil, ao Ministério Público e às autoridades fazendárias, para que sejam tomadas as medidas cabíveis. *(Redação dada pelo Decreto nº 10.173, de 2019)*

§ 2º Quando houver indícios substanciais da falsificação, o Presidente da Junta Comercial deverá suspender os efeitos do ato até a comprovação da veracidade da assinatura. *(Redação dada pelo Decreto nº 10.173, de 2019)*

Art. 41. Ato do Departamento Nacional de Registro Empresarial e de Integração da Secretaria de Governo Digital da Secretaria Especial de Desburocratização, Gestão e Governo Digital do Ministério da Economia estabelecerá os modelos dos instrumentos para arquivamento dos atos dos empresários individuais. *(Redação dada pelo Decreto nº 10.173, de 2019)*

Art. 42. Os atos constitutivos de sociedades empresárias poderão ser efetivados por instrumento particular ou por escritura pública e suas alterações poderão ser realizadas independentemente da forma adotada na constituição. *(Redação dada pelo Decreto nº 10.173, de 2019)*

Art. 43. Qualquer modificação dos atos constitutivos arquivados na Junta Comercial dependerá de instrumento específico de: *(Redação dada pelo Decreto nº 10.173, de 2019)*

I - alteração de instrumento de empresário individual; *(Redação dada pelo Decreto nº 10.173, de 2019)*

II - ata de assembléia, para as sociedades por ações e cooperativas;

III - alteração contratual, para as demais sociedades empresárias. *(Redação dada pelo Decreto nº 10.173, de 2019)*

Art. 44. As alterações contratuais deverão, obrigatoriamente, conter a qualificação completa dos sócios e da sociedade empresária no preâmbulo do instrumento. *(Redação dada pelo Decreto nº 10.173, de 2019)*

Art. 45. Havendo alteração do objeto social, este deverá ser transcrito na sua totalidade.

Art. 46. Os documentos de interesse do empresário ou da sociedade empresária serão arquivados mediante requerimento do titular, sócio, administrador ou representante legal. *(Redação dada pelo Decreto nº 10.173, de 2019)*

Art. 47. Na hipótese de decisão judicial, a comunicação do juízo alusiva ao ato será arquivada pela Junta Comercial para conhecimento de terceiros e caberá aos interessados, quando a decisão judicial alterar dados da empresa, providenciar o arquivamento do instrumento próprio, acompanhado de certidão de inteiro teor da sentença transitada em julgado que o motivou. *(Redação dada pelo Decreto nº 10.173, de 2019)*

§ 1º Na hipótese de sentença dissolutória extintiva de empresa, é suficiente o arquivamento do inteiro teor da sentença transitada em julgado. *(Redação dada pelo Decreto nº 10.173, de 2019)*

§ 2º Tratando-se de penhora, seqüestro ou arresto de quotas ou de ações à Junta Comercial competirá, tão-somente, para conhecimento de terceiros, proceder à anotação correspondente, não lhe cabendo a condição de depositária fiel.

§ 3º Na hipótese de o juízo determinar o cumprimento da sentença de ofício pela Junta Comercial, a alteração dos dados cadastrais da sociedade empresária será realizada mediante anotação de que a alteração ocorreu por força de decisão judicial. *(Incluído pelo Decreto nº 10.173, de 2019)*

Art. 48. *Revogado pelo Decreto nº 11.250, de 2022*

SEÇÃO II – DO PROCESSO DECISÓRIO

Art. 49. Os atos submetidos ao Registro Público de Empresas Mercantis e Atividades Afins estão sujeitos a dois regimes de julgamento:

I - decisão colegiada;

II - decisão singular.

Art. 50. Subordinam-se ao regime de decisão colegiada:

I - do Plenário, o julgamento dos recursos interpostos das decisões definitivas, singulares ou de Turmas;

II - das Turmas, o arquivamento dos atos de:

a) constituição de sociedades anônimas; *(Redação dada pelo Decreto nº 10.173, de 2019)*

b) transformação, incorporação, fusão e cisão de sociedades empresárias; e *(Redação dada pelo Decreto nº 10.173, de 2019)*

c) constituição e alterações de consórcio e de grupo de sociedades, conforme previsto na lei de sociedades por ações.

Art. 51. Os atos próprios do Registro Público de Empresas Mercantis e Atividades Afins não previstos no art. 50 serão objeto de decisão singular proferida pelo Presidente, Vogal ou servidor público com comprovado conhecimento em Direito Empresarial e nos serviços do Registro Público de Empresas Mercantis e Atividades Afins. *(Redação dada pelo Decreto nº 10.173, de 2019)*

§ 1º Os vogais e os servidores públicos habilitados a proferir decisões singulares serão designados pelo Presidente da Junta Comercial. *(Incluído pelo Decreto nº 10.173, de 2019)*

§ 2º O arquivamento dos atos constitutivos e de alterações não previstos no inciso II do *caput* do art. 50 terá o registro deferido automaticamente caso cumpridos os requisitos de: *(Incluído pelo Decreto nº 10.173, de 2019)*

I - aprovação da consulta prévia da viabilidade do nome empresarial e da viabilidade de localização, quando o ato exigir; e *(Incluído pelo Decreto nº 10.173, de 2019)*

II - utilização pelo requerente do instrumento padrão estabelecido pelo Departamento Nacional de Registro Empresarial e Integração da Secretaria de Governo Digital da Secretaria Especial de Desburocratização, Gestão e Governo Digital do Ministério da Economia. *(Incluído pelo Decreto nº 10.173, de 2019)*

§ 3º O arquivamento dos atos de extinção não previstos no inciso II do *caput* do art. 50 terá o registro deferido automaticamente no caso de utilização pelo requerente do instrumento padrão estabelecido pelo Departamento Nacional de Registro Empresarial e Integração da Secretaria de Governo Digital da Secretaria Especial de Desburocratização, Gestão e Governo Digital do

Ministério da Economia. *(Incluído pelo Decreto nº 10.173, de 2019)*

§ 4º Na hipótese de que trata o § 2º e o § 3º, a análise do cumprimento das formalidades legais será feita posteriormente, no prazo de dois dias úteis, contado da data do deferimento automático do registro. *(Incluído pelo Decreto nº 10.173, de 2019)*

§ 5º Após a análise de que trata o § 4º, na hipótese de identificação da existência de vício: *(Incluído pelo Decreto nº 10.173, de 2019)*

I - insanável, o arquivamento será cancelado; ou *(Incluído pelo Decreto nº 10.173, de 2019)*

II - sanável, será observado o procedimento estabelecido em ato do Departamento Nacional de Registro Empresarial e Integração da Secretaria de Governo Digital da Secretaria Especial de Desburocratização, Gestão e Governo Digital do Ministério da Economia. *(Incluído pelo Decreto nº 10.173, de 2019)*

Art. 52. Os pedidos de arquivamento sujeitos ao regime de decisão colegiada serão decididos no prazo de cinco dias úteis, contado da data do seu recebimento e, os submetidos à decisão singular, no prazo de dois dias úteis, contado da data do seu recebimento, sob pena de os atos serem automaticamente arquivados por meio de provocação dos interessados, sem prejuízo do exame das formalidades legais pela Procuradoria. *(Redação dada pelo Decreto nº 10.173, de 2019)*

§ 1º Quando os pedidos forem apresentados em protocolo descentralizado, contar-se-á o prazo a partir do recebimento da documentação no local onde haja Vogal ou servidor habilitado para decisão do ato respectivo.

§ 2º Os pedidos não decididos nos prazos previstos no *caput* deste artigo e para os quais haja provocação pela parte interessada serão arquivados por determinação do Presidente da Junta Comercial, que dará ciência à Procuradoria para exame das formalidades legais, a qual, se for o caso, interporá o recurso ao Plenário.

SEÇÃO III – DAS PROIBIÇÕES DE ARQUIVAMENTO

Art. 53. Não podem ser arquivados:

I - os documentos que não obedecerem às prescrições legais ou regulamentares ou que contiverem matéria contrária à lei, à ordem pública ou aos bons costumes, bem como os que colidirem com o respectivo estatuto ou contrato não modificado anteriormente;

II - os documentos de constituição ou de alteração de empresas em que figure como titular ou administrador pessoa que esteja condenada pela prática de crime cuja pena vede o acesso à atividade empresária; *(Redação dada pelo Decreto nº 10.173, de 2019)*

III - os atos constitutivos e os de transformação de sociedades empresárias, se deles não constarem os seguintes requisitos, além de outros exigidos em lei: *(Redação dada pelo Decreto nº 10.173, de 2019)*

a) o tipo de sociedade empresária adotado; *(Redação dada pelo Decreto nº 10.173, de 2019)*

b) a declaração do objeto social; *(Redação dada pelo Decreto nº 11.250, de 2022)*

c) o capital da sociedade empresária, a forma e o prazo de sua integralização, a quota de cada sócio, e a responsabilidade dos sócios; *(Redação dada pelo Decreto nº 10.173, de 2019)*

d) o nome por extenso e a qualificação dos sócios, dos procuradores, dos representantes e dos administradores, incluídos: *(Redação dada pelo Decreto nº 11.250, de 2022)*

1. para a pessoa física, a nacionalidade, o estado civil, a profissão, o domicílio e a residência e o número de inscrição no Cadastro de Pessoas Físicas - CPF; e *(Incluído pelo Decreto nº 11.250, de 2022)*

2. para a pessoa jurídica, o nome empresarial, o endereço completo e, se sediada no País, o número de inscrição no Cadastro Nacional da Pessoa Jurídica - CNPJ; *(Incluído pelo Decreto nº 11.250, de 2022)*

e) o nome empresarial, o município da sede, com endereço completo, e foro, bem como os endereços completos das filiais declaradas;

f) o prazo de duração da sociedade empresária e a data de encerramento de seu exercício social, quando não coincidente com o ano civil; *(Redação dada pelo Decreto nº 10.173, de 2019)*

IV - os documentos de constituição de empresários individuais e os de constituição ou alteração de sociedades empresárias, para ingresso de administrador, se deles não constar, ou não for juntada a declaração, sob as penas da lei, datada e assinada pelo titular, pelo administrador, exceto de sociedade anônima, ou por procurador de qualquer desses, com poderes específicos, de que não está condenado pela prática de crime cuja pena vede o acesso à atividade empresária; *(Redação dada pelo Decreto nº 10.173, de 2019)*

V - *(Revogado pelo Decreto nº 11.250, de 2022)*

VI - os atos de empresas com nome idêntico a outro já existente ou que inclua ou reproduza em sua composição siglas ou denominações: *(Redação dada pelo Decreto nº 11.250, de 2022)*

a) de órgãos ou entidades da administração pública direta ou indireta; *(Incluída pelo Decreto nº 11.250, de 2022)*

b) de organismos internacionais; e *(Incluída pelo Decreto nº 11.250, de 2022)*

c) consagradas em lei e em atos regulamentares emanados do Poder Público; *(Incluída pelo Decreto nº 11.250, de 2022)*

VI - os atos de empresas com nome idêntico ou semelhante a outro já existente ou que inclua ou reproduza em sua composição siglas ou denominações de órgãos públicos, da administração pública direta ou indireta, e de organismos internacionais e aquelas consagradas em lei e atos regulamentares emanados do Poder Público; *(Redação dada pelo Decreto nº 10.173, de 2019)*

VII - a alteração contratual produzida e assinada por sócios titulares de maioria do capital social, quando houver, em ato anterior, cláusula restritiva;

VIII - o contrato social, ou sua alteração, em que haja, por instrumento particular, incorporação de imóveis à sociedade, quando dele não constar:

a) a descrição e identificação do imóvel, sua área, dados relativos à sua titulação e seu número de matrícula no Registro Imobiliário;

b) a outorga uxória ou marital, quando necessária;

IX - *(Revogado pelo Decreto nº 10.173, de 2019)*

X - o distrato social sem a declaração da importância repartida entre os sócios, a referência à pessoa ou às pessoas que assumirem o ativo e o passivo da sociedade empresária, supervenientes ou não à liquidação, a guarda dos livros e os motivos da dissolução, se não for por mútuo consenso. *(Redação dada pelo Decreto nº 10.173, de 2019)*

§ 1º *(Revogado pelo Decreto nº 10.173, de 2019)*

§ 2º Entende-se como declarado o objeto da empresa quando indicado o seu gênero e espécie. *(Redação dada pelo Decreto nº 11.250, de 2022)*

§ 3º O registro dos atos constitutivos e de suas alterações e extinções ocorrerá independentemente de autorização governamental prévia, e os órgãos públicos deverão ser informados pela Rede Nacional para a Simplificação do Registro e da Legalização de Empresas e Negócios - Redesim a respeito dos registros sobre os quais manifestarem interesse. *(Incluído dada pelo Decreto nº 10.173, de 2019)*

Art. 54. A deliberação majoritária, não havendo cláusula restritiva, abrange também as hipóteses de destituição da gerência, exclusão de sócio, dissolução e extinção de sociedade.

Parágrafo único. Os instrumentos de exclusão de sócio deverão indicar, obrigatoriamente, o motivo da exclusão e a destinação da respectiva participação no capital social.

Art. 55. Ato do Departamento Nacional de Registro Empresarial e Integração da Secretaria de Governo Digital da Secretaria Especial de Desburocratização, Gestão e Governo Digital do Ministério da Economia consolidará: *(Redação dada pelo Decreto nº 10.173, de 2019)*

I - as hipóteses de restrição legal da participação de estrangeiros em sociedades empresárias brasileiras; *(Redação dada pelo Decreto nº 10.173, de 2019)*

II - as hipóteses em que é necessária a aprovação prévia de órgão governamental para o arquivamento de atos de empresas e as formas dessa aprovação; e *(Redação dada pelo Decreto nº 10.173, de 2019)*

III - os procedimentos para a autorização de funcionamento ou nacionalização de sociedade empresária estrangeira no País. *(Redação dada pelo Decreto nº 10.173, de 2019)*

Art. 56. Os órgãos e autoridades públicas federais deverão coordenar-se com o Departamento Nacional de Registro Empresarial e Integração da Secretaria de Governo Digital da Secretaria Especial de Desburocratização, Gestão e Governo Digital do Ministério da Economia, com a finalidade de harmonizar entendimentos e fixar normas destinadas a regular o arquivamento, no Registro Público de Empresas Mercantis e Atividades Afins, de atos, contratos e estatutos de empresas que dependam, por força de lei, de prévia aprovação do Poder Público. *(Redação dada pelo Decreto nº 10.173, de 2019)*

SEÇÃO IV – DO EXAME DAS FORMALIDADES

Art. 57. Todo ato, documento ou instrumento apresentado a arquivamento será objeto de exame, pela Junta Comercial, do cumprimento das formalidades legais.

§ 1º Verificada a existência de vício insanável, o requerimento será indeferido; quando for sanável, o processo será colocado em exigência.

§ 2º O indeferimento ou a formulação de exigência pela Junta Comercial deverá ser fundamentada com o respectivo dispositivo legal ou regulamentar.

§ 3º As exigências formuladas pela Junta Comercial deverão ser cumpridas em até trinta dias, contados do dia subseqüente à data da ciência pelo interessado ou da publicação do despacho.

§ 4º O processo em exigência será entregue completo ao interessado; devolvido após o prazo previsto no parágrafo anterior, será considerado como novo pedido de arquivamento, sujeito ao pagamento dos preços dos serviços correspondentes, salvo devolução do prazo, no curso do mesmo, em razão de ato dependente de órgão da administração pública.

§ 5º *Revogado pelo Decreto nº 11.250, de 2022*

Art. 58. As assinaturas em despachos, decisões e outros atos relativos aos serviços de Registro Público de Empresas Mercantis e Atividades Afins serão expressamente identificadas, com indicação dos nomes completos dos signatários, em letra de forma legível, ou com a aposição de carimbo ou por meio de assinatura eletrônica avançada ou qualificada, na forma prevista na Lei nº 14.063, de 23 de setembro de 2020. *(Redação dada pelo Decreto nº 11.250, de 2022)*

SEÇÃO V – DO ARQUIVAMENTO

SUBSEÇÃO I – DAS DISPOSIÇÕES GERAIS

Art. 59. *(Revogado pelo Decreto nº 10.173, de 2019)*

Art. 60. A Junta Comercial organizará um prontuário para cada empresa. *(Redação dada pelo Decreto nº 10.173, de 2019)*

Parágrafo único. Ato do Departamento Nacional de Registro Empresarial e Integração da Secretaria de Governo Digital da Secretaria Especial de Desburocratização, Gestão e Governo Digital do Ministério da Economia estabelecerá as normas para a organização do prontuário e de seus procedimentos, inclusive na hipótese de transferência de sede de empresa para outra unidade federativa. *(Redação dada pelo Decreto nº 10.173, de 2019)*

SUBSEÇÃO II – DA PROTEÇÃO AO NOME EMPRESARIAL

Art. 61. O arquivamento do instrumento de empresário individual, do ato constitutivo de sociedade empresária ou de alterações desses atos que impliquem mudança de nome automaticamente conferem proteção ao nome empresarial a cargo das Juntas Comerciais. *(Redação dada pelo Decreto nº 10.173, de 2019)*

§ 1º A proteção ao nome empresarial circunscreve-se à unidade federativa de jurisdição da Junta Comercial que procedeu ao arquivamento de que trata o *caput* deste artigo.

§ 2º A proteção ao nome empresarial poderá ser estendida a outras unidades federativas, a requerimento da empresa interessada, observado o disposto em ato do Departamento Nacional de Registro Empresarial e Integração da Secretaria de Governo Digital da Secretaria Especial de Desburocratização, Gestão e Governo Digital do Ministério da Economia. *(Redação dada pelo Decreto nº 10.173, de 2019)*

§ 3º Expirado o prazo da sociedade celebrada por tempo determinado, esta perderá a proteção do seu nome empresarial.

Art. 62. O nome empresarial atenderá aos princípios da veracidade e da novidade e identificará, quando assim o exigir a lei, o tipo jurídico da sociedade.

§ 1º Na hipótese de o nome empresarial incluir a indicação de atividades econômicas, essas deverão estar previstas no objeto social do empresário individual ou da sociedade empresária. *(Redação dada pelo Decreto nº 10.173, de 2019)*

§ 2º Não poderá haver colidência por identidade do nome empresarial com outro já protegido. *(Redação dada pelo Decreto nº 11.250, de 2022)*

§ 3º Ato do Departamento Nacional de Registro Empresarial e Integração da Secretaria de Governo Digital da Secretaria Especial de Desburocratização, Gestão e Governo Digital do Ministério da Economia estabelecerá a composição do nome empresarial e os critérios para verificação da existência de identidade ou semelhança entre nomes empresariais. *(Redação dada pelo Decreto nº 10.173, de 2019)*

§ 4º Eventuais casos de confronto entre nomes empresariais por semelhança poderão ser questionados pelos interessados, a qualquer tempo, por meio de recurso, nos termos de ato do Departamento Nacional de Registro Empresarial e Integração. *(Incluído pelo Decreto nº 11.250, de 2022)*

§ 5º Reconhecida a semelhança de que trata o § 4º, o Departamento Nacional de Registro Empresarial e Integração determinará ao interessado que o nome empresarial seja alterado no prazo de trinta dias, contado da data de sua intimação da decisão do recurso. *(Incluído pelo Decreto nº 11.250, de 2022)*

§ 6º Encerrado o prazo de que trata o § 5º sem providências pelo interessado, a Junta Comercial deverá, de ofício, alterar o nome empresarial para o número de inscrição no CNPJ, seguido da partícula identificadora do tipo societário ou jurídico, quando exigida por lei, sem prejuízo de posterior solicitação de alteração do nome empresarial pelo interessado. *(Incluído pelo Decreto nº 11.250, de 2022)*

Art. 62-A. O empresário ou a pessoa jurídica poderá optar pela utilização do número de inscrição no CNPJ como nome empresarial, seguido da partícula identificadora do tipo societário ou jurídico, quando exigida por lei, nos termos de ato do Departamento Nacional de Registro Empresarial e Integração. *(Incluído pelo Decreto nº 11.250, de 2022)*

SEÇÃO VI – DA MATRÍCULA E SEU CANCELAMENTO

Art. 63. Ato do Departamento Nacional de Registro Empresarial e Integração da Secretaria de Governo Digital da Secretaria Especial de Desburocratização, Gestão e Governo Digital do Ministério da Economia disporá sobre a matrícula de leiloeiros, de tradutores e intérpretes comerciais, de trapicheiros e de administradores de armazéns-gerais e o seu cancelamento. *(Redação dada pelo Decreto nº 10.173, de 2019)*

SEÇÃO VII – DO PROCESSO REVISIONAL

SUBSEÇÃO I – DAS DISPOSIÇÕES GERAIS

Art. 64. O processo revisional pertinente ao Registro Público de Empresas Mercantis e Atividades Afins dar-se-á mediante:

I - pedido de reconsideração;

II - recurso ao Plenário; e *(Redação dada pelo Decreto nº 10.173, de 2019)*

III - recurso ao Departamento Nacional de Registro Empresarial e Integração da Secretaria de Governo Digital da Secretaria Especial de Desburocratização, Gestão e Governo Digital do Ministério da Economia. *(Redação dada pelo Decreto nº 10.173, de 2019)*

SUBSEÇÃO II – DO PROCEDIMENTO

Art. 65. O pedido de reconsideração terá por objeto obter a revisão de despachos singulares ou de Turmas que formulem exigências para o deferimento do arquivamento e o seu procedimento iniciar-se-á com a protocolização de petição dirigida ao Presidente da Junta Comercial dentro do prazo de trinta dias concedidos para cumprimento da exigência.

§ 1º O pedido de reconsideração será apreciado pela mesma autoridade que prolatou o despacho, no prazo de cinco dias úteis contados da data da sua protocolização, sendo indeferido de plano quando assinado por terceiro ou procurador sem instrumento de mandato ou interposto fora do prazo, devendo ser, em qualquer caso, anexado ao processo a que se referir.

§ 2º A protocolização do pedido de reconsideração suspende o prazo para cumprimento de exigências formuladas, recomeçando a contagem a partir do dia subseqüente à data da ciência, pelo interessado ou da publicação, do despacho que mantiver a exigência no todo ou em parte.

Art. 66. Das decisões definitivas, singulares ou de Turmas, cabe recurso ao Plenário da Junta Comercial, cujo procedimento compreenderá as fases de instrução e julgamento.

Art. 67. A fase de instrução iniciar-se-á com a protocolização da petição do recurso dirigida ao Presidente da Junta Comercial, a qual será enviada à Secretaria-Geral que, no prazo de três dias úteis, expedirá notificação às partes interessadas, na forma que dispuser o Regimento Interno, para se manifestarem, no prazo de dez dias úteis, contados a partir do dia subseqüente à data da ciência.

§ 1º Decorrido o prazo para contra-razões, a Secretaria-Geral dará vista do processo à Procuradoria, quando a mesma não for a recorrente, para manifestar-se e restituí-lo, no prazo de dez dias úteis, àquela unidade, que o fará concluso ao Presidente.

§ 2º No prazo de três dias úteis, o Presidente deverá manifestar-se quanto ao recebimento do recurso e designar, quando for o caso, Vogal Relator, notificando-o.

Art. 68. Admitido o recurso, pelo Presidente, iniciar-se-á a fase de julgamento, que deverá ser concluída no prazo de trinta dias úteis.

§ 1º O decurso do prazo de que trata o *caput* deste artigo fica suspenso da data da sua admissão até a data da ciência pelo Vogal Relator, reiniciando-se no dia subseqüente a esta ciência.

§ 2º O Vogal Relator, no prazo de dez dias úteis, elaborará o relatório e o depositará na Secretaria-Geral, para distribuição e conhecimento dos demais Vogais, nos cinco dias úteis subseqüentes, os quais poderão requerer cópia de peças do processo a que se referir.

§ 3º Nos dez dias úteis que se seguirem ao encerramento do prazo a que alude o parágrafo anterior, a Secretaria-Geral fará incluí-lo em pauta de sessão do Plenário para julgamento, solicitando ao Presidente a convocação de sessão extraordinária, quando necessário, observado, em qualquer caso, o prazo fixado no *caput* deste artigo.

§ 4º Na sessão plenária é admitida vista do processo aos Vogais, que será concedida por período fixado pelo Presidente e compatível com a conclusão do julgamento, no prazo previsto no *caput* deste artigo.

§ 5º Na hipótese de inobservância do prazo de que trata o *caput*, a parte interessada poderá requerer ao Departamento Nacional de Registro Empresarial e Integração da Secretaria de Governo Digital da Secretaria Especial de Desburocratização, Gestão e Governo Digital do Ministério da Economia o que for necessário para a conclusão do julgamento do recurso. *(Redação dada pelo Decreto nº 10.173, de 2019)*

Art. 69. Das decisões do Plenário cabe recurso ao Departamento Nacional de Registro Empresarial e Integração da Secretaria de Governo Digital da Secretaria Especial de Desburocratização, Gestão e Governo Digital do Ministério da Economia, como última instância administrativa. *(Redação dada pelo Decreto nº 10.173, de 2019)*

§ 1º A petição do recurso, dirigida ao Presidente da Junta Comercial, após protocolizada, será enviada à Secretaria-Geral que, no prazo de três dias úteis, expedirá notificação às partes interessadas, na forma que dispuser o Regimento Interno, para se manifestarem no prazo de dez dias úteis, contados a partir do dia subseqüente à data da ciência.

§ 2º Decorrido o prazo para contra-razões, a Secretaria-Geral fará o processo concluso ao Presidente.

§ 3º No prazo de três dias úteis, o Presidente da Junta Comercial se manifestará quanto ao recebimento do recurso e o encaminhará, quando necessário, ao Departamento Nacional de Registro Empresarial e Integração da Secretaria de Governo Digital da Secretaria Especial de Desburocratização, Gestão e Governo Digital do Ministério da Economia, que, no prazo de dez dias úteis, proferirá a decisão final. *(Redação dada pelo Decreto nº 10.173, de 2019)*

§ 4º Os pedidos de diligência, após o encaminhamento do processo ao DREI, suspenderão os prazos previstos no § 3º. *(Redação dada pelo Decreto nº 8.815, de 2016)*

§ 5º *(Revogado pelo Decreto nº 10.173, de 2019)*

Art. 70. Os recursos previstos neste Regulamento serão indeferidos de plano pelo Presidente da Junta Comercial, se assinados por terceiros ou procurador sem instrumento de mandato, ou interpostos fora do prazo ou antes da decisão definitiva, devendo ser, em qualquer caso, anexados aos processos a que se referirem.

Art. 71. No pedido de reconsideração ou nos recursos previstos neste Regulamento, subscritos por advogado sem o devido instrumento de mandato, deverá o mesmo exibi-lo no prazo de cinco dias úteis.

Art. 72. O empresário individual ou a sociedade empresária cujo ato tenha sido objeto de decisão de cancelamento do registro providenciará, no prazo de trinta dias, a sua retificação, se o vício for sanável, sob pena de desarquivamento do ato pela Junta Comercial no dia seguinte ao do vencimento do prazo. *(Redação dada pelo Decreto nº 10.173, de 2019)*

Art. 73. Os recursos previstos neste Regulamento não suspendem os efeitos da decisão a que se referem.

Art. 74. O prazo para a interposição dos recursos é de dez dias úteis, cuja fluência se inicia no primeiro dia útil subseqüente ao da data da ciência pelo interessado ou da publicação do despacho.

Parágrafo único. A ciência poderá ser feita por via postal, com aviso de recebimento.

SEÇÃO VIII – DA PUBLICAÇÃO DOS ATOS

Art. 75. Os atos decisórios da Junta Comercial serão publicados no seu sítio eletrônico. *(Redação dada pelo Decreto nº 10.173, de 2019)*

Art. 76. As publicações ordenadas para as sociedades por ações serão realizadas nos termos previstos na Lei nº 6.404, de 1976. *(Redação dada pelo Decreto nº 11.250, de 2022)*

Parágrafo único. *(Revogado pelo Decreto nº 11.250, de 2022)*

Art. 77. A prova da publicidade de atos societários, quando exigida em lei, será feita por meio da anotação nos registros da Junta Comercial, mediante apresentação da publicação, em sua versão eletrônica, dispensada a sua juntada. *(Redação dada pelo Decreto nº 11.250, de 2022)*

Parágrafo único. Às sociedades é facultado mencionar, no documento apresentado a arquivamento, as informações relativas às publicações, hipótese em que fica dispensada a sua apresentação para a anotação de que trata o *caput*. *(Redação dada pelo Decreto nº 11.250, de 2022)*

SEÇÃO IX – DAS AUTENTICAÇÕES

Art. 78. As Juntas Comerciais autenticarão, conforme o disposto em ato do Departamento Nacional de Registro Empresarial e Integração da Secretaria de Governo Digital da Secretaria Especial de Desburocratização, Gestão e Governo Digital do Ministério da Economia: *(Redação dada pelo Decreto nº 10.173, de 2019)*

I - os instrumentos de escrituração das empresas e dos agentes auxiliares do comércio; *(Redação dada pelo Decreto nº 10.173, de 2019)*

II - os documentos arquivados e suas cópias;

III - as certidões dos documentos arquivados.

Parágrafo único. Os instrumentos autenticados na forma deste artigo, referidos nos incisos I e III e as cópias dos documentos referidas no inciso II não retirados no prazo de trinta dias, contados do seu deferimento, poderão ser eliminados.

Art. 78-A. A autenticação de livros contábeis das empresas poderá ser feita por meio do Sistema Público de Escrituração Digital - Sped de que trata o *Decreto nº 6.022, de 22 de janeiro de 2007*, mediante a apresentação de escrituração contábil digital. *(Incluído pelo Decreto nº 8.683, de 2016)*

§ 1º A autenticação dos livros contábeis digitais será comprovada pelo recibo de entrega emitido pelo Sped.. *(Incluído pelo Decreto nº 8.683, de 2016)*

§ 2º A autenticação prevista neste artigo dispensa a autenticação de que trata o *art. 39 da Lei nº 8.934, de 18 de novembro de 1994*, nos termos do *art. 39-A da referida Lei.. (Incluído pelo Decreto nº 8.683, de 2016)*

SEÇÃO X – DAS CERTIDÕES

Art. 79. É público o registro de empresas e atividades afins a cargo das Juntas Comerciais. *(Redação dada pelo Decreto nº 10.173, de 2019)*

Art. 80. Qualquer pessoa, sem necessidade de provar interesse, poderá consultar os documentos arquivados nas Juntas Comerciais e obter certidões, mediante pagamento do preço devido.

Art. 81. O pedido de certidão, assinado pelo interessado e acompanhado do comprovante de pagamento do preço devido, indicará uma das seguintes modalidades:

I - simplificada;

II - específica, consoante quesitos formulados no pedido;

III - inteiro teor, mediante reprografia.

Art. 82. Sempre que houver qualquer alteração posterior ao ato cuja certidão for requerida, deverá ela, obrigatoriamente, ser mencionada, não obstante as especificações do pedido.

Art. 83. A certidão deverá ser entregue no prazo de até quatro dias úteis da protocolização do pedido na sede da Junta Comercial e, no prazo de até oito dias úteis, se em protocolo descentralizado.

Parágrafo único. Em caso de recusa ou demora na expedição da certidão, o requerente poderá reclamar à autoridade competente, que deverá providenciar, com presteza, sua expedição.

Art. 84. Ato do Departamento Nacional de Registro Empresarial e Integração da Secretaria de Governo Digital da Secretaria Especial de Desburocratização, Gestão e Governo Digital do Ministério da Economia disporá sobre os modelos e a expedição de certidões pelas Juntas Comerciais. *(Redação dada pelo Decreto nº 10.173, de 2019)*

Art. 85. A certidão dos atos de constituição e de alteração de empresários individuais e de sociedades empresárias, fornecida pelas Juntas Comerciais em que foram arquivados, será o documento hábil para a transferência, por transcrição no registro público competente, dos bens com que o subscritor tiver contribuído para a formação ou para o aumento do capital. *(Redação dada pelo Decreto nº 11.250, de 2022)*

Art. 86. Os documentos arquivados pelas Juntas Comerciais não serão, em qualquer hipótese, retirados de suas dependências, ressalvado o disposto no art. 90.

SEÇÃO XI – DO ASSENTAMENTO DOS USOS OU PRÁTICAS EMPRESARIAIS

• *(Redação dada pelo Decreto nº 10.173, de 2019)*

Art. 87. O assentamento de usos ou práticas empresariais é efetuado pela Junta Comercial. *(Redação dada pelo Decreto nº 10.173, de 2019)*

§ 1º Os usos ou as práticas empresariais serão reunidos e assentados em livro próprio, pela Junta Comercial, *ex officio* ou por solicitação da Procuradoria ou de entidade de classe interessada. *(Redação dada pelo Decreto nº 10.173, de 2019)*

§ 2º Verificada, pela Procuradoria, a inexistência de disposição legal contrária ao uso ou prática empresarial a ser assentada, o Presidente da Junta Comercial solicitará o pronunciamento escrito das entidades diretamente interessadas, que se manifestarão no prazo de noventa dias, e publicará convite para que os interessados se manifestem no mesmo prazo. *(Redação dada pelo Decreto nº 10.173, de 2019)*

§ 3º Executadas as diligências previstas no § 2º, a Junta Comercial decidirá se é verdadeiro e registrável o uso ou prática empresarial, em sessão a que compareçam, no mínimo, dois terços dos Vogais e a aprovação ocorrerá pelo voto de, no mínimo, metade mais um dos Vogais presentes. *(Redação dada pelo Decreto nº 10.173, de 2019)*

§ 4º Proferida a decisão, o uso ou a prática empresarial será assentada em livro especial, com a sua justificação, efetuada a respectiva publicação no Diário Oficial da União ou da unidade federativa em que a Junta Comercial estiver localizada. *(Redação dada pelo Decreto nº 10.173, de 2019)*

Art. 88. Quinquenalmente, as Juntas Comerciais revisarão a coleção dos usos ou práticas empresariais assentados e a publicarão, nos termos do disposto no art. 87. *(Redação dada pelo Decreto nº 10.173, de 2019)*

SEÇÃO XII – DA RETRIBUIÇÃO DOS SERVIÇOS

Art. 89. Compete ao Departamento Nacional de Registro Empresarial e Integração da Secretaria de Governo Digital da Secretaria Especial de Desburocratização, Gestão e Governo Digital do Ministério da Economia propor a elaboração da tabela de preços dos serviços pertinentes ao Registro Público de Empresas Mercantis e Atividades Afins, na parte relativa aos atos de natureza federal, e especificar os atos a serem observados pelas Juntas Comerciais na elaboração de suas tabelas locais. *(Redação dada pelo Decreto nº 10.173, de 2019)*

§ 1º As isenções de preços de serviços restringem-se às hipóteses previstas em lei. *(Incluído pelo Decreto nº 10.173, de 2019)*

§ 2º É vedada a cobrança de preço pelo serviço de arquivamento dos documentos relativos à extinção do registro do empresário individual e da sociedade limitada. *(Redação dada pelo Decreto nº 11.250, de 2022)*

TÍTULO III – DAS DISPOSIÇÕES FINAIS E TRANSITÓRIAS

CAPÍTULO I – DAS DISPOSIÇÕES FINAIS

Art. 90. Os atos de empresas, após ter sido preservada a sua imagem por meio de sua digitalização e armazenamento no sistema de registro, poderão ser eliminados pelas Juntas Comerciais. *(Redação dada pelo Decreto nº 11.250, de 2022)*

§ 1º Antes da eliminação prevista no *caput*, a Junta Comercial concederá o prazo de trinta dias, contado da respectiva intimação, para que o empresário, os sócios, os acionistas, os administradores, os diretores ou os procuradores das sociedades retirem, facultativamente, a documentação original, sem qualquer custo. *(Incluído pelo Decreto nº 11.250, de 2022)*

§ 2º Para os fins do disposto no *caput*, serão observadas as disposições do Decreto nº 10.278, de 18 de março de 2020. *(Incluído pelo Decreto nº 11.250, de 2022)*

Art. 91. O fornecimento de informações cadastrais ao Departamento Nacional de Registro Empresarial e Integração da Secretaria de Governo Digital da Secretaria Especial de Desburocratização, Gestão e Governo Digital do Ministério da Economia, ou às Juntas Comerciais, conforme for o caso, desobriga os empresários individuais e as sociedades empresárias de prestarem idênticas informações a outros órgãos ou entidades da administração pública federal, estadual, distrital ou municipal. *(Redação dada pelo Decreto nº 10.173, de 2019)*

Parágrafo único. Ato do Departamento Nacional de Registro Empresarial e Integração da Secretaria de Governo Digital da Secretaria Especial de Desburocratização, Gestão e Governo Digital do Ministério da Economia estabelecerá as normas para a utilização dos cadastros integrantes do Sistema Nacional de Registro de Empresas Mercantis - SINREM pelos órgãos ou entidades a que se refere o *caput*, por meio da celebração de acordos ou convênios de cooperação. *(Redação dada pelo Decreto nº 10.173, de 2019)*

CAPÍTULO II – DAS DISPOSIÇÕES TRANSITÓRIAS

Art. 92. As Juntas Comerciais adaptarão seus regimentos internos ou regulamentos às disposições deste Regulamento no prazo de cento e oitenta dias, a contar da data da sua publicação.

Art. 92-A. Os atos de constituição, alteração, transformação, incorporação, fusão, cisão, dissolução e extinção de registro de empresário e de pessoas jurídicas poderão ser realizados também por meio de sistema eletrônico criado e mantido pelo Ministério da Economia. *(Incluído dada pelo Decreto nº 10.173, de 2019)*

Art. 93. Este Decreto entra em vigor na data de sua publicação.

Art. 94. Revogam-se os *Decretos nº 57.651, de 19 de janeiro de 1966, 86.764, de 22 de dezembro de 1981, 93.410, de 14 de outubro de 1986* e o *Decreto s/nº de 10 de maio de 1991*, que dispõe sobre a autorização para microfilmagem de documentos levados a registro nas Juntas Comerciais.

Brasília 30 de janeiro de 1996;
175º da Independência e 108º da República.
FERNANDO HENRIQUE CARDOSO
(DOU de 31/01/1996)

DECRETOS-LEIS

DECRETO-LEI Nº 1.027, DE 2 DE JANEIRO DE 1939

Dispõe sobre o registro de contratos de compra e venda com reserva de domínio.

› *Arts. 521 a 528, Código Civil*

› *Art. 159, 5º, Lei n. 6.015/1973 (Registros Públicos)*

O PRESIDENTE DA REPÚBLICA, usando da atribuição que lhe confere o art. 180 da Constituição,

DECRETA:

Art. 1º. O contrato de compra e venda de bens, de natureza civil ou comercial, com a cláusula de reserva do domínio, para valer contra terceiros, deverá ser transcrito no todo ou em parte, no registro público de títulos e documentos do domicílio do comprador.

Art. 2º. Revogam-se as disposições em contrario.

Rio de Janeiro, 2 de janeiro de 1939, 118º da Independência e 51º da República.
GETULIO VARGAS.
(DOU de 06/01/1939)

DECRETO-LEI Nº 911, DE 1º DE OUTUBRO DE 1969

Altera a redação do art. 66, da Lei nº 4.728, de 14 de julho de 1965, estabelece normas de processo sobre alienação fiduciária e dá outras providências.

› *Art. 1.368-B do Código Civil*

› *Art. 129, 10, Lei n. 6.015/1973 (Registros Públicos)*

OS MINISTROS DA MARINHA DE GUERRA, DO EXÉRCITO E DA AERONÁUTICA MILITAR, usando das atribuições que lhes confere o artigo 1º do Ato Institucional nº 12, de 31 de agosto de 1969, combinado com o § 1º do artigo 2º do Ato Institucional nº 5, de 13 de dezembro de 1968,

DECRETAM:

Art. 1º. O artigo 66, da Lei nº 4.728, de 14 de julho de 1965, passa a ter a seguinte redação:

› *Alterações inseridas no texto da referida norma.*

Art. 2º No caso de inadimplemento ou mora nas obrigações contratuais garantidas mediante alienação fiduciária, o proprietário fiduciário ou credor poderá vender a coisa a terceiros, independentemente de leilão, hasta pública, avaliação prévia ou qualquer outra medida judicial ou extrajudicial, salvo disposição expressa em contrário prevista no contrato, devendo aplicar o preço da venda no pagamento de seu crédito e das despesas decorrentes e entregar ao devedor o saldo apurado, se houver, com a devida prestação de contas. *(Redação dada pela Lei nº 13.043, de 2014)*

› *Vide Enunciados 115, 118, 126, II Jornada de Prevenção e Solução Extrajudicial de Litígios*

§ 1º O crédito a que se refere o presente artigo abrange o principal, juros e comissões, além das taxas, cláusula penal e correção monetária, quando expressamente convencionados pelas partes.

§ 2º A mora decorrerá do simples vencimento do prazo para pagamento e poderá ser comprovada por carta registrada com aviso de recebimento, não se exigindo que a assinatura constante do referido aviso seja a do próprio destinatário. *(Redação dada pela Lei nº 13.043, de 2014)*

§ 3º A mora e o inadimplemento de obrigações contratuais garantidas por alienação fiduciária, ou a ocorrência legal ou convencional de algum dos casos de antecipação de vencimento da dívida facultarão ao credor considerar, de pleno direito, vencidas todas as obrigações contratuais, independentemente de aviso ou notificação judicial ou extrajudicial.

§ 4º Os procedimentos previstos no *caput* e no seu § 2º aplicam-se às operações de arrendamento mercantil previstas na forma da Lei nº 6.099, de 12 de setembro de 1974. *(Incluído pela Lei nº 13.043, de 2014)*

Art. 3º O proprietário fiduciário ou credor poderá, desde que comprovada a mora, na forma estabelecida pelo § 2º do art. 2º, ou o inadimplemento, requerer contra o devedor ou terceiro a busca e apreensão do bem alienado fiduciariamente, a qual será concedida liminarmente, podendo ser apreciada em plantão judiciário. *(Redação dada pela Lei nº 13.043, de 2014)*

§ 1º Cinco dias após executada a liminar mencionada no *caput*, consolidar-se-ão a propriedade e a posse plena e exclusiva do bem no patrimônio do credor fiduciário, cabendo às repartições competentes, quando for o caso, expedir novo certificado de registro de propriedade em nome do credor, ou de terceiro por ele indicado, livre do ônus da propriedade fiduciária. *(Redação dada pela Lei 10.931, de 2004)*

§ 2º No prazo do § 1º, o devedor fiduciante poderá pagar a integralidade da dívida pendente, segundo os valores apresentados pelo credor fiduciário na inicial, hipótese na qual o bem lhe será restituído livre do ônus. *(Redação dada pela Lei 10.931, de 2004)*

§ 3º O devedor fiduciante apresentará resposta no prazo de quinze dias da execução da liminar. *(Redação dada pela Lei 10.931, de 2004)*

§ 4º A resposta poderá ser apresentada ainda que o devedor tenha se utilizado da faculdade do § 2º, caso entenda ter havido pagamento a maior e desejar restituição. *(Redação dada pela Lei 10.931, de 2004)*

§ 5º Da sentença cabe apelação apenas no efeito devolutivo. *(Redação dada pela Lei 10.931, de 2004)*

§ 6º Na sentença que decretar a improcedência da ação de busca e apreensão, o juiz condenará o credor fiduciário ao pagamento de multa, em favor do devedor fiduciante, equivalente a cinqüenta por cento do valor originalmente financiado, devidamente atualizado, caso o bem já tenha sido alienado. *(Redação dada pela Lei 10.931, de 2004)*

§ 7º A multa mencionada no § 6º não exclui a responsabilidade do credor fiduciário por perdas e danos. *(Incluído pela Lei 10.931, de 2004)*

§ 8º A busca e apreensão prevista no presente artigo constitui processo autônomo e independente de qualquer procedimento posterior. *(Incluído pela Lei 10.931, de 2004)*

§ 9º Ao decretar a busca e apreensão de veículo, o juiz, caso tenha acesso à base de dados do Registro Nacional de Veículos Automotores – RENAVAM, inserirá diretamente a restrição judicial na base de dados do Renavam, bem como retirará tal restrição após a apreensão. *(Incluído pela Lei nº 13.043, de 2014)*

§ 10. Caso o juiz não tenha acesso à base de dados prevista no § 9º, deverá oficiar ao departamento de trânsito competente para que: *(Incluído pela Lei nº 13.043, de 2014)*

I – registre o gravame referente à decretação da busca e apreensão do veículo; e *(Incluído pela Lei nº 13.043, de 2014)*

II – retire o gravame após a apreensão do veículo. *(Incluído pela Lei nº 13.043, de 2014)*

§ 11. O juiz também determinará a inserção do mandado a que se refere o § 9º em banco próprio de mandados. *(Incluído pela Lei nº 13.043, de 2014)*

§ 12. A parte interessada poderá requerer diretamente ao juízo da comarca onde foi localizado o veículo com vistas à sua apreensão, sempre que o bem estiver em comarca distinta daquela da tramitação da ação, bastando que em tal requerimento conste a cópia da petição inicial da ação e, quando for o caso, a cópia do despacho que concedeu a busca e apreensão do veículo. *(Incluído pela Lei nº 13.043, de 2014)*

§ 13. A apreensão do veículo será imediatamente comunicada ao juízo, que intimará a instituição financeira para retirar o veículo do local depositado no prazo máximo de 48 (quarenta e oito) horas. *(Incluído pela Lei nº 13.043, de 2014)*

§ 14. O devedor, por ocasião do cumprimento do mandado de busca e apreensão, deverá entregar o bem e seus respectivos documentos. *(Incluído pela Lei nº 13.043, de 2014)*

§ 15. As disposições deste artigo aplicam-se no caso de reintegração de posse de veículos referente às operações de arrendamento mercantil previstas na Lei nº 6.099, de 12 de setembro de 1974. *(Incluído pela Lei nº 13.043, de 2014)*

Art. 4º Se o bem alienado fiduciariamente não for encontrado ou não se achar na posse do devedor, fica facultado ao credor requerer, nos mesmos autos, a conversão do pedido de busca e apreensão em ação executiva, na forma prevista no Capítulo II do Livro II da Lei nº 5.869, de 11 de janeiro de 1973 – Código de Processo Civil. *(Redação dada pela Lei nº 13.043, de 2014)*

Art. 5º Se o credor preferir recorrer à ação executiva, direta ou a convertida na forma do art. 4º, ou, se for o caso ao executivo fiscal, serão penhorados, a critério do autor da ação, bens do devedor quantos bastem para assegurar a execução. *(Redação dada pela Lei nº 13.043, de 2014)*

Parágrafo único. Não se aplica à alienação fiduciária o disposto nos incisos VI e VIII do art. 649 do Código de Processo Civil. *(Redação dada pela Lei nº 6.071, de 1974)*

Art. 6º O avalista, fiador ou terceiro interessado que pagar a dívida do alienante ou devedor, se sub-rogará, de pleno direito no crédito e na garantia constituída pela alienação fiduciária.

Art. 6º-A. O pedido de recuperação judicial ou extrajudicial pelo devedor nos termos da Lei nº 11.101, de 9 de fevereiro de 2005, não impede a distribuição e a busca e apreensão do bem. *(Incluído pela Lei nº 13.043, de 2014)*

Art. 7º. Na falência do devedor alienante, fica assegurado ao credor ou proprietário fiduciário o direito de pedir, na forma prevista na lei, a restituição do bem alienado fiduciáriamente.

Parágrafo único. Efetivada a restituição o proprietário fiduciário agirá na forma prevista neste Decreto-lei.

Art. 7º-A. Não será aceito bloqueio judicial de bens constituídos por alienação fiduciária nos termos deste Decreto-Lei, sendo que, qualquer discussão sobre concursos de preferências deverá ser resolvida pelo valor da venda do bem, nos termos do art. 2º. *(Incluído pela Lei nº 13.043, de 2014)*

Art. 8º. O Conselho Nacional de Trânsito, no prazo máximo de 60 dias, a contar da vigência do presente Decreto-Lei, expedirá normas regulamentares relativas à alienação fiduciária de veículos automotores.

Art. 8º-A. *(Revogado pela Lei nº 14.711, de 2023)*

Art. 8º-B. Desde que haja previsão expressa no contrato em cláusula em destaque e após comprovação da mora na forma do § 2º do art. 2º deste Decreto-Lei, é facultado ao credor promover a consolidação da propriedade perante o competente cartório de registro de títulos e documentos no lugar do procedimento judicial a que se referem os arts. 3º, 4º, 5º e 6º deste Decreto-Lei. *(Incluído pela Lei nº 14.711, de 2023)*

§ 1º É competente o cartório de registro de títulos e documentos do domicílio do devedor ou da localização do bem da celebração do contrato. *(Incluído pela Lei nº 14.711, de 2023)*

§ 2º Vencida e não paga a dívida, o oficial de registro de títulos e documentos, a requerimento do credor fiduciário acompanhado da comprovação da mora na forma do § 2º do art. 2º deste Decreto-Lei, notificará o devedor fiduciário para: *(Incluído pela Lei nº 14.711, de 2023)*

I - pagar voluntariamente a dívida no prazo de 20 (vinte) dias, sob pena de consolidação da propriedade; *(Incluído pela Lei nº 14.711, de 2023)*

II - apresentar, se for o caso, documentos comprobatórios de que a cobrança é total ou parcialmente indevida. *(Incluído pela Lei nº 14.711, de 2023)*

§ 3º O oficial avaliará os documentos apresentados na forma do inciso II do § 2º deste artigo e, na hipótese de constatar o direito do devedor, deverá abster-se de prosseguir no procedimento. *(Incluído pela Lei nº 14.711, de 2023)*

§ 4º Na hipótese de o devedor alegar que a cobrança é parcialmente indevida, caber-lhe-á declarar o valor que entender correto e pagá-lo dentro do prazo indicado no inciso I do § 2º deste artigo. *(Incluído pela Lei nº 14.711, de 2023)*

§ 5º É assegurado ao credor optar pelo procedimento judicial para cobrar a dívida ou o saldo remanescente na hipótese de frustração total ou parcial do procedimento extrajudicial. *(Incluído pela Lei nº 14.711, de 2023)*

§ 6º A notificação, a cargo do oficial de registro de títulos e documentos, será feita preferencialmente por meio eletrônico, a ser enviada ao endereço eletrônico indicado em contrato pelo devedor fiduciário. *(Incluído pela Lei nº 14.711, de 2023)*

§ 7º A ausência de confirmação do recebimento da notificação eletrônica em até 3 (três) dias úteis, contados do recebimento, implicará a realização da notificação postal, com aviso de recebimento, a cargo do oficial de registro de títulos e documentos, ao endereço indicado em contrato pelo devedor fiduciário, não exigido que a assinatura constante do aviso de recebimento seja a do próprio destinatário, desde que o endereço seja o indicado no cadastro. *(Incluído pela Lei nº 14.711, de 2023)*

§ 8º Paga a dívida, ficará convalescido o contrato de alienação fiduciária em garantia. *(Incluído pela Lei nº 14.711, de 2023)*

§ 9º Não paga a dívida, o oficial averbará a consolidação da propriedade fiduciária ou, no caso de bens cuja alienação fiduciária tenha sido registrada apenas em outro órgão, o oficial comunicará a este para a devida averbação. *(Incluído pela Lei nº 14.711, de 2023)*

§ 10. A comunicação de que trata o § 6º deste artigo deverá ocorrer conforme convênio das serventias, ainda que por meio de suas entidades representativas, com os competentes órgãos registrais. *(Incluído pela Lei nº 14.711, de 2023)*

§ 11. Na hipótese de não pagamento voluntário da dívida no prazo legal, é dever do devedor, no mesmo prazo e com a devida ciência do cartório de registro de títulos e documentos, entregar ou disponibilizar voluntariamente a coisa ao credor para a venda extrajudicial na forma do art. 8º-C deste Decreto-Lei, sob pena de sujeitar-se a multa de 5% (cinco por cento) do valor da dívida, respeitado o direito do devedor a recibo escrito por parte do credor. *(Incluído pela Lei nº 14.711, de 2023)*

§ 12. No valor total da dívida, poderão ser incluídos os valores dos emolumentos, das despesas postais e das despesas com remoção da coisa na hipótese de o devedor tê-la disponibilizado em vez de tê-la entregado voluntariamente. *(Incluído pela Lei nº 14.711, de 2023)*

§ 13. A notificação deverá conter, no mínimo, as seguintes informações: *(Incluído pela Lei nº 14.711, de 2023)*

I - cópia do contrato referente à dívida; *(Incluído pela Lei nº 14.711, de 2023)*

II - valor total da dívida de acordo com a possível data de pagamento; *(Incluído pela Lei nº 14.711, de 2023)*

III - planilha com detalhamento da evolução da dívida; *(Incluído pela Lei nº 14.711, de 2023)*

IV - boleto bancário, dados bancários ou outra indicação de meio de pagamento, inclusive a faculdade de pagamento direto no competente cartório de registro de títulos e documentos; *(Incluído pela Lei nº 14.711, de 2023)*

V - dados do credor, especialmente nome, número de inscrição no Cadastro de Pessoas Físicas (CPF) ou no Cadastro Nacional da Pessoa Jurídica (CNPJ), telefone e outros canais de contato; *(Incluído pela Lei nº 14.711, de 2023)*

VI - forma de entrega ou disponibilização voluntárias do bem no caso de inadimplemento; *(Incluído pela Lei nº 14.711, de 2023)*

VII - advertências referentes ao disposto nos §§ 2º, 4º, 8º e 10 deste artigo. *(Incluído pela Lei nº 14.711, de 2023)*

Art. 8º-C. Consolidada a propriedade, o credor poderá vender o bem na forma do art. 2º deste Decreto-Lei. *(Incluído pela Lei nº 14.711, de 2023)*

§ 1º Caso o bem não tenha sido entregue ou disponibilizado voluntariamente no prazo legal, o credor poderá requerer ao oficial de registro de títulos e documentos a busca e apreensão extrajudicial, com apresentação do valor atualizado da dívida e da planilha prevista no inciso III do § 13 do art. 8º-B deste Decreto-Lei. *(Incluído pela Lei nº 14.711, de 2023)*

§ 2º Recebido o requerimento, como forma de viabilizar a busca e apreensão extrajudicial, o oficial adotará as seguintes providências: *(Incluído pela Lei nº 14.711, de 2023)*

I - lançará, no caso de veículos, restrição de circulação e de transferência do bem no sistema de que trata o § 9º do art. 3º deste Decreto-Lei; *(Incluído pela Lei nº 14.711, de 2023)*

II – comunicará, se for o caso, aos órgãos registrais competentes para averbação da indisponibilidade do bem e da busca e apreensão extrajudicial; *(Incluído pela Lei nº 14.711, de 2023)*

III - lançará a busca e apreensão extrajudicial na plataforma eletrônica mantida pelos cartórios de registro de títulos e documentos por meio de suas entidades representativas, com base no art. 37 da Lei nº 11.977, de 7 de julho de 2009; e

IV - expedirá certidão de busca e apreensão extrajudicial do bem. *(Incluído pela Lei nº 14.711, de 2023)*

§ 3º Para facilitar a realização das providências de que tratam os incisos I e II do § 2º deste artigo, os órgãos de trânsito e outros órgãos de registro poderão manter convênios com os cartórios de registro de títulos e documentos, ainda que por meio das suas entidades representativas incumbidas de promover o sistema de registro eletrônico de que trata o art. 37 da Lei nº 11.977, de 7 de julho de 2009. *(Incluído pela Lei nº 14.711, de 2023)*

§ 4º O credor, por si ou por terceiros mandatários, poderá realizar diligências para a localização dos bens. *(Incluído pela Lei nº 14.711, de 2023)*

§ 5º Os terceiros mandatários de que trata o § 4º deste artigo poderão ser empresas especializadas na localização de bens. *(Incluído pela Lei nº 14.711, de 2023)*

§ 6º Ato do Poder Executivo poderá definir requisitos mínimos para o funcionamento de empresas especializadas na localização de bens constituídas para os fins deste Decreto-Lei. *(Incluído pela Lei nº 14.711, de 2023)*

§ 7º Apreendido o bem pelo oficial da serventia extrajudicial, o credor poderá promover a venda de que trata o *caput* deste artigo e deverá comunicá-la ao oficial de cartório de registro de títulos e documentos, o qual adotará as seguintes providências: *(Incluído pela Lei nº 14.711, de 2023)*

I - cancelará os lançamentos e as comunicações de que trata o § 2º deste artigo; *(Incluído pela Lei nº 14.711, de 2023)*

II - averbará no registro pertinente ou, no caso de bens cuja alienação fiduciária tenha sido registrada apenas em outro órgão, comunicará a este para a devida averbação. *(Incluído pela Lei nº 14.711, de 2023)*

§ 8º O credor fiduciário somente será obrigado por encargos tributários ou administrativos vinculados ao bem a partir da aquisição da posse plena, o que se dará com a apreensão do bem ou com a sua entrega voluntária. *(Incluído pela Lei nº 14.711, de 2023)*

§ 9º No prazo de 5 (cinco) dias úteis após a apreensão do bem, o devedor fiduciante terá o direito de pagar a integralidade da dívida pendente, segundo os valores apresentados pelo credor fiduciário no seu requerimento, hipótese na qual será cancelada a consolidação da propriedade e restituída a posse plena do bem. *(Incluído pela Lei nº 14.711, de 2023)*

§ 10. No valor da dívida, o credor poderá incluir os valores com emolumentos e despesas com as providências do procedimento previsto neste artigo e no art. 8º-B deste Decreto-Lei, além dos tributos e demais encargos pactuados no contrato. *(Incluído pela Lei nº 14.711, de 2023)*

§ 11. O procedimento extrajudicial não impedirá o uso do processo judicial pelo devedor fiduciante. *(Incluído pela Lei nº 14.711, de 2023)*

Art. 8º-D. No caso de a cobrança extrajudicial realizada na forma dos arts. 8º-B e 8º-C deste Decreto-Lei ser considerada indevida, o credor fiduciário sujeitar-se-á à multa e ao dever de indenizar de que tratam os §§ 6º e 7º do art. 3º deste Decreto-Lei. *(Incluído pela Lei nº 14.711, de 2023)*

Art. 8º-E. Quando se tratar de veículos automotores, é facultado ao credor, alternativamente, promover os procedimentos de execução extrajudicial a que se referem os arts. 8º-B e 8º-C desta Lei perante os órgãos executivos de trânsito dos Estados, em observância às competências previstas no § 1º do art. 1.361 da Lei nº 10.406, de 10 de janeiro de 2002 (Código Civil). *(Incluído pela Lei nº 14.711, de 2023)*

Parágrafo único. Na hipótese de o credor exercer a faculdade de que trata o *caput* deste artigo, as empresas previstas no parágrafo único do art. 129-B da Lei nº 9.503, de 23 de setembro de 1997 (Código de Trânsito Brasileiro), praticarão os atos de processamento da execução, inclusive os atos de que trata o § 2º do art. 8º-C desta Lei. *(Incluído pela Lei nº 14.711, de 2023)*

Art. 9º. O presente Decreto-lei entrará em vigor na data de sua publicação, aplicando-se desde logo, aos processos em curso, revogadas as disposições em contrário.

Brasília, 1 de outubro de 1969; 148º Independência e 81º da República.

Augusto Hamann Rademaker Grünewald

Aurélio de Lyra Tavares

Márcio de Souza e Mello

(Dou de 3.10.1969)

PROVIMENTO DO CONSELHO NACIONAL DE JUSTIÇA – CNJ

PROVIMENTO Nº 27, DE 12 DE DEZEMBRO DE 2012

Dispõe sobre a facultatividade e a competência para o registro de contratos de alienação fiduciária e de arrendamento mercantil de veículos por Oficial de Registro de Títulos e Documentos.

- *Vide Informativo nº 804 do Supremo Tribunal Federal*
- *Vide Lei nº 10.406, de 10 de janeiro de 2002 (Código Civil)*
- *Vide Lei nº 11.882, de 23 de dezembro de 2008 (Letra de Arrendamento Mercantil)*
- *Vide Lei nº 6.015, de 31 de dezembro de 1973 (Registros Públicos)*
- *Art. 397, Provimento CNJ n. 149/2023 (CNN)*

O **CORREGEDOR NACIONAL DE JUSTIÇA**, Ministro Francisco Falcão, no uso de suas atribuições legais e regimentais;

CONSIDERANDO que compete ao Conselho Nacional de Justiça o controle da atuação administrativa do Poder Judiciário (artigo 103-B, § 4º, incisos I, II e III da Constituição Federal);

CONSIDERANDO que compete ao Poder Judiciário a fiscalização dos serviços notariais e de registro (art. 103-B, § 4º, I e III, e art. 236, § 1º, ambos da Constituição Federal);

CONSIDERANDO que compete ao Corregedor Nacional de Justiça expedir Provimento, e outros atos normativos, destinados ao aperfeiçoamento das atividades dos serviços notariais e de registro (artigo 8º, inciso X, do Regimento Interno do Conselho Nacional de Justiça);

CONSIDERANDO o disposto no artigo 1.361 do Código Civil, no artigo 6º, §§ 1º e 2º, da Lei nº 11.882, de 23 de dezembro de 2008, e no artigo 130 da Lei nº 6.015/73;

CONSIDERANDO a necessidade de regulamentação da matéria, para afastar a adoção de procedimentos conflitantes pelos Oficiais de Registro de Títulos e Documentos;

RESOLVE:

Art. 1º. É facultativo o registro de contrato de alienação fiduciária e de arrendamento mercantil de veículo por Oficial de Registro de Títulos e Documentos;

Arts. 2º e 3º *(Revogados pelo Provimento CN n. 149, de 30.8.2023)*

Art. 4º. Este Provimento entrará em vigor na data da sua publicação.

Brasília, 12 de dezembro de 2012.
Ministro FRANCISCO FALCÃO
Corregedor Nacional de Justiça
(DJE 14.12.2012)

PROVIMENTO Nº 48, DE 16 DE MARÇO DE 2016**

Estabelece diretrizes gerais para o sistema de registro eletrônico de títulos e documentos e civil de pessoas jurídicas.

Situação: Revogado e incorporado aos ***arts. 246 a 256 do Provimento CNJ n. 149/2023*** *(Código Nacional de Normas da Corregedoria Nacional de Justiça– Foro Extrajudicial (CNN/CN/CNJ-EXTRA)*

- *Vide "Considerações" deste Provimento*
- *Vide Lei n. 14.382/2022 (SERP)*
- *Vide Provimento CNJ n. 159/2023 (FIC-ONSERP; FIC-RCPN;FIC-RTDJP)*

A **CORREGEDORA NACIONAL DA JUSTIÇA**, no uso de suas atribuições legais e regimentais:

CONSIDERANDO a necessidade de facilitar o intercâmbio de informações entre os ofícios de registro de títulos e documentos e civil de pessoas jurídicas, o Poder Judiciário, a Administração Pública e o público em geral, para eficácia e celeridade da prestação jurisdicional e do serviço público;

CONSIDERANDO que compete ao Poder Judiciário regulamentar o registro público eletrônico de títulos e documentos e civil de pessoas jurídicas previsto nos arts. 37 a 41 da Lei n. 11.977, de 7 de julho de 2009;

CONSIDERANDO que compete à Corregedoria Nacional de Justiça estabelecer diretrizes gerais para a implantação do registro de títulos e documentos e civil de pessoas jurídicas eletrônico em todo o território nacional, expedindo atos normativos e recomendações destinados ao aperfeiçoamento das atividades dos serviços de registro (inc. X do art. 8º do Regimento Interno do Conselho Nacional de Justiça);

CONSIDERANDO que compete às Corregedorias Gerais da Justiça dos Estados e do Distrito Federal e dos Territórios, no âmbito de suas atribuições, estabelecer normas técnicas específicas para a concreta prestação dos serviços registrais em meios eletrônicos,

INSTRUÇÕES NORMATIVAS

INSTRUÇÃO NORMATIVA DA RECEITA FEDERAL DO BRASIL

INSTRUÇÃO NORMATIVA RFB Nº 2.119, DE 06 DE DEZEMBRO DE 2022

Dispõe sobre o Cadastro Nacional da Pessoa Jurídica no âmbito da Secretaria Especial da Receita Federal do Brasil.

- *Vide arts. 114 a 126, Lei n. 6.015/1973 (Registros Públicos)*

O SECRETÁRIO ESPECIAL DA RECEITA FEDERAL DO BRASIL, no uso da atribuição que lhe confere o inciso III do art. 350 do Regimento Interno da Secretaria Especial da Receita Federal do Brasil, aprovado pela Portaria ME nº 284, de 27 de julho de 2020, e tendo em vista o disposto no inciso XXII do art. 37 da Constituição, no § 2º do art. 113, no parágrafo único do art. 116 e nos arts. 127,132, 135 e 199 da Lei nº 5.172, de 25 de outubro de 1966 - Código Tributário Nacional, no art. 16 da Lei Complementar nº 95, de 26 de fevereiro de 1998, nos arts. 2º, 4º, 5º, 8º a 11, 65 e 65-A da Lei Complementar nº 123, de 14 de dezembro de 2006, nos arts. 1º, 3º e 5º da Lei nº 5.614, de 5 de outubro de 1970, no inciso II do art. 37 da Lei nº 9.250, de 26 de dezembro de 1995, nos arts. 80 a 82 da Lei nº 9.430, de 27 de dezembro de 1996, no art. 16 da Lei nº 9.779, de 19 de janeiro de 1999, no art. 167 da Lei nº 10.406, de 10 de janeiro de 2002 - Código Civil, nos arts. 2º e 6º da Lei nº 10.522, de 19 de julho de 2002, nos arts. 2º a 4º, 7º a 9º, 11, 11-A e 16 da Lei nº 11.598, de 3 de dezembro de 2007, no parágrafo único do art. 16, no § 5º do art. 21 e no § 2º do art. 32 da Resolução do Senado Federal nº 43, de 21 de dezembro de 2001, no Decreto nº 3.500, de 9 de junho de 2000, no art. 929 do Decreto nº 9.580, de 22 de novembro de 2018 - Regulamento do Imposto sobre a Renda e Proventos de Qualquer Natureza, no Decreto nº 10.543, de 13 de novembro de 2020, na Portaria MF nº 187, de 26 de abril de 1993, na Instrução Normativa Conjunta RFB/STN nº 1.257, de 8 de março de 2012, na Instrução Normativa Conjunta RFB/TSE nº 2001, de 29 de dezembro de 2020, no inciso I do art. 7º da Portaria MPOG nº 467, de 20 de novembro de 2002, na Instrução Normativa STN nº 2, de 2 de fevereiro de 2012, e na Resolução CVM nº 13, de 18 de novembro de 2020, resolve:

TÍTULO I – DISPOSIÇÃO PRELIMINAR

CAPÍTULO ÚNICO – DO OBJETO

Art. 1º Esta Instrução Normativa dispõe sobre o Cadastro Nacional da Pessoa Jurídica (CNPJ) no âmbito da Secretaria Especial da Receita Federal do Brasil (RFB).

Parágrafo único. A inscrição no CNPJ corresponde à identificação nacional cadastral única.

TÍTULO II – DISPOSIÇÕES GERAIS

CAPÍTULO I – DO CONTEÚDO E DA ADMINISTRAÇÃO

Art. 2º O CNPJ é administrado pela RFB e compreende os dados e as informações relativas a empresários, pessoas jurídicas e equiparadas, além de outras entidades de interesse público.

CAPÍTULO II – DAS ENTIDADES OBRIGADAS À INSCRIÇÃO

Art. 3º Para fins de inscrição no CNPJ, conceitua-se como entidade a pessoa jurídica de direito público ou privado e suas equiparadas pela legislação do imposto sobre a renda e proventos de qualquer natureza.

Parágrafo único. Também são equiparados a entidade os demais tipos jurídicos, domiciliados no País ou no exterior, obrigados à inscrição no CNPJ.

Art. 4º Todas as entidades domiciliadas no Brasil estão obrigadas a se inscrever no CNPJ, bem como cada um de seus estabelecimentos localizados no Brasil ou no exterior, antes do início de suas atividades, conforme Anexo I.

§ 1º Os estados, o Distrito Federal e os municípios devem ter uma inscrição no CNPJ, na condição de estabelecimento matriz, que os identifique como pessoa jurídica de direito público.

§ 2º Estão também obrigadas à inscrição as entidades domiciliadas no exterior relacionadas nos incisos XVI e XVII do Anexo I desta Instrução Normativa.

§ 3º A entidade pode alterar a inscrição de qualquer um de seus estabelecimentos filiais para enquadrá-lo na condição de matriz.

CAPÍTULO III – DO ESTABELECIMENTO

Art. 5º Para fins de inscrição no CNPJ, considera-se estabelecimento o local privado ou público, edificado ou não, móvel ou imóvel, próprio ou de terceiros, físico ou virtual, onde a entidade exerce suas atividades em caráter temporário ou permanente ou onde se encontram armazenadas mercadorias, incluídas as unidades auxiliares constantes do Anexo VII.

§ 1º Para fins do disposto no caput, considera-se ainda estabelecimento a plataforma de produção e armazenamento de petróleo e gás natural e outras plataformas ou estruturas flutuantes, ainda que estejam em construção.

§ 2º Deverá ser utilizado, para fins de inscrição no CNPJ, o endereço:

I - do empresário individual ou de um dos sócios da entidade domiciliado no País, conforme o caso, quando o local de exercício da atividade for exclusivamente virtual;

II - do estabelecimento identificado como matriz, quando o estabelecimento virtual for inscrito na condição de filial; e

III - do estabelecimento mais próximo, localizado em terra firme, no caso previsto no § 1º.

§ 3º Para o estabelecimento virtual, deve ser realizada preferencialmente a opção pelo Domicílio Tributário Eletrônico (DTE), destinado, dentre outras finalidades, a:

I - cientificar o sujeito passivo de quaisquer tipos de atos administrativos, incluídos os relativos à inclusão ou à exclusão de regime especial de tributação e às ações fiscais;

II - encaminhar notificações e intimações; e

III - expedir outros documentos e avisos em geral.

CAPÍTULO IV – DO REPRESENTANTE DA ENTIDADE

Art. 6º O representante da entidade no CNPJ deve ser a pessoa física que tenha legitimidade para representá-la, conforme previsto no Anexo V desta Instrução Normativa.

§ 1º No caso de entidade domiciliada no exterior o representante no CNPJ deve ser seu procurador ou representante legalmente constituído e domiciliado no Brasil, com poderes para administrar os bens e direitos da entidade no País e representá-la perante a RFB.

§ 2º No momento da indicação do procurador ou representante referido no § 1º deve ser informado o seu endereço físico e virtual.

§ 3º No caso de fundos de investimentos nacionais ou de investidor não residente, o representante no CNPJ é designado automaticamente na inscrição e coincide com aquele constante do CNPJ para a respectiva instituição financeira representante.

§ 4º O representante da entidade no CNPJ pode indicar um preposto para a prática de atos cadastrais no CNPJ, exceto para os atos de inscrição de estabelecimento matriz e de indicação, substituição ou exclusão de preposto, sendo facultada ao preposto a prática do ato de renúncia.

§ 5º A indicação de que trata o § 4º não elide a competência originária do representante da entidade no CNPJ.

CAPÍTULO V – DAS UNIDADES CADASTRADORAS

Art. 7º Considera-se unidade cadastradora do CNPJ aquela competente para deferir atos cadastrais das entidades e realizar atos de ofício no CNPJ, a partir da análise, sob os aspectos formal e técnico, das informações contidas na documentação apresentada pelas entidades.

Parágrafo único. São unidades cadastradoras do CNPJ:

I - as equipes da RFB com competência para realizar operações no cadastro, definidas em ato específico;
II - os órgãos de registro partícipes da Rede Nacional para a Simplificação do Registro e da Legalização de Empresas e Negócios (Redesim);
III - as administrações tributárias dos estados, do Distrito Federal e dos municípios;
IV - a Comissão de Valores Mobiliários (CVM), em relação aos fundos de investimento nacionais e investidores não residentes;
V - o Banco Central do Brasil (Bacen), observado o disposto no art. 19;
VI - a Superintendência Nacional de Previdência Complementar (Previc), nos casos de planos de benefícios administrados por entidade fechada de previdência complementar;
VII - o Tribunal Superior Eleitoral (TSE), nos casos de candidatos a cargo político eletivo e frentes plebiscitárias ou referendárias, nos termos da legislação específica; e
VIII - outras entidades mediante convênio aprovado pela RFB ou pelo Comitê Gestor da Redesim.

CAPÍTULO VI – DOS TIPOS DE ATOS

Art. 8º São atos cadastrais realizados no CNPJ:
I - inscrição;
II - alteração de dados cadastrais; e
III - baixa de inscrição.

Parágrafo único. Os atos cadastrais podem ser praticados a pedido da entidade ou de ofício, no interesse da Administração Tributária.

CAPÍTULO VII – DOS TIPOS DE SITUAÇÕES CADASTRAIS

Art. 9º A inscrição no CNPJ da entidade ou do estabelecimento filial pode ser enquadrada nas seguintes situações cadastrais:
I - ativa;
II - suspensa;
III - inapta;
IV - baixada; ou
V - nula.

Parágrafo único. As situações cadastrais da inscrição no CNPJ não se confundem com a condição de atividade ou inatividade para fins tributários.

CAPÍTULO VIII – DO COMPROVANTE DE INSCRIÇÃO E DE SITUAÇÃO CADASTRAL

Art. 10. A comprovação da condição de inscrito e da situação cadastral no CNPJ é feita por meio do "Comprovante de Inscrição e de Situação Cadastral", cujos modelos I e II, com as respectivas informações, constam do Anexo III.

Parágrafo único. Os modelos referidos no caput poderão ser acessados pela Internet na página da RFB ou no Portal Redesim, na página de Empresas e Negócios do Governo Federal, cujos respectivos endereços eletrônicos constam do Anexo XIV.

CAPÍTULO IX – DA CERTIDÃO DE INEXISTÊNCIA DE VÍNCULO NO CNPJ

Art. 11. A Certidão de Inexistência de Vínculo no CNPJ, destinada a pessoas físicas e entidades interessadas, visa a comprovar a inexistência de vínculo de pessoa física ou jurídica, na qualidade de sócia, administradora ou representante perante o CNPJ, com entidades em situação cadastral ativa.

Parágrafo único. O modelo da certidão a que se refere o caput consta do Anexo XIII.

TÍTULO III – DOS ATOS CADASTRAIS

CAPÍTULO I – DA SOLICITAÇÃO E FORMALIZAÇÃO DE ATOS CADASTRAIS

SEÇÃO I – DA SOLICITAÇÃO DE ATOS CADASTRAIS

Art. 12. As solicitações dos atos cadastrais no CNPJ devem ser realizadas no endereço eletrônico da página de Empresas e Negócios do Governo Federal, disponível no Anexo XIV, por intermédio dos seguintes serviços, conforme o caso:
I - Redesim;
II - Portal do Empreendedor, para o Microempreendedor Individual (MEI); ou
III - Inova Simples.

§ 1º As solicitações geradas pelo serviço Redesim podem ser acompanhadas no Portal Nacional da Redesim por meio do número do protocolo e devem ser assinadas eletronicamente por uma das pessoas físicas listadas abaixo:
a) o Representante perante o CNPJ;
b) o Preposto indicado pelo Representante;
c) o Procurador da entidade indicado no e-CAC; e
d) o preenchedor da solicitação.

§ 2º A permissão para assinar as solicitações referidas no § 1º dependerá do tipo de ato solicitado e será controlada pelo serviço Redesim.

§ 3º A análise das solicitações referentes ao MEI e ao Inova Simples é automática e imediata, sem a necessidade de envio de documentação por parte do contribuinte.

SEÇÃO II – DO PROTOCOLO DE TRANSMISSÃO

Art. 13. Para as solicitações transmitidas pelo Portal Redesim, quando não houver incompatibilidade, será disponibilizado o Protocolo de Transmissão, de acordo com o modelo constante do Anexo II.

§ 1º No Protocolo de Transmissão constará a assinatura eletrônica qualificada ou avançada, nos termos dos incisos II e III do caput do art. 4º do Decreto nº 10.543, de 13 de novembro de 2020, de uma das pessoas físicas a que se refere o § 1º do art. 12, dispensada a assinatura física.

§ 2º O Protocolo de Transmissão, relativo à solicitação de ato cadastral no CNPJ, ficará disponível, no serviço de acompanhamento do protocolo, no Portal Redesim, pelo prazo de 90 (noventa) dias contados da data da transmissão.

§ 3º Após transcorridos os 90 (noventa) dias mencionados no § 2º, caso o interessado não tenha encaminhado ao órgão responsável a documentação necessária para análise do ato cadastral solicitado, conforme disposto no art. 14, o protocolo de transmissão e a respectiva solicitação de ato cadastral no CNPJ serão cancelados automaticamente.

§ 4º Fica dispensada a apresentação do Protocolo de Transmissão no âmbito da Redesim, nos casos em que a análise da solicitação couber ao órgão de registro competente.

SEÇÃO III – DA FORMALIZAÇÃO DA SOLICITAÇÃO

Art. 14. As solicitações de atos cadastrais no CNPJ são formalizadas:
I - pela entrega direta da documentação solicitada para a prática do ato, quando a responsabilidade pela análise e deferimento for do órgão de registro que celebrou convênio com a RFB; ou
II - por meio do envio do Protocolo de Transmissão, acompanhado da cópia do ato constitutivo, alterador ou extintivo da entidade, devidamente registrado no órgão competente, observada a tabela de documentos constante do Anexo VIII, quando a responsabilidade pela análise e deferimento da solicitação for da RFB.

§ 1º A documentação referida no inciso II do caput deverá ser entregue por meio de processo digital formalizado no Portal e-CAC, nos termos da Instrução Normativa RFB nº 2.022, de 16 de abril de 2021.

§ 2º O Protocolo de Transmissão e os demais atos e documentos comprobatórios podem ser digitalizados pela Administração Tributária, hipótese em que adquirem o mesmo valor probatório de seus originais, nos termos do § 2º do art. 2º-A da Lei nº 12.682, de 9 de julho de 2012.

§ 3º Caso o sócio da entidade seja pessoa física ou jurídica domiciliada no exterior e o deferimento seja de responsabilidade da RFB, o Protocolo de Transmissão deverá estar instruído com a cópia da procuração que nomeia o seu representante legal no País.

§ 4º Aplica-se à procuração referida no § 3º, no que couber, o disposto no § 10 do art. 55.

Art. 15. Não se aplica o disposto no art. 13 e no art. 14, em razão do trâmite especial e simplificado do processo de sua formalização e legalização:
I - ao MEI, definido no § 1º do art. 18-A da Lei Complementar nº 123, de 14 de dezembro de 2006; e
II - às empresas instituídas sob o regime Inova Simples de que trata o art. 65-A da Lei Complementar nº 123, de 2006.

CAPÍTULO II – DOS ATOS CADASTRAIS DA ENTIDADE

Art. 16. São privativos da entidade os atos cadastrais relativos:
I - ao nome empresarial;
II - à natureza jurídica;
III - ao capital social;
IV - ao porte da empresa;

V - ao representante da entidade perante o CNPJ;
VI - ao preposto;
VII - ao Quadro de Sócios e Administradores (QSA);
VIII - ao ente federativo responsável, no caso de entidades da Administração Pública;
IX - à falência;
X - à recuperação judicial;
XI - à intervenção;
XII - ao inventário do empresário individual, do titular de empresa individual imobiliária, do titular da sociedade unipessoal de advogados ou do sócio da sociedade limitada composta por um único sócio pessoa física;
XIII - à liquidação judicial ou extrajudicial;
XIV - à incorporação;
XV - à fusão;
XVI - à cisão parcial ou total; e
XVII - ao beneficiário final.

CAPÍTULO III – DA INSCRIÇÃO

SEÇÃO I – DA INSCRIÇÃO DE ENTIDADE DOMICILIADA NO BRASIL

Art. 17. A solicitação de inscrição no CNPJ de entidade domiciliada no País deve ser feita com observância do disposto nos arts. 12 a 14, inclusive para o caso de estabelecimento, no Brasil, de pessoa jurídica estrangeira.

SEÇÃO II – DA INSCRIÇÃO DE ENTIDADE DOMICILIADA NO EXTERIOR

Art. 18. A inscrição no CNPJ de entidade domiciliada no exterior exclusivamente para realizar aplicações no mercado financeiro ou de capitais decorre automaticamente do seu registro na CVM como investidor não residente no País, vedada a apresentação da solicitação de inscrição em unidade cadastradora da RFB.

Parágrafo único. A inscrição no CNPJ obtida na forma prevista no caput é destinada, exclusivamente, à realização das aplicações nele mencionadas.

Art. 19. A inscrição no CNPJ de entidade domiciliada no exterior nas hipóteses previstas no subitem 7 da letra "a" e na letra "b" do item XVI e no item XVII do Anexo I decorre automaticamente do seu cadastramento no Cadastro Declaratório de Não Residentes (CDNR) do Bacen, vedada a apresentação da solicitação de inscrição em unidade cadastradora da RFB.

Parágrafo único. A inscrição no CNPJ obtida na forma prevista no caput pode ser utilizada para todas as finalidades, exceto para a descrita no art. 18.

Art. 20. A inscrição no CNPJ de entidade domiciliada no exterior não enquadrada no disposto nos arts. 18 e 19 deve ocorrer na forma prevista nos arts. 12 a 14.

§ 1º O endereço da entidade domiciliada no exterior deve ser informado no CNPJ e, quando for o caso, transliterado.

§ 2º A solicitação de inscrição a que se refere o caput deverá estar acompanhada da declaração prevista no Anexo XI.

SEÇÃO III – DOS IMPEDIMENTOS À INSCRIÇÃO

Art. 21. Impede a inscrição no CNPJ:
I - o fato de o representante da entidade ou o seu preposto não possuir inscrição no Cadastro de Pessoas Físicas (CPF) ou de sua inscrição ser inexistente ou estar suspensa, cancelada, com titular falecido, a partir da data do falecimento, ou nula;
II - o fato de integrante do QSA da entidade:
a) se pessoa jurídica, não possuir inscrição no CNPJ ou de sua inscrição ser inexistente, baixada, inapta ou nula; ou
b) se pessoa física, não possuir inscrição no CPF ou de sua inscrição ser inexistente ou estar suspensa, cancelada, com titular falecido, a partir da data do falecimento, ou nula;
III - no caso de clubes ou fundos de investimento constituídos no País:
a) o fato de o administrador não possuir inscrição no CNPJ ou de sua inscrição ser inexistente, baixada, inapta ou nula; ou
b) o fato de o representante do administrador no CNPJ não possuir inscrição no CPF ou de sua inscrição ser inexistente ou estar cancelada, com titular falecido, a partir da data do falecimento, suspensa ou nula;
IV - no caso de estabelecimento filial, o fato de o estabelecimento matriz da entidade não possuir inscrição no CNPJ ou de sua inscrição ser inexistente, baixada, inapta ou nula; ou
V - o não atendimento das demais condições restritivas estabelecidas em convênio celebrado com a RFB.

Parágrafo único. O disposto na alínea "b" do inciso II do caput não se aplica ao espólio até a data da partilha.

CAPÍTULO IV – DA ALTERAÇÃO DE DADOS CADASTRAIS

SEÇÃO I – DA OBRIGATORIEDADE

Art. 22. A entidade está obrigada a atualizar, de forma imediata, qualquer alteração referente aos seus dados cadastrais no CNPJ, observadas as disposições previstas em leis e normas correlatas, de acordo com o disposto nos art. 12 a 14.

§ 1º Cabe ao representante legal atualizar no CNPJ as ocorrências relativas às seguintes situações especiais, em conformidade com o disposto no Anexo IX:
I - liquidação judicial ou extrajudicial;
II - falência;
III - recuperação judicial;
IV - intervenção; ou
V - inventário do empresário individual, do titular da empresa individual imobiliária, do titular da sociedade unipessoal de advogados ou do sócio da sociedade limitada composta por um único sócio pessoa física.

§ 2º A alteração de dados cadastrais de entidade domiciliada no exterior inscrita no CNPJ na forma prevista no art. 20 está condicionada à indicação do seu representante, observado o disposto no § 1º do art. 6º.

SEÇÃO II – DOS IMPEDIMENTOS À ALTERAÇÃO DE DADOS CADASTRAIS

Art. 23. Impede a alteração de dados cadastrais no CNPJ:
I - o fato de o representante da entidade ou seu preposto não possuir inscrição no CPF ou de sua inscrição ser inexistente ou estar cancelada, com titular falecido, a partir da data do falecimento, suspensa ou nula;
II - o fato de novo integrante no QSA da entidade:
a) se pessoa jurídica, não possuir inscrição no CNPJ ou de sua inscrição ser inexistente, baixada, inapta ou nula; ou
b) se pessoa física, não possuir inscrição no CPF ou de sua inscrição ser inexistente ou estar suspensa, cancelada, com titular falecido, a partir da data do falecimento, ou nula;
III - a existência de procedimento fiscal em andamento, no caso de indicação de novo estabelecimento matriz da entidade; ou
IV - o não atendimento das demais condições restritivas estabelecidas em convênio celebrado com a RFB.

§ 1º No caso de alteração do representante da entidade no CNPJ, a verificação da existência de inscrição e das situações cadastrais no CPF previstas no inciso I do caput alcança apenas o novo representante.

§ 2º O disposto na alínea "b" do inciso II do caput não se aplica ao espólio até a data da partilha.

CAPÍTULO V – DA BAIXA DA INSCRIÇÃO

SEÇÃO I – DAS HIPÓTESES DE BAIXA

Art. 24. A baixa da inscrição no CNPJ da entidade ou do estabelecimento filial deve ser solicitada, de forma imediata, na ocorrência das seguintes situações:
I - extinção por:
a) encerramento da liquidação voluntária, judicial ou extrajudicial;
b) incorporação;
c) fusão; ou
d) cisão total;
II - encerramento do processo de falência; ou
III - transformação de órgão público inscrito como estabelecimento filial em estabelecimento matriz, e vice-versa.

§ 1º A baixa da inscrição no CNPJ da entidade ou do estabelecimento filial produz efeitos a partir da data de ocorrência das situações mencionadas no caput, consideradas as datas dos respectivos eventos constantes do Anexo VIII.

§ 2º A baixa da inscrição do estabelecimento matriz no CNPJ implica baixa de todas as inscrições dos estabelecimentos filiais da entidade.

§ 3º Deferida a baixa da inscrição, a RFB disponibilizará na Internet, no Portal da RFB e no Portal Redesim, a Certidão de Baixa de Inscrição no CNPJ, conforme modelo constante do Anexo IV.

§ 4º A baixa da inscrição no CNPJ não impede que, posteriormente, sejam lançados ou cobrados tributos e respectivas penalidades, decorrentes da falta de recolhimento ou da prática comprovada e apurada, em

REGISTRO DE TÍTULOS E DOCUMENTOS E REGISTRO CIVIL DAS PESSOAS JURÍDICAS
2.2

processo administrativo ou judicial, de outras irregularidades pelos empresários ou pelas pessoas jurídicas, ou seus titulares, sócios ou administradores.

§ 5º A baixa da inscrição da entidade no CNPJ importa responsabilidade solidária dos empresários, titulares, sócios e administradores no período de ocorrência dos respectivos fatos geradores.

§ 6º A baixa da inscrição no CNPJ de entidade domiciliada no exterior, excetuadas as inscritas de acordo com o disposto no art. 18, pode ser realizada mediante solicitação de seu representante, legalmente constituído nos termos do § 1º do art. 6º, quando deixar de existir, definitivamente, condição de obrigatoriedade de inscrição no CNPJ.

SEÇÃO II – DOS IMPEDIMENTOS À BAIXA

Art. 25. A entidade, cuja natureza jurídica esteja relacionada no Anexo V, que estiver com seu QSA desatualizado fica impedida de baixar sua inscrição no CNPJ, tendo em vista o disposto no § 5º do art. 24.

Parágrafo único. O impedimento a que se refere o caput não se aplica à baixa:

I - decorrente de incorporação, fusão ou cisão total da entidade, quando a sucessora for entidade domiciliada no Brasil; ou

II - de estabelecimento filial, ficando suas pendências fiscais sob responsabilidade da entidade.

SEÇÃO III – DO RESTABELECIMENTO DA BAIXA

Art. 26. A entidade ou o estabelecimento filial cuja inscrição no CNPJ estiver na situação cadastral baixada pode ter sua inscrição restabelecida:

I - a pedido, quando baixada de ofício na hipótese a que se refere o inciso II do caput do art. 31 ou quando baixada a pedido, desde que:

a) no caso de entidades nacionais, comprove estar com seu registro ativo no órgão competente; ou

b) no caso de empresa ou entidade domiciliada no exterior, apresente os documentos para inscrição enumerados no Anexo VIII e, caso tenha sido inscrita nos termos do art. 18, apresente também a comprovação da regularização de seu registro na CVM;

II - a pedido, quando baixada de ofício na hipótese a que se refere o inciso I do caput do art. 31, desde que comprove que inexistem os motivos que ensejaram a declaração de inaptidão;

III - a pedido, quando baixada de ofício na hipótese a que se refere o inciso IV do caput do art. 31, desde que comprove a reabilitação expressa no processo de falência;

IV - de ofício, quando constatado o seu funcionamento; ou

V - de ofício, por decisão administrativa.

Parágrafo único. O pedido a que se refere o inciso I do caput, sempre que possível, deve ser feito com observância do disposto nos arts. 12 a 14.

TÍTULO IV – DOS ATOS DE OFÍCIO

CAPÍTULO I – DA PRÁTICA DOS ATOS DE OFÍCIO

Art. 27. Os atos cadastrais no CNPJ, listados no art. 8º, podem ser realizados de ofício por Auditor-Fiscal da Receita Federal do Brasil ou por unidade cadastradora da RFB, com base em documentos comprobatórios ou mediante comunicação efetuada por órgão convenente, sem necessidade de iniciativa da entidade.

§ 1º A entidade terá conhecimento das alterações realizadas na forma prevista neste artigo por meio do Comprovante de Inscrição e de Situação Cadastral a que se refere o art. 10, e poderá solicitar a revogação das referidas alterações mediante processo administrativo.

§ 2º Quando se tratar de alteração de situação cadastral, a comunicação será realizada por meio de:

I - caixa postal, acessada pelo Portal e-CAC; ou

II - edital a ser publicado no site da RFB na internet.

CAPÍTULO II – DOS ATOS CADASTRAIS DE OFÍCIO

SEÇÃO I – DA INSCRIÇÃO DE OFÍCIO

Art. 28. A inscrição será realizada de ofício quando constatados, no curso do procedimento fiscal:

I - a existência de entidade ou de estabelecimento filial não inscritos no CNPJ; e

II - o não atendimento, pelo seu representante, à intimação para providenciar sua inscrição no prazo de 10 (dez) dias, contado da data do recebimento da intimação.

Parágrafo único. A representação para inscrição de ofício deve conter todos os elementos necessários para a identificação da entidade e seus estabelecimentos.

SEÇÃO II – DA ALTERAÇÃO DE OFÍCIO

Art. 29. Verificada divergência entre situação de fato e dado cadastral constante de ato de constituição, de alteração ou de extinção, a entidade deve ser intimada a promover a respectiva atualização ou correção, no órgão de registro competente, no prazo de 30 (trinta) dias, contado da data do recebimento da intimação.

§ 1º Caso a intimação não seja atendida, a atualização cadastral no CNPJ pode ser realizada de ofício pela RFB, independentemente de formalidade no respectivo órgão de registro.

§ 2º Na hipótese prevista no § 1º, caso a alteração de ofício seja relativa a endereço, deverá ser declarada a recusa de domicílio tributário a que se refere o § 2º do art. 127 da Lei nº 5.172, de 25 de outubro de 1966 - Código Tributário Nacional (CTN), no site da RFB na internet ou, alternativamente, no Diário Oficial da União (DOU), no qual devem ser indicados o nome empresarial e o número de inscrição da pessoa jurídica no CNPJ.

§ 3º Verificada divergência, prevista no caput, em estabelecimento filial, a intimação deve ser dirigida à entidade.

Art. 30. Verificada a divergência entre dado cadastral informado no CNPJ e dado registrado em ato constitutivo, alterador ou extintivo, a alteração cadastral no CNPJ deve ser realizada de ofício.

SEÇÃO III – DA BAIXA DE OFÍCIO

SUBSEÇÃO I – DAS HIPÓTESES DE BAIXA

Art. 31. Pode ser baixada de ofício a inscrição no CNPJ da entidade:

I - declarada inapta que não tiver regularizado sua situação no prazo subsequente de 180 (cento e oitenta) dias à declaração de inaptidão;

II - que esteja extinta, cancelada ou baixada no respectivo órgão de registro;

III - que tiver sua baixa determinada judicialmente;

IV - que esteja no encerramento do processo de falência ou de liquidação extrajudicial promovida por órgão público;

V - por óbito do MEI, nos termos do art. 36 da Resolução CGSIM nº 48, de 11 de outubro de 2018; ou

VI - por decisão administrativa.

§ 1º A baixa a que se refere o inciso II do caput pode ser realizada mediante apresentação de documentos comprobatórios por pessoas que componham ou que tenham composto o QSA, para que seja efetuada de ofício a baixa já efetivada em órgão de registro.

§ 2º Mediante solicitação da entidade, poderá ser restabelecida a inscrição no CNPJ, observados os termos e as condições definidos pela RFB.

§ 3º O impedimento a que se refere o caput do art. 25 não se aplica à baixa na forma prevista neste artigo.

SUBSEÇÃO II – DA BAIXA DE OFÍCIO DA ENTIDADE INAPTA

Art. 32. No caso de entidade inapta a que se refere o inciso I do caput do art. 31, cabe ao Auditor-Fiscal da Receita Federal do Brasil emitir ADE, publicado no site da RFB na internet ou, alternativamente no DOU, com a relação das inscrições baixadas no CNPJ.

SUBSEÇÃO III – DA BAIXA DE OFÍCIO DA ENTIDADE COM REGISTRO CANCELADO

Art. 33. No caso de entidade com registro cancelado, cabe ao Auditor-Fiscal da Receita Federal do Brasil emitir ADE publicado no site da RFB na Internet, ou, alternativamente no DOU, com a relação das inscrições baixadas no CNPJ.

Parágrafo único. A baixa da inscrição do MEI, na situação prevista no art. 30 da Resolução CGSIM nº 48, de 2018, dispensa a emissão do ADE a que se refere o caput.

SEÇÃO IV – DA NULIDADE DO ATO CADASTRAL

SUBSEÇÃO I – DAS HIPÓTESES DE NULIDADE

Art. 34. Deve ser declarada a nulidade do ato cadastral no CNPJ quando:

I - tiver sido atribuído mais de um número de inscrição no CNPJ para o mesmo estabelecimento;

II - for constatado vício no ato cadastral; ou
III - tiver sido atribuída inscrição no CNPJ a entidade ou estabelecimento filial não enquadrado nas disposições dos arts. 3º e 4º.

Parágrafo único. Para fins do disposto no caput, cabe ao Auditor-Fiscal da Receita Federal do Brasil emitir ADE, publicado no site da RFB na internet ou, alternativamente, no DOU, para dar publicidade à nulidade, com produção de efeitos a partir do termo inicial de vigência do ato cadastral declarado nulo.

SUBSEÇÃO II – DO VÍCIO DO REPRESENTANTE PERANTE O CNPJ OU DO INTEGRANTE DE QSA

Art. 35. O representante perante o CNPJ ou integrante de QSA de entidade inscrita no CNPJ, que alegue falsidade ou simulação de sua participação na referida entidade, deverá apresentar, nos termos do Anexo X:

I - pedido de declaração de nulidade da inscrição no CNPJ, caso alegue vício no ato de inscrição;

II - pedido de exclusão do QSA ou da responsabilidade perante o CNPJ, caso alegue vício na alteração do QSA ou de responsabilidade;

III - cópia do documento de identificação;

IV - documento emitido por órgão de segurança pública que comprove a ocorrência de roubo, furto ou extravio de documentos, ou a utilização indevida destes por terceiros; e

V - instrumento de procuração pública ou particular e documento de identificação do procurador, se for o caso.

Art. 36. Poderão ser anexados ao processo outros documentos que contribuam para a análise do caso, tais como:

I - cópia do ato constitutivo ou alterador, registrado no órgão competente, por meio do qual a pessoa física tenha sido incluída no QSA ou como responsável pela entidade;

II - laudo de perícia grafotécnica;

III - depoimento do requerente ou de testemunhas; e

IV - comprovante de cancelamento, de sustação ou de anulação do efeito do ato constitutivo ou alterador registrado no órgão competente.

Parágrafo único. Caso o laudo de perícia grafotécnica apresentado tenha sido emitido por órgão público, o documento citado no inciso IV do caput do art. 35 poderá ser dispensado.

SEÇÃO V – DA SUSPENSÃO

Art. 37. A inscrição no CNPJ é enquadrada na situação cadastral suspensa quando, conforme o caso, a entidade ou o estabelecimento filial:

I - interromper temporariamente suas atividades;

II - possuir inconsistência em seus dados cadastrais caracterizada, dentre outras, pelas situações previstas no Anexo VI;

III - não for localizado, assim considerado quando:

a) não confirmar o recebimento de correspondência enviada pela RFB, comprovado por meio da devolução do Aviso de Recebimento (AR) dos Correios; ou

b) houver denúncia ou comunicação de qualquer órgão público que informe a não localização no endereço constante do cadastro;

IV - apresentar indício de interposição fraudulenta de sócio ou titular, nas situações previstas no § 2º do art. 3º do Decreto nº 3.724, de 10 de janeiro de 2001, e no § 1º do art. 40 do Decreto nº 1.800, de 30 de janeiro de 1996, enquanto o respectivo procedimento fiscal estiver em análise;

V - encontrar-se no curso do procedimento administrativo de inaptidão por quaisquer das pendências ou situações descritas no inciso II a IX do caput do art. 38;

VI - domiciliado no exterior e com situação cadastral ativa, não estiver temporariamente submetido à condição de obrigatoriedade de inscrição ou encontrar-se com seu cadastro suspenso perante a CVM;

VII - tiver sua suspensão determinada por ordem judicial; ou

VIII - não atender ao disposto nos arts. 53 a 55 ou não apresentar a documentação comprobatória citada no Anexo XII, nos termos do § 4º do art. 55;

§ 1º A inscrição no CNPJ poderá ser enquadrada em mais de um motivo de suspensão.

§ 2º A suspensão da inscrição no CNPJ na hipótese prevista no inciso I do caput ocorre por solicitação da entidade ou do estabelecimento filial, conforme o caso, mediante comunicação da interrupção temporária de suas atividades, na forma prevista nos arts. 12 a 14.

§ 3º A entidade ou o estabelecimento filial cuja inscrição seja declarada suspensa nos termos do inciso III do caput pode regularizar sua situação mediante:

I - a alteração do seu endereço no CNPJ, na forma prevista nos arts. 12 a 14; ou

II - o restabelecimento de sua inscrição, caso o seu endereço continue o mesmo constante do CNPJ.

§ 4º Para fins do disposto no § 3º, a entidade ou o estabelecimento filial deverá comprovar seu endereço, de forma inequívoca, mediante a apresentação dos seguintes documentos:

I - contrato vigente de locação do imóvel, matrícula ou comprovante de recolhimento do Imposto sobre a Propriedade Territorial e Predial Urbana (IPTU), por meio do qual possa ser confirmada a propriedade do imóvel; e

II - contas de energia ou de água dos últimos 3 (três) meses, com consumo acima do mínimo, nas quais constem o nome da entidade ou do estabelecimento filial e seu endereço; e

III - notas fiscais de compra e venda dos últimos 3 (três) meses, nas quais constem o nome da entidade ou do estabelecimento filial e seu endereço, salvo situações excepcionais devidamente comprovadas.

§ 5º A entidade ou o estabelecimento que exerça suas atividades de modo exclusivamente virtual e que tenha sua inscrição declarada suspensa nos termos do inciso III do caput deverá comprovar seu endereço, de forma inequívoca, mediante a apresentação dos seguintes documentos:

I - contrato vigente de locação do imóvel, matrícula ou comprovante de recolhimento do IPTU, por meio do qual possa ser confirmada a propriedade do imóvel, sob titularidade do empresário individual ou de um dos sócios da entidade domiciliado no País; e

II - notas fiscais de compra e venda dos últimos 3 (três) meses, nas quais constem o nome da entidade ou do estabelecimento filial e seu endereço, salvo situações excepcionais devidamente comprovadas.

§ 6º No caso de estabelecimento filial que exerça suas atividades de modo exclusivamente virtual, a comprovação de que trata o § 5º deverá ser realizada mediante a apresentação dos documentos listados no § 4º relativos ao estabelecimento matriz, caso este não desenvolva suas atividades de modo exclusivamente virtual.

§ 7º A entidade ou o estabelecimento filial cuja inscrição tenha sido suspensa em razão da hipótese prevista no inciso II do caput pode ter sua inscrição restabelecida, desde que comprove a regularização das inconsistências cadastrais.

SEÇÃO VI – DA INAPTIDÃO

SUBSEÇÃO I – DAS HIPÓTESES DE INAPTIDÃO

Art. 38. Pode ser declarada inapta a inscrição no CNPJ da entidade que:

I - for omissa quanto ao cumprimento de obrigações acessórias, assim considerada aquela que, estando obrigada, deixar de apresentar declarações ou demonstrativos, pelo prazo de, no mínimo, 90 (noventa) dias, contado da data estabelecida pela legislação para sua apresentação;

II - pratique irregularidade em operações de comércio exterior, assim considerada aquela que não comprovar a origem, a disponibilidade e a efetiva transferência, se for o caso, dos recursos empregados em operações de comércio exterior;

III - for inexistente de fato, assim considerada:

a) a entidade que não dispuser de patrimônio ou de capacidade operacional necessários à realização de seu objeto, inclusive a que não comprovar o capital social integralizado;

b) a entidade que não for localizada no endereço informado no CNPJ, mediante comprovação constante de Termo de Diligência;

c) no caso de intimação improfícua da entidade, aquela cujo representante legal, quando intimado:

1. não for localizado;
2. alegar falsidade ou simulação relativa à sua participação na referida entidade ou estabelecimento filial, ou não comprovar legitimidade para sua representação; ou
3. não indicar seu novo domicílio tributário;

d) tiver domicílio no exterior e não tiver indicado, nos termos do § 1º do art. 6º, procurador ou representante legalmente constituído e domiciliado no País ou, caso tenha indicado, este não tiver sido localizado; ou

e) encontrar-se com as atividades paralisadas, salvo quando a paralisação for comunicada;

IV - realizar operações de terceiros, com intuito de acobertar seus reais beneficiários;

V - tiver participado, segundo evidências, de organização constituída com o propósito de suprimir ou reduzir o recolhimento de tributos ou de inviabilizar ou prejudicar a cobrança de débitos fiscais, inclusive por meio de emissão de documentos fiscais que relatem operações fictícias ou cessão de créditos inexistentes ou de terceiros;

VI - tiver sido constituída, segundo evidências, para a prática de fraude fiscal, inclusive em proveito de terceiras empresas;

VII - operar com produtos de natureza ilícita, proveniente de roubo ou decorrente de contrafação;

VIII - adotar práticas ilícitas na comercialização de combustíveis;

IX - praticar contrabando, descaminho, pirataria ou outros atos ilícitos relacionados ao comércio internacional; ou

X - encontrar-se suspensa por, no mínimo, 1 (um) ano.

SUBSEÇÃO II – DA ENTIDADE OMISSA QUANTO AO CUMPRIMENTO DE OBRIGAÇÕES ACESSÓRIAS

Art. 39. Cabe ao Auditor-Fiscal da Receita Federal do Brasil emitir ADE de declaração de inaptidão, publicado no site da RFB na internet ou, alternativamente, no DOU, com a relação das inscrições no CNPJ das entidades omissas de declarações e demonstrativos.

Parágrafo único. A entidade declarada inapta nos termos do caput pode regularizar sua situação mediante entrega, por meio da Internet, das declarações e demonstrativos exigidos.

SUBSEÇÃO III – DA ENTIDADE COM IRREGULARIDADE EM OPERAÇÕES DE COMÉRCIO EXTERIOR

Art. 40. No caso de entidade com irregularidade em operações de comércio exterior, o procedimento administrativo de inaptidão deve ser realizado pelo Auditor-Fiscal da Receita Federal do Brasil, seguindo o seguinte rito:

I - intimar a entidade domiciliada no Brasil para, no prazo de 30 (trinta) dias contados a partir da data da ciência da intimação, regularizar a sua situação ou contrapor as razões dos elementos que evidenciam a não comprovação da origem, da disponibilidade e da efetiva transferência, se for o caso, dos recursos empregados em operações de comércio exterior; ou

II - intimar o procurador ou o representante legalmente constituído, nos termos do § 1º do art. 6º, da entidade domiciliada no exterior para, no prazo de 30 (trinta) dias, contados a partir da data da ciência da intimação, regularizar a sua situação ou contrapor as razões dos elementos que evidenciam a não comprovação da origem, da disponibilidade e da efetiva transferência, se for o caso, dos recursos empregados em operações de comércio exterior; e

III - suspender a inscrição no CNPJ das entidades citadas nos incisos I e II.

§ 1º Caso sejam acatadas as contraposições, a inscrição no CNPJ que estiver suspensa poderá ser restabelecida.

§ 2º Caso a intimação a que se referem os incisos I e II do caput não seja atendida, ou não sejam acatadas as contraposições apresentadas, o Auditor-Fiscal da Receita Federal do Brasil deve declarar a inscrição no CNPJ inapta por meio de ADE, publicado preferencialmente no site da RFB na internet ou, alternativamente no DOU, no qual devem ser indicados o nome empresarial, o número de inscrição e a data do início dos efeitos da inaptidão.

§ 3º Caso não seja identificado ou localizado o procurador ou o representante legalmente constituído, nos termos do § 1º do art. 6º, da entidade domiciliada no exterior, a intimação deve ser realizada por edital em nome da entidade domiciliada no exterior.

Art. 41. A entidade que teve a inscrição declarada inapta nos termos do art. 40, ainda que posteriormente baixada em razão do disposto no inciso I do caput do art. 24, pode regularizar sua situação mediante comprovação da origem, da disponibilidade e da efetiva transferência, se for o caso, dos recursos empregados em operações de comércio exterior, na forma prevista pela legislação.

Parágrafo único. O restabelecimento da inscrição da entidade declarada inapta deverá ser realizado por meio de ADE, publicado no DOU, no qual devem ser indicados o nome e o número de inscrição da entidade no CNPJ.

Art. 42. A baixa de inscrição a pedido não impede que a entidade seja declarada inapta por irregularidade em operações de comércio exterior.

SUBSEÇÃO IV – DA ENTIDADE INEXISTENTE DE FATO OU OBJETO DE CONSTATAÇÃO DA PRÁTICA DE ILÍCITOS

Art. 43. No caso de entidade inexistente de fato, nos termos do inciso III do caput do art. 38, ou que tenha, em tese, praticado pelo menos 1 (um) dos ilícitos previstos nos incisos IV a IX do caput do mesmo artigo, o procedimento administrativo de inaptidão deve ser realizado por Auditor-Fiscal da Receita Federal do Brasil ou por unidade cadastradora da RFB, conforme o caso, mediante adoção das seguintes medidas:

I - intimar a entidade domiciliada no Brasil para, no prazo de 30 (trinta) dias contados a partir da data da ciência da intimação, regularizar a sua situação, ou contrapor as razões dos elementos que evidenciam as situações descritas no inciso III, IV, V, VI, VII, VIII ou IX do artigo 38; ou

II - intimar o procurador ou o representante legalmente constituído, nos termos do § 1º do art. 6º, da entidade domiciliada no exterior para, no prazo de 30 (trinta) dias, contados a partir da data da ciência da intimação, regularizar a sua situação ou contrapor as razões dos elementos que evidenciam as situações descritas no inciso III, IV, V, VI, VII, VIII ou IX do artigo 38; e

III - suspender a inscrição no CNPJ das entidades citadas nos incisos I e II.

§ 1º Caso sejam acatadas as contraposições pelo Auditor-Fiscal da Receita Federal do Brasil ou pela unidade cadastradora da RFB, a inscrição no CNPJ que estiver suspensa poderá ser restabelecida.

§ 2º Caso a intimação a que se referem os incisos I e II do caput não seja atendida, ou não sejam acatadas as contraposições pelo Auditor-Fiscal da Receita Federal do Brasil ou pela unidade cadastradora da RFB, a inscrição no CNPJ deve ser declarada inapta por meio de ADE, publicado preferencialmente no site da RFB na internet ou, alternativamente, no DOU, no qual devem ser indicados o nome empresarial, o número de inscrição no CNPJ da entidade e a data de efeitos da inaptidão.

§ 3º A emissão do ADE prevista no § 2º compete ao Auditor-Fiscal da Receita Federal do Brasil responsável, direta ou indiretamente, pelo processo.

§ 4º Caso não seja identificado ou localizado o procurador ou o representante legalmente constituído, nos termos do § 1º do art. 6º, da entidade domiciliada no exterior, a intimação deve ser realizada por edital em nome da entidade domiciliada no exterior.

Art. 44. A entidade que teve a inscrição declarada inapta nos termos do art. 43, ainda que posteriormente baixada em razão do disposto no inciso I do caput do art. 31, pode solicitar o seu restabelecimento por meio de processo administrativo, mediante prova:

I - de que dispõe de patrimônio e capacidade operacional necessários à realização de seu objeto, no caso previsto na alínea "a" do inciso III do caput do art. 38;

II - de sua localização, no caso previsto na alínea "b" do inciso III do caput do art. 38;

III - da localização do seu procurador ou representante, nos casos previstos nas alíneas "c" e "d" do inciso III do caput do art. 38;

IV - do reinício de suas atividades, no caso previsto na alínea "e" do inciso III do caput do art. 38;

V - de que é a real beneficiária das operações realizadas, no caso previsto no inciso IV do caput do art. 38;

VI - da efetividade das operações descritas nos documentos emitidos, no caso previsto no inciso V do caput do art. 38;

VII - de que suas operações são lícitas, no caso previsto no inciso VI do caput do art. 38; ou

VIII - de que não incorreu nas hipóteses previstas nos incisos VII, VIII ou IX do caput do art. 38.

Parágrafo único. O restabelecimento da inscrição da entidade declarada inapta, deve ser realizado por meio de ADE publicado preferencialmente no site da RFB na internet, ou, alternativamente, no DOU, no qual devem ser indicados o nome e o número de inscrição da entidade no CNPJ, observado o disposto no § 4º do art. 43.

Art. 45. A baixa a pedido não impede que a entidade seja declarada inapta nas hipóteses previstas nesse artigo com efeitos retroativos.

SUBSEÇÃO V – DA ENTIDADE SUSPENSA POR NO MÍNIMO UM ANO

Art. 46. No caso de entidade suspensa por, no mínimo, 1 (um) ano, cabe ao Auditor-Fiscal da Receita Federal do Brasil declarar a inaptidão de sua inscrição por meio de ADE, publicado no site da RFB na internet ou, alternativamente no DOU, com a relação das inscrições no CNPJ das entidades suspensas por, no mínimo, 1 (um) ano.

§ 1º A inscrição no CNPJ suspensa pelos motivos previstos nos incisos I e VII do caput do art. 37 será declarada inapta após o prazo de, no mínimo, 5 (cinco) anos, contado da referida suspensão.

§ 2º A entidade declarada inapta nos termos do caput pode regularizar sua situação mediante comprovação de que inexistem os motivos que deram causa à suspensão.

SUBSEÇÃO VI – DA INAPTIDÃO POR MAIS DE UM MOTIVO

Art. 47. Nos casos em que houver declaração de inaptidão por mais de um motivo, a entidade terá sua inscrição restabelecida depois da regularização de todas as situações que ensejaram a inaptidão.

Parágrafo único. Caso antes da declaração de inaptidão a inscrição no CNPJ tenha sido suspensa, o restabelecimento a que se refere o caput somente ocorrerá se inexistir o motivo que ensejou a suspensão, caso contrário, a inscrição retornará à situação de suspensão.

CAPÍTULO III – DOS EFEITOS DAS SITUAÇÕES CADASTRAIS

SEÇÃO I – DOS EFEITOS DA SUSPENSÃO

Art. 48. Sem prejuízo das sanções previstas na legislação, a entidade cuja inscrição no CNPJ tenha sido declarada suspensa fica impedida de:

I - obter incentivos fiscais e financeiros;

II - realizar operações de crédito que envolvam a utilização de recursos públicos;

III - transacionar com estabelecimentos bancários, inclusive quanto à movimentação de contas-correntes, à realização de aplicações financeiras e à obtenção de empréstimos; e

IV - emitir documento fiscal eletrônico.

§ 1º A solicitação da suspensão por interrupção temporária de atividades:

I - dispensa a entrega de declarações de constituição de crédito tributário no âmbito da RFB, referente a fatos geradores ocorridos a partir da data do deferimento da solicitação; e

II - poderá dispensar, a depender de regulamentação específica da RFB, a entrega das demais declarações e escriturações.

§ 2º No caso de interrupção temporária de atividades a que se refere o § 1º, a comunicação de reinício destas implica, a partir da data de deferimento da solicitação:

I - o retorno da inscrição à situação cadastral ativa; e

II - a obrigatoriedade de entrega de declarações e do cumprimento de outras obrigações perante a RFB.

SEÇÃO II – DOS EFEITOS DA INAPTIDÃO

Art. 49. Sem prejuízo das sanções previstas na legislação, a entidade cuja inscrição no CNPJ tenha sido declarada inapta:

I - é incluída no Cadastro Informativo de Créditos Não Quitados do Setor Público Federal (Cadin); e

II - fica impedida de:

a) participar de concorrência pública;

b) celebrar convênios, acordos, ajustes ou contratos que envolvam desembolso, a qualquer título, de recursos públicos, e respectivos aditamentos;

c) obter incentivos fiscais e financeiros;

d) realizar operações de crédito que envolvam a utilização de recursos públicos;

e) transacionar com estabelecimentos bancários, inclusive quanto à movimentação de contas correntes, à realização de aplicações financeiras e à obtenção de empréstimos; e

f) emitir documento fiscal eletrônico.

SEÇÃO III – DOS EFEITOS DA BAIXA

Art. 50. Sem prejuízo das sanções previstas na legislação, a entidade cuja inscrição tenha sido baixada no CNPJ, fica impedida, a partir da data da baixa, de:

I - participar de concorrência pública;

II - celebrar convênios, acordos, ajustes ou contratos que envolvam desembolso, a qualquer título, de recursos públicos e respectivos aditamentos;

III - obter incentivos fiscais e financeiros;

IV - realizar operações de crédito que envolvam a utilização de recursos públicos;

V - transacionar com estabelecimentos bancários, inclusive quanto à movimentação de contas correntes, à realização de aplicações financeiras e à obtenção de empréstimos; e

VI - emitir documento fiscal eletrônico.

§ 1º A baixa da inscrição no CNPJ da entidade acarretará a perda da validade do seu Certificado Digital para Pessoa Jurídica (e-CNPJ).

§ 2º A retificação de obrigações acessórias por entidade em situação cadastral baixada poderá ser efetuada mediante o uso do certificado digital de sua sucessora, representante legal ou procurador.

SEÇÃO IV – DA INIDONEIDADE DOS DOCUMENTOS EMITIDOS POR ENTIDADE INAPTA OU BAIXADA

Art. 51. É considerado inidôneo, não produzindo efeitos tributários em favor de terceiro interessado, o documento emitido por entidade cuja inscrição no CNPJ tenha sido declarada inapta ou baixada.

§ 1º Os valores constantes do documento a que se refere o caput não podem ser:

I - deduzidos como custo ou despesa na determinação da base de cálculo do Imposto sobre a Renda da Pessoa Jurídica (IRPJ) e da Contribuição Social sobre o Lucro Líquido (CSLL);

II - deduzidos na determinação da base de cálculo do Imposto sobre a Renda da Pessoa Física (IRPF);

III - utilizados como crédito do Imposto sobre Produtos Industrializados (IPI), da Contribuição para os Programas de Integração Social e de Formação do Patrimônio do Servidor Público (Contribuição para o PIS/Pasep) e da Contribuição para o Financiamento da Seguridade Social (Cofins) não cumulativos; e

IV - utilizados para justificar qualquer outra dedução, abatimento, redução, compensação ou exclusão relativa a tributos administrados pela RFB.

§ 2º O disposto neste artigo aplica-se em relação aos documentos emitidos:

I - a partir da data de publicação do ADE a que se refere o art. 39, no caso de entidade omissa de declarações e demonstrativos;

II - desde a data de ocorrência do fato, no caso de entidade com irregularidade em operações de comércio exterior de que trata o art. 40;

III - a partir da data de produção de efeitos da inaptidão, definida no ADE a que se refere o § 3º do art. 43, no caso de entidade enquadrada em pelo menos 1 (uma) das hipóteses previstas nos incisos III a IX do caput do art. 38;

IV - a partir da data de publicação do ADE a que se refere o art. 46, no caso de entidade suspensa por, no mínimo, 1 (um) ano;

V - a partir da data da baixa informada no CNPJ pela entidade; e

VI - desde a data da ocorrência dos fatos que deram causa à baixa de ofício.

§ 3º Caso a inscrição no CNPJ tenha sido baixada a pedido, a produção dos efeitos tributários a que se refere o caput será considerada a partir da data da baixa.

§ 4º Considera-se terceiro interessado, para fins do disposto neste artigo, a pessoa física ou a entidade beneficiária do documento.

§ 5º O disposto no § 1º não se aplica aos casos em que o terceiro interessado, adquirente de bens, direitos e mercadorias, ou o tomador de serviços, comprovar o pagamento do preço respectivo e o recebimento dos bens, direitos ou mercadorias ou a utilização dos serviços.

§ 6º A entidade que não efetuar a comprovação de que trata o § 5º sujeita-se ao pagamento do Imposto sobre a Renda Retido na Fonte (IRRF), na forma prevista no art. 61 da Lei nº 8.981, de 20 de janeiro de 1995, calculado sobre o valor pago constante dos documentos.

§ 7º A inidoneidade de documentos em razão de inscrição declarada inapta ou baixada não exclui as demais formas de inidoneidade de documentos previstas na legislação, nem legitima os emitidos anteriormente às datas referidas no § 2º.

§ 8º O ato de restabelecimento da inscrição no CNPJ de entidade declarada inapta em decorrência de seu enquadramento em pelo menos uma das hipóteses previstas nos incisos III a IX do caput do art. 38 não elide a inidoneidade de documentos emitidos em períodos para os quais a empresa não comprovou a existência de fato.

SEÇÃO V – DOS CRÉDITOS TRIBUTÁRIOS DA ENTIDADE INAPTA

Art. 52. A cobrança administrativa e o encaminhamento, para fins de inscrição da dívida e execução fiscal, de créditos tributários relativos à entidade cuja inscrição no CNPJ tenha sido declarada inapta nas hipóteses previstas no caput do art. 38 devem ser efetuados com a indicação dessa circunstância e com a identificação dos responsáveis tributários correspondentes.

TÍTULO V – DO BENEFICIÁRIO FINAL

CAPÍTULO I – DO CONCEITO DE BENEFICIÁRIO FINAL

Art. 53. Para fins do disposto nesta Instrução Normativa, considera-se beneficiário final:

I - a pessoa natural que, em última instância, de forma direta ou indireta, possui, controla ou influencia significativamente a entidade; ou

II - a pessoa natural em nome da qual uma transação é conduzida.

§ 1º A influência significativa a que se refere o inciso I do caput é presumida quando a pessoa natural:

I - possui mais de 25% (vinte e cinco por cento) do capital social da entidade ou dos direitos de voto, de forma direta ou indireta; ou

II - de forma direta ou indireta, atuando individualmente ou em conjunto, detém ou exerce a preponderância nas deliberações sociais e o poder de eleger a maioria dos administradores da entidade, ainda que sem controlá-la.

§ 2º A caracterização do beneficiário final alcança toda pessoa natural que, integrando eventual cadeia societária da entidade, enquadre-se nas situações previstas neste artigo.

§ 3º Os administradores das entidades estrangeiras requerentes da inscrição no CNPJ que não sejam sócios ou acionistas não se caracterizam como beneficiários finais e deverão ser informados apenas no QSA, ainda que detenham ou exerçam a preponderância nas deliberações sociais e o poder de eleger a maioria dos administradores das entidades.

§ 4º No caso de sociedade em conta de participação, consideram-se beneficiários finais, independentemente da participação no patrimônio especial, os seus sócios ostensivos e participantes ou as pessoas naturais que tenham tal condição perante esses sócios.

§ 5º No caso de trusts, consideram-se beneficiários finais:

I - os instituidores;

II - os administradores;

III - os curadores, se houver;

IV - os beneficiários; e

V - qualquer outra pessoa natural que exerça o controle final efetivo do trust.

CAPÍTULO II – DO BENEFICIÁRIO FINAL NAS ENTIDADES DOMICILIADAS NO PAÍS

Art. 54. As entidades domiciliadas no País e aquelas referidas nos itens VI e XVIII do Anexo I estão obrigadas a informar seus beneficiários finais, na forma prevista nos arts. 12 a 14, no prazo de até 30 (trinta) dias, contado da inscrição no CNPJ, conforme as orientações e a documentação constantes do Anexo XII.

§ 1º Excetuam-se do disposto no caput as entidades domiciliadas no País constituídas sob a forma de:

I - empresa pública;

II - sociedade de economia mista;

III - sociedade anônima aberta e suas controladas;

IV - estabelecimento, no Brasil, de empresa binacional argentino-brasileira;

V - clube ou fundo de investimento regulamentado pela CVM, desde que seja informado à RFB, na e-Financeira, o número de inscrição no CPF ou no CNPJ dos cotistas de cada fundo por ele administrado;

VI - empresa binacional;

VII - consórcio de empregadores;

VIII - empresário individual;

IX - sociedade unipessoal de advogados; e

X - sociedade integrada exclusivamente por sócios pessoa física, devidamente informados no seu QSA no CNPJ, desde que pelo menos um deles possua mais de 25% (vinte e cinco por cento) do capital social da entidade.

§ 2º A dispensa a que se refere o § 1º decorre da presunção de que:

I - quanto às entidades a que se referem os incisos VIII e IX do § 1º, seu titular já seja o beneficiário final; e

II - quanto à entidade a que se refere o inciso X do § 1º, os sócios possuidores de mais de 25% (vinte e cinco por cento) do capital social já sejam seus beneficiários finais.

§ 3º Excetuam-se também do disposto no caput as entidades de previdência, fundos de pensão e instituições similares domiciliadas no Brasil, desde que reguladas e fiscalizadas por autoridade governamental competente no País.

§ 4º Caso a entidade empresarial domiciliada no País esteja obrigada a informar seu beneficiário final, mas ninguém se enquadre no conceito previsto no art. 53, não há necessidade de informar tal condição.

§ 5º A obrigação de informar o beneficiário final não se aplica à parcela do capital de propriedade das entidades a que se referem os incisos I a VI do § 1º deste artigo e os §§ 1º e 3º do art. 55.

CAPÍTULO III – DO BENEFICIÁRIO FINAL NAS ENTIDADES DOMICILIADAS NO EXTERIOR

Art. 55. As entidades domiciliadas no exterior a que se referem os itens XVI e XVII do Anexo I estão obrigadas, a informar, na forma prevista nos arts. 12 a 14, seus beneficiários finais ou a inexistência deles, no prazo de até 30 (trinta) dias, contado da data de inscrição no CNPJ, conforme as orientações e a documentação constantes do Anexo XII.

§ 1º Excetuam-se do disposto no caput:

I - as pessoas jurídicas, ou suas controladas:

a) cujas ações sejam negociadas regularmente em mercado regulado por entidade reconhecida pela CVM em países que exigem a divulgação pública dos acionistas considerados relevantes, pelos critérios adotados na respectiva jurisdição; e

b) que não sejam residentes ou domiciliadas em países com tributação favorecida ou estejam submetidas ao regime fiscal privilegiado de que tratam os arts. 24 e 24-A da Lei nº 9.430, de 27 de dezembro de 1996;

II - as entidades sem fins lucrativos que não atuem como administradoras fiduciárias e que não estejam constituídas em países com tributação favorecida ou submetidas ao regime fiscal privilegiado de que tratam os arts. 24 e 24-A da Lei nº 9.430, de 1996, desde que reguladas e fiscalizadas por autoridade governamental competente;

III - os organismos multilaterais ou organizações internacionais, bancos centrais, entidades governamentais ou fundos soberanos, bem como as entidades por eles controladas;

IV - as entidades de previdência, fundos de pensão e instituições similares, desde que reguladas e fiscalizadas por autoridade governamental competente no seu país de origem;

V - os fundos de investimentos constituídos e destinados, exclusivamente, para acolher recursos de planos de benefícios de previdência complementar ou de planos de seguros de pessoas, desde que regulados e fiscalizados por autoridade governamental competente em seu país de origem;

VI - os veículos de investimento coletivo domiciliados no exterior, cujas cotas ou títulos representativos de participação societária sejam admitidos à negociação em mercado organizado e regulado por órgão reconhecido pela CVM ou veículos de investimento coletivo domiciliados no exterior:

a) cujo número de investidores, direta ou indiretamente, por meio de outros veículos de investimento coletivo, seja igual ou superior a 100 (cem), desde que nenhum deles possua influência significativa, nos termos do § 1º do art. 53, excetuado o investimento realizado no país em fundo de investimento em participações;

b) cuja administração da carteira de ativos seja feita de forma discricionária por administrador profissional registrado em entidade reguladora reconhecida pela CVM;

c) que estejam sujeitos à regulação de proteção ao investidor de entidade reguladora reconhecida pela CVM; e

d) cuja carteira de ativos seja diversificada, assim entendida aquela cuja concentração de ativos de um único emissor não caracterize a influência significativa prevista no § 6º, excetuado o investimento realizado no país em fundo de investimento em participações; e

VII - as entidades que realizem apenas a aquisição em bolsa de valores de cotas de fundos de índice, regulamentados pela CVM.

§ 2º Aplica-se o disposto no art. 53 aos cotistas de fundos domiciliados no exterior, sendo necessário identificar como beneficiários finais aqueles que atendam ao disposto no mesmo artigo.

§ 3º As seguintes entidades domiciliadas no exterior, inscritas no CNPJ na forma do art. 18 e qualificadas de acordo com a regulamentação da CVM, desde que não possuam influência significativa em entidade domiciliada no Brasil, prestarão informações sobre o beneficiário final apenas mediante solicitação:

I - bancos comerciais, bancos de investimento, associações de poupança e empréstimo e custodiantes globais e instituições similares, reguladas e fiscalizadas por autoridade governamental competente;

II - companhias seguradoras reguladas e fiscalizadas por autoridade governamental competente;

III - sociedades ou entidades, registradas e reguladas por órgão reconhecido pela CVM, que tenham por objetivo distribuir emissão de valores mobiliários ou atuar como intermediários na negociação de valores mobiliários, agindo por conta própria;

IV - qualquer entidade que tenha por objetivo a aplicação de recursos nos mercados financeiro e de capitais:

a) desde que seja registrada e regulada por órgão reconhecido pela CVM ou cuja administração da carteira seja feita de forma discricionária por administrador profissional registrado e regulado por entidade reconhecida pela CVM;

b) da qual participem exclusivamente pessoas naturais ou jurídicas residentes e domiciliadas no exterior; e

c) desde que nenhuma pessoa natural possua direta ou indiretamente influência significativa, nos termos do inciso I do § 1º do art. 53;

V - qualquer entidade não financeira ativa, assim entendida aquela:

a) cuja receita bruta no ano-calendário anterior corresponda, em menos de 50% (cinquenta por cento), a rendimento passivo e cujos ativos mantidos durante o ano-calendário anterior que produzam ou que sejam mantidos para a produção de rendimento passivo representem menos de 50% (cinquenta por cento) do total dos ativos mantidos pela entidade durante tal período;

b) cuja totalidade das atividades consistam em deter, integral ou parcialmente, as ações em circulação de uma ou mais subsidiárias envolvidas em transações ou negócios que não sejam os habitualmente praticados por instituição financeira, ou oferecer financiamento e serviços àquelas subsidiárias, desde que não se qualifique como fundo de investimento ou qualquer instrumento de investimento cujo objeto consista em adquirir ou financiar empresas e, assim, deter participação em tais empresas como ativos de capital para fins de investimento;

c) que ainda não esteja operando e não possua histórico operacional, mas esteja investindo capital em ativos com vistas a operar em ramo diverso de uma instituição financeira, desde que dentro do prazo de 24 (vinte e quatro) meses, contado da data de constituição da entidade;

d) em processo de liquidação de seus ativos ou que esteja se reestruturando com o intuito de continuar ou reiniciar suas operações em negócio diverso daquele praticado por instituição financeira e desde que não tenha sido uma instituição financeira nos últimos 5 (cinco) anos; ou

e) que opere principalmente com transações de financiamento e de hedging com ou para entidades relacionadas que não sejam instituições financeiras e que não ofereça financiamento ou serviços de hedging para qualquer entidade que não seja uma entidade relacionada, desde que o grupo de quaisquer dessas entidades relacionadas esteja principalmente envolvido em negócio diverso daquele praticado por instituição financeira; e

VI - qualquer entidade detida, direta ou indiretamente, em sua totalidade, por uma ou mais de quaisquer das entidades listadas neste parágrafo.

§ 4º O representante no País da entidade domiciliada no exterior inscrita no CNPJ na forma prevista no art. 18 deverá:

I - quando solicitado pela RFB:

a) apresentar os documentos citados no item 3.5 do Anexo XII; e

b) em relação aos investidores não residentes por ele representados, prestar as informações e apresentar os documentos relativos aos seus beneficiários finais e aos seus administradores, ainda que não possuam influência significativa nos termos do § 1º do art. 53; e

II - quando da extinção do contrato de representação, proceder a baixa da inscrição no CNPJ, conforme previsto no art. 24, salvo se a comunicação for realizada por meio da CVM.

§ 5º Ficam sujeitas à prestação de informações sobre o beneficiário final, na forma prevista no caput, as seguintes entidades domiciliadas no exterior, inscritas no CNPJ na forma prevista no art. 18 e qualificadas de acordo com a regulamentação da CVM:

I - demais fundos ou entidades de investimento coletivo, inclusive aqueles que realizem investimentos no mercado financeiro e de capitais do país por meio de veículos de investimento; e

II - entes constituídos sob a forma de trusts ou outros veículos fiduciários, sociedades constituídas com títulos ao portador e demais pessoas jurídicas constituídas no exterior não enquadradas no disposto nos §§ 1º e 3º.

§ 6º Para as entidades domiciliadas no exterior de que tratam os §§ 1º e 3º e o inciso I do § 5º, presume-se a influência significativa quando:

I - possuir mais de 20% (vinte por cento) do capital da entidade nacional, isoladamente ou em conjunto com pessoas a ela ligadas; ou

II - direta ou indiretamente, deter ou exercer a preponderância nas deliberações sociais e o poder de eleger a maioria dos administradores da entidade nacional, ainda que sem controlá-la.

§ 7º Para fins do disposto no inciso I do § 6º, considera-se pessoa ligada:

I - a pessoa jurídica cuja participação societária no capital social da entidade estrangeira a caracterize como sua controladora direta ou indireta, na forma definida nos §§ 1º e 2º do art. 243 da Lei nº 6.404, de 15 de dezembro de 1976;

II - a pessoa jurídica que seja caracterizada como controlada direta ou indireta ou coligada da entidade estrangeira, na forma definida nos §§ 1º e 2º do art. 243 da Lei nº 6.404, de 1976;

III - a pessoa jurídica, quando esta e a entidade estrangeira estiverem sob controle societário ou administrativo comum ou quando pelo menos 10% (dez por cento) do capital social de cada uma pertencer a uma mesma pessoa física ou jurídica;

IV - a pessoa jurídica que seja associada da entidade estrangeira, na forma de consórcio ou condomínio, conforme define a legislação brasileira, em qualquer empreendimento; e

V - a entidade estrangeira residente ou domiciliada em país com tributação favorecida ou beneficiária de regime fiscal privilegiado de que tratam os arts. 24 e 24-A da Lei nº 9.430, de 1996, desde que não comprove que seus controladores não estejam enquadrados no disposto nos incisos I a IV.

§ 8º No caso de investidor residente e domiciliado em jurisdição com a qual o Brasil tenha firmado acordo para intercâmbio de informações relativas aos tributos referidos no Decreto nº 8.506, de 24 de agosto de 2015, e no Decreto nº 8.842, de 29 de agosto de 2016, o seu representante legal poderá prestar as informações necessárias para fins de enquadramento do representado em uma das hipóteses previstas nos §§ 1º, 3º e 5º por meio dos procedimentos e certificados previstos na Instrução Normativa RFB nº 1.571, de 2 de julho de 2015, e na Instrução Normativa RFB nº 1.680, de 28 de dezembro de 2016.

§ 9º Prestarão informações sobre o beneficiário final apenas mediante solicitação, as seguintes entidades domiciliadas no exterior, inscritas no CNPJ na forma prevista no art. 19 e qualificadas de acordo com a regulamentação do Bacen, desde que não possuam influência significativa em entidade domiciliada no Brasil:

I - bancos estrangeiros;

II - bancos brasileiros no exterior;

III - bancos multinacionais; e

IV - escritório representante de empresa brasileira no exterior.

§ 10. Os documentos que comprovam a informação sobre o beneficiário final:

I - devem ser apresentados mediante processo digital, aberto por meio do Portal e-CAC, nos termos da Instrução Normativa RFB nº 2.022, de 2021;

II - caso sejam emitidos no exterior, devem ser autenticados por repartição consular brasileira, exceto quanto aos documentos públicos emitidos por autoridade ou agente público, por notários e cartórios de registro civil e certificados oficiais do Estado estrangeiro, de acordo com o disposto na Apostila da Convenção de Haia; e

III - devem ser redigidos em língua estrangeira e traduzidos para a língua portuguesa por tradutor juramentado, exigência que poderá ser dispensada a critério da RFB.

§ 11. O prazo previsto no caput pode ser prorrogado por mais 30 (trinta) dias, mediante pedido formalizado perante a RFB pelo representante da entidade no País.

§ 12. Aplica-se às entidades domiciliadas no exterior o disposto no § 5º do art. 54.

CAPÍTULO IV – DA OMISSÃO QUANTO AO BENEFICIÁRIO FINAL

Art. 56. As entidades domiciliadas no Brasil ou no exterior que não atenderem ao disposto nos arts. 54 ou 55 ou não apresentarem a documentação comprobatória citada no Anexo XII terão sua inscrição no CNPJ suspensa e ficarão impedidas de transacionar com estabelecimentos bancários, inclusive quanto à movimentação de contas correntes, à realização de aplicações financeiras e à obtenção de empréstimos.

§ 1º O impedimento de transacionar com estabelecimentos bancários a que se refere o caput não se aplica à realização das operações necessárias ao retorno do investimento ao país de origem e ao cumprimento de obrigação assumida antes da suspensão, tais como as relativas a prazo, carência e data de vencimento.

§ 2º A suspensão da inscrição no CNPJ nas hipóteses previstas no caput será comunicada à CVM no que se refere às entidades classificadas no subitem 6 da letra "a" do item XVI do Anexo I.

TÍTULO VI – DISPOSIÇÕES FINAIS

Art. 57. A Coordenação-Geral de Gestão de Cadastros e Benefícios Fiscais (Cocad) pode editar atos complementares a esta Instrução Normativa para alterar seus Anexos.

Art. 58. Ficam revogados:

I - a Instrução Normativa RFB nº 1.863, de 27 de dezembro de 2018;

II - a Instrução Normativa RFB nº 1.895, de 27 de maio de 2019;

III - a Instrução Normativa RFB nº 1.897, de 27 de junho de 2019;

IV - a Instrução Normativa RFB nº 1.914, de 26 de novembro de 2019;

V - o Ato Declaratório Executivo Cocad nº 2, de 30 de dezembro de 2019;

VI - o Ato Declaratório Executivo Cocad nº 1, de 16 de janeiro de 2020;

VII - o Ato Declaratório Executivo Cocad nº 6, de 4 de março de 2020;

VIII - o Ato Declaratório Executivo Cocad nº 7, de 21 de maio de 2020;

IX - o Ato Declaratório Executivo Cocad nº 9, de 26 de junho de 2020;

X - Instrução Normativa RFB nº 1.963, de 3 de julho de 2020;

XI - o Ato Declaratório Executivo Cocad nº 11, de 14 de agosto de 2020;

XII - a Instrução Normativa RFB nº 1.991, de 19 de novembro de 2020; e

XIII - o Ato Declaratório Executivo Cocad nº 2, de 4 de março de 2021.

Art. 59. Esta Instrução Normativa será publicada no Diário Oficial da União e entrará em vigor em 1º de janeiro de 2023.

JULIO CESAR VIEIRA GOMES

DOU de 08/12/2022

Não publicamos os anexos desta Instrução.

INSTRUÇÃO NORMATIVA DO DEPARTAMENTO DE REGISTRO EMPRESARIAL E INTEGRAÇÃO – DREI

INSTRUÇÃO NORMATIVA Nº 81, DE 10 DE JUNHO DE 2020

Dispõe sobre as normas e diretrizes gerais do Registro Público de Empresas, bem como regulamenta as disposições do Decreto nº 1.800, de 30 de janeiro de 1996.

O DIRETOR DO DEPARTAMENTO NACIONAL DE REGISTRO EMPRESARIAL E INTEGRAÇÃO, no uso das atribuições que lhe confere o art. 4º, da Lei nº 8.934, de 18 de novembro de 1994, e

CONSIDERANDO as disposições contidas na Lei nº 8.934, de 18 de novembro de 1994, no Decreto nº 1.800, de 30 de janeiro de 1996, na Lei nº 10.406, de 10 de janeiro de 2002, na Lei nº 6.404, de 15 de dezembro de 1976, na Lei nº 5.764, de 16 de dezembro de 1971, na Lei Complementar nº 123, de 14 de dezembro de 2006, e demais legislações correlatas, resolve:

Art. 1º Esta Instrução Normativa consolida as normas e diretrizes gerais do Registro Público de Empresas, bem como regulamenta disposições do Decreto nº 1.800, de 1996.

TÍTULO I – DA ORGANIZAÇÃO DO REGISTRO PÚBLICO DE EMPRESAS

CAPÍTULO I – DA DESCONCENTRAÇÃO DOS SERVIÇOS DAS JUNTAS COMERCIAIS

Art. 2º A Junta Comercial de cada unidade da federação é competente para executar e administrar os serviços do Registro Público de Empresas.

§ 1º No uso das atribuições de que trata o *caput*, as Juntas Comerciais poderão desconcentrar, exclusivamente, através de unidades próprias ou mediante convênio com órgãos da administração direta, autarquias e fundações públicas ou entidades privadas sem fins lucrativos, os seguintes serviços:

I - receber, protocolar e devolver documentos;

II - proferir decisões singulares, desde que após prévia designação pelo Presidente;

III - autenticar instrumentos de escrituração do empresário individual, da sociedade empresária, da cooperativa e dos agentes auxiliares do comércio, conforme instrução normativa própria; *(Redação dada pela Instrução Normativa DREI nº 112, de 20 de janeiro de 2022)*

IV - expedir certidões dos documentos arquivados e informar sobre a existência de nomes empresariais idênticos; e *(Redação dada pela Instrução Normativa DREI nº 112, de 20 de janeiro de 2022)*

V - expedir Carteira de Exercício Profissional.

§ 2º Os procedimentos relativos aos serviços prestados pelas unidades próprias ou conveniadas deverão observar os mesmos requisitos praticados pela sede da Junta Comercial.

§ 3º As decisões singulares nas unidades próprias poderão ser proferidas por vogal ou servidor e, nas conveniadas, apenas por servidor, designados, em qualquer caso, pelo Presidente da Junta Comercial.

§ 4º O vogal ou servidor deverá possuir comprovados conhecimentos em Direito Empresarial e/ou em Registro Público de Empresas.

§ 5º A autenticação dos instrumentos de escrituração do empresário individual, da sociedade empresária, da cooperativa e dos agentes auxiliares do comércio somente poderá ser desconcentrada, por delegação da Junta Comercial, às unidades próprias ou autoridade pública conveniada. (Redação dada pela Instrução Normativa DREI nº 112, de 20 de janeiro de 2022)

§ 6º As certidões expedidas, nas unidades desconcentradas, poderão ser assinadas por servidor, mediante delegação do Secretário-Geral.

§ 7º A expedição de Carteira de Exercício Profissional, nas unidades próprias ou conveniadas, será efetuada por servidor, mediante delegação do Presidente da Junta Comercial.

§ 8º As unidades desconcentradas deverão remeter, no prazo máximo de vinte e quatro horas, a documentação relativa aos serviços que devam ser prestados por outra unidade ou pela sede da Junta Comercial.

§ 9º Os prazos para a prestação dos serviços solicitados às unidades desconcentradas, em que não haja vogal ou servidor habilitado com poder decisório, contar-se-ão a partir da data do recebimento da documentação na unidade que o tenha.

§ 10. Os atos deferidos nas unidades próprias ou conveniadas serão mantidos, exclusivamente, no arquivo da sede da Junta Comercial.

CAPÍTULO II – DA NOMEAÇÃO DE VOGAIS

Art. 3º Os vogais e respectivos suplentes serão nomeados dentre brasileiros que satisfaçam as seguintes condições:

I - estejam em pleno gozo dos direitos civis e políticos;

II - não estejam condenados por crime cuja pena vede o acesso a cargo, emprego e funções públicas, ou por crime de prevaricação, falência fraudulenta, peita ou suborno, concussão, peculato, contra a propriedade, a fé pública e a economia popular;

III - sejam, ou tenham sido, por mais de cinco anos, empresário individual, administrador de EIRELI, sócios, administradores de sociedade empresária ou administradores de sociedade cooperativa, dispensados dessa condição os representantes da União e os das classes de advogados, economistas, administradores e contadores; *(Redação dada pela Instrução Normativa DREI nº 1, de 24 de janeiro de 2024)*

IV - tenham mais de cinco anos de efetivo exercício da profissão, quando se tratar de representantes das classes dos advogados,

dos economistas, dos contadores ou dos administradores;

V - estejam quites com o serviço militar e o serviço eleitoral;

VI - não sejam consanguíneos ou afins até o segundo grau, bem como não sejam sócios na mesma sociedade empresária de outro membro Titular ou Suplente do Colégio de Vogais da Junta Comercial;

VII - não sejam cônjuges, companheiros ou parentes em linha reta, colateral ou por afinidade, até o terceiro grau, inclusive, bem como não sejam sócios na mesma sociedade empresária, da autoridade nomeante, do Secretário Geral, do Chefe da Procuradoria ou de qualquer outro ocupante de cargo de direção, chefia ou assessoramento, compreendido o ajuste mediante designações recíprocas; e

VIII - possuam conhecimentos em Direito Empresarial e/ou em Registro Público de Empresas.

§ 1º A exigência prevista no inciso III deste artigo será comprovada mediante certidão expedida pela Junta Comercial. Em se tratando de representantes do cooperativismo, deverá ser apresentada ficha de matrícula do administrador cooperado ou declaração da Junta Comercial, no caso de membros de órgãos de administração ou fiscal. *(Redação dada pela Instrução Normativa DREI nº 1, de 2024)*

§ 2º A comprovação do respeito às condições, aos requisitos e aos impedimentos se dará por meio da Declaração para o Exercício do Vocalato (anexo I), a ser firmada pelo interessado e juntada aos processos de nomeação de vogais, sem prejuízo da apresentação de outros documentos.

Art. 4º O mandato dos vogais é de quatro anos, permitida apenas uma recondução, independentemente da entidade representada.

§ 1º O período do mandato é único e coincidente para todos os vogais, se inicia na data da sessão inaugural do plenário, e finda, automaticamente, após o transcurso do prazo de duração indicado no *caput*.

§ 2º O mandato do vogal nomeado após a sessão inaugural findará simultaneamente com os demais.

§ 3º A data da sessão inaugural será definida em ato da respectiva Junta Comercial.

§ 4º O vogal que foi reconduzido somente poderá ser nomeado, novamente, após o decurso de um quadriênio.

Art. 5º Até o último dia útil do mês de fevereiro de cada ano, os vogais devem comprovar perante a Junta Comercial que sua situação pessoal ainda respeita as condições, requisitos e impedimentos estabelecidos no art. 3º desta Instrução Normativa.

§ 1º Esta comprovação será prestada à Secretaria Geral, podendo se dar mediante a assinatura de nova Declaração para o Exercício do Vocalato.

§ 2º As Juntas Comerciais darão conhecimento ao DREI de nomeações e exonerações ocorridas no Colégio de Vogais no prazo de até dez dias contados da publicação do ato no Diário Oficial da respectiva unidade da Federação.

Art. 6º A Procuradoria da Junta Comercial exercerá fiscalização de ofício ou mediante provocação e, constatada ilegalidade, em até trinta dias, dará ciência às autoridades competentes.

Art. 7º O vogal perderá o mandato caso ocorra alguma das hipóteses do art. 17 da Lei nº 8.934, de 1994, ou quando deixar de respeitar as condições, requisitos e impedimentos constantes do art. 3º desta Instrução Normativa.

Parágrafo único. A entidade representada não pode substituir o vogal no curso do mandato fora das hipóteses previstas no *caput* deste artigo.

Art. 8º A Junta Comercial manterá em arquivo, cópias ou originais, os documentos apresentados pelos vogais, com vistas ao atendimento ao disposto na Lei nº 8.934, de 1994, no Decreto nº 1.800, de 1996, e neste Capítulo.

TÍTULO II – DA EXECUÇÃO DOS SERVIÇOS DE REGISTRO PÚBLICO DE EMPRESAS

CAPÍTULO I – DAS DISPOSIÇÕES GERAIS

Art. 9º O arquivamento de atos de empresário individual, sociedade empresária e cooperativa deverá observar as disposições gerais desta Instrução Normativa, bem como dos Manuais de Registro constantes dos anexos II, IV, V e VI, os quais são de observância obrigatória pelas Juntas Comerciais na prática de atos de registro neles regulados. *(Redação dada pela Instrução Normativa DREI nº 112, de 20 de janeiro de 2022)*

§ 1º A constituição, alteração ou extinção de empresário individual, sociedade empresária e cooperativa sujeitos a controle de órgão de fiscalização de exercício profissional não depende de aprovação prévia desse órgão para arquivamento do respectivo ato na Junta Comercial. *(Redação dada pela Instrução Normativa DREI nº 112, de 20 de janeiro de 2022)*

§ 2º O arquivamento dos instrumentos de constituição, alteração e extinção de empresário individual, sociedade empresária e cooperativa que contenham atividades reguladas por órgãos públicos não depende de autorização governamental prévia para o funcionamento (início da atividade), contudo, as Juntas Comerciais deverão realizar comunicação aos órgãos públicos que demonstrarem interesse, nos termos do § 1º do art. 35 da Lei nº 8.934, de 1994. *(Redação dada pela Instrução Normativa DREI nº 1, de 24 de janeiro de 2024)*

§ 2º-A. O DREI disponibilizará em seu portal eletrônico listagem com os "ATOS SUJEITOS A APROVAÇÃO DE ÓRGÃOS E ENTIDADES GOVERNAMENTAIS PARA FUNCIONAMENTO", contendo informações gerais sobre as atividades reguladas. *(Incluído pela Instrução Normativa DREI nº 1, de 24 de janeiro de 2024)*

§ 2º-B. Em caso de ausência de integração do órgão governamental à REDESIM, a comunicação prevista no § 2º deste artigo deverá ser realizada pela Junta Comercial mediante disponibilidade de acesso para consulta eletrônica ao seu banco de dados, conforme regramento específico vigente no âmbito da respectiva unidade federativa, ou por intermédio de ofício, preferencialmente eletrônico, direcionado à unidade responsável pela autorização de funcionamento no respectivo órgão governamental competente. *(Incluído pela Instrução Normativa DREI nº 1, de 24 de janeiro de 2024)*

§ 3º *(Revogado pela Instrução Normativa DREI nº 88 de 23.12.2022)*

§ 4º No caso de arquivamento de atos de constituição, alteração e extinção de empresário individual, sociedade empresária e cooperativa, que envolvam assuntos sujeitos à aprovação governamental de funcionamento, o órgão federal regulador da atividade, após tomar conhecimento do arquivamento do ato, poderá requerer à Junta Comercial: *(Redação dada pela Instrução Normativa DREI nº 1, de 24 de janeiro de 2024)*

I – anotação, acerca da não apresentação do pedido de aprovação governamental ou de sua não aprovação; ou *(Incluído pela Instrução Normativa DREI nº 88, de 23.12.2022)*

II - bloqueio, em virtude de irregularidade identificada no ato arquivado. *(Redação dada pela Instrução Normativa DREI nº 1, de 24 de janeiro de 2024)*

§ 5º A Junta Comercial realizará a anotação ou o bloqueio, conforme o caso, na ficha cadastral e nas certidões do empresário individual, da sociedade empresária e cooperativa, pelo prazo em que vigorar a irregularidade. *(Incluído pela Instrução Normativa DREI nº 88, de 23.12.2022)*

§ 6º Caso a situação que ensejou o pedido de anotação ou bloqueio seja superada, o órgão federal controlador da atividade encaminhará solicitação de retirada de anotação ou de desbloqueio à Junta Comercial. *(Incluído pela Instrução Normativa DREI nº 88, de 23.12.2022)*

Art. 9º-A. Nos instrumentos submetidos a arquivamento poderão ser utilizados elementos gráficos, como imagens, fluxogramas e animações, dentre outros (técnicas de *visual law*), bem como timbres e marcas d'água inseridas pelo próprio interessado, desde que não interfiram na nitidez, reprografia e confiabilidade dos referidos documentos perante terceiros. *(Redação dada pela Instrução Normativa DREI nº 1, de 24 de janeiro de 2024)*

Art. 9º-B. Os sistemas ou módulos integradores utilizados pelas Juntas Comerciais deverão permitir o arquivamento de instrumentos ou atos elaborados de forma exclusiva pelas partes, desde que observadas as disposições legais, prevalecendo, assim, a autonomia privada delas. *(Incluído pela Instrução Normativa DREI nº 112, de 20 de janeiro de 2022)*

§ 1º O uso de instrumento padronizado somente será obrigatório nos processos de registro automático, inclusive no fluxo do balcão único, nos moldes do Capítulo IV desta Instrução Normativa. *(Incluído pela Instrução Normativa DREI nº 1, de 24 de janeiro de 2024)*

§ 2º No registro digital, a Junta Comercial não deve exigir a apresentação de instrumento padronizado através de normativos próprios, mas pode incentivar o seu uso. *(Incluído pela Instrução Normativa DREI nº 1, de 24 de janeiro de 2024)*

§ 3º As Juntas Comerciais podem utilizar mecanismos de inteligência artificial para otimizar a análise do cumprimento das formalidades legais nos documentos apresentados para registro. *(Incluído pela Instrução Normativa DREI nº 1, de 24 de janeiro de 2024)*

SEÇÃO I – DOS ATOS MERAMENTE CADASTRAIS

Art. 10. Os atos, os documentos e as declarações que contenham informações meramente cadastrais serão apresentados a registro como medida administrativa.

§ 1º Para os fins do caput deste artigo consideram-se informações meramente cadastrais: *(Redação dada pela Instrução Normativa DREI nº 112, de 20 de janeiro de 2022)*

I - informações pessoais do empresário individual, sócios, acionistas ou associados de sociedades; *(Redação dada pela Instrução Normativa DREI nº 112, de 20 de janeiro de 2022)*

II - informações relativas ao enquadramento, desenquadramento e reenquadramento como microempresa e empresa de pequeno porte, bem como enquadramento e desenquadramento como MEI.

III - informações relativas, à alteração do CEP do empresário individual e das sociedades, e ainda alteração do tipo, bairro, nome ou número do logradouro do endereço do empresário individual e das sociedades por ato do poder público, quando esta não implicar em alteração física do endereço, ou seja, advir de circunstância alheia à vontade do empresário ou sociedade. *(Incluído pela Instrução Normativa DREI nº 112, de 20 de janeiro de 2022)*

§ 2º Nos termos do § 1º do art. 32 da Lei nº 8.934, de 1994, quando os dados dispostos neste artigo puderem ser obtidos de outras bases de dados disponíveis em órgãos públicos, a Junta Comercial deverá, de forma automática, proceder com a atualização cadastral, sem necessidade de requerimento prévio do interessado. *(Redação dada pela Instrução Normativa DREI nº 1, de 24 de janeiro de 2024)*

§ 3º A atualização de que trata o inciso II, do § 1º, do art. 10 é cabível na hipótese de existir enquadramento, desenquadramento e reenquadramento e, a informação não estiver atualizada na Junta Comercial, em especial, nas hipóteses de conversão entre sociedades, transferência de sede e situação cadastral do MEI. *(Incluído pela Instrução Normativa DREI nº 1, de 24 de janeiro de 2024)*

Art. 10-A. Ressalvada a previsão do § 2º do art. 10, o pedido de arquivamento de atos, documentos ou declarações que contenham informações meramente cadastrais deve ser apresentado perante a Junta Comercial contendo: *(Incluído pela Instrução Normativa DREI nº 1, de 24 de janeiro de 2024)*

I - requerimento (capa do processo), sendo dispensado no caso de registro digital; *(Incluído pela Instrução Normativa DREI nº 1, de 24 de janeiro de 2024)*

II - procuração, se for o caso; *(Incluído pela Instrução Normativa DREI nº 1, de 24 de janeiro de 2024)*

III - Ficha de Cadastro Nacional (FCN); *(Incluído pela Instrução Normativa DREI nº 1, de 24 de janeiro de 2024)*

IV - petição simples ou formulário com as atualizações cadastrais, devendo ser assinado: *(Incluído pela Instrução Normativa DREI nº 1, de 24 de janeiro de 2024)*

a) pelo empresário ou sócio, no caso do inciso I do § 1º do art. 10; e *(Incluída pela Instrução Normativa DREI nº 1, de 24 de janeiro de 2024)*

b) pelo administrador, no caso dos incisos II e III do § 1º do art. 10; *(Incluída pela Instrução Normativa DREI nº 1, de 24 de janeiro de 2024)*

V - consulta de viabilidade deferida, no caso do inciso III do § 1º do art. 10; *(Incluído pela Instrução Normativa DREI nº 1, de 24 de janeiro de 2024)*

VI - Documento Básico de Entrada (DBE), no caso dos incisos I e III do § 1º do art. 10; e *(Incluído pela Instrução Normativa DREI nº 1, de 24 de janeiro de 2024)*

VII - comprovante de pagamento. *(Incluído pela Instrução Normativa DREI nº 1, de 24 de janeiro de 2024)*

Parágrafo único. A análise do pedido de arquivamento será objeto de decisão singular e o documento deverá ficar arquivado no histórico do empresário ou da sociedade. *(Incluído pela Instrução Normativa DREI nº 1, de 24 de janeiro de 2024)*

SEÇÃO I-A - DO ARQUIVAMENTO DE BALANÇO

(Incluída pela Instrução Normativa DREI nº 1, de 24 de janeiro de 2024)

Art. 10-B. Sem prejuízo da obrigação de manter e autenticar os livros contábeis, conforme previsão da Instrução Normativa DREI nº 82, de 19 de fevereiro de 2022, a critério exclusivo do empresário e das sociedades empresárias, poderá ser arquivado o balanço, que possui a natureza de documento de interesse. *(Incluído pela Instrução Normativa DREI nº 1, de 24 de janeiro de 2024)*

§ 1º Não compete à Junta Comercial a verificação dos lançamentos contábeis e nem a realização de análise acerca da forma e/ou composição da escrituração. *(Incluído pela Instrução Normativa DREI nº 1, de 24 de janeiro de 2024)*

§ 2º Para o arquivamento do balanço não é obrigatório que constem todas as demonstrações contábeis, devendo ser arquivado o documento apresentado pelo usuário. *(Incluído pela Instrução Normativa DREI nº 1, de 24 de janeiro de 2024)*

§ 3º O arquivamento do balanço não responsabiliza a Junta Comercial pelos fatos e atos nele escriturados, não sendo de competência dos órgãos de registro a análise das formalidades intrínsecas nele contidas. *(Incluído pela Instrução Normativa DREI nº 1, de 24 de janeiro de 2024)*

§ 4º É de competência da Junta Comercial a análise das formalidades legais e extrínsecas, se restringindo à verificação das informações cadastrais, dentre elas a indicação do nome empresarial, do número do CNPJ etc. *(Incluído pela Instrução Normativa DREI nº 1, de 24 de janeiro de 2024)*

Art. 10-C. O balanço arquivado poderá ser objeto de rerratificação apenas quanto aos vícios sanáveis decorrentes de erros materiais e/ou procedimentais que possam ser retificados ou convalidados, desde que não firam a essência do documento, não acarretem lesão ao interesse público, prejuízo a terceiros ou insegurança quanto às informações prestadas pelas Juntas Comerciais. *(Incluído pela Instrução Normativa DREI nº 1, de 24 de janeiro de 2024)*

§ 1º Entende-se por vícios sanáveis: *(Incluído pela Instrução Normativa DREI nº 1, de 24 de janeiro de 2024)*

I - erros materiais: decorrentes de equívocos em informações cadastrais lançadas no documento, dentre elas a indicação do nome empresarial e/ou do número do CNPJ, cujas correções não promovam alteração em lançamentos contábeis; e/ou *(Incluído pela Instrução Normativa DREI nº 1, de 24 de janeiro de 2024)*

II - erros procedimentais: decorrentes equívocos no envio do documento, ou seja, em alguma regra procedimental, como por exemplo a falta de alguma página do balanço. *(Incluído pela Instrução Normativa DREI nº 1, de 24 de janeiro de 2024)*

§ 2º Qualquer solicitação de rerratificação que caracterize alteração de lançamentos contábeis ou promova alterações que não sejam meramente corretivas, serão indeferidas. *(Incluído pela Instrução Normativa DREI nº 1, de 24 de janeiro de 2024)*

§ 3º O requerimento de arquivamento de rerratificação deverá ocorrer mediante o arquivamento de outro documento de mesma natureza daquele a ser rerratificado, devendo ser anexada petição contendo descrição do erro material e/ou procedimental identificado. *(Incluído pela Instrução Normativa DREI nº 1, de 24 de janeiro de 2024)*

§ 4º Quando se tratar de erro na escrituração, cabe ao profissional responsável realizar o procedimento de acordo com as Normas Brasileiras de Contabilidade. *(Incluído pela Instrução Normativa DREI nº 1, de 24 de janeiro de 2024)*

SEÇÃO II – DA PARTICIPAÇÃO DE ESTRANGEIRO

Art. 11. O arquivamento de ato de empresário individual, sociedade empresária e cooperativa do qual conste participação de imigrante no Brasil será instruído obrigatoriamente com a fotocópia do documento de identidade, emitido por autoridade brasileira, com a comprovação da condição de residente, admitindo-se, ainda, o RNE válido para esse fim. *(Redação dada pela Instrução Normativa DREI nº 112, de 20 de janeiro de 2022).*

§ 1º Os portugueses no Brasil, nos termos do Tratado de Amizade, Cooperação e Consulta, entre a República Federativa do Brasil e a República Portuguesa, promulgado pelo Decreto nº 3.927, de 19 de setembro de 2001, gozarão dos mesmos direitos e estarão sujeitos aos mesmos deveres dos brasileiros e deles será exigido documento de identidade de modelo igual ao do brasileiro, com a menção da nacionalidade do portador e referência ao Tratado.

§ 2º Não expedido o documento de identidade do imigrante, este poderá apresentar o documento comprobatório de sua solicitação à autoridade competente, acompanhado de documento de viagem válido ou de outro documento de identificação estabelecido em ato do Ministro de Estado da Justiça e Segurança Pública.

§ 3º Será admitida a apresentação da fotocópia de identidade do imigrante com prazo de validade vencida, se houver ato normativo expedido pelo Ministério da Justiça e Segurança Pública que prorrogue o prazo de validade do referido documento, cabendo ao interessado comprovar a existência do ato normativo que contemple o seu caso concreto. *(Incluído pela Instrução Normativa DREI nº 112, de 20 de janeiro de 2022)*

Art. 12. A pessoa física, brasileira ou estrangeira, residente no exterior, que seja empresário individual, administrador ou sócio de sociedade empresária, associado de cooperativa deverá instruir o ato empresarial a ser arquivado ou arquivar em processo autônomo, procuração outorgada ao seu representante no Brasil, observada a legislação que rege o respectivo tipo societário. (Redação dada pela Instrução Normativa DREI nº 112, de 20 de janeiro de 2022)

§ 1º A pessoa jurídica com sede no exterior que seja sócia de sociedade empresária ou associada de cooperativa também se sujeita à regra do caput, e nesse caso deverá apresentar prova de sua constituição e de sua existência legal. *(Redação dada pela Instrução Normativa DREI nº 112, de 20 de janeiro de 2022)*

§ 2º O estrangeiro domiciliado no exterior e de passagem pelo Brasil poderá firmar a procuração prevista no *caput* deste artigo, por instrumento particular ou público, ficando, na segunda hipótese, dispensada a apresentação de seu documento de identidade perante a Junta Comercial.

§ 3º A procuração a que se refere o *caput* deste artigo presume-se por prazo indeterminado quando não seja indicada sua validade.

Art. 13. No caso de nomeação de brasileiro ou estrangeiro não residente no Brasil para cargo de administrador (membro do conselho de administração ou da diretoria) em sociedade anônima, a posse ficará condicionada à constituição de representante residente no País, nos termos do § 2º, do art. 146, da Lei nº 6.404, de 15 de dezembro de 1976. *(Redação dada pela Instrução Normativa DREI nº 112, de 20 de janeiro de 2022)*

Parágrafo único. O disposto no caput desde artigo não obsta o arquivamento do ato de nomeação. *(Redação dada pela Instrução Normativa DREI nº 112, de 20 de janeiro de 2022)*

Art. 14. A Junta Comercial, para o arquivamento de ato com a participação de estrangeiro, pessoa física ou jurídica, deverá verificar se a atividade empresarial não se inclui nas restrições e impedimentos constantes de tabela própria nos Manuais de Registro, anexos a esta Instrução.

Art. 15. Os documentos oriundos do exterior, inclusive procurações, deverão ser autenticados por autoridade consular brasileira, no país de origem, e quando não redigidos na língua portuguesa, ser acompanhados de tradução efetuada por tradutor público matriculado em qualquer Junta Comercial, exceto o documento de identidade.

§ 1º Os documentos lavrados em notário francês dispensa o visto da autoridade consular, nos termos dos arts. 28 a 30 do Decreto nº 91.207, de 29 de abril de 1985, mas não dispensa a respectiva tradução por tradutor público matriculado em qualquer Junta Comercial.

§ 2º A legalização consular de que trata o *caput* deste artigo fica dispensada no caso dos documentos públicos oriundos dos países signatários da Convenção sobre a Eliminação da Exigência de Legalização de Documentos Públicos Estrangeiros, celebrada em Haia, em 5 de outubro de 1961, aprovada pelo Decreto Legislativo nº 148, de 6 de julho de 2015 e promulgada pelo Decreto nº 8.660, 29 de janeiro de 2016.

§ 3º A dispensa a que se refere o parágrafo anterior fica condicionada à comprovação de que o documento foi objeto do apostilamento de que trata a referida Convenção, conforme Resolução CNJ nº 228, de 22 de junho de 2016.

§ 4º No caso de apresentação de documento bicolunado, em língua portuguesa e em língua estrangeira, é dispensada a tradução por tradutor público, exigida, porém, a consularização ou apostilamento, exceto quando a lei a dispensar. *(Incluído pela Instrução Normativa DREI nº 1, de 24 de janeiro de 2024)*

§ 5º Na hipótese do § 4º deste artigo, cabe ao tradutor público realizar a tradução de carimbos ou selos que constar do documento original. *(Incluído pela Instrução Normativa DREI nº 1, de 24 de janeiro de 2024)*

Art. 16. Os cidadãos dos países dos Estados Partes do Mercosul, dos Associados e Estados que posteriormente venham a aderir e internalizar o Acordo sobre Residência para Nacionais dos Estados Partes do Mercado Comum do Sul - Mercosul e Associados, que comprovadamente obtiverem a residência temporária de dois anos, com amparo no referido acordo, poderão exercer a atividade empresarial na condição de empresários, titulares de EIRELI, sócios ou administradores de sociedades empresárias ou cooperativas brasileiras, podendo esses atos serem devidamente arquivados na Junta Comercial, consoante a legislação vigente, observadas as regras internacionais decorrentes dos Acordos e Protocolos firmados no âmbito do Mercosul.

Art. 17. Para os fins desta Instrução Normativa, ao refugiado, bem como ao solicitante de reconhecimento da condição de refugiado, nos termos da Lei nº 9.474, de 22 de julho de 1997, aplica-se o regramento previsto para os imigrantes, mediante apresentação do protocolo de solicitação de refúgio ou Documento Provisório de Registro Nacional Migratório, nos termos do Decreto nº 9.277, de 5 de fevereiro de 2018.

SEÇÃO III – DA COMPOSIÇÃO DO NOME EMPRESARIAL

Art. 18. O nome empresarial atenderá aos princípios da veracidade e da novidade e identificará, quando assim exigir a lei, o tipo jurídico adotado.

§ 1º O nome empresarial compreende a firma e a denominação.

§ 2º A firma é composta pelo nome civil, de forma completa ou abreviada.

§ 3º A denominação é formada por uma ou mais palavras da língua nacional ou estrangeira, podendo nela figurar parte do nome de um ou mais sócios, facultada a indicação do objeto. *(Redação dada pela Instrução Normativa DREI nº 1, de 24 de janeiro de 2024)*

§ 4º Se a Junta Comercial verificar erro na composição do nome empresarial, ainda que devido à semelhança, ou afronta aos princípios da veracidade e/ou novidade, deve promover: *(Incluído pela Instrução Normativa DREI nº 1, de 24 de janeiro de 2024)*

I - notificação ao interessado para que ele promova, no prazo de trinta dias da notificação, a alteração do nome empresarial; e *(Incluído pela Instrução Normativa DREI nº 1, de 24 de janeiro de 2024)*

II - o bloqueio total no cadastro do empresário ou da sociedade, conforme dispõe o art. 118, *caput* e § 1º desta instrução normativa. *(Incluído pela Instrução Normativa DREI nº 1, de 24 de janeiro de 2024)*

§ 5º Não sendo realizada a devida alteração contratual, a Junta Comercial, com base na autotutela (art. 53 da Lei nº 9.784, de 1999, e Súmula nº 473 do STF), deverá, de ofício, instaurar processo administrativo. *(Incluído pela Instrução Normativa DREI nº 1, de 24 de janeiro de 2024)*

Art. 18-A. O empresário individual, a sociedade empresária e a cooperativa podem optar por utilizar o número de inscrição no Cadastro Nacional da Pessoa Jurídica - CNPJ como nome empresarial, seguido da partícula identificadora do tipo societário ou jurídico, quando exigida por lei. *(Redação dada pela Instrução Normativa DREI nº 112, de 20 de janeiro de 2022)*

§ 1º Para os fins da utilização do número do CNPJ como nome empresarial, deve ser levado em conta apenas o número raiz, ou seja, os oito primeiros dígitos do CNPJ. *(Incluído pela Instrução Normativa DREI nº 112, de 20 de janeiro de 2022)*

§ 2º Quando existir legislação específica sobre a formação do nome empresarial de determinado segmento econômico, que seja incompatível com as disposições do caput deste artigo, não será possível o uso do número do CNPJ como nome empresarial. *(Incluído pela Instrução Normativa DREI nº 112, de 20 de janeiro de 2022)*

§ 3º Não poderá ser utilizado o CNPJ como nome empresarial para as empresas públicas, sociedades de economia mista, consórcios, grupos de sociedade e empresas simples de crédito. *(Incluído pela Instrução Normativa DREI nº 112, de 20 de janeiro de 2022)*

Art. 18-B. O empresário individual, enquadrado na condição de Microempreendedor Individual (MEI), que realizar o desenquadramento desta condição, deve proceder com a alteração do nome empresarial, para fins de adequação às normas relativas a composição do nome. *(Incluído pela Instrução Normativa DREI nº 1, de 24 de janeiro de 2024)*

Art. 19. A expressão "grupo" é de uso exclusivo dos grupos de sociedades organizados, mediante convenção, na forma da Lei das Sociedades Anônimas.

§ 1º Após o arquivamento da convenção do grupo, a sociedade controladora, ou de comando, e as filiadas deverão acrescentar aos seus nomes a designação do grupo. *(Incluído pela Instrução Normativa DREI nº 1, de 24 de janeiro de 2024)*

§ 2º Não há proibição da utilização no nome empresarial do termo "grupo" quando redigido em outra língua diferente da portuguesa, desde que possua grafia distinta. *(Incluído pela Instrução Normativa DREI nº 1, de 24 de janeiro de 2024)*

Art. 20. Ao final dos nomes do empresário individual, da sociedade empresária e da cooperativa que estiverem em processo de liquidação, após a anotação no Registro de Empresas, deverá ser aditado o termo "em liquidação". *(Redação dada pela Instrução Normativa DREI nº 112, de 20 de janeiro de 2022)*

Art. 21. Nos casos de recuperação judicial, após a anotação no Registro de Empresas, o empresário individual e a sociedade empresária deverão acrescentar após o seu nome empresarial a expressão "em recuperação judicial", que será excluída após comunicação judicial sobre o encerramento do processo de recuperação, conforme prevê o art. 63 da Lei nº 11.101, de 2005. *(Redação dada pela Instrução Normativa DREI nº 112, de 20 de janeiro de 2022)*

Art. 22. É vedado o registro do nome empresarial:

I - idêntico a outro já registrado na mesma Junta Comercial; *(Redação dada pela Instrução Normativa DREI nº 55, de 2 de junho de 2021)*

II - que contiver palavras ou expressões que sejam atentatórias à moral e aos bons costumes;

III - que incluam ou reproduzam, em sua composição, siglas ou denominações de órgãos ou entidades da administração pública direta ou indireta ou de organismos internacionais, exceto quando for razoável presumir-se que, pelos demais termos contidos no nome, não causará confusão ou dúvida;

IV - com palavras ou expressões que denotem atividade não prevista no objeto; ou

V - que traga designação de porte ao seu final.

Parágrafo único. Além dos requisitos legais previstos no *caput* deste artigo, nenhum outro será objeto de análise para efeitos de registro, sendo o seu cumprimento de inteira responsabilidade do empresário.

SEÇÃO IV – DOS CRITÉRIOS PARA VERIFICAÇÃO DA EXISTÊNCIA DE IDENTIDADE OU SEMELHANÇA

Art. 23. Observado o princípio da novidade, a Junta Comercial não arquivará atos com nome empresarial idêntico a outro já registrado. *(Redação dada pela Instrução Normativa DREI nº 55, de 2 de junho de 2021)*

§ 1º Considera-se idêntico o nome empresarial que tenha exatamente a mesma composição daquele anteriormente registrado na mesma Junta Comercial.

§ 2º O critério para análise de identidade entre firmas ou denominações será aferido considerando-se os nomes empresariais por inteiro, podendo ser desconsiderados: *(Redação dada pela Instrução Normativa DREI nº 1, de 24 de janeiro de 2024)*

I - expressões relativas ao tipo jurídico adotado; *(Redação dada pela Instrução Normativa DREI nº 1, de 24 de janeiro de 2024)*

II - acentuação gráfica nas palavras; *(Redação dada pela Instrução Normativa DREI nº 1, de 24 de janeiro de 2024)*

III - eventuais caracteres especiais não numéricos, bem como caracteres isolados ou que substituam letras; e/ou *(Redação dada pela Instrução Normativa DREI nº 1, de 24 de janeiro de 2024)*

IV - utilização de pontuação antes, no meio ou ao final do nome, bem como o espaçamento ou não entre as palavras. *(Redação dada pela Instrução Normativa DREI nº 1, de 24 de janeiro de 2024)*

§ 3º Se o nome empresarial for idêntico a outro já registrado, deverá ser modificado ou acrescido de designação que o distinga. *(Redação dada pela Instrução Normativa DREI nº 55, de 2 de junho de 2021)*

§ 4º *(Revogado pela Instrução Normativa DREI nº 55, de 2 de junho de 2021)*

Art. 23-A. Caso seja arquivado ato com nome empresarial semelhante a outro já registrado, o interessado poderá questionar, a qualquer tempo, por meio de recurso ao Departamento Nacional de Registro Empresarial e Integração (DREI).

§ 1º O Recurso ao DREI deverá ser protocolizado na Junta Comercial, mediante a apresentação de:

I - requerimento (capa de processo), sendo dispensado no caso de protocolo eletrônico;

II - petição, dirigida ao Diretor do DREI;

III - procuração, quando a petição for subscrita por advogado; e

IV - comprovante de pagamento do preço dos serviços.

§ 2º Após protocolizado o Recurso ao DREI será enviado à Secretaria-Geral para autuar, registrar e notificar no prazo de três dias úteis as partes interessadas, as quais terão o prazo de dez dias úteis para apresentar as contrarrazões, caso tenham interesse.

§ 3º Juntadas as contrarrazões ao processo ou esgotado o prazo de manifestação, a Secretaria-Geral, o fará concluso ao Presidente para, nos três dias subsequentes, promover o encaminhamento de forma eletrônica ao DREI, que no prazo de dez dias úteis, deverá proferir decisão final.

§ 3º-A. Caso seja reconhecida a semelhança, será determinado que o nome empresarial seja alterado no prazo de trinta dias, contado da data de intimação da decisão do recurso, a ser realizada pela Junta Comercial. *(Incluído pela Instrução Normativa DREI nº 1, de 24 de janeiro de 2024)*

§ 3º-B. Encerrado o prazo de que trata o § 3º-A sem providências pelo interessado, a Junta Comercial deverá, de ofício: *(Incluído pela Instrução Normativa DREI nº 1, de 24 de janeiro de 2024)*

I - alterar o nome empresarial para o número de inscrição no CNPJ, seguido da partícula identificadora do tipo societário ou jurídico, quando exigida por lei, sem prejuízo de posterior solicitação de alteração do nome empresarial pelo interessado, conforme § 6º do art. 62 do Decreto nº 1.800, de 1996; e *(Incluído pela Instrução Normativa DREI nº 1, de 24 de janeiro de 2024)*

II - realizar comunicação à Receita Federal do Brasil e demais entidades com as quais seus sistemas estejam integrados para que atualizem seus respectivos cadastros. *(Incluído pela Instrução Normativa DREI nº 1, de 24 de janeiro de 2024)*

§ 3º-C. O interessado que tenha seu nome empresarial alterado de ofício e que desejar solicitar a alteração, deverá observar as disposições relativas à alteração do contrato ou estatuto social. *(Incluído pela Instrução Normativa DREI nº 1, de 24 de janeiro de 2024)*

§ 4º Considerar-se-á semelhante o nome empresarial por inteiro, desconsiderando as expressões relativas ao tipo jurídico adotado, acentuação gráfica e eventuais caracteres especiais não numéricos, bem como que: *(Redação dada pela Instrução Normativa DREI nº 1, de 24 de janeiro de 2024)*

I - tenha distinção em relação a apenas algum ou alguns caracteres, mas que não resulte em diferença significativa quanto à grafia ou pronúncia; e/ou *(Redação dada pela Instrução Normativa DREI nº 1, de 24 de janeiro de 2024)*

II - tenha sido modificada apenas a ordem dos termos que compõem o nome, não tendo elementos diferenciais significativos. *(Redação dada pela Instrução Normativa DREI nº 1, de 24 de janeiro de 2024)*

§ 5º Se o nome empresarial questionado for considerado semelhante, ou seja, se for considerado homófono a outro já registrado, deverá ser modificado ou acrescido de designação que o distinga.

§ 6º Não cabe ao DREI analisar controvérsias relacionadas a nomes empresariais que tenham por fundamento a identidade entre atividades econômicas exercidas, concorrência desleal ou desvio de clientela em decorrência do registro de nomes empresariais semelhantes. *(Acrescido conforme determinado na Instrução Normativa DREI nº 88, de 23.12.2022)*

Art. 24. Não compete às Juntas Comerciais ou ao DREI: *(Redação dada pela Instrução Normativa DREI nº 1, de 24 de janeiro de 2024)*

I - verificar a existência ou não de colidência entre nome empresarial e marca registrada ou entre nome empresarial e denominações registradas em outros órgãos de registro;

e/ou *(Redação dada pela Instrução Normativa DREI nº 1, de 24 de janeiro de 2024)*

II - analisar controvérsias relacionadas a nomes empresariais que tenham por fundamento a identidade entre atividades econômicas exercidas, concorrência desleal ou desvio de clientela em decorrência do registro de nomes empresariais semelhantes. *(Redação dada pela Instrução Normativa DREI nº 1, de 24 de janeiro de 2024)*

SEÇÃO V – DA PROTEÇÃO AO NOME EMPRESARIAL

Art. 25. A proteção ao nome empresarial decorre, automaticamente, do ato de registro e circunscreve-se à unidade federativa da jurisdição da Junta Comercial que o tiver procedido.

§ 1º A proteção ao nome empresarial na jurisdição de outra Junta Comercial decorre, automaticamente, da abertura de filial nela registrada ou do arquivamento de pedido específico, instruído com certidão expedida pela Junta Comercial da sede da empresa interessada.

§ 2º *(Revogado pela Instrução Normativa DREI nº 1, de 24 de janeiro de 2024)*

§ 3º Ocorrendo o arquivamento de alteração de nome empresarial na Junta Comercial da sede do empresário individual, da sociedade empresária ou da cooperativa, cabe ao interessado promover, nas Juntas Comerciais das outras unidades da federação em que haja proteção do nome empresarial arquivada, a modificação da proteção existente mediante pedido específico, instruído com certidão expedida pela Junta Comercial da sede ou outro documento que comprove a alteração do nome empresarial. *(Redação dada pela Instrução Normativa DREI nº 112, de 20 de janeiro de 2022)*

§ 4º As sociedades constituídas por tempo determinado e, por esta razão, dissolvidas, perderão a proteção ao nome empresarial, salvo se não entrarem em liquidação. Nesta hipótese, o prazo de duração será convertido para prazo de duração indeterminado e o nome empresarial permanecerá protegido. *(Incluído pela Instrução Normativa DREI nº 1, de 24 de janeiro de 2024)*

Art. 26. No caso de transferência de sede de empresário individual, sociedade empresária ou cooperativa com sede em outra unidade federativa, havendo identidade entre nomes empresariais, a Junta Comercial não procederá ao arquivamento do ato, salvo se o interessado arquivar na Junta Comercial da unidade federativa de destino, concomitantemente, ato de modificação de seu nome empresarial. *(Redação dada pela Instrução Normativa DREI nº 112, de 20 de janeiro de 2022)*

CAPÍTULO II – DA APRESENTAÇÃO, AUTENTICAÇÃO E ENTREGA DOS DOCUMENTOS LEVADOS A ARQUIVAMENTO

SEÇÃO I – DA FORMA DE APRESENTAÇÃO PRESENCIAL

Art. 27. Os documentos sujeitos a arquivamento deverão ser apresentados em via única e, ainda, obedecer aos requisitos mínimos de qualidade que garantam o máximo de fidelidade entre o arquivo digital gerado e o documento original, quando da digitalização.

§ 1º Os documentos relativos à constituição, alteração e extinção de empresário individual, sociedade empresária ou cooperativa levados a arquivamento nas Juntas Comerciais deverão estar assinados na forma da lei, sendo as demais folhas rubricadas. *(Redação dada pela Instrução Normativa DREI nº 112, de 20 de janeiro de 2022)*

§ 2º O protocolo da Junta Comercial restituirá ao interessado, no ato da sua apresentação, todas as vias que excederem ao estabelecido no *caput* deste artigo.

§ 3º Se assim dispuserem as normas internas da Junta Comercial, poderá ser devolvido ao interessado o documento físico que for digitalizado no momento de seu protocolo, com a preservação da sua imagem, mediante conferência e assinatura certificada de agente público, nos termos do art. 57 da Lei nº 8.934, de 1994.

Art. 28. Os atos apresentados a arquivamento são dispensados de:

I - reconhecimento de firma; e *(Redação dada pela Instrução Normativa DREI nº 55, de 2 de junho de 2021)*

II - autenticação de cópia de documento pelo cartório, que deverá, quando o ato exigir o original, ser realizada pelo: *(Redação dada pela Instrução Normativa DREI nº 55, de 2 de junho de 2021)*

a) servidor da Junta Comercial, mediante a comparação entre o original e a cópia; ou

b) pelo advogado, contador ou técnico em contabilidade da parte interessada, mediante o modelo de declaração constante do anexo VII.

§ 1º Considera-se advogado, contador ou técnico em contabilidade da parte interessada o profissional que assinar o requerimento do ato levado a registro.

§ 2º A declaração de autenticidade de que trata a alínea "b" do inciso II do *caput* deste artigo poderá ser feita:

I - em documento separado, com a devida especificação e quantidade de folhas do(s) documento(s) declarado(s) autêntico(s); ou

II - na(s) própria(s) folha(s) do(s) documento(s).

§ 3º Juntamente com a declaração de autenticidade deve ser apresentada cópia simples da carteira profissional ou certidão de regularidade, emitida através do respectivo Conselho.

Art. 29. A dispensa de que trata o artigo anterior somente não será cabível quando a Junta Comercial apresentar justificativa plausível, devidamente fundamentada.

SEÇÃO II – DA AUTENTICAÇÃO DOS INSTRUMENTOS DE FORMA FÍSICA

Art. 30. A autenticação tem por finalidade comprovar e certificar a autenticidade do registro dos atos empresariais do empresário individual, da sociedade empresária, da cooperativa, do consórcio e grupo de sociedades, por termo que contenha, no mínimo: *(Redação dada pela Instrução Normativa DREI nº 112, de 20 de janeiro de 2022)*

I - identificação da Junta Comercial;

II - protocolo;

III - data do protocolo;

IV - número do arquivamento;

V - data do arquivamento;

VI - data dos efeitos do registro; e

VII - assinatura do Secretário-Geral.

§ 1º Quando o documento contiver mais de uma folha, o termo constará da última, chanceladas ou perfuradas as anteriores.

§ 2º A Junta Comercial deverá proceder à certificação dos documentos anexados ao ato, vinculando-os ao ato principal, com indicação do número e data do registro, com observação de que não poderão ser utilizados separadamente do ato principal.

§ 3º As Juntas Comerciais poderão adotar chancela digital, gerada automaticamente, para cada página do documento arquivado, contendo no mínimo os dados do *caput* deste artigo e sequência alfa numérica ou *hash*.

§ 4º Os processos protocolados perante a Junta Comercial que não reservarem um espaço em branco de cinco centímetros no rodapé de todas as páginas terão o tamanho de seus textos adaptados de forma automática para utilização da chancela digital.

§ 5º A autenticação se fará por meios que garantam indelebilidade, nitidez, inviolabilidade e segurança.

SEÇÃO III – DA ENTREGA DOS DOCUMENTOS FÍSICOS

Art. 31. Após o registro, a Junta Comercial devolverá ao interessado, mediante a entrega do comprovante de protocolo, duas vias extraídas por certidão de inteiro teor (cópia do ato original arquivado), devidamente certificadas.

§ 1º As Juntas Comerciais poderão optar por entregar ao interessado o ato registrado, por meio eletrônico.

§ 2º No caso de entrega do ato registrado por meio eletrônico, a Junta Comercial deverá oferecer ao interessado opção para validação do ato.

§ 3º Poderão ser extraídas cópias adicionais do original arquivado, devidamente certificadas pela Secretaria-Geral, de forma idêntica a estabelecida no *caput* deste artigo, mediante o pagamento do preço público correspondente.

CAPÍTULO III – DO REGISTRO DIGITAL

Art. 32. As Juntas Comerciais poderão adotar exclusivamente o Registro Digital ou em coexistência com os métodos tradicionais.

§ 1º As Juntas Comerciais que optarem pelo Registro Digital deverão:

I - com no mínimo de noventa dias de antecedência, dar ampla publicidade da data a partir da qual adotará exclusivamente o Registro Digital;

II - comunicar ao DREI, via ofício, assinado pelo Presidente da Junta Comercial;

III - divulgar a implantação do Registro Digital em local de destaque em seu sítio eletrônico;

IV - fixar comunicados nas respectivas sedes e unidades desconcentradas, onde são recebidos documentos físicos;

V - oficiar o Conselho Regional de Contabilidade da respectiva jurisdição;

VI - oficiar o Sindicato das Empresas de Serviços Contábeis e das Empresas de Assessoramento, Perícias, Informações e Pesquisas (SESCON) do respectivo estado ou do Distrito Federal; e

VII - oficiar o Conselho Seccional da Ordem dos Advogados do Brasil do respectivo Estado ou do Distrito Federal.

§ 2º As Juntas Comerciais manterão permanentemente em seus sítios manuais atualizados de utilização de seus sistemas voltados aos usuários de seus serviços e a indicação dos requisitos mínimos necessários para acesso a estes serviços.

Art. 33. O Registro Digital deverá obedecer as normas atinentes ao Registro Público de Empresas quanto à publicidade do registro, publicação dos atos, proibições de arquivamento, autenticação, exame das formalidades, processo decisório e processo revisional, bem como seus respectivos prazos.

§ 1º No exame das formalidades devem ser verificados os requisitos referentes às assinaturas eletrônicas utilizadas, especialmente no que diz respeito a sua validade. *(Redação dada pela Instrução Normativa DREI nº 55, de 2 de junho de 2021)*

§ 2º As exigências ou indeferimento do registro digital deverão estar disponíveis eletronicamente ao interessado observado o disposto nos Manuais de Registro, anexos a esta Instrução Normativa.

§ 3º As Juntas Comerciais podem realizar acordos, contratos ou termos congêneres com as autoridades certificadoras para emissão de certificado digital. *(Incluído pela Instrução Normativa DREI nº 55, de 2 de junho de 2021)*

Art. 34. Os sistemas eletrônicos adotados pelas Juntas Comerciais devem:

I - controlar o acesso e procedimentos de segurança que garantam a confidencialidade, a integridade, a disponibilidade e a autenticidade dos documentos;

II - conter mecanismos de recuperação nas hipóteses de perdas provocadas por sinistros, falhas no sistema ou de segurança ou degradação do suporte; e

III - disponibilizar dispositivos de monitoramento e acompanhamento da realização das cópias de segurança (*backup*), com vistas a prevenir a perda de informações.

§ 1º Os procedimentos de *backup* devem ser feitos regularmente e, pelo menos, uma cópia deve ser armazenada remotamente *off-site*.

§ 2º A observância quanto ao disposto neste artigo deve ser certificada anualmente por entidade ou órgão não subordinado à Junta Comercial.

Art. 35. Conforme previsão do art. 5º da Lei nº 14.063, de 2020, ato do titular do Poder ou do órgão constitucionalmente autônomo de cada ente federativo estabelecerá o(s) tipo(s) de assinatura(s) eletrônica(s) que irá(ão) ser exigida(s), porém é recomendável a uniformização entre as Juntas Comerciais e a aceitação das assinaturas avançada e qualificada. *(Redação dada pela Instrução Normativa DREI nº 1, de 24 de janeiro de 2024)*

§ 1º A assinatura eletrônica, nos termos da Lei nº 14.063, de 2020, poderá ser avançada, inclusive mediante a disponível no portal "gov.br", ou qualificada. *(Incluído pela Instrução Normativa DREI nº 1, de 24 de janeiro de 2024)*

§ 2º A assinatura eletrônica que for realizada fora do portal da junta comercial será aceita para os documentos sujeitos a arquivamento, desde que seja: *(Incluído pela Instrução Normativa DREI nº 1, de 24 de janeiro de 2024)*

I - possível verificar sua associação ao signatário de maneira unívoca (validar a assinatura), via sistema da junta comercial; ou *(Incluído pela Instrução Normativa DREI nº 1, de 24 de janeiro de 2024)*

II - apresentada declaração de autenticidade eletrônica, na forma do art. 28, inciso II, alínea "b", e §§ 1º a 3º desta instrução normativa. *(Incluído pela Instrução Normativa DREI nº 1, de 24 de janeiro de 2024)*

Art. 35-A. Os instrumentos constitutivos, modificativos e extintivos deverão ser assinados digitalmente pelos seus signatários, devendo observar os termos do art. 35 desta instrução normativa. *(Incluído pela Instrução Normativa DREI nº 1, de 24 de janeiro de 2024)*

§ 1º As atas de reunião ou de assembleia e outros documentos sujeitos à arquivamento, como: procurações, protocolos, laudos de avaliação, balanços, documento de interesse, declarações, poderão ser assinados eletronicamente pelos seus signatários, com qualquer certificado digital emitido por entidade credenciada pela Infraestrutura de Chaves Públicas Brasileira - ICP-Brasil ou utilizar qualquer outro meio de comprovação da autoria e integridade de documentos em forma eletrônica, nos termos da Lei nº 14.063, de 2020. *(Incluído pela Instrução Normativa DREI nº 1, de 24 de janeiro de 2024)*

§ 2º A assinatura eletrônica aposta nos documentos mencionados no caput deste artigo supre a exigência de apresentação de prova de identidade nos casos exigidos pela legislação e normas do Registro Empresarial, salvo para os imigrantes. *(Incluído pela Instrução Normativa DREI nº 1, de 24 de janeiro de 2024)*

§ 3º Excepcionalmente, quando os documentos de que trata o caput não forem produzidos por meio eletrônico deverá ser apresentada declaração de autenticidade eletrônica, na forma do art. 28, inciso II, alínea "b" e §§ 1º a 3º desta instrução normativa. *(Incluído pela Instrução Normativa DREI nº 1, de 24 de janeiro de 2024)*

Art. 36. Os documentos que instruírem obrigatoriamente os pedidos de arquivamento eletrônico nas Juntas Comerciais deverão observar o seguinte:

I e II - *(Revogados pela Instrução Normativa DREI nº 1, de 24 de janeiro de 2024)*

III - os dados específicos de registro coletados pela Junta Comercial e constantes da Ficha de Cadastro Nacional, bem como os dados comuns coletados eletronicamente pela Receita Federal do Brasil, deverão ser transmitidos eletronicamente para a Junta Comercial; *(Redação dada pela Instrução Normativa DREI nº 112, de 20 de janeiro de 2022)*

IV - o requerimento eletrônico deverá ser assinado eletronicamente pelo requerente, no portal da junta comercial; *(Redação dada pela Instrução Normativa DREI nº 1, de 2024)*

V - a prova do recolhimento do preço do serviço da Junta Comercial será anexada ao processo ou terá seus dados informados no Requerimento Eletrônico, quando não for possível sua verificação por rotina automatizada; e

VI - quando se tratar de publicações em jornais, procurações, protocolos e justificações, laudos de avaliação, balanços, documentos de interesse, declarações, decisões ou determinações judiciais, documentos oriundos dos serviços notariais, bem como de qualquer outro documento exigido para instruir o pedido de registro, deverão ser apresentados: *(Redação dada pela Instrução Normativa DREI nº 1, de 2024)*

a) em arquivo eletrônico, devidamente identificado e assinado eletronicamente pelo emissor do documento;

b) em arquivo eletrônico, inclusive imagem, com elementos que possibilitem a verificação da autenticidade pela internet sem a necessidade do pagamento de preços e independentemente de autenticação de usuário; ou

c) digitalizados, quando em papel, inclusive os que forem assinados de próprio punho, e apresentados com declaração de sua veracidade, conforme modelo do Anexo XI, assinada eletronicamente pelo requerente (empresário, sócio, cooperado, acionista, administrador, diretor, inventariante e profissionais contabilistas e advogados) sob sua responsabilidade pessoal, o qual irá instruir o arquivamento do ato requerido. *(Redação dada pela Instrução Normativa DREI nº 1, de 2024)*

§ 1º *(Revogado pela Instrução Normativa DREI nº 55, de 2 de junho de 2021)*

§ 2º Na hipótese da alínea "b" do inciso VI, a Junta Comercial registrará o URL do sítio eletrônico consultado, a data e a hora da verificação. Quando não for possível verificar nem mesmo a autenticidade das assinaturas, deverá ser apresentado para arquivamento declaração de sua veracidade assinada eletronicamente pelo requerente, sob sua responsabilidade pessoal. *(Redação dada pela Instrução Normativa DREI nº 55, de 2 de junho de 2021)*

§ 3º O protocolo no sistema da Junta Comercial mediante a utilização de assinatura eletrônica dispensa a apresentação de procuração para tal finalidade.

§ 4º *(Revogado pela Instrução Normativa DREI nº 1, de 24 de janeiro de 2024)*

Art. 37. No recebimento do documento digital deverá ser registrada a data e hora.

Art. 38. O arquivo eletrônico que contém o documento original produzido pelas partes deverá ser armazenado de forma a assegurar a integridade das certificações digitais nele contidas.

§ 1º A Junta Comercial, na eventualidade de suas rotinas internas comprometerem a integridade da certificação a que se refere o *caput*, declarará que os termos do documento correspondem integralmente ao assinado digitalmente pelas partes e armazenará o documento original assinado.

§ 2º Se o documento receber exigência na análise que não implique na alteração do arquivo eletrônico que o contém, a Junta Comercial deverá, obrigatoriamente, sem necessidade de novas assinatura, assegurar a integridade das assinaturas nos termos do caput ou realizar o procedimento previsto no § 1º deste artigo. *(Redação dada pela Instrução Normativa DREI nº 1, de 2024)*

Art. 39. O ato empresarial será assinado eletronicamente pelos agentes públicos que o deferiram, singular ou colegiadamente, mediante a utilização de qualquer certificado digital emitido por entidade credenciada pela Infraestrutura de Chaves Públicas Brasileira - ICP-Brasil ou utilizar qualquer outro meio de comprovação da autoria e integridade de documentos em forma eletrônica, nos termos do § 2º do art. 10 da Medida Provisória nº 2.200-2, de 24 de agosto de 2001, e da Lei nº 14.063, de 23 de setembro de 2020. *(Redação dada pela Instrução Normativa DREI nº 55, de 2 de junho de 2021)*

Art. 40. A Junta Comercial autenticará os atos submetidos ao registro digital, mediante a utilização de chancela digital ao final do documento que permita comprovar e certificar a autenticidade e que contenha, no mínimo:

I - identificação da Junta Comercial;

II - protocolo de registro ou protocolo REDESIM;

III - número do arquivamento e a respectiva data;

IV - nome empresarial;

V - CNPJ da sede, quando disponível;

VI - data dos efeitos do registro;

VII - assinatura do Secretário Geral, nos termos do art. 28, V, do Decreto nº 1.800, de 1996; e

VIII - sequência alfa numérica e *hash*.

§ 1º A chancela digital não comprometerá o arquivo eletrônico que contém o documento original produzido pelas partes e nem a integridade das respectivas certificações digitais.

§ 2º O disposto no inciso VIII do *caput* é passível de substituição por outro mecanismo que permita a verificação a que se refere o § 2º do art. 41, podendo figurar ou não na chancela digital.

§ 3º A Junta Comercial que optar por fazer uso do termo de autenticação, deverá emiti-lo em separado do arquivo que contiver as certificações digitais do ato submetido a registro, sem prejuízo do disposto no *caput*.

Art. 41. Após o registro, a Junta Comercial disponibilizará o ato arquivado ao interessado.

§ 1º O documento ficará à disposição do interessado no meio eletrônico indicado pela Junta Comercial por trinta dias.

§ 2º A Junta Comercial disponibilizará pela internet meio de verificação da autenticidade do documento arquivado independentemente de autenticação de usuário e sem a necessidade do pagamento de taxas.

Art. 42. Os documentos eletrônicos certificados digitalmente por uma Junta Comercial têm fé pública perante as demais, inclusive na hipótese do § 1º do art. 38.

CAPÍTULO IV – DO REGISTRO AUTOMÁTICO

SEÇÃO I – DAS DISPOSIÇÕES GERAIS

Art. 43. O arquivamento de ato constitutivo, alteração e extinção de empresário individual, sociedade limitada, exceto empresas públicas, bem como transformação de empresário individual, ainda que enquadrado como MEI, e constituição de cooperativa, poderá ser deferido de forma automática quando: *(Redação dada pela Instrução Normativa DREI nº 1, de 24 de janeiro de 2024)*

I - tenham sido dispensadas ou concluídas as consultas prévias da viabilidade de nome empresarial e de localização, quando exigidas; *(Redação dada pela Instrução Normativa DREI nº 1, de 24 de janeiro de 2024)*

II - o instrumento contiver apenas as cláusulas padronizadas, conforme anexos II, IV e VI desta Instrução Normativa; e *(Redação dada pela Instrução Normativa DREI nº 112, de 20 de janeiro de 2022)*

III - apresente, de forma física ou digital, os documentos obrigatórios para instrução do pedido de arquivamento, conforme anexos II, IV e VI desta Instrução Normativa. *(Redação dada pela Instrução Normativa DREI nº 112, de 20 de janeiro de 2022)*

§ 1º O disposto no *caput* não se aplica para:

I - casos decorrentes de transformação, incorporação, fusão, cisão ou conversão; *(Redação dada pela Instrução Normativa DREI nº 1, de 24 de janeiro de 2024)*

II - integralização de capital com quotas de outra sociedade;

III - casos que houver pessoa incapaz ou representadas, não se admitindo uso de procuração e/ou representantes legais, incluindo nessa situação também o sócio pessoa jurídica; *(Redação dada pela Instrução Normativa DREI nº 1, de 2024)*

IV - quando contiver bloqueios administrativos ou judiciais; e *(Incluído pela Instrução Normativa DREI nº 1, de 2024)*

V - atos referentes à sociedade de propósito específico ou empresa simples de crédito. *(Incluído pela Instrução Normativa DREI nº 1 , de 2024)*

§ 2º Além das cláusulas obrigatórias que devem constar do instrumento, as partes poderão adotar cláusulas opcionais padronizadas, também constantes dos anexos II, IV e VI desta Instrução Normativa. *(Redação dada pela Instrução Normativa DREI nº 112, de 20 de janeiro de 2022)*

§ 3º A Junta Comercial fará a conferência do instrumento padrão apresentado, bem como dos documentos obrigatórios, preferencialmente através do sistema informatizado por ela utilizado.

§ 4º *(Revogado pela Instrução Normativa DREI nº 1, de 24 de janeiro de 2024)*

§ 5º Não está abrangida na vedação de que trata o inciso I, do § 1º deste artigo, a transformação de empresário individual, ainda que enquadrado como MEI, em sociedade limitada, desde que seja feito nessa transformação apenas a alteração de natureza jurídica. *(Incluído pela Instrução Normativa DREI nº 1, de 2024)*

Art. 44. O sistema informatizado utilizado pela Junta Comercial deve impedir que os dados informados no Coletor Nacional sejam alterados quando do preenchimento dos dados complementares, a fim de evitar divergências entre eles.

Art. 45. O instrumento apresentado em desconformidade com este Capítulo não fará jus ao registro automático, devendo ser analisado conforme o disposto no art. 40 e parágrafos da Lei nº 8.934, de 1994.

Art. 46. Deferido o registro automático, o interessado deverá ter acesso a quaisquer documentos relativos ao empresário individual, à sociedade limitada e à cooperativa, sem qualquer distinção dos atos aprovados pelo trâmite regular, dentro do prazo estabelecido para os atos que não sejam deferidos automaticamente. *(Redação dada pela Instrução Normativa DREI nº 112, de 20 de janeiro de 2022)*

SEÇÃO II – DO EXAME POSTERIOR DAS FORMALIDADES LEGAIS

Art. 47. Não obstante, as formalidades prévias que serão observadas para o registro automático, no prazo de até dois dias úteis, contados da data do deferimento automático do registro, a Junta Comercial poderá reavaliar o exame do cumprimento das formalidades legais previsto no art. 40 da Lei nº 8.934, de 1994. *(Redação dada pela Instrução Normativa DREI nº 1, de 24 de janeiro de 2024)*

§ 1º O exame será realizado, preferencialmente, pelo sistema informatizado utilizado pela Junta Comercial.

§ 2º Caso nesse novo exame das formalidades legais seja identificada a presença de vício, o interessado será notificado para adoção das providências necessárias, no prazo de trinta dias, contados da data da ciência ou da publicação do despacho, o qual deverá ser devidamente fundamentado. *(Redação dada pela Instrução Normativa DREI nº 1, de 24 de janeiro de 2024)*

§ 3º Sendo sanado o vício dentro do prazo estabelecido, não será cobrado novo preço do interessado.

§ 4º Após a manifestação do interessado, o Presidente da Junta Comercial, caso entenda que o vício apontado não foi sanado:

I - cancelará o registro, ouvida a Procuradoria no prazo de cinco dias, se entender que o vício é insanável; e

II - fará anotação na ficha cadastral do requerente e impedirá novos arquivamentos até que as providências necessárias tenham sido adotadas, se entender que o vício é sanável.

§ 5º No caso de cancelamento, os demais órgãos públicos serão imediatamente comunicados.

Art. 48. O registro automático não se aplica aos casos em que as partes optem, voluntariamente, pela não utilização do instrumento padrão.

CAPÍTULO V – DA PADRONIZAÇÃO NACIONAL NA FORMULAÇÃO DE EXIGÊNCIAS

SEÇÃO I – DAS DISPOSIÇÕES GERAIS

Art. 49. É vedado o indeferimento do arquivamento ou a formulação de exigência por motivo diverso daqueles constantes de tabelas próprias dos Manuais de Registro, anexos II e IV, desta Instrução Normativa. *(Redação dada pela Instrução Normativa DREI nº 112, de 20 de janeiro de 2022)*

§ 1º A Junta Comercial formulará notas explicativas indicando os pontos do ato (documento, página, cláusula, artigo, parágrafo, linha, etc.) aos quais cada exigência se refere.

§ 2º Não poderá constar das notas explicativas:

I - nome, telefone, e-mail ou qualquer outra forma ou meio de contato do analista; e

II - exigência diversa das constantes das listas de exigências.

§ 3º A Junta Comercial poderá continuar utilizando as respectivas listas de exigências para os tipos jurídicos e atos não contemplados no *caput*, bem como para os atos de transformação, incorporação, fusão, cisão e conversão e os interestaduais.

§ 4º O DREI manterá, em seu sítio eletrônico, uma lista de questões que não ensejam a formulação de exigências, e comunicará as Juntas Comerciais sempre que tal lista atualizada.

Art. 50. Verificada a existência de vício dentre aqueles elencados nos anexos II e IV desta Instrução Normativa, o processo será colocado em exigência. *(Redação dada pela Instrução Normativa DREI nº 112, de 20 de janeiro de 2022)*

§ 1º A lista indicando as exigências formuladas, acompanhadas das notas explicativas, deverá ser anexada ao processo ou disponibilizada no sítio da Junta Comercial.

§ 2º O processo em exigência será devolvido por completo ao interessado. *(Redação dada pela Instrução Normativa DREI nº 1, de 24 de janeiro de 2024)*

§ 3º *(Revogado pela Instrução Normativa DREI nº 1, de 24 de janeiro de 2024)*

Art. 51. Todos os vícios constantes do ato, documento ou instrumento apresentado a arquivamento serão verificados e apontados na primeira análise realizada pela Junta Comercial.

§ 1º O cumprimento das exigências será analisado por quem as formulou, exceto em caso de impossibilidade devidamente justificada.

§ 2º Em sendo formulada(s) nova(s) exigência(s) em desacordo com o *caput* e sem conexão com as providências saneadoras adotadas pelo interessado, incumbe ao Secretário-Geral fazer apontamento ao decisor incumbindo do exame, e se reiterado dar conhecimento de tal fato ao Vice-Presidente da Junta Comercial, bem como ao DREI, no prazo de 30 dias, de modo a permitir melhorias e as providências pertinentes. *(Redação dada pela Instrução Normativa DREI nº 1, de 24 de janeiro de 2024)*

§ 3º Caso o interessado promova inclusões, alterações ou exclusões em seu pedido inicial sem conexão com as necessárias para cumprimento das exigências, será considerado como novo pedido, sendo devidos os recolhimentos dos preços dos serviços correspondentes ao novo pedido.

§ 4º Na ocorrência do previsto no parágrafo anterior, à critério da Junta Comercial, ao interessado não será devida a devolução dos valores anteriormente recolhidos.

§ 5º Comprovada pelo interessado que as exigências formuladas pelo analista são improcedentes, a Junta Comercial fica obrigada em retornar o processo para análise, sem que haja a necessidade de os envolvidos assinarem novamente o processo. *(Incluído pela Instrução Normativa DREI nº 1, de 24 de janeiro de 2024)*

Art. 52. A Junta Comercial poderá estabelecer trâmite prioritário para análise do cumprimento de exigências.

Parágrafo único. Terá trâmite prioritário obrigatório a análise do cumprimento de nova(s) exigência(s) formulada(s) sem conexão com as providências saneadoras adotadas pelo interessado.

Art. 53. As exigências formuladas pela Junta Comercial deverão ser cumpridas em até trinta dias corridos, contados da data da ciência pelo interessado ou da publicação do despacho, sob pena de ser considerado novo pedido de arquivamento, sujeito ao pagamento dos preços dos serviços correspondentes.

§ 1º As reiterações de exigências deverão ser cumpridas no que restar do prazo mencionado no *caput*.

§ 2º Em sendo formulada exigência nos termos do § 2º do art. 51, o interessado terá a ele devolvido a totalidade do prazo referido no *caput* para seu cumprimento.

§ 3º É vedada a limitação do número de exigências dentro do prazo legal de 30 dias, podendo ser indeferido apenas após o transcurso do prazo previsto no *caput*. *(Incluído pela Instrução Normativa DREI nº 1, de 24 de janeiro de 2024)*

§ 4º Comprovada pelo interessado que as exigências formuladas pelo analista são improcedentes, a Junta Comercial fica obrigada à retornar o processo para análise, sem que haja a necessidade de os envolvidos assinarem novamente o processo. *(Incluído pela Instrução Normativa DREI nº 1, de 24 de janeiro de 2024)*

Art. 54. As Juntas Comerciais envidarão esforços no sentido de disponibilizar em seus sítios na internet canais institucionais que propiciem a comunicação com o interessado de forma a agilizar o cumprimento das exigências.

Parágrafo único. Recomenda-se que os registros destas interações sejam preservados pelo mínimo de cinco anos para consultas futuras.

SEÇÃO II – DA FORMULAÇÃO DE EXIGÊNCIA EXCEPCIONAL

Art. 55. Eventualmente, na hipótese de o analista identificar elemento que, a seu juízo, possa vir a ensejar formulação de exigência além das relacionadas nos anexos II e IV desta instrução normativa, submeterá, em cada caso, ao Secretário-Geral ou quem as suas vezes fizer, proposta de redação a ser encaminhada ao DREI, instruída de parecer da Procuradoria e concordância do Presidente. *(Redação dada pela Instrução Normativa DREI nº 1, de 24 de janeiro de 2024)*

§ 1º A questão formulada indicará precisamente a norma, dentre as elencadas no art. 57 desta Instrução Normativa, na qual se fundamenta e os pontos do ato (documento, página, cláusula, artigo, parágrafo, linha etc) aos quais se refere.

§ 2º As questões formuladas que não culminarem em exigência excepcional terão seus autos arquivados nos termos definidos pela Junta Comercial.

Art. 56. Ao Presidente compete decidir por formular, em caráter excepcional, exigência além das relacionadas nos anexos II e IV desta Instrução Normativa, observadas as disposições desta subseção. *(Redação dada pela Instrução Normativa DREI nº 1, de 24 de janeiro de 2024)*

§ 1º O parecer da Procuradoria, conquanto não vinculante, é condição indispensável para a formulação de exigência excepcional.

§ 2º A exigência excepcional não gerará precedente e nem efeito vinculante.

§ 3º O Presidente, sempre que formulada exigência excepcional, em até cinco dias, dará conhecimento ao DREI que, conforme o caso, atualizará os anexos II e IV desta Instrução Normativa. *(Redação dada pela Instrução Normativa DREI nº 112, de 20 de janeiro de 2022)*

Art. 57. A exigência excepcional somente será formulada quando fundamentada em alguma das seguintes normas:

I - em lei;

II - no Decreto nº 1.800, de 1996; *(Redação dada pela Instrução Normativa DREI nº 1, de 24 de janeiro de 2024)*

III - em Instrução Normativa do DREI; ou *(Redação dada pela Instrução Normativa DREI nº 1, de 24 de janeiro de 2024)*

IV - em orientação técnica emanada do DREI, previamente encaminhada às juntas comerciais. *(Incluído pela Instrução Normativa DREI nº 1, de 24 de janeiro de 2024)*

Parágrafo único. A Junta Comercial poderá definir instâncias, que antecedam a Procuradoria e a decisão presidencial, com a prerrogativa de indeferir e arquivar a questão cujo fundamento seja improcedente ou sem nexo com a exigência excepcional que seria formulada.

TÍTULO III – DOS ATOS DE TRANSFORMAÇÃO, INCORPORAÇÃO, FUSÃO E CISÃO

Art. 58. *(Revogado pela Instrução Normativa DREI nº 1, de 24 de janeiro de 2024)*

Art. 59. Os atos relativos à transformação, incorporação, fusão, cisão e conversão, de que trata este título, aplicam-se às cooperativas. *(Redação dada pela Instrução Normativa DREI nº 1, de 24 de janeiro de 2024)*

§ 1º O registro das operações de que trata este título não fica condicionado a prévia autenticação dos livros das empresas envolvidas. *(Incluído pela Instrução Normativa DREI nº 1, de 24 de janeiro de 2024)*

§ 2º O empresário individual não pode realizar as operações de incorporação, fusão e cisão. *(Incluído pela Instrução Normativa DREI nº 1, de 24 de janeiro de 2024)*

§ 3º A empresa simples de inovação do regime do inova simples poderá requerer a transformação de registro para empresário individual ou para sociedade empresária. *(Incluído pela Instrução Normativa DREI nº 1, de 24 de janeiro de 2024)*

Parágrafo único. O registro das operações de que trata este título não fica condicionado a prévia autenticação dos livros das empresas envolvidas.

Art. 60. No caso de incorporação, fusão ou cisão de que decorra extinção de sociedade que tenha filiais, deverá constar do instrumento relativo à sociedade que resultar da operação indicação das filiais que permanecerão ativas.

Parágrafo único. Havendo filiais em outra unidade da federação, o arquivamento do ato deve ser promovido exclusivamente na Junta Comercial da unidade da federação onde se localizar a sede, uma vez que após o deferimento do ato, os dados relativos à sede e à filial serão encaminhados eletronicamente para Junta Comercial da outra Unidade da Federação. *(Redação dada pela Instrução Normativa DREI nº 1, de 24 de janeiro de 2024)*

Art. 61. Nos casos previstos neste título em que se optar pela contratação de uma empresa especializada em substituição à nomeação direta de peritos caberá à empresa especializada contratada a seleção e indicação do perito, o qual deve subscrever todos os laudos e documentos pertinentes. *(Redação dada pela Instrução Normativa DREI nº 1, de 24 de janeiro de 2024)*

§ 1º Não há vedação para que a sociedade promova nomeação antecipada de peritos *ad referendum* da Assembleia. *(Incluído pela Instrução Normativa DREI nº 1, de 24 de janeiro de 2024)*

§ 2º Poderá a empresa especializada indicar mais de um perito para avaliação dos laudos e documentos. *(Incluído pela Instrução Normativa DREI nº 1, de 24 de janeiro de 2024)*

§ 3º Não compete à Junta Comercial analisar os requisitos ou estrutura do laudo de avaliação, sendo de competência dos contadores em geral, incluindo aqueles que atuam na elaboração de demonstrações contábeis, os auditores independentes e os peritos contábeis, observar a Norma Brasileira de Contabilidade, CTG 2002, de 22 de novembro de 2018. *(Incluído pela Instrução Normativa DREI nº 1, de 24 de janeiro de 2024)*

CAPÍTULO I – DA TRANSFORMAÇÃO

Art. 62. Transformação é a operação pela qual uma empresa ou sociedade passa de um tipo para outro, independente de dissolução ou liquidação, obedecidos os preceitos reguladores da constituição e inscrição do tipo em que vai transformar-se.

§ 1º Para os efeitos desta Instrução Normativa, a transformação pode ser:

I - societária, nos termos dos arts. 1.113 do Código Civil e 220 da Lei nº 6.404, de 1976, quando ocorrer entre sociedades; e

II - de registro, nos termos do art. 968, § 3º, do Código Civil, quando ocorrer de empresário individual para sociedade empresária e vice versa. *(Redação dada pela Instrução Normativa DREI nº 112, de 20 de janeiro de 2022)*

a) *Revogada pela Instrução Normativa DREI nº 112, de 20 de janeiro de 2022;*

b) *Revogada pela Instrução Normativa DREI nº 112, de 20 de janeiro de 2022*

c) *Revogada pela Instrução Normativa DREI nº 112, de 20 de janeiro de 2022*

§ 2º A transformação não altera a condição do empresário individual ou da sociedade empresária enquadrada como microempresa ou empresa de pequeno porte, exceto caso, em função do ato, incorra numa das vedações relacionadas no § 4º do art. 3º da Lei Complementar nº 123, de 2006. *(Redação dada pela Instrução Normativa DREI nº 112, de 20 de janeiro de 2022)*

§ 3º O instrumento que se referir à deliberação de transformação poderá conter qualquer outra alteração do ato constitutivo, desde que mencionados todos os eventos na FCN, podendo, inclusive, as alterações já serem inseridas diretamente no novo ato constitutivo, exceto quando se tratar de transferência de sede para outra unidade da federação, que deverá estar expressa dentre as deliberações de alteração. *(Redação dada pela Instrução Normativa DREI nº 1, de 24 de janeiro de 2024)*

§ 4º A transformação a que se refere o inciso I do § 1º deste artigo está sujeita ao regime de decisão colegiada, assim como a transformação a que se refere o inciso II quando envolver sociedade anônima.

§ 5º Para efeito de arquivamento perante a Junta Comercial, a transformação de registro deverá ser formalizada em instrumento único. *(Redação dada pela Instrução Normativa DREI nº 1, de 24 de janeiro de 2024)*

§ 5º-A. A transformação societária poderá ser formalizada em instrumento único ou separado. *(Incluído pela Instrução Normativa DREI nº 1, de 24 de janeiro de 2024)*

§ 6º Será considerada como data de início das atividades aquela constante na inscrição ou na constituição originária.

SEÇÃO I – DA TRANSFORMAÇÃO ENVOLVENDO SOCIEDADES

Art. 63. Os sócios, acionistas ou associados da sociedade a ser transformada deverão deliberar sobre:

I - a transformação da sociedade, podendo fazê-la por instrumento público ou particular;

II - a aprovação do contrato ou estatuto social; e

III - a eleição dos administradores, dos membros do conselho fiscal, se permanente, e fixação das respectivas remunerações quando se tratar de sociedade anônima.]

Parágrafo único. A transformação de sociedade limitada para sociedade anônima, que possua como única sócia uma pessoa jurídica brasileira, sem o ingresso de um segundo acionista, deverá ser instrumentada através de escritura pública e observar as disposições do art. 251 da Lei nº 6.404, de 1976. *(Incluído pela Instrução Normativa DREI nº 1, de 24 de janeiro de 2024)*

Art. 64. A transformação de um tipo jurídico para qualquer outro deverá ser aprovada pela totalidade dos sócios, acionistas ou associados, salvo se previsto em disposição contratual ou estatutária, expressamente, que a operação possa ser aprovada mediante quórum inferior a este.

Art. 65. A deliberação de transformação da sociedade anônima ou cooperativa em outro tipo de sociedade deverá ser formalizada por assembleia geral extraordinária, na qual será aprovado o contrato ou estatuto social, que poderá ser transcrito na própria ata da assembleia ou em instrumento separado.

Art. 66. A transformação de sociedades contratuais em qualquer outro tipo de sociedade poderá ser formalizada por reunião ou assembleia geral extraordinária ou, ainda, por alteração contratual, na qual será aprovado o estatuto ou contrato social, que poderá ser transcrito no próprio instrumento ou em separado. *(Redação dada pela Instrução Normativa DREI nº 1, de 24 de janeiro de 2024)*

Art. 67. Para o arquivamento do instrumento que deliberou pela transformação, os documentos necessários são: *(Redação dada pela Instrução Normativa DREI nº 1, de 24 de janeiro de 2024)*

I - requerimento (capa do processo), sendo dispensado no caso de registro digital; *(Redação dada pela Instrução Normativa DREI nº 1, de 24 de janeiro de 2024)*

II - procuração, se for o caso; *(Redação dada pela Instrução Normativa DREI nº 1, de 24 de janeiro de 2024)*

III - consulta de viabilidade deferida ou Pesquisa de Nome Empresarial; *(Redação dada pela Instrução Normativa DREI nº 1, de 24 de janeiro de 2024)*

IV - Documento Básico de Entrada - DBE; *(Incluído pela Instrução Normativa DREI nº 1, de 24 de janeiro de 2024)*

V - comprovante de pagamento; *(Incluído pela Instrução Normativa DREI nº 1, de 24 de janeiro de 2024)*

VI - Ficha de Cadastro Nacional – FCN; *(Incluído pela Instrução Normativa DREI nº 1, de 24 de janeiro de 2024)*

VII - instrumento que aprovou a operação de transformação; *(Incluído pela Instrução Normativa DREI nº 1, de 24 de janeiro de 2024)*

VIII - contrato ou estatuto social, quando não transcrito no instrumento que aprovou a operação de transformação, constante do inciso VII deste artigo; e *(Incluído pela Instrução Normativa DREI nº 1, de 24 de janeiro de 2024)*

IX - relação completa dos acionistas, com a indicação da quantidade de ações ou cotas resultantes da transformação, quando se tratar de sociedade anônima e a informação não estiver transcrita no instrumento que aprovou a operação de transformação, constante do inciso VII deste artigo. *(Incluído pela Instrução Normativa DREI nº 1, de 24 de janeiro de 2024)*

§ 1º Caso a Junta Comercial utilize sistema de integração entre os órgãos de registro e legalização de empresas, que permita transmissão eletrônica dos dados, fica dispensada a apresentação dos documentos constantes dos incisos III, IV, V e VI. *(Incluído pela Instrução Normativa DREI nº 1, de 24 de janeiro de 2024)*

§ 2º Em se tratando de sociedade limitada, a deliberação pela transformação poderá ocorrer diretamente através de alteração contratual, sendo que o novo ato constitutivo será transcrito no próprio instrumento ou apresentado como anexo. *(Incluído pela Instrução Normativa DREI nº 1, de 24 de janeiro de 2024)*

§ 3º O estatuto ou o contrato social, quando transcrito no instrumento de transformação, servirá para registro da nova sociedade resultante da operação. *(Incluído pela Instrução Normativa DREI nº 1, de 24 de janeiro de 2024)*

Art. 67-A. É necessária a realização da publicação prevista no art. 98 da Lei nº 6.404, de 1976, quando se tratar de transformação de uma sociedade qualquer para sociedade anônima. *(Incluído pela Instrução Normativa DREI nº 1, de 24 de janeiro de 2024)*

Parágrafo único. O exemplar da publicação deverá ser arquivado na Junta Comercial, devendo ser observada a regra do art. 36 da Lei nº 8.934, de 1994. *(Incluído pela Instrução Normativa DREI nº 1, de 24 de janeiro de 2024)*

SEÇÃO II – DA TRANSFORMAÇÃO DE REGISTRO

Art. 68. Os registros de empresário individual e sociedade empresária poderão transformar-se entre si, mediante ato de transformação. *(Redação dada pela Instrução Normativa DREI nº 112, de 20 de janeiro de 2022)*

§ 1º Em se tratando de sociedade empresária, a transformação de registro a que se refere o *caput* deste artigo pode ser realizada no mesmo ato em que ficar registrada a falta de pluralidade de sócios.

§ 2º É vedada a transformação de registro em empresário individual quando o sócio remanescente for pessoa jurídica.

§ 3º A deliberação pela transformação deverá ser seguida do respectivo instrumento de constituição. *(Redação dada pela Instrução Normativa DREI nº 1, de 24 de janeiro de 2024)*

§ 4º *(Revogado pela Instrução Normativa DREI nº 112, de 20 de janeiro de 2022)*

§ 5º Não há impedimento para que no documento de transformação de empresário individual sejam realizadas outras alterações, inclusive a retirada do então empresário, tendo em vista que o ato de transformação observará, para arquivamento, as regras da nova natureza jurídica. *(Incluído pela Instrução Normativa DREI nº 1, de 24 de janeiro de 2024)*

§ 6º Não há vedação para a transformação de empresário individual, enquadrado como MEI, em sociedade limitada. Ocorrendo a transformação, haverá o desenquadramento da condição de MEI, pelo fato de ter incorrido em uma das vedações legais. *(Incluído pela Instrução Normativa DREI nº 1, de 24 de janeiro de 2024)*

Art. 68-A. Para o arquivamento do instrumento que deliberou pela transformação de registro, os documentos necessários são: *(Incluído pela Instrução Normativa DREI nº 1, de 24 de janeiro de 2024)*

I - requerimento (capa do processo), sendo dispensado no caso de registro digital; *(Incluído pela Instrução Normativa DREI nº 1, de 24 de janeiro de 2024)*

II - procuração, se for o caso; *(Incluído pela Instrução Normativa DREI nº 1, de 24 de janeiro de 2024)*

III - consulta de viabilidade deferida ou Pesquisa de Nome Empresarial; *(Incluído pela Instrução Normativa DREI nº 1, de 24 de janeiro de 2024)*

IV - Documento Básico de Entrada - DBE; *(Incluído pela Instrução Normativa DREI nº 1, de 24 de janeiro de 2024)*

V - comprovante de pagamento; *(Incluído pela Instrução Normativa DREI nº 1, de 24 de janeiro de 2024)*

VI - Ficha de Cadastro Nacional - FCN; e *(Incluído pela Instrução Normativa DREI nº 1, de 24 de janeiro de 2024)*

VII - instrumento que aprovou a operação de transformação, com a transcrição do novo ato constitutivo. *(Incluído pela Instrução Normativa DREI nº 1, de 24 de janeiro de 2024)*

Parágrafo único. Caso a Junta Comercial utilize sistema de integração entre os órgãos de registro e legalização de empresas, que permita transmissão eletrônica dos dados, fica dispensada a apresentação dos documentos constantes dos incisos III, IV, V e VI. *(Incluído pela Instrução Normativa DREI nº 1, de 24 de janeiro de 2024)*

CAPÍTULO II – DA INCORPORAÇÃO

Art. 69. A incorporação é a operação pela qual uma ou mais sociedades, de tipos iguais ou diferentes, são absorvidas por outra que lhes sucede em todos os direitos e obrigações, devendo ser deliberada na forma prevista para alteração do respectivo ato constitutivo, estatuto ou contrato social.

§ 1º Não há vedação para a incorporação de sociedade com o patrimônio líquido negativo. *(Incluído pela Instrução Normativa DREI nº 1, de 24 de janeiro de 2024)*

§ 2º Os procedimentos previstos neste capítulo se aplicam, naquilo que couber, às operações de incorporação reversa, incorporação de subsidiária integral e incorporação de ações. *(Incluído pela Instrução Normativa DREI nº 1, de 24 de janeiro de 2024)*

Art. 70. Para a aprovação da operação de incorporação, tanto a sociedade incorporadora quanto a incorporada deverão, conforme previsão legal do tipo societário, contratual ou estatutária, deliberar pela aprovação da operação. *(Redação dada pela Instrução Normativa DREI nº 1, de 24 de janeiro de 2024)*

I a III - *(Revogados pela Instrução Normativa DREI nº 1, de 24 de janeiro de 2024)*

§ 1º A deliberação da sociedade incorporadora deverá: *(Incluído pela Instrução Normativa DREI nº 1, de 24 de janeiro de 2024)*

I - aprovar o protocolo e a justificação da operação, conforme arts. 224 e 225 da Lei nº 6.404, de 1976; *(Incluído pela Instrução Normativa DREI nº 1, de 24 de janeiro de 2024)*

II - aprovar o projeto de reforma do contrato ou estatuto social, quando for o caso; *(Incluído pela Instrução Normativa DREI nº 1, de 24 de janeiro de 2024)*

III - nomear os peritos ou empresa especializada para a avaliação do patrimônio líquido da sociedade que tenha de ser incorporada; *(Incluído pela Instrução Normativa DREI nº 1, de 24 de janeiro de 2024)*

IV - aprovar o laudo de avaliação; e *(Incluído pela Instrução Normativa DREI nº 1, de 24 de janeiro de 2024)*

V - autorizar, quando for o caso, o aumento do capital a ser subscrito e realizado pela incorporada mediante versão do seu patrimônio líquido, bem como declarar extinta a incorporada. *(Incluído pela Instrução Normativa DREI nº 1, de 24 de janeiro de 2024)*

§ 2º A deliberação da sociedade incorporada deverá: *(Incluído pela Instrução Normativa DREI nº 1, de 24 de janeiro de 2024)*

I - aprovar o protocolo e a justificação da operação, bem como o projeto de reforma do contrato ou estatuto social, conforme incisos I e II do § 1º deste artigo; e *(Incluído pela Instrução Normativa DREI nº 1, de 24 de janeiro de 2024)*

II - autorizar os administradores a praticar o necessário à incorporação, inclusive a subscrição em bens pelo valor da diferença positiva que se verificar entre o ativo e o passivo, quando for o caso. *(Incluído pela Instrução Normativa DREI nº 1, de 24 de janeiro de 2024)*

§ 3º Quando a operação de incorporação envolver exclusivamente sociedades contratuais, tanto a sociedade incorporadora quanto a incorporada não estão obrigadas a elaborar o protocolo e a justificação, contudo, deverão aprovar as bases da operação, que pode ser mediante a elaboração do protocolo e da justificação, nos moldes das regras dos arts. 224 e 225 da Lei nº 6.404, de 1976. *(Incluído pela Instrução Normativa DREI nº 1, de 24 de janeiro de 2024)*

§ 4º As deliberações citadas nos incisos dos §§ 1º e 2º deste artigo podem ocorrer em instrumento único ou separado, sendo que, quando não transcritos no mesmo instrumento, serão apresentados como anexos. *(Incluído pela Instrução Normativa DREI nº 1, de 24 de janeiro de 2024)*

Art. 70-A. Aprovados os atos da incorporação, deverá ser extinta a incorporada, devendo incorporadora providenciar o arquivamento da ata de reunião ou assembleia ou outro documento, conforme o caso, e da alteração do ato constitutivo, quando houver reforma do contrato social. *(Incluído pela Instrução Normativa DREI nº 1, de 24 de janeiro de 2024)*

Art. 71. Para o arquivamento dos instrumentos de deliberação da incorporadora deverão ser observadas as formalidades legais, conforme o tipo societário, previstas nos respectivos manuais de registro e, apresentado os seguintes documentos: *(Redação dada pela Instrução Normativa DREI nº 1, de 24 de janeiro de 2024)*

I - requerimento (capa do processo), sendo dispensado no caso de registro digital; *(Redação dada pela Instrução Normativa DREI nº 1, de 24 de janeiro de 2024)*

II - procuração, se for o caso; *(Redação dada pela Instrução Normativa DREI nº 1, de 24 de janeiro de 2024)*

III - consulta de viabilidade deferida ou Pesquisa de Nome Empresarial, quando necessário; *(Incluído pela Instrução Normativa DREI nº 1, de 24 de janeiro de 2024)*

IV - Documento Básico de Entrada - DBE, quando necessário; *(Incluído pela Instrução Normativa DREI nº 1, de 24 de janeiro de 2024)*

V - comprovante de pagamento; *(Incluído pela Instrução Normativa DREI nº 1, de 24 de janeiro de 2024)*

VI - Ficha de Cadastro Nacional - FCN, quando necessário; e *(Incluído pela Instrução Normativa DREI nº 1, de 24 de janeiro de 2024)*

VII - instrumento de deliberação da sociedade incorporadora, contendo as deliberações dos incisos do § 1º do art. 70. *(Incluído pela Instrução Normativa DREI nº 1, de 24 de janeiro de 2024)*

Parágrafo único. Caso a Junta Comercial utilize sistema de integração entre os órgãos de registro e legalização de empresas, que permita transmissão eletrônica dos dados, fica dispensada a apresentação dos documentos constantes dos incisos III, IV, V e VI. *(Incluído pela Instrução Normativa DREI nº 1, de 24 de janeiro de 2024)*

Art. 71-A. Quando da operação de incorporação importar em reforma do ato constitutivo de sociedade limitada, deve ser arquivada em processo separado a respectiva alteração contratual, observadas as formalidades legais previstas na Seção IV do Capítulo II do Manual de Registro de Sociedade Limitada e, apresentado os seguintes documentos: *(Incluído pela Instrução Normativa DREI nº 1, de 24 de janeiro de 2024)*

I - requerimento (capa do processo), sendo dispensado no caso de registro digital; *(Incluído pela Instrução Normativa DREI nº 1, de 24 de janeiro de 2024)*

II - procuração, se for o caso; *(Incluído pela Instrução Normativa DREI nº 1, de 24 de janeiro de 2024)*

III - consulta de viabilidade deferida ou Pesquisa de Nome Empresarial, quando necessário; *(Incluído pela Instrução Normativa DREI nº 1, de 24 de janeiro de 2024)*

IV - Documento Básico de Entrada - DBE; *(Incluído pela Instrução Normativa DREI nº 1, de 24 de janeiro de 2024)*

V - comprovante de pagamento; *(Incluído pela Instrução Normativa DREI nº 1, de 24 de janeiro de 2024)*

VI - Ficha de Cadastro Nacional - FCN, se for o caso; e *(Incluído pela Instrução Normativa DREI nº 1, de 24 de janeiro de 2024)*

VII - alteração contratual, contendo a reforma do ato constitutivo. *(Incluído pela Instrução Normativa DREI nº 1, de 24 de janeiro de 2024)*

Parágrafo único. Caso a Junta Comercial utilize sistema de integração entre os órgãos de registro e legalização de empresas, que permita transmissão eletrônica dos dados, fica dispensada a apresentação dos documentos constantes dos incisos III, IV, V e VI. *(Incluído pela Instrução Normativa DREI nº 1, de 24 de janeiro de 2024)*

Art. 71-B. Concomitante e, em processo vinculado, com o arquivamento de que trata o art. 71, a sociedade incorporada deverá apresentar os seguintes documentos: *(Incluído pela Instrução Normativa DREI nº 1, de 24 de janeiro de 2024)*

I - requerimento (capa do processo), sendo dispensado no caso de registro digital; *(Incluído pela Instrução Normativa DREI nº 1, de 24 de janeiro de 2024)*

II - procuração, se for o caso; *(Incluído pela Instrução Normativa DREI nº 1, de 24 de janeiro de 2024)*

III - Documento Básico de Entrada - DBE; *(Incluído pela Instrução Normativa DREI nº 1, de 24 de janeiro de 2024)*

IV - comprovante de pagamento; *(Incluído pela Instrução Normativa DREI nº 1, de 24 de janeiro de 2024)*

V - Ficha de Cadastro Nacional - FCN, se for o caso; e *(Incluído pela Instrução Normativa DREI nº 1, de 24 de janeiro de 2024)*

VI - instrumento de deliberação da sociedade incorporada, contendo as deliberações dos incisos do § 2º do art. 70. *(Incluído pela Instrução Normativa DREI nº 1, de 24 de janeiro de 2024)*

§ 1º Não há necessidade da apresentação do laudo de avaliação, mas este poderá ser anexado ao processo. *(Incluído pela Instrução Normativa DREI nº 1, de 24 de janeiro de 2024)*

§ 2º O arquivamento de que trata este artigo gerará a extinção da incorporada, conforme previsão do art. 1.118 do Código Civil e § 3º art. 227 da Lei nº 6.404, de 1976, não tendo que se falar em apresentação de alteração contratual, distrato ou outro documento. *(Incluído pela Instrução Normativa DREI nº 1, de 24 de janeiro de 2024)*

Art. 72. O protocolo, a justificação e o laudo de avaliação, quando não transcritos na ata ou na alteração contratual, serão apresentados como anexo.

Parágrafo único. Quando apresentados em anexo, o protocolo e a justificação podem constar de um único documento.

Art. 73. As sociedades envolvidas na operação de incorporação que tenham sede em outra unidade da federação, deverão arquivar a requerimento dos administradores da incorporadora na Junta Comercial da respectiva jurisdição os seus atos específicos:

I - na sede da incorporadora: o instrumento que deliberou a incorporação; e

II - na sede da incorporada: o instrumento que deliberou a sua incorporação, instruído com certidão de arquivamento do ato da incorporadora, na Junta Comercial de sua sede.

Parágrafo único. Para fins de uniformização de procedimentos entre Juntas Comerciais, primeiro deve ser registrado o processo da incorporadora e em seguida o processo da incorporada. *(Incluído pela Instrução Normativa DREI nº 1, de 24 de janeiro de 2024)*

Art. 73-A. Os atos de incorporação devem ser publicados, conforme previsão dos arts. 1.122 c/c 1.152, § 1º, do Código Civil e do art. 227, § 3º da Lei nº 6.404, de 1976, na localidade da sede das sociedades envolvidas. *(Incluído pela Instrução Normativa DREI nº 1, de 24 de janeiro de 2024)*

CAPÍTULO III – DA FUSÃO

Art. 74. Fusão é a operação pela qual se unem duas ou mais sociedades, de tipos jurídicos iguais ou diferentes, constituindo nova sociedade que lhes sucederá em todos os direitos e obrigações, deliberada na forma prevista para a alteração dos respectivos estatutos ou contratos sociais.

Parágrafo único. A constituição e registro da nova sociedade deverá obedecer as normas reguladoras aplicáveis ao tipo jurídico adotado.

Art. 75. A operação de fusão deverá ser deliberada em reunião ou assembleia ou decidida por escrito pelos sócios, conforme previsão legal do tipo societário, contratual ou estatutária. *(Redação dada pela Instrução Normativa DREI nº 1, de 24 de janeiro de 2024)*

I a IV - *(Revogados pela Instrução Normativa DREI nº 1, de 24 de janeiro de 2024)*

§ 1º A deliberação das sociedades a serem fusionadas deverá conter: *(Incluído pela Instrução Normativa DREI nº 1, de 24 de janeiro de 2024)*

I - aprovação do protocolo e a justificação, nos casos que envolver sociedade anônima; ou *(Incluído pela Instrução Normativa DREI nº 1, de 24 de janeiro de 2024)*

II - aprovação do projeto de ato constitutivo da nova sociedade e do plano de distribuição do capital social, quando a operação envolver exclusivamente sociedades contratuais; *(Incluído pela Instrução Normativa DREI nº 1, de 24 de janeiro de 2024)*

III - nomeação dos peritos ou empresa especializada para a avaliação do patrimônio líquido da sociedade; e *(Incluído pela Instrução Normativa DREI nº 1, de 24 de janeiro de 2024)*

IV - aprovação do laudo de avaliação e constituição definitiva da nova sociedade. *(Incluído pela Instrução Normativa DREI nº 1, de 24 de janeiro de 2024)*

§ 2º As deliberações citadas nos incisos I a IV do § 1º deste artigo podem ocorrer em ato único ou separado, sendo que, quando não transcritos no mesmo instrumento, serão apresentados como anexos. *(Incluído pela Instrução Normativa DREI nº 1, de 24 de janeiro de 2024)*

§ 3º Se a aprovação dos laudos de avaliação das fusionadas não ocorrer em instrumento único, os administradores das fusionadas convocarão reunião ou assembleia para tomar conhecimento deles, decidindo sobre a constituição definitiva da nova sociedade.

(Incluído pela Instrução Normativa DREI nº 1, de 24 de janeiro de 2024)

§ 4º É vedado aos sócios ou acionistas votar o laudo de avaliação do patrimônio líquido da sociedade de que fazem parte, conforme previsto no art. 1.120, § 3º, do Código Civil e art. 228, § 2º, da Lei nº 6.404, de 1976. *(Incluído pela Instrução Normativa DREI nº 1, de 24 de janeiro de 2024)*

§ 5º Aprovada a operação de fusão, os primeiros administradores promoverão o arquivamento dos atos da fusão, e sua publicação. *(Incluído pela Instrução Normativa DREI nº 1, de 24 de janeiro de 2024)*

Art. 76. Para o arquivamento do instrumento de deliberação da fusionada deverão ser observadas as formalidades legais, conforme o tipo societário, previstas nos respectivos manuais de registro e, apresentado os seguintes documentos: *(Redação dada pela Instrução Normativa DREI nº 1, de 24 de janeiro de 2024)*

I - requerimento (capa do processo), sendo dispensado no caso de registro digital; *(Redação dada pela Instrução Normativa DREI nº 1, de 24 de janeiro de 2024)*

II - procuração, se for o caso; *(Redação dada pela Instrução Normativa DREI nº 1, de 24 de janeiro de 2024)*

III - Documento Básico de Entrada - DBE; *(Incluído pela Instrução Normativa DREI nº 1, de 24 de janeiro de 2024)*

IV - comprovante de pagamento; *(Incluído pela Instrução Normativa DREI nº 1, de 24 de janeiro de 2024)*

V - Ficha de Cadastro Nacional - FCN se for o caso; e *(Incluído pela Instrução Normativa DREI nº 1, de 24 de janeiro de 2024)*

VI - instrumento de deliberação da sociedade fusionada, contendo as deliberações dos incisos I a IV do § 1º do art. 75. *(Incluído pela Instrução Normativa DREI nº 1, de 24 de janeiro de 2024)*

§ 1º Caso a Junta Comercial utilize sistema de integração entre os órgãos de registro e legalização de empresas, que permita transmissão eletrônica dos dados, fica dispensada a apresentação dos documentos constantes dos incisos III, IV e V. *(Incluído pela Instrução Normativa DREI nº 1, de 24 de janeiro de 2024)*

§ 2º O arquivamento de que trata este artigo gerará a extinção da fusionada, conforme previsão do art. 1.119 do Código Civil e art. 228 da Lei nº 6.404, de 1976, não tendo que se falar em apresentação de alteração contratual, distrato ou outro documento. *(Incluído pela Instrução Normativa DREI nº 1, de 24 de janeiro de 2024)*

Art. 76-A. Após o arquivamento dos instrumentos das fusionadas, a nova sociedade a ser constituída deverá apresentar os seguintes documentos: *(Incluído pela Instrução Normativa DREI nº 1, de 24 de janeiro de 2024)*

I - requerimento (capa do processo), sendo dispensado no caso de registro digital; *(Incluído pela Instrução Normativa DREI nº 1, de 24 de janeiro de 2024)*

II - procuração, se for o caso; *(Incluído pela Instrução Normativa DREI nº 1, de 24 de janeiro de 2024)*

III - consulta de viabilidade deferida ou Pesquisa de Nome Empresarial, se for o caso; *(Incluído pela Instrução Normativa DREI nº 1, de 24 de janeiro de 2024)*

IV - Documento Básico de Entrada - DBE; *(Incluído pela Instrução Normativa DREI nº 1, de 24 de janeiro de 2024)*

V - comprovante de pagamento; *(Incluído pela Instrução Normativa DREI nº 1, de 24 de janeiro de 2024)*

VI - Ficha de Cadastro Nacional - FCN, se for o caso; e *(Incluído pela Instrução Normativa DREI nº 1, de 24 de janeiro de 2024)*

VII - ato constitutivo, conforme o tipo societário. *(Incluído pela Instrução Normativa DREI nº 1, de 24 de janeiro de 2024)*

Parágrafo único. No ato constitutivo, deve constar a formação do capital social conforme definido na operação de fusão, bem como todas as formalidades necessárias ao contrato ou estatuto social. *(Incluído pela Instrução Normativa DREI nº 1, de 24 de janeiro de 2024)*

Art. 77. O protocolo, a justificação e o laudo de avaliação, quando não transcritos no instrumento de fusão, serão apresentados como anexo.

Parágrafo único. Quando apresentados em anexo, o protocolo e a justificação podem constar de um único documento.

Art. 78. As sociedades envolvidas na operação de fusão que tenham sede em outra unidade da federação, deverão arquivar a requerimento dos administradores da nova sociedade na Junta Comercial da respectiva jurisdição os seguintes atos:

I - na sede das fusionadas:

a) o instrumento que aprovou a operação, a justificação, o protocolo e o laudo de avaliação, conforme o caso; e *(Redação dada pela Instrução Normativa DREI nº 1, de 24 de janeiro de 2024)*

b) após legalização da nova sociedade, deverá ser arquivada certidão ou instrumento de sua constituição;

II - na sede da nova sociedade: a ata de constituição e o estatuto social, se nela não transcrito, ou contrato social.

Parágrafo único. Para fins de uniformização de procedimentos entre Juntas Comerciais, primeiro deve ser registrado o processo das fusionadas e em seguida o processo da nova sociedade. *(Incluído pela Instrução Normativa DREI nº 1, de 24 de janeiro de 2024)*

Art. 78-A. Os atos de fusão devem ser publicados, conforme previsão do art. 1.122 e § 1º do art. 1.152 do Código Civil e art. 228, § 3º da Lei nº 6.404, de 1976, na localidade da sede da nova sociedade. *(Incluído pela Instrução Normativa DREI nº 1, de 24 de janeiro de 2024)*

Art. 79. As Juntas Comerciais informarão ao DREI sobre os registros de fusão efetuados, a fim de que o mesmo possa comunicar, no prazo de cinco dias úteis, o fato ao CADE para, se for o caso, serem examinados, conforme disposição do art. 88 do § 8º da Lei nº 12.529, de 30 de novembro de 2011.

CAPÍTULO IV – DA CISÃO

Art. 80. A cisão é o processo pelo qual a sociedade, por deliberação tomada na forma prevista para alteração do estatuto ou contrato social, transfere todo ou parcela do seu patrimônio para sociedades existentes ou constituídas para este fim, com a extinção da sociedade cindida, se a versão for total, ou redução do capital, se parcial.

Parágrafo único. Quando em decorrência da cisão, houver constituição e registro de nova sociedade, deverão ser observadas as normas reguladoras aplicáveis ao tipo jurídico adotado.

Art. 81. A cisão de sociedade empresária, de qualquer tipo jurídico, deverá obedecer aos seguintes procedimentos:

I - cisão parcial para sociedade existente:

a) a sociedade, por sua assembleia geral extraordinária ou por alteração contratual, que absorver parcela do patrimônio de outra, deverá aprovar o protocolo e a justificação, nomear peritos ou empresa especializada e autorizar o aumento do capital, se for o caso;

b) a sociedade que estiver sendo cindida, por sua assembleia geral extraordinária ou por alteração contratual, deverá aprovar o protocolo, a justificação, bem como autorizar seus administradores a praticarem os demais atos da cisão; e

c) aprovado o laudo de avaliação pela sociedade receptora, efetivar-se-á a cisão, cabendo aos administradores das sociedades envolvidas o arquivamento dos respectivos atos e a sua publicação, quando couber;

II - cisão parcial para constituição de nova sociedade:

a) a ata de assembleia geral extraordinária ou a alteração contratual da sociedade cindida, que servirá como ato de constituição da nova sociedade, aprovará o protocolo, a justificação e o laudo de avaliação elaborado por peritos ou empresa especializada, relativamente à parcela do patrimônio líquido a ser vertida para a sociedade em constituição; e

b) os administradores da sociedade cindida e os da resultante da cisão providenciarão o arquivamento dos respectivos atos e sua publicação, quando couber;

III - cisão total para sociedades existentes:

a) as sociedades que, por assembleia geral ou por alteração contratual, absorverem o total do patrimônio líquido da sociedade cindida, deverão aprovar o protocolo, a justificação e o laudo de avaliação, elaborado por peritos ou empresa especializada e autorizar o aumento do capital, quando for o caso;

b) a sociedade cindida, por assembleia geral ou por alteração contratual, deverá aprovar o protocolo, a justificação, bem como autorizar seus administradores a praticarem os demais atos da cisão; e

c) aprovado o laudo de avaliação pelas sociedades receptoras, efetivar-se-á a cisão, cabendo aos seus administradores o arquivamento dos atos de cisão e a sua publicação, quando couber;

IV - cisão total - constituição de sociedades novas:

a) a sociedade cindida, por assembleia geral ou alteração contratual, cuja ata ou instrumento de alteração contratual servirá de ato de constituição, aprovarão protocolo, a justificação e o laudo de avaliação elaborado por peritos ou empresa especializada, relativamente ao patrimônio líquido que irá ser vertido para as novas sociedades; e

b) os administradores das sociedades resultantes da cisão providenciarão o arquivamento dos atos da cisão e a sua publicação, quando couber.

Parágrafo único. Quando apresentados em anexo, o protocolo e a justificação podem constar de um único documento.

Art. 82. Para o arquivamento dos atos de cisão, além dos documentos constantes do art. 58, são necessários:

I - cisão para sociedade(s) existente(s):

a) cisão total:

1. certidão ou cópia autêntica da ata da assembleia geral extraordinária ou a alteração contratual da sociedade cindida que aprovou a operação, como protocolo e a justificação; e

2. certidão ou cópia autêntica da ata de assembleia geral extraordinária ou a alteração contratual de cada sociedade que absorver o patrimônio da cindida, como protocolo, a justificação e o laudo de avaliação e o aumento de capital.

b) cisão parcial:

1. certidão ou cópia autêntica da ata da assembleia geral extraordinária ou a alteração contratual da sociedade cindida que aprovou a operação, como protocolo e a justificação; e

2. certidão ou cópia autêntica da ata de assembleia geral extraordinária ou a alteração contratual de cada sociedade que absorver parcela do patrimônio da cindida, como protocolo, a justificação e o laudo de avaliação e o aumento de capital.

II - cisão para constituição de nova(s) sociedade(s):

a) cisão total:

1. certidão ou cópia autêntica data de assembleia geral extraordinária ou a alteração contratual da sociedade cindida que aprovou a operação, o protocolo, a justificação, a nomeação dos peritos ou empresa especializada, a aprovação do laudo e a constituição da(s) nova(s) sociedade(s); e

2. os atos constitutivos da(s) nova(s) sociedade(s).

b) cisão parcial:

1. certidão ou cópia autêntica da ata da assembleia geral extraordinária ou a alteração contratual da sociedade cindida que aprovou a operação como protocolo, a justificação e o laudo de avaliação; e

2. os atos constitutivos da nova sociedade.

§ 1º Quando apresentados em anexo, o protocolo e a justificação podem constar de um único documento. *(Redação dada pela Instrução Normativa DREI nº 1, de 24 de janeiro de 2024)*

§ 2º Para fins de uniformização de procedimentos entre Juntas Comerciais, localizadas as sociedades na mesma unidade da federação, os atos devem ser registrados concomitantemente. *(Incluído pela Instrução Normativa DREI nº 1, de 24 de janeiro de 2024)*

Art. 83. As sociedades envolvidas na operação de cisão que tenham sede em outras unidades da federação, deverão arquivar nas respectivas Juntas Comerciais os seguintes atos:

I - cisão parcial para sociedade existente:

a) a sociedade cindida deverá arquivar, na Junta Comercial da respectiva jurisdição, o ato que aprovou o protocolo da operação e a justificação; e

b) a sociedade existente, que absorver parte do patrimônio vertido, arquiva, na Junta Comercial da respectiva jurisdição, o ato que aprovou a operação, o protocolo, a justificação, a nomeação dos peritos ou empresa especializada e o laudo de avaliação;

II - cisão parcial para nova sociedade:

a) a sociedade cindida deverá arquivar, na Junta Comercial da respectiva jurisdição, o ato que aprovou o protocolo, a justificação e a nomeação dos peritos ou da empresa especializada e o laudo de avaliação; e

b) a sociedade nova deverá arquivar, na Junta Comercial de sua jurisdição, o ato de constituição, com o estatuto ou contrato social, acompanhado do protocolo e da justificação;

III - cisão total para novas sociedades:

a) a sociedade cindida deverá arquivar, na Junta Comercial da respectiva jurisdição, o ato que aprovou o protocolo, a justificação, a nomeação dos peritos ou de empresa especializada e o laudo de avaliação; e

b) as sociedades novas deverão arquivar, na Junta Comercial da respectiva jurisdição, os atos de constituição, com o estatuto ou contrato social, acompanhado do protocolo e da justificação;

IV - cisão total para sociedades existentes:

a) a sociedade cindida deverá arquivar, na Junta Comercial da respectiva jurisdição, o ato que aprovou o protocolo e a justificação; e

b) as sociedades existentes deverão arquivar, na Junta Comercial da respectiva jurisdição, os atos que aprovaram a operação, o protocolo, a justificação e o laudo de avaliação.

§ 1º Quando apresentados em anexo, o protocolo e a justificação podem constar de um único documento. *(Redação dada pela Instrução Normativa DREI nº 1, de 24 de janeiro de 2024)*

§ 2º Para fins de uniformização de procedimentos entre Juntas Comerciais (em unidades da federação distintas), primeiro deve ser registrado o processo da cindida e em seguida o processo da cindenda. *(Incluído pela Instrução Normativa DREI nº 1, de 24 de janeiro de 2024)*

Art. 83-A. Os atos de cisão devem ser publicados, conforme previsão do art. 229, §§ 3º e 4º da Lei nº 6.404, de 1976, na localidade da sede das sociedades envolvidas. *(Incluído pela Instrução Normativa DREI nº 1, de 24 de janeiro de 2024)*

CAPÍTULO V – DA CONVERSÃO

(Redação do título do capítulo dada pela Instrução Normativa DREI Nº 88 DE 23.12.2022)

Art. 84. No caso de conversão de sociedade simples ou associação em empresário individual, sociedade empresária ou cooperativa, na mesma ou em outra Unidade da Federação, após averbado no Registro Civil, o instrumento de conversão deverá ser arquivado na Junta Comercial da sede. (Redação dada pela na Instrução Normativa DREI nº 88, de 23.12.2022)

▸ Vide arts. 114 a 126 da Lei n 6.015/1973

§ 1º O instrumento de conversão, para arquivamento na Junta Comercial, deverá estar acompanhado da consolidação do ato constitutivo do respectivo tipo societário e, havendo filiais, estas devem ser relacionadas, com indicação dos respectivos endereços e CNPJ.

§ 2º Havendo filiais em outro estado, após o registro da conversão na Junta Comercial da sede, deverá ser arquivado o ato na Junta Comercial da Unidade da Federação onde se situa a filial, para proceder o seu registro.

§ 3º No caso de sociedade por ações, deverá ser apresentada relação completa dos acionistas, com a indicação da quantidade de ações resultantes da conversão.

§ 4º Não sendo feita a pesquisa prévia e havendo colidência de nome na Junta Comercial ou impossibilidade de exercício da atividade no endereço informado para a empresa, deverão ser retificados os dados (endereço e nome empresarial) no órgão de registro de destino. *(Incluído pela Instrução Normativa DREI nº 1, de 24 de janeiro de 2024)*

§ 5º A retificação do ato no órgão de registro de destino deverá ocorrer também quando no ato de conversão não houver a consolidação obrigatória do contrato social *(Incluído pela Instrução Normativa DREI nº 1, de 24 de janeiro de 2024)*

§ 6º Deverá acompanhar o ato de conversão para a Junta Comercial, como anexo, certidão de breve relato do registro civil. *(Incluído pela Instrução Normativa DREI nº 1, de 24 de janeiro de 2024)*

Art. 84-A. Não sendo efetivado o ato da conversão e havendo interesse de retornar a empresa para a Junta Comercial, a fim de regularizar sua situação, o interessado deverá juntar certidão expedida pelo órgão de registro para onde a sociedade seria convertida de que o ato de conversão não foi arquivado naquele registro civil e protocolar juntamente com o instrumento de desistência de conversão. *(Incluído pela Instrução Normativa DREI nº 1, de 24 de janeiro de 2024)*

Parágrafo único. O instrumento que se referir à deliberação de desistência de conversão poderá conter qualquer outra alteração do ato constitutivo. *(Incluído pela Instrução Normativa DREI nº 1, de 24 de janeiro de 2024)*

Art. 85. No caso de conversão de empresário individual, sociedade empresária ou cooperativa em sociedade simples ou associação, na mesma ou em outra Unidade da Federação, deverá ser arquivado, na Junta Comercial da sede, o instrumento de conversão, oportunidade em que serão consolidadas as informações do ato constitutivo do respectivo tipo societário, para inscrição no Registro Civil e cumprimento das formalidades exigidas por aquele Registro. (Redação dada pela na Instrução Normativa DREI nº 88, de 23.12.2022)

› *Vide arts. 114 a 126 da Lei n 6.015/1973*

§ 1º A consolidação de que trata o *caput* deste artigo deverá relacionar as filiais existentes, com indicação dos respectivos endereços e CNPJ.

§ 2º Havendo filiais em outro estado, após o registro da conversão na Junta Comercial da sede, deverá ser arquivado o ato na Junta Comercial da Unidade da Federação onde se situa a filial, para proceder o seu registro.

Art. 85-A. A sociedade de advocacia registrada perante a Ordem dos Advogados do Brasil (OAB) poderá promover a conversão para sociedade empresária, desde que promova alteração contratual retirando as atividades privativas de advogados, observando as disposições deste Capítulo. *(Incluído pela Instrução Normativa DREI nº 1, de 24 de janeiro de 2024)*

TÍTULO IV – DOS GRUPOS DE SOCIEDADES E CONSÓRCIOS

CAPÍTULO I – DOS ATOS DE CONSTITUIÇÃO, ALTERAÇÃO E EXTINÇÃO DE GRUPO DE SOCIEDADES

Art. 86. A sociedade controladora e suas controladas, mediante convenção, poderão constituir grupo de sociedades, obrigando-se a combinar recursos ou esforços para a realização dos respectivos objetivos, ou a participação de atividades ou empreendimentos comuns.

Art. 87. O grupo de sociedades será constituído por convenção aprovada pelas sociedades que o componham, a qual deverá conter:

I - a designação do grupo;

II - a indicação da sociedade de comando e das filiadas;

III - as condições de participação das diversas sociedades;

IV- prazo de duração, se houver, e as condições de extinção;

V - as condições para admissão de outras sociedades e para a retirada das que o componham;

VI - os órgãos e cargos da administração do grupo, suas atribuições e as relações entre a estrutura administrativa do grupo e as das sociedades que o componham;

VII - a declaração da nacionalidade do controle do grupo; e

VIII - as condições para alteração da convenção.

§ 1º A sociedade de comando ou controladora, deve ser brasileira e exercer direta ou indiretamente, de modo permanente, o controle das sociedades filiadas, como titular de direitos de sócio ou acionista, ou mediante acordo com outros sócios ou acionistas.

§ 2º Para os efeitos do inciso VII, o grupo de sociedades considera-se sob controle brasileiro se a sua sociedade de comando está sob o controle de:

I - pessoas naturais residentes ou domiciliadas no Brasil;

II - pessoas jurídicas de direito público interno; ou

III - sociedade ou sociedades brasileiras, que, direta ou indiretamente, estejam sob o controle das pessoas referidas nos incisos I e II.

§ 3º A convenção deve definir a estrutura administrativa do grupo de sociedades, podendo criar órgãos de deliberação colegiada e cargos de direção geral.

Art. 88. A convenção de grupo deve ser aprovada com observância das normas para alteração do contrato social ou do estatuto.

Parágrafo único. Para deliberar sobre participação em grupo, faz-se necessária a aprovação de acionistas que representem, no mínimo, metade das ações com direito a voto, se maior quorum não for exigido pelo estatuto da companhia fechada.

Art. 89. Para constituição, alteração e extinção de grupo deverão ser arquivados, na Junta Comercial da sede da sociedade de comando, os seguintes documentos:

I - requerimento (capa do processo), sendo dispensado no caso de registro digital;

II - convenção de constituição do grupo;

III - atas das assembleias gerais, ou instrumentos de alteração contratual, de todas as sociedades que tiverem aprovado a constituição do grupo;

IV - declaração firmada pelo representante da sociedade de comando, do número das ações ou quotas de que esta e as demais sociedades integrantes do grupo são titulares em cada sociedade filiada, ou exemplar de acordo de acionistas que assegura o controle da sociedade filiada; e

V - comprovante de pagamento.

§ 1º *(Revogado pela Instrução Normativa DREI nº 1, de 24 de janeiro de 2024)*

§ 2º Quando as sociedades filiadas tiverem sede em locais diferentes, deverão ser arquivadas na Junta Comercial das respectivas sedes as atas de assembleia ou alterações contratuais que tiverem aprovado a convenção, sem prejuízo do arquivamento da constituição do grupo pela sociedade de comando. *(Redação dada pela Instrução Normativa DREI nº 1, de 24 de janeiro de 2024)*

§ 3º A partir da data do arquivamento, a sociedade de comando e as filiadas passarão a usar os respectivos nomes empresariais acrescidos da designação do grupo.

CAPÍTULO II – DOS ATOS DE CONSTITUIÇÃO, ALTERAÇÃO E EXTINÇÃO DE CONSÓRCIO

Art. 90. As sociedades, sob o mesmo controle ou não, podem constituir consórcio para executar determinado empreendimento, conforme arts. 278 e 279 da Lei nº 6.404, de 1976. *(Redação dada pela Instrução Normativa DREI nº 1, de 24 de janeiro de 2024)*

Art. 91. Do contrato de consórcio constará:

I - identificação e qualificação completa das consorciadas e de seus representantes legais, com a indicação da sociedade líder responsável pela representação do consórcio perante terceiros;

II - a designação do consórcio, se houver;

III - o empreendimento que constitua o objeto do consórcio;

IV - a duração, endereço e foro;

V - a definição das obrigações e responsabilidades de cada sociedade consorciada e das prestações específicas;

VI - normas sobre recebimento de receitas e partilha de resultados;

VII - normas sobre administração do consórcio, contabilização, e taxa de administração, se houver;

VIII - forma de deliberação sobre assuntos de interesse comum, com o número de votos que cabe a cada consorciado; e

IX - contribuição de cada consorciado para as despesas comuns, se houver.

§ 1º São competentes para aprovação do contrato de consórcio:

I - nas sociedades anônimas:

a) o Conselho de Administração, quando houver, salvo disposição estatutária em contrário; ou

b) a Assembleia Geral, quando inexistir o Conselho de Administração, salvo disposição estatuária em contrário.

II - nas sociedades contratuais: os sócios, por deliberação majoritária; e

III - nas sociedades em comandita por ações: a assembleia geral.

§ 2º O ato que aprovou o contrato de consórcio deverá ser arquivado na Junta Comercial da sede das consorciadas, conforme as formalidades de sua natureza jurídica.

Art. 92. O contrato de consórcio, suas alterações e extinção serão arquivados na Junta Comercial da sede, devendo ser apresentada a seguinte documentação:

I - requerimento (capa do processo), sendo dispensado no caso de registro digital;

II - contrato, alteração ou distrato do consórcio;

III - *(Revogado pela Instrução Normativa DREI nº 1, de 24 de janeiro de 2024)*

IV - comprovante de pagamento; e

V - *(Revogado pela Instrução Normativa DREI nº 1, de 24 de janeiro de 2024)*

Parágrafo único. Não são objeto de análise a subjetividade e os efeitos das cláusulas pactuadas entre as sociedades.

Art. 93. O contrato do consórcio, suas alterações e extinção serão arquivados em cadastro próprio.

Art. 94. Os atos de constituição, alteração e extinção de consórcios públicos não estão sujeitos a arquivamento nas Juntas Comerciais.

TÍTULO V – DOS PROCEDIMENTOS ADMINISTRATIVOS

CAPÍTULO I – DA EMISSÃO DE CERTIDÕES

Art. 95. As modalidades de certidões a serem expedidas pelas Juntas Comerciais são:

I - simplificada;

II – específica, que poderá ser de: *(Redação dada pela na Instrução Normativa DREI nº 88, de 23.12.2022)*

a) atos arquivados que o requerente pretende ver certificados;

b) Linha do Tempo do Quadro de Sócios e Administradores – QSA; e

c) Ônus.

III - inteiro teor.

Parágrafo único. A Junta Comercial poderá, ainda, mediante o pagamento do preço devido, certificar que não consta nenhum ato arquivado ou anotação especial em cadastro com relação a determinada pessoa física ou jurídica. *(Incluído pela Instrução Normativa DREI nº 88, de 23.12.2022)*

Art. 95-A. Constituem apontamentos que podem ser lançados da certidão simplificada: *(Incluído pela Instrução Normativa DREI nº 88, de 23.12.2022)*

I – anotação;

II – bloqueio total ou parcial;

III – cancelamento; ou

IV – suspensão.

§ 1º Para fins desta Instrução Normativa, considera-se:

I – Anotação: qualquer informação lançada no registro do empresário individual ou das sociedades, sem o condão de impedir o arquivamento de outros atos ou a alteração do cadastro;

II – Bloqueio Parcial: medida administrativa ou judicial imposta ao empresário individual ou à sociedade, que resulta em restrição à um arquivamento futuro que esteja relacionado com o motivo que o ensejou;

III – Bloqueio Total: medida administrativa ou judicial imposta ao empresário individual ou à sociedade, que resulta em restrição à arquivamento de qualquer ato posterior;

IV – Cadastro: conjunto de informações constantes da ficha de cadastro nacional, coletadas e mantidas armazenadas pela Junta Comercial sobre um empresário individual ou uma sociedade, incluindo, mas não se limitando, a nome empresarial, objeto social, sede, capital social, número de quotas ou ações, nome e dados pessoais, inclusive de contato, dos sócios, administradores, membros da Diretoria, do Conselho de Administração, do Conselho Fiscal ou de qualquer outro órgão previsto em contrato social ou estatuto social, bem como datas de ingresso e saída destes, a qualquer título;

V – Cancelamento: evento em que um ato, já arquivado, deixa definitivamente de produzir efeitos para fins de registro, é desarquivado, e o cadastro retorna ao status anterior;

VI – Suspensão: evento em que um ato, em processo de arquivamento ou já arquivado, deixa temporariamente de produzir efeitos para fins de registro, ensejando anotação.

§ 2º *(Revogado pela Instrução Normativa DREI nº 1, de 24 de janeiro de 2024)*

Art. 95-B. Os atos de comunicação de falência de sócio, cessão de quotas em instrumento separado, notificação de retirada de sócio e renúncia de administrador não dependem de alteração contratual posterior para que produzir seus efeitos no cadastro. *(Incluído pela Instrução Normativa DREI nº 88, de 23.12.2022)*

Parágrafo único. Observadas as formalidades legais contidas no Manual de Registro de Sociedade Limitada, anexo a esta Instrução Normativa, a Junta Comercial deve alterar o cadastro da sociedade e, ainda, lançar informação da alteração nas certidões emitidas pela Junta Comercial. *(Redação dada pela Instrução Normativa DREI nº 1, de 24 de janeiro de 2024)*

Art. 96. A Certidão Simplificada constitui-se de extrato de informações atualizadas, constantes de atos arquivados e/ou de arquivos eletrônicos, conforme anexo VIII desta Instrução Normativa, abaixo especificados:

I - empresário e suas filiais;

II - filiais de empresário com sede em outra unidade da federação;

III - sociedades empresárias, exceto as anônimas, e suas filiais;

IV - sociedade anônima e cooperativa, inclusive filiais;

V - filiais de sociedades empresárias, consórcio e cooperativa com sede em outra unidade da federação;

VI - consórcio;

VII - grupo de sociedades; e

VIII – *(Revogado pela Instrução Normativa DREI nº 112, de 20 de janeiro de 2022)*

§ 1º Nos modelos constantes do anexo VIII, observar-se á o seguinte:

a) quando não houver informação a constar do campo do formulário, preencher com "xxxxxxx";

b) no campo "Status" deverão ser informados, quando existentes, os seguintes tipos: com anotação judicial, com anotação extrajudicial, paralisada temporariamente, em recuperação judicial, com falência declarada, sob intervenção, em liquidação, em liquidação extrajudicial;

c) o campo "Observações" destina-se à complementação de informações consideradas relevantes pela Junta Comercial em relação aos dados dela constantes, bem como aos registros cadastrais efetuados como: *(Redação dada pela Instrução Normativa DREI nº 1, de 24 de janeiro de 2024)*

1. anotações judiciais; *(Incluído pela Instrução Normativa DREI nº 1, de 24 de janeiro de 2024)*

2. anotações extrajudiciais; *(Incluído pela Instrução Normativa DREI nº 1, de 24 de janeiro de 2024)*

3. comunicação de falência de sócio; *(Incluído pela Instrução Normativa DREI nº 1, de 24 de janeiro de 2024)*

4. instrumento de cessão de quotas em separado, que deverá conter os nomes do cedente e do cessionário; *(Incluído pela Instrução Normativa DREI nº 1, de 24 de janeiro de 2024)*

5. notificação do direito de retirada, que além da data do registro, deverá conter o nome do sócio retirante; e *(Incluído pela Instrução Normativa DREI nº 1, de 24 de janeiro de 2024)*

6. instrumento de renúncia de administrador. *(Incluído pela Instrução Normativa DREI nº 1, de 24 de janeiro de 2024)*

d) quando necessária a continuação em folha(s) adicional(ais), na primeira folha deverão ser incluídos, além dos dados constantes do respectivo modelo, o número da folha, observado o critério (1/x) e o termo "continua" (no rodapé) e, da(s) folha(s) seguintes deverão constar: o cabeçalho, o título "Certidão Simplificada", o número sequencial da folha (ex.: 3/5), o termo "continuação", o texto da certificação, o campo destinado ao nome empresarial e natureza jurídica, o título do campo cujas informações tiverem continuidade da folha anterior e os demais campos, informações e certificação.

§ 2º A Certidão Simplificada é instrumento hábil para a proteção ao nome empresarial em Junta Comercial de outra Unidade da Federação.

§ 3º O uso listado no § 2º deste artigo não exclui outros que possam ser adotados por outros órgãos.

Art. 97. A Certidão Específica constitui-se de relato dos elementos constantes de atos arquivados que o requerente pretende ver certificados.

§ 1º Na certidão deverão ser certificadas as informações constantes do pedido, seguidas das referências aos respectivos atos, números e datas de arquivamento na Junta Comercial.

§ 2º Havendo alterações posteriores de qualquer dos dados especificados na certidão específica, esses dados devem ser, também, certificados na própria certidão, na forma do parágrafo anterior.

§ 3º Cada Certidão Específica, de que trata o inciso II, alínea "a", do art. 95, conterá até três informações solicitadas pelo requerente. Poderá ser cobrado preço adicional para inclusão de informações adicionais requeridas pelo interessado. *(Redação dada pela Instrução Normativa DREI nº 88, de 23.12.2022)*

§ 4º As Certidões Específicas constantes do inciso II, alíneas "b" e "c" do art. 95, não terão limite de informações e deverão conter, no mínimo, as informações pré-definidas de acordo com a sua modalidade: *(Incluído pela Instrução Normativa DREI nº 88, de 23.12.2022)*

I – a Certidão Específica da Linha do Tempo do Quadro de Sócios e Administradores – QSA:

a) qualificação completa dos sócios;

b) capital social da sociedade e participação societária de cada sócio, exceto quando se tratar de sociedade anônima ou sociedade em comandita por ações;

c) qualificação completa dos administradores, membros da Diretoria, Conselho de Administração, Conselho Fiscal ou qualquer outro órgão de administração da sociedade empresária ou cooperativa previsto em contrato ou estatuto social;

d) data de entrada e, se for o caso, saída de sócio do quadro de sócios da pessoa jurídica, por cessão, compra e venda, subscrição, opção, doação ou outra forma de disposição, retirada, exclusão, morte, partilha, sucessão, penhora, liquidação por credor particular, decisão judicial ou a qualquer outro título, exceto quando se tratar de sociedade anônima ou sociedade em comandita por ações ou cooperativas; e *(Redação dada pela Instrução Normativa DREI nº 1, de 24 de janeiro de 2024)*

e) data de entrada e, se for o caso, saída de administrador, membro da Diretoria, Conselho de Administração, Conselho Fiscal ou qualquer outro órgão de administração da sociedade previsto em contrato ou estatuto social do quadro de administradores da pessoa jurídica, por eleição, destituição, renúncia, decisão judicial ou qualquer outro título.

§ 5º As exceções à sociedade anônima ou à sociedade em comandita por ações feitas na alínea "b", inciso I do § 4º acima se dão exclusivamente pelo fato das Juntas Comerciais não manterem em sua base de dados informações atualizadas sobre os titulares de ações, em especial decorrentes dos eventos de compra e venda. *(Incluído pela Instrução Normativa DREI nº 88, de 23.12.2022)*

§ 6º Ainda que determinado sócio desempenhe também a função de administrador, a Certidão Específica na modalidade Linha do Tempo do Quadro de Sócios e Administradores – QSA deverá indicar essas informações de forma segregada e autônoma, de modo a não utilizar o termo "sócio-administrador. *(Incluído pela Instrução Normativa DREI nº 88, de 23.12.2022)*

§ 7º As Juntas Comerciais poderão utilizar elementos de design gráfico (visual law) para facilitar a compreensão das informações contidas na Certidão Específica na modalidade Linha do Tempo do Quadro de Sócios e Administradores – QSA. *(Incluído pela Instrução Normativa DREI nº 88, de 23.12.2022)*

II – A Certidão Específica de Ônus:

a) quaisquer ônus, restrições, suspensões, indisponibilidades, anotações, bloqueios, suspensões ou cancelamentos impostos voluntariamente ou por força de decisão administrativa, judicial ou arbitral a direitos, participações societárias ou outros bens, corpóreos ou incorpóreos, relacionados a empresário individual, sociedade empresária ou cooperativa;

b) existência de instrumento arquivado de garantia envolvendo direitos, participações societárias ou outros bens, corpóreos ou incorpóreos, relacionados a empresário individual, sociedade empresária ou cooperativa; e

c) existência de instrumento arquivado de cessão, compra e venda, subscrição, opção, doação ou outra forma de disposição, ainda que de promessa ou sujeito a condições suspensivas ou resolutivas, envolvendo direitos, participações societárias ou outros bens, corpóreos ou incorpóreos, relacionados a empresário individual, sociedade empresária ou cooperativa.

Art. 98. A Certidão de Inteiro Teor constitui-se de cópia reprográfica ou digitalizada, certificada, de ato arquivado. *(Redação dada pela Instrução Normativa DREI nº 112, de 20 de janeiro de 2022)*

§ 1º A certificação será lavrada na última folha do documento, mencionando o número e a data de arquivamento do respectivo original na Junta Comercial, bem como a natureza, respectivos números e datas dos atos subsequentes arquivados, devendo ser assinada pelo Secretário-Geral, que também rubricará todas as demais folhas.

§ 2º A certificação de que trata o parágrafo anterior poderá ser feita mediante chancela mecânica ou outro processo tecnológico que assegure a autenticidade do documento.

§ 3º Não devem integrar as certidões de inteiro teor documentos pessoais do empresário individual, administrador, sócios, acionistas ou associados, bem como outros que excedam a essência do ato arquivado. *(Incluído pela Instrução Normativa DREI nº 112, de 20 de janeiro de 2022)*

§ 4º Os dados pessoais das pessoas envolvidas que constem no ato arquivado poderão constar das certidões emitidas pela Junta Comercial, sem que haja necessidade de consentimento do seu titular, conforme prevê art. 7º, inciso II, art. 26, §1º e art. 27 da Lei nº 13.709, de 2018, c/c art. 29 da Lei nº 8.934, de 1994. *(Incluído pela Instrução Normativa DREI nº 112, de 20 de janeiro de 2022)*

§ 5º Caso o último instrumento arquivado seja o de cessão de quotas em instrumento separado ou de notificação do direito de retirada de sócio, as certidões de inteiro teor relacionadas ao contrato social ou às alterações contratuais, que digam respeito ao quadro de sócios, devem conter informações relacionadas a esses instrumentos, até que seja arquivada nova alteração contratual. *(Incluído pela Instrução Normativa DREI nº 1, de 24 de janeiro de 2024)*

Art. 99. As certidões mencionadas neste Capítulo serão expedidas mediante requerimento do interessado, sem necessidade de alegar interesse ou motivo, acompanhado do respectivo comprovante de pagamento do serviço.

§ 1º Os atos arquivados nas juntas comerciais revestidos das formalidades legais produzem efeitos perante terceiros, os quais não podem alegar desconhecimento (eficácia erga omnes), ainda que o acesso ao conteúdo de tais atos dependa de requerimento de certidão de inteiro teor mediante prévio pagamento de preço. *(Incluído pela Instrução Normativa DREI nº 88, de 23.12.2022)*

§ 2º As juntas comerciais poderão ofertar serviços de monitoramento e informação em tempo real (push) de novos arquivamentos de atos que envolvam determinada pessoa física ou pessoa jurídica. *(Incluído pela Instrução Normativa DREI nº 88, de 23.12.2022)*

Art. 100. O requerimento deverá indicar o tipo de certidão a ser expedida.

§ 1º Quando o tipo requerido for a Certidão Específica, o interessado deverá indicar, expressamente, o dado ou dados a serem certificados.

§ 2º Quando o tipo requerido for a Certidão de Inteiro Teor, o interessado deverá indicar o ato ou atos a serem certificados.

§ 3º Quando o tipo requerido for de certidão simplificada, o interessado deverá indicar no requerimento se deseja que dela conste o objeto social da empresa e dos estabelecimentos. *(Redação dada pela Instrução Normativa DREI nº 1, de 24 de janeiro de 2024)*

Art. 101. A certidão deverá ser entregue no prazo de até quatro dias úteis da protocolização do pedido na sede da Junta Comercial e, no prazo de oito dias úteis, se em protocolo desconcentrado.

§ 1º Em caso de recusa ou demora na expedição da certidão, o requerente poderá reclamar à autoridade competente, que deverá providenciar, com presteza, sua expedição. *(Incluído pela Instrução Normativa DREI nº 1, de 24 de janeiro de 2024)*

§ 2º As certidões devem ficar disponíveis pelo prazo de 30 (trinta) dias, sendo certo que o seu *download* pelo usuário poderá ser realizado quantas vezes se fizerem necessárias durante este período, sem cobrança de novo preço. *(Incluído pela Instrução Normativa DREI nº 1, de 24 de janeiro de 2024)*

Art. 102. A Junta Comercial não atestará comprovação de exclusividade, a que se refere o inciso I, do art. 25 da Lei nº 8.666, de 21 de junho de 1993, limitando-se, tão somente, à expedição de certidão de inteiro teor do ato arquivado, devendo constar da certificação que os termos do ato são de exclusiva responsabilidade da empresa a que se referir.

Art. 103. A certidão dos atos de constituição e de alteração de sociedade empresária, expedida pela Junta Comercial em que foram arquivados, será o documento hábil para a transferência, no registro público competente, dos bens com que o subscritor tiver contribuído para a formação ou aumento do capital social.

Art. 104. As Juntas Comerciais poderão expedir as modalidades de certidão contidas no art. 95 de forma digital e online disponibilizando-as nos respectivos sítios na internet em formato PDF (portable digital file), devidamente assinadas com certificado digital emitido por entidade credenciada pela ICPBrasil ou qualquer outro meio de comprovação da autoria e integridade de documentos em forma eletrônica, nos termos do § 2º do art. 10 da Medida Provisória nº 2.200-2, de 24 de agosto de 2001, e da Lei nº 14.063, de 23 de setembro de 2020. *(Redação dada pela Instrução Normativa DREI nº 55, de 2 de junho de 2021)*

§ 1º A certidão simplificada também poderá ser expedida no modelo de certificado de atributo, devidamente regulamentado pela ICP-Brasil.

§ 2º Caso a Junta Comercial permita a expedição de certidão simplificada no modelo de certificado de atributo, deve, obrigatoriamente, manter para o usuário a possibilidade de expedição em formato PDF (*portable digital file*).

Art. 105. No caso do empresário individual enquadrado na condição de

Microempreendedor Individual - MEI, o Certificado da Condição de Microempreendedor Individual - CCMEI, emitido por meio do Portal do Empreendedor, é o documento hábil para comprovar suas inscrições, alvarás, licenças e sua situação de enquadramento perante terceiros não havendo óbice, ainda assim, que a Junta Comercial emita certidão das informações constantes do seu cadastro sobre o microempreendedor individual, mediante o pagamento do preço devido. *(Redação dada pela Instrução Normativa DREI nº 1, de 24 de janeiro de 2024)*

CAPÍTULO II – DA CARTEIRA DE EXERCÍCIO PROFISSIONAL

Art. 106. A Carteira de Exercício Profissional será expedida pela Junta Comercial mediante requerimento dirigido ao respectivo Presidente.

§ 1º As Juntas Comerciais poderão adotar documento próprio de carteira de exercício profissional, por meio convencional ou exclusivamente eletrônica, desde que contenha, no mínimo, as seguintes informações: *(Redação dada pela Instrução Normativa DREI nº 1, de 24 de janeiro de 2024)*

I - brasão da República e nome do Ministério e das Secretarias da qual este Departamento faz parte;

II - nome da Junta Comercial;

III - nº/via da Carteira de Exercício Profissional (número sequencial próprio da Junta Comercial) e data da expedição;

IV - qualificação do portador e tipo do exercício profissional;

V - foto 3x4, recente; e

VI - assinaturas do portador e do Presidente da Junta Comercial.

§ 2º A Junta Comercial deverá estabelecer o procedimento para confecção, validade e uso da carteira de exercício profissional, contudo, esses dois últimos devem estar vinculados à condição de empresário, administrador, tradutor e intérprete público, leiloeiro, trapicheiro e administrador de armazém geral. *(Redação dada pela Instrução Normativa DREI nº 1, de 24 de janeiro de 2024)*

§ 3º Ocorrendo a perda da condição e não devolvida a carteira, esta será invalidada por ato do presidente, publicado no órgão de divulgação dos atos decisórios da Junta Comercial. *(Incluído pela Instrução Normativa DREI nº 1, de 24 de janeiro de 2024)*

Art. 106-A. Em caso de perda, extravio ou destruição da Carteira de Exercício Profissional, o fato deverá ser comunicado pelo seu titular, no prazo de quarenta e oito horas, à Junta Comercial, que fará publicar o fato no órgão de divulgação dos atos decisórios, sem prejuízo do registro do boletim de ocorrência policial. *(Incluído pela Instrução Normativa DREI nº 1, de 24 de janeiro de 2024)*

Parágrafo único. A expedição de nova carteira, com a menção do número da respectiva via, quando solicitada, somente será providenciada após os procedimentos previstos no *caput* deste artigo, mediante recolhimento do preço público. *(Incluído pela Instrução Normativa DREI nº 1, de 24 de janeiro de 2024)*

Art. 106-B. A Junta Comercial poderá, mediante convênio, ajustar a cooperação com órgãos da administração direta, autarquias, fundações públicas e entidades privadas, sem fins lucrativos, na expedição da Carteira de Exercício Profissional. *(Incluído pela Instrução Normativa DREI nº 1, de 24 de janeiro de 2024)*

CAPÍTULO III – DA MEDIDA DA INATIVAÇÃO

Arts. 107 a 112. *(Revogados pela Instrução Normativa DREI nº 55, de 2 de junho de 2021)*

Art. 112-A. O empresário individual, a sociedade empresária ou a cooperativa que tiveram seus registros cancelados, com base no revogado art. 60 da Lei nº 8.934, de 1994, poderão reativá-los perante a Junta Comercial, desde que obedecidos os mesmos procedimentos requeridos para sua constituição. *(Incluído pela Instrução Normativa DREI nº 1, de 24 de janeiro de 2024)*

Parágrafo único. Considerando que o procedimento de cancelamento gerava a perda automática da proteção ao nome empresarial, caso seja constatada a colidência de nomes, a requerente deverá alterar o seu nome empresarial. *(Incluído pela Instrução Normativa DREI nº 1, de 24 de janeiro de 2024)*

Art. 112-B. Na hipótese de paralisação temporária e reinício de suas atividades, o empresário individual, a sociedade empresária ou cooperativa poderá arquivar a "Comunicação de Paralisação Temporária de Atividades" e "Comunicação de Reinício de Atividades Paralisadas Temporariamente", em razão dos efeitos fiscais e tributários decorrentes de outros órgãos integrados a REDESIM e independente da comunicação prévia à RFB, fisco estadual e municipal. *(Incluído pela Instrução Normativa DREI nº 1, de 24 de janeiro de 2024)*

§ 1º A comunicação de que trata este artigo deverá ser assinada pelo empresário, sócios, acionistas ou associados ou administradores da sociedade empresária ou cooperativa. *(Incluído pela Instrução Normativa DREI nº 1, de 24 de janeiro de 2024)*

§ 2º A suspensão temporariamente das atividades da empresa não acarreta na junta comercial a perda da proteção do nome empresarial. *(Incluído pela Instrução Normativa DREI nº 1, de 24 de janeiro de 2024)*

§ 3º Em caso de filial em outro estado a comunicação arquivada na sede pode ser arquivada como documento de interesse da empresa na UF da filial. *(Incluído pela Instrução Normativa DREI nº 1, de 24 de janeiro de 2024)*

Arts. 113 e 114. *(Revogados pela Instrução Normativa DREI nº 55, de 2 de junho de 2021)*

CAPÍTULO IV – DO PROCEDIMENTO DE CANCELAMENTO EM DECORRÊNCIA DE FALSIFICAÇÃO

Art. 115. O cancelamento de arquivamento em decorrência da verificação da falsificação de assinatura em documento público ou particular ocorrerá mediante solicitação encaminhada ao Presidente da Junta Comercial, devidamente instruída com os documentos comprobatórios da alegada falsidade, lastreada, preferencialmente, em laudo oficial e boletim de ocorrência e, quando o lesado for falecido, a respectiva certidão de óbito. *(Redação dada pela na Instrução Normativa DREI nº 88, de 23.12.2022)*

§ 1º O Presidente da Junta Comercial deverá promover a intimação dos interessados para manifestação no prazo de dez dias úteis.

§ 2º Juntadas as contrarrazões ao processo ou esgotado o prazo de manifestação, a Secretaria Geral o encaminhará à Procuradoria, se entender necessário, para se pronunciar no prazo de dez dias úteis, e, em seguida, retorná-lo àquela unidade.

§ 3º Recebido o processo, a Secretaria Geral o fará concluso ao Presidente para, nos três dias subsequentes, decidir pelo desarquivamento do ato viciado e determinar a comunicação do fato à Polícia Civil, ao Ministério Público e às autoridades fazendárias, para que sejam tomadas as medidas cabíveis.

§ 4º O Presidente da Junta Comercial deverá suspender liminarmente os efeitos do ato até a finalização do procedimento previsto nos parágrafos anteriores deste artigo. *(Redação dada pela Instrução Normativa DREI nº 1, de 24 de janeiro de 2024)*

§ 5º São exemplos de comprovada falsidade a assinatura física ou digital de documento após o falecimento do assinante, a assinatura por certificado digital declarado fraudulento pela própria certificadora, entre outras hipóteses. *(Incluído pela Instrução Normativa DREI nº 1, de 24 de janeiro de 2024)*

Art. 116. Quando for alegada a falsidade pela parte interessada, o Presidente da Junta Comercial, após análise que conclua pela existência de indícios de falsificação, poderá suspender os efeitos do ato dito fraudulento até que o requerente comprove a inautenticidade da assinatura ou até a resolução do incidente pelas autoridades policiais, administrativas, judiciais ou arbitrais competentes. *(Redação dada pela na Instrução Normativa DREI nº 88, de 23.12.2022)*

Parágrafo único. A suspensão dos efeitos do ato a que se refere o caput não se confunde com o cancelamento e, portanto, enseja apenas a anotação cadastral quanto à suspensão, não implicando no retorno dos dados cadastrais ao status do documento anteriormente arquivado. *(Incluído pela Instrução Normativa DREI nº 88, de 23.12.2022)*

CAPÍTULO V – DO PROCEDIMENTO DE RERRATIFICAÇÃO

Art. 117. Detectado vício sanável pela Administração Pública, independentemente de prazo, a irregularidade será comunicada à parte interessada para que regularize o ato, mediante requerimento de arquivamento de outro documento de mesma natureza do ato a ser rerratificado.

Parágrafo único. Entende-se por vícios sanáveis os decorrentes de erros materiais ou procedimentais que possam ser retificados ou convalidados, desde que não firam a essência do ato, não acarretem lesão ao interesse público, prejuízo a terceiros ou insegurança quanto às informações prestadas pelas Juntas Comerciais.

Art. 118. O requerimento de que trata o artigo anterior será processado mediante pagamento do preço devido à Junta Comercial e o ato de rerratificação deverá conter cláusula ou deliberação que especifique o item, o número e a data do arquivamento que está sendo retificado, assim como o teor do que está sendo corrigido. No caso de retificação de contrato social ou estatuto, este deve ser consolidado ao final.

§ 1º Será lançado bloqueio administrativo no cadastro da empresa, consistindo na informação do erro detectado, e este perdurará enquanto a irregularidade não for sanada.

§ 2º O bloqueio administrativo lançado poderá impedir a prática de novos arquivamentos de atos.

§ 3º Os arquivamentos de atos de rerratificação deverão ser examinados e decididos por aquele que detiver competência para o respectivo ato.

Art. 118-A. Nos casos de transferência de sede e/ou conversão de sociedade simples para empresária, e vice-versa, a competência para a rerratificação será do órgão de destino, se já efetuada a transferência ou conversão, ainda que o ato a ser retificado tenha sido arquivado no órgão de origem. *(Incluído pela Instrução Normativa DREI nº 1, de 24 de janeiro de 2024)*

Parágrafo único. O órgão de origem, em exercício de autotutela, pode desarquivar atos realizados em contrariedade a lei, comunicando o órgão de destino sobre a decisão tomada, para as devidas providências. *(Incluído pela Instrução Normativa DREI nº 1, de 24 de janeiro de 2024)*

Art. 119. Identificado o vício pelo empresário individual, pela sociedade empresária ou cooperativa, independentemente de prazo, este poderá propor seu saneamento junto à Junta Comercial, nos moldes do art. 118. (*Redação dada pela Instrução Normativa DREI nº 112, de 20 de janeiro de 2022*)

Parágrafo único. Qualquer solicitação de rerratificação que caracterize alteração de cláusulas e ou promova alterações que não sejam meramente corretivas, serão indeferidas.

CAPÍTULO VI – DO PROCESSO REVISIONAL

Art. 120. O processo revisional, no âmbito do Registro Público de Empresas, compreende:

I - Pedido de Reconsideração, que terá por objeto obter a revisão de despachos singulares ou de turmas, que formulem exigências para o deferimento de registro;

II - Recurso ao Plenário, das decisões definitivas, singulares ou de turmas, nos pedidos de registro, as que indeferirem pedido de reconsideração, bem como contra as que aplicarem sanções aos agentes auxiliares ou determinarem o arquivamento de denúncia em desfavor destes; e

III - Recurso ao Departamento Nacional de Registro Empresarial e Integração (DREI), como última instância administrativa, de decisão do plenário que manteve ou reformou decisão singular ou de turma em pedidos de registro, bem como que deliberou pela destituição de agentes auxiliares.

Art. 121. O Pedido de Reconsideração, o Recurso ao Plenário e o Recurso ao DREI, deverão ser protocolizados na Junta Comercial, mediante a apresentação de:

I - requerimento (capa de processo), sendo dispensado no caso de protocolo eletrônico;

II - petição, dirigida ao Presidente da Junta Comercial;

III - procuração, quando a petição for subscrita por advogado;

IV - comprovante de pagamento do preço dos serviços, conforme o caso:

a) recolhimento estadual; ou

b) recolhimento federal;

V - processo inicial objeto da petição.

Parágrafo único. Quando a petição for subscrita por advogado sem o devido instrumento de mandato, deverá a parte exibi-lo no prazo de cinco dias úteis, sob pena de arquivamento do processo.

Art. 122. O Pedido de Reconsideração deverá ser apresentado no prazo dos trinta dias concedidos para o cumprimento da exigência e, protocolizado, enviado à autoridade ou órgão de deliberação inferior, prolator do despacho reconsiderando, que o apreciará em até cinco dias úteis da data da sua protocolização.

§ 1º O pedido de reconsideração resolve-se com o reexame da matéria, devendo, qualquer que seja a decisão, permanecer anexado ao processo a que se referir.

§ 2º O Pedido de Reconsideração suspende o prazo para o cumprimento de exigências formuladas, recomeçando a contagem a partir do primeiro dia útil subsequente à data da ciência pelo interessado ou da publicação do despacho da decisão que as mantiver no todo ou em parte.

Art. 123. O Recurso ao Plenário, protocolizado, será enviado à Secretaria-Geral para autuar, registrar e notificar, no prazo de três dias úteis, as partes interessadas, as quais terão o prazo de dez dias úteis para apresentar as contrarrazões, caso tenham interesse.

§ 1º Juntadas as contrarrazões ao processo ou esgotado o prazo de manifestação, a Secretaria-Geral o encaminhará à Procuradoria, quando esta não for a recorrente, para se pronunciar no prazo de dez dias úteis, e, em seguida, retorná-lo àquela unidade.

§ 2º Recebido o processo de recurso da Procuradoria, a Secretaria-Geral o fará concluso ao Presidente que, no prazo de três dias úteis, se manifestará quanto ao seu recebimento e designará, quando for o caso, o Vogal Relator, notificando-o.

§ 2º-A. Não sendo admitido o Recurso ao Plenário, por não preencher os requisitos de admissibilidade, não é cabível Recurso ao DREI, por ausência de decisão plenária, podendo o interessado, provocar nova manifestação do plenário da junta comercial, para fins de viabilizar o seu acesso a esta instância recursal administrativa. *(Incluído pela Instrução Normativa DREI nº 1, de 24 de janeiro de 2024)*

§ 3º Admitido o recurso pelo Presidente, inicia-se a fase de julgamento que deverá ser concluída no prazo de trinta dias úteis, iniciando-se no primeiro dia útil subsequente à data da ciência pelo Vogal Relator.

§ 4º O Vogal Relator, no prazo de dez dias úteis, elaborará o relatório e o remeterá à Secretaria-Geral, para conhecimento dos demais vogais, nos cinco dias úteis subsequentes, os quais poderão requerer cópias do processo a que se referir.

§ 5º Nos últimos dez dias úteis para encerramento do prazo a que alude o § 3º deste artigo, a Secretaria-Geral incluirá o recurso na pauta de julgamento de sessão do plenário. Se necessário, o Presidente convocará sessão extraordinária para que se cumpra o prazo fixado.

§ 6º Se algum dos vogais, na sessão plenária de julgamento, solicitar vista do processo o Presidente o deferirá, desde que se obedeça ao prazo previsto nos §§ 3º e 5º deste artigo.

§ 7º No caso de inobservância do prazo de trinta dias, previsto para a fase de julgamento, a parte interessada poderá requerer ao Presidente da Junta Comercial tudo o que se afigurar necessário, inclusive as providências contra abusos e infrações e o envio ao DREI, para as providências de sua competência.

§ 8º As partes nas razões e nas contrarrazões deverão apresentar todos os fundamentos de direito e de fato, bem como os documentos comprobatórios das alegações, os quais determinarão os limites de julgamento do recurso.

Art. 124. O Recurso ao DREI, protocolizado, será enviado à Secretaria-Geral para autuar, registrar e notificar no prazo de três dias úteis as partes interessadas, as quais terão o prazo de dez dias úteis para apresentar as contrarrazões, caso tenham interesse.

§ 1º Juntadas as contrarrazões ao processo ou esgotado o prazo de manifestação, a Secretaria Geral o encaminhará à Procuradoria, quando esta não for a recorrente, para se pronunciar no prazo de dez dias úteis, e, em seguida, retorná-lo àquela unidade.

§ 2º Recebido o processo de recurso da Procuradoria, a Secretaria Geral, após certificar tal circunstância nos autos, o fará concluso ao Presidente para, nos três dias subsequentes, manifestar-se, obrigatoriamente, quanto ao seu recebimento bem como à concessão ou não de efeito suspensivo.

§ 3º Presentes os requisitos de admissibilidade, o Presidente da Junta Comercial encaminhará eletronicamente ao DREI, que no prazo de dez dias úteis, deverá manifestar-se e submetê-lo à decisão final, a ser proferida em igual prazo.

§ 4º Os pedidos de diligência, após encaminhado o processo ao DREI, suspenderão os prazos previstos no parágrafo anterior.

Art. 124-B. Conforme previsão do Decreto-Lei nº 4.657, de 4 de setembro de 1942, Lei de Introdução às normas do Direito Brasileiro, em especial dos arts. 20 e 21, a Administração Pública não decidirá com base em valores jurídicos abstratos sem que sejam consideradas as consequências práticas da decisão, devendo a motivação demonstrar a necessidade e a adequação da medida imposta ou da invalidação de ato. *(Incluído pela Instrução Normativa DREI nº 1, de 24 de janeiro de 2024)*

- *Consta conforma publicação oficial.*

Art. 125. Os recursos previstos nesta Instrução Normativa serão indeferidos de plano:

I - se assinados por terceiros;

II - por procurador sem instrumento de mandato;

III - interpostos fora do prazo ou antes da decisão definitiva; ou

IV - quando já houver se exaurido a esfera administrativa.

Art. 126. Os recursos aqui previstos não suspendem os efeitos da decisão a que se referirem.

Parágrafo único. Havendo justo receio de prejuízo de difícil ou incerta reparação decorrente da execução ou cumprimento de decisão, a autoridade recorrida ou a imediatamente superior poderá, de ofício ou a pedido, em decisão fundamentada, atribuir efeito suspensivo ao recurso.

Art. 127. As decisões proferidas em sede de Recurso ao Plenário se efetivam de imediato, salvo tratando-se de vício sanável, quando o interessado deverá retificá-lo no prazo de trinta dias, sob pena de desarquivamento, bem como demonstração de justo receio ou de prejuízo de difícil ou incerta reparação.

Art. 128. O prazo para interposição dos recursos é de dez dias úteis, contados a partir do primeiro dia útil subsequente ao da data da ciência pelo interessado ou da publicação do despacho, considerando-se o que ocorrer por derradeiro.

Art. 128-A. As Juntas Comerciais manterão, permanentemente, em seus sítios eletrônicos decisões plenárias tomadas pelo Colegiado de Vogais e pareceres jurídicos de relevante matéria em registro de empresas. *(Incluído pela Instrução Normativa DREI nº 1, de 24 de janeiro de 2024)*

TÍTULO VI – DA RETRIBUIÇÃO DOS SERVIÇOS

Art. 129. Os atos integrantes da Tabela de Preços dos Serviços pertinentes ao Registro Público de Empresas e Atividades Afins são os especificados no anexo X desta Instrução Normativa.

§ 1º Os atos especificados excluem qualquer outra modalidade de cobrança, por serviços de natureza de registro, prestados pelas Juntas Comerciais, de modo que é vedada a cobrança por evento.

§ 2º É vedada a cobrança de preço pelo serviço de arquivamento dos documentos relativos à extinção do registro do empresário individual e da sociedade limitada. *(Redação dada pela Instrução Normativa DREI nº 112, de 20 de janeiro de 2022)*

§ 3º As Juntas Comerciais podem suplementar a tabela de preços mencionados no *caput* com a criação de serviços de natureza administrativa.

Art. 130. Observada a previsão constitucional de a União e os Estados legislarem concorrentemente sobre os preços da tabela a que se refere o art. 129 desta Instrução Normativa, é da competência:

I - do Ministro de Estado do Empreendedorismo, da Microempresa e da Empresa de Pequeno Porte a definição dos preços dos serviços de natureza federal; e *(Redação dada pela Instrução Normativa DREI nº 1, de 24 de janeiro de 2024)*

II - das autoridades estaduais e distrital, conforme dispuser a respectiva legislação, a definição dos preços a serem cobrados em relação aos atos especificados na tabela referida no *caput* deste artigo, excetuados os atos de natureza federal mencionados no inciso anterior.

Art. 131. As Juntas Comerciais poderão praticar preços de serviços desconcentrados mediante convênio, diferenciados dos praticados na sua sede e nas suas unidades próprias.

§ 1º Na hipótese do *caput* deste artigo, os valores aprovados pelo plenário a título de retribuição destinada ao custeio operacional da conveniada deverão, obrigatoriamente, estar compreendidos nos preços dos atos especificados e constarão de tabela de preços individualizada.

§ 2º Na prestação de serviços desconcentrados, as unidades próprias não poderão praticar preços diferenciados dos da sede.

Art. 132. O recolhimento dos valores dos atos especificados como serviços prestados pelo DREI será efetuado através de Documento de Arrecadação da Receita Federal (DARF), sob o código 6621.

§ 1º No caso de Recurso ao DREI, a Junta Comercial anexará ao respectivo processo o DARF correspondente ao recolhimento devido.

§ 2º A guia de recolhimento que instruirá o respectivo processo deverá nele permanecer após o seu arquivamento.

TÍTULO VII – DAS DISPOSIÇÕES FINAIS

Art. 133. Os documentos sujeitos a arquivamento e autenticação nos termos da Lei nº 8.934, de 1994, e do Decreto nº 1800, de 1996, poderão ser eliminados pelas Juntas Comerciais conforme disposições do Decreto nº 10.278, de 18 de março de 2020, que regulamentou o disposto no X do *caput* do art. 3º da Lei nº 13.874, de 20 de setembro de 2019.

Art. 134. Ficam revogadas:

I - a Instrução Normativa DREI nº 2, de 5 de dezembro de 2013;

II - a Instrução Normativa DREI nº 3, de 5 de dezembro de 2013;

III - a Instrução Normativa DREI nº 4, de 5 de dezembro de 2013;

IV - a Instrução Normativa DREI nº 5, de 5 de dezembro de 2013;

V - a Instrução Normativa DREI nº 8, de 5 de dezembro de 2013;

VI - a Instrução Normativa DREI nº 14, de 5 de dezembro de 2013

VII - a Instrução Normativa DREI nº 15, de 5 de dezembro de 2013;

VIII - a Instrução Normativa DREI nº18, de 5 de dezembro de 2013

IX - a Instrução Normativa DREI nº 19, de 5 de dezembro de 2013;

X - a Instrução Normativa DREI nº 20, de 5 de dezembro de 2013;

XI - a Instrução Normativa DREI nº 23, de 9 de maio de 2014;

XII - a Instrução Normativa DREI nº27, de 15 de setembro de 2014;

XIII - a Instrução Normativa DREI nº30, de 25 de fevereiro de 2015

XIV - a Instrução Normativa DREI nº 31, de 23 de abril de 2015;

XV - a Instrução Normativa DREI nº 33, de 11 de maio de 2016

XVI - a Instrução Normativa DREI nº 34, de 3 de março de 2017;

XVII- a Instrução Normativa DREI nº 35, de 3 de março de 2017;

XVIII- a Instrução Normativa DREI nº 37, de 3 de março de 2017;

XIX - a Instrução Normativa DREI nº 38, de 2 de março de 2017;

XX - a Instrução Normativa DREI nº 40, de 28 de abril de 2017;

XXI - a Instrução Normativa DREI nº 41, de 17 de maio de 2017;

XXII - a Instrução Normativa DREI nº 42, de 26 de setembro de 2017;

XXIII - a Instrução Normativa DREI nº 43, de 26 de outubro de 2017;

XXIV - a Instrução Normativa DREI nº 45, de 7 março de 2018;

XXV - a Instrução Normativa DREI nº 46, de 7 maio de 2018;

XXVI - a Instrução Normativa DREI nº 47, de 3 de agosto de 2018;

XXVII - a Instrução Normativa DREI nº 48, de 3 de agosto de 2018;

XXVIII - a Instrução Normativa DREI nº 50, de 11 de outubro de 2018;

XXIV - a Instrução Normativa DREI nº 51, de 30 de outubro de 2018;

XXX - a Instrução Normativa DREI nº 52, de 9 de novembro de 2018;

XXXI - a Instrução Normativa DREI nº 54, de 17 de janeiro de 2019;

XXXII - a Instrução Normativa DREI nº 55, de 8 de março de 2019;

XXXIII - a Instrução Normativa DREI nº 56, de 1 de março de 2019;

XXXIV - a Instrução Normativa DREI nº 57, de 26 de março de 2019;

XXXV - a Instrução Normativa DREI nº 58, de 22 de março de 2019;

XXXVI - a Instrução Normativa DREI nº 60, de 26 de abril de 2019;

XXXVII - a Instrução Normativa DREI nº 61, de 10 de maio de 2019;

XXXVIII - a Instrução Normativa DREI nº 62, de 10 de maio de 2019;

XXXIX - a Instrução Normativa DREI nº 63, de 11 de junho de 2019;

XL - a Instrução Normativa DREI nº 64, de 15 de julho de 2019;

XLI - a Instrução Normativa DREI nº 66, de 6 de agosto de 2019;

XLII - a Instrução Normativa DREI nº 68, de 7 de outubro de 2019;

XLIII - a Instrução Normativa DREI nº 71, de 17 dezembro de 2019;

XLIV - a Instrução Normativa DREI nº 78, de 1º de abril de 2020; e

XLV - a Instrução Normativa DREI nº 79, de 14 de abril de 2020.

Art. 135. Esta Instrução Normativa entra em vigor:

I - no dia 1º de julho de 2020; e

II - quanto ao arquivamento automático de atos de alteração e extinção de empresário individual, EIRELI e sociedade limitada, bem como de constituição de cooperativa, nos termos do art. 43, após decorridos cento e vinte dias da data de sua publicação.

ANDRÉ LUIZ SANTA CRUZ RAMOS

dou DE 15/06/2020

› *Não publicamos os anexos desta Instrução.*

RESOLUÇÃO DO TRIBUNAL SUPERIOR ELEITORAL – TSE

RESOLUÇÃO Nº 23.670, DE 14 DE DEZEMBRO DE 2021

Dispõe sobre as federações de partidos políticos.

- *Vide arts. 114, III e 120, Lei n. 6.015/1973 (Registros Públicos)*
- *Arts. 8º a 15, Lei 9.096/1995*
- *Constituição Federal*

*O **TRIBUNAL SUPERIOR ELEITORAL**, no uso de suas atribuições legais e regimentais,*

Considerando a vigência da Lei nº 14.208, de 28 de setembro de 2021, que instituiu as federações de partidos políticos,

RESOLVE:

Art. 1º Dois ou mais partidos com registro definitivo no Tribunal Superior Eleitoral poderão reunir-se em federação, com abrangência nacional, e requerer o respectivo registro junto ao mesmo Tribunal (Lei nº 9.096/1995, art. 11-A, *caput* e § 3º, I e IV).

§ 1º Para os fins do *caput* deste artigo, a federação deverá ser previamente constituída sob a forma de associação, devidamente registrada no cartório competente do Registro Civil das Pessoas Jurídicas do local de sua sede.

- *Vide Lei n. 9.096/1995 (Partidos Políticos)*
- *Vide arts. 114 a 126, Lei n. 6.015/1973 (Registros Públicos)*

Art. 2º Adquirida sua personalidade jurídica, a federação apresentará seu pedido de registro ao Tribunal Superior Eleitoral, instruído com os seguintes documentos (Lei nº 9.096/1995, art. 11-A, § 6º):

I - a respectiva certidão do Registro Civil de Pessoas Jurídicas;

II - o seu número de inscrição no Cadastro Nacional de Pessoas Jurídicas (CNPJ);

III - cópia da resolução tomada pela maioria absoluta dos votos dos órgãos de deliberação nacional de cada um dos partidos integrantes da federação;

IV - exemplar autenticado do inteiro teor do programa e do estatuto comuns da federação constituída, inscritos no cartório competente do Registro Civil das Pessoas Jurídicas;

V - ata de eleição do órgão de direção nacional da federação; e

VI - endereço e telefone de sua sede e de seus dirigentes nacionais, bem como endereço eletrônico para recebimento de comunicações.

Parágrafo único. O estatuto de que trata o inciso IV deste artigo deverá conter regras para a composição de listas para as eleições proporcionais, que vinculará a escolha de candidatos da federação em todos os níveis (Lei nº 9.096/1995, art. 11-A, § 7º).

Art. 3º O pedido será autuado na classe Registro de Federação Partidária (RFP) e distribuído a um relator ou a uma relatora, devendo a secretaria do Tribunal publicar, imediatamente, no Diário da Justiça Eletrônico (*DJe*), edital para ciência das interessadas e dos interessados.

§ 1º Qualquer interessada ou interessado poderá, no prazo de 3 (três) dias contados da publicação do edital, impugnar o pedido de registro da federação, em petição fundamentada, acompanhada da prova documental pertinente e, se for o caso, de requerimento justificado de produção de outras provas, inclusive documentos em poder de terceiros ou de repartições públicas.

§ 2º Oferecida impugnação, o relator ou a relatora deverá determinar a intimação da federação para apresentar defesa, no prazo de 3 (três) dias, acompanhada da prova documental pertinente e, se for o caso, de requerimento justificado de produção de outras provas, inclusive documentos em poder de terceiros ou de repartições públicas.

§ 3º Oferecida a resposta ou findo o respectivo prazo, o relator ou a relatora determinará a oitiva, em 2 (dois) dias, do representante do Ministério Público Eleitoral e, em seguida:

I - promoverá o saneamento de eventuais falhas processuais acaso existentes;

II - decidirá sobre a pertinência das provas requeridas pelas partes, determinando a realização daquelas que contribuírem para a decisão da causa, indeferindo as inúteis ou meramente protelatórias; e

III - determinará a produção de provas que entender necessárias e que não tenham sido requeridas pelas partes.

§ 4º Havendo a juntada de qualquer documento com a resposta ou em momento posterior, deve ser dada vista à outra parte para manifestação no prazo de 3 (três) dias.

§ 5º Não havendo impugnação ou finda a instrução do feito, o relator ou a relatora deve ouvir o Ministério Público Eleitoral, no prazo de 3 (três) dias, e determinar, em igual prazo, as diligências para sanar eventuais falhas do processo.

§ 6º Ouvido o Ministério Público, os autos serão conclusos ao relator ou à relatora, que os apresentará para julgamento perante o plenário do Tribunal no prazo de até 10 (dez) dias.

§ 7º Na sessão de julgamento, após o relatório, as partes e a Procuradoria-Geral Eleitoral poderão sustentar oralmente suas razões, no prazo improrrogável de 15 (quinze) minutos cada uma.

Art. 4º Deferido o registro da federação, serão anotadas no Sistema de Gestão de Informações Partidárias (SGIP):

I - a informação, no registro de todos os partidos políticos que compõem a federação, da data em que passaram a integrá-la; e

II - a composição do órgão de direção nacional da federação.

§ 1º Feitas as anotações a que se referem os incisos do *caput* deste artigo, os partidos que compõem a federação passarão a atuar, em todos os níveis, de forma unificada (Lei nº 9.096/1995, art. 11-A, *caput*).

§ 2º Para fins de aferição da cláusula de desempenho prevista no § 3º do art. 17 da Constituição e no art. 3º da EC nº 97/2017, será considerada a soma da votação e da representação dos partidos que integram a federação.

§ 3º O efeito de que trata o § 2º deste artigo somente incidirá a partir do início da legislatura seguinte ao deferimento do registro da federação, compreendida aquela conforme o parágrafo único do art. 44 da Constituição.

§ 4º A fim de assegurar a isonomia com os partidos políticos, a participação da federação nas eleições somente será possível se o deferimento de seu registro no TSE ocorrer até 6 (seis) meses antes das eleições, observadas as demais disposições aplicáveis da resolução que tratar do registro de candidatura.

Art. 5º O disposto no art. 4º não afeta a identidade e a autonomia dos partidos integrantes da federação, os quais conservarão (Constituição, art. 17, e Lei nº 9.096/1995, art. 11-A, § 2º):

I - seu nome, sigla e número próprios, inexistindo atribuição de número à federação;

II - seu quadro de filiados;

III - o direito ao recebimento direto dos repasses do Fundo Partidário e do Fundo Especial de Financiamento de Campanhas e o direito de acesso gratuito ao rádio e à televisão para a veiculação de propaganda partidária, na forma da lei. *(Redação dada pela Resolução nº 23.679/2022)*

IV - o dever de prestar contas; e

V - a responsabilidade pelos recolhimentos e sanções que lhes sejam imputados por decisão judicial.

Art. 6º A federação vigorará por prazo indeterminado, devendo os partidos políticos nela permanecer por, no mínimo, 4 (quatro) anos, contados da data de seu ingresso (Lei nº 9.096/1995, art. 11-A, § 3º, II).

§ 1º A federação poderá requerer sua extinção ou a alteração de sua composição, para a inclusão ou exclusão de partidos políticos, bem como das demais regras de seu estatuto, mediante requerimento acompanhado da comprovação da alteração estatutária perante o Registro Civil das Pessoas Jurídicas.

§ 2º No caso de exclusão, o partido político que estiver se desligando da federação também poderá apresentar o requerimento a que se refere o § 1º deste artigo.

§ 3º Apresentado o requerimento de alteração estatutária ou programática, será observado, no que couber, o procedimento previsto no art. 3º desta Resolução.

§ 4º As alterações de que trata este artigo somente surtirão efeitos após o deferimento do pedido pelo Tribunal Superior Eleitoral.

§ 5º Extinta a federação, cessará imediatamente o efeito previsto no § 1º do art. 4º desta Resolução, devendo-se proceder a novo cálculo para a distribuição do Fundo Partidário conforme a cláusula de desempenho em vigor.

Art. 7º O partido que se desligar da federação antes do tempo mínimo previsto no *caput* do art. 6º desta Resolução ficará sujeito à vedação de ingressar em federação, de celebrar coligação nas 2 (duas) eleições seguintes e, até completar o prazo mínimo remanescente, de utilizar o fundo partidário (Lei nº 9.096/1995, art. 11-A, § 4º).

§ 1º Na hipótese de desligamento de 1 (um) ou mais partidos, a federação continuará em funcionamento, sem prejuízo à sua participação na eleição seguinte, desde que nela permaneçam 2 (dois) ou mais partidos (Lei nº 9.096/1995, art. 11-A, § 5º).

§ 2º O partido político que se desligar da federação até 6 (seis) meses antes da eleição poderá dela participar isoladamente, sem prejuízo da aplicação das sanções previstas no *caput* deste artigo.

§ 3º As sanções previstas no *caput* deste artigo não serão aplicadas a(os) partido(s) político(s) em caso de a extinção da federação ser motivada pela fusão ou incorporação entre eles.

Art. 8º A requerimento de seu presidente, a federação poderá credenciar cinco delegados perante o Tribunal Superior Eleitoral.

Art. 9º Nos estados, no Distrito Federal e nos municípios, o funcionamento da federação não dependerá de constituição de órgãos próprios, bastando que exista, na localidade, órgão partidário de algum dos partidos que a compõem.

Parágrafo único. Havendo a constituição de órgão estadual, distrital ou municipal da federação, é facultada sua anotação no SGIP, bem como o credenciamento de delegados, em número equivalente ao dos partidos políticos.

Art. 10. A manutenção e o funcionamento da federação serão custeados pelos partidos políticos que a compõem, cabendo ao estatuto dispor a respeito.

§ 1º É lícito aos partidos realizar gastos em prol da federação com recursos do Fundo Partidário na manutenção e no funcionamento da federação, desde que não integrem parcela cuja aplicação é vinculada por lei.

§ 2º A prestação de contas da federação corresponderá àquela apresentada à Justiça Eleitoral pelos partidos que a integram e em todos os níveis de direção partidária.

§ 3º A regularidade dos gastos em prol da federação será verificada na respectiva prestação de contas do partido político que realizou o gasto.

Art. 11. As controvérsias entre os partidos políticos relativas ao funcionamento da federação constituem matéria *interna corporis*, de competência da justiça comum, ressalvada a competência da Justiça Eleitoral para dirimir questões relativas ao registro da federação e das alterações previstas nos arts. 6º e 7º desta Resolução ou que impactem diretamente no processo eleitoral.

Art. 12. A aplicação, à federação, das normas que regem as atividades dos partidos políticos no que diz respeito às eleições, inclusive no que se refere à escolha e registro de candidatos para as eleições majoritárias e proporcionais, à arrecadação e aplicação de recursos em campanhas eleitorais, à propaganda eleitoral, à contagem de votos, à obtenção de cadeiras, à prestação de contas e à convocação de suplentes será regulamentada nas instruções do Tribunal Superior Eleitoral que dispõem sobre essas matérias (Lei nº 9.096/1995, art. 11-A, § 8º; Lei nº 9.504/1997, art. 6º-A).

Parágrafo único. Sem prejuízo do disposto no *caput* deste artigo, serão observadas as seguintes regras destinadas a assegurar a isonomia na aplicação de recursos de campanha e a impedir o desvio de finalidade das federações partidárias:

I - na eleição proporcional, o percentual mínimo de candidaturas por gênero deverá ser atendido tanto globalmente, na lista da federação, quanto por cada partido, nas indicações que fizer para compor a lista; e

II - havendo transferência de recursos oriundos do FEFC ou do Fundo Partidário entre os partidos que integram a federação, a desaprovação das contas do partido beneficiado, quando decorrente de irregularidades na aplicação daqueles recursos na campanha, acarretará a desaprovação das contas do partido doador.

Art. 13. No ano de 2022, não se aplicará o prazo previsto no § 4º do art. 4º desta Resolução, ficando assegurada a participação nas eleições das federações que tiverem seu registro deferido no TSE até 31 de maio de 2022. *(Redação dada pela Resolução nº 23.682/2022)*

§ 1º Na hipótese do caput, o Relator do registro de federação requerido tempestivamente poderá antecipar a tutela, antes ou depois do transcurso do prazo para impugnação, se, em juízo de cognição sumária, for constatada a inexistência de óbice ao deferimento do pedido, com ou sem necessidade de ajuste nas disposições estatutárias. *(Redação dada pela Resolução nº 23.682/2022)*

§ 2º A decisão proferida nos termos do § 1º deste artigo será imediatamente submetida a referendo do plenário, em sessão cujo término não deverá ultrapassar a data de 31 de maio de 2022, convocando-se, se necessário, sessão extraordinária em meio eletrônico com duração específica para atendimento a esse prazo. *(Redação dada pela Resolução nº 23.682/2022)*

§ 3º Concedida a tutela antecipada nos termos deste artigo, o Registro da Federação Partidária terá tramitação prioritária, devendo o julgamento ser concluído até 1º de julho de 2022.

§ 4º Se o registro da federação for indeferido, cessarão os efeitos da tutela antecipada, voltando os partidos políticos a atuar individualmente no processo eleitoral.

§ 5º Na hipótese de que trata este artigo, o número de inscrição da federação no Cadastro Nacional de Pessoas Jurídicas fornecido pela Receita Federal poderá ser informado no curso do processo, sem prejuízo da tramitação e eventual concessão da tutela antecipada a que alude o § 1º deste artigo. *(Redação dada pela Resolução nº 23.682/2022)*

Art. 14. Aplicam-se subsidiariamente a esta Resolução, no que com ela for compatível, as disposições da Res.-TSE nº 23.571/2018.

Art. 15. Esta Resolução entra em vigor na data de sua publicação.

Brasília, 14 de dezembro de 2021.

Ministro LUÍS ROBERTO BARROSO – presidente e relator – Ministro EDSON FACHIN – Ministro ALEXANDRE DE MORAES – Ministro MAURO CAMPBELL MARQUES – Ministro BENEDITO GONÇALVES – Ministro SÉRGIO BANHOS – Ministro CARLOS HORBACH

D.J.E. de 16.12.2021.

2.3

REGISTRO DE IMÓVEIS

MEDIDA PROVISÓRIA Nº 2.220, DE 4 DE SETEMBRO DE 2001

Dispõe sobre a concessão de uso especial de que trata o § 1º do art. 183 da Constituição, cria o Conselho Nacional de Desenvolvimento Urbano – CNDU e dá outras providências.

O PRESIDENTE DA REPÚBLICA, no uso da atribuição que lhe confere o art. 62 da Constituição, adota a seguinte Medida Provisória, com força de lei:

CAPÍTULO I – DA CONCESSÃO DE USO ESPECIAL

Art. 1º Aquele que, até 22 de dezembro de 2016, possuiu como seu, por cinco anos, ininterruptamente e sem oposição, até duzentos e cinquenta metros quadrados de imóvel público situado em área com características e finalidade urbanas, e que o utilize para sua moradia ou de sua família, tem o direito à concessão de uso especial para fins de moradia em relação ao bem objeto da posse, desde que não seja proprietário ou concessionário, a qualquer título, de outro imóvel urbano ou rural. *(Redação dada pela lei nº 13.465, de 2017)*

§ 1º A concessão de uso especial para fins de moradia será conferida de forma gratuita ao homem ou à mulher, ou a ambos, independentemente do estado civil.

§ 2º O direito de que trata este artigo não será reconhecido ao mesmo concessionário mais de uma vez.

§ 3º Para os efeitos deste artigo, o herdeiro legítimo continua, de pleno direito, na posse de seu antecessor, desde que já resida no imóvel por ocasião da abertura da sucessão.

Art. 2º Nos imóveis de que trata o art. 1º, com mais de duzentos e cinquenta metros quadrados, ocupados até 22 de dezembro de 2016, por população de baixa renda para sua moradia, por cinco anos, ininterruptamente e sem oposição, cuja área total dividida pelo número de possuidores seja inferior a duzentos e cinquenta metros quadrados por possuidor, a concessão de uso especial para fins de moradia será conferida de forma coletiva, desde que os possuidores não sejam proprietários ou concessionários, a qualquer título, de outro imóvel urbano ou rural. *(Redação dada pela lei nº 13.465, de 2017)*

§ 1º O possuidor pode, para o fim de contar o prazo exigido por este artigo, acrescentar sua posse à de seu antecessor, contanto que ambas sejam contínuas.

§ 2º Na concessão de uso especial de que trata este artigo, será atribuída igual fração ideal de terreno a cada possuidor, independentemente da dimensão do terreno que cada um ocupe, salvo hipótese de acordo escrito entre os ocupantes, estabelecendo frações ideais diferenciadas.

§ 3º A fração ideal atribuída a cada possuidor não poderá ser superior a duzentos e cinquenta metros quadrados.

Art. 3º Será garantida a opção de exercer os direitos de que tratam os arts. 1º e 2º também aos ocupantes, regularmente inscritos, de imóveis públicos, com até duzentos e cinquenta metros quadrados, da União, dos Estados, do Distrito Federal e dos Municípios, que estejam situados em área urbana, na forma do regulamento.

Art. 4º No caso de a ocupação acarretar risco à vida ou à saúde dos ocupantes, o Poder Público garantirá ao possuidor o exercício do direito de que tratam os arts. 1º e 2º em outro local.

Art. 5º É facultado ao Poder Público assegurar o exercício do direito de que tratam os arts. 1º e 2º em outro local na hipótese de ocupação de imóvel:

I – de uso comum do povo;

II – destinado a projeto de urbanização;

III – de interesse da defesa nacional, da preservação ambiental e da proteção dos ecossistemas naturais;

IV – reservado à construção de represas e obras congêneres; ou

V – situado em via de comunicação.

Art. 6º O título de concessão de uso especial para fins de moradia será obtido pela via administrativa perante o órgão competente da Administração Pública ou, em caso de recusa ou omissão deste, pela via judicial.

§ 1º A Administração Pública terá o prazo máximo de doze meses para decidir o pedido, contado da data de seu protocolo.

§ 2º Na hipótese de bem imóvel da União ou dos Estados, o interessado deverá instruir o requerimento de concessão de uso especial para fins de moradia com certidão expedida pelo Poder Público municipal, que ateste a localização do imóvel em área urbana e a sua destinação para moradia do ocupante ou de sua família.

§ 3º Em caso de ação judicial, a concessão de uso especial para fins de moradia será declarada pelo juiz, mediante sentença.

§ 4º O título conferido por via administrativa ou por sentença judicial servirá para efeito de registro no cartório de registro de imóveis.

Art. 7º O direito de concessão de uso especial para fins de moradia é transferível por ato inter vivos ou causa mortis.

Art. 8º O direito à concessão de uso especial para fins de moradia extingue-se no caso de:

I – o concessionário dar ao imóvel destinação diversa da moradia para si ou para sua família; ou

II – o concessionário adquirir a propriedade ou a concessão de uso de outro imóvel urbano ou rural.

Parágrafo único. A extinção de que trata este artigo será averbada no cartório de registro de imóveis, por meio de declaração do Poder Público concedente.

Art. 9º É facultado ao poder público competente conceder autorização de uso àquele que, até 22 de dezembro de 2016, possuiu como seu, por cinco anos, ininterruptamente e sem oposição, até duzentos e cinquenta metros quadrados de imóvel público situado em área com características e finalidade urbanas para fins comerciais. *(Redação dada pela lei nº 13.465, de 2017)*

§ 1º A autorização de uso de que trata este artigo será conferida de forma gratuita.

§ 2º O possuidor pode, para o fim de contar o prazo exigido por este artigo, acrescentar sua posse à de seu antecessor, contanto que ambas sejam contínuas.

§ 3º Aplica-se à autorização de uso prevista no *caput* deste artigo, no que couber, o disposto nos arts. 4º e 5º desta Medida Provisória.

CAPÍTULO II – DO CONSELHO NACIONAL DE DESENVOLVIMENTO URBANO

Art. 10. Fica criado o Conselho Nacional de Desenvolvimento Urbano – CNDU, órgão deliberativo e consultivo, integrante da estrutura da Presidência da República, com as seguintes competências:

I – propor diretrizes, instrumentos, normas e prioridades da política nacional de desenvolvimento urbano;

II – acompanhar e avaliar a implementação da política nacional de desenvolvimento urbano, em especial as políticas de habitação, de saneamento básico e de transportes urbanos, e recomendar as providências necessárias ao cumprimento de seus objetivos;

III – propor a edição de normas gerais de direito urbanístico e manifestar-se sobre propostas de alteração da legislação pertinente ao desenvolvimento urbano;

IV – emitir orientações e recomendações sobre a aplicação da Lei nº 10.257, de 10 de julho de 2001, e dos demais atos normativos relacionados ao desenvolvimento urbano;

V – promover a cooperação entre os governos da União, dos Estados, do Distrito Federal e dos Municípios e a sociedade civil na formulação e execução da política nacional de desenvolvimento urbano; e

VI – elaborar o regimento interno.

Art. 11. O CNDU é composto por seu Presidente, pelo Plenário e por uma Secretaria-Executiva, cujas atribuições serão definidas em decreto.

Parágrafo único. O CNDU poderá instituir comitês técnicos de assessoramento, na forma do regimento interno.

Art. 12. O Presidente da República disporá sobre a estrutura do CNDU, a composição do seu Plenário e a designação dos membros e suplentes do Conselho e dos seus comitês técnicos.

Art. 13. A participação no CNDU e nos comitês técnicos não será remunerada.

Art. 14. As funções de membro do CNDU e dos comitês técnicos serão consideradas prestação de relevante interesse público e a ausência ao trabalho delas decorrente será abonada e computada como jornada efetiva de trabalho, para todos os efeitos legais.

CAPÍTULO III – DAS DISPOSIÇÕES FINAIS

Art. 15. O inciso I do art. 167 da Lei nº 6.015, de 31 de dezembro de 1973, passa a vigorar com as seguintes alterações:

› *Alterações inseridas no texto da referida Lei.*

Art. 16. Esta Medida Provisória entra em vigor na data de sua publicação.

Brasília, 4 de setembro de 2001;
180º da Independência e 113º da República.
FERNANDO HENRIQUE CARDOSO
(DOU. de 5.9.2001)

LEI COMPLEMENTAR Nº 76, DE 6 DE JULHO DE 1993

Dispõe sobre o procedimento contraditório especial, de rito sumário, para o processo de desapropriação de imóvel rural, por interesse social, para fins de reforma agrária.

- *Vide arts. 167, I, 34; 176, § 8º e 176-A, Lei n. 6.015/1973 (Registros Públicos)*
- *Vide Decreto 11.995/2024 (Programa Terra da Gente)*

O PRESIDENTE DA REPÚBLICA,

Faço saber que o Congresso Nacional decreta e eu sanciono a seguinte Lei Complementar:

Art. 1º O procedimento judicial da desapropriação de imóvel rural, por interesse social, para fins de reforma agrária, obedecerá ao contraditório especial, de rito sumário, previsto nesta lei Complementar.

- *Arts. 184, § 3º e 185, I, da Constituição Federal*

Art. 2º A desapropriação de que trata esta lei Complementar é de competência privativa da União e será precedida de decreto declarando o imóvel de interesse social, para fins de reforma agrária.

§ 1º A ação de desapropriação, proposta pelo órgão federal executor da reforma agrária, será processada e julgada pelo juiz federal competente, inclusive durante as férias forenses.

§ 2º Declarado o interesse social, para fins de reforma agrária, fica o expropriante legitimado a promover a vistoria e a avaliação do imóvel, inclusive com o auxílio de força policial, mediante prévia autorização do juiz, responsabilizando-se por eventuais perdas e danos que seus agentes vierem a causar, sem prejuízo das sanções penais cabíveis.

Art. 3º A ação de desapropriação deverá ser proposta dentro do prazo de dois anos, contado da publicação do decreto declaratório.

Art. 4º Intentada a desapropriação parcial, o proprietário poderá requerer, na contestação, a desapropriação de todo o imóvel, quando a área remanescente ficar:

I – reduzida a superfície inferior à da pequena propriedade rural; ou

II – prejudicada substancialmente em suas condições de exploração econômica, caso seja o seu valor inferior ao da parte desapropriada.

Art. 5º A petição inicial, além dos requisitos previstos no Código de Processo Civil, conterá a oferta do preço e será instruída com os seguintes documentos:

I – texto do decreto declaratório de interesse social para fins de reforma agrária, publicado no Diário Oficial da União;

II – certidões atualizadas de domínio e de ônus real do imóvel;

III – documento cadastral do imóvel;

IV – laudo de vistoria e avaliação administrativa, que conterá, necessariamente:

a) descrição do imóvel, por meio de suas plantas geral e de situação, e memorial descritivo da área objeto da ação;

b) relação das benfeitorias úteis, necessárias e voluptuárias, das culturas e pastos naturais e artificiais, da cobertura florestal, seja natural ou decorrente de florestamento ou reflorestamento, e dos semoventes;

c) discriminadamente, os valores de avaliação da terra nua e das benfeitorias indenizáveis.

V – comprovante de lançamento dos Títulos da Dívida Agrária correspondente ao valor ofertado para pagamento de terra nua; *(Incluído pela Lei Complementar nº 88, de 1996).*

VI – comprovante de depósito em banco oficial, ou outro estabelecimento no caso de inexistência de agência na localidade, à disposição do juízo, correspondente ao valor ofertado para pagamento das benfeitorias úteis e necessárias. *(Incluído pela Lei Complementar nº 88, de 1996).*

Art. 6º O juiz, ao despachar a petição inicial, de plano ou no prazo máximo de quarenta e oito horas:

I – mandará imitir o autor na posse do imóvel; *(Redação dada pela Lei Complementar nº 88, de 1996).*

II – determinará a citação do expropriando para contestar o pedido e indicar assistente técnico, se quiser; *(Redação dada pela Lei Complementar nº 88, de 1996).*

III – expedirá mandado ordenando a averbação do ajuizamento da ação no registro do imóvel expropriando, para conhecimento de terceiros.

§ 1º Inexistindo dúvida acerca do domínio, ou de algum direito real sobre o bem, ou sobre os direitos dos titulares do domínio útil, e do domínio direto, em caso de enfiteuse ou aforamento, ou, ainda, inexistindo divisão, hipótese em que o valor da indenização ficará depositado à disposição do juízo enquanto os interessados não resolverem seus conflitos em ações próprias, poderá o expropriando requerer o levantamento de oitenta por cento da indenização depositada, quitado os tributos e publicados os editais, para conhecimento de terceiros, a expensas do expropriante, duas vezes na imprensa local e uma na oficial, decorrido o prazo de trinta dias. (Renumerado do § 2º pela Lei Complementar nº 88, de 1996).

§ 2º O juiz poderá, para a efetivação da imissão na posse, requisitar força policial. (Renumerado do § 3º pela Lei Complementar nº 88, de 1996).

§ 3º No curso da ação poderá o Juiz designar, com o objetivo de fixar a prévia e justa indenização, audiência de conciliação, que será realizada nos dez primeiros dias a contar da citação, e na qual deverão estar presentes o autor, o réu e o Ministério Público. As partes ou seus representantes legais serão intimadas via postal. *(Incluído pela Lei Complementar nº 88, de 1996).*

§ 4º Aberta a audiência, o Juiz ouvirá as partes e o Ministério Público, propondo a conciliação. *(Incluído pela Lei Complementar nº 88, de 1996).*

§ 5º Se houver acordo, lavrar-se-á o respectivo termo, que será assinado pelas partes e pelo Ministério Público ou seus representantes legais. *(Incluído pela Lei Complementar nº 88, de 1996).*

§ 6º Integralizado o valor acordado, nos dez dias úteis subsequentes ao pactuado, o Juiz expedirá mandado ao registro imobiliário, determinando a matrícula do bem expropriado em nome do expropriante. *(Incluído pela Lei Complementar nº 88, de 1996).*

§ 7º A audiência de conciliação não suspende o curso da ação. *(Incluído pela Lei Complementar nº 88, de 1996).*

Art. 7º A citação do expropriando será feita na pessoa do proprietário do bem, ou de seu representante legal, obedecido o disposto no art. 12 do Código de Processo Civil.

§ 1º Em se tratando de enfiteuse ou aforamento, serão citados os titulares do domínio útil e do domínio direto, exceto quando for contratante a União.

§ 2º No caso de espólio, inexistindo inventariante, a citação será feita na pessoa do cônjuge sobrevivente ou na de qualquer herdeiro ou legatário que esteja na posse do imóvel.

§ 3º Serão intimados da ação os titulares de direitos reais sobre o imóvel desapropriando.

§ 4º Serão ainda citados os confrontantes que, na fase administrativa do procedimento expropriatório, tenham, fundamentadamente, contestado as divisas do imóvel expropriando.

Art. 8º O autor, além de outras formas previstas na legislação processual civil, poderá requerer que a citação do expropriando seja feita pelo correio, através de carta com aviso de recepção, firmado pelo destinatário ou por seu representante legal.

Art. 9º A contestação deve ser oferecida no prazo de quinze dias e versar matéria de interesse da defesa, excluída a apreciação quanto ao interesse social declarado.

§ 1º Recebida a contestação, o juiz, se for o caso, determinará a realização de prova pericial, adstrita a pontos impugnados do laudo de vistoria administrativa, a que se refere o art. 5º, inciso IV e, simultaneamente:

I – designará o perito do juízo;

II – formulará os quesitos que julgar necessários;

III – intimará o perito e os assistentes para prestar compromisso, no prazo de cinco dias;

IV – intimará as partes para apresentar quesitos, no prazo de dez dias.

§ 2º A prova pericial será concluída no prazo fixado pelo juiz, não excedente a sessenta dias, contado da data do compromisso do perito.

Art. 10. Havendo acordo sobre o preço, este será homologado por sentença.

Parágrafo único. Não havendo acordo, o valor que vier a ser acrescido ao depósito inicial por força de laudo pericial acolhido pelo Juiz será depositado em espécie para as benfeitorias, juntado aos autos o comprovante de lançamento de Títulos da Dívida Agrária para terra nua, como integralização dos valores ofertados. *(Incluído pela Lei Complementar nº 88, de 1996).*

Art. 11. A audiência de instrução e julgamento será realizada em prazo não superior a quinze dias, a contar da conclusão da perícia.

Art. 12. O juiz proferirá sentença na audiência de instrução e julgamento ou nos trinta dias subsequentes, indicando os fatos que motivaram o seu convencimento.

§ 1º Ao fixar o valor da indenização, o juiz considerará, além dos laudos periciais, outros meios objetivos de convencimento, inclusive a pesquisa de mercado.

§ 2º O valor da indenização corresponderá ao valor apurado na data da perícia, ou ao consignado pelo juiz, corrigido monetariamente até a data de seu efetivo pagamento.

§ 3º Na sentença, o juiz individualizará o valor do imóvel, de suas benfeitorias e dos demais componentes do valor da indenização.

§ 4º Tratando-se de enfiteuse ou aforamento, o valor da indenização será depositado em nome dos titulares do domínio útil e do domínio direto e disputado por via de ação própria.

Art. 13. Da sentença que fixar o preço da indenização caberá apelação com efeito simplesmente devolutivo, quando interposta pelo expropriado e, em ambos os efeitos, quando interposta pelo expropriante.

§ 1º A sentença que condenar o expropriante, em quantia superior a cinquenta por cento sobre o valor oferecido na inicial, fica sujeita a duplo grau de jurisdição.

§ 2º No julgamento dos recursos decorrentes da ação desapropriatória não haverá revisor.

Arts. 14 e 15. *(Revogados pela lei nº 13.465, de 2017)*

Art. 16. A pedido do expropriado, após o trânsito em julgado da sentença, será levantada a indenização ou o depósito judicial, deduzidos o valor de tributos e multas incidentes sobre o imóvel, exigíveis até a data da imissão na posse pelo expropriante.

Art. 17. Efetuado ou não o levantamento, ainda que parcial, da indenização ou do depósito judicial, será expedido em favor do expropriante, no prazo de quarenta e oito horas, mandado translativo do domínio para o Cartório do Registro de Imóveis competente, sob a forma e para os efeitos da Lei de Registros Públicos. *(Redação dada pela Lei Complementar nº 88, de 1996).*

- *Art. 167, I-34 da Lei de Registros Públicos (Lei 6.015/1973)*

Parágrafo único. O registro da propriedade nos cartórios competentes far-se-á no prazo improrrogável de três dias, contado da data da apresentação do mandado. *(Incluído pela Lei Complementar nº 88, de 1996).*

Art. 18. As ações concernentes à desapropriação de imóvel rural, por interesse social, para fins de reforma agrária, têm caráter preferencial e prejudicial em relação a outras ações referentes ao imóvel expropriando, e independem do pagamento de preparo ou de emolumentos.

§ 1º Qualquer ação que tenha por objeto o bem expropriando será distribuída, por dependência, à Vara Federal onde tiver curso a ação de desapropriação, determinando-se a pronta intervenção da União.

§ 2º O Ministério Público Federal intervirá, obrigatoriamente, após a manifestação das partes, antes de cada decisão manifestada no processo, em qualquer instância.

Art. 19. As despesas judiciais e os honorários do advogado e do perito constituem encargos do sucumbente, assim entendido o expropriado, se o valor da indenização for igual ou inferior ao preço oferecido, ou o expropriante, na hipótese de valor superior ao preço oferecido.

§ 1º Os honorários do advogado do expropriado serão fixados em até vinte por cento sobre a diferença entre o preço oferecido e o valor da indenização.

§ 2º Os honorários periciais serão pagos em valor fixo, estabelecido pelo juiz, atendida à complexidade do trabalho desenvolvido.

Art. 20. Em qualquer fase processual, mesmo após proferida a sentença, compete ao juiz, a requerimento de qualquer das partes, arbitrar valor para desmonte e transporte de móveis e semoventes, a ser suportado, ao final, pelo expropriante, e cominar prazo para que o promova o expropriado.

Art. 21. Os imóveis rurais desapropriados, uma vez registrados em nome do expropriante, não poderão ser objeto de ação reivindicatória.

Art. 22. Aplica-se subsidiariamente ao procedimento de que trata esta Lei Complementar, no que for compatível, o Código de Processo Civil.

Art. 23. As disposições desta lei complementar aplicam-se aos processos em curso, convalidados os atos já realizados.

Art. 24. Esta lei complementar entra em vigor na data de sua publicação.

Art. 25. Revogam-se as disposições em contrário e, em especial, o Decreto-Lei nº 554, de 25 de abril de 1969.

Brasília, 6 de julho de 1993,
172º da Independência e 105º da República.
ITAMAR FRANCO
(DOU de 7.7.1993)

LEI COMPLEMENTAR Nº 93, DE 4 DE FEVEREIRO DE 1998

Institui o Fundo de Terras e da Reforma Agrária - Banco da Terra - e dá outras providências.

- *Vide Decreto 11.995/2024 (Programa Terra da Gente)*

O PRESIDENTE DA REPÚBLICA

Faço saber que o Congresso Nacional decreta e eu sanciono a seguinte Lei Complementar:

Art. 1º É criado o Fundo de Terras e da Reforma Agrária - Banco da Terra - com a finalidade de financiar programas de reordenação fundiária e de assentamento rural.

Parágrafo único. São beneficiários do Fundo:

I - trabalhadores rurais não-proprietários, preferencialmente os assalariados, parceiros, posseiros e arrendatários, que comprovem, no mínimo, cinco anos de experiência na atividade agropecuária;

II - agricultores proprietários de imóveis cuja área não alcance a dimensão da propriedade familiar, assim definida no inciso II do art. 4º da Lei nº 4.504, de 30 de novembro de 1964, e seja, comprovadamente, insuficiente para gerar renda capaz de lhe propiciar o próprio sustento e o de sua família.

Art. 2º O Fundo de Terras e da Reforma Agrária - Banco da Terra - será constituído de:

I - parcela dos valores originários de contas de depósito, sob qualquer título, cujos cadastros não foram objeto de atualização, na forma das Resoluções do Conselho Monetário Nacional nºs. 2.025, de 24 de novembro de 1993, e 2.078, de 15 de junho de 1994;

II - parcela dos recursos destinados a financiar programas de desenvolvimento econômico, através do Banco Nacional de Desenvolvimento Econômico e Social - BNDES - conforme dispõe o art. 239, § 1º, da Constituição Federal, nas condições fixadas pelo Poder Executivo;

III - Título da Dívida Agrária - TDA;

IV - dotações consignadas no Orçamento Geral da União e em créditos adicionais;

V - dotações consignadas nos Orçamentos Gerais dos Estados, do Distrito Federal e dos Municípios;

VI - recursos oriundos da amortização de financiamentos;

VII - doações realizadas por entidades nacionais e internacionais, públicas ou privadas;

VIII - recursos decorrentes de acordos, ajustes, contratos e convênios, celebrados com órgãos e entidades da Administração Pública Federal, Estadual ou Municipal;

IX - empréstimos de instituições financeiras nacionais e internacionais;

X - recursos diversos.

Art. 3º A receita que vier a constituir o Fundo de Terras e da Reforma Agrária será usada na compra de terras e na implantação de infraestrutura em assentamento rural promovido pelo Governo Federal na forma desta Lei Complementar, por entidades públicas estaduais e municipais e por cooperativas e associações de assentados.

Parágrafo único. As terras doadas ou adquiridas em favor do Fundo de Terras e da Reforma Agrária serão incorporadas ao patrimônio da União e administradas pelo órgão gestor desse Fundo.

Art. 4º O Fundo de Terras e da Reforma Agrária – Banco da Terra – será administrado de forma a permitir a participação descentralizada de Estados e Municípios, na elaboração e execução de projetos, garantida a participação da comunidade no processo de distribuição de terra e implantação de projetos.

§ 1º A gestão financeira do Fundo caberá aos bancos oficiais, de acordo com as normas elaboradas pelo órgão competente.

§ 2º É vedada a utilização dos recursos financeiros do fundo para pagamento de despesas com pessoal e encargos sociais, a qualquer título, sendo aquelas de responsabilidade do órgão a que pertencer o empregado, servidor ou representante.

Art. 5º Compete ao órgão gestor do Fundo de Terras e da Reforma Agrária - Banco da Terra:

I - promover e coordenar as atividades financiadas pelo Fundo, de forma a garantir a efetiva participação descentralizada dos Estados e Municípios;

II - estabelecer normas gerais para a concessão de financiamento, apuração e fiscalização dos projetos;

III - aprovar o plano de aplicação anual e das metas a serem atingidas no exercício seguinte;

IV - fiscalizar e controlar internamente o correto desenvolvimento financeiro e contábil do Fundo;

V - deliberar sobre o montante de recursos destinados à aquisição de terras e sobre o montante destinado à infraestrutura;

VI - deliberar sobre medidas a adotar, nos casos de comprovada frustração de safras, e sobre a obrigatoriedade do seguro agrícola;

VII - fiscalizar e controlar as atividades técnicas delegadas aos Estados e aos Municípios;

VIII - adotar medidas complementares e eventualmente necessárias para atingir os objetivos do Fundo.

Art. 6º Os recursos serão aplicados por meio de financiamentos individuais ou coletivos, para os beneficiários definidos no art. 1º ou suas cooperativas e associações, conforme o plano de aplicação anual das receitas do Fundo de Terras e da Reforma Agrária - Banco da Terra.

§ 1º O Plano de que trata este artigo poderá prever o financiamento de investimentos básicos, sem prejuízo do disposto no art. 1º.

§ 2º (VETADO)

Art. 7º O Fundo de Terras e da Reforma Agrária - Banco da Terra - financiará a compra de imóveis rurais com prazo de amortização de até 35 (trinta e cinco) anos, incluída carência de até 36 (trinta e seis) meses. *(Redação dada pela Lei Complementar nº 145, de 2014)*

§ 1º Os financiamentos concedidos pelo Fundo terão juros limitados a até 12% a.a. (doze por cento ao ano), podendo ter redutores percentuais de até 50% (cinquenta por cento) sobre as parcelas da amortização do principal e sobre os encargos financeiros durante todo o prazo de vigência da operação, observado teto anual de rebate por beneficiário, a ser fixado pelo Poder Executivo. *(Incluído pela Lei Complementar nº 145, de 2014)*

§ 2º Conforme estabelecido em regulamento, a carência de que trata o *caput* poderá ser estendida para até 60 (sessenta) meses, quando a atividade econômica e o prazo de maturidade do empreendimento assim o exigirem. *(Incluído pela Lei Complementar nº 145, de 2014)*

Art. 8º É vedado o financiamento com recursos do Fundo:

I – (VETADO)

II - para mutuário já beneficiado com esses recursos, mesmo que liquidado o seu débito;

III - àquele que tiver sido contemplado por qualquer projeto de assentamento rural, bem como o respectivo cônjuge;

IV - exercer função pública, autárquica ou em órgão paraestatal, ou ainda, se achar investido de atribuições parafiscais;

V - àquele que dispuser de renda anual bruta familiar originária de qualquer meio ou atividade em valor superior ao limite estabelecido em regulamento; *(Redação dada pela Lei Complementar nº 145, de 2014)*

VI - tiver sido, nos últimos três anos, contados a partir da data de apresentação de pedido ao amparo do Programa, proprietário de imóvel rural com área superior à de uma propriedade familiar;

VII - ao promitente comprador ou possuidor de direito de ação ou herança sobre imóvel rural, salvo no caso de se tratar de negociação entre beneficiários de imóvel rural objeto de partilha decorrente de direito de herança; *(Redação dada pela Lei Complementar nº 145, de 2014)*

VIII - àquele que dispuser de patrimônio composto por bens de qualquer natureza em valor superior ao limite estabelecido em regulamento; *(Redação dada pela Lei Complementar nº 145, de 2014)*

IX – (VETADO)

Art. 9º O Poder Executivo é autorizado a firmar convênios ou acordos com os Estados e Municípios visando a desobrigar de impostos as operações de transferência de imóveis, quando adquiridos com recursos do Fundo.

Art. 10. As entidades representativas dos produtores e dos trabalhadores rurais, sob a forma de associações ou cooperativas, com personalidade jurídica, poderão pleitear financiamento do Fundo - Banco da Terra - para implantar projetos destinados aos beneficiários previstos no parágrafo único do art. 1º.

§ 1º Os financiamentos concedidos às cooperativas ou associações de produtores rurais, vinculados aos projetos de assentamento, devem guardar compatibilidade com a natureza e o porte do empreendimento.

§ 2º A cooperativa ou associação de produtores rurais poderá adquirir a totalidade do imóvel rural para posterior repasse das cotas-partes da propriedade da terra nua, bem como dos custos da terra e dos investimentos em infraestrutura aos seus cooperados ou associados beneficiários desse Fundo.

Art. 11. Os beneficiários do Fundo não poderão alienar as suas terras e as respectivas benfeitorias no prazo do financiamento, salvo para outro beneficiário enumerado no parágrafo único do art. 1º e com a anuência do credor.

Art. 12. O Poder Executivo regulamentará esta Lei Complementar no prazo de noventa dias, contado de sua publicação.

Art. 13. Esta Lei Complementar entra em vigor na data de sua publicação.

Art. 14. Revogam-se as disposições em contrário.

Brasília, 4 de fevereiro de 1998; 177º da Independência e 110º da República.
FERNANDO HENRIQUE CARDOSO
Raul Belens Jungmann Pinto
DOU de 5.2.1998

LEI COMPLEMENTAR Nº 109, DE 29 DE MAIO DE 2001*

Dispõe sobre o Regime de Previdência Complementar e dá outras providências.

O PRESIDENTE DA REPÚBLICA

Faço saber que o Congresso Nacional decreta e eu sanciono a seguinte Lei Complementar:

(...)

CAPÍTULO II – DOS PLANOS DE BENEFÍCIOS

(...)

SEÇÃO III – DOS PLANOS DE BENEFÍCIOS DE ENTIDADES ABERTAS

(...)

Art. 28. Os ativos garantidores das reservas técnicas, das provisões e dos fundos serão vinculados à ordem do órgão fiscalizador, na forma a ser regulamentada, e poderão ter sua livre movimentação suspensa pelo referido órgão, a partir da qual não poderão ser alienados ou prometidos alienar sem sua prévia e expressa autorização, sendo nulas, de pleno direito, quaisquer operações realizadas com violação daquela suspensão.

§ 1º Sendo imóvel, o vínculo será averbado à margem do respectivo registro no Cartório de Registro Geral de Imóveis competente, mediante comunicação do órgão fiscalizador.

§ 2º Os ativos garantidores a que se refere o *caput*, bem como os direitos deles decorrentes, não poderão ser gravados, sob qualquer forma, sem prévia e expressa autorização do órgão fiscalizador, sendo nulos os gravames constituídos com infringência do disposto neste parágrafo.

(...)

Art. 78. Esta Lei Complementar entra em vigor na data de sua publicação.

Art. 79. Revogam-se as Leis nº 6.435, de 15 de julho de 1977, e nº 6.462, de 9 de novembro de 1977.

Brasília, 29 de maio de 2001; 180º da Independência e 113º da República.
FERNANDO HENRIQUE CARDOSO
(DOU. de 30.5.2001)

LEIS FEDERAIS

LEI Nº 2.185, DE 11 DE FEVEREIRO DE 1954

Modifica a data de inicio da contagem do prazo para apresentação dos documentos e pedidos de regularização de posses de terrenos pertencentes ao domínio da União.

O CONGRESSO NACIONAL decreta e eu promulgo, nos termos do art. 70 parágrafo 4º da Constituição Federal, a seguinte lei:

Art. 1º Os pedidos de regularização de posses de terrenos do domínio da União bem como a apresentação dos respectivos títulos para exame das repartições competentes, poderão ser feitos em qualquer tempo, enquanto não intimados os interessados.

› *Arts. 1.196 a 1.203 do Código Civil*

Art. 2º A intimação será feita diretamente à pessoa do ocupante das terras, e no caso de não ser encontrada, de ocultar-se ou negar-se a apor o ciente, far-se-á intimação por meio de editais.

Art. 3º Os prazos do art. 2º do decreto-lei nº 893, de 26 de novembro de 1938, do art. 61 e seus parágrafos do decreto-lei nº 9.760 de 5 de setembro de 1946 serão contados da data da intimação de parte do Serviço do Patrimônio da União.

Art. 4º Revogam-se as disposições em contrário.

Senado Federal,
em 11 de fevereiro de 1954.
João Café Filho
PRESIDENTE DO SENADO FEDERAL
(DOU de 15.2.1954)

LEI Nº 2.666, DE 06 DE DEZEMBRO DE 1955

Dispõe sobre o penhor dos produtos agrícolas.

O VICE-PRESIDENTE DO SENADO FEDERAL, no exercício do cargo de PRESIDENTE DA REPÚBLICA,

Faço saber que o CONGRESSO NACIONAL decreta e eu sanciono a seguinte Lei:

Art. 1º Independe de tradição efetiva o penhor mercantil dos produtos agrícolas existentes em estabelecimentos destinados ao seu benefício ou transformação.

§ 1º Em caso de dúvida quanto à identificação do produto apenhado em face de outros da mesma espécie existentes no local, o vínculo real incidirá sobre a quantidade equivalente de bens da mesma natureza, de propriedade e em poder de estabelecimento que responderá como fiel depositário sob as penas da lei.

§ 2º Aplicam-se ao penhor constante deste artigo as disposições que regem o penhor rural, inclusive os atos de registro.

Art. 2º O benefício ou a transformação dos gêneros agrícolas, dados em penhor rural ou mercantil, não extinguem o vínculo real que se transfere para os produtos e subprodutos resultantes de tais operações.

Art. 3º A validade do penhor celebrado pelo arrendatário, comodatário, parceiro agricultor, condômino, usufrutuário ou fiduciário independe da anuência do proprietário, consorte nu-proprietário ou fideicomissário do imóvel de situação dos bens dados em garantia.

§ 1º Em caso de arrendamento ou comodato, o prazo do penhor só poderá ultrapassar o da locação se nisso aquiescer o locador ou comodante.

§ 2º O penhor outorgado pelo parceiro agricultor só incidirá sobre a parte dos frutos ou bens que lhe couberem pelo contrato de parceria, admitida a sua constituição apenas, quando não houver no citado contrato expressa proibição à sua outorga, ou exigência de prévia anuência de parceiro proprietário.

§ 3º Se o imóvel estiver indiviso o penhor só incidirá sobre os bens correspondentes à parte ideal do apenhante.

§ 4º Se o usufruto ou fideicomisso cessarem antes de paga a dívida, existindo a garantia, o nu-proprietário ou fideicomissário só terão direito a esta se resgatarem a obrigação.

Art. 4º Os frutos pendentes, em formação ou percebidos de imóveis clausulados de inalienabilidade ou impenhorabilidade poderão ser dados em penhor rural.

Art. 5º Esta lei entrará em vigor na data de sua publicação, revogadas as disposições em contrário.

Rio de Janeiro, 6 de dezembro de 1955;
134º da Independência e 67º da República.
NEREU RAMOS
(DOU. 07/12/1955)

LEI Nº 4.132, DE 10 DE SETEMBRO DE 1962

Define os casos de desapropriação por interesse social e dispõe sobre sua aplicação.

› *Vide arts. 167, I, 34; 176, § 8º e 176-A, Lei n. 6.015/1973 (Registros Públicos)*

O PRESIDENTE DA REPÚBLICA,

Faço saber que o Congresso Nacional decreta e eu sanciono a seguinte lei:

Art. 1º A desapropriação por interesse social será decretada para promover a justa distribuição da propriedade ou condicionar o seu uso ao bem estar social, na forma do art. 147 da Constituição Federal.

› *Reporta-se à Constituição Federal de 1946*
› *Arts. 184 e 185 da Constituição Federal*

Art. 2º Considera-se de interesse social:

I – o aproveitamento de todo bem improdutivo ou explorado sem correspondência com as necessidades de habitação, trabalho e consumo dos centros de população a que deve ou possa suprir por seu destino econômico;

II – a instalação ou a intensificação das culturas nas áreas em cuja exploração não se obedeça a plano de zoneamento agrícola, VETADO;

III – o estabelecimento e a manutenção de colônias ou cooperativas de povoamento e trabalho agrícola:

IV – a manutenção de posseiros em terrenos urbanos onde, com a tolerância expressa ou tácita do proprietário, tenham construído sua habilitação, formando núcleos residenciais de mais de 10 (dez) famílias;

V – a construção de casa populares;

VI – as terras e águas suscetíveis de valorização extraordinária, pela conclusão de obras e serviços públicos, notadamente de saneamento, portos, transporte, eletrificação armazenamento de água e irrigação, no caso em que não sejam ditas áreas socialmente aproveitadas;

VII – a proteção do solo e a preservação de cursos e mananciais de água e de reservas florestais.

VIII – a utilização de áreas, locais ou bens que, por suas características, sejam apropriados ao desenvolvimento de atividades turísticas. *(Incluído pela Lei nº 6.513, de 20.12.77)*

IX - a destinação de áreas às comunidades indígenas que não se encontravam em área de ocupação tradicional em 5 de outubro de 1988, desde que necessárias à reprodução física e cultural, segundo seus usos, costumes e tradições. *(Incluído pela Lei nº 14.701, de 2023)*

§ 1º O disposto no item I deste artigo só se aplicará nos casos de bens retirados de produção ou tratando-se de imóveis rurais cuja produção, por ineficientemente explorados, seja inferior à média da região, atendidas as condições naturais do seu solo e sua situação em relação aos mercados.

§ 2º As necessidades de habitação, trabalho e consumo serão apuradas anualmente segundo a conjuntura e condições econômicas locais, cabendo o seu estudo e verificação às autoridades encarregadas de velar pelo bem estar e pelo abastecimento das respectivas populações.

Art. 3º O expropriante tem o prazo de 2 (dois) anos, a partir da decretação da desapropriação por interesse social, para efetivar a aludida desapropriação e iniciar as providências de aproveitamento do bem expropriado.

Parágrafo único. VETADO.

Art. 4º Os bens desapropriados serão objeto de venda ou locação, a quem estiver em condições de dar-lhes a destinação social prevista.

Art. 5º No que esta lei for omissa aplicam-se as normas legais que regulam a desapropriação por unidade pública, inclusive no tocante ao processo e à justa indenização devida ao proprietário.

› *Vide Decreto-lei 3.365/1941 (Desapropriação por utilidade pública)*

Art. 6º Revogam-se as disposições em contrário.

Brasília, 10 de setembro de 1962; 141º da Independência e 74º da República. JOÃO GOULART. (DOU de 7.11.1962)

LEI Nº 4.380, DE 21 DE AGOSTO DE 1964

Institui a correção monetária nos contratos imobiliários de interesse social, o sistema financeiro para aquisição da casa própria, cria o Banco Nacional da Habitação (BNH), e Sociedades de Crédito Imobiliário, as Letras Imobiliárias, o Serviço Federal de Habitação e Urbanismo e dá outras providências.

› *Vide art. 290, Lei n. 6.015/1973 (Registros Públicos)*

O Presidente da República:

Faço saber que o Congresso Nacional decreta e eu sanciono a seguinte Lei:

CAPÍTULO I – DA COORDENAÇÃO DOS ÓRGÃOS PÚBLICOS E DA INICIATIVA PRIVADA

Art. 1º O Governo Federal, através do Ministro de Planejamento, formulará a política nacional de habitação e de planejamento territorial, coordenando a ação dos órgãos públicos e orientando a iniciativa privada no sentido de estimular a construção de habitações de interesse social e o financiamento da aquisição da casa própria, especialmente pelas classes da população de menor renda.

Art. 2º O Governo Federal intervirá no setor habitacional por intermédio:

I – do Banco Nacional da Habitação;

II – do Serviço Federal de Habitação e Urbanismo;

III – das Caixas Econômicas Federais, IPASE, das Caixas Militares, dos órgãos federais de desenvolvimento regional e das sociedades de economia mista.

Art. 3º Os órgãos federais enumerados no artigo anterior exercerão de preferência atividades de coordenação, orientação e assistência técnica e financeira, ficando reservados:

I – aos Estados e Municípios, com a assistência dos órgãos federais, a elaboração e execução de planos diretores, projetos e orçamentos para a solução dos seus problemas habitacionais;

II – a iniciativa privada, a promoção e execução de projetos de construção de habitações segundo as diretrizes urbanísticas locais.

§ 1º Será estimulada a coordenação dos esforços, na mesma área ou local, dos órgãos públicos federais, estaduais e municipais, bem como das iniciativas privadas, de modo que se obtenha a concentração e melhor utilização dos recursos disponíveis.

§ 2º A execução dos projetos somente caberá aos órgãos federais para suprir a falta de iniciativa local, pública ou privada.

Art. 4º Terão prioridade na aplicação dos recursos:

I – a construção de conjuntos habitacionais destinados a eliminação de favelas, mocambos e outras aglomerações em condições subumanas de habitação;

II – os projetos municipais ou estaduais que com as ofertas de terrenos já urbanizados e dotados dos necessários melhoramentos, permitirem o início imediato da construção de habitações;

III – os projetos de cooperativas e outras formas associativas de construção de casa própria;

IV – os projetos da iniciativa privada que contribuam para a solução de problemas habitacionais ... *(Vetado)*;

V – a construção de moradia a população rural. (Parte mantida pelo Congresso Nacional)

CAPÍTULO II – DA CORREÇÃO MONETÁRIA DOS CONTRATOS IMOBILIÁRIOS

Art. 5º Observado o disposto na presente lei, os contratos de vendas ou construção de habitações para pagamento a prazo ou de empréstimos para aquisição ou construção de habitações poderão prever o reajustamento das prestações mensais de amortização e juros, com a consequente correção do valor monetário da dívida toda a vez que o salário mínimo legal for alterado.

§ 1º O reajustamento será baseado em índice geral de preços mensalmente apurado ou adotado pelo Conselho Nacional de Economia que reflita adequadamente as variações no poder aquisitivo da moeda nacional.

§ 2º O reajustamento contratual será efetuado. ..*(Vetado)*... na mesma proporção da variação do índice referido no parágrafo anterior:

a) desde o mês da data do contrato até o mês da entrada em vigor do novo nível de salário-mínimo, no primeiro reajustamento após a data do contrato;

b) entre os meses de duas alterações sucessivas do nível de salário-mínimo nos reajustamentos subsequentes ao primeiro.

§ 3º Cada reajustamento entrará em vigor após 60 (sessenta) dias da data de vigência da alteração do salário-mínimo que o autorizar e a prestação mensal reajustada vigorará até novo reajustamento.

§ 4º Do contrato constará, obrigatoriamente, na hipótese de adotada a cláusula de reajustamento, a relação original entre a prestação mensal de amortização e juros e o salário-mínimo em vigor na data do contrato.

§ 5º Durante a vigência do contrato, a prestação mensal reajustada não poderá exceder em relação ao salário-mínimo em vigor, a percentagem nele estabelecida.

§ 6º Para o efeito de determinar a data do reajustamento e a percentagem referida no parágrafo anterior, tomar-se-á por base o salário-mínimo da região onde se acha situado o imóvel.

§ 7º *(Vetado).*

§ 8º *(Vetado).*

§ 9º O disposto neste artigo, quando o adquirente for servidor público ou autárquico poderá ser aplicado tomando como base a vigência da lei que lhes altere os vencimentos.

Art. 6º O disposto no artigo anterior somente se aplicará aos contratos de venda, promessa de venda, cessão ou promessa de cessão, ou empréstimo que satisfaçam às seguintes condições:

a) tenham por objeto imóveis construídos, em construção, ou cuja construção, seja simultaneamente contratada, cuja área total de construção, entendida como a que inclua paredes e quotas-partes comuns, quando se tratar de apartamento, de habitação coletiva ou vila, não ultrapasse 100 (cem) metros quadrados;

b) o valor da transação não ultrapasse 200 (duzentas) vezes o maior salário-mínimo vigente no país;

c) ao menos parte do financiamento, ou do preço a ser pago, seja amortizado em prestações mensais sucessivas, de igual valor, antes do reajustamento, que incluam amortizações e juros;

› *Súmula 450 do Superior Tribunal de Justiça*

d) além das prestações mensais referidas na alínea anterior, quando convencionadas prestações intermediárias, fica vedado o reajustamento das mesmas, e do saldo devedor a elas correspondente;

e) os juros convencionais não excedem de 10% ao ano;

› *Súmula 422 do Superior Tribunal de Justiça*

f) se assegure ao devedor, comprador, promitente comprador, cessionário ou promitente cessionário o direito a liquidar antecipadamente a dívida em forma obrigatoriamente prevista no contrato, a qual poderá prever a correção monetária do saldo devedor, de acordo com os índices previstos no § 1º do artigo anterior.

Parágrafo único. As restrições dos incisos a e b não obrigam as entidades integrantes do sistema financeiro da habitação, cujas aplicações, a este respeito, são regidas pelos artigos 11 e 12.

Art. 7º Após 180 dias da concessão do "habite-se", caracterizando a conclusão da construção, nenhuma unidade residencial pode ser vendida, ou prometida vender ou ceder, com o benefício de pagamentos regidos pelos artigos 5º e 6º desta Lei.

§ 1º Para os efeitos desse artigo equipara-se ao "habite-se" das autoridades municipais a ocupação efetiva da unidade residencial.

§ 2º O disposto neste artigo não se aplica os imóveis já construídos, cuja alienação seja contratada, nos termos dos artigos 5º e 6º, pelos respectivos titulares, desde que estes incorporem ao capital de Sociedade de Crédito Imobiliário o preço da transação.

§ 3º Aos imóveis de propriedade das pessoas jurídicas de direito público ou de sociedade de economia mista, de que o Poder Público seja majoritário, não se aplica o disposto neste artigo.

§ 4º A restrição deste artigo não se aplicará àquele que, não sendo proprietário, promitente comprador ou promitente cessionário de mais de uma habitação, desejar aliená-la de modo a adquirir outra, na forma dos artigos 5º e 6º desta lei, desde que a aquisição seja de qualquer forma contratada simultaneamente com a alienação.

§ 5º Não se aplicam as restrições deste artigo aos imóveis ocupados há mais de 2 (dois) anos pelo locatário que pretender adquiri-lo mediante financiamento de qualquer dos agentes financeiros do Sistema Financeiro de Habitação, desde que os recursos obtidos pelo locador sejam utilizados na construção de novas habitações, conforme normas regulamentares a serem baixadas pelo Banco Nacional de Habitação ou que permaneçam depositados no Sistema Financeiro de Habitação, pelo prazo mínimo de 5 (cinco) anos. *(Incluído pela Lei nº 5.455, de 1968)*

CAPÍTULO III – DO SISTEMA FINANCEIRO, DA HABITAÇÃO DE INTERESSE SOCIAL

SEÇÃO I – ÓRGÃOS COMPONENTES DO SISTEMA

Art. 8º O sistema financeiro da habitação, destinado a facilitar e promover a construção e a aquisição da casa própria ou moradia, especialmente pelas classes de menor renda da população, será integrado. *(Redação dada pela Lei nº 8.245, de 1991)*

I – pelos bancos múltiplos; *(Incluído pela Lei nº 11.977, de 2009)*

II – pelos bancos comerciais; *(Incluído pela Lei nº 11.977, de 2009)*

III – pelas caixas econômicas; *(Incluído pela Lei nº 11.977, de 2009)*

IV – pelas sociedades de crédito imobiliário; *(Incluído pela Lei nº 11.977, de 2009)*

V – pelas associações de poupança e empréstimo; *(Incluído pela Lei nº 11.977, de 2009)*

VI – pelas companhias hipotecárias; *(Incluído pela Lei nº 11.977, de 2009)*

VII – pelos órgãos federais, estaduais e municipais, inclusive sociedades de economia mista em que haja participação majoritária do poder público, que operem, de acordo com o disposto nesta Lei, no financiamento de habitações e obras conexas; *(Incluído pela Lei nº 11.977, de 2009)*

VIII – pelas fundações, cooperativas e outras formas associativas para construção ou aquisição da casa própria sem finalidade de lucro, que se constituirão de acordo com as diretrizes desta Lei; *(Incluído pela Lei nº 11.977, de 2009)*

IX – pelas caixas militares; *(Incluído pela Lei nº 11.977, de 2009)*

X – pelas entidades abertas de previdência complementar; *(Incluído pela Lei nº 11.977, de 2009)*

XI – pelas companhias securitizadoras de crédito imobiliário; e *(Incluído pela Lei nº 11.977, de 2009)*

XII – por outras instituições que venham a ser consideradas pelo Conselho Monetário Nacional como integrantes do Sistema Financeiro da Habitação. *(Incluído pela Lei nº 11.977, de 2009)*

Parágrafo único. O Conselho da Superintendência da Moeda e do Crédito fixará as normas que regulam as relações entre o sistema financeiro da habitação e o restante do sistema financeiro nacional, especialmente quanto à possibilidade, às condições e aos limites de aplicação de recursos da rede bancária em letras imobiliárias, emitidas, nos termos desta lei, pelo Banco Nacional da Habitação.

SEÇÃO II – DAS APLICAÇÕES DO SISTEMA FINANCEIRO DA HABITAÇÃO

Art. 9º Todas as aplicações do sistema, terão por objeto, fundamentalmente a aquisição de casa para residência do adquirente, sua família e seus dependentes, vedadas quaisquer aplicações em terrenos não construídos, salvo como parte de operação financeira destinada à construção da mesma.

§ 1º*(Revogado pela Medida Provisória nº 2.197-43, de 2001)*

› *Súmula 31 do Superior Tribunal de Justiça*

§ 2º Após 180 dias da concessão do "habite-se", caracterizando a conclusão da construção, nenhuma unidade residencial pode ser objeto de aplicação pelo sistema financeiro da habitação, equiparando-se ao "habite-se" das autoridades municipais a ocupação efetiva da unidade residencial.

§ 3º O disposto no parágrafo anterior não se aplicará aos imóveis já construídos, que sejam alienados a partir desta lei por seus proprietários ou promitentes compradores por motivo de aquisição de outro imóvel que satisfaça às condições desta lei para ser objeto de aplicação pelo sistema financeiro de habitação.

Art. 10. Todas as aplicações do sistema financeiro da habitação revestirão a forma de créditos reajustáveis de acordo com os artigos 5º e 6º desta Lei.

§ 1º Os financiamentos para aquisição ou construção de habitações e as vendas a prazo de habitações, efetuadas pelas Caixas Econômicas. ..*(Vetado)*... e outras autarquias. ..*(Vetado)*... ou por sociedades de economia mista ...*(Vetado)*... estabelecerão, obrigatoriamente, o reajustamento do saldo devedor e das prestações de amortização e juros, obedecidas as disposições dos artigos 5º e 6º.

§ 2º As entidades estatais, inclusive as sociedades de economia mista, em que o Poder Público seja majoritário, adotarão, nos seus financiamentos, critérios e classificação dos candidatos aprovados pelo Banco Nacional de Habitação, ouvido o Serviço Federal de Habitação e Urbanismo, e darão, obrigatoriamente, ampla publicidade das inscrições e dos financiamentos concedidos.

§ 3º Os órgãos federais deverão aplicar os recursos por eles arrecadados para o sistema financeiro da habitação, até 50% no Estado de origem dos recursos, redistribuindo o restante pelas unidades federativas compreendidas em regiões de menor desenvolvimento econômico.

Art. 11. Os recursos destinados ao setor habitacional pelas entidades estatais, inclusive sociedades de economia mista de que o Poder Público seja majoritário, distribuir-se-ão, permanentemente, da seguinte forma: *(Redação dada pela Lei nº 4.864, de 1965)*.

I – em habitações de valor unitário inferior a 100 (cem) vezes o maior salário-mínimo mensal, vigente no País, uma percentagem mínima dos recursos a ser fixada, bienalmente, pelo Banco Nacional de Habitação, em função das condições do mercado e das regiões, e por instituição ou tipo de instituição. *(Redação dada pela Lei nº 4.864, de 1965)*.

II – em habitações de valor unitário compreendido entre 300 (trezentas) e 400 (quatrocentas) vezes o maior salário-mínimo, vigente no País, no máximo, 20% (vinte por cento) dos recursos, vedadas as aplicações em habitações de valor unitário superior a 400 (quatrocentas) vezes o maior salário-mínimo citado. *(Redação dada pela Lei nº 4.864, de 1965)*.

§ 1º Dentro do limite de recursos obrigatoriamente aplicados em habitações de valor unitário inferior a 100 (cem) vezes o maior salário-mínimo do País, o Banco Nacional de Habitação fixará, para cada região ou localidade, a percentagem mínima de recursos que devem ser aplicados no financiamento de projetos destinados à eliminação de favelas, mocambos e outras aglomerações em condições subumanas de habitação. *(Redação dada pela Lei nº 4.864, de 1965)*.

§ 2º Nas aplicações a que se refere o inciso II, a parcela financiada do valor do imóvel não poderá ultrapassar 80% (oitenta por cento) do mesmo. *(Redação dada pela Lei nº 4.864, de 1965)*.

§ 3º Os recursos aplicados ou com aplicação contratada, no setor habitacional, na data da publicação desta Lei, pelas entidades estatais, inclusive sociedades de economia mista, não serão computadas nas percentagens de aplicação a que se refere este artigo. *(Redação dada pela Lei nº 4.864, de 1965)*.

§ 4º O disposto neste artigo não se aplica aos processos das Caixas Econômicas Federais, Caixas Militares e IPASE, já deferidos pelos órgãos e autoridades competentes, na data da publicação desta Lei. *(Redação dada pela Lei nº 4.864, de 1965)*.

§ 5º Em função das condições de mercado e das regiões, o Banco Nacional de Habitação poderá alterar os critérios de distribuição das aplicações previstas no inciso II deste artigo. *(Incluído pela Lei nº 4.864, de 1965)*.

Art. 12. Os recursos aplicados pelas entidades privadas integrantes do sistema financeiro da habitação se distribuirão permanentemente da seguinte forma:

I – no mínimo 60% (sessenta por cento) dos recursos deverão estar aplicados em habitações de valor unitário inferior a 300 (trezentas) vezes o maior salário-mínimo mensal vigente no País; *(Redação dada pela Lei nº 4.864, de 1965)*.

II – no máximo 20% (vinte por cento) dos recursos poderão estar aplicados em habitações de valor unitário superior a 400 (quatrocentas) vezes o maior salário-mínimo mensal vigente no País; *(Redação dada pela Lei nº 4.864, de 1965).*

III – serão vedadas as aplicações em habitações de valor unitário superior a 500 (quinhentas) vezes o maior salário-mínimo mensal vigente no País. *(Redação dada pela Lei nº 4.864, de 1965).*

Parágrafo único. Nas aplicações a que se refere o inciso II, a parcela financiada do valor do imóvel não poderá ultrapassar de 80% do mesmo.

Art. 13. A partir do 3º ano da aplicação da presente lei, o Banco Nacional da Habitação poderá alterar os critérios de distribuição das aplicações previstas nos artigos anteriores.

Art. 14. *(Revogado pela Medida Provisória nº 2.197-43, de 2001)*

SEÇÃO III – DOS RECURSOS DO SISTEMA FINANCEIRO DA HABITAÇÃO

Art. 15. As entidades integrantes do sistema financeiro da Habitação poderão assegurar reajustamento monetário nas condições previstas no artigo 5º:

I – aos depósitos no sistema que obedeça às normas gerais fixadas pelo Banco Nacional da Habitação cujo prazo não poderá ser inferior a um ano, e que não poderão ser movimentados com cheques;

II – aos financiamentos contraídos no país ou no exterior para a execução de projetos de habitações, desde que observem os limites e as normas gerais estabelecidas pelo Banco Nacional da Habitação;

III – as letras imobiliárias emitidas nos termos desta Lei pelo Banco Nacional da Habitação ou pelas sociedades de crédito imobiliário.

§ 1º Em relação às Caixas Econômicas Federais e a outras entidades do sistema, que não operem exclusivamente no setor habitacional, o reajustamento previsto neste artigo somente poderá ser assegurado aos depósitos e empréstimos das suas carteiras especializadas no setor habitacional.

§ 2º O sistema manterá depósitos especiais de acumulação de poupanças para os pretendentes a financiamento de casa própria, cujos titulares terão preferência na obtenção desses financiamentos, obedecidas as condições gerais estabelecidas pelo Banco Nacional da Habitação.

§ 3º Todos os financiamentos externos e acordos de assistência técnica relacionados com a habitação, dependerão da aprovação prévia do Banco Nacional da Habitação e não poderão estar condicionados à utilização de patentes, licenças e materiais de procedência estrangeira.

Art. 15-A. É permitida a pactuação de capitalização de juros com periodicidade mensal nas operações realizadas pelas entidades integrantes do Sistema Financeiro da Habitação – SFH. *(Incluído pela Lei nº 11.977, de 2009)*

§ 1º No ato da contratação e sempre que solicitado pelo devedor será apresentado pelo credor, por meio de planilha de cálculo que evidencie de modo claro e preciso, e de fácil entendimento e compreensão, o seguinte conjunto de informações: *(Incluído pela Lei nº 11.977, de 2009)*

I – saldo devedor e prazo remanescente do contrato; *(Incluído pela Lei nº 11.977, de 2009)*

II – taxa de juros contratual, nominal e efetiva, nas periodicidades mensal e anual; *(Incluído pela Lei nº 11.977, de 2009)*

III – valores repassados pela instituição credora às seguradoras, a título de pagamento de prêmio de seguro pelo mutuário, por tipo de seguro; *(Incluído pela Lei nº 11.977, de 2009)*

IV – taxas, custas e demais despesas cobradas juntamente com a prestação, discriminadas uma a uma; *(Incluído pela Lei nº 11.977, de 2009)*

V – somatório dos valores já pagos ou repassados relativos a: *(Incluído pela Lei nº 11.977, de 2009)*

a) juros; *(Incluído pela Lei nº 11.977, de 2009)*

b) amortização; *(Incluído pela Lei nº 11.977, de 2009)*

c) prêmio de seguro por tipo de seguro; *(Incluído pela Lei nº 11.977, de 2009)*

d) taxas, custas e demais despesas, discriminando por tipo; *(Incluído pela Lei nº 11.977, de 2009)*

VI – valor mensal projetado das prestações ainda não pagas, pelo prazo remanescente do contrato, e o respectivo somatório, decompostos em juros e amortizações; *(Incluído pela Lei nº 11.977, de 2009)*

VII – valor devido em multas e demais penalidades contratuais quando houver atraso no pagamento da prestação. *(Incluído pela Lei nº 11.977, de 2009)*

§ 2º No cômputo dos valores de que trata o inciso VI do § 1º, a instituição credora deve desconsiderar os efeitos de eventual previsão contratual de atualização monetária do saldo devedor ou das prestações. *(Incluído pela Lei nº 11.977, de 2009)*

Art. 15-B. Nas operações de empréstimo ou financiamento realizadas por instituições integrantes do Sistema Financeiro da Habitação que prevejam pagamentos por meio de prestações periódicas, os sistemas de amortização do saldo devedor poderão ser livremente pactuados entre as partes. *(Incluído pela Lei nº 11.977, de 2009)*

§ 1º O valor presente do fluxo futuro das prestações, compostas de amortização do principal e juros, geradas pelas operações de que trata o *caput*, deve ser calculado com a utilização da taxa de juros pactuada no contrato, não podendo resultar em valor diferente ao do empréstimo ou do financiamento concedido. *(Incluído pela Lei nº 11.977, de 2009)*

§ 2º No caso de empréstimos e financiamentos com previsão de atualização monetária do saldo devedor ou das prestações, para fins de apuração do valor presente de que trata o § 1º, não serão considerados os efeitos da referida atualização monetária. *(Incluído pela Lei nº 11.977, de 2009)*

§ 3º Nas operações de empréstimo ou financiamento de que dispõe o *caput* é obrigatório o oferecimento ao mutuário do Sistema de Amortização Constante – SAC e de, no mínimo, outro sistema de amortização que atenda o disposto nos §§ 1º e 2º, entre eles o Sistema de Amortização Crescente – SACRE e o Sistema Francês de Amortização (Tabela Price). *(Incluído pela Lei nº 11.977, de 2009)*

CAPÍTULO IV – DO BANCO NACIONAL DA HABITAÇÃO

Art. 16. Fica criado, vinculado ao Ministério da Fazenda, o Banco Nacional da Habitação (BNH), que terá personalidade jurídica de Direito Público, patrimônio próprio e autonomia administrativa, gozando de imunidade tributária.

§ 1º O Banco Nacional da Habitação poderá instalar agências em todo o território nacional, mas operará de preferência, usando como agentes e representantes as Caixas Econômicas Federais e Estaduais, os bancos oficiais e de economia mista e as demais entidades integrantes do sistema financeiro da habitação.

§ 2º O Banco Nacional da Habitação poderá utilizar-se da rede bancária comercial nas localidades em que não haja agentes ou representantes das entidades referidas no parágrafo anterior.

Art. 17. O Banco Nacional da Habitação terá por finalidade:

I – orientar, disciplinar e controlar o sistema financeiro da habitação;

II – incentivar a formação de poupanças e sua canalização para o sistema financeiro da habitação;

III – disciplinar o acesso das sociedades de crédito imobiliário ao mercado nacional de capitais;

IV – manter serviços de redesconto e de seguro para garantia das aplicações do sistema financeiro da habitação e dos recursos a ele entregues;

V – manter serviços de seguro de vida de renda temporária para os compradores de imóveis objeto de aplicações do sistema;

VI – financiar ou refinanciar a elaboração e execução de projetos promovidos por entidades locais ...*(Vetado)*... de conjuntos habitacionais, obras e serviços correlatos;

VII – refinanciar as operações das sociedades de crédito imobiliário;

VIII – financiar ou refinanciar projetos relativos a. ..*(Vetado)*... instalação e desenvolvimento da indústria ...*(Vetado)*... de materiais de construção e pesquisas tecnológicas, necessárias à melhoria das condições habitacionais do país ...*(Vetado)*...

Parágrafo único. O Banco Nacional da Habitação operará exclusivamente como órgão orientador, disciplinador e de assistência financeira, sendo-lhe vedado operar diretamente em financiamento, compra e venda ou construção de habitações, salvo para a venda dos terrenos referidos no artigo 26 ou para realização de bens recebidos em liquidação de garantias.

Art. 18. Compete ao Banco Nacional da Habitação:

I – autorizar e fiscalizar o funcionamento das sociedades de crédito imobiliário;

II – fixar as condições gerais quanto a limites, prazos, retiradas, juros e seguro obrigatório das contas de depósito no sistema financeiro da habitação;

III – estabelecer as condições gerais a que deverão satisfazer as aplicações do Sistema Financeiro da Habitação quanto a garantias, juros, prazos, limites de risco e valores máximos de financiamento e de aquisição dos imóveis financiados no âmbito do Sistema Financeiro da Habitação. *(Redação dada pela Medida Provisória nº 2.197-43, de 2001)*

IV – fixar os limites, em relação ao capital e reservas, dos depósitos recebidos e dos empréstimos tomados pelas Sociedades de Crédito Imobiliário;

V – fixar os limites mínimos de diversificações de aplicações a serem observados pelas entidades integrantes do sistema financeiro da habitação;

VI – fixar os limites de emissão e as condições de colocação, vencimento e juros das Letras Imobiliárias, bem como as condições dos seguros de suas emissões;

VII – fixar as condições e os prêmios dos seguros de depósitos e de aplicações a que serão obrigadas as entidades integrantes do sistema financeiro da habitação;

VIII – fixar as condições gerais de operação da sua carteira de redesconto das aplicações do sistema financeiro da habitação;

IX – determinar as condições em que a rede seguradora privada nacional operará nas várias modalidades de seguro previstas na presente lei;

X – *(Vetado)*;

XI – exercer as demais atribuições previstas nesta lei.

Parágrafo único No exercício de suas atribuições, o Banco Nacional da Habitação obedecerá aos limites globais e as condições gerais fixadas pelo Conselho da Superintendência da Moeda e do Crédito, com o objetivo de subordinar o sistema financeiro de habitação à política financeira, monetária e econômica em execução pelo Governo Federal.

Art. 19. O Banco Nacional da Habitação. ..*(Vetado)*... poderá receber depósitos:

a) de entidades governamentais, autárquicas, para estatais e de economia mista;

b) das entidades integrantes do sistema financeiro da habitação;

c) que resultarem de operações realizadas pelo Banco ou que a elas estejam diretamente vinculadas.

Art. 20. Mediante autorização do Ministro da Fazenda, o Banco Nacional da Habitação poderá tomar empréstimos, no país ou no exterior, a fim de obter recursos para a realização das suas finalidades.

§ 1º Os empréstimos internos referidos neste artigo poderão ser corrigidos de acordo com o artigo 5º ou revestir a forma de Letras Imobiliárias.

§ 2º O Ministro da Fazenda poderá dar a garantia do Tesouro Nacional aos empréstimos referidos neste artigo, até um saldo devedor total, em cada momento, de um trilhão de cruzeiros para os empréstimos internos e US$300 milhões, o equivalente em outras moedas, para os empréstimos em moeda estrangeira.

§ 3º O limite em cruzeiros constante do parágrafo anterior será anualmente reajustado pelos índices referidos no artigo 5º.

Art. 21. O Serviço Social da Indústria (SESI) e o Serviço Social do Comércio (SESC) inclusive os Departamentos Regionais, aplicarão anualmente na aquisição de Letras Imobiliárias de emissão do Banco Nacional da Habitação, a partir do exercício de 1965, 20% (vinte por cento) das receitas compulsórias a eles vinculadas. (Vide Lei nº 5.107, de 1966)

§ 1º *(Vetado)*.

§ 2º O Ministro da Fazenda fixará periodicamente a percentagem dos depósitos das Caixas Econômicas Federais, que deverá ser obrigatoriamente aplicada em depósitos no BNH. (Renumerado pela Lei nº 5.455, de 1968)

Art. 22. Todas as empresas do país que mantenham empregados sujeitos a desconto para Institutos de Aposentadorias e Pensões são obrigadas a contribuir com a percentagem de 1% mensal sobre o montante das suas folhas de pagamento para a constituição do capital do Banco Nacional da Habitação. (Vide Lei nº 4.380, de 1965)

§ 1º A cobrança dessa percentagem obedecerá aos dispositivos da legislação vigente sobre as contribuições previdenciárias.

§ 2º Os Institutos de Aposentadoria e Pensões recolherão, mensalmente, ao Banco Nacional da Habitação o produto da arrecadação prevista neste artigo, descontada a taxa correspondente às despesas de administração fixada de comum acordo entre o DNPS e o Banco Nacional da Habitação.

§ 3º O recolhimento a que se refere o presente artigo será devido a partir do segundo mês após a promulgação desta Lei.

§ 4º Na forma a ser estabelecida em regulamento a ser baixado pelo BNH, as empresas abrangidas por este artigo poderão deduzir a importância correspondente a 50% do valor das aplicações que façam em planos de habitação destinados à casa própria de seus empregados, da contribuição prevista neste artigo.

§ 5º Os planos a que se refere o parágrafo anterior dependem de prévia aprovação e execução, controlada pelo BNH, diretamente ou por delegação.

§ 6º Não estão obrigados ao recolhimento da contribuição prevista neste artigo as instituições de educação e de assistência social, amparadas pela Lei nº 3.193, de 4 de julho de 1957, e Lei nº 3.577, de 4 de julho de 1959, bem como pelo Decreto número 1.117, de 1º de junho de 1962. *(Incluído pela Lei nº 5.127, de 1966)*

Art. 23. A construção de prédios residenciais, cujo custo seja superior a 850 vezes o maior salário-mínimo vigente no País, considerado esse custo para cada unidade residencial, seja em prédio individual, seja em edifícios de apartamentos ou vilas, fica sujeita ao pagamento de uma subscrição pelo proprietário, promitente comprador ou promitente cessionário do respectivo terreno, de letras imobiliárias emitidas pelo Banco Nacional de Habitação, com as características do art. 45 desta Lei. *(Redação dada pela Lei nº 4.864, de 1965)*.

§ 1º O montante dessa subscrição será de 5% (cinco por cento) sobre o valor da construção, quando esta estiver entre os limites de 850 e 1.150 vezes o maior salário-mínimo vigente no País à época da concessão do respectivo "habite-se" e de 10% (dez por cento) sobre a que exceder de tal limite. *(Redação dada pela Lei nº 4.864, de 1965)*.

§ 2º As autoridades municipais, antes de concederem o "habite-se" para os prédios residenciais, exigirão do construtor uma declaração do seu custo efetivo e, quando for o caso, do proprietário comprovação de cumprimento do disposto no presente artigo. *(Redação dada pela Lei nº 4.864, de 1965)*.

§ 3º Só poderão gozar dos benefícios e vantagens previstos na presente Lei os municípios que obedecerem ao disposto neste artigo. *(Redação dada pela Lei nº 4.864, de 1965)*.

Art. 24. O Banco Nacional da Habitação poderá operar em:

I – prestação de garantia em financiamento obtido, no país ou no exterior, pelas entidades integrantes do sistema financeiro da habitação destinados a execução de projetos de habitação de interesse social;

II – carteira de seguro dos créditos resultantes da venda ou construção de habitação a prazo ou de empréstimos para aquisição ou construção de habitações;

III – carteira de seguro dos depósitos nas entidades integrantes do sistema financeiro da habitação;

IV – carteira de redesconto para assegurar a liquidez do sistema financeiro da habitação;

V – carteira de seguro de vida de renda temporária dos adquirentes, financiados pelo sistema financeiro da habitação;

VI – carteira de seguro de resgate e pagamento de juros das Letras Imobiliárias emitidas pelas sociedades de crédito imobiliário;

VII – financiamento ou refinanciamento da elaboração ou execução de projetos de construção de conjuntos habitacionais. ..*(Vetado)*... instalação e desenvolvimento da indústria. ..*(Vetado)*... de materiais de construção e pesquisas tecnológicas;

VIII – refinanciamento parcial dos créditos concedidos pelas sociedades de crédito imobiliário.

§ 1º O Banco Nacional da Habitação somente operará. ..*(Vetado)*... para aplicação dos recursos disponíveis, depois de asseguradas as reservas técnicas necessárias às operações referidas nos incisos I a VI, inclusive.

§ 2º Os recursos disponíveis do Banco Nacional da Habitação serão mantidos em depósito no Banco do Brasil S.A.. ..*(Vetado)*.

§ 3º Dos recursos recolhidos ao Banco Nacional da Habitação, serão destinadas anualmente as verbas necessárias ao custeio das atividades do Serviço Federal da Habitação e Urbanismo. ..*(Vetado)*.

Art. 25. O capital do Banco Nacional de Habitação pertencerá integralmente à União Federal.

Parágrafo único. O capital inicial do Banco Nacional da Habitação será de Cr$1 bilhão de cruzeiros.

Art. 26. O Poder Executivo transferirá, dentro de um ano, para o patrimônio do Banco Nacional da Habitação, terrenos de propriedade da União Federal que não sejam necessários aos serviços públicos federais ou que possam ser vendidos, para realizar recursos líquidos destinados ao aumento do Capital do Banco, desde que se prestem à construção de conjuntos residenciais de interesse social.

§ 1º O Banco poderá igualmente receber dos Governos Estaduais, Municipais e particulares ou de entidades de direito privado, estes sob a forma de doações, terras ou terrenos rurais ou urbanos, apropriados para a construção de imóveis.

§ 2º No caso de doações previstas no parágrafo anterior nenhum ônus recairá sobre o doador de terras ou terrenos recebidos pelo Banco.

Art. 27. O Banco Nacional da Habitação será administrado por um Conselho de Administração e uma Diretoria, cujos membros serão nomeados pelo Presidente da República e aprovados pelo Senado Federal.

§ 1º O Conselho de Administração será composto de:

a) o Presidente do Banco Nacional da Habitação, como seu Presidente, e com voto de qualidade;

b) de seis a nove Conselheiros, com mandato de 3 anos cada um;

c) os Diretores do Banco.

§ 2º A Diretoria será composta de:

a) o Presidente do Banco Nacional da Habitação, demissível *ad nutum*;

b) o Diretor-Superintendente com mandato de 4 anos;

c) dois a cinco Diretores com mandato de 4 anos.

Art. 28. Os membros da Diretoria e três dos membros do Conselho de Administração serão escolhidos dentre cidadãos de reconhecida idoneidade moral e comprovada capacidade em assuntos econômico-financeiros, sendo dois outros membros do Conselho de Administração escolhidos dentre os especialistas, respectivamente, em assuntos de saúde pública, de previdência social, e o sexto, o Superintendente do Serviço Federal de Habitação e Urbanismo.

§ 1º *(Vetado).*

§ 2º Os Conselheiros serão anualmente renovados pelo terço e na composição inicial, 1/3 terá mandato de um ano, 1/3 mandato de dois anos e 1/3 mandato de três anos.

§ 3º Na composição inicial da Diretoria, metade dos diretores terá mandato de dois anos.

Art. 29. Compete ao Conselho de Administração:

I – organizar e modificar o regimento interno do Banco, que será aprovado por ato do Ministro da Fazenda;

II – decidir sobre a orientação geral das operações do Banco;

III – exercer as atribuições normativas do Banco, como órgão da orientação, disciplina e controle do sistema financeiro da habitação;

IV – aprovar os orçamentos de custeio, recursos e aplicações do Banco e as normas gerais a serem observadas nos seus serviços;

V – distribuir os serviços do Banco entre os Diretores, observado o disposto nesta Lei;

VI – criar ou extinguir cargo e funções, fixando os respectivos vencimentos e vantagens, mediante proposta do Diretor-Superintendente, bem como dirimir dúvidas quanto aos direitos, vantagens e deveres dos servidores, podendo ainda baixar o Regulamento do Pessoal do Banco;

VII – examinar e aprovar os balancetes e balanços do Banco, financeiros e patrimoniais;

VIII – escolher substitutos no caso de vaga ou impedimento dos Diretores, até que o Presidente da República o faça em caráter efetivo;

IX – examinar e dar parecer sobre a prestação anual das contas do Banco;

X – deliberar sobre os assuntos que lhe forem submetidos pela Diretoria.

Art. 30. Compete à Diretoria:

I – decidir sobre todos os assuntos da direção executiva do Banco, de acordo com o seu Regimento Interno;

II – aprovar as operações do Banco, que excedam os limites fixados pelo Regimento Interno para cada Diretor.

Art. 31. Compete ao Presidente do Banco:

I – representar o Banco em suas relações com terceiros em juízo ou fora dele, sem prejuízo do disposto no artigo 29;

II – convocar extraordinariamente o Conselho e a Diretoria, sempre que necessário;

III – enviar ao Tribunal de Contas, até 31 de janeiro de cada ano, as contas dos administradores do Banco relativas ao exercício anterior, para os fins do artigo 77, II, da Constituição;

IV – enviar ao Tribunal de Contas, até 31 de janeiro de cada ano as contas gerais do Banco relativas ao exercício anterior.

Art. 32. Compete ao Diretor-Superintendente:

I – substituir o Presidente nos seus impedimentos ocasionais, sem prejuízo do exercício normal de suas funções;

II – administrar e dirigir os negócios ordinários do Banco decidindo das operações que se contiverem no limite da sua competência, de acordo com o Regimento Interno;

III – outorgar e aceitar escrituras, ou assinar contratos, conjuntamente com o Presidente ou outro Diretor;

IV – designar, conjuntamente com o Presidente, procuradores com poderes especiais, agentes ou representantes do Banco;

V – praticar os atos referentes à administração do pessoal, podendo delegar poderes, salvo quando se tratar de nomeação, promoção ou demissão;

VI – superintender e coordenar os serviços dos diferentes setores do Banco e zelar pelo fiel cumprimento das deliberações do Conselho de Administração e da Diretoria;

VII – prover, interinamente, até que o Presidente da República o faça em caráter efetivo, as vagas dos membros do Conselho de Administração, cuja substituição não esteja prevista no Regulamento do Banco.

Art. 33. Os Diretores referidos no artigo 27, § 2º, alínea c terão as atribuições que forem determinadas no Regimento Interno.

Art. 34. O pessoal contratado pelo Banco será regido pela Consolidação das Leis do Trabalho e legislação complementar e admitido mediante concurso de provas ou de provas e títulos.

§ 1º Poderão ser requisitados pelo Banco servidores dos quadros do serviço público federal, das autarquias federais, ou de sociedades de economia mista, controladas pelo Governo Federal.

§ 2º *(Vetado).*

CAPÍTULO V – DAS SOCIEDADES DE CRÉDITO IMOBILIÁRIO

Art. 35. As Sociedades de crédito imobiliário são instituições de crédito especializado, dependem de autorização do Banco Nacional da Habitação para funcionar, e estão sujeitas a permanente fiscalização do Governo Federal, através do referido Banco e da Superintendência da Moeda e do Crédito.

§ 1º As sociedades de crédito imobiliário se organizarão sob a forma anônima de ações nominativas, observando nos atos de sua constituição todos os dispositivos legais aplicáveis, mas só poderão dar início às suas atividades após publicação, no Diário Oficial da União, da autorização do Banco Nacional da Habitação.

§ 2º As sociedades de crédito imobiliário serão constituídas com o capital mínimo de 100 milhões de cruzeiros em moeda corrente, na forma da legislação que rege as sociedades anônimas, mas a emissão de autorização para funcionar dependerá da integralização mínima de 50%, mediante débito do BNH.

§ 3º O limite mínimo referido no parágrafo anterior será anualmente atualizado, com base nos índices de que trata o artigo 5º, § 1º.

Art. 36. A autorização para funcionar será concedida por tempo indeterminado, enquanto a sociedade observar as disposições legais e regulamentares em vigor.

§ 1º Somente poderão ser membros dos órgãos da administração e do Conselho Fiscal das sociedades de crédito imobiliário, pessoas de reconhecida idoneidade moral e comercial, sendo que dois diretores deverão comprovar capacidade financeira e técnica.

§ 2º Os diretores somente poderão ser investidos nos seus cargos depois da aprovação pelo Banco Nacional da Habitação, à vista das provas exigidas pela SUMOC para investimento de diretores de estabelecimento bancário em geral.

§ 3º A responsabilidade dos administradores de sociedade de crédito imobiliário é a mesma prevista na lei para os diretores de bancos.

§ 4º A expressão "crédito imobiliário", constará obrigatoriamente da denominação das sociedades referidas neste artigo.

§ 5º As sociedades de crédito imobiliário enviarão para publicação até o 10º dia de cada mês, no Diário Oficial do estado onde funcionarem, os balancetes mensais.

Art. 37. Ficarão sujeitos à prévia aprovação do Banco Nacional da Habitação:

I – as alterações dos estatutos sociais das sociedades de crédito imobiliário;

II – a abertura de agências ou escritórios das referidas sociedades;

III – a cessação de operações da matriz ou das dependências das referidas sociedades.

Art. 38. Os pedidos de autorização para funcionamento, alteração estatutária, abertura ou fechamento de agências ou dependências e aprovação de administradores deverão ser decididos pelo Banco Nacional da Habitação, dentro de 120 dias da sua apresentação e das decisões do Banco caberá recurso voluntário para o Ministro da Fazenda.

Parágrafo único. O regulamento discriminará a documentação a ser apresentada, com os requerimentos referidos neste artigo, podendo o Banco Nacional da Habitação fazer as exigências que considerar de interesse para a apreciação do pedido e fixar prazo razoável para o seu atendimento.

Art. 39. As sociedades de crédito imobiliário somente poderão operar em financiamentos para construção, venda ou aquisição de habitações, mediante:

I – abertura de crédito a favor de empresários que promovam projetos de construção de habitações para venda a prazo;

II – abertura de crédito para a compra ou construção de casa própria com liquidação a prazo de crédito utilizado;

III – desconto, mediante cessão de direitos de receber a prazo o preço da construção ou venda de habitações;

IV – outras modalidades de operações autorizadas pelo Banco Nacional da Habitação.

§ 1º Cada sociedade de crédito imobiliário somente poderá operar com imóveis situados na área geográfica para a qual for autorizada a funcionar.

§ 2º As sociedades de crédito imobiliário não poderão operar em compra e venda ou construção de imóveis, salvo para liquidação de bens que tenham recebido em pagamento dos seus créditos ou no caso dos imóveis necessários a instalação de seus serviços.

§ 3º Nas suas operações as sociedades de crédito imobiliário observarão as normas desta lei e as expedidas pelo Banco Nacional da Habitação, com relação aos limites do valor unitário, prazo, condições de pagamento, juros, garantias, seguro, ágio e deságios na colocação de Letras Imobiliárias e diversificação de aplicações.

§ 4º As disponibilidades das sociedades de crédito imobiliário serão mantidas em depósito no Banco Nacional da Habitação, no Banco do Brasil S.A., nos demais bancos oficiais da União e dos Estados e nas Caixas Econômicas. ..*(Vetado).*

Art. 40. As sociedades de crédito imobiliário não poderão:

a) receber depósitos de terceiros que não sejam proprietários de ações nominativas, a não ser nas condições e nos limites autorizados pelo Banco Nacional da Habitação;

b) tomar empréstimos em moeda nacional ou estrangeira, a não ser nas condições mínimas de prazo e nos limites máximos, em relação ao capital e reservas, estabelecidos pelo Banco Nacional da Habitação;

c) emitir Letras Imobiliárias em valor superior aos limites máximos aprovados pelo Banco Nacional da Habitação em relação ao capital e reservas e ao montante dos créditos em carteira;

d) admitir a movimentação de suas contas por meio de cheques contra ela girados ou emitir cheques na forma do Decreto nº 24.777, de 14 de junho de 1934;

e) possuir participação em outras empresas.

§ 1º O Banco Nacional da Habitação fixará o limite de recursos de terceiros que as sociedades poderão receber, até o máximo de 15 vezes os recursos próprios.

§ 2º O Banco Nacional da Habitação fixará também os limites mínimos de prazo dos vencimentos dos recursos de terceiros recebidos pela sociedade em relação aos prazos de suas aplicações.

Art. 41. O Banco Nacional de Habitação e a SUMOC manterão fiscalização permanente e ampla das Sociedades de Crédito Imobiliário podendo para isso, a qualquer tempo, examinar livros de registros, papéis e documentação de qualquer natureza, atos e contratos.

§ 1º As sociedades são obrigadas a prestar toda e qualquer informação que lhes for solicitada pelo Banco Nacional da Habitação ou pela SUMOC.

§ 2º A recusa, a criação de embaraços, a divulgação ou fornecimento de informações falsas sobre as operações e as condições financeiras da sociedade serão punidas na forma da lei.

§ 3º O Banco Nacional da Habitação e a SUMOC manterão sigilo com relação a documentos e informações que as sociedades de crédito imobiliário lhe fornecerem.

Art. 42. As sociedades de crédito imobiliário são obrigadas a observar o plano de contas e as normas de contabilização aprovadas pelo Banco Nacional da Habitação, bem como a divulgar, em seus relatórios semestrais, as informações mínimas exigidas pelo Banco Nacional da Habitação, quanto às suas condições financeiras.

§ 1º As sociedades de crédito imobiliário são obrigadas a enviar ao Banco Nacional de Habilitação, até o último dia do mês seguinte, cópia do balancete do mês anterior, do balanço semestral e da demonstração de lucros e perdas, bem como prova de envio para publicação das atas de assembleias gerais, dentro de 30 dias da realização destas.

§ 2º O BNH poderá exigir quando a seu critério, considerar necessário, que Sociedades de Crédito Imobiliário se sujeitem à auditoria externa por empresas especializadas por ele aprovadas.

§ 3º As sociedades de crédito imobiliário mencionarão em sua publicidade os respectivos capitais realizados, suas reservas e o total de recursos mutuados aplicados, constantes de seu último balancete mensal.

Art. 43. *(Revogado pela Lei nº 13.506, de 2017)*

CAPÍTULO VI – LETRAS IMOBILIÁRIAS

Arts. 44 a 53. *(Revogados pela Lei nº 13.137, de 2015)*

CAPÍTULO VII – DO SERVIÇO FEDERAL DE HABITAÇÃO E URBANISMO

Art. 54. A Fundação da Casa Popular, criada pelo Decreto-lei nº 9.218, de 1º de maio de 1946, passa a constituir com o seu patrimônio, revogada a legislação que lhe concerne, o "Serviço Federal de Habitação e Urbanismo", entidade autárquica. ... *(Vetado).*

§ 1º O Serviço Federal de Habitação e Urbanismo será dirigido por um Superintendente. *(Vetado).*

§ 2º O Superintendente, de notória competência em matéria de habitação e urbanismo, será nomeado ...*(Vetado)*... pelo Conselho de Administração do Banco Nacional de Habitação.

§ 3º *(Vetado).*

§ 4º Ficam extintos o Conselho Central, o Conselho Técnico e a Junta de Controle da Fundação da Casa Popular.

§ 5º Os servidores do Serviço Nacional de Habitação e Urbanismo serão admitidos no regime da legislação trabalhista. ..*(Vetado).*

§ 6º Os servidores da atual Fundação da Casa Popular serão aproveitados no Serviço Nacional de Habitação e Urbanismo ou em outros serviços de igual regime. (Parte mantida pelo Congresso Nacional)

Art. 55. O Serviço Federal de Habitação e Urbanismo terá as seguintes atribuições:

a) promover pesquisas e estudos relativos ao déficit habitacional, aspectos do planejamento físico, técnico e socioeconômico da habitação;

b) promover, coordenar e prestar assistência técnica a programas regionais e municipais de habitação de interesse social, os quais deverão necessariamente ser acompanhados de programas educativos e de desenvolvimento e organização de comunidade;

c) fomentar o desenvolvimento da indústria de construção, através de pesquisas e assistência técnica, estimulando a iniciativa regional e local;

d) incentivar o aproveitamento de mão-de-obra e dos materiais característicos de cada região;

e) estimular a organização de fundações, cooperativas, mútuas e outras formas associativas em programas habitacionais, propiciando-lhes assistência técnica;

f) incentivar a investigação tecnológica, a formação de técnicos, em qualquer nível, relacionadas com habitação e urbanismo;

g) prestar assistência técnica aos Estados e Municípios na elaboração dos planos diretores, bem como no planejamento da desapropriação por interesse social, de áreas urbanas adequadas a construção de conjuntos habitacionais;

h) promover, em colaboração com o Instituto Brasileiro de Geografia e Estatística, a realização de estatísticas sobre a habitação no país;

i) *(Vetado)*;

j) prestar assistência técnica aos Estados, aos Municípios e às empresas do país para constituição, organização e implantação de entidades de caráter público, de economia mista ou privadas, que terão por objetivo promover a execução de planos habitacionais ou financiá-los, inclusive assisti-los para se candidatarem aos empréstimos do Banco Nacional da Habitação ou das sociedades de crédito imobiliário;

l) prestar assistência técnica na elaboração de planos de emergência, intervindo na normalização de situações provocadas por calamidades públicas;

m) estabelecer normas técnicas para a elaboração de Planos Diretores, de acordo com as peculiaridades das diversas regiões do país;

n) assistir aos municípios na elaboração ou adaptação de seus Planos Diretores às normas técnicas a que se refere o item anterior.

§ 1º Os municípios que não tiverem códigos de obras adaptados às normas técnicas do Serviço Federal de Habitação e Urbanismo ou que aprovarem projetos e planos habitacionais em desacordo com as mesmas normas, não poderão receber recursos provenientes de entidades governamentais, destinados a programas de habitação e urbanismo.

§ 2º *(Vetado)*.

Art. 56. A organização administrativa do Serviço Federal de Habitação e Urbanismo será estabelecida em decreto, devendo ser prevista a sua descentralização regional.

Parágrafo único. *(Vetado)*.

CAPÍTULO VIII – DISPOSIÇÕES GERAIS E TRANSITÓRIAS

Art. 57. *(Revogado pelo Decreto-Lei nº 1.338, de 1974)*.

Art. 58. Ficam isentos do Imposto de Renda, até 31 de dezembro de 1970, os lucros e rendimentos auferidos pelas pessoas físicas ou jurídicas, resultantes de operações de construção e primeira transação, inclusive alienação e locação, relativos aos prédios residenciais que vierem a ser construídos no Distrito Federal, cujo valor não ultrapasse 60 (sessenta) vezes o salário-mínimo da região.

Parágrafo único. Ficam igualmente isentos os mesmos imóveis, pelo mesmo prazo, dos impostos de transmissão, "causa mortis" e "inter vivos" relativos à primeira transferência de propriedade.

Art. 59. São isentos de imposto de selo:

a) a emissão, colocação, transferência, cessão, endosso, inscrição ou averbação de letras imobiliárias;

b) os atos e contratos, de qualquer natureza, entre as entidades que integram o sistema financeiro da habitação;

c) os contratos de que participem entidades integrantes do sistema financeiro da habitação, e que tenham por objeto habitações de menos de 50 metros quadrados, não incluídas as partes comuns, se for o caso, e de valor inferior a 60 vezes o maior salário-mínimo legal vigente no país;

d) os contratos de construção, venda, ou promessa de venda a prazo, promessa de cessão e hipoteca, de habitações que satisfaçam aos requisitos da alínea anterior.

Art. 60. A aplicação da presente lei, pelo seu sentido social, far-se-á de modo a que sejam simplificados todos os processo e métodos pertinentes às respectivas transações, objetivando principalmente:

I – o maior rendimento dos serviços e a segurança e rapidez na tramitação dos processos e papéis;

II – economia de tempo e de emolumentos devidos aos Cartórios;

III – simplificação das escrituras e dos critérios para efeito do Registro de Imóveis.

Art. 61. Para plena consecução do disposto no artigo anterior, as escrituras deverão consignar exclusivamente as cláusulas, termos ou condições variáveis ou específicas.

› *Vide Lei das Escrituras Públicas (Lei 7.433/1985) e seu Decreto Regulamentador (Decreto 93.240/1986)*

§ 1º As cláusulas legais, regulamentares, regimentais ou, ainda, quaisquer normas administrativas ou técnicas e, portanto, comuns a todos os mutuários não figurarão expressamente nas respectivas escrituras.

§ 2º As escrituras, no entanto, consignarão obrigatoriamente que as partes contratantes adotam e se comprometem a cumprir as cláusulas, termos e condições a que se refere o parágrafo anterior, sempre transcritas, verbum ad verbum, no respectivo Cartório ou Ofício, mencionado inclusive o número do Livro e das folhas do competente registro.

§ 3º Aos mutuários, ao receberem os respectivos traslados de escritura, será obrigatoriamente entregue cópia, impressa ou mimeografada, autenticada, do contrato padrão constante das cláusulas, termos e condições referidas no parágrafo 1º deste artigo.

§ 4º Os Cartórios de Registro de Imóveis, obrigatoriamente, para os devidos efeitos legais e jurídicos, receberão, autenticadamente, das pessoas jurídicas mencionadas na presente Lei, o instrumento a que se refere o parágrafo anterior, tudo de modo a facilitar os competentes registros.

§ 5º Os contratos de que forem parte o Banco Nacional de Habitação ou entidades que integrem o Sistema Financeiro da Habitação, bem como as operações efetuadas por determinação da presente Lei, poderão ser celebrados por instrumento particular, os quais poderão ser impressos, não se aplicando aos mesmos as disposições do art. 134, II, do Código Civil, atribuindo-se o caráter de escritura pública, para todos os fins de direito, aos contratos particulares firmados pelas entidades acima citados até a data da publicação desta Lei. *(Incluído pela Lei nº 5.049, de 1966)*.

› *Reporta-se ao Código Civil de 1916*

› *Art. 1º § 1º da Lei 7.433/1985 (Escrituras Públicas)*

§ 6º Os contratos de que trata o parágrafo anterior serão obrigatoriamente rubricados por todas as partes em todas as suas folhas. *(Incluído pela Lei nº 5.049, de 1966)*.

› *Art. 168 da Lei 6.015/1973 (Lei de Registros Públicos)*

§ 7º Todos os contratos, públicos ou particulares, serão obrigatoriamente transcritos no Cartório de Registro de Imóveis competente, dentro do prazo de 15 (quinze) dias, a contar da data de sua assinatura, devendo tal obrigação figurar como cláusula contratual. *(Incluído pela Lei nº 5.049, de 1966)*.

Art. 62. Os oficiais do Registro de Imóveis inscreverão obrigatoriamente, os contratos de promessa de venda, promessa de cessão ou de hipoteca celebrados de acordo com a presente Lei, declarando expressamente que os valores deles constantes são meramente estimativos, estando sujeitos os saldos devedores, assim como as prestações mensais, às correções do valor, determinadas nesta Lei.

› *Art. 168 da Lei 6.015/1973 (Lei de Registros Públicos)*

§ 1º Mediante simples requerimento, firmado por ambas as partes contratantes, os Oficiais do Registro de Imóveis averbarão, à margem das respectivas inscrições, as correções de valores determinados por esta Lei, com indicação do novo valor do preço ou da dívida e do saldo respectivo, bem como da nova prestação contratual.

§ 2º Se o promitente comprador, promitente cessionário ou mutuário se recusar a assinar o requerimento de averbação das correções verificadas, ficará, não obstante, obrigado ao pagamento da nova prestação, podendo a entidade financiadora, se lhe convier, rescindir o contrato, com notificação prévia no prazo de 90 dias.

Art. 63. Os órgãos da administração federal, centralizada ou descentralizada ficam autorizados a firmar acordos ou convênios com as entidades estaduais e municipais, buscando sempre a plena execução da presente Lei e o máximo de cooperação interadministrativa.

Art. 64. O Banco Nacional da Habitação poderá promover desapropriações por utilidade pública ou por interesse social.

Art. 65. A partir da data da vigência desta Lei as Carteiras Imobiliárias dos Institutos de Aposentadoria e Pensões não poderão iniciar novas operações imobiliárias e seus segurados passarão a ser atendidos de conformidade com este diploma legal.

§ 1º Institutos de Aposentadoria e Pensões, as Autarquias em geral, as Fundações, efetuarão, no prazo máximo de 12 (doze) meses, a venda de seus conjuntos e unidades residenciais, em consonância com o Sistema Financeiro da Habitação de que trata esta Lei, de acordo com as instruções expedidas, no prazo de 90 (noventa) dias, conjuntamente, pelo Banco Nacional de Habitação e Departamento Nacional da Previdência Social. *(Redação dada pela Lei nº 5.049, de 1996).*

§ 2º Os recursos provenientes da alienação de que trata o parágrafo anterior serão aplicados na aquisição ou construção de imóveis destinados à instalação de órgãos do Instituto. *(Redação dada pela Lei nº 5.455, de 1968)*

§ 3º Não sendo oportuna a aplicação prevista no parágrafo anterior, os recursos serão aplicados em Letras Imobiliárias, cuja liquidação se fará em 24 (vinte e quatro) parcelas mensais consecutivas, para a aquisição ou construção de edifícios-sede. *(Incluído pela Lei nº 5.455, de 1968)*

§ 4º – Os órgãos referidos no § 1º deste artigo que possuam unidades residenciais em Brasília, conjuntamente com a Caixa Econômica Federal de Brasília, submeterão à aprovação do Presidente da República, por intermédio do Ministro do Planejamento e Coordenação Econômica, no prazo de 90 (noventa) dias, sugestões e normas, em consonância com o sistema Financeiro da Habitação, referentes à sua alienação. *(Redação dada pela Lei nº 5.049, de 1996). (Renumerado pela Lei nº 5.455, de 1968)*

§ 5º Os órgãos de que trata o parágrafo anterior, celebrarão convênio com a Caixa Econômica Federal de Brasília, incumbindo-a da alienação, aos respectivos ocupantes, dos imóveis residenciais que possuírem no Distrito Federal, devendo o produto da operação constituir fundo rotativo destinado a novos investimentos em construções residenciais em Brasília, assegurado às entidades convenientes rateio financeiro anual, que lhes permita a retirada de valores correspondentes no mínimo, a cinquenta por cento (50%) da renda líquida atual, efetivamente realizada, com a locação de tais imóveis. (Renumerado pela Lei nº 5.455, de 1968)

§ 6º Os imóveis residenciais que deixarem de ser alienados aos ocupantes, por desinteresse ou impossibilidade legal dos mesmos, serão objeto de aquisição pela União que poderá para resgatá-los, solicitar a abertura de crédito especial, dar em pagamento imóveis não necessários aos seus serviços ou ações de sua propriedade em empresas de economia mista, mantida, nesta hipótese, a situação majoritária da União. *(Renumerado pela Lei nº 5.455, de 1968)*

§ 7º A administração dos imóveis adquiridos pela União, na forma do parágrafo anterior, será feita pelo Serviço do Patrimônio da União. *(Renumerado pela Lei nº 5.455, de 1968)*

§ 8º Realizadas as operações previstas no parágrafo primeiro, extinguir-se-ão as Carteiras Imobiliárias dos IAPs. (Renumerado pela Lei nº 5.455, de 1968)

§ 9º Os atuais inquilinos ou ocupantes de imóveis residenciais dos IAPs e, sucessivamente, os seus contribuintes, estes inscritos e classificados de acordo com a legislação vigente, terão preferência no atendimento pelos órgãos estatais integrantes do sistema financeiro da habitação. (Renumerado pela Lei nº 5.455, de 1968)

Art. 66. O Ministro do Planejamento adotará as medidas necessárias para a criação de um Fundo de Assistência Habitacional objetivando o financiamento às populações de renda insuficiente, destinando-lhes recursos próprios.

Art. 67. O Banco Nacional da Habitação e o Serviço Federal de Habitação e Urbanismo deverão publicar mensalmente a relação dos servidores admitidos ao seu serviço, a qualquer título, no mês anterior à publicação.

Art. 68. O Poder Executivo baixará os regulamentos necessários à execução desta Lei, inclusive os relativos à extinção dos órgãos federais que vêm exercendo funções e atividades que possam ser por elas reguladas, podendo incorporar serviços, órgãos e departamentos, dispondo sobre a situação dos respectivos servidores e objetivando o enquadramento dos órgãos federais que integram o sistema financeiro da habitação.

Parágrafo único. Dentro do prazo de noventa (90) dias, o Poder Executivo baixará os atos necessários à adaptação do funcionamento das Caixas Econômicas Federais, Caixas Militares e IPASE aos dispositivos desta Lei.

Art. 69. O contrato de promessa de cessão de direitos relativos a imóveis não loteados, sem cláusula de arrependimento e com emissão de posse, uma vez inscrita no Registro Geral de Imóveis, atribui ao promitente cessionário direito real oponível a terceiro e confere direito a obtenção compulsória da escritura definitiva de cessão, aplicando-se, neste caso, no que couber, o disposto no artigo 16 do Decreto-lei nº 58, de 10 de dezembro de 1937, e no artigo 346 do Código do Processo Civil.

- *Arts. 1.225, VII, 1.417 e 1.418 do Código Civil*
- *Art. 168 da Lei 6.015/1973 (Lei de Registros Públicos)*
- *Arts. 16 e 22 do Decreto-lei 59/1937 (Loteamento e venda de terrenos para pagamento em prestações)*

Parágrafo único. O disposto neste artigo se aplica aos contratos em via de execução compulsória, em qualquer instância.

Art. 70. Fica assegurada às Caixas Econômicas Federais, na forma em que o Poder Executivo regulamentar, dentro do prazo previsto no parágrafo único do artigo 68, a exploração da Loteria Federal.

Parágrafo único: *(Revogado pelo Decreto-lei nº 204, de 1967)*

Art. 71. Fica o Poder Executivo autorizado a abrir, pelo Ministério da Fazenda, crédito especial no montante de Cr$1 bilhão, com vigência durante três anos, destinado à integralização gradativa do capital do Banco Nacional da Habitação.

Art. 72. Esta lei entrará em vigor na data da sua publicação, revogadas as disposições em contrário.

Brasília, 21 de agosto de 1964; 143º da Independência e 76º da República.

H. CASTELLO BRANCO

(DOU de 11.9.1964)

LEI Nº 4.519, DE 2 DE DEZEMBRO DE 1964

Dispõe sobre a liquidação por acordo das desapropriações efetuadas no Nordeste e dá outras providências.

- *Vide arts. 167, I, 34; 176, § 8º e 176-A, Lei n. 6.015/1973 (Registros Públicos)*

O PRESIDENTE DA REPÚBLICA,

Faço saber que o CONGRESSO NACIONAL decreta e eu sanciono a seguinte Lei:

Art. 1º A liquidação por acordo das desapropriações, por utilidade pública ou interesse social, necessárias à execução dos programas de obras de defesa contra os efeitos da seca, de bens localizados no Nordeste, regular-se-á por esta lei e demais disposições que não a contrarie.

§ 1º O disposto neste artigo se aplica às desapropriações em consequência de represamento dos rios, nas áreas de interesse do desenvolvimento da produção agrícola, localizadas dentro do polígono federal de secas, compreendendo aquelas a serem cobertas pelas águas açudadas, as destinadas à implantação das barragens, e suas obras complementares, as que serão irrigadas e as que se destinam aos postos agrícolas de fomento da produção situadas estas últimas nas imediações dos açudes.

§ 2º As áreas, objeto do § 1º deste artigo poderão ser acrescidas de uma faixa envoltória com largura máxima de até 500 (quinhentos) metros além dos limites acima definidos.

Art. 2º Após a expedição do decreto declaratório de utilidade pública ou interesse social, será divulgado, em órgão oficial na imprensa do município onde estiver localizada a área objeto da exportação e afixado à porta da respectiva Prefeitura, edital de convocação de quem se julgue proprietário da referida gleba ou titular de quaisquer direitos que sobre a mesma recaiam ou com ela diretamente se relacionem, estabelecendo-o prazo de 30 dias para a necessária comprovação desses direitos.

Parágrafo único. Nesse edital deverá ser caracterizada a área expropriada, sua localização e confrontações, bem assim as benfeitorias nela existentes indicando, separadamente, o valor dessa área e o valor das benfeitorias descritas.

Art. 3º Aos proprietários de bens desapropriados objeto desta lei, será exigido tão somente, a prova da propriedade, a quitação de impostos e a certidão negativa de ônus porventura sobre a mesma incidente.

Art. 4º Em caso de dúvida sobre quem seja o dono das benfeitorias descritas e avaliadas no edital de convocação, o expropriante pagará o preço previsto àquele que apresentar despacho declaratório da autoridade judicial competente, proferido em processo de justificação testemunhal assistido pelo representante da União e promovido pelo interessado nos termos dos arts. 736, 737 e 738 do Código de Processo Civil.

Art. 5º Na hipótese de não se encontrar atualizada a prova de propriedade da área desapropriada, em virtude exclusivamente de demora na conclusão de processo judicial de qualquer espécie, será reconhecido o domínio a quem apresentar decisão judicial em processo complementar de justificação, nos termos do artigo 4º desta lei.

Art. 6º Na hipótese de contestação de direito de propriedade da área desapropriada, o expropriante pagará as benfeitorias existentes e depositará na agência do Banco do Brasil ou da Caixa Econômica Federal mais próxima, o valor do domínio direto referido no edital de convocação dos interessados.

Parágrafo único. Esse depósito só poderá ser movimentado à vista de sentença judicial definitiva declaratória do direito de propriedade.

Art. 7º VETADO.

Parágrafo único. VETADO.

Art. 8º Extinto o prazo do edital a que se refere o art. 2º, ou proferida a sentença na justificação a que se refere o art. 4º, será celebrado o termo de acordo com o interessado e lavrada a escritura de venda ou de permuta, cuja transcrição no Registro de Imóveis possibilitará o pagamento da indenização.

Art. 9º Na hipótese de contestação do domínio direto da área expropriada, feito o depósito a que se refere o art. 6º, será lavrado termo de acordo da parte não contestada e lavrada a respectiva escritura, procedendo-se do mesmo modo, logo que resolvido judicialmente o direito ao domínio.

Parágrafo único. A escritura a que se refere este artigo e o anterior poderá ser formalizada por instrumento particular, valendo como título hábil para a transcrição no Registro de Imóveis, desde que o valor respectivo não exceda de 30 (trinta) vezes o maior salário-mínimo vigente no País. *(Incluído pela Lei nº 6.160, de 1974).*

Art. 10. No prazo de 60 dias, a contar do pagamento a que se referem os artigos anteriores, o expropriante remeterá ao Tribunal de Contas uma das vias do respectivo contrato para o competente registro a posteriori.

Art. 11. Para o cumprimento desta lei fica modificado para Cr$ 2.000.000,00 (dois milhões de cruzeiros) a autorização prevista na letra "g" do art. 11, da Lei nº 4.229, de 1º de junho de 1963.

Art. 12. Todas as despesas do processo de desapropriação amigável na forma desta lei correrão à conta do órgão desapropriante.

Art. 13. O pagamento pelo expropriante, do valor de qualquer área de terreno desapropriada poderá ser feito, no todo ou em parte, com a permuta da referida área com um dos lotes integrantes da área desapropriada disponível.

Art. 14. Nas desapropriações previstas nesta lei, serão excluídas da indenização as valorizações decorrentes de obras hidráulicas ou complementares construídas pelo Poder Público ou por ele projetadas.

Parágrafo único. Entende-se por obras complementares todas as obras públicas que contribuam para o aproveitamento racional da terra e da água nas áreas de irrigação.

Art. 15. Em face do previsto nesta lei, os acordos relativos às desapropriações no Nordeste, necessários à execução dos programas de obras de defesa contra os efeitos das secas, só poderão ser ajustados, pessoalmente, com os interessados, aos quais, também pessoalmente, deverão ser pagas as indenizações relativas a qualquer desapropriação.

Art. 16. As autoridades judiciais marcarão no mínimo todos os prazos legais em quaisquer processos decorrentes do cumprimento desta lei.

Art. 17. A liquidação por acordo, de que trata a presente lei, se estende, no que for aplicável, às desapropriações decorrentes da execução de obras compreendidas no programa de eletrificação do País, das quais participa a União direta ou indiretamente.

Art. 18. As disposições desta lei se aplicam, inclusive, às desapropriações ainda em andamento.

Art. 19. Esta lei entra em vigor na data de sua publicação.

Art. 20. Revogam-se as disposições em contrário.

Brasília, 2 de dezembro de 1964;
143º da Independência e 76º da República.
H. CASTELLO BRANCO
(DOU de 7.12.1964)

LEI Nº 4.591, DE 16 DE DEZEMBRO DE 1964

Dispõe sobre o condomínio em edificações e as incorporações imobiliárias.

- *Arts. 1.331 a 1.358-A, Código Civil*
- *Art. 167, I, 17, 18, 23, LRP*
- *Art. 167, II, 6, LRP*
- *Art. 237-A, LRP*
- *Art. 255, LRP*
- *Art. 440-AN, Prov. CNJ n. 149/2023 (CNN)*

O PRESIDENTE DA REPÚBLICA

Faço saber que o Congresso Nacional decreta e eu sanciono a seguinte Lei:

TÍTULO I – DO CONDOMÍNIO

Art. 1º As edificações ou conjuntos de edificações, de um ou mais pavimentos, construídos sob a forma de unidades isoladas entre si, destinadas a fins residenciais ou não-residenciais, poderão ser alienados, no todo ou em parte, objetivamente considerados, e constituirá, cada unidade, propriedade autônoma sujeita às limitações desta Lei.

§ 1º Cada unidade será assinalada por designação especial, numérica ou alfabética, para efeitos de identificação e discriminação.

§ 2º A cada unidade caberá, como parte inseparável, uma fração ideal do terreno e coisas comuns, expressa sob forma decimal ou ordinária.

Art. 2º Cada unidade com saída para a via pública, diretamente ou por processo de passagem comum, será sempre tratada como objeto de propriedade exclusiva, qualquer que seja o número de suas peças e sua destinação, inclusive (VETADO) edifício-garagem, com ressalva das restrições que se lhe imponham.

- *Súmula 449 do Superior Tribunal de Justiça*

§ 1º O direito à guarda de veículos nas garagens ou locais a isso destinados nas edificações ou conjuntos de edificações será tratado como objeto de propriedade exclusiva, com ressalva das restrições que ao mesmo sejam impostas por instrumentos contratuais adequados, e será vinculada à unidade habitacional a que corresponder, no caso de não lhe ser atribuída fração ideal específica de terreno. *(Parágrafo acrescido pela Lei nº 4.864, de 29/11/1965)*

§ 2º O direito de que trata o § 1º deste artigo poderá ser transferido a outro condômino, independentemente da alienação da unidade a que corresponder, vedada sua transferência a pessoas estranhas ao condomínio. *(Parágrafo acrescido pela Lei nº 4.864, de 29/11/1965)*

§ 3º Nos edifícios-garagem, às vagas serão atribuídas frações ideais de terreno específicas. *(Parágrafo acrescido pela Lei nº 4.864, de 29/11/1965)*

Art. 3º O terreno em que se levantam a edificação ou o conjunto de edificações e suas instalações, bem como as fundações, paredes externas, o teto, as áreas internas de ventilação, e tudo o mais que sirva a qualquer dependência de uso comum dos proprietários ou titulares de direito à aquisição de unidades ou ocupantes, constituirão condomínio de todos, e serão insuscetíveis de divisão, ou de alienação destacada da respectiva unidade. Serão, também, insuscetíveis de utilização exclusiva por qualquer condômino (VETADO).

Art. 4º A alienação de cada unidade, a transferência de direitos pertinentes à sua aquisição e a constituição de direitos reais sobre ela independerão do consentimento dos condôminos, (VETADO). *(Retificado no DOU de 1/2/1965)*

Parágrafo único. A alienação ou transferência de direitos de que trata este artigo dependerá de prova de quitação das obrigações do alienante para com o respectivo condomínio. *(Parágrafo com redação dada pela Lei nº 7.182, de 27/3/1984)*

Art. 5º O condomínio por meação de parede, soalhos, e tetos das unidades isoladas, regular-se-á pelo disposto no Código Civil, no que lhe for aplicável.

- *Arts. 1.327 a 1.330 do Código Civil*

Art. 6º Sem prejuízo do disposto nesta Lei, regular-se-á pelas disposições de direito comum o condomínio por quota ideal de mais de uma pessoa sobre a mesma unidade autônoma.

- *Arts. 1.314 a 1.358 do Código Civil*

Art. 7º O condomínio por unidades autônomas instituir-se-á por ato entre vivos ou por testamento, com inscrição obrigatória no Registro de Imóvel, dele constando; a individualização de cada unidade, sua identificação e discriminação, bem como a fração ideal sobre o terreno e partes comuns, atribuída a cada unidade, dispensando-se a descrição interna da unidade.

- *Arts. 167, I-17 da Lei 6.015/1973*

Art. 8º Quando, em terreno onde não houver edificação, o proprietário, o promitente comprador, o cessionário deste ou o promitente cessionário sobre ele desejar erigir mais de uma edificação, observar-se-á também o seguinte:

‣ *Art. 9º § 4º*

a) em relação às unidades autônomas que se constituírem em casas térreas ou assobradadas, será discriminada a parte do terreno ocupada pela edificação e também aquela eventualmente reservada como de utilização exclusiva dessas casas, como jardim e quintal, bem assim a fração ideal do todo do terreno e de partes comuns, que corresponderá às unidades;

b) em relação às unidades autônomas que constituírem edifícios de dois ou mais pavimentos, será discriminada a parte do terreno ocupada pela edificação, aquela que eventualmente for reservada como de utilização exclusiva, correspondente às unidades do edifício, e ainda a fração ideal do todo do terreno e de partes comuns, que corresponderá a cada uma das unidades;

c) serão discriminadas as partes do total do terreno que poderão ser utilizadas em comum pelos titulares de direito sobre os vários tipos de unidades autônomas;

d) serão discriminadas as áreas que se constituírem em passagem comum para as vias públicas ou para as unidades entre si.

CAPÍTULO II – DA CONVENÇÃO DE CONDOMÍNIO

Art. 9º Os proprietários, promitentes compradores, cessionários ou promitentes cessionários dos direitos pertinentes à aquisição de unidades autônomas, em edificações a serem construídas, em construção ou já construídas, elaborarão, por escrito, a Convenção de condomínio, e deverão, também, por contrato ou por deliberação em assembleia, aprovar o Regimento Interno da edificação ou conjunto de edificações.

§ 1º Far-se-á o registro da Convenção no Registro de Imóveis, bem como a averbação das suas eventuais alterações.

‣ *Arts. 167, I-17 da Lei 6.015/1973*

‣ *Art. 440-AN, Prov. CNJ n. 149/2023 (CNN)*

§ 2º Considera-se aprovada, e obrigatória para os proprietários de unidades, promitentes compradores, cessionários e promitentes cessionários, atuais e futuros, como para qualquer ocupante, a Convenção que reuna as assinaturas de titulares de direitos que representem, no mínimo, 2/3 das frações ideais que compõem o condomínio.

§ 3º Além de outras normas aprovadas pelos interessados, a Convenção deverá conter:

a) a discriminação das partes de propriedade exclusiva, e as de condomínio, com especificações das diferentes áreas;

b) o destino das diferentes partes;

c) o modo de usar as coisas e serviços comuns;

d) encargos, forma e proporção das contribuições dos condôminos para as despesas de custeio e para as extraordinárias;

e) o modo de escolher o síndico e o Conselho Consultivo;

f) as atribuições do síndico, além das legais;

g) a definição da natureza gratuita ou remunerada de suas funções;

h) o modo e o prazo de convocação das assembleias gerais dos condôminos;

i) o *quorum* para os diversos tipos de votações;

j) a forma de contribuição para constituição de fundo de reserva;

l) a forma e o *quorum* para as alterações de convenção;

m) a forma e o *quorum* para a aprovarão do Regimento Interno quando não incluídos na própria Convenção.

§ 4º No caso de conjunto de edificações, a que se refere o art. 8º, a convenção de condomínio fixará os direitos e as relações de propriedade entre os condôminos das várias edificações, podendo estipular formas pelas quais se possam desmembrar e alienar porções do terreno, inclusive as edificadas. *(Parágrafo acrescido pela Lei nº 4.864, de 29/11/1965)*

Art. 10. É defeso a qualquer condômino:

I - alterar a forma externa da fachada;

II - decorar as partes e esquadriais externas com tonalidades ou cores diversas das empregadas no conjunto da edificação;

III - destinar a unidade a utilização diversa de finalidade do prédio, ou usá-la de forma nociva ou perigosa ao sossego, à salubridade e à segurança dos demais condôminos;

IV - embaraçar o uso das partes comuns.

§ 1º O transgressor ficará sujeito ao pagamento de multa prevista na convenção ou no regulamento do condomínio, além de ser compelido a desfazer a obra ou abster-se da prática do ato, cabendo, ao síndico, com autorização judicial, mandar desmanchá-la, à custa do transgressor, se este não a desfizer no prazo que lhe for estipulado.

§ 2º O proprietário ou titular de direito à aquisição de unidade poderá fazer obra que (VETADO) ou modifique sua fachada, se obtiver a aquiescência da unanimidade dos condôminos. *(Retificado no DOU de 1/2/1965)*

Art. 11. Para efeitos tributários, cada unidade autônoma será tratada como prédio isolado, contribuindo o respectivo condômino, diretamente, com as importâncias relativas aos impostos e taxas federais, estaduais e municipais, na forma dos respectivos lançamentos.

CAPÍTULO III – DAS DESPESAS DO CONDOMÍNIO

Art. 12. Cada condômino concorrerá nas despesas do condomínio, recolhendo, nos prazos previstos na Convenção, a quota-parte que lhe couber em rateio.

§ 1º Salvo disposição em contrário na Convenção, a fixação da quota no rateio corresponderá à fração ideal de terreno de cada unidade.

§ 2º Cabe ao síndico arrecadar as contribuições competindo-lhe promover, por via executiva, a cobrança judicial das quotas atrasadas.

§ 3º O condômino que não pagar a sua contribuição no prazo fixado na Convenção fica sujeito ao juro moratório de 1% ao mês, e multa de até 20% sobre o débito, que será atualizado, se o estipular a Convenção, com a aplicação dos índices de correção monetária levantados pelo Conselho Nacional de Economia, no caso da mora por período igual ou superior a seis meses.

§ 4º As obras que interessarem à estrutura integral da edificação ou conjunto de edificações, ou ao serviço comum, serão feitas com o concurso pecuniário de todos os proprietários ou titulares de direito à aquisição de unidades, mediante orçamento prévio aprovado em assembleia-geral, podendo incumbir-se de sua execução o síndico, ou outra pessoa, com aprovação da assembleia.

§ 5º A renúncia de qualquer condômino aos seus direitos, em caso algum valerá como escusa para exonerá-lo de seus encargos.

CAPÍTULO IV – DO SEGURO, DO INCÊNDIO, DA DEMOLIÇÃO E DA RECONSTRUÇÃO OBRIGATÓRIA

Art. 13. Proceder-se-á ao seguro da edificação ou do conjunto de edificações, neste caso, discriminadamente, abrangendo todas as unidades autônomas e partes comuns, contra incêndio ou outro sinistro que cause destruição no todo ou em parte, computando-se o prêmio nas despesas ordinárias do condomínio.

Parágrafo único. O seguro de que trata este artigo será obrigatoriamente feito dentro de 120 dias, contados da data da concessão do *habite-se*, sob pena de ficar o condomínio sujeito à multa mensal equivalente a 1/12 do imposto predial, cobrável executivamente pela Municipalidade.

Art. 14. Na ocorrência de sinistro total, ou que destrua mais de dois terços de uma edificação, seus condôminos reunir-se-ão em assembleia especial, e deliberarão sobre a sua reconstrução ou venda do terreno e materiais, por *quorum* mínimo de votos que representem metade, mais uma das frações ideais do respectivo terreno.

§ 1º Rejeitada a proposta de reconstrução, a mesma assembleia, ou outra para este fim convocada, decidirá, pelo mesmo *quorum*, do destino a ser dado ao terreno, e aprovará a partilha do valor do seguro entre os condôminos, sem prejuízo do que receber cada um pelo seguro facultativo de sua unidade.

§ 2º Aprovada, a reconstrução será feita, guardados, obrigatoriamente, o mesmo destino, a mesma forma externa e a mesma disposição interna.

§ 3º Na hipótese do parágrafo anterior, a minoria não poderá ser obrigada a contribuir para a reedificação, caso em que a maioria poderá adquirir as partes dos dissidentes, mediante avaliação judicial, feita em vistoria.

Art. 15. Na hipótese de que trata o § 3º do artigo antecedente, à maioria poderão ser adjudicadas, por sentença, as frações ideais da minoria.

‣ *Art. 17*

§ 1º Como condição para o exercício da ação prevista neste artigo, com a inicial, a maioria oferecerá e depositará, à disposição do Juízo, as importâncias arbitradas na vistoria para avaliação, prevalecendo as de eventual desempatador.

§ 2º Feito o depósito de que trata o parágrafo anterior, o Juiz, liminarmente, poderá autorizar a adjudicação à maioria, e a minoria poderá levantar as importâncias depositadas; o Oficial de Registro de Imóveis, nestes casos, fará constar do registro que a adjudicação foi resultante de medida liminar.

§ 3º Feito o depósito, será expedido o mandado de citação, com o prazo de dez dias para a contestação, VETADO.

§ 4º Se não contestado, o Juiz, imediatamente, julgará o pedido.

§ 5º Se contestado o pedido, seguirá o processo o rito ordinário.

§ 6º Se a sentença fixar valor superior ao da avaliação feita na vistoria, o condomínio em execução restituirá à minoria a respectiva diferença, acrescida de juros de mora à prazo de 1% ao mês, desde a data da concessão de eventual liminar, ou pagará o total devido, com os juros da mora a conter da citação.

§ 7º Transitada em julgado a sentença, servirá ela de título definitivo para a maioria, que deverá registrá-la no Registro de Imóveis.

§ 8º A maioria poderá pagar e cobrar da minoria, em execução de sentença, encargos fiscais necessários à adjudicação definitiva a cujo pagamento se recusar a minoria.

Art. 16. Em caso de sinistro que destrua menos de dois terços da edificação, o síndico promoverá o recebimento do seguro e a reconstrução ou os reparos nas partes danificadas.

Art. 17. Os condôminos que representem, pelo menos 2/3 (dois terços) do total de unidades isoladas e frações ideais correspondentes a 80% (oitenta por cento) do terreno e coisas comuns poderão decidir sobre a demolição e reconstrução do prédio, ou sua alienação, por motivos urbanísticos ou arquitetônicos, ou, ainda, no caso de condenação do edifício pela autoridade pública, em razão de sua insegurança ou insalubridade. *("Caput" do artigo com redação dada pela Lei nº 6.709, de 31/10/1979)*

§ 1º A minoria não fica obrigada a contribuir para as obras, mas assegura-se à maioria o direito de adquirir as partes dos dissidentes, mediante avaliação judicial, aplicando-se o processo previsto no art. 15. *(Parágrafo único transformado em § 1º pela Lei nº 6.709, de 31/10/1979)*

§ 2º Ocorrendo desgaste, pela ação do tempo, das unidades habitacionais de uma edificação, que deprecie seu valor unitário em relação ao valor global do terreno onde se acha construída, os condôminos, pelo *quorum* mínimo de votos que representem 2/3 (dois terços) das unidades isoladas e frações ideais correspondentes a 80% (oitenta por cento) do terreno e coisas comuns, poderão decidir por sua alienação total, procedendo-se em relação à minoria na forma estabelecida no art. 15, e seus parágrafos, desta Lei. *(Parágrafo acrescido pela Lei nº 6.709, de 31/10/1979)*

§ 3º Decidida por maioria a alienação do prédio, o valor atribuído à quota dos condôminos vencidos será correspondente ao preço efetivo, e, no mínimo, à avaliação prevista no § 2º ou, a critério desses, a imóvel localizado em área próxima ou adjacente com a mesma área útil de construção. *(Parágrafo acrescido pela Lei nº 6.709, de 31/10/1979)*

Art. 18. A aquisição parcial de uma edificação, ou de um conjunto de edificações, ainda que por força de desapropriação, importará no ingresso do adquirente no condomínio, ficando sujeito às disposições desta lei, bem assim às da convenção do condomínio e do regulamento interno. *(Artigo com redação dada pelo Decreto-Lei nº 981, de 21/10/1969)*

CAPÍTULO V – UTILIZAÇÃO DA EDIFICAÇÃO OU DO CONJUNTO DE EDIFICAÇÕES

Art. 19. Cada condômino tem o direito de usar e fruir, com exclusividade, de sua unidade autônoma, segundo suas conveniências e interesses, condicionados, umas e outros às normas de boa vizinhança, e poderá usar as partes e coisas comuns de maneira a não causar dano ou incômodo aos demais condôminos ou moradores, nem obstáculo ou embaraço ao bom uso das mesmas partes por todos.

Parágrafo único. VETADO.

Art. 20. Aplicam-se ao ocupante do imóvel, a qualquer título, todas as obrigações referentes ao uso, fruição e destino da unidade.

Art. 21. A violação de qualquer dos deveres estipulados na Convenção sujeitará o infrator à multa fixada na própria Convenção ou no Regimento Interno, sem prejuízo da responsabilidade civil ou criminal que, no caso, couber.

Parágrafo único. Compete ao síndico a iniciativa do processo e a cobrança da multa, por via executiva, em benefício do condomínio, e, em caso de omitir-se ele, a qualquer condômino.

CAPÍTULO VI – DA ADMINISTRAÇÃO DO CONDOMÍNIO

Art. 22. Será eleito, na forma prevista pela Convenção, um síndico do condomínio, cujo mandato não poderá exceder de 2 anos, permitida a reeleição.

§ 1º Compete ao síndico:

a) representar ativa e passivamente, o condomínio, em juízo ou fora dele, e praticar os atos de defesa dos interesses comuns, nos limites das atribuições conferidas por esta Lei ou pela Convenção;

b) exercer a administração interna da edificação ou do conjunto de edificações, no que respeita à sua vigência, moralidade e segurança, bem como aos serviços que interessam a todos os moradores;

c) praticar os atos que lhe atribuirem as leis a Convenção e o Regimento Interno;

d) impor as multas estabelecidas na Lei, na Convenção ou no Regimento Interno;

e) cumprir e fazer cumprir a Convenção e o Regimento Interno, bem como executar e fazer executar as deliberações da assembleia;

f) prestar contas à assembleia dos condôminos.

g) manter guardada durante o prazo de cinco anos, para eventuais necessidade de verificação contábil, toda a documentação relativa ao condomínio. *(Alínea acrescida pela Lei nº 6.434, de 15/7/1977)*

§ 2º As funções administrativas podem ser delegadas a pessoas de confiança do síndico, e sob a sua inteira responsabilidade, mediante aprovação da assembleia geral dos condôminos.

§ 3º A Convenção poderá estipular que dos atos do síndico caiba recurso para a assembleia, convocada pelo interessado.

§ 4º Ao síndico, que poderá ser condômino ou pessoa física ou jurídica estranha ao condomínio, será fixada a remuneração pela mesma assembleia que o eleger, salvo se a Convenção dispuser diferentemente.

§ 5º O síndico poderá ser destituído, pela forma e sob as condições previstas na Convenção, ou, no silêncio desta pelo voto de dois terços dos condôminos, presentes, em assembleia-geral especialmente convocada.

§ 6º A Convenção poderá prever a eleição de subsíndicos, definindo-lhes atribuições e fixando-lhes o mandato, que não poderá exceder de 2 anos, permitida a reeleição. *(Retificado no DOU de 1/2/1965)*

Art. 23. Será eleito, na forma prevista na Convenção, um Conselho Consultivo, constituído de três condôminos, com mandatos que não poderão exceder de 2 anos, permitida a reeleição.

Parágrafo único. Funcionará o Conselho como órgão consultivo do síndico, para assessorá-lo na solução dos problemas que digam respeito ao condomínio, podendo a Convenção definir suas atribuições específicas.

CAPÍTULO VII – DA ASSEMBLEIA GERAL

Art. 24. Haverá, anualmente, uma assembleia geral ordinária dos condôminos, convocada pelo síndico na forma prevista na Convenção, à qual compete, além das demais matérias inscritas na ordem do dia, aprovar, por maioria dos presentes, as verbas para as despesas de condomínio, compreendendo as de conservação da edificação ou conjunto de edificações, manutenção de seus serviços e correlatas.

§ 1º As decisões da assembleia, tomadas, em cada caso, pelo *quorum* que a Convenção fixar, obrigam todos os condôminos.

§ 2º O síndico, nos oito dias subsequentes à assembleia, comunicará aos condôminos o que tiver sido deliberado, inclusive no tocante à previsão orçamentária, o rateio das despesas, e promoverá a arrecadação, tudo na forma que a Convenção previr.

§ 3º Nas assembleias gerais, os votos serão proporcionais às frações ideais do terreno e partes comuns, pertencentes a cada condômino, salvo disposição diversa da Convenção.

§ 4º Nas decisões da Assembleia que não envolvam despesas extraordinárias do condomínio, o locatário poderá votar, caso o condomínio-locador a ela não compareça. *(Parágrafo acrescido pela Lei nº 8.245, de 18/10/1991 e com nova redação dada pela Lei nº 9.267, de 25/3/1996)*

› *Art. 83 da Lei 8.245/1991 (Lei das Locações)*

Art. 25. Ressalvado o disposto no § 3º do art. 22, poderá haver assembleias gerais extraordinárias, convocadas pelo síndico ou por condôminos que representem um quarto, no mínimo do condomínio, sempre que o exigirem os interesses gerais.

Parágrafo único. Salvo estipulação diversa da Convenção, esta só poderá ser modificada em assembleia geral extraordinária, pelo voto mínimo de condôminos que representem 2/3 do total das frações ideais. *(Retificado no DOU de 1/2/1965)*

Art. 26. VETADO.

Art. 27. Se a assembleia não se reunir para exercer qualquer dos poderes que lhe competem, 15 dias após o pedido de convocação, o Juiz decidirá a respeito, mediante requerimento dos interessados.

TÍTULO II – DAS INCORPORAÇÕES

CAPÍTULO I – DISPOSIÇÕES GERAIS

Art. 28. As incorporações imobiliárias, em todo o território nacional, reger-se-ão pela presente Lei.

Parágrafo único. Para efeito desta Lei, considera-se incorporação imobiliária a atividade exercida com o intuito de promover e realizar a construção, para alienação total ou parcial, de edificações ou conjunto de edificações compostas de unidades autônomas, VETADO.

Art. 29. Considera-se incorporador a pessoa física ou jurídica, comerciante ou não, que embora não efetuando a construção, compromisse ou efetive a venda de frações ideais de terreno objetivando a vinculação de tais frações a unidades autônomas, VETADO em edificações a serem construídas ou em construção sob regime condominial, ou que meramente aceite propostas para efetivação de tais transações, coordenando e levando a termo a incorporação e responsabilizando-se, conforme o caso, pela entrega, a certo prazo, preço e determinadas condições, das obras concluídas.

Parágrafo único. Presume-se a vinculação entre a alienação das frações do terreno e o negócio de construção, se, ao ser contratada a venda, ou promessa de venda ou de cessão das frações de terreno, já houver sido aprovado e estiver em vigor, ou pender de aprovação de autoridade administrativa, o respectivo projeto de construção, respondendo o alienante como incorporador.

Art. 30. Estende-se a condição de incorporador aos proprietários e titulares de direitos aquisitivos que contratem a construção de edifícios que se destinem a constituição em condomínio, sempre que iniciarem as alienações antes da conclusão das obras.

Arts. 30-A a 30-G. *(Revogados pela Lei nº 10.931, de 2004)*

› *Arts. 31-A a 31-F*

Art. 31. A iniciativa e a responsabilidade das incorporações imobiliárias caberão ao incorporador, que somente poderá ser:

a) o proprietário do terreno, o promitente comprador, o cessionário deste ou promitente cessionário com título que satisfaça os requisitos da alínea *a* do art. 32;

b) o construtor (Decreto número 23.569, de 11-12-33, e 3.995, de 31 de dezembro de 1941, e Decreto-lei número 8.620, de 10 de janeiro de 1946) ou corretor de imóveis (Lei nº 4.116, de 27-8-62).

› *A Lei 4.116/1962 foi revogada pela Lei 6.520/1978*

c) o ente da Federação imitido na posse a partir de decisão proferida em processo judicial de desapropriação em curso ou o cessionário deste, conforme comprovado mediante registro no registro de imóveis competente. *(Alínea acrescida pela Medida Provisória nº 514, de 1/12/2010, com redação dada pela Lei nº 12.424, de 16/6/2011)*

§ 1º No caso da alínea *b*, o incorporador será investido, pelo proprietário de terreno, o promitente comprador e cessionário deste ou o promitente cessionário, de mandato outorgado por instrumento público, onde se faça menção expressa desta Lei e se transcreva o disposto no § 4º, do art. 35, para concluir todos os negócios tendentes à alienação das frações ideais de terreno, mas se obrigará pessoalmente pelos atos que praticar na qualidade de incorporador.

§ 2º Nenhuma incorporação poderá ser proposta à venda sem a indicação expressa do incorporador, devendo também seu nome permanecer indicado ostensivamente no local da construção.

§ 3º Toda e qualquer incorporação, independentemente da forma por que seja constituída, terá um ou mais incorporadores solidariamente responsáveis, ainda que em fase subordinada a período de carência, referido no art. 34.

› *Arts. 275 a 285 do Código Civil*

CAPÍTULO I-A – DO PATRIMÔNIO DE AFETAÇÃO

› *(Capítulo acrescido pela Lei nº 10.931, de 2/8/2004)*

Art. 31-A. A critério do incorporador, a incorporação poderá ser submetida ao regime da afetação, pelo qual o terreno e as acessões objeto de incorporação imobiliária, bem como os demais bens e direitos a ela vinculados, manter-se-ão apartados do patrimônio do incorporador e constituirão patrimônio de afetação, destinado à consecução da incorporação correspondente e à entrega das unidades imobiliárias aos respectivos adquirentes.

§ 1º O patrimônio de afetação não se comunica com os demais bens, direitos e obrigações do patrimônio geral do incorporador ou de outros patrimônios de afetação por ele constituídos e só responde por dívidas e obrigações vinculadas à incorporação respectiva.

§ 2º O incorporador responde pelos prejuízos que causar ao patrimônio de afetação.

§ 3º Os bens e direitos integrantes do patrimônio de afetação somente poderão ser objeto de garantia real em operação de crédito cujo produto seja integralmente destinado à consecução da edificação correspondente e à entrega das unidades imobiliárias e de suas pertenças aos respectivos adquirentes.

› *Redação dada pela Lei nº 14.620, de 2023*

§ 4º No caso de cessão, plena ou fiduciária, de direitos creditórios oriundos da comercialização das unidades imobiliárias componentes da incorporação, o produto da cessão também passará a integrar o patrimônio de afetação, observado o disposto no § 6º.

§ 5º As quotas de construção correspondentes a acessões vinculadas a frações ideais serão pagas pelo incorporador até que a responsabilidade pela sua construção tenha sido assumida por terceiros, nos termos da parte final do § 6º do art. 35.

§ 6º Os recursos financeiros integrantes do patrimônio de afetação serão utilizados para pagamento ou reembolso das despesas inerentes à incorporação.

§ 7º O reembolso do preço de aquisição do terreno somente poderá ser feito quando da alienação das unidades autônomas, na proporção das respectivas frações ideais, considerando-se tão-somente os valores efetivamente recebidos pela alienação.

§ 8º Excluem-se do patrimônio de afetação:

I - os recursos financeiros que excederem a importância necessária à conclusão da obra (art. 44), considerando-se os valores a receber até sua conclusão e, bem assim, os recursos necessários à quitação de financiamento para a construção, se houver; e

II - o valor referente ao preço de alienação da fração ideal de terreno de cada unidade vendida, no caso de incorporação em que a construção seja contratada sob o regime por empreitada (art. 55) ou por administração (art. 58).

§ 9º No caso de conjuntos de edificações de que trata o art. 8º, poderão ser constituídos patrimônios de afetação separados, tantos quantos forem os:

I - subconjuntos de casas para as quais esteja prevista a mesma data de conclusão (art. 8º, alínea *a*); e

II - edifícios de dois ou mais pavimentos (art. 8º, alínea *b*).

§ 10. A constituição de patrimônios de afetação separados de que trata o § 9º deverá estar declarada no memorial de incorporação.

§ 11. Nas incorporações objeto de financiamento, a comercialização das unidades deverá contar com a anuência da instituição financiadora ou deverá ser a ela cientificada, conforme vier a ser estabelecido no contrato de financiamento.

§ 12. A contratação de financiamento e constituição de garantias, inclusive mediante transmissão, para o credor, da propriedade fiduciária sobre as unidades imobiliárias integrantes da incorporação, bem como a cessão, plena ou fiduciária, de direitos creditórios decorrentes da comercialização dessas unidades, não implicam a transferência para o credor de nenhuma das obrigações ou responsabilidades do cedente, do incorporador ou do construtor, permanecendo estes como únicos responsáveis pelas obrigações e pelos deveres que lhes são imputáveis. *(Artigo acrescido pela Lei nº 10.931, de 2/8/2004)*

Art. 31-B. Considera-se constituído o patrimônio de afetação mediante averbação, a qualquer tempo, no Registro de Imóveis, de termo firmado pelo incorporador e, quando for o caso, também pelos titulares de direitos reais de aquisição sobre o terreno.

Parágrafo único. A averbação não será obstada pela existência de ônus reais que tenham sido constituídos sobre o imóvel objeto da incorporação para garantia do pagamento do preço de sua aquisição ou do cumprimento de obrigação de construir o empreendimento. *(Artigo acrescido pela Lei nº 10.931, de 2/8/2004)*

Art. 246, LRP.

Art. 31-C. A Comissão de Representantes e a instituição financiadora da construção poderão nomear, às suas expensas, pessoa física ou jurídica para fiscalizar e acompanhar o patrimônio de afetação.

§ 1º A nomeação a que se refere o *caput* não transfere para o nomeante qualquer responsabilidade pela qualidade da obra, pelo prazo de entrega do imóvel ou por qualquer outra obrigação decorrente da responsabilidade do incorporador ou do construtor, seja legal ou a oriunda dos contratos de alienação das unidades imobiliárias, de construção e de outros contratos eventualmente vinculados à incorporação.

§ 2º A pessoa que, em decorrência do exercício da fiscalização de que trata o *caput* deste artigo, obtiver acesso às informações comerciais, tributárias e de qualquer outra natureza referentes ao patrimônio afetado responderá pela falta de zelo, dedicação e sigilo destas informações.

§ 3º A pessoa nomeada pela instituição financiadora deverá fornecer cópia de seu relatório ou parecer à Comissão de Representantes, a requerimento desta, não constituindo esse fornecimento quebra de sigilo de que trata o § 2º deste artigo. *(Artigo acrescido pela Lei nº 10.931, de 2/8/2004)*

Art. 31-D. Incumbe ao incorporador:

I - promover todos os atos necessários à boa administração e à preservação do patrimônio de afetação, inclusive mediante adoção de medidas judiciais;

II - manter apartados os bens e direitos objeto de cada incorporação;

III - diligenciar a captação dos recursos necessários à incorporação e aplicá-los na forma prevista nesta Lei, cuidando de preservar os recursos necessários à conclusão da obra;

IV - entregar à Comissão de Representantes, no mínimo a cada três meses, demonstrativo do estado da obra e de sua correspondência com o prazo pactuado ou com os recursos financeiros que integrem o patrimônio de afetação recebidos no período, firmados por profissionais habilitados, ressalvadas eventuais modificações sugeridas pelo incorporador e aprovadas pela Comissão de Representantes;

V - manter e movimentar os recursos financeiros do patrimônio de afetação em conta de depósito aberta especificamente para tal fim;

VI - entregar à Comissão de Representantes balancetes coincidentes com o trimestre civil, relativos a cada patrimônio de afetação;

VII - assegurar à pessoa nomeada nos termos do art. 31-C o livre acesso à obra, bem como aos livros, contratos, movimentação da conta de depósito exclusiva referida no inciso V deste artigo e quaisquer outros documentos relativos ao patrimônio de afetação; e

VIII - manter escrituração contábil completa, ainda que esteja desobrigado pela legislação tributária. *(Artigo acrescido pela Lei nº 10.931, de 2/8/2004)*

Art. 31-E. O patrimônio de afetação extinguir-se-á pela: *("Caput" do artigo acrescido pela Lei nº 10.931, de 2/8/2004)*

I - averbação da construção, registro dos títulos de domínio ou de direito de aquisição em nome dos respectivos adquirentes e, quando for o caso, extinção das obrigações do incorporador perante a instituição financiadora do empreendimento; *(Inciso acrescido pela Lei nº 10.931, de 2/8/2004)*

II - revogação em razão de denúncia da incorporação, depois de restituídas aos adquirentes as quantias por eles pagas (art. 36), ou de outras hipóteses previstas em lei; e *(Inciso acrescido pela Lei nº 10.931, de 2/8/2004)*

III - liquidação deliberada pela assembleia geral nos termos do art. 31-F, § 1º. *(Inciso acrescido pela Lei nº 10.931, de 2/8/2004)*

§ 1º Na hipótese prevista no inciso I do *caput* deste artigo, uma vez averbada a construção, o registro de cada contrato de compra e venda ou de promessa de venda, acompanhado do respectivo termo de quitação da instituição financiadora da construção, importará a extinção automática do patrimônio de afetação em relação à respectiva unidade, sem necessidade de averbação específica. *(Parágrafo vetado pelo Presidente da República na Lei nº 14.382, de 27/6/2022, mantido pelo Congresso Nacional e publicado na Edição Extra B do DOU de 5/1/2023)*

§ 2º Por ocasião da extinção integral das obrigações do incorporador perante a instituição financiadora do empreendimento e após a averbação da construção, a afetação das unidades não negociadas será cancelada mediante averbação, sem conteúdo financeiro, do respectivo termo de quitação na matrícula matriz do empreendimento ou nas respectivas matrículas das unidades imobiliárias eventualmente abertas. *(Parágrafo acrescido pela Medida Provisória nº 1.085, de 27/12/2021, convertida e com redação dada pela Lei nº 14.382, de 27/6/2022)*

§ 3º A extinção no patrimônio de afetação nas hipóteses do inciso I do *caput* e do § 1º deste artigo não implica a extinção do regime de tributação instituído pelo art. 1º da Lei nº 10.931, de 2 de agosto de 2004. *(Parágrafo vetado pelo Presidente da República na Lei nº 14.382, de 27/6/2022, mantido pelo Congresso Nacional e publicado na Edição Extra B do DOU de 5/1/2023)*

§ 4º Após a denúncia da incorporação, proceder-se-á ao cancelamento do patrimônio de afetação, mediante o cumprimento das obrigações previstas neste artigo, no art. 34 desta Lei e nas demais disposições legais. *(Parágrafo acrescido pela Lei nº 14.382, de 27/6/2022)*

Art. 31-F. Os efeitos da decretação da falência ou da insolvência civil do incorporador não atingem os patrimônios de afetação constituídos, não integrando a massa concursal o terreno, as acessões e demais bens, direitos creditórios, obrigações e encargos objeto da incorporação.

§ 1º Nos sessenta dias que se seguirem à decretação da falência ou da insolvência civil do incorporador, o condomínio dos adquirentes, por convocação da sua Comissão de Representantes ou, na sua falta, de um sexto dos titulares de frações ideais, ou, ainda, por determinação do juiz prolator da decisão, realizará assembleia geral, na qual, por maioria simples, ratificará o mandato da Comissão de Representantes ou elegerá novos membros, e, em primeira convocação, por dois terços dos votos dos adquirentes ou, em segunda convocação, pela maioria absoluta desses votos, instituirá o condomínio da construção, por instrumento público ou particular, e deliberará sobre os termos da continuação da obra ou da liquidação do patrimônio de afetação (art. 43, inciso III); havendo financiamento para construção, a convocação poderá ser feita pela instituição financiadora.

§ 2º O disposto no § 1º aplica-se também à hipótese de paralisação das obras prevista no art. 43, inciso VI.

§ 3º Na hipótese de que tratam os §§ 1º e 2º, a Comissão de Representantes ficará investida de mandato irrevogável para firmar com os adquirentes das unidades autônomas o contrato definitivo a que estiverem obrigados o incorporador, o titular do domínio e o titular dos direitos aquisitivos do imóvel objeto da incorporação em decorrência de contratos preliminares.

§ 4º O mandato a que se refere o § 3º será válido mesmo depois de concluída a obra.

§ 5º O mandato outorgado à Comissão de Representantes confere poderes para transmitir domínio, direito, posse e ação, manifestar a responsabilidade do alienante pela evicção e imitir os adquirentes na posse das unidades respectivas.

§ 6º Os contratos definitivos serão celebrados mesmo com os adquirentes que tenham obrigações a cumprir perante o incorporador ou a instituição financiadora, desde que comprovadamente adimplentes, situação em que a outorga do contrato fica condicionada à constituição de garantia real sobre o imóvel, para assegurar o pagamento do débito remanescente.

§ 7º Ainda na hipótese dos §§ 1º e 2º, a Comissão de Representantes ficará investida de mandato irrevogável para, em nome dos adquirentes, e em cumprimento da decisão da assembleia geral que deliberar pela liquidação do patrimônio de afetação, efetivar a alienação do terreno e das acessões, transmitindo posse, direito, domínio e ação, manifestar a responsabilidade pela evicção, imitir os futuros adquirentes na posse do terreno e das acessões.

§ 8º Na hipótese do § 7º, será firmado o respectivo contrato de venda, promessa de venda ou outra modalidade de contrato compatível com os direitos objeto da transmissão.

§ 9º A Comissão de Representantes cumprirá o mandato nos termos e nos limites estabelecidos pela deliberação da assembleia geral e prestará contas aos adquirentes, entregando-lhes o produto líquido da alienação, no prazo de cinco dias da data em que tiver recebido o preço ou cada parcela do preço.

§ 10. Os valores pertencentes aos adquirentes não localizados deverão ser depositados em Juízo pela Comissão de Representantes.

§ 11. Caso decidam pela continuação da obra, os adquirentes ficarão automaticamente sub-rogados nos direitos, nas obrigações e nos encargos relativos à incorporação, inclusive aqueles relativos ao contrato de financiamento da obra, se houver.

§ 12. Para os efeitos do § 11 deste artigo, cada adquirente responderá individualmente pelo saldo porventura existente entre as receitas do empreendimento e o custo da conclusão da incorporação na proporção dos coeficientes de construção atribuíveis às respectivas unidades, se outro critério de rateio não for deliberado em assembleia geral por dois terços dos votos dos adquirentes, observado o seguinte:

I - os saldos dos preços das frações ideais e acessões integrantes da incorporação que não tenham sido pagos ao incorporador até a data da decretação da falência ou da insolvência civil passarão a ser pagos à Comissão de Representantes, permanecendo o somatório desses recursos submetido à afetação, nos termos do art. 31-A, até o limite necessário à conclusão da incorporação;

II - para cumprimento do seu encargo de administradora da incorporação, a Comissão de Representantes fica investida de mandato legal, em caráter irrevogável, para, em nome do incorporador ou do condomínio de construção, conforme o caso, receber as parcelas do saldo do preço e dar quitação, bem como promover as medidas extrajudiciais ou judiciais necessárias a esse recebimento, praticando todos os atos relativos ao leilão de que trata o art. 63 ou os atos relativos à consolidação da propriedade e ao leilão de que tratam os arts. 26 e 27 da Lei nº 9.514, de 20 de novembro de 1997, devendo realizar a garantia e aplicar na incorporação todo o produto do recebimento do saldo do preço e do leilão;

III - consideram-se receitas do empreendimento os valores das parcelas a receber, vincendas e vencidas e ainda não pagas, de cada adquirente, correspondentes ao preço de aquisição das respectivas unidades ou do preço de custeio de construção, bem como os recursos disponíveis afetados; e

IV - compreendem-se no custo de conclusão da incorporação todo o custeio da construção do edifício e a averbação da construção das edificações para efeito de individualização e discriminação das unidades, nos termos do art. 44.

§ 13. Havendo saldo positivo entre as receitas da incorporação e o custo da conclusão da incorporação, o valor correspondente a esse saldo deverá ser entregue à massa falida pela Comissão de Representantes.

§ 14. Para assegurar as medidas necessárias ao prosseguimento das obras ou à liquidação do patrimônio de afetação, a Comissão de Representantes, no prazo de sessenta dias, a contar da data de realização da assembleia geral de que trata o § 1º, promoverá, em leilão público, com observância dos critérios estabelecidos pelo art. 63, a venda das frações ideais e respectivas acessões que, até a data da decretação da falência ou insolvência não tiverem sido alienadas pelo incorporador.

§ 15. Na hipótese de que trata o § 14, o arrematante ficará sub-rogado, na proporção atribuível à fração e acessões adquiridas, nos direitos e nas obrigações relativas ao empreendimento, inclusive nas obrigações de eventual financiamento, e, em se tratando da hipótese do art. 39 desta Lei, nas obrigações perante o proprietário do terreno.

§ 16. Dos documentos para anúncio da venda de que trata o § 14 e, bem assim, o inciso III do art. 43, constarão o valor das acessões não pagas pelo incorporador (art. 35, § 6º) e o preço da fração ideal do terreno e das acessões (arts. 40 e 41).

§ 17. No processo de venda de que trata o § 14, serão asseguradas, sucessivamente, em igualdade de condições com terceiros:

I - ao proprietário do terreno, nas hipóteses em que este seja pessoa distinta da pessoa do incorporador, a preferência para aquisição das acessões vinculadas à fração objeto da venda, a ser exercida nas vinte e quatro horas seguintes à data designada para a venda; e

II - ao condomínio, caso não exercida a preferência de que trata o inciso I, ou caso não haja licitantes, a preferência para aquisição da fração ideal e acessões, desde que deliberada em assembleia geral, pelo voto da maioria simples dos adquirentes presentes, e exercida no prazo de quarenta e oito horas a contar da data designada para a venda.

§ 18. Realizada a venda prevista no § 14, incumbirá à Comissão de Representantes, sucessivamente, nos cinco dias que se seguirem ao recebimento do preço:

I - pagar as obrigações trabalhistas, previdenciárias e tributárias, vinculadas ao respectivo patrimônio de afetação, observada a ordem de preferência prevista na legislação, em especial o disposto no art. 186 do Código Tributário Nacional;

II - reembolsar aos adquirentes as quantias que tenham adiantado, com recursos próprios, para pagamento das obrigações referidas no inciso I;

III - reembolsar à instituição financiadora a quantia que esta tiver entregue para a construção, salvo se outra forma for convencionada entre as partes interessadas;

IV - entregar ao condomínio o valor que este tiver desembolsado para construção das acessões de responsabilidade do incorporador (§ 6º do art. 35 e § 5º do art. 31-A), na proporção do valor obtido na venda;

V - entregar ao proprietário do terreno, nas hipóteses em que este seja pessoa distinta da pessoa do incorporador, o valor apurado na venda, em proporção ao valor atribuído à fração ideal; e

VI - entregar à massa falida o saldo que porventura remanescer.

§ 19. O incorporador deve assegurar à pessoa nomeada nos termos do art. 31-C, o acesso a todas as informações necessárias à verificação do montante das obrigações referidas no § 12, inciso I, do art. 31-F vinculadas ao respectivo patrimônio de afetação.

§ 20. Ficam excluídas da responsabilidade dos adquirentes as obrigações relativas, de maneira direta ou indireta, ao imposto de renda e à contribuição social sobre o lucro, devidas pela pessoa jurídica do incorporador, inclusive por equiparação, bem como as obrigações oriundas de outras atividades do incorporador não relacionadas diretamente com as incorporações objeto de afetação. *(Artigo acrescido pela Lei nº 10.931, de 2/8/2004)*

CAPÍTULO II – DAS OBRIGAÇÕES E DIREITOS DO INCORPORADOR

Art. 32. O incorporador somente poderá alienar ou onerar as frações ideais de terrenos e acessões que corresponderão às futuras unidades autônomas após o registro, no registro de imóveis competente, do memorial de incorporação composto pelos seguintes documentos: *("Caput" do artigo com redação dada pela Medida Provisória nº 1.085, de 27/12/2021, convertida na Lei nº 14.382, de 27/6/2022)*

- *Art. 68*
- *Arts. 1.331 a 1.358-A, Código Civil*
- *Art. 167, I, 17, 18, 23, LRP*
- *Art. 167, II, 6, LRP*
- *Art. 237-A, LRP*
- *Art. 255, LRP*
- *Art. 440-AN, Prov. CNJ n. 149/2023 (CNN)*

a) título de propriedade de terreno, ou de promessa, irrevogável e irretratável, de compra e venda ou de cessão de direitos ou de permuta do qual conste cláusula de imissão na posse do imóvel, não haja estipulações impeditivas de sua alienação em frações ideais e inclua consentimento para demolição e construção, devidamente registrado;

b) certidões negativas de impostos federais, estaduais e municipais, de protesto de títulos de ações cíveis e criminais e de ônus reais relativante ao imóvel, aos alienantes do terreno e ao incorporador;

c) histórico dos títulos de propriedade do imóvel, abrangendo os últimos 20 anos, acompanhado de certidão dos respectivos registros;

d) projeto de construção devidamente aprovado pelas autoridades competentes;

e) cálculo das áreas das edificações, discriminando, além da global, a das partes comuns, e indicando, para cada tipo de unidade a respectiva metragem de área construída; *(Retificado no DOU de 1/2/1965)*

f) certidão negativa de débito para com a Previdência Social, quando o titular de direitos sobre o terreno for responsável pela arrecadação das respectivas contribuições;

g) memorial descritivo das especificações da obra projetada, segundo modelo a que se refere o inciso IV, do art. 53, desta Lei;

h) avaliação do custo global da obra, atualizada à data do arquivamento, calculada de acordo com a norma do inciso III, do art. 53 com base nos custos unitários referidos no art. 54, discriminando-se, também, o custo de construção de cada unidade, devidamente autenticada pelo profissional responsável pela obra;

i) instrumento de divisão do terreno em frações ideais autônomas que contenham a sua discriminação e a descrição, a caracterização e a destinação das futuras unidades e partes comuns que a elas acederão; *(Alínea com redação dada pela Medida Provisória nº 1.085, de 27/12/2021, convertida na Lei nº 14.382, de 27/6/2022)*

‣ Art. 35

j) minuta de convenção de condomínio que disciplinará o uso das futuras unidades e partes comuns do conjunto imobiliário; *(Alínea com redação dada pela Medida Provisória nº 1.085, de 27/12/2021, convertida na Lei nº 14.382, de 27/6/2022)*

l) declaração em que se defina a parcela do preço de que trata o inciso II, do art. 39;

m) certidão do instrumento público de mandato, referido no § 1º do artigo 31;

n) declaração expressa em que se fixe, se houver, o prazo de carência (art. 34);

o) *(Revogada pela Medida Provisória nº 1.085, de 27/12/2021, convertida na Lei nº 14.382, de 27/6/2022)*

p) declaração, acompanhada de plantas elucidativas, sobre o número de veículos que a garagem comporta e os locais destinados à guarda dos mesmos. *(Alínea acrescida pela Lei nº 4.864, de 29/11/1965)*

§ 1º A documentação referida neste artigo, após o exame do Oficial de Registro de Imóveis, será arquivada em cartório, fazendo-se o competente registro.

§ 1º-A O registro do memorial de incorporação sujeita as frações do terreno e as respectivas acessões a regime condominial especial, investe o incorporador e os futuros adquirentes na faculdade de sua livre disposição ou oneração e independe de anuência dos demais condôminos. *(Parágrafo acrescido pela Medida Provisória nº 1.085, de 27/12/2021, convertida na Lei nº 14.382, de 27/6/2022)*

§ 2º Os contratos de compra e venda, promessa de venda, cessão ou promessa de cessão de unidades autônomas são irretratáveis e, uma vez registrados, conferem direito real oponível a terceiros, atribuindo direito a adjudicação compulsória perante o incorporador ou a quem o suceder, inclusive na hipótese de insolvência posterior ao término da obra. *(Parágrafo com redação dada pela Lei nº 10.931, de 2/8/2004)*

‣ Art. 167, I-18, II-6 da Lei 6.015/1973

§ 3º O número do registro referido no § 1º, bem como a indicação do cartório competente, constará, obrigatoriamente, dos anúncios, impressos, publicações, propostas, contratos, preliminares ou definitivos, referentes à incorporação, salvo dos anúncios "classificados".

§ 4º O Registro de Imóveis dará certidão ou fornecerá, a quem o solicitar, cópia fotostática, heliográfica, termofax, microfilmagem ou outra equivalente, dos documentos especificados neste artigo, ou autenticará cópia apresentada pela parte interessada. *(Retificado no DOU de 1/2/1965)*

§ 5º A existência de ônus fiscais ou reais, salvo os impeditivos de alienação, não impedem o registro, que será feito com as devidas ressalvas, mencionando-se, em todos os documentos, extraídos do registro, a existência e a extensão dos ônus.

§ 6º Os oficiais do registro de imóveis terão 10 (dez) dias úteis para apresentar, por escrito, todas as exigências que julgarem necessárias ao registro e, satisfeitas as referidas exigências, terão o prazo de 10 (dez) dias úteis para fornecer certidão e devolver a segunda via autenticada da documentação, quando apresentada por meio físico, com exceção dos documentos públicos, e caberá ao oficial, em caso de divergência, suscitar a dúvida, segundo as normas processuais aplicáveis. *(Parágrafo com redação dada pela Medida Provisória nº 1.085, de 27/12/2021, convertida na Lei nº 14.382, de 27/6/2022)*

‣ Arts. 198 e seguintes da Lei 6.015/1973

§ 7º O Oficial de Registro de Imóveis responde, civil e criminalmente, se efetuar o arquivamento de documentação contraveniente à lei ou der certidão ... VETADO ... sem o arquivamento de todos os documentos exigidos.

§ 8º O Oficial do Registro de Imóveis, que não observar os prazos previstos no § 6º ficará sujeito a penalidade imposta pela autoridade judiciária competente em montante igual ao dos emolumentos devidos pelo registro de que trata este artigo, aplicável por quinzena ou fração de quinzena de superação de cada um daqueles prazos. *(Parágrafo acrescido pela Lei nº 4.864, de 29/11/1965)*

§ 9º Oficial do Registro de Imóveis não responde pela exatidão dos documentos que lhe forem apresentados para arquivamento em obediência ao disposto nas alíneas *e, g, h, l*, e *p* deste artigo, desde que assinados pelo profissional responsável pela obra. *(Parágrafo acrescido pela Lei nº 4.864, de 29/11/1965)*

§ 10. As plantas do projeto aprovado (alínea *d* deste artigo) poderão ser apresentadas em cópia autenticada pelo profissional responsável pela obra, acompanhada de cópia da licença de construção. *(Parágrafo acrescido pela Lei nº 4.864, de 29/11/1965)*

§ 11. Até 30 de junho de 1966 se, dentro de 15 (quinze) dias da entrega ao Cartório do Registro de Imóveis da documentação completa prevista neste artigo, feita por carta enviada pelo Ofício de Títulos e Documentos, não tiver o Cartório de Imóveis entregue a certidão de arquivamento e registro, nem formulado, por escrito, as exigências previstas no § 6º, considerar-se-á de pleno direito completado o registro provisório. *(Parágrafo acrescido pela Lei nº 4.864, de 29/11/1965)*

§ 12. O registro provisório previsto no parágrafo anterior autoriza o incorporador a negociar as unidades da incorporação, indicando na sua publicação o número do Registro de Títulos e Documentos referente à remessa dos documentos ao Cartório de Imóveis, sem prejuízo, todavia, da sua responsabilidade perante o adquirente da unidade e da obrigação de satisfazer as exigências posteriormente formuladas pelo Cartório, bem como de completar o registro definitivo. *(Parágrafo acrescido pela Lei nº 4.864, de 29/11/1965)*

§ 13. Na incorporação sobre imóvel objeto de imissão na posse registrada conforme item 36 do inciso I do art. 167 da Lei nº 6.015, de 31 de dezembro de 1973, fica dispensada a apresentação, relativamente ao ente público, dos documentos mencionados nas alíneas *a, b, c, f* e *o* deste artigo, devendo o incorporador celebrar contrato de cessão de posse com os adquirentes das unidades autônomas, aplicando-se a regra prevista nos §§ 4º, 5º e 6º do art. 26 da Lei nº 6.766, de 19 de dezembro de 1979. *(Parágrafo acrescido pela Medida Provisória nº 514, de 1/12/2010, com redação dada pela Lei nº 12.424, de 16/6/2011)*

§ 14. Quando demonstrar de modo suficiente o estado do processo e a repercussão econômica do litígio, a certidão esclarecedora de ação cível ou penal poderá ser substituída por impressão do andamento do processo digital. *(Parágrafo acrescido pela Medida Provisória nº 1.085, de 27/12/2021, convertida na Lei nº 14.382, de 27/6/2022)*

§ 15. O registro do memorial de incorporação e da instituição do condomínio sobre as frações ideais constitui ato registral único. *(Parágrafo acrescido pela Medida Provisória nº 1.085, de 27/12/2021, convertida na Lei nº 14.382, de 27/6/2022)*

Art. 33. Se, após 180 (cento e oitenta) dias da data do registro da incorporação, ela ainda não se houver concretizado, por meio da formalização da alienação ou da oneração de alguma unidade futura, da contratação de financiamento para a construção ou do início das obras do empreendimento, o incorporador somente poderá negociar unidades depois de averbar a atualização das certidões e de eventuais documentos com prazo de validade vencido a que se refere o art. 32 desta Lei. *("Caput" do artigo com redação dada pela Medida Provisória nº 1.085, de 27/12/2021, convertida na Lei nº 14.382, de 27/6/2022)*

Parágrafo único. Enquanto não concretizada a incorporação, o procedimento de que trata o *caput* deste artigo deverá ser realizado a cada 180 (cento e oitenta) dias. *(Parágrafo único acrescido pela Medida Provisória nº 1.085, de 27/12/2021, convertida na Lei nº 14.382, de 27/6/2022)*

Art. 34. O incorporador poderá fixar, para efetivação da incorporação, prazo de carência, dentro do qual lhe é lícito desistir do empreendimento.

‣ Arts. 31, § 3º, 32, n, e 45

§ 1º A fixação do prazo de carência será feita pela declaração a que se refere a alínea *n*, do art. 32 onde se fixem as condições que autorizarão o incorporador a desistir do empreendimento.

§ 2º Em caso algum poderá o prazo de carência ultrapassar o termo final do prazo da validade do registro ou, se for o caso, de sua revalidação. *(Retificado no DOU de 1/2/1965)*

§ 3º Os documentos preliminares de ajuste, se houver, mencionarão, obrigatoriamente, o prazo de carência, inclusive para efeitos do art. 45.

§ 4º A desistência da incorporação será denunciada, por escrito, ao Registro de Imóveis ... VETADO ... e comunicada, por escrito, a cada um dos adquirentes ou candidatos à aquisição, sob pena de responsabilidade civil e criminal do incorporador.

§ 5º Será averbada no registro da incorporação a desistência de que trata o parágrafo anterior arquivando-se em cartório o respectivo documento.

§ 6º O prazo de carência é improrrogável.

Art. 35. O incorporador terá o prazo máximo de 45 dias, a contar do termo final do prazo de carência, se houver, para promover a celebração do competente contrato relativo à fração ideal de terreno, e, bem assim, do contrato de construção e da Convenção do condomínio, de acordo com discriminação constante da alínea *i*, do art. 32. *(Vide Lei nº 4.864, de 29/11/1965 e retificado no DOU de 1/2/1965)*

§ 1º No caso de não haver prazo de carência, o prazo acima se contará da data de qualquer documento de ajuste preliminar.

§ 2º Quando houver prazo de carência, a obrigação somente deixará de existir se o incorporador tiver denunciado, dentro do mesmo prazo e nas condições previamente estabelecidas, por escrito, ao Registro de Imóveis, a não concretização do empreendimento.

§ 3º Se, dentro do prazo de carência, o incorporador não denunciar a incorporação, embora não se tenham reunido as condições a que se refere o § 1º, o outorgante do mandato de que trata o § 1º, do art. 31, poderá fazê-lo nos cinco dias subsequentes ao prazo de carência, e nesse caso ficará solidariamente responsável com o incorporador pela devolução das quantias que os adquirentes ou candidatos à aquisição houverem entregue ao incorporador, resguardado o direito de regresso sobre eles, dispensando-se, então, do cumprimento da obrigação fixada no *caput* deste artigo.

§ 4º Descumprida pelo incorporador e pelo mandante de que trata o § 1º do art. 31 a obrigação da outorga dos contratos referidos no *caput* deste artigo, nos prazos ora fixados, a carta-proposta ou o documento de ajuste preliminar poderão ser averbados no Registro de Imóveis, averbação que conferirá direito real oponível a terceiros, com o consequente direito à obtenção compulsória do contrato correspondente.

§ 5º Na hipótese do parágrafo anterior, o incorporador incorrerá também na multa de 50% sobre a quantia que efetivamente tiver recebido, cobrável por via executiva, em favor do adquirente ou candidato à aquisição.

§ 6º Ressalvado o disposto no artigo 43, do contrato de construção deverá constar expressamente a menção dos responsáveis pelo pagamento da construção de cada uma das unidades. O incorporador responde, em igualdade de condições, com os demais contratantes, pelo pagamento da construção das unidades que não tenham tido a responsabilidade pela sua construção assumida por terceiros e até que o tenham.

Art. 35-A. Os contratos de compra e venda, promessa de venda, cessão ou promessa de cessão de unidades autônomas integrantes de incorporação imobiliária serão iniciados por quadro-resumo, que deverá conter:

I - o preço total a ser pago pelo imóvel;

II - o valor da parcela do preço a ser tratada como entrada, a sua forma de pagamento, com destaque para o valor pago à vista, e os seus percentuais sobre o valor total do contrato;

III - o valor referente à corretagem, suas condições de pagamento e a identificação precisa de seu beneficiário;

IV - a forma de pagamento do preço, com indicação clara dos valores e vencimentos das parcelas;

V - os índices de correção monetária aplicáveis ao contrato e, quando houver pluralidade de índices, o período de aplicação de cada um;

VI - as consequências do desfazimento do contrato, seja por meio de distrato, seja por meio de resolução contratual motivada por inadimplemento de obrigação do adquirente ou do incorporador, com destaque negritado para as penalidades aplicáveis e para os prazos para devolução de valores ao adquirente;

VII - as taxas de juros eventualmente aplicadas, se mensais ou anuais, se nominais ou efetivas, o seu período de incidência e o sistema de amortização;

VIII - as informações acerca da possibilidade do exercício, por parte do adquirente do imóvel, do direito de arrependimento previsto no art. 49 da Lei nº 8.078, de 11 de setembro de 1990 (Código de Defesa do Consumidor), em todos os contratos firmados em estandes de vendas e fora da sede do incorporador ou do estabelecimento comercial;

IX - o prazo para quitação das obrigações pelo adquirente após a obtenção do auto de conclusão da obra pelo incorporador;

X - as informações acerca dos ônus que recaiam sobre o imóvel, em especial quando o vinculem como garantia real do financiamento destinado à construção do investimento;

XI - o número do registro do memorial de incorporação, a matrícula do imóvel e a identificação do cartório de registro de imóveis competente;

XII - o termo final para obtenção do auto de conclusão da obra (habite-se) e os efeitos contratuais da intempestividade prevista no art. 43-A desta Lei.

§ 1º Identificada a ausência de quaisquer das informações previstas no *caput* deste artigo, será concedido prazo de 30 (trinta) dias para aditamento do contrato e saneamento da omissão, findo o qual, essa omissão, se não sanada, caracterizará justa causa para rescisão contratual por parte do adquirente.

§ 2º A efetivação das consequências do desfazimento do contrato, referidas no inciso VI do *caput* deste artigo, dependerá de anuência prévia e específica do adquirente a seu respeito, mediante assinatura junto a essas cláusulas, que deverão ser redigidas conforme o disposto no § 4º do art. 54 da Lei nº 8.078, de 11 de setembro de 1990 (Código de Defesa do Consumidor). *(Artigo acrescido pela Lei nº 13.786, de 27/12/2018)*

Art. 36. No caso de denúncia de incorporação, nos termos do art. 34, se o incorporador, até 30 dias a contar da denúncia, não restituir aos adquirentes as importâncias pagas, estes poderão cobrá-la por via executiva, reajustado o seu valor a contar da data do recebimento, em função do índice geral de preços mensalmente publicado pelo Conselho Nacional de Economia, que reflita as variações no poder aquisitivo da moeda nacional, e acrescido de juros de 6% ao ano, sobre o total corrigido.

Art. 37. Se o imóvel estiver gravado de ônus real ou fiscal ou se contra os alienantes houver ação que possa comprometê-lo, o fato será obrigatoriamente mencionado em todos os documentos de ajuste, com a indicação de sua natureza e das condições de liberação.

› Art. 66, II

Art. 38. Também constará, obrigatoriamente, dos documentos de ajuste, se for o caso, o fato de encontrar-se ocupado o imóvel, esclarecendo-se a que título se deve esta ocupação e quais as condições de desocupação.

› Art. 66, II

Art. 39. Nas incorporações em que a aquisição do terreno se der com pagamento total ou parcial em unidades a serem construídas, deverão ser discriminadas em todos os documentos de ajuste:

› Art. 32, I

I - a parcela que, se houver, será paga em dinheiro;

II - a quota-parte da área das unidades a serem entregues em pagamento do terreno que corresponderá a cada uma das unidades, a qual deverá ser expressa em metros quadrados.

Parágrafo único. Deverá constar, também, de todos os documentos de ajuste, se o alienante do terreno ficou ou não sujeito a qualquer prestação ou encargo.

Art. 40. No caso de rescisão de contrato de alienação do terreno ou de fração ideal, ficarão rescindidas as cessões ou promessas de cessão de direitos correspondentes à aquisição do terreno.

§ 1º Nesta hipótese, consolidar-se-á, no alienante em cujo favor se opera a resolução, o direito sobre a construção porventura existente.

§ 2º No caso do parágrafo anterior, cada um dos ex-titulares de direito à aquisição de unidades autônomas haverá do mencionado alienante o valor da parcela de construção que haja adicionado à unidade, salvo se a rescisão houver sido causada pelo ex-titular.

§ 3º Na hipótese dos parágrafos anteriores, sob pena de nulidade, não poderá o alienante em cujo favor se operou a resolução voltar a negociar seus direitos sobre a unidade autônoma, sem a prévia indenização aos titulares, de que trata o § 2º.

§ 4º No caso do parágrafo anterior, se os ex-titulares tiverem de recorrer à cobrança judicial do que lhes for devido, somente poderão garantir o seu pagamento a unidade e respectiva fração de terreno objeto do presente artigo.

Art. 41. Quando as unidades imobiliárias forem contratadas pelo incorporador por preço global compreendendo quota de terreno e construção, inclusive com parte de pagamento após a entrega da unidade, discriminar-se-ão, no contrato, o preço da quota de terreno e o da construção.

§ 1º Poder-se-á estipular que, na hipótese de o adquirente atrasar o pagamento de parcela relativa a construção, os efeitos da mora recairão não apenas sobre a aquisição da parte construída, mas, também, sobre a fração ideal de terreno, ainda que esta tenha sido totalmente paga.

§ 2º Poder-se-á também estipular que, na hipótese de o adquirente atrasar o pagamento da parcela relativa à fração ideal de terreno, os efeitos da mora recairão não apenas sobre a aquisição da fração ideal, mas, também, sobre a parte construída, ainda que totalmente paga.

Art. 42. No caso de rescisão do contrato relativo à fração ideal de terreno e partes comuns, a pessoa em cujo favor se tenha operado a resolução sub-rogar-se-á nos direitos e obrigações contratualmente atribuídos ao inadimplente, com relação a construção.

Art. 43. Quando o incorporador contratar a entrega da unidade a prazo e preços certos, determinados ou determináveis, mesmo quando pessoa física, ser-lhe-ão impostas as seguintes normas:

› *Art. 35, § 6º. 50 e 52*

I - encaminhar à comissão de representantes: *(Inciso com redação dada pela Lei nº 14.382, de 27/6/2022)*

a) a cada 3 (três) meses, o demonstrativo do estado da obra e de sua correspondência com o prazo pactuado para entrega do conjunto imobiliário; e *(Alínea acrescida pela Medida Provisória nº 1.085, de 27/12/2021, convertida e com redação dada pela Lei nº 14.382, de 27/6/2022)*

b) quando solicitada, a relação dos adquirentes com os seus endereços residenciais e eletrônicos, devendo os integrantes da comissão de representantes, no tratamento de tais dados, atender ao disposto na Lei nº 13.709, de 14 de agosto de 2018 (Lei Geral de Proteção de Dados Pessoais), no que for aplicável; *(Alínea acrescida pela Medida Provisória nº 1.085, de 27/12/2021, convertida e com redação dada pela Lei nº 14.382, de 27/6/2022)*

II - responder civilmente pela execução da incorporação, devendo indenizar os adquirentes ou compromissários, dos prejuízos que a estes advierem do fato de não se concluir a edificação ou de se retardar injustificadamente a conclusão das obras, cabendo-lhe ação regressiva contra o construtor, se for o caso e se a este couber a culpa;

› *Art. 57*

III - em caso de falência do incorporador, pessoa física ou jurídica, e não ser possível à maioria prosseguir na construção das edificações, os subscritores ou candidatos à aquisição de unidades serão credores privilegiados pelas quantias que houverem pago ao incorporador, respondendo subsidiariamente os bens pessoais deste;

› *Art. 57*
› *Art. 83 da Lei das Falências (Lei 11.101/2005)*

IV - é vedado ao incorporador alterar o projeto, especialmente no que se refere à unidade do adquirente e às partes comuns, modificar as especificações, ou desviar-se do plano da construção, salvo autorização unânime dos interessados ou exigência legal;

› *Art. 57*

V - não poderá modificar as condições de pagamento nem reajustar o preço das unidades, ainda no caso de elevação dos preços dos materiais e da mão-de-obra, salvo se tiver sido expressamente ajustada a faculdade de reajustamento, procedendo-se, então, nas condições estipuladas;

VI - se o incorporador, sem justa causa devidamente comprovada, paralisar as obras por mais de 30 dias, ou retardar-lhes excessivamente o andamento, poderá o Juiz notificá-lo para que no prazo mínimo de 30 dias as reinicie ou torne a dar-lhes o andamento normal. Desatendida a notificação, poderá o incorporador ser destituído pela maioria absoluta dos votos dos adquirentes, sem prejuízo da responsabilidade civil ou penal que couber, sujeito à cobrança executiva das importâncias comprovadamente devidas, facultando-se aos interessados prosseguir na obra (VETADO).

› *Art. 57*

VII - em caso de insolvência do incorporador que tiver optado pelo regime da afetação e não sendo possível à maioria prosseguir na construção, a assembleia geral poderá, pelo voto de 2/3 (dois terços) dos adquirentes, deliberar pela venda do terreno, das acessões e demais bens e direitos integrantes do patrimônio de afetação, mediante leilão ou outra forma que estabelecer, distribuindo entre si, na proporção dos recursos que comprovadamente tiverem aportado, o resultado líquido da venda, depois de pagas as dívidas do patrimônio de afetação e deduzido e entregue ao proprietário do terreno a quantia que lhe couber, nos termos do art. 40; não se obtendo, na venda, a reposição dos aportes efetivados pelos adquirentes, reajustada na forma da lei e de acordo com os critérios do contrato celebrado com o incorporador, os adquirentes serão credores privilegiados pelos valores da diferença não reembolsada, respondendo subsidiariamente os bens pessoais do incorporador. *(Inciso com redação dada pela Lei nº 10.931, de 2/8/2004)*

§ 1º Deliberada a destituição de que tratam os incisos VI e VII do *caput* deste artigo, o incorporador será notificado extrajudicialmente pelo oficial do registro de imóveis da circunscrição em que estiver localizado o empreendimento para que, no prazo de 15 (quinze) dias, contado da data da entrega da notificação na sede do incorporador ou no seu endereço eletrônico:

I - imita a comissão de representantes na posse do empreendimento e lhe entregue:

a) os documentos correspondentes à incorporação; e

b) os comprovantes de quitação das quotas de construção de sua responsabilidade a que se referem o § 5º do art. 31-A e o § 6º do art. 35 desta Lei; ou

II - efetive o pagamento das quotas que estiverem pendentes, de modo a viabilizar a realização da auditoria a que se refere o art. 31-C desta Lei. *(Parágrafo acrescido pela Medida Provisória nº 1.085, de 27/12/2021, convertida na Lei nº 14.382, de 27/6/2022)*

§ 2º Da ata da assembleia geral que deliberar a destituição do incorporador deverão constar os nomes dos adquirentes presentes e as seguintes informações:

I - a qualificação;

II - o documento de identidade;

III - as inscrições no Cadastro de Pessoas Físicas (CPF) ou no Cadastro Nacional da Pessoa Jurídica (CNPJ) da Secretaria Especial da Receita Federal do Brasil do Ministério da Economia;

IV - os endereços residenciais ou comerciais completos; e

V - as respectivas frações ideais e acessões a que se vincularão as suas futuras unidades imobiliárias, com a indicação dos correspondentes títulos aquisitivos, públicos ou particulares, ainda que não registrados no registro de imóveis. *(Parágrafo acrescido pela Medida Provisória nº 1.085, de 27/12/2021, convertida e com redação dada pela Lei nº 14.382, de 27/6/2022)*

§ 3º A ata de que trata o § 2º deste artigo, registrada no registro de títulos e documentos, constituirá documento hábil para:

I - averbação da destituição do incorporador na matrícula do registro de imóveis da circunscrição em que estiver registrado o memorial de incorporação; e

II - implementação das medidas judiciais ou extrajudiciais necessárias:

a) à imissão da comissão de representantes na posse do empreendimento;

b) à investidura da comissão de representantes na administração e nos poderes para a prática dos atos de disposição que lhe são conferidos pelos arts. 31-F e 63 desta Lei;

c) à inscrição do respectivo condomínio da construção no CNPJ; e

d) quaisquer outros atos necessários à efetividade da norma instituída no *caput* deste artigo, inclusive para prosseguimento da obra ou liquidação do patrimônio da incorporação. *(Parágrafo acrescido pela Medida Provisória nº 1.085, de 27/12/2021, convertida na Lei nº 14.382, de 27/6/2022)*

§ 4º As unidades não negociadas pelo incorporador e vinculadas ao pagamento das correspondentes quotas de construção nos termos do § 6º do art. 35 desta Lei ficam indisponíveis e insuscetíveis de constrição por dívidas estranhas à respectiva incorporação até que o incorporador comprove a regularidade do pagamento. *(Parágrafo acrescido pela Medida Provisória nº 1.085, de 27/12/2021, convertida na Lei nº 14.382, de 27/6/2022)*

§ 5º Fica autorizada a comissão de representantes a promover a venda, com fundamento no § 14 do art. 31-F e no art. 63 desta Lei, das unidades de que trata o § 4º, expirado o prazo da notificação a que se refere o § 1º deste artigo, com aplicação do produto obtido no pagamento do débito correspondente. *(Parágrafo acrescido pela Medida Provisória nº 1.085, de 27/12/2021, convertida na Lei nº 14.382, de 27/6/2022)*

Art. 43-A. A entrega do imóvel em até 180 (cento e oitenta) dias corridos da data estipulada contratualmente como data prevista para conclusão do empreendimento, desde que expressamente pactuado, de forma clara e destacada, não dará causa à resolução do contrato por parte do adquirente nem ensejará o pagamento de qualquer penalidade pelo incorporador.

§ 1º Se a entrega do imóvel ultrapassar o prazo estabelecido no *caput* deste artigo, desde que o adquirente não tenha dado causa ao atraso, poderá ser promovida por este a resolução do contrato, sem prejuízo da devolução da integralidade de todos os valores pagos e da multa estabelecida, em até 60 (sessenta) dias corridos contados da resolução, corrigidos nos termos do § 8º do art. 67-A desta Lei.

§ 2º Na hipótese de a entrega do imóvel estender-se por prazo superior àquele previsto no *caput* deste artigo, e não se tratar de resolução do contrato, será devida ao adquirente adimplente, por ocasião da entrega da unidade, indenização de 1% (um por cento) do valor efetivamente pago à incorporadora, para cada mês de atraso, *pro rata die*, corrigido monetariamente conforme índice estipulado em contrato.

§ 3º A multa prevista no § 2º deste artigo, referente a mora no cumprimento da obrigação, em hipótese alguma poderá ser cumulada com a multa estabelecida no § 1º deste artigo, que trata da inexecução total da obrigação. *(Artigo acrescido pela Lei nº 13.786, de 27/12/2018)*

Art. 44. Após a concessão do habite-se pela autoridade administrativa, incumbe ao incorporador a averbação da construção em correspondência às frações ideais discriminadas na matrícula do terreno, respondendo perante os adquirentes pelas perdas e danos que resultem da demora no cumprimento dessa obrigação. *("Caput" do artigo com redação dada pela Medida Provisória nº 1.085, de 27/12/2021, convertida na Lei nº 14.382, de 27/6/2022)*

- *Arts. 402 a 404 do Código Civil*
- *Art. 167, II-4 da Lei 6.015/1973*

§ 1º Se o incorporador não requerer a averbação (VETADO) o construtor requerê-la-á (VETADO) sob pena de ficar solidariamente responsável com o incorporador perante os adquirentes.

- *Arts. 275 a 285 do Código Civil*

§ 2º Na omissão do incorporador e do construtor, a averbação poderá ser requerida por qualquer dos adquirentes de unidade.

Art. 45. É lícito ao incorporador recolher o imposto do selo devido, mediante apresentação dos contratos preliminares, até 10 dias a contar do vencimento do prazo de carência a que se refere o art. 34, extinta a obrigação se, dentro deste prazo, for denunciada a incorporação.

Art. 46. Quando o pagamento do imposto sobre lucro imobiliário e respectivos acréscimos e adicionais for de responsabilidade do vendedor do terreno, será lícito ao adquirente reter o pagamento das últimas prestações anteriores à data-limite em que é lícito pagar, sem reajuste, o referido imposto e os adicionais, caso o vendedor não apresente a quitação até 10 dias antes do vencimento das prestações cujo pagamento torne inferior ao débito fiscal a parte do preço a ser ainda paga até a referida data-limite. *(Retificado no DOU de 1/2/1965)*

Parágrafo único. No caso de retenção pelo adquirente, esse ficará responsável para todos os efeitos perante o Fisco, pelo recolhimento do tributo, adicionais e acréscimos, inclusive pelos reajustamentos que vier a sofrer o débito fiscal, (VETADO).

Art. 47. Quando se fixar no contrato que a obrigação do pagamento do imposto sobre lucro imobiliário acréscimos e adicionais devidos pelo alienante e transferida ao adquirente, dever-se-á explicitar o montante que tal obrigação atingiria, se sua satisfação se desse na data da escritura.

§ 1º Neste caso, o adquirente será tido, para todos os efeitos, como responsável perante o Fisco.

§ 2º Havendo parcela restituível, a restituição será feita ao adquirente e, se for o caso em nome deste serão emitidas as obrigações do Tesouro Nacional a que se refere o art. 4º da Lei nº 4.357 de 16.7.64.

§ 3º Para efeitos fiscais, não importará em aumento do preço de aquisição a circunstância de obrigar-se o adquirente ao pagamento do imposto sobre lucro mobiliário, seus acréscimos e adicionais.

CAPÍTULO III – DA CONSTRUÇÃO DE EDIFICAÇÃO EM CONDOMÍNIO

SEÇÃO I – DA CONSTRUÇÃO EM GERAL

Art. 48. A construção de imóveis, objeto de incorporação nos moldes previstos nesta Lei poderá ser contratada sob o regime de empreitada ou de administração conforme adiante definidos e poderá estar incluída no contrato com o incorporador (VETADO), ou ser contratada diretamente entre os adquirentes e o construtor.

- *Art. 53, V*

§ 1º O Projeto e o memorial descritivo das edifcações farão parte integrante e complementar do contrato;

§ 2º Do contrato deverá constar a prazo da entrega das obras e as condições e formas de sua eventual prorrogação.

Art. 49. Os contratantes da construção, inclusive no caso do art. 43, para tratar de seus interesses, com relação a ela, poderão reunir-se em assembleia, cujas deliberações, desde que aprovadas por maioria simples dos votos presentes, serão válidas e obrigatórias para todos eles salvo no que afetar ao direito de propriedade previsto na legislação.

§ 1º As assembleias serão convocadas, pelo menos, por 1/3 (um terço) dos votos dos contratantes pelo incorporador ou pelo construtor, com menção expressa do assunto a tratar, sendo admitido comparecimento de procurador bastante.

§ 2º A convocação da assembleia será feita por carta registrada ou protocolo, com antecedência mínima de 5 dias para a primeira convocação, e mais 3 dias para a segunda, podendo ambas as convocações ser feitas no mesmo aviso.

§ 3º A assembleia instalar-se-á, no mínimo, com metade dos contratantes, em primeira convocação, e com qualquer número, em segunda, sendo, porém, obrigatória a presença, em qualquer caso do incorporador ou do construtor, quando convocantes, e pelo menos, com metade dos contratantes que a tenham convocado, se for o caso.

§ 4º Na assembleia, os votos dos contratantes serão proporcionais às respectivas frações ideais de terreno.

Art. 50. Será designada no contrato de construção ou eleita em assembleia geral a ser realizada por iniciativa do incorporador no prazo de até 6 (seis) meses, contado da data do registro do memorial de incorporação, uma comissão de representantes composta por, no mínimo, 3 (três) membros escolhidos entre os adquirentes para representá-los perante o construtor ou, no caso previsto no art. 43 desta Lei, o incorporador, em tudo o que interessar ao bom andamento da incorporação e, em especial, perante terceiros, para praticar os atos resultantes da aplicação do disposto nos art. 31-A a art. 31-F desta Lei. *("Caput" do artigo com redação dada pela Medida Provisória nº 1.085, de 27/12/2021, convertida na Lei nº 14.382, de 27/6/2022)*

§ 1º Uma vez eleita a Comissão, cuja constituição se comprovará com a ata da assembleia, devidamente inscrita no Registro de Títulos e Documentos, esta ficará de pleno direito investida dos poderes necessários para exercer todas as atribuições e praticar todos os atos que esta Lei e o contrato de construção lhe deferirem, sem necessidade de instrumento especial outorgado pelos contratantes ou se for caso, pelos que se sub-rogarem nos direitos e obrigações destes.

§ 2º A assembleia geral poderá, pela maioria absoluta dos votos dos adquirentes, alterar a composição da Comissão de Representantes e revogar qualquer de suas decisões, ressalvados os direitos de terceiros quanto aos efeitos já produzidos. *(Parágrafo com redação dada pela Lei nº 10.931, de 2/8/2004)*

§ 3º Respeitados os limites constantes desta Lei, o contrato poderá discriminar as atribuições da Comissão e deverá dispor sobre os mandatos de seus membros, sua destituição e a forma de preenchimento das vagas eventuais, sendo lícita a estipulação de que o mandato conferido a qualquer membro, no caso de sub-rogação de seu contrato a terceiros, se tenha por transferido, de pleno direito, ao sub-rogatário, salvo se este não o aceitar.

§ 4º Nas incorporações em que o número de contratantes de unidades for igual ou inferior a 3, a totalidade deles exercerá, em conjunto as atribuições que esta Lei confere à Comissão, aplicando-se, no que couber, o disposto nos parágrafos anteriores.

Art. 51. Nos contratos de construção, seja qual for seu regime deverá constar expressamente a quem caberão as despesas com ligações de serviços públicos, devidas ao Poder Público, bem como as despesas indispensáveis à instalação, funcionamento e regulamentação do condomínio.

Parágrafo único. Quando o serviço público for explorado mediante concessão, os contratos de construção deverão também especificar a quem caberão as despesas com as ligações que incumbam às concessionárias no caso de não estarem elas obrigadas a fazê-las, ou, em o estando, se a isto se recusarem ou alegarem impossibilidade.

Art. 52. Cada contratante da construção só será imitido na posse de sua unidade se estiver em dia com as obrigações assumidas, inclusive as relativas à construção exercendo o construtor e o condomínio até então, o direito de retenção sobre a respectiva unidade; no caso do art. 43, este direito será exercido pelo incorporador.

Art. 53. O Poder Executivo, através do Banco Nacional da Habitação, promoverá a celebração de contratos com a Associação Brasileira de Normas Técnicas (A.B.N.T.), no sentido de que esta, tendo em vista o disposto na Lei nº 4.150, de novembro de 1962, prepare, no prazo máximo de 120 dias, normas que estabeleçam, para cada tipo de prédio que padronizar: *(Retificado no DOU de 1/2/1965)*

I - critérios e normas para cálculo de custos unitários de construção, para uso dos sindicatos, na forma do art. 54;

II - critérios e normas para execução de orçamentos de custo de construção, para fins de disposto no artigo 59;

III - critérios e normas para a avaliação de custo global de obra, para fins da alínea *h*, do art. 32;

IV - modelo de memorial descritivo dos acabamentos de edificação, para fins do disposto no art. 32;

V - critério para entrosamento entre o cronograma das obras e o pagamento das prestações, que poderá ser introduzido nos contratos de incorporação inclusive para o efeito de aplicação do disposto no § 2º do art. 48.

§ 1º O número de tipos padronizados deverá ser reduzido e na fixação se atenderá primordialmente:

a) o número de pavimentos e a existência de pavimentos especiais (subsolo, pilotis etc);

b) o padrão da construção (baixo, normal, alto), tendo em conta as condições de acabamento, a qualidade dos materiais empregados, os equipamentos, o número de elevadores e as inovações de conforto;

c) as áreas de construção.

§ 2º Para custear o serviço a ser feito pela A.B.N.T., definido neste artigo, fica autorizado o Poder Executivo a abrir um crédito especial no valor de Cr$10.000.000,00 (dez milhões de cruzeiros), em favor do Banco Nacional de Habitação, vinculado a este fim, podendo o Banco adiantar a importância à A.B.N.T., se necessário.

§ 3º No contrato a ser celebrado com a A.B.N.T., estipular-se-á a atualização periódica das normas previstas neste artigo, mediante remuneração razoável.

Art. 54. Os sindicatos estaduais da indústria da construção civil ficam obrigados a divulgar mensalmente, até o dia 5 de cada mês, os custos unitários de construção a serem adotados nas respectivas regiões jurisdicionais, calculados com observância dos critérios e normas a que se refere o inciso I, do artigo anterior. *(Retificado no DOU de 1/2/1965)*

› *Arts, 32, h, 53, I, e 55 § 5º*

§ 1º O sindicato estadual que deixar de cumprir a obrigação prevista neste artigo deixará de receber dos cofres públicos, enquanto perdurar a omissão, qualquer subvenção ou auxílio que pleiteie ou a que tenha direito.

§ 2º Na ocorrência de omissão de sindicato estadual, o construtor usará os índices fixados por outro sindicato estadual, em cuja região os custos de construção mais lhe pareçam aproximados dos da sua.

§ 3º Os orçamentos ou estimativas baseados nos custos unitários a que se refere este artigo só poderão ser considerados atualizados, em certo mês, para os efeitos desta Lei, se baseados em custos unitários relativos ao próprio mês ou a um dos dois meses anteriores.

SEÇÃO II – DA CONSTRUÇÃO POR EMPREITADA

Art. 55. Nas incorporações em que a construção seja feita pelo regime de empreitada, esta poderá ser a preço fixo, ou a preço reajustável por índices previamente determinados.

§ 1º Na empreitada a preço fixo, o preço da construção será irreajustável, independentemente das variações que sofrer o custo efetivo das obras e qualquer que sejam suas causas.

§ 2º Na empreitada a preço reajustável, o preço fixado no contrato será reajustado na forma e nas épocas nele expressamente previstas, em função da variação dos índices adotados, também previstos obrigatoriamente no contrato.

§ 3º Nos contratos de construção por empreitada, a Comissão de Representantes fiscalizará o andamento da obra e a obediência ao Projeto e às especificações exercendo as demais obrigações inerentes à sua função representativa dos contratantes e fiscalizadora da construção.

§ 4º Nos contratos de construção fixados sob regime de empreitada, reajustável, a Comissão de Representantes fiscalizará, também, o cálculo do reajustamento.

§ 5º No Contrato deverá ser mencionado o montante do orçamento atualizado da obra, calculado de acordo com as normas do inciso III, do art. 53, com base nos custos unitários referidos no art. 54, quando o preço estipulado for inferior ao mesmo.

› *Art. 66, V*

§ 6º Na forma de expressa referência, os contratos de empreitada entendem-se como sendo a preço fixo.

Art. 56. Em toda a publicidade ou propaganda escrita, destinada a promover a venda de incorporação com construção pelo regime de empreitada reajustável, em que conste preço, serão discriminados explicitamente o preço da fração ideal do terreno e o preço da construção, com indicação expressa da reajustabilidade.

› *Art. 64*

§ 1º As mesmas indicações deverão constar em todos os papéis utilizados para a realização da incorporação, tais como cartas, propostas, escrituras, contratos e documentos semelhantes.

§ 2º Esta exigência será dispensada nos anúncios "classificados" dos jornais.

Art. 57. Ao construtor que contratar, por empreitada a preço fixo, uma obra de incorporação, aplicar-se-á, no que couber o disposto nos itens II, III, IV, (VETADO) e VI, do art. 43. *(Retificado no DOU de 1/2/1965)*

SEÇÃO III – DA CONSTRUÇÃO POR ADMINISTRAÇÃO

Art. 58. Nas incorporações em que a construção for contratada pelo regime de administração, também chamado "a preço de custo", será de responsabilidade dos proprietários ou adquirentes o pagamento do custo integral de obra, observadas as seguintes disposições:

I - todas as faturas, duplicatas, recibos e quaisquer documentos referentes às transações ou aquisições para construção, serão emitidos em nome do condomínio dos contratantes da construção;

II - todas as contribuições dos condôminos para qualquer fim relacionado com a construção serão depositadas em contas abertas em nome do condomínio dos contratantes em estabelecimentos bancários, as quais, serão movimentadas pela forma que for fixada no contrato.

Art. 59. No regime de construção por administração, será obrigatório constar do respectivo contrato o montante do orçamento do custo da obra, elaborado com estrita observância dos critérios e normas referidos no inciso II, do art. 53 e a data em que se iniciará efetivamente a obra.

› *Art. 62*

§ 1º Nos contratos lavrados até o término das fundações, este montante não poderá ser inferior ao da estimativa atualizada, a que se refere o § 3º, do art. 54.

§ 2º Nos contratos celebrados após o término das fundações, este montante não poderá ser inferior à última revisão efetivada na forma do artigo seguinte.

§ 3º As transferências e sub-rogações do contrato, em qualquer fase da obra, aplicar-se-á o disposto neste artigo.

Art. 60. As revisões da estimativa de custo da obra serão efetuadas, pelo menos semestralmente, em comum entre a Comissão de Representantes e o construtor. O contrato poderá estipular que, em função das necessidades da obra sejam alteráveis os esquemas de contribuições quanto ao total, ao número, ao valor e à distribuição no tempo das prestações.

› *Art. 62*

Parágrafo único. Em caso de majoração de prestações, o novo esquema deverá ser comunicado aos contratantes, com antecedência mínima de 45 dias da data em que deverão ser efetuados os depósitos das primeiras prestações alteradas.

Art. 61. A Comissão de Representantes terá poderes para, em nome de todos os contratantes e na forma prevista no contrato:

a) examinar os balancetes organizados pelos construtores, dos recebimentos e despesas do condomínio dos contratantes, aprová-los ou impugná-los, examinando a documentação respectiva;

b) fiscalizar concorrências relativas às compras dos materiais necessários à obra ou aos serviços a ela pertinentes;

c) contratar, em nome do condomínio, com qualquer condômino, modificações por ele solicitadas em sua respectiva unidade, a serem administradas pelo construtor, desde que não prejudiquem unidade de outro condômino e não estejam em desacordo com o parecer técnico do construtor; *(Retificado no DOU de 1/2/1965)*

d) fiscalizar a arrecadação das contribuições destinadas à construção;

e) exercer as demais obrigações inerentes a sua função representativa dos contratantes e fiscalizadora da construção e praticar todos os atos necessários ao funcionamento regular do condomínio.

Art. 62. Em toda publicidade ou propaganda escrita destinada a promover a venda de incorporação com construção pelo regime de administração em que conste preço, serão discriminados explicitamente o preço da fração ideal de terreno e o montante do orçamento atualizado do custo da construção, na forma dos artigos 59 e 60, com a indicação do mês a que se refere o dito orçamento e do tipo padronizado a que se vincule o mesmo.

› *Art. 64*

§ 1º As mesmas indicações deverão constar em todos os papéis utilizados para a realização da incorporação, tais como cartas, propostas, escrituras, contratos e documentos semelhantes.

§ 2º Esta exigência será dispensada nos anúncios "classificados" dos jornais.

› *Vide Lei de estímulo à indústria de construção civil (Lei 4.864/1965)*

CAPÍTULO IV – DAS INFRAÇÕES

Art. 63. É lícito estipular no contrato, sem prejuízo de outras sanções, que a falta de pagamento, por parte do adquirente ou contratante, de 3 prestações do preço da construção, quer estabelecidas inicialmente, quer alteradas ou criadas posteriormente, quando for o caso, depois de prévia notificação com o prazo de 10 dias para purgação da mora, implique na rescisão do contrato, conforme nele se fixar, ou que, na falta de pagamento, pelo débito respondem os direitos à respectiva fração ideal de terreno e à parte construída adicionada, na forma abaixo estabelecida, se outra forma não fixar o contrato.

§ 1º Se o débito não for liquidado no prazo de 10 dias, após solicitação da Comissão de Representantes, esta ficará, desde logo, de pleno direito, autorizada a efetuar, no prazo que fixar, em público leilão anunciado pela forma que o contrato previr, a venda, promessa de venda ou de cessão, ou a cessão da quota de terreno e correspondente parte construída e direitos, bem como a sub-rogação do contrato de construção.

§ 2º Se o maior lanço obtido for inferior ao desembolso efetuado pelo inadimplente, para a quota do terreno e a construção, despesas acarretadas e as percentagens expressas no parágrafo seguinte será realizada nova praça no prazo estipulado no contrato. Nesta segunda praça, será aceito o maior lanço apurado, ainda que inferior àquele total, VETADO. *(Retificado no DOU de 1/2/1965)*

§ 3º No prazo de 24 horas após a realização do leilão final, o condomínio, por decisão unânime de Assembleia-Geral em condições de igualdade com terceiros, terá preferência na aquisição dos bens, caso em que serão adjudicados ao condomínio.

§ 4º Do preço que for apurado no leilão, serão deduzidas as quantias em débito, todas as despesas ocorridas, inclusive honorário de advogado e anúncios, e mais 5% a título de comissão e 10% de multa compensatória, que reverterão em benefício do condomínio de todos os contratantes, com exceção do faltoso, ao qual será entregue o saldo, se houver.

§ 5º Para os fins das medidas estipuladas neste artigo, a Comissão de Representantes ficará investida de mandato irrevogável, isento do imposto do selo, na vigência do contrato geral de construção da obra, com poderes necessários para, em nome do condômino inadimplente, efetuar as citadas transações, podendo para este fim fixar preços, ajustar condições, sub-rogar o arrematante nos direitos e obrigações decorrentes do contrato de construção e da quota de terreno e construção; outorgar as competentes escrituras e contratos, receber preços, dar quitações; imitir o arrematante na posse do imóvel; transmitir domínio, direito e ação; responder pela evicção; receber citação, propor e variar de ações; e também dos poderes *ad juditia*, a serem substabelecidos a advogado legalmente habilitado;

§ 6º A morte, falência ou concordata do condomínio ou sua dissolução, se se tratar de sociedade, não revogará o mandato de que trata o parágrafo anterior, o qual poderá ser exercido pela Comissão de Representantes até a conclusão dos pagamentos devidos, ainda que a unidade pertença a menor de idade. *(Retificado no DOU de 1/2/1965)*

§ 7º Os eventuais débitos fiscais ou para com a Previdência Social, não impedirão a alienação por leilão público. Neste caso, ao condômino somente será entregue o saldo, se houver, desde que prove estar quite com o Fisco e a Previdência Social, devendo a Comissão de Representantes, em caso contrário, consignar judicialmente a importância equivalente aos débitos existentes dando ciência do fato à entidade credora. *(Retificado no DOU de 1/2/1965)*

§ 8º Independentemente das disposições deste artigo e seus parágrafos, e como penalidades preliminares, poderá o contrato de construção estabelecer a incidência de multas e juros de mora em caso de atraso no depósito de contribuições sem prejuízo do disposto no parágrafo seguinte.

§ 9º O contrato poderá dispor que o valor das prestações pagas com atraso, seja corrigível em função da variação do índice geral de preços mensalmente publicado pelo Conselho Nacional de Economia, que reflita as oscilações do poder aquisitivo da moeda nacional.

§ 10. O membro da Comissão de Representantes que incorrer na falta prevista neste artigo, estará sujeito à perda automática do mandato e deverá ser substituído segundo dispuser o contrato.

Art. 64. Os órgãos de informação e publicidade que divulgarem publicamente sem os requisitos exigidos pelo § 3º do artigo 32 e pelos artigos 56 e 62, desta Lei, sujeitar-se-ão à multa em importância correspondente ao dobro do preço pago pelo anunciante, a qual reverterá em favor da respectiva Municipalidade. *(Retificado no DOU de 1/2/1965)*

Art. 65. É crime contra a economia popular promover incorporação, fazendo, em proposta, contratos, prospectos ou comunicação ao público ou aos interessados, afirmação falsa sobre a construção do condomínio, alienação das frações ideais do terreno ou sobre a construção das edificações.

PENA - reclusão de um a quatro anos e multa de cinco a cinquenta vezes o maior salário-mínimo legal vigente no País.

› *Arts. 1º a 11 e 28 a 31*

§ 1º Incorrem na mesma pena:

I - o incorporador, o corretor e o construtor, individuais bem como os diretores ou gerentes de empresa coletiva incorporadora, corretora ou construtora que, em proposta, contrato, publicidade, prospecto, relatório, parecer, balanço ou comunicação ao público ou aos condôminos, candidatos ou subscritores de unidades, fizerem afirmação falsa sobre a constituição do condomínio, alienação das frações ideais ou sobre a construção das edificações;

II - o incorporador, o corretor e o construtor individuais, bem como os diretores ou gerentes de empresa coletiva, incorporadora, corretora ou construtora que usar, ainda que a título de empréstimo, em proveito próprio ou de terceiros, bens ou haveres destinados a incorporação contratada por administração, sem prévia autorização dos interessados.

§ 2º O julgamento destes crimes será de competência de Juízo singular, aplicando-se os artigos 5º, 6º e 7º da Lei nº 1.521, de 26 de dezembro de 1951.

§ 3º Em qualquer fase do procedimento criminal objeto deste artigo, a prisão do indicado dependerá sempre de mandado do Juízo referido no § 2º. *(Parágrafo acrescido pela Lei nº 4.864, de 29/11/1965)*

Art. 66. São contravenções relativas à economia popular, puníveis na forma do artigo 10 da Lei nº 1.521, de 26 de dezembro de 1951:

› *Arts. 32 a 34*

I - negociar o incorporador frações ideais de terreno, sem previamente satisfazer às exigências constantes desta Lei;

II - omitir o incorporador, em qualquer documento de ajuste, as indicações a que se referem os artigos 37 e 38, desta Lei;

III - deixar o incorporador, sem justa causa, no prazo do artigo 35 e ressalvada a hipótese de seus § § 2º e 3º, de promover a celebração do contrato relativo à fração ideal de terreno, do contrato de construção ou da Convenção do condomínio;

› *Arts. 9º ao 11*

IV - VETADO.

V - omitir o incorporador, no contrato, a indicação a que se refere o § 5º do artigo 55, desta Lei;

VI - paralisar o incorporador a obra, por mais de 30 dias, ou retardar-lhe excessivamente o andamento sem justa causa.

PENA - Multa de 5 a 20 vezes o maior salário-mínimo legal vigente no País.

Parágrafo único. No caso de contratos relativos a incorporações, de que não participe o incorporador, responderão solidariamente pelas faltas capituladas neste artigo o construtor, o corretor, o proprietário ou titular de direitos aquisitivos do terreno, desde que figurem no contrato, com direito regressivo sobre o incorporador, se as faltas cometidas lhe forem imputáveis.

CAPÍTULO V – DAS DISPOSIÇÕES FINAIS E TRANSITÓRIAS

Art. 67. Os contratos poderão consignar exclusivamente as cláusulas, termo ou condições variáveis ou específicas.

§ 1º As cláusulas comuns a todos os adquirentes não precisarão figurar expressamente nos respectivos contratos.

§ 2º Os contratos no entanto, consignarão obrigatoriamente que as partes contratantes, adotem e se comprometam a cumprir as cláusulas, termos e condições contratuais a que se refere o parágrafo anterior, sempre transcritas, verbo *ad verbum* no respectivo cartório ou ofício, mencionando, inclusive, o número do livro e das folhas do competente registro.

§ 3º Aos adquirentes, ao receberem os respectivos instrumentos, será obrigatoriamente entregue cópia impressa ou mimeografada, autenticada, do contrato-padrão, contendo as cláusulas, termos e condições referidas no § 1º deste artigo.

§ 4º Os cartórios de Registro de Imóveis, para os devidos efeitos, receberão dos incorporadores, autenticadamente, o instrumento a que se refere o parágrafo anterior.

Art. 67-A. Em caso de desfazimento do contrato celebrado exclusivamente com o incorporador, mediante distrato ou resolução por inadimplemento absoluto de obrigação do adquirente, este fará jus à restituição das quantias que houver pago diretamente ao incorporador, atualizadas com base no índice contratualmente estabelecido para a correção monetária das parcelas do preço do imóvel, delas deduzidas, cumulativamente:

I - a integralidade da comissão de corretagem;

II - a pena convencional, que não poderá exceder a 25% (vinte e cinco por cento) da quantia paga.

§ 1º Para exigir a pena convencional, não é necessário que o incorporador alegue prejuízo.

§ 2º Em função do período em que teve disponibilizada a unidade imobiliária, responde ainda o adquirente, em caso de resolução ou de distrato, sem prejuízo do disposto no *caput* e no § 1º deste artigo, pelos seguintes valores:

I - quantias correspondentes aos impostos reais incidentes sobre o imóvel;

II - cotas de condomínio e contribuições devidas a associações de moradores;

III - valor correspondente à fruição do imóvel, equivalente à 0,5% (cinco décimos por cento) sobre o valor atualizado do contrato, *pro rata die*;

IV - demais encargos incidentes sobre o imóvel e despesas previstas no contrato.

§ 3º Os débitos do adquirente correspondentes às deduções de que trata o § 2º deste artigo poderão ser pagos mediante compensação com a quantia a ser restituída.

§ 4º Os descontos e as retenções de que trata este artigo, após o desfazimento do contrato, estão limitados aos valores efetivamente pagos pelo adquirente, salvo em relação às quantias relativas à fruição do imóvel.

§ 5º Quando a incorporação estiver submetida ao regime do patrimônio de afetação, de que tratam os arts. 31-A a 31-F desta Lei, o incorporador restituirá os valores pagos pelo adquirente, deduzidos os valores descritos neste artigo e atualizados com base no índice contratualmente estabelecido para a correção monetária das parcelas do preço do imóvel, no prazo máximo de 30 (trinta) dias após o habite-se ou documento equivalente expedido pelo órgão público municipal competente, admitindo-se, nessa hipótese, que a pena referida no inciso II do *caput* deste artigo seja estabelecida até o limite de 50% (cinquenta por cento) da quantia paga.

§ 6º Caso a incorporação não esteja submetida ao regime do patrimônio de afetação de que trata a Lei nº 10.931, de 2 de agosto de 2004, e após as deduções a que se referem os parágrafos anteriores, se houver remanescente a ser ressarcido ao adquirente, o pagamento será realizado em parcela única, após o prazo de 180 (cento e oitenta) dias, contado da data do desfazimento do contrato.

§ 7º Caso ocorra a revenda da unidade antes de transcorrido o prazo a que se referem os §§ 5º ou 6º deste artigo, o valor remanescente devido ao adquirente será pago em até 30 (trinta) dias da revenda.

§ 8º O valor remanescente a ser pago ao adquirente nos termos do § 7º deste artigo deve ser atualizado com base no índice contratualmente estabelecido para a correção monetária das parcelas do preço do imóvel.

§ 9º Não incidirá a cláusula penal contratualmente prevista na hipótese de o adquirente que der causa ao desfazimento do contrato encontrar comprador substituto que o sub-rogue nos direitos e obrigações originalmente assumidos, desde que haja a devida anuência do incorporador e a aprovação dos cadastros e da capacidade financeira e econômica do comprador substituto.

§ 10. Os contratos firmados em estandes de vendas e fora da sede do incorporador permitem ao adquirente o exercício do direito de arrependimento, durante o prazo improrrogável de 7 (sete) dias, com a devolução de todos os valores eventualmente antecipados, inclusive a comissão de corretagem.

§ 11. Caberá ao adquirente demonstrar o exercício tempestivo do direito de arrependimento por meio de carta registrada, com aviso de recebimento, considerada a data da postagem como data inicial da contagem do prazo a que se refere o § 10 deste artigo.

§ 12. Transcorrido o prazo de 7 (sete) dias a que se refere o § 10 deste artigo sem que tenha sido exercido o direito de arrependimento, será observada a irretratabilidade do contrato de incorporação imobiliária, conforme disposto no § 2º do art. 32 da Lei nº 4.591, de 16 de dezembro de 1964.

§ 13. Poderão as partes, em comum acordo, por meio de instrumento específico de distrato, definir condições diferenciadas das previstas nesta Lei.

§ 14. Nas hipóteses de leilão de imóvel objeto de contrato de compra e venda com pagamento parcelado, com ou sem garantia real, de promessa de compra e venda ou de cessão e de compra e venda com pacto adjeto de alienação fiduciária em garantia, realizado o leilão no contexto de execução judicial ou de procedimento extrajudicial de execução ou de resolução, a restituição far-se-á de acordo com os critérios estabelecidos na respectiva lei especial ou com as normas aplicáveis à execução em geral. *(Artigo acrescido pela Lei nº 13.786, de 27/12/2018)*

Art. 68. A atividade de alienação de lotes integrantes de desmembramento ou loteamento, quando vinculada à construção de casas isoladas ou geminadas, promovida por uma das pessoas indicadas no art. 31 desta Lei ou no art. 2º-A da Lei nº 6.766, de 19 de dezembro de 1979, caracteriza incorporação imobiliária sujeita ao regime jurídico instituído por esta Lei e às demais normas legais a ele aplicáveis. *("Caput" do* *artigo com redação dada pela Lei nº 14.382, de 27/6/2022)*

› *Vide Enunciado 24, I Jornada de Direito Notarial e Registral*

§ 1º A modalidade de incorporação de que trata este artigo poderá abranger a totalidade ou apenas parte dos lotes integrantes do parcelamento, ainda que sem área comum, e não sujeita o conjunto imobiliário dela resultante ao regime do condomínio edilício, permanecendo as vias e as áreas por ele abrangidas sob domínio público. *(Parágrafo acrescido pela Lei nº 14.382, de 27/6/2022)*

§ 2º O memorial de incorporação do empreendimento indicará a metragem de cada lote e da área de construção de cada casa, dispensada a apresentação dos documentos referidos nas alíneas *e, i, j, l* e *n* do *caput* do art. 32 desta Lei. *(Parágrafo acrescido pela Lei nº 14.382, de 27/6/2022)*

§ 3º A incorporação será registrada na matrícula de origem em que tiver sido registrado o parcelamento, na qual serão também assentados o respectivo termo de afetação de que tratam o art. 31-B desta Lei e o art. 2º da Lei nº 10.931, de 2 de agosto de 2004, e os demais atos correspondentes à incorporação. *(Parágrafo acrescido pela Lei nº 14.382, de 27/6/2022)*

§ 4º Após o registro do memorial de incorporação, e até a emissão da carta de habite-se do conjunto imobiliário, as averbações e os registros correspondentes aos atos e negócios relativos ao empreendimento sujeitam-se às normas do art. 237-A da Lei nº 6.015, de 31 de dezembro de 1973 (Lei de Registros Públicos). *(Parágrafo acrescido pela Lei nº 14.382, de 27/6/2022)*

Art. 69. O Poder Executivo baixará, no prazo de 90 dias, regulamento sobre o registro no Registro de Imóveis VETADO.

Art. 70. A presente lei entrará em vigor na data de sua publicação, revogados o Decreto nº 5.481, de 25 de junho de 1928 e quaisquer disposições em contrário.

Brasília, 16 de dezembro de 1964; 143º da Independência e 76º da República.
H. CASTELLO BRANCO (DOU de 21.12.1964)

LEI Nº 4.864, DE 29 DE NOVEMBRO DE 1965

Cria Medidas de estímulo à Indústria de Construção Civil.

O PRESIDENTE DA REPÚBLICA,

Faço saber que o Congresso Nacional decreta e eu sanciono a seguinte Lei:

Art. 1º. Sem prejuízo das disposições da Lei nº 4.591, de 16 de dezembro de 1964 os contratos que tiverem por objeto a venda ou a construção de habitações com pagamento a prazo poderão prever a correção monetária da dívida, com o consequente reajustamento das prestações mensais de amortização e juros, observadas as seguintes normas:

I – Somente poderão ser corrigidos os contratos de venda, promessa de venda, cessão e promessa de cessão, ou de construção, que tenham por objeto imóveis construídos ou terrenos cuja construção esteja contratada, inclusive unidades autônomas e respectivas quotas ideais de terreno em edificação ou conjunto de edificações incorporadas em condomínio.

II – A parte financiada, sujeita à correção monetária, deverá ser paga em prestações mensais de igual valor, incluindo amortização e juros convencionados à taxa máxima fixada pelo Conselho Monetário Nacional, admitida a fixação em contrato das prestações posteriores à entrega da unidade autônoma em valor diverso do das anteriores à entrega, sendo vedada a correção do valor de prestações intermediárias, se houver, e do saldo devedor a elas correspondente, exceção feita à prestação vinculada à entrega das chaves, desde que não seja superior, inicialmente, a 10% (dez por cento) do valor original da parte financiada.

III – O saldo devedor e as prestações serão corrigidos em períodos não inferiores a 6 (seis) meses com base em índices de preços apurados pelo Conselho Nacional de Economia, ou pela Fundação Getúlio Vargas, e o contrato deverá indicar em detalhe as condições do reajustamento e o índice convencionado.

IV – O reajustamento das prestações não poderá entrar em vigor antes de decorridos 60 (sessenta) dias do término do mês da correção.

V – Nas condições previstas no contrato, o adquirente poderá liquidar antecipadamente a dívida ou parte da mesma.

VI – A rescisão do contrato por inadimplemento do adquirente somente poderá ocorrer após o atraso de, no mínimo, 3 (três) meses do vencimento de qualquer obrigação contratual ou de 3 (três) prestações mensais, assegurado ao devedor o direito de purgar a mora dentro do prazo de 90 (noventa) dias, a contar da data do vencimento da obrigação não cumprida ou da primeira prestação não paga.

VII – Nos casos de rescisão a que se refere o item anterior, o alienante poderá promover a transferência para terceiro dos direitos decorrentes do contrato, observadas, no que forem aplicáveis, as disposições dos §§ 1º a 8º do art. 63 da Lei nº 4.591, de 16 de dezembro de 1964, ficando o alienante, para tal fim, investido dos poderes naqueles dispositivos conferidos à Comissão de Representantes.

VIII – VETADO.

IX – VETADO.

§ 1º Os contratos de aquisição de imóveis a que se refere o art. 63 da Lei nº 4.728, de 14 de julho de 1965, poderão prever a correção monetária nos termos do item III deste artigo.

§ 2º As diferenças nominais no principal dos contratos referidos neste artigo e seus parágrafos, resultantes da correção monetária, não constituirão rendimento tributável para efeitos do imposto de renda.

§ 3º Nos casos e nas condições aprovadas pelo Conselho Monetário Nacional, as entidades integrantes do sistema financeiro de habitação poderão operar com as cláusulas de correção previstas neste artigo, quer nas obrigações ativas, quer nas passivas.

Art. 2º. Quando o valor do imóvel, nos contratos a que se refere o artigo anterior, não exceder a 300 (trezentas) vezes o maior salário-mínimo mensal vigente no País, será obrigatória a contratação, nos moldes preconizados pelo Banco Nacional de Habitação, como parte integrante dos contratos e durante sua vigência, do seguro de vida de renda temporária em nome e benefício do adquirente.

Parágrafo único. Nos contratos com valor superior a 200 (duzentas) e até 300 (trezentas) vezes o maior salário-mínimo vigente no País, será facultativo, a critério do adquirente, o cumprimento do disposto neste artigo, quando do contrato constar o compromisso expresso do alienante em oferecer ao espólio do adquirente a opção, por 90 (noventa) dias, entre continuar com a unidade nas condições do contrato ou receber, em prazo igual ao de sua vigência, a devolução de todas as prestações pagas, com a respectiva correção monetária e juros à taxa que for convencionada.

Art. 3º. Nos casos de rescisão, por culpa do alienante, dos contratos a que se refere o art. 1º, a indenização a que o adquirente tiver direito será corrigida monetariamente até o seu efetivo pagamento segundo os mesmos índices de correção fixados no contrato rescindido.

Art. 4º. Os itens I, II e III do art. 12 da Lei nº 4.380, de 21 de agosto de 1964, passam a ter a seguinte redação:

› *Alterações inseridas no texto da referida norma.*

Art. 5º. O art. 2º da Lei nº 4.591, de 16 de dezembro de 1964, fica acrescido dos seguintes parágrafos:

› *Alterações inseridas no texto da referida norma.*

Art. 6º. No caso de um conjunto de edificações a que se refere o artigo 8º da Lei nº 4.591, de 16 de dezembro de 1964, poder-se-á estipular o desdobramento da incorporação em várias incorporações, fixando a convenção de condomínio ou contrato prévio, quando a incorporação ainda estiver subordinada a períodos de carência, os direitos e as relações de propriedade entre condôminos de várias edificações.

Art. 7º. O art. 9º da Lei nº 4.591, de 16 de dezembro de 1964, fica acrescido do seguinte parágrafo:

› *Alterações inseridas no texto da referida norma.*

Art. 8º. O art. 18 da Lei nº 4.591, de 16 de dezembro de 1964, passa a vigorar com a seguinte redação:

› *Alterações inseridas no texto da referida norma.*

Art. 9º. As disposições dos arts. 28 e seguintes, da Lei nº 4.591, de 16 de dezembro de 1964, não se aplicam às incorporações iniciadas antes de 10 de março de 1965.

§ 1º Caracteriza o início da incorporação, para o efeito deste artigo, a venda, promessa de venda, cessão ou promessa de cessão de quota ideal de terreno vinculada a projeto de construção, ou o contrato de construção assinado pelo incorporador, ou por adquirente.

§ 2º Os instrumentos de contrato referidos no parágrafo anterior somente farão prova de início da execução da incorporação, quando o respectivo imposto do selo tiver sido pago antes da data desta Lei.

Art. 10. O art. 32 da Lei nº 4.591, de 16 de dezembro de 1964, passa a vigorar acrescido dos seguintes parágrafos:

› *Alterações inseridas no texto da referida norma.*

Parágrafo único. As alíneas do art. 32 da Lei nº 4.591, de 16 de dezembro de 1964, fica acrescida a seguinte:

"p) declaração, acompanhada de plantas elucidativas, sobre o número de veículos que a garagem comporta e os locais destinados à guarda dos mesmos".

Art. 11. O art. 65 da Lei nº 4.591, de 16 de dezembro de 1964, passa a vigorar com o acréscimo do seguinte parágrafo:

› *Alterações inseridas no texto da referida norma.*

Art. 12. *(Revogado pela Lei nº 14.382, de 2022)*

› *Texto anterior: Art. 12. Fica elevado para 180 (cento e oitenta) dias o prazo de validade de registro da incorporação a que se refere o art. 33 da Lei nº 4.591, de 16 de dezembro de 1964.*

Art. 13. É de 60 (sessenta) dias o prazo máximo concedido ao incorporador, no art. 35 da Lei nº 4.591, de 16 de dezembro de 1964.

Art. 14. Até 31 de dezembro de 1966, os sindicatos da indústria da construção civil, nas suas respectivas bases territoriais, atenderão ao disposto no art. 54 da Lei nº 4.591, de 16 de dezembro de 1964, com base em critérios, normas e tipos de prédios padronizados que adotarem, mediante estudos próprios ou contratados.

Parágrafo único. O incorporador, ao elaborar a avaliação do custo global da obra para atendimento do disposto na alínea h do art. 32 da Lei nº 4.591, de 16 de dezembro de 1964, utilizará o custo unitário, divulgado pelo sindicato na forma deste artigo, referente ao tipo de prédio padronizado que mais se aproxime do prédio objeto da incorporação.

Art. 15. *(Revogado pelo Decreto-Lei nº 283, de 1967)*

Art. 16. O art. 13 e seus parágrafos, da Lei nº 4.506, de 30 de novembro de 1964, passa a vigorar com a seguinte redação:

"Art. 13. Estão sujeitas ao desconto do imposto de renda na fonte, a razão de 10% (dez por cento), as importâncias pagas ou creditadas pelas pessoas jurídicas a pessoas físicas, a título de juros, cujo montante exceda, em cada semestre, a Cr$15.000 (quinze mil cruzeiros).

Parágrafo único. As importâncias retidas nos termos deste artigo serão abatidas do imposto apurado na declaração anual da pessoa física".

Art. 17. *(Revogado pela Lei nº 6.649, de 1979)*

Art. 18. Na construção de imóveis, o imposto do selo será recolhido no mês subsequente ao término de cada semestre civil, calculado sobre o montante recebido pelo construtor durante o semestre civil encerrado, a título de pagamento do preço da obra ou de remuneração pelos serviços ajustados.

§ 1º Os contratos de construção por administração, para os efeitos do imposto do selo, são equiparados aos de empreitada de mão-de-obra.

§ 2º O disposto na letra K da nota 7ª da alínea I do Anexo I da Lei nº 4.505, de 30 de novembro de 1964, aplica-se ao financiamento da venda de bens móveis destinados à construção de imóveis em que o adquirente for o condomínio a que se refere o inciso I do art. 58 da Lei nº 4.591, de 16 de dezembro de 1964.

§ 3º Não incidirá o imposto do selo sobre as obrigações a que se refere o inciso II do art. 58 da Lei nº 4.591, de 16 de dezembro de 1964, inclusive sobre o pagamento das penalidades aplicadas na forma do disposto nos §§ 8º e 9º do art. 63 da mesma Lei, bem como sobre a utilização desses recursos em pagamento dos débitos de responsabilidade do condomínio, quer feito diretamente pela Comissão de Representantes, quer não.

§ 4º As sub-rogações, cessões ou transferências de contratos de construção serão tributadas sobre o montante recebido pelo construtor desde o término do semestre civil anterior até a data da sub-rogação, cessão ou transferência.

Art. 19. Nos contratos de venda, promessa de venda, cessão ou promessa de cessão de imóveis para pagamento em prazo superior a dois anos será responsável pelo pagamento do imposto do selo o vendedor, cliente, promitente vendedor ou cedente, sempre que for pessoa jurídica.

§ 1º Nos contratos imobiliários a que se refere o art. 63 da Lei número 4.728, de 14 de julho de 1965, será responsável pelo pagamento do imposto a sociedade imobiliária adquirente.

§ 2º Nos contratos referidos neste artigo e seu § 1º, o imposto de selo será recolhido no mês seguinte ao término de cada semestre civil, calculado à taxa de 1% (um por cento) sobre o montante total das prestações efetivamente liquidadas no semestre vencido.

Art. 20. O Banco Central poderá autorizar as sociedades de crédito e financiamento a se transformarem em sociedades de crédito imobiliário, com as características que lhes atribui a Lei nº 4.380, de 21 de agosto de 1964, ou a manterem carteira especializada nas operações próprias das sociedades de crédito imobiliário.

§ 1º Compete ao Conselho Monetário Nacional disciplinar o acesso das sociedades de crédito imobiliário ao mercado de capitais ou financeiro e fixar as condições que deverão observar nas suas operações ativas e passivas.

§ 2º Compete ao Banco Central o registro, a autorização para funcionamento, a fiscalização e todas as demais medidas previstas na Lei número 4.380, de 21 de agosto de 1964, para o funcionamento das sociedades de crédito imobiliário.

§ 3º Quando o Conselho Monetário Nacional se reunir para as finalidades a que se refere o § 1º, participará da reunião, com direito a voto, o Presidente do B.N.H.

§ 4º Nas condições fixadas pelo Conselho Monetário Nacional, as entidades financeiras de que trata este artigo poderão operar em um sistema integrado de acumulação de poupanças e empréstimos, aplicando-se o disposto no § 1º do art. 7º da Lei nº 4.728, de 14 de julho de 1965.

Art. 21. Nas suas operações de crédito imobiliário, as Caixas Econômicas, ouvido o Conselho Superior das Caixas Econômicas Federais, darão preferência ao financiamento de projetos da iniciativa privada para a construção e venda a prazo, em edificações, ou conjunto de edificações, de unidades habitacionais de interesse social, ou destinadas às classes de nível médio de renda.

§ 1º Nas operações previstas neste artigo, as Caixas Econômicas poderão financiar, mediante abertura de crédito a ser utilizado pelo empresário, à medida da entrega das unidades habitacionais, admitido o contrato prévio de promessa de financiamento.

§ 2º Nas condições que o Conselho Superior das Caixas Econômicas Federais fixar, poderá ser permitida a utilização, antes da entrega das unidades e em função da execução da obra, de até 60% (sessenta por cento) do financiamento contratado.

§ 3º Nas operações a que se referem os §§ 1º e 2º deste artigo, poderá ser previsto que o valor nominal dos desembolsos ajustados seja atualizado monetariamente à data de sua efetiva entrega ao financiado.

§ 4º Nas operações previstas nos §§ 1º e 2º deste artigo, a correção monetária do débito e os juros cobrados incidirão apenas sobre o saldo devedor da parcela do financiamento que tenha sido efetivamente realizada.

§ 5º O disposto neste artigo e seus parágrafos poderá ser aplicado nas operações contratadas diretamente com pessoas físicas.

Art. 22. Os créditos abertos nos termos do artigo anterior pelas Caixas Econômicas, bem como pelas sociedades de crédito imobiliário, poderão ser garantidos pela caução, a cessão parcial ou a cessão fiduciária dos direitos decorrentes dos contratos de alienação das unidades habitacionais integrantes do projeto financiado.

§ 1º Nas aberturas de crédito garantidas pela caução referida neste artigo, vencido o contrato por inadimplemento da empresa financiada, o credor terá o direito de, independentemente de qualquer procedimento judicial e com preferência sobre todos os demais credores da empresa financiada, haver os créditos caucionados diretamente dos adquirentes das unidades habitacionais, até a final liquidação do crédito garantido.

§ 2º Na cessão parcial referida neste artigo, o credor é titular dos direitos cedidos na percentagem prevista no contrato, podendo, mediante comunicações ao adquirente da unidade habitacional, exigir, diretamente, o pagamento em cada prestação da sua percentagem nos direitos cedidos.

Art. 23. Na cessão fiduciária em garantia referida no art. 22, o credor é titular fiduciário dos direitos cedidos até a liquidação da dívida garantida, continuando o devedor a exercer os direitos em nome do credor, segundo as condições do contrato e com as responsabilidades de depositário.

§ 1º No caso de inadimplemento da obrigação garantida, o credor fiduciário poderá, mediante comunicação aos adquirentes das unidades habitacionais, passar a exercer diretamente todos os direitos decorrentes dos créditos cedidos, aplicando as importâncias recebidas no pagamento do seu crédito e nas despesas decorrentes da cobrança, e entregando ao devedor o saldo porventura apurado.

§ 2º Se a importância recebida na realização dos direitos cedidos não bastar para pagar o crédito do credor fiduciário, bem como as despesas referidas no parágrafo anterior, o devedor continuará pessoalmente obrigado a pagar o saldo remanescente.

§ 3º É nula a cláusula que autoriza o cessionário fiduciário a ficar com os direitos cedidos em garantia, se a dívida não for paga no seu vencimento.

§ 4º A cessão fiduciária em garantia somente valerá contra terceiros depois que o seu instrumento, público ou particular, qualquer que seja o seu valor, for arquivado por cópia no Registro de Títulos e Documentos.

Art. 24. Nas condições fixadas pelo Conselho Monetário Nacional, as sociedades de crédito imobiliário poderão operar nas modalidades de financiamento referidas nos arts. 21 e 22, mediante aceite de letras de câmbio reajustáveis sacadas pela empresa financiada, cujos valores e vencimentos, correspondentes aos direitos caucionados, tenham sido cedidos parcialmente, ou cedidos fiduciariamente em garantia.

Art. 25. O art. 11 da Lei nº 4.380, de 21 de agosto de 1964, passa a vigorar com a seguinte redação:

› *Alterações inseridas no texto da referida norma.*

Art. 26. O art. 23 da Lei nº 4.380, de 21 de agosto de 1964, passa a ter a seguinte redação:

› *Alterações inseridas no texto da referida norma.*

Art. 27. Os §§ 2º e 3º do art. 52 da Lei nº 4.380, de 21 de agosto de 1964, passam a ter a seguinte redação:

› *Alterações inseridas no texto da referida norma.*

Art. 28. *(Revogado pela Lei nº 6.649, de 1979)*

Art. 29. As modificações, os acréscimos e os melhoramentos de edifício em construção, bem como os acabamentos especiais e partes complementares das respectivas unidades autônomas, inclusive decoração permanente, serão consideradas partes integrantes da obra, para efeito de tributação, quando executados, em cada unidade, antes da respectiva entrega.

Art. 30. Todas as operações do Sistema Financeiro da Habitação, a serem realizadas por entidades estatais, paraestatais e sociedades de economia mista, em que haja participação majoritária do Poder Público, mesmo quando não integrante do Sistema Financeiro da Habitação em financiamento de construção ou de aquisição de unidades habitacionais, serão obrigatoriamente corrigidas de acordo com os índices e normas fixados na conformidade desta Lei, revogadas as alíneas a e b do art. 6º da Lei nº 4.380, de 21 de agosto de 1964. *(Redação dada pela Lei nº 5.049, de 1966)*

§ 1º Incorrerá nas penalidades previstas no Estatuto dos Funcionários Públicos Civis da União e funcionário ou autoridade que, por ação ou omissão, no exercício das funções de seu cargo não cumprir o disposto neste artigo. *(Incluído pela Lei nº 5.049, de 1966)*

§ 2º Os índices e critérios de correção monetária mencionados neste artigo e fixados pelo Conselho Nacional de Economia, segundo normas estabelecidas pelo Banco Nacional de Habitação, aplicam-se aos §§ 2º e 3º do art. 52 da Lei nº 4.380, de 21 de agosto de 1964. *(Incluído pela Lei nº 5.049, de 1966)*

§ 3º As unidades habitacionais cujos ocupantes hajam optado pela sua compra ou venham a fazê-lo até 90 (noventa) dias da data da publicação desta Lei, são isentas da correção monetária referida neste artigo, desde que tenham as mesmas sofrido reavaliação no preço do custo da construção. *(Incluído pela Lei nº 5.049, de 1966)*

Art. 31. Ficam isentos do imposto sobre Produtos Industrializados: *(Redação dada pelo Decreto-Lei nº 1.593, de 1977)*

I – as edificações (casas, hangares, torres e pontes) pré-fabricadas; *(Incluído pelo Decreto-Lei nº 1.593, de 1977)*

II – os componentes, relacionados pelo Ministro da Fazenda, dos produtos referidos no inciso anterior, desde que se destinem à montagem desses produtos e sejam fornecidos diretamente pela indústria de edificações pré-fabricadas; *(Incluído pelo Decreto-Lei nº 1.593, de 1977)*

III – as preparações e os blocos de concreto, bem como as estruturas metálicas, relacionados ou definidos pelo Ministro da Fazenda, destinados à aplicação em obras hidráulicas ou de construção civil. *(Incluído pelo Decreto-Lei nº 1.593, de 1977)*

§ 1º – A isenção dos produtos referidos neste artigo não exclui a tributação das matérias-primas, produtos intermediários e material de embalagem empregados na sua industrialização. *(Incluído pelo Decreto-Lei nº 1.593, de 1977)*

§ 2º – As estruturas metálicas, bem como os componentes dos produtos referidos no inciso I, quando derivados de aço, ficam excluídos do disposto neste artigo se fornecidos diretamente pelos estabelecimentos siderúrgicos de que trata o Decreto-lei nº 1.547, de 18 de abril de 1977. *(Incluído pelo Decreto-Lei nº 1.593, de 1977)*

Art. 32. *(VETADO)*

Parágrafo único. *(VETADO)*

Art. 33. *(VETADO)*

Art. 34. Não incidirá o imposto do selo sobre as seguintes obrigações relativas a transações imobiliárias:

a) contratos de promessa de financiamento em que uma das partes seja instituição financeira;

b) cartas de intenção de financiamento em que uma das partes seja instituição financeira;

c) cessão de direitos que constitua cumprimento de promessa de cessão de direitos já tributada;

d) opção de compra ou venda de bens imóveis;

e) os adiantamentos ou reembolsos efetuados pelo proprietário ao construtor para pagamento de débitos de sua responsabilidade.

Art. 35. Esta Lei entra em vigor na data de sua publicação.

Art. 36. Revogam-se as disposições em contrário.

Brasília, 29 de novembro de 1965; 144º da Independência e 77º da República.

H. CASTELLO BRANCO

(DOU de 30.12.1965)

LEI Nº 5.741, DE 1º DE DEZEMBRO DE 1971

Dispõe sobre a proteção do financiamento de bens imóveis vinculados ao Sistema Financeiro da Habitação.

O PRESIDENTE DA REPÚBLICA,

Faço saber que o Congresso Nacional decreta e eu sanciono a seguinte Lei:

Art. 1º Para a cobrança de crédito hipotecário vinculado ao Sistema Financeiro da Habitação criado pela Lei nº 4.380, de 21 de agosto de 1964, é lícito ao credor promover a execução de que tratam os artigos 31 e 32 do Decreto-lei nº 70, de 21 de novembro de 1966, ou ajuizar a ação executiva na forma da presente lei.

Art. 2º A execução terá início por petição escrita, com os requisitos do Art. 282 do Código de Processo Civil, apresentada em três vias, servindo a segunda e terceira de mandado e contra-fé, e sendo a primeira instruída com: *(Redação dada pela Lei nº 6.071, de 1974)*

I – o título da dívida devidamente inscrita; *(Redação dada pela Lei nº 6.071, de 1974)*

II – a indicação do valor das prestações e encargos cujo não pagamento deu lugar ao vencimento do contrato; *(Redação dada pela Lei nº 6.071, de 1974)*

III – o saldo devedor, discriminadas as parcelas relativas a principal, juros, multa e outros encargos contratuais fiscais e honorários advocatícios; *(Redação dada pela Lei nº 6.071, de 1974)*

IV – cópia dos avisos regulamentares reclamando o pagamento da dívida, expedidos segundo instruções do Banco Nacional da Habitação. *(Redação dada pela Lei nº 6.071, de 1974)*

Art. 3º O devedor será citado para pagar o valor do crédito reclamado ou depositá-lo em juízo no prazo de vinte e quatro horas, sob pena de lhe ser penhorado o imóvel hipotecado.

§ 1º A citação far-se-á na pessoa do réu e de seu cônjuge ou de seus representantes legais. *(Redação dada pela Lei nº 8.004, de 1990)*

§ 2º Se o executado e seu cônjuge se acharem fora da jurisdição da situação do imóvel, a citação far-se-á por meio de edital, pelo prazo de 10 (dez) dias, publicado, uma vez no órgão oficial do Estado e, pelo menos, duas vezes em jornal local de grande circulação onde houver.

Art. 4º Se o executado não pagar a dívida indicada no inciso II do art. 2º, acrescida das custas e honorários de advogado ou não depositar o saldo devedor, efetuar-se-á penhora do imóvel hipotecado, sendo nomeado depositário o exequente ou quem este indicar.

§ 1º Se o executado não estiver na posse direta do imóvel, o juiz ordenará a expedição de mandado de desocupação contra a pessoa que o estiver ocupando, para entregá-lo ao exequente no prazo de 10 (dez) dias.

§ 2º Se o executado estiver na posse direta do imóvel, o juiz ordenará que o desocupe no prazo de 30 (trinta) dias, entregando-o ao exequente.

Art. 5º O executado poderá opor embargos no prazo de dez (10) dias contados da penhora e que serão recebidos com efeito suspensivo, desde que alegue e prove: *(Redação dada pela Lei nº 6.014, de 1973)*

I – que depositou por inteiro a importância reclamada na inicial; *(Redação dada pela Lei nº 6.014, de 1973)*

II – que resgatou a dívida, oferecendo desde logo a prova da quitação. *(Redação dada pela Lei nº 6.014, de 1973)*

Parágrafo único. Os demais fundos de fundamentos de embargos, previstos no artigo 741 do Código de Processo Civil, não suspendem a execução. *(Incluído dada pela Lei nº 6.014, de 1973)*

Art. 6º Rejeitados os embargos referidos no *caput* do artigo anterior, o juiz ordenará a venda do imóvel hipotecado em praça pública por preço não inferior do saldo devedor expedindo-se edital pelo prazo de 10 (dez) dias.

Parágrafo único. O edital será afixado à porta do edifício onde tiver sede o juízo e publicado três vezes, por extrato, em um dos jornais locais de maior circulação, onde houver.

Art. 7º Não havendo licitante na praça pública, o Juiz adjudicará, dentro de quarenta e oito horas, ao exequente o imóvel hipotecado, ficando exonerado o executado da obrigação de pagar o restante da dívida.

Art. 8º É lícito ao executado remir o imóvel penhorado, desde que deposite em juízo, até a assinatura do auto de arrematação, a importância que baste ao pagamento da dívida reclamada mais custas e honorários advocatícios; caso em que convalescerá o contrato hipotecário.

Art. 9º Constitui crime de ação pública, punido com a pena de detenção de 6 (seis) meses a 2 (dois) anos e multa de cinco a vinte salários mínimos, invadir alguém, ou ocupar, com o fim de esbulho possessório, terreno ou unidade residencial, construída ou em construção, objeto de financiamento do Sistema Financeiro da Habitação.

§ 1º Se o agente usa de violência, incorre também nas penas a esta cominada.

§ 2º É isento da pena de esbulho o agente que, espontaneamente, desocupa o imóvel antes de qualquer medida coativa.

§ 3º O salário a que se refere este artigo é o maior mensal vigente no País, à época do fato.

Art. 10. A ação executiva, fundada em outra causa que não a falta de pagamento pelo executado das prestações vencidas, será processada na forma do Código de Processo Civil, que se aplicará, subsidiariamente, a ação executiva de que trata esta lei.

Art. 11. Ficam dispensadas de averbação no Registro de Imóveis as alterações contratuais de qualquer natureza, desde que não importem em novação objetiva da dívida, realizadas em operações do Sistema Financeiro da Habitação, criado pela Lei nº 4.380, de 21 de agosto de 1964, sejam as operações consubstanciadas, em instrumentos públicos ou particulares, ou em cédulas hipotecárias.

Parágrafo único. O registro da cédula hipotecária limitar-se-á à averbação de suas características originais, a que se refere o art. 13 do Decreto-lei nº 70, de 21 de novembro de 1966, ficando dispensadas de averbação também as alterações que decorram da circulação do título.

Art. 12. As entidades credoras integrantes do Sistema Financeiro da Habitação ficam obrigadas a fornecer por escrito, no prazo de cinco dias, as informações sobre as alterações de que trata o artigo 11, quando requeridas por interessados.

Art. 13. Esta Lei entra em vigor na data de sua publicação.

Art. 14. Revogam-se as disposições em contrário.

Brasília, 1º de dezembro de 1971;
150º da Independência e 83º da República.
EMÍLIO G. MÉDICI
(DOU de 2.12.1971)

LEI Nº 5.972, DE 11 DE DEZEMBRO DE 1973

Regula o procedimento para o registro da propriedade de bens imóveis discriminados administrativamente ou possuídos pela União.

O PRESIDENTE DA REPÚBLICA,

Faço saber que o **CONGRESSO NACIONAL** decreta e eu sanciono a seguinte Lei:

Art. 1º O Poder Executivo promoverá o registro da propriedade de bens imóveis da União: *(Redação dada pela Lei nº 9.821, 23/08/99)*

› *Vide arts. 167; 182 e ss, Lei n. 6.015/1973 (Registros Públicos)*

I – discriminados administrativamente, de acordo com a legislação vigente;

II – possuídos ou ocupados por órgãos da Administração Federal e por unidades militares, durante vinte anos, sem interrupção nem oposição.

Art. 2º O requerimento da União, firmado pelo Procurador da Fazenda Nacional e dirigido ao Oficial do Registro da circunscrição imobiliária da situação do imóvel, será instruído com:

I – decreto do Poder Executivo, discriminando o imóvel, cujo texto consigne:

1º a circunscrição judiciária ou administrativa, em que está situado o imóvel, conforme o critério adotado pela legislação local;

2º a denominação do imóvel, se rural; rua e número, se urbano;

3º as características e as confrontações do imóvel;

4º o título de transmissão ou a declaração da destinação pública do imóvel nos últimos vinte anos;

5º quaisquer outras circunstâncias de necessária publicidade e que possam afetar direito de terceiros.

II – certidão lavrada pelo Serviço do Patrimônio da União (S.P.U.), atestando a inexistência de contestação ou de reclamação feita administrativamente, por terceiros, quanto ao domínio e à posse do imóvel registrando.

Parágrafo único. A transcrição do decreto mencionado neste artigo independerá do prévio registro do título anterior quando inexistente ou quando for anterior ao Código Civil (Lei número 3.071, de 1º de janeiro de 1916). *(Redação dada pela Lei nº 6.282, de 1975)*

Art. 3º Nos quinze dias seguintes à data do protocolo do requerimento da União, o Oficial do Registro verificará se o imóvel descrito se acha lançado em nome de outrem. Inexistindo registro anterior, o oficial procederá imediatamente à transcrição do decreto de que trata o artigo 2º, que servirá de título aquisitivo da propriedade do imóvel pela União. Estando o imóvel lançado em nome de outrem, o Oficial do Registro, dentro dos cinco dias seguintes ao vencimento daquele prazo, remeterá o requerimento da União, com a declaração de dúvida, ao Juiz Federal competente para decidi-la.

Art. 4º Ressalvadas as disposições especiais constantes desta lei, a dúvida suscitada pelo Oficial será processada e decidida nos termos previstos na legislação sobre Registros Públicos, podendo o Juízo ordenar, de ofício ou a requerimento da União, a notificação de terceiro para, no prazo de dez dias, impugnar o registro com os documentos que entender.

Art. 5º Decidindo o Juiz que a dúvida improcede, o respectivo escrivão remeterá, *incontinenti*, certidão do despacho ao Oficial, que procederá logo ao registro do imóvel, declarando, na coluna das anotações, que a dúvida se houve como improcedente, arquivando-se o respectivo processo.

Art. 6º A sentença proferida da dúvida não impedirá ao interessado o recurso à via judiciária, para a defesa de seus legítimos interesses.

Art. 7º Esta lei entrará em vigor na data de sua publicação, revogadas as disposições em contrário.

Brasília, 11 de dezembro de 1973;
152º da Independência e 85º da República.
EMÍLIO G. MÉDICI (DOU. de 13.12.1973)

LEI Nº 6.383, DE 7 DE DEZEMBRO DE 1976

Dispõe sobre o Processo Discriminatório de Terras Devolutas da União, e dá outras providências.

O PRESIDENTE DA REPÚBLICA:

Faço saber que o Congresso Nacional decreta e eu sanciono a seguinte Lei:

CAPÍTULO I – DAS DISPOSIÇÕES PRELIMINARES

Art. 1º O processo discriminatório das terras devolutas da União será regulado por esta Lei.

- *Arts. 20, II, 26, IV, 188 e 225, § 5º da Constituição Federal*
- *Art. 19 do Dec.-lei 9.760/1946 (Dispõe sobre os bens imóveis da União)*

Parágrafo único. O processo discriminatório será administrativo ou judicial.

- *Arts. 32 e 33 do Dec.-lei 9.760/1946 (Dispõe sobre os bens imóveis da União)*

CAPÍTULO II – DO PROCESSO ADMINISTRATIVO

Art. 2º O processo discriminatório administrativo será instaurado por Comissões Especiais constituídas de três membros, a saber: um bacharel em direito do Serviço Jurídico do Instituto Nacional de Colonização e Reforma Agrária – INCRA, que a presidirá; um engenheiro agrônomo e um outro funcionário que exercerá as funções de secretário.

- *Arts. 20 a 31 do Dec.-lei 9.760/1946 (Dispõe sobre os bens imóveis da União)*

§ 1º As Comissões Especiais serão criadas por ato do presidente do Instituto Nacional de Colonização e Reforma Agrária – INCRA, e terão jurisdição e sede estabelecidas no respectivo ato de criação, ficando os seus presidentes investidos de poderes de representação da União, para promover o processo discriminatório administrativo previsto nesta Lei.

§ 2º O Instituto Nacional de Colonização e Reforma Agrária – INCRA, no prazo de 30 (trinta) dias após a vigência desta Lei, baixará Instruções Normativas, dispondo, inclusive, sobre o apoio administrativo às Comissões Especiais.

Art. 3º A Comissão Especial instruirá inicialmente o processo com memorial descritivo da área, no qual constará:

I – o perímetro com suas características e confinância, certa ou aproximada, aproveitando, em princípio, os acidentes naturais;

II – a indicação de registro da transcrição das propriedades;

III – o rol das ocupações conhecidas;

IV – o esboço circunstanciado da gleba a ser discriminada ou seu levantamento aerofotogramétrico;

V – outras informações de interesse.

Art. 4º O presidente da Comissão Especial convocará os interessados para apresentarem, no prazo de 60 (sessenta) dias e em local a ser fixado no edital de convocação, seus títulos, documentos, informações de interesse e, se for o caso, testemunhas.

- *Art. 23, caput, do Dec.-lei 9.760/1946 (Dispõe sobre os bens imóveis da União)*

§ 1º Consideram-se de interesse as informações relativas à origem e sequência dos títulos, localização, valor estimado e área certa ou aproximada das terras de quem se julgar legítimo proprietário ou ocupante; suas confrontações e nome dos confrontantes; natureza, qualidade e valor das benfeitorias; culturas e criações nelas existentes; financiamento e ônus incidentes sobre o imóvel e comprovantes de impostos pagos, se houver.

§ 2º O edital de convocação conterá a delimitação perimétrica da área a ser discriminada com suas características e será dirigido, nominalmente, a todos os interessados, proprietários, ocupantes, confinantes certos e respectivos cônjuges, bem como aos demais interessados incertos ou desconhecidos.

§ 3º O edital deverá ter a maior divulgação possível, observado o seguinte procedimento:

- *Art. 23, § 3º do Dec.-lei 9.760/1946 (Dispõe sobre os bens imóveis da União)*

a) afixação em lugar público na sede dos municípios e distritos, onde se situar a área nele indicada;

- *Art. 23, § 3º do Dec.-lei 9.760/1946 (Dispõe sobre os bens imóveis da União)*

b) publicação simultânea, por duas vezes, no Diário Oficial da União, nos órgãos oficiais do Estado ou Território Federal e na imprensa local, onde houver, com intervalo mínimo de 8 (oito) e máximo de 15 (quinze) dias entre a primeira e a segunda.

- *Art. 23, § 3º do Dec.-lei 9.760/1946 (Dispõe sobre os bens imóveis da União)*

§ 4º O prazo de apresentação dos interessados será contado a partir da segunda publicação no Diário Oficial da União.

Art. 5º A Comissão Especial autuará e processará a documentação recebida de cada interessado, em separado, de modo a ficar bem caracterizado o domínio ou a ocupação com suas respectivas confrontações.

§ 1º – Quando se apresentarem dois ou mais interessados no mesmo imóvel, ou parte dele, a Comissão Especial procederá à apensação dos processos.

§ 2º – Serão tomadas por termo as declarações dos interessados e, se for o caso, os depoimentos de testemunhas previamente arroladas.

Art. 6º Constituído o processo, deverá ser realizada, desde logo, obrigatoriamente, a vistoria para identificação dos imóveis e, se forem necessárias, outras diligências.

- *Art. 24, caput, do Dec.-lei 9.760/1946 (Dispõe sobre os bens imóveis da União)*

Art. 7º Encerrado o prazo estabelecido no edital de convocação, o presidente da Comissão Especial, dentro de 30 (trinta) dias improrrogáveis, deverá pronunciar-se sobre as alegações, títulos de domínio, documentos dos interessados e boa-fé das ocupações, mandando lavrar os respectivos termos.

- *Art. 24, § 5º do Dec.-lei 9.760/1946 (Dispõe sobre os bens imóveis da União)*

Art. 8º Reconhecida a existência de dúvida sobre a legitimidade do título, o presidente da Comissão Especial reduzirá a termo as irregularidades encontradas, encaminhando-o à Procuradoria do Instituto Nacional de Colonização e Reforma Agrária – INCRA, para propositura da ação competente.

Art. 9º Encontradas ocupações, legitimáveis ou não, serão lavrados os respectivos termos de identificação, que serão encaminhados ao órgão competente do Instituto Nacional de Colonização e Reforma Agrária – INCRA, para as providências cabíveis.

Art. 10. Serão notificados, por ofício, os interessados e seus cônjuges para, no prazo não inferior a 8 (oito) nem superior a 30 (trinta) dias, a contar da juntada ao processo do recibo de notificação, celebrarem com a União os termos cabíveis.

- *Art. 23, § 2º do Dec.-lei 9.760/1946 (Dispõe sobre os bens imóveis da União)*

Art. 11. Celebrado, em cada caso, o termo que couber, o presidente da Comissão Especial designará agrimensor para, em dia e hora avençados com os interessados, iniciar o levantamento geodésico e topográfico das terras objeto de discriminação, ao fim da qual determinará a demarcação das terras devolutas, bem como, se for o caso, das retificações objeto de acordo.

- *Art. 24, caput, do Dec.-lei 9.760/1946 (Dispõe sobre os bens imóveis da União)*

§ 1º Aos interessados será permitido indicar um perito para colaborar com o agrimensor designado.

§ 2º A designação do perito, a que se refere o parágrafo anterior, deverá ser feita até a véspera do dia fixado para início do levantamento geodésico e topográfico.

Art. 12. Concluídos os trabalhos demarcatórios, o presidente da Comissão Especial mandará lavrar o termo de encerramento da discriminação administrativa, do qual constarão, obrigatoriamente:

I – o mapa detalhado da área discriminada;

II – o rol de terras devolutas apuradas, com suas respectivas confrontações;

III – a descrição dos acordos realizados;

IV – a relação das áreas com titulação transcrita no Registro de Imóveis, cujos presumidos proprietários ou ocupantes não atenderam ao edital de convocação ou à notificação (artigos 4º e 10 desta Lei);

V – o rol das ocupações legitimáveis;

VI – o rol das propriedades reconhecidas; e

VII – a relação dos imóveis cujos títulos suscitaram dúvidas.

Art. 13. Encerrado o processo discriminatório, o Instituto Nacional de Colonização e Reforma Agrária – INCRA providenciará o registro, em nome da União, das terras devolutas discriminadas, definidas em lei, como bens da União.

Parágrafo único. Caberá ao oficial do Registro de Imóveis proceder à matrícula e ao registro da área devoluta discriminada em nome da União.

Art. 14. O não-atendimento ao edital de convocação ou à notificação (artigos 4º e 10 da presente Lei) estabelece a presunção de discordância e acarretará imediata propositura da ação judicial prevista no art. 19, II.

Parágrafo único. Os presumíveis proprietários e ocupantes, nas condições do presente artigo, não terão acesso ao crédito oficial ou aos benefícios de incentivos fiscais, bem como terão cancelados os respectivos cadastros rurais junto ao órgão competente.

Art. 15. O presidente da Comissão Especial comunicará a instauração do processo discriminatório administrativo a todos os oficiais de Registro de Imóveis da jurisdição.

Art. 16. Uma vez instaurado o processo discriminatório administrativo, o oficial do Registro de Imóveis não efetuará matrícula, registro, inscrição ou averbação estranhas à discriminação, relativamente aos imóveis situados, total ou parcialmente, dentro da área discriminada, sem que desses atos tome prévio conhecimento o presidente da Comissão Especial.

Parágrafo único. Contra os atos praticados com infração do disposto no presente artigo, o presidente da Comissão Especial solicitará que a Procuradoria do Instituto Nacional de Colonização e Reforma Agrária – INCRA utilize os instrumentos previstos no Código de Processo Civil, incorrendo o oficial do Registro de Imóveis infrator nas penas do crime de prevaricação.

Art. 17. Os particulares não pagam custas no processo administrativo, salvo para serviços de demarcação e diligências a seu exclusivo interesse.

› *Art. 31 do Dec.-lei 9.760/1946 (Dispõe sobre os bens imóveis da União)*

CAPÍTULO III – DO PROCESSO JUDICIAL

Art. 18. O Instituto Nacional de Colonização e Reforma Agrária – INCRA fica investido de poderes de representação da União, para promover a discriminação judicial das terras devolutas da União.

Art. 19. O processo discriminatório judicial será promovido:

I – quando o processo discriminatório administrativo for dispensado ou interrompido por presumida ineficácia;

II – contra aqueles que não atenderem ao edital de convocação ou à notificação (artigos 4º e 10 da presente Lei); e

III – quando configurada a hipótese do art. 25 desta Lei.

Parágrafo único. Compete à Justiça Federal processar e julgar o processo discriminatório judicial regulado nesta Lei.

Art. 20. No processo discriminatório judicial será observado o procedimento sumaríssimo de que trata o Código de Processo Civil.

§ 1º A petição inicial será instruída com o memorial descritivo da área, de que trata o art. 3º desta Lei.

§ 2º A citação será feita por edital, observados os prazos e condições estabelecidos no art. 4º desta Lei.

Art. 21. Da sentença proferida caberá apelação somente no efeito devolutivo, facultada a execução provisória.

Art. 22. A demarcação da área será procedida, ainda que em execução provisória da sentença, valendo esta, para efeitos de registro, como título de propriedade.

Parágrafo único. Na demarcação observar-se-á, no que couber, o procedimento prescrito nos artigos 959 a 966 do Código de Processo Civil.

Art. 23. O processo discriminatório judicial tem caráter preferencial e prejudicial em relação às ações em andamento, referentes a domínio ou posse de imóveis situados, no todo ou em parte, na área discriminada, determinando o imediato deslocamento da competência para a Justiça Federal.

Parágrafo único. Nas ações em que a União não for parte, dar-se-á, para os efeitos previstos neste artigo, a sua intervenção.

CAPÍTULO IV – DAS DISPOSIÇÕES GERAIS E FINAIS

Art. 24. Iniciado o processo discriminatório, não poderão alterar-se quaisquer divisas na área discriminada, sendo defesa a derrubada da cobertura vegetal, a construção de cercas e transferências de benfeitorias a qualquer título, sem assentimento do representante da União.

Art. 25. A infração ao disposto no artigo anterior constituirá atentado, cabendo a aplicação das medidas cautelares previstas no Código de Processo Civil.

Art. 26. No processo discriminatório judicial os vencidos pagarão as custas a que houverem dado causa e participarão pro rata das despesas da demarcação, considerada a extensão da linha ou linhas de confrontação com as áreas públicas.

Art. 27. O processo discriminatório previsto nesta Lei aplicar-se-á, no que couber, às terras devolutas estaduais, observado o seguinte:

I – na instância administrativa, por intermédio de órgão estadual específico, ou através do Instituto Nacional de Colonização e Reforma Agrária – INCRA, mediante convênio;

II – na instância judicial, na conformidade do que dispuser a Lei de Organização Judiciária local.

Art. 28. Sempre que se apurar, através de pesquisa nos registros públicos, a inexistência de domínio particular em áreas rurais declaradas indispensáveis à segurança e ao desenvolvimento nacionais, a União, desde logo, as arrecadará mediante ato do presidente do Instituto Nacional de Colonização e Reforma Agrária – INCRA, do qual constará:

I – a circunscrição judiciária ou administrativa em que está situado o imóvel, conforme o critério adotado pela legislação local;

II – a eventual denominação, as características e confrontações do imóvel.

§ 1º A autoridade que promover a pesquisa, para fins deste artigo, instruirá o processo de arrecadação com certidão negativa comprobatória da inexistência de domínio particular, expedida pelo Cartório de Registro de Imóveis, certidões do Serviço do Patrimônio da União e do órgão estadual competente que comprovem não haver contestação ou reclamação administrativa promovida por terceiros, quanto ao domínio e posse do imóvel.

§ 2º As certidões negativas mencionadas neste artigo consignarão expressamente a sua finalidade.

Art. 29. O ocupante de terras públicas, que as tenha tornado produtivas com o seu trabalho e o de sua família, fará jus à legitimação da posse de área contínua até 100 (cem) hectares, desde que preencha os seguintes requisitos:

I – não seja proprietário de imóvel rural;

II – comprove a morada permanente e cultura efetiva, pelo prazo mínimo de 1 (um) ano.

§ 1º A legitimação da posse de que trata o presente artigo consistirá no fornecimento de uma Licença de Ocupação, pelo prazo mínimo de mais 4 (quatro) anos, findo o qual o ocupante terá a preferência para aquisição do lote, pelo valor histórico da terra nua, satisfeitos os requisitos de morada permanente e cultura efetiva e comprovada a sua capacidade para desenvolver a área ocupada.

§ 2º Aos portadores de Licenças de Ocupação, concedidas na forma da legislação anterior, será assegurada a preferência para aquisição de área até 100 (cem) hectares, nas condições do parágrafo anterior, e, o que exceder esse limite, pelo valor atual da terra nua.

§ 3º A Licença de Ocupação será intransferível inter vivos e inegociável, não podendo ser objeto de penhora e arresto.

Art. 30. A Licença de Ocupação dará acesso aos financiamentos concedidos pelas instituições financeiras integrantes do Sistema Nacional de Crédito Rural.

§ 1º As obrigações assumidas pelo detentor de Licença de Ocupação serão garantidas pelo Instituto Nacional de Colonização e Reforma Agrária – INCRA.

§ 2º Ocorrendo inadimplência do favorecido, o Instituto Nacional de colonização e Reforma Agrária – INCRA cancelará a Licença de Ocupação e providenciará a alienação do imóvel, na forma da lei, a fim de ressarcir-se do que houver assegurado.

Art. 31. A União poderá, por necessidade ou utilidade pública, em qualquer tempo que necessitar do imóvel, cancelar a Licença de Ocupação e imitir-se na posse do mesmo, promovendo, sumariamente, a sua desocupação no prazo de 180 (cento e oitenta) dias.

§ 1º As benfeitorias existentes serão indenizadas pela importância fixada através de avaliação pelo Instituto Nacional de Colonização e Reforma Agrária – INCRA, considerados os valores declarados para fins de cadastro.

§ 2º Caso o interessado se recuse a receber o valor estipulado, o mesmo será depositado em juízo.

§ 3º O portador da Licença de Ocupação, na hipótese prevista no presente artigo, fará jus, se o desejar, à instalação em outra gleba da União, assegurada a indenização, de que trata o § 1º deste artigo, e computados os prazos de morada habitual e cultura efetiva da antiga ocupação.

Art. 32. Não se aplica aos imóveis rurais o disposto nos artigos 19 a 31, 127 a 133, 139, 140 e 159 a 174 do Decreto-Lei nº 9.760, de 5 de setembro de 1946.

Art. 33. Esta Lei entrará em vigor na data de sua publicação, aplicando-se, desde logo, aos processos pendentes.

Art. 34. Revogam-se a Lei nº 3.081, de 22 de dezembro de 1956, e as demais disposições em contrário.

Brasília, 7 de dezembro de 1976;
155º da Independência e 88º da República.
ERNESTO GEISEL (DOU de 9.12.1976)

LEI Nº 6.404, DE 15 DE DEZEMBRO DE 1976*

Dispõe sobre as Sociedades por Ações.

O PRESIDENTE DA REPÚBLICA,
Faço saber que o Congresso Nacional decreta e eu sanciono a seguinte Lei:

CAPÍTULO I – CARACTERÍSTICAS E NATUREZA DA COMPANHIA OU SOCIEDADE ANÔNIMA

Características

Art. 1º A companhia ou sociedade anônima terá o capital dividido em ações, e a responsabilidade dos sócios ou acionistas será limitada ao preço de emissão das ações subscritas ou adquiridas.

Objeto Social

Art. 2º Pode ser objeto da companhia qualquer empresa de fim lucrativo, não contrário à lei, à ordem pública e aos bons costumes.

§ 1º Qualquer que seja o objeto, a companhia é mercantil e se rege pelas leis e usos do comércio.

§ 2º O estatuto social definirá o objeto de modo preciso e completo.

§ 3º A companhia pode ter por objeto participar de outras sociedades; ainda que não prevista no estatuto, a participação é facultada como meio de realizar o objeto social, ou para beneficiar-se de incentivos fiscais.

Denominação

Art. 3º A sociedade será designada por denominação acompanhada das expressões "companhia" ou "sociedade anônima", expressas por extenso ou abreviadamente mas vedada a utilização da primeira ao final.

§ 1º O nome do fundador, acionista, ou pessoa que por qualquer outro modo tenha concorrido para o êxito da empresa, poderá figurar na denominação.

§ 2º Se a denominação for idêntica ou semelhante a de companhia já existente, assistirá à prejudicada o direito de requerer a modificação, por via administrativa (artigo 97) ou em juízo, e demandar as perdas e danos resultantes.

Companhia Aberta e Fechada

Art. 4º Para os efeitos desta Lei, a companhia é aberta ou fechada conforme os valores mobiliários de sua emissão estejam ou não admitidos à negociação no mercado de valores mobiliários. *(Redação dada pela Lei nº 10.303, de 2001)*

§ 1º Somente os valores mobiliários de emissão de companhia registrada na Comissão de Valores Mobiliários podem ser negociados no mercado de valores mobiliários. *(Redação dada pela Lei nº 10.303, de 2001)*

§ 2º Nenhuma distribuição pública de valores mobiliários será efetivada no mercado sem prévio registro na Comissão de Valores Mobiliários. *(Incluído pela Lei nº 10.303, de 2001)*

§ 3º A Comissão de Valores Mobiliários poderá classificar as companhias abertas em categorias, segundo as espécies e classes dos valores mobiliários por ela emitidos negociados no mercado, e especificará as normas sobre companhias abertas aplicáveis a cada categoria. *(Incluído pela Lei nº 10.303, de 2001)*

§ 4º O registro de companhia aberta para negociação de ações no mercado somente poderá ser cancelado se a companhia emissora de ações, o acionista controlador ou a sociedade que a controle, direta ou indiretamente, formular oferta pública para adquirir a totalidade das ações em circulação no mercado, por preço justo, ao menos igual ao valor de avaliação da companhia, apurado com base nos critérios, adotados de forma isolada ou combinada, de patrimônio líquido contábil, de patrimônio líquido avaliado a preço de mercado, de fluxo de caixa descontado, de comparação por múltiplos, de cotação das ações no mercado de valores mobiliários, ou com base em outro critério aceito pela Comissão de Valores Mobiliários, assegurada a revisão do valor da oferta, em conformidade com o disposto no art. 4º-A. *(Incluído pela Lei nº 10.303, de 2001)*

§ 5º Terminado o prazo da oferta pública fixado na regulamentação expedida pela Comissão de Valores Mobiliários, se remanescerem em circulação menos de 5% (cinco por cento) do total das ações emitidas pela companhia, a assembleia-geral poderá deliberar o resgate dessas ações pelo valor da oferta de que trata o § 4º, desde que deposite em estabelecimento bancário autorizado pela Comissão de Valores Mobiliários, à disposição dos seus titulares, o valor de resgate, não se aplicando, nesse caso, o disposto no § 6º do art. 44. *(Incluído pela Lei nº 10.303, de 2001)*

§ 6º O acionista controlador ou a sociedade controladora que adquirir ações da companhia aberta sob seu controle que elevem sua participação, direta ou indireta, em determinada espécie e classe de ações à porcentagem que, segundo normas gerais expedidas pela Comissão de Valores Mobiliários, impeça a liquidez de mercado das ações remanescentes, será obrigado a fazer oferta pública, por preço determinado nos termos do § 4º, para aquisição da totalidade das ações remanescentes no mercado. *(Incluído pela Lei nº 10.303, de 2001)*

Art. 4º-A. Na companhia aberta, os titulares de, no mínimo, 10% (dez por cento) das ações em circulação no mercado poderão requerer aos administradores da companhia que convoquem assembleia especial dos acionistas titulares de ações em circulação no mercado, para deliberar sobre a realização de nova avaliação pelo mesmo ou por outro critério, para efeito de determinação do valor de avaliação da companhia, referido no § 4º do art. 4º. *(Incluído pela Lei nº 10.303, de 2001)*

§ 1º O requerimento deverá ser apresentado no prazo de 15 (quinze) dias da divulgação do valor da oferta pública, devidamente fundamentado e acompanhado de elementos de convicção que demonstrem a falha ou imprecisão no emprego da metodologia de cálculo ou no critério de avaliação adotado, podendo os acionistas referidos no *caput* convocar a assembleia quando os administradores não atenderem, no prazo de 8 (oito) dias, ao pedido de convocação. *(Incluído pela Lei nº 10.303, de 2001)*

§ 2º Consideram-se ações em circulação no mercado todas as ações do capital da companhia aberta menos as de propriedade do acionista controlador, de diretores, de conselheiros de administração e as em tesouraria. *(Incluído pela Lei nº 10.303, de 2001)*

§ 3º Os acionistas que requererem a realização de nova avaliação e aqueles que votarem a seu favor deverão ressarcir a companhia pelos custos incorridos, caso o novo valor seja inferior ou igual ao valor inicial da oferta pública. *(Incluído pela Lei nº 10.303, de 2001)*

§ 4º Caberá à Comissão de Valores Mobiliários disciplinar o disposto no art. 4º e neste artigo, e fixar prazos para a eficácia desta revisão. *(Incluído pela Lei nº 10.303, de 2001)*

(...)

CAPÍTULO V – DEBÊNTURES

Características

Art. 52. A companhia poderá emitir debêntures que conferirão aos seus titulares direito de crédito contra ela, nas condições constantes da escritura de emissão e, se houver, do certificado. *(Redação dada pela Lei nº 10.303, de 2001)*

SEÇÃO I – DIREITO DOS DEBENTURISTAS

Emissões e Séries

Art. 53. A companhia poderá efetuar mais de uma emissão de debêntures, e cada emissão pode ser dividida em séries.

Parágrafo único. As debêntures da mesma série terão igual valor nominal e conferirão a seus titulares os mesmos direitos.

Valor Nominal

Art. 54. A debênture terá valor nominal expresso em moeda nacional, salvo nos casos de obrigação que, nos termos da legislação em vigor, possa ter o pagamento estipulado em moeda estrangeira.

§ 1º A debênture poderá conter cláusula de correção monetária, com base nos coeficientes fixados para correção de títulos da dívida pública, na variação da taxa cambial ou em outros referenciais não expressamente vedados em lei. (Redação dada pela Lei nº 10.303, de 2001)

§ 2º A escritura de debênture poderá assegurar ao debenturista a opção de escolher receber o pagamento do principal e acessórios, quando do vencimento, amortização ou resgate, em moeda ou em bens avaliados nos termos do art. 8º. (Incluído pela Lei nº 10.303, de 2001)

Vencimento, Amortização e Resgate

Art. 55. A época do vencimento da debênture deverá constar da escritura de emissão e do certificado, podendo a companhia estipular amortizações parciais de cada série, criar fundos de amortização e reservar-se o direito de resgate antecipado, parcial ou total, dos títulos da mesma série.

§ 1º A amortização de debêntures da mesma série deve ser feita mediante rateio. (Redação dada pela Lei nº 12.431, de 2011).

§ 2º O resgate parcial de debêntures da mesma série deve ser feito: (Redação dada pela Lei nº 12.431, de 2011).

I - mediante sorteio; ou (Incluído pela Lei nº 12.431, de 2011).

II - se as debêntures estiverem cotadas por preço inferior ao valor nominal, por compra no mercado organizado de valores mobiliários, observadas as regras expedidas pela Comissão de Valores Mobiliários. (Incluído pela Lei nº 12.431, de 2011).

§ 3º É facultado à companhia adquirir debêntures de sua emissão: (Redação dada pela Lei nº 12.431, de 2011).

I - por valor igual ou inferior ao nominal, devendo o fato constar do relatório da administração e das demonstrações financeiras; ou (Incluído pela Lei nº 12.431, de 2011).

II - por valor superior ao nominal, desde que observe as regras expedidas pela Comissão de Valores Mobiliários. (Incluído pela Lei nº 12.431, de 2011).

§ 4º A companhia poderá emitir debêntures cujo vencimento somente ocorra nos casos de inadimplência da obrigação de pagar juros e dissolução da companhia, ou de outras condições previstas no título. (Incluído pela Lei nº 12.431, de 2011).

Juros e Outros Direitos

Art. 56. A debênture poderá assegurar ao seu titular juros, fixos ou variáveis, participação no lucro da companhia e prêmio de reembolso.

Conversibilidade em Ações

Art. 57. A debênture poderá ser conversível em ações nas condições constantes da escritura de emissão, que especificará:

I - as bases da conversão, seja em número de ações em que poderá ser convertida cada debênture, seja como relação entre o valor nominal da debênture e o preço de emissão das ações;

II - a espécie e a classe das ações em que poderá ser convertida;

III - o prazo ou época para o exercício do direito à conversão;

IV - as demais condições a que a conversão acaso fique sujeita.

§ 1º Os acionistas terão direito de preferência para subscrever a emissão de debêntures com cláusula de conversibilidade em ações, observado o disposto nos artigos 171 e 172.

§ 2º Enquanto puder ser exercido o direito à conversão, dependerá de prévia aprovação dos debenturistas, em assembléia especial, ou de seu agente fiduciário, a alteração do estatuto para:

a) mudar o objeto da companhia;

b) criar ações preferenciais ou modificar as vantagens das existentes, em prejuízo das ações em que são conversíveis as debêntures.

SEÇÃO II – ESPÉCIES

Art. 58. A debênture poderá, conforme dispuser a escritura de emissão, ter garantia real ou garantia flutuante, não gozar de preferência ou ser subordinada aos demais credores da companhia.

§ 1º A garantia flutuante assegura à debênture privilégio geral sobre o ativo da companhia, mas não impede a negociação dos bens que compõem esse ativo.

§ 2º As garantias poderão ser constituídas cumulativamente.

§ 3º As debêntures com garantia flutuante de nova emissão são preferidas pelas de emissão ou de emissões anteriores, e a prioridade se estabelece pela data do arquivamento do ato societário que deliberou sobre a emissão, concorrendo as séries, dentro da mesma emissão, em igualdade. *(Redação dada pela Lei nº 14.711, de 2023)*

§ 4º A debênture que não gozar de garantia poderá conter cláusula de subordinação aos credores quirografários, preferindo apenas aos acionistas no ativo remanescente, se houver, em caso de liquidação da companhia.

§ 5º A obrigação de não alienar ou onerar bem imóvel ou outro bem sujeito a registro de propriedade, assumida pela companhia na escritura de emissão, é oponível a terceiros, desde que averbada no competente registro.

§ 6º As debêntures emitidas por companhia integrante de grupo de sociedades (artigo 265) poderão ter garantia flutuante do ativo de 2 (duas) ou mais sociedades do grupo.

SEÇÃO III – CRIAÇÃO E EMISSÃO

Competência

Art. 59. A deliberação sobre emissão de debêntures é da competência privativa da assembléia-geral, que deverá fixar, observado o que a respeito dispuser o estatuto:

I - o valor da emissão ou os critérios de determinação do seu limite, e a sua divisão em séries, se for o caso;

II - o número e o valor nominal das debêntures;

III - as garantias reais ou a garantia flutuante, se houver;

IV - as condições da correção monetária, se houver;

V - a conversibilidade ou não em ações e as condições a serem observadas na conversão;

VI - a época e as condições de vencimento, amortização ou resgate;

VII - a época e as condições do pagamento dos juros, da participação nos lucros e do prêmio de reembolso, se houver;

VIII - o modo de subscrição ou colocação e o tipo das debêntures; e *(Redação dada pela Lei nº 14.711, de 2023)*

IX - o desmembramento, do seu valor nominal, dos juros e dos demais direitos conferidos aos titulares. *(Incluído pela Lei nº 14.711, de 2023)*

§ 1º O conselho de administração ou a diretoria poderão deliberar sobre a emissão de debêntures não conversíveis em ações, exceto se houver disposição estatutária em contrário. *(Redação dada pela Lei nº 14.711, de 2023)*

§ 2º O estatuto da companhia aberta poderá autorizar o conselho de administração a, dentro dos limites do capital autorizado, deliberar sobre a emissão de debêntures conversíveis em ações, especificando o limite do aumento de capital decorrente da conversão das debêntures, em valor do capital social ou em número de ações, e as espécies e classes das ações que poderão ser emitidas. *(Redação dada pela Lei nº 12.431, de 2011)*

§ 3º O órgão competente da companhia poderá deliberar que a emissão terá valor e número de série indeterminados, dentro dos limites por ela fixados. *(Redação dada pela Lei nº 14.711, de 2023)*

§ 4º Nos casos não previstos nos §§ 1º e 2º, a assembleia geral pode delegar ao conselho de administração a deliberação sobre as condições de que tratam os incisos VI a VIII do *caput* e sobre a oportunidade da emissão. *(Incluído pela Lei nº 12.431, de 2011)*

§ 5º Caberá à Comissão de Valores Mobiliários disciplinar o disposto no inciso IX do *caput* deste artigo. *(Incluído pela Lei nº 14.711, de 2023)*

Limite de Emissão

Art. 60. *(Revogado pela Lei nº 12.431, de 2011)*

Escritura de Emissão

Art. 61. A companhia fará constar da escritura de emissão os direitos conferidos pelas debêntures, suas garantias e demais cláusulas ou condições.

§ 1º A escritura de emissão, por instrumento público ou particular, de debêntures distribuídas ou admitidas à negociação no mercado, terá obrigatoriamente a intervenção de agente fiduciário dos debenturistas (artigos 66 a 70).

§ 2º Cada nova série da mesma emissão será objeto de aditamento à respectiva escritura.

§ 3º A Comissão de Valores Mobiliários poderá aprovar padrões de cláusulas e condições que devam ser adotados nas escrituras de emissão de debêntures destinadas à negociação em bolsa ou no mercado de balcão, e recusar a admissão ao mercado da emissão que não satisfaça a esses padrões.

Registro

Art. 62. Nenhuma emissão de debêntures será feita sem que tenham sido satisfeitos os seguintes requisitos: *(Redação dada pela Lei nº 10.303, de 2001)*

I - arquivamento, no registro do comércio, do ato societário que deliberar sobre a emissão de que trata o art. 59 desta Lei e a sua publicação: *(Redação dada pela Lei nº 14.711, de 2023)*

a) na forma prevista no § 5º deste artigo, para companhias abertas; e *(Incluída pela Lei nº 14.711, de 2023)*

b) na forma prevista no § 6º deste artigo, para companhias fechadas; *(Incluída pela Lei nº 14.711, de 2023)*

II - *(Revogado pela Lei nº 14.711, de 2023)*

III - constituição das garantias reais, se for o caso.

§ 1º Os administradores da companhia respondem pelas perdas e danos causados à companhia ou a terceiros por infração deste artigo.

§ 2º O agente fiduciário e o debenturista poderão promover os registros requeridos neste artigo e sanar as lacunas e as irregularidades existentes no arquivamento ou nos registros promovidos pelos administradores da companhia, hipótese em que o oficial do registro notificará a administração da companhia para que lhe forneça as indicações e os documentos necessários. *(Redação dada pela Lei nº 14.711, de 2023)*

§§ 3º e 4º *(Revogados pela Lei nº 14.711, de 2023)*

§ 5º A Comissão de Valores Mobiliários disciplinará o registro e a divulgação do ato societário de que trata a alínea *a* do inciso I do *caput* deste artigo e da escritura de emissão das debêntures objeto de oferta pública ou admitidas à negociação e os seus aditamentos. *(Incluído pela Lei nº 14.711, de 2023)*

§ 6º O Poder Executivo federal disciplinará o registro e a divulgação do ato societário de que trata a alínea *b* do inciso I do *caput* deste artigo e da escritura de emissão das debêntures de companhias fechadas e os seus aditamentos. *(Incluído pela Lei nº 14.711, de 2023)*

SEÇÃO IV – FORMA, PROPRIEDADE, CIRCULAÇÃO E ÔNUS

Art. 63. As debêntures serão nominativas, aplicando-se, no que couber, o disposto nas seções V a VII do Capítulo III. *(Redação dada pela Lei nº 9.457, de 1997)*

§ 1º As debêntures podem ser objeto de depósito com emissão de certificado, nos termos do art. 43. *(Redação dada pela Lei nº 10.303, de 2001)*

§ 2º A escritura de emissão pode estabelecer que as debêntures sejam mantidas em contas de custódia, em nome de seus titulares, na instituição que designar, sem emissão de certificados, aplicando-se, no que couber, o disposto no art. 41. *(Incluído pela Lei nº 10.303, de 2001)*

SEÇÃO V – CERTIFICADOS

Requisitos

Art. 64. Os certificados das debêntures conterão:

I - a denominação, sede, prazo de duração e objeto da companhia;

II - a data da constituição da companhia e do arquivamento e publicação dos seus atos constitutivos;

III - a data de publicação da ata de deliberação sobre a emissão na forma prevista no art. 59 desta Lei; *(Redação dada pela Lei nº 14.711, de 2023)*

IV - a data e ofício do registro de imóveis em que foi inscrita a emissão;

V - a denominação "Debênture" e a indicação da sua espécie, pelas palavras "com garantia real", "com garantia flutuante", "sem preferência" ou "subordinada";

VI - a designação da emissão e da série;

VII - o número de ordem;

VIII - o valor nominal e a cláusula de correção monetária, se houver, as condições de vencimento, amortização, resgate, juros, participação no lucro ou prêmio de reembolso, e a época em que serão devidos;

IX - as condições de conversibilidade em ações, se for o caso;

X - o nome do debenturista; *(Redação dada pela Lei nº 9.457, de 1997)*

XI - o nome do agente fiduciário dos debenturistas, se houver; *(Redação dada pela Lei nº 9.457, de 1997)*

XII - a data da emissão do certificado e a assinatura de dois diretores da companhia; *(Redação dada pela Lei nº 9.457, de 1997)*

XIII - a autenticação do agente fiduciário, se for o caso. *(Redação dada pela Lei nº 9.457, de 1997)*

Títulos Múltiplos e Cautelas

Art. 65. A companhia poderá emitir certificados de múltiplos de debêntures e, provisoriamente, cautelas que as representem, satisfeitos os requisitos do artigo 64.

§ 1º Os títulos múltiplos de debêntures das companhias abertas obedecerão à padronização de quantidade fixada pela Comissão de Valores Mobiliários.

§ 2º Nas condições previstas na escritura de emissão com nomeação de agente fiduciário, os certificados poderão ser substituídos, desdobrados ou grupados.

SEÇÃO VI – AGENTE FIDUCIÁRIO DOS DEBENTURISTAS

Requisitos e Incompatibilidades

Art. 66. O agente fiduciário será nomeado e deverá aceitar a função na escritura de emissão das debêntures.

§ 1º Somente podem ser nomeados agentes fiduciários as pessoas naturais que satisfaçam aos requisitos para o exercício de cargo em órgão de administração da companhia e as instituições financeiras que, especialmente autorizadas pelo Banco Central do Brasil, tenham por objeto a administração ou a custódia de bens de terceiros.

§ 2º A Comissão de Valores Mobiliários poderá estabelecer que nas emissões de debêntures negociadas no mercado o agente fiduciário, ou um dos agentes fiduciários, seja instituição financeira.

§ 3º Não pode ser agente fiduciário:

a) pessoa que já exerça a função em outra emissão da mesma companhia, a menos que autorizado, nos termos das normas expedidas pela Comissão de Valores Mobiliários; *(Redação dada pela Lei nº 12.431, de 2011)*

b) instituição financeira coligada à companhia emissora ou à entidade que subscreva a emissão para distribuí-la no mercado, e qualquer sociedade por elas controlada;

c) credor, por qualquer título, da sociedade emissora, ou sociedade por ele controlada;

d) instituição financeira cujos administradores tenham interesse na companhia emissora;

e) pessoa que, de qualquer outro modo, se coloque em situação de conflito de interesses pelo exercício da função.

§ 4º O agente fiduciário que, por circunstâncias posteriores à emissão, ficar impedido de continuar a exercer a função deverá comunicar imediatamente o fato aos debenturistas e pedir sua substituição.

Substituição, Remuneração e Fiscalização

Art. 67. A escritura de emissão estabelecerá as condições de substituição e remuneração do agente fiduciário, observadas as normas expedidas pela Comissão de Valores Mobiliários.

Parágrafo único. A Comissão de Valores Mobiliários fiscalizará o exercício da função de agente fiduciário das emissões distribuídas no mercado, ou de debêntures negociadas em bolsa ou no mercado de balcão, podendo:

a) nomear substituto provisório, nos casos de vacância;

b) suspender o agente fiduciário de suas funções e dar-lhe substituto, se deixar de cumprir os seus deveres.

Deveres e Atribuições

Art. 68. O agente fiduciário representa, nos termos desta Lei e da escritura de emissão, a comunhão dos debenturistas perante a companhia emissora.

§ 1º São deveres do agente fiduciário:

a) proteger os direitos e interesses dos debenturistas, empregando no exercício da função o cuidado e a diligência que todo homem ativo e probo costuma empregar na administração de seus próprios bens;

b) elaborar relatório e colocá-lo anualmente a disposição dos debenturistas, dentro de 4 (quatro) meses do encerramento do exercício social da companhia, informando os fatos relevantes ocorridos durante o exercício, relativos à execução das obrigações assumidas pela companhia, aos bens garantidores das debêntures e à constituição e aplicação do fundo de amortização, se houver, do relatório constará, ainda, declaração do agente sobre sua aptidão para continuar no exercício da função;

c) notificar os debenturistas, no prazo máximo de 60 (sessenta) dias, de qualquer inadimplemento, pela companhia, de obrigações assumidas na escritura da emissão. *(Redação dada pela Lei nº 10.303, de 2001)*

§ 2º A escritura de emissão disporá sobre o modo de cumprimento dos deveres de que tratam as alíneas b e c do parágrafo anterior.

§ 3º O agente fiduciário pode usar de qualquer ação para proteger direitos ou defender interesses dos debenturistas, sendo-lhe especialmente facultado, no caso de inadimplemento da companhia:

a) declarar, observadas as condições da escritura de emissão, antecipadamente vencidas as debêntures e cobrar o seu principal e acessórios;

b) executar garantias reais, receber o produto da cobrança e aplicá-lo no pagamento, integral ou proporcional, dos debenturistas;

c) requerer a falência da companhia emissora, se não existirem garantias reais;

d) representar os debenturistas em processos de falência, concordata, intervenção ou liquidação extrajudicial da companhia emissora, salvo deliberação em contrário da assembléia dos debenturistas;

e) tomar qualquer providência necessária para que os debenturistas realizem os seus créditos.

§ 4º O agente fiduciário responde perante os debenturistas pelos prejuízos que lhes causar por culpa ou dolo no exercício das suas funções.

§ 5º O crédito do agente fiduciário por despesas que tenha feito para proteger direitos e interesses ou realizar créditos dos debenturistas será acrescido à dívida da companhia emissora, gozará das mesmas garantias das debêntures e preferirá a estas na ordem de pagamento.

§ 6º Serão reputadas não-escritas as cláusulas da escritura de emissão que restringirem os deveres, atribuições e responsabilidade do agente fiduciário previstos neste artigo.

Outras Funções

Art. 69. A escritura de emissão poderá ainda atribuir ao agente fiduciário as funções de autenticar os certificados de debêntures, administrar o fundo de amortização, manter em custódia bens dados em garantia e efetuar os pagamentos de juros, amortização e resgate.

Substituição de Garantias e Modificação da Escritura

Art. 70. A substituição de bens dados em garantia, quando autorizada na escritura de emissão, dependerá da concordância do agente fiduciário.

Parágrafo único. O agente fiduciário não tem poderes para acordar na modificação das cláusulas e condições da emissão.

SEÇÃO VII – ASSEMBLÉIA DE DEBENTURISTAS

Art. 71. Os titulares de debêntures da mesma emissão ou série podem, a qualquer tempo, reunir-se em assembléia a fim de deliberar sobre matéria de interesse da comunhão dos debenturistas.

§ 1º A assembléia de debenturistas pode ser convocada pelo agente fiduciário, pela companhia emissora, por debenturistas que representem 10% (dez por cento), no mínimo, dos títulos em circulação, e pela Comissão de Valores Mobiliários.

§ 2º Aplica-se à assembléia de debenturistas, no que couber, o disposto nesta Lei sobre a assembléia-geral de acionistas.

§ 3º A assembléia se instalará, em primeira convocação, com a presença de debenturistas que representem metade, no mínimo, das debêntures em circulação, e, em segunda convocação, com qualquer número.

§ 4º O agente fiduciário deverá comparecer à assembléia e prestar aos debenturistas as informações que lhe forem solicitadas.

§ 5º A escritura de emissão estabelecerá a maioria necessária, que não será inferior à metade das debêntures em circulação, para aprovar modificação nas condições das debêntures.

§ 6º Nas deliberações da assembléia, a cada debênture caberá um voto.

§ 7º Na hipótese prevista no inciso IX do *caput* do art. 59 desta Lei, o cômputo dos votos nas deliberações de assembleia ocorrerá pelo direito econômico proporcional possuído por titular. *(Incluído pela Lei nº 14.711, de 2023)*

§ 8º A Comissão de Valores Mobiliários poderá autorizar a redução do quórum previsto no § 5º deste artigo na hipótese de debêntures de companhia aberta, quando a propriedade das debêntures estiver dispersa no mercado. *(Incluído pela Lei nº 14.711, de 2023)*

§ 9º Na hipótese prevista no § 8º deste artigo, a autorização da Comissão de Valores Mobiliários será mencionada nos avisos de convocação, e a deliberação com quórum reduzido somente poderá ser adotada em terceira convocação. *(Incluído pela Lei nº 14.711, de 2023)*

§ 10. Para fins do disposto no § 8º deste artigo, considera-se que a propriedade das debêntures está dispersa quando nenhum debenturista detiver, direta ou indiretamente, mais de metade das debêntures. *(Incluído pela Lei nº 14.711, de 2023)*

SEÇÃO VIII – CÉDULA DE DEBÊNTURES

(Redação dada pela Lei nº 9.457, de 1997)

Art. 72. As instituições financeiras autorizadas pelo Banco Central do Brasil a efetuar esse tipo de operação poderão emitir cédulas lastreadas em debêntures, com garantia própria, que conferirão a seus titulares direito de crédito contra o emitente, pelo valor nominal e os juros nela estipulados. (Redação dada pela Lei nº 9.457, de 1997)

§ 1º A cédula será nominativa, escritural ou não. *(Redação dada pela Lei nº 9.457, de 1997)*

§ 2º O certificado da cédula conterá as seguintes declarações:

a) o nome da instituição financeira emitente e as assinaturas dos seus representantes;

b) o número de ordem, o local e a data da emissão;

c) a denominação Cédula de Debêntures; *(Redação dada pela Lei nº 9.457, de 1997)*

d) o valor nominal e a data do vencimento;

e) os juros, que poderão ser fixos ou variáveis, e as épocas do seu pagamento;

f) o lugar do pagamento do principal e dos juros;

g) a identificação das debêntures-lastro, do seu valor e da garantia constituída; *(Redação dada pela Lei nº 9.457, de 1997)*

h) o nome do agente fiduciário dos debenturistas;

i) a cláusula de correção monetária, se houver;

j) o nome do titular. *(Redação dada pela Lei nº 9.457, de 1997)*

SEÇÃO IX – EMISSÃO DE DEBÊNTURES NO ESTRANGEIRO

Art. 73. Somente com a prévia aprovação do Banco Central do Brasil as companhias brasileiras poderão emitir debêntures no exterior com garantia real ou flutuante de bens situados no País.

§ 1º Os credores por obrigações contraídas no Brasil terão preferência sobre os créditos por debêntures emitidas no exterior por companhias estrangeiras autorizadas a funcionar no País, salvo se a emissão tiver sido previamente autorizada pelo Banco Central do Brasil e o seu produto aplicado em estabelecimento situado no território nacional.

§ 2º Em qualquer caso, somente poderão ser remetidos para o exterior o principal e os encargos de debêntures registradas no Banco Central do Brasil.

§ 3º A emissão de debêntures no estrangeiro também observará os requisitos previstos no art. 62 desta Lei, com a divulgação no sítio eletrônico da companhia dos documentos exigidos pelas leis do país que as houver emitido, os quais deverão estar acompanhados de sua tradução simples, caso não tenham sido redigidos em língua portuguesa. *(Redação dada pela Lei nº 14.711, de 2023)*

§ 4º A negociação, no mercado de capitais do Brasil, de debêntures emitidas no estrangeiro, depende de prévia autorização da Comissão de Valores Mobiliários.

SEÇÃO X– EXTINÇÃO

Art. 74. A companhia emissora fará, nos livros próprios, as anotações referentes à extinção das debêntures, e manterá arquivados, pelo prazo de 5 (cinco) anos, juntamente com os documentos relativos à extinção, os certificados cancelados ou os recibos dos titulares das contas das debêntures escriturais.

§ 1º Se a emissão tiver agente fiduciário, caberá a este fiscalizar o cancelamento dos certificados.

§ 2º Os administradores da companhia responderão solidariamente pelas perdas e danos decorrentes da infração do disposto neste artigo.

CAPÍTULO VI – BÔNUS DE SUBSCRIÇÃO

Características

Art. 75. A companhia poderá emitir, dentro do limite de aumento de capital autorizado no estatuto (artigo 168), títulos negociáveis denominados "Bônus de Subscrição".

Parágrafo único. Os bônus de subscrição conferirão aos seus titulares, nas condições constantes do certificado, direito de subscrever ações do capital social, que será exercido mediante apresentação do título à companhia e pagamento do preço de emissão das ações.

Competência

Art. 76. A deliberação sobre emissão de bônus de subscrição compete à assembléia-geral, se o estatuto não a atribuir ao conselho de administração.

Emissão

Art. 77. Os bônus de subscrição serão alienados pela companhia ou por ela atribuídos, como vantagem adicional, aos subscritos de emissões de suas ações ou debêntures.

Parágrafo único. Os acionistas da companhia gozarão, nos termos dos artigos 171 e 172, de preferência para subscrever a emissão de bônus.

Forma, Propriedade e Circulação

Art. 78. Os bônus de subscrição terão a forma nominativa. *(Redação dada pela Lei nº 9.457, de 1997)*

Parágrafo único. Aplica-se aos bônus de subscrição, no que couber, o disposto nas Seções V a VII do Capítulo III.

Certificados

Art. 79. O certificado de bônus de subscrição conterá as seguintes declarações:

I - as previstas nos números I a IV do artigo 24;

II - a denominação "Bônus de Subscrição";

III - o número de ordem;

IV - o número, a espécie e a classe das ações que poderão ser subscritas, o preço de emissão ou os critérios para sua determinação;

V - a época em que o direito de subscrição poderá ser exercido e a data do término do prazo para esse exercício;

VI - o nome do titular; *(Redação dada pela Lei nº 9.457, de 1997)*

VII - a data da emissão do certificado e as assinaturas de dois diretores. *(Redação dada pela Lei nº 9.457, de 1997)*

CAPÍTULO VIII – FORMALIDADES COMPLEMENTARES DA CONSTITUIÇÃO

(...)

Publicação e Transferência de Bens

Art. 98. Arquivados os documentos relativos à constituição da companhia, os seus administradores providenciarão, nos 30 (trinta) dias subsequentes, a publicação deles, bem como a de certidão do arquivamento, em órgão oficial do local de sua sede.

§ 1º Um exemplar do órgão oficial deverá ser arquivado no registro do comércio.

§ 2º A certidão dos atos constitutivos da companhia, passada pelo registro do comércio em que foram arquivados, será o documento hábil para a transferência, por transcrição no registro público competente, dos bens com que o subscritor tiver contribuído para a formação do capital social (artigo 8º, § 2º).

§ 3º A ata da assembleia-geral que aprovar a incorporação deverá identificar o bem com precisão, mas poderá descrevê-lo sumariamente, desde que seja suplementada por declaração, assinada pelo subscritor, contendo todos os elementos necessários para a transcrição no registro público.

CAPÍTULO IX – LIVROS SOCIAIS

(...)

Fiscalização e Dúvidas no Registro

Art. 103. Cabe à companhia verificar a regularidade das transferências e da constituição de direitos ou ônus sobre os valores mobiliários de sua emissão; nos casos dos artigos 27 e 34, essa atribuição compete, respectivamente, ao agente emissor de certificados e à instituição financeira depositária das ações escriturais.

Parágrafo único. As dúvidas suscitadas entre o acionista, ou qualquer interessado, e a companhia, o agente emissor de certificados ou a instituição financeira depositária das ações escriturais, a respeito das averbações ordenadas por esta Lei, ou sobre anotações, lançamentos ou transferências de ações, partes beneficiárias, debêntures, ou bônus de subscrição, nos livros de registro ou transferência, serão dirimidas pelo juiz competente para solucionar as dúvidas levantadas pelos oficiais dos registros públicos, excetuadas as questões atinentes à substância do direito.

(...)

CAPÍTULO XVIII – TRANSFORMAÇÃO, INCORPORAÇÃO, FUSÃO E CISÃO

SEÇÃO I – TRANSFORMAÇÃO

(...)

SEÇÃO II – INCORPORAÇÃO, FUSÃO E CISÃO

Competência e Processo

Art. 223. A incorporação, fusão ou cisão podem ser operadas entre sociedades de tipos iguais ou diferentes e deverão ser deliberadas na forma prevista para a alteração dos respectivos estatutos ou contratos sociais.

§ 1º Nas operações em que houver criação de sociedade serão observadas as normas reguladoras da constituição das sociedades do seu tipo.

§ 2º Os sócios ou acionistas das sociedades incorporadas, fundidas ou cindidas receberão, diretamente da companhia emissora, as ações que lhes couberem.

§ 3º Se a incorporação, fusão ou cisão envolverem companhia aberta, as sociedades que a sucederem serão também abertas, devendo obter o respectivo registro e, se for o caso, promover a admissão de negociação das novas ações no mercado secundário, no prazo máximo de cento e vinte dias, contados da data da assembleia-geral que aprovou a operação, observando as normas pertinentes baixadas pela Comissão de Valores Mobiliários. *(Incluído pela Lei nº 9.457, de 1997)*

§ 4º O descumprimento do previsto no parágrafo anterior dará ao acionista direito de retirar-se da companhia, mediante reembolso do valor das suas ações (art. 45), nos trinta dias seguintes ao término do prazo nele referido, observado o disposto nos §§ 1º e 4º do art. 137. *(Incluído pela Lei nº 9.457, de 1997)*

Protocolo

Art. 224. As condições da incorporação, fusão ou cisão com incorporação em sociedade existente constarão de protocolo firmado pelos órgãos de administração ou sócios das sociedades interessadas, que incluirá:

I – o número, espécie e classe das ações que serão atribuídas em substituição dos direitos de sócios que se extinguirão e os critérios utilizados para determinar as relações de substituição;

II – os elementos ativos e passivos que formarão cada parcela do patrimônio, no caso de cisão;

III – os critérios de avaliação do patrimônio líquido, a data a que será referida a avaliação, e o tratamento das variações patrimoniais posteriores;

IV – a solução a ser adotada quanto às ações ou quotas do capital de uma das sociedades possuídas por outra;

V – o valor do capital das sociedades a serem criadas ou do aumento ou redução do capital das sociedades que forem parte na operação;

VI – o projeto ou projetos de estatuto, ou de alterações estatutárias, que deverão ser aprovados para efetivar a operação;

VII – todas as demais condições a que estiver sujeita a operação.

Parágrafo único. Os valores sujeitos a determinação serão indicados por estimativa.

Justificação

Art. 225. As operações de incorporação, fusão e cisão serão submetidas à deliberação da assembleia-geral das companhias interessadas mediante justificação, na qual serão expostos:

I – os motivos ou fins da operação, e o interesse da companhia na sua realização;

II – as ações que os acionistas preferenciais receberão e as razões para a modificação dos seus direitos, se prevista;

III – a composição, após a operação, segundo espécies e classes das ações, do capital das companhias que deverão emitir ações em substituição às que se deverão extinguir;

IV – o valor de reembolso das ações a que terão direito os acionistas dissidentes.

Transformação, Incorporação, Fusão e Cisão

(Redação dada pela Lei nº 11.638, de 2007)

Art. 226. As operações de incorporação, fusão e cisão somente poderão ser efetivadas nas condições aprovadas se os peritos nomeados determinarem que o valor do patrimônio ou patrimônios líquidos a serem vertidos para a formação de capital social é, ao menos, igual ao montante do capital a realizar.

§ 1º As ações ou quotas do capital da sociedade a ser incorporada que forem de propriedade da companhia incorporadora poderão, conforme dispuser o protocolo de incorporação, ser extintas, ou substituídas por ações em tesouraria da incorporadora, até o limite dos lucros acumulados e reservas, exceto a legal.

§ 2º O disposto no § 1º aplicar-se-á aos casos de fusão, quando uma das sociedades fundidas for proprietária de ações ou quotas de outra, e de cisão com incorporação, quando a companhia que incorporar parcela do patrimônio da cindida for proprietária de ações ou quotas do capital desta.

§ 3º A Comissão de Valores Mobiliários estabelecerá normas especiais de avaliação e contabilização aplicáveis às operações de fusão, incorporação e cisão que envolvam companhia aberta. *(Redação dada pela Lei nº 11.941, de 2009)*

Incorporação

Art. 227. A incorporação é a operação pela qual uma ou mais sociedades são absorvidas por outra, que lhes sucede em todos os direitos e obrigações.

§ 1º A assembleia-geral da companhia incorporadora, se aprovar o protocolo da operação, deverá autorizar o aumento de capital a ser subscrito e realizado pela incorporada mediante versão do seu patrimônio líquido, e nomear os peritos que o avaliarão.

§ 2º A sociedade que houver de ser incorporada, se aprovar o protocolo da operação, autorizará seus administradores a praticarem os atos necessários à incorporação, inclusive a subscrição do aumento de capital da incorporadora.

§ 3º Aprovados pela assembleia-geral da incorporadora o laudo de avaliação e a incorporação, extingue-se a incorporada, competindo à primeira promover o arquivamento e a publicação dos atos da incorporação.

Fusão

Art. 228. A fusão é a operação pela qual se unem duas ou mais sociedades para formar sociedade nova, que lhes sucederá em todos os direitos e obrigações.

§ 1º A assembleia-geral de cada companhia, se aprovar o protocolo de fusão, deverá nomear os peritos que avaliarão os patrimônios líquidos das demais sociedades.

§ 2º Apresentados os laudos, os administradores convocarão os sócios ou acionistas das sociedades para uma assembleia-geral, que deles tomará conhecimento e resolverá sobre a constituição definitiva da nova sociedade, vedado aos sócios ou acionistas votar o laudo de avaliação do patrimônio líquido da sociedade de que fazem parte.

§ 3º Constituída a nova companhia, incumbirá aos primeiros administradores promover o arquivamento e a publicação dos atos da fusão.

Cisão

Art. 229. A cisão é a operação pela qual a companhia transfere parcelas do seu patrimônio para uma ou mais sociedades, constituídas para esse fim ou já existentes, extinguindo-se a companhia cindida, se houver versão de todo o seu patrimônio, ou dividindo-se o seu capital, se parcial a versão.

§ 1º Sem prejuízo do disposto no artigo 233, a sociedade que absorver parcela do patrimônio da companhia cindida sucede a esta nos direitos e obrigações relacionados no ato da cisão; no caso de cisão com extinção, as sociedades que absorverem parcelas do patrimônio da companhia cindida sucederão a esta, na proporção dos patrimônios líquidos transferidos, nos direitos e obrigações não relacionados.

§ 2º Na cisão com versão de parcela do patrimônio em sociedade nova, a operação será deliberada pela assembleia-geral da companhia à vista de justificação que incluirá as informações de que tratam os números do artigo 224; a assembleia, se a aprovar, nomeará os peritos que avaliarão a parcela do patrimônio a ser transferida, e funcionará como assembleia de constituição da nova companhia.

§ 3º A cisão com versão de parcela de patrimônio em sociedade já existente obedecerá às disposições sobre incorporação (artigo 227).

§ 4º Efetivada a cisão com extinção da companhia cindida, caberá aos administradores das sociedades que tiverem absorvido parcelas do seu patrimônio promover o arquivamento e publicação dos atos da operação; na cisão com versão parcial do patrimônio, esse dever caberá aos administradores da companhia cindida e da que absorver parcela do seu patrimônio.

§ 5º As ações integralizadas com parcelas de patrimônio da companhia cindida serão atribuídas a seus titulares, em substituição às extintas, na proporção das que possuíam; a atribuição em proporção diferente requer aprovação de todos os titulares, inclusive das ações sem direito a voto. *(Redação dada pela Lei nº 9.457, de 1997)*

Direito de Retirada

Art. 230. Nos casos de incorporação ou fusão, o prazo para exercício do direito de retirada, previsto no art. 137, inciso II, será contado a partir da publicação da ata que aprovar o protocolo ou justificação, mas o pagamento do preço de reembolso somente será devido se a operação vier a efetivar-se. *(Redação dada pela Lei nº 9.457, de 1997)*

Direitos dos Debenturistas

Art. 231. A incorporação, fusão ou cisão da companhia emissora de debêntures em circulação dependerá da prévia aprovação dos debenturistas, reunidos em assembleia especialmente convocada com esse fim.

§ 1º Será dispensada a aprovação pela assembleia se for assegurado aos debenturistas que o desejarem, durante o prazo mínimo de 6 (seis) meses a contar da data da publicação das atas das assembleias relativas à operação, o resgate das debêntures de que forem titulares.

§ 2º No caso do § 1º, a sociedade cindida e as sociedades que absorverem parcelas do seu patrimônio responderão solidariamente pelo resgate das debêntures.

Direitos dos Credores na Incorporação ou Fusão

Art. 232. Até 60 (sessenta) dias depois de publicados os atos relativos à incorporação ou à fusão, o credor anterior por ela prejudicado poderá pleitear judicialmente a anulação da operação; findo o prazo, decairá do direito o credor que não o tiver exercido.

§ 1º A consignação da importância em pagamento prejudicará a anulação pleiteada.

§ 2º Sendo ilíquida a dívida, a sociedade poderá garantir-lhe a execução, suspendendo-se o processo de anulação.

§ 3º Ocorrendo, no prazo deste artigo, a falência da sociedade incorporadora ou da sociedade nova, qualquer credor anterior terá o direito de pedir a separação dos patrimônios, para o fim de serem os créditos pagos pelos bens das respectivas massas.

Direitos dos Credores na Cisão

Art. 233. Na cisão com extinção da companhia cindida, as sociedades que absorverem parcelas do seu patrimônio responderão solidariamente pelas obrigações da companhia extinta. A companhia cindida que subsistir e as que absorverem parcelas do seu patrimônio responderão solidariamente pelas obrigações da primeira anteriores à cisão.

Parágrafo único. O ato de cisão parcial poderá estipular que as sociedades que absorverem parcelas do patrimônio da companhia cindida serão responsáveis apenas pelas obrigações que lhes forem transferidas, sem solidariedade entre si ou com a companhia cindida, mas, nesse caso, qualquer credor anterior poderá se opor à estipulação, em relação ao seu crédito, desde que notifique a sociedade no prazo de 90 (noventa) dias a contar da data da publicação dos atos da cisão.

Averbação da Sucessão

Art. 234. A certidão, passada pelo registro do comércio, da incorporação, fusão ou cisão, é documento hábil para a averbação, nos registros públicos competentes, da sucessão, decorrente da operação, em bens, direitos e obrigações.

(...)

Art. 300. Ficam revogados o Decreto-Lei n. 2.627, de 26 de setembro de 1940, com exceção dos artigos 59 a 73, e demais disposições em contrário.

Brasília, 15 de dezembro de 1976;
155º da Independência e 88º da República.
ERNESTO GEISEL (DOU de 17.12.1976)

LEI Nº 6.530, DE 12 DE MAIO DE 1978

Dá nova regulamentação à profissão de Corretor de Imóveis, disciplina o funcionamento de seus órgãos de fiscalização e dá outras providências.

O PRESIDENTE DA REPÚBLICA,
Faço saber que o Congresso Nacional decreta e eu sanciono a seguinte Lei:

Art. 1º O exercício da profissão de Corretor de Imóveis, no território nacional, é regido pelo disposto na presente lei.

Art. 2º O exercício da profissão de Corretor de Imóveis será permitido ao possuidor de título de Técnico em Transações Imobiliárias.

Art. 3º Compete ao Corretor de Imóveis exercer a intermediação na compra, venda, permuta e locação de imóveis, podendo, ainda, opinar quanto à comercialização imobiliária.

Parágrafo único. As atribuições constantes deste artigo poderão ser exercidas, também, por pessoa jurídica inscrita nos termos desta lei.

Art. 4º A inscrição do Corretor de Imóveis e da pessoa jurídica será objeto de Resolução do Conselho Federal de Corretores de Imóveis.

Art. 5º O Conselho Federal e os Conselhos Regionais são órgãos de disciplina e fiscalização do exercício da profissão de Corretor de Imóveis, constituídos em autarquia, dotada de personalidade jurídica de direito público, vinculada ao Ministério do Trabalho, com autonomia administrativa, operacional e financeira.

Art. 6º As pessoas jurídicas inscritas no Conselho Regional de Corretores de Imóveis sujeitam-se aos mesmos deveres e têm os mesmos direitos das pessoas físicas nele inscritas.

§ 1º As pessoas jurídicas a que se refere este artigo deverão ter como sócio gerente ou diretor um Corretor de Imóveis individualmente inscrito. *(Renumerado do parágrafo único pela Lei nº 13.097, de 2015)*

§ 2º O corretor de imóveis pode associar-se a uma ou mais imobiliárias, mantendo sua autonomia profissional, sem qualquer outro vínculo, inclusive empregatício e previdenciário, mediante contrato de associação específico, registrado no Sindicato dos Corretores de Imóveis ou, onde não houver sindicato instalado, registrado nas delegacias da Federação Nacional de Corretores de Imóveis. *(Incluído pela Lei nº 13.097, de 2015)*

§ 3º Pelo contrato de que trata o § 2º deste artigo, o corretor de imóveis associado e a imobiliária coordenam, entre si, o desempenho de funções correlatas à intermediação imobiliária e ajustam critérios para a partilha dos resultados da atividade de corretagem, mediante obrigatória assistência da entidade sindical. *(Incluído pela Lei nº 13.097, de 2015)*

§ 4º O contrato de associação não implica troca de serviços, pagamentos ou remunerações entre a imobiliária e o corretor de imóveis associado, desde que não configurados os elementos caracterizadores do vínculo empregatício previstos no Art. 3º da Consolidação das Leis do Trabalho - CLT, aprovada pelo Decreto-Lei nº 5.452, de 1º de maio de 1943. *(Incluído pela Lei nº 13.097, de 2015)*

Art. 7º Compete ao Conselho Federal e aos Conselhos Regionais representar, em juízo ou fora dele, os legítimos interesses da categoria profissional, respeitadas as respectivas áreas de competência.

Art. 8º O Conselho Federal terá sede e foro na Capital da República e jurisdição em todo o território nacional.

Art. 9º Cada Conselho Regional terá sede e foro na Capital do Estado, ou de um dos Estados ou Territórios da jurisdição, a critério do Conselho Federal.

Art. 10. O Conselho Federal será composto por dois representantes, efetivos e suplentes, de cada Conselho Regional, eleitos dentre os seus membros.

Art. 11. Os Conselhos Regionais serão compostos por vinte e sete membros efetivos e igual número de suplentes, eleitos em chapa pelo sistema de voto pessoal indelegável, secreto e obrigatório, dos profissionais inscritos, sendo aplicável ao profissional que deixar de votar, sem causa justificada, multa em valor máximo equivalente ao da anuidade. *(Redação dada pela Lei nº 10.795, de 5.12.2003)*

Parágrafo único. *(Revogado pela Lei nº 10.795, de 5.12.2003)*

Art. 12. Somente poderão ser membros do Conselho Regional os Corretores de Imóveis com inscrição principal na jurisdição há mais de dois anos e que não tenham sido condenados por infração disciplinar.

Art. 13. Os Conselhos Federal e Regionais serão administrados por uma diretoria, eleita dentre os seus membros.

§ 1º A diretoria será composta de um presidente, dois vice-presidentes, dois secretários e dois tesoureiros.

§ 2º Junto aos Conselhos Federal e Regionais funcionará um Conselho Fiscal, composto de três membros, efetivos e suplentes, eleitos dentre os seus membros.

Art. 14. Os membros do Conselho Federal e dos Conselhos Regionais terão mandato de três anos.

Art. 15. A extinção ou perda de mandato de membro do Conselho Federal e dos Conselhos Regionais ocorrerá:

I – por renúncia;

II – por superveniência de causa de que resulte o cancelamento da inscrição;

III – por condenação a pena superior a dois anos, em virtude de sentença transitada em julgado;

IV – por destituição de cargo, função ou emprego, mencionada à prática de ato de improbidade na administração pública ou privada, em virtude de sentença transitada em julgado;

V – por ausência, sem motivo justificado, a três sessões consecutivas ou seis intercaladas em cada ano.

Art. 16. Compete ao Conselho Federal:

I – eleger sua diretoria;

II – elaborar e alterar seu regimento;

III – aprovar o relatório anual, o balanço e as contas de sua diretoria, bem como a previsão orçamentária para o exercício seguinte;

IV – criar e extinguir Conselhos Regionais e Sub-regiões, fixando-lhes a sede e jurisdição;

V – baixar normas de ética profissional;

VI – elaborar contrato padrão para os serviços de corretagem de imóveis, de observância obrigatória pelos inscritos;

VII – fixar as multas, anuidades e emolumentos devidos aos Conselhos Regionais;

VIII – decidir as dúvidas suscitadas pelos Conselhos Regionais;

IX – julgar os recursos das decisões dos Conselhos Regionais;

X – elaborar o regimento padrão dos Conselhos Regionais;

XI – homologar o regimento dos Conselhos Regionais;

XII – aprovar o relatório anual, o balanço e as contas dos Conselhos Regionais;

XIII – credenciar representante junto aos Conselhos Regionais, para verificação de irregularidades e pendências acaso existentes;

XIV – intervir temporariamente nos Conselhos Regionais, nomeando diretoria provisória, até que seja regularizada a situação ou, se isso não ocorrer, até o término do mandato:

a) se comprovada irregularidade na administração;

b) se tiver havido atraso injustificado no recolhimento da contribuição;

XV – destituir diretor de Conselho Regional, por ato de improbidade no exercício de suas funções;

XVI – promover diligências, inquéritos ou verificações sobre o funcionamento dos Conselhos Regionais e adotar medidas para sua eficiência e regularidade;

XVII – baixar resoluções e deliberar sobre os casos omissos.

§ 1º Na fixação do valor das anuidades referidas no inciso VII deste artigo, serão observados os seguintes limites máximos: *(Incluído pela Lei nº 10.795, de 5.12.2003)*

I – pessoa física ou firma individual: R$ 285,00 (duzentos e oitenta e cinco reais); *(Incluído pela Lei nº 10.795, de 5.12.2003)*

II – pessoa jurídica, segundo o capital social: *(Incluído pela Lei nº 10.795, de 5.12.2003)*

a) até R$ 25.000,00 (vinte e cinco mil reais): R$ 570,00 (quinhentos e setenta reais); *(Incluído pela Lei nº 10.795, de 5.12.2003)*

b) de R$ 25.001,00 (vinte e cinco mil e um reais) até R$ 50.000,00 (cinquenta mil reais): R$ 712,50 (setecentos e doze reais e cinquenta centavos); *(Incluído pela Lei nº 10.795, de 5.12.2003)*

c) de R$ 50.001,00 (cinquenta mil e um reais) até R$ 75.000,00 (setenta e cinco mil reais): R$ 855,00 (oitocentos e cinquenta e cinco reais); *(Incluído pela Lei nº 10.795, de 5.12.2003)*

d) de R$ 75.001,00 (setenta e cinco mil e um reais) até R$ 100.000,00 (cem mil reais): R$ 997,50 (novecentos e noventa e sete reais e cinquenta centavos); *(Incluído pela Lei nº 10.795, de 5.12.2003)*

e) acima de R$ 100.000,00 (cem mil reais): R$ 1.140,00 (mil, cento e quarenta reais). *(Incluído pela Lei nº 10.795, de 5.12.2003)*

§ 2º Os valores correspondentes aos limites máximos estabelecidos no § 1º deste artigo serão corrigidos anualmente pelo índice oficial de preços ao consumidor. *(Incluído pela Lei nº 10.795, de 5.12.2003)*

Art. 17. Compete aos Conselhos Regionais:

I – eleger sua diretoria;

II – aprovar o relatório anual, o balanço e as contas de sua diretoria, bem como a previsão orçamentária para o exercício seguinte, submetendo essa matéria à consideração do Conselho Federal;

III – propor a criação de sub-regiões, em divisões territoriais que tenham um número mínimo de Corretores de Imóveis inscritos, fixado pelo Conselho Federal;

IV – homologar, obedecidas as peculiaridades locais, tabelas de preços de serviços de corretagem para uso dos inscritos, elaboradas e aprovadas pelos sindicatos respectivos;

V – decidir sobre os pedidos de inscrição de Corretor de Imóveis e de pessoas jurídicas;

VI – organizar e manter o registro profissional das pessoas físicas e jurídicas inscritas;

VII – expedir carteiras profissionais e certificados de inscrição;

VIII – impor as sanções previstas nesta lei;

IX – baixar resoluções, no âmbito de sua competência.

Art. 18. Constituem receitas do Conselho Federal:

I – a percentagem de vinte por cento sobre as anuidades e emolumentos arrecadados pelos Conselhos Regionais;

II – a renda patrimonial;

III – as contribuições voluntárias;

IV – as subvenções e dotações orçamentárias.

Art. 19. Constituem receitas de cada Conselho Regional:

I – as anuidades, emolumentos e multas;

II – a renda patrimonial;

III – as contribuições voluntárias;

IV – as subvenções e dotações orçamentárias.

Art. 20. Ao Corretor de Imóveis e à pessoa jurídica inscritos nos órgãos de que trata a presente lei é vedado:

I – prejudicar, por dolo ou culpa, os interesses que lhe forem confiados;

II – auxiliar, ou por qualquer meio facilitar, o exercício da profissão aos não inscritos;

III – anunciar publicamente proposta de transação a que não esteja autorizado através de documento escrito;

IV – fazer anúncio ou impresso relativo à atividade de profissional sem mencionar o número de inscritos;

V – anunciar imóvel loteado ou em condomínio sem mencionar o número de registro do loteamento ou da incorporação no Registro de Imóveis;

VI – violar o sigilo profissional;

VII – negar aos interessados prestação de contas ou recibo de quantias ou documentos que lhe tenham sido entregues a qualquer título;

VIII – violar obrigação legal concernente ao exercício da profissão;

IX – praticar, no exercício da atividade profissional, ato que a lei defina como crime ou contravenção;

X – deixar de pagar contribuição ao Conselho Regional.

Art. 21. Compete ao Conselho Regional aplicar aos Corretores de Imóveis e pessoas jurídicas as seguintes sanções disciplinares;

I – advertência verbal;

II – censura;

III – multa;

IV – suspensão da inscrição, até noventa dias;

V – cancelamento da inscrição, com apreensão da carteira profissional.

§ 1º Na determinação da sanção aplicável, orientar-se-á o Conselho pelas circunstâncias de cada caso, de modo a considerar leve ou grave a falta.

§ 2º A reincidência na mesma falta determinará a agravação da penalidade.

§ 3º A multa poderá ser acumulada com outra penalidade e, na hipótese de reincidência na mesma falta, aplicar-se-á em dobro.

§ 4º A pena de suspensão será anotada na carteira profissional do Corretor de Imóveis ou responsável pela pessoa jurídica e se este não a apresentar para que seja consignada a penalidade, o Conselho Nacional poderá convertê-la em cancelamento da inscrição.

Art. 22. Aos servidores dos Conselhos Federal e Regionais de Corretores de Imóveis aplica-se o regime jurídico das Leis do Trabalho.

Art. 23. Fica assegurado aos Corretores de Imóveis, inscritos nos termos da Lei nº 4.116, de 27 de agosto de 1962, o exercício da profissão, desde que o requeiram conforme o que for estabelecido na regulamentação desta lei.

Art. 24. Esta lei será regulamentada no prazo de trinta dias a partir da sua vigência.

Art. 25. Esta lei entrará em vigor na data da sua publicação.

Art. 26. Revogam-se as disposições em contrário, especialmente a Lei número 4.116, 27 de agosto de 1962.

Brasília, 12 de maio de 1978;
157º da Independência e 90º da República.
ERNESTO GEISEL
Arnaldo Prieto
(D.O.U. de 15.5.1978; ret 25.01.1979)

LEI Nº 6.739, DE 5 DE DEZEMBRO DE 1979

Dispõe sobre a Matrícula e o Registro de Imóveis Rurais, e dá outras providências.

O PRESIDENTE DA REPÚBLICA: Faço saber que o Congresso Nacional decreta e eu sanciono a seguinte Lei:

Art. 1º A requerimento de pessoa jurídica de direito público ao corregedor-geral da justiça, são declarados inexistentes e cancelados a matrícula e o registro de imóvel rural vinculado a título nulo de pleno direito, ou feitos em desacordo com os artigos 221 e segs. da Lei nº 6.015, de 31 de dezembro de 1973, alterada pela Lei nº 6.216, de 30 de junho de 1975.

§ 1º Editado e cumprido o ato, que deve ser fundamentado em provas irrefutáveis, proceder-se-á, no quinquídio subsequente, à notificação pessoal:

a) da pessoa cujo nome constava na matrícula ou no registro cancelados;

b) do titular do direito real, inscrito ou registrado, do imóvel vinculado ao registro cancelado.

§ 2º Havendo outros registros, em cadeia com o registro cancelado, os titulares de domínio do imóvel e quem tenha sobre o bem direitos reais inscritos ou registrados serão também notificados, na forma prevista neste artigo.

§ 3º Inviável a notificação prevista neste artigo ou porque o destinatário não tenha sido encontrado, far-se-á por edital:

a) afixado na sede da comarca ou do Tribunal de Justiça respectivos; e

b) publicado uma vez na imprensa oficial e três vezes, e com destaque, em jornal de grande circulação da sede da comarca, ou, se não houver, da capital do Estado ou do Território.

§ 4º O edital será afixado e publicado no prazo de 30 (trinta) dias, contados da data em que for cumprido o ato do corregedor-geral.

Art. 2º A retificação de registro sempre será feita por serventuário competente, mediante despacho judicial, como dispõe o art. 213 da Lei nº 6.015, de 31 de dezembro de 1973, alterada pela Lei nº 6.216, de 30 de junho de 1975, e, quando feito em livro impróprio, será procedida por determinação do corregedor-geral, na forma do art. 1º.

Art. 3º A parte interessada, se inconformada com o provimento, poderá ingressar com ação anulatória, perante o juiz competente, contra a pessoa jurídica de direito público que requereu o cancelamento, ação que não sustará os efeitos deste, admitido o registro da citação, nos termos do art. 167, I, da Lei nº 6.015, de 31 de dezembro de 1973, alterada pela Lei nº 6.216, de 30 de junho de 1975.

Parágrafo único. Da decisão proferida, caberá apelação e, quando contrária ao requerente do cancelamento, ficará sujeita ao duplo grau de jurisdição.

Art. 4º Nas ações anulatórias de registro ou de matrícula de imóvel rural, a citação será pessoal aos réus residentes na comarca e por edital aos demais.

§ 1º Aplicam-se, quando editalícia a citação, os artigos 232 e 233 do Código de Processo Civil.

§ 2º O edital será, ainda, publicado, por duas vezes, no espaço de 15 (quinze) dias, em jornal de grande circulação da capital do Estado ou do Território.

Art. 5º O corregedor-geral, quando em inspeção ou correição verificar a ocorrência de graves irregularidades, determinará exames ou vistorias nos respectivos livros de registros, no prazo máximo de 30 (trinta) dias.

§ 1º Na impossibilidade material da realização, em cartório, das diligências previstas neste artigo, o corregedor-geral requisitará o livro, pelo prazo máximo de 30 (trinta) dias.

§ 2º Apurada a existência de matrícula ou registro de imóveis rurais, ou retificações abrangidas pelos artigos 1º e 2º desta Lei, e nos quais esteja envolvido interesse de pessoa jurídica de direito público, será esta cientificada de todo o teor das irregularidades, no prazo de 30 (trinta) dias, contados do término da inspeção ou correição.

§ 3º Cancelados o registro e a matrícula ou procedida a retificação, o corregedor-geral enviará, no prazo de 15 (quinze) dias, ao representante do Ministério Público, cópia do ato, para as providências cabíveis.

Art. 6º Sem prejuízo das sanções previstas na Lei de Organização Judiciária da Unidade Federativa respectiva, considera-se incurso nas penas previstas no art. 319 e conexos do Código Penal brasileiro quem levar a termo matrícula e registro ou retificação sem exigir a apresentação de título formalmente válido, segundo o art. 221 da Lei nº 6.015, de 31 de dezembro de 1973, alterada pela Lei nº 6.216, de 30 de junho de 1975.

Parágrafo único. O disposto neste artigo não será aplicável quando a matrícula ou o registro houverem sido objeto de dúvida decidida pelo juiz ou se a retificação decorreu de ordem judicial.

Art. 7º Os títulos de posse ou quaisquer documentos de ocupação, legitimamente outorgados por órgão do Poder Público estadual, continuarão a produzir os efeitos atribuídos pela legislação vigente à época de suas expedições e configuram situação jurídica constituída, nos termos do art. 5º, "b", do Decreto-lei nº 1.164, de 1 de abril de 1971.

Art. 8º Os corregedores-gerais deverão providenciar para que, no prazo de 60 (sessenta) dias após a publicação desta lei, todos os oficiais de registro de imóveis recebam seu texto integral.

Art. 8º-A. A União, o Estado, o Distrito Federal ou o Município prejudicado poderá promover, via administrativa, a retificação da matrícula, do registro ou da averbação feita em desacordo com o art. 225 da Lei nº 6.015, de 31 de dezembro de 1973, quando a alteração da área ou dos limites do imóvel importar em transferência de terras públicas. (Artigo incluído pela Lei nº 10.267, de 28.8.2001)

§ 1º O Oficial do Registro de Imóveis, no prazo de cinco dias úteis, contado da prenotação do requerimento, procederá à retificação requerida e dela dará ciência ao proprietário, nos cinco dias seguintes à retificação. (Parágrafo incluído pela Lei nº 10.267, de 28.8.2001)

§ 2º Recusando-se a efetuar a retificação requerida, o Oficial Registrador suscitará dúvida, obedecidos os procedimentos estabelecidos em lei. (Parágrafo incluído pela Lei nº 10.267, de 28.8.2001)

§ 3º Nos processos de interesse da União e de suas autarquias e fundações, a apelação de que trata o art. 202 da Lei nº 6.015, de 31 de dezembro de 1973, será julgada pelo Tribunal Regional Federal respectivo. (Parágrafo incluído pela Lei nº 10.267, de 28.8.2001)

§ 4º A apelação referida no § 3º poderá ser interposta, também, pelo Ministério Público da União. (Parágrafo incluído pela Lei nº 10.267, de 28.8.2001)

Art. 8º-B. Verificado que terras públicas foram objeto de apropriação indevida por quaisquer meios, inclusive decisões judiciais, a União, o Estado, o Distrito Federal ou o Município prejudicado, bem como seus respectivos órgãos ou entidades competentes, poderão, à vista de prova da nulidade identificada, requerer o cancelamento da matrícula e do registro na forma prevista nesta Lei, caso não aplicável o procedimento estabelecido no art. 8º-A. (Artigo incluído pela Lei nº 10.267, de 28.8.2001)

§ 1º Nos casos de interesse da União e de suas autarquias e fundações, o requerimento será dirigido ao Juiz Federal da Seção Judiciária competente, ao qual incumbirão os atos e procedimentos cometidos ao Corregedor Geral de Justiça. (Parágrafo incluído pela Lei nº 10.267, de 28.8.2001)

§ 2º Caso o Corregedor Geral de Justiça ou o Juiz Federal não considere suficientes os elementos apresentados com o requerimento, poderá, antes de exarar a decisão, promover as notificações previstas nos parágrafos do art. 1º desta Lei, observados os procedimentos neles estabelecidos, dos quais dará ciência ao requerente e ao Ministério Público competente. (Parágrafo incluído pela Lei nº 10.267, de 28.8.2001)

§ 3º Caberá apelação da decisão proferida: (Parágrafo incluído pela Lei nº 10.267, de 28.8.2001)

I – pelo Corregedor Geral, ao Tribunal de Justiça; (Inciso incluído pela Lei nº 10.267, de 28.8.2001)

II – pelo Juiz Federal, ao respectivo Tribunal Regional Federal. (Inciso incluído pela Lei nº 10.267, de 28.8.2001)

§ 4º Não se aplica o disposto no art. 254 da Lei nº 6.015, de 31 de dezembro de 1973, a títulos que tiverem matrícula ou registro cancelados na forma deste artigo. (Parágrafo incluído pela Lei nº 10.267, de 28.8.2001)

Art. 8º-C. É de oito anos, contados do trânsito em julgado da decisão, o prazo para ajuizamento de ação rescisória relativa a processos que digam respeito a transferência de terras públicas rurais. (Artigo incluído pela Lei nº 10.267, de 28.8.2001)

Art. 9º Esta lei entrará em vigor 60 (sessenta) dias após a sua publicação, revogadas as disposições em contrário.

Brasília, 5 de dezembro de 1979; 158º da Independência e 91º da República.

JOÃO FIGUEIREDO

(DOU. de 6.12.1979)

LEI Nº 6.766, DE 19 DE DEZEMBRO DE 1979

Dispõe sobre o Parcelamento do Solo Urbano e dá outras providências.

- *Arts. 167, I, 19 e 20, Lei de Registros Públicos (LRP)*
- *Art. 167, II, 3, 4, 32, LRP*
- *Art. 169, § 1º, LRP*
- *Art. 237-A, LRP*
- *Art. 251-A, LRP*
- *Art. 255, LRP*

O PRESIDENTE DA REPÚBLICA,

Faço saber que o CONGRESSO NACIONAL decreta e eu sanciono a seguinte Lei:

Art. 1º O parcelamento do solo para fins urbanos será regido por esta Lei.

Parágrafo único. Os Estados, o Distrito Federal e os Municípios poderão estabelecer normas complementares relativas ao parcelamento do solo municipal para adequar o previsto nesta Lei às peculiaridades regionais e locais.

- *Vide Decreto-lei 271/1967 (Loteamento Urbano)*

CAPÍTULO I – DISPOSIÇÕES PRELIMINARES

Art. 2º O parcelamento do solo urbano poderá ser feito mediante loteamento ou desmembramento, observadas as disposições desta Lei e as das legislações estaduais e municipais pertinentes.

- *Arts. 4º a 9º e 12 a 24*

§ 1º Considera-se loteamento a subdivisão de gleba em lotes destinados a edificação, com abertura de novas vias de circulação, de logradouros públicos ou prolongamento, modificação ou ampliação das vias existentes.

§ 2º Considera-se desmembramento a subdivisão de gleba em lotes destinados a edificação, com aproveitamento do sistema viário existente, desde que não implique na abertura de novas vias e logradouros públicos, nem no prolongamento, modificação ou ampliação dos já existentes.

§ 3º *(VETADO na Lei nº 9.785, de 29/1/1999)*

§ 4º Considera-se lote o terreno servido de infraestrutura básica cujas dimensões atendam aos índices urbanísticos definidos pelo plano diretor ou lei municipal para a zona em que se situe. *(Parágrafo acrescido pela Lei nº 9.785, de 29/1/1999)*

§ 5º A infraestrutura básica dos parcelamentos é constituída pelos equipamentos urbanos de escoamento das águas pluviais, iluminação pública, esgotamento sanitário, abastecimento de água potável, energia elétrica pública e domiciliar e vias de circulação. *(Parágrafo acrescido pela Lei nº 9.785, de 29/1/1999 e com nova redação dada pela Lei nº 11.445, de 5/1/2007)*

§ 6º A infraestrutura básica dos parcelamentos situados nas zonas habitacionais declaradas por lei como de interesse social (ZHIS) consistirá, no mínimo, de:

I - vias de circulação;

II - escoamento das águas pluviais;

III - rede para o abastecimento de água potável; e

IV - soluções para o esgotamento sanitário e para a energia elétrica domiciliar. *(Parágrafo acrescido pela Lei nº 9.785, de 29/1/1999)*

§ 7º O lote poderá ser constituído sob a forma de imóvel autônomo ou de unidade imobiliária integrante de condomínio de lotes. *(Parágrafo acrescido pela Lei nº 13.465, de 11/7/2017)*

§ 8º Constitui loteamento de acesso controlado a modalidade de loteamento, definida nos termos do § 1º deste artigo, cujo controle de acesso será regulamentado por ato do poder público Municipal, sendo vedado o impedimento de acesso a pedestres ou a condutores de veículos, não residentes, devidamente identificados ou cadastrados. *(Parágrafo acrescido pela Lei nº 13.465, de 11/7/2017)*

Art. 2º-A. Considera-se empreendedor, para fins de parcelamento do solo urbano, o responsável pela implantação do parcelamento, o qual, além daqueles indicados em regulamento, poderá ser:

a) o proprietário do imóvel a ser parcelado;

b) o compromissário comprador, cessionário ou promitente cessionário, ou o foreiro, desde que o proprietário expresse sua anuência em relação ao empreendimento e sub-rogue-se nas obrigações do compromissário comprador, cessionário ou promitente cessionário, ou do foreiro, em caso de extinção do contrato;

c) o ente da administração pública direta ou indireta habilitado a promover a desapropriação com a finalidade de implantação de parcelamento habitacional ou de realização de regularização fundiária de interesse social, desde que tenha ocorrido a regular imissão na posse;

d) a pessoa física ou jurídica contratada pelo proprietário do imóvel a ser parcelado ou pelo poder público para executar o parcelamento ou a regularização fundiária, em forma de parceria, sob regime de obrigação solidária, devendo o contrato ser averbado na matrícula do imóvel no competente registro de imóveis;

e) a cooperativa habitacional ou associação de moradores, quando autorizada pelo titular do domínio, ou associação de proprietários ou compradores que assuma a responsabilidade pela implantação do parcelamento. *(Artigo acrescido pela Lei nº 14.118, de 12/1/2021)*

Art. 3º Somente será admitido o parcelamento do solo para fins urbanos em zonas urbanas, de expansão urbana ou de urbanização específica, assim definidas pelo plano diretor ou aprovadas por lei municipal. *("Caput" do artigo com redação dada pela Lei nº 9.785, de 29/1/1999)*

Parágrafo único. Não será permitido o parcelamento do solo:

I - em terrenos alagadiços e sujeitos a inundações, antes de tomadas as providências para assegurar o escoamento das águas;

II - em terrenos que tenham sido aterrados com material nocivo à saúde pública, sem que sejam previamente saneados;

III - em terrenos com declividade igual ou superior a 30% (trinta por cento), salvo se atendidas exigências específicas das autoridades competentes;

IV - em terrenos onde as condições geológicas não aconselham a edificação;

V - em áreas de preservação ecológica ou naquelas onde a poluição impeça condições sanitárias suportáveis, até a sua correção.

CAPÍTULO II – DOS REQUISITOS URBANÍSTICOS PARA LOTEAMENTO

Art. 4º Os loteamentos deverão atender, pelo menos, aos seguintes requisitos:

I - as áreas destinadas a sistemas de circulação, a implantação de equipamento urbano e comunitário, bem como a espaços livres de uso público, serão proporcionais à densidade de ocupação prevista pelo plano diretor ou aprovada por lei municipal para a zona em que se situem. *(Inciso com redação dada pela Lei nº 9.785, de 29/1/1999)*

II - os lotes terão área mínima de 125 m2 (cento e vinte e cinco metros quadrados) e frente mínima de 5 (cinco) metros, salvo quando a legislação estadual ou municipal determinar maiores exigências, ou quando o loteamento se destinar a urbanização específica ou edificação de conjuntos habitacionais de interesse social, previamente aprovados pelos órgãos públicos competentes;

III - ao longo das faixas de domínio público das rodovias, a reserva de faixa não edificável de, no mínimo, 15 (quinze) metros de cada lado poderá ser reduzida por lei municipal ou distrital que aprovar o instrumento do planejamento territorial, até o limite mínimo de 5 (cinco) metros de cada lado. *(Inciso com redação dada pela Lei nº 13.913, de 25/11/2019, republicada na Edição Extra do DOU de 26/11/2019)*

III-A - ao longo da faixa de domínio das ferrovias, será obrigatória a reserva de uma faixa não edificável de, no mínimo, 15 (quinze) metros de cada lado; *(Inciso acrescido pela Lei nº 13.913, de 25/11/2019, republicada na Edição Extra do DOU de 26/11/2019, com redação dada pela Lei nº 14.285, de 29/12/2021)*

III-B - ao longo das águas correntes e dormentes, as áreas de faixas não edificáveis deverão respeitar a lei municipal ou distrital que aprovar o instrumento de planejamento territorial e que definir e regulamentar a largura das faixas marginais de cursos d´água naturais em área urbana consolidada, nos termos da Lei nº 12.651, de 25 de maio de 2012, com obrigatoriedade de reserva de uma faixa não edificável para cada trecho de margem, indicada em diagnóstico socioambiental elaborado pelo Município; *(Inciso acrescido pela Lei nº 14.285, de 29/12/2021)*

IV - as vias de loteamento deverão articular-se com as vias adjacentes oficiais, existentes ou projetadas, e harmonizar-se com a topografia local.

§ 1º A legislação municipal definirá, para cada zona em que se divida o território do Município, os usos permitidos e os índices urbanísticos de parcelamento e ocupação do solo, que incluirão, obrigatoriamente, as áreas mínimas e máximas de lotes e os coeficientes máximos de aproveitamento. *(Parágrafo com redação dada pela Lei nº 9.785, de 29/1/1999)*

§ 2º Consideram-se comunitários os equipamentos públicos de educação, cultura, saúde, lazer e similares.

§ 3º Se necessária, a reserva de faixa não-edificável vinculada a dutovias será exigida no âmbito do respectivo licenciamento ambiental, observados critérios e parâmetros que garantam a segurança da população e a proteção do meio ambiente, conforme estabelecido nas normas técnicas pertinentes. *(Parágrafo acrescido com redação dada pela Lei nº 10.932, de 3/8/2004)*

§ 4º No caso de lotes integrantes de condomínio de lotes, poderão ser instituídas limitações administrativas e direitos reais sobre coisa alheia em benefício do poder público, da população em geral e da proteção da paisagem urbana, tais como servidões de passagem, usufrutos e restrições à construção de muros. *(Parágrafo acrescido pela Lei nº 13.465, de 11/7/2017)*

§ 5º As edificações localizadas nas áreas contíguas às faixas de domínio público dos trechos de rodovia que atravessem perímetros urbanos ou áreas urbanizadas passíveis de serem incluídas em perímetro urbano, desde que construídas até a data de promulgação deste parágrafo, ,ficam dispensadas da observância da exigência prevista no inciso III do *caput* deste artigo, salvo por ato devidamente fundamentado do poder público municipal ou distrital. *(Parágrafo acrescido pela Lei nº 13.913, de 25/11/2019, republicada na Edição Extra do DOU de 26/11/2019)*

§ 6º *(VETADO na Lei nº 14.285, de 29/12/2021)*

§ 7º *(VETADO na Lei nº 14.285, de 29/12/2021)*

Art. 5º O Poder Público competente poderá complementarmente exigir, em cada loteamento, a reserva de faixa *non aedificandi* destinada a equipamentos urbanos.

Parágrafo único. Consideram-se urbanos os equipamentos públicos de abastecimento de água, serviços de esgotos, energia elétrica, coletas de águas pluviais, rede telefônica e gás canalizado.

CAPÍTULO III – DO PROJETO DE LOTEAMENTO

Art. 6º Antes da elaboração do projeto de loteamento, o interessado deverá solicitar à Prefeitura Municipal, ou ao Distrito Federal quando for o caso, que defina as diretrizes para o uso do solo, traçado dos lotes, do sistema viário, dos espaços livres e das áreas reservadas para equipamento urbano e comunitário, apresentando, para este fim, requerimento e planta do imóvel contendo, pelo menos:

I - as divisas da gleba a ser loteada;

II - as curvas de nível à distância adequada, quando exigidas por lei estadual ou municipal;

III - a localização dos cursos d'água, bosques e construções existentes;

IV - a indicação dos arruamentos contíguos a todo o perímetro, a localização das vias de comunicação, das áreas livres, dos equipamentos urbanos e comunitários existentes no local ou em suas adjacências, com as respectivas distâncias da área a ser loteada;

V - o tipo de uso predominante a que o loteamento se destina;

VI - as características, dimensões e localização das zonas de uso contíguas.

Art. 7º A Prefeitura Municipal, ou o Distrito Federal quando for o caso, indicará, nas plantas apresentadas junto com o requerimento, de acordo com as diretrizes de planejamento estadual e municipal:

I - as ruas ou estradas existentes ou projetada, que compõem o sistema viário da cidade e do município, relacionadas com o loteamento pretendido e a serem respeitadas;

II - o traçado básico do sistema viário principal;

III - a localização aproximada dos terrenos destinados a equipamento urbano e comunitário e das áreas livres de uso público;

IV - as faixas sanitárias do terreno necessárias ao escoamento das águas pluviais e as faixas não edificáveis;

V - a zona ou zonas de uso predominante da área, com indicação dos usos compatíveis.

Parágrafo único. As diretrizes expedidas vigorarão pelo prazo máximo de quatro anos. *(Parágrafo único com redação dada pela Lei nº 9.785, de 29/1/1999)*

Art. 8º Os Municípios com menos de cinquenta mil habitantes e aqueles cujo plano diretor contiver diretrizes de urbanização para a zona em que se situe o parcelamento poderão dispensar, por lei, a fase de fixação de diretrizes previstas nos arts. 6º e 7º desta Lei. *(Artigo com redação dada pela Lei nº 9.785, de 29/1/1999)*

Art. 9º Orientado pelo traçado e diretrizes oficiais, quando houver, o projeto, contendo desenhos, memorial descritivo e cronograma de execução das obras com duração máxima de quatro anos, será apresentado à Prefeitura Municipal, ou ao Distrito Federal, quando for o caso, acompanhado de certidão atualizada da matrícula da gleba, expedida pelo Cartório de Registro de Imóveis competente, de certidão negativa de tributos municipais e do competente instrumento de garantia, ressalvado o disposto no § 4º do art. 18. *("Caput" do artigo com redação dada pela Lei nº 9.785, de 29/1/1999)*

§ 1º Os desenhos conterão pelo menos:

I - a subdivisão das quadras em lotes, com as respectivas dimensões e numeração;

II - o sistema de vias com a respectiva hierarquia;

III - as dimensões lineares e angulares do projeto, com raios, cordas, arcos, pontos de tangência e ângulos centrais das vias;

IV - os perfis longitudinais e transversais de todas as vias de circulação e praças;

V - a indicação dos marcos de alinhamento e nivelamento localizados nos ângulos de curvas e vias projetadas;

VI - a indicação em planta e perfis de todas as linhas de escoamento das águas pluviais.

§ 2º O memorial descritivo deverá conter, obrigatoriamente, pelo menos:

I - a descrição sucinta do loteamento, com as suas características e a fixação da zona ou zonas de uso predominante;

II - as condições urbanísticas do loteamento e as limitações que incidem sobre os lotes e suas construções, além daquelas constantes das diretrizes fixadas;

III - a indicação das áreas públicas que passarão ao domínio do município no ato de registro do loteamento;

IV - a enumeração dos equipamentos urbanos, comunitários e dos serviços públicos ou de utilidade pública, já existentes no loteamento e adjacências.

§ 3º Caso se constate, a qualquer tempo, que a certidão da matrícula apresentada como atual não tem mais correspondência com os registros e averbações cartorárias do tempo da sua apresentação, além das conseqüências penais cabíveis, serão consideradas insubsistentes tanto as diretrizes expedidas anteriormente, quanto as aprovações consequentes. *(Parágrafo acrescido pela Lei nº 9.785, de 29/1/1999)*

CAPÍTULO IV – DO PROJETO DE DESMEMBRAMENTO

Art. 10. Para a aprovação de projeto de desmembramento, o interessado apresentará requerimento à Prefeitura Municipal, ou ao Distrito Federal quando for o caso, acompanhado de certidão atualizada da matrícula da gleba, expedida pelo Cartório de Registro de Imóveis competente, ressalvado o disposto no § 4º do art. 18, e de planta do imóvel a ser desmembrado contendo: *("Caput" do artigo com redação dada pela Lei nº 9.785, de 29/1/1999)*

I - a indicação das vias existentes e dos loteamentos próximos;

II - a indicação do tipo de uso predominante no local;

III - a indicação da divisão de lotes pretendida na área.

Art. 11. Aplicam-se ao desmembramento, no que couber, as disposições urbanísticas vigentes para as regiões em que se situem ou, na ausência destas, as disposições urbanísticas para os loteamentos. *("Caput" do artigo com redação dada pela Lei nº 9.785, de 29/1/1999)*

Parágrafo único. O Município, ou o Distrito Federal quando for o caso, fixará os requisitos exigíveis para a aprovação de desmembramento de lotes decorrentes de loteamento cuja destinação da área pública tenha sido inferior à mínima prevista no § 1º do art. 4º desta Lei.

CAPÍTULO V – DA APROVAÇÃO DO PROJETO DE LOTEAMENTO E DESMEMBRAMENTO

Art. 12. O projeto de loteamento e desmembramento deverá ser aprovado pela Prefeitura Municipal, ou pelo Distrito Federal quando for o caso, a quem compete também a fixação das diretrizes a que aludem os arts. 6º e 7º desta Lei, salvo a exceção prevista no artigo seguinte.

§ 1º O projeto aprovado deverá ser executado no prazo constante do cronograma de execução, sob pena de caducidade da aprovação. *(Parágrafo único acrescido pela Lei nº 9.785, de 29/1/1999, transformado em § 1º com redação dada pela Medida Provisória nº 547, de 11/10/2011, convertida na Lei nº 12.608, de 10/4/2012)*

§ 2º Nos Municípios inseridos no cadastro nacional de municípios com áreas suscetíveis à ocorrência de deslizamentos de grande impacto, inundações bruscas ou processos geológicos ou hidrológicos correlatos, a aprovação do projeto de que trata o *caput* ficará vinculada ao atendimento dos requisitos constantes da carta geotécnica de aptidão à urbanização. *(Parágrafo acrescido pela Medida Provisória nº 547, de 11/10/2011, com redação dada pela Lei nº 12.608, de 10/4/2012, publicada no DOU de 11/4/2012, em vigor dois anos após a publicação)*

§ 3º É vedada a aprovação de projeto de loteamento e desmembramento em áreas de risco definidas como não edificáveis, no plano diretor ou em legislação dele derivada. *(Parágrafo acrescido pela Lei nº 12.608, de 10/4/2012)*

Art. 13. Aos Estados caberá disciplinar a aprovação pelos Municípios de loteamentos e desmembramentos nas seguintes condições: *("Caput" do artigo com redação dada pela Lei nº 9.785, de 29/1/1999)*

I - quando localizados em áreas de interesse especial, tais como as de proteção aos mananciais ou ao patrimônio cultural, histórico, paisagístico e arqueológico, assim definidas por legislação estadual ou federal;

II - quando o loteamento ou desmembramento localizar-se em área limítrofe do município, ou que pertença a mais de um município, nas regiões metropolitanas ou em aglomerações urbanas, definidas em lei estadual ou federal;

III - quando o loteamento abranger área superior a 1.000.000 m².

Parágrafo único. No caso de loteamento ou desmembramento localizado em área de município integrante de região metropolitana, o exame e a anuência prévia à aprovação do projeto caberão à autoridade metropolitana.

Art. 14. Os Estados definirão, por decreto, as áreas de proteção especial, previstas no inciso I do artigo anterior.

Art. 15. Os Estados estabelecerão, por decreto, as normas a que deverão submeter-se os projetos de loteamento e desmembramento nas áreas previstas no art. 13, observadas as disposições desta Lei.

Parágrafo único. Na regulamentação das normas previstas neste artigo, o Estado procurará atender às exigências urbanísticas do planejamento municipal.

Art. 16. A lei municipal definirá os prazos para que um projeto de parcelamento apresentado seja aprovado ou rejeitado e para que as obras executadas sejam aceitas ou recusadas. *("Caput" do artigo com redação dada pela Lei nº 9.785, de 29/1/1999)*

§ 1º Transcorridos os prazos sem a manifestação do Poder Público, o projeto será considerado rejeitado ou as obras recusadas, assegurada a indenização por eventuais danos derivados da omissão. *(Parágrafo acrescido pela Lei nº 9.785, de 29/1/1999)*

§ 2º Nos Municípios cuja legislação for omissa, os prazos serão de noventa dias para a aprovação ou rejeição e de sessenta dias para a aceitação ou recusa fundamentada das obras de urbanização. *(Parágrafo acrescido pela Lei nº 9.785, de 29/1/1999)*

Art. 17. Os espaços livres de uso comum, as vias e praças, as áreas destinadas a edifícios públicos e outros equipamentos urbanos, constantes do projeto e do memorial descritivo, não poderão ter sua destinação alterada pelo loteador, desde a aprovação do loteamento, salvo as hipóteses de caducidade da licença ou desistência do loteador, sendo, neste caso, observadas as exigências do art. 23 desta Lei.

CAPÍTULO VI – DO REGISTRO DO LOTEAMENTO E DESMEMBRAMENTO

- *Art. 167, I, 19 e 20, Lei de Registros Públicos (LRP)*
- *Art. 167, II, 3, 4, 32, LRP*
- *Art. 169, § 1º, LRP*
- *Art. 237-A, LRP*
- *Art. 251-A, LRP*
- *Art. 255, LRP*

Art. 18. Aprovado o projeto de loteamento ou de desmembramento, o loteador deverá submetê-lo ao Registro Imobiliário dentro de 180 (cento e oitenta) dias, sob pena de caducidade da aprovação, acompanhado dos seguintes documentos:

I - título de propriedade do imóvel ou certidão da matrícula, ressalvado o disposto nos §§ 4º e 5º; *(Inciso com redação dada pela Lei nº 9.785, de 29/1/1999)*

II - histórico dos títulos de propriedade do imóvel, abrangendo os últimos 20 (vinte) anos, acompanhados dos respectivos comprovantes;

III - certidões negativas:

a) de tributos federais, estaduais e municipais incidentes sobre o imóvel;

- *Vide Enunciado 19, I Jornada de Direito Notarial e Registral*

b) de ações reais referentes ao imóvel, pelo período de 10 (dez) anos;

c) de ações penais com respeito ao crime contra o patrimônio e contra a Administração Pública.

IV - certidões:

a) dos cartórios de protestos de títulos, em nome do loteador, pelo período de 5 (cinco) anos; *(Alínea com redação dada pela Medida Provisória nº 1.085, de 27/12/2021, convertida na Lei nº 14.382, de 27/6/2022)*

b) de ações cíveis relativas ao loteador, pelo período de 10 (dez) anos; *(Alínea com redação dada pela Medida Provisória nº 1.085, de 27/12/2021, convertida na Lei nº 14.382, de 27/6/2022)*

c) da situação jurídica atualizada do imóvel; e *(Alínea com redação dada pela Medida Provisória nº 1.085, de 27/12/2021, convertida na Lei nº 14.382, de 27/6/2022)*

d) de ações penais contra o loteador, pelo período de 10 (dez) anos; *(Alínea com redação dada pela Medida Provisória nº 1.085, de 27/12/2021, convertida na Lei nº 14.382, de 27/6/2022)*

V - cópia do ato de aprovação do loteamento e comprovante do termo de verificação, pelo Município ou pelo Distrito Federal, da execução das obras exigidas pela legislação municipal, que incluirão, no mínimo, a execução das vias de circulação do loteamento, demarcação dos lotes, quadras e logradouros e das obras de escoamento das águas pluviais ou da aprovação de um cronograma, com a duração máxima de 4 (quatro) anos, prorrogáveis por mais 4 (quatro) anos, acompanhado de competente instrumento de garantia para a execução das obras; *(Inciso com redação dada pela Lei nº 14.118, de 12/1/2021)*

- *Vide Enunciado 35, I Jornada de Direito Notarial e Registral*

VI - exemplar do contrato padrão de promessa de venda, ou de cessão ou de promessa de cessão, do qual constarão obrigatoriamente as indicações previstas no art. 26 desta Lei;

- *Art. 25*

VII - declaração do cônjuge do requerente de que consente no registro do loteamento.

§ 1º Os períodos referidos nos incisos III, alínea *b*, e IV, alíneas *a* , *b* e *d*, tomarão por base a data do pedido de registro do loteamento, devendo todas elas ser extraídas em nome daqueles que, nos mencionados períodos, tenham sido titulares de direitos reais sobre o imóvel.

§ 2º A existência de protestos, de ações pessoais ou de ações penais, exceto as referentes a crime contra o patrimônio e contra a administração, não impedirá o registro do loteamento se o requerente comprovar que esses protestos ou ações não poderão prejudicar os adquirentes dos lotes. Se o Oficial do Registro de Imóveis julgar insuficiente a comprovação feita, suscitará a dúvida perante o juiz competente.

- *Arts. 198 e seguintes LRP*

§ 3º A declaração a que se refere o inciso VII deste artigo não dispensará o consentimento do declarante para os atos de alienação ou promessa de alienação de lotes, ou de direitos a eles relativos, que venham a ser praticados pelo seu cônjuge.

§ 4º O título de propriedade será dispensado quando se tratar de parcelamento popular, destinado às classes de menor renda, em imóvel declarado de utilidade pública, com processo de desapropriação judicial em curso e imissão provisória na posse, desde que promovido pela União, Estados, Distrito Federal, Municípios ou suas entidades delegadas, autorizadas por lei a implantar projetos de habitação. *(Parágrafo acrescido pela Lei nº 9.785, de 29/1/1999)*

§ 5º No caso de que trata o § 4º, o pedido de registro do parcelamento, além dos documentos mencionados nos incisos V e VI deste artigo, será instruído com cópias autênticas da decisão que tenha concedido a imissão provisória na posse, do decreto de desapropriação, do comprovante de sua publicação na imprensa oficial e, quando formulado por entidades delegadas, da lei de criação e de seus atos constitutivos. *(Parágrafo acrescido pela Lei nº 9.785, de 29/1/1999)*

§ 6º Na hipótese de o loteador ser companhia aberta, as certidões referidas na alínea *c* do inciso III e nas alíneas *a*, *b* e *d* do inciso IV do *caput* deste artigo poderão ser substituídas por exibição das informações trimestrais e demonstrações financeiras anuais constantes do sítio eletrônico da Comissão de Valores Mobiliários. *(Parágrafo acrescido pela Medida Provisória nº 1.085, de 27/12/2021, convertida na Lei nº 14.382, de 27/6/2022)*

§ 7º Quando demonstrar de modo suficiente o estado do processo e a repercussão econômica do litígio, a certidão esclarecedora de ação cível ou penal poderá ser substituída por impressão do andamento do processo digital. *(Parágrafo acrescido pela Medida Provisória nº 1.085, de 27/12/2021, convertida na Lei nº 14.382, de 27/6/2022)*

§ 8º O mesmo imóvel poderá servir como garantia ao Município ou ao Distrito Federal na execução das obras de infraestrutura e a créditos constituídos em favor de credor em operações de financiamento a produção do lote urbanizado. *(Incluído pela Lei nº 14.711, de 2023)*

Art. 18-A. A critério do loteador, o loteamento poderá ser submetido ao regime de afetação, pelo qual o terreno e a infraestrutura, bem como os demais bens e direitos a ele vinculados, manter-se-ão apartados do patrimônio do loteador e constituirão patrimônio de afetação, destinado à consecução do loteamento correspondente e à entrega dos lotes urbanizados aos respectivos adquirentes.

§ 1º O patrimônio de afetação não se comunica com os demais bens, direitos e obrigações do patrimônio geral do loteador ou de outros patrimônios de afetação por ele constituídos e só responde por dívidas e obrigações vinculadas ao loteamento respectivo e à entrega dos lotes urbanizados aos respectivos adquirentes.

§ 2º O loteador responde pelos prejuízos que causar ao patrimônio de afetação.

§ 3º Os bens e direitos integrantes do loteamento somente poderão ser objeto de garantia real em operação de crédito cujo produto seja integralmente destinado à implementação da infraestrutura correspondente e à entrega dos lotes urbanizados aos respectivos adquirentes.

§ 4º No caso de cessão, plena ou fiduciária, de direitos creditórios oriundos da comercialização dos lotes componentes do loteamento, o produto da cessão também passará a integrar o patrimônio de afetação.

§ 5º Os recursos financeiros integrantes do patrimônio de afetação serão administrados pelo loteador.

§ 6º Nos loteamentos objeto de financiamento, a comercialização dos lotes deverá contar com a anuência ou a ciência da instituição financiadora, conforme vier a ser estabelecido no contrato de financiamento.

§ 7º A contratação de financiamento e a constituição de garantias, inclusive mediante transmissão, para o credor, da propriedade fiduciária sobre os lotes integrantes do loteamento, bem como a cessão, plena ou fiduciária, de direitos creditórios decorrentes da comercialização desses lotes, não implicam a transferência para o credor de nenhuma das obrigações ou responsabilidades do cedente loteador, permanecendo este como único responsável pelas obrigações e pelos deveres que lhe são imputáveis.

- *Artigo incluído pela Lei nº 14.620, de 2023*

Art. 18-B. Considera-se constituído o patrimônio de afetação mediante averbação, a qualquer tempo, no Registro de Imóveis, de termo firmado pelo loteador e, quando for o caso, também pelos titulares de direitos reais de aquisição de lotes objeto de loteamento.

Parágrafo único. A averbação não será obstada pela existência de ônus reais que tenham sido constituídos sobre o imóvel objeto do loteamento para garantia do pagamento do preço de sua aquisição ou do cumprimento de obrigação de implantar o empreendimento.

› *Artigo incluído pela Lei nº 14.620, de 2023*

Art. 18-C. A Comissão de Representantes, a Prefeitura e a instituição financiadora da infraestrutura poderão nomear, às suas expensas, pessoa física ou jurídica para fiscalizar e acompanhar o patrimônio de afetação.

§ 1º A nomeação a que se refere o *caput* não transfere para o nomeante qualquer responsabilidade pela qualidade da implementação da infraestrutura, pelo prazo do termo de verificação da sua realização ou por qualquer outra obrigação decorrente da responsabilidade do loteador, seja legal ou oriunda dos contratos de alienação dos lotes, de obra e de outros contratos eventualmente vinculados ao loteamento.

§ 2º A pessoa que, em decorrência do exercício da fiscalização de que trata o *caput* deste artigo, obtiver acesso às informações comerciais, tributárias ou de qualquer outra natureza referentes ao patrimônio afetado responderá pela falta de zelo, de dedicação e de sigilo dessas informações.

§ 3º A pessoa nomeada pela instituição financiadora deverá fornecer cópia de seu relatório ou parecer à Comissão de Representantes, a requerimento desta, não constituindo esse fornecimento quebra do sigilo a que se refere o § 2º deste artigo.

› *Artigo incluído pela Lei nº 14.620, de 2023*

Art. 18-D. Incumbe ao loteador:

I - promover todos os atos necessários à boa administração e à preservação do patrimônio de afetação, inclusive mediante adoção de medidas judiciais;

II - manter apartados os bens e direitos objeto de cada loteamento;

III - diligenciar a captação dos recursos necessários ao loteamento, cuidando de preservar os recursos necessários à conclusão da infraestrutura;

IV - entregar à Comissão de Representantes, no mínimo a cada 3 (três) meses, demonstrativo do estado da obra e de sua correspondência com o prazo pactuado ou com os recursos financeiros que integrem o patrimônio de afetação recebidos no período, firmado por profissionais habilitados, ressalvadas eventuais modificações sugeridas pelo loteador e aprovadas pela Comissão de Representantes;

V - manter e movimentar os recursos financeiros do patrimônio de afetação em pelo menos 1 (uma) conta de depósito aberta especificamente para tal fim;

VI - entregar à Comissão de Representantes balancetes coincidentes com o trimestre civil, relativos a cada patrimônio de afetação;

VII - assegurar à pessoa nomeada nos termos do art. 18-C o livre acesso à obra, bem como aos livros, aos contratos, à movimentação da conta de depósito exclusiva referida no inciso V deste artigo e a quaisquer outros documentos relativos ao patrimônio de afetação;

VIII - manter escrituração contábil completa, ainda que esteja desobrigado pela legislação tributária.

› *Artigo incluído pela Lei nº 14.620, de 2023*

Art. 18-E. O patrimônio de afetação extinguir-se-á pela averbação do termo de verificação emitido pelo órgão público competente, pelo registro dos títulos de domínio ou de direito de aquisição em nome dos respectivos adquirentes e, quando for o caso, pela extinção das obrigações do loteador perante eventual instituição financiadora da obra.

› *Artigo incluído pela Lei nº 14.620, de 2023*

Art. 18-F. Os efeitos da decretação da falência ou da insolvência civil do loteador não atingem os patrimônios de afetação constituídos, não integrando a massa concursal o terreno, a obra até então realizada e os demais bens, direitos creditórios, obrigações e encargos objeto do loteamento.

› *Artigo incluído pela Lei nº 14.620, de 2023*

Art. 19. O oficial do registro de imóveis, após examinar a documentação e se encontrá-la em ordem, deverá encaminhar comunicação à Prefeitura e fará publicar, em resumo e com pequeno desenho de localização da área, edital do pedido de registro em 3 (três) dias consecutivos, o qual poderá ser impugnado no prazo de 15 (quinze) dias corridos, contado da data da última publicação. *("Caput" do artigo com redação dada pela Medida Provisória nº 1.085, de 27/12/2021, convertida na Lei nº 14.382, de 27/6/2022)*

§ 1º Findo o prazo sem impugnação, será feito imediatamente o registro. Se houver impugnação de terceiros, o Oficial do Registro de Imóveis intimará o requerente e a Prefeitura Municipal, ou o Distrito Federal quando for o caso, para que sobre ela se manifestem no prazo de 5 cinco) dias, sob pena de arquivamento do processo. Com tais manifestações o processo será enviado ao juiz competente para decisão.

› *Art. 202, LRP*

§ 2º Ouvido o Ministério Público no prazo de 5 (cinco) dias, o juiz decidirá de plano ou após instrução sumária, devendo remeter ao interessado as vias ordinárias caso a matéria exija maior indagação.

§ 3º Nas capitais, a publicação do edital se fará no Diário Oficial do Estado e num dos jornais de circulação diária. Nos demais municípios, a publicação se fará apenas num dos jornais locais, se houver, ou, não havendo, em jornal da região.

§ 4º O Oficial do Registro de Imóveis que efetuar o registro em desacordo com as exigências desta Lei ficará sujeito a multa equivalente a 10 (dez) vezes os emolumentos regimentais fixados para o registro, na época em que for aplicada a penalidade pelo juiz corregedor do cartório, sem prejuízo das sanções penais e administrativas cabíveis.

§ 5º Registrado o loteamento, o Oficial de Registro comunicará, por certidão, o seu registro à Prefeitura.

Art. 20. O registro do loteamento será feito, por extrato, no livro próprio.

› *Art. 167, c/c o art. 176 I-10, LRP*

Parágrafo único. No Registro de Imóveis far-se-á o registro do loteamento, com uma indicação para cada lote, a averbação das alterações, a abertura de ruas e praças e as áreas destinadas a espaços livres ou a equipamentos urbanos.

› *Art. 167, I-20 e II-13, LRP*

Art. 21. Quando a área loteada estiver situada em mais de uma circunscrição imobiliária, o registro será requerido primeiramente perante aquela em que estiver localizada a maior parte da área loteada. Procedido o registro nessa circunscrição, o interessado requererá, sucessivamente, o registro do loteamento em cada uma das demais, comprovando perante cada qual o registro efetuado na anterior, até que o loteamento seja registrado em todas. Denegado registro em qualquer das circunscrições, essa decisão será comunicada, pelo Oficial do Registro de Imóveis, às demais para efeito de cancelamento dos registros feitos, salvo se ocorrer a hipótese prevista no § 4º deste artigo.

› *Art. 169, § 1º, LRP*

§ 1º Nenhum lote poderá situar-se em mais de uma circunscrição.

§ 2º É defeso ao interessado processar simultaneamente, perante diferentes circunscrições, pedidos de registro do mesmo loteamento, sendo nulos os atos praticados com infração a esta norma.

› *Arts. 37, 39, 46 e 50, parágrafo único*

§ 3º Enquanto não procedidos todos os registros de que trata este artigo, considerar-se-á o loteamento como não registrado para os efeitos desta Lei.

§ 4º O indeferimento do registro do loteamento em uma circunscrição não determinará o cancelamento do registro procedido em outra, se o motivo do indeferimento naquela não se estender à área situada sob a competência desta, e desde que o interessado requeira a manutenção do registro obtido, submetido o remanescente do loteamento a uma aprovação prévia perante a Prefeitura Municipal, ou o Distrito Federal quando for o caso.

Art. 22. Desde a data de registro do loteamento, passam a integrar o domínio do Município as vias e praças, os espaços livres e as áreas destinadas a edifícios públicos e outros equipamentos urbanos, constantes do projeto e do memorial descritivo.

› *Art. 3º do Decreto-lei 58/1937 (Loteamento e venda de terrenos para pagamento em prestações)*

› *Art. 4º do Decreto-lei 271/1967 (Loteamento Urbano)*

§ 1º Na hipótese de parcelamento do solo implantado e não registrado, o Município poderá requerer, por meio da apresentação de planta de parcelamento elaborada pelo loteador ou aprovada pelo Município e de declaração de que o parcelamento se encontra implantado, o registro das áreas destinadas a uso público, que passarão dessa forma a integrar o seu domínio.

› *Parágrafo único renumerado em § 1º pela Lei nº 14.620, de 2023*

§ 2º A partir da data de registro do loteamento, o Município providenciará a atualização do cadastro imobiliário da gleba que serviu de base para a aprovação do loteamento e das áreas que passaram a integrar o seu domínio.

› *Incluído pela Lei nº 14.620, de 2023*

§ 3º Somente a partir da emissão do Termo de Verificação e Execução de Obras (TVEO), o Município promoverá a individualização dos lotes no cadastro imobiliário municipal em nome do adquirente ou compromissário comprador no caso dos lotes comercializados e, em nome do proprietário da gleba, no caso dos lotes não comercializados.

› *Incluído pela Lei nº 14.620, de 2023*

Art. 22-A. *(VETADO na Lei nº 14.620, de 2023)*

Art. 23. O registro do loteamento só poderá ser cancelado:

› *Arts. 17, 21 e 28*

› *Art. 250, LRP*

I - por decisão judicial;

II - a requerimento do loteador, com anuência da Prefeitura, ou do Distrito Federal quando for o caso, enquanto nenhum lote houver sido objeto de contrato;

III - a requerimento conjunto do loteador e de todos os adquirentes de lotes, com anuência da Prefeitura, ou do Distrito Federal quando for o caso, e do Estado.

§ 1º A Prefeitura e o Estado só poderão se opor ao cancelamento se disto resultar inconveniente comprovado para o desenvolvimento urbano ou se já se tiver realizado qualquer melhoramento na área loteada ou adjacências.

§ 2º Nas hipóteses dos incisos II e III, o Oficial do Registro de Imóveis fará publicar, em resumo, edital do pedido de cancelamento, podendo este ser impugnado no prazo de 30 (trinta) dias contados da data da última publicação. Findo esse prazo, com ou sem impugnação, o processo será remetido ao juiz competente para homologação do pedido de cancelamento, ouvido o Ministério Público.

› *Arts. 19 § 3º, c/c o art. 49 § 2º*

§ 3º A homologação de que trata o parágrafo anterior será precedida de vistoria judicial destinada a comprovar a inexistência de adquirentes instalados na área loteada.

Art. 24. O processo de loteamento e os contratos de depositados em Cartório poderão ser examinados por qualquer pessoa, a qualquer tempo, independentemente do pagamento de custas ou emolumentos, ainda que a título de busca.

CAPÍTULO VII – DOS CONTRATOS

Art. 25. São irretratáveis os compromissos de compra e venda, cessões e promessas de cessão, os que atribuam direito a adjudicação compulsória e, estando registrados, confiram direito real oponível a terceiros.

› *Arts. 29 a 30*

› *Arts. 16 a 22 do Decreto-lei 58/1937 (Loteamento e venda de terrenos para pagamento em prestações)*

Art. 26. Os compromissos de compra e venda, as cessões ou promessas de cessão poderão ser feitos por escritura pública ou por instrumento particular, de acordo com o modelo depositado na forma do inciso VI do art. 18 e conterão, pelo menos, as seguintes indicações:

› *Arts. 221, II 223 e 225 § 1º, LRP*

I - nome, registro civil, cadastro fiscal no Ministério da Fazenda, nacionalidade, estado civil e residência dos contratantes;

II - denominação e situação do loteamento, número e data da inscrição;

› *Arts. 167, I-19, e 168 LRP*

III - descrição do lote ou dos lotes que forem objeto de compromissos, confrontações, área e outras características;

IV - preço, prazo, forma e local de pagamento bem como a importância do sinal;

V - taxa de juros incidentes sobre o débito em aberto e sobre as prestações vencidas e não pagas, bem como a cláusula penal, nunca excedente a 10% (dez por cento) do débito e só exigível nos casos de intervenção judicial ou de mora superior a 3 (três) meses;

VI - indicação sobre a quem incumbe o pagamento dos impostos e taxas incidentes sobre o lote compromissado;

VII - declaração das restrições urbanísticas convencionais do loteamento, supletivas da legislação pertinente.

§ 1º O contrato deverá ser firmado em 3 (três) vias ou extraídas em 3 (três) traslados, sendo um para cada parte e o terceiro para arquivo no registro imobiliário, após o registro e anotações devidas.

› *Art. 194, LRP*

§ 2º Quando o contrato houver sido firmado por procurador de qualquer das partes, será obrigatório o arquivamento da procuração no registro imobiliário.

› *Art. 11, § 3º do Decreto-lei 58/1937 (Loteamento e venda de terrenos para pagamento em prestações)*

§ 3º Admite-se a cessão da posse em que estiverem provisoriamente imitidas a União, os Estados, o Distrito Federal, os Municípios e suas entidades delegadas, o que poderá ocorrer por instrumento particular, ao qual se atribui, no caso dos parcelamentos populares, para todos os fins de direito, caráter de escritura pública, não se aplicando a disposição do art. 108 da Lei nº 10.406, de 10 de janeiro de 2002 (Código Civil).

› *Redação dada pela Lei nº 14.620, de 2023*

§ 4º A cessão da posse referida no § 3º, cumpridas as obrigações do cessionário, constitui crédito contra o expropriante, de aceitação obrigatória em garantia de contratos de financiamentos habitacionais. *(Parágrafo acrescido pela Lei nº 9.785, de 29/1/1999)*

§ 5º Com o registro da sentença que, em processo de desapropriação, fixar o valor da indenização, a posse referida no § 3º converter-se-á em propriedade e a sua cessão, em compromisso de compra e venda ou venda e compra, conforme haja obrigações a cumprir ou estejam elas cumpridas, circunstância que, demonstradas ao Registro de Imóveis, serão averbadas na matrícula relativa ao lote. *(Parágrafo acrescido pela Lei nº 9.785, de 29/1/1999)*

§ 6º Os compromissos de compra e venda, as cessões e as promessas de cessão valerão como título para o registro da propriedade do lote adquirido, quando acompanhados da respectiva prova de quitação. *(Parágrafo acrescido pela Lei nº 9.785, de 29/1/1999)*

Art. 26-A. Os contratos de compra e venda, cessão ou promessa de cessão de loteamento devem ser iniciados por quadro-resumo, que deverá conter, além das indicações constantes do art. 26 desta Lei:

I - o preço total a ser pago pelo imóvel;

II - o valor referente à corretagem, suas condições de pagamento e a identificação precisa de seu beneficiário;

III - a forma de pagamento do preço, com indicação clara dos valores e vencimentos das parcelas;

IV - os índices de correção monetária aplicáveis ao contrato e, quando houver pluralidade de índices, o período de aplicação de cada um;

V - as consequências do desfazimento do contrato, seja mediante distrato, seja por meio de resolução contratual motivada por inadimplemento de obrigação do adquirente ou do loteador, com destaque negritado para as penalidades aplicáveis e para os prazos para devolução de valores ao adquirente;

VI - as taxas de juros eventualmente aplicadas, se mensais ou anuais, se nominais ou efetivas, o seu período de incidência e o sistema de amortização;

VII - as informações acerca da possibilidade do exercício, por parte do adquirente do imóvel, do direito de arrependimento previsto no art. 49 da Lei nº 8.078, de 11 de setembro de 1990 (Código de Defesa do Consumidor), em todos os contratos firmados em estandes de vendas e fora da sede do loteador ou do estabelecimento comercial;

VIII - o prazo para quitação das obrigações pelo adquirente após a obtenção do termo de vistoria de obras;

IX - informações acerca dos ônus que recaiam sobre o imóvel;

X - o número do registro do loteamento ou do desmembramento, a matrícula do imóvel e a identificação do cartório de registro de imóveis competente;

XI - o termo final para a execução do projeto referido no § 1º do art. 12 desta Lei e a data do protocolo do pedido de emissão do termo de vistoria de obras.

§ 1º Identificada a ausência de quaisquer das informações previstas no *caput* deste artigo, será concedido prazo de 30 (trinta) dias para aditamento do contrato e saneamento da omissão, findo o qual, essa omissão, se não sanada, caracterizará justa causa para rescisão contratual por parte do adquirente.

§ 2º A efetivação das consequências do desfazimento do contrato, mencionadas no inciso V do *caput* deste artigo, dependerá de anuência prévia e específica do adquirente a seu respeito, mediante assinatura junto a essas cláusulas, que deverão ser redigidas conforme o disposto no § 4º do art. 54 da Lei nº 8.078, de 11 de setembro de 1990 (Código de Defesa do Consumidor). *(Artigo acrescido pela Lei nº 13.786, de 27/12/2018)*

Art. 27. Se aquele que se obrigou a concluir contrato de promessa de venda ou de cessão não cumprir a obrigação, o credor poderá notificar o devedor para outorga do contrato ou oferecimento de impugnação no prazo de 15 (quinze) dias, sob pena de proceder-se ao registro de pré-contrato, passando as relações entre as partes a serem regidas pelo contrato-padrão.

§ 1º Para fins deste artigo, terão o mesmo valor de pré-contrato a promessa de cessão, a proposta de compra, a reserva de lote ou qualquer outro instrumento, do qual conste a manifestação da vontade das partes, a indicação do lote, o preço e modo de pagamento, e a promessa de contratar.

§ 2º O registro de que trata este artigo não será procedido se a parte que o requereu não comprovar haver cumprido a sua prestação, nem a oferecer na forma devida, salvo se ainda não exigível.

§ 3º Havendo impugnação daquele que se comprometeu a concluir o contrato, observar-se-á o disposto nos arts. 639 e 640 do Código de Processo Civil.

› *A Lei 11.232/2005 revogou os arts. 639 a 640 do Código de Processo Civil de 1973.*

Art. 28. Qualquer alteração ou cancelamento parcial do loteamento registrado dependerá de acordo entre o loteador e os adquirentes de lotes atingidos pela alteração, bem como da aprovação pela Prefeitura Municipal, ou do Distrito Federal quando for o caso, devendo ser depositada no Registro de Imóveis, em complemento ao projeto original com a devida averbação.

Art. 29. Aquele que adquirir a propriedade loteada mediante ato *inter vivos*, ou por sucessão *causa mortis*, sucederá o transmitente em todos os seus direitos e obrigações, ficando obrigado a respeitar os compromissos de compra e venda ou as promessas de cessão, em todas as suas cláusulas, sendo nula qualquer disposição em contrário, ressalvado o direito do herdeiro ou legatário de renunciar à herança ou ao legado.

Art. 30. A sentença declaratória de falência ou da insolvência de qualquer das partes não rescindirá os contratos de compromisso de compra e venda ou de promessa de cessão que tenham por objeto a área loteada ou lotes da mesma. Se a falência ou insolvência for do proprietário da área loteada ou do titular de direito sobre ela, incumbirá ao síndico ou ao administrador dar cumprimento aos referidos contratos; se do adquirente do lote, seus direitos serão levados à praça.

› *Arts. 117, caput e 119, VI da Lei 11.101/2005 (Lei das Falências)*

Art. 31. O contrato particular pode ser transferido por simples trespasse, lançado no verso das vias em poder das partes, ou por instrumento em separado, declarando-se o número do registro do loteamento, o valor da cessão e a qualificação do cessionário, para o devido registro.

› *Art. 13 do Decreto-lei 58/1937 (Loteamento e venda de terrenos para pagamento em prestações)*

§ 1º A cessão independe da anuência do loteador mas, em relação a este, seus efeitos só se produzem depois de cientificado, por escrito, pelas partes ou quando registrada a cessão.

§ 2º Uma vez registrada a cessão, feita sem anuência do loteador, o Oficial do Registro dar-lhe-á ciência, por escrito, dentro de 10 (dez) dias.

Art. 32. Vencida e não paga a prestação, o contrato será considerado rescindido 30 (trinta) dias depois de constituído em mora o devedor.

› *Vide Decreto-lei 745/1969 (Contratos a que se refere o art. 22 do Decreto-lei 58/1937)*

§ 1º Para os fins deste artigo o devedor-adquirente será intimado, a requerimento do credor, pelo Oficial do Registro de Imóveis, a satisfazer as prestações vencidas e as que se vencerem até a data do pagamento, os juros convencionados e as custas de intimação.

§ 2º Purgada a mora, convalescerá o contrato.

§ 3º Com a certidão de não haver sido feito o pagamento em cartório, o vendedor requererá ao Oficial do Registro o cancelamento da averbação.

› *Art. 36, III*
› *Art. 167, I-20, LRP*

Art. 32-A. Em caso de resolução contratual por fato imputado ao adquirente, respeitado o disposto no § 2º deste artigo, deverão ser restituídos os valores pagos por ele, atualizados com base no índice contratualmente estabelecido para a correção monetária das parcelas do preço do imóvel, podendo ser descontados dos valores pagos os seguintes itens:

I - os valores correspondentes à eventual fruição do imóvel, até o equivalente a 0,75% (setenta e cinco centésimos por cento) sobre o valor atualizado do contrato, cujo prazo será contado a partir da data da transmissão da posse do imóvel ao adquirente até sua restituição ao loteador;

II - o montante devido por cláusula penal e despesas administrativas, inclusive arras ou sinal, limitado a um desconto de 10% (dez por cento) do valor atualizado do contrato;

III - os encargos moratórios relativos às prestações pagas em atraso pelo adquirente;

IV - os débitos de impostos sobre a propriedade predial e territorial urbana, contribuições condominiais, associativas ou outras de igual natureza que sejam a estas equiparadas e tarifas vinculadas ao lote, bem como tributos, custas e emolumentos incidentes sobre a restituição e/ou rescisão;

V - a comissão de corretagem, desde que integrada ao preço do lote.

§ 1º O pagamento da restituição ocorrerá em até 12 (doze) parcelas mensais, com início após o seguinte prazo de carência:

I - em loteamentos com obras em andamento: no prazo máximo de 180 (cento e oitenta) dias após o prazo previsto em contrato para conclusão das obras;

II - em loteamentos com obras concluídas: no prazo máximo de 12 (doze) meses após a formalização da rescisão contratual.

§ 2º Somente será efetuado registro do contrato de nova venda se for comprovado o início da restituição do valor pago pelo vendedor ao titular do registro cancelado na forma e condições pactuadas no distrato, dispensada essa comprovação nos casos em que o adquirente não for localizado ou não tiver se manifestado, nos termos do art. 32 desta Lei.

§ 3º O procedimento previsto neste artigo não se aplica aos contratos e escrituras de compra e venda de lote sob a modalidade de alienação fiduciária nos termos da Lei nº 9.514, de 20 de novembro de 1997. *(Artigo acrescido pela Lei nº 13.786, de 27/12/2018)*

Art. 33. Se o credor das prestações se recusar recebê-las ou furtar-se ao seu recebimento, será constituído em mora mediante notificação do Oficial do Registro de Imóveis para vir receber as importâncias depositadas pelo devedor no próprio Registro de Imóveis. Decorridos 15 (quinze) dias após o recebimento da intimação, considerar-se-á efetuado o pagamento, a menos que o credor impugne o depósito e, alegando inadimplemento do devedor, requeira a intimação deste para os fins do disposto no art. 32 desta Lei.

Art. 34. Em qualquer caso de rescisão por inadimplemento do adquirente, as benfeitorias necessárias ou úteis por ele levadas a efeito no imóvel deverão ser indenizadas, sendo de nenhum efeito qualquer disposição contratual em contrário.

§ 1º Não serão indenizadas as benfeitorias feitas em desconformidade com o contrato ou com a lei. *(Parágrafo único transformado em § 1º pela Lei nº 13.786, de 27/12/2018)*

§ 2º No prazo de 60 (sessenta) dias, contado da constituição em mora, fica o loteador, na hipótese do *caput* deste artigo, obrigado a alienar o imóvel mediante leilão judicial ou extrajudicial, nos termos da Lei nº 9.514, de 20 de novembro de 1997. *(Parágrafo acrescido pela Lei nº 13.786, de 27/12/2018)*

Art. 35. Se ocorrer o cancelamento do registro por inadimplemento do contrato, e tiver sido realizado o pagamento de mais de 1/3 (um terço) do preço ajustado, o oficial do registro de imóveis mencionará esse fato e a quantia paga no ato do cancelamento, e somente será efetuado novo registro relativo ao mesmo lote, mediante apresentação do distrato assinado pelas partes e a comprovação do pagamento da parcela única ou da primeira parcela do montante a ser restituído ao adquirente, na forma do art. 32-A desta Lei, ao titular do registro cancelado, ou mediante depósito em dinheiro à sua disposição no registro de imóveis. *("Caput" do artigo com redação dada pela Lei nº 13.786, de 27/12/2018)*

§ 1º Ocorrendo o depósito a que se refere este artigo, o Oficial do Registro de Imóveis intimará o interessado para vir recebê-lo no prazo de 10 (dez) dias, sob pena de ser devolvido ao depositante.

§ 2º No caso de não se encontrado o interessado, o Oficial do Registro de Imóveis depositará quantia em estabelecimento de crédito, segundo a ordem prevista no inciso I do art. 666 do Código de Processo Civil, em conta com incidência de juros e correção monetária.

§ 3º A obrigação de comprovação prévia de pagamento da parcela única ou da primeira parcela como condição para efetivação de novo registro, prevista no *caput* deste artigo, poderá ser dispensada se as partes convencionarem de modo diverso e de forma expressa no documento de distrato por elas assinado. *(Parágrafo acrescido pela Lei nº 13.786, de 27/12/2018)*

Art. 36. O registro do compromisso, cessão ou promessa de cessão só poderá ser cancelado:

I - por decisão judicial;

II - a requerimento conjunto das partes contratantes;

III - quando houver rescisão comprovada do contrato.

Art. 36-A. As atividades desenvolvidas pelas associações de proprietários de imóveis, titulares de direitos ou moradores em loteamentos ou empreendimentos assemelhados, desde que não tenham fins lucrativos, bem como pelas entidades civis organizadas em função da solidariedade de interesses coletivos desse público com o objetivo de administração, conservação, manutenção, disciplina de utilização e convivência, visando à valorização dos imóveis que compõem o empreendimento, tendo em vista a sua natureza jurídica, vinculam-se, por critérios de afinidade, similitude e conexão, à atividade de administração de imóveis.

Parágrafo único. A administração de imóveis na forma do *caput* deste artigo sujeita seus titulares à normatização e à disciplina constantes de seus atos constitutivos, cotizando-se na forma desses atos para suportar a consecução dos seus objetivos *(Artigo acrescido pela Lei nº 13.465, de 11/7/2017)*

CAPÍTULO VIII – DISPOSIÇÕES GERAIS

Art. 37. É vedado vender ou prometer vender parcela de loteamento ou desmembramento não registrado.

› *Arts. 21 § 3º, 39, 46 e 50 parágrafo único*

Art. 38. Verificado que o loteamento ou desmembramento não se acha registrado ou regularmente executado ou notificado pela Prefeitura Municipal, ou pelo Distrito Federal quando for o caso, deverá o adquirente do lote suspender o pagamento das prestações restantes e notificar o loteador para suprir a falta.

§ 1º Ocorrendo a suspensão do pagamento das prestações restantes, na forma do *caput* deste artigo, o adquirente efetuará o depósito das prestações devidas junto ao Registro de Imóveis competente, que as depositará em estabelecimento de crédito, segundo a ordem prevista no inciso I do art. 666 do Código de Processo Civil, em conta com incidência de juros e correção monetária, cuja movimentação dependerá de prévia autorização judicial.

§ 2º A Prefeitura Municipal, ou o Distrito Federal quando for o caso, ou o Ministério Público, poderá promover a notificação ao loteador prevista no *caput* deste artigo.

§ 3º Regularizado o loteamento pelo loteador, este promoverá judicialmente a autorização para levantar as prestações depositadas, com os acréscimos de correção monetária e juros, sendo necessária a citação da Prefeitura, ou do Distrito Federal quando for o caso, para integrar o processo judicial aqui previsto, bem como audiência do Ministério Público.

§ 4º Após o reconhecimento judicial de regularidade do loteamento, o loteador notificará os adquirentes dos lotes, por intermédio do Registro de Imóveis competente, para que passem a pagar diretamente as prestações restantes, a contar da data da notificação.

§ 5º No caso de o loteador deixar de atender à notificação até o vencimento do prazo contratual, ou quando o loteamento ou desmembramento for regularizado pela Prefeitura Municipal, ou pelo Distrito Federal quando for o caso, nos termos do art. 40 desta Lei, o loteador não poderá, a qualquer titulo, exigir o recebimento das prestações depositadas.

Art. 39. Será nula de pleno direito a cláusula de rescisão de contrato por inadimplemento do adquirente, quando o loteamento não estiver regularmente inscrito.

› *Art. 167, I-19, LRP*

Art. 40. A Prefeitura Municipal, ou o Distrito Federal quando for o caso, se desatendida pelo loteador a notificação, poderá regularizar loteamento ou desmembramento não autorizado ou executado sem observância das determinações do ato administrativo de licença, para evitar lesão aos seus padrões de desenvolvimento urbano e na defesa dos direitos dos adquirentes de lotes.

§ 1º A Prefeitura Municipal, ou o Distrito Federal quando for o caso, que promover a regularização, na forma deste artigo, obterá judicialmente o levantamento das prestações depositadas, com os respectivos acréscimos de correção monetária e juros, nos termos do § 1º do art. 38 desta Lei, a título de ressarcimento das importâncias despendidas com equipamentos urbanos ou expropriações necessárias para regularizar o loteamento ou desmembramento.

§ 2º As importâncias despendidas pela Prefeitura Municipal, ou pelo Distrito Federal quando for o caso, para regularizar o loteamento ou desmembramento, caso não sejam integralmente ressarcidas conforme o disposto no parágrafo anterior, serão exigidas na parte faltante do loteador, aplicando-se o disposto no art. 47 desta Lei.

§ 3º No caso de o loteador não cumprir o estabelecido no parágrafo anterior, a Prefeitura Municipal, ou o Distrito Federal quando for o caso, poderá receber as prestações dos adquirentes, até o valor devido.

§ 4º A Prefeitura Municipal, ou o Distrito Federal quando for o caso, para assegurar a regularização do loteamento ou desmembramento, bem como o ressarcimento integral de importâncias despendidas, ou a despender, poderá promover judicialmente os procedimentos cautelares necessários aos fins colimados.

§ 5º A regularização de um parcelamento pela Prefeitura Municipal, ou Distrito Federal, quando for o caso, não poderá contrariar o disposto nos arts. 3º e 4º desta Lei, ressalvado o disposto no § 1º desse último. *(Parágrafo acrescido pela Lei nº 9.785, de 29/1/1999)*

Art. 41. Regularizado o loteamento ou desmembramento pela Prefeitura Municipal, ou pelo Distrito Federal quando for o caso, o adquirente do lote, comprovando o depósito de todas as prestações do preço avençado, poderá obter o registro, de propriedade do lote adquirido, valendo para tanto o compromisso de venda e compra devidamente firmado.

Art. 42. Nas desapropriações não serão considerados como loteados ou loteáveis, para fins de indenização, os terrenos ainda não vendidos ou compromissados, objeto de loteamento ou desmembramento não registrado.

Art. 43. Ocorrendo a execução de loteamento não aprovado, a destinação de áreas públicas exigidas no inciso I do art. 4º desta Lei não se poderá alterar sem prejuízo da aplicação das sanções administrativas, civis e criminais previstas.

Parágrafo único. Neste caso, o loteador ressarcirá a Prefeitura Municipal ou o Distrito Federal quando for o caso, em pecúnia ou em área equivalente, no dobro da diferença entre o total das áreas públicas exigidas e as efetivamente destinadas. *(Parágrafo único acrescido pela Lei nº 9.785, de 29/1/1999)*

Art. 44. O Município, o Distrito Federal e o Estado poderão expropriar áreas urbanas ou de expansão urbana para reloteamento, demolição, reconstrução e incorporação, ressalvada a preferência dos expropriados para a aquisição de novas unidades.

Art. 45. O loteador, ainda que já tenha vendido todos os lotes, ou os vizinhos, são partes legítimas para promover ação destinada a impedir construção em desacordo com restrições legais ou contratuais.

Art. 46. O loteador não poderá fundamentar qualquer ação ou defesa na presente Lei sem apresentação dos registros e contratos a que ela se refere.

Art. 47. Se o loteador integrar grupo econômico ou financeiro, qualquer pessoa física ou jurídica desse grupo, beneficiária de qualquer forma do loteamento ou desmembramento irregular, será solidariamente responsável pelos prejuízos por ele causados aos compradores de lotes e ao Poder Público.

Art. 48. O foro competente para os procedimentos judiciais previstos nesta Lei será sempre o da comarca da situação do lote.

Art. 49. As intimações e notificações previstas nesta Lei deverão ser feitas pessoalmente ao intimado ou notificado, que assinará o comprovante do recebimento, e poderão igualmente ser promovidas por meio dos Cartórios de Registro de Títulos e Documentos da Comarca da situação do imóvel ou do domicílio de quem deva recebê-las.

› *Arts. 19, § 3º*

› *Art. 160, LRP*

› *Art. 14 § 3º do Decreto 3.079/1938 (Loteamento e venda de terrenos para pagamento em prestações)*

§ 1º Se o destinatário se recusar a dar recibo ou se furtar ao recebimento, ou se for desconhecido o seu paradeiro, o funcionário incumbido da diligência informará esta circunstância ao Oficial competente que a certificará, sob sua responsabilidade.

§ 2º Certificada a ocorrência dos fatos mencionados no parágrafo anterior, a intimação ou notificação será feita por edital na forma desta Lei, começando o prazo a correr 10 (dez) dias após a última publicação.

CAPÍTULO IX – DISPOSIÇÕES PENAIS

Art. 50. Constitui crime contra a Administração Pública.

I - dar início, de qualquer modo, ou efetuar loteamento ou desmembramento do solo para fins urbanos, sem autorização do órgão público competente, ou em desacordo com as disposições desta Lei ou das normas pertinentes do Distrito Federal, Estados e Municípios;

II - dar início, de qualquer modo, ou efetuar loteamento ou desmembramento do solo para fins urbanos sem observância das determinações constantes do ato administrativo de licença;

III - fazer, ou veicular em proposta, contrato, prospecto ou comunicação ao público ou a interessados, afirmação falsa sobre a legalidade de loteamento ou desmembramento do solo para fins urbanos, ou ocultar fraudulentamente fato a ele relativo.

Pena: Reclusão, de 1(um) a 4 (quatro) anos, e multa de 5 (cinco) a 50 (cinquenta) vezes o maior salário mínimo vigente no País.

Parágrafo único. O crime definido neste artigo é qualificado, se cometido.

I - por meio de venda, promessa de venda, reserva de lote ou quaisquer outros instrumentos que manifestem a intenção de vender lote em loteamento ou desmembramento não registrado no Registro de Imóveis competente.

II - com inexistência de título legítimo de propriedade do imóvel loteado ou desmembrado, ressalvado o disposto no art. 18, §§ 4º e 5º, desta Lei, ou com omissão fraudulenta de fato a ele relativo, se o fato não constituir crime mais grave. *(Inciso com redação dada pela Lei nº 9.785, de 29/1/1999)*

Pena: Reclusão, de 1 (um) a 5 (cinco) anos, e multa de 10 (dez) a 100 (cem) vezes o maior salário mínimo vigente no País.

Art. 51. Quem, de qualquer modo, concorra para a prática dos crimes previstos no artigo anterior desta Lei incide nas penas a estes cominadas, considerados em especial os atos praticados na qualidade de mandatário de loteador, diretor ou gerente de sociedade.

Parágrafo único. *(VETADO na Lei nº 9.785, de 29/1/1999)*

Art. 52. Registrar loteamento ou desmembramento não aprovado pelos órgãos competentes, registrar o compromisso de compra e venda, a cessão ou promessa de cessão de direitos, ou efetuar registro de contrato de venda de loteamento ou desmembramento não registrado.

› *Vide Lei de Registros Públicos*

Pena: Detenção, de 1 (um) a 2 (dois) anos, e multa de 5 (cinco) a 50 (cinquenta) vezes o maior salário mínimo vigente no País, sem prejuízo das sanções administrativas cabíveis.

CAPÍTULO X – DISPOSIÇÕES FINAIS

Art. 53. Todas as alterações de uso do solo rural para fins urbanos dependerão de prévia audiência do Instituto Nacional de Colonização e Reforma Agrária - INCRA, do Órgão Metropolitano, se houver, onde se localiza o Município, e da aprovação da Prefeitura municipal, ou do Distrito Federal quando for o caso, segundo as exigências da legislação pertinente.

Art. 53-A. São considerados de interesse público os parcelamentos vinculados a planos ou programas habitacionais de iniciativa das Prefeituras Municipais e do Distrito Federal, ou entidades autorizadas por lei, em especial as regularizações de parcelamentos e de assentamentos.

Parágrafo único. Às ações e intervenções de que trata este artigo não será exigível documentação que não seja a mínima necessária e indispensável aos registros no cartório competente, inclusive sob a forma de certidões, vedadas as exigências e as sanções pertinentes aos particulares, especialmente aquelas que visem garantir a realização de obras e serviços, ou que visem prevenir questões de domínio de glebas, que se presumirão asseguradas pelo Poder Público respectivo. *(Artigo acrescido pela Lei nº 9.785, de 29/1/1999)*

Art. 54. Esta Lei entrará em vigor na data de sua publicação.

Art. 55. Revogam-se as disposições em contrário.

Brasília, em 19 de dezembro de 1979; 158º da Independência e 91º da República.
JOÃO FIGUEIREDO
Petrônio Portella
Angelo Amaury Stábile
Mário David Andreazza
DOU de 20.12.1979)

LEI Nº 6.855, DE 18 DE NOVEMBRO DE 1980*

Cria a Fundação Habitacional do Exército e dá outras providências.

O PRESIDENTE DA REPÚBLICA,

Faço saber que o CONGRESSO NACIONAL decreta e eu sanciono a seguinte Lei:

(...)

CAPÍTULO IV – RECURSOS

Art. 10. São transferidos à Fundação Habitacional do Exército – FHE, e passam a integrar o seu patrimônio, os bens de direitos da Caixa de Financiamento Imobiliário do Exército, de que trata o art. 2º, inclusive os de natureza orçamentária.

Parágrafo único. O disposto neste artigo não se aplica aos direitos e obrigações decorrentes de operações da Caixa de Financiamento Imobiliário do Exército, vinculados ao Sistema Financeiro da Habitação.

(...)

CAPITULO VIII – DISPOSIÇÕES GERAIS E TRANSITÓRIAS

Art. 26. Fica a Fundação Habitacional do Exército – FHE dispensada do pagamento de emolumentos devidos aos Cartórios de Registro de Imóveis, quando da transcrição das transferências dos bens e direito de que trata o art. 10.

§ 1º As transferências a que se refere este artigo ocorrerão mediante simples menção da nova transcrição nos Cartórios de Registro de Imóveis, de que os dados, características e confrontações são os mesmos constantes da transcrição anterior, devendo o Oficial do Cartório fazer o competente registro em nome da Fundação Habitacional do Exército – FHE.

§ 2º A não efetivação das transferências de que trata este artigo, no prazo de 30 (trinta) dias corridos, a contar da entrada dos respectivos documentos nos Cartórios de Imóveis, implicará a responsabilidade do Oficial, que se sujeitará às sanções disciplinares.

(...)

Art. 34. Esta Lei entrará em vigor na data de sua publicação.

Art. 35. Revogam-se as disposições em contrário.

Brasília, em 18 de novembro de 1980; 159º da Independência e 92º da República.
JOÃO FIGUEIREDO
(DOU. de 19.11.1980)

LEI Nº 6.938, DE 31 DE AGOSTO DE 1981

Dispõe sobre a Política Nacional do Meio Ambiente, seus fins e mecanismos de formulação e aplicação, e dá outras providências.

O PRESIDENTE DA REPÚBLICA,

Faço saber que o Congresso Nacional decreta e eu sanciono a seguinte Lei:

Art. 1º Esta lei, com fundamento nos incisos VI e VII do art. 23 e no art. 235 da Constituição, estabelece a Política Nacional do Meio Ambiente, seus fins e mecanismos de formulação e aplicação, constitui o Sistema Nacional do Meio Ambiente (Sisnama) e institui o Cadastro de Defesa Ambiental. *(Redação dada pela Lei nº 8.028, de 1990)*

DA POLÍTICA NACIONAL DO MEIO AMBIENTE

Art. 2º A Política Nacional do Meio Ambiente tem por objetivo a preservação, melhoria e recuperação da qualidade ambiental propícia à vida, visando assegurar, no País, condições ao desenvolvimento sócioeconômico, aos interesses da segurança nacional e à proteção da dignidade da vida humana, atendidos os seguintes princípios:

I – ação governamental na manutenção do equilíbrio ecológico, considerando o meio ambiente como um patrimônio público a ser necessariamente assegurado e protegido, tendo em vista o uso coletivo;

II – racionalização do uso do solo, do subsolo, da água e do ar;

III – planejamento e fiscalização do uso dos recursos ambientais;

IV – proteção dos ecossistemas, com a preservação de áreas representativas;

V – controle e zoneamento das atividades potencial ou efetivamente poluidoras;

VI – incentivos ao estudo e à pesquisa de tecnologias orientadas para o uso racional e a proteção dos recursos ambientais;

VII – acompanhamento do estado da qualidade ambiental;

VIII – recuperação de áreas degradadas;

IX – proteção de áreas ameaçadas de degradação;

X – educação ambiental a todos os níveis do ensino, inclusive a educação da comunidade, objetivando capacitá-la para participação ativa na defesa do meio ambiente.

Art. 3º Para os fins previstos nesta Lei, entende-se por:

I – meio ambiente, o conjunto de condições, leis, influências e interações de ordem física, química e biológica, que permite, abriga e rege a vida em todas as suas formas;

II – degradação da qualidade ambiental, a alteração adversa das características do meio ambiente;

III – poluição, a degradação da qualidade ambiental resultante de atividades que direta ou indiretamente:

a) prejudiquem a saúde, a segurança e o bem-estar da população;

b) criem condições adversas às atividades sociais e econômicas;

c) afetem desfavoravelmente a biota;

d) afetem as condições estéticas ou sanitárias do meio ambiente;

e) lancem matérias ou energia em desacordo com os padrões ambientais estabelecidos;

IV – poluidor, a pessoa física ou jurídica, de direito público ou privado, responsável, direta ou indiretamente, por atividade causadora de degradação ambiental;

V – recursos ambientais: a atmosfera, as águas interiores, superficiais e subterrâneas, os estuários, o mar territorial, o solo, o subsolo, os elementos da biosfera, a fauna e a flora. *(Redação dada pela Lei nº 7.804, de 1989)*

DOS OBJETIVOS DA POLÍTICA NACIONAL DO MEIO AMBIENTE

Art. 4º A Política Nacional do Meio Ambiente visará:

I – à compatibilização do desenvolvimento econômico social com a preservação da qualidade do meio ambiente e do equilíbrio ecológico;

II – à definição de áreas prioritárias de ação governamental relativa à qualidade e ao equilíbrio ecológico, atendendo aos interesses da União, dos Estados, do Distrito Federal, do Territórios e dos Municípios;

III – ao estabelecimento de critérios e padrões da qualidade ambiental e de normas relativas ao uso e manejo de recursos ambientais;

IV – ao desenvolvimento de pesquisas e de tecnologia s nacionais orientadas para o uso racional de recursos ambientais;

V – à difusão de tecnologias de manejo do meio ambiente, à divulgação de dados e informações ambientais e à formação de uma consciência pública sobre a necessidade de preservação da qualidade ambiental e do equilíbrio ecológico;

VI – à preservação e restauração dos recursos ambientais com vistas á sua utilização racional e disponibilidade permanente, concorrendo para a manutenção do equilíbrio ecológico propício à vida;

VII – à imposição, ao poluidor e ao predador, da obrigação de recuperar e/ou indenizar os danos causados, e ao usuário, de contribuição pela utilização de recursos ambientais com fins econômicos.

Art. 5º As diretrizes da Política Nacional do Meio Ambiente serão formuladas em normas e planos, destinados a orientar a ação dos Governos da União, dos Estados, do Distrito Federal, dos Territórios e dos Municípios no que se relaciona com a preservação da qualidade ambiental e manutenção do equilíbrio ecológico, observados os princípios estabelecidos no art. 2º desta Lei.

Parágrafo único. As atividades empresariais públicas ou privadas serão exercidas em consonância com as diretrizes da Política Nacional do Meio Ambiente.

DO SISTEMA NACIONAL DO MEIO AMBIENTE

Art. 6º Os órgãos e entidades da União, dos Estados, do Distrito Federal, dos Territórios e dos Municípios, bem como as fundações instituídas pelo Poder Público, responsáveis pela proteção e melhoria da qualidade ambiental, constituirão o Sistema Nacional do Meio Ambiente – SISNAMA, assim estruturado:

I – órgão superior: o Conselho de Governo, com a função de assessorar o Presidente da República na formulação da política nacional e nas diretrizes governamentais para o meio ambiente e os recursos ambientais; *(Redação dada pela Lei nº 8.028, de 1990)*

II – órgão consultivo e deliberativo: o Conselho Nacional do Meio Ambiente (CONAMA), com a finalidade de assessorar, estudar e propor ao Conselho de Governo, diretrizes de políticas governamentais para o meio ambiente e os recursos naturais e deliberar, no âmbito de sua competência, sobre normas e padrões compatíveis com o meio ambiente ecologicamente equilibrado e essencial à sadia qualidade de vida;*(Redação dada pela Lei nº 8.028, de 1990)*

III – órgão central: a Secretaria do Meio Ambiente da Presidência da República, com a finalidade de planejar, coordenar, supervisionar e controlar, como órgão federal, a política nacional e as diretrizes governamentais fixadas para o meio ambiente; *(Redação dada pela Lei nº 8.028, de 1990)*

IV – órgãos executores: o Instituto Brasileiro do Meio Ambiente e dos Recursos Naturais Renováveis – IBAMA e o Instituto Chico Mendes de Conservação da Biodiversidade – Instituto Chico Mendes, com a finalidade de executar e fazer executar a política e as diretrizes governamentais fixadas para o meio ambiente, de acordo com as respectivas competências; *(Redação dada pela Lei nº 12.856, de 2013)*

V – Órgãos Seccionais: os órgãos ou entidades estaduais responsáveis pela execução de programas, projetos e pelo controle e fiscalização de atividades capazes de provocar a degradação ambiental;*(Redação dada pela Lei nº 7.804, de 1989)*

VI – Órgãos Locais: os órgãos ou entidades municipais, responsáveis pelo controle e fiscalização dessas atividades, nas suas respectivas jurisdições; *(Incluído pela Lei nº 7.804, de 1989)*

§ 1º Os Estados, na esfera de suas competências e nas áreas de sua jurisdição, elaborarão normas supletivas e complementares e padrões relacionados com o meio ambiente, observados os que forem estabelecidos pelo CONAMA.

§ 2º O s Municípios, observadas as normas e os padrões federais e estaduais, também poderão elaborar as normas mencionadas no parágrafo anterior.

§ 3º Os órgãos central, setoriais, seccionais e locais mencionados neste artigo deverão fornecer os resultados das análises efetuadas e sua fundamentação, quando solicitados por pessoa legitimamente interessada.

§ 4º De acordo com a legislação em vigor, é o Poder Executivo autorizado a criar uma Fundação de apoio técnico científico às atividades do IBAMA. *(Redação dada pela Lei nº 7.804, de 1989)*

DO CONSELHO NACIONAL DO MEIO AMBIENTE

Art. 7º *(Revogado pela Lei nº 8.028, de 1990)*

Art. 8º Compete ao CONAMA: *(Redação dada pela Lei nº 8.028, de 1990)*

I – estabelecer, mediante proposta do IBAMA, normas e critérios para o licenciamento de atividades efetiva ou potencialmente poluidoras, a ser concedido pelos Estados e supervisionado pelo IBAMA; *(Redação dada pela Lei nº 7.804, de 1989)*

II – determinar, quando julgar necessário, a realização de estudos das alternativas e das possíveis consequências ambientais de projetos públicos ou privados, requisitando aos órgãos federais, estaduais e municipais, bem assim a entidades privadas, as informações indispensáveis para apreciação dos estudos de impacto ambiental, e respectivos relatórios, no caso de obras ou atividades de significativa degradação ambiental, especialmente nas áreas consideradas patrimônio nacional. *(Redação dada pela Lei nº 8.028, de 1990)*

III – *(Revogado pela Lei nº 11.941, de 2009)*

IV – homologar acordos visando à transformação de penalidades pecuniárias na obrigação de executar medidas de interesse para a proteção ambiental; *(VETADO)*;

V – determinar, mediante representação do IBAMA, a perda ou restrição de benefícios fiscais concedidos pelo Poder Público, em caráter geral ou condicional, e a perda ou suspensão de participação em linhas de financiamento em estabelecimentos oficiais de crédito; *(Redação dada pela Lei nº 7.804, de 1989)*

VI – estabelecer, privativamente, normas e padrões nacionais de controle da poluição por veículos automotores, aeronaves e embarcações, mediante audiência dos Ministérios competentes;

VII – estabelecer normas, critérios e padrões relativos ao controle e à manutenção da qualidade do meio ambiente com vistas ao uso racional dos recursos ambientais, principalmente os hídricos.

Parágrafo único. O Secretário do Meio Ambiente é, sem prejuízo de suas funções, o Presidente do Conama. *(Incluído pela Lei nº 8.028, de 1990)*

DOS INSTRUMENTOS DA POLÍTICA NACIONAL DO MEIO AMBIENTE

Art. 9º São Instrumentos da Política Nacional do Meio Ambiente:

I – o estabelecimento de padrões de qualidade ambiental;

II – o zoneamento ambiental;

III – a avaliação de impactos ambientais;

IV – o licenciamento e a revisão de atividades efetiva ou potencialmente poluidoras;

V – os incentivos à produção e instalação de equipamentos e a criação ou absorção de tecnologia, voltados para a melhoria da qualidade ambiental;

VI – a criação de espaços territoriais especialmente protegidos pelo Poder Público federal, estadual e municipal, tais como áreas de proteção ambiental, de relevante interesse ecológico e reservas extrativistas; *(Redação dada pela Lei nº 7.804, de 1989)*

VII – o sistema nacional de informações sobre o meio ambiente;

VIII – o Cadastro Técnico Federal de Atividades e Instrumento de Defesa Ambiental;

IX – as penalidades disciplinares ou compensatórias ao não cumprimento das medidas necessárias à preservação ou correção da degradação ambiental.

X – a instituição do Relatório de Qualidade do Meio Ambiente, a ser divulgado anualmente pelo Instituto Brasileiro do Meio Ambiente e Recursos Naturais Renováveis – IBAMA; *(Incluído pela Lei nº 7.804, de 1989)*

XI – a garantia da prestação de informações relativas ao Meio Ambiente, obrigando-se o Poder Público a produzi-las, quando inexistentes; *(Incluído pela Lei nº 7.804, de 1989)*

XII – o Cadastro Técnico Federal de atividades potencialmente poluidoras e/ou utilizadoras dos recursos ambientais. *(Incluído pela Lei nº 7.804, de 1989)*

XIII – instrumentos econômicos, como concessão florestal, servidão ambiental, seguro ambiental e outros. *(Incluído pela Lei nº 11.284, de 2006)*

Art. 9º-A. O proprietário ou possuidor de imóvel, pessoa natural ou jurídica, pode, por instrumento público ou particular ou por termo administrativo firmado perante órgão integrante do Sisnama, limitar o uso de toda a sua propriedade ou de parte dela para preservar, conservar ou recuperar os recursos ambientais existentes, instituindo servidão ambiental. *(Redação dada pela Lei nº 12.651, de 2012)*.

§ 1º O instrumento ou termo de instituição da servidão ambiental deve incluir, no mínimo, os seguintes itens: *(Redação dada pela Lei nº 12.651, de 2012)*.

I – memorial descritivo da área da servidão ambiental, contendo pelo menos um ponto de amarração georreferenciado; *(Incluído pela Lei nº 12.651, de 2012)*.

II – objeto da servidão ambiental; *(Incluído pela Lei nº 12.651, de 2012)*.

III – direitos e deveres do proprietário ou possuidor instituidor; *(Incluído pela Lei nº 12.651, de 2012)*.

IV – prazo durante o qual a área permanecerá como servidão ambiental. *(Incluído pela Lei nº 12.651, de 2012)*.

§ 2º A servidão ambiental não se aplica às Áreas de Preservação Permanente e à Reserva Legal mínima exigida. *(Redação dada pela Lei nº 12.651, de 2012)*.

§ 3º A restrição ao uso ou à exploração da vegetação da área sob servidão ambiental deve ser, no mínimo, a mesma estabelecida para a Reserva Legal. *(Redação dada pela Lei nº 12.651, de 2012)*.

§ 4º Devem ser objeto de averbação na matrícula do imóvel no registro de imóveis competente: *(Redação dada pela Lei nº 12.651, de 2012)*.

I – o instrumento ou termo de instituição da servidão ambiental; *(Incluído pela Lei nº 12.651, de 2012)*.

II – o contrato de alienação, cessão ou transferência da servidão ambiental. *(Incluído pela Lei nº 12.651, de 2012)*.

§ 5º Na hipótese de compensação de Reserva Legal, a servidão ambiental deve ser averbada na matrícula de todos os imóveis envolvidos. *(Redação dada pela Lei nº 12.651, de 2012)*.

§ 6º É vedada, durante o prazo de vigência da servidão ambiental, a alteração da destinação da área, nos casos de transmissão do imóvel a qualquer título, de desmembramento ou de retificação dos limites do imóvel. *(Incluído pela Lei nº 12.651, de 2012)*.

§ 7º As áreas que tenham sido instituídas na forma de servidão florestal, nos termos do art. 44-A da Lei nº 4.771, de 15 de setembro de 1965, passam a ser consideradas, pelo efeito desta Lei, como de servidão ambiental. *(Incluído pela Lei nº 12.651, de 2012)*.

Art. 9º-B. A servidão ambiental poderá ser onerosa ou gratuita, temporária ou perpétua. *(Incluído pela Lei nº 12.651, de 2012)*.

§ 1º O prazo mínimo da servidão ambiental temporária é de 15 (quinze) anos. *(Incluído pela Lei nº 12.651, de 2012)*.

§ 2º A servidão ambiental perpétua equivale, para fins creditícios, tributários e de acesso aos recursos de fundos públicos, à Reserva Particular do Patrimônio Natural – RPPN, definida no art. 21 da Lei nº 9.985, de 18 de julho de 2000. *(Incluído pela Lei nº 12.651, de 2012)*.

§ 3º O detentor da servidão ambiental poderá aliená-la, cedê-la ou transferi-la, total ou parcialmente, por prazo determinado ou em caráter definitivo, em favor de outro proprietário ou de entidade pública ou privada que tenha a conservação ambiental como fim social. *(Incluído pela Lei nº 12.651, de 2012)*.

Art. 9º-C. O contrato de alienação, cessão ou transferência da servidão ambiental deve ser averbado na matrícula do imóvel. *(Incluído pela Lei nº 12.651, de 2012)*.

§ 1º O contrato referido no *caput* deve conter, no mínimo, os seguintes itens: *(Incluído pela Lei nº 12.651, de 2012)*.

I – a delimitação da área submetida a preservação, conservação ou recuperação ambiental; *(Incluído pela Lei nº 12.651, de 2012)*.

II – o objeto da servidão ambiental; *(Incluído pela Lei nº 12.651, de 2012)*.

III – os direitos e deveres do proprietário instituidor e dos futuros adquirentes ou sucessores; *(Incluído pela Lei nº 12.651, de 2012)*.

IV – os direitos e deveres do detentor da servidão ambiental; *(Incluído pela Lei nº 12.651, de 2012)*.

V – os benefícios de ordem econômica do instituidor e do detentor da servidão ambiental; *(Incluído pela Lei nº 12.651, de 2012)*.

VI – a previsão legal para garantir o seu cumprimento, inclusive medidas judiciais necessárias, em caso de ser descumprido. *(Incluído pela Lei nº 12.651, de 2012)*.

§ 2º São deveres do proprietário do imóvel serviente, entre outras obrigações estipuladas no contrato: *(Incluído pela Lei nº 12.651, de 2012)*.

I – manter a área sob servidão ambiental; *(Incluído pela Lei nº 12.651, de 2012)*.

II – prestar contas ao detentor da servidão ambiental sobre as condições dos recursos naturais ou artificiais; *(Incluído pela Lei nº 12.651, de 2012)*.

III – permitir a inspeção e a fiscalização da área pelo detentor da servidão ambiental; *(Incluído pela Lei nº 12.651, de 2012)*.

IV – defender a posse da área serviente, por todos os meios em direito admitidos. *(Incluído pela Lei nº 12.651, de 2012)*.

§ 3º São deveres do detentor da servidão ambiental, entre outras obrigações estipuladas no contrato: *(Incluído pela Lei nº 12.651, de 2012)*.

I – documentar as características ambientais da propriedade; *(Incluído pela Lei nº 12.651, de 2012)*.

II – monitorar periodicamente a propriedade para verificar se a servidão ambiental está sendo mantida; *(Incluído pela Lei nº 12.651, de 2012)*.

III – prestar informações necessárias a quaisquer interessados na aquisição ou aos sucessores da propriedade; *(Incluído pela Lei nº 12.651, de 2012)*.

IV – manter relatórios e arquivos atualizados com as atividades da área objeto da servidão; *(Incluído pela Lei nº 12.651, de 2012)*.

V – defender judicialmente a servidão ambiental. *(Incluído pela Lei nº 12.651, de 2012)*.

Art. 10. A construção, instalação, ampliação e funcionamento de estabelecimentos e atividades utilizadores de recursos ambientais, efetiva ou potencialmente poluidores ou capazes, sob qualquer forma, de causar degradação ambiental dependerão de prévio licenciamento ambiental. *(Redação dada pela Lei Complementar nº 140, de 2011)*

§ 1º Os pedidos de licenciamento, sua renovação e a respectiva concessão serão publicados no jornal oficial, bem como em periódico regional ou local de grande circulação, ou em meio eletrônico de comunicação mantido pelo órgão ambiental competente. *(Redação dada pela Lei Complementar nº 140, de 2011)*

§§ 2º a 4º *(Revogados pela Lei Complementar nº 140, de 2011)*

Art. 11. Compete ao IBAMA propor ao CONAMA normas e padrões para implantação, acompanhamento e fiscalização do licenciamento previsto no artigo anterior, além das que forem oriundas do próprio CONAMA. (Vide Lei nº 7.804, de 1989)

§ 1º *(Revogado pela Lei Complementar nº 140, de 2011)*

§ 2º Inclui-se na competência da fiscalização e controle a análise de projetos de entidades, públicas ou privadas, objetivando a preservação ou a recuperação de recursos ambientais, afetados por processos de exploração predatórios ou poluidores.

Art. 12. As entidades e órgãos de financiamento e incentivos governamentais condicionarão a aprovação de projetos habilitados a esses benefícios ao licenciamento, na forma desta Lei, e ao cumprimento das normas, dos critérios e dos padrões expedidos pelo CONAMA.

Parágrafo único. As entidades e órgãos referidos no *caput* deste artigo deverão fazer constar dos projetos a realização de obras e aquisição de equipamentos destinados ao controle de degradação ambiental e a melhoria da qualidade do meio ambiente.

Art. 13. O Poder Executivo incentivará as atividades voltadas ao meio ambiente, visando:

I – ao desenvolvimento, no País, de pesquisas e processos tecnológicos destinados a reduzir a degradação da qualidade ambiental;

II – à fabricação de equipamentos antipoluidores;

III – a outras iniciativas que propiciem a racionalização do uso de recursos ambientais.

Parágrafo único. Os órgãos, entidades e programas do Poder Público, destinados ao incentivo das pesquisas científicas e tecnológicas, considerarão, entre as suas metas prioritárias, o apoio aos projetos que visem a adquirir e desenvolver conhecimentos básicos e aplicáveis na área ambiental e ecológica.

Art. 14. Sem prejuízo das penalidades definidas pela legislação federal, estadual e municipal, o não cumprimento das medidas necessárias à preservação ou correção dos inconvenientes e danos causados pela degradação da qualidade ambiental sujeitará os transgressores:

I – à multa simples ou diária, nos valores correspondentes, no mínimo, a 10 (dez) e, no máximo, a 1.000 (mil) Obrigações Reajustáveis do Tesouro Nacional – ORTNs, agravada em casos de reincidência específica, conforme dispuser o regulamento, vedada a sua cobrança pela União se já tiver sido aplicada pelo Estado, Distrito Federal, Territórios ou pelos Municípios;

II – à perda ou restrição de incentivos e benefícios fiscais concedidos pelo Poder Público;

III – à perda ou suspensão de participação em linhas de financiamento em estabelecimentos oficiais de crédito;

IV – à suspensão de sua atividade.

§ 1º Sem obstar a aplicação das penalidades previstas neste artigo, é o poluidor obrigado, independentemente da existência de culpa, a indenizar ou reparar os danos causados ao meio ambiente e a terceiros, afetados por sua atividade. O Ministério Público da União e dos Estados terá legitimidade para propor ação de responsabilidade civil e criminal, por danos causados ao meio ambiente.

§ 2º No caso de omissão da autoridade estadual ou municipal, caberá ao Secretário do Meio Ambiente a aplicação das penalidades pecuniárias prevista neste artigo.

§ 3º Nos casos previstos nos incisos II e III deste artigo, o ato declaratório da perda, restrição ou suspensão será atribuição da autoridade administrativa ou financeira que concedeu os benefícios, incentivos ou financiamento, cumprimento resolução do CONAMA.

§ 4º *(Revogado pela Lei nº 9.966, de 2000)*

§ 5º A execução das garantias exigidas do poluidor não impede a aplicação das obrigações de indenização e reparação de danos previstas no § 1º deste artigo. *(Incluído pela Lei nº 11.284, de 2006)*

Art. 15. O poluidor que expuser a perigo a incolumidade humana, animal ou vegetal, ou estiver tornando mais grave situação de perigo existente, fica sujeito à pena de reclusão de 1 (um) a 3 (três) anos e multa de 100 (cem) a 1.000 (mil) MVR. *(Redação dada pela Lei nº 7.804, de 1989)*

§ 1º A pena e aumentada até o dobro se: *(Redação dada pela Lei nº 7.804, de 1989)*

I – resultar: *(Incluído pela Lei nº 7.804, de 1989)*

a) dano irreversível à fauna, à flora e ao meio ambiente; *(Incluído pela Lei nº 7.804, de 1989)*

b) lesão corporal grave; *(Incluído pela Lei nº 7.804, de 1989)*

II – a poluição é decorrente de atividade industrial ou de transporte; *(Incluído pela Lei nº 7.804, de 1989)*

III – o crime é praticado durante a noite, em domingo ou em feriado. *(Incluído pela Lei nº 7.804, de 1989)*

§ 2º Incorre no mesmo crime a autoridade competente que deixar de promover as medidas tendentes a impedir a prática das condutas acima descritas. *(Redação dada pela Lei nº 7.804, de 1989)*

Art. 16. *(Revogado pela Lei nº 7.804, de 1989)*

Art. 17. Fica instituído, sob a administração do Instituto Brasileiro do Meio Ambiente e Recursos Naturais Renováveis – IBAMA: *(Redação dada pela Lei nº 7.804, de 1989)*

I – Cadastro Técnico Federal de Atividades e Instrumentos de Defesa Ambiental, para registro obrigatório de pessoas físicas ou jurídicas que se dedicam a consultoria técnica sobre problemas ecológicos e ambientais e à indústria e comércio de equipamentos, aparelhos e instrumentos destinados ao controle de atividades efetiva ou potencialmente poluidoras; *(Incluído pela Lei nº 7.804, de 1989)*

II – Cadastro Técnico Federal de Atividades Potencialmente Poluidoras ou Utilizadoras de Recursos Ambientais, para registro obrigatório de pessoas físicas ou jurídicas que se dedicam a atividades potencialmente poluidoras e/ou à extração, produção, transporte e comercialização de produtos potencialmente perigosos ao meio ambiente, assim como de produtos e subprodutos da fauna e flora. *(Incluído pela Lei nº 7.804, de 1989)*

Art. 17-A. São estabelecidos os preços dos serviços e produtos do Instituto Brasileiro do Meio Ambiente e dos Recursos Naturais Renováveis – Ibama, a serem aplicados em âmbito nacional, conforme Anexo a esta Lei. *(Incluído pela Lei nº 9.960, de 2000)*

› *Vide Lei 13.196, de 2015*

Art. 17-B. Fica instituída a Taxa de Controle e Fiscalização Ambiental – TCFA, cujo fato gerador é o exercício regular do poder de polícia conferido ao Instituto Brasileiro do Meio Ambiente e dos Recursos Naturais Renováveis – Ibama para controle e fiscalização das atividades potencialmente poluidoras e utilizadoras de recursos naturais." *(Redação dada pela Lei nº 10.165, de 2000)*

› *Vide Lei 13.196, de 2015*

§§ 1º e 2º *(Revogados pela Lei nº 10.165, de 2000)*

Art. 17-C. É sujeito passivo da TCFA todo aquele que exerça as atividades constantes do Anexo VIII desta Lei. *(Redação dada pela Lei nº 10.165, de 2000)*

§ 1º O sujeito passivo da TCFA é obrigado a entregar até o dia 31 de março de cada ano relatório das atividades exercidas no ano anterior, cujo modelo será definido pelo Ibama, para o fim de colaborar com os procedimentos de controle e fiscalização. *(Redação dada pela Lei nº 10.165, de 2000)*

§ 2º O descumprimento da providência determinada no § 1º sujeita o infrator a multa equivalente a vinte por cento da TCFA devida, sem prejuízo da exigência desta. *(Redação dada pela Lei nº 10.165, de 2000)*

§ 3º *(Revogado pela Lei nº 10.165, de 2000)*

Art. 17-D. A TCFA é devida por estabelecimento e os seus valores são os fixados no Anexo IX desta Lei." *(Redação dada pela Lei nº 10.165, de 2000)*

§ 1º Para os fins desta Lei, consideram-se: *(Redação dada pela Lei nº 10.165, de 2000)*

I – microempresa e empresa de pequeno porte, as pessoas jurídicas que se enquadrem, respectivamente, nas descrições dos incisos I e II do *caput* do art. 2º da Lei nº 9.841, de 5 de outubro de 1999; *(Incluído pela Lei nº 10.165, de 2000)*

II – empresa de médio porte, a pessoa jurídica que tiver receita bruta anual superior a R$ 1.200.000,00 (um milhão e duzentos mil reais) e igual ou inferior a R$ 12.000.000,00 (doze milhões de reais); *(Incluído pela Lei nº 10.165, de 2000)*

III – empresa de grande porte, a pessoa jurídica que tiver receita bruta anual superior a R$ 12.000.000,00 (doze milhões de reais). *(Incluído pela Lei nº 10.165, de 2000)*

§ 2º O potencial de poluição (PP) e o grau de utilização (GU) de recursos naturais de cada uma das atividades sujeitas à fiscalização encontram-se definidos no Anexo VIII desta Lei. *(Incluído pela Lei nº 10.165, de 2000)*

§ 3º Caso o estabelecimento exerça mais de uma atividade sujeita à fiscalização, pagará a taxa relativamente a apenas uma delas, pelo valor mais elevado. *(Incluído pela Lei nº 10.165, de 2000)*

Art. 17-E. É o Ibama autorizado a cancelar débitos de valores inferiores a R$ 40,00 (quarenta reais), existentes até 31 de dezembro de 1999. *(Incluído pela Lei nº 9.960, de 2000)*

Art. 17-F. São isentas do pagamento da TCFA as entidades públicas federais, distritais, estaduais e municipais, as entidades filantrópicas, aqueles que praticam agricultura de subsistência e as populações tradicionais. *(Redação dada pela Lei nº 10.165, de 2000)*

Art. 17-G. A TCFA será devida no último dia útil de cada trimestre do ano civil, nos valores fixados no Anexo IX desta Lei, e o recolhimento será efetuado em conta bancária vinculada ao Ibama, por intermédio de documento próprio de arrecadação, até o quinto dia útil do mês subsequente. *(Redação dada pela Lei nº 10.165, de 2000)*

Parágrafo único. Revogado. *(Redação dada pela Lei nº 10.165, de 2000)*

§ 2º Os recursos arrecadados com a TCFA terão utilização restrita em atividades de controle e fiscalização ambiental. *(Incluído pela Lei nº 11.284, de 2006)*

Art. 17-H. A TCFA não recolhida nos prazos e nas condições estabelecidas no artigo anterior será cobrada com os seguintes acréscimos: *(Redação dada pela Lei nº 10.165, de 2000)*

I – juros de mora, na via administrativa ou judicial, contados do mês seguinte ao do vencimento, à razão de um por cento; *(Redação dada pela Lei nº 10.165, de 2000)*

II – multa de mora de vinte por cento, reduzida a dez por cento se o pagamento for efetuado até o último dia útil do mês subsequente ao do vencimento; *(Redação dada pela Lei nº 10.165, de 2000)*

III – encargo de vinte por cento, substitutivo da condenação do devedor em honorários de advogado, calculado sobre o total do débito inscrito como Dívida Ativa, reduzido para dez por cento se o pagamento for efetuado antes do ajuizamento da execução. *(Incluído pela Lei nº 10.165, de 2000)*

§ 1º-A. Os juros de mora não incidem sobre o valor da multa de mora. *(Incluído pela Lei nº 10.165, de 2000)*

§ 1º Os débitos relativos à TCFA poderão ser parcelados de acordo com os critérios fixados na legislação tributária, conforme dispuser o regulamento desta Lei. *(Redação dada pela Lei nº 10.165, de 2000)*

Art. 17-I. As pessoas físicas e jurídicas que exerçam as atividades mencionadas nos incisos I e II do art. 17 e que não estiverem inscritas nos respectivos cadastros até o último dia útil do terceiro mês que se seguir ao da publicação desta Lei incorrerão em infração punível com multa de: *(Redação dada pela Lei nº 10.165, de 2000)*

I – R$ 50,00 (cinquenta reais), se pessoa física; *(Incluído pela Lei nº 10.165, de 2000)*

II – R$ 150,00 (cento e cinquenta reais), se microempresa; *(Incluído pela Lei nº 10.165, de 2000)*

III – R$ 900,00 (novecentos reais), se empresa de pequeno porte; *(Incluído pela Lei nº 10.165, de 2000)*

IV – R$ 1.800,00 (mil e oitocentos reais), se empresa de médio porte; *(Incluído pela Lei nº 10.165, de 2000)*

V – R$ 9.000,00 (nove mil reais), se empresa de grande porte. *(Incluído pela Lei nº 10.165, de 2000)*

Parágrafo único. Revogado. *(Redação dada pela Lei nº 10.165, de 2000)*

Art. 17-J. *(Revogado pela Lei nº 10.165, de 2000)*

Art. 17-L. As ações de licenciamento, registro, autorizações, concessões e permissões relacionadas à fauna, à flora, e ao controle ambiental são de competência exclusiva dos órgãos integrantes do Sistema Nacional do Meio Ambiente. *(Incluído pela Lei nº 9.960, de 2000)*

Art. 17-M. Os preços dos serviços administrativos prestados pelo Ibama, inclusive os referentes à venda de impressos e publicações, assim como os de entrada, permanência e utilização de áreas ou instalações nas unidades de conservação, serão definidos em portaria do Ministro de Estado do Meio Ambiente, mediante proposta do Presidente daquele Instituto. *(Incluído pela Lei nº 9.960, de 2000)*

Art. 17-N. Os preços dos serviços técnicos do Laboratório de Produtos Florestais do Ibama, assim como os para venda de produtos da flora, serão, também, definidos em portaria do Ministro de Estado do Meio Ambiente, mediante proposta do Presidente daquele Instituto. *(Incluído pela Lei nº 9.960, de 2000)*

Art. 17-O. Os proprietários rurais que se beneficiarem com redução do valor do Imposto sobre a Propriedade Territorial Rural – ITR, com base em Ato Declaratório Ambiental – ADA, deverão recolher ao Ibama a importância prevista no item 3.11 do Anexo VII da Lei nº 9.960, de 29 de janeiro de 2000, a título de Taxa de Vistoria. *(Redação dada pela Lei nº 10.165, de 2000)*

§ 1º-A. A Taxa de Vistoria a que se refere o *caput* deste artigo não poderá exceder a dez por cento do valor da redução do imposto proporcionada pelo ADA. *(Incluído pela Lei nº 10.165, de 2000)*

§ 1º A utilização do ADA para efeito de redução do valor a pagar do ITR é obrigatória. *(Redação dada pela Lei nº 10.165, de 2000)*

§ 2º O pagamento de que trata o *caput* deste artigo poderá ser efetivado em cota única ou em parcelas, nos mesmos moldes escolhidos pelo contribuinte para o pagamento do ITR, em documento próprio de arrecadação do Ibama. *(Redação dada pela Lei nº 10.165, de 2000)*

§ 3º Para efeito de pagamento parcelado, nenhuma parcela poderá ser inferior a R$ 50,00 (cinquenta reais). *(Redação dada pela Lei nº 10.165, de 2000)*

§ 4º O inadimplemento de qualquer parcela ensejará a cobrança de juros e multa nos termos dos incisos I e II do *caput* e §§ 1º-A e 1º, todos do art. 17-H desta Lei. *(Redação dada pela Lei nº 10.165, de 2000)*

§ 5º Após a vistoria, realizada por amostragem, caso os dados constantes do ADA não coincidam com os efetivamente levantados pelos técnicos do Ibama, estes lavrarão, de ofício, novo ADA, contendo os dados reais, o qual será encaminhado à Secretaria da Receita Federal, para as providências cabíveis. *(Redação dada pela Lei nº 10.165, de 2000)*

Art. 17-P. Constitui crédito para compensação com o valor devido a título de TCFA, até o limite de sessenta por cento e relativamente ao mesmo ano, o montante efetivamente pago pelo estabelecimento ao Estado, ao Município e ao Distrito Federal em razão de taxa de fiscalização ambiental. *(Redação dada pela Lei nº 10.165, de 2000)*

§ 1º Valores recolhidos ao Estado, ao Município e ao Distrital Federal a qualquer outro título, tais como taxas ou preços públicos de licenciamento e venda de produtos, não constituem crédito para compensação com a TCFA. *(Redação dada pela Lei nº 10.165, de 2000)*

§ 2º A restituição, administrativa ou judicial, qualquer que seja a causa que a determine, da taxa de fiscalização ambiental estadual ou distrital compensada com a TCFA restaura o direito de crédito do Ibama contra o estabelecimento, relativamente ao valor compensado. *(Redação dada pela Lei nº 10.165, de 2000)*

Art. 17-Q. É o Ibama autorizado a celebrar convênios com os Estados, os Municípios e o Distrito Federal para desempenharem atividades de fiscalização ambiental, podendo repassar-lhes parcela da receita obtida com a TCFA." *(Redação dada pela Lei nº 10.165, de 2000)*

Art. 18. *(Revogado pela Lei nº 9.985, de 2000)*

Art. 19. Ressalvado o disposto nas Leis nºs 5.357, de 17 de novembro de 1967, e 7.661, de 16 de maio de 1988, a receita proveniente da aplicação desta Lei será recolhida de acordo com o disposto no art. 4º da Lei nº 7.735, de 22 de fevereiro de 1989. *(Incluído pela Lei nº 7.804, de 1989)*

Art. 20. Esta Lei entrará em vigor na data de sua publicação.

Art. 21. Revogam-se as disposições em contrário.

Brasília, 31 de agosto de 1981;
160º da Independência e 93º da República.
JOÃO FIGUEIREDO (DOU. de 2.9.1981)

› *Não publicamos o anexo desta lei.*

LEI Nº 6.969, DE 10 DE DEZEMBRO DE 1981

Dispõe sobre a Aquisição, por usucapião especial, de imóveis rurais, altera a redação do § 2º do art. 589 do Código Civil e dá outras providências.

› *Vide arts. 167, I, 28; 216-A; 226, Lei n. 6.015/1973 (Registros Públicos)*

O PRESIDENTE DA REPÚBLICA:

Faço saber que o Congresso Nacional decreta e eu sanciono a seguinte Lei:

Art. 1º Todo aquele que, não sendo proprietário rural nem urbano, possuir como sua, por 5 (cinco) anos ininterruptos, sem oposição, área rural contínua, não excedente de 25 (vinte e cinco) hectares, e a houver tornado produtiva com seu trabalho e nela tiver sua morada, adquirir-lhe-á o domínio, independentemente de justo título e boa-fé, podendo requerer ao juiz que assim o declare por sentença, a qual servirá de título para transcrição no Registro de Imóveis.

› *Art. 191 da Constituição Federal*
› *Art. 1.239 do Código Civil*
› *Arts. 4º III, e 5º do Estatuto da Terra (Lei 4.504/1964)*

Parágrafo único. Prevalecerá a área do módulo rural aplicável à espécie, na forma da legislação específica, se aquele for superior a 25 (vinte e cinco) hectares.

Art. 2º A usucapião especial, a que se refere esta Lei, abrange as terras particulares e as terras devolutas, em geral, sem prejuízo de outros direitos conferidos ao posseiro, pelo Estatuto da Terra ou pelas leis que dispõem sobre processo discriminatório de terras devolutas.

› *Arts. 97 a 102 do Estatuto da Terra (Lei 4.504/1964)*

Art. 3º A usucapião especial não ocorrerá nas áreas indispensáveis à segurança nacional, nas terras habitadas por silvícolas, nem nas áreas de interesse ecológico, consideradas como tais as reservas biológicas ou florestais e os parques nacionais, estaduais ou municipais, assim declarados pelo Poder Executivo, assegurada aos atuais ocupantes a preferência para assentamento em outras regiões, pelo órgão competente.

Parágrafo único. O Poder Executivo, ouvido o Conselho de Segurança Nacional, especificará, mediante decreto, no prazo de 90 (noventa) dias, contados da publicação desta Lei, as áreas indispensáveis à segurança nacional, insuscetíveis de usucapião.

Art. 4º A ação de usucapião especial será processada e julgada na comarca da situação do imóvel.

› *Súmula 11 do Superior Tribunal de Justiça*

§ 1º Observado o disposto no art. 126 da Constituição Federal, no caso de usucapião especial em terras devolutas federais, a ação será promovida na comarca da situação do imóvel, perante a Justiça do Estado, com recurso para o Tribunal Federal de Recursos, cabendo ao Ministério Público local, na primeira instância, a representação judicial da União.

§ 2º No caso de terras devolutas, em geral, a usucapião especial poderá ser reconhecida administrativamente, com a consequente expedição do título definitivo de domínio, para transcrição no Registro de Imóveis.

§ 3º O Poder Executivo, dentro de 90 (noventa) dias, contados da publicação desta Lei, estabelecerá, por decreto, a forma do procedimento administrativo a que se refere o parágrafo anterior.

§ 4º Se, decorridos 90 (noventa) dias do pedido ao órgão administrativo, não houver a expedição do título de domínio, o interessado poderá ingressar com a ação de usucapião especial, na forma prevista nesta Lei, vedada a concomitância dos pedidos administrativo e judicial.

Art. 5º Adotar-se-á, na ação de usucapião especial, o procedimento sumaríssimo, assegurada a preferência à sua instrução e julgamento.

› *A expressão "sumaríssimo" foi substituída por "sumário" pela Lei 9.245/1995*

§ 1º O autor, expondo o fundamento do pedido e individualizando o imóvel, com dispensa da juntada da respectiva planta, poderá requerer, na petição inicial, designação de audiência preliminar, a fim de justificar a posse, e, se comprovada esta, será nela mantido, liminarmente, até a decisão final da causa.

§ 2º O autor requererá também a citação pessoal daquele em cujo nome esteja transcrito o imóvel usucapiendo, bem como dos confinantes e, por edital, dos réus ausentes, incertos e desconhecidos, na forma do art. 232 do Código de Processo Civil, valendo a citação para todos os atos do processo.

§ 3º Serão cientificados por carta, para que manifestem interesse na causa, os representantes da Fazenda Pública da União, dos Estados, do Distrito Federal, dos Territórios e dos Municípios, no prazo de 45 (quarenta e cinco) dias.

§ 4º O prazo para contestar a ação correrá da intimação da decisão que declarar justificada a posse.

§ 5º Intervirá, obrigatoriamente, em todos os atos do processo, o Ministério Público.

Art. 6º O autor da ação de usucapião especial terá, se o pedir, o benefício da assistência judiciária gratuita, inclusive para o Registro de Imóveis.

Parágrafo único. Provado que o autor tinha situação econômica bastante para pagar as custas do processo e os honorários de advogado, sem prejuízo do sustento próprio e da família, o juiz lhe ordenará que pague, com correção monetária, o valor das isenções concedidas, ficando suspensa a transcrição da sentença até o pagamento devido.

Art. 7º A usucapião especial poderá ser invocada como matéria de defesa, valendo a sentença que a reconhecer como título para transcrição no Registro de Imóveis.

Art. 8º Observar-se-á, quanto ao imóvel usucapido, a imunidade específica, estabelecida no § 6º do art. 21 da Constituição Federal.

Parágrafo único. Quando prevalecer a área do módulo rural, de acordo com o previsto no parágrafo único do art. 1º desta Lei, o Imposto Territorial Rural não incidirá sobre o imóvel usucapido.

Art. 9º O juiz de causa, a requerimento do autor da ação de usucapião especial, determinará que a autoridade policial garanta a permanência no imóvel e a integridade física de seus ocupantes, sempre que necessário.

Art. 10. O § 2º do art. 589 do Código Civil passa a vigorar com a seguinte redação:

"Art. 589 [...]

§ 2º – O imóvel abandonado arrecadar-se-á como bem vago e passará ao domínio do Estado, do Território ou do Distrito Federal se se achar nas respectivas circunscrições:

a) 10 (dez) anos depois, quando se tratar de imóvel localizado em zona urbana;

b) 3 (três) anos depois, quando se tratar de imóvel localizado em zona rural."

› *Reporta-se ao Código Civil de 1916*
› *Art. 1.276, caput, e § 1º do Código Civil*

Art. 11. Esta Lei entrará em vigor 45 (quarenta e cinco) dias após sua publicação.

Art. 12. Revogam-se as disposições em contrário.

Brasília, em 10 de dezembro de 1981;
160º da Independência e 93º da República.
JOÃO BAPTISTA DE FIGUEIREDO
(DOU de 11.12.1980)

LEI Nº 6.987, DE 13 DE ABRIL DE 1982

Dispõe sobre a alienação de imóveis de propriedade da União e das entidades da Administração Federal Indireta, e dá outras providências.

O PRESIDENTE DA REPÚBLICA,

Faço saber que o Congresso Nacional decreta e eu sanciono a seguinte Lei:

Art. 1º É o Poder Executivo autorizado a alienar ao Banco Nacional da Habitação – BNH, a título oneroso ou gratuito, terrenos de propriedade da União, situados em locais suscetíveis de serem aproveitados para fins de construção de moradias populares.

Parágrafo único. É o Poder Executivo igualmente autorizado a dar em aforamento ao BNH, a título oneroso ou gratuito, terrenos de marinha suscetíveis de aproveitamento para fins de construção de moradias populares, para ulterior alienação aos mutuários finais por qualquer das formas em direito permitidas, notadamente, a critério do BNH, mediante concessão do uso do domínio útil, conforme previsto no Decreto-lei nº 271, de 28 de fevereiro de 1967.

Art. 2º Os terrenos alienados em decorrência da presente Lei se destinam à implantação de projetos habitacionais de interesse social ou de núcleos urbanos capazes de absorver o desenvolvimento populacional ou industrial.

Art. 3º A alienação de que trata esta Lei será efetuada na forma do art. 195 do Decreto-lei nº 200, de 25 de fevereiro de 1967, com a redação dada pelo Decreto-lei nº 900, de 29 de setembro de 1969.

Parágrafo único. Em caso de alienação onerosa, o preço dos terrenos, a ser pago pelo BNH, será fixado com base no valor estabelecido em laudo de avaliação procedida pelo Serviço do Patrimônio da União ou pela Caixa Econômica Federal.

Art. 4º Os Ministérios Civis indicarão ao Serviço do Patrimônio da União, no prazo de 60 (sessenta) dias, para os fins do disposto no art. 1º desta Lei, os imóveis sob sua jurisdição que se encontrem ou venham a se encontrar sem utilização, ou com aproveitamento parcial.

Art. 5º Os terrenos pertencentes às entidades da Administração Federal Indireta, cuja alienação esteja legalmente autorizada, serão oferecidos, antes de qualquer procedimento licitatório, à aquisição pelo BNH.

Parágrafo único. As entidades da Administração Federal Indireta deverão proceder, no prazo de 180 (cento e oitenta) dias, ao levantamento dos imóveis de sua propriedade que, não podendo ter aproveitamento para seu próprio uso, sejam suscetíveis de utilização para implantação de moradias, a fim de, procedida sua avaliação, serem oferecidos prioritariamente ao BNH e, no caso de recusa, à licitação pública.

Art. 6º Os terrenos de propriedade da União ou das entidades da Administração Federal Indireta que, à data da publicação desta Lei, estejam ocupados por favelas deverão ser alienados ao BNH, na forma estabelecida em regulamento, a título oneroso ou gratuito, desde que possam ser utilizados para fins de regularização fundiária e urbanização especial.

§ 1º São considerados favelas, para os fins previstos neste artigo, os aglomerados habitacionais desprovidos de infraestrutura, serviços e equipamentos sociais básicos, e com predominância de construções precárias.

§ 2º Os terrenos adquiridos na forma deste artigo serão transferidos, preferencialmente, aos que os estiverem ocupando, atendidas as normas estabelecidas em decreto do Poder Executivo.

Art. 7º É o Poder Executivo autorizado a regularizar a ocupação em terrenos de marinha por pessoas ou empresas que neles tenham moradia ou neles exerçam atividade econômica.

§ 1º A regularização da ocupação estender-se-á exclusivamente à área necessária para os fins de moradia ou atividade produtiva.

§ 2º A regularização de que trata este artigo poderá ser efetivada, também, mediante concessão de uso, prevista no Decreto-lei nº 271, de 28 de fevereiro de 1967, de modo a resguardar os objetivos desta Lei.

Art. 8º Esta Lei entra em vigor na data de sua publicação.

Art. 9º Revogam-se as disposições em contrário.

Brasília, em 13 de abril de 1982;
161º da Independência e 94º da República.
JOÃO FIGUEIREDO
(DOU de 14.04.1982)

LEI Nº 8.004, DE 14 DE MARÇO DE 1990

Dispõe sobre transferência de financiamento no âmbito do Sistema Financeiro da Habitação, e dá outras providências.

O PRESIDENTE DA REPÚBLICA,

Faço saber que o Congresso Nacional decreta e eu sanciono a seguinte lei:

Art. 1º O mutuário do Sistema Financeiro da Habitação (SFH) pode transferir a terceiros os direitos e obrigações decorrentes do respectivo contrato, observado o disposto nesta lei.

Parágrafo único. A formalização de venda, promessa de venda, cessão ou promessa de cessão relativas a imóvel financiado através do SFH dar-se-á em ato concomitante à transferência do financiamento respectivo, com a interveniência obrigatória da instituição financiadora. *(Redação dada pela Lei nº 10.150, de 2000)*

Art. 2º Nos contratos que tenham cláusula de cobertura de eventual saldo devedor residual pelo FCVS, a transferência dar-se-á mediante simples substituição do devedor, mantidas para o novo mutuário as mesmas condições e obrigações do contrato original, desde que se trate de financiamento destinado à casa própria, observando-se os requisitos legais e regulamentares, inclusive quanto à demonstração da capacidade de pagamento do cessionário em relação ao valor do novo encargo mensal. *(Redação dada pela Lei nº 10.150, de 2000)*

§ 1º Além do disposto no *caput*, o valor do encargo mensal para o novo mutuário será atualizado *pro rata die*, a contar da data do último reajustamento desse encargo até a data da formalização da transferência, com base no índice de atualização das contas de poupança mantidas no Sistema Brasileiro de Poupança e Empréstimo – SBPE, e acrescido da quinta parte do valor atualizado do encargo, observando que: *(Redação dada pela Lei nº 10.150, de 2000)*

a) o acréscimo da quinta parte do valor do encargo atualizado será integralmente direcionado à elevação da parcela correspondente à prestação de amortização e juros e, quando devida, da contribuição mensal ao FCVS; *(Redação dada pela Lei nº 10.150, de 2000)*

b) nos contratos enquadrados no Plano de Equivalência Salarial, instituído pelo Decreto-Lei nº 2.164, de 1984, o enquadramento na categoria profissional do novo mutuário dar-se-á a partir da data da transferência; *(Redação dada pela Lei nº 10.150, de 2000)*

c) na aplicação do primeiro reajuste do encargo mensal, após a transferência, nos contratos não enquadrados na alínea anterior, será compensada a atualização pro rata die de que trata o *caput* deste inciso. *(Redação dada pela Lei nº 10.150, de 2000)*

§ 2º Nas transferências dos contratos de financiamento da casa própria que não tenham cobertura de eventual saldo devedor residual pelo FCVS, e daqueles não enquadrados na Lei nº 8.692, de 1993, aplicam-se as condições previstas no *caput* e no parágrafo anterior. *(Redação dada pela Lei nº 10.150, de 2000)*

§ 3º Nas transferências de que trata o *caput* deste artigo, as instituições financiadoras ficam dispensadas da observância das seguintes exigências: *(Redação dada pela Lei nº 10.150, de 2000)*

a) limite máximo de financiamento, desde que não haja desembolso adicional de recursos; *(Redação dada pela Lei nº 10.150, de 2000)*

b) limite máximo de preço de venda ou de avaliação do imóvel objeto da transferência; *(Redação dada pela Lei nº 10.150, de 2000)*

c) localização do imóvel no domicílio do comprador. *(Redação dada pela Lei nº 10.150, de 2000)*

Art. 3º A critério da instituição financiadora, as transferências poderão ser efetuadas mediante assunção, pelo novo mutuário, do saldo devedor contábil da operação, atualizado pro rata die da data do último reajuste até a data da transferência, observados os percentuais de pagamento previstos no *caput* e nos incisos I, II e III do art. 5º desta Lei e os requisitos legais e regulamentares da casa própria, vigentes para novas contratações, inclusive quanto à demonstração da capacidade de pagamento do cessionário em relação ao valor do novo encargo mensal. *(Redação dada pela Lei nº 10.150, de 2000)*

§ 1º A transferência, nos casos deste artigo, se efetivará mediante a contratação de nova operação, que deverá observar as normas em vigor relativas aos financiamentos do SFH.

§ 2º Nas transferências de que se trata este artigo, as instituições financiadoras ficam dispensadas da observância das seguintes exigências:

a) limite máximo de financiamento, desde que não haja desembolso adicional de recursos;

b) limite máximo de preço de venda ou de avaliação do imóvel financiado;

c) localização do imóvel no domicílio do comprador;

d) contribuição ao Fundo de Assistência Habitacional (Fundhab).

§ 3º As transferências que, à data da publicação desta lei, tenham sido celebradas entre o mutuário e o adquirente, sem interveniência da instituição financiadora, serão regularizadas nos termos desta lei.

Art. 4º Para os efeitos desta lei, considera-se o Valor de Referência de Financiamento (VRF), aquele que, à época da contratação original, tenha sido indicado no contrato como referencial para efeito de atualização monetária do financiamento.

Art. 5º O mutuário do SFH que tenha firmado contrato até 31 de março de 1990 com cláusula de cobertura de eventuais saldos devedores residuais pelo FCVS poderá, no prazo máximo de um ano, liquidar antecipadamente sua dívida, mediante pagamento de valor correspondente a: *(Redação dada pela Lei nº 10.150, de 2000)*

I – contratos firmados até 28 de fevereiro de 1986: cinquenta por cento do saldo devedor contábil da operação, atualizado pro rata die da data do último reajuste até a data da liquidação; *(Inciso incluído pela Lei nº 10.150, de 2000)*

II – contratos firmados de 1º de março de 1986 até 31 de dezembro de 1988: sessenta por cento do saldo devedor contábil da operação, atualizado pro rata die da data do último reajuste até a data da liquidação;*(Inciso incluído pela Lei nº 10.150, de 2000)*

III – contratos firmados de 1º de janeiro de 1989 até 31 de março de 1990: setenta por cento do saldo devedor contábil da operação, atualizado pro rata die da data do último reajuste até a data da liquidação. (Inciso incluído pela Lei nº 10.150, de 2000)

§ 1º A critério do mutuário, a liquidação antecipada dos saldos devedores dos contratos firmados até 28 de fevereiro de 1986, que tenham cláusula de cobertura de eventuais saldos devedores residuais pelo FCVS, poderá ser efetivada, alternativamente, mediante o pagamento do montante equivalente ao valor total das mensalidades vincendas, que será integralmente utilizado para amortizar o saldo devedor, inexistindo qualquer repasse para a apólice do seguro do SFH, cuja cobertura se encerra no momento da liquidação do contrato. *(Redação dada pela Lei nº 10.150, de 2000)*

§ 2º O valor da mensalidade (§ 1º) corresponde à soma dos encargos devidos mensalmente pelo mutuário, em decorrência do conjunto de obrigações componentes da operação. Esse valor será, para essa finalidade, reajustado pro rata die, com base nos índices de atualização dos depósitos de poupança, a contar do dia 1º do mês do último reajustamento até a data de liquidação da dívida.

Art. 6º *(Revogado pela Lei nº 10.150, de 2001)*

Art. 7º Os abatimentos de que tratam os arts. 3º e 5º serão suportados pelas instituições financiadoras, em valores equivalentes a vinte por cento do saldo devedor contábil, atualizado na forma definida nesta lei, podendo ser diferidos em vinte semestres. As parcelas remanescentes dos abatimentos, de responsabilidade do FCVS, poderão, a critério das instituições financiadoras, ser por estas suportadas.

Art. 8º No caso de descontos em contratos celebrados com recursos de repasse do extinto Banco Nacional de Habitação (BNH), será concedido, pela Caixa Econômica Federal (CEF), desconto proporcional ao montante repassado.

Art. 9º Tratando-se de descontos em contratos caucionados para garantia de refinanciamento e de operações de outros fundos geridos pelo extinto BNH, os vinte por cento do saldo devedor de responsabilidade das instituições financiadoras (art. 7º) serão por estas repassados à CEF nas mesmas condições em que o FCVS vier a ressarci-las (art. 11, III). As instituições financiadoras caucionarão em valor da CEF os respectivos créditos perante o FCVS.

Art. 10. Nas operações de que tratam os arts. 8º e 9º e nas realizadas com recursos do Fundo de Garantia do Tempo de Serviço (FGTS), em que tenha havido operação direta da CEF como instituição financiadora, ficará a cargo do FCVS a responsabilidade sobre o desconto concedido.

Art. 11. O FCVS quitará o saldo de sua responsabilidade junto às instituições financiadoras e, nas hipóteses previstas nos arts. 8º, 9º e 10, junto à CEF, na qualidade de sucessora do BNH, o qual será reajustado mensalmente com base no índice de atualização dos depósitos de poupança e com juros calculados à taxa contratual, observado o seguinte:

I – os saldos decorrentes da aplicação do art. 5º, no prazo de até dez anos, sendo três de carência, com pagamento mensal de juros, e sete de amortização em parcelas mensais consecutivas, vencendo a primeira no 37º mês a contar da liquidação efetivada pelo mutuário;

II – os saldos decorrentes da aplicação do art. 3º, no prazo de até oito anos, em parcelas mensais consecutivas, vencíveis a partir do trigésimo dia após a celebração do contrato de transferência; e

III – a parcela de vinte por cento de que trata o art. 9º, no prazo de cinco anos, em parcelas mensais consecutivas, vencendo-se a primeira no trigésimo dia após a liquidação da dívida pelo mutuário ou após a transferência do financiamento.

Art. 12. Os financiamentos concedidos na forma dos arts. 6º e 13 conservarão a classificação original (novos ou usados).

Art. 13. A instituição financiadora poderá, mediante liquidação do saldo devedor existente e concessão de novo financiamento, ampliar o valor financiado, utilizando como garantia a hipoteca do respectivo imóvel, observado o disposto nos arts. 7º e 11.

Art. 14. Será considerada, para os efeitos dos arts. 3º e 5º, a data do contrato original do financiamento, ainda que tenha ocorrido sub-rogação da dívida, desde que regular.

Art. 15. Para os contratos de financiamento com cronograma de desembolso parcelado, a data a ser considerada para fins do disposto nos arts. 2º, 3º e 5º é a da liberação da última parcela.

Art. 16. Os valores expressos em número de VRF (art. 4º) correspondentes aos descontos absorvidos pelas instituições financiadoras (arts. 3º e 5º) serão considerados como aplicação habitacional pelo prazo de um ano, reduzindo-se em cinquenta por cento após a expiração desse prazo.

Art. 17. O reajustamento das prestações dos mutuários enquadrados no Plano de Equivalência Salarial por Categoria Profissional (PES/CP) levará em consideração também o reajuste de salário concedido no próprio mês da celebração do contrato, ainda que a título de antecipação salarial.

Art. 18. O § 1º do art. 3º da Lei nº 5.741, de 1º de dezembro de 1971, passa a vigorar com a seguinte redação:

> *"§ 1º A citação far-se-á na pessoa do réu e de seu cônjuge ou de seus representantes legais."*

Art. 19. O art. 31 do Decreto-Lei nº 70, de 21 de novembro de 1966, passa a vigorar com a seguinte redação:

› *Alterações inseridas no texto da referida norma.*

Art. 20. *(Vetado).*

Art. 21. Somente serão objeto de execução na conformidade dos procedimentos do Decreto-Lei nº 70, de 21 de novembro de 1966, ou da Lei nº 5.741, de 1º de dezembro de 1971, os financiamentos em que se verificar atraso de pagamento de três ou mais prestações.

Art. 22. O art. 9º do Decreto-Lei nº 2.164, de 19 de setembro de 1984, passa a vigorar com a seguinte redação:

> *"Art. 9º As prestações mensais dos contratos de financiamento firmados no âmbito do SFH, vinculados ao Plano de Equivalência Salarial por Categoria Profissional (PES/CP) serão reajustadas no mês seguinte ao em que ocorrer a data-base da categoria profissional do mutuário utilizando-se a variação do Índice de Preços ao Consumidor (IPC) apurada nas respectivas datas-base.*
>
> *§ 1º Nas datas-base o reajuste das prestações contemplará também o percentual relativo ao ganho real de salário.*
>
> *§ 2º As prestações relativas a contratos vinculados ao Plano de Equivalência Salarial Plena serão reajustadas no mês seguinte ao dos reajustes salariais, inclusive os de caráter automático, complementar e compensatórios, e as antecipações a qualquer título.*
>
> *§ 3º Fica assegurado ao mutuário o direito de, a qualquer tempo, solicitar alteração da data-base, nos casos de mudança de categoria profissional, sendo que a nova situação prevalecerá a partir do reajuste anual seguinte.*
>
> *§ 4º O reajuste da prestação em função da primeira data-base ou após a opção pelo PES/CP terá como limite o índice de reajuste aplicado ao saldo devedor relativo ao período decorrido desde a data do evento até o mês do reajuste a ser aplicado à prestação, deduzidas as antecipações já repassadas às prestações.*
>
> *§ 5º A prestação mensal não excederá a relação prestação/salário verificada na data da assinatura do contrato, podendo ser solicitada a sua revisão a qualquer tempo.*
>
> *§ 6º Não se aplica o disposto no § 5º às hipóteses de redução de renda por mudança de emprego ou por alteração na composição da renda familiar em decorrência da exclusão de um ou mais co-adquirentes, assegurado ao mutuário nesses casos o direito à renegociação da dívida junto ao agente financeiro, visando a restabelecer o comprometimento inicial da renda.*
>
> *§ 7º Sempre que em virtude da aplicação do PES a prestação for reajustada em percentagem inferior ao da variação integral do IPC acrescida do índice relativo ao ganho real de salário, a diferença será incorporada em futuros reajustes de prestações até o limite de que trata o § 5º.*
>
> *§ 8º Os mutuários cujos contratos, firmados até 28 de fevereiro de 1986, ainda não assegurem o direito de reajustamento das prestações pelo PES/CP, poderão optar por este plano no mês seguinte ao do reajuste contratual da prestação.*
>
> *§ 9º No caso de opção (§ 8º), o mutuário não terá direito a cobertura pelo Fundo*

de Compensação de Variações Salariais (FCVS) de eventual saldo devedor residual ao final do contrato, o qual deverá ser renegociado com o agente financeiro."

Art. 23. As importâncias eventualmente cobradas a mais dos mutuários deverão ser ressarcidas devidamente corrigidas pelos índices de atualização dos depósitos de poupança, em espécie ou através de redução nas prestações vincendas imediatamente subsequentes.

Art. 24. O Banco Central do Brasil baixará as instruções necessárias à aplicação desta lei.

Art. 25. Esta lei entra em vigor na data de sua publicação.

Brasília, 14 de março de 1990; 169º da Independência e 102º da República.
JOSÉ SARNEY
(DOU de 14.3.1990)

LEI Nº 8.009, DE 29 DE MARÇO DE 1990

Dispõe sobre a impenhorabilidade do bem de família.

- *Arts. 1.711 a 1.722 do Código Civil*

Faço saber que o **PRESIDENTE DA REPÚBLICA** adotou a Medida Provisória nº 143, de 1990, que o Congresso Nacional aprovou, e eu, NELSON CARNEIRO, Presidente do Senado Federal, para os efeitos do disposto no parágrafo único do art. 62 da Constituição Federal, promulgo a seguinte lei:

Art. 1º O imóvel residencial próprio do casal, ou da entidade familiar, é impenhorável e não responderá por qualquer tipo de dívida civil, comercial, fiscal, previdenciária ou de outra natureza, contraída pelos cônjuges ou pelos pais ou filhos que sejam seus proprietários e nele residam, salvo nas hipóteses previstas nesta lei.

- *Arts. 1.711 e 1.715 do Código Civil*
- *Art. 832 do Código de Processo Civil de 2015*
- *Arts. 19 a 23 do Decreto-lei 3.200/1941 (Dispõe sobre a organização e proteção da família)*

Parágrafo único. A impenhorabilidade compreende o imóvel sobre o qual se assentam a construção, as plantações, as benfeitorias de qualquer natureza e todos os equipamentos, inclusive os de uso profissional, ou móveis que guarnecem a casa, desde que quitados.

- *Arts. 833 e 902 do Código de Processo Civil de 2015*
- *Art. 1.712 do Código Civil*

Art. 2º Excluem-se da impenhorabilidade os veículos de transporte, obras de arte e adornos suntuosos.

Parágrafo único. No caso de imóvel locado, a impenhorabilidade aplica-se aos bens móveis quitados que guarneçam a residência e que sejam de propriedade do locatário, observado o disposto neste artigo.

Art. 3º A impenhorabilidade é oponível em qualquer processo de execução civil, fiscal, previdenciária, trabalhista ou de outra natureza, salvo se movido:

I – *(Revogado pela Lei Complementar nº 150, de 2015)*;

II – pelo titular do crédito decorrente do financiamento destinado à construção ou aquisição do imóvel, no limite dos créditos e acréscimos constituídos em função do respectivo contrato;

III – pelo credor da pensão alimentícia, resguardados os direitos, sobre o bem, do seu coproprietário que, com o devedor, integre união estável ou conjugal, observadas as hipóteses em que ambos responderão pela dívida; *(Redação dada pela Lei nº 13.144 de 2015)*

IV – para cobrança de impostos, predial ou territorial, taxas e contribuições devidas em função do imóvel familiar;

V – para execução de hipoteca sobre o imóvel oferecido como garantia real pelo casal ou pela entidade familiar;

VI – por ter sido adquirido com produto de crime ou para execução de sentença penal condenatória a ressarcimento, indenização ou perdimento de bens.

VII - por obrigação decorrente de fiança concedida em contrato de locação. *(Incluído pela Lei nº 8.245, de 1991)*

Art. 4º Não se beneficiará do disposto nesta lei aquele que, sabendo-se insolvente, adquire de má-fé imóvel mais valioso para transferir a residência familiar, desfazendo-se ou não da moradia antiga.

§ 1º Neste caso, poderá o juiz, na respectiva ação do credor, transferir a impenhorabilidade para a moradia familiar anterior, ou anular-lhe a venda, liberando a mais valiosa para execução ou concurso, conforme a hipótese.

§ 2º Quando a residência familiar constituir-se em imóvel rural, a impenhorabilidade restringir-se-á à sede de moradia, com os respectivos bens móveis, e, nos casos do art. 5º, inciso XXVI, da Constituição, à área limitada como pequena propriedade rural.

Art. 5º Para os efeitos de impenhorabilidade, de que trata esta lei, considera-se residência um único imóvel utilizado pelo casal ou pela entidade familiar para moradia permanente.

Parágrafo único. Na hipótese de o casal, ou entidade familiar, ser possuidor de vários imóveis utilizados como residência, a impenhorabilidade recairá sobre o de menor valor, salvo se outro tiver sido registrado, para esse fim, no Registro de Imóveis e na forma do art. 70 do Código Civil.

- *Reporta-se ao Código Civil de 1.916*
- *Arts. 1.711, 1.715, 1716 e 1.722 do Código Civil de 2002*
- *Art. 167, I-1 da Lei 6.015/1973*

Art. 6º São canceladas as execuções suspensas pela Medida Provisória nº 143, de 8 de março de 1990, que deu origem a esta lei.

Art. 7º Esta lei entra em vigor na data de sua publicação.

Art. 8º Revogam-se as disposições em contrário.

Senado Federal, 29 de março de 1990; 169º da Independência e 102º da República.
NELSON CARNEIRO
(DOU de 30.3.1990).

LEI Nº 8.025, DE 12 DE ABRIL DE 1990

Dispõe sobre a alienação de bens imóveis residenciais de propriedade da União, e dos vinculados ou incorporados ao FRHB, situados no Distrito Federal, e dá outras providências.

O PRESIDENTE DA REPÚBLICA,

Faço saber que o Congresso Nacional decreta e eu sanciono a seguinte lei:

Art. 1º É o Poder Executivo autorizado a alienar, mediante concorrência pública e com observância do Decreto-Lei nº 2.300, de 21 de novembro de 1986, os imóveis residenciais de propriedade da União situados no Distrito Federal, inclusive os vinculados ou incorporados ao Fundo Rotativo Habitacional de Brasília (FRHB).

§ 1º Os licitantes estão dispensados da exigência do art. 16 do decreto-lei supracitado.

§ 2º Não se incluem na autorização a que se refere este artigo, os seguintes imóveis:

I – os residenciais administrados pelas Forças Armadas, destinados à ocupação por militares;

II – os destinados a funcionários do Serviço Exterior, de que trata a lei nº 7.501, de 27 de junho de 1986;

III – os ocupados por membros do Poder Legislativo;

IV – os ocupados por Ministros do Supremo Tribunal Federal, dos Tribunais Superiores e do Tribunal de Contas da União, pelo Procurador-Geral da República, pelos Subprocuradores-Gerais do Ministério Público Federal, do Trabalho e Militar e pelo Procurador-Geral do Tribunal de Contas da União, salvo sua expressa manifestação em contrário, no prazo de vinte dias a partir da data da publicação desta lei;

V – os destinados a servidores no exercício de cargo ou função de confiança que sejam considerados, pelo Poder Executivo, indispensáveis ao serviço público.

Parágrafo único. Os imóveis a serem destinados aos servidores a que se refere o inciso V deste artigo serão escolhidos dentre aqueles que estiverem vagos à data da vigência da Medida Provisória nº 149, de 15 de março de 1990, ou vierem a vagar por devolução espontânea ou desocupação judicial.

Art. 2º A Caixa Econômica Federal presidirá o processo de licitação na forma do art. 1º desta lei e observará os seguintes critérios:

I – o preço do imóvel a ser alienado será o de mercado, segundo os métodos de avaliação usualmente utilizados pela própria Caixa Econômica Federal;

II – somente poderá licitar pessoa física;

III – o licitante somente poderá apresentar proposta, em cada licitação, para uma unidade residencial;

IV – somente será vendida uma unidade residencial por pessoa;

V – o imóvel será alienado mediante contrato com força de escritura pública (art. 60, da Lei nº 4.380, de 21 de agosto de 1964);

VI – o contrato de compra e venda, ainda que o pagamento integral seja feito à vista, conterá cláusula impeditiva de o adquirente, no prazo de 5 (cinco) anos, vender, prometer vender ou ceder seus direitos sobre o imóvel alienado nos termos desta lei.

› *Art. 167, I, 29 da Lei 6.015/1973*

Art. 3º Serão nulos de pleno direito, não sendo devidas indenizações às partes envolvidas, quaisquer atos firmados em contrariedade à cláusula, de que trata o inciso VI do art. 2º.

Art. 4º O contrato de compra e venda será rescindido, de pleno direito, independentemente de interpelação judicial ou extrajudicial, se o comprador prestar declaração falsa no processo de habilitação à compra, hipótese em que fará jus à devolução da quantia paga, sem qualquer reajuste ou correção monetária.

Art. 5º A Caixa Econômica Federal procederá, perante os órgãos administrativos do Distrito Federal, nos Cartórios de Registro de Imóveis, à regularização dos títulos dominiais dos imóveis alienados.

Parágrafo único. Os Cartórios de Notas e os Cartórios de Registro de Imóveis darão prioridade de atendimento à Caixa Econômica Federal no procedimento de regularização acima previsto.

› *Arts. 11, 12 e 182 da Lei 6.015/1973*

Art. 6º Ao legítimo ocupante de imóvel funcional dar-se-á conhecimento do preço de mercado do respectivo imóvel, calculado na forma do art. 2º, inciso I, previamente à publicação do edital de concorrência pública, podendo adquiri-lo por esse valor, caso se manifeste no prazo de 30 dias, mediante notificação, e desde que preencha os seguintes requisitos:

I – ser titular de regular termo de ocupação;

II – estar quite com as obrigações relativas à ocupação;

III – ser titular de cargo efetivo ou emprego permanente, lotado em órgão ou entidade da Administração Pública Federal ou do Distrito Federal.

§ 1º A legitimidade da ocupação será evidenciada em recadastramento dos atuais ocupantes, a ser promovido pela Secretaria da Administração Federal da Presidência da República com base na legislação vigente.

§ 2º O ocupante que não tiver condições financeiras para a aquisição do imóvel que ocupa poderá solicitar ao órgão competente a permuta deste por outro imóvel compatível com sua renda, ficando o atendimento a essa solicitação condicionado à existência de imóvel que lhe possa ser destinado e à conveniência administrativa para a formação da reserva de imóveis de que trata o inciso V do parágrafo 2º do art. 1º.

§ 3º O ocupante sujeitar-se-á ao previsto no inciso VI, do art. 2º e no art. 3º desta lei.

§ 4º O adquirente de imóvel funcional, nas condições previstas no *caput* deste artigo, poderá efetuar o pagamento, total ou parcial, em cruzados novos, mediante a transferência da titularidade de créditos em contas existentes no Banco Central.

§ 5º Considera-se legítimo ocupante, nos termos deste artigo, o servidor que no momento da aposentadoria ocupava regularmente o imóvel funcional ou, na mesma condição, o cônjuge ou companheira enviuvado e que permaneça nele residindo na data da publicação desta lei. *(Parágrafo incluído pela Lei nº 8.068, de 13.7.1990)*

Art. 7º A venda dos imóveis funcionais somente será efetuada para os atuais ocupantes não proprietários de outro imóvel residencial no Distrito Federal.

Art. 8º Os adquirentes dos imóveis poderão utilizar financiamentos de entidades integrantes do Sistema Financeiro da Habitação (SFH) e de outras instituições, inclusive entidades abertas ou fechadas de previdência privada.

Art. 9º A Caixa Econômica Federal representará a União na celebração e administração dos contratos de compra e venda de imóveis funcionais, promovendo, inclusive, as medidas judiciais e extrajudiciais que se tornarem necessárias à sua execução.

Art. 10. Com o ato da celebração do contrato de compra e venda estará automaticamente rescindido o termo de ocupação do respectivo imóvel a que se referem o Decreto nº 85.633, de 8 de janeiro de 1981 e o Decreto nº 96.633, de 1º de setembro de 1988.

Art. 11. É facultado à Ordem dos Advogados do Brasil – Seção do Distrito Federal, designar um representante que integrará a comissão de licitação a ser instituída para executar a licitação prevista nesta lei.

Art. 12. O valor apurado em decorrência da alienação de cada imóvel será convertido em renda da União, cujo produto será, obrigatoriamente, aplicado em programas habitacionais de caráter social.

Art. 13. As empresas públicas, sociedades de economia mista, respectivas subsidiárias e entidades controladas direta ou indiretamente pela União, ficam autorizadas a proceder aos atos legais e administrativos necessários à alienação de suas unidades residenciais não vinculadas às suas atividades operacionais, com base nos termos desta lei.

Art. 14. A ocupação dos imóveis residenciais não destinados à alienação, no que não contrarie esta lei, permanece regida pelas disposições do Decreto-Lei nº 1.390, de 29 de janeiro de 1975.

Art. 15. O permissionário, dentre outros compromissos se obriga a:

I – pagar:

a) taxa de uso;

b) despesas ordinárias de manutenção, resultantes do rateio das despesas realizadas em cada mês, tais como zeladoria, consumo de água e energia elétrica, seguro contra incêndio, bem assim outras relativas às áreas de uso comum;

c) quota de condomínio, exigível quando o imóvel funcional estiver localizado em edifício em condomínio com terceiros, hipótese em que não será devido o pagamento previsto na alínea anterior;

d) despesas relativas a consumo de gás, água e energia elétrica do próprio imóvel funcional;

e) multa equivalente a dez vezes o valor da taxa de uso, em cada período de trinta dias de retenção do imóvel, após a perda do direito à ocupação;

II – aderir à convenção de administração do edifício;

III – ao desocupar o imóvel, restituí-lo nas mesmas condições de habitabilidade em que o recebeu.

1º O pagamento da taxa de uso e das despesas ordinárias de manutenção será efetuado mediante consignação em folha ou, se esta não for possível, por meio de documento próprio de arrecadação ao Tesouro Nacional, com cópia para o órgão responsável pela administração do imóvel.

§ 2º O atraso no pagamento da taxa de uso ou das despesas ordinárias de manutenção sujeitará o permissionário a juros de mora de um por cento ao mês e correção monetária.

§ 3º A quota de que trata a alínea c do inciso I deste artigo será paga diretamente ao condomínio ou ao órgão responsável pela administração destes imóveis.

Art. 16. A taxa de uso será de 0,001 (um milésimo) do valor do imóvel. *(Redação dada pela Lei nº 11.490, de 2007)*

§ 1º Aos ocupantes de cargos em comissão, nível DAS-4 ou superiores, e de cargos de Ministro de Estado, ou equivalentes, é facultado optar pelo pagamento da taxa de uso no valor de 10% (dez por cento) da remuneração dos referidos cargos. *(Incluído pela Lei nº 11.490, de 2007)*

§ 2º O prazo para o exercício da opção referida no § 1º deste artigo, bem como a periodicidade e os critérios de atualização da taxa de uso serão definidos em regulamento. *(Incluído pela Lei nº 11.490, de 2007)*

Art. 17. Os imóveis de que trata o art. 14, quando irregular sua ocupação, serão objeto de reintegração de posse liminar em favor da União, independentemente do tempo em que o imóvel estiver ocupado.*(Redação dada pela Lei nº 9.649, de 1998)*

§ 1º O Ministério do Planejamento, Orçamento e Gestão, por intermédio do órgão responsável pela administração dos imóveis, será o depositário dos imóveis reintegrados. *(Redação dada pela Lei nº 9.649, de 1998)*

§ 2º Julgada improcedente a ação de reintegração de posse em decisão transitada em julgado, o Ministério do Planejamento, Orçamento e Gestão colocará o imóvel à disposição do juízo dentro de cinco dias da intimação para fazê-lo. *(Redação dada pela Lei nº 9.649, de 1998)*

Art. 18. É o Poder Executivo autorizado a extinguir o Fundo Rotativo Habitacional de Brasília (FRHB), instituído pelo § 5º do art. 65 da Lei nº 4.380, de 21 de agosto de 1964, passando à propriedade da União os imóveis a ele incorporados ou vinculados.

Art. 19. É extinta a Superintendência da Construção e Administração Imobiliária (SUCAD), passando seu acervo e atribuições à Secretaria de Administração Federal da Presidência da República.

Art. 20. O Poder Executivo regulamentará esta lei nº prazo de quarenta e cinco dias contados da data de sua publicação.

Art. 21. Revoga-se o Decreto-Lei nº 76, de 21 de novembro de 1966 e disposições em contrário.

Brasília, 12 de abril de 1990;
169º da Independência e 102º da República.
FERNANDO COLLOR
(DOU de 13.4.1990)

LEI Nº 8.245, DE 18 DE OUTUBRO DE 1991

Dispõe sobre as locações dos imóveis urbanos e os procedimentos a elas pertinentes.

- *Arts. 565 a 578 do Código Civil*
- *Arts. 167, I, 3; II, 16; parágrafo único e 242, Lei n. 6.015/1973 (Registros Públicos)*
- *Enunciado 29, I Jornada de Direito Notarial e Registral*

O PRESIDENTE DA REPÚBLICA

Faço saber que o Congresso Nacional decreta e eu sanciono a seguinte lei:

TÍTULO I – DA LOCAÇÃO

CAPÍTULO I – DISPOSIÇÕES GERAIS

SEÇÃO I – DA LOCAÇÃO EM GERAL

Art. 1º A locação de imóvel urbano regula-se pelo disposto nesta lei:

Parágrafo único. Continuam regulados pelo Código Civil e pelas leis especiais:

a) as locações:

1. de imóveis de propriedade da União, dos Estados e dos Municípios, de suas autarquias e fundações públicas;
2. de vagas autônomas de garagem ou de espaços para estacionamento de veículos;
3. de espaços destinados à publicidade;
4. em apart-hotéis, hotéis – residência ou equiparados, assim considerados aqueles que prestam serviços regulares a seus usuários e como tais sejam autorizados a funcionar;

b) o arrendamento mercantil, em qualquer de suas modalidades.

Art. 2º Havendo mais de um locador ou mais de um locatário, entende-se que são solidários se o contrário não se estipulou.

Parágrafo único. Os ocupantes de habitações coletivas multifamiliares presumem-se locatários ou sublocatários.

Art. 3º O contrato de locação pode ser ajustado por qualquer prazo, dependendo de vênia conjugal, se igual ou superior a dez anos.

Parágrafo único. Ausente a vênia conjugal, o cônjuge não estará obrigado a observar o prazo excedente.

Art. 4º Durante o prazo estipulado para a duração do contrato, não poderá o locador reaver o imóvel alugado. Com exceção ao que estipula o § 2º do art. 54-A, o locatário, todavia, poderá devolvê-lo, pagando a multa pactuada, proporcional ao período de cumprimento do contrato, ou, na sua falta, a que for judicialmente estipulada. *(Redação dada pela Lei nº 12.744, de 2012)*

Parágrafo único. O locatário ficará dispensado da multa se a devolução do imóvel decorrer de transferência, pelo seu empregador, privado ou público, para prestar serviços em localidades diversas daquela do início do contrato, e se notificar, por escrito, o locador com prazo de, no mínimo, trinta dias de antecedência.

Art. 5º Seja qual for o fundamento do término da locação, a ação do locador para reaver o imóvel é a de despejo.

Parágrafo único. O disposto neste artigo não se aplica se a locação termina em decorrência de desapropriação, com a imissão do expropriante na posse do imóvel.

Art. 6º O locatário poderá denunciar a locação por prazo indeterminado mediante aviso por escrito ao locador, com antecedência mínima de trinta dias.

Parágrafo único. Na ausência do aviso, o locador poderá exigir quantia correspondente a um mês de aluguel e encargos, vigentes quando da resilição.

Art. 7º Nos casos de extinção de usufruto ou de fideicomisso, a locação celebrada pelo usufrutuário ou fiduciário poderá ser denunciada, com o prazo de trinta dias para a desocupação, salvo se tiver havido aquiescência escrita do nu-proprietário ou do fideicomissário, ou se a propriedade estiver consolidada em mãos do usufrutuário ou do fiduciário.

- *Arts. 1.410, VI e 1.958 do Código Civil*

Parágrafo único. A denúncia deverá ser exercitada no prazo de noventa dias contados da extinção do fideicomisso ou da averbação da extinção do usufruto, presumindo-se, após esse prazo, a concordância na manutenção da locação.

Art. 8º Se o imóvel for alienado durante a locação, o adquirente poderá denunciar o contrato, com o prazo de noventa dias para a desocupação, salvo se a locação for por tempo determinado e o contrato contiver cláusula de vigência em caso de alienação e estiver averbado junto à matrícula do imóvel.

- *Vide Arts. 167, I, 3; 167, II, 16 e parágrafo único e 242, da Lei 6.015/1973*
- *Vide Enunciado 29, I Jornada de Direito Notarial e Registral*

§ 1º Idêntico direito terá o promissário comprador e o promissário cessionário, em caráter irrevogável, com imissão na posse do imóvel e título registrado junto à matrícula do mesmo.

§ 2º A denúncia deverá ser exercitada no prazo de noventa dias contados do registro da venda ou do compromisso, presumindo-se, após esse prazo, a concordância na manutenção da locação.

Art. 9º A locação também poderá ser desfeita:

I – por mútuo acordo;

II – em decorrência da prática de infração legal ou contratual;

III – em decorrência da falta de pagamento do aluguel e demais encargos;

IV – para a realização de reparações urgentes determinadas pelo Poder Público, que não possam ser normalmente executadas com a permanência do locatário no imóvel ou, podendo, ele se recuse a consenti-las.

Art. 10. Morrendo o locador, a locação transmite-se aos herdeiros.

Art. 11. Morrendo o locatário, ficarão sub-rogados nos seus direitos e obrigações:

I – nas locações com finalidade residencial, o cônjuge sobrevivente ou o companheiro e, sucessivamente, os herdeiros necessários e as pessoas que viviam na dependência econômica do de cujus, desde que residentes no imóvel;

II – nas locações com finalidade não residencial, o espólio e, se for o caso, seu sucessor no negócio.

Art. 12. Em casos de separação de fato, separação judicial, divórcio ou dissolução da união estável, a locação residencial prosseguirá automaticamente com o cônjuge ou companheiro que permanecer no imóvel. *(Redação dada pela Lei nº 12.112, de 2009)*

§ 1º Nas hipóteses previstas neste artigo e no art. 11, a sub-rogação será comunicada por escrito ao locador e ao fiador, se esta for a modalidade de garantia locatícia. *(Incluído pela Lei nº 12.112, de 2009)*

§ 2º O fiador poderá exonerar-se das suas responsabilidades no prazo de 30 (trinta) dias contado do recebimento da comunicação oferecida pelo sub-rogado, ficando responsável pelos efeitos da fiança durante 120 (cento e vinte) dias após a notificação ao locador. *(Incluído pela Lei nº 12.112, de 2009)*

Art. 13. A cessão da locação, a sublocação e o empréstimo do imóvel, total ou parcialmente, dependem do consentimento prévio e escrito do locador.

§ 1º Não se presume o consentimento pela simples demora do locador em manifestar formalmente a sua oposição.

§ 2º Desde que notificado por escrito pelo locatário, de ocorrência de uma das hipóteses deste artigo, o locador terá o prazo de trinta dias para manifestar formalmente a sua oposição.

§ 3º *(VETADO) (Incluído pela Lei nº 12.112, de 2009)*

SEÇÃO II – DAS SUBLOCAÇÕES

Art. 14. Aplicam-se às sublocações, no que couber, as disposições relativas às locações.

Art. 15. Rescindida ou finda a locação, qualquer que seja sua causa, resolvem-se as sublocações, assegurado o direito de indenização do sublocatário contra o sublocador.

Art. 16. O sublocatário responde subsidiariamente ao locador pela importância que dever ao sublocador, quando este for demandado e, ainda, pelos aluguéis que se vencerem durante a lide.

SEÇÃO III – DO ALUGUEL

Art. 17. É livre a convenção do aluguel, vedada a sua estipulação em moeda

REGISTRO DE IMÓVEIS 2.3

estrangeira e a sua vinculação à variação cambial ou ao salário mínimo.

Parágrafo único. Nas locações residenciais serão observados os critérios de reajustes previstos na legislação específica.

Art. 18. É lícito às partes fixar, de comum acordo, novo valor para o aluguel, bem como inserir ou modificar cláusula de reajuste.

Art. 19. Não havendo acordo, o locador ou locatário, após três anos de vigência do contrato ou do acordo anteriormente realizado, poderão pedir revisão judicial do aluguel, a fim de ajustá-lo ao preço de mercado.

Art. 20. Salvo as hipóteses do art. 42 e da locação para temporada, o locador não poderá exigir o pagamento antecipado do aluguel.

Art. 21. O aluguel da sublocação não poderá exceder o da locação; nas habitações coletivas multifamiliares, a soma dos aluguéis não poderá ser superior ao dobro do valor da locação.

Parágrafo único. O descumprimento deste artigo autoriza o sublocatário a reduzir o aluguel até os limites nele estabelecidos.

SEÇÃO IV – DOS DEVERES DO LOCADOR E DO LOCATÁRIO

Art. 22. O locador é obrigado a:

I – entregar ao locatário o imóvel alugado em estado de servir ao uso a que se destina;

II – garantir, durante o tempo da locação, o uso pacífico do imóvel locado;

III – manter, durante a locação, a forma e o destino do imóvel;

IV – responder pelos vícios ou defeitos anteriores à locação;

V – fornecer ao locatário, caso este solicite, descrição minuciosa do estado do imóvel, quando de sua entrega, com expressa referência aos eventuais defeitos existentes;

VI – fornecer ao locatário recibo discriminado das importâncias por este pagas, vedada a quitação genérica;

VII – pagar as taxas de administração imobiliária, se houver, e de intermediações, nestas compreendidas as despesas necessárias à aferição da idoneidade do pretendente ou de seu fiador;

VIII – pagar os impostos e taxas, e ainda o prêmio de seguro complementar contra fogo, que incidam ou venham a incidir sobre o imóvel, salvo disposição expressa em contrário no contrato;

IX – exibir ao locatário, quando solicitado, os comprovantes relativos às parcelas que estejam sendo exigidas;

X – pagar as despesas extraordinárias de condomínio.

Parágrafo único. Por despesas extraordinárias de condomínio se entendem aquelas que não se refiram aos gastos rotineiros de manutenção do edifício, especialmente:

a) obras de reformas ou acréscimos que interessem à estrutura integral do imóvel;

b) pintura das fachadas, empenas, poços de aeração e iluminação, bem como das esquadrias externas;

c) obras destinadas a repor as condições de habitabilidade do edifício;

d) indenizações trabalhistas e previdenciárias pela dispensa de empregados, ocorridas em data anterior ao início da locação;

e) instalação de equipamento de segurança e de incêndio, de telefonia, de intercomunicação, de esporte e de lazer;

f) despesas de decoração e paisagismo nas partes de uso comum;

g) constituição de fundo de reserva.

Art. 23. O locatário é obrigado a:

I – pagar pontualmente o aluguel e os encargos da locação, legal ou contratualmente exigíveis, no prazo estipulado ou, em sua falta, até o sexto dia útil do mês seguinte ao vencido, no imóvel locado, quando outro local não tiver sido indicado no contrato;

II – servir-se do imóvel para o uso convencionado ou presumido, compatível com a natureza deste e com o fim a que se destina, devendo tratá-lo com o mesmo cuidado como se fosse seu;

III – restituir o imóvel, finda a locação, no estado em que o recebeu, salvo as deteriorações decorrentes do seu uso normal;

IV – levar imediatamente ao conhecimento do locador o surgimento de qualquer dano ou defeito cuja reparação a este incumba, bem como as eventuais turbações de terceiros;

V – realizar a imediata reparação dos danos verificados no imóvel, ou nas suas instalações, provocadas por si, seus dependentes, familiares, visitantes ou prepostos;

VI – não modificar a forma interna ou externa do imóvel sem o consentimento prévio e por escrito do locador;

VII – entregar imediatamente ao locador os documentos de cobrança de tributos e encargos condominiais, bem como qualquer intimação, multa ou exigência de autoridade pública, ainda que dirigida a ele, locatário;

VIII – pagar as despesas de telefone e de consumo de força, luz e gás, água e esgoto;

IX – permitir a vistoria do imóvel pelo locador ou por seu mandatário, mediante combinação prévia de dia e hora, bem como admitir que seja o mesmo visitado e examinado por terceiros, na hipótese prevista no art. 27;

X – cumprir integralmente a convenção de condomínio e os regulamentos internos;

XI – pagar o prêmio do seguro de fiança;

XII – pagar as despesas ordinárias de condomínio.

§ 1º Por despesas ordinárias de condomínio se entendem as necessárias à administração respectiva, especialmente:

a) salários, encargos trabalhistas, contribuições previdenciárias e sociais dos empregados do condomínio;

b) consumo de água e esgoto, gás, luz e força das áreas de uso comum;

c) limpeza, conservação e pintura das instalações e dependências de uso comum;

d) manutenção e conservação das instalações e equipamentos hidráulicos, elétricos, mecânicos e de segurança, de uso comum;

e) manutenção e conservação das instalações e equipamentos de uso comum destinados à prática de esportes e lazer;

f) manutenção e conservação de elevadores, porteiro eletrônico e antenas coletivas;

g) pequenos reparos nas dependências e instalações elétricas e hidráulicas de uso comum;

h) rateios de saldo devedor, salvo se referentes a período anterior ao início da locação;

i) reposição do fundo de reserva, total ou parcialmente utilizado no custeio ou complementação das despesas referidas nas alíneas anteriores, salvo se referentes a período anterior ao início da locação.

§ 2º O locatário fica obrigado ao pagamento das despesas referidas no parágrafo anterior, desde que comprovadas a previsão orçamentária e o rateio mensal, podendo exigir a qualquer tempo a comprovação das mesmas.

§ 3º No edifício constituído por unidades imobiliárias autônomas, de propriedade da mesma pessoa, os locatários ficam obrigados ao pagamento das despesas referidas no § 1º deste artigo, desde que comprovadas.

Art. 24. Nos imóveis utilizados como habitação coletiva multifamiliar, os locatários ou sublocatários poderão depositar judicialmente o aluguel e encargos se a construção for considerada em condições precárias pelo Poder Público.

§ 1º O levantamento dos depósitos somente será deferido com a comunicação, pela autoridade pública, da regularização do imóvel.

§ 2º Os locatários ou sublocatários que deixarem o imóvel estarão desobrigados do aluguel durante a execução das obras necessárias à regularização.

§ 3º Os depósitos efetuados em juízo pelos locatários e sublocatários poderão ser levantados, mediante ordem judicial, para realização das obras ou serviços necessários à regularização do imóvel.

Art. 25. Atribuída ao locatário a responsabilidade pelo pagamento dos tributos, encargos e despesas ordinárias de condomínio, o locador poderá cobrar tais verbas juntamente com o aluguel do mês a que se refiram.

Parágrafo único. Se o locador antecipar os pagamentos, a ele pertencerão as vantagens daí advindas, salvo se o locatário reembolsá-lo integralmente.

Art. 26. Necessitando o imóvel de reparos urgentes, cuja realização incumba ao locador, o locatário é obrigado a consenti-los.

Parágrafo único. Se os reparos durarem mais de dez dias, o locatário terá direito ao abatimento do aluguel, proporcional ao período excedente; se mais de trinta dias, poderá resilir o contrato.

SEÇÃO V – DO DIREITO DE PREFERÊNCIA

Art. 27. No caso de venda, promessa de venda, cessão ou promessa de cessão de direitos ou dação em pagamento, o locatário tem preferência para adquirir o imóvel locado, em igualdade de condições com terceiros, devendo o locador dar-lhe conhecimento do negócio mediante notificação judicial, extrajudicial ou outro meio de ciência inequívoca.

- *Vide Arts. 167, I, 3; 167, II, 16 e parágrafo único da Lei 6.015/1973*
- *Vide Enunciado 29, I Jornada de Direito Notarial e Registral*

Parágrafo único. A comunicação deverá conter todas as condições do negócio e, em especial, o preço, a forma de pagamento, a existência de ônus reais, bem como o local e horário em que pode ser examinada a documentação pertinente.

Art. 28. O direito de preferência do locatário caducará se não manifestada, de maneira inequívoca, sua aceitação integral à proposta, no prazo de trinta dias.

Art. 29. Ocorrendo aceitação da proposta, pelo locatário, a posterior desistência do negócio pelo locador acarreta, a este, responsabilidade pelos prejuízos ocasionados, inclusive lucros cessantes.

Art. 30. Estando o imóvel sublocado em sua totalidade, caberá a preferência ao sublocatário e, em seguida, ao locatário. Se forem vários os sublocatários, a preferência caberá a todos, em comum, ou a qualquer deles, se um só for o interessado.

Parágrafo único. Havendo pluralidade de pretendentes, caberá a preferência ao locatário mais antigo, e, se da mesma data, ao mais idoso.

Art. 31. Em se tratando de alienação de mais de uma unidade imobiliária, o direito de preferência incidirá sobre a totalidade dos bens objeto da alienação.

Art. 32. O direito de preferência não alcança os casos de perda da propriedade ou venda por decisão judicial, permuta, doação, integralização de capital, cisão, fusão e incorporação.

Parágrafo único. Nos contratos firmados a partir de 1º de outubro de 2001, o direito de preferência de que trata este artigo não alcançará também os casos de constituição da propriedade fiduciária e de perda da propriedade ou venda por quaisquer formas de realização de garantia, inclusive mediante leilão extrajudicial, devendo essa condição constar expressamente em cláusula contratual específica, destacando-se das demais por sua apresentação gráfica. *(Incluído pela Lei nº 10.931, de 2004)*

Art. 33. O locatário preterido no seu direito de preferência poderá reclamar do alienante as perdas e danos ou, depositando o preço e demais despesas do ato de transferência, haver para si o imóvel locado, se o requerer no prazo de seis meses, a contar do registro do ato no cartório de imóveis, desde que o contrato de locação esteja averbado pelo menos trinta dias antes da alienação junto à matrícula do imóvel.

Parágrafo único. A averbação far-se-á à vista de qualquer das vias do contrato de locação desde que subscrito também por duas testemunhas.

- *Art. 169, III da Lei 6.015/1973*

Art. 34. Havendo condomínio no imóvel, a preferência do condômino terá prioridade sobre a do locatário.

SEÇÃO VI – DAS BENFEITORIAS

Art. 35. Salvo expressa disposição contratual em contrário, as benfeitorias necessárias introduzidas pelo locatário, ainda que não autorizadas pelo locador, bem como as úteis, desde que autorizadas, serão indenizáveis e permitem o exercício do direito de retenção.

Art. 36. As benfeitorias voluptuárias não serão indenizáveis, podendo ser levantadas pelo locatário, finda a locação, desde que sua retirada não afete a estrutura e a substância do imóvel.

SEÇÃO VII – DAS GARANTIAS LOCATÍCIAS

Art. 37. No contrato de locação, pode o locador exigir do locatário as seguintes modalidades de garantia:

I – caução;

II – fiança;

III – seguro de fiança locatícia.

IV – cessão fiduciária de quotas de fundo de investimento. *(Incluído pela Lei nº 11.196, de 2005)*

Parágrafo único. É vedada, sob pena de nulidade, mais de uma das modalidades de garantia num mesmo contrato de locação.

Art. 38. A caução poderá ser em bens móveis ou imóveis.

§ 1º A caução em bens móveis deverá ser registrada em cartório de títulos e documentos; a em bens imóveis deverá ser averbada à margem da respectiva matrícula.

- *Art. 127, III, 144, 145 e 167, II-8 da Lei 6.015/1973*

§ 2º A caução em dinheiro, que não poderá exceder o equivalente a três meses de aluguel, será depositada em caderneta de poupança, autorizada, pelo Poder Público e por ele regulamentada, revertendo em benefício do locatário todas as vantagens dela decorrentes por ocasião do levantamento da soma respectiva.

§ 3º A caução em títulos e ações deverá ser substituída, no prazo de trinta dias, em caso de concordata, falência ou liquidação das sociedades emissoras.

Art. 39. Salvo disposição contratual em contrário, qualquer das garantias da locação se estende até a efetiva devolução do imóvel, ainda que prorrogada a locação por prazo indeterminado, por força desta Lei. *(Redação dada pela Lei nº 12.112, de 2009)*

Art. 40. O locador poderá exigir novo fiador ou a substituição da modalidade de garantia, nos seguintes casos:

I – morte do fiador;

II – ausência, interdição, recuperação judicial, falência ou insolvência do fiador, declaradas judicialmente; *(Redação dada pela Lei nº 12.112, de 2009)*

III – alienação ou gravação de todos os bens imóveis do fiador ou sua mudança de residência sem comunicação ao locador;

IV – exoneração do fiador;

V – prorrogação da locação por prazo indeterminado, sendo a fiança ajustada por prazo certo;

VI – desaparecimento dos bens móveis;

VII – desapropriação ou alienação do imóvel.

VIII – exoneração de garantia constituída por quotas de fundo de investimento; *(Incluído pela Lei nº 11.196, de 2005)*

IX – liquidação ou encerramento do fundo de investimento de que trata o inciso IV do art. 37 desta Lei. *(Incluído pela Lei nº 11.196, de 2005)*

X – prorrogação da locação por prazo indeterminado uma vez notificado o locador pelo fiador de sua intenção de desoneração, ficando obrigado por todos os efeitos da fiança, durante 120 (cento e vinte) dias após a notificação ao locador. *(Incluído pela Lei nº 12.112, de 2009)*

Parágrafo único. O locador poderá notificar o locatário para apresentar nova garantia locatícia no prazo de 30 (trinta) dias, sob pena de desfazimento da locação. *(Incluído pela Lei nº 12.112, de 2009)*

Art. 41. O seguro de fiança locatícia abrangerá a totalidade das obrigações do locatário.

Art. 42. Não estando a locação garantida por qualquer das modalidades, o locador poderá exigir do locatário o pagamento do aluguel e encargos até o sexto dia útil do mês vincendo.

SEÇÃO VIII – DAS PENALIDADES CRIMINAIS E CIVIS

Art. 43. Constitui contravenção penal, punível com prisão simples de cinco dias a seis meses ou multa de três a doze meses do valor do último aluguel atualizado, revertida em favor do locatário:

I – exigir, por motivo de locação ou sublocação, quantia ou valor além do aluguel e encargos permitidos;

II – exigir, por motivo de locação ou sublocação, mais de uma modalidade de garantia num mesmo contrato de locação;

III – cobrar antecipadamente o aluguel, salvo a hipótese do art. 42 e da locação para temporada.

Art. 44. Constitui crime de ação pública, punível com detenção de três meses a um ano, que poderá ser substituída pela prestação de serviços à comunidade:

I – recusar-se o locador ou sublocador, nas habitações coletivas multifamiliares, a fornecer recibo discriminado do aluguel e encargos;

II – deixar o retomante, dentro de cento e oitenta dias após a entrega do imóvel, no caso do inciso III do art. 47, de usá-lo para o fim declarado ou, usando-o, não o fizer pelo prazo mínimo de um ano;

III – não iniciar o proprietário, promissário comprador ou promissário cessionário, nos casos do inciso IV do art. 9º, inciso IV do art. 47, inciso I do art. 52 e inciso II do art. 53, a demolição ou a reparação do imóvel, dentro de sessenta dias contados de sua entrega;

IV – executar o despejo com inobservância do disposto no § 2º do art. 65.

Parágrafo único. Ocorrendo qualquer das hipóteses previstas neste artigo, poderá o prejudicado reclamar, em processo próprio, multa equivalente a um mínimo de doze e um máximo de vinte e quatro meses do valor do último aluguel atualizado ou do que esteja sendo cobrado do novo locatário, se realugado o imóvel.

SEÇÃO IX – DAS NULIDADES

Art. 45. São nulas de pleno direito as cláusulas do contrato de locação que visem a elidir os objetivos da presente lei, notadamente as que proíbam a prorrogação prevista no art. 47, ou que afastem o direito à renovação, na hipótese do art. 51, ou que imponham obrigações pecuniárias para tanto.

CAPÍTULO II – DAS DISPOSIÇÕES ESPECIAIS

SEÇÃO I – DA LOCAÇÃO RESIDENCIAL

Art. 46. Nas locações ajustadas por escrito e por prazo igual ou superior a trinta meses, a resolução do contrato ocorrerá findo o prazo estipulado, independentemente de notificação ou aviso.

§ 1º Findo o prazo ajustado, se o locatário continuar na posse do imóvel alugado por mais de trinta dias sem oposição do locador, presumir-se-á prorrogada a locação por prazo indeterminado, mantidas as demais cláusulas e condições do contrato.

§ 2º Ocorrendo a prorrogação, o locador poderá denunciar o contrato a qualquer tempo, concedido o prazo de trinta dias para desocupação.

Art. 47. Quando ajustada verbalmente ou por escrito e como prazo inferior a trinta meses, findo o prazo estabelecido, a locação prorroga-se automaticamente, por prazo indeterminado, somente podendo ser retomado o imóvel:

I – Nos casos do art. 9º;

II – em decorrência de extinção do contrato de trabalho, se a ocupação do imóvel pelo locatário relacionada com o seu emprego;

III – se for pedido para uso próprio, de seu cônjuge ou companheiro, ou para uso residencial de ascendente ou descendente que não disponha, assim como seu cônjuge ou companheiro, de imóvel residencial próprio;

IV – se for pedido para demolição e edificação licenciada ou para a realização de obras aprovadas pelo Poder Público, que aumentem a área construída, em, no mínimo, vinte por cento ou, se o imóvel for destinado a exploração de hotel ou pensão, em cinquenta por cento;

V – se a vigência ininterrupta da locação ultrapassar cinco anos.

§ 1º Na hipótese do inciso III, a necessidade deverá ser judicialmente demonstrada, se:

a) O retomante, alegando necessidade de usar o imóvel, estiver ocupando, com a mesma finalidade, outro de sua propriedade situado nas mesma localidade ou, residindo ou utilizando imóvel alheio, já tiver retomado o imóvel anteriormente;

b) o ascendente ou descendente, beneficiário da retomada, residir em imóvel próprio.

§ 2º Nas hipóteses dos incisos III e IV, o retomante deverá comprovar ser proprietário, promissário comprador ou promissário cessionário, em caráter irrevogável, com imissão na posse do imóvel e título registrado junto à matrícula do mesmo.

SEÇÃO II – DA LOCAÇÃO PARA TEMPORADA

Art. 48. Considera-se locação para temporada aquela destinada à residência temporária do locatário, para prática de lazer, realização de cursos, tratamento de saúde, feitura de obras em seu imóvel, e outros fatos que decorrem tão-somente de determinado tempo, e contratada por prazo não superior a noventa dias, esteja ou não mobiliado o imóvel.

Parágrafo único. No caso de a locação envolver imóvel mobiliado, constará do contrato, obrigatoriamente, a descrição dos móveis e utensílios que o guarnecem, bem como o estado em que se encontram.

Art. 49. O locador poderá receber de uma só vez e antecipadamente os aluguéis e encargos, bem como exigir qualquer das modalidades de garantia previstas no art. 37 para atender as demais obrigações do contrato.

Art. 50. Findo o prazo ajustado, se o locatário permanecer no imóvel sem oposição do locador por mais de trinta dias, presumir-se-á prorrogada a locação por tempo indeterminado, não mais sendo exigível o pagamento antecipado do aluguel e dos encargos.

Parágrafo único. Ocorrendo a prorrogação, o locador somente poderá denunciar o contrato após trinta meses de seu início ou nas hipóteses do art. 47.

SEÇÃO III – DA LOCAÇÃO NÃO RESIDENCIAL

Art. 51. Nas locações de imóveis destinados ao comércio, o locatário terá direito a renovação do contrato, por igual prazo, desde que, cumulativamente:

I – o contrato a renovar tenha sido celebrado por escrito e com prazo determinado;

II – o prazo mínimo do contrato a renovar ou a soma dos prazos ininterruptos dos contratos escritos seja de cinco anos;

III – o locatário esteja explorando seu comércio, no mesmo ramo, pelo prazo mínimo e ininterrupto de três anos.

§ 1º O direito assegurado neste artigo poderá ser exercido pelos cessionários ou sucessores da locação; no caso de sublocação total do imóvel, o direito a renovação somente poderá ser exercido pelo sublocatário.

§ 2º Quando o contrato autorizar que o locatário utilize o imóvel para as atividades de sociedade de que faça parte e que a esta passe a pertencer o fundo de comércio, o direito a renovação poderá ser exercido pelo locatário ou pela sociedade.

§ 3º Dissolvida a sociedade comercial por morte de um dos sócios, o sócio sobrevivente fica sub-rogado no direito a renovação, desde que continue no mesmo ramo.

§ 4º O direito a renovação do contrato estende-se às locações celebradas por indústrias e sociedades civis com fim lucrativo, regularmente constituídas, desde que ocorrentes os pressupostos previstos neste artigo.

§ 5º Do direito a renovação decai aquele que não propuser a ação no interregno de um ano, no máximo, até seis meses, no mínimo, anteriores à data da finalização do prazo do contrato em vigor.

Art. 52. O locador não estará obrigado a renovar o contrato se:

I – por determinação do Poder Público, tiver que realizar no imóvel obras que importarem na sua radical transformação; ou para fazer modificações de tal natureza que aumente o valor do negócio ou da propriedade;

II – o imóvel vier a ser utilizado por ele próprio ou para transferência de fundo de comércio existente há mais de um ano, sendo detentor da maioria do capital o locador, seu cônjuge, ascendente ou descendente.

§ 1º Na hipótese do inciso II, o imóvel não poderá ser destinado ao uso do mesmo ramo do locatário, salvo se a locação também envolvia o fundo de comércio, com as instalações e pertences.

§ 2º Nas locações de espaço em shopping centers, o locador não poderá recusar a renovação do contrato com fundamento no inciso II deste artigo.

§ 3º O locatário terá direito a indenização para ressarcimento dos prejuízos e dos lucros cessantes que tiver que arcar com mudança, perda do lugar e desvalorização do fundo de comércio, se a renovação não ocorrer em razão de proposta de terceiro, em melhores condições, ou se o locador, no prazo de três meses da entrega do imóvel, não der o destino alegado ou não iniciar as obras determinadas pelo Poder Público ou que declarou pretender realizar.

Art. 53. Nas locações de imóveis utilizados por hospitais, unidades sanitárias oficiais, asilos, estabelecimentos de saúde e de ensino autorizados e fiscalizados pelo Poder Público, bem como por entidades religiosas devidamente registradas, o contrato somente poderá ser rescindido. *(Redação dada pela Lei nº 9.256, de 9.1.1996)*

I – nas hipóteses do art. 9º;

II – se o proprietário, promissário comprador ou promissário cessionário, em caráter irrevogável e imitido na posse, com título registrado, que haja quitado o preço da promessa ou que, não o tendo feito, seja autorizado pelo proprietário, pedir o imóvel para demolição, edificação, licenciada ou reforma que venha a resultar em aumento mínimo de cinquenta por cento da área útil.

Art. 54. Nas relações entre lojistas e empreendedores de shopping center, prevalecerão as condições livremente pactuadas nos contratos de locação respectivos e as disposições procedimentais previstas nesta lei.

§ 1º O empreendedor não poderá cobrar do locatário em shopping center:

a) as despesas referidas nas alíneas a, b e d do parágrafo único do art. 22; e

b) as despesas com obras ou substituições de equipamentos, que impliquem modificar o projeto ou o memorial descritivo da data do habite-se e obras de paisagismo nas partes de uso comum.

§ 2º As despesas cobradas do locatário devem ser previstas em orçamento, salvo casos de urgência ou força maior, devidamente demonstradas, podendo o locatário, a cada sessenta dias, por si ou entidade de classe exigir a comprovação das mesmas.

Art. 54-A. Na locação não residencial de imóvel urbano na qual o locador procede à prévia aquisição, construção ou substancial reforma, por si mesmo ou por terceiros, do imóvel então especificado pelo pretendente à locação, a fim de que seja a este locado por prazo determinado, prevalecerão as condições livremente pactuadas no contrato respectivo e as disposições procedimentais previstas nesta Lei. *(Incluído pela Lei nº 12.744, de 2012)*

§ 1º Poderá ser convencionada a renúncia ao direito de revisão do valor dos aluguéis durante o prazo de vigência do contrato de locação. *(Incluído pela Lei nº 12.744, de 2012)*

§ 2º Em caso de denúncia antecipada do vínculo locatício pelo locatário, compromete-se este a cumprir a multa convencionada, que não excederá, porém, a soma dos valores dos aluguéis a receber até o termo final da locação. *(Incluído pela Lei nº 12.744, de 2012)*

§ 3º *(VETADO). (Incluído pela Lei nº 12.744, de 2012)*

Art. 55. Considera-se locação não residencial quando o locatário for pessoa jurídica e o imóvel, destinar-se ao uso de seus titulares, diretores, sócios, gerentes, executivos ou empregados.

Art. 56. Nos demais casos de locação não residencial, o contrato por prazo determinado cessa, de pleno direito, findo o prazo estipulado, independentemente de notificação ou aviso.

Parágrafo único. Findo o prazo estipulado, se o locatário permanecer no imóvel por mais de trinta dias sem oposição do locador, presumir-se-á prorrogada a locação nas condições ajustadas, mas sem prazo determinado.

Art. 57. O contrato de locação por prazo indeterminado pode ser denunciado por escrito, pelo locador, concedidos ao locatário trinta dias para a desocupação.

TÍTULO II – DOS PROCEDIMENTOS

CAPÍTULO I – DAS DISPOSIÇÕES GERAIS

Art. 58. Ressalvados os casos previstos no parágrafo único do art. 1º, nas ações de despejo, consignação em pagamento de aluguel e acessório da locação, revisionais de aluguel e renovatórias de locação, observar-se-á o seguinte:

I – os processos tramitam durante as férias forenses e não se suspendem pela superveniência delas;

II – é competente para conhecer e julgar tais ações o foro do lugar da situação do imóvel, salvo se outro houver sido eleito no contrato;

III – o valor da causa corresponderá a doze meses de aluguel, ou, na hipótese do inciso II do art. 47, a três salários vigentes por ocasião do ajuizamento;

IV – desde que autorizado no contrato, a citação, intimação ou notificação far-se-á mediante correspondência com aviso de recebimento, ou, tratando-se de pessoa jurídica ou firma individual, também mediante telex ou fac-símile, ou, ainda, sendo necessário, pelas demais formas previstas no Código de Processo Civil;

V – os recursos interpostos contra as sentenças terão efeito somente devolutivo.

CAPÍTULO II – DAS AÇÕES DE DESPEJO

Art. 59. Com as modificações constantes deste capítulo, as ações de despejo terão o rito ordinário.

§ 1º Conceder-se-á liminar para desocupação em quinze dias, independentemente da audiência da parte contrária e desde que prestada a caução no valor equivalente a três meses de aluguel, nas ações que tiverem por fundamento exclusivo:

I – o descumprimento do mútuo acordo (art. 9º, inciso I), celebrado por escrito e assinado pelas partes e por duas testemunhas, no qual tenha sido ajustado o prazo mínimo de seis meses para desocupação, contado da assinatura do instrumento;

II – o disposto no inciso II do art. 47, havendo prova escrita da rescisão do contrato de trabalho ou sendo ela demonstrada em audiência prévia;

III – o término do prazo da locação para temporada, tendo sido proposta a ação de despejo em até trinta dias após o vencimento do contrato;

IV – a morte do locatário sem deixar sucessor legítimo na locação, de acordo com o referido no inciso I do art. 11, permanecendo no imóvel pessoas não autorizadas por lei;

V – a permanência do sublocatário no imóvel, extinta a locação, celebrada com o locatário.

VI – o disposto no inciso IV do art. 9º, havendo a necessidade de se produzir reparações urgentes no imóvel, determinadas pelo poder público, que não possam ser normalmente executadas com a permanência do locatário, ou, podendo, ele se recuse a consenti-las; *(Incluído pela Lei nº 12.112, de 2009)*

VII – o término do prazo notificatório previsto no parágrafo único do art. 40, sem apresentação de nova garantia apta a manter a segurança inaugural do contrato; *(Incluído pela Lei nº 12.112, de 2009)*

VIII – o término do prazo da locação não residencial, tendo sido proposta a ação em até 30 (trinta) dias do termo ou do cumprimento de notificação comunicando o intento de retomada; *(Incluído pela Lei nº 12.112, de 2009)*

IX – a falta de pagamento de aluguel e acessórios da locação no vencimento, estando o contrato desprovido de qualquer das garantias previstas no art. 37, por não ter sido contratada ou em caso de extinção ou pedido de exoneração dela, independentemente de motivo. *(Incluído pela Lei nº 12.112, de 2009)*

§ 2º Qualquer que seja o fundamento da ação dar-se-á ciência do pedido aos sublocatários, que poderão intervir no processo como assistentes.

§ 3º No caso do inciso IX do § 1º deste artigo, poderá o locatário evitar a rescisão da locação e elidir a liminar de desocupação se, dentro dos 15 (quinze) dias concedidos para a desocupação do imóvel e independentemente de cálculo, efetuar depósito judicial que contemple a totalidade dos valores devidos, na forma prevista no inciso II do art. 62. *(Incluído pela Lei nº 12.112, de 2009)*

Art. 60. Nas ações de despejo fundadas no inciso IV do art. 9º, inciso IV do art. 47 e inciso II do art. 53, a petição inicial deverá ser instruída com prova da propriedade do imóvel ou do compromisso registrado.

Art. 61. Nas ações fundadas no § 2º do art. 46 e nos incisos III e IV do art. 47, se o locatário, no prazo da contestação, manifestar sua concordância com a desocupação do imóvel, o juiz acolherá o pedido fixando prazo de seis meses para a desocupação, contados da citação, impondo ao vencido a responsabilidade pelas custas e honorários advocatícios de vinte por cento sobre o valor dado à causa. Se a desocupação ocorrer dentro do prazo fixado, o réu ficará isento dessa responsabilidade; caso contrário, será expedido mandado de despejo.

Art. 62. Nas ações de despejo fundadas na falta de pagamento de aluguel e acessórios da locação, de aluguel provisório, de diferenças de aluguéis, ou somente de quaisquer dos acessórios da locação, observar-se-á o seguinte: *(Redação dada pela Lei nº 12.112, de 2009)*

I – o pedido de rescisão da locação poderá ser cumulado com o pedido de cobrança dos aluguéis e acessórios da locação; nesta hipótese, citar-se-á o locatário para responder ao pedido de rescisão e o locatário e os fiadores para responderem ao pedido de cobrança, devendo ser apresentado, com a inicial, cálculo discriminado do valor do débito; *(Redação dada pela Lei nº 12.112, de 2009)*

II – o locatário e o fiador poderão evitar a rescisão da locação efetuando, no prazo de 15 (quinze) dias, contado da citação, o pagamento do débito atualizado, independentemente de cálculo e mediante depósito judicial, incluídos: *(Redação dada pela Lei nº 12.112, de 2009)*

a) os aluguéis e acessórios da locação que vencerem até a sua efetivação;

b) as multas ou penalidades contratuais, quando exigíveis;

c) os juros de mora;

d) as custas e os honorários do advogado do locador, fixados em dez por cento sobre o montante devido, se do contrato não constar disposição diversa;

III – efetuada a purga da mora, se o locador alegar que a oferta não é integral, justificando a diferença, o locatário poderá complementar o depósito no prazo de 10 (dez) dias, contado da intimação, que poderá ser dirigida ao locatário ou diretamente ao patrono deste, por carta ou publicação no órgão oficial, a requerimento do locador; *(Redação dada pela Lei nº 12.112, de 2009)*

IV – não sendo integralmente complementado o depósito, o pedido de rescisão prosseguirá pela diferença, podendo o locador levantar a quantia depositada; *(Redação dada pela Lei nº 12.112, de 2009)*

V – os aluguéis que forem vencendo até a sentença deverão ser depositados à disposição do juízo, nos respectivos vencimentos, podendo o locador levantá-los desde que incontroversos;

VI – havendo cumulação dos pedidos de rescisão da locação e cobrança dos aluguéis, a execução desta pode ter início antes da desocupação do imóvel, caso ambos tenham sido acolhidos.

Parágrafo único. Não se admitirá a emenda da mora se o locatário já houver utilizado essa faculdade nos 24 (vinte e quatro) meses imediatamente anteriores à propositura da ação. *(Redação dada pela Lei nº 12.112, de 2009)*

Art. 63. Julgada procedente a ação de despejo, o juiz determinará a expedição de mandado de despejo, que conterá o prazo de 30 (trinta) dias para a desocupação voluntária, ressalvado o disposto nos parágrafos seguintes. *(Redação dada pela Lei nº 12.112, de 2009)*

§ 1º O prazo será de quinze dias se:

a) entre a citação e a sentença de primeira instância houverem decorrido mais de quatro meses; ou

b) o despejo houver sido decretado com fundamento no art. 9º ou no § 2º do art. 46. *(Redação dada pela Lei nº 12.112, de 2009)*

§ 2º Tratando-se de estabelecimento de ensino autorizado e fiscalizado pelo Poder Público, respeitado o prazo mínimo de seis meses e o máximo de um ano, o juiz disporá de modo que a desocupação coincida com o período de férias escolares.

§ 3º Tratando-se de hospitais, repartições públicas, unidades sanitárias oficiais, asilos, estabelecimentos de saúde e de ensino autorizados e fiscalizados pelo Poder Público, bem como por entidades religiosas devidamente registradas, e o despejo for decretado com fundamento no inciso IV do art. 9º ou no inciso II do art. 53, o prazo será de um ano, exceto no caso em que entre a citação e a sentença de primeira instância houver decorrido mais de um ano, hipótese em que o prazo será de seis meses. *(Redação dada pela Lei nº 9.256, de 9.1.1996)*

§ 4º A sentença que decretar o despejo fixará o valor da caução para o caso de ser executada provisoriamente.

Art. 64. Salvo nas hipóteses das ações fundadas no art. 9º, a execução provisória do despejo dependerá de caução não inferior a 6 (seis) meses nem superior a 12 (doze) meses do aluguel, atualizado até a data da prestação da caução. *(Redação dada pela Lei nº 12.112, de 2009)*

§ 1º A caução poderá ser real ou fidejussória e será prestada nos autos da execução provisória.

§ 2º Ocorrendo a reforma da sentença ou da decisão que concedeu liminarmente o despejo, o valor da caução reverterá em favor do réu, como indenização mínima das perdas e danos, podendo este reclamar, em ação própria, a diferença pelo que a exceder.

Art. 65. Findo o prazo assinado para a desocupação, contado da data da notificação, será efetuado o despejo, se necessário com emprego de força, inclusive arrombamento.

§ 1º Os móveis e utensílios serão entregues à guarda de depositário, se não os quiser retirar o despejado.

§ 2º O despejo não poderá ser executado até o trigésimo dia seguinte ao do falecimento do cônjuge, ascendente, descendente ou irmão de qualquer das pessoas que habitem o imóvel.

Art. 66. Quando o imóvel for abandonado após ajuizada a ação, o locador poderá imitir-se na posse do imóvel.

CAPÍTULO III – DA AÇÃO DE CONSIGNAÇÃO DE ALUGUEL E ACESSÓRIOS DA LOCAÇÃO

Art. 67. Na ação que objetivar o pagamento dos aluguéis e acessórios da locação mediante consignação, será observado o seguinte:

I – a petição inicial, além dos requisitos exigidos pelo art. 282 do Código de Processo Civil, deverá especificar os aluguéis e acessórios da locação com indicação dos respectivos valores;

II – determinada a citação do réu, o autor será intimado a, no prazo de vinte e quatro horas, efetuar o depósito judicial da importância indicada na petição inicial, sob pena de ser extinto o processo;

III – o pedido envolverá a quitação das obrigações que vencerem durante a tramitação do feito e até ser prolatada a sentença de primeira instância, devendo o autor promover os depósitos nos respectivos vencimentos;

IV – não sendo oferecida a contestação, ou se o locador receber os valores depositados, o juiz acolherá o pedido, declarando quitadas as obrigações, condenando o réu ao pagamento das custas e honorários de vinte por cento do valor dos depósitos;

V – a contestação do locador, além da defesa de direito que possa caber, ficará adstrita, quanto à matéria de fato, a:

a) não ter havido recusa ou mora em receber a quantia devida;

b) ter sido justa a recusa;

c) não ter sido efetuado o depósito no prazo ou no lugar do pagamento;

d} não ter sido o depósito integral;

VI – além de contestar, o réu poderá, em reconvenção, pedir o despejo e a cobrança dos valores objeto da consignatória ou da diferença do depósito inicial, na hipótese de ter sido alegado não ser o mesmo integral;

VII – o autor poderá complementar o depósito inicial, no prazo de cinco dias contados da ciência do oferecimento da resposta, com acréscimo de dez por cento sobre o valor da diferença. Se tal ocorrer, o juiz declarará quitadas as obrigações, elidindo a rescisão da locação, mas imporá ao autor-reconvindo a responsabilidade pelas custas e honorários advocatícios de vinte por cento sobre o valor dos depósitos;

VIII – havendo, na reconvenção, cumulação dos pedidos de rescisão da locação e cobrança dos valores objeto da consignatória, a execução desta somente poderá ter início após obtida a desocupação do imóvel, caso ambos tenham sido acolhidos.

Parágrafo único. O réu poderá levantar a qualquer momento as importâncias depositadas sobre as quais não penda controvérsia.

CAPÍTULO IV – DA AÇÃO REVISIONAL DE ALUGUEL

Art. 68. Na ação revisional de aluguel, que terá o rito sumário, observar-se-á o seguinte: *(Redação dada pela Lei nº 12.112, de 2009)*

I – além dos requisitos exigidos pelos arts. 276 e 282 do Código de Processo Civil, a petição inicial deverá indicar o valor do aluguel cuja fixação é pretendida;

II – ao designar a audiência de conciliação, o juiz, se houver pedido e com base nos elementos fornecidos tanto pelo locador como pelo locatário, ou nos que indicar, fixará aluguel provisório, que será devido desde a citação, nos seguintes moldes: *(Redação dada pela Lei nº 12.112, de 2009)*

a) em ação proposta pelo locador, o aluguel provisório não poderá ser excedente a 80% (oitenta por cento) do pedido; *(Incluída pela Lei nº 12.112, de 2009)*

b) em ação proposta pelo locatário, o aluguel provisório não poderá ser inferior a 80% (oitenta por cento) do aluguel vigente; *(Incluída pela Lei nº 12.112, de 2009)*

III – sem prejuízo da contestação e até a audiência, o réu poderá pedir seja revisto o aluguel provisório, fornecendo os elementos para tanto;

IV – na audiência de conciliação, apresentada a contestação, que deverá conter contraproposta se houver discordância quanto ao valor pretendido, o juiz tentará a conciliação e, não sendo esta possível, determinará a realização de perícia, se necessária, designando, desde logo, audiência de instrução e julgamento; *(Redação dada pela Lei nº 12.112, de 2009)*

V – o pedido de revisão previsto no inciso III deste artigo interrompe o prazo para interposição de recurso contra a decisão que fixar o aluguel provisório. *(Incluído pela Lei nº 12.112, de 2009)*

§ 1º Não caberá ação revisional na pendência de prazo para desocupação do imóvel (arts. 46, parágrafo 2º e 57), ou quando tenha sido este estipulado amigável ou judicialmente.

§ 2º No curso da ação de revisão, o aluguel provisório será reajustado na periodicidade pactuada ou na fixada em lei.

Art. 69. O aluguel fixado na sentença retroage à citação, e as diferenças devidas durante a ação de revisão, descontados os alugueres provisórios satisfeitos, serão pagas corrigidas, exigíveis a partir do trânsito em julgado da decisão que fixar o novo aluguel.

§ 1º Se pedido pelo locador, ou sublocador, a sentença poderá estabelecer periodicidade de reajustamento do aluguel diversa daquela prevista no contrato revisando, bem como adotar outro indexador para reajustamento do aluguel.

§ 2º A execução das diferenças será feita nos autos da ação de revisão.

Art. 70. Na ação de revisão do aluguel, o juiz poderá homologar acordo de desocupação, que será executado mediante expedição de mandado de despejo.

CAPÍTULO V – DA AÇÃO RENOVATÓRIA

Art. 71. Além dos demais requisitos exigidos no art. 282 do Código de Processo Civil, a petição inicial da ação renovatória deverá ser instruída com:

I – prova do preenchimento dos requisitos dos incisos I, II e III do art. 51;

II – prova do exato cumprimento do contrato em curso;

III – prova da quitação dos impostos e taxas que incidiram sobre o imóvel e cujo pagamento lhe incumbia;

IV – indicação clara e precisa das condições oferecidas para a renovação da locação;

V – indicação do fiador quando houver no contrato a renovar e, quando não for o mesmo, com indicação do nome ou denominação completa, número de sua inscrição no Ministério da Fazenda, endereço e, tratando-se de pessoa natural, a nacionalidade, o estado civil, a profissão e o número da carteira de identidade, comprovando, desde logo, mesmo que não haja alteração do fiador, a atual idoneidade financeira; *(Redação dada pela Lei nº 12.112, de 2009)*

VI – prova de que o fiador do contrato ou o que o substituir na renovação aceita os encargos da fiança, autorizado por seu cônjuge, se casado for;

VII – prova, quando for o caso, de ser cessionário ou sucessor, em virtude de título oponível ao proprietário.

Parágrafo único. Proposta a ação pelo sublocatário do imóvel ou de parte dele, serão citados o sublocador e o locador, como litisconsortes, salvo se, em virtude de locação originária ou renovada, o sublocador dispuser de prazo que admita renovar a sublocação; na primeira hipótese, procedente a ação, o proprietário ficará diretamente obrigado à renovação.

Art. 72. A contestação do locador, além da defesa de direito que possa caber, ficará adstrita, quanto à matéria de fato, ao seguinte:

I – não preencher o autor os requisitos estabelecidos nesta lei;

II – não atender, a proposta do locatário, o valor locativo real do imóvel na época da renovação, excluída a valorização trazida por aquele ao ponto ou lugar;

III – ter proposta de terceiro para a locação, em condições melhores;

IV – não estar obrigado a renovar a locação (incisos I e II do art. 52).

§ 1º No caso do inciso II, o locador deverá apresentar, em contraproposta, as condições de locação que repute compatíveis com o valor locativo real e atual do imóvel.

§ 2º No caso do inciso III, o locador deverá juntar prova documental da proposta do terceiro, subscrita por este e por duas testemunhas, com clara indicação do ramo a ser explorado, que não poderá ser o mesmo do locatário. Nessa hipótese, o locatário poderá, em réplica, aceitar tais condições para obter a renovação pretendida.

§ 3º No caso do inciso I do art. 52, a contestação deverá trazer prova da determinação do Poder Público ou relatório pormenorizado das obras a serem realizadas e da estimativa de valorização que sofrerá o imóvel, assinado por engenheiro devidamente habilitado.

§ 4º Na contestação, o locador, ou sublocador, poderá pedir, ainda, a fixação de aluguel provisório, para vigorar a partir do primeiro mês do prazo do contrato a ser renovado, não excedente a oitenta por cento do pedido, desde que apresentados elementos hábeis para aferição do justo valor do aluguel.

§ 5º Se pedido pelo locador, ou sublocador, a sentença poderá estabelecer periodicidade de reajustamento do aluguel diversa daquela prevista no contrato renovando, bem como adotar outro indexador para reajustamento do aluguel.

Art. 73. Renovada a locação, as diferenças dos aluguéis vencidos serão executadas nos próprios autos da ação e pagas de uma só vez.

Art. 74. Não sendo renovada a locação, o juiz determinará a expedição de mandado de despejo, que conterá o prazo de 30 (trinta) dias para a desocupação voluntária, se houver pedido na contestação. *(Redação dada pela Lei nº 12.112, de 2009)*

§§ 1º a 3º (VETADOS) (Incluído dada pela Lei nº 12.112, de 2009)

Art. 75. Na hipótese do inciso III do art. 72, a sentença fixará desde logo a indenização devida ao locatário em consequência da não prorrogação da locação, solidariamente devida pelo locador e o proponente.

TÍTULO III – DAS DISPOSIÇÕES FINAIS E TRANSITÓRIAS

Art. 76. Não se aplicam as disposições desta lei aos processos em curso.

Art. 77. Todas as locações residenciais que tenham sido celebradas anteriormente à vigência desta lei serão automaticamente prorrogadas por tempo indeterminado, ao término do prazo ajustado no contrato.

Art. 78. As locações residenciais que tenham sido celebradas anteriormente à vigência desta lei e que já vigorem ou venham a vigorar por prazo indeterminado, poderão ser denunciadas pelo locador, concedido o prazo de doze meses para a desocupação.

Parágrafo único. Na hipótese de ter havido revisão judicial ou amigável do aluguel, atingindo o preço do mercado, a denúncia somente poderá ser exercitada após vinte e quatro meses da data da revisão, se esta ocorreu nos doze meses anteriores à data da vigência desta lei.

Art. 79. No que for omissa esta lei aplicam-se as normas do Código Civil e do Código de Processo Civil.

Art. 80. Para os fins do inciso I do art. 98 da Constituição Federal, as ações de despejo poderão ser consideradas como causas cíveis de menor complexidade.

Art. 81. O inciso II do art. 167 e o art. 169 da Lei nº 6.015, de 31 de dezembro de 1973, passam a vigorar com as seguintes alterações:

› *Alterações inseridas no texto da referida Lei*

Art. 82. O art. 3º da Lei nº 8.009, de 29 de março de 1990, passa a vigorar acrescido do seguinte inciso VII:

› *Alterações inseridas no texto da referida Lei*

Art. 83. Ao art. 24 da Lei nº 4.591, de 16 de dezembro de 1964 fica acrescido o seguinte § 4º:

› *Alterações inseridas no texto da referida Lei*

Art. 84. Reputam-se válidos os registros dos contratos de locação de imóveis, realizados até a data da vigência desta lei.

Art. 85. Nas locações residenciais, é livre a convenção do aluguel quanto a preço, periodicidade e indexador de reajustamento, vedada a vinculação à variação do salário mínimo, variação cambial e moeda estrangeira:

I dos imóveis novos, com habite-se concedido a partir da entrada em vigor desta lei;

II – dos demais imóveis não enquadrados no inciso anterior, em relação aos contratos celebrados, após cinco anos de entrada em vigor desta lei.

Art. 86. O art. 8º da Lei nº 4.380, de 21 de agosto de 1964 passa a vigorar com a seguinte redação:

› *Alterações inseridas no texto da referida Lei*

Arts. 87 e 88. *(Vetados).*

Art. 89. Esta lei entrará em vigor sessenta dias após a sua publicação.

Art. 90. Revogam-se as disposições em contrário, especialmente:

I – o Decreto nº 24.150, de 20 de abril de 1934;

II – a Lei nº 6.239, de 19 de setembro de 1975;

III – a Lei nº 6.649, de 16 de maio de 1979;

IV – a Lei nº 6.698, de 15 de outubro de 1979;

V – a Lei nº 7.355, de 31 de agosto de 1985;

VI – a Lei nº 7.538, de 24 de setembro de 1986;

VII – a Lei nº 7.612, de 9 de julho de 1987; e

VIII – a Lei nº 8.157, de 3 de janeiro de 1991.

Brasília, 18 de outubro de 1991; 170º da Independência e 103º da República.

FERNANDO COLLOR

(DOU. de 21.10.1991)

LEI Nº 8.397, DE 6 DE JANEIRO DE 1992

Institui medida cautelar fiscal e dá outras providências.

O PRESIDENTE DA REPÚBLICA

Faço saber que o Congresso Nacional decreta e eu sanciono a seguinte lei:

Art. 1º O procedimento cautelar fiscal poderá ser instaurado após a constituição do crédito, inclusive no curso da execução judicial da Dívida Ativa da União, dos Estados, do Distrito Federal, dos Municípios e respectivas autarquias. *(Redação dada pela Lei nº 9.532, de 1997)*

Parágrafo único. O requerimento da medida cautelar, na hipótese dos incisos V, alínea "b", e VII, do art. 2º, independe da prévia constituição do crédito tributário.*(Incluído pela Lei nº 9.532, de 1997)*

Art. 2º A medida cautelar fiscal poderá ser requerida contra o sujeito passivo de crédito tributário ou não tributário, quando o devedor: *(Redação dada pela Lei nº 9.532, de 1997)*

I – sem domicílio certo, intenta ausentar-se ou alienar bens que possui ou deixa de pagar a obrigação no prazo fixado;

II – tendo domicílio certo, ausenta-se ou tenta se ausentar, visando a elidir o adimplemento da obrigação;

III – caindo em insolvência, aliena ou tenta alienar bens; *(Redação dada pela Lei nº 9.532, de 1997)*

IV – contrai ou tenta contrair dívidas que comprometam a liquidez do seu patrimônio; *(Redação dada pela Lei nº 9.532, de 1997)*

V – notificado pela Fazenda Pública para que proceda ao recolhimento do crédito fiscal: *(Redação dada pela Lei nº 9.532, de 1997)*

a) deixa de pagá-lo no prazo legal, salvo se suspensa sua exigibilidade; *(Incluída pela Lei nº 9.532, de 1997)*

b) põe ou tenta por seus bens em nome de terceiros; *(Incluída pela Lei nº 9.532, de 1997)*

VI – possui débitos, inscritos ou não em Dívida Ativa, que somados ultrapassem trinta por cento do seu patrimônio conhecido; *(Incluído pela Lei nº 9.532, de 1997)*

VII – aliena bens ou direitos sem proceder à devida comunicação ao órgão da Fazenda Pública competente, quando exigível em virtude de lei; *(Incluído pela Lei nº 9.532, de 1997)*

VIII – tem sua inscrição no cadastro de contribuintes declarada inapta, pelo órgão fazendário; *(Incluído pela Lei nº 9.532, de 1997)*

IX – pratica outros atos que dificultem ou impeçam a satisfação do crédito. *(Incluído pela Lei nº 9.532, de 1997)*

Art. 3º Para a concessão da medida cautelar fiscal é essencial:

I – prova literal da constituição do crédito fiscal;

II – prova documental de algum dos casos mencionados no artigo antecedente.

Art. 4º A decretação da medida cautelar fiscal produzirá, de imediato, a indisponibilidade dos bens do requerido, até o limite da satisfação da obrigação.

§ 1º Na hipótese de pessoa jurídica, a indisponibilidade recairá somente sobre os bens do ativo permanente, podendo, ainda, ser estendida aos bens do acionista controlador e aos dos que em razão do contrato social ou estatuto tenham poderes para fazer a empresa cumprir suas obrigações fiscais, ao tempo:

a) do fato gerador, nos casos de lançamento de ofício;

b) do inadimplemento da obrigação fiscal, nos demais casos.

§ 2º A indisponibilidade patrimonial poderá ser estendida em relação aos bens adquiridos a qualquer título do requerido ou daqueles que estejam ou tenham estado na função de administrador (§ 1º), desde que seja capaz de frustrar a pretensão da Fazenda Pública.

§ 3º Decretada a medida cautelar fiscal, será comunicada imediatamente ao registro público de imóveis, ao Banco Central do Brasil, à Comissão de Valores Mobiliários e às demais repartições que processem registros de transferência de bens, a fim de que, no âmbito de suas atribuições, façam cumprir a constrição judicial.

Art. 5º A medida cautelar fiscal será requerida ao Juiz competente para a execução judicial da Dívida Ativa da Fazenda Pública.

Parágrafo único. Se a execução judicial estiver em Tribunal, será competente o relator do recurso.

Art. 6º A Fazenda Pública pleiteará a medida cautelar fiscal em petição devidamente fundamentada, que indicará:

I – o Juiz a quem é dirigida;

II – a qualificação e o endereço, se conhecido, do requerido;

III – as provas que serão produzidas;

IV – o requerimento para citação.

Art. 7º O Juiz concederá liminarmente a medida cautelar fiscal, dispensada a Fazenda Pública de justificação prévia e de prestação de caução.

Parágrafo único. Do despacho que conceder liminarmente a medida cautelar caberá agravo de instrumento.

Art. 8º O requerido será citado para, no prazo de quinze dias, contestar o pedido, indicando as provas que pretenda produzir.

Parágrafo único. Conta-se o prazo da juntada aos autos do mandado:

a) de citação, devidamente cumprido;

b) da execução da medida cautelar fiscal, quando concedida liminarmente.

Art. 9º Não sendo contestado o pedido, presumir-se-ão aceitos pelo requerido, como verdadeiros, os fatos alegados pela Fazenda Pública, caso em que o Juiz decidirá em dez dias.

Parágrafo único. Se o requerido contestar no prazo legal, o Juiz designará audiência de instrução e julgamento, havendo prova a ser nela produzida.

Art. 10. A medida cautelar fiscal decretada poderá ser substituída, a qualquer tempo, pela prestação de garantia correspondente ao valor da prestação da Fazenda Pública, na forma do art. 9º da Lei nº 6.830, de 22 de setembro de 1980.

Parágrafo único. A Fazenda Pública será ouvida necessariamente sobre o pedido de substituição, no prazo de cinco dias, presumindo-se da omissão a sua aquiescência.

Art. 11. Quando a medida cautelar fiscal for concedida em procedimento preparatório, deverá a Fazenda Pública propor a execução judicial da Dívida Ativa no prazo de sessenta dias, contados da data em que a exigência se tornar irrecorrível na esfera administrativa.

Art. 12. A medida cautelar fiscal conserva a sua eficácia no prazo do artigo antecedente e na pendência do processo de execução judicial da Dívida Ativa, mas pode, a qualquer tempo, ser revogada ou modificada.

Parágrafo único. Salvo decisão em contrário, a medida cautelar fiscal conservará sua eficácia durante o período de suspensão do crédito tributário ou não tributário.

Art. 13. Cessa a eficácia da medida cautelar fiscal:

I – se a Fazenda Pública não propuser a execução judicial da Dívida Ativa no prazo fixado no art. 11 desta lei;

II – se não for executada dentro de trinta dias;

III – se for julgada extinta a execução judicial da Dívida Ativa da Fazenda Pública;

IV – se o requerido promover a quitação do débito que está sendo executado.

Parágrafo único. Se, por qualquer motivo, cessar a eficácia da medida, é defeso à Fazenda Pública repetir o pedido pelo mesmo fundamento.

Art. 14. Os autos do procedimento cautelar fiscal serão apensados aos do processo de execução judicial da Dívida Ativa da Fazenda Pública.

Art. 15. O indeferimento da medida cautelar fiscal não obsta a que a Fazenda Pública intente a execução judicial da Dívida Ativa, nem influi no julgamento desta, salvo se o Juiz, no procedimento cautelar fiscal, acolher alegação de pagamento, de compensação, de transação, de remissão, de prescrição ou decadência, de conversão do depósito em renda, ou qualquer outra modalidade de extinção da pretensão deduzida.

Art. 16. Ressalvado o disposto no art. 15, a sentença proferida na medida cautelar fiscal não faz coisa julgada, relativamente à execução judicial da Dívida Ativa da Fazenda Pública.

Art. 17. Da sentença que decretar a medida cautelar fiscal caberá apelação, sem efeito suspensivo, salvo se o requerido oferecer garantia na forma do art. 10 desta lei.

Art. 18. As disposições desta lei aplicam-se, também, ao crédito proveniente das contribuições sociais previstas no art. 195 da Constituição Federal.

Art. 19. Esta lei entra em vigor na data de sua publicação.

Art. 20. Revogam-se as disposições em contrário.

Brasília, 6 de janeiro de 1992;
171º da Independência e 104º da República.

FERNANDO COLLOR

(DOU. de 7.1.1992 e retificado em 16.1.1992)

LEI Nº 8.668, DE 25 DE JUNHO DE 1993

Dispõe sobre a constituição e o regime tributário dos Fundos de Investimento Imobiliário e dos Fundos de Investimento nas Cadeias Produtivas Agroindustriais (Fiagro); e dá outras providências. (Redação dada pela Lei nº 14.130, de 2021)

O PRESIDENTE DA REPÚBLICA

Faço saber que o Congresso Nacional decreta e eu sanciono a seguinte lei:

Art. 1º Ficam instituídos Fundos de Investimento Imobiliário, sem personalidade jurídica, caracterizados pela comunhão de recursos captados por meio do Sistema de Distribuição de Valores Mobiliários, na forma da Lei nº 6.385, de 7 de dezembro de 1976, destinados a aplicação em empreendimentos imobiliários.

Art. 2º O Fundo será constituído sob a forma de condomínio fechado, proibido o resgate de quotas, com prazo de duração determinado ou indeterminado.

Art. 3º As quotas dos Fundos de Investimento Imobiliário constituem valores mobiliários sujeitos ao regime da Lei nº 6.385, de 7 de dezembro de 1976, admitida a emissão sob a forma escritural.

Art. 4º. Compete à Comissão de Valores Mobiliários autorizar, disciplinar e fiscalizar a constituição, o funcionamento e a administração dos Fundos de Investimento Imobiliário, observadas as disposições desta lei e as normas aplicáveis aos Fundos de Investimento.

Art. 5º. Os Fundos de Investimento Imobiliário serão geridos por instituição administradora autorizada pela Comissão de Valores Mobiliários, que deverá ser, exclusivamente, banco múltiplo com carteira de investimento ou com carteira de crédito imobiliário, banco de investimento, sociedade de crédito imobiliário, sociedade corretora ou sociedade distribuidora de títulos e valores mobiliários, ou outras entidades legalmente equiparadas.

Art. 6º O patrimônio do Fundo será constituído pelos bens e direitos adquiridos pela instituição administradora, em caráter fiduciário.

Art. 7º Os bens e direitos integrantes do patrimônio do Fundo de Investimento Imobiliário, em especial os bens imóveis mantidos sob a propriedade fiduciária da instituição administradora, bem como seus frutos e rendimentos, não se comunicam com o patrimônio desta, observadas, quanto a tais bens e direitos, as seguintes restrições:

I – não integrem o ativo da administradora;

II – não respondam direta ou indiretamente por qualquer obrigação da instituição administradora;

III – não componham a lista de bens e direitos da administradora, para efeito de liquidação judicial ou extrajudicial;

IV – não possam ser dados em garantia de débito de operação da instituição administradora;

V – não sejam passíveis de execução por quaisquer credores da administradora, por mais privilegiados que possam ser;

VI - não possam ser constituídos quaisquer ônus reais sobre os imóveis, exceto para garantir obrigações assumidas pelo Fundo ou por seus cotistas. *(Redação dada pela Lei nº 14.754, de 2023)*

§ 1º No título aquisitivo, a instituição administradora fará constar as restrições enumeradas nos incisos I a VI e destacará que o bem adquirido constitui patrimônio do Fundo de Investimento Imobiliário.

§ 2º No registro de imóveis serão averbadas as restrições e o destaque referido no parágrafo anterior.

§ 3º A instituição administradora fica dispensada da apresentação de certidão negativa de débitos, expedida pelo Instituto Nacional da Seguridade Social, e da Certidão Negativa de Tributos e Contribuições, administrada pela Secretaria da Receita Federal, quando alienar imóveis integrantes do patrimônio do Fundo de Investimento Imobiliário.

Art. 8º O fiduciário administrará os bens adquiridos em fidúcia e deles disporá na forma e para os fins estabelecidos no regulamento do fundo ou em assembleia de quotistas, respondendo em caso de má gestão, gestão temerária, conflito de interesses, descumprimento do regulamento do fundo ou de determinação da assembleia de quotistas.

Art. 9º A alienação dos imóveis pertencentes ao patrimônio do fundo será efetivada diretamente pela instituição administradora, constituindo o instrumento de alienação documento hábil para cancelamento, perante o Cartório de Registro de Imóveis, das averbações pertinentes as restrições e destaque de que tratam os §§ 1º e 2º do art. 7º.

Parágrafo único. Os recursos resultantes da alienação constituirão patrimônio do fundo.

Art. 10. Cada Fundo de Investimento Imobiliário será estruturado através de regulamento elaborado pela instituição administradora, contendo:

I – qualificação da instituição administradora;

II – política de investimento que estabeleça, com precisão e clareza, as definições quanto aos ativos que comporão o patrimônio do fundo para atender seus objetivos;

III – taxa de ingresso ou critério para sua fixação;

IV – remuneração da administradora;

V – divulgação de informações aos quotistas, nos prazos fixados pela Comissão de Valores Mobiliários;

VI – despesas e encargos do Fundo;

VII – competência e quorum de deliberação da Assembleia Geral de Quotistas;

VIII – critérios para subscrição de quotas por um mesmo investidor;

IX – prazo de duração do fundo e as condições de resgate para efeito de liquidação do mesmo;

X – outras especificações, visando à fiscalização do mercado e à clareza de informações, na forma de regulamentação baixada pela Comissão de Valores Mobiliários.

XI – critérios relativos à distribuição de rendimentos e ganhos de capital. *(Inciso incluído pela Lei nº 9.779, de 19.1.1999)*

Parágrafo único. O fundo deverá distribuir a seus quotistas, no mínimo, noventa e cinco por cento dos lucros auferidos, apurados segundo o regime de caixa, com base em balanço ou balancete semestral encerrado em 30 de junho e 31 de dezembro de cada ano. *(Parágrafo incluído pela Lei nº 9.779, de 19.1.1999)*

Art. 11. Nas hipóteses de renúncia da instituição administradora, seu descredenciamento pela Comissão de Valores Mobiliários, destituição pela assembleia de quotistas ou sua sujeição ao regime de liquidação judicial ou extrajudicial, a ata da assembleia de quotistas que eleger nova instituição administradora para substituí-la, devidamente aprovada e registrada na Comissão de Valores Mobiliários, constitui documento hábil para averbação, no Registro de Imóveis, da sucessão da propriedade fiduciária dos bens imóveis integrantes do patrimônio do fundo.

§ 1º No caso de liquidação extrajudicial da instituição administradora, o liquidante designado pelo Banco Central do Brasil convocará assembleia de quotistas, no prazo de cinco dias úteis, contado da publicação no Diário Oficial do ato que decretar a liquidação, para deliberar sobre a eleição de nova administradora e a liquidação ou não do fundo.

§ 2º Caberá ao liquidante praticar todos os atos necessários à gestão regular do fundo até ser procedida a averbação referida no *caput* deste artigo.

§ 3º Se a assembleia de quotistas não eleger nova instituição administradora no prazo de trinta dias úteis contados da publicação no Diário Oficial do ato que decretar a liquidação extrajudicial, o Banco Central do Brasil nomeará uma instituição para processar a liquidação do fundo.

§ 4º A sucessão da propriedade fiduciária de bem imóvel integrante de patrimônio de Fundo de Investimento Imobiliário não constitui transferência de propriedade.

Art. 12. É vedado à instituição administradora, no exercício específico de suas funções e utilizando-se dos recursos do Fundo de Investimento Imobiliário:

I – conceder empréstimos, adiantar rendas futuras aos quotistas ou abrir créditos sob qualquer modalidade;

II - prestar fiança, aval, aceite ou coobrigar-se sob qualquer forma, exceto para garantir obrigações assumidas pelo Fundo ou por seus cotistas; *(Redação dada pela Lei nº 14.754, de 2023)*

III – aplicar no exterior recursos captados no País;

IV – aplicar recursos na aquisição de quotas do próprio fundo;

V – vender a prestação as quotas do fundo, admitida a divisão da emissão em séries;

VI – prometer rendimento predeterminado aos quotistas;

VII – realizar operações do fundo quando caracterizada situação de conflito de interesse entre o fundo e a instituição administradora, ou entre o fundo e o empreendedor.

Art. 13. O titular das quotas do Fundo de Investimento Imobiliário:

I – não poderá exercer qualquer direito real sobre os imóveis e empreendimentos integrantes do patrimônio do fundo;

II – não responde pessoalmente por qualquer obrigação legal ou contratual, relativamente aos imóveis e empreendimentos integrantes do fundo ou da administradora, salvo quanto à obrigação de pagamento do valor integral das quotas subscritas.

Parágrafo único. O quotista que não integralizar as quotas subscritas, nas condições estabelecidas no regulamento do fundo ou no boletim de subscrição, ficará de pleno direito constituído em mora, podendo a administradora, a sua escolha, promover contra o quotista processo de execução para cobrar as importâncias devidas, servindo o boletim de subscrição como título extrajudicial, nos termos do Código de Processo Civil, ou vender as quotas a terceiros, mesmo após iniciada a cobrança judicial.

Art. 14. À instituição administradora do Fundo de Investimento Imobiliário compete:

I – representá-lo ativa e passivamente, judicial e extrajudicialmente;

II – responder pessoalmente pela evicção de direito, no caso de alienação de imóveis pelo fundo.

Art. 15. As demonstrações financeiras dos Fundos de Investimento Imobiliário serão publicadas pelas administradoras, na forma que vier a ser regulamentada pela Comissão de Valores Mobiliários.

Art. 16. Os rendimentos e ganhos de capital auferidos pelos Fundos de Investimento Imobiliário ficam isentos do Imposto sobre Operações de Crédito, Câmbio e Seguro, assim como do Imposto sobre a Renda e Proventos de Qualquer Natureza. *(Revogada as isenções pela Lei nº 8.894, de 21/06/94)*

Art. 16-A. Os rendimentos e ganhos líquidos auferidos pelos Fundos de Investimento Imobiliário, em aplicações financeiras de renda fixa ou de renda variável, sujeitam-se à incidência do imposto de renda na fonte, observadas as mesmas normas aplicáveis às pessoas jurídicas submetidas a esta forma de tributação. *(Artigo incluído pela Lei nº 9.779, de 19.1.1999)*

§ 1º Não estão sujeitas à incidência do imposto de renda na fonte prevista no *caput* as aplicações efetuadas pelos Fundos de Investimento Imobiliário nos ativos de que tratam os incisos II e III do art. 3º da Lei nº 11.033, de 21 de dezembro de 2004. *(Incluído pela Lei nº 12.024, de 2009)*

§ 2º O imposto de que trata o *caput* poderá ser compensado com o retido na fonte pelo Fundo de Investimento Imobiliário, por ocasião da distribuição de rendimentos e ganhos de capital. *(Incluído pela Lei nº 12.024, de 2009)*

§ 3º A compensação de que trata o § 2º será efetuada proporcionalmente à participação do cotista pessoa jurídica ou pessoa física não sujeita à isenção prevista no inciso III do art. 3º da Lei nº 11.033, de 21 de dezembro de 2004. *(Incluído pela Lei nº 12.024, de 2009)*

§ 4º A parcela do imposto não compensada relativa à pessoa física sujeita à isenção nos termos do inciso III do art. 3º da Lei nº 11.033, de 21 de dezembro de 2004, será considerada exclusiva de fonte. *(Incluído pela Lei nº 12.024, de 2009)*

§ 5º Não estão sujeitas à incidência do imposto de renda na fonte prevista no *caput* deste artigo as aplicações efetuadas pelos Fundos de Investimento nas Cadeias Produtivas Agroindustriais (Fiagro), de que trata o art. 20-A desta Lei, nos ativos relacionados nos incisos IV e V do *caput* do art. 3º da Lei nº 11.033, de 21 de dezembro de 2004. *(Incluído pela Lei nº 14.130, de 2021)*

Art. 17. Os rendimentos e ganhos de capital auferidos, apurados segundo o regime de caixa, quando distribuídos pelos Fundos de Investimento Imobiliário a qualquer beneficiário, inclusive pessoa jurídica isenta, sujeitam-se à incidência do imposto de renda na fonte, à alíquota de vinte por cento. *(Redação dada pela Lei nº 9.779, de 19.1.1999)*

Art. 18. Os ganhos de capital e rendimentos auferidos na alienação ou no resgate de quotas dos fundos de investimento imobiliário, por qualquer beneficiário, inclusive por pessoa jurídica isenta, sujeitam-se à incidência do imposto de renda à alíquota de vinte por cento: *(Redação dada pela Lei nº 9.779, de 19.1.1999)*

I – na fonte, no caso de resgate;

II – às mesmas normas aplicáveis aos ganhos de capital ou ganhos líquidos auferidos em operações de renda variável, nos demais casos.

Art. 19. O imposto de que tratam os arts. 17 e 18 será considerado: *(Redação dada pela Lei nº 9.779, de 19.1.1999)*

I – antecipação do devido na declaração, no caso de beneficiário pessoa jurídica tributada com base no lucro real, presumido ou arbitrado; *(Inciso incluído pela Lei nº 9.779, de 19.1.1999)*

II – tributação exclusiva, nos demais casos. *(Inciso incluído pela Lei nº 9.779, de 19.1.1999)*

Art. 20. Aplica-se à instituição administradora, aos seus administradores e gerentes diretamente responsáveis pela administração do fundo, bem como aos demais infratores das normas desta lei, o disposto no art. 11 da Lei nº 6.385, de 7 de dezembro de 1976, independentemente de outras sanções legais eventualmente cabíveis.

Art. 20-A. Ficam instituídos os Fundos de Investimento nas Cadeias Produtivas do Agronegócio (Fiagro), a serem constituídos sob a forma de condomínio de natureza especial destinado à aplicação, isolada ou conjuntamente, em: *(Redação dada pela Lei nº 14.421, de 2022)*

I - imóveis rurais;

II - participação em sociedades que explorem atividades integrantes da cadeia produtiva do agronegócio; *(Redação dada pela Lei nº 14.421, de 2022)*

III - ativos financeiros, títulos de crédito ou valores mobiliários emitidos por pessoas físicas e jurídicas que integrem a cadeia produtiva do agronegócio, na forma do regulamento; *(Redação dada pela Lei nº 14.421, de 2022)*

IV - direitos creditórios do agronegócio e títulos de securitização emitidos com lastro em direitos creditórios do agronegócio, inclusive certificados de recebíveis do agronegócio e cotas de fundos de investimento em direitos creditórios e de fundos de investimento em direitos creditórios não padronizados que apliquem mais de 50% (cinquenta por cento) de seu patrimônio nos referidos direitos creditórios;

V - direitos creditórios imobiliários relativos a imóveis rurais, ativos financeiros emitidos por pessoas físicas e jurídicas que integrem a cadeia produtiva do agronegócio e títulos de securitização emitidos com lastro nesses direitos creditórios ou nos ativos financeiros emitidos por pessoas físicas e jurídicas que integrem a cadeia produtiva do agronegócio, inclusive cédulas de produto rural físicas e financeiras, certificados de recebíveis do agronegócio e cotas de fundos de investimento em direitos creditórios e de fundos de investimento em direitos creditórios não padronizados que apliquem mais de 50% (cinquenta por cento) de seu patrimônio nos referidos direitos creditórios; *(Redação dada pela Lei nº 14.421, de 2022)*

VI - cotas de fundos de investimento que apliquem mais de 50% (cinquenta por cento) de seu patrimônio nos ativos referidos nos incisos I, II, III, IV e V deste *caput*.

§ 1º Os Fiagro poderão arrendar ou alienar os imóveis rurais que venham a adquirir.

§ 2º No arrendamento de imóvel rural pelos Fiagro, prevalecerão as condições livremente pactuadas no respectivo contrato, ressalvado que, na falta de pagamento dos valores devidos pelo arrendatário, eventual determinação judicial de desocupação coincidirá com o término da safra que esteja plantada na época do inadimplemento, quando aplicável, respeitado o prazo mínimo de 6 (seis) meses e máximo de 1 (um) ano.

§ 3º Incluem-se no rol de ativos constantes do inciso III do *caput* deste artigo os títulos de crédito e os valores mobiliários previstos na:

I - Lei nº 8.929, de 22 de agosto de 1994;

II - Lei nº 11.076, de 30 de dezembro de 2004; e

III - Lei nº 13.986, de 7 de abril de 2020. *(Artigo acrescido pela Lei nº 14.130, de 29/3/2021)*

Art. 20-B. Os Fiagro serão constituídos com prazo de duração determinado ou indeterminado, sob a forma de:

I - condomínio aberto; ou

II - condomínio fechado.

Parágrafo único. Poderão ser criadas categorias de Fiagro, com estabelecimento de requisitos de funcionamento específicos, de acordo com:

I - o público que poderá subscrever as cotas de sua emissão; e

II - a natureza dos investimentos a serem realizados pelos fundos. *(Artigo acrescido pela Lei nº 14.130, de 29/3/2021)*

Art. 20-C. Os rendimentos e os ganhos de capital auferidos e distribuídos, quando distribuídos pelos Fiagro, sujeitam-se à incidência do imposto sobre a renda na fonte à alíquota de 20% (vinte por cento). *(Artigo acrescido pela Lei nº 14.130, de 29/3/2021)*

Art. 20-D. Os ganhos de capital e os rendimentos auferidos na alienação ou no resgate de cotas dos Fiagro sujeitam-se à incidência do imposto de renda à alíquota de 20% (vinte por cento):

I - na fonte, no caso de resgate;

II - às mesmas normas aplicáveis aos ganhos de capital ou aos ganhos líquidos auferidos em operações de renda variável, nos demais casos. *(Artigo acrescido pela Lei nº 14.130, de 29/3/2021)*

Art. 20-E. As cotas dos Fiagro podem ser integralizadas em bens e direitos, inclusive imóveis. *("Caput" do artigo acrescido pela Lei nº 14.130, de 29/3/2021)*

§ 1º O pagamento do imposto sobre a renda decorrente do ganho de capital sobre as cotas integralizadas com imóvel rural por pessoa física ou jurídica poderá ser diferido para a data definida para o momento da venda dessas cotas, ou por ocasião do seu resgate, no caso de liquidação dos fundos. *(Parágrafo vetado pelo Presidente da República na Lei nº 14.130, de 29/3/2021, mantido pelo Congresso Nacional e publicado no DOU de 11/6/2021)*

§ 2º Na alienação ou no resgate das cotas referidas no § 1º deste artigo, o imposto sobre a renda diferido será pago em proporção à quantidade de cotas vendidas. *(Parágrafo vetado pelo Presidente da República na Lei nº 14.130, de 29/3/2021, mantido pelo Congresso Nacional e publicado no DOU de 11/6/2021)*

§ 3º Os imóveis rurais destinados à integralização de cotas dos Fiagro deverão ser previamente avaliados por profissional ou por empresa especializada, nos termos de regulamento. *(Parágrafo acrescido pela Lei nº 14.130, de 29/3/2021)*

Art. 20-F. Aplicam-se aos Fiagro o disposto nos arts. 3º, 4º, 5º, 6º, 7º, 8º e 9º, nos incisos I, II, III, IV, V, VI, VII, VIII, IX, X e XI do *caput* do art. 10, e nos arts. 11, 12, 13, 14, 15, 16, 16-A, 19 e 20 desta Lei. *(Artigo acrescido pela Lei nº 14.130, de 29/3/2021)*

Art. 21. Esta lei entra em vigor na data de sua publicação.

Art. 22. Revogam-se as disposições em contrário.

Brasília, 25 de junho de 1993,
172º da Independência e 105º da República.
ITAMAR FRANCO
(DOU. de 28.6.1993)

LEI Nº 8.692, DE 28 DE JULHO DE 1993

Define planos de reajustamento dos encargos mensais e dos saldos devedores nos contratos de financiamentos habitacionais no âmbito do Sistema Financeiro da Habitação e dá outras providências.

O PRESIDENTE DA REPÚBLICA

Faço saber que o Congresso Nacional decreta e eu sanciono a seguinte lei:

Art. 1º É criado o Plano de Comprometimento da Renda (PCR), como modalidade de reajustamento de contrato de financiamento habitacional, no âmbito do Sistema Financeiro da Habitação.

Art. 2º Os contratos de financiamento habitacional celebrados em conformidade com o Plano de Comprometimento da Renda estabelecerão percentual de no máximo trinta por cento da renda bruta do mutuário destinado ao pagamento dos encargos mensais.

Parágrafo único. Define-se como encargo mensal, para efeitos desta lei, o total pago, mensalmente, pelo beneficiário de financiamento habitacional e compreendendo a parcela de amortização e juros, destinada ao resgate do financiamento concedido, acrescida de seguros estipulados em contrato.

Art. 3º O percentual máximo referido no *caput* do art. 2º corresponde à relação entre o valor do encargo mensal e à renda bruta do mutuário no mês imediatamente anterior.

Parágrafo único. Durante todo o curso do financiamento será admitido reajustar o valor do encargo mensal até o percentual máximo de comprometimento da renda estabelecido no contrato, independentemente do percentual verificado por ocasião da celebração do mesmo.

Art. 4º O reajustamento dos encargos mensais nos contratos regidos pelo Plano de Comprometimento da Renda terá por base o mesmo índice e a mesma periodicidade de atualização do saldo devedor dos contratos, mas a aplicação deste índice não poderá resultar em comprometimento de renda em percentual superior ao máximo estabelecido no contrato.

§ 1º Sempre que o valor do novo encargo resultar em comprometimento da renda do mutuário em percentual superior ao estabelecido em contrato, a instituição financiadora, a pedido do mutuário, procederá à revisão do seu valor, para adequar a relação encargo mensal/renda ao referido percentual máximo.

§ 2º As diferenças apuradas nas revisões dos encargos mensais serão atualizadas com base nos índices contratualmente definidos para reajuste do saldo devedor e compensados nos encargos mensais subsequentes.

§ 3º Não se aplica o disposto no § 1º às situações em que o comprometimento da renda em percentual superior ao máximo estabelecido no contrato tenha-se verificado em razão da redução da renda ou por alteração na composição da renda familiar, inclusive em decorrência da exclusão de um ou mais coadquirentes.

§ 4º Nas situações de que trata o parágrafo anterior, é assegurado ao mutuário o direito de renegociar as condições de amortização, buscando adequar novo comprometimento de renda ao percentual máximo estabelecido no contrato, mediante a dilação do prazo de liquidação do financiamento, observado o prazo máximo estabelecido em contrato e demais condições pactuadas.

§ 5º Nos casos em que for verificada a insuficiência de amortização aplica-se o estabelecido no art. 13 desta lei.

Art. 5º Durante todo o curso do contrato, a instituição credora manterá demonstrativo da evolução do saldo devedor do financiamento, discriminando o valor das quotas mensais de amortização, calculadas em valor suficiente para a extinção da dívida no prazo contratado, bem como as quotas mensais de amortização efetivamente pagas pelo mutuário.

Art. 6º Os contratos celebrados após a data de publicação desta lei, em conformidade com o Plano de Equivalência Salarial (PES), serão regidos pelo disposto nesta lei.

Art. 7º Não é permitido às instituições financiadoras aplicarem quaisquer dispositivos de reajuste de encargos mensais do Plano de Equivalência Salarial nos contratos regidos pelo Plano de Comprometimento da Renda, vedada a alteração de Plano no curso do financiamento, salvo por acordo entre as partes.

Art. 8º No Plano de Equivalência Salarial o encargo mensal, conforme definido do parágrafo único do art. 2º, desta lei, acrescido do Coeficiente de Equiparação Salarial (CES), será reajustado no mesmo percentual e na mesma periodicidade dos aumentos salariais da categoria profissional do mutuário, aplicável no mês subsequente ao de competência do aumento salarial.

§ 1º Ocorrendo reajustes salariais, diferenciados para uma mesma categoria profissional, para efeito do disposto no *caput* deste artigo, a instituição credora deverá utilizar o maior dos índices de reajustes informados.

§ 2º Na hipótese de a instituição credora não ser informada dos índices de reajustes salariais aplicados à categoria profissional do mutuário, utilizam-se reajustes em consonância com o mesmo índice e a mesma periodicidade de atualização do saldo devedor dos contratos.

§ 3º É vedada a aplicação de reajustes aos encargos mensais inferiores aos índices de correção aplicados à categoria profissional do mutuário.

§ 4º O reajuste do encargo mensal de contratos de financiamentos firmados no Plano de Equivalência Salarial com mutuários pertencentes à categoria profissional sem data-base determinada ou que exerçam atividade sem vínculo empregatício será efetuado com base no maior índice definido pela Política Salarial para categorias com data-base no mês de maio, ou, quando inexistente, pelo mesmo índice adotado para a correção do saldo devedor.

Art. 9º É facultado ao mutuário recorrer da aplicação do disposto no artigo anterior, apresentando documentação comprobatória de variação de rendimentos, para a efetiva correção dos reajustes, devendo ser considerados como variação de rendimentos todos os aumentos que, a qualquer título, impliquem elevação da renda bruta do adquirente, decorrente do vínculo empregatício ou aposentadoria.

Art. 10. É autorizado o Poder Executivo a adotar política de subsídio temporário, pessoal e intransferível, destinado a famílias de baixa renda, cujo financiamento não ultrapasse o valor de 2.500 UPF (duas mil e quinhentas Unidades Padrão de Financiamento) para imóvel cuja avaliação não ultrapasse a 2.800 UPF (duas mil e oitocentas Unidades Padrão de Financiamento), desde que existam recursos orçamentários específicos.

Art. 11. O percentual máximo de comprometimento de renda do mutuário nos contratos regidos pelo Plano de Equivalência Salarial, correspondente à relação entre o valor do encargo mensal e a renda bruta do mutuário verificada no mês imediatamente anterior, não poderá ser superior a trinta por cento.

§ 1º Não se aplica o disposto no *caput* deste artigo às situações em que o comprometimento de renda em percentual superior ao máximo estabelecido no contrato tenha-se verificado em razão da redução da renda ou por alteração na composição da renda familiar, inclusive em decorrência da exclusão de um ou mais coadquirentes.

§ 2º Nas situações de que trata o parágrafo anterior, é assegurado ao mutuário o direito de renegociar as condições de amortização, buscando adequar novo comprometimento de renda ao percentual máximo estabelecido em contrato, mediante a dilação do prazo de liquidação do financiamento, observado o prazo máximo estabelecido em contrato e demais condições pactuadas.

Art. 12. Em todo o curso do financiamento contratado sob o Plano de Equivalência Salarial, será admitido reajustar o valor do encargo mensal até o percentual máximo de comprometimento de renda estabelecido no contrato, independentemente do percentual verificado por ocasião de sua assinatura.

Art. 13. Nos contratos regidos por esta lei, a instituição credora manterá demonstrativo da evolução do saldo devedor do financiamento, discriminando o valor das quotas mensais de amortização, calculadas em valor suficiente à extinção da dívida em prazo originalmente contratado ou no novo prazo contratado, bem como as quotas mensais de amortização efetivamente pagas pelo mutuário.

§ 1º Eventuais diferenças entre o valor das quotas mensais de amortização referidas no *caput* deste artigo serão apuradas a cada doze meses, admitindo-se prazo menor para a primeira apuração, procedendo-se, se necessário, ao recálculo dos encargos mensais, observados os seguintes critérios e procedimentos:

a) verificada a insuficiência de amortização, o encargo mensal será recalculado com base no saldo devedor atualizado, mantida a taxa de juros e demais acessórios contratualmente estabelecidos e dilatando-se o prazo, se necessário, para adequar o encargo mensal ao percentual máximo estipulado no contrato, observado o prazo máximo aplicado ao contrato;

b) se após o recálculo a quota de amortização se mantiver em nível inferior para a necessária extinção da dívida, a diferença entre o montante necessário para a extinção da mesma e o montante efetivamente pago pelo mutuário a partir do primeiro mês do último recálculo, atualizada pelos mesmos índices aplicados ao saldo devedor e acrescida de juros contratuais, será paga, escalonadamente, até o final do contrato, alternativamente:

1. por pagamento efetivado diretamente pelo mutuário;

2. por seguro especialmente contratado pelo mutuário para este fim; ou

3. por reservas constituídas pela contribuição voluntária de mutuários, administradas pela instituição financiadora, e relativas às respectivas operações de financiamento habitacional.

§ 2º O prazo de doze meses referido no parágrafo anterior poderá, no curso do contrato, ser alterado por acordo entre as partes.

Art. 14. Não será imputada qualquer penalidade ao mutuário que paralisar o pagamento de encargos mensais desde que, tendo requerido à instituição financiadora a revisão dos encargos mensais, com a necessária juntada dos comprovantes das variações da renda, não tenha recebido resposta formal após decorridos sessenta dias da data de protocolização do requerimento.

Art. 15. Os saldos devedores dos financiamentos de que trata esta lei serão atualizados monetariamente na mesma periodicidade e pelos mesmos índices utilizados para a atualização:

I – das contas vinculadas do Fundo de Garantia do Tempo de Serviço (FGTS), quando a operação for lastreada com recursos do referido Fundo; e

II – dos depósitos em caderneta de poupança correspondentes ao dia da assinatura do contrato, nos demais casos.

Art. 16. O inciso IV do art. 9º da Lei nº 8.036, de 11 de maio de 1990, passa a ter a seguinte redação:

"Art. 9º [...]

I – [...]

II – [...]

III – [...]

IV – prazo máximo de trinta anos".

[...]"

Art. 17. Nas operações regidas por esta lei não se aplica a contribuição para o Fundo de Assistência Habitacional (Fundhab).

Parágrafo único. A Caixa Econômica Federal fica desobrigada a aportar recursos ao Fundo de Assistência Habitacional (Fundhab), revogando-se, para este efeito, o disposto no art. 8º do Decreto-Lei nº 2.164, de 19 de setembro de 1984.

Art. 18. O percentual máximo referido nos arts. 2º e 11 poderá ser escalonado, em função da renda do adquirente, pelo Conselho Curador do Fundo de Garantia do Tempo de Serviço, nas operações lastreadas com recursos deste fundo.

Art. 19. O Ministério da Fazenda, através dos órgãos próprios, fará, no prazo de cento e vinte dias, a revisão e atualização do cálculo atuarial do valor dos prêmios do seguro habitacional.

Art. 20. Na transferência a terceiros de direitos e obrigações decorrentes dos contratos de que trata esta lei, será assegurada ao novo mutuário a manutenção das condições de prazo, juros e plano de reajustamento, aproveitando-lhes as prestações anteriormente pagas.

Art. 21. São dispensadas de registro, averbação ou arquivamento no Registro de Imóveis e no Registro de Títulos e Documentos as alterações contratuais decorrentes da aplicação desta lei.

§ 1º Por ocasião da comercialização, ficam dispensadas todas as taxas de serviços cobradas pelas instituições financiadoras em contratos de financiamento de até 2.800 UPF (duas mil e oitocentas Unidades Padrão de Financiamento).

§ 2º Para efeito de registro e averbação de contratos de financiamentos para moradia, as taxas e emolumentos serão cobrados de acordo com os seguintes critérios: *(Redação dada pela Lei nº 10.150, de 21.12.2000)*

a) até zero vírgula um por cento sobre o valor do financiamento, quando os contratos forem celebrados no âmbito de programas custeados com recursos do FGTS, compreendidos ou não no SFH; *(Alínea incluída pela Lei nº 10.150, de 21.12.2000)*

b) até um por cento incidente sobre o valor do negócio jurídico, incluindo as parcelas financiadas e não financiadas, nos demais contratos pactuados no âmbito do SFH. (Alínea incluída pela Lei nº 10.150, de 21.12.2000)

Art. 22. O Poder Executivo e o Conselho Curador do Fundo de Garantia do Tempo de Serviço regulamentarão a aplicação dos dispositivos desta lei, de acordo com as respectivas competências, no prazo máximo de trinta dias a partir da data de sua publicação.

Art. 23. *(Revogado pela Medida Provisória nº 2.197-43, de 2001)*

Art. 24. *(Vetado)*

Art. 25. Nos financiamentos celebrados no âmbito do Sistema Financeiro da Habitação, a taxa efetiva de juros será de, no máximo, doze por cento ao ano. *(Redação dada pela Medida Provisória nº 2.197-43, de 24.8.2001)*

§ 1º *(Vetado)*

§ 2º Compete ao Banco Central do Brasil estabelecer a taxa de juros, até o limite estabelecido no *caput* deste artigo, em função da renda do mutuário, no caso dos financiamentos realizados com recursos oriundos de caderneta de poupança.

§ 3º Compete ao Conselho Curador do Fundo de Garantia do Tempo de Serviço fixar a taxa de juros, até o limite estabelecido no *caput* deste artigo, em função da renda do mutuário, para operações realizadas com recursos deste fundo.

Art. 26. O Poder Executivo dará ampla divulgação das características de cada Plano e as diferenças existentes entre eles.

Art. 27. Não se aplicam os dispositivos desta lei aos contratos em vigor, assinados em data anterior à publicação desta lei, salvo por acordo entre as partes.

Art. 28. A critério dos proponentes, os financiamentos das unidades habitacionais vinculadas a empreendimentos cujos contratos de empréstimo para produção tenham sido firmados com os agentes financeiros do Sistema Financeiro da Habitação até 24 de abril de 1993 poderão ser contratados com os adquirentes finais nas condições vigentes anteriormente à data de publicação desta lei.

Parágrafo único. É assegurado aos promitentes compradores de unidades habitacionais, cujas propostas de financiamento tenham sido formalizadas junto aos agentes financeiros do Sistema Financeiro da Habitação até 24 de abril de 1993, o direito de optar pela aplicação do disposto no *caput* deste artigo.

Art. 29. As operações regidas por esta lei não terão cobertura do Fundo de Compensação das Variações Salariais (FCVS).

Art. 30. O Banco Central do Brasil deverá encaminhar, trimestralmente, à Comissão de Finanças da Câmara dos Deputados, os dados e informações relativos à captação de recursos em caderneta de poupança e à aplicação desses recursos em operações habitacionais.

Parágrafo único. A Comissão de Finanças definirá o detalhamento das informações a serem encaminhadas pelo Banco Central do Brasil, de forma a permitir a verificação do cumprimento da obrigatoriedade de aplicações dos recursos de caderneta de poupanças pelas instituições financiadoras.

Art. 31. É o Poder Executivo autorizado a emitir títulos de longo prazo, sob a forma de colocação direta, por valor não inferior ao par, para pagamento das dívidas da União com a Caixa Econômica Federal, constituídas até a publicação desta lei.

Art. 31-A. Na aquisição de unidades residenciais destinadas ao público de baixa renda e de suas unidades comerciais complementares, a serem construídas em terrenos cujo valor esteja incluído no preço final de cada unidade, na forma das diretrizes fixadas pela entidade pública adquirente, as propostas serão julgadas, observadas a lei geral de licitações em função do preço global final, calculado por metro quadrado construído, considerando todos os insumos que o compõem. (*Artigo incluído pela Lei nº 10.150, de 21.12.2000*)

Art. 32. Até a publicação da regulamentação prevista nesta lei será admitida a contratação de financiamentos habitacionais em conformidade com a legislação vigente até 24 de abril de 1993.

Art. 33. Admitida a ressalva do art. 27 desta lei, para os contratos realizados a partir de sua publicação não se aplicam os dispositivos legais vigentes que a contrariam, relativos à indexação dos saldos devedores e reajustes de encargos dos financiamentos, especialmente aqueles constantes da Lei nº 4.380, de 21 de agosto de 1964, do Decreto-Lei nº 19, de 30 de agosto de 1966, do Decreto-Lei nº 2.164, de 19 de setembro de 1984, da Lei nº 8.004, de 14 de março de 1990, e da Lei nº 8.100, de 5 de dezembro de 1990.

Art. 34. Esta Lei entra em vigor na data de sua publicação.

Art. 35. Revogam-se as disposições em contrário.

Brasília, 28 de julho de 1993; 172º da Independência e 105º da República.

ITAMAR FRANCO

(DOU de 29.7.1993)

LEI Nº 8.847, DE 28 DE JANEIRO DE 1994

Dispõe sobre o Imposto sobre a Propriedade Territorial Rural (ITR) e dá outras providências.

O PRESIDENTE DA REPÚBLICA

Faço saber que o Congresso Nacional decreta e eu sanciono a seguinte Lei:

Arts. 1º a 22. *(Revogados pela Lei nº 9.393, de 19.12.96)*

Art. 23. É transferida para o Instituto Nacional de Colonização e Reforma Agrária (Incra) a administração e cobrança da Taxa de Serviços Cadastrais, de que trata o art. 5º do Decreto-Lei nº 57, de 18 de novembro de 1966, com as alterações do art. 2º da Lei nº 6.746, de 10 de dezembro de 1979, e do Decreto-Lei nº 1.989, de 28 de dezembro de 1982.

Parágrafo único. Compete ao Incra a apuração, inscrição e cobrança da Dívida Ativa, relativamente à Taxa de Serviços Cadastrais.

Art. 24. A competência de administração das seguintes receitas, atualmente arrecadadas pela Secretaria da Receita Federal por força do art. 1º da Lei nº 8.022, de 12 de abril de 1990, cessará em 31 de dezembro de 1996:

I – Contribuição Sindical Rural, devida à Confederação Nacional da Agricultura (CNA) e à Confederação Nacional dos Trabalhadores na Agricultura (Contag), de acordo com o art. 4º do Decreto-Lei nº 1.166, de 15 de abril de 1971, e art. 580 da Consolidação das Leis do Trabalho (CLT);

II – Contribuição ao Serviço Nacional de Aprendizagem Rural (Senar), prevista no item VII do art. 3º da Lei nº 8.315, de 23 de dezembro de 1991.

Art. 25. *(Revogado pela Lei nº 9.393, de 19.12.96)*

Art. 26. Esta lei entra em vigor na data de sua publicação.

Brasília, 28 de janeiro de 1994, 173º da Independência e 106º da República.

ITAMAR FRANCO

(DOU de 29.1.1994)

› *Não publicamos o anexo desta lei.*

LEI Nº 9.393, DE 19 DE DEZEMBRO DE 1996

Dispõe sobre o Imposto sobre a Propriedade Territorial Rural – ITR, sobre pagamento da dívida representada por Títulos da Dívida Agrária e dá outras providências.

O PRESIDENTE DA REPÚBLICA

Faço saber que o Congresso Nacional decreta e eu sanciono a seguinte Lei:

CAPÍTULO I – DO IMPOSTO SOBRE A PROPRIEDADE TERRITORIAL RURAL – ITR

SEÇÃO I – DO FATO GERADOR DO ITR

› *Vide Estatuto da Terra (Lei 4.504/1964)*
› *Vide Decreto-lei 57/1966 (Altera dispositivos sobre lançamento e cobrança do ITR)*
› *Vide Decreto 59.900/1966 (Regulamenta Decreto-lei 57/1966)*
› *Súmulas 74 e 583 do Supremo Tribunal Federal*

Definição

Art. 1º O Imposto sobre a Propriedade Territorial Rural – ITR, de apuração anual, tem como fato gerador a propriedade, o domínio útil ou a posse de imóvel por natureza, localizado fora da zona urbana do município, em 1º de janeiro de cada ano.

› *Art. 146, III, a da Constituição Federal*

§ 1º O ITR incide inclusive sobre o imóvel declarado de interesse social para fins de reforma agrária, enquanto não transferida a propriedade, exceto se houver imissão prévia na posse.

› *Art. 5º, XXII, XXIII e XXIV da Constituição Federal*

§ 2º Para os efeitos desta Lei, considera-se imóvel rural a área contínua, formada de uma ou mais parcelas de terras, localizada na zona rural do município.

§ 3º O imóvel que pertencer a mais de um município deverá ser enquadrado no município onde fique a sede do imóvel e, se esta não existir, será enquadrado no município onde se localize a maior parte do imóvel.

Imunidade

Art. 2º Nos termos do art. 153, § 4º, *in fine*, da Constituição, o imposto não incide sobre pequenas glebas rurais, quando as explore, só ou com sua família, o proprietário que não possua outro imóvel.

Parágrafo único. Para os efeitos deste artigo, pequenas glebas rurais são os imóveis com área igual ou inferior a:

I – 100 ha, se localizado em município compreendido na Amazônia Ocidental ou no Pantanal mato-grossense e sul-mato-grossense;

II – 50 ha, se localizado em município compreendido no Polígono das Secas ou na Amazônia Oriental;

III – 30 ha, se localizado em qualquer outro município.

SEÇÃO II – DA ISENÇÃO

Art. 3º São isentos do imposto:

I – o imóvel rural compreendido em programa oficial de reforma agrária, caracterizado pelas autoridades competentes como assentamento, que, cumulativamente, atenda aos seguintes requisitos:

a) seja explorado por associação ou cooperativa de produção;

b) a fração ideal por família assentada não ultrapasse os limites estabelecidos no artigo anterior;

c) o assentado não possua outro imóvel.

II – o conjunto de imóveis rurais de um mesmo proprietário, cuja área total observe os limites fixados no parágrafo único do artigo anterior, desde que, cumulativamente, o proprietário:

a) o explore só ou com sua família, admitida ajuda eventual de terceiros;

b) não possua imóvel urbano.

Art. 3º-A. Os imóveis rurais oficialmente reconhecidos como áreas ocupadas por remanescentes de comunidades de quilombos que estejam sob a ocupação direta e sejam explorados, individual ou coletivamente, pelos membros destas comunidades são isentos do Imposto sobre a Propriedade Territorial Rural - ITR. *(Incluído pela Lei nº 13.043, de 2014)*

§ 1º Ficam dispensados a constituição de créditos da Fazenda Nacional, a inscrição na Dívida Ativa da União e o ajuizamento da respectiva execução fiscal, e cancelados o lançamento e a inscrição relativos ao ITR referentes aos imóveis rurais de que trata o *caput* a partir da data do registro do título de domínio previsto no art. 68 do Ato das Disposições Constitucionais Transitórias. *(Incluído pela Lei nº 13.043, de 2014)*

§ 2º Observada a data prevista no § 1º, não serão aplicadas as penalidades estabelecidas nos arts. 7º e 9º para fatos geradores ocorridos até a data de publicação da lei decorrente da conversão da Medida Provisória nº 651, de 9 de julho de 2014, e ficam anistiados os valores decorrentes de multas lançadas pela apresentação da declaração do ITR fora do prazo. *(Incluído pela Lei nº 13.043, de 2014)*

SEÇÃO III – DO CONTRIBUINTE E DO RESPONSÁVEL

Contribuinte

Art. 4º Contribuinte do ITR é o proprietário de imóvel rural, o titular de seu domínio útil ou o seu possuidor a qualquer título.

Parágrafo único. O domicílio tributário do contribuinte é o município de localização do imóvel, vedada a eleição de qualquer outro.

Responsável

Art. 5º É responsável pelo crédito tributário o sucessor, a qualquer título, nos termos dos arts. 128 a 133 da Lei nº 5.172, de 25 de outubro de 1966 (Sistema Tributário Nacional).

SEÇÃO IV – DAS INFORMAÇÕES CADASTRAIS

Entrega do DIAC

Art. 6º O contribuinte ou o seu sucessor comunicará ao órgão local da Secretaria da Receita Federal (SRF), por meio do Documento de Informação e Atualização Cadastral do ITR – DIAC, as informações cadastrais correspondentes a cada imóvel, bem como qualquer alteração ocorrida, na forma estabelecida pela Secretaria da Receita Federal.

§ 1º É obrigatória, no prazo de sessenta dias, contado de sua ocorrência, a comunicação das seguintes alterações:

I – desmembramento;

II – anexação;

III – transmissão, por alienação da propriedade ou dos direitos a ela inerentes, a qualquer título;

IV – sucessão causa mortis;

V – cessão de direitos;

VI – constituição de reservas ou usufruto.

§ 2º As informações cadastrais integrarão o Cadastro de Imóveis Rurais – CAFIR, administrado pela Secretaria da Receita Federal, que poderá, a qualquer tempo, solicitar informações visando à sua atualização.

§ 3º Sem prejuízo do disposto no parágrafo único do art. 4º, o contribuinte poderá indicar no DIAC, somente para fins de intimação, endereço diferente daquele constante do domicílio tributário, que valerá para esse efeito até ulterior alteração.

Entrega do DIAC Fora do Prazo

Art. 7º No caso de apresentação espontânea do DIAC fora do prazo estabelecido pela Secretaria da Receita Federal, será cobrada multa de 1% (um por cento) ao mês ou fração sobre o imposto devido não inferior a R$ 50,00 (cinquenta reais), sem prejuízo da multa e dos juros de mora pela falta ou insuficiência de recolhimento do imposto ou quota.

SEÇÃO V – Da Declaração Anual

Art. 8º O contribuinte do ITR entregará, obrigatoriamente, em cada ano, o Documento de Informação e Apuração do ITR – DIAT, correspondente a cada imóvel, observadas data e condições fixadas pela Secretaria da Receita Federal.

§ 1º O contribuinte declarará, no DIAT, o Valor da Terra Nua – VTN correspondente ao imóvel.

§ 2º O VTN refletirá o preço de mercado de terras, apurado em 1º de janeiro do ano a que se referir o DIAT, e será considerado auto-avaliação da terra nua a preço de mercado.

§ 3º O contribuinte cujo imóvel se enquadre nas hipóteses estabelecidas nos arts. 2º e 3º fica dispensado da apresentação do DIAT. *(Vide Lei nº 13.043, de 2014)*

Entrega do DIAT Fora do Prazo

Art. 9º A entrega do DIAT fora do prazo estabelecido sujeitará o contribuinte à multa de que trata o art. 7º, sem prejuízo da multa e dos juros de mora pela falta ou insuficiência de recolhimento do imposto ou quota.

SEÇÃO VI – DA APURAÇÃO E DO PAGAMENTO

SUBSEÇÃO I – DA APURAÇÃO

Apuração pelo Contribuinte

Art. 10. A apuração e o pagamento do ITR serão efetuados pelo contribuinte, independentemente de prévio procedimento da administração tributária, nos prazos e condições estabelecidos pela Secretaria da Receita Federal, sujeitando-se a homologação posterior.

§ 1º Para os efeitos de apuração do ITR, considerar-se-á:

I – VTN, o valor do imóvel, excluídos os valores relativos a:

a) construções, instalações e benfeitorias;

b) culturas permanentes e temporárias;

c) pastagens cultivadas e melhoradas;

d) florestas plantadas;

II – área tributável, a área total do imóvel, menos as áreas:

a) de preservação permanente e de reserva legal, previstas na Lei nº 12.651, de 25 de maio de 2012; *(Redação dada pela Lei nº 12.844, de 2013) (Vide art. 25 da Lei nº 12.844, de 2013)*

b) de interesse ecológico para a proteção dos ecossistemas, assim declaradas mediante ato do órgão competente, federal ou estadual, e que ampliem as restrições de uso previstas na alínea anterior;

c) comprovadamente imprestáveis para qualquer exploração agrícola, pecuária, granjeira, aquícola ou florestal, declaradas de interesse ecológico mediante ato do órgão competente, federal ou estadual;

d) sob regime de servidão ambiental; *(Redação dada pela Lei nº 12.651, de 2012).*

e) cobertas por florestas nativas, primárias ou secundárias em estágio médio ou avançado de regeneração; *(Incluído pela Lei nº 11.428, de 2006)*

f) alagadas para fins de constituição de reservatório de usinas hidrelétricas autorizada pelo poder público. *(Incluído pela Lei nº 11.727, de 2008)*

III – VTNt, o valor da terra nua tributável, obtido pela multiplicação do VTN pelo quociente entre a área tributável e a área total;

IV – área aproveitável, a que for passível de exploração agrícola, pecuária, granjeira, aquícola ou florestal, excluídas as áreas:

a) ocupadas por benfeitorias úteis e necessárias;

b) de que tratam as alíneas do inciso II deste parágrafo; *(Redação dada pela Lei nº 11.428, de 2006)*

V – área efetivamente utilizada, a porção do imóvel que no ano anterior tenha:

a) sido plantada com produtos vegetais;

b) servido de pastagem, nativa ou plantada, observados índices de lotação por zona de pecuária;

c) sido objeto de exploração extrativa, observados os índices de rendimento por produto e a legislação ambiental;

d) servido para exploração de atividades granjeira e aquícola;

e) sido o objeto de implantação de projeto técnico, nos termos do art. 7º da Lei nº 8.629, de 25 de fevereiro de 1993;

VI – Grau de Utilização – GU, a relação percentual entre a área efetivamente utilizada e a área aproveitável.

§ 2º As informações que permitam determinar o GU deverão constar do DIAT.

§ 3º Os índices a que se referem as alíneas "b" e "c" do inciso V do § 1º serão fixados, ouvido o Conselho Nacional de Política Agrícola, pela Secretaria da Receita Federal, que dispensará da sua aplicação os imóveis com área inferior a:

a) 1.000 ha, se localizados em municípios compreendidos na Amazônia Ocidental ou no Pantanal mato-grossense e sul-mato-grossense;

b) 500 ha, se localizados em municípios compreendidos no Polígono das Secas ou na Amazônia Oriental;

c) 200 ha, se localizados em qualquer outro município.

§ 4º Para os fins do inciso V do § 1º, o contribuinte poderá valer-se dos dados sobre a área utilizada e respectiva produção, fornecidos pelo arrendatário ou parceiro, quando o imóvel, ou parte dele, estiver sendo explorado em regime de arrendamento ou parceria.

§ 5º Na hipótese de que trata a alínea "c" do inciso V do § 1º, será considerada a área total objeto de plano de manejo sustentado, desde que aprovado pelo órgão competente, e cujo cronograma esteja sendo cumprido pelo contribuinte.

§ 6º Será considerada como efetivamente utilizada a área dos imóveis rurais que, no ano anterior, estejam:

I – comprovadamente situados em área de ocorrência de calamidade pública decretada pelo Poder Público, de que resulte frustração de safras ou destruição de pastagens;

II – oficialmente destinados à execução de atividades de pesquisa e experimentação que objetivem o avanço tecnológico da agricultura.

§ 7º A declaração para fim de isenção do ITR relativa às áreas de que tratam as alíneas "a" e "d" do inciso II, § 1º, deste artigo, não está sujeita à prévia comprovação por parte do declarante, ficando o mesmo responsável pelo pagamento do imposto correspondente, com juros e multa previstos nesta Lei, caso fique comprovado que a sua declaração não é verdadeira, sem prejuízo de outras sanções aplicáveis. *(Incluído pela Medida Provisória nº 2.166-67, de 2001)*

Valor do Imposto

Art. 11. O valor do imposto será apurado aplicando-se sobre o Valor da Terra Nua Tributável – VTNt a alíquota correspondente, prevista no Anexo desta Lei, considerados a área total do imóvel e o Grau de Utilização – GU.

§ 1º Na hipótese de inexistir área aproveitável após efetuadas as exclusões previstas no art. 10, § 1º, inciso IV, serão aplicadas as alíquotas, correspondentes aos imóveis com grau de utilização superior a 80% (oitenta por cento), observada a área total do imóvel.

§ 2º Em nenhuma hipótese o valor do imposto devido será inferior a R$ 10,00 (dez reais).

SUBSEÇÃO II – DO PAGAMENTO

Prazo

Art. 12. O imposto deverá ser pago até o último dia útil do mês fixado para a entrega do DIAT.

Parágrafo único. À opção do contribuinte, o imposto a pagar poderá ser parcelado em até três quotas iguais, mensais e consecutivas, observando-se que:

I – nenhuma quota será inferior a R$ 50,00 (cinquenta reais);

II – a primeira quota ou quota única deverá ser paga até a data fixada no *caput*;

III – as demais quotas, acrescidas de juros equivalentes à taxa referencial do Sistema de Liquidação e de Custódia (SELIC) para títulos federais, acumulada mensalmente, calculados a partir do primeiro dia do mês subsequente à data fixada no *caput* até o último dia do mês anterior ao do pagamento, e de 1% (um por cento) no mês do pagamento, vencerão no último dia útil de cada mês;

IV – é facultado ao contribuinte antecipar, total ou parcialmente, o pagamento do imposto ou das quotas.

Pagamento Fora do Prazo

Art. 13. O pagamento do imposto fora dos prazos previstos nesta Lei será acrescido de:

I – multa de mora calculada à taxa de 0,33% (zero vírgula trinta e três por cento), por dia de atraso, não podendo ultrapassar 20% (vinte por cento), calculada a partir do primeiro dia subsequente ao do vencimento do prazo previsto para o pagamento do imposto até o dia em que ocorrer o seu pagamento;

II – juros de mora calculados à taxa a que se refere o art. 12, parágrafo único, inciso III, a partir do primeiro dia do mês subsequente ao vencimento do prazo até o mês anterior ao do pagamento, e de 1% (um por cento) no mês do pagamento.

SEÇÃO VII – DOS PROCEDIMENTOS DE OFÍCIO

Art. 14. No caso de falta de entrega do DIAC ou do DIAT, bem como de subavaliação ou prestação de informações inexatas, incorretas ou fraudulentas, a Secretaria da Receita Federal procederá à determinação e ao lançamento de ofício do imposto, considerando informações sobre preços de terras, constantes de sistema a ser por ela instituído, e os dados de área total, área tributável e grau de utilização do imóvel, apurados em procedimentos de fiscalização.

§ 1º As informações sobre preços de terra observarão os critérios estabelecidos no art. 12, § 1º, inciso II da Lei nº 8.629, de 25 de fevereiro de 1993, e considerarão levantamentos realizados pelas Secretarias de Agricultura das Unidades Federadas ou dos Municípios.

§ 2º As multas cobradas em virtude do disposto neste artigo serão aquelas aplicáveis aos demais tributos federais.

SEÇÃO VIII – DA ADMINISTRAÇÃO DO IMPOSTO

Competência da Secretaria da Receita Federal

Art. 15. Compete à Secretaria da Receita Federal a administração do ITR, incluídas as atividades de arrecadação, tributação e fiscalização.

Parágrafo único. No processo administrativo fiscal, compreendendo os procedimentos destinados à determinação e exigência do imposto, imposição de penalidades, repetição de indébito e solução de consultas, bem como a compensação do imposto, observar-se-á a legislação prevista para os demais tributos federais.

Convênios de Cooperação

Art. 16. A Secretaria da Receita Federal poderá celebrar convênio com o Instituto Nacional de Colonização e Reforma Agrária – INCRA, com a finalidade de delegar as atividades de fiscalização das informações sobre os imóveis rurais, contidas no DIAC e no DIAT.

§ 1º No exercício da delegação a que se refere este artigo, o INCRA poderá celebrar convênios de cooperação com o Instituto Brasileiro do Meio Ambiente e dos Recursos Naturais Renováveis – IBAMA, Fundação Nacional do Índio – FUNAI e Secretarias Estaduais de Agricultura.

§ 2º No uso de suas atribuições, os agentes do INCRA terão acesso ao imóvel de propriedade particular, para levantamento de dados e informações.

§ 3º A Secretaria da Receita Federal, com o apoio do INCRA, administrará o CAFIR e colocará as informações nele contidas à disposição daquela Autarquia, para fins de levantamento e pesquisa de dados e de proposição de ações administrativas e judiciais. *(Redação dada pela Lei nº 10.267, de 28.8.2001)*

§ 4º Às informações a que se refere o § 3º aplica-se o disposto no art. 198 da Lei nº 5.172, de 25 de outubro de 1966. *(Redação dada pela Lei nº 10.267, de 2001)*

Art. 17. A Secretaria da Receita Federal poderá, também, celebrar convênios com:

I – órgãos da administração tributária das unidades federadas, visando delegar competência para a cobrança e o lançamento do ITR;

II – a Confederação Nacional da Agricultura – CNA e a Confederação Nacional dos Trabalhadores na Agricultura – CONTAG, com a finalidade de fornecer dados cadastrais de imóveis rurais que possibilitem a cobrança das contribuições sindicais devidas àquelas entidades.

SEÇÃO IX – DAS DISPOSIÇÕES GERAIS

Dívida Ativa – Penhora ou Arresto

Art. 18. Na execução de dívida ativa, decorrente de crédito tributário do ITR, na hipótese de penhora ou arresto de bens, previstos no art. 11 da Lei nº 6.830, de 22 de setembro de 1980, será penhorado ou arrestado, preferencialmente, imóvel rural, não tendo recaído a penhora ou o arresto sobre dinheiro.

§ 1º No caso do imóvel rural penhorado ou arrestado, na lavratura do termo ou auto de penhora, deverá ser observado, para efeito de avaliação, o VTN declarado e o disposto no art. 14.

§ 2º A Fazenda Pública poderá, ouvido o INCRA, adjudicar, para fins fundiários, o imóvel rural penhorado, se a execução não for embargada ou se rejeitados os embargos.

§ 3º O depósito da diferença de que trata o parágrafo único do art. 24 da Lei nº 6.830, de 22 de setembro de 1980, poderá ser feito em Títulos da Dívida Agrária, até o montante equivalente ao VTN declarado.

§ 4º Na hipótese do § 2º, o imóvel passará a integrar o patrimônio do INCRA, e a carta de adjudicação e o registro imobiliário serão expedidos em seu nome.

Valores para Apuração de Ganho de Capital

Art. 19. A partir do dia 1º de janeiro de 1997, para fins de apuração de ganho de capital, nos termos da legislação do imposto de renda, considera-se custo de aquisição e valor da venda do imóvel rural o VTN declarado, na forma do art. 8º, observado o disposto no art. 14, respectivamente, nos anos da ocorrência de sua aquisição e de sua alienação.

Parágrafo único. Na apuração de ganho de capital correspondente a imóvel rural adquirido anteriormente à data a que se refere este artigo, será considerado custo de aquisição o valor constante da escritura pública, observado o disposto no art. 17 da Lei nº 9.249, de 26 de dezembro de 1995.

Incentivos Fiscais e Crédito Rural

Art. 20. A concessão de incentivos fiscais e de crédito rural, em todas as suas modalidades, bem como a constituição das respectivas contrapartidas ou garantias, ficam condicionadas à comprovação do recolhimento do ITR, relativo ao imóvel rural, correspondente aos últimos cinco exercícios, ressalvados os casos em que a exigibilidade do imposto esteja suspensa, ou em curso de cobrança executiva em que tenha sido efetivada a penhora.

› *Art. 1º, VIII, Lei 14.179, de 2021*

Parágrafo único. É dispensada a comprovação de regularidade do recolhimento do imposto relativo ao imóvel rural, para efeito de concessão de financiamento ao amparo do Programa Nacional de Fortalecimento da Agricultura Familiar – PRONAF.

Registro Público

Art. 21. É obrigatória a comprovação do pagamento do ITR, referente aos cinco últimos exercícios, para serem praticados quaisquer dos atos previstos nos arts. 167 e 168 da Lei nº 6.015, de 31 de dezembro de 1973 (Lei dos Registros Públicos), observada a ressalva prevista no *caput* do artigo anterior, in fine.

› *Art. 289, Lei n. 6.015/1973 (Registros Públicos)*

Parágrafo único. São solidariamente responsáveis pelo imposto e pelos acréscimos legais, nos termos do art. 134 da Lei nº 5.172, de 25 de outubro de 1966 – Sistema Tributário Nacional, os serventuários do registro de imóveis que descumprirem o disposto neste artigo, sem prejuízo de outras sanções legais.

Depósito Judicial na Desapropriação

Art. 22. O valor da terra nua para fins do depósito judicial, a que se refere o inciso I do art. 6º da Lei Complementar nº 76, de 6 de julho de 1993, na hipótese de desapropriação do imóvel rural de que trata o art. 184 da Constituição, não poderá ser superior ao VTN declarado, observado o disposto no art. 14.

Parágrafo único. A desapropriação por valor inferior ao declarado não autorizará a redução do imposto a ser pago, nem a restituição de quaisquer importâncias já recolhidas.

CAPÍTULO II – DAS DISPOSIÇÕES FINAIS

Art. 23. Esta Lei entra em vigor na data de sua publicação, produzindo efeitos, quanto aos arts. 1º a 22, a partir de janeiro de 1997.

Art. 24. Revogam-se os arts. 1º a 22 e 25 da Lei nº 8.847, de 28 de janeiro de 1994.

Brasília, 19 de dezembro de 1996;
175º da Independência e 108º da República.
FERNANDO HENRIQUE CARDOSO
(DOU de 20.12.1996)

TABELA DE ALÍQUOTAS (ART. 11)

Área total do imóvel (*em hectares*)	GRAU DE UTILIZAÇÃO – GU (EM %)				
	Maior que 80	Maior que 65 até 80	Maior que 50 até 65	Maior que 30 até 50	Até 30
Até 50	0,03	0,20	0,40	0,70	1,00
Maior que 50 até 200	0,07	0,40	0,80	1,40	2,00
Maior que 200 até 500	0,10	0,60	1,30	2,30	3,30
Maior que 500 até 1.000	0,15	0,85	1,90	3,30	4,70
Maior que 1.000 até 5.000	0,30	1,60	3,40	6,00	8,60
Acima de 5.000	0,45	3,00	6,40	12,00	20,00

LEI Nº 9.514, DE 20 DE NOVEMBRO DE 1997

Dispõe sobre o Sistema de Financiamento Imobiliário, institui a alienação fiduciária de coisa imóvel e dá outras providências.

O PRESIDENTE DA REPÚBLICA

Faço saber que o Congresso Nacional decreta e eu sanciono a seguinte Lei:

CAPÍTULO I – DO SISTEMA DE FINANCIAMENTO IMOBILIÁRIO

SEÇÃO I – DA FINALIDADE

Art. 1º O Sistema de Financiamento Imobiliário – SFI tem por finalidade promover o financiamento imobiliário em geral, segundo condições compatíveis com as da formação dos fundos respectivos.

SEÇÃO II – DAS ENTIDADES

Art. 2º Poderão operar no SFI as caixas econômicas, os bancos comerciais, os bancos de investimento, os bancos com carteira de crédito imobiliário, as sociedades de crédito imobiliário, as associações de poupança e empréstimo, as companhias hipotecárias e, a critério do Conselho Monetário Nacional - CMN, outras entidades.

› *Art. 440-AO, Prov. CNJ n. 149/2023 (CNN)*

Art. 3º As companhias securitizadoras de créditos imobiliários, instituições não financeiras constituídas sob a forma de sociedade por ações, terão por finalidade a aquisição e securitização desses créditos e a emissão e colocação, no mercado financeiro, de Certificados de Recebíveis Imobiliários, podendo emitir outros títulos de crédito, realizar negócios e prestar serviços compatíveis com as suas atividades.

Parágrafo único. *(Revogado pela Lei nº 13.097, de 2015)*

SEÇÃO III – DO FINANCIAMENTO IMOBILIÁRIO

Art. 4º As operações de financiamento imobiliário em geral serão livremente efetuadas pelas entidades autorizadas a operar no SFI, segundo condições de mercado e observadas as prescrições legais.

Parágrafo único. Nas operações de que trata este artigo, poderão ser empregados recursos provenientes da captação nos mercados financeiro e de valores mobiliários, de acordo com a legislação pertinente.

Art. 5º As operações de financiamento imobiliário em geral, no âmbito do SFI, serão livremente pactuadas pelas partes, observadas as seguintes condições essenciais:

I - reposição integral do valor emprestado e respectivo reajuste;

II - remuneração do capital emprestado às taxas convencionadas no contrato;

III - capitalização dos juros;

IV - contratação, pelos tomadores de financiamento, de seguros contra os riscos de morte e invalidez permanente.

§ 1º As partes poderão estabelecer os critérios do reajuste de que trata o inciso I, observada a legislação vigente.

§ 2º As operações de comercialização de imóveis, com pagamento parcelado, de arrendamento mercantil de imóveis e de financiamento imobiliário em geral poderão ser pactuadas nas mesmas condições permitidas para as entidades autorizadas a operar no SFI. *(Redação dada pela Lei nº 10.931, de 2004)*

§ 3º Na alienação de unidades em edificação sob o regime da Lei nº 4.591, de 16 de dezembro de 1964, a critério do adquirente e mediante informação obrigatória do incorporador, poderá ser contratado seguro que garanta o ressarcimento ao adquirente das quantias por este pagas, na hipótese de inadimplemento do incorporador ou construtor quanto à entrega da obra.

SEÇÃO IV – DO CERTIFICADO DE RECEBÍVEIS IMOBILIÁRIOS

Art. 6º O Certificado de Recebíveis Imobiliários - CRI é título de crédito nominativo, de livre negociação, lastreado em créditos imobiliários e constitui promessa de pagamento em dinheiro.

Parágrafo único. *(Revogado pela Lei nº 14.430, de 2022)*

Art. 7º *(Revogado pela Lei nº 14.430, de 2022)*

SEÇÃO V – DA SECURITIZAÇÃO DE CRÉDITOS IMOBILIÁRIOS

Art. 8º *(Revogado pela Lei nº 14.430, de 2022)*

SEÇÃO VI – DO REGIME FIDUCIÁRIO

Arts. 9º a 16. *(Revogados pela Lei nº 14.430, de 2022)*

SEÇÃO VII – DAS GARANTIAS

Art. 17. As operações de financiamento imobiliário em geral poderão ser garantidas por:

I - hipoteca;

II - cessão fiduciária de direitos creditórios decorrentes de contratos de alienação de imóveis;

III - caução de direitos creditórios ou aquisitivos decorrentes de contratos de venda ou promessa de venda de imóveis;

IV - alienação fiduciária de coisa imóvel.

§ 1º As garantias a que se referem os incisos II, III e IV deste artigo constituem direito real sobre os respectivos objetos.

§ 2º Aplicam-se à caução dos direitos creditórios a que se refere o inciso III deste artigo as disposições dos arts. 789 a 795 do Código Civil.

§ 3º As operações do SFI que envolvam locação poderão ser garantidas suplementarmente por anticrese.

Art. 18. O contrato de cessão fiduciária em garantia opera a transferência ao credor da titularidade dos créditos cedidos, até a liquidação da dívida garantida, e conterá, além de outros elementos, os seguintes:

I - o total da dívida ou sua estimativa;

II - o local, a data e a forma de pagamento;

III - a taxa de juros;

IV - a identificação dos direitos creditórios objeto da cessão fiduciária.

Art. 19. Ao credor fiduciário compete o direito de:

I - conservar e recuperar a posse dos títulos representativos dos créditos cedidos, contra qualquer detentor, inclusive o próprio cedente;

II - promover a intimação dos devedores que não paguem ao cedente, enquanto durar a cessão fiduciária;

III - usar das ações, recursos e execuções, judiciais e extrajudiciais, para receber os créditos cedidos e exercer os demais direitos conferidos ao cedente no contrato de alienação do imóvel;

IV - receber diretamente dos devedores os créditos cedidos fiduciariamente.

§ 1º As importâncias recebidas na forma do inciso IV deste artigo, depois de deduzidas as despesas de cobrança e de administração, serão creditadas ao devedor cedente, na operação objeto da cessão fiduciária, até final liquidação da dívida e encargos, responsabilizando-se o credor fiduciário perante o cedente, como depositário, pelo que receber além do que este lhe devia.

§ 2º Se as importâncias recebidas, a que se refere o parágrafo anterior, não bastarem para o pagamento integral da dívida e seus encargos, bem como das despesas de cobrança e de administração daqueles créditos, o devedor continuará obrigado a resgatar o saldo remanescente nas condições convencionadas no contrato.

Art. 20. Na hipótese de falência do devedor cedente e se não tiver havido a tradição dos títulos representativos dos créditos cedidos fiduciariamente, ficará assegurada ao cessionário fiduciário a restituição na forma da legislação pertinente.

Parágrafo único. Efetivada a restituição, prosseguirá o cessionário fiduciário no exercício de seus direitos na forma do disposto nesta seção.

Art. 21. São suscetíveis de caução, desde que transmissíveis, os direitos aquisitivos sobre imóvel, ainda que em construção.

§ 1º O instrumento da caução, a que se refere este artigo, indicará o valor do débito e dos encargos e identificará o imóvel cujos direitos aquisitivos são caucionados.

§ 2º Referindo-se a caução a direitos aquisitivos de promessa de compra e venda cujo preço ainda não tenha sido integralizado, poderá o credor caucionário, sobrevindo a mora do promissário comprador, promover a execução do seu crédito ou efetivar, sob protesto, o pagamento do saldo da promessa.

§ 3º Se, nos termos do disposto no parágrafo anterior, o credor efetuar o pagamento, o valor pago, com todos os seus acessórios e eventuais penalidades, será adicionado à dívida garantida pela caução, ressalvado ao credor o direito de executar desde logo o devedor, inclusive pela parcela da dívida assim acrescida.

CAPÍTULO II – DA ALIENAÇÃO FIDUCIÁRIA DE COISA IMÓVEL

- *Vide art. 167, I, 34, LRP*
- *Vide Enunciados 15 e 67, I Jornada de Direito Notarial e Registral*

Art. 22. A alienação fiduciária regulada por esta Lei é o negócio jurídico pelo qual o fiduciante, com o escopo de garantia de obrigação própria ou de terceiro, contrata a transferência ao credor, ou fiduciário, da propriedade resolúvel de coisa imóvel.

- *"Caput" do artigo com redação dada pela Lei nº 14.711, de 30/10/2023*

§ 1º A alienação fiduciária poderá ser contratada por pessoa física ou jurídica, não sendo privativa das entidades que operam no SFI, podendo ter como objeto, além da propriedade plena:

- *Parágrafo com redação pela Lei nº 11.481, de 31/5/2007*

I - bens enfitêuticos, hipótese em que será exigível o pagamento do laudêmio, se houver a consolidação do domínio útil no fiduciário;

- *Inciso acrescido pela Lei nº 11.481, de 31/5/2007*

II - o direito de uso especial para fins de moradia;

- *Inciso acrescido pela Lei nº 11.481, de 31/5/2007*

III - o direito real de uso, desde que suscetível de alienação;

- *Inciso acrescido pela Lei nº 11.481, de 31/5/2007*

IV - a propriedade superficiária.

- *Inciso acrescido pela Lei nº 11.481, de 31/5/2007*

V - os direitos oriundos da imissão provisória na posse, quando concedida à União, aos Estados, ao Distrito Federal, aos Municípios ou às suas entidades delegadas, e a respectiva cessão e promessa de cessão;

- *Inciso acrescido pela Lei nº 14.620, de 13/7/2023*

VI - os bens que, não constituindo partes integrantes do imóvel, destinam-se, de modo duradouro, ao uso ou ao serviço deste.

- *Inciso acrescido pela Lei nº 14.620, de 13/7/2023*

§ 2º Os direitos de garantia instituídos nas hipóteses dos incisos III e IV do § 1º deste artigo ficam limitados à duração da concessão ou direito de superfície, caso tenham sido transferidos por período determinado.

- *Parágrafo com redação pela Lei nº 11.481, de 31/5/2007*

§ 3º A alienação fiduciária da propriedade superveniente, adquirida pelo fiduciante, é suscetível de registro no registro de imóveis desde a data de sua celebração, tornandose eficaz a partir do cancelamento da propriedade fiduciária anteriormente constituída.

- *Parágrafo acrescido pela Lei nº 14.711, de 30/10/2023*

§ 4º Havendo alienações fiduciárias sucessivas da propriedade superveniente, as anteriores terão prioridade em relação às posteriores na excussão da garantia, observado que, no caso de excussão do imóvel pelo credor fiduciário anterior com alienação a terceiros, os direitos dos credores fiduciários posteriores sub-rogam-se no preço obtido, cancelando-se os registros das respectivas alienações fiduciárias.

- *Parágrafo acrescido pela Lei nº 14.711, de 30/10/2023*

§ 5º O credor fiduciário que pagar a dívida do devedor fiduciante comum ficará subrogado no crédito e na propriedade fiduciária em garantia, nos termos do inciso I do *caput* do art. 346 da Lei nº 10.406, de 10 de janeiro de 2002 (Código Civil).

- *Parágrafo acrescido pela Lei nº 14.711, de 30/10/2023*

§ 6º O inadimplemento de quaisquer das obrigações garantidas pela propriedade fiduciária faculta ao credor declarar vencidas as demais obrigações de que for titular garantidas pelo mesmo imóvel, inclusive quando a titularidade decorrer do disposto no art. 31 desta Lei.

- *Parágrafo acrescido pela Lei nº 14.711, de 30/10/2023*

§ 7º O disposto no § 6º aplica-se à hipótese prevista no § 3º deste artigo.

- *Parágrafo acrescido pela Lei nº 14.711, de 30/10/2023*

§ 8º O instrumento constitutivo da alienação fiduciária na forma do § 3º deve conter cláusula com a previsão de que trata o § 6º deste artigo.

› *Parágrafo acrescido pela Lei nº 14.711, de 30/10/2023*

§ 9º Na hipótese de o fiduciário optar por exercer a faculdade de que trata o § 6º deste artigo, deverá informá-lo na intimação de que trata o § 1º do art. 26 desta Lei.

› *Parágrafo acrescido pela Lei nº 14.711, de 30/10/2023*

§ 10. O disposto no § 3º do art. 49 da Lei nº 11.101, de 9 de fevereiro de 2005, beneficia todos os credores fiduciários, mesmo aqueles decorrentes da alienação fiduciária da propriedade superveniente.

› *Parágrafo acrescido pela Lei nº 14.711, de 30/10/2023*

Art. 23. Constitui-se a propriedade fiduciária de coisa imóvel mediante registro, no competente Registro de Imóveis, do contrato que lhe serve de título.

§ 1º Com a constituição da propriedade fiduciária, dá-se o desdobramento da posse, tornando-se o fiduciante possuidor direto e o fiduciário possuidor indireto da coisa imóvel.

› *Parágrafo único renumerado em § 1º pela Lei nº 14.620, de 2023.*

§ 2º Caberá ao fiduciante a obrigação de arcar com o custo do pagamento do Imposto sobre a Propriedade Predial e Territorial Urbana (IPTU) incidente sobre o bem e das taxas condominiais existentes. (*Incluído pela Lei nº 14.620, de 2023*)

Art. 24. O contrato que serve de título ao negócio fiduciário conterá:

I - o valor da dívida, sua estimação ou seu valor máximo;

› *Inciso com redação dada pela Lei nº 14.711, de 30/10/2023*

II - o prazo e as condições de reposição do empréstimo ou do crédito do fiduciário;

III - a taxa de juros e os encargos incidentes;

IV - a cláusula de constituição da propriedade fiduciária, com a descrição do imóvel objeto da alienação fiduciária e a indicação do título e modo de aquisição;

V - a cláusula que assegure ao fiduciante a livre utilização, por sua conta e risco, do imóvel objeto da alienação fiduciária, exceto a hipótese de inadimplência;

› *Inciso com redação dada pela Lei nº 14.711, de 30/10/2023*

VI - a indicação, para efeito de venda em público leilão, do valor do imóvel e dos critérios para a respectiva revisão;

VII - a cláusula que disponha sobre os procedimentos de que tratam os arts. 26-A, 27 e 27-A desta Lei.

› *Inciso com redação dada pela Lei nº 14.711, de 30/10/2023*

Parágrafo único. Caso o valor do imóvel convencionado pelas partes nos termos do inciso VI do *caput* deste artigo seja inferior ao utilizado pelo órgão competente como base de cálculo para a apuração do imposto sobre transmissão inter vivos, exigível por força da consolidação da propriedade em nome do credor fiduciário, este último será o valor mínimo para efeito de venda do imóvel no primeiro leilão.

› *Parágrafo único acrescido pela Lei nº 13.465, de 11/7/2017*

Art. 25. Com o pagamento da dívida e seus encargos, resolve-se, nos termos deste artigo, a propriedade fiduciária do imóvel.

§ 1º No prazo de 30 (trinta) dias, contado da data de liquidação da dívida, o fiduciário fornecerá o termo de quitação ao devedor e, se for o caso, ao terceiro fiduciante.

› *Parágrafo com redação dada pela Lei nº 14.711, de 30/10/2023*

§ 1º-A. O não fornecimento do termo de quitação no prazo previsto no § 1º deste artigo acarretará multa ao fiduciário equivalente a 0,5% (meio por cento) ao mês, ou fração, sobre o valor do contrato, que se reverterá em favor daquele a quem o termo não tiver sido disponibilizado no referido prazo.

› *Parágrafo acrescido pela Lei nº 14.711, de 30/10/2023*

§ 2º À vista do termo de quitação de que trata o parágrafo anterior, o oficial do competente Registro de Imóveis efetuará o cancelamento do registro da propriedade fiduciária.

§ 3º *(Revogado pela Lei nº 12.810, de 15/5/2013)*

Art. 26. Vencida e não paga a dívida, no todo ou em parte, e constituídos em mora o devedor e, se for o caso, o terceiro fiduciante, será consolidada, nos termos deste artigo, a propriedade do imóvel em nome do fiduciário.

› *"Caput" do artigo com redação dada pela Lei nº 14.711, de 30/10/2023*

§ 1º Para fins do disposto neste artigo, o devedor e, se for o caso, o terceiro fiduciante serão intimados, a requerimento do fiduciário, pelo oficial do registro de imóveis competente, a satisfazer, no prazo de 15 (quinze) dias, a prestação vencida e aquelas que vencerem até a data do pagamento, os juros convencionais, as penalidades e os demais encargos contratuais, os encargos legais, inclusive os tributos, as contribuições condominiais imputáveis ao imóvel e as despesas de cobrança e de intimação.

› *Parágrafo com redação dada pela Lei nº 14.711, de 30/10/2023*

§ 1º-A. Na hipótese de haver imóveis localizados em mais de uma circunscrição imobiliária em garantia da mesma dívida, a intimação para purgação da mora poderá ser requerida a qualquer um dos registradores competentes e, uma vez realizada, importa em cumprimento do requisito de intimação em todos os procedimentos de excussão, desde que informe a totalidade da dívida e dos imóveis passíveis de consolidação de propriedade.

› *Parágrafo acrescido pela Lei nº 14.711, de 30/10/2023*

§ 2º O contrato poderá estabelecer o prazo de carência, após o qual será expedida a intimação.

› *Parágrafo com redação dada pela Lei nº 14.711, de 30/10/2023*

§ 2º-A. Quando não for estabelecido o prazo de carência no contrato de que trata o § 2º deste artigo, este será de 15 (quinze) dias.

› *Parágrafo acrescido pela Lei nº 14.711, de 30/10/2023*

§ 3º A intimação será feita pessoalmente ao devedor e, se for o caso, ao terceiro fiduciante, que por esse ato serão cientificados de que, se a mora não for purgada no prazo legal, a propriedade será consolidada no patrimônio do credor e o imóvel será levado a leilão nos termos dos arts. 26-A, 27 e 27-A desta Lei, conforme o caso, hipótese em que a intimação poderá ser promovida por solicitação do oficial do registro de imóveis, por oficial de registro de títulos e documentos da comarca da situação do imóvel ou do domicílio de quem deva recebê-la, ou pelo correio, com aviso de recebimento, situação em que se aplica, no que couber, o disposto no art. 160 da Lei nº 6.015, de 31 de dezembro de 1973 (Lei de Registros Públicos).

› *Parágrafo com redação dada pela Lei nº 14.711, de 30/10/2023*

§ 3º-A. Quando, por duas vezes, o oficial de registro de imóveis ou de registro de títulos e documentos ou o serventuário por eles credenciado houver procurado o intimando em seu domicílio ou residência sem o encontrar, deverá, havendo suspeita motivada de ocultação, intimar qualquer pessoa da família ou, em sua falta, qualquer vizinho de que, no dia útil imediato, retornará ao imóvel, a fim de efetuar a intimação, na hora que designar, aplicando-se subsidiariamente o disposto nos arts. 252, 253 e 254 da Lei nº 13.105, de 16 de março de 2015 (Código de Processo Civil).

› *Parágrafo acrescido pela Lei nº 13.465, de 11/7/2017*

§ 3º-B. Nos condomínios edilícios ou outras espécies de conjuntos imobiliários com controle de acesso, a intimação de que trata o § 3º-A poderá ser feita ao funcionário da portaria responsável pelo recebimento de correspondência.

› *Parágrafo acrescido pela Lei nº 13.465, de 11/7/2017*

§ 4º Quando o devedor ou, se for o caso, o terceiro fiduciante, o cessionário, o representante legal ou o procurador regularmente constituído encontrar-se em local ignorado, incerto ou inacessível, o fato será certificado pelo serventuário encarregado da diligência e informado ao oficial de registro de imóveis, que, à vista da certidão, promoverá a intimação por edital publicado pelo período mínimo de 3 (três) dias em jornal de maior circulação local ou em jornal de comarca de fácil acesso, se o local não dispuser de imprensa diária, contado o prazo para purgação da mora da data da última publicação do edital.

› *Parágrafo com redação dada pela Lei nº 14.711, de 30/10/2023*

§ 4º-A. É responsabilidade do devedor e, se for o caso, do terceiro fiduciante informar ao credor fiduciário sobre a alteração de seu domicílio.

› *Parágrafo acrescido pela Lei nº 14.711, de 30/10/2023*

§ 4º-B. Presume-se que o devedor e, se for o caso, o terceiro fiduciante encontram-se em lugar ignorado quando não forem encontrados no local do imóvel dado em garantia nem no endereço que tenham fornecido por último, observado que, na hipótese de o devedor ter fornecido contato eletrônico no contrato, é imprescindível o envio da intimação por essa via com, no mínimo, 15 (quinze) dias de antecedência da realização de intimação edilícia.

› *Parágrafo acrescido pela Lei nº 14.711, de 30/10/2023*

§ 4º-C. Para fins do disposto no § 4º deste artigo, considera-se lugar inacessível:

I - aquele em que o funcionário responsável pelo recebimento de correspondência se recuse a atender a pessoa encarregada pela intimação; ou

II - aquele em que não haja funcionário responsável pelo recebimento de correspondência para atender a pessoa encarregada pela intimação.

› *Parágrafo acrescido pela Lei nº 14.711, de 30/10/2023*

§ 5º Purgada a mora no Registro de Imóveis, convalescerá o contrato de alienação fiduciária.

§ 6º O oficial do Registro de Imóveis, nos três dias seguintes à purgação da mora, entregará ao fiduciário as importâncias recebidas, deduzidas as despesas de cobrança e de intimação.

§ 7º Decorrido o prazo de que trata o § 1º sem a purgação da mora, o oficial do competente Registro de Imóveis, certificando esse fato, promoverá a averbação, na matrícula do imóvel, da consolidação da propriedade em nome do fiduciário, à vista da prova do pagamento por este, do imposto de transmissão *inter vivos* e, se for o caso, do laudêmio.

› *Parágrafo com redação dada pela Lei nº 10.931, de 2/8/2004*

§ 8º O fiduciante pode, com a anuência do fiduciário, dar seu direito eventual ao imóvel em pagamento da dívida, dispensados os procedimentos previstos no art. 27.

› *Parágrafo acrescido pela Lei nº 10.931, de 2/8/2004*

Art. 26-A. Os procedimentos de cobrança, purgação de mora, consolidação da propriedade fiduciária e leilão decorrentes de financiamentos para aquisição ou construção de imóvel residencial do devedor, exceto as operações do sistema de consórcio de que trata a Lei nº 11.795, de 8 de outubro de 2008, estão sujeitos às normas especiais estabelecidas neste artigo.

› *"Caput" do artigo acrescido pela Lei nº 13.465, de 11/7/2017, e com nova redação dada pela Lei nº 14.711, de 30/10/2023*

§ 1º A consolidação da propriedade em nome do credor fiduciário será averbada no registro de imóveis trinta dias após a expiração do prazo para purgação da mora de que trata o § 1º do art. 26 desta Lei.

› *Parágrafo acrescido pela Lei nº 13.465, de 11/7/2017*

§ 2º Até a data da averbação da consolidação da propriedade fiduciária, é assegurado ao devedor e, se for o caso, ao terceiro fiduciante pagar as parcelas da dívida vencidas e as despesas de que trata o inciso II do § 3º do art. 27 desta Lei, hipótese em que convalescerá o contrato de alienação fiduciária.

› *Parágrafo acrescido pela Lei nº 13.465, de 11/7/2017, e com nova redação dada pela Lei nº 14.711, de 30/10/2023*

§ 3º No segundo leilão, será aceito o maior lance oferecido desde que seja igual ou superior ao valor integral da dívida garantida pela alienação fiduciária mais antiga vigente sobre o bem, das despesas, inclusive emolumentos cartorários, dos prêmios de seguro, dos encargos legais, inclusive tributos, e das contribuições condominiais.

› *Parágrafo acrescido pela Lei nº 14.711, de 30/10/2023*

§ 4º Se no segundo leilão não houver lance que atenda ao referencial mínimo para arrematação estabelecido no § 3º deste artigo, a dívida será considerada extinta, com recíproca quitação, hipótese em que o credor ficará investido da livre disponibilidade.

› *Parágrafo acrescido pela Lei nº 14.711, de 30/10/2023*

§ 5º A extinção da dívida no excedente ao referencial mínimo para arrematação configura condição resolutiva inerente à dívida e, por isso, estende-se às hipóteses em que o credor tenha preferido o uso da via judicial para executar a dívida.

› *Parágrafo acrescido pela Lei nº 14.711, de 30/10/2023*

Art. 27. Consolidada a propriedade em seu nome, o fiduciário promoverá leilão público para a alienação do imóvel, no prazo de 60 (sessenta) dias, contado da data do registro de que trata o § 7º do art. 26 desta Lei. *("Caput" do artigo com redação dada pela Lei nº 14.711, de 30/10/2023)*

› *Vide Enunciado 15, I Jornada de Direito Notarial e Registral*

§ 1º Se no primeiro leilão público o maior lance oferecido for inferior ao valor do imóvel, estipulado na forma do inciso VI e do parágrafo único do art. 24 desta Lei, será realizado o segundo leilão nos quinze dias seguintes.

› *Parágrafo com redação dada pela Lei nº 13.465, de 11/7/2017*

§ 2º No segundo leilão, será aceito o maior lance oferecido, desde que seja igual ou superior ao valor integral da dívida garantida pela alienação fiduciária, das despesas, inclusive emolumentos cartorários, dos prêmios de seguro, dos encargos legais, inclusive tributos, e das contribuições condominiais, podendo, caso não haja lance que alcance referido valor, ser aceito pelo credor fiduciário, a seu exclusivo critério, lance que corresponda a, pelo menos, metade do valor de avaliação do bem.

› *Parágrafo com redação dada pela Lei nº 14.711, de 30/10/2023*

§ 2º-A. Para fins do disposto nos §§ 1º e 2º deste artigo, as datas, os horários e os locais dos leilões serão comunicados ao devedor e, se for o caso, ao terceiro fiduciante, por meio de correspondência dirigida aos endereços constantes do contrato, inclusive ao endereço eletrônico.

› *Parágrafo acrescido pela Lei nº 13.465, de 11/7/2017, e com nova redação dada pela Lei nº 14.711, de 30/10/2023*

§ 2º-B. Após a averbação da consolidação da propriedade fiduciária no patrimônio do credor fiduciário e até a data da realização do segundo leilão, é assegurado ao fiduciante o direito de preferência para adquirir o imóvel por preço correspondente ao valor da dívida, somado às despesas, aos prêmios de seguro, aos encargos legais, às contribuições condominiais, aos tributos, inclusive os valores correspondentes ao imposto sobre transmissão *inter vivos* e ao laudêmio, se for o caso, pagos para efeito de consolidação da propriedade fiduciária no patrimônio do credor fiduciário, e às despesas inerentes aos procedimentos de cobrança e leilão, hipótese em que incumbirá também ao fiduciante o pagamento dos encargos tributários e das despesas exigíveis para a nova aquisição do imóvel, inclusive das custas e dos emolumentos.

› *Parágrafo acrescido pela Lei nº 13.465, de 11/7/2017, e com nova redação dada pela Lei nº 14.711, de 30/10/2023*

§ 3º Para os fins do disposto neste artigo, entende-se por:

I - dívida: o saldo devedor da operação de alienação fiduciária, na data do leilão, nele incluídos os juros convencionais, as penalidades e os demais encargos contratuais;

II - despesas: a soma das importâncias correspondentes aos encargos e às custas de intimação e daquelas necessárias à realização do leilão público, compreendidas as relativas aos anúncios e à comissão do leiloeiro; e

› *Inciso com redação dada pela Lei nº 14.711, de 30/10/2023*

III - encargos do imóvel: os prêmios de seguro e os encargos legais, inclusive tributos e contribuições condominiais.

› *Inciso acrescido pela Lei nº 14.711, de 30/10/2023*

§ 4º Nos 5 (cinco) dias que se seguirem à venda do imóvel no leilão, o credor entregará ao fiduciante a importância que sobejar, nela compreendido o valor da indenização de benfeitorias, depois de deduzidos os valores da dívida, das despesas e dos encargos de que trata o § 3º deste artigo, o que importará em recíproca quitação, hipótese em que não se aplica o disposto na parte final do art. 516 da Lei nº 10.406, de 10 de janeiro de 2002 (Código Civil).

› *Parágrafo com redação dada pela Lei nº 14.711, de 30/10/2023*

§ 5º Se no segundo leilão não houver lance que atenda ao referencial mínimo para arrematação estabelecido no § 2º, o fiduciário ficará investido na livre disponibilidade do imóvel e exonerado da obrigação de que trata o § 4º deste artigo.

› *Parágrafo com redação dada pela Lei nº 14.711, de 30/10/2023*

§ 5º-A. Se o produto do leilão não for suficiente para o pagamento integral do montante da dívida, das despesas e dos encargos de que trata o § 3º deste artigo, o devedor continuará obrigado pelo pagamento do saldo remanescente, que poderá ser cobrado por meio de ação de execução e, se for o caso, excussão das demais garantias da dívida, ressalvada a hipótese de extinção do saldo devedor remanescente prevista no § 4º do art. 26-A desta Lei.

› *Parágrafo acrescido pela Lei nº 14.711, de 30/10/2023*

§ 6º *(Revogado pela Lei nº 14.711, de 30/10/2023)*

§ 6º-A. Na hipótese de que trata o § 5º, para efeito de cálculo do saldo remanescente de que trata o § 5º-A, será deduzido o valor correspondente ao referencial mínimo para arrematação do valor atualizado da dívida, conforme estabelecido no § 2º deste artigo, incluídos os encargos e as despesas de cobrança.

› *Parágrafo acrescido pela Lei nº 14.711, de 30/10/2023*

§ 7º Se o imóvel estiver locado, a locação poderá ser denunciada com o prazo de trinta dias para desocupação, salvo se tiver havido aquiescência por escrito do fiduciário, devendo a denúncia ser realizada no prazo de noventa dias a contar da data da consolidação da propriedade no fiduciário, devendo essa condição constar expressamente em cláusula contratual específica, destacando-se das demais por sua apresentação gráfica.

› *Parágrafo acrescido pela Lei nº 10.931, de 2/8/2004*

§ 8º Responde o fiduciante pelo pagamento dos impostos, taxas, contribuições condominiais e quaisquer outros encargos que recaiam ou venham a recair sobre o imóvel, cuja posse tenha sido transferida para o fiduciário, nos termos deste artigo, até a data em que o fiduciário vier a ser imitido na posse.

› *Parágrafo acrescido pela Lei nº 10.931, de 2/8/2004*

§ 9º O disposto no § 2º-B deste artigo aplica-se à consolidação da propriedade fiduciária de imóveis do FAR, na forma prevista na Lei nº 11.977, de 7 de julho de 2009.

› *Parágrafo acrescido pela Lei nº 13.465, de 11/7/2017*

§ 10. Os leilões e a publicação dos respectivos editais poderão ser realizados por meio eletrônico.

› *Parágrafo acrescido pela Lei nº 14.620, de 13/7/2023*

§ 11. Os direitos reais de garantia ou constrições, inclusive penhoras, arrestos, bloqueios e indisponibilidades de qualquer natureza, incidentes sobre o direito real de aquisição do fiduciante não obstam a consolidação da propriedade no patrimônio do credor fiduciário e a venda do imóvel para realização da garantia.

› *Parágrafo acrescido pela Lei nº 14.711, de 30/10/2023*

§ 12. Na hipótese prevista no § 11 deste artigo, os titulares dos direitos reais de garantia ou constrições sub-rogam-se no direito do fiduciante à percepção do saldo que eventualmente restar do produto da venda.

› *Parágrafo acrescido pela Lei nº 14.711, de 30/10/2023*

Art. 27-A. Nas operações de crédito garantidas por alienação fiduciária de 2 (dois) ou mais imóveis, na hipótese de não ser convencionada a vinculação de cada imóvel a 1 (uma) parcela da dívida, o credor poderá promover a excussão em ato simultâneo, por meio de consolidação da propriedade e leilão de todos os imóveis em conjunto, ou em atos sucessivos, por meio de consolidação e leilão de cada imóvel em sequência, à medida do necessário para satisfação integral do crédito.

§ 1º Na hipótese de excussão em atos sucessivos, caberá ao credor fiduciário a indicação dos imóveis a serem excutidos em sequência, exceto se houver disposição em sentido contrário expressa no contrato, situação em que a consolidação da propriedade dos demais ficará suspensa.

§ 2º A cada leilão, o credor fiduciário promoverá nas matrículas dos imóveis não leiloados a averbação do demonstrativo do resultado e o encaminhará ao devedor e, se for o caso, aos terceiros fiduciantes, por meio de correspondência dirigida aos endereços físico e eletrônico informados no contrato.

§ 3º Na hipótese de não se alcançar a quantia suficiente para satisfação do crédito, a cada leilão realizado, o credor recolherá o imposto sobre transmissão *inter vivos* e, se for o caso, o laudêmio, relativos ao imóvel a ser excutido em seguida, requererá a averbação da consolidação da propriedade e, no prazo de 30 (trinta) dias, realizará os procedimentos de leilão nos termos do art. 27 desta Lei.

§ 4º Satisfeito integralmente o crédito com o produto dos leilões realizados sucessivamente, o credor fiduciário entregará ao devedor e, se for o caso, aos terceiros fiduciantes, o termo de quitação e a autorização de cancelamento do registro da propriedade fiduciária de eventuais imóveis que restem a ser desonerados.

› *Artigo acrescido pela Lei nº 14.711, de 30/10/2023*

Art. 28. A cessão do crédito objeto da alienação fiduciária implicará a transferência, ao cessionário, de todos os direitos e obrigações inerentes à propriedade fiduciária em garantia.

Art. 29. O fiduciante, com anuência expressa do fiduciário, poderá transmitir os direitos de que seja titular sobre o imóvel objeto da alienação fiduciária em garantia, assumindo o adquirente as respectivas obrigações.

Art. 30. É assegurada ao fiduciário, ao seu cessionário ou aos seus sucessores, inclusive ao adquirente do imóvel por força do leilão público de que tratam os arts. 26-A, 27 e 27-A, a reintegração na posse do imóvel, que será concedida liminarmente, para desocupação no prazo de 60 (sessenta) dias, desde que comprovada a consolidação da propriedade em seu nome, na forma prevista no art. 26 desta Lei.

› *"Caput" do artigo com redação dada pela Lei nº 14.711, de 30/10/2023*

Parágrafo único. Arrematado o imóvel ou consolidada definitivamente a propriedade no caso de frustração dos leilões, as ações judiciais que tenham por objeto controvérsias sobre as estipulações contratuais ou os requisitos procedimentais de cobrança e leilão, excetuada a exigência de notificação do devedor e, se for o caso, do terceiro fiduciante, não obstarão a reintegração de posse de que trata este artigo e serão resolvidas em perdas e danos.

› *Parágrafo único acrescido pela Lei nº 13.465, de 11/7/2017, e com nova redação dada pela Lei nº 14.711, de 30/10/2023*

Art. 31. O fiador ou terceiro interessado que pagar a dívida ficará sub-rogado, de pleno direito, no crédito e na propriedade fiduciária.

Parágrafo único. Nos casos de transferência de financiamento para outra instituição financeira, o pagamento da dívida à instituição credora original poderá ser feito, a favor do mutuário, pela nova instituição credora. *(Incluído pela Lei nº 12.810, de 2013)*

Art. 32. Na hipótese de insolvência do fiduciante, fica assegurada ao fiduciário a restituição do imóvel alienado fiduciariamente, na forma da legislação pertinente.

Art. 33. Aplicam-se à propriedade fiduciária, no que couber, as disposições dos arts. 647 e 648 do Código Civil.

CAPÍTULO II-A
(Incluído pela Lei nº 12.810, de 2013)
DO REFINANCIAMENTO COM TRANSFERÊNCIA DE CREDOR

Art. 33-A. A transferência de dívida de financiamento imobiliário com garantia real, de um credor para outro, inclusive sob a forma de sub-rogação, obriga o credor original a emitir documento que ateste, para todos os fins de direito, inclusive para efeito de averbação, a validade da transferência. *(Incluído pela Lei nº 12.810, de 2013)*

Parágrafo único. A emissão do documento será feita no prazo máximo de 2 (dois) dias úteis após a quitação da dívida original. *(Incluído pela Lei nº 12.810, de 2013)*

Art. 33-B. Para fins de efetivação do disposto no art. 33-A, a nova instituição credora deverá informar à instituição credora original, por documento escrito ou, quando solicitado, eletrônico, as condições de financiamento oferecidas ao mutuário, inclusive as seguintes: *(Incluído pela Lei nº 12.810, de 2013)*

I - a taxa de juros do financiamento; *(Incluído pela Lei nº 12.810, de 2013)*

II - o custo efetivo total; *(Incluído pela Lei nº 12.810, de 2013)*

III - o prazo da operação; *(Incluído pela Lei nº 12.810, de 2013)*

IV - o sistema de pagamento utilizado; e *(Incluído pela Lei nº 12.810, de 2013)*

V - o valor das prestações. *(Incluído pela Lei nº 12.810, de 2013)*

§ 1º A instituição credora original terá prazo máximo de 5 (cinco) dias úteis, contados do recebimento das informações de que trata o *caput*, para solicitar à instituição proponente da transferência o envio dos recursos necessários para efetivar a transferência. *(Incluído pela Lei nº 12.810, de 2013)*

§ 2º O mutuário da instituição credora original poderá, a qualquer tempo, enquanto não encaminhada a solicitação de envio dos recursos necessários para efetivar a transferência de que trata o § 1º, decidir pela não efetivação da transferência, sendo vedada a cobrança de qualquer tipo de ônus ou custa por parte das instituições envolvidas. *(Incluído pela Lei nº 12.810, de 2013)*

§ 3º A eventual desistência do mutuário deverá ser informada à instituição credora original, que terá até 2 (dois) dias úteis para transmiti-la à instituição proponente da transferência. *(Incluído pela Lei nº 12.810, de 2013)*

Art. 33-C. O credor original deverá fornecer a terceiros, sempre que formalmente solicitado pelo mutuário, as informações sobre o crédito que se fizerem necessárias para viabilizar a transferência referida no art. 33-A. *(Incluído pela Lei nº 12.810, de 2013)*

Parágrafo único. O credor original não poderá realizar ações que impeçam, limitem ou dificultem o fornecimento das informações requeridas na forma do *caput*. *(Incluído pela Lei nº 12.810, de 2013)*

Art. 33-D. A instituição credora original poderá exigir ressarcimento financeiro pelo custo de originação da operação de crédito, o qual não poderá ser repassado ao mutuário. *(Incluído pela Lei nº 12.810, de 2013)*

§ 1º O ressarcimento disposto no *caput* deverá ser proporcional ao valor do saldo devedor apurado à época da transferência e decrescente com o decurso de prazo desde a assinatura do contrato, cabendo sua liquidação à instituição proponente da transferência. *(Incluído pela Lei nº 12.810, de 2013)*

§ 2º O Conselho Monetário Nacional disciplinará o disposto neste artigo, podendo inclusive limitar o ressarcimento considerando o tipo de operação de crédito ou o prazo decorrido desde a assinatura do contrato de crédito com a instituição credora original até o momento da transferência. *(Incluído pela Lei nº 12.810, de 2013)*

Art. 33-E. O Conselho Monetário Nacional e o Conselho Curador do Fundo de Garantia do Tempo de Serviço, no âmbito de suas respectivas competências, expedirão as instruções que se fizerem necessárias à execução do disposto no parágrafo único do art. 31 e nos arts. 33-A a 33-D desta Lei. *(Incluído pela Lei nº 12.810, de 2013)*

Art. 33-F. O disposto nos arts. 33-A a 33-E desta Lei não se aplica às operações de transferência de dívida decorrentes de cessão de crédito entre entidades que compõem o Sistema Financeiro da Habitação, desde que a citada transferência independa de manifestação do mutuário. *(Incluído pela Lei nº 12.810, de 2013)*

CAPÍTULO III – DISPOSIÇÕES GERAIS E FINAIS

Art. 34. Os contratos relativos ao financiamento imobiliário em geral poderão estipular que litígios ou controvérsias entre as partes sejam dirimidos mediante arbitragem, nos termos do disposto na Lei nº 9.307, de 24 de setembro de 1996.

Art. 35. Nas cessões de crédito a que aludem os arts. 3º, 18 e 28, é dispensada a notificação do devedor.

Art. 36. Nos contratos de venda de imóveis a prazo, inclusive alienação fiduciária, de arrendamento mercantil de imóveis, de financiamento imobiliário em geral e nos títulos de que tratam os arts. 6º, 7º e 8º, admitir-se-á, respeitada a legislação pertinente, a estipulação de cláusula de reajuste e das condições e critérios de sua aplicação.

Art. 37. Às operações de arrendamento mercantil de imóveis não se aplica a legislação pertinente à locação de imóveis residenciais, não residenciais ou comerciais.

Art. 37-A. O fiduciante pagará ao credor fiduciário ou ao seu sucessor, a título de taxa de ocupação do imóvel, por mês ou fração, valor correspondente a 1% (um por cento) do valor de que trata o inciso VI do *caput* ou o parágrafo único do art. 24 desta Lei, computado e exigível desde a data da consolidação da propriedade fiduciária no patrimônio do credor fiduciário até a data em que este ou seu sucessor vier a ser imitido na posse do imóvel.

› *Artigo acrescido pela Lei nº 10.931, de 2/8/2004, e com nova redação dada pela Lei nº 14.711, de 30/10/2023*

Parágrafo único. O disposto no *caput* deste artigo aplica-se às operações do Programa Minha Casa, Minha Vida, instituído pela Lei nº 11.977, de 7 de julho de 2009, com recursos advindos da integralização de cotas no Fundo de Arrendamento Residencial (FAR). *(Incluído pela Lei nº 13.465, de 2017)*

Art. 37-B. Será considerada ineficaz, e sem qualquer efeito perante o fiduciário ou seus sucessores, a contratação ou a prorrogação de locação de imóvel alienado fiduciariamente por prazo superior a um ano sem concordância por escrito do fiduciário. *(Incluído pela Lei nº 10.931, de 2004)*

Art. 37-C. Os editais previstos nesta Lei poderão ser publicados de forma eletrônica. *(Incluído pela Lei nº ,14.620, de 2023)*

Art. 38. Os atos e contratos referidos nesta Lei ou resultantes da sua aplicação, mesmo aqueles que visem à constituição, transferência, modificação ou renúncia de direitos reais sobre imóveis, poderão ser celebrados por escritura pública ou por instrumento particular com efeitos de escritura pública. *(Redação dada pela Lei nº 11.076, de 2004)*

› *Art. 440-AO, Prov. CNJ n. 149/2023 (CNN)*

Art. 39. As disposições da Lei nº 4.380, de 21 de agosto de 1964, e as demais disposições legais referentes ao Sistema Financeiro da Habitação não se aplicam às operações de crédito compreendidas no sistema de financiamento imobiliário a que se refere esta Lei.

› *"Caput" do artigo com redação dada pela Lei nº 14.711, de 30/10/2023*

I e II - *(Revogados pela Lei nº 14.711, de 30/10/2023)*

Art. 40. Os incisos I e II do art. 167 da Lei nº 6.015, de 31 de dezembro de 1973, passam a vigorar acrescidos, respectivamente, dos seguintes itens:

› *Alterações inseridas no texto da referida norma.*

Art. 41. O Conselho Monetário Nacional poderá regulamentar o disposto nesta Lei, inclusive estabelecer prazos mínimos e outras condições para emissão e resgate de CRI e diferenciar tais condições de acordo com o tipo de crédito imobiliário vinculado à emissão e com o indexador adotado contratualmente. *(Redação dada pela Lei nº 13.097, de 2015)*

Art. 42. Esta Lei entra em vigor na data de sua publicação.

Brasília, 20 de novembro de 1997;
176º da Independência e 109º da República.
FERNANDO HENRIQUE CARDOSO
(DOU de 21.11.1997 e retificado no DOU de 24.11.1997)

LEI Nº 10.150, DE 21 DE DEZEMBRO DE 2000

Dispõe sobre a novação de dívidas e responsabilidades do Fundo de Compensação de Variações Salariais – FCVS; altera o Decreto-Lei nº 2.406, de 5 de janeiro de 1988, e as Leis nºs 8.004, 8.100 e 8.692, de 14 de março de 1990, 5 de dezembro de 1990, e 28 de julho de 1993, respectivamente; e dá outras providências.

O PRESIDENTE DA REPÚBLICA

Faço saber que o Congresso Nacional decreta e eu sanciono a seguinte Lei:

Art. 1º As dívidas do Fundo de Compensação de Variações Salariais – FCVS, junto às instituições financiadoras, relativas a saldos devedores remanescentes da liquidação de contratos de financiamento habitacional, firmados com mutuários finais do Sistema Financeiro da Habitação – SFH, poderão ser objeto de novação, a ser celebrada entre cada credor e a União, nos termos desta Lei.

§ 1º Para os efeitos desta Lei consideram-se:

I – dívida caracterizada vencida, a originária de contratos encerrados, por decurso de prazo, transferências com desconto ou por liquidação antecipada, de financiamentos habitacionais com cobertura do FCVS, estando a responsabilidade do Fundo definida e expirado o prazo para quitação de parcelas mensais ou do saldo;

II – dívida caracterizada vincenda, a originária de contratos encerrados, por decurso de prazo, transferências com desconto ou por liquidação antecipada, de financiamentos habitacionais com cobertura do FCVS, nos quais a responsabilidade do Fundo está definida, mas o prazo para quitação das parcelas mensais ainda não chegou a seu termo;

III – dívida não caracterizada, a originária de contratos encerrados de financiamentos habitacionais com cobertura do FCVS, em relação aos quais ainda não foi definida a responsabilidade do Fundo.

§ 2º A novação objeto deste artigo obedecerá às seguintes condições:

I – prazo máximo de trinta anos, contados a partir de 1º de janeiro de 1997, com carência de oito anos para os juros e de doze anos para o principal;

II - remuneração: *(Redação dada pela Lei nº 13.932, de 2019)*

a) pela Unidade Padrão de Capital (UPC) ou pelo índice que a suceder, até o encerramento do contrato de financiamento habitacional com cobertura do FCVS, para contratos com reajuste trimestral dos saldos devedores; *(Redação dada pela Lei nº 13.932, de 2019)*

b) pela Taxa Referencial (TR) ou pelo índice que a suceder na atualização dos saldos dos depósitos de poupança, para contratos com reajuste mensal dos saldos devedores e para os casos previstos na alínea "a" deste inciso após o encerramento do contrato; *(Redação dada pela Lei nº 13.932, de 2019)*

III - registro sob a forma escritural em sistema centralizado de liquidação e de custódia.

§ 2º-A. As remunerações previstas nas alíneas "a" e "b" do inciso II do § 2º deste artigo serão acrescidas, a partir de 1º de janeiro de 1997, de: *(Incluído pela Lei nº 13.932, de 2019)*

I - juros à taxa efetiva de 3,12% (três inteiros e doze centésimos por cento) ao ano para as operações realizadas com recursos oriundos do Fundo de Garantia do Tempo de Serviço (FGTS) ou cuja origem não possa ser evidenciada; *(Incluído pela Lei nº 13.932, de 2019)*

II - juros de 6,17% (seis inteiros e dezessete centésimos por cento) ao ano, correspondentes à taxa efetiva de juros aplicada aos depósitos de poupança, para as operações realizadas com recursos comprovadamente não oriundos do FGTS. *(Incluído pela Lei nº 13.932, de 2019)*

§ 3º As dívidas do FCVS referidas neste artigo são as derivadas de contratos de financiamentos habitacionais que tenham cobertura do FCVS e em relação aos quais tenha havido, quando devida, contribuição ao Fundo.

§ 4º As dívidas referidas no parágrafo anterior poderão ser objeto de novação ainda que os respectivos créditos tenham sido transferidos a terceiros.

§ 5º Independentemente da data em que for realizada a novação, a partir de 1º de janeiro de 1997, a remuneração de todos os saldos residuais de responsabilidade do FCVS será realizada observando-se os critérios estabelecidos no inciso II do § 2º deste artigo.

§ 6º A novação das dívidas do FCVS de que trata esta Lei far-se-á, anual ou semestralmente, a partir de 1º de janeiro de 1997, de acordo com cronograma a ser estabelecido em portaria do Ministro de Estado da Fazenda.

§ 7º As instituições credoras do FCVS que optarem pela novação prevista nesta Lei deverão manifestar à Caixa Econômica Federal – CEF a sua adesão às condições de novação estabelecidas neste artigo. *(Redação dada pela Medida Provisória nº 2.181-45, de 2001)*

§ 8º A adesão a que se refere o § 7º deste artigo incluirá, obrigatoriamente, os créditos não caracterizados, que serão objeto de novação, à medida em que se tornarem caracterizados, nos termos desta Lei.

§ 9º A taxa de juros referida no inciso II do § 2º-A deste artigo é citada com arredondamento na segunda casa decimal, correspondendo à taxa de juros de 0,5% (cinco décimos por cento) ao mês, e tem a finalidade única de estabelecer o percentual, fixo e invariável, dos juros remuneratórios, a ser adotado nas novações celebradas a partir da data de vigência desta Lei, independentemente de eventual alteração na taxa de juros remuneratórios aplicável aos depósitos de poupança. *(Incluído pela Lei nº 13.932, de 2019)*

§ 10. A taxa de juros referida no inciso I do § 2º-A deste artigo é citada com arredondamento na segunda casa decimal, correspondendo à taxa de juros nominal de 3,08% (três inteiros e oito centésimos por cento) ao ano e de 0,256666% (duzentos e cinquenta e seis mil, seiscentos e sessenta e seis milionésimos por cento) ao mês, e tem a finalidade única de estabelecer o percentual, fixo e invariável, dos juros remuneratórios, a ser adotado nas novações de dívidas que envolvam recursos oriundos do FGTS ou cuja origem não possa ser evidenciada. *(Incluído pela Lei nº 13.932, de 2019)*

Art. 2º Os saldos residuais de responsabilidade do FCVS, decorrentes das liquidações antecipadas previstas nos §§ 1º, 2º e 3º, em contratos firmados com mutuários finais do SFH, poderão ser novados antecipadamente pela União, nos termos desta Lei, e equiparadas às dívidas caracterizadas vencidas, de que trata o inciso I do § 1º do artigo anterior, independentemente da restrição imposta pelo § 8º do art. 1º.

§ 1º As dívidas de que trata o *caput* deste artigo poderão ser novadas por montante correspondente a trinta por cento do valor do saldo devedor posicionado na data do reajustamento do contrato, extinguindo-se a responsabilidade do FCVS sobre o saldo devedor remanescente, que será renegociado mediante acordo entre o agente financeiro e o mutuário.

§ 2º As dívidas relativas aos contratos cuja prestação total, em 31 de março de 1998, era de até R$ 25,00 (vinte e cinco reais) poderão ser novadas por montante correspondente a setenta por cento do valor do saldo devedor, posicionado na data de reajustamento do contrato, extinguindo-se a responsabilidade do FCVS sobre o saldo devedor remanescente, que será renegociado mediante acordo entre o agente financeiro e o mutuário.

§ 3º As dívidas relativas aos contratos referidos no *caput*, assinados até 31 de dezembro de 1987, poderão ser novadas por montante correspondente a cem por cento do valor do saldo devedor, posicionado na data de reajustamento do contrato, extinguindo-se a responsabilidade do FCVS sob os citados contratos.

§ 4º O saldo que remanescer da aplicação do disposto nos §§ 1º e 2º deste artigo será objeto de novação entre a instituição financiadora e o mutuário, por meio de instrumento particular de aditamento contratual, com força de escritura pública, onde se estabelecerão novas condições financeiras relativas a prazo, taxa nominal de juros, sistema de amortização, plano de reajuste e apólice de seguro sem garantia de equilíbrio pelo FCVS, preservando-se, enquanto existir saldo devedor da operação, a prerrogativa de o mutuário utilizar os recursos de sua conta vinculada do FGTS nas modalidades previstas nos incisos V e VI do art. 20 da Lei nº 8.036, de 11 de maio de 1990.

§ 5º A formalização das disposições contidas no *caput* e nos §§ 1º, 2º, 3º e 4º deste artigo condiciona-se à prévia e expressa anuência do devedor.

§ 6º Na falta da anuência prévia e expressa do devedor, o FCVS poderá reconhecer a cobertura para os casos previstos nos §§ 1º, 2º e 3º deste artigo, condicionada à entrega à Administradora do FCVS de termo de compromisso, mediante o qual o agente financeiro assume quaisquer ônus decorrentes das relações jurídicas entre mutuário e instituição financiadora e entre mutuário e seguradora, inclusive o ônus de ações judiciais envolvendo o contrato de financiamento e seus acessórios e a Apólice do Seguro Habitacional, desonerando expressamente o FCVS. *(Incluído pela Lei 10.885, de 2004)*

§ 7º *(VETADO)*

§ 8º Fica dispensado de registro, averbação ou arquivamento no Registro de Imóveis e no Registro de Títulos e Documentos o aditivo contratual decorrente da novação da dívida de que trata o *caput* deste artigo, mantendo-se a garantia hipotecária em favor do agente financeiro. (Renumerado pela Lei 10.885, de 2004)

Art. 3º A novação de que trata o art. 1º far-se-á mediante:

I – prévia compensação entre eventuais débitos e créditos das instituições financiadoras junto ao FCVS;

II – prévio pagamento das dívidas vencidas, abaixo definidas, apuradas com base nos saldos existentes nas datas previstas no § 5º do art. 1º desta Lei, ainda que a conciliação entre credor e devedor, do valor a ser liquidado, se efetue em data posterior:

a) das instituições financiadoras do SFH junto à CEF, na qualidade de Agente Operador do FGTS, decorrentes de operações vinculadas a financiamentos habitacionais, efetuadas no âmbito do SFH;

b) das instituições financiadoras do SFH junto ao Fundo de Assistência Habitacional – FUNDHAB, ao Fundo de Garantia de Depósitos e Letras Imobiliárias – FGDLI ou de seu sucessor e aos demais fundos geridos pelo extinto Banco Nacional de Habitação – BNH;

c) das instituições financiadoras do SFH relativas ao Seguro Habitacional;

III – requerimento da instituição credora, em caráter irrevogável e irretratável, dirigido ao Ministro de Estado da Fazenda, por intermédio da CEF, aceitando todas as condições da novação estabelecidas por esta Lei, instruído com a relação de seus créditos caracterizados, previamente homologados, bem assim com a comprovação da regularização dos débitos a que se refere o inciso II deste artigo;

IV – requerimento instruído com a relação dos contratos de responsabilidade do FCVS, não caracterizados, para os fins do disposto no § 8º do art. 1º desta Lei;

V – manifestação da CEF, na qualidade de Administradora do FCVS, reconhecendo a titularidade, o montante, a liquidez e a certeza da dívida caracterizada;

VI – declaração do credor, firmada por dois de seus representantes legais, quanto ao correto recolhimento das contribuições mensais e trimestrais ao FCVS, e das contribuições ao FUNDHAB, no montante e forma estipulados pela legislação pertinente, bem como sobre a informação, na habilitação de seus créditos ao FCVS, da origem de recursos, da data e tipo de evento dos financiamentos concedidos aos mutuários finais;

VII – parecer da Secretaria Federal de Controle, sobre o disposto no inciso V;

VIII – parecer da Secretaria do Tesouro Nacional;

IX – parecer da Procuradoria-Geral da Fazenda Nacional;

X – autorização do Ministro de Estado da Fazenda publicada no Diário Oficial da União.

§ 1º As condições estabelecidas nas alíneas "a" e "b" do inciso II deste artigo poderão ser atendidas mediante dação em pagamento de créditos das instituições financiadoras do SFH junto ao FCVS, desde que aceita pelo credor, mediante autorização dos órgãos gestores ou curadores.

§ 2º A CEF, como Administradora ou Gestora dos diversos Fundos do SFH, no âmbito de sua competência, apurará os valores dos débitos referidos nas alíneas "a" e "b" do inciso II deste artigo.

§ 3º O gestor do FGDLI, ou o seu sucessor, apurará os valores dos débitos das instituições financiadoras do SFH junto àquele Fundo.

§ 4º A Superintendência de Seguros Privados – SUSEP atestará o valor dos débitos a que se refere a alínea "c" do inciso II deste artigo.

§ 5º O Banco Central do Brasil aferirá a veracidade da declaração de que trata o inciso VI deste artigo e, quando verificar sua inexatidão, sem prejuízo das medidas legais cabíveis, promoverá a cobrança, por débito automático à conta de Reservas Bancárias, com a imediata transferência para o Tesouro Nacional das diferenças eventualmente apuradas em instituições financeiras bancárias, ou, nos demais casos, encaminhará os documentos pertinentes à Procuradoria-Geral da Fazenda Nacional, para fins de inscrição em Dívida Ativa da União.

§ 6º A novação será objeto de instrumentos contratuais, nos quais será declarada extinta a dívida anterior.

§ 7º As instituições que receberem valor indevido do FCVS em decorrência de informações inverídicas prestadas na constituição do Cadastro Nacional de Mutuários (Cadmut) serão cobradas, a qualquer época, na forma do § 5º deste artigo, sem prejuízo de outras sanções previstas em lei, ressalvado o disposto no § 11 deste artigo. *(Redação dada pela Lei nº 12.693, de 2012)*

§ 8º As Companhias de Habitação Popular – COHAB's, e assemelhadas, que exercerem a opção pela novação prevista nesta Lei, poderão, excepcionalmente, pagar seus débitos, existentes até 31 de dezembro de 2000, junto ao Seguro Habitacional do Sistema Financeiro da Habitação, mediante prévio encontro de contas com créditos do FCVS, no ato da primeira novação, observada a equivalência econômica da operação, sem prejuízo da incidência dos encargos previstos na legislação pertinente.

§ 9º O encontro de contas previstos no parágrafo anterior será operacionalizado pela CEF, na qualidade de Administradora do FCVS, por meio da subconta Fundo de Equalização de Sinistralidade da Apólice de Seguro Habitacional – FESA/FCVS, ouvida a Secretaria do Tesouro Nacional.

§ 10. As instituições operadoras do Seguro Habitacional do SFH não farão jus a qualquer remuneração sobre o montante dos valores envolvidos no encontro de contas, citado no § 8º deste artigo.

§ 11. As instituições que receberem títulos representativos da novação da dívida do FCVS, relativos a contrato que, posteriormente, for classificado como irregular no Cadmut, devido à existência de outro financiamento concedido ao mesmo mutuário por instituição diversa daquela que concedeu o financiamento classificado como irregular, deverão ressarcir a União, na forma a ser regulamentada pelo Conselho Curador do FCVS, mediante um dos seguintes critérios, na ordem que segue: *(Incluído pela Lei nº 12.693, de 2012)*

I – pagamento, perante o Tesouro Nacional, em títulos da mesma espécie, representativos da novação de dívida do FCVS; *(Incluído pela Lei nº 12.693, de 2012)*

II – pagamento em espécie, por meio de recolhimento à Conta Única do Tesouro Nacional, quando não realizado o pagamento na forma do inciso I; *(Incluído pela Lei nº 12.693, de 2012)*

III – na forma do § 5º deste artigo, sem prejuízo de outras sanções previstas em lei, no prazo definido pelo Conselho Curador do FCVS, quando não realizado na forma prevista nos incisos I e II. *(Incluído pela Lei nº 12.693, de 2012)*

§ 12. Ato do Poder Executivo regulamentará as situações em que poderão ser exigidas garantias adicionais nas novações de dívidas referidas neste artigo. *(Incluído pela Lei nº 12.693, de 2012)*

§ 13. Na forma definida pelo Conselho Curador do FCVS, a comprovação do pagamento das contribuições devidas ao FCVS de que trata o § 3º do art. 1º desta Lei pode ser efetuada de maneira consolidada por instituição financeira recolhedora da contribuição, sendo, nesse caso, obrigatória a apresentação de relatório de auditoria independente. *(Incluído pela Lei nº 13.043, de 2014)*

§ 14. Na instrução do processo de novação de créditos originados pela instituição financiadora, os débitos a que se refere o inciso I do *caput* deste artigo compreendem aqueles gerados: *(Incluído pela Lei nº 13.043, de 2014)*

I – pelos contratos de financiamento por ela originados; e *(Incluído pela Lei nº 13.043, de 2014)*

II – pelos contratos de financiamento adquiridos, a partir da data da aquisição. *(Incluído pela Lei nº 13.043, de 2014)*

§ 15. Na instrução do processo de novação de créditos adquiridos, adicionalmente ao previsto no § 14 deste artigo, incluem-se os débitos a que se refere o inciso I do *caput* deste artigo, devidos pelas instituições cedentes, relativamente ao período em que essas permaneceram como titular dos créditos que integram o processo de novação. *(Incluído pela Lei nº 13.043, de 2014)*

§ 16. Caso na instrução do processo de novação de créditos não seja demonstrado o pagamento dos débitos de que tratam o inciso I do *caput* e os §§ 14 e 15 deste artigo, o processo não será interrompido se as instituições financeiras cedentes em regular funcionamento firmem declaração de responsabilidade quanto a estes débitos, autorizando o débito automático dos valores estimados na reserva bancária da instituição financeira e a transferência imediata para o Tesouro Nacional, exceto se, no prazo de nove meses, conseguir comprovar o pagamento dos referidos débitos. *(Incluído pela Lei nº 13.169, de 2015)*

§ 17. Entre os débitos de que trata o inciso I do *caput* deste artigo incluem-se as contribuições ao FCVS, os prêmios do extinto Seguro Habitacional do Sistema Financeiro de Habitação (SH/SFH) e as contraprestações pela cobertura oferecida pelo Fundo nos termos do art. 1º da Lei nº 12.409, de 25 de maio de 2011. *(Incluído pela Lei nº 13.932, de 2019)*

§ 18. Das obrigações para com contribuições ao FCVS, prêmios do extinto SH/SFH e contraprestações pela cobertura oferecida pelo Fundo, nos termos do art. 1º da Lei nº 12.409, de 25 de maio de 2011, será exigido o principal de cada obrigação, conforme valor registrado nos sistemas e controles da CEF, acrescido de encargos moratórios e penalidades aplicáveis em montante, limitado ao valor do principal das obrigações. *(Incluído pela Lei nº 13.932, de 2019)*

§ 19. Para fins de comprovação de regularidade de recolhimento das contribuições ao FCVS até 31 de dezembro de 2018, serão considerados os valores registrados nos sistemas e controles da CEF até a referida data, não aplicado, nesses casos, o disposto no § 13 do art. 3º desta Lei. *(Incluído pela Lei nº 13.932, de 2019)*

§ 20. Fica dispensada a comprovação pelos agentes financeiros de recolhimento de contribuição para aqueles contratos assinados do período de 16 de junho de 1967 a 31 de dezembro de 1977. *(Incluído pela Lei nº 13.932, de 2019)*

§ 21. A apuração do valor das obrigações de responsabilidade do FCVS considerará os contratos selecionados para dedução de valor por antecipação de pagamento aos credores praticada pelo Fundo, conforme registrado nos sistemas e controles da CEF na posição de 31 de dezembro de 2018. *(Incluído pela Lei nº 13.932, de 2019)*

§ 22. Nos processos de novação instruídos em conformidade com as disposições desta Lei deverá constar documento com a manifestação formal de concordância do credor quanto aos seus termos e condições. *(Incluído pela Lei nº 13.932, de 2019)*

§ 23. A CEF utilizará os seguintes parâmetros estatísticos para a certificação da homologação dos saldos de responsabilidade do FCVS: *(Incluído pela Lei nº 13.932, de 2019)*

I - margem de erro aceitável de até 5% (cinco por cento) para contratos com valores de até R$ 100.000,00 (cem mil reais), de até 3% (três por cento) para contratos com valores entre R$ 100.000,01 (cem mil reais e um centavo) e R$ 300.000,00 (trezentos mil reais), e de até 2% (dois por cento) para contratos com valores iguais ou superiores a R$ 300.000,01 (trezentos mil reais e um centavo); e *(Incluído pela Lei nº 13.932, de 2019)*

II - nível de confiança de até 90% (noventa por cento). *(Incluído pela Lei nº 13.932, de 2019)*

Art. 3º-A. Os créditos com valor já apurado e marcados como auditados nos sistemas e controles da CEF na posição de 31 de agosto de 2017 integrarão processos de novação, considerados a titularidade e o montante constantes nesses registros. *(Incluído pela Lei nº 13.932, de 2019)*

§ 1º Não se aplica o disposto nos incisos VII, VIII e IX do *caput*, bem como no § 23, todos do art. 3º desta Lei aos contratos referenciados no *caput* deste artigo. *(Parágrafo único acrescido pela Lei nº 13.932, de*

11/12/2019, transformado em § 1º e com nova redação dada pela Lei nº 14.257, de 1º/12/2021)

§ 2º Na hipótese deste artigo, a autorização a que se refere o inciso X do *caput* do art. 3º desta Lei limitar-se-á aos aspectos de oportunidade e conveniência da novação, e será vinculada às informações constantes dos sistemas e controles da Caixa Econômica Federal quanto à titularidade, ao montante, à liquidez e à certeza da dívida marcados como auditados, respondendo a instituição financeira pela inexatidão ou eventuais diferenças decorrentes de dolo ou fraude. *(Parágrafo acrescido pela Lei nº 14.257, de 1º/12/2021)*

§ 3º Na hipótese deste artigo, o requerimento previsto no inciso III do *caput* do art. 3º desta Lei será feito diretamente pela instituição credora ao Ministro de Estado da Fazenda, que deliberará na ordem cronológica, até o dia 31 de dezembro do respectivo ano, a novação requerida, até o limite do orçamento disponível, conforme a lei orçamentária em vigor, e os créditos não novados no exercício restarão pendentes para o exercício seguinte, mantida a respectiva ordem cronológica. *(Incluído pela Lei nº 14.689, de 2023)*

Art. 4º Ficam alterados o *caput* e o § 3º do art. 3º da Lei nº 8.100, de 5 de dezembro de 1990, e acrescentado o § 4º, os quais passam a vigorar com a seguinte redação:

"Art. 3º O Fundo de Compensação de Variações Salariais – FCVS quitará somente um saldo devedor remanescente por mutuário ao final do contrato, exceto aqueles relativos aos contratos firmados até 5 de dezembro de 1990, ao amparo da legislação do SFH, independentemente da data de ocorrência do evento caracterizador da obrigação do FCVS.

[...]

§ 3º Para assegurar o cumprimento do disposto neste artigo, fica a CEF, na qualidade de Administradora do FCVS, autorizada a desenvolver, implantar e operar cadastro nacional de mutuários do Sistema Financeiro da Habitação – SFH, constituído a partir dos cadastros de operações imobiliárias e de seguro habitacional, ficando sob responsabilidade do FCVS os custos decorrentes do desenvolvimento, implantação, produção e manutenção do referido cadastro.

§ 4º O Conselho Monetário Nacional – CMN editará os atos normativos necessários à administração e manutenção do cadastro a que se refere o § 3º deste artigo."

Art. 5º As instituições do SFH e as instituições credoras do FCVS, com créditos oriundos de contratos de financiamentos imobiliários ativos e inativos, independentemente da adesão a que se refere o § 7º do art. 1º desta Lei, deverão encaminhar, até 31 de dezembro de 1996, as informações necessárias para a constituição do CADMUT, conforme disposto no § 3º do art. 3º da Lei nº 8.100, de 1990, na redação dada por esta Lei.

§ 1º As informações correspondentes aos contratos de financiamentos imobiliários com recursos do SFH, firmados a partir do exercício de 1997, deverão ser encaminhadas mensalmente ao CADMUT.

§ 2º O não-cumprimento do disposto neste artigo importará, para as operações não cadastradas no CADMUT, a perda da prioridade quanto à responsabilização do FCVS.

Art. 6º Os créditos correspondentes às dívidas novadas, ressalvado o disposto no § 2º deste artigo e no art. 7º, são livremente negociáveis, na forma do disposto nesta Lei, e poderão ser utilizados para:

I – liquidação, desde que aceitas pelo credor, de dívidas vincendas da mesma espécie daquelas a que se referem as alíneas "a" e "b" do inciso II do art. 3º desta Lei;

II – *(VETADO)*

III – pagamento do preço de alienação de bens e direitos efetuada no âmbito do Programa Nacional de Desestatização – PND, observados os limites estabelecidos em cada leilão para pagamento em moedas de privatização.

§ 1º A utilização dos créditos novados para os fins previstos nos incisos II e III deste artigo ficará limitada àqueles substituídos por dívida caracterizada e vencida na data da novação.

§ 2º As dívidas caracterizadas vincendas, objeto de novação, poderão ser utilizadas para os fins previstos nos incisos II e III deste artigo, desde que substituídas previamente em leilão público por títulos a serem emitidos para este fim, na forma de regulamentação a ser estabelecida pelo Ministro de Estado da Fazenda.

Art. 7º Os créditos novados, relativos a contratos de financiamentos com recursos originários do FGTS e dos demais fundos geridos ou administrados pelo extinto BNH, ficarão caucionados ao Agente Operador até a liquidação dos saldos devedores das correspondentes dívidas.

Parágrafo único. O Poder Executivo poderá dispensar a caução de que trata este artigo quando se tratar de créditos do FGTS.

Art. 8º O Conselho Curador do FGTS, por deliberação da maioria absoluta de seus membros, poderá autorizar a CEF, na qualidade de Agente Operador do FGTS, a:

I – receber créditos novados junto ao FCVS, mediante dação em pagamento das dívidas das instituições financiadoras do SFH junto à CEF, excluídas as dívidas decorrentes das contribuições previstas no art. 15 da Lei nº 8.036, de 1990;

II – ceder a terceiros, sem deságio, inclusive mediante financiamento concedido pelo próprio FGTS, os créditos mencionados no inciso anterior;

III – promover amortização extraordinária da dívida de responsabilidade das instituições financiadoras, relativamente às operações de financiamento a mutuários do SFH realizadas com repasses de recursos oriundos do FGTS, em montante correspondente a eventual diferença, se positiva, entre os valores:

a) do saldo devedor residual apurado na data do evento caracterizador da obrigação do FCVS; e

b) do saldo devedor residual de responsabilidade do FCVS, apurado nas condições estabelecidas na alínea "a" do inciso II do § 2º e § 5º do art. 1º desta Lei.

§ 1º A amortização extraordinária prevista no inciso III deste artigo será integralmente assumida pelo FGTS, aplicando-se apenas às instituições financiadoras que exercerem a opção pela novação prevista nesta Lei.

§ 2º O dispositivo previsto no inciso III deste artigo alcança também as dívidas de responsabilidade do FCVS, relativas às operações de financiamento com recursos do FGTS, enquadradas nos conceitos definidos nos incisos I e II do § 1º do art. 1º desta Lei.

Art. 9º Não incidirão Imposto de Renda e Contribuição Social sobre o Lucro, instituída pela Lei nº 7.689, de 15 de dezembro de 1988, na utilização dos créditos de que trata o art. 6º, como contrapartida da aquisição de bens e direitos no âmbito do PND, observado o disposto nos §§ 3º e 4º do art. 65 da Lei nº 8.383, de 30 de dezembro de 1991.

Parágrafo único. O disposto neste artigo não se aplica ao ganho de capital auferido nas operações de alienação a terceiros dos créditos de que trata o art. 6º desta Lei ou dos bens e direitos adquiridos no âmbito do PND.

Art. 10. O valor correspondente aos créditos a que se refere o art. 6º desta Lei será considerado, para efeito de direcionamento obrigatório de recursos de depósitos de poupança, como aplicação em fins habitacionais, enquanto os créditos se encontrarem na titularidade de instituição financeira.

Parágrafo único. Competirá ao CMN baixar as normas necessárias ao ajustamento das posições de direcionamento obrigatório dos recursos de depósitos de poupança, quando houver redução dos saldos de aplicações habitacionais por decorrência da utilização dos créditos a que se refere o *caput* deste artigo.

Art. 11. A partir de 1º de março de 1998, somente as instituições financiadoras, que exercerem a opção pela novação prevista nesta Lei, poderão computar, como operações de financiamento habitacional no âmbito do SFH, os créditos junto ao FCVS, para efeito de atendimento da exigibilidade de direcionamento de recursos captados em depósitos de poupança.

Art. 12. O art. 6º do Decreto-Lei nº 2.406, de 1988, passa a vigorar com as seguintes alterações:

"Art.6º. [...]

II – a alíquota da contribuição trimestral dos agentes financeiros do SFH, incidente sobre o saldo dos financiamentos concedidos aos mutuários no âmbito desse Sistema, com cobertura do FCVS, existente no último dia do trimestre, será:

a) de 0,025% (vinte e cinco milésimos por cento), devida desde a criação dessa contribuição, nas operações lastreadas com recursos do FGTS, para os agentes que, até 31 de dezembro de 2000, não estejam captando depósitos de poupança;

b) 0,1% (um décimo por cento), para os demais agentes.

[...]

§ 1º A partir de 1º de janeiro de 2001 os agentes a que se refere a alínea "a" do inciso II estarão isentos da contribuição trimestral ao FCVS.

§ 2º A contribuição trimestral ao FCVS no percentual fixado na alínea "b" do inciso II deste artigo é devida desde 26 de setembro de 1996, podendo ser paga, em até setenta e cinco por cento, com títulos recebidos da quitação da dívida do FCVS para com os agentes financeiros.

§ 3º Enquanto não for efetivada a primeira novação da dívida do FCVS, o valor que corresponder a até setenta e cinco por cento da contribuição trimestral referida na alínea "b" do inciso II deste artigo não será exigido.

§ 4º O valor da parcela de contribuição a que se refere o § 2º deste artigo será remunerado pelo mesmo índice de atualização dos saldos de caderneta de poupança com data de crédito de rendimento no dia 1º de cada mês, acrescido de juros correspondentes à taxa dos títulos recebidos na primeira novação, incidindo desde o último dia do trimestre de referência da contribuição até o dia do efetivo pagamento."

Art. 13. O saldo de recursos existente no FUNDHAB será transferido ao FCVS para liquidar as obrigações remanescentes do extinto Seguro de Crédito do SFH.

Art. 14. Ficam extintas as contribuições ao FUNDHAB.

Art. 15. Nos financiamentos concedidos a mutuário do SFH, vinculados a operações com recursos do FGTS caucionadas à CEF, na qualidade de Agente Operador do FGTS, fica o Tesouro Nacional autorizado a assumir e a emitir títulos em favor da CEF, com as características descritas nos incisos I a III do § 2º do art. 1º desta Lei, em ressarcimento às parcelas do pro rata correspondentes à diferença entre os valores do saldo devedor contábil da operação de financiamento habitacional e o saldo devedor residual de responsabilidade do FCVS, ambos apurados por esse Fundo, sem prejuízo do disposto no § 5º do art. 1º desta Lei.

§ 1º Os recursos de que trata o *caput* deste artigo serão integralizados na proporção em que forem apurados pela administradora do FCVS.

§ 2º A CEF promoverá o repasse, ao FGTS, dos créditos recebidos do Tesouro Nacional na mesma data de seu recebimento.

Art. 16. A partir de 15 de dezembro de 1998, mediante acordo entre as partes, as instituições financiadoras do SFH poderão conceder aos mutuários que tenham firmado contrato com previsão de cobertura de eventuais saldos devedores residuais pelo FCVS, no prazo de até 30 de dezembro de 2000, liquidação antecipada de sua dívida, mediante pagamento de montante correspondente a cinquenta por cento do saldo devedor contábil da operação, atualizado pro rata die da data do último reajuste até a data da liquidação, ou de montante correspondente ao valor atual das prestações vincendas.

§ 1º Na obtenção do valor atual das prestações vincendas, serão considerados o prazo remanescente do contrato na data do evento, a taxa nominal de juros contratual e a prestação de amortização e juros, corrigida pro rata die, com base no índice de remuneração básica aplicado às cadernetas de poupança, a contar da data do último reajustamento aplicado ao encargo mensal até a data da liquidação antecipada.

§ 2º As instituições financiadoras suportarão valores equivalentes a vinte por cento do saldo devedor contábil da operação atualizado na forma do *caput* deste artigo, sendo facultado a elas arcar com os valores remanescentes de responsabilidade do FCVS.

§ 3º Após deduzidas as parcelas assumidas pelos mutuários e pelas instituições financiadoras, na forma deste artigo, os saldos residuais de responsabilidade do FCVS, resultante das liquidações antecipadas previstas no *caput*, poderão ser novados antecipadamente pela União, nos termos desta Lei, independentemente da restrição imposta pelo § 8º do art. 1º.

§ 4º Aos créditos referidos no parágrafo anterior não se aplica a restrição imposta às dívidas caracterizadas vincendas, de que trata o § 2º do art. 6º desta Lei.

§ 5º A liquidação do saldo devedor de que trata o *caput* poderá, alternativamente, ser efetuada mediante novação da dívida nas condições estabelecidas no § 4º do art. 2º desta Lei, mantendo-se o mesmo registro hipotecário, extinguindo-se a responsabilidade do FCVS sobre o referido saldo.

Art. 17. A partir de 12 de junho de 1998, alternativamente ao disposto no art. 2º da Lei nº 8.004, de 14 de março de 1990, com a redação dada pelo art. 19 desta Lei, as transferências de contratos do SFH que tenham cobertura do FCVS poderão ser efetuadas, por acordo entre as partes, mediante a assunção pelo novo mutuário de montante equivalente a setenta por cento do saldo devedor contábil da operação, atualizado pro rata die da data do último reajuste até a data da transferência, observados os requisitos legais e regulamentares da casa própria, vigentes para novas contratações, inclusive quanto à demonstração da capacidade de pagamento do cessionário em relação ao valor do novo encargo mensal.

§ 1º O saldo remanescente da aplicação do disposto no *caput* deste artigo será assumido integralmente pelo FCVS na forma de participação antecipada e ressarcido às instituições financiadoras com créditos dotados das mesmas características constantes do § 2º do art. 1º, independentemente de a instituição ter optado pela novação prevista nesta Lei.

§ 2º Efetivada a transferência, cessa a responsabilidade do FCVS relativamente ao contrato transferido, devendo tal condição constar dos instrumentos respectivos.

Art. 18. Os valores suportados pelas instituições financiadoras do SFH em decorrência da implantação das novações antecipadas estabelecidas no art. 2º, das liquidações antecipadas na forma do art. 16 e das transferências de contratos previstas no art. 17 desta Lei poderão ser diferidos em vinte semestres.

Art. 19. O parágrafo único do art. 1º e os arts. 2º, 3º e 5º da Lei nº 8.004, de 1990, passam a vigorar com a seguinte redação:

› *Alterações inseridas no texto da referida norma.*

Art. 20. As transferências no âmbito do SFH, à exceção daquelas que envolvam contratos enquadrados nos planos de reajustamento definidos pela Lei nº 8.692, de 28 de julho de 1993, que tenham sido celebradas entre o mutuário e o adquirente até 25 de outubro de 1996, sem a interveniência da instituição financiadora, poderão ser regularizadas nos termos desta Lei.

Parágrafo único. A condição de cessionário poderá ser comprovada junto à instituição financiadora, por intermédio de documentos formalizados junto a Cartórios de Registro de Imóveis, Títulos e Documentos, ou de Notas, onde se caracterize que a transferência do imóvel foi realizada até 25 de outubro de 1996.

Art. 21. É assegurado aos promitentes compradores de unidades habitacionais, cujas propostas de transferência de financiamento tenham sido formalizadas junto aos agentes financeiros do SFH até 25 de outubro de 1996, o direito de optarem pela concretização da operação nas condições vigentes até a referida data.

Art. 22. Na liquidação antecipada de dívida de contratos do SFH, inclusive aquelas que forem efetuadas com base no saldo que remanescer da aplicação do disposto nos §§ 1º, 2º e 3º do art. 2º desta Lei, o comprador de imóvel, cuja transferência foi efetuada sem a interveniência da instituição financiadora, equipara-se ao mutuário final, para todos os efeitos inerentes aos atos necessários à liquidação e habilitação junto ao FCVS, inclusive quanto à possibilidade de utilização de recursos de sua conta vinculada do FGTS, em conformidade com o disposto no inciso VI do art. 20 da Lei nº 8.036, de 1990.

§ 1º A condição de cessionário poderá ser comprovada junto à instituição financiadora, por intermédio de documentos formalizados junto a Cartórios de Registro de Imóveis, Títulos e Documentos, ou de Notas, onde se caracterize que a transferência do imóvel foi realizada até 25 de outubro de 1996.

§ 2º Para os fins a que se refere o parágrafo anterior, poderá ser admitida a apresentação dos seguintes documentos:

I – contrato particular de cessão de direitos ou de promessa de compra e venda, com firma reconhecida em cartório em data anterior à liquidação do contrato, até 25 de outubro de 1996;

II – procuração por instrumento público outorgada até 25 de outubro de 1996, ou, se por instrumento particular, com firma reconhecida em cartório até 25 de outubro de 1996.

Art. 23. Os contratos firmados no SFH, sem cobertura do FCVS, poderão, a critério da instituição financiadora, ser novados entre as partes, estabelecendo-se novas condições financeiras relativas a prazo, taxa nominal de juros, apólice de seguro, sistema de amortização e plano de reajuste, preservando-se para a operação, enquanto existir saldo devedor, a prerrogativa de os mutuários utilizarem os recursos da conta vinculada do FGTS nas modalidades previstas nos incisos V e VI do art. 20 da Lei nº 8.036, de 1990.

Parágrafo único. O contrato objeto de renegociação será formalizado por meio de instrumento particular de aditamento contratual, com força de escritura pública, dispensando-se registro, averbação ou arquivamento no Registro de Imóveis e no Registro de Títulos e Documentos.

Art. 24. A Lei nº 8.692, de 1993, passa a vigorar com as seguintes alterações:

› *Alterações inseridas no texto da referida norma.*

Art. 25. Fica assegurada à CEF o recebimento mensal do FCVS de taxa de administração pelos serviços prestados ao Fundo, a ser definida pelo Conselho Curador do FCVS.

Art. 26. Fica assegurada à CEF o recebimento mensal do FCVS de taxa de administração pelos serviços prestados ao extinto FUNDHAB, correspondente ao período de agosto de 1992 a setembro de 1996, a ser definida pelo Conselho Curador do FCVS.

Art. 27. O FCVS será regido segundo normas e diretrizes estabelecidas por um Conselho Curador, a ser regulamentado em ato do Poder Executivo, que disporá sobre a estrutura, funcionamento e competência do colegiado.

§ 1º Além das atribuições definidas no ato regulamentador a que se refere o *caput*, competirá ao Conselho Curador do FCVS – CCFCVS, relativamente a contratos de financiamentos habitacionais cujo equilíbrio da apólice do Seguro Habitacional do Sistema Financeiro da Habitação esteja sob garantia do FCVS:

I – julgar, em instância administrativa única, os litígios decorrentes da aplicação das condições de cobertura, normas e rotinas desse seguro;

II – dirimir as questões relacionadas à operacionalização desse seguro, bem como decidir sobre o tratamento a ser dado aos casos omissos relativos à regulação de sinistros.

§ 2º O CCFCVS poderá delegar as competências referidas no § 1º deste artigo a um comitê de recursos integrante de sua estrutura.

§ 3º Fica a CEF autorizada a promover, nos parcelamentos de dívidas autorizados pelo CCFCVS, o encontro de contas entre débitos relativos a prêmios devidos pelos agentes do SFH e créditos correspondentes a indenizações retidas dos agentes financeiros perante o Seguro Habitacional do Sistema Financeiro da Habitação.

Art. 28. *(Revogado pela Lei nº 13.137, de 2015)*

Art. 29. O FCVS é autorizado a transferir ao Tesouro Nacional Letras Hipotecárias, de emissão da CEF, ficando credor da União em valor equivalente.

Parágrafo único. A União pagará a dívida decorrente da transferência dos ativos de que trata este artigo mediante a securitização das obrigações, pelo Tesouro Nacional, observadas as condições previstas no art. 1º desta Lei, mantendo a equivalência econômica entre os ativos.

Art. 29-A. Os processos de novação já concluídos, com a assinatura dos contratos pela União e a emissão de títulos em benefício do credor, são irrevogáveis e irretratáveis, vedado que, com base em mudança posterior do entendimento aplicado à época, sejam declaradas inválidas, nas esferas administrativa e controladora, situações plenamente constituídas, ressalvado o disposto nos §§ 5º, 7º, 11 e 16 do art. 3º desta Lei. *(Incluído pela Lei nº 13.932, de 2019)*

Art. 30. Fica a CEF autorizada a participar minoritariamente, observada a legislação pertinente, na composição do capital acionário de sociedade anônima que tenha por objeto social a securitização de créditos hipotecários e imobiliários.

Art. 31. O prazo de um ano a que se refere o art. 5º da Lei nº 8.004, de 1990, com a redação dada por esta Lei, contar-se-á a partir de 31 de março de 1997.

Art. 32. O Ministro de Estado da Fazenda e o CMN expedirão, no âmbito das respectivas competências, as instruções que se fizerem necessárias à execução das disposições desta Lei, inclusive com relação aos prazos.

Art. 33. Fica a União autorizada, a exclusivo critério do Ministério da Fazenda, a compensar os créditos decorrentes dos contratos de refinanciamento de que trata a Lei nº 9.496, de 11 de setembro de 1997, com créditos detidos pelas Unidades da Federação e que tenham sido objeto da novação a que se refere esta Lei.

Parágrafo único. Na compensação, observar-se-ão os seguintes critérios:

I – os créditos remunerados à Taxa Referencial – TR acrescida de juros à taxa efetiva de seis vírgula dezessete por cento ao ano serão aceitos pelo seu valor de face;

II – os créditos remunerados à Taxa Referencial – TR acrescida de juros à taxa efetiva de três vírgula doze por cento ao ano serão aceitos com deságio sobre seu valor de face a ser estabelecido pelo Ministério da Fazenda.

Art. 34. A prerrogativa prevista no inciso II do art. 6º do Decreto-Lei nº 2.406, de 1988, somente poderá ser exercida pelos agentes financiadores que se manifestarem pela novação e se encontrarem em dia com as contribuições ao FCVS, nos termos desta Lei.

Art. 35. Os emolumentos devidos em todos os atos de que trata a Lei nº 6.015, de 31 de dezembro de 1973, relacionados com o Programa instituído pela Medida Provisória nº 1.944-19, de 21 de setembro de 2000, serão reduzidos em cinquenta por cento.

Art. 36. Fica facultado aos entes públicos estaduais e municipais, desde que obtidas as autorizações legislativas pertinentes, alocarem recursos próprios em empreendimentos habitacionais específicos enquadrados no Programa de que trata a Medida Provisória nº 1.944-19, de 2000.

§ 1º Na hipótese do *caput* deste artigo, os recursos serão aplicados para subsidiar a produção ou recuperação de unidades habitacionais, com o propósito de adequar seu valor unitário às metas e parâmetros estabelecidos pelos órgãos e entidades competentes no âmbito federal e, no que couber, estadual ou municipal, para o Programa de que trata a Medida Provisória nº 1.944-19, de 2000, a fim de evitar operação suplementar do arrendatário.

§ 2º Os recursos aportados pelos entes públicos estaduais ou municipais serão aplicados em empreendimentos habitacionais enquadrados no Programa, localizados no Estado ou Município de que forem provenientes, vedada a sua transferência para outras localidades ou a sua retenção ou dispêndio a qualquer outro título.

Art. 37. As operações celebradas pelos Estados, Distrito Federal, Municípios e entidades a eles vinculadas, destinadas à contratação de mão-de-obra para construção ou reforma de imóveis enquadradas no Programa instituído pela Medida Provisória nº 1.944-19, de 2000, ficam dispensadas de adotar os procedimentos específicos da lei geral de licitações, desde que observadas a regulamentação e os princípios de legalidade, finalidade, razoabilidade, moralidade administrativa e interesse público.

Art. 38. Ficam as instituições financeiras captadoras de depósitos à vista e que operem crédito imobiliário autorizadas a promover Arrendamento Imobiliário Especial com Opção de Compra dos imóveis que tenham arrematado, adjudicado ou recebido em dação em pagamento por força de financiamentos habitacionais por elas concedidos.

§ 1º Entende-se por Arrendamento Imobiliário Especial com Opção de Compra a operação em que o arrendatário se compromete a pagar ao arrendador, mensalmente e por prazo determinado, contraprestações pela ocupação do imóvel com direito ao exercício de opção de compra no final do prazo contratado.

§ 2º O arrendamento de que trata este artigo poderá ser contratado com o ex-proprietário, com o ocupante a qualquer título ou com terceiros, com base no valor de mercado do bem, atestado em laudo de avaliação passado por profissional habilitado no Conselho Regional de Engenharia e Arquitetura – CREA, com atribuição para avaliação imobiliária.

Art. 39. Os contratos de Arrendamento Imobiliário Especial com Opção de Compra conterão, necessariamente, cláusulas dispondo sobre o seguinte:

I – descrição do imóvel arrendado com todas as características que permitam a sua perfeita identificação;

II – prazos do arrendamento especial e do exercício da opção de compra;

III – direito de opção de compra, o preço de compra ou o critério para a fixação desse valor;

IV – valor da prestação mensal do arrendamento, bem assim critérios e periodicidade para sua atualização;

V – valor das despesas e dos encargos adicionais incidentes;

VI – direito da arrendadora, por si ou por prepostos formalmente autorizados, de proceder vistorias periódicas no imóvel arrendado, bem como de exigir do arrendatário, no prazo que lhe for fixado, a adoção de providências destinadas à preservação da integridade do bem;

VII – obrigações e responsabilidades do arrendatário e as sanções decorrentes do descumprimento do contrato de arrendamento;

VIII – hipóteses de rescisão contratual;

IX – previsão de não devolução dos valores pagos nos casos de rescisão contratual ou de desistência do arrendatário.

Parágrafo único. Os contratos celebrados no âmbito do programa de arrendamento imobiliário especial com opção de compra, incluindo os de dação em pagamento de imóveis destinados ao arrendamento, serão formalizados por instrumento particular com força de escritura pública.

Art. 40. A falta de pagamento de três parcelas mensais constitui o arrendatário em mora de pleno direito, configurando o esbulho possessório que autoriza o arrendador a promover a reintegração de posse.

Art. 41. Aplicam-se ao Arrendamento Imobiliário Especial com Opção de Compra, no que couber, as disposições referentes ao arrendamento mercantil e ao Programa de Arrendamento Residencial.

Art. 42. O Conselho Monetário Nacional, o Banco Central do Brasil e a Secretaria da Receita Federal, no âmbito de suas respectivas competências, poderão baixar as normas necessárias à implementação do disposto nesta Lei a respeito das operações de Arrendamento Imobiliário Especial com Opção de Compra.

Art. 43. Ficam convalidados os atos praticados com base na Medida Provisória nº 1.981-54, de 23 de novembro de 2000.

Art. 44. Esta Lei entra em vigor na data de sua publicação.

Art. 45. Fica revogado o art. 6º da Lei nº 8.004, de 14 de março de 1990.

Brasília, 21 de dezembro de 2000; 179º da Independência e 112º da República.
FERNANDO HENRIQUE CARDOSO
(DOU. de 22.12.2000)

LEI Nº 10.188, DE 12 DE FEVEREIRO DE 2001

Cria o Programa de Arrendamento Residencial, institui o arrendamento residencial com opção de compra e dá outras providências.

Faço saber que o PRESIDENTE DA REPÚBLICA adotou a Medida Provisória nº 2.135-24, de 2001, que o Congresso Nacional aprovou, e eu, Antonio Carlos Magalhães, Presidente, para os efeitos do disposto no parágrafo único do art. 62 da Constituição Federal, promulgo a seguinte Lei:

CAPÍTULO I – DAS DISPOSIÇÕES GERAIS

Art. 1º Fica instituído o Programa de Arrendamento Residencial para atendimento da necessidade de moradia da população de baixa renda, sob a forma de arrendamento residencial com opção de compra. *(Redação dada pela Lei nº 11.474, de 2007)*

§ 1º A gestão do Programa cabe ao Ministério das Cidades e sua operacionalização à Caixa Econômica Federal – CEF. *(Redação dada pela Lei nº 10.859, de 2004)*

§ 2º Os Ministros de Estado das Cidades e da Fazenda fixarão, em ato conjunto, a remuneração da CEF pelas atividades exercidas no âmbito do Programa. *(Incluído pela Lei nº 10.859, de 2004)*

§ 3º Fica facultada a alienação, sem prévio arrendamento, ou a cessão de direitos dos imóveis adquiridos no âmbito do Programa. *(Redação dada pela Lei nº 12.424, de 2011)*

§ 4º Os imóveis produzidos com recursos do Fundo de Arrendamento Residencial (FAR) poderão ser destinados por cessão, doação, locação, comodato, arrendamento ou venda, em contrato subsidiado ou não, total ou parcialmente, para pessoa física ou jurídica, conforme regulamentação do Ministério das Cidades, sem prejuízo de outros negócios jurídicos compatíveis, com prioridade para: *(Acrescido pela Medida Provisória nº 1.162, de 2023, convertida na Lei nº 14.620, de 2023)*

I - União, Estados, Distrito Federal e Municípios, ou entidades da administração pública indireta desses entes, para destinação a programas habitacionais de interesse social por eles desenvolvidos; e *(Incluído pela Lei nº 14.312, de 2022)*

II - pessoas físicas que constituam o público-alvo dos programas habitacionais federais, as quais não poderão ser impedidas de habitar com seus animais domésticos nessas residências, respeitando as normas vigentes e garantindo o bem-estar animal. *(Redação dada pela Lei nº 14.620, de 2023)*

§ 5º O FAR poderá financiar os gastos necessários para viabilizar a provisão de energia de fontes renováveis aos beneficiários diretos dos investimentos habitacionais realizados no âmbito do Programa Minha Casa, Minha Vida. *(Incluído pela Lei nº 14.620, de 2023)*

Art. 2º Para a operacionalização do Programa instituído nesta Lei, é a CEF autorizada a criar um fundo financeiro privado com o fim exclusivo de segregação patrimonial e contábil dos haveres financeiros e imobiliários destinados ao Programa. *(Redação dada pela Lei nº 12.693, de 2012)*

§ 1º O fundo a que se refere o *caput* será subordinado à fiscalização do Banco Central do Brasil, devendo sua contabilidade sujeitar-se às normas do Plano Contábil das Instituições do Sistema Financeiro Nacional (Cosif), aos princípios gerais de contabilidade e, no que couber, às demais normas de contabilidade vigentes no País. *(Redação dada pela Lei nº 12.693, de 2012)*

§ 2º O patrimônio do fundo a que se refere o *caput* será constituído: *(Redação dada pela Lei nº 12.693, de 20120)*

I – pelos bens e direitos adquiridos pela CEF no âmbito do Programa instituído nesta Lei; e *(Incluído pela Lei nº 12.693, de 2012)*

II – pelos recursos advindos da integralização de cotas. *(Incluído pela Lei nº 12.693, de 2012)*

§ 3º Os bens e direitos integrantes do patrimônio do fundo a que se refere o *caput*, em especial os bens imóveis mantidos sob a propriedade fiduciária da CEF, bem como seus frutos e rendimentos, não se comunicam com o patrimônio desta, observadas, quanto a tais bens e direitos, as seguintes restrições:

I – não integram o ativo da CEF;

II – não respondem direta ou indiretamente por qualquer obrigação da CEF;

III – não compõem a lista de bens e direitos da CEF, para efeito de liquidação judicial ou extrajudicial;

IV – não podem ser dados em garantia de débito de operação da CEF;

V – não são passíveis de execução por quaisquer credores da CEF, por mais privilegiados que possam ser;

VI – não podem ser constituídos quaisquer ônus reais sobre os imóveis.

§ 4º No título aquisitivo, a CEF fará constar as restrições enumeradas nos incisos I a VI e destacará que o bem adquirido constitui patrimônio do fundo a que se refere o *caput*.

§ 5º (Revogado pela Lei nº 14.312, de 2022)

§ 6º A CEF fica dispensada da apresentação de certidão negativa de débitos, expedida pelo Instituto Nacional do Seguro Social – INSS, e da Certidão Negativa de Tributos e Contribuições administradas pela Secretaria da Receita Federal, quando alienar imóveis integrantes do patrimônio do fundo a que se refere o *caput*.

§ 7º A alienação dos imóveis pertencentes ao patrimônio do fundo a que se refere o *caput* deste artigo será efetivada diretamente pela CEF, constituindo o instrumento de alienação documento hábil para cancelamento, perante o Cartório de Registro de Imóveis, das averbações pertinentes às restrições e ao destaque de que tratam os §§ 3º e 4º deste artigo, observando-se: *(Redação dada pela Lei nº 11.474, de 2007)*

I – o decurso do prazo contratual do Arrendamento Residencial; ou *(Incluído pela Lei nº 11.474, de 2007)*

II – a critério do gestor do Fundo, o processo de desimobilização do fundo financeiro de que trata o *caput* deste artigo. *(Incluído pela Lei nº 11.474, de 2007)*

§ 8º Cabe à CEF a gestão do fundo a que se refere o *caput* e a proposição de seu regulamento para a aprovação da assembleia de cotistas. *(Redação dada pela Lei nº 12.693, de 2012)*

Art. 2º-A. A integralização de cotas pela União poderá ser realizada, a critério do Ministério da Fazenda: *(Incluído pela Lei nº 12.693, de 2012)*

I – em moeda corrente; *(Incluído pela Lei nº 12.693, de 2012)*

II – em títulos públicos; *(Incluído pela Lei nº 12.693, de 2012)*

III – por meio de suas participações minoritárias; ou *(Incluído pela Lei nº 12.693, de 2012)*

IV – por meio de ações de sociedades de economia mista federais excedentes ao necessário para manutenção de seu controle acionário. *(Incluído pela Lei nº 12.693, de 2012)*

§ 1º A representação da União na assembleia de cotistas ocorrerá na forma do inciso V do *caput* do art. 10 do Decreto-Lei nº 147, de 3 de fevereiro de 1967. *(Incluído pela Lei nº 12.693, de 2012)*

§ 2º O Fundo de Arrendamento Residencial (FAR), de que trata o inciso II do *caput* do art. 2º da Lei nº 11.977, de 7 de julho de 2009, terá direitos e obrigações próprias, pelas quais responderá com seu patrimônio, não respondendo os cotistas por qualquer obrigação do Fundo, salvo pela integralização das cotas que subscreverem. *(Incluído pela Lei nº 12.693, de 2012)*

Art. 2º-B. Fica criado o Comitê de Participação do Fundo de Arrendamento Residencial (CPFAR), cujas composição e competências serão estabelecidas em ato do Poder Executivo federal. *(Incluído pela Lei nº 14.312, de 2022)*

Art. 3º Para atendimento exclusivo às finalidades do Programa instituído nesta Lei, fica a CEF autorizada a:

I – utilizar os saldos disponíveis dos seguintes Fundos e Programa em extinção:

a) Fundo de Apoio ao Desenvolvimento Social – FAS, criado pela Lei nº 6.168, de 9 de dezembro de 1974;

b) Fundo de Investimento Social – FINSOCIAL, criado pelo Decreto-Lei nº 1.940, de 25 de maio de 1982;

c) Programa de Difusão Tecnológica para Construção de Habitação de Baixo Custo – PROTECH, criado por Decreto de 28 de julho de 1993; e

d) Fundo de Desenvolvimento Social – FDS, a que se refere o Decreto nº 103, de 22 de abril de 1991;

II – contratar operações de crédito com o Fundo de Garantia do Tempo de Serviço – FGTS, na forma e condições disciplinadas pelo Conselho Curador do FGTS, até limite a ser fixado pelo Poder Executivo; e *(Redação dada pela Lei nº 10.859, de 2004) (Vide Decreto nº 4.918, de 2003 e Decreto nº 5.434, de 2005)*

III – incorporar as receitas pertencentes ao fundo financeiro específico do Programa, provenientes do processo de desimobilização previsto no inciso II do § 7º do art. 2º desta Lei; e *(Redação dada pela Lei nº 11.474, de 2007)*

IV – receber outros recursos a serem destinados ao Programa. *(Incluído pela Lei nº 11.474, de 2007)*

§ 1º Do saldo relativo ao FDS será deduzido o valor necessário ao provisionamento, na CEF, das exigibilidades de responsabilidade do Fundo existentes na data de publicação desta Lei.

§ 2º A CEF promoverá o pagamento, nas épocas próprias, das obrigações de responsabilidade do FDS.

§ 3º As receitas provenientes das operações de arrendamento e das aplicações de recursos destinados ao Programa instituído nesta Lei serão, deduzidas as despesas de administração, utilizadas para amortização da operação de crédito a que se refere o inciso II.

§ 4º O saldo positivo existente ao final do Programa será integralmente revertido à União.

§ 5º A aquisição de imóveis para atendimento dos objetivos do Programa será limitada a valor a ser estabelecido pelo Poder Executivo. *(Redação dada pela Lei nº 10.859, de 2004) (Vide Decreto nº 4.918, de 2003 e Decreto nº 5.434, de 2005)*

§ 6º No caso de imóveis tombados pelo Poder Público nos termos da legislação de preservação do patrimônio histórico e cultural ou daqueles inseridos em programas de revitalização ou reabilitação de centros urbanos, a CEF fica autorizada a adquirir os direitos de posse em que estiverem imitidos a União, Estados, Distrito Federal, Municípios e suas entidades, desde que devidamente registrados no Registro Geral de Imóveis – RGI, nos termos do art. 167, inciso I, item 36, da Lei nº 6.015, de 31 de dezembro de 1973. *(Redação dada pela Lei nº 10.859, de 2004)*

Art. 3º-A. O FAR não contará com qualquer tipo de garantia ou aval por parte do setor público e responderá por suas obrigações até o limite dos bens e direitos integrantes de seu patrimônio. *(Incluído pela Lei nº 12.693, de 2012)*

Art. 4º Compete à CEF:

I – criar o fundo financeiro a que se refere o art. 2º;

II – alocar os recursos previstos no art. 3º, inciso II, responsabilizando-se pelo retorno dos recursos ao FGTS, na forma do § 1º do art. 9º da Lei nº 8.036, de 11 de maio de 1990;

III – expedir os atos necessários à operacionalização do Programa;

IV – definir os critérios técnicos a serem observados na aquisição, alienação e no arrendamento com opção de compra dos imóveis destinados ao Programa; *(Redação dada pela Lei nº 11.474, de 2007)*

V – assegurar que os resultados das aplicações sejam revertidos para o fundo e que as operações de aquisição de imóveis sujeitar-se-ão aos critérios técnicos definidos para o Programa;

VI – representar o arrendador ativa e passivamente, judicial e extrajudicialmente;

VII – promover, em nome do arrendador, o registro dos imóveis adquiridos.

VIII – observar as restrições a pessoas jurídicas e físicas, no que se refere a impedimentos à atuação em programas habitacionais, subsidiando a atualização dos cadastros existentes, inclusive os do Sistema Financeiro da Habitação – SFH. *(Redação dada pela Lei nº 11.474, de 2007)*

Parágrafo único. As operações de aquisição, construção, recuperação, arrendamento e venda de imóveis obedecerão aos critérios estabelecidos pela CEF, respeitados os princípios da legalidade, finalidade, razoabilidade, moralidade administrativa, interesse público e eficiência, ficando dispensada da observância das disposições específicas da lei geral de licitação.

Art. 5º Compete ao Ministério das Cidades: *(Redação dada pela Lei nº 10.859, de 2004)*

I – estabelecer diretrizes gerais para a aplicação dos recursos alocados; *(Redação dada pela Lei nº 10.859, de 2004)*

II – fixar regras e condições para implementação do Programa, tais como áreas de atuação, público-alvo, valor máximo de aquisição da unidade habitacional, entre outras que julgar necessárias; *(Redação dada pela Lei nº 11.474, de 2007)*

III – acompanhar e avaliar o desempenho do Programa em conformidade com os objetivos estabelecidos nesta Lei. *(Redação dada pela Lei nº 10.859, de 2004)*

IV – estabelecer diretrizes para a alienação prevista no § 7º do art. 2º desta Lei; *(Redação dada pela Lei nº 11.474, de 2007)*

V – encaminhar às 2 (duas) Casas do Congresso Nacional relatório semestral sobre as ações do Programa. *(Incluído pela Lei nº 11.474, de 2007)*

CAPÍTULO II – DO ARRENDAMENTO RESIDENCIAL

Art. 6º Considera-se arrendamento residencial a operação realizada no âmbito do Programa instituído nesta Lei, que tenha por objeto o arrendamento com opção de compra de bens imóveis adquiridos para esse fim específico.

Parágrafo único. Para os fins desta Lei, considera-se arrendatária a pessoa física que, atendidos os requisitos estabelecidos pelo Ministério das Cidades, seja habilitada pela CEF ao arrendamento. *(Redação dada pela Lei nº 10.859, de 2004)*

Art. 7º *(Revogado pela Lei nº 10.859, de 2004)*

Art. 8º O contrato de aquisição de imóveis pelo arrendador, as cessões de posse e as promessas de cessão, bem como o contrato de transferência do direito de propriedade ou do domínio útil ao arrendatário, serão celebrados por instrumento particular com força de escritura pública e registrados em Cartório de Registro de Imóveis competente. *(Redação dada pela Lei nº 10.859, de 2004)*

› *Art. 221, Lei n. 6.015/1973 (Registros Públicos)*

§ 1º O contrato de compra e venda referente ao imóvel objeto de arrendamento residencial que vier a ser alienado na forma do inciso II do § 7º do art. 2º desta Lei, ainda que o pagamento integral seja feito à vista, contemplará cláusula impeditiva de o adquirente, no prazo de 24 (vinte e quatro) meses, vender, prometer vender ou ceder seus direitos sobre o imóvel alienado. *(Incluído pela Lei nº 11.474, de 2007)*

§ 2º O prazo a que se refere o § 1º deste artigo poderá, excepcionalmente, ser reduzido conforme critério a ser definido pelo Ministério das Cidades, nos casos de arrendamento com período superior à metade do prazo final regulamentado. *(Incluído pela Lei nº 11.474, de 2007)*

§ 3º Nos imóveis alienados na forma do inciso II do § 7º do art. 2º desta Lei, será admitida a utilização dos recursos depositados em conta vinculada do FGTS, em condições a serem definidas pelo Conselho Curador do FGTS. *(Incluído pela Lei nº 11.474, de 2007)*

Art. 9º Na hipótese de inadimplemento no arrendamento, findo o prazo da notificação ou interpelação, sem pagamento dos encargos em atraso, fica configurado o esbulho possessório que autoriza o arrendador a propor a competente ação de reintegração de posse.

Art. 10. Aplica-se ao arrendamento residencial, no que couber, a legislação pertinente ao arrendamento mercantil.

Art. 10-A. Os valores apurados com a alienação dos imóveis serão utilizados para amortizar os saldos devedores dos empréstimos tomados perante o FGTS, na forma do inciso II do *caput* do art. 3º desta Lei, nas condições a serem estabelecidas pelo Conselho Curador do FGTS. *(Incluído pela Lei nº 11.474, de 2007)*

Art. 11. Ficam convalidados os atos praticados com base na Medida Provisória nº 2.135-23, de 28 de dezembro de 2000.

Art. 12. Esta Lei entra em vigor na data de sua publicação.

Congresso Nacional, em 12 de fevereiro de 2001;
180º da Independência e 113º da República
Senador – ANTONIO CARLOS MAGALHÃES – Presidente
(DOU de 14.2.2001)

LEI Nº 10.257, DE 10 DE JULHO DE 2001

Regulamenta os arts. 182 e 183 da Constituição Federal, estabelece diretrizes gerais da política urbana e dá outras providências.

O PRESIDENTE DA REPÚBLICA

Faço saber que o Congresso Nacional decreta e eu sanciono a seguinte Lei:

CAPÍTULO I – DIRETRIZES GERAIS

Art. 1º Na execução da política urbana, de que tratam os arts. 182 e 183 da Constituição Federal, será aplicado o previsto nesta Lei.

Parágrafo único. Para todos os efeitos, esta Lei, denominada Estatuto da Cidade, estabelece normas de ordem pública e interesse social que regulam o uso da propriedade urbana em prol do bem coletivo, da segurança e do bem-estar dos cidadãos, bem como do equilíbrio ambiental.

Art. 2º A política urbana tem por objetivo ordenar o pleno desenvolvimento das funções sociais da cidade e da propriedade urbana, mediante as seguintes diretrizes gerais:

I – garantia do direito a cidades sustentáveis, entendido como o direito à terra urbana, à moradia, ao saneamento ambiental, à infraestrutura urbana, ao transporte e aos serviços públicos, ao trabalho e ao lazer, para as presentes e futuras gerações;

II – gestão democrática por meio da participação da população e de associações representativas dos vários segmentos da comunidade na formulação, execução e acompanhamento de planos, programas e projetos de desenvolvimento urbano;

III – cooperação entre os governos, a iniciativa privada e os demais setores da sociedade no processo de urbanização, em atendimento ao interesse social;

IV – planejamento do desenvolvimento das cidades, da distribuição espacial da população e das atividades econômicas do Município e do território sob sua área de influência, de modo a evitar e corrigir as distorções do crescimento urbano e seus efeitos negativos sobre o meio ambiente;

V – oferta de equipamentos urbanos e comunitários, transporte e serviços públicos adequados aos interesses e necessidades da população e às características locais;

VI – ordenação e controle do uso do solo, de forma a evitar:

a) a utilização inadequada dos imóveis urbanos;

b) a proximidade de usos incompatíveis ou inconvenientes;

c) o parcelamento do solo, a edificação ou o uso excessivos ou inadequados em relação à infraestrutura urbana;

d) a instalação de empreendimentos ou atividades que possam funcionar como polos geradores de tráfego, sem a previsão da infraestrutura correspondente;

e) a retenção especulativa de imóvel urbano, que resulte na sua subutilização ou não utilização;

f) a deterioração das áreas urbanizadas;

g) a poluição e a degradação ambiental;

h) a exposição da população a riscos de desastres. *(Incluído dada pela Lei nº 12.608, de 2012)*

VII – integração e complementaridade entre as atividades urbanas e rurais, tendo em vista o desenvolvimento socioeconômico do Município e do território sob sua área de influência;

VIII – adoção de padrões de produção e consumo de bens e serviços e de expansão urbana compatíveis com os limites da sustentabilidade ambiental, social e econômica do Município e do território sob sua área de influência;

IX – justa distribuição dos benefícios e ônus decorrentes do processo de urbanização;

X – adequação dos instrumentos de política econômica, tributária e financeira e dos gastos públicos aos objetivos do desenvolvimento urbano, de modo a privilegiar os investimentos geradores de bem-estar geral e a fruição dos bens pelos diferentes segmentos sociais;

XI – recuperação dos investimentos do Poder Público de que tenha resultado a valorização de imóveis urbanos;

XII – proteção, preservação e recuperação do meio ambiente natural e construído, do patrimônio cultural, histórico, artístico, paisagístico e arqueológico;

XIII – audiência do Poder Público municipal e da população interessada nos processos de implantação de empreendimentos ou atividades com efeitos potencialmente negativos sobre o meio ambiente natural ou construído, o conforto ou a segurança da população;

XIV – regularização fundiária e urbanização de áreas ocupadas por população de baixa renda mediante o estabelecimento de normas especiais de urbanização, uso e ocupação do solo e edificação, consideradas a situação socioeconômica da população e as normas ambientais;

XV – simplificação da legislação de parcelamento, uso e ocupação do solo e das normas edilícias, com vistas a permitir a redução dos custos e o aumento da oferta dos lotes e unidades habitacionais;

XVI – isonomia de condições para os agentes públicos e privados na promoção de empreendimentos e atividades relativos ao processo de urbanização, atendido o interesse social.

XVII – estímulo à utilização, nos parcelamentos do solo e nas edificações urbanas, de sistemas operacionais, padrões construtivos e aportes tecnológicos que objetivem a redução de impactos ambientais e a economia de recursos naturais. *(Incluído pela Lei nº 12.836, de 2013)*

XVIII - tratamento prioritário às obras e edificações de infraestrutura de energia, telecomunicações, abastecimento de água e saneamento. *(Incluído pela Lei nº 13.116, de 2015)*

XIX – garantia de condições condignas de acessibilidade, utilização e conforto nas dependências internas das edificações urbanas, inclusive nas destinadas à moradia e ao serviço dos trabalhadores domésticos, observados requisitos mínimos de dimensionamento, ventilação, iluminação, ergonomia, privacidade e qualidade dos materiais empregados. *(Incluído pela Lei nº 13.699, de 2018)*

XX - promoção de conforto, abrigo, descanso, bem-estar e acessibilidade na fruição dos espaços livres de uso público, de seu mobiliário e de suas interfaces com os espaços de uso privado, vedado o emprego de materiais, estruturas, equipamentos e técnicas construtivas hostis que tenham como objetivo ou resultado o afastamento de pessoas em situação de rua, idosos, jovens e outros segmentos da população. *(Incluído pela Lei nº 14.489, de 2022)*

- *Vide Decreto 11.819/2023 que regulamenta o inciso XX desta Lei.*

Art. 3º Compete à União, entre outras atribuições de interesse da política urbana:

I – legislar sobre normas gerais de direito urbanístico;

II – legislar sobre normas para a cooperação entre a União, os Estados, o Distrito Federal e os Municípios em relação à política urbana, tendo em vista o equilíbrio do desenvolvimento e do bem-estar em âmbito nacional;

III - promover, por iniciativa própria e em conjunto com os Estados, o Distrito Federal e os Municípios, programas de construção de moradias e melhoria das condições habitacionais, de saneamento básico, das calçadas, dos passeios públicos, do mobiliário urbano e dos demais espaços de uso público; *(Redação dada pela Lei nº 13.146, de 2015)*

IV - instituir diretrizes para desenvolvimento urbano, inclusive habitação, saneamento básico, transporte e mobilidade urbana, que incluam regras de acessibilidade aos locais de uso público; *(Redação dada pela Lei nº 13.146, de 2015)*

V – elaborar e executar planos nacionais e regionais de ordenação do território e de desenvolvimento econômico e social.

CAPÍTULO II – DOS INSTRUMENTOS DA POLÍTICA URBANA

SEÇÃO I – DOS INSTRUMENTOS EM GERAL

Art. 4º Para os fins desta Lei, serão utilizados, entre outros instrumentos:

I – planos nacionais, regionais e estaduais de ordenação do território e de desenvolvimento econômico e social;

II – planejamento das regiões metropolitanas, aglomerações urbanas e microrregiões;

III – planejamento municipal, em especial:

a) plano diretor;

b) disciplina do parcelamento, do uso e da ocupação do solo;

c) zoneamento ambiental;

d) plano plurianual;

e) diretrizes orçamentárias e orçamento anual;

f) gestão orçamentária participativa;

g) planos, programas e projetos setoriais;

h) planos de desenvolvimento econômico e social;

IV – institutos tributários e financeiros:

a) imposto sobre a propriedade predial e territorial urbana – IPTU;

b) contribuição de melhoria;

c) incentivos e benefícios fiscais e financeiros;

V – institutos jurídicos e políticos:

a) desapropriação;

b) servidão administrativa;

c) limitações administrativas;

d) tombamento de imóveis ou de mobiliário urbano;

e) instituição de unidades de conservação;

f) instituição de zonas especiais de interesse social;

g) concessão de direito real de uso;

h) concessão de uso especial para fins de moradia;

i) parcelamento, edificação ou utilização compulsórios;

j) usucapião especial de imóvel urbano;

l) direito de superfície;

m) direito de preempção;

n) outorga onerosa do direito de construir e de alteração de uso;

o) transferência do direito de construir;

p) operações urbanas consorciadas;

q) regularização fundiária;

r) assistência técnica e jurídica gratuita para as comunidades e grupos sociais menos favorecidos;

s) referendo popular e plebiscito;

t) demarcação urbanística para fins de regularização fundiária; *(Incluído pela Lei nº 11.977, de 2009)*

u) legitimação de posse. *(Incluído pela Lei nº 11.977, de 2009)*

VI – estudo prévio de impacto ambiental (EIA) e estudo prévio de impacto de vizinhança (EIV).

§ 1º Os instrumentos mencionados neste artigo regem-se pela legislação que lhes é própria, observado o disposto nesta Lei.

§ 2º Nos casos de programas e projetos habitacionais de interesse social, desenvolvidos por órgãos ou entidades da Administração Pública com atuação específica nessa área, a concessão de direito real de uso de imóveis públicos poderá ser contratada coletivamente.

§ 3º Os instrumentos previstos neste artigo que demandam dispêndio de recursos por parte do Poder Público municipal devem ser objeto de controle social, garantida a participação de comunidades, movimentos e entidades da sociedade civil.

SEÇÃO II – DO PARCELAMENTO, EDIFICAÇÃO OU UTILIZAÇÃO COMPULSÓRIOS

Art. 5º Lei municipal específica para área incluída no plano diretor poderá determinar o parcelamento, a edificação ou a utilização compulsórios do solo urbano não edificado, subutilizado ou não utilizado, devendo fixar as condições e os prazos para implementação da referida obrigação.

§ 1º Considera-se subutilizado o imóvel:

I – cujo aproveitamento seja inferior ao mínimo definido no plano diretor ou em legislação dele decorrente;

II – *(VETADO)*

§ 2º O proprietário será notificado pelo Poder Executivo municipal para o cumprimento da obrigação, devendo a notificação ser averbada no cartório de registro de imóveis.

§ 3º A notificação far-se-á:

I – por funcionário do órgão competente do Poder Público municipal, ao proprietário do imóvel ou, no caso de este ser pessoa jurídica, a quem tenha poderes de gerência geral ou administração;

II – por edital quando frustrada, por três vezes, a tentativa de notificação na forma prevista pelo inciso I.

§ 4º Os prazos a que se refere o *caput* não poderão ser inferiores a:

I – um ano, a partir da notificação, para que seja protocolado o projeto no órgão municipal competente;

II – dois anos, a partir da aprovação do projeto, para iniciar as obras do empreendimento.

§ 5º Em empreendimentos de grande porte, em caráter excepcional, a lei municipal específica a que se refere o *caput* poderá prever a conclusão em etapas, assegurando-se que o projeto aprovado compreenda o empreendimento como um todo.

Art. 6º A transmissão do imóvel, por ato inter vivos ou causa mortis, posterior à data da notificação, transfere as obrigações de parcelamento, edificação ou utilização previstas no art. 5º desta Lei, sem interrupção de quaisquer prazos.

SEÇÃO III – DO IPTU PROGRESSIVO NO TEMPO

Art. 7º Em caso de descumprimento das condições e dos prazos previstos na forma do *caput* do art. 5º desta Lei, ou não sendo cumpridas as etapas previstas no § 5º do art. 5º desta Lei, o Município procederá à aplicação do imposto sobre a propriedade predial e territorial urbana (IPTU) progressivo no tempo, mediante a majoração da alíquota pelo prazo de cinco anos consecutivos.

§ 1º O valor da alíquota a ser aplicado a cada ano será fixado na lei específica a que se refere o *caput* do art. 5º desta Lei e não excederá a duas vezes o valor referente ao ano anterior, respeitada a alíquota máxima de quinze por cento.

§ 2º Caso a obrigação de parcelar, edificar ou utilizar não esteja atendida em cinco anos, o Município manterá a cobrança pela alíquota máxima, até que se cumpra a referida obrigação, garantida a prerrogativa prevista no art. 8º.

§ 3º É vedada a concessão de isenções ou de anistia relativas à tributação progressiva de que trata este artigo.

SEÇÃO IV – DA DESAPROPRIAÇÃO COM PAGAMENTO EM TÍTULOS

Art. 8º Decorridos cinco anos de cobrança do IPTU progressivo sem que o proprietário tenha cumprido a obrigação de parcelamento, edificação ou utilização, o Município poderá proceder à desapropriação do imóvel, com pagamento em títulos da dívida pública.

§ 1º Os títulos da dívida pública terão prévia aprovação pelo Senado Federal e serão resgatados no prazo de até dez anos, em prestações anuais, iguais e sucessivas, assegurados o valor real da indenização e os juros legais de seis por cento ao ano.

§ 2º O valor real da indenização:

I – refletirá o valor da base de cálculo do IPTU, descontado o montante incorporado em função de obras realizadas pelo Poder Público na área onde o mesmo se localiza após a notificação de que trata o § 2º do art. 5º desta Lei;

II – não computará expectativas de ganhos, lucros cessantes e juros compensatórios.

§ 3º Os títulos de que trata este artigo não terão poder liberatório para pagamento de tributos.

§ 4º O Município procederá ao adequado aproveitamento do imóvel no prazo máximo de cinco anos, contado a partir da sua incorporação ao patrimônio público.

§ 5º O aproveitamento do imóvel poderá ser efetivado diretamente pelo Poder Público ou por meio de alienação ou concessão a terceiros, observando-se, nesses casos, o devido procedimento licitatório.

§ 6º Ficam mantidas para o adquirente de imóvel nos termos do § 5º as mesmas obrigações de parcelamento, edificação ou utilização previstas no art. 5º desta Lei.

SEÇÃO V – DA USUCAPIÃO ESPECIAL DE IMÓVEL URBANO

Art. 9º Aquele que possuir como sua área ou edificação urbana de até duzentos e cinquenta metros quadrados, por cinco anos, ininterruptamente e sem oposição, utilizando-a para sua moradia ou de sua família, adquirir-lhe-á o domínio, desde que não seja proprietário de outro imóvel urbano ou rural.

§ 1º O título de domínio será conferido ao homem ou à mulher, ou a ambos, independentemente do estado civil.

§ 2º O direito de que trata este artigo não será reconhecido ao mesmo possuidor mais de uma vez.

§ 3º Para os efeitos deste artigo, o herdeiro legítimo continua, de pleno direito, a posse de seu antecessor, desde que já resida no imóvel por ocasião da abertura da sucessão.

Art. 10. Os núcleos urbanos informais existentes sem oposição há mais de cinco anos e cuja área total dividida pelo número de possuidores seja inferior a duzentos e cinquenta metros quadrados por possuidor são suscetíveis de serem usucapidos coletivamente, desde que os possuidores não sejam proprietários de outro imóvel urbano ou rural. *(Redação dada pela lei nº 13.465, de 2017)*

§ 1º O possuidor pode, para o fim de contar o prazo exigido por este artigo, acrescentar sua posse à de seu antecessor, contanto que ambas sejam contínuas.

§ 2º A usucapião especial coletiva de imóvel urbano será declarada pelo juiz, mediante sentença, a qual servirá de título para registro no cartório de registro de imóveis.

§ 3º Na sentença, o juiz atribuirá igual fração ideal de terreno a cada possuidor, independentemente da dimensão do terreno que cada um ocupe, salvo hipótese de acordo escrito entre os condôminos, estabelecendo frações ideais diferenciadas.

§ 4º O condomínio especial constituído é indivisível, não sendo passível de extinção, salvo deliberação favorável tomada por, no mínimo, dois terços dos condôminos, no caso de execução de urbanização posterior à constituição do condomínio.

§ 5º As deliberações relativas à administração do condomínio especial serão tomadas por maioria de votos dos condôminos presentes, obrigando também os demais, discordantes ou ausentes.

Art. 11. Na pendência da ação de usucapião especial urbana, ficarão sobrestadas quaisquer outras ações, petitórias ou possessórias, que venham a ser propostas relativamente ao imóvel usucapiendo.

Art. 12. São partes legítimas para a propositura da ação de usucapião especial urbana:

I – o possuidor, isoladamente ou em litisconsórcio originário ou superveniente;

II – os possuidores, em estado de composse;

III – como substituto processual, a associação de moradores da comunidade, regularmente constituída, com personalidade jurídica, desde que explicitamente autorizada pelos representados.

§ 1º Na ação de usucapião especial urbana é obrigatória a intervenção do Ministério Público.

§ 2º O autor terá os benefícios da justiça e da assistência judiciária gratuita, inclusive perante o cartório de registro de imóveis.

Art. 13. A usucapião especial de imóvel urbano poderá ser invocada como matéria de defesa, valendo a sentença que a reconhecer como título para registro no cartório de registro de imóveis.

› *Art. 167, I, 28 e 226, Lei n. 6.015/1973 (Registros Públicos)*

Art. 14. Na ação judicial de usucapião especial de imóvel urbano, o rito processual a ser observado é o sumário.

SEÇÃO VI – DA CONCESSÃO DE USO ESPECIAL PARA FINS DE MORADIA

Arts. 15 a 20. *(VETADOS)*

SEÇÃO VII – DO DIREITO DE SUPERFÍCIE

› *Arts. 1.369 a 1.377 do Código Civil*

Art. 21. O proprietário urbano poderá conceder a outrem o direito de superfície do seu terreno, por tempo determinado ou indeterminado, mediante escritura pública registrada no cartório de registro de imóveis.

§ 1º O direito de superfície abrange o direito de utilizar o solo, o subsolo ou o espaço aéreo relativo ao terreno, na forma estabelecida no contrato respectivo, atendida a legislação urbanística.

§ 2º A concessão do direito de superfície poderá ser gratuita ou onerosa.

§ 3º O superficiário responderá integralmente pelos encargos e tributos que incidirem sobre a propriedade superficiária, arcando, ainda, proporcionalmente à sua parcela de ocupação efetiva, com os encargos e tributos sobre a área objeto da concessão do direito de superfície, salvo disposição em contrário do contrato respectivo.

§ 4º O direito de superfície pode ser transferido a terceiros, obedecidos os termos do contrato respectivo.

§ 5º Por morte do superficiário, os seus direitos transmitem-se a seus herdeiros.

Art. 22. Em caso de alienação do terreno, ou do direito de superfície, o superficiário e o proprietário, respectivamente, terão direito de preferência, em igualdade de condições à oferta de terceiros.

Art. 23. Extingue-se o direito de superfície:

I – pelo advento do termo;

II – pelo descumprimento das obrigações contratuais assumidas pelo superficiário.

Art. 24. Extinto o direito de superfície, o proprietário recuperará o pleno domínio do terreno, bem como das acessões e benfeitorias introduzidas no imóvel, independentemente de indenização, se as partes não houverem estipulado o contrário no respectivo contrato.

§ 1º Antes do termo final do contrato, extinguir-se-á o direito de superfície se o superficiário der ao terreno destinação diversa daquela para a qual for concedida.

§ 2º A extinção do direito de superfície será averbada no cartório de registro de imóveis.

SEÇÃO VIII – DO DIREITO DE PREEMPÇÃO

Art. 25. O direito de preempção confere ao Poder Público municipal preferência para aquisição de imóvel urbano objeto de alienação onerosa entre particulares.

§ 1º Lei municipal, baseada no plano diretor, delimitará as áreas em que incidirá o direito de preempção e fixará prazo de vigência, não superior a cinco anos, renovável a partir de um ano após o decurso do prazo inicial de vigência.

§ 2º O direito de preempção fica assegurado durante o prazo de vigência fixado na forma do § 1º, independentemente do número de alienações referentes ao mesmo imóvel.

Art. 26. O direito de preempção será exercido sempre que o Poder Público necessitar de áreas para:

I – regularização fundiária;

II – execução de programas e projetos habitacionais de interesse social;

III – constituição de reserva fundiária;

IV – ordenamento e direcionamento da expansão urbana;

V – implantação de equipamentos urbanos e comunitários;

VI – criação de espaços públicos de lazer e áreas verdes;

VII – criação de unidades de conservação ou proteção de outras áreas de interesse ambiental;

VIII – proteção de áreas de interesse histórico, cultural ou paisagístico;

IX – *(VETADO)*

Parágrafo único. A lei municipal prevista no § 1º do art. 25 desta Lei deverá enquadrar cada área em que incidirá o direito de preempção em uma ou mais das finalidades enumeradas por este artigo.

Art. 27. O proprietário deverá notificar sua intenção de alienar o imóvel, para que o Município, no prazo máximo de trinta dias, manifeste por escrito seu interesse em comprá-lo.

§ 1º À notificação mencionada no *caput* será anexada proposta de compra assinada por terceiro interessado na aquisição do imóvel, da qual constarão preço, condições de pagamento e prazo de validade.

§ 2º O Município fará publicar, em órgão oficial e em pelo menos um jornal local ou regional de grande circulação, edital de aviso da notificação recebida nos termos do *caput* e da intenção de aquisição do imóvel nas condições da proposta apresentada.

§ 3º Transcorrido o prazo mencionado no *caput* sem manifestação, fica o proprietário autorizado a realizar a alienação para terceiros, nas condições da proposta apresentada.

§ 4º Concretizada a venda a terceiro, o proprietário fica obrigado a apresentar ao Município, no prazo de trinta dias, cópia do instrumento público de alienação do imóvel.

§ 5º A alienação processada em condições diversas da proposta apresentada é nula de pleno direito.

§ 6º Ocorrida a hipótese prevista no § 5º o Município poderá adquirir o imóvel pelo valor da base de cálculo do IPTU ou pelo valor indicado na proposta apresentada, se este for inferior àquele.

SEÇÃO IX – DA OUTORGA ONEROSA DO DIREITO DE CONSTRUIR

Art. 28. O plano diretor poderá fixar áreas nas quais o direito de construir poderá ser exercido acima do coeficiente de aproveitamento básico adotado, mediante contrapartida a ser prestada pelo beneficiário.

§ 1º Para os efeitos desta Lei, coeficiente de aproveitamento é a relação entre a área edificável e a área do terreno.

§ 2º O plano diretor poderá fixar coeficiente de aproveitamento básico único para toda a zona urbana ou diferenciado para áreas específicas dentro da zona urbana.

§ 3º O plano diretor definirá os limites máximos a serem atingidos pelos coeficientes de aproveitamento, considerando a proporcionalidade entre a infraestrutura existente e o aumento de densidade esperado em cada área.

Art. 29. O plano diretor poderá fixar áreas nas quais poderá ser permitida alteração de uso do solo, mediante contrapartida a ser prestada pelo beneficiário.

Art. 30. Lei municipal específica estabelecerá as condições a serem observadas para a outorga onerosa do direito de construir e de alteração de uso, determinando:

I – a fórmula de cálculo para a cobrança;

II – os casos passíveis de isenção do pagamento da outorga;

III – a contrapartida do beneficiário.

Art. 31. Os recursos auferidos com a adoção da outorga onerosa do direito de construir e de alteração de uso serão aplicados com as finalidades previstas nos incisos I a IX do art. 26 desta Lei.

SEÇÃO X – DAS OPERAÇÕES URBANAS CONSORCIADAS

Art. 32. Lei municipal específica, baseada no plano diretor, poderá delimitar área para aplicação de operações consorciadas.

§ 1º Considera-se operação urbana consorciada o conjunto de intervenções e medidas coordenadas pelo Poder Público municipal, com a participação dos proprietários, moradores, usuários permanentes e investidores privados, com o objetivo de alcançar em uma área transformações urbanísticas estruturais, melhorias sociais e a valorização ambiental.

§ 2º Poderão ser previstas nas operações urbanas consorciadas, entre outras medidas:

I – a modificação de índices e características de parcelamento, uso e ocupação do solo e subsolo, bem como alterações das normas edilícias, considerado o impacto ambiental delas decorrente;

II – a regularização de construções, reformas ou ampliações executadas em desacordo com a legislação vigente.

III – a concessão de incentivos a operações urbanas que utilizam tecnologias visando a redução de impactos ambientais, e que comprovem a utilização, nas construções e uso de edificações urbanas, de tecnologias que reduzam os impactos ambientais e economizem recursos naturais, especificadas as modalidades de design e de obras a serem contempladas. *(Incluído pela Lei nº 12.836, de 2013)*

Art. 33. Da lei específica que aprovar a operação urbana consorciada constará o plano de operação urbana consorciada, contendo, no mínimo:

I – definição da área a ser atingida;

II – programa básico de ocupação da área;

III – programa de atendimento econômico e social para a população diretamente afetada pela operação;

IV – finalidades da operação;

V – estudo prévio de impacto de vizinhança;

VI – contrapartida a ser exigida dos proprietários, usuários permanentes e investidores privados em função da utilização dos benefícios previstos nos incisos I, II e III do § 2º do art. 32 desta Lei; *(Redação dada pela Lei nº 12.836, de 2013)*

VII – forma de controle da operação, obrigatoriamente compartilhado com representação da sociedade civil.

VIII – natureza dos incentivos a serem concedidos aos proprietários, usuários permanentes e investidores privados, uma vez atendido o disposto no inciso III do § 2º do art. 32 desta Lei. *(Incluído pela Lei nº 12.836, de 2013)*

§ 1º Os recursos obtidos pelo Poder Público municipal na forma do inciso VI deste artigo serão aplicados exclusivamente na própria operação urbana consorciada.

§ 2º A partir da aprovação da lei específica de que trata o *caput*, são nulas as licenças e autorizações a cargo do Poder Público municipal expedidas em desacordo com o plano de operação urbana consorciada.

Art. 34. A lei específica que aprovar a operação urbana consorciada poderá prever a emissão pelo Município de quantidade determinada de certificados de potencial adicional de construção, que serão alienados em leilão ou utilizados diretamente no pagamento das obras necessárias à própria operação.

§ 1º Os certificados de potencial adicional de construção serão livremente negociados, mas conversíveis em direito de construir unicamente na área objeto da operação.

§ 2º Apresentado pedido de licença para construir, o certificado de potencial adicional será utilizado no pagamento da área de construção que supere os padrões estabelecidos pela legislação de uso e ocupação do solo, até o limite fixado pela lei específica que aprovar a operação urbana consorciada.

Art. 34-A. Nas regiões metropolitanas ou nas aglomerações urbanas instituídas por lei complementar estadual, poderão ser realizadas operações urbanas consorciadas interfederativas, aprovadas por leis estaduais específicas. *(Incluído pela Lei nº 13.089, de 2015)*

Parágrafo único. As disposições dos arts. 32 a 34 desta Lei aplicam-se às operações urbanas consorciadas interfederativas previstas no *caput* deste artigo, no que couber. *(Incluído pela Lei nº 13.089, de 2015)*

SEÇÃO XI – DA TRANSFERÊNCIA DO DIREITO DE CONSTRUIR

Art. 35. Lei municipal, baseada no plano diretor, poderá autorizar o proprietário de imóvel urbano, privado ou público, a exercer em outro local, ou alienar, mediante escritura pública, o direito de construir previsto no plano diretor ou em legislação urbanística dele decorrente, quando o referido imóvel for considerado necessário para fins de:

I – implantação de equipamentos urbanos e comunitários;

II – preservação, quando o imóvel for considerado de interesse histórico, ambiental, paisagístico, social ou cultural;

III – servir a programas de regularização fundiária, urbanização de áreas ocupadas por população de baixa renda e habitação de interesse social.

§ 1º A mesma faculdade poderá ser concedida ao proprietário que doar ao Poder Público seu imóvel, ou parte dele, para os fins previstos nos incisos I a III do *caput*.

§ 2º A lei municipal referida no *caput* estabelecerá as condições relativas à aplicação da transferência do direito de construir.

SEÇÃO XII – DO ESTUDO DE IMPACTO DE VIZINHANÇA

Art. 36. Lei municipal definirá os empreendimentos e atividades privados ou públicos em área urbana que dependerão de elaboração de estudo prévio de impacto de vizinhança (EIV) para obter as licenças ou autorizações de construção, ampliação ou funcionamento a cargo do Poder Público municipal.

Art. 37. O EIV será executado de forma a contemplar os efeitos positivos e negativos do empreendimento ou atividade quanto à qualidade de vida da população residente na área e suas proximidades, incluindo a análise, no mínimo, das seguintes questões:

I – adensamento populacional;

II – equipamentos urbanos e comunitários;

III – uso e ocupação do solo;

IV – valorização imobiliária;

V – mobilidade urbana, geração de tráfego e demanda por transporte público; *(Redação dada pela Lei nº 14.849, de 2024)*

VI – ventilação e iluminação;

VII – paisagem urbana e patrimônio natural e cultural.

Parágrafo único. Dar-se-á publicidade aos documentos integrantes do EIV, que ficarão disponíveis para consulta, no órgão competente do Poder Público municipal, por qualquer interessado.

Art. 38. A elaboração do EIV não substitui a elaboração e a aprovação de estudo prévio de impacto ambiental (EIA), requeridas nos termos da legislação ambiental.

CAPÍTULO III – DO PLANO DIRETOR

Art. 39. A propriedade urbana cumpre sua função social quando atende às exigências fundamentais de ordenação da cidade expressas no plano diretor, assegurando o atendimento das necessidades dos cidadãos quanto à qualidade de vida, à justiça social e ao desenvolvimento das atividades econômicas, respeitadas as diretrizes previstas no art. 2º desta Lei.

Art. 40. O plano diretor, aprovado por lei municipal, é o instrumento básico da política de desenvolvimento e expansão urbana.

§ 1º O plano diretor é parte integrante do processo de planejamento municipal, devendo o plano plurianual, as diretrizes orçamentárias e o orçamento anual incorporar as diretrizes e as prioridades nele contidas.

§ 2º O plano diretor deverá englobar o território do Município como um todo.

§ 3º A lei que instituir o plano diretor deverá ser revista, pelo menos, a cada dez anos.

§ 4º No processo de elaboração do plano diretor e na fiscalização de sua implementação, os Poderes Legislativo e Executivo municipais garantirão:

I – a promoção de audiências públicas e debates com a participação da população e de associações representativas dos vários segmentos da comunidade;

II – a publicidade quanto aos documentos e informações produzidos;

III – o acesso de qualquer interessado aos documentos e informações produzidos.

§ 5º *(VETADO)*

Art. 41. O plano diretor é obrigatório para cidades:

I – com mais de vinte mil habitantes;

II – integrantes de regiões metropolitanas e aglomerações urbanas;

III – onde o Poder Público municipal pretenda utilizar os instrumentos previstos no § 4º do art. 182 da Constituição Federal;

IV – integrantes de áreas de especial interesse turístico;

V – inseridas na área de influência de empreendimentos ou atividades com significativo impacto ambiental de âmbito regional ou nacional.

VI – incluídas no cadastro nacional de Municípios com áreas suscetíveis à ocorrência de deslizamentos de grande impacto, inundações bruscas ou processos geológicos ou hidrológicos correlatos. *(Incluído pela Lei nº 12.608, de 2012)*

§ 1º No caso da realização de empreendimentos ou atividades enquadrados no inciso V do *caput*, os recursos técnicos e financeiros para a elaboração do plano diretor estarão inseridos entre as medidas de compensação adotadas.

§ 2º No caso de cidades com mais de quinhentos mil habitantes, deverá ser elaborado um plano de transporte urbano integrado, compatível com o plano diretor ou nele inserido.

§ 3º As cidades de que trata o *caput* deste artigo devem elaborar plano de rotas acessíveis, compatível com o plano diretor no qual está inserido, que disponha sobre os passeios públicos a serem implantados ou reformados pelo poder público, com vistas a garantir acessibilidade da pessoa com deficiência ou com mobilidade reduzida a todas as rotas e vias existentes, inclusive as que concentrem os focos geradores de maior circulação de pedestres, como os órgãos públicos e os locais de prestação de serviços públicos e privados de saúde, educação, assistência social, esporte, cultura, correios e telégrafos, bancos, entre outros, sempre que possível de maneira integrada com os sistemas de transporte coletivo de passageiros. *(Incluído pela Lei nº 13.146, de 2015)*

Art. 42. O plano diretor deverá conter no mínimo:

I – a delimitação das áreas urbanas onde poderá ser aplicado o parcelamento, edificação ou utilização compulsórios, considerando a existência de infraestrutura e de demanda para utilização, na forma do art. 5º desta Lei;

II – disposições requeridas pelos arts. 25, 28, 29, 32 e 35 desta Lei;

III – sistema de acompanhamento e controle.

Art. 42-A. Além do conteúdo previsto no art. 42, o plano diretor dos Municípios incluídos no cadastro nacional de municípios com áreas suscetíveis à ocorrência de deslizamentos de grande impacto, inundações bruscas ou processos geológicos ou hidrológicos correlatos deverá conter: *(Incluído pela Lei nº 12.608, de 2012)*

I – parâmetros de parcelamento, uso e ocupação do solo, de modo a promover a diversidade de usos e a contribuir para a geração de emprego e renda; *(Incluído pela Lei nº 12.608, de 2012)*

II – mapeamento contendo as áreas suscetíveis à ocorrência de deslizamentos de grande impacto, inundações bruscas ou processos geológicos ou hidrológicos correlatos; *(Incluído pela Lei nº 12.608, de 2012)*

III – planejamento de ações de intervenção preventiva e realocação de população de áreas de risco de desastre; *(Incluído pela Lei nº 12.608, de 2012)*

IV – medidas de drenagem urbana necessárias à prevenção e à mitigação de impactos de desastres; e *(Incluído pela Lei nº 12.608, de 2012)*

V – diretrizes para a regularização fundiária de assentamentos urbanos irregulares, se houver, observadas a Lei nº 11.977, de 7 de julho de 2009, e demais normas federais e estaduais pertinentes, e previsão de áreas para habitação de interesse social por meio da demarcação de zonas especiais de interesse social e de outros instrumentos de política urbana, onde o uso habitacional for permitido. *(Incluído pela Lei nº 12.608, de 2012)*

VI – identificação e diretrizes para a preservação e ocupação das áreas verdes municipais, quando for o caso, com vistas à redução da impermeabilização das cidades. *(Incluído pela Lei nº 12.983, de 2014)*

§ 1º A identificação e o mapeamento de áreas de risco levarão em conta as cartas geotécnicas. *(Incluído pela Lei nº 12.608, de 2012)*

§ 2º O conteúdo do plano diretor deverá ser compatível com as disposições insertas nos planos de recursos hídricos, formulados consoante a Lei nº 9.433, de 8 de janeiro de 1997. *(Incluído pela Lei nº 12.608, de 2012)*

§ 3º Os Municípios adequarão o plano diretor às disposições deste artigo, por ocasião de sua revisão, observados os prazos legais. *(Incluído pela Lei nº 12.608, de 2012)*

§ 4º Os Municípios enquadrados no inciso VI do art. 41 desta Lei e que não tenham plano diretor aprovado terão o prazo de 5 (cinco) anos para o seu encaminhamento para aprovação pela Câmara Municipal. *(Incluído pela Lei nº 12.608, de 2012)*

Art. 42-B. Os Municípios que pretendam ampliar o seu perímetro urbano após a data de publicação desta Lei deverão elaborar projeto específico que contenha, no mínimo: *(Incluído pela Lei nº 12.608, de 2012)*

I – demarcação do novo perímetro urbano; *(Incluído pela Lei nº 12.608, de 2012)*

II – delimitação dos trechos com restrições à urbanização e dos trechos sujeitos a controle especial em função de ameaça de desastres naturais; *(Incluído pela Lei nº 12.608, de 2012)*

III – definição de diretrizes específicas e de áreas que serão utilizadas para infraestrutura, sistema viário, equipamentos e instalações públicas, urbanas e sociais; *(Incluído pela Lei nº 12.608, de 2012)*

IV – definição de parâmetros de parcelamento, uso e ocupação do solo, de modo a promover a diversidade de usos e contribuir para a geração de emprego e renda; *(Incluído pela Lei nº 12.608, de 2012)*

V – a previsão de áreas para habitação de interesse social por meio da demarcação de zonas especiais de interesse social e de outros instrumentos de política urbana, quando o uso habitacional for permitido; *(Incluído pela Lei nº 12.608, de 2012)*

VI – definição de diretrizes e instrumentos específicos para proteção ambiental e do patrimônio histórico e cultural; e *(Incluído pela Lei nº 12.608, de 2012)*

VII – definição de mecanismos para garantir a justa distribuição dos ônus e benefícios decorrentes do processo de urbanização do território de expansão urbana e a recuperação para a coletividade da valorização imobiliária resultante da ação do poder público.

VIII - planejamento integrado de transporte urbano, inclusive por meio de veículos não motorizados, com vistas a melhorar a mobilidade. *(Incluído pela Lei nº 14.729, de 2023, DOU 23.11.2023 - Edição extra)*

§ 1º O projeto específico de que trata o *caput* deste artigo deverá ser instituído por lei municipal e atender às diretrizes do plano diretor, quando houver. *(Incluído pela Lei nº 12.608, de 2012)*

§ 2º Quando o plano diretor contemplar as exigências estabelecidas no *caput*, o Município ficará dispensado da elaboração do projeto específico de que trata o *caput* deste artigo *(Incluído pela Lei nº 12.608, de 2012)*

§ 3º A aprovação de projetos de parcelamento do solo no novo perímetro urbano ficará condicionada à existência do projeto específico e deverá obedecer às suas disposições. *(Incluído pela Lei nº 12.608, de 2012)*

CAPÍTULO IV – DA GESTÃO DEMOCRÁTICA DA CIDADE

Art. 43. Para garantir a gestão democrática da cidade, deverão ser utilizados, entre outros, os seguintes instrumentos:

I – órgãos colegiados de política urbana, nos níveis nacional, estadual e municipal;

II – debates, audiências e consultas públicas;

III – conferências sobre assuntos de interesse urbano, nos níveis nacional, estadual e municipal;

IV – iniciativa popular de projeto de lei e de planos, programas e projetos de desenvolvimento urbano;

V – *(VETADO)*

Art. 44. No âmbito municipal, a gestão orçamentária participativa de que trata a alínea f do inciso III do art. 4º desta Lei incluirá a realização de debates, audiências e consultas públicas sobre as propostas do plano plurianual, da lei de diretrizes orçamentárias e do orçamento anual, como condição obrigatória para sua aprovação pela Câmara Municipal.

Art. 45. Os organismos gestores das regiões metropolitanas e aglomerações urbanas incluirão obrigatória e significativa participação da população e de associações representativas dos vários segmentos da comunidade, de modo a garantir o controle direto de suas atividades e o pleno exercício da cidadania.

CAPÍTULO V – DISPOSIÇÕES GERAIS

Art. 46. O poder público municipal poderá facultar ao proprietário da área atingida pela obrigação de que trata o *caput* do art. 5º desta Lei, ou objeto de regularização fundiária urbana para fins de regularização fundiária, o estabelecimento de consórcio imobiliário como forma de viabilização financeira do aproveitamento do imóvel. *(Redação dada pela Lei nº 13.465, de 2017)*

§ 1º Considera-se consórcio imobiliário a forma de viabilização de planos de urbanização, de regularização fundiária ou de reforma, conservação ou construção de edificação por meio da qual o proprietário transfere ao poder público municipal seu imóvel e, após a realização das obras, recebe, como pagamento, unidades imobiliárias devidamente urbanizadas ou edificadas, ficando as demais unidades incorporadas ao patrimônio público. *(Redação dada pela Lei nº 13.465, de 2017)*

§ 2º O valor das unidades imobiliárias a serem entregues ao proprietário será correspondente ao valor do imóvel antes da execução das obras. *(Redação dada pela Lei nº 13.465, de 2017)*

§ 3º A instauração do consórcio imobiliário por proprietários que tenham dado causa à formação de núcleos urbanos informais, ou por seus sucessores, não os eximirá das responsabilidades administrativa, civil ou criminal *(incluído pela Lei nº 13.465, de 2017)*

Art. 47. Os tributos sobre imóveis urbanos, assim como as tarifas relativas a serviços públicos urbanos, serão diferenciados em função do interesse social.

Art. 48. Nos casos de programas e projetos habitacionais de interesse social, desenvolvidos por órgãos ou entidades da Administração Pública com atuação específica nessa área, os contratos de concessão de direito real de uso de imóveis públicos:

I – terão, para todos os fins de direito, caráter de escritura pública, não se aplicando o disposto no inciso II do art. 134 do Código Civil;

II – constituirão título de aceitação obrigatória em garantia de contratos de financiamentos habitacionais.

Art. 49. Os Estados e Municípios terão o prazo de noventa dias, a partir da entrada em vigor desta Lei, para fixar prazos, por lei, para a expedição de diretrizes de empreendimentos urbanísticos, aprovação de projetos de parcelamento e de edificação, realização de vistorias e expedição de termo de verificação e conclusão de obras.

Parágrafo único. Não sendo cumprida a determinação do *caput*, fica estabelecido o prazo de sessenta dias para a realização de cada um dos referidos atos administrativos, que valerá até que os Estados e Municípios disponham em lei de forma diversa.

Art. 50. Os Municípios que estejam enquadrados na obrigação prevista nos incisos I e II do *caput* do art. 41 desta Lei e que não tenham plano diretor aprovado na data de entrada em vigor desta Lei deverão aprová-lo até 30 de junho de 2008. *(Redação dada pela Lei nº 11.673, 2008)*

Art. 51. Para os efeitos desta Lei, aplicam-se ao Distrito Federal e ao Governador do Distrito Federal as disposições relativas, respectivamente, a Município e a Prefeito.

Art. 52. Sem prejuízo da punição de outros agentes públicos envolvidos e da aplicação de outras sanções cabíveis, o Prefeito incorre em improbidade administrativa, nos termos da Lei nº 8.429, de 2 de junho de 1992, quando:

I – *(VETADO)*

II – deixar de proceder, no prazo de cinco anos, o adequado aproveitamento do imóvel incorporado ao patrimônio público, conforme o disposto no § 4º do art. 8º desta Lei;

III – utilizar áreas obtidas por meio do direito de preempção em desacordo com o disposto no art. 26 desta Lei;

IV – aplicar os recursos auferidos com a outorga onerosa do direito de construir e de alteração de uso em desacordo com o previsto no art. 31 desta Lei;

V – aplicar os recursos auferidos com operações consorciadas em desacordo com o previsto no § 1º do art. 33 desta Lei;

VI – impedir ou deixar de garantir os requisitos contidos nos incisos I a III do § 4º do art. 40 desta Lei;

VII – deixar de tomar as providências necessárias para garantir a observância do disposto no § 3º do art. 40 e no art. 50 desta Lei;

VIII – adquirir imóvel objeto de direito de preempção, nos termos dos arts. 25 a 27 desta Lei, pelo valor da proposta apresentada, se este for, comprovadamente, superior ao de mercado.

Art. 53. *(Revogado pela Medida Provisória nº 2.180-35, de 24.8.2001)*

Art. 54. O art. 4º da Lei nº 7.347, de 1985, passa a vigorar com a seguinte redação:

> *"Art. 4º Poderá ser ajuizada ação cautelar para os fins desta Lei, objetivando, inclusive, evitar o dano ao meio ambiente, ao consumidor, à ordem urbanística ou aos bens e direitos de valor artístico, estético, histórico, turístico e paisagístico (VETADO)."*

Art. 55. O art. 167, inciso I, item 28, da Lei nº 6.015, de 31 de dezembro de 1973, alterado pela Lei nº 6.216, de 30 de junho de 1975, passa a vigorar com a seguinte redação:

▸ *Alterações inseridas no texto da referida Lei*

Art. 56. O art. 167, inciso I, da Lei nº 6.015, de 1973, passa a vigorar acrescido dos seguintes itens 37, 38 e 39:

▸ *Alterações inseridas no texto da referida Lei*

Art. 57. O art. 167, inciso II, da Lei nº 6.015, de 1973, passa a vigorar acrescido dos seguintes itens 18, 19 e 20:

▸ *Alterações inseridas no texto da referida Lei*

Art. 57-A. A operadora ferroviária, inclusive metroferroviária, poderá constituir o direito real de laje de que trata a Lei nº 10.406, de 10 de janeiro de 2002 (Código Civil), e o de superfície de que trata esta Lei, sobre ou sob a faixa de domínio de sua via férrea, observado o plano diretor e o respectivo contrato de outorga com o poder concedente. *(Incluído pela Lei nº 14.273, de 2021)*

Parágrafo único. A constituição do direito real de laje ou de superfície a que se refere o *caput* deste artigo é condicionada à existência prévia de licenciamento urbanístico municipal, que estabelecerá os ônus urbanísticos a serem observados e o direito de construir incorporado a cada unidade imobiliária. *(Incluído pela Lei nº 14.273, de 2021)*

▸ *Vide arts. 1.510 e seguintes do Código Civil*
▸ *Vide arts. 176, § 9º, Lei 6.015/1973*

Art. 58. Esta Lei entra em vigor após decorridos noventa dias de sua publicação.

Brasília, 10 de julho de 2001;
180º da Independência e 113º da República.
FERNANDO HENRIQUE CARDOSO
(DOU de 11.7.2001)

LEI Nº 10.998, DE 15 DE DEZEMBRO DE 2004

Altera o Programa de Subsídio à Habitação de Interesse Social.

O PRESIDENTE DA REPÚBLICA

Faço saber que o Congresso Nacional decreta e eu sanciono a seguinte Lei:

Art. 1º Fica mantido o Programa de Subsídio à Habitação de Interesse Social – PSH, na forma que dispõe esta Lei.

Art. 2º PSH objetiva tornar acessível a moradia para os segmentos populacionais de renda familiar alcançados pelas operações de financiamento ou parcelamento habitacional de interesse social, realizadas por instituições financeiras autorizadas a funcionar pelo Banco Central do Brasil ou pelos agentes financeiros do Sistema Financeiro da Habitação – SFH, na forma definida pelo Conselho Monetário Nacional.

Art. 3º Para os fins desta Lei considera-se:

I – financiamento: a operação caracterizada, no mínimo, pelo aporte de recursos financeiros, provenientes das instituições financeiras ou agentes financeiros do SFH participantes do Programa, necessários à composição do pagamento do preço de imóvel residencial, retornáveis pelos beneficiários finais das operações;

II – parcelamento: a operação caracterizada, no mínimo, pelo aporte de recursos financeiros, bens ou serviços, provenientes de órgãos e entidades responsáveis pela promoção dos empreendimentos necessários à composição do pagamento do preço de imóvel residencial, passíveis de retorno, parcial ou integral, pelos beneficiários finais das operações.

Art. 4º Os recursos do PSH serão destinados, exclusivamente, ao subsídio de operações de financiamento ou parcelamento habitacional de interesse social, contratadas com pessoa física, de modo a complementar, no ato da contratação:

I – a capacidade financeira do proponente para pagamento do preço do imóvel residencial;

II – o valor necessário a assegurar o equilíbrio econômico-financeiro das operações de financiamento realizadas pelas instituições financeiras ou agentes financeiros do SFH, compreendendo as despesas de contratação, de administração e cobrança e de custos de alocação, remuneração e perda de capital; e

III – o valor necessário a assegurar o equilíbrio econômico-financeiro das operações de parcelamento, realizadas pelas instituições financeiras ou agentes financeiros do SFH, compreendendo as despesas de contratação e administração do crédito e remuneração das instituições ou agentes.

Parágrafo único. Os recursos mencionados neste artigo serão aplicados, no ato da contratação, na complementação dos valores não suportados pelos rendimentos dos mutuários beneficiados pelo Programa.

Art. 5º Os contratos constitutivos ou translativos de direitos reais sobre imóveis com financiamento ou parcelamento e os contratos de financiamento ou de parcelamento celebrados no âmbito do Programa de Subsídio à Habitação de Interesse Social – PSH, bem como quaisquer outros atos e contratos resultantes da aplicação desta Lei, poderão ser celebrados por instrumento particular, a eles se atribuindo o caráter de escritura pública, para todos os fins de direito, não se lhes aplicando as disposições do art. 108 da Lei nº 10.406, de 10 de janeiro de 2002 – Código Civil.

Art. 6º Caberá ao Poder Executivo definir as diretrizes e condições para implementação do Programa, especialmente em relação:

I – à faixa de renda de interesse social para os fins de que trata esta Lei;

II – aos procedimentos e condições para o direcionamento dos subsídios;

III – aos programas habitacionais de interesse social a serem alcançados pelos subsídios;

IV – aos valores máximos de subsídio para os fins do disposto no art. 4º desta Lei.

Art. 7º Fica a União autorizada a emitir títulos públicos federais, sob a forma de colocação direta, em favor das instituições financeiras ou dos agentes financeiros do SFH que estiverem participando deste Programa, podendo tais emissões ser ao par, com ágio ou deságio, para atender ao subsídio de que trata esta Lei.

Parágrafo único. As características desses títulos serão estabelecidas em ato do Ministro de Estado da Fazenda.

Art. 8º Esta Lei entra em vigor na data de sua publicação.

Art. 9º Revoga-se a Medida Provisória nº 2.212, de 30 de agosto de 2001.

Brasília, 15 de dezembro de 2004; 183º da Independência e 116º da República.

LUIZ INÁCIO LULA DA SILVA

(DOU. de 16.12.2004)

LEI Nº 11.483, DE 31 DE MAIO DE 2007*

Dispõe sobre a revitalização do setor ferroviário, altera dispositivos da Lei nº 10.233, de 5 de junho de 2001, e dá outras providências.

O PRESIDENTE DA REPÚBLICA

Faço saber que o Congresso Nacional decreta e eu sanciono a seguinte Lei:

(...)

Art. 10. *(Revogado pela Lei nº 13.813, de 2019)*

Art. 11. *(Revogado pela Lei nº 13.813, de 2019)*

Art. 12. Aos ocupantes de baixa renda dos imóveis não-operacionais residenciais oriundos da extinta RFFSA cuja ocupação seja comprovadamente anterior a 6 de abril de 2005 é assegurado o direito à aquisição por venda direta do imóvel, nas condições estabelecidas nos arts. 26 e 27 da Lei nº 9.636, de 15 de maio de 1998.

§ 1º Para avaliação dos imóveis referidos no *caput*, deduzir-se-á o valor correspondente às benfeitorias e às acessões comprovadamente realizadas pelo ocupante, observadas, em qualquer hipótese, as regras da Lei nº 10.406, de 10 de janeiro de 2002 – Código Civil. *(Redação dada pela Lei nº 12.348, de 2010)*

§ 2º Os ocupantes referidos no *caput* deste artigo deverão manifestar seu interesse pela compra direta no prazo de até 30 (trinta) dias a contar da notificação a ser realizada pelo órgão competente.

§ 3º Para os fins do disposto neste artigo, considera-se ocupante de baixa renda aquele com renda familiar igual ou inferior ao valor estabelecido pelo § 2º do art. 1º do Decreto-Lei nº 1.876, de 15 de julho de 1981.

Art. 13. Aos ocupantes dos imóveis não operacionais oriundos da extinta RFFSA não abrangidos pelo disposto no art. 12 desta Lei e cuja ocupação seja comprovadamente anterior a 6 de abril de 2005 é assegurado o direito de aquisição direta dos respectivos imóveis, mediante dispensa de licitação e respeitado o valor de mercado do imóvel, excluídas as benfeitorias realizadas pelo ocupante. *(Redação dada pela Lei nº 14.474, de 2022)*

I a III - *(Revogados pela Lei nº 14.474, de 2022)*

Art. 14. Sem prejuízo do disposto no art. 13 desta Lei, os imóveis não operacionais oriundos da extinta RFFSA também poderão ser alienados diretamente: *(Redação dada pela Lei nº 14.474, de 2022)*

I – desde que destinados a programas de regularização fundiária e provisão habitacional de interesse social, a programas de reabilitação de áreas urbanas, a sistemas de circulação e transporte ou à implantação ou funcionamento de órgãos públicos:

a) aos Estados, ao Distrito Federal e aos Municípios;

b) a entidades públicas que tenham por objeto regularização fundiária e provisão habitacional, nos termos da Lei nº 11.124, de 16 de junho de 2005;

c) a Fundos de Investimentos Imobiliários, previstos na Lei nº 8.668, de 25 de junho de 1993;

II – aos beneficiários de programas de regularização fundiária e provisão habitacional de interesse social.

§ 1º (Revogado pela Lei nº 13.813, de 2019)

§ 2º Para a avaliação dos imóveis referidos no *caput* deste artigo, aplicar-se-á o método involutivo.

Art. 15. *(Revogado pela Lei nº 13.813, de 2019)*

Art. 16. Na alienação dos imóveis referidos nos arts. 12, 13 e 14 desta Lei, será observado o seguinte: *(Redação dada pela Lei nº 13.813, de 2019)*

I - fica afastada a aplicação do disposto no art. 23 da Lei nº 9.636, de 15 de maio de 1998;

II - os contratos celebrados mediante instrumento particular terão força de escritura pública;

III – quando não for possível comprovar a dominialidade de imóvel oriundo da extinta RFFSA, é permitido à União, por intermédio do Ministério do Planejamento, Orçamento e Gestão, transferir os direitos possessórios deste, de forma onerosa ou gratuita, ficando eventual regularização posterior a cargo do adquirente; *(Redação dada pela Lei nº 12.348, de 2010)*

IV – o registro será efetuado no cartório da localidade mais próxima de onde se situa o imóvel, não se aplicando o disposto no art. 171 da Lei nº 6.015, de 31 de dezembro de 1973.

§ 1º Não serão alienados os bens imóveis situados na faixa de domínio das ferrovias cuja ocupação ou utilização por particulares coloque em risco a vida das pessoas ou comprometa a segurança ou a eficiência da operação ferroviária. *(Incluído pela Lei nº 12.348, de 2010)*

§ 2º O título de transferência da posse de que trata o inciso III terá os mesmos efeitos da legitimação de posse prevista na Lei nº 11.977, de 7 de julho de 2009, desde que: *(Incluído pela Lei nº 12.348, de 2010)*

I – o imóvel objeto da transferência esteja matriculado no Cartório de Registro de Imóveis; e *(Incluído pela Lei nº 12.348, de 2010)*

II – o adquirente cumpra os requisitos contidos no parágrafo único do art. 59 da Lei nº 11.977, de 7 de julho de 2009. *(Incluído pela Lei nº 12.348, de 2010)*

(...)

Art. 28-A. Fica a União autorizada a constituir aforamento em favor dos adquirentes originários, ou seus sucessores, de imóveis oriundos da extinta RFFSA localizados em terrenos de marinha ou acrescidos. *(Incluído pela Lei nº 12.348, de 2010)*

§ 1º A constituição do aforamento prevista no *caput* implicará a: *(Incluído pela Lei nº 12.348, de 2010)*

I – isenção dos débitos principais e acessórios correspondentes às taxas de ocupação não pagas desde a aquisição do imóvel até a data da assinatura do novo contrato; e *(Incluído pela Lei nº 12.348, de 2010)*

II – dedução de 17% (dezessete por cento) do valor correspondente ao terreno, na hipótese dos contratos de compra e venda ou promessa de compra e venda de domínio pleno em que exista saldo devedor. *(Incluído pela Lei nº 12.348, de 2010)*

§ 2º Não será devido pela União qualquer pagamento ou indenização decorrente da constituição do aforamento prevista neste artigo. *(Incluído pela Lei nº 12.348, de 2010)*

§ 3º Em se tratando de transferência de posse pela extinta RFFSA de imóveis localizados em terrenos de marinha e acrescidos, poderá a União outorgar a concessão de direito real de uso aos adquirentes originais ou a seus sucessores. *(Incluído pela Lei nº 12.348, de 2010)*

Art. 28-B. Os Cartórios de Registro de Imóveis deverão promover a averbação, em nome da União ou do DNIT, dos bens imóveis em cujos registros figure a RFFSA ou suas antecessoras na qualidade de titular de direito real, em conformidade com o disposto no inciso II do art. 2º e incisos I e IV do art. 8º desta Lei. *(Incluído pela Lei nº 12.348, de 2010)*

› *Art. 246, Lei n. 6.015/1973 (Registros Públicos)*

§ 1º Para a averbação de que trata o *caput*, será suficiente requerimento da Secretaria do Patrimônio da União, quando tratar de imóvel não operacional transferido para a União, e do DNIT, na hipótese de bem operacional ou declarado como reserva técnica. *(Incluído pela Lei nº 12.348, de 2010)*

§ 2º No caso de imóvel formado por parcelas operacional e não operacional, o requerimento previsto no § 1º deverá ser acompanhado de planta e memorial descritivo assinados pela Secretaria do Patrimônio da União e pelo DNIT, esclarecendo os limites de cada uma das parcelas. *(Incluído pela Lei nº 12.348, de 2010)*

Art. 28-C. Os compromissos de compra e venda firmados pela extinta RFFSA tendo por objeto imóveis não operacionais valerão como título para o registro da propriedade do bem adquirido, quando acompanhados de termo de quitação expedido pela Secretaria do Patrimônio da União. *(Incluído pela Lei nº 12.348, de 2010)*

Arts. 29 a 31. *(VETADOS)*

Art. 31-A. É extinto o Fundo Contingente da Extinta Rede Ferroviária Federal S.A. (FC), de natureza contábil, criado no âmbito do Ministério da Fazenda. *(Incluído pela Lei nº 13.813, de 2019)*

Art. 31-B. A União disponibilizará os recursos orçamentários e financeiros necessários ao pagamento dos encargos de responsabilidade do Fundo Contingente da Extinta Rede Ferroviária Federal S.A. (FC) por intermédio dos seguintes órgãos: *(Incluído pela Lei nº 13.813, de 2019)*

I – Ministério do Planejamento, Desenvolvimento e Gestão, quanto às despesas decorrentes de eventuais levantamentos de gravames judiciais existentes em 22 de janeiro de 2007 incidentes sobre bens oriundos da extinta RFFSA, imprescindíveis à administração pública federal; *(Incluído pela Lei nº 13.813, de 2019)*

II – Ministério dos Transportes, Portos e Aviação Civil, quanto às despesas decorrentes de condenações judiciais que imponham ônus à Valec, na condição de sucessora trabalhista, em observância ao disposto no inciso I do *caput* do art. 17 desta Lei, referentes aos passivos originados até 22 de janeiro de 2007; e *(Incluído pela Lei nº 13.813, de 2019)*

III – Secretaria do Tesouro Nacional do Ministério da Fazenda, quanto: *(Incluído pela Lei nº 13.813, de 2019)*

a) às participações dos acionistas minoritários da extinta RFFSA, na forma prevista no *caput* do art. 3º desta Lei; e *(Incluído pela Lei nº 13.813, de 2019)*

b) às despesas referentes à regularização, à administração, à avaliação e à venda dos imóveis não operacionais da extinta RFFSA, ocorridas e não pagas à Caixa Econômica Federal na qualidade de agente operador do FC. *(Incluído pela Lei nº 13.813, de 2019)*

Parágrafo único. Os pagamentos das despesas decorrentes de obrigações previstas no inciso II do *caput* deste artigo ocorrerão exclusivamente por meio de solicitação da Valec dirigida ao Ministério dos Transportes, Portos e Aviação Civil, acompanhada da respectiva decisão judicial. *(Incluído pela Lei nº 13.813, de 2019)*

Art. 31-C. Os ativos financeiros do Fundo Contingente da Extinta Rede Ferroviária Federal S.A. (FC) serão revertidos à Secretaria do Tesouro Nacional do Ministério da Fazenda, incluídos os recebíveis oriundos dos contratos de arrendamento de malhas ferroviárias, contabilizados nos ativos da extinta RFFSA, não adquiridos pelo Tesouro Nacional com base na autorização prevista na Medida Provisória nº 2.181-45, de 24 de agosto de 2001. *(Incluído pela Lei nº 13.813, de 2019)*

Art. 31-D. Os imóveis não operacionais da extinta RFFSA indicados para integralizar os recursos do Fundo Contingente da Extinta Rede Ferroviária Federal S.A. (FC), não alienados até 31 de dezembro de 2017, retornarão à Secretaria do Patrimônio da União do Ministério do Planejamento, Desenvolvimento e Gestão e serão destinados na forma prevista na legislação que dispõe sobre o patrimônio da União. *(Incluído pela Lei nº 13.813, de 2019)*

§ 1º A Caixa Econômica Federal informará à Secretaria do Patrimônio da União do Ministério do Planejamento, Desenvolvimento e Gestão os imóveis que se encontram em processo final de venda, para os quais é autorizada a concluir a alienação, observadas as condições anteriormente vigentes para o extinto FC. *(Incluído pela Lei nº 13.813, de 2019)*

§ 2º Na celebração dos contratos de compra e venda dos imóveis a que se refere o § 1º deste artigo, a União será representada pela Caixa Econômica Federal. *(Incluído pela Lei nº 13.813, de 2019)*

Art. 31-E. A administração e a cobrança dos contratos de financiamento vinculados aos imóveis alienados de forma parcelada pelo Fundo Contingente da Extinta Rede Ferroviária Federal S.A. (FC) e aos imóveis a que se refere o § 1º do art. 31-D desta Lei serão realizadas pela Caixa Econômica Federal. *(Incluído pela Lei nº 13.813, de 2019)*

§ 1º O produto da venda, à vista ou parcelada, dos imóveis alienados pelo extinto FC e dos imóveis a que se refere o § 1º do art. 31-D desta Lei será recolhido pela Caixa Econômica Federal à conta única do Tesouro Nacional, por meio da unidade gestora da Secretaria do Patrimônio da União do Ministério do Planejamento, Desenvolvimento e Gestão. *(Incluído pela Lei nº 13.813, de 2019)*

§ 2º Compete à Advocacia-Geral da União a defesa dos interesses da União referentes à eventual cobrança judicial do produto da venda dos imóveis vendidos pela Caixa Econômica Federal. *(Incluído pela Lei nº 13.813, de 2019)*

§ 3º A Caixa Econômica Federal encaminhará à Advocacia-Geral da União as informações e os documentos necessários ao atendimento do disposto no § 2º deste artigo. *(Incluído pela Lei nº 13.813, de 2019)*

§ 4º A remuneração da Caixa Econômica Federal pelos serviços de venda dos imóveis e pela administração, pela gestão e pela cobrança das parcelas será definida em ato do Ministério do Planejamento, Desenvolvimento e Gestão. *(Incluído pela Lei nº 13.813, de 2019)*

Art. 32. Esta Lei entra em vigor na data de sua publicação.

Art. 33. Ficam revogados o § 6º do art. 2º da Lei nº 9.491, de 9 de setembro de 1997, os arts. 114-A e 115 da Lei nº 10.233, de 5 de junho de 2001, o § 6º do art. 2º da Lei nº

9.491, de 9 de setembro de 1997, constante do art. 1º da Medida Provisória nº 2.161-35, de 23 de agosto de 2001, e os arts. 114-A e 115 da Lei nº 10.233, de 5 de junho de 2001, constantes do art. 1º da Medida Provisória nº 2.217-3, de 4 de setembro de 2001, bem como os arts. 12 e 13 da Medida Provisória nº 335, de 23 de dezembro de 2006, e os dispositivos correspondentes da Lei resultante de sua eventual aprovação.

Brasília, 31 de maio de 2007;
186º da Independência e 119º da República.
LUIZ INÁCIO LULA DA SILVA
(DOU de 31.5.2007)

LEI Nº 11.795, DE 8 DE OUTUBRO DE 2008

Dispõe sobre o Sistema de Consórcio.

O PRESIDENTE DA REPÚBLICA

Faço saber que o Congresso Nacional decreta e eu sanciono a seguinte Lei:

CAPÍTULO I – DO SISTEMA DE CONSÓRCIOS

SEÇÃO I – DOS CONCEITOS FUNDAMENTAIS

Art. 1º O Sistema de Consórcios, instrumento de progresso social que se destina a propiciar o acesso ao consumo de bens e serviços, constituído por administradoras de consórcio e grupos de consórcio, será regulado por esta Lei.

Art. 2º Consórcio é a reunião de pessoas naturais e jurídicas em grupo, com prazo de duração e número de cotas previamente determinados, promovida por administradora de consórcio, com a finalidade de propiciar a seus integrantes, de forma isonômica, a aquisição de bens ou serviços, por meio de autofinanciamento.

Art. 3º Grupo de consórcio é uma sociedade não personificada constituída por consorciados para os fins estabelecidos no art. 2º.

§ 1º O grupo de consórcio será representado por sua administradora, em caráter irrevogável e irretratável, ativa ou passivamente, em juízo ou fora dele, na defesa dos direitos e interesses coletivamente considerados e para a execução do contrato de participação em grupo de consórcio, por adesão.

§ 2º O interesse do grupo de consórcio prevalece sobre o interesse individual do consorciado.

§ 3º O grupo de consórcio é autônomo em relação aos demais e possui patrimônio próprio, que não se confunde com o de outro grupo, nem com o da própria administradora.

§ 4º Os recursos dos grupos geridos pela administradora de consórcio serão contabilizados separadamente.

Art. 4º Consorciado é a pessoa natural ou jurídica que integra o grupo e assume a obrigação de contribuir para o cumprimento integral de seus objetivos, observado o disposto no art. 2º.

SEÇÃO II – DA ADMINISTRAÇÃO DE CONSÓRCIOS

Art. 5º A administradora de consórcios é a pessoa jurídica prestadora de serviços com objeto social principal voltado à administração de grupos de consórcio, constituída sob a forma de sociedade limitada ou sociedade anônima, nos termos do art. 7º, inciso I.

§ 1º A administradora de consórcio deve figurar no contrato de participação em grupo de consórcio, por adesão, na qualidade de gestora dos negócios dos grupos e de mandatária de seus interesses e direitos.

§ 2º Os diretores, gerentes, prepostos e sócios com função de gestão na administradora de consórcio são depositários, para todos os efeitos, das quantias que a administradora receber dos consorciados na sua gestão, até o cumprimento da obrigação assumida no contrato de participação em grupo de consórcio, por adesão, respondendo pessoal e solidariamente, independentemente da verificação de culpa, pelas obrigações perante os consorciados.

§ 3º A administradora de consórcio tem direito à taxa de administração, a título de remuneração pela formação, organização e administração do grupo de consórcio até o encerramento deste, conforme o art. 32, bem como o recebimento de outros valores, expressamente previstos no contrato de participação em grupo de consórcio, por adesão, observados ainda os arts. 28 e 35.

§ 4º *(VETADO)*

§ 5º Os bens e direitos adquiridos pela administradora em nome do grupo de consórcio, inclusive os decorrentes de garantia, bem como seus frutos e rendimentos, não se comunicam com o seu patrimônio, observado que:

I – não integram o ativo da administradora;

II – não respondem direta ou indiretamente por qualquer obrigação da administradora;

III – não compõem o elenco de bens e direitos da administradora, para efeito de liquidação judicial ou extrajudicial;

IV – não podem ser dados em garantia de débito da administradora.

§ 6º A administradora estará desobrigada de apresentar certidão negativa de débitos, expedida pelo Instituto Nacional da Seguridade Social, e Certidão Negativa de Tributos e Contribuições, expedida pela Secretaria da Receita Federal, relativamente à própria empresa, quando alienar imóvel integrante do patrimônio do grupo de consórcio.

§ 7º No caso de o bem recebido ser um imóvel, as restrições enumeradas nos incisos II a IV do § 5º deste artigo deverão ser averbadas no registro de imóveis competente.

SEÇÃO III – DO ÓRGÃO REGULADOR E FISCALIZADOR

Art. 6º A normatização, coordenação, supervisão, fiscalização e controle das atividades do sistema de consórcios serão realizados pelo Banco Central do Brasil.

Art. 7º Compete ao Banco Central do Brasil:

I – conceder autorização para funcionamento, transferência do controle societário e reorganização da sociedade e cancelar a autorização para funcionar das administradoras de consórcio, segundo abrangência e condições que fixar;

II – aprovar atos administrativos ou societários das administradoras de consórcio, segundo abrangência e condições que fixar;

III – baixar normas disciplinando as operações de consórcio, inclusive no que refere à supervisão prudencial, à contabilização, ao oferecimento de garantias, à aplicação financeira dos recursos dos grupos de consórcio, às condições mínimas que devem constar do contrato de participação em grupo de consórcio, por adesão, à prestação de contas e ao encerramento do grupo de consórcio;

IV – *(Revogado pela Lei nº 13.506, de 2017).*

V – fiscalizar as operações de consórcio, as administradoras de consórcio e os atos dos respectivos administradores e aplicar as sanções;

VI – estabelecer os procedimentos relativos ao processo administrativo e o julgamento das infrações a esta Lei, às normas infralegais e aos termos dos contratos de participação em grupo de consórcio, por adesão, formalizados;

VII – intervir nas administradoras de consórcio e decretar sua liquidação extrajudicial na forma e condições previstas na legislação especial aplicável às instituições financeiras.

Art. 8º No exercício da fiscalização prevista no art. 7º, o Banco Central do Brasil poderá exigir das administradoras de consórcio, bem como de seus administradores, a exibição a funcionários seus, expressamente credenciados, de documentos, papéis, livros de escrituração e acesso aos dados armazenados nos sistemas eletrônicos, considerando-se a negativa de atendimento como embaraço à fiscalização, sujeita às penalidades previstas nesta Lei, sem prejuízo de outras medidas e sanções cabíveis.

Art. 9º *(VETADO)*

CAPÍTULO II – DO CONTRATO DE CONSÓRCIO

Art. 10. O contrato de participação em grupo de consórcio, por adesão, é o instrumento plurilateral de natureza associativa cujo escopo é a constituição de fundo pecuniário para as finalidades previstas no art. 2º.

§ 1º O contrato de participação em grupo de consórcio, por adesão, criará vínculos obrigacionais entre os consorciados, e destes com a administradora, para proporcionar a todos igual condição de acesso ao mercado de consumo de bens ou serviços.

§ 2º *(VETADO)*

§ 3º A proposta de participação é o instrumento pelo qual o interessado formaliza seu pedido de participação no grupo de consórcio, que se converterá no contrato, observada a disposição constante do § 4º, se aprovada pela administradora.

§ 4º O contrato de participação em grupo de consórcio aperfeiçoar-se-á na data de constituição do grupo, observado o art. 16.

§ 5º É facultada a estipulação de multa pecuniária em virtude de descumprimento de obrigação contratual, que a parte que lhe der causa pagará à outra.

§ 6º O contrato de participação em grupo de consórcio, por adesão, de consorciado contemplado é título executivo extrajudicial.

Art. 11. O contrato de participação em grupo de consórcio, por adesão, implicará atribuição de uma cota de participação no grupo, numericamente identificada, nela caracterizada o bem ou serviço.

Art. 12. O contrato de participação em grupo de consórcio, por adesão, poderá ter como referência bem móvel, imóvel ou serviço de qualquer natureza.

Parágrafo único. O contrato de grupo para a aquisição de bem imóvel poderá estabelecer a aquisição de imóvel em empreendimento imobiliário.

Art. 13. Os direitos e obrigações decorrentes do contrato de participação em grupo de consórcio, por adesão, poderão ser transferidos a terceiros, mediante prévia anuência da administradora.

Art. 14. No contrato de participação em grupo de consórcio, por adesão, devem estar previstas, de forma clara, as garantias que serão exigidas do consorciado para utilizar o crédito.

§ 1º As garantias iniciais em favor do grupo devem recair sobre o bem adquirido por meio do consórcio.

§ 2º No caso de consórcio de bem imóvel, é facultado à administradora aceitar em garantia outro imóvel de valor suficiente para assegurar o cumprimento das obrigações pecuniárias do contemplado em face do grupo.

§ 3º Admitem-se garantias reais ou pessoais, sem vinculação ao bem referenciado, no caso de consórcio de serviço de qualquer natureza, ou quando, na data de utilização do crédito, o bem estiver sob produção, incorporação ou situação análoga definida pelo Banco Central do Brasil.

§ 4º A administradora pode exigir garantias complementares proporcionais ao valor das prestações vincendas.

§ 5º A administradora deve indenizar o grupo na ocorrência de eventuais prejuízos decorrentes:

I – de aprovação de garantias insuficientes, inclusive no caso de substituição de garantias dadas na forma dos §§ 1º, 2º e 3º;

II – de liberação de garantias enquanto o consorciado não tiver quitado sua participação no grupo.

§ 6º Para os fins do disposto neste artigo, o oferecedor de garantia por meio de alienação fiduciária de imóvel ficará responsável pelo pagamento integral das obrigações pecuniárias estabelecidas no contrato de participação em grupo de consórcio, por adesão, inclusive da parte que remanescer após a execução dessa garantia.

§ 7º A anotação da alienação fiduciária de veículo automotor ofertado em garantia ao grupo de consórcio no certificado de registro a que se refere o Código de Trânsito Brasileiro, Lei nº 9.503, de 23 de setembro de 1997, produz efeitos probatórios contra terceiros, dispensado qualquer outro registro público.

› *Art. 129, 5º, Lei n. 6.015/1973 (Registros Públicos)*

Art. 15. A participação de um mesmo consorciado em um grupo de consórcio, para os grupos constituídos a partir da edição desta Lei, fica limitada ao percentual de cotas, a ser fixado pelo Banco Central do Brasil.

§ 1º A administradora de consórcio pode adquirir cotas de grupo de consórcio, inclusive sob sua administração.

§ 2º A administradora de consórcio, em qualquer hipótese, somente poderá concorrer a sorteio ou lance após a contemplação de todos os demais consorciados.

§ 3º O disposto nos §§ 1º e 2º aplica-se, inclusive:

I – aos administradores e pessoas com função de gestão na administradora;

II – aos administradores e pessoas com função de gestão em empresas coligadas, controladas ou controladoras da administradora;

III – às empresas coligadas, controladas ou controladoras da administradora.

§ 4º O percentual referido no *caput* aplica-se cumulativamente às pessoas relacionadas nos §§ 1º a 3º.

CAPÍTULO III – DO FUNCIONAMENTO DO GRUPO

SEÇÃO I – DA CONSTITUIÇÃO

Art. 16. Considera-se constituído o grupo de consórcio com a realização da primeira assembleia, que será designada pela administradora de consórcio quando houver adesões em número e condições suficientes para assegurar a viabilidade econômico-financeira do empreendimento.

Art. 17. O grupo deve escolher, na primeira assembleia geral ordinária, até 3 (três) consorciados, que o representarão perante a administradora com a finalidade de acompanhar a regularidade de sua gestão, com mandato igual à duração do grupo, facultada a substituição por decisão da maioria dos consorciados em assembleia geral.

Parágrafo único. No exercício de sua função, os representantes terão, a qualquer tempo, acesso a todos os documentos e demonstrativos pertinentes às operações do grupo, podendo solicitar informações e representar contra a administradora na defesa dos interesses do grupo, perante o órgão regulador e fiscalizador.

SEÇÃO II – DAS ASSEMBLEIAS

Art. 18. A assembleia geral ordinária será realizada na periodicidade prevista no contrato de participação em grupo de consórcio, por adesão, e destina-se a apreciação de contas prestadas pela administradora e a realização de contemplações.

Art. 19. A assembleia geral extraordinária será convocada pela administradora, por iniciativa própria ou por solicitação de 30% (trinta por cento) dos consorciados ativos do grupo, para deliberar sobre quaisquer outros assuntos que não os afetos à assembleia geral ordinária.

Art. 20. A cada cota de consorciado ativo corresponderá um voto nas deliberações das assembleias gerais ordinárias e extraordinárias, que serão tomadas por maioria simples.

§ 1º A representação do ausente pela administradora na assembleia geral ordinária dar-se-á com a outorga de poderes, desde que prevista no contrato de participação em grupo de consórcio, por adesão.

§ 2º A representação de ausentes nas assembleias gerais extraordinárias dar-se-á com a outorga de poderes específicos, inclusive à administradora, constando obrigatoriamente informações relativas ao dia, hora e local e assuntos a serem deliberados.

§ 3º Somente o consorciado ativo não contemplado participará da tomada de decisões em assembleia geral extraordinária convocada para deliberar sobre:

I – suspensão ou retirada de produção do bem ou extinção do serviço objeto do contrato;

II – extinção do índice de atualização do valor do crédito e das parcelas, indicado no contrato;

III – encerramento antecipado do grupo;

IV – assuntos de seus interesses exclusivos.

Art. 21. Para os fins do disposto nos arts. 19 e 20, é consorciado ativo aquele que mantém vínculo obrigacional com o grupo, excetuado o participante inadimplente não contemplado e o excluído, conforme definição do art. 29.

SEÇÃO III – DAS CONTEMPLAÇÕES

Art. 22. A contemplação é a atribuição ao consorciado do crédito para a aquisição de bem ou serviço, bem como para a restituição das parcelas pagas, no caso dos consorciados excluídos, nos termos do art. 30.

§ 1º A contemplação ocorre por meio de sorteio ou de lance, na forma prevista no contrato de participação em grupo de consórcio, por adesão.

§ 2º Somente concorrerá à contemplação o consorciado ativo, de que trata o art. 21, e os excluídos, para efeito de restituição dos valores pagos, na forma do art. 30.

§ 3º O contemplado poderá destinar o crédito para a quitação total de financiamento de sua titularidade, sujeita à prévia anuência da administradora e ao atendimento de condições estabelecidas no contrato de consórcio de participação em grupo.

Art. 23. A contemplação está condicionada à existência de recursos suficientes no grupo para a aquisição do bem, conjunto de bens ou serviços em que o grupo esteja referenciado e para a restituição aos excluídos.

Art. 24. O crédito a que faz jus o consorciado contemplado será o valor equivalente ao do bem ou serviço indicado no contrato, vigente na data da assembleia geral ordinária de contemplação.

§ 1º O crédito de que trata este artigo será acrescido dos rendimentos líquidos financeiros proporcionais ao período que ficar aplicado, compreendido entre a data em que colocado à disposição até a sua utilização pelo consorciado contemplado.

§ 2º Nos casos em que o objeto do contrato não possa ser perfeitamente identificado, o valor do crédito e a sua atualização deverão estar previstos no contrato, sem prejuízo do acréscimo dos rendimentos líquidos de que trata o § 1º.

§ 3º A restituição ao consorciado excluído, calculada nos termos do art. 30, será considerada crédito parcial.

SEÇÃO IV – DOS RECURSOS DO GRUPO E DAS OBRIGAÇÕES FINANCEIRAS DO CONSORCIADO

Art. 25. Considera-se fundo comum, para os fins desta Lei, os recursos do grupo destinados à atribuição de crédito aos consorciados contemplados para aquisição do bem ou serviço e à restituição aos consorciados excluídos dos respectivos grupos, bem como para outros pagamentos previstos no contrato de participação em grupo de consórcio, por adesão.

Parágrafo único. O fundo comum é constituído pelo montante de recursos representados por prestações pagas pelos consorciados para esse fim e por valores correspondentes a multas e juros moratórios destinados ao grupo de consórcio, bem como pelos rendimentos provenientes de sua aplicação financeira.

Art. 26. Os recursos dos grupos de consórcio, coletados pela administradora, a qualquer tempo, serão depositados em instituição financeira e devem ser aplicados na forma estabelecida pelo Banco Central do Brasil, desde a sua disponibilidade e enquanto não utilizados para as finalidades previstas no contrato de participação em grupo de consórcio, por adesão.

Art. 27. O consorciado obriga-se a pagar prestação cujo valor corresponde à soma das importâncias referentes à parcela destinada ao fundo comum do grupo, à taxa de administração e às demais obrigações pecuniárias que forem estabelecidas expressamente no contrato de participação em grupo de consórcio, por adesão.

§ 1º As obrigações e os direitos do consorciado que tiverem expressão pecuniária são identificados em percentual do preço do bem ou serviço referenciado no contrato de participação em grupo de consórcio, por adesão.

§ 2º O fundo de reserva, se estabelecido no grupo de consórcio, somente poderá ser utilizado para as finalidades previstas no contrato de participação, inclusive para restituição a consorciado excluído.

§ 3º É facultado estipular no contrato de participação em grupo de consórcio, por adesão, a cobrança de valor a título de antecipação de taxa de administração, destinado ao pagamento de despesas imediatas vinculadas à venda de cotas de grupo de consórcio e remuneração de representantes e corretores, devendo ser:

I – destacado do valor da taxa de administração que compõe a prestação, sendo exigível apenas no ato da assinatura do contrato de participação em grupo de consórcio, por adesão;

II – deduzido do valor total da taxa de administração durante o prazo de duração do grupo.

Art. 28. O valor da multa e de juros moratórios a cargo do consorciado, se previstos no contrato de participação em grupo de consórcio, por adesão, será destinado ao grupo e à administradora, não podendo o contrato estipular para o grupo percentual inferior a 50% (cinquenta por cento).

SEÇÃO V – DA EXCLUSÃO DO GRUPO

Art. 29. *(VETADO)*

Art. 30. O consorciado excluído não contemplado terá direito à restituição da importância paga ao fundo comum do grupo, cujo valor deve ser calculado com base no percentual amortizado do valor do bem ou serviço vigente na data da assembleia de contemplação, acrescido dos rendimentos da aplicação financeira a que estão sujeitos os recursos dos consorciados enquanto não utilizados pelo participante, na forma do art. 24, § 1º.

§§1º a 3º *(VETADOS)*

CAPÍTULO IV – DO ENCERRAMENTO DO GRUPO

Art. 31. Dentro de 60 (sessenta) dias, contados da data da realização da última assembleia de contemplação do grupo de consórcio, a administradora deverá comunicar:

I – aos consorciados que não tenham utilizado os respectivos créditos, que os mesmos estão à disposição para recebimento em espécie;

II e III – *(VETADOS)*

Art. 32. O encerramento do grupo deve ocorrer no prazo máximo de 120 (cento e vinte) dias, contado da data da realização da última assembleia de contemplação do grupo de consórcio e desde que decorridos, no mínimo, 30 (trinta) dias da comunicação de que trata o art. 31, ocasião em que se deve proceder à definitiva prestação de contas do grupo, discriminando-se:

I – as disponibilidades remanescentes dos respectivos consorciados e participantes excluídos;

II – os valores pendentes de recebimento, objeto de cobrança judicial.

§ 1º Os valores pendentes de recebimento, uma vez recuperados, devem ser rateados proporcionalmente entre os beneficiários, devendo a administradora, até 120 (cento e vinte) dias após o seu recebimento, comunicar-lhes que os respectivos saldos estão à disposição para devolução em espécie.

§ 2º Prescreverá em 5 (cinco) anos a pretensão do consorciado ou do excluído contra o grupo ou a administradora, e destes contra aqueles, a contar da data referida no *caput*.

CAPÍTULO V – DOS RECURSOS NÃO PROCURADOS

Art. 33. As disponibilidades financeiras remanescentes na data do encerramento do grupo são consideradas recursos não procurados pelos respectivos consorciados e participantes excluídos.

Art. 34. A administradora de consórcio assumirá a condição de gestora dos recursos não procurados, os quais devem ser aplicados e remunerados em conformidade com os recursos de grupos de consórcio em andamento, nos termos estabelecidos no art. 26.

Art. 35. É facultada a cobrança de taxa de permanência sobre o saldo de recursos não procurados pelos respectivos consorciados e participantes excluídos, apresentado ao final de cada mês, oriundos de contratos firmados a partir da vigência desta Lei, nos termos do contrato de participação em grupo de consórcio, por adesão.

Art. 36. As administradoras de consórcio deverão providenciar o pagamento no prazo máximo de 30 (trinta) dias corridos a contar do comparecimento do consorciado com direito a recursos não procurados.

Art. 37. *(VETADO)*

Art. 38. Os recursos não procurados, independentemente de sua origem, devem ter tratamento contábil específico, de maneira independente dos registros contábeis da administradora de consórcio.

CAPÍTULO VI – DA ADMINISTRAÇÃO ESPECIAL E LIQUIDAÇÃO EXTRAJUDICIAL

Art. 39. A administração especial e a liquidação extrajudicial de administradora de consórcio são regidas pela Lei nº 6.024, de 13 de março de 1974, pelo Decreto-Lei nº 2.321, de 25 de fevereiro de 1987, pela Lei nº 9.447, de 14 de março de 1997, e por legislação superveniente aplicável às instituições financeiras, observado o disposto nesta Lei.

Art. 40. A decretação da administração especial temporária ou da liquidação extrajudicial da administradora de consórcio não prejudicará a continuidade das operações dos grupos por ela administrados, devendo o conselho diretor ou o liquidante dar prioridade ao funcionamento regular dos grupos.

§ 1º No caso de administração especial, o conselho diretor poderá convocar assembleia geral extraordinária para propor ao grupo as medidas que atendam a seus interesses, inclusive a de transferir sua administração.

§ 2º No caso de liquidação extrajudicial, o liquidante, de posse do relatório da situação financeira de cada grupo, publicará edital, em que constarão os requisitos necessários à habilitação de administradoras de consórcio interessadas na administração dos grupos.

§ 3º Expirado o prazo para a habilitação, o liquidante convocará assembleia geral extraordinária do grupo, a fim de deliberar sobre as propostas recebidas.

§ 4º Os recursos pertencentes aos grupos de consórcio, administrados por empresa submetida aos regimes especial temporário ou de liquidação extrajudicial, serão obrigatória e exclusivamente destinados ao atendimento dos objetivos dos contratos de participação em grupo de consórcio, por adesão.

CAPÍTULO VII – DAS PENALIDADES

Art. 41. *(VETADO)*

Art. 42. Às infrações aos dispositivos desta Lei e às normas regulamentares aplica-se a ação punitiva do Banco Central do Brasil, nos termos definidos pela legislação em vigor. *(Redação dada pela Lei nº 13.506, de 2017)*

I a VIII - *(Revogados pela Lei nº 13.506, de 2017)*

Parágrafo único. *(Revogado pela Lei nº 13.506, de 2017)*

Arts. 43 e 44. *(Revogados pela Lei nº 13.506, de 2017)*

CAPÍTULO VIII – DAS DISPOSIÇÕES FINAIS

Art. 45. O registro e a averbação referentes à aquisição de imóvel por meio do Sistema de Consórcios serão considerados, para efeito de cálculo de taxas, emolumentos e custas, como um único ato.

Parágrafo único. O contrato de compra e venda de imóvel por meio do Sistema de Consórcios poderá ser celebrado por instrumento particular.

Art. 46. Ficam convalidadas as autorizações para administrar grupos de consórcio concedidas até a data da publicação desta Lei às administradoras e às associações e entidades sem fins lucrativos.

Art. 47. *(VETADO)*

Art. 48. Revogam-se os incisos I e V do art. 7º da Lei nº 5.768, de 20 de dezembro de 1971, os incisos I e V do art. 31 do Decreto nº 70.951, de 9 de agosto de 1972, o Decreto nº 97.384, de 22 de dezembro de 1988, o art. 10 da Lei nº 7.691, de 15 de dezembro de 1988, e o art. 33 da Lei nº 8.177, de 1º de março de 1991.

Art. 49. Esta Lei entra em vigor após decorridos 120 (cento e vinte) dias de sua publicação.

Brasília, 8 de outubro de 2008; 187º da Independência e 120º da República.

LUIZ INÁCIO LULA DA SILVA

(DOU de 9.10.2008)

LEI Nº 12.024, DE 27 DE AGOSTO DE 2009

Dá nova redação aos arts. 4º, 5º e 8º da Lei nº 10.931, de 2 de agosto de 2004, que tratam de patrimônio de afetação de incorporações imobiliárias; dispõe sobre o tratamento tributário a ser dado às receitas mensais auferidas pelas empresas construtoras nos contratos de construção de moradias firmados dentro do Programa Minha Casa, Minha Vida – PMCMV, atribui à Agência Nacional de Telecomunicações – ANATEL as atribuições de apurar, constituir, fiscalizar e arrecadar a Contribuição para o Fomento da Radiodifusão Pública; altera as Leis nos 11.196, de 21 de novembro de 2005, 11.652, de 7 de abril de 2008, 10.833, de 29 de dezembro de 2003, 9.826, de 23 de agosto de 1999, 6.099, de 12 de setembro de 1974, 11.079, de 30 de dezembro de 2004, 8.668, de 25 de junho de 1993, 8.745, de 9 de dezembro de 1993, 10.865, de 30 de abril de 2004, 8.989, de 24 de fevereiro de 1995, e 11.941, de 27 de maio de 2009; e dá outras providências.

O PRESIDENTE DA REPÚBLICA

Faço saber que o Congresso Nacional decreta e eu sanciono a seguinte Lei:

Art. 1º Os arts. 4º, 5º e 8º da Lei nº 10.931, de 2 de agosto de 2004, passam a vigorar com a seguinte redação:

› *Alterações inseridas no texto da referida Lei.*

Art. 2º A empresa construtora que tenha sido contratada ou tenha obras iniciadas até 31 de dezembro de 2018 para construir unidades habitacionais de valor de até R$ 100.000,00 (cem mil reais) no âmbito do Programa Minha Casa, Minha Vida (PMCMV), de que trata a Lei nº 11.977, de 7 de julho de 2009, fica autorizada, em caráter opcional, a efetuar o pagamento unificado de tributos equivalente a 1% (um por cento) da receita mensal auferida pelo contrato de construção até a extinção do respectivo contrato celebrado e, no caso de comercialização da unidade, até a quitação plena do preço do imóvel. *(Redação dada pela Lei nº 13.970, de 2019)*

§ 1º O pagamento mensal unificado de que trata o *caput* corresponderá aos seguintes tributos:

I – Imposto de Renda das Pessoas Jurídicas – IRPJ;

II – Contribuição para o PIS/Pasep;

III – Contribuição Social sobre o Lucro Líquido – CSLL; e

IV – Contribuição para Financiamento da Seguridade Social – COFINS.

§ 2º O pagamento dos impostos e contribuições na forma do disposto no *caput* será considerado definitivo, não gerando, em qualquer hipótese, direito à restituição ou à compensação com o que for apurado pela construtora.

§ 3º As receitas, custos e despesas próprios da construção sujeita à tributação na forma deste artigo não deverão ser computados na apuração das bases de cálculo dos impostos e contribuições de que trata o § 1º, devidos pela construtora em virtude de suas outras atividades empresariais.

§ 4º Para fins de repartição de receita tributária, o percentual de 1% (um por cento) de que trata o *caput* será considerado:

I – 0,44% (quarenta e quatro centésimos por cento) como Cofins;

II – 0,09% (nove centésimos por cento) como Contribuição para o PIS/Pasep;

III – 0,31% (trinta e um centésimos por cento) como IRPJ; e

IV – 0,16% (dezesseis centésimos por cento) como CSLL.

§ 5º O disposto neste artigo somente se aplica às construções iniciadas ou contratadas a partir de 31 de março de 2009.

§ 6º O pagamento unificado de tributos efetuado na forma do *caput* deverá ser feito até o 20º (vigésimo) dia do mês subsequente àquele em que houver sido auferida a receita.

§ 7º Na hipótese em que a empresa construa unidades habitacionais para vendê-las prontas, o pagamento unificado de tributos a que se refere o *caput* será equivalente a 1% (um por cento) da receita mensal auferida pelo contrato de alienação. *(Incluído pela Lei nº 13.137, de 2015)*

Art. 2º-A. A partir de 1º de janeiro de 2020, a empresa construtora que tenha sido contratada ou tenha obras iniciadas para construir unidades habitacionais de valor de até R$ 124.000,00 (cento e vinte e quatro mil reais) no âmbito do Programa Minha Casa, Minha Vida (PMCMV), de que trata a Lei nº 11.977, de 7 de julho de 2009, ou no âmbito do Programa Casa Verde e Amarela, de que trata a Lei de Conversão da Medida Provisória nº 996, de 25 de agosto de 2020, fica autorizada, em caráter opcional, a efetuar o pagamento unificado de tributos equivalente a 4% (quatro por cento) da receita mensal auferida pelo contrato de construção. *(Acrescido pela Lei nº 13.970, de 2019, e com nova redação dada pela Lei nº 14.118, de 2021, vetada pelo Presidente da República, mantida pelo Congresso Nacional e publicada na Edição Extra D do DOU de 26.03.2021)*

§ 1º O pagamento mensal unificado de que trata o *caput* deste artigo corresponderá aos seguintes tributos:

I - Imposto sobre a Renda das Pessoas Jurídicas (IRPJ);

II - contribuição para os Programas de Integração Social e de Formação do Patrimônio do Servidor Público (PIS/Pasep);

III - Contribuição Social sobre o Lucro Líquido (CSLL); e

IV - Contribuição para Financiamento da Seguridade Social (Cofins). *(Parágrafo acrescido pela Lei nº 13.970, de 2019)*

§ 2º Para fins do disposto no *caput* deste artigo, considera-se receita mensal a totalidade das receitas auferidas pela construtora na venda das unidades imobiliárias que compõem a construção, bem como as receitas financeiras e as variações monetárias decorrentes dessa operação. *(Parágrafo acrescido pela Lei nº 13.970, de 2019)*

§ 3º O pagamento do imposto e das contribuições na forma do disposto no *caput* deste artigo será considerado definitivo, não gerando, em hipótese alguma, direito à restituição ou à compensação com o que for apurado pela construtora. *(Parágrafo acrescido pela Lei nº 13.970, de 2019)*

§ 4º As receitas, os custos e as despesas próprios da construção sujeita à tributação na forma deste artigo não deverão ser computados na apuração das bases de cálculo do imposto e das contribuições de que trata o § 1º deste artigo devidos pela construtora em virtude de suas outras atividades empresariais. *(Parágrafo acrescido pela Lei nº 13.970, de 2019)*

§ 5º Para fins de repartição de receita tributária, do percentual de 4% (quatro por cento) de que trata o *caput* deste artigo, serão considerados:

I - 1,71% (um inteiro e setenta e um centésimos por cento) como Cofins;

II - 0,37% (trinta e sete centésimos por cento) como contribuição para o PIS/Pasep;

III - 1,26% (um inteiro e vinte e seis centésimos por cento) como IRPJ; e

IV - 0,66% (sessenta e seis centésimos por cento) como CSLL. *(Parágrafo acrescido pela Lei nº 13.970, de 2019)*

§ 6º O pagamento unificado de tributos efetuado na forma do *caput* deste artigo deverá ser feito até o 20º (vigésimo) dia do mês subsequente àquele em que houver sido auferida a receita. *(Parágrafo acrescido pela Lei nº 13.970, de 2019)*

§ 7º Caso a empresa construa unidades habitacionais para vendê-las prontas, seja no âmbito do Programa Minha Casa, Minha Vida (PMCMV), de que trata a Lei nº 11.977, de 7 de julho de 2009, seja no âmbito do Programa Casa Verde e Amarela, de que trata a Lei de Conversão da Medida Provisória nº 996, de 25 de agosto de 2020, o pagamento unificado de tributos a que se refere o *caput* deste artigo será equivalente a 4% (quatro por cento) da receita mensal auferida pelo contrato de alienação, aplicado o disposto nos §§ 1º, 2º, 3º, 4º e 5º deste artigo. *(Acrescido pela Lei nº 13.970, de 2019, e com nova redação dada pela Lei nº 14.118, de 2021, vetada pelo Presidente da República, mantida pelo Congresso Nacional e publicada na Edição Extra D do DOU de 26.03.2021)*

§ 8º O disposto no art. 2º desta Lei e neste artigo será aplicado, no caso de contratos de construção, até o recebimento integral do valor do respectivo contrato. *(Parágrafo acrescido pela Lei nº 13.970, de 2019)*

§ 9º Para os fins do regime de pagamento unificado de tributos sobre a receita mensal auferida pelo contrato de construção de que trata este artigo, o Programa Casa Verde e Amarela, na forma de sua legislação federal específica, é sucessor do Programa Minha Casa, Minha Vida (PMCMV). *(Acrescido pela Lei nº 13.970, de 2019, e com nova redação dada pela Lei nº 14.118, de 2021, vetada pelo Presidente da República, mantida pelo Congresso Nacional e publicada na Edição Extra D do DOU de 26.03.2021)*

Art. 3º. Até o exercício de 2014, ano-calendário de 2013, para fins de implementação dos serviços de registros públicos, previstos na Lei nº 6.015, de 31 de dezembro de 1973, em meio eletrônico, os investimentos e demais gastos efetuados com informatização, que compreende a aquisição de hardware, aquisição e desenvolvimento de software e a instalação de redes pelos titulares dos referidos serviços, poderão ser deduzidos da base de cálculo mensal e da anual do Imposto sobre a Renda da Pessoa Física.

§ 1º Os investimentos e gastos efetuados deverão estar devidamente escriturados no livro Caixa e comprovados com documentação idônea, a qual será mantida em poder dos titulares dos serviços de registros públicos de que trata o *caput*, à disposição da fiscalização, enquanto não ocorrer a decadência ou a prescrição.

§ 2º Na hipótese de alienação dos bens de que trata o *caput*, o valor da alienação deverá integrar o rendimento bruto da atividade.

§ 3º O excesso de deduções apurado no mês pode ser compensado nos meses seguintes, até dezembro, não podendo ser transposto para o ano seguinte.

Art. 4º. Fica reduzida a 0 (zero) a alíquota da Cofins incidente sobre a receita bruta da venda, no mercado interno, de motocicletas de cilindrada inferior ou igual a 150cm3, efetuada por importadores e fabricantes, classificadas nos códigos 8711.10.00, 8711.20.10 e 8711.20.20 da Tabela de Incidência do Imposto sobre Produtos Industrializados – TIPI.

§ 1º O disposto no *caput* não se aplica às receitas auferidas pela pessoa jurídica revendedora, na revenda de mercadorias em relação às quais a contribuição seja exigida da empresa vendedora, na condição de substituta tributária.

§ 2º O disposto neste artigo aplica-se aos fatos geradores ocorridos nos meses de janeiro a março de 2010. *(Redação dada pela Lei nº 12.375, de 2010)*

Art. 5º. O art. 62 da Lei nº 11.196, de 21 de novembro de 2005, passa a vigorar com a seguinte redação:

"Art. 62. O percentual e o coeficiente multiplicadores a que se referem o art. 3º da Lei Complementar nº 70, de 30 de dezembro de 1991, e o art. 5º da Lei nº 9.715, de 25 de novembro de 1998, passam a ser de 291,69% (duzentos e noventa e um inteiros e sessenta e nove centésimos por cento) e 3,42 (três inteiros e quarenta e dois centésimos), respectivamente."

Art. 6º. O art. 32 da Lei nº 11.652, de 7 de abril de 2008, passa a vigorar com a seguinte redação:

"Art. 32. [...]

[...]

§ 7º À Agência Nacional de Telecomunicações - ANATEL compete planejar, executar, acompanhar e avaliar as atividades relativas à tributação, fiscalização, arrecadação, cobrança e recolhimento da contribuição prevista neste artigo, cabendo-lhe promover as demais atividades necessárias à sua administração.

§ 8º A retribuição à Anatel pelos serviços referidos no § 7º será de 2,5% (dois inteiros e cinco décimos por cento) do montante arrecadado.

§ 9º O percentual e a forma de repasse à Empresa Brasil de Comunicação - EBC dos recursos arrecadados com a contribuição deste artigo serão definidos em regulamento, respeitados o mínimo estabelecido no inciso III do art. 11 desta Lei e o disposto no § 8º deste artigo.

§ 10. Enquanto não editado o decreto a que se refere o § 9º, deverá a Anatel repassar integralmente à EBC toda a arrecadação da contribuição deste artigo, observado o disposto no § 8º deste artigo.

§ 11. Excepcionalmente, no ano de 2009, a contribuição anual prevista no § 2º poderá ser paga até o dia 31 de maio de 2009, nos valores constantes do Anexo desta Lei.

§ 12. O decreto a que se refere o § 9º regulamentará o percentual e a forma de repasse de parte do produto da arrecadação da contribuição prevista no caput, para o financiamento dos Serviços de Televisão e de Retransmissão de Televisão Pública Digital explorada por entes e órgãos integrantes dos Poderes da União, no âmbito do Sistema Brasileiro de Televisão Digital Terrestre - SBTVD, respeitado o mínimo estabelecido no inciso III do art. 11 desta Lei e o disposto no § 8º deste artigo."

Art. 7º. O *caput* do art. 61 da Lei nº 10.833, de 29 de dezembro de 2003, passa a vigorar com a seguinte redação:

"Art. 61. Nas operações de exportação sem saída do produto do território nacional, com pagamento a prazo, os efeitos fiscais e cambiais, quando reconhecidos pela legislação vigente, serão produzidos no momento da contratação, sob condição resolutória, aperfeiçoando-se pelo recebimento integral em moeda nacional ou estrangeira de livre conversibilidade.

[...]"

Art. 8º. O *caput* do art. 6º da Lei nº 9.826, de 23 de agosto de 1999, passa a vigorar com a seguinte redação:

"Art. 6º A exportação de produtos nacionais sem que tenha ocorrido sua saída do território brasileiro somente será admitida, produzindo todos os efeitos fiscais e cambiais, quando o pagamento for efetivado em moeda nacional ou estrangeira de livre conversibilidade e a venda for realizada para:

[...]"

Art. 9º. O § 2º do art. 20 da Lei nº 6.099, de 12 de setembro de 1974, passa a vigorar com a seguinte redação:

› *Alterações inseridas no texto da referida Lei.*

Art. 10. A Lei nº 11.079, de 30 de dezembro de 2004, passa a vigorar com a seguinte alteração:

"Art. 28. A União não poderá conceder garantia e realizar transferência voluntária aos Estados, Distrito Federal e Municípios se a soma das despesas de caráter continuado derivadas do conjunto das parcerias já contratadas por esses entes tiver excedido, no ano anterior, a 3% (três por cento) da receita corrente líquida do exercício ou se as despesas anuais dos contratos vigentes nos 10 (dez) anos subsequentes excederem a 3% (três por cento) da receita corrente líquida projetada para os respectivos exercícios.

[...]

§ 2º Na aplicação do limite previsto no caput deste artigo, serão computadas as despesas derivadas de contratos de parceria celebrados pela administração pública direta, autarquias, fundações públicas, empresas públicas, sociedades de economia mista e demais entidades controladas, direta ou indiretamente, pelo respectivo ente, excluídas as empresas estatais não dependentes."

Art. 11. O Poder Executivo divulgará anualmente o percentual de unidades habitacionais destinadas a pessoas com deficiência e fabricadas de acordo com as normas de acessibilidade da Associação Brasileira de Normas Técnicas – ABNT, no âmbito do Programa Minha Casa, Minha Vida – PMCMV.

Art. 12. São anistiados os agentes públicos e os dirigentes de órgãos públicos da União, dos Estados, do Distrito Federal e dos Municípios a quem foram impostas penalidades pecuniárias pessoais, até a data de publicação desta Lei, com base no art. 41 da Lei nº 8.212, de 24 de julho de 1991, revogado pela Lei nº 11.941, de 27 de maio de 2009.

Art. 13. Fica a União autorizada a convalidar o encontro de contas, por meio da compensação de créditos e débitos recíprocos vencidos, entre o Fundo de Compensação de Variações Salariais – FCVS, a Caixa Econômica Federal, o Fundo de Garantia de Depósitos e Letras Imobiliárias – FGDLI e as entidades repassadoras, na forma adotada pelo Conselho Curador do FCVS.

Art. 14. *(VETADO)*

Art. 15. A Lei nº 8.668, de 25 de junho de 1993, passa a vigorar com a seguinte alteração:

› *Alterações inseridas no texto da referida norma.*

Arts. 16 e 17. *(VETADOS)*

Art. 18. As áreas públicas rurais localizadas no Distrito Federal poderão ser regularizadas, por meio de alienação e/ou concessão de direito real de uso, diretamente àqueles que as estejam ocupando há pelo menos 5 (cinco) anos, com cultura agrícola e/ou pecuária efetiva, contados da data da publicação desta Lei.

§ 1º O valor de referência para avaliação da área de que trata o *caput*, para fins de alienação, terá como base o valor mínimo estabelecido em planilha referencial de preços mínimos para terra nua do Incra.

§ 2º Ao valor de referência para alienação previsto no § 1º serão acrescidos os custos relativos à execução dos serviços topográficos, se executados pelo poder público, salvo em áreas onde as ocupações não excedam a 4 (quatro) módulos fiscais.

§ 3º *(VETADO)*

§ 4º Perderá o título da terra, com a consequente reversão da área em favor do poder público, o proprietário que alterar a destinação rural da área definida no *caput* deste artigo.

§ 5º *(VETADO)*

Art. 19. *(VETADO)*

Art. 20. Ficam criados 200 (duzentos) cargos de Analista Técnico e 50 (cinquenta) cargos de Agente Executivo no Quadro de Pessoal da Superintendência de Seguros Privados – SUSEP.

Art. 21. Ficam criados, no âmbito do Poder Executivo, 34 (trinta e quatro) cargos em comissão do Grupo Direção e Assessoramento Superiores – DAS, sendo 4 (quatro) DAS-4, 13 (treze) DAS-3 e 17 (dezessete) DAS-2, destinados à reestruturação da Superintendência de Seguros Privados – SUSEP.

Art. 22. O *caput* do art. 10 da Lei nº 11.941, de 27 de maio de 2009, passa a vigorar com a seguinte redação:

"Art. 10. Os depósitos existentes vinculados aos débitos a serem pagos ou parcelados nos termos desta Lei serão automaticamente convertidos em renda da União, após aplicação das reduções para pagamento a vista ou parcelamento.

[...]

Arts. 23 a 30. *(VETADOS)*

Art. 31. Esta Lei entra em vigor na data de sua publicação, produzindo efeitos:

I – a partir de 1º de julho de 2009 com relação ao art. 5º;

II – a partir da data de sua publicação, em relação aos demais dispositivos.

Art. 32. *(VETADO)*

Brasília, 27 de agosto de 2009; 188º da Independência e 121º da República.

LUIZ INÁCIO LULA DA SILVA

(DOU de 28.8.2009)

LEI Nº 13.089, DE 12 DE JANEIRO DE 2015

Institui o Estatuto da Metrópole, altera a Lei nº 10.257, de 10 de julho de 2001, e dá outras providências.

A PRESIDENTA DA REPÚBLICA Faço saber que o Congresso Nacional decreta e eu sanciono a seguinte Lei:

CAPÍTULO I – DISPOSIÇÕES PRELIMINARES

Art. 1º Esta Lei, denominada Estatuto da Metrópole, estabelece diretrizes gerais para o planejamento, a gestão e a execução das funções públicas de interesse comum em regiões metropolitanas e em aglomerações urbanas instituídas pelos Estados, normas gerais sobre o plano de desenvolvimento urbano integrado e outros instrumentos de governança interfederativa, e critérios para o apoio da União a ações que envolvam governança interfederativa no campo do desenvolvimento urbano, com base nos incisos XX do art. 21, IX do art. 23 e I do art. 24, no § 3º do art. 25 e no art. 182 da Constituição Federal. *(Redação dada pela Lei nº 13.683, de 2018)*

§ 1º Além das regiões metropolitanas e das aglomerações urbanas, as disposições desta Lei aplicam-se, no que couber:

I – às microrregiões instituídas pelos Estados com fundamento em funções públicas de interesse comum com características predominantemente urbanas;

II – (VETADO).

III - às unidades regionais de saneamento básico definidas pela Lei nº 11.445, de 5 de janeiro de 2007. *(Inciso acrescido pela Lei nº 14.026, de 15/7/2020)*

§ 2º Na aplicação das disposições desta Lei, serão observadas as normas gerais de direito urbanístico estabelecidas na Lei nº 10.257, de 10 de julho de 2001 (Estatuto da Cidade). *(Redação dada pela Lei nº 13.683, de 2018)*

Art. 2º Para os efeitos desta Lei, consideram-se:

I – aglomeração urbana: unidade territorial urbana constituída pelo agrupamento de 2 (dois) ou mais Municípios limítrofes, caracterizada por complementaridade funcional e integração das dinâmicas geográficas, ambientais, políticas e socioeconômicas;

II – função pública de interesse comum: política pública ou ação nela inserida cuja realização por parte de um Município, isoladamente, seja inviável ou cause impacto em Municípios limítrofes;

III – gestão plena: condição de região metropolitana ou de aglomeração urbana que possui:

a) formalização e delimitação mediante lei complementar estadual;

b) estrutura de governança interfederativa própria, nos termos do art. 8º desta Lei; e

c) plano de desenvolvimento urbano integrado aprovado mediante lei estadual;

IV – governança interfederativa: compartilhamento de responsabilidades e ações entre entes da Federação em termos de organização, planejamento e execução de funções públicas de interesse comum;

V – metrópole: espaço urbano com continuidade territorial que, em razão de sua população e relevância política e socioeconômica, tem influência nacional ou sobre uma região que configure, no mínimo, a área de influência de uma capital regional, conforme os critérios adotados pela Fundação Instituto Brasileiro de Geografia e Estatística - IBGE;

VI - plano de desenvolvimento urbano integrado: instrumento que estabelece, com base em processo permanente de planejamento, viabilização econômico-financeira e gestão, as diretrizes para o desenvolvimento territorial estratégico e os projetos estruturantes da região metropolitana e aglomeração urbana; *(Redação dada pela Lei nº 13.683, de 2018)*

VII - região metropolitana: unidade regional instituída pelos Estados, mediante lei complementar, constituída por agrupamento de Municípios limítrofes para integrar a organização, o planejamento e a execução de funções públicas de interesse comum; *(Redação dada pela Lei nº 13.683, de 2018)*

VIII - área metropolitana: representação da expansão contínua da malha urbana da metrópole, conurbada pela integração dos sistemas viários, abrangendo, especialmente, áreas habitacionais, de serviços e industriais com a presença de deslocamentos pendulares no território; *(Incluído pela Lei nº 13.683, de 2018)*

IX - governança interfederativa das funções públicas de interesse comum: compartilhamento de responsabilidades e ações entre entes da Federação em termos de organização, planejamento e execução de funções públicas de interesse comum, mediante a execução de um sistema integrado e articulado de planejamento, de projetos, de estruturação financeira, de implantação, de operação e de gestão. *(Incluído pela Lei nº 13.683, de 2018)*

Parágrafo único. Cabe ao colegiado da microrregião decidir sobre a adoção do Plano de Desenvolvimento Urbano ou quaisquer matérias de impacto. *(Incluído pela Lei nº 13.683, de 2018)*

CAPÍTULO II – DA INSTITUIÇÃO DE REGIÕES METROPOLITANAS E DE AGLOMERAÇÕES URBANAS

Art. 3º Os Estados, mediante lei complementar, poderão instituir regiões metropolitanas e aglomerações urbanas, constituídas por agrupamento de Municípios limítrofes, para integrar a organização, o planejamento e a execução de funções públicas de interesse comum.

§ 1º O Estado e os Municípios inclusos em região metropolitana ou em aglomeração urbana formalizada e delimitada na forma do *caput* deste artigo deverão promover a governança interfederativa, sem prejuízo de outras determinações desta Lei. *(Redação dada pela Lei nº 13.683, de 2018)*

§ 2º A criação de uma região metropolitana, de aglomeração urbana ou de microrregião deve ser precedida de estudos técnicos e audiências públicas que envolvam todos os Municípios pertencentes à unidade territorial. *(Incluído pela Lei nº 13.683, de 2018)*

Art. 4º A instituição de região metropolitana ou de aglomeração urbana que envolva Municípios pertencentes a mais de um Estado será formalizada mediante a aprovação de leis complementares pelas assembleias legislativas de cada um dos Estados envolvidos.

Parágrafo único. Até a aprovação das leis complementares previstas no *caput* deste artigo por todos os Estados envolvidos, a região metropolitana ou a aglomeração urbana terá validade apenas para os Municípios dos Estados que já houverem aprovado a respectiva lei.

Art. 5º As leis complementares estaduais referidas nos arts. 3º e 4º desta Lei definirão, no mínimo:

I – os Municípios que integram a unidade territorial urbana;

II – os campos funcionais ou funções públicas de interesse comum que justificam a instituição da unidade territorial urbana;

III – a conformação da estrutura de governança interfederativa, incluindo a organização administrativa e o sistema integrado de alocação de recursos e de prestação de contas; e

IV – os meios de controle social da organização, do planejamento e da execução de funções públicas de interesse comum.

§ 1º No processo de elaboração da lei complementar, serão explicitados os critérios técnicos adotados para a definição do conteúdo previsto nos incisos I e II do *caput* deste artigo.

§ 2º Respeitadas as unidades territoriais urbanas criadas mediante lei complementar estadual até a data de entrada em vigor desta Lei, a instituição de região metropolitana impõe a observância do conceito estabelecido no inciso VII do *caput* do art. 2º.

CAPÍTULO III – DA GOVERNANÇA INTERFEDERATIVA DE REGIÕES METROPOLITANAS E DE AGLOMERAÇÕES URBANAS

Art. 6º A governança interfederativa das regiões metropolitanas e das aglomerações urbanas respeitará os seguintes princípios:

I – prevalência do interesse comum sobre o local;

II - compartilhamento de responsabilidades e de gestão para a promoção do desenvolvimento urbano integrado; *(Redação dada pela Lei nº 13.683, de 2018)*

III – autonomia dos entes da Federação;

IV – observância das peculiaridades regionais e locais;

V – gestão democrática da cidade, consoante os arts. 43 a 45 da Lei nº 10.257, de 10 de julho de 2001;

VI – efetividade no uso dos recursos públicos;

VII – busca do desenvolvimento sustentável.

Art. 7º Além das diretrizes gerais estabelecidas no art. 2º da Lei nº 10.257, de 10 de julho de 2001, a governança interfederativa das regiões metropolitanas e das aglomerações urbanas observará as seguintes diretrizes específicas:

I – implantação de processo permanente e compartilhado de planejamento e de tomada de decisão quanto ao desenvolvimento urbano e às políticas setoriais afetas às funções públicas de interesse comum;

II – estabelecimento de meios compartilhados de organização administrativa das funções públicas de interesse comum;

III – estabelecimento de sistema integrado de alocação de recursos e de prestação de contas;

IV – execução compartilhada das funções públicas de interesse comum, mediante rateio de custos previamente pactuado no âmbito da estrutura de governança interfederativa;

V - participação de representantes da sociedade civil nos processos de planejamento e de tomada de decisão; *(Redação dada pela Lei nº 13.683, de 2018)*

VI – compatibilização dos planos plurianuais, leis de diretrizes orçamentárias e orçamentos anuais dos entes envolvidos na governança interfederativa;

VII – compensação por serviços ambientais ou outros serviços prestados pelo Município à unidade territorial urbana, na forma da lei e dos acordos firmados no âmbito da estrutura de governança interfederativa.

Parágrafo único. Na aplicação das diretrizes estabelecidas neste artigo, devem ser consideradas as especificidades dos Municípios integrantes da unidade territorial urbana quanto à população, à renda, ao território e às características ambientais.

Art. 7º-A. No exercício da governança das funções públicas de interesse comum, o Estado e os Municípios da unidade territorial deverão observar as seguintes diretrizes gerais: *(Incluído pela Lei nº 13.683, de 2018)*

I - compartilhamento da tomada de decisões com vistas à implantação de processo relativo ao planejamento, à elaboração de projetos, à sua estruturação econômico-financeira, à operação e à gestão do serviço ou da atividade; e *(Incluído pela Lei nº 13.683, de 2018)*

II - compartilhamento de responsabilidades na gestão de ações e projetos relacionados às funções públicas de interesse comum, os quais deverão ser executados mediante a articulação de órgãos e entidades dos entes federados." *(Incluído pela Lei nº 13.683, de 2018)*

Art. 8º A governança interfederativa das regiões metropolitanas e das aglomerações urbanas compreenderá em sua estrutura básica:

I – instância executiva composta pelos representantes do Poder Executivo dos entes federativos integrantes das unidades territoriais urbanas;

II – instância colegiada deliberativa com representação da sociedade civil;

III – organização pública com funções técnico-consultivas; e

IV – sistema integrado de alocação de recursos e de prestação de contas.

CAPÍTULO IV – DOS INSTRUMENTOS DE DESENVOLVIMENTO URBANO INTEGRADO

Art. 9º Sem prejuízo da lista apresentada no art. 4º da Lei nº 10.257, de 10 de julho 2001, no desenvolvimento urbano integrado de regiões metropolitanas e de aglomerações urbanas serão utilizados, entre outros, os seguintes instrumentos:

I – plano de desenvolvimento urbano integrado;

II – planos setoriais interfederativos;

III – fundos públicos;

IV – operações urbanas consorciadas interfederativas;

V – zonas para aplicação compartilhada dos instrumentos urbanísticos previstos na Lei nº 10.257, de 10 de julho de 2001;

VI – consórcios públicos, observada a Lei n– 11.107, de 6 de abril de 2005;

VII – convênios de cooperação;

VIII – contratos de gestão;

IX – compensação por serviços ambientais ou outros serviços prestados pelo Município à unidade territorial urbana, conforme o inciso VII do *caput* do art. 7º desta Lei;

X – parcerias público-privadas interfederativas.

Art. 10. As regiões metropolitanas e as aglomerações urbanas deverão contar com plano de desenvolvimento urbano integrado, aprovado mediante lei estadual.

§ 1ºRespeitadas as disposições do plano previsto no *caput* deste artigo, poderão ser formulados planos setoriais interfederativos para políticas públicas direcionadas à região metropolitana ou à aglomeração urbana.

§ 2ºA elaboração do plano previsto no *caput* deste artigo não exime o Município integrante da região metropolitana ou aglomeração urbana da formulação do respectivo plano diretor, nos termos do § 1º do art. 182 da Constituição Federal e da Lei nº 10.257, de 10 de julho de 2001.

§ 3º Nas regiões metropolitanas e nas aglomerações urbanas instituídas mediante lei complementar estadual, o Município deverá compatibilizar seu plano diretor com o plano de desenvolvimento urbano integrado da unidade territorial urbana.

§ 4º O plano previsto no *caput* deste artigo será elaborado de forma conjunta e cooperada por representantes do Estado, dos Municípios integrantes da unidade regional e da sociedade civil organizada e será aprovado pela instância colegiada a que se refere o art. 8º desta Lei, antes de seu encaminhamento à apreciação da Assembleia Legislativa. *(Redação dada pela Lei nº 13.683, de 2018)*

Art. 11. A lei estadual que instituir o plano de desenvolvimento urbano integrado de região metropolitana ou de aglomeração urbana deverá ser revista, pelo menos, a cada 10 (dez) anos.

Art. 12. O plano de desenvolvimento urbano integrado de região metropolitana ou de aglomeração urbana deverá considerar o conjunto de Municípios que compõem a unidade territorial urbana e abranger áreas urbanas e rurais.

§ 1º O plano previsto no *caput* deste artigo deverá contemplar, no mínimo:

I – as diretrizes para as funções públicas de interesse comum, incluindo projetos estratégicos e ações prioritárias para investimentos;

II – o macrozoneamento da unidade territorial urbana;

III – as diretrizes quanto à articulação dos Municípios no parcelamento, uso e ocupação no solo urbano;

IV – as diretrizes quanto à articulação intersetorial das políticas públicas afetas à unidade territorial urbana;

V - a delimitação das áreas com restrições à urbanização visando à proteção do patrimônio ambiental ou cultural, bem como das áreas sujeitas a controle especial pelo risco de desastres naturais, se existirem; *(Redação dada pela Lei nº 13.683, de 2018)*

VI - o sistema de acompanhamento e controle de suas disposições; e *(Redação dada pela Lei nº 13.683, de 2018)*

VII - as diretrizes mínimas para implementação de efetiva política pública de regularização fundiária urbana, nos termos da Lei nº 13.465, de 11 de julho de 2017. *(Incluído pela Lei nº 13.683, de 2018)*

§ 2º No processo de elaboração do plano previsto no *caput* deste artigo e na fiscalização de sua aplicação, serão assegurados:

I – a promoção de audiências públicas e debates com a participação de representantes da sociedade civil e da população, em todos os Municípios integrantes da unidade territorial urbana;

II – a publicidade quanto aos documentos e informações produzidos; e

III – o acompanhamento pelo Ministério Público.

§ 3º As audiências públicas a que se refere o inciso I do § 2º deste artigo serão precedidas de ampla divulgação em todos os Municípios integrantes da unidade territorial urbana. *(Incluído pela Lei nº 13.683, de 2018)*

§ 4º A realização de audiências públicas ocorrerá segundo os critérios estabelecidos pela instância colegiada deliberativa a que se refere o art. 8º desta Lei, respeitadas as disposições desta Lei e das leis complementares que instituírem as unidades territoriais. *(Incluído pela Lei nº 13.683, de 2018)*

CAPÍTULO V – DA ATUAÇÃO DA UNIÃO

SEÇÃO I – DO APOIO DA UNIÃO AO DESENVOLVIMENTO URBANO INTEGRADO

Art. 13. Em suas ações inclusas na política nacional de desenvolvimento urbano, a União apoiará as iniciativas dos Estados e dos Municípios voltadas à governança interfederativa, observados as diretrizes e os objetivos do plano plurianual, as metas e as prioridades fixadas pelas leis de diretrizes orçamentárias e o limite das disponibilidades propiciadas pelas leis orçamentárias anuais.

Art. 14. Para o apoio da União à governança interfederativa em região metropolitana ou em aglomeração urbana, será exigido que a unidade territorial urbana possua gestão plena, nos termos do inciso III do *caput* do art. 2º desta Lei.

§ 1º Além do disposto no *caput* deste artigo, o apoio da União à governança interfederativa em região metropolitana impõe a observância do inciso VII do *caput* do art. 2º desta Lei.

§ 2º Admite-se o apoio da União para a elaboração e a revisão do plano de desenvolvimento urbano integrado de que tratam os arts. 10, 11 e 12 desta Lei, dispensado, na primeira hipótese, o cumprimento da exigência constante da alínea c do inciso III do art. 2º desta Lei. *(Redação dada pela Lei nº 13.683, de 2018)*

§ 3ºSerão estabelecidos em regulamento requisitos adicionais para o apoio da União à governança interfederativa, bem como para as microrregiões e cidades referidas no § 1º do art. 1º desta Lei e para os consórcios públicos constituídos para atuação em funções públicas de interesse comum no campo do desenvolvimento urbano.

Art. 15. A região metropolitana instituída mediante lei complementar estadual que não atenda o disposto no inciso VII do *caput* do art. 2º desta Lei será enquadrada como aglomeração urbana para efeito das políticas públicas a cargo do Governo Federal, independentemente de as ações nesse sentido envolverem ou não transferência de recursos financeiros.

Art. 16. A União manterá ações voltadas à integração entre cidades gêmeas localizadas na faixa de fronteira com outros países, em relação à mobilidade urbana, como previsto na Lei nº 12.587, de 3 de janeiro de 2012, e a outras políticas públicas afetas ao desenvolvimento urbano.

Art. 16-A. A União apoiará as iniciativas dos Estados e dos Municípios voltadas à governança interfederativa e promoverá a instituição de um sistema nacional de informações urbanas e metropolitanas, observadas as diretrizes do plano plurianual, as metas e as prioridades fixadas pela leis orçamentárias anuais. *(Incluído pela Lei nº 13.683, de 2018)*

SEÇÃO II – DO FUNDO NACIONAL DE DESENVOLVIMENTO URBANO INTEGRADO

Arts. 17 e 18. *(VETADOS).*

CAPÍTULO VI – DISPOSIÇÕES FINAIS

Art. 19. *(VETADO).*

Arts. 20 e 21. *(Revogados pela Lei nº 13.683, de 2018)*

Art. 22. As disposições desta Lei aplicam-se, no que couber, às regiões integradas de desenvolvimento que tenham características de região metropolitana ou de aglomeração urbana, criadas mediante lei complementar federal, com base no art. 43 da Constituição Federal, até a data de entrada em vigor desta Lei.

Parágrafo único. A partir da data de entrada em vigor desta Lei, a instituição de unidades territoriais urbanas que envolvam Municípios pertencentes a mais de um Estado deve ocorrer na forma prevista no art. 4º, sem prejuízo da possibilidade de constituição de consórcios intermunicipais.

Art. 23. Independentemente das disposições desta Lei, os Municípios podem formalizar convênios de cooperação e constituir consórcios públicos para atuação em funções públicas de interesse comum no campo do desenvolvimento urbano, observada a Lei nº 11.107, de 6 de abril de 2005.

Art. 24. A Lei nº 10.257, de 10 de julho de 2001, passa a vigorar acrescida do seguinte art. 34-A:

› *Alterações inseridas no texto da referida norma.*

Art. 25. Esta Lei entra em vigor na data de sua publicação.

Brasília, 12 de janeiro de 2015;
194º da Independência e 127º da República.
DILMA ROUSSEFF
Joaquim Levy
Nelson Barbosa
Gilberto Kassab
Gilberto Vargas
DOU de 13.1.2015

LEI Nº 13.097, DE 19 DE JANEIRO DE 2015*

Reduz a zero as alíquotas da Contribuição para o PIS/PASEP, da COFINS, da Contribuição para o PIS/Pasep-Importação e da Cofins-Importação incidentes sobre a receita de vendas e na importação de partes utilizadas em aerogeradores; prorroga os benefícios previstos nas Leis nos 9.250, de 26 de dezembro de 1995, 9.440, de 14 de março de 1997, 10.931, de 2 de agosto de 2004, 11.196, de 21 de novembro de 2005, 12.024, de 27 de agosto de 2009, e 12.375, de 30 de dezembro de 2010; altera o art. 46 da Lei nº 12.715, de 17 de setembro de 2012, que dispõe sobre a devolução ao exterior ou a destruição de mercadoria estrangeira cuja importação não seja autorizada; altera as Leis nºs 9.430, de 27 de dezembro de 1996, 12.546, de 14 de dezembro de 2011, 12.973, de 13 de maio de 2014, 9.826, de 23 de agosto de 1999, 10.833, de 29 de dezembro de 2003, 10.865, de 30 de abril de 2004, 11.051, de 29 de dezembro de 2004, 11.774, de 17 de setembro de 2008, 10.637, de 30 de dezembro de 2002, 12.249, de 11 de junho de 2010, 10.522, de 19 de julho de 2002, 12.865, de 9 de outubro de 2013, 10.820, de 17 de dezembro de 2003, 6.634, de 2 de maio de 1979, 7.433, de 18 de dezembro de 1985, 11.977, de 7 de julho de 2009, 10.931, de 2 de agosto de 2004, 11.076, de 30 de dezembro de 2004, 9.514, de 20 de novembro de 1997, 9.427, de 26 de dezembro de 1996, 9.074, de 7 de julho de 1995, 12.783, de 11 de janeiro de 2013, 11.943, de 28 de maio de 2009, 10.848, de 15 de março de 2004, 7.565, de 19 de dezembro de 1986, 12.462, de 4 de agosto de 2011, 9.503, de 23 de setembro de 1997, 11.442, de 5 de janeiro de 2007, 8.666, de 21 de junho de 1993, 9.782, de 26 de janeiro de 1999, 6.360, de 23 de setembro de 1976, 5.991, de 17 de dezembro de 1973, 12.850, de 2 de agosto de 2013, 5.070, de 7 de julho de 1966, 9.472, de 16 de julho de 1997, 10.480, de 2 de julho de 2002, 8.112, de 11 de dezembro de 1990, 6.530, de 12 de maio de 1978, 5.764, de 16 de dezembro de 1971, 8.080, de 19 de setembro de 1990, 11.079, de 30 de dezembro de 2004, 13.043, de 13 de novembro de 2014, 8.987, de 13 de fevereiro de 1995, 10.925, de 23 de julho de 2004, 12.096, de 24 de novembro de 2009, 11.482, de 31 de maio de 2007, 7.713, de 22 de dezembro de 1988, a Lei Complementar nº 123, de 14 de dezembro de 2006, o Decreto-Lei nº 745, de 7 de agosto de 1969, e o Decreto nº 70.235, de 6 de março de 1972; revoga dispositivos das Leis nºs 4.380, de 21 de agosto de 1964, 6.360, de 23 de setembro de 1976, 7.789, de 23 de novembro de 1989, 8.666, de 21 de junho de 1993, 9.782, de 26 de janeiro de 1999, 10.150, de 21 de dezembro de 2000, 9.430, de 27 de dezembro de 1996, 12.973, de 13 de maio de 2014, 8.177, de 1º de março de 1991, 10.637, de 30 de dezembro de 2002, 10.833, de 29 de dezembro de 2003, 10.865, de 30 de abril de 2004, 11.051, de 29 de dezembro de 2004 e 9.514, de 20 de novembro de 1997, e do Decreto-Lei nº 3.365, de 21 de junho de 1941; e dá outras providências.

A PRESIDENTA DA REPÚBLICA Faço saber que o Congresso Nacional decreta e eu sanciono a seguinte Lei:

CAPÍTULO I – DA LEGISLAÇÃO FISCAL E FINANCEIRA

SEÇÃO I – DA DESONERAÇÃO TRIBUTÁRIA DE PARTES UTILIZADAS EM AEROGERADORES

Art. 1º A Lei nº 10.865, de 30 de abril de 2004, passa a vigorar com as seguintes alterações:

"Art. 8º (...)

§ 12. (...)

XL - produtos classificados no Ex 01 do código 8503.00.90 da Tipi.

(...)

"Art. 28. (...)

XXXVII - produtos classificados no Ex 01 do código 8503.00.90 da TIPI.

(...)

SEÇÃO II – DA PRORROGAÇÃO DE BENEFÍCIOS

Art. 2º A Lei nº 9.250, de 26 de dezembro de 1995, passa a vigorar com a seguinte alteração:

"Art. 12. (...)

VII - até o exercício de 2019, ano-calendário de 2018, a contribuição patronal paga à Previdência Social pelo empregador doméstico incidente sobre o valor da remuneração do empregado; e

(...)

Art. 3º *(VETADO)*

Art. 4º A Lei nº 10.931, de 2 de agosto de 2004, passa a vigorar com a seguinte alteração:

› *Alterações inseridas no texto da referida norma.*

Art. 5º A Lei nº 11.196, de 21 de novembro de 2005, passa a vigorar com a seguinte alteração:

"Art. 30. (...)

II - aplicam-se às vendas efetuadas até 31 de dezembro de 2018."

Art. 6º A Lei nº 12.024, de 27 de agosto de 2009, passa a vigorar com a seguinte alteração:

"Art. 2º Até 31 de dezembro de 2018, a empresa construtora contratada para construir unidades habitacionais de valor de até R$ 100.000,00 (cem mil reais) no âmbito do Programa Minha Casa, Minha Vida - PMCMV, de que trata a Lei nº 11.977, de 7 de julho de 2009, fica autorizada, em caráter opcional, a efetuar o pagamento unificado de tributos equivalente a um por cento da receita mensal auferida pelo contrato de construção.

(...)

Art. 7º A Lei nº 12.375, de 30 de dezembro de 2010, passa a vigorar com a seguinte alteração:

"Art. 5º Os estabelecimentos industriais farão jus, até 31 de dezembro de 2018, a crédito presumido do Imposto sobre Produtos Industrializados - IPI na aquisição de resíduos sólidos utilizados como matérias-primas ou produtos intermediários na fabricação de seus produtos.

(...)"

CAPÍTULO III – DOS REGISTROS PÚBLICOS

SEÇÃO I – DO REGISTRO DE DIREITO REAL DE GARANTIA SOBRE IMÓVEIS RURAIS LOCALIZADOS EM FAIXA DE FRONTEIRA

Art. 53. O Art. 2º da Lei nº 6.634, de 2 de maio de 1979, passa a vigorar acrescido do seguinte § 4º:

"Art. 2º (...)

§ 4º Excetua-se do disposto no inciso V, a hipótese de constituição de direito real de garantia em favor de instituição financeira, bem como a de recebimento de imóvel em liquidação de empréstimo de que trata o inciso II do art. 35 da Lei nº 4.595, de 31 de dezembro de 1964."

SEÇÃO II – DOS REGISTROS NA MATRÍCULA DO IMÓVEL

› *Art. 792, CPC*

Art. 54. Os negócios jurídicos que tenham por fim constituir, transferir ou modificar direitos reais sobre imóveis são eficazes em relação a atos jurídicos precedentes, nas hipóteses em que não tenham sido registradas ou averbadas na matrícula do imóvel as seguintes informações:

I - registro de citação de ações reais ou pessoais reipersecutórias;

II - averbação, por solicitação do interessado, de constrição judicial, de que a execução foi admitida pelo juiz ou de fase de cumprimento de sentença, procedendo-se nos termos previstos no art. 828 da Lei nº 13.105, de 16 de março de 2015 (Código de Processo Civil) *(Inciso com redação dada pela Medida Provisória nº 1.085, de 27/12/2021, convertida na Lei nº 14.382, de 27/6/2022)*

III - averbação de restrição administrativa ou convencional ao gozo de direitos registrados, de indisponibilidade ou de outros ônus quando previstos em lei; e

IV - averbação, mediante decisão judicial, da existência de outro tipo de ação cujos resultados ou responsabilidade patrimonial possam reduzir seu proprietário à insolvência, nos termos do inciso IV do *caput* do art. 792 da Lei nº 13.105, de 16 de março de 2015 (Código de Processo Civil). *(Inciso com redação dada pela Medida Provisória nº 1.085, de 27/12/2021, convertida na Lei nº 14.382, de 27/6/2022)*

V - averbação, mediante decisão judicial, de qualquer tipo de constrição judicial incidente sobre o imóvel ou sobre o patrimônio do titular do imóvel, inclusive a proveniente de ação de improbidade administrativa ou a oriunda de hipoteca judiciária. *(Incluído pela Lei nº 14.825, de 2024)*

› *Art. 246, Lei n. 6.015/1973 (Registros Públicos)*

§ 1º Não poderão ser opostas situações jurídicas não constantes da matrícula no registro de imóveis, inclusive para fins de evicção, ao terceiro de boa-fé que adquirir ou receber em garantia direitos reais sobre o imóvel, ressalvados o disposto nos arts. 129 e 130 da Lei nº 11.101, de 9 de fevereiro de 2005, e as hipóteses de aquisição e extinção da propriedade que independam de registro de título de imóvel. *(Parágrafo único transformado em § 1º pela Lei nº 14.382, de 27/6/2022)*

§ 2º Para a validade ou eficácia dos negócios jurídicos a que se refere o *caput* deste artigo ou para a caracterização da boa-fé do terceiro adquirente de imóvel ou beneficiário de direito real, não serão exigidas: *(Parágrafo acrescido pela Medida Provisória nº 1.085, de 27/12/2021, convertida e com redação dada pela Lei nº 14.382, de 27/6/2022)*

I - a obtenção prévia de quaisquer documentos ou certidões além daqueles requeridos nos termos do § 2º do art. 1º da Lei nº 7.433, de 18 de dezembro de 1985; e

II - a apresentação de certidões forenses ou de distribuidores judiciais.

Art. 55. A alienação ou oneração de unidades autônomas integrantes de incorporação imobiliária, parcelamento do solo ou condomínio edilício, devidamente registrada, não poderá ser objeto de evicção ou de decretação de ineficácia, mas eventuais credores do alienante ficam sub-rogados no preço ou no eventual crédito imobiliário, sem prejuízo das perdas e danos imputáveis ao incorporador ou empreendedor, decorrentes de seu dolo ou culpa, bem como da aplicação das disposições constantes da Lei nº 8.078, de 11 de setembro de 1990.

Art. 56. A averbação na matrícula do imóvel prevista no inciso IV do art. 54 será realizada por determinação judicial e conterá a identificação das partes, o valor da causa e o juízo para o qual a petição inicial foi distribuída.

§ 1º Para efeito de inscrição, a averbação de que trata o *caput* é considerada sem valor declarado.

§ 2º A averbação de que trata o *caput* será gratuita àqueles que se declararem pobres sob as penas da lei.

§ 3º O Oficial do Registro Imobiliário deverá comunicar ao juízo a averbação efetivada na forma do *caput*, no prazo de até dez dias contado da sua concretização.

§ 4º A averbação recairá preferencialmente sobre imóveis indicados pelo proprietário e se restringirá a quantos sejam suficientes para garantir a satisfação do direito objeto da ação.

Art. 57. Recebida a comunicação da determinação de que trata o *caput* do art. 56, será feita a averbação ou serão indicadas as pendências a serem satisfeitas para sua efetivação no prazo de 5 (cinco) dias.

Art. 58. O disposto nesta Lei não se aplica a imóveis que façam parte do patrimônio da União, dos Estados, do Distrito Federal, dos Municípios e de suas fundações e autarquias.

Art. 59. A Lei nº 7.433, de 18 de dezembro de 1985, passa a vigorar com as seguintes alterações:

› *Alterações inseridas no texto da referida norma.*

Art. 60. A Lei nº 11.977, de 7 de julho de 2009, passa a vigorar com as seguintes alterações:

› *Alterações inseridas no texto da referida norma.*

Art. 61. Os registros e averbações relativos a atos jurídicos anteriores a esta Lei, devem ser ajustados aos seus termos em até 2 (dois) anos, contados do início de sua vigência.

Art. 62. O Art. 1º do Decreto-Lei nº 745, de 7 de agosto de 1969, passa a vigorar com a seguinte redação:

"Art. 1º Nos contratos a que se refere o art. 22 do Decreto-Lei nº 58, de 10 de dezembro de 1937, ainda que não tenham sido registrados junto ao Cartório de Registro de Imóveis competente, o inadimplemento absoluto do promissário comprador só se caracterizará se, interpelado por via judicial ou por intermédio de cartório de Registro de Títulos e Documentos, deixar de purgar a mora, no prazo de 15 (quinze) dias contados do recebimento da interpelação.

Parágrafo único. Nos contratos nos quais conste cláusula resolutiva expressa, a resolução por inadimplemento do promissário comprador se operará de pleno direito (art. 474 do Código Civil), desde que decorrido o prazo previsto na interpelação referida no caput, sem purga da mora."

CAPÍTULO IV – DA LETRA IMOBILIÁRIA GARANTIDA E DO DIRECIONAMENTO DE RECURSOS DA CADERNETA DE POUPANÇA

Art. 63. A Letra Imobiliária Garantida - LIG é título de crédito nominativo, transferível e de livre negociação, garantido por Carteira de Ativos submetida ao regime fiduciário disciplinado na forma desta Lei.

Parágrafo único. A instituição emissora responde pelo adimplemento de todas as obrigações decorrentes da LIG, independentemente da suficiência da Carteira de Ativos.

Art. 64. A LIG consiste em promessa de pagamento em dinheiro e será emitida por instituições financeiras, exclusivamente sob a forma escritural, mediante registro em depositário central autorizado pelo Banco Central do Brasil, com as seguintes características:

I - a denominação "Letra Imobiliária Garantida";

II - o nome da instituição financeira emitente;

III - o nome do titular;

IV - o número de ordem, o local e a data de emissão;

V - o valor nominal;

VI - a data de vencimento;

VII - a taxa de juros, fixa ou flutuante, admitida a capitalização;

VIII - outras formas de remuneração, quando houver, inclusive baseadas em índices ou taxas de conhecimento público;

IX - a cláusula de correção pela variação cambial, quando houver;

X - a forma, a periodicidade e o local de pagamento;

XI - a identificação da Carteira de Ativos;

XII - a identificação e o valor dos créditos imobiliários e demais ativos que integram a Carteira de Ativos;

XIII - a instituição do regime fiduciário sobre a Carteira de Ativos, nos termos desta Lei;

XIV - a identificação do agente fiduciário, indicando suas obrigações, responsabilidades e remuneração, bem como as hipóteses, condições e forma de sua destituição ou substituição e as demais condições de sua atuação; e

XV - a descrição da garantia real ou fidejussória, quando houver.

§ 1º A LIG é título executivo extrajudicial e pode:

I - ser executada, independentemente de protesto, com base em certidão de inteiro teor emitida pelo depositário central;

II - gerar valor de resgate inferior ao valor de sua emissão, em função de seus critérios de remuneração; e

III - ser atualizada mensalmente por índice de preços, desde que emitida com prazo mínimo de 36 (trinta e seis) meses.

§ 2º É vedado o pagamento dos valores relativos à atualização monetária apropriados desde a emissão, quando ocorrer o resgate antecipado, total ou parcial, em prazo inferior ao estabelecido no inciso III do § 1º, da LIG emitida com previsão de atualização mensal por índice de preços.

Art. 65. A LIG e os ativos que integram a Carteira de Ativos devem ser depositados em entidade autorizada a exercer a atividade de depósito centralizado pelo Banco Central do Brasil, nos termos da Lei nº 12.810, de 15 de maio de 2013.

Parágrafo único. Nas condições estabelecidas pelo Conselho Monetário Nacional, os ativos que integram a Carteira de Ativos podem ser dispensados de depósito, desde que registrados em entidade autorizada pelo Banco Central do Brasil ou pela Comissão de Valores Mobiliários, no âmbito de suas competências, a exercer a atividade de registro de ativos financeiros e de valores mobiliários, nos termos da Lei nº 12.810, de 15 de maio de 2013. *(Redação dada pela Lei nº 13.476, de 2017)*

Art. 66. A Carteira de Ativos pode ser integrada pelos seguintes ativos:

I - créditos imobiliários;

II - títulos de emissão do Tesouro Nacional;

III - instrumentos derivativos; e *(Redação dada pela Lei nº 13.476, de 2017)*

IV - outros ativos que venham a ser autorizados pelo Conselho Monetário Nacional.

§ 1º Os ativos que integram a Carteira de Ativos não podem estar sujeitos a qualquer tipo de ônus, exceto aqueles relacionados à garantia dos direitos dos titulares das LIG.

§ 2º Compete ao Conselho Monetário Nacional estabelecer as modalidades de operação de crédito admitidas como créditos imobiliários para os efeitos desta Lei.

§ 3º O crédito imobiliário somente pode integrar a Carteira de Ativos se:

I - garantido por hipoteca ou por alienação fiduciária de coisa imóvel; ou

II - a incorporação imobiliária objeto da operação de crédito estiver submetida ao regime de afetação a que se refere o art. 31-A da Lei nº 4.591, de 16 de dezembro de 1964.

Art. 67. A Carteira de Ativos deve atender a requisitos de elegibilidade, composição, suficiência, prazo e liquidez estabelecidos pelo Conselho Monetário Nacional.

§ 1º Os requisitos de que trata o *caput* devem contemplar, no mínimo:

I - as características dos ativos da Carteira de Ativos quanto às garantias e ao risco de crédito;

II - a participação dos tipos de ativos previstos no art. 66 no valor total da Carteira de Ativos;

III - o excesso do valor total da Carteira de Ativos em relação ao valor total das LIG por ela garantidas;

IV - o prazo médio ponderado da Carteira de Ativos em relação ao prazo médio ponderado das LIG por ela garantidas;

V - a mitigação do risco cambial, no caso de LIG com cláusula de correção pela variação cambial.

§ 2º O excesso a que se refere o inciso III do § 1º não pode ser inferior a 5% (cinco por cento).

§ 3º Para os fins do disposto no inciso II do § 1º, os créditos imobiliários deverão representar, no mínimo, 50% (cinquenta por cento) do valor total da Carteira de Ativos.

Art. 68. A instituição emissora deve instituir regime fiduciário sobre a Carteira de Ativos, sendo agente fiduciário instituição financeira ou entidade autorizada para esse fim pelo Banco Central do Brasil e beneficiários os titulares das LIG por ela garantidas.

Art. 69. O regime fiduciário é instituído mediante registro em entidade qualificada como depositário central de ativos financeiros, que deve conter:

I - a constituição do regime fiduciário sobre a Carteira de Ativos;

II - a constituição de patrimônio de afetação, integrado pela totalidade dos ativos da Carteira de Ativos submetida ao regime fiduciário;

III - a afetação dos ativos que integram a Carteira de Ativos como garantia das LIG; e

IV - a nomeação do agente fiduciário, com a definição de seus deveres, responsabilidades e remuneração, bem como as hipóteses, condições e forma de sua destituição ou substituição e as demais condições de sua atuação.

Art. 70. Os ativos que integram a Carteira de Ativos submetida ao regime fiduciário constituem patrimônio de afetação, que não se confunde com o da instituição emissora, e:

I - não são alcançados pelos efeitos da decretação de intervenção, liquidação extrajudicial ou falência da instituição emissora, não integrando a massa concursal;

II - não respondem direta ou indiretamente por dívidas e obrigações da instituição emissora, por mais privilegiadas que sejam, até o pagamento integral dos montantes devidos aos titulares das LIG;

III - não podem ser objeto de arresto, sequestro, penhora, busca e apreensão ou qualquer outro ato de constrição judicial em decorrência de outras obrigações da instituição emissora; e

IV - não podem ser utilizados para realizar ou garantir obrigações assumidas pela instituição emissora, exceto as decorrentes da emissão da LIG.

Art. 71. Os recursos financeiros provenientes dos ativos integrantes da Carteira de Ativos ficam liberados do regime fiduciário a que se refere o art. 68, desde que atendidos os requisitos de que trata o art. 67 e adimplidas as obrigações vencidas das LIG por ela garantidas.

Art. 72. O regime fiduciário sobre a Carteira de Ativos extingue-se pelo pagamento integral do principal, juros e demais encargos relativos às LIG por ela garantidas.

Art. 73. Compete à instituição emissora administrar a Carteira de Ativos, mantendo controles contábeis que permitam a sua identificação, bem como evidenciar, em suas demonstrações financeiras, informações a ela referentes.

Art. 74. A instituição emissora deve promover o reforço ou a substituição de ativos que integram a Carteira de Ativos sempre que verificar insuficiência ou inadequação dessa em relação aos requisitos de que tratam os arts. 66 e 67.

Art. 75. A instituição emissora, o depositário central e a entidade registradora, na hipótese a que se refere o parágrafo único do art. 65 desta Lei, devem assegurar ao agente fiduciário o acesso a todas as informações e aos documentos necessários ao desempenho de suas funções. *(Redação dada pela Lei nº 13.476, de 2017)*

Art. 76. A instituição emissora responde pela origem e autenticidade dos ativos que integram a Carteira de Ativos.

Art. 77. A instituição emissora responderá pelos prejuízos que causar aos investidores titulares da LIG por descumprimento de disposição legal ou regulamentar, por negligência ou administração temerária ou, ainda, por desvio da finalidade da Carteira de Ativos.

Art. 78. A instituição emissora deve designar o agente fiduciário, especificando, na constituição do regime fiduciário de que trata o art. 68, suas obrigações, responsabilidades e remuneração, bem como as hipóteses, condições e forma de sua destituição ou substituição e as demais condições de sua atuação.

Art. 79. O agente fiduciário deve ser instituição financeira ou outra entidade autorizada para esse fim pelo Banco Central do Brasil.

§ 1º É vedado o exercício da atividade de agente fiduciário por entidades ligadas à instituição emissora.

§ 2º Compete ao Conselho Monetário Nacional estabelecer o conceito de entidade ligada à instituição emissora para os efeitos desta Lei.

Art. 80. Ao agente fiduciário são conferidos poderes gerais de representação da comunhão de investidores titulares de LIG, incumbindo-lhe, adicionalmente às atribuições definidas pelo Conselho Monetário Nacional:

I - zelar pela proteção dos direitos e interesses dos investidores titulares de LIG, monitorando a atuação da instituição emissora da LIG na administração da Carteira de Ativos;

II - adotar as medidas judiciais ou extrajudiciais necessárias à defesa dos interesses dos investidores titulares;

III - convocar a assembleia geral dos investidores titulares de LIG; e

IV - exercer, nas hipóteses a que se refere o art. 84, a administração da Carteira de Ativos, observadas as condições estabelecidas pelo Conselho Monetário Nacional.

Art. 81. As infrações a esta Lei e às normas estabelecidas pelo Conselho Monetário Nacional e pelo Banco Central do Brasil sujeitam o agente fiduciário, seus administradores e os membros de seus órgãos estatutários ou contratuais, às penalidades previstas na legislação aplicável às instituições financeiras.

Art. 82. No exercício de suas atribuições de fiscalização, o Banco Central do Brasil poderá exigir do agente fiduciário a exibição de documentos e livros de escrituração e o acesso, inclusive em tempo real, aos dados armazenados em sistemas eletrônicos.

Parágrafo único. A negativa de atendimento ao disposto no *caput* será considerada infração, sujeita às penalidades a que se refere o art. 81.

Art. 83. A assembleia geral dos investidores titulares de LIG deve ser convocada com antecedência mínima de vinte dias, mediante edital publicado em jornal de grande circulação na praça em que tiver sido feita a emissão da LIG, instalando-se, em primeira convocação, com a presença dos titulares que representem, pelo menos, 2/3 (dois terços) do valor global dos títulos e, em segunda convocação, com qualquer número.

§ 1º A assembleia geral que reunir a totalidade dos investidores titulares de LIG pode considerar sanada a falta de atendimento aos requisitos mencionados no *caput*.

§ 2º Consideram-se válidas as deliberações tomadas pelos investidores titulares de LIG que representem mais da metade do valor global dos títulos presente na assembleia geral, desde que não estabelecido formalmente outro quorum específico.

Art. 84. Na hipótese de decretação de intervenção, liquidação extrajudicial ou falência da instituição emissora, o agente fiduciário fica investido de mandato para administrar a Carteira de Ativos, observadas as condições estabelecidas pelo Conselho Monetário Nacional.

§ 1º O agente fiduciário investido de mandato para administrar a Carteira de Ativos tem poderes para ceder, alienar, renegociar, transferir ou de qualquer outra forma dispor dos ativos dela integrantes, incluindo poderes para ajuizar ou defender os investidores titulares de LIG em ações judiciais, administrativas ou arbitrais relacionadas à Carteira de Ativos.

§ 2º Em caso de decretação de qualquer dos regimes a que se refere o *caput*:

I - os ativos integrantes da Carteira de Ativos serão destinados exclusivamente ao pagamento do principal, dos juros e dos demais encargos relativos às LIG por ela garantidas, e ao pagamento das obrigações decorrentes de contratos de derivativos integrantes da carteira, dos seus custos de administração e de obrigações fiscais, não se aplicando aos recursos financeiros provenientes desses ativos o disposto no art. 71; e

II - o agente fiduciário deverá convocar a assembleia geral dos investidores, observados os requisitos do art. 83.

Art. 85. A assembleia geral dos investidores titulares de LIG, convocada em função das hipóteses previstas no art. 84, está legitimada a adotar qualquer medida pertinente à administração da Carteira de Ativos, desde que observadas as condições estabelecidas pelo Conselho Monetário Nacional.

Art. 86. O reconhecimento, pelo Banco Central do Brasil, do estado de insolvência de instituição emissora que, nos termos da legislação em vigor, não estiver sujeita à intervenção, liquidação extrajudicial ou falência, produz os mesmos efeitos estabelecidos nos arts. 84 e 85.

Art. 87. Uma vez liquidados integralmente os direitos dos investidores titulares de LIG e satisfeitos os encargos, custos e despesas relacionados ao exercício desses direitos, os ativos excedentes da Carteira de Ativos serão integrados à massa concursal.

Art. 88. Em caso de insuficiência da Carteira de Ativos para a liquidação integral dos direitos dos investidores das LIG por ela garantidas, esses terão direito de inscrever o crédito remanescente na massa concursal em igualdade de condições com os credores quirografários.

Art. 89. Em caso de solvência da Carteira de Ativos, definida conforme critérios estabelecidos pelo Conselho Monetário Nacional, fica vedado o vencimento antecipado das LIG por ela garantidas, ainda que decretados os regimes de que trata o art. 84 ou reconhecida a insolvência da instituição emissora, nos termos do art. 86.

Art. 90. Ficam isentos de imposto sobre a renda os rendimentos e ganhos de capital produzidos pela LIG quando o beneficiário for:

I - pessoa física residente no país; ou

II - residente ou domiciliado no exterior, exceto em país com tributação favorecida a que se refere o art. 24 da Lei nº 9.430, de 27 de dezembro de 1996, que realizar operações financeiras no País de acordo com as normas e condições estabelecidas pelo Conselho Monetário Nacional.

Parágrafo único. No caso de residente ou domiciliado em país com tributação favorecida a que se refere o art. 24 da Lei nº 9.430, de 27 de dezembro de 1996, aplicar-se-á a alíquota de 15% (quinze por cento).

Art. 91. O Conselho Monetário Nacional regulamentará o disposto nesta Lei quanto à LIG, em especial os seguintes aspectos:

I - condições de emissão da LIG;

II - tipos de instituição financeira autorizada a emitir LIG, inclusive podendo estabelecer requisitos específicos para a emissão;

III - limites de emissão da LIG, inclusive o de emissão de LIG com cláusula de correção pela variação cambial, observado o disposto no parágrafo único;

IV - utilização de índices, taxas ou metodologias de remuneração da LIG;

V - prazo de vencimento da LIG;

VI - prazo médio ponderado da LIG, não podendo ser inferior a vinte e quatro meses;

VII - condições de resgate e de vencimento antecipado da LIG;

VIII - forma e condições para o registro e depósito da LIG e dos ativos que integram a Carteira de Ativos;

IX - requisitos de elegibilidade, composição, suficiência, prazo e liquidez da Carteira de Ativos, inclusive quanto às metodologias de apuração;

X - condições de substituição e reforço dos ativos que integram a Carteira de Ativos;

XI - requisitos para atuação como agente fiduciário e as hipóteses, condições e forma de sua destituição ou substituição;

XII - atribuições do agente fiduciário;

XIII - condições de administração da Carteira de Ativos; e

XIV - condições de utilização de instrumentos derivativos.

Parágrafo único. No primeiro ano de aplicação desta Lei, o limite de emissão de LIG com cláusula de correção pela variação cambial, previsto no inciso III do *caput*, não pode ser superior, para cada emissor, a cinquenta por cento do respectivo saldo total de LIG emitidas.

Art. 92. Aplica-se à LIG, no que não contrariar o disposto nesta Lei, a legislação cambiária.

Art. 93. A distribuição e a oferta pública da LIG observarão o disposto em regulamentação da Comissão de Valores Mobiliários.

Art. 94. Não se aplica à LIG e aos ativos que integram a Carteira de Ativos o disposto no art. 76 da Medida Provisória nº 2.158-35, de 24 de agosto de 2001.

Art. 95. Compete ao Conselho Monetário Nacional dispor sobre a aplicação dos recursos provenientes da captação em depósitos de poupança pelas entidades integrantes do Sistema Brasileiro de Poupança e Empréstimo.

§ 1º As normas editadas pelo Conselho Monetário Nacional devem priorizar o financiamento imobiliário, tendo em vista o disposto na Lei nº 4.380, de 21 de agosto de 1964.

§ 2º As normas editadas pelo Conselho Monetário Nacional poderão:

I - indicar as instituições autorizadas a captar depósitos de poupança no âmbito do Sistema Brasileiro de Poupança e Empréstimo;

II - estabelecer outras formas de direcionamento, inclusive, a aplicação dos recursos de que trata o *caput* em operações de empréstimos para pessoas naturais, garantidas por alienação fiduciária de coisa imóvel; e

III - fixar índices de atualização para as operações com os recursos de que trata o *caput*, diferenciando, caso seja necessário, as condições contratuais de acordo com o indexador adotado. (Vide lei nº 13.137, de 2015)

§ 3º A aplicação em operações de empréstimos para pessoas naturais, garantidas por alienação fiduciária de coisa imóvel, prevista no inciso II do § 2º, não pode ser superior a três por cento da base de cálculo do direcionamento dos depósitos de poupança de que trata este artigo.

§ 4º Ficam convalidados todos os atos do Conselho Monetário Nacional que dispuseram sobre a aplicação dos recursos de que trata o *caput*.

Art. 96. A Lei nº 10.931, de 2 de agosto de 2004, passa a vigorar com as seguintes alterações:

› *Alterações inseridas no texto da referida norma.*

Art. 97. A Lei nº 11.076, de 30 de dezembro de 2004, passa a vigorar com as seguintes alterações

› *Alterações inseridas no texto da referida norma.*

Art. 98. A Lei nº 9.514, de 20 de novembro de 1997, passa a vigorar com as seguintes alterações:

› *Alterações inseridas no texto da referida norma.*

(...)

CAPÍTULO XIV – DA PROFISSÃO DE CORRETOR DE IMÓVEIS

Art. 139. O Art. 6º da Lei nº 6.530, de 12 de maio de 1978, passa a vigorar acrescido dos seguintes §§ 2º a 4º, renumerando-se o atual parágrafo único para § 1º:

› *Alterações inseridas no texto da referida norma.*

CAPÍTULO XV – DO CAPITAL SOCIAL DAS COOPERATIVAS

Art. 140. O art. 24 da Lei nº 5.764, de 16 de dezembro de 1971, passa a vigorar acrescido do seguinte § 4º:

› *Alterações inseridas no texto da referida norma.*

(...)

CAPÍTULO XXIII – DA TRANSFERÊNCIA DE CONCESSÃO OU DO CONTROLE SOCIETÁRIO DA CONCESSIONÁRIA

Art. 149. O art. 27 da Lei nº 8.987, de 13 de fevereiro de 1995, passa a vigorar com a seguinte redação:

"Art. 27. (...)

§ 2º (Revogado).

§ 3º (Revogado).

§ 4º (Revogado)."

Art. 150. A Lei nº 8.987, de 13 de fevereiro de 1995, passa a vigorar acrescida do seguinte art. 27-A:

"Art. 27-A. Nas condições estabelecidas no contrato de concessão, o poder concedente autorizará a assunção do controle ou da administração temporária da concessionária por seus financiadores e garantidores com quem não mantenha vínculo societário direto, para promover sua reestruturação financeira e assegurar a continuidade da prestação dos serviços.

§ 1º Na hipótese prevista no caput, o poder concedente exigirá dos financiadores e dos garantidores que atendam às exigências de regularidade jurídica e fiscal, podendo alterar ou dispensar os demais requisitos previstos no inciso I do parágrafo único do art. 27.

§ 2º A assunção do controle ou da administração temporária autorizadas na forma do caput deste artigo não alterará as obrigações da concessionária e de seus controladores para com terceiros,

poder concedente e usuários dos serviços públicos.

§ 3º Configura-se o controle da concessionária, para os fins dispostos no caput deste artigo, a propriedade resolúvel de ações ou quotas por seus financiadores e garantidores que atendam os requisitos do art. 116 da Lei nº 6.404, de 15 de dezembro de 1976.

§ 4º Configura-se a administração temporária da concessionária por seus financiadores e garantidores quando, sem a transferência da propriedade de ações ou quotas, forem outorgados os seguintes poderes:

I - indicar os membros do Conselho de Administração, a serem eleitos em Assembleia Geral pelos acionistas, nas sociedades regidas pela Lei 6.404, de 15 de dezembro de 1976; ou administradores, a serem eleitos pelos quotistas, nas demais sociedades;

II - indicar os membros do Conselho Fiscal, a serem eleitos pelos acionistas ou quotistas controladores em Assembleia Geral;

III - exercer poder de veto sobre qualquer proposta submetida à votação dos acionistas ou quotistas da concessionária, que representem, ou possam representar, prejuízos aos fins previstos no caput deste artigo;

IV - outros poderes necessários ao alcance dos fins previstos no caput deste artigo.

§ 5º A administração temporária autorizada na forma deste artigo não acarretará responsabilidade aos financiadores e garantidores em relação à tributação, encargos, ônus, sanções, obrigações ou compromissos com terceiros, inclusive com o poder concedente ou empregados.

§ 6º O Poder Concedente disciplinará sobre o prazo da administração temporária."

Art. 151. O Art. 5º da Lei nº 11.079, de 30 de dezembro de 2004, passa a vigorar com a seguinte redação:

"Art. 5º (...)

§ 2º (...)

I - os requisitos e condições em que o parceiro público autorizará a transferência do controle ou a administração temporária da sociedade de propósito específico aos seus financiadores e garantidores com quem não mantenha vínculo societário direto, com o objetivo de promover a sua reestruturação financeira e assegurar a continuidade da prestação dos serviços, não se aplicando para este efeito o previsto no inciso I do parágrafo único do art. 27 da Lei nº 8.987, de 13 de fevereiro de 1995;

(...)

Art. 152. A Lei nº 11.079, de 30 de dezembro de 2004, passa a vigorar acrescida do seguinte art. 5-A:

"Art. 5º-A. Para fins do inciso I do § 2º do Art. 5º, considera-se:

I - o controle da sociedade de propósito específico a propriedade resolúvel de ações ou quotas por seus financiadores e garantidores que atendam os requisitos do art. 116 da Lei nº 6.404, de 15 de dezembro de 1976;

II - A administração temporária da sociedade de propósito específico, pelos financiadores e garantidores quando, sem a transferência da propriedade de ações ou quotas, forem outorgados os seguintes poderes:

a) indicar os membros do Conselho de Administração, a serem eleitos em Assembleia Geral pelos acionistas, nas sociedades regidas pela Lei 6.404, de 15 de dezembro de 1976; ou administradores, a serem eleitos pelos quotistas, nas demais sociedades;

b) indicar os membros do Conselho Fiscal, a serem eleitos pelos acionistas ou quotistas controladores em Assembleia Geral;

c) exercer poder de veto sobre qualquer proposta submetida à votação dos acionistas ou quotistas da concessionária, que representem, ou possam representar, prejuízos aos fins previstos no caput deste artigo;

d) outros poderes necessários ao alcance dos fins previstos no caput deste artigo;

§ 1º A administração temporária autorizada pelo poder concedente não acarretará responsabilidade aos financiadores e garantidores em relação à tributação, encargos, ônus, sanções, obrigações ou compromissos com terceiros, inclusive com o poder concedente ou empregados.

§ 2º O Poder Concedente disciplinará sobre o prazo da administração temporária."

(...)

CAPÍTULO XXXII – DAS DISPOSIÇÕES FINAIS

Art. 168. Esta Lei entra em vigor:

I - a partir de 1º de janeiro de 2015, em relação ao Art. 1º;

II - 30 (trinta) dias após a sua publicação, em relação aos arts. 54 a 62;

III - no 1º (primeiro) dia do 4º (quarto) mês subsequente ao de sua publicação, em relação aos arts. 14 a 39;

IV - 180 (cento e oitenta) dias após a sua publicação, em relação aos arts. 99 a 105; e

V - a partir da data de sua publicação, em relação aos demais artigos.

Art. 169. Ficam revogados:

I - (VETADO);

III - a partir do 1º (primeiro) dia do 4º (quarto) mês subsequente ao da publicação desta Lei:

a) os incisos VII a IX do § 1º do Art. 2º da Lei nº 10.637, de 30 de dezembro de 2002;

b) os incisos VII a IX do § 1º do Art. 2º, e os arts. 51, 53, 54 e 58-A a 58-V da Lei nº 10.833, de 29 de dezembro de 2003;

c) os §§ 6º e 6º-A do Art. 8º, o inciso VI do § 8º do art. 15, os §§ 11 e 12 do art. 15, o inciso VI do art. 17, e o § 3º do art. 17 da Lei nº 10.865, de 30 de abril de 2004; e

d) o inciso VI do *caput* do art. 10 da Lei nº 11.051, de 29 de dezembro de 2004;

IV - após o decurso de 180 (cento e oitenta dias) da data de publicação desta Lei, o parágrafo único do Art. 3º da Lei nº 9.514, de 20 de novembro de 1997.

Brasília, 19 de janeiro de 2015;
194º da Independência e 127º da República.
DILMA ROUSSEFF
Marivaldo de Castro Pereira
Tarcísio José Massote de Godoy
Antônio Carlos Rodrigues
Manoel Dias
Arthur Chioro
Armando Monteiro
Eduardo Braga
Nelson Barbosa
Ricardo Berzoini
Gilberto Kassab
Alexandre Antonio Tombini
Luís Inácio Lucena Adams
Eliseu Padilha
Guilherme Afif Domingos
DOU de 20.1.2015

› Não publicamos os anexos desta Lei

LEI Nº 13.139, DE 26 DE JUNHO DE 2015

Altera os Decretos-Lei nº 9.760, de 5 de setembro de 1946, nº 2.398, de 21 de dezembro de 1987, a Lei nº 9.636, de 15 de maio de 1998, e o Decreto-Lei nº 1.876, de 15 de julho de 1981; dispõe sobre o parcelamento e a remissão de dívidas patrimoniais com a União; e dá outras providências.

A PRESIDENTA DA REPÚBLICA Faço saber que o Congresso Nacional decreta e eu sanciono a seguinte Lei:

Art. 1º O Decreto-Lei nº 9.760, de 5 de setembro de 1946, passa a vigorar com as seguintes alterações:

"Art. 11. Antes de dar início aos trabalhos demarcatórios e com o objetivo de contribuir para sua efetivação, a Secretaria do Patrimônio da União do Ministério do Planejamento, Orçamento e Gestão realizará audiência pública, preferencialmente, na Câmara de Vereadores do Município ou dos Municípios onde estiver situado o trecho a ser demarcado.

§ 1º Na audiência pública, além de colher plantas, documentos e outros elementos relativos aos terrenos compreendidos no trecho a ser demarcado, a Secretaria do Patrimônio da União do Ministério do Planejamento, Orçamento e Gestão apresentará à população interessada informações e esclarecimentos sobre o procedimento demarcatório.

§ 2º A Secretaria do Patrimônio da União do Ministério do Planejamento, Orçamento e Gestão fará o convite para a audiência pública, por meio de publicação em jornal de grande circulação nos Municípios abrangidos pelo trecho a ser demarcado e no Diário Oficial da União, com antecedência mínima de 30 (trinta) dias da data de sua realização.

§ 3º A Secretaria do Patrimônio da União do Ministério do Planejamento, Orçamento e Gestão notificará o Município para que apresente os documentos e plantas que possuir relativos ao trecho a ser demarcado, com antecedência mínima de 30 (trinta) dias da data da realização da audiência pública a que se refere o caput.

§ 4º Serão realizadas pelo menos 2 (duas) audiências públicas em cada Município situado no trecho a ser demarcado cuja população seja superior a 100.000 (cem mil) habitantes, de acordo com o último censo oficial."

"Art. 12. Após a realização dos trabalhos técnicos que se fizerem necessários, o Superintendente do Patrimônio da União no Estado determinará a posição da linha demarcatória por despacho.

Parágrafo único. (Revogado)."

"Art. 12-A. A Secretaria do Patrimônio da União do Ministério do Planejamento, Orçamento e Gestão fará notificação pessoal dos interessados certos alcançados pelo traçado da linha demarcatória para, no prazo de 60 (sessenta) dias, oferecerem quaisquer impugnações.

§ 1º Na área urbana, considera-se interessado certo o responsável pelo imóvel alcançado pelo traçado da linha demarcatória até a linha limite de terreno marginal ou de terreno de marinha que esteja cadastrado na Secretaria do Patrimônio da União ou inscrito no cadastro do Imposto Predial e Territorial Urbano (IPTU) ou outro cadastro que vier a substituí-lo.

§ 2º Na área rural, considera-se interessado certo o responsável pelo imóvel alcançado pelo traçado da linha demarcatória até a linha limite de terreno marginal que esteja cadastrado na Secretaria do Patrimônio da União e, subsidiariamente, esteja inscrito no Cadastro Nacional de Imóveis Rurais (CNIR) ou outro que vier a substituí-lo.

§ 3º O Município e o Instituto Nacional de Colonização e Reforma Agrária (Incra), no prazo de 30 (trinta) dias contado da solicitação da Secretaria do Patrimônio da União, deverão fornecer a relação dos inscritos nos cadastros previstos nos §§ 1º e 2º.

§ 4º A relação dos imóveis constantes dos cadastros referidos nos §§ 1º e 2º deverá ser fornecida pelo Município e pelo Incra no prazo de 30 (trinta) dias contado da solicitação da Secretaria do Patrimônio da União.

§ 5º A atribuição da qualidade de interessado certo independe da existência de título registrado no Cartório de Registro de Imóveis."

"Art. 12-B. A Secretaria do Patrimônio da União do Ministério do Planejamento, Orçamento e Gestão fará notificação por edital, por meio de publicação em jornal de grande circulação no local do trecho demarcado e no Diário Oficial da União, dos interessados incertos alcançados pelo traçado da linha demarcatória para, no prazo de 60 (sessenta) dias, apresentarem quaisquer impugnações, que poderão ser dotadas de efeito suspensivo nos termos do parágrafo único do art. 61 da Lei nº 9.784, de 29 de janeiro de 1999."

"Art. 13. Tomando conhecimento das impugnações eventualmente apresentadas, o Superintendente do Patrimônio da União no Estado reexaminará o assunto e, se confirmar sua decisão, notificará os recorrentes que, no prazo improrrogável de 20 (vinte) dias contado da data de sua ciência, poderão interpor recurso, que poderá ser dotado de efeito suspensivo, dirigido ao Secretário do Patrimônio da União do Ministério do Planejamento, Orçamento e Gestão.

Parágrafo único. O efeito suspensivo de que tratam o caput e o art. 12-B aplicar-se-á apenas à demarcação do trecho impugnado, salvo se o fundamento alegado na impugnação ou no recurso for aplicável a trechos contíguos, hipótese em que o efeito suspensivo, se deferido, será estendido a todos eles."

"Art. 14. Da decisão proferida pelo Secretário do Patrimônio da União do Ministério do Planejamento, Orçamento e Gestão será dado conhecimento aos recorrentes que, no prazo de 20 (vinte) dias contado da data de sua ciência, poderão interpor recurso, não dotado de efeito suspensivo, dirigido ao Ministro de Estado do Planejamento, Orçamento e Gestão."

(...)

"Art. 105. (...)

§ 1º As divergências sobre propriedade, servidão ou posse devem ser decididas pelo Poder Judiciário.

§ 2º A decisão da Secretaria do Patrimônio da União quanto ao pedido formulado com fundamento no direito de preferência previsto neste artigo constitui ato vinculado e somente poderá ser desfavorável, de forma fundamentada, caso haja algum impedimento, entre aqueles já previstos em lei, informado em consulta formulada entre aquelas previstas na legislação em vigor, ou nas hipóteses previstas no inciso II do Art. 9º da Lei nº 9.636, de 15 de maio de 1998."

"Art. 108. O Superintendente do Patrimônio da União no Estado apreciará a documentação e, deferindo o pedido, calculará o foro, com base no art. 101, e concederá o aforamento, devendo o foreiro comprovar sua regularidade fiscal perante a Fazenda Nacional até o ato da contratação.

Parágrafo único. O Ministério do Planejamento, Orçamento e Gestão estabelecerá diretrizes e procedimentos simplificados para a concessão do aforamento de que trata o caput."

"Art. 109. Concedido o aforamento, será lavrado em livro próprio da Superintendência do Patrimônio da União o contrato enfitêutico de que constarão as condições estabelecidas e as características do terreno aforado."

"Art. 116. (...)

§ 2º O adquirente estará sujeito à multa de 0,05% (cinco centésimos por cento), por mês ou fração, sobre o valor do terreno, se não requerer a transferência dentro do prazo previsto no caput."

"Art. 122. (...)

Parágrafo único. A decisão da Secretaria do Patrimônio da União sobre os pedidos de remissão do aforamento de terreno de marinha e/ou acrescido de marinha localizado fora da faixa de segurança constitui ato vinculado."

"Art. 128. O pagamento da taxa será devido a partir da inscrição de ocupação, efetivada de ofício ou a pedido do interessado, não se vinculando ao cadastramento do imóvel.

§ 1º (Revogado).

§ 2º (Revogado).

§ 3º (Revogado).

§ 4º Caso o imóvel objeto do pedido de inscrição de ocupação não se encontre cadastrado, a Secretaria do Patrimônio da União do Ministério do Planejamento, Orçamento e Gestão efetuará o cadastramento."

"Art. 205. (...)

§ 2º A competência prevista neste artigo poderá ser delegada ao Ministro de Estado do Planejamento, Orçamento e Gestão, permitida a subdelegação ao Secretário do Patrimônio da União do Ministério do Planejamento, Orçamento e Gestão."

Art. 2º O Decreto-Lei nº 2.398, de 21 de dezembro de 1987, passa a vigorar com as seguintes alterações:

"Art. 1º (VETADO).

I - (VETADO);

II - (VETADO).

§ 1º O valor do domínio pleno do terreno será atualizado de acordo com:

I - a planta de valores genéricos elaborada pelos Municípios e pelo Distrito Federal, para as áreas urbanas; ou

II - a Planilha Referencial de Preços de Terras elaborada pelo Instituto Nacional de Colonização e Reforma Agrária (Incra), para as áreas rurais.

§ 2º Os Municípios e o Incra deverão fornecer à Secretaria do Patrimônio da União do Ministério do Planejamento, Orçamento e Gestão os dados necessários para aplicação do disposto no § 1º.

§ 3º Não existindo planta de valores ou Planilha Referencial de Preços de Terras, ou estando elas defasadas, a atualização anual do valor do domínio pleno poderá ser feita por meio de pesquisa mercadológica."

"Art. 3º (VETADO).

(...)

§ 2º (...)

I - (...)

b) estar o transmitente em dia, perante o Patrimônio da União, com as obrigações relativas ao imóvel objeto da transferência; e

(...)

§ 5º (VETADO).

(...)

"Art. 6º Considera-se infração administrativa contra o patrimônio da União toda ação ou omissão que viole o adequado uso, gozo, disposição, proteção, manutenção e conservação dos imóveis da União.

I - (Revogado);

II - (Revogado).

§ 1º Incorre em infração administrativa aquele que realizar aterro, construção, obra, cercas ou outras benfeitorias, desmatar ou instalar equipamentos, sem prévia autorização ou em desacordo com aquela concedida, em bens de uso comum do povo, especiais ou dominiais, com destinação específica fixada por lei ou ato administrativo.

§ 2º O responsável pelo imóvel deverá zelar pelo seu uso em conformidade com o ato que autorizou sua utilização ou com a natureza do bem, sob pena de incorrer em infração administrativa.

§ 3º Será considerado infrator aquele que, diretamente ou por interposta pessoa, incorrer na prática das hipóteses previstas no caput.

§ 4º Sem prejuízo da responsabilidade civil, as infrações previstas neste artigo serão punidas com as seguintes sanções:

I - embargo de obra, serviço ou atividade, até a manifestação da União quanto à regularidade de ocupação;

II - aplicação de multa;

III - desocupação do imóvel; e

IV - demolição e/ou remoção do aterro, construção, obra, cercas ou demais benfeitorias, bem como dos equipamentos instalados, à conta de quem os houver efetuado, caso não sejam passíveis de regularização.

§ 5º A multa será no valor de R$ 73,94 (setenta e três reais e noventa e quatro centavos) para cada metro quadrado das áreas aterradas ou construídas ou em que forem realizadas obras, cercas ou instalados equipamentos.

§ 6º O valor de que trata o § 5º será atualizado em 1º de janeiro de cada ano com base no Índice Nacional de Preços ao Consumidor (INPC), apurado pela Fundação Instituto Brasileiro de Geografia e Estatística (IBGE), e os novos valores serão divulgados em ato do Secretário de Patrimônio da União do Ministério do Planejamento, Orçamento e Gestão.

§ 7º Verificada a ocorrência de infração, a Secretaria do Patrimônio da União do Ministério do Planejamento, Orçamento e Gestão aplicará multa e notificará o embargo da obra, quando cabível, intimando o responsável para, no prazo de 30 (trinta) dias, comprovar a regularidade da obra ou promover sua regularização.

§ 8º (VETADO).

§ 9º A multa de que trata o inciso II do § 4º deste artigo será mensal, sendo automaticamente aplicada pela Superintendência do Patrimônio da União sempre que o cometimento da infração persistir.

§ 10. A multa será cominada cumulativamente com o disposto no parágrafo único do art. 10 da Lei nº 9.636, de 15 de maio de 1998.

§ 11. Após a notificação para desocupar o imóvel, a Superintendência do Patrimônio da União verificará o atendimento da notificação e, em caso de desatendimento, ingressará com pedido judicial de reintegração de posse no prazo de 60 (sessenta) dias.

§ 12. Os custos em decorrência de demolição e remoção, bem como os respectivos encargos de qualquer natureza, serão suportados integralmente pelo infrator ou cobrados dele a posteriori, quando efetuados pela União.

§ 13. Ato do Secretário do Patrimônio da União do Ministério do Planejamento, Orçamento e Gestão disciplinará a aplicação do disposto neste artigo, sendo a tramitação de eventual recurso administrativo limitada a 2 (duas) instâncias."

Art. 3º A Lei nº 9.636, de 15 de maio de 1998, passa a vigorar com as seguintes alterações:

"Art. 7º (...)

§ 5º As ocupações anteriores à inscrição, sempre que identificadas, serão anotadas no cadastro a que se refere o § 4º.

(...)

"Art. 9º (...)

I - ocorreram após 10 de junho de 2014;

(...)

"Art. 12. (...)

§ 3º Não serão objeto de aforamento os imóveis que:

I - por sua natureza e em razão de norma especial, são ou venham a ser considerados indisponíveis e inalienáveis; e

II - são considerados de interesse do serviço público, mediante ato do Secretário do Patrimônio da União do Ministério do Planejamento, Orçamento e Gestão."

"Art. 13. Na concessão do aforamento, será dada preferência a quem, comprovadamente, em 10 de junho de 2014, já ocupava o imóvel há mais de 1 (um) ano e esteja, até a data da formalização do contrato de alienação do domínio útil, regularmente inscrito como ocupante e em dia com suas obrigações perante a Secretaria do Patrimônio da União do Ministério do Planejamento, Orçamento e Gestão.

(...)

§ 5º (Revogado)."

"Art. 15. A Secretaria do Patrimônio da União do Ministério do Planejamento, Orçamento e Gestão promoverá, mediante licitação, o aforamento dos terrenos de domínio da União situados em zonas sujeitas ao regime enfitêutico que estiverem vagos ou ocupados há até 1 (um) ano em 10 de junho de 2014, bem como daqueles cujos ocupantes não tenham exercido a preferência ou a opção de que tratam os arts. 13 e 17 desta Lei e o inciso I do caput do Art. 5º do Decreto-Lei nº 2.398, de 21 de dezembro de 1987.

(...)

§ 2º Os ocupantes com até 1 (um) ano de ocupação em 10 de junho de 2014 que continuem ocupando o imóvel e estejam regularmente inscritos e em dia com suas obrigações perante a Secretaria do Patrimônio da União do Ministério do Planejamento, Orçamento e Gestão na data da realização da licitação poderão adquirir o domínio útil do imóvel, em caráter preferencial, pelo preço, abstraído o valor correspondente às benfeitorias por eles realizadas, e nas mesmas condições oferecidas pelo vencedor da licitação, desde que manifestem seu interesse no ato do pregão ou no prazo de 48 (quarenta e oito) horas, contado da publicação do resultado do julgamento da concorrência.

(...)

Art. 4º A Secretaria do Patrimônio da União do Ministério do Planejamento, Orçamento e Gestão poderá autorizar a utilização onerosa ou gratuita do espaço subaquático da plataforma continental ou do mar territorial para passagem de dutos de petróleo e gás natural ou cabos, bem como o uso das áreas da União necessárias e suficientes ao seguimento do duto ou cabo até o destino final, sem prejuízo, quando subterrâneos, da destinação da superfície, desde que os usos concomitantes sejam compatíveis.

§§ 1º e 2º (VETADOS)

§ 3º Na plataforma continental, somente dependerá de autorização a instalação de dutos ou cabos que penetrem o território nacional ou o mar territorial brasileiro.

§ 4º A autorização de que trata o *caput* não exime o interessado de obter as demais autorizações e licenças exigidas em lei, em especial as relativas ao ordenamento do espaço aquaviário e à segurança da navegação, bem como a licença ambiental emitida pelo órgão competente.

Art. 5º Os débitos com a União decorrentes de receitas patrimoniais administradas pela Secretaria do Patrimônio da União do Ministério do Planejamento, Orçamento e Gestão cujos fatos geradores ocorrerem a partir da data de publicação desta Lei e não pagos nos prazos previstos na legislação específica serão acrescidos de:

I - multa de mora, calculada à taxa de 0,33% (trinta e três centésimos por cento), por dia de atraso, até o limite de 20% (vinte por cento); e

II - juros de mora equivalentes à taxa referencial do Sistema Especial de Liquidação e de Custódia (Selic) para títulos federais, acumulada mensalmente, do primeiro dia do mês posterior ao vencimento até o mês anterior ao efetivo pagamento, acrescida de 1% (um por cento) relativo ao mês do pagamento.

Art. 6º A pedido do interessado, os débitos de natureza patrimonial não inscritos em dívida ativa da União poderão ser parcelados em até 60 (sessenta) parcelas mensais e sucessivas.

§ 1º Os débitos incluídos em parcelamento serão consolidados na data do pedido.

§ 2º Entende-se por valor consolidado o resultante da atualização do respectivo débito originário acrescido dos encargos e acréscimos legais ou contratuais vencidos até a data da apuração.

§ 3º O parcelamento terá sua formalização condicionada ao prévio pagamento da primeira prestação, conforme o montante do débito e o prazo solicitado, observado o valor mínimo de cada prestação, que será de R$ 100,00 (cem reais), cabendo ao devedor recolher, a cada mês, as parcelas subsequentes.

Art. 7º O requerimento de parcelamento constitui confissão irretratável da dívida e instrumento hábil e suficiente para a exigência do crédito patrimonial, podendo a exatidão dos valores parcelados ser objeto de verificação.

Art. 8º O valor de cada prestação mensal, por ocasião do pagamento, será acrescido de juros equivalentes à taxa Selic para títulos federais, acumulada mensalmente, calculados a partir do mês subsequente ao da consolidação até o mês anterior ao do pagamento, e de 1% (um por cento) relativamente ao mês em que o pagamento estiver sendo efetuado.

Art. 9º Efetivado o parcelamento, a falta de pagamento de 3 (três) parcelas, consecutivas ou não, ou de pelo menos uma parcela, após a data de vencimento da última parcela contratada, implicará a rescisão imediata do parcelamento com a antecipação do vencimento do saldo a pagar para a data da rescisão, vedado o reparcelamento, e a remessa do saldo do débito para inscrição em dívida ativa da União.

Art. 10. Os critérios e as condições de parcelamento de que trata esta Lei serão fixados por ato do Secretário do Patrimônio da União do Ministério do Planejamento, Orçamento e Gestão.

Art. 11. Será concedido desconto de 50% (cinquenta por cento) na incidência de multa de mora para os débitos patrimoniais não inscritos em dívida ativa da União e vencidos até 31 de dezembro de 2016, desde que os débitos do interessado perante a Secretaria do Patrimônio da União (SPU) venham a ser pagos integralmente e em parcela única até o dia 31 de dezembro de 2017. *(Redação dada pela Lei nº 13.465, de 2017)*

Art. 12. São remitidos os débitos de natureza patrimonial, inclusive aqueles com exigibilidade suspensa que, em 31 de dezembro de 2010, estejam vencidos há 5 (cinco) anos ou mais e cujo valor total consolidado, naquela data, seja igual ou inferior a R$ 10.000,00 (dez mil reais).

§ 1º O limite previsto no *caput* deve ser considerado por sujeito passivo e, separadamente, em relação:

I - aos débitos inscritos em dívida ativa da União, no âmbito da Procuradoria-Geral da Fazenda Nacional; e

II - aos débitos administrados pela Secretaria do Patrimônio da União do Ministério do Planejamento, Orçamento e Gestão.

§ 2º O disposto neste artigo não implica restituição de quantias pagas.

Art. 13. (VETADO).

Art. 14. O Art. 1º do Decreto-Lei nº 1.876, de 15 de julho de 1981, passa a vigorar com as seguintes alterações:

"Art. 1º (...)

§ 2º Considera-se carente ou de baixa renda, para fins da isenção disposta neste artigo, o responsável por imóvel cuja renda familiar mensal seja igual ou inferior ao valor correspondente a 5 (cinco) salários mínimos ou que esteja devidamente inscrito no Cadastro Único para Programas Sociais do Governo Federal.

(...)

§ 4º A isenção de que trata este artigo aplica-se desde o início da efetiva ocupação do imóvel e alcança os débitos constituídos e não pagos, inclusive os inscritos em dívida ativa, bem como multas, juros de mora e atualização monetária."

Art. 15. (VETADO).

Art. 16. São isentas do pagamento de laudêmio, de foro ou de taxas de ocupação as pessoas jurídicas de direito privado:

I - sem fins lucrativos, reconhecidas como entidades beneficentes de assistência social com a finalidade de prestação de serviços nas áreas de assistência social, saúde ou educação, que se enquadrem na Lei nº 12.101, de 27 de novembro de 2009;

II - que desenvolvam ações de salvaguarda para bens culturais registrados pelo Instituto do Patrimônio Histórico e Artístico Nacional (Iphan), quando os imóveis da União utilizados sob regime de ocupação ou aforamento forem essenciais à manutenção, produção e reprodução dos saberes e práticas associados, na forma de ato do Secretário do Patrimônio da União.

§ 1º Serão anistiados os débitos patrimoniais devidos à União, constituídos e não pagos, inclusive os inscritos em dívida ativa, das entidades de que trata este artigo, desde que a anistia seja requerida em até 180 (cento e oitenta) dias da vigência desta Lei.

§ 2º A Secretaria do Patrimônio da União regulamentará a previsão contida no inciso II do *caput* em até 30 (trinta) dias após a vigência desta Lei.

Art. 17. A Secretaria de Patrimônio da União disponibilizará em seu portal na internet, mensalmente, o total de receitas arrecadadas em cada unidade da Federação, discriminando as relativas a foro, taxa de ocupação, laudêmio e outros.

Art. 18. Revoga-se o § 5º do art. 13 da Lei nº 9.636, de 15 de maio de 1998.

Art. 19. Esta Lei entra em vigor após decorridos 120 (cento e vinte) dias de sua publicação oficial.

Brasília, 26 de junho de 2015;
194º da Independência e 127º da República.
DILMA ROUSSEFF
Eduardo Bacellar Leal Ferreira
Joaquim Vieira Ferreira Levy
Nelson Barbosa
Ricardo Berzoini
Luís Inácio Lucena Adams
(DOU de 29.6.2015)

LEI Nº 13.178, DE 22 DE OUTUBRO DE 2015

Dispõe sobre a ratificação dos registros imobiliários decorrentes de alienações e concessões de terras públicas situadas nas faixas de fronteira; e revoga o Decreto-Lei nº 1.414, de 18 de agosto de 1975, e a Lei nº 9.871, de 23 de novembro de 1999.

A PRESIDENTA DA REPÚBLICA Faço saber que o Congresso Nacional decreta e eu sanciono a seguinte Lei:

Art. 1º São ratificados pelos efeitos desta Lei os registros imobiliários referentes a imóveis rurais com origem em títulos de alienação ou de concessão de terras devolutas expedidos pelos Estados em faixa de fronteira, incluindo os seus desmembramentos e remembramentos, devidamente inscritos no Registro de Imóveis até a data de publicação desta Lei, desde que a área de cada registro não exceda ao limite de quinze módulos fiscais, exceto os registros imobiliários referentes a imóveis rurais:

I – cujo domínio esteja sendo questionado nas esferas administrativa ou judicial por órgão ou entidade da administração federal direta e indireta até a data de publicação da alteração deste inciso; *(Redação dada pela Lei nº 14.177, de 2021)*

II – que sejam objeto de ações de desapropriação por interesse social para fins de reforma agrária ajuizadas até a data de publicação desta Lei.

§ 1º Na hipótese de haver sobreposição entre a área correspondente ao registro ratificado e a área correspondente a título de domínio de outro particular, a ratificação não produzirá efeitos na definição de qual direito prevalecerá. *(Renumerado do parágrafo único da Lei nº 14.177, de 2021)*

§§ 2º e 3º (VETADOS). *(Incluído pela Lei nº 14.177, de 2021)*

Art. 2º Os registros imobiliários referentes aos imóveis rurais com origem em títulos de alienação ou de concessão de terras devolutas expedidos pelos Estados em faixa de fronteira, incluindo os seus desmembramentos e remembramentos, devidamente inscritos no Registro de Imóveis até a data de publicação desta Lei, com área superior a quinze módulos fiscais, serão ratificados desde que os interessados obtenham no órgão federal responsável:

I - a certificação do georreferenciamento do imóvel, nos termos dos §§ 3º e 5º do art. 176 da Lei nº 6.015, de 31 de dezembro de 1973; e

II - a atualização da inscrição do imóvel no Sistema Nacional de Cadastro Rural, instituído pela Lei nº 5.868, de 12 de dezembro de 1972.

§ 1º Às ratificações de que trata o *caput* deste artigo aplicam-se as exceções constantes dos incisos I e II do *caput* do Art. 1º e a regra prevista no parágrafo único do mesmo artigo.

§ 2º Os interessados em obter a ratificação referida no *caput* deste artigo deverão requerer a certificação e a atualização de que tratam os incisos I e II do *caput* no prazo de 10 (dez) anos da publicação desta Lei. *(Redação dada pela Lei nº 14.177, de 2021)*

§ 3º O requerimento de que trata o § 2º será apreciado pelo órgão federal responsável em até dois anos do pedido, salvo se houver diligências propostas pela autarquia agrária referentes à certificação do georreferenciamento do imóvel, hipótese na qual o período utilizado pelo proprietário para seu atendimento deverá ser debitado do prazo total de análise.

§ 4º Não se admitirá a ratificação pelo decurso do prazo de que trata o § 3º.

§ 5º Decorrido o prazo constante do § 2º sem que o interessado tenha requerido as providências dispostas nos incisos I e II do *caput*, ou na hipótese de a ratificação não ser possível, o órgão federal responsável deverá requerer o registro do imóvel em nome da União ao Cartório de Registro de Imóveis.

§ 6º A ratificação dos registros imobiliários referentes a imóveis com área superior a dois mil e quinhentos hectares ficará condicionada à aprovação do Congresso Nacional, nos termos do § 1º do art. 188 da Constituição Federal.

§ 7º O encaminhamento ao Congresso Nacional para o fim disposto no § 6º dar-se-á nos termos do regulamento.

Art. 3º A ratificação prevista nos arts. 1º e 2º alcançará os registros imobiliários oriundos de alienações e concessões de terras devolutas:

I - federais, efetuadas pelos Estados:

a) na faixa de até sessenta e seis quilômetros de largura, a partir da linha de fronteira, no período compreendido entre o início da vigência da Constituição da República dos Estados Unidos do Brasil, de 24 de fevereiro de 1891, até o início da vigência da Lei nº 4.947, de 6 de abril de 1966; e

b) na faixa de sessenta e seis a cento e cinquenta quilômetros de largura, a partir da linha de fronteira, no período compreendido entre o início da vigência da Lei nº 2.597, de 5 de julho de 1955, até o início da vigência da Lei nº 4.947, de 6 de abril de 1966;

II - estaduais, efetuadas pelos Estados sem prévio assentimento do Conselho de Segurança Nacional:

a) na faixa de sessenta e seis a cem quilômetros de largura, a partir da linha de fronteira, no período entre o início da vigência da Constituição da República dos Estados Unidos do Brasil, de 16 de julho de 1934, até o início da vigência da Lei nº 2.597, de 5 de julho de 1955; e

b) na faixa de cem a cento e cinquenta quilômetros de largura, a partir da linha de fronteira, no período entre o início da vigência da Constituição dos Estados Unidos do Brasil, de 10 de novembro de 1937, até o início da vigência da Lei nº 2.597, de 5 de julho de 1955.

Art. 4º Caso a desapropriação por interesse social para fins de reforma agrária recaia sobre imóvel rural, inscrito no Registro Geral de Imóveis em nome de particular, que não tenha sido destacado, validamente, do domínio público por título formal ou por força de legislação específica, o Estado no qual esteja situada a área será citado para integrar a ação de desapropriação.

§ 1º Nas ações judiciais em andamento, o órgão federal responsável requererá a citação do Estado.

§ 2º Em qualquer hipótese, feita a citação, se o Estado reivindicar o domínio do imóvel, o valor depositado ficará retido até decisão final sobre a propriedade da área.

§ 3º Nas situações de que trata este artigo, caso venha a ser reconhecido o domínio do Estado sobre a área, fica a União previamente autorizada a desapropriar o imóvel rural de domínio do Estado, prosseguindo a ação de desapropriação em relação a este.

Art. 5º Esta Lei entra em vigor após decorridos quarenta e cinco dias de sua publicação oficial.

Art. 6º Ficam revogados:

I - o Decreto-Lei nº 1.414, de 18 de agosto de 1975; e

II - a Lei nº 9.871, de 23 de novembro de 1999.

Brasília, 22 de outubro de 2015; 194º da Independência e 127º da República.

DILMA ROUSSEFF
Aldo Rebelo
Maria Emília Mendonça Pedroza Jaber
Nelson Barbosa

DOU de 23.10.2015

LEI Nº 13.240, DE 30 DE DEZEMBRO DE 2015

Dispõe sobre a administração, a alienação, a transferência de gestão de imóveis da União e seu uso para a constituição de fundos; altera a Lei nº 9.636, de 15 de maio de 1998, e os Decretos-Lei nºs 3.438, de 17 de julho de 1941, 9.760, de 5 de setembro de 1946, 271, de 28 de fevereiro de 1967, e 2.398, de 21 de dezembro de 1987; e revoga dispositivo da Lei nº 13.139, de 26 de junho de 2015.

› *Esta Lei foi republicada em 2.6.2016 pela determinação do artigo 17 que havia sido vetado na primeira publicação*

A PRESIDENTA DA REPÚBLICA Faço saber que o Congresso Nacional decreta e eu sanciono a seguinte Lei:

Art. 1º Esta Lei dispõe sobre a administração, a alienação, a transferência de gestão de imóveis da União e seu uso para a constituição de fundos.

§ 1º O disposto nesta Lei aplica-se também aos imóveis das autarquias e das fundações públicas federais no caso de adesão expressa do dirigente máximo.

§ 2º Não se aplica o disposto nesta Lei aos imóveis da União:

I - administrados pelo Ministério das Relações Exteriores, pelo Ministério da Defesa ou pelos Comandos da Marinha, do Exército ou da Aeronáutica;

II - situados na Faixa de Fronteira de que trata a Lei nº 6.634, de 2 de maio de 1979, ou na faixa de segurança de que trata o § 3º do art. 49 do Ato das Disposições Constitucionais Transitórias.

§ 3º Para os fins desta Lei, considera-se faixa de segurança a extensão de trinta metros a partir do final da praia, nos termos do § 3º do art. 10 da Lei nº 7.661, de 16 de maio de 1988.

§ 4º Para os casos em que a União seja a proprietária do terreno e das edificações de imóveis enquadrados no regime de ocupação onerosa e para as permissões de uso de imóveis funcionais, será exigido do usuário, pessoa física ou jurídica, seguro patrimonial do imóvel, na forma a ser regulamentada pela Secretaria do Patrimônio da União (SPU). *(Parágrafo acrescido pela Lei nº 13.465, de 11/7/2017)*

Arts. 2º e 3º *(Revogados pela Lei nº 13.465, de 11/7/2017)*

Art. 4º Os imóveis inscritos em ocupação poderão ser alienados pelo valor de mercado do imóvel, segundo os critérios de avaliação previstos no art. 11-C da Lei nº 9.636, de 15 de maio de 1998, excluídas as benfeitorias realizadas pelo ocupante. *("Caput" do artigo com redação dada pela Lei nº 13.465, de 11/7/2017)*

§ 1º A alienação a que se refere este artigo poderá ser efetuada à vista ou de forma parcelada, permitida a utilização dos recursos do FGTS para pagamento total, parcial ou em amortização de parcelas e liquidação do saldo devedor, observadas as demais regras e condições estabelecidas para uso do FGTS. *(Parágrafo acrescido pela Lei nº 13.465, de 11/7/2017)*

§ 2º As demais condições para a alienação dos imóveis inscritos em ocupação a que se refere este artigo serão estabelecidas em ato da Secretaria do Patrimônio da União (SPU). *(Parágrafo acrescido pela Lei nº 13.465, de 11/7/2017)*

§ 3º A Secretaria do Patrimônio da União (SPU) verificará a regularidade cadastral dos imóveis a serem alienados e procederá aos ajustes eventualmente necessários durante o processo de alienação. *(Parágrafo acrescido pela Lei nº 13.465, de 11/7/2017)*

§ 4º O prazo de validade da avaliação de que trata o *caput* deste artigo será de, no máximo, doze meses. *(Parágrafo acrescido pela Lei nº 13.465, de 11/7/2017)*

§ 5º Os templos religiosos poderão, nos termos do *caput* deste artigo, ser alienados aos seus ocupantes com desconto de 25% (vinte e cinco por cento), nos termos do art. 11 desta Lei. *(Parágrafo acrescido pela Lei nº 14.011, de 10/6/2020)*

§ 6º A critério do Poder Executivo, aplica-se o disposto no *caput* deste artigo à alienação direta de imóveis da União para os titulares de contratos de cessão de uso, sob qualquer modalidade e regime, que estejam adimplentes com as obrigações contratuais. *(Incluído pela Lei nº 14.474, de 2022)*

§ 7º A alienação de que trata o § 6º deste artigo poderá ser realizada desde que o decurso do prazo do contrato de cessão tenha sido: *(Incluído pela Lei nº 14.474, de 2022)*

I - superior a 10% (dez por cento) do prazo do ajuste; e *(Incluído pela Lei nº 14.474, de 2022)*

II - inferior a 60% (sessenta por cento) do prazo do ajuste. *(Incluído pela Lei nº 14.474, de 2022)*

§ 8º No caso de contrato com prazo indeterminado, a alienação de que trata o § 6º deste artigo somente poderá ser realizada após o decurso de 5 (cinco) anos de vigência do contrato. *(Incluído pela Lei nº 14.474, de 2022)*

Art. 5º O ocupante que não optar pela aquisição dos imóveis a que se refere o art. 4º continuará submetido ao regime de ocupação, na forma da legislação vigente. *(Artigo com redação dada pela Lei nº 13.465, de 11/7/2017)*

Art. 5º-A. Fica o Poder Executivo federal autorizado, por intermédio da Secretaria do Patrimônio da União (SPU), a contratar a Caixa Econômica Federal, independentemente de processo licitatório, para a prestação de serviços relacionados à administração dos contratos, arrecadação e cobrança administrativa decorrentes da alienação dos imóveis a que se refere o art. 4º desta Lei.

Parágrafo único. A Caixa Econômica Federal representará a União na celebração dos contratos de que trata o *caput* deste artigo. *(Artigo acrescido pela Lei nº 13.465, de 11/7/2017)*

Art. 6º A Secretaria do Patrimônio da União verificará a regularidade cadastral dos imóveis a serem alienados e procederá aos ajustes eventualmente necessários durante o processo de alienação.

Art. 7º *(Revogado pela Lei nº 13.465, de 11/7/2017)*

Art. 8º O Ministro de Estado do Planejamento, Desenvolvimento e Gestão, permitida a delegação, editará portaria com a lista de áreas ou imóveis sujeitos à alienação nos termos desta Lei. *("Caput" do artigo com redação dada pela Medida Provisória nº 759, de 22/12/2016, convertida na Lei nº 13.465, de 11/7/2017)*

§ 1º Os terrenos de marinha e acrescidos alienados na forma desta Lei:

I - não incluirão:

a) áreas de preservação permanente, na forma do inciso II do *caput* do art. 3º da Lei nº 12.651, de 25 de maio de 2012; ou

b) áreas em que seja vedado o parcelamento do solo, na forma do art. 3º e do inciso I do *caput* do art. 13 da Lei nº 6.766, de 19 de dezembro de 1979;

II - deverão estar situados em área urbana consolidada. *(Inciso com redação dada pela Medida Provisória nº 759, de 22/12/2016, convertida na Lei nº 13.465, de 11/7/2017)*

a) (VETADO); e

b) (VETADO).

§ 2º Para os fins desta Lei, considera-se área urbana consolidada aquela:

I - incluída no perímetro urbano ou em zona urbana pelo plano diretor ou por lei municipal específica;

II - com sistema viário implantado e vias de circulação pavimentadas;

III - organizada em quadras e lotes predominantemente edificados;

IV - de uso predominantemente urbano, caracterizado pela existência de edificações residenciais, comerciais, industriais, institucionais, mistas ou voltadas à prestação de serviços; e

V - com a presença de, no mínimo, três dos seguintes equipamentos de infraestrutura urbana implantados:

a) drenagem de águas pluviais;

b) esgotamento sanitário;

c) abastecimento de água potável;

d) distribuição de energia elétrica; e

e) limpeza urbana, coleta e manejo de resíduos sólidos.

§ 3º A alienação dos imóveis de que trata o § 1º não implica supressão das restrições administrativas de uso ou edificação que possam prejudicar a segurança da navegação, conforme estabelecido em ato do Ministro de Estado da Defesa.

§ 4º Não há necessidade de autorização legislativa específica para alienação dos imóveis arrolados na portaria a que se refere o *caput*.

Art. 8º-A. Fica a Secretaria do Patrimônio da União (SPU) autorizada a receber Proposta de Manifestação de Aquisição por ocupante de imóvel da União que esteja regularmente inscrito e adimplente com suas obrigações com aquela Secretaria.

§ 1º O ocupante deverá apresentar à SPU carta formalizando o interesse na aquisição juntamente com a identificação do imóvel e do ocupante, comprovação do período de ocupação e de estar em dia com as respectivas taxas, avaliação do imóvel e das benfeitorias, proposta de pagamento e, para imóveis rurais, georreferenciamento e CAR individualizado.

§ 2º Para a análise da Proposta de Manifestação de Aquisição de que trata este artigo deverão ser cumpridos todos os requisitos e condicionantes estabelecidos na legislação que normatiza a alienação de imóveis da União, mediante a edição da portaria do Ministério do Planejamento, Desenvolvimento e Gestão, de que trata o art. 8º desta Lei, bem como os critérios de avaliação previstos no art. 11-C da Lei nº 9.636, de 15 de maio de 1998.

§ 3º O protocolo da Proposta de Manifestação de Aquisição de imóvel da União pela Secretaria do Patrimônio da União (SPU) não constituirá nenhum direito ao ocupante perante a União.

§ 4º A Secretaria do Patrimônio da União (SPU) fica autorizada a regulamentar a Proposta de Manifestação de Aquisição de que trata este artigo, mediante edição de portaria específica. *(Artigo acrescido pela Lei nº 13.465, de 11/7/2017)*

Art. 9º Poderá ser alienado ao ocupante que o tenha como único imóvel residencial no Município ou no Distrito Federal, dispensada a licitação, o imóvel da União situado em área:

I - urbana consolidada, nos termos do § 2º do art. 8º desta Lei, desde que não esteja situado em área de preservação permanente, na forma do inciso II do *caput* do art. 3º da Lei nº 12.651, de 25 de maio de 2012, nem em área na qual seja vedado o parcelamento do solo, na forma do art. 3º e do inciso I do *caput* do art. 13 da Lei nº 6.766, de 19 de dezembro de 1979;

II - rural, desde que o imóvel tenha área igual ou superior à dimensão do módulo de propriedade rural estabelecida pela Lei nº 4.504, de 30 de novembro de 1964, e não superior ao dobro daquela dimensão e não esteja sendo utilizado para fins urbanos.

Art. 10. É assegurado ao ocupante de boa-fé o direito de preferência para a aquisição do respectivo imóvel sujeito a alienação nos termos desta Lei.

Art. 11. O adquirente receberá desconto de 25% (vinte e cinco por cento) na aquisição à vista, com fundamento no art. 4º desta Lei, desde que atendidas as seguintes condições, cumulativamente: *("Caput" do artigo com redação dada pela Medida Provisória nº 852, de 21/9/2018, convertida na Lei nº 13.813, de 9/4/2019)*

I - tenha sido apresentada manifestação de interesse para a aquisição à vista com o desconto de que trata o *caput* deste artigo no prazo de 30 (trinta) dias, contado a partir da data do recebimento da notificação da inclusão do imóvel na portaria de que trata o art. 8º desta Lei; e *(Inciso acrescido pela Medida Provisória nº 852, de 21/9/2018, convertida e com redação dada pela Lei nº 13.813, de 9/4/2019)*

II - tenha sido efetuado o pagamento à vista do valor da alienação no prazo de 60 (sessenta) dias, contado a partir da data da manifestação de interesse do adquirente. *(Inciso acrescido pela Medida Provisória nº 852, de 21/9/2018, convertida e com redação dada pela Lei nº 13.813, de 9/4/2019)*

Parágrafo único. Para as alienações efetuadas de forma parcelada, não será concedido desconto. *(Parágrafo único acrescido pela Lei nº 13.465, de 11/7/2017)*

Art. 12. O pagamento das alienações realizadas nos termos desta Lei observará critérios fixados em regulamento e poderá ser realizado:

I - à vista; *(Inciso com redação dada pela Lei nº 13.465, de 11/7/2017)*

II - (VETADO).

III - a prazo, mediante as condições de parcelamento estabelecidas em ato da Secretaria do Patrimônio da União (SPU). *(Inciso acrescido pela Medida Provisória nº 759, de 22/12/2016, convertida na Lei nº 13.465, de 11/7/2017)*

Art. 13. *(Revogado pela Lei nº 13.465, de 11/7/2017)*

Art. 14. É a União autorizada a transferir aos Municípios a gestão das orlas e praias marítimas, estuarinas, lacustres e fluviais federais, inclusive as áreas de bens de uso comum com exploração econômica, tais como calçadões, praças e parques públicos, excetuados: *("Caput" do artigo com redação dada pela Medida Provisória nº 852, de 21/9/2018, convertida na Lei nº 13.813, de 9/4/2019)*

I - os corpos d'água;

II - as áreas consideradas essenciais para a estratégia de defesa nacional;

III - as áreas reservadas à utilização de órgãos e entidades federais;

IV - as áreas destinadas à exploração de serviço público de competência da União;

V - as áreas situadas em unidades de conservação federais.

§ 1º A transferência prevista neste artigo ocorrerá mediante assinatura de termo de adesão com a União.

§ 2º O termo de adesão será disponibilizado no sítio eletrônico do Ministério do Planejamento, Orçamento e Gestão para preenchimento eletrônico e preverá, entre outras cláusulas:

I - a sujeição do Município às orientações normativas e à fiscalização pela Secretaria do Patrimônio da União;

II - o direito dos Municípios sobre a totalidade das receitas auferidas com as utilizações autorizadas;

III - a possibilidade de a União retomar a gestão, a qualquer tempo, devido a descumprimento de normas da Secretaria do Patrimônio da União ou por razões de interesse público superveniente;

IV - a reversão automática da área à Secretaria do Patrimônio da União no caso de cancelamento do termo de adesão;

V - a responsabilidade integral do Município, no período de gestão municipal, pelas ações ocorridas, pelas omissões praticadas e pelas multas e indenizações decorrentes.

§ 3º (VETADO).

Art. 15. Ficam transferidos aos Municípios e ao Distrito Federal os logradouros públicos, pertencentes a parcelamentos do solo para fins urbanos aprovados ou regularizados pelo poder local e registrados nos cartórios de registro de imóveis, localizados em terrenos de domínio da União.

Art. 16. A Secretaria do Patrimônio da União poderá reconhecer a utilização de terrenos da União por terceiros em áreas de preservação ambiental ou necessárias à preservação dos ecossistemas naturais, inclusive em Área de Preservação Permanente - APP, inscrevendo-os em regime de ocupação, observados os prazos da Lei nº 9.636, de 15 de maio de 1998, devendo ser comprovado perante o órgão ambiental competente que a utilização não concorre nem tenha concorrido para comprometimento da integridade dessas áreas.

§ 1º O ocupante responsabiliza-se pela preservação do meio ambiente na área inscrita em ocupação e pela obtenção das licenças urbanísticas e ambientais eventualmente necessárias, sob pena de cancelamento da inscrição de ocupação.

§ 2º O reconhecimento de que trata este artigo não se aplica às áreas de uso comum.

Art. 17. A União repassará 20% (vinte por cento) da receita patrimonial decorrente da alienação dos imóveis a que se refere o art. 4º aos Municípios e ao Distrito Federal onde estão localizados. *(Artigo com redação dada pela Lei nº 13.465, de 11/7/2017)*

Art. 18. As receitas patrimoniais da União decorrentes da venda de imóveis de que tratam o art. 8º desta Lei e os arts. 12 a 15 e 16-C da Lei nº 9.636, de 15 de maio de 1998, e dos direitos reais a eles associados, bem como as obtidas com as alienações e outras operações dos fundos imobiliários, descontados os custos operacionais, comporão o Fundo instituído pelo Decreto-Lei nº 1.437, de 17 de dezembro de 1975, e integrarão a subconta especial destinada a atender às despesas com o Programa de Administração Patrimonial Imobiliária da União (Proap), instituído pelo art. 37 da Lei nº 9.636, de 15 de maio de 1998, ressalvadas aquelas com outra destinação prevista em lei. *("Caput" do artigo com redação dada pela Lei nº 13.465, de 11/7/2017)*

Parágrafo único. *(Revogado pela Lei nº 13.465, de 11/7/2017)*

Art. 18-A. O percentual de 2,5% (dois inteiros e cinco décimos por cento) das receitas patrimoniais da União arrecadadas anualmente por meio da cobrança de taxa de ocupação, foro e laudêmio, recuperação de dívida ativa, arrendamentos, aluguéis, cessão e permissão de uso, multas e outras taxas patrimoniais integrará a subconta especial destinada a atender às despesas previstas no Programa de Administração Patrimonial Imobiliária da União (PROAP), instituído pelo art. 37 da Lei nº 9.636, de 15 de maio de 1998, ressalvadas aquelas com outra destinação prevista em lei.

Parágrafo único. Os recursos referidos no *caput* deste artigo serão alocados para as finalidades previstas nos incisos II a VIII do *caput* do art. 37 da Lei 9.636, de 15 de maio de 1998, e poderão ser utilizados a qualquer momento pela Secretaria do Patrimônio da União (SPU). *(Artigo acrescido pela Lei nº 13.465, de 11/7/2017)*

Art. 19. A Lei nº 9.636, de 15 de maio de 1998, passa a vigorar com as seguintes alterações:

› *Alterações inseridas no texto da referida norma.*

Art. 20. Os imóveis de propriedade da União arrolados na portaria de que trata o art. 8º e os direitos reais a eles associados poderão ser destinados à integralização de cotas em fundos de investimento. *("Caput" do artigo com redação dada pela Lei nº 13.465, de 11/7/2017)*

§ 1º O Ministro de Estado do Planejamento, Orçamento e Gestão editará nova portaria para definir os imóveis abrangidos pelo *caput* e a destinação a ser dada a eles.

§ 2º O fundo de investimento deverá ter em seu estatuto, entre outras disposições:

I - o objetivo de administrar os bens e direitos sob sua responsabilidade, podendo, para tanto, alienar, reformar, edificar, adquirir ou alugar os bens e direitos sua responsabilidade;

II - a permissão para adquirir ou integralizar cotas, inclusive com imóveis e com direitos reais a eles associados, em outros fundos de investimento;

III - a permissão para aceitar como ativos, inclusive com periodicidade superior a sessenta meses, contratos de locação com o poder público;

IV - a delimitação da responsabilidade dos cotistas por suas obrigações até o limite de sua participação no patrimônio do fundo;

V - a vedação à realização de operações que possam implicar perda superior ao valor do patrimônio do fundo;

VI - a possibilidade de o fundo poder ter suas cotas negociadas em ambiente de negociação centralizada e eletrônica, inclusive em bolsa de valores e de mercadorias ou em mercado de balcão organizado.

§ 3º A União poderá contratar, por meio de processo licitatório, prestação de serviços de constituição, de estruturação, de administração e de gestão de fundo de investimento, para os fins de que trata o *caput* deste artigo, dispensada a licitação para a contratação de instituições financeiras oficiais federais. *(Parágrafo com redação dada pela Medida Provisória nº 852, de 21/9/2018, convertida na Lei nº 13.813, de 9/4/2019)*

§ 4º Os fundos referidos no *caput* deste artigo poderão ter por objeto a realização de programas de regularização fundiária, rural ou urbana, de que tratam as Leis nºs 9.636, de 15 de maio de 1998, e 13.465, de 11 de julho de 2017, com o encargo de que as áreas inseridas nas poligonais dos programas sejam regularizadas e alienadas aos seus ocupantes, sempre que possível, e, além das matérias referidas no § 2º deste artigo, devem estar previstas em seus regulamentos as seguintes disposições:

I - previsão de ressarcimento aos fundos dos encargos de aprovação de projetos de parcelamento e registro dos imóveis situados na poligonal;

II - obrigação de alienar, ou conceder gratuitamente, os imóveis regularizados aos seus ocupantes;

III - permissão para amortizar os custos da regularização por meio de imóveis disponíveis, não ocupados ou alienados, situados na poligonal do projeto de regularização;

IV - previsão de que os imóveis regularizados e não ocupados disponíveis dentro da poligonal deverão, preferencialmente, ser alienados, podendo, no entanto, ser retidos no fundo até a integralização do custo do programa de regularização;

V - previsão de que poderão ser livremente alienados os imóveis desocupados e fora da poligonal da regularização fundiária. *(Parágrafo acrescido pela Lei nº 14.011, de 10/6/2020)*

§ 5º Em caso de imóveis em que recaia interesse público ou de imóveis de uso especial, bem como no caso de necessidade de realização de obras de infraestrutura, os fundos de regularização de que trata o § 6º deste artigo poderão utilizar as receitas de alienação de outros imóveis situados na poligonal para ressarcimento dos custos efetivamente incorridos. *(Parágrafo acrescido pela Lei nº 14.011, de 10/6/2020)*

§ 6º Ficam os fundos com o objeto descrito no § 4º deste artigo sujeitos ao regime de que trata a Lei nº 8.668, de 25 de junho de 1993. *(Parágrafo acrescido pela Lei nº 14.011, de 10/6/2020)*

§ 7º As quotas dos fundos com o objeto descrito no § 4º deste artigo constituem valores mobiliários sujeitos ao regime da Lei nº 6.385, de 7 de dezembro de 1976. *(Parágrafo acrescido pela Lei nº 14.011, de 10/6/2020)*

§ 8º A integralização de bens e direitos imobiliários da União nos fundos de que trata este artigo poderá ser feita com base em laudo de avaliação homologado pela Secretaria de Coordenação e Governança do Patrimônio da União e aprovado pela assembleia de cotistas, exceto quando se tratar da primeira oferta pública de distribuição de quotas do fundo. *(Parágrafo acrescido pela Lei nº 14.011, de 10/6/2020)*

Art. 20-A. Para os fins do disposto no art. 20 desta Lei, a União é autorizada a prever no instrumento convocatório a hipótese de realização das despesas iniciais de estruturação do fundo de investimento, observada a disponibilidade financeira e orçamentária.

Parágrafo único. As despesas de que trata o *caput* deste artigo serão amortizadas por meio do recebimento de cotas equivalentes aos valores despendidos. *(Artigo acrescido pela Medida Provisória nº 852, de 21/9/2018, convertida na Lei nº 13.813, de 9/4/2019)*

Art. 21. Fica o Poder Executivo autorizado a, por intermédio da Secretaria do Patrimônio da União, celebrar contratos ou convênios com órgãos e entidades da União, de Estados, do Distrito Federal ou de Municípios, notadamente a Caixa Econômica Federal e a Agência de Desenvolvimento do Distrito Federal - TERRACAP, para a execução de ações de cadastramento, regularização, avaliação e outras medidas necessárias ao processo de alienação dos bens imóveis a que se refere esta Lei e representá-la na celebração de contratos ou em outros ajustes.

§ 1º Observados os procedimentos licitatórios previstos em lei, fica autorizada a contratação da iniciativa privada para a execução das ações de demarcação, avaliação e alienação dos bens imóveis a que se refere esta Lei.

§ 2º Na contratação da Caixa Econômica Federal:

I - será dispensada a homologação pelo ente público das avaliações realizadas;

II - a validade das avaliações será de um ano; e

III - (VETADO).

§ 3º O Ministro de Estado do Planejamento, Orçamento e Gestão, permitida a delegação, editará portaria para arrolar as áreas ou os imóveis alcançados pelos contratos e convênios previstos neste artigo.

Art. 22. Os imóveis não operacionais que constituem o patrimônio imobiliário do Fundo do Regime Geral de Previdência Social serão geridos pela Secretaria de Coordenação e Governança do Patrimônio da União da Secretaria Especial de Desestatização, Desinvestimento e Mercados do Ministério da Economia, observado o disposto na legislação relativa ao patrimônio imobiliário da União. *("Caput" do artigo com redação dada pela Medida Provisória nº 915, de 27/12/2019, convertida na Lei nº 14.011, de 10/6/2020)*

§ 1º *(Parágrafo acrescido pela Medida Provisória nº 852, de 21/9/2018, convertida na Lei nº 13.813, de 9/4/2019 e revogado pela Lei nº 14.011, de 10/6/2020)*

§ 2º *(Parágrafo acrescido pela Medida Provisória nº 852, de 21/9/2018, convertida na Lei nº 13.813, de 9/4/2019 e revogado pela Lei nº 14.011, de 10/6/2020)*

§ 3º Para fins do disposto neste artigo, o Instituto Nacional do Seguro Social (INSS) publicará a listagem dos imóveis operacionais e não operacionais que constituem o patrimônio imobiliário do Fundo do Regime Geral de Previdência Social e transferirá a gestão dos imóveis não operacionais para a Secretaria de Coordenação e Governança do Patrimônio da União. *(Parágrafo acrescido pela Medida Provisória nº 915, de 27/12/2019, convertida e com redação dada pela Lei nº 14.011, de 10/6/2020)*

§ 4º Sempre que possível, a Secretaria de Coordenação e Governança do Patrimônio da União providenciará a conversão do patrimônio imobiliário de que trata o *caput* deste artigo em recursos financeiros, por meio dos mecanismos de alienação e de utilização onerosa. *(Parágrafo acrescido pela Medida Provisória nº 915, de 27/12/2019, convertida e com redação dada pela Lei nº 14.011, de 10/6/2020)*

§ 5º Os recursos financeiros resultantes da alienação ou da utilização onerosa dos imóveis de que trata o § 4º deste artigo serão destinados ao Fundo do Regime Geral de Previdência Social. *(Parágrafo acrescido pela Medida Provisória nº 915, de 27/12/2019, convertida e com redação dada pela Lei nº 14.011, de 10/6/2020)*

§ 6º *(Revogado pela Lei nº 14.474, de 2022)*

§ 6º-A. A Secretaria de Coordenação e Governança do Patrimônio da União poderá opinar tecnicamente pela inviabilidade de alienação onerosa de imóvel sob sua gestão, nos casos em que este se caracterizar como bem de uso comum do povo ou que tiver a ocupação consolidada por assentamentos informais de baixa renda, até a data de publicação deste parágrafo, sem prejuízo de outras hipóteses de inviabilidade de alienação onerosa que puderem ser justificadamente caracterizadas, as quais serão submetidas à análise do INSS e poderão ser declaradas pelo dirigente máximo da autarquia. *(Incluído pela Lei nº 14.474, de 2022)*

§ 6º-B. Declarada a inviabilidade de alienação onerosa prevista no § 6º-A deste artigo, o valor do imóvel será considerado nulo, e caberá à Secretaria de Coordenação e Governança do Patrimônio da União atuar nas providências de transferência patrimonial do imóvel para a União e promover as ações para fins de destinação exclusiva de interesse social ou coletivo, sem encargos ou contrapartidas ao Fundo do Regime Geral de Previdência Social. *(Incluído pela Lei nº 14.474, de 2022)*

§ 6º-C. A comunicação da Secretaria de Coordenação e Governança do Patrimônio da União será suficiente para que o cartório promova a anotação, na matrícula do imóvel, da desafetação ao Fundo do Regime Geral de Previdência Social e da titularidade da União, devendo ser utilizados o número de inscrição no Cadastro Nacional da Pessoa Jurídica (CNPJ) do órgão central da Secretaria e o nome "UNIÃO". *(Incluído pela Lei nº 14.474, de 2022)*

§ 7º *(Revogado pela Lei nº 14.474, de 2022)*

§ 7º-A. Fica autorizada a permuta entre o Fundo do Regime Geral de Previdência Social e a União de imóveis por imóveis, de imóveis por cotas de fundos de investimento previstos no art. 20 desta Lei e de cotas por cotas, e ambos poderão ser os proprietários das cotas ou dos imóveis nas operações. *(Incluído pela Lei nº 14.474, de 2022)*

§ 7º-B. Os imóveis enquadrados no § 7º-A deste artigo deverão ter avaliação de valor de mercado realizada nos 12 (doze) meses anteriores, prorrogáveis por igual período. *(Incluído pela Lei nº 14.474, de 2022)*

§ 7º-C. Os imóveis integrantes do patrimônio do Fundo do Regime Geral de Previdência Social poderão ser transferidos à União, que recomporá o Fundo do Regime Geral de Previdência Social, conforme avaliação de valor de mercado realizada nos 12 (doze) meses anteriores, prorrogáveis por igual período, por meio da transferência ao Fundo de recursos previstos na lei orçamentária anual. *(Incluído pela Lei nº 14.474, de 2022)*

§ 8º A destinação não econômica de imóveis para atendimento de interesse dos Estados, do Distrito Federal ou dos Municípios poderá ocorrer somente após a permuta de que trata o § 7º deste artigo, cabendo ao ente federativo interessado a recomposição patrimonial à União, exceto quando a recomposição for dispensada por lei. *(Parágrafo acrescido pela Medida Provisória nº 915, de 27/12/2019, convertida e com redação dada pela Lei nº 14.011, de 10/6/2020)*

§ 8º-A. Os imóveis que constituem o patrimônio imobiliário do Fundo do Regime Geral de Previdência Social poderão ser destinados, por iniciativa do INSS ou da Secretaria de Coordenação e Governança do Patrimônio da União, à integralização de cotas em fundos de investimento, observados os requisitos do § 2º do art. 20 desta Lei e a legislação referida no *caput* deste artigo. *(Incluído pela Lei nº 14.441, de 2022)*

§ 8º-B. Em caso de destinação de bens na forma do § 8º-A deste artigo, as cotas em fundos de investimento comporão o patrimônio do Fundo do Regime Geral de Previdência Social. *(Incluído pela Lei nº 14.441, de 2022)*

§ 8º-C. Poderá ser contratada, por meio de processo licitatório, prestação de serviços de constituição, de estruturação, de administração e de gestão de fundo de investimento, para os fins de que trata o § 8º-A deste artigo, dispensada a licitação para a contratação de instituições financeiras oficiais federais. *(Incluído pela Lei nº 14.441, de 2022)*

§ 9º Quando se tratar dos imóveis não operacionais sob a gestão da Secretaria de Coordenação e Governança do Patrimônio da União, a União representará o Fundo do Regime Geral de Previdência Social nos direitos, nos créditos, nos deveres e nas obrigações e exercerá as atribuições e competências estabelecidas na Lei nº 9.702, de 17 de novembro de 1998. *(Parágrafo acrescido pela Medida Provisória nº 915, de 27/12/2019, convertida e com redação dada pela Lei nº 14.011, de 10/6/2020)*

§ 10. Caberá ao Fundo do Regime Geral de Previdência Social arcar com as despesas decorrentes da conservação, da avaliação e da administração dos imóveis que constituam o seu patrimônio imobiliário, nos termos de regulamento. *(Parágrafo acrescido pela Medida Provisória nº 915, de 27/12/2019, convertida e com redação dada pela Lei nº 14.011, de 10/6/2020)*

§ 10-A. Os rendimentos distribuídos ao Fundo do Regime Geral de Previdência Social pelos fundos de investimento de cotas integralizadas, na forma do § 8º-A, serão destinados, preferencialmente, às despesas de que trata o § 10 deste artigo. *(Incluído pela Lei nº 14.474, de 2022)*

§ 11. Aplica-se o disposto no *caput* deste artigo aos imóveis funcionais ocupados ou não que constituam o patrimônio imobiliário do Fundo do Regime Geral de Previdência Social. *(Parágrafo acrescido pela Lei nº 14.011, de 10/6/2020)*

§ 12. As medidas necessárias para a operacionalização do disposto neste artigo serão objeto de ato conjunto da Secretaria de Coordenação e Governança do Patrimônio da União, da Secretaria Especial de Previdência e Trabalho do Ministério da Economia e do INSS. *(Parágrafo acrescido pela Lei nº 14.011, de 10/6/2020)*

Art. 22-A. Os imóveis operacionais destinados à prestação de serviços aos segurados e beneficiários do Regime Geral de Previdência Social, ainda que parcialmente, permanecem afetados às suas finalidades.

§ 1º A Secretaria de Coordenação e Governança do Patrimônio da União reverterá imóveis não operacionais do Fundo do Regime Geral de Previdência Social para utilização pelos órgãos responsáveis pelos serviços de que trata o *caput* deste artigo.

§ 2º Na hipótese de os imóveis de que trata o *caput* deste artigo perderem seu caráter operacional, os imóveis serão preferencialmente afetados ou cedidos ao serviço de assistência social da União, dos Estados, do Distrito Federal ou dos Municípios, nos termos de regulamento.

§ 3º A utilização dos imóveis para os fins de que trata este artigo não será onerosa. *(Artigo acrescido pela Medida Provisória nº 915, de 27/12/2019, convertida na Lei nº 14.011, de 10/6/2020)*

Art. 22-B. Ficam revertidos aos respectivos Estados, ao Distrito Federal e aos Municípios os imóveis doados ao Fundo do Regime Geral de Previdência Social cujas obras não tenham sido iniciadas até 1º de dezembro de 2019. *(Artigo acrescido pela Medida Provisória nº 915, de 27/12/2019, convertida e com redação dada pela Lei nº 14.011, de 10/6/2020)*

Art. 23. Os imóveis do Instituto Nacional de Colonização e Reforma Agrária - INCRA desprovidos de vocação agrícola poderão ser doados a Estado, ao Distrito Federal ou a Município, para o fim específico de regularização fundiária de assentamento urbano, nos termos da Lei nº 11.977, de 7 de julho de 2009.

Art. 24. O *caput* do art. 4º do Decreto-Lei nº 3.438, de 17 de julho de 1941, passa a vigorar com a seguinte redação:

"Art. 4º Ficam sujeitos ao regime enfitêutico os terrenos de marinha e os seus acrescidos, exceto aqueles necessários aos logradouros e aos serviços públicos ou quando houver disposição legal em sentido diverso.

(...)

Art. 25. O Decreto-Lei nº 9.760, de 5 de setembro de 1946, passa a vigorar com as seguintes alterações:

› *Alterações inseridas no texto da referida norma.*

Art. 26. (VETADO)

Art. 27. O Decreto-Lei nº 2.398, de 21 de dezembro de 1987, passa a vigorar com as seguintes alterações:

› *Alterações inseridas no texto da referida norma.*

Art. 28. Esta Lei entra em vigor na data de sua publicação.

Art. 29. Ficam revogados:

I - o inciso III do *caput* do art. 24 e o inciso II do *caput* do art. 27 da Lei nº 9.636, de 15 de maio de 1998;

II - o art. 1º da Lei nº 13.139, de 26 de junho de 2015, na parte em que altera a redação do art. 100 do Decreto-Lei nº 9.760, de 5 de setembro de 1946.

Brasília, 30 de dezembro de 2015; 194º da Independência e 127º da República.
DILMA ROUSSEFF
Nivaldo Luiz Rossato
Nelson Barbosa
Valdir Moysés Simão
Izabella Mônica Vieira Teixeira

DOU de 31.12.2015 e republicada em 2.6.2016

LEI Nº 13.259, DE 16 DE MARÇO DE 2016

Altera as Leis nºs 8.981, de 20 de janeiro de 1995, para dispor acerca da incidência de imposto sobre a renda na hipótese de ganho de capital em decorrência da alienação de bens e direitos de qualquer natureza, e 12.973, de 13 de maio de 2014, para possibilitar opção de tributação de empresas coligadas no exterior na forma de empresas controladas; e regulamenta o inciso XI do art. 156 da Lei nº 5.172, de 25 de outubro de 1966 – Código Tributário Nacional.

A PRESIDENTA DA REPÚBLICA

Faço saber que o Congresso Nacional decreta e eu sanciono a seguinte Lei:

Art. 1º O art. 21 da Lei nº 8.981, de 20 de janeiro de 1995, passa a vigorar com as seguintes alterações:

"Art. 21. O ganho de capital percebido por pessoa física em decorrência da alienação de bens e direitos de qualquer natureza sujeita-se à incidência do imposto sobre a renda, com as seguintes alíquotas:

I – 15% (quinze por cento) sobre a parcela dos ganhos que não ultrapassar R$ 5.000.000,00 (cinco milhões de reais);

II – 17,5% (dezessete inteiros e cinco décimos por cento) sobre a parcela dos ganhos que exceder R$ 5.000.000,00 (cinco milhões de reais) e não ultrapassar R$ 10.000.000,00 (dez milhões de reais);

III – 20% (vinte por cento) sobre a parcela dos ganhos que exceder R$ 10.000.000,00 (dez milhões de reais) e não ultrapassar R$ 30.000.000,00 (trinta milhões de reais); e

IV – 22,5% (vinte e dois inteiros e cinco décimos por cento) sobre a parcela dos ganhos que ultrapassar R$ 30.000.000,00 (trinta milhões de reais).

(...)

§ 3º Na hipótese de alienação em partes do mesmo bem ou direito, a partir da segunda operação, desde que realizada até o final do ano-calendário seguinte ao da primeira operação, o ganho de capital deve ser somado aos ganhos auferidos nas operações anteriores, para fins da apuração do imposto na forma do caput, deduzindo-se o montante do imposto pago nas operações anteriores.

§ 4º Para fins do disposto neste artigo, considera-se integrante do mesmo bem ou direito o conjunto de ações ou quotas de uma mesma pessoa jurídica.

§ 5º (VETADO)."

Art. 2º O ganho de capital percebido por pessoa jurídica em decorrência da alienação de bens e direitos do ativo não circulante sujeita-se à incidência do imposto sobre a renda, com a aplicação das alíquotas previstas no *caput* do art. 21 da Lei nº 8.981, de 20 de janeiro de 1995, e do disposto nos §§ 1º, 3º e 4º do referido artigo, exceto para as pessoas jurídicas tributadas com base no lucro real, presumido ou arbitrado.

Art. 3º A Lei nº 12.973, de 13 de maio de 2014, passa a vigorar acrescida do seguinte art. 82-A:

"Art. 82-A. Opcionalmente, a pessoa jurídica domiciliada no Brasil poderá oferecer à tributação os lucros auferidos por intermédio de suas coligadas no exterior na forma prevista no art. 82, independentemente do descumprimento das condições previstas no caput do art. 81.

§ 1º O disposto neste artigo não se aplica às hipóteses em que a pessoa jurídica coligada domiciliada no Brasil é equiparada à controladora, nos termos do art. 83.

§ 2º A Secretaria da Receita Federal do Brasil estabelecerá a forma e as condições para a opção de que trata o caput."

Art. 4º O crédito tributário inscrito em dívida ativa da União poderá ser extinto, nos termos do inciso XI do *caput* do art. 156 da Lei nº 5.172, de 25 de outubro de 1966 - Código Tributário Nacional, mediante dação em pagamento de bens imóveis, a critério do credor, na forma desta Lei, desde que atendidas as seguintes condições: *(Redação dada pela Lei nº 13.313, de 2016)*

I - a dação seja precedida de avaliação do bem ou dos bens ofertados, que devem estar livres e desembaraçados de quaisquer ônus, nos termos de ato do Ministério da Fazenda; e *(Redação dada pela Lei nº 13.313, de 2016)*

II - a dação abranja a totalidade do crédito ou créditos que se pretende liquidar com atualização, juros, multa e encargos legais, sem desconto de qualquer natureza, assegurando-se ao devedor a possibilidade de complementação em dinheiro de eventual diferença entre os valores da totalidade da dívida e o valor do bem ou dos bens ofertados em dação. *(Redação dada pela Lei nº 13.313, de 2016)*

§ 1º O disposto no *caput* não se aplica aos créditos tributários referentes ao Regime Especial Unificado de Arrecadação de Tributos e Contribuições devidos pelas Microempresas e Empresas de Pequeno Porte - Simples Nacional. *(Redação dada pela Lei nº 13.313, de 2016)*

§ 2º Caso o crédito que se pretenda extinguir seja objeto de discussão judicial, a dação em pagamento somente produzirá efeitos após a desistência da referida ação pelo devedor ou corresponsável e a renúncia do direito sobre o qual se funda a ação, devendo o devedor ou o corresponsável arcar com o pagamento das custas judiciais e honorários advocatícios. *(Redação dada pela Lei nº 13.313, de 2016)*

§ 3º A União observará a destinação específica dos créditos extintos por dação em pagamento, nos termos de ato do Ministério da Fazenda. *(Redação dada pela Lei nº 13.313, de 2016)*

§ 4º Os registros contábeis decorrentes da dação em pagamento de que trata o *caput* deste artigo observarão as normas gerais de consolidação das contas públicas de que trata o § 2º do art. 50 da Lei Complementar nº 101, de 4 de maio de 2000. *(Incluído pela Lei 14.011, de 2020)*

Art. 4º-A. Sem prejuízo dos requisitos e das condições estabelecidos no art. 4º desta Lei, na hipótese de estado de calamidade pública reconhecido em ato do Poder Executivo federal, o crédito inscrito em dívida ativa da União poderá ser extinto mediante dação em pagamento de bens imóveis que possuam valor histórico, cultural, artístico, turístico ou paisagístico, desde que estejam localizados nas áreas descritas nas informações de desastre natural ou tecnológico e as atividades empresariais do devedor legítimo proprietário do bem imóvel decorram das áreas afetadas pelo desastre. *(Incluído pela Lei 14.011, de 2020)*

§ 1º Para fins da avaliação de que trata o inciso I do *caput* do art. 4º desta Lei, caberão ao Instituto do Patrimônio Histórico e Artístico Nacional (Iphan) a autenticação prévia e a definição do valor histórico, cultural, artístico, turístico ou paisagístico, observado, no que couber, o disposto no art. 28 do Decreto-Lei nº 25, de 30 de novembro de 1937. *(Incluído pela Lei 14.011, de 2020)*

§ 2º O contribuinte que se encontrar na situação de que trata o *caput* deste artigo cujo crédito que se pretenda extinguir não esteja inscrito em dívida ativa poderá solicitar sua inscrição imediata à Secretaria Especial da Receita Federal do Brasil do Ministério da Economia, desde que renuncie expressamente ao direito sobre o qual se fundamente eventual discussão judicial ou administrativa, observado, no que couber, o disposto no § 2º do art. 4º desta Lei. *(Incluído pela Lei 14.011, de 2020)*

§ 3º Na hipótese de desastre tecnológico, consumada a dação em pagamento para a extinção dos débitos tributários, a União sub-rogar-se-á nos direitos inerentes à indenização devida pelo causador do dano e, na hipótese de inadimplemento, promoverá a inscrição em dívida ativa dos valores apurados em procedimento administrativo próprio, observado o disposto na Lei nº 9.784, de 29 de janeiro de 1999. *(Incluído pela Lei 14.011, de 2020)*

§ 4º Não serão aceitos imóveis de difícil alienação, inservíveis ou que não atendam aos critérios de necessidade, de utilidade e de conveniência, a serem aferidos pela administração pública federal, condicionada a aceitação pela Procuradoria-Geral da Fazenda Nacional e pelo Iphan ao interesse público e à observância das normas e dos procedimentos específicos para a avaliação do bem. *(Incluído pela Lei 14.011, de 2020)*

§ 5º Efetivada a dação em pagamento, os bens imóveis recebidos serão administrados pelo Iphan, diretamente ou por meio de terceiros, mediante procedimento licitatório. *(Incluído pela Lei 14.011, de 2020)*

§ 6º Ato do Ministro de Estado da Economia disporá sobre a necessidade e a forma de comprovação da disponibilidade orçamentária e financeira para a aceitação da dação em pagamento de que trata este artigo. *(Incluído pela Lei 14.011, de 2020)*

§ 7º O disposto neste artigo não se aplica às hipóteses de declaração de estado de calamidade pública financeira. *(Incluído pela Lei 14.011, de 2020)*

Art. 5º Esta Lei entra em vigor na data de sua publicação, produzindo efeitos a partir de 1º de janeiro de 2016.

§§ 1º e 2º (VETADOS)

Brasília, 16 de março de 2016; 195º da Independência e 128º da República.
DILMA ROUSSEFF
Nelson Barbosa
D.O.U: de 17.03.2016.

LEI Nº 13.347, DE 10 DE OUTUBRO DE 2016

Limita o reajuste das receitas patrimoniais decorrentes da atualização da planta de valores, para efeito do cálculo do valor do domínio pleno do terreno a que se refere o § 1º do art. 1º do Decreto-Lei nº 2.398, de 21 de dezembro de 1987, e dá outras providências.

O PRESIDENTE DA REPÚBLICA

Faço saber que o Congresso Nacional decreta e eu sanciono a seguinte Lei:

Art. 1º No exercício de 2016, o reajuste das receitas patrimoniais decorrentes da atualização da planta de valores, para efeito do cálculo do valor do domínio pleno do terreno a que se refere o § 1º do art. 1º do Decreto-Lei nº 2.398, de 21 de dezembro de 1987, fica limitado a 10,54% (dez inteiros e cinquenta e quatro centésimos por cento) sobre o valor do trecho correspondente para o exercício de 2015, ressalvada a correção de inconsistências cadastrais.

§ 1º *(Revogado pela Lei nº 13.456, de 2017)*

§ 2º A Secretaria do Patrimônio da União – SPU efetuará os novos lançamentos decorrentes da aplicação do disposto no *caput* e disponibilizará os documentos de arrecadação em seu sítio eletrônico, para os quais serão concedidos o parcelamento em até seis cotas mensais, com o vencimento da primeira parcela ou da cota única para o dia 29 de julho de 2016, respeitado o valor mínimo de R$ 100,00 (cem reais) para cada parcela.

§ 3º (VETADO).

Arts. 2º a 5º (VETADOS)

Art. 6º Esta Lei entra em vigor na data de sua publicação.

Brasília, 10 de outubro de 2016; 195º da Independência e 128º da República.
MICHEL TEMER
Alexandre de Moraes
Dyogo Henrique de Oliveira
Grace Maria Fernandes Mendonça
D.O.U: de 11.10.2016.

LEI Nº 13.465, DE 11 DE JULHO DE 2017

Dispõe sobre a regularização fundiária rural e urbana, sobre a liquidação de créditos concedidos aos assentados da reforma agrária e sobre a regularização fundiária no âmbito da Amazônia Legal; institui mecanismos para aprimorar a eficiência dos procedimentos de alienação de imóveis da União; altera as Leis nºs 8.629, de 25 de fevereiro de 1993,13.001, de 20 de junho de 2014, 11.952, de 25 de junho de 2009, 13.340, de 28 de setembro de 2016, 8.666, de 21 de junho de 1993, 6.015, de 31 de dezembro de 1973, 12.512, de 14 de outubro de 2011, 10.406, de 10 de janeiro de 2002 (Código Civil), 13.105, de 16 de março de 2015 (Código de Processo Civil), 11.977, de 7 de julho de 2009, 9.514, de 20 de novembro de 1997, 11.124, de 16 de junho de 2005, 6.766, de 19 de dezembro de 1979, 10.257, de 10 de julho de 2001, 12.651, de 25 de maio de 2012, 13.240, de 30 de dezembro de 2015, 9.636, de 15 de maio de 1998, 8.036, de 11 de maio de 1990, 13.139, de 26 de junho de 2015, 11.483, de 31 de maio de 2007, e a 12.712, de 30 de agosto de 2012, a Medida Provisória nº 2.220, de 4 de setembro de 2001, e os Decretos-Leis nºs 2.398, de 21 de dezembro 1987, 1.876, de 15 de julho de 1981, 9.760, de 5 de setembro de 1946, e 3.365, de 21 de junho de 1941; revoga dispositivos da Lei Complementar nº 76, de 6 de julho de 1993, e da Lei nº 13.347, de 10 de outubro de 2016; e dá outras providências.

- *Vide Provimento CNJ 44/2015 (Normas gerais para o registro da regularização fundiária urbana)*
- *Provimento CNJ 144/2023 (Estabelece, no âmbito do Poder Judiciário, o Programa Permanente de Regularização Fundiária na Amazônia Legal, institui a Semana Nacional de Regularização Fundiária)*
- *Provimento CNJ 145/2023 (Institui o Prêmio "Solo Seguro", com o objetivo de premiar iniciativas inovadoras e incentivar o aperfeiçoamento de práticas relativas à regularização fundiária urbana e rural)*
- *Provimento CNJ 158/2023 (Estabelece, no âmbito do Poder Judiciário, o Programa Permanente de Regularização Fundiária Plena de Núcleos Urbanos Informais e Favelas - "Solo Seguro - Favela" - e dá outras providência)*
- *Vide Lei 11.952/2009 (Regularização fundiária das ocupações incidentes em terras situadas em áreas da União, no âmbito da Amazônia Legal)*
- *Vide Decreto 10.592/2020 que regulamenta a Lei n. 11.952/2009*
- *Vide Decreto 7.341/2010 que regulamenta a Lei n. 11.952/2009*
- *Vide Decreto 11.995/2024 (Programa Terra da Gente)*
- *Vide Instrução Normativa INCRA n. 91/2018 (Dispõe sobre o procedimento para venda direta dos imóveis residenciais de propriedade do INCRA no âmbito da Amazônia Legal, nos termos do art. 38, da Lei nº 11.952/2009)*
- *Vide Instrução Normativa INCRA n. 104/2023 (Fixa os procedimentos para regularização fundiária das ocupações incidentes em áreas rurais, de que trata a Lei nº 11.952/2009)*
- *Vide Instrução Normativa INCRA n. 124/2022 (Estabelece os procedimentos para análise do cumprimento e liberação das cláusulas e condições resolutivas de instrumentos de titulação decorrentes de regularização fundiária, incidentes em áreas do Instituto Nacional de Colonização e Reforma Agrária - Incra e da União sob gestão do Incra)*

O PRESIDENTE DA REPÚBLICA Faço saber que o Congresso Nacional decreta e eu sanciono a seguinte Lei:

Art. 1º Esta Lei dispõe sobre a regularização fundiária rural e urbana, sobre a liquidação de créditos concedidos aos assentados da reforma agrária e sobre a regularização fundiária no âmbito da Amazônia Legal; institui mecanismos para aprimorar a eficiência dos procedimentos de alienação de imóveis da União; e dá outras providências.

TÍTULO I – DA REGULARIZAÇÃO FUNDIÁRIA RURAL

Art. 2º A Lei nº 8.629, de 25 de fevereiro de 1993, passa a vigorar com as seguintes alterações:

› *Alterações inseridas no texto da referida norma.*

Art. 3º A Lei nº 13.001, de 20 de junho de 2014, passa a vigorar com as seguintes alterações:

› *Alterações inseridas no texto da referida norma.*

Art. 3º-A. O financiamento para aquisição de imóvel rural, ao amparo dos recursos do Fundo de Terras e da Reforma Agrária (FTRA), contratado a partir da publicação desta Lei fica sujeito às seguintes condições:

I - o limite de crédito será de até R$ 280.000,00 (duzentos e oitenta mil reais) por beneficiário, podendo abranger até 100% (cem por cento) do valor dos itens objeto de financiamento, na forma do regulamento; *(Redação dada pela Lei nº 14.757, de 2023)*

II - o prazo de financiamento será de até trinta e cinco anos, incluídos até trinta e seis meses de carência, na forma do regulamento;

III - o tomador do crédito não poderá apresentar renda bruta familiar que ultrapasse os R$ 18.000,00 (dezoito mil reais), na forma do regulamento;

IV - os valores limites estabelecidos nos incisos I e III deste artigo serão atualizados anualmente na mesma proporção da inflação apurada pelo Índice Nacional de Preços ao Consumidor Amplo (IPCA) da Fundação Instituto Brasileiro de Geografia e Estatística (IBGE) ou índice que venha a substituí-lo.

IV - os limites estabelecidos nos incisos I e III deste *caput* serão atualizados anualmente, no mínimo na mesma proporção da inflação apurada pelo Índice Nacional de Preços ao Consumidor Amplo (IPCA) da Fundação Instituto Brasileiro de Geografia e Estatística (IBGE) ou por índice que venha a substituí-lo, ou ainda mediante proposta do órgão gestor do FTRA. *(Redação dada pela Lei nº 14.757, de 2023)*

Art. 4º A Lei nº 11.952, de 25 de junho de 2009, passa a vigorar com as seguintes alterações:

› *Alterações inseridas no texto da referida norma.*

Art. 5º A Lei nº 13.340, de 28 de setembro de 2016, passa a vigorar com as seguintes alterações:

"Art. 2º (...)

V - (...)

b) demais produtores rurais, seus empreendimentos familiares rurais, agroindústrias familiares, cooperativas e associações: taxa efetiva de juros de 3,5% a.a. (três inteiros e cinco décimos por cento ao ano);

(...)

"Art. 3º Fica autorizada a concessão de rebate para liquidação, até 29 de dezembro de 2017, das operações de crédito rural referentes a uma ou mais operações do mesmo mutuário, contratadas até 31 de dezembro de 2011 com bancos oficiais federais, relativas a empreendimentos localizados nas áreas de abrangência da Sudene e da Sudam, exceto as contratadas com recursos oriundos dos Fundos Constitucionais de Financiamento, observadas as seguintes condições:

(...)

"Art. 4º Fica autorizada a concessão de descontos para a liquidação, até 29 de dezembro de 2017, de dívidas originárias de operações de crédito rural e de dívidas contraídas no âmbito do Fundo de Terras e da Reforma Agrária - Banco da Terra e do Acordo de Empréstimo 4.147-BR, inscritas em dívida ativa da União até 31 de julho, devendo incidir referidos descontos sobre o valor consolidado, por inscrição em dívida ativa da União.

(...)

"Art. 10. (...)

I - o encaminhamento para cobrança judicial e as execuções e cobranças judiciais em curso;

(...)

"Art. 11. Para fins de enquadramento nas disposições de que tratam os arts. 1º, 2º e 3º desta Lei, os saldos devedores das operações de crédito rural contratadas com empreendimentos familiares rurais, agroindústrias familiares, cooperativas, associações e condomínios de produtores rurais, inclusive as na modalidade grupal ou coletiva, serão apurados:

(...)

"Art. 16. Fica o Poder Executivo autorizado a repactuar as dívidas dos empreendimentos familiares rurais, agroindústrias familiares e cooperativas de produção agropecuária com o Programa Nacional de Fortalecimento da Agricultura Familiar (Pronaf), contratadas até 31 de dezembro de 2010, observadas as seguintes condições:

(...)

Art. 6º A Lei nº 8.666, de 21 de junho de 1993, passa a vigorar com as seguintes alterações:

"Art. 17. (...)

I - (...)

i) alienação e concessão de direito real de uso, gratuita ou onerosa, de terras públicas rurais da União e do Incra, onde incidam ocupações até o limite de que trata o § 1º do art. 6º da Lei nº 11.952, de 25 de junho de 2009, para fins de regularização fundiária, atendidos os requisitos legais; e

(...)

§ 2º (...)

II - a pessoa natural que, nos termos de lei, regulamento ou ato normativo do órgão competente, haja implementado os requisitos mínimos de cultura, ocupação mansa e pacífica e exploração direta sobre área rural, observado o limite de que trata o § 1º do art. 6º da Lei nº 11.952, de 25 de junho de 2009;

(...)

Art. 7º A Lei nº 6.015, de 31 de dezembro de 1973, passa a vigorar com as seguintes alterações:

› *Alterações inseridas no texto da referida norma.*

Art. 8º A Lei nº 12.512, de 14 de outubro de 2011, passa a vigorar com as seguintes alterações:

"Art. 17 (...)

I - os preços sejam compatíveis com os vigentes no mercado, em âmbito local ou regional, aferidos e definidos segundo metodologia instituída pelo Grupo Gestor do PAA;

II - o valor máximo anual ou semestral para aquisições de alimentos, por unidade familiar, por cooperativa ou por demais organizações formais da agricultura familiar seja respeitado, conforme definido em regulamento; e

III - os alimentos adquiridos sejam de produção própria dos beneficiários referidos no caput e no § 1º do art. 16 desta Lei e cumpram os requisitos de controle de qualidade dispostos nas normas vigentes.

§ 1º Na hipótese de impossibilidade de cotação de preços no mercado local ou regional, produtos agroecológicos ou orgânicos poderão ter um acréscimo de até 30% (trinta por cento) em relação aos preços estabelecidos para produtos convencionais, observadas as condições definidas pelo Grupo Gestor do PAA.

§ 2º São considerados produção própria os produtos in natura, os processados, os beneficiados ou os industrializados, resultantes das atividades dos beneficiários referidos no caput e no § 1º do art. 16 desta Lei.

§ 3º São admitidas a aquisição de insumos e a contratação de prestação de serviços necessárias ao processamento, ao beneficiamento ou à industrialização dos produtos a serem fornecidos ao PAA, inclusive de pessoas físicas e jurídicas não enquadradas como beneficiárias do Programa, desde que observadas as diretrizes e as condições definidas pelo Grupo Gestor do PAA."

"Art. 18. Os produtos adquiridos para o PAA terão as seguintes destinações, obedecidas as regras estabelecidas pelo Grupo Gestor do PAA nas modalidades específicas:

I - promoção de ações de segurança alimentar e nutricional;

II - formação de estoques; e

III - atendimento às demandas de gêneros alimentícios e materiais propagativos por parte da administração pública, direta ou indireta, federal, estadual, distrital ou municipal.

(...) "

TÍTULO II – DA REGULARIZAÇÃO FUNDIÁRIA URBANA

CAPÍTULO I – DISPOSIÇÕES GERAIS

SEÇÃO I – DA REGULARIZAÇÃO FUNDIÁRIA URBANA

Art. 9º Ficam instituídas no território nacional normas gerais e procedimentos aplicáveis à Regularização Fundiária Urbana (Reurb), a qual abrange medidas jurídicas, urbanísticas, ambientais e sociais destinadas à incorporação dos núcleos urbanos informais ao ordenamento territorial urbano e à titulação de seus ocupantes.

§ 1º Os poderes públicos formularão e desenvolverão no espaço urbano as políticas de suas competências de acordo com os princípios de sustentabilidade econômica, social e ambiental e ordenação territorial, buscando a ocupação do solo de maneira eficiente, combinando seu uso de forma funcional.

§ 2º A Reurb promovida mediante legitimação fundiária somente poderá ser aplicada para os núcleos urbanos informais comprovadamente existentes, na forma desta Lei, até 22 de dezembro de 2016.

Art. 10. Constituem objetivos da Reurb, a serem observados pela União, Estados, Distrito Federal e Municípios:

I - identificar os núcleos urbanos informais que devam ser regularizados, organizá-los e assegurar a prestação de serviços públicos aos seus ocupantes, de modo a melhorar as condições urbanísticas e ambientais em relação à situação de ocupação informal anterior;

II - criar unidades imobiliárias compatíveis com o ordenamento territorial urbano e constituir sobre elas direitos reais em favor dos seus ocupantes;

III - ampliar o acesso à terra urbanizada pela população de baixa renda, de modo a priorizar a permanência dos ocupantes nos próprios núcleos urbanos informais regularizados;

IV - promover a integração social e a geração de emprego e renda;

V - estimular a resolução extrajudicial de conflitos, em reforço à consensualidade e à cooperação entre Estado e sociedade;

VI - garantir o direito social à moradia digna e às condições de vida adequadas;

VII - garantir a efetivação da função social da propriedade;

VIII - ordenar o pleno desenvolvimento das funções sociais da cidade e garantir o bem-estar de seus habitantes;

IX - concretizar o princípio constitucional da eficiência na ocupação e no uso do solo;

X - prevenir e desestimular a formação de novos núcleos urbanos informais;

XI - conceder direitos reais, preferencialmente em nome da mulher;

XII - franquear participação dos interessados nas etapas do processo de regularização fundiária.

Art. 11. Para fins desta Lei, consideram-se:

I - núcleo urbano: assentamento humano, com uso e características urbanas, constituído por unidades imobiliárias de área inferior à fração mínima de parcelamento prevista na Lei nº 5.868, de 12 de dezembro de 1972, independentemente da propriedade do solo, ainda que situado em área qualificada ou inscrita como rural;

II - núcleo urbano informal: aquele clandestino, irregular ou no qual não foi possível realizar, por qualquer modo, a titulação de seus ocupantes, ainda que atendida a legislação vigente à época de sua implantação ou regularização;

III - núcleo urbano informal consolidado: aquele de difícil reversão, considerados o tempo da ocupação, a natureza das edificações, a localização das vias de circulação e a presença de equipamentos públicos, entre outras circunstâncias a serem avaliadas pelo Município;

IV - demarcação urbanística: procedimento destinado a identificar os imóveis públicos e privados abrangidos pelo núcleo urbano informal e a obter a anuência dos respectivos titulares de direitos inscritos na matrícula dos imóveis ocupados, culminando com averbação na matrícula destes imóveis da viabilidade da regularização fundiária, a ser promovida a critério do Município;

V - Certidão de Regularização Fundiária (CRF): documento expedido pelo Município ao final do procedimento da Reurb, constituído do projeto de regularização fundiária aprovado, do termo de compromisso relativo a sua execução e, no caso da legitimação fundiária e da legitimação de posse, da listagem dos ocupantes do núcleo urbano informal regularizado, da devida qualificação destes e dos direitos reais que lhes foram conferidos;

VI - legitimação de posse: ato do poder público destinado a conferir título, por meio do qual fica reconhecida a posse de imóvel objeto da Reurb, conversível em aquisição de direito real de propriedade na forma desta Lei, com a identificação de seus ocupantes, do tempo da ocupação e da natureza da posse;

VII - legitimação fundiária: mecanismo de reconhecimento da aquisição originária do direito real de propriedade sobre unidade imobiliária objeto da Reurb;

VIII - ocupante: aquele que mantém poder de fato sobre lote ou fração ideal de terras públicas ou privadas em núcleos urbanos informais.

§ 1º Para fins da Reurb, os Municípios poderão dispensar as exigências relativas ao percentual e às dimensões de áreas destinadas ao uso público ou ao tamanho dos lotes regularizados, assim como a outros parâmetros urbanísticos e edilícios.

§ 2º Constatada a existência de núcleo urbano informal situado, total ou parcialmente, em área de preservação permanente ou em área de unidade de conservação de uso sustentável ou de proteção de mananciais definidas pela União, Estados ou Municípios, a Reurb observará, também, o disposto nos arts. 64 e 65 da Lei nº 12.651, de 25 de maio de 2012, hipótese na qual se torna obrigatória a elaboração de estudos técnicos, no âmbito da Reurb, que justifiquem as melhorias ambientais em relação à situação de ocupação informal anterior, inclusive por meio de compensações ambientais, quando for o caso.

§ 3º No caso de a Reurb abranger área de unidade de conservação de uso sustentável que, nos termos da Lei nº 9.985, de 18 de julho de 2000, admita regularização, será exigida também a anuência do órgão gestor da unidade, desde que estudo técnico comprove que essas intervenções de regularização fundiária implicam a melhoria das condições ambientais em relação à situação de ocupação informal anterior.

§ 4º Na Reurb cuja ocupação tenha ocorrido às margens de reservatórios artificiais de água destinados à geração de energia ou ao abastecimento público, a faixa da área de preservação permanente consistirá na distância entre o nível máximo operativo normal e a cota máxima *maximorum*.

§ 5º Esta Lei não se aplica aos núcleos urbanos informais situados em áreas indispensáveis à segurança nacional ou de interesse da defesa, assim reconhecidas em decreto do Poder Executivo federal.

§ 6º Aplicam-se as disposições desta Lei aos imóveis localizados em área rural, desde que a unidade imobiliária tenha área inferior à fração mínima de parcelamento prevista na Lei nº 5.868, de 12 de dezembro de 1972.

Art. 12. A aprovação municipal da Reurb corresponde à aprovação urbanística do projeto de regularização fundiária e, na hipótese de o Município ter órgão ambiental capacitado, à aprovação ambiental. *("Caput" do artigo com redação dada pela Medida Provisória nº 996, de 25/8/2020, convertida na Lei nº 14.118, de 12/1/2021)*

§ 1º Considera-se órgão ambiental capacitado o órgão municipal que possua em seus quadros ou à sua disposição profissionais com atribuição técnica para a análise e a aprovação dos estudos referidos no art. 11, independentemente da existência de convênio com os Estados ou a União.

§ 2º Os estudos referidos no art. 11 deverão ser elaborados por profissional legalmente habilitado, compatibilizar-se com o projeto de regularização fundiária e conter, conforme o caso, os elementos constantes dos arts. 64 ou 65 da Lei nº 12.651, de 25 de maio de 2012.

§ 3º Os estudos técnicos referidos no art. 11 aplicam-se somente às parcelas dos núcleos urbanos informais situados nas áreas de preservação permanente, nas unidades de conservação de uso sustentável ou nas áreas de proteção de mananciais e poderão ser feitos em fases ou etapas, sendo que a parte do núcleo urbano informal não afetada por esses estudos poderá ter seu projeto aprovado e levado a registro separadamente.

§ 4º A aprovação ambiental da Reurb prevista neste artigo poderá ser feita pelos Estados na hipótese de o Município não dispor de capacidade técnica para a aprovação dos estudos referidos no art. 11.

Art. 13. A Reurb compreende duas modalidades:

I - Reurb de Interesse Social (Reurb-S) - regularização fundiária aplicável aos núcleos urbanos informais ocupados predominantemente por população de baixa renda, assim declarados em ato do Poder Executivo municipal; e

II - Reurb de Interesse Específico (Reurb-E) - regularização fundiária aplicável aos núcleos urbanos informais ocupados por população não qualificada na hipótese de que trata o inciso I deste artigo.

§ 1º Serão isentos de custas e emolumentos, entre outros, os seguintes atos registrais relacionados à Reurb-S:

I - o primeiro registro da Reurb-S, o qual confere direitos reais aos seus beneficiários;

II - o registro da legitimação fundiária;

III - o registro do título de legitimação de posse e a sua conversão em título de propriedade;

IV - o registro da CRF e do projeto de regularização fundiária, com abertura de matrícula para cada unidade imobiliária urbana regularizada;

V - a primeira averbação de construção residencial, desde que respeitado o limite de até setenta metros quadrados;

VI - a aquisição do primeiro direito real sobre unidade imobiliária derivada da Reurb-S;

VII - o primeiro registro do direito real de laje no âmbito da Reurb-S; e

VIII - o fornecimento de certidões de registro para os atos previstos neste artigo.

§ 2º Os atos de que trata este artigo independem da comprovação do pagamento de tributos ou penalidades tributárias, sendo vedado ao oficial de registro de imóveis exigir sua comprovação.

§ 3º O disposto nos §§ 1º e 2º deste artigo aplica-se também à Reurb-S que tenha por objeto conjuntos habitacionais ou condomínios de interesse social construídos pelo poder público, diretamente ou por meio da administração pública indireta, que já se encontrem implantados em 22 de dezembro de 2016.

§ 4º Na Reurb, os Municípios e o Distrito Federal poderão admitir o uso misto de atividades como forma de promover a integração social e a geração de emprego e renda no núcleo urbano informal regularizado.

§ 5º A classificação do interesse visa exclusivamente à identificação dos responsáveis pela implantação ou adequação das obras de infraestrutura essencial e ao reconhecimento do direito à gratuidade das custas e emolumentos notariais e registrais em favor daqueles a quem for atribuído o domínio das unidades imobiliárias regularizadas.

§ 6º Os cartórios que não cumprirem o disposto neste artigo, que retardarem ou não efetuarem o registro de acordo com as normas previstas nesta Lei, por ato não justificado, ficarão sujeitos às sanções previstas no art. 44 da Lei nº 11.977, de 7 de julho de 2009, observado o disposto nos §§ 3º-A e 3º-B do art. 30 da Lei nº 6.015, de 31 de dezembro de 1973.

§ 7º A partir da disponibilidade de equipamentos e infraestrutura para prestação de serviço público de abastecimento de água, coleta de esgoto, distribuição de energia elétrica, ou outros serviços públicos, é obrigatório aos beneficiários da Reurb realizar a conexão da edificação à rede de água, de coleta de esgoto ou de distribuição de energia elétrica e adotar as demais providências necessárias à utilização do serviço, salvo disposição em contrário na legislação municipal.

SEÇÃO II – DOS LEGITIMADOS PARA REQUERER A REURB

Art. 14. Poderão requerer a Reurb:

I - a União, os Estados, o Distrito Federal e os Municípios, diretamente ou por meio de entidades da administração pública indireta;

II - os seus beneficiários, individual ou coletivamente, diretamente ou por meio de cooperativas habitacionais, associações de moradores, fundações, organizações sociais, organizações da sociedade civil de interesse público ou outras associações civis que tenham por finalidade atividades nas áreas de desenvolvimento urbano ou regularização fundiária urbana;

III - os proprietários de imóveis ou de terrenos, loteadores ou incorporadores;

IV - a Defensoria Pública, em nome dos beneficiários hipossuficientes; e

V - o Ministério Público.

§ 1º Os legitimados poderão promover todos os atos necessários à regularização fundiária, inclusive requerer os atos de registro.

§ 2º Nos casos de parcelamento do solo, de conjunto habitacional ou de condomínio informal, empreendidos por particular, a conclusão da Reurb confere direito de regresso àqueles que suportarem os seus custos e obrigações contra os responsáveis pela implantação dos núcleos urbanos informais.

§ 3º O requerimento de instauração da Reurb por proprietários de terreno, loteadores e incorporadores que tenham dado causa à formação de núcleos urbanos informais, ou os seus sucessores, não os eximirá de responsabilidades administrativa, civil ou criminal.

CAPÍTULO II – DOS INSTRUMENTOS DA REURB

SEÇÃO I – DISPOSIÇÕES GERAIS

Art. 15. Poderão ser empregados, no âmbito da Reurb, sem prejuízo de outros que se apresentem adequados, os seguintes institutos jurídicos:

I - a legitimação fundiária e a legitimação de posse, nos termos desta Lei;

II - a usucapião, nos termos dos arts. 1.238 a 1.244 da Lei nº 10.406, de 10 de janeiro de 2002 (Código Civil), dos arts. 9º a 14 da Lei nº 10.257, de 10 de julho de 2001, e do art. 216-A da Lei nº 6.015, de 31 de dezembro de 1973;

III - a desapropriação em favor dos possuidores, nos termos dos §§ 4º e 5º do art. 1.228 da Lei nº 10.406, de 10 de janeiro de 2002 (Código Civil);

IV - a arrecadação de bem vago, nos termos do art. 1.276 da Lei nº 10.406, de 10 de janeiro de 2002 (Código Civil);

V - o consórcio imobiliário, nos termos do art. 46 da Lei nº 10.257, de 10 de julho de 2001;

VI - a desapropriação por interesse social, nos termos do inciso IV do art. 2º da Lei nº 4.132, de 10 de setembro de 1962;

VII - o direito de preempção, nos termos do inciso I do art. 26 da Lei nº 10.257, de 10 de julho de 2001;

VIII - a transferência do direito de construir, nos termos do inciso III do art. 35 da Lei nº 10.257, de 10 de julho de 2001;

IX - a requisição, em caso de perigo público iminente, nos termos do § 3º do art. 1.228 da Lei nº 10.406, de 10 de janeiro de 2002 (Código Civil);

X - a intervenção do poder público em parcelamento clandestino ou irregular, nos termos do art. 40 da Lei nº 6.766, de 19 de dezembro de 1979;

XI - a alienação de imóvel pela administração pública diretamente para seu detentor, nos termos da alínea *f* do inciso I do art. 17 da Lei nº 8.666, de 21 de junho de 1993;

XII - a concessão de uso especial para fins de moradia;

XIII - a concessão de direito real de uso;

XIV - a doação; e

XV - a compra e venda.

Art. 16. Na Reurb-E, promovida sobre bem público, havendo solução consensual, a aquisição de direitos reais pelo particular ficará condicionada ao pagamento do justo valor da unidade imobiliária regularizada, a ser apurado na forma estabelecida em ato do Poder Executivo titular do domínio, sem considerar o valor das acessões e benfeitorias do ocupante e a valorização decorrente da implantação dessas acessões e benfeitorias.

Parágrafo único. As áreas de propriedade do poder público registradas no Registro de Imóveis, que sejam objeto de ação judicial versando sobre a sua titularidade, poderão ser objeto da Reurb, desde que celebrado acordo judicial ou extrajudicial, na forma desta Lei, homologado pelo juiz.

Art. 17. Na Reurb-S promovida sobre bem público, o registro do projeto de regularização fundiária e a constituição de direito real em nome dos beneficiários poderão ser feitos em ato único, a critério do ente público promovente.

Parágrafo único. Nos casos previstos no *caput* deste artigo, serão encaminhados ao cartório o instrumento indicativo do direito real constituído, a listagem dos ocupantes que serão beneficiados pela Reurb e respectivas qualificações, com indicação das respectivas unidades, ficando dispensadas a apresentação de título cartorial individualizado e as cópias da documentação referente à qualificação de cada beneficiário.

Art. 18. O Município e o Distrito Federal poderão instituir como instrumento de planejamento urbano Zonas Especiais de Interesse Social (ZEIS), no âmbito da política municipal de ordenamento de seu território.

§ 1º Para efeitos desta Lei, considera-se ZEIS a parcela de área urbana instituída pelo plano diretor ou definida por outra lei municipal, destinada preponderantemente à população de baixa renda e sujeita a regras específicas de parcelamento, uso e ocupação do solo.

§ 2º A Reurb não está condicionada à existência de ZEIS.

SEÇÃO II – DA DEMARCAÇÃO URBANÍSTICA

Art. 19. O poder público poderá utilizar o procedimento de demarcação urbanística, com base no levantamento da situação da área a ser regularizada e na caracterização do núcleo urbano informal a ser regularizado.

§ 1º O auto de demarcação urbanística deve ser instruído com os seguintes documentos:

I - planta e memorial descritivo da área a ser regularizada, nos quais constem suas medidas perimetrais, área total, confrontantes, coordenadas georreferenciadas dos vértices definidores de seus limites, números das matrículas ou transcrições atingidas, indicação dos proprietários identificados e ocorrência de situações de domínio privado com proprietários não identificados em razão de descrições imprecisas dos registros anteriores;

II - planta de sobreposição do imóvel demarcado com a situação da área constante do registro de imóveis.

§ 2º O auto de demarcação urbanística poderá abranger uma parte ou a totalidade de um ou mais imóveis inseridos em uma ou mais das seguintes situações:

I - domínio privado com proprietários não identificados, em razão de descrições imprecisas dos registros anteriores;

II - domínio privado objeto do devido registro no registro de imóveis competente, ainda que de proprietários distintos; ou

III - domínio público.

§ 3º Os procedimentos da demarcação urbanística não constituem condição para o processamento e a efetivação da Reurb.

Art. 20. O poder público notificará os titulares de domínio e os confrontantes da área demarcada, pessoalmente ou por via postal, com aviso de recebimento, no endereço que constar da matrícula ou da transcrição, para que estes, querendo, apresentem impugnação à demarcação urbanística, no prazo comum de trinta dias.

§ 1º Eventuais titulares de domínio ou confrontantes não identificados, ou não encontrados ou que recusarem o recebimento da notificação por via postal, serão notificados por edital, para que, querendo, apresentem impugnação à demarcação urbanística, no prazo comum de trinta dias.

§ 2º O edital de que trata o § 1º deste artigo conterá resumo do auto de demarcação urbanística, com a descrição que permita a identificação da área a ser demarcada e seu desenho simplificado.

§ 3º A ausência de manifestação dos indicados neste artigo será interpretada como concordância com a demarcação urbanística.

§ 4º Se houver impugnação apenas em relação à parcela da área objeto do auto de demarcação urbanística, é facultado ao poder público prosseguir com o procedimento em relação à parcela não impugnada.

§ 5º A critério do poder público municipal, as medidas de que trata este artigo poderão ser realizadas pelo registro de imóveis do local do núcleo urbano informal a ser regularizado.

§ 6º A notificação conterá a advertência de que a ausência de impugnação implicará a perda de eventual direito que o notificado titularize sobre o imóvel objeto da Reurb.

Art. 21. Na hipótese de apresentação de impugnação, poderá ser adotado procedimento extrajudicial de composição de conflitos.

§ 1º Caso exista demanda judicial de que o impugnante seja parte e que verse sobre direitos reais ou possessórios relativos ao imóvel abrangido pela demarcação urbanística, deverá informá-la ao poder público, que comunicará ao juízo a existência do procedimento de que trata o *caput* deste artigo.

§ 2º Para subsidiar o procedimento de que trata o *caput* deste artigo, será feito um levantamento de eventuais passivos tributários, ambientais e administrativos associados aos imóveis objeto de impugnação, assim como das posses existentes, com vistas à identificação de casos de prescrição aquisitiva da propriedade.

§ 3º A mediação observará o disposto na Lei nº 13.140, de 26 de junho de 2015, facultando-se ao poder público promover a alteração do auto de demarcação urbanística ou adotar qualquer outra medida que possa afastar a oposição do proprietário ou dos confrontantes à regularização da área ocupada.

§ 4º Caso não se obtenha acordo na etapa de mediação, fica facultado o emprego da arbitragem.

Art. 22. Decorrido o prazo sem impugnação ou caso superada a oposição ao procedimento, o auto de demarcação urbanística será encaminhado ao registro de imóveis e averbado nas matrículas por ele alcançadas.

§ 1º A averbação informará:

I - a área total e o perímetro correspondente ao núcleo urbano informal a ser regularizado;

II - as matrículas alcançadas pelo auto de demarcação urbanística e, quando possível, a área abrangida em cada uma delas; e

III - a existência de áreas cuja origem não tenha sido identificada em razão de imprecisões dos registros anteriores.

§ 2º Na hipótese de o auto de demarcação urbanística incidir sobre imóveis ainda não matriculados, previamente à averbação, será aberta matrícula, que deverá refletir a situação registrada do imóvel, dispensadas a retificação do memorial descritivo e a apuração de área remanescente.

§ 3º Nos casos de registro anterior efetuado em outra circunscrição, para abertura da matrícula de que trata o § 2º deste artigo, o oficial requererá, de ofício, certidões atualizadas daquele registro.

§ 4º Na hipótese de a demarcação urbanística abranger imóveis situados em mais de uma circunscrição imobiliária, o oficial do registro de imóveis responsável pelo procedimento comunicará as demais circunscrições imobiliárias envolvidas para averbação da demarcação urbanística nas respectivas matrículas alcançadas.

§ 5º A demarcação urbanística será averbada ainda que a área abrangida pelo auto de demarcação urbanística supere a área disponível nos registros anteriores.

§ 6º Não se exigirá, para a averbação da demarcação urbanística, a retificação da área não abrangida pelo auto de demarcação urbanística, ficando a apuração de remanescente sob a responsabilidade do proprietário do imóvel atingido.

SEÇÃO III – DA LEGITIMAÇÃO FUNDIÁRIA

Art. 23. A legitimação fundiária constitui forma originária de aquisição do direito real de propriedade conferido por ato do poder público, exclusivamente no âmbito da Reurb, àquele que detiver em área pública ou possuir em área privada, como sua, unidade imobiliária com destinação urbana, integrante de núcleo urbano informal consolidado existente em 22 de dezembro de 2016.

§ 1º Apenas na Reurb-S, a legitimação fundiária será concedida ao beneficiário, desde que atendidas as seguintes condições:

I - o beneficiário não seja concessionário, foreiro ou proprietário exclusivo de imóvel urbano ou rural; (Inciso com redação dada pela Lei nº 14.118, de 12/1/2021)

II - o beneficiário não tenha sido contemplado com legitimação de posse ou fundiária de imóvel urbano com a mesma finalidade, ainda que situado em núcleo urbano distinto; e

III - em caso de imóvel urbano com finalidade não residencial, seja reconhecido pelo poder público o interesse público de sua ocupação.

§ 2º Por meio da legitimação fundiária, em qualquer das modalidades da Reurb, o ocupante adquire a unidade imobiliária com destinação urbana livre e desembaraçada de quaisquer ônus, direitos reais, gravames ou inscrições, eventualmente existentes em sua matrícula de origem, exceto quando disserem respeito ao próprio legitimado.

§ 3º Deverão ser transportadas as inscrições, as indisponibilidades ou os gravames existentes no registro da área maior originária para as matrículas das unidades imobiliárias que não houverem sido adquiridas por legitimação fundiária.

§ 4º Na Reurb-S de imóveis públicos, a União, os Estados, o Distrito Federal e os Municípios, e as suas entidades vinculadas, quando titulares do domínio, ficam autorizados a reconhecer o direito de propriedade aos ocupantes do núcleo urbano informal regularizado por meio da legitimação fundiária.

§ 5º Nos casos previstos neste artigo, o poder público encaminhará a CRF para registro imediato da aquisição de propriedade, dispensados a apresentação de título individualizado e as cópias da documentação referente à qualificação do beneficiário, o projeto de regularização fundiária aprovado, a listagem dos ocupantes e sua devida qualificação e a identificação das áreas que ocupam.

§ 6º Poderá o poder público atribuir domínio adquirido por legitimação fundiária aos ocupantes que não tenham constado da listagem inicial, mediante cadastramento complementar, sem prejuízo dos direitos de quem haja constado na listagem inicial.

Art. 24. Nos casos de regularização fundiária urbana previstos na Lei nº 11.952, de 25 de junho de 2009, os Municípios poderão utilizar a legitimação fundiária e demais instrumentos previstos nesta Lei para conferir propriedade aos ocupantes.

SEÇÃO IV – DA LEGITIMAÇÃO DE POSSE

Art. 25. A legitimação de posse, instrumento de uso exclusivo para fins de regularização fundiária, constitui ato do poder público destinado a conferir título, por meio do qual fica reconhecida a posse de imóvel objeto da Reurb, com a identificação de seus ocupantes, do tempo da ocupação e da natureza da posse, o qual é conversível em direito real de propriedade, na forma desta Lei.

§ 1º A legitimação de posse poderá ser transferida por *causa mortis* ou por ato *inter vivos*.

§ 2º A legitimação de posse não se aplica aos imóveis urbanos situados em área de titularidade do poder público.

Art. 26. Sem prejuízo dos direitos decorrentes do exercício da posse mansa e pacífica no tempo, aquele em cujo favor for expedido título de legitimação de posse, decorrido o prazo de cinco anos de seu registro, terá a conversão automática dele em título de propriedade, desde que atendidos os termos e as condições do art. 183 da Constituição Federal, independentemente de prévia provocação ou prática de ato registral.

§ 1º Nos casos não contemplados pelo art. 183 da Constituição Federal, o título de legitimação de posse poderá ser convertido em título de propriedade, desde que satisfeitos os requisitos de usucapião estabelecidos na legislação em vigor, a requerimento do interessado, perante o registro de imóveis competente.

§ 2º A legitimação de posse, após convertida em propriedade, constitui forma originária de aquisição de direito real, de modo que a unidade imobiliária com destinação urbana regularizada restará livre e desembaraçada de quaisquer ônus, direitos reais, gravames ou inscrições, eventualmente existentes em sua matrícula de origem, exceto quando disserem respeito ao próprio beneficiário.

Art. 27. O título de legitimação de posse poderá ser cancelado pelo poder público emitente quando constatado que as condições estipuladas nesta Lei deixaram de ser satisfeitas, sem que seja devida qualquer indenização àquele que irregularmente se beneficiou do instrumento.

CAPÍTULO III – DO PROCEDIMENTO ADMINISTRATIVO

SEÇÃO I – DISPOSIÇÕES GERAIS

Art. 28. A Reurb obedecerá às seguintes fases:

I - requerimento dos legitimados;

II - processamento administrativo do requerimento, no qual será conferido prazo para manifestação dos titulares de direitos reais sobre o imóvel e dos confrontantes;

III - elaboração do projeto de regularização fundiária;

IV - saneamento do processo administrativo;

V - decisão da autoridade competente, mediante ato formal, ao qual se dará publicidade;

VI - expedição da CRF pelo Município; e

VII - registro da CRF e do projeto de regularização fundiária aprovado perante o oficial do cartório de registro de imóveis em que se situe a unidade imobiliária com destinação urbana regularizada.

Parágrafo único. Não impedirá a Reurb, na forma estabelecida nesta Lei, a inexistência de lei municipal específica que trate de medidas ou posturas de interesse local aplicáveis a projetos de regularização fundiária urbana.

Art. 29. A fim de fomentar a efetiva implantação das medidas da Reurb, os entes federativos poderão celebrar convênios ou outros instrumentos congêneres com o Ministério das Cidades, com vistas a cooperar para a fiel execução do disposto nesta Lei.

Art. 30. Compete aos Municípios nos quais estejam situados os núcleos urbanos informais a serem regularizados:

I - classificar, caso a caso, as modalidades da Reurb;

II - processar, analisar e aprovar os projetos de regularização fundiária; e

III - emitir a CRF.

§ 1º Na Reurb requerida pela União ou pelos Estados, a classificação prevista no inciso I do *caput* deste artigo será de responsabilidade do ente federativo instaurador.

§ 2º O Município deverá classificar e fixar, no prazo de até cento e oitenta dias, uma das modalidades da Reurb ou indeferir, fundamentadamente, o requerimento.

§ 3º A inércia do Município implica a automática fixação da modalidade de classificação da Reurb indicada pelo legitimado em seu requerimento, bem como o prosseguimento do procedimento administrativo da Reurb, sem prejuízo de futura revisão dessa classificação pelo Município, mediante estudo técnico que a justifique.

§ 4º Para as terras de sua propriedade, os órgãos da administração direta e as entidades da administração indireta da União, dos Estados, do Distrito Federal e dos Municípios ficam autorizados a instaurar, processar e aprovar a Reurb-S ou a Reurb-E e a utilizar os demais instrumentos previstos nesta Lei. *(Incluído pela Lei nº 14.620, de 2023)*

Art. 31. Instaurada a Reurb, o Município deverá proceder às buscas necessárias para determinar a titularidade do domínio dos imóveis onde está situado o núcleo urbano informal a ser regularizado.

§ 1º Tratando-se de imóveis públicos ou privados, caberá aos Municípios notificar os titulares de domínio, os responsáveis pela implantação do núcleo urbano informal, os confinantes e os terceiros eventualmente interessados, para, querendo, apresentar impugnação no prazo de trinta dias, contado da data de recebimento da notificação.

§ 2º Tratando-se de imóveis públicos municipais, o Município deverá notificar os confinantes e terceiros eventualmente interessados, para, querendo, apresentar impugnação no prazo de trinta dias, contado da data de recebimento da notificação.

§ 3º Na hipótese de apresentação de impugnação, será iniciado o procedimento extrajudicial de composição de conflitos de que trata esta Lei.

§ 4º A notificação do proprietário e dos confinantes será feita por via postal, com aviso de recebimento, no endereço que constar da matrícula ou da transcrição, considerando-se efetuada quando comprovada a entrega nesse endereço.

§ 5º A notificação da Reurb também será feita por meio de publicação de edital, com prazo de trinta dias, do qual deverá constar, de forma resumida, a descrição da área a ser regularizada, nos seguintes casos:

I - quando o proprietário e os confinantes não forem encontrados; e

II - quando houver recusa da notificação por qualquer motivo.

§ 6º A ausência de manifestação dos indicados referidos nos §§ 1º e 4º deste artigo será interpretada como concordância com a Reurb.

§ 7º Caso algum dos imóveis atingidos ou confinantes não esteja matriculado ou transcrito na serventia, o Distrito Federal ou os Municípios realizarão diligências perante as serventias anteriormente competentes, mediante apresentação da planta do perímetro regularizado, a fim de que a sua situação jurídica atual seja certificada, caso possível.

§ 8º O requerimento de instauração da Reurb ou, na forma de regulamento, a manifestação de interesse nesse sentido por parte de qualquer dos legitimados garantem perante o poder público aos ocupantes dos núcleos urbanos informais situados em áreas públicas a serem regularizados a permanência em suas respectivas unidades imobiliárias, preservando-se as situações de fato já existentes, até o eventual arquivamento definitivo do procedimento.

§ 9º Fica dispensado o disposto neste artigo, caso adotados os procedimentos da demarcação urbanística.

Art. 32. A Reurb será instaurada por decisão do Município, por meio de requerimento, por escrito, de um dos legitimados de que trata esta Lei.

Parágrafo único. Na hipótese de indeferimento do requerimento de instauração da Reurb, a decisão do Município deverá indicar as medidas a serem adotadas, com vistas à reformulação e à reavaliação do requerimento, quando for o caso.

Art. 33. Instaurada a Reurb, compete ao Município aprovar o projeto de regularização fundiária, do qual deverão constar as responsabilidades das partes envolvidas.

§ 1º A elaboração e o custeio do projeto de regularização fundiária e da implantação da infraestrutura essencial obedecerão aos seguintes procedimentos: *(Parágrafo único transformado em § 1º pela Lei nº 14.118, de 12/1/2021)*

I - na Reurb-S, caberão ao Município ou ao Distrito Federal a responsabilidade de elaborar e custear o projeto de regularização fundiária e a implantação da infraestrutura essencial, quando necessária; *(Inciso com redação dada pela Lei nº 14.118, de 12/1/2021)*

a) *(Revogada pela Lei nº 14.118, de 12/1/2021)*

b) *(Revogada pela Lei nº 14.118, de 12/1/2021)*

II - na Reurb-E, a regularização fundiária será contratada e custeada por seus potenciais beneficiários ou requerentes privados;

III - na Reurb-E sobre áreas públicas, se houver interesse público, o Município poderá proceder à elaboração e ao custeio do projeto de regularização fundiária e da implantação da infraestrutura essencial, com posterior cobrança aos seus beneficiários.

§ 2º Na Reurb-S, fica facultado aos legitimados promover, a suas expensas, os projetos e os demais documentos técnicos necessários à regularização de seu imóvel, inclusive as obras de infraestrutura essencial nos termos do § 1º do art. 36 desta Lei. *(Parágrafo acrescido pela Medida Provisória nº 996, de 25/8/2020, convertido e com redação dada pela Lei nº 14.118, de 12/1/2021)*

Art. 34. Os Municípios poderão criar câmaras de prevenção e resolução administrativa de conflitos, no âmbito da administração local, inclusive mediante celebração de ajustes com os Tribunais de Justiça estaduais, as quais deterão competência para dirimir conflitos relacionados à Reurb, mediante solução consensual.

§ 1º O modo de composição e funcionamento das câmaras de que trata o *caput* deste artigo será estabelecido em ato do Poder Executivo municipal e, na falta do ato, pelo disposto na Lei nº 13.140, de 26 de junho de 2015.

§ 2º Se houver consenso entre as partes, o acordo será reduzido a termo e constituirá condição para a conclusão da Reurb, com consequente expedição da CRF.

§ 3º Os Municípios poderão instaurar, de ofício ou mediante provocação, procedimento de mediação coletiva de conflitos relacionados à Reurb.

§ 4º A instauração de procedimento administrativo para a resolução consensual de conflitos no âmbito da Reurb suspende a prescrição.

§ 5º Os Municípios e o Distrito Federal poderão, mediante a celebração de convênio, utilizar os Centros Judiciários de Solução de Conflitos e Cidadania ou as câmaras de mediação credenciadas nos Tribunais de Justiça.

SEÇÃO II – DO PROJETO DE REGULARIZAÇÃO FUNDIÁRIA

Art. 35. O projeto de regularização fundiária conterá, no mínimo:

I - levantamento planialtimétrico e cadastral, com georreferenciamento, subscrito por profissional competente, acompanhado de Anotação de Responsabilidade Técnica (ART) ou Registro de Responsabilidade Técnica (RRT), que demonstrará as unidades, as construções, o sistema viário, as áreas públicas, os acidentes geográficos e os demais elementos caracterizadores do núcleo a ser regularizado;

II - planta do perímetro do núcleo urbano informal com demonstração das matrículas ou transcrições atingidas, quando for possível;

III - estudo preliminar das desconformidades e da situação jurídica, urbanística e ambiental;

IV - projeto urbanístico;

V - memoriais descritivos;

VI - proposta de soluções para questões ambientais, urbanísticas e de reassentamento dos ocupantes, quando for o caso;

VII - estudo técnico para situação de risco, quando for o caso;

VIII - estudo técnico ambiental, para os fins previstos nesta Lei, quando for o caso;

IX - cronograma físico de serviços e implantação de obras de infraestrutura essencial, compensações urbanísticas, ambientais e outras, quando houver, definidas por ocasião da aprovação do projeto de regularização fundiária; e

X - termo de compromisso a ser assinado pelos responsáveis, públicos ou privados, pelo cumprimento do cronograma físico definido no inciso IX deste artigo.

Parágrafo único. O projeto de regularização fundiária deverá considerar as características da ocupação e da área ocupada para definir parâmetros urbanísticos e ambientais específicos, além de identificar os lotes, as vias de circulação e as áreas destinadas a uso público, quando for o caso.

Art. 36. O projeto urbanístico de regularização fundiária deverá conter, no mínimo, indicação:

I - das áreas ocupadas, do sistema viário e das unidades imobiliárias, existentes ou projetadas;

II - das unidades imobiliárias a serem regularizadas, suas características, área, confrontações, localização, nome do logradouro e número de sua designação cadastral, se houver;

III - quando for o caso, das quadras e suas subdivisões em lotes ou as frações ideais vinculadas à unidade regularizada;

IV - dos logradouros, espaços livres, áreas destinadas a edifícios públicos e outros equipamentos urbanos, quando houver;

V - de eventuais áreas já usucapidas;

VI - das medidas de adequação para correção das desconformidades, quando necessárias;

VII - das medidas de adequação da mobilidade, acessibilidade, infraestrutura e relocação de edificações, quando necessárias;

VIII - das obras de infraestrutura essencial, quando necessárias;

IX - de outros requisitos que sejam definidos pelo Município.

§ 1º Para fins desta Lei, considera-se infraestrutura essencial os seguintes equipamentos:

I - sistema de abastecimento de água potável, coletivo ou individual;

II - sistema de coleta e tratamento do esgotamento sanitário, coletivo ou individual;

III - rede de energia elétrica domiciliar;

IV - soluções de drenagem, quando necessário; e

V - outros equipamentos a serem definidos pelos Municípios em função das necessidades locais e características regionais.

§ 2º A Reurb pode ser implementada por etapas, abrangendo o núcleo urbano informal de forma total ou parcial.

§ 3º As obras de implantação de infraestrutura essencial, de equipamentos comunitários e de melhoria habitacional, bem como sua manutenção, podem ser realizadas antes, durante ou após a conclusão da Reurb.

§ 4º O Município definirá os requisitos para elaboração do projeto de regularização, no que se refere aos desenhos, ao memorial descritivo e ao cronograma físico de obras e serviços a serem realizados, se for o caso.

§ 5º A planta e o memorial descritivo deverão ser assinados por profissional legalmente habilitado, dispensada a apresentação de Anotação de Responsabilidade Técnica (ART) no Conselho Regional de Engenharia e Agronomia (Crea) ou de Registro de Responsabilidade Técnica (RRT) no Conselho de Arquitetura e Urbanismo (CAU), quando o responsável técnico for servidor ou empregado público.

§ 6º Na hipótese de utilização, pelo poder público, de peças técnicas e projetos de regularização fundiária elaborados por empresas privadas e particulares em geral, será necessária, para a emissão da Certidão de Regularização Fundiária (CRF), a anuência dos autores ou de quem detenha os direitos autorais. *(Incluído pela Lei nº 14.620, de 2023)*

§ 7º As unidades desocupadas e não comercializadas do titular originário do domínio da área alcançadas pela Reurb, na forma do inciso I do *caput* deste artigo, poderão ser caucionadas ou averbadas em alienação fiduciária e colocadas em garantia para as obras de infraestrutura essenciais, consignando-se o poder público como beneficiário da garantia estabelecida. *(Incluído pela Lei nº 14.620, de 2023)*

Art. 37. Na Reurb-S, caberá ao poder público competente, diretamente ou por meio da administração pública indireta, implementar a infraestrutura essencial, os equipamentos comunitários e as melhorias habitacionais previstas nos projetos de regularização, assim como arcar com os ônus de sua manutenção, podendo utilizar-se de recursos financeiros públicos e privados. *(Redação dada pela Lei nº 14.620, de 2023)*

§ 1º Os projetos e as obras de infraestrutura essencial na Reurb-S ou Reurb-E, incluindo vias de acesso, iluminação pública, solução de esgotamento sanitário e de drenagem de águas pluviais, ligações domiciliares de abastecimento de água e de energia elétrica e valores despendidos com indenizações aos antigos proprietários, poderão ser financiados com recursos do Sistema Brasileiro de Poupança e Empréstimo (SBPE), do Fundo de Garantia do Tempo de Serviço (FGTS), do Fundo de Arrendamento Residencial (FAR) e do Fundo de Desenvolvimento Social (FDS), bem como por outras fontes de financiamento públicas, privadas ou internacionais. (*Incluído pela Lei nº 14.620, de 2023*)

§ 2º Garantida a previsão de restituição integral dos valores disponibilizados, ficam autorizados a realizar as operações financeiras para as obras de infraestrutura referidas no § 1º os órgãos federais, estaduais e municipais, inclusive sociedades de economia mista, que operem na execução de política habitacional e de infraestruturas conexas. (*Incluído pela Lei nº 14.620, de 2023*)

§ 3º As garantias para as operações financeiras para as obras de infraestrutura e melhorias essenciais para a Reurb são as previstas no art. 17 da Lei nº 9.514, de 20 de novembro de 1997, e deverão ser incluídas na Certidão de Regularização Fundiária (CRF). (*Incluído pela Lei nº 14.620, de 2023*)

§ 4º O cálculo dos valores devidos pelos beneficiários da Reurb poderá ser realizado adotando-se como critério as áreas dos imóveis regularizados, individualmente considerados. (*Incluído pela Lei nº 14.620, de 2023*)

Art. 37-A. Fica autorizada a transferência do direito de construir correspondente ao potencial construtivo passível de ser utilizado em outro local, prevista no art. 35 da Lei nº 10.257, de 10 de julho de 2001 (Estatuto da Cidade), para fins de viabilizar a elaboração de projetos, a indenização e a realização das obras de infraestrutura em projetos de Reurb-S. (*Incluído pela Lei nº 14.620, de 2023*)

Parágrafo único. As prefeituras poderão receber imóveis para o atendimento das finalidades previstas neste artigo, oferecendo como contrapartida ao proprietário a possibilidade de transferência do potencial construtivo do bem doado ou desapropriado amigavelmente.

Art. 38. Na Reurb-E, o Distrito Federal ou os Municípios deverão definir, por ocasião da aprovação dos projetos de regularização fundiária, nos limites da legislação de regência, os responsáveis pela:

I - implantação dos sistemas viários;

II - implantação da infraestrutura essencial e dos equipamentos públicos ou comunitários, quando for o caso; e

III - implementação das medidas de mitigação e compensação urbanística e ambiental, e dos estudos técnicos, quando for o caso.

§ 1º As responsabilidades de que trata o *caput* deste artigo poderão ser atribuídas aos beneficiários da Reurb-E.

§ 2º Os responsáveis pela adoção de medidas de mitigação e compensação urbanística e ambiental deverão celebrar termo de compromisso com as autoridades competentes como condição de aprovação da Reurb-E.

Art. 39. Para que seja aprovada a Reurb de núcleos urbanos informais, ou de parcela deles, situados em áreas de riscos geotécnicos, de inundações ou de outros riscos especificados em lei, estudos técnicos deverão ser realizados, a fim de examinar a possibilidade de eliminação, de correção ou de administração de riscos na parcela por eles afetada.

§ 1º Na hipótese do *caput* deste artigo, é condição indispensável à aprovação da Reurb a implantação das medidas indicadas nos estudos técnicos realizados.

§ 2º Na Reurb-S que envolva áreas de riscos que não comportem eliminação, correção ou administração, os Municípios deverão proceder à realocação dos ocupantes do núcleo urbano informal a ser regularizado.

SEÇÃO III – DA CONCLUSÃO DA REURB

Art. 40. O pronunciamento da autoridade competente que decidir o processamento administrativo da Reurb deverá:

I - indicar as intervenções a serem executadas, se for o caso, conforme o projeto de regularização fundiária aprovado;

II - aprovar o projeto de regularização fundiária resultante do processo de regularização fundiária; e

III - identificar e declarar os ocupantes de cada unidade imobiliária com destinação urbana regularizada, e os respectivos direitos reais.

Art. 41. A Certidão de Regularização Fundiária (CRF) é o ato administrativo de aprovação da regularização que deverá acompanhar o projeto aprovado e deverá conter, no mínimo:

I - o nome do núcleo urbano regularizado;

II - a localização;

III - a modalidade da regularização;

IV - as responsabilidades das obras e serviços constantes do cronograma;

V - a indicação numérica de cada unidade regularizada, quando houver;

VI - a listagem com nomes dos ocupantes que houverem adquirido a respectiva unidade, por título de legitimação fundiária ou mediante ato único de registro, bem como o estado civil, a profissão, o número de inscrição no cadastro das pessoas físicas do Ministério da Fazenda e do registro geral da cédula de identidade e a filiação.

CAPÍTULO IV – DO REGISTRO DA REGULARIZAÇÃO FUNDIÁRIA

Art. 42. O registro da CRF e do projeto de regularização fundiária aprovado será requerido diretamente ao oficial do cartório de registro de imóveis da situação do imóvel e será efetivado independentemente de determinação judicial ou do Ministério Público.

Parágrafo único. Em caso de recusa do registro, o oficial do cartório do registro de imóveis expedirá nota devolutiva fundamentada, na qual indicará os motivos da recusa e formulará exigências nos termos desta Lei.

› *Vide Enunciado 16, I Jornada de Direito Notarial e Registral*

Art. 43. Na hipótese de a Reurb abranger imóveis situados em mais de uma circunscrição imobiliária, o procedimento será efetuado perante cada um dos oficiais dos cartórios de registro de imóveis.

Parágrafo único. Quando os imóveis regularizados estiverem situados na divisa das circunscrições imobiliárias, as novas matrículas das unidades imobiliárias serão de competência do oficial do cartório de registro de imóveis em cuja circunscrição estiver situada a maior porção da unidade imobiliária regularizada.

Art. 44. Recebida a CRF, cumprirá ao oficial do cartório de registro de imóveis prenotá-la, autuá-la, instaurar o procedimento registral e, no prazo de quinze dias, emitir a respectiva nota de exigência ou praticar os atos tendentes ao registro.

§ 1º O registro do projeto Reurb aprovado importa em:

I - abertura de nova matrícula, quando for o caso;

II - abertura de matrículas individualizadas para os lotes e áreas públicas resultantes do projeto de regularização aprovado; e

III - registro dos direitos reais indicados na CRF junto às matrículas dos respectivos lotes, dispensada a apresentação de título individualizado.

§ 2º Quando o núcleo urbano regularizado abranger mais de uma matrícula, o oficial do registro de imóveis abrirá nova matrícula para a área objeto de regularização, conforme previsto no inciso I do § 1º deste artigo, destacando a área abrangida na matrícula de origem, dispensada a apuração de remanescentes.

§ 3º O registro da CRF dispensa a comprovação do pagamento de tributos ou penalidades tributárias de responsabilidade dos legitimados.

§ 4º O registro da CRF aprovado independe de averbação prévia do cancelamento do cadastro de imóvel rural no Instituto Nacional de Colonização e Reforma Agrária (Incra).

§ 5º O procedimento registral deverá ser concluído no prazo de sessenta dias, prorrogável por até igual período, mediante justificativa fundamentada do oficial do cartório de registro de imóveis.

§ 6º O oficial de registro fica dispensado de providenciar a notificação dos titulares de domínio, dos confinantes e de terceiros eventualmente interessados, uma vez cumprido esse rito pelo Município, conforme o disposto no art. 31 desta Lei.

§ 7º O oficial do cartório de registro de imóveis, após o registro da CRF, notificará o Incra, o Ministério do Meio Ambiente e a Secretaria da Receita Federal do Brasil para que esses órgãos cancelem, parcial ou totalmente, os respectivos registros existentes no Cadastro Ambiental Rural (CAR) e nos demais cadastros relacionados a imóvel rural, relativamente às unidades imobiliárias regularizadas.

§ 8º O oficial do cartório de registro de imóveis, ao abrir as matrículas individuais decorrentes do projeto de regularização fundiária, deverá, nas matrículas de unidades imobiliárias cujo ocupante não venha a ser informado na lista de beneficiários da CRF, fazer constar o titular originário da matrícula na condição de proprietário anterior, não inserindo esse mesmo proprietário como titular atual da matrícula aberta, mas apenas inserindo, no campo relativo ao proprietário atual, texto informando que o futuro proprietário será oportunamente citado na matrícula quando do envio de listas complementares de beneficiários. (*Incluído pela Lei nº 14.620, de 2023*)

Art. 45. Quando se tratar de imóvel sujeito a regime de condomínio geral a ser dividido em lotes com indicação, na matrícula, da área deferida a cada condômino, o Município poderá indicar, de forma individual ou coletiva, as unidades imobiliárias correspondentes às frações ideais registradas, sob sua exclusiva responsabilidade, para a especialização das áreas registradas em comum.

Parágrafo único. Na hipótese de a informação prevista no *caput* deste artigo não constar do projeto de regularização fundiária aprovado pelo Município, as novas matrículas das unidades imobiliárias serão abertas mediante requerimento de especialização formulado pelos legitimados de que trata esta Lei, dispensada a outorga de escritura pública para indicação da quadra e do lote.

Art. 46. Para atendimento ao princípio da especialidade, o oficial do cartório de registro de imóveis adotará o memorial descritivo da gleba apresentado com o projeto de regularização fundiária e deverá averbá-lo na matrícula existente, anteriormente ao registro do projeto, independentemente de provocação, retificação, notificação, unificação ou apuração de disponibilidade ou remanescente.

§ 1º Se houver dúvida quanto à extensão da gleba matriculada, em razão da precariedade da descrição tabular, o oficial do cartório de registro de imóveis abrirá nova matrícula para a área destacada e averbará o referido destaque na matrícula matriz.

§ 2º As notificações serão emitidas de forma simplificada, indicando os dados de identificação do núcleo urbano a ser regularizado, sem a anexação de plantas, projetos, memoriais ou outros documentos, convidando o notificado a comparecer à sede da serventia para tomar conhecimento da CRF com a advertência de que o não comparecimento e a não apresentação de impugnação, no prazo legal, importará em anuência ao registro.

§ 3º Na hipótese de o projeto de regularização fundiária não envolver a integralidade do imóvel matriculado, o registro será feito com base na planta e no memorial descritivo referentes à área objeto de regularização e o destaque na matrícula da área total deverá ser averbado.

Art. 47. Os padrões dos memoriais descritivos, das plantas e das demais representações gráficas, inclusive as escalas adotadas e outros detalhes técnicos, seguirão as diretrizes estabelecidas pela autoridade municipal ou distrital competente, as quais serão consideradas atendidas com a emissão da CRF.

Parágrafo único. Não serão exigidos reconhecimentos de firma nos documentos que compõem a CRF ou o termo individual de legitimação fundiária quando apresentados pela União, Estados, Distrito Federal, Municípios ou entes da administração indireta.

Art. 48. O registro da CRF produzirá efeito de instituição e especificação de condomínio, quando for o caso, regido pelas disposições legais específicas, hipótese em que fica facultada aos condôminos a aprovação de convenção condominial.

Art. 49. O registro da CRF será feito em todas as matrículas atingidas pelo projeto de regularização fundiária aprovado, devendo ser informadas, quando possível, as parcelas correspondentes a cada matrícula.

Art. 50. Nas matrículas abertas para cada parcela, deverão constar dos campos referentes ao registro anterior e ao proprietário:

I - quando for possível, a identificação exata da origem da parcela matriculada, por meio de planta de sobreposição do parcelamento com os registros existentes, a matrícula anterior e o nome de seu proprietário;

II - quando não for possível identificar a exata origem da parcela matriculada, todas as matrículas anteriores atingidas pela Reurb e a expressão "proprietário não identificado", dispensando-se nesse caso os requisitos dos itens 4 e 5 do inciso II do art. 167 da Lei nº 6.015, de 31 de dezembro de 1973.

Art. 51. Qualificada a CRF e não havendo exigências nem impedimentos, o oficial do cartório de registro de imóveis efetuará o seu registro na matrícula dos imóveis cujas áreas tenham sido atingidas, total ou parcialmente.

Parágrafo único. Não identificadas as transcrições ou as matrículas da área regularizada, o oficial do cartório de registro abrirá matrícula com a descrição do perímetro do núcleo urbano informal que constar da CRF e nela efetuará o registro.

Art. 52. Registrada a CRF, será aberta matrícula para cada uma das unidades imobiliárias regularizadas.

Parágrafo único. Para os atuais ocupantes das unidades imobiliárias objeto da Reurb, os compromissos de compra e venda, as cessões e as promessas de cessão valerão como título hábil para a aquisição da propriedade, quando acompanhados da prova de quitação das obrigações do adquirente, e serão registrados nas matrículas das unidades imobiliárias correspondentes, resultantes da regularização fundiária.

Art. 53. Com o registro da CRF, serão incorporados automaticamente ao patrimônio público as vias públicas, as áreas destinadas ao uso comum do povo, os prédios públicos e os equipamentos urbanos, na forma indicada no projeto de regularização fundiária aprovado.

Parágrafo único. A requerimento do Município, o oficial de registro de imóveis abrirá matrícula para as áreas que tenham ingressado no domínio público.

Art. 54. As unidades desocupadas e não comercializadas alcançadas pela Reurb terão as suas matrículas abertas em nome do titular originário do domínio da área.

Parágrafo único. As unidades não edificadas que tenham sido comercializadas a qualquer título terão suas matrículas abertas em nome do adquirente, conforme procedimento previsto nos arts. 84 e 98 desta Lei. (*Parágrafo único com redação dada pela Medida Provisória nº 996, de 25/8/2020, convertida na Lei nº 14.118, de 12/1/2021*)

CAPÍTULO V – DO DIREITO REAL DE LAJE

Art. 55. A Lei nº 10.406, de 10 de janeiro de 2002 (Código Civil), passa a vigorar com as seguintes alterações:

› *Alterações inseridas no texto da referida norma.*

Art. 56. A Lei nº 6.015, de 31 de dezembro de 1973, passa a vigorar com as seguintes alterações:

› *Alterações inseridas no texto da referida norma.*

Art. 57. O *caput* do art. 799 da Lei nº 13.105, de 16 de março de 2015 (Código de Processo Civil), passa a vigorar acrescido dos seguintes incisos X e XI:

› *Alterações inseridas no texto da referida norma.*

CAPÍTULO VI – DO CONDOMÍNIO DE LOTES

Art. 58. A Lei nº 10.406, de 10 de janeiro de 2002 (Código Civil), passa a vigorar acrescida da Seção IV no Capítulo VII do Título III do Livro III da Parte Especial:

› *Alterações inseridas no texto da referida norma.*

CAPÍTULO VII – DOS CONJUNTOS HABITACIONAIS

Art. 59. Serão regularizados como conjuntos habitacionais os núcleos urbanos informais que tenham sido constituídos para a alienação de unidades já edificadas pelo próprio empreendedor, público ou privado.

§ 1º Os conjuntos habitacionais podem ser constituídos de parcelamento do solo com unidades edificadas isoladas, parcelamento do solo com edificações em condomínio, condomínios horizontais ou verticais, ou ambas as modalidades de parcelamento e condomínio.

§ 2º As unidades resultantes da regularização de conjuntos habitacionais serão atribuídas aos ocupantes reconhecidos, salvo quando o ente público promotor do programa habitacional demonstrar que, durante o processo de regularização fundiária, há obrigações pendentes, caso em que as unidades imobiliárias regularizadas serão a ele atribuídas.

Art. 60. Para a aprovação e registro dos conjuntos habitacionais que compõem a Reurb ficam dispensadas a apresentação do habite-se e, no caso de Reurb-S, as respectivas certidões negativas de tributos e contribuições previdenciárias.

CAPÍTULO VIII – DO CONDOMÍNIO URBANO SIMPLES

Art. 61. Quando um mesmo imóvel contiver construções de casas ou cômodos, poderá ser instituído, inclusive para fins de Reurb, condomínio urbano simples, respeitados os parâmetros urbanísticos locais, e serão discriminadas, na matrícula, a parte do terreno ocupada pelas edificações, as partes de utilização exclusiva e as áreas que constituem passagem para as vias públicas ou para as unidades entre si.

Parágrafo único. O condomínio urbano simples será regido por esta Lei, aplicando-se, no que couber, o disposto na legislação civil, tal como os arts. 1.331 a 1.358

da Lei nº 10.406, de 10 de janeiro de 2002 (Código Civil).

Art. 62. A instituição do condomínio urbano simples será registrada na matrícula do respectivo imóvel, na qual deverão ser identificadas as partes comuns ao nível do solo, as partes comuns internas à edificação, se houver, e as respectivas unidades autônomas, dispensada a apresentação de convenção de condomínio.

§ 1º Após o registro da instituição do condomínio urbano simples, deverá ser aberta uma matrícula para cada unidade autônoma, à qual caberá, como parte inseparável, uma fração ideal do solo e das outras partes comuns, se houver, representada na forma de percentual.

§ 2º As unidades autônomas constituídas em matrícula própria poderão ser alienadas e gravadas livremente por seus titulares.

§ 3º Nenhuma unidade autônoma poderá ser privada de acesso ao logradouro público.

§ 4º A gestão das partes comuns será feita de comum acordo entre os condôminos, podendo ser formalizada por meio de instrumento particular.

Art. 63. No caso da Reurb-S, a averbação das edificações poderá ser efetivada a partir de mera notícia, a requerimento do interessado, da qual constem a área construída e o número da unidade imobiliária, dispensada a apresentação de habite-se e de certidões negativas de tributos e contribuições previdenciárias.

CAPÍTULO IX – DA ARRECADAÇÃO DE IMÓVEIS ABANDONADOS

Art. 64. Os imóveis urbanos privados abandonados cujos proprietários não possuam a intenção de conservá-los em seu patrimônio ficam sujeitos à arrecadação pelo Município ou pelo Distrito Federal na condição de bem vago.

§ 1º A intenção referida no *caput* deste artigo será presumida quando o proprietário, cessados os atos de posse sobre o imóvel, não adimplir os ônus fiscais instituídos sobre a propriedade predial e territorial urbana, por cinco anos.

§ 2º O procedimento de arrecadação de imóveis urbanos abandonados obedecerá ao disposto em ato do Poder Executivo municipal ou distrital e observará, no mínimo:

I - abertura de processo administrativo para tratar da arrecadação;

II - comprovação do tempo de abandono e de inadimplência fiscal;

III - notificação ao titular do domínio para, querendo, apresentar impugnação no prazo de trinta dias, contado da data de recebimento da notificação.

§ 3º A ausência de manifestação do titular do domínio será interpretada como concordância com a arrecadação.

§ 4º Respeitado o procedimento de arrecadação, o Município poderá realizar, diretamente ou por meio de terceiros, os investimentos necessários para que o imóvel urbano arrecadado atinja prontamente os objetivos sociais a que se destina.

§ 5º Na hipótese de o proprietário reivindicar a posse do imóvel declarado abandonado, no transcorrer do triênio a que alude o art. 1.276 da Lei nº 10.406, de 10 de janeiro de 2002 (Código Civil), fica assegurado ao Poder Executivo municipal ou distrital o direito ao ressarcimento prévio, e em valor atualizado, de todas as despesas em que eventualmente houver incorrido, inclusive tributárias, em razão do exercício da posse provisória.

Art. 65. Os imóveis arrecadados pelos Municípios ou pelo Distrito Federal poderão ser destinados aos programas habitacionais, à prestação de serviços públicos, ao fomento da Reurb-S ou serão objeto de concessão de direito real de uso a entidades civis que comprovadamente tenham fins filantrópicos, assistenciais, educativos, esportivos ou outros, no interesse do Município ou do Distrito Federal.

CAPÍTULO X – DA REGULARIZAÇÃO DA PROPRIEDADE FIDUCIÁRIA DO FUNDO DE ARRENDAMENTO RESIDENCIAL (FAR)

Art. 66. A Lei nº 11.977, de 7 de julho de 2009, passa a vigorar acrescida dos seguintes arts. 7º-A, 7º-B e 7º-C:

› *Alterações inseridas no texto da referida norma.*

Art. 67. A Lei nº 9.514, de 20 de novembro de 1997, passa a vigorar com as seguintes alterações:

› *Alterações inseridas no texto da referida norma.*

CAPÍTULO XI – DISPOSIÇÕES FINAIS E TRANSITÓRIAS

Art. 68. Ao Distrito Federal são atribuídas as competências, os direitos e as responsabilidades reservadas aos Estados e aos Municípios, na forma desta Lei.

Art. 69. As glebas parceladas para fins urbanos anteriormente a 19 de dezembro de 1979, que não possuírem registro, poderão ter a sua situação jurídica regularizada mediante o registro do parcelamento, desde que esteja implantado e integrado à cidade, podendo, para tanto, utilizar-se dos instrumentos previstos nesta Lei.

§ 1º O interessado requererá ao oficial do cartório de registro de imóveis a efetivação do registro do parcelamento, munido dos seguintes documentos:

I - planta da área em regularização assinada pelo interessado responsável pela regularização e por profissional legalmente habilitado, acompanhada da Anotação de Responsabilidade Técnica (ART) no Conselho Regional de Engenharia e Agronomia (Crea) ou de Registro de Responsabilidade Técnica (RRT) no Conselho de Arquitetura e Urbanismo (CAU), contendo o perímetro da área a ser regularizada e as subdivisões das quadras, lotes e áreas públicas, com as dimensões e numeração dos lotes, logradouros, espaços livres e outras áreas com destinação específica, se for o caso, dispensada a ART ou o RRT quando o responsável técnico for servidor ou empregado público;

II - descrição técnica do perímetro da área a ser regularizada, dos lotes, das áreas públicas e de outras áreas com destinação específica, quando for o caso;

III - documento expedido pelo Município, atestando que o parcelamento foi implantado antes de 19 de dezembro de 1979 e que está integrado à cidade.

§ 2º A apresentação da documentação prevista no § 1º deste artigo dispensa a apresentação do projeto de regularização fundiária, de estudo técnico ambiental, de CRF ou de quaisquer outras manifestações, aprovações, licenças ou alvarás emitidos pelos órgãos públicos.

Art. 70. As disposições da Lei nº 6.766, de 19 de dezembro de 1979, não se aplicam à Reurb, exceto quanto ao disposto nos arts. 37, 38, 39, no *caput* e nos §§ 1º, 2º, 3º e 4º do art. 40 e nos arts. 41, 42, 44, 47, 48, 49, 50, 51 e 52 da referida Lei.

Art. 71. Para fins da Reurb, ficam dispensadas a desafetação e as exigências previstas no inciso I do *caput* do art. 17 da Lei nº 8.666, de 21 de junho de 1993.

Art. 72. O art. 11 da Lei nº 11.124, de 16 de junho de 2005, passa a vigorar acrescido do seguinte § 4º:

"Art. 11 (...)

§ 4º Fica habilitado o FNHIS a destinar recursos para a compensação, total ou parcial, dos custos referentes aos atos registrais da Regularização Fundiária Urbana de Interesse Social (Reurb-S)."

Art. 73. Devem os Estados criar e regulamentar fundos específicos destinados à compensação, total ou parcial, dos custos referentes aos atos registrais da Reurb-S previstos nesta Lei.

Parágrafo único. Para que os fundos estaduais acessem os recursos do Fundo Nacional de Habitação de Interesse Social (FNHIS), criado pela Lei nº 11.124, de 16 de junho de 2005, deverão firmar termo de adesão, na forma a ser regulamentada pelo Poder Executivo federal.

Art. 74. Serão regularizadas, na forma desta Lei, as ocupações que incidam sobre áreas objeto de demanda judicial que versem sobre direitos reais de garantia ou constrições judiciais, bloqueios e indisponibilidades, ressalvada a hipótese de decisão judicial específica que impeça a análise, aprovação e registro do projeto de regularização fundiária urbana.

Art. 75. As normas e os procedimentos estabelecidos nesta Lei poderão ser aplicados aos processos administrativos de regularização fundiária iniciados pelos entes públicos competentes até a data de publicação desta Lei, sendo regidos, a critério deles, pelos arts. 288-A a 288-G da Lei nº 6.015, de 31 de dezembro de 1973, e pelos arts. 46 a 71-A da Lei nº 11.977, de 7 de julho de 2009.

Art. 76. O Sistema de Registro Eletrônico de Imóveis (SREI) será implementado e operado, em âmbito nacional, pelo Operador Nacional do Sistema de Registro Eletrônico de Imóveis (ONR).

› *Vide Provimento CNJ 89/2019*

› *Vide Enunciado 71 da I Jornada de Direito Notarial e Registral*

§ 1º O procedimento administrativo e os atos de registro decorrentes da Reurb serão feitos por meio eletrônico, nos termos dos arts. 37 a 41 da Lei nº 11.977, de 7 de julho de 2009. *(Parágrafo com redação dada pela Medida Provisória nº 1.085, de 27/12/2021, convertida na Lei nº 14.382, de 27/6/2022)*

§ 2º O ONR será organizado como pessoa jurídica de direito privado, sem fins lucrativos.

§ 3º (VETADO).

§ 4º Caberá à Corregedoria Nacional de Justiça do Conselho Nacional de Justiça exercer a função de agente regulador do ONR e zelar pelo cumprimento de seu estatuto.

§ 5º As unidades do serviço de registro de imóveis dos Estados e do Distrito Federal integram o SREI e ficam vinculadas ao ONR.

§ 6º Os serviços eletrônicos serão disponibilizados, sem ônus, ao Poder Judiciário, ao Poder Executivo federal, ao Ministério Público, aos entes públicos previstos nos regimentos de custas e emolumentos dos Estados e do Distrito Federal, e aos órgãos encarregados de investigações criminais, fiscalização tributária e recuperação de ativos.

§ 7º A administração pública federal acessará as informações do SREI por meio do Sistema Nacional de Gestão de Informações Territoriais (Sinter), na forma de regulamento.

§ 8º (VETADO).

§ 9º Fica criado o fundo para a implementação e custeio do SREI, que será gerido pelo ONR e subvencionado pelas unidades do serviço de registro de imóveis dos Estados e do Distrito Federal referidas no § 5º deste artigo. *(Parágrafo acrescido pela Lei nº 14.118, de 12/1/2021)*

§ 10. Caberá ao agente regulador do ONR disciplinar a instituição da receita do fundo para a implementação e o custeio do registro eletrônico de imóveis, estabelecer as cotas de participação das unidades de registro de imóveis do País, fiscalizar o recolhimento e supervisionar a aplicação dos recursos e as despesas do gestor, sem prejuízo da fiscalização ordinária e própria como for prevista nos estatutos. *(Parágrafo acrescido pela Lei nº 14.118, de 12/1/2021)*

Art. 77. A Medida Provisória nº 2.220, de 4 de setembro de 2001, passa a vigorar com as seguintes alterações:

› *Alterações inseridas no texto da referida norma.*

Art. 78. A Lei nº 6.766, de 19 de dezembro de 1979, passa a vigorar com as seguintes alterações:

› *Alterações inseridas no texto da referida norma.*

Art. 79. A Lei nº 10.257, de 10 de julho de 2001, passa a vigorar com as seguintes alterações:

› *Alterações inseridas no texto da referida norma.*

Art. 80. *O art. 7º da Lei nº 11.977, de 7 de julho de 2009, passa a vigorar acrescido do seguinte parágrafo único:*

› *Alterações inseridas no texto da referida norma.*

Art. 81. A Lei nº 6.015, de 31 de dezembro de 1973, passa a vigorar com as seguintes alterações:

› *Alterações inseridas no texto da referida norma.*

Art. 82. A Lei nº 12.651, de 25 de maio de 2012, passa a vigorar com as seguintes alterações:

› *Alterações inseridas no texto da referida norma.*

TÍTULO III – DOS PROCEDIMENTOS DE AVALIAÇÃO E ALIENAÇÃO DE IMÓVEIS DA UNIÃO

Art. 83. Os procedimentos para a Reurb promovida em áreas de domínio da União serão regulamentados em ato específico da Secretaria do Patrimônio da União (SPU), sem prejuízo da eventual adoção de procedimentos e instrumentos previstos para a Reurb.

Art. 84. Os imóveis da União objeto da Reurb-E que forem objeto de processo de parcelamento reconhecido pela autoridade pública poderão ser, no todo ou em parte, vendidos diretamente aos seus ocupantes, dispensados os procedimentos exigidos pela Lei nº 8.666, de 21 de junho de 1993.

§ 1º A venda aplica-se unicamente aos imóveis ocupados até 22 de dezembro de 2016, exigindo-se que o usuário seja regularmente inscrito e esteja em dia com suas obrigações para com a Secretaria do Patrimônio da União (SPU).

§ 2º A venda direta de que trata este artigo somente poderá ser concedida para, no máximo, dois imóveis, um residencial e um não residencial, regularmente cadastrados em nome do beneficiário na Secretaria do Patrimônio da União (SPU).

§ 3º A venda direta de que trata este artigo deverá obedecer à Lei nº 9.514, de 20 de novembro de 1997, ficando a União com a propriedade fiduciária dos bens alienados até a quitação integral, na forma dos §§ 4º e 5º deste artigo.

§ 4º Para ocupantes com renda familiar situada entre cinco e dez salários mínimos, a aquisição poderá ser realizada à vista ou em até duzentas e quarenta parcelas mensais e consecutivas, mediante sinal de, no mínimo, 5% (cinco por cento) do valor da avaliação, e o valor da parcela mensal não poderá ser inferior ao valor equivalente ao devido pelo usuário a título de taxa de foro ou ocupação, quando requerido pelo interessado.

§ 5º Para ocupantes com renda familiar acima de dez salários mínimos, a aquisição poderá ser realizada à vista ou em até cento e vinte parcelas mensais e consecutivas, mediante um sinal de, no mínimo, 10% (dez por cento) do valor da avaliação, e o valor da parcela mensal não poderá ser inferior ao valor equivalente ao devido pelo usuário a título de taxa de foro ou ocupação, quando requerido pelo interessado.

§ 6º A regulamentação do disposto neste artigo será efetuada pela Secretaria do Patrimônio da União (SPU) no prazo de doze meses contado da data de publicação desta Lei.

Art. 85. O preço de venda será fixado com base no valor de mercado do imóvel, segundo os critérios de avaliação previstos no art. 11-C da Lei nº 9.636, de 15 de maio de 1998, excluídas as acessões e as benfeitorias realizadas pelo ocupante.

§ 1º O prazo de validade da avaliação a que se refere o *caput* deste artigo será de, no máximo, doze meses.

§ 2º Nos casos de condomínio edilício privado, as áreas comuns, excluídas suas benfeitorias, serão adicionadas na fração ideal da unidade privativa correspondente.

Art. 86. As pessoas físicas de baixa renda que, por qualquer título, utilizem regularmente imóvel da União, inclusive imóveis provenientes de entidades federais extintas, para fins de moradia até 22 de dezembro de 2016, e que sejam isentas do pagamento de qualquer valor pela utilização, na forma da legislação patrimonial e dos cadastros da Secretaria do Patrimônio da União (SPU), poderão requerer diretamente ao oficial de registro de imóveis, mediante apresentação da Certidão de Autorização de Transferência (CAT) expedida pela SPU, a transferência gratuita da propriedade do imóvel, desde que preencham os requisitos previstos no § 5º do art. 31 da Lei nº 9.636, de 15 de maio de 1998.

§ 1º A transferência gratuita de que trata este artigo somente poderá ser concedida uma vez por beneficiário.

§ 2º A avaliação prévia do imóvel e a prévia autorização legislativa específica não configuram condição para a transferência gratuita de que trata este artigo.

Art. 87. Para obter gratuitamente a concessão de direito real de uso ou o domínio pleno do imóvel, o interessado deverá requerer à Secretaria do Patrimônio da União (SPU) a Certidão de Autorização de Transferência para fins de Reurb-S (CAT-Reurb-S), a qual valerá como título hábil para a aquisição do direito mediante o registro no cartório de registro de imóveis competente.

Parágrafo único. Efetivado o registro da transferência da concessão de direito real de uso ou do domínio pleno do imóvel, o oficial do cartório de registro de imóveis, no prazo de trinta dias, notificará a Superintendência do Patrimônio da União no Estado ou no Distrito Federal, informando o número da matrícula do imóvel e o seu Registro Imobiliário Patrimonial (RIP), o qual deverá constar da CAT-Reurb-S.

Art. 88. Na hipótese de imóveis destinados à Reurb-S cuja propriedade da União ainda não se encontre regularizada no cartório de registro de imóveis competente, a abertura de matrícula poderá ser realizada por meio de requerimento da Secretaria do Patrimônio da União (SPU), dirigido ao oficial do referido cartório, acompanhado dos seguintes documentos:

I - planta e memorial descritivo do imóvel, assinados por profissional habilitado perante o Conselho Regional de Engenharia e Agronomia (Crea) ou o Conselho de Arquitetura e Urbanismo (CAU), condicionados à apresentação da Anotação de Responsabilidade Técnica (ART) ou do Registro de Responsabilidade Técnica (RRT), quando for o caso; e

II - ato de discriminação administrativa do imóvel da União para fins de Reurb-S, a ser expedido pela Secretaria do Patrimônio da União (SPU).

§ 1º O oficial do cartório de registro de imóveis deverá, no prazo de trinta dias, contado da data de protocolo do requerimento, fornecer à Superintendência do Patrimônio da União no Estado ou no Distrito Federal a certidão da matrícula aberta ou os motivos fundamentados para a negativa da abertura, hipótese para a qual deverá ser estabelecido prazo para que as pendências sejam supridas.

§ 2º O disposto no *caput* deste artigo não se aplica aos imóveis da União submetidos a procedimentos específicos de identificação e demarcação, os quais continuam submetidos às normas pertinentes.

Art. 89. Os procedimentos para a transferência gratuita do direito real de uso ou do domínio pleno de imóveis da União no âmbito da Reurb-S, inclusive aqueles relacionados à forma de comprovação dos requisitos pelos beneficiários, serão regulamentados em ato específico da Secretaria do Patrimônio da União (SPU).

Art. 90. Ficam a União, suas autarquias e fundações autorizadas a transferir aos Estados, aos Municípios e ao Distrito Federal as áreas públicas federais ocupadas por núcleos urbanos informais, para que promovam a Reurb nos termos desta Lei, observado o regulamento quando se tratar de imóveis de titularidade de fundos.

Art. 91. O Decreto-Lei nº 2.398, de 21 de dezembro de 1987, passa a vigorar com as seguintes alterações:

› *Alterações inseridas no texto da referida norma.*

Art. 92. A Lei nº 13.240, de 30 de dezembro de 2015, passa a vigorar com as seguintes alterações:

› *Alterações inseridas no texto da referida norma.*

Art. 93. A Lei nº 9.636, de 15 de maio de 1998, passa a vigorar com as seguintes alterações:

› *Alterações inseridas no texto da referida norma.*

Art. 94. O *caput* do art. 20 da Lei nº 8.036, de 11 de maio de 1990, passa a vigorar acrescido do seguinte inciso XIX:

"Art. 20. (...)

XIX - pagamento total ou parcial do preço de aquisição de imóveis da União inscritos em regime de ocupação ou aforamento, a que se referem o art. 4º da Lei nº 13.240, de 30 de dezembro de 2015, e o art. 16-A da Lei nº 9.636, de 15 de maio de 1998, respectivamente, observadas as seguintes condições:

a) o mutuário deverá contar com o mínimo de três anos de trabalho sob o regime do FGTS, na mesma empresa ou em empresas diferentes;

b) seja a operação financiável nas condições vigentes para o Sistema Financeiro da Habitação (SFH) ou ainda por intermédio de parcelamento efetuado pela Secretaria do Patrimônio da União (SPU), mediante a contratação da Caixa Econômica Federal como agente financeiro dos contratos de parcelamento;

c) sejam observadas as demais regras e condições estabelecidas para uso do FGTS.

(...)"

Art. 95. O Decreto-Lei nº 1.876, de 15 de julho de 1981, passa a vigorar com as seguintes alterações:

› *Alterações inseridas no texto da referida norma*

Art. 96. O Decreto-Lei nº 9.760, de 5 de setembro de 1946, passa a vigorar com as seguintes alterações:

› *Alterações inseridas no texto da referida norma.*

Art. 97. O art. 11 da Lei nº 13.139, de 26 de junho de 2015, passa a vigorar com a seguinte redação:

› *Alterações inseridas no texto da referida norma.*

TÍTULO IV – DISPOSIÇÕES FINAIS

Art. 98. Fica facultado aos Estados, aos Municípios e ao Distrito Federal utilizar a prerrogativa de venda direta aos ocupantes de suas áreas públicas objeto da Reurb-E, dispensados os procedimentos exigidos pela Lei nº 8.666, de 21 de junho de 1993, e desde que os imóveis se encontrem ocupados até 22 de dezembro de 2016, devendo regulamentar o processo em legislação própria nos moldes do disposto no art. 84 desta Lei.

Art. 99. O art. 28 da Lei nº 11.483, de 31 de maio de 2007, passa a vigorar com as seguintes alterações:

"Art. 28. Fica a União autorizada a renegociar, notificar e inscrever em dívida ativa da União dívidas e saldos devedores decorrentes de contratos de transferência de domínio e de débitos dos demais contratos firmados pela extinta RFFSA que tenham por objeto bens imóveis operacionais e não operacionais.

(...)

§ 2º Para os fins deste artigo, considera-se débito consolidado o somatório da dívida e do saldo devedor decorrente de contrato de transferência de domínio ou de posse, ou o valor correspondente ao total da dívida decorrente dos demais contratos firmados pela extinta RFFSA que tenham por objeto bens imóveis operacionais e não operacionais."

Art. 100. O art. 38 da Lei nº 12.712, de 30 de agosto de 2012, passa a vigorar com as seguintes alterações:

"Art. 38. (...)

I - (...)

j) comerciais, em operações de crédito ao comércio exterior para micro, pequenas e médias empresas; e

k) do mercado de seguros rurais privados, na forma de cobertura suplementar, nas modalidades agrícola, pecuária, aquícola, florestal e de penhor rural.

(...)

§ 7º A concessão da garantia contra risco de que trata a alínea k do inciso I do caput deste artigo depende da demonstração pelo interessado da regularidade fundiária da propriedade."

Art. 101. A Lei nº 6.015, de 31 de dezembro de 1973, passa a vigorar acrescida do seguinte art. 235-A:

› *Alterações inseridas no texto da referida norma.*

Art. 102. Fica a União autorizada a doar ao Estado de Rondônia as glebas públicas arrecadadas e registradas em nome da União nele situadas.

§ 1º São excluídas da autorização de que trata o *caput* deste artigo:

I - as áreas relacionadas nos incisos II a XI do art. 20 da Constituição Federal;

II - as terras destinadas ou em processo de destinação pela União a projetos de assentamento;

III - as áreas de unidades de conservação já instituídas pela União e aquelas em processo de instituição, conforme regulamento;

IV - as áreas afetadas, de modo expresso ou tácito, a uso público, comum ou especial;

V - as áreas objeto de títulos expedidos pela União que não tenham sido extintos por descumprimento de cláusula resolutória;

VI - as áreas urbanas consolidadas, que serão objeto de doação diretamente da União ao Município, nos termos da Lei nº 11.952, de 25 de junho de 2009.

§ 2º As glebas objeto de doação ao Estado de Rondônia deverão ser preferencialmente utilizadas em atividades de conservação ambiental e desenvolvimento sustentável, de assentamento, de colonização e de regularização fundiária, podendo ser adotado o regime de concessão de uso previsto no Decreto-Lei nº 271, de 28 de fevereiro de 1967.

§ 3º As doações serão efetuadas de forma gradativa, à medida que reste comprovado que a gleba anteriormente transferida tenha sido destinada nos termos do § 2º deste artigo.

§ 4º A aquisição ou arrendamento de lotes por estrangeiros obedecerá aos limites, às condições e às restrições estabelecidos na legislação federal.

§ 5º A doação de glebas públicas federais aos Estados de Roraima e do Amapá será regida pela Lei nº 10.304, de 5 de novembro de 2001.

§ 6º O Poder Executivo da União editará ato para regulamentar este artigo, inclusive para fixar critérios de definição das glebas a serem alienadas.

Art. 103. Os interessados poderão, no prazo de cento e oitenta dias, requerer à Secretaria Especial de Agricultura Familiar e do Desenvolvimento Agrário, ao Incra e à Secretaria do Patrimônio da União (SPU) a revisão das decisões administrativas denegatórias, ainda que judicializadas, caso em que o pedido deverá ser objeto de análise final no prazo de um ano.

Parágrafo único. O disposto neste artigo não impede o interessado de pleitear direitos previstos nesta Lei, desde que preencha os pressupostos fáticos pertinentes.

Art. 104. O Decreto-Lei nº 3.365, de 21 de junho de 1941, passa a vigorar acrescido do seguinte art. 34-A:

› *Alterações inseridas no texto da referida norma.*

Art. 105. Em caso de certificação de imóveis rurais em unidade de conservação situados em região de difícil acesso ou em que a implantação do marco físico implique supressão de cobertura vegetal, deverão ser utilizados vértices virtuais para fins de georreferenciamento.

Art. 106. O disposto nesta Lei aplica-se à ilha de Fernando de Noronha e às demais ilhas oceânicas e costeiras, em conformidade com a legislação patrimonial em vigor.

Art. 107. Decreto do Poder Executivo federal poderá regulamentar o disposto nesta Lei.

Art. 108. Esta Lei entra em vigor na data de sua publicação.

Art. 109. Ficam revogados:

I - os arts. 14 e 15 da Lei Complementar nº 76, de 6 de julho de 1993;

II - os arts. 27 e 28 da Lei nº 9.636, de 15 de maio de 1998;

III - os seguintes dispositivos da Lei nº 11.952, de 25 de junho de 2009:

a) o § 2º do art. 5º;

b) o parágrafo único do art. 18;

c) os incisos I, II, III e IV do *caput* e os §§ 1º e 2º, todos do art. 30; e

d) os §§ 4º e 5º do art. 15;

IV - o Capítulo III da Lei nº 11.977, de 7 de julho de 2009;

V - (VETADO);

VI - os arts. 288-B a 288-G da Lei nº 6.015, de 31 de dezembro de 1973;

VII - os arts. 2º, 3º, 7º e 13 da Lei nº 13.240, de 30 de dezembro de 2015;

VIII - o parágrafo único do art. 14, o § 5º do art. 24, o § 3º do art. 26 e os arts. 29, 34, 35 e 45 da Lei nº 9.636, de 15 de maio de 1998;

IX - o § 1º do art. 1º da Lei nº 13.347, de 10 de outubro de 2016.

Brasília, 11 de julho de 2017;
196º da Independência e 129º da República.

MICHEL TEMER
Torquato Jardim
Henrique Meirelles
Dyogo Henrique de Oliveira
Bruno Cavalcanti de Araújo
Eliseu Padilha

DOU de 12.7.2017 e retificado em 6.9.2017 e publicado texto consolidado no DOU de 8.9.2017

LEI Nº 13.476, DE 28 DE AGOSTO DE 2017

Altera a Lei nº 12.810, de 15 de maio de 2013, para dispor sobre a constituição de gravames e ônus sobre ativos financeiros e valores mobiliários objeto de registro ou de depósito centralizado, e a Lei nº 13.097, de 19 de janeiro de 2015; e revoga dispositivo da Lei nº 10.931, de 2 de agosto de 2004.

O PRESIDENTE DA REPÚBLICA

Faço saber que o Congresso Nacional decreta e eu sanciono a seguinte Lei:

Art. 1º A Lei nº 12.810, de 15 de maio de 2013 , passa a vigorar com as seguintes alterações:

› *Alterações inseridas no texto da referida norma.*

Art. 2º A Lei nº 13.097, de 19 de janeiro de 2015 , passa a vigorar com as seguintes alterações:

› *Alterações inseridas no texto da referida norma.*

Art. 3º A contratação, no âmbito do sistema financeiro nacional, de abertura de limite de crédito, as operações financeiras derivadas do limite de crédito e a abrangência de suas garantias obedecerão ao disposto nesta Lei.

Art. 4º A abertura de limite de crédito, no âmbito desta Lei, será celebrada por instrumento público ou particular, com pessoa física ou pessoa jurídica, e tratará das condições para celebração das operações financeiras derivadas, pelas quais o credor fará os desembolsos do crédito ao tomador, observados o valor máximo previsto no contrato principal e seu prazo de vigência.

Parágrafo único. O instrumento de abertura de limite de crédito referido neste artigo deverá conter os seguintes requisitos essenciais:

I - o valor total do limite de crédito aberto;

II - o prazo de vigência;

III - a forma de celebração das operações financeiras derivadas;

IV - as taxas mínima e máxima de juros que incidirão nas operações financeiras derivadas, cobradas de forma capitalizada ou não, e os demais encargos passíveis de cobrança por ocasião da realização das referidas operações financeiras derivadas;

V- a descrição das garantias, reais e pessoais, com a previsão expressa de que as garantias constituídas abrangerão todas as operações financeiras derivadas nos termos da abertura de limite de crédito, inclusive as dívidas futuras;

VI - a previsão de que o inadimplemento de qualquer uma das operações faculta ao credor, independentemente de aviso ou interpelação judicial, considerar vencida antecipadamente as demais operações derivadas, tornando-se exigível a totalidade da dívida para todos os efeitos legais.

Art. 5º As operações financeiras derivadas serão celebradas mediante a manifestação de vontade do tomador do crédito, pelas formas admitidas na legislação em vigor.

Art. 6º As garantias constituídas no instrumento de abertura do limite de crédito servirão para assegurar todas as operações financeiras derivadas, independentemente de qualquer novo registro e/ou averbação adicional.

Art. 7º O registro das garantias constituídas no instrumento de abertura de limite de crédito deverá ser efetuado na forma prevista na legislação que trata de cada modalidade da garantia, real ou pessoal, e serão inaplicáveis os requisitos legais indicados nos seguintes dispositivos legais:

I - incisos I, II e III do *caput* do art. 18 e incisos I, II e III do *caput* do art. 24 da Lei nº 9.514, de 20 de novembro de 1997 ;

II - incisos I, II e III do art. 1.362 e incisos I, II e III do art. 1.424 da Lei nº 10.406, de 10 de janeiro de 2002 ; e

III - *caput* do art. 66-B da Lei nº 4.728, de 14 de julho de 1965 .

Art. 8º A exoneração das garantias constituídas em instrumento de abertura de limite de crédito ocorrerá mediante sua rescisão ou após seu vencimento e desde que as operações financeiras derivadas tenham sido devidamente quitadas.

Art. 9º Se, após a excussão das garantias constituídas no instrumento de abertura de limite de crédito, o produto resultante não bastar para a quitação da dívida decorrente das operações financeiras derivadas, acrescida das despesas de cobrança, judicial e extrajudicial, o tomador e os prestadores de garantia pessoal continuarão obrigados pelo saldo devedor remanescente, exceto se houver disposição em sentido contrário na legislação especial aplicável.

› *Artigo com redação dada pela Lei nº 14.711, de 30/10/2023*

Art. 9º-A. Fica permitida a extensão da alienação fiduciária de coisa imóvel, pela qual a propriedade fiduciária já constituída possa ser utilizada como garantia de operações de crédito novas e autônomas de qualquer natureza, desde que:

I - sejam contratadas as operações com o credor titular da propriedade fiduciária; e

II - inexista obrigação contratada com credor diverso garantida pelo mesmo imóvel, inclusive na forma prevista no § 3º do art. 22 da Lei nº 9.514, de 20 de novembro de 1997.

§ 1º A extensão da alienação fiduciária de que trata o *caput* deste artigo somente poderá ser contratada, por pessoa física ou jurídica, no âmbito do Sistema Financeiro Nacional e nas operações com Empresas Simples de Crédito.

§ 2º As operações de crédito garantidas pela mesma alienação fiduciária, na forma prevista no *caput* deste artigo, apenas poderão ser transferidas conjuntamente, a qualquer título, preservada a unicidade do credor.

§ 3º Ficam permitidas a extensão da alienação fiduciária e a transferência da operação ou do título de crédito para instituição financeira diversa, desde que a instituição credora da alienação fiduciária estendida ou adquirente do crédito, conforme o caso, seja:

I - integrante do mesmo sistema de crédito cooperativo da instituição financeira credora da operação original; e

II - garantidora fidejussória da operação de crédito original.

§ 4º A participação no mesmo sistema de crédito cooperativo e a existência da garantia fidejussória previstas no § 3º deste artigo serão atestadas por meio de declaração no título de extensão da alienação fiduciária.

› *Artigo acrescido pela Lei nº 14.711, de 30/10/2023*

Art. 9º-B. A extensão da alienação fiduciária de coisa imóvel deverá ser averbada no cartório de registro de imóveis competente, por meio da apresentação do título correspondente, ordenada em prioridade das obrigações garantidas, após a primeira, pelo tempo da averbação.

§ 1º O título de extensão da alienação fiduciária deverá conter:

I - o valor principal da nova operação de crédito;

II - a taxa de juros e os encargos incidentes;

III - o prazo e as condições de reposição do empréstimo ou do crédito do credor fiduciário;

IV - a cláusula com a previsão de que o inadimplemento e a ausência de purgação da mora de que tratam os arts. 26 e 26-A da Lei nº 9.514, de 20 de novembro de 1997, em relação a quaisquer das operações de crédito, faculta ao credor fiduciário considerar vencidas antecipadamente as demais operações de crédito garantidas pela mesma alienação fiduciária, hipótese em que será exigível a totalidade da dívida para todos os efeitos legais; e

V - os demais requisitos previstos no art. 24 da Lei nº 9.514, de 20 de novembro de 1997.

§ 2º A extensão da alienação fiduciária poderá ser formalizada por instrumento público ou particular, admitida a apresentação em formato eletrônico.

§ 3º Fica dispensado o reconhecimento de firma no título de extensão da alienação fiduciária.

§ 4º A extensão da alienação fiduciária não poderá exceder ao prazo final de pagamento e ao valor garantido constantes do título da garantia original.

› *Artigo acrescido pela Lei nº 14.711, de 30/10/2023*

Art. 9º-C. Celebrada a extensão da alienação fiduciária sobre coisa imóvel, a liquidação antecipada de quaisquer das operações de crédito não obriga o devedor a liquidar antecipadamente as demais operações vinculadas à mesma garantia, hipótese em que permanecerão vigentes as condições e os prazos nelas convencionados.

Parágrafo único. A liquidação de quaisquer das operações de crédito garantidas será averbada na matrícula do imóvel, à vista do termo de quitação específico emitido pelo credor.

› *Artigo acrescido pela Lei nº 14.711, de 30/10/2023*

Art. 9º-D. Na extensão da alienação fiduciária sobre coisa imóvel, no caso de inadimplemento e de ausência de purgação da mora de que tratam os arts. 26 e 26-A da Lei nº 9.514, de 20 de novembro de 1997, em relação a quaisquer das operações de crédito garantidas, independentemente de seu valor, o credor fiduciário poderá considerar vencidas antecipadamente as demais operações de crédito vinculadas à mesma garantia, hipótese em que será exigível a totalidade da dívida.

§ 1º Na hipótese prevista no *caput* deste artigo, após o vencimento antecipado de todas as operações de crédito, o credor fiduciário promoverá os demais procedimentos de consolidação da propriedade e de leilão de que tratam os arts. 26, 26-A, 27 e 27-A da Lei nº 9.514, de 20 de novembro de 1997.

§ 2º A informação sobre o exercício, pelo credor fiduciário, da faculdade de considerar vencidas todas as operações vinculadas à mesma garantia, nos termos do *caput* deste artigo, deverá constar da intimação de que trata o § 1º do art. 26 da Lei nº 9.514, de 20 de novembro de 1997.

§ 3º A dívida de que trata o inciso I do § 3º do art. 27 da Lei nº 9.514, de 20 de novembro de 1997, corresponde à soma dos saldos devedores de todas as operações de crédito vinculadas à mesma garantia.

§ 4º Na hipótese de quaisquer das operações de crédito vinculadas à mesma garantia qualificarem-se como financiamento para aquisição ou construção de imóvel residencial do devedor, aplica-se à excussão da garantia o disposto no art. 26-A da Lei nº 9.514, de 20 de novembro de 1997.

§ 5º O disposto no art. 54 da Lei nº 13.097, de 19 de janeiro de 2015, aplica-se aos negócios jurídicos de extensão de alienação fiduciária.

› *Artigo acrescido pela Lei nº 14.711, de 30/10/2023*

Art. 10. *(Revogado pela Medida Provisória nº 897, de 1º/10/2019, convertida na Lei nº 13.986, de 7/4/2020)*

Art. 11. Esta Lei entra em vigor na data de sua publicação.

Art. 12. Fica revogado o art. 63-A da Lei nº 10.931, de 2 de agosto de 2004.

Brasília, 28 de agosto de 2017; 196º da Independência e 129º da República.

MICHEL TEMER

Henrique Meirelles

Ilan Goldfajn

D.O.U. de 29.8.2017.

LEI Nº 13.810, DE 8 DE MARÇO DE 2019

Dispõe sobre o cumprimento de sanções impostas por resoluções do Conselho de Segurança das Nações Unidas, incluída a indisponibilidade de ativos de pessoas naturais e jurídicas e de entidades, e a designação nacional de pessoas investigadas ou acusadas de terrorismo, de seu financiamento ou de atos a ele correlacionados; e revoga a Lei nº 13.170, de 16 de outubro de 2015.

O PRESIDENTE DA REPÚBLICA Faço saber que o Congresso Nacional decreta e eu sanciono a seguinte Lei:

CAPÍTULO I – DISPOSIÇÕES GERAIS

Art. 1º Esta Lei dispõe sobre o cumprimento de sanções impostas por resoluções do Conselho de Segurança das Nações Unidas, incluída a indisponibilidade de ativos de pessoas naturais e jurídicas e de entidades, e a designação nacional de pessoas investigadas ou acusadas de terrorismo, de seu financiamento ou de atos a ele correlacionados.

Art. 2º Para fins do disposto nesta Lei, considera-se:

I - ativos: bens, direitos, valores, fundos, recursos ou serviços, de qualquer natureza, financeiros ou não;

II - indisponibilidade de ativos: proibição de transferir, converter, trasladar, disponibilizar ativos, ou deles dispor, direta ou indiretamente;

III - fundamentos objetivos: existência de indícios ou provas da prática de terrorismo, de seu financiamento ou de atos a ele correlacionados, por pessoa natural ou por intermédio de pessoa jurídica ou entidade, conforme disposto na Lei nº 13.260, de 16 de março de 2016;

IV - entidades: arranjos ou estruturas legais que não possuem personalidade jurídica, tais como fundos ou clubes de investimento; e

V - sem demora: imediatamente ou dentro de algumas horas.

Art. 3º A indisponibilidade de ativos de que trata esta Lei ocorrerá nas seguintes hipóteses:

I - por execução de resoluções do Conselho de Segurança das Nações Unidas ou por designações de seus comitês de sanções; ou

II - a requerimento de autoridade central estrangeira, desde que o pedido de indisponibilidade esteja de acordo com os princípios legais aplicáveis e apresente fundamentos objetivos para exclusivamente atender aos critérios de designação estabelecidos em resoluções do Conselho de Segurança das Nações Unidas ou de seus comitês de sanções.

Art. 4º A indisponibilidade de ativos não constitui a perda do direito de propriedade.

Art. 5º São nulos e ineficazes atos de disposição relacionados aos ativos indisponibilizados com fundamento nesta Lei, ressalvados os direitos de terceiro de boa-fé.

CAPÍTULO II – DA EXECUÇÃO DE RESOLUÇÕES DO CONSELHO DE SEGURANÇA DAS NAÇÕES UNIDAS OU DE DESIGNAÇÕES DE SEUS COMITÊS DE SANÇÕES

SEÇÃO I – DO CUMPRIMENTO IMEDIATO

Art. 6º As resoluções sancionatórias do Conselho de Segurança das Nações Unidas e as designações de seus comitês de sanções são dotadas de executoriedade imediata na República Federativa do Brasil.

Parágrafo único. (VETADO).

Art. 7º Sem prejuízo da obrigação de cumprimento imediato das resoluções sancionatórias do Conselho de Segurança das Nações Unidas e das designações de seus comitês de sanções, as resoluções e as designações de que trata este Capítulo, ou seus extratos, serão publicadas no Diário Oficial da União pelo Ministério das Relações Exteriores, em língua portuguesa, para fins de publicidade.

Art. 8º É vedado a todos os brasileiros, residentes ou não, ou a pessoas naturais, pessoas jurídicas ou entidades em território brasileiro, descumprir, por ação ou omissão, sanções impostas por resoluções do Conselho de Segurança das Nações Unidas ou por designações de seus comitês de sanções, em benefício de pessoas naturais, pessoas jurídicas ou entidades sancionadas, inclusive para disponibilizar ativos, direta ou indiretamente, em favor dessas pessoas ou entidades.

Parágrafo único. A vedação de que trata o *caput* deste artigo aplica-se aos órgãos dos Poderes da União, dos Estados, do Distrito Federal e dos Municípios e às entidades da administração pública indireta.

Art. 9º As pessoas naturais e jurídicas de que trata o art. 9º da Lei nº 9.613, de 3 de março de 1998, cumprirão, sem demora e sem prévio aviso aos sancionados, as resoluções do Conselho de Segurança das Nações Unidas ou as designações de seus comitês de sanções que determinem a indisponibilidade de ativos de titularidade, direta ou indireta, de pessoas físicas, de pessoas jurídicas ou de entidades submetidas a sanções decorrentes de tais resoluções, na forma e nas condições definidas por seu órgão regulador ou fiscalizador.

Art. 10. Sem prejuízo da obrigação de cumprimento imediato, o Ministério da Justiça e Segurança Pública comunicará, sem demora, as sanções de:

I - indisponibilidade de ativos aos órgãos reguladores ou fiscalizadores, para que comuniquem imediatamente às pessoas naturais ou jurídicas de que trata o art. 9º da Lei nº 9.613, de 3 março de 1998.

II - restrições à entrada de pessoas no território nacional, ou à saída dele, à Polícia Federal, para que adote providências imediatas de comunicação às empresas de transporte internacional; e

III - restrições à importação ou à exportação de bens à Secretaria Especial da Receita Federal do Ministério da Economia, à Polícia Federal e às Capitanias dos Portos, para que adotem providências imediatas de comunicação às administrações aeroportuárias, às empresas aéreas e às autoridades e operadores portuários.

§ 1º A comunicação a que se refere o inciso I do *caput* deste artigo será dirigida pelo Ministério da Justiça e Segurança Pública, também, para cumprimento sem demora:

I - às corregedorias de justiça dos Estados e do Distrito Federal;

II - à Agência Nacional de Aviação Civil;

III - ao Departamento Nacional de Trânsito do Ministério do Desenvolvimento Regional;

IV - às Capitanias dos Portos;

V - à Agência Nacional de Telecomunicações; e

VI - aos outros órgãos de registro público competentes.

§ 2º As comunicações de que trata este artigo poderão ser feitas por via eletrônica, com confirmação de recebimento.

Art. 11. A indisponibilidade de ativos e as tentativas de sua transferência relacionadas às pessoas naturais, às pessoas jurídicas ou às entidades sancionadas por resolução do Conselho de Segurança das Nações Unidas ou por designações de seus comitês de sanções serão comunicadas ao Ministério da Justiça e Segurança Pública, aos órgãos reguladores ou fiscalizadores das pessoas naturais ou das pessoas jurídicas de que trata o art. 9º da Lei nº 9.613, de 3 de março de 1998, e ao Conselho de Controle de Atividades Financeiras.

SEÇÃO II – DO AUXÍLIO DIRETO JUDICIAL

Art. 12. Na hipótese de haver informações sobre a existência de ativos sujeitos à indisponibilidade ou de pessoas e bens sujeitos a outra espécie de sanção determinada em resoluções do Conselho de Segurança das Nações Unidas ou em designações de seus comitês de sanções, sem que tenha ocorrido seu cumprimento na forma da Seção I deste Capítulo, a União ingressará, sem demora, com auxílio direto judicial para obtê-la.

Parágrafo único. As pessoas naturais e as pessoas jurídicas de que trata o art. 9º da Lei nº 9.613, de 3 de março de 1998 , na forma e nas condições definidas por seu órgão regulador ou fiscalizador, e os órgãos e as entidades referidos no art. 10 desta Lei informarão, sem demora, ao Ministério da Justiça e Segurança Pública, a existência de pessoas e ativos sujeitos à sanção e as razões pelas quais deixaram de cumpri-la.

Art. 13. O Ministério da Justiça e Segurança Pública comunicará, sem demora, a existência de ativos sujeitos à indisponibilidade ou de pessoas e bens sujeitos a outra espécie de sanção à Advocacia-Geral da União, para que promova, sem demora, o auxílio direto judicial.

Art. 14. Instruído o pedido com os elementos a que se refere o art. 12 desta Lei, o juiz determinará, no prazo de 24 (vinte e quatro) horas, contado da data do recebimento dos autos, e sem a prévia oitiva do requerido, as medidas pertinentes para cumprimento da sanção.

Parágrafo único. Da determinação de que trata o *caput* deste artigo serão intimados para ciência e cumprimento da decisão as partes, os órgãos e as entidades referidos no art. 10 desta Lei e, caso seja necessário, a pessoa natural ou jurídica que informou a existência de pessoas ou de ativos sujeitos à sanção.

Art. 15. O juiz ordenará a citação do requerido para, caso deseje, impugnar a determinação no prazo de 15 (quinze) dias, contado da data da citação.

§ 1º A impugnação de que trata o *caput* deste artigo não terá efeito suspensivo e versará somente sobre:

I - homonímia;

II - erro na identificação do requerido ou dos ativos que sejam objeto de sanção;

III - exclusão do requerido da lista de sanções, por força de resolução proferida pelo Conselho de Segurança das Nações Unidas ou por designação de seus comitês de sanções; ou

IV - expiração do prazo de vigência do regime de sanções.

§ 2º A União será ouvida sobre a impugnação no prazo de 15 (quinze) dias, contado da data da intimação.

Art. 16. Havendo ou não a impugnação, o juiz proferirá sentença.

Parágrafo único. Intimados as partes, os órgãos e as entidades referidos no art. 10 desta Lei e, caso seja necessário, a pessoa natural ou jurídica que informou a existência dos ativos sujeitos à sanção, e se não houver interposição de recurso, os autos serão arquivados.

Art. 17. Na hipótese de sobrevir a exclusão posterior do requerido da ação originária da lista de pessoas sujeitas ao regime de sanções ou qualquer outra razão que, segundo o Conselho de Segurança das Nações Unidas ou seus comitês de sanções, fundamente a revogação da sanção, as partes poderão ingressar com ação revisional do que foi estatuído na sentença.

CAPÍTULO III – DO AUXÍLIO DIRETO JUDICIAL A REQUERIMENTO DE AUTORIDADE CENTRAL ESTRANGEIRA

Art. 18. A União poderá ingressar com auxílio direto judicial para indisponibilidade de ativos, a requerimento de autoridade central estrangeira, de modo a assegurar o resultado de investigações administrativas ou criminais e ações em curso em jurisdição estrangeira em face de terrorismo, de seu financiamento ou de atos a ele correlacionados.

§ 1º O Ministério da Justiça e Segurança Pública, em coordenação com o Ministério das Relações Exteriores, verificará, sem demora, se o requerimento de indisponibilidade de ativos formulado por autoridade central estrangeira está de acordo com os princípios legais aplicáveis e apresenta fundamentos objetivos para o seu atendimento.

§ 2º Verificado que o requerimento da autoridade central estrangeira está de acordo com os princípios legais aplicáveis e apresenta fundamentos objetivos para o seu atendimento, o Ministério da Justiça e Segurança Pública encaminhará, sem demora, o requerimento à Advocacia-Geral da União, para que promova, sem demora, o auxílio direto judicial, se houver elementos que demonstrem a existência, na República Federativa do Brasil, de ativos sujeitos à medida de indisponibilidade.

Art. 19. Aplica-se o disposto no art. 14, nos incisos I e II do § 1º e no § 2º do art. 15 e no art. 16 desta Lei ao auxílio direto judicial.

Parágrafo único. A impugnação de que trata o art. 15 desta Lei poderá versar também sobre a ausência de fundamentos objetivos para estabelecer a relação entre os ativos e os fatos investigados.

Art. 20. Compete ao Ministério da Justiça e Segurança Pública, em consulta com a autoridade central estrangeira, informar a Advocacia-Geral da União sobre a situação da investigação ou da ação.

Art. 21. Na hipótese de a autoridade central estrangeira informar que não é mais necessária a indisponibilidade de ativos, as partes poderão ingressar com ação revisional do que foi estatuído na sentença.

Art. 22. Aplica-se, no que couber, o auxílio direto judicial para atender a requerimento de autoridade central estrangeira que tenha por objetivo promover comunicações de atos processuais e obter outras medidas cautelares ou provas necessárias à investigação criminal ou às ações criminais em curso em outro país relativas ao financiamento ou apoio a atos terroristas, nos termos das alíneas "e" e "f" do item 2 da Resolução 1373 (2001) do Conselho de Segurança das Nações Unidas, de que trata o Decreto nº 3.976, de 18 de outubro de 2001.

Parágrafo único. No caso de auxílio direto para a prática de atos que não necessitem de prestação jurisdicional, o Ministério da Justiça e Segurança Pública adotará as providências necessárias para seu cumprimento.

Art. 23. O Ministério da Justiça e Segurança Pública informará à autoridade central estrangeira requerente:

I - as medidas adotadas; ou

II - a ausência de fundamentos objetivos para possibilitar o atendimento do requerimento.

CAPÍTULO IV – DAS DESIGNAÇÕES NACIONAIS

Art. 24. A União será intimada pelo juiz, de ofício, de decisões que decretem medidas assecuratórias de bens, direitos ou valores de pessoas investigadas ou acusadas, ou existentes em nome de pessoas interpostas, que sejam instrumento, produto ou proveito dos crimes de terrorismo, nos termos do art. 12 da Lei nº 13.260, de 16 de março de 2016 , para que adote, caso seja necessário, as providências de designação nacional perante o Conselho de Segurança das Nações Unidas ou seu comitê de sanções pertinente.

§ 1º A Advocacia-Geral da União comunicará a decisão ao Ministério da Justiça e Segurança Pública e ao Ministério das Relações Exteriores, para que deliberem sobre a designação nacional e, caso seja necessário, comuniquem-na, sem demora, ao Conselho de Segurança das Nações Unidas ou ao seu comitê de sanções pertinente.

§ 2º A designação nacional será acompanhada dos elementos que a fundamentem, de acordo com o procedimento estabelecido na resolução correspondente do Conselho de Segurança das Nações Unidas.

CAPÍTULO V – DISPOSIÇÕES FINAIS

Art. 25. Os órgãos reguladores ou fiscalizadores das pessoas naturais ou jurídicas a que se refere o art. 9º da Lei nº 9.613, de 3 de março de 1998 , editarão as normas necessárias ao cumprimento das disposições desta Lei.

Parágrafo único. Cabe aos órgãos reguladores ou fiscalizadores orientar, supervisionar e fiscalizar o cumprimento das medidas de indisponibilidade de ativos pelas pessoas naturais ou pelas pessoas jurídicas de que trata o art. 9º da Lei nº 9.613, de 3 de março de 1998 , e aplicar as penalidades administrativas cabíveis.

Art. 26. O Ministério da Justiça e Segurança Pública manterá lista de pessoas naturais e jurídicas e entidades cujos ativos estão sujeitos à indisponibilidade em decorrência de resoluções do Conselho de Segurança das Nações Unidas ou de designação de seus comitês de sanções, de requerimento de outro país ou de designação nacional.

Art. 27. Qualquer pessoa natural ou jurídica ou entidade sancionada em decorrência de resoluções do Conselho de Segurança das Nações Unidas ou de designação de seus comitês de sanções poderá solicitar a sua exclusão das listas de sanções.

§ 1º A solicitação de exclusão será fundamentada, com vistas a atender aos critérios estabelecidos na resolução pertinente do Conselho de Segurança das Nações Unidas ou de designação de seus comitês de sanções, e encaminhada ao Ministério da Justiça e Segurança Pública.

§ 2º Analisada a solicitação de exclusão, o Ministério da Justiça e Segurança Pública deverá encaminhá-la ao Ministério das Relações Exteriores, que a transmitirá ao Conselho de Segurança das Nações Unidas ou ao comitê de sanções pertinente para sua deliberação.

Art. 28. Os ativos indisponibilizados poderão ser parcialmente liberados, caso necessário, para o custeio de despesas ordinárias ou extraordinárias.

§ 1º Para fins do disposto neste artigo, consideram-se despesas ordinárias, entre outras:

I - despesas básicas com alimentos, aluguéis, hipotecas, medicamentos, tratamentos médicos, impostos, seguros e tarifas de serviços públicos;

II - pagamento de honorários profissionais de montante razoável e reembolso de gastos efetuados com a prestação de serviços jurídicos; e

III - pagamento de taxas ou encargos relacionados com a administração e a manutenção ordinárias de fundos ou de outros ativos ou recursos indisponíveis.

§ 2º Na hipótese de pessoas naturais, pessoas jurídicas ou entidades incluídas nas listas de sanções do Conselho de Segurança das Nações Unidas ou de designação de seus comitês de sanções, a liberação parcial dos ativos bloqueados será autorizada:

I - para o custeio de despesas ordinárias, após notificação do Conselho de Segurança das Nações Unidas ou do seu comitê de sanções competente, sem que tenha havido objeção no prazo de 48 (quarenta e oito) horas, contado da data da notificação; e

II - para o custeio de despesas extraordinárias, após notificação e aprovação pelo Conselho de Segurança das Nações Unidas ou pelo seu comitê de sanções competente.

§ 3º Nas hipóteses de indisponibilidade de ativos decorrente de requerimento de autoridade central estrangeira ou de ordem judicial brasileira, a liberação parcial compete ao juiz que decidiu sobre a indisponibilidade, do que será intimada a União, com vistas à comunicação ao Conselho de Segurança das Nações Unidas ou a seu comitê de sanções competente.

Art. 29. As medidas de auxílio direto judicial previstas nesta Lei tramitarão sob segredo de justiça.

Art. 30. Nas hipóteses de os ativos estarem sujeitos a qualquer grau de deterioração ou depreciação ou de haver dificuldade para sua manutenção, poderá ser requerida ao juízo competente a alienação antecipada dos ativos declarados indisponíveis para a preservação de seus valores.

§ 1º O interessado será intimado da avaliação dos ativos para, caso deseje, manifestar-se no prazo de 10 (dez) dias, contado da data da intimação.

§ 2º Feita a avaliação dos ativos e dirimidas eventuais divergências sobre o valor a eles atribuído, será determinada a sua alienação em leilão ou pregão, preferencialmente eletrônico, por valor não inferior a 75% (setenta e cinco por cento) do valor atribuído pela avaliação.

§ 3º Realizado o leilão ou o pregão, a quantia apurada será depositada em conta bancária remunerada.

§ 4º Serão deduzidos da quantia apurada no leilão ou no pregão os tributos e as multas incidentes sobre o ativo alienado.

Art. 31. Será designada pessoa qualificada para a administração, a guarda ou a custódia dos ativos indisponibilizados, caso necessário.

§ 1º Aplicam-se à pessoa designada para os fins do disposto no *caput* deste artigo, no que couber, as disposições legais relativas ao administrador judicial.

§ 2º No caso de ativos financeiros, a sua administração caberá às instituições em que se encontrem, com incidência do bloqueio dos juros e de outros frutos civis e rendimentos decorrentes do contrato.

Art. 32. O Ministério da Justiça e Segurança Pública comunicará:

I - ao Ministério Público Federal e à Polícia Federal as medidas de indisponibilidade de ativos adotadas e as tentativas de transferência relacionadas às pessoas naturais, às pessoas jurídicas ou às entidades designadas, para avaliação de abertura ou não de investigação criminal; e

II - ao Ministério das Relações Exteriores as medidas de indisponibilidade de ativos adotadas em cumprimento das resoluções do Conselho de Segurança das Nações Unidas ou de designações de seus comitês de sanções, para conhecimento e comunicação ao respectivo organismo internacional.

Art. 33. Aplicam-se subsidiariamente a esta Lei, no que couber, as disposições da Lei nº 13.105, de 16 de março de 2015 (Código de Processo Civil), e do Decreto-Lei nº 3.689, de 3 de outubro de 1941 (Código de Processo Penal).

Art. 34. O Poder Executivo federal regulamentará esta Lei no prazo de 90 (noventa) dias, contado da data de sua publicação.

Art. 35. Revoga-se a Lei nº 13.170, de 16 de outubro de 2015.

Art. 36. Esta Lei entra em vigor após decorridos 90 (noventa) dias de sua publicação oficial.

Brasília, 8 de março de 2019;
198º da Independência e 131º da República.
JAIR MESSIAS BOLSONARO
Sérgio Moro
Ernesto Henrique Fraga Araújo
André Luiz de Almeida Mendonça
D.O.U de 8.3.2019

LEI Nº 14.011, DE 10 DE JUNHO DE 2020

Aprimora os procedimentos de gestão e alienação dos imóveis da União; altera as Leis nºs 6.015, de 31 de dezembro de 1973, 9.636, de 15 de maio de 1998, 13.240, de 30 de dezembro de 2015, 13.259, de 16 de março de 2016, e 10.204, de 22 de fevereiro de 2001, e o Decreto-Lei nº 2.398, de 21 de

dezembro de 1987; revoga dispositivos das Leis nºs 9.702, de 17 de novembro de 1998, 11.481, de 31 de maio de 2007, e 13.874, de 20 de setembro de 2019; e dá outras providências.

O PRESIDENTE DA REPÚBLICA Faço saber que o Congresso Nacional decreta e eu sanciono a seguinte Lei:

Arts. 1º e 2º (VETADOS)

Art. 3º A Lei nº 9.636, de 15 de maio de 1998, passa a vigorar com as seguintes alterações:

▸ *Alterações inseridas no texto da referida norma.*

Art. 4º A Lei nº 13.240, de 30 de dezembro de 2015, passa a vigorar com as seguintes alterações:

▸ *Alterações inseridas no texto da referida norma.*

Art. 5º A Lei nº 13.259, de 16 de março de 2016, passa a vigorar com as seguintes alterações:

▸ *Alterações inseridas no texto da referida norma.*

Art. 6º O detentor de terreno insular alcançado pela exclusão referida no inciso IV do *caput* do art. 20 da Constituição Federal, finalizada a demarcação do terreno de marinha, deverá requerer a atualização cadastral à Secretaria de Coordenação e Governança do Patrimônio da União, com apresentação da documentação comprobatória exigida por essa Secretaria, que promoverá a separação do terreno de marinha e acrescido do alodial.

Art. 7º A administração pública poderá celebrar contrato de gestão para ocupação de imóveis públicos, nos termos da Lei nº 8.666, de 21 de junho de 1993.

§ 1º O contrato de gestão para ocupação de imóveis públicos consiste na prestação, em um único contrato, de serviços de gerenciamento e manutenção de imóvel, incluído o fornecimento dos equipamentos, materiais e outros serviços necessários ao uso do imóvel pela administração pública, por escopo ou continuados.

§ 2º O contrato de gestão para ocupação de imóveis públicos poderá:

I - incluir a realização de obras para adequação do imóvel, inclusive a elaboração dos projetos básico e executivo; e

II - ter prazo de duração de até 20 (vinte) anos, quando incluir investimentos iniciais relacionados à realização de obras e o fornecimento de bens.

§ 3º (VETADO).

§ 4º Na hipótese de que trata o § 2º deste artigo, as obras e os bens disponibilizados serão de propriedade do contratante.

§ 5º Ato do Poder Executivo poderá regulamentar o disposto neste artigo.

Art. 8º (VETADO).

Art. 9º Revogam-se:

I - os §§ 1º, 2º, 3º, 4º, 5º, 6º e 7º do art. 1º do Decreto-Lei nº 2.398, de 21 de dezembro de 1987;

II - os seguintes dispositivos da Lei nº 9.636, de 15 de maio de 1998:

a) incisos I e II do § 2º do art. 4º;

b) incisos I e II do *caput* e §§ 1º, 2º e 3º do art. 11-B;

c) § 1º do art. 24; e

d) parágrafo único do art. 24-A;

III - os §§ 1º e 2º do *caput* do art. 22 da Lei nº 13.240, de 30 de dezembro de 2015;

IV - os arts. 6º, 10 e 11 da Lei nº 9.702, de 17 de novembro de 1998;

V - os arts. 14, 20 e 21 da Lei nº 11.481, de 31 de maio de 2007; e

VI - o § 4º do art. 3º da Lei nº 13.874, de 20 de setembro de 2019.

Art. 10. Esta Lei entra em vigor na data de sua publicação.

Brasília, 10 de junho de 2020;
199º da Independência e 132º da República.
JAIR MESSIAS BOLSONARO
Paulo Guedes
Damares Regina Alves
Walter Souza Braga Netto
DOU de 12.6.2020.

LEI Nº 14.118, DE 12 DE JANEIRO DE 2021

Institui o Programa Casa Verde e Amarela; altera as Leis nºs 8.036, de 11 de maio de 1990, 8.100, de 5 de dezembro de 1990, 8.677, de 13 de julho de 1993, 11.124, de 16 de junho de 2005, 11.977, de 7 de julho de 2009, 12.024, de 27 de agosto de 2009, 13.465, de 11 de julho de 2017, e 6.766, de 19 de dezembro de 1979; e revoga a Lei nº 13.439, de 27 de abril de 2017.

▸ *Vide art. 40 da Lei 14.620/2023*

O PRESIDENTE DA REPÚBLICA Faço saber que o Congresso Nacional decreta e eu sanciono a seguinte Lei:

Arts. 1º a 16. *(Revogados pela Medida Provisória nº 1.162, de 2023, convertida na Lei nº 14.620, de 2023).*

Art. 17. O inciso III do *caput* do art. 6º da Lei nº 8.036, de 11 de maio de 1990, passa a vigorar com a seguinte redação:

"Art. 6º (...)

III - elaborar orçamentos anuais e planos plurianuais de aplicação dos recursos, discriminados por região geográfica, e submetê-los até 31 de julho ao Conselho Curador do FGTS;

(...)"

Art. 18. O art. 3º da Lei nº 8.100, de 5 de dezembro de 1990, passa a vigorar acrescido do seguinte § 5º:

"Art. 3º (...)

§ 5º O cadastro nacional de mutuários do SFH será atualizado, mensalmente, pelas instituições ou agentes financeiros e pelos Estados, Municípios e Distrito Federal, ou pelos respectivos órgãos de suas administrações diretas e indiretas, com as informações relativas aos contratos de financiamento habitacional que tenham sido efetuados no âmbito do Sistema Nacional de Habitação de Interesse Social (SNHIS), de que trata a Lei nº 11.124, de 16 de junho de 2005, ou de outros programas habitacionais oficiais subsidiados pelo poder público."

Art. 19. A Lei nº 8.677, de 13 de julho de 1993, passa a vigorar com as seguintes alterações:

"Art. 2º (...)

Parágrafo único. O FDS tem por finalidade o financiamento de projetos de iniciativa de pessoas físicas e de empresas ou entidades do setor privado, incluída a concessão de garantia de crédito de operações de financiamento habitacional, vedada a concessão de financiamentos a projetos de órgãos da administração direta, autárquica ou fundacional da União, dos Estados, do Distrito Federal ou dos Municípios ou de entidades sob seu controle direto ou indireto."

"Art. 6º (...)

II - estabelecer limites para a concessão de empréstimos, de financiamentos e de garantias de crédito, bem como de plano de subsídios na forma desta Lei;

III - (...)

a) percentual máximo de financiamento pelo FDS;

b) taxa de financiamento;

(...)

d) condições de garantia e de desembolso do financiamento, além da contrapartida do proponente, quando for o caso;

e) subsídio nas operações efetuadas com os recursos do FDS;

(...)

"Art. 12-A. Fica autorizada a doação gratuita, total ou parcial, ao FDS, dos valores devidos aos cotistas referentes ao retorno financeiro proporcional aos mútuos concedidos no âmbito de programas habitacionais.

§ 1º A doação efetuada na forma prevista no caput deste artigo afasta a garantia de resgate e de liquidez dos valores aplicados nos termos do art. 12 desta Lei.

§ 2º As receitas provenientes da doação de que trata o caput deste artigo integram o patrimônio do condomínio de cotistas e poderão ser utilizadas para:

I - subvencionar a produção, a aquisição, a requalificação e a melhoria de moradias;

II - promover a regularização fundiária; ou

III - conceder subvenção econômica ao beneficiário pessoa física, desde que essa operação seja autorizada pelo Conselho Curador do FDS.

§ 3º O disposto no parágrafo único do art. 3º desta Lei não se aplica aos recursos oriundos da doação efetuada na forma prevista no caput deste artigo."

Art. 20. A Lei nº 11.124, de 16 de junho de 2005, passa a vigorar com as seguintes alterações:

"Art. 12. (...)

(...)

§ 7º Observado o disposto no art. 73 da Lei nº 13.465, de 11 de julho de 2017, os recursos referidos no § 4º do art. 11 desta Lei serão transferidos, a título de complementação, aos fundos estaduais criados para esse fim, independentemente da celebração de convênio, de ajuste, de acordo, de contrato ou de instrumento congênere, conforme disciplinado em ato do Poder Executivo federal, observadas as seguintes condições:

I - existência de conselho estadual de habitação ou similar com a responsabilidade de fiscalizar a boa e regular aplicação dos recursos;

II - formalização de termo de adesão pelos Estados, conforme previsto no parágrafo único do art. 73 da Lei nº 13.465, de 11 de julho de 2017;

III - aporte de recursos próprios no fundo estadual; e

IV - encaminhamento dos demonstrativos de aplicação dos recursos ao controle interno do Poder Executivo federal e ao Tribunal de Contas da União."

"Art. 14. Ao Ministério do Desenvolvimento Regional, sem prejuízo do disposto na Lei nº 13.844, de 18 de junho de 2019, compete:

(...)

Parágrafo único. A oitiva de que tratam os incisos II e III do caput deste artigo poderá, a critério do Ministério do Desenvolvimento Regional, ser realizada mediante consulta pública."

Art. 21. A Lei nº 11.977, de 7 de julho de 2009, passa a vigorar com as seguintes alterações:

▸ *Alterações inseridas no texto da referida norma.*

Art. 22. O art. 2º-A da Lei nº 12.024, de 27 de agosto de 2009, passa a vigorar com a seguinte redação: *(Artigo vetado pelo Presidente da República, mantido pelo Congresso Nacional e publicado na Edição Extra D do DOU de 26/3/2021)*

▸ *Alterações inseridas no texto da referida norma.*

Art. 23. A Lei nº 13.465, de 11 de julho de 2017, passa a vigorar com as seguintes alterações:

▸ *Alterações inseridas no texto da referida norma.*

Art. 24. A Lei nº 6.766, de 19 de dezembro de 1979, passa a vigorar com as seguintes alterações:

▸ *Alterações inseridas no texto da referida norma.*

Art. 25. *(Revogado pela Medida Provisória nº 1.162, de 2023, convertida na Lei nº 14.620, de 2023).*

Art. 26. Revogam-se:

I - a Lei nº 13.439, de 27 de abril de 2017;

II - as alíneas "a" e "b" do inciso I do § 1º (antigo parágrafo único) do art. 33 da Lei nº 13.465, de 11 de julho de 2017.

Art. 27. Esta Lei entra em vigor na data de sua publicação.

Brasília, 12 de janeiro de 2021;
200º da Independência e 133º da República.
JAIR MESSIAS BOLSONARO
Paulo Guedes
Rogério Marinho
DOU de 13.1.2021.

LEI Nº 14.119, DE 13 DE JANEIRO DE 2021

Institui a Política Nacional de Pagamento por Serviços Ambientais; e altera as Leis nºs 8.212, de 24 de julho de 1991, 8.629, de 25 de fevereiro de 1993, e 6.015, de 31 de dezembro de 1973, para adequá-las à nova política.

▸ *Vide art. 167, I, 45, Lei 6.015/1973*

O PRESIDENTE DA REPÚBLICA
Faço saber que o Congresso Nacional decreta e eu sanciono a seguinte Lei:

CAPÍTULO I – DISPOSIÇÕES GERAIS

Art. 1º Esta Lei define conceitos, objetivos, diretrizes, ações e critérios de implantação da Política Nacional de Pagamento por Serviços Ambientais (PNPSA), institui o Cadastro Nacional de Pagamento por Serviços Ambientais (CNPSA) e o Programa Federal de Pagamento por Serviços Ambientais (PFPSA), dispõe sobre os contratos de pagamento por serviços ambientais e altera as Leis nºs 8.212, de 24 de julho de 1991, 8.629, de 25 de fevereiro de 1993, e 6.015, de 31 de dezembro de 1973.

Art. 2º Para os fins desta Lei, consideram-se:

I –ecossistema: complexo dinâmico de comunidades vegetais, animais e de microrganismos e o seu meio inorgânico que interagem como uma unidade funcional;

II –serviços ecossistêmicos: benefícios relevantes para a sociedade gerados pelos ecossistemas, em termos de manutenção, recuperação ou melhoria das condições ambientais, nas seguintes modalidades:

a) serviços de provisão: os que fornecem bens ou produtos ambientais utilizados pelo ser humano para consumo ou comercialização, tais como água, alimentos, madeira, fibras e extratos, entre outros;

b) serviços de suporte: os que mantêm a perenidade da vida na Terra, tais como a ciclagem de nutrientes, a decomposição de resíduos, a produção, a manutenção ou a renovação da fertilidade do solo, a polinização, a dispersão de sementes, o controle de populações de potenciais pragas e de vetores potenciais de doenças humanas, a proteção contra a radiação solar ultravioleta e a manutenção da biodiversidade e do patrimônio genético;

c) serviços de regulação: os que concorrem para a manutenção da estabilidade dos processos ecossistêmicos, tais como o sequestro de carbono, a purificação do ar, a moderação de eventos climáticos extremos, a manutenção do equilíbrio do ciclo hidrológico, a minimização de enchentes e secas e o controle dos processos críticos de erosão e de deslizamento de encostas;

d) serviços culturais: os que constituem benefícios não materiais providos pelos ecossistemas, por meio da recreação, do turismo, da identidade cultural, de experiências espirituais e estéticas e do desenvolvimento intelectual, entre outros;

III –serviços ambientais: atividades individuais ou coletivas que favorecem a manutenção, a recuperação ou a melhoria dos serviços ecossistêmicos;

IV –pagamento por serviços ambientais: transação de natureza voluntária, mediante a qual um pagador de serviços ambientais transfere a um provedor desses serviços recursos financeiros ou outra forma de remuneração, nas condições acertadas, respeitadas as disposições legais e regulamentares pertinentes;

V –pagador de serviços ambientais: poder público, organização da sociedade civil ou agente privado, pessoa física ou jurídica, de âmbito nacional ou internacional, que provê o pagamento dos serviços ambientais nos termos do inciso IV deste *caput*;

VI –provedor de serviços ambientais: pessoa física ou jurídica, de direito público ou privado, ou grupo familiar ou comunitário que, preenchidos os critérios de elegibilidade, mantém, recupera ou melhora as condições ambientais dos ecossistemas.

Art. 3º São modalidades de pagamento por serviços ambientais, entre outras:

I –pagamento direto, monetário ou não monetário;

II –prestação de melhorias sociais a comunidades rurais e urbanas;

III –compensação vinculada a certificado de redução de emissões por desmatamento e degradação;

IV –títulos verdes (*green bonds*);

V –comodato;

VI –Cota de Reserva Ambiental (CRA), instituída pela Lei nº 12.651, de 25 de maio de 2012.

§ 1º Outras modalidades de pagamento por serviços ambientais poderão ser estabelecidas por atos normativos do órgão gestor da PNPSA.

§ 2º As modalidades de pagamento deverão ser previamente pactuadas entre pagadores e provedores de serviços ambientais.

CAPÍTULO II – DA POLÍTICA NACIONAL DE PAGAMENTO POR SERVIÇOS AMBIENTAIS (PNPSA)

SEÇÃO I – DOS OBJETIVOS E DAS DIRETRIZES DA PNPSA

Art. 4º Fica instituída a Política Nacional de Pagamento por Serviços Ambientais (PNPSA), cujos objetivos são:

I –orientar a atuação do poder público, das organizações da sociedade civil e dos agentes privados em relação ao pagamento por serviços ambientais, de forma a manter, recuperar ou melhorar os serviços ecossistêmicos em todo o território nacional;

II –estimular a conservação dos ecossistemas, dos recursos hídricos, do solo, da biodiversidade, do patrimônio genético e do conhecimento tradicional associado;

III –valorizar econômica, social e culturalmente os serviços ecossistêmicos;

IV –evitar a perda de vegetação nativa, a fragmentação de habitats, a desertificação e outros processos de degradação dos ecossistemas nativos e fomentar a conservação sistêmica da paisagem;

V –incentivar medidas para garantir a segurança hídrica em regiões submetidas a escassez de água para consumo humano e a processos de desertificação;

VI –contribuir para a regulação do clima e a redução de emissões advindas de desmatamento e degradação florestal;

VII –reconhecer as iniciativas individuais ou coletivas que favoreçam a manutenção, a recuperação ou a melhoria dos serviços ecossistêmicos, por meio de retribuição monetária ou não monetária, prestação de serviços ou outra forma de recompensa, como o fornecimento de produtos ou equipamentos;

VIII – estimular a elaboração e a execução de projetos privados voluntários de provimento e pagamento por serviços ambientais, que envolvam iniciativas de empresas, de Organizações da Sociedade Civil de Interesse Público (Oscip) e de outras organizações não governamentais;

IX – estimular a pesquisa científica relativa à valoração dos serviços ecossistêmicos e ao desenvolvimento de metodologias de execução, de monitoramento, de verificação e de certificação de projetos de pagamento por serviços ambientais;

X – assegurar a transparência das informações relativas à prestação de serviços ambientais, permitindo a participação da sociedade;

XI – estabelecer mecanismos de gestão de dados e informações necessários à implantação e ao monitoramento de ações para a plena execução dos serviços ambientais;

XII – incentivar o setor privado a incorporar a medição das perdas ou ganhos dos serviços ecossistêmicos nas cadeias produtivas vinculadas aos seus negócios;

XIII – incentivar a criação de um mercado de serviços ambientais;

XIV – fomentar o desenvolvimento sustentável.

§ 1º A PNPSA deverá integrar-se às demais políticas setoriais e ambientais, em especial à Política Nacional do Meio Ambiente, à Política Nacional da Biodiversidade, à Política Nacional de Recursos Hídricos, à Política Nacional sobre Mudança do Clima, à Política Nacional de Educação Ambiental, às normas sobre acesso ao patrimônio genético, sobre a proteção e o acesso ao conhecimento tradicional associado e sobre a repartição de benefícios para conservação e uso sustentável da biodiversidade e, ainda, ao Sistema Nacional de Unidades de Conservação da Natureza e aos serviços de assistência técnica e extensão rural.

§ 2º A PNPSA será gerida pelo órgão central do Sistema Nacional do Meio Ambiente (Sisnama).

Art. 5º São diretrizes da PNPSA:

I – o atendimento aos princípios do provedor-recebedor e do usuário-pagador;

II – o reconhecimento de que a manutenção, a recuperação e a melhoria dos serviços ecossistêmicos contribuem para a qualidade de vida da população;

III – a utilização do pagamento por serviços ambientais como instrumento de promoção do desenvolvimento social, ambiental, econômico e cultural das populações em área rural e urbana e dos produtores rurais, em especial das comunidades tradicionais, dos povos indígenas e dos agricultores familiares;

IV – a complementaridade do pagamento por serviços ambientais em relação aos instrumentos de comando e controle relacionados à conservação do meio ambiente;

V – a integração e a coordenação das políticas de meio ambiente, de recursos hídricos, de agricultura, de energia, de transporte, de pesca, de aquicultura e de desenvolvimento urbano, entre outras, com vistas à manutenção, à recuperação ou à melhoria dos serviços ecossistêmicos;

VI – a complementaridade e a coordenação entre programas e projetos de pagamentos por serviços ambientais implantados pela União, pelos Estados, pelo Distrito Federal, pelos Municípios, pelos Comitês de Bacia Hidrográfica, pela iniciativa privada, por Oscip e por outras organizações não governamentais, consideradas as especificidades ambientais e socioeconômicas dos diferentes biomas, regiões e bacias hidrográficas, e observados os princípios estabelecidos nesta Lei;

VII – o reconhecimento do setor privado, das Oscip e de outras organizações não governamentais como organizadores, financiadores e gestores de projetos de pagamento por serviços ambientais, paralelamente ao setor público, e como indutores de mercados voluntários;

VIII – a publicidade, a transparência e o controle social nas relações entre o pagador e o provedor dos serviços ambientais prestados;

IX – a adequação do imóvel rural e urbano à legislação ambiental;

X – o aprimoramento dos métodos de monitoramento, de verificação, de avaliação e de certificação dos serviços ambientais prestados;

XI – o resguardo da proporcionalidade no pagamento por serviços ambientais prestados;

XII – a inclusão socioeconômica e a regularização ambiental de populações rurais em situação de vulnerabilidade, em consonância com as disposições da Lei nº 12.512, de 14 de outubro de 2011.

CAPÍTULO III – DO PROGRAMA FEDERAL DE PAGAMENTO POR SERVIÇOS AMBIENTAIS (PFPSA)

SEÇÃO I – DISPOSIÇÕES GERAIS

Art. 6º Fica criado o Programa Federal de Pagamento por Serviços Ambientais (PFPSA), no âmbito do órgão central do Sisnama, com o objetivo de efetivar a PNPSA relativamente ao pagamento desses serviços pela União, nas ações de manutenção, de recuperação ou de melhoria da cobertura vegetal nas áreas prioritárias para a conservação, de combate à fragmentação de habitats, de formação de corredores de biodiversidade e de conservação dos recursos hídricos.

§ 1º As ações para o pagamento por serviços ambientais previstas no *caput* deste artigo não impedem a identificação de outras, com novos potenciais provedores.

§ 2º A contratação do pagamento por serviços ambientais no âmbito do PFPSA, observada a importância ecológica da área, terá como prioridade os serviços providos por comunidades tradicionais, povos indígenas, agricultores familiares e empreendedores familiares rurais definidos nos termos da Lei nº 11.326, de 24 de julho de 2006.

§ 3º Na execução do PFPSA, respeitadas as prioridades definidas no § 2º deste artigo, o órgão gestor dará preferência à realização de parcerias com cooperativas, associações civis e outras formas associativas que permitam dar escala às ações a serem implementadas.

§ 4º São requisitos gerais para participação no PFPSA:

I – enquadramento em uma das ações definidas para o Programa;

II – nos imóveis privados, ressalvados aqueles a que se refere o inciso IV do *caput* do art. 8º desta Lei, comprovação de uso ou ocupação regular do imóvel, por meio de inscrição no Cadastro Ambiental Rural (CAR);

III – formalização de contrato específico;

IV – outros estabelecidos em regulamento.

§ 5º O contrato de pagamento por serviços ambientais pode ocorrer por termo de adesão, na forma de regulamento.

§ 6º No âmbito do PFPSA, o pagamento por serviços ambientais depende de verificação e comprovação das ações de manutenção, de recuperação ou de melhoria da área objeto de contratação, conforme regulamento.

§ 7º Para o financiamento do PFPSA poderão ser captados recursos de pessoas físicas e de pessoas jurídicas de direito privado e perante as agências multilaterais e bilaterais de cooperação internacional, preferencialmente sob a forma de doações ou sem ônus para o Tesouro Nacional, exceto nos casos de contrapartidas de interesse das partes.

§ 8º O PFPSA será avaliado, pelo órgão colegiado referido no art. 15 desta Lei, a cada 4 (quatro) anos, após sua efetiva implantação. *(Parágrafo vetado pelo Presidente da República, mantido pelo Congresso Nacional e publicado na Edição Extra D do DOU de 26.03.2021)*

SEÇÃO II – DAS AÇÕES DO PFPSA

Art. 7º O PFPSA promoverá ações de:

I – conservação e recuperação da vegetação nativa, da vida silvestre e do ambiente natural em áreas rurais, notadamente naquelas de elevada diversidade biológica, de importância para a formação de corredores de biodiversidade ou reconhecidas como prioritárias para a conservação da biodiversidade, assim definidas pelos órgãos do Sisnama;

II – conservação de remanescentes vegetais em áreas urbanas e periurbanas de importância para a manutenção e a melhoria da qualidade do ar, dos recursos hídricos e do bem-estar da população e para a formação de corredores ecológicos;

III – conservação e melhoria da quantidade e da qualidade da água, especialmente em bacias hidrográficas com cobertura vegetal crítica importantes para o abastecimento humano e para a dessedentação animal ou em áreas sujeitas a risco de desastre;

IV – conservação de paisagens de grande beleza cênica;

V – recuperação e recomposição da cobertura vegetal nativa de áreas degradadas, por meio do plantio de espécies nativas ou por sistema agroflorestal;

VI –manejo sustentável de sistemas agrícolas, agroflorestais e agrossilvopastoris que contribuam para captura e retenção de carbono e conservação do solo, da água e da biodiversidade;

VII –manutenção das áreas cobertas por vegetação nativa que seriam passíveis de autorização de supressão para uso alternativo do solo.

SEÇÃO III – DOS CRITÉRIOS DE APLICAÇÃO DO PFPSA

Art. 8º Podem ser objeto do PFPSA:

I –áreas cobertas com vegetação nativa;

II –áreas sujeitas a restauração ecossistêmica, a recuperação da cobertura vegetal nativa ou a plantio agroflorestal;

III –unidades de conservação de proteção integral, reservas extrativistas e reservas de desenvolvimento sustentável, nos termos da Lei nº 9.985, de 18 de julho de 2000;

IV–terras indígenas, territórios quilombolas e outras áreas legitimamente ocupadas por populações tradicionais, mediante consulta prévia, nos termos da Convenção 169 da Organização Internacional do Trabalho (OIT) sobre Povos Indígenas e Tribais;

V –paisagens de grande beleza cênica, prioritariamente em áreas especiais de interesse turístico;

VI–áreas de exclusão de pesca, assim consideradas aquelas interditadas ou de reservas, onde o exercício da atividade pesqueira seja proibido transitória, periódica ou permanentemente, por ato do poder público;

VII –áreas prioritárias para a conservação da biodiversidade, assim definidas por ato do poder público.

§ 1º Os recursos decorrentes do pagamento por serviços ambientais pela conservação de vegetação nativa em unidades de conservação serão aplicados pelo órgão ambiental competente em atividades de regularização fundiária, elaboração, atualização e implantação do plano de manejo, fiscalização e monitoramento, manejo sustentável da biodiversidade e outras vinculadas à própria unidade, consultado, no caso das unidades de conservação de uso sustentável, o seu conselho deliberativo, o qual decidirá sobre a destinação desses recursos. *(Parágrafo vetado pelo Presidente da República, mantido pelo Congresso Nacional e publicado na Edição Extra D do DOU de 26.03.2021)*

§ 2º Os recursos decorrentes do pagamento por serviços ambientais pela conservação de vegetação nativa em terras indígenas serão aplicados em conformidade com os planos de gestão territorial e ambiental de terras indígenas, ou documentos equivalentes, elaborados pelos povos indígenas que vivem em cada terra.

§ 3º Na contratação de pagamento por serviços ambientais em áreas de exclusão de pesca, podem ser recebedores os membros de comunidades tradicionais e os pescadores profissionais que, historicamente, desempenhavam suas atividades no perímetro protegido e suas adjacências, desde que atuem em conjunto com o órgão ambiental competente na fiscalização da área.

Art. 9º Em relação aos imóveis privados, são elegíveis para provimento de serviços ambientais:

I –os situados em zona rural inscritos no CAR, previsto na Lei nº 12.651, de 25 de maio de 2012, dispensada essa exigência para aqueles a que se refere o inciso IV do *caput* do art. 8º desta Lei;

II –os situados em zona urbana que estejam em conformidade com o plano diretor, de que trata o § 1º do art. 182 da Constituição Federal, e com a legislação dele decorrente;

III –as Reservas Particulares do Patrimônio Natural (RPPNs) e as áreas das zonas de amortecimento e dos corredores ecológicos cobertas por vegetação nativa, nos termos da Lei nº 9.985, de 18 de julho de 2000.

Parágrafo único. As Áreas de Preservação Permanente, Reserva Legal e outras sob limitação administrativa nos termos da legislação ambiental serão elegíveis para pagamento por serviços ambientais com uso de recursos públicos, conforme regulamento, com preferência para aquelas localizadas no entorno de nascentes, localizadas em bacias hidrográficas consideradas críticas para o abastecimento público de água, assim definidas pelo órgão competente, ou em áreas prioritárias para conservação da diversidade biológica em processo de desertificação ou de avançada fragmentação. *(Redação dada pela Lei nº 14.653, de 2023)*

Art. 10. É vedada a aplicação de recursos públicos para pagamento por serviços ambientais:

I –a pessoas físicas e jurídicas inadimplentes em relação a termo de ajustamento de conduta ou de compromisso firmado com os órgãos competentes com base nas Leis nos 7.347, de 24 de julho de 1985, e 12.651, de 25 de maio de 2012;

II –referente a áreas embargadas pelos órgãos do Sisnama, conforme disposições da Lei nº 12.651, de 25 de maio de 2012.

Art. 11. O poder público fomentará assistência técnica e capacitação para a promoção dos serviços ambientais e para a definição da métrica de valoração, de validação, de monitoramento, de verificação e de certificação dos serviços ambientais, bem como de preservação e publicização das informações.

Parágrafo único. O órgão central do Sisnama consolidará e publicará as metodologias que darão suporte à assistência técnica de que trata o *caput* deste artigo.

SEÇÃO IV – DO CONTRATO DE PAGAMENTO POR SERVIÇOS AMBIENTAIS

Art. 12. O regulamento definirá as cláusulas essenciais para cada tipo de contrato de pagamento por serviços ambientais, consideradas obrigatórias aquelas relativas:

I –aos direitos e às obrigações do provedor, incluídas as ações de manutenção, de recuperação e de melhoria ambiental do ecossistema por ele assumidas e os critérios e os indicadores da qualidade dos serviços ambientais prestados;

II –aos direitos e às obrigações do pagador, incluídos as formas, as condições e os prazos de realização da fiscalização e do monitoramento;

III –às condições de acesso, pelo poder público, à área objeto do contrato e aos dados relativos às ações de manutenção, de recuperação e de melhoria ambiental assumidas pelo provedor, em condições previamente pactuadas e respeitados os limites do sigilo legal ou constitucionalmente previsto.

Parágrafo único. No caso de propriedades rurais, o contrato pode ser vinculado ao imóvel por meio da instituição de servidão ambiental.

Art. 13. O contrato de pagamento por serviços ambientais deve ser registrado no Cadastro Nacional de Pagamento por Serviços Ambientais. *(Artigo vetado pelo Presidente da República, mantido pelo Congresso Nacional e publicado na Edição Extra D do DOU de 26.03.2021)*

Art. 14. Os contratos de pagamento por serviços ambientais que envolvam recursos públicos ou que sejam objeto dos incentivos tributários previstos no art. 17 desta Lei estarão sujeitos à fiscalização pelos órgãos competentes do poder público.

Parágrafo único. Os serviços ambientais prestados podem ser submetidos à validação ou à certificação por entidade técnico-científica independente, na forma do regulamento.

SEÇÃO V – DA GOVERNANÇA

Art. 15. O PFPSA contará com um órgão colegiado com atribuição de:

I - propor prioridades e critérios de aplicação dos recursos do PFPSA;

II - monitorar a conformidade dos investimentos realizados pelo PFPSA com os objetivos e as diretrizes da PNPSA, bem como propor os ajustes necessários à implementação do Programa;

III - avaliar, a cada 4 (quatro) anos, o PFPSA e sugerir as adequações necessárias ao Programa;

IV - manifestar-se, anualmente, sobre o plano de aplicação de recursos do PFPSA e sobre os critérios de métrica de valoração, de validação, de monitoramento, de verificação e de certificação dos serviços ambientais utilizados pelos órgãos competentes.

§ 1º O órgão colegiado previsto no *caput* deste artigo será composto, de forma paritária, por representantes do poder público, do setor produtivo e da sociedade civil e será presidido pelo titular do órgão central do Sisnama.

§ 2º A participação no órgão colegiado previsto no *caput* deste artigo é considerada de relevante interesse público e não será remunerada.

§ 3º O regulamento definirá a composição do colegiado, e os representantes do setor produtivo e da sociedade civil deverão ser escolhidos entre seus pares, por meio de processo eletivo.

§ 4º Comporão o colegiado as organizações da sociedade civil que trabalham em prol da defesa do meio ambiente, bem como as que representam provedores de serviços ambientais, como povos indígenas, comunidades tradicionais, agricultores familiares e empreendedores familiares rurais. *(Artigo vetado pelo Presidente da República, mantido pelo Congresso Nacional e publicado na Edição Extra D do DOU de 26.03.2021)*

SEÇÃO VI – DO CADASTRO NACIONAL DE PAGAMENTO POR SERVIÇOS AMBIENTAIS (CNPSA)

Art. 16. Fica instituído o Cadastro Nacional de Pagamento por Serviços Ambientais (CNPSA), mantido pelo órgão gestor do PFPSA, que conterá, no mínimo, os contratos de pagamento por serviços ambientais realizados que envolvam agentes públicos e privados, as áreas potenciais e os respectivos serviços ambientais prestados e as metodologias e os dados que fundamentaram a valoração dos ativos ambientais, bem como as informações sobre os planos, programas e projetos que integram o PFPSA.

§ 1º O CNPSA unificará, em banco de dados, as informações encaminhadas pelos órgãos federais, estaduais e municipais competentes, pelos agentes privados, pelas Oscip e por outras organizações não governamentais que atuarem em projetos de pagamento por serviços ambientais.

§ 2º O CNPSA será acessível ao público e integrado ao Sistema Nacional de Informações sobre Meio Ambiente (Sinima), ao Sistema de Informação sobre a Biodiversidade Brasileira (SiBBr) e ao Sistema de Cadastro Ambiental Rural (Sicar). *(Artigo vetado pelo Presidente da República, mantido pelo Congresso Nacional e publicado na Edição Extra D do DOU de 26.03.2021)*

CAPÍTULO IV – DOS INCENTIVOS

Art. 17. Os valores recebidos a título de pagamento por serviços ambientais, definido no inciso IV do *caput* do art. 2º desta Lei, não integram a base de cálculo do Imposto sobre a Renda e Proventos de Qualquer Natureza, da Contribuição Social sobre o Lucro Líquido (CSLL), da Contribuição para os Programas de Integração Social e de Formação do Patrimônio do Servidor Público (PIS/Pasep) e da Contribuição para o Financiamento da Seguridade Social (Cofins).

Parágrafo único. O disposto no *caput* deste artigo aplica-se somente aos contratos realizados pelo poder público ou, se firmados entre particulares, desde que registrados no CNPSA, sujeitando-se o contribuinte às ações fiscalizatórias cabíveis. (Artigo vetado pelo Presidente da República, mantido pelo Congresso Nacional e publicado no Diário Oficial da União - Seção 1 - 11/6/2021)

Arts. 18 e 19. (VETADOS)

CAPÍTULO V – DISPOSIÇÕES FINAIS

Art. 20. Para o cumprimento do disposto nesta Lei, a União poderá firmar convênios com Estados, com o Distrito Federal, com Municípios e com entidades de direito público, bem como termos de parceria com entidades qualificadas como organizações da sociedade civil de interesse público, nos termos da Lei nº 9.790, de 23 de março de 1999.

Art. 21. As receitas oriundas da cobrança pelo uso dos recursos hídricos de que trata a Lei nº 9.433, de 8 de janeiro de 1997, poderão ser destinadas a ações de pagamento por serviços ambientais que promovam a conservação e a melhoria da quantidade e da qualidade dos recursos hídricos e deverão ser aplicadas conforme decisão do comitê da bacia hidrográfica.

Art. 22. As obrigações constantes de contratos de pagamento por serviços ambientais, quando se referirem à conservação ou restauração da vegetação nativa em imóveis particulares, ou mesmo à adoção ou manutenção de determinadas práticas agrícolas, agroflorestais ou agrossilvopastoris, têm natureza *propter reme* devem ser cumpridas pelo adquirente do imóvel nas condições estabelecidas contratualmente.

Art. 23. O § 9º do art. 12 da Lei nº 8.212, de 24 de julho de 1991, passa a vigorar acrescido do seguinte inciso VIII:

"Art. 12. (...)

§ 9º (...)

VIII – a participação em programas e ações de pagamento por serviços ambientais.

(...)

Art. 24. O art. 10 da Lei nº 8.629, de 25 de fevereiro de 1993, passa a vigorar acrescido do seguinte inciso V:

› *Alterações inseridas no texto da referida norma.*

Art. 25. O inciso I do *caput* do art. 167 da Lei nº 6.015, de 31 de dezembro de 1973, passa a vigorar acrescido do seguinte item 45:

› *Alterações inseridas no texto da referida norma.*

Art. 26. Esta Lei entra em vigor na data de sua publicação.

Brasília, 13 de janeiro de 2021;
200º da Independência
e 133º da República.
JAIR MESSIAS BOLSONARO
Tercio Issami Tokano
Paulo Guedes
Bento Albuquerque
Ricardo de Aquino Salles
José Levi Mello do Amaral Júnior
D.O.U. de 14.01.2021.

LEI Nº 14.430, DE 3 DE AGOSTO DE 2022

Dispõe sobre a emissão de Letra de Risco de Seguro (LRS) por Sociedade Seguradora de Propósito Específico (SSPE), sobre as regras gerais aplicáveis à securitização de direitos creditórios e à emissão de Certificados de Recebíveis e sobre a flexibilização do requisito de instituição financeira para a prestação do serviço de escrituração e de custódia de valores mobiliários; altera as Leis nºs 6.404, de 15 de dezembro de 1976, 6.385, de 7 de dezembro de 1976, 9.718, de 27 de novembro de 1998, 4.594, de 29 de dezembro de 1964, e o Decreto-Lei nº 73, de 21 de novembro de 1966; e revoga dispositivos das Leis nºs 9.514, de 20 de novembro de 1997, 10.931, de 2 de agosto de 2004, 11.076, de 30 de dezembro de 2004, 12.810, de 15 de maio de 2013, 13.331, de 1º de setembro de 2016, e 13.986, de 7 de abril de 2020.

O PRESIDENTE DA REPÚBLICA Faço saber que o Congresso Nacional decreta e eu sanciono a seguinte Lei:

CAPÍTULO I – DO OBJETO

Art. 1º Esta Lei dispõe sobre:

I - a emissão de Letra de Risco de Seguro (LRS) por Sociedade Seguradora de Propósito Específico (SSPE);

II - as regras gerais aplicáveis à securitização de direitos creditórios e à emissão de Certificados de Recebíveis; e

III - a flexibilização do requisito de instituição financeira para a prestação do serviço de escrituração e de custódia de valores mobiliários.

CAPÍTULO II – DA EMISSÃO DE LETRA DE RISCO DE SEGURO POR SOCIEDADE SEGURADORA DE PROPÓSITO ESPECÍFICO

SEÇÃO I – DISPOSIÇÕES GERAIS

Art. 2º A Sociedade Seguradora de Propósito Específico (SSPE) é a sociedade seguradora que tem como finalidade exclusiva realizar uma ou mais operações, independentes patrimonialmente, de aceitação de riscos de seguros, previdência complementar, saúde suplementar, resseguro ou retrocessão de uma ou mais contrapartes e seu financiamento por meio de emissão de Letra de Risco de Seguro (LRS), instrumento de dívida vinculada a riscos de seguros e resseguros.

§ 1º A SSPE captará para cada operação, por meio de emissão de LRS, recursos necessários como garantias a riscos de seguros, previdência complementar, saúde suplementar, resseguro ou retrocessão, denominados, para fins do disposto nesta Lei, riscos de seguros e resseguros.

§ 2º As garantias de que trata o § 1º deste artigo, em conjunto com o prêmio recebido, deverão corresponder, no mínimo, ao valor nominal total da perda máxima possível decorrente dos riscos de seguros e resseguros aceitos, acrescido de despesas que possam ser incorridas pela SSPE, e serão utilizadas exclusivamente para a cobertura dos riscos e o cumprimento das obrigações representadas na LRS emitida.

§ 3º Para fins do disposto nesta Lei, considera-se contraparte a sociedade seguradora, o ressegurador, a entidade de previdência complementar, a operadora de saúde suplementar, ou a pessoa jurídica, de natureza pública ou privada, sediada ou não no País, que cede riscos de seguros e resseguros à SSPE, conforme critérios estabelecidos em regulamentação específica.

Art. 3º A SSPE somente poderá ceder riscos em resseguro ou em retrocessão nas hipóteses e nas condições estabelecidas pelo Conselho Nacional de Seguros Privados (CNSP).

Art. 4º Os contratos de cessão de riscos de seguros e resseguros à SSPE poderão utilizar, entre outros, critérios matemáticos objetivos baseados em índices ou parâmetros para a definição de valores garantidos e o acionamento de cobertura contratual.

Art. 5º A SSPE não responderá diretamente perante o segurado, o participante, o beneficiário ou o assistido pelo montante assumido quando a contraparte for sociedade seguradora, ressegurador, entidade de previdência complementar ou operadora de saúde suplementar, hipótese em que a contraparte ficará integralmente responsável pela indenização.

Parágrafo único. Na hipótese de insolvência, de decretação de liquidação ou de falência da contraparte de que trata o *caput* deste artigo, será permitido o pagamento direto ao segurado, ao participante, ao beneficiário ou ao assistido da parcela de indenização ou benefício correspondente à cessão do risco à SSPE, desde que o pagamento da parcela não tenha sido realizado pela contraparte ao segurado nem à própria contraparte.

Art. 6º Os investidores titulares da LRS não poderão requerer a falência ou a liquidação da SSPE.

Art. 7º Compete ao CNSP, além das demais competências previstas na legislação:

I - estabelecer as diretrizes e as normas referentes aos contratos e à aceitação, pela SSPE, dos riscos de seguros e resseguros, do seu financiamento por meio de emissão de LRS e das condições da emissão;

II - regulamentar limites e restrições, quando aplicáveis, nas operações de que trata esta Lei;

III - regulamentar os critérios previstos no § 3º do art. 2º desta Lei;

IV - estabelecer a forma e as condições para o registro e o depósito da LRS;

V - determinar as demonstrações financeiras a serem elaboradas pela SSPE, a sua periodicidade e a necessidade de auditoria efetuada por auditores independentes; e

VI - regulamentar os demais aspectos necessários à operacionalização do disposto nesta Lei.

Art. 8º A distribuição e a oferta pública da LRS observarão o disposto em regulamentação editada pela Comissão de Valores Mobiliários (CVM).

Art. 9º Ato conjunto do CNSP e do Conselho Monetário Nacional (CMN) disciplinará a atuação, os requisitos, as atribuições e as responsabilidades do agente fiduciário nas operações de que trata esta Lei.

Art. 10. A SSPE será regulada também, no que couber, pela legislação aplicável às sociedades seguradoras.

Art. 11. Para as SSPEs, as faixas de enquadramento e os respectivos valores constantes de tabela que determina o valor devido de taxa de fiscalização serão iguais aos aplicados às sociedades seguradoras que operam, exclusivamente, com seguros de danos, nos termos da legislação específica.

Parágrafo único. Para enquadramento nas faixas indicadas na legislação específica com valores de taxas de fiscalização constantes da legislação específica, serão considerados, somente, os valores totais de prêmios da SSPE.

SEÇÃO II – DA LETRA DE RISCO DE SEGURO

Art. 12. A Letra de Risco de Seguro (LRS) é um título de crédito nominativo, transferível e de livre negociação, representativo de promessa de pagamento em dinheiro, vinculado a riscos de seguros e resseguros.

§ 1º A LRS é de emissão exclusiva da SSPE de que trata esta Lei.

§ 2º A LRS deve possuir relação paritária com os riscos aceitos pela SSPE, que devem ser, integralmente e no mesmo montante, cobertos pela LRS emitida.

§ 3º Os contratos de transferência de risco da contraparte para a SSPE, bem como a LRS, devem garantir que a transferência de risco seja efetiva em todas as circunstâncias e que a extensão dessa transferência esteja claramente definida e seja incontroversa.

§ 4º O CNSP poderá definir requisitos para que os contratos de transferência de risco da contraparte para a SSPE prevejam uma data-limite para que os riscos sejam considerados cobertos.

§ 5º Os direitos dos investidores titulares das LRS estão, em todos os momentos, subordinados às obrigações decorrentes do contrato de cessão de riscos à SSPE.

§ 6º A obrigação representada pela LRS extingue-se pela inexistência de riscos a decorrer, de sinistros a pagar e de recursos a serem devolvidos aos seus titulares.

Art. 13. A LRS deve conter, no mínimo, as seguintes informações:

I - nome e número de inscrição no Cadastro Nacional da Pessoa Jurídica (CNPJ) da SSPE emitente;

II - nome e número de inscrição no CNPJ da contraparte que cede os riscos de seguros e resseguros à SSPE emitente;

III - número de ordem, local, data de emissão e data do início da cobertura dos riscos de seguros e resseguros;

IV - data de vencimento e data de expiração da cobertura dos riscos de seguros e resseguros;

V - denominação "Letra de Risco de Seguro";

VI - tipo de cobertura e ramo;

VII - descrição dos riscos cedidos pela contraparte, inclusive quanto aos locais em que eles se encontram;

VIII - valor nominal emitido e valor da perda máxima;

IX - moeda do valor nominal emitido;

X - nome do titular;

XI - taxa de juros e datas de sua exigibilidade, admitida a capitalização;

XII - remuneração da operação a ser paga à SSPE;

XIII - descrição dos ativos que lastreiam a LRS;

XIV - identificação do contrato ou da escritura de emissão da LRS; e

XV - identificação do agente fiduciário, se houver.

Art. 14. A LRS será emitida exclusivamente sob a forma escritural, por meio de lançamento em sistema eletrônico da SSPE emissora.

§ 1º A SSPE emissora emitirá, mediante solicitação, certidão de inteiro teor do título.

§ 2º A certidão de que trata o § 1º deste artigo poderá ser emitida na forma eletrônica, observados os requisitos de segurança que garantam a autenticidade e a integridade do documento.

Art. 15. A LRS é título executivo extrajudicial e pode:

I - ser executada com base em certidão de inteiro teor emitida pela SSPE emissora; e

II - gerar valor de resgate inferior ao valor de sua emissão, em função da eventual ocorrência de eventos cobertos decorrentes dos riscos de seguros e resseguros aceitos ou por seus critérios de remuneração.

SEÇÃO III – DA INDEPENDÊNCIA PATRIMONIAL DAS OPERAÇÕES

Art. 16. Cada operação de aceitação de riscos de seguros e resseguros e consequente financiamento por meio da emissão de LRS terá independência patrimonial em relação:

I - às demais operações de que trata o *caput* deste artigo efetuadas pela mesma SSPE; e

II - à própria SSPE.

§ 1º A independência patrimonial de que trata o *caput* deste artigo abrange a identidade própria e individualizada nos aspectos regulamentares, cadastrais, atuariais, contábeis, de investimentos e obrigações e será operacionalizada por meio da inscrição de cada operação no CNPJ.

§ 2º O disposto neste artigo não confere personalidade jurídica às operações feitas pela SSPE.

§ 3º A eventual insolvência da SSPE não afetará em nenhuma hipótese os patrimônios independentes constituídos para cada operação, que continuarão afetados e vinculados às LRS.

§ 4º Os patrimônios independentes constituídos para cada operação não serão alcançados pelos efeitos da decretação de intervenção, de liquidação extrajudicial ou de falência da SSPE emissora e não integrarão a massa concursal.

§ 5º Os dispositivos desta Lei que estabelecem a afetação ou a separação, a qualquer título, de patrimônio da SSPE à emissão específica de LRS produzem efeitos em relação a quaisquer outros débitos da SSPE, inclusive de natureza fiscal, previdenciária ou trabalhista, em especial quanto às garantias e aos privilégios que lhes são atribuídos.

Art. 17. O patrimônio de cada operação de que trata o *caput* do art. 16 desta Lei incluirá a parcela do prêmio repassado pela contraparte não destinado à remuneração da SSPE e:

I - não poderá ser utilizado para o pagamento de obrigações relativas a outras operações da SSPE;

II - será destinado exclusivamente à liquidação das LRS a que estiver afetado e ao pagamento de sinistros, de custos de administração e de obrigações fiscais;

III - não responderá perante os credores da SSPE por qualquer obrigação;

IV - não será passível de constituição de garantias por quaisquer dos credores da SSPE, por mais privilegiados que sejam; e

V - somente responderá pelas obrigações inerentes às LRS a ele afetadas.

§ 1º A totalidade do patrimônio da SSPE responderá pelos prejuízos que esta causar por descumprimento de disposição legal ou regulamentar, por negligência ou por administração temerária ou, ainda, por desvio da finalidade do patrimônio separado.

§ 2º A realização dos direitos dos investidores titulares das LRS deverá limitar-se às garantias integrantes do patrimônio separado de cada operação.

§ 3º A realização dos direitos da contraparte de cada operação não ficará limitada às garantias integrantes do patrimônio separado da referida operação, hipótese em que o patrimônio da própria SSPE responderá de forma subsidiária.

CAPÍTULO III – DAS REGRAS GERAIS APLICÁVEIS À SECURITIZAÇÃO DE DIREITOS CREDITÓRIOS E À EMISSÃO DE CERTIFICADOS DE RECEBÍVEIS

SEÇÃO I – DISPOSIÇÕES GERAIS

Art. 18. As companhias securitizadoras são instituições não financeiras constituídas sob a forma de sociedade por ações que têm por finalidade realizar operações de securitização.

Parágrafo único. É considerada operação de securitização a aquisição de direitos creditórios para lastrear a emissão de Certificados de Recebíveis ou outros títulos e valores mobiliários perante investidores, cujo pagamento é primariamente condicionado ao recebimento de recursos dos direitos creditórios e dos demais bens, direitos e garantias que o lastreiam.

Art. 19. Compete à CVM editar as normas sobre a emissão pública de Certificados de Recebíveis e outros valores mobiliários representativos de operações de securitização de tais direitos, incluídos:

I - o registro, a estrutura, o funcionamento e as atividades das companhias securitizadoras de direitos creditórios emissoras de valores mobiliários ofertados publicamente;

II - as características e o regime de prestação de informações associados aos Certificados de Recebíveis e aos demais valores mobiliários ofertados publicamente; e

III - as hipóteses de destituição e de substituição das companhias securitizadoras.

Parágrafo único. A CVM poderá dispensar as companhias securitizadoras registradas de aplicar disposições da Lei nº 6.404, de 15 de dezembro de 1976, desde que a dispensa não represente prejuízo ao interesse público, à proteção do público investidor e à informação adequada ao mercado de valores mobiliários.

SEÇÃO II – DOS CERTIFICADOS DE RECEBÍVEIS

Art. 20. Os Certificados de Recebíveis são títulos de crédito nominativos, emitidos de forma escritural, de emissão exclusiva de companhia securitizadora, de livre negociação, constituem promessa de pagamento em dinheiro, preservada a possibilidade de dação em pagamento, e são títulos executivos extrajudiciais.

§ 1º Quando ofertados publicamente ou admitidos à negociação em mercado regulamentado de valores mobiliários, os Certificados de Recebíveis são considerados valores mobiliários.

§ 2º Os direitos creditórios que lastrearão os Certificados de Recebíveis serão previamente identificados, atenderão aos critérios de elegibilidade previstos no termo de securitização e deverão ser adquiridos até a data de integralização dos Certificados de Recebíveis.

Art. 21. Aos Certificados de Recebíveis aplica-se, no que couber, o disposto na legislação cambial.

§ 1º O Certificado de Recebíveis pode ser garantido por aval, hipótese em que é vedado o seu cancelamento ou a sua concessão parcial.

§ 2º O protesto cambial é dispensado para assegurar o direito de regresso contra avalistas.

§ 3º O endossante não responde pelo cumprimento da prestação constante do Certificado de Recebíveis.

§ 4º A companhia securitizadora responde pela origem e pela autenticidade dos direitos creditórios vinculados ao Certificado de Recebíveis por ela emitido.

§ 5º O valor do Certificado de Recebíveis não pode exceder ao valor total dos direitos creditórios e de outros ativos a ele vinculados.

§ 6º A transferência do Certificado de Recebíveis implica a transferência de todos os direitos que lhe são inerentes.

§ 7º Somente o Certificado de Recebíveis pode ser dado em garantia enquanto estiver em circulação, hipótese em que os direitos creditórios a ele vinculados não podem ser dados em garantia separadamente.

Art. 22. Os Certificados de Recebíveis integrantes de cada emissão da companhia securitizadora serão formalizados por meio de termo de securitização, do qual constarão as seguintes informações:

I - nome da companhia securitizadora emitente;

II - número de ordem, local e data de emissão;

III - denominação "Certificado de Recebíveis" acrescida da natureza dos direitos creditórios;

IV - valor nominal;

V - data de vencimento ordinário do valor nominal e de resgate dos Certificados de Recebíveis e, se for o caso, discriminação dos valores e das datas de pagamento das amortizações;

VI - remuneração por taxa de juros fixa, flutuante ou variável, que poderá contar com prêmio, fixo ou variável, e admitir a capitalização no período estabelecido no termo de securitização;

VII - critérios para atualização monetária, se houver;

VIII - cláusula de correção por variação cambial, se houver, desde que estabelecida em conformidade com o disposto nos §§ 8º e 9º deste artigo;

IX - local e método de pagamento;

X - indicação do número de emissão e da eventual divisão dos Certificados de Recebíveis integrantes da mesma emissão em diferentes classes ou séries, inclusive a possibilidade de aditamentos posteriores para inclusão de novas classes e séries e requisitos de complementação de lastro, quando for o caso;

XI - indicação da existência ou não de subordinação entre as classes integrantes da mesma emissão, entendida como a preferência de uma classe sobre outra para fins de amortização e resgate dos Certificados de Recebíveis;

XII - descrição dos direitos creditórios que compõem o lastro da emissão dos Certificados de Recebíveis;

XIII - indicação, se for o caso, da possibilidade de substituição ou de aquisição futura dos direitos creditórios vinculados aos Certificados de Recebíveis com a utilização dos recursos provenientes do pagamento dos direitos creditórios originais vinculados à emissão, com detalhamento do procedimento para a sua formalização, dos critérios de elegibilidade e do prazo para a aquisição dos novos direitos creditórios, sob pena de amortização antecipada obrigatória dos Certificados de Recebíveis, observado o disposto no inciso II do § 2º deste artigo;

XIV - se houver, garantias fidejussórias ou reais de amortização dos Certificados de Recebíveis integrantes da emissão ou de classes e séries específicas, se for o caso;

XV - indicação da possibilidade de dação em pagamento dos direitos creditórios aos titulares dos Certificados de Recebíveis, hipótese em que deverão ser estabelecidos os procedimentos a serem adotados;

XVI - regras e procedimentos aplicáveis às assembleias gerais de titulares de Certificados de Recebíveis; e

XVII - hipóteses em que a companhia securitizadora poderá ser destituída ou substituída.

§ 1º Os Certificados de Recebíveis de mesma emissão serão lastreados pela mesma carteira de direitos creditórios.

§ 2º Na hipótese prevista no § 1º do art. 20 desta Lei:

I - a CVM poderá estabelecer informações adicionais a serem incluídas no termo de securitização a que se refere o *caput* deste artigo;

II - a substituição e a aquisição de novos direitos creditórios com a utilização dos recursos provenientes do pagamento dos direitos creditórios originais vinculados à emissão de que trata o inciso XIII do *caput* deste artigo poderão ocorrer nos termos e nas condições estabelecidos na regulamentação editada pela CVM; e

III - a companhia securitizadora deverá observar a regulamentação editada pela CVM nas hipóteses previstas nos incisos XVI e XVII do *caput* deste artigo.

§ 3º O montante dos direitos creditórios vinculados ao pagamento dos Certificados de Recebíveis deverá ser, no mínimo, suficiente para permitir a sua amortização integral.

§ 4º O Certificado de Recebíveis, quando ofertado privadamente, poderá ter, conforme dispuser o termo de securitização, garantia flutuante, que lhe assegurará privilégio geral sobre o ativo do patrimônio comum da companhia securitizadora.

§ 5º Na hipótese prevista no § 4º deste artigo, a garantia flutuante não impedirá a negociação dos bens que compõem o Certificado de Recebíveis.

§ 6º A companhia securitizadora poderá celebrar com investidores promessa de subscrição e integralização de Certificados de Recebíveis, de forma a receber recursos para a aquisição de direitos creditórios que servirão de lastro para a sua emissão, conforme chamadas de capital feitas de acordo com o cronograma esperado para a aquisição dos direitos creditórios.

§ 7º Os instrumentos de emissão de outros títulos de dívida representativos de operação de securitização emitidos por companhias securitizadoras deverão observar os dispositivos desta Lei aplicáveis ao termo de securitização.

§ 8º O Certificado de Recebíveis poderá ser emitido com cláusula de correção pela variação cambial, desde que seja:

I - integralmente vinculado a direitos creditórios com cláusula de correção na mesma moeda; e

II - emitido em favor de investidor residente ou domiciliado no exterior, observado o disposto no § 9º deste artigo.

§ 9º O CMN poderá estabelecer outras condições para a emissão de Certificado de Recebíveis com cláusula de correção pela variação cambial, inclusive sobre a emissão em favor de investidor residente no País.

Art. 23. O Certificado de Recebíveis deverá ser levado a registro ou a depósito em entidade autorizada pelo Banco Central do Brasil ou pela CVM a exercer a atividade de registro ou depósito centralizado de ativos financeiros e de valores mobiliários, nos termos da Lei nº 12.810, de 15 de maio de 2013.

Parágrafo único. O Certificado de Recebíveis será obrigatoriamente submetido a depósito quando for:

I - ofertado publicamente; ou

II - negociado em mercados organizados de valores mobiliários.

Art. 24. Os Certificados de Recebíveis, nas distribuições realizadas no exterior, poderão ser registrados em entidade de registro e de liquidação financeira situada no país de distribuição, desde que a entidade seja:

I - autorizada em seu país de origem; e

II - supervisionada por autoridade estrangeira com a qual a CVM tenha firmado acordo de cooperação mútua que permita intercâmbio de informações sobre operações realizadas nos mercados por ela supervisionados, ou que seja signatária de memorando multilateral de entendimentos da Organização Internacional das Comissões de Valores.

SEÇÃO III – DO REGIME FIDUCIÁRIO

Art. 25. A companhia securitizadora poderá instituir regime fiduciário sobre os direitos creditórios e sobre os bens e direitos que sejam objeto de garantia pactuada em favor do pagamento dos Certificados de Recebíveis ou de outros títulos e valores mobiliários representativos de operações de securitização e, se houver, do cumprimento de obrigações assumidas pelo cedente dos direitos creditórios.

Art. 26. O regime fiduciário será instituído mediante declaração unilateral da companhia securitizadora ao firmar termo de securitização, que, além de observar o disposto no art. 22 desta Lei, deverá submeter-se às seguintes condições:

I - constituição do regime fiduciário sobre os direitos creditórios e os demais bens e direitos que lastreiam a emissão;

II - constituição de patrimônio separado, composto pela totalidade dos direitos creditórios e dos demais bens e direitos referidos no inciso I deste *caput*;

III - nomeação de agente fiduciário, quando se tratar de emissões públicas, que seja instituição financeira ou entidade autorizada para esse fim pelo Banco Central do Brasil, para atuar em nome e no interesse dos titulares dos Certificados de Recebíveis, acompanhada da indicação de seus deveres, de suas responsabilidades e de sua remuneração, das hipóteses, das condições e da forma de sua destituição ou substituição e das demais condições de sua atuação, observada a regulamentação aplicável; e

IV - forma de liquidação do patrimônio separado, inclusive mediante dação em pagamento dos direitos creditórios e dos bens e direitos referidos no inciso I deste *caput*.

§ 1º O termo de securitização em que seja instituído o regime fiduciário deverá ser registrado em entidade autorizada pelo Banco Central do Brasil ou pela CVM a exercer a atividade de registro ou depósito centralizado de ativos financeiros e de valores mobiliários, nos termos da Lei nº 12.810, de 15 de maio de 2013.

§ 2º No que se refere à condição prevista no inciso II do *caput* deste artigo, os direitos creditórios, os bens e os direitos objeto do regime fiduciário permanecerão sob a titularidade da companhia securitizadora, embora estejam afetados exclusiva e integralmente ao pagamento da emissão de Certificados de Recebíveis de que sejam lastro.

Art. 27. Os direitos creditórios, os bens e os direitos objeto do regime fiduciário:

I - constituirão patrimônio separado, titularizado pela companhia securitizadora, que não se confunde com o seu patrimônio comum ou com outros patrimônios separados de titularidade da companhia securitizadora decorrentes da constituição de regime fiduciário no âmbito de outras emissões de Certificados de Recebíveis;

II - serão mantidos apartados do patrimônio comum e de outros patrimônios separados da companhia securitizadora até que se complete a amortização integral da emissão a que estejam afetados, admitida para esse fim a dação em pagamento, ou até que sejam preenchidas condições de liberação parcial dispostas no termo de securitização, quando aplicáveis;

III - serão destinados exclusivamente à liquidação dos Certificados de Recebíveis a que estiverem afetados e ao pagamento dos custos de administração e de obrigações fiscais correlatas, observados os procedimentos estabelecidos no termo de securitização;

IV - não responderão perante os credores da companhia securitizadora por qualquer obrigação;

V - não serão passíveis de constituição de garantias por quaisquer dos credores da companhia securitizadora, por mais privilegiados que sejam; e

VI - responderão somente pelas obrigações inerentes aos Certificados de Recebíveis a que estiverem vinculados.

§ 1º É vedada a concessão de direitos a titulares de uma emissão sobre direitos creditórios, bens e direitos integrantes de patrimônio separado relativo a outra emissão de Certificados de Recebíveis.

§ 2º A companhia securitizadora, sempre que se verificar insuficiência do patrimônio separado, poderá, após restar assegurado o disposto no § 1º deste artigo, promover a sua recomposição, mediante aditivo ao termo de securitização ou instrumento equivalente, no qual serão incluídos outros direitos creditórios, com observância dos requisitos previstos nesta Seção e, quando ofertado publicamente, na forma estabelecida em regulamentação editada pela CVM.

§ 3º A realização dos direitos dos titulares dos Certificados de Recebíveis deverá limitar-se aos direitos creditórios, aos recursos provenientes da liquidação desses direitos e às garantias acessórias e integrantes do patrimônio separado.

§ 4º Os dispositivos desta Lei que estabelecem a afetação ou a separação, a qualquer título, de patrimônio da companhia securitizadora a emissão específica de Certificados de Recebíveis produzem efeitos em relação a quaisquer outros débitos da companhia securitizadora, inclusive de natureza fiscal, previdenciária ou trabalhista, em especial quanto às garantias e aos privilégios que lhes são atribuídos.

§ 5º A companhia securitizadora, na condição de titular de cada patrimônio separado, sem prejuízo de eventuais limitações que venham a ser dispostas expressamente no termo de securitização ou na regulamentação editada pela CVM, poderá adotar, em nome próprio e a expensas do patrimônio separado, todas as medidas cabíveis para a sua realização.

§ 6º Na hipótese prevista no § 5º deste artigo, a companhia securitizadora poderá contratar e demitir prestadores de serviços e adotar medidas judiciais ou extrajudiciais relacionadas à arrecadação e à cobrança dos direitos creditórios, à excussão de garantias e à boa gestão do patrimônio separado, observados a finalidade legal do patrimônio separado e as disposições e os procedimentos previstos no termo de securitização.

Art. 28. Instituído o regime fiduciário, caberá à companhia securitizadora administrar cada patrimônio separado, manter registros contábeis independentes em relação a cada um deles e elaborar e publicar as demonstrações financeiras.

Parágrafo único. O patrimônio próprio da companhia securitizadora responderá pelos prejuízos que esta causar por descumprimento de disposição legal ou regulamentar, por negligência ou por administração temerária ou, ainda, por desvio da finalidade do patrimônio separado.

Art. 29. Ao agente fiduciário serão conferidos poderes gerais de representação da comunhão dos titulares dos Certificados de Recebíveis beneficiários do regime fiduciário, inclusive os de receber e dar quitação.

§ 1º Incumbe ao agente fiduciário:

I - zelar pela proteção dos direitos e interesses dos beneficiários e acompanhar a atuação da companhia securitizadora na administração do patrimônio separado;

II - adotar as medidas judiciais ou extrajudiciais necessárias à defesa dos interesses dos beneficiários e à realização dos créditos afetados ao patrimônio separado, caso a companhia securitizadora não o faça;

III - exercer a administração do patrimônio separado, na hipótese de insolvência da companhia securitizadora;

IV - promover, na forma prevista no termo de securitização, a liquidação do patrimônio separado; e

V - executar os demais encargos que lhe forem atribuídos no termo de securitização.

§ 2º O agente fiduciário responderá pelos prejuízos que causar por descumprimento de disposição legal ou regulamentar, por negligência ou por administração temerária.

§ 3º Aplicam-se ao agente fiduciário os mesmos requisitos e incompatibilidades estabelecidos pelo disposto no art. 66 da Lei nº 6.404, de 15 de dezembro de 1976.

§ 4º Nas emissões públicas, o agente fiduciário observará a regulamentação editada pela CVM.

Art. 30. A insuficiência dos ativos integrantes do patrimônio separado para a satisfação integral dos Certificados de Recebíveis correlatos não dará causa à declaração de sua falência.

§ 1º Na hipótese prevista no *caput* deste artigo, caberá à companhia securitizadora, ou ao agente fiduciário, caso a securitizadora não o faça, convocar assembleia geral dos beneficiários para deliberar sobre as normas de administração ou liquidação do patrimônio separado.

§ 2º Na hipótese prevista no *caput* deste artigo, a assembleia geral estará legitimada a adotar qualquer medida pertinente à administração ou à liquidação do patrimônio separado, inclusive a transferência dos bens e direitos dele integrantes para o agente fiduciário, para outra companhia securitizadora ou para terceiro que seja escolhido pelos titulares dos Certificados de Recebíveis em assembleia geral, a forma de liquidação do patrimônio e a nomeação do liquidante.

§ 3º A assembleia geral deverá ser convocada por meio de edital publicado no sítio eletrônico da emissora com antecedência de, no mínimo, 15 (quinze) dias e será instalada:

I - em primeira convocação, com a presença de beneficiários que representem, no mínimo, 2/3 (dois terços) do valor global dos títulos; ou

II - em segunda convocação, independentemente da quantidade de beneficiários.

§ 4º Na assembleia geral, serão consideradas válidas as deliberações tomadas pela maioria dos presentes, em primeira ou em segunda convocação.

§ 5º A companhia securitizadora poderá promover, a qualquer tempo e sempre sob a ciência do agente fiduciário, o resgate da emissão mediante a dação em pagamento dos bens e direitos integrantes do patrimônio separado aos titulares dos Certificados de Recebíveis nas seguintes hipóteses:

I - caso a assembleia geral não seja instalada, por qualquer motivo, em segunda convocação; ou

II - caso a assembleia geral seja instalada e os titulares dos Certificados de Recebíveis não decidam a respeito das medidas a serem adotadas.

§ 6º Nas hipóteses previstas no § 5º deste artigo, os titulares dos Certificados de Recebíveis tornar-se-ão condôminos dos bens e direitos, nos termos da Lei nº 10.406, de 10 de janeiro de 2002 (Código Civil).

Art. 31. Na hipótese de insolvência da companhia securitizadora, o agente fiduciário assumirá imediatamente a administração do patrimônio separado, em nome e por conta dos titulares dos Certificados de Recebíveis, e convocará assembleia geral para deliberar sobre a forma de administração, observado o disposto no § 3º do art. 22 desta Lei.

§ 1º O agente fiduciário poderá promover o resgate dos Certificados de Recebíveis mediante a dação em pagamento dos bens e direitos integrantes do patrimônio separado aos seus titulares nas seguintes hipóteses:

I - caso a assembleia geral não seja instalada, por qualquer motivo, em segunda convocação; ou

II - caso a assembleia geral seja instalada e os titulares dos Certificados de Recebíveis não decidam a respeito das medidas a serem adotadas.

§ 2º Nas hipóteses previstas no § 1º deste artigo, os titulares dos Certificados de Recebíveis tornar-se-ão condôminos dos bens e direitos, nos termos da Lei nº 10.406, de 10 de janeiro de 2002 (Código Civil).

§ 3º A insolvência da companhia securitizadora ou de seu grupo econômico não afetará os patrimônios separados que tiver constituído.

§ 4º Nas emissões privadas que não contem com agente fiduciário, os investidores ficarão diretamente autorizados a se reunir em assembleia para deliberar sobre a administração do patrimônio separado.

Art. 32. O regime fiduciário de que trata esta Seção será extinto pelo implemento das condições a que esteja submetido, em conformidade com o termo de securitização, ou nas hipóteses de resgate dos Certificados de Recebíveis mediante a dação em pagamento dos bens e direitos integrantes do patrimônio separado aos titulares dos Certificados de Recebíveis, em conformidade com o disposto nesta Lei.

§ 1º O agente fiduciário, uma vez resgatados integralmente os Certificados de Recebíveis e extinto o regime fiduciário, deverá fornecer à companhia securitizadora, no prazo de 3 (três) dias úteis, contado da data do resgate, termo de quitação, que servirá para baixa do registro do regime fiduciário perante a entidade de que trata o *caput* do art. 18 desta Lei.

§ 2º A baixa de que trata o § 1º deste artigo importará a reintegração ao patrimônio comum da companhia securitizadora dos ativos que sobejarem.

§ 3º Os emolumentos devidos aos cartórios de registros de imóveis para cancelamento do regime fiduciário e das garantias reais existentes serão cobrados como ato único.

- *Vide art. 167, I, 30, Lei de Registros Públicos*
- *Vide Lei de Emolumentos (Lei n. 10.169/2000)*

CAPÍTULO IV – DA FLEXIBILIZAÇÃO DO REQUISITO DE INSTITUIÇÃO FINANCEIRA PARA A PRESTAÇÃO DO SERVIÇO DE ESCRITURAÇÃO E DE CUSTÓDIA DE VALORES MOBILIÁRIOS

Art. 33. O art. 293 da Lei nº 6.404, de 15 de dezembro de 1976, passa a vigorar com a seguinte redação:

> *"Art. 293. A Comissão de Valores Mobiliários poderá autorizar as bolsas de valores e outras entidades, que sejam ou não instituições financeiras, a prestar os serviços previstos nos seguintes dispositivos desta Lei:*
>
> *I - art. 27;*
>
> *II - § 2º do art. 34;*
>
> *III - § 1º do art. 39;*
>
> *IV - arts. 40, 41, 42, 43 e 44;*
>
> *V - art. 72; e*
>
> *VI - arts. 102 e 103.*
>
> *(...)"*

Art. 34. O *caput* do art. 24 da Lei nº 6.385, de 7 de dezembro de 1976, passa a vigorar com a seguinte redação:

> *"Art. 24. A prestação de serviços de custódia de valores mobiliários está sujeita à autorização prévia da Comissão de Valores Mobiliários.*
>
> *(...)"*

CAPÍTULO V – DISPOSIÇÕES FINAIS

Art. 35. A Lei nº 9.718, de 27 de novembro de 1998, passa a vigorar com as seguintes alterações:

> *"Art. 3º (...)*

§ 8º Na determinação da base de cálculo da Contribuição para o PIS/Pasep e a Cofins, poderão ser deduzidas as despesas de captação de recursos incorridas pelas pessoas jurídicas que tenham por objeto a securitização de créditos.

I - (revogado);

II - (revogado);

III - (revogado).

(...)

"Art. 14. (...)

VII - que explorem as atividades de securitização de crédito."

Art. 36. O Decreto-Lei nº 73, de 21 de novembro de 1966, passa a vigorar com as seguintes alterações:

"Art. 123. O exercício da profissão de corretor de seguros depende de prévia habilitação e registro pelas entidades autorreguladoras de corretagem de seguros ou pela Susep, na forma definida pelo CNSP.

§ 1º (Revogado).

§ 2º (Revogado).

§ 3º (Revogado)."

"Art. 124. As comissões de corretagem somente poderão ser pagas a corretor de seguros devidamente habilitado e deverão ser informadas aos segurados quando solicitadas." (Vetado pelo Presidente da República, mantido pelo Congresso Nacional e publicado no DOU de 22/12/2022)

"Art. 127. Caberá responsabilidade profissional perante a Susep ou perante as entidades autorreguladoras do mercado de corretagem, na forma definida pelo CNSP, ao corretor que deixar de cumprir as leis, os regulamentos e as resoluções em vigor, ou que der causa dolosa ou culposa a prejuízos às sociedades seguradoras ou aos segurados."

"Art. 128. O corretor de seguros estará sujeito às seguintes penalidades:

a) (revogada);

b) (revogada);

c) (revogada);

I - advertência;

II - multa prevista no inciso IV do caput do art. 108 desta Lei;

III - suspensão temporária do exercício da profissão;

IV - cancelamento do registro.

Parágrafo único. As penalidades serão aplicadas pela Susep ou pelas entidades autorreguladoras do mercado de corretagem, em processo regular, na forma definida pelo CNSP."

"Art. 128-A. Os corretores de seguros que não se associarem ou se filiarem a uma entidade autorreguladora do mercado de corretagem de forma facultativa deverão ser supervisionados pela Susep. " (Vetado pelo Presidente da República, mantido pelo Congresso Nacional e publicado no DOU de 22/12/2022)

Art. 37. A Lei nº 4.594, de 29 de dezembro de 1964, passa a vigorar com as seguintes alterações:

"Art. 1º (...)

Parágrafo único. São atribuições do corretor de seguros:

I - a identificação do risco e do interesse que se pretende garantir;

II - a recomendação de providências que permitam a obtenção da garantia do seguro;

III - a identificação e a recomendação da modalidade de seguro que melhor atenda às necessidades do segurado e do beneficiário;

IV - a identificação e a recomendação da seguradora;

V - a assistência ao segurado durante a execução e a vigência do contrato, bem como a ele e ao beneficiário por ocasião da regulação e da liquidação do sinistro;

VI - a assistência ao segurado na renovação e na preservação da garantia de seu interesse."

"Art. 2º O exercício da profissão de corretor de seguros depende de prévia habilitação técnica e registro em entidade autorreguladora do mercado de corretagem ou na Superintendência de Seguros Privados (Susep), nos termos definidos pelo Conselho Nacional de Seguros Privados (CNSP).

(...)

"Art. 3º O interessado na obtenção do registro de que trata o art. 2º desta Lei deverá comprovar documentalmente:

(...)

c) não ter sido condenado, nos 5 (cinco) anos anteriores ao pedido de registro, por crimes a que se referem as Leis nºs 11.101, de 9 de fevereiro de 2005, e 7.492, de 16 de junho de 1986, e as Seções II, III e IV do Capítulo VI do Título I, os Capítulos I a VII do Título II, o Capítulo V do Título VI, os Capítulos I a IV do Título X e o Capítulo I do Título XI, todos da Parte Especial do Decreto-Lei nº 2.848, de 7 de dezembro de 1940 (Código Penal);

d) (Revogada);

e) ter a habilitação técnico-profissional para a atividade e a modalidade de seguro em que irá atuar, nos termos definidos pelo CNSP.

(...)

§ 2º Satisfeitos pelo requerente os requisitos deste artigo, terá ele direito à obtenção do respectivo registro previsto no caput deste artigo.

§ 3º A associação à entidade autorreguladora do mercado de corretagem não pode ser condição para a obtenção do registro, conforme o inciso XX do caput do art. 5º da Constituição Federal."

"Art. 4º O cumprimento da exigência da alínea "e" do caput do art. 3º desta Lei consistirá na aprovação em exames ou na realização de cursos em instituições de ensino de reconhecida capacidade, na forma da regulamentação do CNSP.

a) (revogada);

b) (revogada);

c) (revogada)."

"Art. 7º O registro de corretor de seguros, inclusive prepostos, será expedido pela Susep ou por entidade autorreguladora do mercado de corretagem."

"Art. 11. Os sindicatos de corretores de seguros e a federação à qual estão filiados poderão divulgar nos respectivos sítios eletrônicos, para fins de acesso ao público em geral, a relação devidamente atualizada dos corretores e prepostos registrados nas entidades autorreguladoras do mercado de corretagem e na Susep, resguardadas as informações de caráter sigiloso."

"Art. 12. O corretor de seguros poderá ter prepostos de sua livre escolha, bem como designar, dentre eles, quem o substitua nos impedimentos ou nas faltas, registrados na forma do art. 7º desta Lei.

Parágrafo único. (Revogado)."

"Art. 13. Somente ao corretor devidamente habilitado nos termos desta Lei e que houver assinado a proposta deverão ser pagas as corretagens pactuadas para cada modalidade de seguro, inclusive em caso de ajustamento de prêmios.

(...)

§ 2º (VETADO).

§ 3º Ao corretor de seguros não poderá ser atribuído nenhum custo administrativo da seguradora decorrente de propostas, mesmo as não efetivadas."

"Art. 14. O corretor de seguros deverá ter o registro das propostas que encaminhar às sociedades seguradoras, podendo ser na forma digitalizada, com todos os assentamentos necessários à elucidação completa dos negócios em que intervier."

"Art. 15. O corretor de seguros deverá recolher incontinenti ao caixa da sociedade seguradora o prêmio que porventura tiver recebido do segurado para pagamento de seguro realizado por seu intermédio."

"Art. 18. As sociedades de seguros somente poderão receber proposta de contrato de seguros:

(...)

"Art. 21. Os corretores de seguros, independentemente de responsabilidade penal e civil em que possam incorrer no exercício de suas funções, são passíveis das sanções administrativas de advertência, multa, suspensão e cancelamento de registro, na forma estabelecida pelo CNSP."

"Art. 26. O processo para cominação das penalidades previstas nesta Lei reger-se-á, no que for aplicável, pela legislação vigente e pelas normas disciplinadoras complementares editadas pelo CNSP."

"Art. 31. Os corretores já registrados perante a Susep, por ocasião da entrada em vigor desta Lei, bem como os prepostos, poderão continuar a exercer a atividade."

Art. 38. Ficam revogados:

I - os seguintes dispositivos da Lei nº 4.594, de 29 de dezembro de 1964:

a) alínea "d" do *caput* do art. 3º;

b) alíneas "a", "b" e "c" do *caput* do art. 4º;

c) art. 5º;

d) art. 6º;

e) arts. 8º, 9º e 10;

f) parágrafo único do art. 12;

g) § 2º do art. 13; *(Vetada pelo Presidente da República, mantida pelo Congresso Nacional e publicada no DOU de 22/12/2022)*

h) art. 16;

i) art. 19;

j) arts. 22, 23, 24 e 25;

k) arts. 27, 28, 29 e 30; e

l) art. 32;

II - os seguintes dispositivos do Decreto-Lei nº 73, de 21 de novembro de 1966:

a) §§ 1º, 2º e 3º do art. 123; e

b) alíneas "a", "b" e "c" do *caput* do art. 128;

III - os seguintes dispositivos da Lei nº 9.514, de 20 de novembro de 1997:

a) parágrafo único do art. 6º; e

b) arts. 7º ao 16;

IV - os incisos I, II e III do § 8º do art. 3º da Lei nº 9.718, de 27 de novembro de 1998;

V - os seguintes dispositivos da Lei nº 10.931, de 2 de agosto de 2004:

a) art. 23; e

b) art. 57, na parte em que altera os arts. 8º e 16 da Lei nº 9.514, de 20 de novembro de 1997;

VI - os seguintes dispositivos da Lei nº 11.076, de 30 de dezembro de 2004:

a) parágrafo único do art. 36; e

b) arts. 37 ao 40;

VII - o art. 31 da Lei nº 12.810, de 15 de maio de 2013;

VIII - o art. 1º da Lei nº 13.331, de 1º de setembro de 2016, na parte em que altera o art. 37 da Lei nº 11.076, de 30 de dezembro de 2004; e

IX - o art. 43 da Lei nº 13.986, de 7 de abril de 2020, na parte em que altera os arts. 36 e 37 da Lei nº 11.076, de 30 de dezembro de 2004.

Art. 39. Esta Lei entra em vigor na data de sua publicação, ressalvada a alínea "i" do inciso I do *caput* do art. 38 desta Lei, que entrará em vigor em 1º de janeiro de 2023, devendo todas e quaisquer obrigações decorrentes do referido artigo serem cumpridas na sua totalidade e integralidade até 31 de dezembro de 2022.

Brasília, 3 de agosto de 2022;
201º da Independência e 134º da República.
JAIR MESSIAS BOLSONARO
Paulo Guedes
DOU de 4.8.2022

LEI Nº 14.620, DE 13 DE JULHO DE 2023

Dispõe sobre o Programa Minha Casa, Minha Vida, altera o Decreto-Lei nº 3.365, de 21 de junho de 1941 (Lei da Desapropriação), a Lei nº 4.591, de 16 de dezembro de 1964, a Lei nº 6.015, de 31 de dezembro de 1973 (Lei dos Registros Públicos), a Lei nº 6.766, de 19 de dezembro de 1979, a Lei nº 8.036, de 11 de maio de 1990 (Lei do FGTS), a Lei nº 8.677, de 13 de julho de 1993, a Lei nº 9.472, de 16 de julho de 1997, a Lei nº 9.514, de 20 de novembro de 1997, a Lei nº 10.188, de 12 de fevereiro de 2001, a Lei nº 10.406, de 10 de janeiro de 2002 (Código Civil), a Lei nº 10.931, de 2 de agosto de 2004, a Lei nº 11.977, de 7 de julho de 2009, a Lei nº 12.462, de 4 de agosto de 2011, a Lei nº 13.105, de 16 de março de 2015 (Código de Processo Civil), a Lei nº 13.465, de 11 de julho de 2017, a Lei nº 14.063, de 23 de setembro de 2020, a Lei nº 14.133, de 1º de abril de 2021 (Lei de Licitações e Contratos Administrativos), a Lei nº 14.300, de 6 de janeiro de 2022, e a Lei nº 14.382, de 27 de junho de 2022, e revoga dispositivos da Lei nº 14.118, de 12 de janeiro de 2021.

O PRESIDENTE DA REPÚBLICA

Faço saber que o Congresso Nacional decreta e eu sanciono a seguinte Lei:

Art. 1º O Programa Minha Casa, Minha Vida tem por finalidade promover o direito à cidade e à moradia de famílias residentes em áreas urbanas e rurais, associado ao desenvolvimento urbano, econômico, social e cultural, à sustentabilidade, à redução de vulnerabilidades e à prevenção de riscos de desastres, à geração de trabalho e de renda e à elevação dos padrões de habitabilidade, de segurança socioambiental e de qualidade de vida da população, conforme determinam os arts. 3º e 6º da Constituição Federal.

Art. 2º São objetivos do Programa:

I - reduzir as desigualdades sociais e regionais do País;

II - ampliar a oferta de moradias para atender às necessidades habitacionais, sobretudo da população de baixa renda e nas regiões de maiores déficits habitacionais, nas suas diversas formas de atendimento;

III - promover a melhoria de moradias existentes, inclusive com promoção de acessibilidade, para reparar as inadequações habitacionais;

IV - estimular a modernização do setor habitacional e a inovação tecnológica com vistas à redução dos custos e prazos de produção e entregas, à sustentabilidade ambiental, climática e energética e à melhoria da qualidade da produção habitacional, com a finalidade de ampliar o atendimento habitacional;

V - apoiar o desenvolvimento, o fortalecimento e a ampliação da atuação dos agentes públicos e privados responsáveis pela promoção do Programa;

VI - fortalecer o planejamento urbano e a implementação de ações e métodos de prevenção, mitigação, preparação e resposta contra desastres naturais;

VII - ampliar o acesso à terra urbanizada pela população de baixa renda;

VIII - fortalecer o acesso à infraestrutura e a equipamentos públicos urbanos, inclusive os educacionais e os culturais, nas proximidades das novas unidades habitacionais;

IX - gerar emprego e renda em uma economia estruturada em bases sustentáveis;

X- estimular e facilitar a implantação de infraestrutura de conectividade e dos serviços de telecomunicações e internet para reduzir as lacunas digitais, culturais e informacionais.

Art. 3º São diretrizes do Programa:

I - atendimento habitacional prioritário às famílias de baixa renda compreendidas nas alíneas "a" dos incisos I e II do art. 5º desta Lei;

II - concepção da habitação em seu sentido amplo de moradia, com a integração das dimensões física, urbanística, fundiária, econômica, social, cultural, energética e ambiental do espaço em que a vida do cidadão acontece;

III - estímulo ao cumprimento da função social da propriedade e do direito à moradia, nos termos do disposto na Constituição;

IV - promoção do planejamento integrado com as políticas de desenvolvimento urbano, de habitação, de infraestrutura, de saneamento, de mobilidade, de acessibilidade e de gestão do território e de forma transversal com as políticas ambiental e climática, de desenvolvimento econômico e social e de segurança pública, entre outras, com vistas ao desenvolvimento urbano sustentável;

V - estímulo a políticas fundiárias que garantam a oferta de áreas urbanizadas para habitação, com localização, preço e quantidade compatíveis com as diversas faixas de renda do mercado habitacional, de forma a priorizar a faixa de interesse social da localidade e com localização que privilegie a integração com centros urbanos, de forma a não prejudicar o nível do custo de vida e a segurança pública dos beneficiários;

VI - cooperação federativa e fortalecimento do Sistema Nacional de Habitação de Interesse Social (SNHIS), de que trata a Lei nº 11.124, de 16 de junho de 2005;

VII - estímulo à inovação e ao aperfeiçoamento da qualidade, da durabilidade, da segurança, da acessibilidade e da habitabilidade das unidades habitacionais e da instalação de infraestrutura em empreendimentos de interesse social;

VIII - sustentabilidade econômica, social, energética e ambiental dos benefícios habitacionais, inclusive com estímulo aos estudos de exploração comercial dos ativos ambientais gerados pelo Programa;

IX - transparência e monitoramento com relação à execução física e orçamentária dos benefícios habitacionais e à participação dos atores envolvidos, incluída a divulgação dos valores de subvenção concedidos e dos benefícios gerados;

X - conclusão de investimentos iniciados e cumprimento de compromissos pregressos, exceto se comprovada a inviabilidade;

XI - utilização de sistemas operacionais, soluções de projeto, padrões construtivos e aportes tecnológicos que objetivem a redução de impactos ambientais, a economia de recursos naturais e a conservação e o uso racional de energia;

XII - promoção de adensamento urbano adequado à integração eficiente das unidades habitacionais com a infraestrutura de transporte e serviços necessários ao atendimento da população;

XIII - promoção de assistência técnica nas áreas de arquitetura, urbanismo e engenharia para todos os empreendimentos do Programa executados por autoconstrução, autogestão, mutirão ou administração direta;

XIV - incentivo à gestão, à construção e à reforma de unidades habitacionais pelas próprias famílias beneficiárias, quando organizadas por meio de associações e cooperativas habitacionais, garantida a assistência técnica gratuita;

XV - redução das desigualdades sociais, regionais, culturais e informacionais do País, inclusive por meio da instalação de infraestrutura de acesso a serviços de telecomunicações que permita o provimento de conexão à internet e a distribuição de conteúdo audiovisual;

XVI - garantia da pluralidade de agentes promotores e financeiros, especialmente os públicos;

XVII - incentivo à requalificação e *retrofit* de prédios degradados, não utilizados e subutilizados, localizados nas áreas centrais das grandes cidades brasileiras, priorizando os de pequeno porte, assim compreendidos aqueles com até 200 (duzentas) unidades habitacionais;

XVIII - promover iniciativas cooperativas de geração de renda e fortalecimento da organização comunitária, por meio de investimentos no Projeto de Trabalho Técnico Social (PTTS), com duração de até 2 (dois) anos no pós-obra, nos termos de regulamento do Ministério das Cidades;

XIX - nos termos do inciso III do *caput* deste artigo, a União deverá priorizar projetos em Municípios que apliquem os mecanismos de garantia da função social da propriedade, conforme previsão da Lei nº 10.257, de 10 de julho de 2001 (Estatuto da Cidade).

Art. 4º Os objetivos do Programa serão alcançados por meio de linhas de atendimento que considerem as necessidades habitacionais, tais como:

I - provisão subsidiada de unidades habitacionais novas, requalificadas ou retrofitadas, em áreas urbanas ou rurais;

II - provisão subsidiada de unidades habitacionais derivadas da requalificação ou *retrofit* de prédios degradados, não utilizados e subutilizados, priorizando-se os localizados em áreas centrais e históricas e os de pequeno porte, assim compreendidos aqueles que resultem em até 200 (duzentas) unidades;

III - provisão financiada de unidades habitacionais novas, usadas, requalificadas ou retrofitadas, que serão consideradas novas, em áreas urbanas ou rurais;

IV - fomento à criação de mercados de locação social de imóveis em áreas urbanas;

V - provisão de lotes urbanizados, dotados da adequada infraestrutura;

VI - melhoria habitacional em áreas urbanas e rurais;

VII - apoio financeiro a programas e ações habitacionais de interesse social desenvolvidos por Estados e Munícipios;

VIII - projeto Moradia Primeiro;

IX - regularização fundiária.

§ 1º As linhas de atendimento deverão ser implementadas com vistas ao alcance dos objetivos e das diretrizes do Programa, na forma dos dispositivos autoaplicáveis desta Lei e das regulamentações do Ministério das Cidades, observada a legislação aplicável.

§ 2º As unidades imobiliárias produzidas no âmbito do Programa poderão ser disponibilizadas às famílias beneficiárias ou aos entes federativos sob a forma de cessão, de doação, de locação, de comodato, de arrendamento ou de venda, mediante financiamento ou não, em contrato subsidiado ou não, total ou parcialmente, conforme previsto em regulamento, sem prejuízo de outros negócios jurídicos compatíveis.

§ 3º Serão admitidas aquisições pelo Fundo de Arrendamento Residencial (FAR), de que trata a Lei nº 10.188, de 12 de fevereiro de 2001, e pelo Fundo de Desenvolvimento Social (FDS), de que trata a Lei nº 8.677, de 13 de julho de 1993, de unidades habitacionais providas com base nos incisos I, II e III do *caput* por meio de programas e ações desenvolvidos por órgãos e entidades da administração descentralizada de quaisquer entes federativos, incluídas as parcerias público-privadas.

§ 4º Exclusivamente para os fins desta Lei, consideram-se unidades habitacionais requalificadas ou retrofitadas aquelas oriundas da recuperação total ou parcial de imóveis ou edifícios tombados, degradados, não utilizados ou subutilizados, não se considerando como tais as unidades isoladas meramente reformadas.

§ 5º A implementação das linhas de atendimento deverá priorizar a pluralidade de agentes promotores e financeiros, em articulação com todos os entes federativos, por meio de seus órgãos e entidades descentralizadas responsáveis pela execução das políticas de desenvolvimento urbano e habitação, e com a sociedade civil organizada.

§ 6º As unidades imobiliárias consideradas aptas, nos termos do inciso XVII do art. 3º e do inciso II do art. 4º, devem ter sido concluídas e entregues no prazo mínimo de 5 (cinco) anos da entrada em vigor desta Lei.

§ 7º No âmbito do programa, a linha de atendimento da provisão de lotes urbanizados contará com os seguintes instrumentos e diretrizes:

I - aplicação dos recursos previstos no art. 6º;

II - redução ou desconto de emolumentos de atos, nos termos do arts. 42 e 43 da Lei nº 11.977, de 7 de julho de 2009;

III - possibilidade de que os investimentos e o custeio das obras não incidentes do empreendimento de parcelamento de solo, de implantação de redes de energia, de saneamento, de pavimentação, de terraplenagem e de drenagem componham o investimento do programa na modalidade de financiamento ou subsídio;

IV - implementação da infraestrutura de saneamento básico externa, que será de responsabilidade do prestador de serviço público de saneamento básico, nos termos do *caput* do art. 18-A da Lei nº 11.445, de 5 de janeiro de 2007;

V - assistência técnica para o projeto e a construção de edificação em lote urbanizado para o adequado padrão construtivo.

§ 8º O Programa poderá oferecer ao beneficiário a provisão de lote urbanizado e a construção da unidade imobiliária, compreendendo a aquisição financiada ou subsidiada de material de construção.

§ 9º Para os lotes urbanizados produzidos no âmbito do Programa Minha Casa, Minha Vida, o investimento realizado pelo empreendedor na rede de distribuição de energia elétrica será revertido em subsídio ou desconto em tarifa aos proprietários de lote, nos termos do regulamento, na proporção do impacto do investimento na sua tarifa, conforme regulamento.

§ 10. Para os fins do inciso I do *caput* deste artigo, o Ministério das Cidades, por ato regulamentador próprio, poderá estabelecer valores diferenciados para as unidades habitacionais, consideradas as desigualdades regionais do País.

Art. 5º O Programa atenderá famílias residentes em áreas urbanas com renda bruta familiar mensal de até R$ 8.000,00 (oito mil reais) e famílias residentes em áreas rurais com renda bruta familiar anual de até R$ 96.000,00 (noventa e seis mil reais), consideradas as seguintes faixas:

I - famílias residentes em áreas urbanas:

a) Faixa Urbano 1 - renda bruta familiar mensal até R$ 2.640,00 (dois mil, seiscentos e quarenta reais);

b) Faixa Urbano 2 - renda bruta familiar mensal de R$ 2.640,01 (dois mil, seiscentos e quarenta reais e um centavo) até R$ 4.400,00 (quatro mil e quatrocentos reais);

c) Faixa Urbano 3 - renda bruta familiar mensal de R$ 4.400,01 (quatro mil e quatrocentos reais e um centavo) até R$ 8.000,00 (oito mil reais);

II - famílias residentes em áreas rurais:

a) Faixa Rural 1 - renda bruta familiar anual até R$ 31.680,00 (trinta e um mil, seiscentos e oitenta reais);

b) Faixa Rural 2 - renda bruta familiar anual de R$ 31.680,01 (trinta e um mil, seiscentos e oitenta reais e um centavo) até R$ 52.800,00 (cinquenta e dois mil e oitocentos reais);

c) Faixa Rural 3 - renda bruta familiar anual de R$ 52.800,01 (cinquenta e dois mil e oitocentos reais e um centavo) até R$ 96.000,00 (noventa e seis mil reais).

§ 1º Para fins de enquadramento nas faixas de renda, o cálculo do valor de renda bruta familiar não considerará os benefícios temporários de natureza indenizatória, assistencial ou previdenciária, como auxílio-doença, auxílio-acidente, seguro-desemprego, benefício de prestação continuada (BPC) e benefício do Programa Bolsa Família, ou outros que vierem a substituí-los.

§ 2º A atualização dos valores de renda bruta familiar deverá ser realizada anualmente, mediante ato do Ministro de Estado das Cidades.

Art. 6º O Programa será constituído pelos seguintes recursos, a serem aplicados com observância à legislação específica de cada fonte e em conformidade com as dotações e disponibilidades orçamentárias e financeiras consignadas nas leis e nos planos de aplicação anuais:

I - dotações orçamentárias da União;

II - Fundo Nacional de Habitação de Interesse Social (FNHIS), de que trata a Lei nº 11.124, de 16 de junho de 2005;

III - Fundo de Arrendamento Residencial (FAR), de que trata a Lei nº 10.188, de 12 de fevereiro de 2001;

IV - Fundo de Desenvolvimento Social (FDS), de que trata a Lei nº 8.677, de 13 de julho de 1993;

V - Fundo de Garantia do Tempo de Serviço (FGTS), de que trata a Lei nº 8.036, de 11 de maio de 1990 (Lei do FGTS);

VI - Fundo Garantidor da Habitação Popular (FGHab), de que trata a Lei nº 11.977, de 7 de julho de 2009;

VII - emendas parlamentares;

VIII - operações de crédito de iniciativa da União firmadas com organismos multilaterais de crédito e destinadas à implementação do Programa;

IX - contrapartidas financeiras, físicas ou de serviços de origem pública ou privada;

X - doações públicas ou privadas destinadas aos fundos de que tratam os incisos II, III, IV e V;

XI - outros recursos destinados à implementação do Programa oriundos de fontes nacionais e internacionais;

XII - doações ou alienação gratuita ou onerosa de bens imóveis da União, observada legislação pertinente;

XIII - recursos do Fundo Nacional para Calamidades Públicas, Proteção e Defesa Civil (Funcap), quando os recursos orçamentários e financeiros constantes dos incisos I a IX não estiverem disponíveis e o beneficiário tenha tido o único imóvel perdido em razão de situação de emergência ou calamidade formalmente reconhecida pelos órgãos competentes ou esteja em estado de vulnerabilidade a desastres ambientais iminentes, reconhecidos pelos órgãos competentes.

§ 1º As operações contratadas nos termos do inciso VI deste artigo poderão abranger as parcerias público-privadas promovidas pela União, pelos Estados, pelo Distrito Federal e pelos Municípios.

§ 2º A União fica obrigada, por meio do Ministério das Cidades e da Caixa Econômica Federal, em conformidade com as dotações e disponibilidades orçamentárias e financeiras, a repassar aos entes estaduais, distrital e municipais, a título de transferência obrigatória, fundo a fundo ou por meio da celebração de convênio, contrato de repasse ou instrumentos congêneres, no mínimo 5% (cinco por cento) da soma dos recursos definidos nos incisos I a IV do *caput* deste artigo, além dos recursos previstos no inciso VII do *caput* deste artigo, podendo ser utilizados para:

I - retomada de obras paradas;

II - obras de *retrofit* ou requalificação;

III - obras em Municípios de até 50 (cinquenta) mil habitantes.

§ 3º Os repasses referidos no § 2º ficarão condicionados à existência e funcionamento em âmbito estadual, distrital ou municipal de fundo, órgão ou entidade da administração descentralizada responsáveis pela execução das políticas públicas de desenvolvimento urbano ou habitação.

§ 4º A gestão e a movimentação financeira dos recursos de que trata o § 3º deste artigo ocorrerão por meio de conta bancária específica aberta em instituição financeira pública indicada pelo ente estadual, distrital ou municipal, em nome do fundo, órgão ou entidade destinatária dos recursos.

§ 5º Os fundos, órgãos ou entidades destinatárias dos recursos ficam obrigados a fornecer e atualizar dados e informações habitacionais integradas aos sistemas nacionais, nos termos estabelecidos em ato do Ministro de Estado das Cidades.

§ 6º A instituição financeira de que trata o § 4º disponibilizará as informações relacionadas com as movimentações financeiras ao Ministério das Cidades por meio de aplicativo que identifique o destinatário do recurso.

§ 7º Ainda com vistas a viabilizar as linhas de atendimento habitacionais de que trata esta Lei, observada a legislação aplicável e o regulamento do Ministério das Cidades, ficam os beneficiários finais ou os agentes promotores e financeiros autorizados a oferecer ou receber contrapartidas pecuniárias, em bens imóveis ou em execução de obras e serviços para complementação dos valores de investimento das operações ou retorno total ou parcial dos recursos aportados pelo Programa, dispensada a participação financeira da família de que faça parte beneficiário do BPC ou da família participante do Programa Bolsa Família.

§ 8º A União, os Estados, o Distrito Federal e os Municípios poderão complementar o valor das operações do Programa com incentivos e benefícios de natureza financeira, tributária ou creditícia.

§ 9º Em áreas urbanas, os critérios de prioridade para atendimento devem contemplar:

I - a doação pelos Estados, pelo Distrito Federal e pelos Municípios de terrenos localizados em área urbana consolidada para implantação de empreendimentos vinculados ao Programa;

II - a implementação pelos Estados, pelo Distrito Federal e pelos Municípios de medidas de desoneração tributária, para as construções destinadas à habitação de interesse social.

§ 10. Os Estados, o Distrito Federal e os Municípios, quando da produção de novas habitações de interesse social no Programa, priorizarão famílias da Faixa Urbano 1, desde que exista lei do ente federativo, no âmbito de sua competência, que assegure condições especiais para a viabilização de Habitação de Interesse Social (HIS).

§ 11. A lei do ente federativo, que deverá produzir efeitos previamente à contratação dos investimentos, deverá estabelecer isenções dos seguintes tributos, nas operações que decorram da aplicação dos recursos provenientes das fontes de recursos a que se referem os incisos I a IV do *caput*:

I - imposto sobre a transmissão de bens imóveis;

II - imposto de transmissão causa mortis e doação;

III - imposto sobre a propriedade predial e territorial urbana.

§ 12. Serão priorizados nas seleções os entes federativos que, no âmbito de suas competências, concederem isenções tributárias para fins dos programas de que trata esta Lei.

§ 13. Os Estados, o Distrito Federal e os Municípios, na produção de novas habitações de interesse social no Programa, terão prioridade no recebimento de novas moradias quando da existência de lei do ente federativo, no âmbito de sua competência, que assegure condições especiais para a viabilização de Habitação de Interesse Social (HIS) para famílias da Faixa Urbano 1, devendo incentivar no mínimo 2 (duas) das seguintes condições:

I - o aumento do direito de construir sobre o terreno em que se produzirá a HIS, por meio do Coeficiente de Aproveitamento (CA) específico;

II - o aumento do direito de construir sobre o terreno em que se produzirá a HIS, por meio do gabarito (andares máximos permitidos para a construção sobre o terreno) específico;

III - a diminuição da exigência de vagas de estacionamento, dentro dos condomínios, sobre a quantidade de HIS que será produzida;

IV - a isenção de taxa de outorga onerosa do direito de construir;

V - a flexibilização da legislação urbanística municipal.

§ 14. (VETADO).

§ 15. Os órgãos de aprovação dos Estados, do Distrito Federal e dos Municípios e todas as concessionárias de serviços públicos priorizarão as análises e as aprovações de projetos de novas habitações de interesse social no Programa, no âmbito de sua competência, para famílias da Faixa Urbano 1.

§ 16. O Ministério das Cidades atenderá famílias enquadradas na Faixa 1 residentes em Municípios com população igual ou inferior a 80 (oitenta) mil habitantes, preferencialmente, com recursos de que tratam os incisos I e III do *caput*, na modalidade de oferta pública, para habilitação de instituições financeiras autorizadas pelo Banco Central do Brasil, inclusive bancos digitais, sociedades de crédito direto, cooperativas de crédito e os agentes financeiros referidos nos incisos I a XII do art. 8º da Lei nº 4.380, de 21 de agosto de 1964.

§ 17. Para participar da oferta pública, as instituições e agentes financeiros previstos no § 16 deverão comprovar que possuem pessoal técnico especializado, próprio ou terceirizado, nas áreas de engenharia civil, arquitetura, economia, administração, ciências sociais, serviço social e direito.

§ 18. Comprovada a viabilidade do empreendimento para a construção de unidades habitacionais urbanas ou requalificação de imóveis urbanos, as entidades públicas e privadas sem fins lucrativos poderão receber valores adiantados referentes aos custos técnicos dos projetos que necessariamente devem ser submetidos aos órgãos competentes para aprovação, nos termos de regulamentação própria do Ministério das Cidades.

§ 19. Com vistas a viabilizar as linhas de atendimento habitacionais de que trata esta Lei, sem prejuízo de outros meios operacionais, a União, por meio da alocação de recursos destinados a ações integrantes das leis orçamentárias anuais, observada a disponibilidade orçamentária e financeira, fica autorizada a:

I - integralizar cotas no FAR, transferir recursos ao FDS, complementar os descontos concedidos pelo FGTS e subvencionar a produção, a aquisição, a requalificação, a recuperação e a melhoria de moradias ou conceder subvenção econômica ao beneficiário pessoa física;

II - alocar subvenção econômica com a finalidade de complementar o valor necessário a assegurar o equilíbrio econômico-financeiro das operações realizadas pelas instituições ou pelos agentes financeiros, incluídos os custos de alocação, de remuneração e de perda de capital e as despesas de contratação, de administração, de cobrança e de execução judicial e extrajudicial;

III - alocar recursos em fundo garantidor de operações que envolvam benefícios de natureza habitacional;

IV - alocar recursos por meio de repasses e de financiamentos, inclusive em parcerias público-privadas.

§ 20. A gestão operacional dos recursos do Orçamento-Geral da União será efetuada pela Caixa Econômica Federal, quando destinados a:

I - complementar os descontos concedidos pelo FGTS;

II - atender as famílias residentes em áreas rurais, na hipótese de concessão direta a pessoa física; ou

III - alocar subvenção econômica com a finalidade de complementar o valor necessário a assegurar o equilíbrio econômico-financeiro das operações realizadas pelas instituições ou pelos agentes financeiros, incluídos os custos de alocação, de remuneração e de perda de capital e as despesas de contratação, de administração, de cobrança e de execução judicial e extrajudicial.

Art. 7º O disposto nos arts. 20 a 32 da Lei nº 11.977, de 7 de julho de 2009, que tratam do FGHab, e nos arts. 42 a 44-A da Lei nº 11.977, de 7 de julho de 2009, que tratam de custas e emolumentos cartorários, aplica-se, no que couber, às operações de que trata esta Lei.

Art. 8º Serão priorizadas, para fins de atendimento a provisão subsidiada de unidades habitacionais com o emprego de dotação orçamentária da União e com recursos do FNHIS, do FAR ou do FDS, as famílias:

I - que tenham a mulher como responsável pela unidade familiar;

II - de que façam parte:

a) pessoas com deficiência, conforme o disposto na Lei nº 13.146, de 6 de julho de 2015 (Estatuto da Pessoa com Deficiência), inclusive aquelas com transtorno do espectro autista, conforme a Lei nº 12.764, de 27 de dezembro de 2012, devendo os imóveis destinados a essas pessoas ser adaptados à deficiência apresentada;

b) pessoas idosas, conforme o disposto na Lei nº 10.741, de 1º de outubro de 2003 (Estatuto da Pessoa Idosa), devendo os imóveis destinados a essas pessoas ser adaptados às suas condições físicas;

c) crianças ou adolescentes, conforme o disposto na Lei nº 8.069, de 13 de julho de 1990 (Estatuto da Criança e do Adolescente);

d) pessoas com câncer ou doença rara crônica e degenerativa;

III - em situação de vulnerabilidade ou risco social, conforme a Lei nº 8.742, de 7 de dezembro de 1993 (Lei Orgânica da Assistência Social);

IV - que tenham perdido a moradia em razão de desastres naturais em localidade em que tenha sido decretada situação de emergência ou estado de calamidade pública;

V - em deslocamento involuntário em razão de obras públicas federais;

VI - em situação de rua;

VII - que tenham mulheres vítimas de violência doméstica e familiar, conforme o disposto na Lei nº 11.340, de 7 de agosto de 2006 (Lei Maria da Penha);

VIII - residentes em área de risco;

IX - integrantes de povos tradicionais e quilombolas.

§ 1º De forma complementar, deverão ser também observadas outras prioridades sociais estabelecidas em leis específicas ou compatíveis com as linhas de atendimento do Programa, como a Lei nº 12.288, de 20 de julho de 2010 (Estatuto da Igualdade Racial), entre outras.

§ 2º Observado o disposto no *caput*, o Ministério das Cidades poderá estabelecer critérios complementares, conforme a linha de atendimento do Programa, e facultar aos Estados, ao Distrito Federal, aos Municípios e às entidades privadas sem fins lucrativos, quando promotoras de benefícios habitacionais, a inclusão de outros requisitos e critérios que busquem refletir situações de vulnerabilidade econômica e social locais.

Art. 9º A subvenção econômica destinada à pessoa física no ato da contratação que tenha por objetivo proporcionar a aquisição ou a produção da moradia por meio do Programa será concedida apenas uma vez para cada beneficiário e poderá ser cumulativa com os descontos habitacionais concedidos nas operações de financiamento efetuadas nos termos do disposto no art. 9º da Lei nº 8.036, de 11 de maio de 1990 (Lei do FGTS), com recursos do FGTS, vedada a sua concessão à pessoa física que:

I - seja titular de contrato de financiamento obtido com recursos do FGTS ou em condições equivalentes às do Sistema Financeiro da Habitação, em qualquer parte do País;

II - seja proprietária, promitente compradora ou titular de direito de aquisição, de arrendamento, de usufruto ou de uso de imóvel residencial, regular, com padrão mínimo de edificação e de habitabilidade estabelecido pelas regras da administração municipal, e dotado de abastecimento de água, de solução de esgotamento sanitário e de atendimento regular de energia elétrica, em qualquer parte do País;

III - tenha recebido, nos últimos 10 (dez) anos, benefícios similares oriundos de subvenções econômicas concedidas com recursos do Orçamento-Geral da União, do FAR, do FDS ou provenientes de descontos habitacionais concedidos com recursos do FGTS, excetuados as subvenções e os descontos destinados à aquisição de material de construção e o Crédito Instalação, disponibilizados pelo Instituto Nacional de Colonização e Reforma Agrária (Incra), na forma prevista em regulamentação específica.

§ 1º Observada a legislação específica relativa a fontes de recursos, o disposto no *caput* não se aplica a quem se enquadre em uma ou mais das seguintes hipóteses:

I - tenha tido propriedade de imóvel residencial de que se tenha desfeito por força de decisão judicial há, no mínimo, 5 (cinco) anos;

II - tenha tido propriedade em comum de imóvel residencial, desde que dele se tenha desfeito em favor do coadquirente há, no mínimo, 5 (cinco) anos;

III - tenha propriedade de imóvel residencial havida por herança ou doação, em fração ideal de até 40% (quarenta por cento), observada a regulamentação específica da fonte de recurso que tenha financiado o imóvel;

IV - tenha propriedade de parte de imóvel residencial, em fração não superior a 40% (quarenta por cento);

V - tenha tido propriedade anterior, em nome do cônjuge ou do companheiro do titular da inscrição, de imóvel residencial do qual se tenha desfeito antes da união do casal, por meio de instrumento de alienação registrado no cartório competente;

VI - tenha nua-propriedade de imóvel residencial gravado com cláusula de usufruto vitalício e tenha renunciado ao usufruto;

VII - tenha tido o seu único imóvel perdido em razão de situação de emergência ou calamidade formalmente reconhecida pelos órgãos competentes;

VIII - sofra operação de reassentamento, de remanejamento ou de substituição de moradia, decorrentes de obras públicas.

§ 2º O disposto no *caput* não se aplica às subvenções econômicas destinadas à realização de obras e serviços de melhoria habitacional.

§ 3º A subvenção econômica de que trata o *caput* poderá ser cumulativa com aquelas concedidas por programas habitacionais de âmbito federal, estadual, distrital ou municipal e, ainda, com financiamento habitacional com recursos do FGTS, observada regulamentação específica.

Art. 10. Os contratos e os registros efetivados no âmbito do Programa serão formalizados, prioritariamente, no nome da mulher e, na hipótese de ela ser chefe de família, poderão ser firmados independentemente da outorga do cônjuge, afastada a aplicação do disposto nos arts. 1.647, 1.648 e 1.649 da Lei nº 10.406, de 10 de janeiro de 2002 (Código Civil).

§ 1º O contrato firmado na forma prevista no *caput* será registrado no cartório de registro de imóveis competente, com a exigência de simples declaração da mulher acerca dos dados relativos ao cônjuge ou ao companheiro e ao regime de bens.

§ 2º Na hipótese de dissolução de união estável, separação ou divórcio, o título de propriedade do imóvel adquirido, construído ou regularizado no âmbito do Programa na constância do casamento ou da união estável será registrado em nome da mulher ou a ela transferido, independentemente do regime de bens aplicável.

§ 3º Na hipótese de haver filhos do casal e a guarda ser atribuída exclusivamente ao homem, o título da propriedade do imóvel construído ou adquirido será registrado em seu nome ou a ele transferido, revertida a titularidade em favor da mulher caso a guarda dos filhos seja a ela posteriormente atribuída.

§ 4º O disposto neste artigo não se aplica aos contratos de financiamento firmados com recursos do FGTS.

§ 5º A mulher vítima de violência doméstica e familiar que esteja sob medida protetiva de urgência está autorizada a realizar o distrato dos contratos de compra e venda antes do prazo final contratual, sendo-lhe permitido ser beneficiada em outra unidade habitacional, independentemente do registro no Cadastro Nacional de Mutuários (Cadmut).

› *Vide Provimento CNJ n. 147/2023*

Art. 11. Observadas as atribuições contidas em legislação específica, compete:

I - ao Ministério das Cidades:

a) gerir e estabelecer a forma de implementação das ações e das linhas de atendimento do Programa;

b) monitorar, avaliar, inclusive por meio de pesquisa de satisfação dos beneficiários, e divulgar periodicamente os resultados obtidos pelo Programa, de forma a assegurar a transparência e a publicidade de informações;

c) garantir as condições adequadas para execução do Programa e recepção das moradias, com infraestrutura, pavimentação, saneamento básico, iluminação e demais necessidades estruturais necessárias ao cumprimento integral do Programa;

II - aos demais órgãos e entidades da Administração Pública federal:

a) fornecer ao Ministério das Cidades os dados e as informações necessárias para o monitoramento e a avaliação do Programa;

b) fomentar a avaliação do Programa, inclusive entre órgãos e entidades de pesquisa, garantindo a proteção dos dados pessoais e o sigilo bancário das operações, na forma da Lei nº 13.709, de 14 de agosto de 2018 (Lei Geral de Proteção de Dados Pessoais - LGPD);

III - aos órgãos colegiados gestores de fundos financiadores do Programa, exercer as atribuições estabelecidas nas leis que os instituírem;

IV - aos operadores de fundos financiadores do Programa, estabelecer mecanismos e procedimentos operacionais necessários à realização de ações do Programa, em conformidade com as diretrizes aprovadas pelos órgãos colegiados gestores de fundos financiadores do Programa e pelo Ministério das Cidades, quando for o caso;

V - às instituições financeiras, aos agentes financeiros ou à mandatária da União, adotar mecanismos e procedimentos necessários à realização de ações do Programa e delas participar de acordo com a sua capacidade técnica e operacional, na forma regulamentada pelos operadores dos fundos financiadores do Programa, pelo Ministério das Cidades e pelos órgãos colegiados gestores dos fundos financiadores do Programa;

VI - aos governos estaduais, distrital e municipais, na qualidade de executores, promotores ou apoiadores, implementar e executar seus programas habitacionais em articulação com o Programa Minha Casa, Minha Vida, garantir as condições adequadas para a sua execução e recepcionar, operar e manter os bens públicos gerados pelos investimentos do Programa;

VII - às entidades privadas com ou sem fins lucrativos destinadas à provisão habitacional, executar as ações e as atividades do Programa, respeitada a legislação específica relativa aos recursos financiadores;

VIII - aos empreendedores habitacionais, executar as ações e exercer as atividades do Programa, na qualidade de incorporadores, de prestadores de serviço, de executores ou de proponentes, conforme o caso;

IX - às famílias beneficiárias do Programa:

a) fornecer dados e documentos;

b) assumir o financiamento, quando for o caso;

c) honrar o pagamento de aluguéis, arrendamentos, despesas com taxas decorrentes da posse ou da propriedade do imóvel e outras contrapartidas, como despesas com Imposto sobre a Propriedade Predial e Territorial Urbana (IPTU), serviços urbanos e taxa condominial, quando for o caso;

d) apropriar-se corretamente dos bens e serviços colocados à sua disposição, com observância da finalidade a que se destinam;

e) participar das ações de trabalho social previstas nas operações contratadas;

f) manter a propriedade e a posse para uso do imóvel objeto do benefício pela própria família, sendo vedados o empréstimo, a locação, a venda ou qualquer outra negociação que descaracterize o objeto social da concessão.

Art. 12. A participação dos agentes do Programa será regulamentada pelo Ministério das Cidades, conforme a linha de atendimento, que poderá estabelecer instrumento contratual no qual sejam estabelecidos direitos e obrigações entre os partícipes e sanções aplicáveis após o devido processo administrativo, respeitados os princípios do contraditório e da ampla defesa.

§ 1º O descumprimento contratual pela família beneficiária de produção subsidiada de unidade habitacional em área urbana poderá ensejar a retomada do imóvel pelo fundo financiador correspondente, dispensada a realização de leilão, observada a regulamentação do Programa para a destinação da unidade habitacional.

§ 2º É facultado ao fundo financiador promover a recuperação de unidades habitacionais sem condições de habitabilidade, para promover a sua reinserção no Programa ou a sua desmobilização, observada a regulamentação específica do Ministério das Cidades.

§ 3º A malversação dos recursos do Programa pelos agentes, por culpa ou dolo, ensejará a devolução do valor originalmente disponibilizado, acrescido de juros e de atualização monetária a serem estabelecidos em regulamento do Ministério das Cidades, sem prejuízo das penalidades previstas na legislação.

§ 4º Os participantes privados que descumprirem normas ou, por meio de ato omissivo ou comissivo, contribuírem para a aplicação indevida dos recursos poderão perder a possibilidade de atuar no Programa, sem prejuízo do dever de ressarcimento dos danos causados e da incidência das demais sanções civis, administrativas e penais aplicáveis.

§ 5º O disposto no art. 7º-D da Lei nº 11.977, de 7 de julho de 2009, aplica-se, no que couber, às operações de que trata esta Lei.

Art. 13. Respeitados os regulamentos específicos de cada fonte de recursos e a vinculação necessária às linhas de atendimento do Programa, são passíveis de compor o valor de investimento e o custeio da operação, entre outros:

I - elaboração de estudos, planos e projetos técnicos sociais de infraestrutura, de equipamentos públicos, de mobilidade, de saneamento, urbanísticos e habitacionais;

II - aquisição de imóveis;

III - regularização fundiária urbana, nos termos da Lei nº 13.465, de 11 de julho de 2017;

IV - aquisição ou produção de unidades ou de empreendimentos habitacionais;

V - melhoria, ampliação e recuperação de unidades habitacionais, inclusive daquelas destinadas à adequação ambiental e climática;

VI - requalificação de imóveis;

VII - execução de obras de implantação de equipamentos públicos, inclusive educacionais e culturais, de mobilidade, de saneamento e de infraestrutura, incluídas as de instalação de equipamentos de energia solar fotovoltaica, as de geração de energia elétrica a partir das modalidades de geração alcançadas pela Lei nº 14.300, de 6 de janeiro de 2022, ou as que contribuam para a redução do consumo de água em unidades imobiliárias;

VIII - prestação de assistência técnica ou de serviços técnicos profissionais, observada a Lei nº 11.888, de 24 de dezembro de 2008, no que couber;

IX - ações destinadas ao trabalho social e à gestão condominial ou associativa com famílias beneficiárias das intervenções habitacionais;

X - elaboração e implementação de estudos, planos, treinamentos e capacitações;

XI - aquisição de bens destinados a apoiar os agentes públicos ou privados envolvidos na implementação do Programa;

XII - produção de unidades destinadas à atividade comercial;

XIII - elaboração e execução de plano de arborização e paisagismo;

XIV - aquisição e instalação de infraestrutura de tecnologia da informação e comunicação;

XV - administração de obras sob gestão de entidade privada sem fins lucrativos;

XVI - custeio de despesas com taxas, impostos diretos e emolumentos cartorários, remuneração de agentes operadores e financeiros, entre outras, imprescindíveis para a regularização do contrato com o beneficiário;

XVII - implementação de infraestrutura e demais ações para prevenção, mitigação, preparação e resposta contra desastres naturais;

XVIII - obras para provisão de lotes urbanizados, incluídos os serviços de pavimentação, terraplenagem e drenagem;

XIX - aquisição e instalação de infraestrutura de tecnologia da informação e comunicação.

§ 1º Na produção subsidiada de unidades imobiliárias novas em áreas urbanas, compete ao prestador dos serviços públicos de distribuição de energia elétrica disponibilizar infraestrutura de rede e instalações elétricas até os pontos de conexão necessários à implantação dos serviços nas edificações e nas unidades habitacionais atendidas pelo Programa.

§ 2º A agência reguladora instituirá regras para que o empreendedor imobiliário invista em redes de distribuição de energia elétrica, com a identificação das situações nas quais os investimentos representem antecipação de atendimento obrigatório da concessionária, hipótese em que fará jus ao ressarcimento por parte da concessionária, por critérios de avaliação regulatórios, e daquelas nas quais os investimentos configuram-se como de interesse restrito do empreendedor imobiliário, hipótese em que não fará jus ao ressarcimento.

§ 3º A União poderá destinar bens imóveis a entes públicos e privados, dispensada alteração legislativa específica, mediante atendimento prioritário a famílias da Faixa Urbano 1, observado o disposto na Lei nº 9.636, de 15 de maio de 1998, e na regulamentação correlata, entre os quais:

I - o FAR e o FDS; e

II - entidades públicas ou privadas sem fins lucrativos.

§ 4º O investimento e o custeio da operação para execução de obras de infraestrutura vinculadas aos empreendimentos habitacionais poderão ser subsidiados ou financiados pelos recursos do Programa previstos no art. 6º desta Lei.

§ 5º Os contratos de execução de unidades habitacionais deverão prever cláusula de reajuste pela variação do Índice Nacional da Construção Civil (INCC), nos termos da Lei nº 10.192, de 14 de fevereiro de 2001, tendo como termo inicial a apresentação da proposta e termo final a efetiva assinatura dos contratos.

§ 6º Para as operações firmadas no âmbito do FAR com data de contratação posterior a 2018, será instituído pelo Ministério das Cidades e por agentes financeiros, com o objetivo de formatar propostas para obras não concluídas e não entregues, relatório consolidado com verificação quantitativa e qualitativa das operações inconclusas.

§ 7º Nas operações previstas no § 6º, a subvenção econômica concedida a cada família beneficiária, aplicável às operações de que trata esta Lei, observará o limite de avaliação do agente financeiro considerando as regras do Programa, limitado ao valor atual por unidade habitacional, nos termos do regulamento do Ministério das Cidades, podendo ser complementado por convênio com outros entes da Federação.

§ 8º Os prestadores de serviços públicos e as concessionárias de saneamento são obrigados a receber e assumir a gestão das infraestruturas externas aos condomínios que forem implantadas, em consequência de unidades habitacionais produzidas pelo Programa.

§ 9º A geração distribuída solar fotovoltaica na modalidade remota ocorrerá por meio de consórcio, cooperativa, condomínio civil voluntário ou edilício ou qualquer outra forma de associação civil constituída pelas lideranças locais, observada a Lei nº 14.300, de 6 de janeiro de 2022.

§ 10. O Programa Minha Casa, Minha Vida subsidiará a capacitação das lideranças locais para operação e manutenção dos sistemas fotovoltaicos, locais ou remotos, ou de outras fontes renováveis.

§ 11. A União poderá instituir os seguintes subsídios para compor o valor de investimento e o custeio de operação complementar, mediante ato regulamentar próprio:

I - Subsídio Verde: aporte complementar para projetos com uso de tecnologias sustentáveis e ambientais;

II - Subsídio Localização: aporte complementar para empreendimentos com proximidade de equipamentos públicos e privados urbanos e de polos de oferta de emprego e integrados plenamente à malha de transporte público;

III - Subsídio Qualificação: aporte complementar para empreendimentos que incluam construção de áreas comerciais e equipamentos públicos.

Art. 14. Na hipótese de que trata o § 3º do art. 13, o destinatário do imóvel poderá fazer a locação ou o arrendamento de parcela do imóvel não prevista para uso habitacional, bem como a alienação de unidades imobiliárias, desde que o resultado auferido com a exploração da atividade econômica reverta-se em benefício do empreendimento.

Art. 15. Na produção de unidades imobiliárias novas em áreas urbanas, sem prejuízo das demais garantias obrigatórias exigidas na legislação, nos termos de regulamentação do Ministério das Cidades, poderá ser exigida do empreendedor responsável pela construção a contratação de apólices, tais como:

I - seguro garantia executante construtor;

II - seguro garantia para término de obras, incluída infraestrutura não incidente;

III - seguro de responsabilidade civil e material;

IV - seguro riscos de engenharia;

V - seguro habitacional de morte e invalidez permanente e de danos físicos ao imóvel;

VI - (VETADO).

Art. 16. Os requisitos técnicos aplicáveis ao desenvolvimento dos projetos, das obras e dos serviços serão objeto de regulamentação do Ministério das Cidades, respeitados os regulamentos específicos de cada fonte de recursos e a necessária vinculação às linhas de atendimento, observados os seguintes aspectos:

I - acessibilidade e disponibilidade de unidades adaptáveis e acessíveis ao uso por pessoas com deficiência, com mobilidade reduzida ou idosas, nos termos do disposto na Lei nº 13.146, de 6 de julho de 2015 (Estatuto da Pessoa com Deficiência), e na Lei nº 10.741, de 1º de outubro de 2003 (Estatuto da Pessoa Idosa);

II - sustentabilidade social, econômica, ambiental e climática da solução implantada, dando preferência a soluções para acesso a fontes de energias renováveis, como as solares e eólicas, equipamentos de maior eficiência energética, reuso de água, aproveitamento de águas pluviais, acesso a banda larga de internet e materiais de construção de baixo carbono, incluídos aqueles oriundos de reciclagem;

III - conforto ambiental da unidade habitacional, de forma a promover qualidade de vida às famílias beneficiadas.

Parágrafo único. A regulamentação referida no *caput* deste artigo deverá prever alternativas que possibilitem a diferenciação dos projetos de acordo com as particularidades climáticas, culturais e sociais locais.

Art. 17. Para as operações firmadas no âmbito do FAR, será instituído pelo Ministério das Cidades e por agentes financeiros, com o objetivo de formatar propostas para obras não concluídas e não entregues, relatório consolidado com análise quantitativa e qualitativa das operações em conclusão de obras contratadas a partir de 1º de dezembro de 2018.

Parágrafo único. A subvenção econômica concedida a cada família beneficiária, aplicável às operações de que trata esta Lei, observará o limite de avaliação do agente financeiro considerando as regras do Programa, limitado ao valor atual por unidade habitacional, podendo ser complementado por convênio com outros entes da Federação.

Art. 18. Nas obras realizadas no âmbito do Programa, as medições pagas pela contratante com atraso superior a 60 (sessenta) dias deverão ser reajustadas com base na variação do INCC do período, excetuadas aquelas financiadas com o recurso referido no inciso V do art. 6º.

Art. 19. O Poder Executivo federal estabelecerá:

I - critérios e periodicidade para a atualização das subvenções econômicas e dos demais limites contratuais financeiros aplicáveis a cada linha de atendimento e faixa de renda do Programa;

II - metas e benefícios destinados às famílias, em consonância com as prioridades estabelecidas no art. 8º, conforme localização e população do Município ou do Distrito Federal e as faixas de renda, respeitadas as atribuições legais sobre cada fonte de recursos, os limites estabelecidos nesta Lei e a disponibilidade orçamentária e financeira;

III - remuneração devida aos agentes operadores e financeiros para atuação no âmbito do Programa, bem como periodicidade de reajuste, quando couber;

IV - metas e formas de aferição de redução da emissão de gases de efeito estufa associada aos projetos financiados;

V - instrumentos e medidas específicas para prevenção e mitigação da inadimplência e do abandono das unidades habitacionais pelas famílias beneficiárias, especialmente as de baixa renda.

Parágrafo único. A atualização dos limites de renda familiar estabelecidos nesta Lei deverá ocorrer anualmente, conforme disposto no § 2º do art. 5º desta Lei.

Art. 20. O Ministério das Cidades estabelecerá:

I - forma de divulgação das informações, a serem publicadas periodicamente, relativas a dispêndio de recursos, projetos financiados, unidades produzidas e reformadas, famílias atendidas, índices de inadimplência verificados e indicadores de desempenho;

II - critérios de habilitação de entidades privadas sem fins lucrativos, incluídas as cooperativas e associações habitacionais, para atuação nas linhas de atendimento do Programa;

III - valor e número de prestações e hipóteses de dispensa de participação pecuniária pelas famílias beneficiárias das subvenções habitacionais, para complementação do valor de investimento da operação ou para retorno total ou parcial dos recursos aportados pelo Programa;

IV - procedimentos para seleção de beneficiários e regras para execução do trabalho social;

V - valores e limites de renda e de subvenções destinadas à conclusão das operações contratadas nos termos do disposto na Lei nº 11.977, de 7 de julho de 2009.

Art. 21. O Decreto-Lei nº 3.365, de 21 de junho de 1941 (Lei da Desapropriação), passa a vigorar com as seguintes alterações:

› *Alterações inseridas no texto da referida norma.*

Art. 22. O § 3º do art. 31-A da Lei nº 4.591, de 16 de dezembro de 1964, passa a vigorar com a seguinte redação:

› *Alterações inseridas no texto da referida norma.*

Art. 23. A Lei nº 6.015, de 31 de dezembro de 1973 (Lei dos Registros Públicos), passa a vigorar com as seguintes alterações:

› *Alterações inseridas no texto da referida norma.*

Art. 24. A Lei nº 6.766, de 19 de dezembro de 1979, passa a vigorar com as seguintes alterações:

› *Alterações inseridas no texto da referida norma.*

Art. 25. A Lei nº 8.036, de 11 de maio de 1990 (Lei do FGTS), passa a vigorar com as seguintes alterações:

"Art. 20. (....)

(...)

§ 27. A critério do titular da conta vinculada do FGTS, em ato formalizado no momento da contratação do financiamento habitacional, os direitos aos saques de que trata o caput deste artigo poderão ser objeto de alienação ou cessão fiduciária para liquidação, amortização ou pagamento de parte das prestações decorrentes de financiamento habitacional concedido no âmbito do SFH, dispensados os prazos mencionados na alínea "b" do inciso V e o interstício mínimo de 2 (dois) anos do inciso VI, ambos deste artigo, observadas as condições estabelecidas pelo Conselho Curador, mediante caucionamento dos depósitos a serem realizados na conta vinculada do trabalhador, exceto os previstos nos § 1º e § 2º do art. 18 desta Lei.

§ 28. A vedação prevista no § 2º do art. 2º desta Lei não se aplica ao que dispõe o § 27."

Art. 26. A Lei nº 8.677, de 13 de julho de 1993, passa a vigorar com as seguintes alterações:

"Art. 2º O FDS destina-se ao financiamento de projetos de investimento de interesse social nas áreas de habitação popular, inclusive regularização fundiária e melhoria habitacional, sendo permitido o financiamento nas áreas de saneamento e infraestrutura, desde que vinculadas aos programas de habitação, bem como de equipamentos comunitários.

§ 1º (....)

§ 2º O financiamento da infraestrutura referida no caput poderá contemplar os gastos necessários para viabilizar a provisão de energia de fontes renováveis aos beneficiários diretos dos investimentos habitacionais."

"Art. 5º (....)

(...)

§ 4º O Conselho Curador reunir-se-á, em caráter ordinário, no mínimo semestralmente, mediante convocação de seu presidente, e, em caráter extraordinário, mediante convocação de qualquer um de seus membros, na forma estabelecida pelo Conselho Curador.

§ 4º-A. Na falta da convocação pelo presidente para a reunião ordinária de que trata o § 4º, qualquer um dos membros do Conselho Curador poderá fazê-lo, com antecedência mínima de 15 (quinze) dias.

(....)"

"Art. 12-B. A União, por meio da alocação de recursos destinados a ações integrantes das leis orçamentárias anuais, observada a disponibilidade orçamentária e financeira, fica autorizada a transferir recursos ao FDS para subvencionar a regularização fundiária e a melhoria de moradias ou conceder subvenção econômica ao beneficiário pessoa física."

Art. 27. (VETADO).

Art. 28. A Lei nº 9.514, de 20 de novembro de 1997, passa a vigorar com as seguintes alterações:

› *Alterações inseridas no texto da referida norma.*

Art. 29. A Lei nº 10.188, de 12 de fevereiro de 2001, passa a vigorar com as seguintes alterações:

› *Alterações inseridas no texto da referida norma.*

Art. 30. A Lei nº 10.406, de 10 de janeiro de 2002 (Código Civil), passa a vigorar com as seguintes alterações:

› *Alterações inseridas no texto da referida norma.*

Art. 31. A Lei nº 10.931, de 2 de agosto de 2004, passa a vigorar com as seguintes alterações:

› *Alterações inseridas no texto da referida norma.*

Art. 32. A Lei nº 11.977, de 7 de julho de 2009, passa a vigorar com as seguintes alterações:

› *Alterações inseridas no texto da referida norma.*

Art. 33. O art. 1º da Lei nº 12.462, de 4 de agosto de 2011, passa a vigorar acrescido do seguinte inciso XI:

"Art. 1º (....)

XI - das obras e serviços de engenharia para infraestrutura, construção, requalificação, urbanização e regularização fundiária no âmbito das políticas públicas de desenvolvimento urbano e habitação.

(....)"

Art. 34. O art. 784 da Lei nº 13.105, de 16 de março de 2015 (Código de Processo Civil), passa a vigorar acrescido do seguinte § 4º:

› *Alterações inseridas no texto da referida norma.*

Art. 35. A Lei nº 13.465, de 11 de julho de 2017, passa a vigorar com as seguintes alterações:

› *Alterações inseridas no texto da referida norma.*

Art. 36. A Lei nº 14.063, de 23 de setembro de 2020, passa a vigorar com as seguintes alterações:

› *Alterações inseridas no texto da referida norma.*

Art. 37. *(VETADO).*

Art. 38. A Lei nº 14.300, de 6 de janeiro de 2022, passa a vigorar com as seguintes alterações:

"Art. 16. (....)

(...)

§ 2º O valor mínimo faturável aplicável aos participantes do SCEE inscritos no Cadastro Único para Programas Sociais do Governo Federal (CadÚnico), instituído pela Lei nº 8.742, de 7 de dezembro de 1993 (Lei Orgânica da Assistência Social), deve ter redução de no mínimo 50% (cinquenta por cento) em relação ao valor mínimo faturável aplicável aos demais consumidores equivalentes, conforme regulação da Aneel." (NR)

"Art. 24. (....)

Parágrafo único. (VETADO)."

"Art. 36-A. A unidade consumidora participante do SCEE poderá comercializar excedente de energia elétrica com órgãos públicos desde que seja beneficiária de programa social ou habitacional das esferas federal, estadual, distrital ou municipal."

Art. 39. A Lei nº 14.382, de 27 de junho de 2022, passa a vigorar com as seguintes alterações:

› *Alterações inseridas no texto da referida norma.*

Art. 40. Permanecerão submetidos à Lei nº 11.977, de 7 de julho de 2009, todos os empreendimentos habitacionais firmados e contratados até 25 de agosto de 2020, e à Lei nº 14.118, de 12 de janeiro de 2021, todos aqueles firmados e contratados após 26 de agosto de 2020.

§ 1º Os contratos que venham a ser firmados com pessoas físicas ou jurídicas em decorrência das operações referidas no *caput* poderão ser beneficiados pelas regras estabelecidas por esta Lei, conforme ato do Ministério das Cidades.

§ 2º Os empreendimentos habitacionais de que tratam o *caput* e o § 1º deste artigo para os quais não existam beneficiários qualificados obedecerão às mesmas faixas de renda e aos demais critérios de seleção, hierarquização, priorização e preferência dispostos nesta Lei e nos demais regulamentos do Programa Minha Casa, Minha Vida.

Art. 41. A partir da data de publicação da Medida Provisória nº 1.162, de 14 de fevereiro de 2023, todas as operações com benefício de que trata o art. 4º desta Lei integrarão o Programa Minha Casa, Minha Vida.

Art. 42. O Ministério das Cidades fica autorizado a convalidar atos administrativos preparatórios de operações futuras praticados sob a vigência da Lei nº 11.977, de 7 de julho de 2009, e da Lei nº 14.118, de 12 de janeiro de 2021.

Parágrafo único. O disposto nesta Lei poderá ser aplicado na convalidação de que trata o *caput*, desde que em benefício da operação e que não colida com as diretrizes previstas no art. 3º.

Art. 43. Revogam-se:

I - os seguintes dispositivos da Lei nº 11.977, de 7 de julho de 2009:

a) o § 2º do art. 4º;

b) os §§ 2º e 17 do art. 6º-A;

c) o inciso III do *caput* do art. 7º-B; e

d) o § 1º-B do art. 20;

II - os seguintes dispositivos da Lei nº 14.118, de 12 de janeiro de 2021:

a) os arts. 1º a 16; e

b) o art. 25;

III - os seguintes dispositivos da Lei nº 8.036, de 11 de maio de 1990 (Lei do FGTS):

a) o art. 6º-B;

b) o inciso III do § 3º do art. 9º;

c) o § 3º-B do art. 9º;

d) o § 3º-C do art. 9º;

e) os §§ 12 e 15 a 17 do art. 9º; e

f) o § 3º-A do art. 20-D.

Art. 44. Esta Lei entra em vigor na data de sua publicação.

Brasília, 13 de julho de 2023; 202º da Independência e 135º da República.

LUIZ INÁCIO LULA DA SILVA

Jader Fontenelle Barbalho Filho

Antônio Waldez Góes da Silva

Fernando Haddad

Geraldo José Rodrigues Alckmin Filho

Flávio Dino de Castro e Costa

Alexandre Silveira de Oliveira

Simone Nassar Tebet

LEIS FEDERAIS AGRUPADAS COM SEUS DECRETOS REGULAMENTADORES

LEI Nº 4.504, DE 30 DE NOVEMBRO DE 1964

Dispõe sobre o Estatuto da Terra, e dá outras providências.

- *Vide art. 290-A, IV, Lei 6.015/1973*
- *Vide art. 4º, XIII, Decreto 11.995/2024 (Programa Terra da Gente)*

O PRESIDENTE DA REPÚBLICA,

Faço saber que o Congresso Nacional decreta e eu sanciono a seguinte Lei:

TÍTULO I – DISPOSIÇÕES PRELIMINARES

CAPÍTULO I – PRINCÍPIOS E DEFINIÇÕES

Art. 1º Esta Lei regula os direitos e obrigações concernentes aos bens imóveis rurais, para os fins de execução da Reforma Agrária e promoção da Política Agrícola.

§ 1º Considera-se Reforma Agrária o conjunto de medidas que visem a promover melhor distribuição da terra, mediante modificações no regime de sua posse e uso, a fim de atender aos princípios de justiça social e ao aumento de produtividade.

§ 2º Entende-se por Política Agrícola o conjunto de providências de amparo à propriedade da terra, que se destinem a orientar, no interesse da economia rural, as atividades agropecuárias, seja no sentido de garantir-lhes o pleno emprego, seja no de harmonizá-las com o processo de industrialização do País.

Art. 2º É assegurada a todos a oportunidade de acesso à propriedade da terra, condicionada pela sua função social, na forma prevista nesta Lei.

§ 1º A propriedade da terra desempenha integralmente a sua função social quando, simultaneamente:

a) favorece o bem-estar dos proprietários e dos trabalhadores que nela labutam, assim como de suas famílias;

b) mantém níveis satisfatórios de produtividade;

c) assegura a conservação dos recursos naturais;

d) observa as disposições legais que regulam as justas relações de trabalho entre os que a possuem e a cultivam.

§ 2º É dever do Poder Público:

a) promover e criar as condições de acesso do trabalhador rural à propriedade da terra economicamente útil, de preferência nas regiões onde habita, ou, quando as circunstâncias regionais o aconselhem em zonas previamente ajustadas na forma do disposto na regulamentação desta Lei;

b) zelar para que a propriedade da terra desempenhe sua função social, estimulando planos para a sua racional utilização, promovendo a justa remuneração e o acesso do trabalhador aos benefícios do aumento da produtividade e ao bem-estar coletivo.

§ 3º A todo agricultor assiste o direito de permanecer na terra que cultive, dentro dos termos e limitações desta Lei, observadas sempre que for o caso, as normas dos contratos de trabalho.

§ 4º É assegurado às populações indígenas o direito à posse das terras que ocupam ou que lhes sejam atribuídas de acordo com a legislação especial que disciplina o regime tutelar a que estão sujeitas.

Art. 3º O Poder Público reconhece às entidades privadas, nacionais ou estrangeiras, o direito à propriedade da terra em condomínio, quer sob a forma de cooperativas, quer como sociedades abertas constituídas na forma da legislação em vigor.

Parágrafo único. Os estatutos das cooperativas e demais sociedades, que se organizarem na forma prevista neste artigo, deverão ser aprovados pelo Instituto Brasileiro de Reforma Agrária (IBRA) que estabelecerá condições mínimas para a democratização dessas sociedades.

Art. 4º Para os efeitos desta Lei, definem-se:

I - "Imóvel Rural", o prédio rústico, de área contínua qualquer que seja a sua localização que se destine à exploração extrativa agrícola, pecuária ou ragroindustrial, quer através de planos públicos de valorização, quer através de iniciativa privada;

II - "Propriedade Familiar", o imóvel rural que, direta e pessoalmente explorado pelo agricultor e sua família, lhes absorva toda a força de trabalho, garantindo-lhes a subsistência e o progresso social e econômico, com área máxima fixada para cada região e tipo de exploração, e eventualmente trabalho com a ajuda de terceiros;

III - "Módulo Rural", a área fixada nos termos do inciso anterior;

IV - "Minifúndio", o imóvel rural de área e possibilidade inferiores às da propriedade familiar;

V - "Latifúndio", o imóvel rural que:

a) exceda a dimensão máxima fixada na forma do artigo 46, § 1°, alínea *b*, desta Lei, tendo-se em vista as condições ecológicas, sistemas agrícolas regionais e o fim a que se destine;

b) não excedendo o limite referido na alínea anterior, e tendo área igual ou superior à dimensão do módulo de propriedade rural, seja mantido inexplorado em relação às possibilidades físicas, econômicas e sociais do meio, com fins especulativos, ou seja deficiente ou inadequadamente explorado, de modo a vedar-lhe a inclusão no conceito de empresa rural;

VI - "Empresa Rural" é o empreendimento de pessoa física ou jurídica, pública ou privada, que explore econômica e racionalmente imóvel rural, dentro de condição de rendimento econômico ...VETADO... da região em que se situe e que explore área mínima agricultável do imóvel segundo padrões fixados, pública e previamente, pelo Poder Executivo. Para esse fim, equiparam-se às áreas cultivadas as pastagens, as matas naturais e artificiais e as áreas ocupadas com benfeitorias;

VII - "Parceleiro", aquele que venha a adquirir lotes ou parcelas em área destinada à Reforma Agrária ou à colonização pública ou privada;

VIII - "Cooperativa Integral de Reforma Agrária (CIRA)", toda sociedade cooperativista mista, de natureza civil, ...VETADO... criada nas áreas prioritárias de Reforma Agrária, contando temporariamente com a contribuição financeira e técnica do Poder Público, através do Instituto Brasileiro de Reforma Agrária, com a finalidade de industrializar, beneficiar, preparar e padronizar a produção agropecuária, bem como realizar os demais objetivos previstos na legislação vigente;

IX - "Colonização", toda a atividade oficial ou particular, que se destine a promover o aproveitamento econômico da terra, pela sua divisão em propriedade familiar ou através de Cooperativas ...VETADO...

Parágrafo único. Não se considera latifúndio:

a) o imóvel rural, qualquer que seja a sua dimensão, cujas características recomendem, sob o ponto de vista técnico e econômico, a exploração florestal racionalmente realizada, mediante planejamento adequado;

b) o imóvel rural, ainda que de domínio particular, cujo objetivo de preservação florestal ou de outros recursos naturais haja sido reconhecido para fins de tombamento, pelo órgão competente da administração pública.

Art. 5º A dimensão da área dos módulos de propriedade rural será fixada para cada zona de características econômicas e ecológicas homogêneas, distintamente, por tipos de exploração rural que nela possam ocorrer.

Parágrafo único. No caso de exploração mista, o módulo será fixado pela média ponderada das partes do imóvel destinadas a cada um dos tipos de exploração considerados.

CAPÍTULO II – DOS ACORDOS E CONVÊNIOS

Art. 6º A União, os Estados, o Distrito Federal e os Municípios poderão unir seus esforços e recursos, mediante acordos, convênios ou contratos para a solução de problemas de interesse rural, principalmente os relacionados com a aplicação da presente Lei, visando a implantação da Reforma Agrária e à unidade de critérios na execução desta.

§ 1º Para os efeitos da Reforma Agrária, o Instituto Nacional de Colonização e Reforma Agrária - INCRA representará a União nos acordos, convênios ou contratos multilaterais referidos neste artigo. *(Parágrafo único transformado em § 1º com nova redação dada pela Medida Provisória nº 2.183-56, de 24/8/2001)*

§ 2º A União, mediante convênio, poderá delegar aos Estados, ao Distrito Federal e aos Municípios o cadastramento, as vistorias e avaliações de propriedades rurais situadas no seu território, bem como outras atribuições relativas à execução do Programa Nacional de Reforma Agrária, observados os parâmetros e critérios estabelecidos nas leis e nos atos normativos federais. *(Parágrafo acrescido pela Medida Provisória nº 2.183-56, de 24/8/2001)*

§ 3º O convênio de que trata o *caput* será celebrado com os Estados, com o Distrito Federal e com os Municípios que tenham instituído órgão colegiado, com a participação das organizações dos agricultores familiares e trabalhadores rurais sem terra, mantida a paridade de representação entre o poder público e a sociedade civil organizada, com a finalidade de formular propostas para a adequada implementação da política agrária. *(Parágrafo acrescido pela Medida Provisória nº 2.183-56, de 24/8/2001)*

§ 4º Para a realização da vistoria e avaliação do imóvel rural para fins de reforma agrária, poderá o Estado utilizar-se de força policial. *(Parágrafo acrescido pela Medida Provisória nº 2.183-56, de 24/8/2001)*

§ 5º O convênio de que trata o *caput* deverá prever que a União poderá utilizar servidores integrantes dos quadros de pessoal dos órgãos e das entidades da Administração Pública dos Estados, do Distrito Federal e dos Municípios, para a execução das atividades referidas neste artigo. *(Parágrafo acrescido pela Medida Provisória nº 2.183-56, de 24/8/2001)*

Art. 7º Mediante acordo com a União, os Estados poderão encarregar funcionários federais da execução de Leis e serviços estaduais ou de atos e decisões das suas autoridades, pertinentes aos problemas rurais, e, recìprocamente, a União poderá, em matéria de sua competência, cometer a funcionários estaduais encargos análogos, provendo às necessárias despesas de conformidade com o disposto no parágrafo terceiro do artigo 18 da Constituição Federal.

Art. 8º Os acordos, convênios ou contratos poderão conter cláusula que permita expressamente a adesão de outras pessoas de direito público, interno ou externo, bem como de pessoas físicas nacionais, ou estrangeiras, não participantes direta dos atos jurídicos celebrados.

Parágrafo único. A adesão efetivar-se-á com a só notificação oficial às partes contratantes, independentemente de condição ou termo.

CAPÍTULO III – DAS TERRAS PÚBLICAS E PARTICULARES

SEÇÃO I – DAS TERRAS PÚBLICAS

Art. 9º Dentre as terras públicas, terão prioridade, subordinando-se aos fins previstos nesta Lei, as seguintes:

I - as de propriedade da União, que não tenham outra destinação específica;

II - as reservadas pelo Poder Público para serviços ou obras de qualquer natureza, ressalvadas as pertinentes à segurança nacional, desde que o órgão competente considere sua utilização econômica compatível com a atividade principal, sob a forma de exploração agrícola;

III - as devolutas da União, dos Estados e dos Municípios.

Art. 10. O Poder Público poderá explorar direta ou indiretamente, qualquer imóvel rural de sua propriedade, unicamente para fins de pesquisa, experimentação, demonstração e fomento, visando ao desenvolvimento da agricultura, a programas de colonização ou fins educativos de assistência técnica e de readaptação.

§ 1º Somente se admitirá a existência de imóveis rurais de propriedade pública, com objetivos diversos dos previstos neste artigo, em caráter transitório, desde que não haja viabilidade de transferi-los para a propriedade privada.

§ 2º Executados os projetos de colonização nos imóveis rurais de propriedade pública, as frações de terra restantes serão obrigatoriamente vendidas.

§ 3º Os imóveis rurais pertencentes à União, cuja utilização não se enquadre nos termos deste artigo, poderão ser transferidos ao Instituto Brasileiro de Reforma Agrária, ou com ele permutados por ato do Poder Executivo.

Art. 11. O Instituto Brasileiro de Reforma Agrária fica investido de poderes de representação da União, para promover à discriminação das terras devolutas federais, restabelecida a instância administrativa disciplinada pelo Decreto-Lei nº 9.760, de 5 de setembro de 1946 e com autoridade para reconhecer as posses legítimas manifestadas através de cultura efetiva e morada habitual, bem como para incorporar ao patrimônio público as terras devolutas federais ilegalmente ocupadas e as que se encontrarem desocupadas.

§ 1º Através de convênios, celebrados com os Estados e Municípios, iguais poderes poderão ser atribuídos ao Instituto Brasileiro de Reforma Agrária, quanto às terras devolutas estaduais e municipais, respeitada a legislação local, o regime jurídico próprio das terras situadas na faixa da fronteira nacional bem como a atividade dos órgãos de valorização regional.

§ 2º Tanto quanto possível o Instituto Brasileiro de Reforma Agrária imprimirá ao instituto das terras devolutas orientação tendente a harmonizar as peculiaridades regionais com os altos interesses do desbravamento através da colonização racional visando a erradicar os males do minifúndio e do latifúndio.

SEÇÃO II – DAS TERRAS PARTICULARES

Art. 12. À propriedade privada da terra cabe intrinsecamente uma função social e seu uso é condicionado ao bem-estar coletivo previsto na Constituição Federal e caracterizado nesta Lei.

Art. 13. O Poder Público promoverá a gradativa extinção das formas de ocupação e de exploração da terra que contrariem sua função social.

Art. 14. O Poder Público facilitará e prestigiará a criação e a expansão de associações de pessoas físicas e jurídicas que tenham por finalidade o racional desenvolvimento extrativo agrícola, pecuário ou agroindustrial, e promoverá a ampliação do sistema cooperativo, bem como de outras modalidades associativas e societárias que objetivem a democratização do capital. *("Caput" do artigo com redação dada pela Medida Provisória nº 2.183-56, de 24/8/2001)*

§ 1º Para a implementação dos objetivos referidos neste artigo, os agricultores e trabalhadores rurais poderão constituir entidades societárias por cotas, em forma consorcial ou condominial, com a denominação de consórcio ou condomínio, nos termos dos arts. 3º e 6º desta Lei. *(Parágrafo acrescido pela Medida Provisória nº 2.183-56, de 24/8/2001)*

§ 2º Os atos constitutivos dessas sociedades deverão ser arquivados na Junta Comercial, quando elas praticarem atos de comércio, e no Cartório de Registro das Pessoas Jurídicas, quando não envolver essa atividade. *(Parágrafo acrescido pela Medida Provisória nº 2.183-56, de 24/8/2001)*

Art. 15. A implantação da Reforma Agrária em terras particulares será feita em caráter prioritário, quando se tratar de zonas críticas ou de tensão social.

TÍTULO II – DA REFORMA AGRÁRIA

CAPÍTULO I – DOS OBJETIVOS E DOS MEIOS DE ACESSO À PROPRIEDADE RURAL

Art. 16. A Reforma Agrária visa a estabelecer um sistema de relações entre o homem, a propriedade rural e o uso da terra, capaz de promover a justiça social, o progresso e o bem-estar do trabalhador rural e o desenvolvimento econômico do País, com a gradual extinção do minifúndio e do latifúndio.

Parágrafo único. O Instituto Brasileiro de Reforma Agrária será o órgão competente para promover e coordenar a execução dessa reforma, observadas as normas gerais da presente Lei e do seu regulamento.

Art. 17. O acesso à propriedade rural será promovido mediante a distribuição ou a redistribuição de terras, pela execução de qualquer das seguintes medidas:

a) desapropriação por interesse social;

b) doação;

c) compra e venda;

d) arrecadação dos bens vagos;

e) reversão à posse (VETADO) do Poder Público de terras de sua propriedade, indevidamente ocupadas e exploradas, a qualquer título, por terceiros;

f) herança ou legado.

Art. 18. A desapropriação por interesse social tem por fim:

a) condicionar o uso da terra à sua função social;

b) promover a justa e adequada distribuição da propriedade;

c) obrigar a exploração racional da terra;

d) permitir a recuperação social e econômica de regiões;

e) estimular pesquisas pioneiras, experimentação, demonstração e assistência técnica;

f) efetuar obras de renovação, melhoria e valorização dos recursos naturais;

g) incrementar a eletrificação e a industrialização no meio rural;

h) facultar a criação de áreas de proteção à fauna, à flora ou a outros recursos naturais, a fim de preservá-los de atividades predatórias.

Art. 19. A desapropriação far-se-á na forma prevista na Constituição Federal, obedecidas as normas constantes da presente Lei.

§ 1º Se for intentada desapropriação parcial, o proprietário poderá optar pela desapropriação de todo o imóvel que lhe pertence, quando a área agricultável remanescente, inferior a cinquenta por cento da área original, ficar:

a) reduzida a superfície inferior a três vezes a dimensão do módulo de propriedade; ou

b) prejudicada substancialmente em suas condições de exploração econômica, caso seja o seu valor inferior ao da parte desapropriada.

§ 2º Para efeito de desapropriação observar-se-ão os seguintes princípios:

a) para a fixação da justa indenização, na forma do artigo 147, § 1°, da Constituição Federal, levar-se-ão em conta o valor declarado do imóvel para efeito do Imposto Territorial Rural, o valor constante do cadastro acrescido das benfeitorias com a correção monetária porventura cabível, apurada na forma da legislação específica, e o valor venal do mesmo;

b) o poder expropriante não será obrigado a consignar, para fins de imissão de posse dos bens, quantia superior à que lhes tiver sido atribuída pelo proprietário na sua última declaração, exigida pela Lei do Imposto de Renda, a partir de 1965, se se tratar de pessoa física ou o valor constante do ativo, se se tratar de pessoa jurídica, num e noutro casos, com a correção monetária cabível;

c) efetuada a imissão de posse, fica assegurado ao expropriado o levantamento de oitenta por cento da quantia depositada para obtenção da medida possessória.

§ 3º Salvo por motivo de necessidade ou utilidade pública, estão isentos da desapropriação:

a) os imóveis rurais que, em cada zona, não excederem de três vezes o módulo de propriedade, fixado nos termos do artigo 4º, inciso III;

b) os imóveis que satisfizerem os requisitos pertinentes à empresa rural, enunciados no artigo 4º, inciso VI;

c) os imóveis que, embora não classificados como empresas rurais situados fora da área prioritária de Reforma Agrária, tiverem aprovados pelo Instituto Brasileiro de Reforma Agrária, e em execução, projetos que em prazo determinado, os elevem àquela categoria.

§ 4º O foro competente para desapropriação é o da situação do imóvel.

§ 5º De toda decisão que fixar o preço em quantia superior à oferta formulada pelo órgão expropriante, haverá, obrigatoriamente, recurso de ofício para o Tribunal Federal de Recursos. Verificado, em ação expropriatória, ter o imóvel valor superior ao declarado pelo expropriado, e apurada a má-fé ou o dolo deste, poderá a sentença condená-lo à penalidade prevista no artigo 49, § 3º, desta Lei, deduzindo-se do valor da indenização o montante da penalidade.

Art. 20. As desapropriações a serem realizadas pelo Poder Público nas áreas prioritárias, recairão sobre:

I - os minifúndios e latifúndios;

II - as áreas já beneficiadas ou a serem por obras públicas de vulto;

III - as áreas cujos proprietários desenvolverem atividades predatórias, recusando-se a por em prática normas de conservação dos recursos naturais;

IV - as áreas destinadas a empreendimentos de colonização, quando estes não tiverem logrado atingir seus objetivos;

V - as áreas que apresentem elevada incidência de arrendatários, parceiros e posseiros;

VI - as terras cujo uso atual estudos levados a efeito pelo Instituto Brasileiro de Reforma Agrária comprovem não ser o adequado à sua vocação de uso econômico.

Art. 21. Em áreas de minifúndio, o Poder Público tomará as medidas necessárias à organização de unidades econômicas adequadas, desapropriando, aglutinando e redistribuindo as áreas.

Art. 22. É o Instituto Brasileiro de Reforma Agrária autorizado, para todos os efeitos legais, a promover as desapropriações necessárias ao cumprimento da presente Lei.

Parágrafo único. A União poderá desapropriar, por interesse social, bens do domínio dos Estados, Municípios, Distrito Federal e Territórios, precedido o ato, em qualquer caso, de autorização legislativa.

Art. 23. Os bens desapropriados por sentença definitiva, uma vez incorporados ao patrimônio público, não podem ser objeto de reivindicação, ainda que fundada em nulidade do processo de desapropriação. Qualquer ação julgada procedente, resolver-se-á em perdas e danos.

Parágrafo único. A regra deste artigo aplica-se aos imóveis rurais incorporados ao domínio da União, em consequência de ações por motivo de enriquecimento ilícito em prejuízo do Patrimônio Federal, os quais transferidos ao Instituto Brasileiro de Reforma Agrária, serão aplicados aos objetivos desta Lei.

CAPÍTULO II – DA DISTRIBUIÇÃO DE TERRAS

Art. 24. As terras desapropriadas para os fins da Reforma Agrária que, a qualquer título, vierem a ser incorporadas ao patrimônio do Instituto Brasileiro de Reforma Agrária, respeitada a ocupação de terras devolutas federais manifestada em cultura efetiva e moradia habitual, só poderão ser distribuídas:

I - sob a forma de propriedade familiar, nos termos das normas aprovadas pelo Instituto Brasileiro de Reforma Agrária;

II - a agricultores cujos imóveis rurais sejam comprovadamente insuficientes para o sustento próprio e o de sua família;

III - para a formação de glebas destinadas à exploração extrativa, agrícola, pecuária ou ragroindustrial, por associações de agricultores organizadas sob regime cooperativo;

IV - para fins de realização, a cargo do Poder Público, de atividades de demonstração educativa, de pesquisa, experimentação, assistência técnica e de organização de colônias-escolas;

V - para fins de reflorestamento ou de conservação de reservas florestais a cargo da União, dos Estados ou dos Municípios.

Art. 25. As terras adquiridas pelo Poder Público, nos termos desta Lei, deverão ser vendidas, atendidas as condições de maioridade, sanidade e de bons antecedentes, ou de reabilitação, de acordo com a seguinte ordem de preferência:

I - ao proprietário do imóvel desapropriado, desde que venha a explorar a parcela, diretamente ou por intermédio de sua família;

II - aos que trabalhem no imóvel desapropriado como posseiros, assalariados, parceiros ou arrendatários;

III - aos agricultores cujas propriedades não alcancem a dimensão da propriedade familiar da região;

IV - aos agricultores cujas propriedades sejam comprovadamente insuficientes para o sustento próprio e o de sua família;

V - aos tecnicamente habilitados na forma da legislação em vigor, ou que tenham comprovada competência para a prática das atividades agrícolas.

§ 1º Na ordem de preferência de que trata este artigo, terão prioridade os chefes de família numerosa cujos membros se proponham a exercer atividade agrícola na área a ser distribuída.

§ 2º Só poderão adquirir lotes os trabalhadores sem terra, salvo as exceções previstas nesta Lei.

§ 3º Não poderá ser beneficiário da distribuição de terras a que se refere este artigo o proprietário rural, salvo nos casos dos incisos I, III e IV, nem quem exerça função pública, autárquica ou em órgão paraestatal, ou se ache investido de atribuições parafiscais.

§ 4º Sob pena de nulidade, qualquer alienação ou concessão de terras públicas, nas regiões prioritárias, definidas na forma do art. 43, será precedida de consulta ao Instituto Brasileiro de Reforma Agrária, que se pronunciará obrigatoriamente no prazo de sessenta dias.

Art. 26. Na distribuição de terras regulada por este Capítulo, ressalvar-se-á sempre a propriedade pública dos terrenos de marinha e seus acrescidos na orla oceânica e na faixa marginal dos rios federais, até onde se faça sentir a influência das marés, bem como a reserva à margem dos rios navegáveis e dos que formam os navegáveis.

CAPÍTULO III – DO FINANCIAMENTO DA REFORMA AGRÁRIA

SEÇÃO I – DO FUNDO NACIONAL DE REFORMA AGRÁRIA

Art. 27. É criado o Fundo Nacional da Reforma e do Desenvolvimento Agrário - FUNMIRAD, destinado a fornecer os meios necessários para o financiamento da Reforma Agrária e dos órgãos incumbidos da sua execução.

Parágrafo único. O FUNMIRAD é fundo especial de natureza contábil, regido pelas normas de execução orçamentária e financeira aplicáveis à Administração Direta. *(Artigo com redação dada pelo Decreto-Lei nº 2.431, de 12/5/1988)*

Art. 28. São recursos do FUNMIRAD:

I - dotações consignadas no Orçamento Geral da União e em créditos adicionais;

II - recursos do Fundo de Investimento Social - FINSOCIAL, nos termos do § 5º do art. 1º do Decreto-Lei nº 1.940, de 25 de maio de 1982, com a redação dada pelo art. 22 do Decreto-Lei nº 2.397, de 21 de dezembro de 1987;

III - doações realizadas por entidades nacionais ou internacionais, públicas ou privadas;

IV - recursos oriundos de acordos, ajustes, contratos e convênios celebrados com órgãos e entidades da Administração Pública Federal, Estadual ou Municipal;

V - empréstimos de instituições financeiras, nacionais ou internacionais; e

VI - quaisquer outros recursos atribuídos ao Ministério da Reforma e do Desenvolvimento Agrário, desde que não vinculados a projetos ou atividades específicos. *(Artigo com redação dada pelo Decreto-Lei nº 2.431, de 12/5/1988)*

§ 1º *(Revogado pelo Decreto-Lei nº 2.431, de 12/5/1988)*

§ 2º *(Revogado pelo Decreto-Lei nº 2.431, de 12/5/1988)*

§ 3º *(Revogado pelo Decreto-Lei nº 2.431, de 12/5/1988)*

§ 4º *(Revogado pelo Decreto-Lei nº 2.431, de 12/5/1988)*

Art. 29. Além dos recursos do Fundo Nacional de Reforma Agrária, a execução dos projetos regionais contará com as contribuições financeiras dos órgãos e entidades vinculados por convênios ao Instituto Brasileiro de Reforma Agrária, notadamente os de valorização regional, como a Superintendência do Desenvolvimento Econômico do Nordeste (SUDENE), a Superintendência do Plano de Valorização Econômica da Amazônia (SPVEA) a Comissão do Vale do São Francisco (CVSF) e a Superintendência do Plano de Valorização Econômica da Região da Fronteira Sudoeste do País (SUDOESTE), os quais deverão destinar, para este fim, vinte por cento, no mínimo de suas dotações globais.

Parágrafo único. Os recursos referidos neste artigo, depois de aprovados os planos para as respectivas regiões, serão entregues ao Instituto Brasileiro de Reforma Agrária, que, para a execução destes, contribuirá com igual quantia.

Art. 30. Para fins da presente Lei, é o Poder Executivo autorizado a receber doações, bem como a contrair empréstimos no País e no exterior, até o limite fixado no art. 105.

Art. 31. É o Instituto Brasileiro de Reforma Agrária autorizado a:

I - firmar convênios com os Estados, Municípios, entidades públicas e privadas, para financiamento, execução ou administração dos planos regionais de Reforma Agrária;

II - colocar os títulos da Dívida Agrária Nacional para os fins desta Lei;

III - realizar operações financeiras ou de compra e venda para os objetivos desta Lei;

IV - praticar atos, tanto no contencioso como no administrativo, inclusive os relativos à desapropriação por interesse social ou por utilidade ou necessidade públicas.

SEÇÃO II – DO PATRIMÔNIO DO ÓRGÃO DE REFORMA AGRÁRIA

Art. 32. O Patrimônio do Instituto Brasileiro de Reforma Agrária será constituído:

I - do Fundo Nacional de Reforma Agrária;

II - dos bens das entidades públicas incorporadas ao Instituto Brasileiro de Reforma Agrária;

III - das terras e demais bens adquiridos a qualquer título.

CAPÍTULO IV – DA EXECUÇÃO E DA ADMINISTRAÇÃO DA REFORMA AGRÁRIA

SEÇÃO I – DOS PLANOS NACIONAL E REGIONAIS DE REFORMA AGRÁRIA

Art. 33. A Reforma Agrária será realizada por meio de planos periódicos, nacionais e regionais, com prazos e objetivos determinados, de acordo com projetos específicos.

Art. 34. O Plano Nacional de Reforma Agrária, elaborado pelo Instituto Brasileiro de Reforma Agrária e aprovado pelo Presidente da República, consignará necessariamente:

I - a delimitação de áreas regionais prioritárias;

II - a especificação dos órgãos regionais, zonais e locais, que vierem a ser criados para a execução e a administração da Reforma Agrária;

III - a determinação dos objetivos que deverão condicionar a elaboração dos Planos Regionais;

IV - a hierarquização das medidas a serem programadas pelos órgãos públicos, nas áreas prioritárias, nos setores de obras de saneamento, educação e assistência técnica;

V - a fixação dos limites das dotações destinadas à execução do Plano Nacional e de cada um dos planos regionais.

§ 1º Uma vez aprovados, os Planos terão prioridade absoluta para atuação dos órgãos e serviços federais já existentes nas áreas escolhidas.

§ 2º As entidades públicas e privadas que firmarem acordos, convênios ou tratados com o Instituto Brasileiro de Reforma Agrária, nos termos desta Lei, assumirão, igualmente compromisso expresso, quanto à prioridade aludida no parágrafo anterior, relativamente aos assuntos e serviços de sua alçada nas respectivas áreas.

Art. 35. Os Planos Regionais de Reforma Agrária antecederão, sempre, qualquer desapropriação por interesse social, e serão elaborados pelas Delegacias Regionais do Instituto Brasileiro de Reforma Agrária (IBRAR), obedecidos os seguintes requisitos mínimos:

I - delimitação da área de ação;

II - determinação dos objetivos específicos da Reforma Agrária na região respectiva;

III - fixação das prioridades regionais;

IV - extensão e localização das áreas desapropriáveis;

V - previsão das obras de melhoria;

VI - estimativa das inversões necessárias e dos custos.

Art. 36. Os projetos elaborados para regiões geo-econômicas ou grupos de imóveis rurais, que possam ser tratados em comum, deverão consignar:

I - o levantamento socioeconômicoda área;

II - os tipos e as unidades de exploração econômica perfeitamente determinados e caracterizados;

III - as obras de infraestruturae os órgãos de defesa econômica dos parceleiros necessários à implementação do projeto;

IV - o custo dos investimentos e o seu esquema de aplicação;

V - os serviços essenciais a serem instalados no centro da comunidade;

VI - a renda familiar que se pretende alcançar;

VII - a colaboração a ser recebida dos órgãos públicos ou privados que celebrarem convênios ou acordos para a execução do projeto.

SEÇÃO II – DOS ÓRGÃOS ESPECÍFICOS

Art. 37. São órgãos específicos para a execução da Reforma Agrária:

I - O Grupo Executivo da Reforma Agrária (GERA);

II - O Instituto Brasileiro de Reforma Agrária (IBRA), diretamente, ou através de suas Delegacias Regionais;

III - as Comissões Agrárias. *(Artigo com redação dada pelo Decreto-Lei nº 582, de 15/5/1969)*

Art. 38. O IBRA será dirigido por um Presidente nomeado pelo Presidente da República.

§ 1º O Presidente do IBRA terá a remuneração correspondente a 75% (setenta e cinco por cento) do que percebem os Ministros de Estado.

§ 2º Integrarão, ainda, a Administração Superior do IBRA Diretores, até o máximo de seis, de nomeação do Presidente do IBRA, mediante aprovação do GERA. *(Artigo com redação dada pelo Decreto-Lei nº 582, de 15/5/1969)*

Art. 39. Ao Conselho Técnico competirá discutir e propor as diretrizes dos planos nacional e regionais de Reforma Agrária, estudar e sugerir medidas de caráter legislativo e administrativo, necessárias à boa execução da Reforma.

Art. 40. À Secretaria Executiva competirá elaborar e promover a execução do plano nacional de Reforma Agrária, assessorar as Delegacias Regionais, analisar os projetos regionais e dirigir a vida administrativa do Instituto Brasileiro de Reforma Agrária.

Art. 41. As Delegacias Regionais do Instituto Brasileiro de Reforma Agrária (IBRAR), cada qual dirigida por um Delegado Regional, nomeado pelo Presidente do Instituto Brasileiro de Reforma Agrária dentre técnicos de comprovada experiência em problemas agrários e reconhecida idoneidade, são órgãos executores da Reforma nas regiões do País, com áreas de jurisdição, competência e funções que serão fixadas na regulamentação da presente Lei, compreendendo a elaboração do cadastro, classificação das terras, formas e condições de uso atual e potencial da propriedade, preparo das propostas de desapropriação e seleção dos candidatos à aquisição das parcelas.

Parágrafo único. Dentro de cento e oitenta dias, após a publicação do decreto que a criar, a Delegacia Regional apresentará ao Presidente do Instituto Brasileiro de Reforma Agrária o plano regional de Reforma Agrária, na forma prevista nesta Lei.

Art. 42. A Comissão Agrária, constituída de um representante do Instituto Brasileiro de Reforma Agrária, que a presidirá, de três representantes dos trabalhadores rurais, eleitos ou indicados pelos órgãos de classe respectivos, de três representantes dos proprietários rurais eleitos ou indicados pelos órgãos de classe respectivos, um representante categorizado de entidade pública vinculada à agricultura e um representante dos estabelecimentos de ensino agrícola, é o órgão competente para:

I - instruir e encaminhar os pedidos de aquisição e de desapropriação de terras;

II - manifestar-se sobre a lista de candidatos selecionados para a adjudicação de lotes;

III - oferecer sugestões à Delegacia Regional na elaboração e execução dos programas regionais de Reforma Agrária;

IV - acompanhar, até sua implantação, os programas de reforma nas áreas escolhidas, mantendo a Delegacia Regional informada sobre o andamento dos trabalhos.

§ 1º A Comissão Agrária será constituída quando estiver definida a área prioritária regional de reforma agrária e terá vigência até a implantação dos respectivos projetos.

§ 2º VETADO.

SEÇÃO III – DO ZONEAMENTO E DOS CADASTROS

Art. 43. O Instituto Brasileiro de Reforma Agrária promoverá a realização de estudos para o zoneamento do País em regiões homogêneas do ponto de vista socioeconômicoe das características da estrutura agrária, visando a definir:

I - as regiões críticas que estão exigindo reforma agrária com progressiva eliminação dos minifúndios e dos latifúndios;

II - as regiões em estágio mais avançado de desenvolvimento social e econômico, em que não ocorram tenções nas estruturas demográficas e agrárias;

III - as regiões já economicamente ocupadas em que predomine economia de subsistência e cujos lavradores e pecuaristas careçam de assistência adequada;

IV - as regiões ainda em fase de ocupação econômica, carentes de programa de desbravamento, povoamento e colonização de áreas pioneiras.

§ 1º Para a elaboração do zoneamento e caracterização das áreas prioritárias, serão levados em conta, essencialmente, os seguintes elementos:

a) a posição geográfica das áreas, em relação aos centros econômicos de várias ordens, existentes no País;

b) o grau de intensidade de ocorrência de áreas em imóveis rurais acima de mil hectares e abaixo de cinquenta hectares;

c) o número médio de hectares por pessoa ocupada;

d) as populações rurais, seu incremento anual e a densidade específica da população agrícola;

e) a relação entre o número de proprietários e o número de rendeiros, parceiros e assalariados em cada área.

§ 2º A declaração de áreas prioritárias será feita por decreto do Presidente da República, mencionando:

a) a criação da Delegacia Regional do Instituto Brasileiro de Reforma Agrária com a exata delimitação de sua área de jurisdição;

b) a duração do período de intervenção governamental na área;

c) os objetivos a alcançar, principalmente o número de unidades familiares e cooperativas a serem criadas;

d) outras medidas destinadas a atender a peculiaridades regionais.

Art. 44. São objetivos dos zoneamentos definidos no artigo anterior:

I - estabelecer as diretrizes da política agrária a ser adotada em cada tipo de região;

II - programar a ação dos órgãos governamentais, para desenvolvimento do setor rural, nas regiões delimitadas como de maior significação econômica e social.

Art. 45. A fim de completar os trabalhos de zoneamento serão elaborados pelo Instituto Brasileiro de Reforma Agrária levantamentos e análises para:

I - orientar as disponibilidades agropecuárias nas áreas sob o controle do Instituto Brasileiro de Reforma Agrária quanto à melhor destinação econômica das terras, adoção de práticas adequadas segundo as condições ecológicas, capacidade potencial de uso e mercados interno e externo;

II - recuperar, diretamente, mediante projetos especiais, as áreas degradadas em virtude de uso predatório e ausência de medidas de proteção dos recursos naturais renováveis e que se situem em regiões de elevado valor econômico.

Art. 46. O Instituto Brasileiro de Reforma Agrária promoverá levantamentos, com utilização, nos casos indicados, dos meios previstos no Capítulo II do Título I, para a elaboração do cadastro dos imóveis rurais em todo o País, mencionando:

I - dados para caracterização dos imóveis rurais com indicação:

a) do proprietário e de sua família;

b) dos títulos de domínio, da natureza da posse e da forma de administração;

c) da localização geográfica;

d) da área com descrição das linhas de divisas e nome dos respectivos confrontantes;

e) das dimensões das testadas para vias públicas;

f) do valor das terras, das benfeitorias, dos equipamentos e das instalações existentes discriminadamente;

II - natureza e condições das vias de acesso e respectivas distâncias dos centros demográficos mais próximos com população:

a) até 5.000 habitantes;

b) de mais de 5.000 a 10.000 habitantes;

c) de mais de 10.000 a 20.000 habitantes;

d) de mais de 20.000 a 50.000 habitantes;

e) de mais de 50.000 a 100.000 habitantes;

f) de mais de 100.000 habitantes;

III - condições da exploração e do uso da terra, indicando:

a) as percentagens da superfície total em cerrados, matas, pastagens, glebas de cultivo (especificadamente em exploração e inexplorados) e em áreas inaproveitáveis;

b) os tipos de cultivo e de criação as formas de proteção e comercialização dos produtos;

c) os sistemas de contrato de trabalho, com discriminação de arrendatários, parceiros e trabalhadores rurais;

d) as práticas conservacionistas empregadas e o grau de mecanização;

e) os volumes e os índices médios relativos à produção obtida;

f) as condições para o beneficiamento dos produtos agropecuários.

§ 1º Nas áreas prioritárias de reforma agrária serão complementadas as fichas cadastrais elaboradas para atender às finalidades fiscais, com dados relativos ao relevo, às pendentes, à drenagem, aos solos e a outras características ecológicas que permitam avaliar a capacidade do uso atual e potencial, e fixar uma classificação das terras para os fins de realização de estudos micro-econômicos, visando, essencialmente, à determinação por amostragem para cada zona e forma de exploração:

a) das áreas mínimas ou módulos de propriedade rural determinados de acordo com elementos enumerados neste parágrafo e, mais, a força de trabalho do conjunto familiar médio, o nível tecnológico predominante e a renda familiar a ser obtida;

b) dos limites máximos permitidos de áreas dos imóveis rurais, os quais não excederão a seiscentas vezes o módulo médio da propriedade rural nem a seiscentas vezes a área média dos imóveis rurais, na respectiva zona;

c) das dimensões ótimas do imóvel rural do ponto de vista do rendimento econômico;

d) do valor das terras em função das características do imóvel rural, da classificação da capacidade potencial de uso e da vocação agrícola das terras;

e) dos limites mínimos de produtividade agrícola para confronto com os mesmos índices obtidos em cada imóvel nas áreas prioritárias de reforma agrária.

§ 2º Os cadastros serão organizados de acordo com normas e fichas aprovadas pelo Instituto Brasileiro de Reforma Agrária na forma indicada no regulamento, e poderão ser executados centralizadamente pelos órgãos de valorização regional, pelos Estados ou pelos Municípios, caso em que o Instituto Brasileiro de Reforma Agrária lhes prestará assistência técnica e financeira com o objetivo de acelerar sua realização em áreas prioritárias de Reforma Agrária.

§ 3º Os cadastros terão em vista a possibilidade de garantir a classificação, a identificação e o grupamento dos vários imóveis rurais que pertençam a um único proprietário, ainda que situados em municípios distintos, sendo fornecido ao proprietário o certificado de cadastro na forma indicada na regulamentação desta Lei.

§ 4º Os cadastros serão continuamente atualizados para inclusão das novas propriedades que forem sendo constituídas e, no mínimo, de cinco em cinco anos serão feitas revisões gerais para atualização das fichas já levantadas.

§ 5º Poderão os proprietários requerer a atualização de suas fichas, dentro de um ano da data das modificações substanciais relativas aos respectivos imóveis rurais, desde que comprovadas as alterações, a critério do Instituto Brasileiro de Reforma Agrária.

§ 6º No caso de imóvel rural em comum por força de herança, as partes ideais, para os fins desta Lei, serão consideradas como se divisão houvesse, devendo ser cadastrada a área que, na partilha, tocaria a cada herdeiro e admitidos os demais dados médios verificados na área total do imóvel rural.

§ 7º O cadastro inscreverá o valor de cada imóvel de acordo com os elementos enumerados neste artigo, com base na declaração do proprietário relativa ao valor da terra nua, quando não impugnado pelo Instituto Brasileiro de Reforma Agrária, ou o valor que resultar da avaliação cadastral.

TÍTULO III – DA POLÍTICA DE DESENVOLVIMENTO RURAL

CAPÍTULO I – DA TRIBUTAÇÃO DA TERRA

SEÇÃO I – CRITÉRIOS BÁSICOS

Art. 47. Para incentivar a política de desenvolvimento rural, o Poder Público se utilizará da tributação progressiva da terra, do Imposto de Renda, da colonização pública e particular, da assistência e proteção à economia rural e ao cooperativismo e, finalmente, da regulamentação do uso e posse temporários da terra, objetivando:

I - desestimular os que exercem o direito de propriedade sem observância da função social e econômica da terra;

II - estimular a racionalização da atividade agropecuária dentro dos princípios de conservação dos recursos naturais renováveis;

III - proporcionar recursos à União, aos Estados e Municípios para financiar os projetos de Reforma Agrária;

IV - aperfeiçoar os sistemas de controle da arrecadação dos impostos.

SEÇÃO II – DO IMPOSTO TERRITORIAL RURAL

Art. 48. Observar-se-ão, quanto ao Imposto Territorial Rural, os seguintes princípios:

I - a União poderá atribuir, por convênio, aos Estados e Municípios, o lançamento, tendo por base os levantamentos cadastrais executados e periodicamente atualizados;

II - a União também poderá atribuir, por convênio, aos Municípios, a arrecadação, ficando a eles garantida a utilização da importância arrecadada;

III - quando a arrecadação for atribuída, por convênio, ao Município, à União caberá o controle da cobrança;

IV - as épocas de cobrança deverão ser fixadas em regulamento, de tal forma que, em cada região, se ajustem, o mais possível, aos períodos normais de comercialização da produção;

V - o imposto arrecadado será contabilizado diariamente como depósito à ordem, exclusivamente, do Município, a que pertencer e a ele entregue diretamente pelas repartições arrecadadoras, no último dia útil de cada mês;

VI - o imposto não incidirá sobre sítios de área não excedente a vinte hectares, quando os cultive só ou com sua família, o proprietário que não possua outro imóvel (artigo 29, parágrafo único, da Constituição Federal).

Art. 49. As normas gerais para a fixação do imposto sobre a propriedade territorial rural obedecerão a critérios de progressividade e regressividade, levando-se em conta os seguintes fatores:

I - o valor da terra nua;

II - a área do imóvel rural;

III - o grau de utilização da terra na exploração agrícola, pecuária e florestal;

IV - o grau de eficiência obtido nas diferentes explorações;

V - a área total, no País, do conjunto de imóveis rurais de um mesmo proprietário.

§ 1º Os fatores mencionados neste artigo serão estabelecidos com base nas informações apresentadas pelos proprietários, titulares do domínio útil ou possuidores, a qualquer título, de imóveis rurais, obrigados a prestar declaração para cadastro, nos prazos e segundo normas fixadas na regulamentação desta Lei.

§ 2º O órgão responsável pelo lançamento do imposto poderá efetuar o levantamento e a revisão das declarações prestadas pelos proprietários, titulares do domínio útil ou possuidores, a qualquer título, de imóveis rurais, procedendo-se a verificações *in loco* se necessário.

§ 3º As declarações previstas no parágrafo primeiro serão apresentadas sob inteira responsabilidade dos proprietários, titulares do domínio útil ou possuidores, a qualquer título, de imóvel rural, e, no caso de dolo ou má-fé, os obrigará ao pagamento em dobro dos tributos devidos, além das multas decorrentes e das despesas com as verificações necessárias.

§ 4º Fica facultado ao órgão responsável pelo lançamento, quando houver omissão dos proprietários, titulares do domínio útil ou possuidores, a qualquer título, de imóvel rural, na prestação da declaração para cadastro, proceder ao lançamento do imposto com a utilização de dados indiciários, além da cobrança de multas e despesas necessárias à apuração dos referidos dados.

(Artigo com redação dada pela Lei nº 6.746, de 10/12/1979, em vigor a partir de 1/1/1980)

Art. 50. Para cálculo do imposto, aplicar-se-á sobre o valor da terra nua, constante da declaração para cadastro, e não impugnado pelo órgão competente, ou resultante de avaliação, a alíquota correspondente ao número de módulos fiscais do imóvel, de acordo com a tabela adiante:

NÚMERO DE MÓDULOS FISCAIS	ALÍQUOTA
Até 2	0,2%
Acima de 2 até 3	0,3%
Acima de 3 até 4	0,4%
Acima de 4 até 5	0,5%
Acima de 5 até 6	0,6%
Acima de 6 até 7	0,7%
Acima de 7 até 8	0,8%
Acima de 8 até 9	0,9%
Acima de 9 até 10	1,0%
Acima de 10 até 15	1,2%
Acima de 15 até 20	1,4%
Acima de 20 até 25	1,6%
Acima de 25 até 30	1,8%
Acima de 30 até 35	2,0%
Acima de 35 até 40	2,2%
Acima de 40 até 50	2,4%
Acima de 50 até 60	2,6%
Acima de 60 até 70	2,8%
Acima de 70 até 80	3,0%
Acima de 80 até 90	3,2%
Acima de 90 até 100	3,4%
Acima de 100	3,5%

§ 1º O imposto não incidirá sobre o imóvel rural, ou conjunto de imóveis rurais, de área igual ou inferior a um módulo fiscal, desde que seu proprietário, titular do domínio útil ou possuidor, a qualquer título, o cultive só ou com sua família, admitida a ajuda eventual de terceiros.

§ 2º O módulo fiscal de cada Município, expresso em hectares, será determinado levando-se em conta os seguintes fatores:

a) o tipo de exploração predominante no Município:

I - hortifrutigranjeira;

II - cultura permanente;

III - cultura temporária;

IV - pecuária;

V - florestal;

b) a renda obtida no tipo de exploração predominante;

c) outras explorações existentes no Município que, embora não predominantes, sejam expressivas em função da renda ou da área utilizada;

d) o conceito de "propriedade familiar", definido no item II do artigo 4º desta Lei.

§ 3º O número de módulos fiscais de um imóvel rural será obtido dividindo-se sua área aproveitável total pelo módulo fiscal do Município.

§ 4º Para os efeitos desta Lei, constitui área aproveitável do imóvel rural a que for passível de exploração agrícola, pecuária ou florestal. Não se considera aproveitável:

a) a área ocupada por benfeitoria;

b) a área ocupada por floresta ou mata de efetiva preservação permanente, ou reflorestada com essências nativas;

c) a área comprovadamente imprestável para qualquer exploração agrícola, pecuária ou florestal.

§ 5º O imposto calculado na forma do *caput* deste artigo poderá ser objeto de redução de até 90% (noventa por cento) a título de estímulo fiscal, segundo o grau de utilização econômica do imóvel rural, da forma seguinte:

a) redução de até 45% (quarenta e cinco por cento), pelo grau de utilização da terra, medido pela relação entre a área efetivamente utilizada e a área aproveitável total do imóvel rural;

b) redução de até 45% (quarenta e cinco por cento), pelo grau de eficiência na exploração, medido pela relação entre o rendimento obtido por hectare para cada produto explorado e os correspondentes índices regionais fixados pelo Poder Executivo e multiplicado pelo grau de utilização da terra, referido na alínea *a* deste parágrafo.

§ 6º A redução do imposto de que trata o § 5º deste artigo não se aplicará para o imóvel que, na data do lançamento, não esteja com o imposto de exercícios anteriores devidamente quitado, ressalvadas as hipóteses previstas no artigo 151 do Código Tributário Nacional.

§ 7º O Poder Executivo poderá, mantido o limite máximo de 90% (noventa por cento), alterar a distribuição percentual prevista nas alíneas *a* e *b* do § 5º deste artigo, ajustando-a à política agrícola adotada para as diversas regiões do País.

§ 8º Nos casos de intempérie ou calamidade de que resulte frustração de safras ou mesmo destruição de pastos, para o cálculo da redução prevista nas alíneas *a* e *b* do § 5º deste artigo, poderão ser utilizados os dados do período anterior ao da ocorrência, podendo ainda o Ministro da Agricultura fixar as percentagens de redução do imposto que serão utilizadas.

§ 9º Para os imóveis rurais que apresentarem grau de utilização da terra, calculado na forma da alínea *a* do § 5º deste artigo, inferior aos limites fixados no § 11, a alíquota a ser aplicada será multiplicada pelos seguintes coeficientes:

a) no primeiro ano: 2,0 (dois);

b) no segundo ano: 3,0 (três);

c) no terceiro ano e seguintes: 4,0 (quatro).

§ 10. Em qualquer hipótese, a aplicação do disposto no § 9º não resultará em alíquotas inferiores a:

a) no primeiro ano: 2% (dois por cento);

b) no segundo ano: 3% (três por cento);

c) no terceiro ano e seguintes: 4% (quatro por cento).

§ 11. Os limites referidos no § 9º são fixados segundo o tamanho do módulo fiscal do Município de localização do imóvel rural, da seguinte forma:

ÁREA DO MÓDULO FISCAL	GRAU DE UTILIZAÇÃO DA TERRA
Até 25 hectares	30%
Acima de 25 hectares até 50 hectares	25%
Acima de 50 hectares até 80 hectares	18%
Acima de 80 hectares	10%

§ 12. Nos casos de projetos agropecuários, a suspensão da aplicação do disposto nos §§ 9º 10 e 11 deste artigo, poderá ser requerida por um período de até 3 (três) anos. *(Artigo com redação dada pela Lei nº 6.746, de 10/12/1979, em vigor a partir de 1/1/1980)*

Art. 51. VETADO.

Parágrafo único. VETADO.

Art. 52. *(Revogado pela Lei nº 6.746, de 10/12/1979.)*

SEÇÃO III – DO RENDIMENTO DA EXPLORAÇÃO AGRÍCOLA E PASTORIL E DAS INDÚSTRIAS EXTRATIVAS, VEGETAL E ANIMAL

Art. 53. Na determinação, para efeitos do Imposto de Renda, do rendimento líquido da exploração agrícola ou pastoril, das indústrias extrativas, vegetal e animal, e da transformação de produtos agrícolas e pecuários feita pelo próprio agricultor ou criador, com matéria-prima da propriedade explorada, aplicar-se-á o coeficiente de três por cento sobre o valor referido no inciso I do art. 49 desta Lei, constante da declaração de bens ou do balanço patrimonial. *(Vide §2º do art. 1º da Lei nº 5.106, de 2/9/1966)*

§ 1º As construções e benfeitorias serão deduzidas do valor do imóvel, sobre elas não recaindo a tributação de que trata este artigo.

§ 2º No caso de não ser possível apurar o valor exato das construções e benfeitorias existentes, será ele arbitrado em trinta por cento do valor da terra nua, conforme declaração para efeito do pagamento do imposto territorial.

§ 3º Igualmente será deduzido o valor do gado, das máquinas agrícolas e das culturas permanentes, sobre ele aplicando-se o coeficiente da um por cento para a determinação da renda tributável.

§ 4º No caso de imóvel rural explorado por arrendatário, o valor anual do arrendamento poderá ser deduzido da importância tributável, calculado nos termos deste artigo e §§ 1°, 2° e 3º. Admitir-se-á essa dedução dentro do limite de cinquenta por cento do respectivo valor, desde que se comuniquem à repartição arrecadadora o nome e endereço do proprietário, e o valor do pagamento que lhe houver sido feito.

§ 5º Poderá também ser deduzida do valor tributável, referido no parágrafo anterior, a importância paga pelo contribuinte no último exercício, a título de Imposto Territorial Rural.

§ 6º Não serão permitidas quaisquer outras deduções do rendimento líquido calculado na forma deste artigo, ressalvado o disposto nos §§ 4° e 5°.

§ 7º Ao proprietário do imóvel rural, total ou parcialmente arrendado, conceder-se-á o direito de excluir o valor dos bens arrendados, desde que declarado e comprovado o valor do arrendamento e identificado o arrendatário.

§ 8º Às pessoas físicas é facultado reajustar o valor dos imóveis rurais em suas declarações de renda e de bens, a partir do exercício financeiro de 1965, independentemente de qualquer comprovação, sem que seja tributável o aumento de patrimônio resultante desse reajustamento. Às empresas rurais, organizadas sob a forma de sociedade civil, serão outorgados idênticos benefícios quanto ao registro contábil e ao aumento do ativo líquido.

§ 9º A falta de integralização do capital das empresas rurais, referidas no parágrafo anterior, não impede a correção do ativo, prevista neste artigo. O aumento do ativo líquido e do capital resultante dessa correção não poderá ser aplicado na integralização de ações ou quotas.

§ 10. Os aumentos de capital das pessoas jurídicas resultantes da incorporação, a seu ativo, de ações distribuídas em virtude da correção monetária realizada por empresas rurais, de que sejam acionistas ou sócias nos termos deste artigo, não sofrerão qualquer tributação. Idêntica isenção vigorará relativamente às ações resultantes daquele aumento de capital.

§ 11. Os valores de que tratam os §§ 8º e 10, deste artigo, não poderão ser inferiores ao preço de aquisição do imóvel e das inversões em benfeitorias, atualizadas de acordo com os coeficientes de correção monetária, fixados pelo Conselho Nacional de Economia.

Art. 54. VETADO.

§§ 1º a 5º VETADOS.

CAPÍTULO II – DA COLONIZAÇÃO

SEÇÃO I – DA COLONIZAÇÃO OFICIAL

Art. 55. Na colonização oficial, o Poder Público tomará a iniciativa de recrutar e selecionar pessoas ou famílias, dentro ou fora do território nacional, reunindo-as em núcleos agrícolas ou agroindustriais, podendo encarregar-se de seu transporte, recepção, hospedagem e encaminhamento, até a sua colocação e integração nos respectivos núcleos.

Art. 56. A colonização oficial deverá ser realizada em terras já incorporadas ao Patrimônio Público ou que venham a sê-lo. Ela será efetuada, preferencialmente, nas áreas:

I - Ociosas ou de aproveitamento inadequado;

II - Próximas a grandes centros urbanos e de mercados de fácil acesso, tendo em vista os problemas de abastecimento;

III - de êxodo, em locais de fácil acesso e comunicação, de acordo com os planos nacionais e regionais de vias de transporte;

IV - de colonização predominantemente estrangeira, tendo em mira facilitar o processo de interculturação;

V - de desbravamento ao longo dos eixos viários, para ampliar a fronteira econômica do País.

Art. 57. Os programas de colonização têm em vista, além dos objetivos especificados no artigo 56:

I - a integração e o progresso social e econômico do parceleiro;

II - o levantamento do nível de vida do trabalhador rural;

III - a conservação dos recursos naturais e a recuperação social e econômica de determinadas áreas;

IV - o aumento da produção e da produtividade no setor primário.

Art. 58. Nas regiões prioritárias definidas pelo zoneamento e na fixação de suas populações em outras regiões, caberão ao Instituto Brasileiro de Reforma Agrária as atividades colonizadoras.

§ 1º Nas demais regiões, a colonização oficial obedecerá à metodologia observada nos projetos realizados nas áreas prioritárias, e será coordenada pelo órgão do Ministério da Agricultura referido no artigo 74, e executada por este, pelos Governos Estaduais ou por entidades de valorização regional, mediante convênios.

§ 2º As atribuições referentes à seleção de imigrantes são da competência do Ministério das Relações Exteriores, conforme diretrizes fixadas pelo Ministério da Agricultura, em articulação com o Ministério do Trabalho e Previdência Social, cabendo ao órgão referido no art. 74 a recepção e o encaminhamento dos imigrantes.

Art. 59. O órgão competente do Ministério da Agricultura referido no artigo 74, poderá criar núcleos de colonização, visando a fins especiais, e deverá igualmente entrar em entendimentos com o Ministério da Guerra para o estabelecimento de colônias, com assistência militar, na fronteira continental.

SEÇÃO II – DA COLONIZAÇÃO PARTICULAR

Art. 60. Para os efeitos desta Lei, consideram-se empresas particulares de colonização as pessoas físicas, nacionais ou estrangeiras, residentes ou domiciliadas no Brasil, ou jurídicas, constituídas e sediadas no País, que tiverem por finalidade executar programa de valorização da área ou distribuição de terras. *(Artigo com redação dada pela Lei nº 5.709, de 7/10/1971)*

Art. 61. Os projetos de colonização particular, quanto à metodologia, deverão ser previamente examinados pelo Instituto Brasileiro de Reforma Agrária, que inscreverá a entidade e o respectivo projeto em registro próprio. Tais projetos serão aprovados pelo Ministério da Agricultura, cujo órgão próprio coordenará a respectiva execução.

§ 1º Sem prévio registro da entidade colonizadora e do projeto e sem a aprovação deste, nenhuma parcela poderá ser vendida em programas particulares de colonização.

§ 2º O proprietário de terras próprias para a lavoura ou pecuária, interessado em loteá-las para fins de urbanização ou formação de sítios de recreio, deverá submeter o respectivo projeto à prévia aprovação e fiscalização do órgão competente do Ministério da Agricultura ou do Instituto Brasileiro de Reforma Agrária, conforme o caso.

§ 3º A fim de possibilitar o cadastro, o controle e a fiscalização dos loteamentos rurais, os Cartórios de Registro de Imóveis são obrigados a comunicar aos órgãos competentes, referidos no parágrafo anterior, os registros efetuados nas respectivas circunscrições, nos termos da legislação em vigor, informando o nome do proprietário, a denominação do imóvel e sua localização, bem como a área, o número de lotes, e a data do registro nos citados órgãos.

§ 4º Nenhum projeto de colonização particular será aprovado para gozar das vantagens desta Lei, se não consignar para a empresa colonizadora as seguintes obrigações mínimas:

a) abertura de estradas de acesso e de penetração à área a ser colonizada;

b) divisão dos lotes e respectivo piqueteamento, obedecendo a divisão, tanto quanto possível, ao critério de acompanhar as vertentes, partindo a sua orientação no sentido do espigão para as águas, de modo a todos os lotes possuírem água própria ou comum;

c) manutenção de uma reserva florestal nos vértices dos espigões e nas nascentes;

d) prestação de assistência médica e técnica aos adquirentes de lotes e aos membros de suas famílias;

e) fomento da produção de uma determinada cultura agrícola já predominante na região ou ecologicamente aconselhada pelos técnicos do Instituto Brasileiro de Reforma Agrária ou do Ministério da Agricultura;

f) entrega de documentação legalizada e em ordem aos adquirentes de lotes.

§§ 5° a 8º VETADOS.

Art. 62. Os interessados em projetos de colonização destinados à ocupação e valorização econômica da terra, em que predominem o trabalho assalariado ou contratos de arrendamento e parceria, não gozarão dos benefícios previstos nesta Lei.

SEÇÃO III – DA ORGANIZAÇÃO DA COLONIZAÇÃO

Art. 63. Para atender aos objetivos da presente Lei e garantir as melhores condições de fixação do homem à terra e seu progresso social e econômico, os programas de colonização serão elaborados prevendo-se os grupamentos de lotes em núcleos de colonização, e destes em distritos, e associação dos parceleiros em cooperativas.

Art. 64. Os lotes de colonização podem ser:

I - parcelas, quando se destinem ao trabalho agrícola do parceleiro e de sua família cuja moradia, quando não for no próprio local, há de ser no centro da comunidade a que elas correspondam;

II - urbanos, quando se destinem a constituir o centro da comunidade, incluindo as residências dos trabalhadores dos vários serviços implantados no núcleo ou distritos, eventualmente às dos próprios parceleiros, e as instalações necessárias à localização dos serviços administrativos assistenciais, bem como das atividades cooperativas, comerciais, artesanais e industriais.

§ 1º Sempre que o órgão competente do Ministério da Agricultura ou o Instituto Brasileiro de Reforma Agrária não manifestar em, dentro de noventa dias da consulta, a preferência a que terão direito, os lotes de colonização poderão ser alienados:

a) a pessoas que se enquadrem nas condições e ordem de preferência, previstas no art. 25; ou

b) livremente, após cinco anos, contados da data de sua transcrição.

§ 2º No caso em que o adquirente ou seu sucessor venha a desistir da exploração direta, os imóveis rurais, vendidos nos termos desta Lei, reverterão ao patrimônio do alienante, podendo o regulamento prever as condições em que se dará essa reversão, resguardada a restituição da quantia já paga pelo adquirente, com a correção monetária de acordo com os índices do Conselho Nacional de Economia, apurados entre a data do pagamento e da restituição, se tal cláusula constar do contrato de venda respectivo.

§ 3º Se os adquirentes mantiverem inexploradas áreas suscetíveis de aproveitamento, desde que à sua disposição existam condições objetivas para explorá-las, perderão o direito a essas áreas, que reverterão ao patrimônio do alienante, com a simples devolução das despesas feitas.

§ 4º Na regulamentação das matérias de que trata este capítulo, com a observância das primazias já codificadas, se estipularão:

a) as exigências quanto aos títulos de domínio e à demarcação de divisas;

b) os critérios para fixação das áreas-limites de parcelas, lotes urbanos e glebas de uso comum, bem como dos preços, condições de financiamento e pagamento;

c) o sistema de seleção dos parceleiros e artesãos;

d) as limitações para distribuição, desmembramentos, alienação e transmissão dos lotes;

e) as sanções pelo inadimplemento das cláusulas contratuais;

f) os serviços que devam ser assegurados aos promitentes compradores, bem como os encargos e isenções tributárias que, nos termos da lei, lhes sejam conferidos.

Art. 65. O imóvel rural não é divisível em áreas de dimensão inferior à constitutiva do módulo de propriedade rural. *Vide Decreto 62.504/1968 que regulamenta este artigo*

§ 1º Em caso de sucessão *causa mortis* e nas partilhas judiciais ou amigáveis, não se poderão dividir imóveis em áreas inferiores às da dimensão do módulo de propriedade rural.

§ 2º Os herdeiros ou os legatários, que adquirirem por sucessão o domínio de imóveis rurais, não poderão dividi-los em outros de dimensão inferior ao módulo de propriedade rural.

§ 3º No caso de um ou mais herdeiros ou legatários desejar explorar as terras assim havidas, o Instituto Brasileiro de Reforma Agrária poderá prover no sentido de o requerente ou requerentes obterem financiamentos que lhes facultem o numerário para indenizar os demais condôminos.

§ 4º O financiamento referido no parágrafo anterior só poderá ser concedido mediante prova de que o requerente não possui recursos para adquirir o respectivo lote.

§ 5º Não se aplica o disposto no *caput* deste artigo aos parcelamentos de imóveis rurais em dimensão inferior à do módulo, fixada pelo órgão fundiário federal, quando promovidos pelo Poder Público, em programas oficiais de apoio à atividade agrícola familiar, cujos beneficiários sejam agricultores que não possuam outro imóvel rural ou urbano. *(Parágrafo acrescido pela Lei nº 11.446, de 5/1/2007)*

§ 6º Nenhum imóvel rural adquirido na forma do § 5º deste artigo poderá ser desmembrado ou dividido. *(Parágrafo acrescido pela Lei nº 11.446, de 5/1/2007)*

Art. 66. Os compradores e promitentes compradores de parcelas resultantes de colonização oficial ou particular, ficam isentos do pagamento dos tributos federais que incidam diretamente sobre o imóvel durante o período de cinco anos, a contar da data da compra ou compromisso. *Vide art. 6º do Decreto-Lei nº 57, de 18/11/1966.*

Parágrafo único. O órgão competente firmará convênios com o fim de obter, para os compradores e promitentes compradores, idênticas isenções de tributos estaduais e municipais.

Art. 67. O Núcleo de Colonização, como unidade básica, caracteriza-se por um conjunto de parcelas integradas por uma sede administrativa e serviços comunitários.

Parágrafo único. O número de parcelas de um núcleo será condicionado essencialmente pela possibilidade de conhecimento mútuo entre os parceleiros e de sua identificação pelo administrador, em função das dimensões adequadas a cada região.

Art. 68. A emancipação do núcleo ocorrerá quando este tiver condições de vida autônoma, e será declarada por ato do órgão competente, observados os preceitos legais e regulamentares.

Art. 69. O custo operacional do núcleo de colonização será progressivamente transferido aos proprietários das parcelas, através de cooperativas ou outras entidades que os congreguem. O prazo para essa transferência, nunca superior a cinco anos, contar-se-á:

a) a partir de sua emancipação;

b) desde quando a maioria dos parceleiros já tenha recebido os títulos definitivos, embora o núcleo não tenha adquirido condições de vida autônoma.

Art. 70. O Distrito de Colonização caracteriza-se como unidade constituída por três ou mais núcleos interligados, subordinados a uma única chefia, integrado por serviços gerais administrativos e comunitários.

Art. 71. Nos casos de regiões muito afastadas dos centros urbanos e dos mercados consumidores, só se permitirá a organização de Distrito de Colonização.

Art. 72. A regulamentação deste capítulo estabelecerá, para os projetos de colonização que venham a gozar dos benefícios desta Lei:

a) a forma de administração, a composição, a área de jurisdição e os critérios de vinculação, desmembramento e incorporação dos núcleos aos Distritos de Colonização;

b) os serviços gerais administrativos e comunitários indispensáveis para a implantação de núcleos e Distrito de Colonizações;

c) os serviços complementares de assistência educacional, sanitária, social, técnica e creditícia;

d) os serviços de produção, de beneficiamento e de industrialização e de eletrificação rural, de comercialização e transportes;

e) os serviços de planejamento e execução de obras que, em cada caso, sejam aconselháveis e devam ser considerados para a eficácia dos programas.

CAPÍTULO III – DA ASSISTÊNCIA E PROTEÇÃO À ECONOMIA RURAL

Art. 73. Dentro das diretrizes fixadas para a política de desenvolvimento rural, com o fim de prestar assistência social, técnica e fomentista e de estimular a produção agropecuária, de forma a que ela atenda não só ao consumo nacional, mas também à possibilidade de obtenção de excedentes exportáveis, serão mobilizados, entre outros, os seguintes meios:

I - assistência técnica;

II - produção e distribuição de sementes e mudas;

III - criação, venda e distribuição de reprodutores e uso da inseminação artificial;

IV - mecanização agrícola;

V - cooperativismo;

VI - assistência financeira e creditícia;

VII - assistência à comercialização;

VIII - industrialização e beneficiamento dos produtos;

IX - eletrificação rural e obras de infra-estrutura;

X - seguro agrícola;

XI - educação, através de estabelecimentos agrícolas de orientação profissional;

XII - garantia de preços mínimos à produção agrícola.

§ 1º Todos os meios enumerados neste artigo serão utilizados para dar plena capacitação ao agricultor e sua família e visam, especialmente, ao preparo educacional, à formação empresarial e técnico-profissional:

a) garantindo sua integração social e ativa participação no processo de desenvolvimento rural;

b) estabelecendo, no meio rural, clima de cooperação entre o homem e o Estado, no aproveitamento da terra.

§ 2º No que tange aos campos de ação dos órgãos incumbidos de orientar, normalizar ou executar a política de desenvolvimento rural, através dos meios enumerados neste artigo, observar-se-á o seguinte:

a) nas áreas abrangidas pelas regiões prioritárias e incluídas nos planos nacional e regionais de Reforma Agrária, a atuação competirá sempre ao Instituto Brasileiro de Reforma Agrária;

b) nas demais áreas do País, esses meios de assistência e proteção serão utilizados sob coordenação do Ministério da Agricultura; no âmbito de atuação dos órgãos federais, pelas repartições e entidades subordinadas ou vinculadas àquele Ministério; nas áreas de jurisdição dos Estados, pelas respectivas Secretarias de Agricultura e entidades de economia mista, criadas e adequadamente organizadas com a finalidade de promover o desenvolvimento rural;

c) nas regiões em que atuem órgãos de valorização econômica, tais como a Superintendência do Desenvolvimento Econômico do Nordeste (SUDENE), a Superintendência do Plano de Valorização Econômica da Amazônia (SPVEA), a Comissão do Vale do São Francisco (CVSF), a Fundação Brasil Central (FBC), a Superintendência do Plano de Valorização Econômica da Região Fronteira Sudoeste do País (SUDOESTE), a utilização desses meios poderá ser, no todo ou em parte, exercida por esses órgãos.

§ 3º Os projetos de Reforma Agrária receberão assistência integral, assim compreendido o emprego de todos os meios enumerados neste artigo, ficando a cargo dos organismos criados pela presente Lei e daqueles já existentes, sob coordenação do Instituto Brasileiro de Reforma Agrária.

§ 4º Nas regiões prioritárias de Reforma Agrária, será essa assistência prestada, também, pelo Instituto Brasileiro de Reforma Agrária, em colaboração com os órgãos estaduais pertinentes, aos proprietários rurais aí existentes, desde que se constituam em cooperativas, requeiram os benefícios aqui mencionados e se comprometam a observar as normas estabelecidas.

Art. 74. É criado, para atender às atividades atribuídas por esta Lei ao Ministério da Agricultura, o Instituto Nacional do Desenvolvimento Agrário (INDA), entidade autárquica vinculada ao mesmo Ministério, com personalidade jurídica e autonomia financeira, de acordo com o prescrito nos dispositivos seguintes:

I - o Instituto Nacional do Desenvolvimento Agrário tem por finalidade promover o desenvolvimento rural nos setores da colonização, da extensão rural e do cooperativismo;

II - o Instituto Nacional do Desenvolvimento Agrário terá os recursos e o patrimônio definidos na presente Lei;

III - o Instituto Nacional do Desenvolvimento Agrário será dirigido por um Presidente e um Conselho Diretor, composto de três membros, de nomeação do Presidente da República, mediante indicação do Ministro da Agricultura;

IV - o Presidente do Instituto Nacional do Desenvolvimento Agrário integrará a Comissão de Planejamento da Política Agrícola;

V - além das atribuições que esta Lei lhe confere, cabe ao Instituto Nacional do Desenvolvimento Agrário:

a) VETADO;

b) planejar, programar, orientar, promover e fiscalizar as atividades relativas ao cooperativismo e associativismo rural;

c) colaborar em programas de colonização e de recolonização;

d) planejar, programar, promover e controlar as atividades relativas à extensão rural e cooperar com outros órgãos ou entidades que a executem;

e) planejar, programar e promover medidas visando à implantação e desenvolvimento da eletrificação rural;

f) proceder à avaliação do desenvolvimento das atividades de extensão rural ...VETADO;

g) realizar estudos e pesquisas sobre a organização rural e propor as medidas deles decorrentes;

h) VETADO;

i) atuar, em colaboração com os órgãos do Ministério do Trabalho incumbidos da sindicalização rural visando a harmonizar as atribuições legais com os propósitos sociais, econômicos e técnicos da agricultura;

j) estabelecer normas, proceder ao registro e promover a fiscalização do funcionamento das cooperativas e de outras entidades de associativismo rural;

k) planejar e promover a aquisição e revenda de materiais agropecuários, reprodutores, sementes e mudas;

l) controlar os estoques e as operações financeiras de revenda;

m) centralizar a movimentação de recursos financeiros destinados à aquisição e revenda de materiais agropecuários, de acordo com o plano geral aprovado pela Comissão de Planejamento da Política Agrícola;

n) exercer as atribuições de que trata o art. 88, desta Lei, no âmbito federal;

o) desempenhar as atribuições constantes do art. 162 da Constituição Federal, observado o disposto no § 2º do art. 58, desta Lei, coordenadas as suas atividades com as do Banco Nacional de Crédito Cooperativo;

p) firmar convênios com os Estados, Municípios e entidades privadas para execução dos programas de desenvolvimento rural nos setores da colonização, extensão rural, cooperativismo e demais atividades de sua atribuição;

VI - a organização do Instituto Nacional do Desenvolvimento Agrário e de seus sistemas de funcionamento será estabelecida em regulamento, com competência idêntica à fixada para o Instituto Brasileiro de Reforma Agrária, no art. 104 e seus parágrafos.

SEÇÃO I – DA ASSISTÊNCIA TÉCNICA

Art. 75. A assistência técnica, nas modalidades e com os objetivos definidos nos parágrafos seguintes, será prestada por todos os órgãos referidos no artigo 73, § 2º, alíneas *a*, *b* e *c*.

§ 1º Nas áreas dos projetos de reforma agrária, a prestação de assistência técnica será feita através do Administrador do Projeto, dos agentes de extensão rural e das equipes de especialistas. O Administrador residirá obrigatoriamente, na área do projeto. Os agentes de extensão rural e as equipes de especialistas atuarão ao nível da Delegacia Regional do Instituto Brasileiro de Reforma Agrária e deverão residir na sua área de jurisdição, e durante a fase da implantação, se necessário, na própria área do projeto.

§ 2º Nas demais áreas, fora das regiões prioritárias, este tipo de assistência técnica será prestado na forma indicada no art. 73, parágrafo 2º, alínea *b*.

§ 3º Os estabelecimentos rurais isolados continuarão a ser atendidos pelos órgãos de assistência técnica do Ministério da Agricultura e das Secretarias Estaduais, na forma atual ou através de técnicas e sistemas que vierem a ser adotados por aqueles organismos.

§ 4º As atividades de assistência técnica tanto nas áreas prioritárias de Reforma Agrária como nas previstas no § 3º deste artigo, terão, entre outros, os seguintes objetivos:

a) a planificação de empreendimentos e atividades agrícolas;

b) a elevação do nível sanitário, através de serviços próprios de saúde e saneamento rural, melhoria de habitação e de capacitação de lavradores e criadores, bem como de suas famílias;

c) a criação do espírito empresarial e a formação adequada em economia doméstica, indispensável à gerência dos pequenos estabelecimentos rurais e à administração da própria vida familiar;

d) a transmissão de conhecimentos e acesso a meios técnicos concernentes a métodos e práticas agropecuárias e extrativas, visando a escolha econômica das culturas e criações, a racional implantação e desenvolvimento, e ao emprego de medidas de defesa sanitária vegetal e animal;

e) o auxílio e a assistência para o uso racional do solo, a execução de planos de reflorestamento, a obtenção de crédito e financiamento, a defesa e preservação dos recursos naturais;

f) a promoção, entre os agricultores, do espírito de liderança e de associativismo.

SEÇÃO II – DA PRODUÇÃO E DISTRIBUIÇÃO DE SEMENTES E MUDAS

Art. 76. Os órgãos referidos no artigo 73, § 2º, alínea *b*, deverão expandir suas atividades no setor de produção e distribuição e de material de plantio, inclusive o básico, de modo a atender tanto aos parceleiros como aos agricultores em geral.

Parágrafo único. A produção e distribuição de sementes e mudas, inclusive de novas variedades, poderão também ser feitas por organizações particulares, dentro do sistema de certificação de material de plantio, sob a fiscalização, controle e amparo do Poder Público.

SEÇÃO III – DA CRIAÇÃO, VENDA, DISTRIBUIÇÃO DE REPRODUTORES E USO DA INSEMINAÇÃO ARTIFICIAL

Art. 77. A melhoria dos rebanhos e plantéis será feita através de criação, venda de reprodutores e uso da inseminação artificial, devendo os órgãos referidos no artigo 73, § 2º, alínea *b* , ampliar para esse fim, a sua rede de postos especializados.

Parágrafo único. A criação de reprodutores e o emprego da inseminação artificial poderão ser feitos por entidades privadas, sob fiscalização, controle e amparo do Poder Público.

SEÇÃO IV – DA MECANIZAÇÃO AGRÍCOLA

Art. 78. Os planos de mecanização agrícola, elaborados pelos órgãos referidos no artigo 73, § 2°, alínea *b*, levarão em conta o mercado de mão-de-obra regional, as necessidades de preparação e capacitação de pessoal, para utilização e manutenção de maquinaria.

§ 1º Esses planos serão dimensionados em função do grau de produtividade que se pretende alcançar em cada uma das áreas geoeconômicas do País, e deverão ser condicionados ao nível tecnológico já existente e à composição da força de trabalho ocorrente.

§ 2º Nos mesmos planos poderão ser incluídos serviços adequados de manutenção e de orientação técnica para o uso econômico das máquinas e implementos, os quais, sempre que possível deverão ser realizados por entidades privadas especializadas.

SEÇÃO V – DO COOPERATIVISMO

Art. 79. A Cooperativa Integral de Reforma Agrária (CIRA) contará com a contribuição financeira do Poder Público, através do Instituto Brasileiro de Reforma Agrária, durante o período de implantação dos respectivos projetos.

§ 1º A contribuição financeira referida neste artigo será feita de acordo com o vulto do empreendimento, a possibilidade de obtenção de crédito, empréstimo ou financiamento externo e outras facilidades.

§ 2º A Cooperativa Integral de Reforma Agrária terá um Delegado indicado pelo Instituto Brasileiro de Reforma Agrária, integrante do Conselho de Administração, sem direito a voto, com a função de prestar assistência técnico-administrativa à Diretoria e de orientar e fiscalizar a aplicação de recursos que o Instituto Brasileiro de Reforma Agrária tiver destinado à entidade cooperativa.

§ 3º Às cooperativas assim constituídas será permitida a contratação de gerentes não-cooperados na forma de lei.

§ 4º A participação direta do Instituto Brasileiro de Reforma Agrária na constituição, instalação e desenvolvimento da Cooperativa Integral de Reforma Agrária, quando constituir contribuição financeira, será feita com recursos do Fundo Nacional de Reforma Agrária, na forma de investimentos sem recuperação direta, considerada a finalidade social e econômica desses investimentos. Quando se tratar de assistência creditícia, tal participação será feita por intermédio do Banco Nacional de Crédito Cooperativo, de acordo com normas traçadas pela entidade coordenadora do crédito rural.

§ 5º A Contribuição do Estado será feita pela Cooperativa Integral de Reforma Agrária, levada à conta de um Fundo de Implantação da própria cooperativa.

§ 6º Quando o empreendimento resultante do projeto de Reforma Agrária tiver condições de vida autônoma, sua emancipação será declarada pelo Instituto Brasileiro de Reforma Agrária, cessando as funções do Delegado de que trata o § 2° deste artigo e incorporando-se ao patrimônio da cooperativa o Fundo requerido no parágrafo anterior.

§ 7º O Estatuto da Cooperativa integral de Reforma Agrária deverá determinar a incorporação ao Banco Nacional de Crédito Cooperativo do remanescente patrimonial no caso de dissolução da sociedade.

§ 8º Além da sua designação qualitativa, a Cooperativa Integral de Reforma Agrária adotará a denominação que o respectivo Estatuto estabelecer.

§ 9º As cooperativas já existentes nas áreas prioritárias poderão transformar-se em Cooperativas Integrais de Reforma Agrária, a critério do Instituto Brasileiro de Reforma Agrária.

§ 10. O disposto nesta seção aplica-se, no que couber, às demais cooperativas, inclusive às destinadas a atividades extrativas.

Art. 80. O órgão referido no artigo 74 deverá promover a expansão do sistema cooperativista, prestando, quando necessário, assistência técnica, financeira e comercial às cooperativas visando à capacidade e ao treinamento dos cooperados para garantir a implantação dos serviços administrativos, técnicos, comerciais e industriais.

SEÇÃO VI – DA ASSISTÊNCIA FINANCEIRA E CREDITÍCIA

Art. 81. Para aquisição de terra destinada a seu trabalho e de sua família, o trabalhador rural terá direito a um empréstimo correspondente ao valor do salário-mínimo anual da região, pelo Fundo Nacional de Reforma Agrária, prazo de vinte anos, ao juro de seis por cento ao ano.

Parágrafo único. Poderão acumular o empréstimo de que trata este artigo, dois ou mais trabalhadores rurais que se entenderem para aquisição de propriedade de área superior à que estabelece o número 2 do artigo 4°, desta Lei, sob a administração comum ou em forma de cooperativa.

Art. 82. Nas áreas prioritárias de Reforma Agrária, a assistência creditícia aos parceleiros e demais cooperados será prestada, preferencialmente, através das cooperativas.

Parágrafo único. Nas demais regiões, sempre que possível, far-se-á o mesmo com referência aos pequenos e médios proprietários.

Art. 83. O Instituto Brasileiro de Reforma Agrária, em colaboração com o Ministério da Agricultura, a Superintendência da Moeda e do Crédito (SUMOC) e a Coordenação Nacional do Crédito Rural, promoverá as medidas legais necessárias para a institucionalização do crédito rural, tecnificado.

§ 1º A Coordenação Nacional do Crédito Rural fixará as normas do contrato padrão de financiamento que permita assegurar proteção ao agricultor, desde a fase do preparo da terra, até a venda de suas safras, ou entrega das mesmas à cooperativa para comercialização ou industrialização.

§ 2º O mesmo organismo deverá prover à forma de desconto de títulos oriundos de operações de financiamento a agricultores ou de venda de produtos, máquinas, implementos e utilidades agrícolas necessários ao custeio de safras, construção de benfeitorias e melhoramentos fundiários.

§ 3º A Superintendência da Moeda e do Crédito poderá determinar que dos depósitos compulsórios dos Bancos particulares, à sua ordem, sejam deduzidas as quantias a serem utilizadas em operações de crédito rural, na forma por ela regulamentada.

SEÇÃO VII – DA ASSISTÊNCIA À COMERCIALIZAÇÃO

Art. 84. Os planos de armazenamento e proteção dos produtos agropecuários levarão em conta o zoneamento de que trata o artigo 43, a fim de condicionar, aos objetivos desta Lei, as atividades da Superintendência Nacional de Abastecimento (SUNAB) e de outros órgãos federais e estaduais com atividades que objetivem o desenvolvimento rural.

§ 1º Os órgãos referidos neste artigo, se necessário, deverão instalar em convênio com o Instituto Brasileiro de Reforma Agrária, armazéns, silos, frigoríficos, postos ou agências de compra, visando a dar segurança à produção agrícola.

§ 2º Os planos deverão também levar em conta a classificação dos produtos e o adequado e oportuno escoamento das safras.

Art. 85. A fixação dos preços mínimos, de acordo com a essencialidade dos produtos agropecuários, visando aos mercados interno e externo, deverá ser feita, no mínimo, sessenta dias antes da época do plantio em cada região e reajustados, na época da venda, de acordo com os índices de correção fixados pelo Conselho Nacional de Economia.

§ 1º Para fixação do preço mínimo se tomará por base o custo efetivo da produção, acrescido das despesas de transporte para o mercado mais próximo e da margem de lucro do produtor, que não poderá ser inferior a trinta por cento.

§ 2º As despesas do armazenamento, expurgo, conservação e embalagem dos produtos agrícolas correrão por conta do órgão executor da política de garantia de preços mínimos, não sendo dedutíveis do total a ser pago ao produtor.

Art. 86. Os órgãos referidos no artigo 73, § 2º, alínea *b*, deverão, se necessário e quando a rede comercial se mostrar insuficiente, promover a expansão desta ou expandir seus postos de revenda para atender aos interesses de lavradores e de criadores na obtenção de mercadorias e utilidades necessárias às suas atividades rurais, de forma oportuna e econômica, visando à melhoria da produção e ao aumento da produtividade, através, entre outros, de serviços locais, para distribuição de produção própria ou revenda de:

I - tratores, implementos agrícolas, conjuntos de irrigação e perfuração de poços, aparelhos e utensílios para pequenas indústrias de beneficiamento da produção;

II - arames, herbicidas, inseticidas, fungicidas, rações, misturas, soros, vacinas e medicamentos para animais;

III - corretivo de solo fertilizantes e adubos, sementes e mudas.

SEÇÃO VIII – DA INDUSTRIALIZAÇÃO E BENEFICIAMENTO DOS PRODUTOS AGRÍCOLAS

Art. 87. Nas áreas prioritárias da Reforma Agrária, a industrialização e o beneficiamento dos produtos agrícolas serão promovidos pelas Cooperativas Integrais de Reforma Agrária.

Art. 88. O Poder Público, através dos órgãos referidos no art. 73, § 2º, alínea *b*, exercerá atividades de orientação, planificação, execução e controle, com o objetivo de promover o incentivo da industrialização, do beneficiamento dos produtos agropecuários e dos meios indispensáveis ao aumento da produção e da produtividade agrícola, especialmente os referidos no art. 86.

Parágrafo único. VETADO.

SEÇÃO IX – DA ELETRIFICAÇÃO RURAL E OBRAS DE INFRA-ESTRUTURA

Art. 89. Os planos nacional e regional de Reforma Agrária incluirão, obrigatoriamente, as providências de valorização relativas a eletrificação rural e outras obras de melhoria de infra-estrutura, tais como reflorestamento, regularização dos deflúvios dos cursos d'água, açudagem, barragens submersas, drenagem, irrigação, abertura de poços, saneamento, obras de conservação do solo, além do sistema viário indispensável à realização do projeto.

Art. 90. Os órgãos públicos federais ou estaduais referidos no art. 73, § 2º, alíneas *a*, *b* e *c*, bem como o Banco Nacional de Crédito Cooperativo, na medida de suas disponibilidades técnicas e financeiras, promoverão a difusão das atividades de reflorestamento e de eletrificação rural, estas essencialmente através de cooperativas de eletrificação e industrialização rural, organizadas pelos lavradores e pecuaristas da região.

§ 1º Os mesmos órgãos, especialmente as entidades de economia mista destinadas a promover o desenvolvimento rural, deverão manter serviços para atender à orientação, planificação, execução e fiscalização das obras de melhoria e outras de infra-estrutura, referidas neste artigo.

§ 2º Os consumidores rurais de energia elétrica distribuída através de cooperativa de eletrificação e industrialização rural ficarão isentos do respectivo empréstimo compulsório.

§ 3º Os projetos de eletrificação rural feitos pelas cooperativas rurais terão prioridade nos financiamentos e poderão receber auxílio do Governo federal, estadual e municipal.

SEÇÃO X – DO SEGURO AGRÍCOLA

Art. 91. A Companhia Nacional de Seguro Agrícola (CNSA), em convênio com o Instituto Brasileiro de Reforma Agrária, atuará nas áreas do projeto de Reforma Agrária, garantindo culturas, safras, colheitas, rebanhos e plantéis.

§ 1º O estabelecimento das tabelas dos prêmios de seguro para os vários tipos de atividade agropecuária nas diversas regiões do País será feito tendo-se em vista a necessidade de sua aplicação, não somente nas áreas prioritárias de Reforma Agrária, como também nas outras regiões selecionadas pela Companhia Nacional de Seguro Agrícola, nas quais a produção agropecuária represente fator essencial de desenvolvimento.

§ 2º Os contratos de financiamento e empréstimo e os contratos agropecuários de qualquer natureza, realizados através dos órgãos oficiais de crédito, deverão ser segurados na Companhia Nacional de Seguro Agrícola.

CAPÍTULO IV – DO USO OU DA POSSE TEMPORÁRIA DA TERRA

SEÇÃO I – DAS NORMAS GERAIS

Art. 92. A posse ou uso temporário da terra serão exercidos em virtude de contrato expresso ou tácito, estabelecido entre o proprietário e os que nela exercem atividade agrícola ou pecuária, sob forma de arrendamento rural, de parceria agrícola, pecuária, ragroindustrial e extrativa, nos termos desta Lei.

§ 1º O proprietário garantirá ao arrendatário ou parceiro o uso e gozo do imóvel arrendado ou cedido em parceria.

§ 2º Os preços de arrendamento e de parceria fixados em contrato ...VETADO... serão reajustados periodicamente, de acordo com os índices aprovados pelo Conselho Nacional de Economia. Nos casos em que ocorra exploração de produtos com preço oficialmente fixado, a relação entre os preços reajustados e os iniciais não pode ultrapassar a relação entre o novo preço fixado para os produtos e o respectivo preço na época do contrato, obedecidas as normas do Regulamento desta Lei.

§ 3º No caso de alienação do imóvel arrendado, o arrendatário terá preferência para adquiri-lo em igualdade de condições devendo o proprietário dar-lhe conhecimento da venda, a fim de que possa exercitar o direito de preempção dentro de trinta dias, a contar da notificação judicial ou comprovadamente efetuada, mediante recibo.

§ 4º O arrendatário a quem não se notificar a venda poderá, depositando o preço, haver para si o imóvel arrendado, se o requerer no prazo de seis meses, a contar da transcrição do ato de alienação no Registro de Imóveis.

§ 5º A alienação ou a imposição de ônus real ao imóvel não interrompe a vigência dos contratos de arrendamento ou de parceria ficando o adquirente sub-rogado nos direitos e obrigações do alienante.

§ 6º O inadimplemento das obrigações assumidas por qualquer das partes dará lugar, facultativamente, à rescisão do contrato de arrendamento ou de parceria. observado o disposto em lei.

§ 7º Qualquer simulação ou fraude do proprietário nos contratos de arrendamento ou de parceria, em que o preço seja satisfeito em produtos agrícolas, dará ao arrendatário ou ao parceiro o direito de pagar pelas taxas mínimas vigorantes na região para cada tipo de contrato.

§ 8º Para prova dos contratos previstos neste artigo, será permitida a produção de testemunhas. A ausência de contrato não poderá elidir a aplicação dos princípios estabelecidos neste Capítulo e nas normas regulamentares.

§ 9º Para solução dos casos omissos na presente Lei, prevalecerá o disposto no Código Civil.

Art. 93. Ao proprietário é vedado exigir do arrendatário ou do parceiro:

I - prestação de serviço gratuito;

II - exclusividade da venda da colheita;

III - obrigatoriedade do beneficiamento da produção em seu estabelecimento;

IV - obrigatoriedade da aquisição de gêneros e utilidades em seus armazéns ou barracões;

V - aceitação de pagamento em "ordens", "vales", "borós" ou outras formas regionais substitutivas da moeda.

Parágrafo único. Ao proprietário que houver financiado o arrendatário ou parceiro, por inexistência de financiamento direto, será facultado exigir a venda da colheita até o limite do financiamento concedido, observados os níveis de preços do mercado local.

Art. 94. É vedado contrato de arrendamento ou parceria na exploração de terras de propriedade pública, ressalvado o disposto no parágrafo único deste artigo.

Parágrafo único. Excepcionalmente, poderão ser arrendadas ou dadas em parceria terras de propriedade púbica, quando:

a) razões de segurança nacional o determinarem;

b) áreas de núcleos de colonização pioneira, na sua fase de implantação, forem organizadas para fins de demonstração;

c) forem motivo de posse pacífica e a justo título, reconhecida pelo Poder Público, antes da vigência desta Lei.

SEÇÃO II – DO ARRENDAMENTO RURAL

Art. 95. Quanto ao arrendamento rural, observar-se-ão os seguintes princípios:

I - os prazos de arrendamento terminarão sempre depois de ultimada a colheita, inclusive a de plantas forrageiras temporárias cultiváveis. No caso de retardamento da colheita por motivo de força maior, considerar-se-ão esses prazos prorrogados nas mesmas condições, até sua ultimação;

II - presume-se feito, no prazo mínimo de três anos, o arrendamento por tempo indeterminado, observada a regra do item anterior;

III - o arrendatário, para iniciar qualquer cultura cujos frutos não possam ser recolhidos antes de terminado o prazo de arrendamento, deverá ajustar, previamente, com o arrendador a forma de pagamento do uso da terra por esse prazo excedente; *(Inciso com redação dada pela Lei nº 11.443, de 5/1/2007)*

IV - em igualdade de condições com estranhos, o arrendatário terá preferência à renovação do arrendamento, devendo o proprietário, até 6 (seis) meses antes do vencimento do contrato, fazer-lhe a competente notificação extrajudicial das propostas existentes. Não se verificando a notificação extrajudicial, o contrato considera-se automaticamente renovado, desde que o arrendador, nos 30 (trinta) dias seguintes, não manifeste sua desistência ou formule nova proposta, tudo mediante simples registro de suas declarações no competente Registro de Títulos e Documentos; *(Inciso com redação dada pela Lei nº 11.443, de 5/1/2007)*

V - os direitos assegurados no inciso IV do *caput* deste artigo não prevalecerão se, no prazo de 6 (seis) meses antes do vencimento do contrato, o proprietário, por via de notificação extrajudicial, declarar sua intenção de retomar o imóvel para explorá-lo diretamente ou por intermédio de descendente seu; *(Inciso com redação dada pela Lei nº 11.443, de 5/1/2007)*

VI - sem expresso consentimento do proprietário é vedado o subarrendamento;

VII - poderá ser acertada, entre o proprietário e arrendatário, cláusula que permita a substituição de área arrendada por outra equivalente no mesmo imóvel rural, desde que respeitadas as condições de arrendamento e os direitos do arrendatário;

VIII - o arrendatário, ao termo do contrato, tem direito à indenização das benfeitorias necessárias e úteis; será indenizado das benfeitorias voluptuárias quando autorizadas pelo proprietário do solo; e, enquanto o arrendatário não for indenizado das benfeitorias necessárias e úteis, poderá permanecer no imóvel, no uso e gozo das vantagens por ele oferecidas, nos termos do contrato de arrendamento e das disposições do inciso I deste artigo; *(Inciso com redação dada pela Lei nº 11.443, de 5/1/2007)*

IX - constando do contrato de arrendamento animais de cria, de corte ou de trabalho, cuja forma de restituição não tenha sido expressamente regulada, o arrendatário é obrigado, findo ou rescindido o contrato, a restituí-los em igual número, espécie e valor;

X - o arrendatário não responderá por qualquer deterioração ou prejuízo a que não tiver dado causa;

XI - na regulamentação desta Lei, serão complementadas as seguintes condições que, obrigatoriamente, constarão dos contratos de arrendamento:

a) limites da remuneração e formas de pagamento em dinheiro ou no seu equivalente em produtos; *(Alínea com redação dada pela Lei nº 11.443, de 5/1/2007)*

b) prazos mínimos de arrendamento e limites de vigência para os vários tipos de atividades agrícolas; *(Alínea com redação dada pela Lei nº 11.443, de 5/1/2007)*

c) bases para as renovações convencionadas;

d) formas de extinção ou rescisão;

e) direito e formas de indenização ajustadas quanto às benfeitorias realizadas;

XII - a remuneração do arrendamento, sob qualquer forma de pagamento, não poderá ser superior a 15% (quinze por cento) do valor cadastral do imóvel, incluídas as benfeitorias que entrarem na composição do contrato, salvo se o arrendamento for parcial e recair apenas em glebas selecionadas para fins de exploração intensiva de alta rentabilidade, caso em que a remuneração poderá ir até o limite de 30% (trinta por cento); *(Inciso com redação dada pela Lei nº 11.443, de 5/1/2007)*

XIII - a todo aquele que ocupar, sob qualquer forma de arrendamento, por mais de cinco anos, um imóvel rural desapropriado, em área prioritária de Reforma Agrária, é assegurado o direito preferencial de acesso à terra ..VETADO.

Art. 95-A. Fica instituído o Programa de Arrendamento Rural, destinado ao atendimento complementar de acesso à terra por parte dos trabalhadores rurais qualificados para participar do Programa Nacional de Reforma Agrária, na forma estabelecida em regulamento.

Parágrafo único. Os imóveis que integrarem o Programa de Arrendamento Rural não serão objeto de desapropriação para fins de reforma agrária enquanto se mantiverem arrendados, desde que atendam aos requisitos estabelecidos em regulamento. *(Artigo acrescido pela Medida Provisória nº 2.183-56, de 24/8/2001)*

SEÇÃO III – DA PARCERIA AGRÍCOLA, PECUÁRIA, AGRO-INDUSTRIAL E EXTRATIVA

Art. 96. Na parceria agrícola, pecuária, agro-industrial e extrativa, observar-se-ão os seguintes princípios:

I - o prazo dos contratos de parceria, desde que não convencionados pelas partes, será no mínimo de três anos, assegurado ao parceiro o direito à conclusão da colheita, pendente, observada a norma constante do inciso I, do artigo 95;

II - expirado o prazo, se o proprietário não quiser explorar diretamente a terra por conta própria, o parceiro em igualdade de condições com estranhos, terá preferência para firmar novo contrato de parceria;

III - as despesas com o tratamento e criação dos animais, não havendo acordo em contrário, correrão por conta do parceiro tratador e criador;

IV - o proprietário assegurará ao parceiro que residir no imóvel rural, e para atender ao uso exclusivo da família deste, casa de moradia higiênica e área suficiente para horta e criação de animais de pequeno porte;

V - no Regulamento desta Lei, serão complementadas, conforme o caso, as seguintes condições, que constarão, obrigatoriamente, dos contratos de parceria agrícola, pecuária, ragroindustrial ou extrativa:

a) quota-limite do proprietário na participação dos frutos, segundo a natureza de atividade agropecuária e facilidades oferecidas ao parceiro;

b) prazos mínimos de duração e os limites de vigência segundo os vários tipos de atividade agrícola;

c) bases para as renovações convencionadas;

d) formas de extinção ou rescisão;

e) direitos e obrigações quanto às indenizações por benfeitorias levantadas com consentimento do proprietário e aos danos substanciais causados pelo parceiro, por práticas predatórias na área de exploração ou nas benfeitorias, nos equipamentos, ferramentas e implementos agrícolas a ele cedidos;

f) direito e oportunidade de dispor sobre os frutos repartidos;

VI - na participação dos frutos da parceria, a quota do proprietário não poderá ser superior a:

a) 20% (vinte por cento), quando concorrer apenas com a terra nua; *(Alínea com redação dada pela Lei nº 11.443, de 5/1/2007)*

b) 25% (vinte e cinco por cento), quando concorrer com a terra preparada; *(Alínea com redação dada pela Lei nº 11.443, de 5/1/2007)*

c) 30% (trinta por cento), quando concorrer com a terra preparada e moradia; *(Alínea com redação dada pela Lei nº 11.443, de 5/1/2007)*

d) 40% (quarenta por cento), caso concorra com o conjunto básico de benfeitorias, constituído especialmente de casa de moradia, galpões, banheiro para gado, cercas, valas ou currais, conforme o caso; *(Alínea com redação dada pela Lei nº 11.443, de 5/1/2007)*

e) 50% (cinquenta por cento), caso concorra com a terra preparada e o conjunto básico de benfeitorias enumeradas na alínea *d* deste inciso e mais o fornecimento de máquinas e implementos agrícolas, para atender aos tratos culturais, bem como as sementes e animais de tração, e, no caso de parceria pecuária, com animais de cria em proporção superior a 50% (cinquenta por cento) do número total de cabeças objeto de parceria; *(Alínea com redação dada pela Lei nº 11.443, de 5/1/2007)*

f) 75% (setenta e cinco por cento), nas zonas de pecuária ultra-extensiva em que forem os animais de cria em proporção superior a 25% (vinte e cinco por cento) do rebanho e onde se adotarem a meação do leite e a comissão mínima de 5% (cinco por cento) por animal vendido; *(Alínea com redação dada pela Lei nº 11.443, de 5/1/2007)*

g) nos casos não previstos nas alíneas anteriores, a quota adicional do proprietário será fixada com base em percentagem máxima de dez por cento do valor das benfeitorias ou dos bens postos à disposição do parceiro;

VII - aplicam-se à parceria agrícola, pecuária, agropecuária, ragroindustrial ou extrativa as normas pertinentes ao arrendamento rural, no que couber, bem como as regras do contrato de sociedade, no que não estiver regulado pela presente Lei.

VIII - o proprietário poderá sempre cobrar do parceiro, pelo seu preço de custo, o valor de fertilizantes e inseticidas fornecidos no percentual que corresponder à participação deste, em qualquer das modalidades previstas nas alíneas do inciso VI do *caput* deste artigo; *(Inciso acrescido pela Lei nº 11.443, de 5/1/2007)*

IX - nos casos não previstos nas alíneas do inciso VI do *caput* deste artigo, a quota adicional do proprietário será fixada com base em percentagem máxima de 10% (dez por cento) do valor das benfeitorias ou dos bens postos à disposição do parceiro. *(Inciso acrescido pela Lei nº 11.443, de 5/1/2007)*

§ 1º Parceria rural é o contrato agrário pelo qual uma pessoa se obriga a ceder à outra, por tempo determinado ou não, o uso específico de imóvel rural, de parte ou partes dele, incluindo, ou não, benfeitorias, outros bens e/ou facilidades, com o objetivo de nele ser exercida atividade de exploração agrícola, pecuária, agroindustrial, extrativa vegetal ou mista; e/ou lhe entrega animais para cria, recria, invernagem, engorda ou extração de matérias-primas de origem animal, mediante partilha, isolada ou cumulativamente, dos seguintes riscos:

I - caso fortuito e de força maior do empreendimento rural;

II - dos frutos, produtos ou lucros havidos nas proporções que estipularem, observados os limites percentuais estabelecidos no inciso VI do *caput* deste artigo;

III - variações de preço dos frutos obtidos na exploração do empreendimento rural. *(Parágrafo acrescido pela Lei nº 11.443, de 5/1/2007)*

§ 2º As partes contratantes poderão estabelecer a prefixação, em quantidade ou volume, do montante da participação do proprietário, desde que, ao final do contrato, seja realizado o ajustamento do percentual pertencente ao proprietário, de acordo com a produção. *(Parágrafo acrescido pela Lei nº 11.443, de 5/1/2007)*

§ 3º Eventual adiantamento do montante prefixado não descaracteriza o contrato de parceria. *(Parágrafo acrescido pela Lei nº 11.443, de 5/1/2007)*

§ 4º Os contratos que prevejam o pagamento do trabalhador, parte em dinheiro e parte em percentual na lavoura cultivada ou em gado tratado, são considerados simples locação de serviço, regulada pela legislação trabalhista, sempre que a direção dos trabalhos seja de inteira e exclusiva responsabilidade do proprietário, locatário do serviço a quem cabe todo o risco, assegurando-se ao locador, pelo menos, a percepção do salário mínimo no cômputo das 2 (duas) parcelas. *(Parágrafo único transformado em § 4º pela Lei nº 11.443, de 5/1/2007)*

§ 5º O disposto neste artigo não se aplica aos contratos de parceria agroindustrial, de aves e suínos, que serão regulados por lei específica. *(Parágrafo acrescido pela Lei nº 11.443, de 5/1/2007)*

SEÇÃO IV – DOS OCUPANTES DE TERRAS PÚBLICAS FEDERAIS

Art. 97. Quanto aos legítimos possuidores de terras devolutas federais, observar-se-á o seguinte:

I - o Instituto Brasileiro de Reforma Agrária promoverá a discriminação das áreas ocupadas por posseiros, para a progressiva regularização de suas condições de uso e posse da terra, providenciando, nos casos e condições previstos nesta Lei, a emissão dos títulos de domínio;

II - todo o trabalhador agrícola que, à data da presente Lei, tiver ocupado, por um ano, terras devolutas, terá preferência para adquirir um lote da dimensão do módulo de propriedade rural, que for estabelecido para a região, obedecidas as prescrições da lei.

Art. 98. Todo aquele que, não sendo proprietário rural nem urbano, ocupar por dez anos ininterruptos, sem oposição nem reconhecimento de domínio alheio, tornando-o produtivo por seu trabalho, e tendo nele sua morada, trecho de terra com área caracterizada como suficiente para, por seu cultivo direto pelo lavrador e sua família, garantir-lhes a subsistência, o progresso social e econômico, nas dimensões fixadas por esta Lei, para o módulo de propriedade, adquirir-lhe-á o domínio, mediante sentença declaratória devidamente transcrita.

Art. 99. A transferência do domínio ao posseiro de terras devolutas federais efetivar-se-á no competente processo administrativo de legitimação de posse, cujos atos e termos obedecerão às normas do Regulamento da presente Lei.

Art. 100. O título de domínio expedido pelo Instituto Brasileiro de Reforma Agrária será, dentro do prazo que o Regulamento estabelecer, transcrito no competente Registro Geral de Imóveis.

Art. 101. As taxas devidas pelo legitimante de posse em terras devolutas federais, constarão de tabela a ser periodicamente expedida pelo Instituto Brasileiro de Reforma Agrária, atendendo-se à ancianidade da posse, bem como às diversificações das regiões em que se verificar a respectiva discriminação.

Art. 102. Os direitos dos legítimos possuidores de terras devolutas federais estão condicionados ao implemento dos requisitos absolutamente indispensáveis da cultura efetiva e da morada habitual.

TÍTULO IV – DAS DISPOSIÇÕES GERAIS E TRANSITÓRIAS

Art. 103. A aplicação da presente Lei deverá objetivar, antes e acima de tudo, a perfeita ordenação do sistema agrário do País, de acordo com os princípios da justiça social, conciliando a liberdade de iniciativa com a valorização do trabalho humano.

§ 1º Para a plena execução do disposto neste artigo, o Poder Executivo, através dos órgãos da sua administração centralizada e descentralizada, deverá prover no sentido de facultar e garantir todas as atividades extrativas, agrícolas, pecuárias e agroindustriais, de modo a não prejudicar, direta ou indiretamente, o harmônico desenvolvimento da vida rural.

§ 2º Dentro dessa orientação, a implantação dos serviços e trabalhos previstos nesta Lei processar-se-á progressivamente, seguindo-se os critérios, as condições técnicas e as prioridades fixadas pelas mesmas, a fim de que a política de desenvolvimento rural de nenhum modo tenha solução de continuidade.

§ 3º De acordo com os princípios normativos deste artigo e dos parágrafos anteriores, será dada prioridade à elaboração do zoneamento e do cadastro, previstos no Título II, Capítulo IV, Seção III, desta Lei.

Art. 104. O Quadro de servidores do Instituto Brasileiro de Reforma Agrária será constituído de pessoal dos órgãos e repartições a ele incorporados, ou para ele transferidos, e de pessoal admitido na forma da lei.

§ 1º O disposto neste artigo não se aplica aos cargos ou funções cujos ocupantes estejam em exercício como requisitados, nos mencionados órgãos incorporados ou transferidos, bem como aos funcionários públicos civis ou militares, assim definidos pela legislação especial.

§ 2º O Instituto Brasileiro de Reforma Agrária poderá admitir, mediante portaria ou contrato, em regime especial de trabalho e salário, dentro das dotações orçamentárias próprias, especialistas necessários ao desempenho de atividades técnicas e científicas para cuja execução não dispuser de servidores habilitados.

§ 3º O Instituto Brasileiro de Reforma Agrária poderá requisitar servidores da administração centralizada ou descentralizada, sem prejuízo dos seus vencimentos, direitos e vantagens.

§ 4º Nenhuma admissão de pessoal, com exceção do parágrafo segundo, poderá ser feita senão mediante prestação de concurso de provas ou de títulos e provas.

§ 5º Os servidores da Superintendência da Política Agrária (SUPRA), pertencentes aos quadros do extinto Instituto Nacional de Imigração e Colonização (INIC), e do Serviço Social Rural (SSR) poderão optar pela sua lotação em qualquer órgão onde existirem cargos ou funções por eles ocupados.

Art. 105. Fica o Poder Executivo autorizado a emitir títulos, denominados Títulos da Dívida Agrária, distribuídos em séries autônomas, respeitado o limite máximo de circulação equivalente a 500.000.000 de OTN (quinhentos milhões de Obrigações do Tesouro Nacional). *("Caput" do artigo com redação dada pela Lei nº 7.647, de 19/1/1988)*

§ 1º Os títulos de que trata este artigo vencerão juros de seis por cento a doze por cento ao ano, terão cláusula de garantia contra eventual desvalorização da moeda, em função dos índices fixados pelo Conselho Nacional de Economia, e poderão ser utilizados:

a) em pagamento de até cinquenta por cento do Imposto Territorial Rural;

b) em pagamento de preço de terras públicas;

c) em caução para garantia de quaisquer contratos, obras e serviços celebrados com a União;

d) como fiança em geral;

e) em caução como garantia de empréstimos ou financiamentos em estabelecimentos da União, autarquias federais e sociedades de economia mista, em entidades ou fundos de aplicação às atividades rurais criadas para este fim;

f) em depósito, para assegurar a execução em ações judiciais ou administrativas.

§ 2º Esses títulos serão nominativos ou ao portador e de valor nominal de referência equivalente ao de 5 (cinco), 10 (dez), 20 (vinte), 50 (cinquenta) e 100 (cem) Obrigações do Tesouro Nacional, ou outra unidade de correção monetária plena que venha a substituí-las, de acordo com o que estabelecer a regulamentação desta Lei. *(Parágrafo com redação dada pela Lei nº 7.647, de 19/1/1988)*

§ 3º Os títulos de cada série autônoma serão resgatados a partir do segundo ano de sua efetiva colocação em prazos variáveis de cinco, dez quinze e vinte anos, de conformidade com o que estabelecer a regulamentação desta Lei. Dentro de uma mesma série não se poderá fazer diferenciação de juros e de prazo.

§ 4º Os orçamentos da União, a partir do relativo ao exercício de 1966, consignarão verbas específicas destinadas ao serviço de juros e amortização decorrentes desta Lei, inclusive as dotações necessárias para cumprimento da cláusula de correção monetária, as quais serão distribuídas automaticamente ao Tesouro Nacional.

§ 5º O Poder Executivo, de acordo com autorização e as normas constantes deste artigo e dos parágrafos anteriores, regulamentará a expedição, condições e colocação dos Títulos da Dívida Agrária.

Art. 106. A lei que for baixada para institucionalização do crédito rural tecnificado nos termos do artigo 83 fixará as normas gerais a que devem satisfazer os fundos de garantia e as formas permitidas para aplicação dos recursos provenientes da colocação, relativamente aos Títulos da Dívida Agrária ou de Bônus Rurais, emitidos pelos Governos Estaduais, para que estes possam ter direito à coobrigação da União Federal.

Art. 107. Os litígios judiciais entre proprietários e arrendatários rurais obedecerão ao rito processual previsto pelo artigo 685, do Código do Processo Civil.

§ 1º Não terão efeito suspensivo os recursos interpostos contra as decisões proferidas nos processos de que trata o presente artigo.

§ 2º Os litígios relativos às relações de trabalho rural em geral, inclusive as reclamações de trabalhadores agrícolas, pecuários, agroindustriais ou extrativos, são de competência da Justiça do Trabalho, regendo-se o seu processo pelo rito processual trabalhista.

Art. 108. Para fins de enquadramento serão revistos, a partir da data da publicação desta Lei, os regulamentos, portarias, instruções, circulares e outras disposições administrativas ou técnicas expedidas pelos Ministérios e Repartições.

Art. 109. Observado o disposto nesta Lei, será permitido o reajustamento das prestações mensais de amortizações e juros e dos saldos devedores nos contratos de venda a prazo de:

I - lotes de terra com ou sem benfeitorias, em projetos de Reforma Agrária e em núcleos de colonização;

II - máquinas, equipamentos e implementos agrícolas, a cooperativas agrícolas ou entidades especializadas em prestação de serviços e assistência à mecanização;

III - instalação de indústrias de beneficiamento, para cooperativas agrícolas ou empresas rurais.

§ 1º O reajustamento de que trata este artigo será feito em intervalos não inferiores a um ano, proporcionalmente aos índices gerais de preços, fixados pelo Conselho Nacional de Economia.

§ 2º Os contratos relativos às operações referidas no inciso I, serão limitados ao prazo máximo de vinte anos; os relativos às do inciso II ao prazo máximo de cinco anos; e os referentes às do inciso III ao prazo máximo de quinze anos.

§ 3º A correção monetária ...VETADO... não constituirá rendimento tributável dos seus beneficiários.

Art. 110. Será permitida a negociação nas Bolsas de Valôres do País, de *warrants* fornecidos pelos armazéns-gerais, silos e frigoríficos.

Art. 111. Os oficiais do Registro de Imóveis inscreverão obrigatoriamente os contratos de promessa de venda ou de hipoteca celebrados de acordo com a presente Lei, declarando expressamente que os valores deles constantes são meramente estimativos, estando sujeitos, como as prestações mensais, às correções de valor determinadas nesta Lei.

§ 1º Mediante simples requerimento, firmado por qualquer das partes contratantes, acompanhado da publicação oficial do índice de correção aplicado, os oficiais do Registro de Imóveis averbarão, à margem das respectivas instruções, as correções de valor determinadas por esta Lei, com indicação do novo valor do preço ou da dívida e do saldo respectivo, bem como da nova prestação contratual.

§ 2º Se o promitente comprador ou mutuário se recusar a assinar o requerimento de averbação das correções verificadas, ficará, não obstante, obrigado ao pagamento da nova prestação, podendo a entidade financiadora, se lhe convier, rescindir o contrato com notificação prévia no prazo de noventa dias.

Art. 112. Passa a ter a seguinte redação o artigo 38, alínea *b*, do Decreto nº 22.239, de 19 de dezembro de 1932, revigorado pelo Decreto-Lei nº 8.401, de 19 de dezembro de 1945:

"b) do beneficiamento, industrialização e venda em comum de produtos de origem extrativa, agrícola ou de criação de animais."

Art. 113. O Estabelecimento Rural do Tapajós, incorporado à Superintendência de Política Agrária pela Lei Delegada nº 11, de 11 de outubro de 1962, fica, para todos os efeitos legais e patrimoniais, transferido para o Ministério da Agricultura.

Art. 114. Para fins de regularização, os núcleos coloniais e as terras pertencentes ao antigo Instituto Nacional de Imigração e Colonização, incorporados à Superintendência de Política Agrária pela Lei Delegada referida no artigo anterior, serão transferidos:

a) ao Instituto Brasileiro de Reforma Agrária, os localizados nas áreas prioritárias de reforma agrária;

b) ao patrimônio do Instituto Nacional de Desenvolvimento Agrário, os situados nas demais áreas do País.

Art. 115. As atribuições conferidas à Superintendência de Política Agrária pela Lei Delegada nº 11, de 11 de outubro de 1962, e que não são transferidas para o Instituto Brasileiro de Reforma Agrária, ficam distribuídas pelos órgãos federais, na forma dos seguintes dispositivos:

I - para os órgãos próprios do Ministério da Agricultura transferem-se as atribuições de:

a) planejar e executar, direta ou indiretamente, programas de colonização visando à fixação e ao acesso à terra própria de agricultores e trabalhadores sem terra, nacionais ou estrangeiros, radicados no País, mediante a formação de unidades familiares reunidas em cooperativas nas áreas de ocupação pioneira e nos vazios demográficos e econômicos;

b) promover, supletivamente, a entrada de imigrantes necessários ao aperfeiçoamento e à difusão de métodos agrícolas mais avançados;

c) fixar diretrizes para o serviço de imigração e seleção de imigrantes, exercido pelo Ministério das Relações Exteriores, através de seus órgãos próprios de representação;

d) administrar, direta ou indiretamente, os núcleos de colonização fora das áreas prioritárias de Reforma Agrária;

II - para os órgãos próprios de representação do Ministério das Relações Exteriores, as atividades concernentes à seleção de imigrantes;

III - para os órgãos próprios do Ministério da Justiça e Negócios Interiores, os assuntos pertinentes à legalização de permanência, prorrogação e retificação de nacionalidade de estrangeiros, no território nacional;

IV - para a Divisão de Turismo e Certames, do Departamento Nacional de Comércio, do Ministério da Indústria e do Comércio, o registro e a fiscalização de empresas de turismo e venda de passagens;

V - para os órgãos próprios do Ministério do Trabalho e Previdência Social:

a) a assistência e o encaminhamento dos trabalhadores rurais migrantes de uma para outra região, à vista das necessidades do desenvolvimento harmônico do País;

b) a recepção dos imigrantes selecionados pelo Ministério das Relações Exteriores, encaminhando-os para áreas predeterminadas de acordo com as normas gerais convencionadas com o Ministério da Agricultura.

Art. 116. Fica revogada a Lei Delegada nº 11, de 11 de outubro de 1962, extinta a Superintendência de Política Agrária (SUPRA) e incorporados ao Instituto Brasileiro de Reforma Agrária, ao Ministério da Agricultura, ao Instituto Nacional do Desenvolvimento Agrário e aos demais Ministérios, na forma do art. 115, para todos os efeitos legais, jurídicos e patrimoniais, os serviços, atribuições e bens patrimoniais, na forma do disposto nesta Lei.

Parágrafo único. São transferidos para o Instituto Brasileiro de Reforma Agrária e para o Instituto Nacional do Desenvolvimento Agrário, quando for o caso, os saldos das dotações orçamentárias e dos créditos especiais destinados à Superintendência de Política Agrária, inclusive os recursos financeiros arrecadados e os que forem a ela devidos até a data da promulgação da presente Lei.

Art. 117. As atividades do Serviço Social Rural, incorporado à Superintendência de Política Agrária pela Lei Delegada nº 11, de 11 de outubro de 1962, bem como o produto da arrecadação das contribuições criadas pela Lei nº 2.613, de 23 de setembro de 1955, serão transferidas, de acordo com o disposto nos seguintes incisos:

I - ao Instituto Nacional do Desenvolvimento Agrário caberão as atribuições relativas à extensão rural e cinquenta por cento da arrecadação;

II - ao órgão do Serviço Social da Previdência que atenderá aos trabalhos rurais, ... VETADO ... caberão as demais atribuições e cinquenta por cento da arrecadação. Enquanto não for criado esse órgão, suas atribuições e arrecadações serão da competência da autarquia referida no inciso I;

III - VETADO.

Art. 118. São extensivos ao Instituto Brasileiro de Reforma Agrária os privilégios da Fazenda Pública no tocante à cobrança dos seus créditos e processos em geral, custas, prazos de prescrição, imunidades tributárias e isenções fiscais.

Art. 119. Não poderão gozar dos benefícios desta Lei, inclusive a obtenção de financiamentos, empréstimos e outras facilidades financeiras, os proprietários de imóveis rurais, cujos certificados de cadastro os classifiquem na forma prevista no artigo 4°, inciso V.

§ 1º Os órgãos competentes do Instituto Brasileiro de Reforma Agrária e do Ministério da Agricultura, poderão acordar com o proprietário, a forma e o prazo de enquadramento do imóvel nos objetivos desta Lei, dando deste fato ciência aos estabelecimentos de crédito de economia mista.

§ 2º VETADO.

Art. 120. É instituído o Fundo Agro-Industrial de Reconversão, com a finalidade de financiar projetos apresentados por proprietários cujos imóveis rurais tiverem sido desapropriados contra pagamento por meio de Títulos da Dívida Agrária.

§ 1º O Fundo, administrado pelo Banco Nacional do Desenvolvimento Econômico (BNDE), terá as seguintes fontes:

I - dez por cento do Fundo Nacional de Reforma Agrária;

II - recursos provenientes de empréstimos contraídos no País e no exterior;

III - resultado de suas operações;

IV - recursos próprios do Banco Nacional de Desenvolvimento Econômico ou de outras entidades governamentais que venham a ser atribuídos ao Fundo.

§ 2º O Fundo somente financiará projetos de desenvolvimento agropecuário ou industrial, que satisfaçam as condições técnicas e econômicas estabelecidas pelo Banco Nacional de Desenvolvimento Econômico e que se enquadrem dentro dos critérios de propriedade fixados pelo Ministério Extraordinário para o Planejamento e Coordenação Econômica.

§ 3º Os encargos resultantes do financiamento, inclusive amortização e juros, serão liquidados em Títulos da Dívida Agrária.

§ 4º Dentro dos recursos do Fundo, o financiamento será concedido em total nunca superior a cinquenta por cento do montante dos Títulos da Dívida Agrária que tiverem entrado na composição do preço da desapropriação.

Art. 121. É o Poder Executivo autorizado a abrir, pelo Ministério da Agricultura, o crédito especial de Cr$ 100.000.000,00 (cem milhões de cruzeiros) para atender às despesas de qualquer natureza com a instalação, organização e funcionamento do Instituto Brasileiro de Reforma Agrária, bem como as relativas ao cumprimento do disposto nesta Lei.

Art. 122. O Poder Executivo, dentro do prazo de cento e oitenta dias, a partir da publicação da presente Lei, deverá baixar a regulamentação necessária à sua execução.

Art. 123. O critério da tributação constante do Título III, Capítulo I, passará a vigorar a partir de 1° de janeiro de 1965.

Parágrafo único. Do Imposto Territorial Rural, calculado na forma do disposto no art. 50 e seus parágrafos serão feitas, nos três primeiros anos de aplicação desta Lei, as seguintes deduções:

a) no primeiro ano, setenta e cinco por cento do acréscimo verificado entre o valor apurado e o imposto pago no último exercício anterior à aplicação da Lei;

b) no segundo ano, cinquenta por cento do acréscimo verificado entre o valor apurado naquele ano e o imposto pago no último exercício anterior à aplicação da Lei, com a correção monetária pelos índices do Conselho Nacional de Economia;

c) no terceiro ano, vinte e cinco por cento do acréscimo verificado para o respectivo ano, na forma do disposto na alínea anterior.

Art. 124. A aplicação do disposto no art. 19, § 2°, *a* e *b*, só terá a vigência respectivamente a partir das datas de encerramento da inscrição do cadastro das propriedades agrícolas e da de declaração do Imposto de Renda relativa ao ano-base de 1964.

Art. 125. Dentro de dez anos contados da publicação da presente Lei ficam isentas do pagamento do imposto sobre lucro imobiliário as transmissões de imóveis rurais realizadas com o objetivo imediato de eliminar latifúndio ou efetuar reagrupamentos de glebas, no propósito de corrigir minifúndios, desde que tais objetivos sejam verificados pelo Instituto Brasileiro de Reforma Agrária.

Art. 126. A Carteira de Colonização do Banco do Brasil, sem prejuízo de suas atribuições legais, atuará como entidade financiadora nas operações de venda de lotes rurais ...VETADO.

§ 1º As Letras Hipotecárias que o Banco do Brasil está autorizado a emitir, em provimento de recursos e em empréstimos da sua Carteira de Colonização, poderão conter cláusula de garantia contra eventual desvalorização de moeda, de acordo com índices que forem sugeridos pelo Conselho Nacional de Economia, assegurando ao mesmo Banco o ressarcimento de prejuízos já previstos no artigo 4º da Lei nº 2.237, de 19 de junho de 1954.

§ 2º Caberá à Diretoria do Banco do Brasil fixar o limite do valor dos empréstimos que o Banco fica autorizado a realizar no País ou no estrangeiro para aplicação, pela sua Carteira de Colonização, revogado, portanto o limite estabelecido no parágrafo único do art. 8º da Lei número 2.237, de 19 de junho de 1964, e as disposições em contrário.

Art. 127. VETADO.

Art. 128. Esta Lei entrará em vigor na data de sua publicação, revogadas as disposições em contrário.

Brasília, 30 de novembro de 1964,
143º da Independência e 76º da República.
H. CASTELLO BRANCO
Milton Soares Campos
Ernesto de Mello Baptista
Arthur da Costa e Silva
Vasco da Cunha
Octavio Gouveia de Bulhões
Juarez Tavora
Hugo de Almeida Leme
Flávio Suplicy de Lacerda
Arnaldo Sussekind
Nelson Lavenère Wanderley
Raymundo de Brito
Daniel Faraco
Mauro Thibau
Roberto Campos
Osvaldo Cordeiro de Farias

DECRETO Nº 59.428, DE 27 DE OUTUBRO DE 1966

Regulamenta os Capítulos I e II do Título II, o Capítulo II do Título III, e os arts. 81 – 82 – 83 – 91 – 109 – 111 – 114 – 115 e 126 da Lei nº 4.504, de 30 de novembro de 1964, o art. 22 do Decreto-lei nº 22.239, de 19 de dezembro de 1932, e os arts. 9 – 10 – 11 – 12 – 22 e 23 da Lei nº 4.947, de 6 de abril de 1966.

› *Vide art. 290-A , IV, Lei n. 6.015/1973 (Registros Públicos)*

O PRESIDENTE DA REPÚBLICA, usando das atribuições que lhe confere o inciso I, do art. 87 da Constituição Federal,

DECRETA:

COLONIZAÇÃO E OUTRAS FORMAS DE ACESSO À PROPRIEDADE

CAPÍTULO I – DOS PRINCÍPIOS E DEFINIÇÕES

Art. 1º A política de acesso a propriedade rural, a ser desenvolvida na forma estabelecida nº 4.504, de 30 de novembro de 1964 (Estatuto da Terra) terá por objetivos primordiais:

I - Promover medidas destinadas a melhorar a estrutura agrária do País;

II - Vincular à propriedade, quem trabalha a terra agrícola satisfazendo normas sóciofundiárias que mais se ajustem à dignificação da pessoa humana.

Art. 2º A obtenção dos meios de acesso à propriedade rural resultará de:

I - No caso do Poder Público:

a) desapropriação por interesse social;

b) compra e venda;

c) doação;

d) arrecadação dos bens vagos;

e) permuta;

f) incorporação de terras devolutas vagas ou ilegalmente ocupadas.

II - No caso de iniciativa particular:

a) compra e venda;

b) doação;

c) permuta;

d) herança ou legado;

e) legitimação de posse.

Art. 3º Para o acesso a propriedade rural serão promovidas pelo Poder Público as seguintes medidas:

I - Seleção e utilização de áreas onde se faça necessária a colonização, obedecida a regionalização estabelecida, pelo artigo 43 do Estatuto da Terra;

II - Implantação de núcleos de colonização agrícola ou agroindustrial em terras que estejam incorporadas ou em processo de incorporação ao patrimônio público ou particular;

III - Recrutamento e seleção de indivíduos ou famílias, dentro ou fora do território nacional, incluindo, quando for o caso, seu transporte, recepção, hospedagem e encaminhamento para colocação e definitiva integração nos núcleos referidos no inciso II;

IV - Assistência e estímulo ao parceleiro rural, nas várias formas previstas no art. 73 do Estatuto da Terra;

V - Demais meios complementares previstos na legislação em vigor, incluindo a coordenação dos recursos destinados aos programas de colonização oficial.

Art. 4º Os órgãos competentes para promover a política de colonização, cuja metodologia será fixada por atos normativos do Instituto Brasileiro de Reforma Agrária são:

I - O IBRA, nas áreas declaradas prioritárias, em conformidade com o disposto no § 2º do art. 43 e no artigo 58 do Estatuto da Terra;

II - O Instituto Nacional do Desenvolvimento Agrário nas regiões do País não incluídas em áreas prioritárias, nos termos da Lei número 4.504;

III - Os Órgãos doe Desenvolvimento Regional referidos na alínea "c" do § 2º art. 73 do Estatuto da Terra e os demais órgãos de administração centralizada e descentralizada federais interestaduais e estaduais, destinados a promover a colonização, observado o disposto no art. 58 § 1º da Lei nº 4.504;

IV - Entidades e fundações, nacionais e estrangeiras, de assistência técnica ou financeira que participem de projetos de colonização, e empresas particulares que se habilitem para atividades colonizadoras, nos termos da Lei nº 4.504, e deste Regulamento.

§ 1º O IBRA poderá diretamente, ou através e acordos ou convênios com entidades públicas ou particulares, promover a transferência de populações de áreas prioritárias e sua fixação em outras regiões de atividades colonizadoras.

§ 2º Nas demais regiões, a transferência e fixação de populações serão coordenadas pelo INDA, e executadas por este, pelos governos estaduais ou por entidades de valorização regional mediante convênios, conforme o disposto no § 1º do artigo 58 do Estatuto da Terra.

Art. 5º Colonização é toda atividade oficial ou particular destinada a dar acesso à propriedade da terra e a promover seu aproveitamento econômico, mediante o exercício de atividades agrícolas, pecuárias e agro-industriais, através da divisão em lotes ou parcelas, dimensionados de acordo com as regiões definidas na regulamentação do Estatuto da Terra, ou através das cooperativas de produção nela previstas.

§ 1º A colonização em áreas prioritárias terá por objetivo promover o aproveitamento econômico da terra, preferencialmente pela sua divisão em propriedades familiares congregados os parceleiros em cooperativas ou mediante formação de cooperativas de colonização de tipo coletivo.

§ 2º A colonização com fins de povoamento e segurança nacional terá caráter pioneiro, devendo a área das parcelas ajustar-se, sempre que possível, às características das pequena e média empresas rurais, definidas nos termos da Lei, e em especial no § 2º do art. 60 do Estatuto da Terra e sua regulamentação.

Art. 6º Nas regiões definidas nos incisos II e III do art. 43 do Estatuto da Terra, através da criação de propriedades familiares e pequenas e médias empresas rurais, a colonização visará:

a) ao aproveitamento de área cuja exploração seja inadequada e acarrete o uso predatório dos recursos naturais, ou cujos proprietários não disponham de meios para adoção de práticas conservacionistas;

b) ao aproveitamento de áreas incluídas em planos preferenciais de implantação de grandes obras de infraestrutura;

c) ao aproveitamento de áreas situadas nas bacias de irrigação de açudes públicos ou particulares;

d) ao aproveitamento de áreas de bacias hidrográficas que possibilitem o uso múltiplo de suas águas;

e) à fixação de migrantes ao longo dos eixos viários.

Art. 7º O INDA poderá criar núcleos de colonização visando a fins especiais, e articular-se com o Ministério da Guerra para, com assistência militar, estabelecer tais unidades na fronteira continental.

Parágrafo único. As atividades colonizadoras desenvolvidas na faixa de 150 quilômetros ao longo das fronteiras do País deverão enquadrar-se em programas especiais de colonização a serem estabelecidas pelo IBRA, com a prévia audiência da comissão Especial da Faixa de Fronteiras.

Art. 8º Núcleos de Colonização é a unidade fundamental para o estabelecimento de agricultores, baseada na propriedade adequada à região considerada dimensionada na forma do parágrafo único do art. 67 do Estatuto da Terra, e caracterizada por um conjunto de lotes rurais e urbanos, integrados por uma sede administrativa, serviços técnico e comunitários.

Art. 9º Distrito de Colonização e a unidade constituída por três ou mais núcleos, contíguos ou proximamente interligados por vias públicas, subordinados a uma única chefia, e integrados por serviços gerais administrativos, técnicos e comunitários.

Art. 10. Parceleiro é todo aquele que tenha adquirido lotes ou parcelas em áreas destinadas a Reforma Agrária ou à colonização pública ou particular.

Art. 11. Administrador de núcleos ou de distrito de Colonização é o responsável pela implantação, coordenação e consolidação dos serviços ou atividades técnicas, administrativas ou comunitárias das unidades de colonização, até a sua emancipação total.

Art. 12. Empresa particular de colonização é a pessoa física ou jurídica de direito privado, que tenha por finalidade promover o acesso à propriedade da terra e o seu aproveitamento econômico, por meio da divisão em propriedades adequadas à região considerada, ou do sistema cooperativo.

Art. 13. São consideradas formas complementares de acesso a propriedade da terra:

a) os loteamentos rurais destinados à urbanização, industrialização e formação de sítios de recreio;

b) os loteamentos rurais destinados à utilização econômica da terra através da exploração agrícola, pecuária, extrativa ou agro-industrial;

c) as áreas resultantes do desmembramento de imóveis rurais, cuja transferência a terceiros será financiada pelo IBRA na forma deste Regulamento;

d) as novas parcelas resultantes do processo de remembramento de minifúndios.

CAPÍTULO II – DA METOLOGIA DA COLONIZAÇÃO

SEÇÃO I – DAS FINALIDADES E OBJETIVOS

Art. 14. O IBRA e o INDA são órgãos executores da colonização oficial, dotados em suas áreas de atuação, de prerrogativas de direção e fiscalização das atividades colonizadoras públicas ou particulares.

Art. 15. A colonização será executada em terras demarcadas e legalizadas, cujos títulos permitam a transferência jurídica de domínio e posse das parcelas, tendo em vista:

I - A exploração da terra sob as formas de propriedade familiar, de empresa rural e de cooperativa;

II - A integração e o progresso econômico-social do parceleiro;

III - A conservação dos recursos naturais;

IV - A recuperação social e econômica de determinadas áreas;

V - A racionalização do trabalho agrícola.

Art. 16. Para a ocupação das parcelas dos núcleos de colonização serão recrutados, dentro ou fora do território nacional, indivíduos ou famílias de comprovada vocação agrícola.

Parágrafo único. As atribuições referentes à seleção de imigrantes são da competência do Ministério das Relações Exteriores, conforme diretrizes fixadas pelo Ministério da Agricultura através do INDA, em articulação com o Ministério do Trabalho e Previdência Social, cabendo também ao INDA a recepção e o encaminhamento dos imigrantes.

Art. 17. Os programas de colonização deverão ser executados com a utilização de terras públicas ou particulares agroeconomicamente aproveitáveis, e daqueles com acentuada ocorrência de minifúndios ou de latifúndios, verificadas em qualquer caso, as seguintes condições:

a) existência de estudos básicos de avaliação dos recursos naturais;

b) existência de mercados internos ou de centros de exportação a distâncias econômicas;

c) condições de salubridade e saneamento;

d) existência de fluxo migratório natural;

e) existência de precárias relações de trabalho e baixa produção.

SEÇÃO II – DA ORGANIZAÇÃO DA COLONIZAÇÃO

Art. 18. Os programas de colonização serão baseados na formação de grupamentos de lotes em núcleos de colonização e, destes em distritos, quando for o caso.

Art. 19. Os lotes de colonização, nos termos e condições estabelecidas neste Regulamento, podem ser:

I - Parcelas - quando se destinarem ao trabalho agrícola do parceleiro e de sua família, cuja moradia, quando não for no próprio local, terá de ser no centro, da comunidade a que correspondam.

II - Urbanos - quando se destinarem a constituir o centro da comunidade, incluindo:

a) as residências dos trabalhadores dos vários serviços implantados nos núcleos ou distritos e eventualmente a dos próprios parceleiros;

b) as instalações necessárias à localização dos serviços administrativos essenciais, bem como das atividades cooperativas, comerciais, artesanais e industriais;

§ 1º A área das parcelas será determinada quando da elaboração do projeto respectivo de Colonização, em função de sua destinação agrícola, do mínimo de força de trabalho exigido para a construção da propriedade familiar e das condições geo-econômica da região.

§ 2º A área dos lotes urbanos será determinada em função das posturas municipais adotadas para a região, procurando-se, sempre que possível sua adequação ao chamado tipo "para rural", afim de permitir sua utilização em atividades hortigranjeiras, de caráter doméstico.

Art. 20. Serão consideradas de reserva ou de uso coletivo dos núcleos de colonização, as áreas que:

a) contenham riquezas minerais exploráveis;

b) por suas características topográficas e ecológicas não possuam condições de aproveitamento imediato;

c) sejam necessárias a conservação dos recursos naturais;

d) devem ser protegidas e preservadas para fins educativos, cênicos, recreativos ou turísticos;

e) destinem-se a atividades agropecuárias ou florestais em escala organizada.

Art. 21. Escolhida a área para o núcleo, deverá ser elaborado o respectivo anteprojeto que, em linhas gerais, conterá:

I - Caracterização sumária dos aspectos físicos da área, incluindo:

a) denominação e localização;

b) topografia, superfície e limites;

c) vias de acesso e comunicações;

d) índices climáticos;

e) cobertura vegetal;

f) solos;

g) hidrologia.

II - Esquema da organização proposta para a área incluindo:

a) objetivos sociais e econômicos;

b) número de unidades e tipos de parcelas, e respectiva exploração econômica, no caso de exploração parcelada;

c) indicação das obras de infra-estrutura e dos serviços essenciais a serem instalados nos centros comunitários;

d) organização técnico-administrativa prevista para a implantação e administração do conjunto.

III - Características sociais, econômicas e financeiras incluindo:

a) estrutura da cooperativa ou de outros órgãos de assistência aos parcelerios;

b) condições de mercado e possibilidades de comercialização da produção;

c) custo provável dos investimentos, seu esquema de aplicação e demonstração da rentabilidade e viabilidade do projeto;

d) fontes de financiamento;

e) formas de adjudicação das parcelas.

IV - Justificação econômica e social do projeto, com base na relação entre custos e benefícios, diretos e indiretos.

Parágrafo único. Na formulação do anteprojeto será exigida a fixação de prazo para apresentação do projeto, nas condições previstas no presente Regulamento e instruções respectivas.

Art. 22. São condições para aprovação e registro do projeto, além do detalhamento do anteprojeto e de atendimento das exigências feitas para sua aprovação, a satisfação das seguintes obrigações mínimas:

I - levantamento socioeconômico da área;

II - tipos e unidades de exploração econômica perfeitamente determinados e caracterizados;

III - valor e modalidade de amortização de cada tipo de lote;

IV - organização territorial da área, por meio de plano de parcelamento ou cooperativo, incluindo:

a) locação de estradas de acesso, de penetração e caminhos vicinais;

b) divisão em lotes e forma de execução de respectivo piqueteamento.

V - Inclusão, nos núcleos-sede de distritos e colonização, dos seguintes serviços e equipamentos:

a) instalações, incluindo residências destinadas ao pessoal técnico-administrativo e aos trabalhadores em geral;

b) serviço educacional de níveis elementar e médio; assistência médico-hospitalar, recreativa e religiosa;

c) cooperativas mistas agrícolas, incluindo instalações para beneficiamento dos produtos, máquinas, instrumentos e material agrícola em geral para revenda aos parceleiros;

d) campos de demonstração, multiplicação e experimentação destinados a culturas ou criações próprias da região ou de outras economicamente aconselháveis, incluindo lotes-padrão segundo orientação contida no projeto.

VI - Inclusão nos núcleos, quando agregados a distritos de colonização, de um centro comunitário abrangendo:

a) serviço educacional de nível elementar;

b) posto de saúde ou ambulatório;

c) cooperativa para atendimento aos parceleiros.

VII - Os núcleos de colonização quando instalados em áreas isoladas, deverão conter o mínimo compatível com os serviços essenciais previstos no projeto respectivo, ao nível do distrito.

Art. 23. A criação dos núcleos federais de colonizações será efetivada através de ato da Diretoria do IBRA ou do INDA, conforme o caso, após aprovação do anteprojeto.

Art. 24. A delimitação da jurisdição de cada núcleo federal de colonização e sua vinculação a um distrito de colonização, se for o caso, serão fixados quando da elaboração do projeto respectivo, sujeitos a modificações por ato da administração superior, quando conveniente.

Parágrafo único. As dimensões mínimas e máximas de áreas e os limites máximo e mínimo do número de parcelas dos núcleos federais de colonização serão fixados em instruções a serem baixadas pelo IBRA.

Art. 25. Os núcleos e distritos federais de colonização, para execução e controle de suas atividades técnico-administrativas, deverão dispor, basicamente, dos seguintes setores:

I - de atividades administrativas, incluindo a recepção e encaminhamento dos parceleiros;

II - de organização comunitária;

III - de promoção agrária, incluindo capacitação dos parceleiros e assistência técnica.

Parágrafo único. Devido à transitoriedade dos empreendimentos da colonização federal, o pessoal em serviço nos núcleos e distritos será em princípio, de caráter temporário.

Art. 26. O núcleo ou distrito de colonização federal será administrado por profissional qualificado que, devidamente credenciado, representará o Poder Público na área do projeto.

§ 1º Quando da implantação do empreendimento, com base no cronograma geral do projeto, o administrador promoverá a execução de cada etapa, assim como a prévia montagem dos projetos de execução.

§ 2º O núcleo ou distrito de colonização contará com equipes interdisciplinares, que, sob a coordenação do administrador, se responsabilização pela implantação e consolidação do projeto e dos serviços nele previstos, até sua definitiva transferência a cooperativa.

§ 3º Até a emancipação do empreendimento, deverá a equipe administrativa residir na área do núcleo ou distrito.

§ 4º As cooperativas e associações de parceleiros existentes na área, ou a serem organizadas, deverão integrar-se progressivamente na implantação do empreendimento.

Art. 27. O núcleo ou distrito de colonização será considerado:

a) em início de implantação, quando executados os serviços e obras básicos previstos no projeto, incluindo lotes demarcados, estradas, pontes e serviços comunitários;

b) com a implantação consolidada, quando, além de satisfazer as condições da alínea anterior, possuir todas as parcelas efetivamente ocupadas e cultivadas;

c) emancipação, quando além de satisfazer as condições das alíneas anteriores, tenha dois terços das parcelas com mais de cinco anos de assinatura do respectivo instrumento de promessa de compra e venda, e a comunidade esteja social e economicamente apta a se desenvolver, dispondo de uma organização interna que lhe assegure uma vida administrativa própria.

Art. 28. A emancipação dos núcleos e distritos federais de colonização será declarada por ato da Diretoria do IBRA ou do

INDA, conforme o caso, e acarretará sua integração na vida autônoma do respectivo Município ou Estado.

Parágrafo único. Os núcleos vinculados a um distrito de colonização, poderão, quando conveniente, ser emancipados isoladamente.

Art. 29. O custo operacional do núcleo ou distrito de colonização será, na fase de consolidação da implantação, transferido, progressivamente, aos proprietários das parcelas, através de cooperativas ou outras entidades que os congreguem.

CAPÍTULO III – DAS COOPERATIVAS EM PROGRAMAS DE COLONIZAÇÃO

Art. 30. A cooperativa de colonização do tipo de exploração coletiva caracteriza-se pelo trabalho conjunto de seus associados, em atividades de cultivo, extração, criação e industrialização rural, em terras ou imóveis que possua, e com recursos próprios ou obtidos através de financiamento.

Art. 31. A cooperativa de colonização ou de produção agrícola de tipo coletivo realizará seu objetivo em função de programação que obedeça à metodologia e demais disciplinas estabelecidas pelo IBRA, e atenda aos seguintes princípios:

a) O capital da cooperativa será calculado em função dos recursos financeiros necessários à aquisição de terras e imóveis destinados à exploração comum, bem como aos investimentos produtivos e à legalização de títulos de propriedade, obrigando-se a cooperativa a lançar na conta-corrente do livro de matrícula dos associados, as quotas-partes do capital correspondentes a cada um deles;

b) A produção colhida e elaborada, os bens e instrumentos de produção, a propriedade e o uso das terras e imóveis pertencem à empresa, sendo indivisíveis entre os associados, mesmo em caso de liquidação da sociedade;

c) em caso de dissolução da sociedade, depois de restituídos o capital e juros de seus associados, e de liquidados os compromissos e obrigações contraídos, o seu patrimônio residual será transferido a outra organização congênere registrada no IBRA, ou incorporação ao Fundo Nacional de Reforma Agrária, pela forma que melhor consulte aos interesses sociais;

d) O regime de trabalho atenderá à programação anual de atividades, mediante atribuição, a cada associado, de encargos e tarefas específicas de acordo com sua capacitação profissional;

e) A título de participação antecipada nas sobras financeiras do exercício, cada associado receberá uma quota mensal de adiantamento em dinheiro, correspondente ao trabalho realizado, segundo critério previamente estabelecido pela Administração;

f) Procedido o balanço anual com dedução das despesas de administração, das taxas de amortização dos investimentos, das percentagens destinadas aos fundos previstos no estatuto, o saldo será rateado entre os associados proporcionalmente ao valor dos adiantamentos recebidos durante o exercício, com ressalva do que dispõe o art. 19 do Regulamento aprovado pelo Decreto nº 58.197, de 15 de abril de 1966.

Art. 32. A cooperativa de colonização do tipo de exploração individual, dividirá a terra em lotes ou parcelas, com observância da metodologia estabelecida pelo IBRA.

§ 1º Os associados são obrigados a entregar à cooperativa, parte ou a totalidade de sua produção, na forma contratual convencionada, para ser comercializada pela mesma, mediante garantia de melhor preço nas liquidações e participação dos mesmos associados nas sobras do exercício, em razão de seu movimento operacional.

§ 2º Aplica-se a este tipo de cooperativa, no que couber, o procedimento geralmente adotado nas cooperativas de vendas em comum quanto a composição do capital formação de fundos financeiros e liquidação da sociedade.

Art. 33. A Cooperativa Integral de Reforma Agrária definida no Estatuto da Terra e no Regulamento aprovado pelo Decreto nº 58.197, de 15 de abril de 1966, obedecerá ao que neles se dispõe, e mais aos seguintes princípios, como alternativas de solução:

a) No caso de o projeto de colonização abranger área que, por sua extensão, possa dificultar o acesso de associados a seus serviços, a administração será descentralizada através de postos para distribuição de artigos de consumo pessoal, doméstico e profissional e recebimento de produção destinados à comercialização centralizada;

b) Quando a descentralização for justificada, a administração da CIRA, com anuência do delegado do IBRA, delegará competência a uma comissão executiva local, integrada no mínimo por três associados, para que assuma a responsabilidade da gestão delegada, ou contratará para isso gerentes, associados ou não, que se comprometerão a prestar contas em prazos a serem estabelecidos;

c) Sempre que houver conveniência na descentralização dos serviços através da gestão delegada ou contratada, o núcleo local ou regional de parceleiros atendidos pelos postos, reunir-se-á em assembleias seccionais mensais, para debate de seus problemas e encaminhamento de sugestões à administração central.

Art. 34. É lícita a integração dos diversos tipos de cooperativas em cooperativas centrais ou em federações específicas, mediante prévia aprovação do IBRA.

Parágrafo único. Qualquer que seja a categoria da cooperativa comprometida com programas de colonização e reforma agrária, seu registro será feito no INDA, com prévia audiência do IBRA.

Art. 35. Somente quando se verificar a contribuição financeira do Poder Público, designará o IBRA um delegado para atuar junto à CIRA, com as atribuições previstas no Regulamento, aprovado pelo Decreto número 58.197, de 15 de abril de 1966, e no estatuto-padrão aprovado pela Diretoria Plena do IBRA.

Parágrafo único. Nos demais casos a atuação governamental efetivar-se-á através da fiscalização geral sobre as empresas colonizadoras e cooperativas, realizada, isolada ou cumulativamente, pelo IBRA e pelo INDA.

Art. 36. Caberá ao IBRA, ao INDA e a outras instituições e empresas que atuem em colonização, estabelecer em cada caso concreto o cronograma e o procedimento para a transferência dos bens e dos serviços de infraestruturade seus projetos às cooperativas neles existentes.

Parágrafo único. Em todos os casos de execução integral ou parcial de projetos de colonização, caberá às cooperativas assumir direta e, imediatamente, a prestação dos seguintes serviços:

a) fornecimento de gêneros alimentícios, vestuários e artigos de uso pessoal e doméstico;

b) fornecimento de insumos reclamados pela atividade profissional dos parceleiros associados;

c) manutenção, por conta própria ou mediante convênio com entidades públicas e privadas, de campos de demonstração de práticas agrícolas e de produção de mudas e sementes selecionadas para suprimento aos associados;

d) organização do serviço de transporte da produção dos associados, de suas parcelas para os postos e depósitos, e destes para os mercados de consumo;

e) contratação de operações de crédito e seguro para financiamento das safras e de melhorias nas parcelas dos associados, bem como para seus investimentos próprios segundo previsão contida nos projetos de colonização.

Art. 37. As empresas particulares de colonização são obrigadas a incluir em seus projetos a organização de cooperativas mistas na forma do Decreto nº 22.239, de 19 de dezembro de 1932, de modo a lhes assegurar condições de sobrevivência econômica em nível satisfatório, depois da execução dos mesmos projetos.

Parágrafo único. Se tais empresas já possuírem serviço de fornecimento de gêneros de consumo e de material de uso profissional, deverão transferi-lo às cooperativas referidas neste artigo pela forma contratual mais adequada a salvaguarda dos interesses das partes.

Art. 38. Quando se tratar de CIRA que assuma imediatamente, ou venha posteriormente a assumir, mais atribuições do que as mínimas estabelecidas no parágrafo único do Art. 36, o IBRA se obrigará a selecionar e capacitar gerentes técnicos para as suas unidades industriais ou de infraestrutura, e a custear sua contratação até a data em que for declarada a emancipação dos respectivos núcleos.

Parágrafo único. Constará obrigatoriamente dos contratos de locação de serviço de gerentes técnicos de unidades industriais ou de infraestrutura, o compromisso de eles treinarem pessoal próprio da CIRA para dar continuidade às suas atividades quando vencerem os respectivos contratos.

CAPÍTULO IV – DO FINANCIAMENTO E DO SEGURO EM PROGRAMAS DA COLONIZAÇÃO

SEÇÃO I – DOS ÓRGÃOS FINANCIADORES

Art. 39. A colonização oficial ou particular contará para os estudos e a execução de seus projetos, inclusive para fins de Reforma Agrária, com a assistência creditícia dos órgãos que integram o Sistema Nacional de Crédito Rural, enumerados no Art. 7º da Lei nº 4.829, de 5 de novembro de 1965 e do Art. 8º do Regulamento da mesma lei, aprovado pelo Decreto número 58.380, de 10 de maio de 1966.

Art. 40. Os recursos destinados ao financiamento dos projetos de colonização são originários do Fundo Nacional de Reforma Agrária, das contribuições financeiras dos órgãos e entidades de valorização regional vinculados ao IBRA por convênio, bem como dos proporcionados pelo Sistema Nacional de Crédito Rural na forma prevista no Art. 16 da Lei número 4.829, de 5 de novembro de 1965.

Art. 41. As operações de crédito rural que forem realizadas pelo IBRA e pelo INDA, diretamente ou através de convênios, obedecerão às modalidades do crédito orientado, aplicadas às finalidades previstas na Lei número 4.504, de 30 de novembro de 1964.

Art. 42. Além da forma de crédito orientado, o Sistema Nacional de Crédito Rural atenderá, à modalidade de crédito especial para financiamento de programas de distribuição de terras, na forma prevista no Art. 15 do Regulamento aprovado pelo Decreto nº 58.380, de 10 de maio de 1966.

Art. 43. O INDA e o IBRA, em colaboração com os órgãos do Ministério da Agricultura, o Conselho Monetário Nacional e o Banco Central da República do Brasil, promoverão as medidas legais necessárias à maior difusão do crédito rural tecnificado, inclusive a fixação de norma de contrato padrão de financiamento que assegura proteção ao agricultor em todas as fases de sua atuação.

§ 1º Dentre as modalidades e facilidades operacionais para assistência a parceleiros, a outros agricultores e a suas cooperativas, deverão ser incluídos, os descontos de títulos oriundos de operações de financiamento ou de venda de produtos, máquinas, implementos e utilidades agrícolas necessárias ao custeio de safras, construção de benfeitorias e melhoramentos fundiários.

§ 2º As autoridades monetárias poderão determinar que, dos depósitos compulsórios dos bancos particulares, à sua ordem, sejam deduzidas as quantias a serem utilizadas em operações de crédito rural.

Art. 44. Sem prejuízo de outras atribuições legais de sua competência, os órgãos integrantes do Sistema Nacional de Crédito Rural, atuarão como entidades financiadoras nas operações de compra e venda de lotes rurais, tanto nos programas oficiais como nos das empresas particulares de colonização com projetos registrados.

Art. 45. A assistência creditícia de que trata o artigo anterior compreenderá financiamentos destinados aos seguintes fins:

a) aquisição de pequenas propriedades rurais situadas em regiões propícias à colonização e que apresentam condições favoráveis à exploração em qualquer de suas modalidades;

b) aquisição de áreas adequadas à colonização para o fim de loteamento e venda;

c) custeio da medição, demarcação, tapumes, construção de benfeitorias, obras de irrigação, açudagem, força e luz, saneamento e outra que forem indispensáveis ao loteamento, à formação e exploração da propriedade rural em núcleos de colonização, cujos planos se enquadrem na metodologia e orientação técnica do IBRA;

d) formação de culturas permanentes e temporárias recomendáveis ao melhor aproveitamento de tais áreas, segundo programação estabelecida nos respectivos projetos de colonização;

e) aquisição de móveis, utensílios, animais de serviços, plantéis de criação, máquinas agrícolas, viaturas, sementes, adubos, inseticidas, fungicidas e outros bens ou utilidades necessários à fixação de parceleiros e agricultores nas propriedades;

f) construção de estradas internas ou de acesso às vias de comunicação necessárias ao transporte da produção dos imóveis financiados;

g) deslocamento, transporte e colocação de agricultores nacionais ou estrangeiros, mediante planos aprovados pelo IBRA ou pelo INDA, conforme o caso;

h) despesas de manutenção de parceleiros e suas famílias até o término da colheita da segunda safra, após sua fixação nas parcelas ou lotes a que se destinarem;

i) construção ou custeio de obras de assistência social e religiosa, inclusive escolas e ambulatórios indispensáveis ao bem-estar moral e à saúde individual dos parceleiros localizados em núcleos de colonização;

j) despesas de organização e instalação das Cooperativas Integrais de Reforma Agrária a serem implantadas nas áreas prioritárias a que se refere o Art. 43 do Estatuto da Terra ou de outras cooperativas de parceleiros e trabalhadores localizados em núcleos de colonização;

l) fomento e organização de empresas de colonização que observem a política de colonização, inclusive no que tange à imigração dirigida;

m) recuperação do capital aplicado em qualquer dos fins indicados, por empresa de imigração e colonização nacionais ou estrangeiras, desde que os recursos deferidos se destinem, a novos investimentos da mesma natureza ou enquadrados nas atividades imigratórias ou colonizadoras;

n) exploração de imóveis rurais em moldes de colonização, por agricultores ou criadores que se proponham a executá-la mediante planos e orçamentos elaborados ou aprovados pelo IBRA ou pelo INDA, conforme o caso.

SEÇÃO II – DO FINANCIAMENTO DE PROJETOS ESPECÍFICOS

Art. 46. Para o financiamento de projetos de colonização, é indispensável que os órgãos financiadores exijam prèviamente a comprovação do registro das empresa colonizadoras e a apresentação dos respectivos projetos aprovados pelo IBRA.

Art. 47. O IBRA utilizará os Títulos da Dívida Agrária para financiar as desapropriações amigáveis para fins de desmembramento de áreas de grandes propriedades rurais, cujos proprietários espontaneamente desejem colaborar na redistribuição da propriedade fundiária agrícola.

§ 1º As instituições financeiras que se interessarem pela administração dos financiamentos resultantes deste tipo de atividade operacional, dela participarão através de suas Carteiras se Crédito Rural, mediante contabilização explícita que facilite seu controle e verificação em qualquer tempo.

§ 2º O projeto de desmembramento e seu plano de aproveitamento dependerão de prévia aprovação pelo IBRA e, somente depois de cumprida esta formalidade, poderão ser objeto de estatuto e atendimento pelas instituições financeiras.

SEÇÃO III – DO FINANCIAMENTO COOPERATIVO

Art. 48. O financiamento do IBRA às Cooperativas Integrais de Reforma Agrária que se integrem em programas de colonização, revestir-se-á da forma de contribuição financeira por conta do Fundo Nacional de Reforma Agrária.

§ 1º O valor da contribuição financeira dependerá do vulto do empreendimento, da possibilidade de obtenção de crédito, empréstimo ou financiamento externo e outras facilidades, e será levado à conta do Fundo de Implantação da própria CIRA.

§ 2º A contribuição financeira do IBRA que não constituir financiamento específico, terá a forma de investimento sem recuperação direta, considerada a finalidade social e econômica dêsse empreendimento.

§ 3º Quando o empreendimento resultante do projeto de Reforma Agrária tiver condições de vida autônoma e for decretada sua emancipação, incorporar-se-á ao patrimônio da CIRA o fundo referido no § 1º deste artigo.

§ 4º Na forma do Art. 10 do Regulamento aprovado pelo Decreto número 58.197, de 15 de abril de 1966, até que se declare a emancipação da unidade de colonização, manterá o IBRA um delegado junto ao Conselho de Administração da CIRA, com atribuição, inclusive, para autorizar e fiscalizar a aplicação dos recursos postos à sua disposição pelo mesmo instituto.

Art. 49. Quando se tratar de assistência creditícia normal, o financiamento será preferencialmente feito pelo Banco Nacional de Crédito Cooperativo, de acordo com as normas traçadas pela entidade de crédito rural.

Art. 50. Nas áreas prioritárias de Reforma Agrária, a assistência creditícia aos parceleiros e demais agricultores, será prestada preferencialmente através das cooperativas.

Parágrafo único. Idêntico procedimento será, sempre que possível, adotado nas demais regiões para a assistência aos pequenos e médios proprietários.

SEÇÃO IV – DO FINANCIAMENTO AO TRABALHADOR RURAL

Art. 51. O trabalhador rural terá direito a um empréstimo, pelo Fundo Nacional de Reforma Agrária, para aquisição de lote urbano ou rural destinado a seu trabalho e de sua família, em projeto de colonização particular.

§ 1º O valor do empréstimo não excederá o do salário-mínimo anual da região em que o trabalhador estiver localizado, e será concedido ao prazo de vinte anos e à taxa anual de juros de 6% (seis por cento).

§ 2º Poderão acumular o empréstimo de que trata este artigo, dois ou mais trabalhadores rurais que se entenderem para aquisição de propriedade de área superior à que estabelece o inciso II do Art. 4º do Estatuto da Terra, sob administração comum ou em forma cooperativa, mas, neste caso, com a exigência do mínimo de sete pessoas.

Art. 52. Os trabalhadores rurais que pretendam adquirir terra na forma do artigo anterior deverão ser apresentados por sindicatos rurais, cooperativas agrícolas ou Comissões Agrárias, mediante atestado de exercício de atividade agrícola pelo prazo mínimo de dois anos.

SEÇÃO V – DOS SEGUROS NA COLONIZAÇÃO

Art. 53. Será exigido nos contratos de compra e venda o seguro de renda temporária dos agricultores que se habilitarem à aquisição de terra para seu trabalho em projetos de colonização oficial ou particular.

Art. 54. Nas áreas prioritárias de Reforma Agrária, as autoridades monetárias recomendarão aos órgãos que integram o Sistema Nacional de Crédito Rural, a celebração concomitante de contratos de financiamento e de seguro agrícola, garantindo culturas, safras, colheitas, rebanhos e plantéis.

§ 1º Os contratos a que se refere este artigo deverão ser segurados na Companhia Nacional de Seguro Agrícola que, para este fim, assinará convênios com cada um dos agentes financeiros que integram o referido sistema.

§ 2º Os convênios serão específicos para cada modalidade de seguro agrícola ou pecuário e subordinados às regiões nas quais a CNSA esteja em condições de aceitar o risco.

§ 3º Para os fins do disposto no parágrafo anterior, a CNSA apresentará antecipadamente ao IBRA, ao INDA e aos estabelecimentos integrantes do Sistema Nacional de Crédito Rural, programas de cobertura compatíveis com sua capacidade operacional e destinados, tanto às áreas prioritárias de Reforma Agrária, como às regiões nas quais a produção agropecuária represente fator essencial de desenvolvimento.

Art. 55. O seguro limitar-se-á ao valor do financiamento, sendo obrigatória a instituição de órgão financiador como beneficiário do seguro até a concorrência de seu crédito.

Art. 56. Os prêmios de seguro serão financiados e incorporados, como despesa de custeio, aos respectivos contratos de mútuo.

Art. 57. As condições das apólices e respectivas tarifas de prêmio de seguro agrícola serão elaboradas pelo CNSA em colaboração como o Instituto de Resseguros do Brasil, aprovadas pelo Departamento Nacional de Seguros e Capitalização e postas em vigor mediante portaria do Ministro da Agricultura.

Parágrafo único. Quando solicitados pela CNSA, o IBRA e o INDA representar-se-ão em comissões ou grupos de trabalho constituídos para estudo e elaboração das condições a que se refere este artigo.

Art. 58. As operações de seguro agrícola serão planejada sem diversas modalidades, tendo em vista a diversidade e a natureza dos riscos a segurar, a ocorrência de concentração de lotes com homogeneidade de tipos de exploração nos Núcleos de Colonização, a técnica seguratória pertinente à matéria, é, ainda, a capacidade do mercado segurador brasileiro.

Art. 59. Nos convênios a que se refere o Art. 54 deste Regulamento, será estabelecido a quem ficarão afetas as inspeções de risco e a verificação de sinistros.

Parágrafo único. Nas regiões em que a CNSA não puder efetivar, diretamente, as inspeções de que trata este artigo, elas serão feitas sob a responsabilidade do IBRA, do INDA, dos próprios agentes financiadores ou, ainda, de órgãos subordinados às Secretarias ou Departamentos de Agricultura estaduais, sempre mediante compensação financeira adequada por parte da CNSA.

Art. 60. Os agentes financiadores deverão enviar à CNSA, mensalmente, um resumo dos financiamentos concedidos, como subsídio aos estudos que deverão ser procedidos para a implantação ou aperfeiçoamento do seguro respectivo.

Art. 61. O excesso de investimento aplicado na atividade agropecuária e que ultrapassar o valor do financiamento concedido, poderá ser motivo da emissão de apólice complementar de seguro agrícola para resguardo do interesse do segurado.

Art. 62. São válidas para as operações que resultarem dos convênios a que se refere o Art. 54 deste Regulamento, as disposições contidas nas Leis ns. 2.168, de 11 de janeiro de 1954, e 4.430, de 20 de outubro de 1964, e ainda, no Decreto nº 55.801, de 26 de fevereiro de 1965.

Art. 63. Dentro do prazo de noventa dias, contado a partir da data da publicação deste Regulamento, o IBRA e a CNSA deverão assinar os convênios com cada um dos agentes financiadores que concedam financiamentos á agricultura e à pecuária, nas regiões consideradas como áreas prioritárias de Reforma Agrária.

CAPÍTULO V – DA COLONIZAÇÃO OFICIAL

Art. 64. As parcelas em projetos e colonização federal serão atribuídas a pessoas que, sendo maiores de 21 e menores de 60 anos, preencham as seguintes condições:

I - Não sejam:

a) proprietários de terreno rural;

b) proprietários de estabelecimento de indústria ou comércio;

c) funcionários públicos e autárquicos, civis e militares da administração federal, estadual ou municipal.

II - Exerçam, ou queiram efetivamente exercer, atividades agrárias e tenham comprovada vocação para seu exercício.

III - Comprometam-se a residir com sua família na parcela, explorando-a direta e pessoalmente;

IV - Possuam boa sanidade física e mental e bons antecedentes;

V - Demonstrem capacidade empresarial para gerência do lote na forma projetada.

Art. 65. Atendidas as condições mencionadas no artigo anterior, as parcelas serão atribuídas de acordo com a seguinte ordem de preferência:

a) ao proprietário do imóvel desapropriado;

b) aos que residirem no imóvel desapropriado, incluindo posseiros, assalariados, arrendatários ou trabalhadores rurais;

c) aos agricultores cujas propriedades não alcançarem a dimensão da propriedade familiar da região;

d) aos agricultores cujas propriedades sejam comprovadamente insuficientes para o sustento próprio e o de sua família;

e) aos trabalhadores sem terra que desejem se radicar na exploração da terra.

Art. 66. A alienação de qualquer parcela será feita por instrumento de promessa de compra e venda com cláusulas especiais de colonização.

Art. 67. O custo de cada parcela será calculado em função dos investimentos necessários à implantação do núcleo, nele se incluindo o preço pago pela desapropriação e o das valorizações resultantes das obras de infraestrutura incorporadas no respectivo projeto e das benfeitorias específicas para cada parcela.

§ 1º Do custo será excluído o valor das obras de caráter público, como estradas não vicinais, pontes e serviços comunitários.

§ 2º Quando da localização do parceleiro, será assinado o correspondente contrato de colonização e de promessa de compra e venda da parcela onde se incluirão as seguintes cláusulas:

a) atendimento à orientação técnica com vistas à sua plena capacitação profissional;

b) obrigatoriedade de filiação à Cooperativa Integral de Reforma Agrária que funcione na área, no caso de área prioritária;

c) obrigatoriedade do seguro de renda temporário;

d) faculdade de antecipar a liquidação do débito, sem prejuízo do disposto na alínea "a" deste parágrafo;

e) rescisão do contrato em caso de não demonstrar capacidade profissional durante o período de carência de dois anos, a contar da data de sua localização na parcela;

f) admissão de cláusulas aditivas de novas obrigações resultantes de obras e benfeitorias que venham a ser progressivamente incorporadas às parcelas;

g) pagamento de taxas de melhoria pró serviços assistenciais que proporcionem aumento dos índices de produtividade;

h) rescisão contratual por falta continuada do pagamento das amortizações, ressalvados os casos de calamidade e doenças, a critério da Administração do núcleo;

i) proibição de fracionamento do lote, mesmo em caso de sucessão.

§ 3º Quando se tratar de aquisição de lote urbano, o promitente comprador também assinará contrato de promessa de compra e venda, no qual, além de outras condições a serem previstas em instruções do IBRA, serão consignadas as seguintes:

a) obrigação de iniciar a construção do imóvel para residência o instalação de sua atividade profissional no prazo de seis meses a contar da assinatura do contrato;

b) faculdade de antecipar a liquidação do débito, sem prejuízo de subordinação a condições que forem estabelecidas em benefício da comunidade;

c) rescisão do contrato no caso de não dar cumprimento ao disposto na alínea "a" deste parágrafo, ressalvados os caos excepcionais a critério da Administração do núcleo;

d) pagamento de taxas de melhoria por serviços assistenciais que promovam o bem-estar da comunidade;

e) rescisão do contrato por falta de pagamento das amortizações ressalvados os casos excepcionais a critério da Administração do núcleo.

Art. 68. As amortizações dos débitos assumidos pelos parceleiros serão satisfeitas no prazo máximo de vinte anos, sendo permitido o reajustamento das prestações nas condições estipuladas no Art. 109 do Estatuto da Terra.

§ 1º As modalidades de amortização serão estipuladas quando da apresentação do projeto e em função da destinação econômica das parcelas.

§ 2º O limite máximo das taxas será o fixado em lei.

Art. 69. Os oficiais do Registro de Imóveis ao inscreverem os contratos de promessa de compra e venda, celebrados de acordo com a lei vigente, declararão expressamente que os valores deles constantes sido meramente estimativos, estando sujeitos, como as prestações mensais, às correções de valor determinadas em lei.

§ 1º Mediante requerimento firmado por qualquer das partes contratantes, acompanhado da publicação oficial de índice de correção aplicado, os oficias do Registro de Imóveis averbarão, à margem das respectivas inscrições, as correções de valor determinadas por lei, com indicação do nôvo valor do preço ou da dívida e do saldo respectivo, bem como da nova prestação contratual.

§ 2º Se o promitente comprador ou mutuário se recusar a assinar o requerimento de averbação das correções verificadas, ficará, não obstante, obrigado ao pagamento da nova prestação, podendo a entidade financiadora, se lhe convier, rescindir o contrato com notificação prévia no prazo de noventa dias.

Art. 70. O Poder Público não fará cessões gratuitas de lotes ou parcelas, exceto, nos casos justificados, para a construção de escolas, hospitais, igrejas, cooperativas, clubes sociais, campos recreativos e outras obras de interesse comunitário.

Art. 71. Ao parceleiro será outorgado título definitivo de propriedade quando tiver liquidado integralmente o valor de seu débito, o que não poderá ocorrer antes do término do período de carência, nem afetará a validade do contrato de colonização prèviamente assinado.

Art. 72. As parcelas não poderão ser hipotecadas, arrendadas ou alienadas por parceleiros a terceiros, sem que haja prévia anuência do IBRA ou do INDA.

Parágrafo único. Se o parceleiro desistir de sua fixação na parcela, o IBRA ou o INDA poderão exercer o direito de preferência a que se referem os §§ 1º e 2º do Art. 6º do Estatuto da Terra e, neste caso, o novo pretendente pagará o preço atualizado, acrescido do valor das benfeitorias existentes.

Art. 73. Falecendo o parceleiro que tenha assinado o contrato de colonização e de promessa de compra e venda, seus herdeiros receberão a parcela livre de ônus, mediante resgate pelo seguro de renda, temporária a que se refere o Art. 53 deste Regulamento, mas estarão obrigados por outros compromissos assumidos pelo de cujus.

§ 1º Se o núcleo ainda não estiver emancipado, a transferência será processada administrativamente e sem intervenção judiciária.

§ 2º Os herdeiros ou legatários que adquirirem, por sucessão, o domínio dos lotes ou parcelas, não poderão fracioná-los.

§ 3º No caso de um ou mais herdeiros ou legatários desejar explorar o lote ou parcela assim havido, o IBRA o INDA, poderão diligenciar no sentido de os sucessores obterem financiamento através do Sistema Nacional de Crédito Rural, desde que comprovem a inexistência de recursos próprios.

Art. 74. As amortizações dos débitos contraídos pelos parceleiros serão feitas na entidade arrecadadora credenciada pelo IBRA ou pelo INDA através de convênios e contratos específicos.

Parágrafo único. Mediante dados fornecidos pelas administrações dos núcleos, as guias de recolhimento das amortizações serão emitidas pelos Serviços de Computação em número de partes ou vias necessárias e suficientes para satisfazer as exigências do controle e comprovação do parceleiro, do órgão arrecadador e do IBRA ou do INDA.

Art. 75. Aos candidatos a parceleiros poderão ser concedidas as seguintes facilidades:

a) transporte de estação viária, ou pôrto marítimo ou fluvial até a sede do núcleo;

b) crédito para alimentação durante a primeira fase da implantação;

c) prioridade no trabalho a salário ou empreitada, em obra ou serviço do núcleo, durante o período de carência, desde que não prejudique a exploração de sua parcela;

d) assistência médica até a consolidação do núcleo;

e) suprimento de mudas, sementes, adubos, inseticidas, fungicidas e utensílios agrícolas, para pagamento a prazo além do período de carência;

f) prestação de serviços gerais de preparação da parcela pelo prazo referente à implantação do núcleo;

g) implantação de benfeitorias previstas no projeto.

Art. 76. Após a implantação do núcleo, o fornecimento de bens e a prestação de serviços serão feitos por intermédio da cooperativa ou entidades dos parceleiros que vier a se organizar na área.

Art. 77. Será motivo de rescisão contratual:

a) deixar de cultivar direta e pessoalmente sua parcela por espaço de três meses, salvo motivo de força maior, a juízo da Administração do núcleo;

b) deixar de residir no local do trabalho ou em área pertencente ao núcleo, alvo justa causa reconhecida pela Administração;

c) desmatar indiscriminadamente, sem imediato aproveitamento agrícola do solo e respectivo reflorestamento, de acordo com diretrizes do projeto elaborado para a área;

d) não observar as diretrizes técnicas, econômicas e sociais definidas no respectivo projeto de colonização, desde que esteja o parceleiro convenientemente assistido e orientado.

e) não dar cumprimento às condições do termo de compromisso e dos contratos de promessa de compra e venda e de colonização;

f) tornar-se elemento de perturbação para o desenvolvimento dos trabalhos de colonização do núcleo, pró má conduta ou inadaptação à vida comunitária.

Art. 78. As parcelas revertidas ao Poder Público em consequência de exclusão poderão ser adquiridas por terceiros, desde que preencham as condições estabelecidas no art. 64, sendo o preço acrescido do valor das benfeitorias existentes, que deverão ser pagas à vista.

Parágrafo único. Ao parceleiro excluído será entregue importância correspondente ao valor das benfeitorias avaliadas, deduzido seu débito com o núcleo.

Art. 79. A rescisão contratual a que se refere o artigo 77 do presente Regulamento, será precedida de inquérito administrativo procedido por comissão que terá obrigatoriamente como membro um representante dos parceleiros, indicação pela cooperativa ou associação existente na área.

Art. 80. Tendo em vista a legislação federal, os Estados e seus institutos especializados, os Municípios e órgãos de desenvolvimento regional, deverão observar, em seus planos de colonização, a metodologia estabelecida pelo IBRA para as áreas prioritárias.

CAPÍTULO VI – DA COLONIZAÇÃO PARTICULAR

Art. 81. A colonização particular tem por finalidade complementar e ampliar a ação do Poder Público na política de facilitar o acesso à propriedade rural através de empresa organizada para sua execução.

Art. 82. A empresa particular de colonização, nos termos definidos no art. 12 deste Regulamento, requererá seu registro ao Instituto Nacional de Desenvolvimento Agrário.

Parágrafo único. Para obter o registro, a empresa particular de colonização deverá fazer prova de sua existência legal e informar sobre:

a) seus objetivos como empresa colonizadora;

b) idoneidade técnica e financeira;

c) garantia de assistência técnica aos agricultores até a emancipação da unidade de colonização;

d) existência de equipe técnica habilitada ao planejamento e execução de programa de colonização.

Art. 83. Poderá ser cassado o registro da empresa colonizadora por inobservância de qualquer das obrigações que justificaram o seu registro sem prejuízo da aplicação subsidiária da legislação de economia popular, se for o caso.

Parágrafo único. Em instruções a serem baixadas pelo IBRA em articulação com o INDA, serão fixadas multas e cominações para os casos de infringência de obrigações assumidas pela empresa colonizadora, inclusive exigência da indenização de despesas realizada pelos órgãos de fiscalização.

Art. 84. Na elaboração de seus anteprojetos, as empresas particulares de colonização deverão obedecer à sistemática definida no art. 21 deste Regulamento.

Art. 85. Na apresentação de seus projetos, a empresa particular incluirá, pelo menos, os seguintes, serviços:

a) instalações, concluindo residências destinadas ao pessoal técnico-administrativo e aos trabalhadores em geral;

b) serviço educacional de nível elementar, ambulatório médico, serviço recreativo e religioso;

c) cooperativa agrícola mista para atendimento as necessidades fundamentais dos colonos;

d) reserva de uma área para serviços de demonstração e multiplicação destinados a culturas ou criações próprias da região ou de outras economicamente aconselháveis.

Parágrafo único. Na mesma oportunidade submeterá à apreciação do IBRA a seguinte documentação:

a) título de propriedade da terra;

b) modelo de contrato-padrão de colonização e de compromisso de compra e venda de lotes na forma indicada nas instruções vigentes;

c) valor e modalidades de amortização de cada tipo de lote; Art. 86. Os anteprojetos de colonização serão apresentados ao IBRA para verificação da metodologia.

Art. 87. Os projetos de colonização serão registrados no IBRA em caso de áreas prioritárias de Reforma Agrária, e no INDA quando se tratar de outras áreas.

§ 1º Quaisquer modificações introduzidas no projeto aprovado serão submetidas à apreciação do IBRA ou do INDA, conforme o caso e mediante justificação.

§ 2º Os projetos de colonização serão assinados por profissionais registrados e especializados nos diversos setores abrangidos pelos mesmos.

§ 3º Para fins de controle, informação e estatística, o IBRA e o INDA comunicarão mutùamente o registro de empresas e projetos de colonização em seus respectivos serviços.

Art. 88. Às empresas particulares de colonização que se dispuserem a complementar a ação do Poder Público em áreas por este escolhidas, poderão ser concedidos os seguintes estímulos, além de outros a serem examinados em cada caso concreto:

a) terras disponíveis de infraestrutura;

b) obras e recursos de infraestrutura;

c) seleção, capacitação e encaminhamento de agricultores;

d) apoiamento a pedidos de financiamento de seus projetos;

e) colaboração sob a forma de adjudicação preferencial de lotes ou parcelas em seus projetos, conforme previsto no § 1º do art. 64 do Estatuto da Terra.

Art. 89. Nenhuma parcela poderá ser vendida em projeto de colonização sem que a empresa tenha inscrito o loteamento no Cartório de Registro de Imóveis de acordo com o Decreto-lei nº 58, de 10 de dezembro de 1937, depois de cumpridas as formalidades do registro da empresa e do projeto, conforme previsto neste Regulamento.

Art. 90. Quando da aprovação de projeto, o IBRA ou o INDA deverá fazer a indicação dos lotes que interessam a seus programas de colonização, exercendo a preferência a que têm direito nos termos do § 1º do art. 64 do Estatuto da Terra.

§ 1º Se na fase de implantação do projeto, estes órgãos não houverem promovido, a ocupação dos lotes reservados, deverão indenizar a empresa colonizadora nos termos do respectivo plano de vendas.

§ 2º O IBRA e o INDA transferirão a agricultores selecionados os lotes adquiridos na forma do parágrafo anterior, com observância do disposto no art. 25 do Estatuto da terra e das prescrições deste Regulamento.

Art. 91. Caberá ao IBRA ou ao INDA, conforme o caso, exercer fiscalização na parte executiva dos projetos de colonização particular.

Art. 92. A empresa rural definida no inciso VI do art. 4º do Estatuto da Terra, desde que incluída em projeto de colonização, deverá permitir a livre participação em seu capital dos respectivos parceleiros, mediante reserva de, pelo menos, 1/3 do mesmo em quotas ou ações, cujo valor nominal unitário não poderá exceder de 10% do maior salário-mínimo mensal do País.

§ 1º A empresa rural poderá reter os dividendos de quotistas ou acionistas parceleiros para integralização do valor das quotas ou ações do capital subscritas.

§ 2º As quotas ou ações de capital subscritas pelos parceleiros só poderão ser transferidas a outros que já estejam, ou venham a ser localizados em parcelas de empreendimento colonizador, mediante condições a serem estabelecidas pela assembleia geral da empresa.

§ 3º Quando a empresa rural for uma sociedade cooperativa, a tomada de quotas de capital pelos associados atenderá ao disposto nos arts. 31 e 32 deste Regulamento.

CAPÍTULO VII – DO DESMEMBRAMENTO DE IMÓVEIS RURAIS

Art. 93. Imóvel Rural, na forma da lei e de sua regulamentação é o prédio rústico de área contínua, localizado em perímetro urbano ou rural dos Municípios que se destine à exploração extrativa, agrícola, pecuária ou agro-industrial, através de planos públicos ou particulares de valorização.

Art. 94. De acordo com o art. 13 do presente Regulamento, serão permitidos desmembramentos de imóveis rurais desde que objetivem:

I - A formação de loteamentos destinados à urbanização, industrialização e formação de sitios de recreio;

II - A formação de loteamentos destinados à utilização econômica da terra;

Parágrafo único. Desmembramentos de imóveis rurais, respeitadas as dimensões do módulo da propriedade familiar, poderão também ocorrer em consequência de:

a) sucessão por "mortis causa";

b) partilhas judiciais amigáveis.

Art. 95. O proprietário de terras próprias para a lavoura ou pecuária, interessado em loteá-las para fins de urbanização, industrialização ou formação de sítios de recreio, deverá submeter o respectivo projeto à prévia aprovação e fiscalização do IBRA ou do INDA, conforme o caso.

§ 1º De acordo com o Art. 10 e seus parágrafos, da Lei 4.947, de 6 de abril de 1966, é vedada a inscrição de loteamentos rurais no Registro de Imóveis, e nulos de pleno direito a inscrição todos os atos dela decorrentes, sem prévia aprovação pelos órgãos a que se refere o presente artigo.

§ 2º Nos loteamentos já inscritos é vedada a alienação dos lotes rurais remanescentes, quando estes tiverem área inferior à do módulo fixado para a respectiva região.

Art. 96. Os projetos de loteamentos rurais, com vistas à urbanização, industrialização e formação de sítios de recreio, para serem aprovados, deverão ser executados em área que:

I - Por suas características e pelo desenvolvimento da sede municipal já seja considerada urbana ou esteja incluída em planos de urbanização;

II - Seja oficialmente declarada zona de turismo ou caracterizada como de estância hidromineral ou balneária.

III - Comprovadamente tenha pedido suas características produtivas, tornando antieconômico o seu aproveitamento.

Parágrafo único. A comprovação será feita pelo proprietário ou pela municipalidade em circunstanciado laudo assinado por técnico habilitado, cabendo ao IBRA ou ao INDA, conforme o caso, a constatação de sua veracidade.

Art. 97. De acordo com o parágrafo único do Artigo 57 do Decreto número 56.792, de 26 de agôsto de 1965, visando ao disposto no artigo 65 do Estatuto da Terra, só serão permitidas divisões à vista do certificado de cadastro, e dos recibos de quitação dos tributos, e respeitada a consideração de ser a menor área parcelada igual ou superior ao quociente da área total pelo número de módulos do imóvel, valores êsses constantes daquele certificado.

Parágrafo único. As condições estabelecidas neste artigo referem-se às parcelas resultantes dos desmembramentos por sucessão "mortis causa", de partilhas judiciais e amigáveis, na forma do § 1º do artigo 65 do Estatuto da Terra, ou de simples desmembramento de uma ou mais parcelas do imóvel, que não objetive a planos de urbanização, industrialização ou formação de sítios de recreio.

Art. 98. Para efeito do controle do parcelamento de propriedades, tendo em vista o disposto no artigo 65 do Estatuto da Terra, os Registros de Imóveis e os órgãos do Poder Judiciário dos Estados e dos Municípios deverão, através de convênios, acordoacordos ou instrumentos previstos nas alíneas "e" e "f" do § 1º do art. 6º do Decreto número 56.792, de 26.8.65, fornecer ao IBRA as informações previstas no § 3º do art. 61 do referido Estatuto.

CAPÍTULO VIII – DO REMEMBRAMENTO DE MINIFÚNDIOS

Art. 99. Para os efeitos da lei e deste Regulamento, considera-se "minifúndio", o imóvel que tiver área agricultável inferior à do módulo fixado para a respectiva região e tipo de exploração.

Art. 100. Para atender ao disposto no Art. 16 do Estatuto da Terra e na forma estabelecida neste capítulo, o IBRA caracterizará as áreas em que ocorram grandes concentrações de minifúndios, com vistas à execução de projetos de remembramento dos imóveis.

Art. 101. Com vistas à progressiva eliminação dos minifúndios, o IBRA promoverá:

a) a desapropriação da área e sua reorganização em unidades econômicas aglutinadas em tôrno de Cooperativas Integrais de Reforma Agrária;

b) seleção de área para localização de excedentes;

c) permutas e compensações de áreas e benfeitorias, seja para reorganização das unidades minifundiárias, seja para a concentração de parcelas esparsas pertencentes ao mesmo proprietário.

Art. 102. Quando pelas características específicas da área, surgirem dificuldades para a individualização da propriedade familiar e para a transferência de seus ocupantes, o IBRA promoverá, como medida excepcional, a aglutinação de unidades contíguas e sua exploração coletiva sob a forma de cooperativa de colonização prevista neste Regulamento.

Art. 103. As especificações constantes deste capítulo servirão de base às instruções que forem baixadas pelo IBRA para:

a) identificação e caracterização das áreas de ocorrência de minifúndios;

b) projetos de reoganização e aglutinação de parcela;

c) critérios para desapropriação e indenização;

d) critérios para permuta de áreas e benfeitorias e para a transferência de excedentes;

e) critérios para execução de projeto de concentração de parcelas quando pertencentes ao mesmo proprietário.

CAPÍTULO IX – DAS DISPOSIÇÕES GERAIS E TRANSITÓRIAS

Art. 104. Os antigos núcleos coloniais não emancipados, pertencentes aos extintos órgãos responsáveis pela colonização federal, deverão ser replanificados de acordo com a metodologia indicada no presente Regulamento.

Parágrafo único. Igual providência poderá ser tomada pelo IBRA em relação aos núcleos coloniais federais emancipados situados nas áreas prioritárias, respeitados os direitos adquiridos.

Art. 105. Quando da declaração de área prioritária, serão transferidos ao IBRA os núcleos de colonização sob administração do INDA nela situados, assim como os seus remanescentes.

Parágrafo único. O. IBRA e o INDA poderão firmar acordos, convênios ou contratos entre si ou com outros órgãos oficiais, com vistas a administração das unidade colonizadoras localizadas nas áreas de sua atuação.

Art. 106. Os servidores lotados nas unidades mencionadas no artigo anterior serão postos à disposição do IBRA pelo prazo que durar a replanificação das unidades, e nos termos do art. 104 § 3º do Estatuto da Terra, exercerão suas funções sem prejuízo de vencimentos, direitos e vantagens.

Art. 107. As áreas originárias de desmembramentos rurais, destinadas a venda no exterior, deverão ser registradas no INDA, que baixará instruções a respeito.

Art. 108. Compete à Diretoria do IBRA baixar instruções relacionadas com:

a) aprovação de anteprojeto;

b) aprovação e registro de projetos;

c) condições para o registro de empresas particulares de colonização;

d) estruturação técnico-administrativa das unidades de colonização federais;

e) controle dos loteamentos rurais para fins diversos;

f) seleção, encaminhamento e localização de parceleiros;

g) adjudicação das parcelas;

h) contratos de colonização e de promessa de compra e venda;

i) financiamentos diversos e seguros;

j) projetos de remembramento de minifúndios;

k) constituição e funcionamento das Comissões Agrárias.

Art. 109. O presente decreto entrará em vigor na data de sua publicação, revogadas as disposições em contrário.

Brasília, 27 de outubro de 1966; 145º da Independência e 78º da República.
H. CASTELLO BRANCO (DOU. de 1º.11.1966)

LEI Nº 4.947, DE 6 DE ABRIL DE 1966

Fixa Normas de Direito Agrário, dispõe sobre o Sistema de Organização e Funcionamento do Instituto Brasileiro de Reforma Agrária, e dá outras providências.

- *Vide art. 290 -A, IV, Lei n. 6.015/1973 (Registros Públicos)*
- *Vide Decreto 11.995/2024 (Programa Terra da Gente)*

O PRESIDENTE DA REPÚBLICA:

Faço saber que o Congresso Nacional decreta e eu sanciono a seguinte Lei:

CAPÍTULO I – DISPOSIÇÕES PRELIMINARES

Art. 1º Esta Lei estabelece normas de Direito Agrário e de ordenamento, disciplinação, fiscalização e controle dos atos e fatos administrativos relativos ao planejamento e à implantação da Reforma Agrária, na forma do que dispõe a Lei nº 4.504, de 30 de novembro de 1964.

Parágrafo único. Os Atos do Poder Executivo que na forma da Lei nº 4.504, de 30 de novembro de 1964, aprovarem os Planos Nacional e Regionais de Reforma Agrária, fixarão as prioridades a serem observadas na sua execução pelos órgãos da administração centralizada e descentralizada.

CAPÍTULO II – DA TERRA E DOS IMÓVEIS RURAIS

Art. 2º Compete privativamente ao IBRA, nos termos do art. 147 da Constituição Federal, com a redação que lhe deu a Emenda Constitucional nº 10, e dos artigos 16, parágrafo único, e 22 da Lei nº 4.504, de 30 de novembro de 1964, selecionar, para fins de Reforma Agrária, os imóveis rurais a serem desapropriados nas áreas prioritárias fixadas em decreto do Poder Executivo.

Parágrafo único. As desapropriações recairão sobre imóveis rurais selecionados como necessários à integração de projetos e à garantia de continuidade de sua áreas, de acesso ao sistema de transportes e, ainda, de conservação de recursos naturais indispensáveis à sua execução.

Art. 3º Os foreiros, arrendatários, possuidores, ocupantes e quantos se julguem com direito sobre qualquer porção dos imóveis rurais pertencentes à União, que foram ou vierem a ser transferidos para o IBRA, ficam obrigados a apresentar ao referido Instituto os títulos ou qualquer prova, em direito admitida, em que fundamentam as suas alegações.

§ 1º A apresentação desses títulos deverá ocorrer no prazo de 180 (cento e oitenta) dias a contar da data do edital de convocação que será publicado no "Diário Oficial" da União, devendo o IBRA promover a divulgação dessa convocação por meio de resumo estampado em jornal de grande circulação na Capital Federal, nas capitais dos Estados e Territórios, bem como por editais afixados na sede dos Municípios onde estejam situados os imóveis.

§ 2º Quando houver dúvida quanto aos títulos apresentados, o IBRA os submeterá ao Conselho de Terras da União, que deverá, no prazo de 90 (noventa) dias, decidir de sua legitimidade.

§ 3º Não apresentados os títulos ou não reconhecidos como legítimos, observada a norma do parágrafo anterior, o IBRA providenciará no sentido de recuperar a posse do imóvel.

Art. 4º O IBRA promoverá a extinção dos aforamentos existentes sempre que as terras respectivas se tornarem necessárias à execução dos planos de colonização e de serviço, a eles atinentes, aplicando-se, para fins de avaliação do depósito prévio, o disposto no art. 5º, I, a e b, do Decreto-lei nº 893, de 26 de novembro de 1938.

§ 1º Os foros devidos pelas áreas transferidas ao IBRA, cujo aforamento não for extinto ou até sua extinção, serão arrecadados pelo IBRA e incorporados ao Fundo Nacional de Reforma Agrária.

§ 2º Compete ao IBRA, quanto às terras que lhe forem transferidas, declarar em comissão e, consequentemente, extintos os aforamentos dos enfiteutas em débito, nos termos da lei, indenizadas as benfeitorias e aplicado, para consolidação do domínio pleno, o rito sumário do art. 685 do Código do Processo Civil.

§ 3º Compete, ainda, ao IBRA, quanto às terras que lhe forem transferidas:

I – declarar a inadimplência do foreiro, em qualquer caso;

II – declarar a nulidade de pleno direito de transmissão "inter vivos" do domínio útil sem prévio assentimento do senhorio direto;

III – promover, quando for o caso, as medidas judiciais consequentes.

Art. 5º Compete ao IBRA tomar as providências administrativas e promover as judiciais concernentes à discriminação das terras devolutas existentes no Distrito Federal, nos Territórios Federais e na faixa de 150 (cento e cinquenta) quilômetros ao longo das fronteiras do País, respeitado o disposto na Lei nº 2.597, de 13 de setembro de 1955.

§ 1º – É o Poder Executivo autorizado a ratificar as alienações e concessões de terras já feitas pelos Estados na Faixa de Fronteiras, se entender que se coadunam com os objetivos do Estatuto da Terra.

§ 2º Para os fins previstos no art. 11 da Lei nº 4.504, de 30 de novembro de 1964, o Serviço de Patrimônio da União, dentro de 90 (noventa) dias, a contar da publicação da presente Lei, remeterá ao IBRA todos os processos ainda não ultimados de pedidos de aforamento ou aquisição de terras devolutas, desde que destinadas pelos seus ocupantes ou pretendentes ao aproveitamento agropecuário.

§ 3º *(Revogado pelo Decreto-Lei nº 1.561, de 1977)*

§ 4º Compete ao IBRA converter os referidos processos de aforamento em venda definitiva na respectiva área, para consecução dos fins determinados nos artigos 2º e 10 do Estatuto da Terra.

Art. 6º Todos os imóveis rurais pertencentes à União, desde que destinados à atividade agropecuária, somente podem ser concedidos, por venda ou outra forma de alienação, aos ocupantes ou pretendentes, através do Instituto Brasileiro de Reforma Agrária (IBRA), ou de órgão Federal de Colonização por ele autorizado em cada caso.

Parágrafo único. A receita proveniente da venda ou outra forma de alienação de imóveis rurais pertencentes à União, realizadas nos termos desta Lei, será recolhida ao Banco do Brasil S/A., à conta do Tesouro Nacional, como receita orçamentária da União, sendo o seu produto destinado à cobertura das providências administrativas e judiciárias, a cargo do Instituto Nacional de Colonização e Reforma Agrária – INCRA, concernentes à discriminação, arrecadação, demarcação, transcrição e alienação de terras devolutas. *(Incluído pelo Decreto-lei nº 1.640, de 1978)*

Art. 7º No desempenho das atribuições de alienar bens da União, com finalidades agropecuárias, o IBRA submeterá à prévia audiência:

a) da Comissão Especial da Faixa de Fronteiras, se se tratar de área na faixa sob sua jurisdição;

b) dos Ministérios da Guerra, da Marinha e da Aeronáutica, se houver fortificações ou estabelecimentos militares nas proximidades da área pretendida ou na faixa de 100 (cem) metros ao longo da costa marítima;

c) das Prefeituras Municipais, quando se tratar de terreno situado em zona que esteja sendo urbanizada.

§ 1º A consulta versará sobre zona determinada, devidamente caracterizada.

§ 2º Os órgãos consultados deverão pronunciar-se dentro de 30 (trinta) dias do recebimento da consulta, prazo que poderá ser prorrogado por outros 30 (trinta) dias, quando solicitado, importando o silêncio em assentimento à alienação.

Art. 8º Poderá ser delegada aos Estados, mediante convênio com o IBRA, competência para reconhecer as posses legítimas e expedir, em nome deste ou da União, os respectivos títulos de domínio, desde que respeitados, para isso, os critérios estabelecidos no Estatuto da Terra.

Art. 9º As áreas e prédios dos imóveis rurais transferidos para o IBRA, que não forem necessários à instalação de seus serviços ou à colocação de excedentes rurais, poderão retornar à administração do Serviço de Patrimônio da União ou, se julgados necessários para planos habitacionais, cedidos ao Banco Nacional de Habitação.

Art. 10. Fica vedada a inscrição de loteamentos rurais no registro de imóveis, sem prova de prévia aprovação pela autoridade pública competente a que se refere o art. 61 da Lei nº 4.504, de 30 de novembro de 1964.

§ 1º São nulos de pleno direito a inscrição e todos os atos dela decorrentes, quando praticados com infração do disposto neste artigo.

§ 2º Nos loteamentos já inscritos até a publicação da Lei nº 4.947, de 6 de abril de 1966, é permitida a venda dos lotes rurais remanescentes, com área inferior à do módulo fixado para a respectiva região. *(Redação dada pela Lei nº 5.672, de 1971)*

§ 3º Ao fim de cada exercício, para fins estatísticos, o IBRA enviará ao Tribunal de Contas relação pormenorizada das alienações efetuadas.

Art. 11. Não se aplica aos núcleos coloniais que foram ou vierem a ser transferidos para a jurisdição do IBRA o estabelecido no art. 39 do Decreto-lei nº 6.117, de 16 de dezembro de 1943.

Art. 12. Para execução do disposto no art. 32 do Decreto-lei nº 6.117, de 16 de dezembro de 1943, o Presidente do IBRA designará Comissões especiais de verificação e regularização, com poderes para aplicar as sanções previstas em lei.

Parágrafo único. Das decisões tomadas pelas referidas Comissões, caberá recurso, no prazo de 30 (trinta) dias, à Diretoria do IBRA, a contar da data da notificação.

CAPÍTULO III – DOS CONTRATOS AGRÁRIOS

Art. 13. Os contratos agrários regulam-se pelos princípios gerais que regem os contratos de Direito comum, no que concerne ao acordo de vontade e ao objeto, observados os seguintes preceitos de Direito Agrário:

I – artigos 92, 93 e 94 da Lei nº 4.504, de 30 de novembro de 1964, quanto ao uso ou posse temporária da terra;

II – artigos 95 e 96 da mesma Lei, no tocante ao arrendamento rural e à parceria agrícola, pecuária, agroindustrial e extrativa;

III – obrigatoriedade de cláusulas irrevogáveis, estabelecidas pelo IBRA, que visem à conservação de recursos naturais;

IV – proibição de renúncia, por parte do arrendatário ou do parceiro não-proprietário, de direitos ou vantagens estabelecidas em leis ou regulamentos;

V – proteção social e econômica aos arrendatários cultivadores diretos e pessoais.

§ 1º O disposto neste artigo aplicar-se-á a todos os contratos pertinentes ao Direito Agrário e informará a regulamentação do Capítulo IV do Título III da Lei nº 4.504, de 30 de novembro de 1964.

§ 2º Os órgãos oficiais de assistência técnica e creditícia darão prioridade aos contratos agrários que obedecerem ao disposto neste artigo.

Art. 14. Fica o IBRA autorizado a permitir, a título precário, nas áreas pioneiras do País, a utilização de terras públicas sob qualquer das formas de uso temporário previstas na Lei nº 4.504, de 30 de novembro de 1964, e a promover sua progressiva adaptação às normas estabelecidas na referida Lei.

Art. 15. O inciso III do art. 95 da Lei nº 4.504, de 30 de novembro de 1964, passa a ter a seguinte redação:

"III – o arrendatário, para iniciar qualquer cultura cujos frutos não possam ser recolhidos antes de terminado o prazo de arrendamento, deverá ajustar, previamente, com o locador, a forma de pagamento do uso da terra por esse prazo excedente."

CAPÍTULO IV – DO SISTEMA DE ORGANIZAÇÃO E FUNCIONAMENTO DO IBRA

Art. 16. A Diretoria do IBRA, além das atribuições que lhe são conferidas pela Lei número 4.504, de 30 de novembro de 1964, e atos complementares, para exercício da autonomia administrativa e financeira assegurada ao Instituto, terá ainda, em caráter exclusivo e privativo, nos assuntos de administração geral, competências idênticas às conferidas ao Conselho de Administração do Banco Nacional do Desenvolvimento Econômico, estabelecidas na alínea c do art. 13 da Lei nº 1.628, de 20 de junho de 1952; no art. 23 da Lei nº 2.973, de 26 de novembro de 1956; e na forma do disposto no art. 32 da Lei nº 4.863, de 29 de novembro de 1965.

§ 1º Cabe ao Secretário-Executivo do IBRA atribuição idêntica à conferida ao Diretor-Superintendente do Banco Nacional de Desenvolvimento Econômico pela alínea a do art. 13, da Lei nº 1.628, de 20 de junho de 1952.

§ 2º Para execução de serviços de caráter transitório ou eventual, pagos mediante recibo, ou cuja vinculação de emprego seja regida pela Consolidação das Leis do Trabalho, as tabelas de remuneração e a relação quantitativa do pessoal serão fixadas em cada caso, nos atos que autorizarem aquela execução.

§ 3º Os funcionários optantes da extinta SUPRA serão readaptados, após cursos de treinamento e de capacitação que os habilitem ao exercício de suas novas funções nos quadros do IBRA, respeitada a situação jurídica de cada qual.

Art. 17. Fica o IBRA autorizado a promover a criação, organização, incorporação, fusão e aquisição de sociedade de economia mista, para execução de empreendimentos e serviços de natureza agroindustrial ou comercial que se enquadrem nos objetivos da Reforma Agrária ou da Política Agrícola a seu cargo, e, especialmente, que visem à execução de projetos dos Planos Nacional e Regionais de Reforma Agrária.

CAPÍTULO V – DISPOSIÇÕES GERAIS

Art. 18. Será cometida aos Governos dos Estados, dos Territórios Federais, dos Municípios e do Distrito Federal, mediante convênios firmados na forma dos artigos 6º, 7º e 8º da Lei nº 4.504, de 30 de novembro de 1964, a responsabilidade da execução, em colaboração com o IBRA, dentro dos respectivos limites territoriais, de tarefas que visem à implantação da Reforma Agrária, bem como à fiscalização do cumprimento das instruções e outros atos normativos baixados para consecução daquele objetivo.

Parágrafo único. A celebração e o cumprimento dos convênios podem constituir condição para a concessão de assistência técnica e financeira por parte do Governo Federal.

Art. 19. Utilizar, como prova de propriedade ou de direitos a ela relativos, documento expedido pelo IBRA para fins cadastrais ou tributários, em prejuízo de outrem ou em proveito próprio ou alheio:

Pena: Reclusão de 2 a 6 anos.

Parágrafo único. Se o agente é funcionário público e comete o crime prevalecendo-se do cargo, aumenta-se a pena de sexta parte.

Art. 20. Invadir, com intenção de ocupá-las, terras da União, dos Estados e dos Municípios:

Pena: Detenção de 6 meses a 3 anos.

Parágrafo único. Na mesma pena incorre quem, com idêntico propósito, invadir terras de órgãos ou entidades federais, estaduais ou municipais, destinadas à Reforma Agrária.

Art. 21. Caberá ao Presidente do Instituto Brasileiro de Reforma Agrária decretar a prisão administrativa dos responsáveis por dinheiros, bens ou valores pertencentes, direta ou indiretamente, ao IBRA, ou que se achem sob sua guarda.

Art. 22. A partir de 1º de janeiro de 1967, somente mediante apresentação do Certificado de Cadastro, expedido pelo IBRA e previsto na Lei nº 4.504, de 30 de novembro de 1964, poderá o proprietário de qualquer imóvel rural pleitear as facilidades proporcionadas pelos órgãos federais de administração centralizada ou descentralizada, ou por empresas de economia mista de que a União possua a maioria das ações, e, bem assim, obter inscrição, aprovação e registro de projetos de colonização particular, no IBRA ou no INDA, ou aprovação de projetos de loteamento.

§ 1º Sem apresentação do Certificado de Cadastro, não poderão os proprietários, a partir da data a que se refere este artigo, sob pena de nulidade, desmembrar, arrendar, hipotecar, vender ou prometer em venda imóveis rurais.

§ 2º Em caso de sucessão causa mortis nenhuma partilha, amigável ou judicial, poderá ser homologada pela autoridade competente, sem a apresentação do Certificado de Cadastro, a partir da data referida neste artigo.

§ 3º A apresentação do Certificado de Cadastro de Imóvel Rural – CCIR, exigida no *caput* deste artigo e nos §§ 1º e 2º, far-se-á, sempre, acompanhada da prova de quitação do Imposto sobre a Propriedade Territorial Rural – ITR, correspondente aos últimos cinco exercícios, ressalvados os casos de inexigibilidade e dispensa previstos no art. 20 da Lei nº 9.393, de 19 de dezembro de 1996. *(Redação dada pela Lei nº 10.267, de 28.8.2001)*

§ 4º Dos títulos de domínio destacados do patrimônio público constará obrigatoriamente o número de inscrição do CCIR, nos termos da regulamentação desta Lei. (Parágrafo incluído pela Lei nº 10.267, de 28.8.2001)

§ 5º Nos casos de usucapião, o juiz intimará o INCRA do teor da sentença, para fins de cadastramento do imóvel rural. *(Parágrafo incluído pela Lei nº 10.267, de 28.8.2001)*

§ 6º Além dos requisitos previstos no art. 134 do Código Civil e na Lei nº 7.433, de 18 de dezembro de 1985, os serviços notariais são obrigados a mencionar nas escrituras os seguintes dados do CCIR: *(Parágrafo incluído pela Lei nº 10.267, de 28.8.2001)*

- *Reporta-se ao Código Civil de 1916*
- *Art. 215 do Código Civil de 2002*
- *Vide Lei 7.433/1985 e seu Decreto Regulamentador 93.240/1986*

I – código do imóvel; *(Inciso incluído pela Lei nº 10.267, de 28.8.2001)*

II – nome do detentor; *(Inciso incluído pela Lei nº 10.267, de 28.8.2001)*

III – nacionalidade do detentor; *(Inciso incluído pela Lei nº 10.267, de 28.8.2001)*

IV – denominação do imóvel; *(Inciso incluído pela Lei nº 10.267, de 28.8.2001)*

V – localização do imóvel. *(Inciso incluído pela Lei nº 10.267, de 28.8.2001)*

§ 7º Os serviços de registro de imóveis ficam obrigados a encaminhar ao INCRA, mensalmente, as modificações ocorridas nas matrículas imobiliárias decorrentes de mudanças de titularidade, parcelamento, desmembramento, loteamento, remembramento, retificação de área, reserva legal e particular do patrimônio natural e outras limitações e restrições de caráter ambiental, envolvendo os imóveis rurais, inclusive os destacados do patrimônio público. *(Parágrafo incluído pela Lei nº 10.267, de 28.8.2001)*

§ 8º O INCRA encaminhará, mensalmente, aos serviços de registro de imóveis, os códigos dos imóveis rurais de que trata o § 7º, para serem averbados de ofício, nas respectivas matrículas. *(Parágrafo incluído pela Lei nº 10.267, de 28.8.2001)*

Art. 23. O IBRA poderá promover, em colaboração com os órgãos executivos da Política Habitacional, a organização de nucleamentos urbanos para assegurar a colocação de excedentes rurais não qualificados para as atividades agropecuárias.

Art. 24. Os acordos, convênios ou contratos de interesse da política agrária instituída pela Lei nº 4.504, de 30 de novembro de 1964, firmados em qualquer Ministério ou outra entidade de direito público, serão registrados no Instituto Brasileiro de Reforma Agrária (IBRA).

Parágrafo único. O IBRA enviará relatório anual, ao Tribunal de Contas, para os fins estatísticos e de contabilidade pública, sobre os convênios, acordos e contratos firmados no exercício.

Art. 25. Nenhum dos instrumentos referidos no artigo anterior, após a lavratura e para o fim de registro, poderá ser enviado diretamente, pelas partes que nele se obrigarem, ao Tribunal de Contas da União.

Art. 26. Para que não seja considerado latifúndio o imóvel rural, ainda que do domínio particular, cujo objetivo de preservação florestal ou de outros recursos naturais haja sido reconhecido para fins de tombamento pelo órgão competente da administração pública, deve este tombamento, no prazo de 60 (sessenta) dias de sua ultimação, ser submetido ao julgamento do IBRA.

Art. 27. A presente Lei entrará em vigor na data de sua publicação, revogadas as disposições em contrário.

Brasília, 6 de abril de 1966;
145º da Independência e 78º da República.
H. CASTELLO BRANCO
(DOU. de 11.4.1966)

DECRETO Nº 59.566, DE 14 DE NOVEMBRO DE 1966

Regulamenta as Seções I, II e III do Capítulo IV do Título III da Lei nº 4.504, de 30 de novembro de 1964, Estatuto da Terra, o Capítulo III da Lei nº 4.947, de 6 de abril de 1966, e dá outras providências.

O PRESIDENTE DA REPÚBLICA, no uso das atribuições que lhe confere o Artigo 87, item I, da Constituição, e tendo em vista o disposto nas leis números 4.504, de 30 de novembro de 1964 e 4.947, de 6 de abril de 1966,

DECRETA:

CAPÍTULO I – PRINCÍPIOS E DEFINIÇÕES

Art. 1º O arrendamento e a parceria são contratos agrários que a lei reconhece, para o fim de posse ou uso temporário da terra, entre o proprietário, quem detenha a posse ou tenha a livre administração de um imóvel rural, e aquele que nela exerça qualquer atividade agrícola, pecuária, agroindustrial, extrativa ou mista (art. 92 da Lei nº 4.504 de 30 de novembro de 1964 – Estatuto da Terra – e art. 13 da Lei nº 4.947 de 6 de abril de 1966).

Art. 2º Todos os contratos agrários reger-se-ão pelas normas do presente Regulamento, as quais serão de obrigatória aplicação em todo o território nacional e irrenunciáveis os direitos e vantagens nelas instituídos (art.13, inciso IV da Lei nº 4.947-66).

Parágrafo único. Qualquer estipulação contratual que contrarie as normas estabelecidas neste artigo, será nula de pleno direito e de nenhum efeito.

Art. 3º Arrendamento rural é o contrato agrário pelo qual uma pessoa se obriga a ceder à outra, por tempo determinado ou não, o uso e gozo de imóvel rural, parte ou partes do mesmo, incluindo, ou não, outros bens, benfeitorias e ou facilidades, com o objetivo de nele ser exercida atividade de exploração agrícola, pecuária, agroindustrial, extrativa ou mista, mediante, certa retribuição ou aluguel, observados os limites percentuais da Lei.

§ 1º Subarrendamento é o contrato pelo qual o Arrendatário transfere a outrem, no todo ou em parte, os direitos e obrigações do seu contrato de arrendamento.

§ 2º Chama-se Arrendador o que cede o imóvel rural ou o aluga; e Arrendatário a pessoa ou conjunto familiar, representado pelo seu chefe que o recebe ou toma por aluguel.

§ 3º O Arrendatário outorgante de subarrendamento será, para todos os efeitos, classificado como arrendador.

Art. 4º Parceria rural é o contrato agrário pelo qual uma pessoa se obriga a ceder à outra, por tempo determinado ou não, o uso especifico de imóvel rural, de parte ou partes do mesmo, incluindo, ou não, benfeitorias, outros bens e ou facilidades, com o objetivo de nele ser exercida atividade de exploração agrícola, pecuária, agroindustrial, extrativa vegetal ou mista; e ou lhe entrega animais para cria, recria, invernagem, engorda ou extração de matérias primas de origem animal, mediante partilha de riscos do caso fortuito e da força maior do empreendimento rural, e dos frutos, produtos ou lucros havidos nas proporções que estipularem, observados os limites percentuais da lei (artigo 96, VI do Estatuto da Terra).

Parágrafo único. Para os fins deste Regulamento denomina-se parceiro outorgante, o cedente, proprietário ou não, que entrega os bens; e parceiro-outorgado, a pessoa ou o conjunto familiar, representado pelo seu chefe, que os recebe para os fins próprios das modalidades de parcerias definidas no art. 5º.

Art. 5º Dá-se a parceria:

I – agrícola, quando o objeto da cessão for o uso de imóvel rural, de parte ou partes do mesmo, com o objetivo de nele ser exercida a atividade de produção vegetal;

II – pecuária, quando o objetivo da cessão forem animais para cria, recria, invernagem ou engorda;

III – agro-industrial, quando o objeto da sessão for o uso do imóvel rural, de parte ou partes do mesmo, ou maquinaria e implementos, com o objetivo de ser exercida atividade de transformação de produto agrícola, pecuário ou florestal;

IV – extrativa, quando o objeto da cessão for o uso de imóvel rural, de parte ou partes do mesmo, e ou animais de qualquer espécie, com o objetivo de ser exercida atividade extrativa de produto agrícola, animal ou florestal;

V – mista, quando o objeto da cessão abranger mais de uma das modalidades de parceria definidas nos incisos anteriores.

Art. 6º Ocorrendo entre as mesmas partes e num mesmo imóvel rural avenças de arrendamento e de parceria, serão celebrados contratos distintos, cada qual regendo-se pelas normas especificas estabelecidas no Estatuto da Terra, na Lei nº 4.947-66 e neste Regulamento.

Parágrafo único. Reger-se-ão pelas normas do presente Regulamento, os direitos e obrigações dos atuais meeiros, terceiros quartistas, parcentistas ou de qualquer outro tipo de parceiro-outorgado, cujo contrato estipule, no todo ou em parte, a partilha em frutos, produtos ou no seu equivalente em dinheiro.

Art. 7º Para os efeitos deste Regulamento entende-se por exploração direta, aquela em que o beneficiário da exploração assume riscos do empreendimento, custeando despesas necessárias.

§ 1º Denomina-se Cultivador Direto aquele que exerce atividade de exploração na forma deste artigo.

§ 2º Os arrendatários serão sempre admitidos como cultivadores diretos.

Art. 8º Para os fins do disposto no art. 13, inciso V, da Lei nº 4.947-66, entende-se por cultivo direto e pessoal, a exploração direta na qual o proprietário, ou arrendatário ou o parceiro, e seu conjunto familiar, residindo no imóvel e vivendo em mútua dependência, utilizam assalariados em número que não ultrapassa o número de membros ativos daquele conjunto.

Parágrafo único. Denomina-se cultivador direto e pessoal aquele que exerce atividade de exploração na forma deste artigo.

Art. 9º Sem a apresentação do certificado de cadastro, a partir de 1 de janeiro de 1967,os proprietários, usufrutuários, usuários ou possuidores de imóvel rural, sob pena de nulidade, não poderão celebrar os contratos agrários disciplinados por este Regulamento (art. 22, § 1º, da Lei número 4.947-66).

Art. 10. Caberá ao Instituto Brasileiro de Reforma Agrária – IBRA, em todo o território nacional, a organização e manutenção do registro cadastral e do controle dos contratos agrários, em obediência ao disposto na alínea "c" do inciso III, do artigo 46 do Estatuto da Terra, e de sua regulamentação no Decreto 55.891, de 31-3-65, como também art. 13 da Lei 4.947, 6-4-66.

CAPÍTULO II – DOS CONTRATOS: ESSENCIAIS E FUNDAMENTOS

SEÇÃO I – DOS CONTRATOS AGRÁRIOS

Art. 11. Os contratos de arrendamento e de parceria poderão ser escritos ou verbais. Nos contratos verbais presume-se como ajustadas as cláusulas obrigatórias estabelecidas no art. 13 deste Regulamento.

§ 1º O arrendador ou o parceiro-outorgante deverá encontrar-se na posse do imóvel rural e dos bens, a qualquer título que lhes dê o direito de exploração e de destinação aos fins contratuais.

§ 2º Cada parte contratante poderá exigir da outra a celebração do ajuste por escrito, correndo as despesas pelo modo que convencionarem.

Art. 12. Os contratos escritos deverão conter as seguintes indicações:

I – Lugar e data da assinatura do contrato;

II – Nome completo e endereço dos contratantes;

III – Características do arrendador ou do parceiro-outorgante (espécie, capital registrado e data da constituição, se pessoa jurídica, e, tipo e número de registro do documento de identidade, nacionalidade e estado civil,

Parágrafo único. Os financiamentos rurais aos produtores a que se refere este artigo, não poderão incluir parcelas destinadas a encargos de arrendamento de terras, pagamento de terras, pagamento de dívidas vencidas ou recuperação de gastos realizados.

Art. 67. O crédito ao cedente, terá por base sua cota nos frutos, acrescida da que, aos preços considerados no instrumento contratual, lhe caberá, como retorno dos adiantamentos que deva fazer aos parceiros-outorgados.

§ 1º No caso de haver autorização irrevogável, numa das formas do parágrafo único do art. 56, poderá ser aumentado esse crédito, do valor correspondente às colheitas dos parceiros-outorgados.

§ 2º Se impraticável o consentimento dos parceiros, o crédito calculado com base no "*caput*" deste artigo, terá como garantia o penhor total dos frutos e produtos, independentemente de anuência, mas sob compromisso, no instrumento de crédito, de ser entregue àquelas, em tempo oportuno, as respectivas cotas.

Art. 68. Na concessão de crédito aos arrendatários e parceiros outorgados, as instituições financeiras não poderão adotar, para cálculo do seu valor, preços inferiores aos mínimos oficiais para a colheita financiada, nem para o prazo de reembolso, período insuficiente para o escoamento do produto.

Art. 69. As operações de empréstimos e os contratos agropecuários de qualquer natureza, realizados através de órgãos oficiais de crédito, para as atividades que dispuserem os planos aprovados e em funcionamento, deverão ser segurados na Companhia Nacional de Seguro Agrícola, nos termos do que dispõe o art. 91, § 2º, do Estatuto da Terra e sua regulamentação.

Art. 70. O arrendatário ou parceiro-outorgado responsável por empréstimo destinado ao financiamento de atividade rural, localizada em área determinada, não poderá substituí-la nem transferi-la sob qualquer modalidade a terceiros sem autorização do financiador.

SEÇÃO III – DOS INCENTIVOS

Art. 71. Aos beneficiados por este Regulamento, que provem cumprir no nível máximo as disposições nele estatuídas, será facultado o atendimento, prioridade pelas instituições financeiras participantes do Sistema Nacional do Crédito Rural.

Parágrafo único. O Instituto Brasileiro de Reforma Agrária – IBRA – e o Instituto Nacional de Desenvolvimento Agrário – INDA – reivindicarão junto ao Conselho Monetário Nacional, através da Coordenação Consultiva do Crédito Rural – (CCCR);

a) normas especiais de crédito e princípios de prioridade para os produtores que satisfaçam o disposto neste artigo;

b) sistemática que estenda às instituições financeiras privadas, as exigências deste artigo;

c) normas que estabeleçam renovação de crédito, quando casos fortuitos, não seguráveis, produzam a perda total ou parcial da produção objeto do financiamento.

Art. 72. O IBRA restabelecerá de comum acordo com o INDA, os incentivos que permitam venham a ser prestados preferencialmente através de cooperativas, para a assistência creditícia aos arrendatários e parceiros-outorgados.

CAPÍTULO V – DO REGISTRO E DO CONTROLE DOS CONTRATOS AGRÁRIOS

SEÇÃO I – DOS REGISTROS CADASTRAIS

Art. 73. Será realizado pelo IBRA, nas épocas e locais indicados em Instrução de sua Diretoria, o levantamento dos dados relativos a arrendatários e parceiros, através de declaração do arrendatário ou do parceiro, que serão confrontadas com as informações fornecidas nas Declarações de Propriedade (art. 46, III "c" do Estatuto da Terra e art. 56 do Decreto 58.891, de 31.3.65).

§ 1º Quando o contrato agrário for celebrado por escrito, deverá a parte interessada esclarecer, nas declarações de arrendatários e parceiros a forma do contrato se por instrumento público ou particular, data, local de assinatura e respectivo registro e demais informações constantes da Instrução a que se refere o Art. 75.

§ 2º A partir da data da Declaração de arrendatários e parceiros, as alterações contratuais deverão ser comunicadas ao IBRA, na forma da Instrução a que se refere o art. 75.

§ 3º O levantamento de que trata este artigo, visa esclarecer às autoridades competentes sobre as formas dos contratos agrários, especialmente no tocante à observância das cláusulas obrigatórias e respectivas condições.

Art. 74. Por força de convênio celebrado com o IBRA os serviços de distribuição e coleta dos questionários bem como da transmissão das Instruções elaboradas pela Autarquia, para o respectivo preenchimento, ficarão a cargo das Prefeituras Municipais.

Art. 75. A Presidência do IBRA expedirá as normas para a implantação e atualização do registro cadastral dos contratos de uso temporário da terra.

Art. 76. Após exame a análise da Declaração de Arrendatário e de Parceiro, o IBRA emitirá os respectivos Certificados de Uso Temporário, que conterão as indicações básicas da ficha Cadastral correspondente.

§ 1º Pelo certificado, será cobrado uma Taxa de Serviço Cadastral, correspondente a 1/50 (um cinquenta avos), sobre o maior salário-mínimo vigente no País, a ser paga pelo arrendatário e parceiro-outorgado.

§ 2º A partir de 1º de julho de 1967, será necessária a apresentação do Certificado de Uso Temporário para que o arrendatário e o parceiro-outorgado possam obter as vantagens e benefícios que são assegurados no Estatuto da Terra, especialmente os de acesso ao crédito rural nos termos da Lei nº 4.829, de 1965 do seu Regulamento e das normas deste Decreto.

§ 3º Aos que, até 1º de janeiro de 1968, não tiverem apresentado a Declaração de Arrendatário ou de Parceiro, poderão fazê-lo na própria instituição financeira onde for solicitado o crédito rural.

SEÇÃO II – DO CONTROLE E FISCALIZAÇÃO DOS CONTRATOS

Art. 77. Nas normas para a execução dos convênios firmados com as Prefeitura Municipais, o IBRA indicará as formas de atendimento das reclamações apresentadas pelos arrendatários e parceiros, com relação ao cumprimento dos contratos agrários, e a de seu encaminhamento aos órgãos da Autarquia.

Parágrafo único. O IBRA após verificação e exame das fichas cadastrais apresentadas pelos arrendatários e pelos parceiros notificará por intermédio das Prefeituras Municipais, as partes interessadas quanto às exigências necessárias e a serem cumpridas para a perfeita integração dos contratos nos termos da lei.

Art. 78. O IBRA poderá manter convênios com as Federações de Agricultura, os Sindicatos e as Federações de Trabalhadores na Agricultura, para possibilitar aos arrendatários e parceiros, assistência jurídica, na defesa de seus interesses decorrentes dos contratos de uso temporário da terra.

Art. 79. O IBRA, através do levantamento de que trata o art. 73, exercerá o controle dos contratos agrários, especialmente com relação a observância de:

I – Cláusulas obrigatórias, nos termos do art. 13;

II – Uso temporário e suas limitações, estabelecidas no Regulamento.

§ 1º O não atendimento de exigências para o cumprimento das cláusulas e condições estabelecidas neste Regulamento, acarretará:

a) aos arrendatários ou parceiros-outorgantes, a perda de condições para a classificação de seus imóveis como Empresa Rural;

b) aos arrendatários ou aos parceiros-outorgados, a cassação do Certificado de Uso Temporário.

§ 2º As sanções previstas no parágrafo anterior perdurarão até que sejam cumpridas ou restabelecidas aquelas condições.

CAPÍTULO VI – DAS DISPOSIÇÕES GERAIS E TRANSITÓRIAS

SEÇÃO I – DO AJUSTAMENTO E ADAPTAÇÕES DOS CONTRATOS EM VIGOR

Art. 80. A adaptação dos contratos existentes à data deste Regulamento, obedecerá ao seguinte:

I – Convindo às partes, os contratos agrários em vigor poderão ser substituídos por novos, que atendam a todos os requisitos deste Regulamento;

II – Se assim não convierem, não poderão ser renovados, sem que se ajustem às exigências da Leis números 4.504, de 1964, 4.947, de 1966 e deste Regulamento.

SEÇÃO II – DAS FORMAS DE TRANSIÇÃO DE USO TEMPORÁRIO

Art. 81. Nos termos do art. 14 da Lei nº 4.947, de 1966, o IBRA poderá permitir, após os necessários estudos em cada caso, e sempre a título precário nas áreas pioneiras do país, a utilização de terras públicas, sob qualquer das formas de uso temporário previstos no Estatuto da Terra, bem como promover sua progressiva adaptação às normas estabelecidas na referida Lei e neste Regulamento.

§ 1º As terras públicas poderão, ainda, a título precário, ser dadas em arrendamento ou em parcela, quando:

a) razões de segurança nacional o determinarem;

b) áreas de núcleo de colonização pioneira, na sua fase de implantação, forem organizadas para fins de demonstração;

c) forem consideradas de posse pacífica, a justo título, reconhecida pelo Poder Público.

§ 2º Para os fins do disposto neste artigo, a União, os Estados e Municípios, ou qualquer entidade de direito público, terão como arrendadores ou parceiros-outorgantes todos os direitos e obrigações estabelecidas no Estatuto da Terra e no presente Regulamento.

SEÇÃO III – DAS DISPOSIÇÕES FINAIS

Art. 82. O arrendatário e o parceiro poderão segurar suas lavouras, rebanhos e frutos da parceria, desde que financiados pelo Banco do Brasil, na Companhia Nacional de Seguro Agrícola contra os riscos que lhes são peculiares, nos termos da Lei nº 4.430, de 1964 e de seu Regulamento baixado pelo Decreto número 55.801, de 1965.

Parágrafo único. O prêmio de seguro será pago na forma que for convencionada pelos contratantes.

Art. 83. As disposições deste Regulamento aplicam-se também, aos arrendatários e parceiros das áreas objeto de arrendamento ou parceria, nas faixas de serventia utilização ou posse, de entidades públicas ou privadas ou empresas concessionárias de serviços públicos.

Art. 84. Os contratos que regulam o pagamento do trabalhador, parte em dinheiro e parte percentual na lavoura cultivada, ou gado tratado, são considerados simples locação de serviço, regulada pela legislação trabalhista, sempre que a direção dos trabalhos seja de inteira e exclusiva responsabilidade do proprietário, locatário do serviço a quem cabe todo o risco, assegurando-se ao locador, pelo menos a percepção do salário-mínimo no cômputo das duas parcelas (art. 96, parágrafo único do Estatuto da Terra).

Art. 85. A todo aquele que ocupe, sob qualquer forma de arrendamento, por mais de 5 (cinco) anos, um imóvel rural desapropriado em área prioritária de Reforma Agrária, é assegurado o direito preferencial de acesso à terra, nos termos dos artigos 25, II e 95, XIII, do Estatuto da Terra, sendo esta condição levada em conta nas normas de seleção para fixação dos índices de propriedade para obtenção dos lotes a distribuir.

Art. 86. Os litígios judiciais entre arrendadores e arrendatários rurais, obedecerão ao rito processual estabelecido pelo art. 685, do Código de Processo Civil.

Parágrafo único. Não terão efeito suspensivo os recursos interpostos contra as decisões proferidas nos processos de que trata o presente artigo (art. 107 do Estatuto da Terra).

Art. 87. Excetuam-se do disposto nos arts. 93, II e III e 95, XII do Estatuto da Terra, os dispositivos especiais sobre arrendamento rural para a exploração da terra quando a produção destinar-se à atividade da agroindústria açucareira, de acordo com o que estabelecem as leis números 3.855, de 1941 e 6.969, de 1944.

Art. 88. No que forem omissas as Leis 4.504-64, 4.947-66 e o presente Regulamento, aplicar-se-ão as disposições do Código Civil, no que couber.

Art. 89. Este Decreto entrará em vigor na data de sua publicação, revogadas as disposições em contrário.

Brasília, 14 de novembro de 1966;
145º da Independência e 78º da República.
H. CASTELLO BRANCO
(DOU. de 17.11.1966)

LEI Nº 5.709, DE 7 DE OUTUBRO DE 1971

Regula a Aquisição de Imóvel Rural por Estrangeiro Residente no País ou Pessoa Jurídica Estrangeira Autorizada a Funcionar no Brasil, e dá outras providências.

- *Vide Decreto 74.965/1974 (Regulamenta a Lei 5.709/1971)*
- *Vide Enunciado 43, I Jornada de Direito Notarial e Registral*
- *Vide arts. 433 a 436, Provimento CNJ n. 149/2023 (CNN) (Arrendamento do Imóvel Rural)*

O PRESIDENTE DA REPÚBLICA:

Faço saber que o Congresso Nacional decreta e eu sanciono a seguinte Lei:

Art. 1º O estrangeiro residente no País e a pessoa jurídica estrangeira autorizada a funcionar no Brasil só poderão adquirir imóvel rural na forma prevista nesta Lei.

- *Arts. 1.829 a 1.856 do Código Civil*

§ 1º Fica, todavia, sujeita ao regime estabelecido por esta Lei a pessoa jurídica brasileira da qual participem, a qualquer título, pessoas estrangeiras físicas ou jurídicas que tenham a maioria do seu capital social e residam ou tenham sede no Exterior.

§ 2º As restrições estabelecidas nesta Lei não se aplicam: *(Parágrafo com redação dada pela Lei nº 13.986, de 7/4/2020)*

I - aos casos de sucessão legítima, ressalvado o disposto no art. 7º desta Lei; *(Inciso acrescido pela Lei nº 13.986, de 7/4/2020)*

II - às hipóteses de constituição de garantia real, inclusive a transmissão da propriedade fiduciária em favor de pessoa jurídica, nacional ou estrangeira; *(Inciso acrescido pela Lei nº 13.986, de 7/4/2020)*

III - aos casos de recebimento de imóvel em liquidação de transação com pessoa jurídica, nacional ou estrangeira, ou pessoa jurídica nacional da qual participem, a qualquer título, pessoas estrangeiras físicas ou jurídicas que tenham a maioria do seu capital social e que residam ou tenham sede no exterior, por meio de realização de garantia real, de dação em pagamento ou de qualquer outra forma. *(Inciso acrescido pela Lei nº 13.986, de 7/4/2020)*

- *Art. 7º do Decreto 74.965/1974*

Art. 2º *(Revogado pela Lei nº 6.815, de 19/08/80).*

Art. 3º A aquisição de imóvel rural por pessoa física estrangeira não poderá exceder a 50 (cinquenta) módulos de exploração indefinida, em área contínua ou descontínua.

§ 1º Quando se tratar de imóvel com área não superior a 3 (três) módulos, a aquisição será livre, independendo de qualquer autorização ou licença, ressalvadas as exigências gerais determinadas em lei.

§ 2º O Poder Executivo baixará normas para a aquisição de área compreendida entre 3 (três) e 50 (cinquenta) módulos de exploração indefinida. (Vide Lei nº 8.629, de 1993)

§ 3º O Presidente da República, ouvido o Conselho de Segurança Nacional, poderá aumentar o limite fixado neste artigo.

Art. 4º Nos loteamentos rurais efetuados por empresas particulares de colonização, a aquisição e ocupação de, no mínimo, 30% (trinta por cento) da área total serão feitas obrigatoriamente por brasileiros.

Art. 5º As pessoas jurídicas estrangeiras referidas no art. 1º desta Lei só poderão adquirir imóveis rurais destinados à implantação de projetos agrícolas, pecuários, industriais, ou de colonização, vinculados aos seus objetivos estatutários.

- *Art. 23 da Lei da aquisição ou arrendamento de imóvel rural por pessoa jurídica estrangeira (Lei 8.629/1993)*

§ 1º Os projetos de que trata este artigo deverão ser aprovados pelo Ministério da Agricultura, ouvido o órgão federal competente de desenvolvimento regional na respectiva área.

§ 2º Sobre os projetos de caráter industrial será ouvido o Ministério da Indústria e Comércio.

Art. 6º Adotarão obrigatoriamente a forma nominativa as ações de sociedades anônimas:

- *Arts. 1.088 e 1.089 do Código Civil*

I – que se dediquem a loteamento rural;

II – que explorem diretamente áreas rurais; e

III – que sejam proprietárias de imóveis rurais não vinculados a suas atividades estatutárias.

Parágrafo único. A norma deste artigo não se aplica às entidades mencionadas no art. 4º do Decreto-lei nº 200, de 25 de fevereiro de 1967, com a redação que lhe foi dada pelo Decreto-lei nº 900, de 29 de setembro de 1969.

Art. 7º A aquisição de imóvel situado em área considerada indispensável à segurança nacional por pessoa estrangeira, física ou jurídica, depende do assentimento prévio da Secretaria-Geral do Conselho de Segurança Nacional.

Art. 8º Na aquisição de imóvel rural por pessoa estrangeira, física ou jurídica, é da essência do ato a escritura pública.

- *Vide Lei 7.433/1985 (Lei da Escritura Pública) e seu decreto regulamentador (Decreto 93.240/1986)*
- *Art. 215 do Código Civil*

Art. 9º Da escritura relativa à aquisição de área rural por pessoas físicas estrangeiras constará, obrigatoriamente:

I – menção do documento de identidade do adquirente;

II – prova de residência no território nacional; e

III – quando for o caso, autorização do órgão competente ou assentimento prévio da Secretaria-Geral do Conselho de Segurança Nacional.

Parágrafo único. Tratando-se de pessoa jurídica estrangeira, constará da escritura a transcrição do ato que concedeu autorização para a aquisição da área rural, bem como dos documentos comprobatórios de sua constituição e de licença para seu funcionamento no Brasil.

Art. 10. Os Cartórios de Registro de Imóveis manterão cadastro especial, em livro auxiliar, das aquisições de terras rurais por pessoas estrangeiras, físicas e jurídicas, no qual deverá constar:

I – menção do documento de identidade das partes contratantes ou dos respectivos atos de constituição, se pessoas jurídicas;

II – memorial descritivo do imóvel, com área, características, limites e confrontações; e

III – transcrição da autorização do órgão competente, quando for o caso.

Art. 11. Trimestralmente, os Cartórios de Registros de Imóveis remeterão, sob pena de perda do cargo, à Corregedoria da Justiça dos Estados a que estiverem subordinados e ao Ministério da Agricultura, relação das aquisições de áreas rurais por pessoas estrangeiras, da qual constem os dados enumerados no artigo anterior.

Parágrafo único. Quando se tratar de imóvel situado em área indispensável à segurança nacional, a relação mencionada neste artigo deverá ser remetida também à Secretaria-Geral do Conselho de Segurança Nacional.

Art. 12. A soma das áreas rurais pertencentes a pessoas estrangeiras, físicas ou jurídicas, não poderá ultrapassar a um quarto da superfície dos Municípios onde se situem, comprovada por certidão do Registro de Imóveis, com base no livro auxiliar de que trata o art. 10.

§ 1º As pessoas da mesma nacionalidade não poderão ser proprietárias, em cada Município, de mais de 40% (quarenta por cento) do limite fixado neste artigo.

§ 2º Ficam excluídas das restrições deste artigo as aquisições de áreas rurais:

I – inferiores a 3 (três) módulos;

II – que tiverem sido objeto de compra e venda, de promessa de compra e venda, de cessão ou de promessa de cessão, mediante escritura pública ou instrumento particular devidamente protocolado no Registro competente, e que tiverem sido cadastradas no INCRA em nome do promitente comprador, antes de 10 de março de 1969;

III – quando o adquirente tiver filho brasileiro ou for casado com pessoa brasileira sob o regime de comunhão de bens.

§ 3º O Presidente da República poderá, mediante decreto, autorizar a aquisição além dos limites fixados neste artigo, quando se tratar de imóvel rural vinculado a projetos julgados prioritários em face dos planos de desenvolvimento do País.

Art. 13. O art. 60 da Lei nº 4.504, de 30 de novembro de 1964, passa a vigorar com a seguinte redação:

- *Alterações inseridas no texto da referida norma.*

Art. 14. Salvo nos casos previstos em legislação de núcleos coloniais, onde se estabeleçam em lotes rurais, como agricultores, estrangeiros imigrantes, é vedada, a qualquer título, a doação de terras da União ou dos Estados a pessoas estrangeiras, físicas ou jurídicas.

Art. 15. A aquisição de imóvel rural, que viole as prescrições desta Lei, é nula de pleno direito. O tabelião que lavrar a escritura e o oficial de registro que a transcrever responderão civilmente pelos danos que causarem aos contratantes, sem prejuízo da responsabilidade criminal por prevaricação ou falsidade ideológica. O alienante está obrigado a restituir ao adquirente o preço do imóvel.

Art. 16. As sociedades anônimas, compreendidas em quaisquer dos incisos do *caput* do art. 6º, que já estiverem constituídas à data do início da vigência desta Lei, comunicarão, no prazo de 6 (seis) meses, ao Ministério da Agricultura a relação das áreas rurais de sua propriedade ou exploração.

§ 1º As sociedades anônimas, indicadas neste artigo, que não converterem em nominativas suas ações ao portador, no prazo de 1 (um) ano do início da vigência desta Lei, reputar-se-ão irregulares, ficando sujeitas à dissolução, na forma da lei, por iniciativa do Ministério Público.

§ 2º No caso de empresas concessionárias de serviço público, que possuam imóveis rurais não vinculados aos fins da concessão, o prazo de conversão das ações será de 3 (três) anos.

§ 3º As empresas concessionárias de serviço público não estão obrigadas a converter em nominativas as ações ao portador, se dentro do prazo de 3 (três) anos, contados da vigência desta Lei, alienarem os imóveis rurais não vinculados aos fins da concessão.

Art. 17. As pessoas jurídicas brasileiras que, até 30 de janeiro de 1969, tiverem projetos de colonização aprovados nos termos do art. 61 da Lei nº 4.504, de 30 de novembro de 1964, poderão, mediante autorização do Presidente da República, ouvido o Ministério da Agricultura, concluí-los e outorgar escrituras definitivas, desde que o façam dentro de 3 (três) anos e que a área não exceda, para cada adquirente, 3 (três) módulos de exploração indefinida.

Art. 18. São mantidas em vigor as autorizações concedidas, com base nos Decretos-leis nºs 494, de 10 de março de 1969, e 924, de 10 de outubro de 1969, em estudos e processos já concluídos, cujos projetos tenham sido aprovados pelos órgãos competentes.

Art. 19. O Poder Executivo baixará, dentro de 90 (noventa) dias, o regulamento para execução desta Lei.

Art. 20. Esta Lei entrará em vigor na data de sua publicação.

Art. 21. Revogam-se os Decretos-leis nº 494, de 10 de março de 1969, e 924, de 10 de outubro de 1969, e demais disposições em contrário.

EMÍLIO G. MÉDICI (DOU. de 11.10.1971)

DECRETO Nº 74.965, DE 26 DE NOVEMBRO DE 1974

Regulamenta a Lei nº 5.709, de 7 de outubro de 1971, que dispõe sobre a aquisição de imóvel rural por estrangeiro residente no País ou pessoa jurídica estrangeira autorizada a funcionar no Brasil.

- *Vide Enunciado 43, I Jornada de Direito Notarial e Registral*
- *Vide arts. 433 a 436, Provimento CNJ n. 149/2023 (CNN) (Arrendamento do Imóvel Rural)*

O PRESIDENTE DA REPÚBLICA, usando da atribuição que lhe confere o artigo 81, item III, da Constituição, e tendo em vista o disposto no artigo 19, da Lei nº 5.709, de 7 de outubro de 1971,

DECRETA:

Art. 1º O estrangeiro residente no País e a pessoa jurídica estrangeira autorizada a funcionar no Brasil só poderão adquirir imóvel rural na forma prevista neste regulamento.

- *Vide Lei de aquisição de imóvel rural por estrangeiro residente ou pessoa jurídica estrangeira (Lei 5.709/1971)*

§ 1º Fica também sujeita ao regime estabelecido por este regulamento a pessoa jurídica brasileira da qual participem, a qualquer título, pessoas estrangeiras, físicas ou jurídicas, que tenham a maioria do seu capital social e residam ou tenham sede no exterior.

§ 2º As restrições estabelecidas neste regulamento não se aplicam aos casos de transmissão causa mortis.

Art. 2º A pessoa estrangeira, física ou jurídica, só poderá adquirir imóvel situado em área considerada indisponível à segurança nacional mediante assentimento prévio da Secretaria Geral do Conselho de Segurança Nacional.

Art. 3º Na aquisição de imóvel rural por pessoa estrangeira, física ou jurídica, é da essência do ato a escritura pública.

- *Art. 215 do Código Civil*
- *Arts. 8º a 11 da Lei 5.709/1971 (Aquisição de imóvel rural por estrangeiro residente ou pessoa jurídica estrangeira)*
- *Arts. 167 a 216 da Lei 6.015/1973 (Lei de Registros Públicos)*
- *Art. 23 da Lei 8.629/1993 (Reforma Agrária)*

Art. 4º Compete ao Instituto Nacional de Colonização e Reforma Agrária (INCRA) fixar, para cada região, o módulo de exploração indefinida, podendo modificá-lo sempre que houver alteração das condições econômicas e sociais da região.

Art. 5º A soma das áreas rurais pertencentes a pessoas estrangeiras, físicas ou jurídicas, não poderá ultrapassar 1/4 (um quarto) da superfície dos Municípios onde se situem comprovada por certidão do Registro de Imóveis, com base no livro auxiliar de que trata o artigo 15.

› *Art. 12 da Lei 5.709/1971 (Aquisição de imóvel rural por estrangeiro residente ou pessoa jurídica estrangeira)*

§ 1º As pessoas de mesma nacionalidade não poderão ser proprietárias, em cada Município, de mais de 40% (quarenta por cento) do limite fixado neste artigo.

§ 2º Ficam excluídas das restrições deste artigo as aquisições de áreas rurais:

I – Inferiores a 3 (três) módulos;

II – Que tiveram sido objeto de compra e venda, de promessa de compra e venda, de cessão ou de promessa de cessão, constante de escritura pública ou de documento particular devidamente protocolado na circunscrição imobiliária competente, e cadastrada no INCRA em nome do promitente-comprador, antes de 10 de março de 1969;

III – Quando o adquirente tiver filho brasileiro ou for casado com pessoa brasileira sob o regime de comunhão de bens.

§ 3º Será autorizada por Decreto, em cada caso, a aquisição além dos limites fixados neste artigo, quando se tratar de imóvel rural vinculado a projetos julgados prioritários em face dos planos de desenvolvimento do País.

Art. 6º Ao estrangeiro que pretende imigrar para o Brasil é facultado celebrar, ainda em seu país de origem, compromisso de compra e venda do imóvel rural desde que, dentro de 3 (três) anos, contados da data do contrato, venha fixar domicílio no Brasil e explorar o imóvel.

§ 1º Se o compromissário comprador descumprir qualquer das condições estabelecidas neste artigo, reputar-se-á absolutamente ineficaz o compromisso de compra e venda, sendo-lhe defeso adquirir, por qualquer modo, a propriedade do imóvel.

§ 2º No caso previsto no parágrafo antecedente, caberá ao promitente-vendedor propor a ação para declarar a ineficácia do compromisso, estando desobrigado de restituir as importâncias que recebeu do compromissário comprador.

§ 3º O prazo referido neste artigo poderá ser prorrogado pelo Ministério da Agricultura, ouvido o INCRA, se o promitente-comprador embora sem transferir seu domicílio para o Brasil por motivo justificado, utilizou o imóvel na implantação de projeto de culturas permanentes.

§ 4º Dos compromissos de compra e venda devem constar obrigatoriamente, sob pena de nulidade, as cláusulas estabelecidas neste artigo.

Art. 7º A aquisição de imóvel rural por pessoa física estrangeira não poderá exceder a 50 (cinquenta) módulos de exploração indefinida, em área contínua ou descontínua.

› *Art. 3º da Lei 5.709/1971 (Aquisição de imóvel rural por estrangeiro residente ou pessoa jurídica estrangeira)*

§ 1º Quando se tratar de imóvel com área não superior a 3 (três) módulos, a aquisição será livre, independendo de qualquer autorização ou licença, ressalvadas as exigências gerais determinadas em lei.

§ 2º A aquisição de imóvel rural entre 3 (três) e 50 (cinquenta) módulos de exploração indefinida dependerá de autorização do INCRA, ressalvado o disposto no artigo 2º.

§ 3º Dependerá também de autorização a aquisição de mais de um imóvel, com área não superior a três módulos, feita por uma pessoa física.

§ 4º A autorização para aquisição por pessoa física condicionar-se-á, se o imóvel for de área superior a 20 (vinte) módulos, à aprovação do projeto de exploração correspondente.

§ 5º O Presidente da República, ouvido o Conselho de Segurança Nacional, poderá aumentar o limite fixado neste artigo.

Art. 8º Nos loteamentos rurais efetuados por empresas particulares de colonização, a aquisição e ocupação de, no mínimo, 30% (trinta por cento) da área total, serão feitas obrigatoriamente por brasileiros.

› *Art. 4º da Lei 5.709/1971 (Aquisição de imóvel rural por estrangeiro residente ou pessoa jurídica estrangeira)*

§ 1º A empresa colonizadora é responsável pelo encaminhamento dos processos referentes à aquisição do imóvel rural por estrangeiro, observadas as disposições da legislação vigente, até que seja lavrada a escritura pública.

§ 2º Semestralmente a empresa colonizadora deverá encaminhar, ao órgão estadual do INCRA, relação dos adquirentes, mencionando a percentagem atualizada das áreas rurais pertencentes a estrangeiros, no loteamento.

Art. 9º O interessado que pretender obter autorização para adquirir imóvel rural formulará requerimento ao INCRA, declarando:

a) se possui, ou não, outros imóveis rurais;

b) se, com a nova aquisição, suas propriedades não excedem 50 (cinquenta) módulos de exploração indefinida, em área contínua ou descontínua;

c) a destinação a ser dada ao imóvel, através do projeto de exploração, se a área for superior a 20 (vinte) módulos.

Parágrafo único. O requerimento de autorização será instruído por documentos que provem:

1) a residência do interessado no território nacional;

2) a área total do município onde se situa o imóvel a ser adquirido;

3) a soma das áreas rurais transcritas em nome de estrangeiros, no município, por grupos de nacionalidade;

4) qualquer das circunstâncias mencionadas nos incisos do § 2º do artigo 5º deste Regulamento.

Art. 10. Concedida a autorização pelo INCRA, que ouvirá previamente a Secretaria Geral do Conselho de Segurança Nacional, quando for o caso, poderá o Tabelião lavrar a escritura, nela mencionando obrigatoriamente:

I – O documento de identidade do adquirente;

II – Prova de residência no território nacional;

III – A autorização do INCRA.

Parágrafo único. O prazo de validade da autorização é de 30 dias, dentro do qual deverá ser lavrada a escritura pública, seguindo-se a transcrição na Circunscrição Imobiliária, no prazo de 15 dias.

Art. 11. A pessoa jurídica estrangeira, autorizada a funcionar no Brasil, ou a pessoa jurídica brasileira, na hipótese do artigo 1º § 1º, só poderão adquirir imóveis rurais quando estes se destinem à implantação de projetos agrícolas pecuários, industriais, ou de colonização vinculados aos seus objetivos estatuários.

§ 1º A aquisição dependerá da aprovação dos projetos pelo Ministério da Agricultura, ouvido o órgão federal competente.

§ 2º São competentes para apreciar os projetos:

a) o INCRA, para os de colonização;

b) a SUDAM e a SUDENE, para os agrícolas e pecuários situados nas respectivas áreas;

c) O Ministério da Indústria e do Comércio, para os industriais e turísticos, por intermédio do Conselho do Desenvolvimento Industrial e da Empresa Brasileira de Turismo, respectivamente.

Art. 12. A pessoa jurídica que pretender aprovação de projeto deverá apresentá-lo ao órgão competente, instruindo o pedido com documentos que provem:

a) a área total do município, onde se situa o imóvel a ser adquirido;

b) a soma das áreas rurais transcritas em nome de estrangeiros, no município, por grupos de nacionalidade;

c) o assentimento prévio da Secretaria Geral do Conselho de Segurança Nacional, no caso de o imóvel situar-se em área considerada indispensável à segurança nacional;

d) o arquivamento do contrato social ou estatuto no Registro de Comércio;

e) a adoção de forma nominativa de suas ações, feita por certidão do Registro de Comércio, nas hipóteses previstas no artigo 13 deste regulamento.

Parágrafo único. Observar-se-á o mesmo procedimento nos casos previstos no § 3º, do artigo 5º, deste regulamento, hipótese em que o projeto, depois da manifestação do Ministério da Agricultura, será encaminhado ao Presidente da República para decisão.

Art. 13. Adotarão obrigatoriamente a forma nominativa as ações de sociedades anônimas:

I – Que se dediquem a loteamento rural;

II – Que explorem diretamente áreas rurais;

III – Que sejam proprietárias de imóveis rurais não-vinculados a suas atividades estatutárias.

Parágrafo único. A norma deste artigo não se aplica às autarquias, empresas públicas e sociedades de economia mista, mencionadas, no artigo 4º do Decreto-lei nº 200, de 25 de fevereiro de 1967, com a redação que foi dada pelo Decreto-lei nº 900, de 29 de setembro de 1967.

Art. 14. Deferido o pedido, lavrar-se-á escritura pública, dela constando obrigatoriamente:

a) a aprovação pelo Ministério da Agricultura;

b) os documentos comprobatórios de sua constituição e de licença para seu funcionamento no Brasil;

c) a autorização do Presidente da República, nos casos previstos no § 3º do artigo 5º, deste regulamento.

§ 1º No caso de o adquirente ser sociedade anônima brasileira, constará a prova de adoção da forma nominativa de suas ações.

§ 2º O prazo de validade do deferimento do pedido é de 30 dias, dentro do qual deverá ser lavrada a escritura pública, seguindo-se a transcrição na Circunscrição Imobiliária, no prazo de 15 dias.

Art. 15. Os Cartórios de Registro de Imóveis manterão cadastro especial em livro auxiliar das aquisições de terras rurais por pessoas estrangeiras, físicas e jurídicas, no qual se mencionará:

- *Art. 10 da Lei 5.709/1971 (Aquisição de imóvel rural por estrangeiro residente ou pessoa jurídica estrangeira)*

I – o documento de identidade das partes contratantes ou dos respectivos atos de constituição, se pessoas jurídicas;

II – memorial descritivo do imóvel, com área, características, limites e confrontações;

III – a autorização do órgão competente, quando for o caso;

IV – as circunstâncias mencionadas no § 2º, do artigo 5º.

Parágrafo único. O livro (modelo anexo) terá páginas duplas, divididas em 5 colunas, com 3,5cm 9,5cm, 14cm, 12cm e 15cm, encimadas com os dizeres "nº" "Adquirente e Transmitente", "Descrição do Imóvel", "Certidões e Autorizações" e "Averbações" respectivamente, e nele registrar-se-ão as aquisições referidas neste regulamento, na data da transcrição do título.

Art. 16. Trimestralmente, os Cartórios de Registro de Imóveis remeterão, sob pena de perda de cargo, à Corregedoria da Justiça dos Estados a que estiverem subordinados e à repartição estadual do INCRA, relação das aquisições de áreas rurais por pessoas estrangeiras, da qual constem os dados enumerados no artigo anterior.

Parágrafo único. Quando se tratar de imóvel situado em área indispensável à segurança nacional, a relação mencionada neste artigo deverá ser remetida também à Secretaria Geral do Conselho de Segurança Nacional.

- *Art. 11 da Lei 5.709/1971 (Aquisição de imóvel rural por estrangeiro residente ou pessoa jurídica estrangeira)*

Art. 17. Para os efeitos da Lei número 4.504, de 30 de novembro de 1964 e deste regulamento, consideram-se empresas particulares de colonização as pessoas físicas nacionais ou estrangeiras, residentes ou domiciliadas no Brasil, ou jurídicas, constituídas e sediadas no País, que tiverem por finalidade executar programa de valorização de área ou distribuição de terras.

- *Art. 13 da Lei 5.709/1971 (Aquisição de imóvel rural por estrangeiro residente ou pessoa jurídica estrangeira)*

Art. 18. Salvo nos casos previstos em legislação de núcleos coloniais onde se estabeleçam em lotes rurais, como agricultores, estrangeiros imigrantes, é vedada, a qualquer título a doação de terras da União ou dos Estados a pessoas estrangeiras, físicas ou jurídicas.

Art. 19. É nula de pleno direito a aquisição de imóvel rural que viole as prescrições legais: o Tabelião que lavrará a escritura e o oficial de registro que a transcrever responderão civilmente pelos danos que causarem aos contratantes, sem prejuízo da responsabilidade criminal por prevaricação ou falsidade ideológica; o alienante ficará obrigado a restituir ao adquirente o preço do imóvel, ou as quantias recebidas a este título, como parte do pagamento.

Art. 20. As normas regulamento aplicam-se a qualquer alienação de imóvel rural para pessoa física ou jurídica estrangeira, em casos como o de fusão ou incorporação de empresas, de alteração do controle acionário da sociedade, ou de transformação de pessoa jurídica nacional para pessoa jurídica estrangeira.

Parágrafo único. O Oficial de Registro de Imóveis só fará a transcrição de documentos relativos aos negócios de que trata este artigo, se neles houver a reprodução das autorizações correspondentes.

Art. 21. Este Decreto entrará em vigor na data de sua publicação, revogadas as disposições em contrário.

Brasília, 26 de novembro de 1974;
153º da Independência e 86º da República.
ERNESTO GEISEL (DOU. de 27.11.1974)

LEI Nº 5.768, DE 20 DE DEZEMBRO DE 1971

Abre a legislação sobre distribuição gratuita de prêmios, mediante sorteio, vale-brinde ou concurso, a título de propaganda, estabelece normas de proteção à poupança popular, e dá outras providências.

- *Vide Decreto 70.951/1972, (Regulamenta a Lei 5.768/1971)*

O PRESIDENTE DA REPÚBLICA,

Faço saber que o CONGRESSO NACIONAL decreta e eu sanciono a seguinte Lei:

CAPÍTULO I – DA DISTRIBUIÇÃO GRATUITA DE PRÊMIOS

Art. 1º A distribuição gratuita de prêmios a título de propaganda quando efetuada mediante sorteio, vale-brinde, concurso ou operação assemelhada, dependerá de prévia autorização do Ministério da Fazenda, nos termos desta Lei e de seu regulamento.

§ 1º A autorização somente poderá ser concedida a pessoas jurídicas que exerçam atividade comercial, industrial ou de compra e venda de bens imóveis comprovadamente quites com os impostos federais, estaduais e municipais, bem como com as contribuições da Previdência Social, a título precário e por prazo determinado, fixado em regulamento, renovável a critério da autoridade.

§ 2º O valor máximo dos prêmios será fixado em razão da receita operacional da empresa ou da natureza de sua atividade econômica, de forma a não desvirtuar a operação de compra e venda.

§ 3º É proibida a distribuição ou conversão dos prêmios em dinheiro.

§ 4º Os sorteios previstos neste artigo obedecerão aos resultados da extração das Loterias Federais. *(Parágrafo com redação dada pela Lei nº 14.027, de 20/7/2020)*

§ 5º O Ministério da Fazenda, no caso de distribuição de prêmios a título de propaganda, mediante sorteio, poderá autorizar que até o limite de 30% (trinta por cento) dos prêmios a distribuir por essa modalidade seja excluído da obrigatoriedade prevista no parágrafo anterior, desde que o sorteio se processe exclusivamente em programas públicos nos auditórios das estações de rádio ou de televisão.

§ 6º Quando não for renovada a autorização de que trata este artigo, a empresa que, na forma desta Lei, venha distribuindo, gratuitamente, prêmios vinculados à pontualidade de seus prestamistas nas operações a que se referem os itens II e IV do art. 7º continuará a distribuí-los exclusivamente com relação aos contratos celebrados até a data do despacho denegatório.

§ 7º O ato de autorização poderá impor limitação, por número de inscrição no Cadastro de Pessoas Físicas (CPF), da participação de consumidores em cada um dos sorteios, vales-brindes, concursos ou operações assemelhadas. *(Parágrafo acrescido pela Lei nº 14.790, de 29/12/2023)*

Art. 1º-A. Depende de prévia autorização a distribuição gratuita de prêmios mediante sorteio, vale-brinde, concurso ou operação assemelhada, realizada por concessionária ou permissionária de serviço de radiodifusão.

§ 1º A autorização referida no *caput* deste artigo poderá ser concedida isoladamente a concessionária ou permissionária de serviço de radiodifusão ou a pessoa jurídica constituída sob as leis brasileiras, do mesmo grupo dessas concessionárias ou permissionárias de serviço de radiodifusão.

§ 2º O ato de autorização deverá impor limitação, por Cadastro de Pessoas Físicas (CPF), de participação em sorteios, vales-brindes, concursos ou operações assemelhadas.

§ 3º A participação do interessado será precedida de cadastro, por meio de aplicativo, de programa de computador ou de outra plataforma digital, que contenha o CPF, e a empresa autorizada deverá assegurar o sigilo das informações prestadas, vedado o cadastro de menores de 18 (dezoito) anos.

§ 4º *(VETADO na Lei nº 14.027, de 20/7/2020)*

§ 5º São vedadas:

I - a realização de operações que configurem jogo de azar ou bingo;

II - a distribuição ou conversão dos prêmios em dinheiro.

§ 6º *(VETADO) (Artigo acrescido pela Lei nº 14.027, de 20/7/2020)*

Art. 1º-B. Além das exigências previstas no art. 1º-A desta Lei, as concessionárias ou permissionárias de serviço de radiodifusão deverão estar devidamente licenciadas para execução do serviço, ou autorizadas a funcionar em caráter provisório ou precário.

§ 1º Em qualquer caso, a regularização do pagamento do preço público da outorga do serviço de radiodifusão, quando devido em decorrência de processo de licitação, poderá ser feita mediante parcelamento mensal pelo tempo previsto na concessão ou permissão, por solicitação do requerente, o que não inviabilizará o licenciamento da estação ou o funcionamento em caráter provisório ou precário.

§ 2º *(VETADO) (Artigo acrescido pela Lei nº 14.027, de 20/7/2020)*

§ 3º Os parcelamentos previstos para pagamento de preço público da outorga para execução de serviços de radiodifusão decorrentes de processo de licitação, de alteração de características técnicas e de migração de outorga do serviço de radiodifusão sonora de onda média para o serviço de radiodifusão sonora em frequência modulada independerão da apresentação de qualquer garantia, inclusive seguro-garantia, e terão a correção das suas prestações mensais pela aplicação exclusiva da taxa do Sistema Especial de Liquidação e de Custódia (Selic). *(Incluído pela Lei nº 14.351, de 2022)*

§ 4º A penalidade de mora será aplicada apenas em relação às parcelas que forem pagas em atraso, considerada a data prevista do referido parcelamento. *(Incluído pela Lei nº 14.351, de 2022)*

Art. 2º Além da empresa autorizada, nenhuma outra pessoa natural ou jurídica poderá participar do resultado financeiro das operações de que tratam os arts. 1º e 1º-A desta Lei, ainda que a título de recebimento de *royalties*, de aluguéis de marcas e de nomes ou assemelhados. *(Artigo com redação dada pela Lei nº 14.027, de 20/7/2020)*

Art. 3º Independe de autorização, não se lhes aplicando o disposto nos artigos anteriores:

I - a distribuição gratuita de prêmios mediante sorteio realizado diretamente por pessoa jurídica de direito público, nos limites de sua jurisdição, como meio auxiliar de fiscalização ou arrecadação de tributos de sua competência;

II - a distribuição gratuita de prêmios em razão do resultado de concurso exclusivamente cultural artístico, desportivo ou recreativo, não subordinado a qualquer modalidade de álea ou pagamento pelos concorrentes, nem vinculação destes ou dos contemplados à aquisição ou uso de qualquer bem, direito ou serviço.

Parágrafo único. O Ministério da Fazenda poderá autorizar a realização de propaganda comercial, com distribuição gratuita de prêmios vinculada a sorteio realizado nos termos do tem I deste artigo, atendido, no que couber, o disposto no art. 1º e observada a exigência do art. 5º.

Art. 4º A distribuição de prêmios mediante sorteio, vale-brinde, concurso ou operação assemelhada realizada por organizações da sociedade civil, com o intuito de arrecadar recursos adicionais destinados à sua manutenção ou custeio, depende de prévia autorização. *("Caput" do artigo com redação dada pela Lei nº 14.027, de 20/7/2020)*

§ 1º Compete ao Ministério da Economia promover a regulamentação, a fiscalização e o controle das autorizações dadas nos termos deste artigo, que ficarão sujeitas às seguintes exigências: *(Parágrafo acrescido pela Lei nº 5.864, de 12/12/1972, com redação dada pela Lei nº 14.027, de 20/7/2020)*

a) comprovação de que a requerente satisfaz as condições especificadas nesta Lei e de que se enquadra nos termos da Lei nº 13.019, de 31 de julho de 2014; *(Alínea acrescida pela Lei nº 5.864, de 12/12/1972, com redação dada pela Lei nº 14.027, de 20/7/2020)*

b) indicação precisa da destinação dos recursos a obter através da mencionada autorização; *(Alínea acrescida pela Lei nº 5.864, de 12/12/1972)*

c) prova de que a propriedade dos bens a sortear se tenha originado de doação de terceiros, devidamente formalizada; *(Alínea acrescida pela Lei nº 5.864, de 12/12/1972)*

d) embasamento nos resultados da extração das Loterias Federais, admitidos outros meios caso o sorteio se processe exclusivamente em programas públicos nos auditórios das estações de rádio ou de televisão. *(Alínea acrescida pela Lei nº 5.864, de 12/12/1972, com redação dada pela Lei nº 14.027, de 20/7/2020)*

§ 1º-A. Para realizar as operações de que trata esta Lei, as organizações da sociedade civil devem apresentar, entre seus objetivos sociais, pelo menos uma das seguintes finalidades:

I - promoção da assistência social;

II - promoção da cultura e defesa e conservação do patrimônio histórico e artístico;

III - promoção da educação;

IV - promoção da saúde;

V - promoção da segurança alimentar e nutricional;

VI - defesa, preservação e conservação do meio ambiente e promoção do desenvolvimento sustentável;

VII - promoção do voluntariado;

VIII - promoção do desenvolvimento econômico e social e combate à pobreza;

IX - experimentação não lucrativa de novos modelos sócioprodutivos e de sistemas alternativos de produção, comércio, emprego e crédito;

X - promoção de direitos estabelecidos, construção de novos direitos e assessoria jurídica gratuita de interesse suplementar;

XI - promoção da ética, da paz, da cidadania, dos direitos humanos, da democracia e de outros valores universais;

XII - realização, no caso de organizações religiosas, de atividades de interesse público e de cunho social distintas daquelas com fins exclusivamente religiosos;

XIII - estudos e pesquisas, desenvolvimento de tecnologias alternativas e produção e divulgação de informações e conhecimentos técnicos e científicos relacionados às atividades mencionadas neste artigo. *(Parágrafo acrescido pela Lei nº 14.027, de 20/7/2020)*

§ 1º-B. São vedadas:

I - a participação de entidades beneficiadas na forma deste artigo em campanhas de interesse político-partidário ou eleitorais, sob quaisquer meios ou formas;

II - a distribuição ou conversão dos prêmios em dinheiro. *(Parágrafo acrescido pela Lei nº 14.027, de 20/7/2020)*

§ 2º Sempre que for comprovado o desvirtuamento da aplicação dos recursos oriundos dos sorteios autorizados nos termos deste artigo ou o descumprimento do plano de distribuição de prêmios, serão aplicadas as penalidades previstas no art. 13 desta Lei. *(Parágrafo acrescido pela Lei nº 5.864, de 12/12/1972, com redação dada pela Lei nº 14.027, de 20/7/2020)*

§ 3º Será também considerada desvirtuamento da aplicação dos recursos obtidos pela forma excepcional prevista neste artigo a interveniência de terceiros, pessoas físicas ou jurídicas, que de qualquer forma venham a participar dos resultados da promoção. *(Parágrafo acrescido pela Lei nº 5.864, de 12/12/1972)*

§ 4º Caberá à regulamentação tratar da limitação do número de sorteios e da aplicação de taxa de fiscalização das operações promovidas por organizações da sociedade civil. *(Parágrafo acrescido pela Lei nº 14.027, de 20/7/2020)*

§ 5º *(VETADO na Lei nº 14.027, de 20/7/2020)*

Art. 5º A concessão da autorização prevista no art. 1º sujeita as empresas autorizadas ao pagamento, a partir de 1º de janeiro de 1972, da "Taxa de Distribuição de Prêmios" de 10% (dez por cento), incidente sobre o valor da promoção autorizada, assim compreendida a soma dos valores dos prêmios prometidos. *(Vide Lei nº 8.522, de 11/12/1992)*

§ 1º A taxa a que se refere este artigo será paga em tantas parcelas mensais, iguais e sucessivas, quantos forem os meses de duração do plano promocional, vencendo-se a primeira no 10º (décimo) dia do mês subsequente ao do início da execução do plano.

§ 2º Até 31 de dezembro de 1971, será exigida a Taxa de Distribuição de Prêmios de que trata o § 3º do art. 14 do Decreto-lei nº 34, de 18 de novembro de 1966, incidente sobre o valor previsto no art. 8º, alínea a, do Decreto-lei nº 7.930, de 3 de setembro de 1945.

Art. 6º Quando o prêmio sorteado, ou ganho em concurso, não for reclamado no prazo de 180 (cento e oitenta) dias, caducará o direito do respectivo titular e o valor correspondente será recolhido ao Tesouro Nacional no prazo de 10 (dez) dias pelo distribuidor autorizado.

CAPÍTULO II – DE OUTRAS OPERAÇÕES SUJEITAS A AUTORIZAÇÃO

Art. 7º Dependerão, igualmente, de prévia autorização do Ministério da Fazenda, na forma desta Lei, e nos termos e condições gerais que forem fixados em regulamento, quando não sujeitas à de outra autoridade ou órgãos públicos federais: *(Vide Lei nº 8.177, de 1/3/1991)*

I – *(Revogado pela Lei nº 11.795, de 8/10/2008)*

II - a venda ou promessa de venda de mercadorias a varejo, mediante oferta pública e com recebimento antecipado, parcial ou total, do respectivo preço;

III - a venda ou promessa de venda de direitos, inclusive cotas de propriedade de entidades civis, tais como hospital, motel, clube, hotel, centro de recreação ou alojamento e organização de serviços de qualquer natureza com ou sem rateio de despesas de manutenção, mediante oferta pública e com pagamento antecipado do preço;

IV - a venda ou promessa de venda de terrenos loteados a prestações mediante sorteio;

V - *(Revogado pela Lei nº 11.795, de 8/10/2008)*

§ 1º Na operação referida no item II deste artigo, a mercadoria deverá:

a) ser de preço corrente de venda a vista no mercado varejista da praça indicada e aprovada com o plano, à data da liquidação do contrato, e, não o havendo, ou sendo a mercadoria de venda exclusiva, ou de mercadoria similar na mesma praça, vedado qualquer acréscimo até sua efetiva entrega;

b) ser de produção nacional e considerada de primeira necessidade ou de uso geral;

c) ser descriminada no contrato referente à operação, podendo, entretanto, o prestamista, a seu critério exclusivo, escolher outra não constante da discriminação, desde que o existente no estoque do vendedor, atendidas as alíneas a e b, pagando o prestamista a diferença de preço se houver.

§ 2º A empresa que realizar a operação a que se refere o parágrafo anterior aplicará o mínimo de 20% (vinte por cento) de sua arrecadação mensal na formação de estoque de mercadoria que se propõe a vender, podendo o Ministério da Fazenda, a seu exclusivo critério, permitir que parte dessa percentagem seja aplicada no mercado de valores mobiliários, nas condições que vierem a ser fixadas em regulamento; nos casos do item IV, manterá, livre de quaisquer ônus reais ou convencionais, quantidade de imóveis de sua propriedade, na mesma proporção acima mencionada.

§ 3º Na operação referida no item II deste artigo, quando houver desistência ou inadimplemento do prestamista, a partir da 4ª (quarta) prestação, inclusive, este receberá, no ato, em mercadorias nacionais, do estoque do vendedor, e pelo preço corrente de venda à vista no mercado varejista da praça indicada no plano, à data em que se verificar a desistência ou inadimplemento, o valor da tabela de resgate das prestações pagas, fixada pelo Ministro da Fazenda.

§ 4º O valor de resgate a que se refere o parágrafo anterior será fixado proporcional e progressivamente às prestações pagas pelo prestamista, não podendo ser inferior a 50% (cinquenta por cento) das importâncias pagas, e, se não reclamado até 60 (sessenta) dias do término do contrato de venda, será recolhido ao Tesouro Nacional, dentro do prazo de 30 (trinta) dias.

§ 5º Paga a totalidade das prestações previstas nos contratos a que se refere o item II deste artigo, o prestamista receberá mercadorias de valor correspondente à soma das prestações corrigidas monetariamente segundo índices que o regulamento indicar, e, se não reclamado no prazo de 1 (um) ano do término do contrato de venda, será recolhido ao Tesouro Nacional dentro de 30 (trinta) dias.

§ 6º Nas operações previstas no item V deste artigo, quando a contraprestação for em mercadorias, aplicar-se-á o disposto nos parágrafos anteriores.

§ 7º Para autorização das operações a que se refere este artigo, quando a contraprestação for em imóveis, serão exigidas:

a) prova de propriedade dos imóveis objeto das vendas, promessas de venda ou contraprestações prometidas, e da inexistência de ônus reais que recaiam sobre os mesmos;

b) prova de que os mesmos imóveis satisfazem a, pelo menos, duas das condições previstas do art. 32 do Código Tributário Nacional, preferencialmente a existência de escola a menos de 2 (dois) quilômetros de distância;

c) a manifestação do Banco Nacional da Habitação de que os imóveis se prestam a consecução de plano habitacional, quando se tratar de terrenos, ou quanto à viabilidade técnica e financeira, quando se tratar de edificações residenciais;

d) a compatibilidade do plano de vendas com o Plano de Integração Nacional, quando for o caso.

§ 8º É vedado à empresa autorizada a realizar as operações a que se refere este artigo cobrar do prestamista qualquer outra quantia ou valor, além do preço do bem, direito ou serviço, ainda que a título de ressarcimento de tributos, ressalvado, quando for o caso, o disposto no item III do art. 8º.

CAPÍTULO III – DAS DISPOSIÇÕES GERAIS E PENALIDADES

Art. 8º O Ministério da Fazenda, nas operações previstas no artigo 7º, exigirá prova de capacidade financeira, econômica e gerencial da empresa, além dos estudos de viabilidade econômica do plano e das formas e condições de emprego das importâncias a receber, podendo: *(Vide Lei nº 8.177, de 1/3/1991)*

I - fixar limites de prazos e de participantes, normas e modalidades contratuais;

II - fixar limites mínimos de capital social;

III - estabelecer percentagens máximas permitidas, a título de despesas de administração;

IV - exigir que as respectivas receitas e despesas sejam contabilizadas destacadamente das demais.

Art. 9º O Conselho Monetário Nacional, tendo em vista os critérios e objetivos compreendidos em sua competência legal, poderá intervir nas operações referidas no artigo 7º, para:

I - restringir seus limites e modalidades, bem como disciplinar as operações ou proibir novos lançamentos;

II - exigir garantias ou formação de reservas técnicas, fundos especiais e provisões, sem prejuízos das reservas e fundos determinados em leis especiais;

III - alterar o valor de resgate previsto no § 4º do artigo 7º, bem como estendê-lo a alguma ou a todas daquelas operações.

§ 1º Os bens e valores que representem as reservas e garantias técnicas para atender ao disposto neste artigo não poderão ser alienados prometidos alienar ou de qualquer forma gravados sem autorização expressa do Ministério da Fazenda, sendo nula, de pleno direito, a alienação realizada ou o gravame constituído com a violação deste artigo.

§ 2º Quando a garantia ou reserva técnica for representada por bem imóvel, a cláusula de inalienabilidade e impenhorabilidade será obrigatoriamente registrada no competente Cartório do Registro Geral de Imóveis.

Art. 10. O Banco Central do Brasil poderá intervir nas empresas autorizadas a realizar as operações a que se refere o artigo 7º, e decretar sua liquidação extrajudicial na forma e condições previstas na legislação especial aplicável às entidades financeiras.

Art. 11. Os diretores, gerentes, sócios e prepostos com função de gestão na empresa que realizar operações referidas no artigo 7º:

I - serão considerados depositários, para todos os efeitos, das quantias que a empresa receber dos prestamistas na sua gestão, até o cumprimento da obrigação assumida;

II - responderão solidariamente pelas obrigações da empresa com o prestamista, contraídas na sua gestão.

Parágrafo único. O disposto neste artigo aplica-se também aos administradores da operação mencionada no item I do artigo 7º.

Art. 12. A realização de operações sem prévia autorização sujeita os infratores às seguintes sanções, aplicáveis alternativa ou cumulativamente: *("Caput" do artigo com redação dada pela Lei nº 14.790, de 29/12/2023)*

I - no caso de que trata o art. 1º: *(Inciso com redação dada pela Lei nº 7.691, de 15/12/1988)*

a) multa de até cem por cento da soma dos valores dos bens prometidos como prêmios; *(Alínea com redação dada pela Lei nº 7.691, de 15/12/1988)*

b) proibição de realizar as operações pelo prazo de até 2 (dois) anos; e *(Alínea com redação dada pela Lei nº 14.790, de 29/12/2023)*

c) advertência. *(Alínea acrescida pela Lei nº 14.790, de 29/12/2023)*

II - nos casos a que se refere o art. 7º:

a) multa de até cem por cento das importâncias previstas em contrato, recebidas ou a receber, a título de taxa ou despesa de administração;

b) proibição de realizar tais operações durante o prazo de até dois anos. *(Inciso com redação dada pela Lei nº 7.691, de 15/12/1988)*

§ 1º Incorre também nas sanções previstas neste artigo quem, em desacordo com as normas aplicáveis, prometer publicamente realizar operações regidas por esta Lei. *(Parágrafo único transformado em § 1º pela Lei nº 14.790, de 29/12/2023)*

§ 2º Caracteriza reincidência o cometimento de nova infração da mesma natureza no período de 3 (três) anos subsequente à data da decisão condenatória administrativa definitiva relativa à infração anterior. *(Parágrafo acrescido pela Lei nº 14.790, de 29/12/2023)*

§ 3º Na hipótese de reincidência, a sanção de multa será aplicada isolada ou cumulativamente com outras sanções, e seu valor será agravado em dobro. *(Parágrafo acrescido pela Lei nº 14.790, de 29/12/2023)*

Art. 13. A empresa autorizada a realizar operações previstas no art. 1º, que não cumprir o plano de distribuição de prêmios ou desvirtuar a finalidade da operação, fica sujeita, separada ou cumulativamente, às seguintes sanções: *("Caput" do artigo com redação dada pela Lei nº 7.691, de 15/12/1988)*

I - cassação da autorização; *(Inciso com redação dada pela Lei nº 7.691, de 15/12/1988)*

II - proibição de realizar tais operações durante o prazo de até dois anos; *(Inciso com redação dada pela Lei nº 7.691, de 15/12/1988)*

III - multa de até 100% (cem por cento) da soma dos valores dos bens prometidos como prêmio; e *(Inciso com redação dada pela Lei nº 14.790, de 29/12/2023)*

IV - advertência. *(Inciso acrescido pela Lei nº 14.790, de 29/12/2023)*

§ 1º Incorre também nas sanções previstas neste artigo quem, em desacordo com as normas aplicáveis, prometer publicamente realizar operações regidas por esta Lei. *(Parágrafo único acrescido pela Lei nº 7.691, de 15/12/1988, transformado em § 1º e com nova redação dada pela Lei nº 14.790, de 29/12/2023)*

§ 2º Na hipótese de reincidência, nos termos do § 2º do art. 12 desta Lei, a sanção de multa será aplicada isolada ou cumulativamente com outras sanções, e seu valor será agravado em dobro. *(Parágrafo acrescido pela Lei nº 14.790, de 29/12/2023)*

Art. 13-A. A realização de operações previstas no art. 1º-A desta Lei sem prévia autorização ou daquelas que, ainda que autorizadas, não cumpram o plano de distribuição de prêmios ou desvirtuem a finalidade da operação, sujeita os infratores às seguintes sanções, aplicáveis separada ou cumulativamente:

I - cassação da autorização;

II - proibição de realizar as operações durante o prazo de até 3 (três) anos;

III - multa de até 100% (cem por cento) da soma dos valores dos bens prometidos como prêmio; e *(Inciso acrescido pela Lei nº 14.027, de 20/7/2020, com nova redação dada pela Lei nº 14.790, de 29/12/2023)*

IV - advertência. *(Inciso acrescido pela Lei nº 14.790, de 29/12/2023)*

Parágrafo único. Na hipótese de reincidência, nos termos do § 2º do art. 12 desta Lei, a sanção de multa será aplicada isolada ou cumulativamente com outras sanções, e seu valor será agravado em dobro. *(Parágrafo único acrescido pela Lei nº 14.790, de 29/12/2023)*

Art. 14. A empresa autorizada, na forma desta Lei, a realizar operações referidas no art. 7º, que descumprir os termos da autorização concedida ou normas que disciplinam a matéria, ficará sujeita, separada ou cumulativamente, às seguintes sanções: *("Caput" do artigo com redação dada pela Lei nº 7.691, de 15/12/1988)*

I - cassação da autorização; *(Inciso com redação dada pela Lei nº 7.691, de 15/12/1988)*

II - proibição de realizar nova operação durante o prazo de até dois anos; *(Inciso com redação dada pela Lei nº 7.691, de 15/12/1988)*

III - sujeição a regime especial de fiscalização; *(Inciso com redação dada pela Lei nº 14.790, de 29/12/2023)*

IV - multa de até 100% (cem por cento) das importâncias, recebidas ou a receber, previstas em contrato, a título de despesa ou taxa de administração; e *(Inciso acrescido pela Lei nº 7.691, de 15/12/1988, com nova redação dada pela Lei nº 14.790, de 29/12/2023)*

V - advertência. *(Inciso acrescido pela Lei nº 14.790, de 29/12/2023)*

Parágrafo único. Na hipótese de reincidência, nos termos do § 2º do art. 12 desta Lei, a sanção de multa será aplicada isolada ou cumulativamente com outras sanções, e seu valor será agravado em dobro. *(Parágrafo único acrescido pela Lei nº 14.790, de 29/12/2023)*

Art. 14-A. As infrações ao disposto nesta Lei e nos atos que a regulamentem não alcançadas pelos arts. 12, 13 e 14 desta Lei sujeitam o infrator, de modo isolado ou cumulativo, às seguintes sanções:

I - cassação da autorização;

II - proibição de realizar as operações por período estabelecido pelo Ministério da Fazenda, que não poderá exceder a 2 (dois) anos;

III - multa de até 100% (cem por cento) da soma dos valores dos bens prometidos como prêmio, a ser estabelecida pelo Ministério da Fazenda; e

IV - advertência.

§ 1º Caracteriza reincidência o cometimento de nova infração da mesma natureza no período de 3 (três) anos subsequente à data da decisão condenatória administrativa definitiva relativa à infração anterior.

§ 2º Na hipótese de reincidência, a sanção de multa será aplicada isolada ou cumulativamente com outras sanções, e seu valor será agravado em dobro. *(Artigo acrescido pela Lei nº 14.790, de 29/12/2023)*

Art. 15. A falta de recolhimento da Taxa de Distribuição de Prêmios, dentro dos prazos previstos nesta Lei, sujeita o contribuinte à multa igual a 50% (cinquenta por cento) da importância que deixou de ser recolhida.

Parágrafo único. Se o recolhimento for feito após o prazo legal, antes de qualquer procedimento fiscal, a multa será de 10% (dez por cento).

Art. 16. As infrações a esta Lei, a seu regulamento ou a atos normativos destinados a complementá-los, quando não compreendidas nos artigos anteriores, sujeitam o infrator à multa de 10 (dez) a 40 (quarenta) vezes o maior salário-mínimo vigente no País, elevada ao dobro no caso de reincidência.

Art. 17. A aplicação das penalidades previstas nesta Lei não exclui a responsabilidade e as sanções de natureza civil e penal, nos termos das respectivas legislações.

Art. 17-A. Na hipótese de denúncia com elementos insuficientes de autoria ou de materialidade ou que contenha defeitos ou irregularidades capazes de dificultar sua análise, poderá ser concedido prazo, apenas uma vez, para que o denunciante a emende, sob pena de arquivamento. *(Artigo acrescido pela Lei nº 14.790, de 29/12/2023)*

Art. 18. O processo e o julgamento das infrações a esta Lei serão estabelecidos em regulamento.

Art. 18-A. O Ministério da Fazenda, em juízo de conveniência e oportunidade devidamente fundamentado, com vistas a atender ao interesse público, poderá deixar de instaurar ou suspender, em qualquer fase que preceda a tomada da decisão de primeira instância, o processo administrativo destinado à apuração de infração prevista nesta Lei, se o investigado firmar termo de compromisso no qual se obrigue a, cumulativamente:

I - cessar a prática sob investigação ou os seus efeitos lesivos;

II - corrigir as irregularidades apontadas e indenizar os prejuízos; e

III - cumprir as demais condições que forem acordadas no caso concreto, com obrigatório recolhimento de contribuição pecuniária.

§ 1º A proposta de termo de compromisso poderá ser apresentada apenas uma vez.

§ 2º A proposta de termo de compromisso poderá, a requerimento do interessado ou mediante decisão fundamentada do Ministério da Fazenda, ser classificada como documento sigiloso.

§ 3º A apresentação de proposta de termo de compromisso suspenderá a contagem do prazo de prescrição.

§ 4º A proposta de termo de compromisso será rejeitada quando não houver acordo entre o Ministério da Fazenda e os investigados com relação às obrigações a serem compromissadas.

§ 5º A apresentação da proposta e a celebração do termo de compromisso não importarão confissão quanto à matéria de fato nem reconhecimento da ilicitude da conduta analisada.

§ 6º O termo de compromisso será celebrado pelo Ministro de Estado da Fazenda, admitida a delegação de competência, e sua versão pública será publicada no sítio eletrônico do Ministério da Fazenda no prazo de 5 (cinco) dias úteis, contado da data de sua assinatura.

§ 7º O termo de compromisso constituirá título executivo extrajudicial.

§ 8º O processo administrativo será suspenso na data da publicação do termo de compromisso pelo Ministério da Fazenda, sem prejuízo de sua retomada na hipótese de descumprimento das obrigações compromissadas.

§ 9º A suspensão do curso do processo administrativo e da contagem do prazo de prescrição somente terá efeito em relação ao interessado que apresentou a proposta e firmou o termo de compromisso, mantidos o curso do processo e a contagem do prazo em relação aos demais investigados ou envolvidos.

§ 10. O termo de compromisso fixará o valor da multa a ser aplicada na hipótese de descumprimento total ou parcial das obrigações compromissadas.

§ 11. Declarado o descumprimento das obrigações compromissadas, o Ministério da Fazenda aplicará as sanções previstas no termo de compromisso e adotará as demais medidas administrativas, extrajudiciais e judiciais cabíveis para sua execução.

§ 12. O processo administrativo será arquivado ao término do prazo fixado no termo de compromisso, desde que atendidas as obrigações compromissadas.

§ 13. O Ministério da Fazenda editará normas complementares sobre o termo de compromisso. *(Artigo acrescido pela Lei nº 14.790, de 29/12/2023)*

Art. 19. A fiscalização das operações mencionadas nesta Lei será exercida privativamente pela Secretaria da Receita Federal do Ministério da Fazenda.

CAPÍTULO IV – DAS DISPOSIÇÕES TRANSITÓRIAS

Art. 20. As operações de que trata o artigo 1º, autorizadas pelo Ministério da Fazenda e em curso na data do início da vigência desta Lei, serão adaptadas às suas disposições e às de seu regulamento, no prazo de 90 (noventa) dias, após o qual as respectivas autorizações serão consideradas canceladas de pleno direito, sujeitando-se quem as praticar, sem permissão legal às penalidades previstas nos itens II e III, do artigo 13.

Art. 21. As operações de que trata o artigo 7º, em curso na data em que entrar em vigor esta lei, deverão, no prazo de 90 (noventa) dias, contados a partir da vigência do regulamento, prorrogável a critério da administração ser adaptadas ao regime ora estabelecido sob pena de os responsáveis ficarem sujeitos às sanções estipuladas no artigo 14, cabendo ao Ministério da Fazenda fixar normas especiais aplicáveis à liquidação dos planos não suscetíveis de adaptação, respeitados os contratos já celebrados na vigência dos mesmos planos, e de forma a não prejudicar os direitos dos participantes.

§ 1º Consideram-se não suscetíveis de adaptação as operações previstas no inciso I do artigo 7º, já contratadas segundo as normas vigentes expedidas pelo Ministério da Fazenda ou pelo Banco Central do Brasil.

§ 2º Nas operações de que trata o artigo 7º, em curso, e que antes desta Lei não dependiam de autorização, os que as praticarem requererão, no mesmo prazo fixado no *caput* deste artigo, as respectivas autorizações e, caso negada esta, terá aplicação o disposto no *caput* deste artigo.

Art. 22. O Poder Executivo baixará regulamento desta Lei no prazo de 90 (noventa) dias.

Art. 23. Esta Lei entrará em vigor na data de sua publicação, revogados os Decretos-lei números 7.930, de 3 de setembro de 1945, e 418, de 10 de janeiro de 1969, e demais disposições em contrário.

Brasília, 20 de dezembro de 1971;
150º da Independência e 83º da República.
EMILIO G. MÉDICI (DOU de 21.12.1971)

DECRETO Nº 70.951, DE 9 DE AGOSTO DE 1972*

Regulamenta a Lei nº 5.768, de 20 de dezembro de 1971, que dispõe sobre a distribuição gratuita de prêmios, mediante sorteio, vale-brinde ou concurso, a título de propaganda, e estabelece normas de proteção à poupança popular.

O PRESIDENTE DA REPÚBLICA, usando da atribuição que lhe confere o artigo 81, item III, da Constituição, e tendo em vista o disposto no artigo 22 da Lei nº 5.768, de 20 de dezembro de 1971,

DECRETA:

TÍTULO I – DA DISTRIBUIÇÃO GRATUITA DE PRÊMIOS

CAPÍTULO I – DA AUTORIZAÇÃO E SUAS CONDIÇÕES

Art. 1º A distribuição gratuita de prêmios, a título de propaganda, quando efetuadas mediante sorteio, vale-brinde, concurso ou operação assemelhada, dependerá de prévia autorização do Ministério da Fazenda, nos termos da Lei nº 5.768, de 20 de dezembro de 1971, deste Regulamento e dos atos normativos que se destinem a complementá-lo.

(...)

TÍTULO II – DAS OPERAÇÕES DE CAPTAÇÃO DE POUPANÇA POPULAR

CAPÍTULO I – DISPOSIÇÕES GERAIS

Art. 31. Dependerão de prévia autorização do Ministério da Fazenda, nos termos da Lei nº 5.768, de 20 de dezembro de 1971, deste Regulamento e dos atos normativos que se destinem a complementá-lo, e quando não sujeitas à de outra autoridade ou órgãos públicos federais:

I – *(Revogado pela Lei nº 11.795, de 2008).*

II – A venda ou promessa de venda de mercadorias a varejo, mediante oferta pública e com recebimento antecipado, parcial ou total, ao respectivo preço;

III – A venda ou promessa de venda de direitos, inclusive cotas de propriedade de entidades civis, tais como hospital, motel, clube, hotel, centro de recreação ou alojamento e organização de serviços de qualquer natureza, com ou sem rateio de despesas de manutenção, mediante oferta pública e com pagamento antecipado do preço;

IV – A venda ou promessa de venda de terrenos loteados, a prestações mediante sorteio;

V – *(Revogado pela Lei nº 11.795, de 2008).*

Art. 32. Autorização poderá ser concedida pelo Ministro da Fazenda, instruído o pedido com os documentos que a Secretaria da Receita Federal do Ministério da Fazenda julgar necessários à comprovação da capacidade financeira, econômica e gerencial do requerente e o exame e análise da viabilidade da operação. *(Redação dada pelo Decreto nº 72.411, de 1973)*

Art. 33. As receitas e despesas referentes às operações de que trata o artigo 31 serão contabilizadas destacadamente das demais.

Art. 34. As pessoas autorizadas não poderão cobrar do contratante qualquer outra quantia ou valor, além do preço do bem, direito ou serviço, ainda que a título de ressarcimento de tributos, ressalvados, nos casos previstos neste Regulamento, as despesas de administração.

Art. 35. Será permitida a distribuição gratuita de prêmios vinculada à promoção da pontualidade nas operações a que se referem os incisos II a IV do art. 31, assegurada a participação, no concurso, de todos os prestamistas, salvo os inadimplentes. *(Redação dada pelo Decreto nº 538, de 1992)*

Art. 36. O Conselho Monetário Nacional, tendo em vista os critérios e objetivos compreendidos em sua competência legal, poderá intervir nas operações referidas no artigo 31 para:

I – Restringir seus limites e modalidades, bem como disciplinar as operações ou proibir nos lançamentos;

II – Exigir garantias ou a formação de reservas técnicas, fundos especiais e provisões, sendo prejuízo das leis especiais:

III – Alterar o valor de resgate previsto no artigo 53, bem como estendê-lo a qualquer das operações mencionadas no artigo 31.

§ 1º Os bens e valores representativos das reservas técnicas e das garantias de que trata este artigo não poderão ser alienados, prometidos alienar ou de qualquer forma gravados sem autorização expressa do Ministro da Fazenda, sendo nula, de pleno direito alienação realizada ou gravame constituído com a violação deste artigo.

§ 2º Quando a garantia ou reserva técnica for representada por bem imóvel, a cláusula de inalienabilidade e impenhorabilidade será obrigatoriamente registrada no competente Cartório de Registro de Imóveis.

Art. 37. O Banco Central do Brasil poderá intervir nas empresas autorizadas a realizar as operações a que se refere o artigo 31, e decretar sua liquidação extrajudicial na forma e condições previstas na legislação especial aplicável às entidades financeiras.

Art. 38. Os diretores, gerentes e sócios da empresa que realizar operações referidas no artigo 31, e bem assim os prepostos com função de gestão:

I – Serão considerados depositários, para todos os efeitos, das quantias que a empresa receber dos prestamistas, na sua gestão, até cumprimento da obrigação assumida;

II – Responderão solidariamente pelas obrigações da empresa com o prestamista, contraídas na sua gestão.

Art. 39. O Ministro da Fazenda, visando adequar as operações de que trata o artigo 31 às condições de mercado ou da política econômica financeira, poderá fixar disposições deferentes das previstas neste Regulamento quanto a: limites de prazo, de participantes, de capital social e de valores dos bens, direitos ou serviços; normas e modalidades contratuais; percentagens máximas permitidas a título de despesas administrativas; valores dos prêmios a distribuir.

CAPÍTULO II – DOS CONSÓRCIOS, FUNDOS MÚTUOS E OUTRAS FORMAS ASSOCIATIVAS ASSEMELHADAS

SEÇÃO I – DOS CONSÓRCIOS OU FUNDOS MÚTUOS PARA AQUISIÇÃO DE BENS MÓVEIS DURÁVEIS.

Art. 40. O Ministro da Fazenda poderá autorizar, na forma deste regulamento e dos atos que o complementarem, a constituição e o funcionamento de consórcios, fundos mútuos ou formas associativas assemelhadas, que objetivem a coleta de poupanças destinadas a propiciar a aquisição de bens móveis duráveis, por meio de autofinanciamento. *(Redação dada pelo Decreto nº 72.411, de 1973)*

Art. 41. A autorização para organização e funcionamento será dada:

I – A sociedade de fins exclusivamente civis, ainda que revestidas de forma mercantil, de capital não inferior a duzentas (200) vezes o salário-mínimo local, totalmente integralizado;

II – A sociedade ou associações civis, de fins não lucrativos, com patrimônio líquido igual ou superior a duzentas (200) vezes o salário-mínimo local, limitada aos integrantes de seu quadro social a participação nas operações;

III – As sociedades mercantis de capital não inferior a mil (1.000) vezes o salário-mínimo local, totalmente integralizado, deste que o objeto do consórcio seja mercadoria de seu comércio ou fabrico.

§ 1º A pessoa jurídica autorizada providenciará, no prazo de sessenta (60) dias, a contar da data em que entrarem em vigor novos níveis de salário-mínimo, o aumento de seu capital ou patrimônio, se for o caso, para ajustamento aos limites previstos neste artigo.

§ 2º As obrigações passivas da sociedade autorizada, representadas pelas contribuições recebidas dos consorciados e ainda não aplicadas na aquisição dos bens, não poderão ultrapassar, em valor, a quinze (15) vezes a soma do capital realizado e reservas, ou, em se tratando de entidade que não possua capital, a soma do patrimônio líquido.

Art. 42. As despesas de administração cobradas pela sociedade de fins exclusivamente civis não poderão ser superiores a doze por cento (12%) do valor do bem, quando este for de preço até cinquenta (50) vezes o salário-mínimo local, e a dez por cento (10%) quando de preço superior a esse limite.

§ 1º As associações civis de fins não lucrativos e as sociedades mercantis, que organizarem consórcio para aquisição de bens de seu comércio ou fabrico, somente poderão cobrar as despesas de administração efetiva e comprovadamente realizadas com a gestão do consórcio, no máximo até à metade das taxas estabelecidas neste artigo.

§ 2º Será permitida a cobrança, no ato de inscrição do consorciado, de quantia até um por cento (1%) do preço do bem, que será devolvida, se não completado o grupo, ou compensada na taxa de administração, se constituída o consórcio.

Art. 43. Constarão do Regulamento do consórcio as seguintes condições básicas:

I – Fixação da contribuição mensal mínima de valor não inferior a um inteiro seiscentos e sessenta e sete milésimos por cento (1,667%) do preço do bem a adquirir;

II – Aplicação obrigatória de, no mínimo, cinquenta por cento (50%) das contribuições mensais na aquisição de bens destinados a consorciado contemplado por preferência mediante sorteio, independentemente do oferecimento de lance;

III – Duração do plano limitado ao máximo de sessenta (60) meses;

IV – Número de participantes de cada grupo de consorciados não superior a cem (100);

V – Depósito em conta específica obrigatória, em bancos comerciais ou caixas econômicas, dos recursos a aplicar, coletados dos consorciados, cujo levantamento somente poderá ser feito para atendimento dos objetivos do plano, mediante declaração escrita da administradora com especificação do documento de compra, ou emissão de cheque na forma prevista no artigo 52, parágrafo único, da Lei nº 4.728, de 14 de junho de 1965. Os recursos deverão ser aplicados em títulos emitidos pelo Poder Público e os rendimentos obtidos obrigatoriamente utilizados, em benefício dos consorciados, na aquisição dos bens objeto do consórcio. *(Redação dada pelo Decreto nº 94.383, de 1987)*

VI – Prazo máximo de trinta (30) dias para entrega do bem, salvo se o consorciado escolher outro, não disponível, ou não oferecer, no mesmo prazo, a garantia prevista em contrato;

VII – Proibição de distribuição de prêmios, mesmo sob a forma de dispensa de prestações vencidas ou vincendas, assim como de conversão do valor do bem em dinheiro.

Parágrafo único. A pessoa jurídica autorizada poderá participar de consórcio por ela administrado, desde que:

a) não participe do sistema de distribuição;

b) os bens correspondentes à sua participação somente lhe sejam entregues após contemplados todos os demais consorciados.

Art. 44. Poderão ser cobrados dos consorciados as despesas com o registro de seus contratos e instrumentos de garantia, inclusive nos casos cessão, venda vedada a cobrança de qualquer outra taxa além das estabelecidas neste Regulamento e nos atos normativos complementares.

Parágrafo único. A proibição deste artigo não alcança a mora e as despesas de cobrança previstas em contrato para os casos de inadimplemento, se, creditado aos consorciados o saldo resultante.

Art. 45. O regulamento do plano poderá prever a cobrança de uma parcela da contribuição mensal, para a constituição de um fundo destinado a cobrir eventual insuficiência da receita por impontualidade no pagamento.

Parágrafo único. Os limites e condições do fundo previsto neste artigo serão estabelecidos pela Secretaria da Receita Federal do Ministério da Fazenda.

Art. 46. Não poderão ser objeto de consórcio bens de preço inferior a cinco (5) vezes o maior salário-mínimo vigente no País.

SEÇÃO II – DOS CONSÓRCIOS E FUNDOS MÚTUOS PARA AQUISIÇÃO DE BENS IMÓVEIS

Art. 47. Fica o Ministro da Fazenda autorizado a estabelecer normas para a organização e funcionamento de consórcios destinados a coletar poupança para a aquisição de bens imóveis que constituam unidades residenciais, observadas as seguintes condições básicas:

I – Manifestação do Ministério do Desenvolvimento Urbano e Meio Ambiente quanto à viabilidade técnica e financeira do plano. *(Redação dada pelo Decreto nº 92.093, de 1985)*

II – Prazo máximo de cem (100) meses para pagamento;

III – Contribuição mensal mínima de um por cento (1%) do preço do imóvel;

IV – Reajustamento das prestações vincendas, se o preço do imóvel, com as características previstas no contrato, for alterado;

V – número máximo de cem (100) participantes para cada grupo de consorciados.

(...)

CAPÍTULO IV – DA VENDA OU PROMESSA DE VENDA DE DIREITOS

Art. 57. Compreendem-se nas disposições do artigo 31, inciso III, deste Regulamento, as operações seguintes:

I – Venda ou promessa de venda de cotas de bens imóveis e instalações, destinadas à constituição de condomínio convencional e indivisível;

II – Venda ou promessa de venda de direito de locação ou de uso e gozo de bens imóveis, móveis, instalações e serviços de qualquer natureza.

§ 1º Na operações a que se refere este artigo serão observadas as disposições seguintes:

I – O número de cotas lançadas à venda determinará a fração ideal do imóvel, móveis e instalações, correspondentes a cada cota, e não poderá exceder ao resultante da divisão do valor da obra pelo valor da cota;

II – Quando o direito se referir à locação ou uso de gozo de bens imóveis, móveis, instalações e serviços, o número de contratos ou títulos negociáveis fica limitado ao da lotação do estabelecimento a que se refira ou à sua capacidade de atendimento, segundo os índices de procura, normais e técnicos, estabelecidos pelos órgãos indicados pela Secretaria da Receita Federal do Ministério da Fazenda;

III – Se a obra incluir edificação e móveis e instalações necessários ao ramo a que se destina, seus valores serão separadamente mencionados;

IV – O adquirente obriga-se a:

a) não alterar a destinação da obra;

b) construir com seus coproprietários o condomínio indivisível e prover desde logo sobre sua administração.

§ 2º Quando a cota se referir a propriedade imóvel, sua transmissão será feita por escrito através de instrumento que preencha todas as condições necessárias à transcrição no Registro de Imóveis competente.

§ 3º Se o terreno estiver gravado com ônus reais, será exigida escritura pública em que o respectivo titular estipule as condições em que se obriga a liberá-lo antes ou no ato de transmissão das cotas e manifesta sua concordância com o plano de vendas.

Art. 58. O contrato ou título de venda ou promessa de venda de direitos, mediante oferta pública e com pagamento antecipado do preço, indicará precisamente o seu objetivo, de modo a não induzir a engano o comprador, promitente comprador ou locatário.

Art. 59. As expressões "'sócio proprietário" e "sócio patrimonial" ficam reservados aos casos de aquisição de cotas de propriedade de bens imóveis, móveis e instalações; a expressão "sócio usuário", ao de aquisição do direito de locação ou de uso e gozo de bens imóveis, móveis, instalações e serviços de qualquer natureza.

§ 1º A cota de bens imóveis, móveis e instalações a que se referir o contrato de venda ou de promessa de venda, título de propriedade ou título patrimonial, é indivisível, transferível e de valor determinado em função do valor atual da propriedade e do número de cotas já vendidas ou prometidas a venda.

§ 2º É defesa a cobrança de emolumentos ou taxas de transferência sobre cessão de direitos ou transmissão de cotas de propriedade adquiridos na forma deste Regulamento, ressalvadas, quando for o caso, as despesas de cartório.

Art. 60. A receita proveniente das operações reguladas neste Capítulo será aplicada exclusivamente na obra ou empreendimento a que ser referir o contrato ou título, sendo permitida a dedução das despesas de administração efetiva e comprovadamente feitas, até o limite de dez por cento (10%), percentagem que será acrescida ao valor da obra para os efetivos do disposto no artigo 57, parágrafo 1º, inciso I.

Parágrafo único. Não será autorizada nova operação sem a prova de conclusão da obra ou empreendimento compreendido em autorização anterior.

Art. 61. As despesas de manutenção dos bens, instalações e serviços poderão ser rateadas entre os sócios proprietários e sócios usuários, ou entre os sócios de qualquer uma dessas classes, não podendo, entretanto, exceder as despesas efetivas e comprovadamente realizadas.

CAPÍTULO V – DA VENDA OU PROMESSA DE VENDA DE TERRENO, A PRESTAÇÕES, MEDIANTE SORTEIO

Art. 62. O pedido de autorização para a venda ou promessa de venda de terrenos loteados, a prestações, mediante sorteio, a que se refere o artigo 31, inciso IV, deste Regulamento, será instruído com os seguintes documentos:

I – Cópia dos documentos a que se referem os incisos I a V do artigo 1º do Decreto-lei nº 58, de 10 de dezembro de 1937, com a prova de seu arquivamento no Registro de Imóveis da circunscrição respectiva;

II – Certidão do governo municipal provando que a situação dos lotes satisfaz pelo menos a duas das condições previstas no artigo 32 do Código Tributário Nacional, preferencialmente a existência de escola pública a menos de dois quilômetros de distância;

III – Prova da manifestação do Banco Nacional de Habitação de que os terrenos se prestam à consecução de plano habitacional;

IV – Prova de que há compatibilidade do plano de vendas com o Plano de Integração Nacional, quando for o caso;

V – Prova de que, além dos terrenos objetos de operações submetidas a autorização, o vendedor ou promitente vendedor, é proprietário, ainda, de, no mínimo, mais 20% (vinte por cento) de terrenos que satisfaçam as condições previstas nos incisos anteriores.

Art. 63. O titular da autorização, durante o prazo previsto no plano de venda ou promessa de venda, manterá terrenos de sua propriedade, nas condições descritas nos incisos II a V do artigo anterior, em área não inferior a 20% (vinte por cento), calculada sobre a que se destinar aos prestamistas ainda não contemplados e imitidos na posse na forma do artigo 66.

Art. 64. Do contrato ou título referente à venda ou promessa de venda de terrenos loteados, a prestações, mediante sorteio, constarão as seguintes especificações:

I – Denominação da série e número do contrato ou título com que o prestamista concorrerá ao sorteio;

II – Denominação e localização da propriedade, número e data da inscrição, atendido o disposto no artigo 65;

III – Indicação de que um dos lotes constantes da operação autorizada, será alienado e entregue ao promitente comprador de acordo com o artigo 66, deste Regulamento;

IV – Preço do lote, importância do sinal, se houver, e prazo de pagamento não superior a cem (100) meses;

V – Declaração da existência ou inexistência de servidão ativa ou passiva.

Parágrafo único. É facultado a substituição do contrato pela escritura definitiva de compra e venda, com ou sem o pacto adjeto de hipoteca, desde que essa condição conste do título.

Art. 65. Sob pena de responsabilidade criminal, os vendedores que invocarem como argumento de propaganda, a proximidade do terreno a algum acidente geográfico, cidade, fonte hidromineral ou termal ou qualquer outro motivo de atração ou valorização, serão obrigados a declarar no memorial descritivo e a mencionar nas divulgações, anúncios e prospectos de propaganda, a distância métrica a que se situa o imóvel do ponto invocado ou tomado como referência.

Art. 66. O prestamista contemplado por sorteio ou por haver completado o pagamento de todas as prestações fixadas no plano escolherá o lote de terreno, entre os prometidos, ainda disponíveis, e, desde logo, será imitido na sua posse.

(...)

Art. 80. Este decreto entrará em vigor na data de sua publicação, revogadas as disposições em contrário. *(Incluído pelo Decreto nº 72.411, de 1973)*

Brasília, 9 de agosto de 1972;
151º da Independência e 84º da República.
EMILIO G. MEDICI
(DOU de 10.8.1972)

LEI Nº 5.868, DE 12 DE DEZEMBRO DE 1972

Cria o Sistema Nacional de Cadastro Rural, e dá outras providências.

› *Vide Decreto 72.106/1973 (Regulamenta Lei 5.868/1972)*

O PRESIDENTE DA REPÚBLICA:

Faço saber que o Congresso Nacional decreta e eu sanciono a seguinte Lei:

Art. 1º É instituído o Sistema Nacional de Cadastro Rural, que compreenderá:

I – Cadastro de Imóveis Rurais;

II – Cadastro de Proprietários e Detentores de Imóveis Rurais;

III – Cadastro de Arrendatários e Parceiros Rurais;

IV – Cadastro de Terras Públicas.

V – Cadastro Nacional de Florestas Públicas. *(Incluído pela Lei nº 11.284, de 2006)*

§ 1º As revisões gerais de cadastros de imóveis a que se refere o § 4º do art. 46 da Lei nº 4.504, de 30 de novembro de 1964, serão realizadas em todo o País nos prazos fixados em ato do Poder Executivo, para fins de recadastramento e de aprimoramento do Sistema de Tributação da Terra – STT e do Sistema Nacional de Cadastro Rural – SNCR. *(Redação dada pela Lei nº 10.267, de 28.8.2001)*

§ 2º Fica criado o Cadastro Nacional de Imóveis Rurais – CNIR, que terá base comum de informações, gerenciada conjuntamente pelo INCRA e pela Secretaria da Receita Federal, produzida e compartilhada pelas diversas instituições públicas federais e estaduais produtoras e usuárias de informações sobre o meio rural brasileiro. *(Incluído pela Lei nº 10.267, de 28.8.2001)*

§ 3º A base comum do CNIR adotará código único, a ser estabelecido em ato conjunto do INCRA e da Secretaria da Receita Federal, para os imóveis rurais cadastrados de forma a permitir sua identificação e o compartilhamento das informações entre as instituições participantes. *(Incluído pela Lei nº 10.267, de 28.8.2001)*

§ 4º Integrarão o CNIR as bases próprias de informações produzidas e gerenciadas pelas instituições participantes, constituídas por dados específicos de seus interesses, que poderão por elas ser compartilhados, respeitadas as normas regulamentadoras de cada entidade. *(Incluído pela Lei nº 10.267, de 28.8.2001)*

Art. 2º Ficam obrigados a prestar declaração de cadastro, nos prazos e para os fins a que se refere o artigo anterior, todos os proprietários, titulares de domínio útil ou possuidores a qualquer título de imóveis rurais que sejam ou possam ser destinados à exploração agrícola, pecuária, extrativa vegetal ou agroindustrial, como definido no item I do Art. 4º do Estatuto da Terra.

§ 1º O não-cumprimento do disposto neste artigo sujeitará o contribuinte ao lançamento ex officio dos tributos e contribuições devidas, aplicando-se as alíquotas máximas para seu cálculo, além de multas e demais cominações legais.

§ 2º Não incidirão multa e correção monetária sobre os débitos relativos a imóveis rurais cadastrados ou não, até 25 (vinte e cinco) módulos, desde que o pagamento do principal se efetue no prazo de 180 (cento e oitenta) dias, a partir da vigência desta Lei.

§ 3º Ficam também obrigados todos os proprietários, os titulares de domínio útil ou os possuidores a qualquer título a atualizar a declaração de cadastro sempre que houver alteração nos imóveis rurais, em relação à área ou à titularidade, bem como nos casos de preservação, conservação e proteção de recursos naturais. *(Incluído pela Lei nº 10.267, de 28.8.2001)*

Art. 3º O Instituto Nacional de Colonização e Reforma Agrária – INCRA, fornecerá o Certificado de Cadastro de Imóveis Rurais e o de Arrendatários e Parceiros Rurais, na forma prevista nesta Lei.

Parágrafo único. Os documentos expedidos pelo INCRA, para fins cadastrais, não fazem prova de propriedade ou de direitos a ela relativos.

Art. 4º Pelo Certificado de Cadastro que resultar de alteração requerida pelo contribuinte, emissão de segundas vias do certificado, certidão de documentos cadastrais, ou quaisquer outros relativos à situação fiscal do contribuinte, o INCRA cobrará uma remuneração pelo regime de preços públicos segundo tabela anual aprovada pelo Ministro da Agricultura.

Art. 5º São isentas do Imposto sobre a Propriedade Territorial Rural:

I – as áreas de preservação permanente onde existam florestas formadas ou em formação;

II – as áreas reflorestadas com essências nativas.

Parágrafo único. O INCRA, ouvido o Instituto Brasileiro de Desenvolvimento Florestal – IBDF, em Instrução Especial aprovada pelo Ministro da Agricultura, baixará as normas disciplinadoras da aplicação do disposto neste artigo.

Art. 6º Para fim de incidência do Imposto sobre a Propriedade Territorial Rural, a que se refere o Art. 29 da Lei número 5.172, de 25 de outubro de 1966, considera-se imóvel rural aquele que se destinar à exploração agrícola, pecuária, extrativa vegetal ou agroindustrial e que, independentemente de sua localização, tiver área superior a 1 (um) hectare. (Execução suspensa pela RSF nº 313, de 1983)

Parágrafo único. Os imóveis que não se enquadrem no disposto neste artigo, independentemente de sua localização, estão sujeitos ao Imposto sobre a Propriedade Predial e Territorial Urbana, a que se refere o Art. 32 da Lei número 5.172, de 25 de outubro de 1966. *(Execução suspensa pela RSF nº 313, de 1983)*

Art. 7º O Imposto sobre a Propriedade Territorial Rural não incidirá sobre as glebas rurais de área não excedente a 25 (vinte e cinco) hectares, quando as cultive, só, ou com sua família, o proprietário que não possua outro imóvel (§ 6º do Art. 21 da Constituição Federal).

§ 1º Para gozar da imunidade prevista neste artigo, o proprietário, ao receber o Certificado de Cadastro, declarará, perante o INCRA, que preenche os requisitos indispensáveis à sua concessão.

§ 2º Verificada a qualquer tempo a falsidade da declaração, o proprietário ficará sujeito às cominações do § 1º do Art. 2º desta Lei.

Art. 8º Para fins de transmissão, a qualquer título, na forma do Art. 65 da Lei número 4.504, de 30 de novembro de 1964, nenhum imóvel rural poderá ser desmembrado ou dividido em área de tamanho inferior à do módulo calculado para o imóvel ou da fração mínima de parcelamento fixado no § 1º deste artigo, prevalecendo a de menor área.

§ 1º A fração mínima de parcelamento será:

a) o módulo correspondente à exploração hortigranjeira das respectivas zonas típicas, para os Municípios das capitais dos Estados;

b) o módulo correspondente às culturas permanentes para os demais Municípios situados nas zonas típicas A, B e C;

c) o módulo correspondente à pecuária para os demais Municípios situados na zona típica D.

§ 2º Em Instrução Especial aprovada pelo Ministro da Agricultura, o INCRA poderá estender a outros Municípios, no todo ou em parte, cujas condições demográficas e sócio-econômicas o aconselhem, a fração mínima de parcelamento prevista para as capitais dos Estados.

§ 3º São considerados nulos e de nenhum efeito quaisquer atos que infrinjam o disposto neste artigo não podendo os serviços notariais lavrar escrituras dessas áreas, nem ser tais atos registrados nos Registros de Imóveis, sob pena de responsabilidade administrativa, civil e criminal de seus titulares ou prepostos. *(Redação dada pela Lei nº 10.267, de 28.8.2001)*

§ 4º O disposto neste artigo não se aplica: *(Redação dada pela Lei nº 13.001, de 2014)*

I – aos casos em que a alienação da área destine-se comprovadamente a sua anexação ao prédio rústico, confrontante, desde que o imóvel do qual se desmembre permaneça com área igual ou superior à fração mínima do parcelamento; *(Incluído pela Lei nº 13.001, de 2014)*

II – à emissão de concessão de direito real de uso ou título de domínio em programas de regularização fundiária de interesse social em áreas rurais, incluindo-se as situadas na Amazônia Legal; *(Incluído pela Lei nº 13.001, de 2014)*

III – aos imóveis rurais cujos proprietários sejam enquadrados como agricultor familiar nos termos da Lei nº 11.326, de 24 de julho de 2006; ou *(Incluído pela Lei nº 13.001, de 2014)*

IV – ao imóvel rural que tenha sido incorporado à zona urbana do Município. *(Incluído pela Lei nº 13.001, de 2014)*

§ 5º O disposto neste artigo aplica-se também às transações celebradas até esta data e ainda não registradas em Cartório, desde que se enquadrem nas condições e requisitos ora estabelecidos.

Art. 9º O valor mínimo do imposto a que se refere o art. 50 e parágrafos 1 a 4, da Lei número 4.504, de 30 de novembro de 1964, será de 01/30 (um trinta avos) do maior salário mínimo vigente no País em 1 de janeiro do exercício fiscal correspondente.

Art. 10. Os coeficientes de progressividade e regressividade de que tratam os parágrafos do art. 50 da Lei número 4.504, de 30 de novembro de 1964, não serão aplicados às áreas do imóvel que, comprovadamente, sejam utilizados em exploração mineral, ou que forem destinados a programas e projetos de colonização particular, desde que satisfeitas as exigências e requisitos regulamentares.

Art. 11. O Poder Executivo, no prazo de 30 (trinta) dias, regulamentará a aplicação desta Lei.

Art. 12. Esta Lei entrará em vigor na data de sua publicação, revogadas as disposições em contrário, em especial os parágrafos 1 e 2 do Art. 5º, e os artigos 7, 11, 14 e 15, e seus parágrafos, do Decreto-lei número 57, de 18 de novembro de 1966, o parágrafo 4 do Art. 5º do Decreto-lei número 1.146, de 31 de dezembro de 1970, e o Art. 39 da Lei número 4.771, de 15 de setembro de 1965. *(Vide RSF 9, de 2005)*

› *Art. 1º da Resolução SF 09/2005, suspendeu a execução do art. 12 desta Lei, declarada inconstitucional por decisão definitiva do Supremo Tribunal Federal*

Brasília, 12 de dezembro de 1972; 151º da Independência e 84º da República.

EMÍLIO G. MÉDICI

(DOU de 14.12.1972)

DECRETO Nº 72.106, DE 18 DE ABRIL DE 1973

Regulamenta a Lei nº 5.868, de 12 de dezembro de 1972, que institui o Sistema Nacional de Cadastro Rural e dá outras providências.

O PRESIDENTE DA REPÚBLICA, usando da atribuição que lhe confere o artigo 81, item III, da Constituição e tendo em visto o que dispões a Lei nº 4.504 de 30 de novembro de 1964, e a Lei nº 5.868, de 12 de dezembro de 1972,

DECRETA:

CAPÍTULO I – DO SISTEMA NACIONAL DE CADASTRO RURAL

Art. 1º O Sistema Nacional de Cadastro Rural instituído com o objetivo de promover a integração e sistematização da coleta, pesquisa e tratamento de dados e informações sobre o uso e posse da terra, compreenderá a implantação e manutenção dos seguintes cadastros, previsto na Lei nº 5.868, de 12 de dezembro de 1972 e legislação complementar:

I – Cadastro de Imóveis Rurais;

II – Cadastro de Proprietários e Detentores de Imóveis Rurais;

III – Cadastro de Arrendatários e Parceiros Rurais;

IV – Cadastro de Terras Públicas.

Art. 2º Os cadastros a que se refere o artigo anterior, integrantes do Sistema Nacional de Cadastro Rural, têm como finalidades primordiais:

I – O levantamento sistemático dos imóveis rurais, para conhecimento das condições vigentes na estrutura fundiária das várias regiões do País, com o objetivo de:

a) fornecer dados e elementos de orientação na programação dos instrumentos de Política Agrícola, a ser promovida e executada pelos órgãos federais, estaduais e municipais atuantes no setor da agricultura;

b) fornecer dados e elementos de informação necessários à formulação e execução dos Planos Nacional e Regional de Reforma Agrária e de Colonização;

c) fornecer os dados e elementos necessários à aplicação dos critérios de lançamentos fiscais atribuídos ao INCRA, e à concessão de isenções demais benefícios previstos na Constituição Federal e na legislação complementar;

II – O levantamento sistemático dos proprietários e detentores de imóveis rurais, para conhecimento das condições de efetiva distribuição e concentração da terra e do regime de domínio e posse vigentes nas várias regiões do País, com vistas a:

a) fornecer dados e elementos necessários ao controle da distribuição das terras e da sua concentração, com relação aos seus proprietários ou detentores a qualquer título;

b) fornecer dados e elementos necessários ao controle das terras tituladas a pessoas físicas ou jurídicas de nacionalidade estrangeira, com vistas à aplicação por parte dos órgãos competentes das normas legais que disciplinam a propriedade, o uso e a posse de terra por estrangeiros;

c) fornecer dados e elementos necessários à classificação dos proprietários, em função do conjunto de seus imóveis rurais;

d) fornecer dados e elementos necessários à aplicação dos critérios de lançamentos fiscais, referentes a tributos e contribuições para fiscais, atribuídos ao INCRA pela legislação em vigor;

III – O levantamento sistemático dos arrendatários e parceiros rurais, para conhecimento das reais condições de uso temporário da terra, vigentes nas várias regiões do País, visando:

a) fornecer dados e elementos necessários à análise e avaliação dos vários tipos e formas de detenção ou posse da terra, vigentes em cada região do País e sua adequação ao princípio de função social da propriedade, como definido no artigo 2º e parágrafos da Lei nº 4.504, de 30 de novembro de 1964;

b) fornecer dados e elementos necessários à emissão de Certificado de Cadastro de Arrendatário ou de Parceiro Rural;

c) fornecer dados e elementos necessários ao controle dos contratos agrários de uso temporário da terra, na forma do disposto no Capítulo V do Decreto nº 59.566, de 14 de novembro de 1966;

IV – O levantamento sistemático das terras públicas federais, estaduais e municipais, visando ao conhecimento das disponibilidades de áreas apropriadas aos programas de Reforma Agrária e Colonização e da situação dos posseiros e ocupantes de terras públicas;

V – A obtenção de dados e elementos necessários às análises microeconômicas e às amostragens nas várias regiões do País, para fixação dos índices previstos nas alíneas do parágrafo 1º do artigo 46 da Lei nº 4.504 de 30 de novembro de 1964.

VI – A obtenção de dados e elementos, que orientem os órgãos de assistência técnica e creditícia nas tarefas de formulação de seus respectivos planos de assistência ao produtor rural.

Art. 3º No atendimento às finalidades enumeradas no artigo anterior, os cadastros de imóveis rurais, de proprietários e detentores de imóveis rurais, de arrendatários e parceiros e de terra públicas, serão realizados pelo Instituto Nacional de Colonização e Reforma Agrária – INCRA, valendo-se inclusive dos acordos e convênios que permitam sua rápida e eficaz execução na forma estabelecida no Capítulo I, Título III da Lei nº 4.504, de 30 de novembro de 1964, e nos termos do disposto na Lei nº 5.868, de 12 dezembro de 1972.

Art. 4º As pessoa obrigadas à declaração de cadastro na forma do disposto no artigo 2º da Lei nº 5.868, de 12 de dezembro de 1972, deverão fornecer os dados exigidos pelos formulários e questionários, nos prazos fixados e de acordo com as normas previstas em Instrução Especial do INCRA, aprovada por portaria do Ministro da Agricultura na forma do artigo 43 deste Decreto.

Art. 5º Os cadastros serão continuamente atualizados pela inclusão de novas unidades ou pela alteração sujeita à comprovação, dos registros de unidades já cadastradas, forma prevista na Lei nº 4.504, de 30 novembro de 1964, e legislação complementar.

Art. 6º De cinco em cinco anos serão feitas revisões gerais dos cadastros integrantes do Sistema Nacional de Cadastro Rural, com o objetivo de atualizar os registros cadastrais existentes e aperfeiçoar os métodos e instrumentos de pesquisas coleta e tratamento de dados e informações rurais.

Art. 7º O Cadastro de Imóveis Rurais a que se refere o artigo 46 da Lei nº 4.504, de 30 de novembro de 1964, e o item I, do artigo 1º da Lei nº 5.868, de 12 de dezembro de 1972, organizado de forma a abranger todos os imóveis rurais do País, visa a atender às finalidades enumeradas nos itens I, V e VI do artigo 2º deste Decreto.

Art. 8º Para o cálculo da Taxa de Serviços Cadastrais, a que se refere o artigo 5º do Decreto-lei nº 57, de 18 de novembro de 1966, será adotado o seguinte critério:

I – Para os imóveis com área até 20 ha (vinte hectares) será a taxa calculada à razão de 1/25 (um vinte e cinco avos) do maior salário-mínimo vigente no País.

II – Para os imóveis com área compreendida entre 20 ha (vinte hectares) a 1.000 ha (um mil hectares), ao cálculo procedido na forma do item I, acrescentar-se-á 1/25 (um vinte e cinco avos) do maior salário-mínimo vigente no País, para cada 50 ha (cinquenta hectares) ou fração excedente;

III – Para os imóveis rurais com áreas superiores a 1.000 ha (um mil hectares) ao cálculo procedido na forma do item II, acrescentar-se-á 1/25 (um vinte e cinco avos) do maior salário-mínimo vigente no País, para cada 1.000 ha (um mil hectares) ou fração excedente.

Parágrafo único. A cobrança da remuneração a que se refere o artigo 4º da Lei 5.868, de 12 de dezembro de 1972, será disciplinada em Instrução Especial do INCRA, na forma prevista no artigo 43 deste Decreto.

Art. 9º O Cadastro de Proprietários e Detentores de Imóveis Rurais, a que se refere o item II, do artigo 1º da Lei nº 5.868, de 12 de dezembro de 1972, organizado a nível nacional, tem por objetivo atender às finalidades prevista nos itens II e VI do artigo 2º deste Decreto.

Parágrafo único. Todos os proprietários, titulares do domínio útil ou possuidores a qualquer título de imóvel rural são obrigados a preencher a declaração de cadastro a que se refere este artigo, nos mesmos prazos fixados para o cadastramento dos respectivos imóveis rurais.

Art. 10. O Cadastro de Arrendatários e Parceiros Rurais, a que se refere o item III do artigo 1º da Lei nº 5.868, de 12 de dezembro de 1972, organizado a nível nacional, alcançando todos os arrendatários, subarrendatários, parceiros e subparceiros, em tanto que usuários temporários da terra, visa atender as finalidades referidas nos itens III e VI do artigo 2º deste Decreto.

Parágrafo único. Os princípios e definições estabelecidos no Capítulo I, do Decreto nº 59.566, 14 de novembro de 1966, relativos aos contratos agrários e às partes contratantes servirão de base para a classificação do tipo de contrato e a qualificação dos usuários temporários da terra, para fins de inscrição no cadastro previsto neste artigo.

Art. 11. Os formulários, fichas, questionários e demais documentos essenciais ao Cadastro referido no artigo anterior, fixados e aprovados na forma do artigo 43 deste Decreto, garantirão a coleta dos seguintes dados:

I – Tipo de contrato;

II – Identificação e localização do imóvel objeto do contrato, bem como seu número de inscrição no Cadastro de Imóveis Rurais;

III – Dados sobre a identificação do arrendatário ou parceiro rural:

a) se pessoa física, nome completo, endereço para correspondência, nacionalidade, naturalidade, data de nascimento, número do Cadastro de Pessoas Físicas do Ministério da Fazenda, tipo de documento de identidade e número, grau de instrução e número de inscrição no Cadastro Rural;

b) se pessoa jurídica, denominação endereço para correspondência, nacionalidade, número de Cadastro Geral de Contribuintes do Ministério da Fazenda e número de inscrição no Cadastro Rural;

IV – Informações sobre as atividades rurais do arrendatário ou parceiro:

a) número de imóveis que possui no País;

b) número de subarrendatários ou sub-parceiros do declarante;

c) indicações sobre pessoas da família e sobre assalariados permanentes ou temporários;

d) produto principal da parceria ou arrendamento;

V – Condições do contrato de arrendamento e parceria rural:

a) se escrito ou verbal, prazo em anos, preço e forma de pagamento;

b) se atender aos requisitos legais expressos no Capítulo II do Decreto nº 59.566, de 14 de novembro de 1966.

VI – Distribuição das áreas dadas em arrendamento ou parceria, segundo o tipo de exploração a que sejam submetidos e valor total da produção obtida no ano anterior ao da declaração;

VII – Informações sobre o proprietário arrendador ou parceiro outorgante: nome completo, ou denominação se pessoa jurídica, e condições do cedente em relação ao imóvel;

VIII – Estimativa de valor para os bens cedidos em arrendamento ou parceria.

Art. 12. Os proprietários ou detentores a qualquer título de imóveis rurais, que os explorem mediante arrendamento ou parceria rural, ficam obrigados a apresentar ao INCRA as declarações de cadastro de cada um dos arrendatários e parceiros, nos mesmos prazos fixados para o cadastro de respectivo imóvel rural.

Parágrafo único. A declaração de cadastro, quando não apresentada pelo proprietário, como previsto nesta artigo, será prestada pelo arrendatário ou parceiro diretamente ao INCRA.

Art. 13. O cadastro de arrendatários e parceiros rurais, implantado em todo o País, nos mesmos prazos fixados para cadastro de imóveis rurais, será permanentemente atualizado, voluntariamente ou de ofício pelo INCRA.

Parágrafo único. Para os arrendamentos e parcerias rurais contratados após a implantação do Cadastro a que se refere este artigo, o prazo para a entrega da declaração, por qualquer das partes contratantes, será de 60 (sessenta) dias, contados da data do início da vigência do respectivo contrato.

Art. 14. Aos arrendatários e parceiros rurais cadastrados na forma prevista neste Decreto, será fornecido um Certificado de Cadastro que valerá para os fins de direito, e como prova de sua condição de produtor rural.

Parágrafo único. O Certificado a que se refere este artigo será emitido pelo INCRA de acordo com o estabelecido em Instrução Especial, na forma do artigo 43 deste Decreto, e seu prazo de validade será fixado em função da vigência do respectivo contrato, constante da Declaração de Cadastro.

CAPÍTULO II – DO IMPOSTO SOBRE A PROPRIEDADE TERRITORIAL RURAL

Art. 15. O Imposto sobre a Propriedade Territorial Rural será determinado a partir de um valor básico, correspondente a 0,2% (dois décimo por cento) do valor da terra nua, multiplicado pelos coeficientes de dimensão, localização, de condições sociais e de produtividade, nos termos do artigo 50 e parágrafos 1º a 4º da Lei nº 4.504, de 30 de novembro de 1964.

Art. 16. O valor da terra nua, nos termos deste Decreto, será o referente à área total do imóvel rural, excluídos o valor das benfeitorias incorporadas ao imóvel, o valor das florestas nativas e o das áreas consideradas isentas de tributação.

Art. 17. O coeficiente de dimensão, calculado nos termos deste Decreto, levará em conta o número de módulos apurados em função da área total agricultável do conjunto de imóveis rurais de um mesmo proprietário.

Art. 18. O coeficiente de localização, calculado nos termos deste Decreto, levará em conta:

I – Uma nota de localização, função da zona típica do município em que se situa o imóvel em relação aos mercados regionais;

II – Uma nota de condição de acesso, função das vias de acesso do imóvel à sede do município onde se localiza.

Art. 19. O coeficiente de condições sociais, calculado nos termos deste Decreto, definirá o grau de alheamento ou de dependência e participação do proprietário nas responsabilidades da administração e nos frutos da exploração do imóvel, conforme estabelece o § 3º do artigo 50 da Lei nº 4.504, de 30 de novembro de 1964, e resultará da combinação de três fatores:

I – Fator de participação e Dependência, que definirá as condições do proprietário e conjunto familiar, no que tange ao grau de participação das áreas do imóvel e ao de dependência em relação aos frutos de exploração do mesmo;

II – Fator Ocupação, que definirá a situação do imóvel rural quanto ao atendimento das condições mínimas de sua ocupação social e das facilidades concedidas para habilitação das pessoas residentes no imóvel;

III – Fator Responsabilidade na Exploração, que definirá a situação do proprietário em relação ao regime adotado na exploração do imóvel, segundo as formas diretas, em parceria e/ ou arrendamento.

Art. 20. O coeficiente de produtividade, calculado nos termos deste Decreto, definirá as condições técnico-econômicas de exploração do imóvel rural, na proporção em que esta se faça com rentabilidade inferior ou superior a limites estabelecidos nos termos do § 4º do artigo 50 da Lei nº 4.504, de 30 de novembro de 1964, e resultará na combinação de dois fatores:

I – Fator Exploração, que será obtido pela média aritmética de duas notas:

a) nota de Utilização da Terra, obtida pela comparação entre a área total explorada e a área total agricultável do imóvel;

b) nota de Nível de Investimento, obtida pela comparação entre o valor dos investimentos e o valor total do imóvel;

II – Fator Rendimento Agrícola, que será obtido por comparação entre o rendimento efetivo de determinados produtos básicos e valores limites pré-estabelecidos.

Art. 21. Os dados a serem considerados para a fixação do tributo, obtidos a partir da declaração apresentada pelos proprietários e detentores de imóveis rurais e sob sua inteira responsabilidade, ou fixados pelo INCRA, quando não contarem da declaração ou forem por este impugnados, destinam-se a caracterizar os proprietários e respectivos imóveis rurais, bem como a fornecer os elementos necessários ao cálculo do valor básico do tributo e dos coeficientes de dimensão, de localização, de condições sociais, e, de produtividade definidos neste Decreto.

Art. 22. Os dados a que faz alusão o artigo anterior, para identificação do imóvel rural, do seu titular, da natureza do domínio, posse ou ocupação, e da sua destinação principal compreenderão:

I – Para caracterização do imóvel:

a) denominação;

b) localização quanto ao Estado e Município em que se situa, bem como, por meio de dados complementares, sua localização em relação às vias de acesso;

II – Para caracterização do titular do imóvel:

a) se pessoa física: identificação, incluindo nome, data de nascimento, naturalidade, nacionalidade, graus de instrução, número de inscrição no Cadastro Rural, endereço para correspondência e número de Cadastro de Pessoas Físicas do Ministério da Fazenda;

b) se pessoas jurídicas: nome, natureza, nacionalidade, sede social, atividade principal, capital registro e sua composição, número de inscrição no Cadastro Rural, endereço para correspondência e número de Cadastro Geral de Contribuintes do Ministério da Fazenda;

III – Para caracterização da natureza do domínio, posse ou ocupação, e da situação jurídica do imóvel:

a) titularidade do detentor: proprietário, titular de domínio útil ou possuidor a qualquer título;

b) discriminação dos títulos transcritos no registro imobiliário, suas características e áreas correspondentes:

c) na ocorrência de simples posse, sua origem, área, tempo de ocupação e litígios ou contestações.

IV – Indicação do percentual da área do imóvel ocupada em eventuais atividades não agrícolas, com especificação dos valores das benfeitorias utilizadas nessas atividades, entre outras: loteamentos, extração mineral, comércio, indústria, educação, assistência social e hospitalar.

Art. 23. O valor da terra nua poderá ser declarado ao preço do ano da declaração e não incluirá o valor das florestas nativas, o valor das áreas consideradas isentas de tributação e o valor dos bens incorporados ao imóvel, a seguir enumerados:

I – Casa de moradia e instalações recreativas do contribuinte;

II – Construções tais como: casas de moradia de empregados, galpões, banheiros para gado, cercas, valas ou currais, e quaisquer edificações para instalações de beneficiamento ou industrialização;

III – Equipamentos e instalações especiais;

IV – Culturas permanentes:

V – Animais de pequeno, médio e grande porte;

VI – Valor de florestas plantadas e pastagens cultivadas ou melhoradas.

§ 1º O valor da terra nua declarado será impugnado quando inferior ao valor mínimo do respectivo município, conforme estabelecido em tabela elaborada pelo Instituto Nacional de Colonização e Reforma Agrária – INCRA, constante de Instrução Especial na forma do artigo 43, aprovada pelo Ministério da Agricultura, prevalecendo, em tal caso, esse último valor, ou o resultado de avaliação direta.

§ 2º A tabela referida no parágrafo anterior será ajustada anualmente, de acordo com índices de correção monetária fixados pelo Ministério do Planejamento e Coordenação Geral ou resultantes de avaliações cadastrais.

§ 3º O valor da terra nua, declarado pelo contribuinte e não impugnado pelo órgão lançador no primeiro lançamento, poderá ser anualmente corrigido no máximo na mesma proporção em que for feita a correção dos valores mínimos constantes da tabela mencionada no parágrafo anterior, não sendo considerado esse aumento no cálculo dos coeficientes.

Art. 24. Os dados considerados para a determinação do coeficiente de dimensão serão os seguintes:

I – Identificação do imóvel rural e seu titular, localização e área total do imóvel, nos termos do artigo 22;

II – Discriminação das áreas exploradas por tipo de exploração, conforme especificação a ser definida em Instrução Especial na forma do artigo 43, aprovada pelo Ministro da Agricultura.

III – Discriminação das áreas aproveitáveis mas não exploradas.

IV – Área total agricultável do imóvel.

V – Os módulos das várias zonas típicas, por tipo de exploração ou para os casos de exploração não definida, constantes da tabela a ser baixada em Instrução Especial, na forma do artigo 43.

§ 1º A área agricultável a ser considerada para o cálculo dos coeficientes de progressividade e regressividade definidos no artigo 50 da Lei número de 1964, de 30 de novembro de 1964, será obtida subtraindo-se da área total do imóvel as áreas inaproveitáveis para qualquer dos tipos de exploração referidos no artigo 14 do Decreto nº 55.891, de 31 de março de 1965, e as isentas de tributação.

§ 2º As condições topográficas de solo e drenagem determinarão as áreas inaproveitáveis para exploração sob qualquer das formas referidas no artigo 14 do Decreto nº 55.891, de 31 de março de 1965.

Art. 25. Para a determinação da coeficiente de localização, serão considerados os seguintes dados:

I – Município em que se situa o imóvel de acordo com a declaração do proprietário, na forma da alínea "b" do item II do artigo 22, e a respectiva zona típica, constante da tabela a ser baixada em Instrução Especial.

II – Distância, em quilômetros, da sede do imóvel à sede do município onde se situa, bem como as condições e qualidade das vias de acesso.

Art. 26. Para a determinação do coeficiente de condições sociais serão considerados os seguintes dados:

I – Quando no Fator Participação e Dependência do proprietário e conjunto familiar:

a) indicação positiva ou negativa quanto à participação na administração do imóvel;

b) indicação positiva ou negativa da dependência quanto aos frutos da exploração do imóvel;

c) indicação positiva ou negativa quanto à moradia no imóvel ou município, se residente em outro município ou fora do País;

d) indicação positiva ou negativa da participação de dependentes na força de trabalho do imóvel;

e) indicação da atividade principal e localização da sede social quando o declarante for pessoa jurídica.

II – Quanto ao Fator Ocupação:

a) indicação do número de casas de moradia;

b) indicação do número total de pessoas que moram no imóvel;

c) número total de módulos do imóvel, calculado na forma do artigo 29 deste Decreto;

d) região de zoneamento em que se situa o imóvel;

e) indicação do número de assalariados permanentes.

III – Quanto ao Fator Responsabilidade na Exploração: indicação das áreas objeto de parceria e/ou arrendamento e das áreas exploradas diretamente sob a responsabilidade do declarante.

Art. 27. Para a determinação do coeficiente de produtividade, serão considerados os seguintes dados:

I – Quanto ao Fator Exploração.

1 – Nota de Utilização da Terra:

a) determinação da área total explorada do imóvel, obtida pelo somatório das áreas exploradas por tipo de exploração, nos termos do item II do artigo 24;

b) determinação da área total do imóvel, nos termos do § 1º do artigo 24;

2 – Nota de Nível de Investimento:

a) valor do investimento incorporado ao imóvel, obtido pelo somatório dos valores citados nos itens I a VI do artigo 23;

b) valor total do imóvel, obtido para soma dos valores citados no item anterior, inclusive o das florestas naturais, mais o valor da terra nua;

II – Quanto ao fator rendimento agrícola, no que se refere aos produtos básicos na lavoura e pecuária:

a) área e quantidades colhidas de cada um dos produtos básicos;

b) os índices de rendimento fixados para cada produto básico em tabela constante da Instrução Especial.

Art. 28. Quando o proprietário deixar de apresentar em sua declaração para cadastro do imóvel rural, quaisquer dos dados enumerados neste Capítulo, ou as respectivas comprovações previstas neste regulamento, serão considerados para efeito de cálculo do tributo:

I – Os dados porventura existentes e passíveis de utilização da determinação dos valores intermediários de cálculo;

II – Os valores mais desfavoráveis das notas, graus, fatores ou coeficientes, quando os dados sejam insuficientes ou inadequadas à sua determinação;

III – Os valores padrões estabelecidos neste Decreto, para os casos específicos.

§ 1º Ao Instituto Nacional de Colonização e Reforma Agrária – INCRA, caberá notificar o contribuinte para o fornecimento dos dados omitidos ou considerados insatisfatórios na sua declaração, ou respectiva comprovação. Caso os dados ou comprovações solicitados não sejam fornecidos dentro do prazo fixado na notificação, o INCRA lançará o tributo na forma indicada neste artigo.

§ 2º Os dispositivos deste artigo serão aplicados aos imóveis cujos contribuintes não fizerem declaração para cadastro na época própria, conforme estabelecido no artigo 5º, procedendo-se ao lançamento "ex officio" dos tributos devidos na forma prevista no parágrafo 1º, artigo 2º, da Lei nº 5.868, de 12 de dezembro de 1972.

Art. 29. Para determinação do coeficiente de dimensão, observar-se-á a seguinte sistemática:

I – Cálculo da área agricultável nos termos do parágrafo 1º do artigo 24 deste Decreto;

II – Determinação do número de módulos do imóvel, a ser calculado da seguinte forma:

a) o número de módulos do imóvel será obtido pelo somatório do número de módulos calculado para cada tipo de exploração mais o número de módulos calculado para a área agricultável mas não explorada do imóvel;

b) o número de módulos de cada tipo de exploração será obtido pela divisão da área explorada em cada tipo da exploração pelo módulo estabelecido, segundo tabela prevista no item V do artigo 24 deste Decreto;

c) o número de módulos da área agricultável, mas não explorada, será obtido dividindo-se essa área pelo módulo estabelecido para os tipos de exploração não definida constante da tabela a que se refere o item V do artigo 24 deste Decreto;

III – O módulo do imóvel será obtido pela divisão da área total agricultável pelo número do módulos calculado de acordo com o item II deste artigo;

IV – A determinação do número de módulos do conjunto de imóveis de um mesmo proprietário será feita pelo somatório do número de módulos dos diversos imóveis ou frações de imóveis;

V – A determinação do coeficiente de dimensão será obtida pela aplicação da tabela de valores progressivos constante do § 1º do artigo 50 da Lei nº 4.504, de 30 de novembro de 1964, em função do número de módulos do conjunto de imóveis do mesmo proprietário.

§ 1º Quando o contribuinte, em sua declaração, deixar de discriminar, por tipo de exploração, as áreas utilizadas, admitir-se-á para o imóvel em questão, o módulo relativo ao caso de exploração não definida, para a zona típica onde se situe, conforme tabela referida no item V do artigo 24, considerando-se, para cálculo do item II, a área total do imóvel.

§ 2º Quando o contribuinte em sua declaração, deixar de indicar os dados necessários para a determinação da área agricultável, nos termos do § 1º do artigo 24 será considerada a área total do imóvel para os cálculos a que se referem os itens II e III deste artigo.

Art. 30. Para a determinação do coeficiente de localização, observar-se-á a seguinte sistemática:

I – À zona típica do município em que se situe o imóvel corresponderá uma nota de localização, nos termos do item I do artigo 18 deste Decreto, tomando-se como referência os mercados regionais, com a variação de 1.1 (hum e hum décimo) a 0.9 (nove décimos), de acordo com tabelas e normas a serem baixadas em Instrução Especial na forma do artigo 43;

II – As condições e qualidades das vias de acesso corresponderá uma "nota de condições de acesso", nos termos do item II do artigo 18 deste Decreto, tornando-se como referência a distância do imóvel à sede do Município em que se situe, com variação de 0,5 (cinco décimos) a 0,1 (hum décimo), de acordo com a tabela a ser baixada na forma do artigo 43.

III – O somatório das notas de localização e de condições de acesso determinadas nos termos dos itens anteriores, corresponderá ao coeficiente de localização do imóvel, com a variação de 1,0 (hum) a 1,6 (hum e seis décimos), nos termos do parágrafo 21 do artigo 50 da Lei nº 4.504, de 30 de novembro de 1964.

Parágrafo único. Os imóveis situados na zona típica D, definida na Instrução Especial a que se refere o artigo 43, terão coeficientes de localização igual a 1,0 (hum).

Art. 31. Para a determinação do coeficiente de condições sociais, observar-se-á a seguinte sistemática:

I – No caso de pessoa física: à condição de o proprietário morar ou não no imóvel ou no mesmo município, à participação ou não na Administração, à participação ou não de seus dependentes nos trabalhos do imóvel, ao seu grau de dependência quanto aos frutos do imóvel corresponderá o fator de participação, variando de 0 (zero) a 5 (cinco) conforme tabela a ser baixada em Instrução Especial na forma referida no artigo 43.

II – No caso de pessoa jurídica: em função da atividade principal e localização da sede da empresa, o fator de participação variará de 0 (zero) a 3 (três), conforme tabela a ser baixada em Instrução Especial a que se refere o artigo 43.

III – A relação entre o número de pessoas residentes no imóvel, e número de módulos do imóvel, conjugada com a relação entre o número de casas existentes no imóvel e a quarta parte do número de pessoas residentes no imóvel, segundo a região de zoneamento a que se refere o artigo 43 da Lei nº 4.504, de 30 de novembro de 1964, e nos termos do item II do artigo 19 deste Decreto, fornecerá o fator de ocupação, variando de 0 (zero) a 4 (quatro) conforme tabela a ser baixada em Instrução Especial, na forma disposta pelo artigo 43, também deste Decreto;

IV – Conforme o modo de exploração direta, em parceria e/ou arrendamento, será o fator responsabilidade na exploração, variando de 0 (zero) a 4 (quatro), consoante tabela a ser baixada em Instrução Especial, na forma prevista no artigo 43.

V – A soma dos três fatores acima, dividida pela constante 10 (dez) e subtraída da constante 1,6 (hum e seis décimos), fornecerá o coeficiente de condições sociais.

§ 1º Para efeito do cálculo do fator de participação, considerar-se-á o imóvel administrado pelo próprio proprietário, quando constar da declaração que a administração é exercida em conjunto, pelo proprietário e seus familiares ou pelo proprietário e administrador.

§ 2º Ocorrendo no imóvel comodato ou parceria entre condôminos ou entre descendentes e ascendentes, as áreas assim exploradas serão consideradas como de responsabilidade direta do proprietário.

§ 3º Para os casos de imóveis com área total de até 3 (três) módulos, quando explorados pelo declarante e sua família, dependentes exclusivamente dos frutos da respectiva exploração, sem assalariados, arrendatários ou parceiros, serão atribuídas as notas máximas dos fatores componentes do coeficiente de condições sociais.

Art. 32. Para a determinação do coeficiente de produtividade, observar-se-á a seguinte sistemática:

I – A relação entre a área total explorada e a área total agricultável, nos termos do item I, alínea "a", do artigo 27, definirá a nota de utilização da terra, com variação de 0,1 (hum décimo) a 0,5 (cinco décimos), conforme tabela a ser baixada em Instrução Especial, na forma disposta pelo artigo 43, também deste Decreto.

II – A relação entre o valor dos investimentos e o valor total do imóvel, nos termos do item I, alínea "b", do artigo 27 deste Decreto, definirá a nota de investimento com variação de 0,1 (hum décimo) a 0,5 (cinco décimos) conforme tabela a ser baixada em Instrução Especial na forma disposta pelo artigo 43.

III – A soma das notas de utilização da terra e de investimento, dividida por 2 (dois), determinará o Fator Exploração;

IV – A relação entre o rendimento agrícola, por hectare, de cada produto básico, explorado no imóvel e os índices de rendimento fixados para cada produto básico, dará o fator rendimento agrícola, com a variação de 0,5 (cinco décimos) a 1,5 (hum e cinco décimos), conforme tabela constante de Instrução Especial, baixada na forma disposta no artigo 43;

V – A soma dos fatores Exploração e Rendimento agrícola, dividida por 2 (dois), dará, por comparação com tabela constante de Instrução Especial baixada na forma do artigo 43, o Coeficiente de Produtividade, variando de 0,4 (quatro décimos) a 1,5 (hum cinco décimos).

§ 1º Quando houver exploração de mais de um produto básico, o fator de rendimento agrícola será a média ponderada das notas de cada produto, tornando-se para cálculo à área explorada pelos respectivos produtores.

§ 2º Quando o Fator Exploração for igual a 0,5 (cinco décimos), o fator rendimento agrícola, isoladamente, por comparação com a tabela citada no item V deste artigo, fornecerá o Coeficiente de Produtividade.

CAPÍTULO III – RECLAMAÇÃO E RECURSOS FISCAIS

Art. 33. Do lançamento do Imposto sobre a Propriedade Territorial Rural, contribuições e taxas, poderá o contribuinte reclamar ao Instituto Nacional de Colonização e Reforma Agrária – INCRA, até o final do prazo para pagamento sem multa dos tributos.

§ 1º Recebida a reclamação, o Instituto Nacional de Colonização e Reforma Agrária – INCRA, procederá a verificação e diligências para comprovação do alegado, nos termos deste Decreto, cabendo o ônus dessas providências ao reclamante, se improcedente as alegações.

§ 2º A reclamação terá efeito suspensivo da cobrança do título, até a notificação ao reclamante da prolatada.

Art. 34. Das decisões contrárias ao reclamante caberá recurso voluntário para o terceiro Conselho de Contribuintes dentro do prazo improrrogável de 30 (trinta) dias contados da data do recebimento da notificação.

Art. 35. Deferida a reclamação de que trata o artigo 33 ou julgado procedente o recurso de que trata o artigo 34, o Instituto Nacional de Colonização e Reforma Agrária – INCRA providenciará "ex offício" as retificações cabíveis.

CAPÍTULO IV – DISPOSIÇÕES GERAIS E TRANSITÓRIAS

Art. 36. Para gozar da imunidade prevista no artigo 7º da Lei número 5.868, de 12 de dezembro de 1972, o proprietário de imóvel rural de área não excedente a 25 ha (vinte e cinco hectares) quando o cultive só ou com sua família, e não possua outro, declarará perante o Instituto Nacional de Colonização e Reforma Agrária – INCRA, que preenche de requisitos indispensáveis a essa imunidade.

§ 1º Poderá o INCRA, tendo em vista os elementos colhidos na Declaração de Cadastro do Imóvel Rural, deferir "ex offício" a imunidade de que trata este artigo.

§ 2º Verificada em qualquer tempo a falsidade da declaração, o proprietário ficará sujeito as cominações do parágrafo primeiro do artigo 2º da Lei nº 5.868, de 12 de dezembro de 1972.

Art. 37. Aos declarantes é facultado, em qualquer tempo, requerer alterações dos dados constantes das declarações para cadastro prestadas ao Instituto Nacional de Colonização e Reforma Agrária – INCRA.

Art. 38. Para efeito de lançamento de tributos a cargo do Instituto Nacional de Colonização e Reforma Agrária – INCRA, serão desprezadas as frações de cruzeiros.

Art. 39. Para fins de transmissão de qualquer título, divisão em partilha judicial ou amigável, divisão de condomínio nos termos dos artigos 65 da Lei nº 4.504, de 30 de novembro de 1964 e 8º da Lei número 5.868, de 12 de dezembro de 1972, nenhum imóvel rural poderá ser desmembrado ou dividido em área de tamanho inferior à prevista no artigo 8º da Lei nº 5.868, de 12 de dezembro de 1972.

Art. 40. Compete ao usufrutuário, bem como ao foreiro prestar a declaração para cadastro do imóvel rural, ficando responsável pelas informações prestadas e pelo pagamento dos tributos lançados.

Parágrafo único. É facultado ao titular do domínio direto retificar ou complementar informações que tenham sido prestadas pelo usufrutuário ou foreiro e que lhes possam ser lesivas.

Art. 41. A concessão do benefício de que trata o artigo 10 da Lei número 5.868, de 12 de dezembro de 1972, será disciplinada em Instrução Especial na forma prevista pelo artigo 43.

Art. 42. Para efeito de classificação e tributação, consideram-se, como uma unidade operacional, os imóveis rurais pertencentes ao mesmo proprietário e situados no mesmo município.

Parágrafo único. Poderão os proprietários requerer ao INCRA que a classificação e tributação, de que trata este artigo, seja feita para cada imóvel, isoladamente.

Art. 43. As normas, classificações, fichas, questionários, tabelas e demais requisitos indispensáveis à execução deste Decreto, serão elaborados pelo Instituto Nacional de Colonização e Reforma Agrária – INCRA, em Instruções Especiais, aprovado pelo Ministério da Agricultura.

Art. 44. O imóvel rural será classificado como "empresa rural", na forma do disposto no artigo 4º, item VI, e artigo 50, § 7º, da Lei número 4.504, de 30 de novembro de 1964, desde que sua exploração satisfaça as seguintes exigências:

I – Que a área utilizada nas várias explorações represente percentagem superior a 70% (setenta por cento) de sua área agricultável, equiparando-se, para esse fim, às áreas cultivadas as pastagens, as matas naturais e artificiais e as áreas ocupadas com benfeitorias;

II – Que obtenha coeficiente de condições sociais e de produtividade igual ou inferior a 1 (hum).

Art. 45. O presente Decreto entrará em vigor na data de sua publicação, revogadas as disposições em contrário.

Brasília, 18 de abril de 1973;
152º da Independência e 85º da República.
EMÍLIO G. MÉDICI (DOU. de 24.4.1973)

LEI Nº 6.634, DE 2 DE MAIO DE 1979

Dispõe sobre a Faixa de Fronteira, altera o Decreto-lei nº 1.135, de 3 de dezembro de 1970, e dá outras providências.

› *Vide Decreto 85.064/1980, que regulamenta a Lei 6.634/1979*

O PRESIDENTE DA REPÚBLICA

Faço saber que o Congresso Nacional decreta e eu sanciono a seguinte Lei:

Art. 1º É considerada área indispensável à Segurança Nacional a faixa interna de 150 Km (cento e cinquenta quilômetros) de largura, paralela à linha divisória terrestre do território nacional, que será designada como Faixa de Fronteira.

Art. 2º Salvo com o assentimento prévio do Conselho de Segurança Nacional, será vedada, na Faixa de Fronteira, a prática dos atos referentes a:

I – alienação e concessão de terras públicas, abertura de vias de transporte e instalação de meios de comunicação destinados à exploração de serviços de radiodifusão de sons ou radiodifusão de sons e imagens;

II – Construção de pontes, estradas internacionais e campos de pouso;

III – estabelecimento ou exploração de indústrias que interessem à Segurança Nacional, assim relacionadas em decreto do Poder Executivo.

IV – instalação de empresas que se dedicarem às seguintes atividades:

a) pesquisa, lavra, exploração e aproveitamento de recursos minerais, salvo aqueles de imediata aplicação na construção civil, assim classificados no Código de Mineração;

b) colonização e loteamento rurais;

V – transações com imóvel rural, que impliquem a obtenção, por estrangeiro, do domínio, da posse ou de qualquer direito real sobre o imóvel;

VI – participação, a qualquer título, de estrangeiro, pessoa natural ou jurídica, em pessoa jurídica que seja titular de direito real sobre imóvel rural;

§ 1º O assentimento prévio, a modificação ou a cassação das concessões ou autorizações serão formalizados em ato da Secretaria-Geral do Conselho de Segurança Nacional, em cada caso.

§ 2º Se o ato da Secretaria-Geral do Conselho de Segurança Nacional for denegatório ou implicar modificação ou cassação de atos anteriores, da decisão caberá recurso ao Presidente da República.

§ 3º Os pedidos de assentimento prévio serão instituídos com o parecer do órgão federal controlador da atividade, observada a legislação pertinente em cada caso.

§ 4º Excetuam-se do disposto nos incisos V e VI do *caput* deste artigo a hipótese de constituição de garantia real, inclusive a transmissão da propriedade fiduciária, em favor de pessoa jurídica nacional ou estrangeira, ou de pessoa jurídica nacional da qual participem, a qualquer título, pessoas estrangeiras físicas ou jurídicas que tenham a maioria do seu capital social e que residam ou tenham sede no exterior, bem como o recebimento de imóvel rural em liquidação de transação com pessoa jurídica nacional ou estrangeira por meio de realização de garantia real, de dação em pagamento ou de outra forma. *(Redação dada pela Lei nº 13.986, de 2020)*

Art. 3º Na faixa de Fronteira, as empresas que se dedicarem às indústrias ou atividades previstas nos itens III e IV do artigo 2º deverão, obrigatoriamente, satisfazer às seguintes condições:

I – pelo menos 51% (cinquenta e um por cento) do capital pertencer a brasileiros;

II – pelo menos 2/3 (dois terços) de trabalhadores serem brasileiros; e

III – caber a administração ou gerência a maioria de brasileiros, assegurados a estes os poderes predominantes.

Parágrafo único. No caso de pessoa física ou empresa individual, só a brasileiro será permitido o estabelecendo ou exploração das indústrias ou das atividades referidas neste artigo.

Art. 4º As autoridades, entidades e serventuários públicos exigirão prova do assentimento do Conselho de Defesa Nacional para prática de qualquer ato regulado por esta Lei, exceto quando se tratar de transferência de terras a que se refere a Lei nº 10.304, de 5 de novembro de 2001. *(Redação dada pela Lei nº 14.004, de 2020, vetado pelo Presidente da República, mantido pelo Congresso Nacional e publicado na Edição Extra A do DOU de 8/9/2020)*

Parágrafo único – Os tabeliães e Oficiais do Registro de Imóveis, bem como os servidores das Juntas Comerciais, quando não derem fiel cumprimento ao disposto neste artigo, estarão sujeitos à multa de até 10% (dez por cento) sobre o valor do negócio irregularmente realizado, independentemente das sanções civis e penais cabíveis.

Art. 5º As Juntas Comerciais não poderão arquivar ou registrar contrato social, estatuto ou ato constitutivo de sociedade, bem como suas eventuais alterações, quando contrariarem o disposto nesta Lei.

Art. 6º Os atos previstos no artigo 2º., quando praticados sem o prévio assentimento do Conselho de Segurança Nacional, serão nulos de pleno direito e sujeitarão os responsáveis à multa de até 20% (vinte por cento) do valor declarado do negócio irregularmente realizado.

Art. 7º Competirá à Secretaria-Geral do Conselho de Segurança Nacional solicitar, dos órgãos competentes, a instauração de inquérito destinado a apurar as infrações às disposições desta Lei.

Art. 8º A alienação e a concessão de terras públicas, na Faixa de Fronteira, não poderão exceder de 3000 ha (três mil hectares), sendo consideradas como uma só unidade as alienações e concessões feitas a pessoas jurídicas que tenham administradores, ou detentores da maioria do capital, comuns.

§ 1º O Presidente da República, ouvido o Conselho de Segurança Nacional e mediante prévia autorização do Senado Federal, poderá autorizar a alienação e a concessão de terras públicas acima do limite estabelecido neste artigo, desde que haja manifesto interesse para a economia regional.

§ 2º A alienação e a concessão de terrenos urbanos reger-se-ão por legislação específica.

Art. 8º-A. Fica dispensado o assentimento previsto nesta Lei quando se tratar de transferência de terras a que se refere a Lei nº 10.304, de 5 de novembro de 2001. *(Artigo acrescido pela Lei nº 14.004, de 26/5/2020, vetado pelo Presidente da República, mantido pelo Congresso Nacional e publicado na Edição Extra A do DOU de 8/9/2020)*

Art. 9º Toda vez que existir interesse para a Segurança Nacional, a união poderá concorrer com o custo, ou parte deste, para a construção de obras públicas a cargo dos Municípios total ou parcialmente abrangidos pela Faixa de Fronteira.

§ 1º *(Revogado pela Medida Provisória nº 2.216-37, de 31.8.2001)*

§ 2º Os recursos serão repassados diretamente às Prefeituras Municipais, mediante a apresentação de projetos específicos.

Art. 10. Anualmente, o Desembargador – Corregedor da Justiça Estadual, ou magistrado por ele indicado, realizará correção nos livros dos Tabeliães e Oficiais do Registro de Imóveis, nas comarcas dos respectivos Estados que possuírem municípios abrangidos pelo Faixa de Fronteira, para verificar o cumprimento desta Lei, determinando, de imediato, as providências que forem necessárias.

Parágrafo único. Nos Territórios Federais, a correção prevista neste artigo será realizada pelo Desembargador-Corregedor da Justiça do Distrito Federal e dos Territórios.

Art. 11. O § 3º do artigo 6º do Decreto-lei nº 1.135, de 3 de dezembro de 1970, passa a vigorar com a seguinte redação:

"Art. 6º [...]

[...]

§ 3º. Caberá recurso ao Presidente da República dos atos de que trata o parágrafo anterior, quando forem denegatórios ou implicarem a modificação ou cassação de atos já praticados."

Art. 12. Esta Lei entrará em vigor na data de sua publicação, revogadas a Lei nº 2.597, de 12 de setembro de 1955, e demais disposições em contrário.

Brasília, 2 de maio de 1979;
158º da Independência e 91º da República.
JOÃO B. DE FIGUEIREDO (DOU. de 3.5.1979)

DECRETO Nº 85.064, DE 26 DE AGOSTO DE 1980

Regulamenta a Lei nº 6.634, de 2 de maio de 1979, que dispõe sobre a Faixa de Fronteira.

O PRESIDENTE DA REPÚBLICA, no uso da atribuição que lhe confere o art. 81, item III, da Constituição,

DECRETA:

CAPÍTULO I – DISPOSIÇÕES PRELIMINARES

Art. 1º. Este regulamento estabelece procedimentos a serem seguidos para a prática de atos que necessitem de assentimento prévio do Conselho de Segurança Nacional (CSN), na Faixa de Fronteira, considerada área indispensável à segurança nacional e definida pela Lei nº 6.634, de 2 de maio de 1979, como a faixa interna de cento e cinquenta (150) quilômetros de largura, paralela à linha divisória terrestre do território nacional.

Art. 2º O assentimento prévio será formalizado por meio de ato da Secretaria-Executiva do Conselho de Defesa Nacional, publicado em sítio eletrônico e comunicado: *("Caput" do artigo com redação dada pelo Decreto nº 11.076, de 20/05/2022)*

I - ao órgão federal interessado; e *(Inciso acrescido pelo Decreto nº 11.076, de 20/05/2022)*

II - ao requerente, na hipótese prevista no art. 36. *(Inciso acrescido pelo Decreto nº 11.076, de 20/05/2022)*

Parágrafo único. A modificação ou a cassação do assentimento prévio também será formalizada por meio de ato da Secretaria-Executiva do Conselho, publicado na forma prevista no *caput*. *(Parágrafo único com redação dada pelo Decreto nº 11.076, de 20/05/2022)*

Art. 3º Somente serão examinados pela SG/CSN os pedidos de assentimento prévio instruídos na forma deste regulamento.

Parágrafo único. Os pedidos serão apresentados aos órgãos federais indicados neste regulamento aos quais incumbirá:

I - exigir do interessado a documentação prevista neste regulamento relativa ao objeto do pedido;

II - emitir parecer conclusivo sobre o pedido, à luz da legislação específica;

III - encaminhar o pedido à SG/CSN; e

IV - adotar, após a decisão da SG/CSN, todas as providências cabíveis, inclusive as relativas à entrega, ao requerente, da documentação expedida por aquela Secretaria-Geral.

Art. 4º Das decisões denegatórias ou que implicarem modificação ou cassação de autorizações já concedidas, caberá recurso ao Presidente da República, no prazo de cento e vinte (120) dias, contados da sua publicação no Diário Oficial da União.

§ 1º O recurso não terá efeito suspensivo salvo se o Presidente da República expressamente o determinar.

§ 2º O recurso será apresentado à SG/CSN que a submeterá, nos sessenta (60) dias seguintes ao seu recebimento, ao Presidente da República.

CAPÍTULO II – DA ALIENAÇÃO E CONCESSÃO DE TERRAS PÚBLICAS

Art. 5º Para a alienação e a concessão de terras públicas na Faixa de Fronteira, o processo terá início no instituto Nacional de Colonização e Reforma Agrária (INCRA).

Art. 6º As empresas que desejarem adquirir terras públicas na Faixa de Fronteira deverão instruir seus pedidos com a cópia do estatuto ao contrato social e respectivas alterações além de outros documentos exigidos pela legislação agrária específica.

Art. 7º Os processos para a alienação ou concessão de terras públicas na Faixa de Fronteira serão remetidos pelo INCRA à SG/CSN, com o respectivo parecer, sendo restituídos aquela autarquia após apreciados.

CAPÍTULO III – DOS SERVIÇOS DE RADIODIFUSÃO

Art. 8º Para a execução dos serviços de radiodifusão sonora e de sons e imagens na Faixa de Fronteira serão observadas as prescrições gerais da legislação específica de radiodifusão e o processo terá início no Ministério das Comunicações. *(Artigo com redação dada pelo Decreto nº 11.076, de 20/05/2022)*

Art. 9º O assentimento prévio relativo aos atos de que trata o inciso I do *caput* do art. 2º da Lei nº 6.634, de 1979, é condição para a outorga de direito à exploração de serviços de radiodifusão sonora e de sons e imagens em Município localizado total ou parcialmente na Faixa de Fronteira, observado o disposto nos § 1º e § 2º do art. 222 da Constituição. *("Caput" do artigo com redação dada pelo Decreto nº 11.076, de 20/05/2022)*

Parágrafo único. A transferência da outorga para a exploração dos serviços de que trata o *caput* dependerá de assentimento prévio na hipótese de a empresa que pretender obter a outorga possuir participação estrangeira em seu capital, sem prejuízo das demais exigências estabelecidas na legislação. *(Parágrafo único acrescido pelo Decreto nº 11.076, de 20/05/2022)*

Art. 10. As empresas titulares de outorga para exploração de serviços de radiodifusão sonora e de sons e imagens em Município localizado total ou parcialmente na Faixa de Fronteira manterão atualizadas, junto ao Ministério das Comunicações e à Junta Comercial competente, as informações empresariais relativas: *("Caput" do artigo com redação dada pelo Decreto nº 11.076, de 20/05/2022)*

I - à sua administração e gerência; *(Inciso com redação dada pelo Decreto nº 11.076, de 20/05/2022)*

II - à sua cadeia de participação societária; *(Inciso com redação dada pelo Decreto nº 11.076, de 20/05/2022)*

III - aos seus controladores diretos e indiretos; *(Inciso com redação dada pelo Decreto nº 11.076, de 20/05/2022)*

IV - às pessoas naturais consideradas beneficiárias finais, quando exigível em regulamento específico da Secretaria Especial da Receita Federal do Brasil do Ministério da Economia; e *(Inciso com redação dada pelo Decreto nº 11.076, de 20/05/2022)*

V - àqueles autorizados a representar as pessoas de que tratam os incisos I, III e IV. *(Inciso com redação dada pelo Decreto nº 11.076, de 20/05/2022)*

Parágrafo único. *(Revogado pelo Decreto nº 11.076, de 20/05/2022)*

§ 1º O Ministério das Comunicações assegurará a disponibilização das informações previstas no *caput* e da base de dados dos atos empresariais à Secretaria-Executiva do Conselho. *(Parágrafo acrescido pelo Decreto nº 11.076, de 20/05/2022)*

§ 2º A prestação de informações falsas em atendimento ao disposto no *caput* sujeitará os responsáveis às sanções penais, civis e administrativas cabíveis. *(Parágrafo acrescido pelo Decreto nº 11.076, de 20/05/2022)*

§ 3º Sem prejuízo do disposto no *caput*, a Secretaria-Executiva do Conselho poderá requisitar ao responsável as informações não obtidas de outras bases de dados disponíveis em órgãos públicos. *(Parágrafo acrescido pelo Decreto nº 11.076, de 20/05/2022)*

Arts. 11 e 12. *(Revogados pelo Decreto nº 11.076, de 20/05/2022)*

Art. 13. Às Universidades e Fundações que desejarem executar os serviços de radiodifusão na Faixa de Fronteira, serão aplicadas, no que couber, as disposições deste regulamento.

CAPÍTULO IV – DAS ATIVIDADES DE MINERAÇÃO

Art. 14. Para a execução das atividades de pesquisa, de lavra, de exploração e de aproveitamento de recursos minerais na Faixa de Fronteira, serão observadas as prescrições gerais da legislação específica de mineração e o processo terá início na Agência Nacional de Mineração - ANM. *(Artigo com redação dada pelo Decreto nº 11.076, de 20/05/2022)*

Art. 15. Entende-se por empresa de mineração, para os efeitos deste regulamento, a firma ou sociedade constituída e domiciliada no País, qualquer que seja a sua forma jurídica e entre cujos objetivos esteja o de realizar a pesquisa, lavra, exploração e aproveitamento dos recursos minerais no território nacional.

§ 1º Os componentes da firma ou sociedade a que se refere o presente artigo podem ser pessoas físicas ou jurídicas, nacionais ou estrangeiras, mas nominalmente representadas no ato, constitutivo da empresa.

§ 2º No caso de pessoa física ou empresa individual, só a brasileiro será permitido o estabelecimento ou exploração das atividades previstas neste capítulo.

§ 3º É vedada a delegação de poderes direção ou gerência a estrangeiro, ainda que por procuração outorgada pela sociedade ou empresa individual.

Art. 16. O assentimento prévio relativo aos atos de que trata a alínea "a" do inciso IV do *caput* do art. 2º da Lei nº 6.634, de 1979, é condição para a outorga de direito à execução das atividades de pesquisa, de lavra, de exploração e de aproveitamento de recursos minerais, inclusive de lavra garimpeira, na Faixa de Fronteira. *("Caput" do artigo com redação dada pelo Decreto nº 11.076, de 20/05/2022)*

I e II - *(Revogados pelo Decreto nº 11.076, de 20/05/2022)*

§ 1º O atendimento ao disposto no art. 3º da Lei nº 6.634, de 1979, é condição para o assentimento prévio de que trata o *caput*. *(Parágrafo acrescido pelo Decreto nº 11.076, de 20/05/2022)*

§ 2º Por proposta da Secretaria-Executiva do Conselho, o assentimento prévio concedido poderá abranger uma ou mais atividades previstas no *caput*. *(Parágrafo acrescido pelo Decreto nº 11.076, de 20/05/2022)*

§ 3º A cessão de direitos minerários de que trata o *caput* depende do assentimento prévio previsto no art. 2º da Lei nº 6.634, de 1979, sem prejuízo das demais exigências estabelecidas na legislação. *(Parágrafo acrescido pelo Decreto nº 11.076, de 20/05/2022)*

Art. 17. As empresas titulares de outorga de direito à execução das atividades de pesquisa, de lavra, de exploração e de aproveitamento de recursos minerais, inclusive de lavra garimpeira, na Faixa de Fronteira, deverão, sem prejuízo da obrigação prevista no *caput* do art. 81 do Decreto-Lei nº 227, de 28 de fevereiro de 1967, manter atualizadas, junto à ANM e à Junta Comercial competente, as informações empresariais relativas: *("Caput" do artigo com redação dada pelo Decreto nº 11.076, de 20/05/2022)*

I - à sua administração e gerência; *(Inciso com redação dada pelo Decreto nº 11.076, de 20/05/2022)*

II - à sua cadeia de participação societária; *(Inciso com redação dada pelo Decreto nº 11.076, de 20/05/2022)*

III - aos seus controladores diretos e indiretos; *(Inciso com redação dada pelo Decreto nº 11.076, de 20/05/2022)*

IV - às pessoas naturais consideradas beneficiárias finais, quando exigível em regulamento específico da Secretaria Especial da Receita Federal do Brasil do Ministério da Economia; e *(Inciso acrescido pelo Decreto nº 11.076, de 20/05/2022)*

V - àqueles autorizados a representar as pessoas de que tratam os incisos I, III e IV. *(Inciso acrescido pelo Decreto nº 11.076, de 20/05/2022)*

Parágrafo único. *(Revogado pelo Decreto nº 11.076, de 20/05/2022)*

§ 1º A ANM assegurará a disponibilização das informações previstas no *caput*, da base de dados dos atos empresariais e das informações de que trata o art. 81 do Decreto-Lei nº 227, de 1967, à Secretaria-Executiva do Conselho. *(Parágrafo acrescido pelo Decreto nº 11.076, de 20/05/2022)*

§ 2º A prestação de informações falsas em atendimento ao disposto no *caput* sujeitará os responsáveis às sanções penais, civis e administrativas cabíveis. *(Parágrafo acrescido pelo Decreto nº 11.076, de 20/05/2022)*

§ 3º Sem prejuízo do disposto no *caput*, a Secretaria-Executiva do Conselho poderá requisitar ao responsável as informações não obtidas de outras bases de dados disponíveis em órgãos públicos. *(Parágrafo acrescido pelo Decreto nº 11.076, de 20/05/2022)*

Arts. 18 a 21. *(Revogados pelo Decreto nº 11.076, de 20/05/2022)*

CAPÍTULO V – DA COLONIZAÇÃO E LOTEAMENTOS RURAIS

Art. 22. Para a execução das atividades de colonização e loteamentos rurais, na Faixa de Fronteira, serão observadas as prescrições gerais da legislação agrária específica e o processo terá início no Instituto Nacional de Colonização e Reforme Agrária (INCRA).

Art. 23. Entende-se por empresa particular de colonização, para os efeitos deste regulamento, as pessoas físicas ou jurídicas, estas constituídas e domiciliadas no País, que tiverem por finalidade executar programa de valorização de área ou distribuição, de terras.

§ 1º No caso de pessoa física ou empresa individual, só a brasileiro será permitido executar as atividades previstas neste artigo.

§ 2º É vedada a delegação de poderes de direção ou gerência a estrangeiro, ainda que por procuração outorgada pela sociedade ou empresa individual.

Art. 24. O assentimento prévio do CSN para a execução das atividades de colonização e loteamentos rurais, na Faixa de Fronteira, será necessário:

I - na alienação de terras públicas, para a empresa vencedora de licitação publicada no Diário Oficial da União; e

II - na alienação de terras particulares, para as empresas que as desejarem adquirir, quando da apresentação dos respectivos projetos.

Art. 25. Nas hipóteses do art. 24, as empresas deverão fazer constar de seus estatutos ou contratos sociais que: *("Caput" do artigo com redação dada pelo Decreto nº 11.076, de 20/05/2022)*

I - pelo menos 51% (cinquenta e um por cento) do capital pertencerá sempre a brasileiros; *(Inciso acrescido pelo Decreto nº 11.076, de 20/05/2022)*

II - o quadro de pessoal será sempre constituído de, pelo menos, 2/3 (dois terços) de trabalhadores brasileiros; e *(Inciso acrescido pelo Decreto nº 11.076, de 20/05/2022)*

III - a administração ou a gerência caberá sempre a maioria de brasileiros, assegurados a estes poderes predominantes. *(Inciso acrescido pelo Decreto nº 11.076, de 20/05/2022)*

§ 1º No caso de empresários individuais, as informações de que tratam os incisos II e III do *caput* deverão constar dos requerimentos de empresário. *(Parágrafo acrescido pelo Decreto nº 11.076, de 20/05/2022)*

§ 2º As empresas constituídas sob a forma de sociedade anônima deverão, ainda, fazer constar em seu estatuto social que as ações representativas do capital social revestirão sempre a forma nominativa. *(Parágrafo acrescido pelo Decreto nº 11.076, de 20/05/2022)*

Art. 26. As sociedades enquadradas no art. 24 deverão instruir seus processos com os seguintes documentos, além dos exigidos pela legislação específica: *("Caput" do artigo com redação dada pelo Decreto nº 11.076, de 20/05/2022)*

I - cópia do estatuto, do contrato social e das respectivas alterações, em que constem as cláusulas mencionadas no art. 25; *(Inciso acrescido pelo Decreto nº 11.076, de 20/05/2022)*

II - prova de nacionalidade de todos os administradores ou sócios-cotistas; *(Inciso acrescido pelo Decreto nº 11.076, de 20/05/2022)*

III - prova de todos os administradores ou sócios-cotistas estarem em dia com as suas obrigações referentes ao serviço militar; e *(Inciso acrescido pelo Decreto nº 11.076, de 20/05/2022)*

IV - prova de regularidade perante a Justiça Eleitoral de todos os administradores ou sócios-cotistas. *(Inciso acrescido pelo Decreto nº 11.076, de 20/05/2022)*

Parágrafo único. As empresas constituídas sob a forma de sociedade anônima deverão, ainda, apresentar relação nominal que contenha a nacionalidade e o número de ações de todos os acionistas. *(Parágrafo único acrescido pelo Decreto nº 11.076, de 20/05/2022)*

Art. 27. As pessoas naturais ou os empresários individuais deverão instruir seus pedidos com os seguintes documentos, além dos exigidos pela legislação específica: *("Caput" do artigo com redação dada pelo Decreto nº 11.076, de 20/05/2022)*

I - cópia do requerimento de empresário, em que constem as cláusulas mencionadas no art. 25, quando cabível; *(Inciso acrescido pelo Decreto nº 11.076, de 20/05/2022)*

II - cópia da Certidão de Nascimento ou de Casamento, conforme o caso; *(Inciso acrescido pelo Decreto nº 11.076, de 20/05/2022)*

III - prova de estarem em dia com as suas obrigações referentes ao serviço militar; e *(Inciso acrescido pelo Decreto nº 11.076, de 20/05/2022)*

IV - prova de regularidade perante a Justiça Eleitoral. *(Inciso acrescido pelo Decreto nº 11.076, de 20/05/2022)*

Art. 28. Após instruídos pelo INCRA, os processos de colonização e loteamentos rurais, na Faixa de Fronteira, serão encaminhados a SG/CSN para apreciação e posterior restituição àquela autarquia.

Parágrafo único. *(Revogado pelo Decreto nº 11.076, de 20/05/2022)*

CAPÍTULO VI – DAS TRANSAÇÕES COM IMÓVEIS RURAIS, ENVOLVENDO ESTRANGEIROS

- *Vide Lei nº 4.504, de 30 de novembro de 1964*
- *Vide Lei n. 5.709, de 7 de outubro de 1971*
- *Vide Lei n. 8.629, de 25 de fevereiro de 1993*
- *Vide Lei n. 10.406, de 19 de janeiro de 2002 (Código Civil)*
- *Vide Decreto nº 59.566, de 14 de novembro de 1966*
- *Vide Decreto 74.965, de 26 de novembro de 1974*

Art. 29. Os negócios jurídicos que, direta ou indiretamente, implicarem obtenção da posse, do domínio ou de qualquer outro direito real sobre imóvel rural situado na Faixa de Fronteira, dependerão do assentimento prévio do CSN e o processo terá início no Instituto Nacional de Colonização e Reforma Agrária (INCRA), quando adquirente de titularidade daqueles direitos:

I - pessoa física estrangeira residente no Brasil;

II - pessoa jurídica estrangeira autorizada a funcionar no País; ou

III - pessoa jurídica brasileira da qual participe, a qualquer título, detendo a maioria de seu capital social, pessoa física estrangeira aqui não residente ou pessoa jurídica estrangeira sediada no exterior.

Art. 30. As pessoas jurídicas referidas nos itens II e III do artigo anterior somente poderão obter o assentimento prévio quando o imóvel rural pretendido se destinar a implantação de projeto agrícola, pecuário, industrial ou de colonização, vinculado aos seus objetivos estatutários.

Art. 31. As pessoas físicas estrangeiras que desejarem adquirir imóvel rural, na Faixa de Fronteira, deverão instruir seus pedidos com os seguintes documentos, além dos exigidos pela legislação agrária específica:

I - cópia da Carteira de Identidade para Estrangeiro;

II - declaração do interessado, de que não está respondendo a inquérito ou ação penal, nem foi condenado pela justiça de seu País ou do Brasil;

III - prova de propriedade do imóvel pretendido, incluindo sua cadeia dominial; e

IV - cópia do Certificado de Cadastro do INCRA, referente ao exercício em vigor.

Parágrafo único. No texto do requerimento para a aquisição do imóvel rural, o interessado deverá declarar sua residência e o endereço para correspondência.

Art. 32. As pessoas jurídicas estrangeiras referidas nos itens II e III do art. 29 que desejarem adquirir imóvel rural, na Faixa de Fronteira, deverão instruir seus pedidos com os seguintes documentos, além dos exigidos pela legislação agrária específica:

I - cópia do estatuto ou contrato social da empresa;

II - autorização para a peticionária funcionar no Brasil, em se tratando de empresa estrangeira;

III - cópias dos atos de eleição da diretoria e da alteração do nome comercial da empresa, se for o caso;

IV - relação nominal, contendo a nacionalidade e número de ações dos acionistas da empresa, quando se tratar de sociedade anônima, em se tratando de empresa brasileira;

V - prova de propriedade do imóvel pretendido, incluindo sua cadeia dominial; e

VI - cópia do Certificado de Cadastro do INCRA, referente ao exercício em vigor.

Art. 33. Os processos para transação de imóveis rurais com estrangeiros, na Faixa de Fronteira, serão remetidos pelo INCRA à SG/CSN, com o respectivo parecer, sendo restituídos àquela autarquia após apreciados.

CAPÍTULO VII – DA PARTICIPAÇÃO DE ESTRANGEIROS EM PESSOA JURÍDICA BRASILEIRA

Art. 34. A participação, a qualquer título, de estrangeiro, pessoa natural ou jurídica, em pessoa jurídica brasileira que seja titular de direito real sobre imóvel rural localizado na Faixa de Fronteira, dependerá do assentimento prévio do CSN.

§ 1º São direitos reais, assim definidos no Código Civil Brasileiro, além da propriedade e da posse, a enfiteuse ou aforamento, as servidões, o usufruto, o uso, a habitação, as rendas expressamente constituídas sobre imóveis, a anticrese e a hipoteca.

§ 2º A pessoa jurídica que desrespeitar a exigência deste artigo sujeitar-se-á à dissolução, na forma da legislação pertinente.

Art. 35. Para a lavratura e o registro de escritura de alienação ou de constituição de direito real, que tiver por objeto imóvel rural situado na Faixa de Fronteira, em que o outorgado for pessoa jurídica, será indispensável verificar se dela participa, como sócio ou acionista, pessoa física ou jurídica estrangeira.

Parágrafo único. A verificação de que trata este artigo far-se-á da seguinte maneira:

I - em se tratando de sociedade anônima - à vista da relação nominal dos acionistas, contendo a nacionalidade, o número de ações com direito a voto e a soma das participações, a qual deverá coincidir com o capital declarado no estatuto social da empresa; a relação será firmada pelos diretores da empresa, responsáveis pela exação da informação, com a declaração de que foi feita de conformidade com os dados existentes no Livro de Registro de Ações da sociedade; e

II - em se tratando de sociedade de outro tipo - à vista do contrato social e de suas alterações.

Art. 36. O assentimento prévio para os atos previstos neste capítulo será dado mediante solicitação do interessado à SG/CSN.

CAPÍTULO VIII – DO AUXÍLIO FINANCEIRO AOS MUNICÍPIOS DA FAIXA DE FRONTEIRA

Art. 37. Para habilitar-se ao auxílio financeiro destinado à execução de obras públicas, previsto no art. 9º da Lei nº 6.634, de 2 de maio de 1979, os municípios total ou parcialmente localizados na Faixa de Fronteira deverão, até 31 de julho do ano anterior ao da concessão, encaminhar à SG/CSN dados sucintos sobre a obra que pretendem realizar e seu orçamento estimado.

Parágrafo único. Em casos especiais, devidamente justificados, poderá ser concedido auxílio para aquisição de máquinas e equipamentos.

Art. 38. A SG/CSN estudará os pedidos de auxílio e, a partir de 1º de setembro, informará às Prefeituras Municipais da concessão ou não do auxílio solicitado.

Art. 39. Os recursos serão repassados diretamente às Prefeituras Municipais por intermédio da agência do Banco do Brasil S.A.

Art. 40. A aplicação dos recursos está sujeita a comprovação perante o Tribunal de Contas da União, por Intermédio da SG/CSN.

§ 1º O emprego dos recursos limitar-se-á no exercício financeiro em que foram concedidos, podendo ser aproveitados no exercício imediato, como Restos a Pagar, desde que devidamente empenhados no exercício do recebimento.

§ 2º Enquanto as prestações de contas não forem apresentadas, as Prefeituras Municipais não estarão habilitadas ao recebimento de auxílios posteriores.

Art. 41. A SG/CSN baixará instruções detalhadas, visando a orientar as Prefeituras Municipais quanto à habilitação e repasse dos auxílios, aplicação dos recursos e prestação de contas.

CAPÍTULO IX – DA INSCRIÇÃO NOS ÓRGÃOS DO REGISTRO DO COMÉRCIO

Art. 42. O arquivamento de atos constitutivos de empresário individual, de sociedade empresária, de cooperativa, de associação e de fundação, e das respectivas alterações, nas Juntas Comerciais e em cartórios de registro de pessoas jurídicas não dependerá do assentimento prévio de que trata o art. 2º da Lei nº 6.634, de 1979. *("Caput" do artigo com redação dada pelo Decreto nº 11.076, de 20/05/2022)*

I e II - *(Revogados pelo Decreto nº 11.076, de 20/05/2022)*

Parágrafo único. Para fins do disposto no art. 5º da Lei nº 6.634, de 1979, as Juntas Comerciais dos Estados e do Distrito Federal, ao realizarem o arquivamento de alterações de contrato social ou de estatutos de empresas que impliquem a modificação da composição do capital societário ou de seu controle, deverão solicitar as seguintes declarações:

I - na hipótese de empresa de radiodifusão sonora ou de sons e imagens:

a) de se possui outorga para a exploração de serviços de radiodifusão sonora ou de sons e imagens; e

b) de que atende aos limites percentuais de participação estrangeira estabelecidos no § 1º do art. 222 da Constituição, na hipótese de existência da outorga de que trata a alínea "a";

II - na hipótese de empresa de mineração:

a) de se possui outorga para a exploração das atividades de pesquisa, de lavra, de exploração e de aproveitamento de recursos minerais, inclusive de lavra garimpeira, na Faixa de Fronteira; e

b) de que atende às condições estabelecidas no art. 3º da Lei nº 6.634, de 1979, na hipótese de existência da outorga de que trata a alínea "a"; ou

III - na hipótese de empresa de colonização e loteamento rural:

a) de se possui certificado de registro do projeto de colonização ou loteamento rural na Faixa de Fronteira; e

b) de que atende às condições estabelecidas no art. 3º da Lei nº 6.634, de 1979, na hipótese de existência do certificado de que trata a alínea "a". *(Parágrafo único acrescido pelo Decreto nº 11.076, de 20/05/2022)*

Art. 42-A. Na hipótese de o Ministério das Comunicações, a ANM ou o INCRA verificar o exercício das atividades referidas nos art. 9º, art. 16 ou art. 24 em desacordo com as normas estabelecidas neste Decreto e após manifestação da Secretaria-Executiva do Conselho, o órgão informará a contrariedade ao Departamento Nacional de Registro Empresarial e Integração da Secretaria de Inovação e Micro e Pequenas Empresas da Secretaria Especial de Produtividade e Competitividade do Ministério da Economia e solicitará o encaminhamento, à Junta Comercial competente, de determinação de bloqueio pelo prazo em que vigorar a irregularidade.

Parágrafo único. Retomada a regularidade, o Ministério das Comunicações, a ANM ou o INCRA, conforme o caso, após manifestação da Secretaria-Executiva do Conselho, encaminhará solicitação de desbloqueio ao Departamento Nacional de Registro Empresarial e Integração da Secretaria de Inovação e Micro e Pequenas Empresas da Secretaria Especial de Produtividade e Competitividade do Ministério da Economia, para ciência e atendimento pela Junta Comercial competente. *(Artigo acrescido pelo Decreto nº 11.076, de 20/05/2022)*

Arts. 43 e 44. *(Revogados pelo Decreto nº 11.076, de 20/05/2022)*

CAPÍTULO X – DISPOSIÇÕES GERAIS

Art. 45. As entidades da administração indireta, da União, dos Estados e dos Municípios, aplicam-se, no que couber, as disposições deste regulamento, não lhes sendo exigível, porém, que adotem para suas ações a forma nominativa.

Art. 46. Os Cartórios de Notas e de Registro de Imóveis exigirão prova do assentimento prévio do CSN para as transações com imóveis rurais, envolvendo estrangeiros, de que trata o Capítulo VI e obedecidas as prescrições da legislação que regula a aquisição de imóvel rural por estrangeiro residente no País ou pessoa jurídica estrangeira autorizada a funcionar no Brasil.

Art. 47. Trimestralmente, os Cartórios de Registro de Imóveis remeterão à Corregedoria da Justiça Estadual a que estiverem subordinados ou à Corregedoria da Justiça do Distrito Federal e dos Territórios, à repartição estadual do INCRA e à SG/CSN, relação das aquisições de imóveis rurais por pessoas físicas ou jurídicas estrangeiras, situados na Faixa de Fronteira, do qual constarão os seguintes dados:

I - menção do documento de identidade das partes contratantes ou dos respectivos atos constitutivos, se pessoas jurídicas;

II - memorial descritivo do imóvel, com área, características, limites e confrontações; e

III - transcrição da autorização do órgão competente.

Art. 48. A SG/CSN solicitará, das autoridades e órgãos competentes, a instauração de inquérito destinado a apurar as infrações ao disposto neste regulamento.

Art. 49. Os atos previstos neste regulamento, se praticados sem o assentimento prévio do CSN, serão nulos de pleno direito e sujeitarão os responsáveis à multa de até vinte por cento (20%) do valor declarado do negócio irregularmente realizado.

Art. 49-A. A Secretaria-Executiva do Conselho poderá utilizar plataforma eletrônica de dados e informações para suporte e condução de processo decisório relativo a assuntos de competência do referido Conselho. *(Artigo acrescido pelo Decreto nº 11.076, de 20/05/2022)*

Art. 49-B. Os registros dos atos constitutivos e de suas alterações deverão ser informados pela Junta Comercial à Secretaria-Executiva do Conselho, por meio da Rede Nacional para a Simplificação do Registro e da Legalização de Empresas e Negócios - Redesim. *(Artigo acrescido pelo Decreto nº 11.076, de 20/05/2022)*

Art. 50. Este Decreto entra em vigor na data de sua publicação, revogadas as disposições em contrário.

Brasília, 26 de agosto de 1980;
159º da Independência e 92º da República.

JOÃO FIGUEIREDO
(DOU de 27.8.1980)

LEI Nº 8.629, DE 25 DE FEVEREIRO DE 1993

Dispõe sobre a regulamentação dos dispositivos constitucionais relativos à reforma agrária, previstos no Capítulo III, Título VII, da Constituição Federal.

- *Vide Lei 4.947/1966 (Fixa Normas de Direito Agrário, dispõe sobre o Sistema de Organização e Funcionamento do Instituto Brasileiro de Reforma Agrária)*
- *Art. 290-A, IV, Lei n. 6.015/1973 (Registros Públicos)*
- *Vide Decreto 9.311/2018, que regulamenta a Lei 8.629/1993*
- *Vide Decreto 11.995/2024 (Programa Terra da Gente)*

O PRESIDENTE DA REPÚBLICA

Faço saber que o Congresso Nacional decreta e eu sanciono a seguinte lei:

Art. 1º Esta lei regulamenta e disciplina disposições relativas à reforma agrária, previstas no Capítulo III, Título VII, da Constituição Federal.

Art. 2º A propriedade rural que não cumprir a função social prevista no art. 9º é passível de desapropriação, nos termos desta lei, respeitados os dispositivos constitucionais.

§ 1º Compete à União desapropriar por interesse social, para fins de reforma agrária, o imóvel rural que não esteja cumprindo sua função social.

§ 2º Para os fins deste artigo, fica a União, através do órgão federal competente, autorizada a ingressar no imóvel de propriedade particular para levantamento de dados e informações, mediante prévia comunicação escrita ao proprietário, preposto ou seu representante. *(Redação dada pela Medida Provisória nº 2.183-56, de 2001)*

§ 3º Na ausência do proprietário, do preposto ou do representante, a comunicação será feita mediante edital, a ser publicado, por três vezes consecutivas, em jornal de grande circulação na capital do Estado de localização do imóvel. *(Incluído pela Medida Provisória nº 2.183-56, de 2001)*

§ 4º Não será considerada, para os fins desta Lei, qualquer modificação, quanto ao domínio, à dimensão e às condições de uso do imóvel, introduzida ou ocorrida até seis meses após a data da comunicação para levantamento de dados e informações de que tratam os §§ 2º e 3º. *(Incluído pela Medida Provisória nº 2.183-56, de 2001)*

§ 5º No caso de fiscalização decorrente do exercício de poder de polícia, será dispensada a comunicação de que tratam os §§ 2º e 3º. *(Incluído pela Medida Provisória nº 2.183-56, de 2001)*

§ 6º O imóvel rural de domínio público ou particular objeto de esbulho possessório ou invasão motivada por conflito agrário ou fundiário de caráter coletivo não será vistoriado, avaliado ou desapropriado nos dois anos seguintes à sua desocupação, ou no dobro desse prazo, em caso de reincidência; e deverá ser apurada a responsabilidade civil e administrativa de quem concorra com qualquer ato omissivo ou comissivo que propicie o descumprimento dessas vedações. *(Incluído pela Medida Provisória nº 2.183-56, de 2001)*

§ 7º Será excluído do Programa de Reforma Agrária do Governo Federal quem, já estando beneficiado com lote em Projeto de Assentamento, ou sendo pretendente desse benefício na condição de inscrito em processo de cadastramento e seleção de candidatos ao acesso à terra, for efetivamente identificado como participante direto ou indireto em conflito fundiário que se caracterize por invasão ou esbulho de imóvel rural de domínio público ou privado em fase de processo administrativo de vistoria ou avaliação para fins de reforma agrária, ou que esteja sendo objeto de processo judicial de desapropriação em vias de imissão de posse ao ente expropriante; e bem assim quem for efetivamente identificado como participante de invasão de prédio público, de atos de ameaça, seqüestro ou manutenção de servidores públicos e outros cidadãos em cárcere privado, ou de quaisquer outros atos de violência real ou pessoal praticados em tais situações. *(Incluído pela Medida Provisória nº 2.183-56, de 2001)*

§ 8º A entidade, a organização, a pessoa jurídica, o movimento ou a sociedade de fato que, de qualquer forma, direta ou indiretamente, auxiliar, colaborar, incentivar, incitar, induzir ou participar de invasão de imóveis rurais ou de bens públicos, ou em conflito agrário ou fundiário de caráter coletivo, não receberá, a qualquer título, recursos públicos. *(Incluído pela Medida Provisória nº 2.183-56, de 2001)*

§ 9º Se, na hipótese do § 8º, a transferência ou repasse dos recursos públicos já tiverem sido autorizados, assistirá ao Poder Público o direito de retenção, bem assim o de rescisão do contrato, convênio ou instrumento similar. *(Incluído pela Medida Provisória nº 2.183-56, de 2001)*

Art. 2º-A. Na hipótese de fraude ou simulação de esbulho ou invasão, por parte do proprietário ou legítimo possuidor do imóvel, para os fins dos §§ 6º e 7º do art. 2º, o órgão executor do Programa Nacional de Reforma Agrária aplicará pena administrativa de R$ 55.000,00 (cinquenta e cinco mil reais) a R$ 535.000,00 (quinhentos e trinta e cinco mil reais) e o cancelamento do cadastro do imóvel no Sistema Nacional de Cadastro Rural, sem prejuízo das demais sanções penais e civis cabíveis. *(Incluído pela Medida Provisória nº 2.183-56, de 2001)*

Parágrafo único. Os valores a que se refere este artigo serão atualizados, a partir de maio de 2000, no dia 1º de janeiro de cada ano, com base na variação acumulada do Índice Geral de Preços - Disponibilidade Interna - IGP-DI, da Fundação Getúlio Vargas, no respectivo período. *(Incluído pela Medida Provisória nº 2.183-56, de 2001)*

Art. 3º (Vetado)

§ 1º (Vetado)

§ 2º (Vetado)

Art. 4º Para os efeitos desta lei, conceituam-se:

I- Imóvel Rural - o prédio rústico de área contínua, qualquer que seja a sua localização, que se destine ou possa se destinar à exploração agrícola, pecuária, extrativa vegetal, florestal ou agro-industrial;

II - Pequena Propriedade - o imóvel rural:

a) de área até quatro módulos fiscais, respeitada a fração mínima de parcelamento; *(Redação dada pela Lei nº 13.465, de 2017)*

b) (Vetado)

c) (Vetado)

III - Média Propriedade - o imóvel rural:

a) de área superior a 4 (quatro) e até 15 (quinze) módulos fiscais;

b) (Vetado)

§ 1º São insuscetíveis de desapropriação para fins de reforma agrária a pequena e a média propriedade rural, desde que o seu proprietário não possua outra propriedade rural. *(Redação dada pela nº Lei nº 13.465, de 2017)*

§ 2º É obrigatória a manutenção no Sistema Nacional de Cadastro Rural (SNCR) de informações específicas sobre imóveis rurais com área de até um módulo fiscal. *(Incluído pela Lei nº 13.465, de 2017)*

Art. 5º A desapropriação por interesse social, aplicável ao imóvel rural que não cumpra sua função social, importa prévia e justa indenização em títulos da dívida agrária.

§ 1º As benfeitorias úteis e necessárias serão indenizadas em dinheiro.

§ 2º O decreto que declarar o imóvel como de interesse social, para fins de reforma agrária, autoriza a União a propor ação de desapropriação.

§ 3º Os títulos da dívida agrária, que conterão cláusula assecuratória de preservação de seu valor real, serão resgatáveis a partir do segundo ano de sua emissão, em percentual proporcional ao prazo, observados os seguintes critérios:

I - do segundo ao décimo quinto ano, quando emitidos para indenização de imóvel com área de até setenta módulos fiscais; *(Redação dada pela Medida Provisória nº 2.183-56, de 2001)*

II - do segundo ao décimo oitavo ano, quando emitidos para indenização de imóvel com área acima de setenta e até cento e cinquenta módulos fiscais; e *(Redação dada pela Medida Provisória nº 2.183-56, de 2001)*

III - do segundo ao vigésimo ano, quando emitidos para indenização de imóvel com área superior a cento e cinquenta módulos fiscais. *(Redação dada pela Medida Provisória nº 2.183-56, de 2001)*

§ 4º Na hipótese de acordo administrativo ou acordo realizado no âmbito do procedimento previsto na Lei Complementar nº 76, de 6 de julho de 1993, o pagamento será efetuado de forma escalonada em Títulos da Dívida Agrária (TDA), resgatáveis em parcelas anuais, iguais e sucessivas, a partir do segundo ano de sua emissão, observadas as seguintes condições: *(Redação dada pela nº Lei nº 13.465, de 2017)*

I - imóveis com área de até três mil hectares, no prazo de cinco anos; *(Incluído pela Medida Provisória nº 2.183-56, de 2001)*

II - imóveis com área superior a três mil hectares: *(Incluído pela Medida Provisória nº 2.183-56, de 2001)*

a) o valor relativo aos primeiros três mil hectares, no prazo de cinco anos; *(Incluído pela Medida Provisória nº 2.183-56, de 2001)*

b) o valor relativo à área superior a três mil e até dez mil hectares, em dez anos; *(Incluído pela Medida Provisória nº 2.183-56, de 2001)*

c) o valor relativo à área superior a dez mil hectares até quinze mil hectares, em quinze anos; e *(Incluído pela Medida Provisória nº 2.183-56, de 2001)*

d) o valor da área que exceder quinze mil hectares, em vinte anos. *(Incluído pela Medida Provisória nº 2.183-56, de 2001)*

§ 5º Os prazos previstos no § 4º, quando iguais ou superiores a dez anos, poderão ser reduzidos em cinco anos, desde que o proprietário concorde em receber o pagamento do valor das benfeitorias úteis e necessárias integralmente em TDA. *(Incluído pela Medida Provisória nº 2.183-56, de 2001)*

§ 6º Aceito pelo proprietário o pagamento das benfeitorias úteis e necessárias em

TDA, os prazos de resgates dos respectivos títulos serão fixados mantendo-se a mesma proporcionalidade estabelecida para aqueles relativos ao valor da terra e suas acessões naturais. *(Incluído pela Medida Provisória nº 2.183-56, de 2001)*

§ 7º Na aquisição por compra e venda ou na arrematação judicial de imóveis rurais destinados à implementação de projetos integrantes do Programa Nacional de Reforma Agrária, o pagamento poderá ser feito em dinheiro, na forma estabelecida em regulamento. *(Incluído pela Lei nº 13.465, de 2017)*

§ 8º Na hipótese de decisão judicial transitada em julgado fixar a indenização da terra nua ou das benfeitorias indenizáveis em valor superior ao ofertado pelo expropriante, corrigido monetariamente, a diferença será paga na forma do art. 100 da Constituição Federal. *(Incluído pela nº Lei nº 13.465, de 2017)*

§ 9º Se houver imissão prévia na posse e, posteriormente, for verificada divergência entre o preço ofertado em juízo e o valor do bem fixado na sentença definitiva, expressos em termos reais, sobre a diferença eventualmente apurada incidirão juros compensatórios a contar da imissão de posse, em percentual correspondente ao fixado para os títulos da dívida agrária depositados como oferta inicial para a terra nua, vedado o cálculo de juros compostos. *(Incluído pela Lei nº 13.465, de 2017)*

Art. 6º Considera-se propriedade produtiva aquela que, explorada econômica e racionalmente, atinge, simultaneamente, graus de utilização da terra e de eficiência na exploração, segundo índices fixados pelo órgão federal competente.

§ 1º O grau de utilização da terra, para efeito do *caput* deste artigo, deverá ser igual ou superior a 80% (oitenta por cento), calculado pela relação percentual entre a área efetivamente utilizada e a área aproveitável total do imóvel.

§ 2º O grau de eficiência na exploração da terra deverá ser igual ou superior a 100% (cem por cento), e será obtido de acordo com a seguinte sistemática:

I - para os produtos vegetais, divide-se a quantidade colhida de cada produto pelos respectivos índices de rendimento estabelecidos pelo órgão competente do Poder Executivo, para cada Microrregião Homogênea;

II - para a exploração pecuária, divide-se o número total de Unidades Animais (UA) do rebanho, pelo índice de lotação estabelecido pelo órgão competente do Poder Executivo, para cada Microrregião Homogênea;

III - a soma dos resultados obtidos na forma dos incisos I e II deste artigo, dividida pela área efetivamente utilizada e multiplicada por 100 (cem), determina o grau de eficiência na exploração.

§ 3º Considera-se efetivamente utilizadas:

I - as áreas plantadas com produtos vegetais;

II - as áreas de pastagens nativas e plantadas, observado o índice de lotação por zona de pecuária, fixado pelo Poder Executivo;

III - as áreas de exploração extrativa vegetal ou florestal, observados os índices de rendimento estabelecidos pelo órgão competente do Poder Executivo, para cada Microrregião Homogênea, e a legislação ambiental;

IV - as áreas de exploração de florestas nativas, de acordo com plano de exploração e nas condições estabelecidas pelo órgão federal competente;

V - as áreas sob processos técnicos de formação ou recuperação de pastagens ou de culturas permanentes, tecnicamente conduzidas e devidamente comprovadas, mediante documentação e Anotação de Responsabilidade Técnica. *(Redação dada pela Medida Provisória nº 2.183-56, de 2001)*

§ 4º No caso de consórcio ou intercalação de culturas, considera-se efetivamente utilizada a área total do consórcio ou intercalação.

§ 5º No caso de mais de um cultivo no ano, com um ou mais produtos, no mesmo espaço, considera-se efetivamente utilizada a maior área usada no ano considerado.

§ 6º Para os produtos que não tenham índices de rendimentos fixados, adotar-se-á a área utilizada com esses produtos, com resultado do cálculo previsto no inciso I do § 2º deste artigo.

§ 7º Não perderá a qualificação de propriedade produtiva o imóvel que, por razões de força maior, caso fortuito ou de renovação de pastagens tecnicamente conduzida, devidamente comprovados pelo órgão competente, deixar de apresentar, no ano respectivo, os graus de eficiência na exploração, exigidos para a espécie.

§ 8º São garantidos os incentivos fiscais referentes ao Imposto Territorial Rural relacionados com os graus de utilização e de eficiência na exploração, conforme o disposto no art. 49 da Lei nº 4.504, de 30 de novembro de 1964.

§ 9º Os laudos que indiquem o grau de utilização da terra e o grau de eficiência na exploração produzidos há mais de 5 (cinco) anos deverão, a pedido do proprietário, ser atualizados de acordo com as condições atuais da propriedade. *(Vetado pelo Presidente da República na Lei nº 14.757, de 2023, mantido pelo Congresso Nacional e publicado no DOU de 13/6/2024)*

Art. 7º Não será passível de desapropriação, para fins de reforma agrária, o imóvel que comprove estar sendo objeto de implantação de projeto técnico que atenda aos seguintes requisitos:

I - seja elaborado por profissional legalmente habilitado e identificado;

II - esteja cumprindo o cronograma físico-financeiro originalmente previsto, não admitidas prorrogações dos prazos;

III - preveja que, no mínimo, 80% (oitenta por cento) da área total aproveitável do imóvel seja efetivamente utilizada em, no máximo, 3 (três) anos para as culturas anuais e 5 (cinco) anos para as culturas permanentes;

IV - haja sido aprovado pelo órgão federal competente, na forma estabelecida em regulamento, no mínimo seis meses antes da comunicação de que tratam os §§ 2º e 3º do art. 2º. *(Redação dada pela Medida Provisória nº 2.183-56, de 2001)*

Parágrafo único. Os prazos previstos no inciso III deste artigo poderão ser prorrogados em até 50% (cinquenta por cento), desde que o projeto receba, anualmente, a aprovação do órgão competente para fiscalização e tenha sua implantação iniciada no prazo de 6 (seis) meses, contado de sua aprovação.

Art. 8º Ter-se-á como racional e adequado o aproveitamento de imóvel rural, quando esteja oficialmente destinado à execução de atividades de pesquisa e experimentação que objetivem o avanço tecnológico da agricultura.

Parágrafo único. Para os fins deste artigo só serão consideradas as propriedades que tenham destinados às atividades de pesquisa, no mínimo, 80% (oitenta por cento) da área total aproveitável do imóvel, sendo consubstanciadas tais atividades em projeto:

I - adotado pelo Poder Público, se pertencente a entidade de administração direta ou indireta, ou a empresa sob seu controle;

II - aprovado pelo Poder Público, se particular o imóvel.

Art. 9º A função social é cumprida quando a propriedade rural atende, simultaneamente, segundo graus e critérios estabelecidos nesta lei, os seguintes requisitos:

I - aproveitamento racional e adequado;

II - utilização adequada dos recursos naturais disponíveis e preservação do meio ambiente;

III - observância das disposições que regulam as relações de trabalho;

IV - exploração que favoreça o bem-estar dos proprietários e dos trabalhadores.

§ 1º Considera-se racional e adequado o aproveitamento que atinja os graus de utilização da terra e de eficiência na exploração especificados nos §§ 1º a 7º do art. 6º desta lei.

§ 2º Considera-se adequada a utilização dos recursos naturais disponíveis quando a exploração se faz respeitando a vocação natural da terra, de modo a manter o potencial produtivo da propriedade.

§ 3º Considera-se preservação do meio ambiente a manutenção das características próprias do meio natural e da qualidade dos recursos ambientais, na medida adequada à manutenção do equilíbrio ecológico da propriedade e da saúde e qualidade de vida das comunidades vizinhas.

§ 4º A observância das disposições que regulam as relações de trabalho implica tanto o respeito às leis trabalhistas e aos contratos coletivos de trabalho, como às disposições que disciplinam os contratos de arrendamento e parceria rurais.

§ 5º A exploração que favorece o bem-estar dos proprietários e trabalhadores rurais é a que objetiva o atendimento das necessidades básicas dos que trabalham a terra, observa as normas de segurança do trabalho e não provoca conflitos e tensões sociais no imóvel.

§ 6º (Vetado.)

Art. 10. Para efeito do que dispõe esta lei, consideram-se não aproveitáveis:

I - as áreas ocupadas por construções e instalações, excetuadas aquelas destinadas a fins produtivos, como estufas, viveiros, sementeiros, tanques de reprodução e criação de peixes e outros semelhantes;

II - as áreas comprovadamente imprestáveis para qualquer tipo de exploração agrícola, pecuária, florestal ou extrativa vegetal;

III - as áreas sob efetiva exploração mineral;

IV - as áreas de efetiva preservação permanente e demais áreas protegidas por legislação relativa à conservação dos recursos naturais e à preservação do meio ambiente.

V - as áreas com remanescentes de vegetação nativa efetivamente conservada não protegidas pela legislação ambiental e não submetidas a exploração nos termos do inciso IV do § 3º do art. 6º desta Lei. *(Incluído pela Lei nº 14.119, de 2021)*

Art. 11. Os parâmetros, índices e indicadores que informam o conceito de produtividade serão ajustados, periodicamente, de modo a levar em conta o progresso científico e tecnológico da agricultura e o desenvolvimento regional, pelos Ministros de Estado do Desenvolvimento Agrário e da Agricultura e do Abastecimento, ouvido o Conselho Nacional de Política Agrícola. *(Redação dada Medida Provisória nº 2.183-56, de 2001)*

Art. 12. Considera-se justa a indenização que reflita o preço atual de mercado do imóvel em sua totalidade, aí incluídas as terras e acessões naturais, matas e florestas e as benfeitorias indenizáveis, observados os seguintes aspectos: *(Redação dada Medida Provisória nº 2.183-56, de 2001)*

I - localização do imóvel; *(Incluído dada Medida Provisória nº 2.183-56, de 2001)*

II - aptidão agrícola; *(Incluído dada Medida Provisória nº 2.183-56, de 2001)*

III - dimensão do imóvel; *(Incluído dada Medida Provisória nº 2.183-56, de 2001)*

IV - área ocupada e ancianidade das posses; *(Incluído dada Medida Provisória nº 2.183-56, de 2001)*

V - funcionalidade, tempo de uso e estado de conservação das benfeitorias. *(Incluído dada Medida Provisória nº 2.183-56, de 2001)*

§ 1º Verificado o preço atual de mercado da totalidade do imóvel, proceder-se-á à dedução do valor das benfeitorias indenizáveis a serem pagas em dinheiro, obtendo-se o preço da terra a ser indenizado em TDA. *(Redação dada Medida Provisória nº 2.183-56, de 2001)*

§ 2º Integram o preço da terra as florestas naturais, matas nativas e qualquer outro tipo de vegetação natural, não podendo o preço apurado superar, em qualquer hipótese, o preço de mercado do imóvel. *(Redação dada Medida Provisória nº 2.183-56, de 2001)*

§ 3º O Laudo de Avaliação será subscrito por Engenheiro Agrônomo com registro de Anotação de Responsabilidade Técnica - ART, respondendo o subscritor, civil, penal e administrativamente, pela superavaliação comprovada ou fraude na identificação das informações. *(Incluído dada Medida Provisória nº 2.183-56, de 2001)*

Art. 13. As terras rurais de domínio da União, dos Estados e dos Municípios ficam destinadas, preferencialmente, à execução de planos de reforma agrária.

Parágrafo único. Excetuando-se as reservas indígenas e os parques, somente se admitirá a existência de imóveis rurais de propriedade pública, com objetivos diversos dos previstos neste artigo, se o poder público os explorar direta ou indiretamente para pesquisa, experimentação, demonstração e fomento de atividades relativas ao desenvolvimento da agricultura, pecuária, preservação ecológica, áreas de segurança, treinamento militar, educação de todo tipo, readequação social e defesa nacional.

Arts. 14 e 15. (Vetados)

Art. 16. Efetuada a desapropriação, o órgão expropriante, dentro do prazo de 3 (três) anos, contados da data de registro do título translativo de domínio, destinará a respectiva área aos beneficiários da reforma agrária, admitindo-se, para tanto, formas de exploração individual, condominial, cooperativa, associativa ou mista.

Art. 17. O assentamento de trabalhadores rurais deverá ser realizado em terras economicamente úteis, de preferência na região por eles habitada, observado o seguinte: *(Redação dada pela Medida Provisória nº 2.183-56, de 2001)*

I - a obtenção de terras rurais destinadas à implantação de projetos de assentamento integrantes do programa de reforma agrária será precedida de estudo sobre a viabilidade econômica e a potencialidade de uso dos recursos naturais; *(Incluído pela Medida Provisória nº 2.183-56, de 2001)*

II - os beneficiários dos projetos de que trata o inciso I manifestarão sua concordância com as condições de obtenção das terras destinadas à implantação dos projetos de assentamento, inclusive quanto ao preço a ser pago pelo órgão federal executor do programa de reforma agrária e com relação aos recursos naturais; *(Incluído pela Medida Provisória nº 2.183-56, de 2001)*

III - nos projetos criados será elaborado Plano de Desenvolvimento de Assentamento - PDA, que orientará a fixação de normas técnicas para a sua implantação e os respectivos investimentos; *(Incluído pela Medida Provisória nº 2.183-56, de 2001)*

IV - integrarão a clientela de trabalhadores rurais, para fins de assentamento em projetos de reforma agrária, somente aqueles que satisfizerem os requisitos fixados para seleção e classificação previstos nesta Lei; e *(Redação dada pela Lei nº 13.465, de 2017)*

V - a consolidação dos projetos de assentamento integrantes dos programas de reforma agrária dar-se-á com a concessão de créditos de instalação e a conclusão dos investimentos, bem como com a outorga do instrumento definitivo de titulação. *(Incluído pela Medida Provisória nº 2.183-56, de 2001) (Vide Lei nº 13.001, de 2014)*

§ 1º Para a consolidação dos projetos de que trata o inciso V do *caput*, é o Poder Executivo autorizado a conceder créditos de instalação aos assentados, nos termos do regulamento. *(Incluído pela Lei nº 13.001, de 2014)*

§ 2º Para a consolidação dos projetos de que trata o inciso V do *caput*, fica o Poder Executivo autorizado a conceder créditos de instalação aos assentados, nos termos do regulamento. *(Incluído pela Lei nº 13.001, de 2014)*

§ 3º Poderá ser contratada instituição financeira federal para a operacionalização da concessão referida no inciso V do *caput*, dispensada a licitação. *(Incluído pela Lei nº 13.001, de 2014)*

§ 4º As despesas relativas à concessão de crédito de que trata o inciso V do *caput* adequar-se-ão às disponibilidades orçamentárias e financeiras do órgão responsável pela execução do referido programa. *(Incluído pela Lei nº 13.001, de 2014)*

§ 5º O regulamento a que se refere o § 2º estabelecerá prazos, carências, termos, condições, rebates para liquidação e procedimentos simplificados para o cumprimento do disposto neste artigo. *(Incluído pela Lei nº 13.001, de 2014)*

§ 6º Independentemente da implementação dos requisitos exigidos no inciso V do *caput* deste artigo, considera-se consolidado o projeto de assentamento que atingir o prazo de quinze anos de sua implantação, salvo por decisão fundamentada do Incra. *(Incluído pela Lei nº 13.465, de 2017)*

§ 7º Os assentamentos que, em 1º de junho de 2017, contarem com quinze anos ou mais de criação, deverão ser consolidados em até três anos. *(Incluído pela Lei nº 13.465, de 2017)*

§ 8º A quitação dos créditos de que trata o § 2º deste artigo não é requisito para a liberação das condições resolutivas do título de domínio ou da Concessão de Direito Real de Uso (CDRU), autorizada a cobrança da dívida na forma legal. *(Incluído pela Lei nº 13.465, de 2017)*

Art. 18. A distribuição de imóveis rurais pela reforma agrária far-se-á por meio de títulos de domínio, concessão de uso ou concessão de direito real de uso - CDRU instituído pelo art. 7º do Decreto-Lei nº 271, de 28 de fevereiro de 1967. *(Incluído pela Lei nº 13.001, de 2014)*

§ 1º Os títulos de domínio e a CDRU são inegociáveis pelo prazo de dez anos, contado da data de celebração do contrato de concessão de uso ou de outro instrumento equivalente, observado o disposto nesta Lei. *(Redação dada pela Lei nº 13.465, de 2017)*

§ 2º Na implantação do projeto de assentamento, será celebrado com o beneficiário do programa de reforma agrária contrato de concessão de uso, gratuito, inegociável, de forma individual ou coletiva, que conterá cláusulas resolutivas, estipulando-se os direitos e as obrigações da entidade concedente e dos concessionários, assegurando-se a estes o direito de adquirir título de domínio ou a CDRU nos termos desta Lei. *(Redação dada pela Lei nº 13.001, de 2014)*

§ 3º O título de domínio e a CDRU conterão cláusulas resolutivas e será outorgado ao beneficiário do programa de reforma agrária, de forma individual ou coletiva, após a realização dos serviços de medição e demarcação topográfica do imóvel a ser alienado. *(Redação dada pela Lei nº 13.001, de 2014)*

§ 4º Regulamento disporá sobre as condições e a forma de outorga dos títulos de domínio e da CDRU aos beneficiários dos projetos de assentamento do Programa

Nacional de Reforma Agrária. *(Redação dada pela Lei nº 13.465, de 2017)*

§ 5º O valor da alienação, na hipótese de outorga de título de domínio, considerará o tamanho da área e será estabelecido entre 10% (dez por cento) e 50% (cinquenta por cento) do valor mínimo da pauta de valores da terra nua para fins de titulação e regularização fundiária elaborada pelo Incra, com base nos valores de imóveis avaliados para a reforma agrária, conforme regulamento. *(Redação dada pela Lei nº 13.465, de 2017)*

§ 6º As condições de pagamento, carência e encargos financeiros serão definidas em regulamento, não podendo ser superiores às condições estabelecidas para os financiamentos concedidos ao amparo da Lei Complementar nº 93, de 4 de fevereiro de 1998, e alcançarão os títulos de domínio cujos prazos de carência ainda não expiraram. *(Redação dada pela Lei nº 13.001, de 2014)*

§ 7º A alienação de lotes de até 1 (um) módulo fiscal, em projetos de assentamento criados em terras devolutas discriminadas e registradas em nome do Incra ou da União, ocorrerá de forma gratuita. *(Redação dada pela Lei nº 13.001, de 2014)*

§ 8º São considerados não reembolsáveis: *(Incluído pela Lei nº 13.001, de 2014)*

I - os valores relativos às obras de infraestrutura de interesse coletivo; *(Incluído pela Lei nº 13.001, de 2014)*

II - aos custos despendidos com o plano de desenvolvimento do assentamento; e *(Incluído pela Lei nº 13.001, de 2014)*

III - aos serviços de medição e demarcação topográficos. *(Incluído pela Lei nº 13.001, de 2014)*

§ 9º O título de domínio ou a CDRU de que trata o *caput* poderão ser concedidos aos beneficiários com o cumprimento das obrigações estabelecidas com fundamento no inciso V do art. 17 desta Lei e no regulamento. *(Incluído pela Lei nº 13.001, de 2014)*

§ 10. Falecendo qualquer dos concessionários do contrato de concessão de uso ou de CDRU, seus herdeiros ou legatários receberão o imóvel, cuja transferência será processada administrativamente, não podendo fracioná-lo. *(Incluído pela Lei nº 13.001, de 2014)*

§ 11. Os herdeiros ou legatários que adquirirem, por sucessão, a posse do imóvel não poderão fracioná-lo. *(Incluído pela Lei nº 13.001, de 2014)*

§ 12. O órgão federal executor do programa de reforma agrária manterá atualizado o cadastro de áreas desapropriadas e das adquiridas por outros meios e de beneficiários da reforma agrária e disponibilizará os dados na rede mundial de computadores. *(Incluído pela Lei nº 13.001, de 2014)*

§ 13. Os títulos de domínio, a concessão de uso ou a CDRU a que se refere o *caput* deste artigo serão conferidos ao homem, na ausência de cônjuge ou companheira, à mulher, na ausência de cônjuge ou companheiro, ou ao homem e à mulher, obrigatoriamente, nos casos de casamento ou união estável. *(Incluído pela Lei nº 13.465, de 2017)*

§ 14. Para fins de interpretação, a outorga coletiva a que se refere o § 3º deste artigo não permite a titulação, provisória ou definitiva, a pessoa jurídica. *(Incluído pela Lei nº 13.465, de 2017)*

§ 15. Os títulos emitidos sob a vigência de norma anterior poderão ter seus valores reenquadrados, de acordo com o previsto no § 5º deste artigo, mediante requerimento do interessado, observados os termos estabelecidos em regulamento e vedada a restituição de valores já pagos que eventualmente excedam o valor devido após o reenquadramento. *(Incluído pela Lei nº 13.465, de 2017)*

Art. 18-A. Os lotes a serem distribuídos pelo Programa Nacional de Reforma Agrária não poderão ter área superior a 2 (dois) módulos fiscais ou inferior à fração mínima de parcelamento. *(Incluído pela Lei nº 13.001, de 2014)*

§ 1º Fica o Incra autorizado, nos assentamentos com data de criação anterior ao período de dois anos, contado retroativamente a partir de 22 de dezembro de 2016, a conferir o título de domínio ou a CDRU relativos às áreas em que ocorreram desmembramentos ou remembramentos após a concessão de uso, desde que observados os seguintes requisitos: *(Redação dada pela Lei nº 13.465, de 2017)*

I - observância da fração mínima de parcelamento e do limite de área de até quatro módulos fiscais por beneficiário, observado o disposto no art. 8º da Lei nº 5.868, de 12 de dezembro de 1972; *(Redação dada pela Lei nº 13.465, de 2017)*

II - o beneficiário não possua outro imóvel a qualquer título; *(Incluído pela Lei nº 13.001, de 2014)*

III - o beneficiário preencha os requisitos exigidos no art. 3º da Lei nº 11.326, de 24 de julho de 2006; e *(Incluído pela Lei nº 13.001, de 2014)*

IV - o desmembramento ou o remembramento seja anterior ao período de dois anos, contado retroativamente a partir de 22 de dezembro de 2016. *(Redação dada pela Lei nº 13.465, de 2017)*

§ 2º O beneficiário titulado nos termos do § 1º não fará jus aos créditos de instalação de que trata o art. 17 desta Lei. *(Incluído pela Lei nº 13.001, de 2014)*

§ 3º Os títulos concedidos nos termos do § 1º deste artigo são inegociáveis pelo prazo de dez anos, contado da data de sua expedição. *(Incluído pela Lei nº 13.465, de 2017)*

Art. 18-B. Identificada a ocupação ou a exploração de área objeto de projeto de assentamento por indivíduo que não se enquadre como beneficiário do Programa Nacional de Reforma Agrária, o ocupante será notificado para desocupação da área, nos termos estabelecidos em regulamento, sem prejuízo de eventual responsabilização nas esferas cível e penal. *(Incluído pela Lei nº 13.465, de 2017)*

Art. 19. O processo de seleção de indivíduos e famílias candidatos a beneficiários do Programa Nacional de Reforma Agrária será realizado por projeto de assentamento, observada a seguinte ordem de preferência na distribuição de lotes: *(Redação dada pela Lei nº 13.465, de 2017)*

I - ao desapropriado, ficando-lhe assegurada a preferência para a parcela na qual se situe a sede do imóvel, hipótese em que esta será excluída da indenização devida pela desapropriação; *(Redação dada pela Lei nº 13.465, de 2017)*

II - aos que trabalham no imóvel desapropriado como posseiros, assalariados, parceiros ou arrendatários, identificados na vistoria; *(Redação dada pela Lei nº 13.465, de 2017)*

III - aos trabalhadores rurais desintrusados de outras áreas, em virtude de demarcação de terra indígena, criação de unidades de conservação, titulação de comunidade quilombola ou de outras ações de interesse público; *(Redação dada pela Lei nº 13.465, de 2017)*

IV - ao trabalhador rural em situação de vulnerabilidade social que não se enquadre nas hipóteses previstas nos incisos I, II e III deste artigo; *(Redação dada pela Lei nº 13.465, de 2017)*

V - ao trabalhador rural vítima de trabalho em condição análoga à de escravo; *(Redação dada pela Lei nº 13.465, de 2017)*

VI - aos que trabalham como posseiros, assalariados, parceiros ou arrendatários em outros imóveis rurais; *(Redação dada pela Lei nº 13.465, de 2017)*

VII - aos ocupantes de áreas inferiores à fração mínima de parcelamento. *(Incluído pela Lei nº 13.465, de 2017)*

§ 1º O processo de seleção de que trata o *caput* deste artigo será realizado pelo Incra com ampla divulgação do edital de convocação na internet e no Município em que será instalado o projeto de assentamento, bem como nos Municípios limítrofes, na forma do regulamento. *(Incluído pela Lei nº 13.465, de 2017)*

§ 2º Nos projetos de assentamentos ambientalmente diferenciados, definidos em regulamento, o processo de seleção será restrito às famílias que já residam na área, observadas as vedações constantes do art. 20 desta Lei. *(Incluído pela Lei nº 13.465, de 2017)*

§ 3º Caso a capacidade do projeto de assentamento não atenda todos os candidatos selecionados, será elaborada lista dos candidatos excedentes, com prazo de validade de dois anos, a qual será observada de forma prioritária quando houver substituição dos beneficiários originários dos lotes, nas hipóteses de desistência, abandono ou reintegração de posse. *(Incluído pela Lei nº 13.465, de 2017)*

§ 4º Esgotada a lista dos candidatos excedentes de que trata o § 3º deste artigo ou expirada sua validade, será instaurado novo processo de seleção específico para os lotes vagos no projeto de assentamento em decorrência de desistência, abandono ou reintegração de posse. *(Incluído pela Lei nº 13.465, de 2017)*

§ 5º A situação de vulnerabilidade social do candidato a que se refere o inciso IV do *caput* deste artigo será comprovada por meio da respectiva inscrição no Cadastro

Único para Programas Sociais do Governo Federal (CadÚnico), ou em outro cadastro equivalente definido em regulamento. *(Incluído pela Lei nº 13.465, de 2017)*

Art. 19-A. Caberá ao Incra, observada a ordem de preferência a que se refere o art. 19, classificar os candidatos a beneficiários do Programa Nacional de Reforma Agrária, segundo os seguintes critérios: *(Incluído pela Lei nº 13.465, de 2017)*

I - família mais numerosa cujos membros se proponham a exercer a atividade agrícola na área objeto do projeto de assentamento; *(Incluído pela Lei nº 13.465, de 2017)*

II - família ou indivíduo que resida há mais tempo no Município em que se localize a área objeto do projeto de assentamento para o qual se destine a seleção, ou nos Municípios limítrofes; *(Incluído pela Lei nº 13.465, de 2017)*

III - família chefiada por mulher; *(Incluído pela Lei nº 13.465, de 2017)*

IV - família ou indivíduo integrante de acampamento situado no Município em que se localize a área objeto do projeto de assentamento ou nos Municípios limítrofes; *(Incluído pela Lei nº 13.465, de 2017)*

V - filhos que tenham entre dezoito e vinte e nove anos idade de pais assentados que residam na área objeto do mesmo projeto de assentamento; *(Incluído pela Lei nº 13.465, de 2017)*

VI - famílias de trabalhadores rurais que residam em área objeto de projeto de assentamento na condição de agregados; e *(Incluído pela Lei nº 13.465, de 2017)*

VII - outros critérios sociais, econômicos e ambientais estabelecidos por regulamento, de acordo com as áreas de reforma agrária para as quais a seleção é realizada. *(Incluído pela Lei nº 13.465, de 2017)*

§ 1º Regulamento estabelecerá a pontuação a ser conferida aos candidatos de acordo com os critérios definidos por este artigo. *(Incluído pela Lei nº 13.465, de 2017)*

§ 2º Considera-se família chefiada por mulher aquela em que a mulher, independentemente do estado civil, seja responsável pela maior parte do sustento material de seus dependentes. *(Incluído pela Lei nº 13.465, de 2017)*

§ 3º Em caso de empate, terá preferência o candidato de maior idade. *(Incluído pela Lei nº 13.465, de 2017)*

Art. 20. Não poderá ser selecionado como beneficiário dos projetos de assentamento a que se refere esta Lei quem: *(Redação dada pela Lei nº 13.465, de 2017)*

I - for ocupante de cargo, emprego ou função pública remunerada; *(Incluído pela Lei nº 13.465, de 2017)*

II - tiver sido excluído ou se afastado do programa de reforma agrária, de regularização fundiária ou de crédito fundiário sem consentimento de seu órgão executor; *(Incluído pela Lei nº 13.465, de 2017)*

III - for proprietário rural, exceto o desapropriado do imóvel e o agricultor cuja propriedade seja insuficiente para o sustento próprio e o de sua família; *(Incluído pela Lei nº 13.465, de 2017)*

IV - for proprietário, cotista ou acionista de sociedade empresária em atividade; *(Incluído pela Lei nº 13.465, de 2017)*

V - for menor de dezoito anos não emancipado na forma da lei civil; ou *(Incluído pela Lei nº 13.465, de 2017)*

VI - auferir renda familiar proveniente de atividade não agrária superior a três salários mínimos mensais ou superior a um salário mínimo per capita. *(Incluído pela Lei nº 13.465, de 2017)*

§ 1º As disposições constantes dos incisos I, II, III, IV e VI do *caput* deste artigo aplicam-se aos cônjuges e conviventes, inclusive em regime de união estável, exceto em relação ao cônjuge que, em caso de separação judicial ou de fato, não tenha sido beneficiado pelos programas de que trata o inciso II do *caput* deste artigo.

§ 2º A vedação de que trata o inciso I do *caput* deste artigo, quando o exercício do cargo, emprego ou função pública for compatível com a exploração da parcela, não se aplica ao candidato: *(Redação dada pela Lei nº 14.757, de 2023)*

I - agente comunitário de saúde ou agente de combate às endemias; *(Incluído pela Lei nº 14.757, de 2023)*

II - profissional da educação; *(Incluído pela Lei nº 14.757, de 2023)*

III - profissional de ciências agrárias; *(Incluído pela Lei nº 14.757, de 2023)*

IV - que preste outros serviços de interesse comunitário à comunidade rural ou à vizinhança da área objeto do projeto de assentamento. *(Incluído pela Lei nº 14.757, de 2023)*

§ 3º São considerados serviços de interesse comunitário, para os fins desta Lei, as atividades prestadas nas áreas de saúde, educação, transporte, assistência social e agrária. *(Incluído pela Lei nº 13.465, de 2017)*

§ 4º Não perderá a condição de beneficiário aquele que passe a se enquadrar nos incisos I, III, IV e VI do *caput* deste artigo, desde que a atividade assumida seja compatível com a exploração da parcela pelo indivíduo ou pelo núcleo familiar beneficiado. *(Incluído pela Lei nº 13.465, de 2017)*

Art. 20-A. Fica o Incra autorizado a considerar beneficiário da reforma agrária quem já tenha sido assentado, mas que por razões sociais ou econômicas teve que se desfazer da posse ou do título, desde que se enquadre como beneficiário da reforma agrária e ocupe e explore a parcela há, no mínimo, 1 (um) ano. *(Incluído pela Lei nº 14.757, de 2023)*

Parágrafo único. Fica vedada uma terceira obtenção de terras em assentamento de reforma agrária por parte do beneficiário. *(Incluído pela Lei nº 14.757, de 2023)*

Art. 21. Nos instrumentos que conferem o título de domínio, concessão de uso ou CDRU, os beneficiários da reforma agrária assumirão, obrigatoriamente, o compromisso de cultivar o imóvel direta e pessoalmente, ou por meio de seu núcleo familiar, mesmo que por intermédio de cooperativas, e o de não ceder o seu uso a terceiros, a qualquer título, pelo prazo de 10 (dez) anos. *(Redação dada pela Lei nº 13.001, de 2014)*

Parágrafo único. A família beneficiária poderá celebrar o contrato de integração de que trata a Lei nº 13.288, de 16 de maio de 2016. *(Incluído pela Lei nº 13.465, de 2017)*

Art. 22. Constará, obrigatoriamente, dos instrumentos translativos de domínio, de concessão de uso ou de CDRU, cláusula resolutória que preveja a rescisão do contrato e o retorno do imóvel ao órgão alienante ou concedente, no caso de descumprimento de quaisquer das obrigações assumidas pelo adquirente ou concessionário. *(Redação dada pela Lei nº 13.001, de 2014)*

§ 1º Após transcorrido o prazo de inegociabilidade de dez anos, o imóvel objeto de título translativo de domínio somente poderá ser alienado se a nova área titulada não vier a integrar imóvel rural com área superior a quatro módulos fiscais. *(Incluído pela Lei nº 13.465, de 2017)*

§ 2º Na hipótese de a parcela titulada passar a integrar zona urbana ou de expansão urbana, o Incra deverá priorizar a análise do requerimento de liberação das condições resolutivas. *(Incluído pela Lei nº 13.465, de 2017)*

Art. 22-A. As benfeitorias, reprodutivas ou não, existentes no imóvel destinado para reforma agrária poderão ser cedidas aos beneficiários para exploração individual ou coletiva ou doadas em benefício da comunidade de assentados, na forma estabelecida em regulamento. *(Incluído pela Lei nº 13.465, de 2017)*

Art. 23. O estrangeiro residente no País e a pessoa jurídica autorizada a funcionar no Brasil só poderão arrendar imóvel rural na forma da Lei nº 5.709, de 7 de outubro de 1971.

§ 1º Aplicam-se ao arrendamento todos os limites, restrições e condições aplicáveis à aquisição de imóveis rurais por estrangeiro, constantes da lei referida no *caput* deste artigo.

§ 2º Compete ao Congresso Nacional autorizar tanto a aquisição ou o arrendamento além dos limites de área e percentual fixados na Lei nº 5.709, de 7 de outubro de 1971, como a aquisição ou arrendamento, por pessoa jurídica estrangeira, de área superior a 100 (cem) módulos de exploração indefinida.

Art. 24. As ações de reforma agrária devem ser compatíveis com as ações da política agrícola, das políticas sociais e das constantes no Plano Plurianual da União. *(Redação dada pela Lei nº 13.001, de 2014)*

Art. 25. O orçamento da União fixará, anualmente, o volume de títulos da dívida agrária e dos recursos destinados, no exercício, ao atendimento do Programa de Reforma Agrária.

§ 1º Os recursos destinados à execução do Plano Nacional de Reforma Agrária deverão constar do orçamento do ministério responsável por sua implementação e do órgão executor da política de colonização e reforma agrária, salvo aqueles que, por sua natureza, exijam instituições especializadas para a sua aplicação.

§ 2º Objetivando a compatibilização dos programas de trabalho e propostas orçamentárias, o órgão executor da reforma agrária encaminhará, anualmente e em tempo hábil, aos órgãos da administração pública responsáveis por ações complementares, o programa a ser implantado no ano subseqüente.

Art. 26. São isentas de impostos federais, estaduais e municipais, inclusive do Distrito Federal, as operações de transferência de imóveis desapropriados para fins de reforma agrária, bem como a transferência ao beneficiário do programa.

Art. 26-A. Não serão cobradas custas ou emolumentos para registro de títulos translativos de domínio de imóveis rurais desapropriados para fins de reforma agrária. *(Incluído pela Medida Provisória nº 2.183-56, de 2001)*

Art. 26-B. Fica o Incra autorizado a regularizar a posse de lote em projeto de assentamento que tenha sido ocupado sem autorização, observado o disposto nos arts. 20 e 20-A desta Lei. *(Redação dada pela Lei nº 14.757, de 2023)*

§ 1º A regularização será processada a requerimento de quem estiver na posse plena do lote ou, de ofício, pelo Incra, desde que atendidas cumulativamente as seguintes condições: *(Redação dada pela Lei nº 14.757, de 2023)*

I - criação do projeto de assentamento há mais de 2 (dois) anos; *(Redação dada pela Lei nº 14.757, de 2023)*

I-A - ocupação e exploração da parcela diretamente pelo interessado há, no mínimo, 1 (um) ano; (Incluído pela Lei nº 14.757, de 2023)

II - inexistência de candidatos excedentes interessados na parcela elencados na lista de selecionados de que trata o § 3º do art. 19 desta Lei para o projeto de assentamento; *(Incluído pela Lei nº 13.465, de 2017)*

III - observância pelo interessado dos requisitos de elegibilidade para ser beneficiário da reforma agrária; e *(Incluído pela Lei nº 13.465, de 2017)*

IV - quitação ou assunção pelo interessado, até a data de assinatura de novo contrato de concessão de uso, dos débitos relativos ao crédito de instalação reembolsável concedido ao beneficiário original. *(Incluído pela Lei nº 13.465, de 2017)*

§ 2º Atendidos os requisitos de que trata o § 1º deste artigo, o Incra celebrará contrato de concessão de uso nos termos do § 2º do art. 18 desta Lei. *(Incluído pela Lei nº 13.465, de 2017)*

Art. 27. Esta Lei entra em vigor na data de sua publicação.

Art. 28. Revogam-se as disposições em contrário.

Brasília, 25 de fevereiro de 1993,
172º da Independência e 105º da República.
ITAMAR FRANCO
Lázaro Ferreira Barbosa

DECRETO Nº 9.311, DE 15 DE MARÇO DE 2018

Regulamenta a Lei nº 8.629, de 25 de fevereiro de 1993, e a Lei nº 13.001, de 20 de junho de 2014, para dispor sobre o processo de seleção, permanência e titulação das famílias beneficiárias do Programa Nacional de Reforma Agrária.

- *Vide Lei 4.947/1966 (Fixa Normas de Direito Agrário, dispõe sobre o Sistema de Organização e Funcionamento do Instituto Brasileiro de Reforma Agrária)*
- *Vide Lei 8.629/1993 (Dispõe sobre a regulamentação dos dispositivos constitucionais relativos à reforma agrária)*
- *Vide Lei 13.001, de 20 de junho de 2014*
- *Vide Decreto 59.428/1966 (Regulamenta Lei 4.504/1964)*
- *Vide Decreto 11.995/2024 (Programa Terra da Gente)*
- *Art. 290-A, IV, Lei n. 6.015/1973 (Registros Público)*

O PRESIDENTE DA REPÚBLICA, no uso da atribuição que lhe confere o art. 84, *caput*, inciso IV, da Constituição, e tendo em vista o disposto na Lei nº 8.629, de 25 de fevereiro de 1993, e na Lei nº 13.001, de 20 de junho de 2014,

DECRETA:

Art. 1º Este Decreto dispõe sobre a seleção das famílias candidatas a beneficiárias do Programa Nacional de Reforma Agrária - PNRA, a verificação das condições de permanência das famílias beneficiárias no Programa, a regularização das ocupações dos projetos de assentamento, a titulação provisória e definitiva das parcelas concedidas e a destinação de áreas remanescentes a projetos de assentamento.

Art. 2º Considera-se reforma agrária o conjunto de medidas que visam a realizar uma melhor distribuição da terra com acesso a políticas públicas para promover o desenvolvimento social e econômico das famílias beneficiárias.

Parágrafo único. No âmbito da administração pública federal, o PNRA será executado pelo Instituto Nacional de Colonização e Reforma Agrária - Incra, a quem compete promovê-lo em articulação com os demais órgãos e entidades da administração pública, direta e indireta, federal, distrital, estadual e municipal, responsáveis pelas políticas públicas complementares e necessárias à efetivação do Programa.

Art. 3º Para fins do disposto neste Decreto, considera-se:

I - unidade familiar - família composta pelos titulares e demais integrantes, que explore ou se proponha a explorar conjuntamente uma parcela da reforma agrária, com a finalidade de atender à própria subsistência e à demanda da sociedade por alimentos ou por outros bens e serviços;

II - renda familiar mensal per capita - valor total dos rendimentos mensais da unidade familiar, dividida pelo número de seus integrantes;

III - agricultor ou trabalhador rural - pessoa que pratique atividade agrícola ou não agrícola no meio rural;

IV - família em situação de vulnerabilidade social - família que esteja inscrita no Cadastro Único para Programas Sociais do Governo Federal;

V - acampamento - conjunto de famílias em situação de vulnerabilidade social, habitantes de uma mesma localidade, que demandem ações do Incra para sua inclusão no PNRA, inscritos no Cadastro Único para Programas Sociais do Governo Federal na condição de acampados e cadastrados pelo Incra, conforme procedimentos estabelecidos pela autarquia; *(Redação dada pelo Decreto nº 11.637, de 2023)*

VI - projeto de assentamento - unidade territorial destinada ao assentamento de famílias de agricultores ou trabalhadores rurais criada ou reconhecida pelo Incra;

VII - família beneficiária - unidade familiar selecionada e homologada na relação de beneficiários do projeto de assentamento; *(Redação dada pelo Decreto nº 10.166, de 2019)*

VIII - família assentada - unidade familiar homologada na relação de beneficiários do projeto de assentamento que tenha firmado contrato de concessão de uso ou, quanto a reconhecimento de projeto que não tenha sido criado pelo Incra, documento equivalente; *(Redação dada pelo Decreto nº 10.166, de 2019)*

IX - exploração direta - atividade econômica exercida em imóvel rural e gerenciada diretamente pelo ocupante com o auxílio de seus familiares, admitidas a intermediação de cooperativas, a participação de terceiros, onerosa ou gratuita, e a celebração do contrato de integração de que trata a Lei nº 13.288, de 16 de maio de 2016; e *(Incluído pelo Decreto nº 10.166, de 2019)*

X - ocupação direta - aquela exercida pelo ocupante e sua família. *(Incluído pelo Decreto nº 10.166, de 2019)*

Parágrafo único. O cadastro de famílias acampadas será realizado pelo Incra no interesse dos processos de seleção e deverá observar as diretrizes do Cadastro Único para Programas Sociais do Governo Federal, instituído pelo art. 6º-F da Lei nº 8.742, de 7 de dezembro de 1993, e dos demais órgãos da administração pública responsáveis pela implementação de políticas intersetoriais e transversais para famílias em situação de vulnerabilidade social. *(Incluído pelo Decreto nº 11.637, de 2023)*

CAPÍTULO I – DA SELEÇÃO DAS FAMÍLIAS BENEFICIÁRIAS DO PROGRAMA NACIONAL DE REFORMA AGRÁRIA

Art. 4º A seleção das famílias candidatas do PNRA será realizada por projeto de assentamento, conforme a disponibilidade de áreas ou lotes.

Art. 5º O processo de seleção inicia-se com a publicação de edital de seleção para chamamento dos interessados, seguido de inscrição da unidade familiar perante o Incra, do deferimento da inscrição e da classificação dos candidatos e encerra-se com a homologação das famílias beneficiárias do projeto de assentamento.

Art. 6º A inscrição poderá ser feita por qualquer interessado de forma individual, que indicará os titulares e os demais integrantes da unidade familiar candidata.

Parágrafo único. Para candidatar sua família a beneficiária do PNRA, o interessado deverá ter a inscrição ativa no Cadastro Único para Programas Sociais do Governo federal, nos termos do disposto no Decreto nº 6.135, de 26 de junho de 2007. *(Redação dada pelo Decreto nº 10.166, de 2019)*

Art. 7º Não poderá ser selecionado como beneficiário do PNRA e terá indeferida sua inscrição, quem na data da inscrição para a seleção:

I - for ocupante de cargo, emprego ou função pública remunerada;

II - tiver sido excluído ou se afastado de programa de reforma agrária, de regularização fundiária ou de crédito fundiário, sem consentimento do seu órgão executor;

III - for proprietário rural, exceto o desapropriado do imóvel para o qual ocorre a seleção e o agricultor cuja propriedade seja insuficiente para o sustento próprio e o de sua família;

IV - for proprietário, quotista ou acionista de sociedade empresária em atividade, exceto Microempreendedor Individual - MEI; *(Redação dada pelo Decreto nº 11.637, de 2023)*

V - for menor de dezoito anos, não emancipado na forma da lei civil; ou

VI - auferir renda proveniente de atividade não agrícola superior a três salários mínimos mensais ou a um salário mínimo per capita.

§ 1º As disposições constantes dos incisos I, II, III, IV e VI do *caput* se aplicam aos cônjuges e companheiros, inclusive em regime de união estável, exceto em relação ao cônjuge separado judicialmente ou de fato que não tenha sido beneficiado pelos programas de que trata o inciso II do *caput*.

§ 2º Na hipótese de alteração da composição da unidade familiar por inclusão de novo integrante cônjuge ou companheiro de beneficiário já homologado, não será necessária nova verificação dos requisitos de elegibilidade.

§ 3º A vedação de que trata o inciso I do *caput* não se aplica ao candidato que preste serviços de interesse comunitário à comunidade rural ou à vizinhança do projeto de assentamento, desde que o exercício do cargo, do emprego ou da função pública seja compatível com a exploração da parcela pela unidade familiar.

§ 4º Para fins do disposto no § 3º, são considerados como de interesse comunitário as atividades e os serviços prestados nas áreas de saúde, educação, transporte, assistência social e agrária.

§ 5º Para fins do disposto no inciso VI do *caput*, o Incra analisará a renda per capta apenas quando a renda familiar for superior a três salários mínimos. *(Incluído pelo Decreto nº 10.166, de 2019)*

Art. 8º Desde que não se enquadre nos impedimentos previstos no art. 7º, poderá ser beneficiário do PNRA o candidato que exerça mandato de representação sindical, associativa ou cooperativa se for comprovada a compatibilidade do exercício do mandato com a exploração da parcela pela unidade familiar.

Art. 9º A classificação dos candidatos que tiverem suas inscrições deferidas será feita por projeto de assentamento, observada, sucessivamente, a preferência:

I - ao desapropriado, ao qual será assegurada preferência para a parcela na qual se situe a sede do imóvel, hipótese em que esta será excluída da indenização paga pela desapropriação;

II - a quem trabalhe no imóvel desapropriado, na data da vistoria de classificação e aferição do cumprimento de sua função social, como posseiro, assalariado, parceiro ou arrendatário, conforme identificação expressa no Laudo Agronômico de Fiscalização do Incra;

III - ao trabalhador rural desintrusado de outra área, em virtude de demarcação de terra indígena, criação de unidade de conservação, titulação de comunidade quilombola, atingido pela construção de barragens ou de outras ações de interesse público, localizada no mesmo Município do projeto de assentamento para o qual se destina a seleção; *(Redação dada pelo Decreto nº 10.166, de 2019)*

IV - ao trabalhador rural sem terra em situação de vulnerabilidade social inscrito no Cadastro Único para Programas Sociais do Governo Federal que não se enquadre nas hipóteses dos incisos I, II e III;

V - ao trabalhador rural vítima de trabalho análogo à escravidão, identificado pelo Ministério do Trabalho;

VI - a quem trabalhe como posseiro, assalariado, parceiro ou arrendatário em outros imóveis rurais; e

VII - ao ocupante de área inferior à fração mínima do parcelamento.

§ 1º Fica assegurada a participação das pessoas com deficiência no PNRA, desde que comprovada a capacidade de exploração agrícola pela unidade familiar.

§ 2º O aposentado por invalidez que auferir renda de até três salários mínimos mensais poderá ser beneficiário do PNRA desde que comprovada a capacidade de exploração agrícola pela unidade familiar.

Art. 10. Nos projetos de assentamentos ambientalmente diferenciados, o processo de seleção será restrito às famílias que já residam na área, observadas as vedações constantes do art. 7º.

Parágrafo único. Serão consideradas ambientalmente diferenciadas as seguintes modalidades de projetos:

I - Projeto de Assentamento Agroextrativista - PAE - projeto destinado à exploração de áreas dotadas de riquezas extrativas, mediante atividades economicamente viáveis, socialmente justas e ecologicamente sustentáveis, a serem executadas pelas populações que ocupem tradicionalmente a respectiva área;

II - Projeto de Desenvolvimento Sustentável - PDS - projeto de interesse social e ecológico destinado às populações que baseiam sua subsistência no extrativismo, na agricultura familiar e outras atividades de baixo impacto ambiental; e

III - Projeto de Assentamento Florestal - PAF - projeto destinado ao manejo de recursos florestais em áreas com aptidão para a produção florestal familiar comunitária e sustentável, especialmente aplicável ao bioma Amazônia.

Art. 11. Na hipótese de projeto de assentamento reconhecido pelo Incra, de unidades de conservação de uso sustentável e de territórios quilombolas, a inclusão das unidades familiares como beneficiárias do PNRA se restringirá à verificação das vedações constantes do art. 7º.

Art. 12. Caberá ao Incra, respeitada a ordem de preferência estabelecida no art. 9º, classificar os candidatos a beneficiários do PNRA, segundo os seguintes critérios e respectiva pontuação:

I - unidade familiar mais numerosa, cujos membros se proponham a exercer a atividade agrícola na área a ser assentada, conforme o tamanho da família e sua força de trabalho - até o limite de vinte pontos para a primeira seleção para o projeto de assentamento e até o limite de quinze pontos para a substituição dos beneficiários originários dos lotes; *(Redação dada pelo Decreto nº 10.166, de 2019)*

II - unidade familiar que resida há mais tempo no Município em que se localize a área objeto do projeto de assentamento para o qual se destine a seleção ou nos Municípios limítrofes definidos pelo Instituto Brasileiro de Geografia e Estatística - IBGE - até o limite de vinte pontos para a primeira seleção para o projeto de assentamento e até o limite de quinze pontos para a substituição dos beneficiários originários dos lotes; *(Redação dada pelo Decreto nº 10.166, de 2019)*

III - unidade familiar chefiada por mulher - dez pontos; *(Redação dada pelo Decreto nº 11.637, de 2023)*

IV - unidade familiar ou indivíduo integrante de acampamento situado no Município em que se localize a área objeto do projeto de assentamento ou nos Municípios limítrofes definidos pelo IBGE - até o limite de vinte pontos, graduados conforme a proximidade do projeto de assentamento; *(Redação dada pelo Decreto nº 11.637, de 2023)*

V - unidade familiar que contenha filho com idade entre dezoito e vinte e nove anos e cujos pai ou mãe seja assentado residente na mesma área do projeto de assentamento para o qual se destina a seleção - dez pontos; *(Redação dada pelo Decreto nº 10.166, de 2019)*

VI - unidade familiar de trabalhador rural que resida no imóvel destinado ao projeto de assentamento para o qual se destina a seleção na condição de agregados - cinco pontos; *(Redação dada pelo Decreto nº 10.166, de 2019)*

VII - tempo comprovado de exercício de atividades agrárias pela unidade familiar - até o limite de vinte pontos para a primeira seleção para o projeto de assentamento e até o limite de quinze pontos para a substituição dos beneficiários originários dos lotes; *(Redação dada pelo Decreto nº 11.637, de 2023)*

VIII - renda mensal familiar, graduada nos termos declarados no Cadastro Único para Programas Sociais do Governo Federal

- até o limite de dez pontos; *(Redação dada pelo Decreto nº 11.637, de 2023)*

IX - unidade familiar cujos integrantes tenham participado de capacitações ou tenham experiência comprovada na área de preservação e conservação do meio ambiente ou práticas agrícolas sustentáveis - até o limite de cinco pontos; e *(Incluído pelo Decreto nº 11.637, de 2023)*

X - unidade familiar chefiada por jovens entre dezoito e vinte e nove anos de idade, filhos de famílias acampadas ou assentadas - cinco pontos. *(Incluído pelo Decreto nº 11.637, de 2023)*

§ 1º As unidades familiares que, em 22 de dezembro de 2016, por força de contrato de comodato ou em decorrência de situação equivalente, residam ou estejam ocupando o imóvel a ser destinado ao projeto de assentamento, respeitada a ordem de preferência do art. 19 da Lei nº 8.629, de 25 de fevereiro de 1993, terão prioridade na classificação de que trata este artigo.

§ 2º As pontuações previstas neste artigo são cumulativas e serão atribuídas conforme disciplinado pelo Incra.

§ 3º Considera-se a unidade familiar chefiada por mulher aquela em que, independentemente do estado civil, a mulher seja responsável pela maior parte do sustento material de seus dependentes.

§ 4º Na hipótese de empate, terá preferência a unidade familiar candidata chefiada pela pessoa mais velha.

§ 5º A condição de unidade familiar ou indivíduo integrante de acampamento será aferida por meio do cadastramento realizado pelo Incra, conforme previsto no parágrafo único do art. 3º. *(Incluído pelo Decreto nº 11.637, de 2023)*

Art. 13. O processo de seleção transcorrerá de forma pública, com o registro dos atos em autos formalizados com essa finalidade específica e a publicação dos atos decisórios no sítio eletrônico do Incra.

§ 1º O edital de abertura de seleção será publicado no sítio eletrônico do Incra e afixado na sede da unidade do Incra responsável pela seleção, com antecedência mínima de trinta dias do início das inscrições, e informará o projeto de assentamento a que se destina, o Município de sua localização, a quantidade de vagas disponíveis, o prazo para as inscrições e a discriminação das fases do processo seletivo, incluídos os prazos para interposição de recurso.

§ 2º Além da publicação prevista no § 1º, é obrigatória a divulgação do edital no Município em que será instalado o projeto de assentamento e nos Municípios limítrofes definidos pelo IBGE, em pelo menos uma das seguintes formas: *(Redação dada pelo Decreto nº 10.166, de 2019)*

I - publicação em jornal;

II - anúncio em estação de rádio; ou

III - afixação do edital em órgão público municipal, sindicato de trabalhadores rurais, empresa de assistências técnicas ou cooperativas.

§ 3º O prazo de inscrição será de, no mínimo, quinze dias e, no máximo, trinta dias, conforme as particularidades da região da seleção.

§ 4º Os atos decisórios ou informativos serão publicados no sítio eletrônico do Incra, para possibilitar aos interessados o conhecimento das decisões e eventual apresentação de recurso.

§ 5º Compete ao Incra definir as instâncias decisórias e recursais do processo de seleção.

Art. 14. O processo de seleção será finalizado com a publicação da lista das famílias selecionadas por ordem de classificação, para homologação da unidade familiar no sistema informatizado do Incra, na Relação de Famílias Beneficiárias do projeto de assentamento.

§ 1º A Relação de Famílias Beneficiárias constitui a lista única de beneficiários do PNRA por projeto de assentamento e será mantida no sítio eletrônico do Incra.

§ 2º Na hipótese de a capacidade do projeto de assentamento não atender todas as famílias selecionadas, será elaborada lista dos candidatos excedentes, com prazo de validade de dois anos, contado da data de sua divulgação no sítio eletrônico do Incra.

§ 3º A lista dos candidatos excedentes a que se refere o § 2º será atendida de forma prioritária quando houver substituição dos beneficiários originários dos lotes, nas hipóteses de desistência, de abandono ou de reintegração de posse das parcelas ao Incra.

CAPÍTULO II – DA VERIFICAÇÃO DAS CONDIÇÕES DE PERMANÊNCIA DO BENEFICIÁRIO NO PROGRAMA NACIONAL DE REFORMA AGRÁRIA E DAS OCUPAÇÕES DOS PROJETOS DE ASSENTAMENTO

Art. 15. As condições de permanência do beneficiário no PNRA constarão do Contrato de Concessão de Uso - CCU, do Contrato de Concessão de Direito Real de Uso - CDRU e do Título de Domínio - TD e incluem as seguintes obrigações da unidade familiar:

I - explorar o imóvel direta e pessoalmente, por meio de sua unidade familiar, exceto se verificada situação que enseje justa causa ou motivo de força maior reconhecido pelo Incra, admitidas a intermediação de cooperativas, a participação de terceiros, onerosa ou gratuita, e a celebração do contrato de integração de que trata a Lei nº 13.288, de 16 de maio de 2016;

II - não ceder, a qualquer título, a posse ou a propriedade da parcela recebida, ainda que provisória e parcialmente, para uso ou exploração por terceiros;

III - observar a legislação ambiental, em especial quanto à manutenção e à preservação das áreas de reserva legal e de preservação permanente;

IV - observar as diretrizes técnicas, econômicas e sociais definidas pelo Incra para projeto de assentamento;

V - firmar o instrumento de titulação definitiva, conforme disciplinado pelo Incra; e

VI - cumprir demais obrigações e compromissos previstos no instrumento contratual.

Art. 16. As obrigações previstas no art. 15 e outras expressamente constantes do CCU, do CDRU e do TD possuem natureza de condição resolutiva.

§ 1º As cláusulas resolutivas constantes do CDRU ou do TD vigorarão pelo prazo mínimo de dez anos, contado da data de celebração do contrato de concessão de uso ou de outro instrumento equivalente que comprove a exploração do lote após a homologação, e somente se extinguem após o transcurso do prazo e a realização do pagamento integral.

§ 2º Antes da resolução do CCU, do CDRU ou do TD, será dada oportunidade ao assentado de adimplir a cláusula descumprida, conforme previsto neste Decreto.

§ 3º Comprovado o descumprimento de condição resolutiva, o CCU, o CDRU ou o TD será rescindido, com imediato retorno da parcela ao Incra, por meio de processo administrativo, assegurado o contraditório e a ampla defesa.

Art. 17. O Incra promoverá, periodicamente, a atualização cadastral das famílias beneficiárias.

§ 1º O assentado que constar no contrato como responsável pelo pagamento da parcela fica obrigado a promover atualização cadastral da unidade familiar, sob pena de bloqueio da condição de assentado. *(Redação dada pelo Decreto nº 10.166, de 2019)*

§ 2º A atualização cadastral prevista neste dispositivo será processada preferencialmente por meio eletrônico, conforme disciplinado pelo Incra.

§ 3º Para a realização da atualização cadastral, o Incra poderá celebrar acordos de cooperação, convênios ou outros instrumentos congêneres com órgãos da administração pública federal, estadual, distrital ou municipal e utilizar dos serviços de Assistência Técnica e Extensão Rural, nos termos do disposto na Lei nº 12.188, de 11 de janeiro de 2010.

Art. 18. O Incra verificará, de ofício ou por provocação, as condições da permanência do beneficiário no PNRA e das eventuais ocupações irregulares em áreas localizadas em projetos de assentamento. *(Redação dada pelo Decreto nº 10.166, de 2019)*

§ 1º A verificação, para fins de atestar cumprimento das condições de permanência, de regularização da ocupação, retomada da parcela, titulação e outras finalidades institucionais, poderá ocorrer por meio de: *(Redação dada pelo Decreto nº 10.166, de 2019)*

I - declaração do beneficiário ou do ocupante; *(Incluído pelo Decreto nº 10.166, de 2019)*

II - vistoria; *(Incluído pelo Decreto nº 10.166, de 2019)*

III - documentos; *(Incluído pelo Decreto nº 10.166, de 2019)*

IV - técnicas de sensoriamento remoto; *(Incluído pelo Decreto nº 10.166, de 2019)*

V - cruzamento de dados em sistemas; ou *(Incluído pelo Decreto nº 10.166, de 2019)*

VI - outros meios de prova. *(Incluído pelo Decreto nº 10.166, de 2019)*

§ 2º A realização de vistoria será obrigatória: *(Redação dada pelo Decreto nº 10.166, de 2019)*

I - se a parcela tiver sido objeto de termo de embargo ou infração ambiental lavrada por órgão ambiental competente; *(Incluído pelo Decreto nº 10.166, de 2019)*

II - quando o requerimento de titulação ou de regularização for realizado por meio de procuração; *(Incluído pelo Decreto nº 10.166, de 2019)*

III - se houver indícios de exploração de mão de obra em condição análoga à de escravo; ou *(Incluído pelo Decreto nº 10.166, de 2019)*

IV - se houver conflito declarado ou registrado na Ouvidoria Agrária Nacional do Incra. *(Incluído pelo Decreto nº 10.166, de 2019)*

§ 3º O disposto neste artigo não impede o poder fiscalizatório estatal. *(Redação dada pelo Decreto nº 10.166, de 2019)*

§ 4º Da declaração do beneficiário constará, sob pena de responsabilização nas esferas penal, administrativa e civil, que: *(Redação dada pelo Decreto nº 10.166, de 2019)*

I - explora o imóvel direta e pessoalmente, por meio de sua unidade familiar; *(Redação dada pelo Decreto nº 10.166, de 2019)*

II - mantém a posse ou a propriedade da parcela recebida; *(Redação dada pelo Decreto nº 10.166, de 2019)*

III - observa a legislação ambiental vigente; *(Redação dada pelo Decreto nº 10.166, de 2019)*

IV - observa as diretrizes técnicas, econômicas e sociais definidas pelo Incra para o projeto de assentamento; e *(Redação dada pelo Decreto nº 10.166, de 2019)*

V - cumpre as demais obrigações e compromissos previstos no instrumento contratual. *(Incluído pelo Decreto nº 10.166, de 2019)*

§ 5º As ações previstas neste artigo poderão ser realizadas pelo Incra ou por meio da celebração de acordos de cooperação técnica, convênios ou outros instrumentos congêneres com órgãos da administração pública federal, estadual, distrital ou municipal ou por meio dos serviços de Assistência Técnica e Extensão Rural, nos termos do disposto na Lei nº 12.188, de 11 de janeiro de 2010. *(Incluído pelo Decreto nº 10.166, de 2019)*

§ 6º O procedimento administrativo de supervisão ocupacional será disciplinado pelo Incra, com definição das instâncias decisória e recursal e adoção preferencial de notificação eletrônica dos interessados. *(Incluído pelo Decreto nº 10.166, de 2019)*

§ 7º Desde que seja compatível com a exploração direta da parcela pelo indivíduo assentado ou pela unidade familiar beneficiada, não perderá a condição de beneficiário do PNRA aquele que: *(Incluído pelo Decreto nº 10.166, de 2019)*

I - passar a ocupar cargo, emprego ou função pública remunerada; *(Incluído pelo Decreto nº 10.166, de 2019)*

II - se tornar proprietário de outro imóvel rural; *(Incluído pelo Decreto nº 10.166, de 2019)*

III - se tornar proprietário, cotista ou acionista de sociedade empresária em atividade; ou *(Incluído pelo Decreto nº 10.166, de 2019)*

IV - passar a auferir renda familiar proveniente de atividade não agrária superior a três salários mínimos mensais ou superior a um salário mínimo per capita. *(Incluído pelo Decreto nº 10.166, de 2019)*

Art. 19. Identificada ocupação ou exploração em projeto de assentamento por unidade familiar não beneficiária do PNRA, deverá o Incra notificá-la para que imediatamente desocupe a área e cesse a exploração, sem prejuízo de eventual responsabilização nas esferas cível e penal.

§ 1º Na hipótese de constatação da ocupação de lote em projeto de assentamento por unidade familiar não beneficiária do PNRA com possibilidade de regularização na forma do art. 21, o ocupante será notificado para, no prazo de quinze dias, apresentar pedido de regularização acompanhado da documentação pertinente ou desocupar imediatamente a parcela.

§ 2º Apresentado o pedido de regularização, até a decisão final, ficarão sobrestadas medidas relativas à reintegração de posse ou à desocupação da parcela.

§ 3º Na hipótese de não ser apresentado o pedido de regularização no prazo previsto no § 1º ou do seu indeferimento, o Incra adotará as providências administrativas ou judiciais para reintegração de posse da parcela.

§ 4º Não sendo possível a regularização ou indeferido o pedido de regularização, o Incra declarará o perdimento das benfeitorias úteis e necessárias por terem sido feitas de má-fé e apurará eventuais danos ambientais e perdas e danos em razão da utilização irregular da área.

Art. 20. Na hipótese de descumprimento de cláusula contratual constante do CCU, do CDRU ou do TD, o beneficiário será notificado para adimplir a cláusula descumprida, em prazo fixado administrativamente conforme a natureza da irregularidade, sob pena de rescisão contratual ou de invalidação do título e reintegração de posse da parcela ao Incra.

Parágrafo único. Enquanto não regularizada sua situação, o beneficiário não poderá receber crédito de instalação ou ser beneficiado por outras políticas públicas do PNRA, restando bloqueada sua condição de assentado.

Art. 21. A pedido do interessado ou mediante atuação de ofício, a ocupação de parcela sem autorização do Incra em projetos de assentamento criados até 22 de dezembro de 2014 poderá ser regularizada, até o limite de quatro módulos fiscais, atendidas, cumulativamente, as seguintes condições:

I - início da ocupação e da exploração da parcela pelo interessado em data anterior a 22 de dezembro de 2015;

II - inexistência de interessados na parcela constantes da lista dos candidatos excedentes para o projeto de assentamento;

III - observância, pelo interessado, dos requisitos de elegibilidade do PNRA; e

IV - quitação ou assunção pelo interessado, até a data de celebração de novo CCU, dos débitos relativos ao crédito de instalação reembolsável concedido ao beneficiário anterior.

§ 1º Será celebrado CCU nos termos do art. 25, se atendidos, no momento do requerimento, os requisitos de que trata *caput*.

§ 2º É considerado reembolsável o crédito de instalação recebido por qualquer beneficiário anterior ao ocupante que está sendo regularizado na parcela e não remitidos na forma do art. 3º da Lei nº 13.001, de 20 de junho de 2014.

Art. 22. Os lotes vagos em projetos de assentamento em decorrência de desistência, de abandono ou retomada serão destinados aos interessados de que trata o § 3º do art. 14.

Parágrafo único. Esgotada a lista dos candidatos excedentes ou expirada sua validade, será instaurado novo processo de seleção por projeto de assentamento, para os lotes vagos ou que vagaram no prazo de dois anos.

Art. 23. Na hipótese de desistência, de rescisão ou de resolução do CCU, do CDRU ou do TD, caberá ao Incra indenizar o beneficiário pelas benfeitorias úteis e necessárias feitas de boa-fé.

§ 1º Para os fins deste Decreto, consideram-se de boa-fé as benfeitorias feitas pelo assentado na parcela durante a vigência do instrumento de titulação.

§ 2º A rescisão ou a resolução do CCU, do CDRU ou do TD não afasta a responsabilidade contratual assumida pelo beneficiário em relação ao crédito de instalação recebido ou a outras políticas públicas acessadas em decorrência do PNRA.

CAPÍTULO III – DA TITULAÇÃO PROVISÓRIA E DEFINITIVA

Art. 24. A distribuição de imóveis rurais em projetos de assentamento federais será formalizada:

I - em caráter provisório, por meio de CCU gratuito; e

II - em caráter definitivo, por meio de:

a) CDRU gratuito; ou

b) TD oneroso ou gratuito.

§ 1º O instrumento de titulação, provisório ou definitivo, poderá ter como objeto área descontínua.

§ 2º A titulação, provisória ou definitiva, poderá ser:

I - individual;

II - individual, com fração ideal de área coletiva; ou

III - coletiva, com fração ideal.

§ 3º O instrumento de titulação será formalizado com os titulares da unidade familiar, vedada a titulação em nome de pessoa jurídica.

§ 4º *(Revogado pelo Decreto nº 11.637, de 2023).*

§ 5º A vedação de titulação em nome de pessoa jurídica disposta no § 3º não se aplica a associações ou a cooperativas constituídas por assentados. *(Incluído pelo Decreto nº 11.637, de 2023)*

Art. 25. O CCU, instrumento celebrado entre o Incra e o beneficiário imediatamente após a homologação da seleção, é inegociável e autoriza de forma provisória, segundo suas cláusulas, o uso e a exploração do imóvel e o acesso às demais políticas do PNRA.

Parágrafo único. O CCU será celebrado sem prazo determinado e sua vigência findará com a titulação definitiva ou com a sua rescisão nos termos previstos neste Decreto.

Art. 26. O CCU é transferível, a qualquer tempo, por sucessão legítima ou testamentária, desde que os herdeiros ou os legatários atendam aos requisitos de elegibilidade do PNRA e assumam as obrigações constantes do instrumento, vedado o fracionamento do lote.

§ 1º Na hipótese de haver mais de um herdeiro interessado, a transferência da concessão objeto do CCU se dará na forma de condomínio.

§ 2º O Incra revogará o CCU, providenciará a reintegração de posse do lote e poderá indenizar as benfeitorias de boa-fé, nas hipóteses de:

I - não haver herdeiro ou legatário que preencha os requisitos de elegibilidade do PNRA; ou

II - haver herdeiro ou legatário que preencha os requisitos de elegibilidade do PNRA, que, no entanto, não queira ou não possa assumir as obrigações constantes do CCU.

§ 3º Dissolvida a sociedade conjugal, se, a critério do Incra, não for possível o fracionamento do lote, a mulher terá preferência para permanecer no imóvel e assumir os direitos e as obrigações decorrentes do CCU, exceto na hipótese de o homem ficar com a guarda dos filhos menores.

§ 4º A transferência de que trata o *caput* será processada administrativamente pelo Incra.

Art. 27. É possível a rescisão unilateral do CCU, por desistência formalmente apresentada pelo beneficiário ao Incra.

Parágrafo único. A reintegração de posse do lote ao Incra, a transferência para novo beneficiário e o eventual pagamento de indenização pelas benfeitorias úteis e necessárias feitas de boa-fé serão realizados administrativamente pelo Incra.

Art. 28. A transferência definitiva dos lotes, por meio de CDRU ou de TD, será efetuada posteriormente:

I - ao registro da área em nome do Incra ou da União;

II - à realização dos serviços de medição e demarcação dos lotes individuais e do georreferenciamento e certificação do perímetro do assentamento;

III - ao cumprimento das cláusulas contratuais do CCU pelo assentado; e

IV - à atualização cadastral do assentado.

Art. 29. Nos projetos de assentamento criados até 22 de dezembro de 2014, o Incra poderá conferir o CDRU ou o TD das áreas aos assentados mesmo que tenha havido desmembramento ou remembramento de parcelas após a concessão de uso, desde que:

I - o desmembramento ou o remembramento tenha ocorrido até 22 de dezembro de 2014;

II - a área a ser titulada não seja superior a quatro módulos fiscais;

III - o beneficiário não seja proprietário de outro imóvel rural a qualquer título, exceto o já titulado pelo Incra no assentamento; e

IV - o beneficiário preencha os requisitos de elegibilidade estabelecidos no art. 3º da Lei nº 11.326, de 24 de julho de 2006.

§ 1º O beneficiário titulado nos termos deste artigo não fará jus a crédito de instalação.

§ 2º Os títulos concedidos nos termos deste artigo são inegociáveis pelo prazo de dez anos, contado da data de sua expedição.

Art. 30. O CDRU é o instrumento com força de escritura pública que transfere, de forma gratuita e em caráter definitivo, o direito real de uso condicionado à exploração rural de imóvel da reforma agrária ao beneficiário.

Parágrafo único. *(Revogado pelo Decreto nº 11.637, de 2023)*

Art. 31. A concessão objeto do CDRU é inegociável por ato inter vivos durante o período de dez anos, contado da data de celebração do CCU ou de outro instrumento equivalente que comprove o início de exploração da parcela após a homologação.

Parágrafo único. Decorrido o prazo de dez anos, cumpridas as condições resolutivas e com anuência do Incra, a concessão do direito real de uso poderá ser negociada por ato *inter vivos*, desde que o adquirente seja agricultor familiar que atenda aos requisitos previstos no art. 3º da Lei nº 11.326, de 2006, vedado o fracionamento do lote ou a sua incorporação a outro imóvel rural que resulte em área final que ultrapasse quatro módulos fiscais. *(Redação dada pelo Decreto nº 11.637, de 2023)*

Art. 32. O CDRU é transferível, antes do prazo de dez anos, por sucessão legítima ou testamentária, desde que os herdeiros ou os legatários sejam agricultores familiares que atendam aos requisitos previstos no art. 3º da Lei nº 11.326, de 2006, vedado o fracionamento do lote ou a sua incorporação a outro imóvel rural que resulte em área final que ultrapasse quatro módulos fiscais. *(Redação dada pelo Decreto nº 11.637, de 2023)*

§ 1º Na hipótese de sucessão legítima ou testamentária da concessão objeto de CDRU pendente de cumprimento das cláusulas resolutivas, os herdeiros assumirão as obrigações constantes do instrumento titulatório.

§ 2º Na hipótese de haver mais de um herdeiro interessado, a transferência da concessão objeto do CDRU se dará na forma de condomínio.

§ 3º O Incra revogará o CDRU, providenciará a restituição da posse do lote e poderá indenizar benfeitorias úteis e necessárias feitas de boa-fé, nas hipóteses de: *(Redação dada pelo Decreto nº 11.637, de 2023)*

I - não haver herdeiro ou legatário que seja agricultor familiar que atenda aos requisitos previstos no art. 3º da Lei nº 11.326, de 2006; ou *(Redação dada pelo Decreto nº 11.637, de 2023)*

II - haver herdeiro ou legatário que seja agricultor familiar e que, no entanto, não queira ou não possa assumir as obrigações constantes do CDRU. *(Redação dada pelo Decreto nº 11.637, de 2023)*

§ 4º Dissolvida a sociedade conjugal, se, a critério do Incra não for possível o fracionamento do lote, a mulher terá preferência para permanecer no imóvel e assumir os direitos e as obrigações decorrentes do CDRU, exceto na hipótese de o homem ficar com a guarda dos filhos menores.

§ 5º A transferência de que trata o *caput* será processada administrativamente pelo Incra.

§ 6º A cada transferência de titularidade da concessão objeto do CDRU, será cobrado pelo Incra a quantia correspondente a cinco por cento sobre o valor da pauta de valores para fins de titulação.

Art. 33. O titular da concessão objeto do CDRU poderá, a qualquer tempo, optar por convertê-lo em TD, sem prejuízo na contagem do prazo de inegociabilidade, cujo valor da alienação será calculado na forma estabelecida no art. 38.

Art. 34. O TD é o instrumento com força de escritura pública que transfere, de forma onerosa ou gratuita e em caráter definitivo, a propriedade do imóvel da reforma agrária ao beneficiário e é inegociável durante o período de dez anos.

Art. 35. Nos projetos de assentamento criados em terras devolutas discriminadas e registradas em nome do Incra ou da União, a alienação de propriedade objeto de TD de lotes de até um módulo fiscal será gratuita.

Parágrafo único. Decorrido o prazo de dez anos a que se refere o art. 34 e cumpridas as condições resolutivas, a propriedade objeto do TD é negociável por ato inter vivos, vedada a incorporação da área titulada a outro imóvel rural cuja área final ultrapasse quatro módulos fiscais.

Art. 36. Durante a vigência das cláusulas resolutivas, a propriedade objeto do TD é transferível por sucessão legítima ou testamentária.

Parágrafo único. Na hipótese de sucessão legítima ou testamentária da propriedade objeto de TD pendente de cumprimento das cláusulas resolutivas, os herdeiros assumirão as obrigações constantes do instrumento titulatório.

Art. 37. Além das medidas judiciais cabíveis, o Incra poderá pleitear administrativamente a nulidade da alienação feita em desacordo com o disposto no art. 22, § 1º, da Lei nº 8.629, de 1993, perante a Corregedoria-Geral de Justiça competente, a quem caberá decidir pela declaração de nulidade, nos termos do disposto no art. 214 da Lei nº 6.015, de 31 de dezembro de 1973.

Art. 38. O valor da alienação na TD considerará a área total do lote em módulos fiscais e será estabelecido, entre dez por cento até o limite de trinta por cento do valor mínimo da pauta de valores da terra nua para fins de titulação e regularização fundiária elaborada pelo Incra, nos seguintes termos:

I - até um módulo fiscal - dez por cento do valor mínimo da pauta de valores da terra nua para fins de titulação e regularização fundiária; e

II - acima de um até quatro módulos fiscais - será estabelecido entre dez por cento e trinta por cento do valor mínimo da pauta de valores da terra nua, para fins de titulação e regularização fundiária, conforme a fórmula e os coeficientes estabelecidos no Anexo I e no Anexo III, respectivamente.

§ 1º A pauta de valores referida no *caput* será elaborada com base no valor médio dos imóveis avaliados pelo Incra para fins de obtenção de terras em uma mesma região e o valor mínimo será equivalente a setenta e cinco por cento do valor médio e o valor máximo, equivalente a cento e vinte e cinco por cento do valor médio, conforme disciplinado pelo Incra.

§ 2º A pauta de valores terá validade de um ano e será atualizada anualmente pelo Incra até o final do primeiro trimestre, com base nas avaliações realizadas nos vinte anos anteriores, corrigidas monetariamente pelo Índice Nacional de Preços ao Consumidor Amplo Especial - IPCA-E.

§ 3º Na hipótese do lote ser maior do que um módulo fiscal, não será concedida a gratuidade prevista no art. 35.

§ 4º Em áreas localizadas em mais de um Município cujos valores mínimos da pauta de valores para fins de titulação sejam diversos, prevalecerá o menor valor.

§ 5º Os TD expedidos sob a vigência de norma anterior, com cláusulas adimplidas ou não, poderão ter seus valores reenquadrados de acordo com o previsto neste artigo, mediante requerimento do beneficiário, no prazo de cinco anos, contado da data de publicação do Decreto nº 10.166, de 10 de dezembro de 2019, vedada a restituição de valores já pagos, ainda que excedam o valor devido após o reenquadramento. *(Redação dada pelo Decreto nº 10.166, de 2019)*

§ 6º O reenquadramento previsto no § 5º não implica cancelamento do TD já expedido, hipótese em que será firmado termo aditivo.

§ 7º Para fins do reenquadramento, o valor já comprovadamente pago será atualizado monetariamente pelo IPCA-E.

§ 8º Na hipótese de reenquadramento, as prestações vincendas do TD poderão ser pagas com desconto de vinte por cento, em parcela única, no prazo de cento e oitenta dias, contado da data de entrega do termo aditivo. *(Incluído pelo Decreto nº 10.166, de 2019)*

Art. 39. O pagamento do TD será efetuado à vista ou a prazo, em prestações anuais e sucessivas, amortizáveis em até vinte anos, incluída a carência de três anos, conforme valor mínimo de parcela a ser estabelecido pelo Incra.

§ 1º Para pagamento à vista, será concedido desconto de vinte por cento sobre o valor atualizado do título desde que efetuado dentro no prazo de cento e oitenta dias, contado da data da do recebimento do título ou do termo aditivo, na hipótese de reenquadramento.

§ 2º Sobre o valor das parcelas anuais incidirá taxa de juros de um por cento ao ano.

§ 3º Na hipótese de atraso no pagamento da prestação anual, sobre o seu valor vencido incidirão juros de mora de cinco décimos por cento ao mês, além da atualização monetária de um por cento ao ano.

§ 4º As condições de pagamento, carência e encargos financeiros estabelecidos neste artigo serão aplicadas aos TD já outorgados, mediante solicitação do beneficiário, hipótese em que será firmado termo aditivo. *(Redação dada pelo Decreto nº 10.166, de 2019)*

Art. 40. O inadimplemento da obrigação de pagamento nos prazos estipulados no TD constitui em mora o beneficiário.

§ 1º O beneficiário poderá purgar a mora e evitar a rescisão do TD e a reversão da posse e da propriedade do imóvel ao Incra por meio do pagamento da parcela em atraso, acrescida de multa e encargos. *(Redação dada pelo Decreto nº 10.166, de 2019)*

§ 2º Na hipóteses de descumprimento do disposto no § 1º, o Incra adotará medidas administrativas ou judiciais para a cobrança da parcela em atraso. *(Redação dada pelo Decreto nº 10.166, de 2019)*

§ 3º O atraso de cinco prestações, alternadas ou não, acarretará o vencimento antecipado do valor total do débito, facultada a possibilidade de o interessado purgar a mora mediante o pagamento das parcelas em atraso. *(Redação dada pelo Decreto nº 10.166, de 2019)*

§ 4º Na hipótese de vencimento antecipado, o não pagamento do valor total do débito importa reversão do imóvel ao Incra, caso não atenda o disposto no§ 3º. *(Incluído pelo Decreto nº 10.166, de 2019)*

Art. 41. Verificado o cumprimento das cláusulas resolutivas na forma disciplinada pelo Incra e comprovada a quitação do valor relativo ao TD, o Incra emitirá certidão de baixa das condições resolutivas, que deverá ser averbada no registro de imóveis.

Parágrafo único. O inadimplemento de crédito de instalação não obsta a emissão da certidão de baixa das condições resolutivas do TD, que será cobrado de acordo com o disposto no art. 37-A da Lei nº 10.522, de 19 de julho de 2002.

Art. 42. Fica o Incra autorizado a doar áreas de sua propriedade remanescentes de projetos de assentamento aos Estados, ao Distrito Federal, aos Municípios e às entidades da administração pública indireta, independentemente de licitação, para a utilização de seus serviços, para atividades ou obras reconhecidas como de interesse público ou social, observado, no que couber, o disposto na Lei nº 9.636, de 15 de maio de 1998, e em ato normativo do Incra, desde que:

I - tenham sido incorporadas à zona urbana; ou

II - tenham sido destinadas à implantação de infraestrutura de interesse público ou social.

§ 1º Na hipótese do inciso II do *caput*, os assentados no projeto de assentamento serão previamente consultados sobre a doação.

§ 2º Em assentamentos localizados na Faixa de Fronteira, a doação de áreas será precedida do assentimento prévio do Conselho de Defesa Nacional, conforme estabelecido na Lei nº 6.634, de 2 de maio de 1979.

Art. 43. O Incra poderá outorgar título provisório ou definitivo, oneroso ou gratuito, de áreas de projetos de assentamento para a implantação de infraestrutura reconhecida como de interesse público, social ou econômico a associações ou a outras entidades legalmente constituídas ou integradas por assentados.

Art. 44. A vedação de fracionamento do imóvel abaixo da fração mínima de parcelamento, prevista no art. 18-A da Lei nº 8.629, de 1993, somente se aplica aos lotes rurais destinados à exploração rural pela unidade familiar e não incide sobre lotes de caráter urbano, assim entendidos os que se destinarem a agrovilas ou a instalações para fins de utilidade pública e prestação de serviços de natureza social ou econômica.

Art. 45. Não se aplicam os limites de área estabelecidos no art. 18-A da Lei nº 8.629, de 1993, aos projetos de assentamento ambientalmente diferenciados, se incompatíveis com as peculiaridades da organização espacial e de exploração.

CAPÍTULO IV – DISPOSIÇÕES FINAIS

Art. 46. Para efeitos do disposto no inciso V do *caput* do art. 17 da Lei nº 8.629, de 1993, serão considerados:

I - conclusão dos investimentos:

a) a execução dos serviços de medição e demarcação topográfica georreferenciada do perímetro e das parcelas no projeto de assentamento, conforme critérios estabelecidos pelo Incra; e

b) a viabilização de meios de acesso no assentamento que permitam o trânsito de pessoas e o escoamento da produção e a instalação de energia elétrica, de abastecimento de água e de moradia no assentamento; e

II - concessão dos créditos de instalação - a disponibilização de créditos de instalação previstos no Decreto nº 9.066, de 31 de maio de 2017, a no mínimo cinquenta por cento dos beneficiários do assentamento.

§ 1º O ato de consolidação do assentamento encerra a disponibilização pelo Incra dos investimentos de infraestrutura, sem prejuízo da continuidade da concessão do crédito de instalação, na forma prevista no Decreto nº 9.066, de 2017.

§ 2º As informações relativas ao estabelecido nos incisos I e II do *caput* e aquelas relativas à dominialidade dos imóveis integrantes do PNRA serão atualizadas na forma disciplinada pelo Incra.

§ 3º Os investimentos descritos na alínea "b" do inciso I do *caput*, referentes à infraestrutura dos assentamentos, deverão ser priorizados pelos entes federativos competentes pela sua implantação.

Art. 47. Independentemente do cumprimento dos requisitos de concessão de créditos de instalação e a conclusão dos investimentos, considera-se consolidado o projeto de assentamento após quinze anos de sua implantação. *(Redação dada pelo Decreto nº 10.166, de 2019)*

§ 1º O Incra poderá, em decisão fundamentada, afastar a consolidação, observado o disposto no *caput*. *(Incluído pelo Decreto nº 10.166, de 2019)*

§ 2º Os assentamentos que, em 1º de junho de 2017, contarem com quinze anos ou mais de criação, deverão ser consolidados em até três anos. *(Incluído pelo Decreto nº 10.166, de 2019)*

Art. 48. As benfeitorias, reprodutivas ou não, existentes no imóvel destinado para reforma agrária poderão ser cedidas aos beneficiários para exploração individual ou coletiva em benefício da comunidade de assentados.

§ 1º Constatada a inviabilidade ou a inconveniência da exploração ou do uso coletivo das benfeitorias existentes no imóvel, até o parcelamento da área, o Incra poderá realizar sua doação em favor da comunidade de assentados, condicionada à prévia elaboração de plano de alienação e aplicação do valor obtido na implantação de infraestrutura produtiva, social ou cultural em proveito do assentamento.

§ 2º O Incra examinará e aprovará previamente o plano de alienação e aplicação do valor obtido a que se refere o § 1º, a ser executado pela representação dos assentados, com prestação de contas à comunidade de assentados e ao Incra.

Art. 49. O Incra poderá firmar acordos de cooperação técnica, convênios ou outros instrumentos congêneres com os Estados, o Distrito Federal e os Municípios para viabilizar as atividades previstas neste Decreto, inclusive para a implantação de obras simplificadas de infraestrutura.

Parágrafo único. Nas obras simplificadas de infraestrutura de abastecimento de água e de manutenção e recuperação de estradas em projetos de assentamento, na forma definida pelo Incra, o acordo de cooperação técnica, convênio ou outro instrumento congênere a que se refere o *caput* poderá estabelecer a transferência da execução das obras e do fornecimento de materiais e serviços.

Art. 50. O Decreto nº 4.449, de 30 de outubro de 2002, passa a vigorar com as seguintes alterações:

› *Alterações inseridas no texto da referida norma.*

Art. 51. Ficam revogados:

I - o § 1º ao § 4º do art. 8º do Decreto nº 4.449, de 30 de outubro de 2002; e

II - o Decreto nº 8.738, de 3 de maio de 2016.

Art. 52. Este Decreto entra em vigor na data de sua publicação.

Brasília, 15 de março de 2018;
197º da Independência e 130º da República.

MICHEL TEMER
Eliseu Padilha
DOU de 16.3.2018

› *Deixamos de publicar os Anexos a este Decreto.*

LEI Nº 9.636, DE 15 DE MAIO DE 1998

Dispõe sobre a regularização, administração, aforamento e alienação de bens imóveis de domínio da União, altera dispositivos dos Decretos-Leis nºs 9.760, de 5 de setembro de 1946, e 2.398, de 21 de dezembro de 1987, regulamenta o § 2º do art. 49 do Ato das Disposições Constitucionais Transitórias, e dá outras providências.

O PRESIDENTE DA REPÚBLICA,

Faço saber que o Congresso Nacional decreta e eu sanciono a seguinte Lei:

CAPÍTULO I – DA REGULARIZAÇÃO E UTILIZAÇÃO ORDENADA

Art. 1º É o Poder Executivo autorizado, por intermédio da Secretaria de Coordenação e Governança do Patrimônio da União da Secretaria Especial de Desestatização, Desinvestimento e Mercados do Ministério da Economia, a executar ações de identificação, de demarcação, de cadastramento, de registro e de fiscalização dos bens imóveis da União e a regularizar as ocupações desses imóveis, inclusive de assentamentos informais de baixa renda, e poderá, para tanto, firmar convênios com os Estados, o Distrito Federal e os Municípios em cujos territórios se localizem e, observados os procedimentos licitatórios previstos em lei, celebrar contratos com a iniciativa privada. *(Artigo com redação dada pela Medida Provisória nº 915, de 27/12/2019, convertida na Lei nº 14.011, de 10/6/2020)*

§ 1º Fica dispensada a exigência de habilitação técnica complementar para execução de georreferenciamento e inscrição em registro ou cadastro fundiário públicos dos imóveis de que trata o *caput* deste artigo, quando o responsável técnico for servidor ou empregado público ocupante de cargo ou de emprego compatível com o exercício dessas atividades. *(Parágrafo acrescido pela Lei nº 14.474, de 6/12/2022)*

§ 2º Constitui requisito à dispensa de que trata o § 1º deste artigo para o credenciamento do servidor ou do empregado público perante o Instituto Nacional de Colonização e Reforma Agrária (Incra), para atendimento ao disposto no § 5º do art. 176 da Lei nº 6.015, de 31 de dezembro de 1973 (Lei dos Registros Públicos), a indicação por ato do Secretário de Coordenação e Governança do Patrimônio da União. *(Parágrafo acrescido pela Lei nº 14.474, de 6/12/2022)*

Art. 1º-A. A comunicação dos atos necessários à execução das ações previstas no art. 1º desta Lei e das atividades de destinação de imóveis da União, de auto de infração, de arrecadação e de cobrança de receitas patrimoniais poderá ser efetuada mediante notificação por meio eletrônico, nos termos definidos pelo Secretário de Coordenação e Governança do Patrimônio da União.

Parágrafo único. Na hipótese de notificação prevista no *caput* deste artigo, o usuário de imóvel da União será considerado notificado 30 (trinta) dias após a inclusão da informação no sistema eletrônico e o envio da respectiva mensagem. *(Artigo acrescido pela Lei nº 14.474, de 6/12/2022)*

Art. 2º Concluído, na forma da legislação vigente, o processo de identificação e demarcação das terras de domínio da União, a SPU lavrará, em livro próprio, com força de escritura pública, o termo competente, incorporando a área ao patrimônio da União.

§ 1º O termo a que se refere o *caput* deste artigo será registrado no Cartório de Registro de Imóveis competente, com certidão de inteiro teor, acompanhado de plantas e de outros documentos técnicos que permitam a correta caracterização do imóvel. *(Parágrafo único transformado em § 1º e com nova redação dada pela Lei nº 14.474, de 6/12/2022)*

§ 2º Nos registros relativos a direitos reais de titularidade da União, deverão ser utilizados o número de inscrição no Cadastro Nacional da Pessoa Jurídica (CNPJ) do órgão central da Secretaria de Coordenação e Governança do Patrimônio da União e o nome "UNIÃO", independentemente do órgão gestor do imóvel, retificados para esse fim os registros anteriores à vigência deste dispositivo. *(Parágrafo acrescido pela Lei nº 14.474, de 6/12/2022)*

Art. 3º A regularização dos imóveis de que trata esta Lei, junto aos órgãos municipais e aos Cartórios de Registro de Imóveis, será promovida pela SPU e pela Procuradoria-Geral da Fazenda Nacional - PGFN, com o concurso, sempre que necessário, da Caixa Econômica Federal - CEF.

Parágrafo único. Os órgãos públicos federais, estaduais e municipais e os Cartórios de Registro de Imóveis darão preferência ao atendimento dos serviços de regularização de que trata este artigo.

Art. 3º-A. Caberá ao Poder Executivo organizar e manter sistema unificado de informações sobre os bens de que trata esta Lei, que conterá, além de outras informações relativas a cada imóvel:

I - a localização e a área;

II - a respectiva matrícula no registro de imóveis competente;

III - o tipo de uso;

IV - a indicação da pessoa física ou jurídica à qual, por qualquer instrumento, o imóvel tenha sido destinado; e

V - o valor atualizado, se disponível.

Parágrafo único. As informações do sistema de que trata o *caput* deste artigo deverão ser disponibilizadas na internet, sem prejuízo de outras formas de divulgação. *(Artigo acrescido pela Lei nº 11.481, de 31/05/2007)*

SEÇÃO I – DA CELEBRAÇÃO DE CONVÊNIOS E CONTRATOS

Art. 4º Os Estados, o Distrito Federal, os Municípios e a iniciativa privada, a critério da Secretaria de Coordenação e Governança do Patrimônio da União, observadas as instruções que regulamentam a matéria, poderão firmar, mediante convênios ou contratos com essa Secretaria, compromisso para executar ações de demarcação, de cadastramento, de avaliação, de venda e de fiscalização de áreas do patrimônio da União, assim como para o planejamento, a execução e a aprovação dos parcelamentos urbanos e rurais. *("Caput" do artigo com redação dada pela Lei nº 14.011, de 10/6/2020)*

§ 1º Na elaboração e execução dos projetos de que trata este artigo, serão sempre respeitados a preservação e o livre acesso às praias marítimas, fluviais e lacustres e a outras áreas de uso comum do povo.

§ 2º Como retribuição pelas obrigações assumidas na elaboração dos projetos de parcelamentos urbanos e rurais, os Estados, o Distrito Federal, os Municípios e a iniciativa privada farão jus a parte das receitas provenientes da alienação dos imóveis da União, no respectivo projeto de parcelamento, até a satisfação integral dos custos por eles assumidos, observado que: *(Parágrafo com redação dada pela Lei nº 14.011, de 10/6/2020)*

I e II - *(Revogados pela Lei nº 14.011, de 10/6/2020)*

III - os contratos e convênios firmados em conformidade com o disposto no *caput* deste artigo deverão ser registrados nas matrículas dos imóveis; *(Inciso acrescido pela Lei nº 14.011, de 10/6/2020)*

IV - o interessado que optar pela aquisição da área por ele ocupada poderá desmembrar parte de seu imóvel para fins de pagamento dos custos da regularização, respeitado o limite mínimo de parcelamento definido no plano diretor do Município em que se encontre; *(Inciso acrescido pela Lei nº 14.011, de 10/6/2020)*

V - a partir da assinatura dos contratos ou convênios, as taxas de ocupação poderão ser revertidas para amortizar os custos da regularização no momento da alienação, desde que o ocupante esteja adimplente e seja comprovada a sua participação no financiamento dos custos para regularização do parcelamento; *(Inciso acrescido pela Lei nº 14.011, de 10/6/2020)*

VI - o domínio útil ou pleno dos lotes resultantes de projetos urbanísticos poderá ser vendido para o ressarcimento dos projetos de parcelamento referidos no *caput* deste parágrafo; *(Inciso acrescido pela Lei nº 14.011, de 10/6/2020)*

VII - os custos para a elaboração das peças técnicas necessárias à regularização de imóvel da União, para fins de alienação, poderão ser abatidos do valor do pagamento do imóvel no momento da sua aquisição. *(Inciso acrescido pela Lei nº 14.011, de 10/6/2020)*

§ 3º A participação nas receitas de que trata o parágrafo anterior será ajustada nos respectivos convênios ou contratos, observados os limites previstos em regulamento e as instruções a serem baixadas pelo Ministro de Estado da Fazenda, que considerarão a complexidade, o volume e o custo dos trabalhos de identificação, demarcação, cadastramento, recadastramento e fiscalização das áreas vagas existentes, bem como de elaboração e execução dos projetos de parcelamento e urbanização e, ainda, o valor de mercado dos imóveis na região e, quando for o caso, a densidade de ocupação local.

§ 4º A participação dos Estados e Municípios nas receitas de que tratam os incisos I e II poderá ser realizada mediante repasse de recursos financeiros.

§ 5º Na contratação, por intermédio da iniciativa privada, da elaboração e execução dos projetos urbanísticos de que trata este artigo, observados os procedimentos licitatórios previstos em lei, quando os serviços contratados envolverem, também, a cobrança e o recebimento das receitas deles decorrentes, poderá ser admitida a dedução prévia, pela contratada, da participação acordada.

Art. 5º A demarcação de terras, o cadastramento e os loteamentos, realizados com base no disposto no art. 4º, somente terão validade depois de homologados pela SPU.

Art. 5º-A. Após a conclusão dos trabalhos, a Secretaria do Patrimônio da União (SPU) fica autorizada a utilizar, total ou parcialmente, os dados e informações decorrentes dos serviços executados por empresas contratadas para prestação de consultorias e elaboração de trabalhos de atualização e certificação cadastral, pelo prazo de até vinte anos, nos termos constantes de ato da SPU. *(Artigo acrescido pela Lei nº 13.465, de 11/7/2017)*

SEÇÃO II – DO CADASTRAMENTO

Art. 6º Para fins do disposto no art. 1º desta Lei, as terras da União deverão ser cadastradas, nos termos do regulamento. *("Caput" do artigo com redação dada pela Lei nº 11.481, de 31/5/2007)*

§ 1º Nas áreas urbanas, em imóveis possuídos por população carente ou de baixa renda para sua moradia, onde não for possível individualizar as posses, poderá ser feita a demarcação da área a ser regularizada, cadastrando-se o assentamento, para posterior outorga de título de forma individual ou coletiva. *(Parágrafo com redação dada pela Lei nº 11.481, de 31/5/2007)*

§§ 2º a 4º *(Revogados pela Lei nº 11.481, de 31/5/2007)*

Art. 6º-A. No caso de cadastramento de ocupações para fins de moradia cujo ocupante seja considerado carente ou de baixa renda, na forma do § 2º do art. 1º do Decreto-Lei nº 1.876, de 15 de julho de 1981, a União poderá proceder à regularização fundiária da área, utilizando, entre outros, os instrumentos previstos no art. 18, no inciso VI do art. 19 e nos arts. 22-A e 31 desta Lei. *(Artigo acrescido pela Lei nº 11.481, de 31/5/2007)*

SEÇÃO II-A – DA INSCRIÇÃO DA OCUPAÇÃO

(Seção acrescida pela Lei nº 11.481, de 31/05/2007)

Art. 7º A inscrição de ocupação, a cargo da Secretaria do Patrimônio da União, é ato administrativo precário, resolúvel a qualquer tempo, que pressupõe o efetivo aproveitamento do terreno pelo ocupante, nos termos do regulamento, outorgada pela administração depois de analisada a conveniência e oportunidade, e gera obrigação de pagamento anual da taxa de ocupação. *("Caput" do artigo com redação dada pela Lei nº 11.481, de 31/5/2007)*

§ 1º É vedada a inscrição de ocupação sem a comprovação do efetivo aproveitamento de que trata o *caput* deste artigo. *(Parágrafo com redação dada pela Lei nº 11.481, de 31/5/2007)*

§ 2º A comprovação do efetivo aproveitamento será dispensada nos casos de assentamentos informais definidos pelo Município como área ou zona especial de interesse social, nos termos do seu plano diretor ou outro instrumento legal que garanta a função social da área, exceto na faixa de fronteira ou quando se tratar de imóveis que estejam sob a administração do Ministério da Defesa e dos Comandos da Marinha, do Exército e da Aeronáutica. *(Parágrafo com redação dada pela Lei nº 11.481, de 31/5/2007)*

§ 3º A inscrição de ocupação de imóvel dominial da União, a pedido ou de ofício, será formalizada por meio de ato da autoridade local da Secretaria do Patrimônio da União em processo administrativo específico. *(Parágrafo com redação dada pela Lei nº 11.481, de 31/5/2007)*

§ 4º Será inscrito o ocupante do imóvel, tornando-se este o responsável no cadastro dos bens dominiais da União, para efeito de administração e cobrança de receitas patrimoniais. *(Parágrafo com redação dada pela Lei nº 11.481, de 31/5/2007)*

§ 5º As ocupações anteriores à inscrição, sempre que identificadas, serão anotadas no cadastro a que se refere o § 4º. *(Parágrafo com redação dada pela Lei nº 13.139, de 26/6/2015)*

§ 6º Os créditos originados em receitas patrimoniais decorrentes da ocupação de imóvel da União serão lançados após concluído o processo administrativo correspondente, observadas a decadência e a inexigibilidade previstas no art. 47 desta Lei. *(Parágrafo acrescido pela Lei nº 11.481, de 31/5/2007)*

§ 7º Para fins de regularização nos registros cadastrais da Secretaria do Patrimônio da União do Ministério do Planejamento, Desenvolvimento e Gestão das ocupações ocorridas até 10 de junho de 2014, as transferências de posse na cadeia sucessória do imóvel serão anotadas no cadastro dos bens dominiais da União para o fim de cobrança de receitas patrimoniais dos responsáveis, independentemente do prévio recolhimento do laudêmio. *(Parágrafo acrescido pela Lei nº 11.481, de 31/5/2007, com redação dada pela Lei nº 13.813, de 9/4/2019)*

Art. 8º Na realização do cadastramento ou recadastramento de ocupantes, serão observados os procedimentos previstos no art. 128 do Decreto-Lei nº 9.760, de 5 de setembro de 1946, com as alterações desta Lei.

Art. 9º É vedada a inscrição de ocupações que:

I - ocorreram após 10 de junho de 2014; *(Inciso com redação dada pela Lei nº 13.139, de 26/6/2015)*

II - estejam concorrendo ou tenham concorrido para comprometer a integridade das áreas de uso comum do povo, de segurança nacional, de preservação ambiental ou necessárias à preservação dos ecossistemas naturais e de implantação de programas ou ações de regularização fundiária de interesse social ou habitacionais das reservas indígenas, das áreas ocupadas por comunidades remanescentes de quilombos, das vias federais de comunicação e das áreas reservadas para construção de hidrelétricas ou congêneres, ressalvados os casos especiais autorizados na forma da lei. *(Inciso com redação dada pela Lei nº 11.481, de 31/5/2007)*

Art. 10. Constatada a existência de posses ou ocupações em desacordo com o disposto nesta Lei, a União deverá imitir-se sumariamente na posse do imóvel, cancelando-se as inscrições eventualmente realizadas.

Parágrafo único. Até a efetiva desocupação, será devida à União indenização pela posse ou ocupação ilícita, correspondente a 10% (dez por cento) do valor atualizado do domínio pleno do terreno, por ano ou fração de ano em que a União tenha ficado privada da posse ou ocupação do imóvel, sem prejuízo das demais sanções cabíveis.

Art. 10-A. A autorização de uso sustentável, de incumbência da Secretaria do Patrimônio da União (SPU), ato administrativo excepcional, transitório e precário, é outorgada às comunidades tradicionais, mediante termo, quando houver necessidade de reconhecimento de ocupação em área da União, conforme procedimento estabelecido em ato da referida Secretaria.

Parágrafo único. A autorização a que se refere o *caput* deste artigo visa a possibilitar a ordenação do uso racional e sustentável dos recursos naturais disponíveis na orla marítima e fluvial, destinados à subsistência da população tradicional, de maneira a possibilitar o início do processo de regularização fundiária que culminará na concessão de título definitivo, quando cabível. *(Artigo acrescido pela Medida Provisória nº 759, de 22/12/2016, convertida na Lei nº 13.465, de 11/7/2017)*

SEÇÃO III – DA FISCALIZAÇÃO E CONSERVAÇÃO

Art. 11. Caberá à SPU a incumbência de fiscalizar e zelar para que sejam mantidas a destinação e o interesse público, o uso e a integridade física dos imóveis pertencentes ao patrimônio da União, podendo, para tanto, por intermédio de seus técnicos credenciados, embargar serviços e obras, aplicar multas e demais sanções previstas em lei e, ainda, requisitar força policial federal e solicitar o necessário auxílio de força pública estadual.

§ 1º Para fins do disposto neste artigo, quando necessário, a SPU poderá, na forma do regulamento, solicitar a cooperação de força militar federal.

§ 2º A incumbência de que trata o presente artigo não implicará prejuízo para:

I - as obrigações e responsabilidades previstas nos arts. 70 e 79, § 2º, do Decreto-Lei nº 9.760, de 1946;

II - as atribuições dos demais órgãos federais, com área de atuação direta ou indiretamente relacionada, nos termos da legislação vigente, com o patrimônio da União.

§ 3º As obrigações e prerrogativas previstas neste artigo poderão ser repassadas, no que couber, às entidades conveniadas ou contratadas na forma dos arts. 1º e 4º.

§ 4º Constitui obrigação do Poder Público federal, estadual e municipal, observada a legislação específica vigente, zelar pela manutenção das áreas de preservação ambiental, das necessárias à proteção dos ecossistemas naturais e de uso comum do povo, independentemente da celebração de convênio para esse fim.

Art. 11-A. Para efeitos desta Lei, considera-se avaliação de imóvel a atividade desenvolvida por profissional habilitado para identificar o valor de bem imóvel, os seus custos, frutos e direitos e determinar os indicadores de viabilidade de sua utilização econômica para determinada finalidade, por meio do seu valor de mercado, do valor da terra nua, do valor venal ou do valor de referência, consideradas suas características físicas e econômicas, a partir de exames, vistorias e pesquisas.

§ 1º As avaliações no âmbito da União terão como objeto os bens classificados como de uso comum do povo, de uso especial e dominicais, nos termos estabelecidos em ato da Secretaria do Patrimônio da União (SPU).

§ 2º Os imóveis da União cedidos ou administrados por outros órgãos ou entidades da administração pública federal serão por estes avaliados, conforme critérios estabelecidos em ato da Secretaria do Patrimônio da União (SPU). *(Artigo acrescido pela Medida Provisória nº 759, de 22/12/2016, convertida na Lei nº 13.465, de 11/7/2017)*

Art. 11-B. O valor do domínio pleno do terreno da União será obtido com base na planta de valores da Secretaria de Coordenação e Governança do Patrimônio da União. *(Redação dada pela Lei nº 14.011, de 10/6/2020)*

I e II – *(Revogados pela Lei nº 14.011, de 10/6/2020)*

§§ 1º a 3º *(Revogados pela Lei nº 14.011, de 10/6/2020)*

§ 4º Os Municípios e o Distrito Federal fornecerão à Secretaria de Coordenação e Governança do Patrimônio da União, até 30 de junho de cada ano, o valor venal dos terrenos localizados sob sua jurisdição, para subsidiar a atualização da base de dados da referida Secretaria. *(Parágrafo acrescido pela Lei nº 13.465, de 11/7/2017 e com redação dada pela Medida Provisória nº 915, de 27/12/2019, convertida na Lei nº 14.011, de 10/6/2020)*

§ 5º Em caso de descumprimento do prazo estabelecido no § 4º deste artigo para encaminhamento do valor venal dos terrenos pelos Municípios e pelo Distrito Federal, o ente federativo perderá o direito, no exercício seguinte, ao repasse de 20% (vinte por cento) dos recursos arrecadados por meio da cobrança de taxa de ocupação, foro e laudêmio aos Municípios e ao Distrito Federal onde estão localizados os imóveis que deram origem à cobrança, previstos no Decreto-Lei nº 2.398, de 21 de dezembro de 1987, e dos 20% (vinte por cento) da receita patrimonial decorrente da alienação desses imóveis, conforme o disposto na Lei nº 13.240, de 30 de dezembro de 2015. *(Parágrafo acrescido pela Lei nº 13.465, de 11/7/2017)*

§ 6º Para o exercício de 2017, o valor de que trata o *caput* deste artigo será determinado de acordo com a planta de valores da Secretaria do Patrimônio da União (SPU), referente ao exercício de 2016 e atualizada pelo percentual de 7,17% (sete inteiros e dezessete centésimos por cento), ressalvada a correção de inconsistências cadastrais. *(Parágrafo acrescido pela Lei nº 13.465, de 11/7/2017)*

§ 7º Ato do Secretário de Coordenação e Governança do Patrimônio da União disporá sobre as condições para o encaminhamento dos dados de que trata o § 4º deste artigo. *(Parágrafo acrescido pela Medida Provisória nº 915, de 27/12/2019, convertida na Lei nº 14.011, de 10/6/2020)*

§ 8º O lançamento de débitos relacionados ao foro, à taxa de ocupação e a outras receitas extraordinárias: *(Parágrafo acrescido pela Medida Provisória nº 915, de 27/12/2019, convertida na Lei nº 14.011, de 10/6/2020)*

I - utilizará como parâmetro o valor do domínio pleno do terreno estabelecido de acordo com o disposto no *caput* deste artigo; e *(Inciso acrescido pela Medida Provisória nº 915, de 27/12/2019, convertida na Lei nº 14.011, de 10/6/2020)*

II - observará o percentual máximo de atualização estabelecido em regulamento, aplicado sobre os valores cobrados no ano anterior, ressalvada a correção de inconsistências cadastrais. *(Inciso acrescido pela Medida Provisória nº 915, de 27/12/2019, convertida na Lei nº 14.011, de 10/6/2020, e com nova redação dada pela Medida Provisória nº 1.127, de 24/6/2022, convertida na Lei nº 14.474, de 6/12/2022)*

§ 8º-A. O regulamento a que se refere o inciso II do § 8º deste artigo não estabelecerá percentual superior a 2 (duas) vezes o Índice Nacional de Preços ao Consumidor Amplo (IPCA) do exercício anterior ou o índice que vier a substituí-lo. *(Parágrafo acrescido pela Medida Provisória nº 1.127, de 24/6/2022, convertida na Lei nº 14.474, de 6/12/2022)*

§ 9º A Secretaria de Coordenação e Governança do Patrimônio da União atualizará a planta de valores anualmente e estabelecerá os valores mínimos para fins de cobrança dos débitos a que se refere o § 8º deste artigo. *(Parágrafo acrescido pela Medida Provisória nº 915, de 27/12/2019, convertida na Lei nº 14.011, de 10/6/2020)*

§ 10. *(VETADO na Lei nº 14.011, de 10/6/2020)*

Art. 11-C. As avaliações para fins de alienação onerosa dos domínios pleno, útil ou direto de imóveis da União, permitida a contratação da Caixa Econômica Federal ou de empresas públicas, órgãos ou entidades da administração pública direta ou indireta da União, do Distrito Federal, dos Estados ou dos Municípios cuja atividade-fim seja o desenvolvimento urbano ou imobiliário, com dispensa de licitação, ou de empresa privada, por meio de licitação, serão realizadas: *("Caput" do artigo acrescido pela Medida Provisória nº 759, de 22/12/2016, convertida na Lei nº 13.465, de 11/7/2017 e com nova redação dada pela Lei nº 14.011, de 10/6/2020)*

I - pela Secretaria de Coordenação e Governança do Patrimônio da União; ou *(Inciso acrescido pela Medida Provisória nº 915, de 27/12/2019, convertida na Lei nº 14.011, de 10/6/2020)*

II - pelo órgão ou entidade pública gestora responsável pelo imóvel. *(Inciso acrescido pela Medida Provisória nº 915, de 27/12/2019, convertida na Lei nº 14.011, de 10/6/2020)*

§ 1º O preço mínimo para as alienações onerosas será fixado com base no valor de mercado do imóvel, estabelecido em laudo de avaliação, cujo prazo de validade será de 12 (doze) meses. *(Parágrafo acrescido pela Medida Provisória nº 759, de 22/12/2016, convertida na Lei nº 13.465, de 11/7/2017, e com nova redação dada pela Lei nº 14.474, de 6/12/2022)*

§ 2º Para as áreas públicas da União objeto da Reurb-E, nos casos de venda direta, o preço de venda será fixado com base no valor de mercado do imóvel, excluídas as benfeitorias realizadas pelo ocupante, cujo prazo de validade da avaliação será de, no máximo, doze meses. *(Parágrafo acrescido pela Lei nº 13.465, de 11/7/2017)*

§ 3º Para as alienações que tenham como objeto a remição do aforamento ou a venda do domínio pleno ou útil para os ocupantes ou foreiros regularmente cadastrados na SPU, a avaliação, cujo prazo de validade será de, no máximo, 12 (doze) meses, poderá ser realizada por trecho ou região, desde que comprovadamente homogêneos, com base em pesquisa mercadológica e critérios estabelecidos no zoneamento ou plano diretor do Município. *(Parágrafo acrescido pela Medida Provisória nº 759, de 22/12/2016, convertida e com redação dada pela Lei nº 13.465, de 11/7/2017)*

§ 4º Será admitida a avaliação por planta de valores da Secretaria de Coordenação e Governança do Patrimônio da União por ocasião da alienação de: *(Parágrafo acrescido pela Medida Provisória nº 915, de 27/12/2019, convertida na Lei nº 14.011, de 10/6/2020, e com nova redação dada pela Lei nº 14.474, de 6/12/2022)*

I - terrenos da União ou de suas frações de até 250 m² (duzentos e cinquenta metros quadrados) em área urbana; *(Inciso acrescido pela Lei nº 14.474, de 6/12/2022)*

II - imóveis inscritos em ocupação, utilizados como moradia pelos atuais ocupantes, independentemente da extensão da área; ou *(Inciso acrescido pela Lei nº 14.474, de 6/12/2022)*

III - imóveis rurais de até o limite do módulo fiscal, definido pelo Instituto Nacional de Colonização e Reforma Agrária (Incra). *(Inciso acrescido pela Lei nº 14.474, de 6/12/2022)*

§ 5º *(Parágrafo acrescido pela Medida Provisória nº 915, de 27/12/2019, convertida na Lei nº 14.011, de 10/6/2020, e revogado pela Lei nº 14.474, de 6/12/2022)*

§ 6º As avaliações poderão ser realizadas sem que haja visita presencial, por meio de modelos de precificação, automatizados ou não, nos termos dos §§ 4º e 5º deste artigo. *(Parágrafo acrescido pela Medida Provisória nº 915, de 27/12/2019, convertida na Lei nº 14.011, de 10/6/2020)*

§ 7º Os laudos de avaliação dos imóveis elaborados por empresas especializadas serão homologados pela Secretaria de Coordenação e Governança do Patrimônio da União ou pelo órgão ou entidade pública gestora do imóvel, por meio de modelos preestabelecidos e sistema automatizado *(Parágrafo acrescido pela Medida Provisória nº 915, de 27/12/2019, convertida na Lei nº 14.011, de 10/6/2020)*

§ 8º É dispensada a homologação de que trata o § 7º deste artigo dos laudos de avaliação realizados por banco público federal ou por empresas públicas. *(Parágrafo acrescido pela Medida Provisória nº 915, de 27/12/2019, convertida na Lei nº 14.011, de 10/6/2020)*

§ 9º O órgão ou a entidade pública gestora poderá estabelecer que o laudo de avaliação preveja os valores para a venda do imóvel de acordo com prazo inferior à média de absorção do mercado. *(Parágrafo acrescido pela Medida Provisória nº 915, de 27/12/2019, convertida na Lei nº 14.011, de 10/6/2020)*

§ 10. A Secretaria de Coordenação e Governança do Patrimônio da União poderá utilizar o valor estimado nos laudos de avaliação para fins de venda do imóvel em prazo menor do que a média de absorção do mercado. *(Parágrafo acrescido pela Medida Provisória nº 915, de 27/12/2019, convertida na Lei nº 14.011, de 10/6/2020)*

§ 11. É vedada a avaliação por empresas especializadas cujos sócios sejam servidores da Secretaria de Coordenação e Governança do Patrimônio da União ou da Secretaria Especial de Desestatização, Desinvestimento e Mercados do Ministério da Economia, ou seus parentes, em linha reta ou colateral, por consanguinidade ou afinidade, até o terceiro grau, inclusive. *(Parágrafo acrescido pela Medida Provisória nº 915, de 27/12/2019, convertida e com redação dada pela Lei nº 14.011, de 10/6/2020)*

§ 12. Ato do Secretário de Coordenação e Governança do Patrimônio da União disporá sobre critérios técnicos para a elaboração e a homologação dos laudos de avaliação. *(Parágrafo acrescido pela Medida Provisória nº 915, de 27/12/2019, convertida na Lei nº 14.011, de 10/6/2020)*

§ 13. Nos casos de homologação dos laudos de avaliação, a Secretaria de Coordenação e Governança do Patrimônio da União será responsável exclusivamente pela verificação das normas aplicáveis, sem prejuízo da responsabilidade integral do agente privado que elaborou o laudo. *(Parágrafo acrescido pela Lei nº 14.474, de 6/12/2022)*

§ 14. As avaliações de imóveis da União poderão ter seu prazo de validade estendido, por meio de revalidação, conforme critérios técnicos estabelecidos em ato do Secretário de Coordenação e Governança do Patrimônio da União. *(Parágrafo acrescido pela Lei nº 14.474, de 6/12/2022)*

Art. 11-D. Ato do Secretário de Coordenação e Governança do Patrimônio da União estabelecerá critérios técnicos e impessoais para habilitação de profissionais com vistas à execução de medidas necessárias ao processo de alienação dos bens imóveis da União. *("Caput" do artigo acrescido pela Medida Provisória nº 915, de 27/12/2019, convertida na Lei nº 14.011, de 10/6/2020)*

§ 1º A remuneração do profissional habilitado pela Secretaria de Coordenação e Governança do Patrimônio da União será devida somente na hipótese de êxito do processo de alienação correspondente. *(Parágrafo acrescido pela Medida Provisória nº 915, de 27/12/2019, convertida na Lei nº 14.011, de 10/6/2020)*

§ 2º Os laudos de avaliação dos imóveis elaborados pelos avaliadores serão homologados pela Secretaria de Coordenação e Governança do Patrimônio da União ou pelo órgão ou entidade pública gestora do imóvel, por meio de modelos preestabelecidos e sistema automatizado. *(Parágrafo acrescido pela Medida Provisória nº 915, de 27/12/2019, convertida e com redação dada pela Lei nº 14.011, de 10/6/2020)*

§ 3º O profissional ou empresa que atender aos critérios estabelecidos no ato a que se refere o *caput* deste artigo será automaticamente considerado habilitado, sem necessidade de declaração da Secretaria de Coordenação e Governança do Patrimônio da União. *(Parágrafo acrescido pela Medida Provisória nº 915, de 27/12/2019, convertida na Lei nº 14.011, de 10/6/2020)*

SEÇÃO IV – DO AFORAMENTO

Art. 12. Observadas as condições previstas no § 1º do art. 23 e resguardadas as situações previstas no inciso I do art. 5º do Decreto-Lei nº 2.398, de 1987, os imóveis dominiais da União, situados em zonas sujeitas ao regime enfitêutico, poderão ser aforados, mediante leilão ou concorrência pública, respeitado, como preço mínimo, o valor de mercado do respectivo domínio útil, estabelecido em avaliação de precisão, realizada, especificamente para esse fim, pela SPU ou, sempre que necessário, pela Caixa Econômica Federal, com validade de seis meses a contar da data de sua publicação.

§ 1º Na impossibilidade, devidamente justificada, de realização de avaliação de precisão, será admitida a avaliação expedita.

§ 2º Para realização das avaliações de que trata este artigo, a SPU e a CEF poderão contratar serviços especializados de terceiros, devendo os respectivos laudos, para os fins previstos nesta Lei, ser homologados por quem os tenha contratado, quanto à observância das normas técnicas pertinentes.

§ 3º Não serão objeto de aforamento os imóveis que: *("Caput" do parágrafo com redação dada pela Lei nº 13.139, de 26/6/2015, publicada no DOU de 29/6/2015, em vigor 120 dias após sua publicação)*

I - por sua natureza e em razão de norma especial, são ou venham a ser considerados indisponíveis e inalienáveis; e *(Inciso acrescido pela Lei nº 13.139, de 26/6/2015, publicada no DOU de 29/6/2015, em vigor 120 dias após sua publicação)*

II - são considerados de interesse do serviço público, mediante ato do Secretário do Patrimônio da União do Ministério do Planejamento, Orçamento e Gestão. *(Inciso acrescido pela Lei nº 13.139, de 26/6/2015, publicada no DOU de 29/6/2015, em vigor 120 dias após sua publicação)*

Art. 13. Na concessão do aforamento, será dada preferência a quem, comprovadamente, em 10 de junho de 2014, já ocupava o imóvel há mais de 1 (um) ano e esteja, até a data da formalização do contrato de alienação do domínio útil, regularmente inscrito como ocupante e em dia com suas obrigações perante a Secretaria do Patrimônio da União do Ministério do Planejamento, Orçamento e Gestão. *("Caput" do artigo com redação dada pela Lei nº 13.139, de 26/6/2015, publicada no DOU de 29/6/2015, em vigor 120 dias após sua publicação)*

§ 1º Previamente à publicação do edital de licitação, dar-se-á conhecimento do preço mínimo para venda do domínio útil ao titular da preferência de que trata este artigo, que poderá adquiri-lo por esse valor, devendo, para este fim, sob pena de decadência, manifestar o seu interesse na aquisição e apresentar a documentação exigida em lei na forma e nos prazos previstos em regulamento e, ainda, celebrar o contrato de aforamento de que trata o art. 14 no prazo de seis meses, a contar da data da notificação.

§ 2º O prazo para celebração do contrato de que trata o parágrafo anterior poderá ser prorrogado, a pedido do interessado e observadas as condições previstas em regulamento, por mais seis meses, situação em que, havendo variação significativa no mercado imobiliário local, será feita nova avaliação, correndo os custos de sua realização por conta do respectivo ocupante.

§ 3º A notificação de que trata o § 1º será feita por edital publicado no Diário Oficial da União e, sempre que possível, por carta registrada a ser enviada ao ocupante do imóvel que se encontre inscrito na SPU.

§ 4º O edital especificará o nome do ocupante, a localização do imóvel e a respectiva área, o valor de avaliação, bem como o local e horário de atendimento aos interessados.

§ 5º *(Revogado pela Lei nº 13.139, de 26/6/2015, publicada no DOU de 29/6/2015, em vigor 120 dias após sua publicação)*

§ 6º Para fins de regularização nos registros cadastrais da Secretaria do Patrimônio da União do Ministério do Planejamento, Desenvolvimento e Gestão dos aforamentos ocorridos até 10 de junho de 2014, as transferências de posse na cadeia sucessória do imóvel serão anotadas no cadastro dos bens dominiais da União para o fim de cobrança de receitas patrimoniais dos respectivos responsáveis, independentemente do prévio recolhimento do laudêmio. *(Parágrafo acrescido pela Medida Provisória nº 852, de 21/9/2018, convertida e com redação dada pela Lei nº 13.813, de 9/4/2019)*

Art. 14. O domínio útil, quando adquirido mediante o exercício da preferência de que tratam o art. 13 e o § 3º do art. 17 desta Lei, poderá ser pago: *("Caput" do artigo com redação dada pela Lei nº 13.465, de 11/7/2017)*

I - à vista; *(Inciso com redação dada pela Lei nº 13.465, de 11/7/2017)*

II - a prazo, mediante pagamento, no ato da assinatura do contrato de aforamento, de entrada mínima de 10% (dez por cento) do preço, a título de sinal e princípio de pagamento, e do saldo em até cento e vinte prestações mensais e consecutivas, devidamente atualizadas, observando-se, neste caso, que o término do parcelamento não poderá ultrapassar a data em que o adquirente completar oitenta anos de idade.

Parágrafo único. *(Revogado pela Lei nº 13.465, de 11/7/2017)*

Art. 15. A Secretaria do Patrimônio da União do Ministério do Planejamento, Orçamento e Gestão promoverá, mediante licitação, o aforamento dos terrenos de domínio da União situados em zonas sujeitas ao regime enfitêutico que estiverem vagos ou ocupados há até 1 (um) ano em 10 de junho de 2014, bem como daqueles cujos ocupantes não tenham exercido a preferência ou a opção de que tratam os arts. 13 e 17 desta Lei e o inciso I do *caput* do art. 5º do Decreto-Lei nº 2.398, de 21 de dezembro de 1987. *("Caput" do artigo com redação dada pela Lei nº 13.139, de 26/6/2015, publicada no DOU de 29/6/2015, em vigor 120 dias após sua publicação)*

§ 1º O domínio pleno das benfeitorias incorporadas ao imóvel, independentemente de quem as tenha realizado, será também objeto de alienação.

§ 2º Os ocupantes com até 1 (um) ano de ocupação em 10 de junho de 2014 que continuem ocupando o imóvel e estejam regularmente inscritos e em dia com suas obrigações perante a Secretaria do Patrimônio da União do Ministério do Planejamento, Orçamento e Gestão na data da realização da licitação poderão adquirir o domínio útil do imóvel, em caráter preferencial, pelo preço, abstraído o valor correspondente às benfeitorias por eles realizadas, e nas mesmas condições oferecidas pelo vencedor da licitação, desde que manifestem seu interesse no ato do pregão ou no prazo de 48 (quarenta e oito) horas, contado da publicação do resultado do julgamento da concorrência. *(Parágrafo com redação dada pela Lei nº 13.139, de 26/6/2015, publicada no DOU de 29/6/2015, em vigor 120 dias após sua publicação)*

§ 3º O edital de licitação especificará, com base na proporção existente entre os valores apurados no laudo de avaliação, o percentual a ser subtraído da proposta ou do lance vencedor, correspondente às benfeitorias realizadas pelo ocupante, caso este exerça a preferência de que trata o parágrafo anterior.

§ 4º Ocorrendo a venda, na forma deste artigo, do domínio útil do imóvel a terceiros, será repassado ao ocupante, exclusivamente neste caso, o valor correspondente às benfeitorias por ele realizadas calculado com base no percentual apurado na forma do parágrafo anterior, sendo vedada a extensão deste benefício a outros casos, mesmo que semelhantes.

§ 5º O repasse de que trata o parágrafo anterior será realizado nas mesmas condições de pagamento, pelo adquirente, do preço do domínio útil.

§ 6º Caso o domínio útil do imóvel não seja vendido no primeiro certame, serão promovidas, após a reintegração sumária da União na posse do imóvel, novas licitações, nas quais não será dada nenhuma preferência ao ocupante.

§ 7º Os ocupantes que não exercerem, conforme o caso, as preferências de que tratam os arts. 13 e 15, § 2º, e a opção de que trata o art. 17, nos termos e condições previstos nesta Lei e em seu regulamento, terão o prazo de sessenta dias para desocupar o imóvel, findo o qual ficarão sujeitos ao pagamento de indenização pela ocupação ilícita, correspondente a 10% (dez por cento) do valor atualizado do domínio pleno do terreno, por ano ou fração de ano, até que a União seja reintegrada na posse do imóvel.

Art. 16. Constatado, no processo de habilitação, que os adquirentes prestaram declaração falsa sobre pré-requisitos necessários ao exercício da preferência de que tratam os arts. 13, 15, § 2º, e 17, § 3º, desta Lei, e o inciso I do art. 5º do Decreto-Lei nº 2.398, de 1987, os respectivos contratos de aforamento serão nulos de pleno direito, sem prejuízo das sanções penais aplicáveis, independentemente de notificação judicial ou extrajudicial, retornando automaticamente o imóvel ao domínio pleno da União e perdendo os compradores o valor correspondente aos pagamentos eventualmente já efetuados.

Art. 16-A. Para os terrenos submetidos ao regime enfitêutico, ficam autorizadas a remição do foro e a consolidação do domínio pleno com o foreiro mediante o pagamento do valor correspondente ao domínio direto do terreno, segundo os critérios de avaliação previstos no art. 11-C desta Lei, cujo prazo de validade da avaliação será de, no máximo, doze meses, e das obrigações pendentes na Secretaria do Patrimônio da União (SPU), inclusive aquelas objeto de parcelamento, excluídas as benfeitorias realizadas pelo foreiro.

§ 1º Ficam dispensadas do pagamento pela remição as pessoas consideradas carentes ou de baixa renda, nos termos previstos no art. 1º do Decreto-Lei nº 1.876, de 15 de julho de 1981.

§ 2º A remição do foro e a consolidação do domínio pleno com o foreiro a que se refere este artigo poderão ser efetuadas à vista ou de forma parcelada, permitida a utilização dos recursos do FGTS para pagamento total, parcial ou em amortização de parcelas e liquidação do saldo devedor, observadas as demais regras e condições estabelecidas para uso do FGTS.

§ 3º As demais condições para a remição do foro dos imóveis submetidos ao regime enfitêutico a que se refere este artigo serão estabelecidas em ato da Secretaria do Patrimônio da União (SPU).

§ 4º O foreiro que não optar pela aquisição dos imóveis de que trata este artigo continuará submetido ao regime enfitêutico, na forma da legislação vigente.

§ 5º A Secretaria do Patrimônio da União (SPU) verificará a regularidade cadastral dos imóveis a serem alienados e procederá aos ajustes eventualmente necessários durante o processo de alienação.

§ 6º Não se aplica o disposto neste artigo aos imóveis da União:

I - administrados pelo Ministério das Relações Exteriores, pelo Ministério da Defesa ou pelos Comandos da Marinha, do Exército ou da Aeronáutica;

II - situados na faixa de fronteira de que trata a Lei nº 6.634, de 2 de maio de 1979, ou na faixa de segurança de que trata o § 3º do art. 49 do Ato das Disposições Constitucionais Transitórias.

§ 7º Para os fins desta Lei, considera-se faixa de segurança a extensão de trinta metros a partir do final da praia, nos termos do § 3º do art. 10 da Lei nº 7.661, de 16 de maio de 1988. *(Artigo acrescido pela Lei nº 13.465, de 11/7/2017)*

Art. 16-B. Fica o Poder Executivo Federal autorizado, por intermédio da Secretaria do Patrimônio da União (SPU), a contratar a Caixa Econômica Federal, independentemente de processo licitatório, para a prestação de serviços relacionados à administração dos contratos, à arrecadação e à cobrança administrativa decorrentes da remição do foro dos imóveis a que se refere o art. 16-A desta Lei.

Parágrafo único. A Caixa Econômica Federal representará a União na celebração dos contratos de que trata o *caput* deste artigo. *(Artigo acrescido pela Lei nº 13.465, de 11/7/2017)*

Art. 16-C. O Ministro de Estado do Planejamento, Desenvolvimento e Gestão, permitida a delegação, editará portaria com a lista de áreas ou imóveis sujeitos à alienação nos termos do art. 16-A desta Lei.

§ 1º Os terrenos de marinha e acrescidos alienados na forma desta Lei:

I – não incluirão:

a) áreas de preservação permanente, na forma do inciso II do *caput* do art. 3º da Lei nº 12.651, de 25 de maio de 2012; ou

b) áreas em que seja vedado o parcelamento do solo, na forma do art. 3º e do inciso I do *caput* do art. 13 da Lei nº 6.766, de 19 de dezembro de 1979;

II - deverão estar situados em área urbana consolidada.

§ 2º Para os fins desta Lei, considera-se área urbana consolidada aquela:

I - incluída no perímetro urbano ou em zona urbana pelo plano diretor ou por lei municipal específica;

II - com sistema viário implantado e vias de circulação pavimentadas;

III - organizada em quadras e lotes predominantemente edificados;

IV - de uso predominantemente urbano, caracterizado pela existência de edificações residenciais, comerciais, industriais, institucionais, mistas ou voltadas à prestação de serviços; e

V - com a presença de, no mínimo, três dos seguintes equipamentos de infraestrutura urbana implantados:

a) drenagem de águas pluviais;

b) esgotamento sanitário;

c) abastecimento de água potável;

d) distribuição de energia elétrica; e

e) limpeza urbana, coleta e manejo de resíduos sólidos.

§ 3º A alienação dos imóveis de que trata o § 1º deste artigo não implica supressão das restrições administrativas de uso ou edificação que possam prejudicar a segurança da navegação, conforme estabelecido em ato do Ministro de Estado da Defesa.

§ 4º Não há necessidade de autorização legislativa específica para alienação dos imóveis arrolados na portaria a que se refere o *caput* deste artigo. *(Artigo acrescido pela Lei nº 13.465, de 11/7/2017)*

Art. 16-D. O adquirente receberá desconto de 25% (vinte e cinco por cento) na aquisição à vista, com fundamento no art. 16-A desta Lei, desde que atendidas as seguintes condições, cumulativamente: *("Caput" do artigo acrescido pela Lei nº 13.465, de 11/7/2017, com redação dada pela Medida Provisória nº 852, de 21/9/2018, convertida na Lei nº 13.813, de 9/4/2019)*

I - tenha sido apresentada manifestação de interesse para a aquisição à vista com o desconto de que trata o *caput* deste artigo no prazo de 30 (trinta) dias, contado a partir da data do recebimento da notificação da inclusão do imóvel na portaria de que trata o art. 16-C desta Lei; e *(Inciso acrescido pela Medida Provisória nº 852, de 21/9/2018, convertida e com redação dada pela Lei nº 13.813, de 9/4/2019)*

II - tenha sido efetuado o pagamento à vista do valor da alienação no prazo de 60 (sessenta) dias, contado a partir da data da manifestação de interesse do adquirente. *(Inciso acrescido pela Medida Provisória nº 852, de 21/9/2018, convertida na Lei nº 13.813, de 9/4/2019)*

Parágrafo único. Para as alienações efetuadas de forma parcelada não será concedido desconto. *(Parágrafo único acrescido pela Lei nº 13.465, de 11/7/2017)*

Art. 16-E. O pagamento das alienações realizadas nos termos do art. 16-A desta Lei observará critérios fixados em regulamento e poderá ser realizado:

I – à vista;

II - a prazo, mediante as condições de parcelamento estabelecidas em ato da Secretaria do Patrimônio da União (SPU). *(Artigo acrescido pela Lei nº 13.465, de 11/7/2017)*

Art. 16-F. Para os imóveis divididos em frações ideais em que já tenha havido aforamento de, no mínimo, uma das unidades autônomas, na forma do item 1º do art. 105 do Decreto-Lei nº 9.760, de 5 de setembro de 1946, combinado com o inciso I do *caput* do art. 5º do Decreto-Lei nº 2.398, de 21 de dezembro 1987, será aplicado o mesmo critério de outorga de aforamento para as demais unidades do imóvel. *(Artigo acrescido pela Lei nº 13.465, de 11/7/2017)*

Art. 16-G. A União repassará 20% (vinte por cento) da receita patrimonial decorrente da remição do foro dos imóveis a que se refere o art. 16-A desta Lei aos Municípios e ao Distrito Federal onde estão localizados. *(Artigo acrescido pela Lei nº 13.465, de 11/7/2017)*

Art. 16-H. Fica a Secretaria do Patrimônio da União (SPU) autorizada a receber Proposta de Manifestação de Aquisição, por foreiro de imóvel da União, que esteja regularmente inscrito e adimplente com suas obrigações com aquela Secretaria.

§ 1º O foreiro deverá apresentar à SPU carta formalizando o interesse na aquisição juntamente com a identificação do imóvel e do foreiro, comprovação do período de foro e de estar em dia com as respectivas taxas, avaliação do imóvel e das benfeitorias, proposta de pagamento e, para imóveis rurais, georreferenciamento e CAR individualizado.

§ 2º Para a análise da Proposta de Manifestação de Aquisição de que trata este artigo deverão ser cumpridos todos os requisitos e condicionantes estabelecidos na legislação que normatiza a alienação de imóveis da União, mediante a edição da portaria do Ministério do Planejamento, Desenvolvimento e Gestão de que trata o art. 16-C, bem como os critérios de avaliação previstos no art. 11-C, ambos desta Lei.

§ 3º O protocolo da Proposta de Manifestação de Aquisição de imóvel da União pela Secretaria do Patrimônio da União (SPU) não constituirá nenhum direito ao foreiro perante a União.

§ 4º A Secretaria do Patrimônio da União (SPU) fica autorizada a regulamentar a Proposta de Manifestação de Aquisição de que trata este artigo, mediante edição de portaria específica. *(Artigo acrescido pela Lei nº 13.465, de 11/7/2017)*

Art. 16-I. Os imóveis submetidos ao regime enfitêutico com valor de remição do domínio direto do terreno até o limite estabelecido em ato do Ministro de Estado da Economia terão, mediante procedimento simplificado, a remição do foro autorizada, e o domínio pleno será consolidado em nome dos atuais foreiros que estejam regularmente cadastrados na Secretaria de Coordenação e Governança do Patrimônio da União e que estejam em dia com suas obrigações.

§ 1º O valor para remição do foro dos imóveis enquadrados no *caput* deste artigo será definido de acordo com a planta de valores da Secretaria de Coordenação e Governança do Patrimônio da União, observado, no que couber, o disposto no art.11-C desta Lei.

§ 2º Os imóveis sujeitos à alienação nos termos deste artigo serão remidos mediante venda direta ao atual foreiro, dispensada a edição de portaria específica.

§ 3º Os imóveis com valor do domínio direto do terreno superior ao estabelecido em ato do Ministro de Estado da Economia poderão ser alienados nos termos do art.16-A desta Lei.

§ 4º A hipótese de que trata este artigo está condicionada à edição de ato do Secretário de Coordenação e Governança do Patrimônio da União que discipline os procedimentos e o cronograma dos imóveis abrangidos. *(Artigo acrescido pela Medida Provisória nº 915, de 27/12/2019, convertida na Lei nº 14.011, de 10/6/2020)*

SEÇÃO V – DOS DIREITOS DOS OCUPANTES REGULARMENTE INSCRITOS ATÉ 5 DE OUTUBRO DE 1988

Art. 17. Os ocupantes regularmente inscritos até 5 de outubro de 1988, que não exercerem a preferência de que trata o art. 13, terão os seus direitos e obrigações assegurados mediante a celebração de contratos de cessão de uso onerosa, por prazo indeterminado.

§ 1º A opção pela celebração do contrato de cessão de que trata este artigo deverá ser manifestada e formalizada, sob pena de decadência, observando-se os mesmos prazos previstos no art. 13 para exercício da preferência ao aforamento.

§ 2º Havendo interesse do serviço público, a União poderá, a qualquer tempo, revogar o contrato de cessão e reintegrar-se na posse do imóvel, após o decurso do prazo de noventa dias da notificação administrativa que para esse fim expedir, em cada caso, não sendo reconhecidos ao cessionário quaisquer direitos sobre o terreno ou a indenização por benfeitorias realizadas.

§ 3º A qualquer tempo, durante a vigência do contrato de cessão, poderá o cessionário pleitear novamente a preferência à aquisição, exceto na hipótese de haver sido declarado o interesse do serviço público, na forma do art. 5º do Decreto-Lei nº 2.398, de 1987.

SEÇÃO VI – DA CESSÃO

Art. 18. A critério do Poder Executivo poderão ser cedidos, gratuitamente ou em condições especiais, sob qualquer dos regimes previstos no Decreto-Lei nº 9.760, de 1946, imóveis da União a:

I - Estados, Distrito Federal, Municípios e entidades sem fins lucrativos das áreas de educação, cultura, assistência social ou saúde; *(Inciso com redação dada pela Lei nº 11.481, de 31/5/2007)*

II - pessoas físicas ou jurídicas, em se tratando de interesse público ou social ou de aproveitamento econômico de interesse nacional. *(Inciso com redação dada pela Lei nº 11.481, de 31/5/2007)*

§ 1º A cessão de que trata este artigo poderá ser realizada, ainda, sob o regime de concessão de direito real de uso resolúvel, previsto no art. 7º do Decreto-Lei nº 271, de 28 de fevereiro de 1967, aplicando-se, inclusive, em terrenos de marinha e acrescidos, dispensando-se o procedimento licitatório para associações e cooperativas que se enquadrem no inciso II do *caput* deste artigo. *(Parágrafo com redação dada pela Lei nº 11.481, de 31/5/2007)*

§ 2º O espaço aéreo sobre bens públicos, o espaço físico em águas públicas, as áreas de álveo de lagos, rios e quaisquer correntes d'água, de vazantes, da plataforma continental e de outros bens de domínio da União, insusceptíveis de transferência de direitos reais a terceiros, poderão ser objeto de cessão de uso, nos termos deste artigo, observadas as prescrições legais vigentes.

§ 3º A cessão será autorizada em ato do Presidente da República e se formalizará mediante termo ou contrato, do qual constarão expressamente as condições estabelecidas, entre as quais a finalidade da sua realização e o prazo para seu cumprimento, e tornar-se-á nula, independentemente de ato especial, se ao imóvel, no todo ou em parte, vier a ser dada aplicação diversa da prevista no ato autorizativo e consequente termo ou contrato.

§ 4º A competência para autorizar a cessão de que trata este artigo poderá ser delegada ao Ministro de Estado da Fazenda, permitida a subdelegação.

§ 5º Na hipótese de destinação à execução de empreendimento de fim lucrativo, a cessão será onerosa e, sempre que houver condições de competitividade, serão observados os procedimentos licitatórios previstos em lei e o disposto no art. 18-B desta Lei. *(Parágrafo com redação dada pela Medida Provisória nº 852, de 21/9/2018, convertida na Lei nº 13.813, de 9/4/2019)*

§ 6º Fica dispensada de licitação a cessão prevista no *caput* deste artigo relativa a: *(Parágrafo acrescido pela Lei nº 11.481, de 31/5/2007)*

I - bens imóveis residenciais construídos, destinados ou efetivamente utilizados no âmbito de programas de provisão habitacional ou de regularização fundiária de interesse social desenvolvidos por órgãos ou entidades da administração pública; *(Inciso acrescido pela Lei nº 11.481, de 31/5/2007)*

II - bens imóveis de uso comercial de âmbito local com área de até 250 m² (duzentos e cinquenta metros quadrados), inseridos no âmbito de programas de regularização fundiária de interesse social desenvolvidos por órgãos ou entidades da administração pública e cuja ocupação se tenha consolidado até 27 de abril de 2006; *(Inciso acrescido pela Lei nº 11.481, de 31/5/2007)*

III - espaços físicos em corpos d'água de domínio da União para fins de aquicultura, no âmbito da regularização aquícola desenvolvida por órgãos ou entidades da administração pública. *(Inciso acrescido pela Lei nº 14.011, de 10/6/2020)*

§ 6º-A. Os espaços físicos a que refere o inciso III do § 6º deste artigo serão cedidos ao requerente que tiver projeto aprovado perante a Secretaria de Aquicultura e Pesca do Ministério da Agricultura, Pecuária e Abastecimento e demais órgãos da administração pública. *(Parágrafo acrescido pela Lei nº 14.011, de 10/6/2020)*

§ 7º Além das hipóteses previstas nos incisos I e II do *caput* e no § 2º deste artigo, o espaço aéreo sobre bens públicos, o espaço físico em águas públicas, as áreas de álveo de lagos, rios e quaisquer correntes d'água, de vazantes e de outros bens do domínio da União, contíguos a imóveis da União afetados ao regime de aforamento ou ocupação, poderão ser objeto de cessão de uso. *(Parágrafo acrescido pela Lei nº 12.058, de 13/10/2009) (Vide ADI nº 4.970/2013)*

§ 8º A destinação que tenha como beneficiários entes públicos ou privados concessionários ou delegatários da prestação de serviços de coleta, tratamento e distribuição de água potável, esgoto sanitário e destinação final de resíduos sólidos poderá ser realizada com dispensa de licitação e sob regime gratuito. *(Parágrafo acrescido pela Medida Provisória nº 759, de 22/12/2016, convertida e com redação dada pela Lei nº 13.465, de 11/7/2017)*

§ 9º Na hipótese prevista no § 8º deste artigo, caso haja a instalação de tubulação subterrânea e subaquática que permita outro uso concomitante, a destinação dar-se-á por meio de autorização de passagem, nos termos de ato da Secretaria do Patrimônio da União (SPU). *(Parágrafo acrescido pela Medida Provisória nº 759, de 22/12/2016, convertida e com redação dada pela Lei nº 13.465, de 11/7/2017)*

§ 10. A cessão de que trata este artigo poderá estabelecer como contrapartida a obrigação de construir, reformar ou prestar serviços de engenharia em imóveis da União ou em bens móveis de interesse da União, admitida a contrapartida em imóveis da União que não sejam objeto da cessão. *(Parágrafo acrescido pela Medida Provisória nº 915, de 27/12/2019, convertida e com redação dada pela Lei nº 14.011, de 10/6/2020)*

§ 11. A cessão com contrapartida será celebrada sob condição resolutiva até que a obrigação seja integralmente cumprida pelo cessionário. *(Parágrafo acrescido pela Medida Provisória nº 915, de 27/12/2019, convertida na Lei nº 14.011, de 10/6/2020)*

§ 12. Na hipótese de descumprimento pelo cessionário da contrapartida, nas condições e nos prazos estabelecidos, o instrumento jurídico da cessão resolver-se-á sem direito à indenização pelas acessões e benfeitorias nem a qualquer outra indenização ao cessionário, e a posse do imóvel será imediatamente revertida para a União. *(Parágrafo acrescido pela Medida Provisória nº 915, de 27/12/2019, convertida na Lei nº 14.011, de 10/6/2020)*

§ 13. A cessão que tenha como beneficiária autorizatária de exploração ferroviária, nos termos da legislação específica, será realizada com dispensa de licitação. *(Parágrafo acrescido pela Lei nº 14.273, de 23/12/2021, publicada na Edição Extra C do DOU de 23/12/2021, em vigor 45 dias após a publicação)*

Art. 18-A. Os responsáveis pelas estruturas náuticas instaladas ou em instalação no mar territorial, nos rios e nos lagos de domínio da União que requererem a sua regularização até 31 de dezembro de 2018 perceberão desconto de 50% (cinquenta por cento) no valor do recolhimento do preço público pelo uso privativo de área da União quanto ao período que antecedeu a data de publicação da Medida Provisória nº 759, de 22 de dezembro de 2016.

§ 1º O desconto de que trata o *caput* deste artigo fica condicionado ao deferimento do pedido de regularização pela Secretaria do Patrimônio da União (SPU).

§ 2º O disposto no *caput* deste artigo não se aplica aos créditos inscritos em dívida ativa da União. *(Artigo acrescido pela Medida Provisória nº 759, de 22/12/2016, convertida na Lei nº 13.465, de 11/7/2017)*

Art. 18-B. Os imóveis da União que estiverem ocupados por entidades desportivas de quaisquer modalidades poderão ser objeto de cessão em condições especiais, dispensado o procedimento licitatório e observadas as seguintes condições: *("Caput" do artigo acrescido pela Medida Provisória nº 852, de 21/9/2018, convertida na Lei nº 13.813, de 9/4/2019)*

I - que as ocupações sejam anteriores a 5 de outubro de 1988, exclusivamente; e *(Inciso acrescido pela Medida Provisória nº 852, de 21/9/2018, convertida e com redação dada pela Lei nº 13.813, de 9/4/2019)*

II - que a cessão seja pelo prazo máximo de 30 (trinta) anos, admitidas prorrogações por iguais períodos. *(Inciso acrescido pela Medida Provisória nº 852, de 21/9/2018, convertida e com redação dada pela Lei nº 13.813, de 9/4/2019)*

§ 1º A cessão será formalizada por meio de termo ou de contrato, do qual constarão expressamente as condições estabelecidas. *(Parágrafo acrescido pela Medida Provisória nº 852, de 21/9/2018, convertida na Lei nº 13.813, de 9/4/2019)*

§ 2º A cessão será tornada nula, independentemente de ato especial, se ao imóvel vier a ser dada aplicação diversa da prevista no termo ou no contrato, no todo ou em parte, observado o disposto no § 5º do art. 18 desta Lei. *(Parágrafo acrescido pela Medida Provisória nº 852, de 21/9/2018, convertida na Lei nº 13.813, de 9/4/2019)*

§ 3º As entidades desportivas de que trata este artigo receberão desconto de 50% (cinquenta por cento) sobre os débitos inadimplidos relativos a preços públicos pelo uso privativo de área da União quanto ao período anterior à data de formalização do termo ou do contrato. *(Parágrafo acrescido pela Medida Provisória nº 852, de 21/9/2018, convertida e com redação dada pela Lei nº 13.813, de 9/4/2019)*

§ 4º O desconto de que trata o § 3º deste artigo somente será concedido aos interessados que requererem a regularização até 31 de dezembro de 2019 e ficará condicionado ao deferimento do pedido pela Secretaria do Patrimônio da União do Ministério do Planejamento, Desenvolvimento e Gestão. *(Parágrafo acrescido pela Medida Provisória nº 852, de 21/9/2018, convertida na Lei nº 13.813, de 9/4/2019)*

Art. 19. O ato autorizativo da cessão de que trata o artigo anterior poderá:

I - permitir a alienação do domínio útil ou de direitos reais de uso de frações do terreno cedido mediante regime competente, com a finalidade de obter recursos para execução dos objetivos da cessão, inclusive para construção de edificações que pertencerão, no todo ou em parte, ao cessionário;

II - permitir a hipoteca do domínio útil ou de direitos reais de uso de frações do terreno cedido, mediante regime competente, e de benfeitorias eventualmente aderidas, com as finalidades referidas no inciso anterior;

III - permitir a locação ou o arrendamento de partes do imóvel cedido e benfeitorias eventualmente aderidas, desnecessárias ao uso imediato do cessionário;

IV - isentar o cessionário do pagamento de foro, enquanto o domínio útil do terreno fizer parte do seu patrimônio, e de laudêmios, nas transferências de domínio útil de que trata este artigo;

V - conceder prazo de carência para início de pagamento das retribuições devidas, quando:

a) for necessária a viabilização econômico-financeira do empreendimento;

b) houver interesse em incentivar atividade pouco ou ainda não desenvolvida no País ou em alguma de suas regiões; ou

c) for necessário ao desenvolvimento de microempresas, cooperativas e associações de pequenos produtores e de outros segmentos da economia brasileira que precisem ser incrementados.

VI - permitir a cessão gratuita de direitos enfitêuticos relativos a frações de terrenos cedidos quando se tratar de regularização fundiária ou provisão habitacional para famílias carentes ou de baixa renda. *(Inciso acrescido pela Lei nº 11.481, de 31/5/2007)*

Art. 20. Não será considerada utilização em fim diferente do previsto no termo de entrega, a que se refere o § 2º do art. 79 do Decreto-Lei nº 9.760, de 1946, a cessão de uso a terceiros, a título gratuito ou oneroso, de áreas para exercício de atividade de apoio, definidas em regulamento, necessárias ao desempenho da atividade do órgão a que o imóvel foi entregue.

Parágrafo único. A cessão de que trata este artigo será formalizada pelo chefe da repartição, estabelecimento ou serviço público federal a que tenha sido entregue o imóvel, desde que aprovada sua realização pelo Secretário-Geral da Presidência da República, respectivos Ministros de Estado ou autoridades com competência equivalente nos Poderes Legislativo ou Judiciário, conforme for o caso, e tenham sido observadas as condições previstas no regulamento e os procedimentos licitatórios previstos em lei.

Art. 21. Quando o projeto envolver investimentos cujo retorno, justificadamente, não possa ocorrer dentro do prazo máximo de 20 (vinte) anos, a cessão sob o regime de arrendamento poderá ser realizada por prazo superior, observando-se, nesse caso, como prazo de vigência, o tempo seguramente necessário à viabilização econômico-financeira do empreendimento, não ultrapassando o período da possível renovação. *(Artigo com redação dada pela Lei nº 11.314, de 3/7/2006)*

SEÇÃO VII – DA PERMISSÃO DE USO

Art. 22. A utilização, a título precário, de áreas de domínio da União para a realização de eventos de curta duração, de natureza recreativa, esportiva, cultural, religiosa ou educacional, poderá ser autorizada, na forma do regulamento, sob o regime de permissão de uso, em ato do Secretário do Patrimônio da União, publicado no Diário Oficial da União.

§ 1º A competência para autorizar a permissão de uso de que trata este artigo poderá ser delegada aos titulares das Delegacias do Patrimônio da União nos Estados.

§ 2º Em áreas específicas, devidamente identificadas, a competência para autorizar a permissão de uso poderá ser repassada aos Estados e Municípios, devendo, para tal fim, as áreas envolvidas lhes serem cedidas sob o regime de cessão de uso, na forma do art. 18.

SEÇÃO VIII – DA CONCESSÃO DE USO ESPECIAL PARA FINS DE MORADIA

(Seção acrescida pela Lei nº 11.481, de 31/5/2007)

Art. 22-A. A concessão de uso especial para fins de moradia aplica-se às áreas de propriedade da União, inclusive aos terrenos de marinha e acrescidos, e será conferida aos possuidores ou ocupantes que preencham os requisitos legais estabelecidos na Medida Provisória nº 2.220, de 4 de setembro de 2001.

§ 1º O direito de que trata o *caput* deste artigo não se aplica a imóveis funcionais.

§ 2º Os imóveis sob administração do Ministério da Defesa ou dos Comandos da Marinha, do Exército e da Aeronáutica são considerados de interesse da defesa nacional para efeito do disposto no inciso III do *caput* do art. 5º da Medida Provisória nº 2.220, de 4 de setembro de 2001, sem prejuízo do estabelecido no § 1º deste artigo. *(Artigo acrescido pela Lei nº 11.481, de 31/5/2007)*

SEÇÃO IX

(VETADA na Lei nº 13.240, de 30/12/2015)

Art. 22-B. *(VETADO na Lei nº 13.240, de 30/12/2015)*

CAPÍTULO II – DA ALIENAÇÃO

Art. 23. A alienação de bens imóveis da União dependerá de autorização, mediante ato do Presidente da República, e será sempre precedida de parecer da SPU quanto à sua oportunidade e conveniência.

§ 1º A alienação ocorrerá quando não houver interesse público, econômico ou social em manter o imóvel no domínio da União, nem inconveniência quanto à preservação ambiental e à defesa nacional, no desaparecimento do vínculo de propriedade.

§ 2º A competência para autorizar a alienação poderá ser delegada ao Ministro de Estado da Fazenda, permitida a subdelegação.

Art. 23-A. Qualquer interessado poderá apresentar proposta de aquisição de imóveis da União que não estejam inscritos em regime enfitêutico ou em ocupação, mediante requerimento específico à Secretaria de Coordenação e Governança do Patrimônio da União. *("Caput" do artigo acrescido pela Medida Provisória nº 915, de 27/12/2019, convertida na Lei nº 14.011, de 10/6/2020)*

§ 1º O requerimento de que trata o *caput* deste artigo não gera para a administração pública federal obrigação de alienar o imóvel nem direito subjetivo à aquisição. *(Parágrafo acrescido pela Medida Provisória nº 915, de 27/12/2019, convertida na Lei nº 14.011, de 10/6/2020)*

§ 2º A Secretaria de Coordenação e Governança do Patrimônio da União manifestar-se-á sobre o requerimento de que trata o *caput* deste artigo e avaliará a conveniência e a oportunidade de alienar o imóvel. *(Parágrafo acrescido pela Medida Provisória nº 915, de 27/12/2019, convertida na Lei nº 14.011, de 10/6/2020)*

§ 3º Na hipótese de manifestação favorável da Secretaria de Coordenação e Governança do Patrimônio da União, se o imóvel não possuir avaliação dentro do prazo de validade, o interessado providenciará, a expensas dele, avaliação elaborada por avaliador habilitado ou empresa especializada, nos termos dos §§ 1º, 7º e 8º do art. 11-C desta Lei. *(Parágrafo acrescido pela Medida*

Provisória nº 915, de 27/12/2019, convertida na Lei nº 14.011, de 10/6/2020)

§ 4º Compete à Secretaria de Coordenação e Governança do Patrimônio da União homologar os laudos de avaliação e iniciar o processo de alienação do imóvel, observado o disposto no art. 24 desta Lei. *(Parágrafo acrescido pela Medida Provisória nº 915, de 27/12/2019, convertida na Lei nº 14.011, de 10/6/2020)*

§ 5º A homologação de avaliação pela Secretaria de Coordenação e Governança do Patrimônio da União limitar-se-á à verificação quanto à aplicação das normas técnicas de avaliação de ativos e à assinatura do documento por profissional habilitado para o trabalho de avaliação e não constituirá nenhum direito ao interessado, e a Secretaria poderá desistir da alienação. *(Parágrafo acrescido pela Medida Provisória nº 915, de 27/12/2019, convertida na Lei nº 14.011, de 10/6/2020, e com nova redação dada pela Lei nº 14.474, de 6/12/2022)*

§ 6º As propostas apresentadas que não cumprirem os requisitos mínimos ou que forem descartadas de plano pela Secretaria de Coordenação e Governança do Patrimônio da União serão desconsideradas. *(Parágrafo acrescido pela Medida Provisória nº 915, de 27/12/2019, convertida na Lei nº 14.011, de 10/6/2020)*

§ 7º As propostas apresentadas nos termos deste artigo serão disponibilizadas pela Secretaria de Coordenação e Governança do Patrimônio da União em sua página na internet, exceto as propostas de que trata o § 6º deste artigo. *(Parágrafo acrescido pela Medida Provisória nº 915, de 27/12/2019, convertida na Lei nº 14.011, de 10/6/2020)*

§ 8º Ato do Secretário de Coordenação e Governança do Patrimônio da União disporá sobre o conteúdo e a forma do requerimento de que trata o *caput* deste artigo. *(Parágrafo acrescido pela Medida Provisória nº 915, de 27/12/2019, convertida na Lei nº 14.011, de 10/6/2020)*

SEÇÃO I – DA VENDA

Art. 24. A venda de bens imóveis da União será feita mediante concorrência ou leilão público, observadas as seguintes condições:

I - na venda por leilão público, a publicação do edital observará as mesmas disposições legais aplicáveis à concorrência pública;

II - os licitantes apresentarão propostas ou lances distintos para cada imóvel;

III - *(Revogado pela Medida Provisória nº 691, de 31/8/2015, convertida na Lei nº 13.240, de 30/12/2015)*

IV - no caso de leilão público, o arrematante pagará, no ato do pregão, sinal correspondente a, no mínimo, 10% (dez por cento) do valor da arrematação, complementando o preço no prazo e nas condições previstas no edital, sob pena de perder, em favor da União, o valor correspondente ao sinal e, em favor do leiloeiro, se for o caso, a respectiva comissão;

V - o leilão público será realizado por leiloeiro oficial ou por servidor especialmente designado;

VI - quando o leilão público for realizado por leiloeiro oficial, a respectiva comissão será, na forma do regulamento, de até 5% (cinco por cento) do valor da arrematação e será paga pelo arrematante, juntamente com o sinal;

VII - o preço mínimo de venda será fixado com base no valor de mercado do imóvel, estabelecido na forma dos arts. 11-C, 11-D e 23-A desta Lei; e *(Inciso com redação dada pela Lei nº 14.011, de 10/6/2020)*

VIII - demais condições previstas no regulamento e no edital de licitação.

§ 1º *(Revogado pela Medida Provisória nº 915, de 27/12/2019, convertida na Lei nº 14.011, de 10/6/2020)*

§ 2º Para realização das avaliações de que trata o inciso VII, é dispensada a homologação dos serviços técnicos de engenharia realizados pela Caixa Econômica Federal. *(Parágrafo com redação dada pela Lei nº 13.240, de 30/12/2015)*

§ 3º Poderá adquirir o imóvel, em condições de igualdade com o vencedor da licitação, o cessionário de direito real ou pessoal, o locatário ou arrendatário que esteja em dia com suas obrigações junto à SPU, bem como o expropriado.

§ 3º-A. Os ocupantes regulares de imóveis funcionais da União poderão adquiri-los, com direito de preferência, excluídos aqueles considerados indispensáveis ao serviço público, em condições de igualdade com o vencedor da licitação. *(Parágrafo acrescido pela Medida Provisória nº 759, de 22/12/2016, convertida pela Lei nº 13.465, de 11/7/2017)*

§ 4º A venda, em quaisquer das modalidades previstas neste artigo, poderá ser parcelada, mediante pagamento de sinal correspondente a, no mínimo, 10% (dez por cento) do valor de aquisição, na forma a ser regulamentada em ato do Poder Executivo federal. *(Parágrafo com redação dada pela Medida Provisória nº 759, de 22/12/2016, convertida pela Lei nº 13.465, de 11/7/2017)*

§ 5º *(Parágrafo acrescido pela Lei nº 9.821, de 23/08/1999, e revogado pela Lei nº 13.465, de 11/7/2017)*

§ 6º O interessado que tiver custeado a avaliação poderá adquirir o imóvel, em condições de igualdade com o vencedor da licitação, na hipótese de não serem exercidos os direitos previstos nos §§ 3º e 3º-A deste artigo. *(Parágrafo acrescido pela Medida Provisória nº 915, de 27/12/2019, convertida na Lei nº 14.011, de 10/6/2020)*

§ 7º O vencedor da licitação ressarcirá os gastos com a avaliação diretamente àquele que a tiver custeado, na hipótese de o vencedor ser outra pessoa, observados os limites de remuneração da avaliação estabelecidos pelo Secretário de Coordenação e Governança do Patrimônio da União. *(Parágrafo acrescido pela Medida Provisória nº 915, de 27/12/2019, convertida na Lei nº 14.011, de 10/6/2020)*

§ 8º Os procedimentos licitatórios de que trata este artigo poderão ser realizados integralmente por meio de recursos de tecnologia da informação, com a utilização de sistemas próprios ou disponibilizados por terceiros, mediante acordo ou contrato. *(Parágrafo acrescido pela Medida Provisória nº 915, de 27/12/2019, convertida na Lei nº 14.011, de 10/6/2020)*

§ 9º Os procedimentos específicos a serem adotados na execução do disposto no § 8º deste artigo serão estabelecidos em ato específico do Secretário de Coordenação e Governança do Patrimônio da União. *(Parágrafo acrescido pela Medida Provisória nº 915, de 27/12/2019, convertida na Lei nº 14.011, de 10/6/2020)*

Art. 24-A. Na hipótese de concorrência ou leilão público deserto ou fracassado na venda de bens imóveis da União, poderão esses imóveis ser disponibilizados para venda direta. *("Caput" do artigo acrescido pela Lei nº 13.465, de 11/7/2017, com redação dada pela Medida Provisória nº 852, de 21/9/2018, convertida na Lei nº 13.813, de 9/4/2019)*

Parágrafo único. *(Parágrafo único acrescido pela Lei nº 13.465, de 11/7/2017, e revogado pela Medida Provisória nº 915, de 27/12/2019, convertida na Lei nº 14.011, de 10/6/2020)*

§ 1º Na hipótese de concorrência ou leilão público deserto ou fracassado, a Secretaria de Coordenação e Governança do Patrimônio da União poderá realizar segunda concorrência ou leilão público com desconto de 25% (vinte e cinco por cento) sobre o valor de avaliação vigente. *(Parágrafo acrescido pela Medida Provisória nº 915, de 27/12/2019, convertida na Lei nº 14.011, de 10/6/2020)*

§ 2º Na hipótese de concorrência ou leilão público deserto ou fracassado por 2 (duas) vezes consecutivas, os imóveis poderão ser disponibilizados para venda direta, aplicado o desconto de 25% (vinte e cinco por cento) sobre o valor do imóvel constante do primeiro edital. *(Parágrafo acrescido pela Medida Provisória nº 915, de 27/12/2019, convertida na Lei nº 14.011, de 10/6/2020 e com nova redação dada pela Lei nº 14.474, de 6/12/2022)*

§ 3º A compra de imóveis da União disponibilizados para venda direta poderá ser intermediada por corretores de imóveis. *(Parágrafo acrescido pela Medida Provisória nº 915, de 27/12/2019, convertida na Lei nº 14.011, de 10/6/2020)*

§ 4º Na hipótese de que trata o § 3º deste artigo, caberá ao comprador o pagamento dos valores de corretagem. *(Parágrafo acrescido pela Medida Provisória nº 915, de 27/12/2019, convertida na Lei nº 14.011, de 10/6/2020)*

§ 5º Na hipótese de realização de leilão eletrônico, nos termos do § 8º do art. 24 desta Lei, a Secretaria de Coordenação e Governança do Patrimônio da União poderá realizar sessões públicas com prazos definidos e aplicar descontos sucessivos, até o limite de 25% (vinte e cinco por cento) sobre o valor de avaliação vigente. *(Parágrafo acrescido pela Medida Provisória nº 915, de 27/12/2019, convertida na Lei nº 14.011, de 10/6/2020)*

Art. 24-B. A Secretaria de Coordenação e Governança do Patrimônio da União poderá realizar a alienação de imóveis da União por lote, se essa modalidade implicar, conforme demonstrado em parecer técnico: *("Caput" do artigo acrescido pela Medida Provisória nº 915, de 27/12/2019, convertida na Lei nº 14.011, de 10/6/2020)*

I - maior valorização dos bens; *(Inciso acrescido pela Medida Provisória nº 915, de 27/12/2019, convertida na Lei nº 14.011, de 10/6/2020)*

II - maior liquidez para os imóveis cuja alienação isolada seja difícil ou não recomendada; ou *(Inciso acrescido pela Medida Provisória nº 915, de 27/12/2019, convertida na Lei nº 14.011, de 10/6/2020)*

III - outras situações decorrentes das práticas normais do mercado ou em que se observem condições mais vantajosas para a administração pública, devidamente fundamentadas. *(Inciso acrescido pela Medida Provisória nº 915, de 27/12/2019, convertida na Lei nº 14.011, de 10/6/2020)*

Parágrafo único. A alienação por lote a que se refere o *caput* deste artigo somente poderá ser adotada após o encerramento da vigência do estado de emergência em saúde pública a que se refere a Lei nº 13.979, de 6 de fevereiro de 2020. *(Parágrafo único acrescido pela Lei nº 14.011, de 10/6/2020)*

Art. 24-C. A Secretaria de Coordenação e Governança do Patrimônio da União poderá contratar empresas privadas, por meio de licitação, ou bancos públicos federais, bem como empresas públicas, órgãos ou entidades da administração pública direta ou indireta da União, do Distrito Federal, dos Estados ou dos Municípios cuja atividade-fim seja o desenvolvimento urbano ou imobiliário, com dispensa de licitação, e celebrar convênios ou acordos de cooperação com os demais entes da Federação e seus órgãos para: *("Caput" do artigo acrescido pela Medida Provisória nº 915, de 27/12/2019, convertida e com redação dada pela Lei nº 14.011, de 10/6/2020)*

I - elaboração de propostas de alienação para bens individuais ou lotes de ativos imobiliários da União; *(Inciso acrescido pela Medida Provisória nº 915, de 27/12/2019, convertida na Lei nº 14.011, de 10/6/2020)*

II - execução de ações de cadastramento, de regularização, de avaliação e de alienação dos bens imóveis; e *(Inciso acrescido pela Medida Provisória nº 915, de 27/12/2019, convertida na Lei nº 14.011, de 10/6/2020)*

III - execução das atividades de alienação dos ativos indicados, incluídas a realização do procedimento licitatório e a representação da União na assinatura dos instrumentos jurídicos indicados. *(Inciso acrescido pela Medida Provisória nº 915, de 27/12/2019, convertida na Lei nº 14.011, de 10/6/2020)*

§ 1º Fica dispensada a homologação da avaliação realizada, nos termos deste artigo, por bancos públicos federais ou empresas públicas, órgãos ou entidades da administração pública direta ou indireta da União, do Distrito Federal, dos Estados ou dos Municípios que tenham como atividade-fim o desenvolvimento urbano ou imobiliário, bem como nas hipóteses de convênios ou acordos de cooperação firmados com órgãos ou entidades da administração pública federal, estadual, distrital ou municipal. *(Parágrafo acrescido pela Medida Provisória nº 915, de 27/12/2019, convertida e com redação dada pela Lei nº 14.011, de 10/6/2020)*

§ 2º A remuneração fixa, a remuneração variável ou a combinação das duas modalidades, em percentual da operação concluída, poderá ser admitida, além do ressarcimento dos gastos efetuados com terceiros necessários à execução dos processos de alienação previstos neste artigo, conforme estabelecido em ato do Secretário de Coordenação e Governança do Patrimônio da União e no ato de contratação. *(Parágrafo acrescido pela Medida Provisória nº 915, de 27/12/2019, convertida na Lei nº 14.011, de 10/6/2020)*

§ 3º Outras condições para a execução das ações previstas neste artigo serão estabelecidas em ato do Secretário de Coordenação e Governança do Patrimônio da União. *(Parágrafo acrescido pela Medida Provisória nº 915, de 27/12/2019, convertida na Lei nº 14.011, de 10/6/2020)*

Art. 24-D. A Secretaria de Coordenação e Governança do Patrimônio da União poderá contratar o Banco Nacional de Desenvolvimento Econômico e Social (BNDES), com dispensa de licitação, para a realização de estudos e a execução de plano de desestatização de ativos imobiliários da União.

§ 1º A desestatização referida no *caput* deste artigo poderá ocorrer por meio de:

I - remição de foro, alienação mediante venda ou permuta, cessão ou concessão de direito real de uso;

II - constituição de fundos de investimento imobiliário e contratação de seus gestores e administradores, conforme legislação vigente; ou

III - qualquer outro meio admitido em lei.

§ 2º Os atos de que trata o inciso I do § 1º deste artigo dependem de ratificação pela Secretaria de Coordenação e Governança do Patrimônio da União.

§ 3º A execução do plano de desestatização poderá incluir as ações previstas nos incisos I, II e III do *caput* do art. 24-C desta Lei.

§ 4º A remuneração fixa, a remuneração variável ou a combinação das duas modalidades, no percentual de até 3% (três por cento) sobre a receita pública decorrente de cada plano de desestatização, poderá ser admitida, além do ressarcimento dos gastos efetuados com terceiros necessários à execução dos planos de desestatização previstos neste artigo, conforme estabelecido em regulamento e no instrumento de contratação. *(Artigo acrescido pela Medida Provisória nº 915, de 27/12/2019, convertida na Lei nº 14.011, de 10/6/2020)*

Art. 25. A preferência de que trata o art. 13, exceto com relação aos imóveis sujeitos aos regimes dos arts. 80 a 85 do Decreto-Lei nº 9.760, de 1946, e da Lei nº 8.025, de 12 de abril de 1990, poderá, a critério da Administração, ser estendida, na aquisição do domínio útil ou pleno de imóveis residenciais de propriedade da União, que venham a ser colocados à venda, àqueles que, em 15 de fevereiro de 1997, já os ocupavam, na qualidade de locatários, independentemente do tempo de locação, observadas, no que couber, as demais condições estabelecidas para os ocupantes.

Parágrafo único. A preferência de que trata este artigo poderá, ainda, ser estendida àquele que, atendendo as demais condições previstas neste artigo, esteja regularmente cadastrado como locatário, independentemente da existência de contrato locativo.

Art. 26. Em se tratando de projeto de caráter social para fins de moradia, a venda do domínio pleno ou útil observará os critérios de habilitação e renda familiar fixados em regulamento, podendo o pagamento ser efetivado mediante um sinal de, no mínimo, 5% (cinco por cento) do valor da avaliação, permitido o seu parcelamento em até 2 (duas) vezes e do saldo em até 300 (trezentas) prestações mensais e consecutivas, observando-se, como mínimo, a quantia correspondente a 30% (trinta por cento) do valor do salário mínimo vigente. *("Caput" com redação dada pela Lei nº 11.481, de 31/5/2007)*

§§ 1º e 2º *(Revogados pela Lei nº 11.481, de 31/5/2007)*

§ 3º *(Revogado pela Lei nº 13.465, de 11/7/2017)*

Arts. 27 a 29. *(Revogados pela Lei nº 13.465, de 11/7/2017)*

SEÇÃO II – DA PERMUTA

Art. 30. Poderá ser autorizada, na forma do art. 23, a permuta de imóveis de qualquer natureza, de propriedade da União, por imóveis edificados ou não, ou por edificações a construir.

§ 1º Os imóveis permutados com base neste artigo não poderão ser utilizados para fins residenciais funcionais, exceto nos casos de residências de caráter obrigatório, de que tratam os arts. 80 a 85 do Decreto-Lei nº 9.760, de 1946.

§ 2º Na permuta, sempre que houver condições de competitividade, deverão ser observados os procedimentos licitatórios previstos em lei.

SEÇÃO III – DA DOAÇÃO

Art. 31. Mediante ato do Poder Executivo e a seu critério, poderá ser autorizada a doação de bens imóveis de domínio da União, observado o disposto no art. 23 desta Lei, a: *("Caput" do artigo com redação dada pela Lei nº 11.481, de 31/5/2007)*

I - Estados, Distrito Federal, Municípios, fundações públicas e autarquias públicas federais, estaduais e municipais; *(Inciso acrescido pela Lei nº 11.481, de 31/5/2007)*

II - empresas públicas federais, estaduais e municipais; *(Inciso acrescido pela Lei nº 11.481, de 31/5/2007)*

III - fundos públicos e fundos privados dos quais a União seja cotista, nas transferências destinadas à realização de programas de provisão habitacional ou de regularização fundiária de interesse social; *(Inciso acrescido pela Lei nº 11.481, de 31/5/2007, e com redação dada pela Lei nº 12.693, de 24/7/2012)*

IV - sociedades de economia mista direcionadas à execução de programas de provisão habitacional ou de regularização fundiária de interesse social; *(Inciso acrescido pela Lei nº 11.481, de 31/5/2007, com redação dada pela Lei nº 13.813, de 9/4/2019)*

V - beneficiários, pessoas físicas ou jurídicas, de programas de provisão habitacional ou de regularização fundiária de interesse social desenvolvidos por órgãos ou entidades da administração pública, para cuja execução seja efetivada a doação; ou *(Inciso acrescido pela Lei nº 11.481, de 31/5/2007, com redação dada pela Medida Provisória nº 852, de 21/9/2018, convertida na Lei nº 13.813, de 9/4/2019)*

VI - instituições filantrópicas devidamente comprovadas como entidades beneficentes de assistência social e organizações religiosas. *(Inciso acrescido pela Medida Provisória nº 852, de 21/9/2018, convertida e com redação dada pela Lei nº 13.813, de 9/4/2019)*

§ 1º No ato autorizativo e no respectivo termo constarão a finalidade da doação e o prazo para seu cumprimento.

§ 2º O encargo de que trata o parágrafo anterior será permanente e resolutivo, revertendo automaticamente o imóvel à propriedade da União, independentemente de qualquer indenização por benfeitorias realizadas, se:

I - não for cumprida, dentro do prazo, a finalidade da doação;

II - cessarem as razões que justificaram a doação; ou

III - ao imóvel, no todo ou em parte, vier a ser dada aplicação diversa da prevista.

§ 3º Nas hipóteses de que tratam os incisos I a IV do *caput* desde artigo, é vedada ao beneficiário a possibilidade de alienar o imóvel recebido em doação, exceto quando a finalidade for a execução, por parte do donatário, de projeto de assentamento de famílias carentes ou de baixa renda, na forma do art. 26 desta Lei, e desde que, no caso de alienação onerosa o produto da venda seja destinado à instalação de infra-estrutura, equipamentos básicos ou de outras melhorias necessárias ao desenvolvimento do projeto. *(Parágrafo com redação dada pela Lei nº 11.481, de 31/5/2007)*

§ 4º Na hipótese de que trata o inciso V do *caput* deste artigo:

I - não se aplica o disposto no § 2º deste artigo para o beneficiário pessoa física, devendo o contrato dispor sobre eventuais encargos e conter cláusula de inalienabilidade por um período de 5 (cinco) anos; e

II - a pessoa jurídica que receber o imóvel em doação só poderá utilizá-lo no âmbito do respectivo programa habitacional ou de regularização fundiária e deverá observar, nos contratos com os beneficiários finais, o requisito de inalienabilidade previsto no inciso I deste parágrafo. *(Parágrafo com redação dada pela Lei nº 11.481, de 31/5/2007)*

§ 5º Nas hipóteses de que tratam os incisos III a V do *caput* deste artigo, o beneficiário final pessoa física deve atender aos seguintes requisitos:

I - possuir renda familiar mensal não superior a 5 (cinco) salários mínimos;

II - não ser proprietário de outro imóvel urbano ou rural. *(Parágrafo com redação dada pela Lei nº 11.481, de 31/5/2007)*

§ 6º Na hipótese de que trata o inciso VI do *caput* deste artigo, a escolha da instituição será precedida de chamamento público, na forma prevista em regulamento. *(Parágrafo acrescido pela Medida Provisória nº 852, de 21/9/2018, convertida na Lei nº 13.813, de 9/4/2019)*

Art. 31-A. As autarquias, as fundações e as empresas públicas federais poderão doar à União os imóveis de sua propriedade que não estejam vinculados às suas atividades operacionais.

Parágrafo único. Poderão ser objeto de doação os imóveis vinculados às atividades operacionais das autarquias, das fundações e das empresas públicas federais que não estejam sendo utilizados por essas entidades. *(Artigo acrescido pela Lei nº 14.474, de 6/12/2022)*

CAPÍTULO III – DAS DISPOSIÇÕES FINAIS

Art. 32. Os arts. 79, 81, 82, 101, 103, 104, 110, 118, 123 e 128 do Decreto-Lei nº 9.760, de 1946, passam a vigorar com as seguintes alterações:

› *Alterações inseridas no texto da referida norma.*

Art. 32-A. A Secretaria de Coordenação e Governança do Patrimônio da União será responsável pelo acompanhamento e monitoramento dos dados patrimoniais recebidos dos órgãos e das entidades da administração pública federal e pelo apoio à realização das operações de alienação de bens imóveis.

§ 1º É obrigação dos órgãos e das entidades da administração pública manter inventário atualizado dos bens imóveis sob sua gestão, públicos ou privados, e disponibilizá-lo à Secretaria de Coordenação e Governança do Patrimônio da União.

§ 2º A Secretaria de Coordenação e Governança do Patrimônio da União será responsável pela compilação dos dados patrimoniais recebidos dos órgãos, das autarquias e das fundações públicas e pelo apoio à realização das operações de alienação de bens regidas por esta Lei.

§ 3º As demais condições para a execução das ações previstas neste artigo serão estabelecidas em ato do Secretário de Coordenação e Governança do Patrimônio da União. *(Artigo acrescido pela Medida Provisória nº 915, de 27/12/2019, convertida na Lei nº 14.011, de 10/6/2020)*

Art. 33. Os arts. 3º, 5º e 6º do Decreto-Lei nº 2.398, de 1987, passam a vigorar com as seguintes alterações:

› *Alterações inseridas no texto da referida norma.*

Arts. 34 e 35. *(Revogados pela Lei nº 13.465, de 11/7/2017)*

Art. 36. Nas vendas de que trata esta Lei, quando realizadas mediante licitação, os adquirentes poderão, a critério da Administração, utilizar, para pagamento à vista do domínio útil ou pleno de imóveis de propriedade da União, créditos securitizados ou títulos da dívida pública de emissão do Tesouro Nacional.

Art. 37. Fica instituído o Programa de Administração Patrimonial Imobiliária da União - PROAP, destinado, segundo as possibilidades e as prioridades definidas pela administração pública federal: *("Caput" do artigo com redação dada pela 691, de 31/8/2015 ,convertida na Lei nº 13.240, de 30/12/2015)*

I - à adequação dos imóveis de uso especial aos critérios de:

a) acessibilidade das pessoas com deficiência ou com mobilidade reduzida;

b) sustentabilidade;

c) baixo impacto ambiental;

d) eficiência energética;

e) redução de gastos com manutenção; e

f) qualidade e eficiência das edificações; *(Inciso acrescido pela Medida Provisória nº 691, de 31/8/2015, convertida na Lei nº 13.240, de 30/12/2015)*

II - à ampliação e à qualificação do cadastro dos bens imóveis da União; *(Inciso acrescido pela Medida Provisória nº 691, de 31/8/2015, convertida na Lei nº 13.240, de 30/12/2015)*

III - à aquisição, à reforma, ao restauro e à construção de imóveis; *(Inciso acrescido pela Medida Provisória nº 691, de 31/8/2015, convertida na Lei nº 13.240, de 30/12/2015)*

IV - ao incentivo à regularização e realização de atividades de fiscalização, demarcação, cadastramento, controle e avaliação dos imóveis públicos federais e ao incremento das receitas patrimoniais; *(Inciso acrescido pela Medida Provisória nº 691, de 31/8/2015 ,convertida na Lei nº 13.240, de 30/12/2015, com redação dada pela Lei nº 13.465, de 11/7/2017)*

V - ao desenvolvimento de recursos humanos visando à qualificação da gestão patrimonial, mediante a realização de cursos de capacitação e participação em eventos relacionados ao tema; *(Inciso acrescido pela Medida Provisória nº 691, de 31/8/2015, convertida na Lei nº 13.240, de 30/12/2015, com redação dada pela Lei nº 13.465, de 11/7/2017)*

VI - à aquisição e instalação de equipamentos, bem como à modernização e informatização dos métodos e processos inerentes à gestão patrimonial dos imóveis públicos federais; *(Inciso acrescido pela Medida Provisória nº 691, de 31/8/2015, convertida na Lei nº 13.240, de 30/12/2015, com redação dada pela Lei nº 13.465, de 11/7/2017)*

VII - à regularização fundiária; e *(Inciso acrescido pela Medida Provisória nº 691, de 31/8/2015, convertida na Lei nº 13.240, de 30/12/2015, com redação dada pela Lei nº 13.465, de 11/7/2017)*

VIII - à gestão e manutenção das atividades das Unidades Central e Descentralizadas da SPU. *(Inciso acrescido pela Lei nº 13.465, de 11/7/2017)*

Parágrafo único. Comporão o Fundo instituído pelo Decreto-Lei nº 1.437, de 17 de dezembro de 1975, e integrarão subconta especial destinada a atender às despesas com o Programa instituído neste artigo, que será gerida pelo Secretário do Patrimônio da União, as receitas patrimoniais decorrentes de:

I - multas; e

II - parcela do produto das alienações de que trata esta Lei, nos percentuais adiante indicados, observado o limite de R$ 25.000.000,00 (vinte e cinco milhões de reais) ao ano:

a) vinte por cento, nos anos 1998 e 1999;

b) quinze por cento, no ano 2000;

c) dez por cento, no ano 2001;

d) cinco por cento, no anos 2002 e 2003. *(Inciso com redação dada pela Lei nº 9.821, de 23/8/1999)*

Art. 38. No desenvolvimento do PROAP, a SPU priorizará ações no sentido de desobrigar-se de tarefas operacionais, recorrendo, sempre que possível, à execução indireta, mediante convênio com outros órgãos públicos federais, estaduais e municipais e contrato com a iniciativa privada, ressalvadas as atividades típicas de Estado e resguardados os ditames do interesse público e as conveniências da segurança nacional.

Art. 39. As disposições previstas no art. 30 aplicam-se, no que couber, às entidades da Administração Pública Federal indireta, inclusive às autarquias e fundações públicas e às sociedades sob controle direto ou indireto da União.

Parágrafo único. A permuta que venha a ser realizada com base no disposto neste artigo deverá ser previamente autorizada pelo conselho de administração, ou órgão colegiado equivalente, das entidades de que trata o *caput*, ou ainda, na inexistência destes ou de respectiva autorização, pelo Ministro de Estado a cuja Pasta se vinculem, dispensando-se autorização legislativa para a correspondente alienação. *(Parágrafo único acrescido pela Lei nº 9.821, de 23/8/1999)*

Art. 40. Será de competência exclusiva da SPU, observado o disposto no art. 38 e sem prejuízo das competências da Procuradoria-Geral da Fazenda Nacional, previstas no Decreto-Lei nº 147, de 3 de fevereiro de 1967, a realização de aforamentos, concessões de direito real de uso, locações, arrendamentos, entregas e cessões a qualquer título, de imóveis de propriedade da União, exceto nos seguintes casos:

I - cessões, locações e arrendamentos especialmente autorizados nos termos de entrega, observadas as condições fixadas em regulamento;

II - locações de imóveis residenciais de caráter obrigatório, de que tratam os arts. 80 a 85 do Decreto-Lei nº 9.760, de 1946;

III - locações de imóveis residenciais sob o regime da Lei nº 8.025, de 1990;

IV - cessões de que trata o art. 20; e

V - as locações e arrendamentos autorizados nos termos do inciso III do art. 19.

Art. 41. Será observado como valor mínimo para efeito de aluguel, arrendamento, cessão de uso onerosa, foro e taxa de ocupação, aquele correspondente ao custo de processamento da respectiva cobrança.

Art. 42. Serão reservadas, na forma do regulamento, áreas necessárias à gestão ambiental, à implantação de projetos demonstrativos de uso sustentável de recursos naturais e dos ecossistemas costeiros, de compensação por impactos ambientais, relacionados com instalações portuárias, marinas, complexos navais e outros complexos náuticos, desenvolvimento do turismo, de atividades pesqueiras, da aqüicultura, da exploração de petróleo e gás natural, de recursos hídricos e minerais, aproveitamento de energia hidráulica e outros empreendimentos considerados de interesse nacional.

§ 1º Na hipótese de o empreendimento envolver áreas originariamente de uso comum do povo, poderá ser autorizada a utilização dessas áreas, mediante cessão de uso na forma do art. 18 desta Lei, condicionada, quando necessário, à apresentação de licença ambiental que ateste a viabilidade do empreendimento, observadas as demais disposições legais pertinentes. *(Parágrafo único transformado em § 1º com redação dada pela Medida Provisória nº 852, de 21/9/2018, convertida na Lei nº 13.813, de 9/4/2019)*

§ 2º A regularidade ambiental é condicionante de contratos de destinação de áreas da União e, comprovada a existência de comprometimento da integridade da área pelo órgão ambiental competente, o contrato será rescindido sem ônus para a União e sem prejuízo das demais sanções cabíveis. *(Parágrafo acrescido pela Medida Provisória nº 852, de 21/9/2018, convertida na Lei nº 13.813, de 9/4/2019)*

Art. 43. Nos aterros realizados até 15 de fevereiro de 1997, sem prévia autorização, a aplicação das penalidades de que tratam os incisos I e II do art. 6º do Decreto-Lei nº 2.398, de 1987, com a redação dada por esta Lei, será suspensa a partir do mês seguinte ao da sua aplicação, desde que o interessado solicite, junto ao Ministério da Fazenda, a regularização e a compra à vista do domínio útil do terreno acrescido, acompanhado do comprovante de recolhimento das multas até então incidentes, cessando a suspensão trinta dias após a ciência do eventual indeferimento.

Parágrafo único. O deferimento do pleito dependerá da prévia audiência dos órgãos técnicos envolvidos.

Art. 44. As condições previstas nesta Lei aplicar-se-ão às ocupações existentes nas terras de propriedade da União situadas na Área de Proteção Ambiental - APA da Bacia do Rio São Bartolomeu, no Distrito Federal, que se tornarem passíveis de regularização, após o rezoneamento de que trata a Lei nº 9.262, de 12 de janeiro de 1996.

Parágrafo único. A alienação dos imóveis residenciais da União, localizados nas Vilas Operárias de Nossa Senhora das Graças e Santa Alice, no Conjunto Residencial Salgado Filho, em Xerém, no Município de Duque de Caxias (RJ), e na Vila Portuária Presidente Dutra, na Rua da América nº 31, no Bairro da Gamboa, no Município do Rio de Janeiro (RJ), observará, também, o disposto nesta Lei.

Art. 45. *(Revogado pela Lei nº 13.465, de 11/7/2017)*

Art. 46. O disposto nesta Lei não se aplica à alienação do domínio útil ou pleno dos terrenos interiores de domínio da União, situados em ilhas oceânicas e costeiras de que trata o inciso IV do art. 20 da Constituição Federal, onde existam sedes de municípios, que será disciplinada em lei específica, ressalvados os terrenos de uso especial que vierem a ser desafetados.

Art. 47. O crédito originado de receita patrimonial será submetido aos seguintes prazos: *("Caput" do artigo com redação dada pela Lei nº 10.852, de 29/3/2004)*

I - decadencial de dez anos para sua constituição, mediante lançamento; e *(Inciso acrescido pela Lei nº 10.852, de 29/3/2004)*

II - prescricional de cinco anos para sua exigência, contados do lançamento. *(Inciso acrescido pela Lei nº 10.852, de 29/3/2004)*

§ 1º O prazo de decadência de que trata o *caput* conta-se do instante em que o respectivo crédito poderia ser constituído, a partir do conhecimento por iniciativa da União ou por solicitação do interessado das circunstâncias e fatos que caracterizam a hipótese de incidência da receita patrimonial, ficando limitada a cinco anos a cobrança de créditos relativos a período anterior ao conhecimento. *(Parágrafo com redação dada pela Lei nº 9.821, de 23/8/1999)*

§ 2º Os débitos cujos créditos foram alcançados pela prescrição serão considerados apenas para o efeito da caracterização da ocorrência de caducidade de que trata o parágrafo único do art. 101 do Decreto-Lei nº 9.760, de 1946, com a redação dada pelo art. 32 desta Lei. *(Parágrafo acrescido pela Lei nº 9.821, de 23/8/1999)*

Art. 48. (VETADO)

Art. 49. O Poder Executivo regulamentará esta Lei no prazo de noventa dias, contado da sua publicação.

Art. 50. O Poder Executivo fará publicar no Diário Oficial da União, no prazo de noventa dias, contado da publicação desta Lei, texto consolidado do Decreto-Lei nº 9.760, de 1946, e legislação superveniente.

Art. 51. São convalidados os atos praticados com base na Medida Provisória nº 1.647-14, de 24 de março de 1998.

Art. 52. Esta Lei entra em vigor na data da sua publicação.

Art. 53. São revogados os arts. 65, 66, 125, 126 e 133, e os itens 5º, 8º, 9º e 10 do art. 105 do Decreto-Lei nº 9.760, de 5 de setembro de 1946, o Decreto-Lei nº 178, de 16 de fevereiro de 1967, o art. 195 do Decreto-Lei nº 200, de 25 de fevereiro de 1967, o art. 4º do Decreto-Lei nº 1.561, de 13 de julho de 1977, a Lei nº 6.609, de 7 de dezembro de 1978, o art. 90 da Lei nº 7.450, de 23 de dezembro de 1985, o art. 4º do Decreto-Lei nº 2.398, de 21 de dezembro de 1987, e a Lei nº 9.253, de 28 de dezembro de 1995.

Brasília, 15 de maio de 1998; 177º da Independência e 110º da República.

FERNANDO HENRIQUE CARDOSO

(DOU de 18.5.1998)

DECRETO Nº 3.725, DE 10 DE JANEIRO DE 2001

Regulamenta a Lei nº 9.636, de 15 de maio de 1998, que dispõe sobre a regularização, administração, aforamento e alienação de bens imóveis de domínio da União, e dá outras providências.

O PRESIDENTE DA REPÚBLICA, no uso da atribuição que lhe confere o art. 84, inciso IV, da Constituição, e tendo em vista o disposto no art. 49 da Lei nº 9.636, de 15 de maio de 1998,

DECRETA:

Art. 1º A identificação, a demarcação, o cadastramento, a regularização e a fiscalização das áreas do patrimônio da União poderão ser realizadas mediante convênios ou contratos celebrados pela Secretaria do Patrimônio da União, que observem os seguintes limites para participação nas receitas de que trata o § 2º do art. 4º da Lei nº 9.636, de 15 de maio de 1998, a serem fixados, em cada caso, em ato do Ministro de Estado do Planejamento, Orçamento e Gestão:

I – para Estados, Distrito Federal e Municípios, e respectivas autarquias e fundações, considerado o universo de atividades assumidas: de dez a cinquenta por cento; e

II – para as demais entidades: de dez a trinta por cento.

Parágrafo único. Excepcionalmente, em decorrência da complexidade, do volume e dos custos dos trabalhos a realizar, poderá ser estipulado regime distinto na participação das receitas de que trata este artigo.

Art. 2º Considera-se para a finalidade de que trata o art. 6º da Lei nº 9.636, de 1998:

I – efetivo aproveitamento:

a) a utilização de área pública como residência ou local de atividades comerciais, industriais ou de prestação de serviços, ou rurais de qualquer natureza, e o exercício de posse nas áreas contíguas ao terreno ocupado pelas construções correspondentes, até o limite de duas vezes a área de projeção das edificações de caráter permanente; e

b) as ocorrências e especificações definidas pela Secretaria do Patrimônio da União;

II – áreas de acesso necessárias ao terreno: a parcela de imóvel da União utilizada como servidão de passagem, quando possível, definida pela Secretaria do Patrimônio da União;

III – áreas remanescentes que não constituem unidades autônomas: as que se encontrem, em razão do cadastramento de uma ou mais ocupações, da realização de obras públicas, da existência de acidentes geográficos ou de outras circunstâncias semelhantes, encravadas ou que possuam medidas inferiores às estabelecidas pelas posturas municipais ou à fração mínima rural fixada para a região; e

IV – faixas de terrenos de marinha e de terrenos marginais que não possam constituir unidades autônomas por circunstâncias semelhantes às mencionadas no inciso anterior.

Parágrafo único. Na hipótese de comprovação de efetivo aproveitamento por grupo de pessoas sob a forma de parcelamento irregular do solo, o cadastramento deverá ser realizado em nome coletivo.

Art. 3º No exercício das atribuições de fiscalização e conservação de imóveis públicos, afetados ou não ao uso especial, a Secretaria do Patrimônio da União poderá requisitar a intervenção de força policial federal, além do necessário auxílio de força pública estadual e, nos casos que envolvam segurança nacional ou relevante ofensa a valores, instituições ou patrimônio públicos, de forças militares federais, observado o procedimento previsto em lei.

Art. 4º Na concessão de aforamento, será dada preferência, com base no art. 13 da Lei nº 9.636, de 1998, a quem, comprovadamente, em 15 de fevereiro de 1997, já ocupava o imóvel há mais de um ano e esteja, até a data da formalização do contrato de alienação do domínio útil, regularmente inscrito como ocupante e em dia com suas obrigações junto à Secretaria do Patrimônio da União.

§ 1º Previamente à publicação do edital de licitação, dar-se-á conhecimento do preço mínimo de venda do domínio útil ao titular da preferência de que trata este artigo, que poderá adquiri-lo por esse valor, devendo, para este fim, sob pena de decadência, manifestar o seu interesse na aquisição e apresentar a documentação exigida em lei e neste Decreto, e, ainda, celebrar o contrato de aforamento no prazo de seis meses, a contar da data da notificação.

§ 2º O prazo para celebração do contrato de que trata este artigo poderá ser prorrogado por mais seis meses, desde que o interessado apresente, antes do seu término, junto com a documentação que comprove a sua preferência, requerimento solicitando a prorrogação, situação em que, havendo variação significativa nos preços praticados no mercado imobiliário local, será feita nova avaliação, correndo os custos de sua realização por conta do respectivo ocupante.

§ 3º A notificação de que trata o § 1º deste artigo será feita por edital publicado no Diário Oficial da União e, sempre que possível, por carta registrada, a ser encaminhada ao ocupante do imóvel que se encontre inscrito na Secretaria do Patrimônio da União.

§ 4º O edital especificará o nome do ocupante, a localização do imóvel e a respectiva área, e o valor de avaliação, bem como o local e horário de atendimento aos interessados.

§ 5º Em se tratando de zona onde existam ocupantes regularmente inscritos, antes de 5 de outubro de 1988, o edital deverá conter, ainda, notificação para que os ocupantes que se enquadrem nesta situação exerçam a opção de que trata o art. 17 da Lei nº 9.636, de 1998.

Art. 5º As manifestações de interesse na aquisição serão dirigidas ao Gerente Regional da Secretaria do Patrimônio da União e deverão ser entregues, acompanhadas dos documentos comprobatórios da preferência de que trata o art. 13 da Lei nº 9.636, de 1998, e de planta ou croquis que identifique o terreno, com até noventa dias de antecedência do término do prazo previsto para celebração do contrato de aforamento.

Art. 6º Apreciados os documentos e as reclamações que tenham sido apresentadas, o Gerente Regional da Secretaria do Patrimônio da União concederá o aforamento, ad referendum do Secretário do Patrimônio da União, recolhidas as receitas porventura devidas à Fazenda Nacional.

Parágrafo único. A Secretaria do Patrimônio da União estabelecerá os parâmetros e as condições em que a concessão de aforamento se dará, independentemente de homologação do Secretário do Patrimônio da União.

Art. 7º Após o ato homologatório ou o despacho concessório, nos casos de que trata o parágrafo único do artigo anterior, o ocupante com preferência e que tenha manifestado o seu interesse na aquisição do domínio útil, terá seu nome, juntamente com os dados que identifiquem o imóvel que ocupa, encaminhado à Caixa Econômica Federal para celebração do contrato de compra e venda, que também poderá ser celebrado diretamente pela Secretaria do Patrimônio da União.

Art. 8º Com antecedência mínima de trinta dias do término do prazo para celebração do contrato, independentemente de nova notificação, o ocupante deverá dirigir-se à agência designada da Caixa Econômica Federal para entregar a documentação exigida em lei para contratação com a União, fornecer os demais dados necessários à celebração do contrato de compra e venda do domínio útil e, atendidas as disposições legais, marcar a data, o local e o horário da sua assinatura.

Parágrafo único. O disposto neste artigo aplica-se aos contratos celebrados diretamente pela Secretaria do Patrimônio da União.

Art. 9º Na data, no horário e local estabelecidos, será celebrado o contrato de compra e venda, após a comprovação do recolhimento do valor total do domínio útil ou do respectivo sinal, das taxas cartorárias necessárias à realização do registro do contrato e, no caso de vendas a prazo, da garantia hipotecária, e, ainda, do pagamento do Imposto sobre Transmissão de Bens Imóveis – ITBI e das taxas, emolumentos e despesas incidentes na transação.

Art. 10. A preferência de que trata o art. 25 da Lei nº 9.636, de 1998, poderá ser conferida ao interessado em ato do Secretário do Patrimônio da União, formalizado a requerimento da parte, previamente à publicação do aviso de concorrência ou leilão.

Art. 11. A entrega de imóvel para uso da Administração Pública Federal, nos termos do art. 79 do Decreto-Lei nº 9.760, de 5 de setembro de 1946, compete privativamente à Secretaria do Patrimônio da União.

§ 1º A entrega será realizada, indistintamente a órgãos dos Poderes Legislativo, Executivo e Judiciário, e observará, dentre outros, os seguintes critérios:

I – ordem de solicitação;

II – real necessidade do órgão;

III – vocação do imóvel; e

IV – compatibilidade do imóvel com as necessidades do órgão, quanto aos aspectos de espaço, localização e condições físicas do terreno e do prédio.

§ 2º Havendo necessidade de destinar imóvel para uso de entidade da Administração Federal indireta, a aplicação far-se-á sob o regime de cessão de uso.

§ 3º Quando houver urgência na entrega ou cessão de uso de que trata este artigo, em razão da necessidade de proteção ou manutenção do imóvel, poderá a autoridade competente fazê-lo em caráter provisório, em ato fundamentado, que será revogado a qualquer momento se o interesse público o exigir, ou terá validade até decisão final no procedimento administrativo que tratar da entrega ou cessão de uso definitivo.

Art. 12. Não será considerada utilização em fim diferente do previsto no termo de entrega, a que se refere o § 2º do art. 79 do Decreto-Lei nº 9.760, de 1946, a cessão de uso a terceiros, a título gratuito ou oneroso, de áreas para exercício das seguintes atividades de apoio necessárias ao desempenho da atividade do órgão a que o imóvel foi entregue:

I – posto bancário;

II – posto dos correios e telégrafos;

III – restaurante e lanchonete;

IV – central de atendimento a saúde;

V – creche; e

VI – outras atividades similares que venham a ser consideradas necessárias pelos Ministros de Estado, ou autoridades com competência equivalente nos Poderes Legislativo e Judiciário, responsáveis pela administração do imóvel.

Parágrafo único. As atividades previstas neste artigo destinar-se-ão ao atendimento das necessidades do órgão cedente e de seus servidores.

Art. 13. A cessão de que trata o artigo anterior será formalizada pelo chefe da repartição, estabelecimento ou serviço público federal a que tenha sido entregue o imóvel, desde que aprovada sua realização pelo Chefe da Secretaria-Geral da Presidência da República, respectivos Ministros de Estado ou autoridades com competência equivalente nos Poderes Legislativo e Judiciário, conforme for o caso, observados os procedimentos licitatórios previstos em lei e as seguintes condições:

I – disponibilidade de espaço físico, de forma que não venha a prejudicar a atividade-fim da repartição;

II – inexistência de qualquer ônus para a União, sobretudo no que diz respeito aos empregados da cessionária;

III – compatibilidade de horário de funcionamento da cessionária com o horário de funcionamento do órgão cedente;

IV – obediência às normas relacionadas com o funcionamento da atividade e às normas de utilização do imóvel;

V – aprovação prévia do órgão cedente para realização de qualquer obra de adequação do espaço físico a ser utilizado pela cessionária;

VI – precariedade da cessão, que poderá ser revogada a qualquer tempo, havendo interesse do serviço público, independentemente de indenização;

VII – participação proporcional da cessionária no rateio das despesas com manutenção, conservação e vigilância do prédio;

VIII – quando destinada a empreendimento de fins lucrativos, a cessão deverá ser sempre onerosa e sempre que houver condições de competitividade deverão ser observados os procedimentos licitatórios previstos em lei; e

IX – outras que venham a ser estabelecidas no termo de cessão, que será divulgado pela Secretaria do Patrimônio da União.

Art. 14. A utilização, a título precário, de áreas de domínio da União será autorizada mediante outorga de permissão de uso pelo Secretário do Patrimônio da União, publicada resumidamente no Diário Oficial.

§ 1º Do ato de outorga constarão as condições da permissão, dentre as quais:

I – a finalidade da sua realização;

II – os direitos e obrigações do permissionário;

III – o prazo de vigência, que será de até três meses, podendo ser prorrogado por igual período;

IV – o valor da garantia de cumprimento das obrigações, quando necessária, e a forma de seu recolhimento;

V – as penalidades aplicáveis, nos casos de inadimplemento; e

VI – o valor e a forma de pagamento, que deverá ser efetuado no ato de formalização da permissão.

§ 2º Os equipamentos e as instalações a serem utilizados na realização do evento não poderão impedir o livre e franco acesso às praias e às águas públicas correntes e dormentes.

§ 3º Constituirá requisito para que se solicite a outorga de permissão de uso a comprovação da prévia autorização pelos órgãos federais, estaduais e municipais competentes para autorizar a realização do evento.

§ 4º Durante a vigência da permissão de uso, o permissionário ficará responsável pela segurança, limpeza, manutenção, conservação e fiscalização da área, comprometendo-se, salvo autorização expressa em contrário, a entregá-la, dentro do prazo, nas mesmas condições em que inicialmente se encontrava.

§ 5º O simples início da utilização da área, ou a prestação da garantia, quando exigida, após a publicação do ato de outorga, independentemente de qualquer outro ato especial, representará a concordância do permissionário com todas as condições da permissão de uso estabelecidas pela autoridade competente.

§ 6º Nas permissões de uso, mesmo quando gratuitas, serão cobrados, a título de ressarcimento, os custos administrativos da União, relacionados direta ou indiretamente com o evento.

§ 7º A Secretaria do Patrimônio da União estabelecerá os parâmetros para a fixação do valor e da forma de pagamento na permissão de uso de áreas da União.

§ 8º A publicação resumida identificará o local de situação da área da União, o permissionário e o período de vigência da permissão.

Art. 15. Na hipótese de venda de bens imóveis mediante a atuação de leiloeiro oficial, a respectiva comissão será paga pelo arrematante, juntamente com o sinal, e será estabelecida em ato do Secretário do Patrimônio da União.

Art. 16. O edital de licitação conterá, no preâmbulo, o número de ordem em série anual, o nome do órgão, da repartição interessada e de seu setor, a modalidade da licitação, a menção de que a licitação será regida pela Lei nº 9.636, de 1998, complementarmente pela Lei nº 8.666, de 21 de junho de 1993, por este Decreto, pelo manual de alienação da Secretaria do Patrimônio da União e pelo edital de licitação, o enquadramento legal e a autorização competente para alienação do imóvel, o local, o dia e a hora em que será realizado o pregão ou o recebimento e a abertura dos envelopes contendo a documentação e as propostas e, no seu corpo, dentre outras condições, o que se segue:

I – o objeto da licitação, venda ou permuta de imóveis, com a identificação e descrição de cada imóvel, especificando as suas localizações, características, limites, confrontações ou amarrações geográficas, medidas, ad corpus ou ad mensuram, inclusive de área;

II – a menção da inexistência ou existência de ônus que recaiam sobre cada imóvel e, se for o caso, a circunstância de se encontrar na posse de terceiros, inclusive mediante locação;

III – a obrigatoriedade de cada adquirente de se responsabilizar, integralmente, pela reivindicação de posse do imóvel por ele adquirido, e nada alegar perante a União, em decorrência de eventual demora na desocupação;

IV – o valor de cada imóvel, apurado em laudo de avaliação;

V – o percentual, referente a cada imóvel, a ser subtraído da proposta ou do lance vencedor, correspondente às benfeitorias realizadas pelo ocupante, quando se tratar de imóvel que se encontre na situação de que trata o § 2º do art. 15 da Lei nº 9.636, de 1998;

VI – as condições de participação e de habilitação, especificando a documentação necessária, inclusive a comprovação do recolhimento da caução exigida, em se tratando de licitação na modalidade de concorrência;

VII – as condições de pagamento;

VIII – as sanções para o caso de inadimplemento;

IX – o critério de julgamento;

X – os prazos para celebração do contrato de compra e venda, promessa de compra e venda ou de permuta e para realização do registro junto ao cartório competente;

XI – a obrigatoriedade dos licitantes apresentarem propostas ou lances distintos para cada imóvel;

XII – as hipóteses de preferência;

XIII – os encargos legais e fiscais de responsabilidade do arrematante e, no caso de aforamento, o foro;

XIV – a comissão do leiloeiro a ser paga pelo arrematante;

XV – as sanções cominadas ao arrematante ou licitante vencedor, na hipótese de desistência ou não complementação do pagamento do preço ofertado;

XVI – a possibilidade de revigoração do lance ou proposta vencedora, na hipótese de desistência da preferência exercida;

XVII – a documentação necessária para celebração do respectivo termo ou contrato;

XVIII – os horários, os dias e as demais condições necessárias para visitação dos imóveis; e

XIX – os locais, horários e códigos de acesso dos meios de comunicação à distância em que serão fornecidos elementos, informações e esclarecimentos relativos à licitação e ao seu objeto.

§ 1º O original do edital deverá ser datado, rubricado em todas as folhas e assinado pelo presidente da Comissão de Alienação de Imóveis, pelo leiloeiro ou pelo servidor especialmente designado para realização do leilão, permanecendo no processo de licitação e dele se extraindo cópias integrais ou resumidas, para sua divulgação e fornecimento aos interessados.

§ 2º Constituirá anexo do edital, dele fazendo parte integrante, a minuta do contrato a ser firmado entre a União e o arrematante ou licitante vencedor.

Art. 17. Em se tratando de projeto de caráter social, para fins de assentamento de famílias de baixa renda, a venda do domínio pleno ou útil priorizará, na forma das instruções a serem baixadas pelo Ministro de Estado do Planejamento, Orçamento e Gestão, aquelas mais necessitadas ou que já estejam ocupando as áreas a serem utilizadas no assentamento, ou, ainda, que estejam sendo remanejadas de áreas definidas como de risco, insalubres ou ambientalmente incompatíveis ou que venham a ser consideradas necessárias para desenvolvimento de outros projetos de interesse público, podendo o pagamento ser efetivado mediante um sinal de, no mínimo, cinco por cento do valor da avaliação, permitido o parcelamento deste sinal em até duas vezes e do saldo em até trezentas prestações mensais e consecutivas, observando-se, como mínimo, a quantia correspondente a trinta por cento do valor do salário mínimo vigente.

§ 1º Quando o projeto se destinar ao assentamento de famílias carentes, será dispensado o sinal, e o valor da prestação não poderá ser superior a trinta por cento da renda familiar do beneficiário, observando-se, como valor mínimo, aquele correspondente ao custo do processamento da respectiva cobrança.

§ 2º Para efeito do disposto neste artigo será considerada:

I – família de baixa renda, aquela cuja renda familiar for igual ou inferior ao valor correspondente a oito salários mínimos, acrescido da importância equivalente a um quinto do salário mínimo por dependente, que com ela comprovadamente resida, até o máximo de cinco dependentes; e

II – família carente, aquela cuja renda familiar for igual ou inferior ao valor correspondente a três salários mínimos, acrescido da importância equivalente a um quinto do salário mínimo por dependente, que com ela comprovadamente resida, até o máximo de cinco dependentes.

§ 3º Não serão consideradas de baixa renda ou carentes as famílias cuja situação patrimonial de seus membros demonstre maior capacidade de pagamento, sem comprometimento do seu sustento.

§ 4º Será considerado membro de uma mesma família, para efeito do disposto neste artigo, a pessoa que conviver com os demais membros e que concorra para o sustento comum, independentemente da existência de consanguinidade.

§ 5º Havendo alteração na situação financeira das famílias de que trata este artigo que justifique o seu reenquadramento, as condições de venda deverão ser revistas, reduzindo-se o prazo de amortização proporcionalmente à capacidade financeira aferida.

§ 6º As situações de baixa renda e de carência serão comprovadas, pelo adquirente, por ocasião da habilitação, e por iniciativa do adquirente ou da Secretaria do Patrimônio da União, na hipótese prevista no parágrafo anterior, mediante prévia apresentação dos comprovantes de renda, observadas as instruções a serem baixadas pelo Ministro de Estado do Planejamento, Orçamento e Gestão.

§ 7º Nas vendas de que trata este artigo, aplicar-se-ão, no que couber, as condições previstas para a alienação de imóveis da União, não sendo exigido, a critério da Administração, o pagamento de prêmio mensal de seguro nos projetos de assentamento de famílias carentes.

Art. 18. As áreas necessárias à gestão ambiental, à implantação de projetos demonstrativos de uso sustentável dos recursos naturais e dos ecossistemas costeiros, de compensação por impactos ambientais, relacionados com instalações portuárias, marinas, complexos navais e outros complexos náuticos, desenvolvimento do turismo, de atividades pesqueiras, da aquicultura, da exploração de petróleo e gás natural, de recursos hídricos e minerais, aproveitamento de energia hidráulica e outros empreendimentos considerados de interesse nacional, serão reservadas segundo os seguintes critérios:

I – a identificação das áreas a serem reservadas será promovida conjuntamente pela Secretaria do Patrimônio da União e órgãos e entidades técnicas envolvidas, das três esferas de governo, federal, estadual e municipal, e das demais entidades técnicas não governamentais, relacionadas com cada empreendimento, inclusive daqueles ligados à preservação ambiental, quando for o caso;

II – as áreas reservadas serão declaradas de interesse do serviço público, mediante ato do Secretário do Patrimônio da União, em conformidade com o que prevê o parágrafo único do art. 5º do Decreto-Lei nº 2.398, de 21 de dezembro de 1987;

III – quando o empreendimento envolver áreas originariamente de uso comum do povo, a utilização dar-se-á mediante cessão de uso, na forma do art. 18 da Lei nº 9.636, de 1998, condicionada, quando for o caso, à apresentação do Estudo de Impacto Ambiental e respectivo relatório, devidamente aprovados pelos órgãos competentes, observadas as demais disposições legais pertinentes; e

IV – no desenvolvimento dos empreendimentos deverão ser observados, sempre que possível, os parâmetros estabelecidos pelo Secretário do Patrimônio da União para a utilização ordenada de imóveis de domínio da União.

Art. 19. O Secretário do Patrimônio da União disciplinará, em instrução normativa, a utilização ordenada de imóveis da União e a demarcação dos terrenos de marinha, dos terrenos marginais e das terras interiores.

Art. 20. Este Decreto entra em vigor na data da sua publicação.

Brasília, 10 de janeiro de 2001;
180º Independência e 113º da República.
FERNANDO HENRIQUE CARDOSO
(DOU. de 11.1.2001)

LEI Nº 9.985, DE 18 DE JULHO DE 2000

Regulamenta o art. 225, § 1º, incisos I, II, III e VII da Constituição Federal, institui o Sistema Nacional de Unidades de Conservação da Natureza e dá outras providências.

O VICE-PRESIDENTE DA REPÚBLICA no exercício do cargo de **PRESIDENTE DA REPÚBLICA**

Faço saber que o Congresso Nacional decreta e eu sanciono a seguinte Lei:

CAPÍTULO I – DAS DISPOSIÇÕES PRELIMINARES

Art. 1º Esta Lei institui o Sistema Nacional de Unidades de Conservação da Natureza – SNUC, estabelece critérios e normas para a criação, implantação e gestão das unidades de conservação.

Art. 2º Para os fins previstos nesta Lei, entende-se por:

I – unidade de conservação: espaço territorial e seus recursos ambientais, incluindo as águas jurisdicionais, com características naturais relevantes, legalmente instituído pelo Poder Público, com objetivos de conservação e limites definidos, sob regime especial de administração, ao qual se aplicam garantias adequadas de proteção;

II – conservação da natureza: o manejo do uso humano da natureza, compreendendo a preservação, a manutenção, a utilização sustentável, a restauração e a recuperação do ambiente natural, para que possa produzir o maior benefício, em bases sustentáveis, às atuais gerações, mantendo seu potencial de satisfazer as necessidades e aspirações das gerações futuras, e garantindo a sobrevivência dos seres vivos em geral;

III – diversidade biológica: a variabilidade de organismos vivos de todas as origens, compreendendo, dentre outros, os ecossistemas terrestres, marinhos e outros ecossistemas aquáticos e os complexos ecológicos de que fazem parte; compreendendo ainda a diversidade dentro de espécies, entre espécies e de ecossistemas;

IV – recurso ambiental: a atmosfera, as águas interiores, superficiais e subterrâneas, os estuários, o mar territorial, o solo, o subsolo, os elementos da biosfera, a fauna e a flora;

V – preservação: conjunto de métodos, procedimentos e políticas que visem a proteção a longo prazo das espécies, habitats e ecossistemas, além da manutenção dos processos ecológicos, prevenindo a simplificação dos sistemas naturais;

VI – proteção integral: manutenção dos ecossistemas livres de alterações causadas por interferência humana, admitido apenas o uso indireto dos seus atributos naturais;

VII – conservação in situ: conservação de ecossistemas e habitats naturais e a manutenção e recuperação de populações viáveis de espécies em seus meios naturais e, no caso de espécies domesticadas ou cultivadas, nos meios onde tenham desenvolvido suas propriedades características;

VIII – manejo: todo e qualquer procedimento que vise assegurar a conservação da diversidade biológica e dos ecossistemas;

IX – uso indireto: aquele que não envolve consumo, coleta, dano ou destruição dos recursos naturais;

X – uso direto: aquele que envolve coleta e uso, comercial ou não, dos recursos naturais;

XI – uso sustentável: exploração do ambiente de maneira a garantir a perenidade dos recursos ambientais renováveis e dos processos ecológicos, mantendo a biodiversidade e os demais atributos ecológicos, de forma socialmente justa e economicamente viável;

XII – extrativismo: sistema de exploração baseado na coleta e extração, de modo sustentável, de recursos naturais renováveis;

XIII – recuperação: restituição de um ecossistema ou de uma população silvestre degradada a uma condição não degradada, que pode ser diferente de sua condição original;

XIV – restauração: restituição de um ecossistema ou de uma população silvestre degradada o mais próximo possível da sua condição original;

XV – *(VETADO)*

XVI – zoneamento: definição de setores ou zonas em uma unidade de conservação com objetivos de manejo e normas específicos, com o propósito de proporcionar os meios e as condições para que todos os objetivos da unidade possam ser alcançados de forma harmônica e eficaz;

XVII – plano de manejo: documento técnico mediante o qual, com fundamento nos objetivos gerais de uma unidade de conservação, se estabelece o seu zoneamento e as normas que devem presidir o uso da área e o manejo dos recursos naturais, inclusive a implantação das estruturas físicas necessárias à gestão da unidade;

XVIII – zona de amortecimento: o entorno de uma unidade de conservação, onde as atividades humanas estão sujeitas a normas e restrições específicas, com o propósito de minimizar os impactos negativos sobre a unidade; e

XIX – corredores ecológicos: porções de ecossistemas naturais ou seminaturais, ligando unidades de conservação, que possibilitam entre elas o fluxo de genes e o movimento da biota, facilitando a dispersão de espécies e a recolonização de áreas degradadas, bem como a manutenção de populações que demandam para sua sobrevivência áreas com extensão maior do que aquela das unidades individuais.

CAPÍTULO II – DO SISTEMA NACIONAL DE UNIDADES DE CONSERVAÇÃO DA NATUREZA – SNUC

Art. 3º O Sistema Nacional de Unidades de Conservação da Natureza – SNUC é constituído pelo conjunto das unidades de conservação federais, estaduais e municipais, de acordo com o disposto nesta Lei.

Art. 4º O SNUC tem os seguintes objetivos:

I – contribuir para a manutenção da diversidade biológica e dos recursos genéticos no território nacional e nas águas jurisdicionais;

II – proteger as espécies ameaçadas de extinção no âmbito regional e nacional;

III – contribuir para a preservação e a restauração da diversidade de ecossistemas naturais;

IV – promover o desenvolvimento sustentável a partir dos recursos naturais;

V – promover a utilização dos princípios e práticas de conservação da natureza no processo de desenvolvimento;

VI – proteger paisagens naturais e pouco alteradas de notável beleza cênica;

VII – proteger as características relevantes de natureza geológica, geomorfológica, espeleológica, arqueológica, paleontológica e cultural;

VIII – proteger e recuperar recursos hídricos e edáficos;

IX – recuperar ou restaurar ecossistemas degradados;

X – proporcionar meios e incentivos para atividades de pesquisa científica, estudos e monitoramento ambiental;

XI – valorizar econômica e socialmente a diversidade biológica;

XII – favorecer condições e promover a educação e interpretação ambiental, a recreação em contato com a natureza e o turismo ecológico;

XIII – proteger os recursos naturais necessários à subsistência de populações tradicionais, respeitando e valorizando seu conhecimento e sua cultura e promovendo-as social e economicamente.

Art. 5º O SNUC será regido por diretrizes que:

I – assegurem que no conjunto das unidades de conservação estejam representadas amostras significativas e ecologicamente viáveis das diferentes populações, habitats e ecossistemas do território nacional e das águas jurisdicionais, salvaguardando o patrimônio biológico existente;

II – assegurem os mecanismos e procedimentos necessários ao envolvimento da sociedade no estabelecimento e na revisão da política nacional de unidades de conservação;

III – assegurem a participação efetiva das populações locais na criação, implantação e gestão das unidades de conservação;

IV – busquem o apoio e a cooperação de organizações não-governamentais, de organizações privadas e pessoas físicas para o desenvolvimento de estudos, pesquisas científicas, práticas de educação ambiental, atividades de lazer e de turismo ecológico, monitoramento, manutenção e outras atividades de gestão das unidades de conservação;

V – incentivem as populações locais e as organizações privadas a estabelecerem e administrarem unidades de conservação dentro do sistema nacional;

VI – assegurem, nos casos possíveis, a sustentabilidade econômica das unidades de conservação;

VII – permitam o uso das unidades de conservação para a conservação in situ de populações das variantes genéticas selvagens dos animais e plantas domesticados e recursos genéticos silvestres;

VIII – assegurem que o processo de criação e a gestão das unidades de conservação sejam feitos de forma integrada com as políticas de administração das terras e águas circundantes, considerando as condições e necessidades sociais e econômicas locais;

IX – considerem as condições e necessidades das populações locais no desenvolvimento e adaptação de métodos e técnicas de uso sustentável dos recursos naturais;

X – garantam às populações tradicionais cuja subsistência dependa da utilização de recursos naturais existentes no interior das unidades de conservação meios de subsistência alternativos ou a justa indenização pelos recursos perdidos;

XI – garantam uma alocação adequada dos recursos financeiros necessários para que, uma vez criadas, as unidades de conservação possam ser geridas de forma eficaz e atender aos seus objetivos;

XII – busquem conferir às unidades de conservação, nos casos possíveis e respeitadas as conveniências da administração, autonomia administrativa e financeira; e

XIII – busquem proteger grandes áreas por meio de um conjunto integrado de unidades de conservação de diferentes categorias, próximas ou contíguas, e suas respectivas zonas de amortecimento e corredores ecológicos, integrando as diferentes atividades de preservação da natureza, uso sustentável dos recursos naturais e restauração e recuperação dos ecossistemas.

Art. 6º O SNUC será gerido pelos seguintes órgãos, com as respectivas atribuições:

I – Órgão consultivo e deliberativo: o Conselho Nacional do Meio Ambiente – Conama, com as atribuições de acompanhar a implementação do Sistema;

II – Órgão central: o Ministério do Meio Ambiente, com a finalidade de coordenar o Sistema; e

III – órgãos executores: o Instituto Chico Mendes e o Ibama, em caráter supletivo, os órgãos estaduais e municipais, com a função de implementar o SNUC, subsidiar as propostas de criação e administrar as unidades de conservação federais, estaduais e municipais, nas respectivas esferas de atuação. *(Redação dada pela Lei nº 11.516, 2007)*

Parágrafo único. Podem integrar o SNUC, excepcionalmente e a critério do Conama, unidades de conservação estaduais e municipais que, concebidas para atender a peculiaridades regionais ou locais, possuam objetivos de manejo que não possam ser satisfatoriamente atendidos por nenhuma categoria prevista nesta Lei e cujas características permitam, em relação a estas, uma clara distinção.

CAPÍTULO III – DAS CATEGORIAS DE UNIDADES DE CONSERVAÇÃO

Art. 7º As unidades de conservação integrantes do SNUC dividem-se em dois grupos, com características específicas:

I – Unidades de Proteção Integral;

II – Unidades de Uso Sustentável.

§ 1º O objetivo básico das Unidades de Proteção Integral é preservar a natureza, sendo admitido apenas o uso indireto dos seus recursos naturais, com exceção dos casos previstos nesta Lei.

§ 2º O objetivo básico das Unidades de Uso Sustentável é compatibilizar a conservação da natureza com o uso sustentável de parcela dos seus recursos naturais.

Art. 8º O grupo das Unidades de Proteção Integral é composto pelas seguintes categorias de unidade de conservação:

I – Estação Ecológica;

II – Reserva Biológica;

III – Parque Nacional;

IV – Monumento Natural;

V – Refúgio de Vida Silvestre.

Art. 9º A Estação Ecológica tem como objetivo a preservação da natureza e a realização de pesquisas científicas.

§ 1º A Estação Ecológica é de posse e domínio públicos, sendo que as áreas particulares incluídas em seus limites serão desapropriadas, de acordo com o que dispõe a lei.

§ 2º É proibida a visitação pública, exceto quando com objetivo educacional, de acordo com o que dispuser o Plano de Manejo da unidade ou regulamento específico.

§ 3º A pesquisa científica depende de autorização prévia do órgão responsável pela administração da unidade e está sujeita às condições e restrições por este estabelecidas, bem como àquelas previstas em regulamento.

§ 4º Na Estação Ecológica só podem ser permitidas alterações dos ecossistemas no caso de:

I – medidas que visem a restauração de ecossistemas modificados;

II – manejo de espécies com o fim de preservar a diversidade biológica;

III – coleta de componentes dos ecossistemas com finalidades científicas;

IV – pesquisas científicas cujo impacto sobre o ambiente seja maior do que aquele causado pela simples observação ou pela coleta controlada de componentes dos ecossistemas, em uma área correspondente a no máximo três por cento da extensão total da unidade e até o limite de um mil e quinhentos hectares.

Art. 10. A Reserva Biológica tem como objetivo a preservação integral da biota e demais atributos naturais existentes em seus limites, sem interferência humana direta ou modificações ambientais, excetuando-se as medidas de recuperação de seus ecossistemas alterados e as ações de manejo necessárias para recuperar e preservar o equilíbrio natural, a diversidade biológica e os processos ecológicos naturais.

§ 1º A Reserva Biológica é de posse e domínio públicos, sendo que as áreas particulares incluídas em seus limites serão desapropriadas, de acordo com o que dispõe a lei.

§ 2º É proibida a visitação pública, exceto aquela com objetivo educacional, de acordo com regulamento específico.

§ 3º A pesquisa científica depende de autorização prévia do órgão responsável pela administração da unidade e está sujeita às condições e restrições por este estabelecidas, bem como àquelas previstas em regulamento.

Art. 11. O Parque Nacional tem como objetivo básico a preservação de ecossistemas naturais de grande relevância ecológica e beleza cênica, possibilitando a realização de pesquisas científicas e o desenvolvimento de atividades de educação e interpretação ambiental, de recreação em contato com a natureza e de turismo ecológico.

§ 1º O Parque Nacional é de posse e domínio públicos, sendo que as áreas particulares incluídas em seus limites serão desapropriadas, de acordo com o que dispõe a lei.

§ 2º A visitação pública está sujeita às normas e restrições estabelecidas no Plano de Manejo da unidade, às normas estabelecidas pelo órgão responsável por sua administração, e àquelas previstas em regulamento.

§ 3º A pesquisa científica depende de autorização prévia do órgão responsável pela administração da unidade e está sujeita às condições e restrições por este estabelecidas, bem como àquelas previstas em regulamento.

§ 4º As unidades dessa categoria, quando criadas pelo Estado ou Município, serão denominadas, respectivamente, Parque Estadual e Parque Natural Municipal.

Art. 12. O Monumento Natural tem como objetivo básico preservar sítios naturais raros, singulares ou de grande beleza cênica.

§ 1º O Monumento Natural pode ser constituído por áreas particulares, desde que seja possível compatibilizar os objetivos da unidade com a utilização da terra e dos recursos naturais do local pelos proprietários.

§ 2º Havendo incompatibilidade entre os objetivos da área e as atividades privadas ou não havendo aquiescência do proprietário às condições propostas pelo órgão responsável pela administração da unidade para a coexistência do Monumento Natural com o uso da propriedade, a área deve ser desapropriada, de acordo com o que dispõe a lei.

§ 3º A visitação pública está sujeita às condições e restrições estabelecidas no Plano de Manejo da unidade, às normas estabelecidas pelo órgão responsável por sua administração e àquelas previstas em regulamento.

Art. 13. O Refúgio de Vida Silvestre tem como objetivo proteger ambientes naturais onde se asseguram condições para a existência ou reprodução de espécies ou comunidades da flora local e da fauna residente ou migratória.

§ 1º O Refúgio de Vida Silvestre pode ser constituído por áreas particulares, desde que seja possível compatibilizar os objetivos da unidade com a utilização da terra e dos recursos naturais do local pelos proprietários.

§ 2º Havendo incompatibilidade entre os objetivos da área e as atividades privadas ou não havendo aquiescência do proprietário às condições propostas pelo órgão responsável pela administração da unidade para a coexistência do Refúgio de Vida Silvestre com o uso da propriedade, a área deve ser desapropriada, de acordo com o que dispõe a lei.

§ 3º A visitação pública está sujeita às normas e restrições estabelecidas no Plano de Manejo da unidade, às normas estabelecidas pelo órgão responsável por sua administração, e àquelas previstas em regulamento.

§ 4º A pesquisa científica depende de autorização prévia do órgão responsável pela administração da unidade e está sujeita às condições e restrições por este estabelecidas, bem como àquelas previstas em regulamento.

Art. 14. Constituem o Grupo das Unidades de Uso Sustentável as seguintes categorias de unidade de conservação:

I – Área de Proteção Ambiental;

II – Área de Relevante Interesse Ecológico;

III – Floresta Nacional;

IV – Reserva Extrativista;

V – Reserva de Fauna;

VI – Reserva de Desenvolvimento Sustentável; e

VII – Reserva Particular do Patrimônio Natural.

Art. 15. A Área de Proteção Ambiental é uma área em geral extensa, com um certo grau de ocupação humana, dotada de atributos abióticos, bióticos, estéticos ou culturais especialmente importantes para a qualidade de vida e o bem-estar das populações humanas, e tem como objetivos básicos proteger a diversidade biológica, disciplinar o processo de ocupação e assegurar a sustentabilidade do uso dos recursos naturais.

§ 1º A Área de Proteção Ambiental é constituída por terras públicas ou privadas.

§ 2º Respeitados os limites constitucionais, podem ser estabelecidas normas e restrições para a utilização de uma propriedade privada localizada em uma Área de Proteção Ambiental.

§ 3º As condições para a realização de pesquisa científica e visitação pública nas áreas sob domínio público serão estabelecidas pelo órgão gestor da unidade.

§ 4º Nas áreas sob propriedade privada, cabe ao proprietário estabelecer as condições para pesquisa e visitação pelo público, observadas as exigências e restrições legais.

§ 5º A Área de Proteção Ambiental disporá de um Conselho presidido pelo órgão responsável por sua administração e constituído por representantes dos órgãos públicos, de organizações da sociedade civil e da população residente, conforme se dispuser no regulamento desta Lei.

Art. 16. A Área de Relevante Interesse Ecológico é uma área em geral de pequena extensão, com pouca ou nenhuma ocupação humana, com características naturais extraordinárias ou que abriga exemplares raros da biota regional, e tem como objetivo manter os ecossistemas naturais de importância regional ou local e regular o uso admissível dessas áreas, de modo a compatibilizá-lo com os objetivos de conservação da natureza.

§ 1º A Área de Relevante Interesse Ecológico é constituída por terras públicas ou privadas.

§ 2º Respeitados os limites constitucionais, podem ser estabelecidas normas e restrições para a utilização de uma propriedade privada localizada em uma Área de Relevante Interesse Ecológico.

Art. 17. A Floresta Nacional é uma área com cobertura florestal de espécies predominantemente nativas e tem como objetivo básico o uso múltiplo sustentável dos recursos florestais e a pesquisa científica, com ênfase em métodos para exploração sustentável de florestas nativas.

§ 1º A Floresta Nacional é de posse e domínio públicos, sendo que as áreas particulares incluídas em seus limites devem ser desapropriadas de acordo com o que dispõe a lei.

§ 2º Nas Florestas Nacionais é admitida a permanência de populações tradicionais que a habitam quando de sua criação, em conformidade com o disposto em regulamento e no Plano de Manejo da unidade.

§ 3º A visitação pública é permitida, condicionada às normas estabelecidas para o manejo da unidade pelo órgão responsável por sua administração.

§ 4º A pesquisa é permitida e incentivada, sujeitando-se à prévia autorização do órgão responsável pela administração da unidade, às condições e restrições por este estabelecidas e àquelas previstas em regulamento.

§ 5º A Floresta Nacional disporá de um Conselho Consultivo, presidido pelo órgão responsável por sua administração e constituído por representantes de órgãos públicos, de organizações da sociedade civil e, quando for o caso, das populações tradicionais residentes.

§ 6º A unidade desta categoria, quando criada pelo Estado ou Município, será denominada, respectivamente, Floresta Estadual e Floresta Municipal.

Art. 18. A Reserva Extrativista é uma área utilizada por populações extrativistas tradicionais, cuja subsistência baseia-se no extrativismo e, complementarmente, na agricultura de subsistência e na criação de animais de pequeno porte, e tem como objetivos básicos proteger os meios de vida e a cultura dessas populações, e assegurar o uso sustentável dos recursos naturais da unidade.

§ 1º A Reserva Extrativista é de domínio público, com uso concedido às populações extrativistas tradicionais conforme o disposto no art. 23 desta Lei e em regulamentação específica, sendo que as áreas particulares incluídas em seus limites devem ser desapropriadas, de acordo com o que dispõe a lei.

§ 2º A Reserva Extrativista será gerida por um Conselho Deliberativo, presidido pelo órgão responsável por sua administração e constituído por representantes de órgãos públicos, de organizações da sociedade civil e das populações tradicionais residentes na área, conforme se dispuser em regulamento e no ato de criação da unidade.

§ 3º A visitação pública é permitida, desde que compatível com os interesses locais e de acordo com o disposto no Plano de Manejo da área.

§ 4º A pesquisa científica é permitida e incentivada, sujeitando-se à prévia autorização do órgão responsável pela administração da unidade, às condições e restrições por este estabelecidas e às normas previstas em regulamento.

§ 5º O Plano de Manejo da unidade será aprovado pelo seu Conselho Deliberativo.

§ 6º São proibidas a exploração de recursos minerais e a caça amadorística ou profissional.

§ 7º A exploração comercial de recursos madeireiros só será admitida em bases sustentáveis e em situações especiais e complementares às demais atividades desenvolvidas na Reserva Extrativista, conforme o disposto em regulamento e no Plano de Manejo da unidade.

Art. 19. A Reserva de Fauna é uma área natural com populações animais de espécies nativas, terrestres ou aquáticas, residentes ou migratórias, adequadas para estudos técnico-científicos sobre o manejo econômico sustentável de recursos faunísticos.

§ 1º A Reserva de Fauna é de posse e domínio públicos, sendo que as áreas particulares incluídas em seus limites devem ser desapropriadas de acordo com o que dispõe a lei.

§ 2º A visitação pública pode ser permitida, desde que compatível com o manejo da unidade e de acordo com as normas estabelecidas pelo órgão responsável por sua administração.

§ 3º É proibido o exercício da caça amadorística ou profissional.

§ 4º A comercialização dos produtos e subprodutos resultantes das pesquisas obedecerá ao disposto nas leis sobre fauna e regulamentos.

Art. 20. A Reserva de Desenvolvimento Sustentável é uma área natural que abriga populações tradicionais, cuja existência baseia-se em sistemas sustentáveis de exploração dos recursos naturais, desenvolvidos ao longo de gerações e adaptados às condições ecológicas locais e que desempenham um papel fundamental na proteção da natureza e na manutenção da diversidade biológica.

§ 1º A Reserva de Desenvolvimento Sustentável tem como objetivo básico preservar a natureza e, ao mesmo tempo, assegurar as condições e os meios necessários para a reprodução e a melhoria dos modos e da qualidade de vida e exploração dos recursos naturais das populações tradicionais, bem como valorizar, conservar e aperfeiçoar o conhecimento e as técnicas de manejo do ambiente, desenvolvido por estas populações.

§ 2º A Reserva de Desenvolvimento Sustentável é de domínio público, sendo que as áreas particulares incluídas em seus limites devem ser, quando necessário, desapropriadas, de acordo com o que dispõe a lei.

§ 3º O uso das áreas ocupadas pelas populações tradicionais será regulado de acordo com o disposto no art. 23 desta Lei e em regulamentação específica.

§ 4º A Reserva de Desenvolvimento Sustentável será gerida por um Conselho Deliberativo, presidido pelo órgão responsável por sua administração e constituído por representantes de órgãos públicos, de organizações da sociedade civil e das populações tradicionais residentes na área, conforme se dispuser em regulamento e no ato de criação da unidade.

§ 5º As atividades desenvolvidas na Reserva de Desenvolvimento Sustentável obedecerão às seguintes condições:

I – é permitida e incentivada a visitação pública, desde que compatível com os interesses locais e de acordo com o disposto no Plano de Manejo da área;

II – é permitida e incentivada a pesquisa científica voltada à conservação da natureza, à melhor relação das populações residentes com seu meio e à educação ambiental, sujeitando-se à prévia autorização do órgão responsável pela administração da unidade, às condições e restrições por este estabelecidas e às normas previstas em regulamento;

III – deve ser sempre considerado o equilíbrio dinâmico entre o tamanho da população e a conservação; e

IV – é admitida a exploração de componentes dos ecossistemas naturais em regime de manejo sustentável e a substituição da cobertura vegetal por espécies cultiváveis, desde que sujeitas ao zoneamento, às limitações legais e ao Plano de Manejo da área.

§ 6º O Plano de Manejo da Reserva de Desenvolvimento Sustentável definirá as zonas de proteção integral, de uso sustentável e de amortecimento e corredores ecológicos, e será aprovado pelo Conselho Deliberativo da unidade.

Art. 21. A Reserva Particular do Patrimônio Natural é uma área privada, gravada com perpetuidade, com o objetivo de conservar a diversidade biológica.

› *Vide Decreto 5.746/2006 (Regulamenta art. 21 da Lei 9.985/2000)*

§ 1º O gravame de que trata este artigo constará de termo de compromisso assinado perante o órgão ambiental, que verificará a existência de interesse público, e será averbado à margem da inscrição no Registro Público de Imóveis.

§ 2º Só poderá ser permitida, na Reserva Particular do Patrimônio Natural, conforme se dispuser em regulamento:

I – a pesquisa científica;

II – a visitação com objetivos turísticos, recreativos e educacionais;

III – *(VETADO)*

§ 3º Os órgãos integrantes do SNUC, sempre que possível e oportuno, prestarão orientação técnica e científica ao proprietário de Reserva Particular do Patrimônio Natural para a elaboração de um Plano de Manejo ou de Proteção e de Gestão da unidade.

CAPÍTULO IV – DA CRIAÇÃO, IMPLANTAÇÃO E GESTÃO DAS UNIDADES DE CONSERVAÇÃO

Art. 22. As unidades de conservação são criadas por ato do Poder Público.

§ 1º *(VETADO)*

§ 2º A criação de uma unidade de conservação deve ser precedida de estudos técnicos e de consulta pública que permitam identificar a localização, a dimensão e os limites mais adequados para a unidade, conforme se dispuser em regulamento.

§ 3º No processo de consulta de que trata o § 2º, o Poder Público é obrigado a fornecer informações adequadas e inteligíveis à população local e a outras partes interessadas.

§ 4º Na criação de Estação Ecológica ou Reserva Biológica não é obrigatória a consulta de que trata o § 2º deste artigo.

§ 5º As unidades de conservação do grupo de Uso Sustentável podem ser transformadas total ou parcialmente em unidades do grupo de Proteção Integral, por instrumento normativo do mesmo nível hierárquico do que criou a unidade, desde que obedecidos os procedimentos de consulta estabelecidos no § 2º deste artigo.

§ 6º A ampliação dos limites de uma unidade de conservação, sem modificação dos seus limites originais, exceto pelo acréscimo proposto, pode ser feita por instrumento normativo do mesmo nível hierárquico do que criou a unidade, desde que obedecidos os procedimentos de consulta estabelecidos no § 2º deste artigo.

§ 7º A desafetação ou redução dos limites de uma unidade de conservação só pode ser feita mediante lei específica.

Art. 22-A. O Poder Público poderá, ressalvadas as atividades agropecuárias e outras atividades econômicas em andamento e obras públicas licenciadas, na forma da lei, decretar limitações administrativas provisórias ao exercício de atividades e empreendimentos efetiva ou potencialmente causadores de degradação ambiental, para a realização de estudos com vistas na criação de Unidade de Conservação, quando, a critério do órgão ambiental competente, houver risco de dano grave aos recursos naturais ali existentes. *(Incluído pela Lei nº 11.132, de 2005) (Vide Decreto de 2 de janeiro de 2005)*

§ 1º Sem prejuízo da restrição e observada a ressalva constante do *caput*, na área submetida a limitações administrativas, não serão permitidas atividades que importem em exploração a corte raso da floresta e demais formas de vegetação nativa. *(Incluído pela Lei nº 11.132, de 2005)*

§ 2º A destinação final da área submetida ao disposto neste artigo será definida no prazo de 7 (sete) meses, improrrogáveis, findo o qual fica extinta a limitação administrativa. *(Incluído pela Lei nº 11.132, de 2005)*

Art. 23. A posse e o uso das áreas ocupadas pelas populações tradicionais nas Reservas Extrativistas e Reservas de Desenvolvimento Sustentável serão regulados por contrato, conforme se dispuser no regulamento desta Lei.

§ 1º As populações de que trata este artigo obrigam-se a participar da preservação, recuperação, defesa e manutenção da unidade de conservação.

§ 2º O uso dos recursos naturais pelas populações de que trata este artigo obedecerá às seguintes normas:

I – proibição do uso de espécies localmente ameaçadas de extinção ou de práticas que danifiquem os seus habitats;

II – proibição de práticas ou atividades que impeçam a regeneração natural dos ecossistemas;

III – demais normas estabelecidas na legislação, no Plano de Manejo da unidade de conservação e no contrato de concessão de direito real de uso.

Art. 24. O subsolo e o espaço aéreo, sempre que influírem na estabilidade do ecossistema, integram os limites das unidades de conservação.

Art. 25. As unidades de conservação, exceto Área de Proteção Ambiental e Reserva Particular do Patrimônio Natural, devem possuir uma zona de amortecimento e, quando conveniente, corredores ecológicos.

§ 1º O órgão responsável pela administração da unidade estabelecerá normas específicas regulamentando a ocupação e o uso dos recursos da zona de amortecimento e dos corredores ecológicos de uma unidade de conservação.

§ 2º Os limites da zona de amortecimento e dos corredores ecológicos e as respectivas normas de que trata o § 1º poderão ser definidas no ato de criação da unidade ou posteriormente.

Art. 26. Quando existir um conjunto de unidades de conservação de categorias diferentes ou não, próximas, justapostas ou sobrepostas, e outras áreas protegidas públicas ou privadas, constituindo um mosaico, a gestão do conjunto deverá ser feita de forma integrada e participativa, considerando-se os seus distintos objetivos de conservação, de forma a compatibilizar a presença da biodiversidade, a valorização da sociodiversidade e o desenvolvimento sustentável no contexto regional.

Parágrafo único. O regulamento desta Lei disporá sobre a forma de gestão integrada do conjunto das unidades.

Art. 27. As unidades de conservação devem dispor de um Plano de Manejo.

§ 1º O Plano de Manejo deve abranger a área da unidade de conservação, sua zona de amortecimento e os corredores ecológicos, incluindo medidas com o fim de promover sua integração à vida econômica e social das comunidades vizinhas.

§ 2º Na elaboração, atualização e implementação do Plano de Manejo das Reservas Extrativistas, das Reservas de Desenvolvimento Sustentável, das Áreas de Proteção Ambiental e, quando couber, das Florestas Nacionais e das Áreas de Relevante Interesse Ecológico, será assegurada a ampla participação da população residente.

§ 3º O Plano de Manejo de uma unidade de conservação deve ser elaborado no prazo de cinco anos a partir da data de sua criação.

§ 4º O Plano de Manejo poderá dispor sobre as atividades de liberação planejada e cultivo de organismos geneticamente modificados nas Áreas de Proteção Ambiental e nas zonas de amortecimento das demais categorias de unidade de conservação, observadas as informações contidas na decisão técnica da Comissão Técnica Nacional de Biossegurança – CTNBio sobre:

I – o registro de ocorrência de ancestrais diretos e parentes silvestres;

II – as características de reprodução, dispersão e sobrevivência do organismo geneticamente modificado;

III – o isolamento reprodutivo do organismo geneticamente modificado em relação aos seus ancestrais diretos e parentes silvestres; e

IV – situações de risco do organismo geneticamente modificado à biodiversidade. *(Redação dada pela Lei nº 11.460, de 2007)*

Art. 28. São proibidas, nas unidades de conservação, quaisquer alterações, atividades ou modalidades de utilização em desacordo com os seus objetivos, o seu Plano de Manejo e seus regulamentos.

Parágrafo único. Até que seja elaborado o Plano de Manejo, todas as atividades e obras desenvolvidas nas unidades de conservação de proteção integral devem se limitar àquelas destinadas a garantir a integridade dos recursos que a unidade objetiva proteger, assegurando-se às populações tradicionais porventura residentes na área as condições e os meios necessários para a satisfação de suas necessidades materiais, sociais e culturais.

Art. 29. Cada unidade de conservação do grupo de Proteção Integral disporá de um Conselho Consultivo, presidido pelo órgão responsável por sua administração e constituído por representantes de órgãos públicos, de organizações da sociedade civil, por proprietários de terras localizadas em Refúgio de Vida Silvestre ou Monumento Natural, quando for o caso, e, na hipótese prevista no § 2º do art. 42, das populações tradicionais residentes, conforme se dispuser em regulamento e no ato de criação da unidade.

Art. 30. As unidades de conservação podem ser geridas por organizações da sociedade civil de interesse público com objetivos afins aos da unidade, mediante instrumento a ser firmado com o órgão responsável por sua gestão.

Art. 31. É proibida a introdução nas unidades de conservação de espécies não autóctones.

§ 1º Excetuam-se do disposto neste artigo as Áreas de Proteção Ambiental, as Florestas Nacionais, as Reservas Extrativistas e as Reservas de Desenvolvimento Sustentável, bem como os animais e plantas necessários à administração e às atividades das demais categorias de unidades de conservação, de acordo com o que se dispuser em regulamento e no Plano de Manejo da unidade.

§ 2º Nas áreas particulares localizadas em Refúgios de Vida Silvestre e Monumentos Naturais podem ser criados animais domésticos e cultivadas plantas considerados compatíveis com as finalidades da unidade, de acordo com o que dispuser o seu Plano de Manejo.

Art. 32. Os órgãos executores articular-se-ão com a comunidade científica com o propósito de incentivar o desenvolvimento de pesquisas sobre a fauna, a flora e a ecologia das unidades de conservação e sobre formas de uso sustentável dos recursos naturais, valorizando-se o conhecimento das populações tradicionais.

§ 1º As pesquisas científicas nas unidades de conservação não podem colocar em risco a sobrevivência das espécies integrantes dos ecossistemas protegidos.

§ 2º A realização de pesquisas científicas nas unidades de conservação, exceto Área de Proteção Ambiental e Reserva Particular do Patrimônio Natural, depende de aprovação prévia e está sujeita à fiscalização do órgão responsável por sua administração.

§ 3º Os órgãos competentes podem transferir para as instituições de pesquisa nacionais, mediante acordo, a atribuição de aprovar a realização de pesquisas científicas e de credenciar pesquisadores para trabalharem nas unidades de conservação.

Art. 33. A exploração comercial de produtos, subprodutos ou serviços obtidos ou desenvolvidos a partir dos recursos naturais, biológicos, cênicos ou culturais ou da exploração da imagem de unidade de conservação, exceto Área de Proteção Ambiental e Reserva Particular do Patrimônio Natural, dependerá de prévia autorização e sujeitará o explorador a pagamento, conforme disposto em regulamento.

Art. 34. Os órgãos responsáveis pela administração das unidades de conservação podem receber recursos ou doações de qualquer natureza, nacionais ou internacionais, com ou sem encargos, provenientes de organizações privadas ou públicas ou de pessoas físicas que desejarem colaborar com a sua conservação.

Parágrafo único. A administração dos recursos obtidos cabe ao órgão gestor da unidade, e estes serão utilizados exclusivamente na sua implantação, gestão e manutenção.

Art. 35. Os recursos obtidos pelas unidades de conservação do Grupo de Proteção Integral mediante a cobrança de taxa de visitação e outras rendas decorrentes de arrecadação, serviços e atividades da própria unidade serão aplicados de acordo com os seguintes critérios:

I – até cinquenta por cento, e não menos que vinte e cinco por cento, na implementação, manutenção e gestão da própria unidade;

II – até cinquenta por cento, e não menos que vinte e cinco por cento, na regularização fundiária das unidades de conservação do Grupo;

III – até cinquenta por cento, e não menos que quinze por cento, na implementação, manutenção e gestão de outras unidades de conservação do Grupo de Proteção Integral.

Art. 36. Nos casos de licenciamento ambiental de empreendimentos de significativo impacto ambiental, assim considerado pelo órgão ambiental competente, com fundamento em estudo de impacto ambiental e respectivo relatório – EIA/RIMA, o empreendedor é obrigado a apoiar a implantação e manutenção de unidade de conservação do Grupo de Proteção Integral, de acordo com o disposto neste artigo e no regulamento desta Lei.

§ 1º O montante de recursos a ser destinado pelo empreendedor para esta finalidade não pode ser inferior a meio por cento dos custos totais previstos para a implantação do empreendimento, sendo o percentual fixado pelo órgão ambiental licenciador, de acordo com o grau de impacto ambiental causado pelo empreendimento. *(Vide ADIN nº 3.378-6, de 2008)*

§ 2º Ao órgão ambiental licenciador compete definir as unidades de conservação a serem beneficiadas, considerando as propostas apresentadas no EIA/RIMA e ouvido o empreendedor, podendo inclusive ser contemplada a criação de novas unidades de conservação.

§ 3º Quando o empreendimento afetar unidade de conservação específica ou sua zona de amortecimento, o licenciamento a que se refere o *caput* deste artigo só poderá ser concedido mediante autorização do órgão responsável por sua administração, e a unidade afetada, mesmo que não pertencente ao Grupo de Proteção Integral, deverá ser uma das beneficiárias da compensação definida neste artigo.

§ 4º A obrigação de que trata o *caput* deste artigo poderá, em virtude do interesse público, ser cumprida em unidades de conservação de posse e domínio públicos do grupo de Uso Sustentável, especialmente as localizadas na Amazônia Legal. *(Incluído pela Lei nº 13.668, de 2018)*

CAPÍTULO V – DOS INCENTIVOS, ISENÇÕES E PENALIDADES

Art. 37. *(VETADO)*

Art. 38. A ação ou omissão das pessoas físicas ou jurídicas que importem inobservância aos preceitos desta Lei e a seus regulamentos ou resultem em dano à flora, à fauna e aos demais atributos naturais das unidades de conservação, bem como às suas instalações e às zonas de amortecimento e corredores ecológicos, sujeitam os infratores às sanções previstas em lei.

Art. 39. Dê-se ao art. 40 da Lei nº 9.605, de 12 de fevereiro de 1998, a seguinte redação:

"Art. 40. (VETADO)

"§ 1º Entende-se por Unidades de Conservação de Proteção Integral as Estações Ecológicas, as Reservas Biológicas, os Parques Nacionais, os Monumentos Naturais e os Refúgios de Vida Silvestre."

"§ 2º A ocorrência de dano afetando espécies ameaçadas de extinção no interior das Unidades de Conservação de Proteção Integral será considerada circunstância agravante para a fixação da pena."

"§ 3º [...]

Art. 40. Acrescente-se à Lei nº 9.605, de 1998, o seguinte art. 40-A:

"Art. 40-A. (VETADO)

"§ 1º Entende-se por Unidades de Conservação de Uso Sustentável as Áreas de Proteção Ambiental, as Áreas de Relevante Interesse Ecológico, as Florestas Nacionais, as Reservas Extrativistas, as Reservas de Fauna, as Reservas de Desenvolvimento Sustentável e as Reservas Particulares do Patrimônio Natural."

"§ 2º A ocorrência de dano afetando espécies ameaçadas de extinção no interior das Unidades de Conservação de Uso Sustentável será considerada circunstância agravante para a fixação da pena."

"§ 3º Se o crime for culposo, a pena será reduzida à metade."

CAPÍTULO VI – DAS RESERVAS DA BIOSFERA

Art. 41. A Reserva da Biosfera é um modelo, adotado internacionalmente, de gestão integrada, participativa e sustentável dos recursos naturais, com os objetivos básicos de preservação da diversidade biológica, o desenvolvimento de atividades de pesquisa, o monitoramento ambiental, a educação ambiental, o desenvolvimento sustentável e a melhoria da qualidade de vida das populações.

§ 1º A Reserva da Biosfera é constituída por:

I – uma ou várias áreas-núcleo, destinadas à proteção integral da natureza;

II – uma ou várias zonas de amortecimento, onde só são admitidas atividades que não resultem em dano para as áreas-núcleo; e

III – uma ou várias zonas de transição, sem limites rígidos, onde o processo de ocupação e o manejo dos recursos naturais são planejados e conduzidos de modo participativo e em bases sustentáveis.

§ 2º A Reserva da Biosfera é constituída por áreas de domínio público ou privado.

§ 3º A Reserva da Biosfera pode ser integrada por unidades de conservação já criadas pelo Poder Público, respeitadas as normas legais que disciplinam o manejo de cada categoria específica.

§ 4º A Reserva da Biosfera é gerida por um Conselho Deliberativo, formado por representantes de instituições públicas, de organizações da sociedade civil e da população residente, conforme se dispuser em regulamento e no ato de constituição da unidade.

§ 5º A Reserva da Biosfera é reconhecida pelo Programa Intergovernamental "O Homem e a Biosfera – MAB", estabelecido pela Unesco, organização da qual o Brasil é membro.

CAPÍTULO VII – DAS DISPOSIÇÕES GERAIS E TRANSITÓRIAS

Art. 42. As populações tradicionais residentes em unidades de conservação nas quais sua permanência não seja permitida serão indenizadas ou compensadas pelas benfeitorias existentes e devidamente realocadas pelo Poder Público, em local e condições acordados entre as partes.

§ 1º O Poder Público, por meio do órgão competente, priorizará o reassentamento das populações tradicionais a serem realocadas.

§ 2º Até que seja possível efetuar o reassentamento de que trata este artigo, serão estabelecidas normas e ações específicas destinadas a compatibilizar a presença das populações tradicionais residentes com os objetivos da unidade, sem prejuízo dos modos de vida, das fontes de subsistência e dos locais de moradia destas populações, assegurando-se a sua participação na elaboração das referidas normas e ações.

§ 3º Na hipótese prevista no § 2º, as normas regulando o prazo de permanência e suas condições serão estabelecidas em regulamento.

Art. 43. O Poder Público fará o levantamento nacional das terras devolutas, com o objetivo de definir áreas destinadas à conservação da natureza, no prazo de cinco anos após a publicação desta Lei.

Art. 44. As ilhas oceânicas e costeiras destinam-se prioritariamente à proteção da natureza e sua destinação para fins diversos deve ser precedida de autorização do órgão ambiental competente.

Parágrafo único. Estão dispensados da autorização citada no *caput* os órgãos que se utilizam das citadas ilhas por força de dispositivos legais ou quando decorrente de compromissos legais assumidos.

Art. 45. Excluem-se das indenizações referentes à regularização fundiária das unidades de conservação, derivadas ou não de desapropriação:

I e II – (*VETADOS*)

III – as espécies arbóreas declaradas imunes de corte pelo Poder Público;

IV – expectativas de ganhos e lucro cessante;

V – o resultado de cálculo efetuado mediante a operação de juros compostos;

VI – as áreas que não tenham prova de domínio inequívoco e anterior à criação da unidade.

Art. 46. A instalação de redes de abastecimento de água, esgoto, energia e infraestrutura urbana em geral, em unidades de conservação onde estes equipamentos são admitidos depende de prévia aprovação do órgão responsável por sua administração, sem prejuízo da necessidade de elaboração de estudos de impacto ambiental e outras exigências legais.

Parágrafo único. Esta mesma condição se aplica à zona de amortecimento das unidades do Grupo de Proteção Integral, bem como às áreas de propriedade privada inseridas nos limites dessas unidades e ainda não indenizadas.

Art. 47. O órgão ou empresa, público ou privado, responsável pelo abastecimento de água ou que faça uso de recursos hídricos, beneficiário da proteção proporcionada por uma unidade de conservação, deve contribuir financeiramente para a proteção e implementação da unidade, de acordo com o disposto em regulamentação específica.

Art. 48. O órgão ou empresa, público ou privado, responsável pela geração e distribuição de energia elétrica, beneficiário da proteção oferecida por uma unidade de conservação, deve contribuir financeiramente para a proteção e implementação da unidade, de acordo com o disposto em regulamentação específica.

Art. 49. A área de uma unidade de conservação do Grupo de Proteção Integral é considerada zona rural, para os efeitos legais.

Parágrafo único. A zona de amortecimento das unidades de conservação de que trata este artigo, uma vez definida formalmente, não pode ser transformada em zona urbana.

Art. 50. O Ministério do Meio Ambiente organizará e manterá um Cadastro Nacional de Unidades de Conservação, com a colaboração do Ibama e dos órgãos estaduais e municipais competentes.

§ 1º O Cadastro a que se refere este artigo conterá os dados principais de cada unidade de conservação, incluindo, dentre outras características relevantes, informações sobre espécies ameaçadas de extinção, situação fundiária, recursos hídricos, clima, solos e aspectos socioculturais e antropológicos.

§ 2º O Ministério do Meio Ambiente divulgará e colocará à disposição do público interessado os dados constantes do Cadastro.

Art. 51. O Poder Executivo Federal submeterá à apreciação do Congresso Nacional, a cada dois anos, um relatório de avaliação global da situação das unidades de conservação federais do País.

Art. 52. Os mapas e cartas oficiais devem indicar as áreas que compõem o SNUC.

Art. 53. O Ibama elaborará e divulgará periodicamente uma relação revista e atualizada das espécies da flora e da fauna ameaçadas de extinção no território brasileiro.

Parágrafo único. O Ibama incentivará os competentes órgãos estaduais e municipais a elaborarem relações equivalentes abrangendo suas respectivas áreas de jurisdição.

Art. 54. O Ibama, excepcionalmente, pode permitir a captura de exemplares de espécies ameaçadas de extinção destinadas a programas de criação em cativeiro ou formação de coleções científicas, de acordo com o disposto nesta Lei e em regulamentação específica.

Art. 55. As unidades de conservação e áreas protegidas criadas com base nas legislações anteriores e que não pertençam às categorias previstas nesta Lei serão reavaliadas, no todo ou em parte, no prazo de até dois anos, com o objetivo de definir sua destinação com base na categoria e função para as quais foram criadas, conforme o disposto no regulamento desta Lei.

Art. 56. (*VETADO*)

Art. 57. Os órgãos federais responsáveis pela execução das políticas ambiental e indigenista deverão instituir grupos de trabalho para, no prazo de cento e oitenta dias a partir da vigência desta Lei, propor as diretrizes a serem adotadas com vistas à regularização das eventuais superposições entre áreas indígenas e unidades de conservação.

Parágrafo único. No ato de criação dos grupos de trabalho serão fixados os participantes, bem como a estratégia de ação e a abrangência dos trabalhos, garantida a participação das comunidades envolvidas.

Art. 57-A. O Poder Executivo estabelecerá os limites para o plantio de organismos geneticamente modificados nas áreas que circundam as unidades de conservação até que seja fixada sua zona de amortecimento e aprovado o seu respectivo Plano de Manejo. (*Redação dada pela Lei nº 11.460, de 2007*)

Parágrafo único. O disposto no *caput* deste artigo não se aplica às Áreas de Proteção Ambiental e Reservas de Particulares do Patrimônio Nacional. (*Redação dada pela Lei nº 11.460, de 2007*)

Art. 58. O Poder Executivo regulamentará esta Lei, no que for necessário à sua aplicação, no prazo de cento e oitenta dias a partir da data de sua publicação.

Art. 59. Esta Lei entra em vigor na data de sua publicação.

Art. 60. Revogam-se os arts. 5º e 6º da Lei nº 4.771, de 15 de setembro de 1965; o art. 5º da Lei nº 5.197, de 3 de janeiro de 1967; e o art. 18 da Lei nº 6.938, de 31 de agosto de 1981.

Brasília, 18 de julho de 2000; 179º da Independência e 112º da República.

MARCO ANTONIO DE OLIVEIRA MACIEL

(DOU. de 19.7.2000)

DECRETO Nº 5.746, DE 5 DE ABRIL DE 2006

Regulamenta o art. 21 da Lei nº 9.985, de 18 de julho de 2000, que dispõe sobre o Sistema Nacional de Unidades de Conservação da Natureza.

O PRESIDENTE DA REPÚBLICA, no uso da atribuição que lhe confere o art. 84, inciso IV, da Constituição, e tendo em vista o disposto no art. 21 da Lei nº 9.985, de 18 de julho de 2000,

DECRETA:

Art. 1º A Reserva Particular do Patrimônio Natural – RPPN é unidade de conservação de domínio privado, com o objetivo de conservar a diversidade biológica, gravada com perpetuidade, por intermédio de Termo de Compromisso averbado à margem da inscrição no Registro Público de Imóveis.

Parágrafo único. As RPPNs somente serão criadas em áreas de posse e domínio privados.

Art. 2º As RPPNs poderão ser criadas pelos órgãos integrantes do Sistema Nacional de Unidades de Conservação da Natureza – SNUC, sendo que, no âmbito federal, serão declaradas instituídas mediante portaria do Instituto Brasileiro do Meio Ambiente e dos Recursos Naturais Renováveis – IBAMA.

Art. 3º O proprietário interessado em ter seu imóvel, integral ou parcialmente, transformado em RPPN, deverá, no âmbito federal, encaminhar requerimento ao IBAMA, solicitando a criação da RPPN, na totalidade ou em parte do seu imóvel, segundo o modelo do Anexo I deste Decreto, e na forma seguinte:

I – o requerimento relativo a propriedade de pessoa física deverá conter a assinatura do proprietário, e do cônjuge ou convivente, se houver;

II – o requerimento relativo a propriedade de pessoa jurídica deverá ser assinado pelos seus membros ou representantes com poder de disposição de imóveis, conforme seu ato constitutivo e alterações posteriores; e

III – quando se tratar de condomínio, todos os condôminos deverão assinar o requerimento ou indicar um representante legal, mediante a apresentação de procuração.

§ 1º O requerimento deverá estar acompanhado dos seguintes documentos:

I – cópia autenticada das cédulas de identidade dos proprietários; do cônjuge ou convivente; do procurador, se for o caso, e dos membros ou representantes, quando pessoa jurídica;

II – cópia autenticada dos atos constitutivos e suas alterações, no caso de requerimento relativo a área de pessoa jurídica;

III – certidão do órgão do Registro de Empresas ou de Pessoas Jurídicas, indicando a data das últimas alterações nos seus atos constitutivos, no caso de requerimento relativo a área de pessoa jurídica;

IV – certidão negativa de débitos expedida pelo órgão de administração tributária competente para arrecadação dos tributos relativos ao imóvel;

V – certificado de Cadastro do Imóvel Rural – CCIR;

VI – três vias do Termo de Compromisso, na forma do Anexo II deste Decreto, assinadas por quem firmar o requerimento de criação da RPPN;

VII – título de domínio do imóvel no qual se constituirá a RPPN;

VIII – certidão de matrícula e registro do imóvel no qual se constituirá a RPPN, indicando a cadeia dominial válida e ininterrupta, trintenária ou desde a sua origem;

IX – planta da área total do imóvel indicando os limites; os confrontantes; a área a ser reconhecida, quando parcial; a localização da propriedade no município ou região, e as coordenadas dos vértices definidores dos limites do imóvel rural e da área proposta como RPPN, georreferenciadas de acordo com o Sistema Geodésico Brasileiro, indicando a base cartográfica utilizada e assinada por profissional habilitado, com a devida Anotação de Responsabilidade Técnica – ART; e

X – memorial descritivo dos limites do imóvel e da área proposta como RPPN, quando parcial, georreferenciado, indicando a base cartográfica utilizada e as coordenadas dos vértices definidores dos limites, assinado por profissional habilitado, com a devida ART.

§ 2º A descrição dos limites do imóvel, contida na certidão comprobatória de matrícula do imóvel e no seu respectivo registro, deverá indicar, quando possível, as coordenadas do ponto de amarração e dos vértices definidores dos limites do imóvel rural georreferenciadas, conforme especificações do Sistema Geodésico Brasileiro.

Art. 4º As propostas para criação de RPPN na zona de amortecimento de outras unidades de conservação e nas áreas identificadas como prioritárias para conservação terão preferência de análise.

Art. 5º A criação da RPPN dependerá, no âmbito federal, da avaliação pelo IBAMA, que deverá:

I – verificar a legitimidade e a adequação jurídica e técnica do requerimento, frente à documentação apresentada;

II – realizar vistoria do imóvel, de acordo com os critérios estabelecidos no Anexo III deste Decreto;

III – divulgar no Diário Oficial da União a intenção de criação da RPPN; disponibilizar na internet, pelo prazo de vinte dias, informações sobre a RPPN proposta, e realizar outras providências cabíveis, de acordo com o § 1º do art. 5º do Decreto nº 4.340, de 22 de agosto de 2002, para levar a proposta a conhecimento público;

IV – avaliar, após o prazo de divulgação, os resultados e implicações da criação da unidade, e emitir parecer técnico conclusivo que, inclusive, avaliará as propostas do público;

V – aprovar ou indeferir o requerimento, ou, ainda, sugerir alterações e adequações à proposta;

VI – notificar o proprietário, em caso de parecer positivo, para que proceda à assinatura do Termo de Compromisso, e averbação deste junto à matrícula do imóvel afetado, no Registro de Imóveis competente, no prazo de sessenta dias contados do recebimento da notificação; e

VII – publicar a portaria referida no art. 2º deste Decreto, após a averbação do Termo de Compromisso pelo proprietário, comprovada por certidão do Cartório de Registro de Imóveis.

Parágrafo único. Depois de averbada, a RPPN só poderá ser extinta ou ter seus limites recuados na forma prevista no art. 22 da Lei nº 9.985, de 18 de julho de 2000.

Art. 6º No processo de criação de RPPN, no âmbito federal, não serão cobradas do interessado taxas ou qualquer tipo de exação referente aos custos das atividades específicas do IBAMA.

Art. 7º Para fins de composição de cadastro, a comunicação da criação de RPPNs pelos demais entes federados ao IBAMA disponibilizará, dentre os elementos previstos no § 1º do art. 50 da Lei nº 9.985, de 2000, o Termo de Compromisso e a planta de localização, se possível georreferenciada.

Art. 8º A área criada como RPPN será excluída da área tributável do imóvel para fins de cálculo do Imposto sobre a Propriedade Territorial Rural – ITR, de acordo com a norma do art. 10, § 1º, inciso II, da Lei nº 9.393, de 19 de dezembro de 1996.

Art. 9º O descumprimento das normas legais, constantes deste Decreto e do Termo de Compromisso, referentes à RPPN, sujeitará o proprietário às sanções da lei desde a assinatura do referido Termo.

Parágrafo único. A partir da averbação do Termo de Compromisso no Cartório de Registro de Imóveis, ninguém mais poderá alegar o desconhecimento da RPPN.

Art. 10. A RPPN poderá ser criada em propriedade hipotecada, desde que o proprietário apresente anuência da instituição credora.

Art. 11. A RPPN poderá ser criada abrangendo até trinta por cento de áreas para a recuperação ambiental, com o limite máximo de mil hectares, a critério do órgão ambiental competente, observado o parecer técnico de vistoria.

§ 1º A eventual utilização de espécies exóticas preexistentes, quando do ato de criação da RPPN, deverá estar vinculada a projetos específicos de recuperação previstos e aprovados no plano de manejo.

§ 2º Os projetos de recuperação somente poderão utilizar espécies nativas dos ecossistemas onde está inserida a RPPN.

Art. 12. Não será criada RPPN em área já concedida para lavra mineira, ou onde já incida decreto de utilidade pública ou de interesse social incompatível com os seus objetivos.

Art. 13. A RPPN poderá ser criada dentro dos limites de Área de Proteção Ambiental-APA, sem necessidade de redefinição dos limites da APA.

Art. 14. A RPPN só poderá ser utilizada para o desenvolvimento de pesquisas científicas e visitação com objetivos turísticos, recreativos e educacionais previstas no Termo de Compromisso e no seu plano de manejo.

Art. 15. O plano de manejo da RPPN deverá, no âmbito federal, ser aprovado pelo IBAMA.

Parágrafo único. Até que seja aprovado o plano de manejo, as atividades e obras realizadas na RPPN devem se limitar àquelas destinadas a garantir sua proteção e a pesquisa científica.

Art. 16. Não é permitida na RPPN qualquer exploração econômica que não seja prevista em lei, no Termo de Compromisso e no plano de manejo.

Art. 17. Somente será admitida na RPPN moradia do proprietário e funcionários diretamente ligados a gestão da unidade de conservação, conforme dispuser seu plano de manejo.

Parágrafo único. Moradias e estruturas existentes antes da criação da RPPN e aceitas no seu perímetro poderão ser mantidas até a elaboração do plano de manejo, que definirá sua destinação.

Art. 18. A pesquisa científica em RPPN deverá ser estimulada e dependerá de autorização prévia do proprietário.

§ 1º A realização de pesquisa científica independe da existência de plano de manejo.

§ 2º O plano de manejo deverá indicar as prioridades de pesquisa e, se envolver coleta, os pesquisadores deverão adotar os procedimentos exigidos na legislação pertinente.

Art. 19. A reintrodução de espécies silvestres em RPPN somente será permitida mediante estudos técnicos e projetos específicos, aprovados pelo órgão ambiental competente, que comprovem a sua adequação, necessidade e viabilidade.

Art. 20. A soltura de animais silvestres em RPPN será permitida mediante autorização do órgão ambiental competente e de avaliação técnica que comprove, no mínimo, a integridade e sanidade físicas dos animais e sua ocorrência natural nos ecossistemas onde está inserida a RPPN.

§ 1º Identificado algum desequilíbrio relacionado à soltura descrita no *caput* deste artigo, a permissão será suspensa e retomada somente após avaliação específica.

§ 2º O órgão ambiental competente organizará e manterá cadastro das RPPNs interessadas em soltura de animais silvestres, orientando os proprietários e técnicos de RPPN sobre os procedimentos e critérios a serem adotados.

Art. 21. É vedada a instalação de qualquer criadouro em RPPN, inclusive de espécies domésticas.

Parágrafo único. Excetuam-se da proibição prevista no *caput* deste artigo os criadouros científicos vinculados a planos de recuperação de populações de animais silvestres localmente ameaçados, ou de programas de repovoamentos de áreas por espécies em declínio na região, de acordo com estudos técnicos prévios aprovados pelo órgão ambiental competente.

Art. 22. Será permitida a instalação de viveiros de mudas de espécies nativas dos ecossistemas onde está inserida a RPPN, quando vinculadas a projetos de recuperação de áreas alteradas dentro da unidade de conservação.

Parágrafo único. Será permitida a coleta de sementes e outros propágulos no interior da RPPN exclusivamente para a atividade prevista no *caput* deste artigo.

Art. 23. No exercício das atividades de vistoria, fiscalização, acompanhamento e orientação, os órgãos ambientais competentes, diretamente ou por prepostos formalmente constituídos, terão livre acesso à RPPN.

Art. 24. Caberá ao proprietário do imóvel:

I – assegurar a manutenção dos atributos ambientais da RPPN e sinalizar os seus limites, advertindo terceiros quanto a proibição de desmatamentos, queimadas, caça, pesca, apanha, captura de animais e quaisquer outros atos que afetem ou possam afetar a integridade da unidade de conservação;

II – submeter, no âmbito federal, à aprovação do IBAMA o plano de manejo da unidade de conservação, em consonância com o previsto no art. 15 deste Decreto; e

III – encaminhar, no âmbito federal, anualmente ao IBAMA, e sempre que solicitado, relatório da situação da RPPN e das atividades desenvolvidas.

Art. 25. Caberá, no âmbito federal, ao IBAMA:

I – definir critérios para elaboração de plano de manejo para RPPN;

II – aprovar o plano de manejo da unidade de conservação;

III – manter cadastro atualizado sobre as RPPNs, conforme previsto no art. 50 da Lei nº 9.985, de 2000;

IV – vistoriar as RPPNs periodicamente e sempre que necessário;

V – apoiar o proprietário nas ações de fiscalização, proteção e repressão aos crimes ambientais; e

VI – prestar ao proprietário, sempre que possível e oportuno, orientação técnica para elaboração do plano de manejo.

Parágrafo único. O IBAMA, no âmbito federal, poderá credenciar terceiros com a finalidade de verificar se a área está sendo administrada de acordo com os objetivos estabelecidos para a unidade de conservação e seu plano de manejo.

Art. 26. O representante legal da RPPN será notificado ou autuado pelo IBAMA, no âmbito federal, com relação a danos ou irregularidades praticadas na RPPN.

Parágrafo único. Constatada alguma prática que esteja em desacordo com as normas e legislação vigentes, o infrator estará sujeito às sanções administrativas previstas em regulamento, sem prejuízo da responsabilidade civil ou penal.

Art. 27. Os projetos referentes à implantação e gestão de RPPN terão análise prioritária para concessão de recursos oriundos do Fundo Nacional do Meio Ambiente – FNMA e de outros programas oficiais.

Art. 28. Os programas de crédito rural regulados pela administração federal priorizarão os projetos que beneficiem propriedade que contiver RPPN no seu perímetro, de tamanho superior a cinquenta por cento da área de reserva legal exigida por lei para a região onde se localiza, com plano de manejo da RPPN aprovado.

Art. 29. No caso de empreendimento com significativo impacto ambiental que afete diretamente a RPPN já criada, o licenciamento ambiental fica condicionado à prévia consulta ao órgão ambiental que a criou, devendo a RPPN ser uma das beneficiadas pela compensação ambiental, conforme definido no art. 36 da Lei nº 9.985, de 2000, e no art. 33 do Decreto nº 4.340, de 2002.

§ 1º É vedada a destinação de recursos da compensação ambiental para RPPN criada após o início do processo de licenciamento do empreendimento.

§ 2º Os recursos provenientes de compensação ambiental deverão ser empregados na preservação dos recursos ambientais da RPPN.

Art. 30. No caso da RPPN estar inserida em mosaico de unidades de conservação, o seu representante legal tem o direito de integrar o conselho de mosaico, conforme previsto no art. 9º do Decreto nº 4.340, de 2002.

Art. 31. Ao proprietário de RPPN é facultado o uso da logomarca do IBAMA nas placas indicativas e no material de divulgação e informação sobre a unidade de conservação, bem como dos demais órgãos integrantes do SNUC, caso autorizado.

Art. 32. O Decreto nº 1.922, de 5 de junho de 1996, regulará apenas as RPPNs constituídas até a vigência deste Decreto, exceto nos casos de reformulação ou aprovação de novo plano de manejo.

Art. 33. Este Decreto entra em vigor na data de sua publicação.

Brasília, 5 de abril de 2006;
185º da Independência e 118º da República.
LUIZ INÁCIO LULA DA SILVA
(DOU de 6.4.2006)
Não publicamos os Anexos desta norma.

LEI Nº 11.428, DE 22 DE DEZEMBRO DE 2006

Dispõe sobre a utilização e proteção da vegetação nativa do Bioma Mata Atlântica, e dá outras providências.

- *Vide Decreto 6.321/2007 que dispõe sobre ações relativas à prevenção, monitoramento e controle de desmatamento no Bioma Amazônia*
- *Vide Decreto 6.660/2008 que regulamenta dispositivos da Lei 11.428/2006*

O PRESIDENTE DA REPÚBLICA

Faço saber que o Congresso Nacional decreta e eu sanciono a seguinte Lei:

TÍTULO I – DAS DEFINIÇÕES, OBJETIVOS E PRINCÍPIOS DO REGIME JURÍDICO DO BIOMA MATA ATLÂNTICA

Art. 1º A conservação, a proteção, a regeneração e a utilização do Bioma Mata Atlântica, patrimônio nacional, observarão o que estabelece esta Lei, bem como a legislação ambiental vigente, em especial a Lei nº 4.771, de 15 de setembro de 1965.

CAPÍTULO I – DAS DEFINIÇÕES

Art. 2º Para os efeitos desta Lei, consideram-se integrantes do Bioma Mata Atlântica as seguintes formações florestais nativas e ecossistemas associados, com as respectivas delimitações estabelecidas em mapa do Instituto Brasileiro de Geografia e Estatística – IBGE, conforme regulamento: Floresta Ombrófila Densa; Floresta Ombrófila Mista, também denominada de Mata de Araucárias; Floresta Ombrófila Aberta; Floresta Estacional Semidecidual; e Floresta Estacional Decidual, bem como os manguezais, as vegetações de restingas, campos de altitude, brejos interioranos e encraves florestais do Nordeste.

Parágrafo único. Somente os remanescentes de vegetação nativa no estágio primário e nos estágios secundário inicial, médio e avançado de regeneração na área de abrangência definida no *caput* deste artigo terão seu uso e conservação regulados por esta Lei.

Art. 3º Consideram-se para os efeitos desta Lei:

I – pequeno produtor rural: aquele que, residindo na zona rural, detenha a posse de gleba rural não superior a 50 (cinquenta) hectares, explorando-a mediante o trabalho pessoal e de sua família, admitida a ajuda eventual de terceiros, bem como as posses coletivas de terra considerando-se a fração individual não superior a 50 (cinquenta) hectares, cuja renda bruta seja proveniente de atividades ou usos agrícolas, pecuários ou silviculturais ou do extrativismo rural em 80% (oitenta por cento) no mínimo;

II – população tradicional: população vivendo em estreita relação com o ambiente natural, dependendo de seus recursos naturais para a sua reprodução sociocultural, por meio de atividades de baixo impacto ambiental;

III – pousio: prática que prevê a interrupção de atividades ou usos agrícolas, pecuários ou silviculturais do solo por até 10 (dez) anos para possibilitar a recuperação de sua fertilidade;

IV – prática preservacionista: atividade técnica e cientificamente fundamentada, imprescindível à proteção da integridade da vegetação nativa, tal como controle de fogo, erosão, espécies exóticas e invasoras;

V – exploração sustentável: exploração do ambiente de maneira a garantir a perenidade dos recursos ambientais renováveis e dos processos ecológicos, mantendo a biodiversidade e os demais atributos ecológicos, de forma socialmente justa e economicamente viável;

VI – enriquecimento ecológico: atividade técnica e cientificamente fundamentada que vise à recuperação da diversidade biológica em áreas de vegetação nativa, por meio da reintrodução de espécies nativas;

VII – utilidade pública:

a) atividades de segurança nacional e proteção sanitária;

b) as obras essenciais de infraestrutura de interesse nacional destinadas aos serviços públicos de transporte, saneamento e energia, declaradas pelo poder público federal ou dos Estados;

VIII – interesse social:

a) as atividades imprescindíveis à proteção da integridade da vegetação nativa, tais como: prevenção, combate e controle do fogo, controle da erosão, erradicação de invasoras e proteção de plantios com espécies nativas, conforme resolução do Conselho Nacional do Meio Ambiente – CONAMA;

b) as atividades de manejo agroflorestal sustentável praticadas na pequena propriedade ou posse rural familiar que não descaracterizem a cobertura vegetal e não prejudiquem a função ambiental da área;

c) demais obras, planos, atividades ou projetos definidos em resolução do Conselho Nacional do Meio Ambiente.

Art. 4º A definição de vegetação primária e de vegetação secundária nos estágios avançado, médio e inicial de regeneração do Bioma Mata Atlântica, nas hipóteses de vegetação nativa localizada, será de iniciativa do Conselho Nacional do Meio Ambiente.

§ 1º O Conselho Nacional do Meio Ambiente terá prazo de 180 (cento e oitenta) dias para estabelecer o que dispõe o *caput* deste artigo, sendo que qualquer intervenção na vegetação primária ou secundária nos estágios avançado e médio de regeneração somente poderá ocorrer após atendido o disposto neste artigo.

§ 2º Na definição referida no *caput* deste artigo, serão observados os seguintes parâmetros básicos:

I – fisionomia;

II – estratos predominantes;

III – distribuição diamétrica e altura;

IV – existência, diversidade e quantidade de epífitas;

V – existência, diversidade e quantidade de trepadeiras;

VI – presença, ausência e características da serapilheira;

VII – sub-bosque;

VIII – diversidade e dominância de espécies;

IX – espécies vegetais indicadoras.

Art. 5º A vegetação primária ou a vegetação secundária em qualquer estágio de regeneração do Bioma Mata Atlântica não perderão esta classificação nos casos de incêndio, desmatamento ou qualquer outro tipo de intervenção não autorizada ou não licenciada.

CAPÍTULO II – DOS OBJETIVOS E PRINCÍPIOS DO REGIME JURÍDICO DO BIOMA MATA ATLÂNTICA

Art. 6º A proteção e a utilização do Bioma Mata Atlântica têm por objetivo geral o desenvolvimento sustentável e, por objetivos específicos, a salvaguarda da biodiversidade, da saúde humana, dos valores paisagísticos, estéticos e turísticos, do regime hídrico e da estabilidade social.

Parágrafo único. Na proteção e na utilização do Bioma Mata Atlântica, serão observados os princípios da função socioambiental da propriedade, da equidade intergeracional, da prevenção, da precaução, do usuário-pagador, da transparência das informações e atos, da gestão democrática, da celeridade procedimental, da gratuidade dos serviços administrativos prestados ao pequeno produtor rural e às populações tradicionais e do respeito ao direito de propriedade.

Art. 7º A proteção e a utilização do Bioma Mata Atlântica far-se-ão dentro de condições que assegurem:

I – a manutenção e a recuperação da biodiversidade, vegetação, fauna e regime hídrico do Bioma Mata Atlântica para as presentes e futuras gerações;

II – o estímulo à pesquisa, à difusão de tecnologias de manejo sustentável da vegetação e à formação de uma consciência pública sobre a necessidade de recuperação e manutenção dos ecossistemas;

III – o fomento de atividades públicas e privadas compatíveis com a manutenção do equilíbrio ecológico;

IV – o disciplinamento da ocupação rural e urbana, de forma a harmonizar o crescimento econômico com a manutenção do equilíbrio ecológico.

TÍTULO II – DO REGIME JURÍDICO GERAL DO BIOMA MATA ATLÂNTICA

Art. 8º O corte, a supressão e a exploração da vegetação do Bioma Mata Atlântica far-se-ão de maneira diferenciada, conforme se trate de vegetação primária ou secundária, nesta última levando-se em conta o estágio de regeneração.

Art. 9º A exploração eventual, sem propósito comercial direto ou indireto, de espécies da flora nativa, para consumo nas propriedades ou posses das populações tradicionais ou de pequenos produtores rurais, independe de autorização dos órgãos competentes, conforme regulamento.

Parágrafo único. Os órgãos competentes, sem prejuízo do disposto no *caput* deste artigo, deverão assistir as populações tradicionais e os pequenos produtores no manejo e exploração sustentáveis das espécies da flora nativa.

Art. 10. O poder público fomentará o enriquecimento ecológico da vegetação do Bioma Mata Atlântica, bem como o plantio e o reflorestamento com espécies nativas, em especial as iniciativas voluntárias de proprietários rurais.

§ 1º Nos casos em que o enriquecimento ecológico exigir a supressão de espécies nativas que gerem produtos ou subprodutos comercializáveis, será exigida a autorização do órgão estadual ou federal competente, mediante procedimento simplificado.

§ 2º Visando a controlar o efeito de borda nas áreas de entorno de fragmentos de vegetação nativa, o poder público fomentará o plantio de espécies florestais, nativas ou exóticas.

Art. 11. O corte e a supressão de vegetação primária ou nos estágios avançado e médio de regeneração do Bioma Mata Atlântica ficam vedados quando:

I – a vegetação:

a) abrigar espécies da flora e da fauna silvestres ameaçadas de extinção, em território nacional ou em âmbito estadual, assim declaradas pela União ou pelos Estados, e a intervenção ou o parcelamento puserem em risco a sobrevivência dessas espécies;

b) exercer a função de proteção de mananciais ou de prevenção e controle de erosão;

c) formar corredores entre remanescentes de vegetação primária ou secundária em estágio avançado de regeneração;

d) proteger o entorno das unidades de conservação; ou

e) possuir excepcional valor paisagístico, reconhecido pelos órgãos executivos competentes do Sistema Nacional do Meio Ambiente – SISNAMA;

II – o proprietário ou posseiro não cumprir os dispositivos da legislação ambiental, em especial as exigências da Lei nº 4.771, de 15 de setembro de 1965, no que respeita às Áreas de Preservação Permanente e à Reserva Legal.

Parágrafo único. Verificada a ocorrência do previsto na alínea a do inciso I deste artigo, os órgãos competentes do Poder Executivo adotarão as medidas necessárias para proteger as espécies da flora e da fauna silvestres ameaçadas de extinção caso existam fatores que o exijam, ou fomentarão e apoiarão as ações e os proprietários de áreas que estejam mantendo ou sustentando a sobrevivência dessas espécies.

Art. 12. Os novos empreendimentos que impliquem o corte ou a supressão de vegetação do Bioma Mata Atlântica deverão ser implantados preferencialmente em áreas já substancialmente alteradas ou degradadas.

Art. 13. Os órgãos competentes do Poder Executivo adotarão normas e procedimentos especiais para assegurar ao pequeno produtor e às populações tradicionais, nos pedidos de autorização de que trata esta Lei:

I – acesso fácil à autoridade administrativa, em local próximo ao seu lugar de moradia;

II – procedimentos gratuitos, céleres e simplificados, compatíveis com o seu nível de instrução;

III – análise e julgamento prioritários dos pedidos.

Art. 14. A supressão de vegetação primária e secundária no estágio avançado de regeneração somente poderá ser autorizada em caso de utilidade pública, sendo que a vegetação secundária em estágio médio de regeneração poderá ser suprimida nos casos de utilidade pública e interesse social, em todos os casos devidamente caracterizados e motivados em procedimento administrativo próprio, quando inexistir alternativa técnica e locacional ao empreendimento proposto, ressalvado o disposto no inciso I do art. 30 e nos §§ 1º e 2º do art. 31 desta Lei.

§ 1º A supressão de que trata o *caput* deste artigo dependerá de autorização do órgão ambiental estadual competente, com anuência prévia, quando couber, do órgão federal ou municipal de meio ambiente, ressalvado o disposto no § 2º deste artigo.

§ 2º A supressão de vegetação no estágio médio de regeneração situada em área urbana dependerá de autorização do órgão ambiental municipal competente, desde que o município possua conselho de meio ambiente, com caráter deliberativo e plano diretor, mediante anuência prévia do órgão ambiental estadual competente fundamentada em parecer técnico.

§ 3º Na proposta de declaração de utilidade pública disposta na alínea b do inciso VII do art. 3º desta Lei, caberá ao proponente indicar de forma detalhada a alta relevância e o interesse nacional.

Art. 15. Na hipótese de obra ou atividade potencialmente causadora de significativa degradação do meio ambiente, o órgão competente exigirá a elaboração de Estudo Prévio de Impacto Ambiental, ao qual se dará publicidade, assegurada a participação pública.

Art. 16. Na regulamentação desta Lei, deverão ser adotadas normas e procedimentos especiais, simplificados e céleres, para os casos de reutilização das áreas agrícolas submetidas ao pousio.

Art. 17. O corte ou a supressão de vegetação primária ou secundária nos estágios médio ou avançado de regeneração do Bioma Mata Atlântica, autorizados por esta Lei, ficam condicionados à compensação ambiental, na forma da destinação de área equivalente à extensão da área desmatada, com as mesmas características ecológicas, na mesma bacia hidrográfica, sempre que possível na mesma microbacia hidrográfica, e, nos casos previstos nos arts. 30 e 31, ambos desta Lei, em áreas localizadas no mesmo Município ou região metropolitana.

§ 1º Verificada pelo órgão ambiental a impossibilidade da compensação ambiental prevista no *caput* deste artigo, será exigida a reposição florestal, com espécies nativas, em área equivalente à desmatada, na mesma bacia hidrográfica, sempre que possível na mesma microbacia hidrográfica.

§ 2º A compensação ambiental a que se refere este artigo não se aplica aos casos previstos no inciso III do art. 23 desta Lei ou de corte ou supressão ilegais.

Art. 18. No Bioma Mata Atlântica, é livre a coleta de subprodutos florestais tais como frutos, folhas ou sementes, bem como as atividades de uso indireto, desde que não coloquem em risco as espécies da fauna e flora, observando-se as limitações legais específicas e em particular as relativas ao acesso ao patrimônio genético, à proteção e ao acesso ao conhecimento tradicional associado e de biossegurança.

Art. 19. O corte eventual de vegetação primária ou secundária nos estágios médio e avançado de regeneração do Bioma Mata Atlântica, para fins de práticas preservacionistas e de pesquisa científica, será devidamente regulamentado pelo Conselho Nacional do Meio Ambiente e autorizado pelo órgão competente do Sisnama.

TÍTULO III – DO REGIME JURÍDICO ESPECIAL DO BIOMA MATA ATLÂNTICA

CAPÍTULO I – DA PROTEÇÃO DA VEGETAÇÃO PRIMÁRIA

Art. 20. O corte e a supressão da vegetação primária do Bioma Mata Atlântica somente serão autorizados em caráter excepcional, quando necessários à realização de obras, projetos ou atividades de utilidade pública, pesquisas científicas e práticas preservacionistas.

Parágrafo único. O corte e a supressão de vegetação, no caso de utilidade pública, obedecerão ao disposto no art. 14 desta Lei, além da realização de Estudo Prévio de Impacto Ambiental/Relatório de Impacto Ambiental – EIA/RIMA.

CAPÍTULO II – DA PROTEÇÃO DA VEGETAÇÃO SECUNDÁRIA EM ESTÁGIO AVANÇADO DE REGENERAÇÃO

Art. 21. O corte, a supressão e a exploração da vegetação secundária em estágio avançado de regeneração do Bioma Mata Atlântica somente serão autorizados:

I – em caráter excepcional, quando necessários à execução de obras, atividades ou projetos de utilidade pública, pesquisa científica e práticas preservacionistas;

II – *(VETADO)*

III – nos casos previstos no inciso I do art. 30 desta Lei.

Art. 22. O corte e a supressão previstos no inciso I do art. 21 desta Lei no caso de utilidade pública serão realizados na forma do art. 14 desta Lei, além da realização de Estudo Prévio de Impacto Ambiental, bem como na forma do art. 19 desta Lei para os casos de práticas preservacionistas e pesquisas científicas.

CAPÍTULO III – DA PROTEÇÃO DA VEGETAÇÃO SECUNDÁRIA EM ESTÁGIO MÉDIO DE REGENERAÇÃO

Art. 23. O corte, a supressão e a exploração da vegetação secundária em estágio médio de regeneração do Bioma Mata Atlântica somente serão autorizados:

I – em caráter excepcional, quando necessários à execução de obras, atividades ou projetos de utilidade pública ou de interesse social, pesquisa científica e práticas preservacionistas;

II – *(VETADO)*

III – quando necessários ao pequeno produtor rural e populações tradicionais para o exercício de atividades ou usos agrícolas, pecuários ou silviculturais imprescindíveis à sua subsistência e de sua família, ressalvadas as áreas de preservação permanente e, quando for o caso, após averbação da reserva legal, nos termos da Lei nº 4.771, de 15 de setembro de 1965;

IV – nos casos previstos nos §§ 1º e 2º do art. 31 desta Lei.

Art. 24. O corte e a supressão da vegetação em estágio médio de regeneração, de que trata o inciso I do art. 23 desta Lei, nos casos de utilidade pública ou interesse social, obedecerão ao disposto no art. 14 desta Lei.

Parágrafo único. Na hipótese do inciso III do art. 23 desta Lei, a autorização é de competência do órgão estadual competente, informando-se ao Ibama, na forma da regulamentação desta Lei.

CAPÍTULO IV – DA PROTEÇÃO DA VEGETAÇÃO SECUNDÁRIA EM ESTÁGIO INICIAL DE REGENERAÇÃO

Art. 25. O corte, a supressão e a exploração da vegetação secundária em estágio inicial de regeneração do Bioma Mata Atlântica serão autorizados pelo órgão estadual competente.

Parágrafo único. O corte, a supressão e a exploração de que trata este artigo, nos Estados em que a vegetação primária e secundária remanescente do Bioma Mata Atlântica for inferior a 5% (cinco por cento) da área original, submeter-se-ão ao regime jurídico aplicável à vegetação secundária em estágio médio de regeneração, ressalvadas as áreas urbanas e regiões metropolitanas.

Art. 26. Será admitida a prática agrícola do pousio nos Estados da Federação onde tal procedimento é utilizado tradicionalmente.

CAPÍTULO V – DA EXPLORAÇÃO SELETIVA DE VEGETAÇÃO SECUNDÁRIA EM ESTÁGIOS AVANÇADO, MÉDIO E INICIAL DE REGENERAÇÃO

Art. 27. *(VETADO)*

Art. 28. O corte, a supressão e o manejo de espécies arbóreas pioneiras nativas em fragmentos florestais em estágio médio de regeneração, em que sua presença for superior a 60% (sessenta por cento) em relação às demais espécies, poderão ser autorizados pelo órgão estadual competente, observado o disposto na Lei nº 4.771, de 15 de setembro de 1965.

Art. 29. *(VETADO)*

CAPÍTULO VI – DA PROTEÇÃO DO BIOMA MATA ATLÂNTICA NAS ÁREAS URBANAS E REGIÕES METROPOLITANAS

Art. 30. É vedada a supressão de vegetação primária do Bioma Mata Atlântica, para fins de loteamento ou edificação, nas regiões metropolitanas e áreas urbanas consideradas como tal em lei específica, aplicando-se à supressão da vegetação secundária em estágio avançado de regeneração as seguintes restrições:

I – nos perímetros urbanos aprovados até a data de início de vigência desta Lei, a supressão de vegetação secundária em estágio avançado de regeneração dependerá de prévia autorização do órgão estadual competente e somente será admitida, para fins de loteamento ou edificação, no caso de empreendimentos que garantam a preservação de vegetação nativa em estágio avançado de regeneração em no mínimo 50% (cinquenta por cento) da área total coberta por esta vegetação, ressalvado o disposto nos arts. 11, 12 e 17 desta Lei e atendido o disposto no Plano Diretor do Município e demais normas urbanísticas e ambientais aplicáveis;

II – nos perímetros urbanos aprovados após a data de início de vigência desta Lei, é vedada a supressão de vegetação secundária em estágio avançado de regeneração do Bioma Mata Atlântica para fins de loteamento ou edificação.

Art. 31. Nas regiões metropolitanas e áreas urbanas, assim consideradas em lei, o parcelamento do solo para fins de loteamento ou qualquer edificação em área de vegetação secundária, em estágio médio de regeneração, do Bioma Mata Atlântica, devem obedecer ao disposto no Plano Diretor do Município e demais normas aplicáveis, e dependerão de prévia autorização do órgão estadual competente, ressalvado o disposto nos arts. 11, 12 e 17 desta Lei.

§ 1º Nos perímetros urbanos aprovados até a data de início de vigência desta Lei, a supressão de vegetação secundária em estágio médio de regeneração somente será admitida, para fins de loteamento ou edificação, no caso de empreendimentos que garantam a preservação de vegetação nativa em estágio médio de regeneração em no mínimo 30% (trinta por cento) da área total coberta por esta vegetação.

§ 2º Nos perímetros urbanos delimitados após a data de início de vigência desta Lei, a supressão de vegetação secundária em estágio médio de regeneração fica condicionada à manutenção de vegetação em estágio médio de regeneração em no mínimo 50% (cinquenta por cento) da área total coberta por esta vegetação.

CAPÍTULO VII – DAS ATIVIDADES MINERÁRIAS EM ÁREAS DE VEGETAÇÃO SECUNDÁRIA EM ESTÁGIO AVANÇADO E MÉDIO DE REGENERAÇÃO

Art. 32. A supressão de vegetação secundária em estágio avançado e médio de regeneração para fins de atividades minerárias somente será admitida mediante:

I – licenciamento ambiental, condicionado à apresentação de Estudo Prévio de Impacto Ambiental/Relatório de Impacto Ambiental – EIA/RIMA, pelo empreendedor, e desde que demonstrada a inexistência de alternativa técnica e locacional ao empreendimento proposto;

II – adoção de medida compensatória que inclua a recuperação de área equivalente à área do empreendimento, com as mesmas características ecológicas, na mesma bacia hidrográfica e sempre que possível na mesma microbacia hidrográfica, independentemente do disposto no art. 36 da Lei nº 9.985, de 18 de julho de 2000.

TÍTULO IV – DOS INCENTIVOS ECONÔMICOS

Art. 33. O poder público, sem prejuízo das obrigações dos proprietários e posseiros estabelecidas na legislação ambiental, estimulará, com incentivos econômicos, a proteção e o uso sustentável do Bioma Mata Atlântica.

§ 1º Na regulamentação dos incentivos econômicos ambientais, serão observadas as seguintes características da área beneficiada:

I – a importância e representatividade ambientais do ecossistema e da gleba;

II – a existência de espécies da fauna e flora ameaçadas de extinção;

III – a relevância dos recursos hídricos;

IV – o valor paisagístico, estético e turístico;

V – o respeito às obrigações impostas pela legislação ambiental;

VI – a capacidade de uso real e sua produtividade atual.

§ 2º Os incentivos de que trata este Título não excluem ou restringem outros benefícios, abatimentos e deduções em vigor, em especial as doações a entidades de utilidade pública efetuadas por pessoas físicas ou jurídicas.

Art. 34. As infrações dos dispositivos que regem os benefícios econômicos ambientais, sem prejuízo das sanções penais e administrativas cabíveis, sujeitarão os responsáveis a multa civil de 3 (três) vezes o valor atualizado recebido, ou do imposto devido em relação a cada exercício financeiro, além das penalidades e demais acréscimos previstos na legislação fiscal.

§ 1º Para os efeitos deste artigo, considera-se solidariamente responsável por inadimplência ou irregularidade a pessoa física ou jurídica doadora ou propositora de projeto ou proposta de benefício.

§ 2º A existência de pendências ou irregularidades na execução de projetos de proponentes no órgão competente do Sisnama suspenderá a análise ou concessão de novos incentivos, até a efetiva regularização.

Art. 35. A conservação, em imóvel rural ou urbano, da vegetação primária ou da vegetação secundária em qualquer estágio de regeneração do Bioma Mata Atlântica cumpre função social e é de interesse público, podendo, a critério do proprietário, as áreas sujeitas à restrição de que trata esta Lei ser computadas para efeito da Reserva Legal e seu excedente utilizado para fins de compensação ambiental ou instituição de Cota de Reserva Ambiental – CRA. *(Redação dada pela Lei nº 12.651, de 2012).*

Parágrafo único. Ressalvadas as hipóteses previstas em lei, as áreas de preservação permanente não integrarão a reserva legal.

CAPÍTULO I – DO FUNDO DE RESTAURAÇÃO DO BIOMA MATA ATLÂNTICA

Art. 36. Fica instituído o Fundo de Restauração do Bioma Mata Atlântica destinado ao financiamento de projetos de restauração ambiental e de pesquisa científica.

§§ 1º a 3º *(VETADOS)*

Art. 37. Constituirão recursos do Fundo de que trata o art. 36 desta Lei:

I – dotações orçamentárias da União;

II – recursos resultantes de doações, contribuições em dinheiro, valores, bens móveis e imóveis, que venha a receber de pessoas físicas e jurídicas, nacionais ou internacionais;

III – rendimentos de qualquer natureza, que venha a auferir como remuneração decorrente de aplicações do seu patrimônio;

IV – outros, destinados em lei.

Art. 38. Serão beneficiados com recursos do Fundo de Restauração do Bioma Mata Atlântica os projetos que envolvam conservação de remanescentes de vegetação nativa, pesquisa científica ou áreas a serem restauradas, implementados em Municípios que possuam plano municipal de conservação e recuperação da Mata Atlântica, devidamente aprovado pelo Conselho Municipal de Meio Ambiente.

§ 1º Terão prioridade de apoio os projetos destinados à conservação e recuperação das áreas de preservação permanente, reservas legais, reservas particulares do patrimônio natural e áreas do entorno de unidades de conservação.

§ 2º Os projetos poderão beneficiar áreas públicas e privadas e serão executados por órgãos públicos, instituições acadêmicas públicas e organizações da sociedade civil de interesse público que atuem na conservação, restauração ou pesquisa científica no Bioma Mata Atlântica.

CAPÍTULO II – DA SERVIDÃO AMBIENTAL

Arts. 39 e 40. *(VETADOS)*

CAPÍTULO III – DOS INCENTIVOS CREDITÍCIOS

Art. 41. O proprietário ou posseiro que tenha vegetação primária ou secundária em estágios avançado e médio de regeneração do Bioma Mata Atlântica receberá das instituições financeiras benefícios creditícios, entre os quais:

I – prioridade na concessão de crédito agrícola, para os pequenos produtores rurais e populações tradicionais;

II e III – *(VETADOS)*

Parágrafo único. Os critérios, condições e mecanismos de controle dos benefícios referidos neste artigo serão definidos, anualmente, sob pena de responsabilidade, pelo órgão competente do Poder Executivo, após anuência do órgão competente do Ministério da Fazenda.

TÍTULO V – DAS PENALIDADES

Art. 42. A ação ou omissão das pessoas físicas ou jurídicas que importem inobservância aos preceitos desta Lei e a seus regulamentos ou resultem em dano à flora, à fauna e aos demais atributos naturais sujeitam os infratores às sanções previstas em lei, em especial as dispostas na Lei nº 9.605, de 12 de fevereiro de 1998, e seus decretos regulamentadores.

Art. 43. A Lei nº 9.605, de 12 de fevereiro de 1998, passa a vigorar acrescida do seguinte art. 38-A:

"Art. 38-A. Destruir ou danificar vegetação primária ou secundária, em estágio avançado ou médio de regeneração, do Bioma Mata Atlântica, ou utilizá-la com infringência das normas de proteção:

Pena – detenção, de 1 (um) a 3 (três) anos, ou multa, ou ambas as penas cumulativamente.

Parágrafo único. Se o crime for culposo, a pena será reduzida à metade."

Art. 44. *(VETADO)*

TÍTULO VI – DISPOSIÇÕES FINAIS

Art. 45. *(VETADO)*

Art. 46. Os órgãos competentes adotarão as providências necessárias para o rigoroso e fiel cumprimento desta Lei, e estimularão estudos técnicos e científicos visando à conservação e ao manejo racional do Bioma Mata Atlântica e de sua biodiversidade.

Art. 47. Para os efeitos do inciso I do *caput* do art. 3º desta Lei, somente serão consideradas as propriedades rurais com área de até 50 (cinquenta) hectares, registradas em cartório até a data de início de vigência desta Lei, ressalvados os casos de fracionamento por transmissão causa mortis.

Art. 48. O art. 10 da Lei nº 9.393, de 19 de dezembro de 1996, passa a vigorar com a seguinte redação:

› *Alterações inseridas no texto da referida Lei*

Art. 49. O § 6º do art. 44 da Lei nº 4.771, de 15 de setembro de 1965, alterada pela Medida Provisória nº 2.166-7, de 24 de agosto de 2001, passa a vigorar com a seguinte redação:

› *Alterações inseridas no texto da referida Lei.*

Art. 50. *(VETADO)*

Art. 51. Esta Lei entra em vigor na data de sua publicação.

Brasília, 22 de dezembro de 2006; 185º da Independência e 118º da República.

LUIZ INÁCIO LULA DA SILVA

(DOU de 26.12.2006 – Retificado no DOU de 9.1.2007)

DECRETO Nº 6.660, DE 21 DE NOVEMBRO DE 2008

Regulamenta dispositivos da Lei nº 11.428, de 22 de dezembro de 2006, que dispõe sobre a utilização e proteção da vegetação nativa do Bioma Mata Atlântica.

O PRESIDENTE DA REPÚBLICA, no uso da atribuição que lhe confere o art. 84, inciso IV, da Constituição, e tendo em vista o disposto na Lei nº 11.428, de 22 de dezembro de 2006,

DECRETA:

CAPÍTULO I – DAS DISPOSIÇÕES GERAIS

Art. 1º O mapa do Instituto Brasileiro de Geografia e Estatística – IBGE, previsto no art. 2º da Lei nº 11.428, de 22 de dezembro de 2006, contempla a configuração original das seguintes formações florestais nativas e ecossistemas associados: Floresta Ombrófila Densa; Floresta Ombrófila Mista, também denominada de Mata de Araucárias; Floresta Ombrófila Aberta; Floresta Estacional Semidecidual; Floresta Estacional Decidual; campos de altitude; áreas das formações pioneiras, conhecidas como manguezais, restingas, campos salinos e áreas aluviais; refúgios vegetacionais; áreas de tensão ecológica; brejos interioranos e encraves florestais, representados por disjunções de Floresta Ombrófila Densa, Floresta Ombrófila Aberta, Floresta Estacional Semidecidual e Floresta Estacional Decidual; áreas de estepe, savana e savana-estépica; e vegetação nativa das ilhas costeiras e oceânicas.

§ 1º Somente os remanescentes de vegetação nativa primária e vegetação nativa secundária nos estágios inicial, médio e avançado de regeneração na área de abrangência do mapa definida no *caput* terão seu uso e conservação regulados por este Decreto, não interferindo em áreas já ocupadas com agricultura, cidades, pastagens e florestas plantadas ou outras áreas desprovidas de vegetação nativa.

§ 2º Aplica-se a todos os tipos de vegetação nativa delimitados no mapa referido no *caput* o regime jurídico de conservação, proteção, regeneração e utilização estabelecido na Lei nº 11.428, de 2006, e neste Decreto, bem como a legislação ambiental vigente, em especial a Lei nº 4.771, de 15 de setembro de 1965.

§ 3º O mapa do IBGE referido no *caput* e no art. 2º da Lei nº 11.428, de 2006, denominado Mapa da Área de Aplicação da Lei nº 11.428, de 2006, será disponibilizado nos sítios eletrônicos do Ministério do Meio Ambiente e do IBGE e de forma impressa.

CAPÍTULO II – DA EXPLORAÇÃO EVENTUAL, SEM PROPÓSITO COMERCIAL DIRETO OU INDIRETO, DE ESPÉCIES DA FLORA NATIVA

Art. 2º A exploração eventual, sem propósito comercial direto ou indireto, de espécies da flora nativa provenientes de formações naturais, para consumo nas propriedades rurais, posses das populações tradicionais ou de pequenos produtores rurais, de que trata o art. 9º da Lei nº 11.428, de 2006, independe de autorização dos órgãos competentes.

§ 1º Considera-se exploração eventual sem propósito comercial direto ou indireto:

I – quando se tratar de lenha para uso doméstico:

a) a retirada não superior a quinze metros cúbicos por ano por propriedade ou posse; e

b) a exploração preferencial de espécies pioneiras definidas de acordo com o § 2º do art. 35;

II – quando se tratar de madeira para construção de benfeitorias e utensílios na posse ou propriedade rural:

a) a retirada não superior a vinte metros cúbicos por propriedade ou posse, a cada período de três anos; e

b) a manutenção de exemplares da flora nativa, vivos ou mortos, que tenham função relevante na alimentação, reprodução e abrigo da fauna silvestre.

§ 2º Para os efeitos do que dispõe o art. 8º da Lei 11.428, de 2006, a exploração prevista no *caput* fica limitada às áreas de vegetação secundária nos estágios inicial, médio e avançado de regeneração e à exploração ou corte de árvores nativas isoladas provenientes de formações naturais.

§ 3º Os limites para a exploração prevista no *caput*, no caso de posse coletiva de populações tradicionais ou de pequenos produtores rurais, serão adotados por unidade familiar.

§ 4º A exploração de matéria-prima florestal nativa para uso no processamento de produtos ou subprodutos destinados à comercialização, tais como lenha para secagem ou processamento de folhas, frutos e sementes, assim como a exploração de matéria-prima florestal nativa para fabricação de artefatos de madeira para comercialização, entre outros, dependerá de autorização do órgão ambiental competente, observado o disposto neste Decreto.

§ 5º Para os fins do disposto neste artigo, é vedada a exploração de espécies incluídas na Lista Oficial de Espécies da Flora Brasileira Ameaçadas de Extinção ou constantes de listas dos Estados, bem como aquelas constantes de listas de proibição de corte objeto de proteção por atos normativos dos entes federativos.

Art. 3º O transporte de produtos e subprodutos florestais provenientes da exploração prevista no inciso II do § 1º do art. 2º além dos limites da posse ou propriedade rural, para fins de beneficiamento, deverá ser acompanhado da respectiva autorização para o transporte de produtos e subprodutos florestais de origem nativa emitida pelo órgão ambiental competente.

§ 1º O requerimento da autorização para o transporte de produtos e subprodutos florestais de que trata o *caput* deverá ser instruído com, no mínimo, as seguintes informações:

I – dados de volume individual e total por espécie, previamente identificadas e numeradas;

II – justificativa de utilização e descrição dos subprodutos a serem gerados;

III – indicação do responsável pelo beneficiamento dos produtos; e

IV – indicação do responsável pelo transporte dos produtos e subprodutos gerados, bem como do trajeto de ida e volta a ser percorrido.

§ 2º O órgão ambiental competente poderá autorizar o transporte de produtos e subprodutos florestais de que trata o *caput* por meio de aposição de anuência no próprio requerimento, mantendo uma via arquivada no órgão, para fins de registro e controle.

CAPÍTULO III – DO ENRIQUECIMENTO ECOLÓGICO DA VEGETAÇÃO SECUNDÁRIA DA MATA ATLÂNTICA

Art. 4º O enriquecimento ecológico da vegetação secundária da Mata Atlântica, promovido por meio do plantio ou da semeadura de espécies nativas, independe de autorização do órgão ambiental competente, quando realizado:

I – em remanescentes de vegetação nativa secundária nos estágios inicial, médio e avançado de regeneração, sem necessidade de qualquer corte ou supressão de espécies nativas existentes;

II – com supressão de espécies nativas que não gere produtos ou subprodutos comercializáveis, direta ou indiretamente.

§ 1º Para os efeitos do inciso II, considera-se supressão de espécies nativas que não gera produtos ou subprodutos comercializáveis, direta ou indiretamente, aquela realizada em remanescentes florestais nos estágios inicial e médio de regeneração, em áreas de até dois hectares por ano, que envolva o corte e o manejo seletivo de espécies nativas, observados os limites e as condições estabelecidos no art. 2º.

§ 2º O enriquecimento ecológico realizado em unidades de conservação observará o disposto neste Decreto e no Plano de Manejo da Unidade.

Art. 5º Nos casos em que o enriquecimento ecológico exigir o corte ou a supressão de espécies nativas que gerem produtos ou subprodutos comercializáveis, o órgão ambiental competente poderá autorizar o corte ou supressão de espécies não arbóreas e o corte de espécies florestais pioneiras definidas de acordo com § 2º do art. 35.

§ 1º O corte ou a supressão de que trata o *caput* somente serão autorizados até o percentual máximo de quarenta por cento dos indivíduos de cada espécie pioneira existente na área sob enriquecimento.

§ 2º Nas práticas silviculturais necessárias à realização do enriquecimento ecológico, deverão ser adotadas medidas para a minimização dos impactos sobre os indivíduos jovens das espécies arbóreas secundárias e climácicas.

Art. 6º Para os efeitos deste Decreto, não constitui enriquecimento ecológico a atividade que importe a supressão ou corte de:

I – espécies nativas que integram a Lista Oficial de Espécies da Flora Brasileira Ameaçadas de Extinção ou constantes de listas dos Estados;

II – espécies heliófilas que, mesmo apresentando comportamento pioneiro, caracterizam formações climácicas;

III – vegetação primária; e

IV – espécies florestais arbóreas em vegetação secundária no estágio avançado de regeneração, ressalvado o disposto no § 2º do art. 2º.

Art. 7º Para requerer a autorização de que trata o art. 5º, o interessado deverá apresentar, no mínimo, as seguintes informações:

I – dados do proprietário ou possuidor;

II – dados da propriedade ou posse, incluindo cópia da matrícula ou certidão atualizada do imóvel no Registro Geral do Cartório de Registro de Imóveis, ou comprovante de posse;

III – outorga para utilização do imóvel emitida pela Secretaria do Patrimônio da União, em se tratando de terrenos de marinha e acrescidos de marinha, bem como nos demais bens de domínio da União, na forma estabelecida no Decreto-Lei nº 9.760, de 5 de setembro de 1946;

IV – inventário fitossociológico da área a ser enriquecida ecologicamente, com vistas a determinar o estágio de regeneração da vegetação e a indicação da fitofisionomia original, elaborado com metodologia e suficiência amostral adequadas, observados os parâmetros estabelecidos no art. 4º, § 2º, da Lei nº 11.428, de 2006, e as definições constantes das resoluções do Conselho Nacional do Meio Ambiente – CONAMA de que trata o *caput* do referido artigo;

V – nome científico e popular das espécies arbóreas pioneiras a serem cortadas e estimativa de volume de produtos e subprodutos florestais a serem obtidos;

VI – comprovação da averbação da reserva legal ou comprovante de compensação nos termos da Lei nº 4.771, de 1965;

VII – localização com a indicação das coordenadas geográficas dos vértices do imóvel, das áreas de preservação permanente, da reserva legal e dos vértices da área sob enriquecimento;

VIII – nome científico e popular das espécies nativas a serem plantadas ou reintroduzidas;

IX – tamanho da área a ser enriquecida;

X – estimativa da quantidade de exemplares pré-existentes das espécies a serem plantadas ou reintroduzidas na área enriquecida;

XI – quantidade a ser plantada ou reintroduzida de cada espécie;

XII – cronograma de execução previsto; e

XIII – laudo técnico com a respectiva Anotação de Responsabilidade Técnica – ART, de profissional habilitado, atestando o estágio de regeneração da vegetação.

§ 1º O requerimento de que trata o *caput* poderá ser feito individualmente ou, no caso de programas de fomento, para grupos de propriedades.

§ 2º O órgão ambiental competente somente poderá emitir a autorização para corte ou supressão de espécies nativas após análise das informações prestadas na forma do *caput* e prévia vistoria de campo que ateste a veracidade das informações.

Art. 8º Os detentores de espécies nativas comprovadamente plantadas pelo sistema de enriquecimento ecológico após o início da vigência deste Decreto, em remanescentes de vegetação secundária nos estágios inicial, médio ou avançado de regeneração da Mata Atlântica, poderão cortar ou explorar e comercializar os produtos delas oriundos mediante autorização do órgão ambiental competente.

Parágrafo único. O corte ou a exploração de que trata o *caput* somente serão autorizados se o plantio estiver previamente cadastrado junto ao órgão ambiental competente e até o limite máximo de cinquenta por cento dos exemplares plantados.

Art. 9º Para os fins do disposto no parágrafo único do art. 8º, será criado, no órgão ambiental competente, Cadastro de Espécies Nativas Plantadas pelo Sistema de Enriquecimento Ecológico.

Parágrafo único. O pedido de cadastramento deverá ser instruído pelo interessado com as informações previstas no art. 7º, além de outras estabelecidas pelo órgão ambiental competente.

Art. 10. Para requerer a autorização de corte ou exploração de que trata o art. 8º, o interessado deverá apresentar, no mínimo, as seguintes informações:

I – dados do proprietário ou possuidor;

II – número do plantio no Cadastro de Espécies Nativas Plantadas pelo Sistema de Enriquecimento Ecológico junto ao órgão ambiental competente;

III – dados da propriedade ou posse, incluindo cópia da matrícula do imóvel no Registro Geral do Cartório de Registro de Imóveis, ou comprovante de posse;

IV – outorga para utilização do imóvel emitida pela Secretaria do Patrimônio da União, em se tratando de terrenos de marinha e acrescidos de marinha, bem como nos demais bens de domínio da União, na forma estabelecida no Decreto-Lei nº 9.760, de 1946;

V – quantidade total de árvores plantadas de cada espécie no sistema de enriquecimento ecológico;

VI – nome científico e popular das espécies;

VII – data ou ano do plantio no sistema de enriquecimento ecológico;

VIII – identificação e quantificação das espécies a serem cortadas e volume de produtos e subprodutos florestais a serem obtidos;

IX – localização da área enriquecida a ser objeto de corte seletivo, com a indicação das coordenadas geográficas de seus vértices; e

X – laudo técnico com a respectiva ART, de profissional habilitado, atestando tratar-se de espécies florestais nativas plantadas no sistema de enriquecimento ecológico, bem como a data ou ano do seu plantio.

Parágrafo único. O órgão ambiental competente somente poderá emitir a autorização para corte ou exploração após análise das informações prestadas na forma do *caput* e prévia vistoria de campo que ateste o efetivo plantio no sistema de enriquecimento ecológico.

Art. 11. O transporte de produtos e subprodutos florestais provenientes do corte ou exploração previsto nos arts. 5º e 8º deverá ser acompanhado da respectiva autorização para o transporte de produtos e subprodutos florestais de origem nativa emitida pelo órgão ambiental competente.

CAPÍTULO IV – DO PLANTIO E REFLORESTAMENTO COM ESPÉCIES NATIVAS

Art. 12. O plantio ou o reflorestamento com espécies nativas independem de autorização do órgão ambiental competente.

Parágrafo único. O plantio e o reflorestamento de que trata este artigo, para atividades de manejo agroflorestal sustentável, poderão ser efetivados de forma consorciada com espécies exóticas, florestais ou agrícolas, observada a legislação aplicável quando se tratar de área de preservação permanente e de reserva legal.

Art. 13. A partir da edição deste Decreto, o órgão ambiental competente poderá autorizar, mediante cadastramento prévio, o plantio de espécie nativa em meio à vegetação secundária arbórea nos estágios médio e avançado de regeneração, com a finalidade de produção e comercialização.

§ 1º Nos casos em que o plantio referido no *caput* exigir o corte ou a supressão de espécies nativas que gerem produtos ou subprodutos comercializáveis, o órgão ambiental competente poderá autorizar o corte ou supressão de espécies não arbóreas e o corte de espécies florestais pioneiras definidas de acordo com § 2º do art. 35, limitado, neste caso, ao percentual máximo de quarenta por cento dos indivíduos de cada espécie pioneira existente na área sob plantio.

§ 2º É vedado, para fins do plantio referido no *caput*, a supressão ou corte de:

I – espécies nativas que integram a Lista Oficial de Espécies da Flora Brasileira Ameaçadas de Extinção ou constantes de listas dos Estados;

II – vegetação primária; e

III – espécies florestais arbóreas em vegetação secundária no estágio avançado de regeneração, ressalvado o disposto no § 2º do art. 2º.

§ 3º Nas práticas silviculturais necessárias à realização do plantio, deverão ser adotadas medidas para a minimização dos impactos sobre os indivíduos jovens das espécies arbóreas secundárias e climácicas.

§ 4º Para requerer a autorização de que trata o § 1º, o interessado deverá apresentar as mesmas informações previstas no art. 7º.

§ 5º O transporte de produtos e subprodutos florestais provenientes do corte ou exploração previsto no § 1º deverá ser acompanhado da respectiva autorização para o transporte de produtos e subprodutos florestais de origem nativa emitida pelo órgão ambiental competente.

Art. 14. O corte ou a exploração de espécies nativas comprovadamente plantadas somente serão permitidos se o plantio ou o reflorestamento tiver sido previamente cadastrado junto ao órgão ambiental competente no prazo máximo de sessenta dias após a realização do plantio ou do reflorestamento.

§ 1º Para os fins do disposto no *caput*, será criado ou mantido, no órgão ambiental competente, Cadastro de Espécies Nativas Plantadas ou Reflorestadas.

§ 2º O interessado deverá instruir o pedido de cadastramento com, no mínimo, as seguintes informações:

I – dados do proprietário ou possuidor;

II – dados da propriedade ou posse, incluindo cópia da matrícula ou certidão atualizada do imóvel no Registro Geral do Cartório de Registro de Imóveis, ou comprovante de posse;

› *Vide Lei de Registros Públicos (Lei 6.015/1973)*

III – outorga para utilização do imóvel emitida pela Secretaria do Patrimônio da União, em se tratando de terrenos de marinha e acrescidos de marinha, bem como nos demais bens de domínio da União, na forma estabelecida no Decreto-Lei nº 9.760, de 1946;

IV – localização com a indicação das coordenadas geográficas dos vértices do imóvel e dos vértices da área plantada ou reflorestada;

V – nome científico e popular das espécies plantadas e o sistema de plantio adotado;

VI – data ou período do plantio;

VII – número de espécimes de cada espécie plantada por intermédio de mudas; e

VIII – quantidade estimada de sementes de cada espécie, no caso da utilização de sistema de plantio por semeadura.

Art. 15. Os detentores de espécies florestais nativas plantadas, cadastradas junto ao órgão ambiental competente, quando da colheita, comercialização ou transporte dos produtos delas oriundos, deverão, preliminarmente, notificar o órgão ambiental competente, prestando, no mínimo, as seguintes informações:

I – número do cadastro do respectivo plantio ou reflorestamento;

II – identificação e quantificação das espécies a serem cortadas e volume de produtos e subprodutos florestais a serem obtidos; e

III – localização da área a ser objeto de corte ou supressão com a indicação das coordenadas geográficas de seus vértices.

Art. 16. Os detentores de espécies florestais nativas plantadas até a data da publicação deste Decreto, que não cadastrarem o plantio ou o reflorestamento junto ao órgão ambiental competente, quando da colheita, comercialização ou transporte dos produtos delas oriundos, deverão, preliminarmente, notificar o órgão ambiental competente, prestando, no mínimo, as seguintes informações:

I – dados do proprietário ou possuidor;

II – dados da propriedade ou posse, incluindo cópia da matrícula do imóvel no Registro Geral do Cartório de Registro de Imóveis, ou comprovante de posse;

III – outorga para utilização do imóvel emitida pela Secretaria do Patrimônio da União, em se tratando de terrenos de marinha e acrescidos de marinha, bem como nos demais bens de domínio da União, na forma estabelecida no Decreto-Lei nº 9.760, de 1946;

IV – quantidade total de árvores plantadas de cada espécie, bem como o nome científico e popular das espécies;

V – data ou ano do plantio;

VI – identificação e quantificação das espécies a serem cortadas e volume de produtos e subprodutos florestais a serem obtidos;

VII – localização com a indicação das coordenadas geográficas dos vértices da área plantada a ser objeto de corte ou supressão; e

VIII – laudo técnico com a respectiva ART, de profissional habilitado, atestando tratar-se de espécies florestais nativas plantadas, bem como a data ou ano do seu plantio, quando se tratar de espécies constantes da Lista Oficial de Espécies da Flora Brasileira Ameaçadas de Extinção ou de listas dos Estados.

Parágrafo único. O disposto neste artigo não se aplica para o plantio de espécie nativa em meio a vegetação secundária arbórea nos estágios médio e avançado de regeneração previsto no art. 13.

Art. 17. A emissão da autorização para o transporte de produtos e subprodutos florestais oriundos de espécies nativas plantadas não constantes da Lista Oficial de Espécies da Flora Brasileira Ameaçadas de Extinção ou de listas dos Estados fica condicionada à análise das informações prestadas na forma do art. 15, quando se tratar de plantio ou reflorestamento cadastrado, ou na forma do art. 16, quando se tratar de plantio ou reflorestamento não cadastrado.

Parágrafo único. No caso de espécies nativas plantadas constantes da Lista Oficial de Espécies da Flora Brasileira Ameaçadas de Extinção ou de listas dos Estados, cadastradas ou não junto ao órgão ambiental competente, a autorização para o transporte de produtos e subprodutos florestais somente poderá ser emitida após análise das informações prestadas na forma do *caput* e prévia vistoria de campo que ateste o efetivo plantio.

Art. 18. Ficam isentos de prestar as informações previstas nos arts. 15 e 16 os detentores de espécies florestais nativas plantadas que realizarem a colheita ou o corte eventual até o máximo de vinte metros cúbicos, a cada três anos, para uso ou consumo na propriedade, sem propósito comercial direto ou indireto, e desde que os produtos florestais não necessitem de transporte e beneficiamento fora dos limites da propriedade.

CAPÍTULO V – DA ANUÊNCIA DOS ÓRGÃOS FEDERAIS DE MEIO AMBIENTE

Art. 19. Além da autorização do órgão ambiental competente, prevista no art. 14 da Lei nº 11.428, de 2006, será necessária a anuência prévia do Instituto Brasileiro do Meio Ambiente e dos Recursos Naturais Renováveis – IBAMA, de que trata o § 1º do referido artigo, somente quando a supressão de vegetação primária ou secundária em estágio médio ou avançado de regeneração ultrapassar os limites a seguir estabelecidos:

I – cinquenta hectares por empreendimento, isolada ou cumulativamente; ou

II – três hectares por empreendimento, isolada ou cumulativamente, quando localizada em área urbana ou região metropolitana.

§ 1º A anuência prévia de que trata o *caput* é de competência do Instituto Chico Mendes de Conservação da Biodiversidade – Instituto Chico Mendes quando se tratar de supressão, corte ou exploração de vegetação localizada nas unidades de conservação instituídas pela União onde tais atividades sejam admitidas.

§ 2º Para os fins do inciso II do *caput*, deverá ser observado o disposto nos arts. 30 e 31 da Lei nº 11.428, de 2006.

Art. 20. A solicitação de anuência prévia de que trata o art. 19 deve ser instruída, no mínimo, com as seguintes informações:

I – dados do proprietário ou possuidor da área a ser suprimida;

II – dados da propriedade ou posse, incluindo cópia da matrícula ou certidão atualizada do imóvel no Registro Geral do Cartório de Registro de Imóveis, ou comprovante de posse;

› *Vide Lei de Registros Públicos (Lei 6.015/1973)*

III – outorga para utilização do imóvel emitida pela Secretaria do Patrimônio da União, em se tratando de terrenos de marinha e acrescidos de marinha, bem como nos demais bens de domínio da União, na forma estabelecida no Decreto-Lei nº 9.760, de 1946;

IV – localização com a indicação das coordenadas geográficas dos vértices da área a ser objeto de corte ou supressão;

V – inventário fitossociológico da área a ser cortada ou suprimida, com vistas a determinar o estágio de regeneração da vegetação e a indicação da fitofisionomia original, elaborado com metodologia e suficiência amostral adequadas, observados os parâmetros estabelecidos no art. 4º, § 2º, da Lei nº 11.428, de 2006, e as definições constantes das resoluções do CONAMA de que trata o *caput* do referido artigo;

VI – cronograma de execução previsto;

VII – estimativa do volume de produtos e subprodutos florestais a serem obtidos com a supressão; e

VIII – descrição das atividades a serem desenvolvidas na área a ser suprimida.

Parágrafo único. As informações de que trata o *caput* poderão ser substituídas por cópia do estudo ambiental do empreendimento ou atividade, desde que as contemple.

Art. 21. A anuência prévia de que trata o art. 19 pode ser emitida com condicionantes para mitigar os impactos da atividade sobre o ecossistema remanescente.

Parágrafo único. As condicionantes de que trata este artigo devem ser estabelecidas durante o processo de licenciamento ambiental.

CAPÍTULO VI – DO POUSIO

Art. 22. Considera-se pousio a prática que prevê a interrupção de atividades ou usos agrícolas, pecuários ou silviculturais do solo por até dez anos para possibilitar a recuperação de sua fertilidade.

Parágrafo único. A supressão da vegetação secundária em estágio inicial de regeneração da área submetida a pousio somente poderá ser autorizada pelo órgão ambiental competente nos imóveis onde, comprovadamente, essa prática vem sendo utilizada tradicionalmente.

Art. 23. A supressão de até dois hectares por ano da vegetação em área submetida a pousio, na pequena propriedade rural ou posses de população tradicional ou de pequenos produtores rurais, dependerá de autorização do órgão ambiental competente, devendo o interessado apresentar requerimento contendo, no mínimo, as seguintes informações:

I – dimensão da área a ser suprimida;

II – idade aproximada da vegetação;

III – caracterização da vegetação indicando as espécies lenhosas predominantes;

IV – indicação da atividade agrícola, pecuária ou silvicultural a ser desenvolvida na área;

V – estimativa do volume de produtos e subprodutos florestais a serem obtidos com a supressão e o destino a ser dado a eles, quando houver; e

VI – localização com a indicação das coordenadas geográficas dos vértices da área a ser cortada ou suprimida.

§ 1º O limite estabelecido no *caput*, no caso de posse coletiva de populações tradicionais ou de pequenos produtores rurais, será adotado por unidade familiar.

§ 2º Quando a supressão da vegetação de área submetida a pousio for superior a dois hectares, a autorização somente poderá ser concedida de acordo com o disposto no art. 32.

§ 3º A autorização de que trata o *caput* somente poderá ser concedida após análise das informações prestadas e prévia vistoria de campo que ateste a veracidade das informações.

Art. 24. No caso de sistema integrado de pousio, a autorização de supressão de vegetação secundária em estágio inicial de regeneração poderá ser concedida pelo órgão ambiental competente, para o conjunto de módulos de rotação do sistema no imóvel, por período não superior a dez anos.

§ 1º Entende-se por sistema integrado de pousio o uso intercalado de diferentes módulos ou áreas de cultivo nos limites da respectiva propriedade ou posse.

§ 2º Para requerer a autorização de supressão de vegetação do sistema integrado de pousio de que trata o *caput*, o interessado deverá apresentar, entre outros, os seguintes documentos:

I – dados do proprietário ou possuidor;

II – dados da propriedade ou posse, incluindo cópia da matrícula ou certidão atualizada do imóvel no Registro Geral do Cartório de Registro de Imóveis, ou comprovante da posse;

III – outorga para utilização do imóvel emitida pela Secretaria do Patrimônio da União, em se tratando de terrenos de marinha e acrescidos de marinha, bem como nos demais bens de domínio da União, na forma estabelecida no Decreto-Lei nº 9.760, de 1946;

IV – localização com a indicação das coordenadas geográficas dos vértices do imóvel, das áreas de preservação permanente e da reserva legal e dos módulos das áreas a serem utilizadas no sistema integrado de pousio, dentro da propriedade ou posse;

V – comprovação da averbação da reserva legal ou comprovante de compensação nos termos da Lei nº 4.771, de 1965;

VI – previsão da área a ser cortada ou suprimida por período e sua localização no sistema integrado de pousio dentro da propriedade ou posse, bem como o período total de rotação do sistema, limitado a dez anos;

VII – estimativa do volume de produtos e subprodutos florestais a serem obtidos a cada período com o corte ou supressão da vegetação e o destino a ser dado a eles; e

VIII – descrição das atividades agrícolas, pecuárias ou silviculturais a serem desenvolvidas no sistema.

§ 3º A autorização de que trata o *caput* somente poderá ser concedida após análise das informações prestadas e prévia vistoria de campo que ateste a veracidade das informações.

Art. 25. O transporte de produtos e subprodutos florestais provenientes do corte ou supressão previstos nos arts. 23 e 24 deverá ser acompanhado da respectiva autorização para o transporte de produtos e subprodutos florestais de origem nativa emitida pelo órgão ambiental competente.

CAPÍTULO VII – DA DESTINAÇÃO DE ÁREA EQUIVALENTE À DESMATADA

Art. 26. Para fins de cumprimento do disposto nos arts. 17 e 32, inciso II, da Lei nº 11.428, de 2006, o empreendedor deverá:

I – destinar área equivalente à extensão da área desmatada, para conservação, com as mesmas características ecológicas, na mesma bacia hidrográfica, sempre que possível na mesma microbacia hidrográfica e, nos casos previstos nos arts. 30 e 31 da Lei nº 11.428, de 2006, em áreas localizadas no mesmo Município ou região metropolitana; ou

II – destinar, mediante doação ao Poder Público, área equivalente no interior de unidade de conservação de domínio público, pendente de regularização fundiária, localizada na mesma bacia hidrográfica, no mesmo Estado e, sempre que possível, na mesma microbacia hidrográfica.

§ 1º Verificada pelo órgão ambiental a inexistência de área que atenda aos requisitos previstos nos incisos I e II, o empreendedor deverá efetuar a reposição florestal, com espécies nativas, em área equivalente à desmatada, na mesma bacia hidrográfica, sempre que possível na mesma microbacia hidrográfica.

§ 2º A execução da reposição florestal de que trata o § 1º deverá seguir as diretrizes definidas em projeto técnico, elaborado por profissional habilitado e previamente aprovado pelo órgão ambiental competente, contemplando metodologia que garanta o restabelecimento de índices de diversidade florística compatíveis com os estágios de regeneração da área desmatada.

Art. 27. A área destinada na forma de que tratam o inciso I e o § 1º do art. 26, poderá constituir Reserva Particular do Patrimônio Natural, nos termos do art. 21 da Lei nº 9.985, de 18 de julho de 2000, ou servidão florestal em caráter permanente conforme previsto no art. 44-A da Lei nº 4.771, de 15 de setembro de 1965 – Código Florestal.

Parágrafo único. O órgão ambiental competente promoverá vistoria prévia na área destinada à compensação para avaliar e atestar que as características ecológicas e a extensão da área são equivalentes àquelas da área desmatada.

CAPÍTULO VIII – DA COLETA DE SUBPRODUTOS FLORESTAIS E ATIVIDADES DE USO INDIRETO

Art. 28. Na coleta de subprodutos florestais, tais como frutos, folhas ou sementes, prevista no art. 18 da Lei nº 11.428, de 2006, deverão ser observados:

I – os períodos de coleta e volumes fixados em regulamentos específicos, quando houver;

II – a época de maturação dos frutos e sementes;

III – técnicas que não coloquem em risco a sobrevivência de indivíduos e da espécie coletada no caso de coleta de flores, folhas, cascas, óleos, resinas e raízes;

IV – técnicas que não coloquem em risco a sobrevivência da espécie na área sob coleta no caso de coleta de cipós, bulbos e bambus;

V – as limitações legais específicas e, em particular, as relativas ao acesso ao patrimônio genético, à proteção e ao acesso ao conhecimento tradicional associado e de biossegurança, quando houver; e

VI – a manutenção das funções relevantes na alimentação, reprodução e abrigo da flora e fauna silvestre.

§ 1º No caso de a coleta de subprodutos florestais de que trata o *caput* gerar produtos ou subprodutos destinados à comercialização direta ou indireta, será exigida autorização de transporte destes, conforme previsão normativa específica, quando houver.

§ 2º A coleta de sementes e frutos em unidades de conservação de proteção integral dependerá de autorização do gestor da unidade, observado o disposto no plano de manejo da unidade.

§ 3º A prática do extrativismo sustentável, por intermédio da condução de espécie nativa produtora de folhas, frutos ou sementes, visando a produção e comercialização, deverá observar o disposto no *caput* e, onde couber, as regras do Sistema Participativo de Garantia da Qualidade Orgânica nos termos do Decreto nº 6.323, de 27 de dezembro de 2007, assegurando-se o direito de continuidade de exploração da espécie plantada ou conduzida no período subsequente.

§ 4º É livre a coleta de frutos e a condução do cacaueiro no sistema de cabruca, desde que não descaracterize a cobertura vegetal nativa e não prejudique a função ambiental da área.

Art. 29. Para os fins do disposto no art. 18 da Lei nº 11.428, de 2006, ressalvadas as áreas de preservação permanente, consideram-se de uso indireto, não necessitando de autorização dos órgãos ambientais competentes, as seguintes atividades:

I – abertura de pequenas vias e corredores de acesso;

II – implantação de trilhas para desenvolvimento de ecoturismo;

III – implantação de aceiros para prevenção e combate a incêndios florestais;

IV – construção e manutenção de cercas ou picadas de divisa de propriedades; e

V – pastoreio extensivo tradicional em remanescentes de campos de altitude, nos estágios secundários de regeneração, desde que não promova a supressão da vegetação nativa ou a introdução de espécies vegetais exóticas.

Parágrafo único. As atividades de uso indireto de que trata o *caput* não poderão colocar em risco as espécies da fauna e flora ou provocar a supressão de espécies ameaçadas de extinção constantes da Lista Oficial de Espécies da Flora Brasileira Ameaçadas de Extinção ou constantes de listas dos Estados.

CAPÍTULO IX – DO CORTE E SUPRESSÃO DE VEGETAÇÃO SECUNDÁRIA EM ESTÁGIO MÉDIO DE REGENERAÇÃO PARA ATIVIDADES IMPRESCINDÍVEIS À PEQUENA PROPRIEDADE E POPULAÇÕES TRADICIONAIS

Art. 30. O corte e a supressão de vegetação secundária em estágio médio de regeneração para o exercício de atividades ou usos agrícolas, pecuários ou silviculturais imprescindíveis à subsistência de pequeno produtor rural e populações tradicionais e de suas famílias, previstos no art. 23, inciso III, da Lei nº 11.428, de 2006, depende de autorização do órgão estadual competente, devendo o interessado apresentar requerimento contendo, no mínimo, as seguintes informações:

I – dados do proprietário ou possuidor;

II – dados da propriedade ou posse, incluindo cópia da matrícula do imóvel no Registro Geral do Cartório de Registro de Imóveis, ou comprovante de posse;

› *Vide Lei de Registros Públicos (Lei 6.015/1973)*

III – outorga para utilização do imóvel emitida pela Secretaria do Patrimônio da União, em se tratando de terrenos de marinha e acrescidos de marinha, bem como nos demais bens de domínio da União, na forma estabelecida no Decreto-Lei nº 9.760, de 1946;

IV – localização com a indicação das coordenadas geográficas dos vértices da área a ser cortada ou suprimida;

V – inventário fitossociológico da área a ser cortada ou suprimida, com vistas a determinar o estágio de regeneração da vegetação e a indicação da fitofisionomia original, elaborado com metodologia e suficiência amostral adequadas, observados os parâmetros estabelecidos no art. 4º, § 2º, da Lei nº 11.428, de 2006, e as definições constantes das resoluções do CONAMA de que trata o *caput* do referido artigo;

VI – comprovação da averbação da reserva legal ou comprovante de compensação nos termos da Lei nº 4.771, de 1965;

VII – cronograma de execução previsto;

VIII – estimativa do volume de produtos e subprodutos florestais a serem obtidos com a supressão e o seu destino;

IX – descrição das atividades a serem desenvolvidas na área a ser suprimida; e

X – justificativa demonstrando tratar-se de atividades imprescindíveis à subsistência de pequeno produtor rural ou de populações tradicionais.

§ 1º Consideram-se atividades ou usos agrícolas, pecuários ou silviculturais imprescindíveis à subsistência do pequeno produtor rural e populações tradicionais e de suas famílias, de que trata o *caput*, o corte e a supressão de vegetação em estágio médio de regeneração até o limite máximo de dois hectares da área coberta por vegetação em estágio médio de regeneração existente na propriedade ou posse.

§ 2º No caso de posse coletiva de população tradicional, o limite estabelecido no § 1º aplica-se à unidade familiar.

§ 3º A emissão de autorização de que trata o *caput*, nos termos do parágrafo único do art. 24 da Lei nº 11.428, de 2006, deve ser informada ao IBAMA, juntamente com os dados respectivos.

§ 4º A autorização de que trata o *caput* somente poderá ser concedida após análise das informações prestadas e prévia vistoria de campo que ateste a veracidade das informações e a inexistência de alternativa locacional na propriedade ou posse para a atividade pretendida.

Art. 31. O transporte de produtos e subprodutos florestais provenientes da exploração prevista no art. 30 deverá ser acompanhado da respectiva autorização para o transporte de produtos e subprodutos florestais de origem nativa emitida pelo órgão ambiental competente.

CAPÍTULO X – DO CORTE E SUPRESSÃO DE VEGETAÇÃO SECUNDÁRIA EM ESTÁGIO INICIAL DE REGENERAÇÃO

Art. 32. O corte ou supressão da vegetação secundária em estágio inicial de regeneração da Mata Atlântica depende de autorização do órgão estadual competente, devendo o interessado apresentar requerimento contendo, no mínimo, as seguintes informações:

I – dados do proprietário ou possuidor;

II – dados da propriedade ou posse, incluindo cópia da matrícula ou certidão atualizada do imóvel no Registro Geral do Cartório de Registro de Imóveis, ou comprovante de posse;

III – outorga para utilização do imóvel emitida pela Secretaria do Patrimônio da União, em se tratando de terrenos de marinha e acrescidos de marinha, bem como nos demais bens de domínio da União, na forma estabelecida no Decreto-Lei nº 9.760, de 1946;

IV – localização com a indicação das coordenadas geográficas dos vértices do imóvel, das áreas de preservação permanente, da reserva legal e da área a ser cortada ou suprimida;

V – inventário fitossociológico da área a ser cortada ou suprimida, com vistas a determinar o estágio de regeneração da vegetação e a indicação da fitofisionomia original, elaborado com metodologia e suficiência amostral adequadas, observados os parâmetros estabelecidos no art. 4º, § 2º, da Lei nº 11.428, de 2006, e as definições constantes das resoluções do CONAMA de que trata o *caput* do referido artigo;

VI – comprovação da averbação da reserva legal ou comprovante de compensação nos termos da Lei nº 4.771, de 1965;

VII – cronograma de execução previsto; e

VIII – estimativa do volume de produtos e subprodutos florestais a serem obtidos com a supressão.

Parágrafo único. A autorização de que trata o *caput* somente poderá ser concedida após análise das informações prestadas e prévia vistoria de campo que ateste a veracidade das informações.

Art. 33. No caso de pequenos produtores rurais ou posses das populações tradicionais, o interessado em obter autorização para o corte ou supressão da vegetação secundária em estágio inicial de regeneração da Mata Atlântica deverá apresentar requerimento contendo, no mínimo, as seguintes informações:

I – dimensão da área pretendida;

II – idade da vegetação;

III – caracterização da vegetação indicando as espécies lenhosas predominantes;

IV – indicação da atividade a ser desenvolvida na área;

V – comprovação da averbação da reserva legal ou comprovante de compensação nos termos da Lei nº 4.771, de 1965; e

VI – localização com a indicação das coordenadas geográficas dos vértices da área a ser cortada ou suprimida.

Parágrafo único. A autorização de que trata o *caput* somente poderá ser concedida após análise das informações prestadas e prévia vistoria de campo que ateste a veracidade das informações, e ate o limite de até dois hectares por ano.

Art. 34. O transporte de produtos e subprodutos florestais provenientes do corte ou supressão prevista nos arts. 32 e 33 deverá ser acompanhado da respectiva autorização para o transporte de produtos e subprodutos florestais de origem nativa emitida pelo órgão ambiental competente.

CAPÍTULO XI – DO CORTE, SUPRESSÃO E MANEJO DE ESPÉCIES ARBÓREAS PIONEIRAS EM ESTÁGIO MÉDIO DE REGENERAÇÃO

Art. 35. Nos fragmentos florestais da Mata Atlântica em estágio médio de regeneração, o corte, a supressão e o manejo de espécies arbóreas pioneiras nativas, de que trata o art. 28 da Lei nº 11.428, de 2006, com presença superior a sessenta por cento em relação às demais espécies do fragmento florestal, dependem de autorização do órgão estadual competente.

§ 1º O cálculo do percentual previsto no *caput* deverá levar em consideração somente os indivíduos com Diâmetro na Altura do Peito – DAP acima de cinco centímetros.

§ 2º O Ministério do Meio Ambiente definirá, mediante portaria, as espécies arbóreas pioneiras passíveis de corte, supressão e manejo em fragmentos florestais em estágio médio de regeneração da Mata Atlântica.

Art. 36. O corte, a supressão e o manejo de espécies arbóreas pioneiras de que trata o art. 35 somente poderão ocorrer quando:

I – as espécies constarem da portaria referida no § 2º do art. 35;

II – o volume e intensidade do corte não descaracterizem o estágio médio de regeneração do fragmento;

III – forem adotadas medidas para a minimização dos impactos sobre espécies arbóreas secundárias e climácicas existentes na área; e

IV – não se referirem a espécies que integram a Lista Oficial de Espécies da Flora Brasileira Ameaçadas de Extinção ou constantes de listas dos Estados.

Art. 37. O interessado em obter a autorização de que trata o art. 35 deverá apresentar requerimento contendo, no mínimo, as seguintes informações:

I – dados do proprietário ou possuidor;

II – dados da propriedade ou posse, incluindo cópia da matrícula do imóvel no Registro Geral do Cartório de Registro de Imóveis, ou comprovante de posse;

III – outorga para utilização do imóvel emitida pela Secretaria do Patrimônio da União, em se tratando de terrenos de marinha e acrescidos de marinha, bem como nos demais bens de domínio da União, na forma estabelecida no Decreto-Lei nº 9.760, de 1946;

IV – localização com a indicação das coordenadas geográficas dos vértices do imóvel, das áreas de preservação permanente, da reserva legal e da área a ser objeto de corte, supressão ou manejo de espécies pioneiras;

V – inventário fitossociológico da área a ser cortada ou suprimida, com vistas a determinar o estágio de regeneração da vegetação e a indicação da fitofisionomia original, elaborado com metodologia e suficiência amostral adequadas, observados os parâmetros estabelecidos no art. 4º, § 2º, da Lei nº 11.428, de 2006, e as definições constantes das resoluções do CONAMA de que trata o *caput* do referido artigo;

VI – comprovação da averbação da reserva legal ou comprovante de compensação nos termos da Lei nº 4.771, de 1965;

VII – cronograma de execução previsto; e

VIII – estimativa do volume de produtos e subprodutos florestais a serem obtidos com o corte, manejo ou supressão.

Parágrafo único. A autorização de que trata o art. 35 somente poderá ser concedida após análise das informações prestadas e prévia vistoria de campo que ateste a veracidade das informações.

Art. 38. O transporte de produtos e subprodutos florestais provenientes do corte, supressão ou manejo, previstos no art. 35 deverá ser acompanhado da respectiva autorização para o transporte de produtos e subprodutos florestais de origem nativa emitida pelo órgão ambiental competente.

CAPÍTULO XII – DA SUPRESSÃO DE ESPÉCIES AMEAÇADAS DE EXTINÇÃO

Art. 39. A autorização para o corte ou a supressão, em remanescentes de vegetação nativa, de espécie ameaçada de extinção constante da Lista Oficial de Espécies da Flora Brasileira Ameaçadas de Extinção ou constantes de listas dos Estados, nos casos de que tratam os arts. 20, 21, 23, incisos I e IV, e 32 da Lei nº 11.428, de 2006, deverá ser precedida de parecer técnico do órgão ambiental competente atestando a inexistência de alternativa técnica e locacional e que os impactos do corte ou supressão serão adequadamente mitigados e não agravarão o risco à sobrevivência in situ da espécie.

Parágrafo único. Nos termos do art. 11, inciso I, alínea "a", da Lei nº 11.428, de 2006, é vedada a autorização de que trata o *caput* nos casos em que a intervenção, parcelamento ou empreendimento puserem em risco a sobrevivência in situ de espécies da flora ou fauna ameaçadas de extinção, tais como:

I – corte ou supressão de espécie ameaçada de extinção de ocorrência restrita à área de abrangência direta da intervenção, parcelamento ou empreendimento; ou

II – corte ou supressão de população vegetal com variabilidade genética exclusiva na área de abrangência direta da intervenção, parcelamento ou empreendimento.

CAPÍTULO XIII – DA SUPRESSÃO DE VEGETAÇÃO PARA FINS DE LOTEAMENTO OU EDIFICAÇÃO

Art. 40. O corte ou supressão de vegetação para fins de loteamento ou edificação, de que tratam os arts. 30 e 31 da Lei nº 11.428, de 2006, depende de autorização do órgão estadual competente, devendo o interessado apresentar requerimento contendo, no mínimo, as seguintes informações, sem prejuízo da realização de licenciamento ambiental, quando couber:

I – dados do proprietário ou possuidor;

II – dados da propriedade ou posse, incluindo cópia da matrícula do imóvel no Registro Geral do Cartório de Registro de Imóveis, ou comprovante de posse;

III – outorga para utilização do imóvel emitida pela Secretaria do Patrimônio da União, em se tratando de terrenos de marinha e acrescidos de marinha, bem como nos demais bens de domínio da União, na forma estabelecida no Decreto-Lei nº 9.760, de 1946;

IV – localização com a indicação das coordenadas geográficas dos vértices do imóvel, das áreas de preservação permanente e da área a ser objeto de corte ou supressão;

V – inventário fitossociológico da área a ser cortada ou suprimida, com vistas a determinar o estágio de regeneração da vegetação e a indicação da fitofisionomia original, elaborado com metodologia e suficiência amostral adequadas, observados os parâmetros estabelecidos no art. 4º, § 2º, da Lei nº 11.428, de 2006, e as definições constantes das resoluções do CONAMA de que trata o *caput* do referido artigo;

VI – cronograma de execução previsto; e

VII – estimativa do volume de produtos e subprodutos florestais a serem obtidos com a supressão e o destino a ser dado a esses produtos.

§ 1º A autorização de que trata o *caput* somente poderá ser concedida após análise das informações prestadas e prévia vistoria de campo que ateste a veracidade das informações.

§ 2º O corte ou a supressão de que trata o *caput* ficarão condicionados à destinação de área equivalente de acordo com o disposto no art. 26.

Art. 41. O percentual de vegetação nativa secundária em estágio avançado e médio de regeneração a ser preservado, de que tratam os arts. 30, inciso I, e 31, §§ 1º e 2º, da Lei nº 11.428, de 2006, deverá ser calculado em relação à área total coberta por essa vegetação existente no imóvel do empreendimento.

Art. 42. O transporte de produtos e subprodutos florestais provenientes do corte ou supressão prevista no art. 40 deverá ser acompanhado da respectiva autorização para o transporte de produtos e subprodutos florestais de origem nativa emitida pelo órgão ambiental competente.

CAPITULO XIV – DO PLANO MUNICIPAL DE CONSERVAÇÃO E RECUPERAÇÃO DA MATA ATLÂNTICA

Art. 43. O plano municipal de conservação e recuperação da Mata Atlântica, de que trata o art. 38 da Lei nº 11.428, de 2006, deverá conter, no mínimo, os seguintes itens:

I – diagnóstico da vegetação nativa contendo mapeamento dos remanescentes em escala de 1:50.000 ou maior;

II – indicação dos principais vetores de desmatamento ou destruição da vegetação nativa;

III – indicação de áreas prioritárias para conservação e recuperação da vegetação nativa; e

IV – indicações de ações preventivas aos desmatamentos ou destruição da vegetação nativa e de conservação e utilização sustentável da Mata Atlântica no Município.

Parágrafo único. O plano municipal de que trata o *caput* poderá ser elaborado em parceria com instituições de pesquisa ou organizações da sociedade civil, devendo ser aprovado pelo Conselho Municipal de Meio Ambiente.

CAPÍTULO XV – DAS DISPOSIÇÕES FINAIS

Art. 44. Os órgãos competentes deverão assistir às populações tradicionais e aos pequenos produtores, nos termos do art. 13 da Lei nº 11.428, de 2006.

Art. 45. Nos casos em que este Decreto exigir a indicação de coordenadas geográficas dos vértices de áreas, tais coordenadas poderão ser obtidas com a utilização de equipamentos portáteis de navegação do Sistema Global de Posicionamento – GPS.

Art. 46. Os projetos de recuperação de vegetação nativa da Mata Atlântica, inclusive em área de preservação permanente e reserva legal, são elegíveis para os fins de incentivos econômicos eventualmente previstos na legislação nacional e nos acordos internacionais relacionados à proteção, conservação e uso sustentável da biodiversidade e de florestas ou de mitigação de mudanças climáticas.

Art. 47. O extrativismo sustentável e a comercialização de produtos e subprodutos oriundos de remanescentes da Mata Atlântica, quando realizados por pequenos produtores rurais e populações tradicionais, poderão integrar Sistemas Participativos de Garantia da Qualidade Orgânica, desde que atendidos os requisitos estabelecidos no Decreto nº 6.323, de 2007.

Art. 48. A alternativa técnica e locacional prevista no art. 14 da Lei nº 11.428, de 2006, observados os inventários e planos previstos para os respectivos setores, deve ser aprovada no processo de licenciamento ambiental do empreendimento.

Art. 49. Os empreendimentos ou atividades iniciados em desconformidade com o disposto neste Decreto deverão adaptar-se às suas disposições, no prazo determinado pela autoridade competente.

Art. 50. Este Decreto entra em vigor na data de sua publicação.

Art. 51. Fica revogado o Decreto nº 750, de 10 de fevereiro de 1993.

Brasília, 21 de novembro de 2008; 187º da Independência e 120º da República.

LUIZ INÁCIO LULA DA SILVA

(DOU de 24.11.2008)

LEI Nº 11.952, DE 25 DE JUNHO DE 2009

Dispõe sobre a regularização fundiária das ocupações incidentes em terras situadas em áreas da União, no âmbito da Amazônia Legal; altera as Leis nºs 8.666, de 21 de junho de 1993, e 6.015, de 31 de dezembro de 1973; e dá outras providências.

- *Vide Decreto 10.592/2020 que regulamenta a Lei n. 11.952/2009*
- *Vide Decreto 7.341/2010 que regulamenta a Lei n. 11.952/2009*
- *Vide Instrução Normativa INCRA n. 124/2022*

O PRESIDENTE DA REPÚBLICA

Faço saber que o Congresso Nacional decreta e eu sanciono a seguinte Lei:

CAPÍTULO I – DISPOSIÇÕES GERAIS

Art. 1º Esta Lei dispõe sobre a regularização fundiária das ocupações incidentes em terras situadas em áreas da União, no âmbito da Amazônia Legal, definida no art. 2º da Lei Complementar nº 124, de 3 de janeiro de 2007, mediante alienação e concessão de direito real de uso de imóveis.

Parágrafo único. Fica vedado beneficiar, nos termos desta Lei, pessoa natural ou jurídica com a regularização de mais de uma área ocupada.

Art. 2º Para os efeitos desta Lei, entende-se por:

I - ocupação direta: aquela exercida pelo ocupante e sua família;

II - ocupação indireta: aquela exercida somente por interposta pessoa;

III - exploração direta: atividade econômica exercida em imóvel rural e gerenciada diretamente pelo ocupante com o auxílio de seus familiares, de terceiros, ainda que sejam assalariados, ou por meio de pessoa jurídica de cujo capital social ele seja titular majoritário ou integral; *(Inciso com redação dada pela Lei nº 13.465, de 11/7/2017)*

IV - exploração indireta: atividade econômica exercida em imóvel rural e gerenciada, de fato ou de direito, por terceiros, que não sejam os requerentes; *(Inciso com redação dada pela Lei nº 13.465, de 11/7/2017)*

V - cultura efetiva: exploração agropecuária, agroindustrial, extrativa, florestal, pesqueira, de turismo ou outra atividade similar que envolva a exploração do solo; *(Inciso com redação dada pela Lei nº 13.465, de 11/7/2017)*

VI - ocupação mansa e pacífica: aquela exercida sem oposição e de forma contínua;

VII - ordenamento territorial urbano: planejamento da área urbana, de expansão urbana ou de urbanização específica, que considere os princípios e diretrizes da Lei nº 10.257, de 10 de julho de 2001, e inclua, no mínimo, os seguintes elementos:

a) delimitação de zonas especiais de interesse social em quantidade compatível com a demanda de habitação de interesse social do Município;

b) diretrizes e parâmetros urbanísticos de parcelamento, uso e ocupação do solo urbano;

c) diretrizes para infraestrutura e equipamentos urbanos e comunitários; e

d) diretrizes para proteção do meio ambiente e do patrimônio cultural;

VIII - concessão de direito real de uso: cessão de direito real de uso, onerosa ou gratuita, por tempo certo ou indeterminado, para fins específicos de regularização fundiária; e

IX - alienação: doação ou venda, direta ou mediante licitação, nos termos da Lei nº 8.666, de 21 de junho de 1993, do domínio pleno das terras previstas no art. 1º.

X - área urbana: a definição levará em consideração, para fins do disposto nesta Lei, o critério da destinação. *(Inciso acrescido pela Lei nº 13.465, de 11/7/2017)*

Art. 3º São passíveis de regularização fundiária nos termos desta Lei as ocupações incidentes em terras:

I - discriminadas, arrecadadas e registradas em nome da União com base no art. 1º do Decreto-Lei nº 1.164, de 1º de abril de 1971;

II - abrangidas pelas exceções dispostas no parágrafo único do art. 1º do Decreto-Lei nº 2.375, de 24 de novembro de 1987;

III - remanescentes de núcleos de colonização ou de projetos de reforma agrária que tiverem perdido a vocação agrícola e se destinem à utilização urbana;

IV - devolutas localizadas em faixa de fronteira; ou

V - registradas em nome do Instituto Nacional de Colonização e Reforma Agrária - Incra, ou por ele administradas.

Parágrafo único. Esta Lei aplica-se subsidiariamente a outras áreas sob domínio da União, na Amazônia Legal, sem prejuízo da utilização dos instrumentos previstos na legislação patrimonial.

Art. 4º Não serão passíveis de alienação ou concessão de direito real de uso, nos termos desta Lei, as ocupações que recaiam sobre áreas:

I - reservadas à administração militar federal e a outras finalidades de utilidade pública ou de interesse social a cargo da União;

II - tradicionalmente ocupadas por população indígena;

III - de florestas públicas, nos termos da Lei nº 11.284, de 2 de março de 2006, de unidades de conservação ou que sejam objeto de processo administrativo voltado à criação de unidades de conservação, conforme regulamento; ou

IV - que contenham acessões ou benfeitorias federais.

§ 1º As áreas ocupadas que abranjam parte ou a totalidade de terrenos de marinha, terrenos marginais ou reservados, seus acrescidos ou outras áreas insuscetíveis de alienação nos termos do art. 20 da Constituição Federal, poderão ser regularizadas mediante outorga de título de concessão de direito real de uso.

§ 2º As terras ocupadas por comunidades quilombolas ou tradicionais que façam uso coletivo da área serão regularizadas de acordo com as normas específicas, aplicando-se-lhes, no que couber, os dispositivos desta Lei. *(Vide ADI nº 4.269/2009)*

CAPÍTULO II – DA REGULARIZAÇÃO FUNDIÁRIA EM ÁREAS RURAIS

Art. 5º Para regularização da ocupação, nos termos desta Lei, o ocupante e seu cônjuge ou companheiro deverão atender os seguintes requisitos:

I - ser brasileiro nato ou naturalizado;

II - não ser proprietário de imóvel rural em qualquer parte do território nacional;

III - praticar cultura efetiva;

IV - comprovar o exercício de ocupação e exploração direta, mansa e pacífica, por si ou por seus antecessores, anterior a 22 de julho de 2008; *(Inciso com redação dada pela Lei nº 13.465, de 11/7/2017)*

V - não ter sido beneficiado por programa de reforma agrária ou de regularização fundiária de área rural, ressalvadas as situações admitidas pelo Ministério do Desenvolvimento Agrário.

§ 1º Fica vedada a regularização de ocupações em que o ocupante ou seu cônjuge ou companheiro exerçam cargo ou emprego público: *("Caput" do parágrafo com redação dada pela Lei nº 13.465, de 11/7/2017)*

I - no Incra; *(Inciso acrescido pela Medida Provisória nº 759, de 22/12/2016, convertida na Lei nº 13.465, de 11/7/2017)*

II - na Secretaria Especial de Agricultura Familiar e do Desenvolvimento Agrário da Casa Civil da Presidência da República; *(Inciso acrescido pela Medida Provisória nº 759, de 22/12/2016, convertida na Lei nº 13.465, de 11/7/2017)*

III - na Secretaria do Patrimônio da União (SPU); ou *(Inciso acrescido pela Medida Provisória nº 759, de 22/12/2016, convertida e com redação dada pela Lei nº 13.465, de 11/7/2017)*

IV - nos órgãos estaduais de terras. *(Inciso acrescido pela Medida Provisória nº 759, de 22/12/2016, convertida na Lei nº 13.465, de 11/7/2017)*

§ 2º *(Revogado pela Medida Provisória nº 759, de 22/12/2016, convertida na Lei nº 13.465, de 11/7/2017)*

Art. 6º Preenchidos os requisitos previstos no art. 5º, o Ministério do Desenvolvimento Agrário ou, se for o caso, o Ministério do Planejamento, Orçamento e Gestão regularizará as áreas ocupadas mediante alienação.

§ 1º Serão regularizadas as ocupações de áreas não superiores a 2.500 ha (dois mil e quinhentos hectares). *(Parágrafo com redação dada pela Lei nº 13.465, de 11/7/2017)*

§ 2º Serão passíveis de alienação as áreas ocupadas, demarcadas e que não abranjam as áreas previstas no art. 4º desta Lei.

§ 3º Não serão regularizadas ocupações que incidam sobre áreas objeto de demanda judicial em que sejam parte a União ou os entes da administração pública federal indireta até o trânsito em julgado da decisão, ressalvadas a hipótese de o objeto da demanda não impedir a análise da regularização da ocupação pela administração pública e a hipótese de acordo judicial. *(Parágrafo com redação dada pela Medida Provisória nº 759, de 22/12/2016, convertida na Lei nº 13.465, de 11/7/2017)*

§ 4º A concessão de direito real de uso nas hipóteses previstas no § 1º do art. 4º desta Lei será outorgada pelo Ministério do Planejamento, Orçamento e Gestão, após a identificação da área, nos termos de regulamento.

§ 5º Os ocupantes de áreas inferiores à fração mínima de parcelamento terão preferência como beneficiários na implantação de novos projetos de reforma agrária na Amazônia Legal.

Art. 7º (VETADO)

Art. 8º Em caso de conflito nas regularizações de que trata este Capítulo, a União priorizará:

I - a regularização em benefício das comunidades locais, definidas no inciso X do art. 3º da Lei nº 11.284, de 2 de março de 2006, se o conflito for entre essas comunidades e particular, pessoa natural ou jurídica;

II - (VETADO)

Art. 9º A identificação do título de domínio destacado originariamente do patrimônio público será obtida a partir de memorial descritivo, assinado por profissional habilitado e com a devida Anotação de Responsabilidade Técnica - ART, contendo as coordenadas dos vértices definidores dos limites do imóvel rural, georreferenciadas ao Sistema Geodésico Brasileiro.

Parágrafo único. O memorial descritivo de que trata o *caput* será elaborado nos termos do regulamento.

Art. 10. A certificação do memorial descritivo não será exigida no ato da abertura de matrícula baseada em título de domínio de imóvel destacado do patrimônio público, nos termos desta Lei.

Parágrafo único. Os atos registrais subsequentes deverão ser feitos em observância ao art. 176 da Lei nº 6.015, de 31 de dezembro de 1973.

Art. 11. Na ocupação de área contínua de até um módulo fiscal, a alienação e, no caso previsto no § 4º do art. 6º desta Lei, a concessão de direito real de uso dar-se-ão de forma gratuita, dispensada a licitação. *(Artigo com redação dada pela Lei nº 13.465, de 11/7/2017)*

Art. 12. Na ocupação de área contínua acima de um módulo fiscal e até o limite previsto no § 1º do art. 6º desta Lei, a alienação e, no caso previsto no § 4º do art. 6º desta Lei, a concessão de direito real de uso dar-se-ão de forma onerosa, dispensada a licitação. *("Caput" do artigo com redação dada pela Lei nº 13.465, de 11/7/2017)*

§ 1º O preço do imóvel considerará o tamanho da área e será estabelecido entre 10% (dez por cento) e 50% (cinquenta por cento) do valor mínimo da pauta de valores da terra nua para fins de titulação e regularização fundiária elaborada pelo Incra, com base nos valores de imóveis avaliados para a reforma agrária, conforme regulamento.

(Parágrafo com redação dada pela Lei nº 13.465, de 11/7/2017)

§ 2º Na hipótese de inexistirem parâmetros para a definição do valor da terra nua na forma de que trata o § 1º deste artigo, a administração pública utilizará como referência avaliações de preços produzidas preferencialmente por entidades públicas, justificadamente. *(Parágrafo com redação dada pela Lei nº 13.465, de 11/7/2017)*

§ 3º Serão acrescidos ao preço do imóvel para alienação previsto no § 1º deste artigo custos relativos à execução dos serviços topográficos, se executados pelo poder público, exceto quando se tratar de ocupações cujas áreas não excedam a quatro módulos fiscais. *(Parágrafo com redação dada pela Lei nº 13.465, de 11/7/2017)*

§ 4º O disposto no § 1º deste artigo aplica-se à concessão de direito real de uso onerosa, à razão de 40% (quarenta por cento) dos percentuais estabelecidos no § 1º deste artigo. *(Parágrafo com redação dada pela Lei nº 13.465, de 11/7/2017)*

Art. 13. Os requisitos para a regularização fundiária dos imóveis de até 4 (quatro) módulos fiscais serão averiguados por meio de declaração do ocupante, sujeita a responsabilização nas esferas penal, administrativa e civil, dispensada a vistoria prévia.

Parágrafo único. É facultado ao Ministério do Desenvolvimento Agrário ou, se for o caso, ao Ministério do Planejamento, Orçamento e Gestão determinar a realização de vistoria de fiscalização do imóvel rural na hipótese prevista no *caput* deste artigo. *(Vide ADI nº 4.269/2009)*

Art. 14. As áreas ocupadas insuscetíveis de regularização por excederem o limite previsto no § 1º do art. 6º desta Lei poderão ser objeto de titulação parcial até esse limite e nos moldes desta Lei. *("Caput" do artigo com redação dada pela Lei nº 13.465, de 11/7/2017)*

§ 1º A opção pela titulação, nos termos do *caput*, será condicionada à desocupação da área excedente.

§ 2º Ao valor do imóvel serão acrescidos os custos relativos à execução dos serviços topográficos, se executados pelo poder público.

Art. 15. O título de domínio ou, no caso previsto no § 4º do art. 6º, o termo de concessão de direito real de uso deverá conter, entre outras, cláusulas que determinem, pelo prazo de dez anos, sob condição resolutiva, além da inalienabilidade do imóvel: *("Caput" do artigo com redação dada pela Medida Provisória nº 759, de 22/12/2016, convertida na Lei nº 13.465, de 11/7/2017)*

I - a manutenção da destinação agrária, por meio de prática de cultura efetiva; *(Inciso com redação dada pela Medida Provisória nº 759, de 22/12/2016, convertida na Lei nº 13.465, de 11/7/2017)*

II - o respeito à legislação ambiental, em especial quanto ao cumprimento do disposto no Capítulo VI da Lei nº 12.651, de 25 de maio de 2012; *(Inciso com redação dada pela Medida Provisória nº 759, de 22/12/2016, convertida na Lei nº 13.465, de 11/7/2017)*

III - a não exploração de mão de obra em condição análoga à de escravo; e *(Inciso com redação dada pela Medida Provisória nº 759, de 22/12/2016, convertida na Lei nº 13.465, de 11/7/2017)*

IV - as condições e a forma de pagamento. *(Inciso com redação dada pela Medida Provisória nº 759, de 22/12/2016, convertida na Lei nº 13.465, de 11/7/2017)*

§ 1º Na hipótese de pagamento por prazo superior a dez anos, a eficácia da cláusula resolutiva prevista no inciso IV do *caput* deste artigo estender-se-á até a integral quitação. *(Parágrafo com redação dada pela Lei nº 13.465, de 11/7/2017)*

§ 2º Ficam extintas as condições resolutivas na hipótese de o beneficiário optar por realizar o pagamento integral do preço do imóvel, equivalente a 100% (cem por cento) do valor médio da terra nua estabelecido na forma dos §§ 1º e 2º do art. 12 desta Lei, vigente à época do pagamento, respeitado o período de carência previsto no art. 17 desta Lei e cumpridas todas as condições resolutivas até a data do pagamento. *(Parágrafo com redação dada pela Lei nº 13.465, de 11/7/2017)*

§ 3º O disposto no § 2º deste artigo aplica-se aos imóveis de até um módulo fiscal. *(Parágrafo com redação dada pela Lei nº 13.465, de 11/7/2017)*

§§ 4º e 5º *(Revogados pela Lei nº 13.465, de 11/7/2017)*

§ 6º O beneficiário que transferir ou negociar por qualquer meio o título obtido nos termos desta Lei não poderá ser beneficiado novamente em programas de reforma agrária ou de regularização fundiária.

Art. 16. As condições resolutivas do título de domínio e do termo de concessão de uso somente serão liberadas após a verificação de seu cumprimento. *("Caput" do artigo com redação dada pela Medida Provisória nº 759, de 22/12/2016, convertida na Lei nº 13.465, de 11/7/2017, retificada no DOU de 6/9/2017)*

§ 1º O cumprimento do contrato deverá ser comprovado nos autos, por meio de juntada da documentação pertinente, nos termos estabelecidos em regulamento. *(Parágrafo acrescido pela Lei nº 13.465, de 11/7/2017, retificada no DOU de 6/9/2017)*

§ 2º Caso a análise de que trata o § 1º não seja suficiente para atestar o cumprimento das condições resolutivas, deverá ser realizada vistoria. *(Parágrafo acrescido pela Lei nº 13.465, de 11/7/2017, vetado pelo Presidente da República, mantido pelo Congresso Nacional e publicado no DOU de 8/9/2017)*

§ 3º A administração deverá, no prazo máximo de doze meses, contado da data do protocolo, concluir a análise do pedido de liberação das condições resolutivas. *(Parágrafo acrescido pela Lei nº 13.465, de 11/7/2017, retificada no DOU de 6/9/2017)*

Art. 17. O valor do imóvel fixado na forma do art. 12 será pago pelo beneficiário da regularização fundiária em prestações amortizáveis em até 20 (vinte) anos, com carência de até 3 (três) anos.

§ 1º Sobre o valor fixado incidirão encargos financeiros na forma estabelecida em regulamento. *(Parágrafo com redação dada pela Lei nº 13.465, de 11/7/2017)*

§ 2º Na hipótese de pagamento à vista, será concedido desconto de 20% (vinte por cento), caso o pagamento ocorra em até cento e oitenta dias, contados da data de entrega do título. *(Parágrafo com redação dada pela Lei nº 13.465, de 11/7/2017)*

§ 3º O disposto no § 2º deste artigo não se aplica à hipótese de pagamento integral prevista no § 2º do art. 15 desta Lei. *(Parágrafo com redação dada pela Lei nº 13.465, de 11/7/2017)*

§ 4º Os títulos emitidos anteriormente a esta Lei terão seus valores passíveis de enquadramento no previsto nesta Lei mediante requerimento do interessado, observados os termos estabelecidos em regulamento e vedada a restituição de valores já pagos que, por conta do enquadramento, eventualmente excedam ao que se tornou devido. *(Parágrafo acrescido pela Medida Provisória nº 759, de 22/12/2016, convertida e com redação dada pela Lei nº 13.465, de 11/7/2017)*

Art. 18. O descumprimento das condições resolutivas pelo titulado implica resolução de pleno direito do título de domínio ou do termo de concessão, declarada no processo administrativo que apurar o descumprimento das cláusulas resolutivas, assegurados os princípios da ampla defesa e do contraditório. *("Caput" do artigo com redação dada pela Lei nº 13.465, de 11/7/2017)*

Parágrafo único. *(Revogado pela Medida Provisória nº 759, de 22/12/2016, convertida na Lei nº 13.465, de 11/7/2017)*

§ 1º A análise do cumprimento das cláusulas resolutivas recairá estritamente sobre o período de vigência das obrigações contratuais, tomando-se a mais longa como termo final. *(Parágrafo acrescido pela Medida Provisória nº 759, de 22/12/2016, convertida e com redação dada pela Lei nº 13.465, de 11/7/2017)*

§ 2º O descumprimento das obrigações após o período de vigência das cláusulas contratuais não gerará o efeito previsto no *caput* deste artigo. *(Parágrafo acrescido pela Medida Provisória nº 759, de 22/12/2016, convertida e com redação dada pela Lei nº 13.465, de 11/7/2017)*

§ 3º O descumprimento das obrigações pelo titulado durante a vigência das cláusulas resolutivas deverá ser demonstrado nos autos do processo administrativo por meio de prova material ou documental. *(Parágrafo acrescido pela Medida Provisória nº 759, de 22/12/2016, convertida e com redação dada pela Lei nº 13.465, de 11/7/2017)*

§ 4º A prova material ou documental a que se refere o § 3º deste artigo será considerada essencial à propositura de ação judicial reivindicatória de domínio. *(Parágrafo acrescido pela Medida Provisória nº 759, de 22/12/2016, convertida e com redação dada pela Lei nº 13.465, de 11/7/2017)*

§ 5º Em caso de inexistência da prova de que trata o § 4º, fica a Advocacia-Geral da União autorizada a desistir das ações já ajuizadas. *(Parágrafo acrescido pela Lei nº 13.465, de 11/7/2017)*

§ 6º Na análise acerca do cumprimento das obrigações contratuais constantes dos títulos emitidos anteriormente a 25 de junho de 2009, deverão ser ratificadas as vistorias realizadas em data anterior à promulgação da Constituição Federal, a requerimento do interessado, garantidos o contraditório e a ampla defesa. *(Parágrafo acrescido pela Lei nº 13.465, de 11/7/2017)*

§ 7º Resolvido o título de domínio ou o termo de concessão na forma do *caput* deste artigo, o contratante:

I – terá direito à indenização pelas acessões e pelas benfeitorias, necessárias e úteis, podendo levantar as voluptuárias no prazo máximo de cento e oitenta dias após a desocupação do imóvel, sob pena de perda delas em proveito do alienante;

II – terá direito à restituição dos valores pagos com a devida atualização monetária, deduzido o percentual das quantias abaixo:

a) 15% (quinze por cento) do valor pago a título de multa compensatória; e

b) 0,3% (três décimos por cento) do valor atualizado do contrato por cada mês de ocupação do imóvel desde o início do contrato, a título de indenização pela fruição;

III – estará desobrigado de pagar eventual saldo devedor remanescente na hipótese de o montante das quantias indicadas nas alíneas *a* e *b* do inciso II deste parágrafo eventualmente exceder ao valor total pago a título de preço. *(Parágrafo acrescido pela Lei nº 13.465, de 11/7/2017)*

§ 8º A critério da administração pública federal, exclusivamente em casos de interesse social na destinação da área, havendo desocupação voluntária, o ocupante poderá receber compensação financeira pelas benfeitorias úteis ou necessárias edificadas até a data de notificação da decisão que declarou a resolução do título de domínio ou da concessão. *(Parágrafo acrescido pela Lei nº 13.465, de 11/7/2017)*

§ 9º Ato do Poder Executivo disporá sobre regulamento para disciplinar o valor e o limite da compensação financeira, além de estabelecer os prazos para pagamento e para a desocupação prevista no § 7º deste artigo. *(Parágrafo acrescido pela Lei nº 13.465, de 11/7/2017)*

§ 10. Na hipótese de a área titulada passar a integrar a zona urbana ou de expansão urbana, deverá ser priorizada a análise do requerimento de liberação das condições resolutivas. *(Parágrafo acrescido pela Lei nº 13.465, de 11/7/2017)*

Art. 19. No caso de inadimplemento de contrato firmado com órgãos fundiários federais após 25 de junho de 2009, com base nesta Lei, o beneficiário originário, seus herdeiros ou terceiros adquirentes que ocupem e explorem o imóvel poderão requerer a renegociação ou o enquadramento do contrato, sob pena de reversão, observadas: *(Redação dada pela Lei nº 14.757, de 2023)*

I - as condições de pagamento fixadas nos arts. 11 e 12; e *(Inciso acrescido pela Medida Provisória nº 759, de 22/12/2016, convertida na Lei nº 13.465, de 11/7/2017)*

II - a comprovação do cumprimento das cláusulas a que se refere o art. 15 desta Lei. *(Inciso acrescido pela Medida Provisória nº 759, de 22/12/2016, convertida e com redação dada pela Lei nº 13.465, de 11/7/2017)*

§ 1º O disposto no *caput* deste artigo não se aplica caso haja manifestação de interesse social ou utilidade pública relacionada aos imóveis titulados, independentemente do tamanho da área, sendo de rigor a análise do cumprimento das condições resolutivas nos termos pactuados. *(Parágrafo acrescido pela Medida Provisória nº 759, de 22/12/2016, convertida e com redação dada pela Lei nº 13.465, de 11/7/2017)*

§ 2º Pagamentos comprovados nos autos deverão ser abatidos do valor fixado na renegociação. *(Parágrafo acrescido pela Medida Provisória nº 759, de 22/12/2016, convertida e com redação dada pela Lei nº 13.465, de 11/7/2017)*

§ 3º Ato do Poder Executivo disporá sobre as condições financeiras e os prazos para a renegociação ou o enquadramento, observados os limites estabelecidos nesta Lei. *(Incluído pela Lei nº 14.757, de 2023)*

Art. 20. Todas as cessões de direitos a terceiros que envolvam títulos expedidos pelos órgãos fundiários federais em nome do ocupante original servirão somente para fins de comprovação da ocupação do imóvel pelo cessionário ou pelos seus antecessores. *("Caput" do artigo com redação dada pela Medida Provisória nº 759, de 22/12/2016, convertida na Lei nº 13.465, de 11/7/2017)*

§ 1º O terceiro cessionário mencionado no *caput* deste artigo somente poderá regularizar a área por ele ocupada.

§ 2º Os imóveis que não puderem ser regularizados na forma desta Lei serão revertidos, total ou parcialmente, ao patrimônio da União.

CAPÍTULO III – DA REGULARIZAÇÃO FUNDIÁRIA EM ÁREAS URBANAS

Art. 21. São passíveis de regularização fundiária as ocupações incidentes em terras públicas da União, previstas no art. 3º desta Lei, situadas em áreas urbanas, de expansão urbana ou de urbanização específica.

§ 1º A regularização prevista no *caput* deste artigo será efetivada mediante doação aos Municípios interessados, para a qual fica o Poder Executivo autorizado, sob a condição de que sejam realizados pelas administrações locais os atos necessários à regularização das áreas ocupadas, nos termos desta Lei.

§ 2º Nas hipóteses previstas no § 1º do art. 4º desta Lei, será aplicada concessão de direito real de uso das terras.

§ 3º Fica vedado aos Municípios e ao Distrito Federal alienar os imóveis recebidos na forma do § 1º deste artigo por valor superior àquele cobrado pela Secretaria do Patrimônio da União (SPU) ou, na ausência de previsão nesse sentido, na forma de ato da SPU. *(Parágrafo acrescido pela Lei nº 13.465, de 11/7/2017)*

Art. 22. Constitui requisito para que o Município seja beneficiário da doação ou da concessão de direito real de uso previstas no art. 21 desta Lei ordenamento territorial urbano que abranja a área a ser regularizada, observados os elementos exigidos no inciso VII do art. 2º desta Lei.

§ 1º Os elementos do ordenamento territorial das áreas urbanas, de expansão urbana ou de urbanização específica constarão no plano diretor, em lei municipal específica para a área ou áreas objeto de regularização ou em outra lei municipal.

§ 2º Em áreas com ocupações para fins urbanos já consolidadas ou com equipamentos públicos urbanos ou comunitários a serem implantados, nos termos estabelecidos em regulamento, a transferência da União para o Município poderá ser feita independentemente da existência da lei municipal referida no § 1º deste artigo. *(Parágrafo com redação dada pela Medida Provisória nº 759, de 22/12/2016, convertida na Lei nº 13.465, de 11/7/2017)*

§ 3º Para transferência de áreas de expansão urbana, os municípios deverão apresentar justificativa que demonstre a necessidade da área solicitada, considerando a capacidade de atendimento dos serviços públicos em função do crescimento populacional previsto, o déficit habitacional, a aptidão física para a urbanização e outros aspectos definidos em regulamento.

§ 4º As áreas com destinação rural localizadas em perímetro urbano que venham a ser transferidas pela União para o Município deverão ser objeto de regularização fundiária, conforme as regras previstas em legislação federal específica de regularização fundiária urbana. *(Parágrafo acrescido pela Medida Provisória nº 759, de 22/12/2016, convertida e com redação dada pela Lei nº 13.465, de 11/7/2017)*

§ 5º Os limites das áreas de preservação permanente marginais de qualquer curso d'água natural em área urbana serão determinados nos planos diretores e nas leis municipais de uso do solo, ouvidos os conselhos estaduais e municipais de meio ambiente. *(Parágrafo acrescido pela Lei nº 14.285, de 29/12/2021)*

Art. 23. O pedido de doação ou de concessão de direito real de uso de terras para regularização fundiária de área urbana ou de expansão urbana será dirigido:

I - ao Ministério do Desenvolvimento Agrário, em terras arrecadadas ou administradas pelo Incra; ou

II - ao Ministério do Planejamento, Orçamento e Gestão, em outras áreas sob domínio da União.

§ 1º Os procedimentos de doação ou de concessão de direito real de uso deverão ser instruídos pelo Município com as seguintes peças, além de outros documentos que poderão ser exigidos em regulamento:

I - pedido de doação devidamente fundamentado e assinado pelo seu representante;

II - comprovação das condições de ocupação;

III - planta e memorial descritivo do perímetro da área pretendida, cuja precisão posicional será fixada em regulamento;

IV - cópia do plano diretor ou da lei municipal que contemple os elementos do ordenamento territorial urbano, observado o previsto no § 2º do art. 22 desta Lei;

V - relação de acessões e benfeitorias federais existentes na área pretendida, contendo identificação e localização.

§ 2º Caberá ao Incra ou, se for o caso, ao Ministério do Planejamento, Orçamento e Gestão analisar se a planta e o memorial descritivo apresentados atendem as exigências técnicas fixadas.

§ 3º O Ministério das Cidades participará da análise do pedido de doação ou concessão de direito real de uso de imóveis urbanos e emitirá parecer. *(Parágrafo com redação dada pela Lei nº 13.465, de 11/7/2017)*

Art. 24. Quando necessária a prévia arrecadação ou a discriminação da área, o Incra ou, se for o caso, o Ministério do Planejamento, Orçamento e Gestão procederá à sua demarcação, com a cooperação do Município interessado e de outros órgãos públicos federais e estaduais, promovendo, em seguida, o registro imobiliário em nome da União.

Art. 25. No caso previsto no § 2º do art. 21 desta Lei, o Ministério do Planejamento, Orçamento e Gestão lavrará o auto de demarcação.

Parágrafo único. Nas áreas de várzeas, leitos de rios e outros corpos d'água federais, o auto de demarcação será instruído apenas pela planta e memorial descritivo da área a ser regularizada, fornecidos pelo Município, observado o disposto no inciso I do § 2º do art. 18-A do Decreto-Lei nº 9.760, de 5 de setembro de 1946.

Art. 26. O Ministério do Desenvolvimento Agrário ou, se for o caso, o Ministério do Planejamento, Orçamento e Gestão formalizará a doação em favor do Município, com a expedição de título que será levado a registro, nos termos do inciso I do art. 167 da Lei nº 6.015, de 31 de dezembro de 1973.

§ 1º A formalização da concessão de direito real de uso no caso previsto no § 2º do art. 21 desta Lei será efetivada pelo Ministério do Planejamento, Orçamento e Gestão.

§ 2º Na hipótese de estarem abrangidas as áreas referidas nos incisos I a IV do *caput* do art. 4º desta Lei, o registro do título será condicionado à sua exclusão, bem como à abertura de nova matrícula para as áreas destacadas objeto de doação ou concessão no registro imobiliário competente, nos termos do inciso I do art. 167 da Lei nº 6.015, de 31 de dezembro de 1973.

§ 3º A delimitação das áreas de acessões, benfeitorias, terrenos de marinha e terrenos marginais será atribuição dos órgãos federais competentes, facultada a realização de parceria com Estados e Municípios.

§ 4º A doação ou a concessão de direito real de uso serão precedidas de avaliação da terra nua elaborada pelo Incra ou outro órgão federal competente com base em planilha referencial de preços, sendo dispensada a vistoria da área.

§ 5º A abertura de matrícula referente à área independerá do georreferenciamento do remanescente da gleba, nos termos do § 3º do art. 176 da Lei nº 6.015, de 31 de dezembro de 1973, desde que a doação ou a concessão de direito real de uso sejam precedidas do reconhecimento dos limites da gleba pelo Incra ou, se for o caso, pelo Ministério do Planejamento, Orçamento e Gestão, garantindo que a área esteja nela localizada.

Art. 27. A doação e a concessão de direito real de uso a um mesmo Município de terras que venham a perfazer quantitativo superior a 2.500ha (dois mil e quinhentos hectares) em 1 (uma) ou mais parcelas deverão previamente ser submetidas à aprovação do Congresso Nacional.

Art. 28. A doação e a concessão de direito real de uso implicarão o automático cancelamento, total ou parcial, das autorizações e licenças de ocupação e quaisquer outros títulos não definitivos outorgados pelo Incra ou, se for o caso, pelo Ministério do Planejamento, Orçamento e Gestão, que incidam na área.

§ 1º As novas pretensões de justificação ou legitimação de posse existentes sobre as áreas alcançadas pelo cancelamento deverão ser submetidas ao Município.

§ 2º Para o cumprimento do disposto no *caput*, o Ministério do Desenvolvimento Agrário ou, se for o caso, o Ministério do Planejamento, Orçamento e Gestão fará publicar extrato dos títulos expedidos em nome do Município, com indicação do número do processo administrativo e dos locais para consulta ou obtenção de cópias das peças técnicas necessárias à identificação da área doada ou concedida.

§ 3º Garantir-se-ão às pessoas atingidas pelos efeitos do cancelamento a que se refere o *caput*:

I - a opção de aquisição de lote urbano incidente na área do título cancelado, desde que preencham os requisitos fixados para qualquer das hipóteses do art. 30; e

II - o direito de receber do Município indenização pelas acessões e benfeitorias que houver erigido em boa-fé nas áreas de que tiver que se retirar.

§ 4º A União não responderá pelas acessões e benfeitorias erigidas de boa-fé nas áreas doadas ou concedidas.

Art. 29. Incumbe ao Município dispensar às terras recebidas a destinação prevista nesta Lei, observadas as condições nela previstas e aquelas fixadas no título, cabendo-lhe, em qualquer caso:

I - regularizar as ocupações nas áreas urbanas, de expansão urbana ou de urbanização específica; e

II - indenizar as benfeitorias de boa-fé erigidas nas áreas insuscetíveis de regularização.

Art. 30. O Município deverá efetuar a regularização fundiária das áreas doadas pela União mediante a aplicação dos instrumentos previstos na legislação federal específica de regularização fundiária urbana. *(Artigo com redação dada pela Medida Provisória nº 759, de 22/12/2016, convertida na Lei nº 13.465, de 11/7/2017)*

I a IV – *(Revogados pela Lei nº 13.465, de 11/7/2017)*

§§ 1º e 2º *(Revogados pela Lei nº 13.465, de 11/7/2017)*

CAPÍTULO IV – DISPOSIÇÕES FINAIS

Art. 31. Os agentes públicos que cometerem desvios na aplicação desta Lei incorrerão nas sanções previstas na Lei nº 8.429, de 2 de junho de 1992, sem prejuízo de outras penalidades cabíveis.

Parágrafo único. Não haverá reversão do imóvel ao patrimônio da União em caso de descumprimento das disposições dos arts. 29 e 30 pelo Município.

Art. 32. Com a finalidade de efetivar as atividades previstas nesta Lei, a União firmará acordos de cooperação técnica, convênios ou outros instrumentos congêneres com Estados e Municípios.

Art. 33. Ficam transferidas da Secretaria Especial de Agricultura Familiar e do Desenvolvimento Agrário da Casa Civil da Presidência da República para o Incra as competências para coordenar, normatizar e supervisionar o processo de regularização fundiária de áreas rurais na Amazônia Legal, expedir os títulos de domínio correspondentes e efetivar a doação prevista no § 1º do art. 21 desta Lei, mantidas as atribuições do Ministério da Economia na administração do patrimônio imobiliário das áreas não afetadas à regularização fundiária, e as demais previstas nesta Lei. *(Artigo com redação dada pela Medida Provisória nº 870, de 1º/1/2019, convertida na Lei nº 13.844, de 18/6/2019)*

Art. 34. O Ministério do Desenvolvimento Agrário e o Ministério do Planejamento, Orçamento e Gestão criarão sistema informatizado a ser disponibilizado na rede mundial de computadores - internet, visando a assegurar a transparência sobre o processo de regularização fundiária de que trata esta Lei.

Art. 35. A implementação das disposições desta Lei será avaliada de forma sistemática por comitê instituído especificamente para esse fim, assegurada a participação de representantes da sociedade civil organizada que atue na região amazônica, segundo composição e normas de funcionamento definidas em regulamento.

Art. 36. Os Estados da Amazônia Legal que não aprovarem, mediante lei estadual, o respectivo Zoneamento Ecológico-Econômico - ZEE no prazo máximo de 3 (três) anos, a contar da entrada em vigor desta Lei, ficarão proibidos de celebrar novos convênios com a União, até que tal obrigação seja adimplida.

Art. 37. Ficam transformadas, sem aumento de despesa, no âmbito do Poder Executivo, para fins de atendimento do disposto nesta Lei, 216 (duzentas e dezesseis) Funções Comissionadas Técnicas, criadas pelo art. 58 da Medida Provisória nº 2.229-43, de 6 de setembro de 2001, sendo 3 (três) FCT-1, 7 (sete) FCT-2, 10 (dez) FCT-3, 8 (oito) FCT-4, 14 (quatorze) FCT-9, 75 (setenta e cinco) FCT-10, 34 (trinta e quatro) FCT-11, 24 (vinte e quatro) FCT-12, 30 (trinta) FCT-13 e 11 (onze) FCT-15, em 71 (setenta e um) cargos do Grupo-Direção e Assessoramento Superiores - DAS, sendo 1 (um) DAS-6, 1 (um) DAS-5, 11 (onze) DAS-4, 29 (vinte e nove) DAS-3 e 29 (vinte e nove) DAS-2.

§ 1º Os cargos referidos no *caput* serão destinados ao Ministério do Desenvolvimento Agrário e à Secretaria do Patrimônio da União do Ministério do Planejamento, Orçamento e Gestão.

§ 2º O Poder Executivo disporá sobre a alocação dos cargos em comissão transformados por esta Lei na estrutura regimental dos órgãos referidos no § 1º.

§ 3º Fica o Poder Executivo autorizado a transformar, no âmbito do Incra, 10 (dez) DAS-1 e 1 (um) DAS-3 em 3 (três) DAS-4 e 2 (dois) DAS-2.

Art. 38. A União e suas entidades da administração indireta ficam autorizadas a proceder a venda direta de imóveis residenciais de sua propriedade situados na Amazônia Legal aos respectivos ocupantes que possam comprovar o período de ocupação efetiva e regular por período igual ou superior a 5 (cinco) anos, excluídos:

I - os imóveis residenciais administrados pelas Forças Armadas, destinados à ocupação por militares;

II - os imóveis considerados indispensáveis ao serviço público.

Parágrafo único. Aplica-se a modalidade de alienação prevista no *caput* deste artigo mediante o pagamento do valor máximo da terra nua definido na forma dos §§ 1º e 2º do art. 12 desta Lei, com expedição de título de domínio nos termos dos arts. 15 e 16 desta Lei, aos ocupantes de imóveis rurais situados na Amazônia Legal, até o limite de que trata o § 1º do art. 6º desta Lei, nas seguintes hipóteses: *(Parágrafo único acrescido pela Medida Provisória nº 759, de 22/12/2016, convertida e com redação dada pela Lei nº 13.465, de 11/7/2017)*

I – quando se tratar de ocupações posteriores a 22 de julho de 2008 ou em áreas em que tenha havido interrupção da cadeia alienatória posterior à referida data, desde que observado o disposto nos arts. 4º e 5º desta Lei e comprovado o período da ocupação atual por prazo igual ou superior a cinco anos, apurado até a data de entrada em vigor da Medida Provisória nº 759, de 22 de dezembro de 2016; *(Inciso acrescido pela Medida Provisória nº 759, de 22/12/2016, convertida e com redação dada pela Lei nº 13.465, de 11/7/2017)*

II – quando os ocupantes forem proprietários de outro imóvel rural, desde que a soma das áreas não ultrapasse o limite mencionado neste parágrafo único e observado o disposto nos arts. 4º e 5º desta Lei. *(Inciso acrescido pela Medida Provisória nº 759, de 22/12/2016, convertida e com redação dada pela Lei nº 13.465, de 11/7/2017)*

Art. 39. A Lei nº 8.666, de 21 de junho de 1993, passa a vigorar com as seguintes alterações:

"Art. 17.

(...)

I - (...)

b) doação, permitida exclusivamente para outro órgão ou entidade da administração pública, de qualquer esfera de governo, ressalvado o disposto nas alíneas f, h e i;

(...)

i) alienação e concessão de direito real de uso, gratuita ou onerosa, de terras públicas rurais da União na Amazônia Legal onde incidam ocupações até o limite de 15 (quinze) módulos fiscais ou 1.500ha (mil e quinhentos hectares), para fins de regularização fundiária, atendidos os requisitos legais;

(...)

§ 2º (...)

(...)

II - a pessoa natural que, nos termos da lei, regulamento ou ato normativo do órgão competente, haja implementado os requisitos mínimos de cultura, ocupação mansa e pacífica e exploração direta sobre área rural situada na Amazônia Legal, superior a 1 (um) módulo fiscal e limitada a 15 (quinze) módulos fiscais, desde que não exceda 1.500ha (mil e quinhentos hectares);

(...)

§ 2º-A. As hipóteses do inciso II do § 2º ficam dispensadas de autorização legislativa, porém submetem-se aos seguintes condicionamentos:

(...)"

Art. 40. A Lei nº 6.015, de 31 de dezembro de 1973, passa a vigorar com as seguintes alterações:

› *Alterações inseridas no texto da referida norma.*

Art. 40-A. Aplicam-se as disposições desta Lei, à exceção do disposto no art. 11, à regularização fundiária das ocupações fora da Amazônia Legal nas áreas urbanas e rurais do Incra, inclusive nas áreas remanescentes de projetos criados pelo Incra, dentro ou fora da Amazônia Legal, em data anterior a 10 de outubro de 1985 com características de colonização, conforme regulamento. *("Caput" do artigo acrescido pela Medida Provisória nº 759, de 22/12/2016, convertida e com redação dada pela Lei nº 13.465, de 11/7/2017)*

§ 1º O disposto no art. 18 da Lei nº 12.024, de 27 de agosto de 2009, não se aplica à regularização fundiária de imóveis rurais da União e do Incra situados no Distrito Federal. *(Parágrafo acrescido pela Medida Provisória nº 759, de 22/12/2016, convertida e com redação dada pela Lei nº 13.465, de 11/7/2017)*

§ 2º Aplica-se o disposto no § 1º do art. 12 desta Lei à regularização fundiária disciplinada pelo Decreto-Lei nº 1.942, de 31 de maio de 1982. *(Parágrafo acrescido pela Medida Provisória nº 759, de 22/12/2016, convertida e com redação dada pela Lei nº 13.465, de 11/7/2017)*

§ 3º Aplica-se o disposto nesta Lei às áreas urbanas e rurais, dentro ou fora da Amazônia Legal, da Superintendência da Zona Franca de Manaus (Suframa), que fica autorizada a doar as seguintes áreas, independentemente de sua localização no território nacional:

I – áreas rurais ao Incra para fins de reforma agrária; e

II – áreas urbanas e rurais, aos Municípios de Manaus e Rio Preto da Eva, para fins de regularização fundiária, com ocupações consolidadas até 22 de dezembro de 2016, aplicando-se especialmente, e no que couber, o disposto nos arts. 21 a 30 desta Lei. *(Parágrafo acrescido pela Lei nº 13.465, de 11/7/2017)*

Art. 41. Esta Lei entra em vigor na data de sua publicação.

Brasília, 25 de junho de 2009; 188º da Independência e 121º da República.

LUIZ INÁCIO LULA DA SILVA

(DOU de 26.6.2009)

DECRETO Nº 7.341, DE 22 DE OUTUBRO DE 2010

Regulamenta a Lei nº 11.952, de 25 de junho de 2009, para dispor sobre a regularização fundiária das áreas urbanas situadas em terras da União no âmbito da Amazônia Legal, definida pela Lei Complementar nº 124, de 3 de janeiro de 2007, e dá outras providências.

O PRESIDENTE DA REPÚBLICA, no uso da atribuição que lhe confere o art. 84, inciso IV, da Constituição, e tendo em vista o disposto na Lei nº 11.952, de 25 de junho de 2009,

DECRETA:

Art. 1º Este Decreto regulamenta a Lei nº 11.952, de 25 de junho de 2009, para dispor sobre a regularização fundiária das áreas urbanas em terras da União e do Instituto Nacional de Colonização e Reforma Agrária – INCRA, no âmbito da Amazônia Legal, definida pela Lei Complementar nº 124, de 3 de janeiro de 2007.

Parágrafo único. Este Decreto aplica-se subsidiariamente, no que for compatível, a outras áreas não descritas no art. 3º da Lei nº 11.952, de 25 de junho de 2009, sob domínio da União na Amazônia Legal, que serão regularizadas por meio dos instrumentos previstos na legislação patrimonial federal.

Art. 2º Para fins deste Decreto, consideram-se:

I – áreas com ocupações para fins urbanos já consolidadas, aquelas que apresentam os seguintes elementos:

a) sistema viário implantado com vias de circulação pavimentadas ou não, que configuram a área urbana por meio de quadras e lotes;

b) uso predominantemente urbano, caracterizado pela existência de instalações e edificações residenciais, comerciais, voltadas à prestação de serviços, industriais, institucionais ou mistas, bem como demais equipamentos públicos urbanos e comunitários; e

II – área de expansão urbana: áreas sem ocupação para fins urbanos já consolidados, destinadas ao crescimento ordenado das cidades, vilas e demais núcleos urbanos, contíguas ou não à área urbana consolidada, previstas, delimitadas e regulamentadas em plano diretor ou lei municipal específica de ordenamento territorial urbano, em consonância com a Lei nº 10.257 de 10 de julho de 2001.

§ 1º Consideram-se equipamentos públicos urbanos as instalações e espaços de infraestrutura urbana destinados aos serviços públicos de abastecimento de água, esgotamento sanitário, coleta de águas pluviais, disposição e tratamento dos resíduos sólidos, transporte público, energia elétrica, rede telefônica, gás canalizado e congêneres.

§ 2º Consideram-se equipamentos públicos comunitários as instalações e espaços de infraestrutura urbana destinados aos serviços públicos de educação, saúde, cultura, assistência social, esportes, lazer, segurança pública, abastecimento, serviços funerários e congêneres.

Art. 3º O pedido de doação de áreas ou de concessão de direito real de uso, devidamente fundamentado e assinado pelo seu representante legal, será feito pelo Município ao Ministério do Desenvolvimento Agrário ou à Secretaria do Patrimônio da União do Ministério do Planejamento, Orçamento e Gestão, nos termos dos incisos I e II do art. 23 da Lei nº 11.952, de 2009, devendo ser instruído com as seguintes peças, resguardada a complementação de informações após análise:

I – planta georreferenciada do perímetro da área pretendida e respectivo memorial descritivo, de acordo com a norma técnica específica de georreferenciamento;

II – comprovação das condições de ocupação da área pretendida, por meio de levantamento topográfico cadastral, fotogrametria aérea, imagem de satélite ou outro meio equivalente georreferenciado, contendo a definição do perímetro da área objeto do pedido, apresentados em cópia impressa e em meio digital, que possibilite a identificação de:

a) acidentes geográficos, como: valos, córregos, rios, lagoas e elevações;

b) massas de vegetação, de culturas remanescentes quando existentes e as áreas não aproveitáveis para uso rural;

c) sistema viário implantado;

d) edificações e demais benfeitorias existentes; e

e) localização da área solicitada em relação à ocupação urbana e a sede do Município, identificando os bairros adjacentes;

III – cópia da lei do plano diretor ou da lei municipal específica contendo o ordenamento territorial e a justificativa referida no § 3º do art. 22 da Lei nº 11.952, de 2009, quando se tratar de área para expansão urbana;

IV – relação de acessões e benfeitorias federais existentes na área pretendida, contendo sua identificação e localização ou declaração assinada pelo representante do Município atestando a sua inexistência; e

V – declaração ou laudo assinado por técnico habilitado atestando que a área objeto do pedido de doação perdeu sua vocação agrícola.

Parágrafo único. Fica dispensado o georreferenciamento das peças previstas no inciso II em áreas com ocupações para fins urbanos já consolidadas definidas no art. 2º, inciso I, desde que atendidos os demais requisitos.

Art. 4º O ordenamento territorial urbano de que trata o inciso VII do art. 2º da Lei nº 11.952, de 2009, deverá fazer parte do plano diretor do Município ou estar instituído por lei municipal específica.

§ 1º O ordenamento territorial urbano deverá atender aos princípios e diretrizes estabelecidos na Lei nº 10.257, de 2001, e conter os seguintes elementos:

I – justificativa de expansão urbana, conforme disposto no § 3º do art. 22 da Lei nº 11.952, de 2009;

II – zoneamento para as áreas de expansão urbana, abrangendo a interface com as áreas urbanas;

III – delimitação de zonas especiais de interesse social em quantidade compatível com a demanda de habitação de interesse social do município;

IV – definição de diretrizes e parâmetros urbanísticos de parcelamento, uso e ocupação do solo urbano, densidade populacional e sistema viário;

V – definição de diretrizes para a infraestrutura de energia elétrica, abastecimento de água, coleta e tratamento de esgoto, drenagem pluvial, coleta e tratamento de resíduos sólidos, assim como equipamentos urbanos e comunitários; e

VI – definição de diretrizes para proteção ambiental e do patrimônio histórico e cultural.

§ 2º Nos casos em que houver plano diretor municipal, a lei instituidora do ordenamento territorial urbano deverá a ele se adequar.

§ 3º Deverá ser priorizada a delimitação de zonas especiais de interesse social nas áreas com ocupações para fins urbanos consolidada.

§ 4º O ordenamento territorial urbano deverá ser apresentado em audiência pública e ao conselho municipal da cidade ou similar, quando houver, para discussão da viabilidade e justificativa da proposição de expansão urbana ou de implantação de novas áreas urbanas, conforme o art. 40, § 4º, e art. 43 a 45 da Lei nº 10.257, de 2001.

Art. 5º O Ministério do Desenvolvimento Agrário destinará aos Municípios as áreas requeridas, após consulta à Secretaria do Patrimônio da União, Fundação Nacional do Índio – FUNAI, Serviço Florestal Brasileiro – SFB, Instituto Chico Mendes de Conservação da Biodiversidade – Instituto Chico Mendes.

§ 1º Os órgãos mencionados no *caput* serão consultados por meio de ofício acompanhado das peças mencionadas no art. 3º, sob a forma de arquivo eletrônico e, nos casos de solicitação expressa, por meio de documentos impressos.

§ 2º Os órgãos consultados deverão se manifestar sobre eventual interesse na área, no prazo máximo de trinta dias, importando o silêncio na ausência de oposição à regularização.

§ 3º A manifestação dos órgãos deverá demonstrar a existência de interesse ou vínculo da área a ser regularizada com o desenvolvimento de suas atribuições, observadas suas respectivas competências.

§ 4º O Ministério das Cidades emitirá parecer sobre as peças técnicas apresentadas pelos Municípios junto ao requerimento de doação ou concessão de direito real de uso, manifestando-se sobre sua adequação aos termos da Lei nº 10.257, de 2001, e sobre o atendimento aos requisitos do art. 22 da Lei nº 11.952, de 2009.

§ 5º O Conselho de Defesa Nacional deverá ser consultado quando a regularização versar sobre áreas localizadas em faixa de fronteira, podendo esse órgão fixar critérios e condições de utilização e opinar sobre o seu efetivo uso, no prazo de trinta dias.

§ 6º Ressalvada a manifestação do Conselho de Defesa Nacional, havendo oposição dos órgãos consultados e persistindo o interesse do Ministério do Desenvolvimento Agrário na destinação da área requerida, caberá ao Grupo Executivo Intergovernamental para a Regularização Fundiária na Amazônia Legal, criado pelo Decreto de 27 de abril de 2009, dirimir o conflito em torno da regularização.

Art. 6º Caso a área requerida pelo Município abranja terrenos de marinha, marginais ou reservados, seus acrescidos ou outras áreas insuscetíveis de alienação nos termos do § 1º do art. 4º da Lei nº 11.952, de 2009, caberá à Secretaria do Patrimônio da União delimitar a faixa da área não suscetível à alienação.

Art. 7º Para delimitação da faixa prevista no art. 6º, a Secretaria do Patrimônio da União instituirá comissão composta por servidores nela lotados.

§ 1º Poderão ser convidados para participar da comissão prevista no *caput*, os representantes do Município, do Ministério do Desenvolvimento Agrário e de outros órgãos públicos, envolvidos no processo de regularização fundiária.

§ 2º A faixa prevista no art. 6º será definida em cada uma das áreas requeridas pelos Municípios e se estenderá até o limite de quinze metros, para áreas localizadas em terrenos marginais e trinta e três metros para as áreas localizadas em terrenos de marinha a partir da linha das cheias dos rios federais ou da linha de preamar máxima, conforme o caso.

§ 3º Para definição da faixa prevista no § 2º, deverão ser desconsiderados os aterros e acrescidos.

§ 4º A delimitação prevista no art. 6º será elaborada a partir da planta e memorial descritivo, previstos no art. 3º, inciso I, que será encaminhada à comissão pelo Ministério do Desenvolvimento Agrário.

Art. 8º As ocupações de áreas não inseridas na faixa prevista no art. 6º serão regularizadas pelo Ministério do Desenvolvimento Agrário por meio de doação, observados os termos da Lei nº 11.952, de 2009, e o procedimento previsto neste Decreto.

Art. 9º A concessão de direito real de uso das áreas inseridas na faixa prevista no art. 6º será outorgada aos Municípios pela Secretaria do Patrimônio da União, nos termos da legislação específica.

Parágrafo único. Fica a Secretaria do Patrimônio da União autorizada a outorgar a concessão de direito real de uso de que trata o art. 4º, § 1º, da Lei nº 11.952, de 2009.

Art. 10. Nas áreas de várzeas, leitos de rios e outros corpos d'água federais, considerados indubitavelmente da União, o auto de demarcação de que trata o art. 25 da Lei nº 11.952, de 2009, será instruído apenas pela planta e memorial descritivo da área a ser regularizada, fornecidos pelo Município, dos quais constem a sua descrição, com suas medidas perimetrais, área total, localização, confrontantes, coordenadas preferencialmente georreferenciadas dos vértices definidores de seus limites, bem como seu número de matrícula ou transcrição e o nome do pretenso proprietário, quando houver.

Parágrafo único. Na hipótese prevista no *caput*, será dispensado o procedimento previsto no art. 6º.

Art. 11. Caberá à Secretaria do Patrimônio da União doar ou formalizar concessão de direito real de uso, cessão de uso e entrega de imóvel para a administração pública federal direta e indireta e para os Estados em áreas arrecadadas pelo INCRA e matriculadas em nome da União, observado o disposto na legislação patrimonial, ouvido previamente o Ministério do Desenvolvimento Agrário.

Parágrafo único. Até que se concretize o disposto no *caput*, a Secretaria do Patrimônio da União poderá emitir autorização de obras, observado o disposto na legislação patrimonial, ouvido previamente o Ministério do Desenvolvimento Agrário.

Art. 12. Caberá ao Ministério do Desenvolvimento Agrário emitir autorização de obras ao Município nas áreas previstas no art. 3º da Lei nº 11.952, de 2009, até que seja concretizada a respectiva doação ao Município, de acordo com regulamento específico.

§ 1º A prévia formalização de pedido de doação da área perante o Ministério do Desenvolvimento Agrário constitui requisito para o processamento do pedido de autorização disposto no *caput*.

§ 2º Quando se tratar de área prevista no art. 4º, § 1º, da Lei nº 11.952, de 2009, caberá à Secretaria do Patrimônio da União a emissão de autorização de obras ao Município, até que seja outorgada a concessão de direito real de uso.

Art. 13. As autorizações para realização de obras tratadas nos arts. 11 e 12 não eximem a obtenção das licenças e alvarás de construção em conformidade com a legislação municipal vigente no tocante ao zoneamento, às normas edilícias e de parcelamento, uso e ocupação do solo.

Art. 14. A regularização fundiária das áreas urbanas em andamento na Secretaria do Patrimônio da União será efetivada nos termos da legislação específica.

Art. 15. Preenchidos os requisitos previstos na Lei nº 11.952, de 2009, e neste Decreto, o Ministério do Desenvolvimento Agrário ou a Secretaria do Patrimônio da União formalizará a destinação da área requerida pelo Município, por meio de título de doação ou de concessão de direito real de uso.

Art. 16. Os títulos de doação ou de concessão de direito real de uso serão registrados no registro geral de imóveis em favor do Município e deverão conter, entre outras, as seguintes cláusulas:

I – que determine a regularização fundiária dos lotes ocupados em favor dos efetivos ocupantes, nas condições previstas na Lei nº 11.952, de 2009; e

II – que determine a preservação do meio ambiente, do patrimônio cultural e do interesse social.

Parágrafo único. Nas áreas destinadas mediante a outorga de concessão de direito real de uso, o Município deverá fornecer à Secretaria do Patrimônio da União o cadastro dos ocupantes.

Art. 17. Os Municípios poderão regularizar as áreas ocupadas mediante a outorga de título de transferência de domínio pleno ou de concessão de direito real de uso.

Parágrafo único A regularização das áreas recebidas por meio de concessão de direito real de uso se dará mediante a outorga do mesmo título, observadas as condições previstas no art. 30 da Lei nº 11.952, de 2009.

Art. 18. O Ministério do Desenvolvimento Agrário e a Secretaria do Patrimônio da União poderão promover vistorias, a qualquer tempo, a fim de comprovar a veracidade das informações prestadas pelas municipalidades nos pedidos de doação ou de concessão de direito real de uso.

Art. 19. Este Decreto entra em vigor na data de sua publicação.

Art. 20. Revoga-se o Decreto nº 6.829, de 27 de abril de 2009.

Brasília, 22 de outubro de 2010;
189º da Independência e 122º da República.
LUIZ INÁCIO LULA DA SILVA
(DOU de 25.10.2010)

DECRETO Nº 10.592, DE 24 DE DEZEMBRO DE 2020

Regulamenta a Lei nº 11.952, de 25 de junho de 2009, para dispor sobre a regularização fundiária das áreas rurais situadas em terras da União, no âmbito da Amazônia Legal, e em terras do Instituto Nacional de Colonização e Reforma Agrária, por meio de alienação e concessão de direito real de uso de imóveis.

O PRESIDENTE DA REPÚBLICA, no uso da atribuição que lhe confere o art. 84, *caput*, inciso IV, da Constituição, e tendo em vista o disposto na Lei nº 11.952, de 25 de junho de 2009, e na Lei nº 13.465, de 11 de julho de 2017,

- *Vide Instrução Normativa INCRA n. 124/2022*
- *Vide Lei 4.947/1966 (Fixa Normas de Direito Agrário, dispõe sobre o Sistema de Organização e Funcionamento do Instituto Brasileiro de Reforma Agrária)*
- *Vide Lei 8.629/1993 (Dispõe sobre a regulamentação dos dispositivos constitucionais relativos à reforma agrária)*

DECRETA:

CAPÍTULO I – DISPOSIÇÕES GERAIS

Art. 1º Este Decreto regulamenta a Lei nº 11.952, de 25 de junho de 2009, para dispor sobre a regularização fundiária das áreas rurais situadas em terras da União, no âmbito da Amazônia Legal, e em terras do Instituto Nacional de Colonização e Reforma Agrária - Incra, por meio de alienação e concessão de direito real de uso de imóveis.

Art. 2º O disposto neste Decreto aplica-se à regularização fundiária de:

I - ocupações fora da Amazônia Legal nas áreas rurais do Incra e da União sob gestão do Incra, exceto quanto ao disposto no art. 11 da Lei nº 11.952, de 2009; e

II - áreas remanescentes de projetos com características de colonização criados pelo Incra, dentro ou fora da Amazônia Legal, anteriormente a 10 de outubro de 1985.

§ 1º O disposto neste Decreto aplica-se subsidiariamente a outras áreas não mencionadas no art. 3º da Lei nº 11.952, de 2009, sob domínio da União na Amazônia Legal, que serão regularizadas por meio dos instrumentos previstos na legislação patrimonial.

§ 2º Para fins do disposto no inciso II do *caput*, consideram-se projetos com características de colonização:

I - projeto de colonização oficial;

II - projeto de assentamento rápido;

III - projeto de assentamento conjunto;

IV - projeto especial de colonização;

V - projeto de assentamento dirigido;

VI - projeto fundiário;

VII - projeto integrado de colonização; e

VIII - outros projetos definidos em ato do dirigente máximo do Incra.

§ 3º As áreas remanescentes de projetos, referidas no inciso II do *caput*, compreendem áreas ainda não tituladas, áreas não destinadas e tituladas pendentes da verificação das condições resolutivas, observado o disposto nas cláusulas contratuais do título expedido sobre a área.

Art. 3º Compete ao Incra expedir os títulos das áreas rurais objeto de regularização fundiária nos termos do disposto neste Decreto.

Parágrafo único. Ficam mantidas as atribuições do Ministério da Gestão e da Inovação em Serviços Públicos referentes à administração do patrimônio imobiliário das áreas não afetadas à regularização fundiária. *(Parágrafo único com redação dada pelo Decreto nº 11.688, de 5/9/2023)*

CAPÍTULO II – DOS REQUISITOS E DOS PROCEDIMENTOS

Art. 4º Para ser considerado beneficiário da regularização fundiária, o ocupante e o seu cônjuge ou companheiro deverão cumprir os requisitos previstos no art. 5º da Lei nº 11.952, de 2009.

§ 1º Para fins do disposto no inciso III do art. 2º da Lei nº 11.952, de 2009, será considerada forma de exploração direta aquela atividade econômica definida em contrato de parceria, conforme os critérios estabelecidos em ato normativo do Incra.

§ 2º Para fins do disposto no inciso V do *caput* do art. 2º da Lei nº 11.952, de 2009, será considerada prática de cultura efetiva a obtenção de renda por meio dos serviços ambientais previstos no inciso I do *caput* do art. 41 da Lei nº 12.651, de 25 de maio de 2012, conforme os critérios estabelecidos em ato normativo do órgão competente.

§ 3º Não será admitida a regularização fundiária em favor de requerente: *(Parágrafo com redação dada pelo Decreto nº 11.688, de 5/9/2023)*

I - que conste do Cadastro de Empregadores, coordenado pelo Ministério do Trabalho e Emprego, que tenha submetido trabalhadores a condições análogas às de escravo; ou *(Inciso acrescido pelo Decreto nº 11.688, de 5/9/2023)*

II - cujo Cadastro Ambiental Rural - CAR do imóvel rural não esteja ativo no Sistema Nacional de Cadastro Ambiental Rural - SICAR. *(Inciso acrescido pelo Decreto nº 11.688, de 5/9/2023)*

Art. 5º O procedimento para regularização fundiária de ocupações incidentes em áreas rurais da União e do Incra será instruído por meio de processo administrativo de habilitação dos imóveis, de acordo com as seguintes etapas:

I - entrega pelo requerente, por meio físico ou eletrônico:

a) do requerimento de solicitação de regularização;

b) de documentos pessoais de identificação do ocupante e de seu cônjuge ou companheiro;

c) da documentação de identificação do imóvel, da qual deverá constar a área, a localização e a dimensão, por meio de planta e memorial descritivo com Anotação de Responsabilidade Técnica - ART, coordenadas dos vértices referenciadas ao Sistema Geodésico Brasileiro e submetidas ao Sistema de Gestão Fundiária do Incra - Sigef;

d) do comprovante de inscrição no CAR ativo; *(Alínea com redação dada pelo Decreto nº 11.688, de 5/9/2023)*

e) de declarações do requerente e de seu cônjuge ou companheiro, sujeitos à responsabilização nas esferas penal, administrativa e civil, de que:

1. sejam brasileiros natos ou naturalizados;

2. não sejam proprietários de outro imóvel rural em qualquer parte do território nacional e não tenham sido beneficiários de programa de reforma agrária ou de regularização fundiária rural;

3. pratiquem cultura efetiva, da qual deverão constar informações sobre a atividade econômica desenvolvida no imóvel e a atividade complementar;

4. exerçam ocupação e exploração direta, mansa e pacífica, por si ou por seus antecessores, anteriormente a 22 de julho de 2008, da qual deverão constar o tempo da ocupação e a existência ou não de conflito agrário ou fundiário; e

5. não exerçam cargo ou emprego público no Ministério da Gestão e da Inovação em Serviços Públicos, no Ministério do Desenvolvimento Agrário e Agricultura Familiar, no Incra e nos órgãos estaduais e distrital de terras; (Item com redação dada pelo Decreto nº 11.688, de 5/9/2023)

6. não mantenham, em sua propriedade, trabalhadores em condições análogas às de escravos;

7. o imóvel não se encontre sob embargo ambiental e não seja objeto de infração junto ao órgão ambiental federal, estadual, distrital e municipal;

8. a inscrição do CAR apresentada refira-se ao imóvel objeto da regularização;

9. estejam cientes de que as informações ambientais e do CAR declaradas serão passíveis de exame pelos órgãos ambientais competentes, de acordo com a legislação específica; e

10. estejam cientes de que os demais dados informados serão confirmados pelo Incra;

f) documentos ou outros meios que comprovem a ocupação e a exploração direta; e

g) outras informações requeridas pelo órgão competente;

II - apresentada a documentação de que trata o inciso I do *caput*, os processos serão submetidos à análise das ocupações por meio do sensoriamento remoto, que examinará, por meio eletrônico, especialmente:

a) a prática de cultura efetiva; e

b) a ocupação e a exploração anteriores a 22 de julho de 2008;

III - realizada a análise remota, conforme previsto no inciso II, será feita a verificação das informações declaradas com outras bases de dados do Governo federal quanto à existência de:

a) termo de embargos e infração ambiental junto ao Ibama;

b) registro junto ao Cadastro de Empregadores, coordenado pelo Ministério do Trabalho e Emprego, de que tenha submetido trabalhadores a condições análogas às de escravo; *(Alínea com redação dada pelo Decreto nº 11.688, de 5/9/2023)*

c) registro de conflito agrário na Câmara de Conciliação Agrária do Incra;

d) inscrição no CAR do imóvel objeto de regularização fundiária no mesmo Cadastro de Pessoas Físicas do requerente; e

e) outras informações requeridas pelo órgão competente; e

IV - realização de vistoria presencial de ocupações nas hipóteses exigidas por este Decreto.

§ 1º Os imóveis com área superior a quatro módulos fiscais até o limite de dois mil e quinhentos hectares terão os seus processos adicionalmente instruídos com relatório de vistoria presencial, subscrito por profissional habilitado pelo Poder Executivo federal ou por outro profissional habilitado em razão de convênio, acordo ou instrumento congênere firmado com órgão ou entidade da administração pública federal, estadual, distrital ou municipal.

§ 2º Independentemente da extensão do imóvel rural, a vistoria presencial para a regularização das ocupações será obrigatória para a conclusão do processo de regularização fundiária nas seguintes hipóteses:

I - quando não for possível obter análise conclusiva apenas com base na análise remota do processo a que se refere o inciso II do *caput*, desde que haja decisão fundamentada do Incra;

II - se o imóvel houver sido objeto de termo de embargo ou infração ambiental, lavrado pelo órgão ambiental federal, estadual ou distrital competente, ou cujo CAR esteja com pendência no SICAR; *(Inciso com redação dada pelo Decreto nº 11.688, de 5/9/2023)*

III - se o requerimento a que se refere o inciso I do *caput* houver sido realizado por meio de procuração;

IV - se o imóvel apresentar indícios de fracionamento fraudulento da unidade econômica de exploração;

V - se houver conflito agrário declarado no ato de requerimento a que se refere o *caput* ou registrado na Câmara de Conciliação Agrária do Incra; ou

VI - se forem estabelecidas outras razões em ato do dirigente máximo do Incra.

§ 3º A vistoria realizada na hipótese prevista no inciso II do § 2º verificará se o preenchimento de requisitos para a regularização fundiária decorreu de dano ambiental, hipótese em que o pedido será indeferido, exceto se o interessado tiver aderido ao Programa de Regularização Ambiental - PRA ou tiver celebrado Termo de Ajustamento de Conduta - TAC ou instrumento congênere firmado com os órgãos e as entidades do Sistema Nacional do Meio Ambiente - Sisnama ou com o Ministério Público.

§ 4º O cadastramento das ocupações não implicará o reconhecimento de direito real sobre a área.

§ 5º O profissional habilitado responsável pela elaboração do memorial descritivo, conforme disposto no art. 9º da Lei nº 11.952, de 2009, deverá estar credenciado no Incra para executar serviços de georreferenciamento de imóveis rurais.

§ 6º O memorial descritivo elaborado pelo profissional habilitado de que trata o § 5º será submetido ao Incra, por meio do Sigef, para validação.

§ 7º Os serviços técnicos e os atos administrativos de que trata este artigo poderão ser praticados em parceria com órgãos ou entidades da administração pública federal, estadual, distrital ou municipal.

§ 8º O georreferenciamento será exigido para lotes ou parcelas individuais, independentemente do georreferenciamento da eventual gleba destacada, desde que o Incra reconheça os limites da gleba na forma disciplinada por essa autarquia.

Art. 6º O Incra deverá definir processo simplificado para a regularização de imóveis de até um módulo fiscal, hipótese em que poderá dispensar o cumprimento dos requisitos de que trata o art. 5º deste Decreto, desde que observado o disposto no art. 5º e no art. 11 da Lei nº 11.952, de 2009.

Art. 7º Identificada a existência de disputas acerca dos limites das ocupações, o órgão competente poderá buscar estabelecer acordo entre as partes, observado o disposto no art. 8º da Lei nº 11.952, de 2009.

§ 1º Se for estabelecido acordo entre as partes, estas assinarão declaração para validar a concordância quanto aos limites demarcados.

§ 2º Se não houver acordo entre as partes, a regularização das ocupações será suspensa para decisão administrativa, nos termos estabelecidos em procedimento definido pelo Incra.

Art. 8º Para fins do disposto no inciso V do *caput* do art. 5º da Lei nº 11.952, de 2009, será admitida a regularização fundiária de requerente anteriormente beneficiado por programa de reforma agrária ou regularização fundiária:

I - sobre ocupação em área diversa do lote originário do programa de reforma agrária ou regularização fundiária, decorridos mais de quinze anos:

a) da data da expedição de título de regularização fundiária, desde que o referido documento tenha sido emitido anteriormente à data de publicação deste Decreto, observado o disposto no parágrafo único;

b) da data da homologação do beneficiário no programa de reforma agrária; ou

c) de data estabelecida em outras hipóteses definidas pelo órgão competente em regulamento específico; e

II - sobre ocupação na mesma área do lote originário, desde que o imóvel tenha sido destinado à regularização fundiária nas áreas remanescentes de projetos criados pelo Incra, dentro ou fora da Amazônia Legal, em data anterior a 10 de outubro de 1985, com características de colonização, nos termos do art. 40-A da Lei nº 11.952, de 2009.

Parágrafo único. O processo que originou a expedição do título anterior deverá ser apensado ao novo requerimento de regularização fundiária, hipótese em que será realizada a análise das cláusulas resolutivas.

Art. 9º As áreas ocupadas insuscetíveis de regularização por excederem o limite estabelecido no § 1º do art. 6º da Lei nº 11.952, de 2009, poderão ser objeto de titulação parcial até o limite de dois mil e quinhentos hectares.

Parágrafo único. A titulação, nos termos do disposto no *caput*, estará condicionada à desocupação da área excedente.

Art. 10. O Incra poderá emitir Certidão de Reconhecimento de Ocupação nas hipóteses em que, cumulativamente:

I - houver requerimento de regularização fundiária para o imóvel, na forma prevista na Lei nº 11.952 de 2009;

II - o imóvel estiver georreferenciado e aprovado no Sigef;

III - o imóvel estiver situado em terra pública federal e inexistir sobreposição com as áreas a que se refere o art. 4º da Lei nº 11.952, de 2009; e

IV - forem cumpridos outros requisitos definidos em ato normativo do Incra.

Parágrafo único. A Certidão de Reconhecimento de Ocupação:

I - é personalíssima e intransferível *inter vivos* ou *causa mortis*;

II - não implica o reconhecimento do direito de propriedade ou a regularização fundiária da área;

III - é documento hábil para comprovar a ocupação da área pública pelo requerente perante as instituições oficiais de crédito;

IV - não é documento hábil para instruir processos administrativos perante os órgãos ambientais;

V - não será dada em garantia real;

VI - poderá ser emitida a requerimento ou de ofício; e

VII - terá validade até que seja:

a) proferida decisão que indefira o pedido de regularização; ou

b) entregue o título de domínio.

CAPÍTULO III – DAS CONSULTAS ÀS INSTITUIÇÕES

Art. 11. Fica instituída a Câmara Técnica de Destinação e Regularização Fundiária de Terras Públicas Federais Rurais, com as seguintes finalidades:

I - atuar, de maneira articulada, na gestão do patrimônio público; e

II - apreciar e deliberar sobre a destinação das terras públicas federais, observado o disposto no *caput* do art. 12. *(Inciso com redação dada pelo Decreto nº 11.688, de 5/9/2023)*

§ 1º A Câmara Técnica de Destinação e Regularização Fundiária de Terras Públicas Federais Rurais é composta por representantes dos seguintes órgãos e entidades:

I - um do Ministério do Desenvolvimento Agrário e Agricultura Familiar, que a coordenará; *(Inciso com redação dada pelo Decreto nº 11.688, de 5/9/2023)*

II - um do Ministério do Meio Ambiente e Mudança do Clima; *(Inciso com redação dada pelo Decreto nº 11.688, de 5/9/2023)*

III - um do Ministério dos Povos Indígenas; *(Inciso com redação dada pelo Decreto nº 11.688, de 5/9/2023)*

IV - um da Secretaria do Patrimônio da União do Ministério da Gestão e da Inovação em Serviços Públicos; *(Inciso com redação dada pelo Decreto nº 11.688, de 5/9/2023)*

V - um do Incra; *(Inciso com redação dada pelo Decreto nº 11.688, de 5/9/2023)*

VI - um do Serviço Florestal Brasileiro - SFB; *(Inciso com redação dada pelo Decreto nº 11.688, de 5/9/2023)*

VII - um do Instituto Chico Mendes de Conservação da Biodiversidade - Instituto Chico Mendes; e *(Inciso acrescido pelo Decreto nº 11.688, de 5/9/2023)*

VIII - um da Fundação Nacional dos Povos Indígenas - Funai. *(Inciso acrescido pelo Decreto nº 11.688, de 5/9/2023)*

§ 2º O Ministério da Justiça e Segurança Pública e o Ministério da Igualdade Racial indicarão representantes para participar da Câmara Técnica, em caráter consultivo. *(Parágrafo com redação dada pelo Decreto nº 11.688, de 5/9/2023)*

§ 3º Cada membro da Câmara Técnica terá um suplente, que o substituirá em suas ausências e seus impedimentos. *(Parágrafo com redação dada pelo Decreto nº 11.688, de 5/9/2023)*

§ 4º Os membros da Câmara Técnica e os respectivos suplentes serão indicados pelos titulares dos órgãos que representam e designados em ato do Ministro de Estado do Desenvolvimento Agrário e Agricultura Familiar. *(Parágrafo com redação dada pelo Decreto nº 11.688, de 5/9/2023)*

§ 5º O quórum de reunião da Câmara Técnica é de maioria absoluta. *(Parágrafo com redação dada pelo Decreto nº 11.688, de 5/9/2023)*

§ 6º A Câmara Técnica deliberará por consenso dos representantes presentes à reunião. *(Parágrafo com redação dada pelo Decreto nº 11.688, de 5/9/2023)*

§ 7º As deliberações da Câmara Técnica serão formalizadas por meio de resolução, cujos signatários serão os membros indicados no § 1º. *(Parágrafo com redação dada pelo Decreto nº 11.688, de 5/9/2023)*

§ 8º A Câmara Técnica se reunirá, em caráter ordinário, mensalmente e, em caráter extraordinário, mediante convocação da Secretaria de Governança Fundiária, Desenvolvimento Territorial e Socioambiental do Ministério do Desenvolvimento Agrário e Agricultura Familiar. *(Parágrafo com redação dada pelo Decreto nº 11.688, de 5/9/2023)*

§ 9º O Coordenador da Câmara Técnica poderá convidar representantes de outros órgãos e entidades, públicos e privados, para participar de suas reuniões, sem direito a voto. *(Parágrafo acrescido pelo Decreto nº 11.688, de 5/9/2023)*

§ 10. A Secretaria-Executiva da Câmara Técnica será exercida pela Secretaria de Governança Fundiária, Desenvolvimento Territorial e Socioambiental do Ministério do Desenvolvimento Agrário e Agricultura Familiar. *(Parágrafo acrescido pelo Decreto nº 11.688, de 5/9/2023)*

§ 11. A participação na Câmara Técnica será considerada prestação de serviço público relevante, não remunerada. *(Parágrafo acrescido pelo Decreto nº 11.688, de 5/9/2023)*

§ 12. Os órgãos e as entidades a que se refere o § 1º poderão solicitar preferência na eleição de glebas a serem analisadas pela Câmara Técnica e caberá ao seu Coordenador avaliar a pertinência da solicitação. *(Parágrafo acrescido pelo Decreto nº 11.688, de 5/9/2023)*

§ 13. O regimento interno da Câmara Técnica será elaborado e aprovado pelos seus membros no prazo de noventa dias, contado da data de sua primeira reunião. *(Parágrafo acrescido pelo Decreto nº 11.688, de 5/9/2023)*

§ 14. As propostas de alteração do regimento interno da Câmara Técnica serão formalizadas e entregues à coordenação da Câmara. *(Parágrafo acrescido pelo Decreto nº 11.688, de 5/9/2023)*

Art. 12. A Câmara Técnica apreciará e deliberará sobre a destinação de terras públicas federais, observadas as características próprias e as normas aplicáveis às políticas públicas relacionadas a: *("Caput" do artigo com redação dada pelo Decreto nº 11.688, de 5/9/2023)*

I - unidades de conservação da natureza; *(Inciso com redação dada pelo Decreto nº 11.688, de 5/9/2023)*

II - terras indígenas; *(Inciso com redação dada pelo Decreto nº 11.688, de 5/9/2023)*

III - territórios quilombolas; *(Inciso com redação dada pelo Decreto nº 11.688, de 5/9/2023)*

IV - territórios de outros povos e comunidades tradicionais; *(Inciso com redação dada pelo Decreto nº 11.688, de 5/9/2023)*

V - reforma agrária; e *(Inciso com redação dada pelo Decreto nº 11.688, de 5/9/2023)*

VI - concessões florestais e políticas públicas de prevenção e controle de desmatamento. *(Inciso acrescido pelo Decreto nº 11.688, de 5/9/2023)*

§ 1º O Incra encaminhará à Câmara Técnica arquivo eletrônico com a identificação do perímetro da gleba a ser destinada. *(Parágrafo com redação dada pelo Decreto nº 11.688, de 5/9/2023)*

§ 2º Os órgãos e as entidades de que tratam os § 1º e § 2º do art. 11 serão consultados sobre eventual interesse na área e se manifestarão, de maneira formal e fundamentada, no prazo de sessenta dias, contado da data de disponibilização da área pela Secretaria-Executiva da Câmara Técnica. *(Parágrafo com redação dada pelo Decreto nº 11.688, de 5/9/2023)*

§ 3º Na ausência da manifestação de que trata o § 2º, o Incra dará encaminhamento ao procedimento de regularização fundiária. *(Parágrafo com redação dada pelo Decreto nº 11.688, de 5/9/2023)*

§ 4º O prazo previsto no § 2º deste artigo poderá ser prorrogado por meio de requerimento fundamentado dos órgãos e das entidades a que se referem os § 1º e § 2º do art. 11. *(Parágrafo com redação dada pelo Decreto nº 11.688, de 5/9/2023)*

§ 5º A manifestação de que trata o § 2º deste artigo deverá demonstrar a existência de interesse ou o vínculo da área a ser regularizada com as competências dos órgãos e das entidades a que se referem os § 1º e § 2º do art. 11. *(Parágrafo com redação dada pelo Decreto nº 11.688, de 5/9/2023)*

§ 6º Os órgãos e as entidades a que se referem os § 1º e § 2º do art. 11 identificarão a área de interesse e disponibilizarão a informação geoespacial em meio eletrônico para inclusão na base cartográfica do Incra. *(Parágrafo com redação dada pelo Decreto nº 11.688, de 5/9/2023)*

§ 7º Na hipótese de a gleba definida situar-se em faixa de fronteira, o processo de regularização fundiária será remetido pelo Incra à Secretaria-Executiva do Conselho de Defesa Nacional, para fins de assentimento prévio, nos termos do disposto na Lei nº 6.634, de 2 de maio de 1979. *(Parágrafo com redação dada pelo Decreto nº 11.688, de 5/9/2023)*

§ 8º A Câmara Técnica poderá definir áreas prioritárias a serem examinadas e destinadas, e solicitará ao Incra os correspondentes dados geoespaciais necessários à identificação do perímetro das áreas prioritárias. *(Parágrafo com redação dada pelo Decreto nº 11.688, de 5/9/2023)*

§ 9º A destinação de florestas públicas ficará restrita às seguintes políticas públicas:

I - criação e regularização fundiária de unidades de conservação da natureza;

II - demarcação e regularização fundiária de terras indígenas;

III - demarcação e regularização fundiária de territórios quilombolas;

IV - demarcação e regularização fundiária de territórios de outros povos e comunidades tradicionais;

V - concessões, nos termos do disposto na Lei nº 11.284, de 2 de março de 2006; *(Redação dada pelo Decreto nº 12.111, de 2024)*

VI - outras formas de destinação compatíveis com a gestão sustentável das florestas públicas, nos termos do disposto no art. 6º da Lei nº 11.284, de 2 de março de 2006; e (Redação dada pelo Decreto nº 12.111, de 2024)

VII - regularização fundiária de imóveis rurais parcialmente sobrepostos a áreas de floresta pública tipo B, definidas como as florestas localizadas em áreas incorporadas ao domínio do Poder Público, mas que ainda não foram destinadas, observados os demais requisitos previstos na Lei nº 11.952, de 25 de junho de 2009, desde que a integralidade das áreas de floresta seja destinada à constituição de Reserva Legal ou considerada como Área de Preservação Permanente, conforme critérios estabelecidos na Lei nº 12.651, de 25 de maio de 2012. (Incluído pelo Decreto nº 12.111, de 2024)

§ 10. A Câmara Técnica poderá recomendar a reserva, nos termos do disposto no art. 42 da Lei nº 9.636, de 15 de maio de 1998, ou a instituição de limitação administrativa provisória ao exercício de atividades e empreendimentos efetiva ou potencialmente causadores de degradação ambiental nas áreas em avaliação, quando, a critério do órgão ambiental competente, houver risco de dano grave aos recursos naturais ali existentes, nos termos do disposto no art. 22-A da Lei nº 9.985, de 18 de julho de 2000. *(Parágrafo acrescido pelo Decreto nº 11.688, de 5/9/2023)*

§ 11. A Câmara Técnica apresentará plano de ação para destinação de terras públicas em áreas críticas e prioritárias da Amazônia Legal no prazo de noventa dias, contado da data da designação de seus membros. *(Parágrafo acrescido pelo Decreto nº 11.688, de 5/9/2023)*

§ 12. Na hipótese de manifestação de interesse na destinação das terras públicas examinadas, mesmo que parcialmente, os órgãos e as entidades que integram a Câmara Técnica manterão as informações atualizadas na base cartográfica do Incra. *(Parágrafo acrescido pelo Decreto nº 11.688, de 5/9/2023)*

§ 13. Caberá à Câmara Técnica deliberar, por meio de resolução, sobre a necessidade de transferência da gestão patrimonial, a ser operada pela Secretaria do Patrimônio da União do Ministério da Gestão e da Inovação em Serviços Públicos, das áreas que forem objeto de sua deliberação. *(Parágrafo acrescido pelo Decreto nº 11.688, de 5/9/2023)*

§ 14. A Secretaria do Patrimônio da União do Ministério da Gestão e da Inovação em Serviços Públicos registrará a transferência a que se refere o § 13, no Sistema de Gestão Integrada dos Imóveis Públicos Federais - SPUnet. *(Parágrafo acrescido pelo Decreto nº 11.688, de 5/9/2023)*

§ 15. A coordenação da Câmara Técnica divulgará dados e informações no sítio eletrônico do Ministério do Desenvolvimento Agrário e Agricultura Familiar. *(Parágrafo acrescido pelo Decreto nº 11.688, de 5/9/2023)*

Arts. 13 a 15. *(Revogados pelo Decreto nº 11.688, de 5/9/2023)*

Art. 16. Na hipótese de a terra pública a ser regularizada abranger terrenos de marinha, marginais ou reservados, seus acrescidos ou outras áreas insuscetíveis de alienação, caberá ao Ministério da Gestão e da Inovação em Serviços Públicos a regularização das ocupações nela inseridas, por meio da outorga de título de concessão de direito real de uso, permitida a delegação de competência. *("Caput" do artigo com redação dada pelo Decreto nº 11.688, de 5/9/2023)*

§ 1º Caberá ao Incra a emissão, em nome da União, do título de concessão do direito real de uso de imóveis rurais da União situados em glebas públicas arrecadadas pelo Incra no âmbito da Amazônia Legal.

§ 2º A regularização de que trata o § 1º incluirá a análise das condições resolutivas, os atos decisórios concernentes à concessão do direito real de uso e a competência normativa infralegal correspondente.

§ 3º A destinação e a identificação das áreas de que trata o *caput* será realizada conforme ato conjunto do Ministro de Estado da Gestão e da Inovação em Serviços Públicos e do Ministro de Estado do Desenvolvimento Agrário e Agricultura Familiar. *(Parágrafo com redação dada pelo Decreto nº 11.688, de 5/9/2023)*

§ 4º O Incra atualizará os sistemas geoespaciais e disponibilizará as informações cadastrais das áreas destinadas, no âmbito da regularização fundiária, à medida que os títulos forem outorgados, à Secretaria do Patrimônio da União do Ministério da Gestão e da Inovação em Serviços Públicos. *(Parágrafo com redação dada pelo Decreto nº 11.688, de 5/9/2023)*

§ 5º A Secretaria do Patrimônio da União do Ministério da Gestão e da Inovação em Serviços Públicos terá acesso aos sistemas de titulação do Incra para fins de controle da outorga de título de que trata o *caput*. *(Parágrafo com redação dada pelo Decreto nº 11.688, de 5/9/2023)*

§ 6º Na hipótese de apenas parte da área objeto de regularização fundiária rural ser inalienável, poderão ser expedidos para o ocupante, após a delimitação devida, concomitantemente, título de domínio correspondente à área alienável e outorga de título de concessão de direito real de uso referente à parte inalienável.

CAPÍTULO IV – DA TITULAÇÃO E DO CUMPRIMENTO DAS CLÁUSULAS RESOLUTIVAS

Art. 17. Os títulos de domínio e de concessão de direito real de uso serão expedidos:

I - em nome da mulher e do homem, obrigatoriamente, nas seguintes hipóteses:

a) quando forem casados, exceto se pelo regime da separação de bens; ou

b) quando conviverem em regime de união estável, exceto se houver regime contratual que disponha em contrário;

II - em nome dos conviventes, na hipótese de união homoafetiva; e

III - preferencialmente em nome da mulher, nas demais hipóteses.

Art. 18. O título de domínio ou, na hipótese prevista no § 4º do art. 6º da Lei nº 11.952, de 2009, o título de concessão de direito real de uso, conterá, dentre outras, cláusulas que determinem, pelo prazo de dez anos, sob condição resolutiva, além da inalienabilidade do imóvel:

I - a manutenção da destinação agrária, por meio de prática de cultura efetiva;

II - o respeito à legislação ambiental, em especial quanto ao cumprimento do disposto no Capítulo VI da Lei nº 12.651, de 2012;

III - a não exploração de mão de obra em condição análoga à de escravo; e

IV - as condições e a forma de pagamento.

§ 1º O descumprimento das condições resolutivas pelo titulado implicará a resolução de pleno direito do título de domínio ou do título de concessão de direito real de uso, com a consequente reversão da área em favor da União, declarada no processo administrativo que apurar o descumprimento das cláusulas resolutivas, assegurados os princípios da ampla defesa e do contraditório.

§ 2º Na hipótese de a violação de cláusula resolutiva ser identificada por outro órgão ou entidade, o órgão competente deverá ser informado para que seja instaurado procedimento administrativo destinado à declaração de reversão do imóvel ao patrimônio da União.

§ 3º O beneficiário que transferir ou negociar, por qualquer meio, o título obtido nos termos estabelecidos na Lei nº 11.952, de 2009, não poderá ser beneficiado novamente em programas de reforma agrária ou de regularização fundiária, ressalvadas as hipóteses previstas no art. 8º.

§ 4º A prática de cultura efetiva referida no inciso I do *caput* poderá ser comprovada por meio de documentos, técnicas de sensoriamento remoto ou vistoria.

§ 5º A comprovação do cumprimento da cláusula prevista no inciso II do *caput* ocorrerá por meio da juntada das certidões negativas de infração ambiental ou instrumento congênere, em âmbito federal, estadual e distrital, e da inscrição no CAR.

§ 6º Para fins de verificação do cumprimento do disposto no § 5º, os limites declarados no CAR deverão ser os mesmos registrados na base do Sigef.

§ 7º Não se operará a resolução do título por descumprimento ao disposto no inciso II do *caput* caso seja firmado TAC ou instrumento congênere com vistas à reparação do dano.

§ 8º Para fins dispostos no § 6º, o ocupante deverá requerer a regularização de sua situação junto ao órgão ambiental competente no prazo de até sessenta dias, contado da data da notificação.

§ 9º O órgão competente poderá celebrar acordos de cooperação com os órgãos ambientais, com vistas a estabelecer mecanismos de comunicação de infrações ambientais.

§ 10. A comprovação do cumprimento da cláusula prevista no inciso III do *caput* ocorrerá por meio de consulta ao Cadastro de Empregadores que tenham submetido trabalhadores às condições análogas à de escravo, coordenado pela Secretaria do Trabalho da Secretaria Especial de Previdência e Trabalho do Ministério da Economia.

§ 11. Na hipótese de indício de descumprimento das cláusulas resolutivas, o beneficiário de título de regularização fundiária deverá apresentar os documentos que comprovem o cumprimento das referidas cláusulas no prazo determinado pela autoridade competente.

§ 12. Na hipótese de o beneficiário do título requerer a liberação antecipada das cláusulas resolutivas, ele deverá, respeitado o prazo de carência estabelecido no art. 17 da Lei nº 11.952, de 2009, realizar o pagamento integral, no prazo de até cento e oitenta dias, correspondente a cem por cento do valor médio da terra nua por hectare estabelecido na pauta de valores da terra nua, para fins de titulação e regularização fundiária, elaborada pelo Incra, vigente à época do pagamento, e desde que atestado o cumprimento das cláusulas resolutivas.

§ 13. O disposto no § 12 poderá ser aplicado aos imóveis de até um módulo fiscal, desde que o interessado dispense a gratuidade prevista no art. 11 da Lei nº 11.952, de 2009.

§ 14. Na hipótese prevista no § 12, o cálculo do valor para pagamento será realizado após atestado o cumprimento das demais condições resolutivas.

Art. 19. O ocupante que tenha cumprido as cláusulas contratuais e cujo contrato originário tenha sido expedido há mais de dez anos será dispensado das condições resolutivas ou, se for o caso, receberá o título de domínio sem condição resolutiva.

Parágrafo único. Na hipótese de emissão de título de domínio sem condições resolutivas, o pagamento deverá ser efetuado à vista.

Art. 20. Desde que cumpridas as demais cláusulas resolutivas, o órgão competente concederá, de ofício, a gratuidade aos títulos emitidos em áreas de até um módulo fiscal, expedidos anteriormente à data de entrada em vigor da Lei nº 11.952, de 2009.

Art. 21. Resolvido o título de domínio ou o título de concessão de direito real de uso na forma prevista no § 7º do art. 18 da Lei nº 11.952, de 2009, o contratante:

I - terá direito à indenização pelas acessões e pelas benfeitorias, necessárias e úteis, hipótese em que poderá levantar as benfeitorias voluptuárias, no prazo de cento e oitenta dias, contado da data da desocupação do imóvel, sob pena de perda em proveito do alienante;

II - terá direito à restituição dos valores pagos com a atualização monetária devida, deduzido o percentual das seguintes quantias:

a) quinze por cento do valor pago a título de multa compensatória; e

b) três décimos por cento do valor atualizado do contrato por cada mês de ocupação do imóvel desde o início do contrato, a título de indenização pela fruição; e

III - ficará desobrigado do pagamento de eventual saldo devedor remanescente, na hipótese de o montante das quantias indicadas nas alíneas "a" e "b" do inciso II exceder ao valor total pago a título de preço.

§ 1º A indenização de que trata o inciso I do *caput* caberá ao órgão competente pela gestão da área.

§ 2º A atualização monetária prevista no inciso II do *caput* terá a mesma taxa prevista no art. 24, exceto se houver disposição contratual mais benéfica ao titular do contrato.

§ 3º O disposto neste artigo se aplica aos títulos emitidos anteriormente à data de entrada em vigor da Lei nº 11.952, de 2009.

CAPÍTULO V – DO PAGAMENTO

SEÇÃO I – DO VALOR DOS TÍTULOS

Art. 22. Na ocupação de área contínua de até um módulo fiscal, a alienação e, na hipótese prevista no § 4º do art. 6º da Lei nº 11.952, de 2009, a concessão de direito real de uso ocorrerão de forma gratuita, dispensada a licitação.

Art. 23. Na ocupação de área contínua acima de um módulo fiscal e até dois mil e quinhentos hectares, a alienação e, na hipótese prevista no § 4º do art. 6º da Lei nº 11.952, de 2009, a concessão de direito real de uso ocorrerão de forma onerosa, dispensada a licitação.

§ 1º O preço do imóvel considerará a extensão da área em módulos fiscais e será estabelecido entre dez e cinquenta por cento do valor mínimo da pauta de valores da terra nua, para fins de titulação e regularização fundiária, instrumento elaborado pelo Incra, nos seguintes termos:

I - até um módulo fiscal - dez por cento do valor mínimo da pauta de valores da terra nua, para fins de titulação e regularização fundiária;

II - acima de um e até quatro módulos fiscais - entre dez e trinta por cento do valor mínimo da pauta de valores da terra nua, para fins de titulação e regularização fundiária, conforme a fórmula e os coeficientes estabelecidos no Anexo I e no Anexo III, respectivamente; e

III - acima de quatro módulos fiscais e até dois mil e quinhentos hectares - entre trinta e cinquenta por cento do valor mínimo da pauta de valores da terra nua, para fins de titulação e regularização fundiária, conforme a fórmula e os coeficientes estabelecidos no Anexo I e no Anexo IV, respectivamente.

§ 2º Para definir o valor final das alienações que se referem os incisos II e III do § 1º será utilizada a equação estabelecida no Anexo II.

§ 3º A pauta de valores prevista no *caput* será elaborada com base no valor médio dos imóveis avaliados pelo Incra, para fins de obtenção de terras na mesma região nos últimos vinte anos, corrigidos monetariamente pelo Índice Nacional de Preços ao Consumidor Amplo Especial - IPCA-E, hipótese em que o valor mínimo equivalerá a setenta e cinco por cento do valor médio e o valor máximo, a cento e vinte e cinco por cento, conforme estabelecido em ato normativo do Incra.

§ 4º Na hipótese de inexistir a pauta de valores de preços referenciais de terra nua na região a que se refere o § 1º, os órgãos e as entidades da administração pública federal utilizarão como referência, justificadamente, as avaliações de preços produzidas preferencialmente por entidades públicas.

§ 5º Serão acrescidos ao preço do imóvel estabelecido na forma prevista no § 1º os custos relativos à execução dos serviços topográficos, se executados pelo Poder Público, exceto quando se tratar de ocupações cujas áreas não excedam a quatro módulos fiscais.

§ 6º Na hipótese de concessão de direito real de uso de forma onerosa, nos termos estabelecidos neste artigo, aplica-se a razão de quarenta por cento sobre os percentuais estabelecidos no § 1º.

§ 7º Na hipótese de imóvel cuja área esteja situada em mais de um Município com dimensões de módulos fiscais diferentes, para efeitos do cálculo da quantidade de módulos fiscais, serão consideradas as dimensões do Município onde estiver situada a maior porção do imóvel.

SEÇÃO II – DOS ENCARGOS FINANCEIROS DOS TÍTULOS

Art. 24. Para fins do disposto no § 1º do art. 17 da Lei nº 11.952, de 2009, aos títulos e à concessão de direito real uso onerosos serão aplicados encargos financeiros para atualização dos valores dos títulos, nos seguintes termos:

I - até quatro módulos fiscais - um por cento ao ano;

II - acima de quatro e até oito módulos fiscais - dois por cento ao ano;

III - acima de oito e até quinze módulos fiscais - quatro por cento ao ano; e

IV - acima de quinze módulos fiscais e até dois mil e quinhentos hectares - seis por cento ao ano.

Parágrafo único. O disposto neste artigo se aplica às hipóteses previstas nos § 13 e § 14 do art. 18.

SEÇÃO III – DA FORMA DE PAGAMENTO DOS TÍTULOS

Art. 25. O valor do título de domínio será pago pelo beneficiário de regularização fundiária, nos seguintes termos:

I - o pagamento à vista do valor integral, excetuadas as hipóteses previstas nos § 13 e § 14 do art. 18, será realizado no prazo de cento e oitenta dias, contado da data do recebimento do título, hipótese em que o beneficiário terá direito a vinte por cento de desconto sobre a quantia devida, nos termos estabelecidos no § 2º do art. 17 da Lei nº 11.952, de 2009; e

II - o pagamento parcelado em prestações anuais e sucessivas será realizado no prazo de até vinte anos, com carência de trinta e seis meses, contado a da data da emissão do título.

§ 1º O cálculo de pagamento das prestações adotará o sistema de amortização constante e o regime de juros simples.

§ 2º Os encargos financeiros de que trata o art. 24 serão aplicados a partir da data da expedição do título.

§ 3º O pagamento será efetuado por meio de Guia de Recolhimento da União ou de outro instrumento decorrente de convênio ou contrato firmado com instituições financeiras, que terá prazo máximo de vencimento de trinta dias, contado da data da sua emissão.

§ 4º O pagamento efetuado deverá ser comprovado nos autos nos quais tenha sido concedido o título de domínio.

SEÇÃO IV – DOS TÍTULOS INADIMPLIDOS

Art. 26. O inadimplemento da obrigação de pagamento nos prazos pactuados constituirá o beneficiário em mora de pleno direito.

§ 1º O Incra adotará as medidas administrativas ou judiciais para a cobrança da parcela em atraso.

§ 2º O atraso de até três prestações consecutivas ou cinco alternadas acarretará o vencimento antecipado do valor total do débito, facultado ao interessado purgar a mora por meio do pagamento das parcelas em atraso, acrescida de multa e encargos.

§ 3º Na hipótese de vencimento antecipado sem que tenha sido realizado o pagamento, nos termos do disposto no § 2º, o Incra adotará as medidas de que tratam o art. 18 da Lei nº 11.952, de 2009.

§ 4º Os procedimentos administrativos para cobrança e os prazos serão definidos em normas internas do Incra.

Art. 27. Aos títulos emitidos anteriormente a 10 de dezembro de 2019 que se encontrem em situação de inadimplência, o Incra poderá conceder o prazo de cinco anos para o pagamento dos valores em atraso, contado de 10 de dezembro de 2019, desde que não exista interesse público e social no imóvel.

Art. 28. Sobre os valores em atraso incidirão juros de mora de cinco décimos por cento ao mês, além da atualização monetária na forma prevista no art. 24.

CAPÍTULO VI – DA RENEGOCIAÇÃO

Art. 29. A análise quanto ao cumprimento de cláusulas resolutivas ficará restrita aos termos estabelecidos pelas partes em contrato.

Art. 30. Na hipótese de descumprimento de contrato firmado com os órgãos fundiários federais até 22 de dezembro de 2016, o beneficiário originário ou os seus herdeiros que ocupem e explorem o imóvel terão o prazo de cinco anos, contado da data de entrada em vigor da Medida Provisória nº 759, de 22 de dezembro de 2016, para requerer a renegociação do contrato firmado, sob pena de reversão, observadas:

I - as condições de pagamento estabelecidas no art. 11 e no art. 12 da Lei nº 11.952, de 2009; e

II - a comprovação do cumprimento das cláusulas de que trata o art. 15 da Lei nº 11.952, de 2009.

§ 1º O disposto no *caput* não se aplica à hipótese de manifestação de interesse social ou de utilidade pública dos imóveis titulados, independentemente da extensão da área.

§ 2º O georreferenciamento do imóvel, nos termos definidos no art. 9º da Lei nº 11.952, de 2009, será requisito indispensável ao pedido de renegociação.

Art. 31. Deferida a renegociação, será emitido novo título ou firmado termo aditivo, quando se tratar de beneficiário originário, nos termos e nas condições estabelecidas pela Lei nº 11.952, de 2009.

Parágrafo único. Constará do anverso do título de que trata o *caput* o resultado do processo de renegociação com menção expressa ao número do título anterior.

Art. 32. Não caberá a renegociação de títulos alienados durante a vigência das condições resolutivas, ainda que demonstrado o distrato posterior.

Art. 33. A renegociação será realizada apenas uma vez, observado o disposto neste Decreto.

Art. 34. Na hipótese de pagamento parcial comprovado nos autos, o valor dos pagamentos será atualizado com base na taxa referencial, que será descontado do valor estabelecido na renegociação.

Art. 35. Os títulos emitidos anteriormente à data de entrada em vigor da Lei nº 13.465, de 11 de julho de 2017, terão os seus valores passíveis de enquadramento, conforme estabelecido na Lei nº 11.952, de 2009, por meio de requerimento do interessado.

§ 1º É vedada a restituição de valores pagos que, em razão do enquadramento, excedam ao valor que se tornou devido.

§ 2º Na hipótese de deferimento do enquadramento, será emitido termo aditivo ao título anterior e serão mantidas as demais condições das cláusulas contratuais.

CAPÍTULO VII – DA VENDA DIRETA

Art. 36. A modalidade de alienação estabelecida no art. 38 da Lei nº 11.952, de 2009, se aplica às hipóteses de venda direta, por meio do pagamento de cem por cento do valor máximo da terra nua definido na pauta de valores da terra nua, para fins de titulação e regularização fundiária, elaborada pelo Incra.

§ 1º A alienação de que trata o *caput* será realizada por meio da expedição de título de domínio, nos termos do disposto nos art. 15 e art. 16 da Lei nº 11.952, de 2009, aos ocupantes de imóveis rurais situados na Amazônia Legal, até o limite de dois mil e quinhentos hectares, nas seguintes hipóteses:

I - quando se tratar de ocupações posteriores a 22 de julho de 2008 ou em áreas em que tenha havido interrupção da cadeia alienatória posterior à referida data, desde que observado o disposto nos art. 4º e art. 5º da Lei nº 11.952, de 2009, e comprovado o período da ocupação atual por prazo igual ou superior a cinco anos, apurado até 23 de dezembro de 2016; e

II - quando o requerente for proprietário de outro imóvel rural, desde que a soma das áreas não ultrapasse o limite estabelecido no § 1º e observado o disposto nos art. 4º e art. 5º da Lei nº 11.952, de 2009.

§ 2º Os imóveis rurais identificados como de propriedade do requerente deverão estar georreferenciados conforme norma técnica definida pelo Incra, a fim de permitir a verificação do limite estabelecido no § 1º.

§ 3º A venda direta se aplica às áreas contíguas ou não às propriedades do requerente.

§ 4º O disposto no art. 4º e no art. 5º se aplica às hipóteses de venda direta.

CAPÍTULO VIII – DA COMPENSAÇÃO FINANCEIRA POR BENFEITORIAS

Art. 37. O pagamento da compensação financeira por benfeitorias úteis ou necessárias estabelecida no § 8º do art. 18 da Lei nº 11.952, de 2009, ficará sob a responsabilidade do órgão ou da entidade que manifestar interesse social quanto à destinação da área.

Art. 38. As benfeitorias úteis ou necessárias serão avaliadas com base nos critérios estabelecidos pelo manual de obtenção de terras elaborado pelo Incra.

CAPÍTULO IX – DISPOSIÇÕES FINAIS

Art. 39. Para a realização de atividades de geomensura, cadastramento, titulação, instrução processual e para as demais ações necessárias à implementação da regularização fundiária, poderão ser firmados acordos de cooperação técnica, convênios e outros instrumentos congêneres entre a União, os Estados, o Distrito Federal e os Municípios.

Art. 40. As cessões de direitos a terceiros que decorram de contratos firmados entre o órgão competente e o ocupante serão nulas se efetivadas em desacordo com os prazos e as restrições estabelecidos nos instrumentos originários de regularização fundiária.

§ 1º A cessão de direitos de que trata o *caput* será válida somente para comprovação da ocupação atual do imóvel pelo terceiro cessionário.

§ 2º O terceiro cessionário somente poderá regularizar a área ocupada pelo cumprimento das condições estabelecidas pela Lei nº 11.952, de 2009.

Art. 41. O disposto neste Decreto não se aplica às alienações ou às concessões de direito real de uso precedidas de processo licitatório ocorrido posteriormente à data de entrada em vigor da Lei nº 11.952, de 2009.

Art. 42. O sistema informatizado de que trata o art. 34 da Lei nº 11.952, de 2009, estará disponível em sítio eletrônico e permitirá o acompanhamento:

I - das ações de regularização fundiária;

II - do cadastro de posseiros;

III - dos dados geoespaciais dos imóveis regularizados; e

IV - de outras informações relevantes ao sistema.

§ 1º Ato do dirigente máximo do Incra disporá sobre a regulamentação das informações apresentadas no sistema informatizado de que trata o *caput*.

§ 2º As informações apresentadas no sistema informatizado serão acompanhadas pelo comitê de que trata o art. 35 da Lei nº 11.952, de 2009, que deverão estar compatibilizadas com os cadastros geoespaciais geridos pela Secretaria do Patrimônio da União do Ministério da Gestão e da Inovação em Serviços Públicos. *(Parágrafo com redação dada pelo Decreto nº 11.688, de 5/9/2023)*

Art. 43. A regularização de áreas ocupadas por comunidades de remanescentes de quilombos será efetuada com base em legislação específica.

Art. 44. A certidão de liberação das condições resolutivas, de caráter declaratório, será averbada à margem da matrícula do imóvel previamente à alienação do bem pelo beneficiário do título de domínio ou do título de concessão de direito real de uso.

Art. 45. Ficam revogados:

I - o Decreto nº 9.309, de 15 de março de 2018; e

II - o Decreto nº 10.165, de 10 de dezembro de 2019.

Art. 46. Este Decreto entra em vigor na data de sua publicação.

Brasília, 24 de dezembro de 2020; 199º da Independência e 132º da República.

JAIR MESSIAS BOLSONARO

Tereza Cristina Corrêa da Costa Dias

DOU de 28.12.2020.

› *Não publicamos os anexos deste Decreto.*

LEI Nº 11.977, DE 7 DE JULHO DE 2009

Dispõe sobre o Programa Minha Casa, Minha Vida – PMCMV e a regularização fundiária de assentamentos localizados em áreas urbanas; altera o Decreto-Lei nº 3.365, de 21 de junho de 1941, as Leis nos 4.380, de 21 de agosto de 1964, 6.015, de 31 de dezembro de 1973, 8.036, de 11 de maio de 1990, e 10.257, de 10 de julho de 2001, e a Medida Provisória nº 2.197-43, de 24 de agosto de 2001; e dá outras providências.

O VICE-PRESIDENTE DA REPÚBLICA, no exercício do cargo de **PRESIDENTE DA REPÚBLICA**

Faço saber que o Congresso Nacional decreta e eu sanciono a seguinte Lei:

CAPÍTULO I – DO PROGRAMA MINHA CASA, MINHA VIDA – PMCMV

SEÇÃO I – REGULAMENTO DA ESTRUTURA E FINALIDADE DO PMCMV

Art. 1º O Programa Minha Casa, Minha Vida - PMCMV tem por finalidade criar mecanismos de incentivo à produção e aquisição de novas unidades habitacionais ou requalificação de imóveis urbanos e produção ou reforma de habitações rurais, para famílias com renda mensal de até R$ 4.650,00 (quatro mil, seiscentos e cinquenta reais) e compreende os seguintes subprogramas: *("Caput" do artigo com redação dada pela Lei nº 12.424, de 16/6/2011)*

I - o Programa Nacional de Habitação Urbana (PNHU); *(Inciso com redação dada pela Lei nº 13.173, de 21/10/2015)*

II - o Programa Nacional de Habitação Rural (PNHR); e *(Inciso com redação dada pela Lei nº 13.173, de 21/10/2015)*

III - *(VETADO na Lei nº 13.173, de 21/10/2015)*

§ 1º Para os fins desta Lei, considera-se: *(Parágrafo único acrescido pela Medida Provisória nº 514, de 1/12/2010, convertida na Lei nº 12.424, de 16/6/2011, e transformado em § 1º pela Lei nº 13.173, de 21/10/2015)*

I - grupo familiar: unidade nuclear composta por um ou mais indivíduos que contribuem para o seu rendimento ou têm suas despesas por ela atendidas e abrange todas as espécies reconhecidas pelo ordenamento jurídico brasileiro, incluindo-se nestas a família unipessoal; *(Inciso acrescido pela Medida Provisória nº 514, de 1/12/2010 e com redação dada pela Lei nº 12.424, de 16/6/2011)*

II - imóvel novo: unidade habitacional com até 180 (cento e oitenta) dias de "habite-se", ou documento equivalente, expedido pelo órgão público municipal competente ou, nos casos de prazo superior, que não tenha sido habitada ou alienada; *(Inciso acrescido pela Medida Provisória nº 514, de 1/12/2010 e com redação dada pela Lei nº 12.424, de 16/6/2011)*

III - oferta pública de recursos: procedimento realizado pelo Poder Executivo federal destinado a prover recursos às instituições e agentes financeiros do Sistema Financeiro da Habitação - SFH para viabilizar as operações previstas no inciso III do art. 2º; *(Inciso acrescido pela Medida Provisória nº 514, de 1/12/2010 e com redação dada pela Lei nº 12.424, de 16/6/2011)*

IV - requalificação de imóveis urbanos: aquisição de imóveis conjugada com a execução de obras e serviços voltados à recuperação e ocupação para fins habitacionais, admitida ainda a execução de obras e serviços necessários à modificação de uso; *(Inciso acrescido pela Medida Provisória nº 514, de 1/12/2010 e com redação dada pela Lei nº 12.424, de 16/6/2011)*

V - agricultor familiar: aquele definido no *caput*, nos seus incisos e no § 2º do art. 3º da Lei nº 11.326, de 24 de julho de 2006; e *(Inciso acrescido pela Medida Provisória nº 514, de 1/12/2010 e com redação dada pela Lei nº 12.424, de 16/6/2011)*

VI - trabalhador rural: pessoa física que, em propriedade rural, presta serviços de natureza não eventual a empregador rural, sob a dependência deste e mediante salário. *(Inciso acrescido pela Medida Provisória nº 514, de 1/12/2010 e com redação dada pela Lei nº 12.424, de 16/6/2011)*

§ 2º *(VETADO na Lei nº 13.173, de 21/10/2015)*

Art. 2º Para a implementação do PMCMV, a União, observada a disponibilidade orçamentária e financeira: *("Caput" do artigo com redação dada pela Lei nº 12.424, de 16/6/2011)*

I - concederá subvenção econômica ao beneficiário pessoa física no ato da contratação de financiamento habitacional; *(Inciso acrescido pela Medida Provisória nº 514, de 1/12/2010 e com redação dada pela Lei nº 12.424, de 16/6/2011)*

II - participará do Fundo de Arrendamento Residencial (FAR), mediante integralização de cotas e transferirá recursos ao Fundo de Desenvolvimento Social (FDS) de que tratam, respectivamente, a Lei nº 10.188, de 12 de fevereiro de 2001, e a Lei nº 8.677, de 13 de julho de 1993; *(Inciso acrescido pela Medida Provisória nº 514, de 1/12/2010, convertida na Lei nº 12.424, de 16/6/2011, e com nova redação dada pela Medida Provisória nº 561, de 8/3/2012, convertida na Lei nº 12.693, de 24/7/2012)*

III - realizará oferta pública de recursos destinados à subvenção econômica ao beneficiário pessoa física de operações em

Municípios com população de até 50.000 (cinquenta mil) habitantes; *(Inciso acrescido pela Medida Provisória nº 514, de 1/12/2010 e com redação dada pela Lei nº 12.424, de 16/6/2011)*

IV - concederá subvenção econômica por meio do Banco Nacional de Desenvolvimento Econômico e Social - BNDES, sob a modalidade de equalização de taxas de juros e outros encargos financeiros, especificamente nas operações de financiamento de linha especial para infraestrutura em projetos de habitação popular. *(Inciso acrescido pela Medida Provisória nº 514, de 1/12/2010 e com redação dada pela Lei nº 12.424, de 16/6/2011)*

V - concederá subvenção econômica através do Banco Nacional de Desenvolvimento Econômico e Social - BNDES, sob a modalidade de equalização de taxas de juros e outros encargos financeiros, especificamente nas operações de financiamento de linha especial para infraestrutura em projetos de habitação popular. *(Inciso acrescido pela Medida Provisória nº 514, de 1/12/2010 e com redação dada pela Lei nº 12.424, de 16/6/2011)*

§ 1º A aplicação das condições previstas no inciso III do *caput* dar-se-á sem prejuízo da possibilidade de atendimento aos Municípios com população entre 20.000 (vinte mil) e 50.000 (cinquenta mil) habitantes por outras formas admissíveis no âmbito do PMCMV, nos termos do regulamento. *(Parágrafo acrescido pela Lei nº 12.424, de 16/6/2011)*

§ 2º O regulamento previsto no § 1º deverá prever, entre outras condições, atendimento aos Municípios com população urbana igual ou superior a 70% (setenta por cento) de sua população total e taxa de crescimento populacional, entre os anos 2000 e 2010, superior à taxa verificada no respectivo Estado. *(Parágrafo acrescido pela Lei nº 12.424, de 16/6/2011)*

§ 3º *(VETADO na Lei nº 13.274, de 26/4/2016)*

Art. 3º Para a indicação dos beneficiários do PMCMV, deverão ser observados os seguintes requisitos: *("Caput" do artigo com redação dada pela Lei nº 12.424, de 16/6/2011)*

I - comprovação de que o interessado integra família com renda mensal de até R$ 4.650,00 (quatro mil, seiscentos e cinquenta reais); *(Inciso acrescido pela Medida Provisória nº 514, de 1/12/2010 e com redação dada pela Lei nº 12.424, de 16/6/2011)*

II - faixas de renda definidas pelo Poder Executivo federal para cada uma das modalidades de operações; *(Inciso acrescido pela Medida Provisória nº 514, de 1/12/2010 e com redação dada pela Lei nº 12.424, de 16/6/2011)*

III - prioridade de atendimento às famílias residentes em áreas de risco, insalubres, que tenham sido desabrigadas ou que perderam a moradia em razão de enchente, alagamento, transbordamento ou em decorrência de qualquer desastre natural do gênero; *(Inciso acrescido pela Medida Provisória nº 514, de 1/12/2010, convertida na Lei nº 12.424, de 16/6/2011, com redação dada pela Lei nº 13.274, de 26/4/2016)*

IV - prioridade de atendimento às famílias com mulheres responsáveis pela unidade familiar; e *(Inciso acrescido pela Medida Provisória nº 514, de 1/12/2010 e com redação dada pela Lei nº 12.424, de 16/6/2011)*

V - prioridade de atendimento às famílias de que façam parte pessoas com deficiência. *(Inciso acrescido pela Lei nº 12.424, de 16/6/2011)*

VI – *(VETADO na Lei nº 13.342, de 3/10/2016)*

§ 1º Em áreas urbanas, os critérios de prioridade para atendimento devem contemplar também:

I - a doação pelos Estados, pelo Distrito Federal e pelos Municípios de terrenos localizados em área urbana consolidada para implantação de empreendimentos vinculados ao programa;

II - a implementação pelos Estados, pelo Distrito Federal e pelos Municípios de medidas de desoneração tributária, para as construções destinadas à habitação de interesse social;

III - a implementação pelos Municípios dos instrumentos da Lei nº 10.257, de 10 de julho de 2001, voltados ao controle da retenção das áreas urbanas em ociosidade.

§ 2º (VETADO)

§ 3º O Poder Executivo Federal definirá: *(Parágrafo com redação dada pela Lei 12.424, de 16/6/2011)*

I - os parâmetros de priorização e enquadramento dos beneficiários do PMCMV; e *(Inciso acrescido pela Medida Provisória nº 514, de 1/12/2010 e com redação dada pela Lei nº 12.424, de 16/6/2011)*

II - a periodicidade de atualização dos limites de renda familiar estabelecidos nesta Lei. *(Inciso acrescido pela Medida Provisória nº 514, de 1/12/2010 e com redação dada pela Lei nº 12.424, de 16/6/2011)*

§ 4º Além dos critérios estabelecidos no *caput*, os Estados, Municípios e Distrito Federal poderão fixar outros critérios de seleção de beneficiários do PMCMV, previamente aprovados pelos respectivos conselhos locais de habitação, quando existentes, e em conformidade com as respectivas políticas habitacionais e as regras estabelecidas pelo Poder Executivo federal. *(Parágrafo acrescido pela Medida Provisória nº 514, de 1/12/2010 e com redação dada pela Lei nº 12.424, de 16/6/2011)*

§ 5º Os Estados, os Municípios e o Distrito Federal que aderirem ao PMCMV, as entidades privadas sem fins lucrativos, na qualidade de entidades organizadoras, e as instituições financeiras oficiais federais serão responsáveis pela realização do trabalho social nos empreendimentos implantados, na forma estabelecida em termo de adesão a ser definido em regulamento. *(Parágrafo acrescido pela Medida Provisória nº 514, de 1/12/2010, convertida na Lei nº 13.590, de 4/1/2018, e com nova redação dada pela Medida Provisória nº 996, de 25/8/2020, convertida na Lei nº 14.118, de 12/1/2021)*

§ 6º Na atualização dos valores adotados como parâmetros de renda familiar estabelecidos nesta Lei deverão ser observados os seguintes critérios:

I - quando o teto previsto no dispositivo for de R$ 4.650,00 (quatro mil, seiscentos e cinquenta reais), o valor atualizado não poderá ultrapassar 10 (dez) salários mínimos;

II - quando o teto previsto no dispositivo for de R$ 2.790,00 (dois mil, setecentos e noventa reais), o valor atualizado não poderá ultrapassar 6 (seis) salários mínimos;

III - quando o teto previsto no dispositivo for de R$ 1.395,00 (mil, trezentos e noventa e cinco reais), o valor atualizado não poderá ultrapassar 3 (três) salários mínimos. *(Parágrafo acrescido pela Medida Provisória nº 514, de 1/12/2010 e com redação dada pela Lei nº 12.424, de 16/6/2011)*

§ 7º Os requisitos dispostos no *caput* deste artigo, bem como aqueles definidos em regulamentos do Poder Executivo, relativos à situação econômica ou financeira dos beneficiários do PMCMV deverão ainda:

I - observar a exigência da qualificação pessoal completa do beneficiário para constar do respectivo contrato, incluindo seu número de inscrição no Cadastro de Pessoa Física - CPF, mantido na Secretaria da Receita Federal do Brasil;

II - ter sua veracidade verificada por meio do cruzamento de dados fiscais e bancários do beneficiário, assegurado o sigilo constitucional dos dados informados. *(Parágrafo acrescido pela Lei nº 13.274, de 26/4/2016)*

§ 8º O agente financeiro responsável pelo financiamento responderá pelo cumprimento do disposto no § 7º deste artigo. *(Parágrafo acrescido pela Lei nº 13.274, de 26/4/2016)*

§ 9º *(VETADO na Lei nº 13.274, de 26/4/2016)*

SEÇÃO II – DO PROGRAMA NACIONAL DE HABITAÇÃO URBANA - PNHU

Art. 4º O Programa Nacional de Habitação Urbana - PNHU tem por objetivo promover a produção ou aquisição de novas unidades habitacionais ou a requalificação de imóveis urbanos, desde 14 de abril de 2009. *("Caput" do artigo com redação dada pela Medida Provisória nº 651, de 9/7/2014, convertida na Lei nº 13.043, de 13/11/2014)*

§ 1º Para a implementação do PNHU, a União disponibilizará recursos na forma prevista nos incisos I, II e III do art. 2º. *(Parágrafo com redação dada pela Lei 12.424, de 16/6/2011)*

I - *(Revogado pela Lei nº 12.424, de 16/6/2011)*

II - (VETADO);

III - *(Revogado pela Lei nº 12.424, de 16/6/2011)*

§ 2º *(Revogado pela Lei nº 14.620, de 2023)*

Art. 5º *(Artigo revogado a partir de 31/12/2010 pela Medida Provisória nº 514, de 1/12/2010 e mantido até 31/12/2011 pela Lei nº 12.424, de 16/6/2011, na qual foi convertida a referida Medida Provisória)*

Art. 5º-A. Para a implantação de empreendimentos no âmbito do PNHU, deverão ser observados:

I - localização do terreno na malha urbana ou em área de expansão que atenda aos requisitos estabelecidos pelo Poder Executivo federal, observado o respectivo plano diretor, quando existente;

II - adequação ambiental do projeto;

III - infraestrutura básica que inclua vias de acesso, iluminação pública e solução de esgotamento sanitário e de drenagem de águas pluviais e permita ligações domiciliares de abastecimento de água e energia elétrica; e

IV - a existência ou compromisso do poder público local de instalação ou de ampliação dos equipamentos e serviços relacionados a educação, saúde, lazer e transporte público. *(Artigo acrescido pela Lei nº 12.424, de 16/6/2011)*

Art. 6º A subvenção econômica de que trata o inciso I do art. 2º será concedida no ato da contratação da operação de financiamento, com o objetivo de: *("Caput" do artigo com redação dada pela Lei nº 12.424, de 16/6/2011)*

I - facilitar a aquisição, produção e requalificação do imóvel residencial; ou *(Inciso com redação dada pela Lei nº 12.249, de 11/6/2010)*

II - complementar o valor necessário a assegurar o equilíbrio econômico-financeiro das operações de financiamento realizadas pelas entidades integrantes do Sistema Financeiro da Habitação - SFH, compreendendo as despesas de contratação, de administração e cobrança e de custos de alocação, remuneração e perda de capital.

§ 1º A subvenção econômica de que trata o *caput* será concedida exclusivamente a mutuários com renda familiar mensal de até R$ 2.790,00 (dois mil, setecentos e noventa reais), uma única vez por imóvel e por beneficiário e será cumulativa, até o limite máximo a ser fixado em ato do Poder Executivo federal, com os descontos habitacionais concedidos nas operações de financiamento realizadas na forma do art. 9º da Lei nº 8.036, de 11 de maio de 1990, com recursos do Fundo de Garantia do Tempo de Serviço - FGTS. *(Parágrafo com redação dada pela Lei nº 12.424, de 16/6/2011)*

§ 2º A subvenção poderá ser cumulativa com subsídios concedidos no âmbito de programas habitacionais dos Estados, do Distrito Federal ou dos Municípios.

§§ 3º a 5º *(Revogados pela Medida Provisória nº 561, de 8/3/2012, convertida na Lei nº 12.693, de 24/7/2012)*

Art. 6º-A. As operações realizadas com recursos advindos da integralização de cotas no FAR e recursos transferidos ao FDS, conforme previsto no inciso II do *caput* do art. 2º, são limitadas a famílias com renda mensal de até R$ 1.395,00 (mil trezentos e noventa e cinco reais), e condicionadas a: *("Caput" do artigo acrescido pela Lei nº 12.424, de 16/6/2011, e com redação dada pela Medida Provisória nº 561, de 8/3/2012, convertida na Lei nº 12.693, de 24/7/2012)*

I - exigência de participação financeira dos beneficiários, sob a forma de prestações mensais; *(Inciso acrescido pela Lei nº 12.424, de 16/6/2011)*

II - quitação da operação, em casos de morte ou invalidez permanente do beneficiário, sem cobrança de contribuição do beneficiário; e *(Inciso acrescido pela Lei nº 12.424, de 16/6/2011)*

III - cobertura de danos físicos ao imóvel, sem cobrança de contribuição do beneficiário. *(Inciso acrescido pela Lei nº 12.424, de 16/6/2011)*

§ 1º Nos empreendimentos habitacionais em edificações multifamiliares produzidos com os recursos de que trata o *caput*, inclusive no caso de requalificação de imóveis urbanos, será admitida a produção de unidades destinadas à atividade comercial a eles vinculada. *(Redação dada pela Medida Provisória nº 1.162, de 2023, convertida pela Lei nº 14.620, de 2023)*

§ 2º *(Revogado pela Medida Provisória nº 1.162, de 2023, convertida na Lei nº 14.620, de 2023)*

§ 3º Serão dispensadas, na forma do regulamento, a participação financeira dos beneficiários de que trata o inciso I do *caput* e a cobertura a que se refere o inciso III do *caput* nas operações com recursos advindos da integralização de cotas no FAR, quando essas operações: *("Caput" do parágrafo acrescido pela Lei nº 12.424, de 16/6/2011, e com redação dada pela Medida Provisória nº 561, de 8/3/2012, convertida na Lei nº 12.693, de 24/7/2012)*

I - forem vinculadas às programações orçamentárias do Programa de Aceleração do Crescimento (PAC) e demandarem reassentamento, remanejamento ou substituição de unidades habitacionais; *(Inciso acrescido pela Lei nº 12.424, de 16/6/2011, e com redação dada pela Medida Provisória nº 561, de 8/3/2012, convertida na Lei nº 12.693, de 24/7/2012)*

II - forem vinculadas a intervenções financiadas por operações de crédito ao setor público, conforme hipóteses definidas no regulamento, e demandarem reassentamento, remanejamento ou substituição de unidades habitacionais; *(Inciso acrescido pela Lei nº 12.424, de 16/6/2011, e com redação dada pela Medida Provisória nº 679, de 23/6/2015, convertida na Lei nº 13.173, de 21/10/2015)*

III - forem destinadas ao atendimento, nos casos de situação de emergência ou estado de calamidade pública reconhecidos pela União, a famílias desabrigadas que perderam seu único imóvel; ou *(Inciso acrescido pela Medida Provisória nº 561, de 8/3/2012, convertida na Lei nº 12.693, de 24/7/2012 e com redação dada pela Medida Provisória nº 679, de 23/6/2015, convertida na Lei nº 13.173, de 21/10/2015)*

IV - forem vinculadas a reassentamentos de famílias, indicadas pelo poder público municipal ou estadual, decorrentes de obras vinculadas à realização dos Jogos Rio 2016, de que trata a Lei nº 12.035, de 1º de outubro de 2009. *(Inciso acrescido pela Lei nº 13.161, de 31/8/2015)*

§ 4º Exclusivamente nas operações previstas no § 3º, será admitido atendimento a famílias com renda mensal de até R$ 2.790,00 (dois mil, setecentos e noventa reais). *(Parágrafo acrescido pela Medida Provisória nº 561, de 8/3/2012, convertida na Lei nº 12.693, de 24/7/2012)*

§ 5º Nas operações com recursos previstos no *caput*: *(Parágrafo acrescido pela Medida Provisória nº 561, de 8/3/2012, convertida na Lei nº 12.693, de 24/7/2012)*

I - a subvenção econômica será concedida nas prestações do financiamento, ao longo de 120 (cento e vinte) meses, ressalvada a hipótese de quitação antecipada de que trata o inciso II; *(Redação dada pela Medida Provisória nº 1.162, de 2023, convertida pela Lei nº 14.620, de 2023)*

II - poderá haver quitação antecipada do financiamento, conforme regulamentação do Ministério das Cidades; *(Redação dada pela Medida Provisória nº 1.162, de 2023, convertida pela Lei nº 14.620, de 2023)*

III - não se admite transferência *inter vivos* de imóveis sem a respectiva quitação. *(Inciso acrescido pela Medida Provisória nº 561, de 8/3/2012, convertida na Lei nº 12.693, de 24/7/2012)*

§ 6º As cessões de direitos, promessas de cessões de direitos ou procurações que tenham por objeto a compra e venda, promessa de compra e venda ou cessão de imóveis adquiridos sob as regras do PMCMV, quando em desacordo com o inciso III do § 5º, serão consideradas nulas. *(Parágrafo acrescido pela Medida Provisória nº 561, de 8/3/2012, convertida na Lei nº 12.693, de 24/7/2012)*

§ 7º Nas operações previstas no § 3º, a subvenção econômica será concedida no ato da contratação da unidade habitacional, conforme regulamentação do Ministério das Cidades. *(Redação dada pela Medida Provisória nº 1.162, de 2023, convertida pela Lei nº 14.620, de 2023)*

§ 8º É vedada a concessão de subvenções econômicas lastreadas nos recursos do FAR ou do FDS a beneficiário que tenha recebido benefício de natureza habitacional oriundo de recursos orçamentários da União, do FAR, do FDS ou de descontos habitacionais concedidos com recursos do FGTS, excetuadas as subvenções ou descontos destinados à aquisição de material de construção e aquelas previstas no atendimento a famílias nas operações estabelecidas no § 3º, na forma do regulamento. *(Parágrafo acrescido pela Medida Provisória nº 561, de 8/3/2012, convertida na Lei nº 12.693, de 24/7/2012)*

§ 9º O descumprimento contratual pela família beneficiária de operações financiadas pelo FAR e pelo FDS poderá ensejar a retomada do bem pelo fundo financiador correspondente, dispensada a realização de leilão, observada a regulamentação do Ministério das Cidades para a destinação da unidade habitacional. *(Redação dada pela Medida Provisória nº 1.162, de 2023, convertida pela Lei nº 14.620, de 2023)*

§ 10. Nos casos das operações previstas no inciso IV do § 3º deste artigo, é dispensado o atendimento aos dispositivos estabelecidos no art. 3º, e caberá ao poder público municipal ou estadual restituir integralmente os recursos aportados pelo FAR no ato da alienação do imóvel a beneficiário final cuja renda familiar mensal exceda o limite estabelecido no *caput* deste artigo. *(Parágrafo acrescido pela Lei nº 13.161, de 31/8/2015, com redação dada pela Lei nº 13.173, de 21/10/2015)*

§ 11. Serão disponibilizadas em sítio eletrônico informações relativas às operações previstas no inciso IV do § 3º deste artigo com a identificação do beneficiário final, os respectivos valores advindos da integralização de cotas do FAR e os valores restituídos ao FAR pelo poder público municipal ou estadual. *(Parágrafo acrescido pela Lei nº 13.173, de 21/10/2015)*

§ 12. O FAR poderá prestar garantia à instituição financeira em favor do beneficiário nos casos de operações de financiamento habitacional ao beneficiário com desconto concedido pelo FGTS para aquisição de imóveis construídos com recursos do FAR. *(Parágrafo acrescido pela Medida Provisória nº 698, de 23/10/2015, convertida na Lei nº 13.274, de 26/4/2016)*

§ 13. No caso de execução da garantia de que trata o § 12, ficará o FAR sub-rogado nos direitos do credor. *(Parágrafo acrescido pela Medida Provisória nº 698, de 23/10/2015, convertida na Lei nº 13.274, de 26/4/2016)*

§ 14. Para assegurar a expectativa trimestral de venda de imóveis estabelecida pelo FAR, as instituições financeiras executoras do PMCMV deverão repassar ao FAR o valor equivalente aos descontos do FGTS correspondente à referida expectativa trimestral. *(Parágrafo acrescido pela Medida Provisória nº 698, de 23/10/2015, convertida na Lei nº 13.274, de 26/4/2016)*

§ 15. Caso os recursos de que trata o § 14 não sejam integralmente utilizados, o FAR devolverá o excedente às instituições financeiras ao final de cada trimestre, corrigido pela taxa do Sistema Especial de Liquidação e de Custódia – SELIC apurada no período. *(Parágrafo acrescido pela Medida Provisória nº 698, de 23/10/2015, convertida na Lei nº 13.274, de 26/4/2016)*

§ 16. Os imóveis cuja viabilidade ou permanência no Programa restar prejudicada poderão ser objeto de desimobilização, pelo FAR ou pelo FDS, por meio de cessão, doação, locação, comodato, arrendamento, venda, ou outros negócios jurídicos compatíveis, em contrato subsidiado ou não, aos Estados, ao Distrito Federal, aos Municípios, aos órgãos de suas administrações diretas e indiretas, às pessoas físicas e às entidades com ou sem fins lucrativos, conforme ato do Ministério das Cidades. *(Redação dada pela Lei nº 14.620, de 2023)*

§ 17. *(Revogado pela Medida Provisória nº 1.162, de 2023, convertida na Lei nº 14.620, de 2023)*

§ 18. Compete ao Ministério das Cidades regulamentar a exigência de participação financeira dos beneficiários de que trata o inciso I do *caput*, inclusive por meio da ampliação do rol de dispensas de que trata o § 3º e da eventual renegociação de dívidas. *(Redação dada pela Medida Provisória nº 1.162, de 2023, convertida pela Lei nº 14.620, de 2023)*

§ 19. A União fica autorizada a utilizar imóveis ociosos de sua propriedade, nas regiões urbanas centrais, objetivando a sua requalificação para a oferta de benefícios habitacionais, desde que o atendimento contemple exclusivamente famílias da Faixa Urbano 1, de forma a: *(Incluído pela Lei nº 14.620, de 2023)*

I - contribuir para a redução da ociosidade de edificações existentes e para o cumprimento da função social da propriedade, visando ao aumento da densidade demográfica e à qualificação do espaço público;

II - estimular a reabilitação do patrimônio arquitetônico, a partir de regras que facilitem a requalificação das edificações para novos usos;

III - favorecer a adequação de edificações existentes aos padrões de segurança, salubridade e acessibilidade, ampliando a oferta de áreas disponíveis ao adensamento populacional;

IV - adequar os procedimentos de análise de pedidos de licenciamento de intervenções de requalificação, quando associadas a pedido de reforma com aumento de área construída;

V - estimular a sustentabilidade ambiental em região urbana, com a maximização da utilização de materiais e infraestrutura existentes.

Art. 6º-B. Para a concessão de subvenção econômica nas operações de que trata o inciso III do art. 2º, fica estabelecido que a instituição ou agente financeiro participante só poderá receber recursos até o máximo de 15% (quinze por cento) do total ofertado em cada oferta pública, na forma do regulamento, considerado o limite de 100 (cem) unidades habitacionais por Município. *("Caput" do artigo acrescido pela Lei nº 12.424, de 16/6/2011)*

§ 1º O Poder Executivo federal disporá necessariamente sobre os seguintes aspectos:

I - valores e limites das subvenções individualizadas a serem destinadas a cada beneficiário;

II - remuneração das instituições e agentes financeiros pelas operações realizadas;

III - quantidade, condições e modalidades de ofertas públicas de cotas de subvenções; e

IV - tipologia e padrão das moradias e da infraestrutura urbana, com observância da legislação municipal pertinente. *(Parágrafo acrescido pela Lei nº 12.424, de 16/6/2011)*

§ 2º As operações de que trata o *caput* poderão ser realizadas pelos bancos múltiplos, pelos bancos comerciais, pelas sociedades de crédito imobiliário, pelas companhias hipotecárias, por órgãos federais, estaduais e municipais, inclusive sociedades de economia mista em que haja participação majoritária do poder público, que operem no financiamento de habitações e obras conexas, e pelas cooperativas de crédito que tenham entre seus objetivos o financiamento habitacional a seus cooperados, desde que tais instituições e agentes financeiros sejam especificamente autorizados a operar o programa pelo Banco Central do Brasil e pelo Ministério das Cidades, no âmbito de suas competências. *(Parágrafo acrescido pela Lei nº 12.424, de 16/6/2011)*

§ 3º Os Estados e os Municípios poderão complementar o valor das subvenções econômicas com créditos tributários, benefícios fiscais, bens ou serviços economicamente mensuráveis, assistência técnica ou recursos financeiros. *(Parágrafo acrescido pela Lei nº 12.424, de 16/6/2011)*

§ 4º É vedada a concessão de subvenções econômicas de que trata o inciso III do *caput* do art. 2º a beneficiário que tenha recebido benefício de natureza habitacional oriundo de recursos orçamentários da União, do FAR, do FDS ou de descontos habitacionais concedidos com recursos do FGTS, excetuadas as subvenções ou descontos destinados à aquisição de material de construção, na forma do regulamento. *(Parágrafo acrescido pela Medida Provisória nº 561, de 8/3/2012, convertida na Lei nº 12.693, de 24/7/2012)*

Art. 7º Em casos de utilização dos recursos de que tratam os incisos I, II e III do art. 2º em finalidade diversa da definida nesta Lei, ou em desconformidade ao disposto nos arts. 6º, 6º-A e 6º- B, será exigida a devolução ao erário do valor da subvenção concedida, acrescido de juros e atualização monetária, com base na remuneração dos recursos que serviram de lastro à sua concessão, sem prejuízo das penalidades previstas em lei. *("Caput" do artigo com redação dada pela Lei nº 12.424, de 16/6/2011)*

Parágrafo único. Para as operações com recursos de que trata o inciso III do art. 2º desta Lei, fica o Ministério das Cidades autorizado a fixar novas condições de pagamento e prazos para a conclusão das unidades habitacionais contratadas, obedecidos os seguintes parâmetros:

I – o prazo para conclusão das unidades habitacionais será de até doze meses, contados da entrada em vigor deste parágrafo;

II – as instituições e agentes financeiros habilitados deverão declarar a viabilidade de execução das unidades habitacionais contratadas, dentro dos prazos fixados pelo Ministério das Cidades, observado o limite previsto no inciso I deste parágrafo;

III – as instituições e agentes financeiros habilitados deverão declarar a viabilidade de execução das unidades habitacionais contratadas, dentro do valor originalmente previsto, sem custos adicionais para a União;

IV – a aceitação e a adesão pelas instituições e agentes financeiros habilitados às novas condições e prazos fixados serão formalizadas em instrumento próprio a ser regulamentado pelo Ministério das Cidades;

V – a liberação de recursos pela União às instituições e agentes financeiros habilitados dependerá da comprovação da correspondente parcela da obra executada, vedadas quaisquer formas de adiantamento;

VI – o não atendimento das condições e prazos finais fixados pelo Ministério das Cidades ensejará imediata devolução ao erário do valor dos recursos liberados, acrescido de juros e atualização monetária, com base na remuneração dos recursos que serviram de lastro à sua concessão, sem prejuízo das penalidades previstas em lei;

VII – nos casos de inadimplência pelas instituições e agentes financeiros habilitados das condições e prazos estabelecidos pelo Ministério das Cidades, fica autorizada a inscrição em dívida ativa da União dos valores previstos no inciso VI deste parágrafo; e

VIII – a definição dos procedimentos a serem adotados nos casos omissos caberá ao Ministério das Cidades. *(Parágrafo único acrescido pela Lei nº 13.465, de 11/7/2017)*

Art. 7º-A. Os beneficiários de operações do PMCMV realizadas com recursos advindos da integralização de cotas do FAR obrigam-se a ocupar os imóveis adquiridos, em até 30 (trinta) dias, a contar da assinatura do contrato de compra e venda com cláusula de alienação fiduciária em garantia, firmado com o FAR, e não poderão ser impedidos de habitar com seus animais domésticos nessas residências, respeitando as normas vigentes e garantindo o bem-estar animal. *(Redação dada pela Lei nº 14.620, de 2023)*

Parágrafo único. Descumprido o prazo de que trata o *caput* deste artigo, fica o FAR automaticamente autorizado a declarar o contrato resolvido e a alienar o imóvel a beneficiário diverso, a ser indicado conforme a Política Nacional de Habitação. *(Incluído pela Lei nº 13.465, de 2017)*

Art. 7º-B. Acarretam o vencimento antecipado da dívida decorrente de contrato de compra e venda com cláusula de alienação fiduciária em garantia firmado, no âmbito do PMCMV, com o FAR: *("Caput" do artigo acrescido pela Lei nº 13.465, de 11/7/2017)*

I – a alienação ou cessão, por qualquer meio, dos imóveis objeto de operações realizadas com recursos advindos da integralização de cotas no FAR antes da quitação de que trata o inciso III do § 5º do art. 6º-A desta Lei; *(Inciso acrescido pela Lei nº 13.465, de 11/7/2017)*

II – a utilização dos imóveis objeto de operações realizadas com recursos advindos da integralização de cotas no FAR em finalidade diversa da moradia dos beneficiários da subvenção de que trata o inciso I do art. 2º desta Lei e das respectivas famílias; e *(Inciso acrescido pela Lei nº 13.465, de 11/7/2017)*

III - *(Revogado pela Medida Provisória nº 1.162, de 2023, convertida na Lei nº 14.620, de 2023)*

Art. 7º-C. Vencida antecipadamente a dívida, o FAR, na condição de credor fiduciário, munido de certidão comprobatória de processo administrativo que ateste a ocorrência de uma das hipóteses previstas no art. 7º-B desta Lei, deverá requerer, ao oficial do registro de imóveis competente, que intime o beneficiário, ou seu representante legal ou procurador regularmente constituído, para satisfazer, no prazo previsto no § 1º do art. 26 da Lei nº 9.514, de 20 de novembro de 1997, a integralidade da dívida, compreendendo a devolução da subvenção devidamente corrigida nos termos do art. 7º desta Lei.

§ 1º Decorrido o prazo de que trata o *caput* deste artigo sem o pagamento da dívida antecipadamente vencida, o contrato será reputado automaticamente resolvido de pleno direito, e o oficial do registro de imóveis competente, certificando esse fato, promoverá a averbação, na matrícula do imóvel, da consolidação da propriedade fiduciária em nome do FAR, respeitada a Lei nº 9.514, de 20 de novembro de 1997.

§ 2º Uma vez consolidada a propriedade fiduciária em nome do FAR, proceder-se-á em conformidade com o disposto no § 9º do art. 6º-A desta Lei, e o imóvel deve ser-lhe imediatamente restituído, sob pena de esbulho possessório.

§ 3º O FAR, em regulamento próprio, disporá sobre o processo administrativo de que trata o *caput* deste artigo.

§ 4º A intimação de que trata o *caput* deste artigo poderá ser promovida, por solicitação do oficial do registro de imóveis, do oficial de registro de títulos e documentos da comarca da situação do imóvel ou do domicílio de quem deva recebê-la ou do serventuário por eles credenciado, ou pelo correio, com aviso de recebimento.

§ 5º Quando, por duas vezes, o oficial de registro de imóveis ou de registro de títulos e documentos ou o serventuário por eles credenciado houver procurado o intimando em seu domicílio ou residência sem o encontrar, deverá, havendo suspeita motivada de ocultação, intimar qualquer pessoa da família ou, em sua falta, qualquer vizinho de que, no dia útil imediato, retornará ao imóvel, a fim de efetuar a intimação, na hora que designar, aplicando-se subsidiariamente o disposto nos arts. 252, 253 e 254 da Lei nº 13.105, de 16 de março de 2015 (Código de Processo Civil).

§ 6º Nos condomínios edilícios ou outras espécies de conjuntos imobiliários com controle de acesso, a intimação de que trata este artigo poderá ser feita ao funcionário da portaria responsável pelo recebimento de correspondência.

§ 7º Caso não seja efetuada a intimação pessoal ou por hora certa, o oficial de registro de imóveis ou de registro de títulos e documentos ou o serventuário por eles credenciado promoverá a intimação do devedor fiduciante por edital, publicado por três dias, pelo menos, em um dos jornais de maior circulação ou em outro de comarca de fácil acesso, se no local não houver imprensa diária, contado o prazo para o pagamento antecipado da dívida da data da última publicação do edital. *(Artigo acrescido pela Lei nº 13.465, de 11/7/2017)*

Art. 7º-D. Para garantia da posse legítima dos empreendimentos produzidos pelo FAR ou pelo FDS ainda não alienados aos beneficiários finais que venham a sofrer turbação ou esbulho, poderão ser empregados atos de defesa ou de desforço diretos, inclusive por meio do auxílio de força policial.

§ 1º O auxílio de força policial a que se refere o *caput* deste artigo poderá estar previsto no instrumento firmado ou em outro que venha a ser estabelecido entre a União e os Estados, o Distrito Federal e os Municípios.

§ 2º Os atos de defesa ou de desforço a que se refere o *caput* deste artigo não poderão ir além do indispensável à manutenção ou à restituição da posse e deverão ocorrer no prazo máximo de 5 (cinco) dias, contado da data de ciência do ato de turbação ou de esbulho. *(Artigo acrescido pela Medida Provisória nº 996, de 25/8/2020, convertida na Lei nº 14.118, de 12/1/2021)*

Art. 7º-E. O disposto nos arts. 7º-A, 7º-B e 7º-C desta Lei aplica-se também aos empreendimentos executados com recursos provenientes do FDS. *(Artigo acrescido pela Medida Provisória nº 996, de 25/8/2020, convertida na Lei nº 14.118, de 12/1/2021)*

Art. 8º Caberá ao Poder Executivo a regulamentação do PNHU, especialmente em relação:

I - à fixação das diretrizes e condições gerais;

II - à distribuição regional dos recursos e à fixação dos critérios complementares de distribuição desses recursos;

III - aos valores e limites máximos de subvenção;

IV - ao estabelecimento dos critérios adicionais de priorização da concessão da subvenção econômica; e

V - ao estabelecimento das condições operacionais para pagamento e controle da subvenção econômica.

Art. 8º-A. O Ministério das Cidades, nas situações enquadradas nos incisos VI e VII do parágrafo único do art. 7º, deverá notificar, no prazo de 60 (sessenta) dias, as instituições ou agentes financeiros para: *(Redação dada pela Medida Provisória nº 1.162, de 2023, convertida pela Lei nº 14.620, de 2023)*

I - efetuar a imediata devolução ao erário do valor dos recursos liberados, acrescido de juros e atualização monetária, com base na remuneração dos recursos que serviram de lastro à sua concessão, sem prejuízo das penalidades previstas em lei; ou *(Inciso acrescido pela Lei nº 14.118, de 12/1/2021)*

II - manifestar interesse na conclusão e entrega das unidades habitacionais. *(Inciso acrescido pela Lei nº 14.118, de 12/1/2021)*

§ 1º No caso de não atendimento à notificação a que se refere o *caput* deste artigo, caberá ao Ministério do Desenvolvimento Regional a adoção dos procedimentos necessários para inscrição das instituições ou agentes financeiros inadimplentes na dívida ativa da União. *(Parágrafo acrescido pela Lei nº 14.118, de 12/1/2021)*

§ 2º No caso previsto no inciso II do *caput* deste artigo, as instituições ou agentes financeiros poderão apresentar:

I - manifestação de interesse na conclusão e entrega das unidades habitacionais, dentro do valor originalmente previsto, sem custos adicionais para a União; ou

II - manifestação de interesse do Estado ou do Município, a ser firmada em conjunto com a instituição ou agente financeiro, na conclusão e entrega das unidades habitacionais com recursos provenientes do Estado ou do Município, vedada a liberação de recursos da União. *(Parágrafo acrescido pela Lei nº 14.118, de 12/1/2021)*

§ 3º Para cumprimento do disposto no § 2º deste artigo, as instituições ou agentes financeiros deverão declarar ao Ministério do Desenvolvimento Regional as unidades habitacionais que tenham viabilidade de execução para conclusão e entrega. *(Parágrafo acrescido pela Lei nº 14.118, de 12/1/2021)*

§ 4º A manifestação de interesse a que se refere o § 2º possibilitará a prorrogação dos compromissos assumidos pelas instituições ou pelos agentes financeiros pelo prazo de até 60 (sessenta) meses, contado a partir de 26 de agosto de 2020, para conclusão e entrega das unidades habitacionais. *(Redação dada pela Lei nº 14.620, de 2023)*

§ 5º Nos casos enquadrados no inciso I do § 2º deste artigo, a liberação de recursos pela União às instituições ou agentes financeiros fica condicionada à comprovação da conclusão e entrega da unidade habitacional, vedadas quaisquer formas de adiantamento. *(Parágrafo acrescido pela Lei nº 14.118, de 12/1/2021)*

§ 6º Nos casos enquadrados no inciso II do § 2º deste artigo, no período de vigência dos compromissos, fica suspensa a exigibilidade do crédito das instituições ou agentes financeiros constituído em decorrência do disposto nos incisos VI e VII do parágrafo único do art. 7º desta Lei. *(Parágrafo acrescido pela Lei nº 14.118, de 12/1/2021)*

§ 7º O adimplemento do compromisso decorrente da manifestação a que se refere o inciso II do *caput* deste artigo pelas instituições ou agentes financeiros implica a extinção da obrigação. *(Parágrafo acrescido pela Lei nº 14.118, de 12/1/2021)*

§ 8º O descumprimento do prazo-limite estabelecido no § 4º deste artigo implicará a aplicação do disposto nos incisos VI e VII do parágrafo único do art. 7º desta Lei. *(Parágrafo acrescido pela Lei nº 14.118, de 12/1/2021)*

Art. 9º A gestão operacional dos recursos destinados à concessão da subvenção do PNHU de que trata o inciso I do art. 2º desta Lei será efetuada pela Caixa Econômica Federal - CEF. *("Caput" do artigo com redação dada pela Lei nº 12.424, de 16/6/2011)*

Parágrafo único. Os Ministros de Estado das Cidades e da Fazenda fixarão, em ato conjunto, a remuneração da Caixa Econômica Federal pelas atividades exercidas no âmbito do PNHU.

Art. 10. Competem aos Ministérios da Fazenda e das Cidades a regulamentação e a gestão do PNHU no âmbito das suas respectivas competências.

SEÇÃO III – DO PROGRAMA NACIONAL DE HABITAÇÃO RURAL - PNHR

Art. 11. O PNHR tem como finalidade subsidiar a produção ou reforma de imóveis para agricultores familiares e trabalhadores rurais, por intermédio de operações de repasse de recursos do orçamento geral da União ou de financiamento habitacional com recursos do Fundo de Garantia do Tempo de Serviço - FGTS, desde 14 de abril de 2009. *("Caput" do artigo com redação dada pela Medida Provisória nº 651, de 9/7/2014, convertida na Lei nº 13.043, de 13/11/2014)*

Parágrafo único. A assistência técnica pode fazer parte da composição de custos do PNHR. *(Parágrafo único revogado pela Medida Provisória nº 514, de 1/12/2010 e mantido pela Lei nº 12.424, de 16/6/2011, na qual foi convertida a referida Medida Provisória)*

Art. 12. Fica a União autorizada a conceder subvenção econômica no âmbito do PNHR até o montante de R$ 500.000.000,00 (quinhentos milhões de reais).

Parágrafo único. Enquanto não efetivado o aporte de recursos de que trata o *caput*, caso o agente operador do Fundo de Garantia do Tempo de Serviço - FGTS tenha suportado ou venha a suportar, com recursos das disponibilidades atuais do referido fundo, a parcela da subvenção econômica de que trata o *caput*, terá direito ao ressarcimento das quantias desembolsadas, devidamente atualizadas pela taxa Selic. *(Artigo revogado a partir de 31/12/2010 pela Medida Provisória nº 514, de 1/12/2010 e mantido até 31/12/2011 pela Lei nº 12.424, de 16/6/2011, na qual foi convertida a referida Medida Provisória)*

Art. 13. Nas operações de que trata o art. 11, poderá ser concedido subvenção econômica, no ato da contratação do financiamento, com o objetivo de: *("Caput" do artigo com redação dada pela Lei nº 12.424, de 16/6/2011)*

I - facilitar a produção ou reforma do imóvel residencial; *(Inciso com redação dada pela Lei nº 12.424, de 16/6/2011)*

II - complementar o valor necessário a assegurar o equilíbrio econômico-financeiro das operações de financiamento realizadas pelos agentes financeiros; ou

III - complementar a remuneração do agente financeiro, nos casos em que o subsídio não esteja vinculado a financiamento.

§ 1º A subvenção econômica do PNHR será concedida uma única vez por imóvel e por beneficiário e, excetuados os casos previstos no inciso III deste artigo, será cumulativa, até o limite máximo a ser fixado em ato do Poder Executivo federal, com os descontos habitacionais concedidos nas operações de financiamento realizadas na forma do art. 9º da Lei nº 8.036, de 11 de maio de 1990, com recursos do FGTS. *(Parágrafo com redação dada pela Lei nº 12.424, de 16/6/2011)*

§ 2º A subvenção poderá ser cumulativa com subsídios concedidos no âmbito de programas habitacionais dos Estados, Distrito Federal ou Municípios.

§ 3º Para definição dos beneficiários do PNHR, deverão ser respeitados o limite de renda definido para o PMCMV, as faixas de renda definidas pelo Poder Executivo federal e as demais regras estabelecidas na regulamentação do Programa. *(Redação dada pela Medida Provisória nº 1.162, de 2023, convertida pela Lei nº 14.620, de 2023)*

Art. 14. Em casos de utilização dos recursos de que trata o art. 11 em finalidade diversa da definida nesta Lei, ou em desconformidade ao disposto no art. 13, será exigida a devolução ao erário do valor da subvenção concedida, acrescido de juros e atualização monetária, com base na remuneração dos recursos que serviram de lastro à sua concessão, sem prejuízo das penalidades previstas em lei. *(Artigo com redação dada pela Lei nº 12.424, de 16/6/2011)*

Art. 15. O Poder Executivo regulamentará o disposto nesta Seção, especialmente no que concerne à definição das diretrizes e condições gerais de operação, gestão, acompanhamento, controle e avaliação do PNHR.

Art. 16. A gestão operacional do PNHR será efetuada pela Caixa Econômica Federal.

Parágrafo único. Os Ministros de Estado das Cidades e da Fazenda fixarão, em ato conjunto, a remuneração da Caixa Econômica Federal pelas atividades exercidas no âmbito do PNHR.

Art. 17. Competem aos Ministérios da Fazenda e das Cidades a regulamentação e a gestão do PNHR no âmbito das suas respectivas competências.

SEÇÃO IV – DAS TRANSFERÊNCIAS DE RECURSOS POR PARTE DA UNIÃO E DA SUBVENÇÃO PARA MUNICÍPIOS DE PEQUENO PORTE

Art. 18. Fica a União autorizada a transferir recursos para o Fundo de Arrendamento Residencial - FAR, até o limite de R$ 16.500.000.000,00 (dezesseis bilhões e quinhentos milhões de reais), e para o Fundo de Desenvolvimento Social - FDS, até o limite de R$ 500.000.000,00 (quinhentos milhões de reais). *(Revogado a partir de 31/12/2011, de acordo com inciso III do art. 13 da Lei nº 12.424, de 16/6/2011) (Vide Medida Provisória nº 514, de 1/12/2010)*

- *Caput do artigo revogado a partir de 31/12/2010 pela Medida Provisória nº 514, de 1/12/2010 e mantido até 31/12/2011 pela Lei nº 12.424, de 16/6/2011, na qual foi convertida a referida Medida Provisória.*

§ 1º *(Revogado pela Lei nº 12.424, de 16/6/2011)*

I - seja exigida a participação dos beneficiários sob a forma de prestações mensais; *(Inciso acrescido pela Lei nº 12.058, de 13/10/2009)*

II - haja a quitação da operação, em casos de morte e invalidez permanente do mutuário, sem cobrança de contribuição do beneficiário; e *(Inciso acrescido pela Lei nº 12.058, de 13/10/2009)*

III - haja o custeio de danos físicos ao imóvel, sem cobrança de contribuição do beneficiário. *(Inciso acrescido pela Lei nº 12.058, de 13/10/2009)*

§ 2º Enquanto não efetivado o aporte de recursos de que trata o *caput*, caso o agente operador do FAR tenha utilizado ou venha a utilizar as disponibilidades atuais do referido Fundo, em contratações no âmbito do PMCMV, terá o FAR direito ao ressarcimento das quantias desembolsadas, devidamente atualizadas pela taxa Selic. *(Revogado a partir de 31/12/2011, de acordo com inciso III do art. 13 da Lei nº 12.424, de 16/6/2011) (Vide Medida Provisória nº 514, de 1/12/2010)*

- *Parágrafo revogado a partir de 31/12/2010 pela Medida Provisória nº 514, de 1/12/2010 e mantido até 31/12/2011 pela Lei nº 12.424, de 16/6/2011, na qual foi convertida a referida Medida Provisória.*

Art. 19. Fica a União autorizada a conceder subvenção econômica, no montante de até R$ 1.000.000.000,00 (um bilhão de reais), para implementação do PMCMV em Municípios com população de até 50.000 (cinquenta mil) habitantes e para atendimento a beneficiários com renda familiar mensal de até 3 (três) salários mínimos, por meio de instituições financeiras autorizadas pelo Banco Central do Brasil ou de agentes financeiros do Sistema Financeiro da Habitação - SFH. *(Revogado a partir de 31/12/2011, de acordo com inciso III do art. 13 da Lei nº 12.424, de 16/6/2011) (Vide Medida Provisória nº 514, de 1/12/2010)*

- *Caput do artigo revogado a partir de 31/12/2010 pela Medida Provisória nº 514, de 1/12/2010 e mantido até 31/12/2011 pela Lei nº 12.424, de 16/6/2011, na qual foi convertida a referida Medida Provisória.*

§§ 1º a 5º *(Revogados pela Lei nº 12.424, de 16/6/2011)*

SEÇÃO V – DO FUNDO GARANTIDOR DA HABITAÇÃO POPULAR - FGHAB

Art. 20. Fica a União autorizada a participar, observadas suas disponibilidades orçamentárias e financeiras consignadas nas dotações anuais, do Fundo Garantidor da Habitação Popular (FGHab), que terá por finalidades: *(Redação dada pela Lei nº 14.620, de 2023)*

I - garantir o pagamento aos agentes financeiros de prestação mensal de financiamento habitacional, no âmbito do Sistema Financeiro da Habitação, devida por mutuário final, em caso de desemprego e redução temporária da capacidade de pagamento, para famílias com renda mensal de até R$ 4.650,00 (quatro mil seiscentos e cinquenta reais); *(Inciso com redação dada pela Medida Provisória nº 1.114, de 20/4/2022, convertida na Lei nº 14.462, de 26/10/2022)*

II - assumir o saldo devedor do financiamento imobiliário, em caso de morte ou invalidez permanente, e as despesas de recuperação relativas a danos físicos ao imóvel para mutuários com renda familiar mensal de até R$ 4.650,00 (quatro mil seiscentos e cinquenta reais); e *(Inciso com redação dada pela Medida Provisória nº 1.114, de 20/4/2022, convertida na Lei nº 14.462, de 26/10/2022)*

III - garantir, direta ou indiretamente, parte do risco em operações de financiamento habitacional, no âmbito do Sistema Financeiro da Habitação, contratadas a partir de 1º de junho de 2022, para famílias com a renda mensal de que trata o inciso III do § 6º do art. 3º desta Lei, no âmbito dos programas habitacionais do governo federal estabelecidos em lei. *(Inciso acrescido pela Medida Provisória nº 1.114, de 20/4/2022, convertida na Lei nº 14.462, de 26/10/2022)*

§ 1º As condições e os limites das coberturas de que tratam os incisos I e II deste artigo serão definidos no estatuto do FGHab, que poderá estabelecer os casos em que será oferecida somente a cobertura de que trata o inciso II. *(Parágrafo com redação dada pela Lei 12.249, de 11/6/2010)*

§ 1º-A. As contratações realizadas a partir de 1º de junho de 2022 somente poderão contar com as coberturas de que tratam os incisos I e III do *caput* deste artigo para as quais as condições e os limites tenham sido estabelecidos no estatuto do FGHab. *(Parágrafo acrescido pela Medida Provisória nº 1.114, de 20/4/2022, convertida na Lei nº 14.462, de 26/10/2022)*

§ 1º-B. *(Revogado pela Medida Provisória nº 1.162, de 2023, convertida na Lei nº 14.620, de 2023)*

§ 2º O FGHab terá natureza privada e patrimônio próprio dividido em cotas, separado do patrimônio dos cotistas.

§ 3º Constituem patrimônio do FGHab:

I - os recursos oriundos da integralização de cotas pela União e pelos agentes financeiros que optarem por aderir às coberturas previstas no *caput* deste artigo; *(Inciso com redação dada pela Medida Provisória nº 1.114, de 20/4/2022, convertida na Lei nº 14.462, de 26/10/2022)*

II - os rendimentos obtidos com a aplicação das disponibilidades financeiras em títulos públicos federais e em ativos com lastro em créditos de base imobiliária, cuja aplicação esteja prevista no estatuto social;

III - os recursos provenientes da recuperação de prestações honradas com recursos do FGHab;

IV - as comissões cobradas com fundamento no *caput* deste artigo; e *(Inciso com redação dada pela Medida Provisória nº 1.114, de 20/4/2022, convertida na Lei nº 14.462, de 26/10/2022)*

V - outras fontes de recursos definidas no estatuto do Fundo.

§ 4º Os agentes financeiros que optarem por aderir à cobertura do FGHab deverão integralizar cotas proporcionais ao valor do financiamento para o mutuário final, na forma definida pelo estatuto.

§ 5º A integralização de cotas pela União será autorizada por decreto e poderá ser realizada, a critério do Ministério da Fazenda:

I - em moeda corrente;

II - em títulos públicos;

III - por meio de suas participações minoritárias; ou

IV - por meio de ações de sociedades de economia mista federais excedentes ao necessário para manutenção de seu controle acionário.

§ 6º O FGHab terá direitos e obrigações próprias, pelas quais responderá com seu patrimônio, não respondendo os cotistas por qualquer obrigação do Fundo, salvo pela integralização das cotas que subscreverem.

Art. 21. É facultada a constituição de patrimônio de afetação para a cobertura de que trata o inciso II do *caput* do art. 20, que não se comunicará com o restante do patrimônio do FGHab, ficando vinculado exclusivamente à garantia da respectiva cobertura, não podendo ser objeto de penhora, arresto, sequestro, busca e apreensão ou qualquer ato de constrição judicial decorrente de outras obrigações do Fundo.

Parágrafo único. A constituição do patrimônio de afetação será feita por registro em cartório de registro de títulos e documentos.

Art. 22. O FGHab não pagará rendimentos a seus cotistas, assegurando-se a qualquer deles o direito de requerer o resgate total ou parcial de suas cotas, correspondente ao montante de recursos financeiros disponíveis ainda não vinculados às garantias já contratadas, fazendo-se a liquidação com base na situação patrimonial do Fundo.

Art. 23. Os rendimentos auferidos pela carteira do FGHab não se sujeitam à incidência de imposto de renda na fonte, devendo integrar a base de cálculo dos impostos e contribuições devidos pela pessoa jurídica, na forma da legislação vigente, quando houver o resgate de cotas, total ou parcial, ou na dissolução do Fundo.

Art. 24. O FGHab será criado, administrado, gerido e representado judicial e extrajudicialmente por instituição financeira controlada direta ou indiretamente pela União, com observância das normas a que se refere o inciso XXII do art. 4º da Lei nº 4.595, de 31 de dezembro de 1964.

§ 1º A representação da União na assembleia de cotistas dar-se-á na forma do inciso V do art. 10 do Decreto-Lei nº 147, de 3 de fevereiro de 1967.

§ 2º Caberá à instituição financeira de que trata o *caput* deste artigo, na forma estabelecida no estatuto do Fundo:

I - deliberar sobre a gestão e a alienação dos bens e direitos do FGHab, zelando pela manutenção de sua rentabilidade e liquidez, após autorização dos cotistas;

II - receber comissão pecuniária, em cada operação, do agente financeiro concedente do crédito, que poderá exigi-la do mutuário, desde que o valor cobrado do mutuário, somado a outras eventuais cobranças de caráter securitário, não ultrapasse 10% (dez por cento) da prestação mensal.

§ 3º A instituição financeira a que se refere o *caput* deste artigo fará jus à remuneração pela administração do FGHab, a ser estabelecida no estatuto do Fundo.

§ 4º O estatuto do FGHab será proposto pela instituição financeira e aprovado em assembleia de cotistas.

Art. 25. Fica criado o Comitê de Participação no Fundo Garantidor da Habitação Popular - CPFGHab, órgão colegiado com composição e competência estabelecidas em ato do Poder Executivo.

§ 1º O CPFGHab contará com representantes do Ministério da Fazenda, que o presidirá, do Ministério do Planejamento, Orçamento e Gestão e da Casa Civil da Presidência da República.

§ 2º O estatuto do FGHab deverá ser examinado previamente pelo CPFGHab antes de sua aprovação na assembleia de cotistas.

Art. 26. O FGHab não contará com qualquer tipo de garantia ou aval por parte do setor público e responderá por suas obrigações até o limite dos bens e direitos integrantes de seu patrimônio.

Art. 27. A garantia de que trata o inciso I do *caput* do art. 20 será prestada mediante as seguintes condições:

I - limite de cobertura, incluindo o número de prestações cobertas, a depender da renda familiar do mutuário, verificada no ato da contratação;

II - período de carência definido pelo estatuto;

III - retorno das prestações honradas pelo Fundo na forma contratada com o mutuário final, imediatamente após o término de cada período de utilização da garantia, dentro do prazo remanescente do financiamento habitacional ou com prorrogação do prazo inicial, atualizadas pelos mesmos índices previstos no contrato de financiamento; e

IV - risco de crédito compartilhado entre o Fundo e os agentes financeiros nos percentuais, respectivamente, de 95% (noventa e cinco por cento) e 5% (cinco por cento), a ser absorvido após esgotadas medidas de cobrança e execução dos valores honrados pelo FGHab.

Art. 27-A. A garantia de que trata o inciso III do *caput* do art. 20 desta Lei será prestada por meio de condições e de limites a serem estabelecidos no estatuto do

FGHab. *(Artigo acrescido pela Medida Provisória nº 1.114, de 20/4/2022, convertida na Lei nº 14.462, de 26/10/2022)*

Art. 28. Os financiamentos imobiliários garantidos pelo FGHab, na forma do inciso II do *caput* do art. 20, serão dispensados da contratação de seguro com cobertura de Morte, Invalidez Permanente - MIP e Danos Físicos ao Imóvel - DFI.

Art. 29. *(Revogado pela Medida Provisória nº 1.114, de 20/4/2022, convertida na Lei nº 14.462, de 26/10/2022)*

Art. 30. As coberturas do FGHab de que trata o art. 20 desta Lei serão prestadas às operações de financiamento habitacional nas seguintes hipóteses: *("Caput" do artigo com redação dada pela Medida Provisória nº 1.114, de 20/4/2022, convertida na Lei nº 14.462, de 26/10/2022)*

I - produção ou aquisição de imóveis em áreas urbanas; *(Inciso com redação dada pela Lei nº 14.462, de 26/10/2022)*

II - requalificação de imóveis já existentes em áreas consolidadas no âmbito do Programa Nacional de Habitação Urbana - PNHU; ou

III - produção de moradia no âmbito do Programa Nacional de Habitação Rural - PNHR.

§ 1º A contratação das coberturas de que trata o *caput* está sujeita às seguintes condições:

I - os valores de financiamento devem obedecer aos limites definidos no estatuto do Fundo;

II - a cobertura do FGHab está limitada a um único imóvel financiado por mutuário no âmbito do SFH; e

III - a previsão da cobertura pelo FGHab deve estar expressa em cláusula específica dos contratos celebrados entre os agentes financeiros e os mutuários.

§ 2º O estatuto do FGHab definirá o prazo das coberturas oferecidas pelo Fundo. *(Artigo com redação dada pela Lei nº 12.249, de 11/6/2010)*

Art. 31. A dissolução do FGHab ficará condicionada à prévia quitação da totalidade dos débitos garantidos.

Art. 32. Dissolvido o FGHab, o seu patrimônio será distribuído entre os cotistas, na proporção de suas cotas, com base na situação patrimonial à data da dissolução.

SEÇÃO VI – DA SUBVENÇÃO ECONÔMICA AO BANCO NACIONAL DE DESENVOLVIMENTO ECONÔMICO E SOCIAL - BNDES

Art. 33. Fica a União autorizada a conceder subvenção econômica ao BNDES, sob a modalidade de equalização de taxas de juros e outros encargos financeiros, especificamente nas operações de financiamento de linha especial para infraestrutura em projetos de habitação popular.

§ 1º O volume de recursos utilizado para a linha de que dispõe o *caput* deste artigo não pode superar R$ 5.000.000.000,00 (cinco bilhões de reais).

§ 2º A equalização de juros de que trata o *caput* deste artigo corresponderá ao diferencial entre o custo da fonte de captação do BNDES e o custo da linha para a instituição financeira oficial federal.

Art. 34. A concessão da subvenção de equalização de juros obedecerá aos limites e normas operacionais a serem estabelecidos pelo Conselho Monetário Nacional, especialmente no que diz respeito a custos de captação e de aplicação dos recursos.

SEÇÃO VII – DISPOSIÇÕES COMPLEMENTARES

Art. 35. Os contratos e registros efetivados no âmbito do PMCMV serão formalizados, preferencialmente, em nome da mulher.

Art. 35-A. Nas hipóteses de dissolução de união estável, separação ou divórcio, o título de propriedade do imóvel adquirido no âmbito do PMCMV, na constância do casamento ou da união estável, com subvenções oriundas de recursos do orçamento geral da União, do FAR e do FDS, será registrado em nome da mulher ou a ela transferido, independentemente do regime de bens aplicável, excetuados os casos que envolvam recursos do FGTS.

Parágrafo único. Nos casos em que haja filhos do casal e a guarda seja atribuída exclusivamente ao marido ou companheiro, o título da propriedade do imóvel será registrado em seu nome ou a ele transferido. *(Artigo acrescido pela Medida Provisória nº 561, de 8/3/2012, convertida na Lei nº 12.693, de 24/7/2012)*

Art. 36. Os lotes destinados à construção de moradias no âmbito do PMCMV não poderão ser objeto de remembramento, devendo tal proibição constar expressamente dos contratos celebrados.

Parágrafo único. A vedação estabelecida no *caput* perdurará pelo prazo de 15 (quinze) anos, contados a partir da celebração do contrato.

CAPÍTULO II – DO REGISTRO ELETRÔNICO E DAS CUSTAS E EMOLUMENTOS

- *Vide Lei 14.382, de 2022 (Lei do SERP)*
- *Vide Recomendação CNJ n. 14/2014*
- *Vide Provimentos CNJ ns. 74/2018; 115/2021; 124/2021; 127/2022;Vide Decreto 11.208/2022 (Sinter)*

Art. 37. Os serviços de registros públicos de que trata a Lei nº 6.015, de 31 de dezembro de 1973 (Lei de Registros Públicos) promoverão a implantação e o funcionamento adequado do Sistema Eletrônico dos Registros Públicos (Serp), nos termos da Medida Provisória nº 1.085, de 27 de dezembro de 2021. *(Artigo com redação dada pela Medida Provisória nº 1.085, de 27/12/2021, convertida na Lei nº 14.382, de 27/6/2022)*

Art. 38. Os documentos eletrônicos apresentados aos serviços de registros públicos ou por eles expedidos deverão atender aos requisitos estabelecidos pela Corregedoria Nacional de Justiça do Conselho Nacional de Justiça, com a utilização de assinatura eletrônica avançada ou qualificada, conforme definido no art. 4º da Lei nº 14.063, de 23 de setembro de 2020. *("Caput" do artigo com redação dada pela Medida Provisória nº 1.085, de 27/12/2021, convertida na Lei nº 14.382, de 27/6/2022)*

§ 1º Os serviços de registros públicos disponibilizarão serviços de recepção de títulos e de fornecimento de informações e certidões em meio eletrônico. *(Parágrafo único transformado em § 1º pela Medida Provisória nº 1.085, de 27/12/2021, convertida na Lei nº 14.382, de 27/6/2022)*

§ 2º Ato da Corregedoria Nacional de Justiça do Conselho Nacional de Justiça poderá estabelecer hipóteses de admissão de assinatura avançada em atos que envolvam imóveis. *(Parágrafo acrescido pela Medida Provisória nº 1.085, de 27/12/2021, convertida na Lei nº 14.382, de 27/6/2022)*

Art. 39. Os atos registrais praticados a partir da vigência da Lei nº 6.015, de 31 de dezembro de 1973, serão inseridos no sistema de registro eletrônico, no prazo de até 5 (cinco) anos a contar da publicação desta Lei.

Parágrafo único. Os atos praticados e os documentos arquivados anteriormente à vigência da Lei nº 6.015, de 31 de dezembro de 1973, deverão ser inseridos no sistema eletrônico.

Art. 40. Serão definidos em regulamento os requisitos quanto a cópias de segurança de documentos e de livros escriturados de forma eletrônica.

Art. 41. A partir da implementação do sistema de registro eletrônico de que trata o art. 37, os serviços de registros públicos disponibilizarão ao Poder Judiciário e ao Poder Executivo federal, por meio eletrônico e sem ônus, o acesso às informações constantes de seus bancos de dados, conforme regulamento. *("Caput" com redação dada pela Medida Provisória nº 656, de 7/10/2014, convertida na Lei nº 13.097, de 19/1/2015, publicada no DOU de 20/1/2015, em vigor 30 dias após sua publicação)*

Parágrafo único. O descumprimento do disposto no *caput* ensejará a aplicação das penas previstas nos incisos II a IV do *caput* art. 32 da Lei nº 8.935, de 18 de novembro de 1994. *(Parágrafo acrescido pela Medida Provisória nº 656, de 7/10/2014, convertida na Lei nº 13.097, de 19/1/2015, publicada no DOU de 20/1/2015, em vigor trinta dias após sua publicação)*

Art. 42. Os emolumentos devidos pelos atos de abertura de matrícula, registro de incorporação, parcelamento do solo, averbação de construção, instituição de condomínio, averbação da carta de "habite-se" e demais atos referentes à construção de empreendimentos no âmbito do PMCMV serão reduzidos em: *("Caput" do artigo com redação dada pela Lei nº 12.424, de 16/6/2011)*

- *Vide Lei n. 10.169, de 2000 (Lei dos Emolumentos)*

I - 75% (setenta e cinco por cento) para os empreendimentos do FAR e do FDS; *(Inciso com redação dada pela Lei nº 12.424, de 16/6/2011)*

II - 50% (cinquenta por cento) para os atos relacionados aos demais empreendimentos do PMCMV. *(Inciso com redação dada pela Lei nº 12.424, de 16/6/2011)*

III - *(Revogado pela Lei nº 12.424, de 16/6/2011)*

§ 1º A redução prevista no inciso I será também aplicada aos emolumentos devidos pelo registro da transferência de propriedade do imóvel para o FAR e o FDS. *(Parágrafo acrescido pela Lei nº 12.424, de 16/6/2011)*

§ 2º No ato do registro de incorporação, o interessado deve declarar que o seu empreendimento está enquadrado no PMCMV para obter a redução dos emolumentos previstos no *caput*. *(Parágrafo acrescido pela Lei nº 12.424, de 16/6/2011)*

§ 3º O desenquadramento do PMCMV de uma ou mais unidades habitacionais de empreendimento que tenha obtido a redução das custas na forma do § 2º implica a complementação do pagamento dos emolumentos relativos a essas unidades. *(Parágrafo acrescido pela Lei nº 12.424, de 16/6/2011)*

§ 4º A redução prevista no inciso II do *caput* aplica-se às operações com recursos do FGTS firmadas a partir de 26 de agosto de 2020. *(Redação dada pela Lei nº 14.620, de 2023)*

Art. 43. Os emolumentos referentes a escritura pública, quando esta for exigida, ao registro da alienação de imóvel e de correspondentes garantias reais e aos demais atos relativos ao imóvel residencial adquirido ou financiado no âmbito do PMCMV serão reduzidos em: *("Caput" do artigo com redação dada pela Lei nº 12.424, de 16/6/2011)*

I - 75% (setenta e cinco por cento) para os imóveis residenciais adquiridos do FAR e do FDS; *(Inciso acrescido pela Lei nº 12.424, de 16/6/2011)*

II - 50% (cinquenta por cento) para os imóveis residenciais dos demais empreendimentos do PMCMV. *(Inciso acrescido pela Lei nº 12.424, de 16/6/2011)*

Parágrafo único. *(Revogado pela Lei nº 12.424, de 16/6/2011)*

I e II - *(Revogados pela Lei nº 12.424, de 16/6/2011)*

Art. 43-A. (VETADO).

Art. 43-B. A redução prevista no inciso II do *caput* do art. 43 aplica-se também às operações com imóveis residenciais de empreendimentos fora do PMCMV contratados com recursos do FGTS firmadas a partir de 26 de agosto de 2020. *(Incluído pela Lei nº 14.620, de 2023)*

Art. 44. Os cartórios que não cumprirem o disposto nos arts. 42 e 43 ficarão sujeitos à multa no valor de até R$ 100.000,00 (cem mil reais), bem como a outras sanções previstas na Lei nº 8.935, de 18 de novembro de 1994.

Art. 44-A. Nos atos registrais relativos ao PMCMV, o prazo para qualificação do título e respectivo registro, averbação ou devolução com indicação das pendências a serem satisfeitas para sua efetivação não poderá ultrapassar a 15 (quinze) dias, contados da data em que ingressar na serventia.

§ 1º Havendo exigências de qualquer ordem, elas deverão ser formuladas de uma só vez, por escrito, articuladamente, de forma clara e objetiva, em papel timbrado do cartório, com data, identificação e assinatura do servidor responsável, para que o interessado possa satisfazê-las, ou, não se conformando, requerer a suscitação de dúvida.

§ 2º Reingressando o título dentro da vigência da prenotação, e estando em ordem, o registro ou averbação será feito no prazo de 10 (dez) dias.

§ 3º Em caso de inobservância do disposto neste artigo, será aplicada multa, na forma do inciso II do *caput* do art. 32 da Lei nº 8.935, de 18 de novembro de 1994, com valor mínimo de 20% (vinte por cento) dos respectivos emolumentos, sem prejuízo de outras sanções cabíveis. *(Artigo acrescido pela Lei nº 12.424, de 16/6/2011)*

Art. 45. Regulamento disporá sobre as condições e as etapas mínimas, bem como sobre os prazos máximos, a serem cumpridos pelos serviços de registros públicos, com vistas na efetiva implementação do sistema de registro eletrônico de que trata o art. 37.

CAPÍTULO III – DA REGULARIZAÇÃO FUNDIÁRIA DE ASSENTAMENTOS URBANOS

(Capítulo revogado pela Medida Provisória nº 759, de 22/12/2016, convertida na Lei nº 13.465, de 11/7/2017)

SEÇÃO I – DISPOSIÇÕES PRELIMINARES

Arts. 46 a 52. *(Revogados pela Medida Provisória nº 759, de 22/12/2016, convertida na Lei nº 13.465, de 11/7/2017)*

SEÇÃO II – DA REGULARIZAÇÃO FUNDIÁRIA DE INTERESSE SOCIAL

Arts. 53 a 60-A. *(Revogados pela Medida Provisória nº 759, de 22/12/2016, convertida na Lei nº 13.465, de 11/7/2017)*

SEÇÃO III – DA REGULARIZAÇÃO FUNDIÁRIA DE INTERESSE ESPECÍFICO

Art. 61. *(Revogado pela Medida Provisória nº 759, de 22/12/2016, convertida na Lei nº 13.465, de 11/7/2017)*

Art. 62. *(Revogado pela Medida Provisória nº 759, de 22/12/2016, convertida na Lei nº 13.465, de 11/7/2017)*

Art. 63. (VETADO)

SEÇÃO IV – DO REGISTRO DA REGULARIZAÇÃO FUNDIÁRIA

Arts. 64 a 68. *(Revogados pela Medida Provisória nº 759, de 22/12/2016, convertida na Lei nº 13.465, de 11/7/2017)*

SEÇÃO V – DISPOSIÇÕES GERAIS

Arts. 69 a 71-A. *(Revogados pela Medida Provisória nº 759, de 22/12/2016, convertida na Lei nº 13.465, de 11/7/2017)*

CAPÍTULO IV – DISPOSIÇÕES FINAIS

Art. 72. Nas ações judiciais de cobrança ou execução de cotas de condomínio, de imposto sobre a propriedade predial e territorial urbana ou de outras obrigações vinculadas ou decorrentes da posse do imóvel urbano, nas quais o responsável pelo pagamento seja o possuidor investido nos respectivos direitos aquisitivos, assim como o usufrutuário ou outros titulares de direito real de uso, posse ou fruição, será notificado o titular do domínio pleno ou útil, inclusive o promitente vendedor ou fiduciário.

Art. 73. Serão assegurados no PMCMV:

I - condições de acessibilidade a todas as áreas públicas e de uso comum, com obrigatoriedade de construção de rampas de acesso nas calçadas e nos espaços públicos no âmbito do PMCMV; *(Redação dada pela Lei nº 14.620, de 2023)*

II - disponibilidade de unidades adaptáveis ao uso por pessoas com deficiência, com mobilidade reduzida e idosos, de acordo com a demanda;

III - condições de sustentabilidade das construções e dos espaços adequados e/ou destinados para animais domésticos (pets) em cada unidade habitacional; *(Redação dada pela Lei nº 14.620, de 2023)*

IV - uso de novas tecnologias construtivas.

V - condições de habitabilidade e sustentabilidade das construções. *(Incluído pela Lei nº 14.620, de 2023)*

Parágrafo único. Na ausência de legislação municipal ou estadual acerca de condições de acessibilidade que estabeleça regra específica, será assegurado que, do total de unidades habitacionais construídas no âmbito do PMCMV em cada Município, no mínimo, 3% (três por cento) sejam adaptadas ao uso por pessoas com deficiência. *(Incluído pela Lei nº 12.424, de 2011)*

Art. 73-A. Excetuados os casos que envolvam recursos do FGTS, os contratos em que o beneficiário final seja mulher chefe de família, no âmbito do PMCMV ou em programas de regularização fundiária de interesse social promovidos pela União, Estados, Distrito Federal ou Municípios, poderão ser firmados independentemente da outorga do cônjuge, afastada a aplicação do disposto nos arts. 1.647 a 1.649 da Lei nº 10.406, de 10 de janeiro de 2002 (Código Civil). *("Caput" do artigo acrescido pela Lei nº 12.424, de 16/6/2011, com redação dada pela Medida Provisória nº 561, de 8/3/2012, convertida na Lei nº 12.693, de 24/7/2012)*

§ 1º O contrato firmado na forma do *caput* será registrado no registro de imóveis competente, sem a exigência de documentos relativos a eventual cônjuge. *(Parágrafo acrescido pela Lei nº 12.424, de 16/6/2011)*

§ 2º Prejuízos sofridos pelo cônjuge por decorrência do previsto neste artigo serão resolvidos em perdas e danos. *(Parágrafo acrescido pela Lei nº 12.424, de 16/6/2011)*

Art. 74. O Decreto-Lei nº 3.365, de 21 de junho de 1941, passa a vigorar com as seguintes alterações:

› *Alterações inseridas no texto da referida norma.*

Art. 75. A Lei nº 4.380, de 21 de agosto de 1964, passa a vigorar com as seguintes alterações:

› *Alterações inseridas no texto da referida norma.*

Art. 76. A Lei nº 6.015, de 31 de dezembro de 1973, passa a vigorar com as seguintes alterações:

› *Alterações inseridas no texto da referida norma.*

Art. 77. O inciso VII do art. 20 da Lei nº 8.036, de 11 de maio de 1990, passa a vigorar com a seguinte redação:

▸ *Alterações inseridas no texto da referida norma.*

Art. 78. O inciso V do art. 4º da Lei nº 10.257, de 10 de julho de 2001, passa a vigorar acrescido das seguintes alíneas *t* e *u*:

▸ *Alterações inseridas no texto da referida norma.*

Art. 79. Os agentes financeiros do SFH somente poderão conceder financiamentos habitacionais com cobertura securitária que preveja, no mínimo, cobertura aos riscos de morte e invalidez permanente do mutuário e de danos físicos ao imóvel.

§ 1º Para o cumprimento do disposto no *caput*, os agentes financeiros, respeitada a livre escolha do mutuário, deverão:

I - disponibilizar, na qualidade de estipulante e beneficiário, quantidade mínima de apólices emitidas por entes seguradores diversos, que observem a exigência estabelecida no *caput*;

II - aceitar apólices individuais apresentadas pelos pretendentes ao financiamento, desde que a cobertura securitária prevista observe a exigência mínima estabelecida no *caput* e o ente segurador cumpra as condições estabelecidas pelo Conselho Nacional de Seguros Privados - CNSP, para apólices direcionadas a operações da espécie.

§ 2º Sem prejuízo da regulamentação do seguro habitacional pelo CNSP, o Conselho Monetário Nacional estabelecerá as condições necessárias à implementação do disposto no § 1º deste artigo, no que se refere às obrigações dos agentes financeiros.

§ 3º Nas operações em que sejam utilizados recursos advindos do Fundo de Arrendamento Residencial - FAR e do Fundo de Desenvolvimento Social - FDS, os agentes financeiros poderão dispensar a contratação de seguro de que trata o *caput*, nas hipóteses em que os riscos de morte e invalidez permanente do mutuário e de danos físicos ao imóvel estejam garantidos pelos respectivos fundos.

§ 4º Nas operações de financiamento na modalidade de aquisição de material de construção com recursos do FGTS, os agentes financeiros ficam autorizados a dispensar a contratação do seguro de danos físicos ao imóvel.

§ 5º Nas operações de financiamento de habitação rural, na modalidade de aquisição de material de construção, com recursos do FGTS, os agentes financeiros ficam autorizados a dispensar a contratação do seguro de morte e invalidez permanente do mutuário nos casos em que estes riscos contarem com outra garantia. *(Artigo com redação dada pela Lei nº 12.424, de 16/6/2011)*

Art. 79-A. Para construção, reforma ou requalificação de imóveis no âmbito do PMCMV, a Caixa Econômica Federal fica autorizada a adquirir, em nome do FAR, e pelo prazo necessário à conclusão das obras e transferência da unidade construída aos beneficiários do programa:

I - os direitos de posse em que estiver imitido qualquer ente da Federação a partir de decisão proferida em processo judicial de desapropriação em curso, conforme comprovado mediante registro no cartório de registro de imóveis competente; e

II - os direitos reais de uso de imóvel público, de que trata o art. 7º do Decreto-Lei nº 271, de 28 de fevereiro de 1967.

§ 1º A aquisição prevista no inciso I do *caput* será condicionada ao compromisso do ente público de transferir o direito de propriedade do imóvel ao FAR, após o trânsito em julgado da sentença do processo judicial de desapropriação.

§ 2º A transferência ao beneficiário final será condicionada ao adimplemento das obrigações assumidas por ele com o FAR.

§ 3º A aquisição prevista no inciso II do *caput* somente será admitida quando o direito real de uso for concedido por prazo indeterminado.

§ 4º Os contratos de aquisição de imóveis ou de direitos a eles relativos pelo FAR serão celebrados por instrumento particular com força de escritura pública e registrados no registro de imóveis competente. *(Artigo acrescido pela Lei nº 12.424, de 16/6/2011)*

Art. 80. Até que a quantidade mínima a que se refere o inciso I do § 1º do art. 79 desta Lei seja regulamentada pelo Conselho Monetário Nacional, os agentes financeiros poderão oferecer apenas uma apólice ao mutuário. *(Artigo com redação dada pela Lei nº 12.424, de 16/6/2011)*

Art. 81. Ficam convalidados os atos do Conselho Monetário Nacional que relacionaram as instituições integrantes do Sistema Financeiro da Habitação.

Art. 81-A. Os limites de renda familiar expressos nesta Lei constituem valores máximos, admitindo-se a atualização nos termos do § 6º do art. 3º, bem como a definição, em regulamento, de subtetos de acordo com as modalidades operacionais praticadas. *(Artigo acrescido pela Lei nº 12.424, de 16/6/2011)*

Art. 82. Fica autorizado o custeio, no âmbito do PMCMV, da aquisição e instalação de equipamentos de energia solar ou que contribuam para a redução do consumo de água em moradias. *(Artigo com redação dada pela Lei nº 12.424, de 16/6/2011*

Parágrafo único. *(Revogado pela Lei nº 12.722, de 3/10/2012)*

Art. 82-A. Enquanto não efetivado o aporte de recursos necessários às subvenções econômicas de que tratam os incisos I e II do art. 2º e o art. 11 desta Lei, observado o disposto na lei orçamentária anual, o agente operador do FGTS, do FAR e do FDS, que tenha utilizado as disponibilidades dos referidos fundos em contratações no âmbito do PMCMV, terá direito ao ressarcimento das quantias desembolsadas, devidamente atualizadas pela taxa Selic. *(Artigo acrescido pela Lei nº 12.424, de 16/6/2011)*

Art. 82-B. O PMCMV, nos termos do art. 1º desta Lei, tem como meta promover a produção, aquisição, requalificação e reforma de dois milhões de unidades habitacionais, a partir de 1º de dezembro de 2010 até 31 de dezembro de 2014, das quais, no mínimo, 220.000 (duzentas e vinte mil) unidades serão produzidas por meio de concessão de subvenção econômica na forma do inciso I do § 1º do art. 6º-B, nas operações de que trata o inciso III do *caput* do art. 2º, a beneficiários finais com renda de até R$ 1.395,00 (mil, trezentos e noventa e cinco reais), respeitados os valores consignados nas respectivas leis orçamentárias anuais."

Parágrafo único. As diretrizes para a continuidade do programa poderão ser complementadas no plano nacional de habitação a ser apresentado pelo Poder Executivo federal mediante projeto de lei. *(Artigo acrescido pela Lei nº 12.424, de 16/6/2011)*

Art. 82-C. Para o exercício de 2011, a União fica autorizada a utilizar os recursos previstos nos arts. 2º, 5º, 12, 18 e 19 desta Lei. *(Artigo acrescido pela Lei nº 12.424, de 16/6/2011)*

Art. 82-D. No âmbito do PMCMV, no caso de empreendimentos construídos com recursos do FAR, poderá ser custeada a edificação de equipamentos de educação, saúde e outros complementares à habitação, inclusive em terrenos de propriedade pública, nos termos do regulamento.

§ 1º A edificação dos equipamentos de que trata o *caput* está condicionada à existência de compromisso prévio do Governo Estadual, Municipal ou Distrital em assumir a operação, a guarda e a manutenção do equipamento, imediatamente após a conclusão da obra, e colocá-lo em funcionamento em prazo compatível com o atendimento da demanda do empreendimento, nos termos do regulamento.

§ 2º Caso a operação não seja iniciada no prazo previsto no termo de compromisso, o ente responsável deverá ressarcir o FAR com os recursos gastos com a edificação, devidamente atualizados.

§ 3º Os equipamentos de que trata o *caput* serão incorporados ao patrimônio do ente público proprietário do terreno no qual foi realizada a edificação ou doados ao ente público responsável pela operação, guarda e manutenção, caso a edificação seja realizada em terreno de propriedade do FAR.

§ 4º Quando a edificação tiver que ser realizada em terreno cuja propriedade não seja do ente público responsável pela operação, guarda e manutenção dos equipamentos, o termo de compromisso deverá contar com a participação de todos os entes envolvidos como também prever a obrigação de transferência do uso ou da propriedade para o mencionado ente responsável pela operacionalização. *(Artigo acrescido pela Lei nº 12.722, de 3/10/2012)*

Art. 83. Esta Lei entra em vigor na data de sua publicação.

Brasília, 7 de julho de 2009;
188º da Independência e 121º da República.
JOSÉ ALENCAR GOMES DA SILVA
Luiz Paulo Teles Ferreira Barreto
Guido Mantega
Paulo Bernardo Silva
Carlos Minc
Marcio Fortes de Almeida
DOU de 8.7.2009

DECRETO Nº 7.499, DE 16 DE JUNHO DE 2011*

Regulamenta dispositivos da Lei nº 11.977, de 7 de julho de 2009, que dispõe sobre o Programa Minha Casa, Minha Vida, e dá outras providências.

A PRESIDENTA DA REPÚBLICA, no uso das atribuições que lhe confere o art. 84, incisos IV e VI, alínea "a", da Constituição, e tendo em vista o disposto na Lei nº 11.977, de 7 de julho de 2009,

DECRETA:

(...)

CAPÍTULO IV – DAS CUSTAS E EMOLUMENTOS E DA REGULARIZAÇÃO FUNDIÁRIA

Art. 19. Nos empreendimentos não constituídos exclusivamente por unidades enquadradas no PMCMV, a redução de custas e emolumentos prevista no art. 42 da Lei nº 11.977, de 2009, alcançará apenas a parcela do empreendimento incluída no programa.

Art. 20. Para obtenção da redução de custas e emolumentos prevista no art. 43 da Lei nº 11.977, de 2009, o interessado deverá apresentar ao cartório os seguintes documentos:

I - declaração firmada pelo beneficiário, sob as penas da lei, atestando que o imóvel objeto do registro ou averbação requerido é o primeiro imóvel residencial por ele adquirido;

II - declaração do vendedor, sob as penas da lei, atestando que o imóvel nunca foi habitado; e

III - declaração firmada pelo agente financeiro responsável atestando o enquadramento da operação às condições estabelecidas para o PMCMV.

Parágrafo único. As exigências previstas neste artigo poderão ser supridas mediante a inclusão de cláusulas específicas no instrumento contratual levado a registro ou averbação.

Art. 21. Na regularização jurídica de glebas parceladas para fins urbanos anteriormente a 19 de dezembro de 1979, o registro do parcelamento será procedido mediante requerimento do interessado dirigido ao cartório de registro de imóveis, acompanhado dos seguintes documentos:

I - certidão da matrícula ou transcrição referente à gleba objeto de parcelamento;

II - planta e memorial descritivo do parcelamento objeto de regularização;

III - documento expedido pelo Poder Executivo municipal que ateste a conformidade do procedimento de regularização, observados os requisitos de implantação e integração à cidade do parcelamento; e

IV - cópia da Anotação de Responsabilidade Técnica do profissional legalmente habilitado responsável pela regularização.

§ 1º A regularização prevista no *caput* poderá envolver a totalidade ou parcelas da gleba.

§ 2º Na regularização fundiária a cargo da administração pública, fica dispensada a apresentação do documento mencionado no inciso IV do *caput* caso o profissional legalmente habilitado seja servidor ou empregado público.

§ 3º O registro do parcelamento de que trata o *caput* será efetivado independentemente da retificação de registro da gleba sobre a qual se encontre implantado e da aprovação de projeto de regularização fundiária.

(...)

Art. 29. Este Decreto entra em vigor na data de sua publicação.

Art. 30. Fica revogado o Decreto nº 6.962, de 17 de setembro de 2009.

Brasília, 16 de junho de 2011; 190º da Independência e 123º da República.

DILMA ROUSSEFF
Guido Mantega
Miriam Belchior
Mário Negromonte
Luís Inácio Lucena Adams

DOU de 17.6.2011

LEI Nº 12.651, DE 25 DE MAIO DE 2012

Dispõe sobre a proteção da vegetação nativa; altera as Leis nºs 6.938, de 31 de agosto de 1981, 9.393, de 19 de dezembro de 1996, e 11.428, de 22 de dezembro de 2006; revoga as Leis nºs 4.771, de 15 de setembro de 1965, e 7.754, de 14 de abril de 1989, e a Medida Provisória nº 2.166-67, de 24 de agosto de 2001; e dá outras providências.

- *Vide Decreto 7.830/2012 (Sistema de Cadastro Ambiental Rural)*
- *Vide Decreto 9.640/2018 (Regulamenta a Cota de Reserva Ambiental)*

A PRESIDENTA DA REPÚBLICA

Faço saber que o Congresso Nacional decreta e eu sanciono a seguinte Lei:

CAPÍTULO I – DISPOSIÇÕES GERAIS

Art. 1º (VETADO).

Art. 1º-A. Esta Lei estabelece normas gerais sobre a proteção da vegetação, áreas de Preservação Permanente e as áreas de Reserva Legal; a exploração florestal, o suprimento de matéria-prima florestal, o controle da origem dos produtos florestais e o controle e prevenção dos incêndios florestais, e prevê instrumentos econômicos e financeiros para o alcance de seus objetivos. *("Caput" do artigo acrescido pela Medida Provisória nº 571, de 25/5/2012, convertida na Lei nº 12.727, de 17/10/2012)*

Parágrafo único. Tendo como objetivo o desenvolvimento sustentável, esta Lei atenderá aos seguintes princípios: *(Parágrafo único acrescido pela Lei nº 12.727, de 17/10/2012)*

I - afirmação do compromisso soberano do Brasil com a preservação das suas florestas e demais formas de vegetação nativa, bem como da biodiversidade, do solo, dos recursos hídricos e da integridade do sistema climático, para o bem estar das gerações presentes e futuras; *(Inciso acrescido pela Medida Provisória nº 571, de 25/5/2012, convertida na Lei nº 12.727, de 17/10/2012)*

II - reafirmação da importância da função estratégica da atividade agropecuária e do papel das florestas e demais formas de vegetação nativa na sustentabilidade, no crescimento econômico, na melhoria da qualidade de vida da população brasileira e na presença do País nos mercados nacional e internacional de alimentos e bioenergia; *(Inciso acrescido pela Medida Provisória nº 571, de 25/5/2012, convertida na Lei nº 12.727, de 17/10/2012)*

III - ação governamental de proteção e uso sustentável de florestas, consagrando o compromisso do País com a compatibilização e harmonização entre o uso produtivo da terra e a preservação da água, do solo e da vegetação; *(Inciso acrescido pela Medida Provisória nº 571, de 25/5/2012, convertida na Lei nº 12.727, de 17/10/2012)*

IV - responsabilidade comum da União, Estados, Distrito Federal e Municípios, em colaboração com a sociedade civil, na criação de políticas para a preservação e restauração da vegetação nativa e de suas funções ecológicas e sociais nas áreas urbanas e rurais;

V - fomento à pesquisa científica e tecnológica na busca da inovação para o uso sustentável do solo e da água, a recuperação e a preservação das florestas e demais formas de vegetação nativa; *(Inciso acrescido pela Medida Provisória nº 571, de 25/5/2012, convertida na Lei nº 12.727, de 17/10/2012)*

VI - criação e mobilização de incentivos econômicos para fomentar a preservação e a recuperação da vegetação nativa e para promover o desenvolvimento de atividades produtivas sustentáveis. *(Inciso acrescido pela Medida Provisória nº 571, de 25/5/2012, convertida na Lei nº 12.727, de 17/10/2012)*

VII – *(Inciso acrescido pela Medida Provisória nº 571, de 25/5/2012, e não mantido pela Lei nº 12.727, de 17/10/2012, na qual foi convertida a referida Medida Provisória)*

VIII - *(Inciso acrescido pela Medida Provisória nº 571, de 25/5/2012, e não mantido pela Lei nº 12.727, de 17/10/2012, na qual foi convertida a referida Medida Provisória)*

Art. 2º As florestas existentes no território nacional e as demais formas de vegetação nativa, reconhecidas de utilidade às terras que revestem, são bens de interesse comum a todos os habitantes do País, exercendo-se os direitos de propriedade com as limitações que a legislação em geral e especialmente esta Lei estabelecem.

§ 1º Na utilização e exploração da vegetação, as ações ou omissões contrárias às disposições desta Lei são consideradas uso irregular da propriedade, aplicando-se o procedimento sumário previsto no inciso II do art. 275 da Lei nº 5.869, de 11 de janeiro de 1973 - Código de Processo Civil, sem prejuízo da responsabilidade civil, nos termos do § 1º do art. 14 da Lei nº 6.938, de 31 de agosto de 1981, e das sanções administrativas, civis e penais.

§ 2º As obrigações previstas nesta Lei têm natureza real e são transmitidas ao sucessor, de qualquer natureza, no caso de transferência de domínio ou posse do imóvel rural.

Art. 3º Para os efeitos desta Lei, entende-se por:

I - Amazônia Legal: os Estados do Acre, Pará, Amazonas, Roraima, Rondônia, Amapá e

Mato Grosso e as regiões situadas ao norte do paralelo 13° S, dos Estados de Tocantins e Goiás, e ao oeste do meridiano de 44° W, do Estado do Maranhão;

II - Área de Preservação Permanente - APP: área protegida, coberta ou não por vegetação nativa, com a função ambiental de preservar os recursos hídricos, a paisagem, a estabilidade geológica e a biodiversidade, facilitar o fluxo gênico de fauna e flora, proteger o solo e assegurar o bem-estar das populações humanas;

III - Reserva Legal: área localizada no interior de uma propriedade ou posse rural, delimitada nos termos do art. 12, com a função de assegurar o uso econômico de modo sustentável dos recursos naturais do imóvel rural, auxiliar a conservação e a reabilitação dos processos ecológicos e promover a conservação da biodiversidade, bem como o abrigo e a proteção de fauna silvestre e da flora nativa;

IV - área rural consolidada: área de imóvel rural com ocupação antrópica preexistente a 22 de julho de 2008, com edificações, benfeitorias ou atividades agrossilvipastoris, admitida, neste último caso, a adoção do regime de pousio;

V - pequena propriedade ou posse rural familiar: aquela explorada mediante o trabalho pessoal do agricultor familiar e empreendedor familiar rural, incluindo os assentamentos e projetos de reforma agrária, e que atenda ao disposto no art. 3º da Lei nº 11.326, de 24 de julho de 2006;

VI - uso alternativo do solo: substituição de vegetação nativa e formações sucessoras por outras coberturas do solo, como atividades agropecuárias, industriais, de geração e transmissão de energia, de mineração e de transporte, assentamentos urbanos ou outras formas de ocupação humana;

VII - manejo sustentável: administração da vegetação natural para a obtenção de benefícios econômicos, sociais e ambientais, respeitando- se os mecanismos de sustentação do ecossistema objeto do manejo e considerando-se, cumulativa ou alternativamente, a utilização de múltiplas espécies madeireiras ou não, de múltiplos produtos e subprodutos da flora, bem como a utilização de outros bens e serviços;

VIII - utilidade pública: *(Vide ADC 42/2016 e ADIN nº 4.903/2013)*

a) as atividades de segurança nacional e proteção sanitária;

b) as obras de infraestrutura destinadas às concessões e aos serviços públicos de transporte, sistema viário, inclusive aquele necessário aos parcelamentos de solo urbano aprovados pelos Municípios, saneamento, gestão de resíduos, energia, telecomunicações, radiodifusão, instalações necessárias à realização de competições esportivas estaduais, nacionais ou internacionais, bem como mineração, exceto, neste último caso, a extração de areia, argila, saibro e cascalho; *(Expressões "gestão de resíduos" e "instalações necessárias à realização de competições esportivas estaduais, nacionais e internacionais" declaradas inconstitucionais, em controle concentrado, pelo Supremo Tribunal Federal, na ADC 42/2016, ADIN nº 4.903/2013 e ADIN nº 4.937/2013, publicadas no DOU de 6/3/2018, p. 1)*

c) atividades e obras de defesa civil;

d) atividades que comprovadamente proporcionem melhorias na proteção das funções ambientais referidas no inciso II deste artigo;

e) outras atividades similares devidamente caracterizadas e motivadas em procedimento administrativo próprio, quando inexistir alternativa técnica e locacional ao empreendimento proposto, definidas em ato do Chefe do Poder Executivo federal;

IX - interesse social: *(Vide ADC 42/2016 e ADIN nº 4.903/2013)*

a) as atividades imprescindíveis à proteção da integridade da vegetação nativa, tais como prevenção, combate e controle do fogo, controle da erosão, erradicação de invasoras e proteção de plantios com espécies nativas;

b) a exploração agroflorestal sustentável praticada na pequena propriedade ou posse rural familiar ou por povos e comunidades tradicionais, desde que não descaracterize a cobertura vegetal existente e não prejudique a função ambiental da área;

c) a implantação de infraestrutura pública destinada a esportes, lazer e atividades educacionais e culturais ao ar livre em áreas urbanas e rurais consolidadas, observadas as condições estabelecidas nesta Lei;

d) a regularização fundiária de assentamentos humanos ocupados predominantemente por população de baixa renda em áreas urbanas consolidadas, observadas as condições estabelecidas na Lei nº 11.977, de 7 de julho de 2009;

e) implantação de instalações necessárias à captação e condução de água e de efluentes tratados para projetos cujos recursos hídricos são partes integrantes e essenciais da atividade;

f) as atividades de pesquisa e extração de areia, argila, saibro e cascalho, outorgadas pela autoridade competente;

g) outras atividades similares devidamente caracterizadas e motivadas em procedimento administrativo próprio, quando inexistir alternativa técnica e locacional à atividade proposta, definidas em ato do Chefe do Poder Executivo federal;

X - atividades eventuais ou de baixo impacto ambiental:

a) abertura de pequenas vias de acesso interno e suas pontes e pontilhões, quando necessárias à travessia de um curso d'água, ao acesso de pessoas e animais para a obtenção de água ou à retirada de produtos oriundos das atividades de manejo agroflorestal sustentável;

b) implantação de instalações necessárias à captação e condução de água e efluentes tratados, desde que comprovada a outorga do direito de uso da água, quando couber;

c) implantação de trilhas para o desenvolvimento do ecoturismo;

d) construção de rampa de lançamento de barcos e pequeno ancoradouro;

e) construção de moradia de agricultores familiares, remanescentes de comunidades quilombolas e outras populações extrativistas e tradicionais em áreas rurais, onde o abastecimento de água se dê pelo esforço próprio dos moradores;

f) construção e manutenção de cercas na propriedade;

g) pesquisa científica relativa a recursos ambientais, respeitados outros requisitos previstos na legislação aplicável;

h) coleta de produtos não madeireiros para fins de subsistência e produção de mudas, como sementes, castanhas e frutos, respeitada a legislação específica de acesso a recursos genéticos;

i) plantio de espécies nativas produtoras de frutos, sementes, castanhas e outros produtos vegetais, desde que não implique supressão da vegetação existente nem prejudique a função ambiental da área;

j) exploração agroflorestal e manejo florestal sustentável, comunitário e familiar, incluindo a extração de produtos florestais não madeireiros, desde que não descaracterizem a cobertura vegetal nativa existente nem prejudiquem a função ambiental da área;

j-A) atividades com o objetivo de recompor a vegetação nativa no entorno de nascentes ou outras áreas degradadas, conforme norma expedida pelo órgão competente do Sistema Nacional do Meio Ambiente (Sisnama); *(Incluído pela Lei nº 14.653, de 2023)*

k) outras ações ou atividades similares, reconhecidas como eventuais e de baixo impacto ambiental em ato do Conselho Nacional do Meio Ambiente - CONAMA ou dos Conselhos Estaduais de Meio Ambiente;

XI - (VETADO);

XII - vereda: fitofisionomia de savana, encontrada em solos hidromórficos, usualmente com a palmeira arbórea Mauritia flexuosa - buriti emergente, sem formar dossel, em meio a agrupamentosde espécies arbustivo-herbáceas; *(Inciso com redação dada pela Medida Provisória nº 571, de 25/5/2012, convertida na Lei nº 12.727, de 17/10/2012)*

XIII - manguezal: ecossistema litorâneo que ocorre em terrenos baixos, sujeitos à ação das marés, formado por vasas lodosas recentes ou arenosas, às quais se associa, predominantemente, a vegetação natural conhecida como mangue, com influência fluviomarinha, típica de solos limosos de regiões estuarinas e com dispersão descontínua ao longo da costa brasileira, entre os Estados do Amapá e de Santa Catarina;

XIV - salgado ou marismas tropicais hipersalinos: áreas situadas em regiões com frequências de inundações intermediárias entre marés de sizígias e de quadratura, com solos cuja salinidade varia entre 100 (cem) e 150 (cento e cinquenta) partes por 1.000 (mil), onde pode ocorrer a presença de vegetação herbácea específica;

XV - apicum: áreas de solos hipersalinos situadas nas regiões entremarés superiores, inundadas apenas pelas marés de sizígias, que apresentam salinidade superior a 150 (cento e cinquenta) partes por 1.000 (mil), desprovidas de vegetação vascular;

XVI - restinga: depósito arenoso paralelo à linha da costa, de forma geralmente alongada, produzido por processos de sedimentação, onde se encontram diferentes comunidades que recebem influência marinha, com cobertura vegetal em mosaico, encontrada em praias, cordões arenosos, dunas e depressões, apresentando, de acordo com o estágio sucessional, estrato herbáceo, arbustivo e arbóreo, este último mais interiorizado;

XVII - nascente: afloramento natural do lençol freático que apresenta perenidade e dá início a um curso d'água; *(Vide ADIN nº 4.903/2013)*

XVIII - olho d'água: afloramento natural do lençol freático, mesmo que intermitente;

XIX - leito regular: a calha por onde correm regularmente as águas do curso d'água durante o ano;

XX - área verde urbana: espaços, públicos ou privados, com predomínio de vegetação, preferencialmente nativa, natural ou recuperada, previstos no Plano Diretor, nas Leis de Zoneamento Urbano e Uso do Solo do Município, indisponíveis para construção de moradias, destinados aos propósitos de recreação, lazer, melhoria da qualidade ambiental urbana, proteção dos recursos hídricos, manutenção ou melhoria paisagística, proteção de bens e manifestações culturais;

XXI - várzea de inundação ou planície de inundação: áreas marginais a cursos d'água sujeitas a enchentes e inundações periódicas;

XXII - faixa de passagem de inundação: área de várzea ou planície de inundação adjacente a cursos d'água que permite o escoamento da enchente;

XXIII - relevo ondulado: expressão geomorfológica usada para designar área caracterizada por movimentações do terreno que geram depressões, cuja intensidade permite sua classificação como relevo suave ondulado, ondulado, fortemente ondulado e montanhoso;

XXIV - pousio: prática de interrupção temporária de atividades ou usos agrícolas, pecuários ou silviculturais, por no máximo 5 (cinco) anos, para possibilitar a recuperação da capacidade de uso ou da estrutura física do solo; *(Inciso acrescido pela Medida Provisória nº 571, de 25/5/2012, convertida na Lei nº 12.727, de 17/10/2012)*

XXV - áreas úmidas: pantanais e superfícies terrestres cobertas de forma periódica por águas, cobertas originalmente por florestas ou outras formas de vegetação adaptadas à inundação; *(Inciso acrescido pela Medida Provisória nº 571, de 25/5/2012, convertida na Lei nº 12.727, de 17/10/2012)*

XXVI - área urbana consolidada: aquela que atende os seguintes critérios: *(Inciso acrescido pela Medida Provisória nº 571, de 25/5/2012, convertida na Lei nº 12.727, de 17/10/2012, com redação dada pela Lei nº 14.285, de 29/12/2021)*

a) estar incluída no perímetro urbano ou em zona urbana pelo plano diretor ou por lei municipal específica; *(Alínea acrescida pela Lei nº 14.285, de 29/12/2021)*

b) dispor de sistema viário implantado; *(Alínea acrescida pela Lei nº 14.285, de 29/12/2021)*

c) estar organizada em quadras e lotes predominantemente edificados; *(Alínea acrescida pela Lei nº 14.285, de 29/12/2021)*

d) apresentar uso predominantemente urbano, caracterizado pela existência de edificações residenciais, comerciais, industriais, institucionais, mistas ou direcionadas à prestação de serviços; *(Alínea acrescida pela Lei nº 14.285, de 29/12/2021)*

e) dispor de, no mínimo, 2 (dois) dos seguintes equipamentos de infraestrutura urbana implantados:

1. drenagem de águas pluviais;
2. esgotamento sanitário;
3. abastecimento de água potável;
4. distribuição de energia elétrica e iluminação pública; e
5. limpeza urbana, coleta e manejo de resíduos sólidos; *(Alínea acrescida pela Lei nº 14.285, de 29/12/2021)*

XXVII - crédito de carbono: título de direito sobre bem intangível e incorpóreo transacionável. *(Inciso acrescido pela Medida Provisória nº 571, de 25/5/2012, convertida na Lei nº 12.727, de 17/10/2012)*

Parágrafo único. Para os fins desta Lei, estende-se o tratamento dispensado aos imóveis a que se refere o inciso V deste artigo às propriedades e posses rurais com até 4 (quatro) módulos fiscais que desenvolvam atividades agrossilvipastoris, bem como às terras indígenas demarcadas e às demais áreas tituladas de povos e comunidades tradicionais que façam uso coletivo do seu território. *(Expressões "demarcadas" e "tituladas" declaradas inconstitucionais, em controle concentrado, pelo Supremo Tribunal Federal, na ADC 42/2016 e ADIN nº 4.903/2013, publicadas no DOU de 6/3/2018, p. 1)*

CAPÍTULO II – DAS ÁREAS DE PRESERVAÇÃO PERMANENTE

SEÇÃO I – DA DELIMITAÇÃO DAS ÁREAS DE PRESERVAÇÃO PERMANENTE

Art. 4º Considera-se Área de Preservação Permanente, em zonas rurais ou urbanas, para os efeitos desta Lei:

I - as faixas marginais de qualquer curso d'água natural perene e intermitente, excluídos os efêmeros, desde a borda da calha do leito regular, em largura mínima de: *(Inciso com redação dada pela Lei nº 12.727, de 17/10/2012)*

a) 30 (trinta) metros, para os cursos d'água de menos de 10 (dez) metros de largura;

b) 50 (cinquenta) metros, para os cursos d'água que tenham de 10 (dez) a 50 (cinquenta) metros de largura;

c) 100 (cem) metros, para os cursos d'água que tenham de 50 (cinquenta) a 200 (duzentos) metros de largura;

d) 200 (duzentos) metros, para os cursos d'água que tenham de 200 (duzentos) a 600 (seiscentos) metros de largura;

e) 500 (quinhentos) metros, para os cursos d'água que tenham largura superior a 600 (seiscentos) metros;

II - as áreas no entorno dos lagos e lagoas naturais, em faixa com largura mínima de:

a) 100 (cem) metros, em zonas rurais, exceto para o corpo d'água com até 20 (vinte) hectares de superfície, cuja faixa marginal será de 50 (cinquenta) metros;

b) 30 (trinta) metros, em zonas urbanas;

III - as áreas no entorno dos reservatórios d'água artificiais, decorrentes de barramento ou represamento de cursos d'água naturais, na faixa definida na licença ambiental do empreendimento; *(Inciso com redação dada pela Lei nº 12.727, de 17/10/2012)*

IV - as áreas no entorno das nascentes e dos olhos d'água perenes, qualquer que seja sua situação topográfica, no raio mínimo de 50 (cinquenta) metros; *(Inciso com redação dada pela Medida Provisória nº 571, de 25/5/2012, convertida na Lei nº 12.727, de 17/10/2012) (Vide ADC 42/2016 e ADIN nº 4.903/2013)*

V - as encostas ou partes destas com declividade superior a 45°, equivalente a 100% (cem por cento) na linha de maior declive;

VI - as restingas, como fixadoras de dunas ou estabilizadoras de mangues;

VII - os manguezais, em toda a sua extensão;

VIII - as bordas dos tabuleiros ou chapadas, até a linha de ruptura do relevo, em faixa nunca inferior a 100 (cem) metros em projeções horizontais;

IX - no topo de morros, montes, montanhas e serras, com altura mínima de 100 (cem) metros e inclinação média maior que 25°, as áreas delimitadas a partir da curva de nível correspondente a 2/3 (dois terços) da altura mínima da elevação sempre em relação à base, sendo esta definida pelo plano horizontal determinado por planície ou espelho d'água adjacente ou, nos relevos ondulados, pela cota do ponto de sela mais próximo da elevação;

X - as áreas em altitude superior a 1.800 (mil e oitocentos) metros, qualquer que seja a vegetação;

XI - em veredas, a faixa marginal, em projeção horizontal, com largura mínima de 50 (cinquenta) metros, a partir do espaço permanentemente brejoso e encharcado. *(Inciso com redação dada pela Medida Provisória nº 571, de 25/5/2012, convertida na Lei nº 12.727, de 17/10/2012)*

§ 1º Não será exigida Área de Preservação Permanente no entorno de reservatórios artificiais de água que não decorram de barramento ou represamento de cursos d'água naturais. *(Parágrafo com redação dada pela Lei nº 12.727, de 17/10/2012)*

§ 2º *(Revogado na Lei nº 12.727, de 17/10/2012)*

§ 3º (VETADO).

§ 4º Nas acumulações naturais ou artificiais de água com superfície inferior a 1 (um) hectare, fica dispensada a reserva da faixa de proteção prevista nos incisos II e III do *caput*, vedada nova supressão de áreas de vegetação nativa, salvo autorização do órgão ambiental competente do Sistema Nacional do Meio Ambiente - Sisnama. *(Parágrafo com redação dada pela Lei nº 12.727, de 17/10/2012)*

§ 5º É admitido, para a pequena propriedade ou posse rural familiar, de que trata o inciso V do art. 3º desta Lei, o plantio de culturas temporárias e sazonais de vazante de ciclo curto na faixa de terra que fica exposta no período de vazante dos rios ou lagos, desde que não implique supressão de novas áreas de vegetação nativa, seja conservada a qualidade da água e do solo e seja protegida a fauna silvestre.

§ 6º Nos imóveis rurais com até 15 (quinze) módulos fiscais, é admitida, nas áreas de que tratam os incisos I e II do *caput* deste artigo, a prática da aquicultura e a infraestrutura física diretamente a ela associada, desde que:

I - sejam adotadas práticas sustentáveis de manejo de solo e água e de recursos hídricos, garantindo sua qualidade e quantidade, de acordo com norma dos Conselhos Estaduais de Meio Ambiente;

II - esteja de acordo com os respectivos planos de bacia ou planos de gestão de recursos hídricos;

III - seja realizado o licenciamento pelo órgão ambiental competente;

IV - o imóvel esteja inscrito no Cadastro Ambiental Rural - CAR.

V - não implique novas supressões de vegetação nativa. *(Inciso acrescido pela Medida Provisória nº 571, de 25/5/2012, convertida na Lei nº 12.727, de 17/10/2012)*

§ 7º *(VETADO).*

§ 8º *(VETADO).*

§ 9º *(VETADO na Lei nº 12.727, de 17/10/2012)*

§ 10. Em áreas urbanas consolidadas, ouvidos os conselhos estaduais, municipais ou distrital de meio ambiente, lei municipal ou distrital poderá definir faixas marginais distintas daquelas estabelecidas no inciso I do *caput* deste artigo, com regras que estabeleçam:

I - a não ocupação de áreas com risco de desastres;

II - a observância das diretrizes do plano de recursos hídricos, do plano de bacia, do plano de drenagem ou do plano de saneamento básico, se houver; e

III - a previsão de que as atividades ou os empreendimentos a serem instalados nas áreas de preservação permanente urbanas devem observar os casos de utilidade pública, de interesse social ou de baixo impacto ambiental fixados nesta Lei. *(Parágrafo acrescido pela Lei nº 14.285, de 29/12/2021)*

Art. 5º Na implantação de reservatório d'água artificial destinado a geração de energia ou abastecimento público, é obrigatória a aquisição, desapropriação ou instituição de servidão administrativa pelo empreendedor das Áreas de Preservação Permanente criadas em seu entorno, conforme estabelecido no licenciamento ambiental, observando-se a faixa mínima de 30 (trinta) metros e máxima de 100 (cem) metros em área rural, e a faixa mínima de 15 (quinze) metros e máxima de 30 (trinta) metros em área urbana. *("Caput" do artigo com redação dada pela Medida Provisória nº 571, de 25/5/2012, convertida na Lei nº 12.727, de 17/10/2012)*

§ 1º Na implantação de reservatórios d'água artificiais de que trata o *caput*, o empreendedor, no âmbito do licenciamento ambiental, elaborará Plano Ambiental de Conservação e Uso do Entorno do Reservatório, em conformidade com termo de referência expedido pelo órgão competente do Sistema Nacional do Meio Ambiente - Sisnama, não podendo o uso exceder a 10% (dez por cento) do total da Área de Preservação Permanente. *(Parágrafo com redação dada pela Medida Provisória nº 571, de 25/5/2012, convertida na Lei nº 12.727, de 17/10/2012)*

§ 2º O Plano Ambiental de Conservação e Uso do Entorno de Reservatório Artificial, para os empreendimentos licitados a partir da vigência desta Lei, deverá ser apresentado ao órgão ambiental concomitantemente com o Plano Básico Ambiental e aprovado até o início da operação do empreendimento, não constituindo a sua ausência impedimento para a expedição da licença de instalação.

§ 3º *(VETADO).*

Art. 6º Consideram-se, ainda, de preservação permanente, quando declaradas de interesse social por ato do Chefe do Poder Executivo, as áreas cobertas com florestas ou outras formas de vegetação destinadas a uma ou mais das seguintes finalidades:

I - conter a erosão do solo e mitigar riscos de enchentes e deslizamentos de terra e de rocha;

II - proteger as restingas ou veredas;

III - proteger várzeas;

IV - abrigar exemplares da fauna ou da flora ameaçados de extinção;

V - proteger sítios de excepcional beleza ou de valor científico, cultural ou histórico;

VI - formar faixas de proteção ao longo de rodovias e ferrovias;

VII - assegurar condições de bem-estar público;

VIII - auxiliar a defesa do território nacional, a critério das autoridades militares.

IX - proteger áreas úmidas, especialmente as de importância internacional. *(Inciso acrescido pela Medida Provisória nº 571, de 25/5/2012, convertida na Lei nº 12.727, de 17/10/2012)*

SEÇÃO II – DO REGIME DE PROTEÇÃO DAS ÁREAS DE PRESERVAÇÃO PERMANENTE

Art. 7º A vegetação situada em Área de Preservação Permanente deverá ser mantida pelo proprietário da área, possuidor ou ocupante a qualquer título, pessoa física ou jurídica, de direito público ou privado.

§ 1º Tendo ocorrido supressão de vegetação situada em Área de Preservação Permanente, o proprietário da área, possuidor ou ocupante a qualquer título é obrigado a promover a recomposição da vegetação, ressalvados os usos autorizados previstos nesta Lei.

§ 2º A obrigação prevista no § 1º tem natureza real e é transmitida ao sucessor no caso de transferência de domínio ou posse do imóvel rural.

§ 3º No caso de supressão não autorizada de vegetação realizada após 22 de julho de 2008, é vedada a concessão de novas autorizações de supressão de vegetação enquanto não cumpridas as obrigações previstas no § 1º.

Art. 8º A intervenção ou a supressão de vegetação nativa em Área de Preservação Permanente somente ocorrerá nas hipóteses de utilidade pública, de interesse social ou de baixo impacto ambiental previstas nesta Lei.

§ 1º A supressão de vegetação nativa protetora de nascentes, dunas e restingas somente poderá ser autorizada em caso de utilidade pública.

§ 2º A intervenção ou a supressão de vegetação nativa em Área de Preservação Permanente de que tratam os incisos VI e VII do *caput* do art. 4º poderá ser autorizada, excepcionalmente, em locais onde a função ecológica do manguezal esteja comprometida, para execução de obras habitacionais e de urbanização, inseridas em projetos de regularização fundiária de interesse social, em áreas urbanas consolidadas ocupadas por população de baixa renda.

§ 3º É dispensada a autorização do órgão ambiental competente para a execução, em caráter de urgência, de atividades de segurança nacional e obras de interesse da defesa civil destinadas à prevenção e mitigação de acidentes em áreas urbanas.

§ 4º Não haverá, em qualquer hipótese, direito à regularização de futuras intervenções ou supressões de vegetação nativa, além das previstas nesta Lei.

Art. 9º É permitido o acesso de pessoas e animais às Áreas de Preservação Permanente para obtenção de água e para realização de atividades de baixo impacto ambiental.

CAPÍTULO III – DAS ÁREAS DE USO RESTRITO

Art. 10. Nos pantanais e planícies pantaneiras, é permitida a exploração ecologicamente sustentável, devendo-se considerar as recomendações técnicas dos órgãos oficiais de pesquisa, ficando novas supressões de vegetação nativa para uso alternativo do solo condicionadas à autorização do órgão estadual do meio ambiente, com base nas recomendações mencionadas neste artigo. *(Artigo com redação dada pela Medida Provisória nº 571, de 25/5/2012, convertida na Lei nº 12.727, de 17/10/2012)*

Art. 11. Em áreas de inclinação entre 25° e 45°, serão permitidos o manejo florestal sustentável e o exercício de atividades agrossilvipastoris, bem como a manutenção da infraestrutura física associada ao desenvolvimento das atividades, observadas boas práticas agronômicas, sendo vedada a conversão de novas áreas, excetuadas as hipóteses de utilidade pública e interesse social.

CAPÍTULO III-A – DO USO ECOLOGICAMENTE SUSTENTÁVEL DOS APICUNS E SALGADOS

(Capítulo acrescido pela Medida Provisória nº 571, de 25/5/2012, convertida na Lei nº 12.727, de 17/10/2012)

Art. 11-A. A Zona Costeira é patrimônio nacional, nos termos do § 4º do art. 225 da Constituição Federal, devendo sua ocupação e exploração dar-se de modo ecologicamente sustentável.

§ 1º Os apicuns e salgados podem ser utilizados em atividades de carcinicultura e salinas, desde que observados os seguintes requisitos:

I - área total ocupada em cada Estado não superior a 10% (dez por cento) dessa modalidade de fitofisionomia no bioma amazônico e a 35% (trinta e cinco por cento) no restante do País, excluídas as ocupações consolidadas que atendam ao disposto no § 6º deste artigo;

II - salvaguarda da absoluta integridade dos manguezais arbustivos e dos processos ecológicos essenciais a eles associados, bem como da sua produtividade biológica e condição de berçário de recursos pesqueiros;

III - licenciamento da atividade e das instalações pelo órgão ambiental estadual, cientificado o Instituto Brasileiro do Meio Ambiente e dos Recursos Naturais Renováveis - IBAMA e, no caso de uso de terrenos de marinha ou outros bens da União, realizada regularização prévia da titulação perante a União;

IV - recolhimento, tratamento e disposição adequados dos efluentes e resíduos;

V - garantia da manutenção da qualidade da água e do solo, respeitadas as Áreas de Preservação Permanente; e

V - respeito às atividades tradicionais de sobrevivência das comunidades locais.

§ 2º A licença ambiental, na hipótese deste artigo, será de 5 (cinco) anos, renovável apenas se o empreendedor cumprir as exigências da legislação ambiental e do próprio licenciamento, mediante comprovação anual inclusive por mídia fotográfica.

§ 3º São sujeitos à apresentação de Estudo Prévio de Impacto Ambiental - EPIA e Relatório de Impacto Ambiental - RIMA os novos empreendimentos:

I - com área superior a 50 (cinquenta) hectares, vedada a fragmentação do projeto para ocultar ou camuflar seu porte;

II - com área de até 50 (cinquenta) hectares, se potencialmente causadores de significativa degradação do meio ambiente; ou

III - localizados em região com adensamento de empreendimentos de carcinicultura ou salinas cujo impacto afete áreas comuns.

§ 4º O órgão licenciador competente, mediante decisão motivada, poderá, sem prejuízo das sanções administrativas, civis e penais cabíveis, bem como do dever de recuperar os danos ambientais causados, alterar as condicionantes e as medidas de controle e adequação, quando ocorrer:

I - descumprimento ou cumprimento inadequado das condicionantes ou medidas de controle previstas no licenciamento, ou desobediência às normas aplicáveis;

II - fornecimento de informação falsa, dúbia ou enganosa, inclusive por omissão, em qualquer fase do licenciamento ou período de validade da licença; ou

III - superveniência de informações sobre riscos ao meio ambiente ou à saúde pública.

§ 5º A ampliação da ocupação de apicuns e salgados respeitará o Zoneamento Ecológico-Econômico da Zona Costeira - ZEEZOC, com a individualização das áreas ainda passíveis de uso, em escala mínima de 1:10.000, que deverá ser concluído por cada Estado no prazo máximo de 1 (um) ano a partir da data de publicação desta Lei.

§ 6º É assegurada a regularização das atividades e empreendimentos de carcinicultura e salinas cuja ocupação e implantação tenham ocorrido antes de 22 de julho de 2008, desde que o empreendedor, pessoa física ou jurídica, comprove sua localização em apicum ou salgado e se obrigue, por termo de compromisso, a proteger a integridade dos manguezais arbustivos adjacentes.

§ 7º É vedada a manutenção, licenciamento ou regularização, em qualquer hipótese ou forma, de ocupação ou exploração irregular em apicum ou salgado, ressalvadas as exceções previstas neste artigo. *(Artigo acrescido pela Medida Provisória nº 571, de 25/5/2012, convertida na Lei nº 12.727, de 17/10/2012)*

CAPÍTULO IV – DA ÁREA DE RESERVA LEGAL

SEÇÃO I – DA DELIMITAÇÃO DA ÁREA DE RESERVA LEGAL

Art. 12. Todo imóvel rural deve manter área com cobertura de vegetação nativa, a título de Reserva Legal, sem prejuízo da aplicação das normas sobre as Áreas de Preservação Permanente, observados os seguintes percentuais mínimos em relação à área do imóvel:

I - localizado na Amazônia Legal:

a) 80% (oitenta por cento), no imóvel situado em área de florestas;

b) 35% (trinta e cinco por cento), no imóvel situado em área de cerrado;

c) 20% (vinte por cento), no imóvel situado em área de campos gerais;

II - localizado nas demais regiões do País: 20% (vinte por cento).

§ 1º Em caso de fracionamento do imóvel rural, a qualquer título, inclusive para assentamentos pelo Programa de Reforma Agrária, será considerada, para fins do disposto do *caput*, a área do imóvel antes do fracionamento.

§ 2º O percentual de Reserva Legal em imóvel situado em área de formações florestais, de cerrado ou de campos gerais na Amazônia Legal será definido considerando separadamente os índices contidos nas alíneas *a*, *b* e *c* do inciso I do *caput*.

§ 3º Após a implantação do CAR, a supressão de novas áreas de floresta ou outras formas de vegetação nativa apenas será autorizada pelo órgão ambiental estadual integrante do Sisnama se o imóvel estiver inserido no mencionado cadastro, ressalvado o previsto no art. 30.

§ 4º Nos casos da alínea a do inciso I, o poder público poderá reduzir a Reserva Legal para até 50% (cinquenta por cento), para fins de recomposição, quando o Município tiver mais de 50% (cinquenta por cento) da área ocupada por unidades de conservação da natureza de domínio público e por terras indígenas homologadas.

§ 5º Nos casos da alínea a do inciso I, o poder público estadual, ouvido o Conselho Estadual de Meio Ambiente, poderá reduzir a Reserva Legal para até 50% (cinquenta por cento), quando o Estado tiver Zoneamento Ecológico-Econômico aprovado e mais de 65% (sessenta e cinco por cento) do seu território ocupado por unidades de conservação da natureza de domínio público, devidamente regularizadas, e por terras indígenas homologadas.

§ 6º Os empreendimentos de abastecimento público de água e tratamento de esgoto não estão sujeitos à constituição de Reserva Legal.

§ 7º Não será exigido Reserva Legal relativa às áreas adquiridas ou desapropriadas por detentor de concessão, permissão ou autorização para exploração de potencial de energia hidráulica, nas quais funcionem empreendimentos de geração de energia elétrica, subestações ou sejam instaladas linhas de transmissão e de distribuição de energia elétrica.

§ 8º Não será exigido Reserva Legal relativa às áreas adquiridas ou desapropriadas com o objetivo de implantação e ampliação de capacidade de rodovias e ferrovias.

Art. 13. Quando indicado pelo Zoneamento Ecológico-Econômico - ZEE estadual, realizado segundo metodologia unificada, o poder público federal poderá:

I - reduzir, exclusivamente para fins de regularização, mediante recomposição, regeneração ou compensação da Reserva Legal de imóveis com área rural consolidada, situados em área de floresta localizada na Amazônia Legal, para até 50% (cinquenta por cento) da propriedade, excluídas as áreas prioritárias para conservação da biodiversidade e dos recursos hídricos e os corredores ecológicos;

II - ampliar as áreas de Reserva Legal em até 50% (cinquenta por cento) dos percentuais previstos nesta Lei, para cumprimento de metas nacionais de proteção à biodiversidade ou de redução de emissão de gases de efeito estufa.

§ 1º No caso previsto no inciso I do *caput*, o proprietário ou possuidor de imóvel rural que mantiver Reserva Legal conservada e averbada em área superior aos percentuais exigidos no referido inciso poderá instituir servidão ambiental sobre a área excedente, nos termos da Lei nº 6.938, de 31 de agosto de 1981, e Cota de Reserva Ambiental.

§ 2º Os Estados que não possuem seus Zoneamentos Ecológico-Econômicos - ZEEs segundo a metodologia unificada, estabelecida em norma federal, terão o prazo de 5 (cinco) anos, a partir da data da publicação desta Lei, para a sua elaboração e aprovação.

Art. 14. A localização da área de Reserva Legal no imóvel rural deverá levar em consideração os seguintes estudos e critérios:

I - o plano de bacia hidrográfica;

II - o Zoneamento Ecológico-Econômico;

III - a formação de corredores ecológicos com outra Reserva Legal, com Área de Preservação Permanente, com Unidade de Conservação ou com outra área legalmente protegida;

IV - as áreas de maior importância para a conservação da biodiversidade; e

V - as áreas de maior fragilidade ambiental.

§ 1º O órgão estadual integrante do Sisnama ou instituição por ele habilitada deverá aprovar a localização da Reserva Legal após a inclusão do imóvel no CAR, conforme o art. 29 desta Lei.

§ 2º Protocolada a documentação exigida para análise da localização da área de Reserva Legal, ao proprietário ou possuidor rural não poderá ser imputada sanção administrativa, inclusive restrição a direitos, por qualquer órgão ambiental competente integrante do Sisnama, em razão da não formalização da área de Reserva Legal. *(Parágrafo com redação dada pela Medida Provisória nº 571, de 25/5/2012, convertida na Lei nº 12.727, de 17/10/2012)*

Art. 15. Será admitido o cômputo das Áreas de Preservação Permanente no cálculo do percentual da Reserva Legal do imóvel, desde que:

I - o benefício previsto neste artigo não implique a conversão de novas áreas para o uso alternativo do solo;

II - a área a ser computada esteja conservada ou em processo de recuperação, conforme comprovação do proprietário ao órgão estadual integrante do Sisnama; e

III - o proprietário ou possuidor tenha requerido inclusão do imóvel no Cadastro Ambiental Rural - CAR, nos termos desta Lei.

§ 1º O regime de proteção da Área de Preservação Permanente não se altera na hipótese prevista neste artigo.

§ 2º O proprietário ou possuidor de imóvel com Reserva Legal conservada e inscrita no Cadastro Ambiental Rural - CAR de que trata o art. 29, cuja área ultrapasse o mínimo exigido por esta Lei, poderá utilizar a área excedente para fins de constituição de servidão ambiental, Cota de Reserva Ambiental e outros instrumentos congêneres previstos nesta Lei.

§ 3º O cômputo de que trata o *caput* aplica-se a todas as modalidades de cumprimento da Reserva Legal, abrangendo a regeneração, a recomposição e a compensação. *(Parágrafo com redação dada pela Medida Provisória nº 571, de 25/5/2012, convertida na Lei nº 12.727, de 17/10/2012)*

§ 4º É dispensada a aplicação do inciso I do *caput* deste artigo, quando as Áreas de Preservação Permanente conservadas ou em processo de recuperação, somadas às demais florestas e outras formas de vegetação nativa existentes em imóvel, ultrapassarem: *(Parágrafo acrescido pela Lei nº 12.727, de 17/10/2012)*

I - 80% (oitenta por cento) do imóvel rural localizado em áreas de floresta na Amazônia Legal; e *(Alínea acrescida pela Lei nº 12.727, de 17/10/2012)*

II - *(VETADO na Lei nº 12.727, de 17/10/2012)*

Art. 16. Poderá ser instituído Reserva Legal em regime de condomínio ou coletiva entre propriedades rurais, respeitado o percentual previsto no art. 12 em relação a cada imóvel. *(Parágrafo com redação dada pela Lei nº 12.727, de 17/10/2012)*

Parágrafo único. No parcelamento de imóveis rurais, a área de Reserva Legal poderá ser agrupada em regime de condomínio entre os adquirentes.

SEÇÃO II – DO REGIME DE PROTEÇÃO DA RESERVA LEGAL

Art. 17. A Reserva Legal deve ser conservada com cobertura de vegetação nativa pelo proprietário do imóvel rural, possuidor ou ocupante a qualquer título, pessoa física ou jurídica, de direito público ou privado.

§ 1º Admite-se a exploração econômica da Reserva Legal mediante manejo sustentável, previamente aprovado pelo órgão competente do Sisnama, de acordo com as modalidades previstas no art. 20.

§ 2º Para fins de manejo de Reserva Legal na pequena propriedade ou posse rural familiar, os órgãos integrantes do Sisnama deverão estabelecer procedimentos simplificados de elaboração, análise e aprovação de tais planos de manejo.

§ 3º É obrigatória a suspensão imediata das atividades em Área de Reserva Legal desmatada irregularmente após 22 de julho de 2008. *(Parágrafo com redação dada pela Medida Provisória nº 571, de 25/5/2012, convertida na Lei nº 12.727, de 17/10/2012)*

§ 4º Sem prejuízo das sanções administrativas, cíveis e penais cabíveis, deverá ser iniciado, nas áreas de que trata o § 3º deste artigo, o processo de recomposição da Reserva Legal em até 2 (dois) anos contados a partir da data da publicação desta Lei, devendo tal processo ser concluído nos prazos estabelecidos pelo Programa de Regularização Ambiental - PRA, de que trata o art. 59. *(Parágrafo acrescido pela Medida Provisória nº 571, de 25/5/2012, convertida na Lei nº 12.727, de 17/10/2012)*

Art. 18. A área de Reserva Legal deverá ser registrada no órgão ambiental competente por meio de inscrição no CAR de que trata o art. 29, sendo vedada a alteração de sua destinação, nos casos de transmissão, a qualquer título, ou de desmembramento, com as exceções previstas nesta Lei.

§ 1º A inscrição da Reserva Legal no CAR será feita mediante a apresentação de planta e memorial descritivo, contendo a indicação das coordenadas geográficas com pelo menos um ponto de amarração, conforme ato do Chefe do Poder Executivo.

§ 2º Na posse, a área de Reserva Legal é assegurada por termo de compromisso firmado pelo possuidor com o órgão competente do Sisnama, com força de título executivo extrajudicial, que explicite, no mínimo, a localização da área de Reserva Legal e as obrigações assumidas pelo possuidor por força do previsto nesta Lei.

§ 3º A transferência da posse implica a sub-rogação das obrigações assumidas no termo de compromisso de que trata o § 2º.

§ 4º O registro da Reserva Legal no CAR desobriga a averbação no Cartório de Registro de Imóveis, sendo que, no período entre a data da publicação desta Lei e o registro no CAR, o proprietário ou possuidor rural que desejar fazer a averbação terá direito à gratuidade deste ato. *(Parágrafo com redação dada pela Lei nº 12.727, de 17/10/2012)*

Art. 19. A inserção do imóvel rural em perímetro urbano definido mediante lei municipal não desobriga o proprietário ou posseiro da manutenção da área de Reserva Legal, que só será extinta concomitantemente ao registro do parcelamento do solo para fins urbanos aprovado segundo a legislação específica e consoante as diretrizes do plano diretor de que trata o § 1º do art. 182 da Constituição Federal.

Art. 20. No manejo sustentável da vegetação florestal da Reserva Legal, serão adotadas práticas de exploração seletiva nas modalidades de manejo sustentável sem propósito comercial para consumo na propriedade e manejo sustentável para exploração florestal com propósito comercial.

Art. 21. É livre a coleta de produtos florestais não madeireiros, tais como frutos, cipós, folhas e sementes, devendo-se observar:

I - os períodos de coleta e volumes fixados em regulamentos específicos, quando houver;

II - a época de maturação dos frutos e sementes;

III - técnicas que não coloquem em risco a sobrevivência de indivíduos e da espécie coletada no caso de coleta de flores, folhas, cascas, óleos, resinas, cipós, bulbos, bambus e raízes.

Art. 22. O manejo florestal sustentável da vegetação da Reserva Legal com propósito comercial depende de autorização do órgão competente e deverá atender as seguintes diretrizes e orientações:

I - não descaracterizar a cobertura vegetal e não prejudicar a conservação da vegetação nativa da área;

II - assegurar a manutenção da diversidade das espécies;

III - conduzir o manejo de espécies exóticas com a adoção de medidas que favoreçam a regeneração de espécies nativas.

Art. 23. O manejo sustentável para exploração florestal eventual sem propósito comercial, para consumo no próprio imóvel, independe de autorização dos órgãos competentes, devendo apenas ser declarados previamente ao órgão ambiental a motivação da exploração e o volume explorado, limitada a exploração anual a 20 (vinte) metros cúbicos

Art. 24. No manejo florestal nas áreas fora de Reserva Legal, aplica-se igualmente o disposto nos arts. 21, 22 e 23.

SEÇÃO III – DO REGIME DE PROTEÇÃO DAS ÁREAS VERDES URBANAS

Art. 25. O poder público municipal contará, para o estabelecimento de áreas verdes urbanas, com os seguintes instrumentos:

I - o exercício do direito de preempção para aquisição de remanescentes florestais relevantes, conforme dispõe a Lei nº 10.257, de 10 de julho de 2001;

II - a transformação das Reservas Legais em áreas verdes nas expansões urbanas;

III - o estabelecimento de exigência de áreas verdes nos loteamentos, empreendimentos comerciais e na implantação de infraestrutura; e

IV - aplicação em áreas verdes de recursos oriundos da compensação ambiental.

CAPÍTULO V – DA SUPRESSÃO DE VEGETAÇÃO PARA USO ALTERNATIVO DO SOLO

Art. 26. A supressão de vegetação nativa para uso alternativo do solo, tanto de domínio público como de domínio privado, dependerá do cadastramento do imóvel no CAR, de que trata o art. 29, e de prévia autorização do órgão estadual competente do Sisnama.

§§ 1º e 2º (VETADOS).

§ 3º No caso de reposição florestal, deverão ser priorizados projetos que contemplem a utilização de espécies nativas do mesmo bioma onde ocorreu a supressão.

§ 4º O requerimento de autorização de supressão de que trata o *caput* conterá, no mínimo, as seguintes informações:

I - a localização do imóvel, das Áreas de Preservação Permanente, da Reserva Legal e das áreas de uso restrito, por coordenada geográfica, com pelo menos um ponto de amarração do perímetro do imóvel;

II - a reposição ou compensação florestal, nos termos do § 4º do art. 33;

III - a utilização efetiva e sustentável das áreas já convertidas;

IV - o uso alternativo da área a ser desmatada.

Art. 27. Nas áreas passíveis de uso alternativo do solo, a supressão de vegetação que abrigue espécie da flora ou da fauna ameaçada de extinção, segundo lista oficial publicada pelos órgãos federal ou estadual ou municipal do Sisnama, ou espécies migratórias, dependerá da adoção de medidas compensatórias e mitigadoras que assegurem a conservação da espécie.

Art. 28. Não é permitida a conversão de vegetação nativa para uso alternativo do solo no imóvel rural que possuir área abandonada.

CAPÍTULO VI – DO CADASTRO AMBIENTAL RURAL

Art. 29. É criado o Cadastro Ambiental Rural - CAR, no âmbito do Sistema Nacional de Informação sobre Meio Ambiente - SINIMA, registro público eletrônico de âmbito nacional, obrigatório para todos os imóveis rurais, com a finalidade de integrar as informações ambientais das propriedades e posses rurais, compondo base de dados para controle, monitoramento, planejamento ambiental e econômico e combate ao desmatamento.

§ 1º A inscrição do imóvel rural no CAR deverá ser feita, preferencialmente, no órgão ambiental municipal ou estadual, que, nos termos do regulamento, exigirá do proprietário ou possuidor rural: *("Caput" do parágrafo com redação dada pela Medida Provisória nº 571, de 25/5/2012, convertida na Lei nº 12.727, de 17/10/2012)*

I - identificação do proprietário ou possuidor rural;

II - comprovação da propriedade ou posse;

III - identificação do imóvel por meio de planta e memorial descritivo, contendo a indicação das coordenadas geográficas com pelo menos um ponto de amarração do perímetro do imóvel, informando a localização dos remanescentes de vegetação nativa, das Áreas de Preservação Permanente, das Áreas de Uso Restrito, das áreas consolidadas e, caso existente, também da localização da Reserva Legal.

§ 2º O cadastramento não será considerado título para fins de reconhecimento do direito de propriedade ou posse, tampouco elimina a necessidade de cumprimento do disposto no art. 2º da Lei nº 10.267, de 28 de agosto de 2001.

§ 3º A inscrição no CAR é obrigatória e por prazo indeterminado para todas as propriedades e posses rurais. *(Parágrafo com redação dada pela Lei nº 13.887, de 17/10/2019)*

§ 4º Terão direito à adesão ao PRA, de que trata o art. 59 desta Lei, os proprietários e possuidores dos imóveis rurais com área acima de 4 (quatro) módulos fiscais que os inscreverem no CAR até o dia 31 de dezembro de 2023, bem como os proprietários e possuidores dos imóveis rurais com área de até 4 (quatro) módulos fiscais ou que atendam ao disposto no art. 3º da Lei nº 11.326, de 24 de julho de 2006, que os inscreverem no CAR até o dia 31 de dezembro de 2025. *(Redação dada pela Lei nº 14.595, de 2023)*

Art. 30. Nos casos em que a Reserva Legal já tenha sido averbada na matrícula do imóvel e em que essa averbação identifique o perímetro e a localização da reserva, o proprietário não será obrigado a fornecer ao órgão ambiental as informações relativas à Reserva Legal previstas no inciso III do § 1º do art. 29.

Parágrafo único. Para que o proprietário se desobrigue nos termos do *caput*, deverá apresentar ao órgão ambiental competente a certidão de registro de imóveis onde conste a averbação da Reserva Legal ou termo de compromisso já firmado nos casos de posse.

CAPÍTULO VII – DA EXPLORAÇÃO FLORESTAL

Art. 31. A exploração de florestas nativas e formações sucessoras, de domínio público ou privado, ressalvados os casos previstos nos arts. 21, 23 e 24, dependerá de licenciamento pelo órgão competente do Sisnama, mediante aprovação prévia de Plano de Manejo Florestal Sustentável - PMFS que contemple técnicas de condução, exploração, reposição florestal e manejo compatíveis com os variados ecossistemas que a cobertura arbórea forme.

§ 1º O PMFS atenderá os seguintes fundamentos técnicos e científicos:

I - caracterização dos meios físico e biológico;

II - determinação do estoque existente;

III - intensidade de exploração compatível com a capacidade de suporte ambiental da floresta;

IV - ciclo de corte compatível com o tempo de restabelecimento do volume de produto extraído da floresta;

V - promoção da regeneração natural da floresta;

VI - adoção de sistema silvicultural adequado;

VII - adoção de sistema de exploração adequado;

VIII - monitoramento do desenvolvimento da floresta remanescente;

IX - adoção de medidas mitigadoras dos impactos ambientais e sociais.

§ 2º A aprovação do PMFS pelo órgão competente do Sisnama confere ao seu detentor a licença ambiental para a prática do manejo florestal sustentável, não se aplicando outras etapas de licenciamento ambiental.

§ 3º O detentor do PMFS encaminhará relatório anual ao órgão ambiental competente com as informações sobre toda a área de manejo florestal sustentável e a descrição das atividades realizadas.

§ 4º O PMFS será submetido a vistorias técnicas para fiscalizar as operações e atividades desenvolvidas na área de manejo.

§ 5º Respeitado o disposto neste artigo, serão estabelecidas em ato do Chefe do Poder Executivo disposições diferenciadas sobre os PMFS em escala empresarial, de pequena escala e comunitário.

§ 6º Para fins de manejo florestal na pequena propriedade ou posse rural familiar, os órgãos do Sisnama deverão estabelecer procedimentos simplificados de elaboração, análise e aprovação dos referidos PMFS.

§ 7º Compete ao órgão federal de meio ambiente a aprovação de PMFS incidentes em florestas públicas de domínio da União.

Art. 32. São isentos de PMFS:

I - a supressão de florestas e formações sucessoras para uso alternativo do solo;

II - o manejo e a exploração de florestas plantadas localizadas fora das Áreas de Preservação Permanente e de Reserva Legal;

III - a exploração florestal não comercial realizada nas propriedades rurais a que se refere o inciso V do art. 3º ou por populações tradicionais.

Art. 33. As pessoas físicas ou jurídicas que utilizam matéria-prima florestal em suas atividades devem suprir-se de recursos oriundos de:

I - florestas plantadas;

II - PMFS de floresta nativa aprovado pelo órgão competente do Sisnama;

III - supressão de vegetação nativa autorizada pelo órgão competente do Sisnama;

IV - outras formas de biomassa florestal definidas pelo órgão competente do Sisnama.

§ 1º São obrigadas à reposição florestal as pessoas físicas ou jurídicas que utilizam matéria-prima florestal oriunda de supressão de vegetação nativa ou que detenham autorização para supressão de vegetação nativa.

§ 2º É isento da obrigatoriedade da reposição florestal aquele que utilize:

I - costaneiras, aparas, cavacos ou outros resíduos provenientes da atividade industrial;

II - matéria-prima florestal:

a) oriunda de PMFS;

b) oriunda de floresta plantada;

c) não madeireira.

§ 3º A isenção da obrigatoriedade da reposição florestal não desobriga o interessado da comprovação perante a autoridade competente da origem do recurso florestal utilizado.

§ 4º A reposição florestal será efetivada no Estado de origem da matéria-prima utilizada, mediante o plantio de espécies preferencialmente nativas, conforme determinações do órgão competente do Sisnama.

Art. 34. As empresas industriais que utilizam grande quantidade de matéria-prima florestal são obrigadas a elaborar e implementar Plano de Suprimento Sustentável - PSS, a ser submetido à aprovação do órgão competente do Sisnama.

§ 1º O PSS assegurará produção equivalente ao consumo de matéria-prima florestal pela atividade industrial.

§ 2º O PSS incluirá, no mínimo:

I - programação de suprimento de matéria-prima florestal;

II - indicação das áreas de origem da matéria-prima florestal georreferenciadas;

III - cópia do contrato entre os particulares envolvidos, quando o PSS incluir suprimento de matéria-prima florestal oriunda de terras pertencentes a terceiros.

§ 3º Admite-se o suprimento mediante matéria-prima em oferta no mercado:

I - na fase inicial de instalação da atividade industrial, nas condições e durante o período, não superior a 10 (dez) anos, previstos no PSS, ressalvados os contratos de suprimento mencionados no inciso III do § 2º;

II - no caso de aquisição de produtos provenientes do plantio de florestas exóticas, licenciadas por órgão competente do Sisnama, o suprimento será comprovado posteriormente mediante relatório anual em que conste a localização da floresta e as quantidades produzidas.

§ 4º O PSS de empresas siderúrgicas, metalúrgicas ou outras que consumam grandes quantidades de carvão vegetal ou lenha estabelecerá a utilização exclusiva de matéria-prima oriunda de florestas plantadas ou de PMFS e será parte integrante do processo de licenciamento ambiental do empreendimento.

§ 5º Serão estabelecidos, em ato do Chefe do Poder Executivo, os parâmetros de utilização de matéria-prima florestal para fins de enquadramento das empresas industriais no disposto no *caput*.

CAPÍTULO VIII – DO CONTROLE DA ORIGEM DOS PRODUTOS FLORESTAIS

Art. 35. O controle da origem da madeira, do carvão e de outros produtos ou subprodutos florestais incluirá sistema nacional que integre os dados dos diferentes entes federativos, coordenado, fiscalizado e regulamentado pelo órgão federal competente do Sisnama. *("Caput" do artigo com redação dada pela Medida Provisória nº 571, de 25/5/2012, convertida na Lei nº 12.727, de 17/10/2012)*

§ 1º *(VETADO na Lei nº 12.727, de 17/10/2012)*

§ 2º É livre a extração de lenha e demais produtos de florestas plantadas nas áreas não consideradas Áreas de Preservação Permanente e Reserva Legal.

§ 3º O corte ou a exploração de espécies nativas plantadas em área de uso alternativo do solo serão permitidos independentemente de autorização prévia, devendo o plantio ou reflorestamento estar previamente cadastrado no órgão ambiental competente e a exploração ser previamente declarada nele para fins de controle de origem.

§ 4º Os dados do sistema referido no *caput* serão disponibilizados para acesso público por meio da rede mundial de computadores, cabendo ao órgão federal coordenador do sistema fornecer os programas de informática a serem utilizados e definir o prazo para integração dos dados e as informações que deverão ser aportadas ao sistema nacional.

§ 5º O órgão federal coordenador do sistema nacional poderá bloquear a emissão de Documento de Origem Florestal - DOF dos entes federativos não integrados ao sistema e fiscalizar os dados e relatórios respectivos. *(Parágrafo acrescido pela Medida Provisória nº 571, de 25/5/2012, convertida na Lei nº 12.727, de 17/10/2012)*

Art. 36. O transporte, por qualquer meio, e o armazenamento de madeira, lenha, carvão e outros produtos ou subprodutos florestais oriundos de florestas de espécies nativas, para fins comerciais ou industriais, requerem licença do órgão competente do Sisnama, observado o disposto no art. 35.

§ 1º A licença prevista no *caput* será formalizada por meio da emissão do DOF, que deverá acompanhar o material até o beneficiamento final.

§ 2º Para a emissão do DOF, a pessoa física ou jurídica responsável deverá estar registrada no Cadastro Técnico Federal de Atividades Potencialmente Poluidoras ou Utilizadoras de Recursos Ambientais, previsto no art. 17 da Lei nº 6.938, de 31 de agosto de 1981.

§ 3º Todo aquele que recebe ou adquire, para fins comerciais ou industriais, madeira, lenha, carvão e outros produtos ou subprodutos de florestas de espécies nativas é obrigado a exigir a apresentação do DOF e munir-se da via que deverá acompanhar o material até o beneficiamento final.

§ 4º No DOF deverão constar a especificação do material, sua volumetria e dados sobre sua origem e destino.

§ 5º O órgão ambiental federal do Sisnama regulamentará os casos de dispensa da licença prevista no *caput*. *(Parágrafo acrescido pela Medida Provisória nº 571, de 25/5/2012, convertida na Lei nº 12.727, de 17/10/2012)*

Art. 37. O comércio de plantas vivas e outros produtos oriundos da flora nativa dependerá de licença do órgão estadual competente do Sisnama e de registro no Cadastro Técnico Federal de Atividades Potencialmente Poluidoras ou Utilizadoras de Recursos Ambientais, previsto no art. 17 da Lei nº 6.938, de 31 de agosto de 1981, sem prejuízo de outras exigências cabíveis.

Parágrafo único. A exportação de plantas vivas e outros produtos da flora dependerá de licença do órgão federal competente do Sisnama, observadas as condições estabelecidas no *caput*.

CAPÍTULO IX – DA PROIBIÇÃO DO USO DE FOGO E DO CONTROLE DOS INCÊNDIOS

Art. 38. É proibido o uso de fogo na vegetação, exceto nas seguintes situações:

I - em locais ou regiões cujas peculiaridades justifiquem o emprego do fogo em práticas agropastoris ou florestais, mediante prévia aprovação do órgão estadual ambiental competente do Sisnama, para cada imóvel rural ou de forma regionalizada, que estabelecerá os critérios de monitoramento e controle;

II - emprego da queima controlada em Unidades de Conservação, em conformidade com o respectivo plano de manejo e mediante prévia aprovação do órgão gestor da Unidade de Conservação, visando ao manejo conservacionista da vegetação nativa, cujas características ecológicas estejam associadas evolutivamente à ocorrência do fogo;

III - atividades de pesquisa científica vinculada a projeto de pesquisa devidamente aprovado pelos órgãos competentes e realizada por instituição de pesquisa reconhecida, mediante prévia aprovação do órgão ambiental competente do Sisnama.

§ 1º Na situação prevista no inciso I, o órgão estadual ambiental competente do Sisnama exigirá que os estudos demandados para o licenciamento da atividade rural contenham planejamento específico sobre o emprego do fogo e o controle dos incêndios.

§ 2º Excetuam-se da proibição constante no *caput* as práticas de prevenção e combate aos incêndios e as de agricultura de subsistência exercidas pelas populações tradicionais e indígenas

§ 3º Na apuração da responsabilidade pelo uso irregular do fogo em terras públicas ou particulares, a autoridade competente para fiscalização e autuação deverá comprovar o nexo de causalidade entre a ação do proprietário ou qualquer preposto e o dano efetivamente causado.

§ 4º É necessário o estabelecimento de nexo causal na verificação das responsabilidades por infração pelo uso irregular do fogo em terras públicas ou particulares.

Art. 39. Os órgãos ambientais do Sisnama, bem como todo e qualquer órgão público ou privado responsável pela gestão de áreas com vegetação nativa ou plantios florestais, deverão elaborar, atualizar e implantar planos de contingência para o combate aos incêndios florestais.

§ 1º Os planos de contingência para o combate aos incêndios florestais dos órgãos do Sisnama conterão diretrizes para o uso da aviação agrícola no combate a incêndios em todos os tipos de vegetação. *(Parágrafo acrescido pela Lei nº 14.406, de 12/7/2022)*

§ 2º As aeronaves utilizadas para combate a incêndios deverão atender às normas técnicas definidas pelas autoridades competentes do poder público e ser pilotadas por profissionais devidamente qualificados para o desempenho dessa atividade, na forma do regulamento. *(Parágrafo acrescido pela Lei nº 14.406, de 12/7/2022)*

Art. 40. O Governo Federal deverá estabelecer uma Política Nacional de Manejo e Controle de Queimadas, Prevenção e Combate aos Incêndios Florestais, que promova a articulação institucional com vistas na substituição do uso do fogo no meio rural, no controle de queimadas, na prevenção e no combate aos incêndios florestais e no manejo do fogo em áreas naturais protegidas.

§ 1º A Política mencionada neste artigo deverá prever instrumentos para a análise dos impactos das queimadas sobre mudanças climáticas e mudanças no uso da terra, conservação dos ecossistemas, saúde pública e fauna, para subsidiar planos estratégicos de prevenção de incêndios florestais.

§ 2º A Política mencionada neste artigo deverá observar cenários de mudanças climáticas e potenciais aumentos de risco de ocorrência de incêndios florestais.

§ 3º A Política de que trata o *caput* deste artigo contemplará programa de uso da aviação agrícola no combate a incêndios em todos os tipos de vegetação. *(Parágrafo acrescido pela Lei nº 14.406, de 12/7/2022)*

CAPÍTULO X – DO PROGRAMA DE APOIO E INCENTIVO À PRESERVAÇÃO E RECUPERAÇÃO DO MEIO AMBIENTE

Art. 41. É o Poder Executivo federal autorizado a instituir, sem prejuízo do cumprimento da legislação ambiental, programa de apoio e incentivo à conservação do meio ambiente, bem como para adoção de tecnologias e boas práticas que conciliem a produtividade agropecuária e florestal, com redução dos impactos ambientais, como forma de promoção do desenvolvimento ecologicamente sustentável, observados sempre os critérios de progressividade, abrangendo as seguintes categorias e linhas de ação: *("Caput" do artigo com redação dada pela Medida Provisória nº 571, de 25/5/2012, convertida na Lei nº 12.727, de 17/10/2012)*

I - pagamento ou incentivo a serviços ambientais como retribuição, monetária ou não, às atividades de conservação e melhoria dos ecossistemas e que gerem serviços ambientais, tais como, isolada ou cumulativamente:

a) o sequestro, a conservação, a manutenção e o aumento do estoque e a diminuição do fluxo de carbono;

b) a conservação da beleza cênica natural;

c) a conservação da biodiversidade;

d) a conservação das águas e dos serviços hídricos;

e) a regulação do clima;

f) a valorização cultural e do conhecimento tradicional ecossistêmico;

g) a conservação e o melhoramento do solo;

h) a manutenção de Áreas de Preservação Permanente, de Reserva Legal e de uso restrito;

II - compensação pelas medidas de conservação ambiental necessárias para o cumprimento dos objetivos desta Lei, utilizando-se dos seguintes instrumentos, dentre outros:

a) obtenção de crédito agrícola, em todas as suas modalidades, com taxas de juros menores, bem como limites e prazos maiores que os praticados no mercado;

b) contratação do seguro agrícola em condições melhores que as praticadas no mercado;

c) dedução das Áreas de Preservação Permanente, de Reserva Legal e de uso restrito da base de cálculo do Imposto sobre a Propriedade Territorial Rural - ITR, gerando créditos tributários;

d) destinação de parte dos recursos arrecadados com a cobrança pelo uso da água, na forma da Lei nº 9.433, de 8 de janeiro de 1997, para a manutenção, recuperação ou recomposição das Áreas de Preservação Permanente, de Reserva Legal e de uso restrito na bacia de geração da receita;

e) linhas de financiamento para atender iniciativas de preservação voluntária de vegetação nativa, proteção de espécies da flora nativa ameaçadas de extinção, manejo florestal e agroflorestal sustentável realizados na propriedade ou posse rural, ou recuperação de áreas degradadas;

f) isenção de impostos para os principais insumos e equipamentos, tais como: fios de arame, postes de madeira tratada, bombas d'água, trado de perfuração de solo, dentre outros utilizados para os processos de recuperação e manutenção das Áreas de Preservação Permanente, de Reserva Legal e de uso restrito;

III - incentivos para comercialização, inovação e aceleração das ações de recuperação, conservação e uso sustentável das florestas e demais formas de vegetação nativa, tais como:

a) participação preferencial nos programas de apoio à comercialização da produção agrícola;

b) destinação de recursos para a pesquisa científica e tecnológica e a extensão rural relacionadas à melhoria da qualidade ambiental.

§ 1º Para financiar as atividades necessárias à regularização ambiental das propriedades rurais, o programa poderá prever:

I - destinação de recursos para a pesquisa científica e tecnológica e a extensão rural relacionadas à melhoria da qualidade ambiental;

II - dedução da base de cálculo do imposto de renda do proprietário ou possuidor de imóvel rural, pessoa física ou jurídica, de parte dos gastos efetuados com a recomposição das Áreas de Preservação Permanente, de Reserva Legal e de uso restrito cujo desmatamento seja anterior a 22 de julho de 2008;

III - utilização de fundos públicos para concessão de créditos reembolsáveis e não reembolsáveis destinados à compensação, recuperação ou recomposição das Áreas de Preservação Permanente, de Reserva Legal e de uso restrito cujo desmatamento seja anterior a 22 de julho de 2008.

§ 2º O programa previsto no *caput* poderá, ainda, estabelecer diferenciação tributária para empresas que industrializem ou comercializem produtos originários de propriedades ou posses rurais que cumpram os padrões e limites estabelecidos nos arts. 4º, 6º, 11 e 12 desta Lei, ou que estejam em processo de cumpri-los.

§ 3º Os proprietários ou possuidores de imóveis rurais inscritos no CAR, inadimplentes em relação ao cumprimento do termo de compromisso ou PRA ou que estejam sujeitos a sanções por infrações ao disposto nesta Lei, exceto aquelas suspensas em virtude do disposto no Capítulo XIII, não são elegíveis para os incentivos previstos nas alíneas a a e do inciso II do *caput* deste artigo até que as referidas sanções sejam extintas.

§ 4º As atividades de manutenção das Áreas de Preservação Permanente, de Reserva Legal e de uso restrito são elegíveis para quaisquer pagamentos ou incentivos por serviços ambientais, configurando adicionalidade para fins de mercados nacionais e internacionais de reduções de emissões certificadas de gases de efeito estufa.

§ 5º O programa relativo a serviços ambientais previsto no inciso I do *caput* deste artigo deverá integrar os sistemas em âmbito nacional e estadual, objetivando a criação de um mercado de serviços ambientais.

§ 6º Os proprietários localizados nas zonas de amortecimento de Unidades de Conservação de Proteção Integral são elegíveis para receber apoio técnico-financeiro da compensação prevista no art. 36 da Lei nº 9.985, de 18 de julho de 2000, com a finalidade de recuperação e manutenção de áreas prioritárias para a gestão da unidade.

§ 7º O pagamento ou incentivo a serviços ambientais a que se refere o inciso I deste artigo serão prioritariamente destinados aos agricultores familiares como definidos no inciso V do art. 3º desta Lei. *(Parágrafo acrescido pela Lei nº 12.727, de 17/10/2012)*

Art. 42. O Governo Federal implantará programa para conversão da multa prevista no art. 50 do Decreto nº 6.514, de 22 de julho de 2008, destinado a imóveis rurais, referente a autuações vinculadas a desmatamentos em áreas onde não era vedada a supressão, que foram promovidos sem autorização ou licença, em data anterior a 22 de julho de 2008. *(Artigo com redação dada pela Lei nº 12.727, de 17/10/2012)*

Art. 43. (VETADO).

Art. 44. É instituída a Cota de Reserva Ambiental - CRA, título nominativo representativo de área com vegetação nativa, existente ou em processo de recuperação:

I - sob regime de servidão ambiental, instituída na forma do art. 9º-A da Lei nº 6.938, de 31 de agosto de 1981;

II - correspondente à área de Reserva Legal instituída voluntariamente sobre a vegetação que exceder os percentuais exigidos no art. 12 desta Lei;

III - protegida na forma de Reserva Particular do Patrimônio Natural - RPPN, nos termos do art. 21 da Lei nº 9.985, de 18 de julho de 2000;

IV - existente em propriedade rural localizada no interior de Unidade de Conservação de domínio público que ainda não tenha sido desapropriada.

§ 1º A emissão de CRA será feita mediante requerimento do proprietário, após inclusão do imóvel no CAR e laudo comprobatório emitido pelo próprio órgão ambiental ou por entidade credenciada, assegurado o controle do órgão federal competente do Sisnama, na forma de ato do Chefe do Poder Executivo.

§ 2º A CRA não pode ser emitida com base em vegetação nativa localizada em área de RPPN instituída em sobreposição à Reserva Legal do imóvel.

§ 3º A Cota de Reserva Florestal - CRF emitida nos termos do art. 44-B da Lei nº 4.771, de 15 de setembro de 1965, passa a ser considerada, pelo efeito desta Lei, como Cota de Reserva Ambiental.

§ 4º Poderá ser instituída CRA da vegetação nativa que integra a Reserva Legal dos imóveis a que se refere o inciso V do art. 3º desta Lei.

Art. 45. A CRA será emitida pelo órgão competente do Sisnama em favor de proprietário de imóvel incluído no CAR que mantenha área nas condições previstas no art. 44.

§ 1º O proprietário interessado na emissão da CRA deve apresentar ao órgão referido no *caput* proposta acompanhada de:

I - certidão atualizada da matrícula do imóvel expedida pelo registro de imóveis competente;

II - cédula de identidade do proprietário, quando se tratar de pessoa física;

III - ato de designação de responsável, quando se tratar de pessoa jurídica;

IV - certidão negativa de débitos do Imposto sobre a Propriedade Territorial Rural - ITR;

V - memorial descritivo do imóvel, com a indicação da área a ser vinculada ao título, contendo pelo menos um ponto de amarração georreferenciado relativo ao perímetro do imóvel e um ponto de amarração georreferenciado relativo à Reserva Legal.

§ 2º Aprovada a proposta, o órgão referido no *caput* emitirá a CRA correspondente, identificando:

I - o número da CRA no sistema único de controle;

II - o nome do proprietário rural da área vinculada ao título;

III - a dimensão e a localização exata da área vinculada ao título, com memorial descritivo contendo pelo menos um ponto de amarração georreferenciado;

IV - o bioma correspondente à área vinculada ao título;

V - a classificação da área em uma das condições previstas no art. 46.

§ 3º O vínculo de área à CRA será averbado na matrícula do respectivo imóvel no registro de imóveis competente.

§ 4º O órgão federal referido no *caput* pode delegar ao órgão estadual competente atribuições para emissão, cancelamento e transferência da CRA, assegurada a implementação de sistema único de controle.

Art. 46. Cada CRA corresponderá a 1 (um) hectare:

I - de área com vegetação nativa primária ou com vegetação secundária em qualquer estágio de regeneração ou recomposição;

II - de áreas de recomposição mediante reflorestamento com espécies nativas.

§ 1º O estágio sucessional ou o tempo de recomposição ou regeneração da vegetação nativa será avaliado pelo órgão ambiental estadual competente com base em declaração do proprietário e vistoria de campo.

§ 2º A CRA não poderá ser emitida pelo órgão ambiental competente quando a regeneração ou recomposição da área forem improváveis ou inviáveis.

Art. 47. É obrigatório o registro da CRA pelo órgão emitente, no prazo de 30 (trinta) dias, contado da data da sua emissão, em bolsas de mercadorias de âmbito nacional ou em sistemas de registro e de liquidação financeira de ativos autorizados pelo Banco Central do Brasil.

Art. 48. A CRA pode ser transferida, onerosa ou gratuitamente, a pessoa física ou a pessoa jurídica de direito público ou privado, mediante termo assinado pelo titular da CRA e pelo adquirente.

§ 1º A transferência da CRA só produz efeito uma vez registrado o termo previsto no *caput* no sistema único de controle.

§ 2º A CRA só pode ser utilizada para compensar Reserva Legal de imóvel rural situado no mesmo bioma da área à qual o título está vinculado. *(Vide ADC 42/2016, ADIN nº 4.901/2013 e ADIN nº 4.937/2013)*

§ 3º A CRA só pode ser utilizada para fins de compensação de Reserva Legal se respeitados os requisitos estabelecidos no § 6º do art. 66.

§ 4º A utilização de CRA para compensação da Reserva Legal será averbada na matrícula do imóvel no qual se situa a área vinculada ao título e na do imóvel beneficiário da compensação.

Art. 49. Cabe ao proprietário do imóvel rural em que se situa a área vinculada à CRA a responsabilidade plena pela manutenção das condições de conservação da vegetação nativa da área que deu origem ao título.

§ 1º A área vinculada à emissão da CRA com base nos incisos I, II e III do art. 44 desta Lei poderá ser utilizada conforme PMFS.

§ 2º A transmissão *inter vivos ou causa mortis* do imóvel não elimina nem altera o vínculo de área contida no imóvel à CRA.

Art. 50. A CRA somente poderá ser cancelada nos seguintes casos:

I - por solicitação do proprietário rural, em caso de desistência de manter áreas nas condições previstas nos incisos I e II do art. 44;

II - automaticamente, em razão de término do prazo da servidão ambiental;

III - por decisão do órgão competente do Sisnama, no caso de degradação da vegetação nativa da área vinculada à CRA cujos custos e prazo de recuperação ambiental inviabilizem a continuidade do vínculo entre a área e o título.

§ 1º O cancelamento da CRA utilizada para fins de compensação de Reserva Legal só pode ser efetivado se assegurada Reserva Legal para o imóvel no qual a compensação foi aplicada.

§ 2º O cancelamento da CRA nos termos do inciso III do *caput* independe da aplicação das devidas sanções administrativas e penais decorrentes de infração à legislação ambiental, nos termos da Lei nº 9.605, de 12 de fevereiro de 1998.

§ 3º O cancelamento da CRA deve ser averbado na matrícula do imóvel no qual se situa a área vinculada ao título e do imóvel no qual a compensação foi aplicada.

CAPÍTULO XI – DO CONTROLE DO DESMATAMENTO

Art. 51. O órgão ambiental competente, ao tomar conhecimento do desmatamento em desacordo com o disposto nesta Lei, deverá embargar a obra ou atividade que deu causa ao uso alternativo do solo, como medida administrativa voltada a impedir a continuidade do dano ambiental, propiciar a regeneração do meio ambiente e dar viabilidade à recuperação da área degradada.

§ 1º O embargo restringe-se aos locais onde efetivamente ocorreu o desmatamento ilegal, não alcançando as atividades de subsistência ou as demais atividades realizadas no imóvel não relacionadas com a infração.

§ 2º O órgão ambiental responsável deverá disponibilizar publicamente as informações sobre o imóvel embargado, inclusive por meio da rede mundial de computadores, resguardados os dados protegidos por legislação específica, caracterizando o exato local da área embargada e informando em que estágio se encontra o respectivo procedimento administrativo.

§ 3º A pedido do interessado, o órgão ambiental responsável emitirá certidão em que conste a atividade, a obra e a parte da área do imóvel que são objetos do embargo, conforme o caso.

CAPÍTULO XII – DA AGRICULTURA FAMILIAR

Art. 52. A intervenção e a supressão de vegetação em Áreas de Preservação Permanente e de Reserva Legal para as atividades eventuais ou de baixo impacto ambiental, previstas no inciso X do art. 3º, excetuadas as alíneas *b* e *g*, quando desenvolvidas nos imóveis a que se refere o inciso V do art. 3º, dependerão de simples declaração ao órgão ambiental competente, desde que esteja o imóvel devidamente inscrito no CAR.

Art. 53. Para o registro no CAR da Reserva Legal, nos imóveis a que se refere o inciso V do art. 3º, o proprietário ou possuidor apresentará os dados identificando a área proposta de Reserva Legal, cabendo aos órgãos competentes integrantes do Sisnama, ou instituição por ele habilitada, realizar a captação das respectivas coordenadas geográficas.

Parágrafo único. O registro da Reserva Legal nos imóveis a que se refere o inciso V do art. 3º é gratuito, devendo o poder público prestar apoio técnico e jurídico.

Art. 54. Para cumprimento da manutenção da área de reserva legal nos imóveis a que se refere o inciso V do art. 3º, poderão ser computados os plantios de árvores frutíferas, ornamentais ou industriais, compostos por espécies exóticas, cultivadas em sistema intercalar ou em consórcio com espécies nativas da região em sistemas agroflorestais.

Parágrafo único. O poder público estadual deverá prestar apoio técnico para a recomposição da vegetação da Reserva Legal nos imóveis a que se refere o inciso V do art. 3º.

Art. 55. A inscrição no CAR dos imóveis a que se refere o inciso V do art. 3º observará procedimento simplificado no qual será obrigatória apenas a apresentação dos documentos mencionados nos incisos I e II do § 1º do art. 29 e de croqui indicando o perímetro do imóvel, as Áreas de Preservação Permanente e os remanescentes que formam a Reserva Legal.

Art. 56. O licenciamento ambiental de PMFS comercial nos imóveis a que se refere o inciso V do art. 3º se beneficiará de procedimento simplificado de licenciamento ambiental.

§ 1º O manejo sustentável da Reserva Legal para exploração florestal eventual, sem propósito comercial direto ou indireto, para consumo no próprio imóvel a que se refere o inciso V do art. 3º, independe de autorização dos órgãos ambientais competentes, limitada a retirada anual de material lenhoso a 2 (dois) metros cúbicos por hectare.

§ 2º O manejo previsto no § 1º não poderá comprometer mais de 15% (quinze por cento) da biomassa da Reserva Legal nem ser superior a 15 (quinze) metros cúbicos de lenha para uso doméstico e uso energético, por propriedade ou posse rural, por ano.

§ 3º Para os fins desta Lei, entende-se por manejo eventual, sem propósito comercial, o suprimento, para uso no próprio imóvel, de lenha ou madeira serrada destinada a benfeitorias e uso energético nas propriedades e posses rurais, em quantidade não superior ao estipulado no § 1º deste artigo.

§ 4º Os limites para utilização previstos no § 1º deste artigo no caso de posse coletiva de populações tradicionais ou de agricultura familiar serão adotados por unidade familiar.

§ 5º As propriedades a que se refere o inciso V do art. 3º são desobrigadas da reposição florestal se a matéria-prima florestal for utilizada para consumo próprio.

Art. 57. Nos imóveis a que se refere o inciso V do art. 3º, o manejo florestal madeireiro sustentável da Reserva Legal com propósito comercial direto ou indireto depende de autorização simplificada do órgão ambiental competente, devendo o interessado apresentar, no mínimo, as seguintes informações:

I - dados do proprietário ou possuidor rural;

II - dados da propriedade ou posse rural, incluindo cópia da matrícula do imóvel no Registro Geral do Cartório de Registro de Imóveis ou comprovante de posse;

III - croqui da área do imóvel com indicação da área a ser objeto do manejo seletivo, estimativa do volume de produtos e subprodutos florestais a serem obtidos com o manejo seletivo, indicação da sua destinação e cronograma de execução previsto.

Art. 58. Assegurado o controle e a fiscalização dos órgãos ambientais competentes dos respectivos planos ou projetos, assim como as obrigações do detentor do imóvel, o Poder Público poderá instituir programa de apoio técnico e incentivos financeiros, podendo incluir medidas indutoras e linhas de financiamento para atender, prioritariamente, os imóveis a que se refere o inciso V do *caput* do art. 3º, nas iniciativas de: *("Caput" do artigo com redação dada pela Medida Provisória nº 571, de 25/5/2012, convertida na Lei nº 12.727, de 17/10/2012)*

I - preservação voluntária de vegetação nativa acima dos limites estabelecidos no art. 12;

II - proteção de espécies da flora nativa ameaçadas de extinção;

III - implantação de sistemas agroflorestal e agrossilvipastoril;

IV - recuperação ambiental de Áreas de Preservação Permanente e de Reserva Legal;

V - recuperação de áreas degradadas;

VI - promoção de assistência técnica para regularização ambiental e recuperação de áreas degradadas;

VII - produção de mudas e sementes;

VIII - pagamento por serviços ambientais.

CAPÍTULO XIII – DISPOSIÇÕES TRANSITÓRIAS

SEÇÃO I – DISPOSIÇÕES GERAIS

Art. 59. A União, os Estados e o Distrito Federal deverão implantar Programas de Regularização Ambiental (PRAs) de posses e propriedades rurais, com o objetivo de adequá-las aos termos deste Capítulo. *("Caput" do artigo com redação dada pela Lei nº 13.887, de 17/10/2019)*

§ 1º Na regulamentação dos PRAs, a União estabelecerá normas de caráter geral, e os Estados e o Distrito Federal ficarão incumbidos do seu detalhamento por meio da edição de normas de caráter específico, em razão de suas peculiaridades territoriais, climáticas, históricas, culturais, econômicas e sociais, conforme preceitua o art. 24 da Constituição Federal. *(Parágrafo com redação dada pela Lei nº 13.887, de 17/10/2019)*

§ 2º A inscrição do imóvel rural no CAR é condição obrigatória para a adesão ao PRA, que será requerida pelo proprietário ou possuidor do imóvel rural no prazo de 1 (um) ano, contado da notificação pelo órgão competente, que realizará previamente a validação do cadastro e a identificação de passivos ambientais, observado o disposto no § 4º do art. 29 desta Lei. *(Redação dada pela Lei nº 14.595, de 2023)*

§ 3º Com base no requerimento de adesão ao PRA, o órgão competente integrante do Sisnama convocará o proprietário ou possuidor para assinar o termo de compromisso, que constituirá título executivo extrajudicial.

§ 4º No período entre a publicação desta Lei e o vencimento do prazo de adesão do interessado ao PRA, e enquanto estiver sendo cumprido o termo de compromisso, o proprietário ou possuidor não poderá ser autuado por infrações cometidas antes de 22 de julho de 2008, relativas à supressão irregular de vegetação em Áreas de Preservação Permanente, de Reserva Legal e de uso restrito. *(Redação dada pela Lei nº 14.595, de 2023)*

§ 5º A partir da assinatura do termo de compromisso, serão suspensas as sanções decorrentes das infrações mencionadas no § 4º deste artigo e, cumpridas as obrigações estabelecidas no PRA ou no termo de compromisso para a regularização ambiental das exigências desta Lei, nos prazos e condições neles estabelecidos, as multas referidas neste artigo serão consideradas como convertidas em serviços de preservação, melhoria e recuperação da qualidade do meio ambiente, regularizando o uso de áreas rurais consolidadas conforme definido no PRA. *(Vide ADC 42/2016, ADIN nº 4.902/2013 e ADIN nº 4.937/2013)*

§ 6º *(VETADO na Lei nº 12.727, de 17/10/2012)*

§ 7º Caso os Estados e o Distrito Federal não implantem o PRA até 31 de dezembro de 2020, o proprietário ou possuidor de imóvel rural poderá aderir ao PRA implantado pela União, observado o disposto no § 2º deste artigo. *(Parágrafo acrescido pela Lei nº 13.887, de 17/10/2019)*

§ 8º A partir da assinatura do termo de compromisso e durante o seu cumprimento na vigência do PRA, o proprietário ou possuidor de imóvel rural estará em processo de regularização ambiental e não poderá ter o financiamento de sua atividade negado em face do descumprimento desta Lei ou dos arts. 38, 39 e 48 da Lei nº 9.605, de 12 de fevereiro de 1998, devendo as instituições financeiras embasar suas decisões em informações de órgãos oficiais. *(Parágrafo acrescido pela Lei nº 14.595, de 5/6/2023, vetado pelo Presidente da República, mantido pelo Congresso Nacional e publicado na Edição Extra C do DOU de 22/12/2023)*

§ 9º Os órgãos ambientais competentes devem garantir o acesso de instituições financeiras a dados do CAR e do PRA que permitam verificar a regularidade ambiental do proprietário ou possuidor de imóvel rural. *(Incluído pela Lei nº 14.595, de 2023)*

§ 10. Os órgãos ambientais competentes manterão atualizado e disponível em sítio eletrônico demonstrativo sobre a situação da regularização ambiental dos imóveis rurais, indicando, no mínimo, a quantidade de imóveis inscritos no CAR, os cadastros em processo de validação, os requerimentos de adesão ao PRA recebidos e os termos de compromisso assinados. *(Incluído pela Lei nº 14.595, de 2023)*

Art. 60. A assinatura de termo de compromisso para regularização de imóvel ou posse rural perante o órgão ambiental competente, mencionado no art. 59, suspenderá a punibilidade dos crimes previstos nos arts. 38, 39 e 48 da Lei nº 9.605, de 12 de fevereiro de 1998, enquanto o termo estiver sendo cumprido.

§ 1º A prescrição ficará interrompida durante o período de suspensão da pretensão punitiva.

§ 2º Extingue-se a punibilidade com a efetiva regularização prevista nesta Lei.

SEÇÃO II – DAS ÁREAS CONSOLIDADAS EM ÁREAS DE PRESERVAÇÃO PERMANENTE

Art. 61. *(VETADO).*

Art. 61-A. Nas Áreas de Preservação Permanente, é autorizada, exclusivamente, a continuidade das atividades agrossilvipastoris, de ecoturismo e de turismo rural em áreas rurais consolidadas até 22 de julho de 2008. *("Caput" do artigo acrescido pela Medida Provisória nº 571, de 25/5/2012, convertida na Lei nº 12.727, de 17/10/2012)*

§ 1º Para os imóveis rurais com área de até 1 (um) módulo fiscal que possuam áreas consolidadas em Áreas de Preservação Permanente ao longo de cursos d'água naturais, será obrigatória a recomposição das respectivas faixas marginais em 5 (cinco) metros, contados da borda da calha do leito regular, independentemente da largura do curso d'água. *(Parágrafo acrescido pela Medida Provisória nº 571, de 25/5/2012, convertida na Lei nº 12.727, de 17/10/2012)*

§ 2º Para os imóveis rurais com área superior a 1 (um) módulo fiscal e de até 2 (dois) módulos fiscais que possuam áreas consolidadas em Áreas de Preservação Permanente ao longo de cursos d'água naturais, será obrigatória a recomposição das respectivas faixas marginais em 8 (oito) metros, contados da borda da calha do leito regular, independentemente da largura do curso d'água. *(Parágrafo acrescido pela Medida Provisória nº 571, de 25/5/2012, convertida na Lei nº 12.727, de 17/10/2012)*

§ 3º Para os imóveis rurais com área superior a 2 (dois) módulos fiscais e de até 4 (quatro) módulos fiscais que possuam áreas consolidadas em Áreas de Preservação Permanente ao longo de cursos d'água naturais, será obrigatória a recomposição das respectivas faixas marginais em 15 (quinze) metros, contados da borda da calha do leito regular, independentemente da largura do curso d'água. *(Parágrafo acrescido pela Medida Provisória nº 571, de 25/5/2012, convertida na Lei nº 12.727, de 17/10/2012)*

§ 4º Para os imóveis rurais com área superior a 4 (quatro) módulos fiscais que possuam áreas consolidadas em Áreas de Preservação Permanente ao longo de cursos d'água naturais, será obrigatória a recomposição das respectivas faixas marginais: *(Parágrafo acrescido pela Medida Provisória nº 571, de 25/5/2012, convertida na Lei nº 12.727, de 17/10/2012)*

I – *(VETADO na Lei nº 12.727, de 17/10/2012)*

II - nos demais casos, conforme determinação do PRA, observado o mínimo de 20 (vinte) e o máximo de 100 (cem) metros, contados da borda da calha do leito regular. *(Inciso com redação dada pela Lei nº 12.727, de 17/10/2012)*

§ 5º Nos casos de áreas rurais consolidadas em Áreas de Preservação Permanente no entorno de nascentes e olhos d'água perenes, será admitida a manutenção de atividades agrossilvipastoris, de ecoturismo ou de turismo rural, sendo obrigatória a recomposição do raio mínimo de 15 (quinze) metros. *(Parágrafo acrescido pela Medida Provisória nº 571, de 25/5/2012, convertida na Lei nº 12.727, de 17/10/2012)*

§ 6º Para os imóveis rurais que possuam áreas consolidadas em Áreas de Preservação Permanente no entorno de lagos e lagoas naturais, será admitida a manutenção de atividades agrossilvipastoris, de ecoturismo ou de turismo rural, sendo obrigatória a recomposição de faixa marginal com largura mínima de:

I - 5 (cinco) metros, para imóveis rurais com área de até 1 (um) módulo fiscal;

II - 8 (oito) metros, para imóveis rurais com área superior a 1 (um) módulo fiscal e de até 2 (dois) módulos fiscais;

III - 15 (quinze) metros, para imóveis rurais com área superior a 2 (dois) módulos fiscais e de até 4 (quatro) módulos fiscais; e

IV - 30 (trinta) metros, para imóveis rurais com área superior a 4 (quatro) módulos fiscais. *(Parágrafo acrescido pela Medida Provisória nº 571, de 25/5/2012, convertida na Lei nº 12.727, de 17/10/2012)*

§ 7º Nos casos de áreas rurais consolidadas em veredas, será obrigatória a recomposição das faixas marginais, em projeção horizontal, delimitadas a partir do espaço brejoso e encharcado, de largura mínima de:

I - 30 (trinta) metros, para imóveis rurais com área de até 4 (quatro) módulos fiscais; e

II - 50 (cinquenta) metros, para imóveis rurais com área superior a 4 (quatro) módulos fiscais. *(Parágrafo acrescido pela Medida Provisória nº 571, de 25/5/2012, convertida na Lei nº 12.727, de 17/10/2012)*

§ 8º Será considerada, para os fins do disposto no *caput* e nos §§ 1º a 7º, a área detida pelo imóvel rural em 22 de julho de 2008. *(Parágrafo acrescido pela Medida Provisória nº 571, de 25/5/2012, convertida na Lei nº 12.727, de 17/10/2012)*

§ 9º A existência das situações previstas no *caput* deverá ser informada no CAR para fins de monitoramento, sendo exigida, nesses casos, a adoção de técnicas de conservação do solo e da água que visem à mitigação dos eventuais impactos. *(Parágrafo acrescido pela Medida Provisória nº 571, de 25/5/2012, convertida na Lei nº 12.727, de 17/10/2012)*

§ 10. Antes mesmo da disponibilização do CAR, no caso das intervenções já existentes, é o proprietário ou possuidor responsável pela conservação do solo e da água, por meio de adoção de boas práticas agronômicas. *(Parágrafo acrescido pela Medida Provisória nº 571, de 25/5/2012, convertida na Lei nº 12.727, de 17/10/2012)*

§ 11. A realização das atividades previstas no *caput* observará critérios técnicos de conservação do solo e da água indicados no PRA previsto nesta Lei, sendo vedada a conversão de novas áreas para uso alternativo do solo nesses locais. *(Parágrafo acrescido pela Medida Provisória nº 571, de 25/5/2012, convertida na Lei nº 12.727, de 17/10/2012)*

§ 12. Será admitida a manutenção de residências e da infraestrutura associada às atividades agrossilvipastoris, de ecoturismo e de turismo rural, inclusive o acesso a essas atividades, independentemente das determinações contidas no *caput* e nos §§ 1º a 7º, desde que não estejam em área que ofereça risco à vida ou à integridade física das pessoas. *(Parágrafo acrescido pela Medida Provisória nº 571, de 25/5/2012, convertida na Lei nº 12.727, de 17/10/2012)*

§ 13. A recomposição de que trata este artigo poderá ser feita, isolada ou conjuntamente, pelos seguintes métodos:

I - condução de regeneração natural de espécies nativas;

II - plantio de espécies nativas;

III - plantio de espécies nativas conjugado com a condução da regeneração natural de espécies nativas;

IV - plantio intercalado de espécies lenhosas, perenes ou de ciclo longo, exóticas com nativas de ocorrência regional, em até 50% (cinquenta por cento) da área total a ser recomposta, no caso dos imóveis a que se refere o inciso V do *caput* do art. 3º. *(Inciso acrescido pela Medida Provisória nº 571, de 25/5/2012, convertida na Lei nº 12.727, de 17/10/2012)*

V – *(VETADO na Lei nº 12.727, de 17/10/2012)*

§ 14. Em todos os casos previstos neste artigo, o Poder Público, verificada a existência de risco de agravamento de processos erosivos ou de inundações, determinará a adoção de medidas mitigadoras que garantam a estabilidade das margens e a qualidade da água, após deliberação do Conselho Estadual de Meio Ambiente ou de órgão colegiado estadual equivalente. *(Parágrafo acrescido pela Medida Provisória nº 571, de 25/5/2012, convertida na Lei nº 12.727, de 17/10/2012)*

§ 15. A partir da data da publicação desta Lei e até o término do prazo de adesão ao PRA de que trata o § 2º do art. 59, é autorizada a continuidade das atividades desenvolvidas nas áreas de que trata o *caput*, as quais deverão ser informadas no CAR, para fins de monitoramento, sendo exigida a adoção de medidas de conservação do solo e da água. *(Parágrafo acrescido pela Medida Provisória nº 571, de 25/5/2012, convertida na Lei nº 12.727, de 17/10/2012)*

§ 16. As Áreas de Preservação Permanente localizadas em imóveis inseridos nos limites de Unidades de Conservação de Proteção Integral criadas por ato do Poder Público até a data de publicação desta Lei não são passíveis de ter quaisquer atividades consideradas como consolidadas nos termos do *caput* e dos §§ 1º a 15, ressalvado o que dispuser o Plano de Manejo elaborado e aprovado de acordo com as orientações emitidas pelo órgão competente do Sisnama, nos termos do que dispuser regulamento do Chefe do Poder Executivo, devendo o proprietário, possuidor rural ou ocupante a qualquer título, adotar todas as medidas indicadas. *(Parágrafo acrescido pela Medida Provisória nº 571, de 25/5/2012, convertida na Lei nº 12.727, de 17/10/2012)*

§ 17. Em bacias hidrográficas consideradas críticas, conforme previsto em legislação específica, o Chefe do Poder Executivo poderá, em ato próprio, estabelecer metas e diretrizes de recuperação ou conservação da vegetação nativa superiores às definidas no *caput* e nos §§ 1º a 7º, como projeto prioritário, ouvidos o Comitê de Bacia Hidrográfica e o Conselho Estadual de Meio Ambiente. *(Parágrafo acrescido pela Medida Provisória nº 571, de 25/5/2012, convertida na Lei nº 12.727, de 17/10/2012)*

§ 18. *(VETADO na Lei nº 12.727, de 17/10/2012)*

Art. 61-B. Aos proprietários e possuidores dos imóveis rurais que, em 22 de julho de 2008, detinham até 10 (dez) módulos fiscais e desenvolviam atividades agrossilvipastoris nas áreas consolidadas em Áreas de Preservação Permanente, é garantido que a exigência de recomposição, nos termos desta Lei, somadas todas as Áreas de Preservação Permanente do imóvel, não ultrapassará: *("Caput" do artigo acrescido pela Medida Provisória nº 571, de 25/5/2012, e com redação dada pela Lei nº 12.727, de 17/10/2012)*

I - 10% (dez por cento) da área total do imóvel, para imóveis rurais com área de até 2 (dois) módulos fiscais; e *(Inciso acrescido pela Medida Provisória nº 571, de 25/5/2012, convertida na Lei nº 12.727, de 17/10/2012)*

II - 20% (vinte por cento) da área total do imóvel, para imóveis rurais com área superior a 2 (dois) e de até 4 (quatro) módulos fiscais. *(Inciso acrescido pela Medida Provisória nº 571, de 25/5/2012, convertida na Lei nº 12.727, de 17/10/2012)*

Art. 61-C. Para os assentamentos do Programa de Reforma Agrária a recomposição de áreas consolidadas em Áreas de Preservação Permanente ao longo ou no entorno de cursos d'água, lagos e lagoas naturais observará as exigências estabelecidas no art. 61-A, observados os limites de cada área demarcada individualmente, objeto de contrato de concessão de uso, até a titulação por parte do Instituto Nacional de Colonização e Reforma Agrária - INCRA. *(Artigo acrescido pela Medida Provisória nº 571, de 25/5/2012, convertida na Lei nº 12.727, de 17/10/2012)*

Art. 62. Para os reservatórios artificiais de água destinados a geração de energia ou abastecimento público que foram registrados ou tiveram seus contratos de concessão ou autorização assinados anteriormente à Medida Provisória nº 2.166-67, de 24 de agosto de 2001, a faixa da Área de Preservação Permanente será a distância entre o nível máximo operativo normal e a cota máxima *maximorum*.

Art. 63. Nas áreas rurais consolidadas nos locais de que tratam os incisos V, VIII, IX e X do art. 4º, será admitida a manutenção de atividades florestais, culturas de espécies lenhosas, perenes ou de ciclo longo, bem como da infraestrutura física associada ao desenvolvimento de atividades agrossilvipastoris, vedada a conversão de novas áreas para uso alternativo do solo.

§ 1º O pastoreio extensivo nos locais referidos no *caput* deverá ficar restrito às áreas de vegetação campestre natural ou já convertidas para vegetação campestre, admitindo-se o consórcio com vegetação lenhosa perene ou de ciclo longo.

§ 2º A manutenção das culturas e da infraestrutura de que trata o *caput* é condicionada à adoção de práticas conservacionistas do solo e da água indicadas pelos órgãos de assistência técnica rural.

§ 3º Admite-se, nas Áreas de Preservação Permanente, previstas no inciso VIII do art. 4º, dos imóveis rurais de até 4 (quatro) módulos fiscais, no âmbito do PRA, a partir de boas práticas agronômicas e de conservação do solo e da água, mediante deliberação dos Conselhos Estaduais de Meio Ambiente ou órgãos colegiados estaduais equivalentes, a consolidação de outras atividades agrossilvipastoris, ressalvadas as situações de risco de vida.

Art. 64. Na Reurb-S dos núcleos urbanos informais que ocupam Áreas de Preservação Permanente, a regularização fundiária será admitida por meio da aprovação do projeto de regularização fundiária, na forma da lei específica de regularização fundiária urbana. *("Caput" do artigo com redação dada pela Lei nº 13.465, de 11/7/2017)*

§ 1º O projeto de regularização fundiária de interesse social deverá incluir estudo técnico que demonstre a melhoria das condições ambientais em relação à situação anterior com a adoção das medidas nele preconizadas.

§ 2º O estudo técnico mencionado no § 1º deverá conter, no mínimo, os seguintes elementos:

I - caracterização da situação ambiental da área a ser regularizada;

II - especificação dos sistemas de saneamento básico;

III - proposição de intervenções para a prevenção e o controle de riscos geotécnicos e de inundações;

IV - recuperação de áreas degradadas e daquelas não passíveis de regularização;

V - comprovação da melhoria das condições de sustentabilidade urbano-ambiental, considerados o uso adequado dos recursos hídricos, a não ocupação das áreas de risco e a proteção das unidades de conservação, quando for o caso;

VI - comprovação da melhoria da habitabilidade dos moradores propiciada pela regularização proposta; e

VII - garantia de acesso público às praias e aos corpos d'água.

Art. 65. Na Reurb-E dos núcleos urbanos informais que ocupam Áreas de Preservação Permanente não identificadas como áreas de risco, a regularização fundiária será admitida por meio da aprovação do projeto de regularização fundiária, na forma da lei específica de regularização fundiária urbana. *("Caput" do artigo com redação dada pela Lei nº 13.465, de 11/7/2017)*

§ 1º O processo de regularização fundiária de interesse específico deverá incluir estudo técnico que demonstre a melhoria das condições ambientais em relação à situação anterior e ser instruído com os seguintes elementos: *("Caput" do parágrafo com redação dada pela Lei nº 13.465, de 11/7/2017)*

I - a caracterização físico-ambiental, social, cultural e econômica da área;

II - a identificação dos recursos ambientais, dos passivos e fragilidades ambientais e das restrições e potencialidades da área;

III - a especificação e a avaliação dos sistemas de infraestrutura urbana e de saneamento básico implantados, outros serviços e equipamentos públicos;

IV - a identificação das unidades de conservação e das áreas de proteção de mananciais na área de influência direta da ocupação, sejam elas águas superficiais ou subterrâneas;

V - a especificação da ocupação consolidada existente na área;

VI - a identificação das áreas consideradas de risco de inundações e de movimentos de massa rochosa, tais como deslizamento, queda e rolamento de blocos, corrida de lama e outras definidas como de risco geotécnico;

VII - a indicação das faixas ou áreas em que devem ser resguardadas as características típicas da Área de Preservação Permanente com a devida proposta de recuperação de áreas degradadas e daquelas não passíveis de regularização;

VIII - a avaliação dos riscos ambientais;

IX - a comprovação da melhoria das condições de sustentabilidade urbano-ambiental e de habitabilidade dos moradores a partir da regularização; e

X - a demonstração de garantia de acesso livre e gratuito pela população às praias e aos corpos d'água, quando couber.

§ 2º Para fins da regularização ambiental prevista no *caput*, ao longo dos rios ou de qualquer curso d'água, será mantida faixa não edificável com largura mínima de 15 (quinze) metros de cada lado.

§ 3º Em áreas urbanas tombadas como patrimônio histórico e cultural, a faixa não edificável de que trata o § 2º poderá ser redefinida de maneira a atender aos parâmetros do ato do tombamento.

SEÇÃO III – DAS ÁREAS CONSOLIDADAS EM ÁREAS DE RESERVA LEGAL

Art. 66. O proprietário ou possuidor de imóvel rural que detinha, em 22 de julho de 2008, área de Reserva Legal em extensão inferior ao estabelecido no art. 12, poderá regularizar sua situação, independentemente da adesão ao PRA, adotando as seguintes alternativas, isolada ou conjuntamente:

I - recompor a Reserva Legal;

II - permitir a regeneração natural da vegetação na área de Reserva Legal;

III - compensar a Reserva Legal.

§ 1º A obrigação prevista no *caput* tem natureza real e é transmitida ao sucessor no caso de transferência de domínio ou posse do imóvel rural.

§ 2º A recomposição de que trata o inciso I do *caput* deverá atender os critérios estipulados pelo órgão competente do Sisnama e ser concluída em até 20 (vinte) anos, abrangendo, a cada 2 (dois) anos, no mínimo 1/10 (um décimo) da área total necessária à sua complementação.

§ 3º A recomposição de que trata o inciso I do *caput* poderá ser realizada mediante o plantio intercalado de espécies nativas com exóticas ou frutíferas, em sistema agroflorestal, observados os seguintes parâmetros: *("Caput" de parágrafo com redação dada pela Lei nº 12.727, de 17/10/2012)*

I - o plantio de espécies exóticas deverá ser combinado com as espécies nativas de ocorrência regional;

II - a área recomposta com espécies exóticas não poderá exceder a 50% (cinquenta por cento) da área total a ser recuperada.

§ 4º Os proprietários ou possuidores do imóvel que optarem por recompor a Reserva Legal na forma dos §§ 2º e 3º terão direito à sua exploração econômica, nos termos desta Lei.

§ 5º A compensação de que trata o inciso III do *caput* deverá ser precedida pela inscrição da propriedade no CAR e poderá ser feita mediante:

I - aquisição de Cota de Reserva Ambiental - CRA;

II - arrendamento de área sob regime de servidão ambiental ou Reserva Legal;

III - doação ao poder público de área localizada no interior de Unidade de Conservação de domínio público pendente de regularização fundiária;

IV - cadastramento de outra área equivalente e excedente à Reserva Legal, em imóvel de mesma titularidade ou adquirida em imóvel de terceiro, com vegetação nativa estabelecida, em regeneração ou recomposição, desde que localizada no mesmo bioma.

§ 6º As áreas a serem utilizadas para compensação na forma do § 5º deverão:

I - ser equivalentes em extensão à área da Reserva Legal a ser compensada;

II - estar localizadas no mesmo bioma da área de Reserva Legal a ser compensada;

III - se fora do Estado, estar localizadas em áreas identificadas como prioritárias pela União ou pelos Estados.

§ 7º A definição de áreas prioritárias de que trata o § 6º buscará favorecer, entre outros, a recuperação de bacias hidrográficas excessivamente desmatadas, a criação de corredores ecológicos, a conservação de grandes áreas protegidas e a conservação ou recuperação de ecossistemas ou espécies ameaçados.

§ 8º Quando se tratar de imóveis públicos, a compensação de que trata o inciso III do *caput* poderá ser feita mediante concessão de direito real de uso ou doação, por parte da pessoa jurídica de direito público proprietária de imóvel rural que não detém Reserva Legal em extensão suficiente, ao órgão público responsável pela Unidade de Conservação de área localizada no interior de Unidade de Conservação de domínio público, a ser criada ou pendente de regularização fundiária.

§ 9º As medidas de compensação previstas neste artigo não poderão ser utilizadas como forma de viabilizar a conversão de novas áreas para uso alternativo do solo.

Art. 67. Nos imóveis rurais que detinham, em 22 de julho de 2008, área de até 4 (quatro) módulos fiscais e que possuam remanescente de vegetação nativa em percentuais inferiores ao previsto no art. 12, a Reserva Legal será constituída com a área ocupada com a vegetação nativa existente em 22 de julho de 2008, vedadas novas conversões para uso alternativo do solo.

Art. 68. Os proprietários ou possuidores de imóveis rurais que realizaram supressão de vegetação nativa respeitando os percentuais de Reserva Legal previstos pela legislação em vigor à época em que ocorreu a supressão são dispensados de promover a recomposição, compensação ou regeneração para os percentuais exigidos nesta Lei.

§ 1º Os proprietários ou possuidores de imóveis rurais poderão provar essas situações consolidadas por documentos tais como a descrição de fatos históricos de ocupação da região, registros de comercialização, dados agropecuários da atividade, contratos e documentos bancários relativos à produção, e por todos os outros meios de prova em direito admitidos.

§ 2º Os proprietários ou possuidores de imóveis rurais, na Amazônia Legal, e seus herdeiros necessários que possuam índice de Reserva Legal maior que 50% (cinquenta por cento) de cobertura florestal e não realizaram a supressão da vegetação nos percentuais previstos pela legislação em vigor à época poderão utilizar a área excedente de Reserva Legal também para fins de constituição de servidão ambiental, Cota de Reserva Ambiental - CRA e outros instrumentos congêneres previstos nesta Lei.

CAPÍTULO XIV – DISPOSIÇÕES COMPLEMENTARES E FINAIS

Art. 69. São obrigados a registro no órgão federal competente do Sisnama os estabelecimentos comerciais responsáveis pela comercialização de motosserras, bem como aqueles que as adquirirem.

§ 1º A licença para o porte e uso de motosserras será renovada a cada 2 (dois) anos.

§ 2º Os fabricantes de motosserras são obrigados a imprimir, em local visível do equipamento, numeração cuja sequência será encaminhada ao órgão federal competente do Sisnama e constará nas correspondentes notas fiscais.

Art. 70. Além do disposto nesta Lei e sem prejuízo da criação de unidades de conservação da natureza, na forma da Lei nº 9.985, de 18 de julho de 2000, e de outras ações cabíveis voltadas à proteção das florestas e outras formas de vegetação, o poder público federal, estadual ou municipal poderá:

I - proibir ou limitar o corte das espécies da flora raras, endêmicas, em perigo ou ameaçadas de extinção, bem como das espécies necessárias à subsistência das populações tradicionais, delimitando as áreas compreendidas no ato, fazendo depender de autorização prévia, nessas áreas, o corte de outras espécies;

II - declarar qualquer árvore imune de corte, por motivo de sua localização, raridade, beleza ou condição de porta-sementes;

III - estabelecer exigências administrativas sobre o registro e outras formas de controle de pessoas físicas ou jurídicas que se dedicam à extração, indústria ou comércio de produtos ou subprodutos florestais.

Art. 71. A União, em conjunto com os Estados, o Distrito Federal e os Municípios, realizará o Inventário Florestal Nacional, para subsidiar a análise da existência e qualidade das florestas do País, em imóveis privados e terras públicas.

Parágrafo único. A União estabelecerá critérios e mecanismos para uniformizar a coleta, a manutenção e a atualização das informações do Inventário Florestal Nacional.

Art. 72. Para efeitos desta Lei, a atividade de silvicultura, quando realizada em área apta ao uso alternativo do solo, é equiparada à atividade agrícola, nos termos da Lei nº 8.171, de 17 de janeiro de 1991, que "dispõe sobre a política agrícola".

Art. 73. Os órgãos centrais e executores do Sisnama criarão e implementarão, com a participação dos órgãos estaduais, indicadores de sustentabilidade, a serem publicados semestralmente, com vistas em aferir a evolução dos componentes do sistema abrangidos por disposições desta Lei.

Art. 74. A Câmara de Comércio Exterior - CAMEX, de que trata o art. 20-B da Lei nº 9.649, de 27 de maio de 1998, com a redação dada pela Medida Provisória nº 2.216-37, de 31 de agosto de 2001, é autorizada a adotar medidas de restrição às importações de bens de origem agropecuária ou florestal produzidos em países que não observem normas e padrões de proteção do meio ambiente compatíveis com as estabelecidas pela legislação brasileira.

Art. 75. Os PRAs instituídos pela União, Estados e Distrito Federal deverão incluir mecanismo que permita o acompanhamento de sua implementação, considerando os objetivos e metas nacionais para florestas, especialmente a implementação dos instrumentos previstos nesta Lei, a adesão cadastral dos proprietários e possuidores de imóvel rural, a evolução da regularização das propriedades e posses rurais, o grau de regularidade do uso de matéria-prima florestal e o controle e prevenção de incêndios florestais.

Arts. 76 e 77. (VETADOS).

Art. 78. O art. 9º-A da Lei nº 6.938, de 31 de agosto de 1981, passa a vigorar com a seguinte redação:

› *Alterações inseridas no texto da referida Lei.*

Art. 78-A. Após 31 de dezembro de 2017, as instituições financeiras só concederão crédito agrícola, em qualquer de suas modalidades, para proprietários de imóveis rurais que estejam inscritos no CAR. *(Redação dada pela Lei nº 13.295, de 2016)*

Parágrafo único. O prazo de que trata este artigo será prorrogado em observância aos novos prazos de que trata o § 3º do art. 29. *(Incluído pela Lei nº 13.295, de 2016)*

Art. 78-B. *(VETADO na Lei nº 14.595, de 2023)*

Art. 79. A Lei nº 6.938, de 31 de agosto de 1981, passa a vigorar acrescida dos seguintes arts. 9º-B e 9º-C:

› *Alterações inseridas no texto da referida Lei.*

Art. 80. A alínea d do inciso II do § 1º do art. 10 da Lei nº 9.393, de 19 de dezembro de 1996, passa a vigorar com a seguinte redação:

› *Alterações inseridas no texto da referida Lei.*

Art. 81. O *caput* do art. 35 da Lei nº 11.428, de 22 de dezembro de 2006, passa a vigorar com a seguinte redação:

› *Alterações inseridas no texto da referida Lei.*

Art. 82. São a União, os Estados, o Distrito Federal e os Municípios autorizados a instituir, adaptar ou reformular, no prazo de 6 (seis) meses, no âmbito do Sisnama, instituições florestais ou afins, devidamente aparelhadas para assegurar a plena consecução desta Lei.

Parágrafo único. As instituições referidas no *caput* poderão credenciar, mediante edital de seleção pública, profissionais devidamente habilitados para apoiar a regularização ambiental das propriedades previstas no inciso V do art. 3º, nos termos de regulamento baixado por ato do Chefe do Poder Executivo.

Art. 83. Revogam-se as Leis nºs 4.771, de 15 de setembro de 1965, e 7.754, de 14 de abril de 1989, e suas alterações posteriores, e a Medida Provisória nº 2.166-67, de 24 de agosto de 2001.

Art. 84. Esta Lei entra em vigor na data de sua publicação.

Brasília, 25 de maio de 2012;
191º da Independência e 124º da República.
DILMA ROUSSEFF
(DOU de 28.5.2012)

DECRETO Nº 9.640, DE 27 DEZEMBRO DE 2018

Regulamenta a Cota de Reserva Ambiental, instituída pelo art. 44 da Lei nº 12.651, de 25 de maio de 2012.

O PRESIDENTE DA REPÚBLICA, no uso das atribuições que lhe confere o art. 84, *caput*, incisos IV e VI, alínea "a", da Constituição, e tendo em vista o disposto no art. 44 ao art. 50 da Lei nº 12.651, de 25 de maio de 2012,

DECRETA:

CAPÍTULO I – DISPOSIÇÕES GERAIS

Art. 1º Este Decreto regulamenta os procedimentos de emissão, registro, transferência, utilização e cancelamento da Cota de Reserva Ambiental - CRA, instituída pelo art. 44 da Lei nº 12.651, de 25 de maio de 2012.

Art. 2º Compete ao Serviço Florestal Brasileiro - SFB, órgão integrante da estrutura organizacional do Ministério do Meio Ambiente, a emissão da CRA, nos termos do art. 45 da Lei nº 12.651, de 2012.

Art. 3º Para fins do disposto neste Decreto, considera-se:

I - CRA - título nominativo representativo de área com vegetação nativa existente ou em processo de recuperação e emitido nas hipóteses previstas no inciso I ao inciso IV do *caput* e no § 4º do art. 44 da Lei nº 12.651, de 2012;

II - requerente - pessoa física ou pessoa jurídica de direito privado proprietária do imóvel rural onde se situa a área de vegetação nativa vinculada à CRA;

III - titular - pessoa física ou pessoa jurídica de direito público ou privado que detém os direitos de utilização da CRA;

IV - adquirente - pessoa física ou pessoa jurídica de direito público ou privado que adquire os direitos de utilização da CRA;

V - termo de transferência - documento que formaliza a transferência da CRA e que estabelece o prazo e as condições pactuadas entre o titular e o adquirente;

VI - sistema único de controle da CRA - sistema gerenciador da emissão, da transferência e do cancelamento da CRA e que integra os dados a ela relacionados;

VII - número de identificação única da CRA - número da CRA gerado pelo sistema único de controle no ato de sua emissão;

VIII - Sistema de Cadastro Ambiental Rural - Sicar - sistema eletrônico nacional destinado ao gerenciamento de informações ambientais dos imóveis rurais;

IX - módulo CRA do Sicar - sistema eletrônico componente do Sicar destinado à integração, ao gerenciamento e ao monitoramento de dados e informações relativos à CRA, em âmbito nacional; e

X - registro da CRA - transcrição da CRA em bolsas de mercadorias de âmbito nacional ou em sistemas de registro e de liquidação financeira de ativos autorizados pelo Banco Central do Brasil.

§ 1º O módulo CRA do Sicar é o sistema único de controle previsto no inciso VI do *caput* deste artigo e no art. 45 e no § 1º do art. 48 da Lei nº 12.651, de 2012.

§ 2º Na hipótese de que trata o inciso IV do *caput* do art. 44 da Lei nº 12.651, de 2012, a emissão da CRA será objeto de regulamentação própria.

Art. 4º O proprietário de imóvel rural com reserva legal registrada e aprovada no Cadastro Ambiental Rural – CAR, de que trata o art. 29 da Lei nº 12.651, de 2012, e que tenha excedente de remanescente de vegetação nativa ou de área em processo de recuperação na propriedade, nas hipóteses previstas no inciso I ao inciso III do *caput* do art. 44 da referida Lei poderá utilizar a área excedente à reserva legal para emissão da CRA.

§ 1º Poderá ser emitida CRA sobre o excedente de remanescente de vegetação nativa à área de reserva legal existente em percentuais superiores aos definidos em Zoneamento Ecológico-Econômico - ZEE estadual, elaborado conforme metodologia unificada, cujos limites da reserva legal tenham sido alterados pelo Poder Público federal, nos termos do disposto no art. 13 da Lei nº 12.651, de 2012.

§ 2º Os proprietários de imóveis rurais localizados na área da Amazônia Legal que possuam índice de reserva legal maior que cinquenta por cento de cobertura florestal e não tenham realizado a supressão da vegetação nos percentuais previstos pela legislação em vigor à época poderão utilizar a área excedente de reserva legal para fins de emissão da CRA, nos termos do disposto no § 2º do art. 68 da Lei nº 12.651, de 2012.

Art. 5º Na hipótese prevista no inciso V do *caput* do art. 3º da Lei nº 12.651, de 2012, poderá ser instituída CRA do remanescente de vegetação nativa existente que integre a reserva legal, nos termos do disposto no § 4º do art. 44 da referida Lei.

Art. 6º Poderá ser emitida CRA nas áreas de preservação permanente, com vegetação nativa ou em processo de recomposição ou regeneração, na hipótese de inclusão das áreas no cômputo de reserva Legal, nos termos do disposto no art. 15 da Lei nº 12.651 de 2012.

Art. 7º Cada CRA corresponde a um hectare:

I - de área com vegetação nativa primária ou com vegetação secundária em qualquer estágio de regeneração ou recomposição; ou

II - de área de recomposição com reflorestamento com espécies nativas.

§ 1º O estágio sucessional ou o tempo de recomposição ou regeneração da vegetação nativa será avaliado pelo órgão estadual ou distrital competente, de acordo com a declaração do proprietário e a vistoria de campo.

§ 2º A vistoria de campo prevista no § 1º poderá ser substituída pela aplicação de tecnologias de sensoriamento remoto ou de outros meios tecnológicos disponíveis para essa finalidade.

§ 3º A CRA não será emitida quando a regeneração ou a recomposição da área for considerada improvável ou inviável pelo órgão estadual ou distrital competente.

§ 4º A regeneração ou a recomposição da vegetação nativa da área poderá ser considerada improvável ou inviável nas seguintes hipóteses, sem prejuízo de outras:

I - ausência de remanescentes de vegetação nativa em áreas vizinhas que seja impeditiva para os processos de sucessão ecológica e para a formação de um banco de sementes que possibilite atividades de recuperação;

II - ambiente demasiadamente degradado ou alterado devido ao histórico de uso e ocupação da área;

III - isolamento do fator de degradação inviável devido ao histórico de uso e ocupação da área;

IV - características de solo, clima e relevo impeditivas à execução das atividades de recuperação; ou

V - métodos de plantio e custos financeiros associados elevados e que inviabilizam economicamente a sua execução.

CAPÍTULO II – DA EMISSÃO E DO REGISTRO DA COTA DE RESERVA AMBIENTAL

Art. 8º O direito de emissão de CRA será assegurado ao proprietário somente quando cumpridos os seguintes requisitos:

I - inclusão do imóvel no CAR;

II - requerimento formalizado pelo proprietário por meio do Sicar;

III - laudo comprobatório emitido pelo órgão estadual ou distrital competente ou por entidade credenciada, por meio do Sicar, de modo a assegurar o controle e a supervisão do SFB; e

IV - aprovação da localização da reserva legal nos termos do disposto no § 1º do art. 14 da Lei nº 12.651, de 2012, identificada no demonstrativo da situação das informações declaradas no CAR previsto no art. 20 do Decreto nº 8.235, de 5 de maio de 2014.

Art. 9º O proprietário interessado na emissão da CRA apresentará junto ao órgão estadual ou distrital competente, por meio do módulo CRA do Sicar ou por sistema próprio e integrado ao Sicar, proposta acompanhada de:

I - certidão atualizada da matrícula do imóvel expedida pelo registro de imóveis competente;

II - cédula de identidade do proprietário, na hipótese de pessoa física;

III - ato de designação de responsável e sua cédula de identidade, na hipótese de pessoa jurídica;

IV - certidão negativa de débitos do Imposto sobre a Propriedade Territorial Rural - ITR;

V - polígonos com informações geográficas do imóvel e da área vinculada ao título, inscrito e em conformidade com os critérios estabelecidos no Sicar, sem prejuízo da correção de dados já contidos no CAR;

VI - áreas vetorizadas das matrículas e de eventuais posses existentes no imóvel;

VII - documento que comprove a instituição e a vigência de servidão ambiental, na hipótese de emissão de CRA nos termos do disposto no inciso I do *caput* do art. 44 da Lei nº 12.651, de 2012;

VIII - documento que comprove a instituição de Reserva Particular do Patrimônio Natural, na hipótese de emissão de CRA nos termos do disposto no inciso III do *caput* do art. 44 da Lei nº 12.651, de 2012; e

IX - número de inscrição do imóvel no CAR constante do recibo de inscrição emitido pelo Sicar, nos termos do disposto no § 1º do art. 3º do Decreto nº 8.235, de 2014.

Art. 10. Não poderá haver emissão de CRA nas seguintes hipóteses:

I - se houver cancelamento do CAR do imóvel rural no Sicar;

II - enquanto houver sobreposição do CAR do imóvel rural a terras indígenas, projetos de assentamentos da reforma agrária ou outros imóveis rurais;

III - se a vegetação nativa estiver localizada em área de RPPN instituída em sobreposição à reserva legal do imóvel.

Art. 11. A Cota de Reserva Florestal - CRF, emitida nos termos do disposto no art. 44-B da Lei nº 4.771, de 15 de setembro de 1965, passa a ser considerada CRA após a validação pelo órgão estadual ou distrital competente, desde que cumpridos os requisitos estabelecidos na Lei nº 12.651, de 2012.

Parágrafo único. Após a validação da conversão de que trata o *caput*, a emissão da CRA pelo Sicar ficará condicionada ao cumprimento dos requisitos estabelecidos neste Capítulo.

Art. 12. Comprovados os requisitos e as condições estabelecidos nos art. 8º e art. 9º e verificada a não ocorrência das hipóteses previstas no art. 10, o órgão estadual ou distrital competente emitirá laudo comprobatório de que as cotas requeridas podem ser emitidas pelo SFB.

Art. 13. Observado o disposto neste Capítulo, deverão constar da CRA:

I - o número do CAR do imóvel rural constante do recibo de inscrição emitido pelo Sicar;

II - o número de identificação única da CRA gerado por meio do módulo CRA do Sicar;

III - o nome do requerente e do titular da CRA;

IV - o polígono com informações geográficas do imóvel e da área vinculada ao título, inscrito e em conformidade com os critérios estabelecidos no Sicar;

V - o Estado onde se localiza a área;

VI - o bioma correspondente à área vinculada ao título;

VII - a classificação da área em uma das condições previstas no art. 46 da Lei nº 12.651, de 2012;

VIII - o enquadramento da área como prioritária, conforme o disposto no § 7º do art. 66 da Lei nº 12.651, de 2012, quando necessário; e

IX - a destinação de uso da CRA na forma prevista no art. 29.

Art. 14. O SFB levará o título a registro em bolsas de mercadorias de âmbito nacional ou em sistemas de registro e de liquidação financeira de ativos autorizados pelo Banco Central do Brasil, no prazo de trinta dias, contado da data de emissão da CRA.

Parágrafo único. Os custos de registro de que trata o *caput* serão arcados integralmente pelo requerente.

Art. 15. A transmissão inter vivos ou causa mortis do proprietário de imóvel rural não eliminará nem alterará o vínculo da área contida no imóvel à CRA.

Parágrafo único. Na hipótese prevista no *caput*, será obrigatória a alteração do requerente no Sicar, com indicação do novo proprietário do imóvel, que se comprometerá com o cumprimento integral dos deveres e das obrigações estabelecidas quando da emissão e da transferência da CRA, conforme o caso.

Art. 16. Qualquer atualização ou alteração dos dados do requerente ou do imóvel deverá ser inserida no Sicar pelo proprietário para manutenção da validade da CRA.

CAPÍTULO III – DA TRANSFERÊNCIA DA COTA DE RESERVA AMBIENTAL

Art. 17. A CRA pode ser transferida, onerosa ou gratuitamente, à pessoa física ou jurídica de direito público ou privado, por meio de termo de transferência assinado pelo requerente ou pelo titular da CRA e pelo adquirente.

§ 1º O termo de transferência poderá contemplar mais de uma CRA e conterá, no mínimo, as seguintes informações:

I - a identificação das partes;

II - o número de identificação única de cada CRA, gerado por meio do módulo CRA do Sicar, integrado ao sistema de registro em bolsas de mercadorias de âmbito nacional ou ao sistema de registro e liquidação financeira de ativos autorizados pelo Banco Central do Brasil;

III - as cláusulas relativas aos direitos e às obrigações das partes;

IV - o prazo do termo de transferência da CRA;

V - o valor e a forma de pagamento; e

VI - a cláusula de reversão e as condições de reversão do título ao requerente, pactuadas entre as partes, quando necessário.

§ 2º A declaração do requerente de que manterá o lastro da CRA constará do primeiro termo de transferência, hipótese em que subsistirá a obrigação pelo prazo estabelecido pelo requerente.

§ 3º A transferência da CRA só produzirá efeito uma vez, registrado o termo de transferência no sistema único de controle da CRA e após o registro no sistema de registro em bolsas de mercadorias de âmbito nacional ou no sistema de registro e liquidação financeira de ativos autorizados pelo Banco Central do Brasil vinculado ao Sicar.

§ 4º Os dados e as informações a que se refere o inciso V do §1º não poderão ser divulgados de forma a identificar as partes, exceto com a sua autorização.

Art. 18. O prazo estabelecido no primeiro termo de transferência da CRA será definido pelo requerente.

§ 1º As subsequentes transferências da CRA ficam limitadas ao prazo estabelecido no *caput*.

§ 2º Encerrado o prazo estabelecido no *caput* e atendidos os requisitos previstos no inciso VI do § 1º do art. 17, a titularidade da CRA poderá ser revertida ao requerente, que, nesse caso, a seu critério, emitirá novo termo de transferência nos termos do disposto no *caput* ou solicitará o cancelamento da CRA.

§ 3º Na hipótese prevista no § 1º, o titular poderá estabelecer cláusula de reversão e condições de reversão da CRA em prazo inferior ao estabelecido no *caput*.

CAPÍTULO IV – DA UTILIZAÇÃO DA COTA DE RESERVA AMBIENTAL

Art. 19. Os proprietários de imóveis rurais que, até 22 de julho de 2008, detinham áreas de reserva legal em extensão inferior àquela estabelecida no art. 12 da Lei 12.651, de 2012, poderão compensar déficit de reserva legal por meio da aquisição da CRA.

§ 1º A compensação de área de reserva legal por meio da CRA poderá ser adotada isolada ou conjuntamente com as demais alternativas de regularização previstas no art. 66 da Lei nº 12.651, de 2012, observados os seguintes requisitos:

I - inscrição prévia do imóvel rural no CAR;

II - comprovação da quantidade de hectares em montante equivalente à área de reserva legal a ser compensada, observado o disposto no § 6º do art. 66 da Lei nº 12.651 de 2012;

III - informação do número de identificação única de cada CRA utilizada para a compensação de reserva legal, por meio do Sicar;

IV - área vinculada à CRA localizada em área de reserva legal a ser compensada, observado o disposto no § 2º do art. 48 da Lei nº 12.651, de 2012, e, se fora do Estado, também localizada em área considerada prioritária, nos termos do disposto no inciso III do § 6º do art. 66 da Lei nº 12.651, de 2012.

§ 2º A compensação de reserva legal prevista neste artigo não poderá ser utilizada como forma de viabilizar a conversão de novas áreas para uso alternativo do solo, vedada a autorização de supressão de remanescente de vegetação nativa na propriedade onde ocorrerá a compensação do déficit da reserva legal.

§ 3º Na hipótese de utilização da CRA para compensação de déficit de reserva legal, o titular e beneficiário da compensação registrará no Sicar as informações necessárias para a vinculação da CRA ao CAR do imóvel, com vistas à regularização do passivo ambiental de sua propriedade.

§ 4º Na hipótese de compensação de reserva legal por meio da aquisição de CRA em montante inferior à área mínima de reserva legal a ser regularizada, caberá ao proprietário do imóvel a obrigação de apresentar proposta adicional de compensação ou recomposição com vistas à regularização, nos termos do disposto na Lei nº 12.651, de 2012.

§ 5º A compensação de que trata o *caput* produzirá efeito somente uma vez, após registrados os números de identificação única das CRA no Sicar, aprovada a reserva legal pelo órgão ambiental estadual ou distrital competente e assinado o termo de compromisso correspondente.

§ 6º O encerramento do prazo estabelecido no *caput* do art. 18 implicará a perda da condição de regularidade ambiental de acordo com os requisitos previstos na Lei nº 12.651, de 2012, hipótese que ensejará a aplicação das sanções administrativas, cíveis e penais cabíveis, exceto se verificada outra hipótese que caracterize a regularidade ambiental do imóvel.

§ 7º O CAR do imóvel beneficiário da compensação de reserva legal retornará à situação de regularidade somente após a informação no Sicar de novo termo de transferência de CRA ou de outra forma de regularização entre aquelas previstas no art. 66 da Lei nº 12.651, de 2012.

§ 8º A utilização da CRA para fins de compensação de reserva legal será informada pelo Sicar ao sistema de registro em bolsa de mercadorias de âmbito nacional ou ao sistema de registro e de liquidação financeira de ativos autorizados pelo Banco Central do Brasil.

§ 9º A aquisição onerosa de CRA para compensar déficit de reserva legal não constitui pagamento pela adicionalidade ambiental decorrente das atividades de manutenção das áreas vinculadas à CRA e não afeta a elegibilidade dessas áreas para outros pagamentos ou incentivos devidos por serviços ambientais.

§ 10. Nas hipóteses em que a reserva legal esteja registrada no Sicar em conformidade com o disposto no § 4º do art. 18 da Lei nº 12.651, de 2012, o registro da emissão e da transferência da CRA no Sicar substituirá a averbação no Cartório de Registro de Imóveis.

§ 11. As condições pactuadas entre o titular e o adquirente constantes do termo de transferência de que trata o inciso V do *caput* do art. 3º possuem natureza privada e isentam o Poder Público de responsabilidade.

Art. 20. É vedada a emissão de mais de uma CRA com o mesmo uso relativamente à mesma área vinculada e durante a vigência do título.

CAPÍTULO V – DA VIGÊNCIA E DO CANCELAMENTO DA COTA DE RESERVA AMBIENTAL

Art. 21. A vigência da CRA remanescerá enquanto o título não for cancelado.

§ 1º A vigência da CRA emitida em área de servidão ambiental, conforme o disposto no inciso I do *caput* do art. 44 da Lei 12.651, de 2012, não poderá ser superior à da própria servidão.

§ 2º A CRA emitida sobre área em recuperação ou em regeneração natural de vegetação nativa, conforme o disposto no inciso I do *caput* do art. 46 da Lei 12.651, de 2012, terá prazo mínimo de vigência equivalente ao estabelecido no projeto técnico aprovado pelo órgão estadual ou distrital competente.

Art. 22. A CRA somente poderá ser cancelada nas seguintes hipóteses:

I - solicitação do requerente, em caso de desistência de manter áreas nas hipóteses previstas nos incisos I e II do *caput* do art. 44 da Lei nº 12.651, de 2012;

II - automaticamente, em razão de término do prazo da servidão ambiental;

III - degradação da vegetação nativa da área vinculada à CRA cujos custos e cujo prazo de recuperação ambiental inviabilizem a continuidade do vínculo entre a área e o título;

IV - não cumprimento da manutenção das condições de conservação da vegetação nativa da área que deu origem ao título; e

V - cancelamento da matrícula do imóvel.

§ 1º O cancelamento da CRA será efetivado por decisão do SFB, por meio do Sicar.

§ 2º O requerimento de cancelamento com base no disposto no inciso I do *caput* será formalizado por meio do Sicar ao órgão estadual ou distrital competente responsável pelo laudo comprobatório que deu causa à emissão da CRA.

§ 3º Nas hipóteses de cancelamento com base no disposto no inciso I do *caput*, em que o requerente não detenha a titularidade da CRA, serão aplicadas as condições para reversão do título ao requerente, observados os termos pactuados.

§ 4º Na hipótese prevista no §2º, o requerimento será encaminhado ao SFB para decisão final acerca do cancelamento, após manifestação do órgão estadual ou distrital competente.

§ 5º Verificada a ausência do cancelamento previsto no inciso II do *caput* ou a ocorrência das hipóteses previstas nos incisos III a V do *caput*, o órgão estadual ou distrital competente informará a situação ao SFB e proporá o cancelamento da CRA, sem prejuízo das providências já adotadas pelo SFB.

§ 6º O cancelamento da CRA nas hipóteses previstas nos incisos III a V do *caput* será feito de ofício ou por meio de requerimento da parte interessada, após processo administrativo regular instaurado no âmbito do órgão estadual ou distrital competente pelo laudo comprobatório que deu causa à emissão da CRA, assegurado o direito aos princípios da ampla defesa e do contraditório.

§ 7º O SFB poderá instaurar, de ofício, o processo de que trata o § 6º.

§ 8º As decisões de cancelamento de CRA serão registradas no Sicar e comunicadas pelo SFB ao requerente, ao titular, ao órgão estadual ou distrital competente e ao sistema de registro em bolsa de mercadorias de âmbito nacional ou no sistema de registro e de liquidação financeira de ativos autorizados pelo Banco Central do Brasil para que se proceda à retirada de circulação.

§ 9º O cancelamento da CRA utilizada para fins de compensação de reserva legal poderá ser efetivado somente se o requerente assegurar a reserva legal para o imóvel no qual a compensação foi aplicada, em conformidade com o disposto no § 1º do art. 50 da Lei nº 12.651, de 2012.

§ 10. O cancelamento da CRA nos termos do disposto nos incisos III a V do *caput* não afastará a incidência das sanções administrativas e penais previstas na Lei nº 9.605, de 12 de fevereiro de 1998.

CAPÍTULO VI – DAS RESPONSABILIDADES

Art. 23. Caberá ao proprietário do imóvel rural em que se localiza a área vinculada à CRA a responsabilidade plena pela manutenção das condições de conservação da vegetação nativa da área que deu origem ao título.

§ 1º A área vinculada à emissão da CRA poderá ser utilizada em Plano de Manejo Florestal Sustentável, aprovado pelo órgão ambiental competente.

§ 2º Nas infrações administrativas a que se refere o § 10 do art. 22, ficará suspensa a emissão da CRA após decisão condenatória transitada em julgado proferida em processo administrativo regular, até que seja verificado o cumprimento integral das sanções eventualmente cominadas.

Art. 24. A ocorrência de rescisão do termo de transferência de CRA caracterizará a perda da condição de regularidade ambiental no Sicar, hipótese que sujeitará o titular e beneficiário às sanções administrativas, cíveis e penais cabíveis, exceto se verificada outra hipótese que caracterize a regularidade do imóvel.

Parágrafo único. O CAR do imóvel beneficiário da compensação de reserva legal retornará à situação de regularidade somente após o registro de novo termo de transferência de CRA ou de outra forma de regularização dentre aquelas previstas no art. 66 da Lei nº 12.651, de 2012.

Art. 25. A utilização do módulo CRA do Sicar para emissão da CRA implicará a adoção dos seguintes procedimentos pelo órgão estadual ou distrital competente:

I - recepcionar os requerimentos de emissão da CRA;

II - verificar o atendimento dos requisitos e das condições estabelecidos neste Decreto por meio do laudo comprobatório, nos termos do disposto no § 1º do art. 44 da Lei nº 12.651, de 2012;

III - propor a emissão da CRA ao SFB, por meio do Sicar, ou de sistema informatizado próprio, previamente compatibilizado e integrado ao Sicar;

IV - avaliar o estágio sucessional ou o tempo de recomposição ou regeneração da vegetação nativa para fins de emissão de CRA, conforme o disposto no § 1º do art. 46 da Lei nº 12.651, de 2012;

V - verificar o cumprimento dos requisitos para compensação de reserva legal por meio de CRA, com consequente autorização, efetivação, controle e monitoramento da compensação da reserva legal;

VI - recepcionar e opinar sobre os requerimentos de cancelamento da CRA previstos no inciso I do *caput* do art. 22 e encaminhá-los ao SFB para decisão;

VII - informar e propor ao SFB o cancelamento de CRA, nas hipóteses previstas nos incisos II, III, IV e V do *caput* do art. 22;

VIII - atualizar as informações sobre as alterações das características do imóvel rural onde se localiza a área vinculada à CRA no Sicar;

IX - validar as CRF para fins de sua conversão em CRA; e

X - monitorar a conservação da vegetação nativa das áreas vinculadas à CRA, a fim de atestar a situação de regularidade da respectiva CRA.

§ 1º O monitoramento de que trata o inciso X do *caput* poderá ser feito in loco ou com utilização de ferramentas de sensoriamento remoto, desde que se disponha de meios tecnológicos para esse fim.

§ 2º Os resultados do monitoramento de que tratam os incisos IV e X do *caput* serão inseridos no Sicar.

Art. 26. Compete ao SFB:

I - emitir, gerenciar e cancelar a CRA;

II - regulamentar, por ato próprio, monitorar e fiscalizar os procedimentos relativos à CRA;

III - desenvolver, manter e gerenciar o módulo CRA do Sicar;

IV - apoiar os órgãos estaduais e distrital competentes pela CRA na utilização do módulo CRA do Sicar; e

V - articular e coordenar as ações com vistas à implementação e ao monitoramento da CRA.

Art. 27. O módulo CRA do Sicar deverá:

I - assegurar o controle da emissão de CRA, nos termos do disposto no § 1º do art. 44 da Lei nº 12.651, de 2012, por meio da uniformização e da padronização de procedimentos, além da consolidação de dados e da numeração única das CRA;

II - integrar os dados dos requerimentos de emissão de CRA recepcionados pelos órgãos estaduais e distrital competentes; e

III - gerir e monitorar os dados relacionados às CRA em âmbito nacional.

Parágrafo único. Para solicitação da emissão da CRA, os sistemas informatizados desenvolvidos pelos Estados e pelo Distrito Federal estarão compatibilizados e integrados ao módulo CRA do Sicar.

Art. 28. Os dados e as informações constantes no módulo CRA do Sicar serão disponibilizados ao público em geral, exceto se classificados como sigilosos ou pessoais, em cumprimento ao disposto na Lei nº 12.527, de 18 de novembro de 2011.

Art. 29. Além da compensação de reserva legal, a CRA poderá ser emitida e utilizada para outros usos, tais como a retribuição pela manutenção e a conservação da vegetação nativa existente ou em processo de recuperação nas áreas vinculadas ao título.

Parágrafo único. Ato do Presidente da República regulamentará o disposto no *caput*.

Art. 30. Fica o SFB autorizado a disciplinar o cumprimento do disposto neste Decreto, em especial quanto à implementação das disposições previstas no art. 9º.

Art. 31. Este Decreto entra em vigor na data de sua publicação.

Brasília, 27 de dezembro de 2018;
197º da Independência e 130º da República.

MICHEL TEMER
Edson Gonçalves Duarte

DOU de 28.12.2018

LEI Nº 13.001, DE 20 DE JUNHO DE 2014*

Dispõe sobre a liquidação de créditos concedidos aos assentados da reforma agrária; concede remissão nos casos em que especifica; altera as Leis nºs 8.629, de 25 de fevereiro de 1993, 11.775, de 17 de setembro de 2008, 12.844, de 19 de julho de 2013, 9.782, de 26 de janeiro de 1999, 12.806, de 7 de maio de 2013, 12.429, de 20 de junho de 2011, 5.868, de 12 de dezembro de 1972, 8.918, de 14 de julho de 1994, 10.696, de 2 de julho de 2003; e dá outras providências.

▸ *Vide Decreto 11.995/2024 (Programa Terra da Gente)*

A PRESIDENTA DA REPÚBLICA

Faço saber que o Congresso Nacional decreta e eu sanciono a seguinte Lei:

Art. 1º Os créditos concedidos aos assentados da reforma agrária, no período de 10 de outubro de 1985 até 27 de dezembro de 2013, destinados à construção, à ampliação ou à reforma de habitação, efetivados por meio de crédito de instalação de que trata o inciso V do *caput* do art. 17 da Lei nº 8.629, de 25 de fevereiro de 1993, e de assistência financeira de que trata o inciso VI do *caput* do art. 73 da Lei nº 4.504, de 30 de novembro de 1964, poderão ser liquidados nas mesmas condições de pagamento do Programa Nacional de Habitação Rural – PNHR, instituído pela Lei nº 11.977, de 7 de julho de 2009, nos termos do disposto em regulamento.

§ 1º O disposto neste artigo alcança as seguintes modalidades de créditos concedidas pelo Instituto Nacional de Colonização e Reforma Agrária - INCRA para fins de construção ou reforma de unidade habitacional rural:

I - Crédito de Habitação;

II - Crédito para Aquisição de Material de Construção; e

III - Crédito Recuperação - Material de Construção.

§ 2º Os valores concedidos, descontadas as eventuais amortizações, devem ser atualizados à taxa de 0,5% (cinco décimos por cento) ao ano desde a data da concessão até a data da formalização.

§ 3º Para efeito de enquadramento dos créditos nas condições de pagamento do PNHR, será considerado exclusivamente o valor contratado, atualizado na forma do § 2º, conforme as faixas estabelecidas em ato do Poder Executivo federal, não sendo aplicáveis os limites e as faixas de renda de que trata o § 3º do art. 13 da Lei nº 11.977, de 7 de julho de 2009.

§ 4º A adesão ao benefício para liquidação de que trata o *caput* implica confissão irrevogável e irretratável dos débitos relativos aos valores apurados nos termos deste artigo.

§ 5º A gestão dos créditos de que trata o *caput* permanecerá sob responsabilidade do Incra, que poderá contratar instituição financeira federal para a sua operacionalização, dispensada a licitação.

§ 6º As condições de liquidação de que trata este artigo aplicam-se ao herdeiro legítimo, desde que resida no imóvel por ocasião da abertura da sucessão.

§ 7º As condições de pagamento previstas no *caput* beneficiarão o ocupante atual do lote de reforma agrária, no caso de substituição de beneficiário na forma estabelecida em regulamento, após a devida exclusão do candidato desligado do programa.

§ 8º O regulamento a que se refere o *caput* estabelecerá termos, condições, prazos, rebates para liquidação e procedimentos simplificados para o cumprimento do disposto neste artigo.

§ 9º O assentado em projeto de reforma agrária que tenha utilizado recursos do Fundo de Garantia do Tempo de Serviço - FGTS como fonte complementar aos créditos habitacionais concedidos pelo Incra, e esteja inscrito no Cadastro Nacional de Mutuários - CAD-MUT fará jus aos benefícios instituídos pelo Art. 1º desta Lei, desde que atenda as seguintes condições:

I - comprove a permanência no assentamento e na atividade rural;

II - comprove as condições de inabitabilidade da unidade habitacional mediante laudo técnico emitido por entidade cadastrada pelo agente responsável pela execução do PNHR.

Art. 2º A propriedade da habitação construída com recursos dos créditos de que trata o *caput* do Art. 1º ou do PNHR somente será transmitida ao beneficiário do

Programa Nacional de Reforma Agrária no momento da transferência de titularidade do lote.

Art. 3º Ficam remitidos os créditos de instalação concedidos com fundamento no inciso VI do *caput* do art. 73 da Lei nº 4.504, de 30 de novembro de 1964 , e no inciso V do *caput* do art. 17 da Lei nº 8.629, de 25 de fevereiro de 1993 , no período de 10 de outubro de 1985 a 27 de dezembro de 2013, cujos valores originalmente concedidos, em uma ou mais operações, somem até R$ 10.000,00 (dez mil reais) por devedor. *(Redação dada pela Lei nº 13.465, de 2016)*

§ 1º Os créditos previstos neste artigo excluem os das modalidades de que trata o § 1º do Art. 1º e incluem todos aqueles realizados ao amparo do Programa de Crédito Implantação e Crédito de Instalação às famílias assentadas, sob as modalidades de:

I - Crédito para Apoio;

II - Apoio Inicial;

III - Alimentação;

IV - Insumos;

V - Apoio à Instalação;

VI - Apoio-Mulher;

VII - Fomento;

VIII - Adicional-Fomento;

IX - Crédito Emergencial;

X - Semi-Árido;

XI - Adicional de Semi-Árido;

XII - Reabilitação de Crédito de Produção; e

XIII - Crédito Ambiental.

§ 2º Os créditos de instalação cuja soma dos valores originalmente concedidos seja superior a R$ 10.000,00 (dez mil reais), descontadas as eventuais amortizações, devem ser atualizados à taxa de 0,5% (cinco décimos por cento) ao ano a partir da data da concessão de cada crédito até a data da liquidação ou da formalização da renegociação, observadas as seguintes condições:

I - liquidação: rebate de 80% (oitenta por cento) sobre o saldo devedor total, acrescido de desconto de valor fixo de R$ 2.000,00 (dois mil reais), observado o limite de R$ 12.000,00 (doze mil reais) para a soma do rebate e do desconto de valor fixo; e

II - renegociação: na forma definida no regulamento, inclusive com a concessão de bônus de adimplência de até 50% (cinquenta por cento) sobre cada parcela paga até a data de vencimento pactuada.

§ 3º Para fins de enquadramento nas disposições deste artigo, quando se tratar de créditos coletivos ou grupais, os valores serão apurados pelo resultado da divisão do valor originalmente concedido pelo número de pessoas beneficiadas com o crédito.

§ 4º A opção pela liquidação ou pela renegociação implica confissão irrevogável e irretratável dos débitos e não importará a devolução de valores aos beneficiários.

§ 5º A remissão de que trata este artigo não importará a devolução de valores aos beneficiários.

§ 6º O regulamento estabelecerá termos, condições, bônus de adimplência, prazos e procedimentos simplificados para o cumprimento do disposto neste artigo.

Art. 4º Os créditos de que tratam os arts. 1º e 3º desta Lei que tenham sido concedidos até 26 de dezembro de 2013 poderão ter seus valores financeiros transferidos até 31 de dezembro de 2017, observados os recursos financeiros já disponibilizados e atendidas as condições que possibilitem o restabelecimento dos créditos. *(Redação dada pela Lei nº 13.465, de 2017)*

Parágrafo único. Os créditos de que trata o *caput* devem ser considerados para efeito de enquadramento na liquidação ou renegociação de que tratam os arts. 1º e 3º.

Art. 5º Aplica-se o disposto no Art. 2º da Lei nº 10.522, de 19 de julho de 2002, às obrigações não regularizadas decorrentes de créditos de instalação concedidos aos beneficiários do Programa Nacional de Reforma Agrária, sem prejuízo de outras sanções definidas em regulamento.

Art. 6º O valor dos descontos e das remissões decorrentes das medidas previstas no Art. 1º e no Art. 3º será registrado contabilmente, no âmbito do Incra, mediante baixa do haver contra variação patrimonial.

Art. 7º Ficam remitidas as dívidas referentes às operações contratadas entre 1º de janeiro de 2003 e 31 de dezembro de 2004 por meio de Cédulas de Produto Rural - CPR, no âmbito do Programa de Aquisição de Alimentos instituído pela Lei nº 10.696, de 2 de julho de 2003, cujo valor originalmente contratado seja de até R$ 2.500,00 (dois mil e quinhentos reais) por operação.

§ 1º A remissão de que trata o *caput* abrange somente o saldo devedor e não importará a devolução de valores aos mutuários.

§ 2º Para fins de enquadramento nas disposições deste artigo, quando se tratar de operações coletivas ou grupais ou com cooperativas, os valores serão apurados pelo resultado da divisão do valor originalmente contratado pelo número de pessoas participantes da operação ou pelo número de cooperados ativos.

§ 3º O valor das remissões previstas no *caput* será registrado contabilmente, no âmbito do Ministério do Desenvolvimento Social e Combate à Fome, mediante baixa do haver contra variação patrimonial

Art. 8º Quanto às operações de crédito rural ao amparo do Programa Especial de Crédito para a Reforma Agrária - PROCERA, repactuadas ou não, o Poder Executivo fica autorizado a:

I - remitir as operações cuja soma dos saldos devedores por mutuário, na data da publicação da Medida Provisória nº 636, de 26 de dezembro de 2013, atualizados na forma do regulamento, seja de até R$ 10.000,00 (dez mil reais); e

II - conceder rebates e bônus de adimplência para as operações cuja soma dos saldos devedores por mutuário, na data da publicação da Medida Provisória nº 636, de 26 de dezembro de 2013, atualizados na forma do regulamento, seja superior a R$ 10.000,00 (dez mil reais).

§ 1º Ato do Poder Executivo estabelecerá os termos, prazos, procedimentos e demais medidas necessárias ao cumprimento do disposto neste artigo, inclusive a forma de atualização do saldo devedor e as condições para a concessão de rebates e bônus de adimplência.

§ 2º Para fins de enquadramento nas disposições deste artigo, os saldos devedores das operações de crédito rural contratadas com cooperativas, associações e condomínios de produtores rurais, inclusive as operações efetuadas na modalidade grupal ou coletiva, serão apurados:

I - por cédula-filha ou instrumento de crédito individual firmado por beneficiário final do crédito;

II - no caso de crédito rural grupal ou coletivo, pelo resultado da divisão do saldo devedor pelo número de mutuários constantes da cédula de crédito; e

III - no caso de operação que não tenha envolvido repasse de recursos a cooperados ou associados, pelo resultado da divisão dos saldos devedores pelo número total de cooperados ou associados ativos da entidade na data de publicação da Medida Provisória nº 636, de 26 de dezembro de 2013.

§ 3º As operações de crédito rural do Procera não remitidas ou não liquidadas com base neste artigo ficam sob gestão do Incra.

§ 4º O risco das operações de crédito rural do Procera será imputado:

I - aos respectivos Fundos Constitucionais, quando contratadas com recursos desses Fundos;

II - à União, quando contratadas com recursos do Orçamento Geral da União - OGU.

§ 5º Fica autorizada a individualização das operações de crédito rural individuais, grupais ou coletivas, efetuadas com aval, enquadradas no Procera, observado o disposto nos arts. 282 a 284 da Lei nº 10.406, de 10 de janeiro de 2002 - Código Civil e, na forma estabelecida pelo Conselho Monetário Nacional - CMN, a substituição ou a liberação de garantias, inclusive os casos em que as operações poderão ficar garantidas apenas pela obrigação pessoal do devedor.

§ 6º A União e os Fundos Constitucionais de Financiamento do Norte - FNO, do Nordeste – FNE e do Centro-Oeste - FCO assumirão, respectivamente, os custos decorrentes das medidas de que trata este artigo, sobre as operações a eles vinculadas.

Art. 9º Fica o Poder Executivo, após a realização das remissões e liquidações de que trata o Art. 8º, autorizado a extinguir o Fundo do Programa Especial de Crédito para a Reforma Agrária - PROCERA e a adotar as medidas necessárias à apuração e destinação dos ativos, para efeito da liquidação do Fundo.

Parágrafo único. As demais obrigações e haveres do Fundo serão atribuídos à União, sob gestão do Incra, exceto as obrigações oriundas de operações de crédito contratadas com recursos do FNO, FNE e FCO que serão a esses imputadas.

(...)

Art. 17. Fica a Companhia Nacional de Abastecimento (Conab) autorizada a renegociar e a prorrogar até dezembro de 2022 as operações com Cédula de Produto Rural (CPR), na modalidade formação de estoque, no âmbito do Programa de Aquisição de Alimentos, instituído pelo art. 19 da Lei nº 10.696, de 2 de julho de 2003, contratadas entre 1º de janeiro de 2013 e 31 de dezembro de 2016, observadas as seguintes condições: *(Redação dada pela Lei nº 13.606, de 9/1/2018)*

I - a renegociação das dívidas, vencidas e vincendas, renegociadas ou não, deverá ser requerida pelo mutuário e formalizada pela Conab até 29 de junho de 2018; *(Redação dada pela Lei nº 13.606, de 9/1/2018)*

II - o saldo devedor será apurado na data da renegociação com base nos encargos contratuais de normalidade, sem o cômputo de multa, mora, quaisquer outros encargos por inadimplemento ou honorários advocatícios;

III - o pagamento do saldo devedor apurado na forma do inciso II do *caput* deste artigo poderá ser realizado à vista em uma única parcela ou dividido em até seis parcelas anuais, com dois anos de carência para quitação da primeira parcela, e as demais parcelas deverão ser quitadas nos anos subsequentes, mantidos os encargos originalmente contratados, e observadas as seguintes condições: *(Redação dada pela Lei nº 13.606, de 9/1/2018)*

a) (VETADO);

b) para o caso de parcelamento, fica a Conab autorizada a conceder, para as operações contratadas na região da Sudene, rebate de 85% (oitenta e cinco por cento) sobre o saldo devedor atualizado e, para as operações contratadas nas demais regiões, fica autorizada a conceder rebate de 75% (setenta e cinco por cento) sobre o saldo devedor atualizado; *(Redação dada pela Lei nº 13.606, de 9/1/2018)*

c) no caso de pagamento à vista em parcela única no ato da renegociação, fica a Conab autorizada a conceder rebate de 90% (noventa por cento) sobre o saldo devedor apurado, para as operações contratadas na região Nordeste, e de 80% (oitenta por cento), para as operações contratadas nas demais regiões do País; *(Incluída pela Lei nº 13.606, de 9/1/2018)*

§ 1º A Conab fica autorizada a suspender a cobrança ou a requerer a suspensão da execução judicial, desde que o mutuário requeira a renegociação da dívida.

§ 2º (VETADO).

§ 3º A renegociação nos termos deste artigo não impede a contratação de novas operações no âmbito do programa, enquanto durar o parcelamento contratado na forma do inciso III do *caput* deste artigo. *(Redação dada pela Lei nº 13.606, de 9/1/2018)*

§ 4º Fica a Conab autorizada a promover o aditamento das CPRs referentes às dívidas de que trata o *caput* deste artigo.

Art. 17-A. Ficam remidas as dívidas referentes às operações efetuadas no âmbito do Programa de Aquisição de Alimentos, instituído pelo art. 19 da Lei nº 10.696, de 2 de julho de 2003, contratadas até 31 de dezembro de 2012 por meio de CPR, em todas as modalidades vigentes à época. *(Incluído pela Lei nº 13.606, de 9/1/2018)*

§ 1º A remissão de que trata o *caput* deste artigo abrange o saldo devedor atualizado pelos encargos contratuais, expurgados valores relativos a multa, mora, quaisquer outros encargos por inadimplemento ou honorários advocatícios. *(Incluído pela Lei nº 13.606, de 9/1/2018)*

§ 2º Não serão ressarcidos valores já pagos em renegociações amparadas pelo disposto no art. 17 desta Lei. *(Incluído pela Lei nº 13.606, de 9/1/2018)*

Art. 17-B. O valor das remissões de que trata o art. 17-A desta Lei será registrado contabilmente, no âmbito do Ministério do Desenvolvimento Social e da Secretaria Especial de Agricultura Familiar e do Desenvolvimento Agrário, mediante baixa do haver contra variação patrimonial. *(Incluído pela Lei nº 13.606, de 9/1/2018)*

Art. 17-C. Fica a Conab autorizada a suspender a cobrança ou a requerer a suspensão da execução judicial das dívidas de que trata o art. 17-A desta Lei: *(Incluído pela Lei nº 13.606, de 9/1/2018)*

I - a partir do momento em que o contratado requerer a remissão da dívida; *(Incluído pela Lei nº 13.606, de 9/1/2018)*

II - por sua iniciativa, na impossibilidade de o contratado fazê-lo. *(Incluído pela Lei nº 13.606, de 9/1/2018)*

(...)

Art. 21. Fica o Instituto Nacional de Colonização e Reforma Agrária – INCRA autorizado a proceder à alienação de bens imóveis de sua propriedade considerados desnecessários ou não vinculados às suas atividades operacionais.

§ 1º A Secretaria do Patrimônio da União - SPU será consultada, previamente, sobre o interesse ou a conveniência da utilização por órgão ou entidade federal dos imóveis a serem alienados.

§ 2º A relação dos imóveis a serem alienados deverá constar obrigatoriamente dos anexos de informações da lei de diretrizes orçamentárias, sob pena de nulidade da alienação.

§ 3º Na alienação a que se refere este artigo, será observado, no que couber, o disposto nos arts. 23 e 24 da Lei nº 9.636, de 15 de maio de 1998, e os valores auferidos com a alienação deverão ser destinados ao assentamento de famílias no âmbito do Programa Nacional de Reforma Agrária.

§ 4º O disposto neste artigo não se aplica aos imóveis rurais destinados ao Programa Nacional de Reforma Agrária.

Art. 22. Fica o Incra autorizado a doar áreas de sua propriedade, remanescentes de projetos de assentamento, aos Estados, ao Distrito Federal, aos Municípios e às entidades da administração pública indireta, independentemente de licitação, para a utilização de seus serviços ou para as atividades ou obras reconhecidas como de interesse público ou social, observado, no que couber, o disposto na Lei nº 9.636, de 15 de maio de 1998, desde: *(Redação dada pela Lei nº 13.465, de 2017)*

I - que tenham sido incorporadas à zona urbana; ou

II - que tenham sido destinadas à implantação de infraestrutura de interesse público ou social.

§ 1º Na hipótese do inciso II do *caput*, os assentados no projeto de assentamento serão previamente consultados sobre a doação. *(Redação dada pela Lei nº 13.465, de 2017)*

§ 2º Em projetos de assentamento localizados na faixa de fronteira, a doação de áreas deverá ser precedida do assentimento prévio do Conselho de Defesa Nacional, na forma da Lei nº 6,634, de 2 de maio de 1979. *(Incluído pela Lei nº 13.465, de 2017)*

Art. 23. Assim que finalizado o ato de alienação realizado nos termos do art. 18 ou do art. 19, o Incra promoverá a baixa do haver contábil patrimonial.

Art. 24. Fica autorizada a instituição de seguro, na forma definida pelo regulamento, que, em caso de invalidez permanente ou morte de um dos titulares do contrato de financiamento de que trata a Lei Complementar nº 93, de 4 de fevereiro de 1998, garanta a liquidação da parcela da dívida do titular que sofreu o sinistro.

(...)

Art. 29. Esta Lei entra em vigor na data de sua publicação.

(...)

Brasília, 20 de junho de 2014;
193º da Independência e 126º da República.
DILMA ROUSSEFF
Guido Mantega
Miriam Belchior
Tereza Campello
Miguel Rossetto
DOU de 23.6.2014

› *Deixamos de publicar os anexos desta Lei.*

DECRETO Nº 9.311, DE 15 DE MARÇO DE 2018

Regulamenta a Lei nº 8.629, de 25 de fevereiro de 1993, e a Lei nº 13.001, de 20 de junho de 2014, para dispor sobre o processo de seleção, permanência e titulação das famílias beneficiárias do Programa Nacional de Reforma Agrária.

› *Este decreto foi exposto no presente capítulo, após a Lei nº 8.629, de 25 de fevereiro de 1993.*

DECRETOS-LEIS

DECRETO-LEI Nº 25, DE 30 DE NOVEMBRO DE 1937

Organiza a proteção do patrimônio histórico e artístico nacional.

O Presidente da República dos Estados Unidos do Brasil, usando da atribuição que lhe confere o art. 180 da Constituição,

DECRETA:

CAPÍTULO I – DO PATRIMÔNIO HISTÓRICO E ARTÍSTICO NACIONAL

Art. 1º Constitui o patrimônio histórico e artístico nacional o conjunto dos bens móveis e imóveis existentes no país e cuja conservação seja de interesse público, quer por sua vinculação a fatos memoráveis da história do Brasil, quer por seu excepcional valor arqueológico ou etnográfico, bibliográfico ou artístico.

§ 1º Os bens a que se refere o presente artigo só serão considerados parte integrante do patrimônio histórico o artístico nacional, depois de inscritos separada ou agrupadamente num dos quatro Livros do Tombo, de que trata o art. 4º desta lei.

§ 2º Equiparam-se aos bens a que se refere o presente artigo e são também sujeitos a tombamento os monumentos naturais, bem como os sítios e paisagens que importe conservar e proteger pela feição notável com que tenham sido dotados pela natureza ou agenciados pela indústria humana.

Art. 2º A presente lei se aplica às coisas pertencentes às pessoas naturais, bem como às pessoas jurídicas de direito privado e de direito público interno.

Art. 3º Excluem-se do patrimônio histórico e artístico nacional as obras de origem estrangeira:

1) que pertençam às representações diplomáticas ou consulares acreditadas no país;

2) que adornem quaisquer veículos pertencentes a empresas estrangeiras, que façam carreira no país;

3) que se incluam entre os bens referidos no art. 10 da Introdução do Código Civil, e que continuam sujeitas à lei pessoal do proprietário;

4) que pertençam a casas de comércio de objetos históricos ou artísticos;

5) que sejam trazidas para exposições comemorativas, educativas ou comerciais:

6) que sejam importadas por empresas estrangeiras expressamente para adorno dos respectivos estabelecimentos.

Parágrafo único. As obras mencionadas nas alíneas 4 e 5 terão guia de licença para livre trânsito, fornecida pelo Serviço ao Patrimônio Histórico e Artístico Nacional.

CAPÍTULO II – DO TOMBAMENTO

Art. 4º O Serviço do Patrimônio Histórico e Artístico Nacional possuirá quatro Livros do Tombo, nos quais serão inscritas as obras a que se refere o art. 1º desta lei, a saber:

1) no Livro do Tombo Arqueológico, Etnográfico e Paisagístico, as coisas pertencentes às categorias de arte arqueológica, etnográfica, ameríndia e popular, e bem assim as mencionadas no § 2º do citado art. 1º.

2) no Livro do Tombo Histórico, as coisas de interesse histórico e as obras de arte histórica;

3) no Livro do Tombo das Belas Artes, as coisas de arte erudita, nacional ou estrangeira;

4) no Livro do Tombo das Artes Aplicadas, as obras que se incluírem na categoria das artes aplicadas, nacionais ou estrangeiras.

§ 1º Cada um dos Livros do Tombo poderá ter vários volumes.

§ 2º Os bens, que se incluem nas categorias enumeradas nas alíneas 1, 2, 3 e 4 do presente artigo, serão definidos e especificados no regulamento que for expedido para execução da presente lei.

Art. 5º O tombamento dos bens pertencentes à União, aos Estados e aos Municípios se fará de ofício, por ordem do diretor do Serviço do Patrimônio Histórico e Artístico Nacional, mas deverá ser notificado à entidade a quem pertencer, ou sob cuja guarda estiver a coisa tombada, afim de produzir os necessários efeitos.

Art. 6º O tombamento de coisa pertencente à pessoa natural ou à pessoa jurídica de direito privado se fará voluntária ou compulsoriamente.

Art. 7º Proceder-se-á ao tombamento voluntário sempre que o proprietário o pedir e a coisa se revestir dos requisitos necessários para constituir parte integrante do patrimônio histórico e artístico nacional, a juízo do Conselho Consultivo do Serviço do Patrimônio Histórico e Artístico Nacional, ou sempre que o mesmo proprietário anuir, por escrito, à notificação, que se lhe fizer, para a inscrição da coisa em qualquer dos Livros do Tombo.

Art. 8º Proceder-se-á ao tombamento compulsório quando o proprietário se recusar a anuir à inscrição da coisa.

Art. 9º O tombamento compulsório se fará de acordo com o seguinte processo:

1) o Serviço do Patrimônio Histórico e Artístico Nacional, por seu órgão competente, notificará o proprietário para anuir ao tombamento, dentro do prazo de quinze dias, a contar do recebimento da notificação, ou para, si o quiser impugnar, oferecer dentro do mesmo prazo as razões de sua impugnação.

2) no caso de não haver impugnação dentro do prazo assinado. que é fatal, o diretor do Serviço do Patrimônio Histórico e Artístico Nacional mandará por simples despacho que se proceda à inscrição da coisa no competente Livro do Tombo.

3) se a impugnação for oferecida dentro do prazo assinado, far-se-á vista da mesma, dentro de outros quinze dias fatais, ao órgão de que houver emanado a iniciativa do tombamento, afim de sustentá-la. Em seguida, independentemente de custas, será o processo remetido ao Conselho Consultivo do Serviço do Patrimônio Histórico e Artístico Nacional, que proferirá decisão a respeito, dentro do prazo de sessenta dias, a contar do seu recebimento. Dessa decisão não caberá recurso.

Art. 10. O tombamento dos bens, a que se refere o art. 6º desta lei, será considerado provisório ou definitivo, conforme esteja o respectivo processo iniciado pela notificação ou concluído pela inscrição dos referidos bens no competente Livro do Tombo.

Parágrafo único. Para todos os efeitos, salvo a disposição do art. 13 desta lei, o tombamento provisório se equiparará ao definitivo.

CAPÍTULO III – DOS EFEITOS DO TOMBAMENTO

Art. 11. As coisas tombadas, que pertençam à União, aos Estados ou aos Municípios, inalienáveis por natureza, só poderão ser transferidas de uma à outra das referidas entidades.

Parágrafo único. Feita a transferência, dela deve o adquirente dar imediato conhecimento ao Serviço do Patrimônio Histórico e Artístico Nacional.

Art. 12. A alienabilidade das obras históricas ou artísticas tombadas, de propriedade de pessoas naturais ou jurídicas de direito privado sofrerá as restrições constantes da presente lei.

Art. 13. O tombamento definitivo dos bens de propriedade particular será, por iniciativa do órgão competente do Serviço do Patrimônio Histórico e Artístico Nacional, transcrito para os devidos efeitos em livro a cargo dos oficiais do registro de imóveis e averbado ao lado da transcrição do domínio.

§ 1º No caso de transferência de propriedade dos bens de que trata este artigo, deverá o adquirente, dentro do prazo de trinta dias, sob pena de multa de dez por cento sobre o respectivo valor, fazê-la constar do registro, ainda que se trate de transmissão judicial ou causa mortis.

§ 2º Na hipótese de deslocação de tais bens, deverá o proprietário, dentro do mesmo prazo e sob pena da mesma multa, inscrevê-los no registro do lugar para que tiverem sido deslocados.

§ 3º A transferência deve ser comunicada pelo adquirente, e a deslocação pelo proprietário, ao Serviço do Patrimônio Histórico e Artístico Nacional, dentro do mesmo prazo e sob a mesma pena.

Art. 14. A coisa tombada não poderá sair do país, senão por curto prazo, sem transferência de domínio e para fim de intercâmbio cultural, a juízo do Conselho Consultivo do Serviço do Patrimônio Histórico e Artístico Nacional.

Art. 15. Tentada, a não ser no caso previsto no artigo anterior, a exportação, para fora do país, da coisa tombada, será esta sequestrada pela União ou pelo Estado em que se encontrar.

§ 1º Apurada a responsabilidade do proprietário, ser-lhe-á imposta a multa de cinquenta por cento do valor da coisa, que permanecerá sequestrada em garantia do pagamento, e até que este se faça.

§ 2º No caso de reincidência, a multa será elevada ao dobro.

§ 3º A pessoa que tentar a exportação de coisa tombada, alem de incidir na multa a que se referem os parágrafos anteriores, incorrerá, nas penas cominadas no Código Penal para o crime de contrabando.

Art. 16. No caso de extravio ou furto de qualquer objeto tombado, o respectivo proprietário deverá dar conhecimento do fato ao Serviço do Patrimônio Histórico e Artístico Nacional, dentro do prazo de cinco dias, sob pena de multa de dez por cento sobre o valor da coisa.

Art. 17. As coisas tombadas não poderão, em caso nenhum ser destruídas, demolidas ou mutiladas, nem, sem prévia autorização especial do Serviço do Patrimônio Histórico e Artístico Nacional, ser reparadas, pintadas ou restauradas, sob pena de multa de cinquenta por cento do dano causado.

Parágrafo único. Tratando-se de bens pertencentes á União, aos Estados ou aos municípios, a autoridade responsável pela infração do presente artigo incorrerá pessoalmente na multa.

Art. 18. Sem prévia autorização do Serviço do Patrimônio Histórico e Artístico Nacional, não se poderá, na vizinhança da coisa tombada, fazer construção que lhe impeça ou reduza a visibilidade, nem nela colocar anúncios ou cartazes, sob pena de ser mandada destruir a obra ou retirar o objeto, impondo-se neste caso a multa de cinquenta por cento do valor do mesmo objeto.

Art. 19. O proprietário de coisa tombada, que não dispuser de recursos para proceder às obras de conservação e reparação que a mesma requerer, levará ao conhecimento do Serviço do Patrimônio Histórico e Artístico Nacional a necessidade das mencionadas obras, sob pena de multa correspondente ao dobro da importância em que for avaliado o dano sofrido pela mesma coisa.

§ 1º Recebida a comunicação, e consideradas necessárias as obras, o diretor do Serviço do Patrimônio Histórico e Artístico Nacional mandará executá-las, a expensas da União, devendo as mesmas ser iniciadas dentro do prazo de seis meses, ou providenciará para que seja feita a desapropriação da coisa.

§ 2º À falta de qualquer das providências previstas no parágrafo anterior, poderá o proprietário requerer que seja cancelado o tombamento da coisa. (Vide Lei nº 6.292, de 1975)

§ 3º Uma vez que verifique haver urgência na realização de obras e conservação ou reparação em qualquer coisa tombada, poderá o Serviço do Patrimônio Histórico e Artístico Nacional tomar a iniciativa de projetá-las e executá-las, a expensas da União, independentemente da comunicação a que alude este artigo, por parte do proprietário.

Art. 20. As coisas tombadas ficam sujeitas à vigilância permanente do Serviço do Patrimônio Histórico e Artístico Nacional, que poderá inspecioná-los sempre que for julgado conveniente, não podendo os respectivos proprietários ou responsáveis criar obstáculos à inspeção, sob pena de multa de cem mil réis, elevada ao dobro em caso de reincidência.

Art. 21. Os atentados cometidos contra os bens de que trata o art. 1º desta lei são equiparados aos cometidos contra o patrimônio nacional.

CAPÍTULO IV – DO DIREITO DE PREFERÊNCIA

Art. 22. *(Revogado pela Lei n º 13.105, de 2015)*

CAPÍTULO V – DISPOSIÇÕES GERAIS

Art. 23. O Poder Executivo providenciará a realização de acordos entre a União e os Estados, para melhor coordenação e desenvolvimento das atividades relativas à proteção do patrimônio histórico e artístico nacional e para a uniformização da legislação estadual complementar sobre o mesmo assunto.

Art. 24. A União manterá, para a conservação e a exposição de obras históricas e artísticas de sua propriedade, além do Museu Histórico Nacional e do Museu Nacional de Belas Artes, tantos outros museus nacionais quantos se tornarem necessários, devendo outrossim providenciar no sentido de favorecer a instituição de museus estaduais e municipais, com finalidades similares.

Art. 25. O Serviço do Patrimônio Histórico e Artístico Nacional procurará entendimentos com as autoridades eclesiásticas, instituições científicas, históricas ou artísticas e pessoas naturais ou jurídicas, com o objetivo de obter a cooperação das mesmas em benefício do patrimônio histórico e artístico nacional.

Art. 26. Os negociantes de antiguidades, de obras de arte de qualquer natureza, de manuscritos e livros antigos ou raros são obrigados a um registro especial no Serviço do Patrimônio Histórico e Artístico Nacional, cumprindo-lhes outrossim apresentar semestralmente ao mesmo relações completas das coisas históricas e artísticas que possuírem.

Art. 27. Sempre que os agentes de leilões tiverem de vender objetos de natureza idêntica à dos mencionados no artigo anterior, deverão apresentar a respectiva relação ao órgão competente do Serviço do Patrimônio Histórico e Artístico Nacional, sob pena de incidirem na multa de cinquenta por cento sobre o valor dos objetos vendidos.

Art. 28. Nenhum objeto de natureza idêntica à dos referidos no art. 26 desta lei poderá ser posto à venda pelos comerciantes ou agentes de leilões, sem que tenha sido previamente autenticado pelo Serviço do Patrimônio Histórico e Artístico Nacional, ou por perito em que o mesmo se louvar, sob pena de multa de cinquenta por cento sobre o valor atribuído ao objeto.

Parágrafo único. A. autenticação do mencionado objeto será feita mediante o pagamento de uma taxa de peritagem de cinco por cento sobre o valor da coisa, se este for inferior ou equivalente a um conto de réis, e de mais cinco mil réis por conto de réis ou fração, que exceder.

Art. 29. O titular do direito de preferência goza de privilégio especial sobre o valor produzido em praça por bens tombados, quanto ao pagamento de multas impostas em virtude de infrações da presente lei.

Parágrafo único. Só terão prioridade sobre o privilégio a que se refere este artigo os créditos inscritos no registro competente, antes do tombamento da coisa pelo Serviço do Patrimônio Histórico e Artístico Nacional.

Art. 30. Revogam-se as disposições em contrário.

Rio de Janeiro, 30 de novembro de 1937, 116º da Independência e 49º da República.

GETULIO VARGAS.

(DOU de 6.12.1937)

DECRETO-LEI Nº 58, DE 10 DE DEZEMBRO DE 1937

Dispõe sobre o loteamento e a venda de terrenos para pagamento em prestações.

› *Vide arts. 1.417 e 1.418 do Código Civil*

O PRESIDENTE DA REPÚBLICA DOS ESTADOS UNIDOS DO BRASIL, usando da atribuição que lhe confere o artigo 180 da Constituição:

CONSIDERANDO o crescente desenvolvimento da loteação de terrenos para venda mediante o pagamento do preço em prestações;

CONSIDERANDO que as transações assim realizadas não transferem o domínio ao comprador, uma vez que o art. 1.088 do Código Civil permite a qualquer das partes arrepender-se antes de assinada a escritura da compra e venda;

› *Reporta-se ao Código Civil de 1916*

CONSIDERANDO que esse dispositivo deixa pràticamente sem amparo numerosos compradores de lotes, que têm assim por exclusiva garantia a seriedade, a boa fé e a solvabilidade das empresas vendedoras;

CONSIDERANDO que, para segurança das transações realizadas mediante contrato de compromisso de compra e venda de lotes, cumpre acautelar o compromissário contra futuras alienações ou onerações dos lotes comprometidos;

CONSIDERANDO ainda que a loteação e venda de terrenos urbanos e rurais se opera frequentemente sem que aos compradores seja possível a verificação dos títulos de propriedade dos vendedores;

DECRETA:

Art. 1º Os proprietários ou co-proprietários de terras rurais ou terrenos urbanos, que pretendam vendê-los, divididos em lotes e por oferta pública, mediante pagamento do preço a prazo em prestações sucessivas e periódicas, são obrigados, antes de anunciar a venda, a depositar no cartório do registro de imóveis da circunscrição respectiva:

- *Art. 61 da Lei 4.504/1964 (Estatuto da Terra)*
- *Vide Decreto-lei 271/1967 (Loteamento Urbano, responsabilidade do loteador, concessão de uso e espaço aéreo)*
- *Art. 167, I-19 da Lei 6.015/1973 (Lei de Registros Públicos)*
- *Vide Lei 6.766/1979 (Parcelamento do solo urbano)*

I, um memorial por eles assinado ou por procuradores com poderes especiais, contendo:

a) denominação, área, limites, situação e outros característicos do imóvel;

b) relação cronológica dos títulos de domínio, desde 30 anos, com indicação da natureza e data de cada um, e do número e data das transcrições, ou cópia autêntica dos títulos e prova de que se acham devidamente transcritos;

c) plano de loteamento, de que conste o programa de desenvolvimento urbano, ou de aproveitamento industrial ou agrícola; nesta última hipótese, informações sobre a qualidade das terras, águas, servidões ativas e passivas, estradas e caminhos, distância de sede do município e das estações de transporte de acesso mais fácil;

II, planta do imóvel, assinada também pelo engenheiro que haja efetuado a mediação e o loteamento e com todos os requisitos técnicos e legais; indicadas a situação, as dimensões e a numeração dos lotes, as dimensões e a nomenclatura das vias de comunicação e espaços livres, as construções e benfeitorias, e as vias públicas de comunicação;

III, exemplar de caderneta ou do contrato-tipo de compromisso de venda dos lotes;

IV, certidão negativa de impostos e de ônus reais;

V, certidão dos documentos referidos na letra b do nº I.

§ 1º Tratando-se de propriedade urbana, o plano e a planta de loteamento devem ser previamente aprovados pela Prefeitura Municipal, ouvidas, quanto ao que lhes disser respeito, as autoridades sanitárias, militares e, desde que se trata de área total ou parcialmente florestada as autoridades florestais. *(Redação dada pela Lei nº 4.778, de 1965).*

§ 2º As certidões positivas da existência de ônus reais, de impostos e de qualquer ação real ou pessoal, bem como qualquer protesto de título de dívida civil ou comercial não impedir o registro.

§ 3º Se a propriedade estiver gravada de ônus real, o memorial será acompanhado da escritura pública em que o respectivo titular estipule as condições em que se obrigam a liberar os lotes no ato do instrumento definitivo de compra e venda.

§ 4º O plano de loteamento poderá ser modificado quanto aos lotes não comprometidos e o de arruamento desde que a modificação não prejudique os lotes comprometidos ou definitivamente adquiridos, se a Prefeitura Municipal aprovar a modificação. A planta e o memorial assim aprovados serão depositados no cartório do registro para nova inscrição, observando o disposto no art. 2º e parágrafos.

§ 5º O memorial, o plano de loteamento e os documentos depositados serão franqueados, pelo oficial do registro, ao exame de qualquer interessado, independentemente do pagamento de emolumentos, ainda que a título de busca.

O oficial, neste caso, receberá apenas as custas regimentais das certidões que fornecer.

§ 6º Sob pena de incorrerem em crime de fraude, os vendedores, se quiserem invocar, como argumento de propaganda, a proximidade do terreno com algum acidente geográfico, cidade, fonte hidromineral ou termal ou qualquer outro motivo de atração ou valorização, serão obrigados a declarar no memorial descritivo e a mencionar nas divulgações, anúncios e prospectos de propaganda, a distância métrica a que se situa o imóvel do ponto invocado ou tomado como referência. *(Incluído pela Lei nº 5.532, de 1968).*

Art. 2º Recebidos o memorial e os documentos mencionados no art. 1º, o oficial do registro dará recibo ao depositante e, depois de autuá-los e verificar a sua conformidade com a lei, tornará público o depósito por edital afixado no lugar do costume e publicado três vezes, durante 10 dias, no jornal oficial do Estado e em jornal da sede da comarca, ou que nesta circule.

§ 1º Decorridos 30 dias da última publicação, e não havendo impugnação de terceiros, o oficial procederá ao registro se os documentos estiverem em ordem. Caso contrário, os autos serão desde logo conclusos ao Juiz competente para conhecer da dúvida ou impugnação, publicada a sentença em cartório pelo oficial, que dela dará ciência aos interessados. *(Redação dada pela Lei nº 6.014, de 1973).*

- *Art. 167, I-19 e 198 da Lei 6.015/1973 (Lei de Registros Públicos)*

§ 2º Da sentença que negar ou conceder o registro caberá apelação. *(Redação dada pela Lei nº 6.014, de 1973).*

Art. 3º A inscrição torna inalienáveis, por qualquer título, as vias de comunicação e os espaços livres constantes do memorial e da planta.

- *Art. 22 da Lei 6.766/1979 (Parcelamento do Solo Urbano)*

Art. 4º Nos cartórios do registro imobiliário haverá um livro auxiliar na forma da lei respectiva e de acordo com o modelo anexo. Nele se registrarão, resumidamente:

a) por inscrição, o memorial de propriedade loteada;

- *Art. 167, I-19 e 168 da Lei 6.015/1973 (Lei de Registros Públicos)*

b) por averbação, os contratos de compromisso de venda e de financiamento, suas transferências e rescisões.

- *Art. 167, I-20 e II-3 da Lei 6.015/1973 (Lei de Registros Públicos)*

Parágrafo único. No livro de transcrição, e à margem do registro da propriedade loteada, averbar-se-á a inscrição assim que efetuada.

Art. 5º A averbação atribui ao compromissário direito real oponível a terceiros, quanto à alienação ou oneração posterior, e far-se-á à vista do instrumento de compromisso de venda, em que o oficial lançará a nota indicativa do livro, página e data do assentamento.

- *Art. 1.417 e 1.418 do Código Civil*

Art. 6º A inscrição não pode ser cancelada senão:

a) em cumprimento de sentença;

b) a requerimento do proprietário, enquanto nenhum lote for objeto de compromisso devidamente inscrito, ou mediante o consentimento de todos os compromissários ou seus cessionários, expresso em documento por eles assinado ou por procuradores com poderes especiais.

Art. 7º Cancela-se a averbação:

a) a requerimento das partes contratantes do compromisso de venda;

b) pela resolução do contrato;

c) pela transcrição do contrato definitivo de compra e venda;

d) por mandado judicial.

Art. 8º O registro instituído por esta lei, tanto por inscrição quanto por averbação, não dispensa nem substitui o dos atos constitutivos ou translativos de direitos reais na forma e para os efeitos das leis e regulamentos dos registros públicos.

Art. 9º O adquirente por ato inter-vivos, ainda que em hasta pública, ou por sucessão legítima ou testamentária, da propriedade loteada e inscrita, sub-roga-se nos direitos e obrigações dos alienantes, autores da herança ou testadores, sendo nula qualquer disposição em contrário.

Art. 10. Nos anúncios e outras publicações de propaganda de venda de lotes a prestações, sempre se mencionará o número e data da inscrição do memorial e dos documentos no registro imobiliário.

Art. 11. Do compromisso de compra e venda a que se refere esta lei, contratado por instrumento público ou particular, constarão sempre as seguintes especificações:

- *Art. 26 da Lei 6.766/1979 (Lei do Parcelamento Solo Urbano)*
- *Súmula 413 do Supremo Tribunal Federal*

a) nome, nacionalidade, estado e domicílio dos contratantes;

b) denominação e situação da propriedade, número e data da inscrição;

c) descrição do lote ou dos lotes que forem objeto do compromisso, confrontações, áreas e outros característicos, bem como os números correspondentes na planta arquivada;

d) prazo, preço e forma de pagamento, e importância do sinal;

e) juros devidos sobre o débito em aberto e sobre as prestações vencidas e não pagas;

f) cláusula penal não superior a 10 % do débito, e só exigível no caso de intervenção judicial;

g) declaração da existência ou inexistência de servidão ativa ou passiva e outros ônus reais ou quaisquer outras restrições ao direito de propriedade;

h) indicação do contratante a quem incumbe o pagamento das taxas e impostos.

§ 1º O contrato, que será manuscrito, datilografado ou impresso, com espaços em branco preenchíveis em cada caso, lavrar-se-á em duas vias, assinadas pelas partes e por duas testemunhas devidamente reconhecidas as firmas por tabelião.

Ambas as vias serão entregues dentro em 10 dias ao oficial do registro, para averbá-las e restituí-las devidamente anotadas a cada uma das partes.

§ 2º É indispensável a outorga uxória quantos seja casado o vendedor.

§ 3º As procurações dos contratantes que não tiverem sido arquivadas anteriormente sê-lo-ão no cartório do registro, junto aos respectivos autos.

Art. 12. Subentende-se no contrato a condição resolutiva da legitimidade e validade do título de domínio.

§ 1º Em caso de resolução, além de se devolverem as prestações recebidas, com juros convencionados ou os da lei, desde a data do pagamento, haverá, quando provada a má fé, direito à indenização de perdas e danos.

§ 2º O falecimento dos contratantes não resolve o contrato, que se transmitirá aos herdeiros.

Também, não o resolve a, sentença declaratória de falência; na dos proprietários, dar-lhe-ão cumprimento o síndico e o liquidatário; na dos compromissários, será ele arrecadado pelo síndico e vendido, em hasta pública, pelo liquidatário.

Art. 13. O contrato transfere-se por simples trespasse lançado no verso das duas vias, ou por instrumento separado, sempre com as formalidades dos parágrafos do art. 11.

- *Art. 31 da Lei 6.766/1979 (Lei do Parcelamento do Solo Urbano)*

§ 1º No primeiro caso, presume-se a anuência do proprietário. À falta do consentimento não impede a transferência, mas torna os adquirentes e os alienantes solidários nos direitos e obrigações contratuais.

§ 2º Averbando a transferência para a qual não conste o assentimento do proprietário, o oficial dela lhe dará, ciência por escrito.

Art. 14. Vencida e não paga a prestação, considera-se o contrato rescindido 30 dias depois de constituído em mora o devedor.

- *Art. 1º. do Decreto-lei 745/1969 (Contratos a que se refere o art. 22 do Dec.-lei 58/1937)*
- *Súmula 76 do Superior Tribunal de Justiça*

§ 1º Para este efeito será ele intimado a requerimento do compromitente, pelo oficial do registro a satisfazer as prestações vencidas e as que se vencerem até a data do pagamento, juros convencionados e custas da intimação.

§ 2º Purgada a mora, convalescerá o compromisso.

§ 3º Com a certidão de não haver sido feito pagamento em cartório, os compromitentes requererão ao oficial do registro o cancelamento da averbação.

Art. 15. Os compromissários têm o direito de, antecipando ou ultimando o pagamento integral do preço, e estando quites com os impostos e taxas, exigir a outorga da escritura de compra e venda.

- *Súmula 166 do Supremo Tribunal Federal*

Art. 16. Recusando-se os compromitentes a outorgar a escritura definitiva no caso do artigo 15, o compromissário poderá propor, para o cumprimento da obrigação, ação de adjudicação compulsória, que tomará o rito sumaríssimo. *(Redação dada pela Lei nº 6.014, de 1973)*

- *Art. 69 da Lei 4.380/1964 (Sistema Financeiro de Habitação)*
- *Súmulas 166, 167, 168, 412 e 413 do Supremo Tribunal Federal*
- *Súmula 76 do Superior Tribunal de Justiça*

§ 1º A ação não será acolhida se a parte, que a intentou, não cumprir a sua prestação nem a oferecer nos casos e formas legais. *(Redação dada pela Lei nº 6.014, de 1973)*

§ 2º Julgada procedente a ação a sentença, uma vez transitada em julgado, adjudicará o imóvel ao compromissário, valendo como título para a transcrição. *(Redação dada pela Lei nº 6.014, de 1973)*

- *Art. 168 da Lei 6.015/1973 (Lei de Registros Públicos)*

§ 3º Das sentenças proferidas nos casos deste artigo, caberá apelação. *(Redação dada pela Lei nº 6.014, de 1973)*

- *Arts. 938, 1.010 e seguintes do Código de Processo Civil de 2015*

§ 4º Das sentenças proferidas nos casos deste artigo caberá o recurso de agravo de petição.

§ 5º Estando a propriedade hipotecada, cumprido o dispositivo do § 3º, do art. 1º, será o credor citado para, no caso deste artigo, autorizar o cancelamento parcial da inscrição, quanto aos lotes comprometidos.

Art. 17. Pagas todas as prestações do preço, é lícito ao compromitente requerer a intimação judicial do compromissário para, no prazo de trinta dias, que correrá em cartório, receber a escritura de compra e venda.

Parágrafo único. Não sendo assinada a escritura nesse prazo, depositar-se-á o lote comprometido por conta e risco do compromissário, respondendo este pelas despesas judiciais e custas do depósito.

Art. 18. Os proprietários ou co-proprietários dos terrenos urbanos loteados a prestação, na forma desta lei, que se dispuserem a fornecer aos compromissários, por empréstimo, recursos para a construção do prédio, nos lotes comprometidos, ou tomá-la por empreitada, por conta dos compromissários, depositarão no cartório do Registro Imobiliário um memorial indicando as condições gerais do empréstimo ou da empreitada e da amortização da dívida em prestações.

§ 1º O contrato, denominado de financiamento, será feito por instrumento público ou particular, com as especificações do art. 11 que lhe forem aplicáveis. Esse contrato ser á registrado, por averbação, no livro a que alude o art. 4º, fazendo-se-lhe resumida referência na coluna apropriada.

§ 2º Com o memorial também se depositará o contrato-tipo de financiamento, contendo as cláusulas gerais para todos os casos, com os claros a serem preenchidos em cada caso.

Art. 19. O contrato de compromisso não poderá ser transferido sem o de financiamento, nem este sem aquele. A rescisão do compromisso de venda acarretará a do contrato de financiamento e vice-versa, na forma do art. 14.

Art. 20. O adquirente, por qualquer título, do lote, fica solidariamente responsável, com, o compromissário, pelas obrigações constantes e decorrentes do contrato de financiamento, se devidamente averbado.

Art. 21. Em caso de falência, os contratos de compromisso de venda e de financiamento serão vencidos conjuntamente em hasta pública, anunciada dentro de 15 dias depois da primeira assembleia de credores, sob pena de destituição do liquidatário. Essa pena será aplicada pelo juiz a requerimento dos interessados, que poderão pedir designação de dia e hora para a hasta pública.

DISPOSIÇÕES GERAIS

Art. 22. Os contratos, sem cláusula de arrependimento, de compromisso de compra e venda e cessão de direitos de imóveis não loteados, cujo preço tenha sido pago no ato de sua constituição ou deva sê-lo em uma, ou mais prestações, desde que, inscritos a qualquer tempo, atribuem aos compromissos direito real oponível a terceiros, e lhes conferem o direito de adjudicação compulsória nos termos dos artigos 16 desta lei, 640 e 641 do Código de Processo Civil. *(Redação dada pela Lei nº 6.014, de 1973)*

- *A Lei 11.232/2005 revogou os arts. 640 e 641 do Código de Processo Civil de 1973.*
- *Arts. 1.225, VII, 1.417 e 1.418 do Código Civil*
- *Art. 69 da Lei 4.380/1964 (Sistema Financeiro de Habitação)*
- *Arts. 167, I-9, e 168 da Lei 6.015/1973 (Lei de Registros Públicos)*
- *Art. 25 da Lei 6.766/1979 (Lei do Parcelamento do Solo Urbano)*
- *Súmulas 167, 168, 412 e 413 do Supremo Tribunal Federal*
- *Súmula 76 do Superior Tribunal de Justiça*

Art. 23. Nenhuma ação ou defesa se admitirá, fundada nos dispositivos desta lei, sem apresentação de documento comprobatório do registro por ela instituído.

Art. 24. Em todos os casos de procedimento judicial, o foro competente será o da situação do lote comprometido ou o a que se referir o contrato de financiamento, quando as partes não hajam contratado outro foro.

Art. 25. O oficial do registro perceberá:

a) pelo depósito e inscrição, a taxa fixa de 100$000, além das custas que forem devidas pelos demais atos;

b) pela averbação, a de 5$000 por via de compromisso de venda ou de financiamento;

c) pelo cancelamento de averbação, a de 5$000.

Art. 26. Todos os requerimentos e documentos atinentes ao registro se juntarão aos autos respectivos, independentemente do despacho judicial.

DISPOSIÇÕES TRANSITÓRIAS

Art. 1º Os proprietários de terras e terrenos loteados em curso de venda deverão, dentro de três meses, proceder ao depósito e registro, nos termos desta lei, indicando no memorial os lotes já comprometidos cujas prestações estejam em dia. Se até 30 dias depois de esgotado esse prazo não houverem cumprido o disposto na lei, incorrerão os vendedores em multas de 10 a 20 contos de réis, aplicadas no dobro quando decorridos mais três meses.

Parágrafo único. Efetuada a inscrição da propriedade loteada, os compromissários apresentarão as suas cadernetas ou contratos para serem averbados, ainda que não tenham todos os requisitos do artigo 11, contanto que sejam anteriores a esta lei.

- *Arts. 167 da 6.015/1973 (Lei dos Registros Públicos)*

Art. 2º As penhoras, arrestos e sequestros de imóveis, para os efeitos da apreciação da fraude de alienações posteriores, serão inscritos obrigatoriamente, dependendo da prova desse procedimento o curso da ação.

- *Arts. 167, I-5, e 240 da Lei 6.015/1973 (Lei dos Registros Públicos)*

Art. 3º A mudança de numeração, a construção, a reconstrução, a demolição, a adjudicação, o desmembramento, a alteração do nome por casamento ou desquite serão obrigatoriamente averbados nas transcrições dos imóveis a que se referirem, mediante prova, a crédito do oficial do registro de imóveis.

Art. 4º Esta lei entrará em vigor na data da sua publicação, revogadas as disposições em contrário.

Rio de Janeiro, 10 de dezembro de 1937, 116º da Independência e 49º da República
GETULIO VARGAS.
(DOU. de 13.12.1937 e Retificado no DOU. 17.12.1937)

- *Deixamos de publicar o Anexo a este Decreto-lei .*

DECRETO-LEI Nº 1.003, DE 29 DE DEZEMBRO DE 1938

Dispõe sobre o penhor agrícola, e dá outras providências.

O PRESIDENTE DA REPÚBLICA, usando da faculdade que lhe confere o art. 180 da Constituição Federal,

DECRETA:

Art. 1º A preferência que resultar da prioridade de inscrição hipotecária, ainda que em execução a hipoteca, não prejudicará o penhor rural constituído em garantia de operações da Carteira de Crédito Agrícola e Industrial do Banco do Brasil.

Art. 2º O penhor rural contratado com a Carteira não poderá ser anulado como ato em fraude de credores ou de execução, porque, antes de sua constituição, tenham sido protestados títulos do devedor.

Art. 3º As estradas de ferro e demais empresas de transporte, os armazéns gerais e de depósitos, os comissários e outras pessoas que transportem, guardem, comprem ou, de qualquer forma, recebam produtos agrícolas ou pecuários, ficam obrigados a prestar à Carteira, por escrito, as informações que lhe forem necessárias para conhecimento ou verificação de quaisquer ocorrências que interessem à regularidade e segurança de suas operações. As pessoas que prestarem declarações inexatas ou incompletas, as que injustificadamente demorarem a dar as informações que lhes forem solicitadas e as que se recusarem a prestá-las incorrerão em multa de 1:000$000 a 10:000$000, imposta pelo Ministro da Fazenda e elevada ao dobro no caso de reincidência.

Art. 4º O presente decreto-lei entrará em vigor na data de sua publicação.

Rio de Janeiro, 29 de dezembro de 1938, 117º da Independência e 50º da República.
GETÚLIO VARGAS (DOU 30.12.1938)

DECRETO-LEI Nº 3.200, DE 19 DE ABRIL DE 1941

Dispõe sobre a organização e proteção da família.

- *Vide arts. 19 a 23 deste Decreto-Lei*
- *Vide art. 167, 1, I, LRP*
- *Vide arts. 260 a 265, LRP*

O PRESIDENTE DA REPÚBLICA, usando da atribuição que lhe confere o art. 180 da Constituição,

DECRETA:

CAPÍTULO I – DO CASAMENTO DE COLATERAIS DO TERCEIRO GRAU

Art. 1º O casamento de colaterais, legítimos ou ilegítimos do terceiro grau, é permitido nos termos do presente decreto-lei.

Art. 2º Os colaterais do terceiro grau, que pretendam casar-se, ou seus representantes, legais, se forem menores, requererão ao juiz competente para a habilitação que nomeie dois médicos de reconhecida capacidade, isentos de suspeição para examiná-los e atestar-lhes a sanidade, afirmando não haver inconveniente, sob o ponto de vista, da saúde de qualquer deles e da prole, na realização do matrimônio.

§ 1º Se os dois médicos divergirem quanto à conveniência do patrimônio, poderão os nubentes, conjuntamente, requerer ao Juiz que nomeie terceiro, como desempatador.

§ 2º Sempre que, a critério do Juiz, não for possível a nomeação de dois médicos idôneos, poderá ele incumbir do exame um só médico, cujo parentesco será conclusivo.

§ 3º O exame médico será feito extrajudicialmente, sem qualquer formalidade, mediante simples apresentação do requerimento despachado pelo Juiz.

§ 4º Poderá o exame médico concluir não apenas pela declaração da possibilidade ou da irrestrita inconveniência do casamento, mas ainda pelo reconhecimento de sua viabilidade em época ulterior, uma vez feito, por um dos nubentes ou por ambos, o necessário tratamento de saúde. Nesta última hipótese, provando a realização do tratamento, poderão os interessados pedir ao juiz que determine novo exame médico, na forma do presente artigo.

§ 5º (Revogado pela Lei nº 5.891, de 1973)

§ 6º O atestado, constante de um só ou mais instrumentos, será entregue aos interessados, não podendo qualquer que se refira ao outro, sob penas do art. 153 do código penal.

§ 7º Quando o atestado dos dois médicos, havendo ou não desempatador, ou do único médico, no caso do § 2º deste artigo, afirmar a inexistência de motivo que desaconselhe o matrimônio, poderão os interessados promover o processo de habilitação, apresentando, com o requerimento inicial, a prova de sanidade, devidamente autenticada. Se o atestado declarar a inconveniência do casamento, prevalecerá em toda a plenitude, o impedimento matrimonial.

§ 8º Sempre que na localidade não se encontrar médico que possa ser nomeado, o juiz designará profissional de localidade próxima a que irão os nubentes.

§ 9º (Revogado pela Lei nº 5.891, de 1973)

Art. 3º Se algum dos nubentes, para frustrar os efeitos do exame médico desfavorável, pretender habilitar-se, ou habilitar-se para casamento, perante outro juiz, incorrerá na pena do art. 237 do Código Penal.

CAPÍTULO II – DO CASAMENTO RELIGIOSO COM EFEITOS CIVIS

- *Vide art. 226, § 2º, CF*
- *Vide art. 1.515, CC*
- *Vide art. 74, LRP*

Arts. 4º e 5º (Revogados pela Lei nº 1.110, de 1950)

CAPÍTULO III – DA GRATUIDADE DO CASAMENTO CIVIL

- *Vide art. 30, Lei 6.015/1973 (LRP)*
- *Vide art. 45, Lei 8.935/1994 (LNR)*
- *Vide Lei 10.169/2000 (Lei dos Emolumentos)*

Art. 6º No Distrito Federal e no território do Acre, serão inteiramente gratuitos, e isentos de selos e quaisquer emolumentos ou custas, para as pessoas reconhecidamente pobres, mediante atestado passado pelo prefeito, ou pelo funcionário que este designar, a habitação para casamento, assim como a sua celebração, registo primeira certidão.

§ 1º O oficial do registo civil, exibindo o atestado referido no artigo precedente e o recibo do certidão de casamento, firmado por um dos cônjuges, ou, se ambos não souberem escrever, por pessoa idônea, a rogo de qualquer deles, com duas testemunhas, poderá cobrar da municipalidade metade dos emolumentos ou custas que a ele e ao juiz couberem.

§ 2º Nos Estados, será a gratuidade do casamento civil assegurada nos termos deste artigo, na conformidade do disposto no art. 41 do presente decreto-lei.

CAPÍTULO IV – DAS PENSÕES ALIMENTÍCIAS

Art. 7º Sempre que o pagamento da pensão alimentícia, fixada por sentença judicial ou por acordo homologado em juízo, não estiver suficientemente assegurado ou não se fizer com inteira regularidade, será ela descontada, a requerimento do interessado e por ordem do juiz, das vantagens pecuniárias, do cargo ou função pública ou do emprego em serviço ou empresa particular, que exerça o devedor, e paga diretamente ao beneficiário.

Parágrafo único. Quando não seja aplicável o preceito do presente artigo, ou se verifique a insuficiência das vantagens referidas, poderá ser a pensão cobrada de alugueres de prédios ou de quaisquer outros rendimentos do devedor, que o juiz destinará a esse efeito, ressalvados os encargos fiscais e de conservação, e que serão recebidos pelo alimentando diretamente, ou por depositário para isto designado.

CAPÍTULO V – DOS MÚTUOS PARA CASAMENTO

Art. 8º Ficam autorizados os institutos e caixas de previdência, assim como as caixas econômicas federais, a conceder, respectivamente, a seus associados, ou a trabalhadores de qualquer categoria de idade inferior a trinta anos e residente na localidade em que tenham sede, mútuos para casamento, nos termos do presente artigo.

§ 1º Serão os mútuos efetuados dentro do limite fixado, para cada instituição, pelo Presidente da República.

§ 2º Para obtenção do mútuo, apresentará o requerente declaração autêntica do propósito de casamento, feita pelo outro nubente, e submeter-se-ão ambos, sem qualquer dispêndio, a exame de sanidade pelo médico ou médicos que a instituição designar.

§ 3º Será dada, pelo médico ou pelos médicos que hajam feito a exame, comunicação confidencial do resultado aos nubentes. somente na hipótese de ser a conclusão favorável a realização do casamento, poderá ser concedido o mútuo, juntando-se o atestado ao processo respectivo. São os nubentes obrigados a sigilo, na conformidade do disposto no § 6.º do art. 2.º deste decreto-lei, sob as mesmas penas aí indicadas.

§ 4º O mútuo não excederá do montante, em um triênio, da retribuição que o nubente interessado ou os dois, caso ambos trabalhem, já tenham vencido por dois anos contínuos e será aplicado em imóvel, adquirido pela instituição mutuante, em nome do mutuário, por indicação deste. A assinatura da escritura de compra far-se-á, posteriormente ao matrimônio, no mesmo dia se possível.

§ 5º Será feita a transcrição do título de transferência da propriedade, em nome do mutuário, com a averbação de bem de família e com as cláusulas de inalienabilidade e de impenhorabilidade, a não ser pelo crédito da instituição mutuante.

§ 6º O resgate do mútuo se fará no prazo máximo de vinte anos, mediante amortizações mensais, com os juros de cinco por cento ao ano, ressalvado o disposto nos dois parágrafos seguintes.

§ 7º Por motivo do nascimento de cada filho do casal, mediante apresentação da certidão do respectivo registro e atestado de saúde passado por médico designado pela instituição credora, depois do trigésimo dia de vida, se fará no mútuo dedução da importância correspondente a dez por cento da importância inicialmente devida, ou redução de dez por cento da amortização mensal, como preferir o mutuário. Quando cada filho completar dez anos de idade, o mutuário, provando que lhe presta a assistência devida, educando-o convenientemente, obterá nova redução de dez por cento da importância do mútuo, ou, se preferir, de dez por cento da amortização mensal a que se obrigou.

§ 8º Por motivo comprovado de doença ou de perda involuntária de emprego, a administração da instituição mutuante poderá conceder moratória para o pagamento das quotas mensais de amortização ou reduzir temporariamente a importância destas.

§ 9º A falta injustificada de pagamento pontual da amortização acarretará, de pleno direito, a rescisão da venda. A instituição mutuante terá direito a obter adjudicação e a imissão na posse do imóvel, cumprindo-lhe devolver as prestações pagas, deduzidas as despesas e os juros vencidos.

§ 10. As quotas mensais de amortização serão pagas, mediante desconto das vantagens pecuniárias dos empregados, diretamente pela pessoa natural ou jurídica que o tiver a seu serviço, desde que a instituição mutuante lhe comunique o mútuo realizado.

§ 11. O prédio adquirido na conformidade deste artigo, no Distrito Federal e no Território do Acre, gozará de isenção de imposto predial, enquanto não pago o mútuo respectivo. A isenção do imposto predial nos Estados será estabelecidas na conformidade do disposto no art. 41 deste decreto-lei.

§ 12. A instituição mutuante será pela União indenizada da importância da dívida que não possa receber do mutuário, excluídos os juros.

Art. 9º ficam autorizados os institutos e caixas de previdência e bem assim as caixas econômicas federais a conceder, respectivamente, aos seus associados ou, em geral, a trabalhadores de qualquer condição, que, pretendendo casar-se, não hajam obtido empréstimos nos termos do art. 8º deste decreto-lei, mútuos de importância correspondente a um ano de suas vantagens pecuniárias, porem não excedentes de seis contos de réis, a juros de seis por cento anuais, para aquisição de enxoval e instalação de casa, amortizáveis em prestações mensais no prazo de cinco anos.

§ 1º Aplicam-se ao mútuo de que trata o presente artigo as disposições dos §§ 1º, 2º, 3º, 8º, 10 e 12 do artigo precedente.

§ 2º Só se iniciará o pagamento depois de decorridos doze meses do matrimônio e caso até então não tenha o casal tido filho vivo ou não se tenha verificado a gravidez da mulher; ocorrendo uma destas hipóteses, será prorrogado por vinte e quatro meses o inicio do pagamento, o qual só entrará a ser exigível se, decorrido o prazo, não tenha tido o casal segundo filho vivo ou não esteja novamente grávida a mulher; verificando-se um ou outro caso, será novamente adiado por vinte e quatro meses O início do pagamento, e este só será exigível se até então não tiver nascido terceiro filho vivo ou não estiver de novo grávida a mulher; e sendo afirmativa uma destas hipóteses, novo adiamento far-se-á por vinte e quatro meses, iniciando-se, depois deles, o pagamento, caso não tenha o casal tido quarto filho vivo ou não esteja mais uma vez grávida a mulher. Verificando-se as hipóteses de nascimento ou de gravidez, conforme os termos do presente parágrafo, será a importância do mútuo sucessivamente deduzida de vinte por cento, de mais vinte por cento e de mais trinta por cento e enfim extinta, com o nascimento, com vida, do primeiro, do segundo, do terceiro e do quarto filho.

Art. 10. É proibida a acumulação de empréstimos para casamento, seja qual for a sua natureza, provenham de uma só ou mais instituições.

Art. 11. Em caso de morte do devedor, ficando sua família em condição precária, será concedida, a critério do Ministro a que esteja afeta a instituição credora, quitação do restante da dívida, correndo o ônus da indenização à conta dos cofres federais.

CAPÍTULO VI – DOS MÚTUOS A PESSOAS CASADAS

Art. 12. Quando concorrerem vários pretendentes aos mútuos dos institutos e caixas de previdência, serão preferidos os casados que tenham filho, e, dentre os casados, os de prole mais numerosa.

CAPÍTULO VII – DOS FILHOS NATURAIS

- *Vide art. 5º, CF*
- *Vide art. 29, § 1º, 45, LRP*
- *Vide Lei 8.506/1992*
- *Vide arts, 10 e 1.609, CC*
- *Vide Provimento CNJ 12/2010*
- *Vide Provimento CNJ 16/2012*
- *Vide Provimento CNJ 63/2017*

Art. 13. Os atos de reconhecimento de filhos naturais são isentos, no Distrito Federal e no Território do Acre, de quaisquer selos, emolumentos ou custas. É assegurada a concessão dos mesmos favores nos Estados, na forma do art. 41 deste decreto-lei.

Art. 14. Nas certidões do registo civil, não se mencionará a circunstância de ser legítima, ou não, a filiação, salvo a requerimento do próprio interessado ou em virtude de determinação judicial.

Art. 15. Se um dos cônjuges negar consentimento para que resida no lar conjugal o filho natural reconhecido do outro, caberá ao pai ou à mãe, que o reconheceu, prestar-lhe, fora do seu lar, inteira assistência, assim como alimentos correspondentes à condições social em que viva, iguais aos que prestar ao filho legítimo se o tiver.

Art. 16. O filho natural enquanto menor ficará sob o poder do genitor que o reconheceu e, se ambos o reconheceram, sob o poder da mãe, salvo se de tal solução advier prejuízo ao menor. (Redação dada pela Lei nº 5.582, de 1970)

§ 1º Verificado que não deve o filho permanecer em poder da mãe ou do pai, deferirá o Juiz a sua guarda a pessoa notoriamente idônea, de preferência da família de qualquer dos genitores. (Incluído pela Lei nº 5.582, de 1970)

§ 2º Havendo motivos graves, devidamente comprovados, poderá o Juiz, a qualquer tempo e caso, decidir de outro modo, no interesse do menor. (Incluído pela Lei nº 5.582, de 1970)

CAPÍTULO VIII – DA SUCESSÃO EM CASO DE REGIME MATRIMONIAL EXCLUSIVO DA COMUNHÃO

Art. 17. À brasileira, casada com estrangeiro sob regime que, exclua a comunhão universal, caberá, por morte do marido, o usufruto vitalício de quarta parto dos bens deste, se houver filhos brasileiros do casal ou do marido, e de metade, se vão os houver. (Redação dada pelo Decreto Lei nº 5,187, de 1943).

Art. 18. (Revogado pela Lei nº 2.514, de 1955)

CAPÍTULO IX – DO BEM DE FAMÍLIA

- *Vide art. 167, 1, I, LRP*
- *Vide arts. 260 a 265, LRP*
- *Vide art. 265, LRP*

Art. 19. Não há limite de valor para o bem de família desde que o imóvel seja residência dos interessados por mais de dois anos. (Redação dada pela Lei nº 6.742, de 1979)

Art. 20. Por morte do instituidor, ou de seu cônjuge, o prédio instituído em bem de família não entrará em inventário, nem será partilhado, enquanto continuar a residir nele o cônjuge sobrevivente ou filho de menor idade. Num e outro caso, não sofrerá modificação a transcrição.

Art. 21. A cláusula de bem de família somente será eliminada. por mandado do juiz, e a requerimento do instituidor, ou, nos casos do art. 20, de qualquer interessado, se o prédio deixar de ser domicílio da família, ou por motivo relevante plenamente comprovado.

§ 1º Sempre que possível, o juiz determinará que a cláusula recaia em outro prédio, em que a família estabeleça domicílio.

§ 2º Eliminada a cláusula, caso se tenha verificado uma das hipóteses do art. 20, entrará o prédio logo em inventário para ser partilhado. Não se cobrará juro de mora sobre o imposto de transmissão relativamente ao período decorrido da abertura da sucessão ao cancelamento da cláusula.

Art. 22. Quando instituído em bem de família prédio de zona rural, poderão ficar incluídos na instituição a mobília e utensílios de uso doméstico, gado e instrumentos de trabalho, mencionados discriminadamente na escritura respectiva.

Art. 23. São isentos de qualquer imposto federal, inclusive selos, todos os atos relativos à aquisição de imóvel, de valor não superior a cinquenta contos de réis, que se institua em bem de família. Eliminada a cláusula, será pago o imposto que tenha sido dispensado por ocasião da instituição.

§ 1º Os prédios urbanos e rurais, de valor superior a trinta contos de réis, instituídos em bem de família, gozarão de redução de cinquenta por cento dos impostos federais que neles recaiam ou em seus rendimentos.

§ 2º A isenção e redução de que trata o presente artigo são extensivas aos impostos pertencentes ao Distrito Federal, cabendo aos Estados e aos Municípios regular a matéria, no que lhes diz respeito, de acordo com o disposto no art. 41 deste decreto-lei.

CAPÍTULO X – DO ENSINO SECUNDÁRIO, NORMAL E PROFISSIONAL

Art. 24. As taxas de matrícula, de exame e quaisquer outras relativas ao ensino, nos estabelecimentos de educação secundária, normal e profissional, oficiais ou fiscalizados, e bem assim quaisquer impostos federais que recaiam em atos da vida escolar discente, nesses estabelecimentos, serão cobrados com as seguintes reduções. para as famílias com mais de um filho: para o segundo filho, redução de vinte por cento; para o terceiro, de quarenta por cento; para o quarto e seguintes, de sessenta por cento.

Parágrafo único. Para gozar dessas reduções, demonstrará o interessado que dois ou mais filhos seus estão sujeitos ao pagamento das citadas taxas, no mesmo estabelecimento.

Art. 25. Nos internatos oficiais de ensino secundário, normal e profissional, serão reservados, em cada ano, havendo candidatos, dez por cento dos lugares para matrícula de filhos de família com mais de dois filhos, e que preencham as condições pedagógicas exigidas.

CAPÍTULO XI – DOS SERVIDORES DO ESTADO

Art. 26. (Revogado pelo Decreto Lei nº 5.976, de 1943)

Art. 27. A mulher de funcionário público, que também seja funcionária, sendo o marido outra localidade, será, sempre que possível, sem prejuízo, aí aproveitada em serviço.

CAPÍTULO XII – DOS ABONOS FAMILIARES

Art. 28. A todo funcionário público, federal, estadual ou municipal, em comissão, em efetivo exercício, interino, em disponibilidade ou aposentado, ao extranumerário de qualquer modalidade, em o qualquer esfera do serviço público, ou ao militar da ativa, da reserva ou reformado, mesmo, em qualquer dos casos, quando licenciado com o total de sua retribuição ou parte dela, sendo chefe de família numerosa e percebendo, por mês, menos de um conto de réis de vencimento; remuneração, gratificação, conceder-se-á, mensalmente, o abono familiar de vinte mil réis por filho, se a retribuição mensal, que tenha, for de quinhentos mil réis ou menos, ou de dez mil réis por filho, se essa retribuição mensal for de mais de quinhentos mil réis, observada a disposição da alínea *a* do art. 37 deste decreto-lei.

§ 1º Ao inativo não será concedido o abono familiar a qual nesta qualidade, tenha direito, se entrar a exercer outro cargo os de função remunerada, a menos que desse exercício só provenha gratificação que a lei permita receber além do provento da inatividade.

§ 2º Quando também a mãe exercer, ou tiver exercido, emprego público, as vantagens pecuniárias, que a ela caibam, serão adicionadas à retribuição do chefe de família, para os efeitos deste artigo.

§ 3º Poderão a União, os Estados, o Distrito Federal e os Municípios, cada qual de acordo com as suas possibilidades financeiras, estabelecer, para os seus servidores, abonos familiares mais amplos ou mais elevados do que os fixados no presente artigo.

Art. 29. (Revogado pela Lei nº Complementar nº 11, de 1971)

CAPÍTULO XIII – DAS FAMÍLIAS EM SITUAÇÃO DE MISÉRIA

Art. 30. As instituições assistências, já organizadas ou que se organizarem para dar proteção às famílias em situação de miséria, seja qual for a extensão da prole, mediante a prestação de alimentos, internamento dos filhos menores para fins de educação e outras providências de natureza semelhante, serão, de modo especial, subvencionadas pela União, pelos Estados, pelo Distrito Federal e pelos Municípios.

CAPÍTULO XIV – DA INSCRIÇÃO EM SOCIEDADES RECREATIVAS E DESPORTIVA

Art. 31. Toda associação recreativa ou desportiva, que gozar de favor oficial, admitirá, gratuitamente, como seus associados, na proporção de um por vinte dos sócios inscritos por título oneroso, filhos de famílias numerosas e pobres, residentes na localidade.

§ 1º A designação caberá ao prefeito e recairá em jovens, até dezoito anos de idade, que preencham os requisitos dos estatutos da associação preferindo-se, em equivalência de condições, os filhos das famílias de maior prole e de melhor educação.

§ 2º Se não houver, na localidade, filhos de famílias numerosas, nas condições do parágrafo precedente, em número suficiente para preencher todas as vagas, serão indicados filhos de famílias não consideradas numerosas, preferindo-se sempre os das que tenham maior prole.

§ 3º Em caso de exclusão de associado admitido na forma dos parágrafos anteriores, em observância dos estatutos da associação, signará o prefeito outro jovem que lhe preencha o lugar.

CAPÍTULO XV – DISPOSIÇÕES FISCAIS

Art. 32. Os contribuintes do imposto de renda, solteiros ou viúvos sem filho, maiores de vinte e cinco anos, pagarão o adicional de quinze por cento, e os casados, também maiores de vinte e cinco anos, sem filho, pagarão o adicional de dez por cento, sobre a importância, a que estiverem obrigados, do mesmo imposto.

Art. 33. Os contribuintes do imposto de renda, maiores de quarenta e cinco anos, que tenham um só filho, pagará o adicional de cinco por cento sobre a importância do mesmo imposto, a que estiverem sujeitos.

Art. 34. Os impostos adicionais, a que se referem os arts. 32 e 33, serão mencionados nas declarações de rendimentos e pagos de uma só vez, juntamente com o total ou a primeira quota do imposto de renda, mas escriturados destacadamente pelas repartições arrecadadoras.

Art. 35. Para efeito do pagamento dos impostos de que trata o presente capítulo, ficam os contribuintes do imposto de renda obrigados a indicar, em suas declarações, a partir do exercício de 1941, a respectiva idade.

Art. 36. São extensivos aos impostos ora criados os dispositivos legais sobre o imposto de renda, que lhe forem aplicáveis.

CAPÍTULO XVI – DISPOSIÇÕES GERAIS

Art. 37. Para os efeitos do presente decreto-lei:

a) considerar-se-á família numerosa que compreender oito ou mais filhos, brasileiros, até dezoito anos de idade, ou incapazes de trabalhar, vivendo em companhia e a expensas dos pais ou de quem os tenha sob sua guarda criando e educando-os à sua custa;

b) será equiparado ao pai quem tiver, permanentemente, sob sua guarda, criando-o e educando-o a suas expensas, menor de dezoito anos;

c) não se computarão os filhos que hajam atingido a maioridade, e ainda os casados e os que exerçam qualquer atividade remunerada.

Art. 38. Sempre que este decreto-lei se referir, de modo geral, a filhos, entender-se-á que só abrange os legítimos, os legitimados, os naturais reconhecidos e os adotivos.

Art. 39. Para obtenção dos favores concedidos por este decreto-lei, por motivo de prole, será sempre exigida do interessado prova de que tem feito ministrar a seus filhos educação não só física e intelectual senão também moral, respeitada a orientação religiosa paterna, e adequada à sua condição, como permitam as circunstâncias. Esta prova será renovada anualmente.

Art. 40. A concessão dos favores estabelecidos por este decreto-lei se fará a requerimento do interessado, com a prova documental, do alegado. O requerimento e todos os documentos serão isentos de selos.

Art. 41. Os Estados e os Municípios deverão expedir os atos necessários à concessão dos mesmos favores de que tratam os arts. 6º, 8º, § 11, 13 e 23 deste decreto-lei.

Art. 42. A execução do disposto nos arts. 28 e 29 deste decreto-lei terá início depois que a sua matéria for regulamentada. (Redação dada pelo Decreto Lei nº 3.747, de 1941)

Art. 43. Revogam-se as disposições em contrário.

Rio de Janeiro, 19 de abril de 1941, 120º da Independência e 53º da República.

GETULIO VARGAS
Francisco Campos
A. de Souza Costa
Eurico G. Dutra
Henrique A. Guilhem
João de Mendonça Lima
Oswaldo Aranha
Fernando Costa
Gustavo Capanema
Waldemar Falcão
J. P. Salgado Filho
DOU de 19/04/1941

DECRETO-LEI Nº 3.240, DE 8 DE MAIO DE 1941

Sujeita a sequestro os bens de pessoas indiciadas por crimes de que resulta prejuízo para a fazenda pública, e outros.

O PRESIDENTE DA REPÚBLICA, usando da atribuição que lhe confere o art. 180 da Constituição,

DECRETA:

Art. 1º Ficam sujeitos a sequestro os bens de pessoa indiciada por crime de que resulta prejuízo para a fazenda pública, ou por crime definido no Livro II, Títulos V, VI e VII da Consolidação das Leis Penais desde que dele resulte locupletamento ilícito para o indiciado.

Art. 2º O sequestro é decretado pela autoridade judiciária, sem audiência da parte, a requerimento do ministério público fundado em representação da autoridade incumbida do processo administrativo ou do inquérito policial.

§ 1º A ação penal terá início dentro de noventa dias contados da decretação do sequestro.

§ 2º O sequestro só pode ser embargado por terceiros.

Art. 3º Para a decretação do sequestro é necessário que haja indícios veementes da responsabilidade, os quais serão comunicados ao juiz em segredo, por escrito ou por declarações orais reduzidas a termo, e com indicação dos bens que devam ser objeto da medida.

Art. 4º O sequestro pode recair sobre todos os bens do indiciado, e compreender os bens em poder de terceiros desde que estes os tenham adquirido dolosamente, ou com culpa grave.

Os bens doados após a prática do crime serão sempre compreendidos no sequestro.

§ 1º Quanto se tratar de bens móveis, a autoridade judiciária nomeará depositário, que assinará termo de compromisso de bem e fielmente desempenhar o cargo e de assumir todas as responsabilidades a este inerentes.

§ 2º Tratando-se de imóveis:

1) o juiz determinará, ex-officio, a averbação do sequestro no registro de imóveis;

2) o ministério público promoverá a hipoteca legal em favor da fazenda pública.

Art. 5º Incumbe ao depositário, além dos demais atos relativos ao cargo:

1) informar à autoridade judiciária da existência de bens ainda não compreendidos no sequestro;

2) fornecer, à custa dos bens arrecadados, pensão módica, arbitrada pela autoridade judiciária, para a manutenção do indiciado e das pessoas que vivem a suas expensas;

3) prestar mensalmente contas da administração.

Art. 6º Cessa o sequestro, ou a hipoteca:

1) se a ação penal não é iniciada, ou reiniciada, no prazo do artigo 2º, parágrafo único;

2) se, por sentença, transitada em julgado, é julgada extinta a ação ou o réu absolvido.

Art. 7º A cessação do sequestro, ou da hipoteca, não exclui:

1) tratando-se de pessoa que exerça, ou tenha exercido função pública, à incorporação, à fazenda pública, dos bens que foram julgado de aquisição ilegítima;

2) o direito, para a fazenda pública, de pleitear a reparação do dano de acordo com a lei civil.

Art. 8º Transitada em julgado, a sentença condenatória importa a perda, em favor da fazenda pública, dos bens que forem produto, ou adquiridos com o produto do crime, ressalvado o direito de terceiro de boa fé.

Art. 9º Se do crime resulta, para a fazenda pública, prejuízo que não seja coberto na forma do artigo anterior, promover-se-á, no juízo competente, a execução da sentença condenatória, a qual recairá sobre tantos bens quantos bastem para ressarci-lo.

Art. 10. Esta lei aplica-se aos processos criminais já iniciados na data da sua publicação.

Rio de Janeiro, em 8 de maio de 1941, 120º da Independência e 53º da República.

GETULIO VARGAS
(DOU 10.04.1941)

DECRETO-LEI Nº 3.365, DE 21 DE JUNHO DE 1941

Dispõe sobre desapropriações por utilidade pública.

- *Vide arts 167, I, 34 e 176-A, Lei n. 6.015/1973*
- *Vide Enunciado 51, I Jornada de Direito Notarial e Registral*

O Presidente da República, usando da atribuição que lhe confere o art. 180 da Constituição, decreta:

Art. 1º A desapropriação por utilidade pública regular-se-á por esta lei, em toda o território nacional.

- *Arts. 5º, XXIV, 182 §§ 3º e 4º, III, e 184 a 186 da Constituição Federal*
- *Art. 18, a, b e d do Estatuto da Terra (Lei 4.504/1964)*

Art. 2º Mediante declaração de utilidade pública, todos os bens poderão ser desapropriados pela União, pelos Estados, Municípios, Distrito Federal e Territórios.

- *Súmula 479 do Supremo Tribunal Federal*

§ 1º A desapropriação do separo aéreo ou do subsolo só se tornará necessária, quando de sua utilização resultar prejuízo patrimonial do proprietário do solo.

§ 2º Será exigida autorização legislativa para a desapropriação dos bens de domínio dos Estados, dos Municípios e do Distrito Federal pela União e dos bens de domínio dos Municípios pelos Estados. *(Redação dada pela Lei nº 14.620, de 2023)*

§ 2º-A. Será dispensada a autorização legislativa a que se refere o § 2º quando a desapropriação for realizada mediante acordo entre os entes federativos, no qual serão fixadas as respectivas responsabilidades financeiras quanto ao pagamento das indenizações correspondentes. *(Incluído pela Lei nº 14.620, de 2023)*

§ 3º É vedada a desapropriação, pelos Estados, Distrito Federal, Territórios e Municípios de ações, cotas e direitos representativos do capital de instituições e empresas cujo funcionamento dependa de autorização do Governo Federal e se subordine à sua fiscalização, salvo mediante prévia autorização, por decreto do Presidente da República. *(Parágrafo acrescido pelo Decreto-Lei nº 856, de 11/9/1969)*

› *Súmula 157 do Supremo Tribunal Federal*

Art. 3º Poderão promover a desapropriação mediante autorização expressa constante de lei ou contrato: *(Redação dada pela Lei nº 14.620, de 2023)*

I - os concessionários, inclusive aqueles contratados nos termos da Lei nº 11.079, de 30 de dezembro de 2004 (Lei de Parceria Público-Privada), permissionários, autorizatários e arrendatários; *(Redação dada pela Lei nº 14.620, de 2023)*

II - as entidades públicas; *(Inciso acrescido pela Lei nº 14.273, de 23/12/2021)*

III - as entidades que exerçam funções delegadas do poder público; e *(Inciso acrescido pela Lei nº 14.273, de 23/12/2021)*

IV - o contratado pelo poder público para fins de execução de obras e serviços de engenharia sob os regimes de empreitada por preço global, empreitada integral e contratação integrada. *(Redação dada pela Lei nº 14.620, de 2023)*

Parágrafo único. Na hipótese prevista no inciso IV do *caput*, o edital deverá prever expressamente: *(Incluído pela Lei nº 14.620, de 2023)*

I - o responsável por cada fase do procedimento expropriatório;

II - o orçamento estimado para sua realização;

III - a distribuição objetiva de riscos entre as partes, incluído o risco pela variação do custo das desapropriações em relação ao orçamento estimado.

Art. 4º A desapropriação poderá abranger a área contígua necessária ao desenvolvimento da obra a que se destina, e as zonas que se valorizarem extraordinariamente, em consequência da realização do serviço. Em qualquer caso, a declaração de utilidade pública deverá compreendê-las, mencionando-se quais as indispensaveis à continuação da obra e as que se destinam à revenda.

Parágrafo único. Quando a desapropriação executada pelos autorizados a que se refere o art. 3º destinar-se a planos de urbanização, de renovação urbana ou de parcelamento ou reparcelamento do solo previstos no plano diretor, o edital de licitação poderá prever que a receita decorrente da revenda ou da utilização imobiliária integre projeto associado por conta e risco do contratado, garantido ao poder público responsável pela contratação, no mínimo, o ressarcimento dos desembolsos com indenizações, quando essas ficarem sob sua responsabilidade. *(Redação dada pela Lei nº 14.620, de 2023)*

Art. 4º-A. Quando o imóvel a ser desapropriado caracterizar-se como núcleo urbano informal ocupado predominantemente por população de baixa renda, nos termos do § 2º do art. 9º da Lei nº 13.465, de 11 de julho de 2017, e seu regulamento, o ente expropriante deverá prever, no planejamento da ação de desapropriação, medidas compensatórias. *(Incluído pela Lei nº 14.620, de 2023)*

§ 1º As medidas compensatórias a que se refere o *caput* incluem a realocação de famílias em outra unidade habitacional, a indenização de benfeitorias ou a compensação financeira suficiente para assegurar o restabelecimento da família em outro local, exigindo-se, para este fim, o prévio cadastramento dos ocupantes.

§ 2º Poderá ser equiparada à família ou à pessoa de baixa renda aquela ocupante da área que, por sua situação fática específica, apresente condição de vulnerabilidade, conforme definido pelo expropriante.

Art. 5º Consideram-se casos de utilidade pública:

a) a segurança nacional;

b) a defesa do Estado;

c) o socorro público em caso de calamidade;

d) a salubridade pública;

e) a criação e melhoramento de centros de população, seu abastecimento regular de meios de subsistência;

f) o aproveitamento industrial das minas e das jazidas minerais, das águas e da energia hidráulica;

g) a assistência pública, as obras de higiene e decoração, casas de saúde, clínicas, estações de clima e fontes medicinais;

h) a exploração ou a conservação dos serviços públicos;

i) a abertura, conservação e melhoramento de vias ou logradouros públicos; a execução de planos de urbanização; o parcelamento do solo, com ou sem edificação, para sua melhor utilização econômica, higiênica ou estética; a construção ou ampliação de distritos industriais. *(Alínea com redação dada pela Lei nº 9.785, de 29/1/1999)*

j) o funcionamento dos meios de transporte coletivo;

k) a preservação e conservação dos monumentos históricos, e artísticos, isolados ou integrados em conjuntos urbanos ou rurais, bem como as medidas necessárias a manter-lhes e realçar-lhes os aspectos mais valiosos ou característicos e, ainda, a proteção de paisagens e locais particularmente dotados pela natureza;

l) a preservação e a conservação adequada de arquivos, documentos e outros bens moveis de valor histórico ou artístico;

m) a construção de edifícios públicos, monumentos comemorativos e cemitérios;

n) a criação de estádios, aeródromos ou campos de pouso para aeronaves;

o) a reedição ou divulgação de obra ou invento de natureza científica, artística ou literária;

p) os demais casos previstos por leis especiais.

§ 1º A construção ou ampliação de distritos industriais, de que trata a alínea i do *Caput* deste artigo, inclui o loteamento das áreas necessárias à instalação de indústrias e atividades correlatas, bem como a revenda ou locação dos respectivos lotes a empresas previamente qualificadas. *(Parágrafo acrescido pela Lei nº 6.602, de 7/12/1978)*

§ 2º A efetivação da desapropriação para fins de criação ou ampliação de distritos industriais depende de aprovação, prévia e expressa, pelo Poder Público competente, do respectivo projeto de implantação. *(Parágrafo acrescido pela Lei nº 6.602, de 7/12/1978)*

§ 3º Ao imóvel desapropriado para implantação de parcelamento popular, destinado às classes de menor renda, não se dará outra utilização nem haverá retrocessão. *(Parágrafo acrescido pela Lei nº 9.785, de 29/1/1999)*

§ 4º Os bens desapropriados para fins de utilidade pública e os direitos decorrentes da respectiva imissão na posse poderão ser alienados a terceiros, locados, cedidos, arrendados, outorgados em regimes de concessão de direito real de uso, de concessão comum ou de parceria público-privada e ainda transferidos como integralização de fundos de investimento ou sociedades de propósito específico. *(Parágrafo com redação dada pela Lei nº 14.273, de 23/12/2021)*

§ 5º Aplica-se o disposto no § 4º nos casos de desapropriação para fins de execução de planos de urbanização, de renovação urbana ou de parcelamento ou reparcelamento do solo, desde que seja assegurada a destinação prevista no referido plano de urbanização ou de parcelamento do solo. *(Redação dada pela Lei nº 14.620, de 2023)*

§ 6º Comprovada a inviabilidade ou a perda objetiva de interesse público em manter a destinação do bem prevista no decreto expropriatório, o expropriante deverá adotar uma das seguintes medidas, nesta ordem de preferência: *(Incluído pela Lei nº 14.620, de 2023)*

I - destinar a área não utilizada para outra finalidade pública; ou

II - alienar o bem a qualquer interessado, na forma prevista em lei, assegurado o direito de preferência à pessoa física ou jurídica desapropriada.

§ 7º No caso de desapropriação para fins de execução de planos de urbanização, de renovação urbana ou de parcelamento ou reparcelamento do solo, as diretrizes do plano de urbanização ou de parcelamento do solo deverão estar previstas no plano diretor, na legislação de uso e ocupação do solo ou em lei municipal específica. *(Incluído pela Lei nº 14.620, de 2023)*

Art. 6º A declaração de utilidade pública far-se-á por decreto do Presidente da República, Governador, Interventor ou Prefeito.

Art. 7º Declarada a utilidade pública, ficam as autoridades administrativas do expropriante ou seus representantes autorizados a ingressar nas áreas compreendidas na declaração, inclusive para realizar inspeções e levantamentos de campo, podendo recorrer, em caso de resistência, ao auxílio de força policial. *(Redação dada pela Lei nº 14.620, de 2023)*

Parágrafo único. Em caso de dano por excesso ou abuso de poder ou originário das inspeções e levantamentos de campo realizados, cabe indenização por perdas e danos, sem prejuízo da ação penal. *(Redação dada pela Lei nº 14.620, de 2023)*

Art. 8º O Poder Legislativo poderá, tomar a iniciativa da desapropriação, cumprindo, neste caso, ao Executivo, praticar os atos necessários a sua efetivação.

Art. 9º Ao Poder Judiciário é Vedado, no processo de desapropriação, decidir se se verificam ou não os casos de utilidade pública.

Art. 10. A desapropriação deverá efetivar-se mediante acordo ou intentar-se judicialmente, dentro de cinco anos, contados da data da expedição do respectivo decreto e findos os quais este caducará. Neste caso, somente decorrido um ano, poderá ser o mesmo bem objeto de nova declaração.

Parágrafo único. Extingue-se em cinco anos o direito de propor ação que vise a indenização por restrições decorrentes de atos do Poder Público. *(Parágrafo único acrescido pela Medida Provisória nº 2.183-56, de 24/8/2001)*

› *Súmula 23 do Supremo Tribunal Federal*

Art. 10-A. O poder público deverá notificar o proprietário e apresentar-lhe oferta de indenização.

§ 1º A notificação de que trata o *caput* deste artigo conterá:

I - cópia do ato de declaração de utilidade pública;

II - planta ou descrição dos bens e suas confrontações;

III - valor da oferta;

IV - informação de que o prazo para aceitar ou rejeitar a oferta é de 15 (quinze) dias e de que o silêncio será considerado rejeição;

V - *(VETADO na Lei nº 13.867, de 26/8/2019)*

§ 2º Aceita a oferta e realizado o pagamento, será lavrado acordo, o qual será título hábil para a transcrição no registro de imóveis.

§ 3º Rejeitada a oferta, ou transcorrido o prazo sem manifestação, o poder público procederá na forma dos arts. 11 e seguintes deste Decreto-Lei. *(Artigo acrescido pela Lei nº 13.867, de 26/8/2019)*

Art. 10-B. Feita a opção pela mediação ou pela via arbitral, o particular indicará um dos órgãos ou instituições especializados em mediação ou arbitragem previamente cadastrados pelo órgão responsável pela desapropriação.

§ 1º A mediação seguirá as normas da Lei nº 13.140, de 26 de junho de 2015, e, subsidiariamente, os regulamentos do órgão ou instituição responsável.

§ 2º Poderá ser eleita câmara de mediação criada pelo poder público, nos termos do art. 32 da Lei nº 13.140, de 26 de junho de 2015.

› *Vide Enunciado 114, II Jornada de Prevenção e Solução Extrajudicial de Litígios*

§ 3º *(VETADO na Lei nº 13.867, de 26/8/2019)*

§ 4º A arbitragem seguirá as normas da Lei nº 9.307, de 23 de setembro de 1996, e, subsidiariamente, os regulamentos do órgão ou instituição responsável.

§ 5º *(VETADO na Lei nº 13.867, de 26/8/2019)*

Art. 11. A ação, quando a União for autora, será proposta no Distrito Federal ou no foro da Capital do Estado onde for domiciliado o réu, perante o juízo privativo, se houver; sendo outro o autor, no foro da situação dos bens.

› *Súmula 218 do Supremo Tribunal Federal*

Art. 12. Somente os juizes que tiverem garantia de vitaliciedade, inamovibilidade e irredutibilidade de vencimentos poderão conhecer dos processos de desapropriação.

› *Art. 95, I da Constituição Federal*

Art. 13. A petição inicial, alem dos requisitos previstos no Código de Processo Civil, conterá a oferta do preço e será instruída com um exemplar do contrato, ou do jornal oficial que houver publicado o decreto de desapropriação, ou cópia autenticada dos mesmos, e a planta ou descrição dos bens e suas confrontações.

Parágrafo único. Sendo o valor da causa igual ou inferior a dois contos de réis (2:000$0), dispensam-se os autos suplementares.

Art. 14. Ao despachar a inicial, o juiz designará um perito de sua livre escolha, sempre que possível, técnico, para proceder à avaliação dos bens.

Parágrafo único. O autor e o réu poderão indicar assistente técnico do perito.

Art. 15. Se o expropriante alegar urgência e depositar quantia arbitrada de conformidade com o art. 685 do Código de Processo Civil, o juiz mandará imití-lo provisoriamente na posse dos bens.

› *Reporta-se ao Código de Processo Civil de 1939*

› *Vide Decreto-lei 1.075/1970 (Imissão de posse)*

§ 1º A imissão provisória poderá ser feita, independente da citação do réu, mediante o depósito:

› *Súmula 652 do Supremo Tribunal Federal*

a) do preço oferecido, se este for superior a 20 (vinte) vezes o valor locativo, caso o imóvel esteja sujeito ao imposto predial;

b) da quantia correspondente a 20 (vinte) vezes o valor locativo, estando o imóvel sujeito ao imposto predial e sendo menor o preço oferecido;

c) do valor cadastral do imóvel, para fins de lançamento do imposto territorial, urbano ou rural, caso o referido valor tenha sido atualizado no ano fiscal imediatamente anterior;

d) não tendo havido a atualização a que se refere o inciso c , o juiz fixará independente de avaliação, a importância do depósito, tendo em vista a época em que houver sido fixado originalmente o valor cadastral e a valorização ou desvalorização posterior do imóvel. *(Parágrafo acrescido pela Lei nº 2.786, de 21/5/1956)*

§ 2º A alegação de urgência, que não poderá ser renovada, obrigará o expropriante a requerer a imissão provisória dentro do prazo improrrogável de 120 (cento e vinte) dias. *(Parágrafo acrescido pela Lei nº 2.786, de 21/5/1956)*

§ 3º Excedido o prazo fixado no parágrafo anterior não será concedida a imissão provisória. *(Parágrafo acrescido pela Lei nº 2.786, de 21/5/1956)*

§ 4º A imissão provisória na posse será registrada no registro de imóveis competente. *(Parágrafo acrescido pela Lei nº 11.977, de 7/7/2009)*

Art. 15-A. No caso de imissão prévia na posse, na desapropriação por necessidade ou utilidade pública ou na desapropriação por interesse social prevista na Lei nº 4.132, de 10 de setembro de 1962, na hipótese de haver divergência entre o preço ofertado em juízo e o valor do bem fixado na sentença, expressos em termos reais, poderão incidir juros compensatórios de até 6% a.a. (seis por cento ao ano) sobre o valor da diferença eventualmente apurada, contado da data de imissão na posse, vedada a aplicação de juros compostos. *(Redação dada pela Lei nº 14.620, de 2023)*

§ 1º Os juros compensatórios destinam-se apenas a compensar danos correspondentes a lucros cessantes comprovadamente sofridos pelo proprietário, não incidindo nas indenizações relativas às desapropriações que tiverem como pressuposto o descumprimento da função social da propriedade, previstas no art. 182, § 4º, inciso III, e no art. 184 da Constituição. *(Redação dada pela Lei nº 14.620, de 2023)*

§ 2º O disposto no *caput* aplica-se também às ações ordinárias de indenização por apossamento administrativo ou por desapropriação indireta e às ações que visem à indenização por restrições decorrentes de atos do poder público. *(Redação dada pela Lei nº 14.620, de 2023)*

§ 3º Nas ações referidas no § 2º, o poder público não será onerado por juros compensatórios relativos a período anterior à aquisição da propriedade ou da posse titulada pelo autor da ação. *(Redação dada pela Lei nº 14.620, de 2023)*

§ 4º Nas ações referidas no § 3º, não será o Poder Público onerado por juros compensatórios relativos a período anterior à aquisição da propriedade ou posse titulada pelo autor da ação. *(Parágrafo acrescido pela Medida Provisória nº 2.183-56, de 24/8/2001, e declarado inconstitucional, em controle concentrado, pelo Supremo Tribunal Federal, pela ADI nº 2.332 publicada no DOU de 28/5/2018)*

Art. 15-B. Nas ações a que se refere o art. 15-A, os juros moratórios destinam-se a recompor a perda decorrente do atraso no efetivo pagamento da indenização fixada na decisão final de mérito, e somente serão devidos à razão de até seis por cento ao ano, a partir de 1º de janeiro do exercício seguinte àquele em que o pagamento deveria ser feito, nos termos do art. 100 da Constituição. *(Artigo acrescido pela Medida Provisória nº 2.183-56, de 24/8/2001)*

Art. 16. A citação far-se-á por mandado na pessoa do proprietário dos bens; a do marido dispensa a da mulher; a de um sócio, ou administrador, a dos demais, quando o bem pertencer a sociedade; a do administrador da coisa, no caso de condomínio, exceto o de edifício de apartamento constituindo cada um propriedade autônoma, a dos demais condôminos e a do inventariante, e, se não houver, a do cônjuge, herdeiro, ou legatário, detentor da herança, a dos demais interessados, quando o bem pertencer a espólio.

Parágrafo único. Quando não encontrar o citando, mas ciente de que se encontra no território da jurisdição do juiz, o oficial portador do mandado marcará desde logo hora certa para a citação, ao fim de 48 horas, independentemente de nova diligência ou despacho.

Art. 17. Quando a ação não for proposta no foro do domicílio ou da residência do réu, a citação far-se-á por precatória, se o mesmo estiver em lugar certo, fora do território da jurisdição do juiz.

Art. 18. A citação far-se-á por edital se o citando não for conhecido, ou estiver em lugar ignorado, incerto ou inacessível, ou, ainda, no estrangeiro, o que dois oficiais do juízo certificarão.

Art. 19. Feita a citação, a causa seguirá com o rito ordinário.

- *Súmula 118 do Tribunal Federal Regional*

Art. 20. A contestação só poderá versar sobre vício do processo judicial ou impugnação do preço; qualquer outra questão deverá ser decidida por ação direta.

Art. 21. A instância não se interrompe. No caso de falecimento do réu, ou perda de sua capacidade civil, o juiz, logo que disso tenha conhecimento, nomeará curador à lide, até que se lhe habilite o interessado.

Parágrafo único. Os atos praticados da data do falecimento ou perda da capacidade à investidura do curador à lide poderão ser ratificados ou impugnados por ele, ou pelo representante do espólio, ou do incapaz.

Art. 22. Havendo concordância sobre o preço, o juiz o homologará, por sentença no despacho saneados.

Art. 23. Findo o prazo para a contestação e não havendo concordância expressa quanto ao preço, o perito apresentará o laudo em carteiro até cinco dias, pelo menos, antes da audiência de instrução e julgamento.

§ 1º O perito poderá requisitar das autoridades públicas os esclarecimentos ou documentos que se tornarem necessários à elaboração do laudo, e deverá indicar nele, entre outras circunstâncias atendíveis para a fixação da indenização, as enumeradas no art. 27. Ser-lhe-ão abonadas, como custas, as despesas com certidões o, a arbítrio do juiz, as de outros documentos que juntar ao laudo.

§ 2º Antes de proferido o despacho saneados, poderá o perito solicitar prazo especial para apresentação do laudo.

Art. 24. Na audiência de instrução e julgamento proceder-se-á na conformidade do Código de Processo Civil. Encerrado o debate, O juiz proferirá sentença fixando o preço da indenização.

- *Súmulas 164, 254 e 618 do Supremo Tribunal Federal*
- *Súmulas 12, 56, 102, 113 e 408 do Superior Tribunal de Justiça*
- *Súmulas 70 e 110 do Tribunal Federal Regional*

Parágrafo único. Se não se julgar habilitado a decidir, o juiz designará desde logo outra audiência que se realizará dentro de 10 dias afim de publicar a sentença.

Art. 25. O principal e os acessórios serão computados em parcelas autônomas. Parágrafo único. O juiz poderá arbitrar quantia módicas para desmonte e transporte de maquinismos instalados e em funcionamento.

Art. 26. No valor da indenização, que será contemporâneo da avaliação, não se incluirão os direitos de terceiros contra o expropriado. *("Caput" do artigo com redação dada pela Lei nº 2.786, de 21/5/1956)*

§ 1º Serão atendidas as benfeitorias necessárias feitas após a desapropriação; as úteis, quando feitas com autorização do expropriante. *(Parágrafo único com redação dada pela Lei nº 2.786, de 21/5/1956 e transformado em § 1º pela Lei nº 4.686, de 21/6/1965)*

- *Súmula 23 do Supremo Tribunal Federal*

§ 2º Decorrido prazo superior a um ano a partir da avaliação, o Juiz ou Tribunal, antes da decisão final, determinará a correção monetária do valor apurado, conforme índice que será fixado, trimestralmente, pela Secretaria de Planejamento da Presidência da República. *(Parágrafo acrescido pela Lei nº 4.686, de 21/6/1965 e com nova redação da pela Lei nº 6.306, de 15/12/1975)*

- *Súmulas 475 e 561 do Supremo Tribunal Federal*
- *Súmulas 67, 69 e 70 do Superior Tribunal de Justiça*
- *Súmulas 69, 70, 74 e 75 do Tribunal Federal Regional*

Art. 27. O juiz indicará na sentença os fatos que motivaram o seu convencimento e deverá atender, especialmente, à estimação dos bens para efeitos fiscais; ao preço de aquisição e interesse que deles aufere o proprietário; à sua situação, estado de conservação e segurança; ao valor venal dos da mesma espécie, nos últimos cinco anos, e à valorização ou depreciação de área remanescente, pertencente ao réu.

§ 1º A sentença que fixar o valor da indenização quando este for superior ao preço oferecido condenará o desapropriante a pagar honorários do advogado, que serão fixados entre meio e cinco por cento do valor da diferença, observado o disposto no § 4º do art. 20 do Código de Processo Civil, não podendo os honorários ultrapassar R$ 151.000,00 (cento e cinquenta e um mil reais). *(Parágrafo acrescido pela Lei nº 2.786, de 21/5/1956, e com nova redação dada pela Medida Provisória nº 2.183-56, de 24/8/2001) (Expressão "não podendo os honorários ultrapassar R$ 151.000,00 (cento e cinquenta e um mil reais)" declarada inconstitucional, em controle concentrado, pelo Supremo Tribunal Federal , pela ADI nº 2.332 publicada no DOU de 28/5/2018*

- *Súmula 617 do Supremo Tribunal Federal*
- *Súmula 141 do Tribunal Federal Regional*

§ 2º A transmissão da propriedade, decorrente de desapropriação amigável ou judicial, não ficará sujeita ao imposto de lucro imobiliário. *(Parágrafo acrescido pela Lei nº 2.786, de 21/5/1956)*

- *Art. 42 da Lei do Parcelamento do Solo Urbano (Lei 6.766/1979)*
- *Súmula 39 do Tribunal Federal Regional*

§ 3º O disposto no § 1º deste artigo se aplica:

I - ao procedimento contraditório especial, de rito sumário, para o processo de desapropriação de imóvel rural, por interesse social, para fins de reforma agrária;

II - às ações de indenização por apossamento administrativo ou desapropriação indireta. *(Parágrafo acrescido pela Medida Provisória nº 2.183-56, de 24/8/2001)*

§ 4º O valor a que se refere o § 1º será atualizado, a partir de maio de 2000, no dia 1º de janeiro de cada ano, com base na variação acumulada do Índice de Preços ao Consumidor Amplo - IPCA do respectivo período. *(Parágrafo acrescido pela Medida Provisória nº 2.183-56, de 24/8/2001)*

Art. 28. Da sentença que fixar o preço da indenização caberá apelação com efeito simplesmente devolutivo, quando interposta pelo expropriado, e com ambos os efeitos, quando o for pelo expropriante.

§ 1º A sentença que condenar a Fazenda Pública em quantia superior ao dobro da oferecida fica sujeita ao duplo grau de jurisdição. *(Parágrafo com redação dada pela Lei nº 6.071, de 3/7/1974)*

§ 2º Nas causas de valor igual ou inferior a dois contos de réis (2:000$0), observar-se-á o disposto no art. 839 do Código de Processo Civil.

Art. 29. Efetuado o pagamento ou a consignação, expedir-se-á, em favor do expropriante, mandado de imissão de posse, valendo a sentença como título hábil para a transcrição no registro de imóveis.

Art. 30. As custas serão pagas pelo autor se o réu aceitar o preço oferecido; em caso contrário, pelo vencido, ou em proporção, na forma da lei.

- *Súmula 69 do Tribunal Federal Regional*

Art. 31. Ficam sub-rogados no preço quaisquer ônus ou direitos que recaiam sobre o bem expropriado.

Art. 32. O pagamento do preço será prévio e em dinheiro. *("Caput" do artigo com redação dada pela Lei nº 2.786, de 21/5/1956)*

- *Art. 5º, XXIV, e 182, § 3º da Constituição Federal*
- *Art. 5º, parágrafo único, do Decreto-lei 1.075/1970 (Imissão de posse)*
- *Súmula 416 do Supremo Tribunal Federal*

§ 1º As dívidas fiscais serão deduzidas dos valores depositados, quando inscritas e ajuizadas. *(Parágrafo acrescido pela Lei nº 11.977, de 7/7/2009)*

§ 2º Incluem-se na disposição prevista no § 1º as multas decorrentes de inadimplemento e de obrigações fiscais. *(Parágrafo acrescido pela Lei nº 11.977, de 7/7/2009)*

§ 3º A discussão acerca dos valores inscritos ou executados será realizada em ação própria. *(Parágrafo acrescido pela Lei nº 11.977, de 7/7/2009)*

Art. 33. O depósito do preço fixado por sentença, à disposição do juiz da causa, é considerado pagamento prévio da indenização.

§ 1º O depósito far-se-á no Banco do Brasil ou, onde este não tiver agência, em estabelecimento bancário acreditado, a critério do juiz. *(Parágrafo único transformado em § 1º pela Lei nº 2.786, de 21/5/1956)*

§ 2º O desapropriado, ainda que discorde do preço oferecido, do arbitrado ou do fixado pela sentença, poderá levantar até 80% (oitenta por cento) do depósito feito para o fim previsto neste e no art. 15, observado o processo estabelecido no art. 34. *(Parágrafo acrescido pela Lei nº 2.786, de 21/5/1956)*

Art. 34. O levantamento do preço será deferido mediante prova de propriedade, de quitação de dívidas fiscais que recaiam sobre o bem expropriado, e publicação de editais, com o prazo de 10 dias, para conhecimento de terceiros.

Parágrafo único. Se o juiz verificar que há dúvida fundada sobre o domínio, o preço ficará em depósito, ressalvada aos interessados a ação própria para disputá-lo.

Art. 34-A. Se houver concordância, reduzida a termo, do expropriado, a decisão concessiva da imissão provisória na posse implicará a aquisição da propriedade pelo expropriante com o consequente registro da propriedade na matrícula do imóvel. *("Caput" do artigo acrescido pela Lei nº 13.465, de 11/7/2017)*

§ 1º A concordância escrita do expropriado não implica renúncia ao seu direito de questionar o preço ofertado em juízo. *(Parágrafo acrescido pela Lei nº 13.465, de 11/7/2017)*

§ 2º Na hipótese deste artigo, o expropriado poderá levantar 100% (cem por cento) do depósito de que trata o art. 33 deste Decreto-Lei. *(Parágrafo acrescido pela Lei nº 13.465, de 11/7/2017)*

§ 3º Do valor a ser levantado pelo expropriado devem ser deduzidos os valores dispostos nos §§ 1º e 2º do art. 32 deste Decreto-Lei, bem como, a critério do juiz, aqueles tidos como necessários para o custeio das despesas processuais. *(Parágrafo acrescido pela Lei nº 13.465, de 11/7/2017)*

§ 4º Após a apresentação da contestação pelo expropriado, se não houver oposição expressa com relação à validade do decreto desapropriatório, deverá ser determinada a imediata transferência da propriedade do imóvel para o expropriante, independentemente de anuência expressa do expropriado, e prosseguirá o processo somente para resolução das questões litigiosas. *(Parágrafo acrescido pela Lei nº 14.421, de 20/7/2022)*

Art. 35. Os bens expropriados, uma vez incorporados á Fazenda Pública, não podem ser objeto de reivindicação, ainda que fundada em nulidade do processo de desapropriação. Qualquer ação, julgada procedente, resolver-se-á em perdas e danos.

Art. 36. É permitida a ocupação temporária, que será indenizada, afinal, por ação própria, de terrenos não edificados, vizinhos às obras e necessários à sua realização.

O expropriante prestará caução, quando exigida.

Art. 37. Aquele cujo bem for prejudicado extraordinariamente em sua destinação econômica pela dessa, procriação de áreas contíguas terá direito a reclamar perdas e danos do expropriante.

Art. 38. O réu responderá perante terceiros, e por ação própria, pela omissão ou sonegação de quaisquer informações que possam interessar à marcha do processo ou ao recebimento da indenização.

Art. 39. A ação de desapropriação pode ser proposta durante as férias forenses, e não se interrompe pela superveniência destas.

Art. 40. O expropriante poderá constituir servidões, mediante indenização na forma desta lei.

Art. 41. As disposições desta lei aplicam-se aos processos de desapropriação em curso, não se permitindo depois de sua vigência outros termos e atos alem dos por ela admitidos, nem o seu processamento por forma diversa da que por ela é regulada.

Art. 42. No que esta lei for omissa aplica-se o Código de Processo Civil.

Art. 43. Esta lei entrará em vigor 10 dias depois de publicada, no Distrito Federal, e 30 dias nos Estados e Território do Acre, revogadas as disposições em contrário.

Rio de Janeiro, em 21 junho de 1941, 120º da Independência e 53º da República.

GETULIO VARGAS

(DOU. de 18.7.1941)

DECRETO-LEI Nº 6.777, DE 8 DE AGOSTO DE 1944

Dispõe sobre a sub-rogação de imóveis gravados ou inalienáveis.

O PRESIDENTE DA REPÚBLICA, usando da atribuição que lhe confere o artigo 180 da Constituição,

DECRETA:

Art. 1º Na sub-rogação de imóveis gravados ou inalienáveis, estes serão sempre substituídos por outros imóveis ou apólices da Dívida Pública.

Art. 2º Se requerida a sub-rogação mediante permuta por apólices da Dívida Pública, o Juiz mandará vender o imóvel em hasta pública, ressalvando ao interessado o direito de conservá-lo livre, desde que, antes de assinado o auto de arrematação, ofereça, em substituição, apólices de valor igual ou superior ao do maior lanço acima da avaliação, ou ao desta, na falta de licitante.

Art. 3º A presente lei entrará em vigor na data da sua publicação, aplicando-se aos casos ainda não julgados definitivamente.

Art. 4º Revogam-se as disposições em contrário.

Rio de Janeiro, 8 de agosto de 1944, 123º da Independência e 56º da República.

GETÚLIO VARGAS

(DOU de 10.8.1944)

DECRETO-LEI Nº 9.760, DE 5 DE SETEMBRO DE 1946

Dispõe sobre os bens imóveis da União e dá outras providências.

O PRESIDENTE DA REPÚBLICA, usando da atribuição que lhe confere o artigo 180, da Constituição,

DECRETA:

TÍTULO I – DOS BENS IMÓVEIS DA UNIÃO

CAPÍTULO I – DA DECLARAÇÃO DOS BENS

SEÇÃO I – DA ENUNCIAÇÃO

Art. 1º Incluem-se entre os bens imóveis da União:

a) os terrenos de marinha e seus acrescidos;

b) os terrenos marginais dos rios navegáveis, em Territórios Federais, se, por qualquer título legítimo, não pertencerem a particular;

c) os terrenos marginais de rios e as ilhas nestes situadas na faixa da fronteira do território nacional e nas zonas onde se faça sentir a influência das marés;

d) as ilhas situadas nos mares territoriais ou não, se por qualquer título legítimo não pertencerem aos Estados, Municípios ou particulares;

e) a porção de terras devolutas que for indispensável para a defesa da fronteira, fortificações, construções militares e estradas de ferro federais;

f) as terras devolutas situadas nos Territórios Federais;

g) as estradas de ferro, instalações portuárias, telégrafos, telefones, fábricas oficinas e fazendas nacionais;

h) os terrenos dos extintos aldeamentos de índios e das colônias militares, que não tenham passado, legalmente, para o domínio dos Estados, Municípios ou particulares;

i) os arsenais com todo o material de marinha, exército e aviação, as fortalezas, fortificações e construções militares, bem como os terrenos adjacentes, reservados por ato imperial;

j) os que foram do domínio da Coroa;

k) os bens perdidos pelo criminoso condenado por sentença proferida em processo judiciário federal;

l) os que tenham sido a algum título, ou em virtude de lei, incorporados ao seu patrimônio.

SEÇÃO II – DA CONCEITUAÇÃO

Art. 2º São terrenos de marinha, em uma profundidade de 33 (trinta e três) metros, medidos horizontalmente, para a parte da terra, da posição da linha do preamar-médio de 1831:

a) os situados no continente, na costa marítima e nas margens dos rios e lagoas, até onde se faça sentir a influência das marés;

b) os que contornam as ilhas situadas em zona onde se faça sentir a influência das marés.

Parágrafo único. Para os efeitos deste artigo a influência das marés é caracterizada pela oscilação periódica de 5 (cinco) centímetros pelo menos, do nível das águas, que ocorra em qualquer época do ano.

Art. 3º São terrenos acrescidos de marinha os que se tiverem formado, natural ou artificialmente, para o lado do mar ou dos rios e lagoas, em seguimento aos terrenos de marinha.

Art. 4º São terrenos marginais os que banhados pelas correntes navegáveis, fora do alcance das marés, vão até a distância de 15 (quinze) metros, medidos horizontalmente para a parte da terra, contados desde a linha média das enchentes ordinárias.

Art. 5º São devolutas, na faixa da fronteira, nos Territórios Federais e no Distrito Federal, as terras que, não sendo próprios nem aplicadas a algum uso público federal, estadual territorial ou municipal, não se incorporaram ao domínio privado:

a) por forma da Lei nº 601, de 18 de setembro de 1850, Decreto nº 1.318, de 30 de janeiro de 1854, e outras leis e decretos gerais, federais e estaduais;

b) em virtude de alienação, concessão ou reconhecimento por parte da União ou dos Estados;

c) em virtude de lei ou concessão emanada de governo estrangeiro e ratificada ou reconhecida, expressa ou implicitamente, pelo Brasil, em tratado ou convenção de limites;

d) em virtude de sentença judicial com força de coisa julgada;

e) por se acharem em posse contínua e incontestada com justo título e boa fé, por termo superior a 20 (vinte) anos;

f) por se acharem em posse pacífica e ininterrupta, por 30 (trinta) anos, independentemente de justo título e boa fé;

g) por forma de sentença declaratória proferida nos termos do art. 148 da Constituição Federal, de 10 de Novembro de 1937.

Parágrafo único. A posse a que a União condiciona a sua liberalidade não pode constituir latifúndio e depende do efetivo aproveitamento e morada do possuidor ou do seu preposto, integralmente satisfeitas por estes, no caso de posse de terras situadas na faixa da fronteira, as condições especiais impostas na lei.

CAPÍTULO II – DA IDENTIFICAÇÃO DOS BENS

SEÇÃO I – DISPOSIÇÕES GERAIS

Arts. 6º a 8º *(Revogados pela Lei nº 11.481, de 2007)*

SEÇÃO II – DA DEMARCAÇÃO DOS TERRENOS DE MARINHA

Art. 9º É da competência do Serviço do Patrimônio da União (S.P.U.) a determinação da posição das linhas do preamar médio do ano de 1831 e da média das enchentes ordinárias.

Parágrafo único. A partir da linha demarcatória posicionada na forma do *caput* deste artigo, o procedimento de demarcação física de limites entre os terrenos de domínio da União e os imóveis de terceiros poderá ser realizado pela União, por outros entes públicos ou por particulares, nos termos definidos em ato do Secretário de Coordenação e Governança do Patrimônio da União, observados os procedimentos licitatórios quando for o caso. *(Incluído pela Lei nº 14.474, de 2022)*

Art. 10. A determinação será feita à vista de documentos e plantas de autenticidade irrecusável, relativos àquele ano, ou, quando não obtidos, a época que do mesmo se aproxime.

Art. 11. A Secretaria de Coordenação e Governança do Patrimônio da União realizará, no âmbito do processo demarcatório, audiência pública de demarcação das áreas da União, presencial ou eletrônica, nos Municípios abrangidos pelo trecho a ser demarcado. *(Redação dada pela Lei nº 14.474, de 2022)*

§ 1º A Secretaria de Coordenação e Governança do Patrimônio da União notificará o Município sobre a abertura do processo demarcatório e a apresentação de documentos históricos, cartográficos e institucionais, informando a respeito da realização da audiência e da cooperação na execução de procedimentos técnicos, inclusive quanto à publicidade perante a população local. *(Redação dada pela Lei nº 14.474, de 2022)*

§ 2º A Secretaria de Coordenação e Governança do Patrimônio da União fará o convite para a audiência pública, por meio de publicação em seu sítio eletrônico institucional e no Diário Oficial da União em até 30 (trinta) dias de sua realização, não descartados outros meios de publicidade. *(Redação dada pela Lei nº 14.474, de 2022)*

§ 3º Na audiência pública, além de colher documentos históricos, cartográficos e institucionais relativos ao trecho a ser demarcado, a Secretaria de Coordenação e Governança do Patrimônio da União apresentará à população interessada informações e esclarecimentos sobre o processo demarcatório, recebendo os referidos documentos em até 30 (trinta) dias após a sua realização. *(Redação dada pela Lei nº 14.474, de 2022)*

§ 4º *(Revogado pela Lei nº 14.474, de 2022)*

§ 5º As audiências públicas a serem realizadas nos Municípios abrangidos pelo mesmo trecho a ser demarcado poderão ser simultâneas ou agrupadas. *(Incluído pela Lei nº 14.474, de 2022)*

Art. 12. Após a realização dos trabalhos técnicos que se fizerem necessários, o Superintendente do Patrimônio da União no Estado determinará a posição da linha demarcatória por despacho. *(Redação dada pela Lei nº 13.139, de 2015)*

Parágrafo único. (Revogado *pela Lei nº 13.139, de 2015)*

Art. 12-A. A Secretaria do Patrimônio da União do Ministério do Planejamento, Orçamento e Gestão fará notificação pessoal dos interessados certos alcançados pelo traçado da linha demarcatória para, no prazo de 60 (sessenta) dias, oferecerem quaisquer impugnações. *(Incluído pela Lei nº 13.139, de 2015)*

§ 1º Na área urbana, considera-se interessado certo o responsável pelo imóvel alcançado pelo traçado da linha demarcatória até a linha limite de terreno marginal ou de terreno de marinha que esteja cadastrado na Secretaria do Patrimônio da União ou inscrito no cadastro do Imposto Predial e Territorial Urbano (IPTU) ou outro cadastro que vier a substituí-lo. *(Incluído pela Lei nº 13.139, de 2015)*

§ 2º Na área rural, considera-se interessado certo o responsável pelo imóvel alcançado pelo traçado da linha demarcatória até a linha limite de terreno marginal que esteja cadastrado na Secretaria do Patrimônio da União e, subsidiariamente, esteja inscrito no Cadastro Nacional de Imóveis Rurais (CNIR) ou outro que vier a substituí-lo. *(Incluído pela Lei nº 13.139, de 2015)*

§ 3º O Município e o Instituto Nacional de Colonização e Reforma Agrária (Incra), no prazo de 30 (trinta) dias contado da solicitação da Secretaria do Patrimônio da União, deverão fornecer a relação dos inscritos nos cadastros previstos nos §§ 1º e 2º. *(Incluído pela Lei nº 13.139, de 2015)*

§ 4º A relação dos imóveis constantes dos cadastros referidos nos §§ 1º e 2º deverá ser fornecida pelo Município e pelo Incra no prazo de 30 (trinta) dias contado da solicitação da Secretaria do Patrimônio da União.

§ 5º A atribuição da qualidade de interessado certo independe da existência de título registrado no Cartório de Registro de Imóveis. *(Incluído pela Lei nº 13.139, de 2015)*

Art. 12-B. A Secretaria do Patrimônio da União do Ministério do Planejamento, Orçamento e Gestão fará notificação por edital, por meio de publicação em jornal de grande circulação no local do trecho demarcado e no Diário Oficial da União, dos interessados incertos alcançados pelo traçado da linha demarcatória para, no prazo de 60 (sessenta) dias, apresentarem quaisquer impugnações, que poderão ser dotadas de efeito suspensivo nos termos do parágrafo único do art. 61 da Lei nº 9.784, de 29 de janeiro de 1999. *(Incluído pela Lei nº 13.139, de 2015)*

Art. 12-C. Fica a Secretaria do Patrimônio da União (SPU) autorizada a concluir até 31 de dezembro de 2025 a identificação dos terrenos marginais de rio federal navegável, dos terrenos de marinha e seus acrescidos, de que tratam os arts. 2º, 3º e 4º deste Decreto-Lei. *(Incluído pela Lei nº 13.465, de 2017)*

Parágrafo único. A conclusão de que trata este artigo refere-se ao disposto no *caput* do art. 12 deste Decreto-Lei. *(Incluído pela Lei nº 13.465, de 2017)*

Art. 13. Tomando conhecimento das impugnações eventualmente apresentadas, o Superintendente do Patrimônio da União no Estado reexaminará o assunto e, se confirmar sua decisão, notificará os recorrentes que, no prazo improrrogável de 20 (vinte) dias contado da data de sua ciência, poderão interpor recurso, que poderá ser dotado de efeito suspensivo, dirigido ao Secretário do Patrimônio da União do Ministério do Planejamento, Orçamento e Gestão. *(Redação dada pela Lei nº 13.139, de 2015)*

Parágrafo único. O efeito suspensivo de que tratam o *caput* e o art. 12-B aplicar-se-á apenas à demarcação do trecho impugnado, salvo se o fundamento alegado na impugnação ou no recurso for aplicável a trechos contíguos, hipótese em que o efeito suspensivo, se deferido, será estendido a todos eles. *(Redação dada pela Lei nº 13.139, de 2015)*

Art. 14. Da decisão proferida pelo Secretário de Coordenação e Governança do Patrimônio da União da Secretaria Especial de Desestatização, Desinvestimento e Mercados do Ministério da Economia será dado conhecimento aos recorrentes que, no prazo de 20 (vinte) dias, contado da data de sua ciência, poderão interpor recurso, sem efeito suspensivo, dirigido ao superior hierárquico, em última instância. *(Redação dada pela Lei nº 13.874, de 2019)*

SEÇÃO III – DA DEMARCAÇÃO DE TERRAS INTERIORES

Art. 15. Serão promovidas pelo S. P. U. as demarcações e aviventações de rumos, desde que necessárias à exata individuação dos imóveis de domínio da União e sua perfeita discriminação da propriedade de terceiros.

Art. 16. Na eventualidade prevista, no artigo anterior, o órgão local do S. P. U. convidará, por edital, sem prejuízo, sempre que possível, de convite por outro meio, os que se julgarem com direito aos imóveis confinantes a, dentro do prazo de 60 (sessenta) dias, oferecerem a exame os títulos, em que fundamentem seus direitos, e bem assim quaisquer documentos elucidativos, como plantas, memoriais, etc.

Parágrafo único. O edital será afirmado na repartição arrecadadora da Fazenda Nacional, na localidade da situação do imóvel, e publicado no órgão oficial do Estado ou Território, ou na folha que lhe publicar o expediente, e no Diário Oficial da União, em se tratando de imóvel situado no Distrito Federal.

Art. 17. Examinados os documentos exibidos pelos interessados e quaisquer outros de que possa dispor, o S. P. U., se entender aconselhável, proporá ao confinante a realização da diligência de demarcação administrativa, mediante prévia assinatura de termo em que as partes interessadas se comprometam a aceitar a decisão que for proferida em última instância pelo C.T.U., desde que seja o caso.

§ 1º Se não concordarem as partes na indicação de um só, os trabalhos demarcatórios serão efetuados por 2 (dois) peritos, obrigatoriamente engenheiros ou agrimensores, designados um pelo S. P. U., outro pelo confinante.

§ 2º Concluídas suas investigações preliminares os peritos apresentarão, conjuntamente ou não, laudo minucioso, concluindo pelo estabelecimento da linha divisória das propriedades demarcadas.

§ 3º Em face do laudo ou laudos apresentados, se houver acordo entre a União, representada pelo Procurador da Fazenda Pública, e o confinante, quanto ao estabelecimento da linha divisória, lavrar-se-á termo em livro próprio, do órgão local do S. P.U., efetuando o seu perito a cravação dos marcos, de acordo como vencido;

§ 4º O termo a que se refere o parágrafo anterior, isento de selos ou quaisquer emolumentos, terá forma de escritura pública e por meio de certidão de inteiro teor será devidamente averbado no Registro Geral da situação dos imóveis demarcados.

§ 5º Não chegando as partes ao acordo a que se refere o § 3º deste artigo, o processo será submetido ao exame do C. T. U., cuja decisão terá forma de sentença definitiva para a averbação aludida no parágrafo anterior.

§ 6º As despesas com a diligência da demarcação serão rateadas entre o confinante e a União, indenizada esta da metade a cargo daquele.

Art. 18. Não sendo atendido pelo confinante o convite mencionado no art. 16, ou se ele se recusar a assinar o termo em que se comprometa a aceitar a demarcação administrativa, o S. P. U. providenciará no sentido de se proceder à demarcação judicial, pelos meios ordinários.

SEÇÃO III-A – DA DEMARCAÇÃO DE TERRENOS PARA REGULARIZAÇÃO FUNDIÁRIA DE INTERESSE SOCIAL

› *(Incluída pela Lei nº 11.481, de 2007)*

Art. 18-A. A União poderá lavrar auto de demarcação nos seus imóveis, nos casos de regularização fundiária de interesse social, com base no levantamento da situação da área a ser regularizada. *(Incluído pela Lei nº 11.481, de 2007)*

§ 1º Considera-se regularização fundiária de interesse social aquela destinada a atender a famílias com renda familiar mensal não superior a 5 (cinco) salários mínimos. *(Incluído pela Lei nº 11.481, de 2007)*

§ 2º O auto de demarcação assinado pelo Secretário do Patrimônio da União deve ser instruído com: *(Incluído pela Lei nº 11.481, de 2007)*

I – planta e memorial descritivo da área a ser regularizada, dos quais constem a sua descrição, com suas medidas perimetrais, área total, localização, confrontantes, coordenadas preferencialmente georreferenciadas dos vértices definidores de seus limites, bem como seu número de matrícula ou transcrição e o nome do pretenso proprietário, quando houver; *(Incluído pela Lei nº 11.481, de 2007)*

II – planta de sobreposição da área demarcada com a sua situação constante do registro de imóveis e, quando houver, transcrição ou matrícula respectiva; *(Incluído pela Lei nº 11.481, de 2007)*

III – certidão da matrícula ou transcrição relativa à área a ser regularizada, emitida pelo registro de imóveis competente e das circunscrições imobiliárias anteriormente competentes, quando houver; *(Incluído pela Lei nº 11.481, de 2007)*

IV – certidão da Secretaria do Patrimônio da União de que a área pertence ao patrimônio da União, indicando o Registro Imobiliário Patrimonial – RIP e o responsável pelo imóvel, quando for o caso; *(Incluído pela Lei nº 11.481, de 2007)*

V – planta de demarcação da Linha Preamar Média – LPM, quando se tratar de terrenos de marinha ou acrescidos; e *(Incluído pela Lei nº 11.481, de 2007)*

VI – planta de demarcação da Linha Média das Enchentes Ordinárias – LMEO, quando se tratar de terrenos marginais de rios federais. *(Incluído pela Lei nº 11.481, de 2007)*

§ 3º As plantas e memoriais mencionados nos incisos I e II do § 2º deste artigo devem ser assinados por profissional legalmente habilitado, com prova de anotação de responsabilidade técnica no competente Conselho Regional de Engenharia e Arquitetura – CREA. *(Incluído pela Lei nº 11.481, de 2007)*

§ 4º Entende-se por responsável pelo imóvel o titular de direito outorgado pela União, devidamente identificado no RIP. *(Incluído pela Lei nº 11.481, de 2007)*

Art. 18-B. Prenotado e autuado o pedido de registro da demarcação no registro de imóveis, o oficial, no prazo de 30 (trinta) dias, procederá às buscas para identificação de matrículas ou transcrições correspondentes à área a ser regularizada e examinará os documentos apresentados, comunicando ao apresentante, de 1 (uma) única vez, a existência de eventuais exigências para a efetivação do registro. *(Incluído pela Lei nº 11.481, de 2007)*

Art. 18-C. Inexistindo matrícula ou transcrição anterior e estando a documentação em ordem, ou atendidas as exigências feitas no art. 18-B desta Lei, o oficial do registro de imóveis deve abrir matrícula do imóvel em nome da União e registrar o auto de demarcação. *(Incluído pela Lei nº 11.481, de 2007)*

Art. 18-D. Havendo registro anterior, o oficial do registro de imóveis deve notificar pessoalmente o titular de domínio, no imóvel, no endereço que constar do registro imobiliário ou no endereço fornecido pela União, e, por meio de edital, os confrontantes, ocupantes e terceiros interessados. *(Incluído pela Lei nº 11.481, de 2007)*

§ 1º Não sendo encontrado o titular de domínio, tal fato será certificado pelo oficial encarregado da diligência, que promoverá sua notificação mediante o edital referido no *caput* deste artigo. *(Incluído pela Lei nº 11.481, de 2007)*

§ 2º O edital conterá resumo do pedido de registro da demarcação, com a descrição que permita a identificação da área demarcada, e deverá ser publicado por 2 (duas) vezes, dentro do prazo de 30 (trinta) dias, em um jornal de grande circulação local. *(Incluído pela Lei nº 11.481, de 2007)*

§ 3º No prazo de 15 (quinze) dias, contado da última publicação, poderá ser apresentada impugnação do pedido de registro do auto de demarcação perante o registro de imóveis. *(Incluído pela Lei nº 11.481, de 2007)*

§ 4º Presumir-se-á a anuência dos notificados que deixarem de apresentar impugnação no prazo previsto no § 3º deste artigo. *(Incluído pela Lei nº 11.481, de 2007)*

§ 5º A publicação dos editais de que trata este artigo será feita pela União, que encaminhará ao oficial do registro de imóveis os exemplares dos jornais que os tenham publicado. *(Incluído pela Lei nº 11.481, de 2007)*

Art. 18-E. Decorrido o prazo previsto no § 3º do art. 18-D desta Lei sem impugnação, o oficial do registro de imóveis deve abrir matrícula do imóvel em nome da União e registrar o auto de demarcação, procedendo às averbações necessárias nas matrículas ou transcrições anteriores, quando for o caso. *(Incluído pela Lei nº 11.481, de 2007)*

Parágrafo único. Havendo registro de direito real sobre a área demarcada ou parte dela, o oficial deverá proceder ao cancelamento de seu registro em decorrência da abertura da nova matrícula em nome da União. *(Incluído pela Lei nº 11.481, de 2007)*

Art. 18-F. Havendo impugnação, o oficial do registro de imóveis dará ciência de seus termos à União. *(Incluído pela Lei nº 11.481, de 2007)*

§ 1º Não havendo acordo entre impugnante e a União, a questão deve ser encaminhada ao juízo competente, dando-se continuidade ao procedimento de registro relativo ao remanescente incontroverso. *(Incluído pela Lei nº 11.481, de 2007)*

§ 2º Julgada improcedente a impugnação, os autos devem ser encaminhados ao registro de imóveis para que o oficial proceda na forma do art. 18-E desta Lei. *(Incluído pela Lei nº 11.481, de 2007)*

§ 3º Sendo julgada procedente a impugnação, os autos devem ser restituídos ao registro de imóveis para as anotações necessárias e posterior devolução ao poder público. *(Incluído pela Lei nº 11.481, de 2007)*

§ 4º A prenotação do requerimento de registro da demarcação ficará prorrogada até o cumprimento da decisão proferida pelo juiz ou até seu cancelamento a requerimento da União, não se aplicando às regularizações previstas nesta Seção o cancelamento por decurso de prazo. *(Incluído pela Lei nº 11.481, de 2007)*

SEÇÃO IV – DA DISCRIMINAÇÃO DE TERRAS DA UNIÃO

SUBSEÇÃO I – DISPOSIÇÕES PRELIMINARES

Art. 19. Incumbe ao S. P. U. promover, em nome da Fazenda Nacional, a discriminação administrativa das terras na faixa de fronteira e nos Territórios Federais, bem como de outras terras do domínio da União, a fim de descrevê-las, medi-las e extremá-las do domínio particular.

Art. 20. Aos bens imóveis da União, quando indevidamente ocupados, invadidos, turbados na posse, ameaçados de perigos ou confundidos em suas limitações, cabem os remédios de direito comum.

Art. 21. Desdobra-se em duas fases ou instâncias o processo discriminatório, uma administrativa ou amigável, outra judicial, recorrendo a Fazenda Nacional à segunda, relativamente àqueles contra quem não houve surtido ou não puder surtir efeitos a primeira.

Parágrafo único. Dispensar-se-á, todavia, a fase administrativa ou amigável, nas discriminatórias, em que a Fazenda Nacional verificar ser a mesma de todo ou em grande parte ineficaz pela incapacidade, ausência ou conhecida oposição da totalidade ou maioria dos interessados.

SUBSEÇÃO II – DA DISCRIMINAÇÃO ADMINISTRATIVA

Art. 22. Precederá à abertura da instância administrativa o estudo e reconhecimento prévio da área discriminada, por engenheiro ou agrimensor com exercício no órgão local do S. P. U., que apresentará relatório ou memorial descritivo:

a) do perímetro com suas características e continência certa ou aproximada;

b) das propriedades e posses nele localizadas ou a ele confinantes, com os nomes e residências dos respectivos proprietários e possuidores;

c) das criações, benfeitorias e culturas, encontradas, assim como de qualquer manifestação evidente de posse das terras;

d) de um croquis circunstanciado quanto possível;

e) de outras quaisquer informações interessantes.

Art. 23. Com o memorial e documentos que porventura o instruírem, o Procurador da Fazenda Pública iniciará o processo, convocando os interessados para em dia, hora e lugar indicados com prazo antecedente não menor de 60 (sessenta) dias se instalarem os trabalhos de discriminação e apresentarem as partes seus títulos documentos e informações que lhe possam interessar.

§ 1º O processo discriminatório correrá na sede da situação da área discriminada ou de sua maior parte;

§ 2º A convocação ou citação será feita aos proprietários, possuidores, confinantes, a todos os interessados em geral, inclusive as mulheres casadas, por editais, e, além disso, cautelariamente, por carta aqueles cujos nomes constarem do memorial do engenheiro ou agrimensor.

§ 3º Os editais serão afixado em lugares públicos nas sedes dos municípios e distritos de paz, publicados 3 (três) vezes do Diário Oficial da União, do Estado ou Território, consoante seja o caso, ou na folha que lhe dar publicidade ao expediente, e 2 (duas) vezes, na imprensa local, onde houver.

Art. 24. No dia, hora e lugar aprazados, o Procurador da Fazenda Pública, acompanhado do engenheiro ou agrimensor autor do memorial, do escrivão para isso designado pelo Chefe do órgão local do S.P.U., e dos servidores deste, que forem necessários, abrirá a diligência, dará por instalados os trabalhos e mandará fazer pelo escrivão a chamada dos interessados, procedendo-se a seguir ao recebimento, exame e conferência dos memoriais, requerimentos, informações, títulos e documentos apresentados pelos mesmos, bem como ao arrolamento das testemunhas informantes e indicação de 1 (um) ou 2 (dois) peritos que os citados porventura queiram eleger, por maioria de votos, para acompanhar e esclarecer o engenheiro ou agrimensor nos trabalhos topográficos.

§ 1º Com os documentos, pedidos e informações, deverão os interessados, sempre que lhes for possível e tanto quanto o for, prestar esclarecimentos, por escrito ou verbalmente, para serem reduzidos a termo pelo escrivão, acerca da origem e sequência de seus títulos ou posse, da localização, valor estimado e área certa ou aproximada das terras de que se julgarem legítimos senhores ou possuidores, de suas confrontações, dos nomes dos confrontantes, da natureza, qualidade, quantidades e valor das benfeitorias culturas e criações nelas existentes e o montante do imposto territorial porventura pago.

§ 2º As testemunhas oferecidas podem ser ouvidas desde logo e seus depoimentos tomados por escrito, como elementos instrutivos do direito dos interessados.

§ 3º A diligência se prolongará por tantos dias quantos necessários, lavrando-se diariamente auto do que se passar, com assinatura dos presentes.

§ 4º Ultimados os trabalhos desta diligência, serão designados dia e hora para a seguinte, ficando as partes, presentes e revéis, convocadas para ela sem mais intimação.

§ 5º Entre as duas diligências mediará intervalo de 30 (trinta) e 60 (sessenta) dias, durante o qual o Procurador da Fazenda Pública estudará os autos, habilitando-se a pronunciar sobre as alegações, documentos e direitos dos interessados.

Art. 25. A segunda diligência instalar-se-á com as formalidades da primeira, tendo por objeto a audiência dos interessados de lado a lado, o acordo que entre eles se firmar sobre a propriedade e posses que forem reconhecidas, o registro dos que são excluídos do processo, por não haverem chegado a acordo ou serem revéis, e a designação do ponto de partida dos trabalhos topográficos; o que tudo se assentará em autos circunstanciados, com assinatura dos interessados presentes.

Art. 26. Em seguida o engenheiro ou agrimensor acompanhado de tantos auxiliares quantos necessários, procederá aos trabalhos geodésicos e topográficos de levantamento da planta geral das terras, sua situação quanto à divisão administrativa e judiciária do Estado, Distrito ou Território, sua discriminação, medição e demarcação, separando as da Fazenda Nacional das dos particulares.

§ 1º O levantamento técnico se fará com instrumentos de precisão, orientada a planta segundo o meridiano do lugar e determinada e declinação da agulha magnética.

§ 2º A planta deve ser tão minuciosa quanto possível, assinalando as correntes de água com seu valor mecânico, e conformação orográfica aproximativa dos terrenos, as construções existentes, os quinhões de cada um, com as respectivas áreas e situação na divisão administrativa e judiciária do Estado, Distrito ou Território, valos, cercas, muros, tapumes, limites ou marcos divisórios, vias de comunicação e por meio de convenções, as culturas, campos, matas, capoeiras, cerrados, caatingas e brejos.

§ 3º A planta será acompanhada de relatório que descreverá circunstanciadamente as indicações daquela, as propriedades culturais, mineralógicas, pastoris e industriais do solo a qualidade e quantidade das várias áreas de vegetação diversa, a distância dos povoados, pontos de embarque e vias de comunicação.

§ 4º Os peritos nomeados e as partes que quiserem poderão acompanhar os trabalhos topográficos.

§ 5º Se durante estes surgirem dúvidas que interrompam ou embaracem as operações, o engenheiro ou agrimensor as submeterá ao Chefe do órgão local do S. P. U. para que as resolva com a parte interessada, ouvindo os peritos e testemunhas, se preciso.

Art. 27. Tomar-se-á nos autos termo à parte para cada um dos interessados, assinado pelo representante do órgão local do S. P. U., contendo a descrição precisa, das linhas e marcos divisórios, culturas e outras especificações constantes da planta geral e relatório do engenheiro ou agrimensor.

Art. 28. Findos os trabalhos, de tudo se lavrará auto solene e circunstanciado, em que as partes de lado a lado reconheçam e aceitem, em todos os seus atos, dizeres e operações, a discriminação feita.

O auto fará menção expressa de cada um dos termos a que alude o artigo antecedente e será assinado por todos os interessados, fazendo-o em nome da União, o Procurador da Fazenda Pública.

Art. 29. A discriminação administrativa ou amigável não confere direito algum contra terceiros, senão contra a União e aqueles que forem partes no feito.

Art. 30. É lícito ao interessado tirar no S. P. U., para seu título, instrumento de discriminação, em forma de carta de sentença, contendo o termo e auto solene a que aludem os arts. 27 e 28.

Tal carta, assinada pelo Diretor do S. P. U., terá força orgânica de instrumento público e conterá todos os requisitos necessários, para transcrições e averbações nos Registros Públicos.

Parágrafo único. Para a providência de que trata este artigo, subirão ao Diretor do S. P. U., em traslado todas as peças que interessem ao despacho do pedido, com o parecer do órgão local do mesmo Serviço.

Art. 31. Os particulares não pagam custas no processo discriminatório administrativo, salvo pelas diligências a seu exclusivo interesse e pela expedição das cartas de discriminação, para as quais as taxas serão as do Regimento de Custas.

Parágrafo único Serão fornecidas gratuitamente as certidões necessárias à instrução do processo e as cartas de discriminação requeridas pelos possuidores de áreas consideradas diminutas, cujo valor declarado não seja superior a Cr$ 5.000,00 (cinco mil cruzeiros), a critério do S.P.U.

SUBSECÃO III – DA DISCRIMINAÇÃO JUDICIAL

Art. 32. Contra aqueles que discordarem em qualquer termo da instância administrativa ou por qualquer motivo não entrarem em composição amigável, abrirá a União, por seu representante em Juízo, a instância judicial contenciosa.

Art. 33. Correrá o processo judiciário de discriminação perante o Juízo competente, de acordo com a organização judiciária.

Art. 34. Na petição inicial, a União requererá a citação dos proprietários, possuidores, confinantes e em geral de todos os interessados, para acompanharem o processo de discriminação até o final, exibindo seus títulos de propriedade ou prestando minuciosas informações sobre suas posses ou ocupações, ainda que sem títulos documentários.

Parágrafo único. A petição será instruída com o relatório a que alude o artigo 22.

Art. 35. A citação inicial compreenderá todos os atos do processo discriminatório sendo de rigor a citação da mulher casada e do Ministério Público, quando houver menor interessado.

Art. 36. A forma e os prazos de citação obedecerão ao que dispõe o Código do Processo Civil.

Art. 37. Entregue em cartório o mandato de citação pessoal devidamente cumprido e findo o prazo da citação edital, terão os interessados o prazo comum de 30 (trinta) dias para as providências ao artigo seguinte.

Art. 38. Com os títulos, documentos e informações, deverão os interessados oferecer esclarecimentos por escrito, tão minuciosos quanto possível, especialmente acerca da origem e sequência de seus títulos, posses e ocupação.

Art. 39. Organizados os autos, tê-los-á com vista por 60 (sessenta) dias o representante da União em Juízo para manifestar-se em memorial minucioso sobre os documentos, informações e pretensões dos interessados, bem como sobre o direito da União às terras que não forem do domínio particular, nos termos do artigo 5º deste Decreto-lei.

Parágrafo único. O Juiz poderá prorrogar, mediante requerimento, o prazo de que trata este artigo no máximo por mais 60 (sessenta) dias.

Art. 40. No memorial, depois de requerer a exclusão das áreas que houver reconhecido como do domínio particular, na forma do artigo antecedente, pedirá, a Procuradoria da República a discriminação das remanescentes como de domínio da União, indicando todos os elementos indispensáveis para esclarecimento da causa e, especialmente, os característicos das áreas que devam ser declaradas do mesmo domínio.

Art. 41. No memorial pedir-se-á a produção das provas juntamente com as perícias necessárias à demonstração do alegado pela União.

Art. 42. Devolvidos os autos a cartório, dar-se-á por edital, com prazo de 30 (trinta) dias, conhecimento das conclusões do memorial aos interessados, para que possam, querendo, concordar com as conclusões da Fazenda Nacional, e requerer a regularização de sua posses ou sanar quaisquer omissões que hajam cometido na defesa de seus direitos.

Este edital será publicado 1 (uma) vez no Diário Oficial da União, do Estado, ou do Território, consoante seja o caso, ou na folha que lhe publicar o expediente, bem como na imprensa local, onde houver.

Art. 43. Conclusos os autos, o Juiz tomando conhecimento do memorial da União excluirá as áreas por esta reconhecidas como do domínio particular e quanto ao pedido de discriminação das áreas restantes, nomeará para as operações discriminatórias o engenheiro ou agrimensor, 2 (dois) peritos da confiança dele Juiz e os suplentes daquele e destes.

§ 1º O engenheiro ou agrimensor e seu suplente, serão propostos pelo S.P.U. dentre os servidores de que dispuser, ficando-lhe facultado o contratar auxiliares para os serviços de campo.

§ 2º Poderão as partes, por maioria de votos, indicar, ao Juiz, assistente técnico de sua confiança ao engenheiro ou agrimensor.

Art. 44. Em seguida, terão as partes o prazo comum de 20 (vinte) dias para contestação, a contar da publicação do despacho a que se refere o artigo precedente, e que se fará no Diário Oficial da União, do Estado ou do Território, consoante seja o caso, ou na folha que lhe editar o expediente, bem como na imprensa local, se houver.

Art. 45. Se nenhum interessado contestar o pedido, o Juiz julgará de plano procedente a ação.

Parágrafo único. Havendo contestação, a causa tomará o curso ordinário e o Juiz proferirá o despacho saneador.

Art. 46. No despacho saneador procederá o Juiz na forma do art. 294 do Código do Processo Civil.

Art. 47. Se não houver sido requerida prova alguma ou findo o prazo para sua produção, mandará o Juiz que se proceda à audiência da instrução e julgamento na forma do Código de Processo Civil.

Art. 48. Proferida a sentença e dele intimados os interessados, iniciar-se-á, a despeito de qualquer recurso, o levantamento e demarcação do perímetro declarado devoluto, extremando-o das áreas declaradas particulares, contestes e incontestes; para o que requererá a Fazenda Nacional, ou qualquer dos interessados, designação de dia, hora e lugar para começo das operações técnicas da discriminação, notificadas as partes presentes ou representadas, o engenheiro ou agrimensor e os peritos.

§ 1º O recurso da sentença será o que determinar o Código do Processo Civil para decisões análogas;

§ 2º O recurso subirá ao Juízo ad quem nos autos suplementares, que se organizarão como no processo ordinário;

§ 3º Serão desde logo avaliadas, na forma do direito, as benfeitorias indenizáveis dos interessados que foram excluídos ou de terceiros, reconhecidos de boa fé pela sentença (Código do Processo Civil, art. 996, parágrafo único).

Art. 49. Em seguida, o engenheiro ou agrimensor, acompanhado de seus auxiliares procederá aos trabalhos geodésicos e topográficos de levantamento da planta geral das terras, sua situação quanto à divisão administrativa e judiciária do Estado, Distrito ou Território, sua discriminação, medição e demarcação, separando-as das terras particulares.

Parágrafo único. Na demarcação do perímetro devoluto atenderá o engenheiro ou agrimensor à sentença, títulos, posses, marcos, rumos, vestígios encontrados, fama da vizinhança, informações de testemunhas e antigos conhecedores do lugar e a outros elementos que coligir.

Art. 50. A planta levantada com os requisitos do artigo antecedente, será instruída pelo engenheiro ou agrimensor com minucioso relatório ou memorial, donde conste necessàriamente a descrição de todas as glebas devolutas abarcadas pelo perímetro geral. Para execução desses trabalhos o Juiz marcará prazo prorrogável a seu prudente arbítrio.

Art. 51. A planta, que será autenticada pelo Juiz, engenheiro ou agrimensor e peritos, deverá ser tão minuciosa quanto possível, assinalando as correntes d'água, a conformação orográfica aproximativa dos terrenos, as construções existentes, os quinhões de cada um, com as respectivas áreas e situação na divisão administrativa e judiciária do Estado, Distrito ou Território, valos, cercas, muros, tapumes, limites ou marcos divisórios, vias de comunicação e, por meio de convenções, as culturas, campos, matas, capoeiras, cerrados, caatingas e brejos.

Art. 52. O relatório ou memorial descreverá circunstanciadamente as indicações da planta, as propriedades culturais, mineralógicas, pastoris e industriais do solo, a qualidade e quantidade das várias áreas de vegetação diversa, a distância dos povoados, pontos de embarque e vias de comunicação.

Art. 53. Se durante os trabalhos técnicos da discriminação surgirem dúvidas que reclamem a deliberação do Juiz, a este as submeterá o engenheiro ou agrimensor a fim de que as resolva, ouvidos, se preciso, os peritos.

Parágrafo único. O Juiz ouvirá os peritos, quando qualquer interessado alegar falta que deva ser corrigida.

Art. 54. As plantas serão organizadas com observância das normas técnicas que lhes forem aplicáveis.

Art. 55. À planta anexar-se-ão o relatório ou memorial descritivo e as cadernetas das operações de campo, autenticadas pelo engenheiro ou agrimensor.

Art. 56. Concluídas as operações técnicas de discriminação, assinará o Juiz o prazo comum de 30 (trinta) dias aos interessados e outro igual à Fazenda Nacional, para sucessivamente falarem sobre o feito.

Art. 57. A seguir, subirão os autos à conclusão do Juiz para este homologar a discriminação e declarar judicialmente do domínio da União as terras devolutas apuradas no perímetro discriminado e incorporadas ao patrimônio dos particulares, respectivamente, as declaradas do domínio particular, ordenando antes as diligências ou retificações que lhe parecerem necessárias para sua sentença homologatória.

Parágrafo único. Será meramente devolutivo, o recurso que couber contra a sentença homologatória.

Art. 58. As custas do primeiro estádio da causa serão pagas pela parte vencida; as do estádio das operações executivas, topográficas e geodésicas, sê-lo-ão pela União e pelos particulares pro rata, na proporção da área dos respectivos domínios.

Art. 59. Constituirá atentado, que o Juiz coibirá, mediante simples monitório, o ato da parte que no decurso do processo, dilatar a área de seus domínios ou ocupações, assim como o do terceiro que se intruzar no imóvel em discriminação.

Art. 60. As áreas disputadas pelos que houverem recorrido da sentença a que alude o art. 48, serão discriminadas com as demais, descritas no relatório ou memorial do engenheiro ou agrimensor e assinaladas na planta, em convenções específicas, a fim de que, julgados os recursos se atribuam à União ou aos particulares, conforme o caso, mediante simples juntada aos autos da decisão superior, despacho do Juiz mandando cumpri-la e anotação do engenheiro ou agrimensor na planta.

Parágrafo único. Terão os recorrentes direito de continuar a intervir nos atos discriminatórios e deverão ser para eles intimados até decisão final dos respectivos recursos.

SEÇÃO V – DA REGULARIZAÇÃO DA OCUPAÇÃO DE IMÓVEIS PRESUMIDAMENTE DE DOMÍNIO DA UNIÃO

Art. 61. O S. P. U. exigirá de todo aquele que estiver ocupando imóvel presumidamente pertencente à União, que lhe apresente os documentos e títulos comprobatórios de seus direitos sobre o mesmo. *(Vide Lei nº 2.185, de 1954)*

§ 1º Para cumprimento do disposto neste artigo, o órgão local do S. P. U., por edital, sem prejuízo de intimação por outro meio, dará aos interessados o prazo de 60 (sessenta) dias, prorrogáveis por igual termo, a seu prudente arbítrio. *(Vide Lei nº 2.185, de 1954)*

§ 2º O edital será afixado na repartição arrecadadora da Fazenda Nacional, na localidade da situação do imóvel, e publicado no órgão oficial do Estado ou Território, ou na folha que lhe publicar o expediente, e no Diário Oficial da União, em se tratando de imóvel situado no Distrito Federal. *(Vide Lei nº 2.185, de 1954)*

Art. 62. Apreciados os documentos exibidos pelos interessados e quaisquer outros que possa produzir o S.P.U., com seu parecer, submeterá ao C.T.U. a apreciação do caso.

Parágrafo único. Examinado o estado de fato e declarado o direito que lhe é aplicável, o C.T.U. restituirá o processo ao S.P.U. para cumprimento da decisão, que então proferir.

Art. 63. Não exibidos os documentos na forma prevista no art. 61, o S.P.U. declarará irregular a situação do ocupante, e, imediatamente, providenciará no sentido de recuperar a União a posse do imóvel esbulhado.

§ 1º Para advertência a eventuais interessados de boa fé e imputação de responsabilidades civis e penais se for o caso, o S.P.U. tornará pública, por edital, a decisão que declarar a irregularidade da detenção do imóvel esbulhado.

§ 2º A partir da publicação da decisão a que alude o § 1º, se do processo já não constar a prova do vício manifesto da ocupação anterior, considera-se constituída em má fé a detenção de imóvel do domínio presumido da União, obrigado o detentor a satisfazer plenamente as composições da lei.

TÍTULO II – DA UTILIZAÇÃO DOS BENS IMÓVEIS DA UNIÃO

CAPÍTULO I – DISPOSIÇÕES GERAIS

Art. 64. Os bens imóveis da União não utilizados em serviço público poderão, qualquer que seja a sua natureza, ser alugados, aforados ou cedidos.

§ 1º A locação se fará quando houver conveniência em tornar o imóvel produtivo, conservando porém, a União, sua plena propriedade, considerada arrendamento mediante condições especiais, quando objetivada a exploração de frutos ou prestação de serviços.

§ 2º O aforamento se dará quando coexistirem a conveniência de radicar-se o indivíduo ao solo e a de manter-se o vínculo da propriedade pública.

§ 3º A cessão se fará quando interessar à União concretizar, com a permissão da utilização gratuita de imóvel seu, auxílio ou colaboração que entenda prestar.

Arts. 65 e 66. *(Revogados pela Lei nº 9.636, de 1998)*

Art. 67. Cabe privativamente ao S.P.U. a fixação do valor locativo e venal das imóveis de que trata este Decreto-lei.

Art. 68. Os foros, laudêmios, taxas, cotas, aluguéis e multas serão recolhidos na estação arrecadadora da Fazenda Nacional com jurisdição na localidade do imóvel.

Parágrafo único. Excetuam-se dessa disposição os pagamentos que, na forma deste Decreto-lei, devam ser efetuados mediante desconto em folha.

Art. 69. As repartições pagadoras da União remeterão mensalmente ao S. P. U. relação nominal dos servidores que, a título de taxa ou aluguel, tenham sofrido desconto em folha de pagamento, com indicação das importâncias correspondentes.

Parágrafo único. O desconto a que se refere o presente artigo não se somará a outras consignações, para efeito de qualquer limite.

Art. 70. O ocupante do próprio nacional, sob qualquer das modalidades previstas neste Decreto-lei, é obrigado a zelar pela conservação do imóvel, sendo responsável pelos danos ou prejuízos que nele tenha causado.

Art. 71. O ocupante de imóvel da União sem assentimento desta, poderá ser sumariamente despejado e perderá, sem direito a qualquer indenização, tudo quanto haja incorporado ao solo, ficando ainda sujeito ao disposto nos arts. 513, 515 e 517 do Código Civil.

Parágrafo único. Excetuam-se dessa disposição os ocupantes de boa fé, com cultura efetiva e moradia habitual, e os direitos assegurados por este Decreto-lei.

Art. 72. Os editais de convocação a concorrências serão obrigatoriamente afixados, pelo prazo mínimo de 15 dias, na estação arrecadadora da Fazenda Nacional com jurisdição na localidade do imóvel e, quando convier, em outras repartições federais, devendo, ainda, sempre que possível, ter ampla divulgação em órgão de imprensa oficial e por outros meios de publicidade.

Parágrafo único. A fixação do edital será sempre atestada pelo Chefe da repartição em que se tenha feito.

Art. 73. As concorrências serão realizadas na sede da repartição local do S. P. U.

§ 1º Quando o Diretor do mesmo Serviço julgar conveniente, poderá qualquer concorrência ser realizada na sede do órgão central da repartição.

§ 2º Quando o objeto da concorrência for imóvel situado em lugar distante ou de difícil comunicação, poderá o Chefe da repartição local do S. P. U. delegar competência ao Coletor Federal da localidade para realizá-la.

§ 3º As concorrências serão aprovadas pelo chefe da repartição local do S.P.U., ad referendum do Diretor do mesmo Serviço, salvo no caso previsto no § 1º deste artigo, era que compete ao Diretor do S.P.U. aprová-las.

Art. 74. Os termos, ajustes ou contratos relativos a imóveis da União, serão lavrados na repartição local ao S. P. U. e terão, para qualquer efeito, forma de escritura pública. sendo isentos de publicação, para fins de seu registro pelo Tribunal de Contas.

§ 1º Quando as circunstâncias aconselharem, poderão os atos de que trata o presente artigo ser lavrados em repartição arrecadadora da Fazenda Nacional, situada na localidade do imóvel.

§ 2º Os termos de que trata o item I do art. 85 serão lavrados na sede da repartição a que tenha sido entregue o imóvel.

§ 3º São isentos de registro pelo Tribunal de Contas os termos e contratos celebrados para os fins previstos nos arts. 79 e 80 deste Decreto-lei.

Art. 75. Nos termos, ajustes e contratos relativos a imóveis, a União será representada por Procurador da Fazenda Pública que poderá, para esse fim delegar competência a outro servidor federal.

§ 1º Nos termos de que trata o artigo 79, representará o S.P.U. o Chefe de sua repartição local, que, no interesse do serviço, poderá para isso delegar competência a outro funcionário do Ministério da Fazenda.

§ 2º Os termos a que se refere o art. 85 serão assinados perante o Chefe da repartição interessada.

CAPÍTULO II – DA UTILIZAÇÃO EM SERVIÇO PÚBLICO

SEÇÃO I – DISPOSIÇÕES GERAIS

Art. 76. São considerados como utilizados em serviço público os imóveis ocupados:

I – por serviço federal;

II – por servidor da União, como residência em caráter obrigatório.

Art. 77. A administração dos próprios nacionais aplicados em serviço público compete às repartições que os tenham a seu cargo, enquanto durar a aplicação. Cessada esta, passarão esses imóveis, independentemente do ato especial, à administração do S.P.U.

Art. 78. O S.P.U velará para que não sejam mantidos em uso público ou administrativo imóveis da União que ao mesmo uso não sejam estritamente necessários, levando ao conhecimento da autoridade competente as ocorrências que a esse respeito se verifiquem.

SEÇÃO II – DA APLICAÇÃO EM SERVIÇO FEDERAL

Art. 79. A entrega de imóvel para uso da Administração Pública Federal direta compete privativamente à Secretaria do Patrimônio da União – SPU. *(Redação dada pela Lei nº 9.636, de 1998)*

§ 1º A entrega, que se fará mediante termo, ficará sujeita a confirmação 2 (dois) anos após a assinatura do mesmo, cabendo ao S.P.U. ratificá-la, desde que, nesse período tenha o imóvel sido devidamente utilizado no fim para que fora entregue.

§ 2º O chefe de repartição, estabelecimento ou serviço federal que tenha a seu cargo próprio nacional, não poderá permitir, sob pena de responsabilidade, sua invasão, cessão, locação ou utilização em fim diferente do que lhe tenha sido prescrito.

§ 3º Havendo necessidade de destinar imóvel ao uso de entidade da Administração Pública Federal indireta, a aplicação se fará sob o regime da cessão de uso. *(Incluído pela Lei nº 9.636, de 1998)*

§ 4º Não subsistindo o interesse do órgão da administração pública federal direta na utilização de imóvel da União entregue para uso no serviço público, deverá ser formalizada a devolução mediante termo acompanhado de laudo de vistoria, recebido pela gerência regional da Secretaria do Patrimônio da União, no qual deverá ser informada a data da devolução. *(Incluído pela Lei nº 11.481, de 2007)*

§ 5º Constatado o exercício de posse para fins de moradia em bens entregues a órgãos ou entidades da administração pública federal e havendo interesse público na utilização destes bens para fins de implantação de programa ou ações de regularização fundiária ou para titulação em áreas ocupadas por comunidades tradicionais, a Secretaria do Patrimônio da União fica autorizada a reaver o imóvel por meio de ato de cancelamento da entrega, destinando o imóvel para a finalidade que motivou a medida, ressalvados os bens imóveis da União que estejam sob a administração do Ministério da Defesa e dos Comandos da Marinha, do Exército e da Aeronáutica, e observado o disposto no inciso III do § 1º do art. 91 da Constituição Federal. *(Incluído pela Lei nº 11.481, de 2007)*

§ 6º O disposto no § 5º deste artigo aplica-se, também, a imóveis não utilizados para a finalidade prevista no ato de entrega de que trata o *caput* deste artigo, quando verificada a necessidade de sua utilização em programas de provisão habitacional de interesse social. *(Incluído pela Lei nº 11.481, de 2007)*

SEÇÃO III – DA RESIDÊNCIA OBRIGATÓRIA DE SERVIDOR DA UNIÃO

Art. 80. A residência de servidor da União em próprio nacional ou em outro imóvel utilizado em serviço publico federal, somente será considerada obrigatória quando for indispensável, por necessidade de vigilância ou assistência constante.

Art. 81. O ocupante, em caráter obrigatório, de próprio nacional ou de outro imóvel utilizado em serviço público federal, fica sujeito ao pagamento da taxa de 3% (três por cento) ao ano sobre o valor atualizado, do imóvel ou da parte nele ocupada, sem exceder a 20% (vinte por cento) do seu vencimento o salário.

§ 1º Em caso de ocupação de imóvel alugado pela União, a taxa será de 50% (cinquenta por cento) sobre o valor locativo da parte ocupada.

§ 2º A taxa de que trata o presente artigo será arrecadada mediante desconto mensal em folha de pagamento.

§ 3º É isento do pagamento da taxa o servidor da União que ocupar:

I – construção improvisada, junto à obra em que esteja trabalhando;

II – próprio nacional ou prédio utilizado por serviço público federal, em missão de caráter transitório, de guarda, plantão, proteção ou assistência; ou

III – Alojamentos militares ou instalações semelhantes.

§ 4º O servidor que ocupar próprio nacional ou outro imóvel utilizado em serviço público da União, situado na zona rural, pagará apenas a taxa anual de 0,50%, sobre o valor atualizado do imóvel, ou da parte nele ocupada. *(Incluído pela Lei nº nº 225, de 1948)*

§ 5º A taxa de uso dos imóveis ocupados por servidores militares continuará a ser regida pela legislação específica que dispõe sobre a remuneração dos militares, resguardado o disposto no § 3º em se tratando de residência em alojamentos militares ou em instalações semelhantes. *(Incluído pela Lei nº 9.636, de 1998)*

Art. 82. A obrigatoriedade da residência será determinada expressamente por ato do Ministro de Estado, sob a jurisdição de cujo Ministério se encontrar o imóvel, ouvido previamente o S.P.U. *(Redação dada pela Lei nº 225, de 1948)*

Parágrafo único. Os imóveis residenciais administrados pelos órgãos militares e destinados a ocupação por servidor militar, enquanto utilizados nesta finalidade, serão considerados de caráter obrigatório, independentemente dos procedimentos previstos neste artigo. *(Redação dada pela Lei nº 9.636, de 1998)*

Art. 83. O ocupante, em caráter obrigatório, de próprio nacional, não poderá no todo ou em parte, cedê-lo, alugá-lo ou dar-lhe destino diferente do residencial.

§ 1º A infração do disposto neste artigo constituirá falta grave, para o fim previsto no artigo 234 do Decreto-lei nº 1.713, de 28 de outubro de 1939.

§ 2º Verificada a hipótese prevista no parágrafo anterior, o S. P. U., ouvida a repartição interessada, examinará a necessidade de ser mantida a condição de obrigatoriedade de residência no imóvel, e submeterá o assunto, com o seu parecer e pelos meios competentes, à deliberação do Presidente da República.

Art. 84. Baixado o ato a que se refere o art. 82 se o caso for de residência em próprio nacional, o Ministério o remeterá, por cópia, ao S.P.U. *(Redação dada pela Lei nº nº 225, de 1948)*

Parágrafo único. A repartição federal que dispuser de imóvel que deva ser ocupado nas condições previstas no § 3º do art. 81 deste Decreto-lei, comunicá-lo-á ao S. P. U., justificando-o.

Art. 85. A repartição federal que tenha sob sua jurisdição imóvel utilizado como residência obrigatória de servidor da União deverá:

I – entregá-lo ou recebê-lo do respectivo ocupante, mediante termo de que constarão as condições prescritas pelo S. P. U.;

II – remeter cópia do termo ao S. P. U.;

III – comunicar à repartição pagadora competente a importância do desconto que deva ser feito em folha de pagamento, para o fim previsto no § 2º do artigo 81, remetendo ao S. P. U. cópia desse expediente;

IV – comunicar ao S. P. U. qualquer alteração havida no desconto a que se refere o item anterior, esclarecendo devidamente o motivo que a determinou; e

V – comunicar imediatamente ao S.P.U. qualquer infração das disposições deste Decreto-lei, bem como a cessação da obrigatoriedade de residência, não podendo utilizar o imóvel em nenhum outro fim sem autorização do mesmo Serviço.

CAPÍTULO III – DA LOCAÇÃO

SEÇÃO I – DISPOSIÇÕES GERAIS

Art. 86. Os próprios nacionais não aplicados, total ou parcialmente, nos fins previstos no art. 76 deste Decreto-lei, poderão, a juízo do S.P.U., ser alugados:

I – para residência de autoridades federais ou de outros servidores da União, no interesse do serviço;

II – para residência de servidor da União, em caráter voluntário;

III – a quaisquer interessados.

Art. 87. A locação de imóveis da União se fará mediante contrato, não ficando sujeita a disposições de outras leis concernentes à locação.

Art. 88. É proibida a sublocação do imóvel, no todo ou em parte, bem como a transferência de locação.

Art. 89. O contrato de locação poderá ser rescindido:

I – quando ocorrer infração do disposto no artigo anterior;

II – quando os aluguéis não forem pagos nos prazos estipulados;

III – quando o imóvel for necessário a serviço público, e desde que não tenha a locação sido feita em condições especiais, aprovadas pelo Ministro da Fazenda;

IV – quando ocorrer inadimplemento de cláusula contratual.

§ 1º Nos casos previstos nos itens I e II, a rescisão dar-se-á de pleno direito, imitindo-se a União sumariamente na posse da coisa locada.

§ 2º Na hipótese do item III, a rescisão poderá ser feita em qualquer tempo, por ato administrativo da União, sem que esta fique por isso obrigada a pagar ao locatário indenização de qualquer espécie, excetuada a que se refira a benfeitorias necessárias.

§ 3º A rescisão, no caso do parágrafo anterior, será feita por notificação, em que se consignará o prazo para restituição do imóvel, que será:

a) de 90 (noventa) dias, quando situado em zona urbana;

b) de 180 (cento e oitenta) dias, quando em zona rural.

§ 4º Os prazos fixados no parágrafo precedente poderão, a critério do S.P.U., ser prorrogados, se requerida a prorrogação em tempo hábil e justificadamente.

Art. 90. As benfeitorias necessárias só serão indenizáveis pela União, quando o S.P.U. tiver sido notificado da realização das mesmas dentro de 120 (cento e vinte) dias contados da sua execução.

Art. 91. Os aluguéis serão pagos:

I – mediante desconto em folha de pagamento, quando a locação se fizer na forma do item I do art. 86;

II – mediante recolhimento à estação arrecadadora da Fazenda Nacional, nos casos previstos nos itens II e III do mesmo art. 86.

§ 1º O S. P. U. comunicará às repartições competentes a importância dos descontos que devam ser feitos para os fins previstos neste artigo.

§ 2º O pagamento dos aluguéis de que trata o item II deste artigo será garantido por depósito em dinheiro, em importância correspondente a 3 (três) meses de aluguel.

SEÇÃO II – DA RESIDÊNCIA DE SERVIDOR DA UNIÃO, NO INTERESSE DO SERVIÇO

Art. 92. Poderão ser reservados pelo S. P. U. próprios nacionais, no todo ou em parte, para moradia de servidores da União no exercício de cargo em comissão ou função gratificada, ou que, no interesse do serviço, convenha residam nas repartições respectivas ou nas suas proximidades.

Parágrafo único. A locação se fará sem concorrência e por aluguel correspondente à parte ocupada do imóvel.

Art. 93. As repartições que necessitem de imóveis para o fim previsto no artigo anterior, solicitarão sua reserva ao S. P. U., justificando a necessidade.

Parágrafo único. Reservado o imóvel e assinado o contrato de locação, o S. P. U. fará sua entrega ao servidor que deverá, ocupá-lo.

SEÇÃO III – DA RESIDÊNCIA VOLUNTÁRIA DE SERVIDOR DA UNIÃO

Art. 94. Os próprios nacionais não aplicados nos fins previstos no artigo 76 ou no item I do art. 86 deste Decreto-lei, e que se prestem para moradia, poderão ser alugados para residência de servidor da União.

§ 1º A locação se fará, pelo aluguel que for fixado e mediante concorrência, que versará sobre as qualidades preferenciais dos candidatos, relativas ao número de dependentes, remuneração e tempo de serviço público.

§ 2º As qualidades preferenciais serão apuradas conforme tabela organizada pelo S. P. U. e aprovada pelo Diretor Geral da Fazenda Nacional, tendo em vista o amparo dos mais necessitados.

SEÇÃO IV – DA LOCAÇÃO A QUAISQUER INTERESSADOS

Art. 95. Os imóveis da União não aplicados em serviço público e que não forem utilizados nos fins previstos nos itens I e II do art. 86, poderão ser alugados a quaisquer interessados.

Parágrafo único. A locação se fará, em concorrência pública e pelo maior preço oferecido, na base mínima do valor locativo fixado.

Art. 96. Em se tratando de exploração de frutos ou prestação de serviços, a locação se fará sob forma de arrendamento, mediante condições especiais, aprovadas pelo Ministro da Fazenda.

Parágrafo único. Salvo em casos especiais, expressamente determinados em lei, não se fará arrendamento por prazo superior a 20 (vinte) anos. *(Redação dada pela Lei nº 11.314 de 2006)*

Art. 97. Terão preferência para a locação de próprio nacional os Estados e Municípios, que, porém, ficarão sujeitos ao pagamento da cota ou aluguel fixado e ao cumprimento das demais obrigações estipuladas em contrato.

Art. 98. Ao possuidor de benfeitorias, que estiver cultivando, por si e regularmente, terras compreendidas entre as de que trata o art. 65, fica assegurada a preferência para o seu arrendamento, se tal regime houver sido julgado aconselhável para a utilização das mesmas.

Parágrafo único. Não usando desse direito no prazo que for estipulada, será o possuidor das benfeitorias indenizado do valor das mesmas, arbitrado pelo S. P. U.

CAPÍTULO IV – DO AFORAMENTO

SEÇÃO I – DISPOSIÇÕES GERAIS

Art. 99. A utilização do terreno da União sob regime de aforamento dependerá de prévia autorização do Presidente da República, salvo se já permitida em expressa disposição legal.

Parágrafo único. Em se tratando de terreno beneficiado com construção constituída de unidades autônomas, ou, comprovadamente, para tal fim destinado, o aforamento poderá ter por objeto as partes ideais correspondentes às mesmas unidades.

Art. 100. A aplicação do regime de aforamento a terras da União, quando autorizada na forma deste Decreto-lei, compete ao S. P. U., sujeita, porém, a prévia audiência:

a) dos Ministérios da Guerra, por intermédio dos Comandos das Regiões Militares; da Marinha, por intermédio das Capitanias dos

Portos; da Aeronáutica, por intermédio dos Comandos das Zonas Aéreas, quando se tratar de terrenos situados dentro da faixa de fronteiras, da faixa de 100 (cem) metros ao longo da costa marítima ou de uma circunferência de 1.320 (mil trezentos e vinte) metros de raio em torno das fortificações e estabelecimentos militares;

b) do Ministério da Agricultura, por intermédio dos seus órgãos locais interessados, quando se tratar de terras suscetíveis de aproveitamento agrícola ou pastoril;

c) do Ministério da Viação e Obras Públicas, por intermédio de seus órgãos próprios locais, quando se tratar de terrenos situados nas proximidades de obras portuárias, ferroviárias, rodoviárias, de saneamento ou de irrigação;

d) das Prefeituras Municipais, quando se tratar de terreno situado em zona que esteja sendo urbanizada.

§ 1º A consulta versará sobre zona determinada, devidamente caracterizada.

§ 2º Os órgãos consultados deverão se pronunciar dentro de 30 (trinta) dias do recebimento da consulta, prazo que poderá ser prorrogado por outros 30 (trinta) dias, quando solicitado, importando o silêncio em assentimento à aplicação do regime enfitêutico na zona caracterizada na consulta.

§ 3º As impugnações, que se poderão restringir a parte da zona sobre que haja versado a consulta, deverão ser devidamente fundamentadas.

§ 4º O aforamento, à vista de ponderações dos órgãos consultados, poderá subordinar-se a condições especiais.

§ 5º Considerada improcedente a impugnação, a autoridade submeterá o recurso à autoridade superior, nos termos estabelecidos em regulamento. *(Redação dada pela Lei nº 13.874, de 2019)*

§ 6º Nos casos de aplicação do regime de aforamento gratuito com vistas na regularização fundiária de interesse social, ficam dispensadas as audiências previstas neste artigo, ressalvados os bens imóveis sob administração do Ministério da Defesa e dos Comandos do Exército, da Marinha e da Aeronáutica. *(Incluído pela Lei nº 11.481, de 2007)*

§ 7º Quando se tratar de imóvel situado em áreas urbanas consolidadas e fora da faixa de segurança de que trata o § 3º do art. 49 do Ato das Disposições Constitucionais Transitórias, serão dispensadas as audiências previstas neste artigo e o procedimento será estabelecido em norma da Secretaria do Patrimônio da União. *(Incluído pela Lei nº 13.240, de 2015)*

Art. 101. Os terrenos aforados pela União ficam sujeitos ao foro de 0,6% (seis décimos por cento) do valor do respectivo domínio pleno, que será anualmente atualizado. *(Redação dada pela Lei nº 7.450, de 1985)*

Parágrafo único. O não-pagamento do foro durante três anos consecutivos, ou quatro anos intercalados, importará a caducidade do aforamento. *(Redação dada pela Lei nº 9.636, de 1998)*

Art. 102. *(Revogado pelo Decreto-lei nº 2.398, de 1987)*

Art. 103. O aforamento extinguir-se-á: *(Redação dada pela Lei nº 11.481, de 2007)*

I – por inadimplemento de cláusula contratual; *(Incluído pela Lei nº 11.481, de 2007)*

II – por acordo entre as partes; *(Incluído pela Lei nº 11.481, de 2007)*

III – pela remissão do foro, nas zonas onde não mais subsistam os motivos determinantes da aplicação do regime enfitêutico; *(Incluído pela Lei nº 11.481, de 2007)*

IV – pelo abandono do imóvel, caracterizado pela ocupação, por mais de 5 (cinco) anos, sem contestação, de assentamentos informais de baixa renda, retornando o domínio útil à União; ou *(Incluído pela Lei nº 11.481, de 2007)*

V – por interesse público, mediante prévia indenização. *(Incluído pela Lei nº 11.481, de 2007)*

§ 1º Consistindo o inadimplemento de cláusula contratual no não-pagamento do foro durante três anos consecutivos, ou quatro anos intercalados, é facultado ao foreiro, sem prejuízo do disposto no art. 120, revigorar o aforamento mediante as condições que lhe forem impostas. *(Redação dada pela Lei nº 9.636, de 1998)*

§ 2º Na consolidação pela União do domínio pleno de terreno que haja concedido em aforamento, deduzir-se-á do valor do mesmo domínio a importância equivalente a 17% (dezessete por cento), correspondente ao valor do domínio direto. *(Redação dada pela Lei nº 9.636, de 1998)*

SEÇÃO II – DA CONSTITUIÇÃO

Art. 104. Decidida a aplicação do regime enfitêutico a terrenos compreendidos em determinada zona, a SPU notificará os interessados com preferência ao aforamento nos termos dos arts. 105 e 215, para que o requeiram dentro do prazo de cento e oitenta dias, sob pena de perda dos direitos que porventura lhes assistam. *(Redação dada pela Lei nº 9.636, de 1998)*

Parágrafo único. A notificação será feita por edital afixado na repartição arrecadadora da Fazenda Nacional com jurisdição na localidade do imóvel, e publicado no Diário Oficial da União, mediante aviso publicado três vezes, durante o período de convocação, nos dois jornais de maior veiculação local e, sempre que houver interessados conhecidos, por carta registrada. *(Redação dada pela Lei nº 9.636, de 1998)*

Art. 105. Tem preferência ao aforamento:

1º – os que tiverem título de propriedade devidamente transcrito no Registro de Imóveis;

2º – os que estejam na posse dos terrenos, com fundamento em título outorgado pelos Estados ou Municípios;

3º – os que, necessariamente, utilizam os terrenos para acesso às suas propriedades;

4º – os ocupantes inscritos até o ano de 1940, e que estejam quites com o pagamento das devidas taxas, quanto aos terrenos de marinha e seus acrescidos;

5º – *(Revogado pela Lei nº 9.636, de 1998)*

6º – os concessionários de terrenos de marinha, quanto aos seus acrescidos, desde que estes não possam constituir unidades autônomas;

7º – os que no terreno possuam benfeitorias, anteriores ao ano de 1940, de valor apreciável em relação ao daquele;

8º a 10º – *(Revogados pela Lei nº 9.636, de 1998)*

§ 1º As divergências sobre propriedade, servidão ou posse devem ser decididas pelo Poder Judiciário. *(Incluído pela Lei nº 13.139, de 2015)*

§ 2º A decisão da Secretaria do Patrimônio da União quanto ao pedido formulado com fundamento no direito de preferência previsto neste artigo constitui ato vinculado e somente poderá ser desfavorável, de forma fundamentada, caso haja algum impedimento, entre aqueles já previstos em lei, informado em consulta formulada entre aquelas previstas na legislação em vigor, ou nas hipóteses previstas no inciso II do art. 9º da Lei nº 9.636, de 15 de maio de 1998. *(Incluído pela Lei nº 13.139, de 2015)*

Art. 106. Os pedidos de aforamento serão dirigidos ao Chefe do órgão local do S.P.U., acompanhados dos documentos comprobatórios dos direitos alegados pelo interessado e de planta ou croquis que identifique o terreno.

Art. 107. *(Revogado pelo Decreto-lei nº 2.398, de 1987)*

Art. 108. O Superintendente do Patrimônio da União no Estado apreciará a documentação e, deferindo o pedido, calculará o foro, com base no art. 101, e concederá o aforamento, devendo o foreiro comprovar sua regularidade fiscal perante a Fazenda Nacional até o ato da contratação. *(Redação dada pela Lei nº 13.139, de 2015)*

Parágrafo único. O Ministério do Planejamento, Orçamento e Gestão estabelecerá diretrizes e procedimentos simplificados para a concessão do aforamento de que trata o *caput*. *(Incluído pela Lei nº 13.139, de 2015)*

Art. 109. Concedido o aforamento, será lavrado em livro próprio da Superintendência do Patrimônio da União o contrato enfitêutico de que constarão as condições estabelecidas e as características do terreno aforado. *(Redação dada pela Lei nº 13.139, de 2015)*

Art. 110. Expirado o prazo de que trata o art. 104 e não havendo interesse do serviço público na manutenção do imóvel no domínio pleno da União, a SPU promoverá a venda do domínio útil dos terrenos sem posse, ou daqueles que se encontrem na posse de quem não tenha atendido à notificação a que se refere o mesmo artigo ou de quem, tendo requerido, não tenha preenchido as condições necessárias para obter a concessão do aforamento. *(Redação dada pela Lei nº 9.636, de 1998)*

Art. 111. *(Revogado pelo Decreto-lei nº 2.398, de 1987)*

SEÇÃO III – DA TRANSFERÊNCIA

Arts. 112 a 115. *(Revogados pelo Decreto-lei nº 2.398, de 1987)*

Art. 115-A. Efetuada a transação e transcrito o título no registro de imóveis, o antigo foreiro, exibindo os documentos comprobatórios, deverá comunicar a transferência à Superintendência do Patrimônio da União, no prazo de até sessenta dias, sob pena de permanecer responsável pelos débitos que vierem a incidir sobre o imóvel até a data da comunicação. *(Incluído pela Lei nº 13.465, de 2017)*

Art. 116. Efetuada a transação e transcrito o título no Registro de Imóveis, o adquirente, exibindo os documentos comprobatórios, deverá requerer, no prazo de 60 (sessenta) dias, que para o seu nome se transfiram as obrigações enfitêuticas.

§ 1º A transferência das obrigações será feita mediante averbação, no órgão local do S.P.U., do título de aquisição devidamente transcrito no Registro de Imóveis, ou, em caso de transmissão parcial do terreno, mediante termo.

§ 2º O adquirente estará sujeito à multa de 0,50% (cinquenta centésimos por cento), por mês ou fração, sobre o valor do terreno, caso não requeira a transferência no prazo estabelecido no *caput* deste artigo. *(Redação dada pela Lei nº 13.465, de 2017)*

§ 3º Para fatos geradores anteriores a 22 de dezembro de 2016, a cobrança da multa de que trata o § 2º deste artigo será efetuada de forma proporcional, regulamentada por intermédio de ato específico da Secretaria do Patrimônio da União (SPU). *(Incluído pela Lei nº 13.465, de 2017)*

Art. 117. *(Revogado pelo Decreto-lei nº 2.398, de 1987)*

SEÇÃO IV – DA CADUCIDADE E REVIGORAÇÃO

Art. 118. Caduco o aforamento na forma do parágrafo único do art. 101, o órgão local da SPU notificará o foreiro, por edital, ou quando possível por carta registrada, marcando-lhe o prazo de noventa dias para apresentar qualquer reclamação ou solicitar a revigoração do aforamento. *(Redação dada pela Lei nº 9.636, de 1998)*

Parágrafo único. Em caso de apresentação de reclamação, o prazo para o pedido de revigoração será contado da data da notificação ao foreiro da decisão final proferida.

Art. 119. Reconhecido o direito do requerente e pagos os foros em atraso, o chefe do órgão local da Secretaria do Patrimônio da União concederá a revigoração do aforamento. *(Redação dada pela Lei nº 11.481, de 2007)*

Parágrafo único. A Secretaria do Patrimônio da União disciplinará os procedimentos operacionais destinados a revigoração de que trata o *caput* deste artigo. *(Incluído pela Lei nº 11.481, de 2007)*

Art. 120. A revigoração do aforamento poderá ser negada se a União necessitar do terreno para serviço público, ou, quanto às terras de que trata o art. 65, quando não estiverem as mesmas sendo utilizadas apropriadamente, obrigando-se, nesses casos, à indenização das benfeitorias porventura existentes.

Art. 121. Decorrido o prazo de que trata o art. 118, sem que haja sido solicitada a revigoração do aforamento, o Chefe do órgão local do S.P.U. providenciará no sentido de ser cancelado o aforamento no Registro de Imóveis e procederá na forma do disposto no art. 110.

Parágrafo único. Nos casos de cancelamento do registro de aforamento, considera-se a certidão da Secretaria do Patrimônio da União de cancelamento de aforamento documento hábil para o cancelamento de registro nos termos do inciso III do *caput* do art. 250 da Lei nº 6.015, de 31 de dezembro de 1973. *(Incluído pela Lei nº 11.481, de 2007)*

SEÇÃO V – DA REMISSÃO

Art. 122. Autorizada, na forma do disposto no art. 103, a remissão do aforamento dos terrenos compreendidos em determinada zona, o S.P.U. notificará os foreiros, na forma do parágrafo único do art. 104, da autorização concedida.

Parágrafo único. A decisão da Secretaria do Patrimônio da União sobre os pedidos de remissão do aforamento de terreno de marinha e/ou acrescido de marinha localizado fora da faixa de segurança constitui ato vinculado.*(Redação dada pela Lei nº 13.139, de 2015)*

Art. 123. A remição do aforamento será feita pela importância correspondente a 17% (dezessete por cento) do valor do domínio pleno do terreno, excluídas as benfeitorias. *(Redação dada pela Lei nº 13.240, de 2015)*

Art. 124. Efetuado o resgate, o órgão local do S.P.U. expedirá certificado de remissão, para averbação no Registro de Imóveis.

CAPÍTULO V – DA CESSÃO

Arts. 125 e 126. *(Revogados pela Lei nº 9.636, de 1998)*

CAPÍTULO VI – DA OCUPAÇÃO

Art. 127. Os atuais ocupantes de terrenos da União, sem título outorgado por esta, ficam obrigados ao pagamento anual da taxa de ocupação.

§§ 1º e 2º *(Revogados pelo Decreto-lei nº 2.398, de 1987)*

Art. 128. O pagamento da taxa será devido a partir da inscrição de ocupação, efetivada de ofício ou a pedido do interessado, não se vinculando ao cadastramento do imóvel. *(Redação dada pela Lei nº 13.139, de 2015)*

§§ 1º a 3º *(Revogados pela Lei nº 13.139, de 2015)*

§ 4º Caso o imóvel objeto do pedido de inscrição de ocupação não se encontre cadastrado, a Secretaria do Patrimônio da União do Ministério do Planejamento, Orçamento e Gestão efetuará o cadastramento. *(Incluído pela Lei nº 13.139, de 2015)*

Arts. 129 e 130. *(Revogados pelo Decreto-lei nº 2.398, de 1987)*

Art. 131. A inscrição e o pagamento da taxa de ocupação, não importam, em absoluto, no reconhecimento, pela União, de qualquer direito de propriedade do ocupante sobre o terreno ou ao seu aforamento, salvo no caso previsto no item 4 do artigo 105.

Art. 132. A União poderá, em qualquer tempo que necessitar do terreno, imitir-se na posse do mesmo, promovendo sumariamente a sua desocupação, observados os prazos fixados no § 3º, do art. 89.

§ 1º As benfeitorias existentes no terreno somente serão indenizadas, pela importância arbitrada pelo S.P.U., se por este for julgada de boa fé a ocupação.

§ 2º Do julgamento proferido na forma do parágrafo anterior, cabe recurso para o C.T.U., no prazo de 30 (trinta) dias da ciência dada ao ocupante.

§ 3º O preço das benfeitorias será depositado em Juízo pelo S.P.U., desde que a parte interessada não se proponha a recebê-lo.

Art. 132-A. Efetuada a transferência do direito de ocupação, o antigo ocupante, exibindo os documentos comprobatórios, deverá comunicar a transferência à Superintendência do Patrimônio da União, no prazo de até sessenta dias, sob pena de permanecer responsável pelos débitos que vierem a incidir sobre o imóvel até a data da comunicação. *(Incluído pela Lei nº 13.465, de 2017)*

Art. 133. *(Revogado pela Lei nº 9.636, de 1998)*

TÍTULO III – DA ALIENAÇÃO DOS BENS IMÓVEIS DA UNIÃO

CAPÍTULO I – DISPOSIÇÕES GERAIS

Arts. 134 a 140. *(Revogados pelo Decreto-lei nº 2.398, de 1987)*

CAPÍTULO II – DOS IMÓVEIS UTILIZÁVEIS EM FINS RESIDENCIAIS

Arts. 141 a 144. *(Revogados pelo Decreto-lei nº 2.398, de 1987)*

CAPÍTULO III – DOS IMÓVEIS UTILIZÁVEIS EM FINS COMERCIAIS OU INDUSTRIAIS

Arts. 145 a 148. *(Revogados pelo Decreto-lei nº 2.398, de 1987)*

CAPÍTULO IV – DOS TERRENOS DESTINADOS A FINS AGRÍCOLAS E DE COLONIZAÇÃO

Art. 149. Serão reservados em zonas rurais, mediante escolha do Ministério da Agricultura, na forma da lei, terrenos da União, para estabelecimento de núcleos coloniais.

§ 1º Os terrenos assim reservados, excluídas as áreas destinadas à sede, logradouros e outros serviços gerais do núcleo, serão loteadas para venda de acordo com plano organizado pelo Ministério da Agricultura.

§ 2º O Ministério da Agricultura remeterá ao S.P.U. cópia do plano geral do núcleo, devidamente aprovado.

Art. 150. Os lotes de que trata o § 1º do artigo anterior serão vendidos a nacionais que queiram dedicar-se à agricultura e a estrangeiros agricultores, a critério, na forma da lei, do Ministério da Agricultura.

Art. 151. O preço de venda dos lotes será estabelecido por comissão de avaliação designada pelo Diretor da Divisão de Terras e Colonização (D.T.C.) do Departamento Nacional da Produção Vegetal, do Ministério da Agricultura.

Art. 152. O preço da aquisição poderá ser pago em prestações anuais, até o máximo de 15 (quinze), compreendendo amortização e juros de 6 % (seis por cento) ao ano, em total constante e discriminável conforme o estado real da dívida.

§ 1º A Primeira prestação vencer-se-á no último dia do terceiro ano e as demais no último dos anos restantes, sob pena de multa de mora de 5% (cinco por cento) ao ano sobre o valor da dívida.

§ 2º Em caso de atraso de pagamento superior a 2 (dois) anos proceder-se-á à cobrança executiva da dívida, salvo motivo justificado, a critério da D.T.C.

§ 3º O adquirente poderá, em qualquer tempo, antecipar o pagamento da dívida, bem como fazer amortizações em cotas parciais, não inferiores a Cr$ 1.000,00 (um mil cruzeiros), para o fim de reduzir a importância ou o número das prestações, ou ambos.

Art. 153. Ajustada a transação, lavrar-se-á contrato de promessa de compra e venda, de que constarão todas as condições que hajam sido estipuladas.

Parágrafo único. Para elaboração da minuta do contrato, a D.T.C. remeterá ao S.P.U. os elementos necessários, concernentes à qualificação do adquirente, à identificação do lote e às obrigações estabelecidas, quanto ao pagamento e à utilização do terreno.

Art. 154. Pago o preço total da aquisição, e cumpridas as demais obrigações assumidas, será lavrado o contrato definitivo de compra e venda.

Parágrafo único. Em caso de falecimento do adquirente que tenha pago 3 (três) prestações, será dispensado o pagamento do restante da divida aos seus herdeiros, aos quais será outorgado o título definitivo.

Art. 155. O promitente comprador e, quanto a núcleos coloniais não emancipados, o proprietário do lote, não poderão onerar nem por qualquer forma transferir o imóvel, sem prévia licença da D.T.C.

Parágrafo único. A D.T.C. dará conhecimento ao S. P. U. das licenças que tiver concedido para os fins de que trata o presente artigo.

Art. 156. As terras de que trata o Art. 65 poderão ser alienadas sem concorrência, pelo S.P.U., com prévia audiência do Ministério da Agricultura, aos seus arrendatários, possuidores ou ocupantes.

Parágrafo único. A alienação poderá ser feita nas condições previstas nos arts. 152, 153 e 154, vencível, porém, a primeira prestação no último dia do primeiro ano, e excluída a dispensa de que trata, o parágrafo único do art. 154.

Art. 157. Os contratos de que tratam os artigos anteriores, são sujeitos às disposições deste Decreto-lei.

Art. 158. Cabe ao S.P.U. fiscalizar o pagamento das prestações devidas e à D.T.C. o cumprimento das demais obrigações contratuais.

CAPÍTULO V – DOS TERRENOS OCUPADOS

Arts. 159 a 163. *(Revogados pelo Decreto-lei nº 2.398, de 1987)*

CAPÍTULO VI – DA LEGITIMAÇÃO DE POSSE DE TERRAS DEVOLUTAS

Art. 164. Proferida a sentença homologatória a que se refere o art. 57, iniciará a Fazenda Nacional a execução, sem embargo de qualquer recurso, requerendo preliminarmente ao Juiz da causa a intimação dos possuidores de áreas reconhecidas ou julgadas devolutas a legitimarem suas posses, caso o queiram, a lei o permita e o Governo Federal consinta-lhes fazê-lo, mediante pagamento das custas que porventura estiverem devendo e recolhimento aos cofres da União, dentro de 60 (sessenta) dias, da taxa de legitimação.

Parágrafo único. O termo de 60 (sessenta) dias começará a correr da data em que entrar em cartório a avaliação da área possuída.

Art. 165. Declarar-se-ão no requerimento aqueles a quem o Governo Federal recusa legitimação.

Dentro de 20 (vinte) dias da intimação os possuidores que quiserem e puderem legitimar suas posses fa-lo-ão saber, mediante comunicação autêntica ao Juiz da causa ou ao S.P.U.

Art. 166. Consistirá a taxa de legitimação em porcentagem sobre a avaliação, que será feita por perito residente no foro rei sitae, nomeado pelo Juiz.

O perito não terá direito a emolumentos superiores aos cifrados no Regimento de Custas Judiciais.

Art. 167. A avaliação recairá exclusivamente sobre o valor do solo, excluído o das benfeitorias, culturas, animais, acessórios e pertences do legitimante.

Art. 168. A taxa será de 5% (cinco por cento) em relação às posses tituladas de menos de 20 (vinte) e mais de 10 (dez) anos, de 10% (dez por cento) às tituladas de menos de 10 (dez) anos: de 20% (vinte por cento) e 15% (quinze por cento) para as não tituladas respectivamente de menos de 15 (quinze) anos ou menos de 30 (trinta) e mais de 15 (quinze).

Art. 169. Recolhidas aos cofres públicos nacionais as custas porventura devidas, as da avaliação e a taxa de legitimação, expedirá o Diretor do S.P.U., a quem subirá o respectivo processo, o título de legitimação, pelo qual pagará o legitimante apenas o selo devido.

§ 1º O titulo será confeccionado em forma de carta de sentença, com todos os característicos e individuações da propriedade a que se refere, segundo modelo oficial.

§ 2º Deverá ser registrado em livro a isso destinado pelo S.P.U., averbando-se a o lado, em coluna própria, a publicação no Diário Oficial da União, do Estado ou do Território, consoante seja o caso, ou na folha que lhe publicar o expediente, bem como a transcrição que do respectivo título se fizer no Registro Geral de Imóveis da Comarca de situação das terras, segundo o artigo subsequente.

Art. 170. Será o título transcrito no competente Registro Geral de Imóveis, feita a necessária publicação no Diário Oficial da União, do Estado ou do Território, conforme o caso, ou na folha que lhe editar o expediente.

§ 1º O oficial do Registro de Imóveis remeterá ao S.P.U. uma certidão em relatório da transcrição feita, a fim de ser junta aos autos.

§ 2º Incorrerá na multa de Cr$.. 200,00 (duzentos cruzeiros) a Cr$... 1.000,00 (um mil cruzeiros), aplicada pela autoridade judiciária local, a requerimento do S.P.U., o oficial que não fizer a transcrição ou remessa dentro de 30 (trinta) dias do recebimento do título.

Art. 171. Contra os que, sendo-lhes permitido fazer, não fizerem a legitimação no prazo legal, promoverá o S.P.U., a execução de sentença por mandado de imissão de posse.

Art. 172. Providenciará o S.P.U. a transcrição, no competente Registro Geral de Imóveis, das terras sobre que versar a execução, assim como de todas declaradas de domínio da União e a ele incorporadas, para o que se habilitará com carta de sentença, aparelhada no estilo do direito comum.

Art. 173. Aos brasileiros natos ou naturalizados, possuidores de áreas consideradas diminutas, atendendo-se ás peculiaridades locais, com títulos extremamente perfeitos de aquisições de boa fé, é lícito requerer e ao S.P.U., conceder expedição de título de domínio, sem taxa ou com taxa inferior à fixada no presente Decreto-lei.

Art. 174. O Governo Federal negará legitimação, quando assim entender de justiça, de interesse público ou quando assim lhe ordenar a disposição da lei, cumprindo-lhe, se for o caso, indenizar as benfeitorias feitas de boa fé.

TÍTULO IV – DA JUSTIFICAÇÃO DE POSSE DE TERRAS DEVOLUTAS

Art. 175. Aos interessados que se acharem nas condições das letras e, f, g, e parágrafo único do art. 5º será facultada a justificação administrativa de suas posses perante o órgão local do S.P.U., a fim de se forrarem a possíveis inquietações da parte da União e a incômodos de pleitos em tela judicial.

Art. 176. As justificações só têm eficácia nas relações dos justificantes com a Fazenda Nacional e não obstam, ainda em caso de malogro, ao uso dos remédios que porventura lhes caibam e a dedução de seus direitos em Juízo, na forma e medida da legislação civil.

Art. 177. O requerimento de justificação será dirigido ao Chefe do órgão local do S.P.U., indicando o nome, nacionalidade, estado civil e residência do requerente e de seu representante no local da posse, se o tiver; a data da posse e os documentos que possam determinar a época do seu início e continuidade; a situação das terras e indicação da área certa ou aproximada, assim como a natureza das benfeitorias, culturas e criações que houver, com o valor real ou aproximado de uma e outras, a descrição dos limites da posse com indicação de todos os confrontantes e suas residências, o rol de testemunhas e documentos que acaso corroborem o alegado.

Art. 178. Recebido, protocolado e autuado o requerimento com os documentos que o instruírem, serão os autos distribuídos ao Procurador da Fazenda Pública para tomar conhecimento do pedido e dirigir o processo.

Parágrafo único. Se o pedido não se achar em forma, ordenará o referido Procurador ao requerente que complete as omissões, que contiver; se se achar em forma ou for sanado das omissões, admiti-lo-á a processo.

Art. 179. Do pedido dar-se-á então conhecimento a terceiros, por aviso circunstanciado publicado 3 (três vezes dentro de 60 (sessenta) dias, no Diário Oficial da União, do Estado ou Território, consoante for o caso, ou na folha que lhe der publicidade ao expediente, e 2 (duas) vezes com intervalo de 20 (vinte) dias, no jornal da Comarca, ou Município, onde estiverem as terras, se houver, adiantadas as respectivas despesas pelo requerente.

Art. 180. Poderão contestar o pedido, terceiros por ele prejudicados, dentro de 30 (trinta) dias, depois de findo o prazo edital.

Parágrafo único. A contestação mencionará o nome e residência do contestante, motivos de sua oposição e provas em que se fundar. Apresentada a contestação ou findo o prazo para ela marcado, o Procurador da Fazenda Pública requisitará ao S.P.U. um dos seus engenheiros ou agrimensores para, em face dos autos, proceder a uma vistoria sumária da área objeto da justificação e prestar todas as informações que interessem ao despacho do pedido.

Art. 181. Realizada a vistoria, serão as partes admitidas, uma após outra, a inquirir suas testemunhas, cujos depoimentos serão reduzidos a escrito em forma breve pelo escrivão ad hoc, que for designado para servir no processo.

Art. 182. Terminadas as inquirições serão os autos encaminhados, com parecer do Procurador da Fazenda Pública ao Chefe do órgão local do S.P.U., para decidir o caso de acordo com as provas colhidas e com outras que possa determinar ex-offício.

Art. 183. Da decisão proferida pelo Chefe do órgão local do S.P.U. cabe ao Procurador da Fazenda Pública e às partes, recurso voluntário para o Conselho de Terras da União (C. T. U.), dentro do prazo de 30 (trinta) dias da ciência dada aos interessados pessoalmente ou por carta registrada.

Parágrafo único. Antes de presente ao C. T. U. subirão os autos do recurso ao Diretor do S. P. U. para manifestar-se sobre o mesmo.

Art. 184. Julgada procedente a justificação e transitando em julgado a decisão administrativa, expedirá o Diretor do S.P.U., à vista do processo respectivo, título recognitivo do domínio do justificante, título que será devidamente formalizado como o de legitimação.

Art. 185. Carregar-se-ão às partes interessadas as custas e despesas feitas, salvo as de justificação com assento no art. 148 da Constituição Federal, que serão gratuitas, quando julgadas procedentes.

A contagem se fará pelo Regimento das Custas Judiciais.

TÍTULO V – DO CONSELHO DE TERRAS DA UNIÃO

Art. 186. Fica criado, no Ministério da Fazenda, o Conselho de Terras da União (C.T.U.), órgão coletivo de julgamento e deliberação, na esfera administrativa, de questões concernentes a direitos de propriedade ou posse de imóveis entre a União e terceiros, e de consulta do Ministro da Fazenda.

Parágrafo único. O C.T.U. terá, além disso, as atribuições especificas que lhe forem conferidas no presente Decreto-lei.

Art. 187. O C.T.U. será constituído por 6 (seis) membros, nomeados pelo Presidente da República, e cujos mandatos, com a duração de 3 (três) anos, serão renovados pelo terço.

§ 1º As nomeações recairão em 3 (três) servidores da União, 2 (dois) dos quais Engenheiros e 1 (um) Bacharel em Direito, dentre nomes indicados pelo Ministro da Fazenda, e os restantes escolhidos de listas tríplices apresentadas pela Federação Brasileira de Engenheiros, pela Ordem dos Advogados do Brasil e pela Federação das Associações de Proprietários de Imóveis do Brasil ou, na falta destes, por entidades congêneres.

§ 2º Os Conselhos terão Suplentes, indicados e nomeados na mesma forma daqueles.

§ 3º Aos Suplentes cabe, quando convocados pelo Presidente do Conselho, substituir, nos impedimentos temporários, e nos casos de perda ou renúncia de mandato, os respectivos Conselheiros.

Art. 188. O C.T.U. será presidido por um Conselheiro, eleito anualmente pelos seus pares na primeira reunião de cada ano.

Parágrafo único. Concomitantemente com a do Presidente, far-se-á a eleição do Vice-Presidente, que substituirá aquele em suas faltas e impedimentos.

Art. 189. O C.T.U. funcionará com a maioria de seus membros e realizará no mínimo 8 (oito) sessões mensais,das quais será lavrada ata circunstanciada.

Art. 190. Os processos submetidos ao Conselho serão distribuídos, em sessão, ao Conselheiro relator, mediante sorteio.

§ 1º Os Conselheiros poderão reter, pelo prazo de 15 (quinze) dias, prorrogáveis, quando solicitado, a critério do Conselho, os processos que lhe tenham sido distribuídos para o relatório, ou conclusos, mediante pedido de vista.

§ 2º Ao Presidente do Conselho, além das que lhes forem cometidas pelo Regimento, compete as mesmas atribuições dos demais Conselheiros.

Art. 191. O C.T.U. decidirá por maioria de votos dos membros presentes, cabendo ao seu Presidente, além do de qualidade, o voto de desempate.

Art. 192. Das decisões do Conselho caberá recurso para o próprio Conselho, no prazo de 20 (vinte) dias úteis, contados da data da decisão proferida.

Parágrafo único. Os recursos somente serão julgados com a presença de, no mínimo, igual número dos membros presentes à sessão em que haja sido proferida a decisão recorrida.

Art. 193. Junto ao Conselho serão admitidos procuradores das partes interessadas no julgamento, aos quais será permitido pronunciamento oral em sessão, constando do processo o instrumento do mandato.

§ 1º A Fazenda Nacional será representada por servidor da União, designado pelo Ministro da Fazenda, cabendo-lhe ter visto dos processos, pelo prazo improrrogável de 15 (quinze) dias, antes do julgamento e depois de estudados pelo Conselheiro relator.

§ 2º O Representante da Fazenda terá Suplente, pela mesma forma designado, que o substituíra em suas faltas e impedimentos.

Art. 194. O C.T.U., votará e aprovará seu Regimento.

Parágrafo único. Nenhuma alteração se fará no Regimento sem aprovação do Conselho em 2 (duas) sessões consecutivas, a que estejam presentes pelo menos 5 (cinco) Conselheiros.

Art. 195. O Conselho terá uma Secretaria, que será chefiada por um Secretário e terá os auxiliares necessários, todos designados pelo Diretor Geral da Fazenda Nacional.

Parágrafo único. Ao Secretário competirá, além das atribuições que lhe forem cometidas no Regimento, lavrar e assinar as atas das sessões, que serão submetidas à aprovação do Conselho.

Art. 196. O Conselheiro, que sem causa justificada, a critério do próprio Conselho, faltar a 4 (quatro) sessões Consecutivas, perderá o mandato.

Art. 197. Serão considerados de efetivo exercício os dias em que o Conselheiro, servidor da União, ou o Representante da Fazenda estiver afastado do serviço público ordinário, em virtude de comparecimento a sessão do Conselho.

TÍTULO VI – DISPOSIÇÕES FINAIS E TRANSITÓRIAS

Art. 198. A União tem por insubsistentes e nulas quaisquer pretensões sobre o domínio pleno de terrenos de marinha e seus acrescidos, salvo quando originais em títulos por ela outorgadas na forma do presente Decreto-lei.

Art. 199. A partir da data da publicação do presente Decreto-lei, cessarão as atribuições cometidas a outros órgãos da administração federal, que não o C.T.U., concernentes ao exame e julgamento, na esfera administrativa, de questões entre a União e terceiros, relativas à propriedade ou posse de imóvel. *(Vide Decreto-lei nº 9.886, de 1946)*

§ 1º Os órgãos a que se refere este artigo remeterão ao C. T. U., dentro de 30 (trinta) dias, os respectivos processos pendentes de decisão final.

§ 2º Poderá, a critério do Governo, ser concedido novo prazo para apresentação, ao C.T.U., dos títulos de que trata o art. 2º do Decreto-lei nº 893, de 26 de novembro de 1938.

Art. 200. Os bens imóveis da União, seja qual for a sua natureza, não são sujeitos a usucapião.

Art. 201. São consideradas dívida ativa da União, para efeito de cobrança executiva, as provenientes de aluguéis, taxas, foros, laudêmios e outras contribuições concernentes de utilização de bens imóveis da União.

Art. 202. Ficam confirmadas as demarcações de terrenos de marinha com fundamento em lei vigente na época em que tenham sido realizadas.

Art. 203. Fora dos casos expressos em lei, não poderão as terras devolutas da União ser alienadas ou concedidas senão a título oneroso.

Parágrafo único. Até que sejam regularmente instalados nos Territórios Federais os órgãos locais do S. P. U., continuarão os Governadores a exercer as atribuições que a lei lhes confere, no que respeita às concessões de terras.

Art. 204. Na faixa de fronteira observar-se-á rigorosamente, em matéria de concessão de terras, o que a respeito estatuir a lei especial, cujos dispositivos prevalecerão em qualquer circunstância.

Art. 205. A pessoa estrangeira, física ou jurídica, não serão alienadas, concedidos ou transferidos imóveis da União situados nas zonas de que trata a letra a do art. 100, exceto se houver autorização do Presidente da República.

§ 1º Fica dispensada a autorização quando se tratar de unidade autônoma de condomínios, regulados pela Lei nº 4.591, de 16 de dezembro de 1964, desde que o imóvel esteja situado em zona urbana, e as frações ideais pretendidas, em seu conjunto, não ultrapassem 1/3 (um terço) de sua área total. *(Incluído pela Lei nº 7.450, de 1985)*

§ 2º A competência prevista neste artigo poderá ser delegada ao Ministro de Estado do Planejamento, Orçamento e Gestão, permitida a subdelegação ao Secretário do Patrimônio da União do Ministério do Planejamento, Orçamento e Gestão. *(Redação dada pela Lei nº 13.139, de 2015)*

§ 3º Exclusivamente para pessoas físicas, fica dispensada a autorização quando se tratar de transferência de titularidade de terrenos de até mil metros quadrados, situados dentro da faixa de cem metros ao longo da costa marítima. *(Incluído pela Lei nº 13.465, de 2017)*

§ 4º A dispensa de que trata o § 3º deste artigo aplica-se, também, aos processos de transferência protocolados na Secretaria do Patrimônio da União (SPU) até 22 de dezembro de 2016. *(Incluído pela Lei nº 13.465, de 2017)*

Art. 206. Os pedidos de aforamento de terrenos da União, já formulados ao S. P U., deverão prosseguir em seu processamento, observadas, porém, as disposições deste Decreto-lei, no que for aplicável.

Art. 207. A D T. C. do Departamento Nacional da Produção Vegetal, do Ministério da Agricultura, remeterá ao S. P U., no prazo de 180 (cento e oitenta) dias da publicação deste Decreto-lei, cópia das plantas dos núcleos coloniais, bem como dos termos, ajustes, contratos e títulos referentes à aquisição de lotes dos mesmos núcleos, e, ainda, relação dos adquirentes e dos pagamentos por eles efetuados.

Art. 208. Dentro de 90 (noventa) dias da publicação deste Decreto-lei, as repartições federais interessadas deverão remeter ao S. P. U. relação dos imóveis de que necessitem, total ou parcialmente, para os fins previstos no artigo 76 e no item I do artigo 86, justificando o pedido.

Parágrafo único. Findo esse prazo, o S. P. U. encaminhará dentro de 30 (trinta) dias ao Presidente da República as relações que dependam de sua aprovação, podendo dar aos demais imóveis da União a aplicação que julgar conveniente, na forma deste Decreto-lei.

Art. 209. As repartições federais deverão remeter ao S. P.U., no prazo de 60 (sessenta) dias da publicação deste Decreto-lei, relação dos imóveis que tenham a seu cargo, acompanhada da documentação respectiva, com indicação dos que estejam servindo de residência de servidor da União, em caráter obrigatório, e do ato determinante da obrigatoriedade.

Art. 210. Fica cancelada toda dívida existente, até a data da publicação deste Decreto-lei, oriunda de aluguel de imóvel ocupado por servidor da União como residência em caráter obrigatório, determinado em lei, regulamento, regimento ou outros atos do Governo.

Art. 211. Enquanto não forem aprovadas, na forma deste Decreto-lei, as relações de que trata o art. 208, os ocupantes de imóveis que devam constituir residência obrigatória de servidor da União, ficam sujeitos ao pagamento do aluguel comum, que for fixado.

Art. 212. Serão mantidas as locações, mediante contrato, de imóveis da União, existentes na data da publicação deste Decreto-lei.

Parágrafo único. Findo o prazo contratual, o S. P. U. promoverá a conveniente utilização do imóvel.

Art. 213. Havendo, na data da publicação deste Decreto-lei, prédio residencial ocupado sem contrato e que não seja necessário aos fins previstos no artigo 76 e no item I do artigo 86, o S. P. U. promoverá a realização de concorrência para sua regular locação.

§ 1º Enquanto não realizada a concorrência, poderá o ocupante permanecer no imóvel, pagando o aluguel for fixado.

§ 2º Será mantida a locação, independentemente de concorrência, de próprio nacional ocupado por servidor da União pelo tempo ininterrupto de 3 (três) ou mais anos, contados da data da publicação deste Decreto-lei, desde que durante esse período tenha o locatário pago com pontualidade os respectivos aluguéis e, a critério do S. P. U., conservado satisfatoriamente o imóvel.

§ 3º Na hipótese prevista no parágrafo precedente, o órgão local do S. P. U. promoverá imediatamente a assinatura do respectivo contrato de locação, mediante o aluguel que for fixado.

§ 4º Nos demais casos, ao ocupante será assegurada, na concorrência, preferência à locação, em igualdade de condições.

§ 5º Ao mesmo ocupante far-se-á notificação, com antecedência de 30 (trinta) dias, da abertura da concorrência.

Art. 214. No caso do artigo anterior, sendo, porém, necessário o imóvel aos fins nele mencionados ou não convindo à União alugá-lo por prazo certo, poderá o ocupante nele permanecer, sem contrato, pagando o aluguel que for fixado enquanto não utilizar-se a União do imóvel ou não lhe der outra aplicação.

Art. 215. Os direitos peremptos por forma do disposto nos arts. 20, 28 e 35 do Decreto-lei nº 3.438, de 17 de Julho de 1941, e 7º do Decreto-lei nº 5.666, de 15 da Julho de 1943, ficam revigorados correndo os prazos para o seu exercício da data da notificação de que trata o art. 104 deste Decreto-lei.

Art. 216. O Ministro de Estado da Economia, diretamente ou por ato do Secretário Especial de Desestatização, Desinvestimento e Mercados do Ministério da Economia, ouvido previamente o Secretário de Coordenação e Governança do Patrimônio da União, editará os atos necessários à execução do disposto neste Decreto-Lei. *(Redação dada pela Lei nº 13.874, de 2019)*

Art. 217. O presente Decreto-lei entra em vigor na data de sua publicação.

Art. 218. Revogam-se as disposições em contrário.

Rio de Janeiro, 5 de Setembro de 1946, 125º da Independência e 58º da República.
EURICO G. DUTRA
(DOU. de 6.9.1946)

DECRETO-LEI Nº 57, DE 18 DE NOVEMBRO DE 1966

Altera dispositivos sobre lançamento e cobrança do Imposto sobre a Propriedade Territorial Rural, institui normas sobre arrecadação da Dívida Ativa correspondente, e dá outras providências.

O PRESIDENTE DA REPÚBLICA, no uso das atribuições que lhe são conferidas pelo artigo 31, Parágrafo Único, do Ato Institucional nº 2, de 27 de outubro de 1965, e pelo artigo 2º do Ato Complementar nº 23, de 20 de outubro 1996,

DECRETA:

Art. 1º Os débitos dos contribuintes, relativos ao Imposto sobre a Propriedade Territorial Rural (ITR), Taxas de Serviços Cadastrais e respectivas multas, não liquidadas em cada exercício, serão inscritos como dívida ativa, acrescidos da multa de 20% (vinte por cento).

Art. 2º A dívida ativa, de que trata o artigo anterior, enquanto não liquidada, estará sujeita à multa de 20% (por cento) por exercício, devido a partir de primeiro de janeiro de cada ano, sempre sobre o montante do débito de 31 de dezembro do ano anterior.

§ 1º Os débitos em dívida ativa, na data de primeiro de janeiro de cada exercício subsequente, estarão sujeitos aos juros de mora de 12% a.a. (doze por cento ao ano) e mais correção monetária, aplicados sobre o total da dívida em 31 de dezembro do exercício anterior.

§ 2º O Conselho Nacional de Economia fixará os índices de correção monetária, específicos para o previsto no parágrafo anterior.

Art. 3º Enquanto não for iniciada a cobrança judicial, os débitos inscritos em dívida ativa poderão ser incluídos na guia de arrecadação do ITR dos exercícios subsequentes, para sua liquidação conjunta.

Parágrafo único. Ressalvada a hipótese prevista neste artigo, não será permitido o pagamento dos tributos referentes a um exercício, sem que o contribuinte comprove a liquidação dos débitos do exercício anterior ou o competente depósito judicial das quantias devidas.

Art. 4º Do produto do ITR e seus acrescidos, cabe ao Instituto Brasileiro de Reforma Agrária (IBRA) a parcela de 20% (vinte por cento) para custeio do respectivo serviço de lançamento e arrecadação. *(Suspensa a execução pela RSF nº 337, de 1983)*

Art. 5º A taxa de serviços cadastrais cobrada pelo IBRA, pela emissão do Certificado de Cadastro, incide sobre todos os imóveis rurais, ainda que isentos do ITR. *(Vide Lei nº 6.747, de 1979) (Vide Decreto-lei nº 1.989, de 1982) (Vide Decreto-lei nº 2.377, de 1987)*

§§ 1º e 2º *(Revogados pela Lei nº 5.868, de 1972)*

Art. 6º As isenções concedidas pelo art. 66 da Lei nº 4.504, de 30 de novembro de 1964, não se referem ao ITR e à Taxa de Serviços Cadastrais.

Art. 7º *(Revogado pela Lei nº 5.868, de 1972)*

Art. 8º Para fins de cadastramento e do lançamento do ITR, a área destinada a exploração mineral, em um imóvel rural, será considerada como inaproveitável, desde que seja comprovado que a mencionada destinação impede a exploração da mesma em atividades agrícolas, pecuária ou agroindustrial e que sejam satisfeitas as exigências estabelecidas na regulamentação deste Decreto-Lei.

Art. 9º Para fins de cadastramento e lançamento do ITR, as empresas industriais situadas em imóvel rural poderão incluir como inaproveitáveis as áreas ocupadas por suas instalações e as não cultivadas necessárias ao seu funcionamento, desde que feita a comprovação, junto ao IBRA, na forma do disposto na regulamentação deste Decreto-Lei.

Art. 10. As notificações de lançamento e de cobrança do ITR e da Taxa de Cadastro considerar-se-ão feitas aos contribuintes, pela só publicação dos respectivos editais, no Diário Oficial da União e sua afixação na sede das Prefeituras em cujos municípios se localizam os imóveis, devendo os Prefeitos promoverem a mais ampla divulgação desses editais.

Parágrafo único. Até que sejam instalados os equipamentos próprios de computação do IBRA, que permitam a programação das emissões na forma estabelecida no inciso IV do artigo 48 da Lei 4.504, de 30 de novembro de 1964, o período de emissão de Guias será de 1º de abril a 31 de julho de cada exercício.

Art. 11. *(Revogado pela Lei nº 5.868, de 1972)*

Art. 12. Os tabeliães e oficiais do Registro de Imóvel franquearão seus livros, registros e demais papéis ao IBRA, por seus representantes devidamente credenciados, para a obtenção de elementos necessários ao Cadastro de Imóveis Rurais.

Art. 13. As terras de empresas organizadas como pessoa jurídica, pública ou privada, somente poderão ser consideradas como terras racionalmente aproveitadas, para os fins de aplicação do § 7º do art. 50 da Lei 4.504, de 30 de novembro de 1964, quando satisfaçam, comprovadamente, junto ao IBRA, as exigências da referida lei e estejam classificadas como empresas de capital aberto, na forma do disposto no art. 59 da Lei 4.728 de 14 de julho de 1965.

Art. 14. *(Revogado pela Lei nº 5.868, de 1972)*

Art. 15. O disposto no art. 32 da Lei nº 5.172, de 25 de outubro de 1966, não abrange o imóvel de que, comprovadamente, seja utilizado em exploração extrativa vegetal, agrícola, pecuária ou agroindustrial, incidindo assim, sobre o mesmo, o ITR e demais tributos com o mesmo cobrados. *(Revogação suspensa pela RSF nº 9, de 2005)*

Art. 16. Os loteamentos das áreas situadas fora da zona urbana, referidos no parágrafo 2º do art. 32 da Lei 5.172 de 25 de outubro de 1966, só serão permitidos quando atendido o disposto no art. 61 da Lei 4.504, de 30 de novembro de 1964.

Art. 17. O Poder Executivo baixará dentro do prazo de 30 dias, regulamento sobre a aplicação deste Decreto-Lei.

Art. 18. O presente Decreto-Lei entra em vigor, na data de sua publicação, revogadas as disposições em contrário.

Brasília, 18 de novembro de 1966; 145º da Independência e 78º da República.
H. CASTELLO BRANCO (DOU. de 21.11.1966)

DECRETO-LEI Nº 271, DE 28 DE FEVEREIRO DE 1967

Dispõe sobre loteamento urbano, responsabilidade do loteador concessão de uso e espaço aéreo e dá outras providências.

O PRESIDENTE DA REPÚBLICA, usando da atribuição que lhe confere o art. 9º, § 2º, do Ato Institucional nº 4, de 7 de dezembro de 1966,

DECRETA:

Art. 1º O loteamento urbano rege-se por este decreto-lei.

› *Art. 2º, § 2º, da Lei do Parcelamento do Solo Urbano (Lei 6.766/1979)*

§ 1º Considera-se loteamento urbano a subdivisão de área em lotes destinados à edificação de qualquer natureza que não se enquadre no disposto no § 2º deste artigo.

§ 2º Considera-se desmembramento a subdivisão de área urbana em lotes para edificação na qual seja aproveitado o sistema viário oficial da cidade ou vila sem que se abram novas vias ou logradouros públicos e sem que se prolonguem ou se modifiquem os existentes.

§ 3º Considera-se zona urbana, para os fins deste decreto-lei, a da edificação contínua das povoações, as partes adjacentes e as áreas que, a critério dos Municípios, possivelmente venham a ser ocupadas por edificações contínuas dentro dos seguintes 10 (dez) anos.

Art. 2º Obedecidas as normas gerais de diretrizes, apresentação de projeto, especificações técnicas e dimensionais e aprovação a serem baixadas pelo Banco Nacional de Habitação dentro do prazo de 90 (noventa) dias, os Municípios poderão, quanto aos loteamentos:

› *Art. 1º, parágrafo único da Lei do Parcelamento do Solo Urbano (Lei 6.766/1979)*

I – obrigar a sua subordinação às necessidades locais, inclusive quanto à destinação e utilização das áreas, de modo a permitir o desenvolvimento local adequado;

II – recusar a sua aprovação ainda que seja apenas para evitar excessivo número de lotes com o consequente aumento de investimento subutilizado em obras de infraestrutura e custeio de serviços.

Art. 3º Aplica-se aos loteamentos a Lei nº 4.591, de 16 de dezembro de 1964, equiparando-se o loteador ao incorporador, os compradores de lote aos condôminos e as obras de infraestrutura à construção da edificação.

› *Arts. 9º a 62 da Lei de Incorporações Imobiliárias (Lei 4.591/1964)*

§ 1º O Poder Executivo, dentro de 180 dias regulamentará este decreto-lei, especialmente quanto à aplicação da Lei nº 4.591, de 16 de dezembro de 1964, aos loteamentos, fazendo inclusive as necessárias adaptações.

§ 2º O loteamento poderá ser dividido em etapas discriminadas, a critério do loteador, cada uma das quais constituirá um condomínio que poderá ser dissolvido quando da aceitação do loteamento pela Prefeitura.

Art. 4º Desde a data da inscrição do loteamento passam a integrar o domínio público de Município as vias e praças e as áreas destinadas a edifícios públicos e outros equipamentos urbanos, constantes do projeto e do memorial descritivo.

› *Art. 22 da Lei do Parcelamento do Solo Urbano (Lei 6.766/1979)*

Parágrafo único. O proprietário ou loteador poderá requerer ao Juiz competente a reintegração em seu domínio das partes mencionados no corpo deste artigo quando não se efetuarem vendas de lotes.

Art. 5º Nas desapropriações, não se indenizarão as benfeitorias ou construções realizadas em lotes ou loteamentos irregulares, nem se considerarão como terrenos loteados ou loteáveis, para fins de indenização, as glebas não inscritas ou irregularmente inscritas como loteamentos urbanos ou para fins urbanos.

› *Art. 42 da Lei do Parcelamento do Solo Urbano (Lei 6.766/1979)*

Art. 6º O loteador ainda que já tenha vendido todos os lotes, ou os vizinhos são partes legítimas para promover ação destinada a impedir construção em desacordo com as restrições urbanísticas do loteamento ou contrárias a quaisquer outras normas de edificação ou de urbanização referentes aos lotes.

› *Art. 45 da Lei do Parcelamento do Solo Urbano (Lei 6.766/1979)*

Art. 7º É instituída a concessão de uso de terrenos públicos ou particulares remunerada ou gratuita, por tempo certo ou indeterminado, como direito real resolúvel, para fins específicos de regularização fundiária de interesse social, urbanização, industrialização, edificação, cultivo da terra, aproveitamento sustentável das várzeas, preservação das comunidades tradicionais e seus meios de subsistência ou outras modalidades de interesse social em áreas urbanas. *(Redação dada pela Lei nº 11.481, de 2007)*

§ 1º A concessão de uso poderá ser contratada, por instrumento público ou particular, ou por simples termo administrativo, e será inscrita e cancelada em livro especial.

§ 2º Desde a inscrição da concessão de uso, o concessionário fruirá plenamente do terreno para os fins estabelecidos no contrato e responderá por todos os encargos civis, administrativos e tributários que venham a incidir sobre o imóvel e suas rendas.

§ 3º Resolve-se a concessão antes de seu termo, desde que o concessionário dê ao imóvel destinação diversa da estabelecida no contrato ou termo, ou descumpra cláusula resolutória do ajuste, perdendo, neste caso, as benfeitorias de qualquer natureza.

§ 4º A concessão de uso, salvo disposição contratual em contrário, transfere-se por ato inter vivos, ou por sucessão legítima ou testamentária, como os demais direitos reais sobre coisas alheias, registrando-se a transferência.

§ 5º Para efeito de aplicação do disposto no *caput* deste artigo, deverá ser observada a anuência prévia: *(Incluído pela Lei nº 11.481, de 2007)*

I – do Ministério da Defesa e dos Comandos da Marinha, do Exército ou da Aeronáutica, quando se tratar de imóveis que estejam sob sua administração; e *(Incluído pela Lei nº 11.481, de 2007)*

II – do Gabinete de Segurança Institucional da Presidência de República, observados os termos do inciso III do § 1º do art. 91 da Constituição Federal. *(Incluído pela Lei nº 11.481, de 2007)*

Art. 8º É permitida a concessão de uso do espaço aéreo sobre a superfície de terrenos públicos ou particulares, tomada em projeção vertical, nos termos e para os fins do artigo anterior e na forma que for regulamentada.

Art. 9º Este decreto-lei não se aplica aos loteamentos que na data da publicação deste decreto-lei já estiverem protocolados ou aprovados nas prefeituras municipais para os quais continua prevalecendo a legislação em vigor até essa data.

Parágrafo único. As alterações de loteamentos enquadrados no " *caput* " deste artigo estão, porém, sujeitas ao disposto neste decreto-lei.

Art. 10. Este decreto-lei entrará em vigor na data de sua publicação, mantidos o Decreto-lei nº 58, de 10 de dezembro de 1937 e o Decreto número 3.079, de 15 de setembro de 1938, no que couber e não for revogado por dispositivo expresso deste decreto-lei, da Lei nº 4.591, de 16 de dezembro de 1964 e dos atos normativos mencionados no art. 2º deste decreto-lei.

Brasília, 28 de fevereiro de 1967;
146º da Independência e 79º da República.
H. CASTELLO BRANCO
(DOU de 28.2.1967)

DECRETO-LEI Nº 745, DE 7 DE AGOSTO DE 1969

Dispõe sobre os contratos a que se refere o art. 22 do Decreto-Lei nº 58, de 10 de dezembro de 1937, e dá outras providências.

O PRESIDENTE DA REPÚBLICA, usando da atribuição que lhe confere o § 1º do artigo 2º, do Ato Institucional nº 5, de 13 de dezembro de 1968.

DECRETA:

Art. 1º Nos contratos a que se refere o art. 22 do Decreto-Lei nº 58, de 10 de dezembro de 1937, ainda que não tenham sido registrados junto ao Cartório de Registro de Imóveis competente, o inadimplemento absoluto do promissário comprador só se caracterizará se, interpelado por via judicial ou por intermédio de cartório de Registro de Títulos e Documentos, deixar de purgar a mora, no prazo de 15 (quinze) dias contados do recebimento da interpelação. *(Redação dada pela Lei nº 13.097, de 2015)*

Parágrafo único. Nos contratos nos quais conste cláusula resolutiva expressa, a resolução por inadimplemento do promissário comprador se operará de pleno direito (art. 474 do Código Civil), desde que decorrido o prazo previsto na interpelação referida no *caput*, sem purga da mora. *(Redação dada pela Lei nº 13.097, de 2015)*

Art. 2º Este Decreto-lei entrará em vigor na data de sua publicação, revogadas as disposições em contrário.

Brasília, 7 de agosto de 1969;
148º da Independência e 81º da República.
COSTA E SILVA
(DOU. de 8.8.1969)

DECRETO-LEI Nº 1.075, DE 22 DE JANEIRO DE 1970

Regula a imissão de posse, initio litis, em imóveis residenciais urbanos.

O PRESIDENTE DA REPÚBLICA, usando da atribuição que lhe confere o artigo 55, I, da Constituição, e

CONSIDERANDO que, na cidade de São Paulo, o grande número de desapropriações em zona residencial ameaça desalojar milhares de famílias;

CONSIDERANDO que os proprietários de prédios residenciais encontram dificuldade, no sistema jurídico vigente, de obter, initio litis, uma indenização suficiente para a aquisição de nova casa própria;

CONSIDERANDO que a oferta do poder expropriante, baseada em valor cadastral do imóvel, é inferior ao valor real apurado em avaliação no processo de desapropriação;

CONSIDERANDO, finalmente, que o desabrigo dos expropriados causa grave risco à segurança nacional, por ser fermento de agitação social,

DECRETA:

Art. 1º Na desapropriação por utilidade pública de prédio urbano residencial, o expropriante, alegando urgência, poderá imitir-se provisoriamente na posse do bem, mediante o depósito do preço oferecido, se este não for impugnado pelo expropriado em cinco dias da intimação da oferta.

Art. 2º Impugnada a oferta pelo expropriado, o juiz, servindo-se, caso necessário, de perito avaliador, fixará em quarenta e oito horas o valor provisório do imóvel.

Parágrafo único. O perito, quando designado, deverá apresentar o laudo no prazo máximo de cinco dias.

Art. 3º Quando o valor arbitrado for superior à oferta, o juiz só autorizará a imissão provisória na posse do imóvel, se o expropriante complementar o depósito para que este atinja a metade do valor arbitrado.

Art. 4º No caso do artigo anterior, fica, porém, fixado em 2.300 (dois mil e trezentos) salários-mínimos vigentes na região, e máximo do depósito a que será obrigado o expropriante.

Art. 5º O expropriado observadas as cautelas previstas no artigo 34 do Decreto-lei nº 3.365, de 21 de junho de 1941, poderá levantar toda a importância depositada e complementada nos termos do artigo 3º.

Parágrafo único. Quando o valor arbitrado for inferior ou igual ao dobro do preço oferecido, é lícito ao expropriado optar entre o levantamento de 80% (oitenta por cento) do preço oferecido ou da metade do valor arbitrado.

Art. 6º O disposto neste Decreto-lei só se aplica à desapropriação de prédio residencial urbano, habitado pelo proprietário ou compromissário comprador, cuja promessa de compra esteja devidamente inscrita no Registro de Imóveis.

› *Art. 167, I-9 e I-20 da Lei 6.015/1973 (Lei de Registros Públicos)*

Art. 7º Este Decreto-lei entra em vigor na data de sua publicação, aplicando-se às ações já ajuizadas.

Art. 8º Revogam-se as disposições em contrário.

Brasília, 22 de janeiro de 1970;
149º da Independência e 82º da República.
EMÍLIO G. MÉDICI
(DOU. de 22.1.1970)

DECRETO-LEI Nº 1.381, DE 23 DE DEZEMBRO DE 1974

Dispõe sobre o tratamento tributário aplicável à empresa individual nas atividades imobiliárias, e dá outras providências.

O PRESIDENTE DA REPÚBLICA, no uso da atribuição que lhe confere o artigo 55, item II, da Constituição,

DECRETA:

Art. 1º Serão equiparadas às pessoas jurídicas, para os efeitos de cobrança do imposto de renda, as pessoas físicas que, como empresas individuais, praticarem operações imobiliárias, nos termos deste Decreto-lei.

Art. 2º Para os efeitos do disposto neste Decreto-lei, consideram-se:

I – Imóveis – os definidos no artigo 43, do Código Civil e os direitos à sua aquisição;

II – Data de aquisição ou de alienação – aquela em que for celebrado o contrato inicial da operação imobiliária correspondente, ainda que através de instrumento particular;

III – Ano calendário – período de doze meses consecutivos contados de 1º de janeiro a 31 de dezembro.

§ 1º Caracterizam-se a aquisição e a alienação pelos atos de compra e venda, de permuta, de transferência do domínio útil de imóveis foreiros, de cessão de direitos, de promessas dessas operações, de adjudicação ou arrematação em hasta pública, pela procuração em causa própria, ou por outros contratos afins em que haja transmissão de imóveis ou de direitos sobre imóveis.

§ 2º A data de aquisição ou de alienação constante de instrumento particular, se favorável aos interesses da pessoa física, só será aceita pela autoridade fiscal, quando atendida pelo menos uma das condições abaixo especificadas:

a) O instrumento tiver sido registrado no Registro Imobiliário ou no Registro de Títulos e Documentos no prazo de trinta dias contados da data dele constante;

b) Houver conformidade com cheque nominativo pago dentro do prazo de trinta dias contados da data do instrumento;

c) Houver conformidade com lançamentos contábeis da pessoa jurídica, atendidos os preceitos para escrituração em vigor.

d) Houver menção expressa da operação nas declarações de bens da parte interessada, apresentadas tempestivamente à repartição competente, juntamente com as declarações de rendimentos.

§ 3º O Ministro da Fazenda poderá estabelecer critérios adicionais para aceitação da data do instrumento particular a que se refere o parágrafo anterior.

Art. 3º Serão consideradas empresas individuais, para os fins do artigo 1º, as pessoas físicas que: *(Redação dada pelo Decreto-Lei nº 1.510, de 1976)*

I e II – *(Revogados pelo Decreto-Lei nº 2.072, de 1983)*

III – promoverem a incorporação de prédios em condomínio ou loteamento de terrenos. *(Redação dada pelo Decreto-Lei nº 1.510, de 1976)*

Art. 4º Para os efeitos de equiparação da pessoa física à pessoa jurídica, nos termos do inciso I, do artigo 3º, serão considerados vinculados à empresa:

I – os seus titulares ou administradores, na data da alienação do imóvel e os que o tenham sido nos doze meses imediatamente anteriores à alienação do imóvel;

II – os acionistas ou sócios que participarem, ou tenham participado em qualquer época do período de doze meses imediatamente anteriores à alienação, com mais de dez por cento do capital da empresa;

III – o cônjuge, os parentes até o terceiro grau e os dependentes das pessoas a que se referem as alíneas anteriores.

§ 1º Para os efeitos deste artigo, não serão consideradas as alienações: *(Redação dada pelo Decreto-Lei nº 1.510, de 1976)*

a) de imóveis havidos por legado, herança, e doação como adiantamento da legítima; *(Redação dada pelo Decreto-Lei nº 1.510, de 1976)*

b) de imóveis adquiridos mais de 60 (sessenta) meses antes da data da alienação. *(Redação dada pelo Decreto-Lei nº 1.510, de 1976)*

§ 2º No caso de equiparação da pessoa física à pessoa jurídica a que se refere este artigo, não se aplicará o disposto nos artigos 72 e 73, da Lei nº 4.506, de 30 de novembro de 1964.

Art. 5º Para os efeitos de equiparação da pessoa física à pessoa jurídica, nos termos do artigo 3º, inciso II, será considerada habitualidade na comercialização de imóveis a alienação: *(Redação dada pelo Decreto-Lei nº 1.510, de 1976)*

I – No prazo de 2 anos calendários consecutivos, de mais de 3 (três) imóveis adquiridos nesse mesmo biênio;

II – No prazo de 5 anos calendários consecutivos, de mais de 5 (cinco) imóveis adquiridos nesse mesmo quinquênio. *(Redação dada pelo Decreto-Lei nº 1.510, de 1976)*

§ 1º Nos termos deste artigo, não serão computadas as transferências de imóveis em decorrência de herança ou legado, as doações como adiantamento da legítima nem as alienações: *(Redação dada pelo Decreto-Lei nº 1.510, de 1976)*

a) de imóveis por motivo de desapropriação, recuo, ou extinção judicial de condomínio; *(Redação dada pelo Decreto-Lei nº 1.510, de 1976)*

b) de imóveis havidos por legado, herança e doação como adiantamento da legítima; *(Redação dada pelo Decreto-Lei nº 1.510, de 1976)*

c) de imóvel reavido por rescisão do contrato de alienação desse mesmo imóvel; *(Redação dada pelo Decreto-Lei nº 1.510, de 1976)*

d) de unidades imobiliárias havidas em pagamento de terreno a que se refere o artigo 39 da Lei nº 4.591 de 16 de dezembro de 1964 quando se tratar de terreno havido mais de 60 (sessenta) meses antes dessa operação; *(Redação dada pelo Decreto-Lei nº 1.510, de 1976)*

e) de vagas para guarda de automóveis. *(Redação dada pelo Decreto-Lei nº 1.510, de 1976)*

§ 2º Para os efeitos deste artigo, será considerada como uma única operação: *(Redação dada pelo Decreto-Lei nº 1.510, de 1976)*

a) alienação da totalidade ou de fração ideal de um terreno, com ou sem edificações, resultante da unificação de dois ou mais terrenos; *(Redação dada pelo Decreto-Lei nº 1.510, de 1976)*

b) a alienação conjunta da totalidade ou de fração ideal de dois terrenos confinantes, com ou sem edificações; *(Redação dada pelo Decreto-Lei nº 1.510, de 1976)*

c) a alienação em conjunto de até 5 (cinco) terrenos confinantes com o todo, sem edificações, desde que originados do desmembramento de um mesmo terreno e todos possuindo testada para logradouro público; *(Redação dada pelo Decreto-Lei nº 1.510, de 1976)*

d) a alienação conjunta de até 3 (três) unidades não residenciais situadas no mesmo pavimento de edifício e confinantes com o todo, desde que adquiridas de uma só vez pelo alienante. *(Redação dada pelo Decreto-Lei nº 1.510, de 1976)*

§ 3º Quando o imóvel alienado não tiver sido adquirido de uma só vez, mas parceladamente em anos diferentes, inclusive nos casos a que se refere o parágrafo anterior, adotar-se-á como ano de aquisição, aquele em que tiver sido adquirida a maior área de terreno ou as unidades que, em conjunto, correspondam a maior fração ideal de terreno; se na quantificação desses valores houver equivalência entre dois ou mais anos, consecutivos ou não, adotar-se-á o mais antigo. *(Redação dada pelo Decreto-Lei nº 1.510, de 1976)*

§ 4º O número de adquirentes, em condomínio ou em comunhão, não descaracterizará a unicidade da operação para o alienante. *(Redação dada pelo Decreto-Lei nº 1.510, de 1976)*

Art. 6º Nos termos do inciso III, do artigo 3º, serão equiparadas a pessoas jurídicas, em relação às incorporações imobiliárias ou loteamentos com ou sem construção, cuja documentação seja arquivada no Registro Imobiliário a partir da data da vigência deste Decreto-lei:

I – as pessoas físicas que, termos dos artigos 29, 30 e 68, da Lei nº 4.591, de 16 de dezembro de 1964, do Decreto-lei nº 58, de 10 de dezembro de 1937, ou do Decreto-lei número 271, de 28 de fevereiro de 1967, assumirem a iniciativa e a responsabilidade de incorporações ou loteamentos;

II – os titulares de terrenos ou glebas de terra que, nos termos do § 1º, do artigo 31, da Lei nº 4.591, de 16 de dezembro de 1964, ou do artigo 3º, do Decreto-lei nº 271, de 28 de fevereiro de 1967, outorgarem mandato a construtor ou corretor de imóveis com poderes para alienação de frações ideais ou lotes de terreno, quando os mandantes se beneficiarem do produto dessas alienações.

§ 1º Equipara-se, também, a pessoa jurídica o proprietário ou titular de terrenos ou glebas de terras que, sem efetuar o registro dos documentos de incorporação ou loteamento, neles promova a construção de prédio com mais de duas unidades imobiliárias ou a execução de loteamento se iniciar a alienação das unidades mobiliárias ou dos lotes de terreno antes de decorrido o prazo de 60 (sessenta) meses contado da data da averbação, no Registro Imobiliário, da construção do prédio ou da aceitação das obras do loteamento. *(Redação dada pelo Decreto-Lei nº 1.510, de 1976)*

§ 2º Para os efeitos do parágrafo anterior, caracteriza-se a alienação pela existência de qualquer ajuste preliminar, ainda que de simples recebimento de importância a título de reserva.

§ 3º A equiparação de que trata este artigo ocorrerá, para os casos referidos no "*caput*", na data de arquivamento da documentação do empreendimento, e, para os casos referidos no § 1º, na data da primeira alienação.

§ 4º Não subsistirá a equiparação de que trata este artigo se, na forma prevista no § 5º, do artigo 34, da Lei nº 4.591, de 16 de dezembro de 1964, ou no artigo 6º, do Decreto-lei nº 58, de 10 de dezembro de 1937, o interessado promover, no Registro Imobiliário, a averbação da desistência da incorporação ou o cancelamento da inscrição do loteamento.

§ 5º Não se aplicará o disposto no "*caput*" deste artigo à pessoa física que assumir a iniciativa e a responsabilidade da incorporação imobiliária ou loteamento de terreno, desde que, cumulativamente, satisfaça às seguintes condições:

a) tenha contratado a aquisição do terreno antes da data da vigência deste Decreto-lei;

b) tenha requerido à autoridade administrativa competente, antes dessa mesma data, a aprovação de projeto de construção ou de loteamento, no caso de não haver, à época da aquisição do terreno, projeto aprovado ou em tramitação;

c) não tenha promovido nenhuma incorporação nos vinte e quatro meses imediatamente anteriores ou nenhum loteamento nos trinta e seis meses imediatamente anteriores àquela data, conforme o caso;

d) obtenha o arquivamento da documentação do empreendimento no Registro Imobiliário dentro do prazo de doze meses consecutivos contados da mesma data; e

e) promova apenas um único empreendimento de cada uma dessas duas categorias.

Art. 7º Os condomínios na propriedade de imóveis não serão considerados sociedades de fato, ainda que deles façam parte também pessoas jurídicas.

Parágrafo único. A cada condômino, pessoa física, serão aplicados os critérios de caracterização da empresa individual e demais dispositivos legais como se fosse ele o único titular da operação imobiliária, nos limites de sua participação.

Art. 8º A equiparação da pessoa física à pessoa jurídica será determinada de acordo com as normas legais e regulamentares em vigor na data do instrumento inicial de alienação do imóvel, ou do arquivamento dos documentos da incorporação, ou do loteamento e, a posterior alteração dessas normas, não atingirá as operações imobiliárias já realizadas nem os empreendimentos cuja documentação já tenha sido arquivada no Registro Imobiliário.

Parágrafo único. As operações de aquisição e alienação de imóveis praticadas antes da data da vigência deste Decreto-lei só serão computadas para os efeitos de equiparação, nos termos do artigo 5º, em conjunto com nova operação que a pessoa física venha a praticar, levando-se sempre em conta o ano calendário.

Art. 9º A aplicação do regime fiscal das pessoas jurídicas às pessoas físicas a elas equiparadas na forma deste Decreto-lei, terá início na data em que se completarem as condições determinadas da equiparação.

§ 1º As pessoas físicas consideradas empresas individuais serão obrigadas a:

a) inscrever-se no Cadastro Geral de Contribuintes no prazo de noventa dias contados da data da equiparação;

b) manter Livro-Caixa autenticado no prazo de noventa dias contados da data da equiparação, no qual deverão ser escrituradas todas as receitas e despesas relativas às atividades econômicas da empresa individual;

c) manter sob a sua guarda e responsabilidade os documentos comprobatórios das operações referidas na alínea anterior nos prazos previstos na legislação para as pessoas jurídicas;

d) efetuar as retenções e recolhimentos do imposto de renda na fonte previstos na legislação para as pessoas jurídicas;

§ 2º O lucro da empresa individual, apurado ao término de cada ano calendário, compreenderá:

a) o resultado da operação que determinar a equiparação.

b) o resultado de incorporações ou loteamentos promovidos pelo titular da empresa individual a partir da data da equiparação, abrangendo o resultado das alienações de todas as unidades imobiliárias ou de todos os lotes de terreno integrantes do empreendimento.

c) o resultado das alienações de quaisquer outros imóveis, ressalvado o disposto no § 3º.

d) as correções monetárias do preço das alienações de unidades residenciais ou não residenciais, construídas ou em construção, e de terrenos ou lotes de terrenos, com ou sem construção, contratadas a partir da data da equiparação, abrangendo:

1) as incidentes sobre série de prestações e parcelas intermediárias vinculadas ou não à entrega das chaves, representadas ou não por notas promissórias;

2) as incidentes sobre dívidas correspondentes a notas promissórias, cédulas hipotecárias ou outros títulos equivalentes, recebidos em pagamento do preço de alienações;

3) as calculadas a partir do vencimento dos débitos a que se referem as alíneas anteriores, no caso de atraso no respectivo pagamento, até sua efetiva liquidação.

e) os juros convencionados sobre a parte financiada do preço das alienações contratadas a partir da data da equiparação, bem como as multas e juros de mora recebidos por atrasos de pagamentos.

§ 3º No caso das operações que se refere a alínea "c" do § 2º não serão computados para efeito de apuração do lucro da empresa individual o resultado, correção monetária e juros auferidos nas alienações:*(Redação dada pelo Decreto-Lei nº 1.510, de 1976)*

a) de imóveis por desapropriação, recuo ou extinção judicial de condomínio; *(Redação dada pelo Decreto-Lei nº 1.510, de 1976)*

b) de imóveis havidos por legado, herança e doação como adiantamento da legítima; *(Redação dada pelo Decreto-Lei nº 1.510, de 1976)*

c) de imóveis adquiridos mais de 120 (cento e vinte) meses antes da data da equiparação. *(Redação dada pelo Decreto-Lei nº 1.510, de 1976)*

§ 4º O disposto no parágrafo anterior aplica-se também:

a) aos rendimentos de locação, sublocação ou arrendamento de quaisquer imóveis, percebidos pelo titular da empresa individual, bem como os decorrentes da exploração econômica de imóveis rurais, ainda que sejam imóveis cuja alienação acarrete a inclusão do correspondente resultado no lucro da empresa individual.

b) a outros rendimentos percebidos pelo titular da empresa individual.

§ 5º Para efeito de determinação do valor de incorporação ao patrimônio da empresa individual, poderão ser corrigidos monetariamente, com base na variação do valor das Obrigações Reajustáveis do Tesouro Nacional, os custos abaixo especificados, incidindo a correção, desde a época de cada pagamento até a data da equiparação, sobre a quantia efetivamente desembolsada pelo titular da empresa individual:

a) o custo do terreno ou das glebas de terra em que sejam promovidos loteamentos ou incorporações, bem como das construções e benfeitorias executadas;

b) o custo do terreno, das construções e das benfeitorias de outros imóveis.

§ 6º Os recursos efetivamente investidos, em qualquer época, pela pessoa física titular da empresa individual, nos imóveis a que se refere o parágrafo anterior, bem como a correção monetária nela prevista, constituirão o capital da empresa individual no início de cada exercício, para fins de determinação da manutenção do capital de giro dedutível do lucro tributável, nos termos do Decreto-lei nº 1.338, de 23 de julho de 1974.

§ 7º Sem prejuízo do disposto no parágrafo anterior os imóveis, objeto das operações referidas nas alíneas "a", "b" e "c", do § 2º, deste artigo, passarão a ser considerados como integrantes do ativo da empresa individual, respectivamente, na data da equiparação, na data do arquivamento da documentação da incorporação ou do loteamento e na data de cada alienação.

§ 8º A distribuição de lucro da empresa individual para a pessoa física de seu titular será tributada à opção do beneficiário, exclusivamente na fonte, à taxa de 25%, ou mediante inclusão na declaração de rendimentos.

Art. 10. A pessoa física que, após sua equiparação à pessoa jurídica não promover nenhum dos empreendimentos nem efetuar nenhuma das alienações a que se referem as alíneas "b" e "c", do § 2º, do artigo 9º, durante o prazo de trinta e seis meses consecutivos, deixará de ser considerada empresa individual a partir do término desse prazo, salvo quanto aos efeitos tributários das operações então em andamento.

§ 1º Permanecerão no ativo da empresa individual:

a) as unidades imobiliárias e os lotes de terreno integrantes de incorporações ou loteamentos, até sua alienação e recebimento total do preço;

b) o saldo a receber do preço de imóveis então já alienados, até seu recebimento total.

§ 2º No caso previsto no § 1º, a pessoa física poderá encerrar a empresa individual desde que recolha o imposto de renda que seria devido:

a) se os imóveis referidos na sua alínea "a" fossem alienados, com pagamento à vista, ao preço de mercado;

b) se o saldo referido na sua alínea "b" fosse recebido integralmente.

c) se o lucro líquido remanescente da empresa individual fosse integralmente transferido para a pessoa física, observado o disposto no § 8º, do artigo 9º.

Art. 11. Os imóveis que integrarem o patrimônio da pessoa física e os que forem alienados em cada ano-base deverão ser relacionados em sua declaração de bens do exercício financeiro correspondente, com indicação expressa do ano de sua aquisição.

Art. 12. Este Decreto-lei entrará em vigor em 1º de janeiro de 1975, revogados o Decreto-lei nº 515, de 7 de abril de 1969, e demais disposições em contrário.

Brasília, 23 de dezembro de 1974;
153º da Independência e 85º da República.
ERNESTO GEISEL
(DOU de 24.12.1974)

DECRETO-LEI Nº 1.865, DE 26 DE FEVEREIRO DE 1981

Dispõe sobre a ocupação provisória de imóveis para pesquisa e lavra de substâncias minerais que contenham elementos nucleares.

O PRESIDENTE DA REPÚBLICA, no uso da atribuição que lhe confere o artigo 55, item I, da Constituição,

DECRETA:

Art. 1º A Empresas Nucleares Brasileiras S.A. NUCLEBRÁS e suas Subsidiárias indenizarão, na forma prevista neste Decreto-lei, os proprietários ou possuidores de áreas nas quais realizarem, diretamente ou através de terceiros, trabalhos de prospecção, pesquisa e lavra de substâncias minerais que contenham elementos nucleares.

Art. 2º A indenização a que se refere o artigo 1º consistirá no ressarcimento dos danos causados e no pagamento de renda mensal pela ocupação da área.

§ 1º A renda mensal pela ocupação será de valor equivalente ao lucro líquido que estiver obtendo o proprietário ou possuidor pela utilização do imóvel, na extensão da área efetivamente ocupada.

§ 2º Se ao imóvel não estiver sendo dada utilização econômica, a renda mensal equivalerá a 1º (um por cento) do seu valor cadastral para fins de lançamento de imposto.

§ 3º No caso de terrenos públicos é dispensado o pagamento da renda, sendo devido somente o ressarcimento pelos danos comprovadamente causados.

Art. 3º Na ausência de acordo com o proprietário ou possuidor, a empresa requererá ao Juiz da Comarca da situação do imóvel seja-lhe autorizado o ingresso imediato no mesmo, procedendo-se à avaliação da indenização devida nos termos deste Decreto-lei.

§ 1º Instruído o pedido com planta da área e certidão do registro imobiliário, o Juiz, no prazo de 48 (quarenta e oito) horas, mandará intimar o proprietário ou possuidor para permitir o início das atividades de prospecção, pesquisa ou lavra, requisitando, se necessário, força policial para garanti-las.

§ 2º No mesmo despacho, o Juiz determinará o depósito, a título de caução, do valor oferecido para efeito de acordo e ordenará a citação do proprietário ou possuidor para instauração da lide.

§ 3º Durante a execução dos trabalhos é facultado ao Juiz autorizar o levantamento de até 50% (cinquenta por cento) do valor depositado. O saldo será levantado no final dos mesmos trabalhos, observada a proporção dos danos ou prejuízos efetivamente causados.

Art. 4º A resposta, que será apresentada no prazo de 15 (quinze) dias, só poderá versar sobre vício do processo judicial ou sobre o valor da indenização; qualquer outra questão deverá ser decidida em ação direta.

§ 1º Apresentada ou não a resposta, o Juiz, sem prejuízo da realização dos trabalhos determinará prova pericial, na forma do disposto no Código de Processo Civil.

§ 2º Fixado por sentença o valor das indenizações, a empresa, quando for o caso, complementará o depósito a que se refere o parágrafo 2º do artigo 3º, no prazo que lhe for determinado.

Art. 5º A renda, fixada por acordo ou por sentença, será reajustada anualmente, a partir do 13º (décimo terceiro) mês de sua vigência, proporcionalmente à variação do valor das Obrigações Reajustáveis do Tesouro Nacional ou índice que legalmente o substituir.

Art. 6º A empresa poderá, a qualquer tempo, cessar total ou parcialmente os trabalhos de prospecção, pesquisa ou lavra, promovendo a devolução da área correspondente mediante termo de recebimento e quitação.

Art. 7º A propriedade onde se localiza a ocorrência mineral, bem como as limítrofes e vizinhas, ficam sujeitas à servidão do solo e do subsolo, instituída mediante pagamento de indenização por danos e de renda pela ocupação do terreno, apuradas na forma deste Decreto-lei.

Art. 8º Os recursos interpostos das decisões previstas neste Decreto-lei, serão recebidos somente no efeito devolutivo e a propositura de qualquer ação ou medida judicial não impedirá o prosseguimento das atividades de prospecção, pesquisa e lavra.

Art. 9º Independentemente do disposto neste Decreto-lei, fica assegurado à Empresas Nucleares Brasileiras S/A – NUCLEBRÁS e às suas Subsidiárias, o direito de promover desapropriação de áreas de seu interesse, nos termos da legislação vigente.

Art. 10. Aplicar-se-ão subsidiariamente ao procedimento estabelecido neste Decreto-lei os preceitos do Código de Processo Civil.

Art. 11. O presente Decreto-lei entrará em vigor na data de sua publicação, revogadas as disposições em contrário.

Brasília, 26 de fevereiro de 1981;
160º da Independência e 93º da República.
JOÃO FIGUEIREDO
(DOU. de 27.2.1981)

DECRETO-LEI Nº 1.876, DE 15 DE JULHO DE 1981

Dispensa do pagamento de foros e laudêmios os titulares do domínio útil dos bens imóveis da União, nos casos que especifica, e dá outras providências.

O PRESIDENTE DA REPÚBLICA, no uso da atribuição que lhe confere o art. 55, item II, da Constituição,

DECRETA:

Art. 1º Ficam isentas do pagamento de foros, taxas de ocupação e laudêmios, referentes a imóveis de propriedade da União, as pessoas consideradas carentes ou de baixa renda cuja situação econômica não lhes permita pagar esses encargos sem prejuízo do sustento próprio ou de sua família. *(Redação dada pela Lei nº 11.481, de 2007)*

§ 1º A situação de carência ou baixa renda será comprovada a cada 4 (quatro) anos, na forma disciplinada pelo órgão competente, devendo ser suspensa a isenção sempre que verificada a alteração da situação econômica do ocupante ou foreiro. *(Renumerado do parágrafo único pela Lei nº 11.481, de 2007)*

§ 2º Considera-se carente ou de baixa renda, para fins da isenção disposta neste artigo, o responsável por imóvel da União que esteja devidamente inscrito no Cadastro Único para Programas Sociais do Governo Federal (CadÚnico), ou aquele responsável, cumulativamente: *(Redação dada pela Lei nº 13.465, de 2017)*

I - cuja renda familiar mensal seja igual ou inferior ao valor correspondente a cinco salários mínimos; e *(Incluído pela Lei nº 13.465, de 2017)*

II - que não detenha posse ou propriedade de bens ou direitos em montante superior ao limite estabelecido pela Receita Federal do Brasil, para obrigatoriedade de apresentação da Declaração de Ajuste Anual do Imposto de Renda Pessoa Física. *(Incluído pela Lei nº 13.465, de 2017)*

§ 3º A União poderá delegar aos Estados, Distrito Federal ou Municípios a comprovação da situação de carência de que trata o § 2º deste artigo, por meio de convênio. *(Incluído pela Lei nº 11.481, de 2007)*

§ 4º A isenção de que trata este artigo aplica-se desde o início da efetiva ocupação do imóvel e alcança os débitos constituídos e não pagos, inclusive os inscritos em dívida ativa, bem como multas, juros de mora e atualização monetária. *(Redação dada pela Lei nº 13.139, de 2015)*

§ 5º A exigência de que trata o inciso II do § 2º deste artigo, não se aplica aos beneficiários da Reurb-S. *(Incluído pela Lei nº 13.465, de 2017)*

§ 6º A isenção de que trata o *caput* deste artigo somente será concedida para um único imóvel em terreno da União, desde que seja utilizado como residência do ocupante ou do foreiro. *(Incluído pela Lei nº 13.813, de 2019)*

Art. 2º São isentas do pagamento de laudêmio as transferências de bens imóveis dominiais pertencentes à União *(Redação dada pela Lei nº 13.465, de 2017)*:

I – quando os adquirentes forem:

a) os Estados, o Distrito Federal, os Territórios e os Municípios, bem como as autarquias e as fundações por eles mantidas ou instituídas; e

b) as empresas públicas, as sociedades de economia mista e os fundos públicos, nas transferências destinadas à realização de programas habitacionais ou de regularização fundiária de interesse social; *(Redação dada pela Lei nº 11.481, de 2007)*

c) as autarquias e fundações federais; *(Incluído pela Lei nº 11.481, de 2007)*

II – quando feitas a pessoas físicas, por qualquer das entidades referidas neste artigo, desde que vinculadas a programas habitacionais de interesse social.

Parágrafo único. A isenção de que trata este artigo abrange também os foros e as taxas de ocupação enquanto os imóveis permanecerem no patrimônio das referidas entidades, assim como os débitos relativos a foros, taxas de ocupação e laudêmios constituídos e não pagos até 27 de abril de 2006 pelas autarquias e fundações federais. *(Redação dada pela Lei nº 11.481, de 2007)*

Art. 3º *(Revogado pela Lei nº 11.481, de 2007)*

Art. 4º Este Decreto-lei entrará em vigor na data de sua publicação, revogadas as disposições em contrário.

Brasília, 15 de julho de 1981;
160º da Independência e 93º da República.
JOÃO FIGUEIREDO
(DOU. de 16.7.1981)

DECRETO-LEI Nº 1.958, DE 9 DE SETEMBRO DE 1982

Extingue o Certificado de Regularidade de Situação – CRS e o Certificado de Quitação – CQ, reduz os casos de exigência, de prova de quitação para com a Previdência Social e dá outras providências.

O PRESIDENTE DA REPÚBLICA, usando da atribuição que lhe confere o artigo 55, item II, da Constituição,

DECRETA:

Art. 1º Ficam extintos, a partir da data de publicação deste Decreto-lei, o Certificado de Regularidade de Situação – CRS e, a partir de 1º de dezembro de 1982, o Certificado de Quitação – CQ a que se refere o artigo 141 da Lei Orgânica da Previdência Social – Lei nº 3.807, de 26 de agosto de 1960, com as alterações posteriores.

Art. 2º Somente será exigido documento comprobatório de inexistência de débito, a ser fornecido pela Previdência Social, nos seguintes casos:

I – das empresas em geral:

a) na alienação ou oneração, a qualquer título, de bem imóvel ou de direitos a ele relativos;

b) na alienação ou oneração, a qualquer título, de bem móvel incorporado ao ativo imobilizado de empresa desde que de valor superior a 1.500 (mil e quinhentas) Obrigações Reajustáveis do Tesouro Nacional – ORTN;

c) no registro ou arquivamento, no órgão próprio, de atos relativos a baixa de firma individual, redução de capital social ou extinção de entidade ou sociedade comercial ou civil, sem prejuízo do disposto no art. 10 da lei 6.939, de 9 de setembro de 1981.

II – dos construtores ou responsáveis pela execução de obras de construção civil, quando da averbação, no Registro de Imóveis, da construção de prédio ou unidade imobiliária. *(Redação dada pelo Decreto-lei nº 2.038, de 1983)*

§ 1º A prova de inexistência de débito da empresa se restringirá às contribuições devidas por sua dependência localizada onde ocorrer o evento determinante da emissão ou, quando for o caso, por sua sede.

§ 2º Na hipótese do item II, a prova de inexistência de débito do construtor ou responsável pela execução da obra será exigida apenas em relação ao imóvel objeto da averbação. *(Redação dada pelo Decreto-lei nº 2.038, de 1983)*

§ 3º A prova de inexistência de débito, quando exigível do incorporador, será feita independentemente da apresentada no Registro de Imóveis por ocasião da inscrição do memorial de incorporação (Lei nº 4.591, de 16-12-64).

§ 4º É dispensada a transcrição, em instrumento público ou particular, do inteiro teor do documento comprobatório de inexistência de débito, formalizando-se o cumprimento da obrigação, unicamente, pela referência ao número de série ou protocolo e à data da emissão.

§ 5º Ressalvado a hipótese do § 2º, o documento comprobatório da inexistência de débito não indicará a finalidade para qual foi emitido nem ficará sujeito à obrigatoriedade de sua apresentação apenas no original.

§ 6º O prazo de validade de documento comprobatório de inexistência de débito para com a Previdência Social será de 6 (seis) meses, contados da data de sua emissão.

Art. 3º Não dependerá da apresentação de comprovação de inexistência de débito:

a) a operação em que for outorgante a União, Distrito Federal, Estado, Território, Município e demais pessoas de direito público interno sem finalidade econômica;

b) a lavratura ou assinatura de instrumento, ato ou contrato que constitua retificação, ratificação ou efetivação de outro anterior para o qual já tenha sido apresentada a comprovação; *(Redação dada pelo Decreto-lei nº 2.038, de 1983)*

c) a constituição de garantia para a concessão de crédito rural em todas as suas modalidades, pelas instituições de crédito públicas e privadas, desde que o produtor rural não industrialize seus produtos, não efetue vendas a consumidor, no varejo, nem a adquirente domiciliado no exterior, para tanto bastando o registro, no ato ou instrumento, de declaração do produtor, feita sob as penas da lei, de que não é responsável pelo recolhimento de contribuições à Previdência Social Rural. *(Redação dada pelo Decreto-lei nº 2.038, de 1983)*

d) as operações previstas no item II do artigo 2º, quando realizadas com imóvel cuja construção tenha sido terminada antes de 22 de novembro de 1966, data de início de vigência do Decreto-lei nº 66, de 21 de novembro de 1966.

Art. 4º Exclui-se da responsabilidade solidária a que se refere o § 2º do artigo 79 da Lei nº 3.807, de 26 de agosto de 1960, com as alterações posteriores, o adquirente de prédio ou unidade imobiliária quando realizar operação com empresa de comercialização ou com incorporador de imóveis, ficando o incorporador solidariamente responsável com o construtor do imóvel.

Art. 5º Os Certificados de Quitação – CQ, expedidos até 30 de novembro de 1982, servirão de prova de inexistência de débito, para todos os fins previstos neste Decreto-Lei, a eles aplicando-se o prazo estabelecido no § 6º do artigo 2º.

Art. 6º Este Decreto-lei entrará em vigor na data de sua publicação, revogadas as disposições em contrário.

Brasília, 9 de setembro de 1982;
161º da Independência e 94º da República.
JOÃO FIGUEIREDO (DOU de 10.9.1982)

DECRETO-LEI Nº 1.976, DE 20 DE DEZEMBRO DE 1982

Dispõe sobre a situação, perante a Previdência Social, da construção residencial unifamiliar que indica, e dá outras providências.

O PRESIDENTE DA REPÚBLICA, no uso da atribuição que lhe confere o art. 55, inciso II, da Constituição e tendo em vista os objetivos do Programa Nacional de Desburocratização,

DECRETA:

Art. 1º Não será devida contribuição para a Previdência Social quando a construção residencial unifamiliar, destinada a uso próprio, com área construída não excedente de setenta metros quadrados, for executada ou reformada sem mão-de-obra assalariada, ficando dispensada, em consequência, a correspondente matrícula no Instituto de Administração Financeira da Previdência e Assistência Social – IAPAS.

§ 1º O disposto neste artigo não enseja direito à restituição de quaisquer contribuições e será aplicado, de ofício pelo IAPAS aos processos em curso, qualquer que seja a fase em que se encontrem.

§ 2º Fica dispensado da apresentação do documento comprobatório de inexistência de débito, previsto no Decreto-lei nº 1.958, de 9 de setembro de 1982, o alienante que declarar na escritura, ou em documento hábil, sob as penas da lei, que o imóvel objeto da transação se enquadra nas condições estabelecidas neste artigo.

§ 3º O IAPAS poderá fiscalizar, a qualquer tempo, a observância do disposto neste artigo.

Art. 2º Este Decreto-lei entrará em vigor na data de sua publicação.

Art. 3º Ficam revogados o Decreto-lei nº 579, de 14 de maio de 1969, e demais disposições em contrário.

Brasília, em 20 de dezembro de 1982; 161º da Independência e 94º da República.

JOÃO FIGUEIREDO

(DOU 21/12/1982)

DECRETO-LEI Nº 2.375, DE 24 DE NOVEMBRO DE 1987

Revoga o Decreto-lei nº 1.164, de 1º de abril de 1971, dispõe sobre terras públicas, e dá outras providências.

O PRESIDENTE DA REPÚBLICA, no uso da atribuição que lhe confere o artigo 55, incisos I e II, e tendo em vista o artigo 89, inciso III e parágrafo único, da Constituição, DECRETA:

Art. 1º Deixam de ser consideradas indispensáveis à segurança e ao desenvolvimento nacionais as atuais terras públicas devolutas situadas nas faixas, de cem quilômetros de largura, em cada lado do eixo das rodovias, já construídas, em construção ou projetadas, a que se refere o Decreto-lei nº 1.164, de 1º de abril de 1971, observado o disposto neste artigo.

Parágrafo único. Persistem indispensáveis à segurança nacional e sob o domínio da União, dentre as terras públicas devolutas em referência, as que estejam:

I – incluídas, cumulativamente, na Faixa de Fronteiras;

II – contidas nos Municípios de Humaitá (AM), São Gabriel da Cachoeira (AM), Caracaraí (RR), Porto Velho (RO), Ji-Paraná (RO), Vilhena (RO}, Altamira (PA), Itaituba (PA), Marabá (PA) e Imperatriz (MA).

Art. 2º Incluir-se-ão, vigente este decreto-lei, entre os bens do Estado, ou Território, no qual se situem, nos termos do artigo 5º da Constituição, as terras públicas devolutas às quais retirada, pelo artigo anterior, a qualificação de indispensáveis à segurança e ao desenvolvimento nacionais.

§ 1º Permanecerá inalterada a situação jurídica das terras públicas, não devolutas, da União, existentes nas faixas a que alude o artigo 1º, *caput* .

§ 2º Constituirão terras públicas não devolutas, abrangidas pelo § 1º, aquelas que, na data de publicação deste decreto-lei, estejam:

I – afetadas, de modo expresso ou tácito, a uso público, comum ou especial, ou a fim de utilidade pública;

II – sob destinação de interesse social;

III – a configurar objeto de situações jurídicas, já constituídas ou em processo de formação, a favor de alguém;

IV – registradas, na forma da lei, em nome de pessoa jurídica pública.

§ 3º Para os efeitos deste decreto-lei:

I – consideram-se afetadas a uso público, ou a fim de utilidade pública, as terras públicas sob uso ou aplicação pela União, pelos Estados, Municípios, Territórios e respectivos entes descentralizados, inclusive os que atuem por outorga ou mediante delegação do Poder Público;

II – reputam-se sob destinação de interesse social as terras públicas vinculadas à preservação, à conservação, ou à restauração, dos recursos naturais renováveis e dos recursos ambientais;

III – caracterizam situações jurídicas, já constituídas ou em processo de formação, aquelas em que as terras públicas tenham sido objeto de:

a) concessão, alienação, ou simples ocupação ou uso permitidos, por parte da União, seus entes e órgãos, mediante título definitivo ou provisório, expedido diretamente por uns e outros ou através de convênios por eles celebrados;

b) posse lícita, por motivo outro, previsto em legislação federal, pendente de titulação;

c) projetos de colonização, loteamento, assentamento e assemelhados, a cargo do Poder Público Federal, inclusive os de que trata o Decreto nº 68.524, de 16 de abril de 1971;

d) regularização fundiária em curso, sobretudo nas hipóteses em que revertidas ao domínio da União por força de cancelamento do registro imobiliário, promovido pelo particular interessado.

Art. 3º A União afetará a uso especial do Exército, terras públicas federais, atualmente devolutas, contidas nos Municípios a que alude o inciso II do parágrafo único do artigo 1º.

§ 1º Poderão ser a tal uso afetadas, também, se necessário, terras públicas federais não devolutas, nos Municípios em alusão, como, na Faixa de Fronteira, quaisquer terras públicas federais.

§ 2º Essas terras serão utilizadas como campo de instrução por unidades militares localizadas na Amazônia Legal e para a instalação de novas organizações militares a serem criadas, dentro do plano de expansão da Força Terrestre.

Art. 4º Efetivada a afetação de que trata o artigo anterior as terras públicas devolutas remanescentes nos Municípios de Humaitá (AM), São Gabriel da Cachoeira (AM), Caracaraí (RR), Porto Velho (RO), Ji-Paraná (RO), Vilhena (RO), Altamira (PA), Itaituba (PA), Marabá (PA) e Imperatriz (MA), não situadas na Faixa de Fronteira, descaracterizar-se-ão como indispensáveis à segurança nacional, incluindo-se entre os bens do Estado, ou Território, no qual se localizem.

Art. 5º A União transferirá, a título gratuito, ao respectivo Estado ou Território, terras públicas não devolutas que, nas faixas mencionadas no *caput* do artigo 1º, lhe pertençam, condicionada, a doação, a que seu beneficiário vincule o uso daquelas áreas aos objetivos do Estatuto da Terra e legislação conexa.

§ 1º Será também possível, à União, transferir, ao Estado, ou Território, onde se situem, terras públicas a ela pertencentes, localizadas na Faixa de Fronteira, inclusive para os objetivos aos quais se refere o *caput* deste artigo.

§ 2º A transferência de que trata este artigo somente poderá ocorrer após a afetação prevista no artigo 3º.

§ 3º São insuscetíveis dessa transferência as terras públicas que constituam objeto das hipóteses referidas nos incisos I, II e III, do § 2º do artigo 2º deste decreto-lei.

Art. 6º Os Estados e Territórios poderão arrecadar terras públicas devolutas de seu domínio, observado, no que couber, o artigo 28 da Lei nº 6.383, de 7 de dezembro de 1976.

Parágrafo único. Em se tratando de terras públicas devolutas incorporadas ao patrimônio de Estado, ou Território, por força deste decreto-lei, a arrecadação instruir-se-á, necessariamente, com certidão expedida pelo Ministério da Reforma e do Desenvolvimento Agrário – Mirad, na qual se ateste não estar, a área arrecadanda, em qualquer das situações previstas no § 2º do artigo 2º.

Art. 7º Os termos, contratos e títulos, expedidos pela União, pelos Estados, Municípios, Territórios, ou entes de sua administração descentralizada, que se destinem a instrumentalizar a alienação, concessão, arrecadação ou o reconhecimento de domínio sobre terras públicas rurais, terão, para todos os efeitos, valor e eficácia de escritura pública.

Art. 8º Todos os imóveis rurais pertencentes à União, desde que se destinem aos fins do Estatuto da Terra e legislação conexa, somente podem ser concedidos, alienados por venda ou qualquer outra forma, dados em uso, ou ocupação, aos ocupantes ou pretendentes, por intermédio do Ministério da Reforma e do Desenvolvimento Agrário – Mirad.

Art. 9º O Ministro de Estado do Exército indicará, ao Presidente da República, identificando-as, em prazo não superior a cento e vinte dias, contado da publicação deste decreto-lei, as terras públicas federais a receberem afetação nos termos do artigo 3º.

Art. 10. O Presidente da República editará, nos noventa dias seguintes à publicação deste decreto-lei, ato no qual disciplinará a transferência de terras referida no artigo 5º, fixando-lhe o procedimento concernente e estipulando, quanto àquelas situadas na Faixa de Fronteira, requisitos específicos.

Art. 11. Revogam-se o Decreto-lei nº 1.164, de 1º de abril de 1971, e demais disposições em contrário.

Art. 12. Este decreto-lei entra em vigor na data de sua publicação.

Brasília, 24 de novembro de 1987; 166º da Independência e 99º da República.

JOSÉ SARNEY

(DOU de 25.11.1987)

DECRETO-LEI Nº 2.398, DE 21 DE DEZEMBRO DE 1987

Dispõe sobre foros, laudêmios e taxas de ocupação relativas a imóveis de propriedade da União, e dá outras providências.

O PRESIDENTE DA REPÚBLICA, no uso da atribuição que lhe confere o art. 55, item II, da Constituição,

DECRETA:

Art. 1º A taxa de ocupação de terrenos da União será de 2% (dois por cento) do valor do domínio pleno do terreno, excluídas as benfeitorias, anualmente atualizado pela Secretaria do Patrimônio da União. *("Caput" do artigo com redação dada pela Lei nº 13.240, de 30/12/2015)*

I e II - *(Revogados pela Lei nº 13.240, de 30/12/2015)*

§§ 1º a 7º *(Revogados pela Medida Provisória nº 915, de 27/12/2019, convertida na Lei nº 14.011, de 10/6/2020)*

Art. 2º O Ministro da Fazenda, mediante portaria estabelecerá os prazos para o recolhimento de foros e taxas de ocupação relativos a terrenos da União, podendo autorizar o parcelamento em até oito cotas mensais.

Art. 3º A transferência onerosa, entre vivos, do domínio útil e da inscrição de ocupação de terreno da União ou de cessão de direito a eles relativos dependerá do prévio recolhimento do laudêmio pelo vendedor, em quantia correspondente a 5% (cinco por cento) do valor atualizado do domínio pleno do terreno, excluídas as benfeitorias. *("Caput" do artigo com redação dada pela Medida Provisória nº 759, de 23/12/2016, convertida na Lei nº 13.465, de 11/7/2017)*

§ 1º As transferências parciais de aforamento ficarão sujeitas a novo foro para a parte desmembrada.

§ 2º Os Cartórios de Notas e Registro de Imóveis, sob pena de responsabilidade dos seus respectivos titulares, não lavrarão nem registrarão escrituras relativas a bens imóveis de propriedade da União, ou que contenham, ainda que parcialmente, área de seu domínio: *(Parágrafo com redação dada pela Lei nº 9.636, de 15/5/1998)*

I - sem certidão da Secretaria do Patrimônio da União - SPU que declare: *(Inciso acrescido pela Medida Provisória nº 1.647-15, de 23/4/1998, convertida na Lei nº 9.636, de 15/5/1998)*

a) ter o interessado recolhido o laudêmio devido, nas transferências onerosas entre vivos; *(Alínea com redação dada pela Lei nº 9.636, de 15/5/1998)*

b) estar o transmitente em dia, perante o Patrimônio da União, com as obrigações relativas ao imóvel objeto da transferência; e *(Alínea com redação dada pela Lei nº 13.139, de 26/6/2015, publicada no DOU de 29/6/2015, em vigor 120 dias após sua publicação)*

c) estar autorizada a transferência do imóvel, em virtude de não se encontrar em área de interesse do serviço público; *(Alínea com redação dada pela Lei nº 9.636, de 15/5/1998)*

II - sem a observância das normas estabelecidas em regulamento. *(Inciso acrescido pela Medida Provisória nº 1.647-15, de 23/4/1998, convertida na Lei nº 9.636, de 15/5/1998)*

§ 3º A SPU procederá ao cálculo do valor do laudêmio, mediante solicitação do interessado. *(Parágrafo com redação dada pela Lei nº 9.636, de 15/5/1998)*

§ 4º Concluída a transmissão, onerosa ou não, o adquirente deverá requerer ao órgão local da Secretaria de Coordenação e Governança do Patrimônio da União, no prazo máximo de 60 (sessenta) dias, que providencie a transferência dos registros cadastrais para o seu nome, observado, no caso de imóvel aforado, o disposto no art. 116 do Decreto-Lei nº 9.760, de 5 de setembro de 1946. *(Redação dada pela Lei nº 14.474, de 2022)*

§ 5º A não observância do prazo estipulado no § 4º deste artigo sujeitará o adquirente à multa de 0,50% (cinquenta centésimos por cento), por mês ou fração, sobre o valor do terreno, excluídas as benfeitorias. *(Parágrafo com redação dada pela Medida Provisória nº 759, de 23/12/2016, convertida na Lei nº 13.465, de 11/7/2017)*

§ 6º É vedado o loteamento ou o desmembramento de áreas objeto de ocupação sem preferência ao aforamento, nos termos dos arts. 105 e 215 do Decreto-Lei nº 9.760, de 1946, exceto quando:

a) realizado pela própria União, em razão do interesse público;

b) solicitado pelo próprio ocupante, comprovada a existência de benfeitoria suficiente para caracterizar, nos termos da legislação vigente, o aproveitamento efetivo e independente da parcela a ser desmembrada. *(Parágrafo acrescido pela Medida Provisória nº 1.647-15, de 23/4/1998, convertida na Lei nº 9.636, de 15/5/1998)*

§ 7º Para fatos geradores anteriores a 22 de dezembro de 2016, a cobrança da multa de que trata o § 5º deste artigo será efetuada de forma proporcional, regulamentada em ato específico da Secretaria do Patrimônio da União (SPU). *(Parágrafo acrescido pela Lei nº 13.465, de 11/7/2017)*

Art. 3º-A. Os oficiais deverão informar as operações imobiliárias anotadas, averbadas, lavradas, matriculadas ou registradas nos cartórios de notas ou de registro de imóveis, títulos e documentos que envolvam terrenos da União sob sua responsabilidade, mediante a apresentação de Declaração sobre Operações Imobiliárias em Terrenos da União (Doitu) em meio magnético, nos termos que serão estabelecidos, até 31 de dezembro de 2020, pela Secretaria do Patrimônio da União (SPU). *("Caput" do artigo acrescido pela Lei nº 11.481, de 31/5/2007, com redação dada pela Lei nº 13.465, de 11/7/2017)*

§ 1º A cada operação imobiliária corresponderá uma DOITU, que deverá ser apresentada até o último dia útil do mês subsequente ao da anotação, averbação, lavratura, matrícula ou registro da respectiva operação, sujeitando-se o responsável, no caso de falta de apresentação ou apresentação da declaração após o prazo fixado, à multa de 0,1% (zero vírgula um por cento) ao mês-calendário ou fração, sobre o valor da operação, limitada a 1% (um por cento), observado o disposto no inciso III do § 2º deste artigo. *(Parágrafo acrescido pela Lei nº 11.481, de 31/5/2007)*

§ 2º A multa de que trata o § 1º deste artigo:

I - terá como termo inicial o dia seguinte ao término do prazo originalmente fixado para a entrega da declaração e como termo final a data da efetiva entrega ou, no caso de não-apresentação, da lavratura do auto de infração;

II - será reduzida:

a) à metade, caso a declaração seja apresentada antes de qualquer procedimento de ofício;

b) a 75% (setenta e cinco por cento), caso a declaração seja apresentada no prazo fixado em intimação;

III - será de, no mínimo, R$ 20,00 (vinte reais). *(Parágrafo acrescido pela Lei nº 11.481, de 31/5/2007)*

§ 3º O responsável que apresentar DOITU com incorreções ou omissões será intimado a apresentar declaração retificadora, no prazo estabelecido pela Secretaria do Patrimônio da União, e sujeitar-se-á à multa de R$ 50,00 (cinquenta reais) por informação inexata, incompleta ou omitida, que será reduzida em 50% (cinquenta por cento) caso a retificadora seja apresentada no prazo fixado. *(Parágrafo acrescido pela Lei nº 11.481, de 31/5/2007)*

Art. 4º *(Revogado pela Medida Provisória nº 1.647-15, de 24/3/1998, convertida na Lei nº 9.636, de 15/5/1998)*

Art. 5º Ressalvados os terrenos da União que, a critério do Poder Executivo, venham a ser considerados de interesse do serviço público, conceder-se-á o aforamento: *("Caput" do artigo com redação dada pela Lei nº 9.636, de 15/5/1998)*

I - independentemente do pagamento do preço correspondente ao valor do domínio útil, nos casos previstos nos arts. 105 e 215 do Decreto-Lei nº 9.760, de 1946; *(Inciso com redação dada pela Lei nº 9.636, de 15/5/1998)*

II - mediante leilão público ou concorrência, observado o disposto no art. 99 do Decreto-Lei nº 9.760, de 1946. *(Inciso com redação dada pela Lei nº 9.636, de 15/5/1998)*

Parágrafo único. Considera-se de interesse do serviço público todo imóvel necessário ao desenvolvimento de projetos públicos, sociais ou econômicos de interesse nacional, à preservação ambiental, à proteção dos ecossistemas naturais e à defesa nacional, independentemente de se encontrar situado em zona declarada de interesse do serviço público, mediante portaria do Secretário do Patrimônio da União. *(Parágrafo único acrescido pela Medida Provisória nº 1.647-15, de 23/4/1998, convertida na Lei nº 9.636, de 15/5/1998)*

Art. 6º Considera-se infração administrativa contra o patrimônio da União toda ação ou omissão que viole o adequado uso, gozo, disposição, proteção, manutenção e conservação dos imóveis da União. *("Caput" do artigo com redação dada pela Lei nº 13.139, de 26/6/2015, publicada no DOU de 29/6/2015)*

I e II - *(Revogados pela Lei nº 13.139, de 26/6/2015)*

§ 1º Incorre em infração administrativa aquele que realizar aterro, construção, obra, cercas ou outras benfeitorias, desmatar ou instalar equipamentos, sem prévia autorização ou em desacordo com aquela concedida, em bens de uso comum do povo, especiais ou dominiais, com destinação específica fixada por lei ou ato administrativo. *(Parágrafo acrescido pela Lei nº 13.139, de 26/6/2015, publicada no DOU de 29/6/2015, em vigor 120 dias após sua publicação)*

§ 2º O responsável pelo imóvel deverá zelar pelo seu uso em conformidade com o ato que autorizou sua utilização ou com a natureza do bem, sob pena de incorrer em infração administrativa. *(Parágrafo acrescido pela Lei nº 13.139, de 26/6/2015, publicada no DOU de 29/6/2015, em vigor 120 dias após sua publicação)*

§ 3º Será considerado infrator aquele que, diretamente ou por interposta pessoa, incorrer na prática das hipóteses previstas no *caput*. *(Parágrafo acrescido pela Lei nº 13.139, de 26/6/2015, publicada no DOU de 29/6/2015, em vigor 120 dias após sua publicação)*

§ 4º Sem prejuízo da responsabilidade civil, as infrações previstas neste artigo serão punidas com as seguintes sanções:

I - embargo de obra, serviço ou atividade, até a manifestação da União quanto à regularidade de ocupação;

II - aplicação de multa;

III - desocupação do imóvel; e

IV - demolição e/ou remoção do aterro, construção, obra, cercas ou demais benfeitorias, bem como dos equipamentos instalados, à conta de quem os houver efetuado, caso não sejam passíveis de regularização. *(Parágrafo acrescido pela Lei nº 13.139, de 26/6/2015, publicada no DOU de 29/6/2015, em vigor 120 dias após sua publicação)*

§ 5º A multa será no valor de R$ 73,94 (setenta e três reais e noventa e quatro centavos) para cada metro quadrado das áreas aterradas ou construídas ou em que forem realizadas obras, cercas ou instalados equipamentos. *(Parágrafo acrescido pela Lei nº 13.139, de 26/6/2015, publicada no DOU de 29/6/2015, em vigor 120 dias após sua publicação)*

§ 6º O valor de que trata o § 5º deste artigo será atualizado no mês de janeiro de cada ano com base na variação anual do Índice Nacional de Preços ao Consumidor (INPC) do exercício anterior, apurada pela Fundação Instituto Brasileiro de Geografia e Estatística (IBGE), e o novo valor será divulgado no mês de janeiro em ato do Secretário de Coordenação e Governança do Patrimônio da União. *(Redação dada pela Lei nº 14.474, de 2022)*

§ 7º Verificada a ocorrência de infração, a Secretaria do Patrimônio da União do Ministério do Planejamento, Orçamento e Gestão aplicará multa e notificará o embargo da obra, quando cabível, intimando o responsável para, no prazo de 30 (trinta) dias, comprovar a regularidade da obra ou promover sua regularização. *(Parágrafo acrescido pela Lei nº 13.139, de 26/6/2015, publicada no DOU de 29/6/2015, em vigor 120 dias após sua publicação)*

§ 8º *(VETADO na Lei nº 13.139, de 26/6/2015)*

§ 9º A multa de que trata o inciso II do § 4º deste artigo será mensal, sendo automaticamente aplicada pela Superintendência do Patrimônio da União sempre que o cometimento da infração persistir. *(Parágrafo acrescido pela Lei nº 13.139, de 26/6/2015, publicada no DOU de 29/6/2015, em vigor 120 dias após sua publicação)*

§ 10. A multa será cominada cumulativamente com o disposto no parágrafo único do art. 10 da Lei nº 9.636, de 15 de maio de 1998. *(Parágrafo acrescido pela Lei nº 13.139, de 26/6/2015, publicada no DOU de 29/6/2015, em vigor 120 dias após sua publicação)*

§ 11. Após a notificação para desocupar o imóvel, a Superintendência do Patrimônio da União verificará o atendimento da notificação e, em caso de desatendimento, ingressará com pedido judicial de reintegração de posse no prazo de 60 (sessenta) dias. *(Parágrafo acrescido pela Lei nº 13.139, de 26/6/2015, publicada no DOU de 29/6/2015, em vigor 120 dias após sua publicação)*

§ 12. Os custos em decorrência de demolição e remoção, bem como os respectivos encargos de qualquer natureza, serão suportados integralmente pelo infrator ou cobrados dele *a posteriori*, quando efetuados pela União. *(Parágrafo acrescido pela Lei nº 13.139, de 26/6/2015, publicada no DOU de 29/6/2015, em vigor 120 dias após sua publicação)*

§ 13. Ato do Secretário do Patrimônio da União do Ministério do Planejamento, Orçamento e Gestão disciplinará a aplicação do disposto neste artigo, sendo a tramitação de eventual recurso administrativo limitada a 2 (duas) instâncias. *(Parágrafo acrescido pela Lei nº 13.139, de 26/6/2015, publicada no DOU de 29/6/2015, em vigor 120 dias após sua publicação)*

§§ 14 e 15. *(VETADOS na Lei nº 13.347, de 10/10/2016)*

Art. 6º-A. São dispensados de lançamento e cobrança as taxas de ocupação, os foros e os laudêmios referentes aos terrenos de marinha e seus acrescidos inscritos em regime de ocupação, quando localizados em ilhas oceânicas ou costeiras que contenham sede de Município, desde a data da publicação da Emenda Constitucional nº 46, de 5 de maio de 2005, até a conclusão do processo de demarcação, sem cobrança retroativa por ocasião da conclusão dos procedimentos de demarcação. *(Artigo acrescido pela Lei nº 13.240, de 30/12/2015)*

Art. 6º-B. A União repassará 20% (vinte por cento) dos recursos arrecadados por meio da cobrança de taxa de ocupação, foro e laudêmio aos Municípios e ao Distrito Federal onde estão localizados os imóveis que deram origem à cobrança.

Parágrafo único. Os repasses de que trata o *caput* deste artigo serão realizados até o quinto dia útil do mês de abril do ano subsequente ao do recebimento dos recursos. *(Redação dada pela Lei nº 14.474, de 2022)*

Art. 6º-C. Os créditos relativos a receitas patrimoniais, passíveis de restituição ou reembolso, serão restituídos, reembolsados ou compensados com base nos critérios definidos em legislação específica referente aos tributos administrados pela Secretaria da Receita Federal do Brasil. *(Artigo acrescido pela Medida Provisória nº 759, de 23/12/2016, convertida na Lei nº 13.465, de 11/7/2017)*

Art. 6º-D. Quando liquidados no mesmo exercício, poderá ser concedido desconto de 10% (dez por cento) para pagamento à vista das taxas de ocupação e foro, na fase administrativa de cobrança, mediante os critérios e as condições a serem fixados em ato do Secretário de Patrimônio da União do Ministério do Planejamento, Desenvolvimento e Gestão. *(Artigo acrescido pela Medida Provisória nº 759, de 23/12/2016, convertida e com redação dada pela Lei nº 13.465, de 11/7/2017)*

Art. 6º-E. Fica o Poder Executivo federal autorizado, por intermédio da Secretaria do Patrimônio da União (SPU), a contratar instituições financeiras oficiais ou a Empresa Gestora de Ativos (Emgea), empresa pública federal, independentemente de processo licitatório, para a realização de atos administrativos relacionados à prestação de serviços de cobrança administrativa e à arrecadação de receitas patrimoniais sob gestão da referida Secretaria, incluída a prestação de apoio operacional aos referidos processos, de forma a viabilizar a satisfação consensual dos valores devidos àquela Secretaria. *("Caput" do artigo acrescido pela Medida Provisória nº 759, de 23/12/2016, convertida e com redação dada pela Lei nº 13.465, de 11/7/2017)*

§ 1º Ato da Secretaria do Patrimônio da União (SPU) regulamentará o disposto neste artigo, inclusive quanto às condições do contrato, à forma de atuação das instituições financeiras ou da EMGEA, aos mecanismos e aos parâmetros de remuneração. *(Parágrafo acrescido pela Medida Provisória nº 759, de 23/12/2016, convertida e com redação dada pela Lei nº 13.465, de 11/7/2017)*

§ 2º Por ocasião da celebração do contrato com a instituição financeira oficial ou com a EMGEA, a Secretaria do Patrimônio da União (SPU) determinará os créditos que poderão ser enquadrados no disposto no *caput* deste artigo, inclusive estabelecer as alçadas de valor, observado o limite fixado para a dispensa de ajuizamento de execuções fiscais de débitos da Fazenda Nacional. *(Parágrafo acrescido pela Medida Provisória nº 759, de 23/12/2016, convertida e com redação dada pela Lei nº 13.465, de 11/7/2017)*

Art. 7º O Poder Executivo expedirá o regulamento deste Decreto-Lei, que disporá sobre os procedimentos administrativos de medição, demarcação, identificação e avaliação de imóveis de propriedade da União, e promoverá a consolidação, mediante decreto, da legislação relativa a patrimônio imobiliário da União.

Art. 8º Este Decreto-Lei entra em vigor na data de sua publicação.

Art. 9º Ficam revogados o § 1° do art. 101, os arts 102, 107, 111, 112 a 115, 117, os §§ 1° e 2° do art. 127, o art. 129, os arts. 130, 134 a 148, 159 a 163 do Decreto-lei n° 9.760, de 5 de setembro de 1946, o art. 3° do Decreto-lei n° 1.561, de 13 de julho de 1977, e demais disposições em contrário.

Brasília, 21 de dezembro de 1987;
166º da Independência e 99º da República.

JOSÉ SARNEY (DOU. de 22.12.1987)

DECRETOS FEDERAIS

DECRETO Nº 24.643, DE 10 DE JULHO DE 1934

Decreta o Código de Águas.

O CHEFE DO GOVERNO PROVISÓRIO DA REPÚBLICA DOS ESTADOS UNIDOS DO BRASIL, usando das atribuições que lhe confere o art. 1º do decreto nº 19.398, de 11/11/1930, e:

CONSIDERANDO que o uso das águas no Brasil tem-se regido até hoje por uma legislação obsoleta, em desacordo com as necessidades e interesse da coletividade nacional;

CONSIDERANDO que se torna necessário modificar esse estado de coisas, dotando o país de uma legislação adequada que, de acordo com a tendência atual, permita ao poder público controlar e incentivar o aproveitamento industrial das águas;

CONSIDERANDO que, em particular, a energia hidráulica exige medidas que facilitem e garantam seu aproveitamento racional;

CONSIDERANDO que, com a reforma porque passaram os serviços afetos ao Ministério da Agricultura, está o Governo aparelhado, por seus órgãos competentes, a ministrar assistência técnica e material, indispensável a consecução de tais objetivos;

Resolve decretar o seguinte Código de Águas, cuja execução compete ao Ministério da Agricultura e que vai assinado pelos ministros de Estado:

CÓDIGO DE ÁGUAS

LIVRO I – ÁGUAS EM GERAL E SUA PROPRIEDADE

TÍTULO I – ÁGUAS, ÁLVEO E MARGENS

CAPÍTULO I – ÁGUAS PÚBLICAS

Art. 1º As águas públicas podem ser de uso comum ou dominicais.

Art. 2º São águas públicas de uso comum:

a) os mares territoriais, nos mesmos incluídos os golfos, baías, enseadas e portos;

b) as correntes, canais, lagos e lagoas navegáveis ou flutuáveis;

c) as correntes de que se façam estas águas;

d) as fontes e reservatórios públicos;

e) as nascentes quando forem de tal modo consideráveis que, por si só, constituam o "*caput* fluminis";

f) os braços de quaisquer correntes públicas, desde que os mesmos influam na navegabilidade ou flutuabilidade.

§ 1º Uma corrente navegável ou flutuável se diz feita por outra quando se torna navegável logo depois de receber essa outra.

§ 2º As correntes de que se fazem os lagos e lagoas navegáveis ou flutuáveis serão determinadas pelo exame de peritos.

§ 3º Não se compreende na letra b deste artigo, os lagos ou lagoas situadas em um só prédio particular e por ele exclusivamente cercado, quando não sejam alimentados por alguma corrente de uso comum.

Art. 3º A perenidade das águas é condição essencial para que elas se possam considerar públicas, nos termos do artigo precedente.

Parágrafo único. Entretanto para os efeitos deste Código ainda serão consideradas perenes as águas que secarem em algum estio forte.

Art. 4º Uma corrente considerada pública, nos termos da letra b do art. 2º, não perde este caráter porque em algum ou alguns de seus trechos deixe de ser navegável ou flutuável.

Art. 5º Ainda se consideram públicas, de uso comum todas as águas situadas nas zonas periodicamente assoladas pelas secas, nos termos e de acordo com a legislação especial sobre a matéria.

Art. 6º São públicas dominicais todas as águas situadas em terrenos que também o sejam, quando as mesmas não forem do domínio público de uso comum, ou não forem comuns.

CAPÍTULO II – ÁGUAS COMUNS

Art. 7º São comuns as correntes não navegáveis ou flutuáveis e de que essas não se façam.

CAPÍTULO III – ÁGUAS PARTICULARES

Art. 8º São particulares as nascentes e todas as águas situadas em terrenos que também o sejam, quando as mesmas não estiverem classificadas entre as águas comuns de todos, as águas públicas ou as águas comuns.

CAPÍTULO IV – ÁLVEO E MARGENS

Art. 9º Álveo é a superfície que as águas cobrem sem transbordar para o solo natural e ordinariamente enxuto.

Art. 10. O álveo será público de uso comum, ou dominical, conforme a propriedade das respectivas águas; e será particular no caso das águas comuns ou das águas particulares.

§ 1º Na hipótese de uma corrente que sirva de divisa entre diversos proprietários, o direito de cada um deles se estende a todo o comprimento de sua testada até a linha que divide o álveo ao meio.

§ 2º Na hipótese de um lago ou lagoa nas mesmas condições, o direito de cada proprietário estender-se-á desde a margem até a linha ou ponto mais conveniente para divisão equitativa das águas, na extensão da testada de cada quinhoeiro, linha ou ponto locados, de preferência, segundo o próprio uso dos ribeirinhos.

Art. 11. São públicos dominicais, se não estiverem destinados ao uso comum, ou por algum título legítimo não pertencerem ao domínio particular;

1º, os terrenos de marinha;

2º, os terrenos reservados nas margens das correntes públicas de uso comum, bem como dos canais, lagos e lagoas da mesma espécie. Salvo quanto as correntes que, não sendo navegáveis nem flutuáveis, concorrem apenas para formar outras simplesmente flutuáveis, e não navegáveis.

§ 1º Os terrenos que estão em causa serão concedidos na forma da legislação especial sobre a matéria.

§ 2º Será tolerado o uso desses terrenos pelos ribeirinhos, principalmente os pequenos proprietários, que os cultivem, sempre que o mesmo não colidir por qualquer forma com o interesse público.

Art. 12. Sobre as margens das correntes a que se refere a última parte do nº 2 do artigo anterior, fica somente, e dentro apenas da faixa de 10 metros, estabelecida uma servidão de trânsito para os agentes da administração pública, quando em execução de serviço.

Art. 13. Constituem terrenos de marinha todos os que, banhados pelas águas do mar ou dos rios navegáveis,. Vão até 33 metros para a parte da terra, contados desde o ponto a que chega o preamar médio. Este ponto refere-se ao estado do lugar no tempo da execução do art. 51, § 14, da lei de 15/11/1831.

Art. 14. Os terrenos reservados são os que, banhados pelas correntes navegáveis, fora do alcance das marés, vão até a distância de 15 metros para a parte de terra, contados desde o ponto médio das enchentes ordinárias.

Art. 15. O limite que separa o domínio marítimo do domínio fluvial, para o efeito de medirem-se ou demarcarem-se 33 (trinta e três), ou 15 (quinze) metros, conforme os terrenos estiverem dentro ou fora do alcance das marés, será indicado pela seção transversal do rio, cujo nível não oscile com a maré ou, praticamente, por qualquer fato geológico ou biológico que ateste a ação poderosa do mar.

CAPÍTULO V – ACESSÃO

Art. 16. Constitui "aluvião" os acréscimos que sucessiva e imperceptivelmente se formarem para a parte do mar e das correntes, aquém do ponto a que chega o preamar médio, ou do ponto médio das enchentes ordinárias, bem como a parte do álveo que se descobrir pelo afastamento das águas.

§ 1º Os acréscimos que por aluvião, ou artificialmente, se produzirem nas águas públicas ou dominicais, são públicos dominicais, se não estiverem destinados ao uso comum, ou se por algum título legítimo não forem do domínio particular.

§ 2º A esses acréscimos, com referência aos terrenos reservados, se aplica o que está disposto no art. 11, § 2º.

Art. 17. Os acréscimos por aluvião formados as margens das correntes comuns, ou das correntes públicas de uso comum a que se refere o art. 12, pertencem aos proprietários marginais, nessa Segunda hipótese, mantida, porém, a servidão de trânsito constantes do mesmo artigo, recuada a faixa respectiva, na proporção do terreno conquistado.

Parágrafo único. Se o álveo for limitado por uma estrada pública, esses acréscimos serão públicos dominicais, com ressalva idêntica a da última parte do § 1º do artigo anterior.

Art. 18. Quando a "aluvião" se formar em frente a prédios pertencentes a proprietários diversos, far-se-á a divisão entre eles, em proporção a testada que cada um dos prédios apresentava sobre a antiga margem.

Art. 19. Verifica-se a "avulsão" quando a força súbita da corrente arrancar uma parte considerável e reconhecível de um prédio, arrojando-a sobre outro prédio.

Art. 20. O dono daquele poderá reclamá-lo ao deste, a quem é permitido optar, ou pelo consentimento na remoção da mesma, ou pela indenização ao reclamante.

Parágrafo único. Não se verificando esta reclamação no prazo de um ano, a incorporação se considera consumada, e o proprietário prejudicado perde o direito de reivindicar e de exigir indenização.

Art. 21. Quando a "avulsão" for de coisa não suscetível de aderência natural, será regulada pelos princípios de direito que regem a invenção.

Art. 22. Nos casos semelhantes, aplicam-se à "avulsão" os dispositivos que regem a "aluvião".

Art. 23. As ilhas ou ilhotas, que se formarem no álveo de uma corrente, pertencem ao domínio público, no caso das águas públicas, e ao domínio particular, no caso das águas comuns ou particulares.

§ 1º Se a corrente servir de divisa entre diversos proprietários e elas estiverem no meio da corrente, pertencem a todos esses proprietários, na proporção de suas testadas até a linha que dividir o álveo em duas partes iguais.

§ 2º As que estiverem situadas entre esta linha e uma das margens pertencem, apenas, ao proprietário ou proprietários desta margem.

Art. 24. As ilhas ou ilhotas, que se formarem, pelo desdobramento de um novo braço de corrente, pertencem aos proprietários dos terrenos, a custa dos quais se formaram.

Parágrafo único. Se a corrente, porém, é navegável ou flutuável, eles poderão entrar para o domínio público, mediante prévia indenização.

Art. 25. As ilhas ou ilhotas, quando de domínio público, consideram-se coisas patrimoniais, salvo se estiverem destinadas ao uso comum.

Art. 26. O álveo abandonado da corrente pública pertence aos proprietários ribeirinhos das duas margens, sem que tenham direito a indenização alguma os donos dos terrenos por onde as águas abrigarem novo curso.

Parágrafo único. Retornando o rio ao seu antigo leito, o abandonado volta aos seus antigos donos, salvo a hipótese do artigo seguinte, a não ser que esses donos indenizem ao Estado.

Art. 27. Se a mudança da corrente se fez por utilidade pública, o prédio ocupado pelo novo álveo deve ser indenizado, e o álveo abandonado passa a pertencer ao expropriante para que se compense da despesa feita.

Art. 28. As disposições deste capítulo são também aplicáveis aos canais, lagos ou lagoas, nos casos semelhantes que ali ocorram, salvo a hipótese do art. 539 do Código Civil.

TITULO II – ÁGUAS PÚBLICAS EM RELAÇÃO AOS SEUS PROPRIETÁRIOS

CAPÍTULO ÚNICO

Art. 29. As águas públicas de uso comum, bem como o seu álveo, pertencem:

I – A União:

a) quando marítimas;

b) quando situadas no Território do Acre, ou em qualquer outro território que a União venha a adquirir, enquanto o mesmo não se constituir em Estado, ou for incorporado a algum Estado;

c) quando servem de limites da República com as nações vizinhas ou se estendam a território estrangeiro;

d) quando situadas na zona de 100 quilômetros contigua aos limites da República com estas nações;

e) quando sirvam de limites entre dois ou mais Estados;

f) quando percorram parte dos territórios de dois ou mais Estados.

II – Aos Estados:

a) quando sirvam de limites a dois ou mais Municípios;

b) quando percorram parte dos territórios de dois ou mais Municípios.

III – Aos Municípios:

a) quando, exclusivamente, situados em seus territórios, respeitadas as restrições que possam ser impostas pela legislação dos Estados.

§ 1º Fica limitado o domínio dos Estados e Municípios sobre quaisquer correntes, pela servidão que a União se confere, para o aproveitamento industrial das águas e da energia hidráulica, e para navegação;

§ 2º Fica, ainda, limitado o domínio dos Estados e Municípios pela competência que se confere a União para legislar, de acordo com os Estados, em socorro das zonas periodicamente assoladas pelas secas.

Art. 30. Pertencem a União os terrenos de marinha e os acrescidos natural ou artificialmente, conforme a legislação especial sobre o assunto.

Art. 31. Pertencem aos Estados os terrenos reservados as margens das correntes e lagos navegáveis, si, por algum título, não forem do domínio federal, municipal ou particular.

Parágrafo único. Esse domínio sofre idênticas limitações as de que trata o art. 29.

TÍTULO III – DESAPROPRIAÇÃO

CAPÍTULO ÚNICO

Art. 32. As águas públicas de uso comum ou patrimoniais, dos Estados ou dos Municípios, bem como as águas comuns e as particulares, e respectivos álveos e margens, podem ser desapropriadas por necessidade ou por utilidade pública:

a) todas elas pela União;

b) as dos Municípios e as particulares, pelos Estados;

c) as particulares, pelos Municípios.

Art. 33. A desapropriação só se poderá dar na hipótese de algum serviço público classificado pela legislação vigente ou por este Código.

LIVRO II – APROVEITAMENTO DAS ÁGUAS

TÍTULO I – ÁGUAS COMUNS DE TODOS

CAPÍTULO ÚNICO

Art. 34. É assegurado o uso gratuito de qualquer corrente ou nascente de águas, para as primeiras necessidades da vida, se houver caminho público que a torne acessível.

Art. 35. Se não houver este caminho, os proprietários marginais não podem impedir que os seus vizinhos se aproveitem das mesmas para aquele fim, contanto que sejam indenizados do prejuízo que sofrerem com o trânsito pelos seus prédios.

§ 1º Essa servidão só se dará, verificando-se que os ditos vizinhos não podem haver água de outra parte, sem grande incômodo ou dificuldade.

§ 2º O direito do uso das águas, a que este artigo se refere, não prescreve, mas cessa logo que as pessoas a quem ele é concedido possam haver, sem grande dificuldade ou incômodo, a água de que carecem.

TÍTULO II – APROVEITAMENTO DAS ÁGUAS PÚBLICAS

DISPOSIÇÃO PRELIMINAR

Art. 36. É permitido a todos usar de quaisquer águas públicas, conformando-se com os regulamentos administrativos.

§ 1º Quando este uso depender de derivação, será regulado, nos termos do capítulo IV do título II, do livro II, tendo, em qualquer hipótese, preferência a derivação para o abastecimento das populações.

§ 2º O uso comum das águas pode ser gratuito ou retribuído, conforme as leis e regulamentos da circunscrição administrativa a que pertencerem.

CAPÍTULO I – NAVEGAÇÃO

Art. 37. O uso das águas públicas se deve realizar, sem prejuízo da navegação, salvo a hipótese do art. 48, e seu parágrafo único.

Art. 38. As pontes serão construídas, deixando livre a passagem das embarcações.

Parágrafo único. Assim, estas não devem ficar na necessidade de arriar a mastreação, salvo se contrário é o uso local.

Art. 39. A navegação de cabotagem será feita por navios nacionais.

Art. 40. Em lei ou leis especiais, serão reguladas:

I – A navegação ou flutuação dos mares territoriais das correntes, canais e lagos do domínio da União.

II – A navegação das correntes, canais e lagos:

a) que fizerem parte do plano geral de viação da República;

b) que, futuramente, forem consideradas de utilidade nacional por satisfazerem as necessidades estratégicas ou corresponderem a elevados interesses de ordem política ou administrativa.

III – A navegação ou flutuação das demais correntes, canais e lagos do território nacional.

Parágrafo único. A legislação atual sobre navegação e flutuação só será revogada a medida que forem sendo promulgadas as novas leis.

CAPÍTULO II – PORTOS

Art. 41. O aproveitamento e os melhoramentos e uso dos portos, bem como a respectiva competência federal, estadual ou municipal serão regulados por leis especiais.

CAPÍTULO III – CAÇA E PESCA

Art. 42. Em Leis especiais são reguladas a caça, a pesca e sua exploração.

Parágrafo único. As leis federais não excluem a legislação estadual supletiva ou complementar, pertinente a peculiaridades locais.

CAPÍTULO IV – DERIVAÇÃO

Art. 43. As águas públicas não podem ser derivadas para as aplicações da agricultura, da indústria e da higiene, sem a existência de concessão administrativa, no caso de utilidade pública e, não se verificando esta, de autorização administrativa, que será dispensada, todavia, na hipótese de derivações insignificantes.

§ 1º A autorização não confere, em hipótese alguma, delegação de poder público ao seu titular.

§ 2º Toda concessão ou autorização se fará por tempo fixo, e nunca excedente de trinta anos, determinando-se também um prazo razoável, não só para serem iniciadas, como para serem concluídas, sob pena de caducidade, as obras propostas pelo peticionário.

§ 3º Ficará sem efeito a concessão, desde que, durante três anos consecutivos, se deixe de fazer o uso privativo das águas.

Art. 44. A concessão para o aproveitamento das águas que se destinem a um serviço público será feita mediante concorrência pública, salvo os casos em que as leis ou regulamentos a dispensem.

Parágrafo único. No caso de renovação será preferido o concessionário anterior, em igualdade de condições, apurada em concorrência.

Art. 45. Em toda a concessão se estipulará, sempre, a cláusula de ressalva dos direitos de terceiros.

Art. 46. Concessão não importa, nunca, a alienação parcial das águas públicas, que são inalienáveis, mas no simples direito ao uso destas águas.

Art. 47. O Código respeita os direitos adquiridos sobre estas águas até a data de sua promulgação, por título legítimo ou posse trintenária.

Parágrafo único. Estes direitos, porém, não podem Ter maior amplitude do que os que o Código estabelece, no caso de concessão.

Art. 48. A concessão, como a autorização, deve ser feita sem prejuízo da navegação, salvo:

a) no caso de uso para as primeiras necessidades da vida;

b) no caso da lei especial que, atendendo a superior interesse público, o permita.

Parágrafo único. Além dos casos previstos nas letras a e b deste artigo, se o interesse público superior o exigir, a navegação poderá ser preterida sempre que ela não sirva efetivamente ao comércio.

Art. 49. As águas destinadas a um fim não poderão ser aplicadas a outro diverso, sem nova concessão.

Art. 50. O uso da derivação é real; alienando-se o prédio ou o engenho a que ela serve passa o mesmo ao novo proprietário.

Art. 51. Neste regulamento administrativo se disporá:

a) sobre as condições de derivação, de modo a se conciliarem quanto possível os usos a que as águas se prestam;

b) sobre as condições da navegação que sirva efetivamente ao comércio, para os efeitos do parágrafo único do art. 48.

Art. 52. Toda cessão total ou parcial da concessão ou autorização, toda mudança de concessionário ou de permissionário depende de consentimento da administração.

CAPÍTULO V – DESOBSTRUÇÃO

Art. 53. Os utentes das águas públicas de uso comum ou os proprietários marginais são obrigados a se abster de fatos que prejudiquem ou embaracem o regime e o curso das águas, e a navegação ou flutuação exceto se para tais fatos forem especialmente autorizados por alguma concessão.

Parágrafo único. Pela infração do disposto neste artigo, os contraventores, além das multas estabelecidas nos regulamentos administrativos, são obrigados a remover os obstáculos produzidos. Na sua falta, a remoção será feita a custa dos mesmos pela administração pública.

Art. 54. Os proprietários marginais de águas públicas são obrigados a remover os obstáculos que tenham origem nos seus prédios e sejam nocivos aos fins indicados no artigo precedente.

Parágrafo único. Se, intimados, os proprietários marginais não cumprirem a obrigação que lhes é imposta pelo presente artigo, de igual forma serão passíveis das multas estabelecidas pelos regulamentos administrativos, e a custa dos mesmos, a administração pública fará a remoção dos obstáculos.

Art. 55. Se o obstáculo não tiver origem nos prédios marginais, sendo devido a acidentes ou a ação natural das águas, havendo dono, será este obrigado a removê-lo, nos mesmos termos do artigo anterior: se não houver dono conhecido, removê-lo a administração, a custa própria, a ela pertencendo qualquer produto do mesmo proveniente.

Art. 56. Os utentes ou proprietários marginais, afora as multas, serão compelidos a indenizar o dano que causarem, pela inobservância do que fica exposto nos artigos anteriores.

Art. 57. Na apreciação desses fatos, desses obstáculos, para as respectivas sanções, se devem ter em conta os usos locais, a efetividade do embaraço ou prejuízo, principalmente com referência as águas terrestres, de modo que sobre os utentes ou proprietários marginais, pela vastidão do país, nas zonas de população escassa, de pequeno movimento, não venham a pesar ônus excessivos e sem real vantagem para o interesse público.

CAPÍTULO VI – TUTELA DOS DIREITOS DA ADMINISTRAÇÃO E DOS PARTICULARES

Art. 58. A administração pública respectiva, por sua própria força e autoridade, poderá repor incontinente no seu antigo estado, as águas públicas, bem como o seu leito e margem, ocupados por particulares, ou mesmo pelos Estados ou municípios:

a) quando essa ocupação resultar da violação de qualquer lei, regulamento ou ato da administração;

b) quando o exigir o interesse público, mesmo que seja legal, a ocupação, mediante indenização, se esta não tiver sido expressamente excluída por lei.

Parágrafo único. Essa faculdade cabe a União, ainda no caso do art. 40, nº II, sempre que a ocupação redundar em prejuízo da navegação que sirva, efetivamente, ao comércio.

Art. 59. Se julgar conveniente recorrer ao juízo, a administração pode fazê-lo tanto no juízo petitório como no juízo possessório.

Art. 60. Cabe a ação judiciária para defesa dos direitos particulares, quer quanto aos usos gerais, quer quanto aos usos especiais, das águas públicas, seu leito e margens, podendo a mesma se dirigir, quer contra a administração, que no juízo possessório, salvas as restrições constantes dos parágrafos seguintes:

§ 1º Para que a ação se justifique, é mister a existência de um interesse direto por parte de quem recorra ao juízo.

§ 2º. Na ação dirigida contra a administração, esta só poderá ser condenada a indenizar o dano que seja devido, e não a destruir as obras que tenha executado prejudicando o exercício do direito de uso em causa.

§ 3º Não é admissível a ação possessória contra a administração.

§ 4º Não é admissível, também, a ação possessória de um particular contra outro, se o mesmo não apresentar como título uma concessão expressa ou outro título legítimo equivalente.

CAPÍTULO VII – COMPETÊNCIA ADMINISTRATIVA

Art. 61. É da competência da União a legislação de que trata o art. 40, em todos os seus incisos.

Parágrafo único. Essa competência não exclui a dos Estados para legislarem subsidiariamente sobre a navegação ou flutuação dos rios, canais e lagos de seu território, desde que não estejam compreendidos nos números I e II do artigo 40.

Art. 62. As concessões ou autorizações para derivação que não se destine a produção de energia hidroelétrica serão outorgadas pela União pelos Estados ou pelos municípios, conforme o seu domínio sobre as águas a que se referir ou conforme os serviços públicos a que se destine a mesma derivação, de acordo com os dispositivos deste Código e as leis especiais sobre os mesmo serviços.

Art. 63. As concessões ou autorizações para derivação que se destinem a produção de energia hidroelétrica serão atribuições aos Estados, na forma e com as limitações estabelecidas nos arts. 192, 193 e 194.

Art. 64. Compete a União, aos Estados ou aos municípios providenciar sobre a desobstrução nas águas do seu domínio.

Parágrafo único. A competência da União se estende as águas de que trata o art. 40, nº II.

Art. 65. Os usos gerais a que se prestam as águas públicas só por disposição de lei se podem extinguir.

Art. 66. Os usos de derivação extinguem-se:

a) pela renúncia;

b) pela caducidade;

c) pelo resgate, decorridos os dez primeiros anos após a conclusão das obras, e tomando-se por base do preço da indenização só o capital efetivamente empregado;

d) pela expiração do prazo;

e) pela revogação.

Art. 67. É sempre revogável o uso das águas públicas.

TÍTULO III – APROVEITAMENTO DAS ÁGUAS COMUNS E DAS PARTICULARES

CAPÍTULO I – DISPOSIÇÕES PRELIMINARES

Art. 68. Ficam debaixo da inspeção e autorização administrativa:

a) as águas comuns e as particulares, no interesse da saúde e da segurança pública;

b) as águas comuns, no interesse dos direitos de terceiros ou da qualidade, curso ou altura das águas públicas.

Art. 69. Os prédios inferiores são obrigados a receber as águas que correm naturalmente dos prédios superiores.

Parágrafo único. Se o dono do prédio superior fizer obras de arte, para facilitar o escoamento, procederá de modo que não piore a condição natural e anterior do outro.

Art. 70. O fluxo natural, para os prédios inferiores, de água pertencente ao dono do prédio superior, não constitui por si só servidão em favor deles.

CAPÍTULO II – ÁGUAS COMUNS

Art. 71. Os donos ou possuidores de prédios atravessados ou banhado pelas correntes, podem usar delas em proveito dos mesmos prédios, e com aplicação tanto para a agricultura como para a indústria, contanto que do refluxo das mesmas águas não resulte prejuízo aos prédios que ficam superiormente situado, e que inferiormente não se altere o ponto de saída das águas remanescentes, nem se infrinja o disposto na última parte do parágrafo único do art. 69.

§ 1º Entende-se por ponto de saída aquele onde uma das margens do álveo deixa primeiramente de pertencer ao prédio.

§ 2º Não se compreende na expressão – águas remanescentes – as escorredouras.

§ 3º Terá sempre preferência sobre quaisquer outros, o uso das águas para as primeiras necessidades da vida.

Art. 72. Se o prédio é atravessado pela corrente, o dono ou possuidor poderá, nos limites dele, desviar o álveo da mesma, respeitando as obrigações que lhe são impostas pelo artigo precedente.

Parágrafo único. Não é permitido esse desvio, quando da corrente se abastecer uma população.

Art. 73. Se o prédio é simplesmente banhado pela corrente e as águas não são sobejas, far-se-á a divisão das mesmas entre o dono ou possuidor dele e o do prédio fronteiro, proporcionalmente a extensão dos prédios e as suas necessidades.

Parágrafo único. Devem-se harmonizar, quanto possível, nesta partilha, os interesses da agricultura com os da indústria; e o juiz terá a faculdade de decidir "ex-bono et aequo"

Art. 74. A situação superior de um prédio não exclui o direito do prédio fronteiro a porção da água que lhe cabe.

Art. 75. Dividido que seja um prédio marginal, de modo que alguma ou algumas das frações não limite com a corrente, ainda assim terão as mesmas direito ao uso das águas.

Art. 76. Os prédios marginais continuam a ter direito ao uso das águas, quando entre os mesmos e as correntes se abrirem estradas públicas, salvo se pela perda desse direito forem indenizados na respectiva desapropriação.

Art. 77. Se a altura das ribanceiras, a situação dos lugares, impedirem a derivação da água na sua passagem pelo prédio respectivo, poderão estas ser derivadas em um ponto superior da linha marginal, estabelecida a servidão legal de aqueduto sobre os prédios intermédios.

Art. 78. Se os donos ou possuidores dos prédios marginais atravessados pela corrente ou por ela banhados, os aumentarem, com a adjunção de outros prédios, que não tiverem direito ao uso das águas, não as poderão empregar nestes com prejuízo do direito que sobre elas tiverem ou seus vizinhos.

Art. 79. É imprescritível o direito de uso sobre as águas das correntes, o qual só poderá ser alienado por título ou instrumento público, permitida não sendo, entretanto, a alienação em benefício de prédios não marginais, nem com prejuízo de outros prédios, aos quais pelos artigos anteriores é atribuída a preferência no uso das mesmas águas.

Parágrafo único. Respeitam-se os direitos adquiridos até a data da promulgação deste código, por título legítimo ou prescrição que recaia sobre oposição não seguida, ou sobre a construção de obras no prédio superior, de que se possa inferir abandono do primitivo direito.

Art. 80. O proprietário ribeirinho, tem o direito de fazer na margem ou no álveo da corrente, as obras necessárias ao uso das águas.

Art. 81. No prédio atravessado pela corrente, o seu proprietário poderá travar estas obras em ambas as margens da mesma.

Art. 82. No prédio simplesmente banhado pela corrente, cada proprietário marginal poderá fazer obras apenas no trato do álveo que lhe pertencer.

Parágrafo único. Poderá ainda este proprietário travá-las na margem fronteira, mediante prévia indenização ao respectivo proprietário.

Art. 83. Ao proprietário do prédio serviente, no caso do parágrafo anterior, será permitido aproveitar-se da obra feita, tornando-a comum, desde que pague uma parte da despesa respectiva, na proporção do benefício que lhe advier.

CAPÍTULO III – DESOBSTRUÇÃO E DEFESA

Art. 84. Os proprietários marginais das correntes são obrigados a se abster de fatos que possam embaraçar o livre curso das águas, e a remover os obstáculos a este livre curso, quando eles tiverem origem nos seus prédios, de modo a evitar prejuízo de terceiros, que não for proveniente de legítima aplicação das águas.

Parágrafo único. O serviço de remoção do obstáculo será feito à custa do proprietário a quem ela incumba, quando este não queira fazê-lo, respondendo ainda o proprietário pelas perdas e danos que causar, bem como pelas multas que lhe forem impostas nos regulamentos administrativos.

Art. 85. Se o obstáculo ao livre curso das águas não resultar de fato do proprietário e não tiver origem no prédio, mas for devido a acidentes ou a ação do próprio curso de água, será removido pelos proprietários de todos os prédios prejudicados, e, quando nenhum o seja, pelos proprietários dos prédios fronteiros onde tal obstáculo existir.

Art. 86. Para ser efetuada a remoção de que tratam os artigos antecedentes, o dono do prédio em que estiver o obstáculo é obrigado a consentir que os proprietários interessados entrem em seu prédio, respondendo estes pelos prejuízos que lhes causarem.

Art. 87. Os proprietários marginais são obrigados a defender os seus prédios, de modo a evitar prejuízo para o regime e curso das águas e danos para terceiros.

CAPÍTULO IV – CAÇA E PESCA

Art. 88. A exploração da caça e da pesca está sujeita as leis federais não excluindo as estaduais subsidiária e complementares.

CAPÍTULO V – NASCENTES

Art. 89. Consideram-se "nascentes" para os efeitos deste Código, as águas que surgem naturalmente ou por indústria humana, e correm dentro de um só prédio particular, e ainda que o transponham, quando elas não tenham sido abandonadas pelo proprietário do mesmo.

Art. 90. O dono do prédio onde houver alguma nascente, satisfeitas as necessidades de seu consumo, não pode impedir o curso natural das águas pelos prédios inferiores.

Art. 91. Se uma nascente emerge em um fosso que divide dois prédios, pertence a ambos.

Art. 92. Mediante indenização, os donos dos prédios inferiores, de acordo com as normas da servidão legal de escoamento, são obrigados a receber as águas das nascentes artificiais.

Parágrafo único. Nessa indenização, porém, será considerado o valor de qualquer benefício que os mesmos prédios possam auferir de tais águas.

Art. 93. Aplica-se as nascentes o disposto na primeira parte do art. 79.

Art. 94. O proprietário de um nascente não pode desviar-lhe o curso quando da mesma se abasteça uma população.

Art. 95. A nascente de uma água será determinada pelo ponto em que ela começa a correr sobre o solo e não pela veia subterrânea que a alimenta.

TÍTULO IV – ÁGUAS SUBTERRÂNEAS

CAPÍTULO ÚNICO

Art. 96. O dono de qualquer terreno poderá apropriar-se por meio de poços, galerias, etc., das águas que existam debaixo da superfície de seu prédio contanto que não prejudique aproveitamentos existentes nem derive ou desvie de seu curso natural águas públicas dominicais, públicas de uso comum ou particulares.

Parágrafo único. Se o aproveitamento das águas subterrâneas de que trata este artigo prejudicar ou diminuir as águas públicas dominicais ou públicas de uso comum ou particulares, a administração competente poderá suspender as ditas obras e aproveitamentos.

Art. 97. Não poderá o dono do prédio abrir poço junto ao prédio do vizinho, sem guardar as distâncias necessárias ou tomar as precisas precauções para que ele não sofra prejuízo.

Art. 98. São expressamente proibidas construções capazes de poluir ou inutilizar para o uso ordinário a água do poço ou nascente alheia, a elas preexistentes.

Art. 99. Todo aquele que violar as disposições dos artigos antecedentes, é obrigado a demolir as construções feitas, respondendo por perdas e danos.

Art. 100. As correntes que desaparecerem momentaneamente do solo, formando um curso subterrâneo, para reaparecer mais longe, não perdem o caráter de coisa pública de uso comum, quando já o eram na sua origem.

Art. 101. Depende de concessão administrativa a abertura de poços em terrenos do domínio público.

TITULO V – ÁGUAS PLUVIAIS

Art. 102. Consideram-se águas pluviais, as que procedem imediatamente das chuvas.

Art. 103. As águas pluviais pertencem ao dono do prédio onde caírem diretamente, podendo o mesmo dispor delas a vontade, salvo existindo direito em sentido contrário.

Parágrafo único. Ao dono do prédio, porém, não é permitido:

1º, desperdiçar essas águas em prejuízo dos outros prédios que delas se possam aproveitar, sob pena de indenização aos proprietários dos mesmos;

2º, desviar essas águas de seu curso natural para lhes dar outro, sem consentimento expresso dos donos dos prédios que irão recebê-las.

Art. 104. Transpondo o limite do prédio em que caírem, abandonadas pelo proprietário do mesmo, as águas pluviais, no que lhes for aplicável, ficam sujeitas as regras ditadas para as águas comuns e para as águas públicas.

Art. 105. O proprietário edificará de maneira que o beiral de seu telhado não despeje sobre o prédio vizinho, deixando entre este e o beiral, quando por outro modo não o possa evitar, um intervalo de 10 centímetros, quando menos, de modo que as águas se escoem.

Art. 106. É imprescritível o direito de uso das águas pluviais.

Art. 107. São de domínio público de uso comum as águas pluviais que caírem em lugares ou terrenos públicos de uso comum.

Art. 108. A todos é lícito apanhar estas águas.

Parágrafo único. Não se poderão, porém, construir nestes lugares ou terrenos, reservatórios para o aproveitamento das mesmas águas sem licença da administração.

TITULO VI – ÁGUAS NOCIVAS

CAPÍTULO ÚNICO

Art. 109. A ninguém é lícito conspurcar ou contaminar as águas que não consome, com prejuízo de terceiros.

Art. 110. Os trabalhos para a salubridade das águas serão executados á custa dos infratores, que, além da responsabilidade criminal, se houver, responderão pelas perdas e danos que causarem e pelas multas que lhes forem impostas nos regulamentos administrativos.

Art. 111. Se os interesses relevantes da agricultura ou da indústria o exigirem, e mediante expressa autorização administrativa, as águas poderão ser inquinadas, mas os agricultores ou industriais deverão providenciar para que as se purifiquem, por qualquer processo, ou sigam o seu esgoto natural.

Art. 112. Os agricultores ou industriais deverão indenizar a União, os Estados, os Municípios, as corporações ou os particulares que pelo favor concedido no caso do artigo antecedente, forem lesados.

Art. 113. Os terrenos pantanosos, quando, declarada a sua insalubridade, não forem desecados pelos seus proprietários, se-lo-ão pela administração, conforme a maior ou menor relevância do caso.

Art. 114. Esta poderá realizar os trabalhos por si ou por concessionários.

Art. 115. Ao proprietário assiste a obrigação de indenizar os trabalhos feitos, pelo pagamento de uma taxa de melhoria sobre o acréscimo do valor dos terrenos saneados, ou por outra forma que for determinada pela administração pública.

Art. 116. Se o proprietário não entrar em acordo para a realização dos trabalhos nos termos dos dois artigos anteriores, dar-se-á a desapropriação, indenizado o mesmo na correspondência do valor atual do terreno, e não do que este venha a adquirir por efeito de tais trabalhos.

TÍTULO VII – SERVIDÃO LEGAL DE AQUEDUTO

CAPÍTULO ÚNICO

Art. 117. A todos é permitido canalizar pelo prédio de outrem as águas a que tenham direito, mediante prévia indenização ao dono deste prédio:

a) para as primeiras necessidades da vida;

b) para os serviços da agricultura ou da indústria;

c) para o escoamento das águas superabundantes;

d) para o enxugo ou bonificação dos terrenos.

Art. 118. Não são passíveis desta servidão as casas de habitação e os pátios, jardins, alamedas, ou quintais, contíguos as casas.

Parágrafo único. Esta restrição, porém, não prevalece no caso de concessão por utilidade pública, quando ficar demonstrada a impossibilidade material ou econômica de se executarem as obras sem a utilização dos referidos prédios.

Art. 119. O direito de derivar águas nos termos dos artigos antecedentes compreende também o de fazer as respectivas presas ou açudes.

Art. 120. A servidão que está em causa será decretada pelo Governo, no caso de aproveitamento das águas, em virtude de concessão por utilidade pública; e pelo juiz, nos outros casos.

§ 1º Nenhuma ação contra o proprietário do prédio serviente e nenhum encargo sobre este prédio, poderá obstar a que a servidão se constitua, devendo os terceiros disputar os seus direitos sobre o preço da indenização.

§ 2º Não havendo acordo entre os interessados sobre o preço da indenização, será o mesmo fixado pelo juiz, ouvidos os peritos que eles nomearem.

§ 3º A indenização não compreende o valor do terreno; constitui unicamente o justo preço do uso do terreno ocupado pelo aqueduto, e de um espaço de cada um dos lados, da largura que for necessária, em toda a extensão do aqueduto.

§ 4º Quando o aproveitamento da água vise o interesse do público, somente é devida indenização ao proprietário pela servidão, se desta resultar diminuição do rendimento da propriedade ou redução da sua área.

Art. 121. Os donos dos prédios servientes têm, também, direito a indenização dos prejuízos que de futuro vierem a resultar da infiltração ou irrupção das águas, ou deterioração das obras feitas, para a condução destas. Para garantia deste direito eles poderão desde logo exigir que se lhes preste caução.

Art. 122. Se o aqueduto tiver de atravessar estradas, caminhos e vias públicas, sua construção fica sujeita aos regulamentos em vigor, no sentido de não se prejudicar o trânsito.

Art. 123. A direção, natureza e forma do aqueduto devem atender ao menor prejuízo para o prédio serviente.

Art. 124. A servidão que está em causa não fica excluída por que seja possível conduzir as águas pelo prédio próprio, desde que a condução por este se apresente muito mais dispendiosa do que pelo prédio de outrem.

Art. 125. No caso de aproveitamento de águas em virtude de concessão por utilidade de pública, a direção, a natureza e a forma do aqueduto serão aquelas que constarem dos projetos aprovados pelo Governo, cabendo apenas aos interessados pleitear em juízo os direitos a indenização.

Art. 126. Correrão por conta daquele que obtiver a servidão do aqueduto todas as obras necessárias para a sua conservação, construção e limpeza.

Parágrafo único. Para este fim, ele poderá ocupar, temporariamente os terrenos indispensáveis para o depósito de materiais, prestando caução pelos prejuízos que possa ocasionar, se o proprietário serviente o exigir.

Art. 127. É inerente a servidão de aqueduto o direito de trânsito por suas margens para seu exclusivo serviço.

Art. 128. O dono do aqueduto poderá consolidar suas margens com relvas, estacadas, paredes de pedras soltas.

Art. 129. Pertence ao dono do prédio serviente tudo que as margens produzem naturalmente.

Não lhe é permitido, porém, fazer plantação, nem operação alguma de cultivo nas mesmas margens, e as raízes que nelas penetrarem poderão ser cortadas pelo dono do aqueduto.

Art. 130. A servidão de aqueduto não obsta a que o dono do prédio serviente possa cercá-lo, bem como edificar sobre o mesmo aqueduto, desde que não haja prejuízo para este, nem se impossibilitem as reparações necessárias.

Parágrafo único. Quando tiver de fazer essas reparações, o dominante avisará previamente ao serviente.

Art. 131. O dono do prédio serviente poderá exigir, a todo o momento, a mudança do aqueduto para outro local do mesmo prédio, se esta mudança lhe for conveniente e não houver prejuízo para o dono do aqueduto.

A despesa respectiva correrá por conta do dono do prédio serviente.

Art. 132. Idêntico direito assiste ao dono do aqueduto, convindo-lhe a mudança e não havendo prejuízo para o serviente.

Art. 133. A água, o álveo e as margens do aqueduto consideram-se como partes integrantes do prédio a que as águas servem.

Art. 134. Se houver águas sobejas no aqueduto, e outro proprietário quiser ter parte nas mesmas, esta lhe será concedida, mediante prévia indenização, e pagando, além disso, a quota proporcional a despesa feita com a condução delas até ao ponto de onde se pretendem derivar.

§ 1º Concorrendo diversos pretendentes, serão preferidos os donos dos prédios servientes.

§ 2º Para as primeiras necessidades da vida, o dono do prédio serviente poderá usar gratuitamente das águas do aqueduto.

Art. 135. Querendo o dono do aqueduto aumentar a sua capacidade, para que receba maior caudal de águas, observar-se-ão os mesmos trâmites necessários para o estabelecimento do aqueduto.

Art. 136. Quando um terreno regadio, que recebe a água por um só ponto, se divida por herança, venda ou outro título, entre dois ou mais donos, os da parte superior ficam obrigados a dar passagem a água, como servidão de aqueduto, para a rega dos inferiores, sem poder exigir por ele indenização alguma, salvo ajuste em contrário.

Art. 137. Sempre que as águas correm em benefício de particulares, impeçam ou dificultem a comunicação com os prédios vizinhos, ou embaracem as correntes particulares, o particular beneficiado deverá construir as pontes, canais e outras necessárias para evitar este inconveniente.

Art. 138. As servidões urbanas de aqueduto, canais, fontes, esgotos sanitários e pluviais, estabelecidos para serviço público e privado das populações, edifícios, jardins e fábricas, reger-se-ão pelo que dispuserem os regulamentos de higiene da União ou dos Estados e as posturas municipais.

LIVRO III – FORÇAS HIDRÁULICAS – REGULAMENTAÇÃO DA INDÚSTRIA HIDRO-ELÉTRICA

TÍTULO I – CAPÍTULO I – ENERGIA HIDRÁULICA E SEU APROVEITAMENTO

Art. 139. O aproveitamento industrial das quedas de águas e outras fontes de energia hidráulica, quer do domínio público, quer do domínio particular, far-se-á pelo regime de autorizações e concessões instituído neste Código.

§ 1º Independe de concessão ou autorização o aproveitamento das quedas d'água já utilizadas industrialmente na data da publicação deste Código, desde que sejam manifestadas na forma e prazos prescritos no art. 149 e enquanto não cesse a exploração; cessada esta cairão no regime deste Código.

§ 2º Também ficam excetuados os aproveitamentos de quedas d'água de potência inferior a 50 kws. Para uso exclusivo do respectivo proprietário.

§ 3º Dos aproveitamentos de energia hidráulica que, nos termos do parágrafo anterior não dependem de autorização, deve ser todavia, notificado o Serviço de Águas do Departamento Nacional de Produção Mineral do Ministério da Agricultura para efeitos estatísticos.

§ 4º As autorizações e concessões serão conferidas na forma prevista no art. 195 e seus parágrafos.

§ 5º Ao proprietário da queda d'água são assegurados os direitos estipulados no art. 148.

Art. 140. São considerados de utilidade pública e dependem de concessão.

a) os aproveitamentos de quedas d'água e outras fontes de energia hidráulica de potência superior a 150 kws. Seja qual for a sua aplicação.

b) os aproveitamentos que se destinam a serviços de utilidade pública federal, estadual ou municipal ou ao comércio de energia seja qual for a potência.

Art. 141. Dependem de simples autorização, salvo o caso do § 2º, do art. 139, os aproveitamentos de quedas de água e outras fontes de energia de potência até o máximo de 150kws. quando os permissionários forem titulares de direitos de ribeirinidades com relação à totalidade ou ao menos à maior parte da seção do curso d'água a ser aproveitada e destinem a energia ao seu uso exclusivo.

Art. 142. Entende-se por potência para os efeitos deste Código a que é dada pelo produto da altura da queda pela descarga máxima de derivação concedida ou autorizada.

Art. 143. Em todos os aproveitamentos de energia hidráulica serão satisfeita exigências acauteladoras dos interesses gerais:

a) da alimentação e das necessidades das populações ribeirinhas;

b) da salubridade pública;

c) da navegação;

d) da irrigação;

e) da proteção contra as inundações;

f) da conservação e livre circulação do peixe;

g) do escoamento e rejeição das águas.

Art. 144. O Serviço de Águas do Departamento Nacional de Produção Mineral do Ministério da Agricultura, é o órgão competente do Governo Federal para:

a) proceder ao estudo e avaliação de energia hidráulica do território nacional;

b) examinar e instruir técnica e administrativamente os pedidos de concessão ou autorização para a utilização da energia hidráulica e para produção, transmissão, transformação e distribuição da energia hidroelétrica;

c) fiscalizar a produção, a transmissão, a transformação e a distribuição de energia hidroelétrica; *(Redação dada pelo Decreto-lei nº 3.763, de 25.10.1941)*

d) exercer todas as atribuições que lhe forem conferidas por este Código e seu regulamento.

CAPÍTULO II – PROPRIEDADE DAS QUEDAS D'AGUA

Art. 145. As quedas d'água e outras fontes de energia hidráulica são bens imóveis e tidas como coisas distintas e não integrantes das terras em que se encontrem. Assim a propriedade superficial não abrange a água, o álveo do curso no trecho em que se acha a queda d'água, nem a respectiva energia hidráulica, para o efeito de seu aproveitamento industrial.

Art. 146. As quedas d'água existentes em cursos cujas águas sejam comuns ou particulares, pertencem aos proprietários dos terrenos marginais, ou a quem for por título legítimo.

Parágrafo único. Para os efeitos deste Código, os proprietários das quedas d'água que já estejam sendo exploradas industrialmente deverão manifestá-las, na forma e prazo prescritos no art. 149.

Art. 147. As quedas d'água e outras fontes de energia hidráulica existentes em águas públicas de uso comum ou dominicais são incorporadas ao patrimônio da Nação, como propriedade inalienável e imprescritível.

Art. 148. Ao proprietário da queda d'água é assegurada a preferência na autorização ou concessão para o aproveitamento industrial de sua energia ou co-participação razoável, estipulada neste Código, nos lucros da exploração que por outrem for feita.

Parágrafo único. No caso de condomínio, salvo o disposto no art. 171, só terá lugar o direito de preferência à autorização ou concessão se houver acordo ente os condôminos; na hipótese contrária, bem como, no caso de propriedade litigiosa, só subsistirá o direito de co-participação nos resultados da exploração, entendendo-se por proprietário para esse efeito o conjunto dos condôminos.

Art. 149. As empresas ou particulares, que estiverem realizando o aproveitamento de quedas d'água ou outras fontes de energia hidráulica, para quaisquer fins, são obrigados a manifestá-lo dentro do prazo de seis meses, contados da data da publicação deste Código, e na forma seguinte: (Vide Decreto-Lei nº 852, de 1938)

I – Terão de produzir, cada qual por si, uma justificação no Juízo do Fórum, da situação da usina, com assistência do órgão do Ministério Público, consistindo a dita justificação na prova da existência e característicos da usina, por testemunhas de fé e da existência, natureza e extensão de seus direitos sobre a queda d'água utilizada, por documentos com eficiência probatória, devendo entregar-se à parte os autos independentemente de traslado;

II – Terão que apresentar ao Governo Federal a justificação judicial de que trata o número I e mais os dados sobre os característicos técnicos da queda d'água e usina de que se ocupam as alíneas seguintes:

a) Estado, comarca, município, distrito e denominação do rio, da queda, do local e usina;

b) um breve histórico da fundação da usina desde o início da sua exploração;

c) breve descrição das instalações e obras d'arte destinadas a geração, transmissão, transformação e distribuição da energia;

d) fins a que se destina a energia produzida;

e) constituição da empresa, capital social, administração, contratos para fornecimento de energia e respectivas tarifas.

§ 1º Só serão considerados aproveitamentos já existentes e instalados para os efeitos deste Código, os que forem manifestados ao Poder Público na forma e prazo prescritos neste artigo.

§ 2º Somente os interessados que satisfizerem dentro do prazo legal as exigências deste artigo poderão prosseguir na exploração industrial da energia hidráulica, independentemente de autorização ou concessão na forma deste Código.

TÍTULO II

CAPÍTULO I – CONCESSÕES

Art. 150. As concessões serão outorgadas por decreto do Presidente da República, referendado pelo ministro da Agricultura.

Art. 151. Para executar os trabalhos definidos no contrato, bem como, para explorar a concessão, o concessionário terá, além das regalias e favores constantes das leis fiscais e especiais, os seguintes direitos:

a) utilizar os termos de domínio público e estabelecer as servidões nos mesmos e através das estradas, caminhos e vias públicas, com sujeição aos regulamentos administrativos;

b) desapropriar nos prédios particulares e nas autorizações pré-existentes os bens, inclusive as águas particulares sobe que verse a concessão e os direitos que forem necessários, de acordo com a lei que regula a desapropriação por utilidade publica, ficando a seu cargo a liquidação e pagamento das indenizações;

c) estabelecer as servidões permanentes ou temporárias exigidas para as obras hidráulica e para o transporte e distribuição da energia elétrica;

d) construir estradas de ferro, rodovias, linhas telefônicas ou telegráficas, sem prejuízo de terceiros, para uso exclusivo da exploração;

e) estabelecer linhas de transmissão e de distribuição.

Art. 152. As indenizações devidas aos ribeirinhos quanto ao uso das águas no caso de direitos exercidos, quanto a propriedade das mesmas águas, ou aos proprietários das concessões ou autorizações preexistentes, serão feitas, salvo acordo em sentido contrário, entre os mesmos e os concessionários, em espécie ou em dinheiro, conforme os ribeirinhos ou proprietários preferirem.

§ 1º Quando as indenizações se fizerem em espécie serão sob a forma de um quinhão d'água ou de uma quantidade de energia correspondente a água que aproveitavam ou a energia de que dispunham, correndo por conta do concessionário as despesas com as transformações técnicas necessárias para não agravar ou prejudicar os interesses daqueles.

§ 2º As indenizações devidas aos ribeirinhos quanto ao uso das águas, no caso de direitos não exercidos, serão feitas na forma que for estipulada em regulamento a ser expedido.

Art. 153. O concessionário obriga-se:

a) a depositar nos cofres públicos, ao assinar o termo de concessão, em moeda corrente do país, ou em apólices da dívida pública federal, como garantia do implemento das obrigações assumidas, a quantia de vinte mil réis, por kilowatt de potência concedida, sempre que esta potência não exceder a 2.000 Kws. Para potências superiores a 2.000 Kws. A caução será de quarenta contos de réis em todos os casos;

b) a cumprir todas as exigências da presente lei, das cláusulas contratuais e dos regulamentos administrativos;

c) a sujeitar-se a todas as exigências da fiscalização;

d) a construir e manter nas proximidades da usina, onde for determinado pelo Serviço de Águas, as instalações necessárias para observações linimétricas e medições de descargas do curso d'água utilizado;

e) a reservar uma fração da descarga d'água, ou a energia correspondente a uma fração da potência concedida, em proveito dos serviços públicos da União, dos Estados ou dos Municípios.

Art. 154. As reservas de água e de energia não poderão privar a usina de mais de 30% da energia de que ela disponha.

Art. 155. As reservas de água e de energia a que se refere o artigo anterior serão entregues aos beneficiários; as de água, na entrada do canal de adução ou na saída do canal de descarga e as de energia, nos bornes da usina.

§ 1º A energia reservada será paga pela tarifa que estiver em vigor, com abatimento razoável, a juízo do Serviço de Águas do Departamento Nacional de Produção Mineral, ouvidas as autoridades administrativas interessadas.

§ 2º Serão estipuladas nos contratos as condições de exigibilidade das reservas; as hipóteses de não exigência, de exigência e de aviso prévio.

§ 3º Poderá o concessionário, a seu requerimento, ser autorizado a dispor da energia reservada, por período nunca superior a dois anos, devendo-se-lhe notificar, com seis meses de antecedência, a revogação da autorização da para tal fim.

§ 4º Se a notificação de que trata o parágrafo anterior, feita não for, a autorização considera-se renovada por mais dois anos, e assim sucessivamente.

§ 5º A partilha entre a União, os Estados e os Municípios, da energia reservada será feita pelo Governo da União.

Art. 156. A Administração Pública terá em qualquer época, o direito de prioridade sobre as disponibilidades do concessionário, pagando pela tarifa que estiver em vigor, sem abatimento algum.

Art. 157. As concessões, para produção, transmissão e distribuição da energia hidroelétrica, para quaisquer fins, serão dadas pelo prazo normal de 30 anos.

Parágrafo único. Excepcionalmente, se as obras e instalações, pelo seu vulto, não comportarem amortização do capital no prazo estipulado neste artigo, com o fornecimento de energia por preço razoável, ao consumidor, a juízo do Governo, ouvidos os órgãos técnicos e administrativos competentes, a concessão poderá ser outorgada por prazo superior, não excedente, porém, em hipótese alguma, de 50 anos.

Art. 158. O pretendente à concessão deverá requerê-la ao Ministério da Agricultura e fará acompanhar seu requerimento do respectivo projeto, elaborado de conformidade com as instruções estipuladas e instruído com os documentos e dados exigidos no regulamento a ser expedido sobre a matéria e especialmente, com referência: (Vide Decreto-Lei nº 852, de 1938)

a) à idoneidade moral, técnica e financeira e à nacionalidade do requerente:

b) à constituição e sede da pessoa coletiva que for o requerente;

c) à exata compreensão – 1) do programa e objeto atual e futuro do requerente; 2) das condições das obras civis e das instalações a realizar;

d) ao capital atual e futuro a ser empregado na concessão.

Art. 159. As minutas dos contratos, de que constarão todas as exigências de ordem técnica, serão preparadas pelo Serviço de Águas e, por intermédio do diretor geral do Departamento Nacional de Produção Mineral, submetidos à aprovação do ministro da Agricultura.

Parágrafo único. Os projetos apresentados deverão obedecer às prescrições técnicas regulamentares, podendo ser alterados no todo ou em parte, ampliados ou restringidos, em vista da segurança, do aproveitamento racional do curso d'água ou do interesse público.

Art. 160. O concessionário obriga-se, na forma estabelecida em lei, e a título de utilização, fiscalização, assistência técnica e estatística a pagar uma quantia proporcional a potência concedida.

Parágrafo único. O pagamento dessa quota se fará, desde a data que for fixada nos contratos para a conclusão das obras e instalações.

Art. 161. As concessões dadas de acordo com a presente lei ficam isentas de impostos federais e de quaisquer impostos estaduais ou municipais, salvo os de consumo, renda e venda mercantis.

Art. 162. Nos contratos de concessão figurarão entres outras as seguintes cláusulas:

a) ressalva de direitos de terceiros;

b) prazos para início e execução das obras, prorrogáveis a juízo do Governo;

c) tabelas de preços nos bornes da usina e a cobrar dos consumidores, com diferentes fatores de carga;

d) obrigação de permitir aos funcionários encarregados da fiscalização livre acesso, em qualquer época, às obras e demais instalações compreendidas na concessão, bem como o exame de todos os assentamentos, gráficos, quadros e demais documentos preparados pelo concessionário para verificação das descargas, potências, medidas de rendimento das quantidades de energia utilizada na usina ou fornecida e dos preços e condições de venda aos consumidores;

Art. 163. As tarifas de fornecimento da energia serão estabelecidas, exclusivamente, em moeda corrente no país e serão revistas de três em três anos.

Art. 164. A concessão poderá ser dada:

a) para o aproveitamento limitado e imediato da energia hidráulica de um trecho de determinado curso d'água;

b) para o aproveitamento progressivo da energia hidráulica de um determinado trecho de curso d'água ou de todo um determinado curso d'água;

c) para um conjunto de aproveitamento de energia hidráulica de trechos de diversos cursos d'água, com referência a uma zona em que se pretenda estabelecer um sistema de usinas interconectadas e podendo o aproveitamento imediato ficar restrito a uma parte do plano em causa.

§ 1º Com referência à alínea "c", se outro pretendente solicitar o aproveitamento imediato da parte não utilizada, a preferência para o detentor da concessão, uma vez que não seja evidente a desvantagem pública, se dará, marcado, todavia, o prazo de uma a dois anos para iniciar as obras.

§ 2º Desistindo o detentor dessa parte da concessão, será a mesma dada ao novo pretendente para o aproveitamento com o plano próprio.

§ 3º Se este não iniciar as obras dentro do referido prazo, voltará àquele o privilégio integral conferido.

Art. 165. Findo o prazo das concessões revertem para a União, para os Estados ou para os Municípios, conforme o domínio a que estiver sujeito o curso d'água, todas as obras de captação, de regularização e de derivação, principais e acessórias, os canais adutores d'água, os condutos forçados e canais de descarga e de fuga, bem como, a maquinaria para a produção e transformação da energia e linhas de transmissão e distribuição.

Parágrafo único. Quando o aproveitamento da energia hidráulica se destinar a serviços públicos federais, estaduais ou municipais, as obras e instalações de que trata o presente artigo reverterão:

a) para a União, tratando-se de serviços públicos federais, qualquer que seja o proprietário da fonte de energia utilizada;

b) para o Estado, tratando-se de serviços estaduais em rios que não sejam do domínio federal, caso em que reverterão à União;

c) para o Município, tratando-se de serviços municipais ou particulares em rios que não sejam do domínio da União ou dos Estados.

Art. 166. Nos contratos serão estipuladas as condições de reversão, com ou sem indenização.

Parágrafo único. No caso de reversão com indenização, será esta calculada pelo custo histórico menos a depreciação, e com dedução da amortização já efetuada quando houver.

Art. 167. Em qualquer tempo ou em época que ficarem determinadas no contrato, poderá a União encampar a concessão, quando interesses públicos relevantes o exigirem, mediante indenização prévia.

Parágrafo único. A indenização será fixada sobre a base do capital que efetivamente se gastou, menos a depreciação e com dedução da amortização já efetuada quando houver.

Art. 168. As concessões deverão caducar obrigatoriamente, declarada a caducidade por decreto do Governo Federal:

I – Si, em qualquer tempo, se vier a verificar que não existe a condição exigida no art. 195;

II – Se o concessionário reincidir em utilizar uma descarga superior a que tiver direito, desde que essa infração prejudique as quantidades de água reservadas na conformidade dos arts. 143 e 153, letra e;

III – Si, no caso de serviços de utilidade pública, forem os serviços interrompidos por mais de setenta e duas horas consecutivas, salvo motivo de força maior, a juízo do Governo Federal.

Art. 169. As concessões decretadas caducas serão reguladas da seguinte forma:

I – No caso de produção de energia elétrica destinada ao comércio de energia, o Governo Federal, por si ou terceiro, substituirá o concessionário até o termo da concessão, perdendo o dito concessionário todos os seus bens, relativos ao aproveitamento concedido e à exploração da energia, independentemente de qualquer procedimento judicial e sem indenização de espécie alguma.

II – No caso de produção de energia elétrica destinada a indústria do próprio concessionário, ficará este obrigado a restabelecer a situação do curso d'água anterior ao aproveitamento concedido, se isso for julgado conveniente pelo Governo.

CAPÍTULO II – AUTORIZAÇÕES

Art. 170. A autorização não confere delegação do poder público ao permissionário.

Art. 171. As autorizações são outorgadas por ato do ministro da Agricultura.

§ 1º O requerimento de autorização deverá ser instruído com documentos e dados exigidos no regulamento a ser expedido sobre a matéria, e, especialmente, com referência:

a) à idoneidade moral, técnica e financeira e à nacionalidade do requerente, se for pessoa física;

b) à constituição da pessoa coletiva que for o requerente;

c) à exata compreensão do programa e objetivo atual e futuro do requerente;

d) às condições técnicas das obras civis e das instalações a realizar;

e) do capital atual e futuro a ser empregado;

f) aos direitos de riberinidade ou ao direito de dispor livremente dos terrenos nos quais serão executadas as obras;

g) aos elementos seguintes: potência, nome do curso d'água, distrito, município, Estado, modificações resultantes para o regime do curso, descarga máxima derivada e duração da autorização.

Art. 172. A autorização será outorgada por um período máximo de trinta anos, podendo ser renovada por prazo igual ou inferior:

a) por ato expresso do ministro da Agricultura, dentro dos cinco anos que precedem à terminação da duração concedida e mediante petição do permissionário;

b) de pleno direito, se um ano, no mínimo, antes da expiração do prazo concedido, o poder público não notificar o permissionário de sua intenção de não a conceder.

Art. 173. Toda cessão total ou parcial da autorização, toda mudança de permissionário, não sendo o caso de vendas judiciais, deve ser comunicada ao Ministério da Agricultura, para que este dê ou recuse seu assentimento.

Parágrafo único. A recusa de assentimento só se verificará quando o pretendente seja incapaz de tirar da queda de que é ribeirinho um partido conforme com o interesse geral.

Art. 174. Não sendo renovada a autorização, o Governo poderá exigir o abandono, em seu proveito, mediante indenização, das obras de barragem e complementares edificadas no leito do curso e sobre as margens, se isto for julgado conveniente pelo mesmo Governo.

§ 1º Não caberá ao permissionário a indenização de que trata esse artigo. Se as obras tiverem sido estabelecidas sobre terrenos do domínio público.

§ 2º Se o Governo não fizer uso dessa faculdade, o permissionário será obrigado a estabelecer o livre escoamento das águas.

Art. 175. A autorização pode transformar-se em concessão, quando, em virtude da mudança de seu objeto principal, ou do aumento da potência utilizada, incida nos dispositivos do art. 140.

Art. 176. Não poderá ser imposto ao permissionário outro encargo pecuniário ou in natura, que não seja quota correspondente a 50% (cinquenta por cento), da que caberia a uma concessão de potência equivalente.

Art. 177. A autorização incorrerá em caducidade, nos termos do regulamento que for expedido:

a) pelo não cumprimento das disposições estipuladas;

b) pela inobservância dos prazos estatuídos;

c) por alteração, não autorizada, dos planos aprovados para o conjunto das obras e instalações.

CAPÍTULO III – FISCALIZAÇÃO

Art. 178. No desempenho das atribuições que lhe são conferidas, a Divisão de Águas do Departamento Nacional da Produção Mineral fiscalizará a produção, a transmissão, a transformação e a distribuição de energia hidroelétrica, com o tríplice objetivo de: *(Redação dada pelo Decreto-lei nº 3.763, de 25.10.1941)*

a) assegurar serviço adequado; *(Redação dada pelo Decreto-lei nº 3.763, de 25.10.1941)*

b) fixar tarifas razoáveis; *(Redação dada pelo Decreto-lei nº 3.763, de 25.10.1941)*

c) garantir a estabilidade financeira das empresas. *(Redação dada pelo Decreto-lei nº 3.763, de 25.10.1941)*

Parágrafo único. Para a realização de tais fins, exercerá a fiscalização da contabilidade das empresas. *(Redação dada pelo Decreto-lei nº 3.763, de 25.10.1941)*

Art. 179. Quanto ao serviço adequado a que se refere a alínea "a" do artigo precedente, resolverá a administração, sobre:

a) qualidade e quantidade do serviço;

b) extensões;

c) melhoramentos e renovação das instalações;

d) processos mais econômicos de operação;

§ 1º A divisão de Águas representará ao Conselho Nacional de Águas e Energia Elétrica sobre a necessidade de troca de serviços – interconexão – entre duas ou mais empresas, sempre que o interesse público o exigir. *(Redação dada pelo Decreto-lei nº 3.763, de 25.10.1941)*

§ 2º Compete ao C.N.A.E.E., mediante a representação de que trata o parágrafo anterior ou por iniciativa própria: *(Redação dada pelo Decreto-lei nº 3.763, de 25.10.1941)*

a) resolver sobre interconexão; *(Redação dada pelo Decreto-lei nº 3.763, de 25.10.1941)*

b) determinar as condições de ordem técnica ou administrativa e a compensação com que a mesma troca de serviços deverá ser feita. *(Redação dada pelo Decreto-lei nº 3.763, de 25.10.1941)*

Art. 180. Quanto às tarifas razoáveis, alínea "b" do artigo 178, o Serviço de Águas fixará, trienalmente, as mesmas:

I – sob a forma do serviço pelo custo, levando-se em conta:

a) todas as despesas e operações, impostos e taxas de qualquer natureza, lançados sobre a empresa, excluídas as taxas de benefício;

b) as reservas para depreciação;

c) a remuneração do capital da empresa.

II – Tendo em consideração, no avaliar a propriedade, o custo histórico, isto é, o capital efetivamente gasto, menos a depreciação;

III – conferindo justa remuneração a esse capital;

IV – vedando estabelecer distinção entre consumidores, dentro da mesma classificação e nas mesmas condições de utilização do serviço;

V – tendo em conta as despesas de custeio fixadas, anualmente, de modo semelhante.

Art. 181. Relativamente à estabilidade financeira de que cogita a alínea "c" do art. 178, além da garantia do lucro razoável indicado no artigo anterior, aprovará e fiscalizará especialmente a emissão de títulos.

Parágrafo único. Só é permitida essa emissão, qualquer que seja a espécie de títulos para:

a) aquisição de propriedade;

b) a construção, complemento, extensão ou melhoramento das instalações, sistemas de distribuição ou outras utilidades com essas condizendo;

c) o melhoramento na manutenção do serviço;

d) descarregar ou refundir obrigações legais;

e) o reembolso do dinheiro da renda efetivamente gasto para os fins acima indicados.

Art. 182. Relativamente à fiscalização da contabilidade das empresas, a Divisão de Águas: *(Redação dada pelo Decreto-lei nº 3.763, de 25.10.1941)*

a) verificará, utilizando-se dos meios que lhe são facultados no artigo seguinte, se é feita de acordo com as normas regulamentares baixadas por decreto; *(Redação dada pelo Decreto-lei nº 3.763, de 25.10.1941)*

b) poderá proceder, semestralmente, com a aprovação do Ministro da Agricultura, à tomada de contas das empresas. *(Redação dada pelo Decreto-lei nº 3.763, de 25.10.1941)*

Parágrafo único. Os dispositivos alterados estendem-se igualmente à energia termoelétrica e às empresas respectivas, no que lhes forem aplicáveis. *(Incluído pelo Decreto-lei nº 3.763, de 25.10.1941)*

Art. 183. Para o exercício das atribuições conferidas aos Serviços de Águas, pelos arts. 178 a 181, seus parágrafos, números e alíneas, as empresas são obrigadas:

a) à apresentação do relatório anual, acompanhado da lista de seus acionistas, com o número de ações que cada um possui e da indicação do número e nome de seus diretores e administradores;

b) à indicação do quadro do seu pessoal;

c) à indicação das modificações que ocorram quanto à sua sede, quanto à lista e à indicação de que trata a alínea "a", e quanto às atribuições de seus diretores e administradores.

Parágrafo único. Os funcionários do Serviço de Águas, por este devidamente autorizados, terão entrada nas usinas, subestações e estabelecimentos das empresas e poderão examinar as peças de contabilidade e todo documento administrativo ou comercial.

Art. 184. A ação fiscalizadora do serviço de Águas, estende-se:

a) a todos os contratos ou acordo, entre as empresas, de operação e seus associados, quaisquer que estes sejam, destinem-se os mesmos contratos ou acordos à direção, gerência, engenharia, contabilidade, consulta, compra, suprimentos, construções, empréstimos, vendas de ações ou mercadorias, ou a fins semelhantes;

b) a todos os contratos ou acordos relativos à aquisição das empresas, de operação pelas empresas de controle de qualquer gênero, ou por outras empresas.

§ 1º Esses contratos ficam debaixo de sua jurisdição, para impedir lucros que não sejam razoáveis, sendo examinado cada contrato como um item separado, e não podendo se tornar efetivo sem sua aprovação.

§ 2º Entre os associados, se compreendem as empresas estrangeiras prestem serviços daquelas, espécies, dentro do país.

Art. 185. Consideram-se associados para os efeitos do artigo precedente:

a) todas as pessoas ou corporações que possuam, direta ou indiretamente, ações com direito a voto, da empresa de operação;

b) as que conjuntamente com a empresa de operação, fazem parte direta ou indiretamente de uma mesma empresa do controle;

c) as que têm diretores comuns;

d) as que contratarem serviços de administração, engenharia, contabilidade, consulta, compras, etc..

Art. 186. A aprovação do Governo aos contratos não poderá ser dada na ausência de prova satisfatória do custo serviço do associado.

Art. 187. Na ausência da prova satisfatória, de que trata o artigo anterior, a despesa proveniente do contrato não será levada em conta em um processo de tarifas.

Parágrafo único. O Governo pode retirar uma aprovação previamente dada, se, em virtude de consideração ulterior, se convencer de que o custo do serviço não era razoável.

Art. 188. Em qualquer processo perante o Serviço de Águas do Departamento Nacional de Produção Mineral o ônus da prova recai sobre a empresa de operação, para mostrar o custo do serviço do associado.

CAPÍTULO IV – PENALIDADES

Art. 189. Os concessionários ficam sujeitos a multa, por não cumprirem os deveres que lhes são prescritos pelo presente código e às constantes dos respectivos contratos.

§ 1º As multas poderão ser impostas pelo Serviço de Águas até Cr$ 22.321,00 (vinte e dois mil trezentos e vinte e um cruzeiros) e o dobro na reincidência, nos termos dos regulamentos que expedir. *(Redação dada pelo Decreto nº 75.566, de 7.4.1975)*

§ 2º As disposições acima não eximem as empresas e seus agentes de qualquer categoria, das sanções das leis penais que couberem.

Art. 190. Para apuração de qualquer responsabilidade por ação ou omissão referida no artigo anterior e seus parágrafos, poderá a repartição federal fiscalizadora proceder e preparar inquéritos e diligências, requisitando quando lhe parecer necessário a intervenção do Ministério Público.

§ 1º As multas serão cobradas por ação executiva no juízo competente.

§ 2º Cabe a repartição federal fiscalizadora acompanhar por seu representante, os processos crimes que forem intentados pelo Ministério Público.

TÍTULO II

CAPÍTULO ÚNICO – COMPETÊNCIA DOS ESTADOS PARA AUTORIZAR OU CONCEDER O APROVEITAMENTO INDUSTRIAL DAS QUEDAS D'ÁGUA E OUTRAS FONTES DE ENERGIA HIDRÁULICA

Art. 191. A União transferirá aos Estados as atribuições que lhe são conferidas neste código, para autorizar ou conceder o aproveitamento industrial das quedas d'água e outras fontes de energia hidráulica, mediante condições estabelecidas no presente capítulo.

Art. 192. A transferência de que trata o artigo anterior terá lugar quando o Estado interessado possuir um serviço técnico-administrativo, a que sejam afetos os assuntos concernentes ao estudo e avaliação do potencial hidráulico, seu aproveitamento industrial, inclusive transformação em energia elétrica e sua exploração, com a seguinte organização:

a) seção técnica de estudos de regime de cursos d'água e avaliação do respectivo potencial hidráulico;

b) seção de fiscalização, concessões e cadastro, sob a chefia de um profissional competente e com o pessoal necessário às exigências do serviço.

§ 1º Os serviços, de que trata este artigo, serão confiados a profissionais especializados.

§ 2º O Estado proverá o serviço dos recursos financeiros indispensáveis ao seu eficiente funcionamento.

§ 3º Organizado e provido que seja o serviço e a requerimento do Governo do Estado, o Governo Federal expedirá o ato de transferência, ouvido o Departamento Nacional de Produção Mineral, que, pelo seu órgão competente, terá de se pronunciar, após verificação, sobre o cumprimento dado pelo Estado às exigências deste código.

Art. 193. Os Estados exercerão dentro dos respectivos territórios as atribuições que lhes forem conferidas, de acordo com as disposições deste código, e com relação a todas as fontes de energia hidráulica, excetuadas as seguintes:

a) as existentes em cursos do domínio da União;

b) as de potência superior a 10.000 (dez mil) kilowatts;

c) as que por sua situação geográfica possam interessar a mais de um Estado, a juízo do Governo Federal;

d) aquelas, cujo racional aproveitamento exigir trabalhos de regularização ou acumulação interessando a mais de um Estado.

§ 1º As autorizações e concessões feitas pelos Estados devem ser comunicadas ao Governo Federal por ocasião da publicação dos respectivos atos e só serão válidos os respectivos títulos, depois de transcritos nos registros a cargo do Serviço de Águas.

§ 2º As autorizações e concessões estaduais feitas com inobservância dos dispositivos deste código, são nulas de pleno direito, não sendo registrados os respectivos títulos.

Art. 194. Os Estados perderão o direito de exercer as atribuições que lhes são transferidas pelo art. 191, quando por qualquer motivo não mantiverem devidamente organizados, a juízo do Governo Federal, os serviços discriminados no presente título.

TÍTULO III

CAPÍTULO I – DISPOSIÇÕES GERAIS

Art. 195. As autorizações ou concessões serão conferidas exclusivamente a brasileiros ou a empresas organizadas no Brasil.

§ 1º As empresas a que se refere este artigo deverão constituir suas administrações com maioria de diretores brasileiros, residentes no Brasil, ou delegar poderes de gerência exclusivamente a brasileiros.

§ 2º Deverão essas empresa manter nos seus serviços, no mínimo, dois terços de engenheiros e três quartos de operários brasileiros.

§ 3º Se fora dos centros escolares, mantiverem mais de cinquenta operários, com a existência entre os mesmos e seus filhos, de, pelo menos, dez analfabetos, serão obrigadas a lhes proporcionar ensino primário gratuito.

Art. 196. Nos estudos dos traçados de estradas de ferro e de rodagem, nos trechos em que ela se desenvolvem ao longo das margens de um curso d'água, será sempre levado em consideração o aproveitamento da energia desse curso e será adaptado, dentre os traçados possíveis, sob o ponto de vista econômico, o mais vantajoso a esse aproveitamento.

Art. 197. A exportação de energia hidroelétrica, ou a derivação de águas para o estrangeiro, só poderão ser feitas mediante acordo internacional, ouvido o Ministério da Agricultura.

Art. 198. Toda a vez que o permissionário ou o concessionário do aproveitamento industrial de uma queda d'água não for o respectivo proprietário (pessoa física ou jurídica, município ou Estado), a este caberá metade das quotas de que tratam os artigos 160 e 176, cabendo a outra metade ao Governo Federal.

Art. 199. Em lei especial será regulada a nacionalização progressiva das quedas d'água ou outras fontes de energia hidráulica julgadas básicas ou essenciais à defesa econômica ou militar da nação.

Parágrafo único. Nas concessões para o aproveitamento das quedas d'água de propriedade privada, para serviços públicos federais, estaduais e municipais, ao custo histórico das instalações, deverá ser adicionado o da queda d'água, para o efeito de reversão com ou sem indenização.

Art. 200. Será criado um conselho federal de forças hidráulicas e energia elétrica, a que incumbirá:

a) o exame das questões relativas ao racional aproveitamento do potencial hidráulico do país;

b) o estudo dos assuntos pertinentes à indústria da energia elétrica e sua exploração;

c) a resolução, em grau de recurso, das questões suscitadas entre a administração, os contratantes ou concessionários de serviços públicos e os consumidores.

Parágrafo único. Em lei especial serão reguladas a composição, o funcionamento e a competência desse conselho.

Art. 201. Afim de prover ao exercício, conservação e defesa de seus direitos, podem se reunir em consórcio todos os que têm interesse comum na derivação e uso da água.

§ 1º A formação, constituição e funcionamento do consórcio obedecerão às normas gerais consagradas pelo Ministério da Agricultura sobre a matéria.

§ 2º Podem os consórcios ser formados, coativamente, pela administração pública, nos casos e termos que forem previstos em lei especial.

CAPÍTULO II – DISPOSIÇÕES TRANSITORIAIS

Art. 202. Os participantes ou empresas que, na data da publicação deste código, explorarem a indústria da energia hidroelétrica, em virtude ou não de contratos, ficarão sujeitos às normas da regulamentação nele consagradas. (Vide Decreto-Lei nº 852, de 1938)

§ 1º Dentro do prazo de um ano, contado da publicação deste código, deverá ser procedida, para o efeito deste artigo, a revisão dos contratos existentes.

§ 2º As empresas que explorarem a indústria da energia hidroelétrica, sem contrato porque haja terminado o prazo e não tenha havido reversão, ou por qualquer outro motivo, deverão fazer contrato, por prazo não excedente de trinta anos, a juízo do Governo, obedecendo-se, na formação do mesmo, às normas consagradas neste código.

§ 3º Enquanto não for procedida a revisão dos contratos existentes, ou não forem firmados os contratos de que trata este artigo, as empresas respectivas não gozarão de nenhum dos favores previstos neste código, não poderão fazer ampliações ou modificações em suas instalações, nenhum aumento nos preços, nem novos contratos de fornecimento de energia. *(Vide Decreto-Lei nº 2.059, de 1940) (Vide Decreto-Lei nº 2.676, de 1940)*

Art. 203. As atuais empresas concessionárias ou contratantes, sob qualquer título de exploração, de energia elétrica para fornecimento, a serviços públicos federais, estaduais ou municipais, deverão:

a) constituir suas administrações na forma prevista no § 1º do artigo 195;

b) conferir, quando estrangeiras, poderes de representação a brasileiros em maioria, com faculdade de subestabelecimento exclusivamente a nacionais.

Parágrafo único. As disposições deste artigo se aplicam-se aos atuais contratantes e concessionários, ficando impedidas de funcionar no Brasil as empresas ou companhias nacionais ou estrangeiras que dentro de noventa dias, após a promulgação da Constituição, não cumprirem as obrigações acima prescritas.

Art. 204. Fica o Governo autorizado a desdobrar a Seção de Legislação, Fiscalização e Concessões do Serviço de Águas do Departamento Nacional de Produção Mineral, a aumentar seu pessoal técnico e administrativo, de acordo com as necessidades do Serviço e a abrir os créditos necessários à execução deste código.

Art. 205. Revogam-se as disposições em contrário.

Rio de Janeiro, 10 de julho de 1934; 113º da Independência e 46º da República.

GETÚLIO VARGAS
Juarez do Nascimento Fernandes Tavora
Francisco Antunes Maciel
Protogenes Guimarães
Joaquim Pedro Salgado Filho
Oswaldo Aranha
José Américo de Almeida
P. Góes Monteiro
Washington F. Pires
Felix de Barros Cavalcanti de Lacerda
DOU de 20.7.1934

DECRETO Nº 3.079, DE 15 DE SETEMBRO DE 1938

Regulamenta o Decreto-Lei n. 58, de 10 de dezembro de 1937, que dispõe sobre o loteamento e a venda de terrenos para pagamento em prestações.

O PRESIDENTE DA REPÚBLICA usando da atribuição que lhe confere o artigo 74, letra a, da Constituição,

DECRETA:

Art. 1º Os proprietários, ou co-proprietários, de terras rurais ou terrenos urbanos, que pretendam vendê-los, divididos em lotes e por oferta pública, mediante pagamento do preço a prazo em prestações sucessivas e periódicas, são obrigados, antes de anunciar a venda, a depositar no cartório do registro de imóveis da circunscrição respectiva:

I – Um memorial por eles assinado ou por procuradores, com poderes especiais, contendo:

a) descrição minuciosa da propriedade loteada, da qual conste a denominação, área, limites, situação e outros característicos do imóvel;

b) relação cronológica dos títulos de domínio, desde 20 anos, com indicação da natureza e data de cada um, e do número e data das transcrições, ou certidão dos títulos e prova de que se acham devidamente transcritos, salvo quanto aos títulos que, anteriormente ao Código Civil, não estavam sujeitos a transcrição;

c) plano de loteamento, de que conste o programa do desenvolvimento urbano, ou de aproveitamento industrial ou agrícola; nesta última hipótese, informações sobre a qualidade das terras, águas, servidões ativas e passivas, estradas e caminhos, distância da sede do município e das estações de transporte do mais fácil acesso.

II – Planta do imóvel, assinada pelo proprietário e pelo engenheiro que haja efetuado a medição e o loteamento e com todos os requisitos técnicos e legais; indicadas a situação, as dimensões e a numeração dos lotes, as dimensões e a nomenclatura das vias de comunicação e espaços livres, as construções e benfeitorias, e as vias públicas de comunicação.

III – Exemplar de caderneta ou do contrato-tipo de compromisso de venda dos lotes.

IV – Certidão negativa de impostos e de ônus reais.

V – Certidão referente a ação real ou pessoal, relativa a um período de 10 anos, ou a protesto de dívida civil e comercial dentro de 5 anos.

VI – Certidão dos documentos referidos na letra b, do n. I.

§ 1º O plano de loteamento e as especificações mencionadas, bem como a planta do imóvel e os esclarecimentos constantes do n. II, poderão ser apresentados por secções, ou por glebas, à medida que as terras ou os terrenos forem sendo postos à venda por prestações quando por sua extensão não sejam objeto de uma única planta ou tenham origens várias.

§ 2º Tratando-se de propriedade urbana, o plano e planta do loteamento devem ser previamente, aprovados pela Prefeitura Municipal, ouvidas, quando ao que lhes disser respeito, as autoridades sanitárias e militares. O mesmo se observará quanto às modificações a que se refere o § 5º.

Excetuam-se do disposto neste parágrafo os terrenos que, anteriormente à data do decreto-lei n. 58, de 10 de dezembro de 1937, estavam sendo vendidos em logradouros em que a Prefeitura Municipal já tenha concedido alvarás para construções, ou se acham registrados de conformidade com as leis municipais.

A Prefeitura e as demais autoridades ouvidas disporão de 90 dias para pronunciar-se, importando o silêncio a aprovação. A impugnação deverá ser fundamentada em disposições de leis, regulamentos ou posturas, ou no interesse publico.

§ 3º As certidões positivas da existência de ônus reais, de impostos e de qualquer ação real ou pessoal, bem como qualquer protesto de título de dívida civil ou comercial não impedem o registro.

§ 4º Se a propriedade estiver gravada de ônus real, o memorial será acompanhado da escritura pública em que o respectivo titular estipule as condições em que se obriga a liberar os lotes no ato do instrumento definitivo de compra e venda.

§ 5º O plano de loteamento poderá ser modificado quando aos lotes não compromentidos e o de arruamento desde que a modificação não prejudique os lotes comprometidos ou definitivamente adquiridos. A planta e o memorial assim aprovados serão depositados no cartório do registro de imóvel para nova inscrição observado o disposto no artigo 2º e parágrafo e dispensada, a critério do juiz, a apresentação das provas que já tenham sido produzidas no registro inicial.

§ 6º O memorial, o plano de loteamento e os documentos depositados serão franqueado pelo oficial do registro, ao exame de qualquer interessado, independentemente do pagamento de emolumentos ainda que a título de busca.

Art. 2º Recebidos o memorial e os documentos mencionados no art. 1º, o oficial do registro dará recibo ao depositante e, depois de autuá-los e verificar a sua conformidade com a lei, tornará público o depósito por edital afixado no lugar do costume e publicado três vezes, durante 10 dias, no jornal oficial do Estado e em jornal da sede da comarca, ou que nesta circule. O edital conterá, sucintamente, os dados necessários à configuração do imóvel.

§ 1º O oficial fará essa verificação no prazo de dez dias e poderá exigir que o depositante ponha seus documentos em conformidade com a lei, concedendo-lhe, para isso, dez dias, no máximo. Não se conformando o depositante com a exigência do oficial, serão os autos conclusos ao juiz competente para decidir da exigência.

§ 2º Decorridos trinta dias da última publicação e não havendo impugnação de terceiros, que poderá ser oferecida até a expiração daquele prazo, o oficial procederá ao registro, se os documentos estiverem em ordem. Caso contrário, e findo o prazo, os autos serão desde logo conclusos ao juiz competente, para conhecer da dúvida ou impugnação.

§ 3º Será rejeitada in limini, remetendo-se o impugnante para o juízo contencioso a impugnação que não vier fundada num direito real devidamente comprovado de acordo com legislação em vigor.

§ 4º Estando devidamente fundamentadas a impugnação ou a dívida o juiz mandará dar vista ao impugnado pelo prazo de cinco dias, findo o qual proferirá a decisão, que será publicada em cartório, pelo oficial, para ciência dos interessados.

§ 5º Da decisão que negar ou conceder o registro caberá agravo de petição.

§ 6º Quando a propriedade estiver situada em mais de um município, ou comarca, o registro faz-se-á apenas onde se achar a maior porção de terras.

Art. 3º A inscrição torna inalienáveis, por qualquer título, as vias de comunicação e os espaços livres constantes do memorial e da planta.

Parágrafo único. Inscrita a modificação de arruamento a que se refere o art. 1º § 5º, cancelar-se-á cláusula de inalienabilidade sobre as vias de comunicação e os espaços livres da planta modificada, a qual passará a gravar as vias e espaços abertos em substituição.

Art. 4º Nos cartórios do registro imobiliário haverá um livro auxiliar, na forma da lei respectiva, e de acordo com o modelo anexo. Nele se registrarão, resumidamente:

a) por inscrição o memorial da propriedade loteada;

b) por averbação, os contratos de compromisso de venda e de financiamento, suas transferências e rescisões.

Parágrafo único. No livro de transcrição, e à margem do registro da propriedade loteada, averbar-se-á a inscrição assim que efetuada.

Art. 5º A averbação atribui ao compromissário direito real oponível a terceiros, quanto a alienação ou oneração posterior, e far-se-á a vista do instrumento do compromisso de venda, em que o oficial lançará a nota indicativa do livro, página e data do assentamento.

Art. 6º A inscrição não pode ser cancelada senão:

a) em cumprimento de sentença;

b) a requerimento do proprietário, enquanto nenhum lote for objeto do compromisso devidamente averbado, ou mediante o consentimento do todos os compromissários ou seus cessionários, expresso em documento por eles assinado ou por procuradores com poderes especiais.

Art. 7º Cancela-se a averbação:

a) a requerimento das partes contratantes do compromisso de compra e venda;

b) pela resolução do contrato;

c) pela transcrição do contrato definitivo de compra o venda;

d) por mandado judicial.

Art. 8º O registro instituído por esta lei, tanto por inscrição quanto por averbação, não dispensa nem substitui o dos atos constitutivos ou translativos de direitos reais na forma e para os efeitos das leis e regulamentos dos registros públicos.

Art. 9º O adquirente por ato *inter vivos*, ainda que em hasta pública, ou por sucessão legítima ou testamentária, da propriedade loteada e inscrita, sub-roga-se nos direitos e obrigações dos alienantes, autores da herança ou testadores, sendo nula qualquer disposição em contrário.

Art. 10. Nos anúncios e outras publicações de propaganda de venda de lotes a prestações, sempre se mencionará o número e data da inscrição do memorial e dos documentos no registro imobiliário.

Art. 11. Do compromisso de compra e venda a que se refere esta lei, contratado por instrumento público ou particular, constarão sempre as seguintes especificações:

a) nome, nacionalidade, estudo e domicilio dos contratantes;

b) denominação e situação da propriedade, número e data da inscrição;

c) descrição do lote ou dos lotes que forem objeto do compromisso, confrontações, áreas e outros característicos, bem como os números correspondentes na planta arquivada;

d) prazo, preço e forma de pagamento, e importância do sinal;

e) juros devidos sobre o débito em aberto e sobre as prestações vencidas e não pagas;

f) cláusula penal não superior a 10% do débito e só exigível no caso de intervenção judicial para a restituição do imóvel cujo compromisso for cancelado;

g) declaração da existência ou inexistência de servidão ativa ou passiva e outros ônus reais ou quaisquer outras restrições ao direito de propriedade, devendo, em caso positivo, constar a concordância do possuidor do direito real;

h) indicação do contratante a quem incumbe o pagamento das taxas e impostos.

§ 1º O contrato, quando feito por instrumento particular, será manuscrito, datilografado ou impresso, com espaços em branco preenchíveis em cada caso, e lavrar-se-á em duas vias, assinadas pelas partes e por duas testemunhas, devidamente reconhecidas as firma por tabelião.

Os tabeliães poderão usar, para os contratos, livros impressos com espaços em branco, preenchíveis de caso em caso.

Ambas as vias ou traslados serão entregues pelo promitente vendedor dentro em dez dias ao oficial do registro para averbá-las e restituí-las anotadas a cada uma das partes.

§ 2º É indispensável a outorga uxória quando seja casado o vendedor.

§ 3º As procurações dos contratantes que não tiverem sido arquivadas anteriormente se-lo-ão no cartório do registro, junto aos respectivos autos.

Art. 12. Subentende-se no contrato a condição resolutiva da legitimidade e validade do título de domínio.

§ 1º Em caso de resolução, com fundamento neste artigo, além de se devolverem as prestações recebidas, com juros convencionados ou os da lei, desde a data do pagamento, haverá, quando provada a má fé, direito a indenização de perdas e danos.

§ 2º O falecimento dos contratantes não resolve o contrato, que se transmitirá aos herdeiros.

Também não o resolve a sentença declaratória de falência. Na dos proprietários, dar-lhe-ão cumprimento o síndico e o liquidatário; na dos compromissários, será ele arrecadado pelo síndico o vendido, em hasta pública, pelo liquidatário.

Art. 13. O contrato transfere-se por simples trespasse lançado no verso das duas vias, ou por instrumento separado, neste caso com as formalidades do art. 11.

§ 1º No primeiro caso, presume-se a anuência do proprietário. A falta de consentimento expresso do compromitente vendedor não impede a cessão do contrato de compromisso, mas torna o cedente e o cessionário solidário nos direitos e obrigações contratuais.

§ 2º Averbando a transferência para a qual não conste o assentimento do proprietário, o oficial lhe dará ciência por escrito.

Art. 14. Vencida e não paga a prestação do compromisso ou financiamento, ou não cumprida obrigação cujo inadimplemento rescinda o contrato, considerar-se-á este rescindido trinta dias depois de constituído em mora o devedor, prazo este contado da data da intimação, salvo se o compromitente vendedor conceder, por escrito, prorrogação do prazo.

§ 1º Para este efeito será o devedor intimado pelo oficial do registro, a requerimento do compromitente, ou mutuante, a satisfazer as prestações vencidas, as que se vencerem até a data do pagamento e juros convencionados, ou a obrigação, as custas do processo e, quando por eles se tenha obrigado, os impostos e taxas devidos, e multas.

§ 2º O oficial juntará aos autos do processo de loteamento do compromitente cópia da intimação feita, assim como do recibo passado ao compromissário ao efetuar o pagamento do respectivo débito e, ainda, o recibo, que lhe deverá ser fornecido pelo compromitente, do recebimento e competente quitação, em cartório.

§ 3º A intimação será feita mediante a entrega, ao oficial do registro, de uma carta do compromitente vendedor, em três vias, das quais uma será encaminhada ao compromissário comprador faltoso, por intermédio do mesmo oficial, ou de seu auxiliar responsável, e outra restituída ao compromitente vendedor com a certidão da intimação, ficando a terceira arquivada em cartório, com cópia autêntica daquela intimação.

Se for desconhecida a residência do compromissário comprador, ou se este não for encontrado, a intimação será feita por edital resumido, publicado duas vezes, pelo menos, no jornal oficial respectivo e em jornal da sede do comarca de eleição, ou no da situação do imóvel, ou, na sua falta, em outro que nela circule. Decorridos dez dias da última publicação, o oficial do registro certificará o ocorrido, havendo-se por feita a intimação.

§ 4º Purgada a mora convalescerá o compromisso.

§ 5º Com a certidão do não haver sido feito o pagamento em cartório, ou apresentada a prova de estar cumprida a obrigação, no prazo regulamentar, o compromitente ou mutuante requererá ao oficial do registro o cancelamento da averbação.

Art. 15. Os compromissários têm o direito de, antecipando ou ultimando o pagamento integral do preço, e estando quites com os impostos e taxas, exigir a outorga da escritura de compra e venda.

Art. 16. Recusando-se os compromitentes a passar a escritura definitiva no caso do artigo anterior, serão intimados, por despacho judicial e a requerimento do compromissário, a dá-la nos dez dias seguintes à intimação, correndo o prazo em cartório.

§ 1º Se nada alegarem dentro desse prazo, o juiz, por sentença, adjudicará os lotes aos compradores, mandando:

a) tomar por termo a adjudicação, dela constando, além de outras especificações, as cláusulas do compromisso, que devessem figurar no contrato de compra e venda e o depósito do restante do preço se ainda não integralmente pago;

b) expedir, pagos os impostos devidos, o de transmissão inclusive em favor dos compradores, como título de propriedade, a carta de adjudicação;

c) cancelar a inscrição hipotecária tão somente a respeito dos lotes adjudicados nos termos da escritura aludida no § 4º, do art. 1º.

§ 2º Se, porém, no decêndio, alegarem os compromitentes matéria relevante, o juiz, recebendo-a como embargos mandará que os compromissários os contestem em cinco dias.

§ 3º Havendo as partes protestado por provas, seguir-se-á uma dilação probatória de dez dias, findos os quais, sem mais alegação, serão os autos conclusos para sentença.

§ 4º Das sentenças proferidas nos casos deste artigo caberá o recurso de agravo de petição.

§ 5º Estando a propriedade hipotecada, será o credor citado para, no caso deste artigo, cumprido o disposto no § 3º do art. 1º, autorizar o cancelamento parcial da inscrição, quanto aos lotes comprometidos.

Art. 17. Pagas todas as prestações do preço, é lícito ao compromitente requerer a intimação judicial do compromissário para no prazo de trinta dias, que correrá em cartório, receber a escritura de compra e venda.

Parágrafo único. Não sendo assinada a escritura nesse prazo, depositar-se-á o lote comprometido por conta e risco do compromissário, respondendo este pelas despesas judiciais e custas do depósito.

Art. 18. Os proprietários, ou coproprietários, de terrenos urbanos loteados na forma deste decreto e do decreto-lei n. 58, que se dispuserem a fornecer aos compromissários, por empréstimo, recursos para a construção do prédio, nos lotes comprometidos, ou tomá-la por empreitada, por conta dos compromissários, depositará no cartório do registro imobiliário um memorial indicando as condições gerais do empréstimo, ou da empreitada, e da amortização da dívida em prestações.

§ 1º O contrato, denominado de financiamento, será feito por instrumento público ou particular, com as especificações do art. 11 que lhe forem aplicáveis. Esse contrato será averbado no livro a que alude o art. 4º, fazendo-se resumida referência na coluna apropriada.

O cancelamento da averbação do contrato acessório de financiamento, far-se-á nos mesmos casos do art. 7º.

§ 2º Com o memorial também se depositará o contrato tipo de financiamento, contendo as cláusulas gerais para todos os casos, com os claros a serem preenchidos em cada caso.

§ 3º Não se considera financiamento o simples fornecimento de materiais para a construção do prédio no terreno comprometido.

Art. 19. O contrato de compromisso não poderá ser transferido sem o de financiamento, nem este sem aquele. A rescisão do compromisso de venda acarretará a do contrato de financiamento, e vice-versa, na forma do art. 14.

Art. 20. O adquirente do lote, por qualquer título, fica solidariamente responsável, com o compromissário, pelas obrigações constantes e decorrentes do contrato de financiamento, se devidamente averbado.

Art. 21. Em caso de falência, os contratos de compromisso de venda e do financiamento serão vendidos conjuntamente em hasta pública, anunciado dentro de quinze dias depois da primeira assembleia de credores, sob pena de destituição do liquidatário. Essa pena será aplicada pelo juiz a requerimento dos interessados, que poderão pedir designação de dia e hora para a hasta pública.

DISPOSIÇÕES GERAIS

Art. 22. As escrituras de compromisso de compra e venda de imóveis não loteados, cujo preço deva pagar-se a prazo, em uma ou mais prestações, serão averbadas à margem das respectivas transcrições aquisitivas, para os efeitos desta lei, compreendidas nesta disposição as escrituras de promessa de venda de imóveis em geral.

Art. 23. Nenhuma ação ou defesa se admitirá, fundada nos dispositivos deste decreto e do decreto-lei n. 58, sem apresentação do documento comprobatório do registro por eles instituído.

Art. 24. Em todos os casos de procedimento judicial, o foro competente será o da situação do lote comprometido ou o a que se referir o contrato de financiamento, quando as partes não hajam contratado outro foro.

Parágrafo único. Todas as intimações a serem feitas pelo oficial do registro obedecerão à forma determinada no § 3º do art. 14.

Art. 25. O oficial do registro, além das custas devidas pelos demais atos, perceberá:

a) pelo depósito e inscrição, a taxa de 100$000 (cem mil réis);

b) pela averbarão, a do 5$000 (cinco mil réis) por via de contrato de venda ou de financiamento;

c) pelo cancelamento da averbação, a de 5$000 (cinco mil réis).

Art. 26. Todos os requerimentos e, documentos atinentes ao registro se juntarão aos autos respectivos independentemente de despacho judicial.

Art. 27. As penhoras, arrestos e sequestros dos imóveis a que se refere este decreto e o decreto-lei n. 58, para os efeitos da apreciação da fraude de alienações posteriores, serão inscritas obrigatoriamente, dependendo da prova desse procedimento, o curso da ação.

Art. 28. A mudança de numeração, a construção, a reconstrução, a demolição, a edificação e o desmembramento dos imóveis referidos no artigo anterior, bem como a alterar do nome do seu proprietário, por casamento ou desquite, serão obrigatoriamente averbados nas transcrições dos imóveis a que disserem respeito.

Parágrafo único. A prova da mudança de numeração, da construção, da reconstrução, da demolição, da edificação e do desmembramento será feita mediante certidão da Prefeitura Municipal. Tratando-se de alteração do nome por casamento ou desquite, a prova consistirá, exclusivamente, em certidão do registro civil.

Art. 29. As multas decorrentes da aplicação deste decreto e do decreto-lei n. 58 serão impostas pelo juiz a que estiver submetido o registro imobiliário mediante comunicação documentada do oficial, e inscritas e cobradas pela União, de acordo com a legislação em vigor.

Art. 30. O disposto neste decreto e no decreto-lei n. 58 não se aplica à União, nos Estados nem aos Municípios. Estes, porém, não poderão vender terras pela forma referida sem autorização prévia do governo do Estarão, por lei especial.

DISPOSIÇÕES TRANSITÓRIAS

Art. 1º Os proprietários de terras e terrenos loteados, em curso de venda, deverão proceder ao depósito e registro, nos termos do decreto-lei n. 58, de 10 de dezembro de 1937, até 30 de setembro corrente indicando no memorial os lotes já comprometidos.

Se até trinta dias depois de esgotado esse prazo não houverem cumprido o disposto neste decreto e no decreto-lei n. 58, incorrerão os vendedores em multas 10 a 20 contos de réis, aplicada no dobro quando decorridos mais três meses.

§ 1º Efetuada a inscrição da propriedade loteada, os compromissários apresentarão as suas cadernetas ou contratos para serem averbados, ainda que não tenham todos os requisitos do art. 11, contato que sejam anteriores à vigência do decreto-lei n. 58, ou celebrados até a do registro de trata o art. 2º, § 2º.

§ 2º Não se entendem em curso de vendas as terras e terrenos loteados já comprometidos na sua totalidade, embora ainda não outorgadas as escrituras definitivas.

Art. 2º Antes de proceder ao depósito e o registro a que, alude o artigo anterior, o oficial verificará, confrontando os documentos apresentados com as transcrições de transmissões as lançadas em seus livros, se as alienação parciais anteriores da propriedade loteada afetam o lotes comprometidos, dando para isso as buscas necessárias, desde a data da transcrição do imóvel em nome do loteante.

Parágrafo único. Pelas buscas que efetuar, o oficial terá direito aos emolumentos fixados no regimento de Custas.

Art. 3º Este decreto entrará em vigor na data sua publicação, revogadas as disposições em contrário.

Rio de Janeiro, 15 de setembro de 1938, 117º da Independência e 50º da República.

GETULIO VARGAS

Francisco Negrão de Lima.

(DOU de 31.09.1938)

DECRETO Nº 62.504, DE 8 DE ABRIL DE 1968

Regulamenta o artigo 65 da Lei número 4.504, de 30 de novembro de 1964, o artigo 11 e parágrafos do Decreto-lei nº 57, de 18 de novembro de 1966, e dá outras providências.

O PRESIDENTE DA REPÚBLICA, usando das atribuições que lhe confere o Artigo 83, item II, da Constituição e,

CONSIDERANDO que o Artigo 65 da Lei nº 4.504, de 30 de novembro de 1964, e o Artigo 11 e parágrafos do Decreto-lei nº 57, de 18 de novembro de 1966, tem o objetivo precípuo de evitar a proliferação de novos minifúndios, proibindo os desmembramentos de imóveis rurais quando esses resultem na criação de novas propriedades minifundiárias;

CONSIDERANDO que a legislação acima referida não está regulamentada de modo a permitir o desmembramento do imóvel rural em parcela de área inferir à exigida, quando essa se destinar a obras de necessidade ou utilidade pública, obras de infraestrutura ou atividades outras de interesse para as comunidades;

CONSIDERANDO que as obras da espécie acima referida retiram a condição de imóvel rural das áreas em que são executadas;

CONSIDERANDO, ademais, que a execução de tais obras virá possibilitar o efetivo desenvolvimento do meio rural, contribuindo para seu desenvolvimento econômico e seu progresso social,

DECRETA:

Art. 1º Os desmembramentos disciplinados pelo Art. 65 Lei número 4.504, de 30 de novembro de 1968, e pelo Art. 11 de Decreto-lei nº 57, de 18 de novembro de 1966, são aqueles que implicam na formação de novos imóveis rurais.

Art. 2º Os desmembramentos de imóvel rural que visem a constituir unidades com destinação diversa daquela referida no Inciso I do Artigo 4º da Lei nº 4.504, de 30 de novembro de 1964, não estão sujeitos às disposições do Art. 65 da mesma lei e do Art. 11 do Decreto-lei nº 57, de 18 de novembro de 1966, desde que, comprovadamente, se destinem a um dos seguintes fins:

I – Desmembramentos decorrentes de desapropriação por necessidade ou utilidade pública, na forma prevista no Artigo 390, do Código Civil Brasileiro, e legislação complementar.

II – Desmembramentos de iniciativa particular que visem a atender interesses de Ordem Pública na zona rural, tais como:

a) Os destinados a instalação de estabelecimentos comerciais, quais sejam:

1 – postos de abastecimento de combustível, oficinas mecânicas, garagens e similares;

2 – lojas, armazéns, restaurantes, hotéis e similares;

3 – silos, depósitos e similares.

b) os destinados a fins industriais, quais sejam:

1 – barragens, represas ou açudes;

2 – oledutos, aquedutos, estações elevatórias, estações de tratamento de água, instalações produtoras e de transmissão de energia elétrica, instalações transmissoras de rádio, de televisão e similares;

3 – extrações de minerais metálicos ou não e similares;

4 – instalação de indústrias em geral.

c) os destinados à instalação de serviços comunitários na zona rural quais sejam:

1 – portos marítimos, fluviais ou lacustres, aeroportos, estações ferroviárias ou rodoviárias e similares;

2 – colégios, asilos, educandários, patronatos, centros de educação física e similares;

3 – centros culturais, sociais, recreativos, assistenciais e similares;

4 – postos de saúde, ambulatórios, sanatórios, hospitais, creches e similares;

5 – igrejas, templos e capelas de qualquer culto reconhecido, cemitérios ou campos santos e similares;

6 – conventos, mosteiros ou organizações similares de ordens religiosas reconhecidas;

7 – Áreas de recreação pública, cinemas, teatros e similares.

Art. 3º Os desmembramentos referidos no inciso I do Artigo 2º deste decreto independem de prévia autorização do Instituto Brasileiro de Reforma Agrária, devendo o desapropriado:

a) apresentar nova Declaração de Propriedade de Imóvel Rural, referente a área remanescente;

b) juntar à nova Declaração, certidão atualizada da transcrição imobiliária, em que conste a averbação do ato expropriatório, referido, expressamente, a área desmembrado.

Art. 4º Os desmembramentos resultantes de transmissão a qualquer título, de frações ou parcelas de imóvel rural para os fins especificados no inciso II do Artigo 2º do presente Decreto, serão necessariamente limitados à área que, comprovadamente, for necessária à realização de tais objetivos e dependerão de prévia autorização, por parte do Instituto Brasileiro de Reforma Agrária.

Parágrafo único. A autorização de que trata o presente artigo será concedida mediante requerimento firmado pelo proprietário e instruído com os seguintes documentos:

a) Recibo Certificado de Cadastro do Imóvel referente ao último exercício fiscal, no original, por fotocópia autenticada ou pública-forma;

b) Certidão atualizada da transcrição imobiliária, referente ao imóvel que se pretende desmembrar;

c) Planta da área do imóvel rural, identificando e localizando a área da parcela a ser desmembrada;

d) Declaração, fornecida pelo Prefeito do município onde se localiza o imóvel, com firma reconhecida, expressando a concordância do Poder Público Municipal como desmembramento pretendido e especificando o item a que se destina a parcela a ser desmembrada;

e) Declaração, com firma reconhecida, do pretendente à aquisição da parcela a ser desmembrada, comprometendo-se, no caso de ser autorizada a transação, a adquiri-la e destiná-la aos fins previstos.

Art. 5º O instrumento público ou particular relativo à transmissão, a qualquer título, de parcela do imóvel rural, efetuada com base neste Decreto, devera consignar, expressamente o inteiro teor da autorização emitida pelo Instituto Brasileiro de Reforma Agrária, devendo esta ser igualmente averbada à margem da transcrição do título no Registro de Imóveis.

Art. 6º A autorização a que se refere o Art. 5º deste Decreto, conterá:

a) nome e qualidade do alienante e do adquirente;

b) número do Recibo-Certificado de Cadastro do Imóvel;

c) cartório, livro e folhas da transcrição imobiliária do imóvel a ser desmembrado;

d) fração do imóvel cujo desmembramento é autorizado, mencionando suas divisas e confrontações;

e) os fins específicos a que se destina a fração objeto do desmembramento;

f) área remanescente do imóvel desmembrado.

Art. 7º O IBRA, através de seus órgãos específicos, baixará as instruções e normas necessárias à execução do presente Decreto.

Art. 8º O presente decreto entrará em vigor na data de sua publicação, ficando revogadas as disposições em contrário.

Brasília, 8 de abril de 1968;
147º da Independência e 80º da República.
A. COSTA E SILVA (DOU. de 9.4.1968)

DECRETO Nº 95.760, DE 1º DE MARÇO DE 1988

Regulamenta o art. 3º do Decreto-lei nº 2.398, de 21 de dezembro de 1987, e dá outras providências.

O PRESIDENTE DA REPÚBLICA, no uso da atribuição que lhe confere o artigo 81, item III, da Constituição,

DECRETA:

Art. 1º A transferência onerosa, entre vivos, do domínio útil de terreno da União (aforamento) ou de direitos sobre benfeitorias nele construídas (ocupação) e a cessão de direito a ele relativas regem-se pelo disposto neste decreto.

Art. 2º O alienante, foreiro ou ocupante, regularmente inscrito efetuará a transferência, sem a prévia autorização do Serviço do Patrimônio da União – SPU, desde que cumpridas as seguintes formalidades:

I – recolhimento do laudêmio ao Tesouro Nacional, por meio da rede bancária, mediante Documento de Arrecadação de Receitas Federais (DARF);

II – apresentação, ao Cartório de Notas, dos seguintes documentos, em nome do alienante:

a) comprovante do pagamento do laudêmio; e

b) no caso de aforamento, o respectivo contrato, com as eventuais averbações ou termo de transferência, se houver; ou, no caso de ocupação, a certidão de inscrição.

§ 1º Da escritura pública, deverá constar referência aos documentos apresentados, especificando-se, quanto ao DARF, o valor pago, a data do recolhimento, o banco e a agência arrecadadora.

§ 2º No caso de transferência de aforamento, o interessado deverá apresentar ao Registro de Imóveis, junto com o traslado da escritura, cópia autenticada, pelo Cartório de Notas, dos documentos mencionados no item II deste artigo, bem assim dos comprovantes de pagamento dos foros referentes aos três últimos anos.

Art. 3º O valor do laudêmio, correspondente a cinco por cento do valor atualizado do domínio pleno do terreno da União e das benfeitorias nele existentes, será calculado pelo próprio alienante.

§ 1º Se o alienante não tiver elementos para calcular a área física pertencente à União, para efeito do cálculo do laudêmio, poderá solicitar, verbalmente, ao órgão local do SPU que lhe informe a cota do terreno que a ela corresponde.

§ 2º O órgão local do SPU deverá fornecer os elementos solicitados na forma do parágrafo anterior, no prazo de vinte e quatro horas, sob pena de responsabilidade funcional de quem der causa à demora.

§ 3º Não será permitido o cálculo do laudêmio, nem o preenchimento do DARF, em órgão do SPU ou por qualquer de seus servidores.

Art. 4º O requerimento de transferência das obrigações enfitêuticas ou relativas à ocupação será remetido ao SPU por via postal, com aviso de recebimento, ou entregue pessoalmente, devendo ser instruído com os documentos referidos no item II do art. 2º, autenticados pelo Cartório de Notas, e, se for o caso, a certidão do registro de imóveis.

Parágrafo único. Na formalização da transferência perante o SPU, observar-se-ão o prazo e demais termos do art. 116 do Decreto-lei nº 9.760, de 5 de setembro de 1946.

Art. 5º O SPU fará a revisão do cálculo do laudêmio e, se apurada diferença, procederá da seguinte forma:

I – sendo a menor, notificará o interessado a recolhê-la, no prazo de trinta dias;

II – sendo a maior, promoverá a sua devolução.

§ 1º O recolhimento da diferença a menor e a devolução da diferença a maior serão feitos pelos respectivos valores monetariamente atualizados de acordo com o índice de variação de uma Obrigação do Tesouro Nacional (OTN).

§ 2º A falta de recolhimento de diferença a menor, no prazo fixado no item I deste artigo, acarretará a sua cobrança com os acréscimos previstos nos arts. 15 e 16 do Decreto-lei nº 2.323, de 26 de fevereiro de 1987, conforme a redação dada pelo Decreto-lei nº 2.331, de 28 de maio de 1987.

Art. 6º Mediante solicitação verbal, as Delegacias do SPU fornecerão ao foreiro ou ao ocupante cópias autenticadas dos contratos de aforamento, extraídas dos livros de contratos enfitêuticos, suas eventuais averbações ou termos de transferências, ou dos documentos de inscrição da ocupação, extraídos dos livros, fichas de inscrição ou certidões arquivadas em pastas, de acordo com o sistema adotado em cada Delegacia, observado o disposto no § 2º do art. 3º.

Art. 7º A transferência do aforamento ou da ocupação não poderá ser feita, se o imóvel houver sido declarado de interesse público, em portaria do Diretor-Geral do SPU.

§ 1º Para os fins do disposto neste artigo, as entidades e órgãos interessados deverão enviar, ao SPU, manifestação prévia.

§ 2º Baixada a portaria a que alude este artigo, o SPU promoverá, por via postal, a notificação do foreiro ou do ocupante.

Art. 8º As transferências parciais de aforamento ficarão sujeitas a novo foro para a parte desmembrada, sendo o mesmo procedimento adotado para as transferências de partes restantes do aforamento primitivo.

Art. 9º A inobservância das formalidades prescritas no art. 2º ou a transferência feita em desacordo com o disposto no art. 7º autoriza o SPU, sem prejuízo de outras sanções:

I – a indeferir a formalização da transferência, no caso de aforamento, inclusive declarando sua caducidade, se couber; ou

II – a cancelar a inscrição da ocupação, procedendo na forma dos arts. 63, 132 e 198 do Decreto nº 9.760, de 5 de setembro de 1946.

Parágrafo único. A aplicação de qualquer das medidas autorizadas por este artigo não exclui a cobrança de foros, taxas, laudêmios e multas, monetariamente corrigidos e acrescidos de juros, na forma da lei.

Art. 10. Ficam ratificadas as transferências feitas na conformidade das instruções baixadas, anteriormente, pelo Diretor-Geral do SPU, que expedirá normas complementares necessárias à execução deste decreto.

Art. 11. Este Decreto entra em vigor na data de sua publicação.

Art. 12. Revogam-se as disposições em contrário.

Brasília, 1º de março de 1988;
167º da Independência e 100º da República.
JOSÉ SARNEY (DOU de 2.3.1988)

DECRETO Nº 95.956, DE 22 DE ABRIL DE 1988

Regulamenta o art. 5º do Decreto-lei nº 2.375, de 24 de novembro de 1987, que autoriza a União a transferir, a título gratuito, a Estados ou Territórios, terras públicas a ela pertencentes.

O PRESIDENTE DA REPÚBLICA, no uso da atribuição que lhe confere o artigo 81, item III, da Constituição, e tendo em vista o disposto no art. 5º do Decreto-lei nº 2.375, de 24 de novembro de 1987,

DECRETA:

Art. 1º Serão objeto de transferência gratuita, a Estados ou Territórios, conforme previsto no art. 5º do Decreto-lei nº 2.375, de 24 de novembro de 1987, terras públicas, de domínio da União, não devolutas, situadas nas faixas de cem quilômetros de largura, em cada lado do eixo das rodovias, já construídas, em construção ou projetadas, a que se referiu o Decreto-lei nº 1.164, de 1º de abril de 1971.

Art. 2º Ficam excluídas do disposto no artigo anterior as terras públicas não devolutas que, em 25 de novembro de 1987, estavam:

I – afetadas, de modo expresso ou tácito, a uso público, comum ou especial, ou a fim de utilidade pública;

II – sob destinação de interesse social; ou

III – caracterizadas como objeto de situações jurídicas, já constituídas ou em processo de formação, em favor de terceiros.

Parágrafo único. Para os efeitos deste Decreto:

a) consideram-se afetadas a uso público, ou a fim de utilidade pública, as terras públicas sob uso ou aplicação pela União, pelos Estados, Municípios, Territórios e respectivos entes descentralizados, inclusive os que atuam por outorga ou mediante delegação do Poder Público;

b) reputam-se sob destinação de interesse social as terras públicas vinculadas à preservação, à conservação, ou à restauração, dos recursos renováveis e dos recursos ambientais;

c) caracterizam situações jurídicas, já constituídas ou em processo de formação, aquelas em que as terras públicas tenham sido objeto de:

1) concessão, alienação, ou simples ocupação ou uso permitidos, por parte da União, seus entes e órgãos, mediante título definitivo ou provisório, ou convênios por eles celebrados;

2) posse lícita, por motivo outro, previsto em legislação federal, pendente de titulação;

3) projetos de colonização, loteamento, assentamento e assemelhados, a cargo do Poder Público Federal, inclusive os de que trata o Decreto nº 68.524, de 16 de abril de 1971;

4) processo de regularização fundiária, em curso, inclusive nas hipóteses em que revertidas ao domínio da União por força de cancelamento do registro imobiliário, promovido pelo particular interessado.

Art. 3º Ficam, ainda, excluídas da transferência de que trata este Decreto as terras públicas que foram afetadas a uso especial do Ministério do Exército, pelo Decreto nº 95.857, de 22 de março de 1988, de acordo com o art. 3º do Decreto-lei nº 2.375, de 24 de novembro de 1987.

Art. 4º A transferência a título gratuito é condicionada a que o seu beneficiário vincule o imóvel aos objetivos do Estatuto da Terra e legislação conexa.

Parágrafo único. Os imóveis doados, suas benfeitorias e acessões reverterão, de pleno direito, ao patrimônio da União, independentemente de qualquer indenização, se não forem utilizados para os fins previstos neste artigo.

Art. 5º O Estado ou Território, onde se situem terras públicas, requererá sua doação ao Ministério da Reforma e do Desenvolvimento Agrário – MIRAD, indicando a área desejada e assumindo o compromisso de dar ao imóvel destinação condizente com os objetivos do Estatuto da Terra e legislação conexa.

Art. 6º Observado o disposto no artigo anterior, o MIRAD formalizará a doação, em favor do Estado ou Território, mediante a expedição de título de domínio que:

I – conterá, expressamente, os encargos e condições estabelecidos no art. 4º e seu parágrafo único; e

II – será levado a registro, no competente Registro de Imóveis, pelo Estado ou Território.

Art. 7º As transferências das terras referidas no § 1º do art. 5º do Decreto-lei nº 2.375, de 24 de novembro de 1987, terão regulamentação específica.

Art. 8º Este Decreto entra em vigor na data de sua publicação.

Art. 9º Revogam-se as disposições em contrário.

Brasília, 22 de abril de 1988;
167º da Independência e 100º da República.
JOSÉ SARNEY (DOU. de 25.4.1988)

DECRETO Nº 96.084, DE 23 DE MAIO DE 1988

Regulamenta o § 1º do art. 5º do Decreto-lei nº 2.375, de 24 de novembro de 1987, que autoriza a União a transferir, a título gratuito, a Estados ou Territórios, terras públicas a ela pertencentes, localizadas na Faixa de Fronteira.

O PRESIDENTE DA REPÚBLICA, no uso da atribuição que lhe confere o art. 81, item III, da Constituição, e tendo em vista o disposto no § 1º do art. 5º do Decreto-lei nº 2.375, de 24 de novembro de 1987,

DECRETA:

Art. 1º Poderão ser objeto de transferência a Estados ou Territórios, conforme previsto no § 1º do art. 5º do Decreto-lei nº 2.375, de 24 de novembro de 1987, terras públicas, ainda que devolutas, de domínio da União, situadas na Faixa de Fronteira definida no art. 1º da Lei nº 6.634, de 2 de maio de 1979.

Art. 2º Excluem-se do disposto no artigo anterior as terras públicas que constituam objeto das hipóteses referidas nos itens I, II e III, do § 2º do art. 2º do Decreto-lei nº 2.375, de 24 de novembro de 1987.

Art. 3º A transferência a título gratuito, ou doação, é condicionada a que o seu beneficiário dê ao imóvel destinação de utilidade pública ou de interesse social, ou o vincule aos objetivos do Estatuto da Terra e legislação conexa.

Parágrafo único. Os imóveis doados e suas benfeitorias e acessões reverterão de pleno direito ao patrimônio da União, independentemente de qualquer indenização, se não forem utilizados dentro da finalidade e prazo prescritos no instrumento de doação, prazo esse que poderá ser prorrogado, a critério do Ministério da Reforma e do Desenvolvimento Agrário – MIRAD e mediante aquiescência da Secretaria-Geral do Conselho de Segurança Nacional.

Art. 4º Para a transferência a título gratuito, ou doação, adotar-se-á o procedimento seguinte:

I – o Estado ou Território, onde se situe o imóvel pretendido, requererá sua doação, ao Ministério da Reforma e do Desenvolvimento Agrário – MIRAD, indicando a área e instruindo o requerimento com o projeto específico nela a ser implantado e com a autorização legislativa para o recebimento da doação com encargos;

II – o MIRAD ouvirá os Ministérios Militares para que, a respeito, se pronunciem no prazo de sessenta dias, findo o qual o silêncio, à falta de expressa manifestação em contrário, implicará em aquiescência;

III – à falta de manifestação em contrário, expressa ou tácita, o MIRAD encaminhará o processo, com o seu parecer conclusivo, à Secretaria-Geral do Conselho de Segurança Nacional, com vistas ao assentimento prévio de que tratam a Lei nº 6.634, de 2 de maio de 1979, e o Decreto nº 85.064, de 26 de agosto de 1980;

IV – atendidas essas exigências, o MIRAD formalizará a doação, em favor do Estado ou Território, através da expedição de título de domínio, o qual:

a) conterá, expressamente, os encargos e condições a que se subordina a doação, o prazo para o cumprimento de sua finalidade e, bem assim, a cláusula de reversão, a ocorrer na hipótese prevista no parágrafo único do art. 3º;

b) deverá ser levado a registro, no competente Registro de Imóveis.

Art. 5º Este Decreto entra em vigor na data de sua publicação, revogadas as disposições em contrário.

Brasília, 23 de maio de 1988;
167º da Independência e 100º da República.
JOSÉ SARNEY
(DOU. de 24.5.1988)

DECRETO Nº 99.672, DE 6 DE NOVEMBRO DE 1990

Dispõe sobre o Cadastro Nacional de Bens Imóveis de propriedade da União e dá outras providências.

O PRESIDENTE DA REPÚBLICA, no uso das atribuições que lhe confere o art. 84, incisos IV e VI, da Constituição,

DECRETA:

Art. 1º O Cadastro de bens imóveis de propriedade da União, organizado e mantido pelo Departamento do Patrimônio da União (DPU), da Secretaria da Fazenda Nacional, do Ministério da Economia, Fazenda e Planejamento, passa denominar-se Cadastro Nacional de Bens Imóveis da União.

Parágrafo único. A cada imóvel incluído no Cadastro será atribuído um registro cadastral numérico, denominado Registro Imobiliário Patrimonial (RIP).

Art. 2º O DPU fará o registro do imóvel de propriedade da União no Cadastro, de ofício ou à vista de Documento de Cadastro Nacional de Bens Imóveis da União.

Parágrafo único. O modelo de documento será aprovado pelo DPU, que promoverá a sua distribuição.

Art. 3º Os órgãos públicos federais restituirão ao DPU, no prazo de sessenta dias, a contar da data do seu recebimento, o documento de que trata o artigo anterior, devidamente preenchido, relativamente a cada imóvel de propriedade da União que esteja sob sua jurisdição.

§ 1º A oportuna restituição do documento será promovida pelas Secretarias de Administração Geral dos Ministérios Civis ou órgãos equivalentes dos Ministérios Militares e da Presidência da República.

§ 2º O disposto neste artigo aplica-se às autarquias, fundações, empresas públicas, sociedades de economia mista e demais sociedades controladas, direta ou indiretamente, pela União, que tenham sob sua administração, por qualquer fundamento, imóveis de propriedade da União.

Art. 4º O DPU expedirá as instruções necessárias à execução do disposto neste decreto.

Art. 5º Este decreto entra em vigor na data de sua publicação.

Art. 6º Revogam-se o Decreto nº 99.184, de 15 de março de 1990, e as demais disposições em contrário.

Brasília, 6 de novembro de 1990; 169º da Independência e 102º da República.

FERNANDO COLLOR

(DOU 07.11.1990)

DECRETO Nº 433, DE 24 DE JANEIRO DE 1992

Dispõe sobre a aquisição de imóveis rurais, para fins de reforma agrária, por meio de compra e venda.

O PRESIDENTE DA REPÚBLICA, no uso da atribuição que lhe confere o art. 84, inciso IV, da Constituição, e tendo em vista o que dispõem os arts. 2º, § 2º, alínea a; 6º, 7º, 8º, 16, parágrafo único; 17, *caput* e alínea "c", e 31, da Lei nº 4.504, de 30 de novembro de 1964, e 18, da Lei nº 4.947, de 6 de abril de 1966,

DECRETA:

Art. 1º Observadas as normas deste Decreto, o Instituto Nacional de Colonização e Reforma Agrária – INCRA fica autorizado a adquirir, mediante compra e venda, imóveis rurais destinados à implantação de projetos integrantes do programa de reforma agrária, nos termos das Leis nºs 4.504, de 30 de novembro de 1964, e 8.629, de 25 de fevereiro de 1993. *(Redação dada pelo Decreto nº 2.614, de 1998)*

- *Art. 184 da Constituição Federal*
- *Arts. 481 a 532 do Código Civil*

§ 1º A compra e venda autorizada por este Decreto realizar-se-á ad mensuram, na forma estabelecida pela legislação civil. *(Incluído pelo Decreto nº 2.614, de 1998)*

§ 2º É vedada a aquisição de imóveis rurais que, pelas suas características, não sejam adequados à implantação de projetos integrantes do programa de reforma agrária. *(Incluído pelo Decreto nº 2.614, de 1998)*

Art. 2º A aquisição imobiliária de que trata este Decreto ocorrerá, preferencialmente, em áreas de manifesta tensão social para o assentamento de trabalhadores rurais, visando atender à função social da propriedade. *(Redação dada pelo Decreto nº 2.614, de 1998)*

Parágrafo único. Compete ao INCRA definir e priorizar as regiões do País consideradas preferenciais para os fins do disposto neste artigo. *(Redação dada pelo Decreto nº 2.614, de 1998)*

Art. 3º *(Revogado pelo Decreto nº 2.614, de 1998)*

Art. 4º Definidas as regiões do País que atendem ao disposto no art. 2º, o INCRA procederá, diretamente ou por intermédio de terceiros, à seleção dos imóveis rurais que pretende adquirir por compra e venda, a fim de neles implantar projetos integrantes do programa de reforma agrária, destinados a reduzir demandas de acesso à terra ou aliviar tensões sociais ocorrentes na área. *(Redação dada pelo Decreto nº 2.680, de 1998)*

§ 1º A seleção prevista neste artigo poderá ser precedida de publicação e da divulgação de edital de chamamento de proprietários rurais interessados na alienação de imóveis que têm o domínio. *(Redação dada pelo Decreto nº 2.680, de 1998)*

§ 2º Observadas as instruções pertinentes, a serem baixadas pelo INCRA, o Edital de que trata este artigo deverá conter, pelo menos, dados e informações relativas às seguintes características exigidas dos imóveis passíveis de seleção: *(Incluído pelo Decreto nº 2.614, de 1998)*

I – área mínima em hectare; *(Incluído pelo Decreto nº 2.614, de 1998)*

II – qualidade dos solos; *(Incluído pelo Decreto nº 2.614, de 1998)*

III – recursos hídricos e vias de acesso. *(Incluído pelo Decreto nº 2.614, de 1998)*

Art. 4º-A. Feita a seleção de um ou mais imóveis, o INCRA poderá proceder à abertura de processo administrativo destinado a adquiri-los por compra e venda. *(Incluído pelo Decreto nº 2.614, de 1998)*

§ 1º Cada processo administrativo de aquisição terá por objeto um único imóvel, e será instaurado com a oferta de venda formulada pelo titular do domínio ou por seu representante legal ou com a proposta de compra de iniciativa do INCRA, que poderão abranger a totalidade ou parte da gleba. *(Incluído pelo Decreto nº 2.614, de 1998)*

§ 2º A oferta de venda formulada pelo proprietário ou por seu representante legal deverá conter o preço pedido, a forma e as condições de seu pagamento, e expressa permissão para que o INCRA proceda à vistoria e avaliação do imóvel ofertado. *(Incluído pelo Decreto nº 2.614, de 1998)*

§ 3º Atém da oferta de venda ou da proposta de compra, os processos administrativos de aquisição de imóveis serão instruídos pelos seguintes documentos: *(Incluído pelo Decreto nº 2.614, de 1998)*

I – cópia autenticada da carteira de identidade e do CPF do proprietário do imóvel se pessoa física; *(Incluído pelo Decreto nº 2.614, de 1998)*

II – no caso de o domínio pertencer a pessoa jurídica, certidão de depósito ou de registro dos respectivos contratos e atos constitutivos, devidamente atualizados, cópia autenticada dos documentos comprobatórios de sua representação legal e de sua inscrição no Cadastro Geral de Contribuintes; *(Incluído pelo Decreto nº 2.614, de 1998)*

III – certidão de registro do imóvel; *(Incluído pelo Decreto nº 2.614, de 1998)*

IV – certidão de domínio vintenário do imóvel, que poderá abranger prazo inferior a vinte anos, desde que a cadeia dominial tenha início em título expedido pelo Poder Público, ou em decisão judicial transitada em julgado, não mais sujeita a ação rescisória; *(Incluído pelo Decreto nº 2.614, de 1998)*

V – certidões negativas de ônus, gravames e de distribuição de ações reais e pessoais reipersecutórias, relativas ao imóvel; *(Incluído pelo Decreto nº 2.614, de 1998)*

VI – certidões de inscrição cadastral do imóvel e de regularidade de sua situação fiscal junto às fazendas federal, estadual e municipal; *(Incluído pelo Decreto nº 2.614, de 1998)*

VII – planta geral e individual do imóvel e memorial descritivo que o caracterize, com indicação das vias que lhe dão acesso e dos principais cursos d'água nele existentes; *(Incluído pelo Decreto nº 2.614, de 1998)*

VIII – declaração do proprietário manifestando sua concordância com as condições estabelecidas por este Decreto. *(Incluído pelo Decreto nº 2.614, de 1998)*

Art. 5º Concluída e regularizada a instrução do processo administrativo de aquisição imobiliária, o INCRA realizará vistoria e avaliação do imóvel rural objeto dos autos, em conformidade com o disposto na Lei nº 8.629, de 1993, nas instruções que houver baixado a respeito e nas normas técnicas editadas pela Associação Brasileira de Normas Técnicas – ABNT. *(Redação dada pelo Decreto nº 2.614, de 1998)*

§ 1º O INCRA poderá atribuir a técnicos não integrantes do seu quadro de pessoal a realização da vistoria e da avaliação previstas neste artigo, respeitada a habilitação profissional legalmente exigida para a prática dos respectivos atos e procedimentos. *(Redação dada pelo Decreto nº 2.614, de 1998)*

§ 2º Mediante convênio, poderá ser delegada aos Estados, no âmbito dos respectivos territórios, a realização da vistoria e da avaliação de imóveis rurais previamente selecionados para compra e venda, que se destinem a implantação de projetos integrantes do programa de reforma agrária. *(Redação dada pelo Decreto nº 2.614, de 1998)*

Arts. 6º a 9º *(Revogados pelo Decreto nº 2.614, de 1998)*

Art. 10. Realizadas a vistoria e a avaliação do imóvel rural, o Presidente do INCRA, mediante deliberação do Conselho Diretor da Autarquia, poderá baixar portaria, autorizando seja ele adquirido por compra e venda. *(Redação dada pelo Decreto nº 2.614, de 1998)*

Parágrafo único. A portaria que autorizar a aquisição do imóvel deverá conter: *(Incluído pelo Decreto nº 2.614, de 1998)*

I – os fundamentos legais que amparam sua edição; *(Incluído pelo Decreto nº 2.614, de 1998)*

II – os motivos determinantes da aquisição; *(Incluído pelo Decreto nº 2.614, de 1998)*

III – a descrição do imóvel com sua denominação, características e confrontações, área, localização, número do cadastro do INCRA e da matrícula no registro de imóveis competente; *(Incluído pelo Decreto nº 2.614, de 1998)*

IV – a qualificação do proprietário rural e sua manifestação de concordância com o preço e a forma de seu pagamento; *(Incluído pelo Decreto nº 2.614, de 1998)*

V – o preço e a forma de seu pagamento, conforme previamente acertado entre o INCRA e o proprietário do imóvel; *(Incluído pelo Decreto nº 2.614, de 1998)*

VI – a destinação a ser dada ao imóvel. *(Incluído pelo Decreto nº 2.614, de 1998)*

Art. 10-A. Para os fins deste Decreto, deverá constar, das escrituras públicas de compra e venda, que é de exclusiva responsabilidade do promitente vendedor o integral pagamento dos encargos e das obrigações trabalhistas decorrentes de eventuais vínculos empregatícios mantidos com os empregados que trabalham ou tenham trabalhado no imóvel sob aquisição, e por quaisquer outras reclamações de terceiros, inclusive aquelas relativas a indenizações por benfeitorias, bem como pelo pagamento das taxas, custas, impostos e emolumentos pertinentes à prática dos atos necessários à transmissão do domínio. *(Incluído pelo Decreto nº 2.614, de 1998)*

Art. 11. O pagamento do preço contratado somente será efetuado após o registro da escritura pública no registro de imóveis competente. *(Redação dada pelo Decreto nº 2.614, de 1998)*

§ 1º O pagamento será efetuado de forma escalonada, em Títulos da Divida Agrária, resgatáveis em parcelas anuais, iguais e sucessivas, a partir do segundo ano de sua emissão, observadas as seguintes condições: *(Redação dada pelo Decreto nº 2.614, de 1998)*

I – imóveis com área de até três mil hectares, no prazo de cinco anos; *(Incluído pelo Decreto nº 2.614, de 1998)*

II – imóveis com área superior a três mil hectares: *(Incluído pelo Decreto nº 2.614, de 1998)*

a) o valor relativo aos primeiros três mil hectares, no prazo de cinco anos; *(Incluído pelo Decreto nº 2.614, de 1998)*

b) o valor relativo à área superior a três mil e até dez mil hectares, em dez anos; *(Incluído pelo Decreto nº 2.614, de 1998)*

c) o valor relativo à área superior a dez mil até quinze mil hectares, em quinze anos; *(Incluído pelo Decreto nº 2.614, de 1998)*

d) o valor da área que exceder quinze mil hectares, em vinte anos. *(Incluído pelo Decreto nº 2.614, de 1998)*

§ 2º Os prazos previstos no parágrafo anterior, quando iguais ou superiores a dez anos, poderão ser reduzidos em cinco anos, desde que o proprietário concorde em receber o pagamento das benfeitorias úteis e necessárias em Títulos da Dívida Agrária. *(Redação dada pelo Decreto nº 2.614, de 1998)*

§ 3º Aceito o pagamento das benfeitorias úteis e necessárias em Títulos da Dívida Agrária, os prazos de resgate dos respectivos títulos serão fixados mantendo-se a mesma proporcionalidade estabelecida para aqueles relativos ao valor da terra e suas acessões naturais. *(Incluído pelo Decreto nº 2.614, de 1998)*

Arts. 12 a 16. *(Revogados pelo Decreto nº 2.614, de 1998)*

Art. 16-A. Observado o disciplinamento previsto neste Decreto e as disposições do art. 12 da Lei nº 8.629, de 1993, a aquisição de imóveis rurais pelo INCRA, por meio de compra e venda, poderá ser intermediada por terceiros, segundo regulamentação a ser por ele baixada. *(Incluído pelo Decreto nº 2.680, de 1998)*

Art. 17. O Presidente do INCRA baixará as instruções necessárias ao fiel cumprimento deste Decreto. *(Redação dada pelo Decreto nº 2.614, de 1998)*

Art. 18. *(Revogado pelo Decreto nº 2.614, de 1998)*

Art. 19. O disposto neste Decreto aplica-se, no que couber, aos processos de aquisição de imóveis rurais em curso no INCRA, que deverão ser reexaminados e adaptados às normas por ele estabelecidas, com aproveitamento dos atos já praticados. *(Redação dada pelo Decreto nº 2.614, de 1998)*

Art. 20. Este Decreto entra em vigor na data de sua publicação. *(Redação dada pelo Decreto nº 2.614, de 1998)*

Art. 21. Revoga-se o Decreto nº 236, de 23 de outubro de 1991. *(Redação dada pelo Decreto nº 2.614, de 1998)*

Brasília, 24 de janeiro de 1992;
171º da Independência e 104º da República.
FERNANDO COLLOR
(DOU. de 27.1.1992 e retificado em 29.1.1992)

DECRETO Nº 578, DE 24 DE JUNHO DE 1992

Dá nova regulamentação ao lançamento dos Títulos da Divida Agrária.

O PRESIDENTE DA REPÚBLICA, no uso da atribuição que lhe confere o art. 84, inciso VI, da Constituição, e tendo em vista o disposto nos arts. 184 da Constituição, 105 da Lei nº 4.504, de 30 de novembro de 1964, e 5º da Lei nº 8.177, de 1º de março de 1991.

DECRETA:

Art. 1º Os Títulos da Dívida Agrária (TDA) terão forma escritural e o seu controle, administração, lançamento, resgate e serviço de pagamento de juros obedecerão ao disposto neste decreto.

Parágrafo único. O lançamento do TDA sob a forma escritural corresponde à emissão do título cartular.

Art. 2º O limite máximo de circulação dos TDA é de Cr$ 7.929.774.965.762,40 (sete trilhões, novecentos e vinte e nove bilhões, setecentos e setenta e quatro milhões, novecentos e sessenta e cinco mil, setecentos e sessenta e dois cruzeiros e quarenta centavos), a preço de maio de 1992, atualizado mensalmente, na forma do disposto no art. 5º, da Lei nº 8.177, de 1º de março de 1991.

Parágrafo único. Por TDA em circulação entende-se os Títulos emitidos anteriormente à edição deste decreto, e os lançados, não resgatados.

Art. 3º Caberá ao Ministério da Economia, Fazenda e Planejamento (MEFP) a gestão, o controle, lançamento, resgate e pagamento de juros dos TDA.

§ 1º O lançamento dos TDA, em atendimento à execução do programa de reforma agrária, far-se-á mediante solicitação expressa do Instituto Nacional de Colonização e Reforma Agrária (Incra) ao Departamento do Tesouro Nacional (DTN).

§ 2º O MEFP manterá controle de todos os lançamentos dos títulos, bem assim do seu resgate e pagamento dos respectivos juros, por meio de sistema centralizado de liquidação e de custódia.

§ 3º O DTN e o Incra expedirão instrução normativa conjunta relativa à forma de solicitação de lançamento.

Art. 4º Os TDA serão nominativos e terão valor nominal, a preços de maio de 1992, de:

I – Cr$ 79.297,75 (setenta e nove mil, duzentos e noventa e sete cruzeiros e setenta e cinco centavos);

II – Cr$ 158.595,50 (cento e cinquenta e oito mil, quinhentos e noventa e cinco cruzeiros e cinquenta centavos);

III – Cr$ 317.191,00 (trezentos e dezessete mil, cento e noventa e um cruzeiros);

IV – Cr$ 792.977,50 (setecentos e noventa e dois mil, novecentos e setenta e sete cruzeiros e cinquenta centavos);

V – Cr$ 1.585.955,00 (um milhão, quinhentos e oitenta e cinco mil, novecentos e cinquenta e cinco cruzeiros).

§ 1º O valor nominal dos TDA será atualizado, no primeiro dia de cada mês, por índice calculado com base na Taxa Referencial (TR) referente ao mês anterior.

§ 2º Compete ao MEFP a declaração mensal do valor nominal do TDA.

Art. 5º Os lançamentos dos TDA conterão:

I – a denominação: Título da Dívida Agrária;

II – a quantidade de títulos;

III – a data do lançamento;

IV – a data do vencimento;

V – o valor nominal em cruzeiros.

Art. 6º Os TDA serão lançados, no primeiro dia útil de cada mês, em séries autônomas relacionadas aos seus prazos de vencimento, conforme a necessidade de cada caso específico.

§ 1º O prazo de vencimento de cada série poderá ser de cinco, dez, quinze ou vinte anos.

§ 2º O lançamento de cada série autônoma será composto de quantidades anuais, iguais e sucessivas de títulos, com data de resgate inicial, a partir do segundo ano.

§ 3º Observados os critérios do art. 11, do Decreto nº 433, de 24 de janeiro de 1992, caberá, anualmente, ao Ministro da Economia, Fazenda e Planejamento, propor ao Presidente da República a fixação dos prazos estabelecidos no § 1º deste artigo, para fins de lançamento dos TDA, com base nos limites de endividamento do Setor Público.

Art. 7º Os TDA poderão ser transferidos, por lançamento, mediante ordem do alienante e do alienatário à instituição financeira que o represente no sistema de liquidação e de custódia, vedado o fracionamento do título.

Art. 8º Os TDA serão remunerados com juros de seis por cento ao ano, ou fração, pro rata, calculados sobre o valor nominal atualizado, pagos anualmente.

Art. 9º O valor do resgate do título corresponderá ao montante em cruzeiros do valor nominal atualizado, acrescido da remuneração dos juros, calculados pro rata.

Art. 10. O lançamento do TDA e suas transferências processar-se-ão sob a forma escritural, mediante registro dos respectivos direitos creditórios, em sistema centralizado de liquidação e de custódia, por intermédio do qual serão também creditados a remuneração de juros e os valores referentes aos resgates do principal previstos.

Art. 11. Os TDA poderão ser utilizados em:

I – pagamento de até cinquenta por cento do Imposto sobre a Propriedade Territorial Rural;

II – pagamento de preço de terras públicas;

III – prestação de garantia;

IV – depósito, para assegurar a execução em ações judiciais ou administrativas;

V – caução, para garantia de:

a) quaisquer contratos de obras ou serviços celebrados com a União;

b) empréstimos ou financiamentos em estabelecimentos da União, autarquias federais e sociedades de economia mista, entidades ou fundos de aplicação às atividades rurais criadas para este fim;

VI – a partir do seu vencimento, em aquisição de ações de empresas estatais incluídas no Programa Nacional de Desestatização.

Art. 12. O MEFP transferirá dos TDA, utilizados em pagamento do Imposto sobre a Propriedade Territorial Rural, a parcela proporcional que lhe é correspondente, ao município.

Art. 13. Em articulação com o Ministério da Agricultura e Reforma Agrária (Mara), o MEFP estabelecerá, anualmente, com base no Orçamento Geral da União, o montante definitivo de lançamentos de TDA.

Art. 14. Em consonância com o disposto no § 1º, do art. 19, da Lei nº 8.088, de 31 de outubro de 1990, os detentores de certificados de TDA, vencidos ou vincendos deverão promover a sua identificação junto ao Incra, em prazo a ser fixado, para o efeito de inclusão dos seus títulos em sistema centralizado de liquidação e de custódia.

Art. 15. Os Ministros da Economia, Fazenda e Planejamento e da Agricultura e Reforma Agrária poderão expedir as instruções necessárias à fiel execução do presente decreto.

Art. 16. Revoga-se o Decreto nº 95.714, de 10 de fevereiro de 1988.

Brasília, 24 de junho de 1992; 171º da Independência e 104º da República.
FERNANDO COLLOR
(DOU. de 25.6.1992)

DECRETO Nº 1.775, DE 8 DE JANEIRO DE 1996

Dispõe sobre o procedimento administrativo de demarcação das terras indígenas e dá outras providências.

- *Art. 246, § 2º, da Lei n. 6.015/1973 (Registros Públicos)*
- *Provimento CNJ 70/2018 (Abertura de matrícula e registro de terra indígena com demarcação homologada e averbação da existência de demarcação de área indígena homologada e registrada em matrículas de domínio privado incidentes em seus limites) incorporado aos **arts. 424 a 432** do Provimento CNJ 149/2023 (CNN)*

O PRESIDENTE DA REPÚBLICA, no uso da atribuição que lhe confere o art. 84, inciso IV, e tendo em vista o disposto no art. 231, ambos da Constituição, e no art. 2º, inciso IX da Lei nº 6.001, de 19 de dezembro de 1973,

DECRETA:

Art. 1º As terras indígenas, de que tratam o art. 17, I, da Lei nº 6001, de 19 de dezembro de 1973, e o art. 231 da Constituição, serão administrativamente demarcadas por iniciativa e sob a orientação do órgão federal de assistência ao índio, de acordo com o disposto neste Decreto.

Art. 2º A demarcação das terras tradicionalmente ocupadas pelos índios será fundamentada em trabalhos desenvolvidos por antropólogo de qualificação reconhecida, que elaborará, em prazo fixado na portaria de nomeação baixada pelo titular do órgão federal de assistência ao índio, estudo antropológico de identificação.

§ 1º O órgão federal de assistência ao índio designará grupo técnico especializado, composto preferencialmente por servidores do próprio quadro funcional, coordenado por antropólogo, com a finalidade de realizar estudos complementares de natureza etno-histórica, sociológica, jurídica, cartográfica, ambiental e o levantamento fundiário necessários à delimitação.

§ 2º O levantamento fundiário de que trata o parágrafo anterior, será realizado, quando necessário, conjuntamente com o órgão federal ou estadual específico, cujos técnicos serão designados no prazo de vinte dias contados da data do recebimento da solicitação do órgão federal de assistência ao índio.

§ 3º O grupo indígena envolvido, representado segundo suas formas próprias, participará do procedimento em todas as suas fases.

§ 4º O grupo técnico solicitará, quando for o caso, a colaboração de membros da comunidade científica ou de outros órgãos públicos para embasar os estudos de que trata este artigo.

§ 5º No prazo de trinta dias contados da data da publicação do ato que constituir o grupo técnico, os órgãos públicos devem, no âmbito de suas competências, e às entidades civis é facultado, prestar-lhe informações sobre a área objeto da identificação.

§ 6º Concluídos os trabalhos de identificação e delimitação, o grupo técnico apresentará relatório circunstanciado ao órgão federal de assistência ao índio, caracterizando a terra indígena a ser demarcada.

§ 7º Aprovado o relatório pelo titular do órgão federal de assistência ao índio, este fará publicar, no prazo de quinze dias contados da data que o receber, resumo do mesmo no Diário Oficial da União e no Diário Oficial da unidade federada onde se localizar a área sob demarcação, acompanhado de memorial descritivo e mapa da área, devendo a publicação ser afixada na sede da Prefeitura Municipal da situação do imóvel.

§ 8º Desde o início do procedimento demarcatório até noventa dias após a publicação de que trata o parágrafo anterior, poderão os Estados e municípios em que se localize a área sob demarcação e demais interessados manifestar-se, apresentando ao órgão federal de assistência ao índio razões instruídas com todas as provas pertinentes, tais como títulos dominiais, laudos periciais, pareceres, declarações de testemunhas, fotografias e mapas, para o fim de pleitear indenização ou para demonstrar vícios, totais ou parciais, do relatório de que trata o parágrafo anterior.

§ 9º Nos sessenta dias subsequentes ao encerramento do prazo de que trata o parágrafo anterior, o órgão federal de assistência ao índio encaminhará o respectivo procedimento ao Ministro de Estado da Justiça, juntamente com pareceres relativos às razões e provas apresentadas.

§ 10. Em até trinta dias após o recebimento do procedimento, o Ministro de Estado da Justiça decidirá:

I – declarando, mediante portaria, os limites da terra indígena e determinando a sua demarcação;

II – prescrevendo todas as diligências que julgue necessárias, as quais deverão ser cumpridas no prazo de noventa dias;

III – desaprovando a identificação e retornando os autos ao órgão federal de assistência ao índio, mediante decisão fundamentada, circunscrita ao não atendimento do disposto no § 1º do art. 231 da Constituição e demais disposições pertinentes.

Art. 3º Os trabalhos de identificação e delimitação de terras indígenas realizados anteriormente poderão ser considerados pelo órgão federal de assistência ao índio para efeito de demarcação, desde que compatíveis com os princípios estabelecidos neste Decreto.

Art. 4º Verificada a presença de ocupantes não índios na área sob demarcação, o órgão fundiário federal dará prioridade ao respectivo reassentamento, segundo o levantamento efetuado pelo grupo técnico, observada a legislação pertinente.

Art. 5º A demarcação das terras indígenas, obedecido o procedimento administrativo deste Decreto, será homologada mediante decreto.

Art. 6º Em até trinta dias após a publicação do decreto de homologação, o órgão federal de assistência ao índio promoverá o respectivo registro em cartório imobiliário da comarca correspondente e na Secretaria do Patrimônio da União do Ministério da Fazenda.

Art. 7º O órgão federal de assistência ao índio poderá, no exercício do poder de polícia previsto no inciso VII do art. 1º da Lei nº 5.371, de 5 de dezembro de 1967, disciplinar o ingresso e trânsito de terceiros em áreas em que se constate a presença de índios isolados, bem como tomar as providências necessárias à proteção aos índios.

Art. 8º O Ministro de Estado da Justiça expedirá as instruções necessárias à execução do disposto neste Decreto.

Art. 9º Nas demarcações em curso, cujo decreto homologatório não tenha sido objeto de registro em cartório imobiliário ou na Secretaria do Patrimônio da União do Ministério da Fazenda, os interessados poderão manifestar-se, nos termos do § 8º do art. 2º, no prazo de noventa dias, contados da data da publicação deste Decreto.

Parágrafo único. Caso a manifestação verse demarcação homologada, o Ministro de Estado da Justiça a examinará e proporá ao Presidente da República as providências cabíveis.

Art. 10. Este Decreto entra em vigor na data de sua publicação.

Art. 11. Revogam-se o Decreto nº 22, de 04 de fevereiro de 1991, e o Decreto nº 608, de 20 de julho de 1992.

Brasília, 8 de janeiro de 1996;
175º da Independência e 108º da República.
FERNANDO HENRIQUE CARDOSO (DOU 09.01.1996)

DECRETO Nº 1.922, DE 5 DE JUNHO DE 1996

Dispõe sobre o reconhecimento das Reservas Particulares do Patrimônio Natural, e dá outras providências.

O Presidente da República, no uso das atribuições que lhe confere o art. 84, inciso IV e art. 225 da Constituição, e tendo em vista o disposto no Código Florestal – Lei nº 4.771, de 15 de setembro de 1965, e na Lei nº 8.171, de 17 de janeiro de 1991, DECRETA:

Art. 1º Reserva Particular do Patrimônio Natural – RPPN é área de domínio privado a ser especialmente protegida, por iniciativa de seu proprietário, mediante reconhecimento do Poder Público, por ser considerada de relevante importância pela sua biodiversidade, ou pelo seu aspecto paisagístico, ou ainda por suas características ambientais que justifiquem ações de recuperação.

Art. 2º As RPPN's terão por objetivo a proteção dos recursos ambientais representativos da região.

Art. 3º As RPPN's poderão ser utilizadas para o desenvolvimento de atividades de cunho científico, cultural, educacional, recreativo e de lazer, observado o objetivo estabelecido no artigo anterior.

§ 1º As atividades previstas neste artigo deverão ser autorizadas ou licenciadas pelo órgão responsável pelo reconhecimento da RPPN e executadas de modo a não comprometer o equilíbrio ecológico ou colocar em perigo a sobrevivência das populações das espécies ali existentes, observada a capacidade de suporte da área, a ser prevista no plano de utilização de que trata o art. 8º inciso II, deste Decreto;

§ 2º Somente será permitido no interior das RPPN's a realização de obras e infraestrutura que sejam compatíveis e necessárias as atividades previstas no *caput* deste artigo.

Art. 4º A área será reconhecida como Reserva Particular do Patrimônio Natural por iniciativa de seu proprietário e mediante portaria do Instituto Brasileiro do Meio Ambiente e dos Recursos Naturais Renováveis – IBAMA, na esfera federal.

Art. 5º O proprietário interessado em ter reconhecido seu imóvel, integral ou parcialmente, como RPPN, deverá requerer junto à Superintendência do IBAMA na Unidade da Federação onde estiver situado o imóvel ou junto ao Órgão Estadual do Meio Ambiente – OEMA, acompanhado de cópias autenticadas dos seguintes documentos:

I – título de domínio, com matrícula no Cartório de Registro de Imóveis competente;

II – cédula de identidade do proprietário, quando se tratar de pessoa física;

III – ato de designação de representante quando se tratar de pessoa jurídica;

IV – quitação do Imposto sobre a Propriedade Territorial Rural – ITR;

V – plantas de situação, indicando os limites, os confrontantes, a área a ser reconhecida e a localização da propriedade no município ou região.

Parágrafo único. Serão prioritariamente apreciados pelo órgão responsável pelo reconhecimento os requerimentos referentes aos imóveis contíguos às unidades de conservação ou a áreas cujas características devam ser preservadas no interesse do patrimônio natural do país.

Art. 6º O órgão responsável pelo reconhecimento da RPPN, no prazo de sessenta dias, contados da data de protocolização do requerimento, deverá:

I – emitir laudo de vistoria do imóvel, com descrição da área, compreendendo a tipologia vegetal, a hidrologia, os atributos naturais que se destacam, o estado de conservação da área proposta, indicando as eventuais pressões potencialmente degradadoras do ambiente, relacionando as principais atividades desenvolvidas na propriedade;

II – emitir parecer, incluindo a análise da documentação apresentada e, se favorável, solicitar ao proprietário providências no sentido de firmar, em duas vias, o termo de compromisso, de acordo com o modelo anexo a este Decreto;

III – homologar o pedido por meio da autoridade competente;

IV – publicar no Diário Oficial ato de reconhecimento da área como RPPN.

§ 1º Após a publicação do ato de reconhecimento, o proprietário deverá, no prazo de sessenta dias, promover a averbação do termo de compromisso, a que se refere o inciso II do art. 6º deste Decreto, no Cartório de Registro de Imóveis competente, gravando a área do imóvel reconhecida como Reserva, em caráter perpétuo, nos termos do que dispõe o art. 6º da Lei 4.771/65, a fim de ser emitido o título de reconhecimento definitivo.

§ 2º O descumprimento, pelo proprietário, da obrigação referida no parágrafo anterior importará na revogação da portaria de reconhecimento.

Art. 7º Será concedida, à RPPN, pelas autoridades públicas competentes, proteção assegurada pela legislação em vigor às unidades de conservação de uso indireto, sem prejuízo do direito de propriedade, que deverá ser exercido por seu titular, na defesa da Reserva, sob orientação e com apoio do órgão competente.

Parágrafo único. No exercício das atividades de fiscalização, monitoramento e orientação às RPPN's, o órgão responsável pelo reconhecimento deverá ser apoiado pelos órgãos públicos que atuam na região, podendo também obter a colaboração de entidades privadas, mediante convênios, com a anuência do proprietário do imóvel.

Art. 8º Caberá ao proprietário do imóvel:

I – assegurar a manutenção dos atributos ambientais da RPPN e promover sua divulgação na região, mediante, inclusive, a colocação de placas nas vias de acesso e nos limites da área, advertindo terceiros quanto à proibição de desmatamentos, queimadas, caça, pesca, apanha, captura de animais e quaisquer outros atos que afetem ou possam afetar o meio ambiente;

II – submeter à aprovação do órgão responsável pelo reconhecimento o zoneamento e o plano de utilização da Reserva, em consonância com o previsto nos §§ 1º e 2º do art. 3º, deste Decreto;

III – encaminhar, anualmente e sempre que solicitado, ao órgão responsável pelo reconhecimento, relatório de situação da Reserva e das atividades desenvolvidas.

Parágrafo único. Para o cumprimento do disposto neste artigo o proprietário poderá solicitar a cooperação de entidades ambientalistas devidamente credenciadas pelo Cadastro Nacional de Entidades

Ambientalistas – CNEA, do Conselho Nacional do Meio Ambiente – CONAMA.

Art. 9º O órgão responsável pelo reconhecimento, sempre que julgar necessário, poderá realizar vistoria na Reserva ou credenciar universidades ou entidades ambientalistas com a finalidade de verificar se a área está sendo manejada de acordo com os objetivos estabelecidos no plano de utilização.

Art. 10. Os danos ou irregularidades praticadas à RPPN serão objetos de notificação a ser efetuada pelo órgão responsável pelo reconhecimento, ao proprietário, que deverá manifestar-se no prazo a ser estabelecido.

Parágrafo único. Caso seja constatada a prática de infração ao disposto neste Decreto, o infrator estará sujeito às sanções administrativas previstas na legislação vigente, sem prejuízo da responsabilidade civil e penal.

Art. 11. O proprietário poderá requerer ao Instituto Nacional de Colonização e Reforma Agrária – INCRA, a isenção do Imposto sobre a Propriedade Territorial Rural – ITR, para a área reconhecida como Reserva Particular do Patrimônio Natural, conforme prevê o parágrafo único do art. 104, da Lei nº 8.171/91.

Art. 12. Os projetos necessários à implantação e gestão das RPPN's reconhecidas ou certificadas pelo IBAMA deverão ter prioridade na análise da concessão de recursos ao Fundo Nacional do Meio Ambiente – FNMA.

Art. 13. A propriedade que contiver RPPN no seu perímetro terá preferência na análise do pedido de concessão de crédito agrícola, pelas instituições oficiais de crédito.

Art. 14. Os incentivos de que tratam os arts. 11, 12 e 13 deste Decreto somente poderão ser utilizados para as RPPN's reconhecidas pelo Poder Público Estadual ou Municipal, mediante certificação do IBAMA, que comprovará o cumprimento dos dispositivos deste Decreto.

Art. 15. Caberá ao IBAMA fiscalizar o cumprimento das determinações constantes deste Decreto, e ainda solicitar o cancelamento dos incentivos concedidos, caso haja inobservância das mesmas.

Art. 16. O IBAMA expedirá os atos normativos complementares ao cumprimento deste Decreto.

Art. 17. Este Decreto entra em vigor na data de sua publicação.

Art. 18. Fica revogado o Decreto nº 98.914, de 31 de janeiro de 1990.

Brasília, 5 de junho de 1996;
175º da Independência e 108º da República.
FERNANDO HENRIQUE CARDOSO
(DOU. de 7.6.1996)

DECRETO Nº 4.382, DE 19 DE SETEMBRO DE 2002

Regulamenta a tributação, fiscalização, arrecadação e administração do Imposto sobre a Propriedade Territorial Rural – ITR.

- *Art. 289, Lei n. 6.015/1973 (Registros Públicos)*
- *Art. 30, XI, da Lei 8.935/1994 (Notários e Registradores)*

O PRESIDENTE DA REPÚBLICA, no uso da atribuição que lhe confere o art. 84, inciso IV, da Constituição,

DECRETA:

Art. 1º O Imposto sobre a Propriedade Territorial Rural – ITR será cobrado e fiscalizado em conformidade com o disposto neste Decreto.

LIVRO I – DA TRIBUTAÇÃO

TÍTULO I – DA INCIDÊNCIA

Art. 2º O Imposto sobre a Propriedade Territorial Rural, de apuração anual, tem como fato gerador a propriedade, o domínio útil ou a posse de imóvel por natureza, localizado fora da zona urbana do município, em 1º de janeiro de cada ano (Lei nº 9.393, de 19 de dezembro de 1996, art. 1º).

§ 1º O ITR incide sobre a propriedade rural declarada de utilidade ou necessidade pública, ou interesse social, inclusive para fins de reforma agrária:

I – até a data da perda da posse pela imissão prévia do Poder Público na posse;

II – até a data da perda do direito de propriedade pela transferência ou pela incorporação do imóvel ao patrimônio do Poder Público.

§ 2º A desapropriação promovida por pessoa jurídica de direito privado delegatária ou concessionária de serviço público não exclui a incidência do ITR sobre o imóvel rural expropriado.

TÍTULO II – DA IMUNIDADE

Art. 3º São imunes do ITR:

I – a pequena gleba rural, desde que o seu proprietário a explore só ou com sua família, e não possua outro imóvel (Constituição Federal – CF, art. 153, § 4º; Lei nº 9.393, de 1996, arts. 2º e 4º);

II – os imóveis rurais da União, dos Estados, do Distrito Federal e dos Municípios (CF, art. 150, inciso VI, alínea "a");

III – os imóveis rurais de autarquias e fundações instituídas e mantidas pelo Poder Público, desde que vinculados às suas finalidades essenciais ou às delas decorrentes (CF, art. 150, inciso VI, alínea "a" e *§ 2º*);

IV – os imóveis rurais de instituições de educação e de assistência social, sem fins lucrativos, relacionados às suas finalidades essenciais (CF, art. 150, inciso VI, alínea "c" e *§ 4º*).

§ 1º Pequena gleba rural é o imóvel com área igual ou inferior a (Lei nº 9.393, de 1996, art. 2º, parágrafo único):

I – cem hectares, se localizado em município compreendido na Amazônia Ocidental ou no Pantanal mato-grossense e sul-mato-grossense;

II – cinquenta hectares, se localizado em município compreendido no Polígono das Secas ou na Amazônia Oriental;

III – trinta hectares, se localizado em qualquer outro município.

§ 2º Para o gozo da imunidade, as instituições de educação ou de assistência social devem prestar os serviços para os quais houverem sido instituídas e os colocar à disposição da população em geral, em caráter complementar às atividades do Estado, sem fins lucrativos, e atender aos seguintes requisitos (Lei nº 5.172, de 25 de outubro de 1966 – Código Tributário Nacional, art. 14, com a redação dada pela Lei Complementar nº 104, de 10 de janeiro de 2001, art. 1º; Lei nº 9.532, de 10 de dezembro de 1997, art. 12):

I – não distribuir qualquer parcela de seu patrimônio ou de suas rendas, a qualquer título;

II – aplicar integralmente, no País, seus recursos na manutenção e desenvolvimento dos seus objetivos institucionais;

III – não remunerar, por qualquer forma, seus dirigentes pelos serviços prestados;

IV – manter escrituração completa de suas receitas e despesas em livros revestidos das formalidades que assegurem a respectiva exatidão;

V – conservar em boa ordem, pelo prazo de cinco anos, contado da data da emissão, os documentos que comprovem a origem de suas receitas e a efetivação de suas despesas, bem assim a realização de quaisquer outros atos ou operações que venham a modificar sua situação patrimonial;

VI – apresentar, anualmente, declaração de rendimentos, em conformidade com o disposto em ato da Secretaria da Receita Federal;

VII – assegurar a destinação de seu patrimônio a outra instituição que atenda às condições para o gozo da imunidade, no caso de incorporação, fusão, cisão ou de encerramento de suas atividades, ou a órgão público;

VIII – outros requisitos, estabelecidos em lei específica, relacionados com o funcionamento das entidades a que se refere este parágrafo.

TÍTULO III – DA ISENÇÃO

Art. 4º São isentos do imposto (Lei nº 9.393, de 1996, art. 3º):

I – o imóvel rural compreendido em programa oficial de reforma agrária, caracterizado pelas autoridades competentes como assentamento, que, cumulativamente, atenda aos seguintes requisitos (Lei nº 9.393, de 1996, art. 3º, inciso I):

a) seja explorado por associação ou cooperativa de produção;

b) a fração ideal por família assentada não ultrapasse os limites da pequena gleba rural, fixados no § 1º do art. 3º;

c) o assentado não possua outro imóvel;

II – o conjunto de imóveis rurais de um mesmo proprietário, cuja área total em cada região observe o respectivo limite da pequena gleba rural, fixado no § 1º do art. 3º, desde que, cumulativamente, o proprietário (Lei nº 9.393, de 1996, art. 3º, inciso II):

a) o explore só ou com sua família, admitida ajuda eventual de terceiros;

b) não possua imóvel urbano.

§ 1º Entende-se por ajuda eventual de terceiros o trabalho, remunerado ou não, de natureza eventual ou temporária, realizado nas épocas de maiores serviços.

§ 2º Para fins do disposto no inciso II do *caput* deste artigo, deve ser considerado o somatório das áreas dos imóveis rurais por região em que se localizem, o qual não poderá suplantar o limite da pequena gleba rural da respectiva região.

TÍTULO IV – DO SUJEITO PASSIVO DA OBRIGAÇÃO TRIBUTÁRIA

CAPÍTULO I – DO CONTRIBUINTE

Art. 5º Contribuinte do ITR é o proprietário de imóvel rural, o titular de seu domínio útil ou o seu possuidor a qualquer título (Lei nº 5.172, de 1966, art. 31; Lei nº 9.393, de 1996, art. 4º).

CAPÍTULO II – DO RESPONSÁVEL

Art. 6º É responsável pelo crédito tributário o sucessor, a qualquer título, nos termos dos arts. 128 a 133 da Lei nº 5.172, de 1966 – Código Tributário Nacional (Lei nº 9.393, de 1996, art. 5º).

TÍTULO V – DO DOMICÍLIO TRIBUTÁRIO

Art. 7º Para efeito da legislação do ITR, o domicílio tributário do contribuinte ou responsável é o município de localização do imóvel rural, vedada a eleição de qualquer outro (Lei nº 9.393, de 1996, art. 4º, parágrafo único).

§ 1º O imóvel rural cuja área estenda-se a mais de um município deve ser enquadrado no município em que se localize sua sede ou, se esta não existir, no município onde se encontre a maior parte da área do imóvel (Lei nº 9.393, de 1996, art. 1º, § 3º).

§ 2º Sem prejuízo do disposto no *caput* deste artigo e no inciso II do art. 53, o sujeito passivo pode informar à Secretaria da Receita Federal endereço, localizado ou não em seu domicílio tributário, que constará no Cadastro de Imóveis Rurais – CAFIR e valerá, até ulterior alteração, somente para fins de intimação (Lei nº 9.393, de 1996, art. 6º, § 3º).

TÍTULO VI – DA APURAÇÃO DO IMPOSTO

CAPÍTULO I – DISPOSIÇÃO PRELIMINAR

Art. 8º A apuração e o pagamento do ITR devem ser efetuados pelo contribuinte ou responsável, independentemente de prévio procedimento da administração tributária, nos prazos e condições estabelecidos pela Secretaria da Receita Federal, sujeitando-se a homologação posterior (Lei nº 9.393, de 1996, art. 10).

CAPÍTULO II – DA DETERMINAÇÃO DA BASE DE CÁLCULO

SEÇÃO I – DO IMÓVEL RURAL

Art. 9º Para efeito de determinação da base de cálculo do ITR, considera-se imóvel rural a área contínua, formada de uma ou mais parcelas de terras, localizada na zona rural do município, ainda que, em relação a alguma parte do imóvel, o sujeito passivo detenha apenas a posse (Lei nº 9.393, de 1996, art. 1º, § 2º).

Parágrafo único. Considera-se área contínua a área total do prédio rústico, mesmo que fisicamente dividida por ruas, estradas, rodovias, ferrovias, ou por canais ou cursos de água.

SEÇÃO II – DA ÁREA TRIBUTÁVEL

Art. 10. Área tributável é a área total do imóvel, excluídas as áreas (Lei nº 9.393, de 1996, art. 10, § 1º, inciso II):

I – de preservação permanente (Lei nº 4.771, de 15 de setembro de 1965 – Código Florestal, arts. 2º e 3º, com a redação dada pela Lei nº 7.803, de 18 de julho de 1989, art. 1º);

II – de reserva legal (Lei nº 4.771, de 1965, art. 16, com a redação dada pela Medida Provisória nº 2.166-67, de 24 de agosto de 2001, art. 1º);

III – de reserva particular do patrimônio natural (Lei nº 9.985, de 18 de julho de 2000, art. 21; Decreto nº 1.922, de 5 de junho de 1996);

IV – de servidão florestal (Lei nº 4.771, de 1965, art. 44-A, acrescentado pela Medida Provisória nº 2.166-67, de 2001);

V – de interesse ecológico para a proteção dos ecossistemas, assim declaradas mediante ato do órgão competente, federal ou estadual, e que ampliem as restrições de uso previstas nos incisos I e II do *caput* deste artigo (Lei nº 9.393, de 1996, art. 10, § 1º, inciso II, alínea "b");

VI – comprovadamente imprestáveis para a atividade rural, declaradas de interesse ecológico mediante ato do órgão competente, federal ou estadual (Lei nº 9.393, de 1996, art. 10, § 1º, inciso II, alínea "c").

§ 1º A área do imóvel rural que se enquadrar, ainda que parcialmente, em mais de uma das hipóteses previstas no *caput* deverá ser excluída uma única vez da área total do imóvel, para fins de apuração da área tributável.

§ 2º A área total do imóvel deve se referir à situação existente na data da efetiva entrega da Declaração do Imposto sobre a Propriedade Territorial Rural – DITR.

§ 3º Para fins de exclusão da área tributável, as áreas do imóvel rural a que se refere o *caput* deverão:

I – ser obrigatoriamente informadas em Ato Declaratório Ambiental – ADA, protocolado pelo sujeito passivo no Instituto Brasileiro do Meio Ambiente e dos Recursos Naturais Renováveis – IBAMA, nos prazos e condições fixados em ato normativo (Lei nº 6.938, de 31 de agosto de 1981, art. 17-O, § 5º, com a redação dada pelo art. 1º da Lei nº 10.165, de 27 de dezembro de 2000); e

II – estar enquadradas nas hipóteses previstas nos incisos I a VI em 1º de janeiro do ano de ocorrência do fato gerador do ITR.

§ 4º O IBAMA realizará vistoria por amostragem nos imóveis rurais que tenham utilizado o ADA para os efeitos previstos no § 3º e, caso os dados constantes no Ato não coincidam com os efetivamente levantados por seus técnicos, estes lavrarão, de ofício, novo ADA, contendo os dados reais, o qual será encaminhado à Secretaria da Receita Federal, que apurará o ITR efetivamente devido e efetuará, de ofício, o lançamento da diferença de imposto com os acréscimos legais cabíveis (Lei nº 6.938, de 1981, art. 17-O, § 5º, com a redação dada pelo art. 1º da Lei nº 10.165, de 2000).

SEÇÃO III – DA ÁREA NÃO-TRIBUTÁVEL

SUBSEÇÃO I – DAS ÁREAS DE PRESERVAÇÃO PERMANENTE

Art. 11. Consideram-se de preservação permanente (Lei nº 4.771, de 1965, arts. 2º e 3º, com a redação dada pelas Leis nº 7.511, de 7 de setembro de 1986, art. 1º e 7.803 de 18 de setembro de 1989, art. 1º):

I – as florestas e demais formas de vegetação natural situadas:

a) ao longo dos rios ou de qualquer curso d'água desde o seu nível mais alto em faixa marginal cuja largura mínima será:

1. de trinta metros para os cursos d'água de menos de dez metros de largura;

2. de cinquenta metros para os cursos d'água que tenham de dez a cinquenta metros de largura;

3. de cem metros para os cursos d'água que tenham de cinquenta a duzentos metros de largura;

4. de duzentos metros para os cursos d'água que tenham de duzentos a seiscentos metros de largura;

5. de quinhentos metros para os cursos d'água que tenham largura superior a seiscentos metros;

b) ao redor das lagoas, lagos ou reservatórios d'água naturais ou artificiais;

c) nas nascentes, ainda que intermitentes e nos chamados "olhos d'água", qualquer que seja a sua situação topográfica, num raio mínimo de cinquenta metros de largura;

d) no topo de morros, montes, montanhas e serras;

e) nas encostas ou partes destas, com declividade superior a quarenta e cinco graus, equivalente a cem por cento na linha de maior declive;

f) nas restingas, como fixadoras de dunas ou estabilizadoras de mangues;

g) nas bordas dos tabuleiros ou chapadas, a partir da linha de ruptura do relevo, em faixa nunca inferior a cem metros em projeções horizontais;

h) em altitude superior a mil e oitocentos metros, qualquer que seja a vegetação;

II – as florestas e demais formas de vegetação natural, declaradas de preservação permanente por ato do Poder Público, quando destinadas:

a) a atenuar a erosão das terras;

b) a fixar as dunas;

c) a formar faixas de proteção ao longo de rodovias e ferrovias;

d) a auxiliar a defesa do território nacional a critério das autoridades militares;

e) a proteger sítios de excepcional beleza ou de valor científico ou histórico;

f) a asilar exemplares da fauna ou flora ameaçados de extinção;

g) a manter o ambiente necessário à vida das populações silvícolas;

h) a assegurar condições de bem-estar público.

§ 1º A supressão total ou parcial de florestas de preservação permanente só será admitida com prévia autorização do Poder Executivo Federal, quando for necessária à execução de obras, planos, atividades ou projetos de utilidade pública ou interesse social.

§ 2º As florestas que integram o Patrimônio Indígena ficam sujeitas ao regime de preservação permanente, nos termos da alínea "g" do inciso II do *caput* deste artigo.

SUBSEÇÃO II – DAS ÁREAS DE RESERVA LEGAL

Art. 12. São áreas de reserva legal aquelas averbadas à margem da inscrição de matrícula do imóvel, no registro de imóveis competente, nas quais é vedada a supressão da cobertura vegetal, admitindo-se apenas sua utilização sob regime de manejo florestal sustentável *(Lei nº 4.771, de 1965, art. 16, com a redação dada pela Medida Provisória nº 2.166-67, de 2001)*.

§ 1º Para efeito da legislação do ITR, as áreas a que se refere o *caput* deste artigo devem estar averbadas na data de ocorrência do respectivo fato gerador.

§ 2º Na posse, a reserva legal é assegurada por Termo de Ajustamento de Conduta, firmado pelo possuidor com o órgão ambiental estadual ou federal competente, com força de título executivo e contendo, no mínimo, a localização da reserva legal, as suas características ecológicas básicas e a proibição de supressão de sua vegetação *(Lei nº 4.771, de 1965, art. 16, § 10, acrescentado pela Medida Provisória nº 2.166-67, de 2001, art. 1º)*.

SUBSEÇÃO III – DAS ÁREAS DE RESERVA PARTICULAR DO PATRIMÔNIO NATURAL

Art. 13. Consideram-se de reserva particular do patrimônio natural as áreas privadas gravadas com perpetuidade, averbadas à margem da inscrição de matrícula do imóvel, no registro de imóveis competente, destinadas à conservação da diversidade biológica, nas quais somente poderão ser permitidas a pesquisa científica e a visitação com objetivos turísticos, recreativos e educacionais, reconhecidas pelo IBAMA (Lei nº 9.985, de 18 de julho de 2000, art. 21).

Parágrafo único. Para efeito da legislação do ITR, as áreas a que se refere o *caput* deste artigo devem estar averbadas na data de ocorrência do respectivo fato gerador.

SUBSEÇÃO IV – DAS ÁREAS DE SERVIDÃO FLORESTAL

Art. 14. São áreas de servidão florestal aquelas averbadas à margem da inscrição de matrícula do imóvel, no registro de imóveis competente, nas quais o proprietário voluntariamente renuncia, em caráter permanente ou temporário, a direitos de supressão ou exploração da vegetação nativa, localizadas fora das áreas de reserva legal e de preservação permanente (Lei nº 4.771, de 1965, art. 44-A, acrescentado pela Medida Provisória nº 2.166-67, de 2001, art. 2º).

Parágrafo único. Para efeito da legislação do ITR, as áreas a que se refere o *caput* deste artigo devem estar averbadas na data de ocorrência do respectivo fato gerador.

SUBSEÇÃO V – DAS ÁREAS DE INTERESSE ECOLÓGICO

Art. 15. São áreas de interesse ecológico aquelas assim declaradas mediante ato do órgão competente, federal ou estadual, que (Lei nº 9.393, de 1996, art. 10, § 1º, inciso II, alíneas "b" e "c"):

I – se destinem à proteção dos ecossistemas e ampliem as restrições de uso previstas nos incisos I e II do *caput* do art. 10; ou

II – sejam comprovadamente imprestáveis para a atividade rural.

SEÇÃO IV – DA ÁREA APROVEITÁVEL

Art. 16. Área aproveitável, passível de exploração agrícola, pecuária, granjeira, aquícola ou florestal, é a área total do imóvel, excluídas (Lei nº 9.393, de 1996, art. 10, § 1º, inciso IV):

I – as áreas não tributáveis a que se referem os incisos I a VI do art. 10;

II – as áreas ocupadas com benfeitorias úteis e necessárias.

Benfeitorias Úteis e Necessárias

Art. 17. Para fins do disposto no inciso II do art. 16, consideram-se ocupadas por benfeitorias úteis e necessárias (Lei nº 3.071, de 1º de janeiro de 1916 – Código Civil, art. 63):

I – as áreas com casas de moradia, galpões para armazenamento da produção, banheiros para gado, valas, silos, currais, açudes e estradas internas e de acesso;

II – as áreas com edificações e instalações destinadas a atividades educacionais, recreativas e de assistência à saúde dos trabalhadores rurais;

III – as áreas com instalações de beneficiamento ou transformação da produção agropecuária e de seu armazenamento;

IV – outras instalações que se destinem a aumentar ou facilitar o uso do imóvel rural, bem assim a conservá-lo ou evitar que ele se deteriore.

SEÇÃO V – DA ÁREA UTILIZADA

SUBSEÇÃO I – DAS DISPOSIÇÕES GERAIS

Art. 18. Área efetivamente utilizada pela atividade rural é a porção da área aproveitável do imóvel rural que, no ano anterior ao de ocorrência do fato gerador do ITR, tenha (Lei nº 9.393, de 1996, art. 10, § 1º, inciso V, e *§ 6º*):

I – sido plantada com produtos vegetais;

II – servido de pastagem, nativa ou plantada, observados, quando aplicáveis, os índices de lotação por zona de pecuária a que se refere o art. 24;

III – sido objeto de exploração extrativa, observados, quando aplicáveis, os índices de rendimento por produto a que se refere o art. 27 e a legislação ambiental;

IV – servido para a exploração de atividade granjeira ou aquícola;

V – sido objeto de implantação de projeto técnico, nos termos do art. 7º da Lei nº 8.629, de 25 de fevereiro de 1993.

§ 1º Consideram-se utilizadas para a exploração de atividade granjeira ou aquícola as áreas ocupadas com benfeitorias, construções e instalações para a criação, dentre outros, de suínos, coelhos, bichos-da-seda, abelhas, aves, peixes, crustáceos, répteis e anfíbios.

§ 2º Considera-se como efetivamente utilizada a área do imóvel rural que, no ano anterior, esteja:

I – comprovadamente situado em área de ocorrência de calamidade pública decretada pelo Poder Público, de que resulte frustração de safras ou destruição de pastagens;

II – oficialmente destinado à execução de atividades de pesquisa e experimentação que objetivem o avanço tecnológico da agricultura.

Art. 19. Para fins de enquadramento nas hipóteses previstas no art. 18, o contribuinte poderá valer-se dos dados sobre a área utilizada e respectiva produção, fornecidos pelo arrendatário ou parceiro, quando o imóvel, ou parte dele, estiver sendo explorado em regime de arrendamento ou parceria (Lei nº 9.393, de 1996, art. 10, § 4º).

Art. 20. Caso haja anexação de área entre 1º de janeiro e a data da efetiva entrega da DITR, o adquirente deve informar na sua declaração os dados relativos à utilização da área incorporada no ano anterior ao de ocorrência do fato gerador.

Art. 21. No caso de consórcio ou intercalação de culturas, considera-se efetivamente utilizada a área total do consórcio ou intercalação (Lei nº 8.629, de 25 de fevereiro de 1993, art. 6º, § 4º).

Art. 22. No caso de mais de um cultivo no ano, com um ou mais produtos, na mesma área, considera-se efetivamente utilizada a maior área cultivada no ano considerado (Lei nº 8.629, de 1993, art. 6º, § 5º).

SUBSEÇÃO II – DA ÁREA PLANTADA COM PRODUTOS VEGETAIS

Art. 23. Área plantada com produtos vegetais é a porção do imóvel explorada com culturas temporárias ou permanentes, inclusive com reflorestamentos de essências exóticas ou nativas, destinadas a consumo próprio ou comércio, considerando-se:

I – essências exóticas as espécies florestais originárias de região fitogeográfica diversa daquela em que se localiza o imóvel rural;

II – essências nativas as espécies florestais originárias da região fitogeográfica em que se localiza o imóvel rural.

Parágrafo único. Considera-se área plantada com produtos vegetais a área efetivamente utilizada com a produção de forrageira de corte destinada a alimentação de animais de outro imóvel rural.

SUBSEÇÃO III – DA ÁREA SERVIDA DE PASTAGEM

Art. 24. Para fins do disposto no inciso II do art. 18, área servida de pastagem é aquela ocupada por pastos naturais, melhorados ou plantados e por forrageiras de corte que tenha, efetivamente, sido utilizada para alimentação de animais de grande e médio porte, observados os índices de lotação por zona de pecuária, estabelecidos em ato da Secretaria da Receita Federal, ouvido o Conselho Nacional de Política Agrícola (Lei nº 9.393, de 1996, art. 10, § 1º, inciso V, alínea "b", e *§ 3º*).

Parágrafo único. Estão dispensados da aplicação dos índices de lotação por zona de pecuária os imóveis rurais com área inferior a (Lei nº 9.393, de 1996, art. 10, § 3º):

I – mil hectares, se localizados em municípios compreendidos na Amazônia Ocidental ou no Pantanal mato-grossense e sul-mato-grossense;

II – quinhentos hectares, se localizados em municípios compreendidos no Polígono das Secas ou na Amazônia Oriental;

III – duzentos hectares, se localizados em qualquer outro município.

Art. 25. Para fins de cálculo do grau de utilização do imóvel rural, considera-se área servida de pastagem a menor entre a declarada pelo contribuinte e a obtida pelo quociente entre a quantidade de cabeças do rebanho ajustada e o índice de lotação por zona de pecuária.

Parágrafo único. Consideram-se, dentre outros, animais de médio porte os ovinos e caprinos e animais de grande porte os bovinos, bufalinos, equinos, asininos e muares, independentemente de idade ou sexo.

Art. 26. Caso o imóvel rural esteja dispensado da aplicação de índices de lotação por zona de pecuária a que se refere o *caput* do art. 24, considera-se área servida de pastagem a área efetivamente utilizada pelo contribuinte para tais fins.

SUBSEÇÃO IV – DA ÁREA OBJETO DE EXPLORAÇÃO EXTRATIVA

Art. 27. Área objeto de exploração extrativa é aquela servida para a atividade de extração e coleta de produtos vegetais nativos, não plantados, inclusive a exploração madeireira de florestas nativas, observados a legislação ambiental e os índices de rendimento por produto estabelecidos em ato da Secretaria da Receita Federal, ouvido o Conselho Nacional de Política Agrícola (Lei nº 9.393, de 1996, art. 10, § 1º, inciso V, alínea "c", e *§ 3º*).

Parágrafo único. Estão dispensados da aplicação dos índices de rendimento por produto os imóveis rurais com área inferior a (Lei nº 9.393, de 1996, art. 10, § 3º):

I – mil hectares, se localizados em municípios compreendidos na Amazônia Ocidental ou no Pantanal mato-grossense e sul-mato-grossense;

II – quinhentos hectares, se localizados em municípios compreendidos no Polígono das Secas ou na Amazônia Oriental;

III – duzentos hectares, se localizados em qualquer outro município.

Art. 28. Para fins de cálculo do grau de utilização do imóvel rural, considera-se área objeto de exploração extrativa a menor entre o somatório das áreas declaradas com cada produto da atividade extrativa e o somatório dos quocientes entre a quantidade extraída de cada produto declarado e o respectivo índice de rendimento mínimo por hectare.

§ 1º Na ausência de índice de rendimento para determinado produto vegetal ou florestal extrativo, considera-se área objeto de exploração extrativa, para fins de cálculo do grau de utilização, a área efetivamente utilizada pelo contribuinte nesta atividade (Lei nº 8.629, de 1993, art. 6º, § 6º).

§ 2º Estão dispensadas da aplicação dos índices de rendimento mínimo para produtos vegetais e florestais as áreas do imóvel exploradas com produtos vegetais extrativos, mediante plano de manejo sustentado, desde que aprovado pelo IBAMA até 31 de dezembro do ano anterior ao de ocorrência do fato gerador do ITR, e cujo cronograma esteja sendo cumprido pelo contribuinte (Lei nº 9.393, de 1996, art. 10, § 5º).

SEÇÃO VI – DA ÁREA NÃO UTILIZADA

Art. 29. A área não utilizada pela atividade rural é composta pelas parcelas da área aproveitável do imóvel que, no ano anterior ao de ocorrência do fato gerador do ITR, não tenham sido objeto de qualquer exploração ou tenham sido utilizadas para fins diversos da atividade rural, tais como:

I – áreas ocupadas por benfeitorias não abrangidas pelo disposto no art. 17;

II – a área correspondente à diferença entre as áreas declaradas como servidas de pastagem e as áreas servidas de pastagem utilizadas para o cálculo do grau de utilização do imóvel rural, observado o disposto nos arts. 24 a 26;

III – a área correspondente à diferença entre as áreas declaradas de exploração extrativa e as áreas de exploração extrativa utilizadas para o cálculo do grau de utilização do imóvel rural, observado o disposto nos arts. 27 e 28.

Parágrafo único. As áreas não utilizadas pela atividade rural, anexadas após 1º de janeiro até a data da efetiva entrega da DITR, devem ser declaradas conforme sua situação no ano anterior ao de ocorrência do fato gerador.

Cálculo da Área Não Utilizada pela Atividade Rural

Art. 30. A área não utilizada pela atividade rural é obtida pela soma das áreas mencionadas no art. 29.

SEÇÃO VII – DO CÁLCULO DO IMPOSTO

SUBSEÇÃO I – DO GRAU DE UTILIZAÇÃO

Art. 31. Grau de utilização é a relação percentual entre a área efetivamente utilizada pela atividade rural e a área aproveitável do imóvel, constituindo critério, juntamente com a área total do imóvel rural, para a determinação das alíquotas do ITR, conforme descrito no art. 34 (Lei nº 9.393, de 1996, art. 10, § 1º, inciso VI).

SUBSEÇÃO II – DA BASE DE CÁLCULO

Valor da Terra Nua

Art. 32. O Valor da Terra Nua – VTN é o valor de mercado do imóvel, excluídos os valores de mercado relativos a (Lei nº 9.393, de 1996, art. 8º, § 2º, art. 10, § 1º, inciso I):

I – construções, instalações e benfeitorias;

II – culturas permanentes e temporárias;

III – pastagens cultivadas e melhoradas;

IV – florestas plantadas.

§ 1º O VTN refletirá o preço de mercado de terras, apurado em 1º de janeiro do ano de ocorrência do fato gerador, e será considerado auto-avaliação da terra nua a preço de mercado (Lei nº 9.393, de 1996, art. 8º, § 2º).

§ 2º Incluem-se no conceito de construções, instalações e benfeitorias, os prédios, depósitos, galpões, casas de trabalhadores, estábulos, currais, mangueiras, aviários, pocilgas e outras instalações para abrigo ou tratamento de animais, terreiros e similares para secagem de produtos agrícolas, eletricidade rural, colocação de água subterrânea, abastecimento ou distribuição de águas, barragens, represas, tanques, cercas e, ainda, as benfeitorias não relacionadas com a atividade rural.

Valor da Terra Nua Tributável

Art. 33. O Valor da Terra Nua Tributável – VTNT é obtido mediante a multiplicação do VTN pelo quociente entre a área tributável, definida no art. 10, e a área total do imóvel (Lei nº 9.393, de 1996, art. 10, § 1º, inciso III).

SUBSEÇÃO III – DAS ALÍQUOTAS

Art. 34. A alíquota utilizada para cálculo do ITR é estabelecida para cada imóvel rural, com base em sua área total e no respectivo grau de utilização, conforme a tabela seguinte (Lei nº 9.393, de 1996, art. 11 e Anexo):

ÁREA TOTAL DO IMÓVEL (em hectares)	GRAU DE UTILIZAÇÃO (em %)				
	Maior que 80	Maior que 65 até 80	Maior que 50 até 65	Maior que 30 até 50	Até 30
Até 50	0,03	0,20	0,40	0,70	1,00
Maior que 50 até 200	0,07	0,40	0,80	1,40	2,00
Maior que 200 até 500	0,10	0,60	1,30	2,30	3,30
Maior que 500 até 1.000	0,15	0,85	1,90	3,30	4,70
Maior que 1.000 até 5.000	0,30	1,60	3,40	6,00	8,60
Acima de 5.000	0,45	3,00	6,40	12,00	20,00

SUBSEÇÃO IV – DO CÁLCULO DO VALOR DO IMPOSTO

Art. 35. O valor do imposto a ser pago é obtido mediante a multiplicação do VTNT pela alíquota correspondente, obtida nos termos do art. 34, considerados a área total e o grau de utilização do imóvel rural (Lei nº 9.393, de 1996, art. 11).

§ 1º Na hipótese de inexistir área aproveitável após as exclusões previstas nos incisos I e II do art. 16, serão aplicadas as alíquotas correspondentes aos imóveis rurais com grau de utilização superior a oitenta por cento, observada a área total do imóvel (Lei nº 9.393, de 1996, art. 11, § 1º).

§ 2º Em nenhuma hipótese o valor do imposto devido será inferior a R$ 10,00 (dez reais) (Lei nº 9.393, de 1996, art. 11, § 2º).

LIVRO II – DA ADMINISTRAÇÃO DO IMPOSTO

TÍTULO I – DO LANÇAMENTO

CAPÍTULO I – DA DECLARAÇÃO

SEÇÃO I – DA COMPOSIÇÃO

Art. 36. A DITR correspondente a cada imóvel rural, é composta pelos seguintes documentos:

I – Documento de Informação e Atualização Cadastral do ITR – DIAC, destinado à coleta de informações cadastrais do imóvel rural e de seu titular (Lei nº 9.393, de 1996, art. 6º);

II – Documento de Informação e Apuração do ITR – DIAT, destinado à apuração do imposto (Lei nº 9.393, de 1996, art. 8º).

SEÇÃO II – DOS MEIOS DE APRESENTAÇÃO

Art. 37. A DITR obedecerá ao modelo aprovado pela Secretaria da Receita Federal e, nos termos do art. 44, poderá ser apresentada

I – em meio eletrônico, observado o disposto no art. 11 da Medida Provisória nº 2.200-2, de 24 de agosto de 2001;

II – em formulário.

Parágrafo único. A declaração em formulário deverá ser apresentada em duas vias e será assinada pelo sujeito passivo ou seu representante legal, declarando este que o faz em nome daquele.

SEÇÃO III – DA OBRIGATORIEDADE DE ENTREGA

SUBSEÇÃO I – DAS DISPOSIÇÕES GERAIS

Espólio

Art. 38. O imóvel rural que, na data da efetiva entrega da DITR, pertencer a espólio deve ser declarado em nome deste pelo inventariante ou, se este ainda não houver sido nomeado, pelo cônjuge meeiro, companheiro ou sucessor a qualquer título.

Parágrafo único. As declarações não entregues pelo de cujus são apresentadas em nome do espólio.

Condomínio

Art. 39. Deve ser declarado em sua totalidade o imóvel rural que for titulado a várias pessoas, enquanto este for mantido indiviso (Lei nº 5.172, de 1966, art. 124, inciso I).

Documentos Comprobatórios

Art. 40. Os documentos que comprovem as informações prestadas na DITR não devem ser anexados à declaração, devendo ser mantidos em boa guarda à disposição da Secretaria da Receita Federal, até que ocorra a prescrição dos créditos tributários relativos às situações e aos fatos a que se refiram (Lei nº 5.172, de 1966, art. 195, parágrafo único).

SUBSEÇÃO II – DO DOCUMENTO DE INFORMAÇÃO E ATUALIZAÇÃO CADASTRAL DO ITR – DIAC

Art. 41. O contribuinte ou o seu sucessor deve comunicar anualmente à Secretaria da Receita Federal, por meio do preenchimento do DIAC, integrante da DITR, as informações cadastrais correspondentes a cada imóvel rural e a seu titular (Lei nº 9.393, de 1996, art. 6º).

Parágrafo único. As informações de que trata o *caput* deste artigo integrarão o CAFIR, cuja administração caberá à Secretaria da Receita Federal, que poderá, a qualquer tempo, solicitar informações visando à sua atualização (Lei nº 9.393, de 1996, art. 6º, § 2º).

Alterações Cadastrais

Art. 42. Devem ser obrigatoriamente comunicadas à Secretaria da Receita Federal as seguintes alterações relativas ao imóvel rural (Lei nº 9.393, de 1996, art. 6º, § 1º):

I – desmembramento;

II – anexação;

III – transmissão, por alienação da propriedade ou dos direitos a ela inerentes, a qualquer título;

IV – sucessão causa mortis;

V – cessão de direitos;

VI – constituição de reservas ou usufruto.

Parágrafo único. A comunicação de que trata o *caput* deste artigo deve ser feita no prazo de sessenta dias, contado da data da ocorrência da alteração *(Lei nº 9.393, de 1996, art. 6º, § 1º)*.

SUBSEÇÃO III – DO DOCUMENTO DE INFORMAÇÃO E APURAÇÃO DO ITR – DIAT

Art. 43. O contribuinte deve prestar anualmente à Secretaria da Receita Federal as informações necessárias ao cálculo do ITR e apurar o valor do imposto correspondente a cada imóvel rural, por meio do preenchimento do DIAT, integrante da DITR (Lei nº 9.393, de 1996, art. 8º).

Parágrafo único. As pessoas isentas do pagamento ou imunes do ITR estão dispensadas de preencher o DIAT (Lei nº 9.393, de 1996, art. 8º, § 3º).

SEÇÃO IV – DOS TERMOS, LOCAIS, FORMAS, PRAZOS E CONDIÇÕES PARA A APRESENTAÇÃO DA DITR

Art. 44. A Secretaria da Receita Federal disporá sobre os termos, locais, formas, prazos e condições para a apresentação da DITR (Lei nº 9.393, de 1996, arts. 6º e 8º).

CAPÍTULO II – DA RETIFICAÇÃO DA DECLARAÇÃO

SEÇÃO I – DA RETIFICAÇÃO ANTES DE INICIADA A FISCALIZAÇÃO

Art. 45. A retificação da DITR, antes de iniciado o procedimento de lançamento de ofício, terá a mesma natureza da declaração originariamente apresentada e não depende de autorização da autoridade administrativa (Medida Provisória nº 2.189-49, de 23 de agosto de 2001, art. 18).

Parágrafo único. A Secretaria da Receita Federal estabelecerá as hipóteses de admissibilidade e os procedimentos aplicáveis à retificação da declaração (Medida Provisória nº 2.189-49, de 2001, art. 18, parágrafo único).

SEÇÃO II – DA RETIFICAÇÃO APÓS INICIADA A FISCALIZAÇÃO

Art. 46. O sujeito passivo que, depois de iniciado o procedimento de lançamento de ofício, requerer a retificação da DITR não se eximirá, por isso, das penalidades previstas na legislação tributária (Lei nº 5.172, de 1966, art. 138; Decreto nº 70.235, de 6 de março de 1972, art. 7º, § 1º).

CAPÍTULO III – DA REVISÃO DA DECLARAÇÃO

Art. 47. A DITR está sujeita a revisão pela Secretaria da Receita Federal, que, se for o caso, pode exigir do sujeito passivo a apresentação dos comprovantes necessários à verificação da autenticidade das informações prestadas.

§ 1º A revisão é feita com elementos de que dispuser a Secretaria da Receita Federal, esclarecimentos verbais ou escritos solicitados ao contribuinte ou por outros meios previstos na legislação.

§ 2º O contribuinte que deixar de atender ao pedido de esclarecimentos ficará sujeito ao lançamento de ofício de que tratam os arts. 50 e 51 (Lei nº 5.172, de 1966, art. 149, inciso III).

CAPÍTULO IV – DO LANÇAMENTO DO IMPOSTO

SEÇÃO I – DA DISPOSIÇÃO PRELIMINAR

Art. 48. O lançamento do ITR é procedimento de competência privativa da autoridade administrativa, que se opera de ofício ou por homologação, destinado à constituição do crédito tributário (Lei nº 5.172, de 1966, art. 142; Lei nº 9.393, de 1996, arts. 10 e 14).

Parágrafo único. A atividade administrativa de lançamento é vinculada e obrigatória, sob pena de responsabilidade funcional (Lei nº 5.172, de 1966, art. 142, parágrafo único).

SEÇÃO II – DO LANÇAMENTO POR HOMOLOGAÇÃO

Art. 49. O lançamento por homologação pressupõe a atribuição ao sujeito passivo do dever de antecipar o pagamento do imposto sem prévio exame da autoridade administrativa, e opera-se pelo ato em que a referida autoridade, tomando conhecimento da atividade assim exercida pelo obrigado, expressamente a homologa (Lei nº 5.172, de 1966, art. 150, *caput*).

§ 1º O pagamento antecipado pelo obrigado nos termos deste artigo extingue o crédito, sob condição resolutória da ulterior homologação ao lançamento (Lei nº 5.172, de 1966, art. 150, § 1º).

§ 2º Não influem sobre a obrigação tributária quaisquer atos anteriores à homologação, praticados pelo sujeito passivo ou por terceiro, visando à extinção total ou parcial do crédito (Lei nº 5.172, de 1966, art. 150, § 2º).

§ 3º Os atos a que se refere o § 2º serão, porém, considerados na apuração do saldo porventura devido e, sendo o caso, na imposição de penalidade, ou sua graduação (Lei nº 5.172, de 1966, art. 150, § 3º).

§ 4º Se a lei não fixar prazo para a homologação, será ele de cinco anos, a contar da ocorrência do fato gerador; expirado esse prazo sem que a Fazenda Pública se tenha pronunciado, considera-se homologado o lançamento e definitivamente extinto o crédito, salvo se comprovada a ocorrência de dolo, fraude ou simulação (Lei nº 5.172, de 1966, art. 150, § 4º).

SEÇÃO III – DO LANÇAMENTO DE OFÍCIO

SUBSEÇÃO I – DAS DISPOSIÇÕES GERAIS

Art. 50. Caso o sujeito passivo deixe de tomar as iniciativas necessárias ao lançamento por homologação pela Fazenda Pública, esta deve proceder à determinação e ao lançamento de ofício do crédito tributário (Lei nº 5.172, de 1966, art. 149, inciso V; Lei nº 9.393, de 1996, art. 14).

Art. 51. O lançamento será efetuado de ofício quando o sujeito passivo (Lei nº 5.172, de 1966, art. 149; Lei nº 9.393, de 1996, art. 14):

I – não apresentar a DITR;

II – deixar de atender aos pedidos de esclarecimentos que lhe forem dirigidos, recusar-se a prestá-los ou não os prestar satisfatoriamente no tempo aprazado;

III – apresentar declaração inexata, considerando-se como tal a que contiver ou omitir qualquer elemento que implique redução do imposto a pagar;

IV – não efetuar ou efetuar com inexatidão o pagamento do imposto devido;

V – estiver sujeito, por ação ou omissão, à aplicação de penalidade pecuniária.

Parágrafo único. O crédito tributário também deve ser lançado de ofício nos casos em que o sujeito passivo tenha informado o enquadramento em hipóteses de imunidade, isenção ou redução do imposto, mas não tenha cumprido ou tenha deixado de cumprir, na data de ocorrência do fato gerador, os requisitos necessários.

SUBSEÇÃO II – DO SISTEMA DE PREÇOS DE TERRAS

Art. 52. No caso de falta de entrega do DIAC ou do DIAT, bem assim de subavaliação ou prestação de informações inexatas, incorretas ou fraudulentas, a Secretaria da Receita Federal procederá à determinação e ao lançamento de ofício do imposto, considerando as informações sobre preços de terras constantes em sistema a ser por ela instituído, e os dados de área total, área tributável e grau de utilização do imóvel rural apurados em procedimentos de fiscalização (Lei nº 9.393, de 1996, art. 14).

§ 1º As informações sobre preços de terras observarão os critérios legalmente estabelecidos e considerarão levantamentos realizados pelas Secretarias de Agricultura das Unidades Federadas ou dos Municípios *(Lei nº 9.393, de 1996, art. 14, § 1º)*.

§ 2º As multas cobradas em virtude do disposto neste artigo serão aquelas aplicáveis aos demais tributos federais *(Lei nº 9.393, de 1996, art. 14, § 2º)*.

SUBSEÇÃO III – DA INTIMAÇÃO

Art. 53. O sujeito passivo deve ser intimado do início do procedimento, do pedido de esclarecimentos ou da lavratura do auto de infração *(Decreto nº 70.235, de 1972, art. 23, com a redação dada pelo art. 67 da Lei nº 9.532, de 1997)*:

I – pessoalmente, pelo autor do procedimento ou por agente do órgão preparador, na repartição ou fora dela, provada a intimação com a assinatura do sujeito passivo, seu mandatário ou preposto, ou, no caso de recusa, com declaração escrita de quem o intimar;

II – por via postal, telegráfica ou por qualquer outro meio ou via, com prova de recebimento, no endereço informado para tal fim, conforme previsto no § 2º do art. 7º, ou no domicílio tributário do sujeito passivo;

III – por edital, quando resultarem improfícuos os meios referidos nos incisos I e II.

§ 1º O edital deve ser publicado, uma única vez, em órgão de imprensa oficial local, ou afixado em dependência, franqueada ao público, do órgão encarregado da intimação *(Decreto nº 70.235, de 1972, art. 23, § 1º)*.

§ 2º Considera-se feita a intimação (Decreto nº 70.235, de 1972, art. 23, § 2º):

I – na data da ciência do intimado ou da declaração de quem fizer a intimação, se pessoal;

II – no caso do inciso II do *caput* deste artigo, na data do recebimento ou, se omitida, quinze dias após a data da expedição da intimação;

III – quinze dias após a publicação ou afixação do edital, se este for o meio utilizado.

§ 3º Os meios de intimação previstos nos incisos I e II do *caput* deste artigo não estão sujeitos a ordem de preferência (Decreto nº 70.235, de 1972, art. 23, § 3º).

SEÇÃO IV – DA DECADÊNCIA

Art. 54. O direito de a Secretaria da Receita Federal constituir o crédito tributário extingue-se após cinco anos, contados (Lei nº 5.172, de 1966, art. 173):

I – do primeiro dia do exercício seguinte àquele em que o lançamento poderia ter sido efetuado;

II – da data em que se tornar definitiva a decisão que houver anulado, por vício formal, o lançamento anteriormente efetuado.

Parágrafo único. O direito a que se refere este artigo extingue-se definitivamente com o decurso do prazo nele previsto, contado da data em que tenha sido iniciada a constituição do crédito tributário pela notificação, ao sujeito passivo, de qualquer medida preparatória indispensável ao lançamento (Lei nº 5.172, de 1966, art. 173, parágrafo único).

TÍTULO II – DO PAGAMENTO, DA COMPENSAÇÃO E DA RESTITUIÇÃO DO IMPOSTO

CAPÍTULO I – DO PAGAMENTO

SEÇÃO I – DAS DISPOSIÇÕES PRELIMINARES

Art. 55. O pagamento deve ser feito por meio de Documento de Arrecadação de Receitas Federais – DARF, devendo o seu produto ser obrigatoriamente recolhido à conta do Tesouro Nacional.

Art. 56. O DARF obedecerá ao modelo aprovado pela Secretaria da Receita Federal e sua utilização pelo sujeito passivo far-se-á de acordo com instruções específicas.

§ 1º Nos documentos de arrecadação, o sujeito passivo deve indicar o código do tributo, o número de inscrição no Cadastro de Pessoas Físicas – CPF ou no Cadastro Nacional da Pessoa Jurídica – CNPJ, conforme o caso, o número do imóvel rural, além de outros elementos qualificativos ou informativos.

§ 2º É vedada a utilização de DARF para o pagamento de imposto de valor inferior a R$ 10,00 (dez reais) (Lei nº 9.430, de 27 de dezembro de 1996, art. 68).

Utilização de TDA

Art. 57. É facultado ao sujeito passivo o pagamento de até cinquenta por cento do valor original do ITR com Títulos da Dívida Agrária – TDA (Lei nº 4.504, de 30 de novembro de 1964, art. 105, § 1º, alínea "a").

SEÇÃO II – DO PRAZO PARA PAGAMENTO

Art. 58. O imposto deve ser pago até o último dia útil do mês fixado para a entrega da DITR (Lei nº 9.393, de 1996, art. 12).

SEÇÃO III – DO PAGAMENTO EM QUOTAS

Art. 59. À opção do contribuinte, o imposto a pagar pode ser parcelado em até três quotas iguais, mensais e consecutivas, observando-se que (Lei nº 9.393, de 1996, art. 12, parágrafo único):

I – nenhuma quota será inferior a R$ 50,00 (cinquenta reais);

II – a primeira quota deve ser paga no prazo estabelecido pelo art. 58;

III – as demais quotas, acrescidas de juros equivalentes à taxa referencial do Sistema de Liquidação e de Custódia – SELIC para títulos federais, acumulada mensalmente, calculados a partir do primeiro dia do mês subsequente ao prazo estabelecido pelo art. 58 até o último dia do mês anterior ao do pagamento, e de um por cento no mês do pagamento, vencerão no último dia útil de cada mês;

IV – é facultado ao contribuinte antecipar, total ou parcialmente, o pagamento do imposto ou das quotas.

SEÇÃO IV – DO PAGAMENTO FORA DO PRAZO

Art. 60. A falta ou insuficiência de pagamento do imposto, no prazo previsto, sujeita o contribuinte ao pagamento do valor que deixou de ser pago, acrescido de (Lei nº 9.393, de 1996, art. 13):

I – multa de mora calculada à taxa de trinta e três centésimos por cento, por dia de atraso, não podendo ultrapassar a vinte por cento, calculada a partir do primeiro dia útil subsequente ao do vencimento do prazo previsto para pagamento do imposto até o dia em que ocorrer o seu pagamento;

II – juros de mora equivalentes à taxa referencial SELIC para títulos federais, acumulada mensalmente, calculados a partir do primeiro dia do mês subsequente ao vencimento do prazo para pagamento até o mês anterior ao do pagamento, e de um por cento no mês do efetivo pagamento.

SEÇÃO V – DA PROVA DE QUITAÇÃO

Art. 61. A prova de quitação do crédito tributário será feita por meio de certidão emitida, no âmbito de suas atribuições, pela Secretaria da Receita Federal ou pela Procuradoria-Geral da Fazenda Nacional (Lei nº 7.711, de 22 de dezembro de 1988, art. 1º, § 3º).

§ 1º A certidão será eficaz, dentro do seu prazo de validade e para o fim a que se destina, perante qualquer órgão ou entidade da Administração Federal, Estadual e Municipal, direta ou indireta (Decreto-Lei nº 1.715, de 22 de novembro de 1979, art. 1º, § 2º).

§ 2º Tem os mesmos efeitos previstos neste artigo a certidão de que conste a existência de créditos não vencidos, em curso de cobrança executiva em que tenha sido efetivada a penhora, ou cuja exigibilidade esteja suspensa (Lei nº 5.172, de 1966, art. 206).

Incentivos Fiscais e Crédito Rural

Art. 62. A concessão de incentivos fiscais e de crédito rural, em todas as suas modalidades, bem assim a constituição das respectivas contrapartidas ou garantias, ficam condicionadas à comprovação do pagamento do ITR relativo ao imóvel rural, correspondente aos últimos cinco exercícios, ressalvados os casos em que a exigibilidade do imposto esteja suspensa, ou em curso de cobrança executiva em que tenha sido efetivada a penhora (Lei nº 9.393, de 1996, art. 20).

Parágrafo único. É dispensada a comprovação de regularidade de pagamento do imposto relativo ao imóvel rural para efeito de concessão de financiamento ao amparo do Programa Nacional de Fortalecimento da Agricultura Familiar – PRONAF (Lei nº 9.393, de 1996, art. 20, parágrafo único).

Registro Público

Art. 63. É obrigatória a comprovação do pagamento do ITR, referente aos cinco últimos exercícios, para serem praticados quaisquer dos atos previstos nos arts. 167 e 168 da Lei nº 6.015, de 31 de dezembro de 1973 – Lei dos Registros Públicos, observada a ressalva prevista no *caput* do art. 62 *(Lei nº 9.393, de 1996, art. 21)*.

Parágrafo único. São solidariamente responsáveis pelo imposto e pelos acréscimos legais, nos termos do art. 134 da Lei nº 5.172, de 1966, os serventuários do registro de imóveis que descumprirem o disposto neste artigo, sem prejuízo de outras sanções legais *(Lei nº 9.393, de 1996, art. 21, parágrafo único)*.

CAPÍTULO II – DA COMPENSAÇÃO

SEÇÃO I – COMPENSAÇÃO ESPONTÂNEA PELO CONTRIBUINTE

Art. 64. Nos casos de pagamento indevido ou a maior de ITR, mesmo quando resultante de reforma, anulação, revogação ou rescisão de decisão condenatória, o contribuinte poderá efetuar a compensação desse valor no recolhimento de importância correspondente a ITR apurado em período subsequente *(Lei nº 8.383, de 30 de dezembro de 1991, art. 66, com a redação dada pela Lei nº 9.069, de 29 de junho de 1995, art. 58)*.

§ 1º Entende-se por recolhimento ou pagamento indevido ou a maior aquele proveniente de (Lei nº 5.172, de 1966, art. 165):

I – cobrança ou pagamento espontâneo de imposto, quando efetuado por erro, ou em duplicidade, ou sem que haja débito a liquidar, em face da legislação tributária aplicável, ou da natureza ou circunstâncias materiais do fato gerador efetivamente ocorrido;

II – erro na identificação do sujeito passivo, na determinação da alíquota aplicável, no cálculo do montante do débito ou na elaboração ou conferência de qualquer documento relativo ao recolhimento ou pagamento;

III – reforma, anulação, revogação ou rescisão de decisão condenatória.

§ 2º É facultado ao contribuinte optar pelo pedido de restituição (Lei nº 8.383, de 1991, art. 66, § 2º, com a redação dada pela Lei nº 9.069, de 1995, art. 58).

§ 3º A compensação somente poderá ser efetuada pelo contribuinte titular do crédito oriundo do recolhimento ou pagamento indevido ou a maior.

§ 4º A Secretaria da Receita Federal expedirá as instruções necessárias ao cumprimento do disposto neste artigo (Lei nº 8.383, de 1991, art. 66, § 4º, com a redação dada pela Lei nº 9.069, de 1995, art. 58).

SEÇÃO II – COMPENSAÇÃO REQUERIDA PELO CONTRIBUINTE

Art. 65. A Secretaria da Receita Federal, atendendo a requerimento do contribuinte, poderá autorizar a utilização de créditos a serem a ele restituídos ou ressarcidos para a quitação de quaisquer tributos ou contribuições sob sua administração, ainda que não sejam da mesma espécie nem tenham a mesma destinação constitucional (Lei nº 9.430, de 1996, art. 74).

SEÇÃO III – COMPENSAÇÃO PELA AUTORIDADE ADMINISTRATIVA

Art. 66. Os créditos do sujeito passivo constantes em pedidos de restituição ou ressarcimento de imposto serão utilizados para quitação de seus débitos em procedimentos internos da Secretaria da Receita Federal, observado o seguinte (Lei nº 9.430, de 1996, art. 73):

I – o valor bruto da restituição ou ressarcimento será debitado à conta do tributo ou da contribuição a que se referir;

II – a parcela utilizada para a quitação de débitos do contribuinte ou responsável será creditada à conta do ITR.

§ 1º A compensação de ofício será precedida de notificação ao sujeito passivo para que se manifeste sobre o procedimento, no prazo de quinze dias, sendo o seu silêncio considerado como aquiescência.

§ 2º No caso de discordância do sujeito passivo, a Secretaria da Receita Federal reterá o valor da restituição até que o débito seja liquidado.

§ 3º A Secretaria da Receita Federal, reconhecendo o direito de crédito do sujeito passivo para restituição, compensará este crédito com eventuais débitos do requerente.

§ 4º Quando o montante da restituição for superior ao do débito, a Secretaria da Receita Federal efetuará o pagamento da diferença ao sujeito passivo.

§ 5º Caso a quantia a ser restituída seja inferior ao valor dos débitos, o correspondente crédito tributário é extinto no montante equivalente à compensação, cabendo à Secretaria da Receita Federal adotar as providências para cobrança do saldo remanescente.

SEÇÃO IV – ACRÉSCIMO DE JUROS

Art. 67. O valor a ser utilizado na compensação será acrescido de juros obtidos pela aplicação da taxa referencial SELIC para títulos federais, acumulada mensalmente a partir do mês subsequente ao do pagamento indevido ou a maior até o mês anterior ao da compensação, e de um por cento relativamente ao mês em que estiver sendo efetuada (Lei nº 9.250, de 1995, art. 39, § 4º; Lei nº 9.532, de 1997, art. 73).

CAPÍTULO III – DA RESTITUIÇÃO

Art. 68. Nos casos de pagamento indevido ou a maior de ITR, mesmo quando resultante de reforma, anulação, revogação ou rescisão de decisão condenatória, o contribuinte poderá optar pelo pedido de restituição do valor pago indevidamente ou a maior, observado o disposto nos arts. 66

e 69 (Lei nº 8.383, de 1991, art. 66, § 2º, com a redação dada pela Lei nº 9.069, de 1995, art. 58).

§ 1º Entende-se por recolhimento ou pagamento indevido ou a maior aquele proveniente de (Lei nº 5.172, de 1966, art. 165):

I – cobrança ou pagamento espontâneo de imposto, quando efetuado por erro, ou em duplicidade, ou sem que haja débito a liquidar, em face da legislação tributária aplicável, ou da natureza ou circunstâncias materiais do fato gerador efetivamente ocorrido;

II – erro na identificação do sujeito passivo, na determinação da alíquota aplicável, no cálculo do montante do débito ou na elaboração ou conferência de qualquer documento relativo ao recolhimento ou pagamento;

III – reforma, anulação, revogação ou rescisão de decisão condenatória.

§ 2º O valor da restituição será acrescido de juros obtidos pela aplicação da taxa referencial SELIC para títulos federais, acumulada mensalmente a partir do mês subsequente ao do pagamento indevido ou a maior até o mês anterior ao da compensação ou restituição, e de um por cento relativamente ao mês em que estiver sendo efetuada (Lei nº 9.250, de 1995, art. 39, § 4º; Lei nº 9.532, de 1997, art. 73).

§ 3º A Secretaria da Receita Federal expedirá as instruções necessárias ao cumprimento do disposto neste artigo (Lei nº 8.383, de 1991, art. 66, § 4º, com a redação dada pela Lei nº 9.069, de 1995, art. 58).

Direito de Pleitear a Restituição

Art. 69. O direito de pleitear a restituição do imposto extingue-se com o decurso do prazo de cinco anos, contados (Lei nº 5.172, de 1966, art. 168):

I – da data do pagamento indevido;

II – da data em que se tornar definitiva a decisão administrativa ou passar em julgado a decisão judicial que tenha reformado, anulado, revogado ou rescindido a decisão condenatória.

Parágrafo único. O pedido de restituição, dirigido à autoridade competente, suspende o prazo previsto no *caput* deste artigo até que seja proferida decisão final na órbita administrativa (Decreto-Lei nº 5.844, de 23 de setembro de 1943, art. 170, § 4º, acrescentado pela Lei nº 154, de 25 de novembro de 1947, art. 1º).

TÍTULO III – DA PRESCRIÇÃO

Art. 70. A ação para cobrança do crédito tributário prescreve em cinco anos, contados da data da sua constituição definitiva (Lei nº 5.172, de 1966, art. 174).

§ 1º A prescrição se interrompe (Lei nº 5.172, de 1966, art. 174, parágrafo único):

I – pela citação pessoal feita ao devedor;

II – pelo protesto judicial;

III – por qualquer ato judicial que constitua em mora o devedor;

IV – por qualquer ato inequívoco, ainda que extrajudicial, que importe reconhecimento do débito pelo devedor.

§ 2º A inscrição do débito como Dívida Ativa, pelo órgão competente, suspenderá a fluência do prazo prescricional, para todos os efeitos de direito, por cento e oitenta dias ou até a distribuição da execução fiscal, se esta ocorrer antes de findo aquele prazo (Lei nº 6.830, de 22 de setembro de 1980, art. 2º, § 3º).

§ 3º O despacho do juiz, que ordenar a citação do executado, interrompe a fluência do prazo prescricional (Lei nº 6.830, de 1980, art. 8º, § 2º).

TÍTULO IV – DA FISCALIZAÇÃO

Art. 71. A legislação tributária que trata da competência e dos poderes das autoridades administrativas em matéria de fiscalização aplica-se às pessoas naturais ou jurídicas, contribuintes ou não, inclusive às que gozam de imunidade tributária ou de isenção (Lei nº 5.172, de 1966, art. 194).

Art. 72. Para os efeitos da legislação tributária, não têm aplicação quaisquer disposições legais excludentes ou limitativas do direito de examinar mercadorias, livros, arquivos, documentos, papéis e efeitos comerciais ou fiscais, dos comerciantes, industriais ou produtores, ou da obrigação destes de exibi-los (Lei nº 5.172, de 1966, art. 195).

Parágrafo único. Os livros obrigatórios de escrituração comercial e fiscal e os comprovantes dos lançamentos neles efetuados serão conservados até que ocorra a prescrição dos créditos tributários decorrentes das operações a que se refiram (Lei nº 5.172, de 1966, art. 195, parágrafo único).

Convênios

Art. 73. A Secretaria da Receita Federal poderá celebrar convênio com o Instituto Nacional de Colonização e Reforma Agrária – INCRA, com a finalidade de delegar as atividades de fiscalização das informações sobre os imóveis rurais, contidas no DIAC e no DIAT (Lei nº 9.393, de 1996, art. 16).

§ 1º No exercício da delegação a que se refere este artigo, o INCRA poderá celebrar convênios de cooperação com o IBAMA, a Fundação Nacional do Índio – FUNAI e as Secretarias Estaduais de Agricultura *(Lei nº 9.393, de 1996, art. 16, § 1º)*.

§ 2º No uso de suas atribuições, os agentes do INCRA terão acesso ao imóvel de propriedade particular, para levantamento de dados e informações *(Lei nº 9.393, de 1996, art. 16, § 2º)*.

§ 3º A Secretaria da Receita Federal, com o apoio do INCRA, administrará o CAFIR e colocará as informações nele contidas à disposição daquela Autarquia, para fins de levantamento e pesquisa de dados e de proposição de ações administrativas e judiciais (Lei nº 9.393, de 1996, art. 16, § 3º, com a redação dada pela Lei nº 10.267, de 28 de agosto de 2001, art. 5º).

§ 4º Às informações a que se refere o § 3º aplica-se o disposto no art. 198 da Lei nº 5.172, de 1966 *(Lei nº 9.393, de 1996, art. 16, § 4º, com a redação dada pela Lei nº 10.267, de 28 de agosto de 2001, art. 5º)*.

Art. 74. A Secretaria da Receita Federal poderá, também, celebrar convênios com (Lei nº 9.393, de 1996, art. 17):

I – órgãos da administração tributária das unidades federadas, visando delegar competência para a cobrança e o lançamento do ITR;

II – a Confederação Nacional da Agricultura – CNA e a Confederação Nacional dos Trabalhadores na Agricultura – CONTAG, com a finalidade de fornecer dados cadastrais de imóveis rurais que possibilitem a cobrança das contribuições sindicais devidas àquelas entidades.

TÍTULO V – DAS PENALIDADES

CAPÍTULO I – DA MULTA POR ATRASO NA ENTREGA DA DECLARAÇÃO

Art. 75. No caso de apresentação espontânea da DITR fora do prazo estabelecido pela Secretaria da Receita Federal, será cobrada multa de um por cento ao mês-calendário ou fração sobre o imposto devido, sem prejuízo da multa e dos juros de mora pela falta ou insuficiência de recolhimento do imposto ou quota (Lei nº 9.393, de 1996, arts. 7º e 9º).

Parágrafo único. Em nenhuma hipótese o valor da multa de que trata o *caput* deste artigo será inferior a R$ 50,00 (cinquenta reais) (Lei nº 9.393, de 1996, art. 11, § 2º).

CAPÍTULO II – DAS MULTAS DE LANÇAMENTO DE OFÍCIO

Art. 76. Nos casos de lançamento de ofício, serão aplicadas as seguintes multas, calculadas sobre a totalidade ou diferença do ITR (Lei nº 9.393, de 1996, art. 14, § 2º; Lei nº 9.430, de 1996, art. 44):

I – de setenta e cinco por cento, nos casos de falta de pagamento, de pagamento após o vencimento do prazo, sem o acréscimo de multa moratória, de falta de declaração e nos de declaração inexata, excetuada a hipótese do inciso seguinte;

II – cento e cinquenta por cento, nos casos de evidente intuito de sonegação, fraude ou conluio, independentemente de outras penalidades administrativas ou criminais cabíveis.

§ 1º As multas de que trata este artigo serão exigidas *(Lei nº 9.430, de 1996, art. 44, § 1º)*:

I – juntamente com o ITR, quando não houver sido anteriormente pago;

II – isoladamente, quando o ITR houver sido pago após o vencimento do prazo previsto, mas sem o acréscimo de multa de mora.

§ 2º As multas a que se referem os incisos I e II do *caput* deste artigo passarão a ser de 112,5% (cento e doze inteiros e cinco décimos por cento) e 225% (duzentos e vinte e cinco por cento), respectivamente, nos casos de não atendimento pelo sujeito passivo, no prazo marcado, de intimação para (Lei nº 9.430, de 1996, art. 44, § 2º, com a redação dada pela Lei nº 9.532, de 1997, art. 70):

I – prestar esclarecimentos;

II – apresentar os arquivos digitais ou sistemas de processamento eletrônico de dados utilizados para registrar negócios e atividades econômicas ou financeiras, escriturar livros ou elaborar documentos de natureza contábil ou fiscal;

III – apresentar a documentação técnica e atualizada sobre o sistema de processamento de dados por ele utilizado, suficiente para possibilitar a sua auditoria (Lei nº 9.430, de 1996, art. 38).

§ 3º Será concedida redução de cinquenta por cento da multa de lançamento de ofício ao contribuinte que, notificado, efetuar o pagamento do débito no prazo legal de impugnação (Lei nº 8.218, de 29 de agosto de 1991, art. 6º; Lei nº 9.430, de 1996, art. 44, § 3º).

§ 4º Se houver impugnação tempestiva, a redução será de trinta por cento se o pagamento do débito for efetuado dentro de trinta dias da ciência da decisão de primeira instância (Lei nº 8.218, de 1991, art. 6º, parágrafo único; Lei nº 9.430, de 1996, art. 44, § 3º).

§ 5º Será concedida redução de quarenta por cento da multa de lançamento de ofício ao contribuinte que, notificado, requerer o parcelamento do débito no prazo legal de impugnação (Lei nº 8.383, de 1991, art. 60; Lei nº 9.430, de 1996, art. 44, § 3º).

§ 6º Havendo impugnação tempestiva, a redução será de vinte por cento, se o parcelamento for requerido dentro de trinta dias da ciência da decisão de primeira instância (Lei nº 8.383, de 1991, art. 60, § 1º; Lei nº 9.430, de 1996, art. 44, § 3º).

§ 7º A rescisão do parcelamento, motivada pelo descumprimento das normas que o regulam, implicará restabelecimento do montante da multa proporcionalmente ao valor da receita não satisfeito (Lei nº 8.383, de 1991, art. 60, § 2º; Lei nº 9.430, de 1996, art. 44, § 3º).

Sonegação

Art. 77. Sonegação é toda ação ou omissão dolosa tendente a impedir ou retardar, total ou parcialmente, o conhecimento por parte da autoridade administrativa (Lei nº 4.502, de 30 de novembro de 1964, art. 71):

I – da ocorrência do fato gerador da obrigação tributária principal, sua natureza ou circunstâncias materiais;

II – das condições pessoais do contribuinte, suscetíveis de afetar a obrigação tributária principal ou o crédito tributário correspondente.

Fraude

Art. 78. Fraude é toda ação ou omissão dolosa tendente a impedir ou retardar, total ou parcialmente, a ocorrência do fato gerador da obrigação tributária principal, ou a excluir ou modificar as suas características essenciais, de modo a reduzir o montante do imposto devido ou a evitar ou diferir o seu pagamento (Lei nº 4.502, de 1964, art. 72).

Conluio

Art. 79. Conluio é o ajuste doloso entre duas ou mais pessoas naturais ou jurídicas, visando a qualquer dos efeitos referidos nos arts. 77 e 78 (Lei nº 4.502, de 1964, art. 73).

TÍTULO VI – DAS DISPOSIÇÕES GERAIS

Art. 80. Compete à Secretaria da Receita Federal a administração do ITR, incluídas as atividades de arrecadação, tributação e fiscalização (Lei nº 9.393, de 1996, art. 15).

Parágrafo único. No processo administrativo fiscal, compreendendo os procedimentos destinados a determinação e exigência do imposto, imposição de penalidades, repetição de indébito e solução de consultas, bem assim a compensação do imposto, observar-se-á a legislação prevista para os demais tributos federais (Lei nº 9.393, de 1996, art. 15, parágrafo único).

Art. 81. Os prazos fixados neste Decreto serão contínuos, excluindo-se, em sua contagem, o dia de início e incluindo-se o de vencimento (Lei nº 5.172, de 1966, art. 210).

Parágrafo único. Os prazos só se iniciam ou vencem em dia de expediente normal na repartição em que corra o processo ou deva ser praticado o ato (Lei nº 5.172, de 1966, art. 210, parágrafo único).

Art. 82. Este Decreto entra em vigor na data de sua publicação.

Brasília, 19 de setembro de 2002; 181º da Independência e 114º da República.

FERNANDO HENRIQUE CARDOSO (DOU. de 20.9.2002)

DECRETO Nº 4.449, DE 30 DE OUTUBRO DE 2002

Regulamenta a Lei nº 10.267, de 28 de agosto de 2001, que altera dispositivos das Leis nos. 4.947, de 6 de abril de 1966; 5.868, de 12 de dezembro de 1972; 6.015, de 31 de dezembro de 1973; 6.739, de 5 de dezembro de 1979; e 9.393, de 19 de dezembro de 1996, e dá outras providências.

O PRESIDENTE DA REPÚBLICA, no uso da atribuição que lhe confere o art. 84, inciso IV, da Constituição, e tendo em vista o disposto na Lei nº 10.267, de 28 de agosto de 2001,

DECRETA:

Art. 1º A apresentação do Certificado de Cadastro de Imóvel Rural – CCIR, exigida no art. 22 e nos seus §§ 1º e 2º da Lei nº 4.947, de 6 de abril de 1966, far-se-á sempre acompanhada da prova de quitação do Imposto sobre a Propriedade Territorial Rural – ITR, correspondente aos últimos cinco exercícios, ressalvados os casos de inexigibilidade e dispensa de sua comprovação, previstos no art. 20 da Lei nº 9.393, de 19 de dezembro de 1996, bem como os casos de imunidades, extinção e exclusão do crédito tributário.

Art. 2º Dos títulos de domínio destacados do patrimônio público constará obrigatoriamente o código do imóvel rural constante do CCIR, expedido pelo Instituto Nacional de Colonização e Reforma Agrária – INCRA, relativo à área do patrimônio público cadastrada no Sistema Nacional de Cadastro Rural – SNCR.

§ 1º Quando for o caso de área pública rural destacada de outra maior, o beneficiário do título, no prazo de trinta dias, procederá à atualização cadastral do imóvel perante o INCRA.

§ 2º Incumbe ao INCRA normatizar os critérios e procedimentos referentes à abertura de cadastros das áreas destacadas a qualquer título do patrimônio público fundiário, ficando obrigado a abrir de ofício cadastros individualizados para as áreas que por sua iniciativa fizer destacar, incumbindo aos demais órgãos públicos promoverem perante o INCRA os cadastros individualizados das áreas destacadas de terras sob sua administração.

Art. 3º Nos casos de usucapião de imóvel rural, após o trânsito em julgado da sentença declaratória, o juiz intimará o INCRA de seu teor, para fins de cadastramento.

§ 1º Para dar maior celeridade ao cadastramento do imóvel rural, poderá constar no mandado de intimação a identificação do imóvel na forma do § 3º do art. 225 da Lei nº 6.015, de 31 de dezembro de 1973, e o endereço completo do usucapiente.

§ 2º Recebendo a intimação, o INCRA convocará o usucapiente para proceder às atualizações cadastrais necessárias.

Art. 4º Os serviços de registros de imóveis ficam obrigados a comunicar mensalmente ao INCRA as modificações ocorridas nas matrículas, decorrentes de mudanças de titularidade, parcelamento, desmembramento, loteamento, unificação de imóveis, retificação de área, reserva legal e particular do patrimônio natural, bem como outras limitações e restrições de caráter dominial e ambiental, para fins de atualização cadastral.

§ 1º O informe das alterações de que trata o *caput* deste artigo deverá ser encaminhado ao INCRA, até o trigésimo dia do mês subsequente à modificação ocorrida, pela forma que vier a ser estabelecida em ato normativo por ele expedido.

§ 2º *(Revogado pelo Decreto nº 5.570, de 2005)*

Art. 5º O INCRA comunicará, mensalmente, aos serviços de registros de imóveis os códigos dos imóveis rurais decorrentes de mudança de titularidade, parcelamento, desmembramento, loteamento e unificação, na forma prevista no § 1º do art. 4º. *(Redação dada pelo Decreto nº 5.570, de 2005)*

Parágrafo único. Os serviços de registro de imóveis efetuarão na matrícula respectiva, de ofício, a averbação do novo código do imóvel fornecido pelo INCRA.

Art. 6º As obrigações constantes dos arts. 4º e 5º deste Decreto aplicam-se, inclusive, aos imóveis rurais destacados do patrimônio público.

Art. 7º Os critérios técnicos para implementação, gerenciamento e alimentação do Cadastro Nacional de Imóveis Rurais – CNIR serão fixados em ato normativo conjunto do INCRA e da Secretaria da Receita Federal.

§ 1º A base mínima de dados comum do CNIR contemplará as informações de natureza estrutural que vierem a ser fixadas no ato normativo referido no *caput* e as de interesse substancial das instituições dele gerenciadoras, bem como os dados informativos do § 6º do art. 22 da Lei nº 4.947, de 1966.

§ 2º São informações de natureza estrutural obrigatórias as relativas aos dados sobre identificação, localização, dimensão, titularidade e situação jurídica do imóvel, independentemente de estarem ou não acompanhadas de associações gráficas.

§ 3º Além do INCRA e da Secretaria da Receita Federal, todos os demais órgãos da Administração Pública Federal serão obrigatoriamente produtores, alimentadores e usuários da base de informações do CNIR.

§ 4º As instituições gerenciadoras do CNIR poderão firmar convênios específicos para o estabelecimento de interatividade dele com as bases de dados das Administrações Públicas dos Estados, do Distrito Federal e dos Municípios.

§ 5º As instituições gerenciadoras do CNIR deverão convidar e incentivar a participação de entidades da sociedade civil detentoras de bases de dados cadastrais correlatos, para interagirem com o esforço de alimentação e gerenciamento do CNIR.

§ 6º O código único do CNIR será o código que o INCRA houver atribuído ao imóvel no CCIR, e deverá ser mencionado nos atos notariais e registrais de que tratam os §§ 6º e 7º do art. 22 da Lei nº 4.947, de 1966, e a alínea "a" do item 3 do art. 176 da Lei nº 6.015, de 1973.

§ 7º O ato normativo conjunto previsto no *caput* estabelecerá as normas para compartilhamento e sistema de senhas e níveis de acesso às informações constantes do CNIR, de modo a não restringir o acesso das entidades componentes da rede de interação desse Cadastro aos informes de natureza pública irrestrita, sem, contudo, permitir acesso indiscriminado a dados de natureza sigilosa, privilegiada, de divulgação expressa ou implicitamente vedada em lei, ou potencialmente vulneradores do direito à privacidade.

Art. 8º Os custos financeiros de que tratam o § 3º do art. 176 e o § 3º do art. 225 da Lei nº 6.015, de 1973, compreendem os valores cobrados pelo Incra para a certificação dos trabalhos técnicos. *(Redação dada pelo Decreto nº 9.311, de 2018)*

Parágrafo único. A isenção prevista neste Decreto não dispensa que o interessado promova, a suas expensas, a medição de sua propriedade com observância aos requisitos técnicos estabelecidos no art. 9º. *(Incluído pelo Decreto nº 9.311, de 2018)*

Art. 9º A identificação do imóvel rural, na forma do § 3º do art. 176 e do § 3º do art. 225 da Lei nº 6.015, de 1973, será obtida a partir de memorial descritivo elaborado, executado e assinado por profissional habilitado e com a devida Anotação de Responsabilidade Técnica – ART, contendo as coordenadas dos vértices definidores dos limites dos imóveis rurais, georreferenciadas ao Sistema Geodésico Brasileiro, e com precisão posicional a ser estabelecida em ato normativo, inclusive em manual técnico, expedido pelo INCRA.

§ 1º Caberá ao INCRA certificar que a poligonal objeto do memorial descritivo não se sobrepõe a nenhuma outra constante de seu cadastro georreferenciado e que o memorial atende às exigências técnicas, conforme ato normativo próprio.

§ 2º A certificação do memorial descritivo pelo INCRA não implicará reconhecimento do domínio ou a exatidão dos limites e confrontações indicados pelo proprietário.

§ 3º Para os fins e efeitos do § 2º do art. 225 da Lei nº 6.015, de 1973, a primeira apresentação do memorial descritivo segundo os ditames do § 3º do art. 176 e do § 3º do art. 225 da mesma Lei, e nos termos deste Decreto, respeitados os direitos de terceiros confrontantes, não caracterizará irregularidade impeditiva de novo registro desde que presente o requisito do § 13 do art. 213 da Lei nº 6.015, de 1973,devendo, no entanto, os subsequentes estar rigorosamente de acordo com o referido § 2º, sob pena de incorrer em irregularidade sempre que a caracterização do imóvel não for coincidente com a constante do primeiro registro de memorial georreferenciado, excetuadas as hipóteses de alterações expressamente previstas em lei. *(Redação dada pelo Decreto nº 5.570, de 2005)*

§ 4º Visando a finalidade do § 3º, e desde que mantidos os direitos de terceiros confrontantes, não serão opostas ao memorial georreferenciado as discrepâncias de área constantes da matrícula do imóvel. *(Redação dada pelo Decreto nº 5.570, de 2005)*

§ 5º O memorial descritivo, que de qualquer modo possa alterar o registro, resultará numa nova matrícula com encerramento da matrícula anterior no serviço de registro de imóveis competente, mediante requerimento do interessado, contendo declaração firmada sob pena de responsabilidade civil e criminal, com firma reconhecida, de que foram respeitados os direitos dos confrontantes, acompanhado da certificação prevista no § 1º deste artigo, do CCIR e da prova de quitação do ITR dos últimos cinco exercícios, quando for o caso. *(Redação dada pelo Decreto nº 5.570, de 2005)*

§ 6º A documentação prevista no § 5º deverá ser acompanhada de declaração expressa dos confinantes de que os limites divisórios foram respeitados, com suas respectivas firmas reconhecidas.

§ 7º Quando a declaração for manifestada mediante escritura pública, constituir-se-á produção antecipada de prova.

§ 8º Não sendo apresentadas as declarações constantes do § 6º, o interessado, após obter a certificação prevista no § 1º, requererá ao oficial de registro que proceda de acordo com os §§ 2º, 3º, 4º, 5º e 6ºdo art. 213 da Lei nº 6.015, de 1973. *(Redação dada pelo Decreto nº 5.570, de 2005)*

§ 9º Em nenhuma hipótese a adequação do imóvel às exigências do art.176, §§ 3º e 4º, e do art. 225, § 3º, da Lei nº 6.015, de 1973, poderá ser feita sem a certificação do memorial descritivo expedida pelo INCRA. *(Incluído pelo Decreto nº 5.570, de 2005)*

§ 10. É dispensada a declaração dos confinantes prevista no § 6º quando a retificação de matrícula de imóvel rural relativo à área pública da União ou do INCRA for formulada pela Secretaria Especial de Agricultura Familiar e Desenvolvimento Agrário da Casa Civil da Presidência da República ou pelo INCRA, acompanhada de declaração de que o memorial descritivo apresentado refere-se somente ao perímetro originário do imóvel cuja matrícula esteja sendo retificada. *(Incluído pelo Decreto nº 9.311, de 2018)*

Art. 10. A identificação da área do imóvel rural, prevista nos §§ 3º e 4º do art. 176 da Lei nº 6.015, de 1973, será exigida nos casos de desmembramento, parcelamento, remembramento e em qualquer situação de transferência de imóvel rural, na forma do art. 9º, somente após transcorridos os seguintes prazos: *(Redação dada pelo Decreto nº 5.570, de 2005)*

I – noventa dias, para os imóveis com área de cinco mil hectares, ou superior;

II – um ano, para os imóveis com área de mil a menos de cinco mil hectares;

III – cinco anos, para os imóveis com área de quinhentos a menos de mil hectares; *(Redação dada pelo Decreto nº 5.570, de 2005)*

IV – dez anos, para os imóveis com área de duzentos e cinquenta a menos de quinhentos hectares; *(Redação dada pelo Decreto nº 7.620, de 2011)*

V - quinze anos, para os imóveis com área de cem a menos de duzentos e cinquenta hectares; *(Redação dada pelo Decreto nº 9.311, de 2018)*

VI - vinte anos, para os imóveis com área de vinte e cinco a menos de cem hectares; e *(Redação dada pelo Decreto nº 9.311, de 2018)*

VII - vinte e dois anos, para os imóveis com área inferior a vinte e cinco hectares. *(Redação dada pelo Decreto nº 9.311, de 2018)*

§ 1º Quando se tratar da primeira apresentação do memorial descritivo, para adequação da descrição do imóvel rural às exigências dos §§ 3º e 4º do art. 176 e do § 3º do art. 225 da Lei nº 6.015, de 1973, aplicar-se-ão as disposições contidas no § 4º do art. 9º deste Decreto. *(Redação dada pelo Decreto nº 5.570, de 2005)*

§ 2º Após os prazos assinalados nos incisos I a IV do *caput*, fica defeso ao oficial do registro de imóveis a prática dos seguintes atos registrais envolvendo as áreas rurais de que tratam aqueles incisos, até que seja feita a identificação do imóvel na forma prevista neste Decreto: *(Redação dada pelo Decreto nº 5.570, de 2005)*

I – desmembramento, parcelamento ou remembramento; *(Incluído pelo Decreto nº 5.570, de 2005)*

II – transferência de área total; *(Incluído pelo Decreto nº 5.570, de 2005)*

III – criação ou alteração da descrição do imóvel, resultante de qualquer procedimento judicial ou administrativo. *(Incluído pelo Decreto nº 5.570, de 2005)*

§ 3º Ter-se-á por início de contagem dos prazos fixados nos incisos do *caput* deste artigo a data de 20 de novembro de 2003. *(Incluído pelo Decreto nº 5.570, de 2005)*

§ 4º Em projetos de assentamento da reforma agrária, a identificação exigida neste artigo considerará a área da parcela a ser desmembrada. *(Incluído pelo Decreto nº 9.311, de 2018)*

Art. 11. A retificação administrativa de matrícula, registro ou averbação, prevista no art. 8º-A da Lei nº 6.739, de 5 de dezembro de 1979, será adotada para as hipóteses em que a alteração de área ou limites promovida pelo ato registral venha a instrumentalizar indevida transferência de terras públicas, e objetivará apenas a reversão do registro aos limites ou área anteriores, seguindo-se preferencialmente o procedimento previsto nos parágrafos do art. 8º-A, mediante requerimento direto ao oficial do serviço registral da comarca de localização do imóvel, mas não suprime as competências de ofício e por provocação, que os arts. 1º e 5º da Lei nº 6.739, de 1979, fixam para o Corregedor-Geral da Justiça do Estado de localização do imóvel.

Art. 12. O pedido de cancelamento administrativo da matrícula e do registro, previsto no art. 8º-B da Lei nº 6.739, de 1979, não suprime as competências de ofício e por provocação que os arts. 1º e 5º da mesma Lei fixam para o Corregedor-Geral da Justiça do Estado de localização do imóvel, e será adotado para as hipóteses em que não seja possível o requerimento de que cuida o art. 8º-A da mesma Lei.

Art. 13. Nos casos de interesse da União e de suas autarquias e fundações, será competente para examinar o pedido de cancelamento de que cuida a Lei nº 6.739, de 1979, o juiz federal da seção judiciária a que as leis processuais incumbirem o processamento e julgamento da causa.

Art. 14. O registro retificado ou cancelado na forma dos arts. 8º-A, 8º-B e 8º-C da Lei nº 6.739, de 1979, não poderá ser realizado novamente, exceto se houver expressa autorização do ente público titular do domínio.

Art. 15. O INCRA e a Secretaria da Receita Federal baixarão, conjuntamente, atos administrativos, visando à implantação do CNIR, no prazo de noventa dias a contar da publicação deste Decreto.

Art. 16. Os títulos públicos, particulares e judiciais, relativos a imóveis rurais, lavrados, outorgados ou homologados anteriormente à publicação deste Decreto, que importem em transferência de domínio, desmembramento, parcelamento ou remembramento de imóveis rurais, e que exijam a identificação da área, poderão ser objeto de registro, acompanhados de memorial descritivo elaborado nos termos deste Decreto, observando-se os prazos fixados no art. 10. *(Redação dada pelo Decreto nº 5.570, de 2005)*

Art. 17. Este Decreto entra em vigor na data de sua publicação.

Brasília, 30 de outubro de 2002; 181º da Independência e 114º da República.
FERNANDO HENRIQUE CARDOSO
(DOU. de 31.10.2002)

DECRETO Nº 4.523, DE 17 DE DEZEMBRO DE 2002

Regulamenta o arrolamento de bens para interposição de recurso voluntário no processo administrativo de determinação e exigência de créditos tributários da União.

O PRESIDENTE DA REPÚBLICA, no uso da atribuição que lhe confere o art. 84, inciso IV, da Constituição, e tendo em vista o disposto nos §§ 2º a 4º do art. 33 do Decreto nº 70.235, de 6 de março de 1972,

DECRETA:

Art. 1º O arrolamento de bens e direitos para fins de seguimento do recurso voluntário interposto contra decisão proferida nos processos de determinação e exigência de créditos tributários da União será efetuado em conformidade com as disposições deste Decreto.

Art. 2º O recorrente deverá arrolar, por sua iniciativa, bens e direitos de valor equivalente a trinta por cento da exigência fiscal definida na decisão, aplicando-se o disposto nos §§ 2º, 3º, 5º e 8º do art. 64 da Lei nº 9.532, de 10 de dezembro de 1997.

§ 1º Deverão ser arrolados, preferencialmente, bens imóveis da pessoa física ou jurídica recorrente, integrantes de seu patrimônio, classificados, no caso de pessoa jurídica, em conta integrante do ativo permanente, segundo as normas fiscais e comerciais.

§ 2º Caso a pessoa física não possua imóveis passíveis de arrolamento, deverão ser arrolados bens móveis ou direitos constantes de seu patrimônio.

§ 3º Caso a pessoa jurídica não possua imóveis passíveis de arrolamento, segundo o disposto no § 1º, deverão ser arrolados outros bens integrantes de seu ativo permanente.

Art. 3º Sem prejuízo do seguimento do recurso voluntário, o arrolamento de bens e direitos será limitado ao total do ativo permanente da pessoa jurídica ou ao patrimônio da pessoa física, avaliados pelo valor constante da contabilidade ou da última declaração de rendimentos apresentada pelo sujeito passivo.

Art. 4º Na hipótese em que a autoridade fiscal competente tenha procedido o arrolamento de bens e direitos nos termos preconizados pelo art. 64 da Lei nº 9.532, de 1997, fica o recorrente dispensado da adoção dessa providência.

Art. 5º. A Secretaria da Receita Federal do Ministério da Fazenda expedirá normas complementares para a aplicação do disposto neste Decreto.

Art. 6º Este Decreto entra em vigor na data de sua publicação.

Art. 7º Fica revogado o Decreto nº 3.717, de 3 de janeiro de 2001.

Brasília, 17 de dezembro de 2002; 181º da Independência e 114º da República.
FERNANDO HENRIQUE CARDOSO
(DOU. de 18.12.2002)

DECRETO Nº 4.887, DE 20 DE NOVEMBRO DE 2003

Regulamenta o procedimento para identificação, reconhecimento, delimitação, demarcação e titulação das terras ocupadas por remanescentes das comunidades dos quilombos de que trata o art. 68 do Ato das Disposições Constitucionais Transitórias.

O PRESIDENTE DA REPÚBLICA, no uso da atribuição que lhe confere o art. 84, incisos IV e VI, alínea "a", da Constituição e de acordo com o disposto no art. 68 do Ato das Disposições Constitucionais Transitórias,

DECRETA:

Art. 1º Os procedimentos administrativos para a identificação, o reconhecimento, a delimitação, a demarcação e a titulação da propriedade definitiva das terras ocupadas por remanescentes das comunidades dos quilombos, de que trata o art. 68 do Ato das Disposições Constitucionais Transitórias, serão procedidos de acordo com o estabelecido neste Decreto.

Art. 2º Consideram-se remanescentes das comunidades dos quilombos, para os fins deste Decreto, os grupos étnico-raciais, segundo critérios de autoatribuição, com trajetória histórica própria, dotados de relações territoriais específicas, com presunção de ancestralidade negra relacionada com a resistência à opressão histórica sofrida.

§ 1º Para os fins deste Decreto, a caracterização dos remanescentes das comunidades dos quilombos será atestada mediante autodefinição da própria comunidade.

§ 2º São terras ocupadas por remanescentes das comunidades dos quilombos as utilizadas para a garantia de sua reprodução física, social, econômica e cultural.

§ 3º Para a medição e demarcação das terras, serão levados em consideração critérios de territorialidade indicados pelos remanescentes das comunidades dos quilombos, sendo facultado à comunidade interessada apresentar as peças técnicas para a instrução procedimental.

Art. 3º Compete ao Ministério do Desenvolvimento Agrário, por meio do Instituto Nacional de Colonização e Reforma Agrária – INCRA, a identificação, reconhecimento, delimitação, demarcação e titulação das terras ocupadas pelos remanescentes das comunidades dos quilombos, sem prejuízo da competência concorrente dos Estados, do Distrito Federal e dos Municípios.

§ 1º O INCRA deverá regulamentar os procedimentos administrativos para identificação, reconhecimento, delimitação, demarcação e titulação das terras ocupadas pelos remanescentes das comunidades dos quilombos, dentro de sessenta dias da publicação deste Decreto.

§ 2º Para os fins deste Decreto, o INCRA poderá estabelecer convênios, contratos, acordos e instrumentos similares com órgãos da administração pública federal, estadual, municipal, do Distrito Federal, organizações não-governamentais e entidades privadas, observada a legislação pertinente.

§ 3º O procedimento administrativo será iniciado de ofício pelo INCRA ou por requerimento de qualquer interessado.

§ 4º A autodefinição de que trata o § 1º do art. 2º deste Decreto será inscrita no Cadastro Geral junto à Fundação Cultural Palmares, que expedirá certidão respectiva na forma do regulamento.

Art. 4º Compete à Secretaria Especial de Políticas de Promoção da Igualdade Racial, da Presidência da República, assistir e acompanhar o Ministério do Desenvolvimento Agrário e o INCRA nas ações de regularização fundiária, para garantir os direitos étnicos e territoriais dos remanescentes das comunidades dos quilombos, nos termos de sua competência legalmente fixada.

Art. 5º Compete ao Ministério da Cultura, por meio da Fundação Cultural Palmares, assistir e acompanhar o Ministério do Desenvolvimento Agrário e o INCRA nas ações de regularização fundiária, para garantir a preservação da identidade cultural dos remanescentes das comunidades dos quilombos, bem como para subsidiar os trabalhos técnicos quando houver contestação ao procedimento de identificação e reconhecimento previsto neste Decreto.

Art. 6º Fica assegurada aos remanescentes das comunidades dos quilombos a participação em todas as fases do procedimento administrativo, diretamente ou por meio de representantes por eles indicados.

Art. 7º O INCRA, após concluir os trabalhos de campo de identificação, delimitação e levantamento ocupacional e cartorial, publicará edital por duas vezes consecutivas no Diário Oficial da União e no Diário Oficial da unidade federada onde se localiza a área sob estudo, contendo as seguintes informações:

I – denominação do imóvel ocupado pelos remanescentes das comunidades dos quilombos;

II – circunscrição judiciária ou administrativa em que está situado o imóvel;

III – limites, confrontações e dimensão constantes do memorial descritivo das terras a serem tituladas; e

IV – títulos, registros e matrículas eventualmente incidentes sobre as terras consideradas suscetíveis de reconhecimento e demarcação.

§ 1º A publicação do edital será afixada na sede da prefeitura municipal onde está situado o imóvel.

§ 2º O INCRA notificará os ocupantes e os confinantes da área delimitada.

Art. 8º Após os trabalhos de identificação e delimitação, o INCRA remeterá o relatório técnico aos órgãos e entidades abaixo relacionados, para, no prazo comum de trinta dias, opinar sobre as matérias de suas respectivas competências:

I – Instituto do Patrimônio Histórico e Nacional – IPHAN;

II – Instituto Brasileiro do Meio Ambiente e dos Recursos Naturais Renováveis – IBAMA;

III – Secretaria do Patrimônio da União, do Ministério do Planejamento, Orçamento e Gestão;

IV – Fundação Nacional do Índio – FUNAI;

V – Secretaria Executiva do Conselho de Defesa Nacional;

VI – Fundação Cultural Palmares.

Parágrafo único. Expirado o prazo e não havendo manifestação dos órgãos e entidades, dar-se-á como tácita a concordância com o conteúdo do relatório técnico.

Art. 9º Todos os interessados terão o prazo de noventa dias, após a publicação e notificações a que se refere o art. 7º, para oferecer contestações ao relatório, juntando as provas pertinentes.

Parágrafo único. Não havendo impugnações ou sendo elas rejeitadas, o INCRA concluirá o trabalho de titulação da terra ocupada pelos remanescentes das comunidades dos quilombos.

Art. 10. Quando as terras ocupadas por remanescentes das comunidades dos quilombos incidirem em terrenos de marinha, marginais de rios, ilhas e lagos, o INCRA e a Secretaria do Patrimônio da União tomarão as medidas cabíveis para a expedição do título.

Art. 11. Quando as terras ocupadas por remanescentes das comunidades dos quilombos estiverem sobrepostas às unidades de conservação constituídas, às áreas de segurança nacional, à faixa de fronteira e às terras indígenas, o INCRA, o IBAMA, a Secretaria-Executiva do Conselho de Defesa Nacional, a FUNAI e a Fundação Cultural Palmares tomarão as medidas cabíveis visando garantir a sustentabilidade destas comunidades, conciliando o interesse do Estado.

Art. 12. Em sendo constatado que as terras ocupadas por remanescentes das comunidades dos quilombos incidem sobre terras de propriedade dos Estados, do Distrito Federal ou dos Municípios, o INCRA encaminhará os autos para os entes responsáveis pela titulação.

Art. 13. Incidindo nos territórios ocupados por remanescentes das comunidades dos quilombos título de domínio particular não invalidado por nulidade, prescrição ou comisso, e nem tornado ineficaz por outros fundamentos, será realizada vistoria e avaliação do imóvel, objetivando a adoção dos atos necessários à sua desapropriação, quando couber.

§ 1º Para os fins deste Decreto, o INCRA estará autorizado a ingressar no imóvel de propriedade particular, operando as publicações editalícias do art. 7º efeitos de comunicação prévia.

§ 2º O INCRA regulamentará as hipóteses suscetíveis de desapropriação, com obrigatória disposição de prévio estudo sobre a autenticidade e legitimidade do título de propriedade, mediante levantamento da cadeia dominial do imóvel até a sua origem.

Art. 14. Verificada a presença de ocupantes nas terras dos remanescentes das comunidades dos quilombos, o INCRA acionará os dispositivos administrativos e legais para o reassentamento das famílias de agricultores pertencentes à clientela da reforma agrária ou a indenização das benfeitorias de boa-fé, quando couber.

Art. 15. Durante o processo de titulação, o INCRA garantirá a defesa dos interesses dos remanescentes das comunidades dos quilombos nas questões surgidas em decorrência da titulação das suas terras.

Art. 16. Após a expedição do título de reconhecimento de domínio, a Fundação Cultural Palmares garantirá assistência jurídica, em todos os graus, aos remanescentes das comunidades dos quilombos para defesa da posse contra esbulhos e turbações, para a proteção da integridade territorial da área delimitada e sua utilização por terceiros, podendo firmar convênios com outras entidades ou órgãos que prestem esta assistência.

Parágrafo único. A Fundação Cultural Palmares prestará assessoramento aos órgãos da Defensoria Pública quando estes órgãos representarem em juízo os interesses dos remanescentes das comunidades dos quilombos, nos termos do art. 134 da Constituição.

Art. 17. A titulação prevista neste Decreto será reconhecida e registrada mediante outorga de título coletivo e pró-indiviso às comunidades a que se refere o art. 2º, *caput*, com obrigatória inserção de cláusula de inalienabilidade, imprescritibilidade e de impenhorabilidade.

Parágrafo único. As comunidades serão representadas por suas associações legalmente constituídas.

Art. 18. Os documentos e os sítios detentores de reminiscências históricas dos antigos quilombos, encontrados por ocasião do procedimento de identificação, devem ser comunicados ao IPHAN.

Parágrafo único. A Fundação Cultural Palmares deverá instruir o processo para fins de registro ou tombamento e zelar pelo acautelamento e preservação do patrimônio cultural brasileiro.

Art. 19. Fica instituído o Comitê Gestor para elaborar, no prazo de noventa dias, plano de etnodesenvolvimento, destinado aos remanescentes das comunidades dos quilombos, integrado por um representante de cada órgão a seguir indicado:

I – Casa Civil da Presidência da República;

II – Ministérios:

a) da Justiça;

b) da Educação;

c) do Trabalho e Emprego;

d) da Saúde;

e) do Planejamento, Orçamento e Gestão;

f) das Comunicações;

g) da Defesa;

h) da Integração Nacional;

i) da Cultura;

j) do Meio Ambiente;

k) do Desenvolvimento Agrário;

l) da Assistência Social;

m) do Esporte;

n) da Previdência Social;

o) do Turismo;

p) das Cidades;

III – do Gabinete do Ministro de Estado Extraordinário de Segurança Alimentar e Combate à Fome;

IV – Secretarias Especiais da Presidência da República:

a) de Políticas de Promoção da Igualdade Racial;

b) de Aquicultura e Pesca; e

c) dos Direitos Humanos.

§ 1º O Comitê Gestor será coordenado pelo representante da Secretaria Especial de Políticas de Promoção da Igualdade Racial.

§ 2º Os representantes do Comitê Gestor serão indicados pelos titulares dos órgãos referidos nos incisos I a IV e designados pelo Secretário Especial de Políticas de Promoção da Igualdade Racial.

§ 3º A participação no Comitê Gestor será considerada prestação de serviço público relevante, não remunerada.

Art. 20. Para os fins de política agrícola e agrária, os remanescentes das comunidades dos quilombos receberão dos órgãos competentes tratamento preferencial, assistência técnica e linhas especiais de financiamento, destinados à realização de suas atividades produtivas e de infraestrutura.

Art. 21. As disposições contidas neste Decreto incidem sobre os procedimentos administrativos de reconhecimento em andamento, em qualquer fase em que se encontrem.

Parágrafo único. A Fundação Cultural Palmares e o INCRA estabelecerão regras de transição para a transferência dos processos administrativos e judiciais anteriores à publicação deste Decreto.

Art. 22. A expedição do título e o registro cadastral a ser procedido pelo INCRA far-se-ão sem ônus de qualquer espécie, independentemente do tamanho da área.

Parágrafo único. O INCRA realizará o registro cadastral dos imóveis titulados em favor dos remanescentes das comunidades dos quilombos em formulários específicos que respeitem suas características econômicas e culturais.

Art. 23. As despesas decorrentes da aplicação das disposições contidas neste Decreto correrão à conta das dotações orçamentárias consignadas na lei orçamentária anual para tal finalidade, observados os limites de movimentação e empenho e de pagamento.

Art. 24. Este Decreto entra em vigor na data de sua publicação.

Art. 25. Revoga-se o Decreto nº 3.912, de 10 de setembro de 2001.

Brasília, 20 de novembro de 2003; 182º da Independência e 115º da República.

LUIZ INÁCIO LULA DA SILVA

(DOU. de 21.11.2003)

DECRETO Nº 7.830, DE 17 DE OUTUBRO DE 2012

Dispõe sobre o Sistema de Cadastro Ambiental Rural, o Cadastro Ambiental Rural, estabelece normas de caráter geral aos Programas de Regularização Ambiental, de que trata a Lei nº 12.651, de 25 de maio de 2012, e dá outras providências.

A PRESIDENTA DA REPÚBLICA, no uso das atribuições que lhe confere o art. 84, *caput*, incisos IV e VI, alínea "a", da Constituição, e tendo em vista o disposto na Lei nº 12.651, de 25 de maio de 2012,

DECRETA:

CAPÍTULO I – DISPOSIÇÕES GERAIS

Art. 1º Este Decreto dispõe sobre o Sistema de Cadastro Ambiental Rural – SICAR, sobre o Cadastro Ambiental Rural – CAR, e estabelece normas de caráter geral aos Programas de Regularização Ambiental – PRA, de que trata a Lei nº 12.651, de 25 de maio de 2012.

Art. 2º Para os efeitos deste Decreto entende-se por:

I – Sistema de Cadastro Ambiental Rural – SICAR – sistema eletrônico de âmbito nacional destinado ao gerenciamento de informações ambientais dos imóveis rurais;

II – Cadastro Ambiental Rural – CAR – registro eletrônico de abrangência nacional junto ao órgão ambiental competente, no âmbito do Sistema Nacional de Informação sobre Meio Ambiente – SINIMA, obrigatório para todos os imóveis rurais, com a finalidade de integrar as informações ambientais das propriedades e posses rurais, compondo base de dados para controle, monitoramento, planejamento ambiental e econômico e combate ao desmatamento;

III – termo de compromisso – documento formal de adesão ao Programa de Regularização Ambiental – PRA, que contenha, no mínimo, os compromissos de manter, recuperar ou recompor as áreas de preservação permanente, de reserva legal e de uso restrito do imóvel rural, ou ainda de compensar áreas de reserva legal;

IV – área de remanescente de vegetação nativa – área com vegetação nativa em estágio primário ou secundário avançado de regeneração;

V – área degradada – área que se encontra alterada em função de impacto antrópico, sem capacidade de regeneração natural;

VI – área alterada – área que após o impacto ainda mantém capacidade de regeneração natural;

VII – área abandonada – espaço de produção convertido para o uso alternativo do solo sem nenhuma exploração produtiva há pelo menos trinta e seis meses e não formalmente caracterizado como área de pousio;

VIII – recomposição – restituição de ecossistema ou de comunidade biológica nativa degradada ou alterada a condição não degradada, que pode ser diferente de sua condição original;

IX – planta – representação gráfica plana, em escala mínima de 1:50.000, que contenha particularidades naturais e artificiais do imóvel rural;

X – croqui – representação gráfica simplificada da situação geográfica do imóvel rural, a partir de imagem de satélite georreferenciada disponibilizada via SICAR e que inclua os remanescentes de vegetação nativa, as servidões, as áreas de preservação permanente, as áreas de uso restrito, as áreas consolidadas e a localização das reservas legais;

XI – pousio – prática de interrupção temporária de atividades ou usos agrícolas, pecuários ou silviculturais, por no máximo cinco anos, para possibilitar a recuperação da capacidade de uso ou da estrutura física do solo;

XII – rio perene – corpo de água lótico que possui naturalmente escoamento superficial durante todo o período do ano;

XIII – rio intermitente – corpo de água lótico que naturalmente não apresenta escoamento superficial por períodos do ano;

XIV – rio efêmero – corpo de água lótico que possui escoamento superficial apenas durante ou imediatamente após períodos de precipitação;

XV – regularização ambiental – atividades desenvolvidas e implementadas no imóvel rural que visem a atender ao disposto na legislação ambiental e, de forma prioritária, à manutenção e recuperação de áreas de preservação permanente, de reserva legal e de uso restrito, e à compensação da reserva legal, quando couber;

XVI – sistema agroflorestal – sistema de uso e ocupação do solo em que plantas lenhosas perenes são manejadas em associação com plantas herbáceas, arbustivas, arbóreas, culturas agrícolas, forrageiras em uma mesma unidade de manejo, de acordo com arranjo espacial e temporal, com alta diversidade de espécies e interações entre estes componentes;

XVII – projeto de recomposição de área degradada e alterada – instrumento de planejamento das ações de recomposição contendo metodologias, cronograma e insumos; e

XVIII – Cota de Reserva Ambiental – CRA – título nominativo representativo de área com vegetação nativa existente ou em processo de recuperação conforme o disposto no art. 44 da Lei nº 12.651, de 2012.

CAPÍTULO II – DO SISTEMA DE CADASTRO AMBIENTAL RURAL E DO CADASTRO AMBIENTAL RURAL

SEÇÃO I – DO SISTEMA DE CADASTRO AMBIENTAL RURAL – SICAR

Art. 3º Fica criado o Sistema de Cadastro Ambiental Rural – SICAR, com os seguintes objetivos:

I – receber, gerenciar e integrar os dados do CAR de todos os entes federativos;

II – cadastrar e controlar as informações dos imóveis rurais, referentes a seu perímetro e localização, aos remanescentes de vegetação nativa, às áreas de interesse social, às áreas de utilidade pública, às Áreas de Preservação Permanente, às Áreas de Uso Restrito, às áreas consolidadas e às Reservas Legais;

III – monitorar a manutenção, a recomposição, a regeneração, a compensação e a supressão da vegetação nativa e da cobertura vegetal nas áreas de Preservação Permanente, de Uso Restrito, e de Reserva Legal, no interior dos imóveis rurais;

IV – promover o planejamento ambiental e econômico do uso do solo e conservação ambiental no território nacional; e

V – disponibilizar informações de natureza pública sobre a regularização ambiental dos imóveis rurais em território nacional, na Internet.

§ 1º Os órgãos integrantes do SINIMA disponibilizarão em sítio eletrônico localizado na Internet a interface de programa de cadastramento integrada ao SICAR destinado à inscrição, consulta e acompanhamento da situação da regularização ambiental dos imóveis rurais.

§ 2º Os entes federativos que não disponham de sistema para o cadastramento de imóveis rurais poderão utilizar o módulo de cadastro ambiental rural, disponível no SICAR, por meio de instrumento de cooperação com o Ministério do Meio Ambiente.

§ 3º Os órgãos competentes poderão desenvolver módulos complementares para atender a peculiaridades locais, desde que sejam compatíveis com o SICAR e observem os Padrões de Interoperabilidade de Governo Eletrônico – e-PING, em linguagem e mecanismos de gestão de dados.

§ 4º O Ministério do Meio Ambiente disponibilizará imagens destinadas ao mapeamento das propriedades e posses rurais para compor a base de dados do sistema de informações geográficas do SICAR, com vistas à implantação do CAR.

Art. 4º Os entes federativos que já disponham de sistema para o cadastramento de imóveis rurais deverão integrar sua base de dados ao SICAR, nos termos do inciso VIII do *caput* do art. 8º e do inciso VIII do *caput* do art. 9º da Lei Complementar nº 140, de 8 de dezembro de 2011.

SEÇÃO II – DO CADASTRO AMBIENTAL RURAL

Art. 5º O Cadastro Ambiental Rural – CAR deverá contemplar os dados do proprietário, possuidor rural ou responsável direto pelo imóvel rural, a respectiva planta georreferenciada do perímetro do imóvel, das áreas de interesse social e das áreas de utilidade pública, com a informação da localização dos remanescentes de vegetação nativa, das Áreas de Preservação Permanente, das Áreas de Uso Restrito, das áreas consolidadas e da localização das Reservas Legais.

Art. 6º A inscrição no CAR, obrigatória para todas as propriedades e posses rurais, tem natureza declaratória e permanente, e conterá informações sobre o imóvel rural, conforme o disposto no art. 21.

§ 1º As informações são de responsabilidade do declarante, que incorrerá em sanções penais e administrativas, sem prejuízo de outras previstas na legislação, quando total ou parcialmente falsas, enganosas ou omissas.

§ 2º A inscrição no CAR deverá ser requerida no prazo de 1 (um) ano contado da sua implantação, preferencialmente junto ao órgão ambiental municipal ou estadual competente do Sistema Nacional do Meio Ambiente – SISNAMA.

§ 3º As informações serão atualizadas periodicamente ou sempre que houver alteração de natureza dominial ou possessória.

§ 4º A atualização ou alteração dos dados inseridos no CAR só poderão ser efetuadas pelo proprietário ou possuidor rural ou representante legalmente constituído.

Art. 7º Caso detectadas pendências ou inconsistências nas informações declaradas e nos documentos apresentados no CAR, o órgão responsável deverá notificar o requerente, de uma única vez, para que preste informações complementares ou promova a correção e adequação das informações prestadas.

§ 1º Na hipótese do *caput*, o requerente deverá fazer as alterações no prazo estabelecido pelo órgão ambiental competente, sob pena de cancelamento da sua inscrição no CAR.

§ 2º Enquanto não houver manifestação do órgão competente acerca de pendências ou inconsistências nas informações declaradas e nos documentos apresentados para a inscrição no CAR, será considerada efetivada a inscrição do imóvel rural no CAR, para todos os fins previstos em lei.

§ 3º O órgão ambiental competente poderá realizar vistorias de campo sempre que julgar necessário para verificação das informações declaradas e acompanhamento dos compromissos assumidos.

§ 4º Os documentos comprobatórios das informações declaradas poderão ser solicitados, a qualquer tempo, pelo órgão competente, e poderão ser fornecidos por meio digital.

Art. 8º Para o registro no CAR dos imóveis rurais referidos no inciso V do *caput* do art. 3º, da Lei nº 12.651, de 2012, será observado procedimento simplificado, nos termos de ato do Ministro de Estado do Meio Ambiente, no qual será obrigatória apenas a identificação do proprietário ou possuidor rural, a comprovação da propriedade ou posse e a apresentação de croqui que indique o perímetro do imóvel, as Áreas de Preservação Permanente e os remanescentes que formam a Reserva Legal.

§ 1º Caberá ao proprietário ou possuidor apresentar os dados com a identificação da área proposta de Reserva Legal.

§ 2º Caberá aos órgãos competentes integrantes do SISNAMA, ou instituição por ele habilitada, realizar a captação das respectivas coordenadas geográficas, devendo o poder público prestar apoio técnico e jurídico, assegurada a gratuidade de que trata o parágrafo único do art. 53 da Lei nº 12.651, de 2012, sendo facultado ao proprietário ou possuidor fazê-lo por seus próprios meios.

§ 3º Aplica-se o disposto neste artigo ao proprietário ou posseiro rural com até quatro módulos fiscais que desenvolvam atividades agrossilvipastoris, e aos povos e comunidades indígenas e tradicionais que façam uso coletivo do seu território.

CAPÍTULO III – DO PROGRAMA DE REGULARIZAÇÃO AMBIENTAL – PRA

Art. 9º Serão instituídos, no âmbito da União, dos Estados e do Distrito Federal, Programas de Regularização Ambiental – PRAs, que compreenderão o conjunto de ações ou iniciativas a serem desenvolvidas por proprietários e posseiros rurais com o objetivo de adequar e promover a regularização ambiental com vistas ao cumprimento do disposto no Capítulo XIII da Lei nº 12.651, de 2012.

Parágrafo único. São instrumentos do Programa de Regularização Ambiental:

I – o Cadastro Ambiental Rural – CAR, conforme disposto no *caput* do art. 5º;

II – o termo de compromisso;

III – o Projeto de Recomposição de Áreas Degradadas e Alteradas; e,

IV – as Cotas de Reserva Ambiental – CRA, quando couber.

Art. 10. Os Programas de Regularização Ambiental – PRAs deverão ser implantados no prazo de um ano, contado da data da publicação da Lei nº 12.651, de 2012, prorrogável por uma única vez, por igual período, por ato do Chefe do Poder Executivo.

Art. 11. A inscrição do imóvel rural no CAR é condição obrigatória para a adesão ao PRA, a que deverá ser requerida pelo interessado no prazo de um ano, contado a partir da sua implantação, prorrogável por uma única vez, por igual período, por ato do Chefe do Poder Executivo.

Art. 12. No período entre a publicação da Lei nº 12.651, de 2012, e a implantação do PRA em cada Estado e no Distrito Federal, e após a adesão do interessado ao PRA e enquanto estiver sendo cumprido o termo de compromisso, o proprietário ou possuidor não poderá ser autuado por infrações cometidas antes de 22 de julho de 2008, relativas à supressão irregular de vegetação em Áreas de Preservação Permanente, de Reserva Legal e de uso restrito.

Art. 13. A partir da assinatura do termo de compromisso, serão suspensas as sanções decorrentes das infrações mencionadas no art. 12, e cumpridas as obrigações estabelecidas no PRA ou no termo de compromisso para a regularização ambiental das exigências previstas na Lei nº 12.651, de 2012, nos prazos e condições neles estabelecidos.

Parágrafo único. As multas decorrentes das infrações referidas no *caput* serão consideradas como convertidas em serviços de preservação, melhoria e recuperação da qualidade do meio ambiente, regularizando o uso de áreas rurais consolidadas conforme definido no PRA.

Art. 14. O proprietário ou possuidor rural inscrito no CAR que for autuado pelas infrações cometidas antes de 22 de julho de 2008, durante o prazo de que trata o art. 11, poderá promover a regularização da situação por meio da adesão ao PRA, aplicando-se-lhe o disposto no art. 13.

Art. 15. Os PRAs a serem instituídos pela União, Estados e Distrito Federal deverão incluir mecanismo que permita o acompanhamento de sua implementação, considerando os objetivos e metas nacionais para florestas, especialmente a implementação dos instrumentos previstos na Lei nº 12.651, de 2012, a adesão cadastral dos proprietários e possuidores de imóvel rural, a evolução da regularização das propriedades e posses rurais, o grau de regularidade do uso de matéria-prima florestal e o controle e prevenção de incêndios florestais.

Art. 16. As atividades contidas nos Projetos de Recomposição de Áreas Degradadas e Alteradas deverão ser concluídas de acordo com o cronograma previsto no Termo de Compromisso.

§ 1º A recomposição da Reserva Legal de que trata o art. 66 da Lei nº 12.651, de 2012, deverá atender os critérios estipulados pelo órgão competente do SISNAMA e ser concluída em até vinte anos, abrangendo, a cada dois anos, no mínimo um décimo da área total necessária à sua complementação.

§ 2º É facultado ao proprietário ou possuidor de imóvel rural, o uso alternativo do solo da área necessária à recomposição ou regeneração da Reserva Legal, resguardada a área da parcela mínima definida no Termo de Compromisso que já tenha sido ou que esteja sendo recomposta ou regenerada, devendo adotar boas práticas agronômicas com vistas à conservação do solo e água.

Art. 17. Os PRAs deverão prever as sanções a serem aplicadas pelo não cumprimento dos Termos de Compromisso firmados nos termos deste Decreto.

Art. 18. A recomposição das áreas de reserva legal poderá ser realizada mediante o plantio intercalado de espécies nativas e exóticas, em sistema agroflorestal, observados os seguintes parâmetros:

I – o plantio de espécies exóticas deverá ser combinado com as espécies nativas de ocorrência regional; e

II – a área recomposta com espécies exóticas não poderá exceder a cinquenta por cento da área total a ser recuperada.

Parágrafo único. O proprietário ou possuidor de imóvel rural que optar por recompor a reserva legal com utilização do plantio intercalado de espécies exóticas terá direito a sua exploração econômica.

Art. 19. A recomposição das Áreas de Preservação Permanente poderá ser feita, isolada ou conjuntamente, pelos seguintes métodos:

I – condução de regeneração natural de espécies nativas;

II – plantio de espécies nativas;

III – plantio de espécies nativas conjugado com a condução da regeneração natural de espécies nativas; e

IV – plantio intercalado de espécies lenhosas, perenes ou de ciclo longo, exóticas com nativas de ocorrência regional, em até cinquenta por cento da área total a ser recomposta, no caso dos imóveis a que se refere o inciso V do *caput* do art. 3º da Lei nº 12.651, de 2012.

§ 1º Para os imóveis rurais com área de até um módulo fiscal que possuam áreas consolidadas em Áreas de Preservação Permanente ao longo de cursos d'água naturais, será obrigatória a recomposição das respectivas faixas marginais em cinco metros, contados da borda da calha do leito regular, independentemente da largura do curso d´água.

§ 2º Para os imóveis rurais com área superior a um módulo fiscal e de até dois módulos fiscais que possuam áreas consolidadas em Áreas de Preservação Permanente ao longo de cursos d'água naturais, será obrigatória a recomposição das respectivas faixas marginais em oito metros, contados da borda da calha do leito regular, independentemente da largura do curso d´água.

§ 3º Para os imóveis rurais com área superior a dois módulos fiscais e de até quatro módulos fiscais que possuam áreas consolidadas em Áreas de Preservação Permanente ao longo de cursos d'água naturais, será obrigatória a recomposição das respectivas faixas marginais em quinze metros, contados da borda da calha do leito regular, independentemente da largura do curso d'água.

§ 4º Para fins do que dispõe o inciso II do § 4º do art. 61-A da Lei nº 12.651, de 2012, a recomposição das faixas marginais ao longo dos cursos d'água naturais será de, no mínimo:

I – vinte metros, contados da borda da calha do leito regular, para imóveis com área superior a quatro e de até dez módulos fiscais, nos cursos d'água com até dez metros de largura; e

II – nos demais casos, extensão correspondente à metade da largura do curso d'água, observado o mínimo de trinta e o máximo de cem metros, contados da borda da calha do leito regular.

§ 5º Nos casos de áreas rurais consolidadas em Áreas de Preservação Permanente no entorno de nascentes e olhos d'água perenes, será admitida a manutenção de atividades agrossilvipastoris, de ecoturismo ou de turismo rural, sendo obrigatória a recomposição do raio mínimo de quinze metros.

§ 6º Para os imóveis rurais que possuam áreas consolidadas em Áreas de Preservação Permanente no entorno de lagos e lagoas naturais, será admitida a manutenção de atividades agrossilvipastoris, de ecoturismo ou de turismo rural, sendo obrigatória a recomposição de faixa marginal com largura mínima de:

I – cinco metros, para imóveis rurais com área de até um módulo fiscal;

II – oito metros, para imóveis rurais com área superior a um módulo fiscal e de até dois módulos fiscais;

III – quinze metros, para imóveis rurais com área superior a dois módulos fiscais e de até quatro módulos fiscais; e

IV – trinta metros, para imóveis rurais com área superior a quatro módulos fiscais.

§ 7º Nos casos de áreas rurais consolidadas em veredas, será obrigatória a recomposição das faixas marginais, em projeção horizontal, delimitadas a partir do espaço brejoso e encharcado, de largura mínima de:

I – trinta metros, para imóveis rurais com área de até quatro módulos fiscais; e

II – cinquenta metros, para imóveis rurais com área superior a quatro módulos fiscais.

§ 8º Será considerada, para os fins do disposto neste artigo, a área detida pelo imóvel rural em 22 de julho de 2008.

CAPÍTULO IV – DISPOSIÇÕES FINAIS

Art. 20. Os proprietários ou possuidores de imóveis rurais que firmaram o Termo de Adesão e Compromisso que trata o inciso I do *caput* do art. 3º do Decreto nº 7.029, de 10 de dezembro de 2009, até a data de publicação deste Decreto, não serão autuados com base nos arts. 43, 48, 51 e 55 do Decreto nº 6.514, de 22 de julho de 2008.

Art. 21. Ato do Ministro de Estado do Meio Ambiente estabelecerá a data a partir da qual o CAR será considerado implantado para os fins do disposto neste Decreto e detalhará as informações e os documentos necessários à inscrição no CAR, ouvidos os Ministros de Estado da Agricultura, Pecuária e Abastecimento e do Desenvolvimento Agrário.

Art. 22. Este Decreto entra em vigor na data de sua publicação.

Art. 23. Fica revogado o Decreto nº 7.029, de 10 de dezembro de 2009.

Brasília, 17 de outubro de 2012;
191º da Independência e 124º da República.
DILMA ROUSSEFF
(DOU de 18.10.2012)

DECRETO Nº 9.310, DE 15 DE MARÇO DE 2018

Institui as normas gerais e os procedimentos aplicáveis à Regularização Fundiária Urbana e estabelece os procedimentos para a avaliação e a alienação dos imóveis da União.

- *Lei 13.465/2017 (Regularização fundiária urbana e rural)*
- *Lei 11.952/2009 (Regularização fundiária no âmbito da Amazônia Legal)*
- *Lei 11.481/2007 (Regularização fundiária de interesse social em imóveis da União)*
- *Decreto 10.592/2020 (Regulamenta a Lei n. 11.952/2009)*
- *Decreto 7.341/2010 (Regulamenta a Lei n. 11.952/2009)*
- *Instrução Normativa INCRA n. 124/2022 (Procedimentos para análise do cumprimento e liberação das cláusulas e condições resolutivas de instrumentos de titulação decorrentes de regularização fundiária, incidentes em áreas do Instituto Nacional de Colonização e Reforma Agrária e da União sob gestão do Incra)*
- *Provimentos 44/2015 (Registro da regularização fundiária urbana),*
- *Provimento CNJ 144/2023 (Programa Permanente de Regularização Fundiária na Amazônia Legal, institui a Semana Nacional de Regularização Fundiária)*
- *Provimento CNJ n. 158/2023 (Solo Seguro Favela)*
- *Enunciados 16 e 71, I Jornada de Direito Notarial e Registral*

O PRESIDENTE DA REPÚBLICA, no uso das atribuições que lhe confere o art. 84, *caput*, incisos IV e VI, alínea "a", da Constituição, e tendo em vista o disposto na Lei nº 13.465, de 11 de julho de 2017, e nos art. 37, art. 38, art. 39 e art. 40, *caput* e § 1º a § 4º, § 41, § 42, § 44 e § 47 a § 52, da Lei nº 6.766, de 19 de dezembro de 1979,

DECRETA:

TÍTULO I – DA REGULARIZAÇÃO FUNDIÁRIA URBANA

CAPÍTULO I – DISPOSIÇÕES GERAIS

Art. 1º Ficam instituídos as normas gerais e os procedimentos aplicáveis à Regularização Fundiária Urbana - Reurb, a qual abrange as medidas jurídicas, urbanísticas, ambientais e sociais destinadas à incorporação dos núcleos urbanos informais ao ordenamento territorial urbano e à titulação dos seus ocupantes.

§ 1º Os Poderes Públicos formularão e desenvolverão, no espaço urbano, as políticas de suas competências de acordo com os princípios de sustentabilidade econômica, social e ambiental e ordenação territorial, de forma a buscar a ocupação do solo de maneira eficiente e combinar o seu uso de forma funcional.

§ 2º A Reurb promovida por meio da legitimação fundiária somente poderá ser aplicada para os núcleos urbanos informais comprovadamente existentes em 22 de dezembro de 2016, nos termos do disposto na Lei nº 13.465, de 11 de julho de 2017, e neste Decreto.

Art. 2º Constituem objetivos da Reurb, a serem observados pela União, pelos Estados, pelo Distrito Federal e pelos Municípios:

I - identificar os núcleos urbanos informais a serem regularizados, organizá-los e assegurar a prestação de serviços públicos aos seus ocupantes, de modo a melhorar as condições urbanísticas e ambientais em relação à situação de ocupação informal anterior;

II - criar unidades imobiliárias compatíveis com o ordenamento territorial urbano e constituir sobre elas direitos reais em favor dos seus ocupantes;

III - ampliar o acesso à terra urbanizada pela população de baixa renda, de modo a priorizar a permanência dos ocupantes nos próprios núcleos urbanos informais regularizados;

IV - promover a integração social e a geração de emprego e renda;

V - estimular a resolução extrajudicial de conflitos, em reforço à consensualidade e à cooperação entre Estado e sociedade;

VI - garantir o direito social à moradia digna e às condições de vida adequadas;

VII - garantir a efetivação da função social da propriedade;

VIII - ordenar o pleno desenvolvimento das funções sociais da cidade e garantir o bem-estar de seus habitantes;

IX - concretizar o princípio constitucional da eficiência na ocupação e no uso do solo;

X - prevenir e desestimular a formação de novos núcleos urbanos informais;

XI - conceder direitos reais, preferencialmente em nome da mulher; e

XII - franquear a participação dos interessados nas etapas do processo de regularização fundiária.

Art. 3º Para fins do disposto na Lei nº 13.465, de 2017, e neste Decreto, considera-se:

I - núcleo urbano - assentamento humano, com uso e características urbanas, constituído por unidades imobiliárias com área inferior à fração mínima de parcelamento prevista no art. 8º da Lei nº 5.868, de 12 de dezembro de 1972, independentemente da propriedade do solo, ainda que situado em área qualificada ou inscrita como rural;

II - núcleo urbano informal - aquele clandestino, irregular ou no qual não tenha sido possível realizar a titulação de seus ocupantes, ainda que atendida a legislação vigente à época de sua implantação ou regularização;

III - núcleo urbano informal consolidado - aquele de difícil reversão, considerados o tempo da ocupação, a natureza das edificações, a localização das vias de circulação e a presença de equipamentos públicos, entre outras circunstâncias a serem avaliadas pelo Município ou pelo Distrito Federal;

IV - demarcação urbanística - procedimento destinado a identificar os imóveis públicos e privados abrangidos pelo núcleo urbano informal e a obter a anuência dos titulares de direitos inscritos nas matrículas ou nas transcrições dos imóveis ocupados para possibilitar a averbação nas matrículas da viabilidade da regularização fundiária, a ser promovida a critério do Município ou do Distrito Federal;

V - Certidão de Regularização Fundiária - CRF - documento expedido pelo Município ou pelo Distrito Federal ao final do procedimento da Reurb, constituído do projeto de regularização fundiária aprovado, do termo de compromisso relativo a sua execução e, no caso da legitimação fundiária e da legitimação de posse, da listagem dos ocupantes do núcleo urbano informal regularizado, da devida qualificação destes e dos direitos reais que lhes foram conferidos;

VI - legitimação de posse - ato do Poder Público destinado a conferir título, por meio do qual fica reconhecida a posse de imóvel objeto da Reurb, conversível em aquisição de direito real de propriedade na forma estabelecida na Lei nº 13.465, de 2017, e neste Decreto, e do qual conste a identificação de seus ocupantes, o tempo da ocupação e a natureza da posse;

VII - legitimação fundiária - mecanismo de reconhecimento da aquisição originária do direito real de propriedade sobre unidade imobiliária objeto de Reurb; e

VIII - ocupante - aquele que mantenha poder de fato sobre o lote ou a fração ideal de imóvel público ou privado em núcleos urbanos informais.

§ 1º Para fins de Reurb, os Municípios e o Distrito Federal poderão dispensar as exigências relativas ao percentual e às dimensões de áreas destinadas ao uso público, ao tamanho dos lotes regularizados ou a outros parâmetros urbanísticos e edilícios.

§ 2º O termo de compromisso referido no inciso V do *caput* conterá o cronograma da execução de obras e serviços e da implantação da infraestrutura essencial e poderá prever compensações urbanísticas e ambientais, quando necessárias.

§ 3º Constatada a existência de núcleo urbano informal situado, total ou parcialmente, em área de preservação permanente ou em área de unidade de conservação de uso sustentável ou de proteção de mananciais definidas pela União, pelos Estados, pelo Distrito Federal ou pelos Municípios, a Reurb observará, também, o disposto nos art. 64 e art. 65 da Lei nº 12.651, de 25 de maio de 2012, e será obrigatória a elaboração de estudo técnico que comprove que as intervenções de regularização fundiária implicam a melhoria das condições ambientais em relação à situação de ocupação informal anterior com a adoção das medidas nele preconizadas, inclusive por meio de compensações ambientais, quando necessárias.

§ 4º Cabe aos Municípios e ao Distrito Federal a aprovação do projeto de regularização fundiária do núcleo urbano informal de que trata o § 3º.

§ 5º Constatada a existência de núcleo urbano informal situado, total ou parcialmente, em área de unidade de conservação de uso sustentável que, nos termos da Lei nº 9.985, de 18 de julho de 2000, admita a regularização, a anuência do órgão gestor da unidade será exigida, desde que estudo técnico comprove que essas intervenções de regularização fundiária impliquem a melhoria das condições ambientais em relação à situação de ocupação informal anterior, o órgão gestor da unidade de conservação de uso sustentável deverá se manifestar, para fins de Reurb, no prazo de noventa dias, contado da data do protocolo da solicitação.

§ 6º Na hipótese de recusa à anuência a que se refere o § 5º pelo órgão gestor da unidade, este emitirá parecer, técnica e legalmente fundamentado, que justifique a negativa para realização da Reurb.

§ 7º Na Reurb em núcleos urbanos informais situados às margens de reservatório artificial de água destinado à geração de energia ou ao abastecimento público, a faixa da área de preservação permanente consistirá na distância entre o nível máximo operativo normal e a cota máxima maximorum.

§ 8º Não é admitida a Reurb em núcleos urbanos informais situados em áreas indispensáveis à segurança nacional ou de interesse da defesa, assim reconhecidas em ato do Presidente da República.

§ 9º É admitida a Reurb em núcleos urbanos informais situados na faixa de fronteira estabelecida na Lei nº 6.634, de 2 de maio de 1979, exceto na hipótese referida no § 8º.

§ 10. Consideram-se áreas indispensáveis à segurança nacional para fins do disposto neste Decreto, os locais e as adjacências onde o Presidente da República e o Vice-Presidente da República trabalham ou residem oficialmente durante o mandato presidencial, e das infraestruturas críticas, cujas instalações, serviços e bens, se forem interrompidos ou destruídos, provocarão sérios impactos à sociedade e ao Estado.

§ 11. As infraestruturas críticas cujas instalações, serviços e bens, se forem interrompidos ou destruídos, provocarão sérios impactos à sociedade e ao Estado, serão definidas em ato do Presidente da República, consultado o Gabinete de Segurança Institucional da Presidência da República.

§ 12. Aplica-se o disposto no § 10 quanto às instalações, e às suas adjacências, utilizadas de forma permanente ou não pelo Presidente da República e pelo Vice-Presidente da República, conforme indicação definida em ato do Ministro de Estado Chefe do Gabinete de Segurança Institucional da Presidência da República.

§ 13. O disposto na Lei nº 13.465, de 2017, e neste Decreto se aplica aos imóveis localizados em área rural, desde que a unidade imobiliária tenha área inferior à fração mínima de parcelamento prevista no art. 8º da Lei nº 5.868, de 1972.

§ 14. Após a Reurb de núcleos urbanos informais situados em áreas qualificadas como rurais, os Municípios e o Distrito Federal poderão efetuar o cadastramento das novas unidades imobiliárias, para fins de lançamento dos tributos municipais e distritais.

Art. 4º A aprovação municipal e distrital da Reurb de que trata o § 4º do art. 3º corresponde à aprovação urbanística do projeto de regularização fundiária, e à aprovação ambiental, se o Município tiver órgão ambiental capacitado.

§ 1º A aprovação ambiental a que se refere o *caput* corresponde à aprovação do estudo técnico ambiental a que se refere o inciso VIII do *caput* do art. 30.

§ 2º Considera-se órgão ambiental capacitado o órgão municipal que possua, em seus quadros ou à sua disposição, profissionais com atribuição técnica para a análise e a aprovação dos estudos referidos no art. 3º, independentemente da existência de convênio com os Estados ou com a União.

§ 3º A aprovação ambiental poderá ser feita pelos Estados, na hipótese de o Município não ter órgão ambiental capacitado.

§ 4º O estudo técnico ambiental será obrigatório somente para as parcelas dos núcleos urbanos informais situados nas áreas de preservação permanente, nas unidades de conservação de uso sustentável ou nas áreas de proteção de mananciais e poderá ser feito em fases ou etapas e a parte do núcleo urbano informal não afetada pelo estudo poderá ter seu projeto de regularização fundiária aprovado e levado a registro separadamente.

§ 5º Na Reurb de Interesse Social - Reurb-S, quando houver estudo técnico ambiental, este deverá comprovar que as intervenções da regularização fundiária implicam a melhoria das condições ambientais em relação à situação de ocupação informal anterior com a adoção das medidas nele preconizadas e deverá conter, no mínimo, os seguintes elementos previstos no art. 64 da Lei nº 12.651, de 2012:

I - caracterização da situação ambiental da área a ser regularizada;

II - especificação dos sistemas de saneamento básico;

III - proposição de intervenções para a prevenção e o controle de riscos geotécnicos e de inundações;

IV - recuperação de áreas degradadas e daquelas não passíveis de regularização;

V - comprovação da melhoria das condições de sustentabilidade urbano-ambiental, considerados o uso adequado dos recursos hídricos, a não ocupação das áreas de risco e a proteção das unidades de conservação, quando for o caso; *(Redação dada pelo Decreto nº 9.597, de 2018)*

VI - comprovação da melhoria da habitabilidade dos moradores propiciada pela regularização proposta; e

VII - demonstração de garantia de acesso livre e gratuito pela população às praias e aos corpos d'água, quando couber.

§ 6º Na Reurb de Interesse Específico - Reurb-E, quando houver estudo técnico ambiental, este deverá comprovar que as intervenções da regularização fundiária implicam a melhoria das condições ambientais em relação à situação de ocupação informal anterior com a adoção das medidas nele preconizadas e deverá conter, no mínimo, os seguintes elementos previstos no art. 65 da Lei nº 12.651, de 2012:

I - caracterização físico-ambiental, social, cultural e econômica da área;

II - identificação dos recursos ambientais, dos passivos e das fragilidades ambientais e das restrições e potencialidades da área;

III - especificação e a avaliação dos sistemas de infraestrutura urbana e de saneamento básico implantados, além de outros serviços e equipamentos públicos;

IV - identificação das unidades de conservação e das áreas de proteção de mananciais na área de influência direta da ocupação, sejam elas águas superficiais, sejam subterrâneas; *(Redação dada pelo Decreto nº 9.597, de 2018)*

V - especificação da ocupação consolidada existente na área;

VI - identificação das áreas consideradas de risco de inundações e de movimentos de massa rochosa, tais como deslizamento, queda e rolamento de blocos, corrida de lama e outras definidas como de risco geotécnico;

VII - indicação das faixas ou áreas em que devem ser resguardadas as características típicas da área de preservação permanente com a proposta de recuperação de áreas degradadas e daquelas não passíveis de regularização;

VIII - avaliação dos riscos ambientais;

IX - comprovação da melhoria das condições de sustentabilidade urbano-ambiental e de habitabilidade dos moradores a partir da regularização; e

X - demonstração de garantia de acesso livre e gratuito pela população às praias e aos corpos d'água, quando couber.

§ 7º Para fins da regularização ambiental prevista no § 6º, ao longo dos rios ou de qualquer curso d'água, será mantida faixa não edificável com largura mínima de quinze metros de cada lado. *(Redação dada pelo Decreto nº 9.597, de 2018)*

§ 8º Em áreas urbanas tombadas como patrimônio histórico e cultural, a faixa não edificável de que trata o inciso anterior poderá ser redefinida de maneira a atender aos parâmetros do ato do tombamento.

§ 9º Os estudos de que trata este artigo deverão ser elaborados por profissional legalmente habilitado e estar compatibilizados com o projeto de regularização fundiária e conter, conforme o caso, os elementos constantes dos art. 64 ou art. 65 da Lei nº 12.651, de 25 de maio de 2012.

Art. 5º A Reurb compreende duas modalidades:

I - Reurb-S - regularização fundiária aplicável aos núcleos urbanos informais ocupados predominantemente por população de baixa renda, assim declarados em ato do Poder Público municipal ou distrital; e

II - Reurb-E - regularização fundiária aplicável aos núcleos urbanos informais ocupados por população não qualificada na hipótese de que trata o inciso I.

§ 1º Serão isentos de custas e emolumentos, entre outros, os atos registrais relacionados à Reurb-S conforme disposto no Capítulo V.

§ 2º O registro dos atos de que trata § 1º independe da comprovação do pagamento de tributos ou de penalidades tributárias.

§ 3º O disposto nos § 1º e § 2º aplica-se também à Reurb-S que tenha por objeto conjuntos habitacionais ou condomínios de interesse social construídos pelo Poder Público, diretamente ou por meio da administração pública indireta, que já tenham sido implantados em 22 de dezembro de 2016.

§ 4º No mesmo núcleo urbano informal poderá haver as duas modalidades de Reurb, desde que a parte ocupada predominantemente por população de baixa renda seja regularizada por meio de Reurb-S e o restante do núcleo por meio de Reurb-E. *(Redação dada pelo Decreto nº 9.597, de 2018)*

§ 5º Na Reurb, os Municípios e o Distrito Federal poderão admitir o uso misto de atividades como forma de promover a integração social e a geração de emprego e renda no núcleo urbano informal regularizado. *(Redação dada pelo Decreto nº 9.597, de 2018)*

§ 6º A regularização fundiária de núcleos urbanos informais constituídos por unidades imobiliárias não residenciais poderá ser feita por meio de Reurb-E.

§ 7º A classificação da modalidade da Reurb de unidades imobiliárias residenciais ou não residenciais integrantes de núcleos urbanos informais poderá ser feita, a critério do Município ou do Distrito Federal, ou quando for o caso, dos Estados e da União, de forma integral, por partes ou de forma isolada por unidade imobiliária.

§ 8º A classificação da modalidade visa exclusivamente à identificação dos responsáveis pela implantação ou adequação das obras da infraestrutura essencial e ao reconhecimento do direito à gratuidade das custas e dos emolumentos notariais e registrais em favor daqueles a quem for atribuído o domínio das unidades imobiliárias regularizadas.

§ 9º Os cartórios que não cumprirem o disposto neste artigo, que retardarem ou não efetuarem o registro de acordo com as normas previstas neste Decreto, por ato não justificado, ficarão sujeitos às sanções previstas no art. 44 da Lei nº 11.977, de 2009, observado o disposto nos § 3º-A e § 3º-B do art. 30 da Lei nº 6.015, de 31 de dezembro de 1973.

§ 10. A partir da disponibilidade de equipamentos e infraestrutura para prestação de serviço público de abastecimento de água, coleta de esgoto, distribuição de energia elétrica, ou outros serviços públicos, é obrigatório aos beneficiários do Reurb realizar a conexão da edificação que ocupem à rede de água, de coleta de esgoto ou de distribuição de energia elétrica e adotar as demais providências necessárias à utilização do serviço, exceto se houver disposição em contrário na legislação municipal ou distrital.

Art. 6º Para a classificação da Reurb na modalidade Reurb-S, a composição ou a faixa da renda familiar para definição de população de baixa renda poderá ser estabelecida em ato do Poder Público municipal ou distrital, consideradas as peculiaridades locais e regionais de cada ente federativo.

Parágrafo único. A renda familiar prevista no *caput* não poderá ser superior ao quíntuplo do salário mínimo vigente no País.

Art. 7º Poderão requerer a instauração da Reurb:

I - a União, os Estados, o Distrito Federal e os Municípios, diretamente ou por meio de entidades da administração pública indireta;

II - os seus beneficiários, individual ou coletivamente, diretamente ou por meio de cooperativas habitacionais, associações de moradores, fundações, organizações sociais, organizações da sociedade civil

de interesse público ou outras associações civis que tenham por finalidade atuar nas áreas de desenvolvimento urbano ou de regularização fundiária urbana;
III - os proprietários dos imóveis ou dos terrenos, os loteadores ou os incorporadores;
IV - a Defensoria Pública, em nome dos beneficiários hipossuficientes; e
V - o Ministério Público.
§ 1º Os legitimados poderão promover os atos necessários à regularização fundiária, inclusive requerer os atos de registro.
§ 2º Nas hipóteses de parcelamento do solo, de conjunto habitacional ou de condomínio informal, empreendidos por particular, a conclusão da Reurb confere direito de regresso àqueles que suportarem os seus custos e as suas obrigações contra os responsáveis pela implantação dos núcleos urbanos informais. *(Redação dada pelo Decreto nº 9.597, de 2018)*
§ 3º O requerimento de instauração da Reurb pelos proprietários de terreno, pelos loteadores ou pelos incorporadores que tenham dado causa à formação de núcleos urbanos informais, ou por seus sucessores, não os eximirá de responsabilidades administrativa, civil ou criminal.

CAPÍTULO II – DOS INSTRUMENTOS DA REGULARIZAÇÃO FUNDIÁRIA URBANA

SEÇÃO I – DISPOSIÇÕES GERAIS

Art. 8º Os seguintes institutos jurídicos poderão ser empregados no âmbito da Reurb, sem prejuízo de outros considerados adequados:
I - a legitimação fundiária e a legitimação de posse, nos termos da Lei nº 13.465, de 2017, e deste Decreto;
II - o usucapião, nos termos do art. 1.238 ao art. 1.244 da Lei nº 10.406, de 10 de janeiro de 2002 - Código Civil, do art. 9º ao art. 14 da Lei nº 10.257, de 10 de julho de 2001, e do art. 216-A da Lei nº 6.015, de 1973;
III - a desapropriação em favor dos possuidores, nos termos dos § 4º e § 5º do art. 1.228 da Lei nº 10.406, de 2002 - Código Civil;
IV - a arrecadação de bem vago, nos termos do art. 1.276 da Lei nº 10.406, de 2002 - Código Civil;
V - o consórcio imobiliário, nos termos do art. 46 da Lei nº 10.257, de 2001;
VI - a desapropriação por interesse social, nos termos do inciso IV do *caput* do art. 2º da Lei nº 4.132, de 10 de setembro de 1962;
VII - o direito de preempção, nos termos do inciso I do *caput* do art. 26 da Lei nº 10.257, de 2001;
VIII - a transferência do direito de construir, nos termos do inciso III do *caput* do art. 35 da Lei nº 10.257, de 2001;
IX - a requisição, em caso de perigo público iminente, nos termos do § 3º do art. 1.228 da Lei nº 10.406, de 2002 - Código Civil;
X - a intervenção do Poder Público em parcelamento clandestino ou irregular, nos termos do art. 40 da Lei nº 6.766, de 19 de dezembro de 1979;
XI - a alienação de imóvel pela administração pública diretamente para o seu detentor, nos termos da alínea "f" do inciso I do *caput* do art. 17 da Lei nº 8.666, de 21 de junho de 1993;
XII - a concessão de uso especial para fins de moradia;
XIII - a concessão de direito real de uso;
XIV - a doação;
XV - a compra e venda;
XVI - o condomínio de lotes a que se refere o Capítulo VII;
XVII - o loteamento de acesso controlado a que se refere o art. 78 da Lei nº 13.465, de 2017; e
XVIII - o condomínio urbano simples a que se refere o Capítulo IX.
Parágrafo único. Na Reurb, poderão ser utilizados mais de um dos instrumentos previstos neste artigo.

Art. 9º Na Reurb-E, promovida sobre bem público, se houver solução consensual, a aquisição de direitos reais pelo particular ficará condicionada ao pagamento do valor justo da unidade imobiliária regularizada, a ser apurado na forma estabelecida em ato do Poder Público titular do domínio e não serão considerados o valor das acessões e benfeitorias feitas pelo ocupante e a valorização decorrente da implantação dessas acessões e benfeitorias.
Parágrafo único. As áreas de propriedade do Poder Público registradas no cartório de registro de imóveis que sejam objeto de ação judicial que verse sobre a sua titularidade poderão ser objeto de Reurb-E, desde que celebrado acordo judicial ou extrajudicial, na forma estabelecida na Lei nº 13.465, de 2017, e neste Decreto, homologado pelo juiz.

Art. 10. Na Reurb-S, promovida sobre bem público, o registro projeto de regularização fundiária e a constituição de direito real em nome dos beneficiários poderão ser feitas em ato único, a critério do Poder Público promovente.
§ 1º Na hipótese a que se refere o *caput*, serão encaminhados ao cartório de registro de imóveis o instrumento indicativo do direito real constituído, a listagem dos ocupantes que serão beneficiados pela Reurb e as suas qualificações, com a indicação de suas unidades, dispensada a apresentação de título cartorial individualizado e de cópias da documentação referente à qualificação de cada beneficiário.
§ 2º A qualificação dos beneficiários a que se refere o § 1º será constituída de:
I - nome completo;
II - estado civil; e
III - número de inscrição no Cadastro de Pessoas Físicas - CPF.
§ 3º Poderá haver mais de um documento indicativo do direito real constituído em um núcleo urbano informal e caberá ao Poder Público titular do domínio indicar a qual direito real cada beneficiário faz jus.
§ 4º O procedimento previsto neste artigo poderá ser aplicado no todo ou em parte do núcleo urbano informal e as unidades que não se enquadrarem neste artigo poderão ser tituladas individualmente.
§ 5º A listagem dos ocupantes e o instrumento indicativo do direito real constituído, previstos no § 1º, poderão ser encaminhados ao cartório de registro de imóveis em momento posterior ao registro da CRF.
§ 6º Na Reurb-S promovida pela União, pelos Estados ou pelo Distrito Federal em áreas de suas propriedades, caberá a estes a definição do instrumento indicativo do direito real constituído e a listagem dos ocupantes a serem beneficiados, que poderão ser encaminhados ao cartório de registro de imóveis juntamente com a CRF ou em momento posterior, conforme previsto no § 5º .

Art. 11. Os Municípios e o Distrito Federal poderão instituir, como instrumento de planejamento urbano, Zonas Especiais de Interesse Social - Zeis, no âmbito da política de ordenamento do seu território.
§ 1º Para efeitos do disposto na Lei nº 13.465, de 2017, e neste Decreto, considera-se Zeis a parcela de área urbana instituída pelo plano diretor ou por outra lei municipal ou distrital, destinada preponderantemente à população de baixa renda e sujeita a regras específicas de parcelamento, uso e ocupação do solo.
§ 2º A Reurb não ficará condicionada à existência de Zeis.

SEÇÃO II – DA DEMARCAÇÃO URBANÍSTICA

Art. 12. O Poder Público poderá utilizar o procedimento de demarcação urbanística, com base no levantamento da situação da área a ser regularizada e na caracterização do núcleo urbano informal a ser regularizado.
§ 1º O auto de demarcação urbanística será instruído com os seguintes documentos:
I - planta e memorial descritivo da área a ser regularizada, dos quais constarão:
a) as medidas perimetrais;
b) a área total;
c) os confrontantes;
d) as coordenadas georreferenciadas dos vértices definidores de seus limites;
e) os números das matrículas ou das transcrições atingidas;
f) a indicação dos proprietários identificados; e
g) a ocorrência de situações de domínio privado com proprietários não identificados em razão de descrições imprecisas dos registros anteriores; e
II - planta de sobreposição do imóvel demarcado com a situação da área constante do registro dos imóveis.
§ 2º O auto de demarcação urbanística poderá abranger uma parte ou a totalidade de um ou mais imóveis que se enquadrem em uma ou mais das seguintes hipóteses:
I - domínio privado com proprietários não identificados, em razão de descrições imprecisas dos registros anteriores;
II - domínio privado registrado no cartório de registro de imóveis competente, ainda que de proprietários distintos; ou
III - domínio público.
§ 3º O procedimento de demarcação urbanísticas não constitui condição para o processamento e a efetivação da Reurb.

Art. 13. O Poder Público notificará os titulares de domínio e os confrontantes da área demarcada, pessoalmente ou por via postal, com aviso de recebimento, no endereço que constar da matrícula ou da transcrição, para, que estes, querendo, apresentem impugnação à demarcação urbanística, no prazo comum de trinta dias.

§ 1º Os titulares de domínio ou os confrontantes não identificados, não encontrados ou que recusarem o recebimento da notificação por via postal serão notificados por edital, para que apresentem impugnação à demarcação urbanística, no prazo comum de trinta dias, contado da data da notificação.

§ 2º O edital de que trata o § 1º conterá resumo do auto de demarcação urbanística, com a descrição que permita a identificação da área a ser demarcada e o seu desenho simplificado.

§ 3º A ausência de manifestação dos indicados neste artigo será interpretada como concordância com a demarcação urbanística.

§ 4º Apresentada a impugnação apenas em relação a parte da área objeto do auto de demarcação urbanística, é facultado ao Poder Público prosseguir com o procedimento em relação à parcela não impugnada.

§ 5º A critério do Poder Público municipal ou distrital, as medidas de que trata o art. 12 poderão ser realizadas pelo cartório de registro de imóveis do local do núcleo urbano informal a ser regularizado.

§ 6º A notificação conterá a advertência de que a ausência de impugnação implicará a perda de eventual direito de que o notificado titularize sobre o imóvel objeto da Reurb.

Art. 14. Na hipótese de apresentação de impugnação, procedimento extrajudicial de composição de conflitos poderá ser adotado.

§ 1º Caso exista demanda judicial de que o impugnante seja parte e que verse sobre direitos reais ou possessórios relativos ao imóvel abrangido pela demarcação urbanística, este deverá informá-la ao Poder Público, o qual comunicará ao juízo a existência do procedimento de que trata o *caput*.

§ 2º Para subsidiar o procedimento de que trata o *caput*, será feito levantamento de eventuais passivos tributários, ambientais e administrativos associados ao imóvel objeto da impugnação, assim como das posses existentes, com vistas à identificação de casos de prescrição aquisitiva da propriedade.

§ 3º A mediação observará o disposto na Lei nº 13.140, de 26 de junho de 2015, facultado ao Poder Público promover a alteração do auto de demarcação urbanística ou adotar qualquer outra medida que possa afastar a oposição do proprietário ou dos confrontantes à regularização da área ocupada.

§ 4º Fica facultado o emprego da arbitragem caso não seja obtido acordo na fase de mediação.

Art. 15. Decorrido o prazo sem impugnação ou superada a oposição ao procedimento, o auto de demarcação urbanística será encaminhado ao cartório de registro de imóveis e averbado nas matrículas por ele alcançadas.

§ 1º A averbação informará:

I - a área total e o perímetro correspondente ao núcleo urbano informal a ser regularizado;

II - as matrículas alcançadas pelo auto de demarcação urbanística e, quando possível, a área abrangida em cada uma delas; e

III - a existência de áreas cuja origem não tenha sido identificada em razão de imprecisões dos registros anteriores.

§ 2º Na hipótese de o auto de demarcação urbanística incidir sobre imóveis ainda não matriculados previamente à averbação, será aberta matrícula, que refletirá a situação registrada do imóvel, dispensadas a retificação do memorial descritivo e a apuração de área remanescente.

§ 3º Na hipótese de registro anterior efetuado em outra circunscrição, para abertura da matrícula de que trata o § 2º, o oficial requererá, de ofício, certidões atualizadas daquele registro.

§ 4º Na hipótese de a demarcação urbanística abranger imóveis situados em mais de uma circunscrição imobiliária, o oficial do cartório de registro de imóveis responsável pelo procedimento comunicará as demais circunscrições imobiliárias envolvidas para averbação da demarcação urbanística nas matrículas alcançadas.

§ 5º A demarcação urbanística será averbada ainda que a área abrangida pelo auto de demarcação urbanística supere a área disponível nos registros anteriores.

§ 6º Para a averbação da demarcação urbanística, a retificação da área não abrangida pelo auto de demarcação urbanística não será exigida e a apuração de área remanescente será de responsabilidade do proprietário do imóvel atingido.

SEÇÃO III – DA LEGITIMAÇÃO FUNDIÁRIA

Art. 16. A legitimação fundiária constitui forma originária de aquisição do direito real de propriedade conferido por ato do Poder Público, exclusivamente no âmbito da Reurb, àquele que detiver em área pública ou possuir em área privada, como sua, unidade imobiliária com destinação urbana, integrante de núcleo urbano informal consolidado existente em 22 de dezembro de 2016. *(Redação dada pelo Decreto nº 9.597, de 2018)*

§ 1º Apenas na Reurb-S, a legitimação fundiária será concedida ao beneficiário desde que atendidas as seguintes condições:

I - não ser o beneficiário concessionário, foreiro ou proprietário de imóvel urbano ou rural;

II - não ter sido o beneficiário contemplado com por legitimação de posse ou fundiária de imóvel urbano com a mesma finalidade, ainda que situado em núcleo urbano distinto; e

III - quanto a imóvel urbano com finalidade não residencial, ser reconhecido, pelo Poder Público, o interesse público de sua ocupação.

§ 2º Por meio da legitimação fundiária, em quaisquer das modalidades da Reurb, o ocupante adquire a unidade imobiliária com destinação urbana livre e desembaraçada de quaisquer ônus, direitos reais, gravames ou inscrições, eventualmente existentes em sua matrícula ou transcrição de origem, exceto quando disserem respeito ao próprio beneficiário.

§ 3º As inscrições, as indisponibilidades e os gravames existentes no registro da área maior originária serão transportados para as matrículas das unidades imobiliárias que não houverem sido adquiridas por legitimação fundiária.

§ 4º Na Reurb-S de imóveis públicos, a União, os Estados, o Distrito Federal e os Municípios e as suas entidades vinculadas, quando titulares do domínio, ficam autorizados a reconhecer o direito de propriedade aos ocupantes do núcleo urbano informal regularizado por meio da legitimação fundiária.

§ 5º Na legitimação fundiária, o Poder Público encaminhará ao cartório de registro de imóveis, para registro imediato da aquisição de propriedade, a CRF, dispensados a apresentação de título individualizado e as cópias da documentação referente à qualificação do beneficiário, o projeto de regularização fundiária aprovado, a listagem dos ocupantes e a sua devida qualificação e a identificação das áreas que estes ocupam.

§ 6º Para fins do disposto no §5º, a CRF será acompanhada exclusivamente pelo projeto de regularização fundiária aprovado, a listagem dos ocupantes, com a sua qualificação, e a identificação das áreas ocupadas.

§ 7º O Poder Público poderá atribuir domínio adquirido por legitimação fundiária aos ocupantes que não tenham constado da listagem inicial, por meio de cadastramento complementar, sem prejuízo dos direitos de quem tenha constado da listagem inicial.

§ 8º O procedimento previsto neste artigo poderá ser aplicado no todo ou em parte do núcleo urbano informal e as unidades que não tenham sido regularizadas por meio da legitimação fundiária poderão ser regularizadas por meio de outro instrumento previsto em lei.

Art. 17. Nos casos de regularização fundiária urbana previstos na Lei nº 11.952, de 2009, os Municípios e o Distrito Federal poderão utilizar a legitimação fundiária e os demais instrumentos previstos na Lei nº 13.465, de 2017, para conferir propriedade aos ocupantes.

Parágrafo único. Na hipótese a que se refere o *caput*, o órgão público municipal ou distrital responsável deverá promover a Reurb nos termos estabelecidos na Lei nº 13.465, de 2017, e neste Decreto.

SEÇÃO IV – DA LEGITIMAÇÃO DE POSSE

Art. 18. A legitimação de posse, instrumento de uso exclusivo para fins de regularização fundiária, constitui ato do Poder Público destinado a conferir título, por meio do qual fica reconhecida a posse de imóvel objeto da Reurb, com a identificação de seus ocupantes, do tempo da ocupação e da natureza da posse, o qual poderá ser convertido em direito real de propriedade, na forma estabelecida na Lei nº 13.465, de

2017, e neste Decreto. *(Redação dada pelo Decreto nº 9.597, de 2018)*

§ 1º A legitimação de posse poderá ser transferida por causa mortis ou por ato inter vivos.

§ 2º A legitimação de posse não se aplica aos imóveis urbanos situados em área de titularidade do Poder Público.

§ 3º O possuidor pode, para o fim de contar o tempo exigido pela legislação específica, acrescentar à sua posse a dos seus antecessores, nos termos estabelecidos no art. 1.243 da Lei nº 10.406, de 2002 - Código Civil.

Art. 19. Sem prejuízo dos direitos decorrentes do exercício da posse mansa e pacífica no tempo, aquele em cujo favor for expedido título de legitimação de posse, decorrido o prazo de cinco anos, contado da data do seu registro, terá a conversão automática deste em título de propriedade, desde que atendidos os termos e as condições previstos no art. 183 da Constituição, independentemente de provocação prévia ou da prática de ato registral.

§ 1º Nas hipóteses não contempladas no art. 183 da Constituição, o título de legitimação de posse poderá ser convertido em título de propriedade, desde que satisfeitos os requisitos do usucapião, estabelecidos em lei, a requerimento do interessado, perante o cartório de registro de imóveis.

§ 2º A legitimação de posse, após convertida em propriedade, constitui forma originária de aquisição de direito real, de modo que a unidade imobiliária com destinação urbana regularizada restará livre e desembaraçada de quaisquer ônus, direitos reais, gravames ou inscrições existentes em sua matrícula ou transcrição de origem, exceto quando disserem respeito ao próprio beneficiário.

§ 3º Poderão ser utilizados diferentes meios de prova para a comprovação dos prazos de tempo de posse necessários para a conversão do título de posse em título de propriedade nos termos do *caput* e do § 1º.

Art. 20. O título de legitimação de posse poderá ser cancelado pelo Poder Público emitente quando constatado que as condições estabelecidas na Lei nº 13.465, de 2017, e neste Decreto deixaram de ser satisfeitas, sem que seja devida qualquer indenização àquele que irregularmente se beneficiou do instrumento.

Parágrafo único. Após efetuado o procedimento a que se refere o *caput*, o Poder Público solicitará ao oficial do cartório de registro de imóveis a averbação do seu cancelamento.

CAPÍTULO III – DO PROCEDIMENTO ADMINISTRATIVO

SEÇÃO I – DISPOSIÇÕES GERAIS

Art. 21. A Reurb obedecerá às seguintes fases:

I - requerimento dos legitimados;

II - processamento administrativo do requerimento, no qual será conferido prazo para manifestação dos titulares de direitos reais sobre o imóvel e dos confrontantes;

III - elaboração do projeto de regularização fundiária;

IV - saneamento do processo administrativo;

V - decisão da autoridade competente, por meio de ato formal, ao qual será dado publicidade;

VI - expedição da CRF pelo Município ou pelo Distrito Federal; e

VII - registro da CRF e do projeto de regularização fundiária aprovado no cartório de registro de imóveis em que se situe a unidade imobiliária com destinação urbana regularizada.

§ 1º O termo de compromisso será assinado, também, por duas testemunhas, de modo a formar título executivo extrajudicial na forma estabelecida no inciso III do *caput* do art. 784 da Lei nº 13.105, de 16 de março de 2015 - Código de Processo Civil.

§ 2º A elaboração do projeto de regularização fundiária é obrigatória para qualquer Reurb, independentemente do instrumento que tenha sido utilizado para a titulação, exceto:

I - na hipótese prevista no art. 69 da Lei nº 13.465, de 2017, e

II - quando se tratar de núcleos urbanos já regularizados e registrados em que a titulação de seus ocupantes se encontre pendente.

§ 3º Na elaboração do projeto de regularização fundiária, fica dispensada a apresentação da Anotação de Responsabilidade Técnica - ART ou do Registro de Responsabilidade Técnica - RRT quando o responsável técnico for servidor ou empregado público.

§ 4º Não impedirá a Reurb, na forma estabelecida na Lei nº 13.465, de 2017, e neste Decreto, a inexistência de lei municipal específica que trate de medidas ou posturas de interesse local, aplicáveis a projetos de regularização fundiária urbana.

Art. 22. A fim de fomentar a implantação das medidas da Reurb, os entes federativos poderão celebrar convênios ou outros instrumentos congêneres com o Ministério das Cidades, com vistas a cooperar para a fiel execução do disposto neste Decreto.

Art. 23. Compete aos Municípios nos quais estejam situados os núcleos urbanos informais a serem regularizados e ao Distrito Federal:

I - classificar, caso a caso, as modalidades da Reurb;

II - processar, analisar e aprovar os projetos de regularização fundiária; e

III - emitir a CRF.

§ 1º Na Reurb requerida pela União ou pelos Estados, a classificação prevista no inciso I do *caput* será de responsabilidade do ente federativo instaurador.

§ 2º O Município ou o Distrito Federal deverá classificar e fixar, no prazo de cento e oitenta dias, uma das modalidades da Reurb ou indeferir, fundamentadamente, o requerimento.

§ 3º A inércia do Município ou do Distrito Federal implicará a fixação automática da modalidade de classificação da Reurb indicada pelo legitimado em seu requerimento e o prosseguimento do procedimento administrativo da Reurb, sem prejuízo de futura revisão da classificação pelo Município ou pelo Distrito Federal, por meio de estudo técnico que a justifique.

Art. 24. Instaurada a Reurb, o Município ou o Distrito Federal deverá proceder às buscas necessárias para determinar a titularidade do domínio dos imóveis onde está situado o núcleo urbano informal a ser regularizado.

§ 1º Caberá ao Poder Público municipal ou distrital notificar os titulares de domínio, os responsáveis pela implantação do núcleo urbano informal, os confinantes e os terceiros eventualmente interessados, para que apresentem impugnação no prazo de trinta dias, contado da data de recebimento da notificação. *(Redação dada pelo Decreto nº 9.597, de 2018)*

§ 2º Quanto aos imóveis públicos municipais ou distritais, o Município ou o Distrito Federal, conforme o caso, notificará os confinantes e os terceiros eventualmente interessados, para que apresentem impugnação no prazo de trinta dias, contado da data de recebimento da notificação. *(Redação dada pelo Decreto nº 9.597, de 2018)*

§ 3º O Poder Público municipal ou distrital poderá promover alterações no projeto de regularização fundiária em decorrência do acolhimento, total ou parcial, das impugnações referidas nos § 1º e § 2º.

§ 4º A notificação do proprietário e dos confinantes será feita por via postal com aviso de recebimento, no endereço que constar da matrícula ou da transcrição do imóvel e será considerada efetuada quando comprovada a entrega nesse endereço.

§ 5º A notificação da Reurb também será feita por meio de publicação de edital, com prazo de trinta dias, do qual deverá constar, de forma resumida, a descrição da área a ser regularizada, nos seguintes casos:

I - do proprietário e dos confinantes não encontrados; e

II - de recusa da notificação por qualquer motivo.

§ 6º A ausência de manifestação dos titulares de domínio, dos responsáveis pela implantação do núcleo urbano informal, dos confinantes e dos terceiros eventualmente interessados será interpretada como concordância com a Reurb.

§ 7º O procedimento extrajudicial de composição de conflitos será iniciado caso a impugnação não seja acolhida.

§ 8º A notificação conterá a advertência de que a ausência de impugnação implicará a perda de eventual direito de que o notificado titularize sobre o imóvel objeto da Reurb.

§ 9º Apresentada a impugnação apenas em relação a parte da área objeto da Reurb, é facultado ao Poder Público municipal ou distrital prosseguir com a Reurb em relação à parcela não impugnada.

§ 10. O Poder Público municipal ou distrital poderá rejeitar a impugnação infundada, por meio de ato fundamentado do qual constem as razões pelas quais assim a considerou, e dar seguimento à Reurb se o impugnante não apresentar recurso no prazo de quinze dias, contado da data da notificação da decisão de rejeição.

§ 11. Na hipótese de interposição de recurso, o impugnante apresentará as suas razões ao Município ou ao Distrito Federal e, caso não haja consenso, o Poder Público municipal ou distrital poderá iniciar o procedimento extrajudicial de composição de conflitos. *(Redação dada pelo Decreto nº 9.597, de 2018)*

§ 12. Considera-se infundada a impugnação que:

I - não indicar, de forma plausível, onde e de que forma a Reurb avança na propriedade do impugnante;

II - não apresentar motivação, ainda que sumária; ou

III - versar sobre matéria estranha ao procedimento da Reurb em andamento.

§ 13. Caso algum dos imóveis atingidos ou confinantes não esteja matriculado ou transcrito na serventia, o Distrito Federal ou o Município realizará diligências junto às serventias anteriormente competentes, por meio da apresentação da planta do perímetro regularizado, a fim de que a sua situação jurídica atual seja certificada, caso possível. *(Redação dada pelo Decreto nº 9.597, de 2018)*

§ 14. O requerimento de instauração da Reurb ou, na forma do regulamento, a manifestação de interesse nesse sentido por parte de quaisquer dos legitimados garante, perante o Poder Público, aos ocupantes dos núcleos urbanos informais situados em áreas públicas a serem regularizados a permanência em suas unidades imobiliárias, preservadas as situações de fato já existentes, até o eventual arquivamento definitivo do procedimento da Reurb.

§ 15. Na Reurb-E, compete ao requerente legitimado fornecer as certidões que comprovem a titularidade de domínio da área, providenciar o levantamento topográfico georreferenciado e apresentar o memorial descritivo da área e a planta do perímetro do núcleo urbano informal com demonstração, quando possível, das matrículas ou das transcrições atingidas.

§ 16. Fica dispensado o disposto neste artigo, caso adotados os procedimentos da demarcação urbanística.

Art. 25. A Reurb será instaurada por decisão do Município, por meio de requerimento, por escrito, de um dos legitimados de que trata este Decreto.

Parágrafo único. Na hipótese de indeferimento do requerimento de instauração da Reurb, a decisão do Município ou do Distrito Federal deverá indicar as medidas a serem adotadas com vistas à reformulação e à reavaliação do requerimento, quando for o caso.

Art. 26. Instaurada a Reurb, compete ao Município ou ao Distrito Federal aprovar o projeto de regularização fundiária, do qual deverão constar as responsabilidades das partes envolvidas.

§ 1º A elaboração e o custeio do projeto de regularização fundiária e da implantação da infraestrutura essencial obedecerão aos seguintes procedimentos:

I - na Reurb-S:

a) operada sobre área de titularidade de ente público, caberá ao referido ente público ou ao Município ou ao Distrito Federal a responsabilidade de elaborar o projeto de regularização fundiária, nos termos do ajuste que venha a ser celebrado e a implantação da infraestrutura essencial, quando necessária; e

b) operada sobre área titularizada por particular, caberá ao Município ou ao Distrito Federal a responsabilidade de elaborar e custear o projeto de regularização fundiária e a implantação da infraestrutura essencial, quando necessária.

II - na Reurb-E, a regularização fundiária será contratada e custeada por seus potenciais beneficiários ou requerentes privados.

§ 2º Na Reurb-E sobre áreas públicas, se houver interesse público, o Município ou o Distrito Federal poderá elaborar e custear o projeto de regularização fundiária e a implantação da infraestrutura essencial, com cobrança posterior aos seus beneficiários. *(Redação dada pelo Decreto nº 9.597, de 2018)*

§ 3º Os custos a que se referem o inciso II do § 1º e o § 2º incluem a elaboração do projeto de regularização fundiária, as compensações urbanísticas e ambientais, e a implantação da infraestrutura essencial, quando necessária. *(Redação dada pelo Decreto nº 9.597, de 2018)*

§ 4º Quando a área a ser regularizada for pública, termo de compromisso poderá ser celebrado entre o Poder Público titular e o Poder Público municipal ou distrital para fins de elaboração do projeto de regularização fundiária e implantação da infraestrutura essencial, dos equipamentos comunitários e das melhorias habitacionais previstas nos projetos de regularização fundiária.

Art. 27. Os Municípios e o Distrito Federal poderão criar câmaras de prevenção e resolução administrativa de conflitos, no âmbito da administração local, inclusive mediante celebração de ajustes com os Tribunais de Justiça Estaduais, as quais detenham competência para dirimir conflitos relacionados à Reurb, mediante solução consensual.

§ 1º O modo de composição e funcionamento das câmaras de que trata o *caput* será estabelecido em ato do Poder Executivo municipal ou distrital e, na falta deste, pelo disposto na Lei nº 13.140, de 26 de junho de 2015.

§ 2º Se houver consenso entre as partes, o acordo será reduzido a termo e constituirá condição para a conclusão da Reurb, com consequente expedição da CRF.

§ 3º Os Municípios e o Distrito Federal poderão instaurar, de ofício ou mediante provocação, procedimento de mediação coletiva de conflitos relacionados à Reurb. *(Redação dada pelo Decreto nº 9.597, de 2018)*

§ 4º A instauração de procedimento administrativo para a resolução consensual de conflitos no âmbito da Reurb suspende a prescrição.

§ 5º Os Municípios e o Distrito Federal poderão, mediante a celebração de convênio, utilizar os Centros Judiciários de Solução de Conflitos e Cidadania ou as câmaras de mediação credenciadas perante os Tribunais de Justiça.

SEÇÃO II – DO LEVANTAMENTO TOPOGRÁFICO GEORREFERENCIADO

Art. 28. Para fins do disposto neste Decreto, considera-se levantamento topográfico georreferenciado o conjunto de:

I - levantamento planialtimétrico e cadastral, com georreferenciamento, de que trata o inciso I do *caput* do art. 35 da Lei nº 13.465, de 2017;

II - outros levantamentos georreferenciados necessários para a elaboração do projeto de regularização fundiária;

III - planta do perímetro;

IV - memorial descritivo;

V - descrições técnicas das unidades imobiliárias; e

VI - outros documentos em que se registrem os vértices definidores de limites, com o uso de métodos e tecnologias que estiverem à disposição e que se adequarem melhor às necessidades, segundo a economicidade e a eficiência em sua utilização.

Art. 29. Os levantamentos topográficos georreferenciados serão realizados conforme as normas técnicas para serviços topográficos da Associação Brasileira de Normas Técnicas - ABNT, o disposto no Decreto nº 89.817, de 20 de junho de 1984, as normas técnicas da Diretoria do Serviço Geográfico do Exército Brasileiro e serão acompanhados de ART ou de RRT.

§ 1º Os limites das unidades imobiliárias serão definidos por vértices georreferenciados ao Sistema Geodésico Brasileiro.

§ 2º O vértice definidor do limite terá natureza tridimensional e será definido por suas coordenadas de latitude, longitude e altitude geodésicas.

§ 3º O erro posicional esférico do vértice definidor de limite deverá ser igual ou menor a oito centímetros de raio.

§ 4º O erro posicional de que trata o § 3º terá menor magnitude conforme a avaliação do impacto da propagação dos erros, considerados o desenvolvimento de projetos urbanísticos e de infraestruturas, o registro de propriedade, a prevenção de riscos e os demais projetos de arquitetura e engenharia.

§ 5º O responsável técnico realizará a avaliação dos impactos da propagação dos erros de que trata o § 4º, previamente à execução do levantamento topográfico georreferenciado.

§ 6º O levantamento topográfico georreferenciado será remetido eletronicamente pelo profissional legalmente habilitado ou pelo órgão público responsável pela sua execução ao Sistema Nacional de Gestão de Informações Territoriais na forma estabelecida no Manual Operacional do referido Sistema.

§ 7º O Sistema Nacional de Gestão de Informações Territoriais disponibilizará serviço geoespacial de visualização do levantamento topográfico georreferenciado e das parcelas confrontantes para auxiliar os Poderes Públicos, os gestores de cadastro imobiliário e os oficiais de cartório de registro de imóveis na conferência do posicionamento, das distâncias, dos vértices, dos ângulos e da áreas, para fins de obtenção do código identificador unívoco do imóvel em âmbito nacional, previsto no § 1º do art. 8º do Decreto nº 8.764, de 10 de maio de 2016.

SEÇÃO III – DO PROJETO DE REGULARIZAÇÃO FUNDIÁRIA

Art. 30. O projeto de regularização fundiária conterá, no mínimo:

I - levantamento planialtimétrico e cadastral com georreferenciamento, subscrito por profissional legalmente habilitado, acompanhado de ART ou de RRT, que demonstrará as unidades, as construções, o sistema viário, as áreas públicas, os acidentes geográficos e os demais elementos caracterizadores do núcleo a ser regularizado; *(Redação dada pelo Decreto nº 9.597, de 2018)*

II - planta do perímetro do núcleo urbano informal com demonstração das matrículas ou das transcrições atingidas, quando possível;

III - estudo preliminar das desconformidades e das situações jurídica, urbanística e ambiental;

IV - projeto urbanístico;

V - memorial descritivo;

VI - proposta de soluções para questões ambientais, urbanísticas e de reassentamento dos ocupantes, quando for o caso;

VII - estudo técnico para situação de risco, quando for o caso;

VIII - estudo técnico ambiental, quando for o caso;

IX - cronograma físico de serviços e implantação de obras de infraestrutura essencial, compensações urbanísticas, ambientais e outras, quando houver, definidas por ocasião da aprovação do projeto de regularização fundiária; e

X - termo de compromisso a ser assinado pelos responsáveis, públicos ou privados, para cumprimento do cronograma físico, definido no inciso IX.

§ 1º Na regularização de núcleo urbano informal que já possua a infraestrutura essencial implantada e para o qual não haja compensações urbanísticas ou ambientais ou outras obras e serviços a serem executados, fica dispensada a apresentação do cronograma físico e do termo de compromisso previstos nos incisos IX e X do *caput*.

§ 2º Na hipótese a que se refere o § 1º, constará da CRF que o núcleo urbano regularizado já possui a infraestrutura essencial definida no § 1º do art. 31 deste Decreto e que não existem compensações urbanísticas ou ambientais ou outras obras e serviços a serem executados.

§ 3º O projeto de regularização fundiária considerará as características da ocupação e da área ocupada para definir parâmetros urbanísticos e ambientais específicos, além de identificar os lotes, as vias de circulação e as áreas destinadas a uso público.

§ 4º Na Reurb-S, cabe à concessionária ou à permissionária de serviços públicos, mediante provocação do Poder Público competente, a elaboração do cronograma físico de implantação da infraestrutura essencial e a assinatura do termo de compromisso para cumprimento do cronograma. *(Incluído pelo Decreto nº 9.597, de 2018)*

Art. 31. O projeto urbanístico de regularização fundiária indicará, no mínimo:

I - as áreas ocupadas, o sistema viário e as unidades imobiliárias existentes e projetados;

II - as unidades imobiliárias a serem regularizadas, as suas características, a área, as confrontações, a localização, o nome do logradouro e o número da designação cadastral, se houver; *(Redação dada pelo Decreto nº 9.597, de 2018)*

III - as unidades imobiliárias edificadas a serem regularizadas, as suas características, a área dos lotes e das edificações, as confrontações, a localização, o nome do logradouro e o número da designação cadastral;

IV - quando for o caso, as quadras e as suas subdivisões em lotes ou as frações ideais vinculadas à unidade regularizada;

V - os logradouros, os espaços livres, as áreas destinadas aos edifícios públicos e outros equipamentos urbanos, quando houver;

VI - as áreas já usucapidas;

VII - as medidas de adequação para a correção das desconformidades, quando necessárias; *(Redação dada pelo Decreto nº 9.597, de 2018)*

VIII - as medidas necessárias à adequação da mobilidade, da acessibilidade, da infraestrutura e da relocação de edificações;

IX - as obras de infraestrutura essenciais, quando necessárias; e

X - outros requisitos que sejam definidos pelo Poder Público municipal ou distrital.

§ 1º Para fins do disposto na Lei nº 13.465, de 2017, e neste Decreto, consideram-se infraestrutura essencial os seguintes equipamentos:

I - sistema de abastecimento de água potável, coletivo ou individual;

II - sistema de coleta e tratamento do esgotamento sanitário, coletivo ou individual;

III - rede de energia elétrica domiciliar;

IV - soluções de drenagem, quando necessárias; e *(Redação dada pelo Decreto nº 9.597, de 2018)*

V - outros equipamentos a serem definidos pelo Poder Público municipal ou distrital em função das necessidades locais e das características regionais.

§ 2º A Reurb poderá ser implementada por etapas e abranger o núcleo urbano informal de forma total ou parcial.

§ 3º Na Reurb de parcelamentos do solo, as edificações já existentes nos lotes poderão ser regularizadas, a critério do Poder Público municipal ou distrital, em momento posterior, de forma coletiva ou individual.

§ 4º As obras de implantação da infraestrutura essencial, de equipamentos comunitários e de melhoria habitacional e a sua manutenção poderão ser realizadas antes, durante ou após a conclusão da Reurb.

§ 5º O Poder Público municipal ou distrital definirá os requisitos para elaboração do projeto de regularização fundiária, no que se refere aos desenhos, ao memorial descritivo e ao cronograma físico de obras e serviços a serem realizados, se for o caso. *(Redação dada pelo Decreto nº 9.597, de 2018)*

§ 6º A inexistência de regulamentação dos requisitos a que se refere o § 5º não impedirá o processamento da Reurb e o registro da CRF.

§ 7º A planta e o memorial descritivo serão assinados por profissional legalmente habilitado, dispensada a apresentação da ART no Conselho Regional de Engenharia e Arquitetura ou do RRT no Conselho de Arquitetura e Urbanismo, quando o responsável técnico for servidor ou empregado público.

§ 8º As áreas já usucapidas referidas no inciso VI do *caput* constarão do projeto de regularização fundiária com a área constante na matrícula ou na transcrição e com a observação de se tratar de unidade imobiliária já registrada e oriunda de processo de usucapião e a nova descrição técnica georreferenciada da unidade imobiliária deverá ser averbada na matrícula existente.

Art. 32. O memorial descritivo do núcleo urbano informal conterá, no mínimo:

I - a descrição do perímetro do núcleo urbano, com indicação resumida de suas características;

II - a descrição técnica das unidades imobiliárias, do sistema viário e das demais áreas públicas que componham o núcleo urbano informal;

III - a enumeração e a descrição dos equipamentos urbanos comunitários e dos prédios públicos existentes no núcleo urbano informal e dos serviços públicos e de utilidade pública que integrarão o domínio público com o registro da regularização; e

IV - quando se tratar de condomínio, as descrições técnicas, os memoriais de incorporação e os demais elementos técnicos previstos na Lei nº 4.591, de 16 de dezembro de 1964.

Art. 33. Na hipótese de núcleo urbano informal localizado em mais de um Município e de não ser possível o seu desmembramento, de forma que cada parcela fique integralmente no território de um Município, o projeto urbanístico deverá assinalar a sua divisão territorial.

§ 1º Na hipótese de a divisão territorial atingir a unidade imobiliária de modo que esta fique localizada em mais de um Município, os Poderes Públicos municipais poderão instaurar os procedimentos da Reurb de forma conjunta.

§ 2º Não instaurado o procedimento de forma conjunta, nos termos do § 1º, o Poder Público municipal que instaurar a Reurb indicará apenas as unidades imobiliárias cuja maior porção territorial esteja situada em seu território.

Art. 34. Na Reurb-S, caberá ao Poder Público competente, diretamente ou por meio da administração pública indireta, ou por meio das concessionárias e permissionárias de serviços públicos, implantar a infraestrutura essencial, os equipamentos públicos ou comunitários e as melhorias habitacionais previstas nos projetos de regularização fundiária, além de arcar com os custos de sua manutenção. *(Redação dada pelo Decreto nº 9.597, de 2018)*

Art. 35. Na Reurb-E, o Distrito Federal ou o Município deverá definir, quando da aprovação dos projetos de regularização fundiária, os responsáveis pela:

I - implantação dos sistemas viários;

II - implantação da infraestrutura essencial, dos equipamentos públicos ou comunitários, quando for o caso; e

III - implementação das medidas de mitigação e compensação urbanística e ambiental e daquelas indicadas no estudo técnico ambiental.

§ 1º As responsabilidades de que trata o *caput* poderão ser atribuídas aos beneficiários da Reurb-E.

§ 2º Os responsáveis pela adoção de medidas de mitigação e compensação urbanística e ambiental celebrarão termo de compromisso com as autoridades competentes do Poder Público municipal ou distrital, como condição de aprovação da Reurb-E.

Art. 36. Para que seja aprovada a Reurb de área de núcleos urbanos informais, ou de parcela dela, situados em áreas de riscos geotécnicos, de inundações ou de outros riscos especificados em lei, será elaborado o estudo técnico para situação de risco a que se refere o inciso VII do *caput* do art. 30, a fim de examinar a possibilidade de eliminação, de correção ou de administração de riscos na parcela afetada. *(Redação dada pelo Decreto nº 9.597, de 2018)*

§ 1º Na hipótese prevista no *caput*, a implantação das medidas indicadas no estudo técnico realizado será condição indispensável à aprovação da Reurb.

§ 2º O estudo técnico de que trata este artigo será elaborado por profissional legalmente habilitado, dispensada a apresentação da ART, ou de documento equivalente, quando o responsável técnico for servidor ou empregado público.

§ 3º Os estudos técnicos previstos neste artigo aplicam-se somente às parcelas dos núcleos urbanos informais situados nas áreas de risco e a parte do núcleo urbano não inserida na área de risco e não afetada pelo estudo técnico poderá ter o seu projeto de regularização fundiária aprovado e levado a registro separadamente.

§ 4º Na Reurb-S de área de risco que não comporte eliminação, correção ou administração, o Poder Público municipal ou distrital providenciará a realocação dos ocupantes do núcleo urbano informal a ser regularizado.

§ 5º Na hipótese a que se refere o § 4º, se o risco se der em área privada, o Poder Público municipal ou distrital poderá ser ressarcido dos custos com a realocação pelos responsáveis pela implantação do núcleo urbano informal.

§ 6º Na Reurb-E de área de risco que não comporte eliminação, correção ou administração, a realocação dos ocupantes do núcleo urbano informal a ser regularizado será providenciada pelo titular de domínio, pelos responsáveis pela implantação do núcleo urbano informal, pelos beneficiários ou pelo legitimado promotor da Reurb.

SEÇÃO IV – DA CONCLUSÃO DA REGULARIZAÇÃO FUNDIÁRIA URBANA

Art. 37. O pronunciamento da autoridade competente que decidir o processamento administrativo da Reurb deverá:

I - aprovar o projeto de regularização fundiária resultante da Reurb;

II - indicar as intervenções a serem executadas, se for o caso, conforme o projeto de regularização fundiária aprovado; e *(Redação dada pelo Decreto nº 9.597, de 2018)*

III - identificar e declarar os ocupantes de cada unidade imobiliária com destinação urbana regularizada e os seus direitos reais.

§ 1º As intervenções previstas no inciso II do *caput* consistem em obras de implantação da infraestrutura essencial, serviços e compensações, dentre outras. *(Redação dada pelo Decreto nº 9.597, de 2018)*

§ 2º Na hipótese de constituição de direitos reais feita por título individual, a autoridade competente fica dispensada do cumprimento do disposto no inciso III do *caput*.

Art. 38. A CRF é o ato administrativo de aprovação da Reurb que acompanhará o projeto de regularização fundiária aprovado e conterá, no mínimo:

I - o nome do núcleo urbano regularizado;

II - a localização do núcleo urbano regularizado;

III - a modalidade da Reurb;

IV - os responsáveis pelas obras e pelos serviços constantes do cronograma;

V - a indicação numérica de cada unidade regularizada, quando possível; e

VI - a listagem dos ocupantes que houverem adquirido a unidade, por meio de título de legitimação fundiária ou de ato único de registro, que conterá o nome do ocupante, o seu estado civil, a sua a profissão, o seu número de inscrição no CPF, o número de sua carteira de identidade e a sua a filiação.

Parágrafo único. A CRF, na hipótese de Reurb somente para titulação final dos beneficiários de núcleos urbanos informais já registrados junto ao cartório de registro de imóveis, dispensa a apresentação do projeto de regularização fundiária aprovado.

Art. 39. O indeferimento do projeto de regularização fundiária será técnica e legalmente fundamentado, de modo a permitir, quando possível, a reformulação do referido projeto e a reavaliação do pedido de aprovação.

CAPÍTULO IV – DO REGISTRO DA REGULARIZAÇÃO FUNDIÁRIA URBANA

Art. 40. Os registros da CRF e do projeto de regularização fundiária aprovado serão requeridos diretamente ao oficial do cartório de registro de imóveis da situação do imóvel e serão efetivados independentemente de decisão judicial ou de determinação do Ministério Público.

Parágrafo único. Na hipótese de recusa do registro, o oficial do cartório do registro de imóveis expedirá nota devolutiva fundamentada, na qual indicará os motivos da recusa e estipulará as exigências na forma prevista na Lei nº 13.465, de 2017, e neste Decreto. *(Redação dada pelo Decreto nº 9.597, de 2018)*

Art. 41. Na hipótese de a Reurb abranger imóveis situados em mais de uma circunscrição imobiliária, o procedimento será efetuado perante o oficial de cada um dos cartórios de registro de imóveis.

Parágrafo único. Quando os imóveis regularizados estiverem situados em divisa de circunscrições imobiliárias, as novas matrículas das unidades imobiliárias serão de competência do oficial do cartório de registro de imóveis em cuja circunscrição esteja situada a maior porção da unidade imobiliária regularizada.

Art. 42. Recebida a CRF, cumprirá ao oficial do cartório do registro de imóveis prenotá-la, autuá-la, instaurar o procedimento registral e, no prazo de quinze dias, emitir a nota de exigência ou praticar os atos tendentes ao registro.

§ 1º O registro do projeto Reurb aprovado importa:

I - a abertura de nova matrícula, quando for o caso;

II - a abertura de matrículas individualizadas para os lotes e as áreas públicas resultantes do projeto de regularização aprovado; e

III - o registro dos direitos reais indicados na CRF junto às matrículas dos lotes, dispensada a apresentação de título individualizado.

§ 2º Para fins do disposto neste Decreto, o registro dos direitos reais ao beneficiário, de que trata o inciso III do § 1º, compreende os títulos provenientes de quaisquer dos institutos jurídicos e instrumentos de aquisição previstos na Lei nº 13.465, de 2017, e neste Decreto.

§ 3º Na falta de indicação dos beneficiários e dos direitos reais na CRF, será feito o registro do projeto de regularização fundiária com abertura de matrícula para cada unidade imobiliária e o direito real será registrado posteriormente, por meio de título individual ou conforme o disposto no art. 10.

§ 4º Quando o núcleo urbano regularizado abranger mais de uma matrícula ou transcrição, o oficial do registro de imóveis abrirá nova matrícula para a área objeto de regularização, conforme previsto no inciso I do *caput*, com destaque para a área abrangida na matrícula ou na transcrição de origem, dispensada a apuração de área remanescente.

§ 5º Quando o núcleo urbano regularizado abranger imóveis ainda não matriculados, será aberta matrícula que refletirá a situação da área ocupada pelo núcleo regularizado, dispensadas a retificação do memorial descritivo e a apuração de área remanescente.

§ 6º O registro da CRF dispensa a comprovação do pagamento de tributos ou penalidades tributárias de responsabilidade dos legitimados.

§ 7º O registro da CRF aprovado independe de averbação prévia do cancelamento do cadastro de imóvel rural junto ao Instituto Nacional de Colonização e Reforma Agrária - Incra.

§ 8º O procedimento para registro deverá ser concluído no prazo de sessenta dias, prorrogável, no máximo, por igual período, mediante justificativa fundamentada do oficial do cartório de registro de imóveis.

§ 9º O oficial do cartório de registro de imóveis fica dispensado de providenciar a notificação dos titulares de domínio, dos confinantes e de terceiros eventualmente interessados, uma vez cumprido este rito pelo Município ou pelo Distrito Federal, conforme o disposto no art. 24.

§ 10. O oficial do cartório de registro de imóveis, após o registro da CRF, notificará o Incra, o Ministério do Meio Ambiente e a Receita Federal do Brasil do Ministério da Fazenda, para que cancelem, parcial ou totalmente, os registros existentes no Cadastro Ambiental Rural - CAR e nos demais cadastros relacionados a imóvel rural, relativamente às unidades imobiliárias regularizadas.

Art. 43. Quando se tratar de imóvel sujeito a regime de condomínio geral a ser dividido em lotes com indicação, na matrícula, da área deferida a cada condômino, o Município poderá indicar, de forma individual ou coletiva, as unidades imobiliárias correspondentes às frações ideais registradas, sob sua exclusiva responsabilidade, para a especialização das áreas registradas em comum.

Parágrafo único. Na hipótese de a informação prevista no *caput* não constar do projeto de regularização fundiária aprovado pelo Município ou pelo Distrito Federal, as novas matrículas das unidades imobiliárias serão abertas por meio de requerimento de especialização formulado pelos legitimados de que tratam a Lei nº 13.465, de 2017, e este Decreto, dispensada a outorga de escritura pública para indicação da quadra e do lote.

Art. 44. Para atendimento ao princípio da especialidade, o oficial do cartório de registro de imóveis adotará o memorial descritivo da gleba apresentado com o projeto de regularização fundiária e deverá averbá-lo na matrícula existente anteriormente ao registro do projeto, independentemente de provocação, retificação, notificação, unificação ou apuração de disponibilidade ou de área remanescente.

§ 1º Na hipótese de haver dúvida quanto à extensão da gleba matriculada, em razão da precariedade da descrição tabular, o oficial do cartório de registro de imóveis abrirá nova matrícula para a área destacada e averbará o destaque na matrícula matriz.

§ 2º As notificações serão emitidas de forma simplificada e indicarão os dados de identificação do núcleo urbano a ser regularizado, sem a anexação de plantas, projetos, memoriais ou outros documentos, e convidará o notificado a comparecer à sede da serventia para tomar conhecimento da CRF com a advertência de que o não comparecimento e a não apresentação de impugnação, no prazo legal, importará em anuência ao registro.

§ 3º As notificações previstas no *caput* e no § 2º serão feitas aos titulares de domínio das áreas envolvidas na Reurb, as quais ficam dispensadas quando já realizadas pelos Municípios ou pelo Distrito Federal. *(Redação dada pelo Decreto nº 9.597, de 2018)*

§ 4º Na hipótese de o projeto de regularização fundiária não envolver a integralidade do imóvel matriculado, o registro será feito com base na planta e no memorial descritivo referentes à área objeto de regularização e será averbado destaque da área na matrícula da área total.

Art. 45. Os padrões dos memoriais descritivos, das plantas e das demais representações gráficas, inclusive escalas adotadas e outros detalhes técnicos, seguirão as diretrizes estabelecidas pela autoridade municipal ou distrital competente, as quais serão consideradas atendidas com a emissão da CRF.

Parágrafo único. Não serão exigidos reconhecimentos de firma nos documentos que compõem a CRF ou o termo individual de legitimação fundiária quando apresentados pela União, pelos Estados, pelo Distrito Federal, pelos Municípios ou pelos entes da administração pública indireta.

Art. 46. O registro da CRF produzirá efeito de instituição e especificação de condomínio, quando for o caso, regido pelas disposições legais específicas, hipótese em que ficará facultada aos condôminos a aprovação de convenção condominial.

§ 1º Para que a CRF produza efeito de instituição e especificação de condomínio, dela deverá constar, no mínimo, os cálculos das áreas das unidades autônomas, a sua área privativa, a área de uso exclusivo, se houver, a área de uso comum e a sua fração ideal no terreno.

§ 2º O disposto no § 1º não se aplica na hipótese de a documentação referente à instituição e à especificação de condomínio acompanhar a CRF.

§ 3º Na Reurb-S, fica dispensada a apresentação dos quadros de área da Norma de Avaliação de custos de construção para incorporação imobiliária e outras disposições para condomínios edilícios da ABNT, NBR 12.721, ou outra que venha a sucedê-la.

Art. 47. O registro da CRF será feito em todas as matrículas atingidas pelo projeto de regularização fundiária aprovado e serão informadas, quando possível, as parcelas correspondentes a cada matrícula.

Art. 48. Das matrículas abertas para cada parcela deverão constar, nos campos referentes ao registro anterior e ao proprietário:

I - quando for possível identificá-la, a identificação exata da origem da parcela matriculada, por meio de planta de sobreposição do parcelamento com os registros existentes, a matrícula anterior e o nome de seu proprietário; ou

II - quando não for possível identificar a origem exata da parcela matriculada, todas as matrículas anteriores atingidas pela Reurb e a expressão "proprietário não identificado", dispensadas as especificações a que se referem os itens 4 e 5 do inciso II do *caput* do art. 167 da Lei nº 6.015, de 1973.

Art. 49. Qualificada a CRF, desde que não haja exigências nem impedimentos, o oficial do cartório de registro de imóveis efetuará o seu registro na matrícula dos imóveis cujas áreas tenham sido atingidas, total ou parcialmente.

Parágrafo único. Não identificadas as matrículas ou as transcrições da área regularizada, o oficial do cartório de registro de imóveis abrirá matrícula com a descrição do perímetro do núcleo urbano informal que constar da CRF e nela efetuará o registro.

Art. 50. Registrada a CRF, será aberta matrícula para cada uma das unidades imobiliárias regularizadas.

Parágrafo único. Nas hipóteses de ter sido celebrado compromisso de compra e venda, contrato de a cessão ou promessa de cessão, este será título hábil para a aquisição da propriedade pelos ocupantes das unidades imobiliárias objeto de Reurb quando acompanhado da prova de quitação das obrigações do adquirente e será registrado nas matrículas das unidades imobiliárias correspondentes resultantes da regularização fundiária.

Art. 51. Com o registro da CRF, serão incorporadas automaticamente ao patrimônio público as vias públicas, as áreas destinadas ao uso comum do povo, os prédios públicos e os equipamentos urbanos, na forma estabelecida no projeto de regularização fundiária aprovado. *(Redação dada pelo Decreto nº 9.597, de 2018)*

§ 1º A requerimento do Poder Público municipal ou distrital, o oficial do cartório de registro de imóveis abrirá matrícula para as áreas que tenham ingressado no domínio público.

§ 2º O requerimento de registro da CRF substitui o requerimento a que se refere o § 1º.

Art. 52. As unidades desocupadas e não comercializadas alcançadas pela Reurb terão as suas matrículas abertas em nome do titular originário do domínio da área. *(Redação dada pelo Decreto nº 9.597, de 2018)*

§ 1º As unidades não edificadas que tenham sido comercializadas a qualquer título terão as suas matrículas abertas em nome do adquirente, nos termos estabelecidos no parágrafo único do art. 50.

§ 2º As unidades imobiliárias na forma de lotes não edificadas ou desocupadas e já comercializadas poderão ser provenientes de núcleos urbanos informais na forma de parcelamento do solo ou de condomínio de lotes.

CAPÍTULO V – DAS ISENÇÕES

Art. 53. São isentos de custas e emolumentos os atos necessários ao registro da Reurb-S.

§ 1º As isenções de custas e emolumentos a que se refere o *caput* independem do disposto no § 4º do art. 11 da Lei nº 11.124, de 16 de junho de 2005.

§ 2º As isenções de custas e emolumentos aplicam-se a partir da classificação prevista nos art. 13 e art. 30, *caput*, inciso I, da Lei nº 13.465, de 2017, pela autoridade competente, como Reurb-S.

§ 3º Para a aplicação das isenções de custas e emolumentos na fase de processamento administrativo da Reurb-S anterior à emissão da CRF, o interessado apresentará documento emitido pela autoridade competente que ateste a classificação da regularização do núcleo urbano informal como Reurb-S, na forma prevista no art. 5º.

Art. 54. Os atos necessários ao registro da Reurb-S, a que se refere o *caput* do art. 53, compreendem, entre outros:

I - o primeiro registro da Reurb-S, o qual confere direitos reais aos beneficiários;

II - o registro da legitimação fundiária;

III - o registro do título de legitimação de posse e a sua conversão em título de propriedade;

IV - o registro da CRF e do projeto de regularização fundiária, com abertura de matrícula para cada unidade imobiliária urbana regularizada;

V - a primeira averbação de construção residencial, desde que respeitado o limite de até setenta metros quadrados;

VI - a aquisição do primeiro direito real sobre unidade imobiliária derivada da Reurb-S;

VII - o primeiro registro do direito real de laje no âmbito da Reurb-S;

VIII - a averbação das edificações de conjuntos habitacionais ou condomínios;

IX - a abertura de matrícula para a área objeto da regularização fundiária, quando necessária;

X - a abertura de matrículas individualizadas para as áreas públicas resultantes do projeto de regularização; e

XI - a emissão de certidões necessárias para os atos previstos neste artigo.

Parágrafo único. As certidões referidas no inciso XI do *caput* são relativas à matrícula, à transcrição, à inscrição, à distribuição de ações judiciais e aos registros efetuados no âmbito da Reurb, entre outras. *(Redação dada pelo Decreto nº 9.597, de 2018)*

Art. 55. É vedado ao oficial do cartório de registro de imóveis exigir comprovação de pagamento ou quitação de tributos, entendidos como impostos, taxas, contribuições ou penalidades e demais figuras tributárias nos atos de registros ou averbações relativos a Reurb-S.

Art. 56. Para a dispensa de custas e emolumentos prevista na Lei nº 13.465, de 2017, será apresentado o título de legitimação fundiária, de posse ou outro instrumento de aquisição, pelos legitimados ou pelos ocupantes, ao oficial do cartório de registro de imóveis competente, no prazo máximo de um ano, contado da data de emissão do título.

Art. 57. Fica habilitado o Fundo Nacional de Habitação de Interesse Social - FNHIS, criado pela Lei nº 11.124, de 2005, a destinar recursos para a compensação, total ou parcial, dos custos referentes aos atos necessários ao registro da Reurb-S, a que se refere o *caput* do art. 53.

CAPÍTULO VI – DO DIREITO REAL DE LAJE

Art. 58. O proprietário de uma construção-base poderá ceder a superfície superior ou inferior de sua construção a fim de que o titular da laje mantenha unidade distinta daquela originalmente construída sobre o solo.

§ 1º O direito real de laje contempla o espaço aéreo ou o subsolo de terrenos públicos ou privados, tomados em projeção vertical como unidade imobiliária autônoma, não contempladas as demais áreas, edificadas ou não, pertencentes ao proprietário da construção-base.

§ 2º O titular do direito real de laje responderá pelos encargos e tributos que incidirem sobre a sua unidade.

§ 3º Os titulares da laje, unidade imobiliária autônoma constituída em matrícula própria, poderão dela usar, gozar e dispor.

§ 4º A instituição do direito real de laje não implica a atribuição de fração ideal de terreno ao titular da laje ou a participação proporcional em áreas já edificadas.

§ 5º Os Municípios e o Distrito Federal poderão dispor sobre as posturas edilícias e urbanísticas associadas ao direito real de laje.

§ 6º O titular da laje poderá ceder a superfície de sua construção para a instituição de um sucessivo direito real de laje, desde que haja autorização expressa dos titulares da construção-base e das demais lajes, respeitadas as posturas edilícias e urbanísticas vigentes.

§ 7º A constituição do direito real de laje na superfície superior ou inferior da construção-base, como unidade imobiliária autônoma, somente poderá ser admitida quando as unidades imobiliárias tiverem acessos independentes.

Art. 59. É expressamente vedado ao titular da laje prejudicar com obras novas ou com falta de reparação a segurança, a linha arquitetônica ou o arranjo estético do edifício, observadas as posturas previstas em legislação local.

Art. 60. Sem prejuízo, no que couber, da aplicação das normas relativas ao condomínio edilício, para fins do direto real de laje, as despesas necessárias à conservação e à fruição das partes que sirvam a todo o edifício e ao pagamento de serviços de interesse comum serão partilhadas entre o proprietário da construção-base e o titular da laje, na proporção estipulada em contrato.

§ 1º São partes que servem a todo o edifício:

I - os alicerces, as colunas, os pilares, as paredes mestras e todas as partes restantes que constituam a estrutura do prédio;

II - o telhado ou os terraços de cobertura, ainda que destinados ao uso exclusivo do titular da laje;

III - as instalações gerais de água, esgoto, eletricidade, aquecimento, ar condicionado, gás, comunicações e similares; e

IV - as coisas que sejam afetadas ao uso de todo o edifício.

§ 2º É assegurado o direito de qualquer interessado em promover reparações urgentes na construção na forma estabelecida no parágrafo único do art. 249 da Lei nº 10.406, de 2002 - Código Civil.

Art. 61. Na hipótese de alienação de quaisquer das unidades sobrepostas, terão direito de preferência, em igualdade de condições com terceiros, os titulares da construção-base e da laje, nessa ordem, que serão cientificados por escrito para que se manifestem no prazo de trinta dias, exceto se o contrato dispuser de modo diverso.

§ 1º O titular da construção-base ou da laje a quem não se der conhecimento da alienação poderá, mediante depósito do preço, haver para si a parte alienada a terceiro, se o requerer no prazo decadencial de cento e oitenta dias, contado da data da alienação.

§ 2º Na hipótese de haver mais de uma laje, terão preferência, sucessivamente, os titulares das lajes ascendentes e os titulares das lajes descendentes, assegurada a prioridade para a laje mais próxima à unidade sobreposta a ser alienada.

Art. 62. A ruína da construção-base implica extinção do direito real de laje, exceto:

I - se este tiver sido instituído sobre o subsolo; ou

II - se a construção-base for reconstruída no prazo de cinco anos.

Parágrafo único. O disposto neste artigo não afasta o direito à reparação civil pelo culpado pela ruína.

Art. 63. Para fins de Reurb, o direito real de laje dependerá da comprovação de que a unidade imobiliária é estável.

§ 1º A estabilidade da unidade imobiliária depende das condições da edificação para o uso a que se propõe dentro da realidade em que se situa o imóvel.

§ 2º Na Reurb-S, caberá ao Poder Público municipal ou distrital a comprovação da estabilidade das unidades imobiliárias de que trata o *caput*.

§ 3º Para aprovação e registro do direito real de laje em unidades imobiliárias que compõem a Reurb, fica dispensada a apresentação do habite-se e, na Reurb-S, das certidões negativas de tributos e de contribuições previdenciárias.

CAPÍTULO VII– DO CONDOMÍNIO DE LOTES

Art. 64. Pode haver, em terrenos, partes designadas de lotes que são propriedade exclusiva e partes que são propriedade comum dos condôminos.

§ 1º A fração ideal de cada condômino poderá ser proporcional à área do solo de cada unidade autônoma, ao seu potencial construtivo ou a outros critérios indicados no ato de instituição.

§ 2º As normas relativas ao condomínio edilício aplicam-se, no que couber, ao condomínio de lotes.

§ 3º Para fins de incorporação imobiliária, a implantação da infraestrutura do condomínio de lotes ficará a cargo do empreendedor.

Art. 65. O Poder Público municipal ou distrital poderá dispor sobre as posturas edilícias e urbanísticas para a implantação do condomínios de lotes.

Art. 66. Os núcleos urbanos informais consolidados constituídos na forma de condomínio de lotes poderão ser objeto de Reurb nos termos estabelecidos na Lei nº 13.465, de 2017, e neste Decreto.

§ 1º A Reurb do condomínio de lotes independerá da regularização das edificações já existentes, que serão regularizadas de forma coletiva ou individual em expediente próprio, a critério do Poder Público municipal ou distrital.

§ 2º As novas edificações a serem construídas em condomínio de lotes objeto de Reurb observarão as posturas edilícias e urbanísticas vigentes.

CAPÍTULO VIII – DOS CONJUNTOS HABITACIONAIS

Art. 67. Serão regularizados como conjuntos habitacionais os núcleos urbanos informais que tenham sido constituídos para a alienação de unidades já edificadas pelo próprio empreendedor, público ou privado. *(Redação dada pelo Decreto nº 9.597, de 2018)*

§ 1º Os conjuntos habitacionais poderão ser constituídos de parcelamento do solo com unidades edificadas isoladas, parcelamento do solo com edificações em condomínio, condomínios horizontais ou verticais ou ambas as modalidades de parcelamento e condomínio.

§ 2º As unidades resultantes da regularização de conjuntos habitacionais serão atribuídas aos ocupantes reconhecidos, exceto quando o Poder Público promotor do programa habitacional demonstrar, durante o processo de regularização fundiária, que há obrigações pendentes, hipótese em que as unidades imobiliárias regularizadas serão a ele atribuídas.

Art. 68. Para aprovação e registro dos conjuntos habitacionais que compõem a Reurb, fica dispensada a apresentação do habite-se e, na Reurb-S, das certidões negativas de tributos e de contribuições previdenciárias.

Parágrafo único. O registro do núcleo urbano informal na forma de conjunto habitacional será feito com a emissão da CRF e a aprovação do projeto de regularização, acompanhado das plantas e dos memoriais técnicos das unidades imobiliárias e edificações e dos demais elementos técnicos que sejam necessários à incorporação e ao registro do núcleo urbano informal, quando for o caso.

CAPÍTULO IX – DO CONDOMÍNIO URBANO SIMPLES

Art. 69. Quando o mesmo imóvel contiver construções de casas ou cômodos, poderá ser instituído, inclusive para fins de Reurb, condomínio urbano simples, respeitados os parâmetros urbanísticos locais, e serão discriminadas, na matrícula, a parte do terreno ocupada pelas edificações, as de utilização exclusiva e as áreas que constituem passagem para as vias públicas e para as unidades entre si.

§ 1º As normas relativas ao condomínio edilício aplicam-se, no que couber, ao condomínio urbano simples.

§ 2º Não constituem condomínio urbano simples:

I - as situações contempladas pelo direito real de laje;

II - as edificações ou os conjuntos de edificações, de um ou mais pavimentos, construídos como unidades isoladas entre si, destinadas a fins residenciais ou não residenciais, a que se refere a Lei nº 4.591, de 1964;

III - aqueles condomínios que possuem sistema viário interno para acesso as unidades imobiliárias autônomas; e

IV - aqueles condomínios que possuem unidades imobiliárias autônomas com acessos independentes aos logradouros públicos existentes.

Art. 70. A instituição do condomínio urbano simples será registrada na matrícula do imóvel, na qual serão identificadas as partes comuns no nível do solo, as partes comuns internas à edificação, se houver, e as unidades autônomas, dispensada a apresentação de convenção de condomínio.

§ 1º Após o registro da instituição do condomínio urbano simples, será aberta uma matrícula para cada unidade autônoma, à qual caberá, como parte inseparável, uma fração ideal do solo e das outras partes comuns, se houver, representada na forma de percentual.

§ 2º As unidades autônomas constituídas em matrícula própria poderão ser alienadas e gravadas livremente por seus titulares.

§ 3º Nenhuma unidade autônoma poderá ser privada do acesso ao logradouro público. *(Redação dada pelo Decreto nº 9.597, de 2018)*

§ 4º A gestão das partes comuns será feita de comum acordo entre os condôminos e poderá ser formalizada por meio de contrato.

Art. 71. O registro da instituição do condomínio urbano simples será efetivado mediante a apresentação pelo requerente ao oficial de do cartório de registro de imóveis do que segue:

I - projeto de regularização aprovado do qual constem as unidades imobiliárias que serão instituídas como unidades autônomas;

II - planta simples de cada lote, com indicação das partes comuns no nível do solo, das partes comuns internas à edificação, se houver, e das unidades autônomas, acompanhada de memorial descritivo simplificado;

III - informação sobre a fração ideal atribuída a cada unidade autônoma, relativamente ao terreno e às partes comuns;

IV - informação sobre o fim a que as unidades autônomas se destinam; e

V - cálculo das áreas das edificações ou dos lotes, com descriminação da área global e da área das partes comuns, quando houver, e indicação da metragem de área construída ou da metragem de cada lote, para cada tipo de unidade.

§ 1º Do memorial descritivo simplificado a que se refere o inciso II do *caput* constará a área aproximada das unidades autônomas, dos acessos e das partes comuns.

§ 2º Sem prejuízo do disposto nos incisos I a V do *caput*, na Reurb, o registro da instituição do condomínio urbano simples será efetivado por meio da apresentação pelo requerente ao oficial do cartório de registro de imóveis, ainda, da CRF, com o projeto de regularização aprovado do qual conste a indicação dos lotes nos quais serão instituídas as unidades autônomas.

§ 3º Na Reurb, o registro da instituição do condomínio urbano simples poderá ser requerido posteriormente ao registro do núcleo urbano informal, hipótese em que será suficiente a apresentação dos documentos mencionados no inciso II do *caput* com visto do órgão competente pela aprovação do projeto de regularização.

Art. 72. Na Reurb-S, a averbação das edificações poderá ser efetivada a partir de mera notícia, a requerimento do interessado, da qual conste a área construída e o número da unidade imobiliária, dispensada a apresentação de habite-se e das certidões negativas de tributos e de contribuições previdenciárias.

CAPÍTULO X – DA ARRECADAÇÃO DE IMÓVEIS ABANDONADOS

Art. 73. Os imóveis urbanos privados abandonados cujos proprietários não possuam a intenção de conservá-los em seu patrimônio ficam sujeitos à arrecadação pelo Município ou pelo Distrito Federal na condição de bem vago.

§ 1º A intenção referida no *caput* será presumida quando o proprietário, cessados os atos de posse sobre o imóvel, não adimplir os ônus fiscais instituídos sobre a propriedade predial e territorial urbana, pelo prazo de cinco anos.

§ 2º O procedimento de arrecadação de imóveis urbanos abandonados observará o disposto em ato do Poder Executivo municipal ou distrital e, no mínimo:

I - abertura de processo administrativo para tratar da arrecadação;

II - comprovação do tempo de abandono e de inadimplência fiscal; e

III - notificação ao titular do domínio para, querendo, apresentar impugnação no prazo de trinta dias, contado da data de recebimento da notificação.

§ 3º A notificação do titular de domínio será feita por via postal com aviso de recebimento, no endereço que constar do cadastro municipal ou distrital, e será considerada efetuada quando comprovada a entrega nesse endereço.

§ 4º Os titulares de domínio não localizados serão notificados por edital, do qual deverão constar, de forma resumida, a localização e a descrição do imóvel a ser arrecadado, para que apresentem impugnação no prazo de trinta dias, contado da data da notificação.

§ 5º A abertura do processo administrativo de que trata o inciso I do § 2º será determinada pelo Poder Público municipal ou distrital ou a requerimento de terceiro interessado.

§ 6º A ausência de manifestação do titular de domínio será interpretada como concordância com a arrecadação.

§ 7º Respeitado o procedimento de arrecadação, o Município poderá realizar, diretamente ou por meio de terceiros, os investimentos necessários para que o imóvel urbano arrecadado atinja prontamente os objetivos sociais a que se destina.

§ 8º Na hipótese de o proprietário reivindicar a posse do imóvel declarado abandonado, no transcorrer do prazo de três anos a que se refere o art. 1.276 da Lei nº 10.406, de 2002 - Código Civil, fica assegurado ao Poder Público municipal ou distrital o direito ao ressarcimento prévio e em valor atualizado das despesas em que houver incorrido, inclusive aquelas tributárias, em razão do exercício da posse provisória.

Art. 74. Os imóveis arrecadados pelos Municípios ou pelo Distrito Federal poderão ser destinados aos programas habitacionais, à prestação de serviços públicos, ao fomento da Reurb-S ou serão objeto de concessão de direito real de uso a entidades civis que comprovadamente tenham fins filantrópicos, assistenciais, educativos, esportivos ou outros, no interesse do Município ou do Distrito Federal.

CAPÍTULO XI – DO LOTEAMENTO OU DO DESMEMBRAMENTO

Art. 75. É vedada a venda ou a promessa de compra e venda de unidade imobiliária integrante de núcleo urbano informal ou de parcela de loteamento ou desmembramento não inscrito, nos termos do art. 37 da Lei nº 6.766, de 1979.

Art. 76. O Poder Público municipal ou distrital notificará os titulares de domínio ou os responsáveis pelos núcleos urbanos informais consolidados, de interesse específico, existentes na data de publicação deste Decreto, para que, no prazo de noventa dias, protocolem o pedido da Reurb-E acompanhado da documentação e dos projetos necessários, visando à sua análise e sua aprovação.

§ 1º A critério do Poder Público municipal ou distrital, o prazo previsto no *caput* para protocolo do pedido da Reurb-E poderá ser prorrogado, no máximo, por igual período.

§ 2º Não atendida a notificação prevista neste artigo, o órgão municipal ou distrital responsável poderá tomar as providências para promoção da Reurb-E, nos termos da Lei nº 13.465, de 2017, e deste Decreto, sem prejuízo das ações e das penalidades previstas na legislação vigente.

Art. 77. Nos termos do art. 38 da Lei nº 6.766, de 1979, verificado que o loteamento ou o desmembramento não se encontre registrado ou regularmente executado ou notificado pelo Poder Público municipal ou distrital, o adquirente do lote suspenderá o pagamento das prestações restantes e notificará o loteador para que faça o pagamento.

§ 1º Ocorrida a suspensão do pagamento das prestações restantes, na forma estabelecida no *caput*, o adquirente efetuará o depósito das prestações devidas junto ao cartório de registro de imóveis, que as depositará em instituição financeira, nos termos do inciso I do *caput* do art. 666 da Lei nº 13.105, de 2015 - Código de Processo Civil, em conta, com incidência de juros e correção monetária, cuja movimentação dependerá de autorização judicial.

§ 2º O Poder Público municipal ou distrital e o Ministério Público poderão promover a notificação do loteador prevista no *caput*, para que, no prazo de noventa dias, tome as providências para a aprovação e o registro do loteamento ou desmembramento.

§ 3º A pedido do loteador, desde que justificado, o Poder Público municipal ou distrital poderá, a seu critério, prorrogar por igual período o prazo previsto no § 2º.

§ 4º Regularizado o loteamento, o loteador requererá autorização judicial para fazer o levantamento do valor das prestações depositadas, com os acréscimos juros e de correção monetária.

§ 5º O Poder Público municipal ou distrital será intimado no processo judicial a que se refere o § 4º e o Ministério Público será ouvido.

§ 6º Após o reconhecimento judicial de regularidade do loteamento, o loteador notificará os adquirentes dos lotes, por intermédio do cartório de registro de imóveis, para que voltem a pagar diretamente as prestações restantes.

§ 7º O loteador não poderá, a qualquer título, exigir o recebimento das prestações depositadas, nas seguintes hipóteses, nos termos do art. 40 da Lei nº 6.766, de 1979:

I - o loteador deixar de atender à notificação até o vencimento do prazo contratual; ou

II - o loteamento ou o desmembramento for regularizado pela Prefeitura Municipal ou pelo Distrito Federal.

Art. 78. A cláusula de rescisão de contrato por inadimplemento do adquirente será nula quando o loteamento não estiver regularmente inscrito.

Art. 79. O Poder Público municipal ou distrital, se desatendida pelo loteador a notificação a que se referem o *caput* e o § 2º do art. 77, poderá regularizar loteamento ou desmembramento não autorizado ou executado sem observância às determinações do ato administrativo de licença, para evitar lesão aos seus padrões de desenvolvimento urbano e em defesa dos direitos dos adquirentes de lotes.

§ 1º O Poder Público municipal, ou o distrital, que promover a regularização na forma estabelecida neste artigo, fará jus, por meio de autorização judicial, ao levantamento das prestações depositadas, com os acréscimos de juros e de correção monetária, a título de ressarcimento pelas importâncias despendidas com equipamentos urbanos ou expropriações necessárias para regularizar o loteamento ou o desmembramento.

§ 2º Na hipótese de as importâncias despendidas pelo Poder Público municipal ou distrital para regularizar o loteamento ou desmembramento não serem integralmente ressarcidas com o levantamento a que se refere o § 1º, o valor que faltar será exigido do loteador, conforme o disposto no art. 47 da Lei nº 6.766, de 1979.

§ 3º Na hipótese de o loteador não cumprir o estabelecido no § 2º, o Poder Público municipal ou distrital poderá receber as prestações dos adquirentes até o valor devido.

§ 4º O Poder Público municipal ou distrital, para assegurar a regularização do loteamento ou desmembramento e o ressarcimento integral de importâncias despendidas ou a despender, poderá promover judicialmente os procedimentos cautelares necessários.

Art. 80. Regularizado o loteamento ou o desmembramento pelo Poder Público municipal ou distrital, o adquirente do lote, desde que comprovado o depósito de todas as prestações do preço avençado, poderá obter o registro de propriedade do lote adquirido, com fundamento na promessa de venda e compra firmada.

Art. 81. Nas desapropriações, não serão considerados como loteados ou loteáveis, para fins de indenização, os terrenos ainda não vendidos ou objeto de promessa de compra e venda.

Art. 82. Os Municípios, o Distrito Federal e os Estados poderão expropriar áreas urbanas ou de expansão urbana para reloteamento, demolição, reconstrução e incorporação, hipótese em que a preferência para a aquisição das novas unidades será dos expropriados.

Art. 83. Na hipótese de o loteador beneficiário do loteamento ou do desmembramento integrar grupo econômico ou financeiro, as pessoas naturais ou jurídicas do grupo serão solidariamente responsáveis pelos prejuízos por ele causados aos compradores de lotes e ao Poder Público.

Art. 84. O foro competente para os procedimentos judiciais previstos neste Decreto será o da comarca da situação do núcleo urbano informal ou lote.

Art. 85. As intimações e notificações previstas neste Decreto serão feitas pessoalmente ao intimado ou notificado, que assinará o comprovante do recebimento, e poderão igualmente ser promovidas por meio dos cartórios de registro de títulos e documentos da comarca da situação do imóvel ou do domicílio do intimado ou notificado.

Parágrafo único. Se o destinatário se recusar a receber ou a dar recibo, ou se o seu paradeiro for desconhecido, o oficial competente certificará a circunstância e a intimação ou a notificação será feita por edital e a contagem do prazo terá início dez dias após a última publicação.

CAPÍTULO XII – DISPOSIÇÕES FINAIS E TRANSITÓRIAS

Art. 86. Ao Distrito Federal são atribuídas as competências e as responsabilidades dos Estados e dos Municípios, na forma da Lei nº 13.465, de 2017, e deste Decreto.

Art. 87. As glebas parceladas para fins urbanos anteriormente a 19 de dezembro de 1979 que não possuírem registro poderão ter a sua situação jurídica regularizada por meio do registro do parcelamento, desde que esteja implantado e integrado à cidade, e poderão, para tanto, ser utilizados os instrumentos previstos na Lei nº 13.465, de 2017, e neste Decreto. *(Redação dada pelo Decreto nº 9.597, de 2018)*

§ 1º O interessado requererá ao oficial do cartório de registro de imóveis a efetivação do registro do parcelamento, munido dos seguintes documentos:

I - planta da área em regularização, assinada pelo interessado responsável pela regularização e por profissional legalmente habilitado, que contenha o perímetro da área a ser regularizada, as subdivisões das quadras, dos lotes e das áreas públicas, com as dimensões e a numeração dos lotes, os logradouros, os espaços livres e as outras áreas com destinação específica, se for o caso, dispensada a apresentação da ART no Conselho Regional de Engenharia e Arquitetura ou o RRT no Conselho de Arquitetura e Urbanismo quando o responsável técnico for servidor ou empregado público;

II - descrição técnica do perímetro da área a ser regularizada, dos lotes, das áreas públicas e das outras áreas com destinação específica, quando for o caso; e

III - documento expedido pelo Município ou pelo Distrito Federal, o qual ateste que o parcelamento foi implantado anteriormente a 19 de dezembro de 1979 e de que está integrado à cidade. *(Redação dada pelo Decreto nº 9.597, de 2018)*

§ 2º A apresentação da documentação prevista no § 1º dispensa a apresentação do projeto de regularização fundiária, do estudo técnico ambiental, da CRF ou de quaisquer outras manifestações, aprovações, licenças ou alvarás emitidos pelos órgãos públicos.

§ 3º O registro do parcelamento das glebas previsto neste artigo poderá ser feito por trechos ou etapas, independentemente de retificação ou apuração de área remanescente.

Art. 88. As disposições da Lei nº 6.766, de 1979, não se aplicam à Reurb, exceto quanto ao disposto nos art. 37, art. 38, art. 39, art. 40, *caput* e § 1º ao § 4º, art. 41, art. 42, art. 44, art. 47, art. 48, art. 49, art. 50, art. 51 e art. 52 da referida Lei. *(Redação dada pelo Decreto nº 9.597, de 2018)*

Art. 89. Para fins da Reurb, ficam dispensadas a desafetação e as seguintes exigências previstas no inciso I do *caput* do art. 17 da Lei nº 8.666, de 21 de junho de 1993:

I - autorização legislativa para alienação de bens da administração pública direta, autárquica e fundacional; e

II - avaliação prévia e licitação na modalidade de concorrência.

Parágrafo único. Na venda direta prevista no art. 84 da Lei nº 13.465, de 2017, será necessária a avaliação prévia para definição do valor a ser cobrado na alienação.

Art. 90. Os Estados e o Distrito Federal criarão e regulamentarão fundos específicos destinados à compensação, total ou parcial, dos custos referentes aos atos registrais da Reurb-S previstos na Lei nº 13.465, de 2017, e neste Decreto.

Parágrafo único. Para que os fundos estaduais acessem os recursos do Fundo Nacional de Habitação de Interesse Social - FNHIS, criado pela Lei nº 11.124, de 16 de junho de 2005, estes deverão firmar termo de adesão, na forma a ser regulamentada em ato do Ministro de Estado das Cidades.

Art. 91. Serão regularizadas, na forma da Lei nº 13.465, de 2017, e deste Decreto, as ocupações que incidam sobre áreas objeto de ação judicial que verse sobre direitos reais de garantia, de constrição, bloqueio ou indisponibilidade judicial, ressalvada a hipótese de decisão judicial que impeça a análise, a aprovação e o registro do projeto de Reurb.

Art. 92. As normas e os procedimentos estabelecidos neste Decreto poderão ser aplicados aos processos administrativos de regularização fundiária iniciados pelos entes públicos competentes até a data de publicação da Lei nº 13.465, de 2017, e serão regidos, a critério deles, pelo disposto no art. 288-A ao art. 288-G da Lei nº 6.015, de 1973, e no art. 46 ao art. 71-A da Lei nº 11.977, de 2009.

§ 1º O disposto no *caput* aplica-se às regularizações fundiárias urbanas em andamento, situadas total ou parcialmente em unidade de uso sustentável, em área de preservação permanente, em área de proteção de mananciais e no entorno dos reservatórios de água artificiais. *(Redação dada pelo Decreto nº 9.597, de 2018)*

§ 2º Nas regularizações fundiárias previstas no *caput*, poderão ser utilizadas, a critério do órgão municipal ou distrital responsável pela regularização, as normas, os procedimentos e os instrumentos previstos na Lei nº 13.465, de 2017, e neste Decreto ou no art. 288-A ao art. 288-G da Lei nº 6.015, de 1973, inclusive conjuntamente.

§ 3º As legitimações de posse já registradas na forma da Lei nº 11.977, de 2009, prosseguirão sob o regime da referida Lei até a titulação definitiva dos legitimados na posse.

§ 4º O registro dos títulos emitidos, para conferir direitos reais, nos projetos de regularização que tenham sido registrados nos termos do art. 46 ao art. 71-A da Lei nº 11.977, de 2009, a critério dos legitimados, do Município ou do Distrito Federal, poderá ser feito nos termos da Lei nº 13.465, de 2017, e deste Decreto.

§ 5º Para a abertura de matrícula do sistema viário de parcelamento urbano irregular, na forma prevista no art. 195-A da Lei nº 6.015, de 1973, a intimação dos confrontantes será feita por meio de edital, publicado no Diário Oficial ou em jornal com circulação na sede do Município ou no Distrito Federal, e será conferido prazo de trinta dias para a manifestação do intimado.

Art. 93. O Poder Público municipal ou distrital poderá facultar ao proprietário da área atingida pela obrigação de que trata o *caput* do art. 5º da Lei nº 10.257, de 2001, ou objeto de Reurb, o estabelecimento de consórcio imobiliário como forma de viabilização financeira para o aproveitamento do imóvel.

§ 1º Considera-se consórcio imobiliário a forma de viabilização de planos de urbanização, de regularização fundiária ou de reforma, conservação ou construção de edificação por meio da qual o proprietário transfere ao Poder Público municipal ou distrital a propriedade do imóvel e, após a realização das obras, recebe como pagamento unidades imobiliárias urbanizadas ou edificadas e as demais unidades incorporadas ao patrimônio público.

§ 2º O valor das unidades imobiliárias a serem entregues na forma do § 1º será correspondente ao valor do imóvel anteriormente à execução das obras.

§ 3º A instauração do consórcio imobiliário por proprietário que tenha dado causa à formação de núcleos urbanos informais ou por seu sucessor não os eximirá da responsabilidade administrativa, civil ou criminal.

Art. 93-A. Para que o Município promova a Reurb em áreas da União sob a gestão da Secretaria do Patrimônio da União do Ministério do Planejamento, Desenvolvimento e Gestão, é necessária a prévia formalização da transferência da área ou a celebração de acordo de cooperação técnica ou de instrumento congênere com a referida Secretaria. *(Incluído pelo Decreto nº 9.597, de 2018)*

TÍTULO II – DOS PROCEDIMENTOS PARA A AVALIAÇÃO E A ALIENAÇÃO DOS IMÓVEIS DA UNIÃO

Art. 94. Os imóveis da União objeto da Reurb-E objeto de processo de parcelamento reconhecido pela autoridade pública poderão ser, no todo ou em parte, vendidas diretamente aos seus ocupantes, dispensados os procedimentos exigidos pela Lei nº 8.666, de 1993.

§ 1º A venda aplica-se unicamente aos imóveis ocupados até 22 de dezembro de 2016 e o ocupante deverá estar regularmente inscrito e em dia com suas obrigações para com a Secretaria do Patrimônio da União do Ministério do Planejamento, Desenvolvimento e Gestão.

§ 2º A possibilidade da venda direta de que trata este artigo é extensiva aos ocupantes cuja inscrição de ocupação tenha sido feita em nome de condomínios ou associações.

§ 3º A venda direta de que trata este artigo somente poderá ser concedida para, no máximo, dois imóveis, um residencial e um não residencial, regularmente cadastrados em nome do beneficiário na Secretaria do Patrimônio da União do Ministério do Planejamento, Desenvolvimento e Gestão.

§ 4º Nas ocupações de áreas da União não cadastradas junto à Secretaria do Patrimônio da União do Ministério do Planejamento, Desenvolvimento e Gestão, será possível a venda direta ao ocupante, desde que comprovada a sua ocupação em 22 de dezembro de 2016.

§ 5º Para fins da comprovação que trata o § 4º, é admitida a contagem de tempo de ocupações anteriores, desde que demonstrada a continuidade da cadeia de ocupação até o atual ocupante.

§ 6º A venda direta de que trata este artigo obedecerá ao disposto na Lei nº 9.514, de 20 de novembro de 1997, e a União permanecerá com a propriedade fiduciária dos bens até a quitação integral, na forma dos §7º e § 9º.

§ 7º Para os ocupantes com renda familiar de cinco e dez salários mínimos, o valor pela aquisição poderá ser pago à vista ou em até duzentas e quarenta parcelas mensais e consecutivas, devido sinal de, no mínimo, cinco por cento do valor da avaliação.

§ 8º O valor da parcela mensal a que se refere o § 7º não poderá ser inferior ao valor devido pelo ocupante a título de taxa de foro ou de ocupação, quando requerido pelo interessado.

§ 9º Para os ocupantes com renda familiar acima de dez salários mínimos, a aquisição poderá ser realizada à vista ou em até cento e vinte parcelas mensais e consecutivas, devido sinal de, no mínimo, dez por cento do valor da avaliação, hipótese em que o valor da parcela mensal não poderá ser inferior ao equivalente devido pelo usuário a título de taxa de foro ou de ocupação, quando requerido pelo interessado.

§ 10. A regulamentação do disposto neste artigo será efetuada pela Secretaria do Patrimônio da União do Ministério do Planejamento, Desenvolvimento e Gestão, no prazo de doze meses, contado da data de publicação da Lei nº 13.465, de 2017.

Art. 95. O preço de venda será fixado com base no valor de mercado do imóvel, segundo critérios de avaliação previstos no art. 11-C da Lei nº 9.636, de 15 de maio de 1998, excluídas as acessões e as benfeitorias realizadas pelo ocupante.

§ 1º O prazo de validade da avaliação a que se refere o *caput* será de, no máximo, doze meses.

§ 2º No condomínio edilício, as áreas comuns, excluídas as suas benfeitorias, serão adicionadas na fração ideal da unidade privativa correspondente.

Art. 96. Os procedimentos necessários à promoção da Reurb-E em áreas da União poderão ser conduzidos no âmbito de acordo de cooperação técnica ou de instrumento congênere, celebrado entre a Secretaria do Patrimônio da União do Ministério do Planejamento, Desenvolvimento e Gestão e os interessados na promoção da Reurb-E, representados por suas associações representativas ou condomínios.

Parágrafo único. Os acordos de cooperação técnica ou os instrumento congêneres a que se refere o *caput* poderão ser celebrados tanto com ocupantes regularmente inscritos junto à Secretaria do Patrimônio da União do Ministério do Planejamento, Desenvolvimento e Gestão, quanto com aqueles que ocupam áreas da União não cadastradas junto à referida Secretaria.

Art. 97. As pessoas físicas de baixa renda que, por qualquer título, utilizem regularmente imóvel da União, inclusive imóveis provenientes de órgãos e entidades federais extintos, para fins de moradia, até 22 de dezembro de 2016, e que sejam isentas do pagamento de qualquer valor pela utilização, na forma da legislação patrimonial e dos cadastros da Secretaria do Patrimônio da União do Ministério do Planejamento, Desenvolvimento e Gestão, poderão requerer diretamente ao oficial do cartório de registro de imóveis, por meio da apresentação da Certidão de Autorização de Transferência - CAT expedida pela referida Secretaria, a transferência gratuita da propriedade do imóvel, desde que preenchidos os requisitos previstos no § 5º do art. 31 da Lei nº 9.636, de 1998. *(Redação dada pelo Decreto nº 9.597, de 2018)*

§ 1º A transferência gratuita de que trata este artigo somente poderá ser concedida uma vez por beneficiário.

§ 2º A avaliação prévia do imóvel e a prévia autorização legislativa específica não se configuram como condição para a transferência gratuita de que trata este artigo.

Art. 98. Para obter gratuitamente a concessão de direito real de uso ou o domínio pleno do imóvel, o interessado deverá requerer, junto à Secretaria do Patrimônio da União do Ministério do Planejamento, Desenvolvimento e Gestão, a CAT para fins de Reurb-S - CAT-Reurb-S, a qual valerá como título hábil para a aquisição do direito mediante o registro no cartório de registro de imóveis.

Parágrafo único. Efetivado o registro da transferência da concessão de direito real de uso ou do domínio pleno do imóvel, o oficial do cartório de registro de imóveis, no prazo de trinta dias, notificará a Superintendência do Patrimônio da União no Estado ou no Distrito Federal e informará o número da matrícula ou da transcrição do imóvel e o seu Registro Imobiliário Patrimonial, o qual deverá constar da CAT-Reurb-S.

Art. 98-A. Os procedimentos para a Reurb promovida em áreas da União serão regulamentados em ato específico da Secretaria do Patrimônio da União do Ministério do Planejamento, Desenvolvimento e Gestão, sem prejuízo da eventual adoção de procedimentos e instrumentos previstos para a Reurb. *(Incluído pelo Decreto nº 9.597, de 2018)*

Art. 99. Na hipótese de imóveis destinados à Reurb-S cuja propriedade da União ainda não se encontre regularizada junto ao cartório de registro de imóveis competente, a abertura de matrícula poderá ser realizada por meio de requerimento da Secretaria do Patrimônio da União do Ministério do Planejamento, Desenvolvimento e Gestão, dirigido ao oficial do referido cartório, acompanhado dos seguintes documentos:

I - planta e memorial descritivo do imóvel, assinados por profissional habilitado perante o Conselho Regional de Engenharia e Arquitetura ou o Conselho de Arquitetura e Urbanismo, condicionados à apresentação da ART ou do RRT, quando for o caso; e

II - ato de discriminação administrativa do imóvel da União para fins de Reurb-S, a ser expedido pela Secretaria do Patrimônio da União do Ministério do Planejamento, Desenvolvimento e Gestão.

§ 1º O oficial do cartório de registro de imóveis deverá, no prazo de trinta dias, contado da data de protocolo do requerimento, fornecer à Superintendência do Patrimônio da União no Estado ou no Distrito Federal a certidão da matrícula aberta ou os motivos fundamentados para a negativa da abertura, hipótese para a qual deverá ser estabelecido prazo para que as pendências sejam supridas.

§ 2º O disposto no *caput* não se aplica aos imóveis da União submetidos a procedimentos específicos de identificação e demarcação, os quais continuam submetidos às normas pertinentes.

Art. 100. Os procedimentos para a transferência gratuita do direito real de uso ou do domínio pleno de imóveis da União no âmbito da Reurb-S, inclusive aqueles relacionados à forma de comprovação dos requisitos pelos beneficiários, serão regulamentados em ato do Secretário do Patrimônio da União do Ministério do Planejamento, Desenvolvimento e Gestão.=

Art. 101. Ficam a União e as suas autarquias e fundações autorizadas a transferir aos Estados, aos Municípios e ao Distrito Federal as áreas públicas federais ocupadas por núcleos urbanos informais, para que estes promovam a Reurb nos termos da Lei nº 13.465, de 2017, observado o disposto neste regulamento quando se tratar de imóveis de titularidade de fundos.

TÍTULO III – DISPOSIÇÕES FINAIS

Art. 102. Fica facultado aos Estados, aos Municípios e ao Distrito Federal utilizar a prerrogativa de venda direta aos ocupantes de suas áreas públicas objeto de Reurb-E, dispensados os procedimentos exigidos pela Lei nº 8.666, de 1993, desde que os imóveis se encontrem ocupados até 22 de dezembro de 2016, devendo regulamentar o processo em legislação própria nos moldes do disposto no art. 84 da Lei nº 13.465, de 11 de julho de 2017.

Art. 103. Nos termos do Decreto-Lei nº 1.876, de 15 de julho de 1981, são requisitos da Reurb-S em áreas da União:

I - a renda familiar mensal do ocupante ser igual ou inferior a cinco salários mínimos; e

II - o ocupante não ter possuído ou ser proprietário de bens ou direitos em montante superior ao limite estabelecido pela Secretaria da Receita Federal do Brasil do Ministério da Fazenda para a obrigatoriedade de apresentação da Declaração de Ajuste Anual do Imposto de Renda Pessoa Física.

Art. 104. Na Reurb promovida em áreas da União em que não seja possível a constituição de direitos reais para a totalidade dos interessados ou em que existam unidades imobiliárias desocupadas, as matrículas correspondentes a essas unidades deverão ser abertas em nome da União.

Art. 105. Na hipótese de decisão pela remoção do núcleo urbano informal consolidado, deverão ser realizados estudos técnicos que comprovem que o desfazimento e a remoção do núcleo urbano não causará maiores danos ambientais e sociais do que a sua regularização nos termos da Lei nº 13.465, de 2017, e deste Decreto.

Parágrafo único. O disposto no *caput* não se aplica às áreas de risco a serem realocadas conforme o disposto no § 2º do art. 39 da Lei nº 13.465, de 2017.

Art. 106. Para registro da aquisição de propriedade por meio da legitimação fundiária em áreas da União promovida por legitimados que não sejam a própria União, a constituição do direito real em nome dos beneficiários ficará condicionada à autorização da Secretaria do Patrimônio da União do Ministério do Planejamento, Desenvolvimento e Gestão.

Art. 107. Os imóveis ocupados por órgãos ou entidades da administração pública federal, estadual, distrital ou municipal que se encontrem em núcleos urbanos informais, localizados em áreas da União e regularizados por meio de Reurb serão destinados conforme a legislação patrimonial da União.

Art. 108. O ocupante irregular de imóvel da União fruto de Reurb-E que não opte pela aquisição do imóvel será inscrito na Secretaria do Patrimônio da União do Ministério do Planejamento, Desenvolvimento e Gestão como ocupante, na forma da legislação vigente.

Art. 109. O disposto na Lei nº 13.465, de 2017, e neste Decreto se aplica às ilhas oceânicas e costeiras do País, sem prejuízo da legislação patrimonial pertinente em vigor.

Art. 109-A. O disposto no art. 34 aplica-se ao Programa Minha Casa Minha Vida - PMCMV, operado com recursos de que tratam os incisos II e III do *caput* do art. 2º da Lei nº 11.977, de 2009. *(Incluído pelo Decreto nº 9.597, de 2018)*

Art. 109-B. Os procedimentos necessários à promoção da Reurb em áreas da União sob a gestão da Secretaria do Patrimônio da União do Ministério do Planejamento, Desenvolvimento e Gestão que não tenham como agente promotor a própria União, serão antecedidos pela formalização da transferência da área ou pela celebração de acordo de cooperação técnica ou de instrumento congênere entre a referida Secretaria e os interessados na promoção da Reurb. *(Incluído pelo Decreto nº 9.597, de 2018)*

Art. 110. Este Decreto entra em vigor na data de sua publicação.

Brasília, 15 de março de 2018;
197º da Independência e 130º da República.
MICHEL TEMER
Dyogo Henrique de Oliveira
Alexandre Baldy de Sant'Anna Braga
Eliseu Padilha.
DOU de 16.3.2018 e retificado em 19.3.2018

DECRETO Nº 9.354, DE 25 DE ABRIL DE 2018

Regulamenta o art. 1º do Decreto-Lei nº 2.398, de 21 de dezembro de 1987, que dispõe sobre foros, laudêmios e taxas de ocupação relativas a imóveis de propriedade da União, e o art. 11-B da Lei nº 9.636, de 15 de maio de 1998, que dispõe sobre a regularização, a administração, o aforamento e a alienação de bens imóveis de domínio da União.

O PRESIDENTE DA REPÚBLICA, no uso da atribuição que lhe confere o art. 84, *caput*, inciso IV, da Constituição, e tendo em vista o disposto no art. 1º do Decreto-Lei nº 2.398, de 21 de dezembro de 1987, e no art. 11-B da Lei nº 9.636, de 15 de maio de 1998,

DECRETA:

Art. 1º As informações a que se referem o inciso I do § 1º do art. 1º do Decreto-Lei nº 2.398, de 21 de dezembro de 1987, e o inciso I do *caput* do art. 11-B da Lei nº 9.636, de 15 de maio de 1998, serão consideradas inaptas para a definição do valor do domínio pleno do terreno da União nas seguintes hipóteses:

I – se houver envio de dados incorretos, inconsistentes ou referentes à avaliação realizada há mais de dois exercícios, contados da data do referido envio;

II – se as informações encaminhadas não permitirem a identificação do imóvel em sua totalidade; ou

III – se os dados enviados pelo Município e pelo Distrito Federal não apresentarem o valor venal do terreno separadamente.

Parágrafo único. O enquadramento em uma das hipóteses previstas nos incisos do *caput* será objeto de fundamentação técnica por parte da Secretaria do Patrimônio da União do Ministério do Planejamento, Desenvolvimento e Gestão.

Art. 2º Nas hipóteses de não fornecimento do valor venal do terreno ou de as informações serem consideradas inaptas, na forma prevista no art. 1º, o valor venal do terreno será obtido por meio da planta de valores da Secretaria do Patrimônio da União do Ministério do Planejamento, Desenvolvimento e Gestão, referente ao exercício anterior, corrigida monetariamente por meio da aplicação do Índice Nacional de Preços ao Consumidor Amplo – IPCA do exercício imediatamente anterior, a ser publicada em ato do Secretário do Patrimônio da União do Ministério do Planejamento, Desenvolvimento e Gestão, ou por meio de pesquisa mercadológica.

Art. 3º Este Decreto entra em vigor na data de sua publicação.

Brasília, 25 de abril de 2018;
197º da Independência e 130º da República.
MICHEL TEMER
Walter Baere de Araújo Filho
D.O.U.: 26.04.2018.

DECRETO Nº 11.208, DE 26 DE SETEMBRO DE 2022

Dispõe sobre o Sistema Nacional de Gestão de Informações Territoriais e sobre o Cadastro Imobiliário Brasileiro e regula o compartilhamento de dados relativos a bens imóveis.

O PRESIDENTE DA REPÚBLICA, no uso da atribuição que lhe confere o art. 84, *caput*, incisos IV e VI, alínea "a", da Constituição, e tendo em vista o disposto no art. 37, *caput*, inciso XXII, da Constituição e na Lei nº 13.709, de 14 de agosto de 2018,

DECRETA:

Art. 1º Este Decreto dispõe sobre o Sistema Nacional de Gestão de Informações Territoriais - Sinter e sobre o Cadastro Imobiliário Brasileiro - CIB e regula o compartilhamento de dados relativos a bens imóveis.

Art. 2º O Sinter é um sistema de gestão pública que integra os dados cadastrais, geoespaciais, fiscais e jurídicos relativos a bens imóveis e aos assim considerados para efeitos legais, gerados:

I - pelos entes federativos;

II - pelos serviços registrais e notariais; e

III - por órgãos, entidades, concessionários e permissionários de serviços que gerem dados relativos a bens imóveis.

§ 1º O disposto no *caput* aplica-se, também, aos Bens Imóveis de Características Especiais - BICE, de que trata o inciso XII do *caput* do art. 3º.

§ 2º Os serviços registrais a que se refere o inciso II do *caput* são aqueles prestados pelos cartórios extrajudiciais de registro de imóveis e de registro de títulos e documentos.

§ 3º A integração ao Sinter se dará mediante convênio, acordo de cooperação técnica ou instrumento congênere, em observância à autonomia dos entes federativos e à competência das entidades e dos órgãos geradores de dados e de informações.

Art. 3º Para fins do disposto neste Decreto, considera-se:

I - acordo de cooperação técnica - instrumento jurídico formalizado entre órgãos e entidades da administração pública ou entre estes e entidades privadas sem fins lucrativos, com o objetivo de firmar interesse de mútua cooperação técnica para a execução de programas de trabalho, projetos, atividades ou eventos de interesse recíproco;

II - cadastro de origem - cadastro de imóveis urbanos e rurais, públicos e privados, localizados no território nacional, com dados georreferenciados ao Sistema Geodésico Brasileiro, os quais alimentam os bancos de dados do Sinter para fins de inscrição no CIB ou de formação de camada temática;

III - camada temática - conjunto de informações sobre tema específico relacionado com as informações territoriais, como ambiental, fiscal, agrário, de infraestrutura, socioeconômico, entre outros;

IV - compartilhamento de dados - disponibilização de dados pelo gestor para determinado recebedor de dados;

V - convênio - instrumento de ajuste firmado entre o Poder Público e entidades públicas ou privadas, sem fins lucrativos, para a consecução de objetivos de interesse comum, por meio de colaboração recíproca;

VI - dado - valor ou expressão resultante de processo de mensuração de fonte submetida à análise ou à observação;

VII - informação - resultado do processamento, da manipulação e da interpretação de dados organizados ou obtidos com base em documentos, de modo a constituir significado para os destinatários;

VIII - mar territorial - faixa de doze milhas marítimas de largura, medida a partir da linha de baixa-mar do litoral continental e insular brasileiro, tal como indicada nas cartas náuticas de grande escala, reconhecidas oficialmente pelo País;

IX - zona econômica exclusiva - faixa que se estende das doze às duzentas milhas marítimas, contadas a partir das linhas de base que servem para medir a largura do mar territorial;

X - plataforma continental - leito e subsolo das áreas submarinas que se estendem além do mar territorial, em toda a extensão do prolongamento natural do território terrestre, até o bordo exterior da margem continental, ou até uma distância de duzentas milhas marítimas das linhas de

base, a partir das quais se mede a largura do mar territorial, nos casos em que o bordo exterior da margem continental não atinja essa distância;
XI - unidade imobiliária - imóvel situado na área urbana ou rural, inscrito em cadastro de imóveis urbanos, rurais ou públicos, associado a um ou mais objetos geográficos; e
XII - Bens Imóveis de Características Especiais - BICE - bens públicos ou privados de uso especial e os bens do patrimônio cultural integrantes do domínio da União, dos Estados, do Distrito Federal e dos Municípios, incluído o espaço aéreo sobre esses bens, o subsolo e as áreas do mar territorial, da zona econômica exclusiva e da plataforma continental, como:
a) usinas nucleares, hidrelétricas e termoelétricas;
b) parques eólicos e plantas solares;
c) plataformas, sondas de prospecção e plantas de refino de petróleo e gás;
d) portos, eclusas, aeroportos e terminais rodoviários, ferroviários e hidroviários;
e) aquedutos, gasodutos e minerodutos;
f) aquíferos e jazidas minerais;
g) rodovias, estradas, vias vicinais, túneis, pontes e viadutos;
h) praças e logradouros;
i) museus, prédios, monumentos históricos e sítios arqueológicos;
j) terras indígenas e terras devolutas;
k) lagos, lagoas, rios, quedas-d'água, reservatórios de barragens, açudes, cursos-d'água navegáveis, mananciais e espelhos-d'água; e
l) parques, florestas, áreas ambientais e unidades de conservação.

Art. 4º O CIB é um banco de dados integrante do Sinter, no qual serão inscritas as unidades imobiliárias e os BICE encaminhados pelos cadastros de origem que atenderem aos critérios de atribuição do código de inscrição no CIB, definidos em ato do Secretário Especial da Receita Federal do Brasil do Ministério da Economia, a quem compete a sua regulamentação.

Parágrafo único. A inscrição no CIB a que se refere o *caput* consiste em um código de identificação unívoco atribuído pelo Sinter a cada imóvel, válido no território nacional, formado por sete caracteres alfanuméricos e um dígito verificador, com a estrutura "AAAAAAA-D".

Art. 5º O Sinter admitirá dois tipos de usuários:
I - os geradores de dados e de informações:
a) a Secretaria Especial da Receita Federal do Brasil do Ministério da Economia;
b) os órgãos e as entidades da administração pública, direta e indireta, da União, dos Estados, do Distrito Federal e dos Municípios, do Ministério Público e dos demais Poderes;
c) os serviços registrais e notariais; e
d) outros órgãos, entidades, concessionários e permissionários de serviços públicos que gerem dados relativos a bens imóveis; e
II - os consulentes de dados e de informações:
a) os órgãos e entidades previstos no inciso I do *caput*; e
b) as pessoas naturais e as pessoas jurídicas de direito público ou privado.

Parágrafo único. Os usuários previstos no inciso I do *caput* que compartilharem dados e informações por meio do Sinter ficarão responsáveis por assegurar a interoperabilidade dos bancos de dados, dos cadastros e dos sistemas sob a sua gestão.

Art. 6º O Sinter é administrado pela Secretaria Especial da Receita Federal do Brasil do Ministério da Economia, à qual compete:
I - adotar as medidas necessárias para viabilizar a sua implementação e o seu funcionamento;
II - compatibilizar as necessidades de seus usuários;
III - compartilhar dados e informações com os órgãos e as entidades da administração pública federal direta e indireta;
IV - firmar convênios, acordos de cooperação técnica ou instrumentos congêneres, nos termos da legislação vigente, para compartilhamento de dados e de informações com:
a) órgãos e entidades da administração pública estadual, distrital e municipal, direta e indireta;
b) conselhos de fiscalização de profissões regulamentadas;
c) Ministério Público;
d) demais Poderes da União, dos Estados, do Distrito Federal e dos Municípios; e
e) entidades sem fins lucrativos;
V - disponibilizar os dados geoespaciais do Sinter e do CIB para o Diretório Brasileiro de Dados Geoespaciais, rede integrante da Infraestrutura Nacional de Dados Espaciais;
VI - estabelecer os perfis de acesso a dados e a informações nos termos da legislação e dos convênios ou dos acordos de cooperação técnica firmados;
VII - definir o padrão de conexão com os usuários, os parâmetros de intercâmbio de dados, as políticas de segurança da informação e as tecnologias a serem empregadas;
VIII - coordenar as atividades relacionadas ao Sinter, facultada a participação de especialistas e representantes de entes públicos e privados na emissão de pareceres e na elaboração de estudos técnicos;
IX - administrar o CIB;
X - disponibilizar o código de inscrição no CIB aos cadastros de origem, exclusivamente por meio do Sinter; e
XI - editar normas complementares para o cumprimento do disposto neste Decreto.

Art. 7º O compartilhamento de dados e de informações por meio do Sinter será realizado de forma eletrônica e atenderá às finalidades específicas de execução de políticas públicas e de atribuição legal dos órgãos e das entidades públicas, respeitados:
I - o direito de acesso à informação previsto no inciso XXXIII do *caput* do art. 5º da Constituição;
II - o disposto na Lei nº 13.709, de 14 de agosto de 2018;
III - as regras de sigilo fiscal; e
IV - as demais hipóteses legais de sigilo e de restrição de acesso a dados e a informações.

§ 1º Para fins do disposto no *caput*, serão observadas:
I - as orientações e as diretrizes para o compartilhamento de dados estabelecidas no Decreto nº 10.046, de 9 de outubro de 2019, ou em norma superveniente; e
II - as regras e os procedimentos sobre o uso de assinaturas eletrônicas estabelecidos na Lei nº 14.063, de 23 de setembro de 2020, e no Decreto nº 10.543, de 13 de novembro de 2020, ou em norma superveniente.

§ 2º O Sinter poderá, em caráter temporário, prover infraestrutura de hospedagem de dados geoespaciais de entes públicos que não dispuserem dos recursos tecnológicos, financeiros ou administrativos para disponibilizá-los, atendidos, em qualquer hipótese, os requisitos de segurança, de privacidade e de prevenção de vazamentos de dados pessoais do Sistema de Administração dos Recursos de Tecnologia da Informação.

Art. 8º O acesso a aplicativos gráficos para visualização de dados cadastrais e geoespaciais será disponibilizado pelo Sinter aos cidadãos gratuitamente, atendidos:
I - os critérios técnicos e normativos de sigilo;
II - a segurança da informação;
III - a privacidade; e
IV - a proteção de dados pessoais.

Art. 9º As informações relativas à valoração de imóveis urbanos e rurais provenientes dos cadastros de origem poderão ser consolidadas no Sinter de forma agregada, asseguradas:
I - a anonimização de dados pessoais e financeiros individuais; e
II - a restrição de acesso ao sistema contra terceiros não autorizados.

Parágrafo único. As informações a que se refere o *caput* poderão ser utilizadas como base para o cálculo do índice de preços de imóveis de que trata o Decreto nº 7.565, de 15 de setembro de 2011.

Art. 10. O investimento e o custeio relativos ao desenvolvimento, à manutenção, à operação, ao intercâmbio e ao acesso a bancos de dados e às demais atividades de tecnologia da informação inerentes ao Sinter correrão à conta das dotações orçamentárias consignadas à Secretaria Especial da Receita Federal do Brasil do Ministério da Economia.

Art. 11. Os órgãos e as entidades a que se refere o inciso I do *caput* do art. 5º poderão desenvolver camadas temáticas de seu interesse no Sinter.

Art. 12. Fica revogado o Decreto nº 8.764, de 10 de maio de 2016.

Art. 13. Este Decreto entra em vigor na data de sua publicação.

Brasília, 26 de setembro de 2022; 201º da Independência e 134º da República.

JAIR MESSIAS BOLSONARO

Paulo Guedes

DOU de 27.9.2022

DECRETO Nº 11.995, DE 15 DE ABRIL DE 2024

Institui o Programa Terra da Gente e dispõe sobre a incorporação de imóveis rurais no âmbito da Política Nacional de Reforma Agrária.

O **PRESIDENTE DA REPÚBLICA**, no uso da atribuição que lhe confere o art. 84, *caput*, inciso IV, da Constituição, e tendo em vista o disposto na Lei nº 4.504, de 30 de novembro de 1964, na Lei nº 8.629, de 25 de fevereiro de 1993, e na Lei nº 13.001, de 20 de junho de 2014,

DECRETA:

CAPÍTULO I – DISPOSIÇÕES GERAIS

Art. 1º Este Decreto institui o Programa Terra da Gente, coordenado pelo Ministério do Desenvolvimento Agrário e Agricultura Familiar, e dispõe sobre a incorporação de imóveis rurais no âmbito da Política Nacional de Reforma Agrária, prevista na Lei nº 4.504, de 30 de novembro de 1964.

Parágrafo único. O Programa Terra da Gente tem como finalidade dispor sobre as alternativas legais para a aquisição e a disponibilização de terras para a reforma agrária, de forma a promover o acesso à terra, a inclusão produtiva e o aumento da produção de alimentos.

Art. 2º O Programa Terra da Gente destina-se a atender o público beneficiário da Política Nacional de Reforma Agrária, de que trata o art. 19 da Lei nº 8.629, de 25 de fevereiro de 1993, regulamentada pelo Decreto nº 9.311, de 15 de março de 2018.

Parágrafo único. Incluem-se como destinatários do Programa Terra da Gente os beneficiários da política pública de regularização fundiária de territórios quilombolas e de outros povos e comunidades tradicionais, observada a legislação específica.

Art. 3º São objetivos do Programa Terra da Gente:

I - obter imóveis rurais para a Política Nacional de Reforma Agrária;

II - promover a integração de ações com o objetivo de disponibilizar imóveis rurais para a Política Nacional de Reforma Agrária;

III - articular as políticas públicas agrárias, fundiárias e territoriais à gestão patrimonial e à arrecadação da Dívida Ativa Tributária e da Dívida Ativa não Tributária da União;

IV - promover ações conjuntas entre o Instituto Nacional de Colonização e Reforma Agrária - INCRA e a Secretaria do Patrimônio da União do Ministério da Gestão e da Inovação em Serviços Públicos, para a destinação de terras rurais ocupadas por comunidades quilombolas incidentes em terrenos de marinha, marginais de rios, ilhas e lagos, nos termos do disposto no Decreto nº 4.887, de 20 de novembro de 2003;

V - contribuir para a promoção de paz no campo;

VI - ampliar as ações de destinação de terras públicas federais rurais para o reconhecimento de territórios quilombolas e de outros povos e comunidades tradicionais, observada a legislação específica; e

VII - implementar ações de cooperação federativa para a criação de projetos de assentamentos e o reconhecimento de territórios quilombolas e de outros povos e comunidades tradicionais em terras públicas.

CAPÍTULO II – DAS MODALIDADES DE OBTENÇÃO DE IMÓVEIS RURAIS

Art. 4º São modalidades de obtenção de imóveis rurais, para fins do disposto neste Decreto:

› *Vide art. 167, Lei n. 6.015/1973 (Registros Públicos)*

I - desapropriação por interesse social para fins de reforma agrária, nos termos do disposto no art. 184 da Constituição e na Lei nº 8.629, de 1993;

II - desapropriação por interesse social, nos termos do disposto na Lei nº 4.132, de 10 de setembro de 1962;

III - doação;

IV - compra e venda;

V - destinação de imóveis rurais objeto de perdimento;

VI - expropriação de imóveis rurais em que forem localizadas culturas ilegais de plantas psicotrópicas ou exploração de trabalho em condições análogas à escravidão;

VII - arrematação judicial de imóveis rurais penhorados em execuções;

VIII - aquisição mediante autorização judicial de imóveis rurais penhorados em execuções em trâmite na Justiça do Trabalho;

IX - dação em pagamento;

X - adjudicação;

XI - aquisição onerosa de imóveis rurais pertencentes a empresas públicas, sociedades de economia mista e serviços sociais autônomos;

XII - discriminação e arrecadação de terras devolutas da União, nos termos do disposto no art. 188 da Constituição e na Lei nº 6.383, de 7 de dezembro de 1976;

XIII - transferência de domínio, nos termos do disposto na Lei nº 4.504, de 1964;

XIV - arrecadação de bens vagos;

XV - reversão à posse da União de terras rurais de sua propriedade, indevidamente ocupadas e exploradas por terceiros, a qualquer título;

XVI - herança e legado; e

XVII - permuta.

SEÇÃO I – DA DESAPROPRIAÇÃO

Art. 5º A incorporação de imóveis rurais à Política Nacional de Reforma Agrária poderá ser realizada por meio da desapropriação, nas seguintes modalidades:

I - por interesse social para fins de reforma agrária, nos termos do disposto na Lei nº 8.629, de 1993, e na Lei Complementar nº 76, de 6 de julho de 1993, quando verificado o descumprimento da função social da propriedade, conforme normas editadas pelo INCRA; e

II - por interesse social para promover a justa distribuição da terra, na forma prevista na Lei nº 4.132, de 1962.

§ 1º Na desapropriação por interesse social para fins de reforma agrária, o cumprimento integral da função social da terra rural será verificado de forma simultânea à aferição de produtividade do imóvel rural.

§ 2º Na desapropriação por interesse social para promover a justa distribuição da terra, o valor do imóvel rural será integralmente depositado em dinheiro, quando do ajuizamento da ação, como requisito do pedido de imissão provisória na posse.

§ 3º Caberá ao INCRA regulamentar as hipóteses de encerramento da desapropriação por acordo, na via administrativa, quando obtida a concordância do expropriado, observado o disposto no *caput* do art. 10 e no § 2º do art. 10-A do Decreto-Lei nº 3.365, de 21 de junho de 1941, e no § 4º do art. 5º da Lei nº 8.629, de 1993.

SEÇÃO II – DA DOAÇÃO

Art. 6º Para a aplicação e o desenvolvimento de suas políticas públicas agrárias, fundiárias e territoriais, a União e o INCRA poderão receber imóveis rurais por meio de doação de particular ou do Poder Público, incluindo empresas públicas, sociedades de economia mista e serviços sociais autônomos.

Art. 7º Laudo ou estudo técnico deverá indicar a viabilidade do imóvel rural recebido em doação para a política pública à qual será destinado.

Art. 8º A doação de imóvel rural que contenha eventualmente benfeitorias úteis e necessárias de terceiros poderá compreender apenas a terra nua e o pagamento dessas benfeitorias deverá observar o disposto na Lei nº 10.406, de 10 de janeiro de 2002 - Código Civil.

Art. 9º A incorporação de imóveis por doação independe da aferição do cumprimento da função social da terra no imóvel rural a ser adquirido.

SEÇÃO III – DA COMPRA E VENDA

Art. 10. Para a aplicação e o desenvolvimento de suas políticas públicas agrárias, fundiárias e territoriais, a União e o INCRA poderão adquirir imóveis rurais por meio de compra e venda.

Art. 11. O pagamento da terra nua e das benfeitorias realizadas no imóvel rural a ser adquirido poderá ser efetuado em moeda corrente ou em títulos da dívida agrária.

Art. 12. Laudo ou estudo técnico deverá indicar a viabilidade do imóvel para a política pública à qual será destinado.

Art. 13. A aquisição por compra e venda independe da aferição do cumprimento da função social da terra no imóvel rural a ser adquirido.

Art. 14. Tendo como referência dados de valor da terra disponibilizados pelo INCRA, a autarquia agrária ou a União deverá emitir laudo ou estudo técnico que indique a compatibilidade do preço a ser pago e o valor de mercado do bem.

Art. 15. Em caso de oferta espontânea advinda do proprietário interessado em alienar imóvel, a União e o INCRA poderão instaurar processo administrativo de compra e venda de imóvel rural e solicitar ao ofertante a documentação pessoal e do imóvel a ser definida em normativos internos.

Art. 16. A União e o INCRA poderão publicar editais de chamamento público de proprietários rurais interessados em alienar imóveis por meio de compra e venda.

Art. 17. Mediante acordo com o proprietário, a União e o INCRA poderão iniciar estudos e trabalhos de implantação da política pública antes de efetuado o pagamento do preço.

Art. 18. O pagamento do preço contratado somente será efetuado após o registro da escritura pública no registro de imóveis competente.

SEÇÃO IV – DA ARREMATAÇÃO JUDICIAL EM PROCESSO DE EXECUÇÃO

Art. 19. A União e o INCRA poderão arrematar judicialmente imóveis rurais penhorados em processos de execução para a aplicação e o desenvolvimento de suas políticas públicas agrárias, fundiárias e territoriais.

§ 1º A arrematação prevista no *caput* independe da aferição do cumprimento da função social do imóvel rural.

§ 2º Poderão ser solicitadas informações ao Poder Judiciário, aos leiloeiros públicos ou a outros órgãos federais ou estaduais sobre imóveis rurais ofertados em leilão.

Art. 20. Para fins de arrematação judicial, a União ou o INCRA deverá emitir laudo ou estudo técnico para indicar:

I - a viabilidade do imóvel rural a ser adquirido para fins de implementação da política pública a que se destina; e

II - a compatibilidade entre os lances a serem ofertados e o valor de mercado do imóvel rural, a partir dos dados de valor da terra disponibilizados pelo INCRA e do edital público do leilão.

Parágrafo único. O valor indenizável referente a eventuais benfeitorias úteis e necessárias estará englobado no valor da avaliação do imóvel rural indicado no edital público do leilão.

Art. 21. O pagamento do valor após a arrematação será efetuado em moeda corrente ou em TDA, observada a legislação aplicável ao caso e de acordo com a determinação judicial.

Art. 22. Expedida a carta de arrematação pelo juízo competente, a União ou o INCRA providenciará o registro do imóvel rural, com a anotação de aquisição originária.

Parágrafo único. A imissão na posse do imóvel rural arrematado poderá ocorrer mediante deferimento do juízo competente, com sua afetação às políticas públicas agrárias, fundiárias e territoriais.

SEÇÃO V – DA ADJUDICAÇÃO EM PROCESSO DE EXECUÇÃO

Art. 23. Para a aplicação e o desenvolvimento de suas políticas públicas agrárias, fundiárias e territoriais, a União e o INCRA poderão adjudicar imóveis rurais em execuções relativas a débitos federais tributários ou não tributários.

Art. 24. Obtidas as autorizações administrativas competentes, a adjudicação prescindirá de empenho e transferência financeira entre a União e o INCRA e a entidade credora no Sistema Integrado de Administração Financeira do Governo Federal - SIAFI.

Art. 25. Laudo ou estudo técnico deverá indicar a viabilidade do imóvel rural adjudicado para a política pública à qual será destinado.

Art. 26. A adjudicação independe da aferição do cumprimento da função social da terra no imóvel rural a ser adquirido.

Art. 27. Tendo como referência dados de valor da terra disponibilizados pelo INCRA, a autarquia agrária ou a União deverá emitir laudo ou estudo técnico que indique a compatibilidade do valor da adjudicação e o valor de mercado do bem.

Art. 28. Expedida a carta de adjudicação pelo juízo competente, a União ou o INCRA providenciará o registro do imóvel rural, com a anotação de aquisição originária.

Art. 29. A União e o INCRA poderão solicitar informações ao Poder Judiciário, aos leiloeiros públicos ou a outros órgãos públicos sobre imóveis rurais penhorados em execuções fiscais relativas a débitos federais tributários ou não tributários.

Art. 30. Mediante solicitação ao juízo competente, poderão a União e o INCRA imitir-se na posse do imóvel rural adjudicado, afetando-o à política pública.

Art. 31. O auto de adjudicação poderá compreender apenas a terra nua e poderá a União ou o Incra efetuar o pagamento das benfeitorias úteis e necessárias na forma estabelecida na legislação civil.

SEÇÃO VI – DA AQUISIÇÃO ONEROSA DE IMÓVEIS RURAIS DE EMPRESAS PÚBLICAS, SOCIEDADES DE ECONOMIA MISTA E SERVIÇOS SOCIAIS AUTÔNOMOS

Art. 32. Para a aplicação e o desenvolvimento de suas políticas públicas agrárias, fundiárias e territoriais, a União e o INCRA poderão efetuar aquisição onerosa de bens pertencentes a empresas públicas, sociedades de economia mista e serviços sociais autônomos, observado o disposto no inciso XVI do *caput* do art. 29 da Lei nº 13.303, de 30 de junho de 2016.

Art. 33. O pagamento da terra nua e das benfeitorias do imóvel rural a ser adquirido poderá ser efetuado, a critério do Ministério da Fazenda e mediante consentimento da empresa estatal, por meio de compensações de obrigações de empresas estatais perante a União, na condição de seu acionista controlador.

Art. 34. Laudo ou estudo técnico deverá indicar a viabilidade do imóvel rural adquirido onerosamente para a política pública à qual será destinado.

Art. 35. A aquisição onerosa de bens pertencentes a empresas públicas, sociedades de economia mista e serviços sociais autônomos independe da aferição do cumprimento da função social da terra no imóvel rural a ser adquirido.

Art. 36. Tendo como referência dados de valor da terra disponibilizados pelo INCRA, a autarquia agrária ou a União deverá emitir laudo ou estudo técnico que indique o valor de mercado do bem.

Art. 37. Efetuadas as compensações previstas no art. 33, a União ou o INCRA providenciará o registro do imóvel rural em seu nome.

Art. 38. A União e o INCRA poderão solicitar a empresas públicas, sociedades de economia mista e serviços sociais autônomos informações sobre imóveis rurais que possam ser objeto de aquisição onerosa.

Art. 39. Mediante acordo com a empresa pública, a sociedade de economia mista ou o serviço social autônomo, a União e o INCRA poderão iniciar estudos e trabalhos de implementação da política pública antes de efetuado o pagamento ou a compensação de valores.

Art. 40. O termo de alienação poderá compreender apenas a terra nua e poderá a União ou o INCRA, quando necessário, efetuar o pagamento das benfeitorias úteis e necessárias na forma estabelecida na legislação civil.

CAPÍTULO III – DISPOSIÇÕES FINAIS

Art. 41. Caberá ao INCRA regulamentar os procedimentos administrativos de obtenção dos imóveis rurais no âmbito do Programa Terra da Gente para a Política Nacional de Reforma Agrária, por meio de:

I - arrecadação de bens vagos;

II - permuta;

III - herança e legado;

IV - dação em pagamento;

V - expropriação de imóveis rurais em que forem localizadas culturas ilegais de plantas psicotrópicas ou exploração de trabalho em condições análogas à escravidão; e

VI - aquisição mediante autorização judicial de imóveis rurais penhorados em execuções em trâmite na Justiça do Trabalho.

Art. 42. Ato conjunto do Ministro de Estado do Desenvolvimento Agrário e Agricultura Familiar e do Ministro de Estado da Gestão e da Inovação em Serviços Públicos regulamentará:

I - os procedimentos necessários para destinação e incorporação de imóveis rurais à União para fins do Programa Terra da Gente;

II - o instrumento de transferência de gestão dos imóveis rurais entre os órgãos;

III - o cadastro dos imóveis rurais em sistemas patrimoniais; e

IV - outros trâmites necessários ao alcance dos objetivos do Programa Terra da Gente.

Art. 43. O Ministro de Estado do Desenvolvimento Agrário e Agricultura Familiar e o Ministro de Estado da Justiça e Segurança Pública poderão editar ato conjunto com o objetivo de disciplinar a destinação de imóveis rurais objeto de perdimento para políticas públicas agrárias, fundiárias e territoriais.

Art. 44. O Ministério do Desenvolvimento Agrário e Agricultura Familiar poderá atuar na aquisição de imóveis rurais por meio do Programa Nacional de Crédito Fundiário - PNCF, financiado com recursos oriundos do Fundo de Terras e da Reforma Agrária destinados ao acesso à terra e aos investimentos básicos, de forma complementar à reforma agrária.

Art. 45. O Ministério do Desenvolvimento Agrário e Agricultura Familiar e o INCRA poderão firmar:

I - acordos de cooperação com órgãos e entidades federais, estaduais, distritais e municipais com o objetivo de operacionalizar o Programa Terra da Gente; e

II - acordos de cooperação técnica e outras parcerias com:

a) órgãos e entidades federais, estaduais, distritais e municipais para possibilitar a troca de informações sobre trabalho análogo a de escravo, descumprimento de legislação trabalhista, danos ambientais e conflitos agrários, com vistas à instrução de processos de desapropriação por descumprimento da função social da terra; e

b) os Estados, o Distrito Federal e os Municípios para obtenção de apoio na adjudicação e na dação em pagamento de imóveis rurais passíveis de aplicação nas políticas públicas agrárias, fundiárias e territoriais, no âmbito de execuções de dívidas tributárias e não tributárias de titularidade dos Estados, do Distrito Federal e dos Municípios.

Art. 46. Ato conjunto do Ministro de Estado do Desenvolvimento Agrário e Agricultura Familiar e do Ministro de Estado da Fazenda:

I - definirá, para cada exercício fiscal, o quantitativo de adjudicações a serem efetuadas; e

II - disciplinará o disposto no art. 33.

Art. 47. No âmbito da execução do Programa Terra da Gente, os Estados e o Distrito Federal, a critério do Ministério da Fazenda, poderão efetuar a transferência de imóveis rurais à União, a fim de pagar:

I - créditos relativos aos contratos de refinanciamento de que trata a Lei nº 9.496, de 11 de setembro de 1997; ou

II - créditos tributários inscritos em Dívida Ativa da União, nos termos do disposto no art. 4º da Lei nº 13.259, de 16 de março de 2016.

Art. 48. As despesas decorrentes do disposto neste Decreto correrão à conta das dotações orçamentárias anualmente consignadas aos órgãos e às entidades envolvidos em sua implementação, observados os limites de movimentação, empenho e pagamento da programação orçamentária e financeira anual.

Art. 49. Este Decreto entra em vigor na data de sua publicação.

Brasília, 15 de abril de 2024; 203º da Independência e 136º da República.
LUIZ INÁCIO LULA DA SILVA
Luiz Paulo Teixeira Ferreira
Esther Dweck
Presidente da República Federativa do Brasil
D.O.U. de 16.04.2024

DECRETO Nº 12.046, DE 5 DE JUNHO DE 2024

Regulamenta, em âmbito federal, a Lei nº 11.284, de 2 de março de 2006, que dispõe sobre a gestão de florestas públicas para a produção sustentável, e dá outras providências.

O PRESIDENTE DA REPÚBLICA, no uso da atribuição que lhe confere o art. 84, *caput*, inciso IV, da Constituição, e tendo em vista o disposto na Lei nº 11.284, de 2 de março de 2006,

DECRETA:

CAPÍTULO I – DISPOSIÇÕES PRELIMINARES

Art. 1º Este Decreto regulamenta, em âmbito federal, para fins do disposto na Lei nº 11.284, de 2 de março de 2006:

I - o Cadastro Nacional de Florestas Públicas;

II - a destinação de florestas públicas às comunidades locais;

III - o Plano Plurianual de Outorga Florestal;

IV - a licitação e os contratos de concessão florestal;

V - o monitoramento e a auditoria nas concessões em florestas públicas; e

VI - a restauração florestal e a exploração de créditos por serviços ambientais nas concessões florestais.

CAPÍTULO II – DO CADASTRO NACIONAL DE FLORESTAS PÚBLICAS

Art. 2º O Cadastro Nacional de Florestas Públicas, interligado ao Sistema Nacional de Cadastro Rural, é integrado:

I - pelo Cadastro-Geral de Florestas Públicas da União; e

II - pelos cadastros de florestas públicas dos Estados, do Distrito Federal e dos Municípios.

§ 1º O Cadastro Nacional de Florestas Públicas será integrado por bases próprias de informações produzidas e compartilhadas pelos órgãos e entidades gestores de florestas públicas da União, dos Estados, do Distrito Federal e dos Municípios.

§ 2º O Cadastro-Geral de Florestas Públicas da União será gerido pelo Serviço Florestal Brasileiro – SFB e incluirá:

I - áreas inseridas no Cadastro de Terras Indígenas;

II - unidades de conservação federais, com exceção das áreas privadas localizadas em categorias de unidades que não exijam a desapropriação; e

III - florestas localizadas em imóveis urbanos ou rurais matriculados ou em processo de arrecadação em nome da União, de autarquias, de fundações, de empresas públicas e de sociedades de economia mista.

§ 3º As florestas públicas em áreas militares somente serão incluídas no Cadastro-Geral de Florestas Públicas da União mediante autorização do Ministério da Defesa.

§ 4º As florestas públicas federais plantadas após 2 de março de 2006 não localizadas em áreas de reserva legal ou em unidades de conservação serão cadastradas mediante consulta ao órgão gestor da respectiva floresta.

Art. 3º O Cadastro-Geral de Florestas Públicas da União é composto por polígonos georreferenciados de florestas, plantadas ou naturais, localizadas em terras de domínio da União.

Art. 4º Compete ao SFB a edição de resolução sobre as tipologias e as classes de cobertura florestal, por bioma, para fins de identificação das florestas públicas federais.

Parágrafo único. A resolução de que trata o *caput* observará as caracterizações das tipologias e das classes de cobertura florestal, definidas pela Fundação Instituto Brasileiro de Geografia e Estatística – IBGE.

Art. 5º O SFB manterá no Sistema Nacional de Informações Florestais banco de dados com imagens de satélite e outras formas de sensoriamento remoto que tenham coberto todo o território nacional em 2006.

Art. 6º As florestas públicas identificadas nas tipologias e nas classes de cobertura florestal, definidas nos termos do disposto no art. 4º, serão incluídas no Cadastro-Geral de Florestas Públicas da União, observada a data de vigência da Lei nº 11.284, de 2 de março de 2006.

Parágrafo único. Para fins de recuperação florestal, o SFB poderá incluir, no Cadastro-Geral de Florestas Públicas da União, áreas degradadas contidas nos polígonos de florestas públicas federais.

Art. 7º O Cadastro-Geral de Florestas Públicas da União conterá, quando couber, em relação a cada floresta pública, as seguintes informações:

I - dados fundiários, incluído o número de matrícula do imóvel no cartório de registro de imóveis;

II - Município e Estado de localização;

III - titular e gestor da floresta pública;

IV - polígono georreferenciado;

V - bioma, tipo e aspectos da cobertura florestal, conforme norma editada nos termos do disposto no art. 4º;

VI - referências de estudos associados à floresta pública que envolvam recursos naturais renováveis e não-renováveis relativos aos limites da respectiva floresta;

VII - uso e destinação comunitários;

VIII - pretensões de posse eventualmente incidentes sobre a floresta pública;

IX - existência de conflitos fundiários ou sociais;

X - atividades desenvolvidas, certificações, normas, atos e contratos administrativos e contratos cíveis incidentes nos limites da floresta pública; e

XI - recomendações de uso formuladas pelo Zoneamento Ecológico-Econômico do Brasil – ZEE e conforme o disposto no Decreto nº 5.092, de 21 de maio de 2004.

Art. 8º Compete ao SFB a definição de padrões técnicos do Cadastro-Geral de Florestas Públicas da União, observado o código único estabelecido em ato conjunto do Instituto Nacional de Colonização e Reforma Agrária – INCRA e da Secretaria Especial da Receita Federal do Brasil do Ministério da Fazenda, nos termos do disposto no art. 1º, § 3º, da Lei nº 5.868, de 12 de dezembro de 1972, de forma a permitir a identificação e o compartilhamento de suas informações com as instituições participantes do Cadastro Nacional de Imóveis Rurais – CNIR, a Secretaria do Patrimônio da União e os cadastros estaduais, distrital e municipais de florestas públicas.

§ 1º Na definição dos padrões técnicos do Cadastro-Geral de Florestas Públicas da União, deve-se observar, no mínimo, o seguinte:

I - definições e terminologias relativas à identificação da cobertura florestal;

II - base cartográfica a ser utilizada;

III - projeções e formato dos dados georreferenciados e tabelas;

IV - informações mínimas do cadastro; e

V - normas e procedimentos de integração das informações com o Sistema Nacional de Cadastro Rural e os cadastros de florestas públicas dos Estados, do Distrito Federal e dos Municípios.

§ 2º O SFB garantirá a publicidade e o acesso aos dados do cadastro.

Art. 9º As florestas públicas federais não destinadas a manejo florestal ou a unidades de conservação ficarão impossibilitadas de conversão para uso alternativo do solo, até que sua recomendação de uso pelo ZEE esteja oficializada e a conversão seja plenamente justificada, nos termos do disposto no art. 72 da Lei nº 11.284, de 2 de março de 2006.

§ 1º A floresta pública que, após a data de vigência da Lei nº 11.284, de 2 de março de 2006, seja irregularmente objeto de desmatamento, exploração econômica ou degradação será incluída ou mantida no Cadastro-Geral de Florestas Públicas da União.

§ 2º A inclusão a que se refere o § 1º ocorrerá quando comprovada a existência de floresta, após a data de vigência da Lei nº 11.284, de 2 de março de 2006, em área pública desmatada, explorada economicamente ou degradada.

§ 3º A manutenção a que se refere o § 1º ocorrerá quando a floresta pública constante do Cadastro-Geral de Florestas Públicas da União for irregularmente desmatada, explorada economicamente ou degradada.

§ 4º Para fins do disposto no *caput*, o SFB publicará e disponibilizará, por meio da internet, o mapa da cobertura florestal do Brasil para o ano de 2006.

Art. 10. As atividades de pesquisa que envolvam recursos florestais, recursos naturais não renováveis e recursos hídricos poderão ser desenvolvidas nas florestas públicas mencionadas no art. 9º, desde que compatíveis com o disposto no contrato de concessão e com as atividades nele autorizadas, e que contenham autorização expressa dos órgãos e das entidades competentes.

Art. 11. Sem prejuízo da aplicação de sanções administrativas e penais, caberá ao responsável pelo desmatamento, exploração ou degradação de floresta pública federal, a que se refere o art. 9º, § 1º, a recuperação da floresta de forma direta ou indireta, em observância ao disposto no art. 14, § 1º, da Lei nº 6.938, de 31 de agosto de 1981.

Art. 12. O Cadastro-Geral de Florestas Públicas da União será acessível ao público por meio da internet.

CAPÍTULO III – DA DESTINAÇÃO DE FLORESTAS PÚBLICAS ÀS COMUNIDADES LOCAIS

Art. 13. Antes da realização das licitações para concessão florestal, as florestas públicas, em que serão alocadas as unidades de manejo, quando ocupadas ou utilizadas por comunidades locais, definidas de acordo com o disposto no art. 3º, *caput*, inciso X, da Lei nº 11.284, de 2 de março de 2006, serão identificadas para destinação a essas comunidades, nos termos do disposto nos art. 6º e art. 17 da referida Lei.

Art. 14. As modalidades de destinação às comunidades locais deverão ser baseadas no uso sustentável das florestas públicas.

Parágrafo único. O planejamento das dimensões das florestas públicas a serem destinadas à comunidade local, individual ou coletivamente, deverá considerar o uso sustentável dos recursos florestais e o beneficiamento dos produtos extraídos como a principal fonte de sustentabilidade dos beneficiários.

Art. 15. Para o cumprimento do disposto no art. 6º, § 3º, da Lei nº 11.284, de 2 de março de 2006, o Ministério do Meio Ambiente e Mudança do Clima e o Ministério do Desenvolvimento Agrário e Agricultura Familiar, em procedimento administrativo conjunto, pactuarão Contratos de Concessão de Direito Real de Uso, na modalidade coletiva, com caráter inalienável e por prazo indeterminado, para a regularização fundiária de territórios de povos e comunidades tradicionais localizados em áreas de florestas públicas federais não destinadas.

§ 1º A pactuação a que se refere o *caput* deverá ser precedida pela aprovação, por parte da Câmara Técnica de Destinação e Regularização Fundiária de Terras Públicas Federais Rurais, instituída pelo Decreto nº 10.592, de 24 de dezembro de 2020, da manifestação de interesse do Ministério do Meio Ambiente e Mudança do Clima e do Ministério do Desenvolvimento Agrário e Agricultura Familiar sobre as áreas de florestas públicas federais não destinadas, e pela transferência da gestão patrimonial da área em questão ao Ministério do Meio Ambiente e Mudança do Clima ou ao Ministério do Desenvolvimento Agrário e Agricultura Familiar.

§ 2º Os procedimentos para a pactuação dos contratos a que se refere o *caput* serão definidos em ato conjunto do Ministro de Estado do Meio Ambiente e Mudança do Clima e do Ministro de Estado do Desenvolvimento Agrário e Agricultura Familiar.

Art. 16. O SFB, no âmbito da competência prevista no art. 55 da Lei nº 11.284, de 2 de março de 2006, apoiará a pesquisa e a assistência técnica para o desenvolvimento das atividades florestais pelas comunidades locais, inclusive por meio do Fundo Nacional de Desenvolvimento Florestal – FNDF.

CAPÍTULO IV – DO PLANO PLURIANUAL DE OUTORGA FLORESTAL DA UNIÃO

Art. 17. O Plano Plurianual de Outorga Florestal da União, proposto pelo SFB e definido pelo Ministério do Meio Ambiente e Mudança do Clima, conterá a descrição de todas as florestas públicas passíveis de serem submetidas à concessão no período em que vigorar.

Parágrafo único. Somente serão incluídas no Plano Plurianual de Outorga Florestal da União as florestas públicas devidamente identificadas no Cadastro Nacional de Florestas Públicas.

Art. 18. O Plano Plurianual de Outorga Florestal da União terá o seguinte conteúdo mínimo:

I - identificação do número e da soma total das áreas de florestas públicas constantes do Cadastro Nacional de Florestas Públicas;

II - área total de concessões florestais federais com contratos vigentes e previsão de produção dessas áreas;

III - identificação georreferenciada das florestas públicas federais passíveis de serem submetidas ao processo de concessão florestal, durante o período de vigência do Plano;

IV - identificação georreferenciada das terras indígenas, das unidades de conservação, das áreas destinadas às comunidades locais, das áreas prioritárias para recuperação e das áreas de interesse para criação de unidades de conservação de proteção integral que sejam adjacentes às áreas destinadas à concessão florestal federal;

V - identificação de potenciais interações com outras políticas públicas, conforme o disposto no art. 11, *caput*, inciso V, da Lei nº 11.284, de 2 de março de 2006; e

VI - limite percentual máximo de área de concessão florestal que cada concessionário terá, individualmente ou em consórcio.

Art. 19. O Plano Plurianual de Outorga Florestal da União será concluído até 30 de outubro do ano anterior ao início do seu período de vigência.

§ 1º Para os fins do disposto no art. 11, § 1º, da Lei nº 11.284, de 2 de março de 2006, o SFB considerará os Planos Plurianuais de Outorga Florestal dos Estados, do Distrito Federal e dos Municípios publicados até 31 de julho do ano da elaboração do Plano Plurianual de Outorga Florestal da União.

§ 2º Os Planos Plurianuais de Outorga Florestal dos Estados, do Distrito Federal e dos Municípios publicados após a data prevista no disposto no § 1º serão considerados no Plano Plurianual de Outorga Florestal da União somente no período seguinte ao de sua publicação.

§ 3º No caso de descumprimento do prazo previsto para a conclusão do Plano Plurianual de Outorga Florestal da União, a outorga de novas concessões ocorrerá após a sua publicação.

§ 4º O Plano Plurianual de Outorga Florestal da União poderá ser alterado ao longo do seu período de vigência, conforme a conveniência e a necessidade do SFB, respeitados os mesmos procedimentos necessários para sua elaboração e sua aprovação.

Art. 20. Para fins do disposto no art. 33 da Lei nº 11.284, de 2 de março de 2006, serão definidas unidades de manejo pequenas, médias e grandes, com base em critérios técnicos que atendam às peculiaridades regionais, definidos no Plano Plurianual de Outorga Florestal da União.

CAPÍTULO V – DA LICITAÇÃO DE CONCESSÃO FLORESTAL FEDERAL

Art. 21. A publicação de edital de licitação de lotes de concessão florestal será precedida de audiências públicas, coordenadas pelo SFB e amplamente divulgadas e convocadas com antecedência mínima de quinze dias.

§ 1º O SFB realizará audiências públicas nos Municípios onde estão localizadas as florestas públicas dos lotes de concessões florestais, observados os seguintes objetivos básicos:

I - esclarecer aos interessados os objetos das concessões florestais propostas, os benefícios ambientais, econômicos e sociais esperados, inclusive os retornos de receitas para os Estados, o Distrito Federal e os Municípios onde se localizam as florestas, e as restrições normativas que deverão ser consideradas;

II - apresentar e debater conteúdos relevantes dos editais de licitação das concessões florestais e seus anexos, em especial o número, a distribuição espacial, a forma das unidades de manejo e os seus limites geográficos, e os critérios e os indicadores para seleção da melhor oferta;

III - propiciar aos diversos atores interessados a possibilidade de oferecerem comentários e sugestões sobre a matéria em discussão; e

IV - dar publicidade e transparência às suas ações.

§ 2º As datas e os locais de realização das audiências públicas serão divulgados pelos meios de comunicação de maior acesso ao público da região e pela internet.

§ 3º Os documentos utilizados para subsidiar as audiências públicas serão disponibilizados para consulta no portal do SFB na internet e em outros canais digitais de acesso público.

Art. 22. O edital de licitação das concessões florestais será publicado com antecedência mínima de quarenta e cinco dias da data da sessão pública para abertura e julgamento das propostas.

Parágrafo único. Além da publicidade prevista na legislação aplicável, o edital será disponibilizado na internet.

Art. 23. Para a habilitação nas licitações de concessão florestal federais, a comprovação de ausência de débitos inscritos na dívida ativa relativos à infração ambiental, prevista no art. 19, *caput*, inciso I, da Lei nº 11.284, de 2 de março de 2006, ocorrerá por meio de documentos emitidos pelos órgãos e pelas entidades integrantes do Sistema Nacional do Meio Ambiente – SISNAMA e da sede do domicílio do licitante, cuja emissão será preferencialmente por meio da internet, nos termos do disposto no art. 19, § 2º, da Lei nº 11.284, de 2 de março de 2006, e no Decreto nº 5.975, de 30 de novembro de 2006.

Art. 24. Os editais de licitação federais deverão conter a descrição detalhada da metodologia para julgamento das propostas e levar em consideração os seguintes critérios definidos no art. 26 da Lei nº 11.284, de 2 de março de 2006:

I - maior preço ofertado como pagamento à União pela outorga da concessão florestal; e

II - melhor técnica, considerados:

a) menor impacto ambiental; e

b) maiores benefícios diretos para a sociedade.

§ 1º Para fins do disposto no inciso II do *caput*, considera-se menor impacto ambiental o menor impacto negativo ou o maior impacto positivo.

§ 2º Indicadores poderão ser utilizados para fins de pontuação para definição da melhor proposta ou para fins de bonificação, e deverão ter as seguintes características:

I - ser objetivamente mensuráveis;

II - relacionar-se a aspectos de responsabilidade direta do concessionário; e

III - ter aplicabilidade e relevância para avaliar o respectivo critério.

§ 3º Para cada indicador previsto no edital, serão definidos parâmetros para sua pontuação, incluídos os valores mínimos aceitáveis para habilitação da proposta.

§ 4º Os editais de licitação deverão prever a fórmula precisa de cálculo da melhor oferta, com base nos indicadores a serem utilizados.

§ 5º A utilização de indicadores terá pelo menos um dos seguintes objetivos:

I - eliminatório, que indicará parâmetros mínimos a serem atingidos para a qualificação do concorrente;

II - classificatório, que indicará parâmetros para a pontuação no julgamento das propostas, durante o processo licitatório; e

III - bonificador, que indicará parâmetros a serem atingidos para bonificação na execução do contrato pelo concessionário.

Art. 25. O preço calculado sobre os custos de realização do edital de licitação da concessão florestal federal de cada unidade de manejo, previsto no art. 36, *caput*, inciso I, da Lei nº 11.284, de 2 de março de 2006, será definido com base na média por hectare do custo do edital e especificado no edital de licitação, considerados os seguintes itens:

I - inventário florestal, quando se tratar de concessão para manejo florestal sustentável;

II - estudos preliminares contratados especificamente para compor o edital; e

III - publicação e julgamento das propostas.

§ 1º No cálculo do custo de realização do edital para as unidades de manejo pequenas, poderá ser aplicado fator de correção a ser determinado pelo SFB.

§ 2º A forma e o prazo para o pagamento do preço calculado sobre os custos de realização do edital de licitação da concessão florestal da unidade de manejo serão especificados no edital.

Art. 26. Em atendimento ao disposto art. 20, § 1º, da Lei nº 11.284, de 2 de março de 2006, para unidades de manejo pequenas ou médias, poderão ser utilizados resultados de inventários florestais de áreas adjacentes ou com características florestais semelhantes.

Art. 27. Os parâmetros necessários para a definição do preço mínimo da concessão florestal federal, calculado em função da quantidade de produto ou serviço auferido do objeto da concessão ou do faturamento líquido ou bruto, previstos no art. 36, *caput*, inciso II, da Lei nº 11.284, de 2 de março de 2006, serão especificados no edital de licitação, observados os seguintes aspectos dos produtos e serviços:

I - unidades de medida;

II - critérios de agrupamento; e

III - metodologia de medição e quantificação.

§ 1º Os critérios de agrupamentos de produtos e serviços florestais para fins de formação de preço deverão permitir a inclusão de novos produtos e serviços.

§ 2º A definição do preço mínimo da concessão florestal no edital de licitação poderá ser feita a partir de:

I - preços mínimos de cada produto ou serviço tal como definido no *caput*;

II - estimativa de arrecadação anual total dos produtos e serviços; e

III - combinação dos dois métodos especificados nos incisos I e II.

Art. 28. Nas concessões florestais federais, o valor mínimo anual, definido no art. 36, § 3º, da Lei nº 11.284, de 2 de março de 2006, será de até 30% (trinta por cento) do preço anual vencedor do processo licitatório, calculado em função da estimativa de produção fixada no edital e dos preços de produtos e serviços contidos na proposta vencedora.

§ 1º O percentual aplicável para a definição do valor mínimo será fixado no edital.

§ 2º O valor mínimo anual será fixado e expresso no contrato de concessão, cabendo revisões e reajustes.

§ 3º O pagamento do valor mínimo anual será compensado no preço da concessão florestal de que trata o art. 36, *caput*, inciso II, da Lei nº 11.284, de 2 de março de 2006, desde que ocorra no mesmo ano.

§ 4º O valor mínimo somente será exigível após a aprovação do Plano de Manejo Florestal Sustentável – PMFS pelo Instituto Brasileiro do Meio Ambiente e dos Recursos Naturais Renováveis – IBAMA, salvo quando o atraso na aprovação for de responsabilidade do concessionário.

Art. 29. O edital de licitação especificará prazo máximo para o concessionário apresentar o PMFS ao órgão competente, após assinatura do contrato de concessão, limitado ao máximo de doze meses.

Parágrafo único. No caso de concessão para recuperação florestal, o edital especificará o prazo máximo para o início das atividades de recuperação.

Art. 30. Os bens reversíveis, que retornam ao titular da floresta pública após a extinção da concessão, serão definidos no edital de licitação e deverão incluir pelo menos:

I - infraestrutura de acesso;

II - cercas, aceiros e porteiras; e

III - construções e instalações permanentes.

CAPÍTULO VI – DO CONTRATO DE CONCESSÃO FLORESTAL FEDERAL

Art. 31. Para fins de aplicação do art. 27, § 1º, da Lei nº 11.284, de 2 de março de 2006, nas concessões florestais federais, são consideradas:

I - inerentes ao manejo florestal as atividades de planejamento e operações florestais, que incluem:

a) inventário florestal;

b) PMFS e planejamento operacional;

c) construção e manutenção de vias de acesso e ramais;

d) colheita e transporte de produtos florestais;

e) silvicultura pós-colheita;

f) monitoramento ambiental; e

g) proteção florestal; e

II - subsidiárias ao manejo florestal as seguintes atividades:

a) operações de apoio, incluídos:

1. segurança e vigilância;

2. manutenção de máquinas e infraestrutura;

3. gerenciamento de acampamentos; e

4. proteção florestal;

b) operações de processamento de produtos florestais; e

c) operações de serviço, incluídos:

1. guia de visitação; e

2. transporte de turistas.

Art. 32. Serão previstos nos contratos de concessão florestal critérios de bonificação para o concessionário que atingir parâmetros de desempenho socioambiental, além das obrigações legais e contratuais.

§ 1º A bonificação por desempenho poderá ser expressa em desconto nos preços florestais.

§ 2º Os critérios e os indicadores de bonificação por desempenho serão definidos pelo SFB e expressos no edital de licitação.

§ 3º A aplicação do mecanismo de bonificação por desempenho não poderá resultar em valores menores que os preços mínimos definidos no edital de licitação a que se refere o art. 36, § 2º, da Lei nº 11.284, de 2 de março de 2006.

Art. 33. A forma de implementação e as hipóteses de execução das garantias, previstas no art. 21 da Lei nº 11.284, de 2 de março de 2006, serão especificadas mediante resolução do SFB.

Parágrafo único. A garantia da proposta visa assegurar que o vencedor do processo licitatório firme, no prazo previsto no edital de licitação, o contrato de concessão nos termos da proposta vencedora à qual se encontra vinculado, sem prejuízo da aplicação das penalidades indicadas na Lei nº 14.133, de 1º de abril de 2021.

Art. 34. O reajuste dos preços florestais será anual, com base em metodologia a ser definida pelo SFB e especificada no edital de licitação e no contrato de concessão.

Art. 35. Em caso do não cumprimento dos critérios técnicos e do não pagamento dos preços florestais, além de outras sanções cabíveis, o SFB poderá determinar a imediata suspensão da execução das atividades desenvolvidas em desacordo com o contrato de concessão e a imediata correção das irregularidades identificadas, nos termos do disposto no art. 30, § 2º, da Lei nº 11.284, de 2 de março de 2006.

Art. 36. Será facultado ao concessionário requerer a unificação operacional das atividades de manejo florestal sustentável em unidades de manejo florestal, contínuas ou não, concedidas ao mesmo concessionário, desde que situadas na mesma floresta pública e provenientes do mesmo edital de licitação da concessão.

§ 1º A unificação operacional ocorrerá antes da assinatura do contrato ou por meio de termo aditivo a um dos contratos de concessão e à rescisão do outro.

§ 2º Será permitida a elaboração de um único PMFS para a unidade de manejo florestal unificada, para todas as unidades de manejo e para a unificação das operações florestais, nos termos do disposto em regulamento.

§ 3º Para os contratos de concessão vigentes na data de publicação deste Decreto, a unificação dos contratos dependerá de análise do SFB, desde que não inviabilize a licitação futura da floresta pública.

§ 4º O SFB publicará resolução para definição dos critérios para a unificação contratual.

Art. 37. Desistência é o ato formal pelo qual o concessionário manifesta seu desinteresse pela continuidade da concessão.

Parágrafo único. O SFB publicará resolução detalhando os procedimentos para requerimento e aceitação da desistência, bem como a transição das obrigações do concessionário.

Art. 38. Poderá ser incluída no objeto da concessão a exploração de produtos e de serviços florestais não madeireiros, desde que realizada nas respectivas unidades de manejo florestal, nos termos do disposto no edital de licitação da concessão.

Art. 39. Os editais de licitação e os contratos de concessão de florestas públicas federais poderão prever obrigações para a aplicação de recursos pelas respectivas entidades concessionárias florestais federais, na forma de encargos acessórios, em conformidade com o disposto no art. 36, *caput*, inciso III, da Lei nº 11.284, de 2 de março de 2006.

§ 1º As obrigações de que trata o *caput* terão como finalidade a implementação dos programas e das ações previstos no plano de manejo da unidade de conservação objeto de concessão, o desenvolvimento socioeconômico dos povos indígenas e comunidades locais da região e o apoio às ações de proteção das unidades de conservação e dos territórios indígenas da região.

§ 2º Serão definidos nos editais de licitação e nos contratos de concessão os temas e os parâmetros que especificam a aplicação dos recursos decorrentes dos encargos acessórios.

§ 3º Os temas e os parâmetros mencionados no § 2º poderão ser revisados, mantida a finalidade prevista no § 1º, conforme disposto em regulamento.

CAPÍTULO VII – DO MONITORAMENTO E DA AUDITORIA DAS CONCESSÕES EM FLORESTAS PÚBLICAS FEDERAIS

SEÇÃO I – DO MONITORAMENTO

Art. 40. O monitoramento dos contratos de concessão florestal será realizado pelo SFB e considerará, no mínimo, os seguintes aspectos:

I - a implementação do controle da produção florestal;

II - a execução dos indicadores contratuais;

III - a proteção dos corpos d'água;

IV - a implementação dos planos de proteção, com vistas à proteção da floresta contra incêndios, desmatamentos e explorações ilegais e outras ameaças à integridade das florestas públicas;

V - a dinâmica de desenvolvimento da floresta;

VI - as condições de trabalho;

VII - a existência de conflitos socioambientais;

VIII - os impactos sociais, ambientais e econômicos;

IX - as auditorias florestais independentes; e

X - o cumprimento do contrato de concessão.

Art. 41. O SFB articulará com outros órgãos e entidades responsáveis pelo planejamento, pela gestão e pela execução dos sistemas de monitoramento, o controle e a fiscalização das florestas públicas federais.

SEÇÃO II – DA AUDITORIA FLORESTAL INDEPENDENTE

Art. 42. O SFB estabelecerá os itens de verificação, os indicadores, o conteúdo, os prazos e as condições para a realização e a forma de garantir a publicidade das auditorias florestais independentes realizadas em florestas públicas federais.

Art. 43. O Instituto Nacional de Metrologia, Qualidade e Tecnologia – INMETRO consolidará o procedimento de avaliação de conformidade, inclusive no que se refere:

I - ao sistema de acreditação de entidades públicas ou privadas para realização de auditorias florestais;

II - a critérios mínimos do processo de auditoria; e

III - aos prazos para a entrega de relatórios.

Art. 44. As auditorias florestais independentes em florestas públicas federais serão realizadas por organismos acreditados pelo INMETRO, para a execução de atividades de análise do cumprimento das normas referentes ao manejo florestal e ao contrato de concessão florestal, que incluirá obrigatoriamente as verificações em campo e a consulta à comunidade e às autoridades locais.

Art. 45. Os seguintes expedientes poderão ser utilizados pelo SFB para viabilizar as auditorias em pequenas unidades de manejo:

I - auditorias em grupo;

II - procedimentos simplificados que atendam ao definido pelo INMETRO; e

III - desconto no preço dos recursos florestais auferidos da floresta pública.

Art. 46. Os editais de licitação de concessão florestal poderão prever auditorias anuais contábeis, vinculadas ou não às auditorias florestais independentes.

CAPÍTULO VIII – DA RESTAURAÇÃO FLORESTAL E DA EXPLORAÇÃO DE CRÉDITOS POR SERVIÇOS AMBIENTAIS NAS CONCESSÕES FLORESTAIS

SEÇÃO I – DA RESTAURAÇÃO FLORESTAL

Art. 47. A concessão para restauração florestal deverá privilegiar:

I - a restauração de ecossistemas degradados;

II - os esforços nacionais de mitigação e adaptação da mudança do clima;

III - a maximização na geração de emprego e renda localmente;

IV - o fortalecimento de cadeias produtivas ambiental, social e economicamente sustentáveis associadas à restauração;

V - o desenvolvimento de atividades de pesquisa, de ecoturismo e outras relacionadas à sociobioeconomia; e

VI - a conservação e a restauração da biodiversidade e de serviços ecossistêmicos.

§ 1º O poder concedente definirá, nos editais de licitação e respectivos contratos de concessão, os critérios técnicos para as atividades de restauração florestal, observado o contexto ambiental, social e econômico de cada área.

§ 2º A restauração prevista nas concessões de restauração florestal poderá incluir mecanismos de restauração produtiva, como silvicultura de espécies nativas e sistemas agroflorestais, quando cabível, com o objetivo de promover a inclusão produtiva das populações do entorno.

§ 3º No caso de restaurações florestais com fins produtivos, a concessão para restauração florestal deverá prever o manejo sustentável dos recursos naturais da área restaurada.

§ 4º As espécies exóticas não são consideradas elegíveis para a restauração prevista nas concessões de restauração florestal em unidades de conservação.

§ 5º Em terras públicas da União não abrangidas por unidades de conservação e não destinadas à regularização fundiária, o edital de concessão de restauração poderá prever espécies exóticas, respeitados os seguintes critérios:

I - o plantio de espécies exóticas deverá ser combinado com as espécies nativas de ocorrência regional; e

II - a área recomposta com espécies exóticas não poderá exceder a 50% (cinquenta por cento) da área total a ser recuperada.

Art. 48. A sustentabilidade econômico-financeira da concessão para restauração florestal poderá ser total ou parcialmente lastreada na geração e na comercialização de créditos por serviços ambientais, inclusive de carbono ou instrumentos congêneres, decorrentes da restauração da vegetação nativa, por quaisquer dos meios legalmente admitidos.

SEÇÃO II – DOS CRÉDITOS POR SERVIÇOS AMBIENTAIS

Art. 49. Os direitos à geração e à comercialização de créditos por serviços ambientais, inclusive de carbono ou instrumentos congêneres, no âmbito das concessões florestais, serão transferidos ao concessionário mediante contrato de concessão, nos termos do art. 16, § 2º, da Lei 11.284, de 2 de março de 2006, considerados os compromissos nacionais relacionados à mudança do clima e a legislação aplicável.

§ 1º A transferência de titularidade a que se refere o *caput* não se aplica a projetos em áreas de florestas públicas ocupadas ou concedidas em benefício de comunidades locais, os quais deverão observar a regulamentação específica.

§ 2º No que se refere aos créditos por serviços ambientais, inclusive de carbono ou instrumentos congêneres, o contrato de concessão para a restauração florestal deverá regular o direito de comercializar certificados representativos dos créditos, observada a legislação aplicável.

§ 3º Ao comercializar os créditos previstos no *caput*, o concessionário disponibilizará ao poder concedente as informações referentes à geração, à certificação, à concessão, à aquisição, à detenção, à transferência e ao cancelamento dos créditos gerados por meio da concessão.

§ 4º O concessionário deverá observar as orientações e as normas referentes aos requisitos vigentes de cadastro e registro públicos aplicáveis à comercialização de créditos por serviços ambientais, inclusive de carbono ou instrumentos congêneres.

Art. 50. Com vistas a assegurar a integridade ambiental e a contribuição efetiva para mitigação da mudança do clima, a geração de créditos de carbono nas concessões florestais deverá observar, sem prejuízo das demais normas aplicáveis, as diretrizes e as normas da Comissão Nacional para Redução das Emissões de Gases de Efeito Estufa Provenientes do Desmatamento e da Degradação Florestal, Conservação dos Estoques de Carbono Florestal, Manejo Sustentável de Florestas e Aumento de Estoques de Carbono Florestal REDD+, em particular no que se refere:

I - à regulação de padrões e metodologias técnicas para o desenvolvimento de projetos e ações de REDD+; e

II - ao estabelecimento e ao cumprimento das salvaguardas de REDD+.

Parágrafo único. A harmonização referente à contabilização e à inclusão dos resultados de mitigação aferidos pelos projetos de concessão na contabilidade nacional seguirá os procedimentos e as normas estabelecidos pela Comissão Nacional para REDD+.

Art. 51. As obrigações voltadas à restauração que contemplem a geração, a certificação e a comercialização de créditos por serviços ambientais, inclusive de carbono ou instrumentos congêneres, nas concessões florestais serão executadas por conta e risco do concessionário.

Art. 52. Os editais de licitação e os respectivos contratos de concessão cujo objeto contemple crédito por serviços ambientais, inclusive de carbono ou instrumentos congêneres, deverão prever as obrigações do concessionário em relação a esses serviços no âmbito de concessões florestais.

Art. 53. Observados os estudos de viabilidade econômica e financeira, o edital de licitação e o contrato de concessão definirão:

I - a forma e a parcela de participação do poder concedente nos recursos recebidos pelo concessionário provenientes da comercialização de crédito por serviços ambientais, inclusive de carbono ou instrumentos congêneres; e

II - o compartilhamento de benefícios provenientes da comercialização de crédito por serviços ambientais, inclusive de carbono ou instrumentos congêneres, com a comunidade do entorno se dará por meio de encargos acessórios, definidos no edital.

Art. 54. Os contratos de concessão florestal em vigor na data de publicação deste Decreto poderão ser alterados, por termo aditivo, para inclusão em seu objeto das atividades de restauração florestal ou de redução de emissões por desmatamento e degradação, com vistas à geração, à certificação e à comercialização de crédito por serviços ambientais, inclusive de carbono ou instrumentos congêneres.

CAPÍTULO IX – DISPOSIÇÕES TRANSITÓRIAS E FINAIS

Art. 55. Nas concessões para restauração florestal, ficará facultado ao concessionário a escolha da metodologia para fins de certificação do projeto de carbono relacionada ao reflorestamento e à revegetação, caso a Comissão Nacional para REDD+ não tenha editado normas específicas até a publicação dos editais de licitação de concessão pelo SFB.

Parágrafo único. Na hipótese prevista no *caput*, não será permitida a adoção de metodologias que contemplem a geração de créditos a partir de reduções ou remoções certificadas de emissões temporárias, ou instrumentos congêneres de natureza temporária.

Art. 56. As competências de que trata o art. 49. da Lei nº 11.284, de 2 de março de 2006, serão exercidas, em âmbito federal, pelo Ministério do Meio Ambiente e Mudança do Clima.

Art. 57. A delegação prevista no art. 49, § 1º, da Lei nº 11.284, de 2 de março de 2006, ocorrerá por meio de contrato de gestão firmado entre o Ministério do Meio Ambiente e Mudança do Clima e o Conselho Diretor do SFB, nos termos do art. 67 da Lei nº 11.284, de 2 de março de 2006.

Art. 58. Ficam revogados:

I - o Decreto nº 6.063, de 20 de março de 2007; e

II - o Decreto nº 10.347, de 13 de maio de 2020.

Art. 59. Este Decreto entra em vigor na data de sua publicação.

Brasília, 5 de junho de 2024; 203º da Independência e 136º da República.

LUIZ INÁCIO LULA DA SILVA

Fernanda Machiaveli Morão de Oliveira

Maria Osmarina Marina da Silva Vaz de Lima

DOU de 6.6.2024

PROVIMENTOS DO CONSELHO NACIONAL DE JUSTIÇA – CNJ

PROVIMENTO Nº 33, DE 3 DE JULHO DE 2013**

Dispõe sobre o registro e a averbação de descrição de área, por Oficiais de Registro de Imóveis, relativos às Glebas Públicas Federais situadas na Amazônia Legal.

Situação: Revogado e incorporado aos ***arts. 437 a 440 do Provimento CNJ n. 149/2023*** *(Código Nacional de Normas da Corregedoria Nacional de Justiça– Foro Extrajudicial) (CNN/CN/CNJ-EXTRA)*

- *Vide Lei n. 11.952, de 25 de junho de 2009 (Regularização fundiária das ocupações incidentes em terras situadas em áreas da União, no âmbito da Amazônia Legal)*
- *Vide Lei n. 13.465/2017 (Regularização Fundiária)*
- *Vide Instrução Normativa INCRA n. 91/2018 (Dispõe sobre o procedimento para venda direta dos imóveis residenciais de propriedade do INCRA no âmbito da Amazônia Legal, nos termos do art. 38, da Lei nº 11.952, de 25 de junho de 2009)*
- *Vide Instrução Normativa INCRA n. 142/2024 (Dispõe sobre os procedimentos necessários à regularização fundiária de áreas urbanas consolidadas, de expansão urbana e de urbanização específica, incidentes em terras públicas federais do Incra, qualquer que seja sua localização, e da União, administradas pelo Incra na Amazônia Legal previstas no art. 3º da Lei nº 11.952, de 2009)*
- *Vide Provimento CNJ n. 144/2023 (Programa Permanente de Regularização Fundiária na Amazônia Legal)*
- *Vide Orientação CNJ n. 5/2013 (Orienta sobre o procedimento de averbação de descrição georreferenciada de Gleba Pública Federal na Amazônia Legal previsto nos arts. 3º e 4º do Provimento nº 33/2013 da Corregedoria Nacional de Justiça)*
- *Vide Portaria MDA n. 1/2012 (Dispõe sobre o procedimento para regularização fundiária de ocupações incidentes em terras públicas federais, situadas em áreas urbanas na Amazônia Legal, previstas no art. 3º da Lei nº 11.952, de 25 de junho de 2009, e dá outras providências).*
- *Vide Portaria MDA n. 327/2015 (Dispõe sobre o procedimento de reversão de imóveis rurais na Amazônia Legal à União)*

O **CORREGEDOR NACIONAL DE JUSTIÇA** em substituição, Conselheiro Guilherme Calmon, no uso de suas atribuições legais e regimentais;

CONSIDERANDO que compete ao Conselho Nacional de Justiça o controle da atuação administrativa do Poder Judiciário (art. 103-B, § 4º, I, II e III, da Constituição Federal);

CONSIDERANDO que compete ao Poder Judiciário a fiscalização dos serviços notariais e de registro (art. 103-B, § 4º, I e III, e art. 236, § 1º, ambos da Constituição Federal);

CONSIDERANDO que compete ao Corregedor Nacional de Justiça expedir provimentos, e outros atos normativos, destinados ao aperfeiçoamento das atividades dos serviços notariais e de registro (art. 8º, X, do Regimento Interno do Conselho Nacional de Justiça);

CONSIDERANDO o reconhecimento pelo Conselho Nacional de Justiça, ao institucionalizar no seu âmbito o Fórum de Assuntos Fundiários, por meio da Resolução nº 110/10, de "que as questões de caráter fundiário envolvem demandas de interesse coletivo, que precisam ser solucionadas pelo Poder Judiciário ou por seus serviços auxiliares de notas e de registro, delegados ou oficializados, sob sua fiscalização por expressa disposição constitucional";

CONSIDERANDO a necessidade de regulamentação da matéria concernente à abertura de matrícula para imóveis sem registro anterior, de titularidade da União, e a averbação de descrição georreferenciada de imóveis já registrados como de domínio da União, situados na Amazônia Legal (Estados do Acre, Amapá, Amazonas, Mato Grosso, Rondônia, Roraima, Tocantins, Pará e Maranhão na sua porção a oeste do Meridiano 44º, nos termos do art. 1º, da Lei 11.952/09 e art. 2º da LC nº 124/07), visando a posterior regularização fundiária;

PROVIMENTO Nº 39, DE 24 DE JULHO DE 2014

Dispõe sobre a instituição e funcionamento da Central Nacional de Indisponibilidade de Bens – CNIB, destinada a recepcionar comunicações de indisponibilidade de bens imóveis não individualizados.

- *Art. 320 do Provimento CNJ n. 149/2023 (CNN)*
- *Art. 36 da Lei 6.404/1976 (LSA)*
- *Lei 8.397/1992 (Medida Cautelar Fiscal)*
- *Art. 185-A do Código Tributário Nacional (Lei 5.172/1966)*
- *Lei nº 5.172/1966 (CTN)*
- *Lei 8.429/1992 (Improbidade Administrativa)*
- *Lei n. 13.105/2015 (CPC)*
- *Arts. 82, § 2º, e 154, § 5º, da Lei 11.101/2005 (Recuperação Judicial, Extrajudicial e Falência)*
- *Decreto-Lei nº 5.452, de 1 de maio de 1943 (CLT)*
- *Lei Complementar 109/2001 (Regime de Previdência Complementar)*
- *Lei nº 11.977/2009 (PMCMV)*
- *Lei nº 8.212/1991 (Seguridade Social)*
- *Orientação CNJ n. 12/2023 (Emissão da certidão de situação jurídica de imóvel)*
- *Vide Enunciados 25, 31, I Jornada de Direito Notarial e Registral*

O **CORREGEDOR NACIONAL DA JUSTIÇA** em exercício, Conselheiro Guilherme Calmon, no uso de suas atribuições legais e regimentais;

CONSIDERANDO a necessidade de racionalizar o intercâmbio de informações entre o Poder Judiciário e os órgãos prestadores de serviços notariais e de registro, visando celeridade e efetividade na prestação jurisdicional e eficiência do serviço público delegado;

CONSIDERANDO as previsões constitucionais e legislativas para a imposição de indisponibilidades de bens e a necessidade de lhes dar publicidade (CF, art. 37, § 4º; Lei 6.024/1974, art. 36; Lei 8.397/1992, art. 4º; CTN, art. 185-A; Lei 8.429/1992, art. 7º; CPC, arts. 752, 796 a 812; Lei 11.101/2005, art. 82, § 2º e art. 154, § 5º; CLT, art. 889; Lei 9.656/1998, art. 24-A; Lei 8.443/1992, art. 44, § 2º; Lei Complementar 109/2001, art. 59, §§ 1º e 2º, art. 60 e art. 61, § 2º, II; e Decreto 4.942/2003, art. 101);

CONSIDERANDO os estudos realizados em decorrência do que foi solicitado pela União, por intermédio da Procuradoria da Fazenda Nacional, no Pedido de Providências nº 0007342-43.2010.2.00.0000;

CONSIDERANDO que a implantação de sistema que concentre todas as comunicações de indisponibilidades de bens, decretadas por autoridades judiciárias e administrativas, com sua comunicação eletrônica em tempo real para notários e registradores de imóveis, garantirá a maior eficácia dessas decisões, em benefício de segurança jurídica;

CONSIDERANDO o Acordo de Cooperação Técnica nº 084/2010, celebrado em 14 de junho de 2010 entre o Conselho Nacional de Justiça (CNJ), a Associação dos Registradores Imobiliários de São Paulo (ARISP) e o Instituto de Registro Imobiliário do Brasil (IRIB), que resultou no desenvolvimento da Central Nacional de Indisponibilidade de Bens – CNIB (Processo CNJ nº 339314);

CONSIDERANDO o disposto no art. 30, inc. III, da Lei 8.935, de 18 de novembro de 1994, que determina atendimento prioritário às requisições de autoridades judiciárias ou administrativas para a defesa das pessoas jurídicas de direito público em Juízo e o disposto no art. 185-A da Lei 5.172, de 25 de outubro de 1966 (Código Tributário Nacional), que prevê que a indisponibilidade de bens e direitos será comunicada preferencialmente por meio eletrônico, especialmente ao registro público de imóveis;

CONSIDERANDO o disposto no art. 236, § 1º, da Constituição Federal de 1988, que prevê a fiscalização dos atos notariais e de registro pelo Poder Judiciário e o disposto no artigo 38, c.c. art. 30, inc. XIV, da Lei nº 8.935, de 18 de novembro de 1994, que dispõem que os notários e os registradores estão obrigados a cumprir as normas técnicas baixadas pelo juízo competente que zelará para que os seus serviços sejam prestados com rapidez, qualidade e eficiência;

CONSIDERANDO que a centralização em plataforma única para comunicação das indisponibilidades permitirá maior rapidez na averbação constritiva por Oficial de Registro de Imóveis, evitando, por consequência, a dilapidação do patrimônio do atingido, além de permitir o rastreamento, em âmbito nacional, da propriedade de imóveis e de outros direitos reais imobiliários;

CONSIDERANDO que a comunicação eletrônica entre os responsáveis pelas delegações de Registro de Imóveis e os órgãos do Poder Judiciário e da Administração Pública contribuirá para a economia orçamentária, eficiência, segurança e desburocratização, além de reduzir o consumo de papel, em prol de um ambiente ecologicamente equilibrado (CF, art. 225);

RESOLVE:

Art. 1º Fica instituída a Central Nacional de Indisponibilidade de Bens – CNIB que funcionará no Portal publicado sob o domínio ***http://www.indisponibilidade.org.br***, desenvolvido, mantido e operado pela Associação dos Registradores Imobiliários de São Paulo (ARISP), com a cooperação do Instituto de Registro Imobiliário do Brasil (IRIB), e funcionará sob o acompanhamento e a fiscalização da Corregedoria Nacional da Justiça, das Corregedorias Gerais da Justiça e das Corregedorias Permanentes, nos âmbitos de suas respectivas competências.

Art. 2º A Central Nacional de Indisponibilidade terá por finalidade a recepção e divulgação, aos usuários do sistema, das ordens de indisponibilidade que atinjam patrimônio imobiliário indistinto, assim como direitos sobre imóveis indistintos, e a recepção de comunicações de levantamento das ordens de indisponibilidades nela cadastrada.

§ 1º. A ordem de indisponibilidade que atinja imóvel específico e individualizado continuará sendo comunicada pela autoridade que a expediu diretamente ao Oficial de Registro de Imóveis competente para a averbação, podendo o encaminhamento ser promovido por via física ou eletrônica conforme disposto nas normas da Corregedoria Geral da Justiça a que submetida a fiscalização da respectiva unidade do serviço extrajudicial.

§ 2º. A comunicação de levantamento de indisponibilidade cadastrada será efetuada na Central Nacional de Indisponibilidade de Bens – CNIB pela autoridade competente, sem prejuízo de comunicação, pela referida autoridade, diretamente ao Oficial de Registro de Imóveis em que promovida averbação da indisponibilidade em imóvel específico, a fim de que proceda ao seu cancelamento.

Art. 3º O sistema deverá contar com módulo de geração de relatórios (correição online) e de estatísticas, para efeito de contínuo acompanhamento, controle gerencial e fiscalização pela Corregedoria Nacional de Justiça, Corregedorias Gerais da Justiça dos Estados e do Distrito Federal e Corregedorias Permanentes das serventias extrajudiciais de notas e de registros, nos âmbitos de suas respectivas competências.

§ 1º. Serão gerados e-mails automáticos relativos ao descumprimento de prazos legais pelos registradores para a averbação de indisponibilidade quando a busca de bens resultar positiva e não existir risco de homonímia, com encaminhamento para a Corregedoria Geral da Justiça para fins de abertura de procedimento administrativo de verificação.

Art. 4º A CNIB será constituída por Sistema de Banco de Dados Eletrônico (DBMS) que será alimentado com as ordens de indisponibilidades decretadas pelo Poder Judiciário e pelos demais órgãos da Administração Pública nas hipóteses legalmente previstas.

Art. 5º Os usuários da Central Nacional de Indisponibilidade de Bens – CNIB são definidos nas seguintes categorias:

a) máster (responsável pela administração técnica da central, a ser realizada pela ARISP);

b) administrador máster (membro ou servidor do Tribunal ou de órgãos públicos encarregado de cadastrar magistrados e servidores para acesso à CNIB);

c) magistrado;

d) autoridade;

e) assessor máster (servidor do Tribunal habilitado para cadastrar as ordens de indisponibilidade, ou sua revogação, decorrentes de decisão judicial);

f) assessor (servidor do Tribunal com acesso limitado para preenchimento de comunicação de indisponibilidade, ou sua revogação, para oportuna assinatura pelo magistrado caso prefira não delegar a realização do ato específico a assessor máster previsto na letra "e");

g) notário;

h) registrador;

i) substituto de notário ou registrador;

j) preposto de notário ou registrador;

k) usuário qualificado (art. 9º, § 4º); e,

l) usuário.

§ 1º. A ARISP indicará os usuários com perfil de másters, os quais habilitarão no sistema os administradores másters dos órgãos do Conselho Nacional de Justiça, dos Tribunais, dos órgãos da Administração Pública, assim como os usuários qualificados, de conformidade com as indicações desses entes.

§ 2º. O credenciamento de magistrados, autoridades e assessores será feito pelo administrador máster do respectivo Tribunal ou órgão da Administração Pública, que também credenciará os administradores másters da respectiva Corregedoria Geral ou Regional. Os magistrados e autoridades definirão os perfis de seus respectivos assessores.

§ 3º. O acesso por registrador e por tabelião de notas independe de filiação associativa a entidade

de classe.

§ 4º. Os tabeliães de notas e os registradores credenciarão seus respectivos substitutos e prepostos e definirão seus perfis.

Art. 5º As indisponibilidades de bens determinadas por magistrados, assim como seus respectivos levantamentos, deverão ser imediatamente cadastradas na Central Nacional de Indisponibilidade de Bens – CNIB, vedada a expedição de ofícios ou mandados em papel com tal finalidade às Corregedorias da Justiça dos Estados e aos Oficiais de Registros de Imóveis, salvo para o fim específico de indisponibilidade relativa a imóvel certo e determinado, hipótese em que a ordem será enviada diretamente à serventia competente para a averbação, com indicação do nome e do CPF do titular do domínio ou outros direitos reais atingidos, o endereço do imóvel e o número da respectiva matrícula.

§ 1º O disposto no *caput* deste artigo não se aplica aos membros dos Tribunais Superiores que poderão, a seu critério, encaminhar as ordens de indisponibilidade de bens imóveis, genéricas ou para incidir sobre imóveis específicos, mediante uso da Central Nacional de Indisponibilidade de Bens - CNIB ou por outra via. *(Texto decorrente de desmembramento do parágrafo único por força da redação dada pelo Provimento n. 142, de 23.3.2023)*

§ 2º As ordens de indisponibilidade encaminhadas por ofício à Corregedoria Nacional de Justiça, bem como seus respectivos levantamentos, poderão ser cadastradas diretamente por usuário lotado na unidade, a critério do Corregedor. *(Redação dada pelo Provimento n. 142, de 23.3.2023)*

Art. 6º As comunicações de indisponibilidades de bens decretadas por Órgãos Administrativos que detêm competência legal poderão ser incluídas diretamente por seus respectivos emissores na Central Nacional de Indisponibilidade de Bens – CNIB, na forma prevista neste Provimento. Também deverão ser incluídas no CNIB, pela autoridade competente, as ordens de levantamento das indisponibilidades previstas neste artigo.

§ 1º. A partir do cadastramento dos usuários previstos no art. 4º deste Provimento, as comunicações de indisponibilidades genéricas de bens encaminhadas em papel por autoridades judiciárias e administrativas deverão ser devolvidas aos respectivos remetentes com a informação de que para tal desiderato deverá utilizar o sistema ora instituído ou fazê-lo de forma específica, diretamente à serventia de competência registral, indicando o nome e CPF do titular de domínio ou direitos reais atingidos, o endereço do imóvel e o número da respectiva matrícula ou transcrição.

§ 2º. As indisponibilidades anteriormente decretadas e ainda vigentes poderão ser incluídas nosistema, bem como seus posteriores cancelamentos.

Art. 7º A consulta ao banco de dados da Central Nacional de Indisponibilidade de Bens – CNIB será obrigatória para todos os notários e registradores do país, no desempenho regular de suas atividades e para a prática dos atos de ofício, nos termos da Lei e das normas específicas.

Parágrafo único. Nenhum pagamento será devido por qualquer modalidade de utilização da Central Nacional de Indisponibilidade de Bens - CNIB pelos registradores, tabeliães de notas, órgãos do Poder Judiciário e da Administração Pública.

Art. 8º A partir da data de funcionamento da Central Nacional de Indisponibilidade de Bens – CNIB os oficiais de registro de imóveis verificarão, obrigatoriamente, pelo menos na abertura e uma hora antes do encerramento do expediente, se existe comunicação de indisponibilidade de bens para impressão ou importação (XML) para seu arquivo, visando o respectivo procedimento registral.

§ 1º Ficam dispensadas da verificação continuativa prevista no *caput* deste artigo as serventias que adotarem solução de comunicação com a Central Nacional de Indisponibilidade de Bens - CNIB via WebService configurada para consulta em menor tempo, desde que atendidas as normas técnicas e de segurança utilizadas para integração de sistemas. *(Texto decorrente de desmembramento do parágrafo único por força da redação dada pelo Provimento n. 142, de 23.3.2023)*

§ 2º O responsável pela serventia, nos termos do art. 37, § 6º, da Constituição Federal, responderá pela reparação de danos ocasionados a terceiros pelo descumprimento de seus deveres previstos neste Provimento, sem prejuízo de eventual procedimento administrativo disciplinar, notadamente pelo descumprimento do previsto no *caput* deste artigo. *(Redação dada pelo Provimento n. 142, de 23.3.2023)*

- *Vide art. 22 da Lei n. 8.935, de 1994 (Notários e Registradores)*
- *Vide art. 38 da Lei n. 9.492, de 1997 (Protesto Extrajudicial)*

Art. 9º O acesso para inclusão de ordens de indisponibilidade, de comunicações de seus cancelamentos e de consultas circunstanciadas deverá ser feito exclusivamente com a utilização de Certificado Digital ICP-Brasil e dependerá de prévio cadastramento do respectivo órgão.

§ 1º. A pessoa sujeita à declaração de indisponibilidade poderá consultar os dados de origem das ordens cadastradas em seu respectivo nome, desde que vigentes, e obter relatório circunstanciado, mediante uso de Certificado Digital ICP-Brasil. A informação será livre e gratuita para o próprio atingido pela indisponibilidade que fizer o acesso ao sistema com seu Certificado Digital ICP-Brasil, ou quando for solicitada diretamente à Central Nacional de Indisponibilidade de Bens – CNIB por meio de requerimento com firma reconhecida por tabelião de notas.

- *Enunciado 31, I Jornada de Direito Notarial e Registral*

§ 2º. A Presidência do Conselho Nacional de Justiça, a Corregedoria Nacional de Justiça, os Conselheiros do Conselho Nacional de Justiça e os demais órgãos do Poder Judiciário, de qualquer instância, terão acesso livre e integral aos dados e informações constantes da Central Nacional de Indisponibilidade de Bens – CNIB, inclusive das indisponibilidades canceladas.

§ 3º. O cadastramento dos membros do Ministério Público, ou servidores por esses autorizados, e de servidores de órgãos públicos com interesse decorrente da natureza do serviço prestado, terão acesso ao cadastro geral das indisponibilidades, para fins de consulta, inclusive das canceladas, mediante habilitação a ser solicitada diretamente à operadora da Central Nacional de Indisponibilidade de Bens – CNIB, visando o credenciamento com o perfil de "usuário qualificado".

Art. 10. Poderão aderir à Central Nacional de Indisponibilidade de Bens – CNIB os órgãos da Administração Pública que detenham competência legal para a expedição de ordens de restrição, bem como outros entes e órgãos públicos que tiverem interesse decorrente da natureza do serviço que prestarem.

Parágrafo único. O cadastramento dos Tribunais e as adesões dos órgãos da Administração Pública que detenham competência para imposição de indisponibilidade de bens deverão ser comunicados pela Central Nacional de Indisponibilidade de Bens – CNIB à Corregedoria Nacional da Justiça, pelo sistema Justiça Aberta quando adaptado para essa finalidade.

Art. 11. O termo padrão de uso será disponibilizado no sítio da Central Nacional de Indisponibilidade de Bens – CNIB, com livre acesso para amplo conhecimento das suas condições.

Art. 12. A requisição de informações e certidões registrais, quando rogadas por entes ou órgãos públicos, estarão isentas de custas e emolumentos, conforme as hipóteses contempladas em lei.

Art. 13. Para afastamento de homonímia, resguardo e proteção da privacidade, os cadastramentos e as pesquisas na Central Nacional de Indisponibilidade de Bens – CNIB serão feitas, exclusivamente, a partir do número de contribuinte de pessoa física (CPF) ou jurídica (CNPJ).

Art. 14. Os registradores de imóveis e tabeliães de notas, antes da prática de qualquer ato notarial ou registral que tenha por objeto bens imóveis ou direitos a eles relativos, exceto lavratura de testamento, deverão promover prévia consulta à base de dados da Central Nacional de Indisponibilidade de Bens – CNIB, consignando no ato notarial o resultado da pesquisa e o respectivo código gerado (hash), dispensado o arquivamento do resultado da pesquisa em meio físico ou digital.

§ 1º. A existência de comunicação de indisponibilidade não impede a lavratura de escritura pública representativa de negócio jurídico tendo por objeto a propriedade ou outro direito real sobre imóvel de que seja titular a pessoa atingida pela restrição, nessa incluída a escritura pública de procuração, devendo constar na escritura pública, porém, que as partes do negócio jurídico foram expressamente comunicadas da existência da ordem de indisponibilidade que poderá ter como consequência a impossibilidade de registro do direito no Registro de Imóveis, enquanto vigente a restrição.

§ 2º. Os Oficiais do Registro de Imóveis deverão manter, em relação a todas as indisponibilidades, registros no Indicador Pessoal (Livro nº 5), ou em fichas, ou em base de dados informatizada off-line, ou mediante solução de comunicação com a CNIB via WebService, que serão destinados ao controle das indisponibilidades e às consultas simultâneas com a pesquisa sobre a tramitação de títulos representativos de direitos contraditórios.

§ 3º. Verificada a existência de bens no nome cadastrado, a indisponibilidade será prenotada e averbada na matrícula ou transcrição do imóvel, ainda que este tenha passado para outra circunscrição. Caso não figure do registro o número do CPF ou o do CNPJ, a averbação da indisponibilidade somente será realizada se não houver risco de tratar-se de pessoa homônima.

§ 4º. Em caso de aquisição de imóvel por pessoa cujos bens foram atingidos por ordem de indisponibilidade deverá o Oficial de Registro de Imóveis, imediatamente após o lançamento do registro do título aquisitivo na matrícula do imóvel, promover a averbação da indisponibilidade, independentemente de prévia consulta ao adquirente.

§ 5º. Imediatamente após o lançamento da averbação da indisponibilidade na matrícula do imóvel, o Oficial do Registro de Imóveis fará o devido cadastramento, em campo próprio da Central Nacional de Indisponibilidade de Bens – CNIB que contemplará espaço para essa informação.

Art. 15. As ordens judiciais e administrativas que determinem indisponibilidade serão arquivadas em ordem cronológica, dispensado o arquivamento se forem microfilmadas conforme a Lei nº 5.433, de 8 de maio de 1.968, ou armazenadas em mídia digital na forma prevista no art. 38 da Lei nº 11.977, de 7 de julho de 2009, ou importadas em arquivo formato XML.

Art. 16. As indisponibilidades averbadas nos termos deste Provimento e as decorrentes do § 1º, do art. 53, da Lei nº 8.212, de 24 de julho de 1991, não impedem a inscrição de constrições judiciais, assim como não impedem o registro da alienação judicial do imóvel desde que a alienação seja oriunda do juízo que determinou a indisponibilidade, ou a que distribuído o inquérito civil público e a posterior ação desse decorrente, ou que consignado no título judicial a prevalência da alienação judicial em relação à restrição oriunda de outro juízo ou autoridade administrativa a que foi dada ciência da execução.

Parágrafo único. Consistindo eventual exigência para o registro de alienação judicial de imóvel atingido por ordem de indisponibilidade na falta de indicação, no título, da prevalência da alienação judicial em relação à restrição oriunda de outro juízo ou autoridade administrativa a que foi dada ciência da execução, será o fato comunicado ao Juízo que expediu o título de alienação, visando sua complementação, ficando prorrogada a prenotação por 30 dias contados da efetivação dessa comunicação.

Art. 17. A definição de padrões tecnológicos e o aprimoramento contínuo do sistema ficarão a cargo da Associação dos Registradores Imobiliários de São Paulo (ARISP), sob suas expensas, sem nenhum ônus para o Conselho Nacional de Justiça ou qualquer outro órgão do Poder Público.

Art. 18. A Central Nacional de Indisponibilidade de Bens – CNIB, com sistema de autenticação homologado pelo Instituto de Tecnologia da Informação (ITI) sob o nº 00100.000110/2011-12, estará disponível 24 horas por dia, em todos os dias da semana, observadas as seguintes peculiaridades e características técnicas:

§ 1º. O sistema foi desenvolvido em plataforma WEB, com sua base de dados em MySQL, em conformidade com os Padrões de Interoperabilidade de Governo Eletrônico (e-PING).

§ 2º. O acesso ao sistema, bem como as assinaturas de informações ou outros documentos emitidos por meio deste, deverá ser feito mediante uso de Certificado Digital ICP-Brasil.

Art. 19. Ocorrendo a extinção da ARISP, que se apresenta como titular dos direitos autorais e de propriedade intelectual do sistema, do qual detém o conhecimento tecnológico, o código-fonte e o banco de dados, ou a paralisação pela citada entidade da prestação do serviço objeto deste Provimento, sem substituição pelo Instituto de Registro Imobiliário do Brasil (IRIB), ou por outra associação ou entidade de classe que o assuma em idênticas condições mediante prévia autorização do Conselho Nacional de Justiça – CNJ, será o banco de dados de indisponibilidades, em sua totalidade, transmitido ao Conselho Nacional de Justiça, ou entidade que o Conselho Nacional de Justiça indicar, com o direito de uso do domínio http://www.indisponibilidade.org.br, o código-fonte e as informações técnicas necessárias para o acesso e utilização de todos os seus dados, bem como para a continuação de seu funcionamento na forma prevista neste Provimento, sem ônus, custos ou despesas para o Poder Público e, notadamente, sem qualquer remuneração por direitos autorais e de propriedade intelectual, a fim de que a Central Nacional de Indisponibilidade de Bens – CNIB permaneça em integral funcionamento.

Art. 20. A Associação dos Registradores Imobiliários de São Paulo (ARISP), ou quem a substituir na forma do artigo 19 deste Provimento, se obriga a manter sigilo relativo à identificação das autoridades judiciárias, administrativas e servidores que acessarem a Central Nacional de Indisponibilidades de Bens – CNIB, ressalvadas a requisição judicial e a fiscalização pela Corregedoria Nacional de Justiça, ou fiscalização específica pelo respectivo Tribunal.

Art. 21. Outras funcionalidades do sistema serão previstas no "Manual de Utilização da Central Nacional de Indisponibilidades de Bens" que enunciará com detalhes, em sequência lógica, passo a passo, os procedimentos a serem adotados para plena utilização dos correspondentes serviços, e permanecerá disponível no Portal da Central Nacional de Indisponibilidade de Bens – CNIB para consulta ou download.

Art. 22. Será instaurado procedimento de Pedido de Providências, perante a Corregedoria Nacional de Justiça, para acompanhamento e fiscalização da implementação do presente Provimento e para estudos complementares.

Art. 23. Fica estabelecido o prazo de noventa dias para cadastramentos dos administradores másters dos Tribunais e das Corregedorias Gerais e Regionais e para cadastramentos dos tabeliães de notas e oficiais de registro.

Parágrafo único. Os prazos limites previstos neste artigo para cadastramentos dos notários e registradores poderão ser reduzidos a critério da respectiva Corregedoria Geral da Justiça do Estado e do Distrito Federal.

Art. 24. Este Provimento entrará em vigor em 15 dias contados de sua publicação, sem prejuízo da aplicação subsidiária das normas fixadas pelas correspondentes Corregedorias Gerais da Justiça.

Brasília – DF, 25 de julho de 2014.
Conselheiro GUILHERME CALMON
Corregedor Nacional de Justiça, em exercício
(D.J.E. 30.07.2014).

PROVIMENTO Nº 43, DE 17 DE ABRIL DE 2015**

Dispõe sobre o arrendamento de imóvel rural por estrangeiro residente ou autorizado a funcionar no Brasil, bem como por pessoa jurídica brasileira da qual participe, a qualquer título, pessoas estrangeira física ou jurídica que resida ou tenha sede no exterior e possua a maioria do capital social.

Situação: Revogado e incorporado aos arts. 433 a 436 do Provimento CNJ n. 149/2023 (Código Nacional de Normas da Corregedoria Nacional de Justiça– Foro Extrajudicial) (CNN/CN/CNJ-EXTRA)

- *Vide Lei n. 5.709, de 7 de outubro de 1971 (Aquisição de Imóveis por Estrangeiro)*
- *Lei n. 8.629, de 25 de fevereiro de 1993 (Regulamentação dos dispositivos constitucionais relativos à reforma agrária): art. 23 e seguintes*
- *Vide Lei n. 10.406, de 19 de janeiro de 2002 (Código Civil)*
- *Vide Decreto 74.965, de 26 de novembro de 1974 (Regulamenta Lei n. 5.709/1971)*
- *Vide Decreto 85.064/1980 (Regulamenta a Lei nº 6.634, de 2 de maio de 1979): arts. 29 e seguintes*
- *Vide Instrução Normativa INCRA n. 88/2017 (Aquisição e o arrendamento de imóvel rural por pessoa natural estrangeira residente no País, pessoa jurídica estrangeira autorizada a funcionar no Brasil e pessoa jurídica brasileira equiparada à estrangeira)*

A CORREGEDORA NACIONAL DE JUSTIÇA, no uso de suas atribuições legais e regimentais,

CONSIDERANDO o disposto no art.8º, X, do Regimento Interno do Conselho Nacional de Justiça;

CONSIDERANDO a necessidade de controle e fiscalização dos atos concernentes a arrendamento de imóvel rural por estrangeiro, visando à correta implementação da Política Agrária prevista na Constituição Federal de 1988;

CONSIDERANDO o disposto no art. 190 da Constituição Federal de 1988, nas Leis Federais nº 4.504, de 30 de novembro de 1964, 5.709, de 7 de outubro de 1971, regulamentada pelo Decreto 74.965/1974, e 8.629, de 25 de fevereiro de 1993;

CONSIDERANDO que o art. 23 da Lei nº 8.629/1993 determina que o estrangeiro residente no País e a pessoa jurídica autorizada a funcionar no Brasil só poderão arrendar imóvel rural na forma da Lei nº 5.709/1971, aplicando-se ao arrendamento todos os limites, restrições e condições aplicáveis à aquisição de imóveis rurais por estrangeiros;

CONSIDERANDO o Parecer CGU/AGU n. 01/2008 – RVJ, de 3 de setembro de 2008, aprovado e publicado no Diário Oficial da União do dia 23 de agosto de 2010, que revogou expressamente o Parecer nº GQ-181, de 1998 e o Parecer GQ-22, de 1994,

PROVIMENTO Nº 44, DE 18 DE MARÇO DE 2015

Estabelece normas gerais para o registro da regularização fundiária urbana.

- *Lei 13.465/2017 (Regularização fundiária urbana e rural)*
- *Lei 11.952/2009 (Regularização fundiária no âmbito da Amazônia Legal)*
- *Lei 11.481/2007 (Regularização fundiária de interesse social em imóveis da União)*
- *Decreto 10.592/2020 (Regulamenta a Lei n. 11.952/2009)*
- *Decreto 7.341/2010 (Regulamenta a Lei n. 11.952/2009)*
- *Decreto 9.310/2018 (Institui as normas gerais e os procedimentos aplicáveis à Regularização Fundiária Urbana e estabelece os procedimentos para a avaliação e a alienação dos imóveis da União)*
- *Instrução Normativa INCRA n. 124/2022 (Procedimentos para análise do cumprimento e liberação das cláusulas e condições resolutivas de instrumentos de titulação decorrentes de regularização fundiária, incidentes em áreas do Instituto Nacional de Colonização e Reforma Agrária e da União sob gestão do Incra)*
- *Instrução Normativa INCRA n. 126/2022 (Procedimentos necessários à regularização fundiária de ocupações incidentes em terras públicas federais, situadas em áreas urbanas, de expansão urbana ou de urbanização específica do Incra, dentro e fora da Amazônia Legal, e da União, administradas pelo Incra, na Amazônia Legal, previstas no art. 3º da Lei nº 11.952, de 2009)*
- *Provimento CNJ 144/2023 (Programa Permanente de Regularização Fundiária na Amazônia Legal, institui a Semana Nacional de Regularização Fundiária)*
- *Provimento CNJ n. 158/2023 (Solo Seguro Favela)*
- *Enunciados 16 e 71, I Jornada de Direito Notarial e Registral*

SEÇÃO I – DISPOSIÇÕES GERAIS

Art. 1º O processo e os atos de registro da regularização fundiária urbana, sem prejuízo de outras normas aplicáveis, observarão o disposto, especialmente:

I – nos arts. 195–A e 195–B, e nos arts. 288–A a 288–G, da Lei n. 6.015, de 31 de dezembro de 1973;

II – nos arts. 46 a 71–A da Lei n. 11.977, de 7 de julho de 2009;

III – nos arts. 21 a 30 da Lei 11.952, de 25 de junho de 2009; e

IV – neste Provimento, complementado pelas Corregedorias Gerais de Justiça de cada uma das unidades da Federação, atendidas as peculiaridades locais.

Art. 2º A prática registral relativa à regularização fundiária urbana compreende, principalmente:

I – a abertura de matrícula, se não houver, para a área objeto de regularização;

II – o registro do parcelamento ou instituição de condomínio, resultante do projeto de regularização fundiária;

III – a abertura obrigatória de matrícula para cada lote ou unidade autônoma referida ao projeto de regularização fundiária; e

IV – os atos de registro ou averbação dos títulos expedidos em favor dos beneficiários do processo de regularização fundiária.

§ 1º No registro da regularização fundiária urbana serão mencionados os números das matrículas abertas para cada um dos imóveis correspondentes ao parcelamento ou ao condomínio.

§ 2º As matrículas das áreas destinadas a uso público deverão ser abertas, com averbação de suas destinações e, se for o caso, das limitações legais.

Art. 3º Os atos de averbação ou de registro, no processo de regularização fundiária urbana, serão feitos sempre em matrícula na circunscrição da situação do imóvel, vedada a averbação à margem de transcrição ou de inscrição.

Parágrafo único. O oficial de registro do local da situação do imóvel abrirá matrícula ex officio, quando necessário para fazer a averbação.

Art. 4º O processo e os atos de registro da regularização fundiária urbana poderão fazer-se por etapas.

Art. 5º O processo de registro da regularização fundiária urbana, em quaisquer de suas fases, independerá de manifestação judicial ou do representante do Ministério Público, instaurando-se mediante requerimento escrito, dirigido ao oficial de registro da situação do imóvel.

§ 1º Tratando-se de registro de parcelamento, serão apresentados e autuados, com o requerimento:

I – certidão atualizada da matrícula ou transcrição do imóvel, quando o registro anterior estiver em circunscrição diversa;

II – certidão atualizada de atos constitutivos, quando os requerentes forem cooperativas habitacionais, associações de moradores, fundações, organizações sociais, organizações da sociedade civil de interesse público ou outras associações civis que tenham por finalidade atividades nas áreas de desenvolvimento urbano ou regularização fundiária urbana.

III – projeto de regularização fundiária, aprovado pelo Poder Público competente, com a definição, no mínimo, dos seguintes elementos:

a) planta do parcelamento assinada por profissional legalmente habilitado, aprovada pelo Poder Público competente, contendo as subdivisões das quadras, as dimensões e numeração dos lotes, logradouros, espaços livres, vias de circulação existentes ou projetadas, e outras áreas com destinação específica;

b) quadro indicativo das áreas ocupadas pelos lotes, logradouros, espaços livres, vias de circulação existentes ou projetadas, e outras áreas com destinação específica, caso tais dados não constem de planta referida no inciso anterior;

c) memorial descritivo da gleba, da área parcelada, dos lotes, dos bens públicos e das demais áreas;

d) medidas necessárias para a promoção da sustentabilidade urbanística, social e ambiental da área ocupada, incluindo as compensações urbanísticas e ambientais; previstas em lei, em particular o licenciamento urbanístico e, quando exigível, ambiental;

e) as condições para promover a segurança da população em situações de risco, considerado o disposto no parágrafo único do art. 3º da Lei 6.766, de 19 de dezembro de 1979; e

f) as medidas previstas para adequação da infraestrutura básica;

IV – instrumento de instituição, especificação e convenção de condomínio, quando exigível.

§ 2º Tratando-se de registro de condomínio edilício, além do requerimento e dos documentos previstos no parágrafo anterior, serão também apresentados e autuados, caso já não constem do projeto de regularização fundiária urbana:

I – projeto arquitetônico das edificações assinado por profissional legalmente habilitado, aprovado pelo Poder Público competente, contendo as especificações previstas na legislação municipal e nas diretrizes da Associação Brasileira de Normas Técnicas – ABNT;

II – cálculo das áreas das edificações, discriminando, além da global, a das partes comuns e indicando, para cada tipo de unidade a respectiva metragem da área construída, e a fração ideal no terreno e nas coisas comuns, a serem elaboradas com base nas diretrizes da Associação Brasileira de Normas Técnicas – ABNT; e

III – memorial descritivo do terreno condominial, com descrição das unidades autônomas, das áreas de propriedade e uso comum e das áreas de uso exclusivo, se houver.

§ 3º O registro do parcelamento decorrente de processo de regularização fundiária de interesse social independe do atendimento aos requisitos constantes da Lei 6.766, de 19 de dezembro de 1979.

§ 4º Independe de projeto de regularização fundiária urbana o registro:

I – da sentença de usucapião, da sentença declaratória ou da planta, elaborada para outorga administrativa, de concessão de uso especial para fins de moradia; e

II – do parcelamento de glebas para fins urbanos anterior à vigência da Lei 6.766, de 19 de dezembro de 1979, desde que o parcelamento esteja implantado e integrado à cidade, nos termos do art. 71 da Lei n. 11.977, de 7 de julho de 2009.

Art. 6º No caso de qualificação negativa de registro ou de averbação da regularização fundiária urbana, o oficial indicará por escrito as exigências que devam ser satisfeitas. Caso com elas não se conforme, o interessado poderá requerer ao oficial a suscitação de dúvida, na forma do art. 198 da Lei n. 6.015, de 31 de dezembro de 1973.

Art. 7º Estão legitimados a requerer o registro da regularização fundiária urbana:

I – as pessoas enumeradas no art. 50 da Lei n. 11.977, de 7 de julho de 2009;

II – quem haja promovido o parcelamento; ou

III – qualquer dos proprietários ou dos titulares de direito real constantes do registro ou seus sucessores a qualquer título.

Parágrafo único. O registro não exime aquele que haja promovido o parcelamento da responsabilidade civil, administrativa ou criminal, ainda que ele próprio promova a regularização fundiária urbana.

Art. 8º Para fins de regularização fundiária, o imóvel considera-se urbano, segundo o previsto nos incisos I e II do art. 47 da Lei n. 11.977, de 7 de julho de 2009, ainda que esteja cadastrado como rural junto ao Instituto Nacional de Colonização e Reforma Agrária (INCRA).

Parágrafo único. A regularização fundiária urbana independe de averbação de cancelamento de cadastro do imóvel rural, cabendo ao registrador, após a conclusão dos procedimentos de inscrição, enviar comunicação ao INCRA para os devidos fins.

Art. 9º Para fins de regularização fundiária urbana, nos conjuntos habitacionais, com abertura de ruas e compostos de edifícios de uso multifamiliar, o terreno correspondente a um ou mais edifício de cada quadra será considerado como lote do parcelamento, e cada edifício ou conjunto de edifícios como um condomínio edilício.

SEÇÃO II – DA REGULARIZAÇÃO FUNDIÁRIA DE INTERESSE SOCIAL

Art. 10. Para os atos de registro de regularização fundiária de interesse social é suficiente a declaração do Município de que a área pode ser objeto dessa modalidade de regularização, segundo o previsto no art. 47, VII, da Lei n. 11.977, de 7 de julho de 2009.

§ 1º. Caberá à União, aos Estados ou ao Distrito Federal declarar que a área pode ser objeto de regularização fundiária de interesse social, quando um deles for o promotor.

§ 2º Não obsta a regularização a existência de áreas com ocupação não residencial.

Art. 11. A prenotação do requerimento vigorará pelo prazo necessário à finalização dos procedimentos registrais, mas cessarão automaticamente seus efeitos se, decorridos 60 (sessenta) dias de seu lançamento no Livro de Protocolo, o requerente não tiver atendido às exigências indicadas pelo registrador.

SEÇÃO III – DA DEMARCAÇÃO URBANÍSTICA E DA LEGITIMAÇÃO DE POSSE

Art. 12. O averbamento da demarcação urbanística poderá ser feito ainda que:

I – haja discordância descritiva entre a área a ser regularizada e a constante da matrícula ou transcrição;

II – o auto de demarcação urbanística não conte com a anuência dos titulares de domínio do imóvel, desde que regularmente notificados na forma prevista no § 1º do artigo 57 da Lei n. 11.977, de 7 de julho de 2009, sem que haja impugnação ou que esta seja resolvida na forma da lei;

III – a área a ser regularizada envolva mais de uma matrícula ou transcrição, com proprietários distintos; ou

IV – a área a ser regularizada não conste do registro, no todo ou em parte.

Art. 13. Prenotado o auto de demarcação urbanística e instruído com os documentos referidos no § 1º do art. 56 da Lei n. 11.977, de 7 de julho de 2009, o oficial de registro, autuando-os, iniciará o processo e promoverá as buscas para a confirmação das identidades dos proprietários e titulares de imóveis confrontantes, segundo o indicado pelo requerente, solicitando informações, se for o caso, aos oficiais das circunscrições anteriores.

Art. 14. Findo o processo de que trata o art. 57 da Lei n. 11.977, de 7 de julho de 2009, o oficial de registro procederá à averbação da demarcação urbanística.

§ 1º A averbação da demarcação urbanística informará:

I – a área total e o perímetro correspondente ao imóvel objeto de regularização;

II – as matrículas e, se houver as transcrições alcançadas pelo auto de demarcação urbanística e, quando possível, a área abrangida em cada uma delas; e

III – a existência de áreas cuja origem não tenha sido identificada em razão de imprecisões dos registros anteriores.

§ 2º A averbação da demarcação urbanística será feita:

I – na matrícula que se abrir para a área demarcada e na matrícula anterior; ou

II – não sendo necessária a abertura de nova matrícula, na matrícula atingida pela demarcação urbanística.

§ 3º Se a matrícula anterior estiver em outra circunscrição imobiliária, o oficial de registro noticiar-lhe-á a averbação da demarcação urbanística.

Art. 15. O oficial de registro abrirá matrícula para a área demarcada, se:

I – não houver registro anterior;

II – o registro anterior for transcrição;

III – o registro anterior for matrícula, mas a área demarcada não coincidir com a que já estiver matriculada; ou

IV – o registro anterior for matrícula de outra circunscrição imobiliária.

Parágrafo único. Na matrícula nova:

I – a descrição do imóvel será a do auto de demarcação urbanística, a ser elaborada com os requisitos previstos nos artigos 176 e 225 da Lei n. 6.015, de 31 de dezembro de 1973; e

II – nos campos referentes ao registro anterior e ao proprietário constarão:

a) a matrícula ou a transcrição anterior e o nome dos respectivos proprietários, quando for possível identificar a exata origem da área demarcada, por meio de planta de sobreposição com os registros existentes;

b) a expressão "proprietário não identificado", quando não for possível identificar a exata origem da parcela demarcada, dispensando-se, neste caso, os requisitos dos itens 4 e 5 do inciso II do art. 176 da Lei n 6.015, de 31 de dezembro de 1973; e

c) na matrícula do lote ou da unidade autônoma, em vez do determinado nos itens anteriores, na hipótese de multiplicidade de proprietários, a advertência "proprietários indicados na matrícula de origem", no campo destinado à indicação do proprietário.

Art. 16. Tendo havido demarcação urbanística, a cada uma das matrículas anteriores atingidas por efeito do projeto de regularização, aplicar-se-á, quando cabível, o disposto no inciso II do § 1º do art. 14 deste Provimento.

Parágrafo único. Para a averbação da demarcação urbanística, fica dispensada a descrição do remanescente para as matrículas ou transcrições cujas áreas sejam atingidas apenas parcialmente.

Art. 17. Em caso de impugnação do processo de averbamento da demarcação urbanística, o oficial de registro dos imóveis deverá proceder à tentativa de conciliação prevista no § 9º do art. 57 da Lei n. 11.977, de 7 de julho de 2009.

Art. 18. A verificação dos requisitos da legitimação de posse de que trata o § 1º do art. 59. da Lei n. 11.977, de 7 de julho de 2009, será feita pelo órgão público concedente.

Parágrafo único. Caso o título não faça referência à verificação desses requisitos, o oficial exigirá, para o registro, que o legitimado declare expressamente, por escrito com firma reconhecida, que:

I – não é concessionário, foreiro ou proprietário de outro imóvel urbano ou rural; e

II – não é beneficiário de legitimação de posse concedida anteriormente.

Art. 19. A conversão de legitimação de posse em propriedade será feita por meio de requerimento oficial de registro, atendidos os requisitos previstos no art. 60 da Lei n. 11.977, de 7 de julho de 2009.

Parágrafo único. As certidões previstas no inciso I do § 1º do artigo 60 da Lei n. 11.977, de 7 de julho de 2009, serão extraídas segundo buscas em nome do titular da legitimação de posse, original e atual, e dos eventuais proprietários da gleba, quando houver.

Art. 20. Se o legitimado obtiver, do proprietário da área, título hábil para aquisição do domínio, o registro será feito independentemente do prazo previsto no art. 60 da Lei n. 11.977, de 7 de julho de 2009.

SEÇÃO IV – DA REGULARIZAÇÃO FUNDIÁRIA DE INTERESSE ESPECÍFICO

Art. 21. As normas concernentes à regularização fundiária de interesse social aplicam-se, no que couber, à regularização fundiária de interesse específico, prevista no art. 47, VIII, da Lei n. 11.977, de 7 de julho de 2009.

SEÇÃO V – DA REGULARIZAÇÃO FUNDIÁRIA DE ÁREAS PARCELADAS ANTES DA VIGÊNCIA DA LEI N. 6766/1979

Art. 22. Tratando-se de áreas parceladas antes da vigência da Lei 6.766, de 19 de dezembro de 1979, o registro da regularização fundiária será feito a requerimento do interessado, dirigido ao oficial de registro de imóveis e acompanhado dos seguintes documentos:

I – certidão da matrícula ou transcrição referente à gleba objeto de parcelamento;

II – planta e memorial descritivo do parcelamento objeto de regularização;

III – documento expedido pelo Poder Executivo municipal que ateste a conformidade legal do procedimento de regularização, observados os requisitos de implantação do parcelamento e de sua integração à cidade; e

IV – prova da responsabilidade técnica do profissional legalmente habilitado a que foi confiada a regularização.

Art. 23. Consideram-se irregulares as áreas parceladas antes da vigência da Lei 6.766, de 19 de dezembro de 1979, quando se verificar a falta de:

I – aprovação, após a promulgação de lei municipal que passou a exigi-la para projetos de parcelamento; ou

II – inscrição do loteamento no registro de imóveis, após a entrada em vigor do Decreto-Lei n. 58, de 10 de dezembro de 1937, quando obrigatória fosse essa inscrição, nos termos de seu art. 1º.

Art. 24. A comprovação da época da implantação do parcelamento poderá ser feita mediante a apresentação de:

I – planta, ainda que de origem particular, desde que apresentada e depositada em qualquer repartição pública, incluídas as arquivadas no Registro de Imóveis;

II – cadastramento municipal, lançamentos fiscais de época ou certidão emitida pela administração pública municipal;

III – fotos aéreas encomendadas pelos poderes públicos; ou

IV – compromissos de compra e venda em que a época da contratação possa ser comprovada.

Art. 25. Os registros necessários para a regularização fundiária na hipótese desta Seção poderão ser feitos por meio de planta aprovada, pelo Município, para essa finalidade específica ou em quaisquer dos programas de regularização fundiária anteriores à Lei n. 11.977, de 7 de julho de 2009.

Parágrafo único. A certidão municipal indicando que o parcelamento foi implantado antes de 19 de dezembro de 1979 e que está integrado e consolidado à cidade, com irreversibilidade de ocupação dispensará outras manifestações, licenças ou alvarás.

Art. 26. Tendo ocorrido destaques parciais por motivo de usucapião, ou de registro de quaisquer títulos, a matrícula a ser aberta abrangerá somente a parte a regularizar-se no momento.

§ 1º Poderá ser aberta matrícula para toda a gleba, desde que a planta e o memorial indiquem quais os lotes que, por já terem registro próprio, ficam excluídos da regularização, devendo essa circunstância ser averbada na matrícula.

§ 2º O requerente poderá, também, optar por fazer a regularização em etapas, ainda que lote a lote, arquivando-se os documentos ao proceder-se à primeira regularização, bastante mero requerimento quanto aos lotes seguintes.

Art. 27. Quando não for verificada irregularidade alguma das mencionadas no art. 22 deste Provimento, e faltar apenas a abertura de matrícula, o oficial de registro poderá abri-la com base em planta, memorial descritivo ou documento oficial que indique a posição do lote e da quadra, bem como suas medidas perimetrais.

SEÇÃO VI – DA REGULARIZAÇÃO FUNDIÁRIA DE CONDOMÍNIOS

Art. 28. Aberta a matrícula da área em que estiver construído o edifício, a instituição do condomínio será feita mediante requerimento acompanhado de planta aprovada, comprovação do término e regularidade da construção, memorial de instituição de condomínio e convenção aprovada na forma da lei, conforme o previsto no § 2º do art. 5º deste Provimento.

Parágrafo único. Aplicam-se, no que couber, os dispositivos referentes à regularização fundiária, especialmente quanto ao interesse social, à legitimação de posse, ao registro dos títulos e à conservação de legitimação de posse em propriedade.

SEÇÃO VII – DO REGISTRO DE TÍTULOS DE AQUISIÇÃO IMOBILIÁRIA

Art. 29. Com o registro do parcelamento do solo urbano, poderão ser registrados, para os fins dos arts. 26, § 6º, e 41 da Lei n. 6.766, de 19 de dezembro de 1979, os compromissos de compra ou reserva de lote devidamente quitados.

§ 1º Presume-se a quitação com o comprovante do pagamento da última parcela do preço aquisitivo, nos termos do art. 322 do Código Civil, acompanhado de certidão forense de inexistência de ação de cobrança ou de rescisão contratual, bastando esta última se já decorrido o prazo de prescrição da pretensão ao recebimento das prestações.

§ 2º Não havendo dúvida quanto à determinação e individuação do imóvel, o registro do título poderá ser feito ainda que não haja perfeita coincidência em sua descrição do imóvel com a do registro anterior.

§ 3º Regularizado o parcelamento, se tiverem sido efetuados os depósitos de que trata o art. 38 da Lei n. 6.766, de 19 de dezembro de 1979, o juiz competente, ouvidos todos os interessados e o Ministério Público, determinará o levantamento a favor de quem de direito.

§ 4º Em caso de impugnação que envolva matéria de alta indagação, as partes serão remetidas às vias ordinárias.

SEÇÃO VIII – DOS EMOLUMENTOS E DOS TRIBUTOS

Art. 30. Não serão cobradas custas e emolumentos para os atos de registro decorrentes de regularização fundiária de interesse social a cargo da administração pública.

Art. 31. Devem ser realizados independentemente do recolhimento de custas e emolumentos:

I – o primeiro registro de direito real constituído em favor de beneficiário de regularização fundiária de interesse social em áreas urbanas;

II – a primeira averbação de construção residencial de até 70 m² (setenta metros quadrados) de edificação em áreas urbanas objeto de regularização fundiária de interesse social;

III – o registro de título de legitimação de posse, concedido pelo poder público, de que trata o art. 59 da Lei nº 11.977, de 7 de julho de 2009, e de sua conversão em propriedade em imóvel.

Parágrafo único. O registro e a averbação de que tratam os incisos I, II e III independem da comprovação do pagamento de tributos, previdenciários inclusive.

Art. 32. A averbação da construção civil localizada em área objeto de regularização fundiária urbana de interesse social, na forma da Lei nº 11.977/09, independe da apresentação da Certidão Negativa de Débito para com a Previdência Social, nos termos da alínea "e" do § 6º do art. 47 da Lei n. 8.212, de 24 de julho de 1991.

Art. 33. Na regularização fundiária urbana de interesse específico, exige-se a apresentação certidão negativa de débito para com a Previdência Social relativa à construção, ressalvados os casos de dispensa.

Parágrafo único. Independe de prazo de validade a certidão negativa de débitos emitida pela previdência social relativa à construção.

SEÇÃO IX – DISPOSIÇÃO FINAL

Art. 34. Este Provimento entrará em vigor 60 (sessenta) dias depois de sua publicação.

Ministra NANCY ANDRIGHI
Corregedora Nacional de Justiça
D.J.E.–CNJ de 19.03.2015.

PROVIMENTO Nº 65, DE 14 DE DEZEMBRO DE 2017**

Estabelece diretrizes para o procedimento da usucapião extrajudicial nos serviços notariais e de registro de imóveis.

*Situação: Revogado e incorporado aos **arts. 398 a 423 do Provimento CNJ n. 149/2023** (Código Nacional de Normas da Corregedoria Nacional de Justiça– Foro Extrajudicial) (CNN/CN/CNJ-EXTRA)*

- *Vide "Considerações" deste Provimento*
- *Arts.. 216-A; 176-A e 213, § 2º da Lei n. 6.015/1973 (Registros Públicos)*
- *Art. 1.071 da Lei n. 13.105 (Código de Processo Civil)*
- *Lei n. 6.766, de 19 de dezembro de 1979 (Parcelamento do Solo Urbano)*
- *Lei 6.969/1981 (Usucapião Especial de Imóveis Rurais)*
- *Lei n. 10.257/2001 (Estatuto da Cidade): art. 13*
- *Código Civil/2002: arts. 1.238 a 1.244*
- *Enunciados 25, 32, 33, I Jornada de Direito Notarial e Registral*
- *Enunciado 117, II Jornada de Prevenção e Solução Extrajudicial de Litígios*
- *Vide Nota Técnica INCRA n. 3.448/2021 (Procedimentos para a submissão de parcelas no Sistema de Gestão Fundiária para situações de Usucapião Judicial e Extrajudicial)*

O CORREGEDOR NACIONAL DE JUSTIÇA, usando de suas atribuições legais e regimentais e

CONSIDERANDO o poder de fiscalização e de normatização do Poder Judiciário dos atos praticados por seus órgãos (art. 103-B, § 4º, I, II e III, da Constituição Federal);

CONSIDERANDO a competência do Poder Judiciário de fiscalizar os serviços notariais e de registro (arts. 103-B, § 4º, I e III, e 236, § 1º, da Constituição Federal);

CONSIDERANDO a obrigação de os notários e registradores cumprirem as normas técnicas estabelecidas pelo Poder Judiciário (arts. 30, XIV, e 38 da Lei n. 8.935, de 18 de novembro de 1994);

CONSIDERANDO a competência da Corregedoria Nacional de Justiça de expedir provimentos e outros atos normativos destinados ao aperfeiçoamento das atividades dos serviços notariais e de registro (art. 8º, X, do Regimento Interno do Conselho Nacional de Justiça);

CONSIDERANDO a previsão de que, sem prejuízo da via jurisdicional, o pedido de reconhecimento extrajudicial da usucapião será processado diretamente no ofício de registro de imóveis (art. 216-A da Lei n. 6.015, de 31 de dezembro de 1973, Lei de Registros Públicos – LRP);

CONSIDERANDO a necessidade de regulamentação e padronização do procedimento para a admissão da usucapião extrajudicial até que as unidades da Federação adotem norma própria acerca dos emolumentos (Lei n. 10.169, de 29 de dezembro de 2000);

CONSIDERANDO a maior celeridade, redução de custos e de demandas no Poder Judiciário mediante a desjudicialização de procedimentos;

CONSIDERANDO a necessidade de uniformização, em todo o território nacional, dos procedimentos relativos à usucapião extrajudicial;

CONSIDERANDO as sugestões colhidas no âmbito da consulta pública realizada pela Corregedoria Nacional de Justiça e nos autos do Pedido de Providência n. 0007015-88.2016.2.00.0000, em trâmite no Conselho Nacional de Justiça,

PROVIMENTO Nº 70, DE 12 DE JUNHO DE 2018**

Dispõe sobre abertura de matrícula e registro de terra indígena com demarcação homologada e averbação da existência de demarcação de área indígena homologada e registrada em matrículas de domínio privado incidentes em seus limites.

*Situação: Revogado e incorporado aos **arts. 424 a 432 do Provimento CNJ n. 149/2023** (Código Nacional de Normas da Corregedoria Nacional de Justiça– Foro Extrajudicial) (CNN/CN/CNJ-EXTRA)*

- *Vide "Considerações" deste Provimento*
- *Art. 246, § 2º e § 3º, Lei n. 6.015/1973 (Registros Públicos)*
- *Decreto 1.775/1996 (Demarcação de Terras Indígenas)*
- *Instrução Normativa FUNAI n. 30/2023 (Estabelece as regras para emissão de Declaração de Reconhecimento de Limites em relação a terras indígenas e imóveis confrontantes e declara a nulidade da Instrução Normativa nº 9, de 16 de abril de 2020, que disciplina o requerimento, análise e emissão da Declaração de Reconhecimento de Limites em relação a imóveis privados)*

O CORREGEDOR NACIONAL DE JUSTIÇA, usando de suas atribuições constitucionais, legais e regimentais e

CONSIDERANDO o poder de fiscalização e de normatização do Poder Judiciário dos atos praticados por seus órgãos (art.

103-B, § 4º, I, II e III, da Constituição Federal de 1988);

CONSIDERANDO a competência do Poder Judiciário de fiscalizar os serviços de registro de imóveis (arts. 103-B, § 4º, I e III, e 236, § 1º, da Constituição Federal);

CONSIDERANDO a competência do Corregedor Nacional de Justiça de expedir provimentos e outros atos normativos destinados ao aperfeiçoamento das atividades dos serviços de registro de imóveis (art. 8º, X, do Regimento Interno do Conselho Nacional de Justiça);

CONSIDERANDO a obrigação dos registradores de imóveis de cumprir as normas técnicas estabelecidas pelo Poder Judiciário (arts. 37 e 38 da Lei n. 8.935, de 18 de novembro de 1994);

CONSIDERANDO que as questões de caráter fundiário envolvem demandas de interesse coletivo, que precisam ser solucionadas pelo Poder Judiciário ou por seus serviços auxiliares de notas e de registro, delegados ou oficializados, sob sua fiscalização por expressa disposição constitucional (Resolução CNJ n. 110, de 6 de abril de 2010);

CONSIDERANDO o reconhecimento aos indígenas dos direitos originários sobre as terras que tradicionalmente ocupam, competindo à União demarcá-las, protegendo e fazendo respeitar todos os seus bens (art. 231, § 6°, da Constituição Federal);

CONSIDERANDO a possibilidade de cancelamento de averbações e que são nulos e extintos, não produzindo efeitos jurídicos, os atos que tenham por objeto a ocupação, o domínio e a posse das terras tradicionalmente ocupadas pelos índios (art. 231, §6º, da Constituição Federal e art. 250, III e IV, da Lei de Registros Públicos);

CONSIDERANDO a necessidade de regulamentação da matéria concernente ao registro de terra indígena com demarcação homologada, bem como da averbação de existência de processos demarcatórios de terras indígenas em matrículas de domínio privado existentes nos seus limites, visando regularidade fundiária (art. 246, §§ 2º, 3° e 4°, da Lei de Registros Públicos);

CONSIDERANDO as sugestões e propostas lançadas nos autos do Pedido de Providência n. 0005735-19.2015.2.00.0000, em trâmite no Conselho Nacional de Justiça,

PROVIMENTO Nº 89, DE 18 DE DEZEMBRO DE 2019

Regulamenta o Código Nacional de Matrículas – CNM, o Sistema de Registro Eletrônico de Imóveis -SREI, o Serviço de Atendimento Eletrônico Compartilhado – SAEC, o acesso da Administração Pública Federal às informações do SREI e estabelece diretrizes para o estatuto do Operador Nacional do Sistema de Registro Eletrônico de Imóveis – ONR.

- *Vide Lei n. 14.382/2022 (SERP)*
- *Vide art. 76, Lei 13.465/2017 (Regularização Fundiária)*
- *Vide Provimento CNJ 115, de 2021 (Receita do fundo para implementação e custeio do SREI)*
- *Vide Provimento CNJ 124, de 2021 (Estabelece prazo para a universalização do acesso por todas as unidades do serviço de registro de imóveis do Brasil, ao Sistema de Registro Eletrônico de Imóveis (SREI), operado pelo Operador Nacional do Registro Eletrônico de Imóveis – ONR, sob regulação da Corregedoria Nacional de Justiça)*
- *Vide arts. 211 a 228, Provimento CNJ n. 149/2023 (CNN)*

O CORREGEDOR NACIONAL DA JUSTIÇA, usando de suas atribuições constitucionais, legais e regimentais;

CONSIDERANDO o poder de fiscalização e de normatização do Poder Judiciário dos atos praticados por seus órgãos (art. 103-B, § 4º, I, II e III, da Constituição Federal de 1988);

CONSIDERANDO a competência do Poder Judiciário de fiscalizar os serviços extrajudiciais (arts. 103-B, § 4º, I e III, e 236, § 1º, da Constituição Federal);

CONSIDERANDO a competência da Corregedoria Nacional de Justiça de expedir provimentos e outros atos normativos destinados ao aperfeiçoamento das atividades dos serviços extrajudiciais (art. 8º, X, do Regimento Interno do Conselho Nacional de Justiça);

CONSIDERANDO a necessidade constante de aperfeiçoamento dos serviços extrajudiciais nos Estados e no Distrito Federal para proporcionar a melhor prestação de serviço ao cidadão;

CONSIDERANDO os princípios da supremacia do interesse público, da eficiência, da continuidade do serviço público e da segurança jurídica;

CONSIDERANDO a necessidade de facilitar o intercâmbio de informações entre os ofícios de registro de imóveis, o Poder Judiciário, a administração pública e o público em geral, para maior eficácia e celeridade da prestação jurisdicional e do serviço público;

CONSIDERANDO que compete ao Poder Judiciário regulamentar o registro público eletrônico previsto nos arts. 37 a 41 da Lei n. 11.977, de 7 de julho de 2009;

CONSIDERANDO que compete à Corregedoria Nacional de Justiça estabelecer diretrizes para a implantação do registro eletrônico de imóveis em todo o território nacional, expedindo atos normativos e recomendações destinados ao aperfeiçoamento das atividades dos serviços de registro;

CONSIDERANDO que a adoção do Código Nacional de Matrícula Imobiliária (CNM) é uma forma de simplificar o acesso ao registro, corroborando com a concentração de atos, na forma prevista no art. 60 da Lei nº 13.097, de 19.01.2015;

CONSIDERANDO a competência dada à Corregedoria Nacional de Justiça pelo art. 235-A da Lei nº 6.015/1973, com a redação dada pela Lei nº 13.465/2017, para regulamentar as características e a forma de implementação do Código Nacional de Matrícula (CNM);

CONSIDERANDO as normas previstas no art. 76 da Lei nº 13.465 de 11 de julho de 2017 que instituiu o Sistema de Registro Eletrônico de Imóveis;

CONSIDERANDO que os estudos desenvolvidos pelo Conselho Nacional de Justiça para especificação da arquitetura geral do Sistema de Registro de Imóveis Eletrônico – SREI foram divulgados pela Recomendação CNJ nº 14 de 02 de julho de 2014;

CONSIDERANDO que nos estudos divulgados pela Recomendação CNJ nº 14/2014 já havia previsão de identificação de cada imóvel por um código nacional de matrícula, que funcionará como chave primária, sendo referência única para acesso às matrículas que permanecem sediadas, mantidas e custodiadas em cada uma das unidades de registro de imóveis do país (arts. 22 a 26 da Lei nº 6.015/1973 c/c art.46 da Lei nº 8.935/1994);

CONSIDERANDO que cabe à Corregedoria Nacional de Justiça exercer a função de agente regulador do Operador Nacional do Sistema de Registro Eletrônico de Imóveis – ONR e zelar pelo cumprimento de seu estatuto (art.76, § 4º da Lei nº 13.465/2017);

CONSIDERANDO as normas do Provimento nº 47, de 19 de junho de 2015 que determinou a criação de centrais de serviços eletrônicos compartilhados de registros de imóveis mediante ato normativo da Corregedoria Geral de Justiça local;

CONSIDERANDO que compete às Corregedorias Gerais da Justiça dos Estados e do Distrito Federal e dos Territórios, no âmbito de suas atribuições, estabelecer normas técnicas específicas para a concreta prestação dos serviços registrais em meios eletrônicos;

CONSIDERANDO que o acesso da Administração Pública Federal às informações do Sistema de Registro Eletrônico de Imóveis – SREI, como previsto pelo art. 76, § 7º da Lei nº 13.465/2017, se operacionaliza através do Sistema Nacional de Gestão de Informações Territoriais – SINTER;

CONSIDERANDO que o art. 76, § 4º da Lei nº 13.465/2017 estabeleceu que a Corregedoria Nacional de Justiça exercerá a função de agente regulador do Operador Nacional do Sistema de Registro Eletrônico de Imóveis – ONR e que zelará pelo cumprimento de seu estatuto,

RESOLVE:

CAPÍTULO I – DISPOSIÇÕES GERAIS

Art. 1º O Código Nacional de Matrículas – CNM, previsto no art. 235-A da Lei nº 6.015/1973, o Sistema de Registro Eletrônico de Imóveis (SREI), previsto no art. 76 da Lei nº 13.465/2017, o Serviço de Atendimento Eletrônico Compartilhado – SAEC, o acesso da Administração Pública Federal às informações do Sistema de Registro Eletrônico de Imóveis – SREI e o estatuto do Operador Nacional do Sistema de Registro Eletrônico de Imóveis – ONR deverão observar as normas previstas neste provimento que deve ser complementado, no que couber, pelas corregedorias gerais de justiça, observadas as peculiaridades locais.

CAPÍTULO II – DO CÓDIGO NACIONAL DE MATRÍCULAS

- *Vide arts. 330 a 343 do Provimento CNJ n. 149/2023 (CNN)*
- *Prov. CNJ 143/2023 (Código Nacional de Matrícula – CNM)*

Arts. 2º a 4º *(Revogados pelo Provimento CN n. 143, de 25.4.2023)*

- *Vide arts. 330 a 343, Prov. CNJ n. 149/2023 (CNN)*

Art. 5º A abertura de matrícula decorrente de desmembramento da circunscrição imobiliária deverá ser comunicada à serventia de origem para a averbação, de ofício, da baixa na matrícula originária.

Parágrafo único. Para prevenir duplicidade de matrículas decorrente da ausência de baixa da matrícula originária relativamente aos desmembramentos de circunscrição imobiliária, ocorridos anteriormente à edição deste regulamento, deverá a serventia nova comunicar, de ofício, à serventia de origem a abertura da nova matrícula para fins de baixa da originária, quando do primeiro ato a ser lançado na matrícula ou na hipótese de extração de certidão.

Arts. 6º e 7º *(Revogados pelo Provimento CN n. 143, de 25.4.2023)*

CAPÍTULO III – DO SISTEMA DE REGISTRO ELETRÔNICO DE IMÓVEIS – SREI

▸ *Vide Provimento CNJ n. 115/2021 (Institui a receita do fundo para implementação e custeio do SREI, estabelece a forma do seu recolhimento pelas serventias do serviço de registro de imóveis, e dá outras providências.)*

Art. 8º O Sistema de Registro Eletrônico de Imóveis – SREI tem como objetivo a universalização das atividades de registro público imobiliário, a adoção de governança corporativa das serventias de registros de imóveis e a instituição do sistema de registro eletrônico de imóveis previsto no art. 37 da Lei nº 11.977/2009.

§ 1º O SREI deve garantir a segurança da informação e a continuidade da prestação do serviço público de registro de imóveis, observando os padrões técnicos, critérios legais e regulamentares, promovendo a interconexão das serventias.

§ 2º Na interconexão de todas as unidades do serviço de registro de imóveis, o SREI deve prever a interoperabilidade das bases de dados, permanecendo tais dados nas serventias de registro de imóveis sob a guarda e conservação dos respectivos oficiais.

§ 3º São elementos do Sistema de Registro Eletrônico de Imóveis– SREI:

I – o registro imobiliário eletrônico;

II – os repositórios registrais eletrônicos formados nos ofícios de registro de imóveis para o acolhimento de dados e para o armazenamento de documentos eletrônicos;

III – os serviços destinados à recepção e envio de documentos e títulos em formato eletrônico para o usuário que fez a opção pelo atendimento remoto, prestados pelo SAEC e pelas centrais de serviços eletrônicos compartilhados nos estados e no Distrito Federal;

IV – os serviços de expedição de certidões e de informações, em formato eletrônico, prestados aos usuários presenciais e remotos;

V – o intercâmbio de documentos eletrônicos e de informações entre os ofícios de registro de imóveis, o Poder Judiciário e a administração pública.

Art. 9º O Sistema de Registro Eletrônico de Imóveis – SREI será implementado e operado pelo Operador Nacional do sistema de Registro Eletrônico de Imóveis – ONR.

Parágrafo único. São integrantes do Sistema de Registro Eletrônico de Imóveis – SREI, sob coordenação do ONR:

I – os oficiais de registro de imóveis de cada estado e do Distrito Federal;

II – o Serviço de Atendimento Eletrônico Compartilhado – SAEC, de âmbito nacional;

III – as centrais de serviços eletrônicos compartilhados criadas pelos respectivos oficiais de registro de imóveis em cada Estado e no Distrito Federal, mediante ato normativo da Corregedoria Geral de Justiça local.

Art. 10. Para viabilizar a implantação do registro imobiliário eletrônico, os ofícios de registro de imóveis deverão adotar os seguintes parâmetros e rotinas operacionais:

I – numeração única de identificação do pedido, para o atendimento presencial e remoto, que identifica a serventia, o tipo de pedido e o número do pedido na própria serventia, sem prejuízo às regras de prioridade e precedência existentes na legislação;

II – o processamento do pedido apresentado presencialmente também deve ser realizado em meio eletrônico, devendo os documentos apresentados serem digitalizados e assinados no início do processo;

III – estabelecimento da "primeira qualificação eletrônica" com o objetivo de permitir a migração de um registro de imóvel existente efetuado no livro em papel, seja transcrição ou matrícula, para o formato de registro eletrônico denominado matrícula eletrônica;

IV – anotação, na matrícula eletrônica, da situação jurídica atualizada do imóvel (descrição do imóvel, direitos reais sobre o imóvel e restrições existentes) após cada registro e averbação;

V – utilização de objetos que representam a pessoa física ou jurídica e o imóvel envolvido na transação imobiliária como alternativa aos indicadores pessoal e real;

VI – registrar os eventos relevantes da operação interna do cartório, considerando como evento cada interação realizada em decorrência de um pedido, tais como, a entrada do pedido, entrada do título de suporte, recebimento e devolução de valores, comunicação de exigências, entrega da certidão, dentre outros;

VII – a matrícula eletrônica deve conter dados estruturados que podem ser extraídos de forma automatizadas contendo seções relativas aos controles, atos e situação jurídica do imóvel, se constituindo em um documento natodigital de conteúdo estruturado.

Parágrafo único. O Operador Nacional do Sistema de Registro de Imóveis Eletrônico – ONR disponibilizará aos oficiais de registro de imóveis mecanismos de geração da numeração única de identificação do pedido.

Art. 11. Os oficiais de registro de imóveis continuam com a obrigação de manter, em segurança e sob seu exclusivo controle, indefinida e permanentemente, os livros, classificadores, documentos e dados eletrônicos, respondendo por sua guarda e conservação, inclusive após a implementação do registro imobiliário eletrônico.

Art. 12. Os documentos eletrônicos apresentados aos ofícios de registro de imóveis, ou por eles expedidos, serão assinados com uso de certificado digital, segundo a Infraestrutura de Chaves Públicas Brasileira – ICP, e observarão a arquitetura dos Padrões de Interoperabilidade de Governo Eletrônico (e-Ping).

Art. 13. Para a criação, atualização, manutenção e guarda permanente dos repositórios registrais eletrônicos deverão ser observados:

I – a especificação técnica do modelo de sistema digital para implantação de sistemas de registro de imóveis eletrônico, segundo a Recomendação n. 14, de 2 de julho de 2014, da Corregedoria Nacional de Justiça;

II – as Recomendações para Digitalização de Documentos Arquivísticos Permanentes de 2010, baixadas pelo Conselho Nacional de Arquivos – Conarq, ou outras que a sucederem; e

III – os atos normativos editados pela Corregedoria Nacional de Justiça e pelas corregedorias gerais de justiça dos estados e do Distrito Federal.

Art. 14. O SREI deve viabilizar a utilização de novas tecnologias de informação e de comunicação, possibilitando a maior eficiência na prestação dos serviços com base em tecnologia aplicada e redução de prazos e custos, aumentando a segurança e celeridade do serviço público prestado ao cidadão usuário.

SEÇÃO I – DO SERVIÇO DE ATENDIMENTO ELETRÔNICO COMPARTILHADO – SAEC

Art. 15. O Serviço de Atendimento Eletrônico Compartilhado – SAEC será implementado e gerido pelo Operador Nacional do Sistema de Registro Eletrônico de Imóveis – ONR.

Art. 16. O Serviço de Atendimento Eletrônico Compartilhado – SAEC é destinado ao atendimento remoto dos usuários de todas as serventias de registro de imóveis do país por meio da internet, à consolidação de dados estatísticos sobre dados e operação das serventias de registro de imóveis, bem como ao desenvolvimento de sistemas de apoio e interoperabilidade com outros sistemas.

Parágrafo único. O SAEC constitui-se em uma plataforma eletrônica centralizada que recepciona as solicitações de serviços apresentadas pelos usuários remotos e as distribui às serventias competentes.

Art. 17. Compete, ainda, ao SAEC:

I – desenvolver indicadores de eficiência e implementar sistemas em apoio às atividades das Corregedorias Gerais de Justiça e da Corregedoria Nacional de Justiça, que permitam inspeções remotas das serventias;

II – estruturar a interconexão do SREI com o SINTER – Sistema Nacional de Gestão de Informações Territoriais e com outros sistemas públicos nacionais e estrangeiros;

III – promover a interoperabilidade de seus sistemas com as Centrais de Serviços Eletrônicos Compartilhados dos Estados e do Distrito Federal.

Art. 18. O SAEC deverá oferecer ao usuário remoto os seguintes serviços eletrônicos imobiliários a partir de um ponto único de contato na internet:

I – Consulta de Informações Públicas como a relação de cartórios, circunscrição, tabela de custas e outras informações que podem ser disponibilizadas com acesso público e irrestrito;

II – Solicitação de Pedido que será protocolado e processado pela serventia competente, que compreende:

a) Informação de Registro.

b) Emissão de Certidão.

c) Exame e Cálculo.

d) Registro.

III – Acompanhamento do Estado do Pedido já solicitado;

IV – Cancelamento do Pedido já solicitado, desde que não tenha sido efetivado;

V – Regularização do Pedido quando há necessidade de alteração ou complementação de títulos ou pagamentos referentes a pedido solicitado quando permitido pela legislação;

VI – Obtenção dos Resultados do Pedido, que compreende dentre outros:

a) Certidão.

b) Nota de Exigência.

c) Nota de Exame e Cálculo.

Parágrafo único. Todas as solicitações feitas pelos usuários remotos por meio do SAEC serão enviadas ao Oficial de Registro de Imóveis competente, que será o único responsável pelo processamento e atendimento. eletrônico:

Art. 19. São classes de pedidos eletrônicos no âmbito do SAEC:

I – Classe Tradicional, compreendendo os seguintes tipos de pedido

a) Informação de Registro que será utilizada para o serviço de informação sobre situação da matrícula, pacto antenupcial ou outra;

b) Emissão de Certidão que será utilizada para o serviço de emissão de certidão;

c) Exame e Cálculo que será utilizada para o serviço de exame e cálculo;

d) Registro que será utilizada para o serviço de registro.

II – Classe Ofício, com o tipo de pedido Ofício Eletrônico que será utilizada para o serviço de tratamento de ofício eletrônico;

III – Classe Penhora, compreendendo os seguintes tipos de pedido eletrônico, todos para serem utilizados no serviço de penhora de imóvel:

a) Consulta de Penhora.

b) Inclusão de Penhora.

c) Exclusão de Penhora.

IV – Classe Indisponibilidade, compreendendo os seguintes tipos de pedido eletrônico, todos para serem utilizados no serviço de indisponibilidade de bens imóveis:

a) Consulta de Indisponibilidade.

b) Inclusão de Indisponibilidade.

c) Exclusão de Indisponibilidade.

V – Consulta de Inexistência de Propriedade, com o tipo de pedido Consulta de Inexistência de Propriedade, para ser utilizado no serviço de consulta de inexistência de propriedade a partir do CPF, notadamente pelos agentes financeiros imobiliários.

Art. 20. O SAEC deverá manter as seguintes bases de dados:

I – Base Estatística contendo os dados estatísticos sobre a operação das serventias de registro de imóveis, objetivando a consolidação de dados de tais serventias;

II – Base de Indisponibilidade de Bens contendo, de forma atualizada, os pedidos de indisponibilidade de bens encaminhados às serventias possivelmente relacionadas ao pedido, possibilitando a consulta quando do exame de um registro;

III – Base de CPF/CNPJ contendo o número do cadastro na Receita Federal do titular do direito real imobiliário objetivando a otimização da identificação de propriedade.

Art. 21. Todos os ofícios de registro de imóveis devem possuir um sistema eletrônico que possibilite realizar interações com o SAEC e com as centrais de serviços eletrônicos compartilhados para suportar o atendimento aos serviços eletrônicos, bem como o encaminhamento de estatísticas de operação.

Art. 22. Em todas as operações do SAEC serão obrigatoriamente respeitados os direitos à privacidade, à proteção dos dados pessoais e ao sigilo das comunicações privadas e, se houver, dos registros.

Art. 23. O SAEC deve observar os padrões e requisitos de documentos, de conexão e de funcionamento, da Infraestrutura de Chaves Públicas Brasileira – ICP e da arquitetura dos Padrões de Interoperabilidade de Governo Eletrônico (e-Ping).

SEÇÃO II – DAS CENTRAIS DE SERVIÇOS ELETRÔNICOS COMPARTILHADOS DOS ESTADOS E DO DISTRITO FEDERAL

Art. 24. As centrais de serviços eletrônicos compartilhados são criadas pelos respectivos oficiais de registro de imóveis, mediante ato normativo da Corregedoria Geral de Justiça local.

§ 1º Haverá uma única central de serviços eletrônicos compartilhados em cada um dos Estados e no Distrito Federal;

§ 2º Onde não seja possível ou conveniente a criação e manutenção de serviços próprios, o tráfego eletrônico far-se-á mediante central de serviço eletrônico compartilhado que funcione em outro Estado ou no Distrito Federal ou exclusivamente pelo SAEC.

§ 3º O SAEC exerce a coordenação e o monitoramento das centrais de serviços eletrônicos compartilhados com a finalidade de universalização do acesso ao tráfego eletrônico e para que se prestem os mesmos serviços em todo o País, velando pela interoperabilidade do sistema.

Art. 25. Compete às centrais de serviços eletrônicos compartilhados, em conjunto com o SAEC, e na forma do regulamento do SREI:

I – o intercâmbio de documentos eletrônicos e de informações entre os ofícios de registro de imóveis, o Poder Judiciário, a administração pública e o público em geral;

II – a recepção e o envio de títulos em formato eletrônico;

III – a expedição de certidões e a prestação de informações em formato eletrônico;

Parágrafo único. Todas as solicitações feitas por meio das centrais de serviços eletrônicos compartilhados serão enviadas ao ofício de registro de imóveis competente que é o único responsável pelo processamento e atendimento.

Art. 26. As centrais de serviços eletrônicos compartilhados conterão indicadores somente para os ofícios de registro de imóveis que as integrem.

Art. 27. Em todas as operações das centrais de serviços eletrônicos compartilhados serão respeitados os direitos à privacidade, à proteção dos dados pessoais e ao sigilo das comunicações privadas e, se houver, dos registros.

Parágrafo único. Deverão ser observados, no âmbito das operações desenvolvidas pelas centrais de serviços eletrônicos compartilhados, os padrões e requisitos de documentos, de conexão e de funcionamento, da Infraestrutura de Chaves Públicas Brasileira – ICP e da arquitetura dos Padrões de Interoperabilidade de Governo Eletrônico (e-Ping).

CAPÍTULO IV – DO ACESSO ÀS INFORMAÇÕES DO SREI PELA ADMINISTRAÇÃO PÚBLICA FEDERAL

Art. 28. O acesso da Administração Pública Federal às informações do Sistema de Registro Eletrônico de Imóveis – SREI se operacionaliza através do Sistema Nacional de Gestão de Informações Territoriais – SINTER.

Parágrafo único. O Operador Nacional do Sistema de Registro Eletrônico de Imóveis – ONR deverá estruturar, através do SAEC, a interconexão do SREI com o Sistema Nacional de Gestão de Informações Territoriais (SINTER).

Art. 29. O Manual Operacional do Sistema Nacional de Gestão de Informações Territoriais – SINTER, submetido ao Conselho Nacional de Justiça para a sua eficácia em face dos registradores de imóveis e notários, deve objetivar a harmonia e operacionalidade do SINTER com o Sistema de Registro Eletrônico de Imóveis – SREI.

Parágrafo único. Deverá ser prevista, no Manual Operacional, a forma de disponibilização, aos registradores de imóveis e aos notários, do acesso à ferramenta gráfica de visualização dos polígonos limítrofes de imóveis sobrepostos às imagens georreferenciadas, para permitir-lhes obter informações cadastrais e geoespaciais de interesse para os atos praticados em suas serventias.

CAPÍTULO V – DO ESTATUTO DO ONR

▸ *Vide Provimento CNJ n. 124/2021 (Estabelece prazo para a universalização do acesso por todas as unidades do serviço de registro de imóveis do Bra-*

sil, ao Sistema de Registro Eletrônico de Imóveis (SREI), operado pelo Operador Nacional do Registro Eletrônico de Imóveis – ONR, sob regulação da Corregedoria Nacional de Justiça)

Art. 30. O Estatuto do Operador Nacional do Sistema de Registro Eletrônico de Imóveis – ONR deverá ser aprovado pelos oficiais de registros de imóveis de todo o território nacional, reunidos em assembleia geral.

Parágrafo único. A assembleia geral que trata este artigo será previamente convocada pelas entidades representativas dos oficiais de registros de imóveis, de caráter nacional, alcançando os filiados e não filiados, devendo ser realizada no prazo de 30 dias da convocação, sob supervisão da Corregedoria Nacional de Justiça.

Art. 31. O Estatuto do ONR deverá observar as seguintes diretrizes:

I – A pessoa jurídica, constituída exclusivamente pelos oficiais de registros de imóveis, na forma prevista no art. 44 do Código Civil na modalidade de entidade civil sem fins lucrativos, deverá ser mantida e administrada conforme deliberação da assembleia geral dos oficiais de registro de imóveis, somente podendo fazer parte de seu quadro diretivo os delegatários que estejam em pleno exercício da atividade;

II – Deverá constar dentre as atribuições do ONR:

a) implantação e coordenação do SREI, visando o seu funcionamento uniforme, apoiando os oficiais de registro de imóveis e atuando em cooperação com a Corregedoria Nacional de Justiça e as corregedorias gerais de justiça.

b) implantação e operação do Serviço de Atendimento Eletrônico Compartilhado – SAEC, como previsto em Recomendação da Corregedoria Nacional de Justiça, com a finalidade de prestar serviços e criar opção de acesso remoto aos serviços prestados pelas unidades registrais de todo país em um único ponto na Internet.

c) coordenação e monitoramento das operações das centrais de serviços eletrônicos compartilhados, através do SAEC, para garantir a interoperabilidade dos sistemas e a universalização do acesso às informações e aos serviços eletrônicos.

d) apresentação de sugestões à Corregedoria Nacional de Justiça para edição de instruções técnicas de normalização aplicáveis ao SREI para propiciar a operação segura do sistema, a interoperabilidade de dados e documentos e a longevidade de arquivos eletrônicos, como também a adaptação eletrônica dos requisitos jurídico-formais implicados nos serviços, visando garantir a autenticidade e segurança das operações realizadas com documentos informáticos.

e) fornecimento de elementos, aos órgãos públicos competentes, para auxiliar a instrução de processos que visam o combate ao crime organizado, à lavagem de dinheiro, à identificação e à indisponibilidade de ativos de origem ilícita.

f) viabilização de consulta unificada das informações relativas ao crédito imobiliário, ao acesso às informações referentes às garantias constituídas sobre imóveis.

g) formulação de indicadores de eficiência e implementação de sistemas em apoio às atividades das corregedorias gerais de justiça e da Corregedoria Nacional de Justiça, que permitam inspeções remotas das serventias;

III – Deverá constar previsão de observância:

a) dos princípios da legalidade, integridade, impessoalidade, moralidade, publicidade, representatividade, eficiência, razoabilidade, finalidade, motivação e interesse público, realizando e apoiando o Conselho Nacional de Justiça nas ações necessárias ao desenvolvimento jurídico e tecnológico da atividade registral.

b) das normas que regem o segredo de justiça, os sigilos profissional, bancário e fiscal, bem como a proteção de dados pessoais e do conteúdo de comunicações privadas, além das disposições legais e regulamentares.

c) do cumprimento das leis, regulamentos, normas externas e internas, convênios e contratos, notadamente as normas editadas pela Corregedoria Nacional de Justiça, seu agente regulador, como previsto no art. 76, § 4º da Lei nº 13.465/2017.

d) da proibição de obtenção de quaisquer benefícios ou vantagens individuais por seus gestores em decorrência da participação em processos decisórios.

Art. 32. O Estatuto aprovado pela Assembleia Geral e suas posteriores modificações deverão ser submetidas à Corregedoria Nacional de Justiça para homologação no exercício de sua função de agente regulador.

CAPÍTULO VI – DISPOSIÇÕES FINAIS

Art. 33. Aos ofícios de registro de imóveis é vedado:

I – recepcionar ou expedir documentos eletrônicos por e-mail ou serviços postais ou de entrega;

II – postar ou baixar (download) documentos eletrônicos e informações em sites que não sejam os das respectivas centrais de serviços eletrônicos compartilhados ou do SAEC;

III – prestar os serviços eletrônicos referidos neste provimento, diretamente ou por terceiros, fora do Sistema de Registro Eletrônico de Imóveis SREI.

Art. 34. As corregedorias gerais de Justiça dos estados e do Distrito Federal fiscalizarão a efetiva vinculação dos oficiais de registro de imóveis ao SREI e a observância das normas previstas neste Provimento, expedindo as normas complementares que se fizerem necessárias, bem como deverão promover a revogação das normas locais que contrariarem as regras e diretrizes constantes do presente provimento.

Art. 35. O procedimento administrativo e os atos de registro decorrentes da Reurb serão feitos pelos oficiais de registro de imóveis preferencialmente por meio eletrônico, na forma de regulamento próprio.

Art. 36. O SREI deverá ser implantado pelo ONR até 02 de março

Art. 37. Fica revogado o Provimento 47 de 18 de junho de 2015.

Art. 38. Este provimento entra em vigor em 1º de janeiro de 2020.

MINISTRO HUMBERTO MARTINS
Corregedor Nacional de Justiça
Dje de 19/12/2019

PROVIMENTO Nº 94, DE 28 DE MARÇO DE 2020**

Dispõe sobre o funcionamento das unidades de registro de imóveis nas localidades onde foram decretados regime de quarentena pelo sistema de plantão presencial e à distância e regula procedimentos especiais.

Situação: Revogado e incorporado aos ***arts. 322 a 329 do Provimento CNJ n. 149/2023 (Código Nacional de Normas da Corregedoria Nacional de Justiça– Foro Extrajudicial)*** *(CNN/CN/CNJ-EXTRA)*

› *Vide "Considerações" deste Provimento*

O **CORREGEDOR NACIONAL DE JUSTIÇA** em exercício, usando de suas atribuições constitucionais, legais e regimentais e

CONSIDERANDO o poder de fiscalização e de normatização do Poder Judiciário dos atos praticados por seus órgãos (art. 103-B, § 4º, I, II e III, da Constituição Federal);

CONSIDERANDO a competência exclusiva do Poder Judiciário de fiscalizar os serviços notariais e de registro (arts. 103-B, § 4º, I e III, e 236, § 1º, da Constituição Federal);

CONSIDERANDO a competência do Corregedor Nacional de Justiça de expedir recomendações e outros atos normativos destinados ao aperfeiçoamento das atividades dos serviços notariais e de registro (art. 8º, X, do Regimento Interno do Conselho Nacional de Justiça);

CONSIDERANDO a Declaração de Pandemia de COVID-19 pela Organização Mundial da Saúde em 11 de março de 2020, em decorrência da Infecção Humana pelo novo coronavírus (Sars-Cov-2);

CONSIDERANDO a Portaria n. 188/GM/MS, de 4 de fevereiro de 2020, que declarou Emergência em Saúde Pública de Importância Nacional (ESPIN), em decorrência da Infecção Humana pelo novo coronavírus (Sars-Cov-2);

CONSIDERANDO o princípio da continuidade dos serviços públicos e o fato de que os serviços notariais e de registro devem ser prestados, de modo eficiente e adequado em dias e horários estabelecidos pelo juízo competente, desde que atendidas as peculiaridades locais (art. 4º da Lei n. 8.935, de 18 de novembro de 1994);

CONSIDERANDO a Recomendação nº 45, de 17 de março de 2020 e o Provimento nº 91, de 22 de março de 2020, ambos da Corregedoria Nacional de Justiça, que também dispõe sobre as medidas preventivas para a redução dos riscos de contaminação com o novo coronavírus, causador da COVID-19, no âmbito das serventias extrajudiciais, e visando assegurar a continuidade e execução dos serviços notariais e de registro;

CONSIDERANDO que o serviço extrajudicial de registro de imóveis é essencial para o exercício do direito fundamental à propriedade imóvel, que tem importância direta para assegurar a implementação do crédito com garantia real;

CONSIDERANDO que os atos e contratos celebrados no âmbito do Sistema Financeiro de Habitação (SFH) e do Sistema de Financiamento Imobiliário (SFI) produzem os efeitos de escritura pública, nos termos do art. 61 e parágrafos da Lei nº 4.380, de 21 de agosto de 1964, com as alterações introduzidas pela Lei nº 5.049, de 29 de junho de 1966 e Lei nº 9.514, de 20 de novembro de 1997; e

CONSIDERANDO, finalmente, a importância de assegurar a continuidade da prestação do serviço público de registros de imóveis, que é exercido por delegação, bem como a necessidade de preservar a saúde dos oficiais, de seus prepostos e dos usuários em geral,

PROVIMENTO Nº 115, DE 24 DE MARÇO DE 2021

Institui a receita do fundo para implementação e custeio do SREI, estabelece a forma do seu recolhimento pelas serventias do serviço de registro de imóveis, e dá outras providências.

- *Lei n. 14.382, de 2022 (SERP)*
- *Vide art. 76, Lei 13.465/2017 (Regularização Fundiária)*
- *Vide arts. 37 a 45, Lei 11.977/2009 (PMCMV)*
- *Vide Provimento CNJ n. 89, de 2019 (Sistema de Registro Eletrônico de Imóveis -SREI, o Serviço de Atendimento Eletrônico Compartilhado – SAEC, o acesso da Administração Pública Federal às informações do SREI e estabelece diretrizes para o estatuto do Operador Nacional do Sistema de Registro Eletrônico de Imóveis – ONR)*
- *Vide Provimento CNJ n. 115, de 2021 (Receita do fundo para implementação e custeio do SREI)*
- *Vide Provimento CNJ n. 124, de 2021 (Estabelece prazo para a universalização do acesso por todas as unidades do serviço de registro de imóveis do Brasil, ao Sistema de Registro Eletrônico de Imóveis (SREI), operado pelo Operador Nacional do Registro Eletrônico de Imóveis – ONR, sob regulação da Corregedoria Nacional de Justiça)*
- *Vide Provimento CNJ n. 149/2023 (CNN): arts. 211 a 228 (corresponde ao Provimento revogado CNJ n. 139/2023)*
- *Vide Provimento CNJ n. 159/2023 (Institui o Fundo para a Implementação e Custeio do Sistema Eletrônico dos Registros Públicos – FIC-ONSERP, o Fundo para a Implementação e Custeio do Sistema Eletrônico do Registro Civil das Pessoas Naturais – FIC-RCPN, e o Fundo para a Implementação e Custeio do Sistema Eletrônico do Registro de Títulos e Documentos e Civis das Pessoas Jurídicas – FIC-RTDPJ; dispõe sobre suas receitas)*

CONSIDERANDO o disposto no art. 76, §4°, da Lei n. 13.465/2017, que impõe à Corregedoria Nacional de Justiça a função de agente regulador do Operador Nacional do Sistema de Registro Eletrônico de Imóveis – ONR;

CONSIDERANDO o art. 23 da Lei n. 14.118/2021, que acrescentou o §9° ao art. 76 da Lei 13.465/2017, criando o fundo para a implementação e o custeio do Sistema de Registro Eletrônico de Imóveis – SREI, a ser gerido pelo ONR e subvencionado pelas serventias do serviço de registro de imóveis dos Estados e do Distrito Federal;

CONSIDERANDO que o parágrafo §10 do art. 76 da Lei 13.465/2017, acrescentado pelo art. 23 da Lei 14.118/2021, estabelece ao Agente Regulador do ONR as atribuições de disciplinar a instituição da receita do fundo para a implementação e o custeio do SREI, estabelecer as cotas de participação das serventias de registro de imóveis do país, e fiscalizar o recolhimento dos recursos, sem prejuízo da fiscalização ordinária prevista nos estatutos do ONR;

CONSIDERANDO que o § 2º do art. 5º da Emenda Constitucional n. 45/2004, dispõe que, até que entre em vigor o Estatuto da Magistratura, o Conselho Nacional de Justiça, mediante resolução, disciplinará seu funcionamento e definirá as atribuições do Ministro-Corregedor;

CONSIDERANDO que, em cumprimento desse citado mandamento constitucional, o Regimento Interno do Conselho Nacional de Justiça estabelece que compete ao Corregedor Nacional de Justiça, entre outras competências, expedir provimentos, instruções, orientações e outros atos normativos destinados ao aperfeiçoamento das atividades dos serviços auxiliares do Poder Judiciário e dos serviços notariais e de registro (art. 8º, X);

CONSIDERANDO, finalmente, o que consta do Processo SEONR/SEI n. 10219/2020, especialmente o parecer do Conselho Consultivo e a proposta da Câmara de Regulação, os quais, nos termos do Provimento CN n. 109/2020, são órgãos Agente Regulador do ONR;

CONSIDERANDO as Metas 11.1 e 16.6 dos Objetivos de Desenvolvimento Sustentável (ODS), da Agenda 2030, das Nações Unidas e o disposto no art. 2º do Provimento CN 85/2019, do Conselho Nacional de Justiça,

RESOLVE:

CAPÍTULO I – DA DISPOSIÇÃO GERAL

Art. 1º A composição e o recolhimento da receita do Fundo para Implementação e Custeio do Serviço de Registro Eletrônico de Imóveis – FIC/SREI, ficam estabelecidos por este Provimento.

Art. 2º O FIC/SREI será gerido pelo Operador Nacional do Serviço de Registro Eletrônico de Imóveis – ONR e subvencionado pelas serventias do serviço de registro de imóveis dos Estados e do Distrito Federal.

CAPÍTULO II – DA RECEITA

Art. 3º Constitui-se receita do FIC/SREI a cota de participação das serventias do serviço de registro de imóveis dos Estados e do Distrito Federal que integram o Sistema de Registro Eletrônico de Imóveis e são vinculadas ao ONR.

§1º A cota de participação é devida, mensalmente, por todas as serventias do serviço público de registro de imóveis, sob o regime de delegação ou oficializadas, providas ou vagas, instaladas e em funcionamento nos Estados e no Distrito Federal.

§ 2º A cota de participação corresponde a 0,8% (oito décimos por cento) dos emolumentos brutos percebidos pelos atos praticados no serviço do registro de imóveis da respectiva serventia.

§3º Na hipótese de a serventia acumular mais de uma especialidade, a cota de participação do FIC/SREI é devida apenas sobre os atos do serviço de registro de imóveis, excluídos os demais atos praticados na respectiva serventia que sejam relacionados com as competências das outras especialidades.

§4º Na apuração do valor da cota de participação do FIC/SREI, deverão ser tomados por base exclusivamente os emolumentos brutos destinados ao Oficial de Registro, desconsiderando-se outras parcelas, de qualquer natureza, mesmo que cobradas por dentro, nas respectivas tabelas de emolumentos da unidade federativa.

§ 5º Não devem ser consideradas na apuração dos emolumentos brutos as parcelas incluídas na tabela de emolumentos destinadas obrigatoriamente a repasses previstos em lei e não destinadas ao Oficial de Registro.

CAPÍTULO III – DA ESCRITURAÇÃO

Art. 4º O valor mensal recolhido ao FIC/SREI será apurado em separado, contendo a respectiva memória de cálculo em que necessariamente devem ser identificados:

I – os valores correspondentes a todos os atos praticados no serviço de registro de imóveis; e

II – o valor correspondente à parte dos emolumentos brutos reservada ao Oficial de Registro, na forma estabelecida nos §§ 4º e 5º do art. 3º deste Provimento.

§ 1º O valor da cota de participação deve ser destacado no relatório detalhado de apuração do respectivo mês de referência.

§ 2º O relatório detalhado da apuração deve ser mantido, preferencialmente em meio eletrônico, por 5 (cinco) anos, para fins de fiscalização.

Art. 5º O valor apurado e recolhido ao FIC/SREI será lançado como despesa obrigatória, tal como está prevista em lei, no Livro Diário Auxiliar da Receita e Despesa de que trata o Provimento n. 45/2015, da Corregedoria Nacional de Justiça.

CAPÍTULO IV – DO RECOLHIMENTO

Art. 6º O ONR implantará sistema informatizado para o gerenciamento do recolhimento das cotas de participação das serventias do serviço de registro de imóveis a ele vinculadas.

§ 1º O recolhimento ocorrerá obrigatoriamente por meio do Sistema Financeiro Nacional, em conta própria do ONR mantida para essa finalidade.

§ 2º O recolhimento da cota de participação será efetuado até o último dia útil de cada mês, sendo o valor apurado com base nos emolumentos percebidos no mês imediatamente anterior.

Art. 6º-A. Quando não recolhido no prazo, o débito relativo à cota de participação fica sujeito à incidência de multa, atualização monetária e juros de mora calculados em conformidade com as disposições contidas em portaria regulamentar após proposta do ONSERP, homologada pelo Agente Regulador. *(Incluído pelo Provimento n. 159, de 18.12.2023)*

§ 1º O ONR informará às Corregedorias-Gerais das Justiças dos Estados e do Distrito Federal, até o último dia do mês subsequente ao do recolhimento, a listagem, organizada por unidade da federação, das serventias que não efetuaram o recolhimento no mês de referência imediatamente anterior. *(Incluído pelo Provimento n. 159, de 18.12.2023)*

§ 2º As Corregedorias-Gerais das Justiças dos Estados e do Distrito Federal deverão adotar providências administrativas disciplinares junto às serventias que não tenham cumprido a obrigação de recolher a cota de participação devida ao FIC/SREI, sem prejuízo das ações de cobrança pelo ONR. *(Incluído pelo Provimento n. 159, de 18.12.2023)*

CAPÍTULO V – DA FISCALIZAÇÃO

Art. 7º O ONR manterá sistema informatizado para o gerenciamento do recolhimento das cotas de participação das serventias do serviço de registro a eles vinculadas. *(Redação dada pelo Provimento n. 159, de 18.12.2023)*

§ 1º O recolhimento ocorrerá obrigatoriamente por meio do sistema bancário, em contas próprias do ONR mantidas para essa finalidade. *(Incluído pelo Provimento n. 159, de 18.12.2023)*

§ 2º O recolhimento da cota de participação será efetuado até o último dia útil de cada mês, no valor apurado com base nos valores percebidos no mês imediatamente anterior. *(Incluído pelo Provimento n. 159, de 18.12.2023)*

Art. 8º A fiscalização do recolhimento da cota de participação do FIC/SREI caberá às Corregedorias-Gerais das Justiças dos Estados e do Distrito Federal e aos Juízos que detenham competência correcional junto aos serviços de registro de imóveis, sem prejuízo da fiscalização concorrente do respectivo Operador Nacional, cabendo a atuação subsidiária da Corregedoria Nacional de Justiça. *(Redação dada pelo Provimento n. 159, de 18.12.2023)*

§ 1º O recolhimento da cota de participação do FIC/SREI será, necessariamente, objeto de fiscalização ordinária por ocasião de inspeções ou correições, presenciais ou no módulo on-line, realizadas por órgãos competentes do Poder Judiciário nas serventias de serviços de registro. *(Redação dada pelo Provimento n. 159, de 18.12.2023)*

§ 2º Nas atas lavradas durante as atividades de fiscalização, deverão constar os seguintes registros:

I – a verificação da regularidade dos recolhimentos da cota de participação, mediante anotações sobre a análise dos relatórios mensais de apuração do valor devido, da escrituração da despesa no Livro Diário Auxiliar da Receita e da Despesa, bem como dos comprovantes de recolhimento; e

II – a ocorrência de eventuais irregularidades, especificando-as e indicando as medidas saneadoras que forem determinadas e/ou, se for o caso, a infração cometida.

CAPÍTULO VI – DAS INFRAÇÕES

Art. 9º O não recolhimento da cota participação do FIC/SREI pelos titulares de delegação do serviço de registro de imóveis, ou das serventias oficializadas, configura, em tese, a infração disciplinar prevista no art. 31, I, da Lei n. 8.935/1994.

Art. 10. A falta de apuração em separado do valor devido ao FIC/SREI pelos titulares de delegação do serviço de registro de imóveis, ou pelas serventias oficializadas, configura, em tese, a infração disciplinar prevista no art. 31, V, combinado com o art. 30, XIV, da Lei 8.935/1994.

Art. 11. Será substituído o interino que praticar qualquer das infrações a que se referem os art. 9ºe 10 deste Provimento, caso seja constatada a quebra de confiança apurada com a observância do devido processo legal, sem prejuízo da responsabilização civil e criminal, quando for o caso.

CAPÍTULO VII – DAS DISPOSIÇÕES FINAIS E TRANSITÓRIAS

Art. 12. Ficam revogados os §§ 2º, 3º e 4º do art. 13e os §§ 1º e 2º do art. 19 do Provimento CN n. 109/2020.

Art. 13. A primeira cota de participação do FIC/SREI será devida no último dia útil do mês de abril de 2021,e tomará por base os emolumentos percebidos no período de 1º a 31 de março de 2021, prosseguindo-se os recolhimentos seguintes em consonância com o § 2º do art. 6º deste Provimento.

Art. 14. Este Provimento entra em vigor na data de sua publicação.

Ministra MARIA THEREZA DE ASSIS MOURA

D.J.E-CNJ de 26.03.2021.

PROVIMENTO Nº 124, DE 07 DE DEZEMBRO DE 2021

Estabelece prazo para a universalização do acesso por todas as unidades do serviço de registro de imóveis do Brasil, ao Sistema de Registro Eletrônico de Imóveis (SREI), operado pelo Operador Nacional do Registro Eletrônico de Imóveis – ONR, sob regulação da Corregedoria Nacional de Justiça.

- *Lei n. 14.382, de 2022 (SERP)*
- *Vide art. 76, Lei 13.465/2017 (Regularização Fundiária)*
- *Vide arts. 37 a 45, Lei 11.977/2009 (PMCMV)*
- *Vide Provimento CNJ n. 89, de 2019 (Sistema de Registro Eletrônico de Imóveis -SREI, o Serviço de Atendimento Eletrônico Compartilhado – SAEC, o acesso da Administração Pública Federal às informações do SREI e estabelece diretrizes para o estatuto do Operador Nacional do Sistema de Registro Eletrônico de Imóveis – ONR)*
- *Vide Provimento CNJ n. 115, de 2021 (Receita do fundo para implementação e custeio do SREI)*
- *Vide Provimento CNJ n. 149/2023 (CNN): arts. 211 a 228 (corresponde ao Provimento revogado CNJ n. 139/2023)*
- *Vide Provimento CNJ n. 159/2023 (Institui o Fundo para a Implementação e Custeio do Sistema Eletrônico dos Registros Públicos – FIC-ONSERP, o Fundo para a Implementação e Custeio do Sistema Eletrônico do Registro Civil das Pessoas Naturais – FIC-RCPN, e o Fundo para a Implementação e Custeio do Sistema Eletrônico do Registro de Títulos e Documentos e Civis das Pessoas Jurídicas – FIC-RTDPJ; dispõe sobre suas receitas)*

A CORREGEDORA NACIONAL DE JUSTIÇA, no uso de suas atribuições legais e regimentais;

CONSIDERANDO a competência da Corregedoria Nacional de Justiça de expedir provimentos e outros atos normativos destinados ao aperfeiçoamento das atividades dos órgãos do Poder Judiciário (art. 8º, X, do Regimento Interno do Conselho Nacional de Justiça);

CONSIDERANDO o Provimento n. 74, de 31 de julho de 2018, que dispõe sobre padrões mínimos de tecnologia da informação para a segurança, a integridade e disponibilidade de dados para a continuidade da atividade pelos serviços notariais e de registro do Brasil;

CONSIDERANDO o disposto no artigo 21 do Provimento n. 89, de 18 de dezembro de 2019, segundo o qual, todos os ofícios de registro de imóveis devem possuir um sistema eletrônico que possibilite realizar interações com o SAEC e com as centrais de serviços eletrônicos compartilhados para suportar o atendimento aos serviços eletrônicos, bem como o encaminhamento de estatísticas de operação;

CONSIDERANDO que compete ao Operador Nacional do Sistema de Registro de Imóveis – ONR, pessoa jurídica de direito privado sem fins lucrativos, previsto no artigo 76 da Lei n. 13.465, de 11 de julho de 2017, implementar e operar, em âmbito nacional, o Sistema de Registro Eletrônico de Imóveis – SREI;

CONSIDERANDO a economia e os benefícios gerados pelo SREI em favor do mercado em geral, fator relevantíssimo para aumentar a segurança jurídica sobre operações imobiliárias, facilitar o crédito imobiliário e, consequentemente, incrementar a circulação de riquezas e o desenvolvimento econômico;

CONSIDERANDO o Provimento n. 109, de 14 de outubro de 2020, que disciplina a atuação da Corregedoria Nacional de Justiça como agente regulador do ONR, nos termos do § 4º do artigo 76 da Lei n. 13.465, de 2017;

CONSIDERANDO que as unidades do serviço de registro de imóveis dos Estados e do Distrito Federal integram o SREI e estão vinculadas ao ONR, nos termos do § 5º do artigo 76 da Lei Federal n. 13.465, de 2017, e

CONSIDERANDO o enunciado 5 da Carta de São Luís do Maranhão, aprovada ao ensejo do 87º Encontro do Colégio Permanente de Corregedores-Gerais dos Tribunais de Justiça do Brasil – ENCOGE, bem como a diretriz estratégica n. 2, relativa à Estratégia Nacional do Poder Judiciário para o ano de 2022, aprovada no 15º Encontro Nacional do Poder Judiciário, realizado nos dias 2 e 3 de dezembro de 2021,

RESOLVE:

Art. 1º As unidades de registro de imóveis dos Estados e do Distrito Federal serão integradas ao Sistema de Registro Eletrônico de Imóveis - SREI, diretamente por meio do SAEC - Serviço de Atendimento Eletrônico Compartilhado, operado pelo ONR - Operador Nacional de Registro Eletrônico de

Imóveis, impreterivelmente até o dia 15 de fevereiro de 2022.

Parágrafo único. Os oficiais de registro de imóveis ou os responsáveis pelos expedientes das unidades vagas atenderão ao disposto no *caput* independentemente de já estarem integrados a uma central de serviços eletrônicos compartilhados, prevista no art. 24, *caput* e § 1º, do Provimento n. 89, de 2019.

Art. 2º Sem prejuízo do disposto no artigo 1º, fica facultado aos responsáveis pelas centrais eletrônicas previstas no art. 24, *caput* e §1º, do Provimento n. 89, de 2019, igual prazo para que promovam a sua integração ou a interoperabilidade com o SAEC - Serviço de Atendimento Eletrônico Compartilhado.

Art. 3º Os registradores, ou responsáveis pelos expedientes vagos das unidades do serviço de registro de imóveis referidas no artigo 1º, ou os responsáveis pelas centrais de serviços eletrônicos compartilhados tratadas no artigo 2º, adotarão as medidas necessárias para a integração, diretamente com o representante legal do ONR - Operador Nacional de Registro Eletrônico de Imóveis.

Parágrafo único. Quando se tratar das centrais de serviços eletrônicos compartilhados previstas no *caput*, a integração dar-se-á por meio da celebração de acordo de cooperação técnica entre os responsáveis e o representante legal do ONR, que deverá ser submetido à homologação da Corregedoria Nacional de Justiça.

Art. 4º Determinar que as Corregedorias-Gerais dos Estados e do Distrito Federal, nos âmbitos de suas respectivas competências, promovam e acompanhem a execução da integração das unidades de registro de imóveis ou das centrais de serviços eletrônicos compartilhados ao SAEC, nos termos dos artigos 1º e 2º, sem prejuízo do monitoramento, pela Corregedoria Nacional de Justiça, no âmbito da respectiva competência.

Parágrafo único. O descumprimento das disposições deste Provimento, pelas unidades de registro de imóveis, poderá configurar infração disciplinar, na forma da Lei n. 8.935, de 18 de novembro de 1994.

Art. 5º A certidão de inteiro teor da matrícula, e a certidão da transcrição com menção a ônus, ações e alienações, quando for o caso, obtidas por meio do SAEC e expedidas na forma da lei, são suficientes para a lavratura de atos notariais, abertura de matrículas e a realização de registros e averbações nas unidades do serviço de notas e registro, independentemente de quaisquer disposições normativas locais em sentido diverso.

Art. 6º As Corregedorias-Gerais de Justiça dos Estados e do Distrito Federal fiscalizarão a efetiva integração de todas as unidades de registro de imóveis ao SREI, por meio do SAEC, e a observância das normas previstas neste provimento, expedindo as normas complementares que se fizerem necessárias, bem como deverão promover a revogação das normas locais que contrariarem as regras e diretrizes constantes do presente provimento.

Art. 7º Este Provimento entra em vigor na data de sua publicação.

Ministra MARIA THEREZA DE ASSIS MOURA
DJe/CNJ de 9/12/2021

PROVIMENTO Nº 143, DE 25 DE ABRIL DE 2023

Regulamenta a estrutura, a geração e a validação do Código Nacional de Matrícula - CNM, dispõe sobre a escrituração da matrícula no registro de imóveis, e dá outras providências.

- *Vide art. 235-A, Lei 6.015, de 1973*
- *Arts. 330 a 343 (Código Nacional de Matrícula – CNM), Prov. CNJ 149/2023 (CNN)*

O **CORREGEDOR NACIONAL DE JUSTIÇA**, usando de suas atribuições constitucionais, legais e regimentais,

CONSIDERANDO o poder de fiscalização e de normatização do Poder Judiciário em relação aos atos praticados por seus órgãos (art. 103-B, § 4º, I, II e III, da Constituição Federal de 1988);

CONSIDERANDO a competência do Poder Judiciário de fiscalizar os serviços notariais e de registro (arts. 103-B, § 4º, I e III, e 236, § 1º, da Constituição Federal);

CONSIDERANDO a atribuição do Corregedor Nacional de Justiça de expedir provimentos e outros atos normativos destinados ao aperfeiçoamento das atividades dos serviços notariais e de registro (art. 8º, X, do Regimento Interno do Conselho Nacional de Justiça);

CONSIDERANDO o firme propósito de garantir a publicidade, a autenticidade, a segurança e a eficácia dos atos jurídicos no âmbito da atividade notarial e de registro;

CONSIDERANDO a importância da higidez dos serviços notariais e de registro para o bom funcionamento das instituições públicas e da economia nacional;

CONSIDERANDO a necessidade de regulamentar o Código Nacional de Matrícula – CNM, previsto no art. 235-A da Lei n. 6.015, de 31 de dezembro de 1973, na redação dada pelo art. 101 da Lei n. 13.465, de 11 de julho de 2017,

RESOLVE:

CAPÍTULO I – DO CÓDIGO NACIONAL DE MATRÍCULA

SEÇÃO I – DAS DISPOSIÇÕES GERAIS

SUBSEÇÃO I – DA ESTRUTURA DO CÓDIGO NACIONAL DE MATRÍCULA

Art. 1º *(Revogado pelo Provimento CN n. 149, de 30.8.2023)*

- *Vide arts. 330 a 343, Prov. CNJ n. 149/2023*

SUBSEÇÃO II – DA INSERÇÃO GRÁFICA DO CÓDIGO NACIONAL DE MATRÍCULA

Art. 2º *(Revogado pelo Provimento CN n. 149, de 30.8.2023)*

SUBSEÇÃO III – DA REUTILIZAÇÃO DO CÓDIGO NACIONAL DE MATRÍCULA

Art. 3º *(Revogado pelo Provimento CN n. 149, de 30.8.2023)*

SEÇÃO II – DA GERAÇÃO E VALIDAÇÃO

SUBSEÇÃO I – DO PROGRAMA GERADOR E VALIDADOR

Art. 4º *(Revogado pelo Provimento CN n. 149, de 30.8.2023)*

SUBSEÇÃO II – DO ACESSO AO PROGRAMA GERADOR E VALIDADOR PELOS OFICIAIS DE REGISTRO DE IMÓVEIS

Art. 5º *(Revogado pelo Provimento CN n. 149, de 30.8.2023)*

SUBSEÇÃO III – DA CONSULTA DO PROGRAMA GERADOR E VALIDADOR PELOS USUÁRIOS

Art. 6º *(Revogado pelo Provimento CN n. 149, de 30.8.2023)*

CAPÍTULO II – DA ESCRITURAÇÃO DA MATRÍCULA

SEÇÃO I – DA ESCRITURAÇÃO DA MATRÍCULA EM FICHAS SOLTAS

Art. 7º *(Revogado pelo Provimento CN n. 149, de 30.8.2023)*

SEÇÃO II – DA UNICIDADE DA MATRÍCULA

Art. 8º *(Revogado pelo Provimento CN n. 149, de 30.8.2023)*

SEÇÃO III – DO NÚMERO DE ORDEM

Art. 9º *(Revogado pelo Provimento CN n. 149, de 30.8.2023)*

SEÇÃO IV – DA RIGOROSA SEQUÊNCIA DO NÚMERO DE ORDEM

Art. 10. *(Revogado pelo Provimento CN n. 149, de 30.8.2023)*

SEÇÃO V – DO NÚMERO DE ORDEM E ANEXAÇÃO DE ACERVO DE CARTÓRIO EXTINTO

Art. 11. *(Revogado pelo Provimento CN n. 149, de 30.8.2023)*

SEÇÃO VI – DAS DISPOSIÇÕES SOBRE A ABERTURA DE NOVA MATRÍCULA

Art. 12. *(Revogado pelo Provimento CN n. 149, de 30.8.2023)*

CAPÍTULO III – DAS DISPOSIÇÕES FINAIS E TRANSITÓRIAS

SEÇÃO I – DO PRAZO PARA A IMPLANTAÇÃO DO CÓDIGO NACIONAL DE MATRÍCULA

Art. 13. Os oficiais de registro de imóveis implantarão o Código Nacional de Matrícula – CNM:

I – imediatamente, para as matrículas que forem abertas a partir do funcionamento do Programa Gerador e Verificador;

II – sempre que for feito registro ou averbação em matrícula já existente, desde que já esteja em funcionamento o Programa Gerador e Verificador; e

III – em todas as matrículas, no prazo máximo de 1 (um) ano, contado do início do funcionamento do Programa Gerador e Verificador.

SEÇÃO II – DO PRAZO DE TRANSPOSIÇÃO INTEGRAL PARA O SISTEMA DE FICHAS SOLTAS

Art. 14. A transposição integral de todas as matrículas para fichas soltas será feita:

I – a qualquer tempo, facultativamente;

II – por ocasião de qualquer registro ou averbação, obrigatoriamente; e

III – em qualquer hipótese, até 25/05/2025. *(Redação dada pelo Provimento n. 170, de 4.6.2024)*

SEÇÃO III – DO PRAZO PARA A ESTRUTURAÇÃO DOS DADOS DOS INDICADORES

Art. 15. Para fins de pesquisas para localização de bens, até 25/05/2025, os oficiais de registro de imóveis disponibilizarão os dados estruturados do Livro n. 4 - Indicador Real e do Livro n. 5 - Indicador Pessoal, para acesso remoto por intermédio do Serviço de Atendimento Eletrônico Compartilhado - SAEC (art. 8º, § 3º, inciso III, art. 9º, parágrafo único, inciso II, e arts. 15 a 23 do Provimento n. 89, de 18 de dezembro de 2019, da Corregedoria Nacional de Justiça). *(Redação dada pelo Provimento n. 170, de 4.6.2024)*

Parágrafo único. Os oficiais de registro de imóveis que já tenham os indicadores real e pessoal (Livros n. 4 e 5) em formato digital com dados estruturados deverão disponibilizar acesso para consulta, nos moldes do *caput* deste artigo, no prazo de 15 (quinze) dias, contados da entrada em vigor deste Provimento.

SEÇÃO IV – DA CONSERVAÇÃO DE DADOS

Art. 16. Os arquivos dos dados estruturados, não estruturados e semiestruturados, obtidos por ocasião da digitação de texto de matrícula, serão mantidos na serventia para futuro aproveitamento na implantação da matrícula escriturada em forma digital.

SEÇÃO V – DOS CASOS OMISSOS

Art. 17. Os casos omissos na aplicação deste Provimento serão submetidos à Corregedoria-Geral de Justiça competente, que comunicará a respectiva decisão à Corregedoria Nacional de Justiça no prazo de 30 (trinta) dias.

SEÇÃO VI – DA REVOGAÇÃO DE DISPOSIÇÕES EM CONTRÁRIO

Art. 18. Revogam-se os arts. 2º, 3º, 4º, 6º e 7º do Provimento n. 89, de 18 de dezembro de 2019.

SEÇÃO VII – DA VIGÊNCIA

Art. 19. *(Revogado pelo Provimento CN n. 149, de 30.8.2023)*

Ministro LUIS FELIPE SALOMÃO

Corregedor Nacional de Justiça

D.J.E.: 26.04.2023

PROVIMENTO Nº 144, DE 25 DE ABRIL DE 2023

Estabelece, no âmbito do Poder Judiciário, o Programa Permanente de Regularização Fundiária na Amazônia Legal, institui a Semana Nacional de Regularização Fundiária, e dá outras providências.

- *Lei 13.465/2017 (Regularização fundiária urbana e rural)*
- *Lei 11.952/2009 (Regularização fundiária no âmbito da Amazônia Legal)*
- *Lei 11.481/2007 (Regularização fundiária de interesse social em imóveis da União)*
- *Decreto 10.592/2020 (Regulamenta a Lei n. 11.952/2009)*
- *Decreto 7.341/2010 (Regulamenta a Lei n. 11.952/2009)*
- *Decreto 9.310/2018 (Institui as normas gerais e os procedimentos aplicáveis à Regularização Fundiária Urbana e estabelece os procedimentos para a avaliação e a alienação dos imóveis da União)*

O **CORREGEDOR NACIONAL DE JUSTIÇA,** no uso de suas atribuições legais e regimentais,

CONSIDERANDO o poder de fiscalização e de normatização do Poder Judiciário em relação aos atos praticados por seus órgãos (art. 103-B, § 4º, I, II e III, da Constituição Federal de 1988);

CONSIDERANDO a competência do Poder Judiciário de fiscalizar os serviços notariais e de registro (arts. 103-B, § 4º, I e III, e 236, § 1º, da Constituição Federal);

CONSIDERANDO a atribuição do Corregedor Nacional de Justiça de expedir provimentos e outros atos normativos destinados ao aperfeiçoamento das atividades dos serviços notariais e de registro (art. 8º, X, do Regimento Interno do Conselho Nacional de Justiça);

CONSIDERANDO o disposto na Lei n. 13.465, de 11 de julho de 2017, que dispõe, dentre outros assuntos, sobre a Regularização Fundiária Urbana - Reurb e rural;

CONSIDERANDO as razões da decisão proferida pela Corregedoria Nacional de Justiça em 16 de agosto de 2010, nos autos do PP 0001943-67.2009.2.00.0000;

CONSIDERANDO o firme propósito de garantir a publicidade, a autenticidade, a segurança e a eficácia dos atos jurídicos no âmbito da atividade notarial e de registro;

CONSIDERANDO a importância da higidez dos serviços notariais e de registro para o bom funcionamento das instituições públicas e da economia nacional, com o objetivo de contribuir para a proteção ambiental e de evitar a grilagem de terras;

CONSIDERANDO a necessidade de alinhamento das ações institucionais do Poder Judiciário às diretrizes dos Objetivos de Desenvolvimento Sustentável da Agenda 2030 das Nações Unidas, com especial atenção ao ODS 2 (Fome Zero e Agricultura Sustentável), ao ODS 10 (Redução das Desigualdades) ao ODS 15 (Proteção da Vida Terrestre) e ao ODS 16 (Paz, Justiça e Instituições Eficazes), bem como à Convenção 169 da OIT;

CONSIDERANDO que as Corregedorias de Justiça dos Estados integram o Fórum Fundiário Nacional de Corregedores-Gerais de Justiça, que tem por função divulgar e institucionalizar as Diretrizes Voluntárias da Governança Responsável da Terra, dos Recursos Pesqueiros e Florestais no contexto da segurança alimentar nacional da Organização das Nações Unidas para a Alimentação e Agricultura – FAO, com ênfase no registro dos direitos de posse para proteção das comunidades tradicionais e dos povos originários e no acesso equitativo à terra e aos recursos pesqueiros e florestais,

RESOLVE:

Art. 1º Instituir, no âmbito do Poder Judiciário, o Programa Permanente de Regularização Fundiária, com vigência e eficácia sobre a área territorial da Amazônia Legal, constituída pelos Estados do Pará, Acre, Amazonas, Roraima, Rondônia, Mato Grosso, Amapá, Tocantins e Maranhão, com a finalidade de definir, coordenar e dar celeridade às medidas relativas à Regularização Fundiária Urbana – Reurb e rural, bem como à identificação de áreas públicas e daquelas destinadas à proteção ambiental, na forma prevista na legislação pertinente.

Art. 2º O Programa Permanente de Regularização Fundiária é orientado pelas seguintes diretrizes, as quais deverão ser observadas pelas Corregedorias-Gerais de Justiça dos Estados:

I – efetivação do direito à moradia e à proteção ambiental;

II – observância da legislação atinente à regularização fundiária urbana e rural;

III – observância da autonomia dos Municípios, dos Estados e da União;

IV – articulação, nos três níveis da federação, com órgãos e entidades encarregados da regularização fundiária urbana e rural, em especial com o Instituto Nacional de Colonização e Reforma Agrária – Incra e outras entidades congêneres também especializadas;

V – participação dos interessados em todas as etapas do processo de regularização, com o estabelecimento de prazos para início e término dos procedimentos;

VI – estímulo a políticas urbanísticas, ambientais e sociais, voltadas à integração de núcleos urbanos informais ao contexto legal das cidades;

VII – diálogo permanente com órgãos e/ou entidades, públicos e/ou privados, com a sociedade civil organizada, com movimentos sociais e/ou com outras iniciativas ligadas ao tema, com vistas à formulação de propostas de melhoria da gestão fundiária, à geração de emprego e renda, à integração social e ao respeito ao direito de povos originários sobre terras tradicionalmente por eles ocupadas;

VIII – articulação com as políticas setoriais de habitação, de meio ambiente, de sustentabilidade, de saneamento básico e de mobilidade urbana, nos diferentes níveis de governo e com as iniciativas públicas e privadas;

IX – fortalecimento da governança fundiária responsável da terra, visando à superação dos conflitos fundiários, à promoção da justiça, ao acesso à terra, à proteção ambiental, à publicidade, à segurança jurídica e ao enfrentamento da grilagem de terras públicas;

X – estímulo à interconexão e à interoperabilidade entre sistemas eletrônicos fiscalizados e/ou controlados pelo Poder Judiciário e outros sistemas necessários e/ou úteis à regularização fundiária, como o Sistema Nacional de Cadastro Ambiental Rural – Sicar, dentre outros;

XI – estímulo e fomento ao georreferenciamento de áreas urbanas e rurais, com a sensibilidade e os meios necessários à harmonização entre a realidade socioeconômica das partes interessadas e os objetivos pretendidos;

XII – alinhamento institucional junto ao Operador Nacional do Sistema de Registro de Imóveis – ONR e aos cartórios de registro de imóveis dos respectivos Estados;

XIII – estímulo à resolução extrajudicial de conflitos fundiários;

XIV – participação ativa na construção de marcos normativos relacionados à governança responsável da terra;

XV – observância estrita da Lei n. 5.709/1971 e do Provimento CNJ n. 43/2015, no que concerne à aquisição de imóveis por estrangeiros ou empresas brasileiras controladas por capital estrangeiro;

XVI – postura ativa das Corregedorias e dos registradores de imóveis em todas as etapas dos procedimentos de regularização fundiária, com observância das peculiaridades de cada região e da população diretamente interessada;

XVII – interlocução permanente entre as Corregedorias e entre estas e registradores de imóveis, para o compartilhamento e ampliação de projetos já concebidos em unidades federativas diversas e tidos como exitosos.

Art. 3º As Corregedorias-Gerais de Justiça implementarão, no âmbito dos Estados, o Programa Permanente de Regularização Fundiária, observadas as diretrizes traçadas no art. 2º deste Provimento e os elementos a seguir, sem prejuízo da aplicação das normas legais e administrativas vigentes:

I – estabelecimento das etapas do procedimento de regularização fundiária;

II – definição das atividades integrantes de cada etapa, indicação dos responsáveis pela execução de cada etapa e prazos máximos para execução integral;

III – estratégias, preferencialmente construídas em parcerias com a União, Estados e/ou Municípios, voltadas à identificação de áreas públicas e de proteção ambiental, à simplificação de procedimentos, à gestão compartilhada de informações e à redução da quantidade de tempo e de recursos necessários à conclusão de processos de regularização fundiária;

IV – monitoramento e fiscalização permanente dos cartórios de registro de imóveis nas questões relacionadas à regularização fundiária na metodologia estabelecida pela lei e ao combate à grilagem e corrupção na cessão dos direitos de posse, com eleição de indicadores hábeis à medição de eficiência e eficácia;

V – previsão de núcleos ou coordenadorias de regularização fundiária, bem como estímulo e monitoramento contínuo das atividades afetas à regularização fundiária, objetivando:

a) promoção da segurança jurídica, com cumprimento efetivo da função social da propriedade;

b) proteção ambiental;

c) combate à falsificação de documentos públicos oriundos dos órgãos públicos e/ou cartórios de registros de imóveis e à grilagem de terras públicas;

d) respeito e reconhecimento de direitos legítimos de produtores rurais, de agricultores familiares e de ocupantes de boa-fé que demonstrem a origem lícita da posse, bem como de povos indígenas, de quilombolas e das demais comunidades tradicionais;

e) proteção ao interesse público;

VI – monitoramento do cumprimento das decisões administrativas proferidas pela Corregedoria Nacional de Justiça, em especial daquelas que determinem bloqueios e cancelamentos de matrículas;

VII – realização de audiências públicas e ampla participação das comunidades e demais agentes envolvidos no programa de regularização, com garantia de que todos sejam consultados e de que o processo transcorra de forma transparente, mediante procedimentos simples, claros, acessíveis e compreensíveis para todos, em particular aos povos indígenas e outras comunidades com sistemas tradicionais de posse da terra.

Art. 4º As Corregedorias-Gerais de Justiça estaduais que formam a Amazônia Legal realizarão de forma contínua, no âmbito de suas atribuições, o planejamento, o desenvolvimento e o monitoramento de ações voltadas à regularização fundiária previstas no Programa Permanente de Regularização Fundiária.

Art. 5º Fica instituída a "Semana Nacional de Regularização Fundiária", que ocorrerá, no mínimo, uma vez a cada ano nos diversos Estados que formam a Amazônia Legal, com a convocação prévia pela Corregedoria Nacional de Justiça.

§ 1º A Semana Nacional de Regularização Fundiária será realizada, preferencialmente, na última semana do mês de agosto, e será coordenada pela Corregedoria Nacional de Justiça, devendo as ações ser desenvolvidas e implementadas no âmbito local pelas Corregedorias.

§ 2º Durante a Semana Nacional, serão realizados esforços concentrados de atos de regularização fundiária, com a apresentação de:

I – resultados dos projetos em execução e já concluídos, em favor da regularização fundiária, em período anterior;

II – propostas e projetos relativos ao período seguinte;

III – dados e informações quanto ao cumprimento de decisões administrativas e de metas da Corregedoria Nacional de Justiça, bem como os históricos pertinentes às execuções dos respectivos planos de trabalho.

§ 3º No mesmo período, serão realizados, preferencialmente em meios virtuais, encontros com registradores de imóveis e magistrados com atuação na área da Amazônia Legal, encarregados do julgamento de questões fundiárias, para compartilhamento de experiências, especialmente aquelas qualificadas pela eficiência e eficácia apuradas em termos de tempo de duração de processo e em resultados sociais obtidos.

§ 4º Os encontros mencionados no § 3º deste artigo serão coordenados pelas Corregedorias, e as conclusões obtidas deverão ser apresentadas ao Fórum Nacional Fundiário das Corregedorias-Gerais dos Tribunais de Justiça.

Art. 6º A realização da semana de esforço concentrado será precedida do planejamento e definição de estratégias a partir de reuniões preparatórias entre a Corregedoria Nacional e as Corregedorias dos Tribunais, podendo haver a participação dos demais atores convidados.

§ 1º Poderão ser convidados a participar do projeto as associações representativas dos oficiais de registro de imóveis em âmbito nacional e estadual, os órgãos federais, estaduais e municipais, bem como os demais parceiros aderentes das ações de regularização fundiária.

§ 2º O planejamento e a definição de estratégias deverão referir-se:

I – aos projetos já executados, em execução e em fase de concepção, com relatos breves e objetivos acerca dos resultados pretendidos, dos resultados alcançados, das dificuldades encontradas e do aprendizado incorporado à atividade de regularização fundiária;

II – às medidas concernentes à realização de esforço concentrado de atos de regularização, à organização geral do evento, ao estímulo à participação de magistrados e registradores e à sistematização das apresentações e das discussões, em palestras, seminários ou cursos.

Art. 7º Compete às Corregedorias-Gerais de Justiça apresentar à Corregedoria Nacional de Justiça, em até 30 (trinta) dias após a realização da semana de esforço concentrado, relatório dos resultados alcançados.

Art. 8º As Corregedorias-Gerais de Justiça dos Estados fiscalizarão a efetiva observância deste Provimento, expedindo, no prazo de 60 (sessenta) dias, as normas complementares que se fizerem necessárias para a implementação e cumprimento das diretrizes e dos elementos do Programa Permanente de Regularização Fundiária na Amazônia Legal, bem como promoverão a adequação das normas locais que contrariem as regras e diretrizes constantes do presente Provimento.

Art. 9º Este Provimento entra em vigor na data de sua publicação.

Ministro LUIS FELIPE SALOMÃO
Corregedor Nacional de Justiça
D.J.E-CNJ de 26.04.2023.

PROVIMENTO Nº 145, DE 23 DE JUNHO DE 2023

Institui o Prêmio "Solo Seguro", com o objetivo de premiar iniciativas inovadoras e incentivar o aperfeiçoamento de práticas relativas à regularização fundiária urbana e rural.

- *Lei 13.465/2017 (Regularização fundiária urbana e rural)*
- *Lei 11.952/2009 (Regularização fundiária no âmbito da Amazônia Legal)*
- *Lei 11.481/2007 (Regularização fundiária de interesse social em imóveis da União)*
- *Decreto 10.592/2020 (Regulamenta a Lei n. 11.952/2009)*
- *Decreto 7.341/2010 (Regulamenta a Lei n. 11.952/2009)*
- *Decreto 9.310/2018 (Institui as normas gerais e os procedimentos aplicáveis à Regularização Fundiária Urbana e estabelece os procedimentos para a avaliação e a alienação dos imóveis da União)*

O CORREGEDOR NACIONAL DE JUSTIÇA, no uso de suas atribuições legais e regimentais;

CONSIDERANDO o Provimento CNJ nº 144, de 25 de abril de 2023, que estabeleceu, no âmbito do Poder Judiciário, o Programa Permanente de Regularização Fundiária na Amazônia Legal e instituiu a Semana Nacional de Regularização Fundiária;

CONSIDERANDO a atribuição do Corregedor Nacional de Justiça de expedir provimentos e outros atos normativos destinados ao aperfeiçoamento das atividades dos serviços notariais e de registro (art. 8º, X, do Regimento Interno do Conselho Nacional de Justiça - CNJ);

CONSIDERANDO a importância da higidez dos serviços notariais e de registro para o bom funcionamento das instituições públicas e da economia nacional, com o objetivo de contribuir para a proteção ambiental e de evitar a grilagem de terras;

CONSIDERANDO que a regularização fundiária é condição de desenvolvimento, pois modifica a estrutura social agrária, diminuindo a desigualdade e fomentando a economia, por meio de uma melhor distribuição de terras, garantia de moradia, produção e geração de renda;

CONSIDERANDO a importância do incentivo e disseminação de boas práticas e inovações na temática da regularização fundiária urbana e rural;

RESOLVE:

Art. 1º Instituir o Prêmio "Solo Seguro", no contexto da governança fundiária e do Provimento CNJ nº 144, de 25 de abril de 2023, com os seguintes objetivos:

I - premiar e disseminar ações, projetos ou programas inovadores e práticas de sucesso que visem ao aperfeiçoamento da Regularização Fundiária Urbana – Reurb e rural, bem como à identificação de áreas públicas e de proteção ambiental, à simplificação de procedimentos, à gestão compartilhada de informações e à redução da quantidade de tempo e de recursos necessários à conclusão de processos de regularização fundiária;

II – premiar e estimular o desempenho dos Tribunais, incluindo suas Corregedorias, na política da regularização fundiária e no monitoramento do cumprimento das decisões administrativas proferidas pela Corregedoria Nacional de Justiça sobre o tema; e

III – dar visibilidade e promover a conscientização dos integrantes do Poder Judiciário e da sociedade quanto à necessidade de conhecimento da relevância da governança fundiária responsável.

Art. 2º O Prêmio "Solo Seguro" será concedido, no mínimo, anualmente para o reconhecimento de boas práticas, relativas seja a iniciativas inovadoras e práticas de sucesso que contribuam para o aprimoramento na temática da regularização fundiária, apuradas em termos de tempo de duração dos procedimentos e em resultados sociais obtidos, seja a medidas adotadas pelos Tribunais para a efetivação da regularização fundiária.

Art. 3º São admitidos a participar do Prêmio "Solo Seguro", nos termos do art. 2º, os Tribunais, magistrados(as), servidores(as), registradores(as) de imóveis, associações representativas dos oficiais de registro de imóveis em âmbito nacional e estadual e órgãos ou entidades federais, estaduais e municipais, bem como entidades da sociedade civil e demais parceiros aderentes das ações de regularização fundiária.

Art. 4º As práticas serão avaliadas e julgadas por uma comissão julgadora, cuja composição será fixada em regulamento próprio da Corregedoria Nacional, devendo privilegiar os seguintes critérios:

I – impacto territorial e/ou social;

II – eficiência e celeridade;

III – inovação e criatividade;

IV – avanço no georreferenciamento de áreas urbanas e rurais;

V – articulação com órgãos e entidades encarregados da regularização fundiária urbana e rural;

VI – replicabilidade.

Art. 5º Os(as) vencedores(as) serão premiados(as) com a entrega de selo, concedido em solenidade anual realizada, preferencialmente, durante a Semana Nacional de Regularização Fundiária – "Solo Seguro", que ocorre na última semana do mês de agosto, nos termos do Provimento CNJ nº 144, de 25 de abril de 2023.

Parágrafo único. A critério da Comissão Julgadora, poderá ser concedida menção honrosa a outras iniciativas meritórias que não tenham sido premiadas.

Art. 6º Os prazos de submissão de práticas e outras disposições específicas serão estabelecidos, anualmente, por meio de Portaria da Corregedoria Nacional de Justiça.

Art. 7º A atividade, a ação, o projeto e o programa que tenham sido premiados serão disponibilizados no sítio eletrônico do CNJ e da Corregedoria Nacional de Justiça.

Art. 8º Os casos omissos serão decididos pela Corregedoria Nacional de Justiça.

Art. 9º Este Provimento entra em vigor na data de sua publicação.

Ministro LUIS FELIPE SALOMÃO
Corregedor Nacional de Justiça
DJe/CNJ de 03.07.2023

PROVIMENTO Nº 150, DE 11 DE SETEMBRO DE 2023

Altera o Código Nacional de Normas da Corregedoria Nacional de Justiça do Conselho Nacional de Justiça – Foro Extrajudicial (CNN/CN/CNJ-Extra), instituído pelo Provimento nº 149, de 30 de agosto de 2023, para estabelecer regras para o processo de adjudicação compulsória pela via extrajudicial, nos termos do art. 216-B da Lei n. 6.015, de 31 de dezembro de 1973; e dá outras providências.

- *Vide art. 216-B, LRP*
- *Vide Provimento CNJ n. 149/2023 (CNN)*

O **CORREGEDOR NACIONAL DE JUSTIÇA**, usando de suas atribuições constitucionais, legais e regimentais e,

CONSIDERANDO o poder de fiscalização e de normatização do Poder Judiciário dos atos praticados por seus órgãos (art. 103-B, § 4º, I, II e III, da Constituição Federal);

CONSIDERANDO a competência do Poder Judiciário de fiscalizar os serviços notariais e de registro (arts. 103-B, § 4º, I e III, e 236, § 1º, da Constituição Federal);

CONSIDERANDO a obrigação de os notários e registradores cumprirem as normas técnicas estabelecidas pelo Poder Judiciário (arts. 30, XIV, e 38 da Lei n. 8.935, de 18 de novembro de 1994);

CONSIDERANDO a competência da Corregedoria Nacional de Justiça de expedir provimentos e outros atos normativos destinados ao aperfeiçoamento das atividades dos serviços notariais e de registro (art. 8º, X, do Regimento Interno do Conselho Nacional de Justiça);

CONSIDERANDO a previsão de que, sem prejuízo da via jurisdicional, o pedido de adjudicação compulsória de imóvel objeto de promessa de compra e venda ou de cessão poderá ser processado diretamente no ofício de registro de imóveis da situação do imóvel (art. 216-B da Lei n. 6.015, de 31 de dezembro de 1973, Lei de Registros Públicos – LRP);

CONSIDERANDO a necessidade de regulamentação e padronização do procedimento para a admissão da adjudicação compulsória até que as unidades da Federação adotem norma própria acerca dos emolumentos (Lei n. 10.169, de 29 de dezembro de 2000);

CONSIDERANDO a maior celeridade, redução de custos e de demandas no Poder Judiciário mediante a desjudicialização de procedimentos;

CONSIDERANDO a necessidade de uniformização, em todo o território nacional, dos procedimentos relativos à adjudicação compulsória;

CONSIDERANDO as discussões ocorridas no âmbito da Câmara de Regulação e do Conselho Consultivo do Agente Regulador do Operador Nacional do Sistema de Registro Eletrônico de Imóveis (Processo SEI/CNJ 02816/2023),

RESOLVE:

Art. 1º O Título Único do Livro III da Parte Especial do Código Nacional de Normas da Corregedoria Nacional de Justiça do Conselho Nacional de Justiça – Foro Extrajudicial (CNN/CN/CNJ-Extra), instituído pelo Provimento nº 149, de 30 de agosto de 2023, passa a vigorar acrescido do seguinte Capítulo V:

- *Alterações inseridas no texto da referida norma.*
- *Vide arts. 440-A a art. 440-AM, Prov. CNJ n. 149/2023 (CNN)*

Art. 2º Renumere-se para "Seção IV" a atual Seção III intitulada "Das Disposições Gerais" do Capítulo II do Livro IV da Parte Geral do Código Nacional de Normas da Corregedoria Nacional de Justiça do Conselho Nacional de Justiça – Foro Extrajudicial (CNN/CN/CNJ-Extra).

Art. 3º O Capítulo II do Livro IV da Parte Geral do Código Nacional de Normas da Corregedoria Nacional de Justiça do Conselho Nacional de Justiça – Foro Extrajudicial (CNN/CN/CNJ-Extra) passa a vigorar acrescido da seguinte Seção III-A:

- *Alterações inseridas no texto da referida norma.*

Art. 4º O art. 556 do Código Nacional de Normas da Corregedoria Nacional de Justiça do Conselho Nacional de Justiça – Foro Extrajudicial (CNN/CN/CNJ-Extra), instituído pelo Provimento nº 149, de 30 de agosto de 2023, passa a vigorar acrescido do inciso IX-A:

- *Alterações inseridas no texto da referida norma.*

Art. 5º A alínea "a" do inciso II do § 1º do art. 311 do Código Nacional de Normas da Corregedoria Nacional de Justiça do Conselho Nacional de Justiça – Foro Extrajudicial (CNN/CN/CNJ-Extra), instituído pelo Provimento nº 149, de 30 de agosto de 2023, passa a vigorar com a seguinte redação:

- *Alterações inseridas no texto da referida norma.*

Art. 6º Este Provimento entra em vigor na data da sua publicação.

PROVIMENTO Nº 158, DE 05 DE DEZEMBRO DE 2023

Estabelece, no âmbito do Poder Judiciário, o Programa Permanente de Regularização Fundiária Plena de Núcleos Urbanos Informais e Favelas - "Solo Seguro - Favela" - e dá outras providências.

- *Lei 13.465/2017 (Regularização fundiária urbana e rural)*
- *Lei 11.952/2009 (Regularização fundiária no âmbito da Amazônia Legal)*
- *Lei 11.481/2007 (Regularização fundiária de interesse social em imóveis da União)*
- *Decreto 10.592/2020 (Regulamenta a Lei n. 11.952/2009)*
- *Decreto 7.341/2010 (Regulamenta a Lei n. 11.952/2009)*
- *Decreto 9.310/2018 (Institui as normas gerais e os procedimentos aplicáveis à Regularização Fundiária Urbana e estabelece os procedimentos para a avaliação e a alienação dos imóveis da União)*

O CORREGEDOR NACIONAL DE JUSTIÇA, usando de suas atribuições constitucionais, legais e regimentais e,

CONSIDERANDO o poder de fiscalização e de normatização do Poder Judiciário dos atos praticados por seus órgãos (art. 103-B, § 4º, I, II e III, da Constituição Federal);

CONSIDERANDO a competência do Poder Judiciário de fiscalizar os serviços notariais e de registro (arts. 103-B, § 4º, I e III, e 236, § 1º, da Constituição Federal);

CONSIDERANDO a competência da Corregedoria Nacional de Justiça de expedir provimentos e outros atos normativos destinados ao aperfeiçoamento das atividades dos serviços notariais e de registro (art. 8º, X, do Regimento Interno do Conselho Nacional de Justiça);

CONSIDERANDO a vigência da Lei n. 13.465, de 11 de julho de 2017, que dispõe, dentre outros assuntos, sobre a regularização fundiária rural e urbana - Reurb;

CONSIDERANDO o firme propósito de garantir a publicidade, a autenticidade, a segurança e a eficácia dos atos jurídicos no âmbito da atividade notarial e de registro;

CONSIDERANDO a importância da higidez dos serviços notariais e de registro para o bom funcionamento das instituições públicas e da economia nacional, com o objetivo de contribuir para a promoção do direito fundamental à moradia e da dignidade da pessoa humana;

CONSIDERANDO o compromisso do Poder Judiciário com a desjudicialização, fortalecendo a interlocução entre os atores envolvidos no processo de regularização fundiária urbana, alinhado com as diretrizes do Programa das Nações Unidas para Assentamentos Humanos (ONU-Habitat);

CONSIDERANDO a necessidade de alinhamento das ações institucionais do Poder Judiciário às diretrizes dos Objetivos de Desenvolvimento Sustentável da Agenda 2030 das Nações Unidas, com especial atenção ao ODS 1 (Erradicação da Pobreza), ODS 10 (Redução das Desigualdades), ODS 11 (Cidades e Comunidades Sustentáveis) e ao ODS 16 (Paz, Justiça e Instituições Eficazes);

CONSIDERANDO que a Regularização Fundiária Urbana - Reurb, abrange medidas jurídicas, urbanísticas, ambientais e sociais destinadas à incorporação dos núcleos urbanos informais ao ordenamento territorial urbano e à titulação de seus ocupantes;

CONSIDERANDO que a Regularização Fundiária Urbana – Reurb traz benefícios de ordem coletiva e individual, inserindo a área na cidade formal, organizando o espaço urbano, permitindo acesso a serviços públicos, conferindo segurança aos moradores através da transferência de títulos de direitos reais, garantindo direito à moradia digna e ao meio ambiente ecologicamente equilibrado, dentre outros;

CONSIDERANDO que o contexto dos núcleos urbanos informais é caracterizado por vulnerabilidade social e de infraestrutura urbana, devendo ser consideradas as necessidades locais e econômicas das comunidades envolvidas;

CONSIDERANDO a experiência exitosa do Programa Permanente de Regularização Fundiária na Amazônia Legal, instituído pelo Provimento CNJ n. 144/2023,

RESOLVE:

Art. 1º Instituir, no âmbito do Poder Judiciário, o Programa Permanente de Regularização Fundiária Plena de Núcleos Urbanos Informais e Favelas – "Solo Seguro - Favela", com vigência e eficácia sobre todos os Estados da Federação, com a finalidade de fomentar ações sociais, urbanísticas, jurídicas e ambientais relativas à Regularização Fundiária Urbana – Reurb, incorporando núcleos informais ao ordenamento territorial urbano e titulando seus ocupantes com os respectivos registros imobiliários, ainda que localizados em área inicialmente considerada rural.

Art. 2º O Programa Permanente de Regularização Fundiária Plena de Núcleos Urbanos Informais e Favelas está embasado em ações voltadas aos eixos estruturantes do projeto urbano, trabalho social e regularização fundiária, a saber:

I - regularização urbanística, como definição das áreas públicas e privadas, reconhecimento e nomenclatura dos logradouros;

II - regularização das edificações, como oficialização, numeração das edificações e inclusão da edificação na descrição da matrícula do respectivo imóvel;

III - regularização fiscal, como inclusão das edificações no cadastro imobiliário fiscal;

IV - estímulo à prestação de serviços públicos, como água, luz, esgoto, drenagem, coleta de lixo, educação, esporte, lazer, cultura, saúde, geração de trabalho e renda, assistência social;

V - participação ampla da população da área envolvida e estabelecimento de fóruns de diálogo, comitês e grupos de trabalho;

VI - estímulo à permanente capacitação de todos os atores envolvidos, com destaque para servidores públicos e registradores imobiliários, inclusive mediante parcerias com universidades e outras instituições;

VII - incentivo à celebração de convênios e termos de cooperação técnica com entes públicos legalmente legitimados para iniciar os procedimentos de regularização;

VIII - garantia de que a legitimação fundiária realizada pela União, Estados, Distrito Federal e Municípios seja concedida preferencialmente em nome da mulher, nos termos do art. 9º, XI, da Lei 13.465, de 11 de julho de 2017;

IX - observação das diretrizes e das inovações propostas nos enunciados das Cartas do Fórum Fundiário Nacional das Corregedorias-Gerais dos Tribunais de Justiça.

Parágrafo único. O Programa Permanente de Regularização Fundiária Plena de Núcleos Urbanos Informais e Favelas é orientado, no que couber, pelas diretrizes constantes no art. 2º do Provimento CNJ n. 144/2023.

Art. 3º As Corregedorias-Gerais das Justiças dos Estados e Distrito Federal, no âmbito de suas competências, e sem prejuízo da aplicação das normas legais e administrativas vigentes, implementarão o Programa Permanente de Regularização Fundiária Plena de Núcleos Urbanos Informais e Favelas, com observância das diretrizes e dos eixos estruturantes traçados no art. 2º deste Provimento e dos elementos a seguir:

I - coordenação de medidas relativas à Regularização Fundiária Urbana – Reurb, bem como à identificação de áreas públicas e daquelas destinadas à proteção ambiental, na forma prevista na legislação pertinente;

II - estabelecimento das etapas do procedimento de regularização fundiária;

III - definição das atividades integrantes de cada etapa, indicação dos responsáveis pela execução de cada etapa e prazos máximos para execução integral;

IV - estratégias, preferencialmente construídas em parcerias com a União, Estados e/ou Municípios, voltadas à identificação de áreas públicas e de proteção ambiental, à simplificação de procedimentos, à gestão compartilhada de informações e à redução da quantidade de tempo e de recursos necessários à conclusão de processos de regularização fundiária;

V - monitoramento e fiscalização permanente dos cartórios de registro de imóveis nas questões relacionadas à regularização fundiária na metodologia estabelecida pela lei e ao combate à grilagem e corrupção na cessão dos direitos de posse, com eleição de indicadores hábeis à medição de eficiência e eficácia;

VI - realização de audiências públicas e ampla participação das comunidades e demais agentes envolvidos no programa de regularização, com garantia de que todos sejam consultados e de que o processo transcorra de forma transparente, mediante procedimentos simples, claros, acessíveis e compreensíveis para todos;

VII - desenvolvimento de estudos para propor eventual alteração da lei local de emolumentos para concessão de incentivos e reduções nos casos não abrangidos pela gratuidade;

VIII - estímulo à definição de regras e indicação de recursos para o ressarcimento dos atos gratuitos praticados no registro da Reurb-S;

IX - previsão de núcleos ou coordenadorias permanentes de regularização fundiária, bem como estímulo e monitoramento contínuo das atividades afetas à regularização fundiária.

Art. 4º Para o alcance pleno dos objetivos dispostos no art. 3º, é dever do oficial de registro de imóveis:

I - informar mensalmente ao Operador Nacional do Registro por meio eletrônico os dados sobre as regularizações fundiárias registradas, para a formação de índices e indicadores;

II - prestar informações à Corregedoria-Geral acerca de eventuais obstáculos encontrados no processo registral;

III - promover o compartilhamento de informações com os entes públicos para facilitar o ordenamento e a gestão territorial;

IV - cooperar com o fornecimento de dados, informações e documentos para a elaboração de cadastros multifinalitários, dentre outras medidas de gestão, preferencialmente por intermédio da adoção de sistemas informatizados dotados de conjunto padronizado de interfaces de conexão que permitam a interoperabilidade de dados pelo Poder Público;

V - divulgar amplamente na sua comunidade, inclusive mediante palestras e visitas, as formas de regularização registral imobiliária, bem como as regularizações implementadas.

Art. 5º As Corregedorias-Gerais das Justiças dos Estados e do Distrito Federal realizarão de forma contínua, no âmbito de suas competências, o planejamento, o desenvolvimento e o monitoramento de ações voltadas à regularização fundiária urbana previstas no Programa Permanente de Regularização Fundiária Plena de Núcleos Urbanos Informais e Favelas, inclusive mediante comunicações ao Ministério Público e ao Tribunal de Contas nos casos de eventual omissão injustificada dos gestores públicos.

Art. 6º Anualmente, será realizado evento de conscientização e mobilização junto às comunidades locais com o objetivo de denotar a importância da regularização fundiária e divulgar a importância da entrega de títulos de propriedade devidamente registrados.

§ 1º O evento será coordenado pela Corregedoria Nacional de Justiça, devendo as ações serem desenvolvidas e implementadas no âmbito local pelas Corregedorias-Gerais da Justiça.

§ 2º Durante o evento, serão realizados esforços concentrados de atos de regularização fundiária, com a apresentação de:

I - resultados dos projetos em execução e já concluídos, em favor da regularização fundiária, em período anterior;

II - propostas e projetos relativos ao período seguinte, bem como os históricos pertinentes às execuções dos respectivos planos de trabalho;

III - dados e informações quanto ao cumprimento de decisões administrativas e de metas da Corregedoria Nacional da Justiça.

§ 3º No mesmo período, serão coordenados pelas corregedorias locais, preferencialmente em meios virtuais, encontros com registradores de imóveis, magistrados encarregados do julgamento de questões fundiárias, promotores de Justiça, advogados e acadêmicos, para compartilhamento de experiências, especialmente aquelas qualificadas pela eficiência e eficácia apuradas em termos de tempo de duração de processo e em resultados sociais obtidos.

Art. 7º Compete às Corregedorias-Gerais das Justiças dos Estados e do Distrito Federal apresentar à Corregedoria Nacional de Justiça, em até 30 (trinta) dias após a realização do evento previsto no art. 6º, relatório dos resultados alcançados.

Art. 8º As Corregedorias-Gerais das Justiças dos Estados e Distrito Federal fiscalizarão a efetiva observância das regras e ações contidas neste Provimento, expedindo, no prazo de 60 (sessenta) dias, as normas locais complementares que se fizerem necessárias para a implementação e cumprimento das diretrizes e dos elementos do Programa Permanente de Regularização Fundiária Plena de Núcleos Urbanos Informais e Favelas, bem como promoverão a adequação de suas normas que contrariem as regras e diretrizes constantes do presente Provimento.

Parágrafo único. As Corregedorias-Gerais das Justiças dos Estados e Distrito Federal indicarão um magistrado responsável pela execução das ações deste Provimento.

Art. 9º Este Provimento entra em vigor na data de sua publicação.

Ministro LUIS FELIPE SALOMÃO
DJe/CNJ, de 4/12/2023.

PROVIMENTO Nº 169, DE 27 DE MAIO DE 2024

Altera o Código Nacional de Normas da Corregedoria Nacional de Justiça do Conselho Nacional de Justiça – Foro Extrajudicial (CNN/CN/CNJ-Extra), instituído pelo Provimento n. 149, de 30 de agosto de 2023, para dispor sobre o registro único da incorporação e da instituição do condomínio especial sobre frações ideais.

CONSIDERANDO as divergências existentes na interpretação do § 15 do art. 32 da Lei n. 4.591, de 16 de dezembro de 1964, especificamente, para definir se o registro futuro da instituição do condomínio edilício é, ou não, dispensado em razão de anterior registro da incorporação;

CONSIDERANDO que o registro da instituição da incorporação imobiliária cria um condomínio de frações ideais, também chamado de condomínio protoedilício, sujeito a regime jurídico próprio que não se confunde com o condomínio edilício;

CONSIDERANDO que o registro da instituição do condomínio edilício não foi afastado por lei;

CONSIDERANDO a instrução do processo 00437/2023;

RESOLVE:

Art. 1º O Título Único do Livro III da Parte Especial do Código Nacional de Normas da Corregedoria Nacional de Justiça do Conselho Nacional de Justiça – Foro Extrajudicial (CNN/CN/CNJ-Extra), instituído pelo Provimento nº 149, de 30 de agosto de 2023, passa a vigorar acrescido do seguinte Capítulo VI:

CAPÍTULO VI – DA INCORPORAÇÃO IMOBILIÁRIA E DO CONDOMÍNIO EDILÍCIO

Seção I – Das Disposições Gerais

Art. 440-AN. *O registro único da incorporação e da instituição do condomínio especial sobre frações ideais não se confunde com o registro da instituição e da especificação do condomínio edilício.*

Ministro LUIS FELIPE SALOMÃO
Corregedor Nacional de Justiça
D.J.E-CNJ de 03.06.2024

PROVIMENTO Nº 174, DE 02 DE JULHO DE 2024

Altera o Código Nacional de Normas da Corregedoria Nacional de Justiça do Conselho Nacional de Justiça – Foro Extrajudicial (CNN/CN/CNJ-Extra), instituído pelo Provimento n. 149, de 30 de agosto de 2023, para regulamentar o dever dos notários e registradores em comunicar as mudanças de titularidades de imóveis aos municípios.

O **CORREGEDOR NACIONAL DE JUSTIÇA**, usando de suas atribuições constitucionais, legais e regimentais e,

CONSIDERANDO o poder de fiscalização e de normatização do Poder Judiciário dos atos praticados por seus órgãos (art. 103-B, § 4º, I, II e III, da Constituição Federal);

CONSIDERANDO a competência do Poder Judiciário de fiscalizar os serviços notariais e de registro (arts. 103-B, § 4º, I e III, e 236, § 1º, da Constituição Federal);

CONSIDERANDO a competência da Corregedoria Nacional de Justiça de expedir provimentos e outros atos normativos destinados ao aperfeiçoamento das atividades dos serviços notariais e de registro (art. 8º, X, do Regimento Interno do Conselho Nacional de Justiça);

CONSIDERANDO a obrigação de os notários e registradores cumprirem as normas técnicas estabelecidas pelo Poder Judiciário (arts. 30, XIV, e 38 da Lei n. 8.935, de 18 de novembro de 1994);

CONSIDERANDO que a Resolução n. 547, de 22 de fevereiro de 2024, do Conselho Nacional de Justiça, impôs o dever de os cartórios de notas e de registro de imóveis comunicarem às respectivas prefeituras as mudanças das titularidades dos imóveis;

CONSIDERANDO, nos termos do art. 76 da Lei n. 13.465, de 11 de julho de 2017, caber ao Operador Nacional do Sistema de Registro Eletrônico de Imóveis (ONR) a implementação e operação do Sistema de Registro Eletrônico de Imóveis; e

CONSIDERANDO a necessidade de padronizar, no território nacional, o intercâmbio eletrônico de dados estruturados para o atendimento ao princípio da eficiência insculpido no art. 37 da Constituição Federal,

RESOLVE:

Art. 1º O Título III do Livro II da Parte Geral do Código Nacional de Normas da Corregedoria Nacional de Justiça do Conselho Nacional de Justiça – Foro Extrajudicial (CNN/CN/CNJ-Extra), instituído pelo Provimento n. 149, de 30 de agosto de 2023, passa a vigorar acrescido do Capítulo II:

"CAPÍTULO II

DO ENVIO DE DADOS PELOS CARTÓRIOS DE NOTAS E DE REGISTRO DE IMÓVEIS

Seção I

Da comunicação de mudança de titularidade às prefeituras

Art. 184 – *A. Os cartórios de notas e de registro de imóveis informarão às prefeituras, até o último dia útil do mês subsequente à prática dos atos, todas as mudanças na titularidade de imóveis realizadas no período, a fim de permitir a atualização cadastral dos contribuintes das Fazendas Municipais (art. 4º da Resolução n. 547, de 22/02/2024).*

§ 1º As hipóteses de comunicação serão as mesmas objeto das Declarações de Operações Imobiliárias encaminhadas para a Secretaria Especial da Receita Federal do Brasil.

§ 2º Para efeito deste artigo, as informações deverão ser remetidas por meio eletrônico e mediante recibo de entrega:

I – pelos cartórios de notas, à plataforma mantida pelo Colégio Notarial do Brasil-CNB/CF; e

II – pelos cartórios de registro de imóveis, à plataforma mantida pelo Operador Nacional do Sistema de Registro Eletrônico de Imóveis – ONR.

§ 3º É obrigatória a indicação do fato ou ato jurídico que ensejou a aquisição ou a transmissão do direito real de propriedade (compra e venda, doação, usucapião etc.).

§ 4º O CNB/CF e o ONR disponibilizarão acesso aos municípios, para obtenção das informações, mediante convênio padronizado, para fins de os destinatários das informações atenderem ao disposto nas regras de proteção de dados e de sigilo fiscal.

§ 5º O acesso pode ocorrer mediante plataforma que permita aos municípios obterem, em um mesmo ambiente eletrônico, as informações.

§ 6º Caberão ao CNB/CF e ao ONR a elaboração de manual técnico em que serão estabelecidos o formato dos dados e o padrão dos programas de interface eletrônica (**Application Programming Interface** *– API), a serem utilizados no intercâmbio de dados estruturados entre as serventias extrajudiciais e as municipalidades.*

§ 7º Preservada sua integralidade para as demais finalidades regulamentares, os dados serão anonimizados pelo CNB/CF e pelo ONR, quando de seu recebimento, antes de qualquer tratamento estatístico.

§ 8º O convênio com o município para acesso das informações poderá dispor sobre a possibilidade de emissão de guias de Imposto de Transmissão de Bens Imóveis Inter Vivos – ITBI – pelos oficiais.

§ 9º Os emolumentos devidos pelo fornecimento de informações serão tratados de acordo com o disposto na legislação de cada um dos Estados e do Distrito Federal."

Art. 2º As informações retroativas alusivas às mudanças na titularidade de imóveis deverão ser fornecidas aos municípios, pelos cartórios de notas e de registro de imóveis, progressivamente, começando pelas mais recentes.

Parágrafo único. O prazo para o fornecimento das informações previstas neste artigo será de seis meses, para cada 10 (dez) anos, iniciando-se a contagem a partir da publicação deste provimento.

Art. 3º As Corregedorias-Gerais de Justiça dos Estados e do Distrito Federal deverão promover a revogação ou a adaptação das normas locais que contrariarem as atuais normas ora estabelecidas.

Art. 4º Este Provimento entra em vigor 30 (trinta) dias após a data de sua publicação, revogando-se as disposições em contrário.

Ministro LUIS FELIPE SALOMÃO

ORIENTAÇÕES DA CORREGEDORIA NACIONAL DE JUSTIÇA DO CNJ

ORIENTAÇÃO Nº 5, DE 4 DE NOVEMBRO DE 2013

Orienta sobre o procedimento de averbação de descrição georreferenciada de Gleba Pública Federal na Amazônia Legal previsto nos arts. 3º e 4º do Provimento nº 33/2013 da Corregedoria Nacional de Justiça.

- *Vide arts. 437 a 440, Provimento CNJ n. 149/2023 (CNN) – corresponde ao revogaado Provimento CNJ n. 33/2013*
- *Vide Lei n. 11.952, de 25 de junho de 2009 (Regularização fundiária das ocupações incidentes em terras situadas em áreas da União, no âmbito da Amazônia Legal)*
- *Vide Lei n. 13.465/2017 (Regularização Fundiária)*
- *Vide Instrução Normativa INCRA n. 91/2018 (Dispõe sobre o procedimento para venda direta dos imóveis residenciais de propriedade do INCRA no âmbito da Amazônia Legal, nos termos do art. 38, da Lei nº 11.952, de 25 de junho de 2009)*
- *Vide Instrução Normativa INCRA n. 142/2024 (Dispõe sobre os procedimentos necessários à regularização fundiária de áreas urbanas consolidadas, de expansão urbana e de urbanização específica, incidentes em terras públicas federais do Incra, qualquer que seja sua localização, e da União, administradas pelo Incra na Amazônia Legal previstas no art. 3º da Lei nº 11.952, de 2009)*
- *Vide Provimento CNJ n. 144/2023 (Programa Permanente de Regularização Fundiária na Amazônia Legal)*
- *Vide Portaria MDA n. 1/2012 (Dispõe sobre o procedimento para regularização fundiária de ocupações incidentes em terras públicas federais, situadas em áreas urbanas na Amazônia Legal, previstas no art. 3º da Lei nº 11.952, de 25 de junho de 2009, e dá outras providências).*
- *Vide Portaria MDA n. 327/2015 (Dispõe sobre o procedimento de reversão de imóveis rurais na Amazônia Legal à União*

O CORREGEDOR NACIONAL DE JUSTIÇA, MINISTRO FRANCISCO FALCÃO, no uso de suas atribuições legais e constitucionais;

CONSIDERANDO o disposto nos arts. 3º e 4º do Provimento nº 33/2013, da Corregedoria Nacional de Justiça, que trata do procedimento de averbação de descrição georreferenciada de Gleba Pública Federal na Amazônia Legal;

CONSIDERANDO notícia, trazida pelo Ministério do Desenvolvimento Agrário no Pedido de Providências nº 0005600-75.2013.2.00.000, da realização de evento entre o Programa Terra Legal e a Associação dos Notários e Registradores – ANOREG, que tratou do Provimento nº 33/2013 da Corregedoria Nacional de Justiça;

CONSIDERANDO a necessidade de adoção de entendimento uniforme sobre o tema, para evitar que divergências de interpretação prejudiquem a aplicação do Provimento nº 33/2013, da Corregedoria Nacional de Justiça;

RESOLVE:

Art. 1º Esclarecer aos Oficiais de Registro de Imóveis que é dispensada a manifestação de anuência dos confrontantes ou a sua notificação para o procedimento de averbação de descrição georreferenciada de Gleba Pública Federal na Amazônia Legal regulamentado nos arts. 3º e 4º do Provimento nº 33, de 03 de julho de 2013, quando certificado ou declarado pelo Instituto Nacional de Colonização de Reforma Agrária – INCRA, ou pelo Ministério do Desenvolvimento Agrário – MDA, que o memorial descritivo é referente apenas ao perímetro originário da referida Gleba.

Art. 2º Esclarecer que a presente Orientação Normativa tem aplicação exclusiva para a averbação de descrição georreferenciada de Gleba Pública Federal situada na Amazônia Legal disciplinada nos arts. 3º e 4º do Provimento nº 33/2013, da Corregedoria Nacional de Justiça, em que certificado que o memorial descritivo é referente apenas ao perímetro originário da Gleba, sendo vedada sua aplicação analógica em qualquer hipótese;

Art. 3º Determinar o encaminhamento de cópia desta Orientação às Corregedorias Gerais da Justiça dos Estados e do Distrito Federal inclusive para ciência aos responsáveis pelas unidades do serviço extrajudicial de registro de imóveis.

Brasília – DF, 04 de Novembro de 2013.
MINISTRO FRANCISCO FALCÃO
Corregedor Nacional de Justiça
(D.J.E. 07-11-2013)

ORIENTAÇÃO Nº 12, DE 16 DE MAIO DE 2023

Dispõe sobre a emissão da certidão de situação jurídica de imóvel.

CONSIDERANDO o poder de fiscalização e de normatização do Poder Judiciário em relação aos atos praticados por seus órgãos (art. 103-B, § 4º, I, II e III, da Constituição Federal de 1988);

CONSIDERANDO a competência do Poder Judiciário de fiscalizar os serviços notariais e de registro (arts. 103-B, § 4º, I e III, e 236, § 1º, da Constituição Federal);

CONSIDERANDO a atribuição do Corregedor Nacional de Justiça de expedir provimentos e outros atos normativos destinados ao aperfeiçoamento das atividades dos serviços notariais e de registro (art. 8º, X, do Regimento Interno do Conselho Nacional de Justiça);

CONSIDERANDO o disposto na Lei n. 13.465, de 11 de julho de 2017;

RESOLVE:

Art. 1º Orientar notários, registradores, interinos e usuários quanto ao prazo para emissão da certidão de situação jurídica de imóvel.

Art. 2º A emissão da certidão de situação jurídica de imóvel observará o prazo previsto no art. 19, § 10, inciso II, da Lei n. 6.015/1973, a partir da completa implementação do Sistema Eletrônico de Registros Públicos – SERP e sua integração ao Sistema Eletrônico de Registros Públicos - SREI.

Parágrafo único. Enquanto o SERP não estiver implementado e integrado ao SREI, o prazo de emissão da certidão de situação jurídica atualizada do imóvel será de 5 (cinco) dias, na forma do inciso III, *in fine*, do §10 do art. 19 da Lei n. 6.015/1973.

Art. 3º Esta orientação entra em vigor na data de sua publicação.

Ministro **LUIS FELIPE SALOMÃO**
Corregedor Nacional de Justiça

RECOMENDAÇÕES DA CORREGEDORIA NACIONAL DE JUSTIÇA DO CNJ

RECOMENDAÇÃO Nº 14, DE 2 DE JULHO DE 2014

Dispõe sobre a divulgação do resultado de estudos realizados para a especificação do modelo de sistema digital para implantação de Sistemas de Registro de Imóveis Eletrônico – S – REI.

O CORREGEDOR NACIONAL DE JUSTIÇA em exercício, Conselheiro Guilherme Calmon, no uso de suas atribuições legais e constitucionais;

CONSIDERANDO que compete ao Conselho Nacional de Justiça o controle da atuação administrativa do Poder Judiciário (art. 103 – B, § 4º, I, II e III, da Constituição Federal);

CONSIDERANDO que compete ao Poder Judiciário a fiscalização dos serviços notariais e de registro (art. 103 – B, § 4º, I e III, e art. 236, § 1º, ambos da Constituição Federal);

CONSIDERANDO que compete ao Corregedor Nacional de Justiça expedir atos normativos e recomendações destinadas ao aperfeiçoamento das atividades dos serviços notariais e de registro (art. 8º, X, do Regimento Interno do Conselho Nacional de Justiça);

CONSIDERANDO que o Conselho Nacional de Justiça, ao institucionalizar no seu âmbito o Fórum de Assuntos Fundiários, por meio da Resolução nº 110/10, atribuiu – lhe "o estudo, a regulação, a organização, a modernização e o monitoramento da atividade dos cartórios de registro de imóveis de questões relacionadas à ocupação do solo rural e urbano, inclusive a proposição de medidas e de normatização da atividade de registro sujeita à fiscalização do Poder Judiciário, sempre que isso se fizer necessário ao aprimoramento dos serviços para assegurar a segurança jurídica" (art. 2º, IV);

CONSIDERANDO o disposto na Lei nº 11.977, de 2009, que prevê a instituição do sistema de registro eletrônico para os serviços de registros públicos;

CONSIDERANDO a apresentação e a autorização para divulgação, efetuadas pela Associação do Laboratório de Sistemas Integráveis Tecnológicos – LSI – TEC, do modelo de sistema digital para implantação de Sistemas de Registro de Imóveis Eletrônico – S – REI, elaborado em cumprimento ao contrato CNJ nº 01/2011 (procedimento nº 342891, fls. 218/268, 288/1512 e 1701);

CONSIDERANDO o parecer favorável à divulgação do modelo de sistema digital para implantação de Sistemas de Registro de Imóveis Eletrônico – S – REI, emitido pela Assessoria Jurídica do Conselho Nacional de Justiça, assim como a expressa autorização para essa divulgação formulada pelo Instituto Nacional de Colonização e Reforma Agrária – INCRA (procedimento nº 342891, fls. 1689/1692 – v, 1694 e 1709);

CONSIDERANDO que a divulgação, em sítio eletrônico do Conselho Nacional de Justiça ou por outro modo, do modelo de sistema digital para implantação de Sistemas de Registro de Imóveis Eletrônico – S – REI elaborado pela Associação do Laboratório de Sistemas Integráveis Tecnológicos – LSI – TEC em cumprimento ao contraio CNJ nº 01/2011, já foi objeto de deliberação pela E. Presidência do Conselho Nacional de Justiça (procedimento nº 342891, fls. 218/268, 288/1512, 1701 e 1709);

CONSIDERANDO que a adoção de sistema de registro eletrônico uniforme contribuirá para o aperfeiçoamento da prestação do serviço de registro de imóveis em âmbito nacional, imprimindo maior segurança e celeridade, especialmente em prol da população;

RESOLVE:

Art. 1º Recomendar às Corregedorias Gerais da Justiça que na regulamentação ou na autorização de adoção de sistema de registro eletrônico por responsável por delegação de Registro de Imóveis, inclusive quando prestados com uso de centrais eletrônicas, sejam adotados os parâmetros e requisitos constantes do modelo de sistema digital para implantação de Sistemas de Registro de Imóveis Eletrônico – S – REI elaborado pela Associação do Laboratório de Sistemas Integráveis Tecnológicos – LSI – TEC em cumprimento ao contrato CNJ nº 01/2011.

Art. 2º Determinar a expedição de ofício às Corregedorias Gerais da Justiça e às Associações de Classe dos Oficiais de Registro de Imóveis, para ciência e divulgação.

Brasília – DF, 02 de julho de 2014.

CONSELHEIRO GUILHERME CALMON

Corregedor Nacional de Justiça, em exercício.

(D.J.E. 07.07.2014).

RECOMENDAÇÃO Nº 41, DE 02 DE JULHO DE 2019

Dispõe sobre a dispensa dos Cartórios de Registro de Imóveis da anuência dos confrontantes na forma dos §§ 3º e 4º do art. 176 da Lei n. 6.015, de 31 de dezembro de 1973, alterada pela Lei n. 13.838, de 4 de junho de 2019.

O CORREGEDOR NACIONAL DA JUSTIÇA, usando de suas atribuições constitucionais, legais e regimentais,

CONSIDERANDO o poder de fiscalização e de normatização do Poder Judiciário dos atos praticados por seus órgãos (art. 103-B, § 4º, I, II e III, da Constituição Federal de 1988);

CONSIDERANDO a competência do Poder Judiciário de fiscalizar os serviços extrajudiciais (arts. 103-B, § 4º, I e III, e 236, § 1º, da Constituição Federal);

CONSIDERANDO a competência regimental normativa da Corregedoria Nacional de Justiça em expedir provimentos e outros atos normativos destinados ao aperfeiçoamento das atividades dos serviços extrajudiciais (art. 8º, X, do RICNJ);

CONSIDERANDO a obrigação dos serviços extrajudiciais de cumprir as normas técnicas estabelecidas pelo Poder Judiciário (arts. 37 e 38 da Lei n. 8.935, de 18 de novembro de 1994);

CONSIDERANDO os princípios da supremacia do interesse público, da eficiência, da continuidade do serviço público e da segurança jurídica;

CONSIDERANDO o que consta do Pedido de Providencias 0004541-42.2019.2.00.0000;

CONSIDERANDO a necessidade de uniformizar a interpretação e a aplicação da Lei 6.015/1973 (LRP), em especial da regra constante do art. 176, § 13º, introduzido pela Lei 13.838, de 04 de junho de 2019, que dispõe:

> *"Para a identificação de que tratam os §§ 3º e 4º deste artigo, é dispensada a anuência dos confrontantes, bastando para tanto a declaração do requerente de que respeitou os limites e as confrontações".*

CONSIDERANDO que o mencionado §3º do art. 176 cuida exclusivamente dos casos de desmembramento, parcelamento ou remembramento de imóveis rurais e que o subsequente § 4º impõe a obrigatoriedade de geo-referenciamento para fins de registro, em qualquer situação de transferência de imóvel rural;

CONSIDERANDO que o art. 213, § 11º, II, da LRP dispõe que independe de retificação a adequação da descrição de imóvel rural às exigências dos arts. 176, §§ 3º e 4º, daquela Lei.

CONSIDERANDO que a alínea "d" do inciso I do artigo 213 da LRP autoriza "a inserção de coordenadas georreferenciadas" sem anuência dos confrontantes nas hipóteses em que "não haja alteração das medidas perimetrais";

CONSIDERANDO que as hipóteses em que houver *"inserção ou alteração de medida perimetral de que resulte, ou não, alteração de área"* é regulamentada pelo inciso II do artigo 213 da LRP, e que tal procedimento exige a anuência dos confrontantes;

RESOLVE:

Art. 1º RECOMENDAR aos registradores de imóveis que nas retificações previstas no art. 213 da Lei 6.015/73, provenientes de georreferenciamento de que trata a Lei Federal nº 10.267/2001, dispensem a anuência dos confrontantes nos casos de desmembramento, parcelamento ou remembramento de imóveis rurais, bastando para tanto a declaração do requerente de que respeitou os limites e as confrontações, nos termos no art. 176, §§3º e 4º c/c § 13º da Lei 6.015/73, alterada pela Lei n. 13.838, de 4 de junho de 2019.

Art. 2º Esta recomendação entra em vigor na data de sua publicação.

MINISTRO HUMBERTO MARTINS

Corregedor Nacional de Justiça

D.J.E de 03.07.2019 e D.J.E 28.08.2019.

PORTARIA Nº 491, DE 11 DE MARÇO DE 2009, DO CONSELHO NACIONAL DE JUSTIÇA – CNJ

Institui o Fórum Nacional para monitoramento e resolução dos conflitos fundiários rurais e urbanos.

O **PRESIDENTE DO CONSELHO NACIONAL DE JUSTIÇA**, no uso de suas atribuições constitucionais e regimentais, e,

CONSIDERANDO *o que dispõe a Recomendação nº 22 do Conselho Nacional de Justiça, de 4 de março de 2009;*

Resolve:

Art. 1º Fica instituído, no âmbito do Conselho Nacional de Justiça, o Fórum Nacional para o monitoramento e resolução dos conflitos fundiários rurais e urbanos, com a atribuição de elaborar estudos e propor medidas concretas e normativas para o aperfeiçoamento de procedimentos, o reforço à efetividade dos processos judiciais, e a prevenção de novos conflitos.

Art. 2º Caberá ao Fórum Nacional:

I – o monitoramento das ações judiciais de desapropriação por interesse social para fins de reforma agrária e para fins de reforma urbana e das ações e incidentes judiciais, inclusive de natureza criminal, relacionados à sua implementação;

II – o monitoramento das ações judiciais relativas ao domínio e à posse de imóveis, oriundas, dentre outros fatores, da ocupação desordenada da área urbana ou rural, do parcelamento do solo urbano sem registro de loteamento e da complexidade dos programas de financiamento habitacional;

V – o monitoramento das ações judiciais originadas das ações de combate ao trabalho em condições análogas à de escravo;

VI – o estudo e o monitoramento da atividade dos cartórios de registro de imóveis, nas questões relacionadas à ocupação do solo rural e urbano;

VII – a proposição de medidas concretas e normativas voltadas à otimização de rotinas processuais, à organização e estruturação das unidades judiciárias com competência sobre as áreas de atuação definidas nos incisos anteriores;

VIII – a proposição de medidas concretas e normativas voltadas à prevenção de conflitos judiciais e à definição de estratégias nas questões agrárias, urbanas e habitacionais;

IX – o estudo e a proposição de outras medidas consideradas pertinentes ao cumprimento do objetivo do Fórum Nacional.

Art. 3º No âmbito do Fórum Nacional serão instituídos comitês executivos, sob a coordenação de magistrados indicados pela Presidência ou pela Corregedoria Nacional, para coordenar e executar as ações de natureza específica, que forem consideradas relevantes, a partir dos objetivos do artigo anterior.

Art. 4º O Fórum Nacional será integrado por magistrados atuantes em unidades jurisdicionais, especializadas ou não, que tratem de temas relacionados ao objeto de sua atuação, podendo contar com o auxílio de autoridades e especialistas com atuação nas áreas correlatas.

Art. 5º Para dotar o Fórum Nacional dos meios necessários ao fiel desempenho de suas atribuições, o Conselho Nacional de Justiça poderá firmar termos de acordo de cooperação técnica ou convênios com órgãos e entidades públicas e privadas, cuja atuação institucional esteja voltada à busca de solução dos conflitos já mencionados precedentemente.

Art. 6º Os grupos de trabalho instituídos na forma do art. 1º, inciso II, desta Portaria, terão o prazo de 15 (quinze) dias, a partir da publicação do ato de sua instituição, para apresentar ao Presidente do Conselho Nacional de Justiça o cronograma e o respectivo plano de trabalho de suas atividades.

Art. 7º O Fórum Nacional será conduzido pelo Secretário-Geral do Conselho Nacional de Justiça, reportando-se ao Presidente e ao Corregedor Nacional.

Art. 8º Caberá ao Fórum Nacional, em sua primeira reunião, a elaboração de seu programa de trabalho.

Art. 9º As reuniões periódicas dos integrantes do Fórum Nacional poderão adotar o sistema de videoconferência.

Art. 10. Esta Portaria entra em vigor na data de sua publicação.

Ministro GILMAR MENDES
(DOU de 24/3/2009)

PORTARIA Nº 1, DE 21 DE AGOSTO DE 2012, DO MINISTÉRIO DO DESENVOLVIMENTO AGRÁRIO – MDA

Dispõe sobre o procedimento para regularização fundiária de ocupações incidentes em terras públicas federais, situadas em áreas urbanas na Amazônia Legal, previstas no art. 3º da Lei nº 11.952, de 25 de junho de 2009, e dá outras providências.

O Secretário Extraordinário de Regularização Fundiária na Amazônia Legal do Ministério do Desenvolvimento Agrário – MDA, no uso das atribuições que lhe confere o art.18, I e II, do Anexo I do Decreto nº 7.255, de 4 de agosto de 2010, e tendo em vista o disposto no art. 333 da Lei nº 11.952, de 25 de junho de 2009, resolve:

- *Vide Lei 11.952, de 2009*
- *Vide Decreto 7341, de 2010*

CAPÍTULO I – DO OBJETIVO E DA FUNDAMENTAÇÃO LEGAL

Art. 1º Esta Portaria estabelece o procedimento necessário à regularização fundiária de ocupações incidentes em terras públicas federais, situadas em áreas urbanas na Amazônia Legal, previstas no art. 3º da Lei nº 11.952, de 2009, por meio de doação aos municípios interessados.

Parágrafo único. Esta Portaria tem como fundamentação legal as seguintes normas, entre outras:

I – Constituição da Republica Federativa do Brasil de 1988;

II – Lei nº 4.504, de 30 de novembro de 1964;

III – Lei nº 8.666, de 21 de junho de 1993;

IV – Lei nº 10.257, de 10 de julho de 2001;

V – Lei nº 11.952, de 25 de junho de 2009;

VI – Decreto nº 7.341, de 22 de outubro de 2010.

CAPÍTULO II – DAS DISPOSIÇÕES APLICÁVEIS À REGULARIZAÇÃO FUNDIÁRIA URBANA

SEÇÃO I – CONCEITOS

Art. 2º Para os efeitos desta Portaria, conforme art. 2º do Decreto nº 7.341, de 22 de outubro de 2010, entende-se por:

I – áreas com ocupações para fins urbanos já consolidadas, aquelas que apresentam os seguintes elementos:

a) sistema viário implantado com vias de circulação, pavimentadas ou não, que configuram a área urbana em quadras e lotes;

b) uso predominantemente urbano, caracterizado pela existência de instalações e edificações residenciais, comerciais, voltadas à prestação de serviços, industriais, institucionais ou mistas, bem como demais equipamentos públicos urbanos e comunitários; e

II – área de expansão urbana: áreas sem ocupação para fins urbanos já consolidados, destinadas ao crescimento ordenado das cidades, vilas e demais núcleos urbanos, contíguas ou não à área urbana consolidada, previstas, delimitadas e regulamentadas em plano diretor ou lei municipal específica de ordenamento territorial urbano, em consonância com a Lei nº 10.257, de 10 de julho de 2001.

§ 1º Consideram-se equipamentos públicos urbanos as instalações e espaços de infraestrutura urbana destinados aos serviços públicos de abastecimento de água, esgotamento sanitário, coleta de águas pluviais, disposição e tratamento dos resíduos sólidos, transporte público, energia elétrica, rede telefônica, gás canalizado e congêneres.

§ 2º Consideram-se equipamentos públicos comunitários as instalações e espaços de infraestrutura urbana destinados aos serviços públicos de educação, saúde, cultura, assistência social, esportes, lazer, segurança pública, abastecimento, serviços funerários e congêneres.

Art. 3º O ordenamento territorial urbano de que trata o inciso VII do art. 2º da Lei nº 11.952, de 2009, deverá fazer parte do plano diretor do município ou estar instituído por lei municipal específica.

§ 1º O ordenamento territorial urbano deverá atender aos princípios e diretrizes estabelecidos na Lei nº 10.257, de 2001, e conter os seguintes elementos:

I – justificativa de expansão urbana, conforme disposto no § 3º do art. 22 da Lei nº 11.952, de 2009;

II – zoneamento para as áreas de expansão urbana, abrangendo a interface com as áreas urbanas;

III – delimitação de zonas especiais de interesse social em quantidade compatível com a demanda de habitação de interesse social do município;

IV – definição de diretrizes e parâmetros urbanísticos de parcelamento, uso e ocupação do solo urbano, densidade populacional e sistema viário;

V – definição de diretrizes para a infraestrutura de energia elétrica, abastecimento de água, coleta e tratamento de esgoto, drenagem pluvial, coleta e tratamento de resíduos sólidos, assim como equipamentos urbanos e comunitários; e

VI – definição de diretrizes para proteção ambiental e do patrimônio histórico e cultural.

§ 2º Nos casos em que houver plano diretor municipal, a lei instituidora do ordenamento territorial urbano deverá a ele se adequar.

§ 3º Deverá ser priorizada a delimitação de zonas especiais de interesse social nas áreas com ocupações para fins urbanos consolidadas.

§ 4º O ordenamento territorial urbano deverá ser apresentado em audiência pública e ao conselho municipal da cidade ou similar, quando houver, para discussão da viabilidade e justificativa da proposição de expansão urbana ou de implantação de novas áreas urbanas, conforme o art. 40, § 4º, e art. 43 a 45 da Lei nº 10.257, de 2001.

SEÇÃO II – ÁREAS PASSÍVEIS DE DOAÇÃO AOS MUNICÍPIOS

Art. 4º São passíveis de doação as áreas:

I – discriminadas, arrecadadas e registradas em nome da União com base no art. 1º do Decreto-Lei nº 1.164, de 1º de abril de 1971;

II – abrangidas pelas exceções do parágrafo único do art. 1º do Decreto-Lei nº 2.375, de 24 de novembro de 1987;

III – remanescentes de núcleos de colonização ou de projetos de reforma agrária que tiverem perdido a vocação agrícola e se destinem à utilização urbana;

IV – devolutas localizadas em faixa de fronteira; ou

V – registradas em nome do Instituto Nacional de Colonização e Reforma Agrária – Incra, ou por ele administradas.

SEÇÃO III – ÁREAS NÃO PASSÍVEIS DE DOAÇÃO AOS MUNICÍPIOS

Art. 5º Não serão passíveis de doação, nos termos da Lei nº 11.952, de 2009, as áreas:

I – reservadas à administração militar federal e a outras finalidades de utilidade pública ou de interesse social a cargo da União;

II – tradicionalmente ocupadas por população indígena;

III – de florestas públicas, nos termos da Lei nº 11.284, de 2 de março de 2006, de unidades de conservação ou que sejam objeto de processo administrativo voltado à criação de unidades de conservação, conforme art. 5º, §§ 1º, 2º e 3º, do Decreto nº 7.341, de 2010; ou

IV – que contenham acessões ou benfeitorias federais.

Parágrafo único. As áreas ocupadas por comunidades quilombolas ou tradicionais, que façam uso coletivo da área, serão regularizadas de acordo com as normas específicas, aplicando-se-lhes, no que couber, os dispositivos da Lei nº 11.952, de 2009.

CAPÍTULO III – DO PROCESSO ADMINISTRATIVO

SEÇÃO I – DOS DOCUMENTOS E REQUISITOS NECESSÁRIOS

Art. 6º O processo administrativo de regularização urbana terá início mediante requerimento do representante do município interessado, dirigido à Secretaria Extraordinária de Regularização Fundiária na Amazônia Legal – Serfal, protocolado na Divisão de Regularização Fundiária na Amazônia Legal – SRFA (00) e instruído com a seguinte documentação:

I – do município:

a) pedido de doação devidamente fundamentado e assinado pelo seu representante legal;

b) inscrição no Cadastro Nacional de Pessoa Jurídica – CNPJ;

c) cópia da lei do plano diretor ou da lei municipal específica contendo o ordenamento territorial e a justificativa referida no § 3º do art. 22 da Lei nº 11.952, de 2009, quando se tratar de área para expansão urbana;

d) cópia da lei que criou o município.

II – do representante legal:

a) fotocópia do Registro Geral (RG) ou de outro documento de identificação oficial com foto;

b) fotocópia do Cadastro de Pessoa Física (CPF) ou de outro documento oficial em que conste seu número;

c) fotocópia do diploma e Termo de Posse;

III – da área requerida:

a) comprovação das condições de ocupação da área pretendida por meio de um levantamento topográfico cadastral, fotogrametria aérea, imagem de satélite ou outro meio equivalente georreferenciado, apresentados em cópia impressa e em meio digital que possibilite a identificação de:

1. acidentes geográficos como valos, córregos, rios, lagoas e elevações;

2. massas de vegetação, de culturas remanescentes quando existentes e as áreas não aproveitáveis para uso rural;

3. sistema viário implantado;

4. edificações e demais benfeitorias existentes; e

5. localização em relação à ocupação urbana e à sede do município, identificando os bairros adjacentes;

b) planta e memorial descritivo georreferenciados do perímetro da área pretendida, conforme norma técnica fixada no âmbito da Superintendência Nacional de Regularização Fundiária da Amazônia Legal – SRFA, bem como a Anotação de Responsabilidade Técnica – ART;

c) relação de acessões e benfeitorias federais existentes na área pretendida, contendo sua identificação e localização ou declaração assinada pelo representante do município atestando sua inexistência;

d) declaração ou laudo assinado por técnico habilitado atestando que a área objeto do pedido de doação perdeu sua vocação agrícola.

§ 1º Fica dispensado o georreferenciamento das peças previstas no inciso III, alínea a, deste artigo, em áreas com ocupações para fins urbanos já consolidadas, definidas no art. 2º, inciso I, desta Portaria.

§ 2º Entende-se como meio equivalente para comprovação das condições de ocupação da área pretendida a apresentação de Relatório de Caracterização Urbana.

§ 3º Excepcionalmente, poderá se admitido material cartográfico elaborado por terceiros, desde que validado pela Coordenação de Cadastro e Cartografia – SRFAC.

§ 4º O processo administrativo poderá ser aberto de Ofício, quando do interesse da Administração Pública Federal.

Art. 7º Nos casos em que for constatada a falta de quaisquer dos documentos descritos no artigo 6º, o representante do município deverá ser notificado para complementar a instrução processual no prazo de trinta dias, findos os quais, sem resposta, o processo deverá ser arquivado.

SEÇÃO II – DO PROCEDIMENTO ADMINISTRATIVO

Art. 8º A Serfal encaminhará ofício, acompanhado das peças técnicas, à Secretaria do Patrimônio da União – SPU, à Fundação Nacional do Índio – FUNAI, ao Serviço Florestal Brasileiro – SFB, e ao Instituto Chico Mendes de Conservação da Biodiversidade – ICMBio, para que se manifestem acerca de interesse concreto sobre a área requerida.

§ 1º A consulta à SPU deverá solicitar relação dos imóveis da União que porventura existam na área objeto do pedido e que constem em seu banco de dados.

§ 2º As entidades consultadas deverão se manifestar sobre eventual interesse na área, no prazo máximo de trinta dias, importando o silêncio em ausência de oposição à regularização.

§ 3º O interesse apto a inviabilizar a regularização fundiária é aquele determinado, palpável, demonstrável de plano, a envolver projetos em andamento ou em vias de implantação, observadas as competências das entidades consultadas.

§ 4º Deverão ser juntados ao processo os ofícios encaminhados às entidades, bem como as respectivas respostas, ou certidão de que as consultas não foram atendidas no prazo legal.

§ 5º Caso a área requerida pelo município abranja terrenos de marinha, marginais ou reservados, seus acrescidos ou outras áreas insuscetíveis de alienação, nos termos do § 1º do art. 4º da Lei nº 11.952, de 2009, caberá à SPU delimitar a faixa da área não suscetível à alienação.

§ 6º As áreas consultadas e liberadas para ações de regularização fundiária no âmbito da Câmara Técnica de Destinação e Regularização de Terras Públicas Federal na Amazônia Legal (CT), ficam dispensadas das consultas por meio de ofício à Secretaria de Patrimônio da União (SPU), à Fundação Nacional do Índio (FUNAI), ao Instituto Chico Mendes de Conservação da Biodiversidade (ICMBio), e ao Serviço Florestal Brasileiro (SFB). *(Parágrafo acrescentado conforme determinado na Portaria SERFAL nº 35, de 22.12.2016, DOU 9.1.2017)*

§ 7º A comprovação processual das consultas aos órgãos via CT deverá ser acompanhada da(s) lista(s) de imóveis públicos do Sistema da Secretaria de Patrimônio da União (SPU), e da manifestação acerca de eventual sobreposição emitida pela SRFA(00), prevista no Art. 10º. *(Parágrafo acrescentado conforme determinado na Portaria SERFAL nº 35, de 22.12.2016, DOU 9.1.2017)*

§ 8º O controle de registro, atualização e monitoramento das consultas definidas na CT será de responsabilidade do Departamento de Planejamento, Monitoramento e Avaliação (DPLAN) da Secretaria Extraordinária de Regularização Fundiária na Amazônia Legal (SERFAL) da Secretaria Especial da Agricultura Familiar e do Desenvolvimento Agrário, da Casa Civil da Presidência da República, ou, outro órgão, que venha a substituí-lo. *(Parágrafo acrescentado conforme determinado na Portaria SERFAL nº 35, de 22.12.2016, DOU 9.1.2017)*

Art. 9º A Serfal encaminhará ofício à Secretaria Nacional de Políticas Urbanas – SNPU do Ministério das Cidades, acompanhado das peças técnicas, comprovação das condições de ocupação e cópia do plano diretor e justificativa na hipótese de doação de área de expansão urbana, para análise e parecer quanto aos aspectos urbanísticos.

Art. 10. Caberá à Divisão de Regularização Fundiária na Amazônia Legal – SRFA (00):

I – atestar a conformidade da planta e memorial descritivo às normas técnicas fixadas em regulamento;

II – certificar se a área pertence à União ou Incra, informando o Cartório em que registrada, matrícula, folha e livro;

III – consultar a Superintendência Regional do Incra sobre a existência de processos administrativos instaurados para demarcar territórios ocupados por remanescentes de comunidades quilombolas ou tradicionais, ou eventuais títulos expedidos para este fim na área requerida;

IV – elaborar laudo de sobreposição;

V – proceder à avaliação da terra nua da área a ser doada.

§ 1º A avaliação a que se refere o inciso V terá como base o preço mínimo da Planilha Referencial de Preços elaborada pelo Incra, sendo dispensada a vistoria da área.

§ 2º Na hipótese de sobreposição da área requerida àquelas previstas no art. 5º, I a IV, e parágrafo único desta Portaria, deverá ser providenciada a sua exclusão, promovendo-se a juntada de nova planta, memorial descritivo e Art. da área requerida já destacada e das respectivas exclusões.

§ 3º Se já houver título definitivo na área objeto do pleito, o município poderá optar pela imediata exclusão da parcela ou solicitar a instauração de procedimento de liberação de cláusula resolutiva, na forma da legislação específica.

§ 4º Somente após o cancelamento do título e do registro, se houver sido realizado, poderá ser doada a área titulada.

§ 5º O ateste à conformidade das peças técnicas, previsto no inciso I deste artigo, poderá ser realizado pela Coordenação-Geral de Cartografia e Cadastro – SRFAC ou pela Comissão de Fiscalização.

SEÇÃO III – DA ANÁLISE PROCESSUAL

Art. 11. O processo administrativo deverá ser instruído com os documentos e peças técnicas exigidas nesta Portaria, inclusive com eventuais retificações ou destaques da área requerida.

Parágrafo único. Verificada, a qualquer tempo, a existência de vedação legal que impossibilite o deferimento do pedido de doação, a instrução processual deverá ser encerrada.

Art. 12. Finda a instrução, o Serviço Técnico elaborará manifestação conclusiva sobre a viabilidade da doação da área.

Parágrafo único. Na manifestação conclusiva, deverá ser atestado que o município requerente não recebeu em doação terras que, individual ou conjuntamente, ultrapassem o limite de dois mil e quinhentos hectares, incluída a área objeto do pedido.

Art. 13. Em sequência, o Coordenador Extraordinário de Regularização Fundiária na Amazônia Legal ou o Chefe de Divisão da SRFA (00) deverá também se manifestar conclusivamente acerca do atendimento dos requisitos para doação da área e encaminhar o processo a SRFAR-01 para posterior encaminhamento à Serfal.

Art. 14. O Secretário Extraordinário de Regularização Fundiária na Amazônia Legal emitirá decisão final fundamentada acerca do pleito formulado pelo município, ouvida previamente a Consultoria Jurídica do MDA, no caso de possibilidade de deferimento.

§ 1º Após manifestação da Conjur-MDA, a Coordenação-Geral de Regularização Fundiária na Amazônia Legal – SRFAR poderá promover diligências para complementação da instrução processual, sendo facultado requisitar a colaboração da SRFA (00) para atendê-las.

§ 2º Qualquer que seja a decisão do Secretário Extraordinário de Regularização Fundiária na Amazônia Legal será publicada no Boletim de Serviço do MDA e notificado o município interessado.

Art. 15. No caso de indeferimento do pedido, a Divisão Estadual de Regularização Fundiária na Amazônia Legal deverá oficiar o município interessado, dando-lhe ciência dos termos da decisão e facultando-lhe oferecer recurso, no prazo de trinta dias após o recebimento do ofício.

§ 1º O recurso será decidido pelo Ministro de Estado do Desenvolvimento Agrário, após manifestação jurídica da Conjur-MDA.

§ 2º Se improvido o recurso, a Divisão Estadual de Regularização Fundiária na Amazônia Legal deverá oficiar ao município interessado, dando-lhe ciência dos termos da decisão.

§ 3º Se provido o recurso, seguir-se-á à titulação, conforme definido no Capítulo IV desta Portaria.

CAPÍTULO IV – DA TITULAÇÃO

SEÇÃO I – DA EMISSÃO DOS TÍTULOS

Art. 16. O título de doação terá força de escritura pública.

§ 1º Deverão constar do instrumento de doação cláusulas que determinem a realização, pelo município beneficiado, de regularização fundiária nos lotes ocupados, bem como a preservação do meio ambiente, do patrimônio cultural e do interesse social, na forma dos arts. 29 e 30 da Lei nº 11.952, de 2009, e art. 16 do Decreto nº 7.341, de 2010.

§ 2º Deve ser impressa uma via do título em papel moeda, e após assinatura do Secretário Extraordinário de Regularização Fundiária na Amazônia Legal em três vias.

§ 3º Os títulos expedidos deverão ser assinados pelo Secretário Extraordinário de Regularização Fundiária na Amazônia Legal, e pelo representante do município.

§ 4º Ao representante do município será entregue a via em papel moeda, acompanhado de planta, memorial descritivo e Art. do responsável pelo georreferenciamento, dispensada esta última desde que seu número conste nas peças técnicas.

§ 5º Após assinatura, uma das fotocópias deverá ser anexada ao livro fundiário da SRFA (00), juntamente com a planta e memorial descritivo.

§ 6º A outra fotocópia deverá ser encaminhada pelo Coordenador Extraordinário de Regularização Fundiária ou pelo Chefe de Divisão, por ofício, ao Cartório de Registro de Imóveis competente para registro, o que deverá ser certificado nos autos.

§ 7º A terceira via fotocopiada deverá ser juntada ao respectivo processo administrativo.

Art. 17. Após a entrega do título, a SRFA (00) procederá a inclusão/atualização cadastral da gleba e da área doada no Sistema Nacional de Cadastro Rural – SNCR.

SEÇÃO II – DO CANCELAMENTO E DA CORREÇÃO DOS TÍTULOS

Art. 18. Constatado no título emitido erro material, como de grafia, ou numérico, que importe necessidade de retificação de registro ou averbação no Cartório de Registro de Imóveis, o Coordenador Extraordinário de Regularização Fundiária na Amazônia Legal deverá encaminhar o processo que deu origem ao título ao Secretário Extraordinário de Regularização Fundiária na Amazônia Legal solicitando, de maneira fundamentada, a emissão de novo título e o envio de ofício ao Cartório competente para a devida retificação, se o caso.

§ 1º O título substituído deverá ser juntado ao processo que lhe deu origem, e certificado o seu cancelamento, apondo-se inclusive o carimbo de "inválido".

§ 2º Quando for expedido título em retificação, tal condição deverá constar expressamente do referido documento.

CAPÍTULO V – DOS CONTRATOS ANTERIORES A 11 DE FEVEREIRO DE 2009.

Art. 19. A doação implicará o automático cancelamento, total ou parcial, das autorizações e licenças de ocupação e quaisquer outros títulos precários outorgados pelo Incra ou pelo Ministério do Planejamento, Orçamento e Gestão que incidam na área, observando-se as garantias previstas no § 3º, do art. 28 da Lei nº 11.952, de 2009.

Parágrafo único. A SRFA (00) fará levantamento dos citados títulos, e encaminhará para a Serfal para cancelamento, bem como dos respectivos CCIR, se o caso.

Art. 20. No que se refere aos títulos definitivos, serão disciplinados conforme § 3º do art. 10 desta Portaria.

CAPÍTULO VI – DAS DISPOSIÇÕES FINAIS

Art. 21. Quando necessária prévia arrecadação e discriminação da área, o Incra procederá a sua demarcação, com a cooperação do Município interessado e de outros órgãos públicos federais e estaduais, promovendo, em seguida, o registro imobiliário em nome da União.

Art. 22. A doação a um mesmo município, de terras que venham a perfazer quantitativo superior a dois mil e quinhentos hectares, em uma ou mais parcelas, deverá previamente ser submetida à aprovação do Congresso Nacional.

Art. 23. A SRFA (00) poderá promover vistoria a qualquer tempo, a fim de comprovar a veracidade das informações prestadas pelas municipalidades nos pedidos de doação.

Art. 24. Esta Portaria entra em vigor na data de sua publicação.

SÉRGIO ROBERTO LOPES – Secretário Extraordinário de Regularização Fundiária na Amazônia Legal

(DOU. 24/08/2012)

PORTARIA Nº 327, DE 11 DE SETEMBRO DE 2015, DO MINISTÉRIO DO DESENVOLVIMENTO AGRÁRIO – MDA

Dispõe sobre o procedimento de reversão de imóveis rurais na Amazônia Legal à União.

O Ministro de Estado do Ministério do Desenvolvimento Agrário – MDA, de acordo com o disposto no art. 33 da Lei nº 11.952, de 25 de junho de 2009, e no uso das atribuições que lhe confere o art. 87, II, da Constituição Federal;

Considerando a necessidade de se definir, em ato normativo específico, o procedimento de reversão dos imóveis rurais na Amazônia Legal à União, em cumprimento ao art. 37, IV, da Portaria MDA Nº 23, de 30 de Abril de 2010, e arts. 32 e 40 da Portaria MDA Nº 80, de 21 de dezembro de 2010, resolve:

Art. 1º Considera-se reversão, para efeitos desta Portaria, o conjunto de medidas administrativas e judiciais voltadas à efetivação de destinação pública adequada ao imóvel de propriedade da União ou Incra.

Parágrafo único. A reversão do imóvel à gestão da União pode envolver medidas voltadas à retomada da posse, se o caso.

Art. 2º O procedimento de reversão será iniciado e conduzido por impulso oficial, nos autos originários, pelas Divisões Regionais de Regularização Fundiária na Amazônia Legal – SRFA (00).

Parágrafo único. O procedimento poderá ser conduzido no âmbito da Secretária Extraordinária de Regularização Fundiária na Amazônia Legal, por critérios de oportunidade e conveniência.

Art. 3º O procedimento de reversão ocorrerá nas seguintes hipóteses:

I – indeferimento do pleito de regularização fundiária da ocupação do imóvel pelo particular interessado, ou do recurso administrativo, se apresentado; e

II – decisão administrativa de rescisão do título de regularização fundiária emitido pela União ou Incra, ou que declara a insubsistência do título não entregue ao seu beneficiário.

Parágrafo único. Aplica-se o procedimento de reversão, no que couber, aos imóveis rurais federais na Amazônia Legal sem destinação específica, a incluir hipóteses de verificação de sobreposição irregular de matrículas no Cartório de Registro de Imóveis, oportunidade em que será instaurado processo administrativo autônomo.

Art. 4º Na hipótese prevista no art. 3º, I, desta Portaria, o procedimento de reversão iniciará após a notificação do interessado, devidamente comprovada nos autos.

Art. 5º Na hipótese prevista no art. 3º, II desta Portaria, o procedimento de reversão será iniciado após a notificação do interessado, devidamente comprovada nos autos, e do encaminhamento de ofício ao Cartório de Registro de imóveis - CRI para cancelamento da matrícula, nos termos do art. 250, IV, da Lei nº 6.015, de 1973, se houver.

Art. 6º O Instituto Nacional de Colonização e Reforma Agrária – Incra será consultado previamente quanto ao interesse social em destinar a área ao Programa Nacional de Reforma Agrária.

§ 1º Não havendo resposta da Superintendência Regional do Incra no prazo de 30 (trinta) dias, serão consultados os órgãos descritos no art. 10 do Decreto 6.992, de 2009, quanto ao interesse em dar destinação pública à área.

› *Vide Decreto 10.592/2020*

§ 2º As consultas previstas neste artigo poderão ser realizadas por comunicação oficial, sistema de informações geográficas – Sigef ou por intermédio da Câmara Técnica de Destinação e Regularização Fundiária na Amazônia Legal, nos termos da Portaria Interministerial nº 369, de 2013.

§ 3º As consultas serão realizadas por gleba, bloco de áreas, ou a partir de outros critérios a serem definidos pela Serfal.

§ 4º As manifestações de interesse dos órgãos e entidades públicas consultadas deverá ser fundamentada.

Art. 7º A qualquer tempo poderá ser realizada vistoria, a fim de subsidiar a avaliação acerca da destinação mais adequada à área.

Art. 8º O processo deverá ser instruído com as seguintes peças:

I – decisão administrativa de indeferimento do processo de regularização fundiária, se o caso;

II – decisão administrativa pela rescisão do título emitido ou pela insubsistência do título não entregue, se o caso;

III – notificação do interessado acerca do teor das decisões administrativas;

IV – requerimento de cancelamento da matrícula no CRI, se houver;

V – certidão que ateste a inexistência de requerimento de regularização fundiária, quando for o caso;

VI – arquivo digital contendo a localização geoespacial simplificada da área juntamente com cópia da planta e memorial descritivo;

VII – cópia da certidão de matrícula da gleba;

VIII – cópia dos documentos pessoais do atual ocupante da área, sempre que possível;

IX – documento que ateste o interesse do Incra, ou de outro órgão ou entidade pública, na área em questão; e

X – outros documentos que se revelem úteis ou conexos à causa.

§ 1º A documentação constante do item VI poderá ser dispensada, mediante justificativa da área técnica.

§ 2º O Chefe da Divisão de Regularização Fundiária ou o Coordenador Regional Extraordinário de Regularização Fundiária deverá elaborar manifestação técnica que ateste a regularidade instrutória, indicando a localização, nos autos, dos documentos constantes do art. 6º, ou justificando a sua ausência.

Art. 9º O processo será encaminhado à Consultoria Jurídica do Ministério do Desenvolvimento Agrário – CONJUR/MDA em caso de dúvida jurídica ou quando for necessária a retomada da posse da área, oportunidade em que será direcionado ao órgão de contencioso responsável pela propositura da medida judicial pertinente.

Art. 10. As benfeitorias existentes serão indenizadas, se o caso, de acordo com o manual de obtenção de terras e perícia judicial do Incra e o pagamento se fará mediante desocupação da área.

Art. 11. O georreferenciamento do perímetro das áreas objeto de reversão deve ser inserido no Sistema de Gestão Fundiária – SIGEF, sempre que possível.

Art. 12. O procedimento de verificação de cláusulas resolutivas dos títulos de domínio emitidos posteriormente à Lei nº 11.952, de 2009, orientar-se-á, por analogia, pelo disposto na Portaria MDA nº 80, de 2010, enquanto inexistir regramento específico, garantido o contraditório e a ampla defesa.

Art. 13. Esta Portaria entra em vigor na data de sua publicação.

PATRUS ANANIAS

D.O.U: de 14.09.2015.

PORTARIA INTERMINISTERIAL Nº 01, DE 03 DE MAIO DE 2016, DO MINISTÉRIO DA JUSTIÇA – MJ E MINISTÉRIO DO DESENVOLVIMENTO AGRÁRIO – MDA

Regulamenta o procedimento de transferência onerosa de imóveis rurais perdidos em favor do Fundo Nacional Antidrogas – FUNAD, para o Programa Nacional de Reforma Agrária e para a Fundação Nacional do Índio – FUNAI.

O **MINISTRO DE ESTADO DA JUSTIÇA** e o **MINISTRO DE ESTADO DO DESENVOLVIMENTO AGRÁRIO**, no uso das atribuições que lhes conferem o art. 87, incisos I e II, da Constituição, tendo em vista o disposto nos arts. 2º a 5º da Lei 7.560, de 19 de dezembro de 1986, nos arts. 60 a 64 da Lei nº 11.343, de 23 de agosto de 2006; nos arts. 26 a 31 da Lei nº 6.001, de 19 de dezembro de 1973; e, na Lei nº 8.629, de 25 de fevereiro de 1993:

Considerando a existência de bens imóveis rurais perdidos em favor do Fundo Nacional Antidrogas – FUNAD; e

Considerando a demanda por imóveis rurais para o assentamento de famílias sem-terra e a Fundação Nacional do Índio - FUNAI, resolvem:

Art. 1º Esta Portaria regula o procedimento para transferência onerosa de bens imóveis rurais perdidos em favor do Fundo Nacional Antidrogas – FUNAD, ao Instituto Nacional de Colonização e Reforma Agrária – INCRA, ou à Fundação Nacional do Índio – FUNAI.

Art. 2º O Ministério da Justiça, por meio da Secretaria Nacional de Políticas sobre Drogas – SENAD, gestora do Fundo Nacional Antidrogas – FUNAD, oficiará o Ministério do Desenvolvimento Agrário, por meio do Instituto Nacional de Colonização e Reforma Agrária – INCRA, e a Fundação Nacional do Índio - FUNAI, para que, em até 60 dias, se manifestem sobre eventual interesse pelo bem imóvel rural antes de adotar-se outros procedimentos de destinação.

§ 1º O interesse pelo bem imóvel rural será endereçado por ofício à SENAD.

§ 2º A resposta negativa ou a ausência de resposta, no prazo assinalado, importará no regular prosseguimento de outros procedimentos de destinação pela SENAD.

§ 3º Os conflitos entre os interessados serão resolvidos na Câmara de Conciliação e Arbitragem da Administração Federal, prevista no Decreto nº 7.392, de 13 de dezembro de 2010.

Art. 3º Após a manifestação de interesse, o INCRA ou a FUNAI, conforme o interessado, elaborará Laudo de Vistoria e Avaliação, que constituirá requisito para a transferência do bem.

§ 1º O Laudo de Vistoria e Avaliação deverá atestar a viabilidade econômica do uso do imóvel para a implantação de projeto de assentamento de trabalhadores rurais ou sua adequação para a destinação à FUNAI.

§ 2º Se o Laudo de Vistoria e Avaliação concluir pela inviabilidade do imóvel para fins de reforma agrária ou de destinação à FUNAI, o Ministério da Justiça, por meio do FUNAD, será oficiado e dará prosseguimento regular aos demais procedimentos de destinação do imóvel.

§ 3º Se o Laudo de Vistoria e Avaliação concluir pela viabilidade do imóvel para fins de reforma agrária ou de destinação à FUNAI, o FUNAD realizará sua alienação direta ao INCRA ou à FUNAI mediante o recebimento de pagamento do valor de mercado do imóvel.

§ 4º O INCRA ou a FUNAI adotará as providências necessárias para promover a alteração do registro do bem e para imitir-se na sua posse.

Art. 4º O FUNAD e o INCRA, em ato conjunto, oficiarão o Conselho Nacional de Justiça - CNJ, os Presidentes dos Tribunais de Justiça e Tribunais Regionais Federais e as respectivas Corregedorias de Justiça, solicitando que informem aos Juízes/Varas Penais acerca da possibilidade de nomearem o INCRA como depositário judicial de imóveis rurais objeto de sequestro ou o perdimento em favor da União e que sejam passíveis de destinação para a reforma agrária.

Art. 5º Esta Portaria entra em vigor na data de sua publicação.

EUGÊNIO JOSÉ GUILHERME DE ARAGÃO
Ministro de Estado da Justiça
PATRUS ANANIAS DE SOUSA
Ministro de Estado do Desenvolvimento Agrário
D.O.U: de 05.05.2016.

PORTARIA CONJUNTA Nº 1, DE 15 DE FEVEREIRO DE 2017, DA ADVOCACIA GERAL DA UNIÃO – AGU E DA SECRETARIA DO PATRIMÔNIO DA UNIÃO – SPU

Dispõe sobre procedimentos a serem adotados pelos órgãos de execução da Consultoria-Geral da União e pelas Superintendências do Patrimônio da União nos Estados e no Distrito Federal na representação da União relativamente à usucapião extrajudicial de bens imóveis, e dá outras providências.

- *Vide Lei 6.015/1973, art. 216-A*
- *Vide Lei 13.105/2015, art. 1.071*
- *Arts 398 a 423, Prov. CNJ 149/2023*

O CONSULTOR-GERAL DA UNIÃO E O SECRETÁRIO DO PATRIMÔNIO DA UNIÃO, no uso das atribuições que lhes conferem, respectivamente, os arts. 12, inciso III, e 39, inciso I, do Anexo I do Decreto nº 7.392, de 13 de dezembro de 2010, e os arts. 30, incisos I e II, e 56 do Anexo I do Decreto nº 8.818, de 21 de julho de 2016, combinado com o art. 56, inciso XVI, do Regimento Interno da Secretaria do Patrimônio da União, aprovado pela Portaria nº 152, de 5 de maio de 2016, do Ministro de Estado do Planejamento, Desenvolvimento e Gestão, e tendo em vista o disposto no art. 216-A da Lei nº 6.015, de 31 de dezembro de 1973 (Lei de Registros Públicos), resolvem:

Art. 1º A presente Portaria estabelece procedimentos a serem adotados no âmbito dos órgãos de execução da Consultoria-Geral da União (CGU) e das Superintendências do Patrimônio da União nos Estados e no Distrito Federal para a representação da União no processo extrajudicial de usucapião de bens imóveis, em observância ao disposto no § 3º do art. 216-A da Lei nº 6.015, de 31 de dezembro de 1973.

Art. 2º Os titulares dos cartórios de registro de imóveis, os oficiais de registro de títulos e documentos e as Corregedorias-Gerais de Justiça devem ser orientados pelos órgãos de execução da CGU e pelas Superintendências do Patrimônio da União nos Estados e no Distrito Federal no sentido de serem dirigidas diretamente à respectiva Superintendência do Patrimônio da União em que estiver situado o imóvel usucapiendo as solicitações de manifestação sobre interesse da União sobre o referido imóvel de que trata o § 3º do art. 216-A da Lei nº 6.015, de 1973.

Parágrafo único - Os órgãos de execução da CGU e as Superintendências do Patrimônio da União devem informar às autoridades elencadas no *caput* que a apresentação de plantas e memoriais georreferenciados e quaisquer outros documentos e informações para a identificação do bem imóvel, acompanhando a solicitação de que trata o *caput*, é relevante para a Secretaria do Patrimônio da União por proporcionar maior rapidez e precisão na análise da documentação pela área técnica competente.

Art. 3º Quando não houver dúvida jurídica, a Superintendência do Patrimônio da União em que estiver situado o imóvel usucapiendo responderá à solicitação de que trata o art. 1º diretamente ao titular do cartório de registro de imóveis solicitante.

Art. 4º No caso de haver dúvida jurídica, deverá a Superintendência do Patrimônio da União remeter a solicitação de que trata o art. 1º ao órgão de execução da CGU em que estiver situado o imóvel usucapiendo, no prazo de até 5 (cinco) dias do recebimento da solicitação, acompanhada dos subsídios para fins de representação extrajudicial da União.

Parágrafo único - A comunicação objeto do *caput* deve ser feita à Consultoria Jurídica da União nos Estados e, no Distrito Federal, à Consultoria Jurídica junto ao Ministério do Planejamento, Desenvolvimento e Gestão, para as providências de cunho jurídico extrajudiciais, aplicando-se subsidiariamente o contido na Portaria nº 13, de 24 de junho de 2015, do Consultor-Geral da União, aos procedimentos previstos nesta Portaria.

Art. 5º Os órgãos de execução da CGU observarão, quanto à resposta às solicitações objeto do § 3º do art. 216-A da Lei nº 6.015, de 1973, o prazo de até 15 (quinze) dias do recebimento da solicitação do cartório de registro de imóveis na Superintendência do Patrimônio da União em que estiver situado o imóvel usucapiendo, tomando-se os subsídios fornecidos por esta, bem como os demais elementos de direito aplicáveis ao caso concreto.

Art. 6º Os órgãos de execução da CGU deverão observar as orientações da Consultoria-Geral da União para o registro no Sistema AGU de Inteligência Jurídica (SAPIENS) dos procedimentos previstos nesta Portaria, para fins de gestão da informação.

Art. 7º Em havendo judicialização da matéria, o órgão que estiver atuando no processo extrajudicial de usucapião de bens imóveis informará ao órgão de execução da Procuradoria-Geral da União, que passará, a partir de então, a ter competência sobre o caso.

Art. 8º Esta Portaria entra em vigor na data de sua publicação.

MARCELO AUGUSTO CARMO DE VASCONCELLOS – Consultor-Geral da União

SIDRACK DE OLIVEIRA CORREIA NETO – Secretário do Patrimônio da União

DOU de 21/02/2017

PORTARIA Nº 72, DE 19 DE JANEIRO DE 2021, DO INSTITUTO NACIONAL DE COLONIZAÇÃO E REFORMA AGRÁRIA – INCRA

Autorização ao SERPRO para fornecimento de serviços automatizados de consulta aos dados do Certificado de Cadastro do Imóvel Rural (CCIR) por meio de serviço de API – Application Programming Interface.

O **PRESIDENTE DO INSTITUTO NACIONAL DE COLONIZAÇÃO E REFORMA AGRÁRIA – INCRA,** no uso das atribuições que lhe são conferidas pelo art. 19, do Anexo I, da Estrutura Regimental deste Instituto, aprovada pelo Decreto nº 10.252, de 20 de fevereiro de 2020, publicado no Diário Oficial do dia 21 de fevereiro de 2020, combinado com o art. 110, do Regimento Interno da Autarquia, aprovado pela Portaria/INCRA/P/Nº 531, de 23 de março de 2020, publicada no Diário Oficial da União do dia 24 de março de 2020, resolve:

Art. 1º Os dados do Certificado de Cadastro do Imóvel Rural – CCIR, documento obrigatório para transferir, arrendar, hipotecar, desmembrar, partilhar (em caso de divórcio ou herança) o imóvel rural, e conseguir financiamentos bancários, constantes da base de dados do Sistema Nacional de Cadastro Rural – SNCR, que correspondem aos processos de gestão fundiária, serão disponibilizados as entidades interessadas (Instituições Financeiras, Seguradoras, Cooperativas Agrárias, Empresas Agropecuárias e Cartórios) nos termos desta Portaria.

Art. 2º As entidades interessadas estão previamente autorizadas a acessar os serviços descritos nesta Portaria, mediante celebração de contrato com o Serpro.

§ 1º Compete à entidade solicitante a prévia celebração de contrato com o SERPRO, responsável pela operacionalização dos serviços supracitados, bem como a assunção dos custos dele decorrentes.

§ 2º A entidade solicitante deverá garantir total rastreabilidade das informações fornecidas, em conformidade com as definições do Incra, sendo facultado a ele solicitar, a qualquer tempo, a demonstração da implementação das referidas definições.

§ 3º O fornecimento de dados será implementado com estrita observância às normas pertinentes à segurança da informação e comunicação editadas pelo Incra e pelo SERPRO.

§ 4º O Serpro manterá registro das entidades solicitantes bem como do histórico de uso dos serviços.

Art. 3º A entidade solicitante é responsável pela correta utilização dos dados que receber ou a que tiver acesso.

§ 1º Os dados poderão ser utilizados somente nas atividades que, em virtude de instrumento normativo específico, são de competência da entidade solicitante.

§ 2º A entidade solicitante não poderá transferi os dados recebidos a terceiros.

§ 3º A utilização dos dados fornecidos através dos serviços supracitados, em desconformidade com a legislação pertinente, implicarão imediato cancelamento do compartilhamento, sem prejuízo de apuração da responsabilidade na forma prevista em lei específica.

Art. 4º Os serviços denominados Consulta CCIR serão disponibilizados por meio de API – Application Programming Interface, utilizando as mesmas regras de consulta online individual disponibilizada a partir do sistema SNCR.

Parágrafo único. Os dados de todos os imóveis cadastrados no sistema SNCR podem ser consultados por meio dos serviços de API em que a partir de um dado de identificação do detentor vinculado ao Imóvel Rural ou dados do próprio imóvel, a solução retorna dados da certidão de cadastro de imóvel rural: comprovante de regularização no Incra; pagamento do CCIR; se o imóvel é produtivo; situação do imóvel; área, município e UF.

Art. 5º O uso dos serviços para Consulta de dados do CCIR por meio de API por sistemas do Incra será isento de pagamento.

Parágrafo único. Fica assegurado ao cidadão a disponibilidade da consulta CCIR diretamente no sistema SNCR de forma gratuita e individual, sem utilização de API, haja vista que os dados a serem disponibilizados pela API Consulta CCIR são os mesmos dados que são disponibilizados na consulta pública online a partir do sistema SNCR.

Art. 6º Serão excluídos do serviço de disponibilização de dados aqueles que forem classificados como ultrassecreto, secreto ou reservado, nos termos da seção IV da Lei 12.527, de 18 de novembro de 2011.

Art. 7º Esta Portaria entra em vigor na data de sua publicação no Diário Oficial da União.

GERALDO JOSÉ DA CAMARA FERREIRA DE MELO FILHO

D.O.U. de 20.01.2021

PORTARIA Nº 131, DE 14 DE OUTUBRO DE 2021, DO MINISTÉRIO DE ESTADO DA INFRAESTRUTURA – MINFRA *

Dispõe sobre os processos administrativos de requerimento para exploração de ferrovias ou pátios ferroviários mediante outorga por autorização, conforme a Medida Provisória nº 1.065, de 30 de agosto de 2021.

O MINISTRO DE ESTADO DA INFRAESTRUTURA, no uso das atribuições que lhe confere o inciso II do parágrafo único do art. 87 da Constituição Federal, e tendo em vista a Medida Provisória nº 1.065, de 30 de agosto de 2021, resolve:

CAPÍTULO I – DISPOSIÇÕES PRELIMINARES

Art. 1º Esta Portaria disciplina os processos administrativos de requerimento para exploração de ferrovias ou pátios ferroviários mediante outorga por autorização, conforme a Medida Provisória nº 1.065, de 30 de agosto de 2021.

Parágrafo único. O poder concedente será exercido pela União, por intermédio do Ministério da Infraestrutura.

(...)

CAPÍTULO II – DO PROCEDIMENTO DE REQUERIMENTO DE AUTORIZAÇÃO

Art. 5º Os interessados em obter a autorização ferroviária poderão requerê-la ao Ministério da Infraestrutura, a qualquer tempo, por meio de ofício e mediante a apresentação dos seguintes documentos:

I - minuta do contrato de adesão, disponibilizado pelo Ministério da Infraestrutura, preenchido com os dados técnicos propostos pelo requerente;

II - estudo técnico da ferrovia, com, no mínimo:

› *Vide art. 11, § 3º*

a) a indicação do traçado total da infraestrutura ferroviária pretendida, georreferenciado, em arquivo eletrônico em formato CAD (Computed-Aided Design), ou BIM (Building Information Modeling) ou GIS (Geographic Information System);

b) a configuração logística e os aspectos urbanísticos e ambientais relevantes;

c) as características básicas da ferrovia com as especificações técnicas da operação compatíveis com o restante da malha ferroviária conexa, se for o caso; e

d) o cronograma estimado para implantação ou recapacitação da infraestrutura ferroviária.

III - certidões de regularidade fiscal do requerente, com, no mínimo:

a) documentação comprobatória de sua regularidade perante a Fazenda Federal da sede da pessoa jurídica;

b) documentação comprobatória de sua regularidade perante a Fazenda Estadual da sede da pessoa jurídica;

c) documentação comprobatória de sua regularidade perante a Fazenda Municipal da sede da pessoa jurídica;

d) documentação comprobatória de que se encontra regular perante o Instituto Nacional do Seguro Social (INSS);

e) documentação comprobatória de que se encontra regular perante o Fundo de Garantia do Tempo de Serviço (FGTS); e

f) documentação comprobatória de que não possui qualquer registro de processo de falência, recuperação judicial ou recuperação extrajudicial.

IV - ato constitutivo, estatuto ou contrato social em vigor, devidamente registrado, e, no caso de sociedades por ações, documentos comprobatórios de eleição de seus administradores, com mandato em vigor, registrados no órgão competente.

Parágrafo único. Na hipótese de o requerimento de autorização não atender integralmente ao rol de documentação disposta no *caput*, o interessado poderá apresentar ao Ministério da Infraestrutura a documentação faltante durante o prazo de até 10 (dez) dias úteis, contados a partir da notificação do Ministério da Infraestrutura, sob pena de não conhecimento do pedido de requerimento.

Art. 6º Recebido formalmente todos os documentos elencados no art. 5º, o Ministério da Infraestrutura deverá:

I - publicar em seu sítio eletrônico, em até 10 (dez) dias úteis, o aviso do requerimento;

II - analisar a convergência do objeto do requerimento com a política pública do setor ferroviário; e

III - deliberar sobre a outorga da autorização, ouvida a ANTT.

§ 1º Após a publicação do aviso do requerimento pelo Ministério da Infraestrutura, o requerente poderá em até 8 (oito) dias úteis, solicitar correções ou ajustes na minuta de contrato de adesão ou no estudo técnico apresentado.

§ 2º O prazo de que trata o § 1º pode ser prorrogado, desde que o requerente solicite expressamente, com a fundamentação que motivou o pedido.

§ 3º A análise do Ministério da Infraestrutura sobre o pedido da prorrogação de que trata o § 2º deve ocorrer em até 10 (dez) dias.

Art. 7º Conhecido o requerimento de autorização, o Ministério da Infraestrutura solicitará da ANTT a avaliação, em até 45 (quarenta e cinco) dias, prorrogável por igual período, da compatibilidade locacional da ferrovia requerida, para subsidiar a deliberação sobre o requerimento de autorização conforme inciso III do art. 6º.

§ 1º A avaliação de que trata o *caput* verificará a existência de conflito entre o traçado da ferrovia requerida e as demais infraestruturas ferroviárias implantadas ou outorgadas.

§ 2º O Ministério da Infraestrutura poderá solicitar apoio de suas entidades vinculadas para a execução de análises técnicas necessárias à deliberação sobre a outorga de autorização.

Art. 8º Verificada a incompatibilidade locacional, o requerente deve apresentar solução técnica adequada para o conflito identificado em até 60 (sessenta) dias, prorrogáveis por igual período, desde que o requerente solicite expressamente.

Parágrafo único. A necessidade de apresentação de solução técnica para eventual conflito identificado implicará na devolução dos prazos de deliberação do Ministério da Infraestrutura e da análise da ANTT.

Art. 9º Caso ocorra mais de um requerimento de autorização ferroviária para a mesma área de influência, será dada outorga a todos os requerentes em caso de compatibilidade locacional à implantação concomitante dos empreendimentos e desde que não se apresente outro motivo técnico-operacional relevante que impossibilite a concomitância dos empreendimentos.

§ 1º Verificando-se a incompatibilidade locacional ou outro motivo técnico-operacional relevante que impossibilite a implantação concomitante de autorizações citadas no *caput*, será priorizada a análise de autorização de acordo com a ordem de apresentação da documentação completa elencada no art. 5º. *(Parágrafo retificado conforme determinado no DOU 29.10.2021)*

§ 2º A priorização de que trata o § 1º não impedirá a continuidade da análise dos requerimentos subsequentes, desde que haja expresso interesse da requerente não priorizada, de forma fundamentada, com solução técnica compatível, nos termos do art. 8º.

Art. 10. O Ministério da Infraestrutura deliberará sobre a outorga de autorização ferroviária, após ouvir a ANTT acerca da análise de compatibilidade locacional, e publicará o resultado da deliberação, bem como, em caso de deferimento, o extrato do contrato de adesão.

§ 1º A eficácia do contrato de adesão poderá ser suspensa até que a autorizatária obtenha a documentação que lhe assegure o direito de uso e fruição de toda a área em que será implantada a ferrovia, incluindo o espaço físico de bens públicos da União que passará a ser explorado pela autorizatária.

§ 2º O Ministério da Infraestrutura poderá admitir, para os fins do disposto no § 1º, a apresentação de certidão emitida pelo órgão responsável que ateste que a área requerida se encontra disponível para futura destinação ao empreendedor autorizado pelo poder concedente.

§ 3º A apresentação da documentação de que trata o § 1º ao Ministério da Infraestrutura, para posterior envio à ANTT, deverá ocorrer no prazo definido em contrato, podendo ser prorrogado de maneira sucessiva, desde que justificado pela autorizatária e deferido pelo Ministério da Infraestrutura.

§ 4º A condição suspensiva de que trata o § 1º não impede que a autorizatária realize obras nas áreas de que já disponha o justo título para assim proceder, desde que obtenha as licenças e autorizações necessárias para esse fim.

Art. 11. A autorizatária poderá solicitar à ANTT a promoção dos atos declaratórios da desapropriação das áreas onde será implantada a ferrovia, desde que a solicitação esteja devidamente motivada pelos benefícios econômicos-sociais relevantes gerados pelo empreendimento.

§ 1º A ANTT poderá demandar complemento de informações pelo autorizatário, caso seja necessário.

§ 2º Deferida a solicitação de que trata o *caput*, a ANTT declarará a utilidade pública, após a assinatura do contrato de adesão, para fins de desapropriação das áreas essenciais à implantação da ferrovia requerida pelo autorizatário.

§ 3º Os bens imóveis desapropriados para a implantação ou expansão da ferrovia serão registrados em nome da autorizatária, ficando afetados ao serviço de transporte ferroviário ou projetos acessórios ou associados, averbados na matrícula imobiliária, na forma do estudo técnico de que trata o art. 5º, inciso II.

› *Vide art. 167, II, Lei 6.015/1973*

§ 4º O contrato de adesão deverá conter cláusula prevendo que, na hipótese de não execução do empreendimento, exclusivamente em relação aos bens imóveis desapropriados, esses serão revertidos ao patrimônio da União, sem direito à indenização pelas acessões e benfeitorias nem a qualquer outra indenização à autorizatária.

(...)

CAPÍTULO IV – DISPOSIÇÕES FINAIS

(...)

Art. 19. Esta Portaria entra em vigor na data de sua publicação.

TARCÍSIO GOMES DE FREITAS
D.O.U. de 15.10.2021.

PORTARIA CONJUNTA Nº 2.948, DE 2 DE MAIO DE 2024, DO MINISTÉRIO DA GESTÃO E DA INOVAÇÃO EM SERVIÇOS PÚBLICOS - MGI E DA SECRETARIA DO PATRIMÔNIO DA UNIÃO – SPU

Institui o Módulo de Gestão de Atos e Contratos de Destinação de Imóveis.

O SECRETÁRIO DO PATRIMÔNIO DA UNIÃO, DO MINISTÉRIO DA GESTÃO E DA INOVAÇÃO EM SERVIÇOS PÚBLICOS, no uso das atribuições que lhe confere a Portaria nº 335, de 2 de outubro de 2020, e tendo em vista o disposto no art. 74 do Decreto-Lei nº 9.760, de 5 de setembro de 1946, nos arts. 1º e 1º-A da Lei nº 9.636, de 15 de maio de 1998, na Lei nº 14.063, de 23 de setembro de 2020, nos arts. 2º, 19, §4º, 52, 94 e 192 da Lei nº 14.133, de 1º de abril de 2021 e na Portaria SPU/ME nº 10.571, de 12 de dezembro de 2022, resolve:

Art. 1º Fica instituído o Módulo de Gestão de Atos e Contratos de Destinação (MGC) na Plataforma Unificada de Gestão Imobiliária da União (SPUnet), ferramenta de elaboração e gestão dos atos e contratos de destinação dos imóveis administrados pela Secretaria do Patrimônio da União (SPU).

Art. 2º Para fins desta portaria, considera-se:

I - contrato: todo e qualquer instrumento de ajuste que gere direitos ou obrigações para as partes em relação aos imóveis da União;

II- minuta-padrão: minuta de contrato de destinação, com cláusulas fixas, disponibilizada no MGC; e

III- minuta editável: minuta de contrato de destinação sem cláusulas fixas, disponibilizadas no MGC.

Art. 3º O MGC tem como objetivos:

I - padronizar as minutas de contratos de destinação de imóveis;

II - viabilizar o monitoramento e acompanhamento efetivos dos contratos de destinação;

III - automatizar os processos de elaboração e gestão contratual; e

IV - produzir dados e informações gerenciais para subsidiar a gestão dos imóveis da União.

Art. 4º O MGC será administrado pela Diretoria da SPU responsável pela coordenação do processo de gestão de contratos de destinação, à qual competirá:

I - disponibilizar e manter as minutas-padrão de contratos; e

II - coordenar as ações de evolução do MGC.

Art. 5º As minutas-padrão de contratos de destinação de imóveis, devidamente aprovadas pelo órgão de assessoramento jurídico competente, conforme os arts. 19, IV e 53 da Lei nº 14.133, de 2021, serão disponibilizadas no MGC e publicadas no sítio oficial da SPU.

§1º As minutas-padrão de que tratam o *caput* serão de uso obrigatório no MGC e afastarão a aplicação de modelos de minutas constantes em normativos da SPU que versem sobre contratos e cláusulas contratuais.

§2º Não havendo minuta-padrão para um instrumento de destinação específico, deverá ser utilizada a minuta editável disponibilizada no MGC aplicando-se, nesse caso, normativos da SPU que versem sobre contratos e cláusulas contratuais.

§3º Quando não houver minuta-padrão ou minuta editável disponível no MGC para um instrumento de destinação específico, o contrato deverá ser elaborado fora do sistema.

Art. 6º Será gerado um código único para cada ato ou contrato assinado no MGC constituído de
14 (quatorze) dígitos e 2 (duas) letras, organizados em 4 (quatro) campos obrigatórios, observada a estrutura TTTT.UF.NNNNNN/AAAA, assim distribuídos:

I - o primeiro campo (TTTT) será constituído de 4 (quatro) dígitos e identificará o tipo de ato ou contrato;

II - o segundo campo (UF), separado do primeiro por um ponto, será constituído por 2 (duas) letras e indicará a unidade federativa que gerou o ato ou contrato;

III - o terceiro campo (NNNNNNN), separado do segundo por um ponto, será constituído de 6 (seis) dígitos e determinará o número de ordem do ato ou contrato; e

IV - o quarto campo (AAAA), separado do terceiro por uma barra, será constituído de 4 (quatro) dígitos e conterá o ano de assinatura do ato ou contrato.

Art. 7º Os contratos gerados no MGC terão força de escritura pública, nos termos do art. 74 do Decreto-Lei nº 9.760, de 5 de setembro de 1946, e serão armazenados, consultados e recuperados no próprio sistema, dispensando a formação de livros físicos.

Parágrafo único. Os contratos que versem sobre direitos reais, bem como os respectivos atos de alteração, deverão ser obrigatoriamente registrados ou averbados no Cartório de Registro de Imóveis da circunscrição imobiliária competente, após a assinatura no MGC.

Art. 8º Os contratos gerados no MGC serão assinados eletronicamente pelas partes, nos termos da Lei nº 14.063, de 23 de setembro de 2020.

Art. 9º Todas as comunicações referentes à elaboração e gestão dos contratos gerados ou lançados no MGC serão realizadas por notificação em meio eletrônico, nos termos do art. 1º-A da Lei nº 9.636, de 15 de maio de 1998.

Art. 10. Será efetuada a divulgação no Portal Nacional de Contratações Públicas (PNCP), nos termos art. 2º da Lei nº 14.133, de 2021, dos seguintes contratos:

I - alienação;

II - concessão de direito real de uso; e

III - locação.

Parágrafo único. Caso o contrato não se inclua no previsto no *caput*, seu extrato será publicado no Diário Oficial da União (DOU).

Art. 11. Os casos omissos serão dirimidos pela diretoria da SPU responsável pela coordenação do processo de gestão de contratos de destinação, a qual também expedirá orientações, manuais, fluxos e outras informações necessárias à implantação e operacionalização do MGC.

Art. 12. O MGC será de uso obrigatório a partir do dia 17 de junho de 2024, conforme condições estabelecidas no art. 5º.

Art. 13. Esta Portaria entra em vigor na data de sua publicação.

LÚCIO GERALDO DE ANDRADE

Este conteúdo não substitui o publicado na versão certificada.

INSTRUÇÕES NORMATIVAS

INSTRUÇÃO NORMATIVA Nº 77, DE 23 DE AGOSTO DE 2013, DO INCRA

Regulamenta o procedimento de certificação da poligonal objeto de memorial descritivo de imóveis rurais a que se refere o § 5º do art. 176 da Lei nº 6.015, de 31 de dezembro de 1973.

O PRESIDENTE DO INSTITUTO NACIONAL DE COLONIZAÇÃO E REFORMA AGRÁRIA – INCRA, no uso das atribuições que lhe são conferidas pelo inciso VII do art. 21, da Estrutura Regimental aprovada pelo Decreto nº 6.812, de 3 de abril de 2009, e inciso VII, do art. 122, do Regimento Interno, aprovado pela Portaria/MDA/Nº 20, de 8 de abril de 2009, e com fundamento legal na Lei nº 5.868, de 12 de dezembro de 1972, na Lei nº 6.015, de 31 de dezembro de 1973 e no Decreto nº 4.449, de 30 de outubro de 2002, resolve:

CAPÍTULO I – DO OBJETO

Art. 1º Fica regulamentado o procedimento de certificação da poligonal objeto de memorial descritivo de imóvel rural.

CAPÍTULO II – DOS PROCEDIMENTOS DE CERTIFICAÇÃO

Art. 2º O requerimento de certificação da poligonal objeto de memorial descritivo de imóvel rural será processado por meio do Sistema de Gestão Fundiária – SIGEF.

Parágrafo único – O profissional credenciado, responsável técnico pelos serviços de georreferenciamento, submeterá ao SIGEF arquivo digital contendo os dados da(s) parcela(s) a ser(em) certificada(s).

Art. 3º A análise dos dados será automática pelo SIGEF e restrita à verificação da consistência dos dados prestados pelo profissional credenciado e à eventual sobreposição com outras existentes no cadastro georreferenciado do INCRA.

§ 1º O cadastro georreferenciado do INCRA, a que se refere o parágrafo 5º do artigo 176 da Lei 6.015, de 1973, é composto por parcelas certificadas.

§ 2º Não sendo constatadas inconsistências ou sobreposição, serão geradas e disponibilizadas as peças técnicas certificadas.

§ 3º Se forem constatadas sobreposições ou outras inconsistências, a certificação não será emitida, sendo disponibilizado para consulta um relatório indicando os erros detectados.

Art. 4º Nos casos de parcelas destacadas do patrimônio público mediante regular procedimento de titulação ou outro instrumento legal adequado à transferência da titularidade para o domínio privado, eventual sobreposição com gleba pública cujo memorial descritivo foi certificado apenas em relação ao seu perímetro originário não impedirá a sua certificação.

Parágrafo único. O profissional credenciado será responsável por todas as informações prestadas, inclusive pela origem legítima da parcela submetida ao SIGEF e por eventuais prejuízos causados a terceiros.

Art. 5º Em se tratando de sobreposição de parcela com outro polígono não certificado por meio do SIGEF, o profissional credenciado poderá requerer análise de sobreposição.

Art. 6º Em se tratando de sobreposição de parcela com outro polígono certificado por meio do SIGEF, não caberá análise de sobreposição.

Parágrafo único. O profissional credenciado poderá requerer o cancelamento da certificação originária para excluí-la do cadastro, devendo fundamentar o pedido com elementos que comprovem o erro na geometria da parcela.

Art. 7º Os requerimentos de desmembramento, parcelamento, remembramento, retificação e cancelamento de parcelas certificadas serão processados através do SIGEF.

§ 1º Nos requerimentos de desmembramento e parcelamento, o profissional credenciado deverá enviar os dados das parcelas resultantes.

§ 2º No requerimento de remembramento, quando todas as parcelas estiverem certificadas, o profissional credenciado deverá informar aquelas que constituirão a nova parcela resultante do remembramento.

§ 3º O requerimento de retificação será cabível quando for identificado erro nos dados literais da parcela certificada, podendo ser requerida pelo profissional credenciado ou pelo oficial de registro de imóveis.

§ 4º O requerimento de cancelamento será cabível quando for identificado erro na geometria da parcela certificada, podendo ser requerido pelo profissional credenciado ou pelo oficial de registro de imóveis.

§ 5º Na hipótese do parágrafo anterior, o pedido somente será apreciado após a notificação do proprietário da parcela já certificada para fins de manifestação acerca da impugnação.

Art. 8º Os requerimentos de desmembramento, parcelamento, remembramento, retificação, cancelamento, a sobreposição com polígonos não certificados pelo SIGEF e os demais aspectos relacionados à gestão do procedimento de certificação serão analisados em conformidade com as regras explicitadas no Manual de Gestão da Certificação de Imóveis Rurais e orientações complementares relacionadas. *(Redação alterada pela Instrução Normativa INCRA n. 127/2022)*

Art. 9º Os serviços de georreferenciamento executados pelo Incra ou por outras entidades ou órgãos públicos, direta ou indiretamente, por força de contratos, convênios ou outros instrumentos similares, finalizados ou ainda em execução, serão submetidos ao SIGEF e devidamente validados por meio de regular fiscalização. *(Redação alterada pela Instrução Normativa INCRA n. 127/2022)*

§ 1º As parcelas relativas às ocupações rurais em glebas públicas incluídas em ação de regularização fundiária serão certificadas após a emissão do respectivo título.

§ 2º No caso de projeto de assentamento rural, será inicialmente certificado o seu perímetro global, para fins de adequação da descrição no registro de imóveis.

§ 3º Após a referida adequação e a realização dos serviços de georreferenciamento das parcelas que compõem o projeto de assentamento, estas serão certificadas, sendo atribuído a cada uma delas um código próprio no Sistema Nacional de Cadastro Rural – SNCR.

CAPÍTULO III – DOS COMITÊS DE CERTIFICAÇÃO

Arts. 10 a 13. *(Revogados pela Instrução Normativa INCRA n. 127/2022)*

CAPÍTULO IV – DAS RESPONSABILIDADES DO PROFISSIONAL CREDENCIADO

Art. 14. O profissional credenciado será responsável por todas as informações submetidas ao SIGEF, inclusive pelas inconsistências que por acaso vierem a ser detectadas na parcela certificada e por eventuais prejuízos causados a terceiros.

Parágrafo único. O profissional credenciado deverá executar os serviços de georreferenciamento em conformidade com o Manual Técnico para Georreferenciamento de Imóveis Rurais. *(Redação alterada pela Instrução Normativa INCRA n. 127/2022)*

Art. 15. O Diretor de Governança Fundiária expedirá Portaria para regulamentar a possibilidade de aplicação de sanções relacionadas ao credenciamento dos profissionais, quando ficar evidenciado erro ou falha do profissional credenciado no procedimento de certificação. *(Redação alterada pela Instrução Normativa INCRA n. 127/2022)*

CAPÍTULO V – DA INTERCONEXÃO COM O REGISTRO DE IMÓVEIS

Art. 16. O oficial de registro de imóveis poderá acessar o SIGEF e informar os dados relativos à matrícula do imóvel rural.

Art. 17. A certificação do memorial descritivo pelo INCRA não implicará reconhecimento do domínio ou a exatidão dos limites e confrontações indicados pelo credenciado, bem como não dispensará a qualificação registral, atribuição exclusiva do oficial de registro de imóveis.

CAPÍTULO VI – DAS DISPOSIÇÕES TRANSITÓRIAS

Art. 18. *(Revogado pela Instrução Normativa INCRA n. 127/2022)*

Art. 19. Os serviços de georreferenciamento executados pelo Ministério do Desenvolvimento Agrário – MDA, pelo INCRA ou por outras entidades ou órgãos públicos, direta ou indiretamente, por força de contratos, convênios ou outros instrumentos similares, finalizados ou ainda em execução, serão aceitos para fins de certificação segundo o padrão definido pela Norma Técnica para Georreferenciamento de Imóveis Rurais – NTGIR previsto no respectivo instrumento jurídico ou no padrão definido pela Norma Técnica para Georreferenciamento em Ações de Regularização Fundiária Aplicada na Amazônia Legal, aprovada pela PORTARIA/INCRA/SRFA/P/Nº 01, de 14 de julho de 2009.

Parágrafo único – A certificação da poligonal objeto de memorial descritivo de imóvel rural prevista no *caput* deste artigo obedecerá às seguintes regras:

I – o INCRA definirá as informações que deverão estar vinculadas às parcelas certificadas, devendo conter, no mínimo, os seguintes dados:

a) o código do imóvel no SNCR;

b) o nome do proprietário;

c) a denominação, área e perímetro do imóvel;

d) a indicação do município e unidade da federação de localização do imóvel;

e) o número da Anotação de Responsabilidade Técnica e o código do profissional credenciado responsável técnico pelos serviços;

f) o número do título ou da matrícula ou transcrição nos casos de imóveis já constituídos no registro público.

II – será realizada a análise de sobreposição com as parcelas já constantes do cadastro georreferenciado do INCRA;

III – não sendo constatada sobreposição, e havendo todos os atributos associados às parcelas, as mesmas serão certificadas; e

IV – a certidão de certificação será emitida em ambiente WEB, com a possibilidade de verificação de autenticidade.

Art. 20. *(Revogado pela Instrução Normativa INCRA n. 127/2022)*

Art. 21. Os dados referentes a poligonais que foram certificadas em sistema diferente do SIGEF poderão ser convertidos para o novo padrão de dados.

CAPÍTULO VII – DISPOSIÇÕES FINAIS

Art. 22. Esta Instrução Normativa entrará em vigor no dia 23 de novembro de 2013.

Art. 23. Revogam-se as disposições em contrário.

CARLOS MÁRIO GUEDES DE GUEDES

(DOU de 03/09/2013)

INSTRUÇÃO NORMATIVA Nº 82, DE 27 DE MARÇO DE 2015, DO INCRA

Dispõe sobre os procedimentos para atualização cadastral no Sistema Nacional de Cadastro Rural e dá outras providências.

- *Vide Lei n. 5.868/1972 (Cria o Sistema Nacional de Cadastro Rural)*
- *Vide Decreto 72.106/1973 (Regulamenta a Lei n. 5.868/1972)*
- *Vide Instrução Normativa conjunta RFB/INCRA n. 1.968/2020 (Atualiza Sistema Nacional de Cadastro Rural (SNCR) e do Cadastro de Imóveis Rurais (Cafir) que visa propiciar a integração entre esses sistemas cadastrais com a finalidade de estruturação do Cadastro Nacional de Imóveis Rurais (CNIR))*

O PRESIDENTE DO INSTITUTO NACIONAL DE COLONIZAÇÃO E REFORMA AGRARIA – INCRA Substituto, no uso das atribuições que lhe conferem o inciso VII do Art. 21 da Estrutura Regimental, aprovada pelo Decreto nº 6.812, de 03 de abril de 2009, e o inciso IX do Art. 122 do Regimento Interno, aprovado pela Portaria MDA nº 20, de 08 de abril de 2009,

Resolve:

CAPÍTULO I – DO OBJETO

Art. 1º Esta Instrução Normativa estabelece normas e procedimentos para atualização de dados no Sistema Nacional de Cadastro Rural – SNCR, instituído pela Lei nº 5.868, de 12 de dezembro de 1972, em conformidade com o art. 46 da Lei nº 4.504, de 30 de novembro de 1964.

CAPÍTULO II – DA OBRIGATORIEDADE DA APRESENTAÇÃO DA DECLARAÇÃO PARA CADASTRO DE IMÓVEIS RURAIS

Art. 2º Serão obrigatoriamente cadastrados no SNCR todos os imóveis rurais, conforme conceito estabelecido no Capítulo III.

Art. 3º O declarante será:

I – o proprietário, pessoa natural ou jurídica, no caso de propriedade individual;

II – o possuidor a qualquer título, pessoa natural ou jurídica, no caso de posse exercida individualmente;

III – qualquer um dos condôminos, pessoa natural ou jurídica, no caso de propriedade em comum;

IV – qualquer um dos compossuidores, pessoa natural ou jurídica, no caso de posse exercida coletivamente;

V – o devedor fiduciante, em caso de constituição de propriedade fiduciária;

VI – o usufrutuário, o enfiteuta ou foreiro, o superficiário, o concessionário, e outros que detenham direito real de uso do imóvel, no caso de o domínio útil e o domínio direto apresentarem titularidades distintas.

§1º Além do declarante, serão vinculadas ao imóvel rural todas as demais pessoas que detenham algum direito real sobre ele ou o uso temporário da terra.

§2º Serão declarados, ainda, os dados do cônjuge ou companheiro, bem como o regime de bens e a data da celebração do casamento ou da constituição da união estável.

Art. 4º Caso a declaração não seja voluntariamente apresentada por quem esteja obrigado a fazê-lo, o INCRA, ao tomar conhecimento da titularidade do imóvel rural ou da alteração ocorrida, notificará o interessado para que providencie a atualização cadastral no prazo de 30 (trinta) dias.

Art. 5º Decorrido o prazo previsto no art. 4º sem a manifestação do interessado, ou não sendo possível localizá-lo, o INCRA procederá de ofício à atualização cadastral do imóvel, desde que o preenchimento dos dados estruturais e pessoais seja possível apenas com base na documentação disponível, caso contrário, adotar os procedimentos previstos no Manual de Cadastro Rural.

Parágrafo único. Nas atualizações ex-ofício, a totalidade da área será informada como área aproveitável não utilizada na aba Uso e o interessado deverá ser comunicado do resultado da atualização.

CAPÍTULO III – DO CONCEITO DE IMÓVEL RURAL

Art. 6º Imóvel rural é a extensão contínua de terras com destinação (efetiva ou potencial) agrícola, pecuária, extrativa vegetal, florestal ou agroindustrial, localizada em zona rural ou em perímetro urbano.

§ 1º Duas ou mais áreas confinantes, registradas ou não, que apresentem a mesma titularidade, serão cadastradas como um único imóvel rural, mesmo na ocorrência das hipóteses abaixo:

I – estar o imóvel situado parcialmente:

a) em dois ou mais municípios ou unidades da federação;

b) em zona rural e urbana.

II – existirem interrupções físicas por cursos d'água, estradas ou outro acidente geográfico, desde que seja mantida a unidade econômica, ativa ou potencial.

§ 2º A existência de contratos agrários (arrendamento, parceria, comodato) não interfere no conceito de continuidade para fins de caracterização do imóvel rural, nos termos desta Instrução Normativa.

CAPÍTULO IV – DA FORMA DE DECLARAÇÃO

Art. 7º A Declaração para Cadastro de Imóveis Rurais será prestada mediante o preenchimento do formulário eletrônico disponível na rede mundial de computadores, composto pelas seguintes seções:

I – Estrutura: contém os dados referentes à identificação, localização, área, situação jurídica do imóvel rural, entre outros;

II – Uso: contém os dados referentes à utilização e exploração do imóvel rural;

III – Pessoas: contém os dados referentes à qualificação de todas as pessoas relacionadas ao imóvel rural, bem como ao tipo de vínculo;

IV – Dado Gráfico: contém os dados referentes à geoinformação do imóvel rural.

Art. 8º Após o envio da declaração pela Internet, será gerado um arquivo do Recibo de Entrega, que conterá a identificação do imóvel e do declarante, bem como a relação dos documentos necessários para a comprovação de dados, conforme o caso.

Art. 9º No prazo de 30 (trinta) dias, contados a partir da data de envio da declaração, o interessado deverá encaminhar ao INCRA uma via impressa do Recibo de Entrega, anexando a documentação comprobatória nele relacionada.

§ 1º A documentação pertinente poderá ser encaminhada, pessoalmente ou através do serviço postal, para os endereços sugeridos no Recibo de Entrega ou em qualquer outra unidade de recepção integrante da Rede Nacional de Cadastro Rural, conforme a conveniência do interessado.

§ 2º O operador do SNCR, lotado na unidade de recepção, receberá a documentação entregue pelo interessado e informará imediatamente no Sistema.

§ 3º Caso não seja informada a recepção da documentação comprobatória, dentro do prazo a que se refere o *caput*, a declaração será rejeitada por decurso de prazo, devendo o interessado reiniciar o procedimento.

Art. 10. Caso a unidade de recepção não seja competente para análise, nos termos do art. 12, ou o perfil de acesso não permita o processamento, será adotado o seguinte procedimento:

I – quando a recepção for realizada por Unidades Avançadas – UAs ou Unidades Municipais de Cadastramento – UMCs, estas enviarão os documentos para a Superintendência Regional à qual estão subordinadas, para os devidos encaminhamentos;

II – recebida a documentação pela Superintendência Regional, nos termos do inciso anterior ou diretamente em sua sede, e constatada a incompetência nos termos do art. 12, será efetuada a remessa imediata para a superintendência competente.

CAPÍTULO V – DA ATUALIZAÇÃO CADASTRAL

SEÇÃO I – DO PROCEDIMENTO GERAL

Art. 11. A atualização cadastral compreende as operações de:

I – alteração – quando ocorrerem alterações nos dados relativos ao imóvel já cadastrado ou às pessoas a ele vinculadas, quais sejam:

a) aquisição de área total – quando ocorrer alteração da titularidade de um imóvel rural já cadastrado, sem alteração de sua geometria;

b) alteração de área para informar desmembramento – quando ocorrer destaque de parcela de imóvel rural (área parcial) já cadastrado;

c) alteração de área para informar remembramento – quando ocorrer anexação de área total ou parcial entre imóveis confrontantes já cadastrados;

d) outras alterações – quando ocorrer anexação de área não cadastrada, alteração na exploração, alteração de endereço, alteração de dados pessoais, entre outras.

II – inclusão – para cadastrar novos imóveis, nas seguintes situações:

a) imóvel desmembrado – quando há o destaque de parcela (área parcial) de imóvel rural já cadastrado no SNCR, e o adquirente não possui imóvel confrontante cadastrado;

b) recuperação de código de imóvel – ocorre quando a área já foi cadastrada no SNCR, em suas versões anteriores, mas não consta na base de dados atual, por não haver sido recadastrada na época própria;

c) imóvel novo no SNCR – em caráter excepcional, ocorre quando a área nunca foi objeto de cadastro no SNCR em sua versão atual nem nas anteriores.

III – cancelamento – nos seguintes casos:

a) descaracterização: ocorre quando a área total do imóvel está inserida no perímetro urbano definido em Lei Municipal ou Plano Diretor, e perdeu a destinação que o caracterizava como imóvel rural;

b) multiplicidade cadastral – quando a mesma área for objeto de mais de um cadastro;

c) decisão judicial – quando houver determinação judicial para que seja efetuado o cancelamento;

d) decisão administrativa – em caráter residual, abrange os casos não enquadrados nas alíneas anteriores.

Parágrafo único. Os procedimentos a que se refere este artigo serão detalhados em instrumento específico.

Art. 12. Cada Superintendência Regional do INCRA somente poderá realizar a análise e o processamento das declarações referentes a imóveis localizados em municípios integrantes de sua área de abrangência.

Parágrafo único. Quando o imóvel se localizar em zona limítrofe, de modo que sua extensão territorial abranja mais de uma superintendência, a competência para análise será determinada pela localização da maior fração de área do imóvel. Havendo distribuição igualitária de frações, será determinante da competência a localização da sede do imóvel.

Art. 13. A análise da Declaração para Cadastro de Imóveis Rurais será efetuada na estrita ordem de entrega da documentação, ressalvados os casos de atendimento prioritário previstos na legislação.

Parágrafo único. Caso a documentação seja recepcionada em unidade distinta daquela responsável pela análise e processamento da declaração, nos termos dos arts. 9º e 10, será considerada como referência para os fins do disposto neste artigo a data da informação da recepção no sistema.

SEÇÃO II – DA ATUALIZAÇÃO CADASTRAL ENVOLVENDO PESSOAS ESTRANGEIRAS

Art. 14. A atualização cadastral de imóveis rurais que envolva pessoa natural estrangeira, pessoa jurídica estrangeira ou pessoa jurídica brasileira equiparada à estrangeira será feita exclusivamente na sede da Superintendência Regional em cuja área de abrangência se localize o imóvel, vedada a sua realização em Unidades Avançadas ou Unidades Municipais de Cadastramento.

Art. 15. Toda atualização cadastral que envolva aquisição de terras pelas pessoas a que se refere o artigo anterior será precedida de abertura de processo administrativo.

Parágrafo único. A inscrição do processo no Sistema Nacional de Aquisição de Terras por Estrangeiros – SISNATE será disciplinada em instrumento específico.

SEÇÃO III – DA ATUALIZAÇÃO CADASTRAL ENVOLVENDO PARCELAS CERTIFICADAS POR MEIO DO SISTEMA DE GESTÃO FUNDIÁRIA – SIGEF

Art. 16. Quando a atualização cadastral envolver parcela(s) certificada(s) por meio do SIGEF, o responsável pela análise deverá consultar os dados da(s) parcela(s) através da consulta pública disponível no endereço https://sigef.incra.gov.br/.

Art. 17. Caso seja detectada alguma inconsistência nos dados relativos à situação jurídica e/ou ao código do imóvel no SNCR, informados pelo credenciado ao requerer a certificação, a situação deverá ser relatada ao Comitê Regional de Certificação – CRC, para adoção das providências previstas no Manual para Gestão da Certificação de Imóveis Rurais.

Parágrafo único. Em se tratando de análise efetuada em Unidades Municipais de Cadastramento ou Unidades Avançadas, a documentação deverá ser enviada ao Gestor Regional do SNCR, para os devidos encaminhamentos.

SEÇÃO IV – DA VERIFICAÇÃO DE APARENTE IRREGULARIDADE NA SITUAÇÃO JURÍDICA DO IMÓVEL

Art. 18. Na análise da documentação apresentada, os indícios de descumprimento da legislação relativa ao georreferenciamento e aos atos registrais e notariais não constituirão impedimento para a atualização cadastral, em respeito ao princípio da presunção relativa de legalidade e legitimidade atribuída a tais atos.

§ 1º Na situação prevista neste artigo, os indícios de irregularidade serão relatados por escrito à Corregedoria Geral de Justiça e ao Ministério Público Estadual, para que seja realizada a devida apuração dos fatos e aplicação de sanção, se for o caso.

§ 2º Não se aplica o disposto no parágrafo anterior aos casos relativos à aquisição de terras por estrangeiros, cujo procedimento será disciplinado em instrumento específico.

CAPÍTULO VI – DA DESCARACTERIZAÇÃO PARA FINS URBANOS DE IMÓVEIS CADASTRADOS NO SNCR

SEÇÃO I – DISPOSIÇÕES GERAIS

Art. 19. Quando o imóvel perder a destinação que o caracterizava como rural, nos termos do Capítulo III, deverá ser providenciada a atualização cadastral, que corresponderá às operações de:

I – cancelamento de cadastro, no caso de descaracterização da área total cadastrada; ou

II – atualização cadastral da área remanescente, no caso de descaracterização de área parcial.

Art. 20. O requerimento de atualização cadastral, em virtude de descaracterização do imóvel para fins urbanos, poderá ser realizado pelo respectivo titular ou pelo Município de localização do imóvel.

Art. 21. O deferimento do pedido não implica o reconhecimento da regularidade da situação do imóvel, no que se refere aos aspectos ambientais e urbanísticos, que serão analisados pelos órgãos e entidades competentes, de acordo com a legislação de regência.

SEÇÃO II – DO REQUERIMENTO EFETUADO PELO TITULAR

Art. 22 O requerimento, dirigido ao Superintendente Regional, deverá conter os seguintes requisitos mínimos:

I – identificação do imóvel, com informação de denominação, município de localização, código no SNCR, dados referentes à situação jurídica, área total e área a ser descaracterizada;

II – qualificação de todos os titulares e respectivos cônjuges, com informação de nome completo, documento de identificação e CPF (pessoa natural) ou denominação e CNPJ (pessoa jurídica);

III – declaração de que o imóvel se encontra inserido em perímetro urbano, conforme legislação municipal, e que é de interesse dos titulares utilizá-lo para fins urbanos;

IV – endereço para correspondência.

Parágrafo único. Em se tratando de imóveis que possuam mais de um titular, o requerimento deverá ser assinado por todos eles, inclusive pelos respectivos cônjuges, sob pena de indeferimento.

Art. 23 O requerimento será instruído com a seguinte documentação:

I – certidão imobiliária de inteiro teor (original, cópia autenticada ou certidão eletrônica) da(s) matrícula(s) do imóvel, expedida pelo serviço de registro de imóveis no prazo máximo de 30 dias;

II – certidão de localização expedida pelo Município, atestando que o imóvel está inserido no perímetro urbano, com indicação do ato legislativo que o delimitou;

III – cópia da documentação relativa à pessoa (natural ou jurídica), relacionada no Anexo Único desta Instrução;

III – original ou cópia autenticada da procuração, se for o caso;

IV – Recibo de Entrega da Declaração para Cadastro de Imóveis Rurais, acompanhado da documentação nele relacionada, para fins de atualização da área remanescente, em caso de descaracterização parcial.

Art. 24 Verificada a regularidade da documentação, caberá ao INCRA:

I – efetuar o cancelamento do cadastro, quando se tratar de descaracterização de área total, comunicando a operação ao interessado, à serventia de registro de imóveis e ao Município; ou

II – proceder à atualização cadastral da área remanescente, por meio da declaração eletrônica previamente enviada, comunicando a operação ao interessado, com cópia do CCIR mais recente, à serventia de registro de imóveis e ao Município.

SEÇÃO III – DO REQUERIMENTO EFETUADO PELO MUNICÍPIO

Art. 25 O requerimento, dirigido ao Superintendente Regional e subscrito pelo Prefeito Municipal, deverá conter os seguintes requisitos mínimos:

I – identificação do(s) imóvel(is), com informação de denominação, código no SNCR, número da matrícula ou transcrição, área total e área a ser descaracterizada;

II – qualificação de todos os titulares e respectivos cônjuges, com informação de nome completo, documento de identificação e CPF (pessoa natural) ou denominação e CNPJ (pessoa jurídica), bem como dos respectivos endereços de correspondência;

III – declaração de que o(s) imóvel(is) se encontra(m) inserido(s) em perímetro urbano e já não se destina(m) à exploração agropecuária.

Parágrafo único. Em requerimento único, o Município poderá referir-se a dois ou mais imóveis, desde que os identifique de maneira adequada, assim como os respectivos titulares.

Art. 26 O requerimento será instruído com a seguinte documentação:

I – certidão imobiliária de inteiro teor (original ou cópia autenticada) da(s) matrícula(s) do(s) imóvel(is), expedida pelo serviço de registro de imóveis no prazo máximo de 30 dias;

II – planta representativa do zoneamento municipal, identificando a localização dos imóveis descaracterizados;

III – cópia do Termo de Posse, do documento de identificação e do CPF do Prefeito Municipal.

Art. 27 O INCRA notificará os interessados para que se manifestem sobre o teor do requerimento, no prazo de 30 (trinta) dias, contados a partir da data da efetiva cientificação, comprovada mediante Aviso de Recebimento – AR.

Art. 28 Decorrido o prazo a que se refere o artigo anterior sem manifestação dos interessados ou havendo manifestação favorável à descaracterização, o INCRA procederá conforme o disposto no art. 21.

Art. 29 Em caso de impugnação por parte do(s) titular(es), incumbirá a este(s) o ônus da prova de que o imóvel se enquadra no conceito previsto no Capítulo III.

Art. 30 Havendo a demonstração de que o imóvel ainda se encontra destinado para fins rurais, o INCRA indeferirá o pedido, comunicando a decisão ao Prefeito Municipal e ao(s) titular(es).

Parágrafo único. O indeferimento não impede que seja apresentado requerimento posterior, quando houver efetiva alteração na situação de uso do imóvel.

CAPÍTULO VII – DO INTERCÂMBIO DE INFORMAÇÕES

Art. 31 Ao receber as comunicações mensais relativas a modificações ocorridas nas matrículas, conforme prevê o art. 4º do Decreto 4.449, de 30 de outubro de 2002, o INCRA poderá adotar um dos seguintes procedimentos:

I – efetuar a imediata atualização cadastral de ofício, caso os dados disponíveis sejam suficientes; ou

II – proceder conforme o disposto nos arts. 4º e 5º.

§ 1º O mesmo procedimento será adotado nos casos de comunicação sobre a existência de sentenças de usucapião e o respectivo trânsito em julgado, conforme previsto no art. 22 da Lei nº 4.947, de 06 de abril de 1966.

§ 2º Efetuada a atualização cadastral, será encaminhada correspondência ao Serviço de Registro de Imóveis ou ao órgão judicial prolator da sentença de usucapião, informando os novos dados cadastrais do imóvel.

CAPÍTULO VIII – DAS DISPOSIÇÕES FINAIS

Art. 32 À Coordenação Geral de Cadastro Rural, com aprovação da Diretoria de Ordenamento da Estrutura Fundiária, caberá disciplinar os casos omissos, dirimir dúvidas e expedir orientações para a correta aplicação desta Instrução Normativa.

Art. 33 Ficam aprovados os Manuais de Uso do Sistema Nacional de Cadastro Rural – SNCR e o Manual de Orientação para Preenchimento da Declaração Eletrônica;

Art. 34 Esta Instrução Normativa entrará em vigor na data de sua publicação;

Art. 35 Ficam revogadas a Instrução Normativa nº 66, de 30 de dezembro de 2010, e a Instrução nº 17–b, de 22 de dezembro de 1980.

MARCELO AFONSO SILVA

D.O.U: de 30.03.2015

▸ *Não publicamos o Anexo desta norma.*

INSTRUÇÃO NORMATIVA Nº 83, DE 30 DE JULHO DE 2015, DO INCRA

Estabelece as diretrizes básicas para as ações de obtenção de imóveis rurais para fins de assentamento de trabalhadores rurais e dá outras providências.

A PRESIDENTE DO INSTITUTO NACIONAL DE COLONIZAÇÃO E REFORMA AGRÁRIA – Incra, no uso das atribuições que lhe conferem o art. 21, inciso VII, do Anexo I, do Decreto nº. 6.812, de 3 de abril de 2009 e art. 122, inciso IX, do Regimento Interno da Autarquia, aprovado pela Portaria MDA nº. 20, de 08 de abril de 2009, do Ministro de Estado do Desenvolvimento Agrário – MDA, e considerando o que consta do processo administrativo nº 54000.000279/2015–45, resolve:

CAPÍTULO I – DOS OBJETIVOS

Art. 1º Estabelecer, no âmbito do Incra, as diretrizes básicas para os procedimentos administrativos e técnicos das ações de obtenção de imóveis para assentamento de trabalhadores rurais.

CAPÍTULO II – DO PLANEJAMENTO PARA OBTENÇÃO DE IMÓVEIS RURAIS

Art. 2º A Divisão de Obtenção de Terras – SR(00)T definirá as áreas de atuação com base em diagnóstico regional elaborado nos termos do art. 2º da Portaria MDA nº 6, de 2013, e do Módulo I do Manual de Obtenção de Terras e Perícia Judicial.

Art. 3º Definidas as área de atuação, a SR(00)T procederá à identificação prévia dos imóveis rurais de interesse para incorporação ao programa de reforma agrária, observadas as seguintes diretrizes:

I – indicativos de descumprimento da função social;

II – os imóveis constantes no Cadastro de Empregadores que tenham mantido trabalhadores em condições análogas à de escravo de que trata a Portaria Interministerial MTE/SEDH nº 2, de 31 de março de 2015;

III – os imóveis indicados pelas entidades estaduais representativas de trabalhadores rurais e agricultores, nos termos do art. 1º do Decreto 2.250, de 11 de junho de 1997;

IV – as terras públicas, desde que apresentem viabilidade, terão prioridade na destinação para a implantação de projetos de assentamento;

V – priorização das vistorias dos imóveis de maior dimensão e os ofertados para a compra e venda de que trata o Decreto nº 433, de 24 de janeiro de 1992;

VI – localização em área de influência de outros assentamentos e de centros consumidores.

§ 1º A SR(00)T deverá manter atualizado banco de dados sobre o mercado de terras nas áreas prioritárias, visando subsidiar os trabalhos de avaliação e a definição dos parâmetros referenciais da planilha de preços de terras e imóveis rurais.

§ 2º O Incra realizará estudos para elaboração de Estudo da Capacidade de Geração de Renda – ECGR regionalizado que servirá de instrumento para definir parâmetros e subsidiar decisões administrativas relacionadas às ações de obtenção de terras, com vistas ao desenvolvimento territorial.

CAPÍTULO III – DOS PROCEDIMENTOS ADMINISTRATIVOS

Art. 4º Os procedimentos administrativos destinados à elaboração da cadeia dominial e à vistoria do imóvel rural serão instaurados em processos distintos e tramitarão de forma autônoma.

§ 1º A autuação destinada à verificação da cadeia dominial deverá conter os seguintes documentos mínimos:

I – espelho da Declaração para Cadastro de Imóveis Rurais do Sistema Nacional de Cadastro Rural – SNCR; e

II – certidão imobiliária atualizada.

§ 2º A autuação destinada à vistoria do imóvel rural deverá conter os seguintes documentos mínimos:

I – ato ou documento que justifique a sua escolha para a vistoria;

II – espelho da Declaração para Cadastro de Imóveis Rurais do Sistema Nacional de Cadastro Rural – SNCR;

III – certidão imobiliária atualizada.

§ 3º O imóvel rural omisso no SNCR deverá ser cadastrado ex officio com os dados constantes da certidão dominial atualizada.

§ 4º Com a autuação dos processos será comunicada a SR(00)F e oficiado o cartório do registro de imóveis competente sobre o procedimento.

§ 5º Os processos administrativos deverão estar finalizados e apensados para fins de encaminhamento à sede do INCRA, visando a obtenção do imóvel.

CAPÍTULO IV – DO PROCEDIMENTO DE VERIFICAÇÃO DA CADEIA DOMINIAL

Art. 5º A SR(00) procederá à verificação da cadeia dominial do imóvel rural até o destaque do patrimônio público para o privado e elaborará o extrato, com base nas certidões atualizadas comprobatórias das matrículas e dos registros da propriedade, cabendo a SR(00)PFE/R o exame da regularidade, da autenticidade e da legitimidade do título.

§ 1º Em caso de dúvida fundada acerca da localização ou sobreposição do título originário, a análise deverá permitir sua correta materialização em campo.

§ 2º Nos casos em que não for possível a materialização dos títulos originários, o prosseguimento do processo dependerá de pareceres técnico e jurídico específico, devendo a SR(00)PFE/R, por ocasião do ajuizamento da ação de desapropriação, adotar todas as providências com vista ao bloqueio da indenização até o esclarecimento dominial.

§ 3º Tratando–se de imóvel rural inserto na faixa de fronteira, submeter–se–á o procedimento, primeiramente, ao que está definido na Instrução Normativa/Incra nº 63/2010, observando se há processo de ratificação do imóvel rural pendente de conclusão ou, concluído sem que o título tenha sido levado a registro, situações nas quais deverá ser solicitado o bloqueio do valor total referente à terra nua depositado em juízo, até que se conclua o processo ratificatório.

Art. 6º Caso a cadeia dominial do imóvel rural não alcance o destaque do patrimônio público ou na hipótese do imóvel objeto de registro no Registro Geral de Imóveis em nome de particular não ter sido destacado validamente do domínio público, deverão ser adotadas as seguintes medidas:

I – em caso de não haver possibilidade de se tratar de terra pública federal, o Estado deverá ser instado a manifestar–se sobre a autenticidade e legitimidade do título ostentado, bem como sua correta materialização.

II – na hipótese de haver a possibilidade de se tratar de terra pública federal, o procedimento administrativo de desapropriação:

a) deverá ser suspenso até que se conclua a cadeia dominial do imóvel rural até o destaque do patrimônio público; e

b) deverá ser arquivado no caso do imóvel não ter sido destacado validamente do domínio público.

Parágrafo único. Na hipótese do inciso I, o procedimento de desapropriação prosseguirá qualquer que seja a resposta do Estado, devendo o Incra requerer a citação deste para integrar a ação de desapropriação e adotar as medidas necessárias para que os valores depositados fiquem retidos até a decisão final sobre a propriedade da área.

Art. 7º Identificado tratar–se de terras públicas federais, a SR(00)T comunicará a SR(00)F o interesse na arrecadação visando a incorporação ao patrimônio da União para o assentamento de trabalhadores rurais.

CAPÍTULO V – DO PROCEDIMENTO DE VISTORIA DE FISCALIZAÇÃO

SEÇÃO I – DA COMUNICAÇÃO PRÉVIA

Art. 8º O ingresso no imóvel rural de propriedade particular para o levantamento de dados e informações visando à elaboração do Laudo Agronômico de Fiscalização – LAF far–se–á mediante prévia comunicação ao proprietário, preposto ou seu representante legal, de acordo com o previsto nos §§ 2º e 3º do art. 2º da Lei nº 8.629, 25 de fevereiro de 1993:

I – pessoalmente, provada pela assinatura do proprietário, preposto ou representante legal, devidamente identificado, com a data do recebimento da comunicação; ou

II – por via postal, com aviso de recebimento em mãos próprias – AR–MP; ou

III – por via extrajudicial, por meio do Tabelionato de Notas.

§ 1º Será admitida a comunicação por meio de edital, a ser publicada por 3 (três) vezes consecutivas em jornal de grande circulação na capital do Estado de localização do imóvel rural, quando não tiverem êxito os meios de comunicação previstos nos incisos I, II ou III, devidamente comprovado.

§ 2º A comunicação prévia de que trata este artigo deverá ser feita com antecedência mínima de 3 (três) dias úteis, da qual deverá constar o período estimado para ingresso no imóvel rural, que não poderá extrapolar 30 (trinta) dias a partir do seu recebimento.

§ 3º Passados mais de 30 (trinta) dias da notificação, o imóvel poderá ser vistoriado se houver assentimento do proprietário ou mediante nova comunicação.

§ 4º Havendo mais de um proprietário, o prazo previsto no parágrafo anterior será contado a partir da entrega da última comunicação.

§ 5º Quando se tratar de imóvel rural indicado com base no art. 2º do Decreto nº 2.250, de 1997, a realização da vistoria será comunicada às entidades representativas dos trabalhadores rurais e das classes produtoras, a fim de que possam indicar representante técnico para acompanhar o levantamento de dados e informações.

§ 6º O ofício de comunicação prévia a ser assinado pelo superintendente regional será elaborado pela SR(00)T observando–se o seguinte:

I – os dados serão obtidos a partir da análise da certidão dominial atualizada do imóvel rural;

II – se houver complexidade na identificação do(s) proprietário(s) requerer-se-á a manifestação da SR(00)PFE/R.

§ 7º Na hipótese de espólio a comunicação deve ser dirigida ao inventariante juntando-se ao processo a certidão do inventário, a identificação do inventariante e a cópia do termo de sua nomeação.

§ 8º Caso o inventariante do espólio não tenha sido nomeado, a comunicação deverá ser dirigida ao cônjuge sobrevivente ou a qualquer herdeiro ou legatário que esteja na posse do imóvel, com a subsequente notificação por edital dos demais herdeiros.

SEÇÃO II – DO LAUDO AGRONÔMICO DE FISCALIZAÇÃO

Art. 9º Os trabalhos de campo, por ocasião da vistoria preliminar para a coleta de dados e informações do imóvel, deverão ser suficientes para que permitam a elaboração do Laudo Agronômico de Fiscalização – LAF, do Laudo de Vistoria e Avaliação – LVA e do Estudo de Capacidade de Geração de Renda – ECGR, este quando couber, constituindo peças técnicas distintas.

§ 1º O LAF e o LVA deverão atender ao estabelecido no Manual de Obtenção de Terras e Perícia Judicial, com a devida Anotação de Responsabilidade Técnica – ART, no Conselho Regional de Engenharia e Agronomia – CREA competente, cujo comprovante será juntado ao processo administrativo.

§ 2º A elaboração do ECGR individualizado somente será exigida nos casos em que o custo por família exceder o valor médio estabelecido na respectiva PPR – Planilha de Preços Referenciais de Terras.

Art. 10 O LAF deverá ser conclusivo acerca do cumprimento da função social da propriedade sob os aspectos econômico, ambiental, trabalhista e bem-estar, na forma do art. 9º da Lei nº 8.629/93, e conter manifestação quanto à viabilidade técnica, ambiental, econômica e ao potencial de uso dos recursos naturais do imóvel rural para o assentamento de trabalhadores rurais.

§ 1º No LAF deverão constar as datas de recebimento da comunicação prévia e de ingresso no imóvel rural, devendo indicar, ainda, se os trabalhos foram acompanhados pelo proprietário, preposto ou representante e pelo técnico da entidade referida no art. 2º do Decreto nº 2.250, de 1997, qualificando-os em quaisquer dos casos.

§ 2º O LAF deverá refletir as condições de uso do imóvel rural nos 12 (doze) meses inteiros imediatamente anteriores ao do recebimento da comunicação prevista no art. 8º desta Instrução Normativa.

§ 3º Na aplicação do disposto no § 7º do art. 6º da Lei nº 8.629, de 1993, considera-se caso fortuito a ocorrência de intempéries ou calamidades que resultem em frustração de safras ou destruição de pastos, devidamente comprovados por meio de documento emitido pelo órgão público competente.

§ 4º Com base no LAF serão atualizados os dados cadastrais do imóvel rural no SNCR para obtenção da classificação fundiária segundo os indicadores de:

I – grau de utilização da terra – GUT;

II – grau de eficiência na exploração – GEE;

III – número de módulos fiscais – MF.

§ 5º No caso de inviabilidade técnica ou ambiental do imóvel rural para implantação de projeto de assentamento, condição a ser devidamente registrada, será elaborado somente o LAF para efeito da atualização cadastral, e desinibição do imóvel no SNCR, sendo a proposta de arquivamento do processo submetida ao Comitê de Decisão Regional – CDR podendo ser consultada preliminarmente a Câmara Técnica Regional.

SEÇÃO III – DO PROCEDIMENTO PARA FISCALIZAÇÃO DOS IMÓVEIS CONSTANTES NO CADASTRO DE EMPREGADORES QUE TENHAM MANTIDO TRABALHADORES EM CONDIÇÕES ANÁLOGAS À DE ESCRAVO

Art. 11 Com a periodicidade da atualização do Cadastro de Empregadores que tenham submetido trabalhadores a condições análogas à de escravos, a Diretoria de Obtenção de Terras e Implantação de Projetos de Assentamento – DT oficiará o Ministério do Trabalho e Emprego – MTE solicitando cópia integral dos processos administrativos cuja fiscalização tenha ocorrido em imóveis rurais, para fins de aferição do cumprimento da função social da propriedade.

Art. 12 Após receber o processo administrativo oriundo do MTE contendo decisão final relativa a auto de infração lavrado em decorrência de ação fiscal em que tenha havido a identificação de trabalhadores submetidos a condições análogas à de escravo, a DT autuará processo administrativo no âmbito do Incra com vista à fiscalização da função social da propriedade e o remeterá à SR(00)T.

Art. 13 A SR(00)T, após a comunicação de que trata o art. 8º desta Instrução o Incra, por meio dos seus Peritos Federais Agrários, ingressará no imóvel para levantamento de dados e informações, conforme previsão do art. 2º, § 2º da Lei nº 8.629, de 1993.

§ 1º A vistoria objetivará averiguar a viabilidade técnica e ambiental do imóvel rural para implantação de assentamento, com elaboração de LAF conclusivo quanto ao cumprimento da função social, dispensada a apuração dos índices de GUT e GEE.

§ 2º Nos casos que for constatada a viabilidade técnica e ambiental do imóvel rural a equipe técnica realizará o LVA, na forma prevista nos arts. 14 e seguintes desta Instrução Normativa.

Art. 14 Procedida à atualização cadastral o procedimento observará a previsão dos artigos 16 e seguintes desta instrução normativa.

SEÇÃO IV – DO LAUDO DE VISTORIA E AVALIAÇÃO

Art. 15. O LVA será elaborado para a determinação técnica do valor de mercado do imóvel rural, conforme o § 1º do art. 12 da Lei nº 8.629, de 1993, devendo os dados da pesquisa de mercado integrar o banco de dados de preços de terras.

§ 1º Por ocasião do ajuizamento da ação de desapropriação, se não for possível assegurar a contemporaneidade do valor ofertado a partir do LVA elaborado, será realizada nova vistoria e lavrado novo laudo.

§ 2º Realizada nova avaliação o LVA será novamente submetido ao Grupo Técnico e aos critérios e parâmetros estabelecidos pela Portaria/MDA n. 243/2015

SEÇÃO V – DA COMUNICAÇÃO DA CLASSIFICAÇÃO FUNDIÁRIA E RESULTADO DA AVALIAÇÃO E DOS RECURSOS ADMINISTRATIVOS

Art. 16. Procedida à atualização cadastral será encaminhada comunicação ao proprietário, preposto ou representante legal, na forma do art. 8º desta Instrução Normativa, informando o resultado da classificação fundiária e da avaliação do imóvel com o envio da cópia do LAF e LVA, a data designada para audiência de acordo extrajudicial e respectivo prazo para impugnação administrativa.

§ 1º O proprietário, preposto ou representante legal poderá oferecer impugnação quanto ao LAF, no prazo de 15 (quinze) dias, dirigida ao Superintendente Regional do Incra, cujo termo inicial será a data da audiência para acordo extrajudicial, se não houver comparecimento, ou, comparecendo, não houver acordo.

§ 2º Havendo mais de um proprietário, todos serão notificados para a realização de acordo administrativo, que somente será possível mediante a anuência de todos.

§ 3º A impugnação administrativa interposta será julgada pelo Superintendente Regional, no prazo máximo de 30 (trinta) dias, ouvida a SR(00)T ou a SR(00)PFE/R, conforme a natureza da impugnação.

§ 4º A comunicação da decisão referente à impugnação será destinada ao proprietário, preposto ou representante legal, que poderá interpor recurso administrativo dirigido ao Superintendente Regional do Incra, no prazo de 10 (dez) dias, contados a partir do recebimento da comunicação.

§ 5º O recurso administrativo será julgado em segunda e última instância pelo CDR no prazo máximo de 15 (quinze) dias e comunicar-se-á a decisão do julgamento ao proprietário, preposto ou representante legal.

§ 6º Os prazos mencionados nos §§ 3º e 5º deste artigo poderão ser prorrogados por igual período, mediante justificativa.

§ 7º A impugnação e o recurso administrativo não serão conhecidos quando interpostos fora do prazo, ou por quem não seja legitimado, ou depois de exaurida a esfera administrativa.

§ 8º O recurso não terá efeito suspensivo no trâmite do processo administrativo de desapropriação.

§ 9º Havendo necessidade de comunicação do resultado da classificação fundiária e avaliação do imóvel por meio de edital, dele deverá constar que na impugnação o proprietário, preposto ou representante legal informe o endereço para futuras comunicações, sob pena de que estas sejam afixadas em local apropriado da SR(00).

SEÇÃO II – DO ESTUDO DA CAPACIDADE DE GERAÇÃO DE RENDA DO IMÓVEL

Art. 17. O Estudo da Capacidade de Geração de Renda – ECGR do imóvel, cabível na hipótese do § 2º do art. 9º, terá como parâmetros as atividades e rentabilidades tradicionais ou potenciais da agricultura familiar regional, e deverá:

I – identificar o potencial de geração de renda e a viabilidade econômica, considerando as condições produtivas do solo, o acesso à água para consumo e produção e o mercado consumidor;

II – definir a capacidade de assentamento mais adequada para o futuro projeto;

III – conter o anteprojeto de organização espacial do assentamento que contemple a projeção das áreas produtivas, ambientais (Reserva Legal e Área de Preservação Permanente) e agrovilas;

IV – apresentar as políticas públicas disponíveis na região para o atendimento das necessidades do assentamento referentes a, no mínimo, acesso à moradia, água para consumo e produção, energia elétrica e vias de acesso e escoamento e outras;

V – apontar possíveis soluções técnicas e tecnológicas economicamente viáveis para superação da inexistência ou insuficiência de recursos hídricos.

CAPÍTULO VII – DAS INSTÂNCIAS TÉCNICAS

SEÇÃO I – DO GRUPO TÉCNICO DE VISTORIA E AVALIAÇÃO

Art. 18. Ao Grupo Técnico de Vistoria e Avaliação, designado pelo chefe da SR(00)T, integrado pelo Engenheiro Agrônomo que coordenou a equipe de vistoria e avaliação do imóvel, na condição de relator, e por outros dois profissionais da mesma categoria, com direito a voto, compete:

I – examinar e relatar o LVA, verificando os critérios técnicos adotados, incluindo a análise de semelhança dos elementos da pesquisa com o imóvel avaliando lançados na planilha de homogeneização, bem como os valores obtidos;

II – verificar se os critérios técnicos adotados estão de acordo com as normas internas da Autarquia e, subsidiariamente, com a norma da Associação Brasileira de Normas Técnicas – ABNT específica para avaliação de imóveis rurais;

III – avaliar a coerência dos valores obtidos na avaliação com os do mercado imobiliário local, pela análise das tipologias de uso do imóvel com as identificadas na região, consignadas nas Planilhas de Preços de Referenciais – PPR, contidas no Relatório de Análise do Mercado de Terras – RAMT;

IV – elaborar Ata do Grupo Técnico conclusiva, contemplando os itens recomendados acima, dentre outros não previstos e aprovando ou não o LVA e o ECGR, este quando houver.

Parágrafo único. Após a aprovação prevista no inciso IV, o extrato simplificado do LVA será publicado no portal do Incra na internet e nas dependências da Superintendência Regional.

SEÇÃO II – DA CÂMARA TÉCNICA

Art. 19. A Câmara Técnica é o ambiente formal multidisciplinar de reuniões técnicas, com o objetivo de aprimoramento dos processos e métodos empregados na obtenção de terras e no assentamento de trabalhadores, e será coordenada por um perito federal agrário, escolhido pelos membros da Câmara Técnica e designado pelo superintendente regional, tendo como atribuições principais:

I – discussão técnica e metodológica dos procedimentos de obtenção, implantação e desenvolvimento de Projetos de Assentamento;

II – difusão permanente de experiências técnicas entre os engenheiros agrônomos e demais profissionais da área técnica, relativas às inovações pertinentes às ações de reforma agrária;

III – análise do Relatório de Análise do Mercado de Terras – RAMT, que conterá as Planilhas de Preços Referenciais – PPR por Mercado de Terras Regional, elaborado por equipe técnica designada por ordem de serviço para essa finalidade, a ser submetido à aprovação do CDR;

IV – promover discussões visando o intercâmbio técnico interinstitucional;

V – participar da elaboração e atualização do Diagnóstico Regional, a ser submetido à aprovação do CDR e encaminhado à DT, para acompanhamento, análise, sistematização e registro;

VI – propor alterações nos normativos vigentes no Incra afetos a obtenção de imóveis, que poderão contemplar especificidades regionais;

§ 1º A Câmara Técnica deverá ser institucionalizada, por meio de Portaria do Superintendente Regional, designando os membros para compô-la.

§ 2º Sempre que necessário a substituição de membros da Câmara Técnica, o Superintendente deverá editar nova Portaria para designação dos membros.

§ 3º Poderá o Diretor de Obtenção de Terras e Implantação de Assentamento criar uma Câmara Técnica Nacional formada pelos coordenadores das Câmaras Técnica Regionais e os chefes da SR(00)T para tratar de assuntos de relevância nacional para o Incra.

CAPÍTULO VII – DA SOBREPOSIÇÃO DE INTERESSES

SEÇÃO I – DAS CONSULTAS DA SUPERINTENDÊNCIA REGIONAL

Art. 20. Com o objetivo de identificar eventual existência de sobreposição de interesses relacionados a área vistoriada, a SR(00) oficiará:

I – ao órgão estadual de Terras;

II – ao órgão estadual de Meio Ambiente; e

III – à Prefeitura Municipal onde se localiza o imóvel.

§ 1º Deverá ser disponibilizado arquivo em formato shapefile do perímetro do imóvel, referenciado ao sistema de coordenadas SIRGAS 2000, aos órgãos consultados e à Diretoria de Obtenção de Terras e Implantação de Projetos de Assentamento (DT), para subsidiar as consultas de que trata o §2º do art. 8º da Portaria MDA nº 243/2015.

§ 2º A SR(00)T deverá obter da SR(00)F manifestação circunstanciada a respeito de sobreposição de área de interesse quilombola com vistas a subsidiar a consulta ao Ministério da Cultura de que trata o inciso V do art. 17.

SEÇÃO II – DAS CONSULTAS DO MDA

Art. 21. O arquivo digital do perímetro do imóvel será disponibilizado pela Diretoria de Obtenção de Terras e Implantação de Projetos de Assentamento – DT do Incra ao Ministério do Desenvolvimento Agrário – MDA, o qual consultará sobre a existência de sobreposição de interesse concorrente, em relação ao imóvel, os seguintes órgãos:

I – Ministério de Minas e Energia;

II – Ministério da Justiça;

III – Ministério do Meio Ambiente;

IV – Ministério do Planejamento, Orçamento e Gestão;

V – Ministério da Cultura; e

VI – Ministério dos Transportes.

§ 1º Consultas adicionais a outros órgãos ou entidades poderão ser formuladas em função do Estado ou Município de localização do imóvel rural vistoriado.

§ 2º As consultas previstas neste artigo não suspenderão o regular trâmite do procedimento administrativo, observado o disposto no parágrafo único, do art. 9º da Portaria MDA nº 243, de 2015.

CAPÍTULO VIII – DO ACORDO EXTRAJUDICIAL

Art. 22. Após a conclusão do Laudo Agronômico de Fiscalização – LAF e do Laudo de Vistoria e Avaliação – LVA, o Incra notificará o proprietário, preposto ou representante legal, para comparecer à Superintendência Regional em data e horário designados para realização de audiência de acordo extrajudicial.

§1º Sendo frustrada a realização de acordo, terá início o prazo para impugnação administrativa, na forma do art. 16.

§ 2º Havendo êxito na realização de acordo, será firmado Protocolo de Intenções contendo todas as suas condições, onde constará que o cumprimento do pacto fica condicionado à publicação do Decreto presidencial que declara o imóvel como de interesse social para fins de reforma agrária e a existência de dotação orçamentária e disponibilidade financeira para o pagamento da indenização.

§ 3º Na hipótese de falta de comprovação do destaque do patrimônio público para o privado e não havendo possibilidade de se tratar de terra pública federal, o Estado deverá ser instado a comparecer à audiência de acordo extrajudicial para manifestar-se sobre a autenticidade e legitimidade do título ostentado, sua correta materialização, bem como interesse na indenização e anuência na realização do acordo, podendo prestar esses esclarecimentos por meio de documento oficial.

§ 4º Na eventual omissão do Estado e havendo legislação estadual sobre a matéria, ficará a cargo da SR(00) a elaboração de Parecer Técnico e Jurídico sobre a regularidade do domínio privado e a ocorrência ou não de terra pública sobre a área vistoriada.

§ 5º Recaindo ônus reais ou gravames sobre o imóvel, os credores serão oficiados a comparecer à audiência de acordo extrajudicial, manifestar interesse em receber a parte que lhes cabe para satisfação de seus créditos e figurar como intervenientes anuentes do acordo.

§ 6º A existência de dúvida quanto ao destaque do patrimônio público para o privado ou a incidência de ônus reais recaindo sobre imóvel não obstam a assinatura do Protocolo de Intenções, podendo o processo tramitar com vistas à decretação do interesse social sobre o imóvel, vedada a lavratura da escritura pública de acordo administrativo de desapropriação acaso não superadas as pendências, hipóteses em que deverá ser ajuizada ação de desapropriação.

Art. 23. Participarão da audiência de acordo extrajudicial o Superintendente Regional, que a presidirá, o Chefe da Divisão de Obtenção (SR–00 T), o Procurador Regional e, no mínimo, um dos Peritos Federais Agrários que elaborou o LVA, devendo ser lavrada ata a ser assinada por todos os presentes.

Art. 24. Caso previsto no acordo, os Títulos da Dívida Agrária serão emitidos originariamente com os prazos e condições previstas no §4º do art. 5º da Lei 8.629/93 e § 4º do art. 5º da Lei 8.177/91.

Art. 25. A assinatura do Protocolo de Intenções e suas condições serão imediatamente comunicadas à DT para conhecimento, acompanhamento e supervisão.

Parágrafo único. O Protocolo de Intenções será publicado no portal do Incra na internet e afixado nas dependências da Superintendência Regional.

Art. 26. Após a expedição do decreto que declarar o interesse social no imóvel para fins de reforma agrária, o lançamento dos Títulos da Dívida Agrária – TDA e a descentralização de recursos será lavrada Escritura Pública onde constará cláusula de imissão de posse do Incra no imóvel e reconhecimento do valor da justa indenização.

§ 1º Antes da lavratura da Escritura Pública de acordo extrajudicial será certificada nos autos a presença dos seguintes documentos e/ou situações:

I – cópia autenticada da carteira de identidade e do CPF dos proprietários do imóvel e seus cônjuges, se pessoas natural;

II – no caso do domínio pertencer a pessoa jurídica, certidão de depósito ou de registro dos respectivos contratos e atos constitutivos, devidamente atualizados, cópia autenticada dos documentos comprobatórios de sua representação legal e de sua inscrição no Cadastro Nacional de Pessoas Jurídicas;

III – certidão atualizada de registro do imóvel e estudo de cadeia dominial demonstrando a regularidade do destaque do domínio público para o privado;

IV – comprovação de anuência do Estado, na hipótese de falta de destaque do patrimônio público para o privado e não havendo possibilidade de se tratar de terra pública federal;

V – certidões negativas de ônus e gravames em relação ao imóvel e de distribuição de ações reais e pessoais reipersecutórias em relação aos proprietários ou anuência dos respectivos credores ou interessados;

VI – certidões de inscrição cadastral do imóvel e de regularidade de sua situação fiscal junto às fazendas federal, estadual e municipal;

VII – planta e memorial descritivo do imóvel devidamente certificados na forma da Lei nº 10.267/2001.

§2º Não estando presentes as condições e/ou documentos exigidos no parágrafo anterior deverá ser ajuizada ação de desapropriação.

Art. 27. Para a realização de acordos extrajudiciais serão observadas as alçadas decisórias previstas nesta Instrução Normativa.

Art. 28. Aplicam-se ao acordo extrajudicial as disposições da Instrução Normativa Incra nº 34, de 23 de maio de 2006, naquilo que for compatível.

Art. 29. O Protocolo de Intenções e a escritura pública de acordo administrativo de desapropriação poderão ser celebrados a qualquer momento antes do ajuizamento da ação de desapropriação, desde que presentes as condições necessárias ao ato.

Art. 30. Após o Incra registrar a Escritura Pública de acordo extrajudicial no Cartório de Registro de Imóveis, o desbloqueio de TDAs será feito por solicitação do Superintendente Regional, com o envio dos autos do processo à DT, acompanhado de parecer da SR(00)PFE/R, atestando a regularidade do procedimento e do acordo celebrado.

CAPÍTULO IX – DO PROCEDIMENTO DECISÓRIO

Art. 31. A submissão de proposta de obtenção de imóveis rurais à decisão do CDR dependerá de Parecer Técnico Revisor e Parecer Jurídico.

Art. 32. A SR(00)T deverá elaborar Parecer Técnico Revisor sobre a instrução processual, abordando de forma circunstanciada, conforme a decisão a ser tomada, no mínimo:

I – histórico;

II – aspectos cadastrais;

III – peças técnicas;

IV – resumo das impugnações do proprietário, bem como o resumo das razões de indeferimento do pleito, se houver;

V – cumprimento da função social;

VI – aspectos agronômicos;

VII – aspectos ambientais, mencionando o bioma e a eventual incidência de unidade de conservação;

VIII – aspectos sociais e trabalhistas;

IX – viabilidade de assentamento e capacidade de assentamento;

X – valores da avaliação e coerência com o mercado de terras da região;

XI – viabilidade econômica e custo por família;

XII – conclusão sobre a regularidade processual e o interesse justificado na obtenção do imóvel para fins de reforma agrária;

§ 1º. Para fins de auxílio à análise e decisão das instâncias superiores, a SR(00)T deverá juntar "Lista de Conferência – checklist" dos documentos essenciais, indicando suas respectivas folhas, conforme anexo I.

Art. 33. Após a elaboração do Parecer Técnico Revisor a PFE/R deverá elaborar Parecer Jurídico fundamentado, contendo relatório circunstanciado, análise da regularidade da comunicação e da cadeia dominial, fundamentação legal e conclusão, seguindo modelo definido pela Procuradoria Federal Especializada.

Art. 34. A SR(00)T, por relatório circunstanciado e voto, submeterá à deliberação do Comitê de Decisão Regional – CDR a proposta de obtenção do imóvel e os valores da indenização, conforme alçadas de competência.

§ 1º Havendo deliberação pela aprovação da proposta de obtenção e pelos valores da indenização, a decisão deverá ser objeto de resolução do CDR.

§ 2º Caso a alçada de aprovação dos valores de indenização supere a competência do CDR, caberá aprovação da proposta de obtenção, por resolução, com o encaminhamento dos autos à DT para submissão ao CD.

§ 3º Na hipótese do CDR deliberar pela não aprovação da proposta e valores da indenização, o processo deverá ser arquivado.

CAPÍTULO X – DA PROPOSTA DE DECRETO

Art. 35. Os processos administrativos de vistoria e de cadeia dominial serão encaminhados pelo Superintendente Regional à Diretoria de Obtenção de Terras e Implantação de Projetos de Assentamento – DT que verificará o enquadramento da proposta ao disposto em Portarias do MDA, realizará análise técnica e espacial e a conferência dos documentos listados no anexo I.

Parágrafo único. O Despacho de encaminhamento do superintendente deverá informar sobre a consonância da proposta com as disposições estabelecidas nas Portarias MDA nº 6/2013 e nº 243/2015.

Art. 36. A DT elaborará minuta da proposta de Decreto e constituirá o "Conjunto Decreto", que passará a acompanhar o processo principal e será encaminhado à Procuradoria Federal Especializada, de acordo com o inciso I do artigo 10 da Portaria/MDA nº 243, de 2015.

§ 1º O "Conjunto–decreto" será constituído com cópia das seguintes peças do processo administrativo:

I – capa dos processos;

II – certidão(s) atualizada(s);

III – extrato da cadeia dominial assinado e respectivo parecer jurídico conclusivo;

IV – ofício e resposta dos órgãos e entes oficiados pela Superintendência, de que trata o art. 20, incisos I, II e III;

V – parecer fundamentado da PFE/R e parecer revisor circunstanciado da SR(00)T;

VI – resolução do CDR;

VII – despacho do Superintendente Regional contendo manifestação sobre o enquadramento da proposta aos critérios e parâmetros legais, ou as razões da excepcionalidade do prosseguimento;

VIII – lista de conferência das peças essenciais do processo;

IX – memorial descritivo;

X – arquivo digital do perímetro e mapas temáticos do imóvel (Classe de Capacidade de Uso e Mapa de Uso Atual);

XI – minutas do ofício do Presidente, da exposição de motivos e do decreto; e

XII – outros documentos pertinentes às apreciações subsequentes.

§ 2º O imóvel rural objeto da desapropriação será identificado pela transcrição do memorial descritivo na minuta da proposta de decreto, sendo dispensada a referência às matrículas.

Art. 37. A PFE/Incra/Sede verificará a regularidade dos procedimentos e analisará a minuta de proposta do Decreto.

Art. 38. O Presidente encaminhará o processo administrativo junto com o "Conjunto Decreto" ao Ministério do Desenvolvimento Agrário, contendo manifestação quanto à consonância da proposta com esta norma e com as demais disposições ministeriais e autárquicas referentes ao tema.

Art. 39. Editado decreto declaratório de interesse social, a DT providenciará a emissão dos TDAs e descentralização de recursos financeiros para indenização do imóvel, restituindo os autos à Superintendência Regional com a juntada do demonstrativo de lançamento dos títulos, para o ajuizamento da ação de desapropriação ou realização de acordo extrajudicial.

CAPÍTULO XI – DA AQUISIÇÃO DE IMÓVEIS RURAIS POR COMPRA E VENDA

Art. 40. Observadas as disposições desta Instrução e do Decreto nº 433, de 1992 será possível a aquisição de imóveis rurais por compra e venda, sendo obrigatória a realização de audiência pública.

Parágrafo único. O processo administrativo de aquisição terá por objeto um único imóvel rural, em sua totalidade ou apenas parte.

Art. 41. Quando instaurado mediante oferta de venda formulada pelo proprietário ou seu representante legal, o Incra produzirá exclusivamente LVA que ateste sobre a viabilidade do imóvel para implantação de projeto de assentamento, bem como sua capacidade de assentamento de famílias, dispensada a classificação fundiária e cadastral.

Art. 42. A compra e venda poderá ocorrer por iniciativa do Incra, quando constatada a insuscetibilidade do imóvel para desapropriação por descumprimento da função social, após a elaboração de LAF em processo instaurado na forma do art. 8º.

Art. 43. Para fins de conferência da cadeia dominial do imóvel autuar-se-á processo administrativo próprio nos termos do art. 3º, § 1º, com análise conforme art. 6º.

Art. 44. A audiência pública será convocada e presidida pelo Superintendente Regional, por edital publicado em 3 (três) dias consecutivos em jornal de grande circulação, na região ou no município de localização do imóvel rural, com prazo mínimo de 15 (quinze) dias de antecedência, contados a partir da primeira publicação, a ser realizada preferencialmente no município de localização do imóvel rural.

§ 1º A SR(00)G convidará a participar da audiência pública, os representantes:

I – dos Ministérios Público Federal e Estadual;

II – dos Poderes Executivos e Legislativos Estadual e Municipal;

III – dos movimentos sociais, federação ou Sindicato de Trabalhadores na Agricultura, Federação ou Sindicato dos Produtores Rurais; e

IV – de outras entidades ou organizações com representatividade no município ou região.

§ 2º Para a realização da audiência pública é necessária a instrução do procedimento administrativo, quanto aos seguintes tópicos:

I – razões da aquisição;

II – regularidade do domínio;

III – dados cadastrais;

IV – aspectos agronômicos e ambientais;

V – viabilidade e capacidade de assentamento; e

VI – valor de mercado, nos termos do LVA e condições de pagamento.

§ 3º Os documentos produzidos na audiência pública, especialmente sua ata, deverão compor os autos do processo administrativo.

§ 4º Quando a proposta de aquisição tiver sido submetida e aprovada em audiência do Conselho Estadual ou Municipal de Desenvolvimento Rural Sustentável ou colegiado equivalente, poderá ser dispensada a realização de audiência pública.

Art. 45. A aquisição será precedida de aprovação pelo CDR ou CD, observadas as alçadas decisórias definidas nesta Instrução, autorizada pelo Superintendente Regional ou Presidente, formalizadas respectivamente, por resolução e portaria a serem publicadas no DOU.

Art. 46. Após o Incra registrar a Escritura Pública de Compra e Venda no Cartório de Registro de Imóveis, o desbloqueio de TDAs será feito por solicitação do Superintendente Regional, com envio dos autos do processo à DT, acompanhado de parecer da SR(00)PFE/R, atestando a regularidade do procedimento.

CAPÍTULO XII – DA AQUISIÇÃO DE IMÓVEIS RURAIS EM HASTA PÚBLICA

Art. 47. Poderá ser autorizada, por ato do presidente do Incra, a participação em hasta pública, com a oferta, em moeda corrente, com vistas à arrematação de imóveis rurais viáveis para a implantação de assentamentos.

Parágrafo único – A aquisição de que trata o *caput* fica condicionada à existência de prévio laudo técnico atestando a viabilidade do imóvel para implantação de projeto de assentamento e de que o valor da avaliação judicial e do lance a ser ofertado se encontram compatíveis com o mercado de terras da região, bem como à comprovada disponibilidade orçamentária e financeira, mediante empenho feito até a data de realização da hasta.

Art. 48. O procedimento para a autorização e as condições da participação em hasta pública serão disciplinados por norma de execução da DT.

Parágrafo único. Até a edição da norma de que trata o *caput* as propostas e condições de participação serão examinadas e estabelecidas conforme as especificidades do caso concreto pela DT.

CAPÍTULO XIII – DAS ALÇADAS DE COMPETÊNCIA

Art. 49. Compete ao Comitê de Decisão Regional – CDR:

I – a aprovação das propostas de obtenção de imóveis rurais para reforma agrária, desde que o custo por família beneficiária não exceda o valor médio da PPR – Planilha de Preços Referenciais de Terras do Incra para a região de situação do imóvel;

II – aprovação das propostas de acordo administrativo ou judicial na obtenção de imóveis rurais para reforma agrária, com valor até o limite superior do campo de arbítrio da avaliação administrativa obtido de laudo contemporâneo, que impliquem, ou não, redução de prazos de resgate e majoração de taxa de juros de remuneração de Títulos da Dívida Agrária – TDAs, nos termos dos art. 5º, § 4º, da Lei nº 8.629, de 25 de fevereiro de 1993 e art. 5º, § 4º, da Lei nº 8.177, de 1º de março de 1991, com redação da Medida Provisória nº 2.183-56, de 2001;

III – a aprovação dos atos pertinentes à desapropriação por interesse social para fins de regularização de território quilombola, inclusive acordo judicial, para imóveis com valor até o limite superior do campo de arbítrio da avaliação administrativa, obtida por laudo contemporâneo.

Parágrafo único. Para fins da competência prevista neste artigo será considerado o custo por família obtido no LVA, independente do valor pactuado no acordo, nos limites do inciso II.

Art. 50. Compete ao Conselho Diretor:

I – a aprovação das propostas de obtenção de imóveis rurais para reforma agrária, na hipótese do custo por família beneficiária exceder o valor médio da PPR – Planilha de Preços Referenciais de Terras do Incra;

II – aprovação das propostas de acordo administrativo ou judicial na obtenção de imóveis rurais para reforma agrária, com valor acima do limite superior do campo de arbítrio da avaliação administrativa obtido de laudo contemporâneo, que impliquem, ou não, redução de prazos de resgate e majoração de taxa de juros de remuneração de Títulos da Dívida Agrária – TDAs, nos termos dos art. 5º, § 4º, da Lei nº 8.629, de 25 de fevereiro de 1993 e art. 5º, § 4º, da Lei nº 8.177, de 1º de março de 1991, com redação da Medida Provisória nº 2.183–56, de 2001;

III – a aprovação dos atos pertinentes à desapropriação por interesse social para fins de regularização de território quilombola, inclusive acordo judicial, para imóveis com valor acima do limite superior do campo de arbítrio da avaliação administrativa, obtida por laudo contemporâneo.

Art. 51. A indicação de imóveis em áreas não prioritárias ou que não se amoldem aos critérios desta norma, e mantido o interesse em sua obtenção, dependerá de autorização expressa do Conselho Diretor do INCRA, com prévia manifestação do CDR.

CAPÍTULO XIII – DAS DISPOSIÇÕES FINAIS

Art. 52. Esta Norma se aplica aos processos em curso, devendo ser aproveitados os atos produzidos sob a vigência dos normativos anteriores.

Art. 53. Revogam-se as disposições em contrário, especialmente a Resolução INCRA/CD/Nº 01, de 29 de março de 2012, e a Instrução Normativa nº 81, de 21 de novembro de 2014.

Art. 54. Esta Instrução Normativa entra em vigor na data de sua publicação.

MARIA LUCIA DE OLIVEIRA FALCÓN

› *Não publicamos os Anexos desta norma.*

INSTRUÇÃO NORMATIVA Nº 05, DE 19 DE MAIO DE 2016, DO INSTITUTO CHICO MENDES DE CONSERVAÇÃO DA BIODIVERSIDADE

Estabelece os procedimentos para a Compensação de Reserva Legal, em imóveis localizados no interior de Unidades de Conservação Federais de domínio público, visando à regularização da sua situação fundiária, conforme Processo Administrativo nº 02070.000195/2014-01.

O **PRESIDENTE DO INSTITUTO CHICO MENDES DE CONSERVAÇÃO DA BIODIVERSIDADE**, nomeado pela Portaria do Ministro de Estado Chefe da Casa Civil da Presidência da República nº 899/2015, publicada no DOU do dia 15 de maio de 2015, no uso das competências atribuídas pelo inciso VII, do Artigo 21, Anexo I, do Decreto nº. 7.515, de 08 de julho de 2011, publicado no DOU de 11 de julho 2011, que aprova a Estrutura Regimental do ICMBio, resolve:

CAPÍTULO I – DOS OBJETIVOS E FUNDAMENTAÇÃO LEGAL

Art. 1º Fixa os procedimentos para a Compensação de Reserva Legal, de imóveis rurais de domínio privado, localizados no interior de Unidades de Conservação Federais de posse e domínio públicos, visando a regularização da sua situação fundiária, tendo como fundamentação legal, dentre outras, as seguintes normas:

I – Art. 225, § 1º, inciso III, CF de 1988;

II – Lei nº 9.605, de 12 de fevereiro de 1998;

III – Lei nº 9.985, de 18 de julho de 2000;

IV – Lei nº 12.651, de 25 de maio de 2012;

V – Lei nº 12.727, 17 de outubro de 2012;

VI – Decreto nº 8.235, de 5 de maio de 2014.

CAPÍTULO II – DOS CONCEITOS

Art. 2º Para os fins previstos nesta Instrução Normativa, entende-se por:

I – Reserva Legal: área localizada no interior de uma propriedade ou posse rural, delimitada nos termos do art. 12 da Lei nº 12.651/2012, com a função de assegurar o uso econômico de modo sustentável dos recursos naturais do imóvel rural, auxiliar a conservação e a reabilitação dos processos ecológicos e promover a conservação da biodiversidade, bem como o abrigo e a proteção de fauna silvestre e da flora nativa;

II – Compensação de Reserva Legal: consiste na doação de áreas situadas no interior de Unidades de Conservação de domínio público, pendentes de regularização fundiária, ao órgão ambiental competente, para fins de averbá-la como reserva legal de imóvel situado fora dos limites da unidade de conservação regularizando assim o seu passivo ambiental, nos termos do inciso III, § 5º, Art. 66 da Lei nº 12.651/2012.

III – Unidade de Conservação (UC): espaço territorial e seus recursos ambientais, incluindo as águas jurisdicionais, com características naturais relevantes, legalmente instituído pelo Poder Público, com objetivos de conservação e limites definidos, sob regime especial de administração, ao qual se aplicam garantias adequadas de proteção;

IV – Beneficiário: proprietário ou possuidor de imóvel rural que detinha, em 22 de julho de 2008, área de Reserva Legal em extensão inferior ao estabelecido no art. 12, da Lei nº 12.651/2012, que deseje regularizar esse passivo mediante doação de áreas, pendentes de regularização fundiária, localizadas no interior de unidade de conservação federal de domínio público, ao ICMBio, como uma forma de compensação;

V – Cedente: proprietário de imóvel, passível de indenização, situado no interior da unidade de conservação federal de domínio público;

CAPÍTULO III – DOS PROCEDIMENTOS ADMINISTRATIVOS E DAS DISPOSIÇÕES GERAIS

Art. 3º Nas ações para a Compensação de Reserva Legal em Unidades de Conservação Federais de Proteção Integral e de Uso Sustentável de posse e domínio públicos deverá se observar, além do prévio cadastramento do imóvel a ser doado no Cadastro Ambiental Rural - CAR, o seguinte:

I – poderão aderir como cedentes do procedimento denominado Compensação de Reserva Legal os proprietários de imóveis que estejam localizados, total ou parcialmente, nos limites internos da Unidade;

II – poderão aderir como beneficiários, os proprietários ou possuidores de imóvel rural que possuam débito total ou parcial de reserva legal, em imóveis localizados fora dos limites da Unidade de Conservação.

Art. 4º Para fins desta Instrução Normativa, somente poderão ser doados ao ICMBio os imóveis livres, desembaraçados e sem edificações do seu titular ou de terceiros, o que será objeto de vistoria prévia do Instituto, quando for o caso.

§1º Correrão por conta do cedente e/ou do beneficiário todas as despesas decorrentes das providências indicadas no *caput* deste artigo, exceto as relacionadas à vistoria.

§2º Havendo interesse do ICMBio na permanência de alguma benfeitoria do imóvel e não havendo interesse do cedente e/ou do beneficiário em sua retirada, por meio de manifestação formal, esta poderá, por termo expressamente ajustado com a chefia da unidade, ser mantida para fins institucionais.

Art. 5º O imóvel do cedente, com certidão emitida pelo ICMBio, poderá ser adquirido em regime de condomínio pelos beneficiários.

§1º Quando o condomínio não abranger toda a área do imóvel, deverá ser realizado o desdobramento da matrícula do imóvel, ficando o saldo de área como remanescente da matrícula originária.

§2º O critério de definição da equivalência entre área a ser compensada dentro da Unidade de Conservação e a parte da reserva legal faltante no imóvel objeto desta Norma, será realizada pelo órgão ambiental responsável.

§3º A delimitação da área de abrangência, onde estão localizadas as propriedades que poderão ser beneficiadas pelo processo de Compensação de Reserva Legal deverá observar a abrangência dos Biomas estabelecidos pelo IBGE, Portaria MMA nº 96 de 27/03/2008 e/ou as restrições estabelecidas em legislações estaduais específicas.

Art. 6º Os imóveis parcialmente sobrepostos às Unidades de Conservação Federais poderão ser objeto do mecanismo de compensação de reserva legal, desde que obedecidos os seguintes critérios:

I – Nos casos em que a área sobreposta represente somente uma parte daquela exigível para fins de reserva legal da parte do seu imóvel situada fora da Unidade, o cedente ou beneficiário poderá optar por doá-la ao ICMBio e complementar a parte faltante mediante a doação de outro imóvel localizado no interior de Unidade de Conservação Federal;

II – O cedente ou beneficiário poderá optar pela doação da integralidade do imóvel ao ICMBio, pela doação do equivalente ao mínimo exigível para fins de compensação de reserva legal e desapropriação da área remanescente, ou, ainda, poderá optar pela oferta a beneficiários que tenham interesse em adquirir o imóvel para os fins desta Instrução Normativa.

Parágrafo único. Nas hipóteses de doação de imóveis que se sobrepõem apenas parcialmente às unidades de conservação, somente a parcela que a integra será considerada para fins de compensação de reserva legal.

Art. 7º O processo de compra e venda será realizado entre o beneficiário e o cedente, não havendo interferência e/ou participação da Autarquia nesse processo, especialmente ao que se refere à definição dos valores transacionados.

§ 1º As taxas e emolumentos cartoriais de transferência do imóvel, de Imposto de Transmissão de Bens Imóveis - ITBI, serão de responsabilidade do(s) beneficiário(s), conforme normas estabelecidas pelo órgão tributário competente.

§ 2º A inserção no SICAR da doação do imóvel ao ICMBio como compensação de reserva legal será de responsabilidade do beneficiário.

§ 3º Sobre a transmissão do imóvel ao ICMBio não incidirão custas ou emolumentos cartoriais, observado o regime de isenção, na forma estabelecida pelo órgão competente.

CAPÍTULO IV – DAS ETAPAS DO PROCESSO ADMINISTRATIVO DE DOAÇÃO

Art. 8º Os procedimentos aos quais se refere esta Instrução Normativa obedecerão às seguintes etapas:

I – instauração e instrução do processo;

II – análise técnica relativa à fase de emissão de certidão;

III – certidão para fins de compensação de reserva legal;

IV – vistoria técnica para fins de constatação da inexistência de ocupações e apresentação de novos documentos;

V – análise técnica relativa à fase de escrituração e registro;

VI – análise jurídica da Procuradoria Federal Especializada junto ao ICMBio quanto à regularidade da instrução processual;

VII – decisão administrativa da respectiva Coordenação Regional do Instituto; e

VIII – escrituração da doação ao ICMBio e respectivo registro imobiliário.

Parágrafo único. As etapas do procedimento, a depender das circunstâncias, poderão ter sua ordem de observância alterada em razão do princípio da eficiência e em prol da razoabilidade e da racionalidade no emprego dos recursos públicos.

Art. 9º A Compensação de Reserva Legal no interior de Unidades de Conservação Federais de domínio público será iniciada mediante a instauração de processo administrativo a pedido do cedente.

Art. 10. Cada processo administrativo terá por objeto um único imóvel, independentemente do número de matrículas que o componham e será instaurado em nome do titular do domínio.

§1º Quando se verificarem sobreposição de imóveis, os processos administrativos também serão apensados até que seja dirimida a divergência.

§2º Dirimida a dúvida prevista no §1º, os processos serão desapensados e encaminhados para emissão de certidão.

Art. 11. Os documentos dos cedentes e de suas propriedades serão entregues em qualquer unidade do ICMBio ou em local especificado em Edital, quando for o caso.

Art. 12. Se a documentação apresentada no ato de instauração do processo não atender às exigências previstas nesta norma, o interessado será notificado a suprir a omissão identificada em prazo razoável.

Parágrafo único. Na hipótese do *caput*, quando o interessado deixar transcorrer injustificadamente o prazo fixado para apresentação de documentos ou informações, poderá o ICMBio promover o sobrestamento/arquivamento do processo ou a sua conversão em processo de desapropriação, mediante decisão fundamentada, seguindo-se daí os procedimentos da Instrução Normativa ICMBIO nº 02/2009, ou outra que a suceder.

Art. 13. Os documentos que instruirão o processo deverão ser apresentados em via original ou em cópia autenticada.

§1º A autenticação dos documentos poderá ser feita por qualquer servidor de carreira em qualquer Unidade do ICMBio.

§2º Salvo imposição legal, o reconhecimento de firma somente será exigido quando houver dúvida de autenticidade.

§3º Caso os interessados sejam representados por procurador, deverá ser apresentada, procuração elaborada por instrumento público, com poderes específicos para o ato, acompanhada das cópias da Cédula de Identidade e do CPF do procurador.

Art. 14. O processo deverá ter suas páginas rubricadas e numeradas sequencialmente.

CAPÍTULO V – DA DOCUMENTAÇÃO EXIGIDA E FASES DO PROCESSO ADMINISTRATIVO

Art. 15. Os processos dos cedentes de imóveis para fins dessa norma serão instruídos em duas etapas da seguinte forma:

§1º A primeira etapa, denominada de Fase I, tem como objetivo a expedição da Certidão para Compensação de Reserva Legal.

§2º A segunda etapa, denominada de Fase II, trata da doação e registro imobiliário do imóvel em nome do ICMBio.

Art. 16. Na Fase I, de emissão de certidão, a instrução processual deverá se ater a análise de documentação da pessoa física ou jurídica interessada, juntada do título ou registro imobiliário e análise da área, do polígono do imóvel e da respectiva localização do imóvel, verificando a incidência de sobreposição com a unidade de conservação.

§1º Na Fase I, de emissão de certidão, o processo administrativo de Compensação de Reserva Legal deverá ser composto da seguinte documentação:

I – Cópia da carteira de identidade e do Cadastro de Pessoa Física - CPF dos proprietários e representante legal;

II – Ato constitutivo, estatuto ou contrato sociais, devidamente registrados e atualizados, e comprovação da existência de poderes der representação, em se tratando de sociedade privada;

III – Certidão de inteiro teor que comprove a existência de cadeia dominial trintenária ininterrupta ou com prazo inferior a trinta anos, quando iniciada por título expedido pelo poder público ou oriundo de decisão judicial, transitada em julgado, relativa a titularidade do domínio;

IV – Será exigida cópia do título aquisitivo originário ou certidão deste, que comprove o domínio privado do imóvel a ser indenizado, acompanhada da cadeia dominial correspondente ininterrupta e válida até a origem, quando:

a) For contatada a existência de ação judicial ou requerimento administrativo que objetive a anulação da matrícula do imóvel ou a desconstituição do título de domínio ostentado pelo interessado;

b) Forem constatados fortes indícios de nulidade na matrícula ou no registro do imóvel;

c) Houver disputa judicial entre um ou mais interessados sobre o imóvel objeto da indenização; e

d) Quando se tratar de áreas localizadas em faixa de fronteira, passíveis de ratificação pelo INCRA, hipótese, ainda, em que o interessado deverá comprovar a existência de processo visando a ratificação do imóvel junto ao INCRA.

V – Finda, a ação judicial ou dirimidas as razões geradoras da dúvida quanto a validade da matrícula, a demonstração da existência de cadeia dominial trintenária ininterrupta será suficientemente para o prosseguimento do processo.

VI – Planta do imóvel e memorial descritivo que possibilite identificar a localização do imóvel em relação à UC e a outros imóveis existentes na malha fundiária do ICMBio.

VII – Certidões comprobatórias da inexistência de ônus, gravames e ações reais e pessoais reipersecutórias sobre o imóvel.

Art. 17. Deverá haver a análise técnica dos dados de georreferenciamento e localização das propriedades cedentes, nas sedes das Unidades de Conservação, Coordenações Regionais (CRs) ou na Coordenação Geral de Consolidação Territorial (CGTER), visando o seu cadastramento no banco de dados da Autarquia e análise de sobreposição de imóveis com terras privadas e/ou terras públicas.

Art. 18. Compete à chefia da unidade de conservação federal ou, supletivamente, à coordenação regional a qual a unidade se vincule:

I – promover análise técnica sobre a instrução e a regularidade do processo e emitir parecer sobre o atendimento de cada uma das exigências previstas nesta Instrução Normativa;

II – elaborar a cadeia sucessória dominial do imóvel;

Art. 19. Constatada a regularidade técnica do processo administrativo do imóvel cedente, será expedido ao interessado uma "Certidão para Fins de Compensação de Reserva Legal", tomando-se como referência o modelo constante do Anexo I.

§1º A certidão tem por objetivo informar que a área está sobreposta a UC e que o imóvel foi considerado apto a participar do procedimento de compensação de reserva legal em unidade de conservação, na condição de cedente.

§2º Na certidão devem ser listadas as pendências documentais necessárias para a que se possa efetuar a doação do imóvel e a observação de que o recebimento da doação estará condicionado à inexistência de ocupações.

§3º A certidão para fins de compensação de reserva legal poderá ser expedida pelo Coordenador- Geral de Consolidação Territorial, pelo Chefe da Unidade ou pelo Coordenador Regional.

Art. 20. Na Fase II, de lavratura da escritura de doação e registro do imóvel em nome do ICMBio perante o Cartório de Registro de Imóveis competente, o titular do domínio deverá apresentar a documentação regularmente exigível pelos cartórios de tabelionato de notas e de registro imobiliário, quais sejam:

I – Certificado de Cadastro de Imóvel Rural - CCIR atualizado;

II – Certidão comprobatória da inexistência de ônus, gravames e ações reais e pessoais reipersecutórias sobre o imóvel;

III – Certidão Negativa de Débitos de Imóvel Rural emitida pela Receita Federal do Brasil pela Internet ou por meio de suas Unidades; e

V – Comprovação da inexistência de débitos perante o IBAMA e o ICMBio, sendo aceita declaração emitida pelo IBAMA, inclusive por meio eletrônico, até que o ICMBio possua sistema de controle próprio.

- *Consta conforme publicação oficial.*

V – Planta do imóvel e memorial descritivo, assinados por profissional habilitado e com a devida Anotação de Responsabilidade Técnica - ART. Quando o imóvel estiver sobre a exigência legal de certificação do INCRA, conforme Decreto nº 7.620, de 21 de novembro de 2011, deverá ser apresentada a respectiva certificação.

Art. 21. Antes da escrituração e do registro imobiliário da doação, um servidor do ICMBio deverá realizar a vistoria no imóvel e emitir termo comprobatório de que o imóvel encontra-se livre e desembaraçado de ocupações.

Parágrafo único. As ocupações exercidas por comunidades beneficiárias em unidades de conservação de domínio público da categoria de uso sustentável não serão consideradas impeditivas para a efetivação da doação do imóvel ao ICMBio.

Art. 22. Na Fase II, de escrituração e registro, concluídos os procedimentos descritos nos artigos anteriores, promovidas a vistoria, a apresentação de novos documentos e a respectiva análise técnica, a Procuradoria Federal Especializada junto ao ICMBio procederá à análise jurídica do processo, emitindo parecer sobre a regularidade do procedimento, visando a doação do imóvel ao ICMBio através do mecanismo de compensação de reserva legal, e encaminhará o processo à respectiva Coordenação Regional, que proferirá decisão administrativa para fins de escrituração e registro da doação.

Art. 23. O registro imobiliário do imóvel doado deverá estar inserido no Sistema de Cadastro Ambiental Rural - SICAR, com a devida averbação da área do imóvel a ser compensada pelo(s) beneficiário(s).

Art. 24. O cedente que tiver ingressado em juízo contra o ICMBio e a União, requerendo indenização do seu imóvel pela criação da Unidade de Conservação, deverá desistir da Ação para fazer jus à doação do imóvel ao ICMBio.

Art. 25. Será dada publicidade sobre os imóveis que tenham certidão emitida para o processo de Compensação de Reserva Legal, a cargo da CGTER, desde que autorizada pelo proprietário.

§ 1º O cedente ao manifestar interesse em participar do procedimento de Compensação de Reserva Legal poderá expressar concordância, conforme Anexo II, com a publicização de seus dados e ciência inequívoca de que esta lista será amplamente divulgada, dado o seu caráter de documento público.

§ 2º A relação dos imóveis de que trata o *caput*, poderá ser publicada na sede das unidades de conservação e/ou nas coordenações regionais, também no site do ICMBio e outros meios de divulgação.

CAPÍTULO VI – DO PROCEDIMENTO DE DOAÇÃO

Art. 26. Uma vez homologada a aceitação pelo ICMBio, mediante decisão da respectiva Coordenação Regional do Instituto, deverá ser efetivada a escritura pública de compra e venda, devidamente registrada, entre particulares com imediata doação da propriedade pelo beneficiário ao ICMBio, estabelecendo a citação do suporte legal que levou à doação da Reserva Legal Compensatória, cujo ônus decorrente cairá sobre os interessados, cabendo a este o pagamento de todas as despesas necessárias à lavratura e registro dos atos e do ITBI.

Art. 27. As diligências necessárias junto ao órgão ambiental estadual competente, para a averbação da reserva legal, bem como a averbação desta situação junto ao SICAR e/ou ao Ofício de Registro de Imóveis competente, ocorrerão às expensas do beneficiário.

Art. 28. Não serão aceitas desistências de compromisso, depois de realizado o registro do imóvel doado no Cartório de Registro de Imóveis ao ICMBio.

CAPÍTULO VII – DAS DISPOSIÇÕES GERAIS

Art. 29. Ao ICMBio resguarda-se o direito de definir áreas prioritárias para dar início ao processo de Compensação de Reserva Legal.

Art. 30. O ICMBio, rotineiramente, poderá apresentar aos Órgão(s) Estadual(is) competente(s) a relação dos imóveis com certidão para fins de compensação de reserva legal emitidas nos termos desta Norma.

CLÁUDIO CARRERA MARETTI

- *Não publicamos os anexos desta Instrução Normativa.*

INSTRUÇÃO NORMATIVA Nº 88, DE 13 DE DEZEMBRO DE 2017, DO INCRA

Dispõe sobre a aquisição e o arrendamento de imóvel rural por pessoa natural estrangeira residente no País, pessoa jurídica estrangeira autorizada a funcionar no Brasil e pessoa jurídica brasileira equiparada à estrangeira e dá outras providências.

- *Vide Lei n. 5.709, de 7 de outubro de 1971 (Aquisição de Imóveis por Estrangeiro)*
- *Lei n. 8.629, de 25 de fevereiro de 1993 (Regulamentação dos dispositivos constitucionais relativos à reforma agrária): art. 23 e seguintes*
- *Vide Lei n. 10.406, de 19 de janeiro de 2002 (Código Civil)*
- *Vide Decreto 74.965, de 26 de novembro de 1974 (Regulamenta Lei n. 5.709/1971)*
- *Vide Decreto 85.064/1980 (Regulamenta a Lei nº 6.634, de 2 de maio de 1979): arts. 29 e seguintes*
- *Arts. 433 a 436, Provimento CNJ n. 149/2023 (CNN)*

CAPÍTULO I – DA FUNDAMENTAÇÃO LEGAL

Art. 1º Esta Instrução Normativa tem como fundamento os seguintes diplomas legais:

I - Constituição Federal de 1988, arts. 12, § 1º; 170, I, II e III; e 190;

II - Lei nº 5.709, de 07 de outubro de 1971, que regula a aquisição de imóvel rural por estrangeiro residente no País, ou pessoa jurídica estrangeira autorizada a funcionar no Brasil > d -H/10 < e;

III - Decreto nº 74.965, de 26 de novembro de 1974, que regulamenta a Lei nº 5.709, de 07 de outubro de 1971;

IV - Lei nº 6.404, de 15 de dezembro de 1976, que dispõe sobre as Sociedades por Ações;

V - Lei nº 6.634, de 2 de maio de 1979, que dispõe sobre a Faixa de Fronteira, regulamentada pelo Decreto nº 85.064, de 26 de agosto de 1980;

VI - Decreto-lei nº 2.375, de 24 de novembro de 1987, Decreto-lei nº 1.243, de 30 de outubro de 1972, e Lei nº 5.917, de 10 de setembro de 1973 que, dentre outros assuntos, dispõem sobre as áreas indispensáveis à Segurança Nacional;

VII - Decreto nº 87.040, de 17 de março de 1982, que especifica as áreas indispensáveis à segurança nacional, insuscetíveis de usucapião especial, e dá outras providências;

VIII - Lei nº 8.629, de 25 de fevereiro de 1993 (art. 23), que dispõe sobre a regulamentação dos dispositivos constitucionais relativos à reforma agrária, previstos no Capítulo III, Título VII, da Constituição Federal

IX - Decreto nº 3.927, de 19 de setembro de 2001; Decreto nº 70.391, de 12 de abril de 1972, art. 5º; Decreto nº 70.436, de 18 de abril de 1972, art. 14, V e arts. 15 e 16; que trata de igualdade de direitos entre brasileiros e portugueses;

X - Decreto-Lei nº 2.627, de 26 de setembro de 1940, que dispõe sobre as sociedades por ações;

XI - Decreto-lei nº 2.236, de 23 de janeiro de 1985, que trata, no parágrafo único de seu art. 2º, da dispensa do recadastramento do RNE;

XII - Decreto-Lei nº 4.657, de 04 de setembro de 1942, art. 11, § 1º, Lei de Introdução às Normas do Direito Brasileiro;

XIII - Lei nº 10.406, de 10 de janeiro de 2002 (Código Civil Brasileiro), arts. 1.039 a 1.092; 1.123 a 1.141 e art. 1.150;

XIV - Lei nº 4.504, de 30 de novembro de 1964 (Estatuto da Terra);

XV - Lei nº 6.015, de 31 de dezembro de 1973, que dispõe sobre os registros públicos e alterações;

XVI - Decreto nº 59.566, de 14 de novembro de 1966, que regulamenta os contratos de arrendamento e de parceria agrícola;

XVII - Lei nº 6.815, de 19 de agosto de 1980, que define a situação jurídica do estrangeiro no Brasil, cria o Conselho Nacional de Imigração, e dá outras procedências;

XVIII - Lei nº 9.784, de 29 de janeiro de 1999, que regulamenta o processo administrativo no âmbito da Administração Pública Federal;

XIX - Lei nº 10.267, de 28 de agosto 2001, que altera o art. 22 da Lei nº 4.947, de 6 de abril de 1966, e os art. 1º, 2º e 8º da Lei nº 5.868, de 12 de dezembro de 1972;

XX - Decreto nº 4.449, de 30 de outubro de 2002, que regulamenta a Lei nº 10.267, de 28 de agosto de 2001, arts. 43 a 46 da Lei nº 4.504, de 30 de novembro de 1964 (Estatuto da Terra), e Decreto nº 5.570, de 31 de outubro de 2005, que dá nova redação aos dispositivos do Decreto nº 4.449, de 30 de outubro de 2002, e Norma Técnica para Georreferenciamento de Imóveis Rurais do INCRA;

XXI - Decreto 55.891, de 31 de março de 1965, que regulamenta os Zoneamentos e Cadastros, da determinação da área dos módulos e sua aplicação; e

XXII - Decreto nº 8.803, de 6 de julho de 2016, que trata da competência para autorização de funcionamento de sociedade estrangeira;

XXIII - Instrução Especial/INCRA/nº 5-a, de 06 de junho de 1973;

XXIV - Instrução Especial/INCRA/nº 50, de 26 de agosto de 1997, que estabelece as Zonas Típicas de Módulo - ZTM e estende a Fração Mínima de Parcelamento - FMP, prevista para as capitais dos estados e para outros Municípios;

XXV - Parecer AGU/LA 01, de 19 de agosto de 2010, que aprovou o Parecer CGU/AGU nº 01/2008-RVJ, publicado no DOU., Seção 1, de 23 de agosto de 2010;

XXVI - Portaria Interministerial AGU/MDA nº 4, de 25 de fevereiro de 2014, que regulamenta a aplicação do Parecer GQ-22, de 1994 e do Parecer nº GQ-181, de 1998, às situações jurídicas aperfeiçoadas antes da publicação do Parecer AGU/LA 01/2010;

XXVII - Instrução Normativa Conjunta MDA/MAPA/MDIC/MTU/INCRA nº 1, de 27 de setembro de 2012, que estabelece procedimento administrativo para processamento de requerimentos de autorização para aquisição ou arrendamento de imóvel rural por pessoa estrangeira submetida ao regime da Lei nº 5.709, de 7 de outubro de 1971;

XXVIII - Decreto nº 8.955, de 11 de janeiro de 2017, que aprova a Estrutura Regimental do INCRA, art. 19º, VIII e art. 13, V;

XXIX - Regimento Interno do INCRA, aprovado pela PORTARIA/INCRA/PRES nº 49, de 31 de janeiro de 2017, arts. 2º, I, alínea i; 12, VIII; 50, III; 67; 68; 70, VI; 71, VI; 114, I, alínea l; e 126, V.

CAPÍTULO II – DOS REQUISITOS ESSENCIAIS

Art. 2º São requisitos essenciais para a concessão pelo INCRA de autorização para aquisição ou arrendamento de imóveis rurais por pessoa natural estrangeira residente no País, por pessoa jurídica estrangeira autorizada a funcionar no Brasil e pessoa jurídica brasileira equiparada à estrangeira:

I - estar o imóvel rural pretendido devidamente registrado no Cartório de Registro de Imóveis em nome do transmitente;

II - estar o imóvel rural regularmente cadastrado no Sistema Nacional de Cadastro Rural - SNCR em nome do transmitente, exceto no caso de aquisição por usucapião;

III - ter o estrangeiro, pessoa natural residência no Brasil e ser inscrito no Registro Nacional de Estrangeiro RNE, na condição de Permanente, com prazo de validade vigente ou indeterminado, quando houver previsão legal;

IV - apresentar, em se tratando de pessoa jurídica estrangeira ou pessoa brasileira a ela equiparada, projeto de exploração agrícola, pecuário, florestal, turístico, industrial ou de colonização, vinculado aos seus objetivos estatutários ou sociais. Em caso de pessoa jurídica estrangeira, deverá também ter autorização para funcionar no Brasil;

V - comprovar a inscrição na Junta Comercial do Estado de localização de sua sede, se pessoa jurídica brasileira da qual participem, a qualquer título, pessoas estrangeiras, natural ou jurídica, que tenham a maioria de seu capital social e residam ou tenham sede no exterior ou ainda o poder de conduzir as deliberações da assembleia geral, de eleger a maioria dos administradores da companhia e de dirigir as atividades sociais e orientar o funcionamento dos órgãos da companhia;

VI - ter o assentimento prévio da Secretaria-Executiva do Conselho de Defesa Nacional SECDN, se o imóvel rural estiver localizado em faixa de fronteira ou em área considerada indispensável à segurança nacional.

CAPÍTULO III – DA LIMITAÇÃO DE ÁREA

Art. 3º Compete ao Instituto Nacional de Colonização e Reforma Agrária INCRA, fixar, para cada região, o módulo de exploração indefinida, podendo modificá-lo sempre que houver alteração das condições econômicas e sociais da região.

Art. 4º A pessoa natural estrangeira só poderá adquirir ou arrendar área superior a 50 (cinquenta) módulos de exploração indefinida, em área contínua ou descontínua, mediante autorização do Congresso Nacional;

Art. 5º A aquisição ou arrendamento de imóvel rural por pessoa jurídica estrangeira ou pessoa jurídica brasileira equiparada a ela equiparada, só poderá exceder a 100 (cem) módulos de exploração indefinida, em área contínua ou descontínua, mediante autorização do Congresso Nacional, nos termos do art. 23 da Lei nº 8.629, de 25 de fevereiro de 1993.

Art. 6º A soma das áreas pertencentes ou arrendadas a pessoa estrangeira, natural ou jurídicas, ou a pessoas jurídicas brasileiras equiparadas à pessoa jurídica estrangeira, não poderão ultrapassar 25% (vinte e cinco por cento) da superfície territorial do Município de localização do imóvel pretendido, devendo ser tal limite percentual comprovado por certidão do Registro de Imóveis, com base no Livro Auxiliar de que trata o art. 15, do Decreto nº 74.965, de 26 de novembro de 1974.

§ 1º As pessoas de mesma nacionalidade, não poderão ser proprietárias ou arrendatárias, em cada Município, de mais de 10% (dez por cento) de sua superfície territorial.

§ 2º Ficam excluídos das restrições fixadas no art. 12 da Lei nº 5.709, de 07 de outubro de 1971, as aquisições e os arrendamentos de áreas rurais envolvendo pessoa natural estrangeira:

I - inferiores a 3 (três) módulos de exploração indefinida;

II - que tenha filho brasileiro ou que for casada com brasileiro sob o regime de comunhão de bens.

Art. 7º Ficam excluídos das restrições desta norma, as aquisições e os arrendamentos de imóveis rurais por sucessão legítima, exceto quando a área do imóvel estiver situada em faixa de fronteira, que dependerá do assentimento prévio do Conselho de Defesa Nacional.

Parágrafo único. A sucessão legítima de que trata este artigo só se aplica às pessoas naturais estrangeiras residentes no Brasil.

CAPÍTULO IV – DA AQUISIÇÃO OU ARRENDAMENTO DE IMÓVEL RURAL POR PESSOA NATURAL ESTRANGEIRA

Art. 8º A aquisição ou o arrendamento de imóvel rural com área contínua ou descontínua, compreendida entre 3 (três) e 50 (cinquenta) módulos de exploração indefinida, por pessoa natural estrangeira residente no Brasil, dependerá de autorização do INCRA.

§ 1º Quando se tratar de imóvel rural com área de até 3 (três) módulos de exploração indefinida, a aquisição ou o arrendamento por pessoa natural será livre, independentemente de autorização ou licença do INCRA.

I - A aquisição ou arrendamento de que trata o § 1º deste artigo é indispensável ter:

a) residência no Brasil; e

b) assentimento prévio do conselho de defesa nacional, se o imóvel localizar-se em faixa de fronteira ou em área indispensável à segurança nacional.

§ 2º As aquisições e os arrendamentos de que trata este artigo e § 1º deverão ser monitorados pelo INCRA, com vistas ao controle e gerenciamento dos limites percentuais fixados no art. 6º *caput* e § 1º.

§ 3º Dependerá também de autorização do INCRA, a aquisição ou o arrendamento de mais de um imóvel rural, com área de até 3 (três) módulos de exploração indefinida.

§ 4º A autorização para aquisição ou arrendamento, por pessoa natural estrangeira, de imóvel rural com área superior a 20 (vinte) módulos de exploração indefinida, condicionar-se-á a aprovação de projeto de exploração, conforme procedimentos da Instrução Normativa Conjunta nº 1, de 27 de setembro de 2012.

§ 5º O Congresso Nacional, ouvido o Conselho de Segurança Nacional, poderá autorizar a aquisição ou arrendamento de área superior ao limite fixado art. 6º *caput* e § 1º.

§ 6º Se o imóvel estiver localizado em faixa de fronteira ou em área considerada indispensável à segurança nacional, é obrigatório o assentimento prévio do Conselho de Defesa Nacional, independentemente da extensão de sua área.

Art. 9º A pessoa natural de nacionalidade portuguesa que pretender adquirir ou arrendar imóvel rural e que apresentar certificado de reciprocidade, nos termos do § 1º do art. 12 da Constituição Federal de 1988 e dos Decretos nºs. 3.927, de 19 de setembro de 2001, e o Decreto nº 70.391, de 12 de abril de 1972, não se submeterá às exigências da Lei nº 5.709, de 07 de outubro de 1971, do Decreto nº 74.965, de 26 de novembro de 1974, e desta Instrução Normativa.

Art. 10. Aplicam-se os dispositivos desta Instrução Normativa às aquisições ou arrendamentos de imóvel rural por pessoa natural brasileira casada com pessoa natural estrangeira, se o regime de bens do casamento determinar a comunicação do Direito de propriedade.

Art. 11. É vedada, a qualquer título, a doação de terras da União, dos Estados, do Distrito Federal ou dos Municípios à pessoa estrangeira, salvo nos casos previstos em legislação de núcleos coloniais onde estrangeiros pessoas físicas se estabeleçam em lotes rurais, como agricultores, estrangeiros imigrantes (art. 14 da Lei nº 5.709/1971).

CAPÍTULO V – DA DOCUMENTAÇÃO OBRIGATÓRIA PARA PESSOA NATURAL ESTRANGEIRA

Art. 12. Os documentos obrigatórios para autorização de aquisição ou de arrendamento de imóvel rural por pessoa natural estrangeira deverão ser apresentados em seus originais, ou por meio de cópia autenticada por tabelião ou por servidor do INCRA, mediante a apresentação do documento original.

§ 1º O pedido formulado pelo estrangeiro, com a devida documentação comprobatória, deverá ser apresentado na Superintendência Regional do INCRA de abrangência da localização do imóvel rural, conforme a seguir discriminado:

I - requerimento dirigido ao Superintendente Regional do INCRA de abrangência da localização do imóvel, requerendo autorização da autarquia para a aquisição ou o arrendamento do imóvel rural nele descrito, constando ainda:

a) nome completo do requerente, nacionalidade, profissão, estado civil, endereço residencial e endereço para o envio de correspondência, telefone e e-mail para contato. Se for casado, deverá também constar do requerimento o regime de bens do casamento, o nome, a nacionalidade, e, se casados em regime de comunhão de bens, a assinatura do cônjuge;

b) identificação do transmitente e do seu cônjuge, se casado.

Caso o transmitente for estrangeiro (ou algum dos coproprietários do imóvel for estrangeiro, em caso de condomínio), deverá também constar do requerimento a nacionalidade e o estado civil; se o(s) transmitente(s) for(em) brasileiro(s), a naturalidade e o estado civil (para pessoa física), ou os registros respectivos, em se tratando de pessoa jurídica;

c) identificação do imóvel rural (conforme matrícula), com o respectivo código de imóvel constante do Sistema Nacional de Cadastro rural SNCR do INCRA;

d) descrição da destinação a ser dada ao imóvel rural, com obrigatória apresentação de projeto de exploração se a área for superior a 20 (vinte) módulos de exploração indefinida, conforme previsto na Instrução Normativa Conjunta/MDA/MAPA/MTUR/INCRA nº 1, de 27 de setembro de 2012;

e) local e data; e

f) assinatura do requerente ou de seu procurador e se casado em regime de comunhão de bens, assinatura do cônjuge ou de seu procurador.

II - declaração do requerente e de seu cônjuge (se casado) informando:

a) se é proprietário ou arrendatário de outros imóveis rurais no Brasil; e

b) caso possua outro(s) imóvel(is) rural(is), informar se com a nova aquisição ou arrendamento, o somatório das áreas de suas propriedades não excederá a 50 (cinquenta) módulos de exploração indefinida.

III - cópia autenticada (em cartório ou por servidor do INCRA) do Registro Nacional de Estrangeiro RNE, com classificação permanente e prazo de validade em vigor ou indeterminado;

IV - se casado em regime de comunhão de bens com estrangeiro, cópia autenticada (em cartório ou por servidor do INCRA) do Registro Nacional de Estrangeiro RNE do cônjuge, com classificação permanente e prazo de validade em vigor ou indeterminado; se o cônjuge for brasileiro, cópia autenticada (em cartório ou por servidor do INCRA) da Carteira de Identidade;

V - cópia autenticada (em cartório ou por servidor do INCRA) do Cadastro de Pessoa Natural CPF, do requerente e do cônjuge, se casado;

VI - comprovante de residência no território nacional, ou declaração do local de residência no Brasil devidamente assinada;

VII - se o imóvel rural objeto do requerimento estiver localizado em faixa de fronteira ou em área considerada indispensável à segurança nacional, declaração do requerente e, se casado com estrangeiro, de seu cônjuge, afirmando que não está(ão) respondendo à ação penal ou a inquérito penal e que não foi(ram) condenado(s) pela Justiça de seu País ou do Brasil; apresentando também Certidões negativas criminais das Polícias Federal e civil do Estado onde reside(m) e do Poder Judiciário Federal e Estadual de sua residência;

VIII - cópia da certidão de nascimento do filho brasileiro, quando for o caso;

IX - cópia da certidão de casamento com pessoa brasileira, especificando o regime de bens, quando for o caso;

X - procuração, particular ou pública, outorgada com poderes para representá-lo perante as repartições públicas, quando for o caso, acompanhado de cópia de documento pessoal do procurador (se advogado, com referência o número de inscrição da OAB); e

XI - certidão atualizada do Serviço de Registro de Imóveis ou cópia autenticada (em cartório ou por servidor do INCRA), em nome do transmitente, contemplando a respectiva cadeia dominial sucessória:

a) até o destaque do patrimônio público para o privado, com as respectivas áreas inerentes a todos os registros/transcrições citados, se o imóvel situar-se em faixa de fronteira ou em área considerada indispensável à segurança nacional; e

b) Certidão atualizada, se o imóvel rural situar-se fora da faixa ou em área considerada indispensável à segurança nacional.

XII - cópia do Certificado de Cadastro de Imóvel Rural CCIR, quitado referente ao exercício em vigor, em nome do transmitente;

XIII - cópia do comprovante de pagamento do Imposto sobre a Propriedade Territorial Rural ITR, referente ao exercício em vigor, ressalvadas as hipóteses de isenção e imunidade tributária prevista em lei, acompanhado da certidão negativa do imóvel;

XIV - planta e memorial descritivo do imóvel rural, georreferenciados ao Sistema Geodésico Brasileiro, constando denominação, localização geográfica, área total, limites e confrontações, devendo ser disponibilizados em meio eletrônico e estarem certificados, quando as áreas forem abrangidas pelos prazos contidos no Decreto nº 4.449, de 30 de outubro de 2002, e suas alterações;

XV - certidão do Oficial do Registro de Imóveis, lavrada com base no Livro Auxiliar, nos termos do art. 15 do Decreto nº 74.965, de 26 de novembro de 1974, declarando a soma total das áreas rurais registradas/matriculadas em nome de estrangeiros no Município de localização do imóvel objeto do requerimento e a soma das áreas por grupos de nacionalidade (não há necessidade da apresentação deste documento para estrangeiros casados com brasileiros e/ou que possuam filhos brasileiros);

XVI - Projeto de Exploração, quando a área a ser adquirida ou arrendada por pessoa natural for superior a 20 (vinte) módulos de exploração indefinida; e

XVII - certidão atualizada, ou cópia autenticada (em cartório ou por servidor do INCRA), do Registro de Imóvel dos demais imóveis rurais pertencentes ao estrangeiro interessado na autorização, quando for o caso.

XVIII - Certidão extraída pelo servidor analista no site do IBGE (www.ibge.gov.br) para comprovação da área de superfície do Município de localização do imóvel rural.

§ 2º Os documentos oriundos do exterior deverão ser autenticados ou visados por autoridade consular brasileira, conforme o caso, no país de origem, devendo tais documentos ser acompanhados de tradução efetuada por tradutor matriculado em qualquer Junta Comercial, exceto o documento de identidade, de acordo com o Art. 18, do Decreto 13.609, de 21 de outubro de 1943.

CAPÍTULO VI – DA AQUISIÇÃO OU ARRENDAMENTO DE IMÓVEL RURAL POR PESSOA JURÍDICA ESTRANGEIRA OU POR PESSOA JURÍDICA BRASILEIRA A ELA EQUIPARADA

Art. 13. A pessoa jurídica estrangeira autorizada a funcionar no Brasil, ou a pessoa jurídica brasileira a ela equiparada, nos termos do § 1º do art. 1º, da Lei nº 5.709, de 07 de outubro de 1971, e do Parecer AGU nº LA-01/2010, só poderá adquirir ou arrendar imóvel rural destinado à implantação de projetos agrícolas, pecuários, florestais, industriais, turísticos ou de colonização, vinculados aos seus objetivos estatutários ou sociais.

Parágrafo único. A autorização para aquisição ou arrendamento de imóvel rural por pessoa jurídica estrangeira, ou pessoa jurídica brasileira a ela equiparada, dependerá da aprovação do projeto de exploração referido no *caput*.

Art. 14. O requerente que pretender aprovação do projeto de exploração deverá apresentá-lo, junto com o requerimento na Superintendência Regional do INCRA de abrangência da localização do imóvel rural, elaborado conforme na Instrução Normativa Conjunta/MDA/MAPA/MTUR/INCRA nº 1, de 27 de setembro de 2012, contemplando os seguintes elementos informativos mínimos:

I - justificativa de proporcionalidade entre o quantitativo de terras visado e a dimensão do projeto;

II - cronograma físico e financeiro do investimento e custo de implementação;

III - eventual utilização de crédito oficial no financiamento parcial ou total do empreendimento;

IV - viabilidade logística de sua execução, e, no caso de projeto industrial, demonstração da compatibilidade entre o(s) local(is) da(s) planta(s) industrial(is) e a localização geográfica das terras; e

V - demonstração de compatibilidade com os critérios para o Zoneamento Ecológico-Econômico do Brasil ZEE, referentes à localidade do imóvel, quando houver.

Art. 15. Conceitua-se a pessoa jurídica brasileira equiparada à estrangeira aquela constituída segundo as leis brasileiras, com sede no Brasil, e que possua participação majoritária, a qualquer título, de capital estrangeiro, e desde que o(s) sócio(s) pessoa(s) natural(is) ou jurídica(s) estrangeira(s), respectivamente, resida(m) ou tenha(m) sede no exterior.

§ 1º Para que ocorra a equiparação de pessoa jurídica brasileira à pessoa jurídica estrangeira, é necessário que seu(s) sócio(s) estrangeiro(s), na forma descrita no *caput*, detenha(m) a maioria do capital social, ou que sua participação acionária lhe(s) assegure o poder de conduzir as deliberações da assembleia geral, de eleger a maioria dos administradores, de dirigir as atividades sociais e de orientar o funcionamento dos órgãos da empresa, nos termos do § 1º, do art. 1º da Lei nº 5.709, de 07 de outubro de 1971, e item 273 do Parecer LA CGU/AGU Nº 01/2008, publicado no DOU, de 23 de agosto de 2010.

§ 2º a pessoa jurídica brasileira equiparada à empresa estrangeira, que por ato ou contrato firmado entre 07.06.1994 e 22.08.2010 tenha adquirido ou arrendado imóvel rural, poderá cadastrar ou recadastrar, sem nenhuma sanção, seu imóvel rural no Sistema Nacional de Cadastro Rural - SNCR, nos termos do art. 10 da Instrução Normativa Conjunta/MDA/MAPA/MTUR/INCRA nº 1, de 27 de setembro de 2012.

Art. 16. As Sociedades Anônimas que se dedicarem à atividade de loteamento rural, que explorarem diretamente áreas rurais ou que forem proprietárias de imóveis rurais não vinculados as suas atividades estatutárias adotarão, obrigatoriamente, as suas ações na forma nominativa (art. 16 da Lei nº 5.709/1971).

Parágrafo único. O *caput* deste artigo não se aplica às Autarquias, Fundações Públicas, Empresas Públicas e Sociedades de Economia Mista, mencionadas, no art. 5º do Decreto-Lei nº 200, de 25 de fevereiro de 1967, com a redação que lhe foi dada pelo Decreto-Lei nº 900, de 29 de setembro de 1969.

Art. 17. Esta Instrução Normativa aplica-se a qualquer alienação ou arrendamento de imóvel rural por pessoa jurídica estrangeira ou à pessoa jurídica brasileira equiparada, inclusive em casos de fusão ou incorporação de empresas, de alteração de seu controle acionário, ou de transformação de pessoa jurídica brasileira para pessoa jurídica estrangeira, bem como, aos casos de aquisição(ões) ou arrendamento(s) indireto(s), por meio de participações de quotas sociais ou de ações de empresa(s) detentora(s) de imóvel(is) rural(is), nos termos do art. 20 do Decreto nº 74.965, de 26 de novembro de 1974.

Parágrafo único. Ao registrar os atos relativos aos negócios de que trata este artigo, o oficial registrador deverá mencionar obrigatoriamente as autorizações do INCRA correspondentes, sob pena de incorrer no art. 15 da Lei nº 5.709, de 07 de outubro de 1971, e no art. 19 do Decreto nº 74.965, de 26 de novembro de 1974.

Art. 18. Para os efeitos da legislação vigente, consideram-se empresas particulares de colonização, aquelas que tiverem por finalidade executar programa de valorização de área ou distribuição de terras, das quais participem pessoas naturais, brasileiras ou estrangeiras, residentes ou domiciliadas no Brasil, ou jurídicas constituídas e sediadas no País, que tiverem por finalidade executar programa de valorização de área ou distribuição de terras.

§ 1º Nos loteamentos rurais efetuados por empresas particulares de colonização, a aquisição e a ocupação de, no mínimo, 30% (trinta por cento) da área total, serão feitas obrigatoriamente por brasileiros.

§ 2º A empresa colonizadora é responsável pelo encaminhamento, à Superintendência Regional do INCRA de abrangência do local de execução de seu programa de valorização de área ou distribuição de terras, dos processos referentes à aquisição de imóvel rural por estrangeiro, observadas as disposições da legislação vigente, até que seja lavrada a escritura pública.

§ 3º Semestralmente, a empresa colonizadora deverá encaminhar, à Superintendência Regional do INCRA de abrangência do local de execução de seu programa de valorização de área ou distribuição de terras, relação dos adquirentes de parcelas do loteamento, mencionando a percentagem atualizada das áreas rurais pertencentes a estrangeiros, indicando as respectivas nacionalidades.

CAPÍTULO VII – DA DOCUMENTAÇÃO OBRIGATÓRIA PARA PESSOA JURÍDICA ESTRANGEIRA OU BRASILEIRA A ELA EQUIPARADA

Art. 19. Os documentos obrigatórios, para autorização de aquisição ou arrendamento de imóvel rural por pessoa jurídica estrangeira ou por pessoa jurídica brasileira a ela equiparada, nos termos do § 1º do art. 1º da Lei nº 5.709, de 07 de outubro de 1971, e do Parecer AGU nº LA-01/2010, publicado no DOU de 23.08.2010, deverão ser apresentados em seus originais, ou por meio de cópia autenticada em cartório ou por servidor do INCRA.

§ 1º O pedido formulado pelo estrangeiro, com a devida documentação comprobatória, deverá ser apresentado na Superintendência Regional do INCRA, de abrangência da localização do imóvel rural, conforme a seguir discriminado:

I - requerimento dirigido ao Superintendente Regional do INCRA de abrangência da localização do imóvel, requerendo autorização da autarquia para a aquisição ou o arrendamento do imóvel rural nele descrito, constando ainda:

a) nome empresarial, país de origem, tipo de sociedade e endereço do domicílio da sede da pessoa jurídica, CNPJ, inclusive telefone e e-mail para contato;

b) identificação do acionista controlador, ou de seu representante legal, constando nome, documento de identidade, CPF, nacionalidade, estado civil, profissão e residência, em se tratando de sociedade anônima;

c) identificação da administração responsável pela pessoa jurídica, constando o nome, documento de identidade, CPF, nacionalidade, estado civil, profissão e endereço de residência;

d) identificação do transmitente e do seu cônjuge, se casado.

Caso o transmitente for estrangeiro (ou algum dos coproprietários do imóvel for estrangeiro, em caso de condomínio), deverá também constar do requerimento a nacionalidade e o estado civil, ou, em se tratando de transmitente pessoa jurídica, os registros respectivos; se o(s) transmitente(s) for(em) brasileiro(s), a naturalidade e o estado civil (para pessoa física), ou os registros respectivos (se pessoa jurídica);

e) identificação do imóvel rural (conforme matrícula), com o respectivo código de imóvel constante do Sistema Nacional de Cadastro rural SNCR do INCRA;

f) descrição da destinação a ser dada ao imóvel rural, com obrigatória apresentação de projeto de exploração (agrícola, pecuário, industrial, ou de colonização) vinculado aos seus objetivos estatutários ou sociais e aprovado, conforme o caso, pelo Ministério da Agricultura, ouvido o órgão federal competente de desenvolvimento regional na respectiva área, ou pelo Ministério da Indústria e Comércio;

g) local e data; e

h) assinatura do representante legal ou do procurador do requerente.

II - cópia: do Ato Constitutivo; do ato Constitutivo; do Estatuto ou do Contrato Social da Pessoa Jurídica, com todas as suas alterações, emitidas e registradas pela Junta Comercial do Estado ou do Distrito Federal ou pelo Cartório de Registro de Pessoa Jurídica; e das atas de eleição dos seus órgãos deliberativos e das três últimas assembleias, quando for o caso;

III - certidão simplificada atualizada expedida pela Junta Comercial da Unidade Federativa de localização da sede da empresa, com a respectiva distribuição do capital social;

IV - certidão do Registro de Comércio relativa à adoção da forma nominativa de suas ações para as Sociedades Anônimas, nas hipóteses previstas no art. 13 do Decreto nº 74.965, de 26 de novembro de 1974;

V - relação nominal dos sócios estrangeiros, pessoas físicas ou jurídicas, participantes a qualquer título, que tenham residência ou sede no exterior, constando: a respectiva nacionalidade, o número e o percentual de ações ou de quotas subscritas em relação aos demais participantes brasileiros e o País de seu domicílio ou de sua sede no exterior, quando se tratar de pessoa jurídica brasileira equiparada à pessoa estrangeira, definida nos termos do § 1º do art. 1º da Lei nº 5.709, de 07 de outubro de 1971;

VI - cópia da autorização para a empresa funcionar no Brasil, expedida pelo Poder Executivo, conforme previsto no art. 1.134 e seguintes do Código Civil; e dos respectivos atos das Assembleias Gerais de Eleição da Diretoria e/ou de alteração da denominação social da empresa, se for o caso, em se tratando de pessoa jurídica estrangeira;

VII - prova de inscrição no Cadastro Nacional de Pessoa Jurídica CNPJ;

VIII - prova de inscrição do Cadastro de Contribuinte Estadual e/ou Municipal, quando for o caso;

IX - cópia do Alvará ou da Autorização de Funcionamento da empresa;

X - declaração do representante legal ou do procurador da empresa informando:

a) se ela é proprietária ou arrendatária de outros imóveis rurais no Brasil; e

b) caso possua outro(s) imóvel(is) rural(is), quais são eles, por meio da apresentação da(s) respectiva(s) Certidão(ões) Imobiliária(s) atualizada(s); e

c) caso possua outro(s) imóvel(is) rural(is), informar se com a nova aquisição ou arrendamento o somatório de todas as áreas, contínuas ou descontínuas, não ultrapassará a 100 MEIs.

XI - certidão atualizada do Serviço de Registro de Imóveis, em nome do transmitente, contemplando a respectiva cadeia dominial sucessória:

a) até o destaque do patrimônio público para o privado, com as respectivas áreas inerentes a todos os registros/transcrições citados, se o imóvel situar-se em faixa de fronteira ou em área considerada indispensável à segurança nacional; e

b) Certidão atualizada, se o imóvel rural situar-se fora da faixa ou em área considerada indispensável à segurança nacional.

XII - cópia do Certificado de Cadastro de Imóvel Rural CCIR quitado, referente ao exercício em vigor, em nome do transmitente;

XIII - cópia do comprovante de pagamento do Imposto sobre a Propriedade Territorial Rural ITR, quitado, referente ao exercício em vigor, em nome do transmitente;

XIV - planta e Memorial Descritivo do imóvel rural, georreferenciados ao Sistema Geodésico Brasileiro, constando: a denominação, a localização geográfica, a área total, os limites e as confrontações, disponibilizados em meio eletrônico e certificadas, quando as áreas forem abrangidas pelos prazos contidos no Decreto nº 4.449, de 30 de outubro de 2002, e suas alterações;

XV - certidão do Oficial do Registro de Imóveis, com base no Livro Auxiliar, lavrada com base no Livro Auxiliar, nos termos do art. 15 do Decreto nº 74.965, de 1974, declarando a soma das áreas rurais registradas em nome de estrangeiros, no Município, e a soma das áreas por grupos de nacionalidade;

XVI - Projeto de Exploração, quando a área a ser adquirida, qualquer dimensão, elaborado conforme Instrução Normativa Conjunta nº 1, de 27 de setembro de 2012, por profissional habilitado, devidamente registrado em seu Conselho de Classe;

XVI - instrumento Público de Procuração constituindo representante no Brasil investido dos necessários poderes de representação, quando for o caso; e

XVII - Certidão extraída pelo servidor analista no site do IBGE (www.ibge.gov.br) para comprovação da área de superfície do Município de localização do imóvel rural.

§ 2º Os documentos oriundos do exterior deverão ser autenticados ou visados por autoridade consular brasileira, conforme o caso, no país de origem, devendo tais documentos ser acompanhados de tradução efetuada por tradutor matriculado em qualquer Junta Comercial, exceto o documento de identidade, de acordo com o Art. 18, do Decreto nº 13.609, de 21 de outubro de 1943.

CAPÍTULO VIII – DA ANÁLISE E JULGAMENTO DO PEDIDO

Art. 20. A Divisão de Ordenamento da Estrutura Fundiária SR(00) F, por meio do Setor de Cadastro/Fiscalização Cadastral, formalizará o competente procedimento administrativo e providenciará:

I - a análise da documentação comprobatória, verificando os limites, as restrições e as condições estabelecidas na legislação que rege a matéria;

II - a elaboração do extrato de cadeia dominial de acordo com cada caso;

III - o cálculo do número de módulos de exploração indefinida do imóvel;

IV - o encaminhamento do processo ao Setor de Cartografia da SR(00) F para análise e manifestação sobre as peças técnicas (planta e memorial descritivo), na qual deverá constar a denominação, a localização geográfica, a área total (em hectares), os limites e as confrontações do imóvel rural; bem como sobre eventual sobreposição de área do imóvel em terras de domínio público ou particular, em faixa de fronteira ou em área considerada indispensável à segurança nacional. Deverão ser observadas, ainda, as exigências para georreferenciamento e certificação, previstos na Lei nº 10.267, de 28 de agosto de 2001, e no Decreto nº 4.449, de 30 de outubro de 2002, e suas alterações;

V - a elaboração, após retorno do processo ao Setor de Cadastro/Fiscalização, de manifestação conclusiva sobre os aspectos cadastrais que envolvem o imóvel;

VI - o encaminhamento compulsório do processo, em caso do imóvel estar localizado em faixa de fronteira ou em área indispensável à segurança nacional, à Procuradoria Regional do INCRA - SR(00) PFE/R, bem como em caso de outras dúvidas jurídicas; e

VII - a inclusão, caso o imóvel não esteja cadastrado no SNCR, das informações relacionadas ao pedido de aquisição ou arrendamento, bem como dos demais dados que constarem dos autos, no módulo SISNATE/SNCR, atualizando os trâmites do processo administrativo no sistema.

Art. 21. Estando devidamente instruído o processo administrativo, o Superintendente Regional o encaminhará à Diretoria de Ordenamento da Estrutura Fundiária - DF, que, após a análise técnica pertinente, após manifestação Procuradoria Federal Especializada - PFE Regional, o remeterá à Presidência do INCRA, para remessa à Casa Civil da Presidência da República, com vistas às seguintes providências:

I - apreciação prévia do Conselho de Defesa Nacional, para fins de assentimento, se for o caso, quando o imóvel rural estiver localizado em faixa de fronteira ou em área considerada indispensável à segurança nacional;

II - apreciação prévia do Congresso Nacional, para a devida autorização nos casos em que a área do imóvel rural exceda os limites fixados na legislação que rege a matéria; e

III - apreciação técnica prévia pelos órgãos mencionados na Instrução Normativa Conjunta MDA/MAPA/MDIC/MTU/INCRA nº 1, de 2012, do Projeto de Exploração, quando o imóvel rural, objeto de aquisição ou arrendamento por pessoa natural estrangeira, exceda a 20 (vinte) Módulos de Exploração Indefinida ou para imóvel de qualquer dimensão no caso de pessoa jurídica estrangeira ou pessoa jurídica brasileira equiparada à pessoa jurídica estrangeira, nos termos do art. 5º da Lei nº 5.709, de 07 de outubro de 1971.

Art. 22. Uma vez concluídas as providências do art. 21, a Casa Civil da Presidência da República devolverá os autos ao INCRA para prosseguimento.

Parágrafo único. Recebidos os autos no INCRA, o processo será submetido à apreciação de seu Conselho Diretor - CD, para decisão, conforme estabelecido no inciso VIII do art. 19 da Estrutura Regimental do INCRA, aprovada pelo Decreto nº 8.955, de 11 de janeiro de 2017, c/c o inciso o VIII do art. 12 do Regimento Interno da entidade, aprovado pela Portaria/INCRA/P/nº 49, de 31 de janeiro de 2017, publicada no Diário Oficial da União nº 23, da quarta-feira, 1 de fevereiro de 2017.

Art. 23. Autorizada a aquisição ou o arrendamento do imóvel rural pelo Conselho Diretor CD, a Divisão de Apoio Técnico Administrativo GABT-2 providenciará o agendamento da publicação da Resolução do CD e da Portaria de autorização do Presidente do INCRA no Diário Oficial da União, com prazo de 40 (trinta) dias. Em seguida, o processo deverá ser encaminhado à Divisão de Fiscalização e de Controle de Aquisições por Estrangeiros - DFC-2, contendo os respectivos valores para emissão da Guia de Recolhimento da União GRU, relativa ao pagamento das despesas de publicação dos atos, consoante determinam os arts. 9º, inciso II, e 10, do Decreto nº 4.520, de 16 de dezembro de 2002.

Art. 24. A Diretoria de Ordenamento da Estrutura Fundiária DF, por meio da Divisão de Fiscalização e de Controle de Aquisições por Estrangeiro - DFC-2, devolverá o processo a Superintendência Regional - SR(00) F de origem, a fim de que sejam adotados os seguintes procedimentos:

I - notificação do requerente, via ofício com aviso de recebimento - AR, para que, no prazo legal e improrrogável de 30 (trinta) dias, contados da publicação da Portaria de autorização, promova a lavratura da escritura pública de compra e venda ou de arrendamento do imóvel e, no prazo de 15 (quinze) dias, contado do término do prazo para lavratura da escritura pública, leve-a a registro no Cartório de Registro de Imóveis competente, conforme Parágrafo Único, do art. 10, do Decreto nº 74.965, de 26 de novembro de 1974; devendo, ainda, após efetuado o registro do negócio jurídico imobiliário no Cartório de Registro de Imóveis, requerer junto ao INCRA a atualização cadastral do imóvel rural no Sistema Nacional de Cadastro Rural SNCR;

II - registro do deferimento ou indeferimento da aquisição ou arredamento do imóvel rural no módulo SISNATE/SNCR; e

III - sobrestamento do processo até que o requerente providencie o registro e requeira a atualização cadastral no SNCR, nos casos de deferimento do pedido; e

IV - atualização cadastral do imóvel, caso requerido pelo interessado, juntando aos autos cópia do espelho do cadastro, encerrando o processo e, ato seguido, providenciando seu arquivamento.

Art. 25. Em caso de indeferimento, o requerente poderá interpor recurso administrativo dirigido ao Superintendente Regional, que, se não reconsiderar a decisão no prazo máximo de cinco dias, o encaminhará ao Comitê de Decisão Regional CDR, que terá o prazo máximo de trinta dias para decisão. Indeferido o recurso, o requerente poderá, no prazo máximo de 15 (quinze) dias, recorrer para a Coordenação Geral de Cadastro Rural - DFC, que deverá julgá-lo no prazo de 30 (trinta) dias.

§ 1º Os prazos referidos no *caput* começam a correr a partir da data da cientificação oficial, excluindo-se da contagem o dia do começo e incluindo-se o do vencimento.

§ 2º Considera-se prorrogado o prazo até o primeiro dia útil seguinte se o vencimento cair em dia em que não houver expediente ou este for encerrado antes da hora normal.

CAPÍTULO IX – DO ATO NULO

Art. 26. As aquisições ou os arrendamentos de imóveis rurais por estrangeiros realizados sem a observância do disposto na Lei nº 5.709, de 07 de outubro de 1971, e legislação correlata, são atos nulos de pleno direito, conforme determina o art. 15 da referida lei.

§ 1º A nulidade referida no *caput* é excepcionada pela regra prevista no § 5º do art. 214 da Lei nº 6.015, de 31 de dezembro de 1973, incluído pela Lei nº 10.931, de 2 de agosto de 2004, que determinou que a nulidade de pleno direito do registro não será decretada se atingir terceiro de boa-fé, que já tiver preenchido as condições de usucapião do imóvel;

§ 2º A competência para decretação (em processo administrativo) ou declaração (em processo judicial) de nulidade dos registros das aquisições ou dos arrendamentos de imóveis rurais é da Corregedoria Geral de Justiça do Tribunal de Justiça do Estado CGJ/TJ ou do Juízo de Direito da Comarca onde o imóvel se localiza, conforme fixado nos arts. 214 e 216 da Lei nº 6.015, de 31 de dezembro de 1973.

§ 3º Não serão registrados no SISNATE os casos enquadrados na norma do *caput* quando:

I - o estrangeiro proprietário ou arrendatário do imóvel rural obtiver, posteriormente ao negócio jurídico realizado em desacordo com as prescrições legais, a nacionalidade brasileira, por naturalização;

II - o estrangeiro de nacionalidade portuguesa, proprietário ou arrendatário do imóvel rural que obtiver, posteriormente ao negócio jurídico realizado em desacordo com as prescrições legais, o Certificado de Igualdade e Direitos, nos termos do § 1º do art. 12 da Constituição Federal de 1988 e legislação correlata;

Art. 27. Em cumprimento ao determinado no art. 1º da Lei nº 6.739, de 5 de dezembro de 1979, em todos os casos de aquisições ou arrendamentos de imóveis rurais por estrangeiros realizados em desacordo com o disposto na Lei nº 5.709, de 07 de outubro de 1971, o INCRA requererá ao Corregedor-Geral da Justiça do Estado de localização do imóvel rural a declaração de inexistência e o cancelamento da matrícula ou do registro respectivo, bem como, comunicando, obrigatoriamente ao Ministério Público Estadual.

Art. 28. As aquisições ou os arrendamentos de imóveis rurais por pessoa natural estrangeira, realizadas em descompasso com a Lei nº 5.709, de 07 de outubro de 1971, até a data da publicação desta Instrução Normativa poderão ser regularizados no Sistema de Nacional de Cadastro Rural - SNCR nas seguintes hipóteses: (Redação dada pela Resolução nº 51, de 17 de dezembro de 2018).

I - quando o(a) estrangeiro(a) for casado(a) com brasileira(o) e que tenha filhos brasileiros ou estrangeiros residentes no Brasil, na condição de indeterminada ou no caso de naturalização após a aquisição desde que: (Redação dada pela Resolução nº 51, de 17 de dezembro de 2018).

a) Não ultrapasse o limite de 50 MEI, em área contínua ou descontínua; (Redação dada pela Resolução nº 51, de 17 de dezembro de 2018).

b) Não ultrapasse o limite de 25% (vinte e cinco por cento) da área total do município em mãos de estrangeiros; (Redação dada pela Resolução nº 51, de 17 de dezembro de 2018).

c) Não ultrapasse o limite de 10% (dez por cento) da área total do município por estrangeiro da mesma nacionalidade; e (Redação dada pela Resolução nº 51, de 17 de dezembro de 2018).

d) Não se localiza em faixa de fronteira e nem em área considerada indispensável à segurança nacional. (Redação dada pela Resolução nº 51, de 17 de dezembro de 2018).

II - o(a) estrangeiro(a) transfere o domínio do imóvel rural para brasileiro. (Redação dada pela Resolução nº 51, de 17 de dezembro de 2018).

III - o(a) estrangeiro(a) tenha adquirido o imóvel rural em data anterior a 7 de outubro de 1972. (Redação dada pela Resolução nº 51, de 17 de dezembro de 2018).

CAPÍTULO X – DAS DISPOSIÇÕES FINAIS

Art. 29. Em se tratando de imóvel localizado em faixa de fronteira ou em área indispensável à segurança nacional, assim como nos casos em que o somatório das áreas arrendadas ou adquiridas por estrangeiro, pessoa física exceder 50 (cinquenta) MEI ou por pessoa jurídica estrangeira ou pessoa jurídica brasileira a ela equiparada 100 (cem) MEI, a sua aquisição ou o seu arrendamento por estrangeiro ficam condicionados, respectivamente, à autorização pelo Presidente da República, ouvido o Conselho de Segurança Nacional, ou pelo Congresso Nacional.

§ 1º A autorização de que trata este artigo, assim como a aprovação do projeto de exploração, comporão os mesmos autos do processo de solicitação de autorização para aquisição ou arrendamento de imóvel rural por estrangeiro.

§ 2º O processo será encaminhado à Secretaria-Executiva do Conselho de Defesa Nacional para fins de assentimento prévio, depois de analisado pelas áreas técnica e jurídica do Incra, nos termos dos arts. 21 e 22 desta Instrução Normativa;

§ 3º Caso o Conselho de Defesa Nacional não assinta com o requerimento do estrangeiro interessado, o INCRA não expedirá a autorização para a aquisição ou o arrendamento do imóvel rural.

Art. 30. Para o cumprimento desta Instrução Normativa, o INCRA poderá, a qualquer tempo, proceder a diligências, requerer documentos ou solicitar informações junto aos Serviços Notariais e Registrais de Imóveis, e às Corregedorias de Justiça Estaduais ou a qualquer outro Órgão ou Instituição da Administração Pública, no intuito de obter esclarecimentos acerca de eventuais processos ou procedimentos administrativos ou judiciais, que possam auxiliá-lo no controle do atendimento à legislação de regência das aquisições e arrendamentos de imóveis rurais por estrangeiros; podendo, ainda, realizar vistoria in loco nos imóveis rurais para averiguar a fidedignidade das informações prestadas pelos administrados em cada caso concreto.

Art. 31. Constatada, a qualquer tempo, a falsificação de firma ou de cópia de documento público ou particular dentre o documental apresentado pelo estrangeiro requerente, bem como a omissão dolosa de fato ou documento essencial à análise do pedido, o INCRA considerará não satisfeita a exigência documental respectiva, indeferindo o pedido de autorização para aquisição ou arrendamento de imóvel rural e, no prazo de até cinco dias, dará conhecimento do fato à autoridade competente para adoção das providências administrativas, civis e penais cabíveis.

Parágrafo único. Compete à Procuradoria Federal Especializada do INCRA SR(00) PFE/R, junto à respectiva Superintendência Regional, a adoção das medidas administrativas e judiciais cabíveis, assim como, se for o caso, o encaminhamento de notícia-crime à autoridade policial competente e ao Ministério Público Federal.

Art. 32. O imóvel rural cadastrado no SNCR em nome do requerente estrangeiro, não deve ser incluído no SISNATE.

Art. 33. Fica a Diretoria de Ordenamento da Estrutura Fundiária do INCRA autorizada a editar, aprovar e publicar os atos necessários à instituição do Manual de Orientação para Aquisição de Imóvel Rural por Estrangeiro.

Art. 34. Esta Instrução Normativa entra em vigor na data de sua publicação.

Art. 35. Revoga-se a Instrução Normativa/INCRA/Nº 76, de 23 de agosto de 2013.

LEONARDO GÓES SILVA

INSTRUÇÃO NORMATIVA Nº 91, DE 03 DE OUTUBRO DE 2018, DO INCRA

Dispõe sobre o procedimento para venda direta dos imóveis residenciais de propriedade do INCRA no âmbito da Amazônia Legal, nos termos do art. 38, da Lei nº 11.952, de 25 de junho de 2009, e dá outras providências.

- *Vide arts. 437 a 440, Provimento CNJ n. 149/2023 (CNN) – corresponde ao revogado Provimento CNJ n. 33/2013*
- *Vide Lei n. 11.952, de 25 de junho de 2009 (Regularização fundiária das ocupações incidentes em terras situadas em áreas da União, no âmbito da Amazônia Legal)*
- *Vide Lei n. 13.465/2017 (Regularização Fundiária)*
- *Vide Instrução Normativa INCRA n. 142/2024 (Dispõe sobre os procedimentos necessários à regularização fundiária de áreas urbanas consolidadas, de expansão urbana e de urbanização específica, incidentes em terras públicas federais do Incra, qualquer que seja sua localização, e da União, administradas pelo Incra na Amazônia Legal previstas no art. 3º da Lei nº 11.952, de 2009)*
- *Vide Provimento CNJ n. 144/2023 (Programa Permanente de Regularização Fundiária na Amazônia Legal)*
- *Vide Orientação CNJ n. 5/2013 (Orienta sobre o procedimento de averbação de descrição georreferenciada de Gleba Pública Federal na Amazônia Legal previsto nos arts. 3º e 4º do Provimento nº 33/2013 da Corregedoria Nacional de Justiça)*
- *Vide Portaria MDA n. 1/2012 (Dispõe sobre o procedimento para regularização fundiária de ocupações incidentes em terras públicas federais, situadas em áreas urbanas na Amazônia Legal, previstas no art. 3º da Lei nº 11.952, de 25 de junho de 2009, e dá outras providências).*
- *Vide Portaria MDA n. 327/2015 (Dispõe sobre o procedimento de reversão de imóveis rurais na Amazônia Legal à União)*
- *Vide Orientação CNJ n. 5/2013 (Orienta sobre o procedimento de averbação de descrição georreferenciada de Gleba Pública Federal na Amazônia Legal previsto nos arts. 3º e 4 º do Provimento nº 33/2013 da Corregedoria Nacional de Justiça)*

O PRESIDENTE DO INSTITUTO NACIONAL DE COLONIZAÇÃO E REFORMA AGRÁRIA, no uso das atribuições que lhe foram conferidas pelo art. 21, da Estrutura Regimental deste Instituto, aprovada pelo Decreto nº 8.955, de 11 de janeiro de 2017, publicado no Diário Oficial da União do dia 12 de janeiro de 2017, combinado com o art. 107, inciso VII, do Regimento Interno da Autarquia, aprovado pela Portaria/INCRA/P/ Nº 338, de 09 de março de 2018, publicada no Diário Oficial da União do dia 13 seguinte, resolve:

Estabelecer o procedimento administrativo para a venda direta de imóveis residenciais de propriedade do Instituto Nacional de Colonização e Reforma Agrária - Incra, situados na Amazônia Legal, nos termos do art. 38, da Lei 11.952, de 25 de junho de 2009.

CAPÍTULO I – DAS DISPOSIÇÕES GERAIS

Art. 1º Esta Instrução Normativa regulamenta o procedimento de venda direta de imóveis residenciais de propriedade do Instituto Nacional de Colonização e Reforma Agrária - Incra, localizados na Amazônia Legal, fundamentada nos seguintes atos normativos:

I - Lei nº 8.666, de 21 de junho de 1993 (Lei das Licitações);

II - Lei nº 9.636, de 15 de maio de 1998;

III - Lei nº 10.406, de 12 de janeiro de 2002 (Código Civil Brasileiro);

IV - Lei nº 11.481, de 31 de maio de 2007;

V - Lei nº 11.952, de 25 de junho de 2009;

VI - Lei nº 13.240, de 30 de dezembro de 2015;

VII - Lei nº 13.465, de 15 de julho de 2017;

VIII - Decreto nº 3.725, de 10 de janeiro de 2001;

IX - Decreto nº 9.309, de 15 de março de 2018;

X - Decreto nº 9.310, de 15 de março de 2018.

Parágrafo único. Para os fins desta Instrução Normativa, considera-se imóvel residencial passível de venda direta o lote com ou sem edificações, de propriedade do Incra, localizado na Amazônia Legal, em zona urbana ou rural, destinado ao ocupante para fins residenciais.

Art. 2º As avaliações dos imóveis residenciais de propriedade do Incra destinados à venda direta serão realizadas diretamente pelo INCRA, com profissionais habilitados de seu próprio quadro de servidores ou por empresa especializada, contratada mediante licitação, observado as orientações do Parecer 02/2015/CPLC/DEPCONSU/PGF/AGU.

Art. 3º Para efeitos desta Instrução Normativa, o preço da venda será fixado com base no valor de mercado do imóvel, excluídas as acessões e as benfeitorias realizadas pelo ocupante, nos termos do art. 95 do Decreto 9.310 de 15 de março de 2018.

Art. 4º Não são passíveis de venda direta aos ocupantes, nos termos desta Instrução Normativa, os imóveis residenciais de propriedade do INCRA:

I - administrados pelas Forças Armadas, destinados à ocupação por militares;

II - considerados indispensáveis ao serviço público;

Parágrafo único. São considerados imóveis indispensáveis ao serviço público os destinados ao serviço ou estabelecimento da Administração ou afetados a outra finalidade pública, por ato da autoridade pública.

CAPÍTULO II – DAS COMPETÊNCIAS

Art. 5º Compete às Superintendências Regionais do Incra na Amazônia Legal a elaboração, por ato do respectivo Superintendente Regional, de relação contendo os imóveis residenciais passíveis de venda direta, nos termos desta Instrução Normativa, com a devida caracterização dos imóveis, identificação de seus ocupantes e justificativa para a venda direta.

§ 1º A relação dos imóveis residenciais passíveis de venda direta será encaminhada à Diretoria de Gestão Administrativa - DA, para análise e manifestação conclusiva.

§ 2º Cabe ao Conselho Diretor do Incra - CD, após manifestação conclusiva da DA, a homologação dos imóveis residenciais que, nos termos da Lei nº 11.952, de 25 de junho de 2009, e desta Instrução Normativa, são suscetíveis de venda direta.

§ 3º Qualquer pessoa poderá, no prazo de 10 (dez) dias corridos a contar da homologação de competência do CD, impugnar a inclusão de imóvel na relação de passível de venda direta, devendo tal impugnação ser decidida pelo Superintendente Regional, decisão da qual caberá recurso administrativo ao CD, também no prazo de 10 (dez) dias corridos.

Art. 6° Após a homologação de que trata o § 2º do art. 5º, caberá às Superintendências Regionais do Incra na Amazônia Legal a execução do procedimento de alienação dos imóveis residenciais de propriedade do Incra previsto nesta Instrução Normativa, inclusive com a outorga de Escritura Pública de Compra e Venda.

CAPÍTULO III – DO PROCEDIMENTO ADMINISTRATIVO PARA A VENDA DIRETA

SEÇÃO I – DOS REQUISITOS DO COMPRADOR

Art. 7º Adotadas as providências previstas nos artigos 5º e 6º desta Instrução Normativa, o procedimento administrativo de venda direta dos imóveis residenciais do Incra, no âmbito da Amazônia Legal, terá início mediante requerimento padrão do interessado (Anexo I desta Instrução Normativa), ou de seu representante legal, dirigido ao Superintendente Regional do INCRA, cuja competência abranja a área de localização do imóvel.

§ 1º O requerimento deverá ser acompanhado da seguinte documentação:

I - CPF e documento oficial de identidade (originais e cópias autenticadas) do requerente e do cônjuge ou companheiro, se houver;

II - Certidão de Casamento ou declaração de União Estável (original e cópia autenticada), conforme o caso;

III - Documentos originais e cópias que comprovem o tempo de ocupação pelo interessado por um período igual ou superior a 05 (cinco) anos;

IV - Comprovantes de renda do grupo familiar residente no mesmo teto (originais e cópias autenticadas);

§ 2° Para efeitos de comprovação do tempo de ocupação dos imóveis do Incra passíveis de alienação, poderão ser utilizados, entre outros documentos: Termo de Ocupação de Unidade Residencial expedido pelo Incra; cadastros municipais, estaduais ou federais; boletos de pagamentos emitidos por empresas públicas ou concessionárias de serviços públicos (água, luz, telefone); correspondência ou recibo com indicação do endereço completo do imóvel; autorização de ocupação do Incra com data ou declaração emitida pelo Superintendente Regional.

§ 3º As cópias dos documentos apresentadas pelos interessados poderão ser autenticadas em cartório ou pelos servidores do Incra, mediante apresentação e conferência dos documentos originais.

§ 4° Compete à Divisão de Administração da Superintendência Regional do Incra da área de localização do imóvel a conferência dos documentos apresentados pelo interessado, a formalização do processo individual de compra direta, em meio físico e digital, e a juntada da matrícula imobiliária do imóvel.

SEÇÃO II – DAS PEÇAS TÉCNICAS E DA MATRÍCULA DO IMÓVEL

Art. 8º Compete às Superintendências Regionais do Incra, por meio de seu corpo técnico, elaborar planta e memorial descritivo simplificado do imóvel residencial passível de venda direta, contendo no mínimo:

I - localização, confrontantes, pontos extremos e área edificada, se houver, e área total;

II - planta baixa da edificação, se houver.

§ 1° A planta e o memorial descritivo assinados por servidor do Incra dispensa a apresentação da ART, no Conselho Regional de Engenharia e Agronomia ou do RRT no Conselho de Arquitetura e Urbanismo, conforme o disposto no § 7º, do art. 31, do Decreto n° 9.310/2018.

§ 2° O interessado poderá apresentar, às suas expensas, as peças técnicas mencionadas neste artigo, assinadas por profissional habilitado, as quais serão avaliadas e, se de acordo com a legislação, validadas pelo Incra.

Art. 9º As Superintendências Regionais providenciarão as certidões cartorárias atualizadas da matrícula do imóvel residencial passível de venda direta, para instrução dos processos de alienação regulamentados por esta Instrução Normativa, bem como o desmembramento ou a fusão de matrículas, quando necessário à individualização do imóvel.

SEÇÃO III –DOS CRITÉRIOS E VEDAÇÕES PARA A VENDA DIRETA

Art. 10. A venda direta de imóveis residenciais de propriedade do Incra localizados na Amazônia Legal obedecerá aos seguintes critérios:

I - O preço do imóvel residencial a ser alienado será estabelecido por meio de laudo de avaliação elaborado nos Termos do Artigo 2º desta Instrução Normativa, que reflita o valor de mercado do bem;

II - A venda direta somente pode ser realizada à pessoa física que esteja ocupando o imóvel residencial por período igual ou superior a 5 (cinco) anos, devidamente comprovado nos termos desta Instrução normativa;

III - A venda direta não será realizada à pessoa física, ou a seu cônjuge ou companheiro, que seja proprietária de outro imóvel residencial no mesmo município.

IV- O interessado não poderá realizar junto ao Incra a compra de mais de um imóvel residencial.

V - O imóvel residencial será alienado mediante Escritura Pública de Compra e Venda, cujas despesas cartorárias e tributárias correrão às expensas do comprador.

§ 1º O valor pago pelo Incra para Terceiros pela avaliação do imóvel deverá ser ressarcido pelo comprador como requisito para a outorga da Escritura Pública de compra e venda.

§ 2º O interessado deverá apresentar declaração afirmando que ele e seu cônjuge ou companheiro, quando houver, não são possuidores ou proprietários de outro imóvel residencial no Município de localização do imóvel adquirido junto ao Incra.

SEÇÃO IV – DO PAGAMENTO E OUTORGA DA ESCRITURA

Art. 11. O valor total do imóvel será a soma do valor da avaliação (valor de mercado) acrescido do valor contratual cobrado pela empresa Contratada para o serviço de avaliação individualizada do imóvel.

§ 1º O pagamento do valor total do imóvel se dará das seguintes maneiras:

I - À vista, assim entendido o pagamento ocorrido em até 60 (sessenta) dias, contados da avença pela Superintendência Regional; ou

II - Financiado por qualquer entidade integrante do Sistema Financeiro de Habitação ou outras Instituições de crédito.

Art. 12. Quando não houver o pagamento à vista, a Escritura Pública de Compra e Venda conterá cláusula de alienação fiduciária em garantia em favor do agente financiador, na forma da Lei nº 9.514, de 20 de novembro de 1997.

Art. 13. A Escritura Pública de Compra e Venda somente será outorgada pelo Superintendente Regional do Incra após o recebimento do valor total do imóvel, seja diretamente do comprador, seja por parte do agente financiador.

Parágrafo único. A outorga de Escritura Pública de Compra e Venda será precedida de parecer da Procuradoria Regional do Incra, que apreciará conclusivamente a legalidade do procedimento.

CAPÍTULO IV – DAS DISPOSIÇÕES FINAIS

Art. 14. Correrão às expensas do outorgado todas as despesas cartoriais, impostos, taxas públicas, emolumentos e outras decorrentes da avaliação do imóvel e de sua transmissão.

Art. 15. Caso haja processo judicial cujo litígio envolva imóvel residencial passível de venda direta, o processo administrativo de venda ficará sobrestado até o trânsito em julgado da decisão judicial, após o que o procedimento administrativo será avaliado pela Procuradoria Regional do Incra.

Art. 16. O Incra não poderá dispensar tratamento diferenciado aos interessados que preencham os requisitos desta Instrução Normativa, sejam eles servidores públicos ou particulares, sob pena de responsabilidade.

Art. 17. Os casos omissos desta Instrução Normativa serão submetidos à apreciação da Diretoria de Gestão Administrativa - DA.

Art. 18. Esta Instrução Normativa entrará em vigor na data de sua publicação.

LEONARDO GÓES SILVA

D.O.U de 04/10/2018

INSTRUÇÃO NORMATIVA Nº 208, DE 08 DE NOVEMBRO DE 2019, CONJUNTA DO MINISTÉRIO DA ECONOMIA/SECRETARIA DE COORDENAÇÃO E GOVERNANÇA DO PATRIMÔNIO DA UNIÃO

Disciplina a atividade de Demolição de imóveis da União.

O SECRETÁRIO DE COORDENAÇÃO E GOVERNANÇA DO PATRIMÔNIO DA UNIÃO, DA SECRETARIA ESPECIAL DE DESESTATIZAÇÃO, DESINVESTIMENTO E MERCADOS, DO MINISTÉRIO DA ECONOMIA, no uso de suas atribuições, com fundamento no art. 20 da Constituição Federal de 1.988, na Lei nº 4.804. de 20 de outubro de 1.965, na Lei nº 9.784, de 29 de janeiro de 1.999, no art. 6º do Decreto-Lei nº 2.398, de 21 de dezembro de 1.987, e no art. 102, inciso IV, do Anexo I do Decreto nº 9.745, de 8 de abril de 2019, resolve:

Art. 1º Esta Instrução Normativa disciplina a atividade de demolição dos imóveis da União, caracterizados como próprios nacionais em estado precário de conservação.

§ 1º Nos termos do art. 1º da Lei nº 4.804, de 20 de outubro de 1.965, as demolições e reconstruções de benfeitorias, em próprio nacional, somente poderão ser efetuadas mediante autorização do Ministro de Estado sob cuja jurisdição se encontrar o imóvel.

§ 2º A aplicação da presente Instrução Normativa se dará apenas em relação aos imóveis da União cuja gestão encontra-se a cargo da Secretaria de Coordenação e Governança do Patrimônio da União – SPU, ou que foram cedidos por esta Secretaria a Municípios, Estados e Distrito Federal, e entidades filantrópicas, entre outras.

§ 3º Os procedimentos descritos na presente Instrução Normativa vinculam apenas os órgãos internos da Secretaria de Coordenação e Governança do Patrimônio da União – SPU, não afetando análises e diligências adicionais que a autoridade competente julgar necessárias antes de autorizar a demolição.

CAPÍTULO I

SEÇÃO I - DA CONCEITUAÇÃO

Art. 2º Caracteriza-se como Próprio Nacional os bens imóveis cujas benfeitorias pertencem à União.

Parágrafo único. O *caput* deste artigo não se aplica às benfeitorias efetuadas irregularmente, as quais ficam sujeitas às sanções previstas no art. 6º Decreto-Lei nº 2.398, de 21 de dezembro de 1.987.

Art. 3º Será considerado em estado precário de conservação o imóvel submetido a laudo de avaliação estrutural do art. 12 desta IN, cuja conclusão seja por sua demolição.

Art. 4º Consideram-se benfeitorias, em conformidade com o art. 2º da Lei nº 4.804, de 20 de outubro de 1.965:

I - edificações permanentes ou desmontáveis;

II - muros e cercas que delimitam o imóvel;

III - construções de emergência.

Parágrafo único. Não são consideradas benfeitorias:

I - áreas cobertas destinadas a abrigar, por tempo determinado, material em trânsito;

II - muros e cercas internas provisórias;

III - abrigos rústicos.

SEÇÃO II - DA COMPETÊNCIA

Art. 5º Compete ao Ministro cuja jurisdição o imóvel se encontra, a autorização para a demolição.

Parágrafo único. Em se tratando de imóveis destinados aos Municípios, Estados e Distrito Federal, e entidades filantrópicas, a autorização que trata o *caput* deve ser dada pelo Ministro titular da pasta à qual a SPU esteja subordinada.

CAPÍTULO II – DO PROCESSO DE DEMOLIÇÃO

SEÇÃO I - DISPOSIÇÕES GERAIS

Art. 6º A instrução processual de autorização para demolição de imóvel será feita pela área de caracterização nas Superintendências do Patrimônio nos Estados e Distrito Federal.

Parágrafo único. Nos casos de imóveis da União cedidos a Municípios, Estados e Distrito Federal, e entidades filantrópicas a instrução que trata o *caput* será feita pela área de destinação nas Superintendências do Patrimônio da União nos Estados e Distrito Federal.

SEÇÃO II - DA SOLICITAÇÃO PARA DEMOLIÇÃO DE BENFEITORIA

Art. 7º A solicitação para demolir benfeitoria, em próprio nacional, poderá ser feita no exercício da fiscalização preventiva, por meio de requerimento do interessado ou denúncia.

§ 1º Após a chegada de requerimento, deverá ser verificada a Unidade Gestora - UG do Imóvel.

§ 2º Caberá à Secretaria de Coordenação e Governança do Patrimônio da União - SPU a instrução processual para autorizar a demolição nos seguintes casos:

I - nos imóveis que pertencem a sua UG; e

II - nos imóveis da União cedidos a Municípios, Estados e Distrito Federal, e entidades filantrópicas, entre outras.

§ 3º Se o imóvel a ser autorizado estiver sob responsabilidade de outra Unidade Gestora, diversa da SPU, o requerimento deverá ser encaminhado ao Ministério sob cuja jurisdição se encontrar o imóvel.

§ 4º Se o imóvel se encontrar em faixa de domínio de rodovias federais ou em faixa de segurança de ferrovias federais, a solicitação de que trata o *caput* deverá ser encaminhada para o Departamento Nacional de Infraestrutura de Transportes - DNIT, para que o mesmo faça a instrução processual e autorize a demolição.

§ 5º Nos casos de imóveis da União cedidos a Municípios, Estados e Distrito Federal, e entidades filantrópicas, a solicitação que trata o *caput* deverá ser protocolada nas Superintendências do Patrimônio da União nos Estados e Distrito Federal, constando os documentos previstos no §3º do art. 15 desta IN sob pena de indeferimento do pedido.

SEÇÃO III - DO PROCEDIMENTO DA SPU

Art. 8º O requerimento que trata o artigo anterior, deverá ser encaminhado para a área de caracterização das Superintendências do Patrimônio da União nos Estados para a devida instrução processual.

Parágrafo único. Nos casos de imóveis da União cedidos a Municípios, Estados e Distrito Federal, e entidades filantrópicas o requerimento para demolição será analisado pela área de destinação nas Superintendências do Patrimônio da União nos Estados e Distrito Federal, observados, no que couber, os procedimentos executados pela área de caracterização.

Art. 9º A área responsável, nos termos do art. 8º, solicitará à equipe de fiscalização vistoria no local, com vistas a obter o relatório de vistoria do imóvel.

§ 1º O relatório que trata o *caput* detalhará as condições em que o imóvel se encontra, com fotos, croquis e outras documentações técnicas que julgar necessárias.

Art. 10. Elaborado o relatório, o processo deverá ser encaminhado para a área de destinação nas Superintendências do Patrimônio da União nos Estados, afim de verificar a possibilidade de destinação do imóvel, conforme suas condições atuais.

§ 1º A área de destinação deverá verificar a possibilidade de alienação, cessão, doação, ou quaisquer outras formas de destinação prevista em lei.

§ 2º Se for possível a destinação do imóvel nas condições atuais, encerra-se a instrução processual de autorização para demolição.

§ 3º Caso não seja possível destinar, a área de destinação deverá instruir processo com nota técnica motivada, devendo o processo retornar para área de caracterização.

Art. 11. A área responsável, nos termos do art. 8º, deverá encaminhar Ofício ao Instituto do Patrimônio Histórico e Artístico Nacional - IPHAN, para verificar se o imóvel é tombado.

§ 1º É proibida a demolição ou reconstrução de benfeitoria existente em próprio nacional tombado pelo IPHAN sem o prévio assentimento do Ministério ao qual o IPHAN está subordinado.

§ 2º Em caso de negativa do tombamento, dever-se-á continuar a instrução processual.

Art. 12. A área responsável, nos termos do art. 8º, deverá providenciar laudo de avaliação estrutural para demolição do imóvel.

§ 1º O laudo de avaliação estrutural poderá ser realizado por meio:

I - da defesa civil local;

II - de órgãos parceiros; e

III - de agente contratado.

§ 2º Se o laudo que trata o *caput* concluir pela não demolição do imóvel, encerra-se a instrução processual de autorização para demolição, devendo o imóvel ficar disponível para que seja dada a destinação adequada.

§ 3º Caso o laudo conclua pelo comprometimento estrutural, deverá haver a continuidade da instrução processual de autorização para demolição.

Art. 13. Na demolição por construção defeituosa, dolo, imperícia, omissão ou negligência, o parecer técnico do órgão fiscalizador da obra substituirá o documento previsto no art. 12.

Parágrafo único. Aquele documento deverá conter os esclarecimentos indispensáveis a trabalhos de tal natureza, com a indicação do responsável ou responsáveis pelo evento.

Art. 14. Verificada a necessidade de demolição, a área responsável, nos termos do art. 8º, deverá informar sobre o agente responsável pela execução e custos da demolição, podendo ser:

I - terceiro interessado na destinação da área;

II - por meio de apoio de órgãos parceiros para a realização da demolição: Prefeitura, Órgãos Estaduais, outros Órgãos federais que tenham infraestrutura para o serviço;

III - própria SPU, por meio de agente externo contratado.

§1º Nos casos de demolição pela própria SPU, a área responsável, nos termos do art. 8º, deverá instruir o processo com termo de referência ou projeto básico e orçamentos para a contratação de agente para a execução do serviço.

§ 2º A Superintendência do Patrimônio da União no Estado deverá solicitar ao órgão central da SPU disponibilidade orçamentária para a execução dos serviços.

§ 3º A contratação do agente externo que trata o inciso III, deste artigo, deverá ser feita com apoio do órgão local desta Pasta Ministerial que tem competência para efetuar contratações.

Art. 15. A área responsável, nos termos do art. 8º, encaminhará análise técnica atendendo os critérios e documentação necessária para a instrução do processo de solicitação para demolição da benfeitoria, devendo constar:

I - comprovante que o imóvel se encontra sob responsabilidade da UG - SPU;

II - relatório de fiscalização com descrição da situação atual do imóvel;

III - análise técnica da área de destinação no Estado, atestando não viabilidade de destinar o imóvel;

IV - manifestação do IPHAN informando que o imóvel não é tombado, ou, caso seja tombado, assentimento com a demolição por Ministério ao qual o IPHAN está subordinado;

V - laudo de avaliação estrutural favorável pela demolição do imóvel;

VI - informação sobre o agente responsável pela execução;

VII - informação sobre os custos de demolição e o responsável pelo pagamento destes custos;

VIII - termo de referência ou projeto básico e orçamentos, nos casos da demolição a ser realizada pela própria SPU;

IX - valor estimado do imóvel, bem como seu cadastro nos sistemas patrimoniais; e

X - manifestação do Superintendente do Patrimônio da União no Estado e Distrito Federal favorável a demolição.

§ 1º Cumpridas as exigências, o processo deverá ser encaminhado à Coordenação-Geral de Fiscalização e Controle de Utilização do Patrimônio da SPU, para continuidade da instrução processual.

§ 2º O valor estimado que trata o inciso IX tem como objetivo fornecer subsídios para o balanço contábil da União.

§ 3º Nos casos de imóveis da União cedidos a Municípios, Estados e Distrito Federal, e entidades filantrópicas, entre outras, serão aplicadas as mesmas exigências do art. 15 desta IN, excetuando-se os incisos III, VIII e IX.

Art. 16. A Coordenação-Geral de Fiscalização e Controle de Utilização do Patrimônio da SPU fará análise técnica do pedido, bem como minuta de portaria autorizativa, e encaminhará ao gabinete desta Secretaria que providenciará a autorização do Ministro desta Pasta.

Art. 17. Publicada a autorização para demolição, deverá ser iniciado o procedimento de demolição da área.

Art. 18. Após a execução da demolição da benfeitoria, a área de caracterização da Superintendência do Patrimônio da União deverá efetuar as devidas alterações cadastrais, contábeis e cartoriais do respectivo imóvel.

Parágrafo único. Caso a demolição de benfeitoria de próprio nacional sob jurisdição de outra UG seja realizada, caberá ao Ministério respectivo encaminhar à SPU documentações indispensáveis à modificação do registro competente no cadastro do bem imóvel.

CAPÍTULO III – DAS DISPOSIÇÕES FINAIS

Art. 19. A qualquer tempo poderão ser convalidados atos com defeitos sanáveis, desde que não acarretem lesão ao interesse público nem prejuízo a terceiros, conforme disposto no art. 55 da Lei nº 9.784, de 29 de janeiro de 1999.

Art. 20. Os casos omissos devem ser submetidos para análise do órgão central desta SPU.

Art. 21. Esta Instrução Normativa entra em vigor na data de sua publicação, aplicando-se aos processos em andamento, aproveitando-se os atos neles já praticados.

FERNANDO ANTON BASUS BISPO
D.O.U de 11/11/2019

INSTRUÇÃO NORMATIVA Nº 1.968, DE 22 DE JULHO DE 2020, CONJUNTA DA RFB E INCRA

Estabelece prazos e procedimentos para atualização do Sistema Nacional de Cadastro Rural (SNCR) e do Cadastro de Imóveis Rurais (Cafir) que visa propiciar a integração entre esses sistemas cadastrais com a finalidade de estruturação do Cadastro Nacional de Imóveis Rurais (CNIR).

- *Vide Lei n. 5.868/1972 (Cria o Sistema Nacional de Cadastro Rural)*
- *Vide Decreto 72.106/1973 (Regulamenta a Lei n. 5.868/1972)*
- *Vide Instrução Normativa INCRA n. 82/2015 (Procedimentos para atualização cadastral no Sistema Nacional de Cadastro Rural)*

O SECRETÁRIO ESPECIAL DA RECEITA FEDERAL DO BRASIL e o PRESIDENTE DO INSTITUTO NACIONAL DE COLONIZAÇÃO E REFORMA AGRÁRIA, no uso das atribuições que lhes conferem o inciso III do art. 327 do Regimento Interno da Secretaria Especial da Receita Federal do Brasil, aprovado pela Portaria MF nº 430, de 9 de outubro de 2017, o inciso VII do art. 19 da Estrutura Regimental do Instituto Nacional de Colonização e Reforma Agrária, aprovada pelo Decreto nº 10.252, de 20 de fevereiro de 2020, e o inciso XX do art. 110 do Regimento Interno do Instituto Nacional de Colonização e Reforma Agrária, aprovado pela Portaria Incra nº 531, de 23 de março de 2020, e tendo em vista o disposto nos §§ 1º e 2º do art. 1º e no art. 2º da Lei nº 5.868, de 12 de dezembro de 1972, no § 2º do art. 6º e no § 3º do art. 16 da Lei nº 9.393, de 19 de dezembro de 1996, e na Portaria Conjunta RFB/Incra nº 620, de 20 de abril de 2016, resolvem:

CAPÍTULO I – DISPOSIÇÃO PRELIMINAR

Art. 1º Implementar a integração entre o Sistema Nacional de Cadastro Rural (SNCR) e o Cadastro de Imóveis Rurais (Cafir), por meio da vinculação dos imóveis neles inscritos, com a finalidade de estruturação do Cadastro Nacional de Imóveis Rurais (CNIR).

CAPÍTULO II – DA OBRIGATORIEDADE

Art. 2º Para fins da integração prevista no art. 1º, os titulares de imóveis rurais estão obrigados à atualização cadastral dos imóveis inscritos no Sistema Nacional de Cadastro Rural (SNCR) e no Cadastro de Imóveis Rurais (Cafir), de forma a promover a vinculação entre eles nos referidos sistemas.

§ 1º Entende-se por titular de imóvel rural o proprietário, o titular de domínio útil ou o possuidor a qualquer título do imóvel.

§ 2º O procedimento de vinculação a que se refere o *caput* deverá ser realizado:

I - para imóveis rurais com área maior que 50 ha (cinquenta hectares), até o dia 30 de dezembro de 2021; e

II - para os imóveis rurais com área menor ou igual a 50 ha, até o dia 30 de dezembro de 2022.

§ 3º Os imóveis devem estar previamente vinculados caso seja necessária a prática, no Cafir, dos atos de inscrição e de alteração cadastral previstos, respectivamente, nos incisos I e II do art. 8º da Instrução Normativa RFB nº 1.467, de 22 de maio de 2014, hipótese em que não se aplicam os prazos para vinculação previstos no § 2º.

CAPÍTULO III –DA VINCULAÇÃO

Art. 3º A vinculação a que se refere o art. 2º será realizada por meio do serviço

"Gerenciar Vinculação" do sistema eletrônico online do CNIR, disponível nos sítios da Secretaria Especial da Receita Federal do Brasil (RFB) e do Instituto Nacional de Colonização e Reforma Agrária (Incra) na Internet, nos respectivos endereços www.receita.economia.gov.br e www.incra.gov.br.

Parágrafo único. O procedimento de vinculação a que se refere o *caput* é o descrito no Manual do CNIR, disponível nos endereços eletrônicos nele mencionados.

Art. 4º O imóvel cadastrado no SNCR deverá ser vinculado a um único imóvel cadastrado no Cafir, exceto nas situações previstas nos arts. 5º, 6º e 7º.

Art. 5º Fica dispensado do cumprimento da obrigação de efetuar a vinculação o titular do imóvel com a área total inserida no perímetro urbano do município, cadastrado no SNCR em razão de sua destinação agropecuária.

Parágrafo único. Na hipótese prevista no *caput*, caso o imóvel esteja cadastrado no Cafir, sua inscrição deverá ser cancelada, conforme previsto no inciso I do art. 25 da Instrução Normativa RFB nº 1.467, de 2014.

Art. 6º Será admitida a vinculação de um imóvel no SNCR a mais de um imóvel cadastrado no Cafir desde que comprovado que o perímetro urbano do município provocou a descontinuidade do imóvel cadastrado no SNCR, de forma que mais de uma parcela componente do imóvel está localizada em zona rural, observado o disposto no art. 8º.

Art. 7º Será admitida a vinculação de um imóvel no Cafir a mais de um imóvel cadastrado no SNCR desde que comprovado que a perda de destinação rural, nos termos do Capítulo VI da Instrução Normativa Incra nº 82, de 27 de março de 2015, de alguma parcela componente do imóvel rural cadastrado no Cafir provocou sua descontinuidade, de forma que mais de um imóvel está cadastrado no SNCR, observado o disposto no art. 8º.

Art. 8º No momento do pedido de vinculação nas hipóteses previstas nos arts. 6º ou 7º, a condição que gera a descontinuidade deverá ser comprovada por meio de planta e de memorial descritivo que contenham as coordenadas georreferenciadas dos vértices definidores dos limites das parcelas que formam o imóvel rural, produzidas por profissional legalmente habilitado, com prova de anotação de responsabilidade técnica no respectivo conselho de fiscalização profissional, conforme procedimento a ser regulamentado em nota técnica do CNIR.

Parágrafo único. Caso já conste, no sistema eletrônico do CNIR, a informação de descontinuidade prevista nos arts. 6º e 7º, o titular do imóvel rural tem até o dia 30 de setembro de 2020 para apresentar a documentação técnica citada no *caput*.

Art. 9º O descumprimento do disposto no § 2º do art. 2º sujeita o imóvel rural:

I - à situação de pendência cadastral no Cafir, conforme disposto no inciso III do § 1º do art. 6º da Instrução Normativa RFB nº 1.467, de 2014; e

II - à seleção no SNCR para fins de inibição da emissão do Certificado de Cadastro de Imóvel Rural (CCIR).

Parágrafo único. Os imóveis rurais com situação cadastral inconsistente em razão das hipóteses previstas no art. 8º da Instrução Normativa Conjunta RFB/Incra nº 1.581, de 17 de agosto de 2015, anteriormente à publicação desta Instrução Normativa Conjunta, terão suas situações regularizadas perante o Cafir e o SNCR, de ofício, pela RFB e pelo Incra.

CAPÍTULO IV – DISPOSIÇÕES FINAIS

Art. 10. Fica revogada a Instrução Normativa Conjunta RFB/Incra nº 1.581, de 17 de agosto de 2015.

Art. 11. Esta Instrução Normativa Conjunta será publicada no Diário Oficial da União e entrará em vigor em 1º de agosto de 2020.

JOSÉ BARROSO TOSTES NETO
Secretário Especial da Receita Federal do Brasil
GERALDO JOSÉ DA CÂMARA FERREIRA DE MELO FILHO
Presidente do Instituto Nacional de Colonização e Reforma Agrária
DOU de 23/07/2020

INSTRUÇÃO NORMATIVA Nº 104, DE 29 DE JANEIRO DE 2021, DO INCRA

Fixa os procedimentos para regularização fundiária das ocupações incidentes em áreas rurais, de que trata a Lei nº 11.952, de 25 de junho de 2009, regulamentada pelo Decreto nº 10.592, de 24 de dezembro de 2020, e dá outras providências.

- *Vide Lei n. 11.952, de 25 de junho de 2009 (Regularização fundiária das ocupações incidentes em terras situadas em áreas da União, no âmbito da Amazônia Legal)*
- *Vide Lei n. 13.465/2017 (Regularização Fundiária)*
- *Vide Instrução Normativa INCRA n. 142/2024 (Dispõe sobre os procedimentos necessários à regularização fundiária de áreas urbanas consolidadas, de expansão urbana e de urbanização específica, incidentes em terras públicas federais do Incra, qualquer que seja sua localização, e da União, administradas pelo Incra na Amazônia Legal previstas no art. 3º da Lei nº 11.952, de 2009)*
- *Vide Provimento CNJ n. 144/2023 (Programa Permanente de Regularização Fundiária na Amazônia Legal)*
- *Vide Orientação CNJ n. 5/2013 (Orienta sobre o procedimento de averbação de descrição georreferenciada de Gleba Pública Federal na Amazônia Legal previsto nos arts. 3º e 4º do Provimento nº 33/2013 da Corregedoria Nacional de Justiça)*
- *Vide Portaria MDA n. 1/2012 (Dispõe sobre o procedimento para regularização fundiária de ocupações incidentes em terras públicas federais, situadas em áreas urbanas na Amazônia Legal, previstas no art. 3º da Lei nº 11.952, de 25 de junho de 2009, e dá outras providências).*

O PRESIDENTE DO INSTITUTO NACIONAL DE COLONIZAÇÃO E REFORMA AGRÁRIA - INCRA, no uso das atribuições que lhe são conferidas pelo art. 19 da Estrutura Regimental do Incra, aprovada pelo Decreto nº 10.252, de 20 de fevereiro de 2020, combinado com o art. 110, incisos VI e XX, do Regimento Interno da Autarquia, aprovado pela Portaria nº 531, de 23 de março de 2020, publicada no DOU do dia 24 seguinte, e considerando o disposto na Resolução Incra/CD nº 689, de 29 de janeiro de 2021, bem como o que consta do processo administrativo nº 54000.122588/2020-32, resolve dispor sobre os procedimentos para regularização fundiária das ocupações incidentes em áreas rurais da União, no âmbito da Amazônia Legal, e em terras do Instituto Nacional de Colonização e Reforma Agrária, por meio de alienação e concessão de direito real de uso de imóveis, com fundamento na Lei nº 11.952, de 25 de junho de 2009 e no Decreto nº 10.592, de 24 de dezembro de 2020, nos seguintes termos:

CAPÍTULO I – DO OBJETO

Art. 1º Esta Instrução Normativa visa a estabelecer, no âmbito do Incra, as diretrizes e etapas dos procedimentos administrativos e técnicos aplicáveis na regularização fundiária das ocupações incidentes em:

I - áreas rurais situadas em terras da União, no âmbito da Amazônia Legal, e em terras do Instituto Nacional de Colonização e Reforma Agrária - Incra;

II - ocupações fora da Amazônia Legal nas áreas rurais do Incra e da União sob gestão do Incra; e

III - áreas remanescentes de projetos com características de colonização criados pelo Incra, dentro ou fora da Amazônia Legal, anteriormente a 10 de outubro de 1985.

§ 1º Para fins do disposto no inciso III do *caput*, consideram-se projetos com características de colonização:

I - projeto de colonização oficial;

II - projeto de assentamento rápido;

III - projeto de assentamento conjunto;

IV - projeto especial de colonização;

V - projeto de assentamento dirigido;

VI - projeto fundiário;

VII - projeto integrado de colonização; e

VIII - outros projetos definidos em ato do dirigente máximo do Incra.

§ 2º As áreas remanescentes de projetos de assentamento com características de colonização compreendem áreas ainda não tituladas, áreas não destinadas e tituladas pendentes da verificação das condições resolutivas, observado o disposto nas cláusulas contratuais do título expedido sobre a área.

Art. 2º Compete ao Incra, atendidos os requisitos desta norma, expedir os títulos de domínio - TD das áreas objeto de regularização fundiária.

§ 1º Caberá ao Incra a emissão em nome da União do título de Concessão de Direito Real de Uso - CDRU das áreas ocupadas que abranjam parte ou a totalidade de terrenos de marinha, terrenos marginais ou reservados, seus acrescidos ou outras áreas insuscetíveis de alienação nos termos do art. 20 da Constituição Federal, em glebas situadas na Amazônia Legal arrecadadas pelo Incra.

§ 2º Na hipótese de apenas parte da área objeto de regularização fundiária rural ser inalienável, poderão ser expedidos para o ocupante, após a delimitação devida, concomitantemente, título de domínio correspondente à área alienável e outorga de título de concessão de direito real de uso referente à parte inalienável.

Art. 3º Não serão passíveis de alienação ou concessão de direito real de uso, as ocupações que recaiam sobre áreas:

I - reservadas à administração militar federal e a outras finalidades de utilidade pública ou de interesse social a cargo da União;

II - tradicionalmente ocupadas por população indígena;

III - de florestas públicas, nos termos da Lei nº 11.284, de março de 2006, de unidades de conservação de domínio público ou que sejam objeto de processo administrativo voltado à criação de unidades de conservação; ou

IV - que contenham acessões ou benfeitorias federais.

§ 1º A regularização de áreas ocupadas por comunidades de remanescentes de quilombos será efetuada com base em legislação específica.

§ 2º As áreas de florestas públicas a que se refere o inciso III são aquelas de interesse do Serviço Florestal Brasileiro indicadas por meio de consulta à Câmara Técnica de Destinação e Regularização Fundiária de Terras Públicas Federais Rurais.

§ 3º Os imóveis rurais inseridos em unidades de conservação de uso sustentável das categorias de Área de Proteção Ambiental - APA e Área de Relevante Interesse Ecológico - ARIE poderão, excepcionalmente, ser regularizados nos termos desta Instrução Normativa, após consulta à Câmara Técnica de Destinação e Regularização Fundiária de Terras Públicas Federais Rurais.

CAPÍTULO II – DOS REQUISITOS PARA A REGULARIZAÇÃO FUNDIÁRIA

SEÇÃO I – DOS REQUISITOS DAS GLEBAS PÚBLICAS A SEREM DESTACADAS

Art. 4º Para o procedimento de regularização fundiária, é necessário que a gleba pública federal atenda aos seguintes requisitos:

I - registro no Cartório de Registro de Imóveis em nome da União ou do Incra;

II - limites georreferenciados ou reconhecidos pelo Incra; e

III - assentimento prévio do Conselho de Defesa Nacional - CDN, na porção que incidir em faixa de fronteira.

§ 1º Para definição das áreas passíveis ou não passíveis de regularização fundiária o Incra fará consulta de interesse no âmbito da Câmara Técnica de Destinação e Regularização Fundiária de Terras Públicas Federais Rurais, nos termos regulamentados pelo Decreto nº 10.592, de 2020.

§ 2º Para os fins desta norma, consideram-se como reconhecidos os limites das glebas arrecadadas constantes da base cartográfica do Incra.

§ 3º Para as glebas arrecadadas, o Incra utilizará ferramentas de geoprocessamento e sensoriamento remoto para obtenção de margem de segurança cartográfica na regularização fundiária da parcela.

§ 4º Os requisitos previstos neste artigo são aplicados aos casos de regularização fundiária em áreas de projetos de assentamento com características de colonização.

SEÇÃO II – DOS REQUISITOS PESSOAIS DO REQUERENTE

Art. 5º Para ser beneficiário da regularização fundiária, o ocupante e seu cônjuge ou companheiro deverão atender aos seguintes requisitos:

I - ser brasileiro nato ou naturalizado;

II - não ser proprietário de imóvel rural em qualquer parte do território nacional, exceto na hipótese prevista no inciso II do parágrafo único do art. 38 da Lei nº 11.952, de 2009;

III - praticar cultura efetiva;

IV - comprovar o exercício de ocupação e exploração direta, mansa e pacífica, por si ou por seus antecessores, anteriores a 22 de julho de 2008; e

V - não ter sido beneficiado por programa de reforma agrária ou de regularização fundiária de área rural, ressalvadas as exceções previstas no art. 8º do Decreto nº 10.592, de 2020.

Art. 6º Fica vedada a regularização de ocupações em que o ocupante ou seu cônjuge ou companheiro exerçam cargo ou emprego público nos seguintes órgãos:

I - Ministério da Agricultura, Pecuária e Abastecimento;

II - Instituto Nacional de Colonização e Reforma Agrária;

III - Ministério da Economia; ou

IV - órgãos estaduais e distrital de terras.

Art. 7º Não será objeto de regularização fundiária a ocupação requerida por pessoa jurídica.

Art. 8º Não será admitida a regularização em favor de ocupante que conste do Cadastro de Empregadores que tenham submetido trabalhadores a condições análogas à de escravo, do Ministério do Trabalho e Previdência. *(Redação alterada pela Instrução Normativa INCRA n. 119/2022)*

SEÇÃO III – DOS LIMITES DOS IMÓVEIS A SEREM REGULARIZADOS

Art. 9º Não serão regularizadas as ocupações de áreas superiores a 2.500 (dois mil e quinhentos) hectares.

Parágrafo único. Os imóveis rurais que excederem o limite especificado no *caput* poderão ser objeto de titulação parcial até o limite de 2.500 ha, condicionada à prévia desocupação da área excedente, devidamente comprovada nos autos do processo administrativo.

Art. 10. Os imóveis com áreas inferiores à fração mínima de parcelamento do município poderão ser regularizados.

CAPÍTULO III – DO PROCESSO ADMINISTRATIVO DE REGULARIZAÇÃO FUNDIÁRIA

SEÇÃO I – DAS ETAPAS DO PROCESSO

Art. 11. O procedimento para regularização fundiária de ocupações incidentes em terras públicas rurais da União e do Incra, será instruído mediante processo administrativo de habilitação dos imóveis pretendidos, conforme as seguintes etapas:

I - apresentação pelo requerente, por meio físico ou eletrônico, da documentação exigida, conforme disciplinado nesta norma;

II - análise das ocupações por meio do sensoriamento remoto;

III - verificação das informações declaradas com outras bases de dados do Governo Federal; e

IV - realização de vistoria presencial, nas hipóteses aplicáveis.

SEÇÃO II – DA ETAPA DE APRESENTAÇÃO DA DOCUMENTAÇÃO PELO REQUERENTE

Art. 12. Na etapa de entrega ou disponibilização em formato digital de documentação, o interessado deverá apresentar os seguintes documentos:

I - requerimento de regularização (anexo I) e declaração do requerente e do seu cônjuge ou companheiro (anexo II), sujeitos à responsabilização nas esferas penal, administrativa e civil, que contemplem os requisitos à regularização fundiária;

II - documentos pessoais de identificação do ocupante e do seu cônjuge ou companheiro; e, se for o caso, demonstrativo do estado civil dos requerentes, podendo ser apresentados os documentos listados no anexo III;

III - cópia da planta e do memorial descritivo do imóvel georreferenciado e objeto do requerimento de regularização, elaborados por profissional habilitado e devidamente credenciado junto ao Incra, validados via soluções de tecnologia da informação e comunicação - TIC do Incra, devendo constar a devida anotação de responsabilidade técnica - ART ou documento equivalente de acordo com norma específica do conselho profissional do responsável técnico;

IV - comprovante de inscrição no Cadastro Ambiental Rural - CAR; e

V - documentos ou outros meios que comprovem a ocupação e a exploração direta, exemplificadas na forma do anexo IV, quando for o caso.

Parágrafo único. A documentação comprobatória exigida nos termos desta Instrução deverá ser, preferencialmente, apresentada em formato digital e, quando for o caso, assinada eletronicamente utilizando-se os recursos de certificado digital nos termos previsto em lei.

Art. 12-A. O requerimento de que trata o inciso I do art. 12 desta norma deverá ser apresentado pelo interessado, via solicitação on-line na Plataforma de Governança Territorial - PGT do Incra.

§ 1º O requerente deverá desistir dos processos de regularização existentes, anteriores à solicitação, que estejam vinculados ao interessado.

§ 2º As peças processuais produzidas em processos anteriores poderão ser utilizadas na instrução do processo formalizado ou inserido na Plataforma de Governança Territorial - PGT, inclusive laudos de vistorias vigentes.

§ 3º A identificação pessoal do requerente, do imóvel e a comprovação de inscrição do imóvel no Cadastro Ambiental Rural - CAR serão realizadas de forma eletrônica e automática mediante consulta às bases de dados respectivas, quando o requerimento for realizado via Plataforma de Governança Territorial - PGT, estando o requerente dispensado de apresentar os documentos exigidos nos incisos II, III e IV do art. 12 desta norma.

§ 4º Para os imóveis acima de 4 (quatro) módulos fiscais a comprovação de que trata o inciso V do art. 12 poderá ser obtida no ato da vistoria.

§ 5º Durante a instrução processual poderão ser juntados documentos necessários à verificação dos requisitos à regularização fundiária. *(Redação incluída pela Instrução Normativa INCRA n. 119/2022)*

Art. 13. As declarações do requerente e de seu cônjuge ou companheiro, sujeitos à responsabilização nas esferas penal, administrativa e civil, deverão atestar, conforme o anexo II, que:

I - são brasileiros natos ou naturalizados;

II - não são proprietários de outro imóvel rural em qualquer parte do território nacional e que não tenham sido beneficiários de programa de reforma agrária ou de regularização fundiária rural, ressalvadas as exceções previstas no art. 8º do Decreto nº 10.592, de 2020;

III - praticam cultura efetiva, da qual deverão constar informações sobre a atividade econômica desenvolvida no imóvel e a atividade complementar;

IV - exercem ocupação e exploração direta, mansa e pacífica, por si ou por seus antecessores, anteriormente a 22 de julho de 2008, da qual deverão constar o tempo da ocupação e a existência ou não de conflito agrário ou fundiário;

V - não exercem cargo ou emprego público no Ministério da Economia, no Ministério da Agricultura, Pecuária e Abastecimento, no Incra e nos órgãos estaduais e distrital de terras;

VI - não mantêm em sua propriedade trabalhadores em condições análogas às de escravos;

VII - o imóvel não se encontra sob embargo ambiental e não é objeto de infração junto ao órgão ambiental federal, estadual, distrital e municipal;

VIII - a inscrição do CAR apresentada refere-se ao imóvel objeto da regularização;

IX - estão cientes de que as informações ambientais e do CAR declaradas serão passíveis de exame pelos órgãos ambientais competentes, de acordo com a legislação específica; e

X - estão cientes de que os demais dados informados poderão ser confirmados pelo Incra.

Art. 14. O requerimento poderá ser realizado por meio de instrumento de procuração particular, conforme modelo constante do anexo V, ou por instrumento público com poderes específicos.

Parágrafo único. Para os casos de requerimento formulado por procuração, será obrigatória a realização de vistoria, que deverá indicar o responsável pela exploração do imóvel rural.

SEÇÃO III – DA ETAPA DE SENSORIAMENTO REMOTO E DA ANÁLISE DA DOCUMENTAÇÃO

Art. 15. Apresentada a documentação, será realizada a análise das ocupações, por meio do sensoriamento remoto, que examinará, especialmente:

a) a prática de cultura efetiva no imóvel; e

b) a ocupação e exploração da área em data anterior a 22 de julho de 2008.

§ 1º Quando não for possível obter análise conclusiva apenas com base no sensoriamento remoto, será realizada vistoria administrativa mediante manifestação fundamentada, facultando-se a juntada de documentação pelo requerente.

§ 2º O resultado das análises realizadas por meio de sensoriamento remoto servirá de subsídio para os casos de vistoria obrigatória e para verificação das informações obtidas em outras bases de dados do governo federal.

Art. 16. Para fins de verificação do preenchimento dos requisitos previstos no art. 5º da Lei 11.952, de 2009, serão realizadas consultas a bases de dados, utilizando o Cadastro de Pessoas Físicas - CPF do(s) requerente(s), consultando-se os seguintes sistemas e cadastros:

I - Sistema Nacional de Cadastro Rural (SNCR);

II - Sistema de Informações de Projetos de Reforma Agrária (SIPRA);

III - Sistema de Informações de Protocolos (SISPROT);

IV - Sistema Eletrônico de Informações (SEI);

V - Sistema de Cadastro, Arrecadação e Fiscalização (SICAFI), do Ibama;

VI - Cadastro de Empregadores que tenham submetido trabalhadores a condições análogas à de escravo, divulgada pelo Ministério do Trabalho e Previdência; e *(Redação alterada pela Instrução Normativa INCRA n. 119/2022)*;

VII - Sistema de Cadastro Ambiental Rural (SICAR).

§ 1º A consulta ao SICAR deve conferir se o registro de inscrição no CAR do imóvel objeto de regularização fundiária é no mesmo Cadastro de Pessoas Físicas - CPF do requerente.

§ 2º A validade das consultas para fins de instrução processual é de um ano.

SEÇÃO IV – DA ETAPA DE VISTORIA

Art. 17. Os imóveis com área superior a quatro módulos fiscais até o limite de dois mil e quinhentos hectares terão os seus processos adicionalmente instruídos com relatório de vistoria presencial.

Parágrafo único. Para os efeitos desta instrução, considera-se vistoria o ato de inspecionar a ocupação em glebas públicas federais ou em área de projetos com características de colonização, criados anteriormente a 10 de outubro de 1985, com o objetivo de verificar se o ocupante pratica cultura efetiva, exerce ocupação e exploração direta, mansa e pacífica, por si ou por seus antecessores em período anterior a 22 de julho de 2008, em que se verifica se o requerente se enquadra nos requisitos exigidos pela legislação vigente para obter a regularização da ocupação.

Art. 18. A vistoria presencial também é obrigatória para a conclusão do processo de regularização fundiária nas seguintes hipóteses:

I - quando não for possível obter análise conclusiva apenas com base na análise remota do processo, sendo que, para esses casos, deverá ser proferida decisão fundamentada para realização de vistoria;

II - se o imóvel tiver sido objeto de termo de embargo ou infração ambiental, lavrado pelo órgão ambiental federal responsável;

III - se o requerimento a que se refere o inciso I do *caput* do art. 12 tiver sido realizado por meio de procuração;

IV - se o imóvel apresentar indícios de fracionamento fraudulento da unidade econômica de exploração;

V - se houver conflito agrário declarado no ato de requerimento ou registrado na Câmara de Conciliação Agrária do Incra; ou

VI - se forem estabelecidas outras razões em ato do dirigente máximo do Incra.

Art. 19. O encaminhamento dos autos para vistoria deverá ser justificado em um dos requisitos dos artigos 17 e 18, acompanhado do resultado do sensoriamento remoto, com o objetivo de auxiliar nos dados que devem ser coletados e verificados em campo.

§ 1º O relatório deverá esclarecer a situação do imóvel em relação ao motivo que justificou a vistoria, além de conter outros dados e informações relevantes e averiguados pelo vistoriador, referentes ao processo de regularização fundiária.

§ 2º O relatório de vistoria deverá conter pelo menos um par de coordenadas geográficas que indique a latitude e longitude de localização de um ponto do imóvel, além de outros dados e informações que o vistoriador considere relevantes dentro do perímetro da ocupação.

§ 3º O relatório de vistoria da ocupação será subscrito por profissional habilitado pelo poder executivo federal ou por outro profissional habilitado em razão de convênio, acordo ou instrumento congênere firmado com órgão ou entidade da administração pública federal, estadual, distrital ou municipal.

§ 4º O relatório de vistoria terá prazo de validade de três anos, podendo ser prorrogado por mais um ano, desde que o sensoriamento remoto não demonstre alterações na situação da ocupação.

§ 5º A confecção do relatório de vistoria deverá seguir as determinações contidas no Manual Técnico para Preenchimento do Relatório de Vistoria da Ocupação Rural para fins de Regularização Fundiária.

Art. 20. Será dispensada a vistoria em caso de revogação expressa da procuração, conforme modelo do anexo VI, se for esse o único motivo para a realização da vistoria.

Art. 21. A vistoria realizada em imóvel objeto de termo de embargo ou infração ambiental, lavrado pelo órgão ambiental federal, objetivará verificar se o preenchimento de requisitos para a regularização fundiária decorreu de dano ambiental.

§ 1º Comprovado que o preenchimento dos requisitos da regularização fundiária decorreu de dano ambiental, o pedido de regularização será indeferido.

§ 2º Não será indeferido o pedido caso o interessado apresente adesão ao Programa de Regularização Ambiental - PRA ou tenha celebrado Termo de Ajustamento de Conduta - TAC ou instrumento congênere com os órgãos e as entidades do Sistema Nacional do Meio Ambiente - Sisnama ou com o Ministério Público.

Art. 22. A eventual dispensa ou não realização de vistoria não retira o poder fiscalizatório da Autarquia.

CAPÍTULO IV – DA VERIFICAÇÃO DE DISPUTA ENTRE PARTICULARES

Art. 23. Identificada a existência de disputas em relação ao imóvel ou aos limites das ocupações, o Incra poderá buscar acordo entre as partes.

§ 1º Se for estabelecido acordo entre as partes, estas assinarão declaração, conforme anexo VII desta Instrução, para validar a concordância quanto aos limites demarcados.

§ 2º Sendo infrutífera a conciliação, a regularização das ocupações será suspensa para decisão administrativa, observado o seguinte:

I - se o conflito for entre comunidades locais e particulares, o Incra decidirá em benefício das comunidades locais, definidas no inciso X do art. 3º da Lei nº 11.284, de 2006; e

II - se o conflito for entre particulares, a demanda somente prosseguirá após acordo ou decisão judicial.

§ 3º Havendo disputa judicial entre particulares pela posse da ocupação, o processo de regularização fundiária será suspenso até a prolação de decisão pelo juízo, prosseguindo a instrução do processo de regularização em nome do vencedor da demanda.

§ 4º Na hipótese de ocorrência do § 2º, inciso II, e do § 3º deste artigo, o Incra procederá o bloqueio das áreas em litígio nas soluções de tecnologia da informação e comunicação - TIC, adotadas pela Autarquia.

§ 5º Na pendência de disputa judicial, havendo acordo extrajudicial entre as partes, este deverá ser comunicado ao juízo competente.

§ 6º Havendo extinção do processo judicial, será dado prosseguimento ao processo administrativo de regularização fundiária.

§ 7º Não serão regularizadas ocupações que incidam sobre áreas objeto de demanda judicial até o trânsito em julgado da decisão, ressalvadas a hipótese de o objeto da demanda não impedir a análise da regularização da ocupação pelo Incra e a hipótese de acordo judicial.

CAPÍTULO V – DAS ETAPAS ADMINISTRATIVAS DA ANÁLISE PROCESSUAL

SEÇÃO I – DO FLUXO DO PROCESSO

Art. 24. Toda a documentação gerada no curso do processo de regularização será recepcionada, inserida e disponibilizada em formato digital nas soluções de tecnologia da informação e comunicação - TIC do Incra, analisada de forma remota, com manifestação de responsável técnico em momentos específicos do fluxo processual.

§ 1º O processo administrativo tramitará de acordo com o seguinte fluxo:

I - recebimento e inserção, em soluções de TIC do Incra, dos documentos apresentados em formato digital;

II - análise automatizada de sobreposição do imóvel a partir de soluções de TIC do Incra;

III - análise das ocupações por meio do sensoriamento remoto;

IV - pesquisa e análise das informações, de forma automatizada, às bases de dados oficiais da Administração Pública Federal, previstas no art. 16 desta instrução, que serão confrontadas e validadas eletronicamente ou por técnico habilitado;

V - manifestação técnica justificada da Divisão de Governança Fundiária para a realização de vistoria, quando não for possível obter análise conclusiva com o resultado do sensoriamento remoto e da análise de documentos;

VI - relatório de vistoria, se for o caso;

VII - inscrição ou atualização do imóvel no SNCR, conforme o caso;

VIII - manifestação conclusiva da Superintendência Regional quanto ao preenchimento dos requisitos da regularização pretendida;

IX - extrato da instrução processual que contenha todas as informações relevantes, extraído via sistema;

X - manifestação jurídica, quando for o caso; e

XI - ato de aprovação para emissão do título ou indeferimento da titulação pelo Diretor de Governança Fundiária.

§ 2º A manifestação conclusiva prevista no inciso VIII do § 1º deste artigo deverá ser elaborada no prazo de 10 dias pelo Superintendente Regional, sob pena de responsabilidade.

§ 3º Não havendo o cumprimento do prazo estabelecido no parágrafo anterior, o processo será automaticamente direcionado às instâncias superiores por sistema informatizado, para análise e decisão.

§ 4º Poderão ser formalizadas, por meio de portaria, equipes especializadas no Incra para as análises dos processos de regularização.

§ 5º Os documentos comprobatórios da regularidade da situação de usuários dos serviços públicos, de atestados, de certidões ou de outros documentos comprobatórios que constem em base de dados oficial da Administração Pública Federal, poderão ser obtidos pelo Incra, nos termos da Lei nº 13.726, de 08 de outubro de 2018, e da Portaria Interministerial nº 176, de 25 de junho de 2018.

Art. 24-A. No caso de processos analisados por meio da Plataforma de Governança Fundiária - PGT, a análise do requerimento será efetuada por meio da verificação das informações declaradas pelo interessado, mediante o cruzamento com outras bases de dados do Governo federal, pelo qual será aferido o preenchimento dos requisitos necessários à regularização fundiária.

§ 1º Após a análise, a plataforma disponibilizará o Relatório de Conformidade Processual automatizado, detalhando os requisitos verificados.

§ 2º A análise por sensoriamento remoto de uso e ocupação do solo será produzida de forma automatizada pela Plataforma de Governança Fundiária - PGT, com a consequente emissão automática de parecer.

§ 3º O parecer a que se refere o parágrafo anterior informará se a ocupação e o uso do solo foram confirmados.

§ 4º Caso a ocupação e uso do solo não se confirmem de forma automatizada, alternativamente, a análise por sensoriamento remoto de uso e ocupação do solo poderá ser realizada por outros meios.

§ 5º O relatório de conformidade processual produzido após a análise via Plataforma de Governança Territorial - PGT será conclusivo para indicar a possibilidade de prosseguimento do processo com dispensa de vistoria, mediante certidão registrada nos autos, ou indicar a necessidade de realização de vistoria técnica obrigatória ou quando se fizer necessária. *(Redação incluída pela Instrução Normativa INCRA n. 119/2022)*

Art. 24-B. Concluído o Relatório de Conformidade produzido pela Plataforma de Governança Territorial - PGT, deverá ser procedida análise quanto a eventuais inconsistências, bem como quanto a existência de conflitos e de documentos de titulação, entregues ou não, referentes ao imóvel em análise, seja em benefício dos interessados ou de terceiros.

§ 1º O Relatório de Conformidade produzido pela Plataforma de Governança Fundiária - PGT poderá ser utilizado para instrução de processos de regularização fundiária, mesmo que a conclusão do pedido seja realizada por outro meio.

§ 2º A verificação a que se refere o *caput* deve ser realizada em eventuais processos anteriores que se relacionem com o imóvel em regularização fundiária.

§ 3º Verificada a existência de documentos de titulação já emitidos, entregues ou não, para o imóvel em exame, seja em benefício dos interessados ou de terceiros, deverá ser realizada a análise conforme rito previsto em ato normativo de análise do cumprimento e liberação das cláusulas e condições resolutivas de instrumentos de titulação decorrentes de regularização fundiária. *(Redação incluída pela Instrução Normativa INCRA n. 119/2022)*

Art. 25. O processo de regularização fundiária será convertido para a modalidade de venda direta, caso o Incra constate a ocorrência das hipóteses contidas no art. 36 do Decreto nº 10.592, de 2020.

Art. 26. A instrução processual poderá ser encerrada imediatamente, mediante decisão administrativa fundamentada de mérito, do Diretor de Governança Fundiária, quando se verificar ausência do preenchimento dos requisitos legais para a regularização fundiária.

SEÇÃO II – DO FLUXO DO PROCESSO SIMPLIFICADO PARA IMÓVEIS DE ATÉ UM MÓDULO FISCAL

Art. 27. Na regularização fundiária de imóveis com área de até um módulo fiscal, fica dispensada a apresentação da comprovação de inscrição do imóvel no Cadastro Ambiental Rural, bem como da declaração prevista no inciso VIII do artigo 13, quando do requerimento.

Art. 28. Fica dispensada a manifestação conclusiva da Superintendência Regional quanto ao preenchimento dos requisitos para regularização nas áreas de até um módulo fiscal.

Parágrafo único. No processo simplificado, os autos devem ser encaminhados diretamente à Diretoria de Governança Fundiária, para análise e decisão de mérito.

SEÇÃO III – DA DECISÃO DE MÉRITO

Art. 29. Após a instrução do processo, o Superintendente Regional, no prazo de 10 (dias), encaminhará os autos administrativos à Diretoria de Governança Fundiária para decisão de mérito quanto ao deferimento ou indeferimento do pedido de regularização.

§ 1º A manifestação jurídica será obrigatória somente na hipótese de a manifestação técnica ser pelo deferimento do pedido de regularização.

§ 2º A não aplicação de manifestação jurídica referencial deve estar justificada nos autos antes de ser encaminhado à Procuradoria Federal Especializada - PFE do Incra.

§ 3º Após a manifestação jurídica, a PFE encaminhará os autos para a decisão de mérito a ser proferida pela Diretoria de Governança Fundiária.

§ 4º A decisão será publicada no Boletim de Serviço Eletrônico do Incra e notificada ao requerente.

Art. 29-A. Concluída a análise técnica por meio da Plataforma de Governança Fundiária - PGT, será lavrada certidão que ateste que o caso concreto se amolda à possibilidade de aplicação de parecer jurídico referencial, ou que certifique que é caso de encaminhar o processo para análise jurídica pela Procuradoria Federal Especializada junto ao Incra - PFE/Incra. *(Redação incluída pela Instrução Normativa INCRA n. 119/2022)*

Art. 30. Indeferido o pedido de regularização, e após publicação no Boletim Eletrônico de Serviço, o ocupante será notificado, dando-lhe ciência dos termos da decisão e facultando-lhe apresentar recurso no prazo de 30 (trinta) dias.

§ 1º Apresentado o recurso, será realizada análise técnica fundamentada pela Diretoria de Governança Fundiária, facultada a reconsideração pelo Diretor.

§ 2º Não havendo a reconsideração, o recurso será encaminhado ao Conselho Diretor do Incra para decisão, após manifestação da PFE.

§ 3º O ocupante deverá ser notificado dos termos da decisão.

§ 4º Caso seja provido o recurso, seguir-se-á à instrução processual.

§ 5º Decorrido o prazo previsto no *caput* ou negado provimento ao recurso do interessado, seguir-se-ão medidas administrativas, visando à destinação do imóvel, nos termos da lei.

CAPÍTULO VI – DA VENDA DIRETA

Art. 31. É admitida a venda direta em áreas da Amazônia Legal, conforme previsto no parágrafo único do art. 38 da Lei nº 11.952, de 2009, nas seguintes hipóteses:

I - quando se tratar de ocupações posteriores a 22 de julho de 2008 ou em áreas em que tenha havido interrupção da cadeia alienatória posterior à referida data, desde que preenchidos os demais requisitos desta instrução e comprovado o período da ocupação atual por prazo igual ou superior a cinco anos, apurado até 23 de dezembro de 2016; e

II - quando o requerente for proprietário de outro(s) imóvel(is) rural(is), desde que a soma das áreas não ultrapasse o limite de 2.500 hectares, e preenchidos os demais requisitos desta instrução.

§ 1º Os imóveis rurais identificados como de propriedade do requerente deverão estar georreferenciados conforme norma técnica definida pelo Incra, a fim de permitir a verificação do limite estabelecido no inciso II deste artigo.

§ 2º A venda direta se aplica às áreas contíguas ou não às propriedades do requerente.

§ 3º O despacho decisório que deferir pela regularização fundiária por meio de venda direta deverá consignar expressamente que a alienação ocorreu por meio de tal modalidade.

Art. 32. A alienação na modalidade de venda direta será realizada por meio do pagamento de cem por cento do valor máximo da terra nua definido na pauta de valores da terra nua para fins de titulação e regularização fundiária, elaborada pelo Incra.

Parágrafo único. A alienação de que trata o *caput* será realizada por meio da expedição de título de domínio que deverá conter as cláusulas resolutivas a que se refere o art. 36 desta Instrução, pelo prazo de dez anos, além da inalienabilidade do imóvel.

Art. 33. No ato do requerimento, o ocupante, ciente de seu enquadramento na modalidade de venda direta, deverá indicar essa condição.

Art. 34. A instrução processual seguirá o fluxo estabelecido no art. 24 desta instrução.

CAPÍTULO VII – DA TITULAÇÃO

Art. 35. Os títulos de domínio - TD e as concessões de direito real de uso - CDRU serão expedidos:

I - em nome da mulher e do homem, obrigatoriamente, nas seguintes hipóteses:

a) quando forem casados, exceto se pelo regime da separação de bens; ou

b) quando conviverem em regime de união estável, exceto se houver regime contratual que disponha em contrário.

II - em nome dos conviventes, na hipótese de união homoafetiva; e

III - preferencialmente em nome da mulher, nas demais hipóteses.

Art. 36. O título de domínio - TD ou a concessão de direito real de uso - CDRU deverá conter, entre outras, cláusulas que determinem, pelo prazo de dez anos, sob condição resolutiva, além da inalienabilidade do imóvel:

I - a manutenção da destinação agrária, por meio de prática de cultura efetiva;

II - o respeito à legislação ambiental, em especial quanto ao cumprimento do disposto no capítulo VI, da Lei nº 12.651, de 25 de maio de 2012;

III - a não exploração de mão de obra em condição análoga à de escravo; e

IV - as condições e a forma de pagamento.

Art. 37. O Incra expedirá os títulos de domínio – TD e as concessões de direito real de uso – CDRU após a publicação, em Boletim de Serviço Eletrônico, da decisão que autorizou a expedição.

§ 1º O beneficiário receberá a via do TD ou da CDRU e a cópia da(s) planta(s) e do(s) memorial(is) descritivo(s) do imóvel, contendo a identificação expressa da ART do responsável pelo georreferenciamento ou documento equivalente de acordo com a norma específica do Conselho de Classe do responsável técnico.

§ 2º O TD e a CDRU conterão código único de identificação, com validade e autenticidade passíveis de consulta por meio eletrônico.

§ 3º Após a coleta das assinaturas com a indicação da data de recebimento, os TDs e as CDRUs deverão ser digitalizados e incluídos nas soluções de tecnologia da informação e comunicação – TIC do Incra.

§ 4º A competência para assinatura de TDs e CDRUs é do Presidente do Incra, devendo ser assinados também pelos requerentes. *(Redação alterada pela Instrução Normativa INCRA n. 119/2022)*

§ 5º Os TDs e as CDRUs podem ser firmados por meio de instrumento procuratório público e com poderes específicos.

§ 6º A relação dos TDs e das CDRUs expedidos será divulgada em sítio eletrônico do Incra.

Art. 38. Após a assinatura dos documentos de titulação pelas partes e a inserção nos sistemas do Incra, deverão ser atualizados, de forma automatizada, os seguintes sistemas:

I - Sistema Nacional de Cadastro Rural – SNCR, alterando-se a situação jurídica do imóvel de "posse por simples ocupação" para "posse a justo título"; e

II - Sistema de Gestão Fundiária – SIGEF, alterando-se a situação de "área não titulada" para "área titulada não registrada".

§ 1º Após registro do TD e da CDRU no cartório de registro de imóveis, o beneficiário deverá requerer a atualização cadastral do SNCR no Incra ou na Unidade Municipal de Cadastro-UMC.

§ 2º Após registro do TD e da CDRU no cartório de registro de imóveis, o beneficiário deverá requerer a atualização da situação do imóvel no SIGEF, a ser realizado pelo Oficial de Registro de Imóveis ou, na impossibilidade deste, pelo profissional responsável técnico pelo georreferenciamento.

Art. 39. Depois de concluída a titulação, o processo administrativo deverá ser remetido à Divisão Operacional para registro e acompanhamento financeiro e contábil.

Art. 40. Os TDs e as CDRUs expedidos sob a vigência da Lei nº 11.952, de 2009, e não firmados pelos requerentes no prazo de três anos, contados a partir da data de expedição, serão tornados insubsistentes juntamente com a decisão que autorizou a expedição. *(Redação alterada pela Instrução Normativa INCRA n. 119/2022)*

§ 1º A decisão que tornar sem efeito a autorização da expedição do TD ou CDRU deverá ser publicada em Boletim Eletrônico de Serviço, com posterior arquivamento do processo.

§ 2º Arquivado o processo e havendo manifestação do interessado, será reaberta a instrução e novamente verificado o preenchimento dos requisitos previstos na Lei nº 11.952, de 2009, para nova decisão administrativa.

Art. 41. Os TD e a CDRUs tornados insubsistentes, cancelados, resolvidos ou anulados, terão o registro do imóvel nos sistemas do Incra revertidos à condição de "posse por simples ocupação" e "área não titulada".

CAPÍTULO VIII – DAS DISPOSIÇÕES FINAIS E TRANSITÓRIAS

Art. 42. A instrução processual seguirá fluxograma a ser estabelecido e atualizado por ato da Diretoria de Governança Fundiária - DF.

Art. 43. As dúvidas na aplicação desta Instrução Normativa serão dirimidas pela DF.

Art. 44. Os procedimentos previstos nesta Instrução Normativa aplicam-se aos processos em andamento, na fase em que se encontram.

Art. 45. Os procedimentos de análise e verificação de cláusulas e condições resolutivas de títulos, de cobrança de dívida de títulos, de renegociação e enquadramento de títulos e de reversão de imóveis não regularizáveis serão objeto de instruções normativas próprias.

Art. 46. Quando o georreferenciamento do imóvel objeto do pedido de regularização for custeado pela Administração Pública Federal e a área ultrapassar o limite de 04 módulos fiscais, os custos serão repassados ao ocupante, valor que será indicado quando do cálculo do valor para pagamento.

Art. 47. O registro das informações, a instrução processual e a gestão da regularização fundiária serão efetivados por meio do sistema informatizado do Incra.

Art. 48. Acompanham esta Instrução Normativa os seguintes anexos:

I - Anexo I: Modelo de requerimento de regularização fundiária;

II - Anexo II: Modelo de declaração dos requerentes à regularização fundiária;

III - Anexo III: Documentos pessoais de identificação e demonstrativo de estado civil;

IV - Anexo IV: Listagem exemplificativa de documentos de comprovação de detenção ou de exploração anterior a 22 de julho de 2008;

V - Anexo V: Modelo de documento de procuração;

VI - Anexo VI: Modelo de revogação de procuração;

VII - Anexo VII: Modelo de declaração de acordo;

VIII - Anexo VIII: Termo de concessão de direito real de uso, sob condição resolutiva;

IX - Anexo IX: Título de domínio, sob condição resolutiva - venda direta;

X - Anexo X: Título de domínio, sob condição resolutiva; e

XI - Anexo XI: Modelos de notificação.

Parágrafo único. Os anexos que acompanham esta Instrução Normativa serão publicados na íntegra no Boletim de Serviço interno e disponibilizados no sítio eletrônico da Autarquia.

Art. 49. Fica revogada a Instrução Normativa nº 100, de 30 de dezembro de 2019.

Art. 50. Esta Instrução Normativa entra em vigor na data de sua publicação.

GERALDO JOSÉ DA CÂMARA FERREIRA DE MELO FILHO

DOU DE 02/02/2021

› *Não publicamos os anexos desta Instrução Normativa.*

INSTRUÇÃO NORMATIVA Nº 2.008, DE 18 DE FEVEREIRO DE 2021, CONJUNTA DO MINISTÉRIO DA ECONOMIA/SECRETARIA ESPECIAL DA RECEITA FEDERAL

Dispõe sobre o Cadastro de Imóveis Rurais (Cafir).

› *Vide Instrução Normativa INCRA/RFB N. 1.968/2020*

O SECRETÁRIO ESPECIAL DA RECEITA FEDERAL DO BRASIL, no uso da atribuição que lhe confere o inciso III do art. 350 do Regimento Interno da Secretaria Especial da Receita Federal do Brasil, aprovado pela Portaria ME nº 284, de 27 de julho de 2020, e tendo em vista o disposto no art. 6º da Lei nº 9.393, de 19 de dezembro de 1996, resolve:

CAPÍTULO I – DISPOSIÇÕES PRELIMINARES

Art. 1º O Cadastro de Imóveis Rurais (Cafir), do qual constarão as informações relativas ao imóvel rural, seu titular e, se for o caso, seus condôminos e compossuidores, será administrado pela Secretaria Especial da Receita Federal do Brasil (RFB), nos termos desta Instrução Normativa e observada a legislação pertinente.

Parágrafo único. Ao imóvel rural cadastrado no Cafir será atribuído o código do imóvel no Cadastro Imobiliário Brasileiro (CIB). *(Redação dada pelo(a) Instrução Normativa RFB nº 2042, de 05 de agosto de 2021)*

CAPÍTULO II – DA DEFINIÇÃO DE IMÓVEL RURAL

Art. 2º Para efeitos do disposto nesta Instrução Normativa, considera-se:

I - imóvel rural, a área contínua, formada por 1 (uma) ou mais parcelas de terras localizadas na zona rural do município;

II - zona rural do município, aquela situada fora da zona urbana definida em lei municipal, conforme disposto nos §§ 1º e 2º do art. 32 da Lei nº 5.172, de 25 de outubro de 1966 - Código Tributário Nacional (CTN); e

III - parcela, a menor unidade territorial passível de ser cadastrada, definida como uma parte da superfície terrestre cujos limites e confrontações estejam devidamente descritos no documento que formaliza sua existência e que não apresente interrupções físicas ou de direito em sua extensão.

§ 1º É vedada a indicação de área menor que a área da parcela para compor o imóvel rural.

§ 2º Caso a área de imóvel registrado em uma única matrícula ou transcrição no Cartório de Registro de Imóveis ou a área de posse contínua do mesmo titular esteja localizada em zona urbana e zona rural, concomitantemente, será cadastrada no Cafir apenas a parcela localizada na zona rural.

CAPÍTULO III – DA OBRIGATORIEDADE DE INSCRIÇÃO E DA TITULARIDADE

Art. 3º É obrigatória a inscrição no Cafir de todos os imóveis rurais, incluídos os beneficiados com imunidade ou isenção do Imposto sobre a Propriedade Territorial Rural (ITR).

Parágrafo único. A inscrição a que se refere o *caput* e os efeitos dela decorrentes não geram qualquer direito de propriedade, domínio útil ou posse.

Art. 4º Titular é o proprietário, titular do domínio útil ou possuidor a qualquer título das parcelas que compõem o imóvel rural, em nome de quem é efetuado o cadastramento no Cafir.

§ 1º Para fins do disposto nesta Instrução Normativa, considera-se:

I - proprietário, a pessoa que tem a faculdade de usar, gozar e dispor de parcela que compõe o imóvel rural, e o direito de reavê-la do poder de quem quer que injustamente a possua ou detenha;

II - titular do domínio útil, o enfiteuta ou foreiro de enfiteuse ou subenfiteuse instituída na forma prevista nos arts. 678 a 694 da Lei nº 3.071, de 1º de janeiro de 1916, ou no Decreto-Lei nº 9.760, de 5 de setembro de 1946, observado o disposto no art. 2.038 da Lei nº 10.406, de 10 de janeiro de 2002 - Código Civil, a quem foi atribuído, pelo senhorio direto, domínio útil de parcela que compõe o imóvel rural; e

III - possuidor a qualquer título, a pessoa que tem a posse plena, sem subordinação, também denominada posse com animus domini, de parcela que compõe o imóvel rural.

§ 2º Deverá ser indicado como titular do imóvel rural no Cafir:

I - o usufrutuário, vedada a indicação do nu-proprietário;

II - o fiduciário, em caso de propriedade fideicomissária, vedada a indicação do fideicomissário antes de concluída a transferência da propriedade em razão do implemento da condição;

III - o condômino ou compossuidor, escolhido nos termos da Seção II do Capítulo VIII;

IV - o espólio, até a data da partilha ou adjudicação, nos termos da Seção III do Capítulo VIII;

V - o devedor fiduciante, em caso de alienação fiduciária de coisa imóvel, vedada a indicação do credor fiduciário antes que, ocorrida a consolidação da propriedade, este seja imitido na posse do bem, nos termos do § 8º do art. 27 da Lei nº 9.514, de 20 de novembro de 1997;

VI - o concessionário de direito real de uso, nos termos do art. 7º do Decreto-Lei nº 271, de 28 de fevereiro de 1967, ainda que beneficiário do programa de reforma agrária nos termos do art. 18 da Lei nº 8.629, de 25 de fevereiro de 1993;

VII - o adquirente, na hipótese prevista no inciso II do *caput* do art. 13;

VIII - o Poder Público, suas autarquias e fundações, na hipótese prevista no inciso III do *caput* do art. 13;

IX - a entidade privada imune, na hipótese prevista no inciso IV do *caput* do art. 13;

X - o expropriante, na hipótese de desapropriação ou imissão prévia na posse; ou

XI - o arrematante, na hipótese de aquisição por arrematação em hasta pública.

§ 3º É vedada a indicação como titular do imóvel rural no Cafir:

I - de pessoa que explore o imóvel sob contrato de arrendamento, meação, parceria, comodato ou concessão administrativa de uso, inclusive, neste último caso, se beneficiário do programa de reforma agrária nos termos do art. 18 da Lei nº 8.629, de 1993; e

II - de fiel depositário, em caso de sequestro, arresto ou penhora do imóvel por determinação judicial.

CAPÍTULO IV – DA SITUAÇÃO CADASTRAL E DO COMPROVANTE DE INSCRIÇÃO

Art. 5º São situações cadastrais do imóvel rural no Cafir:

I - ativa;

II - pendente; ou

III - cancelada.

§ 1º É considerado pendente o cadastro do imóvel rural em que for verificada pelo menos uma das seguintes situações:

I - inconsistência de dados cadastrais;

II - omissão na apresentação da Declaração do Imposto sobre a Propriedade Territorial Rural (DITR) e dos documentos que a compõem, na forma estabelecida pelos atos normativos da RFB que tratam da matéria, observado o disposto no art. 6º da Lei nº 9.393, de 19 de dezembro de 1996; ou

III - inobservância dos procedimentos previstos em ato normativo conjunto do Instituto Nacional de Colonização e Reforma Agrária (Incra) e da RFB no âmbito do Cadastro Nacional de Imóveis Rurais (CNIR), previsto no § 2º do art. 1º da Lei nº 5.868, de 12 de dezembro de 1972.

§ 2º O cadastro do imóvel rural classificado na situação pendente passará à ativa depois de sanadas as irregularidades previstas no § 1º.

§ 3º É considerado cancelado o cadastro do imóvel rural que tenha sido objeto do ato cadastral previsto no inciso IV do *caput* do art. 7º.

Art. 6º Do Comprovante de Inscrição e Situação Cadastral constarão as seguintes informações, referentes:

I - ao imóvel rural:

a) CIB; *(Redação dada pelo(a) Instrução Normativa RFB nº 2042, de 05 de agosto de 2021)*

b) nome;

c) área total;

d) indicações de localização;

e) situação cadastral; e

f) código do imóvel rural no Sistema Nacional de Cadastro Rural (SNCR) do Incra, caso conste essa informação no Cafir;

II - ao titular:

a) nome e número de inscrição no Cadastro de Pessoas Físicas (CPF) ou Cadastro Nacional da Pessoa Jurídica (CNPJ);

b) telefone;

c) endereço de correspondência;

d) endereço no CPF ou CNPJ;

e) nome e CPF do inventariante, caso aplicável;

f) nome e CPF do representante legal, caso aplicável; e

g) nome, CPF ou CNPJ e participação percentual dos condôminos, no caso de condomínio ou composse; e

III - ao benefício relativo à imunidade ou à isenção do imóvel rural para fins de tributação do ITR:

a) data de início;

b) motivo;

c) data do fim; e

d) exercícios em que foi aplicada a imunidade ou a isenção.

§ 1º Versão simplificada do comprovante de que trata este artigo ficará disponível para consulta pública no sítio da RFB na Internet, no endereço http://www.gov.br/receitafederal, e conterá as informações previstas:

I - no inciso I do *caput*; e

II - nas alíneas "a" e "g" do inciso II do *caput*, ressalvada a omissão parcial do número de inscrição do titular e dos condôminos no CPF.

§ 2º As versões completa e simplificada do comprovante de que trata este artigo serão emitidas conforme os modelos constantes dos Anexos I e II, respectivamente.

CAPÍTULO V – DOS ATOS CADASTRAIS

Art. 7º São atos cadastrais praticados perante o Cafir:

I - a inscrição;

II - a alteração de dados cadastrais;

III - a alteração de titularidade por alienação total;

IV - o cancelamento; e

V - a reativação.

§ 1º Os atos cadastrais previstos nos incisos I e II do *caput* serão realizados com a utilização de serviço digital disponibilizado por meio do sistema eletrônico on-line do CNIR, disponível no endereço https://cnir.serpro.gov.br, exigidas a prévia:

I - alteração ou inclusão dos dados cadastrais do imóvel rural pelo processamento da Declaração para Cadastro Rural (DCR) do SNCR, na forma estabelecida pelos incisos I e II do art. 11 da Instrução Normativa Incra nº 82, de 27 de março de 2015, respectivamente; e

II - vinculação entre o código do imóvel no SNCR e o CIB, na forma estabelecida pela Instrução Normativa Conjunta RFB/Incra nº 1.968, de 22 de julho de 2020. *(Redação dada pelo(a) Instrução Normativa RFB nº 2042, de 05 de agosto de 2021)*

§ 2º Os atos cadastrais previstos nos incisos III, IV e V do *caput* serão realizados com a utilização de serviço digital disponibilizado por meio do sistema Cafir - Coletor Web, disponível no endereço informado no § 1º do art. 6º, exceto na hipótese prevista no § 3º deste artigo.

§ 3º Caso o procedimento previsto no inciso II do § 1º já tenha sido realizado, o ato cadastral previsto no inciso III do *caput* será realizado com a utilização do serviço digital previsto no § 1º, após o processamento de ofício da DCR, na forma estabelecida pelo art. 5º da Instrução Normativa Incra nº 82, de 2015.

§ 4º Ato complementar a esta Instrução Normativa, expedido no exercício da competência atribuída nos termos do art. 30, disciplinará:

I - o procedimento simplificado de atualização cadastral para suprir a eventual impossibilidade de utilização dos serviços digitais previstos nos §§ 1º e 2º, que será iniciado de ofício ou pela entrega do Documento de Informação e Atualização do ITR (Diac) constante do Anexo IV; e

II - a transferência dos serviços digitais disponibilizados por meio do sistema Cafir - Coletor Web para o sistema eletrônico on-line do CNIR.

§ 5º Depois da realização da alteração e da vinculação previstas nos incisos I e II do § 1º, o serviço digital disponibilizado por meio do sistema eletrônico on-line do CNIR fornecerá ao Cafir: *(Incluído(a) pelo(a) Instrução Normativa RFB nº 2042, de 05 de agosto de 2021)*

I - a área em zona rural de que trata o inciso II do *caput* do art. 2º; *(Incluído(a) pelo(a) Instrução Normativa RFB nº 2042, de 05 de agosto de 2021)*

II - o nome do titular definido no *caput* do art. 4º; *(Incluído(a) pelo(a) Instrução Normativa RFB nº 2042, de 05 de agosto de 2021)*

III - o nome dos condôminos do imóvel rural; *(Incluído(a) pelo(a) Instrução Normativa RFB nº 2042, de 05 de agosto de 2021)*

IV - a data da lavratura do título que formalizou o ato ou negócio jurídico que ensejou a apresentação da DCR ou, no caso de o título ter sido registrado, a data do seu registro no cartório de registro de imóveis; *(Incluído(a) pelo(a) Instrução Normativa RFB nº 2042, de 05 de agosto de 2021)*

V - a identificação dos municípios em que o imóvel rural está situado, indicando como município sede aquele onde está localizada a maior parte da sua área, exceto quando esta informação for alterada na forma descrita no inciso III do art. 15 ou do inciso III do art. 22; e *(Incluído(a) pelo(a) Instrução Normativa RFB nº 2042, de 05 de agosto de 2021)*

VI - outras informações úteis ao cadastro do imóvel rural no Cafir e passíveis de serem obtidas da DCR. *(Incluído(a) pelo(a) Instrução Normativa RFB nº 2042, de 05 de agosto de 2021)*

Art. 8º Os atos cadastrais deverão ser praticados com a utilização dos serviços digitais previstos nos §§ 1º e 2º do art. 7º no prazo de 60 (sessenta) dias, contado da data da ocorrência do evento que ensejar sua realização:

I - obrigatoriamente:

a) pelo titular indicado na forma do art. 4º, no caso:

1. dos atos de inscrição, alteração de dados cadastrais e reativação a que se referem os incisos I, II, V do *caput* do art. 7º; e

2. do ato de cancelamento a que se refere o inciso IV do *caput* do art. 7º, nas hipóteses previstas nos incisos I, VII e IX do *caput* do art. 25; e

b) pela pessoa que alienou, renunciou ou perdeu a propriedade, a posse ou o domínio útil, no caso do ato de cancelamento a que se refere o inciso IV do *caput* do art. 7º, nas hipóteses previstas nos incisos II a VI do *caput* do art. 25; e

II - facultativamente:

a) pelo adquirente do imóvel rural, no caso do ato de cancelamento a que se refere o inciso IV do *caput* do art. 7º, nas hipóteses previstas nos incisos II a V do *caput* do art. 25; e

b) por aquele que constar no Cafir indevidamente como titular, condômino ou compossuidor, para fins de regularização da situação indevida, inclusive no caso:

1. do ato de alteração de titularidade por alienação total a que se refere o inciso III do *caput* do art. 7º, conforme previsto no inciso II do *caput* do art. 24; e

2. do ato de cancelamento a que se refere o *caput* do inciso IV do art. 7º, na hipótese prevista no inciso VIII do *caput* do art. 25.

Parágrafo único. No caso de impossibilidade de utilização dos serviços digitais previstos nos §§ 1º e 2º do art. 7º, a obrigação prevista no inciso I do *caput* será cumprida por meio da entrega do Diac, no mesmo prazo indicado no *caput* deste artigo.

CAPÍTULO VI – DO PROCESSO DIGITAL

Art. 9º Deverão ser juntados a processo digital, criado no Centro Virtual de Atendimento (Portal e-CAC):

I - o recibo de envio do ato e a documentação solicitada pelo sistema, no caso de ato cadastral praticado com a utilização do serviço digital disponibilizado por meio do sistema eletrônico on-line do CNIR referido no § 1º do art. 7º, que esteja na situação "aguardando análise da RFB";

II - o Documento de Entrada de Dados Cadastrais do Imóvel Rural (Decir), constante do Anexo III, e a documentação prevista no art. 10, no caso de ato cadastral praticado com a utilização do serviço digital disponibilizado por meio do sistema Cafir - Coletor Web referido no § 2º do art. 7º; e

III - o Diac e a documentação prevista no art. 10, no caso do procedimento simplificado de atualização cadastral referido no inciso I do § 4º do art. 7º.

§ 1º O interessado é responsável pelo teor e pela integridade da documentação prevista no *caput*, nos termos do § 1º do art. 11 do Decreto nº 8.539, de 8 de outubro de 2015, e a ele caberá:

I - providenciar sua juntada no prazo estabelecido em ato normativo que trata da entrega de documentos e da interação eletrônica em processo digital no âmbito da RFB, sob pena do arquivamento sumário deste; e

II - no caso de documento digitalizado, apresentar o documento original em meio físico, a critério da RFB, se considerado indispensável para a prática do ato cadastral, nos termos do art. 14 do Decreto nº 8.539, de 2015.

§ 2º Ato expedido pelo Coordenador-Geral de Gestão de Cadastros e Benefícios Fiscais da RFB estabelecerá hipóteses em que os documentos indicados no *caput* poderão ser apresentados em meio físico.

§ 3º O processo digital a que se refere o *caput* será o meio utilizado pela RFB para comunicação com o interessado caso seja necessário prestar esclarecimento adicional ou informar fato relacionado ao serviço digital ou ao procedimento simplificado de atualização cadastral, sem prejuízo do disposto no inciso I do § 1º do art. 11.

Art. 10. Os documentos digitais a serem juntados ao processo digital nos casos indicados nos incisos II e III do *caput* do art. 9º são:

I - a Declaração para Cancelamento por Renúncia de Propriedade e a Declaração para Cancelamento por Inscrição Indevida, constantes, respectivamente, dos Anexos V e VI, caso exigidas;

II - o documento de identificação da pessoa que assinar quaisquer declarações ou documentos particulares apresentados, exceto na hipótese de reconhecimento de firma em cartório ou de obtenção da assinatura por meio de certificado digital emitido no âmbito da Infraestrutura de Chaves Públicas Brasileira (ICP-Brasil), nos termos do art. 6º do Decreto nº 8.539, de 2015;

III - os documentos necessários à comprovação da capacidade do signatário para representar legalmente o declarante ou a pessoa que participou do ato formalizado pelo documento particular apresentado; e

IV - os documentos necessários à comprovação do ato ou do fato que enseja a realização do ato cadastral, previstos no Anexo VII, sem prejuízo da possibilidade de comprovação por outros meios de prova admitidos em direito.

§ 1º Na hipótese de representação por mandato outorgado por pessoa capaz que não souber ou não puder assinar, será exigida sua formalização por instrumento público.

§ 2º É dispensada a apresentação de documento para comprovar informação constante do SNCR e disponível no sistema eletrônico on-line do CNIR.

Art. 11. O ato cadastral praticado com a utilização dos serviços digitais previstos nos §§ 1º e 2º do art. 7º ou por meio do procedimento simplificado previsto no § 4º do referido artigo será analisado pela RFB, com base nos dados constantes de seus sistemas de informação e, complementarmente, na documentação juntada ao processo digital, e classificado em uma das seguintes situações:

I - deferida;

II - indeferida; ou

III - alterada de ofício.

§ 1º O resultado da classificação a que se refere o *caput* será registrado:

I - no sistema eletrônico on-line do CNIR ou no sistema Cafir - Coletor Web, conforme o serviço digital utilizado para a prática do ato; ou

II - no processo digital, caso utilizado o procedimento simplificado previsto no § 4º do art. 7º.

§ 2º Na hipótese prevista no inciso II do *caput*, o motivo do indeferimento será informado ao interessado, que poderá solicitar novamente a realização do ato após a correção das pendências apontadas.

§ 3º Na hipótese prevista no inciso III do *caput*, serão observados os procedimentos previstos no Capítulo VII.

CAPÍTULO VII – DOS ATOS CADASTRAIS DE OFÍCIO

Art. 12. Os atos cadastrais previstos no art. 7º poderão ser realizados de ofício, no interesse da administração tributária, e a ciência a eles relativa será efetivada:

I - nas formas previstas nos incisos I e II do § 1º do art. 11, se a pessoa a quem deva ser dada ciência tiver realizado atos por meio do sistema eletrônico on-line do CNIR ou do sistema Cafir - Coletor Web ou apresentado o Diac;

II - por quaisquer das outras formas de intimação previstas no art. 26 da Lei nº 9.784, 29 de janeiro de 1999; ou

III - mediante publicação de Ato Declaratório Executivo (ADE), no sítio da RFB na Internet, disponível no endereço informado no § 1º do art. 6º, do qual conste:

a) o CIB, o nome, a área total e o município de localização do imóvel; *(Redação dada pelo(a) Instrução Normativa RFB nº 2042, de 05 de agosto de 2021)*

b) a explicitação do ato cadastral realizado;

c) a identificação da autoridade competente para a prática do ato, observado o disposto no § 2º; e

d) o código do imóvel rural no SNCR, caso conste essa informação no Cafir.

§ 1º No caso de intimação por via postal, a correspondência será enviada ao endereço indicado nos termos do § 1º do art. 15.

§ 2º É competente para a prática dos atos cadastrais nos termos deste Capítulo:

I - a autoridade administrativa da RFB em exercício em unidade com jurisdição sobre o município de localização do imóvel rural; e

II - o Coordenador-Geral de Gestão de Cadastros e Benefícios Fiscais, sem prejuízo do disposto no inciso I.

CAPÍTULO VIII – DA INSCRIÇÃO

SEÇÃO I – DISPOSIÇÕES GERAIS

Art. 13. A inscrição do imóvel rural no Cafir, ato cadastral por meio do qual é atribuído o CIB, será realizada nas hipóteses de: *(Redação dada pelo(a) Instrução Normativa RFB nº 2042, de 05 de agosto de 2021)*

I - imóvel rural não cadastrado no Cafir;

II - aquisição de área parcial de um imóvel rural ou de áreas parciais confrontantes, de que resulte um novo imóvel rural, observadas as condições previstas no § 1º;

III - aquisição de área total ou parcial de imóvel rural pelo Poder Público, suas autarquias e fundações;

IV - aquisição de área total ou parcial de imóvel rural pelas entidades privadas imunes;

V - aquisição de área total ou parcial de imóvel rural decorrente de arrematação em hasta pública;

VI - desapropriação de área total ou parcial de imóvel rural por necessidade ou utilidade pública ou interesse social, inclusive para fins de reforma agrária, promovida pelo Poder Público; e

VII - desapropriação de área total ou parcial de imóvel rural por necessidade ou utilidade pública ou interesse social, inclusive para fins de reforma agrária, promovida por pessoa jurídica de direito privado delegatária ou concessionária de serviço público.

§ 1º Na hipótese prevista no inciso II do *caput*, a inscrição será realizada nos casos em que uma ou mais parcelas de terras, conforme definição do inciso III do *caput* do art. 2º, são desanexadas de imóvel rural, mesmo que não cadastrado no Cafir, e passam a constituir novo imóvel rural do adquirente que não for titular de outro imóvel rural limítrofe.

§ 2º A inscrição será realizada na hipótese prevista no inciso I do *caput* quando não forem comprovadas as situações descritas nos seus incisos II a VII. *(Redação dada pelo(a) Instrução Normativa RFB nº 2042, de 05 de agosto de 2021)*

§ 3º Aplica-se o disposto nos incisos III a VII do *caput* mesmo que exista CIB para a mesma área em nome da pessoa que alienou ou perdeu a propriedade. *(Redação dada pelo(a) Instrução Normativa RFB nº 2042, de 05 de agosto de 2021)*

§ 4º O disposto neste artigo não se aplica às situações previstas no art. 14, nas quais o CIB será atribuído de acordo com regras próprias. *(Redação dada pelo(a) Instrução Normativa RFB nº 2042, de 05 de agosto de 2021)*

Art. 14. Será atribuído o CIB já vinculado a código do imóvel no SNCR escolhido pelo Incra como identificador cadastral: *(Redação dada pelo(a) Instrução Normativa RFB nº 2042, de 05 de agosto de 2021)*

I - do imóvel rural formado por áreas confrontantes adquiridas, total ou parcialmente, por uma mesma pessoa, exceto se o CIB estava anteriormente atribuído à área total adquirida em decorrência de imissão prévia na posse, desapropriação, arrematação em hasta pública ou aquisição pelo Poder Público, suas autarquias e fundações ou por pessoa jurídica imune ao ITR; e *(Redação dada pelo(a) Instrução Normativa RFB nº 2042, de 05 de agosto de 2021)*

II - da área usucapida. *(Redação dada pelo(a) Instrução Normativa RFB nº 2042, de 05 de agosto de 2021) (Vide Instrução Normativa RFB nº 2042, de 05 de agosto de 2021)*

III - *Revogado(a) pelo(a) Instrução Normativa RFB nº 2042, de 05 de agosto de 2021*

Parágrafo único. *(Revogado(a) pelo(a) Instrução Normativa RFB nº 2042, de 05 de agosto de 2021)*

Art. 15. Caso a inscrição seja realizada com a utilização do serviço digital disponibilizado por meio do sistema eletrônico on-line do CNIR, o responsável deverá informar:

I - a hipótese de inscrição, dentre as constantes do art. 13; *(Redação dada pelo(a) Instrução Normativa RFB nº 2042, de 05 de agosto de 2021)*

II - se for o caso, a situação da qual decorra a imunidade ou a isenção do imóvel em relação ao ITR; e *(Redação dada pelo(a) Instrução Normativa RFB nº 2042, de 05 de agosto de 2021)*

III - o município sede do imóvel rural, quando o imóvel rural estiver localizado em mais de um município e a sede não estiver localizada no município que comporta a maior parte do imóvel. *(Incluído(a) pelo(a) Instrução Normativa RFB nº 2042, de 05 de agosto de 2021)*

§ 1º O endereço constante no CPF ou no CNPJ do titular do imóvel rural será considerado para a realização de intimação ou para a comunicação de quaisquer outras informações relativas ao ITR.

§ 2º A intimação e a comunicação a que se refere o § 1º não se confunde com as formas de comunicação previstas no § 3º do art. 9º, no § 1º do art. 11 e no art. 12, que serão utilizadas para informações relacionadas à prática de atos cadastrais perante o Cafir.

§ 3º Caso deseje indicar endereço diferente do estabelecido no § 1º, o responsável deverá observar o procedimento simplificado de atualização cadastral a que se refere o inciso I do § 4º do art. 7º.

SEÇÃO II – DO IMÓVEL EM CONDOMÍNIO OU EM COMPOSSE

Art. 16. Para fins do disposto nesta Instrução Normativa, a situação em que se adquire parte de imóvel e não se realiza a delimitação no título da parte adquirida é considerada:

I - condomínio, caso o instrumento de transferência tenha sido registrado no Cartório de Registro de Imóveis; ou

II - composse, nas demais situações.

Parágrafo único. É vedada a inscrição de parte ideal de imóvel rural em condomínio ou composse.

Art. 17. No caso do condomínio e da composse a que se referem, respectivamente, os incisos I e II do *caput* do art. 16, o imóvel será cadastrado no Cafir em nome do titular principal indicado na DCR. *(Redação dada pelo(a) Instrução Normativa RFB nº 2042, de 05 de agosto de 2021)*

I a IV – *(Revogados(a) pelo(a) Instrução Normativa RFB nº 2042, de 05 de agosto de 2021)*

§ 1º Além das informações do titular principal a que se refere o *caput*, constarão no Cafir aquelas relativas aos demais condôminos e compossuidores, com a indicação da participação percentual de cada um deles no condomínio. *(Redação dada pelo(a) Instrução Normativa RFB nº 2042, de 05 de agosto de 2021)*

§ 2º Caso haja 12 (doze) ou mais condôminos ou compossuidores, serão cadastradas no Cafir as informações de 11 (onze) deles. *(Redação dada pelo(a) Instrução Normativa RFB nº 2042, de 05 de agosto de 2021)*

§§ 3º e 4º *(Revogados(a) pelo(a) Instrução Normativa RFB nº 2042, de 05 de agosto de 2021)*

SEÇÃO III – DO IMÓVEL NA SUCESSÃO CAUSA MORTIS

Art. 18. No caso de sucessão causa mortis, até a data da partilha ou adjudicação, o imóvel rural será cadastrado no Cafir em nome do espólio, vedada a inscrição de fração ideal.

Art. 19. Para fins do disposto nesta Instrução Normativa, o espólio será representado:

I - pelo inventariante, no caso de inventário judicial ou arrolamento no qual tenha assumido o compromisso; ou

II - pela pessoa indicada na escritura pública de inventário, com poderes de inventariante.

Parágrafo único. Na falta de indicação de representante na forma prevista no *caput*, poderá realizar o ato cadastral, nessa condição e sob sua responsabilidade, por meio do sistema eletrônico on-line do CNIR, do sistema Cafir - Coletor Web ou da apresentação do Diac:

I - o cônjuge meeiro, o companheiro, o sucessor a qualquer título, inclusive o cessionário do imóvel rural que tenha sido constituído por escritura pública de cessão de direitos hereditários; ou

II - o testamenteiro na posse e administração do imóvel rural.

Art. 20. Depois de realizada a partilha, se não tiver ocorrido a delimitação no título das partes adquiridas, o CIB passará para o condomínio ou composse formado por aqueles que receberam frações ideais como pagamento de herança, legado ou meação. *(Redação dada pelo(a) Instrução Normativa RFB nº 2042, de 05 de agosto de 2021)*

CAPÍTULO IX – DAS ALTERAÇÕES

SEÇÃO I – DA ALTERAÇÃO DE DADOS CADASTRAIS

Art. 21. A alteração de dados cadastrais do imóvel rural no Cafir será realizada nas hipóteses de:

I - desmembramento;

II - anexação;

III - transmissão, a qualquer título, por alienação da propriedade ou dos direitos a ela inerentes;

IV - cessão de direitos;

V - constituição de reservas ou usufruto;

VI - sucessão causa mortis;

VII - desapropriação ou imissão prévia na posse do imóvel rural por pessoa jurídica de direito público ou pessoa jurídica de direito privado delegatária ou concessionária de serviço público;

VIII - retificação ou alteração de área, inclusive caso parte do imóvel passe a integrar zona urbana do município;

IX - constituição, alteração ou extinção de condomínio ou composse; e

X - alteração dos dados de localização do imóvel rural, inclusive nos casos de criação, fusão, desmembramento, alteração de limites e extinção de municípios.

Parágrafo único. Após a realização do procedimento de vinculação a que se refere o inciso II do § 1º do art. 7º, o sistema eletrônico on-line do CNIR efetuará automaticamente a alteração de dados cadastrais no Cafir toda vez que a DCR a que se refere o inciso I do mesmo dispositivo for processada em decorrência das alterações previstas neste artigo.

Art. 22. Será realizada com a utilização do serviço digital disponibilizado por meio do sistema eletrônico on-line do CNIR a operação cadastral que tenha por finalidade:

I - alterar as informações de enquadramento na hipótese de inscrição dentre as constantes do *caput* do art. 13; *(Redação dada pelo(a) Instrução Normativa RFB nº 2042, de 05 de agosto de 2021)*

II - incluir, alterar ou excluir a situação de imunidade ou isenção do imóvel rural relativa ao ITR; ou *(Redação dada pelo(a) Instrução Normativa RFB nº 2042, de 05 de agosto de 2021)*

III - alterar o município sede do imóvel rural, quando o imóvel rural estiver localizado em mais de um município. *(Incluído(a) pelo(a) Instrução Normativa RFB nº 2042, de 05 de agosto de 2021)*

Art. 23. Será realizada mediante a apresentação do formulário Diac constante do Anexo IV, no âmbito do procedimento simplificado de atualização cadastral a que se refere o inciso I do § 4º do art. 7º, a alteração de dados cadastrais constantes exclusivamente do Cafir e que não estejam disponíveis para atualização por meio do sistema eletrônico on-line do CNIR, e também no caso da alteração de endereço de que trata o § 3º do art. 15.

SEÇÃO II – DA ALTERAÇÃO DE TITULARIDADE POR ALIENAÇÃO TOTAL

Art. 24. O ato cadastral que tenha por finalidade alterar o titular ou quaisquer dos condôminos vinculados ao cadastro do imóvel rural, em razão de alienação da totalidade dos seus direitos de propriedade, posse ou domínio útil, será realizado nos termos:

I - do § 3º do art. 7º, caso:

a) tenha sido cumprida a exigência relativa à vinculação prevista no inciso I do § 1º do art. 7º; e

b) o adquirente não tenha apresentado espontaneamente a DCR a que se refere o inciso II do § 1º do art. 7º; ou

II - do § 2º do art. 7º, caso não tenha sido cumprida a exigência relativa à vinculação prevista no inciso I do § 1º do art. 7º.

§ 1º Para fins de realização dos procedimentos na forma dos incisos I e II do *caput*, o alienante deverá apresentar o título de transmissão ou a certidão de matrícula emitida pelo Cartório de Registro de Imóveis.

§ 2º É vedada a prática do ato cadastral previsto no *caput* na hipótese de:

I - alienação de área parcial do imóvel rural;

II - desapropriação, arrematação em hasta pública, perda de propriedade por reconhecimento de usucapião ou aquisição pelo Poder Público, suas autarquias e fundações ou por pessoa jurídica imune ao ITR; e

III - o alienante deixar de constar como titular e permanecer como condômino do imóvel rural.

CAPÍTULO X – DO CANCELAMENTO DA INSCRIÇÃO

Art. 25. O cancelamento da inscrição do imóvel rural no Cafir será efetuado na hipótese de:

I - transformação em imóvel urbano, caso a área total do imóvel passe a integrar a zona urbana do município em que se localize;

II - perda da posse, por imissão prévia, ou da propriedade da área total do imóvel rural, em razão de desapropriação por necessidade ou utilidade pública ou interesse social, inclusive para fins de reforma agrária, promovida pelo Poder Público ou por pessoa jurídica de direito privado delegatária ou concessionária de serviço público;

III - perda da posse ou da propriedade da área total do imóvel rural, em razão de alienação da área total do imóvel ao Poder Público, suas autarquias e fundações ou às entidades privadas imunes ao ITR;

IV - perda de propriedade da área total do imóvel rural em decorrência de arrematação em hasta pública;

V - perda de propriedade da área total de imóvel rural em decorrência de usucapião declarada em sentença judicial ou reconhecida extrajudicialmente perante cartório de registro de imóveis;

VI - renúncia ao direito de propriedade sobre a área total do imóvel rural;

VII - duplicidade de inscrição cadastral;

VIII - inscrição indevida;

IX - anexação de área total de imóvel rural ao CIB de outro imóvel já cadastrado no Cafir, na hipótese prevista no inciso I do *caput* do art. 14; *(Redação dada pelo(a) Instrução Normativa RFB nº 2042, de 05 de agosto de 2021)*

X - determinação judicial; ou

XI - decisão administrativa, caso em que o ato cadastral será realizado de ofício.

§ 1º O interessado deverá apresentar, na hipótese prevista:

I - no inciso VI do *caput*, a Declaração para Cancelamento por Renúncia de Propriedade constante do Anexo V; e

II - no inciso VIII do *caput*, a Declaração para Cancelamento por Inscrição Indevida constante do Anexo VI.

§ 2º É dispensada a apresentação de documentação comprobatória e das declarações citadas nos incisos I e II do § 1º, caso a situação cadastral do imóvel rural no SNCR encontre-se cancelada e todas as informações necessárias ao cancelamento estejam disponíveis no sistema eletrônico on-line do CNIR. *(Redação dada pelo(a) Instrução Normativa RFB nº 2042, de 05 de agosto de 2021)*

Art. 26. Na hipótese prevista no inciso VIII do *caput* do art. 25, caso a RFB comprove que a declaração prestada nos termos do Anexo VI é contraditória em comparação a outra declaração ou documento anteriormente apresentando, após o cancelamento por inscrição indevida:

I - será apurada a ocorrência, em tese, de crime e, se for o caso, formalizada a representação para fins penais, que será encaminhada ao Ministério Público Federal; e

II - será encaminhada comunicação a outro órgão ou entidade que tenha sofrido prejuízos decorrentes da prática do ato, se for o caso.

Art. 27. Os efeitos do cancelamento de que trata este Capítulo retroagirão, nas hipóteses previstas:

I - nos incisos I a IV do *caput* do art. 25, à data dos respectivos eventos;

II - no inciso V do *caput* do art. 25, à data reconhecida na sentença declaratória de usucapião ou na matrícula do imóvel como a data em que o usucapiente tornou-se proprietário;

III - no inciso VI do *caput* do art. 25, à data do registro do ato no Cartório de Registro de Imóveis;

IV - no inciso VIII do *caput* do art. 25, à data da inscrição cadastral;

V - no inciso IX do *caput* do art. 25, à data em que ocorreu a anexação de área total de imóvel rural ao CIB de outro imóvel já cadastrado no Cafir; e *(Redação dada pelo(a) Instrução Normativa RFB nº 2042, de 05 de agosto de 2021)*

VI - nos incisos X e XI do *caput* do art. 25, à data determinada na respectiva decisão ou, se não houver, à data em que ela foi prolatada.

§ 1º Nas hipóteses previstas nos incisos I a VI e IX do *caput* do art. 25, constituem impedimento ao cancelamento da inscrição do imóvel rural as seguintes pendências:

I - omissão de DITR em qualquer exercício até o exercício da data do evento de cancelamento, observados a obrigatoriedade de entrega da declaração e os prazos decadenciais para constituição do crédito tributário do ITR;

II - débito relacionado ao imóvel rural, referente a qualquer exercício até o exercício da data do evento de cancelamento, exceto no caso em que sua exigibilidade esteja suspensa; ou

III - pendências cadastrais relacionadas ao imóvel rural, exceto se puderem ser solucionadas de ofício.

§ 2º O retorno da exigibilidade do crédito tributário do ITR não invalida o cancelamento efetuado com base na exceção prevista no inciso II do § 1º, hipótese em que o ato cadastral de reativação poderá ser efetuado se necessário à realização de procedimento administrativo, nos termos do inciso II do *caput* do art. 28.

§ 3º As pendências previstas no § 1º impedem o deferimento do ato de cancelamento, ainda que a respectiva regularização constitua obrigação exigível de pessoa distinta daquela que efetuou a solicitação.

CAPÍTULO XI – DA REATIVAÇÃO DA INSCRIÇÃO

Art. 28. A inscrição de imóvel rural no Cafir será reativada nas seguintes hipóteses:

I - cancelamento indevido;

II - necessidade de manter a inscrição cadastral na situação ativa para a realização de procedimentos administrativos relativos ao imóvel rural cuja inscrição tenha sido cancelada;

III - determinação judicial; ou

IV - decisão administrativa.

§ 1º Nas hipóteses previstas nos incisos II e IV do *caput*, a reativação da inscrição será realizada exclusivamente de ofício.

§ 2º Na hipótese prevista no inciso II do *caput*, a inscrição cadastral será novamente cancelada após a realização do respectivo procedimento administrativo.

CAPÍTULO XII – DISPOSIÇÕES FINAIS

Art. 29. Os Anexos desta Instrução Normativa podem ser acessados por meio do sítio da RFB na Internet, disponível no endereço informado no § 1º do art. 6º.

Art. 30. Ao Coordenador-Geral de Gestão de Cadastros e Benefícios Fiscais compete editar atos complementares a esta Instrução Normativa, inclusive para alterar seus anexos ou para especificar procedimentos simplificados de atualização cadastral.

Art. 31. Ficam revogadas:

I - a Instrução Normativa RFB nº 1.467, de 22 de maio de 2014;

II - a Instrução Normativa RFB nº 1.582, de 17 de agosto de 2015; e

III - a Instrução Normativa RFB nº 1.725, de 31 de julho de 2017.

Art. 32. Esta Instrução Normativa será publicada no Diário Oficial da União e entrará em vigor em 1º de abril de 2021.

JOSÉ BARROSO TOSTES NETO

DOU 22/2/2021, rep. DOU 24/2/2021

▸ *Não publicamos os anexos da norma.*

INSTRUÇÃO NORMATIVA Nº 107, DE 18 OUTUBRO DE 2021, DO INCRA

Define critérios e procedimentos administrativos para destinação de bens públicos imóveis, existentes em Projetos de Assentamento de reforma agrária, sob o domínio do Incra ou da União.

O PRESIDENTE DO INSTITUTO NACIONAL DE COLONIZAÇÃO E REFORMA AGRÁRIA - INCRA, no uso das atribuições que lhe são conferidas pelo art. 19 do Anexo I da Estrutura Regimental deste Instituto, aprovado pelo Decreto nº 10.252, de 20 de fevereiro de 2020, publicado no Diário Oficial da União - DOU de 21 de fevereiro de 2020, combinado com o art. 110 do Regimento Interno da Autarquia, aprovado pela Portaria nº 531, de 23 de março de 2020, resolve aprovar esta Instrução Normativa, nos seguintes termos:

CAPÍTULO I – DOS OBJETIVOS E DAS FORMAS DE DESTINAÇÃO DOS BENS PÚBLICOS IMÓVEIS

Art. 1º Esta Instrução Normativa tem por objetivo estabelecer, no âmbito do Incra, os critérios e os procedimentos para destinação provisória e definitiva de bens públicos imóveis, existentes em Projetos de Assentamento de reforma agrária ou deles remanescentes, sob o domínio do Incra ou da União.

Art. 2º Compete às Superintendências Regionais adotar os procedimentos de instrução processual e elaboração dos documentos com vistas a atender aos pedidos de destinação de bens públicos imóveis.

Art. 3º A competência para destinação de bens públicos imóveis de Projetos de Assentamento com área que abranja mais de uma Superintendência Regional, será daquela que criou o Projeto de Assentamento de reforma agrária - PA.

§ 1º Para fins desta Instrução Normativa, entende-se como Projeto de Assentamento de reforma agrária - PA a unidade territorial criada e destinada ao assentamento de famílias de agricultores ou trabalhadores rurais.

§ 2º Em caso de conflito de competência entre as Superintendências Regionais, cabe à Diretoria de Desenvolvimento e Consolidação de Projetos de Assentamento - DD deliberar sobre a questão.

Art. 4º Compete ao Superintendente Regional do Incra, no âmbito de suas atribuições, deliberar, fundamentadamente, sobre os pedidos de destinação de bens públicos imóveis nos casos de Autorização de Uso e Cessão de Uso, bem como firmar os respectivos atos administrativos e instrumentos.

Art. 5º Compete ao Presidente do Incra aprovar os pedidos de destinação de bens públicos imóveis nos casos de Concessão de Uso e Doação, bem como firmar os respectivos instrumentos, cujo embasamento técnico e jurídico será de responsabilidade da Superintendência Regional.

Art. 6º A destinação de bens públicos imóveis, existentes em Projetos de Assentamento de reforma agrária ou deles remanescentes, será realizada:

I - em caráter provisório, nas áreas sob domínio do Incra ou da União, por meio de:

a) autorização de uso;

b) cessão de uso; e

c) concessão de uso gratuita ou onerosa.

II - em caráter definitivo, nas áreas sob domínio do Incra, por meio de doação.

§ 1º A destinação de bens imóveis somente será possível quando atestada pelo Incra a existência de interesse público ou social.

§ 2º A destinação provisória será celebrada, preferencialmente, sem prazo determinado e sua vigência findará com sua revogação, rescisão ou resolução.

§ 3º O uso diverso e não autorizado do objeto imóvel da ação ensejará a rescisão do instrumento celebrado.

CAPÍTULO II – DA AUTORIZAÇÃO E DA CESSÃO DE USO DE BENS PÚBLICOS IMÓVEIS

Art. 7º A autorização de uso de bens públicos imóveis em Projetos de Assentamento de reforma agrária constitui ato administrativo precário e discricionário, e poderá ser expedida à pessoa física ou jurídica para o atendimento de interesse público ou social, passível de revogação a qualquer tempo, de acordo com a conveniência e oportunidade da administração pública.

Art. 8º A cessão de uso de bens públicos imóveis em Projetos de Assentamento de reforma agrária constitui ato administrativo precário e discricionário, e poderá ser expedida em favor do órgão ou entidade pública, em regime de colaboração, para a realização de serviço público ou outra atividade de interesse público ou social, passível de revogação a qualquer tempo, de acordo com a conveniência e oportunidade da administração pública.

Art. 9º Quando se tratar de imóvel com benfeitorias edificadas pelo Incra, será imprescindível a elaboração de relatório descritivo ou de avaliação previamente à autorização e à cessão, que ateste as condições das construções para fins de entrega e posterior recebimento dos bens.

Parágrafo único. Para os fins desta Instrução Normativa, são consideradas benfeitorias as obras ou serviços realizados no bem público imóvel, com o intuito de aproveitá-lo, conservá-lo, melhorá-lo ou embelezá-lo, nele incorporados permanentemente pelo homem, que não podem ser retirados sem destruição, fratura ou dano.

Art. 10. A autorização e a cessão de uso serão expedidas preferencialmente sem prazo determinado, podendo ser revogadas a qualquer momento.

§ 1º As despesas relativas ao uso do bem público, tais com energia elétrica, serviço de telefonia, manutenção predial, água e esgoto, serão suportadas pelo autorizatário e pelo cessionário.

§ 2º Revogada a autorização ou a cessão de uso, a restituição do imóvel deverá se dar em condição igual ou superior à da época da destinação, sem quaisquer ônus para a administração pública.

CAPÍTULO III – DA CONCESSÃO DE USO DE BENS PÚBLICOS IMÓVEIS

Art. 11. A concessão de uso de bens públicos imóveis em Projetos de Assentamento de reforma agrária, onerosa ou gratuita, é discricionária, possui natureza contratual e poderá ser outorgada à pessoa jurídica de direito privado, para a execução de atividade reconhecida como de interesse público, social ou econômico com obrigações recíprocas e passível de rescisão em caso de descumprimento.

§ 1º A concessão de uso de bens públicos imóveis será celebrada por contrato administrativo e deverá ser precedida de licitação, salvo nas hipóteses de contratação direta admitidas na legislação.

§ 2º Caberá ao Superintendente Regional atestar nos autos a inviabilidade de competição que configura a excepcional hipótese de inexigibilidade de licitação ou os motivos que justificam a sua dispensa.

§ 3º A minuta de edital de licitação, quando for o caso, e do contrato de concessão de uso de bem imóvel, serão objetos de análise prévia pela Procuradoria Federal Especializada - PFE.

§ 4º Quando se tratar de imóveis com benfeitorias edificadas pelo Incra, será imprescindível a elaboração de relatório descritivo ou de avaliação, que ateste as condições das construções para fins de entrega e posterior recebimento dos bens.

Art. 12. A concessão de uso deverá ser expedida com prazo determinado, de até 10 (dez) anos, renováveis a critério do Incra, com obrigações recíprocas para as partes, e será extinta:

I - pelo encerramento do prazo;

II - pela celebração de instrumento de doação, se for o caso; e

III - pela rescisão contratual.

§ 1º Cessada a concessão de uso em áreas de Projeto de Assentamento de reforma agrária, o imóvel deverá ser restituído imediatamente ao Incra.

§ 2º As despesas relativas ao uso do bem público, tais como energia elétrica, serviço de telefonia, manutenção predial, água e esgoto serão suportadas pela concessionária.

§ 3º A restituição do imóvel deverá ser dar em condição igual ou superior à da época da concessão de uso, sem quaisquer ônus para a administração pública.

Art. 13. A concessão de uso gratuita será realizada quando a atividade a ser desenvolvida no bem público imóvel for definida pelo Incra como de interesse público, social ou econômico.

Art. 14. A concessão de uso onerosa será realizada quando se pretender realizar, no bem público imóvel, atividade lucrativa, de indústria e comércio, por ente público ou privado, em que haja contrapartida do concessionário.

§ 1º A concessão de uso onerosa de que trata esta Instrução Normativa não inclui os empreendimentos anuídos pelo Incra disciplinados em regramento específico.

§ 2º O valor da contrapartida do concessionário pela utilização do bem público imóvel será definido, em cada caso, após a realização de pesquisa de mercado, devendo ser recolhido por meio de Guia de Recolhimento da União - GRU.

CAPÍTULO IV – DA DOAÇÃO DE BENS PÚBLICOS IMÓVEIS

Art. 15. Em caráter definitivo, poderão ser doados bens públicos imóveis remanescentes de Projetos de Assentamento, sob o domínio pleno do Incra.

§ 1º A doação de bens públicos a que se refere o *caput* será feita exclusivamente para estados, Distrito Federal, municípios e entidades da Administração Pública indireta, independentemente de licitação, para a utilização de seus serviços ou para as atividades ou obras reconhecidas como de interesse público ou social.

§ 2º A doação de bens públicos a que se refere o *caput*, será precedida de avaliação prévia, consulta à Secretaria de Coordenação e Governança do Patrimônio da União da Secretaria Especial de Desestatização, Desinvestimento e Mercados - SPU sobre eventual interesse no imóvel objeto da doação, desde que comprovado que o imóvel tenha sido destinado à implantação de infraestrutura de interesse público ou social e com manifestação técnica a respeito.

§ 3º Os assentados no Projeto de Assentamento serão previamente consultados sobre a doação.

§ 4º A doação de bens públicos imóveis a que se refere o *caput*, deve ser priorizada em detrimento dos instrumentos de destinação provisória, especialmente quando se tratar de Projetos de Assentamento em fase de consolidação.

§ 5º Para que seja efetuada a doação, os bens públicos imóveis remanescentes de Projetos de Assentamento deverão estar devidamente matriculados, certificados e registrados em nome do Incra.

§ 6º Em Projetos de Assentamento de reforma agrária localizados em faixa de fronteira, a doação do bem público imóvel deverá ser precedida do assentimento prévio do Conselho de Defesa Nacional – CDN, nos termos da legislação vigente.

§ 7º Nos casos em que houver o assentimento prévio do CDN para fins de titulação definitiva no Projeto de Assentamento, fica dispensada nova solicitação para fins de doação de bens públicos imóveis.

Art. 16. A avaliação do bem público imóvel a ser doado será realizada com base na Planilha de Preço Referencial - PPR vigente, dispensada a vistoria quando não houver benfeitorias edificadas pelo Incra.

Art. 17. A doação será sempre com encargo, devendo o bem público imóvel ser utilizado pelo donatário para a finalidade prevista no termo de doação.

Parágrafo único. O bem público imóvel doado será revertido ao Incra quando:

I - houver o descumprimento, pelo donatário, da finalidade prevista no termo de doação; ou

II - cessarem as razões que justificaram a doação, sendo vedada a alienação do bem público imóvel pelo donatário.

Art. 18. Quando não for possível a imediata doação, o Incra poderá expedir previamente o instrumento de cessão de uso, nos termos desta Instrução Normativa, até que se conclua o processo de doação.

CAPÍTULO V – DO PROCEDIMENTO ADMINISTRATIVO

Art. 19. Os interessados na destinação dos bens públicos imóveis deverão protocolizar, nas Superintendências Regionais, requerimento fundamentado, conforme modelo constante no Anexo I desta Instrução Normativa, em meio físico ou digital, indicando expressamente o imóvel de interesse, o objetivo do uso e a forma da destinação, juntando ao requerimento os documentos listados no Anexo II para cada tipo de destinação.

Art. 20. O processo administrativo será encaminhado ao Chefe da Divisão de Desenvolvimento e Consolidação no âmbito da Superintendência Regional (SR/D), que o despachará a um servidor ou grupo de trabalho, designado por ordem de serviço, conforme minuta constante no Anexo III, para análise e providências.

Art. 21. O servidor ou o grupo de trabalho analisará os documentos apresentados pelo requerente, elaborará o relatório descritivo ou de avaliação prévia e expedirá manifestação técnica sobre o pedido, conforme Anexos IV, V e VI, respectivamente, apontando as necessidades de complementação ou sugerindo o deferimento ou indeferimento do requerimento.

§ 1º O relatório descritivo deverá ser elaborado por servidor do Incra ou de ente parceiro, devendo contemplar as características e a situação atual do imóvel.

§ 2º O relatório de avaliação prévia será feito por servidor do Incra ou de ente parceiro, devidamente habilitado, e deverá conter a avaliação da terra nua e das benfeitorias do imóvel.

§ 3º Para fins de autorização e cessão de uso poderá ser utilizado relatório descritivo e, para concessão de uso gratuita ou onerosa e doação, deverá ser utilizado obrigatoriamente o relatório de avaliação.

Art. 22. O Chefe da Divisão de Desenvolvimento e Consolidação (SR/D) encaminhará o processo ao Chefe da Divisão de Governança Fundiária (SR/F), para manifestação sobre a localização, o domínio, a matrícula, a certificação ou outra característica de interesse, devendo ser acrescentadas outras informações julgadas necessárias para a tomada de decisão.

Parágrafo único. O disposto neste artigo não se aplica aos casos de autorização e cessão de uso quando não houver dúvida sobre a localização do imóvel.

Art. 23. O Chefe da SR/D manifestará seu posicionamento de forma fundamentada e conclusiva, apontando o interesse público ou social da destinação do bem público imóvel, bem como a sua conveniência e oportunidade, e encaminhará ao Superintendente Regional para deliberação.

Art. 24. O Superintendente Regional, subsidiado pelas manifestações da SR/D e da SR/F, encaminhará o processo à PFE, conforme o caso, e manifestar-se-á, fundamentadamente, sobre a destinação do bem público imóvel.

§ 1º Nos casos de doação e de concessão de uso é obrigatória a análise jurídica da PFE, que subsidiará manifestação do Superintendente Regional com vistas à decisão pelo Presidente do Incra.

§ 2º A PFE poderá ser instada a se manifestar a qualquer tempo, em caso de dúvida jurídica devidamente delimitada.

§ 3º Nos casos de cessão de uso a assinatura dos respectivos termos fica condicionada a autorização por parte do Comitê de Decisão Regional.

§ 4º Nos casos de concessão de uso e de doação, a assinatura dos respectivos termos fica condicionada a autorização por parte do Conselho Diretor.

Art. 25. Constatada a necessidade de destinar bem público imóvel existente ou remanescente em Projetos de Assentamento de reforma agrária, em que não exista requerimento formalizado, a Superintendência Regional realizará consulta oficial à Secretaria do Patrimônio da União - SPU, bem como a entes federativos em que estiver situado o bem.

§ 1º A destinação resultante da consulta prevista no *caput* deste artigo seguirá, obrigatoriamente, os procedimentos cabíveis nesta Instrução Normativa.

§ 2º Havendo mais de um órgão ou ente federativo interessado no bem público imóvel, terá prioridade aquele cuja proposta, a juízo do Incra, for mais benéfica à Autarquia agrária.

§ 3º Não havendo interesse de órgãos e entes federativos no bem público imóvel, o Incra realizará certame licitatório, nos termos da legislação de regência.

CAPÍTULO VI – DAS DISPOSIÇÕES GERAIS

Art. 26. A autorização de uso, a cessão de uso e a concessão de uso de bem público poderão ser realizadas mesmo que as áreas dos imóveis ainda não estejam registradas em nome do Incra ou da União.

Art. 27. Os modelos de autorização de uso (Anexo VII), de cessão de uso (Anexo VIII), de concessão de uso gratuita (Anexo IX) e de título de doação (Anexo X) de bem público imóvel, constantes desta Instrução Normativa, serão de uso obrigatório na instrução dos processos correspondentes.

§ 1º Fica dispensada a análise jurídica prévia dos modelos de instrumentos que compõem os anexos desta Instrução Normativa.

§ 2º Os extratos dos atos de autorização, cessão de uso, do contrato de concessão de uso e do título de doação deverão ser publicados no Diário Oficial da União - DOU e no sítio eletrônico do Incra.

Art. 28. Os bens públicos imóveis doados deverão ser destacados do patrimônio do Incra, assim como as benfeitoras neles existentes, devendo o processo ser encaminhado à Divisão Operacional - SR/O, para fins de baixa patrimonial e contábil.

Art. 29. Celebrado o instrumento de doação, uma cópia da planta e do memorial descritivo ou o código do bem público imóvel constante no Sistema de Gestão Fundiária - SIGEF deverá compor o livro fundiário digital.

Art. 30. Os processos de doação e o livro fundiário digital deverão estar relacionados no Sistema Eletrônico de Informação - SEI ao processo de criação do Projeto de Assentamento de reforma agrária.

Art. 31. O título de doação deverá ser protocolado para registro pelo donatário na matrícula do bem público doado, nos 30 (trinta) dias subsequentes à data de sua expedição.

Art. 32. Os procedimentos previstos nesta Instrução Normativa aplicam-se aos processos já em andamento.

Art. 33. Nos casos em que a Superintendência Regional identifique a existência de uso do bem público imóvel não autorizado previamente pelo Incra, deverá realizar notificação ao responsável, para regularização, quando possível, ou para desocupação, nos termos da lei.

Art. 34. Os casos omissos relativos à aplicação desta Instrução Normativa serão dirimidos pela Diretoria de Desenvolvimento e Consolidação de Projetos de Assentamento - DD.

Art. 35. Revoga-se a Norma de Execução nº 33, de 14 de julho de 2003.

Art. 36. Esta Instrução Normativa entra em vigor em 03 de novembro de 2021.

GERALDO JOSÉ DA CÂMARA FERREIRA DE MELO FILHO

DOU DE 22/10/2021

› *Não publicamos os anexos desta Instrução Normativa.*

INSTRUÇÃO NORMATIVA Nº 112, DE 22 DE DEZEMBRO DE 2021, DO INCRA

Dispõe sobre procedimentos para anuência do uso de áreas em projetos de assentamento do Incra, por atividades ou empreendimentos minerários, de energia e de infraestrutura.

O **PRESIDENTE DO INSTITUTO NACIONAL DE COLONIZAÇÃO E REFORMA AGRÁRIA - Incra,** no uso das atribuições que lhe foram conferidas pelo art. 19, inciso II e VII, da Estrutura Regimental aprovada pelo Decreto nº 10.252, de 20 de fevereiro de 2020 e art. 110, inciso XX, do Regimento Interno da Autarquia, aprovado pela Portaria Incra/P nº 531, de 23 de março de 2020, com fundamento na Lei nº 8.629, de 25 de fevereiro de 1993, no Decreto nº 9.311, de 15 de março de 2018, na Lei nº 8.666, de 21 de junho de 1993 e no Decreto nº 35.851, de 16 de junho de 1954, e, considerando o constante dos autos do processo nº 54000.078073/2020-98, resolve aprovar esta Instrução Normativa nos seguintes termos:

CAPÍTULO I – DAS DISPOSIÇÕES GERAIS

Art. 1º Esta Instrução Normativa tem por objetivo regulamentar, em âmbito nacional, os procedimentos administrativos para a anuência do uso de áreas em projetos de assentamento do Incra por atividades ou empreendimentos minerários, de energia e de infraestrutura, que influenciam, direta ou indiretamente, o desenvolvimento das atividades típicas do Programa Nacional de Reforma Agrária - PNRA.

§1º As disposições desta Instrução Normativa não se aplicam aos casos de empreendimentos ou atividades voltadas à execução do PNRA.

§2º As disposições desta Instrução Normativa não serão aplicadas se observadas, concomitantemente, a impossibilidade de coexistência do empreendimento ou atividade com o projeto de assentamento e a inexistência de alternativa locacional para o empreendimento pretendido.

Art. 2º Para fins desta Instrução Normativa, são considerados empreendimentos, entre outros, as obras de infraestrutura relacionadas às concessões e aos serviços de mineração, energia, petróleo, gás, linhas de transmissão, linhas de distribuição, transporte, sistema viário, portuários, telecomunicações, radiodifusão e segurança nacional.

Parágrafo único. Os empreendimentos serão divididos em três eixos:

I - eixo minerário, compreendendo toda mineração, incluindo pesquisa e lavra mineral;

II - eixo de energia, compreendendo as energias hidráulica, eólica, fotovoltaica, petróleo, gás natural, incluindo linhas de transmissão e linhas de distribuição; e

III - eixo de infraestrutura, compreendendo portos, aeroportos, ferrovias, rodovias, infraestrutura e serviços de transporte, barragens, telecomunicações e radiodifusão e segurança nacional.

CAPÍTULO II – DO PROCEDIMENTO

SEÇÃO I –DA INSTRUÇÃO E TRAMITAÇÃO PROCESSUAL

Art. 3º O empreendedor deverá requerer a anuência para o uso da área na unidade regional do Incra responsável pelo projeto de assentamento.

Art. 4º O requerimento deverá ser protocolizado em meio digital ou impresso, acompanhado, dos seguintes documentos:

I - formulário de requerimento padronizado pelo Anexo I;

II - cópia do documento de identificação civil com foto do requerente, acompanhada de procuração ou instrumento que o habilite a representar o empreendedor;

III - cópia do contrato ou estatuto social do empreendedor responsável pelo empreendimento ou atividade, com última alteração, se for o caso;

IV - cópia do plano ou projeto que contenha o detalhamento do empreendimento ou atividade e sua área de influência, direta e indireta, no projeto de assentamento, bem como da área pretendida para uso;

V - justificativa para realização do empreendimento ou atividade no interior do projeto de assentamento;

VI - cópia da planta e memorial descritivo do local pretendido para uso pelo empreendimento ou atividade no projeto de assentamento, com coordenadas geográficas em formato shapefile Datum SIRGAS2000 da poligonal, contendo:

a) imagens de satélite, quando for o caso;

b) área de preservação permanente e de reserva legal; e

c) outras informações relevantes.

VII - cópia da matriz de impactos do empreendimento ou atividade no projeto de assentamento, com propostas das obrigações a serem assumidas pelo empreendedor como condicionantes ao uso da área, na forma do artigo 13, §§ 1º ao 5º.

VIII - cópia do ato de outorga da concessão expedida pelo órgão ou entidade competente pela aprovação do empreendimento ou atividade, quando for o caso;

IX - cópia da Declaração de Utilidade Pública - DUP ou de Interesse Social, quando for o caso;

X - cópia da licença ambiental expedida pelo órgão competente, quando for o caso;

XI - cópia do Relatório de Controle Ambiental - RCA e do Plano de Controle Ambiental - PCA, quando for o caso;

XII - cópia do Plano de Recuperação de Área Degradada - PRAD aprovado pelo órgão ambiental licenciador, quando for o caso; e

XIII - cópia da avaliação de risco aprovada pelo órgão ambiental licenciador, quando couber.

§1º Para que seja caracterizada a inexigibilidade de licitação por inviabilidade de competição para a concessão de uso da área do projeto de assentamento, o interessado deverá possuir ato de outorga que lhe autorize desenvolver, em caráter de exclusividade, o empreendimento ou a atividade no local.

§2º O caráter de exclusividade do ato de outorga decorrerá da própria natureza do ato ou se caracterizará por meio de declaração oficial expressa nesse sentido.

§3º Na hipótese de o interessado não ser o único autorizado pelo órgão ou entidade concedente a desenvolver empreendimento ou atividade na mesma área pretendida do projeto de assentamento, o Incra deverá, previamente, promover processo de licitação para a concessão do uso da área.

§4º A licitação para o uso da área de projeto de assentamento também será exigida quando, como requisito para obtenção do ato de outorga junto ao órgão ou entidade concedente, o interessado necessite obter previamente autorização do Incra.

§5º Caso o interessado não apresente todos os documentos previstos nesta Instrução Normativa, será notificado para promover sua complementação em até 15 (quinze) dias, sob pena de indeferimento e arquivamento do requerimento.

§6º O empreendedor deverá apresentar Laudo de Vistoria e Avaliação de benfeitorias em cada parcela ou lote do projeto de assentamento atingido pelo empreendimento ou atividade, com a devida anotação de responsabilidade técnica - ART ou documento equivalente, de acordo com norma específica do conselho profissional do responsável técnico, conforme o caso e quando requisitado pelo Incra.

§7º A concessão de uso de área acima de 2.500 ha dependerá de prévia aprovação do Congresso Nacional.

Art. 5º São de total e exclusiva responsabilidade do empreendedor a veracidade e a legalidade das informações e documentos entregues ao Incra quando da solicitação da anuência para o uso da área do projeto de assentamento, incluindo os aspectos de segurança, não o eximindo de responder nas esferas cível, penal e administrativa.

Art. 6º O servidor ou grupo de trabalho designado, na forma do artigo 12, instruirá o processo com os seguintes documentos:

I - cópia da portaria de criação do projeto de assentamento;

II - relação dos beneficiários do projeto de assentamento;

III - relatório ou outro instrumento de verificação das condições de permanência do assentado no PNRA e das eventuais ocupações irregulares na área impactada pelo empreendimento ou atividade no projeto de assentamento;

IV - Cadastro Ambiental Rural - CAR do perímetro do projeto de assentamento e do lote, se houver; e

V - demais documentos julgados necessários à análise do requerimento.

Parágrafo único. Para efeito de atendimento ao que prevê o inciso III, considera-se válido o Laudo de Vistoria e Avaliação de benfeitorias em cada parcela ou lote do projeto de assentamento, constante no § 6º do art. 4º.

Art. 7º O trâmite processual obedecerá ao estabelecido nos fluxogramas do Anexo II, conforme o caso.

SEÇÃO II – DA DOCUMENTAÇÃO COMPLEMENTAR

Art. 8º Além dos documentos elencados no art. 4º, o requerimento deverá ser instruído com as documentações específicas para cada tipo de empreendimento ou atividade, incluindo as indicações constantes do Anexo III.

Art. 9º No pedido de anuência para o uso da área do projeto de assentamento relacionado à construção de barragem, além dos documentos e informações elencados no art. 4º, o empreendedor deverá providenciar a apresentação de cópia do Plano de Segurança da Barragem, nos termos da legislação específica vigente.

Art. 10. No requerimento de anuência para o uso da área de projeto de assentamento visando à implantação de obras de ferrovias, portos e outras obras de infraestrutura, além dos documentos e informações elencados no art. 4º e Anexo III, o empreendedor também deverá apresentar uma cópia do projeto técnico de engenharia, aprovado pelo órgão competente.

Art. 11. A documentação complementar solicitada ao empreendedor, no bojo do processo de anuência para o uso da área do projeto de assentamento, não excederá aquela apresentada junto aos órgãos competentes no âmbito dos procedimentos de licenciamento ambiental e de outorga.

SEÇÃO III – DA ANÁLISE DO REQUERIMENTO

Art. 12. Considerado o porte e a complexidade do empreendimento ou atividade, o chefe da Divisão de Desenvolvimento e Consolidação de Projetos de Assentamento SR (00)D indicará um servidor ou grupo de trabalho responsável pela condução dos procedimentos técnicos, com designação mediante ordem de serviço do Superintendente Regional, a ser publicada no prazo máximo de 10 (dez) dias úteis, contados do recebimento do requerimento de anuência para o uso da área do projeto de assentamento.

§1º O servidor ou grupo de trabalho poderá requerer documentos, pareceres e orientações técnicas internas ou de instituições públicas ou privadas, quando houver dúvidas a respeito de questões que demandem conhecimento técnico especializado.

§2º O servidor ou grupo de trabalho analisará a compatibilidade do empreendimento com a finalidade do assentamento, com objetivo de estabelecer as condições de convivência entre as atividades na área.

§3º Quando o empreendimento ou atividade abranger mais de uma Superintendência Regional, a análise deverá ser realizada por grupo de trabalho instituído por ato do Diretor de Desenvolvimento e Consolidação de Projetos de Assentamento e composto por servidores das Superintendências Regionais envolvidas.

§4º A ordem de serviço de designação de servidor ou grupo de trabalho deverá conter prazo para conclusão dos trabalhos, não superior a 90 (noventa) dias, com possibilidade de prorrogação por igual período mediante justificativa e a critério do Superintendente Regional ou do Diretor de Desenvolvimento e Consolidação de Projetos de Assentamento, conforme o caso, considerada a complexidade do empreendimento ou atividade.

Art. 13. Para a anuência do uso da área do projeto de assentamento o Incra observará as alternativas locacionais estabelecidas pelos órgãos competentes e o dimensionamento da área pretendida para uso pelo empreendimento ou atividade.

§1º Deverão ser avaliadas a possibilidade de coexistência do empreendimento ou atividade com o PNRA e as obrigações a serem assumidas pelo empreendedor como condicionantes ao uso da área.

§2º As obrigações de que tratam o parágrafo anterior consistem em:

I - contraprestação pelo uso da área pública; e

II - indenizações pelos danos e prejuízos causados ao PNRA e aos assentados, individual ou coletivamente.

§3º A contraprestação pelo uso da área do projeto de assentamento será calculada pelo Incra, em acordo com o empreendedor, observada a legislação aplicável.

§4º O valor devido ao Incra a título de contraprestação pelo uso da área do projeto de assentamento deverá ser recolhido via Guia de Recolhimento da União - GRU, para depósito na Conta Única do Tesouro Nacional.

§5º As indenizações devidas aos assentados, individual ou coletivamente, serão a eles destinadas diretamente, como titulares do direito de posse da área utilizada pelo empreendimento ou atividade.

§6º As condicionantes ao uso da área decorrentes dos danos e prejuízos causados ao PNRA e aos assentados, individual ou coletivamente, observarão, dentre outras medidas e conforme o caso, o disposto no artigo 29.

Art. 14. Os empreendimentos ou atividades devem respeitar as práticas para preservação ambiental e o uso sustentável das áreas anuídas, bem como as obrigações assumidas no bojo do licenciamento ambiental, quando houver, observando o caráter social, cultural e o desenvolvimento econômico regional e os direitos dos assentados do PNRA.

Art. 15. O Incra somente permitirá a instalação do empreendimento ou da atividade, de acordo com as especificações constantes nos planos, programas e projetos aprovados pelo órgão regulador competente, incluindo as medidas de controle ambiental e de gestão de recursos naturais e exigências dos demais órgãos públicos federais, estaduais, municipais ou distritais.

Art. 16. Independentemente da realização de audiência pública no curso do processo de licenciamento ambiental, a critério da autoridade competente, a celebração do instrumento será precedida de esclarecimentos gerais aos assentados sobre o empreendimento ou atividade.

§1º A decisão pela não realização do previsto no *caput* deste artigo deverá ser devidamente justificada.

§2º As despesas referentes a deslocamentos das famílias, material didático e de apoio utilizados para os esclarecimentos previstos neste artigo serão suportadas pelo empreendedor.

Art. 17. Nos projetos de assentamento com potencial para exploração de energia eólica e fotovoltaica e demais fontes alternativas, quando for o caso, o Incra poderá, mediante prévia licitação, celebrar contrato de concessão de uso de área do projeto de assentamento com terceiros, objetivando o aproveitamento do referido potencial, na forma e condições estabelecidas em edital e seus anexos.

§1º O aproveitamento desses potenciais somente será possível se o empreendimento ou atividade não inviabilizar a finalidade do projeto de assentamento, competindo ao Incra essa análise.

§2º Será realizada audiência pública com os assentados, com antecedência mínima de 15 (quinze) dias úteis da data prevista para a publicação do edital, e divulgada, com antecedência mínima de 10 (dez) dias úteis de sua realização, assegurado o acesso a todas as informações pertinentes.

Art. 18. Concluída a instrução processual, o servidor ou grupo de trabalho elaborará parecer técnico conclusivo recomendando deferimento ou indeferimento da anuência do uso da área do projeto de assentamento.

Parágrafo único. Quando o parecer recomendar o deferimento da anuência requerida, o servidor ou grupo de trabalho deverá elaborar a minuta do instrumento cabível.

SEÇÃO IV – DA DECISÃO E PEDIDOS DE RECONSIDERAÇÃO

Art. 19. Concluída a instrução e, após consulta ao Comitê de Decisão Regional - CDR, deverá o Superintendente Regional emitir manifestação conclusiva sobre o pedido de anuência para o uso da área do projeto de assentamento e submeter à Diretoria de Desenvolvimento e Consolidação de Projetos de Assentamento.

§1º Ultimadas as providências descritas no *caput*, o pedido de anuência será submetido para deliberação da autoridade competente.

§2º Na hipótese do §3º do art. 12, após ouvido o respectivo CDR, os titulares das Superintendências Regionais envolvidas deverão emitir posicionamento conclusivo sobre o parecer técnico.

Art. 20. Compete ao Presidente, autorizado pelo Conselho Diretor, deliberar sobre os pedidos de anuências de uso de áreas de projetos de assentamento pelos empreendimentos ou atividades previstos nesta Instrução Normativa, bem como firmar o instrumento respectivo.

Art. 21. Nos casos de indeferimento, os pedidos de reconsideração serão apreciados pelo Conselho Diretor, com análise técnica prévia da Diretoria de Desenvolvimento e Consolidação de Projetos de Assentamento e manifestação jurídica da Procuradoria Federal Especializada.

Parágrafo único. O prazo para apresentação de pedidos de reconsideração é de 30 (trinta) dias, contados da notificação ao interessado, facultada a juntada de documentos.

CAPÍTULO III – DOS INSTRUMENTOS E DAS CONDICIONANTES AO USO DA ÁREA

Art. 22. Quando o interessado necessitar de autorização para conferir mero impulso ao empreendimento ou atividade junto ao Poder Público e que não implique em análise de mérito sobre o uso da área do projeto de assentamento, a autorização poderá ser concedida pela autoridade competente, baseada em documentação mínima necessária, conforme modelo constante do Anexo IV.

Art. 23. A anuência do uso da área do projeto de assentamento poderá ser formalizada por meio dos seguintes instrumentos:

I - servidão, que deverá ser formalizada por escritura pública a ser registrada no cartório de registro de imóveis da respectiva matrícula, quando estabelecida por meio de Decreto de Utilidade Pública, conforme modelo constante do Anexo V; ou

‣ *Vide art. 167, I, 6*

II - contrato de concessão de uso onerosa, conforme modelo constante do Anexo VI.

Art. 24. A anuência do uso da área do projeto de assentamento concedida pelo Incra poderá compreender a realização de estudos ou pesquisa, instalação e operação.

§1º A vigência do instrumento de anuência do uso da área do projeto de assentamento deverá observar os prazos estabelecidos nas respectivas licenças ambientais, se houver, e nos instrumentos de outorga, consideradas as particularidades do empreendimento ou da atividade.

§2º A prorrogação do prazo da anuência do uso da área para estudo ou pesquisa deve ser requerida de forma fundamentada, conforme definido no instrumento.

§3º A prorrogação do prazo da anuência do uso da área conferida para instalação e operação do empreendimento ou da atividade fica condicionada ao estabelecido pelo órgão ambiental competente, com prazo de apresentação ao Incra em até 30 (trinta) dias após a emissão da nova licença ambiental.

§4º O descumprimento das condições estabelecidas no instrumento da anuência do uso da área do projeto de assentamento implicará na suspensão de seus efeitos, estabelecido o prazo de 15 (quinze) dias, a contar da comunicação da suspensão, para apresentação de defesa.

§5º Não apresentada a defesa de que trata o parágrafo anterior ou indeferida, serão adotadas as medidas administrativas e judiciais cabíveis para o cumprimento das condições estabelecidas no instrumento respectivo.

Art. 25. A disponibilização da área para fins de instalação do empreendimento ou atividade somente ocorrerá após o cumprimento das medidas antecipatórias estabelecidas no instrumento firmado entre o empreendedor e o Incra.

Art. 26. Serão considerados como impactos em áreas de projetos de assentamento os empreendimentos ou atividades que causem quaisquer alterações ao meio ambiente, social, econômico e produtivo.

Parágrafo único. Caso o empreendimento ou atividade gere impactos negativos na área indiretamente afetada, deverá a área técnica responsável considerar tal ocorrência em sua análise para concessão da anuência de uso da área do projeto de assentamento.

Art. 27. Os impactos previstos no art. 26 deverão ser objeto de obrigações assumidas pelo empreendedor em decorrência dos danos e prejuízos causados ao PNRA e aos assentados, individual ou coletivamente, objetivando compatibilizar o empreendimento ou a atividade com a continuidade do projeto de assentamento.

Parágrafo único. O empreendedor apresentará relatórios periódicos de cumprimento das obrigações referidas no *caput*, nos prazos e condições estabelecidas no instrumento de anuência de uso da área do projeto de assentamento, para análise e deliberação do Incra.

Art. 28. A área florestal, de produção madeireira ou não, assim como as demais benfeitorias e outras acessões de valor econômico deverão ser objeto de indenização em volume e qualidade mensurados igual ou superior ao dano causado.

Art. 29. As condicionantes ao uso da área referentes às obrigações a serem assumidas pelos danos e prejuízos causados ao PNRA e aos assentados poderão ser, conforme o caso, entre outras:

I - reassentamento ou realocação das famílias afetadas;

II - implantação, melhoria ou manutenção de infraestrutura em favor do projeto de assentamento;

III - pagamento de justa e prévia indenização dos danos e das benfeitorias aos assentados, decorrentes da exploração do seu lote;

IV - indenização ao Incra por danos e benfeitorias reprodutivas ou não reprodutivas, ou outras acessões de valor econômico existentes na área;

V - indenização de lucros cessantes aos assentados, quando cabível, referentes às atividades produtivas em desenvolvimento e impactadas pelo empreendimento ou atividade, decorrentes da exploração do seu lote;

VI - implantação, melhoria ou manutenção de infraestrutura para serviços públicos impactados, com participação dos órgãos envolvidos;

VII - melhoria da atividade produtiva dos assentados;

VIII - apoio à comercialização da produção dos assentados;

IX - viabilização de assistência técnica aos assentados;

X - georreferenciamento para certificação do perímetro e parcelas do projeto de assentamento;

XI - construção de infraestrutura ou disponibilização de equipamentos que contribuam para o desenvolvimento sustentável dos projetos de assentamento;

XII - apoio na regularização ambiental da área do projeto de assentamento e do seu entorno; e

XIII - fornecimento ao Incra dos meios operacionais necessários para o monitoramento e fiscalização de todas as etapas do processo de execução das medidas contidas no instrumento de anuência.

§1º A construção de moradias para reassentamento ou realocação das famílias afetadas, deverá atender ao estabelecido pelo Incra.

§2º Em nenhuma hipótese, os valores despendidos pelo empreendedor a título de indenização pelos danos e prejuízos causados ao PNRA e aos assentados serão restituídos ao empreendedor.

§3º Na ocorrência de danos causados sobre as atividades ou empreendimentos desenvolvidos por associações ou outras entidades legalmente constituídas ou integradas por assentados, nas áreas coletivas ou comunitárias, a contraprestação ou indenizações será devida a quem detiver autorização prévia para o uso da área.

§4º As indenizações previstas nos incisos III e V, abrangem os assentados que, individual ou coletivamente, tenham produção ou implantado benfeitoria, com prévia autorização, em áreas coletivas ou comunitárias, independentemente de serem associados a entidade representativa dos assentados do projeto de assentamento.

§5º É assegurado o pagamento de justa e prévia indenização dos danos e de lucros cessantes aos assentados dos projetos de assentamento coletivos ou ambientalmente diferenciados, decorrentes dos impactos causados nas benfeitorias edificadas e nas áreas de produção coletiva e de extrativismo.

Art. 30. A participação nos resultados ou rendas provenientes do empreendimento ou da atividade serão pagas ao Incra na forma determinada em lei ou na forma convencionada, conforme o caso.

Parágrafo único. Deverá o instrumento de anuência prever a forma de repasse dos recursos de que trata o *caput*, também nos casos de ocorrência de titulação definitiva de lotes do projeto de assentamento.

Art. 31. Quando o empreendimento ou atividade, com anuência de uso concedida pelo Incra, atingir lotes com titulação definitiva, a contraprestação pelo uso da área titulada, as indenizações por danos e prejuízos e as participações no resultado da exploração, previstos em legislação própria, deverão ser negociadas diretamente com o beneficiário titulado ou proprietário, com prévio conhecimento do Incra.

CAPÍTULO IV – DAS DISPOSIÇÕES GERAIS

Art. 32. Eventuais alterações dos projetos técnicos previstos para o empreendimento ou atividade deverão ser encaminhadas ao Incra no prazo máximo de 30 (trinta) dias a contar da aprovação pelo órgão competente, com as devidas justificativas, indicando seus respectivos impactos no projeto de assentamento.

Art. 33. Em caso de substituição dos responsáveis técnicos do empreendimento ou atividade, o interessado deverá providenciar o envio ao Incra da cópia do registro do novo profissional, devidamente habilitado.

Art. 34. O empreendedor deverá apresentar as renovações das licenças ambientais do empreendimento ou atividade.

Art. 35. Com o término das obras de instalação do empreendimento ou atividade, será realizada a desmobilização do canteiro de obras, com a consequente limpeza da área, inclusive o transporte de todos os materiais e equipamentos remanescentes, bem como a recuperação da área degradada, observando a legislação própria.

Art. 36. O empreendedor restituirá imediatamente a área ao Incra quando:

I - cessado o empreendimento ou atividade em razão do fim do prazo concedido;

II - aplicada a cassação pelo órgão competente devido a irregularidades cometidas pelo concessionário; e

III - cancelada a anuência em áreas de projeto de assentamento.

Parágrafo único. Ao final do empreendimento ou atividade, deverá ser apresentada a documentação as built, quando for o caso.

CAPÍTULO V –DAS DISPOSIÇÕES FINAIS E TRANSITÓRIAS

Art. 37. Os procedimentos previstos nesta Instrução Normativa aplicam-se:

I - aos empreendimentos ou atividades que já estão em andamento nos projetos de assentamento e que não solicitaram a anuência para o uso da área; e

II - aos processos administrativos já em trâmite no Incra que versem sobre a autorização prevista no art. 22, bem como aos que tratam de pedidos de anuência para o uso de áreas de projetos de assentamento por empreendimentos minerários, de energia e de infraestrutura, que influenciam, direta ou indiretamente, o desenvolvimento das atividades típicas do PNRA.

§1º Na hipótese do inciso I, as Superintendências Regionais deverão notificar os empreendedores para que, no prazo de 60 (sessenta) dias, apresentem requerimento para obtenção da anuência para o uso da área do projeto de assentamento, nos termos desta Instrução Normativa, ou desocupem a área em utilização.

§2º Na hipótese do inciso II, as Superintendências Regionais deverão analisar os autos à luz desta Instrução Normativa, devendo, conforme o caso, expedir as notificações necessárias para a adequação.

§3º No caso do indeferimento da anuência do uso da área, deverá o interessado ser notificado para fins de ciência da decisão, desocupação do projeto de assentamento ou apresentação de pedidos de reconsideração, no prazo de 30 (trinta) dias.

§4º Indeferido o pedido de reconsideração, o interessado será notificado para desocupação do projeto de assentamento no prazo de 30 (trinta) dias.

§5º Observado o descumprimento do prazo para desocupação do projeto de assentamento, deverá a área técnica instruir os autos com Nota Técnica fundamentada e documentos necessários com vistas a subsidiar o pedido do Superintendente Regional à PFE-Incra para análise das medidas judiciais cabíveis.

Art. 38. Os modelos de despacho decisório, de servidão e de contrato de concessão de uso, constantes desta Instrução Normativa, são de uso obrigatório.

§1º Fica dispensada a análise jurídica prévia dos modelos de instrumentos que compõem os anexos desta Instrução Normativa.

§2º Quando da assinatura do contrato de servidão e de concessão de uso, deverão ser preenchidas as lacunas existentes nos modelos constantes nos Anexos V e VI, bem como excluídas as Notas Explicativas.

Art. 39. Os instrumentos de anuência concedidos serão publicados na íntegra no Boletim Interno, com publicação do extrato no Diário Oficial da União e na página do Incra na internet.

Art. 40. As Superintendências Regionais deverão adotar as medidas necessárias para o cumprimento desta Instrução Normativa.

Art. 41. Os casos omissos e demais questionamentos relativos à aplicação desta Instrução Normativa serão dirimidos pela Diretoria de Desenvolvimento e Consolidação de Projetos de Assentamento.

Art. 42. Em qualquer fase da instrução processual, havendo dúvida jurídica, os autos devem ser encaminhados à Procuradoria Federal Especializada para manifestação.

Art. 43. Esta Instrução Normativa entrará em vigor no dia 03 de janeiro de 2022.

GERALDO JOSÉ DA CÂMARA FERREIRA DE MELO FILHO

D.O.U.: 23.12.2021

- *Não publicamos os anexos desta Instrução Normativa.*

INSTRUÇÃO NORMATIVA Nº 124, DE 26 DE JULHO DE 2022, DO INCRA

Estabelece os procedimentos para análise do cumprimento e liberação das cláusulas e condições resolutivas de instrumentos de titulação decorrentes de regularização fundiária, incidentes em áreas do Instituto Nacional de Colonização e Reforma Agrária - Incra e da União sob gestão do Incra.

- *Vide arts. 437 a 440, Provimento CNJ n. 149/2023 (CNN) – corresponde ao revogaado Provimento CNJ n. 33/2013*
- *Vide Lei n. 11.952, de 25 de junho de 2009 (Regularização fundiária das ocupações incidentes em terras situadas em áreas da União, no âmbito da Amazônia Legal)*
- *Vide Lei n. 13.465/2017 (Regularização Fundiária)*
- *Vide Instrução Normativa INCRA n. 91/2018 (Dispõe sobre o procedimento para venda direta dos imóveis residenciais de propriedade do INCRA no âmbito da Amazônia Legal, nos termos do art. 38, da Lei nº 11.952, de 25 de junho de 2009)*
- *Vide Instrução Normativa INCRA n. 126/2022 (Dispõe sobre os procedimentos necessários à regularização fundiária de ocupações incidentes em terras públicas federais, situadas em áreas urbanas, de expansão urbana ou de urbanização específica do Incra, dentro e fora da Amazônia Legal, e da União, administradas pelo Incra, na Amazônia Legal, previstas no art. 3º da Lei nº 11.952, de 2009)*
- *Vide Provimento CNJ n. 144/2023 (Programa Permanente de Regularização Fundiária na Amazônia Legal)*
- *Vide Portaria MDA n. 1/2012 (Dispõe sobre o procedimento para regularização fundiária de ocupações incidentes em terras públicas federais, situadas em áreas urbanas na Amazônia Legal, previstas no art. 3º da Lei nº 11.952, de 25 de junho de 2009, e dá outras providências).*

O PRESIDENTE DO INSTITUTO NACIONAL DE COLONIZAÇÃO E REFORMA AGRÁRIA - Incra, no uso das competências que lhe confere o art. 19 da Estrutura Regimental do Incra, aprovada pelo Decreto nº 10.252, de 20 de fevereiro de 2020, c/c o art. 110 do Regimento Interno da Autarquia, aprovado pela Portaria nº 531, de 23 de março de 2020, e considerando o que consta do processo administrativo nº 54000.034233/2020-97, resolve dispor sobre os procedimentos para análise do cumprimento de cláusulas e condições resolutivas de instrumentos de titulação decorrentes de processos administrativos de regularização fundiária, com fundamento na Lei nº 11.952, de 25 de junho de 2009, regulamentada pelo Decreto nº 10.592, de 24 de dezembro de 2020, nos seguintes termos:

CAPÍTULO I – DAS DISPOSIÇÕES GERAIS

Art. 1º Esta Instrução Normativa estabelece procedimentos para análise do cumprimento e liberação de cláusulas e condições resolutivas inseridas nos instrumentos de titulação expedidos pelo Instituto Nacional de Colonização e Reforma Agrária - Incra ou pela União, em razão de processos administrativos de regularização fundiária, referentes aos imóveis rurais situados em áreas do Incra e da União sob gestão do Incra.

Parágrafo único. Aplica-se esta Instrução Normativa também à análise de títulos expedidos em projetos com características de colonização criados pelo Incra, dentro ou fora da Amazônia Legal, anteriormente a 10 de outubro de 1985.

Art. 2º Para efeitos desta Instrução Normativa, considera-se:

I - título definitivo: contrato administrativo firmado pelo Incra ou pela União que, embora contenha condições ou cláusulas resolutivas, é documento apto a transferir o direito de propriedade da área ao outorgado;

II - título precário: ato ou contrato administrativo firmado ou emitido pelo Incra ou pela União, que autoriza a ocupação regular de imóvel rural, com a perspectiva eventual e futura de emissão de título definitivo, mediante o cumprimento de cláusulas ou condições resolutivas; e

III - período de vigência: prazo no qual o beneficiário da titulação se obriga a respeitar e cumprir as obrigações expressamente previstas no instrumento de titulação.

CAPÍTULO II – DO PROCEDIMENTO DE VERIFICAÇÃO DAS CLÁUSULAS

SEÇÃO I – DA INSTAURAÇÃO DO PROCEDIMENTO ADMINISTRATIVO

Art. 3º O procedimento administrativo para a verificação do cumprimento e liberação das cláusulas ou condições resolutivas poderá ser promovido de ofício ou mediante requerimento específico, conforme modelo indicado no Anexo I, formulado pelo beneficiário da titulação ou seus herdeiros, assinado por si ou por procurador devidamente constituído.

§ 1º O procedimento previsto nesta norma ocorrerá no processo administrativo de regularização fundiária em que se concedeu o título, admitida a instauração de processo em apartado desde que promovida a vinculação entre os processos.

§ 2º Em caso de não localização do processo originário, deverá ser promovida a reconstituição dos autos à luz dos normativos vigentes, com a devida justificativa.

§ 3º O requerimento constante do Anexo I poderá ser apresentado em meio físico ou por meio de formulário eletrônico, a ser encaminhado à Superintendência Regional do Incra responsável pela atuação na área de localização do imóvel.

§ 4º O requerimento formulado por terceiro interessado que comprove a condição de detentor do imóvel, por encadeamento sucessório na ocupação da área ou registro imobiliário em seu favor, será recepcionado para análise administrativa em relação ao cumprimento do título originário ou, se for o caso, o feito prosseguirá com vistas à regularização fundiária nos termos de normativo próprio.

Art. 4º Na hipótese de procedimento instaurado de ofício, a Superintendência Regional notificará o interessado, conforme Anexo IV, informando-o dos motivos da análise, facultada apresentação de documentos que entender pertinentes no prazo de 30 (trinta) dias.

§ 1º Consideram-se interessados, o beneficiário da titulação ou seus herdeiros, ou terceiro detentor do imóvel identificado pelo Incra.

§ 2º O não atendimento da notificação pelo interessado não suspende o processo administrativo.

SEÇÃO II – DO REQUERIMENTO PARA VERIFICAÇÃO DAS CLÁUSULAS E CONDIÇÕES RESOLUTIVAS

Art. 5º O requerimento para verificação do cumprimento e liberação das cláusulas e condições resolutivas deverá ser preenchido e assinado pelos requerentes, acompanhado dos seguintes documentos:

I - cópia de atestado de óbito do beneficiário titulado, quando o requerente for herdeiro ou inventariante;

II - certidão de inteiro teor atualizada da matrícula do imóvel ou certidão que indique a ausência de registro do título, expedida pelo Cartório de Registro de Imóveis;

III - inscrição do imóvel no Cadastro Ambiental Rural - CAR, sendo que os limites declarados no CAR deverão ser os mesmos correspondentes ao imóvel registrados na base do Sistema de Gestão Fundiária - SIGEF;

IV - certidões negativas de infração ambiental, ou instrumento congênere, em nível federal, estadual ou distrital;

V - cópia da planta e do memorial descritivo do imóvel georreferenciado e objeto do requerimento de regularização, elaborados por profissional habilitado e devidamente credenciado junto ao Incra, validados via soluções de tecnologia da informação e comunicação - TIC do Incra, devendo constar a devida anotação de responsabilidade técnica - ART ou documento equivalente de acordo com norma específica do conselho profissional do responsável técnico; e

VI - demais documentos comprobatórios do cumprimento das cláusulas e condições resolutivas do respectivo título.

§ 1º Em caso de requerimento formulado por terceiro interessado deverá ser anexado documento de identidade, bem como o contrato ou ato de transmissão da ocupação do imóvel.

§ 2º Caso o requerente não saiba ou não possa assinar, o requerimento pode ser subscrito a rogo.

§ 3º O requerimento de que trata este artigo será realizado, preferencialmente, por meio eletrônico, em sistema disponibilizado pelo Incra, conforme modelo constante do Anexo I.

§ 4º O requerimento poderá indicar a preferência do interessado em receber notificações por meio de endereço eletrônico.

§ 5º Sendo possível verificar de forma automatizada em base de dados oficiais os documentos listados nos incisos do *caput*, o Incra dispensará a apresentação pelo requerente.

§ 6º Os requerimentos realizados antes da publicação desta Instrução Normativa serão analisados pela administração.

Art. 6º No caso de requerimento realizado por meio eletrônico, a conferência da originalidade dos documentos será realizada até o ato da entrega da Certidão de Liberação de Cláusulas e Condições Resolutivas.

Art. 7º Em caso de falecimento do titular, o pedido poderá ser exercido pelo inventariante nomeado, caso existente, ou, inexistente este, por todos os sucessores do falecido, em conjunto ou por procuração.

Art. 8º O requerimento poderá ser realizado por meio de procuração, com poderes específicos para representar o interessado junto ao Incra no processo, acompanhado dos documentos pessoais do procurador.

Parágrafo único. Os efeitos da procuração vigorarão por até 36 (trinta e seis) meses a partir da data de protocolo do requerimento, devendo ser renovada por declaração do interessado a fim de confirmar a manutenção da representação.

Art. 9º Em caso de requerimentos concomitantes de renegociação ou enquadramento de valores, a análise administrativa deverá contemplar todas as solicitações.

SEÇÃO III – DA INSTRUÇÃO PROCESSUAL

Art. 10. O procedimento administrativo para verificação do cumprimento e liberação de cláusulas e condições resolutivas dos instrumentos de titulação tramitará na Divisão de Governança Fundiária da Superintendência Regional do Incra.

Parágrafo único. Será admitida a análise por servidores de outras unidades do Incra, desde que designados por ato da Diretoria de Governança Fundiária ou da Presidência do Incra.

Art. 11. Após a análise processual deverá ser elaborado parecer técnico fundamentado e conclusivo quanto ao cumprimento ou não das cláusulas e condições estabelecidas no título.

§ 1º A manifestação técnica deverá contemplar a análise de todas as cláusulas e condições estabelecidas no respectivo título.

§ 2º A Divisão de Gestão Operacional manifestar-se-á quanto ao pagamento integral ou parcial do valor do título.

§ 3º Os requerimentos concomitantes de renegociação do título, de enquadramento do valor e de pagamentos complementares ou de purgação de mora deverão ser analisados em sequência à verificação do cumprimento das demais cláusulas originárias.

Art. 12. Após manifestação técnica, o processo deverá ser encaminhado à Diretoria de Governança Fundiária para decisão do Diretor acerca do cumprimento ou descumprimento das cláusulas e condições resolutivas.

Art. 13. Após decisão quanto ao cumprimento das cláusulas e condições resolutivas, a Diretoria de Governança Fundiária deverá:

I - expedir certidão de liberação das cláusulas e condições resolutivas, na hipótese de o requerente ser beneficiário de título definitivo com cláusulas e condições verificadas como cumpridas, conforme modelos nos Anexos II e III;

II - promover a emissão de título definitivo, em favor do titulado originário, sob cláusulas e condições resolutivas, na hipótese de o interessado ser beneficiário de título precário, nas situações em que os valores da terra nua ainda não tiverem sido pagos;

III - promover a emissão de título definitivo, em favor do titulado originário, sem condições resolutivas, na hipótese de o interessado ser beneficiário de título precário, quando não seja necessário realizar pagamento referente ao valor da terra nua ou, ainda, tenha optado por realizar o pagamento de valor remanescente à vista, e desde que o contrato ou título precário tenha sido expedido há mais de dez anos.

§ 1º Após adoção das providências previstas nos incisos anteriores, os autos serão restituídos à Superintendência Regional.

§ 2º O interessado deverá ser notificado pela Superintendência Regional quanto ao cumprimento ou descumprimento e demais providências indicadas nos incisos deste artigo, conforme Anexo IV.

§ 3º Será assegurada a gratuidade para títulos relativos a imóveis com área igual ou abaixo de um módulo fiscal localizados na Amazônia Legal, desde que atestado o cumprimento das demais cláusulas resolutivas, conforme Anexo III.

Art. 14. Da decisão administrativa de descumprimento das cláusulas e condições resolutivas, caberá apresentação de recurso ao Conselho Diretor, no prazo de 60 (sessenta) dias, contados da data do recebimento da notificação, assegurados ao interessado o contraditório e a ampla defesa.

Parágrafo único. A apresentação de recurso não impede a posterior apresentação de pedido de enquadramento de valor.

Art. 15. Apresentado recurso, o processo administrativo será encaminhado ao Diretor de Governança Fundiária para apreciação técnica das razões recursais e juízo de reconsideração.

§ 1º Após análise técnica, os autos deverão ser encaminhados à Procuradoria Federal Especializada para análise jurídica das razões do recurso.

§ 2º Não havendo juízo de reconsideração, o processo será encaminhado ao Conselho Diretor para decisão final.

Art. 16. Negado provimento ao recurso pelo Conselho Diretor, ou ainda, caso não tenha sido apresentado requerimento para adimplemento das cláusulas descumpridas ou renegociação, a Diretoria de Governança Fundiária deverá promover a rescisão ou cancelamento do título.

§ 1º Se o título tiver sido registrado, será expedido ofício pela Divisão de Governança Fundiária endereçado ao Cartório de Registro de Imóveis competente, acompanhado da decisão sobre a rescisão ou cancelamento do título, a fim de que seja providenciado o cancelamento da matrícula do imóvel.

§ 2º O requerente será notificado conjuntamente da decisão pelo não provimento do recurso e da rescisão e cancelamento do título.

Art. 17. A decisão pelo deferimento ou indeferimento do pedido de liberação das cláusulas e condições resolutivas, quando definitiva, e a decisão de rescisão ou cancelamento do título, deverão ser publicadas em Boletim de Serviço Eletrônico do Incra.

§ 1º Após a publicação de que trata o *caput*, o processo administrativo deverá ser encaminhado à Divisão de Governança Fundiária da Superintendência Regional, para promover a inibição do cadastro do imóvel rural no Sistema Nacional de Cadastro Rural -SNCR.

§ 2º Concluídos os procedimentos indicados neste artigo, os autos serão direcionados para a adoção das medidas cabíveis quanto à reversão do imóvel ou à regularização fundiária do detentor da área, nos termos de normativos específicos.

CAPÍTULO III – DA VERIFICAÇÃO DO CUMPRIMENTO DAS CLÁUSULAS E CONDIÇÕES RESOLUTIVAS

Art. 18. A verificação do cumprimento das cláusulas e condições resolutivas deverá contemplar a análise do conteúdo das cláusulas fixadas no instrumento ou contrato firmado entre o Incra ou a União e o beneficiário.

§ 1º A análise do cumprimento das cláusulas resolutivas recairá estritamente sobre o período de vigência das obrigações contratuais, tomando-se a mais longa como termo final.

§ 2º As cláusulas e condições existentes em cada ato ou contrato administrativo devem ser analisadas considerando seus termos originários, compatibilizando a verificação do seu cumprimento na forma do art. 18 do Decreto nº 10.592, de 21 de dezembro de 2020, sob a perspectiva de:

I - atendimento à destinação agrária;

II - respeito à legislação ambiental, em especial quanto ao cumprimento do disposto no Capítulo VI da Lei nº 12.651, de 25 de maio de 2012;

III - não exploração da mão de obra em condição análoga à de escravo; e

IV - as condições e a forma de pagamento.

Art. 19. O descumprimento das cláusulas resolutivas pelo titulado será declarado no processo administrativo, por meio de prova material ou documental, sempre acompanhada de manifestação técnica motivada, assegurados a ampla defesa e o contraditório.

Art. 20. Será realizada vistoria presencial no imóvel do requerente nas seguintes hipóteses:

I - quando não for possível obter análise conclusiva sobre prática de cultura efetiva do imóvel apenas com base na análise da documentação ou dos dados de sensoriamento remoto do processo;

II - se identificados, durante o período de vigência, indícios que indiquem a alienação indevida do imóvel a que se refere o título; e

III - caso sejam estabelecidas outras razões em ato da Diretoria de Governança Fundiária.

Parágrafo único. A confecção do laudo de vistoria deverá abordar de forma expressa os motivos determinantes da vistoria técnica.

Art. 21. O laudo da vistoria técnica será subscrito por profissional regularmente habilitado do Poder Executivo Federal ou por outro profissional habilitado em razão de convênio, acordo ou instrumento similar, firmado com órgão ou entidade da administração pública da União, dos Estados, do Distrito Federal ou dos Municípios.

§ 1º Caso a vistoria seja decorrente de convênio, acordo ou instrumento congênere, tal circunstância deverá ser registrada nos autos.

§ 2º As informações constantes do relatório de vistoria poderão ser complementadas por documentos, técnicas de sensoriamento remoto e outros meios de prova.

Art. 22. O beneficiário de título de regularização fundiária ou o interessado deverão apresentar, sempre que solicitado, documentos que comprovem o cumprimento das cláusulas e condições resolutivas.

SEÇÃO I – DO CUMPRIMENTO DA CLÁUSULA DE INALIENABILIDADE E DO PERÍODO DE VIGÊNCIA DAS CONDIÇÕES RESOLUTIVAS

Art. 23. Quando o título ou contrato estabelecer inalienabilidade do imóvel a terceiro por tempo determinado, a irregular alienação antes do término do prazo previsto no instrumento de titulação configurará o descumprimento da condição e acarretará o indeferimento do pedido de liberação da condição resolutiva, salvo a transferência operada por sucessão causa mortis.

§ 1º Não viola a cláusula de inalienabilidade a alienação operada após o período fixado, salvo prorrogação do prazo de vigência em razão de outras cláusulas.

§ 2º Não se admite ato administrativo que autorize ou anua pedido de alienação do imóvel a terceiro, salvo se houver disposição expressa em título.

§ 3º Em títulos que possuam previsão de autorização ou anuência administrativa prévia para a alienação do imóvel a terceiro, a necessidade de anuência só será aplicável até o final do prazo de vigência.

Art. 24. Serão considerados pelo Incra para fins de verificação de cumprimento da cláusula de inalienabilidade os seguintes documentos:

I - certidão de inteiro teor expedida pelo cartório de registro de imóveis;

II - contrato de compra e venda;

III - certidão de doação;

IV - declaração dos adquirentes;

V - demais documentos comprobatórios da alienação da detenção a terceiros; e

VI - consulta ao Sistema Nacional de Cadastro Rural - SNCR e ao Sistema de Gestão Fundiária - SIGEF.

Art. 25. A identificação de cessões ou transferências de direitos a terceiros que envolvam títulos expedidos pela União ou pelo Incra sobre o imóvel poderá servir para fins de:

I - motivar a decisão administrativa de descumprimento da cláusula de inalienabilidade em razão da demonstração da alienação da área a terceiros, conforme análise prevista em cada título; e

II - indicar o início da ocupação atual no imóvel.

Art. 26. Poderá servir como demonstração de alienação a procuração lavrada nos termos do art. 685 do Código Civil ou que contenha cláusula irrevogável e irretratável e que permita ao mandatário transferir o bem para si ou para outrem, contendo a quitação do preço, a posse e os direitos sobre o imóvel.

Art. 27. Identificado descumprimento da cláusula de inalienabilidade, o terceiro adquirente ou cessionário na condição de detentor atual do imóvel, poderá requerer regularização da área por ele ocupada, nos termos da Lei nº 11.952, de 2009.

Art. 28. A cessão ou transferência do imóvel a terceiros, após verificado o cumprimento de todas as cláusulas e condições resolutivas, não obsta a emissão da certidão de liberação.

SEÇÃO II – DO CUMPRIMENTO DA CLÁUSULA DE DESTINAÇÃO AGRÁRIA DO IMÓVEL

Art. 29. O cumprimento da cláusula de manutenção da destinação agrária ou outra relativa à exploração do imóvel será verificado por meio da prática de cultura efetiva no imóvel, que poderá ser comprovada por meio de sensoriamento remoto, documentos ou vistoria técnica realizada pelo Incra.

§ 1º Quando não for possível obter análise conclusiva apenas com base na documentação ou no sensoriamento remoto, será realizada vistoria técnica mediante manifestação fundamentada, facultando-se a juntada de documentação pelo requerente.

§ 2º O resultado das análises realizadas por meio de documentação ou de sensoriamento remoto servirá de subsídio para a vistoria técnica.

SEÇÃO III – DO CUMPRIMENTO DE CLÁUSULA DE ATENDIMENTO À LEGISLAÇÃO AMBIENTAL

Art. 30. A comprovação do cumprimento da cláusula de atendimento à legislação ambiental ocorrerá por meio da juntada das certidões negativas de infração ambiental ou instrumento similar, referente ao imóvel objeto da verificação, em nível federal, estadual ou distrital e pelo demonstrativo de inscrição do imóvel no Cadastro Ambiental Rural - CAR.

§ 1º Os limites declarados no CAR deverão ser os mesmos registrados na base de georreferenciamento e validados em soluções de tecnologia da informação e comunicação - TIC do Incra.

§ 2º Se o título contiver como condição ou cláusula resolutiva a obrigatoriedade de averbação da reserva legal, a condição restará atendida por meio do registro da área de reserva legal no CAR, perante o órgão ambiental competente, nos termos do art. 18 da Lei nº 12.651, de 25 de maio de 2012.

Art. 31. Para verificação de cumprimento de cláusula ambiental será realizada análise de sobreposição espacial, a fim de verificar se o imóvel se tornou objeto de termo de embargo ou infração ambiental federal.

Parágrafo único. Constatada a existência de autuação por infração ambiental ou termo de embargo federal, o Incra notificará o interessado para manifestação no prazo de 60 (sessenta) dias, sob pena de indeferimento do pedido de liberação das cláusulas ou condições resolutivas.

Art. 32. Apresentado o requerimento de regularização ambiental junto ao órgão ambiental competente, o processo ficará suspenso até que o interessado tenha aderido ao Programa de Regularização Ambiental - PRA ou celebrado Termo de Ajustamento de Conduta - TAC ou instrumento congênere firmado com os órgãos e as entidades do Sistema Nacional do Meio Ambiente - SISNAMA ou com o Ministério Público, hipótese em que restará superado o óbice relativo à regularidade ambiental, e o processo poderá prosseguir para verificação das demais cláusulas resolutivas.

SEÇÃO IV – DA NÃO EXPLORAÇÃO DE MÃO DE OBRA EM CONDIÇÃO ANÁLOGA À DE ESCRAVO

Art. 33. A comprovação da cláusula de não exploração de mão de obra em condição análoga à de escravo no imóvel rural ou de observância das disposições que regulamentam as relações de trabalho, ocorrerá por meio de consulta ao cadastro de empregadores específico mantida por órgão do Governo Federal que regule as relações de trabalho.

Parágrafo único. Não restará cumprida a cláusula caso o beneficiário conste do cadastro de empregadores indicado no *caput*.

CAPÍTULO IV – DA VERIFICAÇÃO DE PAGAMENTOS

Art. 34. O pagamento dos valores expressos nos instrumentos de titulação será atestado pela Divisão Operacional da Superintendência Regional competente para análise dos autos e deverá ser realizado antes da elaboração do parecer técnico previsto no *caput* do art. 11 desta Instrução Normativa.

Art. 35. Na oportunidade da verificação de pagamentos, deverão ser analisados os requerimentos de renegociação, enquadramento de valores ou purgação de mora do título.

CAPÍTULO V – DO GEORREFERENCIAMENTO E DA DIFERENÇA EM FUNÇÃO DAS TÉCNICAS DE DEMARCAÇÃO

Art. 36. O georreferenciamento dos imóveis deverá atender aos requisitos previstos em soluções de tecnologia da informação e comunicação - TIC do Incra.

Parágrafo único. Os custos dos serviços topográficos, quando executados pelo poder público, serão cobrados dos detentores das áreas, exceto quando se tratar de ocupações cujas áreas não excedam a quatro módulos fiscais.

Art. 37. A diferença de até dez por cento, a maior ou a menor, entre a área descrita em título outorgado e a área encontrada após georreferenciamento não descaracteriza o imóvel rural objeto de titulação.

§ 1º Caso a diferença seja em área superior àquela constante do título, deverá ser realizado o pagamento da área acrescida.

§ 2º Caso o georreferenciamento indique área inferior à titulada, não será restituído o valor da diferença, podendo ser admitido abatimento em valor ainda devido a título de prestações vincendas.

§ 3º Caso a diferença entre a área georreferenciada e a área titulada ultrapasse 10% (dez por cento), o requerente deverá promover novo georreferenciamento, ajustando-o à área original do título.

§ 4º Para a regularização da área excedente em imóveis rurais situados na Amazônia Legal, o interessado deverá formular pedido de aquisição da diferença por venda direta, conforme estabelecido em norma própria.

Art. 38. Para os títulos emitidos em data anterior a 10 de fevereiro de 2009 deve ser observada a congruência das poligonais entre a demarcação efetuada previamente à titulação e o georreferenciamento.

CAPÍTULO VI – DISPOSIÇÕES FINAIS

Art. 39. Os títulos emitidos pelo Incra em data anterior à da publicação da Lei nº 11.952, de 2009, que não chegaram a ser entregues deverão ser declarados insubsistentes, por ato do Superintendente Regional.

Art. 40. A decisão administrativa anterior a este normativo que tiver entendido pelo descumprimento de cláusula e condição resolutiva dos contratos firmados até 22 de dezembro de 2016 poderá ser revista caso o beneficiário originário ou seus herdeiros tenham protocolado pedido de renegociação das condições, até a data de 22 de dezembro de 2021 ou de purgação de mora na forma do art. 27 do Decreto nº 10.592, de 2020.

Art. 41. O monitoramento do cumprimento das cláusulas e condições resolutivas será realizado no decurso do prazo de vigência nos termos desta Instrução Normativa.

Parágrafo único. As Divisões Operacionais, nas Superintendências Regionais, adotarão acompanhamento da cobrança das parcelas dos títulos via solução de tecnologia da informação - TIC.

Art. 42. O rito previsto nesta Instrução Normativa também se aplica para o pedido de antecipação de liberação de condição ou cláusula resolutiva previsto no art. 15, § 2º da Lei nº 11.952, de 2009.

Art. 43. Desde que atestado o cumprimento de todas as condições resolutivas, o beneficiário da titulação poderá optar:

I - até os dez anos da emissão do título, por realizar o pagamento integral do preço do imóvel, equivalente a 100% (cem por cento) do valor médio da terra nua, vigente à época do pagamento, respeitado o período de carência de três anos;

II - após os dez anos da emissão do título, por adiantar o pagamento integral do preço do imóvel indicado no título; ou

III - manter o pagamento parcelado indicado no título, ficando obrigado pelo cumprimento das cláusulas até sua quitação.

§ 1º A emissão da guia de recolhimento nas situações dos incisos I e II, será autorizada por ato da Diretoria de Governança Fundiária, que encaminhará os autos à Divisão Operacional, da Superintendência Regional, para o cálculo da diferença.

§ 2º Após o pagamento nas situações dos incisos I e II, os autos retornarão à Diretoria de Governança Fundiária para emissão da Certidão de Liberação de cláusulas e condições resolutivas.

Art. 44. Em caso de dúvida jurídica, o Superintendente Regional ou o Diretor de Governança Fundiária poderá encaminhar consulta específica à Procuradoria Federal Especializada.

Art. 45. Os casos omissos serão dirimidos pela Diretoria de Governança Fundiária.

Art. 46. Ficam revogadas a Portaria nº 80, de 22 de dezembro de 2010, do Ministério do Desenvolvimento Agrário - MDA, e a Portaria nº 204, de 29 de março de 2018, da Secretaria Especial de Agricultura Familiar e do Desenvolvimento Agrário - SEAD.

Art. 47. Esta Instrução Normativa entra em vigor na data de sua publicação.

GERALDO JOSÉ DA CÂMARA FERREIRA DE MELO FILHO

DOU. 27/07/2022

- *Não publicamos os anexos desta norma.*

INSTRUÇÃO NORMATIVA Nº 126, DE 28 DE JULHO DE 2022, DO INCRA

Dispõe sobre os procedimentos necessários à regularização fundiária de ocupações incidentes em terras públicas federais, situadas em áreas urbanas, de expansão urbana ou de urbanização específica do Incra, dentro e fora da Amazônia Legal, e da União, administradas pelo Incra, na Amazônia Legal, previstas no art. 3º da Lei nº 11.952, de 2009, e dá outras providências.

- *Vide arts. 437 a 440, Provimento CNJ n. 149/2023 (CNN) – corresponde ao revogado Provimento CNJ n. 33/2013*
- *Vide Lei n. 11.952, de 25 de junho de 2009 (Regularização fundiária das ocupações incidentes em terras situadas em áreas da União, no âmbito da Amazônia Legal)*
- *Vide Lei n. 13.465/2017 (Regularização Fundiária)*
- *Vide Instrução Normativa INCRA n. 91/2018 (Dispõe sobre o procedimento para venda direta dos imóveis residenciais de propriedade do INCRA no âmbito da Amazônia Legal, nos termos do art. 38, da Lei nº 11.952, de 25 de junho de 2009)*
- *Vide Instrução Normativa INCRA n. 142/2024 (Dispõe sobre os procedimentos necessários à regularização fundiária de áreas urbanas consolidadas, de expansão urbana e de urbanização específica, incidentes em terras públicas federais do Incra, qualquer que seja sua localização, e da União, administradas pelo Incra na Amazônia Legal previstas no art. 3º da Lei nº 11.952, de 2009)*
- *Vide Provimento CNJ n. 144/2023 (Programa Permanente de Regularização Fundiária na Amazônia Legal)*
- *Vide Orientação CNJ n. 5/2013 (Orienta sobre o procedimento de averbação de descrição georreferenciada de Gleba Pública Federal na Amazônia Legal previsto nos arts. 3º e 4º do Provimento nº 33/2013 da Corregedoria Nacional de Justiça)*
- *Vide Portaria MDA n. 1/2012 (Dispõe sobre o procedimento para regularização fundiária de ocupações incidentes em terras públicas federais, situadas em áreas urbanas na Amazônia Legal, previstas no art. 3º da Lei nº 11.952, de 25 de junho de 2009, e dá outras providências).*
- *Vide Portaria MDA n. 327/2015 (Dispõe sobre o procedimento de reversão de imóveis rurais na Amazônia Legal à União)*
- *Vide Orientação CNJ n. 5/2013 (Orienta sobre o procedimento de averbação de descrição georreferenciada de Gleba Pública Federal na Amazônia Legal previsto nos arts. 3º e 4º do Provimento nº 33/2013 da Corregedoria Nacional de Justiça)*

O PRESIDENTE DO INSTITUTO NACIONAL DE COLONIZAÇÃO E REFORMA AGRÁRIA - INCRA, no uso das atribuições que lhe são conferidas pelo art. 19 da Estrutura Regimental do Incra, aprovada pelo Decreto nº 10.252, de 20 de fevereiro de 2020, combinado com o art. 110 do Regimento Interno da Autarquia, aprovado pela Portaria nº 531, de 23 de março de 2020, publicada no DOU do dia 24 seguinte, e considerando o que consta do processo administrativo nº 54000.017981/2022-77, resolve:

CAPÍTULO I – DO OBJETIVO E DA FUNDAMENTAÇÃO LEGAL

Art. 1º Esta Instrução Normativa estabelece os procedimentos necessários à regularização fundiária de ocupações incidentes em terras públicas federais situadas em áreas urbanas, de expansão urbana ou de urbanização específica do Incra, dentro e fora da Amazônia Legal, e da União, administradas pelo Incra, na Amazônia Legal, previstas no art. 3º da Lei nº 11.952, de 25 de junho de 2009, por meio de doação aos municípios interessados.

CAPÍTULO II – DAS DISPOSIÇÕES APLICÁVEIS À REGULARIZAÇÃO FUNDIÁRIA URBANA

SEÇÃO I – CONCEITOS

Art. 2º Para os efeitos desta Instrução Normativa, conforme art. 2º do Decreto nº 7.341, de 22 de outubro de 2010, entende-se por:

I - áreas com ocupações para fins urbanos já consolidadas, aquelas que apresentam os seguintes elementos:

a) sistema viário implantado com vias de circulação, pavimentadas ou não, que configuram a área urbana em quadras e lotes;

b) uso predominantemente urbano, caracterizado pela existência de instalações e edificações residenciais, comerciais, voltadas à prestação de serviços, industriais, institucionais ou mistas, bem como demais equipamentos públicos urbanos e comunitários; e

II - área de expansão urbana: áreas sem ocupação para fins urbanos já consolidados, destinadas ao crescimento ordenado das cidades, vilas e demais núcleos urbanos, contíguas ou não à área urbana consolidada, previstas, delimitadas e regulamentadas em plano diretor ou lei municipal específica de ordenamento territorial urbano, em consonância com a Lei nº 10.257, de 10 de julho de 2001.

§ 1º Consideram-se equipamentos públicos urbanos as instalações e espaços de infraestrutura urbana destinados aos serviços públicos de abastecimento de água, esgotamento sanitário, coleta de águas pluviais, disposição e tratamento dos resíduos sólidos, transporte público, energia elétrica, rede telefônica, gás canalizado e congêneres.

§ 2º Consideram-se equipamentos públicos comunitários as instalações e espaços de infraestrutura urbana destinados aos serviços públicos de educação, saúde, cultura, assistência social, esporte, lazer, segurança pública, abastecimento, serviços funerários e congêneres.

Art. 3º O ordenamento territorial urbano de que trata o inciso VII do art. 2º da Lei nº 11.952, de 2009, deverá fazer parte do plano diretor do município ou estar instituído por lei municipal específica.

§ 1º O ordenamento territorial urbano deverá atender aos princípios e diretrizes estabelecidos na Lei nº 10.257, de 2001, e conter os seguintes elementos:

I - justificativa de expansão urbana, conforme disposto no § 3º do art. 22 da Lei nº 11.952, de 2009;

II - zoneamento para as áreas de expansão urbana, abrangendo a interface com as áreas urbanas;

III - delimitação de zonas especiais de interesse social em quantidade compatível com a demanda de habitação de interesse social do município;

IV - definição de diretrizes e parâmetros urbanísticos de parcelamento, uso e ocupação do solo urbano, densidade populacional e sistema viário;

V - definição de diretrizes para a infraestrutura de energia elétrica, abastecimento de água, coleta e tratamento de esgoto, drenagem pluvial, coleta e tratamento de resíduos sólidos, assim como equipamentos urbanos e comunitários; e

VI - definição de diretrizes para proteção ambiental e do patrimônio histórico e cultural.

§ 2º Nos casos em que houver plano diretor municipal, a lei instituidora do ordenamento territorial urbano deverá a ele se adequar.

§ 3º Deverá ser priorizada a delimitação de zonas especiais de interesse social nas áreas com ocupações para fins urbanos consolidadas.

§ 4º O ordenamento territorial urbano deverá ser apresentado em audiência pública e ao conselho municipal da cidade ou similar, quando houver, para discussão da viabilidade e justificativa da proposição de expansão urbana ou de implantação de novas áreas urbanas, conforme o art. 40, § 4º, e art. 43 a 45 da Lei nº 10.257, de 2001.

SEÇÃO II – ÁREAS PASSÍVEIS DE DOAÇÃO AOS MUNICÍPIOS

Art. 4º São passíveis de doação as áreas:

I - discriminadas, arrecadadas e registradas em nome da União com base no art. 1º do Decreto-Lei nº 1.164, de 1º de abril de1971;

II - abrangidas pelas exceções do parágrafo único do art. 1º do Decreto-Lei nº 2.375, de 24 de novembro de 1987;

III - remanescentes de núcleos de colonização que tiverem perdido a vocação agrícola e se destinem à utilização urbana;

IV - devolutas localizadas em faixa de fronteira; ou

V - registradas em nome do Instituto Nacional de Colonização e Reforma Agrária - Incra, ou por ele administradas.

SEÇÃO III – ÁREAS NÃO PASSÍVEIS DE DOAÇÃO AOS MUNICÍPIOS

Art. 5º Não serão passíveis de doação, nos termos da Lei nº 11.952, de 2009, as áreas:

I - reservadas à administração militar federal e a outras finalidades de utilidade pública ou de interesse social a cargo da União;

II - tradicionalmente ocupadas por população indígena;

III - de florestas públicas, nos termos da Lei nº 11.284, de 2 de março de 2006, de unidades de conservação ou que sejam objeto de processo administrativo voltado à criação de unidades de conservação, conforme art. 5º, § § 1º, 2º e 3º, do Decreto nº 7.341, de 2010; ou

IV - que contenham acessões ou benfeitorias federais.

Parágrafo único. As áreas ocupadas por comunidades quilombolas ou tradicionais, que façam uso coletivo da área, serão regularizadas de acordo com as normas específicas, aplicando-se-lhes, no que couber, os dispositivos da Lei nº 11.952, de 2009.

CAPÍTULO III – DO PROCESSO ADMINISTRATIVO

SEÇÃO I – DOS DOCUMENTOS E REQUISITOS NECESSÁRIOS

Art. 6º O processo administrativo de regularização urbana terá início mediante requerimento do representante do município interessado, dirigido ao Incra, protocolado na Superintendência Regional, de forma física ou digital, e instruído com a seguinte documentação:

I - do município:

a) pedido de doação devidamente fundamentado e assinado pelo seu representante legal, conforme modelo no Anexo I;

b) inscrição no Cadastro Nacional de Pessoa Jurídica - CNPJ;

c) cópia da lei do plano diretor ou da lei municipal específica contendo o ordenamento territorial e a justificativa referida no § 3º do art. 22 da Lei nº 11.952, de 2009, quando se tratar de área para expansão urbana ou com equipamentos públicos urbanos ou comunitários a serem implantados; e

d) cópia da lei que criou o município.

II - do representante legal:

a) fotocópia do Registro Geral (RG) ou de outro documento de identificação oficial com foto;

b) fotocópia do Cadastro de Pessoa Física (CPF) ou de outro documento oficial em que conste seu número; e

c) fotocópia do diploma e Termo de Posse.

III - da área requerida:

a) comprovação das condições de ocupação da área pretendida por meio de um levantamento topográfico cadastral, fotogrametria aérea, imagem de satélite ou outro meio equivalente georreferenciado, apresentados em cópia impressa e em meio digital que possibilite a identificação de:

1. acidentes geográficos como valos, córregos, rios, lagoas e elevações;

2. massas de vegetação, de culturas remanescentes quando existentes e as áreas não aproveitáveis para uso rural;

3. sistema viário implantado; e

4. edificações e demais benfeitorias existentes.

b) planta e memorial descritivo georreferenciados do perímetro da área pretendida, conforme norma técnica fixada no âmbito do Incra, bem como Anotação de Responsabilidade Técnica - ART ou documento equivalente de acordo com norma específica do conselho profissional do responsável técnico;

c) relação de acessões e benfeitorias federais existentes na área pretendida, contendo sua identificação e localização ou declaração assinada pelo representante do município atestando sua inexistência, conforme modelo no Anexo II; e

d) declaração ou laudo assinado por técnico habilitado atestando que a área objeto do pedido de doação perdeu sua vocação agrícola, modelo no Anexo III, corroborado por manifestação técnica do Incra.

§ 1º Entende-se como meio equivalente para comprovação das condições de ocupação da área pretendida a apresentação de Relatório de Caracterização Urbana.

§ 2º Excepcionalmente, poderá ser admitido material cartográfico elaborado por terceiros, desde que validado pela Coordenação-Geral de Cartografia - DFG.

§ 3º O processo administrativo poderá ser aberto de ofício, quando do interesse da Administração Pública Federal.

Art. 7º Nos casos em que for constatada a falta de quaisquer dos documentos descritos no artigo 6º, o representante do município deverá ser notificado para complementar a instrução processual no prazo de 30 (trinta dias), findos os quais, sem resposta, o processo deverá ser arquivado.

SEÇÃO II – DO PROCEDIMENTO ADMINISTRATIVO

Art. 8º O Incra encaminhará ofício, acompanhado das peças técnicas, à Secretaria de Coordenação e Governança do Patrimônio da União - SPU, à Fundação Nacional do Índio - Funai, ao Serviço Florestal Brasileiro - SFB, e ao Instituto Chico Mendes de Conservação da Biodiversidade - ICMBio, para que se manifestem acerca de interesse concreto sobre a área requerida.

§ 1º Conforme interesse da administração, as consultas de que trata o *caput* poderão ser realizadas no âmbito da Câmara Técnica de Destinação e Regularização Fundiária de Terras Públicas Federais Rurais, nos termos regulamentados pelo Decreto nº 10.592, de 2020.

§ 2º As entidades consultadas deverão se manifestar, no prazo máximo de 30 (trinta) dias, importando o silêncio em ausência de oposição à regularização.

§ 3º O interesse apto em inviabilizar a regularização deverá ser demonstrado de imediato, a envolver projetos em andamento ou em vias de implantação, observadas as competências das entidades consultadas.

§ 4º Deverão ser juntados ao processo os ofícios encaminhados às entidades, bem como as respectivas respostas, ou certidão de que as consultas não foram atendidas no prazo.

§ 5º Caso a área requerida pelo município abranja terrenos de marinha, marginais ou reservados, seus acrescidos ou outras áreas insuscetíveis de alienação, nos termos do § 1º do art. 4º da Lei 11.952 de 2009, caberá à SPU delimitar a faixa da área não suscetível à alienação.

Art. 9º O Incra encaminhará ofício ao Ministério do Desenvolvimento Regional, acompanhado das peças técnicas, comprovação das condições de ocupação e cópia do plano diretor e justificativa na hipótese de doação de área de expansão urbana, para análise e parecer quanto aos aspectos urbanísticos.

Art. 10. Caberá às Superintendências Regionais:

I - atestar a conformidade da planta e memorial descritivo às normas técnicas fixadas em normativos internos do Incra;

II - certificar se a área pertence à União ou Incra, informando o Cartório de Registro de Imóveis em que estiver registrada, matrícula, folha e livro;

III - consultar a existência de processos administrativos instaurados para demarcar territórios ocupados por remanescentes de comunidades quilombolas ou tradicionais, e eventuais títulos expedidos para este fim na área requerida;

IV - elaborar laudo de sobreposição; e

V - proceder à avaliação da terra nua da área a ser doada.

§ 1º A avaliação a que se refere o inciso V terá como base o preço mínimo da Planilha Referencial de Preços elaborada pelo Incra, sendo dispensada a vistoria da área.

§ 2º Na hipótese de sobreposição da área requerida àquelas previstas no art. 5º desta Instrução Normativa, deverá ser providenciada a sua exclusão, promovendo-se a juntada de nova planta, memorial descritivo com e Anotação de Responsabilidade Técnica - ART ou documento equivalente de acordo com norma específica do conselho profissional do responsável técnico, da área requerida já destacada e das respectivas exclusões.

§ 3º Se já houver título definitivo na área objeto do pleito, o município poderá optar pela imediata exclusão da parcela ou solicitar a instauração de procedimento de liberação de cláusula resolutiva, na forma da legislação específica.

§ 4º Somente após o cancelamento do título e do registro, se houver sido realizado, poderá ser doada a área titulada.

§ 5º O ateste à conformidade das peças técnicas, previsto no inciso I deste artigo, poderá ser realizado pelo serviço de cartografia da Superintendência Regional.

SEÇÃO III – DA ANÁLISE PROCESSUAL

Art. 11. O processo administrativo deverá ser instruído com os documentos e peças técnicas exigidas nesta Instrução Normativa, inclusive com eventuais retificações ou destaques da área requerida.

Parágrafo único. Verificada, a qualquer tempo, a existência de vedação legal que impossibilite o deferimento do pedido de doação, a instrução processual deverá ser encerrada.

Art. 12. Finda a instrução, a Divisão de Governança Fundiária da Superintendência Regional elaborará manifestação conclusiva sobre a viabilidade da doação da área.

Parágrafo único. Na manifestação conclusiva, deverá ser atestado que o município requerente não recebeu em doação terras que, individual ou conjuntamente, ultrapassem o limite de dois mil e quinhentos hectares, incluída a área objeto do pedido.

Art. 13. Após a manifestação prevista no art. 12, o Superintendente Regional deverá também se manifestar conclusivamente acerca do atendimento dos requisitos para doação da área e encaminhar o processo à Diretoria de Governança Fundiária.

Art. 14. O Diretor de Governança Fundiária emitirá manifestação final fundamentada acerca do pleito formulado pelo município e, no caso de possibilidade de deferimento, será ouvida previamente a Procuradoria Federal Especializada - PFE.

Parágrafo único. Após manifestação da Procuradoria Federal Especializada - PFE, caso o Diretor de Governança Fundiária entenda pela possibilidade de alienação do imóvel ao Município, os autos deverão ser encaminhados para deliberação do Conselho Diretor.

Art. 15. No caso de indeferimento do pedido pelo Diretor de Governança Fundiária, a Superintendência Regional deverá oficiar o município interessado, dando-lhe ciência dos termos da decisão e facultando-lhe oferecer recurso, no prazo de 30 (trinta) dias após o recebimento do ofício.

§ 1º O recurso será decidido pelo Conselho Diretor, após manifestação jurídica da PFE/Incra.

§ 2º Se improvido o recurso, a Superintendência Regional deverá oficiar ao município interessado, dando-lhe ciência dos termos da decisão.

§ 3º Se provido o recurso, seguir-se-á à titulação, conforme definido no Capítulo IV desta Instrução Normativa.

CAPÍTULO IV – DA TITULAÇÃO

SEÇÃO I – DA EMISSÃO DOS TÍTULOS

Art. 16. O título de doação terá força de escritura pública.

§ 1º Deverão constar do instrumento de doação cláusulas que determinem a realização, pelo município beneficiado, de regularização fundiária nos lotes ocupados, bem como a preservação do meio ambiente, do patrimônio cultural e do interesse social, na forma dos arts. 29 e 30 da Lei nº 11.952, de 2009, e art. 16 do Decreto nº 7.341, de 2010, conforme minuta-padrão constante do Anexo IV.

§ 2º O título deverá ser impresso e assinado pelo Presidente do Incra e pelo representante do município.

Art. 17. Após a entrega do título, a Superintendência Regional procederá à atualização cadastral da gleba e da área doada no Sistema Nacional de Cadastro Rural - SNCR.

SEÇÃO II – DO CANCELAMENTO E DA CORREÇÃO DOS TÍTULOS

Art. 18. Constatado no título emitido erro material, como de grafia, ou numérico, que importe necessidade de retificação de registro ou averbação no Cartório de Registro de Imóveis, o Superintendente Regional deverá encaminhar o processo que deu origem ao título à Diretoria de Governança Fundiária solicitando, de maneira fundamentada, a emissão de novo título e o envio de ofício ao cartório competente para a devida retificação, se for o caso.

§ 1º O título substituído deverá ser digitalizado e juntado ao processo que lhe deu origem, e certificado o seu cancelamento, apondo-se inclusive o carimbo de "inválido", e a via física deverá ser juntada ao livro fundiário.

§ 2º Quando for expedido título em retificação, tal condição deverá constar expressamente do referido documento.

CAPÍTULO V – DA AUTORIZAÇÃO DE OBRAS

Art. 19. O município poderá solicitar ao Incra emissão de autorização de obras nas áreas urbanas, de expansão urbana ou de urbanização específica previstas no art. 3º da Lei nº 11.952, de 2009, até que seja concretizada a doação ao município.

§ 1º A autorização a que se refere o *caput* tem como pré-requisito a existência de processo administrativo solicitando doação da área na qual se pretende realizar a obra.

§ 2º O processo administrativo deverá conter a espacialização da obra em relação à parcela que se pretende doar, comprovando que a obra encontra-se inserida na área que se pretende regularizar.

§ 3º A autorização de obra concedida na forma deste artigo não implica a constituição de domínio, não gerando direito a quaisquer indenizações sobre benfeitorias realizadas caso não seja concluída a doação.

§ 4º A autorização a que se refere o *caput* deverá ser assinada pelo Superintendente Regional do Incra, conforme modelo no Anexo V.

CAPÍTULO VI – DAS DISPOSIÇÕES FINAIS

Art. 20. A doação implicará o automático cancelamento, total ou parcial, das autorizações e licenças de ocupação e quaisquer outros títulos precários outorgados pelo Incra ou pela União que incidam na área, observando-se as garantias previstas no § 3º, do art. 28 da Lei nº 11.952, de 2009.

Parágrafo único. A Superintendência Regional fará levantamento dos documentos indicados no *caput*, e encaminhará à Diretoria de Governança Fundiária para cancelamento, bem como dos respectivos Certificados de Cadastro de Imóvel Rural - CCIR, se for o caso.

Art. 21. No que se refere aos títulos definitivos, serão analisados conforme § 3º do art. 10 desta Instrução Normativa.

Art. 22. Quando necessária prévia arrecadação e discriminação da área, o Incra procederá a sua demarcação, facultada a cooperação do município interessado e de outros órgãos públicos federais e estaduais, promovendo, em seguida, o registro imobiliário em nome da União.

Art. 23. A doação a um mesmo município, de terras que venham a perfazer quantitativo superior a dois mil e quinhentos hectares, em uma ou mais parcelas, deverá previamente ser submetida à aprovação do Congresso Nacional.

Art. 24. As áreas doadas deverão ser destacadas do patrimônio do Incra, assim como as benfeitoras nelas existentes, devendo o processo ser encaminhado à Divisão Operacional - SR/O, para fins de baixa patrimonial e contábil.

Parágrafo único. O Incra deverá encaminhar à SPU as áreas doadas da União para fins de baixa patrimonial e contábil.

Art. 25. A Superintendência Regional poderá promover vistoria a qualquer tempo, a fim de comprovar a veracidade das informações prestadas pelas municipalidades nos pedidos de doação.

Art. 26. Os modelos de título de doação (Anexo IV) e de autorização de obra (Anexo V) constantes desta Instrução Normativa serão de uso obrigatório na instrução dos processos correspondentes.

§ 1º Adotados os modelos-padrão indicados nos Anexos, fica dispensada a análise jurídica prévia de minuta de instrumentos.

§ 2º Antes da conclusão do procedimento de doação é obrigatória a análise jurídica prévia pela PFE, que subsidiará a decisão do Conselho Diretor do Incra nos termos do art. 14.

Art. 27. Fica Revogada a Portaria nº 1, de 21 de agosto de 2012, da Secretaria Extraordinária de Regularização Fundiária da Amazônia Legal - Serfal.

Art. 28. Esta Instrução Normativa entra em vigor na data de sua publicação.

GERALDO JOSÉ DA CÂMARA FERREIRA DE MELO FILHO

DOU 29/07/2022

▸ *Não publicamos os anexos desta norma.*

INSTRUÇÃO NORMATIVA Nº 128, DE 30 DE AGOSTO DE 2022, DO INCRA

Define critérios e procedimentos administrativos e técnicos para a edição da Portaria de Reconhecimento e de decreto declaratório de interesse social, avaliação de imóveis incidentes em terras ocupadas por remanescentes das comunidades de quilombos, e celebração de acordos administrativos ou judiciais.

O PRESIDENTE DO INSTITUTO NACIONAL DE COLONIZAÇÃO E REFORMA AGRÁRIA, no uso das atribuições que lhe são conferidas pelo art. 19 do Anexo I da Estrutura Regimental deste Instituto, aprovado pelo Decreto nº 10.252, de 20 de fevereiro de 2020, publicado no Diário Oficial da União - DOU de 21 de fevereiro de 2020, combinado com o art. 110 do Regimento Interno da Autarquia, aprovado pela Portaria nº 531, de 23 de março de 2020, e considerando o disposto no Decreto nº 4.887, de 20 de novembro de 2003, no Decreto-Lei nº 3.365, de 21 de junho de 1941 e na Lei nº 4.132, de 10 de setembro de 1962, bem como o que consta do processo administrativo nº 54000.016415/2022-48, resolve aprovar esta Instrução Normativa nos seguintes termos:

CAPÍTULO I – DO OBJETO

Art. 1º Esta Instrução Normativa estabelece, no âmbito do Incra, os critérios e procedimentos para:

I - edição de Portaria de Reconhecimento e de Decreto declaratório de interesse social para as terras ocupadas por remanescentes das comunidades de quilombos;

II - avaliação e indenização dos imóveis incidentes nos perímetros do território objeto da Portaria de Reconhecimento e do decreto declaratório de interesse social; e

III - realização de acordo administrativo e judicial, com vistas à titulação.

CAPÍTULO II – DA PORTARIA DE RECONHECIMENTO

SEÇÃO I – DA INSTRUÇÃO PROCESSUAL

Art. 2º A instrução do procedimento será realizada nos mesmos autos do processo de regularização fundiária do território quilombola.

Art. 3º Compete às Superintendências Regionais do Incra, por intermédio da Divisão de Governança Fundiária, instruir os autos do processo de regularização fundiária com os seguintes documentos, com vistas à edição da portaria de reconhecimento:

I - manifestação da Divisão de Governança Fundiária sobre a regularidade do processo administrativo, conforme modelo constante no Anexo I;

II - minuta de Portaria de Reconhecimento, conforme modelo constante no Anexo II, com a descrição das áreas identificadas, compreendendo as de domínio privado ou público, quando houver;

III - planta, memorial descritivo e arquivo geoespacial; e

IV – *(Revogado pela Instrução INCRA n. 130/2023)*

Art. 4º O Superintendente Regional encaminhará os autos à Diretoria de Governança Fundiária - DF com a documentação indicada no art. 3º desta Instrução Normativa, para análise técnica da Coordenação-Geral de Regularização de Territórios Quilombolas - DFQ, com posterior envio à Procuradoria Federal Especializada - PFE/Incra para elaboração de manifestação jurídica conclusiva.

Art. 5º Após a manifestação conclusiva da área técnica, com aprovação do Diretor de Governança Fundiária - DF, e da manifestação jurídica da PFE/Incra, o processo será encaminhado à Presidência do Incra, para edição e publicação da portaria de reconhecimento do território quilombola no Diário Oficial da União.

Art. 6º Publicada a Portaria, os autos serão restituídos à Superintendência Regional do Incra para as seguintes providências:

I - oficiar os órgãos responsáveis pela titulação, juntando cópia dos autos administrativos, no caso das terras reconhecidas incidirem, total ou parcialmente, sobre áreas de propriedade dos Estados, do Distrito Federal ou dos Municípios;

II - adotar as providências cabíveis para a titulação, caso as terras reconhecidas, total ou parcialmente, incidam sobre áreas públicas do Incra ou da União; e

III - instruir os autos com os documentos preparatórios à edição do decreto declaratório de interesse social.

SEÇÃO II – DA CADEIA DOMINIAL

(Revogada pela Instrução INCRA n. 130/2023)

Arts. 7º e 8º *(Revogados pela Instrução INCRA n. 130/2023)*

CAPÍTULO III – DO DECRETO DECLARATÓRIO DE INTERESSE SOCIAL

Art. 9º Editada e publicada a Portaria de Reconhecimento, o Superintendente Regional deverá encaminhar os autos à Diretoria de Governança Fundiária - DF, para análise da proposta de decreto pela Coordenação Geral de Regularização de Territórios Quilombolas - DFQ, instruindo o feito com a seguinte documentação:

I - extrato da publicação no Diário Oficial da União - DOU da Portaria de Reconhecimento do território quilombola;

II - arquivo geoespacial no formato de sistema geodésico brasileiro de coordenadas geográficas, referente à área que será declarada de interesse social;

III - parecer técnico da Divisão de Governança Fundiária quanto à proposta de decreto, constando os requisitos do art. 32 do Decreto nº 9.191, de 1º de novembro de 2017; e

IV - minuta de Exposição de Motivos e de Decreto.

Art. 10. Após manifestação técnica da Diretoria de Governança Fundiária - DF os autos serão remetidos à PFE/Incra para análise e manifestação jurídica.

Art. 11. Concluídas as análises técnica e jurídica os autos serão encaminhados à Presidência do Incra para envio da proposta de decreto ao Ministério de Desenvolvimento Agrário e Agricultura Familiar - MDA, que tramitará junto à Casa Civil da Presidência da República. *(Redação dada pela Instrução Normativa nº 130/2023)*

CAPÍTULO IV – DA VISTORIA, AVALIAÇÃO E CADEIA DOMINIAL DOS IMÓVEIS RURAIS

(Capítulo com redação dada pela Instrução Normativa INCRA nº 130/2023)

SEÇÃO I – DA INSTRUÇÃO PROCESSUAL

(Seção incluída pela Instrução Normativa INCRA nº 130/2023)

Art. 12. Após a publicação do decreto declaratório de interesse social, será formalizado pela Divisão de Governança Fundiária o procedimento administrativo destinado à elaboração de laudo de vistoria e avaliação do imóvel rural, em processos distintos, instruídos com os seguintes documentos:

I - decreto declaratório de interesse social;

II - certidão imobiliária atualizada do imóvel rural ou documento comprobatório de posse, e certidão de inteiro teor; e

III - declaração para Cadastro de Imóveis Rurais constante do Sistema Nacional de Cadastro Rural - SNCR, se houver.

§ 1º Em caso de imóvel rural que não conste no Sistema Nacional de Cadastro Rural - SNCR, deverá ser realizado o cadastramento ex-officio, considerando os dados constantes na certidão da matrícula do imóvel atualizada.

§ 2º Tratando-se de imóvel rural do mesmo detentor, composto por título registrado e posse em área contínua, deverá ser formalizado somente um processo administrativo, contemplando as duas situações.

Art. 13. Será de competência da Divisão de Desenvolvimento e Consolidação de Projetos de Assentamento a elaboração do Laudo de Vistoria e Avaliação - LVA.

Art. 14. A Superintendência Regional do Incra encaminhará o processo de vistoria e avaliação à Diretoria de Desenvolvimento e Consolidação de Projetos de Assentamento - DD para conferência das peças técnicas.

Art. 15. Após manifestação da Diretoria de Desenvolvimento e Consolidação de Projetos de Assentamento - DD, os autos serão encaminhados à Diretoria de Governança Fundiária - DF para verificação da disponibilidade de recursos orçamentários visando à realização do acordo administrativo ou ajuizamento de ação de desapropriação.

Parágrafo único. Atestada a disponibilidade orçamentária, a Diretoria de Governança Fundiária - DF restituirá os autos à Superintendência Regional para as providências relativas ao acordo administrativo ou ajuizamento da ação de desapropriação.

SEÇÃO II – DA CADEIA DOMINIAL

(Seção incluída pela Instrução Normativa INCRA nº 130/2023)

Art. 15-A. A Divisão de Governança Fundiária procederá ao estudo da cadeia dominial e à elaboração do respectivo extrato em processo específico vinculado ao processo de regularização fundiária instruído com os seguintes documentos: *(Artigo incluído pela Instrução Normativa INCRA nº 130/2023)*

I - espelho da Declaração de Cadastro de Imóveis Rurais no Sistema Nacional de Cadastro Rural - SNCR;

II - cópia da planta e memorial descritivo do imóvel, se houver, e

III - certidão de inteiro teor da matrícula e certidão de ônus reais atualizadas.

§ 1º Em caso de dúvida fundada acerca da localização ou sobreposição do título originário, deverá ser juntado parecer técnico quanto à materialização em campo, para fins de continuidade do processo administrativo.

§ 2º Para os imóveis inseridos na faixa de fronteira, deverá ser observada a existência de ratificação do registro imobiliário junto ao Cartório de Registro de Imóveis competente.

§ 3º Tratando-se de títulos concedidos pelo Incra ou pela União, com cláusulas resolutivas, a área técnica competente deverá atestar o cumprimento dessas condições, caso a informação não conste da matrícula do imóvel.

§ 4º Tratando-se de títulos concedidos pelo Estado, com condições resolutivas, a Superintendência Regional do Incra deverá encaminhar ofício ao órgão estadual competente, para manifestação.

§ 5º Na hipótese de falta de comprovação do destaque do patrimônio público para o privado e não havendo possibilidade de se tratar de terra pública federal, o Estado deverá ser oficiado para se manifestar sobre a autenticidade e legitimidade do título ostentado, bem como sua correta materialização.

§ 6º Na eventual omissão do Estado e havendo legislação estadual sobre a matéria, ficará a cargo da Superintendência Regional a análise e manifestação sobre a regularidade do domínio privado e a ocorrência ou não de terra pública sobre a área vistoriada.

§ 7º Os autos serão encaminhados à PFE/Incra para análise e manifestação conclusiva quanto à regularidade do destaque e legitimidade das transmissões imobiliárias.

CAPÍTULO V – DO ACORDO ADMINISTRATIVO

SEÇÃO I – DAS CONDIÇÕES PARA REALIZAÇÃO DE ACORDO ADMINISTRATIVO

Art. 16. São condições para proposição do acordo administrativo:

I - atesto do regular destaque do patrimônio público para o privado e da legitimidade das transmissões imobiliárias;

II - ausência de questionamento na esfera administrativa e judicial, quanto à autenticidade, legalidade e regularidade do título e da cadeia dominial;

III - anuência do Comitê de Decisão Regional - CDR ou do Conselho Diretor - CD, conforme alçada de competência;

IV - disponibilidade de recursos orçamentários e financeiros;

V - análise da vantajosidade da solução consensual, considerando-se a comprovação de viabilidade técnica, operacional e econômico-financeira dos termos a serem celebrados; e

VI - georreferenciamento do imóvel certificado pelo Incra.

§ 1º Em caso de existência de posse, será indispensável a anuência do posseiro.

§ 2º O acordo extrajudicial deverá observar as normas da Advocacia Geral da União - AGU sobre o tema, especialmente quanto à autorização para a efetiva celebração do instrumento.

SEÇÃO II – DOS PROCEDIMENTOS PARA O ACORDO

Art. 17. Atestadas as condições para proposição do acordo, o Superintendente Regional notificará o proprietário, preposto ou representante legal, para apresentar a oferta de indenização e solicitar manifestação quanto a aceitação.

§ 1º A notificação deverá conter:

I - cópia do Decreto declaratório de interesse social;

II - planta ou descrição dos bens e suas confrontações;

III - valor da oferta e extrato do Laudo de Vistoria e Avaliação - LVA; e

IV - informação de que o prazo para aceitar ou rejeitar a oferta é de 30 (trinta) dias, podendo ser prorrogado desde que devidamente fundamentado pelo interessado e acatado pelo Incra, e que o silêncio será considerado rejeição.

§ 2º A aceitação deve ser manifestada pelo proprietário à Superintendência Regional do Incra por escrito, sendo firmada pelo próprio ou por procurador legalmente constituído, com comprovação dos poderes de representação, acompanhada dos seguintes documentos:

I - documento de identificação pessoal com foto, do proprietário e cônjuge ou companheiro, quando for o caso;

II - certidão de casamento ou escritura de união estável, se houver;

III - inscrição no Cadastro de Pessoa Física - CPF ou no Cadastro Nacional de Pessoa Jurídica - CNPJ, conforme o caso;

IV - Estatuto ou Contrato Social da empresa com as consequentes alterações, por meio de certidão da Junta Comercial ou Registro civil das Pessoas Jurídicas, quando for o caso;

V - certidões negativas de ônus, gravames e de distribuição de ações reais e pessoais reipersecutórias, inclusive da Justiça do Trabalho, relativas ao imóvel;

VI - certidões de inscrição cadastral do imóvel e de regularidade de sua situação fiscal junto às Fazendas Federal, Estadual e Municipal; e

VII - declaração firmada pelo proprietário da inexistência de litígio, conforme modelo constante do Anexo III, desta Instrução Normativa.

§ 3º Apresentada a documentação e aceita a oferta de indenização, será elaborada pelo Incra minuta de acordo contendo todas as suas condições e cláusulas, inclusive quanto à existência de dotação orçamentária e disponibilidade financeira para o pagamento da indenização.

§ 4º O acordo será firmado pelo Superintendente Regional ou pelo Presidente do Incra, conforme o caso, e pelo proprietário ou seu representante legal.

§ 5º Em caso de casamento ou união estável, o acordo deverá ser firmado também pelo cônjuge ou companheiro.

§ 6º Recaindo ônus reais ou gravames sobre o imóvel, os credores serão notificados para manifestar interesse em receber a parte que lhes cabe para satisfação de seus créditos e figurar como intervenientes anuentes do acordo.

Art. 18. A proposta de acordo deverá ser encaminhada à PFE/Incra para análise jurídica e submissão à Procuradoria Geral Federal para autorização.

Parágrafo único. A análise jurídica deverá verificar a vantajosidade da solução consensual para todos os tipos de obrigações, considerando-se a comprovação de viabilidade técnica, operacional e econômico-financeira dos termos celebrados, conforme o procedimento instruído pela área técnica.

Art. 19. Autorizada a proposta de acordo pela Procuradoria Geral Federal, a Diretoria de Governança Fundiária notificará o proprietário, preposto ou representante legal para assinatura do acordo extrajudicial.

SEÇÃO III – DA TRANSFERÊNCIA DE DOMÍNIO E DO PAGAMENTO

Art. 20. Celebrado o acordo, deverá ser providenciada a lavratura da Escritura Pública de Desapropriação Amigável e o consequente registro no Cartório de Registro de Imóveis competente.

Art. 21. O pagamento do valor acordado, a ser realizado por depósito bancário, será efetuado somente após o efetivo registro no Cartório de Registro de Imóveis, devendo a Superintendência Regional do Incra proceder a juntada do comprovante de pagamento ao processo administrativo.

CAPÍTULO VI – DO AJUIZAMENTO DA AÇÃO DE DESAPROPRIAÇÃO

Art. 22. Sendo frustrada a realização de acordo administrativo, o processo seguirá para o ajuizamento da ação de desapropriação.

Art. 23. Disponibilizados os recursos orçamentários e financeiros e autorizado o ajuizamento da ação de desapropriação, a Divisão de Governança Fundiária deverá adotar os procedimentos para o respectivo empenho, e posterior envio à PFE/Incra.

Parágrafo único. Os autos deverão ser encaminhados com a certidão de interior teor do imóvel atualizada e o comprovante da descentralização dos recursos orçamentários.

Art. 24. A PFE/Incra comunicará a Divisão de Governança Fundiária quanto ao deferimento da imissão de posse e demais atos processuais relativos à posse da área.

CAPÍTULO VII – DO ACORDO JUDICIAL

Art. 25. O acordo judicial deverá observar as condições previstas para o acordo administrativo, no que couber, em especial quanto a anuência do Comitê de Decisão Regional - CDR ou do Conselho Diretor - CD, conforme alçada de competência.

Parágrafo único. O procedimento deverá observar as normas da Advocacia Geral da União - AGU sobre o tema, especialmente quanto à autorização para a efetiva celebração do instrumento.

Art. 26. A proposta de acordo realizada em audiência de conciliação ou outro momento processual ou ainda, apresentada pelo expropriado diretamente ao Incra, será encaminhada à Procuradoria Federal Especializada - PFE/Incra, para análise e manifestação sobre a viabilidade de prosseguimento, com as comunicações pertinentes ao órgão de representação judicial.

Art. 27. Havendo viabilidade jurídica de tramitação da proposta de acordo, o processo deverá ser remetido à Divisão de Governança Fundiária para análise técnica, instruído com os seguintes documentos:

I - petição inicial da ação de desapropriação;

II - laudo do perito judicial e manifestação dos assistentes técnicos das partes, se houver; e

III - outros documentos que constem da ação judicial e sejam relevantes para a compreensão da matéria.

Art. 28. A análise técnica sobre a proposta deverá abordar a viabilidade operacional e econômico-financeira, bem como a vantajosidade na celebração do acordo.

Parágrafo único. Caberá à Diretoria de Governança Fundiária - DF a verificação da disponibilidade de recursos orçamentários visando à realização do acordo judicial.

Art. 29. Concluídos os trâmites administrativos, o processo será remetido à PFE/Incra para elaboração da Minuta do Acordo Judicial, submissão à autoridade competente para autorização da celebração do acordo, e a consequente apresentação em juízo para homologação.

Art. 30. Poderá ser solicitada a participação de Perito Federal Agrário para subsidiar a PFE/Incra e o órgão de representação judicial, visando prestar informações e esclarecimentos sobre as questões técnicas e valores apurados, inclusive em atos processuais.

CAPÍTULO VIII – DAS DISPOSIÇÕES FINAIS

Art. 31. Incidindo no território quilombola imóvel urbano, o Incra poderá estabelecer convênios, contratos, acordos e instrumentos similares com órgãos da administração pública federal, estadual, municipal, do Distrito Federal, organizações não-governamentais e entidades privadas, observada a legislação pertinente, para fins de avaliação do imóvel.

Art. 32. Incidindo o território quilombola sobre Unidade de Conservação Federal, os autos serão remetidos ao Instituto Chico Mendes de Conservação da Biodiversidade - ICMBio, para as providências necessárias, visando à regularização.

Art. 33. Revoga-se a Norma de Execução Conjunta DF/DT nº 03, de 21 de junho de 2010.

Art. 34. Esta Instrução Normativa entra em vigor na data de sua publicação, sem prejuízo da validade das fases iniciadas ou concluídas sob a vigência das normativas anteriores. *(Redação dada pela Instrução Normativa nº130/2023)*

GERALDO JOSÉ DA CÂMARA FERREIRA DE MELO FILHO

DOU. 31/08/2022

- *Não publicamos os anexos desta norma.*

INSTRUÇÃO NORMATIVA Nº 30, DE 09 DE AGOSTO DE 2023, DA FUNAI

Estabelece as regras para emissão de Declaração de Reconhecimento de Limites em relação a terras indígenas e imóveis confrontantes e declara a nulidade da Instrução Normativa nº 9, de 16 de abril de 2020, que disciplina o requerimento, análise e emissão da Declaração de Reconhecimento de Limites em relação a imóveis privados.

- *Vide art. 246, § 2º e § 3º LRP*
- *Vide arts. 424 a 432 do Provimento CNJ n. 149/2023 (CNN)*

A **PRESIDENTA DA FUNDAÇÃO NACIONAL DOS POVOS INDÍGENAS**, no uso das atribuições que lhe confere o Estatuto da Funai, aprovado pelo Decreto nº 11.226, de 7 de outubro de 2022, e o inciso XVI, do art. 241, do Regimento Interno da Funai, aprovado pela Portaria n° 666/PRES, de 17 de julho de 2017, tendo em vista o disposto na Lei n° 6.001, de 19 de dezembro de 1973, na Lei n° 6.015, de 31 de dezembro de 1973, e no Decreto nº 1.775, de 8 de janeiro de 1996, resolve:

CAPÍTULO I – DISPOSIÇÕES PRELIMINARES

Art. 1º Esta Instrução Normativa estabelece, no âmbito da Fundação Nacional dos Povos Indígenas - Funai, os procedimentos para emissão do documento denominado Declaração de Reconhecimento de Limites - DRL em relação a terras indígenas e imóveis confrontantes, bem como define os parâmetros para revisão das Declarações de Reconhecimento de Limites emitidas na vigência da Instrução Normativa n. 9, de 16 de abril de 2020.

CAPÍTULO II – DECLARAÇÃO DE RECONHECIMENTO DE LIMITES

Art. 2º A Declaração de Reconhecimento de Limites consiste em documento expedido ao detentor de títulos privados desde que preenchidos os requisitos de emissão e após análise técnica cartográfica sobre imóveis de detentores de títulos cujos limites confrontem com terras indígenas de ocupação tradicional delimitadas, declaradas, homologadas ou regularizadas, reservas indígenas, terras dominiais indígenas, e áreas com portaria de restrição de uso, nos termos do Art. 7° do Decreto nº 1.775, de 8 de janeiro de 1996, que constem na base de dados de Terras Indígenas da FUNAI.

Art. 3º A Declaração de Reconhecimento de Limites será emitida pela autoridade máxima da Funai, ficando a cargo da Diretoria de Proteção Territorial a instrução e análise do processo.

Art. 4º A Declaração de Reconhecimento de Limites deverá ser requerida à autoridade máxima da Funai, mediante o preenchimento de requerimento na forma do Anexo desta Instrução Normativa, e deverá atender aos seguintes requisitos:

I - assinatura do formulário pelo requerente ou seu representante legal, com firma reconhecida;

II - memorial descritivo em formato Portable Document Format (PDF) e digital (planilha ODS), devidamente assinado por profissional habilitado e com a devida Anotação de Responsabilidade Técnica;

III - planta topográfica em Portable Document Format (PDF) e formatos digitais (arquivo.zip Shapefile ou DXF), devidamente assinado por profissional habilitado e com a devida Anotação de Responsabilidade Técnica; e

IV - coordenadas dos vértices definidores dos limites dos imóveis, georreferenciadas ao Sistema Geodésico Brasileiro, de modo a caracterizar seu posicionamento.

§ 1º O requerimento deverá ser protocolado no Protocolo Digital disponível no sítio da Funai www.funai.gov.br - Canais de Atendimento - Protocolo Digital, constando o assunto "Solicitação da Declaração de Reconhecimento de Limites", ou presencialmente na Entidade, que autuará processo administrativo eletrônico para sua análise e seu atendimento.

§ 2º O requerimento poderá ser protocolado com outros documentos relativos ao imóvel, além dos especificados neste artigo.

Art. 5º A Declaração de Reconhecimento de Limites de que trata esta Instrução Normativa não será fornecida a terceiros que não sejam detentores do imóvel ou seu representante legal.

Art. 6º Caberá à Diretoria de Proteção Territorial da Fundação Nacional dos Povos Indígenas a análise e instrução do processo administrativo eletrônico relativo ao requerimento de Declaração de Reconhecimento de Limites.

§ 1º A análise realizada pela Diretoria de Proteção Territorial será baseada nos documentos apresentados no requerimento e no Sistema de Gestão Fundiária - SIGEF, que deverão ser relacionados no processo administrativo do Sistema Eletrônico de Informações - SEI e em outras bases de dados do governo federal.

§ 2º A instrução processual do requerimento somente será realizada pelos servidores públicos da Funai credenciados no Sistema de Gestão Fundiária e deverá seguir os conceitos e regras disciplinados nesta Instrução Normativa.

§ 3º A Diretoria de Proteção Territorial poderá solicitar esclarecimentos adicionais ao requerente, preferencialmente, por meio de correspondência eletrônica, caso informado no requerimento ou, ainda, mediante correspondência com aviso de recebimento.

§ 4º Na hipótese de ausência de resposta formal do requerente no prazo de 90 (noventa) dias, será arquivado o requerimento de Declaração de Reconhecimento de Limites.

§ 5º Inexiste impedimento para que o detentor do imóvel ou seu representante legal protocole novo requerimento, desde que observado o disposto no artigo 4º desta Instrução Normativa, ainda que o requerimento anterior tenha sido arquivado na forma do § 4º deste artigo.

Art. 7º Não será emitida a Declaração de Reconhecimento de Limites para imóveis incidentes em:

I - terras indígenas de ocupação tradicional delimitadas, com Relatório Circunstanciado de Identificação e Delimitação aprovado pela autoridade máxima da Funai e publicado no Diário Oficial da União;

II - terras indígenas de ocupação tradicional declaradas com Portaria Declaratória expedida pelo Ministro de Estado competente;

III - terras indígenas de ocupação tradicional homologadas por Decreto do Presidente da República;

IV - terras indígenas de ocupação tradicional regularizadas com o procedimento administrativo de demarcação concluído;

V - reservas indígenas destinadas à comunidade indígena;

VI - terras dominiais havidas por qualquer das formas de aquisição do domínio, nos termos da legislação civil, de propriedade de comunidade indígena;

VII - áreas objeto de Portaria de Restrição de Uso, nos termos do Art. 7° do Decreto nº 1.775, de 1996; e

VIII - terras indígenas demarcadas em virtude de decisão judicial.

Art. 8º A emissão da Declaração de Reconhecimento de Limites será realizada com base nas características dos limites do terreno e suas feições naturais, por meio de técnicas de sensoriamento remoto.

§ 1º Caso seja necessária a confirmação de precisão de medidas, será realizada vistoria do imóvel in loco por servidor público da Funai devidamente credenciado, que deverá elaborar relatório técnico, com o correspondente registro das atividades em ata de reunião subscrita pelo requerente ou procurador, por indígenas da respectiva terra indígena e pelo próprio servidor designado.

§ 2º Não será emitida a Declaração de Reconhecimento de Limites caso o imóvel se sobreponha a quaisquer das áreas elencadas nos incisos I a VIII do art. 7º.

Art. 9º A Declaração de Reconhecimento de Limites será encaminhada ao requerente ou seu representante legal, por meio de correspondência eletrônica, caso informado no requerimento ou, na impossibilidade deste, mediante correspondência com aviso de recebimento.

Parágrafo único. Caberá ao requerente informar, por escrito, qualquer mudança de endereço de correspondência ou contatos à Funai.

CAPÍTULO III – INCLUSÃO E REVISÃO DOS DADOS NO SISTEMA DE GESTÃO FUNDIÁRIA

Art. 10. Caberá à Diretoria de Proteção Territorial da Fundação Nacional dos Povos Indígenas incluir no Sistema de Gestão Fundiária, administrado pelo Instituto Nacional de Colonização e Reforma Agrária, os dados relacionados às Terras Indígenas elencadas nos incisos I a VIII do art. 7º desta Instrução Normativa.

Art. 11. Serão revistas pela Diretoria de Proteção Territorial da Fundação Nacional dos Povos Indígenas as Declarações de Reconhecimento de Limites, emitidas na vigência da Instrução Normativa n. 9, de 16 de abril de 2020, em que sejam evidenciadas a sobreposição com as áreas elencadas nos incisos I a VIII do art. 7º no Sistema de Gestão Fundiária.

Parágrafo único. Constatado no Sistema de Gestão Fundiária a situação de sobreposição serão adotadas as seguintes providências:

I - abertura de processo administrativo eletrônico;

II - abertura de procedimento administrativo no Sistema de Gestão Fundiária;

III - notificação do Cartório de Registro de Imóveis, para as averbações previstas no § 3º do art. 246 da Lei n° 6.015, de 31 de dezembro de 1973, e no art. 8º do Provimento n. 70 do Conselho Nacional de Justiça; e

IV - notificação do destinatário da Declaração de Reconhecimento de Limites na qual tenha sido identificada a sobreposição com as áreas dos incisos I a VIII do art. 7º, para que, querendo, exerça o direito de ampla defesa e contraditório, nos termos da Lei nº 9.784, de 29 de janeiro de 1999.

Art. 12. À exceção da Declaração de Reconhecimento de Limites, serão disponibilizadas ao público em geral as informações cartográficas e dados georreferenciados sobre terras indígenas constantes da base de dados da Funai no sítio eletrônico <http://funai.gov.br/index.php/servicos/geoprocessamento>.

Parágrafo único. As informações obtidas por meio do acesso público à base de dados georreferenciados de terras indígenas da Funai não constituem, por si só, certidões administrativas.

CAPÍTULO IV – DISPOSIÇÕES FINAIS

Art. 13. Os casos omissos e as dúvidas decorrentes da aplicação desta Instrução Normativa deverão ser encaminhados à Diretoria de Proteção Territorial da Funai.

Art. 14. Fica declarada a nulidade da Instrução Normativa n° 9, de 16 de abril de 2020.

Art. 15. Esta Instrução Normativa entra em vigor na data de sua publicação.

JOENIA WAPICHANA

D.O.U.: de 14.08.2023.

INSTRUÇÃO NORMATIVA Nº 142, DE 28 DE MAIO DE 2024, DO INCRA

Dispõe sobre os procedimentos necessários à regularização fundiária de áreas urbanas consolidadas, de expansão urbana e de urbanização específica, incidentes em terras públicas federais do Incra, qualquer que seja sua localização, e da União, administradas pelo Incra na Amazônia Legal previstas no art. 3º da Lei nº 11.952, de 2009, e dá outras providências.

O PRESIDENTE DO INSTITUTO NACIONAL DE COLONIZAÇÃO E REFORMA AGRÁRIA - INCRA, no uso das atribuições que lhe confere o Decreto nº 11.232, de 10 de outubro de 2022, que aprovou a Estrutura Regimental da Autarquia, e a Portaria nº 2.541, de 28 de dezembro de 2022, especificamente ao contido no inciso XX do art. 104, do Regimento Interno e considerando o disposto na Resolução do Conselho Diretor nº 24, de 28 de maio de 2024, bem como o que consta no processo administrativo nº 54000.064624/2023-89;

Considerando o Regimento Interno do INCRA, aprovado pela Portaria nº 2.541, de 28 de dezembro de 2022, que estabelece a competência do Conselho Diretor para deliberar sobre procedimentos e atos administrativos e de funcionamento do INCRA;

Considerando a revisão da Instrução Normativa nº 126, de 28 de julho de 2022 efetivada pelo Grupo de Trabalho - GT, instituído pela Portaria de Pessoal nº 451, de 26 de julho de 2023; resolve:

CAPÍTULO I – DO OBJETO

Art. 1º Esta Instrução Normativa estabelece os procedimentos necessários à regularização fundiária, mediante doação aos municípios, de áreas urbanas consolidadas, de expansão urbana e de urbanização específica.

Parágrafo único. As áreas passíveis de doação são aquelas incidentes em terras públicas federais do Incra, qualquer que seja sua localização, e em terras da União administradas pelo Incra, situadas na Amazônia Legal.

CAPÍTULO II – DOS CONCEITOS APLICÁVEIS À REGULARIZAÇÃO FUNDIÁRIA URBANA

Art. 2º Para os efeitos desta Instrução Normativa, conforme disposto no art. 2º do Decreto nº 7.341, de 22 de outubro de 2010 e no art. 3º da Lei n.° 6.766/79, consideram-se:

I - áreas com ocupação urbana consolidada, aquelas que apresentam os seguintes elementos de difícil reversão:

a) sistema viário implantado com vias de circulação, pavimentadas ou não, que configuram a área urbana em quadras e lotes;

b) uso predominantemente urbano, caracterizado pela existência de instalações e edificações residenciais, comerciais, voltadas à prestação de serviços, industriais, institucionais ou mistas, bem como demais equipamentos públicos urbanos e comunitários.

II - áreas de expansão urbana, aquelas sem ocupação para fins urbanos já consolidados, destinadas ao crescimento ordenado das cidades, vilas e demais núcleos urbanos, contíguas ou não à área urbana consolidada, previstas, delimitadas e regulamentadas em plano diretor ou lei municipal específica de ordenamento territorial urbano, em consonância com a Lei nº 10.257, de 10 de julho de 2001.

III - áreas de urbanização específica, aquelas relacionadas a possibilidade de serem exercidas atividades tipicamente urbanas em determinada região territorial do município, contíguas ou não às demais áreas urbanas do município, inclusive na zona rural.

§ 1º Consideram-se equipamentos públicos urbanos as instalações e espaços de infraestrutura urbana destinados aos serviços públicos de abastecimento de água, esgotamento sanitário, coleta de águas pluviais, disposição e tratamento dos resíduos sólidos, transporte público, energia elétrica, rede telefônica, gás canalizado e congêneres.

§ 2º Consideram-se equipamentos públicos comunitários as instalações e espaços de infraestrutura urbana destinados aos serviços públicos de educação, saúde, cultura, assistência social, esporte, lazer, segurança pública, abastecimento, serviços funerários e congêneres.

Art. 3º Considera-se ordenamento territorial urbano, o planejamento da área urbana, de expansão urbana ou de urbanização específica, que considere os princípios e diretrizes do Estatuto das Cidades, e inclua, no mínimo, os seguintes elementos:

I - delimitação de zonas especiais de interesse social - ZEIS em quantidade compatível com a demanda de habitação de interesse social do Município;

II - diretrizes e parâmetros urbanísticos de parcelamento, uso e ocupação do solo urbano, densidade populacional e sistema viário;

III - diretrizes para infraestrutura de energia elétrica, abastecimento de água, coleta e tratamento de esgoto, drenagem pluvial, coleta e tratamento de resíduos sólidos, assim como equipamentos urbanos e comunitários; e

IV - diretrizes para proteção do meio ambiente e do patrimônio histórico e cultural.

CAPÍTULO III – DAS ÁREAS PASSÍVEIS DE DOAÇÃO AOS MUNICÍPIOS

Art. 4º São passíveis de doação as áreas:

I - discriminadas, arrecadadas e registradas em nome da União com base no art. 1º do Decreto- Lei nº 1.164, de 1º de abril de 1971;

II - abrangidas pelas exceções do parágrafo único do art. 1º do Decreto-Lei nº 2.375, de 24 de novembro de 1987;

III - remanescentes de Núcleos de Colonização ou de Projetos de Reforma Agrária que tiverem perdido a vocação agrícola e se destinem à utilização urbana;

IV - devolutas localizadas em faixa de fronteira; ou

V - registradas em nome do Instituto Nacional de Colonização e Reforma Agrária - Incra, ou por ele administradas.

Parágrafo único. As áreas de urbanização específica, nas espécies equipamentos urbanos públicos ou comunitários, demandadas por outras instituições ou outros entes, com exceção dos municípios, localizadas no interior de projetos de assentamentos de reforma agrária, criados após 10 de outubro de 1985, serão tratadas em normativo próprio, sob responsabilidade da Diretoria de Desenvolvimento e Consolidação de Assentamentos - DD.

CAPÍTULO IV – DAS ÁREAS NÃO PASSÍVEIS DE DOAÇÃO AOS MUNICÍPIOS

Art. 5º Não serão passíveis de doação as áreas:

I - reservadas à administração militar federal e a outras finalidades de utilidade pública ou de interesse social a cargo da União;

II - tradicionalmente ocupadas por população indígena;

III - de florestas públicas, de unidades de conservação ou que sejam objeto de processo administrativo voltado à criação de unidades de conservação;

IV - que contenham acessões ou benfeitorias federais.

§ 1º As acessões e benfeitorias federais inseridas no perímetro da área a ser doada deverão ser excluídas do pedido de doação.

§ 2º As áreas ocupadas por comunidades quilombolas ou tradicionais, que façam uso coletivo da área, serão regularizadas de acordo com as normas específicas.

§ 3º A regularização fundiária de áreas urbanas localizadas em glebas públicas federais registradas em nome da União situadas fora da Amazônia Legal serão de competência da Secretaria do Patrimônio da União - SPU.

§ 4º As áreas incidentes em terrenos de marinha, terrenos marginais, reservados, seus acrescidos, ou outras áreas insuscetíveis de alienação nos termos do art. 20 da Constituição Federal, são de competência da Secretaria do Patrimônio da União - SPU.

CAPÍTULO V – DO PROCESSO ADMINISTRATIVO

SEÇÃO I – DOS REQUISITOS E DOCUMENTOS

Art. 6º O processo administrativo de doação para regularização fundiária urbana terá início mediante requerimento dirigido ao Superintendente Regional, subscrito pelo Prefeito Municipal, instruído com a seguinte documentação:

I - pedido de doação devidamente fundamentado, conforme modelo anexo a esta Instrução Normativa, devendo conter a declaração de existência ou inexistência de benfeitorias e acessões federais incidentes na área pretendida, identificando-as e excluindo-as, caso existam.

II - documento de identificação com foto e informação sobre o Cadastro de Pessoa Física - CPF;

III - diploma e termo de posse;

IV - lei que instituiu o plano diretor, ou lei municipal de ordenamento territorial, exigível apenas para área de expansão urbana;

V - justificativa que demonstre a necessidade da área solicitada quando se tratar de área de expansão urbana, com a demonstração da capacidade de atendimento dos serviços públicos necessários conforme previsão do crescimento populacional, déficit habitacional, aptidão física, entre outros;

VI - planta e memorial descritivo georreferenciado da área pretendida inserido e validado no Sistema de Gestão Fundiária - SIGEF;

VII - declaração ou laudo assinado por técnico habilitado atestando que a área objeto do pedido de doação perdeu sua vocação agrícola.

VIII - levantamento topográfico cadastral, fotogrametria aérea, imagem de satélite ou outro meio equivalente georreferenciado para comprovação das condições de ocupação da área pretendida, contendo a definição do perímetro da área objeto do pedido, que possibilite a identificação de:

a) acidentes geográficos, como: vales, córregos, rios, lagoas e elevações;

b) massas de vegetação, de culturas remanescentes quando existentes e as áreas não aproveitáveis para uso rural;

c) sistema viário implantado;

d) edificações e demais benfeitorias existentes; e

e) localização da área solicitada em relação à ocupação urbana e a sede do Município, identificando os bairros adjacentes.

§ 1º O processo administrativo disposto no *caput* poderá ser formalizado de ofício pelo Incra instruído apenas com as peças técnicas, hipótese em que o município será comunicado para apresentação dos demais documentos.

§ 2º A critério do Incra, a declaração de perda da vocação agrícola, prevista no inciso VII, poderá ser emitida por servidor habilitado da autarquia.

SEÇÃO II – DA ANÁLISE PROCESSUAL DE COMPETÊNCIA DA SUPERINTENDÊNCIA REGIONAL

Art. 7º O processo será enviado para a Divisão de Governança Fundiária - SR(XX)F que o encaminhará ao Serviço de Regularização Fundiária - SR(XX)F3 para conferência e atesto da conformidade documental.

Art. 8º Caberá ao Serviço de Regularização Fundiária - SR(XX)F3 conferir e atestar as condições de ocupação da área pretendida, mediante análise do levantamento topográfico cadastral, fotogrametria aérea, imagem de satélite ou outro meio equivalente georreferenciado anexado ao requerimento de doação, preferencialmente por meio de imagem de satélite atual com o perímetro requerido sobreposto.

Parágrafo único. A partir do documento citado no *caput* deste artigo, o servidor deverá verificar se a área requerida atende aos conceitos de imóvel com urbanização consolidada, expansão urbana ou urbanização específica.

Art. 9º Havendo pendência documental ou de conformidade nas características da ocupação da área requerida, o Município interessado deverá ser notificado para complementação da documentação comprobatória, caso não haja possibilidade de o próprio Incra efetuar a juntada ou realizar as alterações no perímetro requerido, conforme o caso.

Art. 10 Em caso de regularidade da instrução processual, o processo será remetido para o Serviço de Cartografia - SR(XX)F2 para elaborar a análise de sobreposições da área requerida, conforme modelo anexo a esta Instrução Normativa, devendo:

I - atestar que a área requerida se encontra inserida nas hipóteses permissivas do art. 4º desta Instrução Normativa;

II - Indicar o número da matrícula ou transcrição, livro e Cartório do imóvel onde a área requerida encontra-se registrada;

III - Apontar possível existência de sobreposição com lotes rurais já titulados, em projetos de assentamento, colonização ou gleba pública federal;

IV - Informar o somatório de área já doada ao município requerente constante do SIGEF;

V - Informar a ocorrência de possíveis acessões ou benfeitorias federais, em especial terrenos marginais de rios federais;

VI - Informar se foi realizada consulta à Câmara Técnica de Destinação sobre manifestação de interesse, com seu respectivo Termo de Acordo.

Art. 11 Após análise do Serviço de Cartografia da Regional, o processo retornará para a SR(XX)F3, para prosseguimento.

§ 1º Se for identificado que o perímetro requerido sobrepõe totalmente em áreas não passíveis de doação descritas no art. 5º, o requerimento será indeferido e o município será notificado.

§ 2º Em caso de sobreposição parcial com áreas não passíveis de doação descritas no art. 5º, a área sobreposta deverá ser excluída, com apresentação de novas peças técnicas.

§ 3º Se for identificada a sobreposição total em área já titulada em definitivo, o processo de regularização fundiária será sobrestado e aberto procedimento de ofício para análise de liberação de cláusulas resolutivas do título e o Município deverá ser notificado.

§ 4º Em caso de sobreposição parcial em lotes que já foram objeto de regularização fundiária com titulação definitiva e cláusulas resolutivas liberadas, o município deverá excluí-los do perímetro da área requerida.

§ 5º Quando for o caso, o Incra promoverá instauração de ofício de procedimento de análise e liberação de cláusulas resolutivas, com prioridade, segundo normativo específico.

§ 6º Consultar, nos casos específicos que cumulam doação de área de expansão urbana ou de urbanização específica, incidentes em Projeto de Assentamento de Reforma Agrária do Incra depois de 10 de outubro de 1985 e não constantes da base cartográfica, a Divisão de Desenvolvimento e Consolidação de Projeto de Assentamento - SR(XX)D, para se de manifestar sobre a viabilidade de doação requerida.

Art. 12 Após a solução de eventuais pendências de sobreposição descritas no artigo anterior, a SR(XX)F3 elaborará manifestação técnica conclusiva sobre:

I - a viabilidade da doação da área mediante a demonstração de interesse público;

II - o cálculo do Valor da Terra Nua - VTN;

III - o somatório de área já doada ao município requerente com a observância ao limite constitucional de dois mil e quinhentos hectares, incluída a área objeto do pedido, corroborando com a área constatada na análise de sobreposição constante no Art. 10.

Parágrafo único - A avaliação da VTN a que se refere o *caput* terá como base o preço mínimo da Pauta de Valores para Titulação elaborada pelo Incra, sendo dispensada a vistoria da área.

Art. 13 O processo deverá ser enviado para a Divisão de Destinação e Integração Institucional - DFR-2, para a análise de sua competência.

SEÇÃO III – DA ANÁLISE PROCESSUAL DE COMPETÊNCIA DA DIVISÃO DE INTEGRAÇÃO INSTITUCIONAL

Art. 14 Compete à DFR-2 realizar consulta, preferencialmente no âmbito da Câmara Técnica de Destinação e Regularização Fundiária de Terras Públicas Federais Rurais, sobre possível interesse concorrente dos seguintes órgãos pela área a ser doada, acompanhada do código do imóvel inserido no Sigef e outras peças técnicas que os órgãos consultados solicitarem:

I - Secretaria de Coordenação e Governança do Patrimônio da União - SPU;

II - Fundação Nacional do Índio - Funai;

III - Serviço Florestal Brasileiro - SFB;

IV - Instituto Chico Mendes de Conservação da Biodiversidade - ICMBio.

§1º A SPU deverá ser consultada individualmente, além da consulta geral à Câmara Técnica de Destinação e Regularização Fundiária de Terras Públicas Federais

Rurais, nos casos de indícios da existência de benfeitorias e acessões federais, bem como de terrenos marginais e de marinha, e em caso positivo, que delimite e informe a faixa da área não suscetível à doação;

§ 2º As entidades consultadas deverão se manifestar, no prazo máximo de 30 (trinta) dias, importando o silêncio em ausência de oposição à continuidade do processo de regularização, com exceção da manifestação específica descrita no parágrafo anterior;

§ 3º Nos casos de doação de áreas urbanas localizadas em Projetos de Assentamento do Incra, criados após 10 de outubro de 1985, as consultas acima deverão ser dispensadas.

Art. 15 O Incra encaminhará ofício ao Ministério das Cidades para análise e parecer quanto aos aspectos urbanísticos, acompanhado da comprovação das condições de ocupação, conforme previsto no Art. 8º desta Instrução Normativa.

§ 1º Os casos que a área requerida seja de expansão urbana o ofício deverá ser acompanhado do Plano Diretor Municipal - PDM ou lei municipal específica e da justificativa cabível, conforme disposto no inciso V do art. 6º desta Instrução Normativa.

§ 2º Caso haja discordância manifestada pelo Ministério das Cidades, o Incra, sob competência da SR(XX)F3, providenciará relatório de caracterização urbana a fim de justificar e demonstrar as condições de ocupação com novos documentos, fotografias ou imagens.

§ 3º Conforme a motivação da discordância, o perímetro poderá ser redimensionado, ou o processo encerrado com notificação ao município requerente.

Art. 16 Finalizada a instrução, o processo será submetido ao Comitê de Decisão Regional - CDR, que deliberará sobre a adequação da instrução processual e sobre o interesse público da doação.

CAPÍTULO VI – DA TITULAÇÃO

SEÇÃO I – DA EMISSÃO DO TÍTULO

Art. 17 Após deliberação do CDR, o processo será encaminhado à DFR-2 para parecer conclusivo, e sendo recomendado o deferimento, será submetido à manifestação da Procuradoria Federal Especializada- PFE.

§1º Se houver manifestação jurídica com indicação de pendências, essas deverão ser sanadas pela DFR-2 ou pela SR(XX) F3, conforme o caso.

§ 2º Caso a área a ser doada se encontre em gleba pública federal localizada em faixa de fronteira sem Assentimento Prévio do Conselho de Defesa Nacional - CDN, o processo administrativo deverá ser encaminhado para a Diretoria de Governança Fundiária - DF para providenciar o assentimento prévio do CDN, segundo normativo específico.

§3º Sanadas as eventuais pendências apontadas pela PFE, o processo será enviado para a Diretoria de Governança Fundiária - DF, para submissão do pedido de doação ao Conselho Diretor do Incra.

Art. 18 A Diretoria de Governança Fundiária - DF submeterá o pedido de doação ao Conselho Diretor do Incra - CD, que, em caso de aprovação, autorizará o Presidente da autarquia a subscrever o respectivo instrumento de doação.

§ 1º Deverão constar do título de doação cláusulas que determinem a realização de regularização fundiária pelo município beneficiado, mediante a aplicação dos instrumentos previstos na legislação federal específica de regularização fundiária urbana, bem como a preservação do meio ambiente, do patrimônio cultural e do interesse social.

§ 2º O título será impresso, assinado pelo Presidente do Incra e encaminhado ao município para assinatura de seu representante legal.

§ 3º O título de doação terá força de escritura pública.

§ 4º O comprovante de registro do título no Cartório de Registro de Imóveis deverá ser anexado antes da conclusão do processo administrativo.

Art. 19 Em caso de decisão de indeferimento do pedido do município pelo CD, a Superintendência Regional notificará o município interessado e informará o prazo de 30 dias para apresentação do pedido de reconsideração, contados a partir da ciência do indeferimento.

§ 1º O pedido de reconsideração, que exigirá algum fato novo, será submetido ao Conselho Diretor - CD.

§ 2º Se o pedido de reconsideração for conhecido e não provido a Superintendência Regional dará ciência dos termos da decisão ao município interessado e encerrará o processo.

§ 3º Se provido o pedido de reconsideração, a titulação seguirá os trâmites previstos no artigo anterior.

SEÇÃO II – DA RETIFICAÇÃO E REEMISSÃO DO TÍTULO

Art. 20 Em caso de erro material, de fácil detecção, tal qual erro de grafia, numérico, entre outros, cuja correção não implica na essência do título, a SR(XX) encaminhará à DF ofício circunstanciado com a informação do erro detectado, solicitando a retificação do erro material e a impressão de novo título.

Parágrafo único. O envio do pedido de retificação e reemissão do título de doação pela SR(XX) deverá ser precedido de verificação da necessidade de atualização do Valor da Terra Nua - VTN do imóvel objeto da doação e dos dados referentes ao representante legal do Município.

CAPÍTULO VII – DA AUTORIZAÇÃO DE OBRAS

Art. 21 Durante o trâmite processual do pedido de doação, o município poderá solicitar ao Incra emissão de autorização para realização de obras específicas nas áreas pretendidas até que seja concretizada a doação ao município.

§ 1º O processo administrativo deverá conter a espacialização da obra em relação à parcela que se pretende doar, comprovando que a obra encontra-se inserida na área que se pretende regularizar por meio de manifestação do Serviço de Cartografia da Regional - SR(XX)F2.

§ 2º A autorização de obra concedida na forma desse artigo não implica a constituição de domínio, não gerando direito a quaisquer indenizações sobre benfeitorias realizadas caso não seja concluída a doação.

§ 3º A expedição de autorização de obra é de competência do Superintendente Regional do Incra.

CAPÍTULO VIII – DAS DISPOSIÇÕES FINAIS

Art. 22. A doação implicará o automático cancelamento, total ou parcial, das autorizações e licenças de ocupação e quaisquer outros títulos precários outorgados pelo Incra ou pela União que incidam na área, observando-se as garantias previstas no § 3º, do art. 28 da Lei nº 11.952, de 2009.

Parágrafo único. A Superintendência Regional fará levantamento dos documentos indicados no *caput*, e encaminhará à Diretoria de Governança Fundiária para cancelamento, bem como dos respectivos Certificados de Cadastro de Imóvel Rural - CCIR, se for o caso.

Art. 23. Em caso de ocorrência de títulos anteriores à Lei nº 11.952/09 concedidos pelo Incra aos municípios em que se verifique sobreposição à área do pedido de doação, é facultado ao município requerer novamente a área, com a finalidade de receber um título com georreferenciamento e com as condições resolutivas atualizadas, hipótese na qual o título anterior perderá automaticamente sua validade para a substituição pelo novo título que deverá ser registrado no Cartório de Registro de Imóveis competente.

Parágrafo único. No presente caso, o representante do município deverá solicitar formalmente a extinção da doação vigente e a emissão do novo título com as cláusulas resolutivas atualizadas.

Art. 24. Quando necessária prévia arrecadação e discriminação da área, o Incra procederá a sua demarcação, facultada a cooperação do município interessado e de outros órgãos públicos federais e estaduais, promovendo, em seguida, o registro imobiliário em nome da União.

Art. 25. A doação a um mesmo município, de terras que venham a perfazer quantitativo superior a dois mil e quinhentos hectares, em uma ou mais parcelas, incluindo o objeto do requerimento, deverá previamente ser submetida à aprovação do Congresso Nacional.

Art. 26. A Superintendência Regional poderá promover vistoria a qualquer tempo, a fim de comprovar a veracidade das informações prestadas pelas municipalidades nos pedidos de doação.

Art. 27. Os modelos da documentação necessária obrigatória para o processo titulatório serão objeto de instrumento próprio, anexos a presente Instrução Normativa.

Art. 28. Fica revogada a Instrução Normativa nº 126, de 28 de julho de 2022.

Art. 29. Esta Instrução Normativa entra em vigor na data de sua publicação.

CÉSAR FERNANDO SCHIAVON ALDRIGHI

› *Deixamos de publicar os anexos da norma.*

NOTA TÉCNICA INCRA Nº 3.448, DE 25 DE OUTUBRO DE 2021

Dispõe sobre os procedimentos para a submissão de parcelas no Sistema de Gestão Fundiária para situações de Usucapião Judicial e Extrajudicial.

INSTITUTO NACIONAL DE COLONIZAÇÃO E REFORMA AGRÁRIA

NOTA TÉCNICA Nº 3448/2021/DFG-1/DFG/DF/SEDE/INCRA

PROCESSO Nº 54000.109942/2021-14

INTERESSADO: DIVISÃO DE GEOMENSURA, COORDENAÇÃO-GERAL DE CARTOGRAFIA, DIRETORIA DE GOVERNANÇA FUNDIÁRIA, CARTÓRIOS DE REGISTRO DE IMÓVEIS

1. ASSUNTO

1.1. Procedimentos para a submissão de parcelas no Sistema de Gestão Fundiária para as situações de USUCAPIÃO JUDICIAL ou EXTRAJUDICIAL.

2. REFERÊNCIAS

2.1. Lei 6.015 de 31 de dezembro de 1973.

2.2. Decreto 4.449 de 30 de outubro de 2002.

2.3. Decreto 5.570 de 31 de outubro de 2005.

2.4. Instrução INCRA nº 77 de 23 de agosto de 2013 que regulamenta o procedimento de certificação de imóvel rural.

2.5. Portaria INCRA/P/486/2013 que homologa a 3ª Edição da Norma Técnica de Georreferenciamento de Imóveis Rurais (3ª NTGIR) e seus Manuais vinculados.

3. SUMÁRIO EXECUTIVO

3.1. CONSIDERANDO o § 3º do art. 225 da Lei 6.015 de 31 de dezembro de 1973.

3.2. CONSIDERANDO o art. 9º do Decreto 4.449 de 30 de outubro de 2002.

3.3. CONSIDERANDO os art. 1º e 2º do Decreto 5.570 de 31 de outubro de 2005.

3.4. CONSIDERANDO a Instrução INCRA nº 77 de 23 de agosto de 2013 que regulamenta o procedimento de certificação de imóvel rural.

3.5. CONSIDERANDO a 3ª Edição da Norma Técnica de Georreferenciamento de Imóveis Rurais (3ª NTGIR), que trata das condições exigíveis para execução dos serviços de georreferenciamento de imóveis rurais, em atendimento ao que estabelecem os parágrafos 3º e 4º, do artigo 176, e o parágrafo 3º do artigo 225, da Lei nº 6.015.

3.6. CONSIDERANDO o item 3.2 do Manual Técnico de Limites e Confrontações vinculado a 3ª NTGIR que define o IMÓVEL RURAL PASSÍVEL DE TITULAÇÃO e que a certificação só ocorre após a emissão do título.

3.7. CONSIDERANDO o Provimento CNJ 65 de 14 de dezembro de 2017.

3.8. CONSIDERANDO o PARECER Nº 00086/2018/CGA/PFE-INCRA-SEDE/PGF/AGU que trata da "certificação" de parcelas em usucapião extrajudicial.

3.9. CONSIDERANDO a grande ocorrência de dúvidas dos profissionais, registradores e proprietários sobre o tema junto ao Incra.

3.10. O Comitê Nacional de Certificação e Credenciamento do Instituto Nacional de Colonização e Reforma Agrária elaborou a presente Nota Técnica para orientação a credenciados, membros de Comitês Regionais de Certificação, Cartórios de Registro de Imóveis e demais interessados quanto a utilização do Sistema de Gestão Fundiária - SIGEF nas ações de USUCAPIÃO ADMINISTRATIVO ou JUDICIAL.

4. ANÁLISE

4.1. Introdução: caracterizando a certificação do georreferenciamento de imóveis rurais – conforme o art.176 da Lei 6.017/73 e a 3ª Norma Técnica de Georreferenciamento de Imóveis Rurais

4.1.1. Inicialmente, cabe ressaltar que o art. 176 da Lei 6.015/73 trata explicitamente da inclusão da identificação da localização do imóvel rural (obtida a partir de memorial descritivo, assinado por profissional habilitado) em sua certidão de matrícula pelo Registro de Imóveis, portanto referindo-se a imóveis com título de domínio válido.

4.1.2. Neste sentido, foi estabelecido no § 5º do art. 176 da Lei 6.015/73 a competência do INCRA para certificar que a poligonal objeto do memorial descritivo não se sobrepõe a nenhuma outra constante de seu cadastro georreferenciado e que o memorial atende às exigências técnicas, conforme ato normativo próprio.

4.1.3. Por sua vez, em regulamentação interna do procedimento de certificação a instrução Normativa INCRAnº77/2013 define que *"o cadastro georreferenciado do INCRA, a que se refere o parágrafo 5º do artigo 176 da Lei6.015, de 1973, é composto por parcelas certificadas"*.

4.1.4. Já o Manual Técnico de Limites e Confrontações vinculado a 3ª Norma Técnica de Georreferenciamento de Imóveis Rurais trata em seu item 3.1 sobre o imóvel rural objeto de título de domínio, definindo o imóvel constante em documento que formaliza a aquisição da sua titularidade, podendo ser: área inscrita (matriculada ou transcrita) no cartório de registro de imóveis ou área descrita em documento ainda não registrado, mas suscetível de registro com efeito translativo de domínio ou constitutivo da propriedade formal.

4.1.5. Neste sentido, há que ficar claro que o status de **certificado** se refere aos imóveis rurais com título de domínio válido cujo georreferenciamento foi submetido no Sistema de Gestão Fundiária por responsável técnico credenciado e não foi identificado sobreposição com outro imóvel constante na base georreferenciada.

4.2. Sobre a documentação exigida e o momento de certificar as áreas usucapidas.

4.2.1. **Usucapião Judicial**

4.2.1.1. Nos casos de processos relativos à usucapião judicial, o mandado de registro expedido pelo juiz do processo, após o trânsito em julgado, caracteriza o documento de domínio, passível de registro e válido para a certificação, ficando condicionada, portanto, a certificação definitiva do imóvel, exclusivamente, após o trânsito em julgado da ação, com a expedição do mandado de registro.

4.2.1.2. No momento da certificação, o profissional deverá enviar a Planilha Eletrônica Georreferenciada -ODS informando na identificação do imóvel a situação: "Área Titulada não Registrada" (célula B11 – aba identificação da Planilha Eletrônica Georreferenciada – ODS).

4.2.1.3. A área deverá ter cadastro no Sistema Nacional de Cadastro Rural (SNCR) para o preenchimento do campo "Código do Imóvel (SNCR/INCRA)" (célula B13 – aba identificação da Planilha Eletrônica Georreferenciada –ODS).

4.2.1.4. Os campos referentes a "CNS" e "Matrícula/Transcrição" (células B14 e B15 – aba identificação da Planilha Eletrônica Georreferenciada – ODS, respectivamente) devem ser deixados sem preenchimento.

4.2.2. **Usucapião Extrajudicial**

4.2.2.1. Para os casos de ação de usucapião extrajudicial (ou administrativa), não há um documento formal que caracterize o domínio da propriedade antes de seu registro. A ata notarial, que é peça essencial para o processo de usucapião extrajudicial, não é documento suficiente para justificar a certificação, uma vez que ela ainda será analisada pelo Oficial do Cartório de Registro de Imóveis competente, que fará a qualificação registral do título, podendo inclusive ser negado ou alterado o objeto da ação.

4.2.2.2. A certificação, portanto, só deverá ser efetuada, após a análise da qualificação registral positiva, pelo Oficial do Cartório de Registro de Imóveis. Uma vez cumpridas todas as exigências para o deferimento do pedido, antes de proceder conforme determina o §6º do artigo 216-A da lei 6.015/73, o Oficial sobrestará o procedimento e ato contínuo emitirá uma **Certidão de Qualificação Registral Positiva**, onde notificará o requerente para que providencie junto ao INCRA a certificação da planta do imóvel usucapiendo. Apresentadas as peças técnicas certificadas pelo INCRA, o procedimento será finalizado.

4.2.2.3. Exclusivamente para a certificação de áreas provenientes de Ação de Usucapião Extrajudicial, a Certidão de Qualificação Registral Positiva equivalerá a um título de domínio passível de registro, portanto, da mesma forma que na Usucapião Judicial, no momento da certificação, o profissional deverá enviar a planilha *ods* informando na identificação do imóvel a situação: "Área Titulada não Registrada".

4.2.2.4. A área deverá ter cadastro no Sistema Nacional de Cadastro Rural (SNCR) para o preenchimento do campo "Código do Imóvel (SNCR/INCRA)" (célula B13 – aba identificação da Planilha Eletrônica Georreferenciada –ODS).

4.2.2.5. Os campos referentes a "CNS" e "Matrícula/Transcrição" (células B14 e B15 – aba identificação da Planilha Eletrônica Georreferenciada – ODS, respectivamente) devem ser deixados sem preenchimento.

4.2.2.6. Nas situações onde a área usucapida (seja por via judicial ou extrajudicial) estiver dentro de parcela já certificada, o responsável técnico deverá efetivar o desmembramento conforme procedimento usual, com apresentação das novas certificações da área remanescente e área desmembrada (objeto da usucapião).

4.2.3. **Da exigência de apresentação de peças técnicas georreferenciadas no decurso do processo**

4.2.3.1. Conforme explicado anteriormente, a certificação de uma área usucapida deverá ocorrer somente ao final do processo, quando o direito estiver devidamente reconhecido. Portanto, para peticionar uma ação de usucapião, seja ela judicial ou administrativa, basta apresentar uma planta georreferenciada, sem necessidade de ela estar certificada pelo INCRA. Da mesma forma, alguns juízes costumam solicitar a "planta georreferenciada" no decorrer processo, antes da tomada de decisão e, igualmente, essa planta não precisa estar certificada.

4.2.3.2. Para atender a esse tipo de exigência, o profissional deverá se utilizar das prévias das peças técnicas que são disponibilizadas pelo SIGEF, para que possa ser feita a devida conferência de divisas e áreas, sem, no entanto, a mesma ter ingressado na base de dados certificada do INCRA.

4.2.3.3. As Prévias das peças técnicas são obtidas com o envio da Planilha Eletrônica Georreferenciada – ODS no SIGEF, **sem a confirmação desta submissão no sistema**. São geradas as peças técnicas prévias quando não existem erros na submissão em questão.

4.2.3.4. Adotando esse procedimento, as partes terão a garantia do levantamento georreferenciado com seus limites e confrontações, com o devido cálculo da área e perímetro, de forma que, ao final do processo, quando for realmente imprescindível a certificação, não haja nenhuma alteração entre as informações de área e perímetro das respectivas plantas.

4.2.4. **Da auditoria das áreas certificadas oriundas de ações de usucapião**

4.2.4.1. Em possível auditoria realizada pelo Incra sobre certificação em área que seja proveniente de Ações de Usucapião, quando não for apresentado o Mandado de Registro (nas ações judiciais) ou a Certidão de Qualificação Registral Positiva (nas ações extrajudiciais), a certificação deverá ser cancelada, baseando-se no fato de não possuir documento de domínio hábil a ser registrado.

5. CONCLUSÃO

5.1. A certificação de parcelas objeto de ações de usucapião devem ocorrer somente após finalização do processo administrativo ou judicial reconhecendo o direto ao interessado através da emissão da Certidão de Qualificação Registral Positiva ou Mandado de Registro, documentos que devem estar sob guarda dos responsáveis técnicos conforme disposto no item 7 do Manual de Limites e Confrontações.

5.2. Para apresentação de peças técnicas no início ou decorrer dos processos de usucapião, podem ser utilizadas as peças técnicas prévias geradas pelo SIGEF.

5.3. As orientações expressas por esta Nota Técnica devem ser seguidas pelos credenciados responsáveis técnicos nos serviços de georreferenciamento de áreas em processo de usucapião administrativo ou judicial.

D.O.U.: de 25.10.2021.

2.4

TABELIONATO DE NOTAS

CÓDIGO BRASILEIRO DE ÉTICA E DISCIPLINA NOTARIAL

CAPÍTULO I – CÓDIGO DE ÉTICA E DISCIPLINA NOTARIAL

Art. 1º O Código de Ética e Disciplina Notarial fica aprovado como parte integrante do estatuto do Colégio Notarial do Brasil – Conselho Federal, tendo como fontes primárias o próprio estatuto da entidade e os princípios básicos do notariado aprovados pela União Internacional do Notariado (UINL).

§ 1º As decisões que forem adotadas nos procedimentos levados ao conhecimento do Conselho de Ética constituir-se-ão em fontes secundárias na aplicação deste código.

§ 2º Os textos acima referidos deverão estar à disposição para consulta na página web da entidade, com omissão da identificação das pessoas envolvidas nos procedimentos julgados.

Art. 2º O procedimento do notário deve levar em consideração os seguintes aspectos, dentre outros que possam dignificar a função:

I - observância da legislação aplicável à atividade;

II - imparcialidade e independência no exercício de sua profissão;

III - conduta pessoal e profissional compatível com os princípios de moral e bons costumes, de forma a dignificar a função exercida;

IV - respeito de tratamento entre os colegas, agindo com correção e espírito de solidariedade;

V – respeito pelo usuário do serviço, mantendo estrutura material e pessoal capaz de assegurar um atendimento regular e eficiente, com atendimento pessoal, quando requerido;

VI - respeito pela livre escolha das partes, abstendo-se de todo comportamento que possa influir sobre a decisão dos interessados quanto ao notário escolhido;

VII - participação no desenvolvimento da profissão, atuando com conhecimento e experiência junto às entidades de classe, aceitando os encargos que lhe sejam solicitados;

VIII –observância das decisões coletivas tomadas pelo Colégio Notarial do Brasil - Conselho Federal e suas Seccionais Estaduais, ainda que não associado;

IX - atualização de sua preparação profissional, aplicando-se pessoalmente e participando ativamente das iniciativas patrocinadas pelos seus órgãos profissionais;

X - aquisição e manutenção de instrumentos materiais e intelectuais adequados ao exercício da atividade.

CAPÍTULO II – DEVERES DOS NOTÁRIOS

Art. 3º São deveres dos notários, além daqueles impostos pela legislação e regulamentos pertinentes à atividade:

I - instalar seu tabelionato dentro da circunscrição territorial que lhe for atribuída pela delegação recebida;

II - oferecer a seus colaboradores e aos usuários de seus serviços instalações adequadas à dignidade da função;

III - atender as partes com atenção, urbanidade, imparcialidade, eficiência, presteza e respeito;

IV - manter uma posição equilibrada entre os diferentes interesses das partes, procurando uma solução que tenha como único objetivo observar a legalidade e preservar a segurança jurídica do usuário de seus serviços;

V - informar as partes, de forma clara, inequívoca e objetiva, quanto à importância da lavratura do ato notarial necessário, bem como das consequências que poderão advir da não realização do mesmo;

VI - esclarecer as partes sobre os valores dos tributos e dos emolumentos devidos sobre o ato notarial sugerido;

VII - aplicar todo o zelo, diligência e recursos de seu saber na redação dos atos notariais, usando linguagem clara e apropriada;

VIII - observar rigorosamente os emolumentos fixados para a prática dos atos notariais, dando recibo dos respectivos valores;

IX - manter tabela atualizada de emolumentos em lugar visível e de fácil acesso para o usuário, informando o endereço do Colégio Notarial para receber denúncias, reclamações ou sugestões;

X - facilitar o acesso das partes ao contato pessoal com o responsável pelo serviço notarial, oferecendo solução adequada às reclamações que cheguem a seu conhecimento;

XI - respeitar o segredo profissional, guardando sigilo sobre documentos e assuntos de natureza reservada de que tenham conhecimento em razão do exercício da profissão;

XII - cuidar e agir de tal maneira que seus colaboradores e empregados respeitem os princípios, deveres e proibições estabelecidos por este Código de Ética;

XIII – prestar informações que lhes forem solicitadas pelo Colégio Notarial do Brasil, inclusive as relacionadas à Central Notarial de Serviços Eletrônicos Compartilhados – CENSEC.

CAPÍTULO III – PROIBIÇÕES

Art. 4º É defeso ao tabelião, dentre outras situações previstas na legislação notarial:

I - praticar ato fora do limite territorial de sua delegação;

II – cobrar em excesso, oferecer descontos, reduções ou isenções dos emolumentos, salvo em decorrência de convênios institucionais;

III - oferecer vantagem a pessoas alheias à atividade notarial com o objetivo de angariar serviço;

IV- oferecer ou receber qualquer valor não previsto na legislação, exceto a contraprestação ou reembolso por serviços necessários ao preparo e ao aperfeiçoamento do ato notarial;

V – receber qualquer valor oriundo de delegações anteriores;

VI - dedicar-se a atividades incompatíveis com o exercício da função, por si ou por interposta pessoa;

VII- promover publicidade individual, exceto a divulgação e esclarecimento dos serviços em índices de busca, em correspondência e a presença em meio eletrônico, observado o caráter institucional da informação;

VIII - angariar serviços para si ou para terceiros, direta ou indiretamente, a não ser por sua própria capacidade profissional;

IX – assediar ou contratar colaborador ou ex-colaborador de colega da mesma, com o objetivo de angariar serviço;

X - exercer crítica pública com relação à pessoa ou aos serviços concorrentes, comprometendo a dignidade da profissão e dos órgãos de classe que os congregam.

CAPÍTULO IV – SANÇÕES DISCIPLINARES

Art. 5º As sanções disciplinares consistem em:

I – censura;

II – multa;

III – suspensão;

IV – exclusão do quadro de associados.

Art. 6º A censura é aplicável no caso de infração primária às regras previstas no Código de Ética.

Art. 7º A multa é aplicável no caso de:

I – reincidência;

II – nova infração;

III – infração primária que represente prejuízo relevante para as partes, para os colegas ou para a instituição notarial.

§ 1º A multa será de valor equivalente entre um e dez salários mínimos, pelo piso nacional vigente, e o resultado arrecadado será destinado a ações que visem – preferencialmente - ao aprimoramento ético da atividade notarial.

§ 2º A multa poderá ser aplicada cumulativamente com outra penalidade.

§ 3º Quando a multa não for satisfeita no prazo, poderá ser imposta sanção mais severa, a critério da comissão.

Art. 8º A suspensão é aplicável no caso de reincidência reiterada em infração disciplinar.

§ 1º. A suspensão será aplicada pelo prazo mínimo de 30 e máximo de 120 dias, conforme o grau da infração.

§ 2º. O infrator suspenso não poderá exercer seus direitos associativos durante o prazo que perdurar a suspensão, exceto participar das reuniões, sem direito a voto e voz.

Art. 9º A exclusão é aplicável quando esgotada a aplicação das penas anteriores, observado o histórico de infrações.

Art. 10. No caso de infração ao estatuto ou às decisões da assembleia e da diretoria serão observadas as disposições dos artigos 39 e seguintes do Estatuto do Colégio Notarial do Brasil – Conselho Federal.

CAPÍTULO V – CONSELHO DE ÉTICA

Art. 11. O conselho de ética será composto por 5 membros, asseguradas duas vagas para membros com até 10 anos na função e três vagas para membros com mais de 10 anos, todos com titularidade efetiva na atividade notarial e eleitos pela assembleia geral ordinária da entidade.

Art. 12. Compete ao Conselho de Ética julgar os procedimentos por infração disciplinar, conforme seu regulamento interno e obedecidas as normas deste Código.

CAPÍTULO VI – PROCEDIMENTO ÉTICO-DISCIPLINAR

Art. 13. Assegura-se o contraditório e o amplo direito de defesa.

Art. 14. O procedimento por infração disciplinar será instaurado pelo Presidente do Conselho Federal ou das respectivas Seccionais do Colégio Notarial do Brasil, mediante representação de qualquer pessoa, associada ou não.

Art. 15. A representação deverá ser encaminhada ao Presidente, por escrito, mencionando a natureza da infração cometida, as respectivas provas e identificação do infrator e do denunciante. Parágrafo Único: Havendo indícios suficientes da prática de infração às normas disciplinares, poderá ser instaurado o procedimento disciplinar mediante denúncia anônima.

Art. 16. Instaurado o procedimento disciplinar, tratando-se de infração imputável ao associado, serão anotadas na ficha respectiva as informações necessárias para a identificação do fato, conforme dispuser o Regulamento Interno.

Parágrafo único. Na hipótese de o denunciado não ser associado ao Colégio Notarial do Brasil a denúncia será encaminhada ao órgão correicional competente.

Art. 17. O procedimento será distribuído a membro do Conselho de Ética, na qualidade de relator, que verificará a presença dos requisitos para conhecimento da denúncia.

§ 1º Conhecida a denúncia, o relator dará ciência ao denunciado para que apresente defesa no prazo de 15 (dez) dias.

§ 2º Não conhecendo da denúncia, o relator convocará os demais membros do Conselho de Ética para que seja adotada decisão coletiva a respeito do caso.

Art. 18. Vencido o prazo para apresentação da defesa e produzidas eventuais provas o relator elaborará seu parecer e voto, submetendo-o ao Conselho de Ética para decisão coletiva.

Art. 19. Se a natureza da infração o recomendar, o Conselho de Ética poderá sugerir à Diretoria o encaminhamento de denúncia à autoridade competente.

Parágrafo único. O encaminhamento será obrigatório quando o autor da infração não for associado ao Conselho Federal ou alguma das Seccionais do Colégio Notarial do Brasil.

CAPÍTULO VII – DAS DISPOSIÇÕES FINAIS

Art. 20. Este Código entra em vigor nesta data.

Balneário Camboriú-SC, 10 de julho de 2015.
Ubiratan Pereira Guimarães
Presidente do Colégio Notarial do Brasil - Conselho Federal

LEIS FEDERAIS

LEI Nº 6.858, DE 24 DE NOVEMBRO DE 1980

Dispõe sobre o pagamento, aos dependentes ou sucessores, de valores não recebidos em vida pelos respectivos titulares.

O PRESIDENTE DA REPÚBLICA,

Faço saber que o CONGRESSO NACIONAL decreta e eu sanciono a seguinte Lei:

Art. 1º Os valores devidos pelos empregadores aos empregados e os montantes das contas individuais do Fundo de Garantia do Tempo de Serviço e do Fundo de Participação PIS-PASEP, não recebidos, em vida pelos respectivos titulares, serão pagos, em quotas iguais, aos dependentes habilitados perante a Previdência Social ou na forma da legislação específica dos servidores civis e militares, e, na sua falta, aos sucessores previstos na lei civil, indicados em alvará judicial, independentemente de inventário ou arrolamento.

§ 1º As quotas atribuídas a menores ficarão depositadas em caderneta de poupança, rendendo juros e correção monetária, e só serão disponíveis após o menor completar 18 (dezoito) anos, salvo autorização do Juiz para aquisição de imóvel destinado à residência do menor e de sua família ou para dispêndio necessário à subsistência e educação do menor.

§ 2º Inexistindo dependentes ou sucessores, os valores de que trata este artigo reverterão em favor, respectivamente, do Fundo de Previdência e Assistência Social, do Fundo de Garantia do Tempo de Serviço ou do Fundo de Participação PIS-PASEP, conforme se tratar de quantias devidas pelo empregador ou de contas de F.G.T.S. e do Fundo PIS-PASEP.

Art. 2º O disposto nesta Lei se aplica às restituições relativas ao imposto de renda e outros tributos, recolhidos por pessoa física, e, não existindo outros bens sujeitos a inventário, aos saldos bancários e de contas de cadernetas de poupança e fundos de investimento de valor até 500 (quinhentas) Obrigações Reajustáveis do Tesouro Nacional.

Parágrafo único. Na hipótese de inexistirem dependentes sucessores do titular, os valores referidos neste artigo reverterão em favor do Fundo de Previdência e Assistência Social.

Art. 3º Esta Lei entrará em vigor na data de sua publicação.

Art. 4º Revogam-se as disposições em contrário.

Brasília, em 24 de novembro de 1980; 159º da Independência e 92º da República.

JOÃO FIGUEIREDO

LEI Nº 11.441, DE 4 DE JANEIRO DE 2007

Altera dispositivos da Lei nº 5.869, de 11 de janeiro de 1973 – Código de Processo Civil, possibilitando a realização de inventário, partilha, separação consensual e divórcio consensual por via administrativa.

- *Vide Resolução CNJ n. 35/2007 (Disciplina a lavratura dos atos notariais relacionados a inventário, partilha, separação consensual, divórcio consensual e extinção consensual de união estável por via administrativa)*
- *Vide arts. 610 e seguintes e 733 e seguintes da Lei 13.105/2015 (Código de Processo Civil)*
- *Vide Recomendação CNJ n. 22/2016 (Recomenda aos Tabelionatos de Notas que procedam a realização de inventário, partilha, separação consensual, divórcio consensual e extinção consensual de união estável, quando houver filhos ou herdeiros emancipados)*
- *Vide Enunciados 47, 48, 52, 53 e 74 I Jornada de Direito Notarial e Registral*

O PRESIDENTE DA REPÚBLICA

Faço saber que o Congresso Nacional decreta e eu sanciono a seguinte Lei:

Art. 1º Os arts. 982 e 983 da Lei nº 5.869, de 11 de janeiro de 1973 – Código de Processo Civil, passam a vigorar com a seguinte redação:

- *Arts. 610, 638, 731 a 734 do Código de Processo Civil 2015*

"Art. 982. Havendo testamento ou interessado incapaz, proceder-se-á ao inventário judicial; se todos forem capazes e concordes, poderá fazer-se o inventário e a partilha por escritura pública, a qual constituirá título hábil para o registro imobiliário.

Parágrafo único. O tabelião somente lavrará a escritura pública se todas as partes interessadas estiverem assistidas por advogado comum ou advogados de cada uma delas, cuja qualificação e assinatura constarão do ato notarial."

"Art. 983. O processo de inventário e partilha deve ser aberto dentro de 60 (sessenta) dias a contar da abertura da sucessão, ultimando-se nos 12 (doze) meses subsequentes, podendo o juiz prorrogar tais prazos, de ofício ou a requerimento de parte..

Parágrafo único. (Revogado)."

Art. 2º O art. 1.031 da Lei nº 5.869, de 1973 – Código de Processo Civil, passa a vigorar com a seguinte redação:

"Art. 1.031. A partilha amigável, celebrada entre partes capazes, nos termos do art. 2.015 da Lei nº 10.406, de 10 de janeiro de 2002 – Código Civil, será homologada de plano pelo juiz, mediante a prova da quitação dos tributos relativos aos bens do espólio e às suas rendas, com observância dos arts. 1.032 a 1.035 desta Lei.

[...]

Art. 3º A Lei nº 5.869, de 1973 – Código de Processo Civil, passa a vigorar acrescida do seguinte art. 1.124-A:

"Art. 1.124-A. A separação consensual e o divórcio consensual, não havendo filhos menores ou incapazes do casal e observados os requisitos legais quanto aos prazos, poderão ser realizados por escritura pública, da qual constarão as disposições relativas à descrição e à partilha dos bens comuns e à pensão alimentícia e, ainda, ao acordo quanto à retomada pelo cônjuge de seu nome de solteiro ou à manutenção do nome adotado quando se deu o casamento.

§ 1º A escritura não depende de homologação judicial e constitui título hábil para o registro civil e o registro de imóveis.

§ 2º O tabelião somente lavrará a escritura se os contratantes estiverem assistidos por advogado comum ou advogados de cada um deles, cuja qualificação e assinatura constarão do ato notarial.

§ 3º A escritura e demais atos notariais serão gratuitos àqueles que se declararem pobres sob as penas da lei."

Art. 4º Esta Lei entra em vigor na data de sua publicação.

Art. 5º Revoga-se o parágrafo único do art. 983 da Lei nº 5.869, de 11 de janeiro de 1973 – Código de Processo Civil.

Brasília, 4 de janeiro de 2007; 186º da Independência e 119º da República.

LUIZ INÁCIO LULA DA SILVA

(DOU de 5.1.2007).

LEI Nº 12.440 DE 7 DE JULHO DE 2011

Acrescenta Título VII-A à Consolidação das Leis do Trabalho (CLT), aprovada pelo Decreto-Lei nº 5.452, de 1º de maio de 1943, para instituir a Certidão Negativa de Débitos Trabalhistas, e altera a Lei nº 8.666, de 21 de junho de 1993.

- *Vide Recomendação CNJ n. 03/2012 (Dispõe sobre cientificação prévia das partes, nos atos notariais que especifica, quanto à possibilidade de obterem Certidão Negativa de Débitos Trabalhistas – CNDT)*

A PRESIDENTA DA REPÚBLICA Faço saber que o Congresso Nacional decreta e eu sanciono a seguinte Lei:

Art. 1º A Consolidação das Leis do Trabalho (CLT), aprovada pelo Decreto-Lei nº 5.452, de 1º de maio de 1943, passa a vigorar acrescida do seguinte Título VII-A:

" TÍTULO VII-A

DA PROVA DE INEXISTÊNCIA DE DÉBITOS TRABALHISTAS

Art. 642-A. É instituída a Certidão Negativa de Débitos Trabalhistas (CNDT), expedida gratuita e eletronicamente, para comprovar a inexistência de débitos inadimplidos perante a Justiça do Trabalho.

§ 1º O interessado não obterá a certidão quando em seu nome constar:

I – o inadimplemento de obrigações estabelecidas em sentença condenatória transitada em julgado proferida pela Justiça do Trabalho ou em acordos judiciais trabalhistas, inclusive no concernente aos recolhimentos previdenciários, a honorários, a custas, a emolumentos ou a recolhimentos determinados em lei; ou

II – o inadimplemento de obrigações decorrentes de execução de acordos firmados perante o Ministério Público do Trabalho ou Comissão de Conciliação Prévia.

§ 2º Verificada a existência de débitos garantidos por penhora suficiente ou com exigibilidade suspensa, será expedida Certidão Positiva de Débitos Trabalhistas em nome do interessado com os mesmos efeitos da CNDT.

§ 3º A CNDT certificará a empresa em relação a todos os seus estabelecimentos, agências e filiais.

§ 4º O prazo de validade da CNDT é de 180 (cento e oitenta) dias, contado da data de sua emissão."

Art. 2º O inciso IV do art. 27 da Lei nº 8.666, de 21 de junho de 1993, passa a vigorar com a seguinte redação:

"Art. 27

IV – regularidade fiscal e trabalhista;

(...)

Art. 3º O art. 29 da Lei nº 8.666, de 21 de junho de 1993, passa a vigorar com a seguinte redação:

"Art. 29. A documentação relativa à regularidade fiscal e trabalhista, conforme o caso, consistirá em:

(...)

V – prova de inexistência de débitos inadimplidos perante a Justiça do Trabalho, mediante a apresentação de certidão negativa, nos termos do Título VII-A da Consolidação das Leis do Trabalho, aprovada pelo Decreto-Lei nº 5.452, de 1º de maio de 1943."

Art. 4º Esta Lei entra em vigor 180 (cento e oitenta) dias após a data de sua publicação.

Brasília, 7 de julho de 2011; 190º da Independência e 123º da República.
DILMA ROUSSEFF
José Eduardo Cardozo
Carlos Lupi
DOU de 8.7.2011

LEI Nº 13.726, DE 08 DE OUTUBRO DE 2018

Racionaliza atos e procedimentos administrativos dos Poderes da União, dos Estados, do Distrito Federal e dos Municípios e institui o Selo de Desburocratização e Simplificação.

O PRESIDENTE DA REPÚBLICA Faço saber que o Congresso Nacional decreta e eu sanciono a seguinte Lei:

Art. 1º Esta Lei racionaliza atos e procedimentos administrativos dos Poderes da União, dos Estados, do Distrito Federal e dos Municípios mediante a supressão ou a simplificação de formalidades ou exigências desnecessárias ou superpostas, cujo custo econômico ou social, tanto para o erário como para o cidadão, seja superior ao eventual risco de fraude, e institui o Selo de Desburocratização e Simplificação.

Art. 2º *(VETADO).*

Art. 3º Na relação dos órgãos e entidades dos Poderes da União, dos Estados, do Distrito Federal e dos Municípios com o cidadão, é dispensada a exigência de:

- *Vide art. 7º, Lei 8.935, de 1994 (Notários e Registradores)*

I – reconhecimento de firma, devendo o agente administrativo, confrontando a assinatura com aquela constante do documento de identidade do signatário, ou estando este presente e assinando o documento diante do agente, lavrar sua autenticidade no próprio documento;

II – autenticação de cópia de documento, cabendo ao agente administrativo, mediante a comparação entre o original e a cópia, atestar a autenticidade;

III – juntada de documento pessoal do usuário, que poderá ser substituído por cópia autenticada pelo próprio agente administrativo;

IV – apresentação de certidão de nascimento, que poderá ser substituída por cédula de identidade, título de eleitor, identidade expedida por conselho regional de fiscalização profissional, carteira de trabalho, certificado de prestação ou de isenção do serviço militar, passaporte ou identidade funcional expedida por órgão público;

V – apresentação de título de eleitor, exceto para votar ou para registrar candidatura;

VI – apresentação de autorização com firma reconhecida para viagem de menor se os pais estiverem presentes no embarque.

§ 1º É vedada a exigência de prova relativa a fato que já houver sido comprovado pela apresentação de outro documento válido.

§ 2º Quando, por motivo não imputável ao solicitante, não for possível obter diretamente do órgão ou entidade responsável documento comprobatório de regularidade, os fatos poderão ser comprovados mediante declaração escrita e assinada pelo cidadão, que, em caso de declaração falsa, ficará sujeito às sanções administrativas, civis e penais aplicáveis.

§ 3º Os órgãos e entidades integrantes de Poder da União, de Estado, do Distrito Federal ou de Município não poderão exigir do cidadão a apresentação de certidão ou documento expedido por outro órgão ou entidade do mesmo Poder, ressalvadas as seguintes hipóteses:

I – certidão de antecedentes criminais;

II – informações sobre pessoa jurídica;

III – outras expressamente previstas em lei.

Art. 4º *(VETADO).*

Art. 5º Os Poderes da União, dos Estados, do Distrito Federal e dos Municípios poderão criar grupos setoriais de trabalho com os seguintes objetivos:

I – identificar, nas respectivas áreas, dispositivos legais ou regulamentares que prevejam exigências descabidas ou exageradas ou procedimentos desnecessários ou redundantes;

II – sugerir medidas legais ou regulamentares que visem a eliminar o excesso de burocracia.

Art. 6º Ressalvados os casos que impliquem imposição de deveres, ônus, sanções ou restrições ao exercício de direitos e atividades, a comunicação entre o Poder Público e o cidadão poderá ser feita por qualquer meio, inclusive comunicação verbal, direta ou telefônica, e correio eletrônico, devendo a circunstância ser registrada quando necessário.

Art. 7º É instituído o Selo de Desburocratização e Simplificação, destinado a reconhecer e a estimular projetos, programas e práticas que simplifiquem o funcionamento da administração pública e melhorem o atendimento aos usuários dos serviços públicos.

Parágrafo único. O Selo será concedido na forma de regulamento por comissão formada por representantes da Administração Pública e da sociedade civil, observados os seguintes critérios:

I – a racionalização de processos e procedimentos administrativos;

II – a eliminação de formalidades desnecessárias ou desproporcionais para as finalidades almejadas;

III – os ganhos sociais oriundos da medida de desburocratização;

IV – a redução do tempo de espera no atendimento dos serviços públicos;

V – a adoção de soluções tecnológicas ou organizacionais que possam ser replicadas em outras esferas da administração pública.

Art. 8º A participação do servidor no desenvolvimento e na execução de projetos e programas que resultem na desburocratização do serviço público será registrada em seus assentamentos funcionais.

Art. 9º Os órgãos ou entidades estatais que receberem o Selo de Desburocratização e Simplificação serão inscritos em Cadastro Nacional de Desburocratização.

Parágrafo único. Serão premiados, anualmente, 2 (dois) órgãos ou entidades, em cada unidade federativa, selecionados com base nos critérios estabelecidos por esta Lei.

Art. 10. (VETADO).

Brasília, 8 de outubro de 2018;
197º da Independência e 130º da República.
MICHEL TEMER
Eliseu Padilha
Grace Maria Fernandes Mendonça
D.O.U.: 09.10.2018.

LEI Nº 14.133, DE 1º DE ABRIL DE 2021*

Lei de Licitações e Contratos Administrativos.

O PRESIDENTE DA REPÚBLICA Faço saber que o Congresso Nacional decreta e eu sanciono a seguinte Lei:

(...)

TÍTULO III - DOS CONTRATOS ADMINISTRATIVOS

CAPÍTULO I - DA FORMALIZAÇÃO DOS CONTRATOS

Art. 91. Os contratos e seus aditamentos terão forma escrita e serão juntados ao processo que tiver dado origem à contratação, divulgados e mantidos à disposição do público em sítio eletrônico oficial.

- *Art. 60, caput, da Lei 8.666/1993. Os contratos e seus aditamentos serão lavrados nas repartições interessadas, as quais manterão arquivo cronológico dos seus autógrafos e registro sistemático do seu extrato, salvo os relativos a direitos reais sobre imóveis, que se formalizam por instrumento lavrado em cartório de notas, de tudo juntando-se cópia no processo que lhe deu origem.*

§ 1º Será admitida a manutenção em sigilo de contratos e de termos aditivos quando imprescindível à segurança da sociedade e do Estado, nos termos da legislação que regula o acesso à informação.

- *Sem correspondente na Lei 8.666/1993.*

§ 2º Contratos relativos a direitos reais sobre imóveis serão formalizados por escritura pública lavrada em notas de tabelião, cujo teor deverá ser divulgado e mantido à disposição do público em sítio eletrônico oficial.

- *Vide art. 60, caput, da Lei 8.666/1993.*
- *Vide art. 7º, I, Lei n. 8.935, de 1994 (Notários e Registradores)*
- *Vide Lei n. 7.433/1985 (Escritura Pública)*
- *Vide Decreto n. 93.240/1986 (Regulamenta Escritura Pública)*

§ 3º Será admitida a forma eletrônica na celebração de contratos e de termos aditivos, atendidas as exigências previstas em regulamento.

- *Sem correspondente na Lei 8.666/1993.*

§ 4º Antes de formalizar ou prorrogar o prazo de vigência do contrato, a Administração deverá verificar a regularidade fiscal do contratado, consultar o Cadastro Nacional de Empresas Inidôneas e Suspensas (Ceis) e o Cadastro Nacional de Empresas Punidas (Cnep), emitir as certidões negativas de inidoneidade, de impedimento e de débitos trabalhistas e juntá-las ao respectivo processo.

- *Sem correspondente na Lei 8.666/1993.*

(...)

Art. 193. Revogam-se:

I - os arts. 89 a 108 da Lei nº 8.666, de 21 de junho de 1993, na data de publicação desta Lei;

II - em 30 de dezembro de 2023: *(Redação dada pela LC 198/2023)*

a) a Lei nº 8.666, de 21 de junho de 1993; *(Acrescida pela LC 198/2023)*

b) a Lei nº 10.520, de 17 de julho de 2002; e *(Acrescida pela LC 198/2023)*

c) os arts. 1º a 47-A da Lei nº 12.462, de 4 de agosto de 2011. *(Acrescida pela LC 198/2023)*

Art. 194. Esta Lei entra em vigor na data de sua publicação.

Brasília, 1º de abril de 2021; 200º da Independência e 133º da República.

JAIR MESSIAS BOLSONARO

LEIS FEDERAIS AGRUPADAS COM SEUS DECRETOS REGULAMENTADORES

LEI Nº 7.433, DE 18 DE DEZEMBRO DE 1985

Dispõe sobre os requisitos para a lavratura de escrituras públicas e dá outras providências.

- *Vide Decreto 93.240/1986 (Decreto Regulamentador)*
- *Vide art. 7º, I, Lei n. 8.935, de 1994 (Notários e Registradores)*
- *Vide art. 215, Código Civil*
- *Vide Enunciados 41, 43, 47, 48, 49, 52 , 53,74 e 76, I Jornada de Direito Notarial e Registral*

O PRESIDENTE DA REPÚBLICA,

Faço saber que o Congresso Nacional decreta e eu sanciono a seguinte Lei:

Art. 1º Na lavratura de atos notariais, inclusive os relativos a imóveis, além dos documentos de identificação das partes, somente serão apresentados os documentos expressamente determinados nesta Lei.

- *Art. 1º do Decreto 93.240/1986 (Regulamenta Lei 7.433/1985)*

§ 1º O disposto nesta Lei se estende, onde couber, ao instrumento particular a que se refere o art. 61, da Lei nº 4.380, de 21 de agosto de 1964, modificada pela Lei nº 5.049, de 29 de Junho de 1966.

§ 2º O Tabelião consignará no ato notarial a apresentação do documento comprobatório do pagamento do Imposto de Transmissão *inter vivos*, as certidões fiscais e as certidões de propriedade e de ônus reais, ficando dispensada sua transcrição. *(Redação dada pela Lei n. 13.097, de 19/1/2015)*

- *Art. 2º do Decreto 93.240/1986 (Regulamenta Lei 7.433/1985)*
- *Art. 30, XI da Lei 8.935/1994 (Notários e Registradores)*
- *Art. 134, Lei 5.172/1966 (CTN)*
- *Decreto-lei 1.876/1981 (Dispensa do pagamento de foros e laudêmios os titulares do domínio útil dos bens imóveis da União)*
- *Art. 3º-A, Decreto-lei 2.398/1987 (Dispõe sobre foros, laudêmios e taxas de ocupação relativas a imóveis de propriedade da União)*
- *Lei 8.847/1994 (Imposto sobre a Propriedade Territorial Rural (ITR))*
- *Art. 21, Lei 9.393/1996 (Dispõe sobre o ITR, e o pagamento da dívida representada por TDA)*
- *Decreto 4.382/2002 (Regulamenta a tributação, fiscalização, arrecadação e administração do Imposto sobre a Propriedade Territorial Rural – ITR)*
- *Vide Instrução Normativa RFB 2.168/2024 (Declaração sobre Operações Imobiliárias – DOI)*
- *Vide Enunciado 13, I Jornada de Direito Notarial e Registral*

§ 3º Obriga-se o Tabelião a manter, em Cartório, os documentos e certidões de que trata o parágrafo anterior, no original ou em cópias autenticadas.

- *Art. 2º, Decreto 93.240/1986 (Regulamenta Lei 7.433/1985)*

Art. 2º Ficam dispensados, na escritura pública de imóveis urbanos, sua descrição e caracterização, desde que constem, estes elementos, da certidão do Cartório do Registro de Imóveis.

§ 1º Na hipótese prevista neste artigo, o instrumento consignará exclusivamente o número do registro ou matrícula no Registro de Imóveis, sua completa localização, logradouro, número, bairro, cidade, Estado e os documentos e certidões constantes do § 2º do art. 1º desta mesma Lei.

- *Art. 225, Lei 6.015/1973*

§ 2º Para os fins do disposto no parágrafo único do art. 4º da Lei nº 4.591, de 16 de dezembro de 1964, modificada pela Lei nº 7.182, de 27 de março de 1984, considerar-se-á prova de quitação a declaração feita pelo alienante ou seu procurador, sob as penas da Lei, a ser expressamente consignada nos instrumentos de alienação ou de transferência de direitos.

- *Vide Lei 4.591/1964 (Lei de Incorporações Imobiliárias)*

Art. 3º Esta Lei será aplicada, no que couber, aos casos em que o instrumento público recair sobre coisas ou bens cuja aquisição haja sido feita através de documento não sujeito a matrícula no Registro de Imóveis.

Art. 4º Esta Lei entra em vigor na data de sua publicação.

Art. 5º Revogam-se as disposições em contrário.

Brasília, em 18 de dezembro de 1985; 164º da Independência e 97º da República.
JOSÉ SARNEY
(DOU. de 19.12.1985)

DECRETO Nº 93.240, DE 9 DE SETEMBRO DE 1986

Regulamenta a Lei nº 7.433, de 18 de dezembro de 1985, que "dispõe sobre os requisitos para a lavratura de escrituras públicas, e dá outras providências".

- *Vide art. 7º, I, Lei n. 8.935, de 1994 (Notários e Registradores)*
- *Vide art. 215, Código Civil*
- *Vide Enunciados 41, 43, 47, 48, 49, 52 , 53,74 e 76, I Jornada de Direito Notarial e Registral*

O PRESIDENTE DA REPÚBLICA, no uso das atribuições que lhe confere o artigo 81, item III, da Constituição,

DECRETA:

Art. 1º Para a lavratura de atos notariais, relativos a imóveis, serão apresentados os seguintes documentos e certidões:

- *Art. 1º, §§ 1º a 3º, da Lei 7.433/1985*

I – os documentos de identificação das partes e das demais pessoas que comparecerem na escritura pública, quando julgados necessários pelo Tabelião;

II – o comprovante do pagamento do Imposto sobre a Transmissão de Bens Imóveis e de Direitos a eles relativos, quando incidente sobre o ato, ressalvadas as hipóteses em que a lei autorize a efetivação do pagamento após a sua lavratura;

III – as certidões fiscais, assim entendidas:

a) em relação aos imóveis urbanos, as certidões referentes aos tributos que incidam sobre o imóvel, observado o disposto no § 2º, deste artigo;

- *Art. 1º, § 2º, da Lei 7.433/1985*

b) em relação aos imóveis rurais, o Certificado de Cadastro emitido pelo Instituto Nacional de Colonização e Reforma Agrária – INCRA, com a prova de quitação do último Imposto Territorial Rural lançado ou, quando o prazo para o seu pagamento ainda não tenha vencido, do Imposto Territorial Rural correspondente ao exercício imediatamente anterior;

- *Art. 30, XI da Lei 8.935/1994 (Notários e Registradores)*
- *Art. 134, Lei 5.172/1966 (CTN)*
- *Lei 8.847/1994 (Imposto sobre a Propriedade Territorial Rural (ITR))*
- *Art. 21; Lei 9.393/1996 (Dispõe sobre o ITR, e o pagamento da dívida representada por TDA)*
- *Decreto 4.382/2002 (Regulamenta a tributação, fiscalização, arrecadação e administração do Imposto sobre a Propriedade Territorial Rural – ITR)*
- *Vide Enunciado 13, I Jornada de Direito Notarial e Registral*

IV – a certidão de ações reais e pessoais reipersecutórias, relativas ao imóvel, e a de ônus reais, expedidas pelo Registro de Imóveis competente, cujo prazo de validade, para este fim, será de 30 (trinta) dias;

V – os demais documentos e certidões, cuja apresentação seja exigida por lei.

§ 1º O Tabelião consignará na escritura pública a apresentação dos documentos e das certidões mencionadas nos incisos II, III, IV e V, deste artigo.

§ 2º As certidões referidas na letra a, do inciso III, deste artigo, somente serão exigidas para a lavratura das escrituras públicas que impliquem a transferência de domínio e a sua apresentação poderá ser dispensada pelo adquirente que, neste caso, responderá, nos termos da lei, pelo pagamento dos débitos fiscais existentes.

- *Art. 1º, § 2º, da Lei 7.433/1985*

§ 3º A apresentação das certidões previstas no inciso IV, deste artigo, não eximirá o outorgante da obrigação de declarar na escritura pública, sob pena de responsabilidade civil e penal, a existência de outras ações reais e pessoais reipersecutórias, relativas ao imóvel, e de outros ônus reais incidentes sobre o mesmo.

Art. 2º O Tabelião fica desobrigado de manter, em cartório, o original ou cópias autenticadas das certidões mencionadas nos incisos III e IV, do artigo 1º, desde que transcreva na escritura pública os elementos necessários à sua identificação, devendo, neste caso, as certidões acompanharem o traslado da escritura.

- *Vide Lei do Sistema Financeiro de Habitação (Lei 4.380/1964)*

Art. 3º Na escritura pública relativa a imóvel urbano cuja descrição e caracterização conste da certidão do Registro de Imóveis, o instrumento poderá consignar, a critério do Tabelião, exclusivamente o número do registro ou matrícula no Registro de Imóveis, sua completa localização, logradouro, número, bairro, cidade, Estado e os documentos e certidões mencionados nos incisos II, III, IV e V, do artigo 1º.

› *Art. 2º, § 1º, da Lei 7.433/1985*

Art. 4º As disposições deste decreto aplicam-se, no que couberem, ao instrumento particular previsto no artigo 61, da Lei nº 4.380, de 21 de agosto de 1964, modificada pela Lei nº 5.049, de 29 de junho de 1966, ao qual se anexarão os documentos e as certidões apresentadas.

Art. 5º Este decreto entrará em vigor na data de sua publicação.

Art. 6º Revogam-se as disposições em contrário.

Brasília, 9 de setembro de 1986;
165º da Independência e 98º da República.
JOSÉ SARNEY
(DOU. 10.9.1986)

LEI Nº 13.460, DE 26 DE JUNHO DE 2017

Dispõe sobre participação, proteção e defesa dos direitos do usuário dos serviços públicos da administração pública.

O PRESIDENTE DA REPÚBLICA Faço saber que o Congresso Nacional decreta e eu sanciono a seguinte Lei:

CAPÍTULO I – DISPOSIÇÕES PRELIMINARES

Art. 1º Esta Lei estabelece normas básicas para participação, proteção e defesa dos direitos do usuário dos serviços públicos prestados direta ou indiretamente pela administração pública.

§ 1º O disposto nesta Lei aplica-se à administração pública direta e indireta da União, dos Estados, do Distrito Federal e dos Municípios, nos termos do inciso I do § 3º do art. 37 da Constituição Federal.

§ 2º A aplicação desta Lei não afasta a necessidade de cumprimento do disposto:

I - em normas regulamentadoras específicas, quando se tratar de serviço ou atividade sujeitos a regulação ou supervisão; e

II - na Lei nº 8.078, de 11 de setembro de 1990, quando caracterizada relação de consumo.

§ 3º Aplica-se subsidiariamente o disposto nesta Lei aos serviços públicos prestados por particular.

Art. 2º Para os fins desta Lei, consideram-se:

I - usuário - pessoa física ou jurídica que se beneficia ou utiliza, efetiva ou potencialmente, de serviço público;

II - serviço público - atividade administrativa ou de prestação direta ou indireta de bens ou serviços à população, exercida por órgão ou entidade da administração pública;

III - administração pública - órgão ou entidade integrante da administração pública de qualquer dos Poderes da União, dos Estados, do Distrito Federal e dos Municípios, a Advocacia Pública e a Defensoria Pública;

IV - agente público - quem exerce cargo, emprego ou função pública, de natureza civil ou militar, ainda que transitoriamente ou sem remuneração; e

V - manifestações - reclamações, denúncias, sugestões, elogios e demais pronunciamentos de usuários que tenham como objeto a prestação de serviços públicos e a conduta de agentes públicos na prestação e fiscalização de tais serviços.

Parágrafo único. O acesso do usuário a informações será regido pelos termos da Lei nº 12.527, de 18 de novembro de 2011.

Art. 3º Com periodicidade mínima anual, cada Poder e esfera de Governo publicará quadro geral dos serviços públicos prestados, que especificará os órgãos ou entidades responsáveis por sua realização e a autoridade administrativa a quem estão subordinados ou vinculados.

Art. 4º Os serviços públicos e o atendimento do usuário serão realizados de forma adequada, observados os princípios da regularidade, continuidade, efetividade, segurança, atualidade, generalidade, transparência e cortesia.

CAPÍTULO II – DOS DIREITOS BÁSICOS E DEVERES DOS USUÁRIOS

Art. 5º O usuário de serviço público tem direito à adequada prestação dos serviços, devendo os agentes públicos e prestadores de serviços públicos observar as seguintes diretrizes:

I - urbanidade, respeito, acessibilidade e cortesia no atendimento aos usuários;

II - presunção de boa-fé do usuário;

III - atendimento por ordem de chegada, ressalvados casos de urgência e aqueles em que houver possibilidade de agendamento, asseguradas as prioridades legais às pessoas com deficiência, aos idosos, às gestantes, às lactantes e às pessoas acompanhadas por crianças de colo;

IV - adequação entre meios e fins, vedada a imposição de exigências, obrigações, restrições e sanções não previstas na legislação;

V - igualdade no tratamento aos usuários, vedado qualquer tipo de discriminação;

VI - cumprimento de prazos e normas procedimentais;

VII - definição, publicidade e observância de horários e normas compatíveis com o bom atendimento ao usuário;

VIII - adoção de medidas visando a proteção à saúde e a segurança dos usuários;

IX - autenticação de documentos pelo próprio agente público, à vista dos originais apresentados pelo usuário, vedada a exigência de reconhecimento de firma, salvo em caso de dúvida de autenticidade;

X - manutenção de instalações salubres, seguras, sinalizadas, acessíveis e adequadas ao serviço e ao atendimento;

XI - eliminação de formalidades e de exigências cujo custo econômico ou social seja superior ao risco envolvido;

XII - observância dos códigos de ética ou de conduta aplicáveis às várias categorias de agentes públicos;

XIII - aplicação de soluções tecnológicas que visem a simplificar processos e procedimentos de atendimento ao usuário e a propiciar melhores condições para o compartilhamento das informações;

XIV - utilização de linguagem simples e compreensível, evitando o uso de siglas, jargões e estrangeirismos; e

XV - vedação da exigência de nova prova sobre fato já comprovado em documentação válida apresentada.

XVI – comunicação prévia ao consumidor de que o serviço será desligado em virtude de inadimplemento, bem como do dia a partir do qual será realizado o desligamento, necessariamente durante horário comercial. *(Incluído pela Lei nº 14.015, de 2020)*

Parágrafo único. A taxa de religação de serviços não será devida se houver descumprimento da exigência de notificação prévia ao consumidor prevista no inciso XVI do *caput* deste artigo, o que ensejará a aplicação de multa à concessionária, conforme regulamentação. *(Incluído pela Lei nº 14.015, de 2020)*

Art. 6º São direitos básicos do usuário:

I - participação no acompanhamento da prestação e na avaliação dos serviços;

II - obtenção e utilização dos serviços com liberdade de escolha entre os meios oferecidos e sem discriminação;

III - acesso e obtenção de informações relativas à sua pessoa constantes de registros ou bancos de dados, observado o disposto no inciso X do *caput* do art. 5º da Constituição Federal e na Lei nº 12.527, de 18 de novembro de 2011;

IV - proteção de suas informações pessoais, nos termos da Lei nº 12.527, de 18 de novembro de 2011;

V - atuação integrada e sistêmica na expedição de atestados, certidões e documentos comprobatórios de regularidade; e

VI - obtenção de informações precisas e de fácil acesso nos locais de prestação do serviço, assim como sua disponibilização na internet, especialmente sobre:

a) horário de funcionamento das unidades administrativas;

b) serviços prestados pelo órgão ou entidade, sua localização exata e a indicação do setor responsável pelo atendimento ao público;

c) acesso ao agente público ou ao órgão encarregado de receber manifestações;

d) situação da tramitação dos processos administrativos em que figure como interessado; e

e) valor das taxas e tarifas cobradas pela prestação dos serviços, contendo informações para a compreensão exata da extensão do serviço prestado.

VII – comunicação prévia da suspensão da prestação de serviço. *(Incluído pela Lei nº 14.015, de 2020)*

Parágrafo único. É vedada a suspensão da prestação de serviço em virtude de inadimplemento por parte do usuário que se inicie na sexta-feira, no sábado ou no domingo, bem como em feriado ou no dia anterior a feriado. *(Incluído pela Lei nº 14.015, de 2020)*

Art. 7º Os órgãos e entidades abrangidos por esta Lei divulgarão Carta de Serviços ao Usuário.

§ 1º A Carta de Serviços ao Usuário tem por objetivo informar o usuário sobre os serviços prestados pelo órgão ou entidade, as formas de acesso a esses serviços e seus compromissos e padrões de qualidade de atendimento ao público.

§ 2º A Carta de Serviços ao Usuário deverá trazer informações claras e precisas em relação a cada um dos serviços prestados, apresentando, no mínimo, informações relacionadas a:

I - serviços oferecidos;
II - requisitos, documentos, formas e informações necessárias para acessar o serviço;
III - principais etapas para processamento do serviço;
IV - previsão do prazo máximo para a prestação do serviço;
V - forma de prestação do serviço; e
VI - locais e formas para o usuário apresentar eventual manifestação sobre a prestação do serviço.

§ 3º Além das informações descritas no § 2º, a Carta de Serviços ao Usuário deverá detalhar os compromissos e padrões de qualidade do atendimento relativos, no mínimo, aos seguintes aspectos:
I - prioridades de atendimento;
II - previsão de tempo de espera para atendimento;
III - mecanismos de comunicação com os usuários;
IV - procedimentos para receber e responder as manifestações dos usuários; e
V - mecanismos de consulta, por parte dos usuários, acerca do andamento do serviço solicitado e de eventual manifestação.

§ 4º A Carta de Serviços ao Usuário será objeto de atualização periódica e de permanente divulgação mediante publicação em sítio eletrônico do órgão ou entidade na internet.

§ 5º Regulamento específico de cada Poder e esfera de Governo disporá sobre a operacionalização da Carta de Serviços ao Usuário.

§ 6º Compete a cada ente federado disponibilizar as informações dos serviços prestados, conforme disposto nas suas Cartas de Serviços ao Usuário, na Base Nacional de Serviços Públicos, mantida pelo Poder Executivo federal, em formato aberto e interoperável, nos termos do regulamento do Poder Executivo federal. *(Incluído pela Lei nº 14.129, de 2021)*

Art. 8º São deveres do usuário:
I - utilizar adequadamente os serviços, procedendo com urbanidade e boa-fé;
II - prestar as informações pertinentes ao serviço prestado quando solicitadas;
III - colaborar para a adequada prestação do serviço; e
IV - preservar as condições dos bens públicos por meio dos quais lhe são prestados os serviços de que trata esta Lei.

CAPÍTULO III – DAS MANIFESTAÇÕES DOS USUÁRIOS DE SERVIÇOS PÚBLICOS

Art. 9º Para garantir seus direitos, o usuário poderá apresentar manifestações perante a administração pública acerca da prestação de serviços públicos.

Art. 10. A manifestação será dirigida à ouvidoria do órgão ou entidade responsável e conterá a identificação do requerente.

§ 1º A identificação do requerente não conterá exigências que inviabilizem sua manifestação.

§ 2º São vedadas quaisquer exigências relativas aos motivos determinantes da apresentação de manifestações perante a ouvidoria.

§ 3º Caso não haja ouvidoria, o usuário poderá apresentar manifestações diretamente ao órgão ou entidade responsável pela execução do serviço e ao órgão ou entidade a que se subordinem ou se vinculem.

§ 4º A manifestação poderá ser feita por meio eletrônico, ou correspondência convencional, ou verbalmente, hipótese em que deverá ser reduzida a termo.

§ 5º No caso de manifestação por meio eletrônico, prevista no § 4º, respeitada a legislação específica de sigilo e proteção de dados, poderá a administração pública ou sua ouvidoria requerer meio de certificação da identidade do usuário.

§ 6º Os órgãos e entidades públicos abrangidos por esta Lei deverão colocar à disposição do usuário formulários simplificados e de fácil compreensão para a apresentação do requerimento previsto no *caput*, facultada ao usuário sua utilização.

§ 7º A identificação do requerente é informação pessoal protegida com restrição de acesso nos termos da Lei nº 12.527, de 18 de novembro de 2011.

Art. 10-A. Para fins de acesso a informações e serviços, de exercício de direitos e obrigações ou de obtenção de benefícios perante os órgãos e as entidades federais, estaduais, distritais e municipais ou os serviços públicos delegados, a apresentação de documento de identificação com fé pública em que conste o número de inscrição no Cadastro de Pessoas Físicas (CPF) será suficiente para identificação do cidadão, dispensada a apresentação de qualquer outro documento. *(Incluído pela Lei nº 14.129, de 2021)*

§ 1º Os cadastros, os formulários, os sistemas e outros instrumentos exigidos dos usuários para a prestação de serviço público deverão disponibilizar campo para registro do número de inscrição no CPF, de preenchimento obrigatório, que será suficiente para sua identificação, vedada a exigência de apresentação de qualquer outro número para esse fim. *(Redação dada pela Lei nº 14.534, de 2023) (Vide prazos fixados no art. 9º, incisos I e II da Lei nº 14.534, de 11/1/2023)*

§ 2º O número de inscrição no CPF poderá ser declarado pelo usuário do serviço público, desde que acompanhado de documento de identificação com fé pública, nos termos da lei. *(Incluído pela Lei nº 14.129, de 2021)*

§ 3º Ato de cada ente federativo ou Poder poderá dispor sobre casos excepcionais ao previsto no *caput* deste artigo. *(Incluído pela Lei nº 14.129, de 2021)*

Art. 11. Em nenhuma hipótese, será recusado o recebimento de manifestações formuladas nos termos desta Lei, sob pena de responsabilidade do agente público.

Art. 12. Os procedimentos administrativos relativos à análise das manifestações observarão os princípios da eficiência e da celeridade, visando a sua efetiva resolução.

Parágrafo único. A efetiva resolução das manifestações dos usuários compreende:
I - recepção da manifestação no canal de atendimento adequado;
II - emissão de comprovante de recebimento da manifestação;
III - análise e obtenção de informações, quando necessário;
IV - decisão administrativa final; e
V - ciência ao usuário.

CAPÍTULO IV – DAS OUVIDORIAS

Art. 13. As ouvidorias terão como atribuições precípuas, sem prejuízo de outras estabelecidas em regulamento específico:
I - promover a participação do usuário na administração pública, em cooperação com outras entidades de defesa do usuário;
II - acompanhar a prestação dos serviços, visando a garantir a sua efetividade;
III - propor aperfeiçoamentos na prestação dos serviços;
IV - auxiliar na prevenção e correção dos atos e procedimentos incompatíveis com os princípios estabelecidos nesta Lei;
V - propor a adoção de medidas para a defesa dos direitos do usuário, em observância às determinações desta Lei;
VI - receber, analisar e encaminhar às autoridades competentes as manifestações, acompanhando o tratamento e a efetiva conclusão das manifestações de usuário perante órgão ou entidade a que se vincula; e
VII - promover a adoção de mediação e conciliação entre o usuário e o órgão ou a entidade pública, sem prejuízo de outros órgãos competentes.

Art. 14. Com vistas à realização de seus objetivos, as ouvidorias deverão:
I - receber, analisar e responder, por meio de mecanismos proativos e reativos, as manifestações encaminhadas por usuários de serviços públicos; e
II - elaborar, anualmente, relatório de gestão, que deverá consolidar as informações mencionadas no inciso I, e, com base nelas, apontar falhas e sugerir melhorias na prestação de serviços públicos.

Art. 15. O relatório de gestão de que trata o inciso II do *caput* do art. 14 deverá indicar, ao menos:
I - o número de manifestações recebidas no ano anterior;
II - os motivos das manifestações;
III - a análise dos pontos recorrentes; e
IV - as providências adotadas pela administração pública nas soluções apresentadas.

Parágrafo único. O relatório de gestão será:
I - encaminhado à autoridade máxima do órgão a que pertence a unidade de ouvidoria; e
II - disponibilizado integralmente na internet.

Art. 16. A ouvidoria encaminhará a decisão administrativa final ao usuário, observado o prazo de trinta dias, prorrogável de forma justificada uma única vez, por igual período.

Parágrafo único. Observado o prazo previsto no *caput*, a ouvidoria poderá solicitar informações e esclarecimentos diretamente a agentes públicos do órgão ou entidade a que se vincula, e as solicitações devem ser respondidas no prazo de vinte dias, prorrogável de forma justificada uma única vez, por igual período.

Art. 17. Atos normativos específicos de cada Poder e esfera de Governo disporão sobre a organização e o funcionamento de suas ouvidorias.

CAPÍTULO V – DOS CONSELHOS DE USUÁRIOS

Art. 18. Sem prejuízo de outras formas previstas na legislação, a participação dos usuários no acompanhamento da prestação e na avaliação dos serviços públicos será feita por meio de conselhos de usuários.

Parágrafo único. Os conselhos de usuários são órgãos consultivos dotados das seguintes atribuições:

I - acompanhar a prestação dos serviços;

II - participar na avaliação dos serviços;

III - propor melhorias na prestação dos serviços;

IV - contribuir na definição de diretrizes para o adequado atendimento ao usuário; e

V - acompanhar e avaliar a atuação do ouvidor.

Art. 19. A composição dos conselhos deve observar os critérios de representatividade e pluralidade das partes interessadas, com vistas ao equilíbrio em sua representação.

Parágrafo único. A escolha dos representantes será feita em processo aberto ao público e diferenciado por tipo de usuário a ser representado.

Art. 20. O conselho de usuários poderá ser consultado quanto à indicação do ouvidor.

Art. 21. A participação do usuário no conselho será considerada serviço relevante e sem remuneração.

Art. 22. Regulamento específico de cada Poder e esfera de Governo disporá sobre a organização e funcionamento dos conselhos de usuários.

CAPÍTULO VI – DA AVALIAÇÃO CONTINUADA DOS SERVIÇOS PÚBLICOS

Art. 23. Os órgãos e entidades públicos abrangidos por esta Lei deverão avaliar os serviços prestados, nos seguintes aspectos:

I - satisfação do usuário com o serviço prestado;

II - qualidade do atendimento prestado ao usuário;

III - cumprimento dos compromissos e prazos definidos para a prestação dos serviços;

IV - quantidade de manifestações de usuários; e

V - medidas adotadas pela administração pública para melhoria e aperfeiçoamento da prestação do serviço.

§ 1º A avaliação será realizada por pesquisa de satisfação feita, no mínimo, a cada um ano, ou por qualquer outro meio que garanta significância estatística aos resultados.

§ 2º O resultado da avaliação deverá ser integralmente publicado no sítio do órgão ou entidade, incluindo o *ranking* das entidades com maior incidência de reclamação dos usuários na periodicidade a que se refere o § 1º, e servirá de subsídio para reorientar e ajustar os serviços prestados, em especial quanto ao cumprimento dos compromissos e dos padrões de qualidade de atendimento divulgados na Carta de Serviços ao Usuário.

Art. 24. Regulamento específico de cada Poder e esfera de Governo disporá sobre a avaliação da efetividade e dos níveis de satisfação dos usuários.

CAPÍTULO VII – DISPOSIÇÕES FINAIS E TRANSITÓRIAS

Art. 25. Esta Lei entra em vigor, a contar da sua publicação, em:

I - trezentos e sessenta dias para a União, os Estados, o Distrito Federal e os Municípios com mais de quinhentos mil habitantes;

II - quinhentos e quarenta dias para os Municípios entre cem mil e quinhentos mil habitantes; e

III - setecentos e vinte dias para os Municípios com menos de cem mil habitantes.

Brasília, 26 de junho de 2017;
196º da Independência e 129º da República.
MICHEL TEMER
Torquato Jardim
Dyogo Henrique de Oliveira
Wagner de Campos Rosário
DOU de 27.6.2017

DECRETO Nº 9.094, DE 17 DE JULHO DE 2017

Regulamenta dispositivos da Lei nº 13.460, de 26 de junho de 2017, dispõe sobre a simplificação do atendimento prestado aos usuários dos serviços públicos, institui o Cadastro de Pessoas Físicas - CPF como instrumento suficiente e substitutivo para a apresentação de dados do cidadão no exercício de obrigações e direitos e na obtenção de benefícios, ratifica a dispensa do reconhecimento de firma e da autenticação em documentos produzidos no País e institui a Carta de Serviços ao Usuário. (Redação dada pelo Decreto nº 9.723, de 2019)

O PRESIDENTE DA REPÚBLICA, no uso da atribuição que lhe confere o art. 84, *caput*, inciso VI, alínea "a", da Constituição,

DECRETA:

Art. 1º Os órgãos e as entidades do Poder Executivo federal observarão as seguintes diretrizes nas relações entre si e com os usuários dos serviços públicos:

I - presunção de boa-fé;

II - compartilhamento de informações, nos termos da lei;

III - atuação integrada e sistêmica na expedição de atestados, certidões e documentos comprobatórios de regularidade;

IV - racionalização de métodos e procedimentos de controle;

V - eliminação de formalidades e exigências cujo custo econômico ou social seja superior ao risco envolvido;

VI - aplicação de soluções tecnológicas que visem a simplificar processos e procedimentos de atendimento aos usuários dos serviços públicos e a propiciar melhores condições para o compartilhamento das informações;

VII - utilização de linguagem clara, que evite o uso de siglas, jargões e estrangeirismos; e

VIII - articulação com os Estados, o Distrito Federal, os Municípios e os outros Poderes para a integração, racionalização, disponibilização e simplificação de serviços públicos.

Parágrafo único. Usuários dos serviços públicos são as pessoas físicas e jurídicas, de direito público ou privado, diretamente atendidas por serviço público.

CAPÍTULO I – DA RACIONALIZAÇÃO DE EXIGÊNCIAS E DA TROCA DE INFORMAÇÕES

Art. 2º Exceto se houver disposição legal em contrário, os órgãos e as entidades do Poder Executivo federal que necessitarem de documentos comprobatórios de regularidade da situação de usuários dos serviços públicos, de atestados, de certidões ou de outros documentos comprobatórios que constem em base de dados oficial da administração pública federal deverão obtê-los diretamente do órgão ou da entidade responsável pela base de dados, nos termos do disposto no Decreto nº 10.046, de 9 de outubro de 2019, e não poderão exigi-los dos usuários dos serviços públicos. *(Redação dada pelo Decreto nº 10.279, de 2020)*

Art. 3º Na hipótese de os documentos a que se refere o art. 2º conterem informações de caráter sigiloso sobre os usuários dos serviços públicos, o fornecimento pelo órgão ou pela entidade responsável pela base de dados oficial deverá ser realizado com observância dos requisitos de segurança da informação e das restrições legais. *(Redação dada pelo Decreto nº 10.279, de 2020)*

Parágrafo único. Quando não for possível a obtenção dos documentos a que a que se refere o art. 2º diretamente do órgão ou da entidade responsável pela base de dados oficial, a comprovação necessária poderá ser feita por meio de declaração escrita e assinada pelo usuário dos serviços públicos, que, na hipótese de declaração falsa, ficará sujeito às sanções administrativas, civis e penais aplicáveis.

Art. 4º Os órgãos e as entidades responsáveis por bases de dados oficiais da administração pública federal prestarão orientações aos órgãos e às entidades públicos interessados para o acesso às informações constantes das bases de dados, observadas as disposições legais aplicáveis.

Art. 5º No atendimento aos usuários dos serviços públicos, os órgãos e as entidades do Poder Executivo federal observarão as seguintes práticas:

I - gratuidade dos atos necessários ao exercício da cidadania, nos termos da Lei nº 9.265, de 12 de fevereiro de 1996;

II - padronização de procedimentos referentes à utilização de formulários, guias e outros documentos congêneres; e

III - vedação de recusa de recebimento de requerimentos pelos serviços de protocolo, exceto quando o órgão ou a entidade for manifestamente incompetente.

§ 1º Na hipótese referida no inciso III do *caput*, os serviços de protocolo deverão prover as informações e as orientações necessárias para que o interessado possa dar andamento ao requerimento.

§ 2º Após a protocolização de requerimento, caso o agente público verifique que o órgão ou a entidade do Poder Executivo federal é incompetente para o exame ou a decisão da matéria, deverá providenciar a remessa imediata do requerimento ao órgão ou à entidade do Poder Executivo federal competente.

§ 3º Quando a remessa referida no § 2º não for possível, o interessado deverá ser comunicado imediatamente do fato para adoção das providências necessárias.

Art. 5º-A. Para fins de acesso a informações e serviços, de exercício de obrigações e direitos e de obtenção de benefícios perante os órgãos e as entidades do Poder Executivo federal, o número de inscrição no Cadastro de Pessoas Físicas - CPF é suficiente e substitutivo para a apresentação dos seguintes dados: *(Incluído pelo Decreto nº 9.723, de 2019) (Vide Decreto nº 9.723, de 2019)*

I - Número de Identificação do Trabalhador - NIT, de que trata o inciso I do *caput* do art. 3º do Decreto nº 97.936, de 10 de julho de 1989; *(Incluído pelo Decreto nº 9.723, de 2019)*

II - número do cadastro perante o Programa de Integração Social - PIS ou o Programa de Formação do Patrimônio do Servidor Público – Pasep; *(Incluído pelo Decreto nº 9.723, de 2019)*

III - número e série da Carteira de Trabalho e Previdência Social - CTPS, de que trata o art. 16 da Consolidação das Leis do Trabalho, aprovado pelo Decreto-Lei nº 5.452, de 1º de maio de 1943 ; *(Incluído pelo Decreto nº 9.723, de 2019)*

IV - número da Permissão para Dirigir ou da Carteira Nacional de Habilitação, de que trata o inciso VII do *caput* do art. 19 da Lei nº 9.503, de 23 de setembro de 1997 - Código de Trânsito Brasileiro; *(Incluído pelo Decreto nº 9.723, de 2019)*

V - número de matrícula em instituições públicas federais de ensino superior; *(Incluído pelo Decreto nº 9.723, de 2019)*

VI - números dos Certificados de Alistamento Militar, de Reservista, de Dispensa de Incorporação e de Isenção de que trata a Lei nº 4.375, de 17 de agosto de 1964; *(Incluído pelo Decreto nº 9.723, de 2019)*

VII - número de inscrição em conselho de fiscalização de profissão regulamentada; *(Incluído pelo Decreto nº 9.723, de 2019)*

VIII - número de inscrição no Cadastro Único para Programas Sociais do Governo Federal – CadUnico, de que trata o Decreto nº 6.135, de 26 de junho de 2007; e *(Incluído pelo Decreto nº 9.723, de 2019)*

IX - demais números de inscrição existentes em bases de dados públicas federais. *(Incluído pelo Decreto nº 9.723, de 2019)*

§ 1º O disposto no inciso IV do *caput* não se aplica aos processos administrativos em trâmite nos órgãos federais do Sistema Nacional de Trânsito para os quais seja necessário apresentar o número da Permissão para Dirigir ou da Carteira Nacional de Habilitação para obter acesso à informação. *(Incluído pelo Decreto nº 9.723, de 2019)*

§ 2º O disposto no inciso VI do *caput* não se aplica aos processos administrativos em trâmite nos órgãos federais vinculados ao Ministério da Defesa para os quais seja necessário apresentar o número dos Certificados de Alistamento Militar, de Reservista, de Dispensa de Incorporação ou de Isenção para obter acesso à informação. *(Incluído pelo Decreto nº 9.723, de 2019)*

§ 3º Os cadastros, formulários, sistemas e outros instrumentos exigidos dos usuários para a prestação de serviço público conterão campo de preenchimento obrigatório para registro do número de inscrição no CPF. *(Incluído pelo Decreto nº 9.723, de 2019)*

§ 4º Ato do Secretário Especial de Desburocratização, Gestão e Governo Digital do Ministério da Economia poderá dispor sobre outras hipótese, além das previstas no *caput* . *(Incluído pelo Decreto nº 9.723, de 2019)*

§ 5º A substituição dos dados constantes nos incisos I a VIII do *caput* pelo número de inscrição no CPF é ato preparatório à implementação do Documento Nacional de Identidade a que se refere o art. 8º da Lei nº 13.444, de 11 de maio de 2017. *(Incluído pelo Decreto nº 9.723, de 2019)*

Art. 6º As exigências necessárias para o requerimento serão feitas desde logo e de uma só vez ao interessado, justificando-se exigência posterior apenas em caso de dúvida superveniente.

Art. 7º Não será exigida prova de fato já comprovado pela apresentação de documento ou informação válida.

Art. 8º Para complementar informações ou solicitar esclarecimentos, a comunicação entre o órgão ou a entidade do Poder Executivo federal e o interessado poderá ser feita por qualquer meio, preferencialmente eletrônico.

Art. 9º Exceto se existir dúvida fundada quanto à autenticidade ou previsão legal, fica dispensado o reconhecimento de firma e a autenticação de cópia dos documentos expedidos no País e destinados a fazer prova junto a órgãos e entidades do Poder Executivo federal.

Art. 10. A apresentação de documentos por usuários dos serviços públicos poderá ser feita por meio de cópia autenticada, dispensada nova conferência com o documento original.

§ 1º A autenticação de cópia de documentos poderá ser feita, por meio de cotejo da cópia com o documento original, pelo servidor público a quem o documento deva ser apresentado.

§ 2º Constatada, a qualquer tempo, a falsificação de firma ou de cópia de documento público ou particular, o órgão ou a entidade do Poder Executivo federal considerará não satisfeita a exigência documental respectiva e, no prazo de até cinco dias, dará conhecimento do fato à autoridade competente para adoção das providências administrativas, civis e penais cabíveis.

CAPÍTULO II – DA CARTA DE SERVIÇOS AO USUÁRIO

Art. 11. Os órgãos e as entidades do Poder Executivo federal que prestam atendimento aos usuários dos serviços públicos, direta ou indiretamente, deverão elaborar e divulgar Carta de Serviços ao Usuário, no âmbito de sua esfera de competência.

§ 1º A Carta de Serviços ao Usuário tem por objetivo informar aos usuários: *(Redação dada pelo Decreto nº 9.723, de 2019)*

I - os serviços prestados pelo órgão ou pela entidade do Poder Executivo federal; *(Incluído pelo Decreto nº 9.723, de 2019)*

II - as formas de acesso aos serviços a que se refere o inciso I; *(Incluído pelo Decreto nº 9.723, de 2019)*

III - os compromissos e padrões de qualidade do atendimento ao público; e *(Incluído pelo Decreto nº 9.723, de 2019)*

IV - os serviços publicados no portal único gov.br, nos termos do disposto no Decreto nº 8.936, de 19 de dezembro de 2016. *(Redação dada pelo Decreto nº 10.332, de 2020)*

§ 2º Da Carta de Serviços ao Usuário, deverão constar informações claras e precisas sobre cada um dos serviços prestados, especialmente as relativas:

I - ao serviço oferecido;

II - aos requisitos e aos documentos necessários para acessar o serviço;

III - às etapas para processamento do serviço;

IV - ao prazo para a prestação do serviço;

V - à forma de prestação do serviço;

VI - à forma de comunicação com o solicitante do serviço; e

VII - aos locais e às formas de acessar o serviço.

§ 3º Além das informações referidas no § 2º, a Carta de Serviços ao Usuário deverá, para detalhar o padrão de qualidade do atendimento, estabelecer:

I - os usuários que farão jus à prioridade no atendimento;

II - o tempo de espera para o atendimento;

III - o prazo para a realização dos serviços;

IV - os mecanismos de comunicação com os usuários;

V - os procedimentos para receber, atender, gerir e responder às sugestões e reclamações;

VI - as etapas, presentes e futuras, esperadas para a realização dos serviços, incluídas as estimativas de prazos;

VII - os mecanismos para a consulta pelos usuários acerca das etapas, cumpridas e pendentes, para a realização do serviço solicitado;

VIII - o tratamento a ser dispensado aos usuários quando do atendimento;

IX - os elementos básicos para o sistema de sinalização visual das unidades de atendimento;

X - as condições mínimas a serem observadas pelas unidades de atendimento, em especial no que se refere à acessibilidade, à limpeza e ao conforto;

XI - os procedimentos para atendimento quando o sistema informatizado se encontrar indisponível; e

XII - outras informações julgadas de interesse dos usuários.

§ 4º Na hipótese de o serviço se tratar de ato público de liberação, nos termos definidos no § 6º do art. 1º da Lei nº 13.874, de 20 de setembro de 2019, a Carta de Serviços ao Usuário incluirá também: *(Incluído pelo Decreto nº 10.178, de 2019, em vigor em 01.02.2020)*

I - a listagem:

a) de todos os documentos, taxas, tarifas, comprovantes, pareceres e demais exigências necessárias à instrução do ato público de liberação;

b) dos atos normativos que tratem do ato público de liberação, inclusive aqueles não cogentes; e

c) dos códigos do Cadastro Nacional de Atividades Econômicas - CNAE referentes a atividades aptas a requererem a emissão de ato público de liberação, exceto se a informação for desnecessária;

II - a descrição resumida do fluxo de tramitação do processo administrativo aplicável ao ato, incluídas as fases, os prazos, as autoridades competentes para a decisão e o sistema recursal disponível;

III - a descrição da aplicabilidade dos efeitos dos níveis de risco;

IV - o prazo e as regras para efeitos da aprovação tácita; e

V - o tempo médio de tramitação de pedidos análogos até a decisão e as demais estatísticas relacionadas ao ato público de liberação, conforme os critérios de mensuração definidos pelo órgão ou pela entidade do Poder Executivo federal. *(Parágrafo acrescido pelo Decreto nº 10.178, de 18/12/2019, com vigência alterada para 1º/9/2020 pelo Decreto nº 10.310, de 2/4/2020)*

CAPÍTULO III – DA RACIONALIZAÇÃO DAS NORMAS

Art. 12. A edição e a alteração das normas relativas ao atendimento dos usuários dos serviços públicos observarão os princípios da eficiência e da economicidade e considerarão os efeitos práticos tanto para a administração pública federal quanto para os usuários.

CAPÍTULO IV – DA SOLICITAÇÃO DE SIMPLIFICAÇÃO

Art. 13. Os usuários dos serviços públicos poderão apresentar Solicitação de Simplificação aos órgãos e às entidades do Poder Executivo federal, por meio de formulário próprio denominado Simplifique!, sempre que vislumbrarem oportunidade de simplificação ou melhoria do serviço público. *("Caput" do artigo com redação dada pelo Decreto nº 10.279, de 18/3/2020)*

I e II - *(Revogado pelo Decreto nº 10.279, de 18/3/2020)*

§ 1º A Solicitação de Simplificação deverá ser apresentada, preferencialmente, por meio eletrônico, em canal único oferecido pela Ouvidoria-Geral da União da Controladoria-Geral da União. *(Parágrafo com redação dada pelo Decreto nº 9.723, de 11/3/2019)*

§ 2º Sempre que recebida por meio físico, os órgãos e as entidades deverão digitalizar a Solicitação de Simplificação e promover a sua inserção no canal a que se refere o § 1º.

Art. 14. Do formulário Simplifique! deverá constar:

I - a identificação do solicitante;

II - a especificação do serviço objeto da simplificação;

III - o nome do órgão ou da entidade perante o qual o serviço foi solicitado;

IV – *(Revogado pelo Decreto nº 10.279, de 18/3/2020)*

V - a proposta de melhoria do serviço. *(Inciso com redação dada pelo Decreto nº 10.279, de 18/3/2020)*

Art. 15. Ato conjunto dos Ministros de Estado da Controladoria-Geral da União e da Economia disciplinará o procedimento aplicável à Solicitação de Simplificação. *(Redação dada pelo Decreto nº 9.723, de 2019)*

CAPÍTULO V – DAS SANÇÕES PELO DESCUMPRIMENTO

Art. 16. O servidor público ou o militar que descumprir o disposto neste Decreto estará sujeito às penalidades previstas, respectivamente, na Lei nº 8.112, de 11 de dezembro de 1990, e na Lei nº 6.880, de 9 de dezembro de 1980.

Parágrafo único. Os usuários dos serviços públicos que tiverem os direitos garantidos neste Decreto desrespeitados poderão representar à Controladoria-Geral da União. *(Redação dada pelo Decreto nº 9.723, de 2019)*

Art. 17. Cabe à Controladoria-Geral da União e aos órgãos integrantes do sistema de controle interno do Poder Executivo federal zelar pelo cumprimento do disposto neste Decreto e adotar as providências para a responsabilização dos servidores públicos e dos militares, e de seus superiores hierárquicos, que praticarem atos em desacordo com suas disposições. *(Redação dada pelo Decreto nº 9.723, de 2019)*

CAPÍTULO VI – DA DIVULGAÇÃO AOS USUÁRIOS DOS SERVIÇOS PÚBLICOS

Art. 18. A Carta de Serviços ao Usuário, a forma de acesso, as orientações de uso e as informações do formulário Simplifique! deverão ser objeto de permanente divulgação aos usuários dos serviços públicos, e mantidos visíveis e acessíveis ao público:

I - no portal único gov.br; e *(Inciso com redação dada pelo Decreto nº 10.332, de 28/4/2020)*

II - nos locais de atendimento, por meio de extração das informações do portal único gov.br, em formato impresso. *(Inciso com redação dada pelo Decreto nº 10.332, de 28/4/2020)*

III - *(Revogado pelo Decreto nº 9.723, de 11/3/2019)*

Art. 18-A. Fica vedado aos órgãos e às entidades da administração pública federal solicitar ao usuário do serviço público requisitos, documentos, informações e procedimentos cuja exigibilidade não esteja informada no portal único gov.br. *("Caput" do artigo acrescido pelo Decreto nº 9.723, de 11/3/2019, e com nova redação dada pelo Decreto nº 10.332, de 28/4/2020)*

§ 1º *(Parágrafo acrescido pelo Decreto nº 9.723, de 11/3/2019 e revogado pelo Decreto nº 10.332, de 28/4/2020)*

§ 2º A criação ou a alteração do rol de requisitos, documentos, informações e procedimentos do serviço público será precedida de publicação no portal único gov.br. *(Parágrafo acrescido pelo Decreto nº 9.723, de 11/3/2019, e com nova redação dada pelo Decreto nº 10.332, de 28/4/2020)*

§ 3º A Secretaria de Governo Digital da Secretaria Especial de Desburocratização, Gestão e Governo Digital do Ministério da Economia disponibilizará os meios para publicação dos serviços públicos no portal único gov.br e definirá as regras de acesso e credenciamento e os procedimentos de publicação. *(Parágrafo acrescido pelo Decreto nº 9.723, de 11/3/2019, e com nova redação dada pelo Decreto nº 10.332, de 28/4/2020)*

Art. 19. As informações do formulário Simplifique!, de que trata o art. 14, serão divulgadas no painel de monitoramento do desempenho dos serviços públicos prestados a que se refere o inciso V do *caput* do art. 3º do Decreto nº 8.936, de 19 de dezembro de 2016.

CAPÍTULO VII – DA AVALIAÇÃO E DA MELHORIA DOS SERVIÇOS PÚBLICOS

Art. 20. Os órgãos e as entidades do Poder Executivo federal utilizarão ferramenta de pesquisa de satisfação dos usuários dos seus serviços, disponível no endereço eletrônico www.gov.br/governodigital e os dados obtidos subsidiarão a reorientação e o ajuste da prestação dos serviços. *("Caput" do artigo com redação dada pelo Decreto nº 10.332, de 28/4/2020)*

§ 1º Os canais de ouvidoria e as pesquisas de satisfação objetivam assegurar a efetiva participação dos usuários dos serviços públicos na avaliação e identificar lacunas e deficiências na prestação dos serviços.

§ 2º Os órgãos e as entidades do Poder Executivo federal deverão dar ampla divulgação aos resultados das pesquisas de satisfação.

Art. 20-A. As avaliações da efetividade e dos níveis de satisfação dos usuários, de que trata o art. 24 da Lei nº 13.460, de 2017, serão feitas na forma definida em ato do Secretário de Governo Digital da Secretaria Especial de Desburocratização, Gestão e Governo Digital do Ministério da Economia. *(Incluído pelo Decreto nº 9.723, de 2019)*

Art. 20-B. A Secretaria de Governo Digital da Secretaria Especial de Desburocratização, Gestão e Governo Digital do Ministério da Economia publicará no portal único gov.br o ranking das entidades com melhor avaliação de serviços por parte dos usuários, de que trata o § 2º do art. 23 da Lei nº 13.460, de 26 de junho de 2017. *(Artigo acrescido pelo Decreto nº 9.723, de 11/3/2019, e com nova redação dada pelo Decreto nº 10.332, de 28/4/2020)*

CAPÍTULO VIII – DISPOSIÇÕES TRANSITÓRIAS

Art. 21. A Controladoria-Geral da União terá prazo de cento e oitenta dias, contado da data de publicação deste Decreto, para disponibilizar os meios de acesso à Solicitação de Simplificação e ao Simplifique!. *(Redação dada pelo Decreto nº 9.723, de 2019)*

Art. 22. A Controladoria-Geral da União, por meio da Ouvidoria-Geral da União, e o Ministério da Economia, por meio da Secretaria de Governo Digital da Secretaria Especial de Desburocratização, Gestão e Governo Digital, poderão expedir normas complementares ao disposto neste Decreto. *(Redação dada pelo Decreto nº 9.723, de 2019)*

Art. 23. O Decreto nº 8.936, de 2016, passa vigorar com as seguintes alterações:

> *"Art. 3º (...)*
> *V – (...)*
> *b) tempo médio de atendimento;*
> *c) grau de satisfação dos usuários; e*
> *d) número de Solicitações de Simplificação relativas ao serviço."*

Art. 24. Este Decreto entra em vigor na data de sua publicação.

Art. 25. Ficam revogados:

I - o Decreto nº 6.932, de 11 de agosto de 2009; e

II - o Decreto nº 5.378, de 23 de fevereiro de 2005.

Brasília, 17 de julho de 2017;
196º da Independência e 129º da República.
MICHEL TEMER
Dyogo Henrique de Oliveira
Wagner Campos Rosário
DOU de 18.7.2017.

DECRETO FEDERAL

DECRETO Nº 8.058, DE 26 DE JULHO DE 2013*

Regulamenta os procedimentos administrativos relativos à investigação e à aplicação de medidas antidumping; e altera o Anexo II ao Decreto nº 7.096, de 4 de fevereiro de 2010, que aprova a Estrutura Regimental e o Quadro Demonstrativo dos Cargos em Comissão e das Funções Gratificadas do Ministério do Desenvolvimento, Indústria e Comércio Exterior.

A PRESIDENTA DA REPÚBLICA, no uso das atribuições que lhe confere o art. 84, *caput*, incisos IV e VI, da Constituição, e tendo em vista o disposto no Acordo Relativo à Implementação do Artigo VI do Acordo Geral sobre Tarifas Aduaneiras e Comércio – GATT/1994 (Acordo Antidumping), aprovado pelo Decreto Legislativo nº 30, de 15 dezembro de 1994, e promulgado pelo Decreto nº 1.355, de 30 de dezembro de 1994, e na Lei nº 9.019, de 30 de março de 1995, na parte que dispõe sobre a aplicação das medidas previstas no Acordo Antidumping,

DECRETA:

(...)

CAPÍTULO V

(...)

SEÇÃO IV – DA INSTRUÇÃO

(...)

SUBSEÇÃO I – DAS INFORMAÇÕES

(...)

Art. 51. As informações confidenciais serão juntadas aos autos confidenciais do processo.

§ 1º Serão tratadas como informações confidenciais aquelas assim identificadas pelas partes interessadas, desde que o pedido seja devidamente justificado, não podendo, nesse caso, serem reveladas sem autorização expressa da parte que a forneceu.

§ 2º As partes interessadas que fornecerem informações confidenciais deverão apresentar resumos restritos com detalhes que permitam a compreensão da informação fornecida, sob pena de ser desconsiderada a informação confidencial.

§ 3º Nos casos em que não seja possível a apresentação do resumo, as partes deverão justificar por escrito tal circunstância.

§ 4º As justificativas referidas nos § 1º e § 3º não constituem informação confidencial.

§ 5º Não serão consideradas adequadas justificativas de confidencialidade para documentos, dados e informações, entre outros:

I – quando tenham notória natureza pública no Brasil, ou sejam de domínio público, no Brasil ou no exterior; ou

II – os relativos:

(...)

d) a quaisquer contratos celebrados por escritura pública ou arquivados perante notário público ou em junta comercial, no Brasil ou no exterior;

(...)

Art. 200. Este Decreto entra em vigor em 1º de outubro de 2013.

DILMA ROUSSEFF

Antonio de Aguiar Patriota

Dyogo Henrique de Oliveira

Ricardo Schaefer

(DOU de 29.7.2013 e retificado em 30.12.2013)

ANEXO

(Anexo revogado pelo Decreto nº 10.554, de 26/11/2020)

RESOLUÇÕES DO CONSELHO NACIONAL DE JUSTIÇA – CNJ

RESOLUÇÃO Nº 35, DE 24 DE ABRIL DE 2007, DO CONSELHO NACIONAL DE JUSTIÇA

Disciplina a lavratura dos atos notariais relacionados a inventário, partilha, separação consensual, divórcio consensual e extinção consensual de união estável por via administrativa. (Redação dada pela Resolução nº 326, de 26.6.2020)

- *Vide Lei 11.441/2007 (Possibilita a realização de inventário, partilha, separação consensual e divórcio consensual por via administrativa)*
- *Vide arts. 610 e seguintes e 733 e seguintes da Lei 13.105/2015 (Código de Processo Civil)*
- *Vide Recomendação CNJ n. 22/ 2016 (Recomenda aos Tabelionatos de Notas que procedam a realização de inventário, partilha, separação consensual, divórcio consensual e extinção consensual de união estável, quando houver filhos ou herdeiros emancipados)*
- *Vide Enunciados 47, 48, 52, 53 e 74 I Jornada de Direito Notarial e Registral*

A PRESIDENTE DO CONSELHO NACIONAL DE JUSTIÇA, no uso de suas atribuições constitucionais e regimentais, e tendo em vista o disposto no art. 19, I, do Regimento Interno deste Conselho, e

CONSIDERANDO que a aplicação da Lei nº 11.441/2007 tem gerado muitas divergências;

CONSIDERANDO que a finalidade da referida lei foi tornar mais ágeis e menos onerosos os atos a que se refere e, ao mesmo tempo, descongestionar o Poder Judiciário;

CONSIDERANDO a necessidade de adoção de medidas uniformes quanto à aplicação da Lei nº 11.441/2007 em todo o território nacional, com vistas a prevenir e evitar conflitos;

CONSIDERANDO as sugestões apresentadas pelos Corregedores-Gerais de Justiça dos Estados e do Distrito Federal em reunião promovida pela Corregedoria Nacional de Justiça;

CONSIDERANDO que, sobre o tema, foram ouvidos o Conselho Federal da Ordem dos Advogados do Brasil e a Associação dos Notários e Registradores do Brasil;

RESOLVE:

SEÇÃO I – DISPOSIÇÕES DE CARÁTER GERAL

Art. 1º Para a lavratura dos atos notariais relacionados a inventário, partilha, separação consensual, divórcio consensual e extinção consensual de união estável por via administrativa, é livre a escolha do tabelião de notas, não se aplicando as regras de competência do Código de Processo Civil. *(Redação dada pela Resolução nº 326, de 26.6.2020)*

Art. 2º É facultada aos interessados a opção pela via judicial ou extrajudicial; podendo ser solicitada, a qualquer momento, a suspensão, pelo prazo de 30 dias, ou a desistência da via judicial, para promoção da via extrajudicial.

Art. 3º As escrituras públicas de inventário e partilha, separação e divórcio consensuais não dependem de homologação judicial e são títulos hábeis para o registro civil e o registro imobiliário, para a transferência de bens e direitos, bem como para promoção de todos os atos necessários à materialização das transferências de bens e levantamento de valores (DETRAN, Junta Comercial, Registro Civil de Pessoas Jurídicas, instituições financeiras, companhias telefônicas, etc.)

Art. 4º O valor dos emolumentos deverá corresponder ao efetivo custo e à adequada e suficiente remuneração dos serviços prestados, conforme estabelecido no parágrafo único do art. 1º da Lei nº 10.169/2000, observando-se, quanto a sua fixação, as regras previstas no art. 2º da citada lei.

Art. 5º É vedada a fixação de emolumentos em percentual incidente sobre o valor do negócio jurídico objeto dos serviços notariais e de registro (Lei nº 10.169, de 2000, art. 3º, inciso II).

Art. 6º A gratuidade prevista na norma adjetiva compreende as escrituras de inventário, partilha, separação e divórcio consensuais *(Redação dada pela Resolução nº 326, de 26.6.2020).*

Art. 7º Para a obtenção da gratuidade pontuada nesta norma, basta a simples declaração dos interessados de que não possuem condições de arcar com os emolumentos, ainda que as partes estejam assistidas por advogado constituído *(Redação dada pela Resolução nº 326, de 26.6.2020).*

Art. 8º É necessária a presença do advogado, dispensada a procuração, ou do defensor público, na lavratura das escrituras aqui referidas, nelas constando seu nome e registro na OAB. *(Redação dada pela Resolução nº 326, de 26.6.2020).*

Art. 9º É vedada ao tabelião a indicação de advogado às partes, que deverão comparecer para o ato notarial acompanhadas de profissional de sua confiança. Se as partes não dispuserem de condições econômicas para contratar advogado, o tabelião deverá recomendar-lhes a Defensoria Pública, onde houver, ou, na sua falta, a Seccional da Ordem dos Advogados do Brasil.

Art. 10. É desnecessário o registro de escritura pública nas hipóteses aqui abordadas no Livro "E" de Ofício de Registro Civil das Pessoas Naturais, entretanto, o Tribunal de Justiça deverá promover, no prazo de 180 dias, medidas adequadas para a unificação dos dados que concentrem as informações dessas escrituras no âmbito estadual, possibilitando as buscas, preferencialmente, sem ônus para o interessado *(Redação dada pela Resolução nº 326, de 26.6.2020).*

SEÇÃO II – DISPOSIÇÕES REFERENTES AO INVENTÁRIO E À PARTILHA

Art. 11. É obrigatória a nomeação de interessado, na escritura pública de inventário e partilha, para representar o espólio, com poderes de inventariante, no cumprimento de obrigações ativas ou passivas pendentes, sem necessidade de seguir a ordem prevista no art. 617 do Código de Processo Civil. *(Redação dada pela Resolução nº 326, de 26.6.2020)*

§ 1º O meeiro e os herdeiros poderão, em escritura pública anterior à partilha ou à adjudicação, nomear inventariante. *(Incluído pela Resolução n. 452, de 22.4.2022)*

§ 2º O inventariante nomeado nos termos do §1º poderá representar o espólio na busca de informações bancárias e fiscais necessárias à conclusão de negócios essenciais para a realização do inventário e no levantamento de quantias para pagamento do imposto devido e dos emolumentos do inventário. *(Incluído pela Resolução n. 452, de 22.4.2022)*

§ 3º A nomeação de inventariante será considerada o termo inicial do procedimento de inventário extrajudicial. *(Incluído pela Resolução n. 452, de 22.4.2022)*

Art. 12. Admitem-se inventário e partilha extrajudiciais com viúvo(a) ou herdeiro(s) capazes, inclusive por emancipação, representado(s) por procuração formalizada por instrumento público com poderes especiais *(Resolução, 179, de 3 de Outubro de 2013).*

Art. 13. A escritura pública pode ser retificada desde que haja o consentimento de todos os interessados. Os erros materiais poderão ser corrigidos, de ofício ou mediante requerimento de qualquer das partes, ou de seu procurador, por averbação à margem do ato notarial ou, não havendo espaço, por escrituração própria lançada no livro das escrituras públicas e anotação remissiva.

Art. 14. Para as verbas previstas na Lei nº 6.858/80, é também admissível a escritura pública de inventário e partilha.

Art. 15. O recolhimento dos tributos incidentes deve anteceder a lavratura da escritura.

Art. 16. É possível a promoção de inventário extrajudicial por cessionário de direitos hereditários, mesmo na hipótese de cessão de parte do acervo, desde que todos os herdeiros estejam presentes e concordes.

Art. 17. Os cônjuges dos herdeiros deverão comparecer ao ato de lavratura da escritura pública de inventário e partilha quando houver renúncia ou algum tipo de partilha que importe em transmissão, exceto se o casamento se der sob o regime da separação absoluta.

Art. 18. O(A) companheiro(a) que tenha direito à sucessão é parte, observada a necessidade de ação judicial se o autor da herança não deixar outro sucessor ou não houver consenso de todos os herdeiros, inclusive quanto ao reconhecimento da união estável.

Art. 19. A meação de companheiro(a) pode ser reconhecida na escritura pública, desde que todos os herdeiros e interessados na herança, absolutamente capazes, estejam de acordo.

Art. 20. As partes e respectivos cônjuges devem estar, na escritura, nomeados e qualificados (nacionalidade; profissão; idade; estado civil; regime de bens; data do casamento; pacto antenupcial e seu registro imobiliário, se houver; número do documento de identidade; número de inscrição no CPF/MF; domicílio e residência).

Art. 21. A escritura pública de inventário e partilha conterá a qualificação completa do autor da herança; o regime de bens do casamento; pacto antenupcial e seu registro imobiliário, se houver; dia e lugar em que faleceu o autor da herança; data da expedição da certidão de óbito; livro, folha, número do termo e unidade de serviço em que consta o registro do óbito; e a menção ou declaração dos herdeiros de que o autor da herança não deixou testamento e outros herdeiros, sob as penas da lei.

Art. 22. Na lavratura da escritura deverão ser apresentados os seguintes documentos: a) certidão de óbito do autor da herança; b) documento de identidade oficial e CPF das partes e do autor da herança; c) certidão comprobatória do vínculo de parentesco dos herdeiros; d) certidão de casamento do cônjuge sobrevivente e dos herdeiros casados e pacto antenupcial, se houver; e) certidão de propriedade de bens imóveis e direitos a eles relativos; f) documentos necessários à comprovação da titularidade dos bens móveis e direitos, se houver; g) certidão negativa de tributos; e h) Certificado de Cadastro de Imóvel Rural – CCIR, se houver imóvel rural a ser partilhado.

Art. 23. Os documentos apresentados no ato da lavratura da escritura devem ser originais ou em cópias autenticadas, salvo os de identidade das partes, que sempre serão originais.

Art. 24. A escritura pública deverá fazer menção aos documentos apresentados.

Art. 25. É admissível a sobrepartilha por escritura pública, ainda que referente a inventário e partilha judiciais já findos, mesmo que o herdeiro, hoje maior e capaz, fosse menor ou incapaz ao tempo do óbito ou do processo judicial.

Art. 26. Havendo um só herdeiro, maior e capaz, com direito à totalidade da herança, não haverá partilha, lavrando-se a escritura de inventário e adjudicação dos bens.

Art. 27. A existência de credores do espólio não impedirá a realização do inventário e partilha, ou adjudicação, por escritura pública.

Art. 28. É admissível inventário negativo por escritura pública.

Art. 29. É vedada a lavratura de escritura pública de inventário e partilha referente a bens localizados no exterior.

Art. 30. Aplica-se a Lei nº 11.441/07 aos casos de óbitos ocorridos antes de sua vigência.

Art. 31. A escritura pública de inventário e partilha pode ser lavrada a qualquer tempo, cabendo ao tabelião fiscalizar o recolhimento de eventual multa, conforme previsão em legislação tributária estadual e distrital específicas.

Art. 32. O tabelião poderá se negar a lavrar a escritura de inventário ou partilha se houver fundados indícios de fraude ou em caso de dúvidas sobre a declaração de vontade de algum dos herdeiros, fundamentando a recusa por escrito.

SEÇÃO III – DISPOSIÇÕES COMUNS À SEPARAÇÃO E DIVÓRCIO CONSENSUAIS

Art. 33. Para a lavratura da escritura pública de separação e de divórcio consensuais, deverão ser apresentados:

a) certidão de casamento;

b) documento de identidade oficial e CPF/MF;

c) pacto antenupcial, se houver;

d) certidão de nascimento ou outro documento de identidade oficial dos filhos absolutamente capazes, se houver;

e) certidão de propriedade de bens imóveis e direitos a eles relativos; e

f) documentos necessários à comprovação da titularidade dos bens móveis e direitos, se houver.

Art. 34. As partes devem declarar ao tabelião, no ato da lavratura da escritura, que não têm filhos comuns ou, havendo, que são absolutamente capazes, indicando seus nomes e as datas de nascimento.

Parágrafo único. As partes devem, ainda, declarar ao tabelião, na mesma ocasião, que o cônjuge virago não está grávido ou, ao menos, que não têm conhecimento sobre tal condição *(Incluído pela Resolução 220/2016 do CNJ, de 26-04-2016)*

Art. 35. Da escritura, deve constar declaração das partes de que estão cientes das consequências da separação e do divórcio, firmes no propósito de pôr fim à sociedade conjugal ou ao vínculo matrimonial, respectivamente, sem hesitação, com recusa de reconciliação.

Art. 36. O comparecimento pessoal das partes é dispensável à lavratura de escritura pública de separação e divórcio consensuais, sendo admissível ao(s) separando(s) ou ao(s) divorciando(s) se fazer representar por mandatário constituído, desde que por instrumento público com poderes especiais, descrição das cláusulas essenciais e prazo de validade de trinta dias.

Art. 37. Havendo bens a serem partilhados na escritura, distinguir-se-á o que é do patrimônio individual de cada cônjuge, se houver, do que é do patrimônio comum do casal, conforme o regime de bens, constando isso do corpo da escritura.

Art. 38. Na partilha em que houver transmissão de propriedade do patrimônio individual de um cônjuge ao outro, ou a partilha desigual do patrimônio comum, deverá ser comprovado o recolhimento do tributo devido sobre a fração transferida.

Art. 39. A partilha em escritura pública de separação e divórcio consensuais far-se-á conforme as regras da partilha em inventário extrajudicial, no que couber.

Art. 40. O traslado da escritura pública de separação e divórcio consensuais será apresentado ao Oficial de Registro Civil do respectivo assento de casamento, para a averbação necessária, independente de autorização judicial e de audiência do Ministério Público.

Art. 41. Havendo alteração do nome de algum cônjuge em razão de escritura de separação, restabelecimento da sociedade conjugal ou divórcio consensuais, o Oficial de Registro Civil que averbar o ato no assento de casamento também anotará a alteração no respectivo assento de nascimento, se de sua unidade, ou, se de outra, comunicará ao Oficial competente para a necessária anotação.

Art. 42. Não há sigilo nas escrituras públicas de separação e divórcio consensuais.

Art. 43. Na escritura pública deve constar que as partes foram orientadas sobre a necessidade de apresentação de seu traslado no registro civil do assento de casamento, para a averbação devida.

Art. 44. É admissível, por consenso das partes, escritura pública de retificação das cláusulas de obrigações alimentares ajustadas na separação e no divórcio consensuais.

Art. 45. A escritura pública de separação ou divórcio consensuais, quanto ao ajuste do uso do nome de casado, pode ser retificada mediante declaração unilateral do interessado na volta ao uso do nome de solteiro, em nova escritura pública, com assistência de advogado.

Art. 46. O tabelião poderá se negar a lavrar a escritura de separação ou divórcio se houver fundados indícios de prejuízo a um dos cônjuges ou em caso de dúvidas sobre a declaração de vontade, fundamentando a recusa por escrito.

SEÇÃO IV – DISPOSIÇÕES REFERENTES À SEPARAÇÃO CONSENSUAL

Art. 47. São requisitos para lavratura da escritura pública de separação consensual:

› *(Redação dada pela Resolução 220/2016 do CNJ, de 26-04-2016)*

a) um ano de casamento;

b) manifestação de vontade espontânea e isenta de vícios em não mais manter a sociedade conjugal e desejar a separação conforme as cláusulas ajustadas;

c) ausência de filhos menores não emancipados ou incapazes do casal;

d) inexistência de gravidez do cônjuge virago ou desconhecimento acerca de tal circunstância; e

e) assistência das partes por advogado, que poderá ser comum

Art. 48. O restabelecimento de sociedade conjugal pode ser feito por escritura pública, ainda que a separação tenha sido judicial. Neste caso, é necessária e suficiente a apresentação de certidão da sentença de separação ou da averbação da separação no assento de casamento.

Art. 49. Em escritura pública de restabelecimento de sociedade conjugal, o tabelião deve:

a) fazer constar que as partes foram orientadas sobre a necessidade de apresentação de seu traslado no registro civil do assento de casamento, para a averbação devida;

b) anotar o restabelecimento à margem da escritura pública de separação consensual, quando esta for de sua serventia, ou, quando de outra, comunicar o restabelecimento, para a anotação necessária na serventia competente; e

c) comunicar o restabelecimento ao juízo da separação judicial, se for o caso.

Art. 50. A sociedade conjugal não pode ser restabelecida com modificações.

Art. 51. A averbação do restabelecimento da sociedade conjugal somente poderá ser efetivada depois da averbação da separação no registro civil, podendo ser simultâneas.

SEÇÃO V – DISPOSIÇÕES REFERENTES AO DIVÓRCIO CONSENSUAL

Art. 52. Os cônjuges separados judicialmente, podem, mediante escritura pública, converter a separação judicial ou extrajudicial em divórcio, mantendo as mesmas condições ou alterando-as. Nesse caso, é dispensável a apresentação de certidão atualizada do processo judicial, bastando a certidão da averbação da separação no assento do casamento. *(Redação dada pela Resolução nº 120, de 30.09.2010)*

Art. 53. *(Revogado pela Resolução nº 120, de 30.09.2010)*

Art. 54. Esta Resolução entra em vigor na data de sua publicação.

Ministra ELLEN GRACIE
(DJU 02.05.2007)

RESOLUÇÃO Nº 131, DE 26 DE MAIO DE 2011, DO CONSELHO NACIONAL DE JUSTIÇA

Dispõe sobre a concessão de autorização de viagem para o exterior de crianças e adolescentes brasileiros, e revoga a Resolução nº 74/2009 do CNJ.

› *Vide Lei nº 8.069, de 13 de julho de 1990, arts. 83 a 85*

CONSIDERANDO as manifestações do Ministério das Relações Exteriores e do Departamento de Polícia Federal, que referem dificuldades para o cumprimento do regramento disposto na Resolução nº 74/2009 do Conselho Nacional de Justiça e sugerem alterações;

CONSIDERANDO as dificuldades enfrentadas pelas autoridades que exercem o controle de entrada e saída de pessoas do território nacional, em especial com relação a crianças e adolescentes;

CONSIDERANDO as diversas interpretações existentes a respeito da necessidade ou não de autorização judicial para saída de crianças e adolescentes do território nacional pelos Juízos da Infância e da Juventude dos Estados da Federação e o Distrito Federal;

CONSIDERANDO a insegurança causada aos usuários em decorrência da diversidade de requisitos e exigências;

CONSIDERANDO a necessidade de uniformização na interpretação dos arts. 83 a 85 do Estatuto da Criança e do Adolescente;

CONSIDERANDO o decidido nos Pedidos de Providências nºs 200710000008644 e 200810000022323;

RESOLVE:

DAS AUTORIZAÇÕES DE VIAGEM INTERNACIONAL PARA CRIANÇAS OU ADOLESCENTES BRASILEIROS RESIDENTES NO BRASIL

Art. 1º É dispensável autorização judicial para que crianças ou adolescentes brasileiros residentes no Brasil viajem ao exterior, nas seguintes situações:

I) em companhia de ambos os genitores;

II) em companhia de um dos genitores, desde que haja autorização do outro, com firma reconhecida;

III) desacompanhado ou em companhia de terceiros maiores e capazes, designados pelos genitores, desde que haja autorização de ambos os pais, com firma reconhecida.

DAS AUTORIZAÇÕES DE VIAGEM INTERNACIONAL PARA CRIANÇAS OU ADOLESCENTES BRASILEIROS RESIDENTES NO EXTERIOR

Art. 2º É dispensável autorização judicial para que crianças ou adolescentes brasileiros residentes fora do Brasil, detentores ou não de outra nacionalidade, viajem de volta ao país de residência, nas seguintes situações:

I) em companhia de um dos genitores, independentemente de qualquer autorização escrita;

II) desacompanhado ou acompanhado de terceiro maior e capaz designado pelos genitores, desde que haja autorização escrita dos pais, com firma reconhecida.

§ 1º A comprovação da residência da criança ou adolescente no exterior far-se-á mediante Atestado de Residência emitido por repartição consular brasileira há menos de dois anos.

§ 2º Na ausência de comprovação da residência no exterior, aplica-se o disposto no art. 1º.

DAS DISPOSIÇÕES GERAIS

Art. 3º Sem prévia e expressa autorização judicial, nenhuma criança ou adolescente brasileiro poderá sair do país em companhia de estrangeiro residente ou domiciliado no exterior.

Parágrafo único. Não se aplica o disposto no *caput* deste artigo, aplicando-se o disposto no art. 1º ou 2º:

I) se o estrangeiro for genitor da criança ou adolescente;

II) se a criança ou adolescente, nascido no Brasil, não tiver nacionalidade brasileira.

Art. 4º A autorização dos pais poderá também ocorrer por escritura pública.

Art. 5º O falecimento de um ou ambos os genitores deve ser comprovado pelo interessado mediante a apresentação de certidão de óbito do(s) genitor(es).

Art. 6º Não é exigível a autorização de genitores suspensos ou destituídos do poder familiar, devendo o interessado comprovar a circunstância por meio de certidão de nascimento da criança ou adolescente, devidamente averbada.

Art. 7º O guardião por prazo indeterminado (anteriormente nominado guardião definitivo) ou o tutor, ambos judicialmente nomeados em termo de compromisso, que não sejam os genitores, poderão autorizar a viagem da criança ou adolescente sob seus cuidados, para todos os fins desta resolução, como se pais fossem.

Art. 8º As autorizações exaradas pelos pais ou responsáveis deverão ser apresentadas em duas vias originais, uma das quais permanecerá retida pela Polícia Federal.

§ 1º O reconhecimento de firma poderá ser por autenticidade ou semelhança.

§ 2º Ainda que não haja reconhecimento de firma, serão válidas as autorizações de pais ou responsáveis que forem exaradas na presença de autoridade consular brasileira, devendo, nesta hipótese, constar a assinatura da autoridade consular no documento de autorização.

Art. 9º Os documentos mencionados nos arts. 2º, § 1º, 4º, 5º, 6º e 7º deverão ser apresentados no original ou cópia autenticada no Brasil ou por repartição consular brasileira, permanecendo retida com a fiscalização da Polícia Federal cópia (simples ou autenticada) a ser providenciada pelo interessado.

Art. 10. Os documentos de autorizações dadas pelos genitores, tutores ou guardiões definitivos deverão fazer constar o prazo de validade, compreendendo-se, em caso de omissão, que a autorização é válida por dois anos.

Art. 11. Salvo se expressamente consignado, as autorizações de viagem internacional expressas nesta resolução não se constituem em autorizações para fixação de residência permanente no exterior.

Parágrafo único. Eventuais modelos ou formulários produzidos, divulgados e distribuídos pelo Poder Judiciário ou órgãos governamentais, deverão conter a advertência consignada no *caput*.

Art. 12. Os documentos e cópias retidos pelas autoridades migratórias por força desta resolução poderão, a seu critério, ser destruídos após o decurso do prazo de dois anos.

Art. 13. O Ministério das Relações Exteriores e a Polícia Federal poderão instituir procedimentos, conforme as normas desta resolução, para que pais ou responsáveis autorizem viagens de crianças e adolescentes ao exterior quando do requerimento da expedição de passaporte, para que deste conste a autorização.

Parágrafo único. Para fins do disposto neste artigo, a Presidência do Conselho Nacional de Justiça poderá indicar representante para fazer parte de eventual Grupo de Trabalho a ser instituído pelo Ministério das Relações Exteriores e/ou Polícia Federal.

Art. 14. Fica expressamente revogada a Resolução CNJ nº 74/2009, assim como as disposições em contrário.

Art. 15. A presente Resolução entra em vigor na data de sua publicação.

Ministro CEZAR PELUSO
(DJE 01.06.2011)

RESOLUÇÃO Nº 295, DE 13 DE SETEMBRO DE 2019, DO CONSELHO NACIONAL DE JUSTIÇA

Dispõe sobre autorização de viagem nacional para crianças e adolescentes.

- *Vide Provimento CNJ 103/2020 (Autorização Eletrônica de Viagem nacional e internacional de crianças e adolescentes até 16 (dezesseis) anos desacompanhados de ambos ou um de seus pais)*
- *Vide art. 444, Provimento CNJ n. 149/2023 (CNN)*

O PRESIDENTE DO CONSELHO NACIONAL DE JUSTIÇA, no uso de suas atribuições legais e regimentais;

CONSIDERANDO as dificuldades enfrentadas pelas autoridades que exercem controle de trânsito de pessoas dentro do território nacional, em especial, relativamente a crianças e adolescentes;

CONSIDERANDO a insegurança causada aos usuários em decorrência da diversidade de requisitos e exigências para trânsito de crianças e adolescentes dentro do território nacional;

CONSIDERANDO a edição da a Lei nº 13.812, em 16 de março de 2019, que altera dispositivos da Lei nº 8.069, de 13 de julho de 1990, (Estatuto da Criança e do Adolescente – ECA);

CONSIDERANDO a necessidade de uniformização na interpretação dos artigos 83 a 85 do ECA;

CONSIDERANDO a entrada em vigor da Lei nº 13.726, de 08 de outubro de 2018, que o aludiu expressamente à possibilidade de que as autorizações de viagem sejam concedidas por documento particular, com reconhecimento de firma;

CONSIDERANDO o teor da Resolução CNJ nº 131, de 26 de maio de 2011, diploma desburocratizante e que facilitou a autorização de viagens internacionais, sem descurar da necessária proteção a crianças e adolescentes;

CONSIDERANDO que o art. 83 do ECA já contemplava a modalidade judicial de autorização de viagens quando editada a Resolução CNJ nº 131/2011 e publicada a Lei nº 13.726/2018, de modo que a Lei nº 13.812/2019 não as revogou (art. 2º, § 2º, da Lei de Introdução às Normas do Direito Brasileiro);

CONSIDERANDO o aumento da idade a partir da qual a autorização para viagens nacionais está dispensada, elevando abruptamente o volume de pedidos de autorização judicial de viagem em tramitação nas Varas da Infância e da Juventude dos Estados e do Distrito Federal, com o início da vigência da Lei nº 13.812/2019 (cerca de 950% no Estado de São Paulo);

CONSIDERANDO o teor dos artigos 20 e 30 da Lei de Introdução às Normas do Direito Brasileiro;

CONSIDERANDO a importância de se manter a congruência entre o rigor exigido para autorizações de viagens nacionais e internacionais de crianças e adolescentes;

CONSIDERANDO a deliberação do Plenário do CNJ na 296ª Sessão Ordinária, realizada em 10 de setembro de 2019, nos autos do Pedido de Providências nº 0001171-89.2018.2.00.0000;

RESOLVE:

Art. 1º Nenhuma criança ou adolescente menor de 16 anos poderá viajar para fora da comarca onde reside desacompanhado dos pais ou dos responsáveis sem expressa autorização judicial.

Art. 2º A autorização para viagens de criança ou adolescente menor de 16 anos dentro do território o nacional não será exigida quando:

I – tratar-se de comarca contígua à da residência da criança ou do adolescente menor de 16 anos, se na mesma unidade federativa ou incluída na mesma região metropolitana; e

II – a criança ou o adolescente menor de 16 anos estiver acompanhado:

a) de ascendente ou colateral maior, até o terceiro grau, comprovado documentalmente o parentesco; e

b) de pessoa maior, expressamente autorizada por mãe, pai, ou responsável, por meio de escritura pública ou de documento particular com firma reconhecida por semelhança ou autenticidade.

III – a criança ou o adolescente menor de 16 anos viajar desacompanhado expressamente autorizado por qualquer de seus genitores ou responsável legal, por meio de escritura pública ou de documento particular com firma reconhecida por semelhança ou autenticidade; e

IV – a criança ou adolescente menor de 16 anos apresentar passaporte válido e que conste expressa autorização para que viajem desacompanhados ao exterior.

Art. 3º Os documentos de autorizações dadas por genitores ou responsáveis legais deverão discriminar o prazo de validade, compreendendo-se, em caso de omissão, que a autorização é válida por dois anos.

Art. 4º Ficam revogadas as disposições em contrário.

Art. 5º Esta Resolução entra em vigor na data de sua publicação.

Ministro DIAS TOFFOLI
DJe de 19.09.2019

⦿ FORMULÁRIO DE AUTORIZAÇÃO DE VIAGEM NACIONAL

PARA CRIANÇAS OU ADOLESCENTES – Res.: 295/2019- CNJ

Válida até ___/___/20___.

Eu,____,
Cédula de Identidade nº ______________, expedida pela___________, na data de ____/_____/______
CPF nº ____________________________
Endereço de domicílio ____
Cidade ____________________________ UF:_______
Telefone de contato: (___) ___________
na qualidade de (...) MÃE (...) PAI (...) TUTOR(A) (...) GUARDIÃ(O)

AUTORIZO a circular livremente, dentro do território nacional,
____
nascida(o) em ______/_______/_______,
natural de ____,
Cédula de Identidade nº _____________, expedida pela___________, na data de ____/_____/_____
CPF nº _____________________________
Endereço de domicílio ____
Cidade ____________________________ UF:_______

DESDE QUE ACOMPANHADA(O) DE ____,
Cédula de Identidade nº______________, expedida pela___________, na data de _____/_____/______
CPF nº ____________________________
Endereço de domicílio ____
Cidade ____________________________ UF:_______
Telefone de contato: (___)______________,
Local/Data: ___________________,______ de _________________de 20________.
Assinatura: ____
(assinatura de mãe, ou pai, ou responsável legal)
(Reconhecer firmas por semelhança ou autenticidade)

⦿ FORMULÁRIO DE AUTORIZAÇÃO DE VIAGEM NACIONAL

PARA CRIANÇAS OU ADOLESCENTES – Res. Nº 295/2019 - CNJ

Válida até____/____/20_____.

Eu,____,
Cédula de Identidade nº _____________, expedida pela ___________, na data de _____/_____/_____
CPF nº ____________________________
Endereço de domicílio ____
Cidade ____________________________UF:_______
Telefone de contato: (___)______________,
na qualidade de ( ) MÃE / ( ) PAI / ( ) TUTOR(A) / ( ) GUARDIÃ(O)
E
Eu,____,
Cédula de Identidade nº ______________, expedida pela___________, na data de _____/_____/_____
CPF nº ____________________________
Endereço de domicílio ____
Cidade ____________________________ UF:_______
Telefone de contato: (___)______________,
na qualidade de (...) MÃE (...) PAI (...) TUTOR(A) (...) GUARDIÃ(O)

AUTORIZAMOS a circular livremente, dentro do território nacional,
____
nascida(o) em ______/_______/_______,
natural de __________________________,
Cédula de Identidade nº______________, expedida pela___________,
na data de _____/_____/_____
CPF nº ___________________________
Endereço de domicílio ____
Cidade ___________________________ UF:_______

DESDE QUE ACOMPANHADA(O) DE____,
Cédula de Identidade nº ____________,
expedida pela____________, na data de _____/_____/_____
CPF nº __________________________
Endereço de domicílio ____
Cidade ____________________________UF:_______
Telefone de contato: (___)______________,
Local/Data: __________________________,______ de ______________de 20________.
Assinatura(s):
1)__________________________________
2)__________________________________
(assinatura de mãe, ou pai, ou responsável legal)
(Reconhecer firmas por semelhança ou autenticidade)

◉ FORMULÁRIO DE AUTORIZAÇÃO DE VIAGEM NACIONAL

PARA CRIANÇAS OU ADOLESCENTES – Res. Nº 295/2019 - CNJ

Válida até____/____/20_____.

Eu,____,
Cédula de Identidade nº ______________, expedida pela___________, na data de _____/_____/_____
CPF nº ____________________________
Endereço de domicílio ____
Cidade ____________________________ UF:_______
Telefone de contato: (___)______________,
na qualidade de (...) MÃE (...) PAI (...) TUTOR(A) (...) GUARDIÃ(O)

AUTORIZO a circular livremente, dentro do território nacional, desacompanhada(o)
____
nascida(o) em ______/_______/_______,
natural de ____,
Cédula de Identidade nº _____________, expedida pela__________, na data de _____/_____/_____
CPF nº ____________________________
Endereço de domicílio ____
Cidade ____________________________
UF:_______
Local/Data: ____________________,______de_________________de 20________.
Assinatura: ____
(assinatura de mãe, ou pai, ou responsável legal)
(Reconhecer firmas por semelhança ou autenticidade)

◉ FORMULÁRIO DE AUTORIZAÇÃO DE VIAGEM NACIONAL

PARA CRIANÇAS OU ADOLESCENTES – Res. Nº 295/2019 - CNJ

Válida até____/____/20_____.

Eu,____,
Cédula de Identidade nº ______________, expedida pela __________, na data de _____/_____/_____
CPF nº ____________________________
Endereço de domicílio ____
Cidade ____________________________ UF:_______
Telefone de contato: (___)______________,
na qualidade de ( ) MÃE / ( ) PAI / ( ) TUTOR(A) / ( ) GUARDIÃ(O)

E
Eu,____,
Cédula de Identidade nº ______________, expedida pela__________, na data de _____/_____/_____
CPF nº ____________________________
Endereço de domicílio ____
Cidade ____________________________ UF:_______
Telefone de contato: (___)____________,
na qualidade de (...) MÃE (...) PAI (...) TUTOR(A) (...) GUARDIÃ(O)

AUTORIZAMOS a circular livremente, dentro do território nacional, desacompanhada(o)
____
nascida(o) em ______/_______/_______,
natural de ____________________________,
Cédula de Identidade nº _____________, expedida pela__________, na data de _____/_____/_____
CPF nº ____________________________
Endereço de domicílio ____
Cidade ____________________________
UF:_______
Local/Data: ____________________,______de_________________de 20________.
Assinatura(s):
1)___________________________________
2)___________________________________
(assinatura de mãe, ou pai, ou responsável legal)
(Reconhecer firmas por semelhança ou autenticidade)

RESOLUÇÕES DO CONSELHO FEDERAL DE MEDICINA (CFM)

RESOLUÇÃO Nº 1.995, DE 09 DE AGOSTO DE 2012, DO CONSELHO FEDERAL DE MEDICINA (CFM)

Dispõe sobre as diretivas antecipadas de vontade dos pacientes.

▸ *Vide art. 7º, I, Lei n. 8.935/1994 (Notários e Registradores)*

O Conselho Federal de Medicina, no uso das atribuições conferidas pela Lei nº 3.268, de 30 de setembro de 1957, regulamentada pelo Decreto nº 44.045, de 19 de julho de 1958, e pela Lei nº 11.000, de 15 de dezembro de 2004, e

Considerando a necessidade, bem como a inexistência de regulamentação sobre diretivas antecipadas de vontade do paciente no contexto da ética médica brasileira;

Considerando a necessidade de disciplinar a conduta do médico em face das mesmas;

Considerando a atual relevância da questão da autonomia do paciente no contexto da relação médico-paciente, bem como sua interface com as diretivas antecipadas de vontade;

Considerando que, na prática profissional, os médicos podem defrontar-se com esta situação de ordem ética ainda não prevista nos atuais dispositivos éticos nacionais;

Considerando que os novos recursos tecnológicos permitem a adoção de medidas desproporcionais que prolongam o sofrimento do paciente em estado terminal, sem trazer benefícios, e que essas medidas podem ter sido antecipadamente rejeitadas pelo mesmo;

Considerando o decidido em reunião plenária de 9 de agosto de 2012,

Resolve:

Art. 1º Definir diretivas antecipadas de vontade como o conjunto de desejos, prévia e expressamente manifestados pelo paciente, sobre cuidados e tratamentos que quer, ou não, receber no momento em que estiver incapacitado de expressar, livre e autonomamente, sua vontade.

Art. 2º Nas decisões sobre cuidados e tratamentos de pacientes que se encontram incapazes de comunicar-se, ou de expressar de maneira livre e independente suas vontades, o médico levará em consideração suas diretivas antecipadas de vontade.

§ 1º Caso o paciente tenha designado um representante para tal fim, suas informações serão levadas em consideração pelo médico.

§ 2º O médico deixará de levar em consideração as diretivas antecipadas de vontade do paciente ou representante que, em sua análise, estiverem em desacordo com os preceitos ditados pelo Código de Ética Médica.

§ 3º As diretivas antecipadas do paciente prevalecerão sobre qualquer outro parecer não médico, inclusive sobre os desejos dos familiares.

§ 4º O médico registrará, no prontuário, as diretivas antecipadas de vontade que lhes foram diretamente comunicadas pelo paciente.

§ 5º Não sendo conhecidas as diretivas antecipadas de vontade do paciente, nem havendo representante designado, familiares disponíveis ou falta de consenso entre estes, o médico recorrerá ao Comitê de Bioética da instituição, caso exista, ou, na falta deste, à Comissão de Ética Médica do hospital ou ao Conselho Regional e Federal de Medicina para fundamentar sua decisão sobre conflitos éticos, quando entender esta medida necessária e conveniente.

Art. 3º Esta resolução entra em vigor na data de sua publicação.

ROBERTO LUIZ DAVILA
Presidente do Conselho
HENRIQUE BATISTA E SILVA
Secretário-geral
D.O.U. de 31 de agosto de 2012

RESOLUÇÃO Nº 2.232, DE 17 DE JULHO DE 2019, DO CONSELHO FEDERAL DE MEDICINA (CFM)

Estabelece normas éticas para a recusa terapêutica por pacientes e objeção de consciência na relação médico-paciente.

O CONSELHO FEDERAL DE MEDICINA, no uso das atribuições conferidas pela Lei nº 3.268, de 30 de setembro de 1957, alterada pela Lei nº 11.000, de 15 de dezembro de 2004, e regulamentada pelo Decreto nº 44.045, de 19 de julho de 1958, e pela Lei nº 12.842, de 10 de julho de 2013,

CONSIDERANDO que a Constituição Federal (CF) elegeu a dignidade da pessoa humana como um dos fundamentos da República;

CONSIDERANDO o Código Penal (Decreto-Lei nº 2.848, de 7 de dezembro de 1940), em especial o inciso I do § 3º do art. 146, que exclui a tipicidade da conduta nos casos de intervenção médica sem o consentimento do paciente, se justificada por iminente perigo de morte;

CONSIDERANDO o disposto no Código Civil (Lei nº 10.406, de 10 de janeiro de 2012) em relação à capacidade civil, à autonomia do paciente e ao abuso de direito;

CONSIDERANDO o Estatuto da Criança e do Adolescente (Lei nº 8.069, de 13 de julho de 1990);

CONSIDERANDO que a Lei nº 10.216, de 6 de abril de 2001, assegura direitos e proteção a pessoas com transtorno mental e autoriza sua internação e tratamento involuntários ou compulsórios;

CONSIDERANDO o normatizado pelo Código de Ética Médica em relação aos direitos e deveres dos médicos e a autonomia dos pacientes;

CONSIDERANDO a Resolução CFM nº 1.995/2012, que dispõe sobre as diretivas antecipadas de vontade;

CONSIDERANDO que os Conselhos de Medicina são, ao mesmo tempo, julgadores e disciplinadores da classe médica, cabendo a eles zelar e trabalhar, com todos os meios a seu alcance, pelo perfeito desempenho ético da medicina, pelo prestígio e pelo bom conceito da profissão e dos que a exercem legalmente; e

CONSIDERANDO o decidido na sessão plenária de 17 de julho de 2019, resolve:

Art. 1º A recusa terapêutica é, nos termos da legislação vigente e na forma desta Resolução, um direito do paciente a ser respeitado pelo médico, desde que esse o informe dos riscos e das consequências previsíveis de sua decisão.

Art. 2º É assegurado ao paciente maior de idade, capaz, lúcido, orientado e consciente, no momento da decisão, o direito de recusa à terapêutica proposta em tratamento eletivo, de acordo com a legislação vigente.

Parágrafo único. O médico, diante da recusa terapêutica do paciente, pode propor outro tratamento quando disponível.

Art. 3º Em situações de risco relevante à saúde, o médico não deve aceitar a recusa terapêutica de paciente menor de idade ou de adulto que não esteja no pleno uso de suas faculdades mentais, independentemente de estarem representados ou assistidos por terceiros.

Art. 4º Em caso de discordância insuperável entre o médico e o representante legal, assistente legal ou familiares do paciente menor ou incapaz quanto à terapêutica proposta, o médico deve comunicar o fato às autoridades competentes (Ministério Público, Polícia, Conselho Tutelar etc.), visando o melhor interesse do paciente.

Art. 5º A recusa terapêutica não deve ser aceita pelo médico quando caracterizar abuso de direito.

§ 1º Caracteriza abuso de direito:

I - A recusa terapêutica que coloque em risco a saúde de terceiros.

II - A recusa terapêutica ao tratamento de doença transmissível ou de qualquer outra condição semelhante que exponha a população a risco de contaminação.

§ 2º A recusa terapêutica manifestada por gestante deve ser analisada na perspectiva do binômio mãe/feto, podendo o ato de vontade da mãe caracterizar abuso de direito dela em relação ao feto.

Art. 6º O médico assistente em estabelecimento de saúde, ao rejeitar a recusa terapêutica do paciente, na forma prevista nos artigos 3º e 4º desta Resolução, deverá registrar o fato no prontuário e comunicá-lo ao diretor técnico para que este tome as providências necessárias perante as autoridades competentes, visando assegurar o tratamento proposto.

Art. 7º É direito do médico a objeção de consciência diante da recusa terapêutica do paciente.

Art. 8º Objeção de consciência é o direito do médico de se abster do atendimento diante da recusa terapêutica do paciente, não realizando atos médicos que, embora permitidos por lei, sejam contrários aos ditames de sua consciência.

Art. 9º A interrupção da relação do médico com o paciente por objeção de consciência impõe ao médico o dever de comunicar o fato ao diretor técnico do estabelecimento de saúde, visando garantir a continuidade da assistência por outro médico, dentro de suas competências.

Parágrafo único. Em caso de assistência prestada em consultório, fora de estabelecimento de saúde, o médico deve registrar no prontuário a interrupção da relação com o paciente por objeção de consciência, dando ciência a ele, por escrito, e podendo, a seu critério, comunicar o fato ao Conselho Regional de Medicina.

Art. 10. Na ausência de outro médico, em casos de urgência e emergência e quando a recusa terapêutica trouxer danos previsíveis à saúde do paciente, a relação com ele não pode ser interrompida por objeção de consciência, devendo o médico adotar o tratamento indicado, independentemente da recusa terapêutica do paciente.

Art. 11. Em situações de urgência e emergência que caracterizarem iminente perigo de morte, o médico deve adotar todas as medidas necessárias e reconhecidas para preservar a vida do paciente, independentemente da recusa terapêutica.

Art. 12. A recusa terapêutica regulamentada nesta Resolução deve ser prestada, preferencialmente, por escrito e perante duas testemunhas quando a falta do tratamento recusado expuser o paciente a perigo de morte.

Parágrafo único. São admitidos outros meios de registro da recusa terapêutica quando o paciente não puder prestá-la por escrito, desde que o meio empregado, incluindo tecnologia com áudio e vídeo, permita sua preservação e inserção no respectivo prontuário.

Art. 13. Não tipifica infração ética de qualquer natureza, inclusive omissiva, o acolhimento, pelo médico, da recusa terapêutica prestada na forma prevista nesta Resolução.

Art. 14. Revoga-se a Resolução CFM nº 1.021/1980, publicada no D.O.U. de 22 de outubro de 1980, seção I, parte II.

Art. 15. Esta Resolução entra em vigor na data de sua publicação.

CARLOS VITAL TAVARES CORRÊA LIMA
Presidente do Conselho

HENRIQUE BATISTA E SILVA
Secretário-Geral

D.O.U. de 16.09.2019

RESOLUÇÃO DO CONSELHO NACIONAL DE TRÂNSITO

RESOLUÇÃO Nº 809, DE 15 DE DEZEMBRO DE 2020

Dispõe sobre os requisitos para emissão do Certificado de Registro de Veículo (CRV), do Certificado de Licenciamento Anual (CLA) e do comprovante de transferência de propriedade em meio digital.

O CONSELHO NACIONAL DE TRÂNSITO (CONTRAN), no uso da competência que lhe conferem os incisos I e X do art. 12 da Lei nº 9.503, de 23 de setembro de 1997, que institui o Código de Trânsito Brasileiro (CTB), com base no que consta nos autos do processo administrativo nº 50000.049920/2019-12, resolve:

Art. 1º Esta Resolução dispõe sobre os requisitos para emissão do Certificado de Registro de Veículo (CRV), do Certificado de Licenciamento Anual (CLA) e do Comprovante de Transferência de Propriedade (CTP) em meio digital.

CAPÍTULO I – DO CERTIFICADO DE REGISTRO E LICENCIAMENTO DE VEÍCULO EM MEIO DIGITAL (CRLV-E)

Art. 2º Fica instituído o Certificado de Registro e Licenciamento de Veículo em meio digital (CRLV-e), expedido na forma estabelecida pelo órgão máximo executivo de trânsito da União, que conterá, vinculados em um único documento, o Certificado de Registro de Veículo (CRV) e o Certificado de Licenciamento Anual (CLA), conforme disposto nos arts. 121 e 131 do CTB.

Art. 3º O CRLV-e será expedido obrigatoriamente:

I - no registro do veículo;

II - no licenciamento anual do veículo;

III - na transferência de propriedade;

IV - na mudança de Município de domicílio ou de Município de residência do proprietário;

V - na alteração de qualquer característica do veículo;

VI - na mudança de categoria;

VII - no caso de segunda via dos documentos emitidos com base na Resolução CONTRAN nº 16, de 06 de fevereiro de 1998, com a alteração dada pela Resolução CONTRAN nº 775, de 28 de março de 2019;

VIII - no caso de remarcação de chassi;

IX - nos casos previstos em regulamentos complementares onde seja necessária a emissão de um CRV.

Art. 4º O CRLV-e somente será expedido após a quitação dos débitos relativos a tributos, encargos e multas de trânsito e ambientais, vinculados ao veículo, bem como o pagamento do Seguro Obrigatório de Danos Pessoais causados por Veículos Automotores de Via Terrestres (Seguro DPVAT).

Parágrafo único. A existência de restrições administrativas ou judiciais que restrinjam a circulação do veículo impedem a expedição do CRLV-e.

Art. 5º Os campos e leiaute do CRLV-e serão definidos no Anexo I desta Resolução.

Parágrafo único. O órgão máximo executivo de trânsito da União poderá estabelecer outras informações a serem agregadas ao CRLV-e.

Art. 6º O CRLV-e é documento suficiente para fim de cumprimento do que dispõe o *caput* do art. 133 do CTB.

§ 1º Para fins de fiscalização, o CRLV-e pode ser apresentado na versão digital por meio dos aplicativos oficiais do Governo Federal ou na versão impressa em papel A4 branco comum.

§ 2º A expedição do CRLV-e dispensa a obrigatoriedade da versão impressa.

§ 3º Caso o proprietário faça a opção pela expedição do documento em meio físico, o CRLV-e será impresso em papel A4 comum branco, no modelo do Anexo. *(Parágrafo acrescentado conforme determinado na Resolução CONTRAN nº 817, de 17.03.2021, DOU 24.03.2021)*

Art. 7º O órgão máximo executivo de trânsito da União disponibilizará sistema eletrônico para validação do CRLV-e, ou sua versão impressa, por meio da leitura do código de barras bidimensionais dinâmico (Quick Response Code - QRCode) inserido no documento.

Parágrafo único. O QRCode será gerado a partir de algoritmo específico, de propriedade do órgão máximo executivo de trânsito da União, composto pelos dados individuais do veículo obtidos por meio do Registro Nacional de Veículos Automotores (RENAVAM).

Arts. 8º e 9º *(Revogados conforme determinado na Resolução CONTRAN nº 817, de 17.03.2021, DOU 24.03.2021)*

CAPÍTULO II – DA AUTORIZAÇÃO PARA TRANSFERÊNCIA DE PROPRIEDADE DO VEÍCULO EM MEIO DIGITAL (ATPV-E)

- *Vide Portaria nº 1.137/2023 do Ministério dos Transportes (Credencia a Associação Nacional dos Registradores de Pessoas Naturais (ARPEN Brasil) para prestar o serviço de disponibilização e assinatura da Autorização para Transferência de Propriedade do Veículo em meio digital (ATPV-e))*

Art. 10. Fica instituída a Autorização para Transferência de Propriedade do Veículo em meio digital (ATPV-e), expedida na forma estabelecida pelo órgão máximo executivo de trânsito da União, que constitui o comprovante de transferência de propriedade de que trata o inciso III do art. 124 do CTB.

Art. 11. A ATPV-e é o documento gerado pelo órgão máximo executivo de trânsito da União em que o antigo e o novo proprietário, respectivamente, vendedor e comprador, declaram estar de acordo com a transferência da propriedade do veículo, nos termos das informações constantes no documento, responsabilizando-se pela veracidade das informações ali declaradas.

Parágrafo único. Os campos e leiaute da ATPV-e serão definidos no Anexo II desta Resolução.

Art. 12. A ATPV-e conterá os dados identificadores do proprietário do veículo, do veículo e do comprador, além de código de barras bidimensionais dinâmico (Quick Response Code - QRCode) gerado pelos sistemas do órgão máximo executivo de trânsito da União.

Art. 13. A ATPV-e somente será disponibilizada aos veículos registrados após a entrada em vigor desta Resolução, salvo:

I - os casos previstos no inciso VII do art. 3º; ou

II - mediante requerimento do proprietário do veículo, observados os requisitos estabelecidos pelo órgão ou entidade executivo de trânsito responsável pelo registro do veículo.

Art. 14. Quando houver a necessidade de cancelamento da ATPV-e, o órgão ou entidade executivo de trânsito do Estado ou do Distrito Federal responsável pelo registro do veículo poderá estabelecer requisitos necessários para emissão de uma nova ATPV-e.

Art. 15. A ATPV-e deverá ser disponibilizada por meio dos canais de atendimento dos órgãos ou entidades executivos de trânsito dos Estados e do Distrito Federal.

Parágrafo único. O órgão máximo executivo de trânsito da União poderá instituir outros canais de atendimento para disponibilização da ATPV-e.

Art. 16. Quando ambos, proprietário vendedor e comprador, possuírem os requisitos necessários para assinatura eletrônica da ATPV-e, o preenchimento e a assinatura poderão ocorrer nos sistemas do órgão máximo executivo de trânsito da União ou dos órgãos ou entidades executivos de trânsito dos Estados e do Distrito Federal que disponibilizarem essa funcionalidade, de acordo com a Lei nº 14.063, de 23 de setembro de 2020, e regulamentação vigente.

Parágrafo único. Os órgãos ou entidades executivos de trânsito dos Estados ou do Distrito Federal poderão estabelecer outros meios para autenticar a identificação do vendedor e do comprador em conformidade com a legislação em vigor para validação jurídica.

Art. 17. Na versão impressa, a ATPV-e deverá ser assinada e conter o reconhecimento de firma do vendedor e do comprador por autenticidade.

Art. 18. A Autorização para Transferência de Propriedade de Veículo (ATPV) constante no verso de CRV válido, emitido em meio físico, em modelo previsto na Resolução CONTRAN nº 16, de 1998, alterada pela Resolução CONTRAN nº 775, de 2019, deverá conter o reconhecimento de firma por autenticidade do antigo proprietário e do comprador.

CAPÍTULO III DA COMUNICAÇÃO DE VENDA DE VEÍCULO

Art. 19. O encaminhamento do comprovante de transferência de propriedade aos órgãos ou entidades executivos de trânsito dos Estados e do Distrito Federal corresponde à comunicação de venda de veículo.

Art. 20. No caso da ATPV-e, a comunicação de venda será realizada:

I - por meio de sistema eletrônico implantado pelo órgão máximo executivo de trânsito da União, com a utilização de:

a) assinatura digital avançada, nos termos da Lei nº 14.063, de 2020, e de regulamentação vigente; ou

b) certificado digital, de propriedade do vendedor e do comprador, emitido por autoridade certificadora, conforme padrão de Infraestrutura de Chaves Públicas Brasileira (ICP-Brasil);

II - por entidade pública ou privada com atribuição legal, em conformidade com a Lei nº 8.935, de 18 de novembro de 1994, expressamente autorizada pelo órgão máximo executivo de trânsito da União para tal finalidade; ou

› *Arts. 6º e 7º da Lei 8.935/1994*

III - pelo órgão ou entidade executivo de trânsito do Estado ou do Distrito Federal, conforme procedimentos definidos por cada órgão ou entidade.

Parágrafo único. Para realizar a comunicação de venda, as entidades públicas ou privadas previstas no inciso II poderão contratar entidades privadas que tenham como atividade principal ou acessória, prevista em lei ou em seu estatuto constitutivo ou contrato social, a prestação de serviços inerentes à comunicação de venda de veículos.

Art. 21. Nos casos previstos no art. 16, a assinatura eletrônica da ATPV-e pelo antigo proprietário caracteriza a comunicação de venda eletrônica do veículo.

Art. 22. No caso da ATPV-e na versão impressa, nos termos do art. 17, ou da ATPV constante no verso de CRV válido, nos termos do art. 18, o antigo proprietário deverá encaminhar ao órgão ou entidade executivo de trânsito do Estado ou do Distrito Federal onde o veículo for registrado a cópia autenticada da ATPV-e ou da ATPV, respectivamente, devidamente preenchida.

CAPÍTULO IV DAS DISPOSIÇÕES FINAIS

Art. 23. Os órgãos ou entidades executivos de trânsito dos Estados e do Distrito Federal deverão providenciar as adequações sistêmicas necessárias, em conjunto com o órgão máximo executivo de trânsito da União, para adoção do CRLV-e e da ATPV-e.

Art. 24. O órgão máximo executivo de trânsito da União poderá expedir Termo de Autorização para acesso aos sistemas destinados aos procedimentos previstos nesta Resolução, conforme normativo específico.

§ 1º Poderão solicitar o acesso a que se refere o *caput*, desde que atendidos todos os requisitos e obrigações estabelecidos em normativo específico do órgão máximo executivo de trânsito da União:

I - as entidades públicas e privadas previstas no inciso II do art. 20; e

II - as entidades privadas previstas no parágrafo único do art. 20, desde que comprove a necessidade de acesso para desempenhar a atividade de comunicação de venda de veículo.

§ 2º As entidades privadas previstas no inciso II do § 1º já homologadas pelo órgão máximo executivo de trânsito da União deverão apresentar, no prazo de 90 (noventa) dias, em formato digital ou em formato físico para posterior digitalização, conforme Decreto nº 10.278, de 18 de março de 2020, documentação comprobatória de vínculo com as entidades públicas e privadas previstas no inciso I do § 1º, para renovação da homologação.

Art. 25. A transferência de propriedade de veículos inscritos no Registro Nacional de Veículos em Estoque (RENAVE) seguirão os procedimentos estabelecidos em Resolução específica.

Art. 26. Ficam revogadas, a partir da data de entrada em vigor desta Resolução as seguintes Resoluções CONTRAN:

I - nº 61, de 21 de maio de 1998;

II - nº 130, de 2 de abril de 2002;

III - nº 134, de 2 de abril de 2002;

IV - nº 306, de 6 de março de 2009;

V - nº 310, de 6 de março de 2009;

VI - nº 712, de 25 de outubro de 2017;

VII - nº 715, de 30 de novembro de 2017;

VIII - nº 788, de 18 de junho de 2020; e

IX - nº 793, de 2 de setembro de 2020.

Art. 27. Esta Resolução entra em vigor em 4 de janeiro de 2021.

FREDERICO DE MOURA CARNEIRO
Presidente
PAULO CÉSAR REZENDE DE CARVALHO ALVIM
Ministério da Ciência, Tecnologia e Inovações
MARCELO SAMPAIO CUNHA FILHO
Ministério da Infraestrutura
MARCELLO DA COSTA VIEIRA
Coordenador Máximo do Sistema Nacional de Trânsito
EDUARDO AGGIO DE SÁ
Ministério da Justiça e Segurança Pública
JULIANA LOPES NUNES
Agência Nacional de Transportes Terrestres
(DOU 24/12/2020)

› *Não publicamos os anexos desta norma.*

PROVIMENTOS DO CONSELHO NACIONAL DE JUSTIÇA – CNJ

PROVIMENTO Nº 18, DE 28 DE AGOSTO DE 2012**

Dispõe sobre a instituição e funcionamento da Central Notarial de Serviços Eletrônicos Compartilhados – CENSEC.

Situação: Revogado e incorporado aos ***arts. 264 a 283 do Provimento CNJ n. 149/2023*** *(Código Nacional de Normas da Corregedoria Nacional de Justiça– Foro Extrajudicial (CNN/CN/CNJ-EXTRA)*

- *Vide "Considerações" deste Provimento*

A CORREGEDORA NACIONAL DA JUSTIÇA, Ministra ELIANA CALMON, no uso de suas atribuições constitucionais e regimentais, visando o aprimoramento dos serviços de notas e o fluxo das informações notariais;

CONSIDERANDO a necessidade de racionalizar a tramitação de dados a cargo dos notários;

CONSIDERANDO a urgência na regulamentação da matéria, ressaltada pelo Conselheiro Ouvidor do Conselho Nacional de Justiça, para a instrumentalização de iniciativas de interesse público;

CONSIDERANDO as disposições da Emenda Constitucional nº 45/2004, que incluiu na Constituição Federal o art. 103-B, § 4º, I e III, atribuindo ao Conselho Nacional de Justiça poder de fiscalização e regulamentação concernente aos serviços auxiliares, serventias e órgãos prestadores de serviços notariais e de registro que atuem por delegação do poder público ou oficializados;

CONSIDERANDO o termo de acordo assinado entre o Colégio Notarial do Brasil – Conselho Federal e o Conselho Nacional de Justiça, que define a forma de franqueamento das informações relativas aos atos notariais;

CONSIDERANDO a relevância jurídica e social da disponibilização, para órgãos públicos, autoridades e usuários do serviço de notas, de meios para a fácil localização de escrituras públicas, visando à oportuna obtenção de certidões ou outras informações;

CONSIDERANDO que a interligação entre os tabelionatos de notas, o Poder Judiciário e os órgãos da Administração Pública atende ao interesse público, representando inegável conquista para racionalidade, economia, eficiência, segurança e desburocratização;

CONSIDERANDO a necessidade da centralização das informações a respeito da lavratura de atos notariais relativos a escrituras públicas, procurações públicas e testamentos públicos, inclusive quanto aos atos previstos na Lei nº 11.441, de 4 de janeiro de 2007 e no artigo 10 da Resolução CNJ nº 35/2007, ou seja, inventário, partilha, separação consensual e divórcio consensual, viabilizando sua rápida e segura localização;

PROVIMENTO Nº 56, DE 14 DE JULHO DE 2016

Dispõe sobre a obrigatoriedade de consulta ao Registro Central de Testamentos On-Line (RCTO) para processar os inventários e partilhas judiciais e lavrar escrituras públicas de inventários extrajudiciais.

- *Vide art. 441 do Provimento CNJ n. 149/2023 (CNN)*
- *Vide art. 7º, Lei n. 8.935/1994 (Notários e Registradores)*

A CORREGEDORA NACIONAL DE JUSTIÇA, Ministra NANCY ANDRIGHI, no uso de suas atribuições legais e constitucionais;

CONSIDERANDO o poder de fiscalização e normatização pelo Poder Judiciário segundo o disposto nos arts. 103-B, § 4º, I e III, e 236, § 1º, da Constituição Federal de 1988, e no art. 8º, X, do Regimento Interno do Conselho Nacional de Justiça;

CONSIDERANDO a necessidade de adoção de medidas uniformes quanto à aplicação da Lei nº 11.441/2007 em todo o território nacional;

CONSIDERANDO a regulamentação da Lei 11.441/2007 pela Resolução CNJ 35/2007;

CONSIDERANDO a redação do art. 610 da Lei 13.105/2015 que dispõe: "Havendo testamento ou interessado incapaz, proceder-se-á ao inventário judicial.";

CONSIDERANDO a ausência de disciplina uniforme para o registro da informação sobre a existência de testamento no processamento dos inventários e partilhas judiciais, e na lavratura das escrituras de inventários extrajudiciais pelos Tabelionatos de Notas do país;

CONSIDERANDO a significativa quantidade de testamentos, públicos e cerrados, que não são respeitados pela ausência de conhecimento de sua existência;

CONSIDERANDO que a CENSEC – Central Notarial de Serviços Eletrônicos Compartilhados, instituída pelo Provimento 18/2012 da Corregedoria Nacional de Justiça, possui dentre seus módulos de informação, o Registro Central de Testamentos OnLine (RCTO), que recepciona informações sobre testamentos públicos e instrumentos de aprovação de testamentos cerrados lavrados em todo o Brasil;

RESOLVE:

Art. 1º Os Juízes de Direito, para o processamento dos inventários e partilhas judiciais, e os Tabeliães de Notas, para a lavratura das escrituras públicas de inventário extrajudicial, deverão acessar o Registro Central de Testamentos On-Line (RCTO), módulo de informação da CENSEC – Central Notarial de Serviços Compartilhados, para buscar a existência de testamentos públicos e instrumentos de aprovação de testamentos cerrados.

Art. 2º É obrigatório para o processamento dos inventários e partilhas judiciais, bem como para lavrar escrituras públicas de inventário extrajudicial, a juntada de certidão acerca da inexistência de testamento deixado pelo autor da herança, expedida pela CENSEC – Central Notarial de Serviços Compartilhados.

Art. 3º Este Provimento não revoga, no que forem compatíveis, as normas editadas pelas Corregedorias Gerais da Justiça e pelos Juízes Corregedores, ou Juízes competentes na forma da organização local relativas à matéria.

Art. 4º As Corregedorias Gerais de Justiça deverão dar ciência aos responsáveis pelas unidades do serviço extrajudicial de notas deste Provimento, bem como da obrigatoriedade de promover a alimentação do Registro Central de Testamentos On-Line.

Art. 5º Este Provimento entra em vigor na data de sua publicação.

Brasília, 14 de julho de 2016.
Ministra NANCY ANDRIGHI
Corregedora Nacional de Justiça
D.J.E.-CNJ de 18.07.2016.

PROVIMENTO Nº 100, DE 26 DE MAIO DE 2020**

Dispõe sobre a prática de atos notariais eletrônicos utilizando o sistema e-Notariado, cria a Matrícula Notarial Eletrônica-MNE e dá outras providências.

Situação: Revogado e incorporado aos ***arts. 284 a 319 do Provimento CNJ n. 149/2023*** *(Código Nacional de Normas da Corregedoria Nacional de Justiça– Foro Extrajudicial (CNN/CN/CNJ-EXTRA)*

- *Vide "Considerações" deste Provimento*
- *Vide art. 1º § 3º, Lei n. 6.015/1973 (Registros Públicos)*
- *Vide Lei n. 14.382/2022 (SERP)*

O CORREGEDOR NACIONAL DE JUSTIÇA, no uso de suas atribuições constitucionais, legais e regimentais e

CONSIDERANDO o poder de fiscalização e de normatização do Poder Judiciário dos atos praticados por seus órgãos (art. 103-B, § 4º, I, II e III, da Constituição Federal de 1988);

CONSIDERANDO a competência do Poder Judiciário de fiscalizar os serviços extrajudiciais (arts. 103-B, § 4º, I e III, e 236, § 1º, da Constituição Federal);

CONSIDERANDO a competência da Corregedoria Nacional de Justiça de expedir provimentos e outros atos normativos destinados ao aperfeiçoamento das atividades dos serviços extrajudiciais (art. 8º, X, do Regimento Interno do Conselho Nacional de Justiça);

CONSIDERANDO a obrigação dos serviços extrajudiciais de cumprir as normas técnicas estabelecidas pelo Poder Judiciário (arts. 37 e 38 da Lei n. 8.935, de 18 de novembro de 1994);

CONSIDERANDO a prerrogativa do sistema notarial de atribuição de fé pública e a possibilidade de exercício dessa prerrogativa em meio eletrônico;

CONSIDERANDO que os atos notariais previstos no Código Civil e na Lei n. 8.935/94, art. 41, poderão ser prestados por meio eletrônico;

CONSIDERANDO a necessidade de evitar a concorrência predatória por serviços prestados remotamente que podem ofender a fé pública notarial;

CONSIDERANDO o disposto no § 8º do art. 2º-A da Lei n. 12.682/12, que dispõe sobre a elaboração e o arquivamento em meio eletrônico de documentos públicos, com a utilização da certificação digital no padrão da Infraestrutura de Chaves Públicas Brasileira (ICP-Brasil);

CONSIDERANDO o disposto no Provimento n. 88/2019, que prevê a criação do Cadastro Único de Clientes do Notariado - CCN, do Cadastro Único de Beneficiários Finais - CBF e do Índice Único de Atos Notariais;

CONSIDERANDO as vantagens advindas da adoção de instrumentos tecnológicos que permitam a preservação das informações prestadas perante os notários;

CONSIDERANDO a necessidade de regulamentar a implantação do sistema de atos notariais eletrônicos – e-Notariado, de modo a conferir uniformidade na prática de ato notarial eletrônico em todo o território nacional;

CONSIDERANDO a Orientação n. 9, de 13 de março de 2020, da Corregedoria Nacional de Justiça, que dispõe sobre a necessidade de as Corregedorias-Gerais do Poder Judiciário nacional observarem medidas temporárias de prevenção ao contágio pelo novo coronavírus (COVID-19);

CONSIDERANDO a necessidade de se manter a prestação dos serviços extrajudiciais, o fato de que os serviços notariais são essenciais ao exercício da cidadania e que devem ser prestados, de modo eficiente, adequado e contínuo;

CONSIDERANDO a decisão proferida nos autos do Pedido de Providências n. 0001333-84.2018.2.00.0000.

PROVIMENTO Nº 103, DE 4 DE JUNHO DE 2020

Dispõe sobre a Autorização Eletrônica de Viagem nacional e internacional de crianças e adolescentes até 16 (dezesseis) anos desacompanhados de ambos ou um de seus pais e dá outras providências.

- *Vide Resolução CNJ n. 131/2011 (Concessão de autorização de viagem para o exterior de crianças e adolescentes brasileiros)*
- *Vide Resolução CNJ n. 295/2019 (Autorização de viagem nacional para crianças e adolescentes)*
- *Vide art. 444 do Provimento CNJ n. 149/2023 (CNN)*

O CORREGEDOR NACIONAL DE JUSTIÇA, usando de suas atribuições constitucionais, legais e regimentais e

CONSIDERANDO o poder de fiscalização e de normatização do Poder Judiciário dos atos praticados por seus órgãos (art. 103-B, § 4º, I, II e III, da Constituição Federal de 1988);

CONSIDERANDO a competência do Poder Judiciário de fiscalizar os serviços notariais e de registro (arts. 103-B, § 4º, I e III, e 236, § 1º, da Constituição Federal);

CONSIDERANDO a competência do Corregedor Nacional de Justiça para expedir provimentos e outros atos normativos destinados ao aperfeiçoamento das atividades dos serviços notariais e de registro (art. 8º, X, do Regimento Interno do Conselho Nacional de Justiça);

CONSIDERANDO a obrigação dos notários e registradores de cumprir as normas técnicas estabelecidas pelo Poder Judiciário (arts. 37 e 38 da Lei n. 8.935, de 18 de novembro de 1994);

CONSIDERANDO o disposto nos arts. 83 a 85 da Lei n. 8.069, de 13 de julho de 1990, com redação dada pela Lei n. 13.812/2019, que disciplina a viagem de menores para fora de suas comarcas de residência e a necessidade de possibilitar que as autorizações sejam realizadas por meio eletrônico;

CONSIDERANDO a Resolução CNJ n. 131, de 26 de maio de 2011, que dispõe sobre a concessão de autorização de viagem para o exterior de crianças e adolescentes brasileiros;

CONSIDERANDO a deliberação do Plenário do Conselho Nacional de Justiça na 296ª Sessão Ordinária, realizada em 10 de setembro de 2019, nos autos do Pedido de Providências 0001171-89.2018.2.00.0000, no sentido de que os efeitos da Resolução CNJ n. 131/2011 devem ser estendidos para as autorizações de viagens nacionais de crianças e adolescentes até 16 anos desacompanhados, o que originou a edição da Resolução CNJ n. 295, de 13 de setembro de 2019;

CONSIDERANDO que a recente Lei n. 13.726, de 8 de outubro e 2018, estimula a adoção de procedimentos mais racionais com a utilização de soluções tecnológicas ou organizacionais que se mostrem aptas a desburocratizar e simplificar a prestação dos serviços públicos;

CONSIDERANDO a edição do Provimento n. 100/2020 da Corregedoria Nacional de Justiça, que regulamentou, em todo o território nacional, a expedição de atos notariais eletrônicos por meio do Sistema de Atos Notariais Eletrônicos – e-Notariado;

CONSIDERANDO o que consta dos Pedidos de Providências n. 00007672-25.2019.2.00.0000 e 011315-25.2018.2.00.0000; e

CONSIDERANDO, finalmente, o que consta do Pedido de Providências n. 0003601-43.2020.2.00.0000, no qual o Ministério da Mulher, da Família e dos Direitos Humanos – Secretaria Nacional de Proteção consulta o Conselho Nacional de Justiça sobre a possibilidade de promover medidas voltadas à disseminação da tecnologia de selo digital (QR Code) para que os atos relativos à autorização de viagem de crianças e adolescentes possam contar com essa tecnologia e ter sua autenticidade conferida digitalmente no local em que a criança ou adolescente se encontre,

RESOLVE:

CAPÍTULO I – DA AUTORIZAÇÃO ELETRÔNICA DE VIAGEM

Art. 1º Fica instituída a Autorização Eletrônica de Viagem – AEV, nacional e internacional, de crianças e adolescentes até 16 (dezesseis) anos desacompanhados de ambos ou um de seus pais, a ser emitida, exclusivamente, por intermédio do Sistema de Atos Notariais Eletrônicos – e-Notariado, acessível por meio do *link* www.e-notariado.org.br.

Parágrafo único. O Colégio Notarial Brasil – Conselho Federal desenvolverá, em 60 (sessenta) dias, módulo do e-Notariado para a emissão da Autorização Eletrônica de Viagem.

Art. 2º A Autorização Eletrônica de Viagem obedecerá a todas as formalidades exigidas para a prática do ato notarial eletrônico previstas no Provimento n. 100/2020 da Corregedoria Nacional de Justiça, bem como na Resolução CNJ n. 131, de 26 de maio de 2011, e na Resolução CNJ n. 295, de 13 de setembro de 2019.

Parágrafo único: O ato eletrônico emitido com a inobservância dos requisitos estabelecidos nos atos normativos previstos no *caput* deste artigo é nulo de pleno direito, independentemente de declaração judicial.

Art. 3º A emissão de Autorização Eletrônica de Viagem – AEV é facultativa, permanecendo válidas as autorizações de viagens emitidas em meio físico.

CAPÍTULO II – DO PROCEDIMENTO

Art. 4º Os pais ou responsáveis, nas hipóteses em que não seja necessária a autorização judicial, poderão autorizar a viagem da criança e do adolescente por instrumento particular eletrônico, com firma reconhecida por autenticidade por um tabelião de notas, nos termos do art. 8º da Resolução CNJ n. 131, de 26 de maio de 2011, e do art. 2º da Resolução CNJ n. 295, de 13 de setembro de 2019. (*Redação dada pelo Provimento n. 120, de 8.7.2021*)

Art. 5º O requerimento eletrônico de autorização de viagem será efetuado, exclusivamente, por meio de eventuais modelos ou formulários produzidos, divulgados e disponibilizados por meio de *links* pelo Poder Judiciário ou órgãos governamentais nos termos do parágrafo único do art. 11 da Resolução CNJ n. 131/2011.

Parágrafo único: Os formulários deverão constar do Sistema de Atos Notariais Eletrônicos – e-Notariado, a fim de que o interessado possa, gratuitamente, efetuar o seu *download*.

Art. 6º Para a assinatura da Autorização Eletrônica de Viagem é imprescindível a realização de videoconferência notarial para confirmação da identidade e da autoria daquele que assina, a utilização da assinatura digital notarizada pelas partes e a assinatura do Tabelião de Notas com o uso do certificado digital, segundo a Infraestrutura de Chaves Públicas Brasileira – ICP. (*Redação dada pelo Provimento n. 120, de 8.7.2021*).

Parágrafo único. Os interessados poderão obter, gratuitamente, do tabelião de notas responsável pela lavratura da autorização de viagem, certificado digital notarizado, para uso exclusivo e por tempo determinado, na plataforma e-Notariado e demais plataformas autorizadas pelo Colégio Notarial Brasil – CF.

Art. 7º A Autorização Eletrônica de Viagem firmada pelos pais ou responsáveis possui o mesmo valor do instrumento particular emitido de forma física e poderá ser apresentada à Polícia Federal e às empresas de transporte rodoviário, marítimo ou aeroportuário.

Art. 8º É competente para a lavratura da autorização de viagem eletrônica o tabelião de notas do domicílio dos pais ou dos responsáveis pela criança ou adolescente.

Parágrafo único. Se os pais ou responsáveis possuírem domicílio distintos, o tabelião de notas de qualquer dos domicílios poderá lavrar o ato.

Art. 9º A Autorização Eletrônica de Viagem conterá, em destaque, a chave de acesso e *QR Code* para consulta e verificação da autenticidade na internet.

§ 1º O *QR Code* constante da Autorização Eletrônica de Viagem poderá ser validado sem a necessidade de conexão com a internet.

§ 2º A versão impressa da autorização eletrônica de viagem poderá ser apresentada pelo interessado, desde que observados os requisitos do *caput*.

§ 3º Autorização Eletrônica de Viagem poderá ser apresentada em aplicativo desenvolvido pelo CNB-CF, Polícia Federal, empresas de transporte aéreo, rodoviário e marítimo.

Art. 10. O Colégio Notarial do Brasil – Conselho Federal promoverá acordos de cooperação técnica com órgãos públicos e empresas de transporte para a viabilização da apresentação e validação da Autorização Eletrônica de Viagem pelos interessados.

Art. 11. A Autorização Eletrônica de Viagem poderá contemplar a necessidade de hospedagem do menor, em caso de emergência decorrente de atrasos, alterações ou cancelamentos de voos ou viagens, nos termos art. 82 do Estatuto da Criança e do Adolescente.

Parágrafo único: O tabelião deverá indagar aos pais ou responsáveis acerca da hipótese prevista no *caput*, a fim de consigná-la na autorização eletrônica de viagem.

Art. 12. A Autorização Eletrônica de Viagem disciplinada neste provimento poderá ser expedida pelo prazo ou evento a ser indicado pelos pais ou responsáveis da criança ou adolescente.

Parágrafo único. Os documentos de autorizações eletrônicas dadas pelos pais ou responsáveis deverão fazer constar o prazo de validade, compreendendo-se, em caso de omissão, que a autorização é válida por dois anos.

Art. 13. Este Provimento entra em vigor em 60 (sessenta) dias após a sua publicação.

Ministro HUMBERTO MARTINS
Corregedor Nacional de Justiça
Dje de 04/06/2020

PROVIMENTO Nº 164, DE 27 DE MARÇO DE 2024

Altera o Código Nacional de Normas da Corregedoria Nacional de Justiça do Conselho Nacional de Justiça – Foro Extrajudicial (CNN/CN/CNJ-Extra), instituído pelo Provimento n. 149, de 30 de agosto de 2023, para dispor sobre a Autorização Eletrônica de Doação de Órgãos, Tecidos e Partes do Corpo Humano - AEDO.

O **CORREGEDOR NACIONAL DE JUSTIÇA**, usando de suas atribuições constitucionais, legais e regimentais e,

CONSIDERANDO o disposto na Lei n. 9.434, de 4 de fevereiro de 1997, que regulamenta a retirada de tecidos, órgãos e partes do corpo humano para fins de transplante ou outra finalidade terapêutica de pessoas falecidas, o que depende da autorização do cônjuge ou parente, maior de idade, obedecida a linha sucessória, reta ou colateral, até o segundo grau, inclusive;

CONSIDERANDO a necessidade de simplificar e tornar mais eficiente o processo de autorização para doação de órgãos, tecidos e partes do corpo humano;

CONSIDERANDO o objetivo de facilitar a declaração de vontade da doação de órgãos e tecidos, aumentando consideravelmente as doações e fomentando a discussão na sociedade sobre a importância desse ato solidário;

CONSIDERANDO a existência das centrais de notificação, captação e distribuição de órgãos, previstas no art. 13 da Lei n. 9.434, de 4 de fevereiro de 1997, que são notificadas pelos estabelecimentos de saúde no caso de diagnóstico de morte encefálica feito em paciente por eles atendidos;

CONSIDERANDO o interesse público, especificamente em prol do sistema nacional de saúde pública, e a importância de que todos os cidadãos tenham acesso gratuito a um mecanismo seguro que fomente e agregue o maior número de doadores de órgãos e tecidos e o objetivo de que seja respeitada a declaração de vontade do doador,

CONSIDERANDO a manifestação inequívoca e segura da vontade e resguardando o princípio da autonomia da vontade, que supera qualquer disposição em contrário,

RESOLVE:

Art. 1º O Título Único do Livro IV da Parte Especial do Código Nacional de Normas da Corregedoria Nacional de Justiça do Conselho Nacional de Justiça – Foro Extrajudicial (CNN/CN/CNJ-Extra), instituído pelo Provimento n. 149, de 30 de agosto de 2023, passa a vigorar acrescido do seguinte Capítulo IV:

› *Alterações inseridas no texto da referida norma.*

Art. 2º O atual Anexo do Código Nacional de Normas da Corregedoria Nacional de Justiça do Conselho Nacional de Justiça – Foro Extrajudicial (CNN/CN/CNJ-Extra), instituído pelo Provimento n. 149, de 30 de agosto de 2023, passa a ser renomeado como "Anexo I".

Art. 3º O Código Nacional de Normas da Corregedoria Nacional de Justiça do Conselho Nacional de Justiça – Foro Extrajudicial (CNN/CN/CNJ-Extra), instituído pelo Provimento n. 149, de 30 de agosto de 2023, passa a vigorar acrescido de dois novos anexos, a serem respectivamente nomeados como "Anexo II" e "Anexo III" e cujo teor corresponde aos anexos do presente Provimento.

Art. 4º O Colégio Notarial Brasil – Conselho Federal desenvolverá, em 60 (sessenta) dias, módulo do e-Notariado para a emissão da Autorização Eletrônica de Doação de Órgãos, Tecidos e Partes do Corpo Humano – AEDO.

Art. 5º Este Provimento entra em vigor na data de sua publicação.

Ministro LUIS FELIPE SALOMÃO

ANEXO I – DECLARAÇÃO DE DOAÇÃO DE ÓRGÃOS, TECIDOS E PARTES DO CORPO HUMANO PARA DEPOIS DA MORTE

Eu, ____ (nome preenchido automaticamente pelo e-Notariado), CPF n. _______________-_____ (número preenchido automaticamente pelo e-Notariado), DECLARO que sou DOADOR de órgãos, tecidos e partes do corpo humano para fins de transplante ou finalidade terapêutica *post mortem*, ou seja, depois de minha morte. AUTORIZO a retirada de ___________(órgãos, tecidos e partes do corpo humano) para transplantes ou outra finalidade terapêutica. Esta é a minha vontade e solicito que seja cumprida. Autorizo a consulta da presente declaração pelos órgãos e profissionais que atuem na área médica ou estejam autorizados por previsão legal ou normativa. (redação dada em razão de republicação)

___/___/___ (data preenchida automaticamente) ____________(local preenchido automaticamente)

Assinatura Eletrônica e-Notariado

ANEXO II – REVOGAÇÃO DE DECLARAÇÃO DE DOAÇÃO DE ÓRGÃOS, TECIDOS E PARTES DO CORPO HUMANO PARA DEPOIS DA MORTE

Eu, ____ (nome preenchido automaticamente pelo e-Notariado), CPF n. _______________-_____ (número preenchido automaticamente pelo e-Notariado), REVOGO a anterior DECLARAÇÃO DE DOAÇÃO DE ÓRGÃOS, TECIDOS E PARTES DO CORPO HUMANO PARA DEPOIS DA MORTE assinada em ___/___/___ (data preenchida automaticamente).

___/___/___ (data preenchida automaticamente) ____________ (local preenchido automaticamente)

Assinatura Eletrônica e-Notariado

DJe/CNJ, de 4 de abril de 2024

PROVIMENTO Nº 172, DE 05 DE JUNHO DE 2024

Altera o Código Nacional de Normas da Corregedoria Nacional de Justiça do Conselho Nacional de Justiça – Foro Extrajudicial (CNN/CN/CNJ-Extra), instituído pelo Provimento n. 149, de 30 de agosto de 2023, para dispor sobre a forma para contratação da garantia de alienação fiduciária de bens imóveis.

‣ *Vide art. 440-AO, Prov. CNJ n. 149/2023 (CNN)*

O CORREGEDOR NACIONAL DE JUSTIÇA, usando de suas atribuições constitucionais, legais e regimentais e,

CONSIDERANDO o poder de fiscalização e de normatização do Poder Judiciário dos atos praticados por seus órgãos (art. 103-B, § 4º, I, II e III, da Constituição Federal);

CONSIDERANDO a competência do Poder Judiciário de fiscalizar os serviços notariais e de registro (arts. 103-B, § 4º, I e III, e 236, § 1º, da Constituição Federal);

CONSIDERANDO a obrigação de os notários e registradores cumprirem as normas técnicas estabelecidas pelo Poder Judiciário (arts. 30, XIV, e 38 da Lei n. 8.935, de 18 de novembro de 1994);

CONSIDERANDO a competência da Corregedoria Nacional de Justiça de expedir provimentos e outros atos normativos destinados ao aperfeiçoamento das atividades dos serviços notariais e de registro (art. 8º, X, do Regimento Interno do Conselho Nacional de Justiça);

CONSIDERANDO os princípios da supremacia do interesse público, da razoabilidade, da proporcionalidade, da lealdade, da boa-fé, da continuidade do serviço público e da segurança jurídica;

CONSIDERANDO a decisão do Conselho Nacional de Justiça no PCA nº 0000145-56.2018.2.00.0000, que reconheceu a validade do artigo 954 do Provimento nº 93/2020 do Tribunal de Justiça do Estado de Minas Gerais;

CONSIDERANDO a necessidade de padronizar o entendimento sobre a forma exigida para contratação da garantia de alienação fiduciária de bem imóvel, que necessariamente deverá ser adotada por todos os setores e entidades públicas ou privadas, em especial, pelos Registro de Imóveis, que assentam os referidos negócios jurídicos para lastrear operações que têm impacto no crédito brasileiro;

CONSIDERANDO que a utilização de instrumento particular, relativo à alienação fiduciária, com efeitos de escritura pública tão somente pelos integrantes do Sistema Financeiro Imobiliário propiciará mais segurança jurídica, influenciando diretamente questões sociais e econômicas, fortalecendo os direitos dos cidadãos, sobretudo dos hipossuficientes, e funcionando como incentivo à política de desjudicialização, em alinhamento aos objetivos estratégicos deste Conselho Nacional de Justiça,

RESOLVE:

Art. 1º. O Título Único do Livro III da Parte Especial do Código Nacional de Normas da Corregedoria Nacional de Justiça do Conselho Nacional de Justiça – Foro Extrajudicial (CNN/CN/CNJ-Extra), instituído pelo Provimento nº 149, de 30 de agosto de 2023, passa a vigorar acrescido do seguinte Capítulo VII:

‣ *Alterações inseridas no texto da referida norma.*

Art. 2º. Este Provimento entra em vigor na data de sua publicação, revogando-se as disposições em contrário.

Ministro LUIS FELIPE SALOMÃO

PROVIMENTO Nº 175, DE 15 DE JULHO DE 2024

Altera o art. 440-AO do Código Nacional de Normas da Corregedoria Nacional de Justiça do Conselho Nacional de Justiça – Foro Extrajudicial (CNN/CN/ CNJ-Extra), instituído pelo Provimento n. 149, de 30 de agosto de 2023, para esclarecer o alcance dos sujeitos envolvidos em operações de securitização de recebíveis imobiliários na permissão de lavratura de instrumento particular na formalização dos negócios translativos de créditos reais, e dá outras providências

‣ ***Vide art. 440-AO, Prov. CNJ n. 149/2023 (CNN)***

O CORREGEDOR NACIONAL DE JUSTIÇA, no uso de suas atribuições constitucionais, legais e regimentais,

CONSIDERANDO o poder de fiscalização e de normatização do Poder Judiciário em relação aos atos praticados por seus órgãos (art. 103- B, § 4º, I, II e III, da Constituição Federal de 1988);

CONSIDERANDO a competência do Poder Judiciário para fiscalizar os serviços notariais e de registro (arts. 103-B, § 4º, I e III, e 236, § 1º, da Constituição Federal);

CONSIDERANDO a atribuição do Corregedor Nacional de Justiça de expedir provimentos e outros atos normativos destinados ao aperfeiçoamento das atividades dos serviços notariais e de registro (art. 8º, X, do Regimento Interno do Conselho Nacional de Justiça);

CONSIDERANDO que, antes do Provimento nº 172, de 5.6.2024, havia dúvida jurídica razoável acerca da possibilidade de qualquer sujeito valer-se de instrumento particular para formalizar a alienação fiduciária em garantia sobre imóveis e os negócios jurídicos conexos.

CONSIDERANDO que os arts. 23 e 24 da Lei de Introdução às Normas do Direito Brasileiro (Decreto n. 4.657, de 4 de setembro de 1942) recomendam que, em nome da segurança jurídica, sejam protegidos os terceiros de boa-fé que se ampararam em interpretações jurídicas razoáveis.

CONSIDERANDO que, entre os atos conexos à alienação fiduciária em garantia sobre imóveis em operações de crédito do Sistema de Financiamento Imobiliário (SFI), os recebíveis imobiliários lastreados podem circular em favor de companhias securitizadoras, com a consequente mutação jurídico-real da titularidade das garantias reais e eventualmente com a instituição de regime fiduciário sobre esses recebíveis (arts. 18 e seguintes da Lei nº 14.430, de 3 de agosto de 2022);

RESOLVE:

Art. 1º. O art. 440-AO do Código Nacional de Normas da Corregedoria Nacional de Justiça do Conselho Nacional de Justiça – Foro Extrajudicial (CNN/CN/CNJ-Extra), instituído pelo Provimento n. 149, de 30 de agosto de 2023, passa a vigorar acrescido do seguinte § 2º, renumerado o atual parágrafo único como § 1º:

‣ *Alterações inseridas no texto da referida norma.*

Art. 2º. Este Provimento entra em vigor na data de sua publicação, revogando-se as disposições em contrário.

Ministro LUIS FELIPE SALOMÃO

RECOMENDAÇÕES DA CORREGEDORIA NACIONAL DE JUSTIÇA DO CNJ

RECOMENDAÇÃO Nº 3, DE 15 DE MARÇO DE 2012

Dispõe sobre cientificação prévia das partes, nos atos notariais que especifica, quanto à possibilidade de obterem Certidão Negativa de Débitos Trabalhistas – CNDT.

- *Vide Lei nº 12.440/2011 (Acrescenta Título VII-A à Consolidação das Leis do Trabalho (CLT), aprovada pelo Decreto-Lei nº 5.452, de 1º de maio de 1943, para instituir a Certidão Negativa de Débitos Trabalhistas, e altera a Lei nº 8.666, de 21 de junho de 1993)*

A **CORREGEDORA NACIONAL DE JUSTIÇA**, no uso de suas atribuições constitucionais e regimentais tendo em vista a relevância do tema e o disposto no artigo 8º, X e XX, do Regimento Interno do Conselho Nacional de Justiça;

CONSIDERANDO que o princípio constitucional da segurança jurídica contempla a necessidade de o Estado propiciar instrumentos para garantia do cidadão, a ser prestigiada pelo Judiciário, pelos serviços auxiliares e pelos agentes dos serviços notariais;

CONSIDERANDO a instituição da Certidão Negativa de Débitos Trabalhistas (CNDT) pela Lei 12.440/2011, a fim de comprovar a inexistência de débitos inadimplidos perante a Justiça do Trabalho;

CONSIDERANDO que a maior transparência sobre a rela situação jurídica dos alienantes contribui para que sejam evitadas discussões sobre eventual fraude à execução;

CONSIDERANDO que a referida certidão tem amplitude nacional e é expedida, gratuita e eletronicamente, no sítio do Tribunal Superior do Trabalho (*www.tst.jus.br*); resolve:

Art. 1º Recomendar aos tabeliães de notas que cientifiquem as partes envolvidas da possibilidade de obtenção prévia de Certidão Negativa de Débitos Trabalhistas (CNDT), nos termos do art. 642-A da CLT, com redação dada pela Lei 12.440/2011, nas seguintes hipóteses:

a) alienação ou oneração, a qualquer título, de bem imóvel ou direito a ele relativo;

b) partilha de bens imóveis em razão de separação, divórcio ou dissolução de união estável;

Art. 2º Deverá constar da escritura lavrada que a cientificação referida no artigo anterior foi previamente realizada.

Art. 3º O atendimento à presente recomendação não esgota ou substitui outras providências necessárias à segurança jurídica do negócio.

Art. 4º As Corregedorias Gerais de Justiça dos Estados serão cientificadas do teor desta recomendação, para divulgação e fiscalização de seu cumprimento.

Art. 5º A presente recomendação entrará em vigor na data de sua publicação.

Brasília,15 de julho de 2012.
Ministra Eliana Calmon
Corregedora Nacional de justiça
(DJE 20.03.2012)

RECOMENDAÇÃO Nº 22, DE 06 DE JUNHO DE 2016

Recomenda aos Tabelionatos de Notas que procedam a realização de inventário, partilha, separação consensual, divórcio consensual e extinção consensual de união estável, quando houver filhos ou herdeiros emancipados.

- *Vide Lei 11.441/2007 (Possibilita a realização de inventário, partilha, separação consensual e divórcio consensual por via administrativa)*
- *Vide Resolução CNJ n. 35/2007 (Disciplina a lavratura dos atos notariais relacionados a inventário, partilha, separação consensual, divórcio consensual e extinção consensual de união estável por via administrativa)*
- *Vide arts. 610 e seguintes e 733 e seguintes da Lei 13.105/2015 (Código de Processo Civil)*
- *Vide Enunciados 47, 48, 52, 53 e 74 I Jornada de Direito Notarial e Registral*

A CORREGEDORA NACIONAL DE JUSTIÇA, Ministra NANCY ANDRIGHI, no uso de suas atribuições legais e constitucionais;

CONSIDERANDO o poder de fiscalização e normatização pelo Poder Judiciário segundo o disposto nos arts. 103-B, § 4º, I e III, e 236, § 1º, da Constituição Federal de 1988, e no art. 8º, X, do Regimento Interno do Conselho Nacional de Justiça;

CONSIDERANDO a necessidade de adoção de medidas uniformes quanto à aplicação da Lei nº 11.441/2007 em todo o território nacional;

CONSIDERANDO a regulamentação da Lei 11.441/2007 pela Resolução CNJ 35/2007;

CONSIDERANDO a redação do art. 733 da Lei 13.105/2015 que dispõe: "O divórcio consensual, a separação consensual e a extinção consensual de união estável, não havendo nascituro ou filhos incapazes e observados os requisitos legais, poderão ser realizados por escritura pública, da qual constarão as disposições de que trata o art. 731.".

RESOLVE:

Art. 1º Recomendar aos Tabelionatos de Notas dos Estados e do Distrito Federal que promovam a realização de inventário, partilha, separação consensual, divórcio consensual e extinção consensual de união estável, não havendo nascituro ou filhos incapazes.

Parágrafo único. A existência de filhos ou herdeiros emancipados não obsta a realização, por escritura pública, de inventário, partilha, separação consensual, divórcio consensual e extinção consensual de união estável.

Art. 2º A utilização desta via extrajudicial, deverá observar, no que couber, as regras dispostas pela Resolução CNJ 35/2007.

Art. 3º Esta Recomendação não revoga, no que forem compatíveis, as normas editadas pelas Corregedorias Gerais da Justiça e pelos Juízes Corregedores, ou Juízes competentes na forma da organização local relativas à matéria.

Art. 4º As Corregedorias Gerais da Justiça deverão dar ciência desta Recomendação aos Juízes Corregedores ou Juízes que na forma da organização local forem competentes para a fiscalização dos serviços extrajudiciais de notas, e aos responsáveis pelas unidades do serviço extrajudicial de notas.

Art. 5º Esta Recomendação entra em vigor na data de sua publicação.

Brasília, 06 de junho de 2016.
Ministra NANCY ANDRIGHI
Corregedora Nacional de Justiça
D.J.E.–CNJ de 08.06.2016.

2.5

TABELIONATO DE PROTESTO DE TÍTULOS E OUTROS DOCUMENTOS DE DÍVIDA

LEI Nº 4.728, DE 14 DE JULHO DE 1965

Disciplina o mercado de capitais e estabelece medidas para o seu desenvolvimento.

O PRESIDENTE DA REPÚBLICA

Faço saber que o Congresso Nacional decreta e eu sanciono a seguinte Lei:

SEÇÃO I – ATRIBUIÇÕES DOS ÓRGÃOS ADMINISTRATIVOS

Art. 1º Os mercados financeiro e de capitais serão disciplinados pelo Conselho Monetário Nacional e fiscalizados pelo Banco Central da República do Brasil.

Art. 2º O Conselho Monetário Nacional e o Banco Central exercerão as suas atribuições legais relativas aos mercados financeiros e de capitais com a finalidade de:

I – facilitar o acesso do público a informações sobre os títulos ou valores mobiliários distribuídos no mercado e sobre as sociedades que os emitirem;

II – proteger os investidores contra emissões ilegais ou fraudulentas de títulos ou valores mobiliários;

III – evitar modalidades de fraude e manipulação destinadas a criar condições artificiais da demanda, oferta ou preço de títulos ou valores mobiliários distribuídos no mercado;

IV – assegurar a observância de práticas comerciais equitativas por todos aqueles que exerçam, profissionalmente, funções de intermediação na distribuição ou negociação de títulos ou valores mobiliários;

V – disciplinar a utilização do crédito no mercado de títulos ou valores mobiliários;

VI – *(Revogado pela Lei nº 14.286, de 2021)*

Art. 3º Compete ao Banco Central:

I – autorizar a constituição e fiscalizar o funcionamento das Bolsas de Valores;

II – autorizar o funcionamento e fiscalizar as operações das sociedades corretoras membros das Bolsas de Valores (arts. 8º e 9º) e das sociedades de investimento;

III – autorizar o funcionamento e fiscalizar as operações das instituições financeiras, sociedades ou firmas individuais que tenham por objeto a subscrição para revenda e a distribuição de títulos ou valores mobiliários;

IV – manter registro e fiscalizar as operações das sociedades e firmas individuais que exerçam as atividades de intermediação na distribuição de títulos ou valores mobiliários, ou que efetuem, com qualquer propósito, a captação de poupança popular no mercado de capitais;

V – registrar títulos e valores mobiliários para efeito de sua negociação nas Bolsas de Valores;

VI – registrar as emissões de títulos ou valores mobiliários a serem distribuídos no mercado de capitais;

VII – fiscalizar a observância, pelas sociedades emissoras de títulos ou valores mobiliários negociados na bolsa, das disposições legais e regulamentares relativas a:

a) publicidade da situação econômica e financeira da sociedade, sua administração e aplicação dos seus resultados;

b) proteção dos interesses dos portadores de títulos e valores mobiliários distribuídos nos mercados financeiros e de capitais.

VIII – fiscalizar a observância das normas legais e regulamentares relativas à emissão ao lançamento, à subscrição e à distribuição de títulos ou valores mobiliários colocados no mercado de capitais;

IX – manter e divulgar as estatísticas relativas ao mercado de capitais, em coordenação com o sistema estatístico nacional;

X – fiscalizar a utilização de informações não divulgadas ao público em benefício próprio ou de terceiros, por acionistas ou pessoas que, por força de cargos que exerçam, a elas tenham acesso.

Art. 4º No exercício de suas atribuições, o Banco Central poderá examinar os livros e documentos das instituições financeiras, sociedades, empresas e pessoas referidas no artigo anterior, as quais serão obrigadas a prestar as informações e os esclarecimentos solicitados pelo Banco Central.

§ 1º Nenhuma sanção será imposta pelo Banco Central, sem antes ter assinado prazo, não inferior a 30 (trinta) dias, ao interessado, para se manifestar, ressalvado o disposto no § 3º do art. 16 desta Lei.

§ 2º Quando, no exercício das suas atribuições, o Banco Central tomar conhecimento de crime definido em lei como de ação pública, oficiará ao Ministério Público para a instalação de inquérito policial.

§ 3º Os pedidos de registro submetidos ao Banco Central, nos termos dos arts. 19 e 20 desta Lei, consideram-se deferidos dentro de 30 (trinta) dias da sua apresentação, se nesse prazo não forem indeferidos.

§ 4º A fluência do prazo referido no parágrafo anterior poderá ser interrompida uma única vez, se o Banco Central pedir informações ou documentos suplementares, em cumprimento das normas legais ou regulamentares em vigor.

§ 5º Ressalvado o disposto no § 3º, o Conselho Monetário Nacional fixará os prazos em que o Banco Central deverá processar os pedidos de autorização, registro ou aprovação previstos nesta Lei.

§ 6º *(Revogado pela Lei nº 13.506, de 2017)*

SEÇÃO II – SISTEMA DE DISTRIBUIÇÃO NO MERCADO DE CAPITAIS

Art. 5º O sistema de distribuição de títulos ou valores mobiliários no mercado de capitais será constituído:

I – das Bolsas de Valores e das sociedades corretoras que sejam seus membros;

II – das instituições financeiras autorizadas a operar no mercado de capitais;

III – das sociedades ou empresas que tenham por objeto a subscrição de títulos para revenda, ou sua distribuição no mercado, e que sejam autorizadas a funcionar nos termos do art. 11;

IV – das sociedades ou empresas que tenham por objeto atividade de intermediação na distribuição de títulos ou valores mobiliários, e que estejam registradas nos termos do art. 12.

Art. 6º As Bolsas de Valores terão autonomia administrativa, financeira e patrimonial, e operarão sob a supervisão do Banco Central, de acordo com a regulamentação expedida pelo Conselho Monetário Nacional.

Art. 7º Compete ao Conselho Monetário Nacional fixar as normas gerais a serem observadas na constituição, organização e funcionamento das Bolsas de Valores, e relativas a:

I – condições de constituição e extinção; forma jurídica; órgãos de administração e seu preenchimento; exercício de poder disciplinar sobre os membros da Bolsa, imposição de penas e condições de exclusão;

II – número de sociedades corretoras membros da Bolsa, requisitos ou condições de admissão quanto à idoneidade, capacidade financeira, habilitação técnica dos seus administradores e forma de representação nas Bolsas;

III – espécies de operações admitidas nas Bolsas; normas, métodos e práticas a serem observados nessas operações; responsabilidade das sociedades corretoras nas operações;

IV – administração financeira das Bolsas; emolumentos, comissões e quaisquer outros custos cobrados pelas Bolsas ou seus membros;

V – normas destinadas a evitar ou reprimir manipulações de preços e operações fraudulentas; condições a serem observadas nas operações autorizadas de sustentação de preços;

VI – registro das operações a ser mantido pelas Bolsas e seus membros; dados estatísticos a serem apurados pelas Bolsas e fornecidos ao Banco Central;

VII – fiscalização do cumprimento de obrigações legais pelas sociedades cujos títulos sejam negociados na Bolsa;

VIII – percentagem mínima do preço dos títulos negociados a termo, que deverá ser obrigatoriamente liquidada à vista;

IX – crédito para aquisição de títulos e valores mobiliários no mercado de capitais.

§ 1º Exceto na matéria prevista no inciso VIII, as normas a que se refere este artigo somente poderão ser aprovadas pelo Conselho Monetário Nacional depois de publicadas para receber sugestões durante 30 (trinta) dias.

§ 2º As sugestões referidas no parágrafo anterior serão feitas por escrito, por intermédio do Banco Central.

Art. 8º A intermediação dos negócios nas Bolsas de Valores será exercida por sociedades corretoras membros da Bolsa, cujo capital mínimo será fixado pelo Conselho Monetário Nacional.

§ 1º *(Revogado pela Decreto-Lei nº 2.313, de 1986)*

§ 2º As sociedades referidas neste artigo somente poderão funcionar depois de autorizadas pelo Banco Central, e a investidura dos seus dirigentes estará sujeita às condições legais vigentes para os administradores de instituições financeiras.

§ 3º Nas condições fixadas pelo Conselho Monetário Nacional, a sociedade corretora poderá ser membro de mais de uma Bolsa de Valores.

§ 4º Os administradores das sociedades corretoras não poderão exercer qualquer cargo administrativo, consultivo, fiscal ou deliberativo em outras empresas cujos títulos ou valores mobiliários sejam negociados em Bolsa.

§ 5º As sociedades referidas neste artigo, ainda que não revistam a forma anônima, são obrigadas a observar as normas de que trata o art. 20, § 1º, alíneas a e b.

§ 6º O Conselho Monetário Nacional assegurará aos atuais Corretores de Fundos Públicos a faculdade de se registrarem no Banco Central, para intermediar a negociação nas Bolsas de Valores, sob a forma da firma individual, observados os mesmos requisitos estabelecidos para as sociedades corretoras previstas neste artigo, e sob a condição de extinção da firma, por morte do respectivo titular, ou pela participação deste em sociedade corretora.

Art. 9º *(Revogado pela Lei nº 14.286, de 2021)*

Art. 9º-A. Compete ao Banco Central do Brasil, observadas as diretrizes do Conselho Monetário Nacional, sem prejuízo do disposto na Lei nº 6.385, de 7 de dezembro de 1976: *(Incluído pela Lei nº 14.286, de 2021)*

I - disciplinar as condições de constituição e de funcionamento das sociedades corretoras de títulos e valores mobiliários, das sociedades corretoras de câmbio e das sociedades distribuidoras de títulos e valores mobiliários; *(Incluído pela Lei nº 14.286, de 2021)*

II - autorizar a constituição e o funcionamento e supervisionar as atividades das sociedades corretoras de títulos e valores mobiliários, das sociedades corretoras de câmbio e das sociedades distribuidoras de títulos e valores mobiliários. *(Incluído pela Lei nº 14.286, de 2021)*

Parágrafo único. Para os fins deste artigo, aplica-se o disposto na Lei nº 4.595, de 31 de dezembro de 1964, na Lei nº 6.024, de 13 de março de 1974, no Decreto-Lei nº 2.321, de 25 de fevereiro de 1987, na Lei nº 9.447, de 14 de março de 1997, na Lei nº 13.506, de 13 de novembro de 2017, e nas demais disposições da legislação referentes às instituições financeiras: *(Incluído pela Lei nº 14.286, de 2021)*

I - às sociedades corretoras de títulos e valores mobiliários, às sociedades corretoras de câmbio e às sociedades distribuidoras de títulos e valores mobiliários; *(Incluído pela Lei nº 14.286, de 2021)*

II - aos administradores e aos membros da diretoria, do conselho de administração, do conselho fiscal, do comitê de auditoria e de outros órgãos previstos no estatuto social ou no contrato social das sociedades referidas no inciso I deste parágrafo; *(Incluído pela Lei nº 14.286, de 2021)*

III - às pessoas físicas e jurídicas e aos administradores e responsáveis técnicos de pessoas jurídicas que prestem serviço de auditoria independente às sociedades referidas no inciso I deste parágrafo. *(Incluído pela Lei nº 14.286, de 2021)*

Art. 10. Compete ao Conselho Monetário Nacional fixar as normas gerais a serem observadas no exercício das atividades de subscrição para revenda, distribuição, ou intermediação na colocação, no mercado, de títulos ou valores mobiliários, e relativos a:

I – capital mínimo das sociedades que tenham por objeto a subscrição para revenda e a distribuição de títulos no mercado;

II – condições de registro das sociedades ou firmas individuais que tenham por objeto atividades de intermediação na distribuição de títulos no mercado;

III – condições de idoneidade, capacidade financeira e habilitação técnica a que deverão satisfazer os administradores ou responsáveis pelas sociedades ou firmas individuais referidas nos incisos anteriores;

IV – procedimento administrativo de autorização para funcionar das sociedades referidas no inciso I e do registro das sociedades e firmas individuais referidas no inciso II;

V – espécies de operações das sociedades referidas nos incisos anteriores; normas, métodos e práticas a serem observados nessas operações;

VI – comissões, ágios, descontos ou quaisquer outros custos cobrados pelas sociedades de empresas referidas nos incisos anteriores;

VII – normas destinadas a evitar manipulações de preço e operações fraudulentas;

VIII – registro das operações a serem mantidas pelas sociedades e empresas referidas nos incisos anteriores, e dados estatísticos a serem apurados e fornecidos ao Banco Central;

IX – condições de pagamento a prazo dos títulos negociados.

Art. 11. Depende de prévia autorização do Banco Central, o funcionamento de sociedades ou firmas individuais que tenham por objeto a subscrição para revenda e a distribuição no mercado de títulos ou valores mobiliários.

Parágrafo único. Depende igualmente de aprovação pelo Banco Central:

a) a modificação de contratos ou estatutos sociais das sociedades referidas neste artigo;

b) a investidura de administradores, responsáveis ou prepostos das sociedades e empresas referidas neste artigo.

Art. 12. Depende de prévio registro no Banco Central o funcionamento de sociedades que tenham por objeto qualquer atividade de intermediação na distribuição, ou colocação no mercado, de títulos ou valores mobiliários.

Art. 13. A autorização para funcionar e o registro referidos nos artigos 11 e 12 observarão o disposto no § 1º do art. 10 da Lei nº 4.595, de 31 de dezembro de 1964, e somente poderão ser cassados nos casos previstos em normas gerais aprovadas pelo Conselho Monetário Nacional.

Art. 14. Compete ao Conselho Monetário Nacional fixar as normas gerais a serem observadas nas operações das instituições financeiras autorizadas a operar em aceite ou coobrigação em títulos cambiais a serem distribuídos no mercado, e relativas a:

I – capital mínimo;

II – limites de riscos, prazo mínimo e máximo dos títulos, espécie das garantias recebidas; relação entre o valor das garantias e o valor dos títulos objeto do aceite ou coobrigação;

III – disciplina ou proibição de redesconto de papéis;

IV – fiscalização das operações pelo Banco Central;

V – organização e funcionamento de consórcios (art. 15).

Art. 15. As instituições financeiras autorizadas a operar no mercado financeiro e de capitais poderão organizar consórcio para o fim especial de colocar títulos ou valores mobiliários no mercado.

§ 1º Quando o consórcio tiver por objetivo aceite ou coobrigação em títulos cambiais, a responsabilidade poderá ser distribuída entre os membros do consórcio.

§ 2º O consórcio será regulado por contrato que só entrará em vigor depois de registrado no Banco Central e do qual constarão, obrigatoriamente, as condições e os limites de coobrigação de cada instituição participante, a designação da instituição líder do consórcio e a outorga, a esta, de poderes de representação das demais participantes.

§ 3º A responsabilidade de cada uma das instituições participantes do consórcio formado nos termos deste artigo será limitada ao montante do risco que assumir no instrumento de contrato de que trata o parágrafo anterior.

§ 4º Os contratos previstos no presente artigo são isentos do imposto do selo.

SEÇÃO III – ACESSO AOS MERCADOS FINANCEIRO E DE CAPITAIS

Art. 16. As emissões de títulos ou valores mobiliários somente poderão ser feitas nos mercados financeiro e de capitais através do sistema de distribuição previsto no art. 5º.

§ 1º Para os efeitos deste artigo considera-se emissão a oferta ou negociação de títulos ou valores mobiliários:

a) pela sociedade emissora ou coobrigada;

b) por sociedades ou empresas que exerçam habitualmente as atividades de subscrição, distribuição ou intermediação na colocação no mercado de títulos ou valores mobiliários;

c) pela pessoa natural ou jurídica que mantém o controle da sociedade emissora dos títulos ou valores mobiliários oferecidos ou negociados.

§ 2º Entende-se por colocação ou distribuição de títulos ou valores mobiliários nos mercados financeiros e de capitais a negociação, oferta ou aceitação de oferta para negociação:

a) mediante qualquer modalidade de oferta pública;

b) mediante a utilização de serviços públicos de comunicação;

c) em lojas, escritórios ou quaisquer outros estabelecimentos acessíveis ao público;

d) através de corretores ou intermediários que procurem tomadores para os títulos.

§ 3º As sociedades que infringirem o disposto neste artigo ficarão sujeitas à cessação imediata de suas atividades de colocação de títulos ou valores mobiliários no mercado, mediante intimação do Banco Central, que requisitará, se necessário, a intervenção da autoridade policial.

Art. 17. Os títulos cambiais deverão ter a coobrigação de instituição financeira para sua colocação no mercado, salvo os casos regulamentados pelo Conselho Monetário Nacional em caráter geral e de modo a assegurar garantia adequada aos que adquirirem.

§ 1º As empresas que, a partir da publicação desta Lei, colocarem papéis no mercado de capitais em desobediência ao disposto neste Capítulo, não terão acesso aos bancos oficiais e os títulos de sua emissão ou aceite não terão curso na Carteira de Redescontos, ressalvado o disposto no parágrafo seguinte.

§ 2º As empresas que, na data da publicação desta Lei, tiverem em circulação títulos cambiais com sua responsabilidade em condições proibidas por esta Lei, poderão ser autorizadas pelo Banco Central a continuar a colocação com a redução gradativa do total dos papéis em circulação, desde que dentro de 60 (sessenta) dias o requeiram, com a indicação do valor total dos títulos em circulação e apresentação da proposta de sua liquidação no prazo de até 12 (doze) meses, prorrogável, pelo Banco Central, no caso de comprovada necessidade, no máximo, por mais 6 (seis) meses.

§ 3º As empresas que utilizarem a faculdade indicada no parágrafo anterior poderão realizar assembleia geral ou alterar seus contratos sociais, no prazo de 60 (sessenta) dias da vigência desta Lei, de modo a assegurar opção aos tomadores para converter seus créditos em ações ou cotas de capital da empresa devedora, opção válida até a data do vencimento dos respectivos títulos.

§ 4º A infração ao disposto neste artigo sujeitará os emitentes, coobrigados e tomadores de títulos de crédito à multa de até 50% (cinquenta por cento) do valor do título.

Art. 18. São isentas do imposto do selo quaisquer conversões, livremente pactuadas, em ações ou cotas do capital das empresas obrigadas em títulos de dívida em circulação na data da presente lei, sem a coobrigação de instituições financeiras, concretizadas no prazo de 180 (cento e oitenta) dias da vigência desta Lei.

Art. 19. Somente poderão ser negociados nas Bolsas de Valores os títulos ou valores mobiliários de emissão:

I – de pessoas jurídicas de direito público;

II – de pessoas jurídicas de direito privado registradas no Banco Central.

§ 1º O disposto neste artigo não se aplica aos títulos cambiais colocados no mercado de acordo com o art. 17.

§ 2º Para as sociedades que já tenham requerido a cotação de suas ações nas Bolsas de Valores, o disposto neste artigo entrará em vigor a partir de 1º de janeiro de 1966, quando ficará revogado o Decreto-lei nº 9.783, de 6 de setembro de 1946.

Art. 20. Compete ao Conselho Monetário Nacional expedir normas gerais sobre o registro referido no inciso II do artigo anterior, e relativas a:

I – informações e documentos a serem apresentados para obtenção do registro inicial;

II – informações e documentos a serem apresentados periodicamente para a manutenção do registro;

III – casos em que o Banco Central poderá recusar, suspender ou cancelar o registro.

§ 1º Caberá ainda ao Conselho Monetário Nacional expedir normas a serem observadas pelas pessoas jurídicas referidas neste artigo, e relativas a:

a) natureza, detalhe e periodicidade da publicação de informações sobre a situação econômica e financeira da pessoa jurídica, suas operações, administração e acionistas que controlam a maioria do seu capital votante;

b) organização do balanço e das demonstrações de resultado, padrões de organização contábil, relatórios e pareceres de auditores independentes registrados no Banco Central;

c) manutenção de mandatários para a prática dos atos relativos ao registro de ações e obrigações nominativas, ou nominativas endossáveis.

§ 2º As normas referidas neste artigo não poderão ser aprovadas antes de decorridos 30 (trinta) dias de sua publicação para receber sugestões.

Art. 21. Nenhuma emissão de títulos ou valores mobiliários poderá ser lançada, oferecida publicamente, ou ter iniciada a sua distribuição no mercado, sem estar registrada no Banco Central.

§ 1º Caberá ao Conselho Monetário Nacional estabelecer normas gerais relativas às informações que deverão ser prestadas no pedido de registro previsto neste artigo em matéria de:

a) pessoa jurídica, emitente ou coobrigada, sua situação econômica e financeira, administração e acionistas que controlam a maioria de seu capital votante;

b) características e condições dos títulos ou valores mobiliários a serem distribuídos;

c) pessoas que participarão da distribuição.

§ 2º O pedido de registro será acompanhado dos prospectos e quaisquer outros documentos a serem publicados, ou distribuídos, para oferta, anúncio ou promoção de lançamento da emissão.

§ 3º O Banco Central poderá suspender ou proibir a distribuição de títulos ou valores:

a) cuja oferta, lançamento, promoção ou anúncio esteja sendo feito em condições diversas das constantes do registro da emissão, ou com a divulgação de informações falsas ou manifestamente tendenciosas ou imprecisas;

b) cuja emissão tenha sido julgada ilegal ou fraudulenta, ainda que em data posterior ao respectivo registro.

§ 4º O disposto neste artigo não se aplica aos títulos cambiais colocados no mercado com a coobrigação de instituições financeiras.

SEÇÃO IV – ACESSO DE EMPRESAS DE CAPITAL ESTRANGEIRO AO SISTEMA FINANCEIRO NACIONAL

Arts. 22 a 25. *(Revogados pela Lei nº 14.286, de 2021)*

SEÇÃO V – OBRIGAÇÕES COM CLÁUSULA DE CORREÇÃO MONETÁRIA

Art. 26. As sociedades por ações poderão emitir debêntures, ou obrigações ao portador ou nominativas endossáveis, com cláusula de correção monetária, desde que observadas as seguintes condições:

I – prazo de vencimento igual ou superior a um ano;

II – correção efetuada em períodos não inferiores a três meses, em bases idênticas às aplicáveis às Obrigações Reajustáveis do Tesouro Nacional; *(Redação dada pelo Decreto-Lei nº 614, de 1969)*

III – subscrição por instituições financeiras especialmente autorizadas pelo Banco Central, ou colocação no mercado de capitais com a intermediação dessas instituições.

§ 1º A emissão de debêntures nos termos deste artigo terá por limite máximo a importância do patrimônio líquido da companhia, apurado nos termos fixados pelo Conselho Monetário Nacional.

§ 2º O Conselho Monetário Nacional expedirá, para cada tipo de atividade, normas relativas a:

a) limite da emissão de debêntures observado o máximo estabelecido no parágrafo anterior;

b) análise técnica e econômico-financeira da empresa emissora e do projeto a ser financiado com os recursos da emissão, que deverá ser procedida pela instituição financeira que subscrever ou colocar a emissão;

c) coeficientes ou índices mínimos de rentabilidade, solvabilidade ou liquidez a que deverá satisfazer a empresa emissora;

d) sustentação das debêntures no mercado pelas instituições financeiras que participem da colocação.

§ 3º As diferenças nominais resultantes da correção do principal das debêntures emitidas nos termos deste artigo não constituem rendimento tributável para efeitos do imposto de renda, nem obrigarão a complementação do imposto do selo pago na emissão das debêntures.

§ 4º Será assegurado às instituições financeiras intermediárias no lançamento das debêntures a que se refere este artigo, enquanto obrigadas à sustentação prevista na alínea d do § 2º, o direito de indicar um representante como membro do Conselho Fiscal da empresa emissora, até o final resgate de todas as obrigações emitidas.

§ 5º A instituição financeira intermediária na colocação representa os portadores de debêntures ausentes das assembleias de debenturistas.

§ 6º As condições de correção monetária estabelecidas no inciso II deste artigo poderão ser aplicadas às operações previstas nos arts. 5º, 15 e 52, § 2º, da Lei nº 4.380, de 21 de agosto de 1964.

Art. 27. As sociedades de fins econômicos poderão sacar, emitir ou aceitar letras de câmbio ou notas promissórias cujo principal fique sujeito à correção monetária, desde que observadas as seguintes condições:

I – prazo de vencimento igual ou superior a um ano, e dentro do limite máximo fixado pelo Conselho Monetário Nacional;

II – correção segundo os coeficientes aprovados pelo Conselho Nacional de Economia para a correção atribuída às obrigações do Tesouro;

III – sejam destinadas à colocação no mercado de capitais com o aceite ou coobrigação de instituições financeiras autorizadas pelo Banco Central.

§ 1º O disposto no art. 26, § 3º, aplica-se à correção monetária dos títulos referidos neste artigo.

§ 2º As letras de câmbio e as promissórias a que se refere este artigo deverão conter, no seu contexto, a cláusula de correção monetária.

Art. 28. As instituições financeiras que satisfizerem as condições gerais fixadas pelo Banco Central, para esse tipo de operações, poderão assegurar a correção monetária a depósitos a prazo fixo não inferior a um ano e não movimentáveis durante todo seu prazo.

§ 1º Observadas as normas aprovadas pelo Conselho Monetário Nacional, as instituições financeiras a que se refere este artigo poderão contratar empréstimos com as mesmas condições de correção, desde que:

a) tenham prazo mínimo de um ano;

b) o total dos empréstimos corrigidos não exceda o montante dos depósitos corrigidos referidos neste artigo;

c) o total da remuneração da instituição financeira, nessas transações, não exceda os limites fixados pelo Conselho Monetário Nacional.

§ 2º Os depósitos e empréstimos referidos neste artigo não poderão ser corrigidos além dos coeficientes fixados pelo Conselho Nacional de Economia para a correção das Obrigações do Tesouro.

§ 3º As diferenças nominais resultantes da correção, nos termos deste artigo, do principal de depósitos, não constituem rendimento tributável para os efeitos do imposto de renda.

Art. 29. Compete ao Banco Central autorizar a constituição de bancos de investimento de natureza privada cujas operações e condições de funcionamento serão reguladas pelo Conselho Monetário Nacional, prevendo:

I – o capital mínimo;

II – a proibição de receber depósitos à vista ou movimentáveis por cheque;

III – a permissão para receber depósitos a prazo não inferior a um ano, não movimentáveis e com cláusula de correção monetária do seu valor;

IV – a permissão para conceder empréstimos a prazo não inferior a um ano, com cláusula de correção monetária;

V – a permissão para administração dos fundos em condomínio de que trata o art. 50;

VI – os juros e taxas máximas admitidos nas operações indicadas nos incisos III e VI;

VII – as condições operacionais, de modo geral, inclusive garantias exigíveis, montantes e prazos máximos.

§ 1º O Conselho Monetário Nacional fixará ainda as normas a serem observadas pelos bancos de investimento e relativas a:

a) espécies de operações ativas e passivas, inclusive as condições para concessão de aval em moeda nacional ou estrangeira;

b) análise econômico-financeira e técnica do mutuário e do projeto a ser financiado; coeficientes ou índices mínimos de rentabilidade, solvabilidade e liquidez a que deverá satisfazer o mutuário;

c) condições de diversificação de riscos.

§ 2º Os bancos de investimentos adotarão em suas operações ativas e passivas sujeitas à correção monetária as mesmas regras ditadas no art. 28.

§ 3º Os bancos de que trata este artigo ficarão sujeitos à disciplina ditada pela Lei nº 4.595, de 31 de dezembro de 1964, para as instituições financeiras privadas.

§ 4º Atendidas as exigências que forem estabelecidas em caráter geral pelo Conselho Monetário Nacional, o Banco Central autorizará a transformação, em bancos de investimentos, de instituições financeiras que pratiquem operações relacionadas com a concessão de crédito a médio e longo prazos, por conta própria ou de terceiros, a subscrição para revenda e a distribuição no mercado de títulos ou valores mobiliários.

Art. 30. *(Revogado pela Lei nº 13.986, de 7/4/2020)*

Art. 31. Os bancos referidos no art. 29, quando previamente autorizados pelo Banco Central e nas condições estabelecidas pelo Conselho Monetário Nacional, poderão emitir "certificados de depósitos em garantia", relativos a ações preferenciais, obrigações, debêntures ou títulos cambiais emitidos por sociedades interessadas em negociá-las em mercados externos, ou no País.

§ 1º Os títulos depositados nestas condições permanecerão custodiados no estabelecimento emitente do certificado até a devolução deste.

§ 2º O certificado poderá ser desdobrado por conveniências do seu proprietário.

§ 3º *(Revogado pela Lei nº 14.286, de 2021)*

§ 4º A emissão de "certificados de depósitos em garantia" e respectivas inscrições, ou averbações, não estão sujeitas ao imposto do selo.

SEÇÃO VI – AÇÕES E OBRIGAÇÕES ENDOSSÁVEIS

Art. 32. As ações de sociedades anônimas, além das formas nominativas e ao portador, poderão ser endossáveis.

§ 1º As sociedades por ações, além do "Livro de Registro de Ações Nominativas" deverão ter o "Livro de Registro de Ações Endossáveis".

§ 2º No livro de registro de ações endossáveis será inscrita a propriedade das ações endossáveis e averbadas as transferências de propriedade e os direitos sobre elas constituídos.

§ 3º Os registros referidos neste artigo poderão ser mantidos em livros ou em diários copiativos, nos quais serão copiados cronologicamente os atos sujeitos a registro.

Art. 33. O certificado de ação endossável conterá, além dos demais requisitos da Lei:

I – a declaração de sua transferibilidade mediante endosso;

II – o nome e a qualificação do proprietário da ação inscrito no "Livro de Registro das Ações Endossáveis";

III – se a ação não estiver integralizada, o débito do acionista e a época e lugar de seu pagamento, de acordo com o estatuto ou as condições da subscrição.

Art. 34. A transferência das ações endossáveis opera-se:

I – pela averbação do nome do adquirente no livro de registro e no próprio certificado efetuado pela sociedade emitente ou pela emissão de novo certificado em nome do adquirente;

II – no caso de ação integralizada, mediante endosso no próprio certificado, datado e assinado pelo proprietário da ação, ou por mandatário especial, com a indicação do nome e a qualificação do endossatário;

III – no caso de ação não integralizada, mediante endosso nas condições do inciso anterior e assinatura do endossatário no próprio certificado.

§ 1º Aquele que pedir averbação da ação endossável em favor de terceiro, ou a emissão de novo certificado em nome de terceiro, deverá provar perante a sociedade emitente sua identidade e o poder de dispor da ação.

§ 2º O adquirente que pedir a averbação da transferência ou a emissão de novo certificado em seu nome deve apresentar à sociedade emitente o instrumento de aquisição, que será por esta arquivado.

§ 3º Se a ação não estiver integralizada, a sociedade somente procederá à averbação da transferência para terceiro, ou à emissão de novo certificado em nome de terceiro, se o adquirente assinar o certificado averbado ou cancelado.

§ 4º A transferência mediante endosso não terá eficácia perante a sociedade emitente, enquanto não for feita a averbação no livro de registro e no próprio certificado, mas o endossatário que demonstrar ser possuidor do título, com base em série contínua de endossos, tem direito a obter a averbação da transferência ou a emissão de novo certificado em seu nome, ou no nome que indicar.

§ 5º O adquirente da ação não integralizada responde pela sua integralização.

§ 6º Aqueles que transferirem ação endossável antes de sua integralização responderão subsidiariamente pelo pagamento devido à sociedade, se esta não conseguir receber o seu crédito em ação executiva contra o proprietário da ação, ou mediante a venda da ação.

§ 7º As sociedades por ações deverão completar, dentro de quinze dias do pedido do acionista ou interessado, os atos de registro, averbação, conversão ou transferência de ações.

§ 8º A falta de cumprimento, do disposto no parágrafo anterior, autorizará o acionista a exigir indenização correspondente a um por cento sobre o valor nominal das ações objeto do pedido de registro, averbação ou transferência.

§ 9º Se o estatuto social admite mais de uma forma de ação não poderá limitar a conversibilidade de uma forma em outra, ressalvada a cobrança do custo de substituição dos certificados.

§ 10. As sociedades cujas ações sejam admitidas à cotação das Bolsas de Valores deverão colocar à disposição dos acionistas, no prazo máximo de 60 dias, a contar da data da publicação da Ata da Assembleia-Geral, os dividendos e as bonificações em dinheiro distribuídos, assim como as ações correspondentes ao aumento de capital mediante incorporação de reservas e correção monetária. *(Redação dada pela Lei nº 5.589, de 1970)*

§ 11. As sociedades por ações são obrigadas a comunicar, às Bolsas nas quais os seus títulos são negociados, a suspensão transitória de transferência de ações no livro competente, com 15 (quinze) dias de antecedência, aceitando o registro das transferências que lhes forem apresentadas com data anterior.

§ 12. É facultado às sociedades por ações o direito de suspender os serviços de conversão, transferência e desdobramento de ações, para atender a determinações de assembleia-geral, não podendo fazê-lo, porém, por mais de 90 (noventa) dias intercalados durante o ano, nem por mais de 15 (quinze) dias consecutivos.

Art. 35. Os direitos constituídos sobre ações endossáveis somente produzem efeitos perante a sociedade emitente e terceiros, depois de anotada a sua constituição no livro de registro.

Parágrafo único. As ações endossáveis poderão, entretanto, ser dadas em penhor ou caução mediante endosso com a expressa indicação dessa finalidade e, a requerimento de credor pignoratício ou do proprietário da ação, a sociedade emitente averbará o penhor no "Livro de Registro".

Art. 36. A sociedade emitente fiscalizará, por ocasião da averbação ou emissão do novo certificado, a regularidade das transferências e dos direitos constituídos sobre a ação.

§ 1º As dúvidas suscitadas entre a sociedade emitente e o titular da ação ou qualquer interessado, a respeito das emissões ou averbações previstas nos artigos anteriores, serão dirimidas pelo juiz competente para solucionar as dúvidas levantadas pelos oficiais dos registros públicos, excetuadas as questões atinentes à substância do direito.

§ 2º A autenticidade do endosso não poderá ser posta em dúvida pela sociedade emitente da ação, quando atestada por sociedade corretora membro de Bolsa de Valores, reconhecida por cartório de ofício de notas, ou abonada por estabelecimento bancário.

§ 3º Nas transferências feitas por procurador ou representante legal do cedente, a sociedade emitente fiscalizará a regularidade da representação e arquivará o respectivo instrumento.

Art. 37. No caso de perda ou extravio do certificado das ações endossáveis, cabe ao respectivo titular, ou a seus sucessores, a ação de recuperação prevista nos arts. 336 e 341 do Código do Processo Civil, para obter a expedição de novo certificado em substituição ao extraviado.

Parágrafo único. Até que os certificados sejam recuperados ou substituídos, as transferências serão averbadas sob condição e a sociedade emitente poderá exigir do titular ou cessionário, para o pagamento dos dividendos, garantia de sua eventual restituição, mediante fiança idônea.

Art. 38. A sociedade anônima somente poderá pagar dividendos, bonificações em dinheiro, amortizações, reembolso ou resgate às ações endossáveis, contra recibo da pessoa registrada como proprietária da ação, no livro do registro das ações endossáveis, ou mediante cheque nominativo a favor dessa pessoa.

§ 1º Se a ação tiver sido transferida desde a época do último pagamento do dividendo, bonificação ou amortização, a transferência deverá ser obrigatoriamente averbada no livro de registro e no certificado da ação antes do novo pagamento.

§ 2º O recibo do dividendo, bonificação, amortização, reembolso ou resgate poderá ser assinado por sociedade corretora de Bolsa de Valores, ou instituição financeira que tenha o título em custódia, depósito ou penhor, e que certifique continuar o mesmo de propriedade da pessoa em cujo nome se acha inscrito ou averbado no livro de registro das ações endossáveis.

Art. 39. O certificado, ação ou respectiva cautela, deverá conter a assinatura de um diretor ou de um procurador especialmente designado pela Diretoria para esse fim.

§ 1º A sociedade anônima poderá constituir instituição financeira, ou sociedade corretora membro de Bolsa de Valores, como mandatária para a prática dos atos relativos ao registro e averbação de transferência das ações endossáveis e a constituição de direitos sobre as mesmas.

§ 2º *(Revogado pela Lei nº 5.589, de 1970)*

Art. 40. As debêntures ou obrigações emitidas por sociedades anônimas poderão ser ao portador ou endossáveis.

Parágrafo único. As sociedades que emitirem obrigações nominativas endossáveis manterão um "Livro de Registro de Obrigações Endossáveis", ao qual se aplicarão, no que couber, os dispositivos relativos aos livros das ações endossáveis de sociedades anônimas.

Art. 41. Aplicam-se às obrigações endossáveis o disposto no § 3º do art. 32 e nos arts. 33 a 37 e 39.

Art. 42. As sociedades anônimas somente poderão pagar juros amortização ou resgate de obrigações endossáveis, contra recibo da pessoa registrada como proprietária do respectivo título no livro de registro de obrigações endossáveis, ou mediante cheque nominativo a favor dessa pessoa.

§ 1º Se a obrigação tiver sido transferida desde a época do último pagamento de juros ou amortizações, a transferência deverá ser obrigatoriamente averbada no livro de registro e no certificado, antes do novo pagamento.

§ 2º Aplica-se às obrigações endossáveis o disposto no art. 38, § 2º.

Art. 43. O imposto do selo não incide nos negócios de transferência, promessa de transferência, opção, ou constituição de direitos sobre ações, obrigações endossáveis, quotas de fundos em condomínios, e respectivos contratos, inscrições ou averbações.

SEÇÃO VII – DEBÊNTURES CONVERSÍVEIS EM AÇÕES

Art. 44. As sociedades anônimas poderão emitir debêntures ou obrigações, assegurando aos respectivos titulares o direito de convertê-las em ações do capital da sociedade emissora.

§ 1º Constarão obrigatoriamente da ata da assembleia-geral, que terá forma de escritura autorizando a emissão de debêntures ou obrigações ao portador, as condições para conversão em ações relativas a:

a) prazo ou épocas para exercício do direito à conversão;

b) bases da conversão, com relação ao número de ações a serem emitidas por debêntures ou obrigações endossáveis ou entre o valor do principal das debêntures e das ações em que forem convertidas.

§ 2º As condições de conversão deverão constar também dos certificados ou cautelas das debêntures.

§ 3º As condições da emissão de debêntures ou obrigações conversíveis em ações deverão ser aprovadas pela assembleia de acionistas, observado o quorum previsto nos arts. 94 e 104 do Decreto-lei nº 2.627, de 26 de setembro de 1940.

§ 4º A conversão de debêntures ou obrigações em ações, nas condições da emissão aprovada pela assembleia geral independerá de nova assembleia de acionistas e será efetivada pela Diretoria da sociedade, à vista da quitação da obrigação o pedido escrito do seu titular, no caso de obrigações endossáveis ou mediante tradição do certificado da debênture, no caso de obrigação ao portador.

§ 5º Dentro de 30 (trinta) dias de cada aumento de capital efetuado nos termos do parágrafo anterior a Diretoria da sociedade o registrará mediante requerimento ao registro do Comércio.

§ 6º Os acionistas da sociedade por ações do capital subscrito terão preferência para aquisição das debêntures e obrigações conversíveis em ações, nos termos do art. 111, do Decreto-lei nº 2.627, de 26 de setembro de 1940.

§ 7º Nas sociedades anônimas de capital autorizado, a preferência dos acionistas à aquisição das debêntures e das obrigações conversíveis em ação obedecerá às mesmas normas de preferência para subscrição das emissões de capital autorizado.

§ 8º O direito à subscrição de capital poderá ser negociado ou transferido separadamente da debênture conversível em ação, desde que seja objeto de cupão destacável ou sua transferência seja averbada pela sociedade emissora, no próprio título e no livro de registro, se for o caso.

§ 9º O imposto do selo não incide na conversão de debêntures ou obrigações em ações e, assim, no aumento do capital pela incorporação dos respectivos valores.

SEÇÃO VIII – SOCIEDADES ANÔNIMAS DE CAPITAL AUTORIZADO

Art. 45. As sociedades anônimas cujas ações sejam nominativas, ou endossáveis, poderão ser constituídas com capital subscrito inferior ao autorizado pelo estatuto social.

§ 1º As sociedades referidas neste artigo poderão, outrossim, aumentar o seu capital autorizado, independentemente de subscrição, ou com a subscrição imediata, de apenas parte do aumento.

§ 2º Em todas as publicações e documentos em que declarar o seu capital, a sociedade com capital autorizado deverá indicar o montante do seu capital subscrito e integralizado.

§ 3º A emissão de ações dentro dos limites do capital autorizado não importa modificação do estatuto social.

§ 4º Dentro de 30 (trinta) dias de cada emissão de ações do capital autorizado, a Diretoria da sociedade registrará o aumento do capital subscrito, mediante requerimento ao Registro do Comércio.

§ 5º Na subscrição de ações de sociedade de capital autorizado, o mínimo de integralização inicial será fixado pelo Conselho Monetário Nacional, e as importâncias correspondentes poderão ser recebidas pela sociedade, independentemente de depósito bancário.

§ 6º As sociedades referidas neste artigo não poderão emitir ações *(vetado)* de gosto ou fruição, ou partes beneficiárias.

Art. 46. O estatuto da sociedade com capital autorizado regulará obrigatoriamente:

I – a emissão e colocação das ações com prévia aprovação da assembleia geral ou por deliberação da diretoria;

II – as condições de subscrição e integralização a serem observadas pela assembleia geral ou pela Diretoria, na emissão e colocação das ações de capital autorizado;

III – a emissão e colocação das ações, com ou sem preferência para os acionistas da sociedade, e as condições do exercício do direito de preferência, quando houver.

§ 1º As ações do capital autorizado não podem ser colocadas por valor inferior ao nominal.

§ 2º Salvo disposição expressa no estatuto social, a emissão de ações para integralização em bens ou créditos, dependerá de prévia aprovação pela assembleia geral.

§ 3º Nem o estatuto social nem a assembleia-geral poderão negar a preferência dos acionistas à subscrição das ações emitidas que se destinem à colocação:

a) por valor inferior ao de sua cotação em Bolsa, se as ações da sociedade forem negociáveis nas Bolsas de Valores; ou

b) por valor inferior ao do patrimônio líquido, se as ações da sociedade não tiverem cotação nas Bolsas de Valores.

§ 4º Quando a emissão de ações se processar por deliberação da Diretoria, será obrigatória a prévia audiência do Conselho Fiscal.

Art. 47. As sociedades anônimas de capital autorizado somente poderão adquirir as próprias ações mediante a aplicação de lucros acumulados ou capital excedente, e sem redução do capital subscrito, ou por doação.

§ 1º O capital em circulação da sociedade corresponde ao subscrito menos as ações adquiridas e em tesouraria.

§ 2º As ações em tesouraria na sociedade não terão direito de voto enquanto não forem novamente colocadas no mercado.

Art. 48. Nas condições previstas no estatuto, ou aprovadas pela assembleia geral, a sociedade poderá assegurar opções para a subscrição futura de ações do capital autorizado.

SEÇÃO IX – SOCIEDADES E FUNDOS DE INVESTIMENTO

Arts. 49 e 50. *(Revogados pela Lei nº 14.754, de 2023)*

SEÇÃO X – CONTAS CORRENTES BANCÁRIAS

Art. 51. Os bancos e casas bancárias que devolvem aos seus depositantes os cheques por estes sacados, depois de liquidados, poderão fazer prova da movimentação das respectivas contas de depósito mediante cópia fotográfica ou microfotográfica dos cheques devolvidos, desde que mantenham esse serviço de acordo com as normas de segurança aprovadas pelo Banco Central.

Art. 52. O endosso no cheque nominativo, pago pelo banco contra o qual foi sacado, prova o recebimento da respectiva importância pela pessoa a favor da qual foi emitido, e pelos endossantes subsequentes.

Parágrafo único. Se o cheque indica a nota, fatura, conta, cambial, imposto lançado ou declarado a cujo pagamento se destina, ou outra causa da sua emissão, o endosso do cheque pela pessoa a favor da qual foi emitido e a sua liquidação pelo banco sacado provam o pagamento da obrigação indicada no cheque.

SEÇÃO XI – TRIBUTAÇÃO DE RENDIMENTOS DE TÍTULOS DE CRÉDITO E AÇÕES

Art. 53. Está sujeito ao desconto do imposto de renda na fonte, à razão de 15% (quinze por cento) o deságio concedido na venda, ou colocação no mercado por pessoa jurídica a pessoa física, de debêntures ou obrigações ao portador, letras de câmbio ou outros quaisquer títulos de crédito.

§ 1º Considera-se deságio a diferença para menos entre o valor nominal do título e o preço de sua venda ou colocação no mercado.

§ 2º Na circulação dos títulos referidos no presente artigo, o imposto não incidirá na fonte nos deságios concedidos entre pessoas jurídicas, mas a primeira pessoa jurídica que vender ou revender o título a pessoa física deverá:

a) reter o imposto previsto neste artigo, calculado sobre o deságio referido ao valor nominal do título;

b) exigir a identificação do adquirente e o recibo correspondente ao deságio;

c) declarar no próprio título a retenção do imposto nos termos da alínea a, e o montante do deságio sobre o qual incidiu;

d) fornecer ao beneficiário do deságio declaração da retenção do imposto, da qual deverão constar a identificação do título e as datas de sua negociação e do seu vencimento.

§ 3º Os títulos dos quais constar a anotação de retenção do imposto previsto no § 2º, alínea c, deste artigo, poderão circular entre pessoas jurídicas e físicas sem nova incidência do imposto, salvo se uma pessoa jurídica revendê-lo a pessoa física com deságio superior ao que serviu de base à incidência do imposto pago, caso em que o imposto incidirá sobre a diferença entre o novo deságio e o já tributado, observado o disposto no § 2º.

§ 4º O deságio percebido por pessoas físicas na aquisição das obrigações ou títulos cambiais referidos neste artigo será obrigatoriamente incluído pelo beneficiário na sua declaração anual de rendimentos, classificado como juros compensando-se o imposto retido na fonte com o devido, de acordo com a declaração anual de rendimentos.

§ 5º Se o prazo entre a aquisição e o vencimento do título tiver sido superior a 12 (doze) meses, a pessoa física beneficiária do primeiro deságio poderá deduzir do respectivo rendimento bruto, na sua declaração anual do imposto de renda, a importância correspondente à correção monetária do capital aplicado na obrigação ou letra de câmbio, observadas as seguintes normas:

a) a correção será procedida entre as datas de aquisição e liquidação do título, segundo os coeficientes de correção monetária fixados pelo Conselho Nacional de Economia, para a correção das Obrigações do Tesouro;

b) a data e o valor de aquisição serão comprovados através da declaração de retenção do imposto (§ 2º, alínea d) anexada à declaração.

§ 6º Os lucros obtidos por pessoas jurídicas na aquisição e revenda, ou liquidação de obrigações e títulos cambiais, integrarão o respectivo lucro real sem compensação de imposto na fonte referido neste artigo, se tiver sido pago, e com a dedução da correção monetária nos casos e nos termos previstos no § 5º.

§ 7º Para efeito da declaração anual de renda, o rendimento dos títulos, a que se refere o § 5º, considera-se percebido no ano da sua liquidação.

§ 8º O disposto no presente artigo entrará em vigor a 1º de janeiro de 1967, quando ficarão revogadas as disposições vigentes relativas à tributação de deságio, inclusive a opção pela não identificação do respectivo beneficiário; salvo em relação ao disposto nos §§ 5º e 7º, que será aplicável desde a publicação desta Lei, nos rasos em que o beneficiário do deságio optar pela sua identificação.

Art. 54. Os juros de debêntures ou obrigações ao portador e a remuneração das partes beneficiárias estão sujeitos à incidência do imposto de renda na fonte:

I – à razão de 15% (quinze por cento), no caso de identificação do beneficiário nos termos do art. 3º, da Lei nº 4.154, de 28 de novembro de 1962;

II – à razão de 60% (sessenta por cento), se o beneficiário optar pela não identificação.

Parágrafo único. No caso do inciso I deste artigo o imposto retido na fonte será compensado com o imposto devido com base na declaração anual de renda, na qual serão obrigatoriamente incluídos os juros percebidos.

Art. 55. A incidência do imposto de renda na fonte, a que se refere o art. 18 da Lei nº 4.357, de 18 de julho de 1964, sobre rendimentos de ações ao portador, quando o beneficiário não se identifica, fica reduzida para 25% (vinte e cinco por cento), quando se tratar de sociedade anônima de capital aberto definida nos termos do art. 59 desta Lei, e 40% (quarenta por cento) para as demais sociedades.

§ 1º O imposto de renda não incidirá na fonte sobre os rendimentos distribuídos por sociedades anônimas de capital aberto aos seus acionistas titulares de ações nominativas, endossáveis ou ao portador, se optarem pela identificação, bem como sobre os juros dos títulos da dívida pública federal, estadual ou municipal, subscritos voluntariamente.

§§ 2º e 3º *(Revogados pelo Del 1.338, de 23.7.1974)*

Arts. 56 e 57. *(Revogados pelo Del 1.338, de 23.7.1974)*

Art. 58. Na emissão de ações, as importâncias recebidas dos subscritores a título de ágio não serão consideradas como rendimento tributável da pessoa jurídica, constituindo obrigatoriamente reserva específica, enquanto não forem incorporadas ao capital da sociedade. *(Redação dada pela Lei nº 4.862, de 14.7.1965)*

§ 1º Não sofrerão nova tributação na declaração de pessoa física, ou na fonte, os aumentos de capital das pessoas jurídicas mediante a utilização das importâncias recebidas a título de ágio, quando realizados, nos termos deste artigo, por sociedades das quais sejam as referidas pessoas físicas acionistas, bem como as novas ações distribuídas em virtude daqueles aumentos de capital. (Parágrafo incluído pela Lei nº 4.862, de 14.7.1965)

§ 2º As quantias relativas aos aumentos de capital das pessoas jurídicas, mediante a utilização de acréscimos do valor do ativo decorrentes de aumentos de capital realizados nos termos deste artigo por sociedades das quais sejam acionistas, não sofrerão nova tributação. (Parágrafo incluído pela Lei nº 4.862, de 14.7.1965)

Art. 59. Caberá ao Conselho Monetário Nacional fixar periodicamente as condições em que, para efeitos legais, a sociedade anônima é considerada de capital aberto.

§ 1º A deliberação do Conselho Monetário Nacional aumentando as exigências para a conceituação das sociedades de capital aberto somente entrará em vigor no exercício financeiro que se inicie, no mínimo, seis meses depois da data em que for publicada a deliberação.

§ 2º Para efeito do cálculo da percentagem mínima do capital com direito a voto, representado por ações efetivamente cotadas nas Bolsas de Valores, o Conselho Monetário Nacional levará em conta a participação acionária da União, dos Estados, dos Municípios, das autarquias, bem como das instituições de educação e de assistência social, das fundações e das ordens religiosas de qualquer culto.

SEÇÃO XII – DA ALIENAÇÃO DE AÇÕES DAS SOCIEDADES DE ECONOMIA MISTA

Art. 60. O Poder Executivo poderá promover a alienação de ações de propriedade da União representativas do capital social de sociedades anônimas de economia mistas, mantendo-se 51% (cinquenta e um por cento) no mínimo, das ações com direito a voto, das empresas nas quais deva assegurar o controle estatal. *(Redação dada pela Lei nº 5.710, de 07.10.1971)*

Parágrafo único. As transferências de ações de propriedade da União, representativas de capital social da Petróleo Brasileiro S.A. – PETROBRÁS – e de suas subsidiárias em território nacional, reger-se-ão pelo disposto no artigo 11 de Lei nº 2.004, de 3 de outubro de 1953. *(Redação dada pela Lei nº 5.710, de 07.10.1971)*

Art. 61. O Conselho Monetário Nacional fixará a participação da União nas diferentes sociedades referidas no artigo anterior, ouvido o Conselho de Segurança Nacional, nos casos de sua competência e no das empresas cujo controle estatal é determinado em Lei especial. *(Redação dada pela Lei nº 5.710, de 07.10.1971)*

§ 1º As ações de que tratam este artigo e o anterior, serão negociadas através do sistema de distribuição instituído no artigo 5º desta Lei, com a participação do Banco Central do Brasil, na forma do Inciso IV do artigo 11 da Lei nº 4.595, de 31 de dezembro de 1964. *(Redação dada pela Lei nº 5.710, de 07.10.1971)*

§ 2º O Poder Executivo, através do Ministério da Fazenda, poderá manter no Banco Central do Brasil, em conta especial de depósitos, os recursos originários da alienação de ações de propriedade da União, representativas do capital social de sociedades referidas no artigo 60. *(Redação dada pela Lei nº 5.710, de 07.10.1971)*

SEÇÃO XIII – DAS SOCIEDADES IMOBILIÁRIAS

Art. 62. As sociedades que tenham por objeto a compra e venda de imóveis construídos ou em construção, a construção e venda de unidades habitacionais, a incorporação de edificações ou conjunto de edificações em condomínio e a venda de terrenos loteados e construídos ou com a construção contratada, quando revestirem a forma anônima, poderão ter o seu capital dividido em ações nominativas ou nominativas endossáveis. (Vide Lei 6.404, de 1976)

Art. 63. Na alienação, promessa de alienação ou transferência de direito à aquisição de imóveis, quando o adquirente for sociedade que tenha por objeto alguma das atividades referidas no artigo anterior, a pessoa física que alienar ou prometer alienar o imóvel, ceder ou prometer ceder o direito à sua aquisição, ficará sujeita ao imposto sobre lucro imobiliário, à taxa de 5% (cinco por cento).

§ 1º Nos casos previstos neste artigo, o contribuinte poderá optar pela subscrição de Obrigações do Tesouro, nos termos do art. 3º, § 8º, da Lei nº 4.357, de 16 de julho de 1964.

§ 2º Nos casos previstos neste artigo, se a sociedade adquirente vier, a qualquer tempo, a alienar o terreno ou transferir o direito à sua aquisição sem construí-lo ou sem a simultânea contratação de sua construção, responderá pela diferença do imposto da pessoa física, entre as taxas normais e a prevista neste artigo, diferença que será atualizada nos termos do art. 7º, da Lei nº 4.357, de 16 de julho de 1964.

Art. 64. As sociedades que tenham por objeto alguma das atividades referidas no art. 62 poderão corrigir, nos termos do art. 3º da Lei nº 4.357, de 16 de julho de 1964, o custo do terreno e da construção objeto de suas transações.

§ 1º Para efeito de determinar o lucro auferido pelas sociedades mencionadas neste artigo, o custo do terreno e da construção poderá ser atualizado, em cada operação, com base nos coeficientes a que se refere o art. 7º, § 1º, da Lei nº 4.357, de 16 de julho de 1964, e as diferenças nominais resultantes dessa atualização terão o mesmo tratamento fiscal previsto na lei para o resultado das correções a que se refere o art. 3º da referida lei *(vetado)*.

§ 2º Nas operações a prazo, das sociedades referidas neste artigo, a apuração do lucro obedecerá ao disposto no parágrafo anterior, até o final do pagamento.

Art. 65. Por proposta do Banco Nacional de Habitação, o Conselho Monetário Nacional poderá autorizar a emissão de Letras Imobiliárias, com prazo superior a um ano.

Parágrafo único. O Banco Nacional de Habitação deverá regulamentar, adaptando-as ao disposto nesta Lei, as condições e características das Letras Imobiliárias previstas no art. 44 da Lei nº 4.380, de 21 de agosto de 1964.

SEÇÃO XIV – ALIENAÇÃO FIDUCIÁRIA EM GARANTIA

Arts. 66 e 66-A. *(Revogados pela Lei 10.931, de 2004)*

SEÇÃO XIV – ALIENAÇÃO FIDUCIÁRIA EM GARANTIA NO ÂMBITO DO MERCADO FINANCEIRO E DE CAPITAIS

▸ *(Incluído pela Lei 10.931, de 2004)*

Art. 66-B. O contrato de alienação fiduciária celebrado no âmbito do mercado financeiro e de capitais, bem como em garantia de créditos fiscais e previdenciários, deverá conter, além dos requisitos definidos na Lei nº 10.406, de 10 de janeiro de 2002 – Código Civil, a taxa de juros, a cláusula penal, o índice de atualização monetária, se houver, e as demais comissões e encargos. *(Incluído pela Lei 10.931, de 2004)*

§ 1º Se a coisa objeto de propriedade fiduciária não se identifica por números, marcas e sinais no contrato de alienação fiduciária, cabe ao proprietário fiduciário o ônus da prova, contra terceiros, da identificação dos bens do seu domínio que se encontram em poder do devedor. *(Incluído pela Lei 10.931, de 2004)*

§ 2º O devedor que alienar, ou der em garantia a terceiros, coisa que já alienara fiduciariamente em garantia, ficará sujeito à pena prevista no art. 171, § 2º, I, do Código Penal. *(Incluído pela Lei 10.931, de 2004)*

§ 3º É admitida a alienação fiduciária de coisa fungível e a cessão fiduciária de direitos sobre coisas móveis, bem como de títulos de crédito, hipóteses em que, salvo disposição em contrário, a posse direta e indireta do bem objeto da propriedade fiduciária ou do título representativo do direito ou do crédito é atribuída ao credor, que, em caso de inadimplemento ou mora da obrigação garantida, poderá vender a terceiros o bem objeto da propriedade fiduciária independente de leilão, hasta pública ou qualquer outra medida judicial ou extrajudicial, devendo aplicar o preço da venda no pagamento do seu crédito e das despesas decorrentes da realização da garantia, entregando ao devedor o saldo, se houver, acompanhado do demonstrativo da operação realizada. *(Incluído pela Lei 10.931, de 2004)*

§ 4º No tocante à cessão fiduciária de direitos sobre coisas móveis ou sobre títulos de crédito aplica-se, também, o disposto nos arts. 18 a 20 da Lei nº 9.514, de 20 de novembro de 1997. *(Incluído pela Lei 10.931, de 2004)*

§ 5º Aplicam-se à alienação fiduciária e à cessão fiduciária de que trata esta Lei os arts. 1.421, 1.425, 1.426, 1.435 e 1.436 da Lei nº 10.406, de 10 de janeiro de 2002. *(Incluído pela Lei 10.931, de 2004)*

§ 6º Não se aplica à alienação fiduciária e à cessão fiduciária de que trata esta Lei o disposto no art. 644 da Lei nº 10.406, de 10 de janeiro de 2002. *(Incluído pela Lei 10.931, de 2004)*

SEÇÃO XV – DISPOSIÇÕES DIVERSAS

Art. 67. O Conselho Monetário Nacional poderá autorizar emissões de Obrigações do Tesouro a que se refere a Lei nº 4.357, de 16 de julho de 1964, com prazos inferiores a três anos.

Art. 68. O resultado líquido das correções monetárias do ativo imobilizado e do capital de giro próprio, efetuadas nos termos da legislação em vigor, poderão, à opção da pessoa jurídica, ser incorporados ao capital social ou a reservas.

§ 1º No caso de correção monetária, do ativo imobilizado, o imposto devido, sem prejuízo do disposto no art. 76 da Lei nº 4.506, de 30 de novembro de 1964, incidirá sobre o aumento líquido do ativo resultante da correção, independentemente da sua incorporação ao capital.

§ 2º *(Revogado pelo Del 1.338, de 23.7.1974)*

§ 3º O Conselho Monetário Nacional poderá excluir da obrigatoriedade do § 2º as empresas que requererem e justificarem a exclusão.

§ 4º As sociedades que no corrente exercício, e em virtude de correção monetária, tenham aprovado aumento de capital ainda não registrado pelo Registro de Comércio, poderão usar da opção prevista neste artigo, desde que paguem imposto nos termos do § 1º.

Art. 69. Os fundos contábeis de natureza financeira, em estabelecimentos oficiais de crédito, para aplicação de doações, dotações ou financiamentos, obtidos de entidades nacionais ou estrangeiras, não incluídos no orçamento, dependem de decreto do Presidente da República.

§ 1º Os fundos contábeis consistirão de contas gráficas abertas e serão exclusivamente para os objetivos designados pelo decreto do Poder Executivo, admitidas apenas as deduções necessárias ao custeio das operações.

§ 2º O decreto executivo de constituição de fundo deverá indicar:

I – origem dos recursos que o constituirão;

II – objetivo das aplicações explicitando a natureza das operações, o setor de aplicação e demais condições;

III – mecanismo geral das operações;

IV – a gestão do fundo, podendo atribuí-la ao próprio estabelecimento de crédito no qual será aberta a conta, ou a um administrador ou órgão colegiado;

V – a representação ativa e passiva, do órgão gestor do fundo.

Art. 70. O imposto de consumo, relativo a produto industrializado saído do estabelecimento produtor diretamente para depósito em armazém geral, poderá ser recolhido, mediante guia especial, na quinzena imediatamente subsequente à sua saída do armazém geral.

§ 1º Para o transporte do produto até o armazém geral a que se destinar, o estabelecimento produtor remetente emitirá guia de trânsito, na forma do art. 54 da Lei nº 4.502, de 30 de novembro de 1964.

§ 2º A empresa de armazém geral fica obrigada a manter escrituração que permita à repartição fiscal competente o controle da movimentação de produtos feita na forma supra, da qual constarão os tipos, quantidades, lotes, valores, destinos e notas fiscais respectivas.

§ 3º No verso do recibo de depósito, do *warrant* e da guia de trânsito emitidos para estes fins, constará expressa referência ao presente artigo de lei e seus parágrafos.

§ 4º Não terá aplicação este artigo de lei nos casos do art. 26, incisos I e II, da Lei nº 4.502, de 30 de novembro de 1964.

§ 5º O Departamento de Rendas Internas do Ministério da Fazenda expedirá as instruções e promoverá os formulários necessários ao cumprimento do presente dispositivo.

Art. 71. Não se aplicam aos títulos da Dívida Pública Federal, Estadual ou Municipal, as disposições do art. 1.509 e seu parágrafo único, do Código Civil ficando, consequentemente, a Fazenda Pública da União, dos Estados e dos Municípios, excluídas da formalidade de intimação prevista neste ou em quaisquer outros dispositivos legais reguladores do processo de recuperação de títulos ao portador, extraviados.

§ 1º Os juros e as amortizações ou resgates dos títulos a que se refere este artigo serão pagos, nas épocas próprias, pelas repartições competentes, à vista dos cupões respectivos, verificada a autenticidade destes e independentemente de outras formalidades.

§ 2º Fica dispensada, para a caução de títulos ao portador, a certidão a que se refere a primeira parte da alínea a do § 1º do art. 860 do Regulamento Geral de Contabilidade Pública, ou outros documentos semelhantes.

Art. 72. Ninguém poderá gravar ou produzir clichês, compor tipograficamente, imprimir, fazer, reproduzir ou fabricar de qualquer forma, papéis representativos de ações ou cautelas, que os representem, ou títulos negociáveis de sociedades, sem autorização escrita e assinada pelos respectivos representantes legais, na quantidade autorizada.

Art. 73. Ninguém poderá fazer, imprimir ou fabricar ações de sociedades anônimas, ou cautelas que as representem, sem autorização escrita e assinada pela respectiva representação legal da sociedade, com firmas reconhecidas.

§ 1º Ninguém poderá fazer, imprimir ou fabricar prospectos ou qualquer material de propaganda para venda de ações de sociedade anônima, sem autorização dada pela respectiva representação legal da sociedade.

§ 2º A violação de qualquer dos dispositivos constituirá crime de ação pública, punido com pena de 1 a 3 anos de detenção, recaindo a responsabilidade, quando se tratar de pessoa jurídica, em todos os seus diretores.

Art. 74. Quem colocar no mercado ações de sociedade anônima ou cautelas que a representem, falsas ou falsificadas, responderá por delito de ação publica, e será punido com pena de (um) a 4 (quatro) anos de reclusão. *(Redação dada pela Lei nº 5.589, de 1970)*

Art. 75. O contrato de câmbio, desde que protestado por oficial competente para o protesto de títulos, constitui instrumento bastante para requerer a ação executiva.

- *Art. 1º da Lei de Protestos de Títulos e Documentos de Dívidas (Lei 9.492/1997)*

§ 1º Por esta via, o credor haverá a diferença entre a taxa de câmbio do contrato e a da data em que se efetuar o pagamento, conforme cotação fornecida pelo Banco Central, acrescida dos juros de mora.

§ 2º Pelo mesmo rito, serão processadas as ações para cobrança dos adiantamentos feitos pelas instituições financeiras aos exportadores, por conta do valor do contrato de câmbio, desde que as importâncias correspondentes estejam averbadas no contrato, com anuência do vendedor.

§ 3º No caso de falência ou concordata, o credor poderá pedir a restituição das importâncias adiantadas, a que se refere o parágrafo anterior.

§ 4º As importâncias adiantadas na forma do § 2º deste artigo serão destinadas na hipótese de falência, liquidação extrajudicial ou intervenção em instituição financeira, ao pagamento das linhas de crédito comercial que lhes deram origem, nos termos e condições estabelecidos pelo Banco Central do Brasil. (Parágrafo incluído pela Lei nº 9.450, de 14.03.1997)

Art. 76. O Conselho Monetário Nacional, quando entender aconselhável, em face de situação conjuntural da economia, poderá autorizar as companhias de seguro a aplicarem, em percentagens por ele fixadas, parte de suas reservas técnicas em letras de câmbio, ações de sociedades anônimas de capital aberto, e em quotas de fundos em condomínio de títulos ou valores mobiliários.

Art. 77. Os contribuintes em débito para com a Fazenda Nacional, em decorrência do não pagamento do imposto do selo federal, incidente sobre contratos ou quaisquer outros atos jurídicos em que tenham sido parte ou interveniente a União, os Estados, os Municípios, o Distrito Federal, os Territórios, e suas autarquias, levados a efeito anteriormente à Lei nº 4.388, de 28 de agosto de 1964, poderão, dentro do prazo de 30 (trinta) dias, a contar da publicação desta Lei, recolher aos cofres federais o imposto devido, isentos de qualquer penalidade ou correção monetária.

Art. 78. A alínea i do art. 20 do Decreto-lei nº 2.627, de 26 de setembro de 1940, passa a vigorar com a seguinte redação:

"i) as assinaturas de 2 (dois) diretores, se a empresa possuir mais de 1 (um), ou as de dois procuradores com poderes especiais, cujos mandatos devem ser previamente registrados na Bolsa de Valores em que a sociedade seja inscrita, juntamente com os respectivos fac simile de assinaturas".

Art. 79. O art. 21 do Decreto-lei nº 2.627, de 26 de setembro de 1940, é acrescido do seguinte parágrafo: "Parágrafo único. Nenhuma ação ou título que a represente poderá ostentar valor nominal inferior a Cr$1.000 (um mil cruzeiros)".

Art. 80. É fixado o prazo máximo de 12 (doze) meses, a contar da data da publicação desta Lei, para que as companhias ou sociedades anônimas cujas ações ou títulos que as representem tenham o valor nominal inferior a Cr$1.000 (um mil cruzeiros) providenciem o reajustamento delas para este valor, através da necessária modificação estatutária, sob pena de não terem os seus títulos admitidos à cotação nas Bolsas de Valores.

Art. 81. Os Membros dos Conselhos Administrativos das Caixas Econômicas Federais nos Estados serão nomeados pelo Presidente da República, escolhidos entre brasileiros de ilibada reputação e notória capacidade em assuntos administrativos ou econômico-financeiros, com o mandato de 5 (cinco) anos, podendo ser reconduzidos.

Parágrafo único. As nomeações de que trata o artigo anterior, bem como as designações dos Presidentes dos respectivos Conselhos, também pelo Presidente da República, independerão da aprovação do Senado Federal, prevista no § 2º do art. 22 da Lei nº 4.595, de 31 de dezembro de 1964.

Art. 82. Até que sejam expedidos os Títulos da Dívida Agrária, criados pelo art. 105 da Lei nº 4.504, de 30 de novembro de 1964, poderá o Poder Executivo, para os fins previstos naquela Lei, se utilizar das Obrigações do Tesouro Nacional – Tipo Reajustável, criadas pela Lei nº 4.357, de 16 de julho de 1964.

Parágrafo único. As condições e vantagens asseguradas aos Títulos da Dívida Agrária serão atribuídas às obrigações do Tesouro Nacional – Tipo Reajustável, emitidas na forma deste artigo, e constarão obrigatoriamente dos respectivos certificados.

Art. 83. A presente Lei entra em vigor na data de sua publicação.

Art. 84. Revogam-se as disposições em contrário.

Brasília, 14 de julho de 1965;
144º da Independência e 77º da República.
H. CASTELLO BRANCO
(DOU de 16.7.65 e retificado em 16.8.1965)

LEI Nº 5.474, DE 18 DE JULHO DE 1968

Dispõe sobre as Duplicatas, e dá outras providências.

- *Vide Lei 13.775/2018 (Duplicata Escritural)*
- *Vide art. 8º, §§ 1º e 2º, Lei 9.492/1997 (Protesto de Títulos e Documentos de Dívida)*
- *Vide Enunciado 68, I Jornada de Direito Notarial e Registral*

O PRESIDENTE DA REPÚBLICA,

Faço saber que o CONGRESSO NACIONAL decreta e eu sanciono a seguinte Lei:

CAPÍTULO I – DA FATURA E DA DUPLICATA

Art. 1º Em todo o contrato de compra e venda mercantil entre partes domiciliadas no território brasileiro, com prazo não inferior a 30 (trinta) dias, contado da data da entrega ou despacho das mercadorias, o vendedor extrairá a respectiva fatura para apresentação ao comprador.

§ 1º A fatura discriminará as mercadorias vendidas ou, quando convier ao vendedor, indicará somente os números e valores das notas parciais expedidas por ocasião das vendas, despachos ou entregas das mercadorias.

§ 2º *(Revogado pelo Decreto-Lei nº 436, de 27.1.1969)*

Art. 2º No ato da emissão da fatura, dela poderá ser extraída uma duplicata para circulação como efeito comercial, não sendo admitida qualquer outra espécie de título de crédito para documentar o saque do vendedor pela importância faturada ao comprador.

§ 1º A duplicata conterá:

I – a denominação "duplicata", a data de sua emissão e o número de ordem;

II – o número da fatura;

III – a data certa do vencimento ou a declaração de ser a duplicata à vista;

IV – o nome e domicílio do vendedor e do comprador;

V – a importância a pagar, em algarismos e por extenso;

VI – a praça de pagamento;

VII – a cláusula à ordem;

VIII – a declaração do reconhecimento de sua exatidão e da obrigação de pagá-la, a ser assinada pelo comprador, como aceite, cambial;

IX – a assinatura do emitente.

§ 2º Uma só duplicata não pode corresponder a mais de uma fatura.

§ 3º Nos casos de venda para pagamento em parcelas, poderá ser emitida duplicata única, em que se discriminarão todas as prestações e seus vencimentos, ou série de duplicatas, uma para cada prestação distinguindo-se a numeração a que se refere o item I do § 1º deste artigo, pelo acréscimo de letra do alfabeto, em sequência.

Art. 3º A duplicata indicará sempre o valor total da fatura, ainda que o comprador tenha direito a qualquer rebate, mencionando o vendedor o valor líquido que o comprador deverá reconhecer como obrigação de pagar.

§ 1º Não se incluirão no valor total da duplicata os abatimentos de preços das mercadorias feitas pelo vendedor até o ato do faturamento, desde que constem da fatura.

§ 2º A venda mercantil para pagamento contra a entrega da mercadoria ou do conhecimento de transporte, sejam ou não da mesma praça vendedor e comprador, ou para pagamento em prazo inferior a 30 (trinta) dias, contado da entrega ou despacho das mercadorias, poderá representar-se, também, por duplicata, em que se declarará que o pagamento será feito nessas condições.

Art. 4º Nas vendas realizadas por consignatários ou comissários e faturas em nome e por conta do consignante ou comitente, caberá àqueles cumprir os dispositivos desta Lei.

Art. 5º Quando a mercadoria for vendida por conta do consignatário, este é obrigado, na ocasião de expedir a fatura e a duplicata, a comunicar a venda ao consignante.

§ 1º Por sua vez, o consignante expedirá fatura e duplicata correspondente à mesma venda, a fim de ser esta assinada pelo consignatário, mencionando-se o prazo estipulado para a liquidação do saldo da conta.

§ 2º Fica o consignatário dispensado de emitir duplicata quando na comunicação a que se refere o § 1º declarar, que o produto líquido apurado está à disposição do consignante.

CAPÍTULO II – DA REMESSA E DA DEVOLUÇÃO DA DUPLICATA

Art. 6º A remessa de duplicata poderá ser feita diretamente pelo vendedor ou por seus representantes, por intermédio de instituições financeiras, procuradores ou, correspondentes que se incumbam de apresentá-la ao comprador na praça ou no lugar de seu estabelecimento, podendo os intermediários devolvê-la, depois de assinada, ou conservá-la em seu poder até o momento do resgate, segundo as instruções de quem lhes cometeu o encargo.

§ 1º O prazo para remessa da duplicata será de 30 (trinta) dias, contado da data de sua emissão.

§ 2º Se a remessa for feita por intermédio de representantes instituições financeiras, procuradores ou correspondentes estes deverão apresentar o título, ao comprador dentro de 10 (dez) dias, contados da data de seu recebimento na praça de pagamento.

Art. 7º A duplicata, quando não for à vista, deverá ser devolvida pelo comprador ao apresentante dentro do prazo de 10 (dez) dias, contado da data de sua apresentação, devidamente assinada ou acompanhada de declaração, por escrito, contendo as razões da falta do aceite.

§ 1º Havendo expressa concordância da instituição financeira cobradora, o sacado poderá reter a duplicata em seu poder até a data do vencimento, desde que comunique, por escrito, à apresentante o aceite e a retenção.

§ 2º – A comunicação de que trata o parágrafo anterior substituirá, quando necessário, no ato do protesto ou na execução judicial, a duplicata a que se refere. *(Redação dada pela Lei nº 6.458, de 1º.11.1977)*

Art. 8º O comprador só poderá deixar de aceitar a duplicata por motivo de:

I – avaria ou não recebimento das mercadorias, quando não expedidas ou não entregues por sua conta e risco;

II – vícios, defeitos e diferenças na qualidade ou na quantidade das mercadorias, devidamente comprovados;

III – divergência nos prazos ou nos preços ajustados.

CAPÍTULO III – DO PAGAMENTO DAS DUPLICATAS

Art. 9º É lícito ao comprador resgatar a duplicata antes de aceitá-la ou antes da data do vencimento.

§ 1º A prova do pagamento é o recibo, passado pelo legítimo portador ou por seu representante com poderes especiais, no verso do próprio título ou em documento, em separado, com referência expressa à duplicata.

§ 2º Constituirá, igualmente, prova de pagamento, total ou parcial, da duplicata, a liquidação de cheque, a favor do estabelecimento endossatário, no qual conste, no verso, que seu valor se destina a amortização ou liquidação da duplicata nele caracterizada.

Art. 10. No pagamento da duplicata poderão ser deduzidos quaisquer créditos a favor do devedor resultantes de devolução de mercadorias, diferenças de preço, enganos, verificados, pagamentos por conta e outros motivos assemelhados, desde que devidamente autorizados.

Art. 11. A duplicata admite reforma ou prorrogação do prazo de vencimento, mediante declaração em separado ou nela escrita, assinada pelo vendedor ou endossatário, ou por representante com poderes especiais.

Parágrafo único. A reforma ou prorrogação de que trata este artigo, para manter a coobrigação dos demais intervenientes por endosso ou aval, requer a anuência expressa destes.

Art. 12. O pagamento da duplicata poderá ser assegurado por aval, sendo o avalista equiparado àquele cujo nome indicar; na falta da indicação, àquele abaixo de cuja firma lançar a sua; fora desses casos, ao comprador.

Parágrafo único. O aval dado posteriormente ao vencimento do título produzirá os mesmos efeitos que o prestado anteriormente àquela ocorrência.

CAPÍTULO IV – DO PROTESTO

› *Vide Lei de Protesto de Títulos e Documentos de Dívida (9.492/1997)*

Art. 13. A duplicata é protestável por falta de aceite de devolução ou pagamento. *(Redação dada pelo Decreto-Lei nº 436, de 27.1.1969)*

› *Art. 21 da Lei 9.492/1997*

§ 1º Por falta de aceite, de devolução ou de pagamento, o protesto será tirado, conforme o caso, mediante apresentação da duplicata, da triplicata, ou, ainda, por simples indicações do portador, na falta de devolução do título. *(Redação dada pelo Decreto-Lei nº 436, de 27.1.1969)*

› *Art. 20, § 3º da Lei 9.492/1997*

§ 2º O fato de não ter sido exercida a faculdade de protestar o título, por falta de aceite ou de devolução, não elide a possibilidade de protesto por falta de pagamento. *(Redação dada pelo Decreto-Lei nº 436, de 27.1.1969)*

› *Art. 21 da Lei 9.492/1997*

§ 3º O protesto será tirado na praça de pagamento constante do título. *(Redação dada pelo Decreto-Lei nº 436, de 27.1.1969)*

§ 4º O portador que não tirar o protesto da duplicata, em forma regular e dentro do prazo de 30 (trinta) dias, contado da data de seu vencimento, perderá o direito de regresso contra os endossantes e respectivos avalistas. *(Redação dada pelo Decreto-Lei nº 436, de 27.1.1969)*

Art. 14. Nos casos de protesto, por falta de aceite, de devolução ou de pagamento, ou feitos por indicações do portador do instrumento de protesto deverá conter os requisitos enumerados no artigo 29 do Decreto nº, de 31 de dezembro de 1908, exceto a transcrição mencionada no inciso II, que será substituída pela reprodução das indicações feitas pelo portador do título. *(Redação dada pelo Decreto-Lei nº 436, de 27.1.1969)*

CAPÍTULO V – DO PROCESSO PARA COBRANÇA DA DUPLICATA

› *(Redação dada pela Lei nº 6.458, de 1º.11.1977)*

Art. 15. A cobrança judicial de duplicata ou triplicata será efetuada de conformidade com o processo aplicável aos títulos executivos extrajudiciais, de que cogita o Livro II do Código de Processo Civil, quando se tratar: *(Redação dada pela Lei nº 6.458, de 1º.11.1977)*

› *Súmula 27 do Superior Tribunal de Justiça*

I – de duplicata ou triplicata aceita, protestada ou não; *(Redação dada pela Lei nº 6.458, de 1º.11.1977)*

II – de duplicata ou triplicata não aceita, contanto que, cumulativamente: *(Redação dada pela Lei nº 6.458, de 1º.11.1977)*

a) haja sido protestada; *(Redação dada pela Lei nº 6.458, de 1º.11.1977)*

b) esteja acompanhada de documento hábil comprobatório da entrega e do recebimento da mercadoria, permitida a sua comprovação por meio eletrônico; *(Redação dada pela Lei nº 14.301, de 2022)*

c) o sacado não tenha, comprovadamente, recusado o aceite, no prazo, nas condições e pelos motivos previstos nos arts. 7º e 8º desta Lei. *(Redação dada pela Lei nº 6.458, de 1º.11.1977)*

§ 1º Contra o sacador, os endossantes e respectivos avalistas caberá o processo de execução referido neste artigo, quaisquer que sejam a forma e as condições do protesto. *(Redação dada pela Lei nº 6.458, de 1º.11.1977)*

§ 2º Processar-se-á também da mesma maneira a execução de duplicata ou triplicata não aceita e não devolvida, desde que haja sido protestada mediante indicações do credor ou do apresentante do título, nos termos do art. 14, preenchidas as condições do inciso II deste artigo. *(Redação dada pela Lei nº 6.458, de 1º.11.1977)*

§ 3º A comprovação por meio eletrônico de que trata a alínea b do inciso II do *caput* deste artigo poderá ser disciplinada em ato do Poder Executivo federal. *(Incluído pela Lei nº 14.301, de 2022)*

Art. 16. Aplica-se o procedimento ordinário previsto no Código de Processo Civil à ação do credor contra o devedor, por duplicata ou triplicata que não preencha os requisitos do art. 15, incisos I e II, e §§ 1º e 2º, bem como à ação para ilidir as razões invocadas pelo devedor para o não aceite do título, nos casos previstos no art. 8º. *(Redação dada pela Lei nº 6.458, de 1º.11.1977)*

Art. 17. O foro competente para a cobrança judicial da duplicata ou da triplicata é o da praça de pagamento constante do título, ou outra de domicílio do comprador e, no caso de ação regressiva, a dos sacadores, dos endossantes e respectivos avalistas. *(Redação dada pela Lei nº 6.458, de 1º.11.1977)*

Art. 18. A pretensão à execução da duplicata prescreve: *(Redação dada pela Lei nº 6.458, de 1º.11.1977)*

I – contra o sacado e respectivos avalistas, em 3 (três) anos, contados da data do vencimento do título; *(Redação dada pela Lei nº 6.458, de 1º.11.1977)*

II – contra endossante e seus avalistas, em 1 (um) ano, contado da data do protesto; *(Redação dada pela Lei nº 6.458, de 1º.11.1977)*

III – de qualquer dos coobrigados contra os demais, em 1 (um) ano, contado da data em que haja sido efetuado o pagamento do título. *(Redação dada pela Lei nº 6.458, de 1º.11.1977)*

§ 1º A cobrança judicial poderá ser proposta contra um ou contra todos os coobrigados, sem observância da ordem em que figurem no título. *(Redação dada pela Lei nº 6.458, de 1º.11.1977)*

§ 2º Os coobrigados da duplicata respondem solidariamente pelo aceite e pelo pagamento. *(Redação dada pela Lei nº 6.458, de 1º.11.1977)*

CAPÍTULO VI – DA ESCRITA ESPECIAL

Art. 19. A adoção do regime de vendas de que trata o art. 2º desta Lei obriga o vendedor a ter e a escriturar o Livro de Registro de Duplicatas.

§ 1º No Registro de Duplicatas serão escrituradas, cronologicamente, todas as duplicatas emitidas, com o número de ordem, data e valor das faturas originárias e data de sua expedição; nome e domicílio do comprador; anotações das reformas; prorrogações e outras circunstâncias necessárias.

§ 2º Os Registros de Duplicatas, que não poderão conter emendas, borrões, rasuras ou entrelinhas, deverão ser conservados nos próprios estabelecimentos.

§ 3º O Registro de Duplicatas poderá ser substituído por qualquer sistema mecanizado, desde que os requisitos deste artigo sejam observados.

CAPÍTULO VII – DAS DUPLICATAS DE PRESTAÇÃO DE SERVIÇOS

Art. 20. Poderão emitir, na forma prevista nesta Lei, fatura e duplicata: *("Caput" do artigo com redação dada pela Medida Provisória nº 1.051, de 18/5/2021, convertida na Lei nº 14.206, de 27/9/2021)*

I - as empresas, individuais ou coletivas, fundações ou sociedades civis que se dediquem à prestação de serviços; e *(Inciso acrescido pela Medida Provisória nº 1.051, de 18/5/2021, convertida na Lei nº 14.206, de 27/9/2021)*

II - o Transportador Autônomo de Cargas (TAC), de que trata o inciso I do *caput* do art. 2º da Lei nº 11.442, de 5 de janeiro de 2007. *(Inciso acrescido pela Medida Provisória nº 1.051, de 18/5/2021, convertida na Lei nº 14.206, de 27/9/2021)*

Art. 21. O sacado poderá deixar de aceitar a duplicata de prestação de serviços por motivo de:

I – não correspondência com os serviços efetivamente contratados;

II – vícios ou defeitos na qualidade dos serviços prestados, devidamente comprovados;

III – divergência nos prazos ou nos preços ajustados.

Art. 22. Equiparam-se às entidades constantes do art. 20, para os efeitos da presente Lei, ressalvado o disposto no Capítulo VI, os profissionais liberais e os que prestam serviço de natureza eventual desde que o valor do serviço ultrapasse a NCr$100,00 (cem cruzeiros novos).

§ 1º Nos casos deste artigo, o credor enviará ao devedor fatura ou conta que mencione a natureza e valor dos serviços prestados, data e local do pagamento e o vínculo contratual que deu origem aos serviços executados.

§ 2º Registrada a fatura ou conta no Cartório de Títulos e Documentos, será ela remetida ao devedor, com as cautelas constantes do artigo 6º.

§ 3º O não pagamento da fatura ou conta no prazo nela fixado autorizará o credor a levá-la a protesto, valendo, na ausência do original, certidão do cartório competente.

§ 4º O instrumento do protesto, elaborado com as cautelas do art. 14, discriminando a fatura ou conta original ou a certidão do Cartório de Títulos e Documentos, autorizará o ajuizamento do competente processo de execução na forma prescrita nesta Lei. *(Redação dada pela Lei nº 6.458, de 1º.11.1977)*

CAPÍTULO VIII – DAS DISPOSIÇÕES GERAIS

Art. 23. A perda ou extravio da duplicata obrigará o vendedor a extrair triplicata, que terá os mesmos efeitos e requisitos e obedecerá às mesmas formalidades daquela.

Art. 24. Da duplicata poderão constar outras indicações, desde que não alterem sua feição característica.

Art. 25. Aplicam-se à duplicata e à triplicata, no que couber, os dispositivos da legislação sobre emissão, circulação e pagamento das Letras de Câmbio.

Art. 26. O art. 172 do Código Penal (Decreto-lei número 2.848, de 7 de dezembro de 1940) passa a vigorar com a seguinte redação:

"Art. 172. Expedir ou aceitar duplicata que não corresponda, juntamente com a fatura respectiva, a uma venda efetiva de bens ou a uma real prestação de serviço.

Pena – Detenção de um a cinco anos, e multa equivalente a 20% sobre o valor da duplicata.

Parágrafo único. Nas mesmas penas incorrerá aquele que falsificar ou adulterar a escrituração do Livro de Registro de Duplicatas".

Art. 27. O Conselho Monetário Nacional, por proposta do Ministério da Indústria e do Comércio, baixará, dentro de 120 (cento e vinte) dias da data da publicação desta lei, normas para padronização formal dos títulos e documentos nela referidos fixando prazo para sua adoção obrigatória.

Art. 28. Esta Lei entrará em vigor 30 (trinta) dias após a data de sua publicação, revogando-se a Lei número 187, de 15 de janeiro de 1936, a Lei número 4.068, de 9 de junho de 1962, os Decretos-Leis números 265, de 28 de fevereiro de 1967, 320, de 29 de março de 1967, 331, de 21 de setembro de 1967, e 345, de 28 de dezembro de 1967, na parte referente às duplicatas e todas as demais disposições em contrário.

Brasília, 18 de julho de 1968;
147º da Independência e 80º da República.
A. COSTA E SILVA
(DOU. de 19.7.1968)

LEI Nº 6.024, DE 13 DE MARÇO DE 1974

Dispõe sobre a intervenção e a liquidação extrajudicial de instituições financeiras, e dá outras providências.

O PRESIDENTE DA REPÚBLICA,

Faço saber que o **CONGRESSO NACIONAL** decreta e eu sanciono a seguinte Lei:

CAPÍTULO I – DISPOSIÇÃO PRELIMINAR

Art. 1º As instituições financeiras privadas e as públicas não federais, assim como as cooperativas de crédito, estão sujeitas, nos termos desta Lei, à intervenção ou à liquidação extrajudicial, em ambos os casos efetuada e decretada pelo Banco Central do Brasil, sem prejuízo do disposto nos artigos 137 e 138 do Decreto-lei nº 2.627, de 26 de setembro de 1940, ou à falência,, nos termos da legislação vigente.

CAPÍTULO II – DA INTERVENÇÃO E SEU PROCESSO

SEÇÃO I – DA INTERVENÇÃO

Art. 2º Far-se-á a intervenção quando se verificarem as seguintes anormalidades nos negócios sociais da instituição:

I – a entidade sofrer prejuízo, decorrente da má administração, que sujeite a riscos os seus credores;

II – forem verificadas reiteradas infrações a dispositivos da legislação bancária não regularizadas após as determinações do Banco Central do Brasil, no uso das suas atribuições de fiscalização;

III – na hipótese de ocorrer qualquer dos fatos mencionados nos artigos 1º e 2º, do Decreto-lei nº 7.661, de 21 de junho de 1945 (lei de falências), houver possibilidade de evitar-se, a liquidação extrajudicial.

Art. 3º A intervenção será decretada *ex officio* pelo Banco Central do Brasil, ou por solicitação dos administradores da instituição – se o respectivo estatuto lhes conferir esta competência – com indicação das causas do pedido, sem prejuízo da responsabilidade civil e criminal em que incorrerem os mesmos administradores, pela indicação falsa ou dolosa.

Art. 4º O período da intervenção não excederá a seis (6) meses o qual, por decisão do Banco Central do Brasil, poderá ser prorrogado uma única vez, até o máximo de outros seis (6) meses.

Art. 5º A intervenção será executada por interventor nomeado pelo Banco Central do Brasil, com planos poderes de gestão.

Parágrafo único. Dependerão de prévia e expressa autorização do Banco Central do Brasil os atos do interventor que impliquem em disposição ou oneração do patrimônio da sociedade, admissão e demissão de pessoal.

Art. 6º A intervenção produzirá, desde sua decretação, os seguintes efeitos:

a) suspensão da exigibilidade das obrigações vencidas;

b) suspensão da fluência do prazo das obrigações vincendas anteriormente contraídas;

c) inexigibilidade dos depósitos já existentes à data de sua decretação.

Art. 7º A intervenção cessará:

a) se os interessados, apresentando as necessárias condições de garantia, julgadas a critério do Banco Central do Brasil, tomarem a si o prosseguimento das atividades econômicas da empresa;

b) quando, a critério do Banco Central do Brasil, a situação da entidade se houver normalizado;

c) se decretada a liquidação extrajudicial, ou a falência da entidade.

SEÇÃO II – DO PROCESSO DA INTERVENÇÃO

Art. 8º Independentemente da publicação do ato de sua nomeação, o interventor será investido, de imediato, em suas funções, mediante termo de posse lavrado no "Diário" da entidade, ou, na falta deste, no livro que o substituir, com a transcrição do ato que houver decretado a medida e que o tenha nomeado.

Art. 9º Ao assumir suas funções, o interventor:

a) arrecadará, mediante termo, todos os livros da entidade e os documentos de interesse da administração;

b) levantará o balanço geral e o inventário de todos os livros, documentos, dinheiro e demais bens da entidade, ainda que em poder de terceiros, a qualquer título.

Parágrafo único. O termo de arrecadação, o balanço geral e o inventário, deverão ser assinados também pelos administradores em exercício no dia anterior ao da posse do interventor, os quais poderão apresentar, em separado, as declarações e observações que julgarem a bem dos seus interesses.

Art. 10. Os ex-administradores da entidade deverão entregar ao interventor, dentro em cinco dias, contados da posse deste, declaração, assinada em conjunto por todos eles, de que conste a indicação:

a) do nome, nacionalidade, estado civil e endereço dos administradores e membros do Conselho Fiscal que estiverem em exercício nos últimos 12 meses anteriores à decretação da medida;

b) dos mandatos que, porventura, tenham outorgado em nome da instituição, indicando o seu objeto, nome e endereço do mandatário;

c) dos bens imóveis, assim como dos móveis, que não se encontrem no estabelecimento;

d) da participação que, porventura, cada administrador ou membro do Conselho Fiscal tenha em outras sociedades, com a respectiva indicação.

Art. 11. O interventor, dentro em sessenta dias, contados de sua posse, prorrogável se necessário, apresentará ao Banco Central do Brasil relatório, que conterá:

a) exame da escrituração, da aplicação dos fundos e disponibilidades, e da situação econômico-financeira da instituição;

b) indicação, devidamente comprovada, dos atos e omissões danosos que eventualmente tenha verificado;

c) proposta justificada da adoção das providências que lhe pareçam convenientes à instituição.

Parágrafo único. As disposições deste artigo não impedem que o interventor, antes da apresentação do relatório, proponha ao Banco Central do Brasil a adoção de qualquer providência que lhe pareça necessária e urgente.

Art. 12. À vista do relatório ou da proposta do interventor, o Banco Central do Brasil poderá:

a) determinar a cessação da intervenção, hipótese em que o interventor será autorizado a promover os atos que, nesse sentido, se tornarem necessários;

b) manter a instituição sob intervenção, até serem eliminadas as irregularidades que a motivaram, observado o disposto no artigo 4º;

c) decretar a liquidação extrajudicial da entidade;

d) autorizar o interventor a requerer a falência da entidade, quando o seu ativo não for suficiente para cobrir sequer metade do valor dos créditos quirografários, ou quando julgada inconveniente a liquidação extrajudicial, ou quando a complexidade dos negócios da instituição ou, a gravidade dos fatos apurados aconselharem a medida.

Art. 13. Das decisões do interventor caberá recurso, sem efeito suspensivo, dentro em dez dias da respectiva ciência, para o Banco Central do Brasil, em única instância.

§ 1º Findo o prazo sem a interposição de recurso, a decisão assumirá caráter definitivo.

§ 2º O recurso será entregue, mediante protocolo, ao interventor que o informará e o encaminhará dentro em cinco dias, ao Banco Central do Brasil.

Art. 14. O interventor prestará contas ao Banco Central do Brasil, independentemente de qualquer exigência, no momento em que deixar suas funções, ou a qualquer tempo, quando solicitado, e responderá, civil e criminalmente, por seus atos.

CAPÍTULO III – DA LIQUIDAÇÃO EXTRAJUDICIAL

SEÇÃO I – DA APLICAÇÃO E DOS EFEITOS DA MEDIDA

Art. 15. Decretar-se-á a liquidação extrajudicial da instituição financeira:

I – ex officio:

a) em razão de ocorrências que comprometam sua situação econômica ou financeira especialmente quando deixar de satisfazer, com pontualidade, seus compromissos ou quando se caracterizar qualquer dos motivos que autorizem a declararão de falência;

b) quando a administração violar gravemente as normas legais e estatutárias que disciplinam a atividade da instituição bem como as determinações do Conselho Monetário Nacional ou do Banco Central do Brasil, no uso de suas atribuições legais;

c) quando a instituição sofrer prejuízo que sujeite a risco anormal seus credores quirografários;

d) quando, cassada a autorização para funcionar, a instituição não iniciar, nos 90 (noventa) dias seguintes, sua liquidação ordinária, ou quando, iniciada esta, verificar o Banco Central do Brasil que a morosidade de sua administração pode acarretar prejuízos para os credores;

II – a requerimento dos administradores da instituição – se o respectivo estatuto social lhes conferir esta competência – ou por proposta do interventor, expostos circunstanciadamente os motivos justificadores da medida.

§ 1º O Banco Central do Brasil decidirá sobre a gravidade dos fatos determinantes da liquidação extrajudicial, considerando as repercussões deste sobre os interesses dos mercados financeiros e de capitais, e, poderá, em lugar da liquidação, efetuar a intervenção, se julgar esta medida suficiente para a normalização dos negócios da instituição e preservação daqueles interesses.

§ 2º O ato do Banco Central do Brasil, que decretar a liquidação extrajudicial, indicará a data em que se tenha caracterizado o estado que a determinou, fixando o termo legal da liquidação que não poderá ser superior a 60 (sessenta) dias contados do primeiro protesto por falta de pagamento ou, na falta deste do ato que haja decretado a intervenção ou a liquidação.

Art. 16. A liquidação extrajudicial será executada por liquidante nomeado pelo Banco Central do Brasil, com amplos poderes de administração e liquidação, especialmente os de verificação e classificação dos créditos, podendo nomear e demitir funcionários, fixando-lhes os vencimentos, outorgar e cassar mandatos, propor ações e representar a massa em Juízo ou fora dele.

§ 1º Com prévia e expressa autorização do Banco Central do Brasil, poderá o liquidante, em benefício da massa, ultimar os negócios pendentes e, a qualquer tempo, onerar ou alienar seus bens, neste último caso através de licitações.

§ 2º Os honorários do liquidante, a serem pagos por conta da liquidanda, serão fixados pelo Banco Central do Brasil.

Art. 17. Em todos os atos documentos e publicações de interesse da liquidação, será usada obrigatoriamente, a expressão "Em liquidação extrajudicial", em seguida à denominação da entidade.

Art. 18. A decretação da liquidação extrajudicial produzirá, de imediato, os seguintes efeitos:

a) suspensão das ações e execuções iniciadas sobre direitos e interesses relativos ao acervo da entidade liquidanda, não podendo ser intentadas quaisquer outras, enquanto durar a liquidação;

b) vencimento antecipado das obrigações da liquidanda;

c) não atendimento das cláusulas penais dos contratos unilaterais vencidos em virtude da decretação da liquidação extrajudicial;

d) não fluência de juros, mesmo que estipulados, contra a massa, enquanto não integralmente pago o passivo;

e) interrupção da prescrição relativa a obrigações de responsabilidade da instituição;

f) não reclamação de correção monetária de quaisquer divisas passivas, nem de penas pecuniárias por infração de leis penais ou administrativas.

Art. 19. A liquidação extrajudicial será encerrada: *(Redação dada pela Lei nº 13.506, de 2017)*

a) (revogado). *(Redação dada pela Lei nº 13.506, de 2017)*

b) (revogado). *(Redação dada pela Lei nº 13.506, de 2017)*

c) (revogado). *(Redação dada pela Lei nº 13.506, de 2017)*

d) (revogado). *(Redação dada pela Lei nº 13.506, de 2017)*

I - por decisão do Banco Central do Brasil, nas seguintes hipóteses: *(Incluído pela Lei nº 13.506, de 2017)*

a) pagamento integral dos credores quirografários; *(Incluído pela Lei nº 13.506, de 2017)*

b) mudança de objeto social da instituição para atividade econômica não integrante do Sistema Financeiro Nacional; *(Incluído pela Lei nº 13.506, de 2017)*

c) transferência do controle societário da instituição; *(Incluído pela Lei nº 13.506, de 2017)*

d) convolação em liquidação ordinária; *(Incluído pela Lei nº 13.506, de 2017)*

e) exaustão do ativo da instituição, mediante a sua realização total e a distribuição do produto entre os credores, ainda que não ocorra o pagamento integral dos créditos; ou *(Incluído pela Lei nº 13.506, de 2017)*

f) iliquidez ou difícil realização do ativo remanescente na instituição, reconhecidas pelo Banco Central do Brasil; *(Incluído pela Lei nº 13.506, de 2017)*

II - pela decretação da falência da instituição. *(Incluído pela Lei nº 13.506, de 2017)*

§ 1º Encerrada a liquidação extrajudicial nas hipóteses previstas nas alíneas "a", "b", "d", "e" e "f" do inciso I do *caput* deste artigo, o Banco Central do Brasil comunicará o encerramento ao órgão competente do registro do comércio, que deverá: *(Incluído pela Lei nº 13.506, de 2017)*

I - nas hipóteses das alíneas "b" e "d" do inciso I do *caput* deste artigo, promover as anotações pertinentes; *(Incluído pela Lei nº 13.506, de 2017)*

II - nas hipóteses das alíneas "a", "e" e "f" do inciso I do *caput* deste artigo, proceder à anotação do encerramento da liquidação extrajudicial no registro correspondente e substituir, na denominação da sociedade, a expressão "Em liquidação extrajudicial" por "Liquidação extrajudicial encerrada". *(Incluído pela Lei nº 13.506, de 2017)*

§ 2º Encerrada a liquidação extrajudicial nas hipóteses previstas no inciso I do *caput* deste artigo, o prazo prescricional relativo às obrigações da instituição voltará a contar da data da publicação do ato de encerramento do regime. *(Incluído pela Lei nº 13.506, de 2017)*

§ 3º O encerramento da liquidação extrajudicial nas hipóteses previstas nas alíneas "b" e "d" do inciso I do *caput* deste artigo poderá ser proposto ao Banco Central do Brasil, após a aprovação por maioria simples dos presentes à assembleia geral de credores, pelos: *(Incluído pela Lei nº 13.506, de 2017)*

I - cooperados ou associados, autorizados pela assembleia geral; ou *(Incluído pela Lei nº 13.506, de 2017)*

II - controladores. *(Incluído pela Lei nº 13.506, de 2017)*

§ 4º A assembleia geral de credores a que se refere o § 3º será presidida pelo liquidante e nela poderão votar os titulares de créditos inscritos no quadro geral de credores, computados os votos proporcionalmente ao valor dos créditos dos presentes. *(Incluído pela Lei nº 13.506, de 2017)*

§ 5º Encerrada a liquidação extrajudicial nas hipóteses previstas no inciso I do *caput* deste artigo, o acervo remanescente da instituição, se houver, será restituído: *(Incluído pela Lei nº 13.506, de 2017)*

I - ao último sócio controlador ou a qualquer sócio participante do grupo de controle ou, na impossibilidade de identificá-lo ou localizá-lo, ao maior acionista ou cotista da sociedade; ou *(Incluído pela Lei nº 13.506, de 2017)*

II - a qualquer cooperado, no caso de cooperativa de crédito. *(Incluído pela Lei nº 13.506, de 2017)*

§ 6º As pessoas referidas no § 5º deste artigo não poderão recusar o recebimento do acervo remanescente e serão consideradas depositárias dos bens recebidos. *(Incluído pela Lei nº 13.506, de 2017)*

§ 7º Na hipótese em que o lugar em que se encontrarem as pessoas referidas no § 5º deste artigo for ignorado, incerto ou inacessível, ou na hipótese de suspeita de ocultação, é o liquidante autorizado a depositar o acervo remanescente em favor delas, no juízo ao qual caberia decretar a falência. *(Incluído pela Lei nº 13.506, de 2017)*

SEÇÃO II – DO PROCESSO DA LIQUIDAÇÃO EXTRAJUDICIAL

Art. 20. Aplicam-se, ao processo da liquidação extrajudicial, as disposições relativas ao processo da intervenção, constantes dos artigos 8º, 9º, 10 e 11, desta Lei.

Art. 21. A vista do relatório ou da proposta previstos no artigo 11, apresentados pelo liquidante na conformidade do artigo anterior o Banco Central do Brasil poderá autorizá-lo a:

a) prosseguir na liquidação extrajudicial;

b) requerer a falência da entidade, quando o seu ativo não for suficiente para cobrir pelo menos a metade do valor dos créditos quirografários, ou quando houver fundados indícios de crimes falimentares.

Parágrafo único. Sem prejuízo do disposto neste artigo, em qualquer tempo, o Banco Central do Brasil poderá estudar pedidos de cessação da liquidação extrajudicial, formulados pelos interessados, concedendo ou recusando a medida pleiteada, segundo as garantias oferecidas e as conveniências de ordem geral.

Art. 22. Se determinado o prosseguimento da liquidação extrajudicial o liquidante fará publicar, no Diário Oficial da União e em jornal de grande circulação do local da sede da entidade, aviso aos credores para que declarem os respectivos créditos, dispensados desta formalidade os credores por depósitos ou por letras de câmbio de aceite da instituição financeira liquidanda.

§ 1º No aviso de que trata este artigo, o liquidante fixará o prazo para a declaração dos créditos, o qual não será inferior a vinte, nem superior a quarenta dias, conforme a importância da liquidação e os interesses nela envolvidos.

§ 2º Relativamente aos créditos dispensados de habilitação, o liquidante manterá, na sede da liquidanda, relação nominal dos depositantes e respectivos saldos, bem como relação das letras de câmbio de seu aceite.

§ 3º Aos credores obrigados a declaração assegurar-se-á o direito de obterem do liquidante as informações, extratos de contas, saldos e outros elementos necessários à defesa dos seus interesses e à prova dos respectivos créditos.

§ 4º O liquidante dará sempre recibo das declarações de crédito e dos documentos recebidos.

Art. 23. O liquidante juntará a cada declaração a informação completa a respeito do resultado das averiguações a que procedeu nos livros, papéis e assentamentos da entidade, relativos ao crédito declarado, bem como sua decisão quanto à legitimidade, valor e classificação.

Parágrafo único. O liquidante poderá exigir dos ex-administradores da instituição que prestem informações sobre qualquer dos créditos declarados.

Art. 24. Os credores serão notificados, por escrito, da decisão do liquidante, os quais, a contar da data do recebimento da notificação, terão o prazo de dez dias para recorrer, ao Banco Central do Brasil, do ato que lhes pareça desfavorável.

Art. 25. Esgotando o prazo para a declaração de créditos e julgados estes, o liquidante organizará o quadro geral de credores e publicará, na forma prevista no artigo 22, aviso de que dito quadro, juntamente com o balanço geral, se acha afixado na sede e demais dependências da entidade, para conhecimento dos interessados.

Parágrafo único. Após a publicação mencionada neste artigo, qualquer interessado poderá impugnar a legitimidade, valor, ou a classificação dos créditos constantes do referido quadro.

Art. 26. A impugnação será apresentada por escrito, devidamente justificada com os documentos julgados convenientes, dentro em dez dias, contados da data da publicação de que trata o artigo anterior.

§ 1º A entrega da impugnação será feita contra recibo, passado pelo liquidante, com cópia que será juntada ao processo.

§ 2º O titular do crédito impugnado será notificado pelo liquidante e, a contar da data do recebimento da notificação, terá o prazo de cinco dias para oferecer as alegações e provas que julgar convenientes à defesa dos seus direitos.

§ 3º O liquidante encaminhará as impugnações com o seu parecer, juntando os elementos probatórios, à decisão do Banco Central do Brasil.

§ 4º Julgadas todas as impugnações, o liquidante fará publicar avisos na forma do artigo 22, sobre as eventuais modificações no quadro geral de credores que, a partir desse momento, será considerado definitivo.

Art. 27. Os credores que se julgarem prejudicados pelo não provimento do recurso interposto, ou pela decisão proferida na impugnação poderão prosseguir nas ações que tenham sido suspensas por força do artigo 18, ou propor as que couberem, dando ciência do fato ao liquidante para que este reserve fundos suficientes à eventual satisfação dos respectivos pedidos.

Parágrafo único. Decairão do direito assegurado neste artigo os interessados que não o exercitarem dentro do prazo de trinta dias, contados da data em que for considerado definitivo o quadro geral dos credores, com a publicação a que alude o § 4º do artigo anterior.

Art. 28. Nos casos de descoberta de falsidade, dolo, simulação, fraude, erro essencial, ou de documentos ignorados na época do julgamento dos créditos, o liquidante ou qualquer credor admitido pode pedir ao Banco Central do Brasil, até ao encerramento da liquidação, a exclusão, ou outra classificação, ou a simples retificação de qualquer crédito.

Parágrafo único. O titular desse crédito será notificado do pedido e, a contar da data do recebimento da notificação, terá o prazo de cinco dias para oferecer as alegações e provas que julgar convenientes, sendo-lhe assegurado o direito a que se refere o artigo anterior, se se julgar prejudicado pela decisão proferida, que lhe será notificada por escrito, contando-se da data do recebimento da notificação o prazo de decadência fixado no parágrafo único do mesmo artigo.

Art. 29. Incluem-se, entre os encargos da massa, as quantias a ela fornecidas pelos credores, pelo liquidante ou pelo Banco Central do Brasil.

Art. 30. Salvo expressa disposição em contrário desta Lei, das decisões do liquidante caberá recurso sem efeito suspensivo, dentro em dez dias da respectiva ciência, para o Banco Central do Brasil, em única instância.

§ 1º Findo o prazo, sem a interposição de recurso, a decisão assumirá caráter definitivo.

§ 2º O recurso será entregue, mediante protocolo, ao liquidante, que o informará e o encaminhará, dentro de cinco dias, ao Banco Central do Brasil.

Art. 31. No resguardo da economia pública, da poupança privada e da segurança nacional, sempre que a atividade da entidade liquidanda colidir com os interesses daquelas áreas, poderá o liquidante, prévia e expressamente autorizado pelo Banco Central do Brasil, adotar qualquer forma especial ou qualificada de realização do ativo e liquidação do passivo, ceder o ativo a terceiros, organizar ou reorganizar sociedade para continuação geral ou parcial do negócio ou atividade da liquidanda.

§ 1º Os atos referidos neste artigo produzem efeitos jurídicos imediatos, independentemente de formalidades e registros.

§ 2º Os registros correspondentes serão procedidas no prazo de quinze dias, pelos Oficiais dos Registros de Imóveis e pelos Registros do Comércio, bem como pelos demais órgãos da administração pública, quando for o caso, à vista da comunicação formal, que lhes tenha sido feita pelo liquidante.

Art. 32. Apurados, no curso da liquidação, seguros elementos de prova, mesmo indiciaria, da prática de contravenções penais ou crimes por parte de qualquer dos antigos administradores e membros do Conselho Fiscal, o liquidante os encaminhará ao órgão do Ministério Público para que este promova a ação penal.

Art. 33. O liquidante prestará contas ao Banco Central do Brasil, independentemente de qualquer exigência, no momento em que deixar suas funções, ou a qualquer tempo, quando solicitado, e responderá, civil e criminalmente, por seus atos.

Art. 34. Aplicam-se a liquidação extrajudicial no que couberem e não colidirem com os preceitos desta Lei, as disposições da Lei de Falências (Decreto-lei nº 7.661, de 21 de junho de 1945), equiparando-se ao síndico, o liquidante, ao juiz da falência, o Banco Central do Brasil, sendo competente para conhecer da ação revocatória prevista no artigo 55 daquele Decreto-lei, o juiz a quem caberia processar e julgar a falência da instituição liquidanda.

Art. 35. Os atos indicados, os artigos 52 e 53, da Lei de Falências (Decreto-lei nº 7.661, de 1945) praticados pelos administradores da liquidanda poderão ser declarados nulos ou revogados, cumprido o disposto nos artigos 54 e 58 da mesma Lei.

Parágrafo único. A ação revocatória será proposta pelo liquidante, observado o disposto nos artigos 55, 56 e 57, da Lei de Falências.

CAPÍTULO IV – DOS ADMINISTRADORES E MEMBROS DO CONSELHO FISCAL

SEÇÃO I – DA INDISPONIBILIDADE DOS BENS

Art. 36. Os administradores das instituições financeiras em intervenção, em liquidação extrajudicial ou em falência, ficarão com todos os seus bens indisponíveis não podendo, por qualquer forma, direta ou indireta, aliená-los ou onerá-los, até apuração e liquidação final de suas responsabilidades.

§ 1º A indisponibilidade prevista neste artigo decorre do ato que decretar a intervenção, a extrajudicial ou a falência, atinge a todos aqueles que tenham estado no exercício das funções nos doze meses anteriores ao mesmo ato.

§ 2º Por proposta do Banco Central do Brasil, aprovada pelo Conselho Monetário Nacional, a indisponibilidade prevista neste artigo poderá ser estendida:

a) aos bens de gerentes, conselheiros fiscais e aos de todos aqueles que, até o limite da responsabilidade estimada de cada um, tenham concorrido, nos últimos doze meses, para a decretação da intervenção ou da liquidação extrajudicial,

b) aos bens de pessoas que, nos últimos doze meses, os tenham a qualquer título, adquirido de administradores da instituição, ou das pessoas referidas na alínea anterior desde que haja seguros elementos de convicção de que se trata de simulada transferência com o fim de evitar os efeitos desta Lei.

§ 3º Não se incluem nas disposições deste artigo os bens considerados inalienáveis ou impenhoráveis pela legislação em vigor.

§ 4º Não são igualmente atingidos pela indisponibilidade os bens objeto de contrato de alienação, de promessa de compra e venda, de cessão de direito, desde que os respectivos instrumentos tenham sido levados ao competente registro público, anteriormente à data da decretação da intervenção, da liquidação extrajudicial ou da falência.

Art. 37. Os abrangidos pela indisponibilidade de bens de que trata o artigo anterior, não poderão ausentar-se do foro, da intervenção, da liquidação extrajudicial ou da falência, sem prévia e expressa autorização do Banco Central do Brasil ou no juiz da falência.

Art. 38. Decretada a intervenção, a liquidação extrajudicial ou a falência, o interventor, o liquidante o escrivão da falência comunicará ao registro público competente e às Bolsas de Valores a indisponibilidade de bens imposta no artigo 36.

Parágrafo único. Recebida a comunicação, a autoridade competente ficará relativamente a esses bens impedida de:

a) fazer transcrições, inscrições, ou averbações de documentos públicos ou particulares;

b) arquivar atos ou contratos que importem em transferência de cotas sociais, ações ou partes beneficiarias;

c) realizar ou registrar operações e títulos de qualquer natureza;

d) processar a transferência de propriedade de veículos automotores.

SEÇÃO II – DA RESPONSABILIDADE DOS ADMINISTRADORES E MEMBROS DO CONSELHO FISCAL

Art. 39. Os administradores e membros do Conselho Fiscal de instituições financeiras responderão, a qualquer tempo, salvo prescrição extintiva, pelos que tiverem praticado ou omissões em que houverem incorrido.

Art. 40. Os administradores de instituições financeiras respondem solidariamente pelas obrigações por elas assumidas durante sua gestão, até que se cumpram.

Parágrafo único. A responsabilidade solidária se circunscreverá ao montante e dos prejuízos causados.

Art. 41. Decretada a intervenção, da liquidação extrajudicial ou a falência de instituição financeira, o Banco Central do Brasil procederá a inquérito, a fim de apurar as causas que levaram a sociedade àquela situação e a responsabilidade de seus administradores e membros do Conselho Fiscal.

§ 1º Para os efeitos deste artigo, decretada a falência, o escrivão do feito a comunicará, dentro em vinte e quatro horas, ao Banco Central do Brasil.

§ 2º O inquérito será aberto imediatamente à decretação da intervenção ou da liquidação extrajudicial, ou ao recebimento da comunicação da falência, e concluído dentro em cento e vinte dias, prorrogáveis, se absolutamente necessário, por igual prazo.

§ 3º No inquérito, o Banco Central do Brasil poderá:

a) examinar, quando e quantas vezes julgar necessário, a contabilidade, os arquivos, os documentos, os valores e mais elementos das instituições;

b) tomar depoimentos solicitando para isso, se necessário, o auxílio da polícia;

c) solicitar informações a qualquer autoridade ou repartição pública, ao juiz da falência, ao órgão do Ministério Público, ao síndico, ao liquidante ou ao interventor;

d) examinar, por pessoa que designar, os autos da falência e obter, mediante solicitação escrita, cópias ou certidões de peças desses autos;

e) examinar a contabilidade e os arquivos de terceiros com os quais a instituição financeira tiver negociado e no que entender com esses negócios, bem como a contabilidade e os arquivos dos ex-administradores, se comerciantes ou industriais sob firma individual, e as respectivas contas junto a outras instituições financeiras.

§ 4º os ex-administradores poderão acompanhar o inquérito, oferecer documentos e indicar diligências.

Art. 42. Concluída a apuração, os ex-administradores serão convidados por carta, a apresentar, por escrito, suas alegações e explicações dentro de cinco dias comuns para todos.

Art. 43. Transcorrido o prazo do artigo anterior, com ou sem a defesa, será o inquérito encerrado com um relatório, do qual constarão, em síntese, a situação da entidade examinada, as causas de queda, o nome, a quantificação e a relação dos bens particulares dos que, nos últimos cinco anos, geriram a sociedade, bem como o montante ou a estimativa dos prejuízos apurados em cada gestão.

Art. 44. Se o inquérito concluir pela inexistência de prejuízo, será, no caso de intervenção e de liquidação extrajudicial, arquivado no próprio Banco Central do Brasil, ou, no caso de falência, será remetido ao competente juiz, que o mandará apensar aos respectivos autos.

Parágrafo único. Na hipótese prevista neste artigo, o Banco Central do Brasil, nos casos de intervenção e de liquidação extrajudicial ou o juiz, no caso de falência, de ofício ou a requerimento de qualquer interessado, determinará o levantamento da indisponibilidade de trata o artigo 36.

Art. 45. Concluindo o inquérito pela existência de prejuízos será ele, com o respectivo relatório, remetido pelo Banco Central do Brasil ao Juiz da falência, ou ao que for competente para decretá-la, o qual o fará com vista ao órgão do Ministério Público, que, em oito dias, sob pena de responsabilidade, requererá o sequestro dos bens dos ex-administradores, que não tinham sido atingidos pela indisponibilidade prevista no artigo 36, quantos bastem para a efetivação da responsabilidade.

§ 1º Em caso de intervenção ou liquidação extrajudicial, a distribuição do inquérito ao Juízo competente na forma deste artigo, previne a jurisdição do mesmo Juízo, na hipótese de vir a ser decretada a falência.

§ 2º Feito o arresto, os bens serão depositados em mãos do interventor, do liquidante ou do síndico, conforme a hipótese, cumprindo ao depositário administrá-los, receber os respectivos rendimentos e prestar contas a final.

Art. 46. A responsabilidade ex-administradores, definida nesta Lei, será apurada em ação própria, proposta no Juízo da falência ou no que for para ela competente.

Parágrafo único. O órgão do Ministério Público, nos casos de intervenção e liquidação extrajudicial proporá a ação obrigatoriamente dentro em trinta dias, a contar da realização do arresto, sob pena de responsabilidade e preclusão da sua iniciativa. Findo esse prazo ficarão os autos em cartório, à disposição de qualquer credor, que poderá iniciar a ação, nos quinze dias seguintes. Se neste último prazo ninguém o fizer, levantar-se-ão o arresto e a indisponibilidade, apensando-se os autos aos da falência, se for o caso.

Art. 47. Se, decretado o arresto ou proposta a ação, sobrevier a falência da entidade, competirá ao sindico tomar, dai por diante as providências necessárias ao efetivo cumprimento das determinações desta Lei, cabendo-lhe promover a devida substituição processual, no prazo de trinta dias, contados da data do seu compromisso.

Art. 48. Independentemente do inquérito e do arresto, qualquer das partes, a que se refere o parágrafo único do artigo 46, no prazo nele previsto, poderá propor a ação de responsabilidade dos ex-administradores, na forma desta Lei.

Art. 49. Passada em sentença que declarar a responsabilidade dos ex-administradores, o arresto e a indisponibilidade de bens se convolarão em penhora, seguindo-se o processo de execução.

§ 1º Apurados os bens penhorados e pagas as custas judiciais, o líquido será entregue ao interventor, ao liquidante ou ao síndico, conforme o caso, para rateio entre os credores da instituição.

§ 2º Se, no curso da ação ou da execução, encerrar-se a intervenção ou a liquidação extrajudicial, o interventor ou o liquidante, por ofício, dará conhecimento da ocorrência ao juiz, solicitando sua substituição como depositário dos bens arrestados ou penhorados, e fornecendo a relação nominal e respectivos saldos dos credores a serem, nesta hipótese diretamente contemplados com o rateio previsto no parágrafo anterior.

CAPÍTULO V – DISPOSIÇÕES GERAIS

Art. 50. A intervenção determina a suspensão, e, a liquidação extrajudicial, a perda do mandato respectivamente, dos administradores e membros do Conselho Fiscal e de quaisquer outros órgãos criados pelo estatuto, competindo, exclusivamente, ao interventor e ao liquidante a convocação da assembleia geral nos casos em que julgarem conveniente.

Art. 51. Com o objetivo de preservar os interesses da poupança popular e a integridade do acervo das entidades submetidas a intervenção ou a liquidação extrajudicial o Banco Central do Brasil poderá estabelecer idêntico regime para as pessoas jurídicas que com elas tenham integração de atividade ou vinculo de interesse, ficando os seus administradores sujeitos aos preceitos desta Lei.

Parágrafo único. Verifica-se integração de atividade ou vinculo de interesse, quando as pessoas jurídicas referidas neste artigo, forem devedoras da sociedade sob intervenção ou submetida liquidação extrajudicial, ou quando seus sócios ou acionistas participarem do capital desta importância superior a 10% (dez por cento), ou seja, cônjuges, ou parentes até o segundo grau, consanguíneos ou afins, de seus diretores ou membros dos conselhos, consultivo, administrativo, fiscal ou semelhantes.

Art. 52. Aplicam-se as disposições da presente Lei as sociedades ou empresas que integram o sistema de distribuição de títulos ou valores monetários no mercado de capitais (artigo 5º, da Lei nº 4.728, de 14 de julho de 1965), assim como as sociedades ou empresas corretoras de câmbio.

§ 1º A intervenção nessas sociedades ou empresas, ou sua liquidação extrajudicial, poderá ser decretada pelo Banco Central do Brasil por iniciativa próprio ou por solicitação das Bolsas de Valores quanto as corretoras e elas associadas, mediante representação fundamentada.

§ 2º Por delegação de competência do Banco Central do Brasil e sem prejuízo de suas atribuições a intervenção ou a liquidação extrajudicial, das sociedades corretoras, membros das Bolsas de Valores, poderá ser processada por estas, sendo competente no caso, aquela área em que a sociedade tiver sede.

Art. 53. As sociedades ou empresas que integram o sistema de distribuição de títulos ou valores mobiliários no mercado de capitais, assim como as sociedades ou empresas corretoras do câmbio, não poderão com as instituições financeiras, impetrar concordata.

Art. 54. As disposições da presente Lei estendem-se as intervenções e liquidações extrajudiciais em curso, no que couberem.

Art. 55. O Banco Central do Brasil é acentuado autorizado a prestar assistência financeira as Bolsas de Valores, nas condições fixadas pelo Conselho Nacional, quando, a seu critério, se fizer necessária para que elas se adaptem, inteiramente, as exigências do mercado de capitais.

Parágrafo único. A assistência financeira prevista neste artigo poderá ser estendida as Bolsas de Valores nos casos de intervenção ou liquidação extrajudicial em sociedades corretoras de valores mobiliários e de câmbio, com vista a regularidade legítimos interesses de investidores.

Art. 56. Ao artigo 129, do Decreto-lei nº 2.627, de 26 de setembro de 1940, é acrescentado o seguinte parágrafo, além do que já lhe fora atendido pela Lei nº 5.589, de 3 de junho de 1970:

> *"§ 3º O Conselho Monetário Nacional estabelecerá os critérios de padronização dos documentos de que trata os § 2º podendo ainda, autorizar o Banco Central do Brasil a prorrogar o prazo neste estabelecido determinado então, as condições a que estarão sujeitas as sociedades beneficiárias da prorrogação."*

Art. 57. Esta Lei entrará em vigor na data de sua publicação, revogada a Lei nº 1.808, de 7 de janeiro de 1953, os Decretos-leis nºs 9.228, de 3 de maio de 1946; 9.328, de 10 de junho de 1946; 9.346, de 10 de junho de 1946; 48, de 18 de novembro de 1966; 462, de 11 de fevereiro de 1969; e 685, de 17 de junho de 1969, e demais disposições gerais e especiais em contrário.

Brasília, 13 de março de 1974;
153º da Independência e 86º da República.
EMÍLIO G. MÉDICI
(DOU de 13.3.1974)

LEI Nº 6.830, DE 22 DE SETEMBRO DE 1980

Dispõe sobre a cobrança judicial da Dívida Ativa da Fazenda Pública, e dá outras providências.

› *Vide Resolução CNJ n. 547/2024*

O PRESIDENTE DA REPÚBLICA:

Faço saber que o Congresso Nacional decreta e eu sanciono a seguinte Lei:

Art. 1º A execução judicial para cobrança da Dívida Ativa da União, dos Estados, do Distrito Federal, dos Municípios e respectivas autarquias será regida por esta Lei e, subsidiariamente, pelo Código de Processo Civil.

› *Art. 1º, parágrafo único, Lei de Protesto de Títulos e Documentos de Dívida (Lei 9.492/1997)*

› *Súmula 190 do Superior Tribunal de Justiça*

Art. 2º Constitui Dívida Ativa da Fazenda Pública aquela definida como tributária ou não tributária na Lei nº 4.320, de 17 de março de 1964, com as alterações posteriores, que estatui normas gerais de direito financeiro para elaboração e controle dos orçamentos e balanços da União, dos Estados, dos Municípios e do Distrito Federal.

§ 1º Qualquer valor, cuja cobrança seja atribuída por lei às entidades de que trata o artigo 1º, será considerado Dívida Ativa da Fazenda Pública.

§ 2º A Dívida Ativa da Fazenda Pública, compreendendo a tributária e a não tributária, abrange atualização monetária, juros e multa de mora e demais encargos previstos em lei ou contrato.

§ 3º A inscrição, que se constitui no ato de controle administrativo da legalidade, será feita pelo órgão competente para apurar a liquidez e certeza do crédito e suspenderá a prescrição, para todos os efeitos de direito, por 180 dias, ou até a distribuição da execução fiscal, se esta ocorrer antes de findo aquele prazo.

› *Súmula Vinculante 08 do Supremo Tribunal Federal*

§ 4º A Dívida Ativa da União será apurada e inscrita na Procuradoria da Fazenda Nacional.

§ 5º O Termo de Inscrição de Dívida Ativa deverá conter:

I – o nome do devedor, dos co-responsáveis e, sempre que conhecido, o domicílio ou residência de um e de outros;

II – o valor originário da dívida, bem como o termo inicial e a forma de calcular os juros de mora e demais encargos previstos em lei ou contrato;

III – a origem, a natureza e o fundamento legal ou contratual da dívida;

IV – a indicação, se for o caso, de estar a dívida sujeita à atualização monetária, bem como o respectivo fundamento legal e o termo inicial para o cálculo;

V – a data e o número da inscrição, no Registro de Dívida Ativa; e

VI – o número do processo administrativo ou do auto de infração, se neles estiver apurado o valor da dívida.

§ 6º A Certidão de Dívida Ativa conterá os mesmos elementos do Termo de Inscrição e será autenticada pela autoridade competente.

§ 7º O Termo de Inscrição e a Certidão de Dívida Ativa poderão ser preparados e numerados por processo manual, mecânico ou eletrônico.

§ 8º Até a decisão de primeira instância, a Certidão de Dívida Ativa poderá ser emendada ou substituída, assegurada ao executado a devolução do prazo para embargos.

› *Súmula 392 do Superior Tribunal de Justiça*

§ 9º O prazo para a cobrança das contribuições previdenciárias continua a ser o estabelecido no artigo 144 da Lei nº 3.807, de 26 de agosto de 1960.

Art. 3º A Dívida Ativa regularmente inscrita goza da presunção de certeza e liquidez.

Parágrafo Único. A presunção a que se refere este artigo é relativa e pode ser ilidida por prova inequívoca, a cargo do executado ou de terceiro, a quem aproveite.

Art. 4º A execução fiscal poderá ser promovida contra:

I – o devedor;

II – o fiador;

III – o espólio;

IV – a massa;

V – o responsável, nos termos da lei, por dívidas, tributárias ou não, de pessoas físicas ou pessoas jurídicas de direito privado; e

› *Súmulas 430 e 435 do Superior Tribunal de Justiça*

VI – os sucessores a qualquer título.

§ 1º Ressalvado o disposto no artigo 31, o síndico, o comissário, o liquidante, o inventariante e o administrador, nos casos de falência, concordata, liquidação, inventário, insolvência ou concurso de credores, se, antes de garantidos os créditos da Fazenda Pública, alienarem ou derem em garantia quaisquer dos bens administrados, respondem, solidariamente, pelo valor desses bens.

§ 2º À Dívida Ativa da Fazenda Pública, de qualquer natureza, aplicam-se as normas relativas à responsabilidade prevista na legislação tributária, civil e comercial.

§ 3º Os responsáveis, inclusive as pessoas indicadas no § 1º deste artigo, poderão nomear bens livres e desembaraçados do devedor, tantos quantos bastem para pagar a dívida. Os bens dos responsáveis ficarão, porém, sujeitos à execução, se os do devedor forem insuficientes à satisfação da dívida.

§ 4º Aplica-se à Dívida Ativa da Fazenda Pública de natureza não tributária o disposto nos artigos 186 e 188 a 192 do Código Tributário Nacional.

Art. 5º A competência para processar e julgar a execução da Dívida Ativa da Fazenda Pública exclui a de qualquer outro Juízo, inclusive o da falência, da concordata, da liquidação, da insolvência ou do inventário.

Art. 6º A petição inicial indicará apenas:

I – o Juiz a quem é dirigida;

II – o pedido; e

III – o requerimento para a citação.

§ 1º A petição inicial será instruída com a Certidão da Dívida Ativa, que dela fará parte integrante, como se estivesse transcrita.

§ 2º A petição inicial e a Certidão de Dívida Ativa poderão constituir um único documento, preparado inclusive por processo eletrônico.

§ 3º A produção de provas pela Fazenda Pública independe de requerimento na petição inicial.

§ 4º O valor da causa será o da dívida constante da certidão, com os encargos legais.

Art. 7º O despacho do Juiz que deferir a inicial importa em ordem para:

I – citação, pelas sucessivas modalidades previstas no artigo 8º;

II – penhora, se não for paga a dívida, nem garantida a execução, por meio de depósito, fiança ou seguro garantia; *(Redação dada pela Lei nº 13.043, de 2014)*

III – arresto, se o executado não tiver domicílio ou dele se ocultar;

IV – registro da penhora ou do arresto, independentemente do pagamento de custas ou outras despesas, observado o disposto no artigo 14; e

V – avaliação dos bens penhorados ou arrestados.

Art. 8º O executado será citado para, no prazo de 5 (cinco) dias, pagar a dívida com os juros e multa de mora e encargos indicados na Certidão de Dívida Ativa, ou garantir a execução, observadas as seguintes normas:

› *Súmula 393 do Superior Tribunal de Justiça*

I – a citação será feita pelo correio, com aviso de recepção, se a Fazenda Pública não a requerer por outra forma;

› *Súmula 392 do Superior Tribunal de Justiça*

II – a citação pelo correio considera-se feita na data da entrega da carta no endereço do executado, ou, se a data for omitida, no aviso de recepção, 10 (dez) dias após a entrega da carta à agência postal;

III – se o aviso de recepção não retornar no prazo de 15 (quinze) dias da entrega da carta à agência postal, a citação será feita por Oficial de Justiça ou por edital;

IV – o edital de citação será afixado na sede do Juízo, publicado uma só vez no órgão oficial, gratuitamente, como expediente judiciário, com o prazo de 30 (trinta) dias, e conterá, apenas, a indicação da exequente, o nome do devedor e dos co-responsáveis, a quantia devida, a natureza da dívida, a data e o número da inscrição no Registro da Dívida Ativa, o prazo e o endereço da sede do Juízo.

› *Súmula 414 do Superior Tribunal de Justiça*

§ 1º O executado ausente do País será citado por edital, com prazo de 60 (sessenta) dias.

§ 2º O despacho do Juiz, que ordenar a citação, interrompe a prescrição.

Art. 9º Em garantia da execução, pelo valor da dívida, juros e multa de mora e encargos indicados na Certidão de Dívida Ativa, o executado poderá:

I – efetuar depósito em dinheiro, à ordem do Juízo em estabelecimento oficial de crédito, que assegure atualização monetária;

II – oferecer fiança bancária ou seguro garantia; *(Redação dada pela Lei nº 13.043, de 2014)*

III – nomear bens à penhora, observada a ordem do artigo 11; ou

IV – indicar à penhora bens oferecidos por terceiros e aceitos pela Fazenda Pública.

§ 1º O executado só poderá indicar e o terceiro oferecer bem imóvel à penhora com o consentimento expresso do respectivo cônjuge.

§ 2º Juntar-se-á aos autos a prova do depósito, da fiança bancária, do seguro garantia ou da penhora dos bens do executado ou de terceiros. *(Redação dada pela Lei nº 13.043, de 2014)*

§ 3º A garantia da execução, por meio de depósito em dinheiro, fiança bancária ou seguro garantia, produz os mesmos efeitos da penhora. *(Redação dada pela Lei nº 13.043, de 2014)*

§ 4º Somente o depósito em dinheiro, na forma do artigo 32, faz cessar a responsabilidade pela atualização monetária e juros de mora.

§ 5º A fiança bancária prevista no inciso II obedecerá às condições pré-estabelecidas pelo Conselho Monetário Nacional.

§ 6º O executado poderá pagar parcela da dívida, que julgar incontroversa, e garantir a execução do saldo devedor.

§ 7º As garantias apresentadas na forma do inciso II do *caput* deste artigo somente serão liquidadas, no todo ou parcialmente, após o trânsito em julgado de decisão de mérito em desfavor do contribuinte, vedada a sua liquidação antecipada. *(Incluído pela Lei nº 14.689, de 2023, vetado pelo Presidente da República, mantido pelo Congresso Nacional e publicado na Edição Extra C do DOU de 22.12.2023)*

Art. 10. Não ocorrendo o pagamento, nem a garantia da execução de que trata o artigo 9º, a penhora poderá recair em qualquer bem do executado, exceto os que a lei declare absolutamente impenhoráveis.

Art. 11. A penhora ou arresto de bens obedecerá à seguinte ordem:

I – dinheiro;

› *Súmula 417 do Superior Tribunal de Justiça*

II – título da dívida pública, bem como título de crédito, que tenham cotação em bolsa;

III – pedras e metais preciosos;

IV – imóveis;

V – navios e aeronaves;

VI – veículos;

VII – móveis ou semoventes; e

VIII – direitos e ações.

§ 1º Excepcionalmente, a penhora poderá recair sobre estabelecimento comercial, industrial ou agrícola, bem como em plantações ou edifícios em construção.

› *Súmula 451 do Superior Tribunal de Justiça*

§ 2º A penhora efetuada em dinheiro será convertida no depósito de que trata o inciso I do artigo 9º.

§ 3º O Juiz ordenará a remoção do bem penhorado para depósito judicial, particular ou da Fazenda Pública exequente, sempre que esta o requerer, em qualquer fase do processo.

Art. 12. Na execução fiscal, far-se-á a intimação da penhora ao executado, mediante publicação, no órgão oficial, do ato de juntada do termo ou do auto de penhora.

§ 1º as Comarcas do interior dos Estados, a intimação poderá ser feita pela remessa de cópia do termo ou do auto de penhora, pelo correio, na forma estabelecida no artigo 8º, incisos I e II, para a citação.

§ 2º Se a penhora recair sobre imóvel, far-se-á a intimação ao cônjuge, observadas as normas previstas para a citação.

§ 3º Far-se-á a intimação da penhora pessoalmente ao executado se, na citação feita pelo correio, o aviso de recepção não contiver a assinatura do próprio executado, ou de seu representante legal.

Art. 13. O termo ou auto de penhora conterá, também, a avaliação dos bens penhorados, efetuada por quem o lavrar.

§ 1º Impugnada a avaliação, pelo executado, ou pela Fazenda Pública, antes de publicado o edital de leilão, o Juiz, ouvida a outra parte, nomeará avaliador oficial para proceder a nova avaliação dos bens penhorados.

§ 2º Se não houver, na Comarca, avaliador oficial ou este não puder apresentar o laudo de avaliação no prazo de 15 (quinze) dias, será nomeada pessoa ou entidade habilitada a critério do Juiz.

§ 3º Apresentado o laudo, o Juiz decidirá de plano sobre a avaliação.

Art. 14. O Oficial de Justiça entregará contrafé e cópia do termo ou do auto de penhora ou arresto, com a ordem de registro de que trata o artigo 7º, inciso IV:

I – no Ofício próprio, se o bem for imóvel ou a ele equiparado;

II – na repartição competente para emissão de certificado de registro, se for veículo;

III – na Junta Comercial, na Bolsa de Valores, e na sociedade comercial, se forem ações, debênture, parte beneficiária, cota ou qualquer outro título, crédito ou direito societário nominativo.

Art. 15. Em qualquer fase do processo, será deferida pelo Juiz:

I – ao executado, a substituição da penhora por depósito em dinheiro, fiança bancária ou seguro garantia; e *(Redação dada pela Lei nº 13.043, de 2014)*

II – à Fazenda Pública, a substituição dos bens penhorados por outros, independentemente da ordem enumerada no artigo 11, bem como o reforço da penhora insuficiente.

› *Súmula 406 do Superior Tribunal de Justiça*

Art. 16. O executado oferecerá embargos, no prazo de 30 (trinta) dias, contados:

I – do depósito;

II – da juntada da prova da fiança bancária ou do seguro garantia; *(Redação dada pela Lei nº 13.043, de 2014)*

III – da intimação da penhora.

§ 1º Não são admissíveis embargos do executado antes de garantida a execução.

§ 2º No prazo dos embargos, o executado deverá alegar toda matéria útil à defesa, requerer provas e juntar aos autos os documentos e rol de testemunhas, até três, ou, a critério do juiz, até o dobro desse limite.

§ 3º Não será admitida reconvenção, nem compensação, e as exceções, salvo as de suspeição, incompetência e impedimentos, serão argüidas como matéria preliminar e serão processadas e julgadas com os embargos.

Art. 17. Recebidos os embargos, o Juiz mandará intimar a Fazenda, para impugná-los no prazo de 30 (trinta) dias, designando, em seguida, audiência de instrução e julgamento.

› *Súmula 277 do Supremo Tribunal Federal*

Parágrafo Único. Não se realizará audiência, se os embargos versarem sobre matéria de direito, ou, sendo de direito e de fato, a prova for exclusivamente documental, caso em que o Juiz proferirá a sentença no prazo de 30 (trinta) dias.

Art. 18. Caso não sejam oferecidos os embargos, a Fazenda Pública manifestar-se-á sobre a garantia da execução.

Art. 19. Não sendo embargada a execução ou sendo rejeitados os embargos, no caso de garantia prestada por terceiro, será este intimado, sob pena de contra ele prosseguir a execução nos próprios autos, para, no prazo de 15 (quinze) dias:

I – remir o bem, se a garantia for real; ou

II – pagar o valor da dívida, juros e multa de mora e demais encargos, indicados na Certidão de Divida Ativa pelos quais se obrigou se a garantia for fidejussória.

Art. 20. Na execução por carta, os embargos do executado serão oferecidos no Juízo deprecado, que os remeterá ao Juízo deprecante, para instrução e julgamento.

› *Súmula 46 do Superior Tribunal de Justiça*

Parágrafo Único. Quando os embargos tiverem por objeto vícios ou irregularidades de atos do próprio Juízo deprecado, caber-lhe – á unicamente o julgamento dessa matéria.

Art. 21. Na hipótese de alienação antecipada dos bens penhorados, o produto será depositado em garantia da execução, nos termos previstos no artigo 9º, inciso I.

Art. 22. A arrematação será precedida de edital, afixado no local de costume, na sede do Juízo, e publicado em resumo, uma só vez, gratuitamente, como expediente judiciário, no órgão oficial.

§ 1º O prazo entre as datas de publicação do edital e do leilão não poderá ser superior a 30 (trinta), nem inferior a 10 (dez) dias.

§ 2º O representante judicial da Fazenda Pública, será intimado, pessoalmente, da realização do leilão, com a antecedência prevista no parágrafo anterior.

Art. 23. A alienação de quaisquer bens penhorados será feita em leilão público, no lugar designado pelo Juiz.

§ 1º A Fazenda Pública e o executado poderão requerer que os bens sejam leiloados englobadamente ou em lotes que indicarem.

§ 2º Cabe ao arrematante o pagamento da comissão do leiloeiro e demais despesas indicadas no edital.

Art. 24. A Fazenda Pública poderá adjudicar os bens penhorados:

I – antes do leilão, pelo preço da avaliação, se a execução não for embargada ou se rejeitados os embargos;

II – findo o leilão:

a) se não houver licitante, pelo preço da avaliação;

b) havendo licitantes, com preferência, em igualdade de condições com a melhor oferta, no prazo de 30 (trinta) dias.

Parágrafo Único. Se o preço da avaliação ou o valor da melhor oferta for superior ao dos créditos da Fazenda Pública, a adjudicação somente será deferida pelo Juiz se a diferença for depositada, pela exequente, à ordem do Juízo, no prazo de 30 (trinta) dias.

Art. 25. Na execução fiscal, qualquer intimação ao representante judicial da Fazenda Pública será feita pessoalmente.

Parágrafo Único. A intimação de que trata este artigo poderá ser feita mediante vista dos autos, com imediata remessa ao representante judicial da Fazenda Pública, pelo cartório ou secretaria.

Art. 26. Se, antes da decisão de primeira instância, a inscrição de Divida Ativa for, a qualquer título, cancelada, a execução fiscal será extinta, sem qualquer ônus para as partes.

Art. 27. As publicações de atos processuais poderão ser feitas resumidamente ou reunir num só texto os de diferentes processos.

Parágrafo Único. As publicações farão sempre referência ao número do processo no respectivo Juízo e ao número da correspondente inscrição de Dívida Ativa, bem como ao nome das partes e de seus advogados, suficientes para a sua identificação.

Art. 28. O Juiz, a requerimento das partes, poderá, por conveniência da unidade da garantia da execução, ordenar a reunião de processos contra o mesmo devedor.

Parágrafo Único. Na hipótese deste artigo, os processos serão redistribuídos ao Juízo da primeira distribuição.

Art. 29. A cobrança judicial da Dívida Ativa da Fazenda Pública não é sujeita a concurso de credores ou habilitação em falência, concordata, liquidação, inventário ou arrolamento.

Parágrafo Único. O concurso de preferência somente se verifica entre pessoas jurídicas de direito público, na seguinte ordem:

I – União e suas autarquias;

II – Estados, Distrito Federal e Territórios e suas autarquias, conjuntamente e pro rata;

III – Municípios e suas autarquias, conjuntamente e *pro rata*.

› *ADPF 357 - O Tribunal, por maioria, conheceu da arguição de descumprimento de preceito fundamental, julgou procedente o pedido formulado para declarar a não recepção pela Constituição da República de 1988 das normas previstas no parágrafo único do art. 187 da Lei nº 5.172/1966 (Código Tributário Nacional) e do parágrafo único do art. 29 da Lei nº 6.830/1980 (Lei de Execuções Fiscais), e cancelou a Súmula n. 563 do Supremo Tribunal Federal, nos termos do voto da Relatora, vencidos o Ministro Dias Toffoli, que julgava improcedente a ação, e o Ministro Gilmar Mendes, que julgava parcialmente procedente a ação, para dar interpretação conforme a Constituição. Presidência do Ministro Luiz Fux. Plenário, 24.06.2021 (Sessão realizada por videoconferência - Resolução 672/2020/STF).*

Art. 30. Sem prejuízo dos privilégios especiais sobre determinados bens, que sejam previstos em lei, responde pelo pagamento da Divida Ativa da Fazenda Pública a totalidade dos bens e das rendas, de qualquer origem ou natureza, do sujeito passivo, seu espólio ou sua massa, inclusive os gravados por ônus real ou cláusula de inalienabilidade ou impenhorabilidade, seja qual for a data da constituição do ônus ou da cláusula, excetuados unicamente os bens e rendas que a lei declara absolutamente impenhoráveis.

Art. 31. Nos processos de falência, concordata, liquidação, inventário, arrolamento ou concurso de credores, nenhuma alienação será judicialmente autorizada sem a prova de quitação da Dívida Ativa ou a concordância da Fazenda Pública.

Art. 32. Os depósitos judiciais em dinheiro serão obrigatoriamente feitos:

I – na Caixa Econômica Federal, de acordo com o Decreto-lei nº 1.737, de 20 de dezembro de 1979, quando relacionados com a execução fiscal proposta pela União ou suas autarquias;

II – na Caixa Econômica ou no banco oficial da unidade federativa ou, à sua falta, na Caixa Econômica Federal, quando relacionados com execução fiscal proposta pelo Estado, Distrito Federal, Municípios e suas autarquias.

§ 1º Os depósitos de que trata este artigo estão sujeitos à atualização monetária, segundo os índices estabelecidos para os débitos tributários federais.

§ 2º Após o trânsito em julgado da decisão, o depósito, monetariamente atualizado, será devolvido ao depositante ou entregue à Fazenda Pública, mediante ordem do Juízo competente.

Art. 33. O Juízo, do Ofício, comunicará à repartição competente da Fazenda Pública, para fins de averbação no Registro da Dívida Ativa, a decisão final, transitada em julgado, que der por improcedente a execução, total ou parcialmente.

Art. 34. Das sentenças de primeira instância proferidas em execuções de valor igual ou inferior a 50 (cinquenta) Obrigações Reajustáveis do Tesouro Nacional – ORTN, só se admitirão embargos infringentes e de declaração.

§ 1º Para os efeitos deste artigo considerar-se-á o valor da dívida monetariamente atualizado e acrescido de multa e juros de mora e de mais encargos legais, na data da distribuição.

§ 2º Os embargos infringentes, instruídos, ou não, com documentos novos, serão deduzidos, no prazo de 10 (dez) dias perante o mesmo Juízo, em petição fundamentada.

§ 3º Ouvido o embargado, no prazo de 10 (dez) dias, serão os autos conclusos ao Juiz, que, dentro de 20 (vinte) dias, os rejeitará ou reformará a sentença.

Art. 35. Nos processos regulados por esta Lei, poderá ser dispensada a audiência de revisor, no julgamento das apelações.

Art. 36. Compete à Fazenda Pública baixar normas sobre o recolhimento da Dívida Ativa respectiva, em Juízo ou fora dele, e aprovar, inclusive, os modelos de documentos de arrecadação.

Art. 37. O Auxiliar de Justiça que, por ação ou omissão, culposa ou dolosa, prejudicar a execução, será responsabilizado, civil, penal e administrativamente.

Parágrafo Único – O Oficial de Justiça deverá efetuar, em 10 (dez) dias, as diligências que lhe forem ordenadas, salvo motivo de força maior devidamente justificado perante o Juízo.

Art. 38. A discussão judicial da Dívida Ativa da Fazenda Pública só é admissível em execução, na forma desta Lei, salvo as hipóteses de mandado de segurança, ação de repetição do indébito ou ação anulatória do ato declarativo da dívida, esta precedida do depósito preparatório do valor do débito, monetariamente corrigido e acrescido dos juros e multa de mora e demais encargos.

- *Súmula Vinculante 28 do Supremo Tribunal Federal*
- *Súmula 112 do Superior Tribunal de Justiça*

Parágrafo Único. A propositura, pelo contribuinte, da ação prevista neste artigo importa em renúncia ao poder de recorrer na esfera administrativa e desistência do recurso acaso interposto.

Art. 39. A Fazenda Pública não está sujeita ao pagamento de custas e emolumentos. A prática dos atos judiciais de seu interesse independerá de preparo ou de prévio depósito.

Parágrafo Único – Se vencida, a Fazenda Pública ressarcirá o valor das despesas feitas pela parte contrária.

Art. 40. O Juiz suspenderá o curso da execução, enquanto não for localizado o devedor ou encontrados bens sobre os quais possa recair a penhora, e, nesses casos, não correrá o prazo de prescrição.

- *Súmula 314 do Superior Tribunal de Justiça*

§ 1º Suspenso o curso da execução, será aberta vista dos autos ao representante judicial da Fazenda Pública.

§ 2º Decorrido o prazo máximo de 1 (um) ano, sem que seja localizado o devedor ou encontrados bens penhoráveis, o Juiz ordenará o arquivamento dos autos.

§ 3º Encontrados que sejam, a qualquer tempo, o devedor ou os bens, serão desarquivados os autos para prosseguimento da execução.

§ 4º Se da decisão que ordenar o arquivamento tiver decorrido o prazo prescricional, o juiz, depois de ouvida a Fazenda Pública, poderá, de ofício, reconhecer a prescrição intercorrente e decretá-la de imediato. *(Incluído pela Lei nº 11.051, de 2004)*

§ 5º A manifestação prévia da Fazenda Pública prevista no § 4º deste artigo será dispensada no caso de cobranças judiciais cujo valor seja inferior ao mínimo fixado por ato do Ministro de Estado da Fazenda. *(Incluído pela Lei nº 11.960, de 2009)*

Art. 41. O processo administrativo correspondente à inscrição de Dívida Ativa, à execução fiscal ou à ação proposta contra a Fazenda Pública será mantido na repartição competente, dele se extraindo as cópias autenticadas ou certidões, que forem requeridas pelas partes ou requisitadas pelo Juiz ou pelo Ministério Público.

Parágrafo Único – Mediante requisição do Juiz à repartição competente, com dia e hora previamente marcados, poderá o processo administrativo ser exibido na sede do Juízo, pelo funcionário para esse fim designado, lavrando o serventuário termo da ocorrência, com indicação, se for o caso, das peças a serem trasladadas.

Art. 42. Revogadas as disposições em contrário, esta Lei entrará em vigor 90 (noventa) dias após a data de sua publicação.

Brasília, 22 de setembro de 1980; 159º da Independência e 92º da República.

JOÃO FIGUEIREDO

(DOU de 24.9.1980)

LEI Nº 7.357, DE 2 DE SETEMBRO DE 1985

Dispõe sobre o cheque e dá outras providências.

- *Vide art. 6º, Lei n. 9.492/1997 (Protesto de Títulos e Documentos de Dívida)*
- *Provimento CNJ 30/2013 (Disciplina a recepção e protesto de cheques, nas hipóteses que relaciona, visando coibir fraudes que possam acarretar prejuízos aos devedores ou a terceiros) incorporado aos **arts. 389 a 396, Provimento CNJ n. 149/2023 (CNN)***

O PRESIDENTE DA REPÚBLICA,

Faço saber que o Congresso Nacional decreta e eu sanciono a seguinte Lei:

CAPÍTULO I – DA EMISSÃO E DA FORMA DO CHEQUE

Art. 1º O cheque contêm:

I – a denominação "cheque" inscrita no contexto do título e expressa na língua em que este é redigido;

II – a ordem incondicional de pagar quantia determinada;

III – o nome do banco ou da instituição financeira que deve pagar (sacado);

IV – a indicação do lugar de pagamento;

V – a indicação da data e do lugar de emissão;

VI – a assinatura do emitente (sacador), ou de seu mandatário com poderes especiais.

- *Vide Decreto 1.240/1994, que promulga a Convenção Interamericana sobre Conflitos de Leis em Matéria de Cheques*

Parágrafo único – A assinatura do emitente ou a de seu mandatário com poderes especiais pode ser constituída, na forma de legislação específica, por chancela mecânica ou processo equivalente.

Art. 2º O título, a que falte qualquer dos requisitos enumerados no artigo precedente não vale como cheque, salvo nos casos determinados a seguir:

I – na falta de indicação especial, é considerado lugar de pagamento o lugar designado junto ao nome do sacado; se designados vários lugares, o cheque é pagável no primeiro deles; não existindo qualquer indicação, o cheque é pagável no lugar de sua emissão;

II – não indicado o lugar de emissão, considera-se emitido o cheque no lugar indicado junto ao nome do emitente.

Art. 3º O cheque é emitido contra banco, ou instituição financeira que lhe seja equiparada, sob pena de não valer como cheque.

Art. 4º O emitente deve ter fundos disponíveis em poder do sacado e estar autorizado a sobre eles emitir cheque, em virtude de contrato expresso ou tácito. A infração desses preceitos não prejudica a validade do título como cheque.

§ 1º A existência de fundos disponíveis é verificada no momento da apresentação do cheque para pagamento.

§ 2º Consideram-se fundos disponíveis:

a) os créditos constantes de conta-corrente bancária não subordinados a termo;

b) o saldo exigível de conta-corrente contratual;

c) a soma proveniente de abertura de crédito.

Art. 5º *(VETADO).*

Art. 6º O cheque não admite aceite considerando-se não escrita qualquer declaração com esse sentido.

Art. 7º Pode o sacado, a pedido do emitente ou do portador legitimado, lançar e assinar, no verso do cheque não ao portador e ainda não endossado, visto, certificação ou outra declaração equivalente, datada e por quantia igual à indicada no título.

§ 1º A aposição de visto, certificação ou outra declaração equivalente obriga o sacado a debitar à conta do emitente a quantia indicada no cheque e a reservá-la em benefício do portador legitimado, durante o prazo de apresentação, sem que fiquem exonerados o emitente, endossantes e demais coobrigados.

§ 2º O sacado creditará à conta do emitente a quantia reservada, uma vez vencido o prazo de apresentação; e, antes disso, se o cheque lhe for entregue para inutilização.

Art. 8º Pode-se estipular no cheque que seu pagamento seja feito:

I – a pessoa nomeada, com ou sem cláusula expressa "à ordem";

II – a pessoa nomeada, com a cláusula "não à ordem", ou outra equivalente;

III – ao portador.

Parágrafo único – Vale como cheque ao portador o que não contém indicação do beneficiário e o emitido em favor de pessoa nomeada com a cláusula "ou ao portador", ou expressão equivalente.

Art. 9º O cheque pode ser emitido:

I – à ordem do próprio sacador;

II – por conta de terceiro;

III – contra o próprio banco sacador, desde que não ao portador.

Art. 10. Considera-se não escrita a estipulação de juros inserida no cheque.

Art. 11. O cheque pode ser pagável no domicílio de terceiro, quer na localidade em que o sacado tenha domicílio, quer em outra, desde que o terceiro seja banco.

› *Art. 6º da Lei de Protesto de Títulos e Documentos de Dívida (Lei 9.492/1997)*

Art. 12. Feita a indicação da quantia em algarismos e por extenso, prevalece esta no caso de divergência. Indicada a quantia mais de uma vez, quer por extenso, quer por algarismos, prevalece, no caso de divergência, a indicação da menor quantia.

Art. 13. As obrigações contraídas no cheque são autônomas e independentes.

Parágrafo único. A assinatura de pessoa capaz cria obrigações para o signatário, mesmo que o cheque contenha assinatura de pessoas incapazes de se obrigar por cheque, ou assinaturas falsas, ou assinaturas de pessoas fictícias, ou assinaturas que, por qualquer outra razão, não poderiam obrigar as pessoas que assinaram o cheque, ou em nome das quais ele foi assinado.

Art. 14. Obriga-se pessoalmente quem assina cheque como mandatário ou representante, sem ter poderes para tal, ou excedendo os que lhe foram conferidos. Pagando o cheque, tem os mesmos direitos daquele em cujo nome assinou.

Art. 15. O emitente garante o pagamento, considerando-se não escrita a declaração pela qual se exima dessa garantia.

Art. 16. Se o cheque, incompleto no ato da emissão, for completado com inobservância do convencionado com a emitente, tal fato não pode ser oposto ao portador, a não ser que este tenha adquirido a cheque de má-fé.

CAPÍTULO II – DE TRANSMISSÃO

Art. 17. O cheque pagável a pessoa nomeada, com ou sem cláusula expressa " à ordem", é transmissível por via de endosso.

§ 1º O cheque pagável a pessoa nomeada, com a cláusula "não à ordem", ou outra equivalente, só é transmissível pela forma e com os efeitos de cessão.

§ 2º O endosso pode ser feito ao emitente, ou a outro obrigado, que podem novamente endossar o cheque.

Art. 18. O endosso deve ser puro e simples, reputando-se não-escrita qualquer condição a que seja subordinado.

§ 1º São nulos o endosso parcial e o do sacado.

§ 2º Vale como em branco o endosso ao portador. O endosso ao sacado vale apenas como quitação, salvo no caso de o sacado ter vários estabelecimentos e o endosso ser feito em favor de estabelecimento diverso daquele contra o qual o cheque foi emitido.

Art. 19 – O endosso deve ser lançado no cheque ou na folha de alongamento e assinado pelo endossante, ou seu mandatário com poderes especiais.

§ 1º O endosso pode não designar o endossatário. Consistindo apenas na assinatura do endossante (endosso em branco), só é válido quando lançado no verso do cheque ou na folha de alongamento.

§ 2º A assinatura do endossante, ou a de seu mandatário com poderes especiais, pode ser constituída, na forma de legislação específica, por chancela mecânica, ou processo equivalente.

Art. 20. O endosso transmite todos os direitos resultantes do cheque. Se o endosso é em branco, pode o portador:

I – completá-lo com o seu nome ou com o de outra pessoa;

II – endossar novamente o cheque, em branco ou a outra pessoa;

III – transferir o cheque a um terceiro, sem completar o endosso e sem endossar.

Art. 21. Salvo estipulação em contrário, o endossante garante o pagamento.

Parágrafo único – Pode o endossante proibir novo endosso; neste caso, não garante o pagamento a quem seja o cheque posteriormente endossado.

Art. 22. O detentor de cheque "à ordem" é considerado portador legitimado, se provar seu direito por uma série ininterrupta de endossos, mesmo que o último seja em branco. Para esse efeito, os endossos cancelados são considerados não-escritos.

Parágrafo único. Quando um endosso em branco for seguido de outro, entende-se que o signatário deste adquiriu o cheque pelo endosso em branco.

Art. 23. O endosso num cheque passado ao portador torna o endossante responsável, nos termos das disposições que regulam o direito de ação, mas nem por isso converte o título num cheque "à ordem".

Art. 24. Desapossado alguém de um cheque, em virtude de qualquer evento, novo portador legitimado não está obrigado a restituí-lo, se não o adquiriu de má-fé.

Parágrafo único – Sem prejuízo do disposto neste artigo, serão observadas, nos casos de perda, extravio, furto, roubo ou apropriação indébita do cheque, as disposições legais relativas à anulação e substituição de títulos ao portador, no que for aplicável.

Art. 25. Quem for demandado por obrigação resultante de cheque não pode opor ao portador exceções fundadas em relações pessoais com o emitente, ou com os portadores anteriores, salvo se o portador o adquiriu conscientemente em detrimento do devedor.

Art. 26. Quando o endosso contiver a cláusula "valor em cobrança", "para cobrança", "por procuração", ou qualquer outra que implique apenas mandato, o portador pode exercer todos os direitos resultantes do cheque, mas só pode lançar no cheque endosso-mandato. Neste caso, os obrigados somente podem invocar contra o portador as exceções oponíveis ao endossante.

Parágrafo único. O mandato contido no endosso não se extingue por morte do endossante ou por superveniência de sua incapacidade.

Art. 27. O endosso posterior ao protesto, ou declaração equivalente, ou à expiração do prazo de apresentação produz apenas os efeitos de cessão. Salvo prova em contrário, o endosso sem data presume-se anterior ao protesto, ou declaração equivalente, ou à expiração do prazo de apresentação.

Art. 28. O endosso no cheque nominativo, pago pelo banco contra o qual foi sacado, prova o recebimento da respectiva importância pela pessoa a favor da qual foi emitido, e pelos endossantes subsequentes.

Parágrafo único Se o cheque indica a nota, fatura, conta cambial, imposto lançado ou declarado a cujo pagamento se destina, ou outra causa da sua emissão, o endosso pela pessoa a favor da qual foi emitido, e a sua liquidação pelo banco sacado provam a extinção da obrigação indicada.

CAPÍTULO III – DO AVAL

Art. 29. O pagamento do cheque pode ser garantido, no todo ou em parte, por aval prestado por terceiro, exceto o sacado, ou mesmo por signatário do título.

Art. 30. O aval é lançado no cheque ou na folha de alongamento. Exprime-se pelas palavras "por aval", ou fórmula equivalente, com a assinatura do avalista. Considera-se como resultante da simples assinatura do avalista, aposta no anverso do cheque, salvo quando se tratar da assinatura do emitente.

Parágrafo único – O aval deve indicar o avalizado. Na falta de indicação, considera-se avalizado o emitente.

Art. 31. O avalista se obriga da mesma maneira que o avaliado. Subsiste sua obrigação, ainda que nula a por ele garantida, salvo se a nulidade resultar de vício de forma.

Parágrafo único – O avalista que paga o cheque adquire todos os direitos dele resultantes contra o avalizado e contra os obrigados para com este em virtude do cheque.

CAPÍTULO IV – DA APRESENTAÇÃO E DO PAGAMENTO

Art. 32. O cheque é pagável à vista. Considera-se não-estrita qualquer menção em contrário.

Parágrafo único – O cheque apresentado para pagamento antes do dia indicado como data de emissão é pagável no dia da apresentação.

Art. 33. O cheque deve ser apresentado para pagamento, a contar do dia da emissão, no prazo de 30 (trinta) dias, quando emitido no lugar onde houver de ser pago; e de 60 (sessenta) dias, quando emitido em outro lugar do País ou no exterior.

› *Art. 9º da Lei de Protesto de Títulos e Documentos de Dívida (Lei 9.492/1997)*

Parágrafo único. Quando o cheque é emitido entre lugares com calendários diferentes, considera-se como de emissão o dia correspondente do calendário do lugar de pagamento.

Art. 34. A apresentação do cheque à câmara de compensação equivale à apresentação a pagamento.

Art. 35. O emitente do cheque pagável no Brasil pode revogá-lo, mercê de contra-ordem dada por aviso epistolar, ou por via judicial ou extrajudicial, com as razões motivadoras do ato.

Parágrafo único. A revogação ou contra-ordem só produz efeito depois de expirado o prazo de apresentação e, não sendo promovida, pode o sacado pagar o cheque até que decorra o prazo de prescrição, nos termos do art. 59 desta Lei.

Art. 36. Mesmo durante o prazo de apresentação, o emitente e o portador legitimado podem fazer sustar o pagamento, manifestando ao sacado, por escrito, oposição fundada em relevante razão de direito.

§ 1º A oposição do emitente e a revogação ou contra-ordem se excluem reciprocamente.

§ 2º Não cabe ao sacado julgar da relevância da razão invocada pelo oponente.

Art. 37. A morte do emitente ou sua incapacidade superveniente à emissão não invalidam os efeitos do cheque.

Art. 38. O sacado pode exigir, ao pagar o cheque, que este lhe seja entregue quitado pelo portador.

Parágrafo único. O portador não pode recusar pagamento parcial, e, nesse caso, o sacado pode exigir que esse pagamento conste do cheque e que o portador lhe dê a respectiva quitação.

Art. 39. O sacado que paga cheque "à ordem" é obrigado a verificar a regularidade da série de endossos, mas não a autenticidade das assinaturas dos endossantes. A mesma obrigação incumbe ao banco apresentante do cheque a câmara de compensação.

Parágrafo único. Ressalvada a responsabilidade do apresentante, no caso da parte final deste artigo, o banco sacado responde pelo pagamento do cheque falso, falsificado ou alterado, salvo dolo ou culpa do correntista, do endossante ou do beneficiário, dos quais poderá o sacado, no todo ou em parte, reaver a que pagou.

Art. 40. O pagamento se fará à medida em que forem apresentados os cheques e se 2 (dois) ou mais forem apresentados simultaneamente, sem que os fundos disponíveis bastem para o pagamento de todos, terão preferência os de emissão mais antiga e, se da mesma data, os de número inferior.

Art. 41. O sacado pode pedir explicações ou garantia para pagar cheque mutilado, rasgado ou partido, ou que contenha borrões, emendas e dizeres que não pareçam formalmente normais.

Art. 42. O cheque em moeda estrangeira é pago, no prazo de apresentação, em moeda nacional ao câmbio do dia do pagamento, obedecida a legislação especial.

Parágrafo único. Se o cheque não for pago no ato da apresentação, pode o portador optar entre o câmbio do dia da apresentação e o do dia do pagamento para efeito de conversão em moeda nacional.

Art. 43. *(VETADO).*

§§ 1º e 2º *(VETADOS).*

CAPÍTULO V – DO CHEQUE CRUZADO

Art. 44. O emitente ou o portador podem cruzar o cheque, mediante a aposição de dois traços paralelos no anverso do título.

§ 1º O cruzamento é geral se entre os dois traços não houver nenhuma indicação ou existir apenas a indicação "banco", ou outra equivalente. O cruzamento é especial se entre os dois traços existir a indicação do nome do banco.

§ 2º O cruzamento geral pode ser convertida em especial, mas este não pode converter-se naquele.

§ 3º A inutilização do cruzamento ou a do nome do banco é reputada como não existente.

Art. 45. O cheque com cruzamento geral só pode ser pago pelo sacado a banco ou a cliente do sacado, mediante crédito em conta. O cheque com cruzamento especial só pode ser pago pelo sacado ao banco indicado, ou, se este for o sacado, a cliente seu, mediante crédito em conta. Pode, entretanto, o banco designado incumbir outro da cobrança.

§ 1º O banco só pode adquirir cheque cruzado de cliente seu ou de outro banco. Só pode cobrá-lo por conta de tais pessoas.

§ 2º O cheque com vários cruzamentos especiais só pode ser pago pelo sacado no caso de dois cruzamentos, um dos quais para cobrança por câmara de compensação.

§ 3º Responde pelo dano, até a concorrência do montante do cheque, o sacado ou o banco portador que não observar as disposições precedentes.

CAPÍTULO VI – DO CHEQUE PARA SER CREDITADO EM CONTA

Art. 46. O emitente ou o portador podem proibir que o cheque seja pago em dinheiro mediante a inscrição transversal, no anverso do título, da cláusula "para ser creditado em conta", ou outra equivalente. Nesse caso, o sacado só pode proceder a lançamento contábil (crédito em conta, transferência ou compensação), que vale como pagamento. O depósito do cheque em conta de seu beneficiário dispensa o respectivo endosso.

§ 1º A inutilização da cláusula é considerada como não existente.

§ 2º Responde pelo dano, até a concorrência do montante do cheque, o sacado que não observar as disposições precedentes.

CAPÍTULO VII – DA AÇÃO POR FALTA DE PAGAMENTO

Art. 47. Pode o portador promover a execução do cheque:

- *Súmula 600 do Supremo Tribunal Federal*
- *Súmula 27 do Superior Tribunal de Justiça*

I – contra o emitente e seu avalista;

II – contra os endossantes e seus avalistas, se o cheque apresentado em tempo hábil e a recusa de pagamento é comprovada pelo protesto ou por declaração do sacado, escrita e datada sobre o cheque, com indicação do dia de apresentação, ou, ainda, por declaração escrita e datada por câmara de compensação.

§ 1º Qualquer das declarações previstas neste artigo dispensa o protesto e produz os efeitos deste.

§ 2º Os signatários respondem pelos danos causados por declarações inexatas.

§ 3º O portador que não apresentar o cheque em tempo hábil, ou não comprovar a recusa de pagamento pela forma indicada neste artigo, perde o direito de execução contra o emitente, se este tinha fundos disponíveis durante o prazo de apresentação e os deixou de ter, em razão de fato que não lhe seja imputável.

§ 4º A execução independe do protesto e das declarações previstas neste artigo, se a apresentação ou o pagamento do cheque são obstados pelo fato de o sacado ter sido submetido a intervenção, liquidação extrajudicial ou falência.

Art. 48. O protesto ou as declarações do artigo anterior devem fazer-se no lugar de pagamento ou do domicílio do emitente, antes da expiração do prazo de apresentação. Se esta ocorrer no último dia do prazo, o protesto ou as declarações podem fazer-se no primeiro dia útil seguinte.

- *Arts. 6º e 20 da Lei de Protesto de Títulos e Documentos de Dívida (Lei 9.492/1997)*

§ 1º A entrega do cheque para protesto deve ser prenotada em livro especial e o protesto tirado no prazo de 3 (três) dias úteis a contar do recebimento do título.

- *Art. 23 da Lei de Protesto de Títulos e Documentos de Dívida (Lei 9.492/1997)*

§ 2º O instrumento do protesto, datado e assinado pelo oficial público competente, contém:

- *Art. 22 da Lei de Protesto de Títulos e Documentos de Dívida (Lei 9.492/1997)*

a) a transcrição literal do cheque, com todas as declarações nele inseridas, na ordem em que se acham lançadas;

b) a certidão da intimação do emitente, de seu mandatário especial ou representante legal, e as demais pessoas obrigadas no cheque;

c) a resposta dada pelos intimados ou a declaração da falta de resposta;

d) a certidão de não haverem sido encontrados ou de serem desconhecidos o emitente ou os demais obrigados, realizada a intimação, nesse caso, pela imprensa.

§ 3º O instrumento de protesto, depois de registrado em livro próprio, será entregue ao portador legitimado ou àquele que houver efetuado o pagamento.

§ 4º Pago o cheque depois do protesto, pode este ser cancelado, a pedido de qualquer interessado, mediante arquivamento de cópia autenticada da quitação que contenha perfeita identificação do título.

Art. 49. O portador deve dar aviso da falta de pagamento a seu endossante e ao emitente, nos 4 (quatro) dias úteis seguintes ao do protesto ou das declarações previstas no art. 47 desta Lei ou, havendo cláusula "sem despesa", ao da apresentação.

§ 1º Cada endossante deve, nos 2 (dois) dias úteis seguintes ao do recebimento do aviso, comunicar seu teor ao endossante precedente, indicando os nomes e endereços dos que deram os avisos anteriores, e assim por diante, até o emitente, contando-se os prazos do recebimento do aviso precedente.

§ 2º O aviso dado a um obrigado deve estender-se, no mesmo prazo, a seu avalista.

§ 3º Se o endossante não houver indicado seu endereço ou o tiver feito de forma ilegível, basta o aviso ao endossante que o preceder.

§ 4º O aviso pode ser dado por qualquer forma, até pela simples devolução do cheque.

§ 5º Aquele que estiver obrigado a aviso deverá provar que o deu no prazo estipulado. Considera-se observado o prazo se, dentro dele, houver sido posta no correio a carta de aviso.

§ 6º Não decai do direito de regresso o que deixa de dar o aviso no prazo estabelecido. Responde, porém, pelo dano causado por sua negligência, sem que a indenização exceda o valor do cheque.

Art. 50. O emitente, o endossante e o avalista podem, pela cláusula "sem despesa", "sem protesto", ou outra equivalente, lançada no título e assinada, dispensar o portador, para promover a execução do título, do protesto ou da declaração equivalente.

§ 1º A cláusula não dispensa o portador da apresentação do cheque no prazo estabelecido, nem dos avisos. Incumbe a quem alega a inobservância de prazo a prova respectiva.

§ 2º A cláusula lançada pelo emitente produz efeito em relação a todos os obrigados; a lançada por endossante ou por avalista produz efeito somente em relação ao que lançar.

§ 3º Se, apesar de cláusula lançada pelo emitente, o portador promove o protesto, as despesas correm por sua conta. Por elas respondem todos os obrigados, se a cláusula é lançada por endossante ou avalista.

Art. 51. Todos os obrigados respondem solidariamente para com o portador do cheque.

§ 1º O portador tem o direito de demandar todos os obrigados, individual ou coletivamente, sem estar sujeito a observar a ordem em que se obrigaram. O mesmo direito cabe ao obrigado que pagar o cheque.

§ 2º A ação contra um dos obrigados não impede sejam os outros demandados, mesmo que se tenham obrigado posteriormente àquele.

§ 3º Regem-se pelas normas das obrigações solidárias as relações entre obrigados do mesmo grau.

Art. 52. Portador pode exigir do demandado:

I – a importância do cheque não pago;

II – os juros legais desde o dia da apresentação;

III – as despesas que fez;

IV – a compensação pela perde do valor aquisitivo da moeda, até o embolso das importâncias mencionadas nos itens antecedentes.

Art. 53. Quem paga o cheque pode exigir de seus garantes:

I – a importância integral que pagou;

II – os juros legais, a contar do dia do pagamento;

III – as despesas que fez;

IV – a compensação pela perda do valor aquisitivo da moeda, até o embolso das importâncias mencionadas nos itens antecedentes.

Art. 54. O obrigado contra o qual se promova execução, ou que a esta esteja sujeito, pode exigir, contra pagamento, a entrega do cheque, com o instrumento de protesto ou da declaração equivalente e a conta de juros e despesas quitada.

Parágrafo único. O endossante que pagou o cheque pode cancelar seu endosso e os dos endossantes posteriores.

Art. 55. Quando disposição legal ou caso de força maior impedir a apresentação do cheque, o protesto ou a declaração equivalente nos prazos estabelecidos, consideram-se estes prorrogados.

§ 1º O portador é obrigado a dar aviso imediato da ocorrência de força maior a seu endossante e a fazer menção do aviso dado mediante declaração datada e assinada por ele no cheque ou folha de alongamento. São aplicáveis, quanto ao mais, as disposições do art. 49 e seus parágrafos desta Lei.

§ 2º Cessado o impedimento, deve o portador, imediatamente, apresentar o cheque para pagamento e, se couber, promover o protesto ou a declaração equivalente.

§ 3º Se o impedimento durar por mais de 15 (quinze) dias, contados do dia em que o portador, mesmo antes de findo o prazo de apresentação, comunicou a ocorrência de força maior a seu endossante, poderá ser promovida a execução, sem necessidade da apresentação do protesto ou declaração equivalente.

§ 4º Não constituem casos de força maior os fatos puramente pessoais relativos ao portador ou à pessoa por ele incumbida da apresentação do cheque, do protesto ou da obtenção da declaração equivalente.

CAPÍTULO VIII – DA PLURALIDADE DE EXEMPLARES

Art. 56. Excetuado o cheque ao portador, qualquer cheque emitido em um país e pagável em outro pode ser feito em vários exemplares idênticos, que devem ser numerados no próprio texto do título, sob pena de cada exemplar ser considerado cheque distinto.

Art. 57. O pagamento feito contra a apresentação de um exemplar é liberatório, ainda que não estipulado que o pagamento torna sem efeito os outros exemplares.

Parágrafo único. O endossante que transferir os exemplares a diferentes pessoas e os endossantes posteriores respondem por todos os exemplares que assinarem e que não forem restituídos.

CAPÍTULO IX – DAS ALTERAÇÕES

Art. 58. No caso de alteração do texto do cheque, os signatários posteriores à alteração respondem nos termos do texto alterado e os signatários anteriores, nos do texto original.

Parágrafo único. Não sendo possível determinar se a firma foi aposta no título antes ou depois de sua alteração, presume-se que a tenha sido antes.

CAPÍTULO X – DA PRESCRIÇÃO

Art. 59. Prescrevem em 6 (seis) meses, contados da expiração do prazo de apresentação, a ação que o art. 47 desta Lei assegura ao portador.

› *Art. 9º da Lei de Protesto de Títulos e Documentos de Dívida (Lei 9.492/1997)*

Parágrafo único. A ação de regresso de um obrigado ao pagamento do cheque contra outro prescreve em 6 (seis) meses, contados do dia em que o obrigado pagou o cheque ou do dia em que foi demandado.

Art. 60. A interrupção da prescrição produz efeito somente contra o obrigado em relação ao qual foi promovido o ato interruptivo.

Art. 61. A ação de enriquecimento contra o emitente ou outros obrigados, que se locupletaram injustamente com o não-pagamento do cheque, prescreve em 2 (dois) anos, contados do dia em que se consumar a prescrição prevista no art. 59 e seu parágrafo desta Lei.

Art. 62. Salvo prova de novação, a emissão ou a transferência do cheque não exclui a ação fundada na relação causal, feita a prova do não-pagamento.

CAPÍTULO XI – DOS CONFLITOS DE LEIS EM MATÉRIA DE CHEQUES

Art. 63. Os conflitos de leis em matéria de cheques serão resolvidos de acordo com as normas constantes das Convenções aprovadas, promulgadas e mandadas aplicar no Brasil, na forma prevista pela Constituição Federal.

› *Vide Decreto 1.240/1994, que promulga a Convenção Interamericana sobre Conflitos de Leis em Matéria de Cheques*

CAPÍTULO XII – DAS DISPOSIÇÕES GERAIS

Art. 64. A apresentação do cheque, o protesto ou a declaração equivalente só podem ser feitos ou exigidos em dia útil, durante o expediente dos estabelecimentos de crédito, câmaras de compensação e cartórios de protestos.

Parágrafo único. O cômputo dos prazos estabelecidos nesta Lei obedece às disposições do direito comum.

Art. 65. Os efeitos penais da emissão do cheque sem suficiente provisão de fundos, da frustração do pagamento do cheque, da falsidade, da falsificação e da alteração do cheque continuam regidos pela legislação criminal.

Art. 66. Os vales ou cheques postais, os cheques de poupança ou assemelhados, e os cheques de viagem regem-se pelas disposições especiais a eles referentes.

Art. 67. A palavra "banco", para os fins desta Lei, designa também a instituição financeira contra a qual a lei admita a emissão de cheque.

Art. 68. Os bancos e casas bancárias poderão fazer prova aos seus depositantes dos cheques por estes sacados mediante apresentação de cópia fotográfica ou microfotográfica.

Art. 69. Fica ressalvada a competência do Conselho Monetário Nacional, nos termos e nos limites da legislação especifica, para expedir normas relativas à matéria bancária relacionada com o cheque.

Parágrafo único. É da competência do Conselho Monetário Nacional:

a) a determinação das normas a que devem obedecer as contas de depósito para que possam ser fornecidos os talões de cheques aos depositantes;

b) a determinação das consequências do uso indevido do cheque, relativamente à conta do depositante;

c) a disciplina das relações entre o sacado e o opoente, na hipótese do art. 36 desta Lei.

Art. 70. Esta Lei entra em vigor na data de sua publicação.

Art. 71. Revogam-se as disposições em contrário.

Brasília, em 02 de setembro de 1985; 164º da Independência e 97º da República.
JOSÉ SARNEY (DOU de 3.9.1986)

LEI Nº 9.430, DE 27 DE DEZEMBRO DE 1996 *

Dispõe sobre a legislação tributária federal, as contribuições para a seguridade social, o processo administrativo de consulta e dá outras providências.

O PRESIDENTE DA REPÚBLICA

Faço saber que o Congresso Nacional decreta e eu sanciono a seguinte Lei:

CAPÍTULO I – IMPOSTO DE RENDA – PESSOA JURÍDICA

(...)

SEÇÃO III – PERDAS NO RECEBIMENTO DE CRÉDITOS

Dedução

Art. 9º As perdas no recebimento de créditos decorrentes das atividades da pessoa jurídica poderão ser deduzidas como despesas, para determinação do lucro real, observado o disposto neste artigo.

§ 1º Poderão ser registrados como perda os créditos:

I - em relação aos quais tenha havido a declaração de insolvência do devedor, em sentença emanada do Poder Judiciário;

II - sem garantia, de valor:

a) até R$ 5.000,00 (cinco mil reais), por operação, vencidos há mais de seis meses, independentemente de iniciados os procedimentos judiciais para o seu recebimento;

b) acima de R$ 5.000,00 (cinco mil reais) até R$ 30.000,00 (trinta mil reais), por operação, vencidos há mais de um ano, independentemente de iniciados os procedimentos judiciais para o seu recebimento, porém, mantida a cobrança administrativa;

c) superior a R$ 30.000,00 (trinta mil reais), vencidos há mais de um ano, desde que iniciados e mantidos os procedimentos judiciais para o seu recebimento;

III - com garantia, vencidos há mais de dois anos, desde que iniciados e mantidos os procedimentos judiciais para o seu recebimento ou o arresto das garantias;

IV - contra devedor declarado falido ou pessoa jurídica em concordata ou recuperação judicial, relativamente à parcela que exceder o valor que esta tenha se comprometido a pagar, observado o disposto no § 5º. *(Redação dada pela Lei nº 13.097, de 2015)*

§ 2º No caso de contrato de crédito em que o não pagamento de uma ou mais parcelas implique o vencimento automático de todas as demais parcelas vincendas, os limites a que se referem as alíneas *a* e *b* do inciso II do § 1º e as alíneas *a* e *b* do inciso II do § 7º serão considerados em relação ao total dos créditos, por operação, com o mesmo devedor. *(Redação dada pela Lei nº 13.097, de 2015)*

§ 3º Para os fins desta Lei, considera-se crédito garantido o proveniente de vendas com reserva de domínio, de alienação fiduciária em garantia ou de operações com outras garantias reais.

§ 4º No caso de crédito com pessoa jurídica em processo falimentar, em concordata ou em recuperação judicial, a dedução da perda será admitida a partir da data da decretação da falência ou do deferimento do processamento da concordata ou recuperação judicial, desde que a credora tenha adotado os procedimentos judiciais necessários para o recebimento do crédito. *(Redação dada pela Lei nº 13.097, de 2015)*

§ 5º A parcela do crédito cujo compromisso de pagar não houver sido honrado pela pessoa jurídica em concordata ou recuperação judicial poderá, também, ser deduzida como perda, observadas as condições previstas neste artigo. *(Redação dada pela Lei nº 13.097, de 2015)*

§ 6º Não será admitida a dedução de perda no recebimento de créditos com pessoa jurídica que seja controladora, controlada, coligada ou interligada, bem como com pessoa física que seja acionista controlador, sócio, titular ou administrador da pessoa jurídica credora, ou parente até o terceiro grau dessas pessoas físicas.

§ 7º Para os contratos inadimplidos a partir da data de publicação da Medida Provisória nº 656, de 7 de outubro de 2014, poderão ser registrados como perda os créditos:

I - em relação aos quais tenha havido a declaração de insolvência do devedor, em sentença emanada do Poder Judiciário;

II - sem garantia, de valor:

a) até R$ 15.000,00 (quinze mil reais), por operação, vencidos há mais de seis meses, independentemente de iniciados os procedimentos judiciais para o seu recebimento;

b) acima de R$ 15.000,00 (quinze mil reais) até R$ 100.000,00 (cem mil reais), por operação, vencidos há mais de um ano, independentemente de iniciados os procedimentos judiciais para o seu recebimento, mantida a cobrança administrativa; e

c) superior a R$ 100.000,00 (cem mil reais), vencidos há mais de um ano, desde que iniciados e mantidos os procedimentos judiciais para o seu recebimento;

III - com garantia, vencidos há mais de dois anos, de valor:

a) até R$ 50.000,00 (cinquenta mil reais), independentemente de iniciados os procedimentos judiciais para o seu recebimento ou o arresto das garantias; e

b) superior a R$ 50.000,00 (cinquenta mil reais), desde que iniciados e mantidos os procedimentos judiciais para o seu recebimento ou o arresto das garantias; e

IV - contra devedor declarado falido ou pessoa jurídica em concordata ou recuperação judicial, relativamente à parcela que exceder o valor que esta tenha se comprometido a pagar, observado o disposto no § 5º. *(Parágrafo acrescido pela Medida Provisória nº 656, de 7/10/2014 e convertida na Lei nº 13.097, de 19/1/2015)*

Art. 9º-A. Na hipótese de inadimplência do débito, as exigências de judicialização de que tratam a alínea *c* do inciso II e a alínea *b* do inciso III do § 7º do art. 9º e o art. 11 desta Lei poderão ser substituídas pelo instrumento de que trata a Lei nº 9.492, de 10 de setembro de 1997, e os credores deverão arcar, nesse caso, com o pagamento antecipado de taxas, de emolumentos, de acréscimos legais e de demais despesas por ocasião da protocolização e dos demais atos. *(Artigo acrescido pela Lei nº 14.043, de 19/8/2020)*

- *Vide art. 37, Lei n. 9.492/1997 (Protesto de Títulos e Documentos de Dívida)*
- *Vide Provimento CNJ n. 86/2019 (Postergação dos Emolumentos), incorporados aos* ***arts. 369 a 374, Provimento CNJ n. 149/2023 (CNN)***

Registro Contábil das Perdas

Art. 10. Os registros contábeis das perdas admitidas nesta Lei serão efetuados a débito de conta de resultado e a crédito:

I - da conta que registra o crédito de que trata a alínea "a" do inciso II do § 1º do art. 9º e a alínea "a" do inciso II do § 7º do art. 9º; *(Inciso com redação dada pela Medida Provisória nº 656, de 7/10/2014 e convertida na Lei nº 13.097, de 19/1/2015)*

II - de conta redutora do crédito, nas demais hipóteses.

§ 1º Ocorrendo a desistência da cobrança pela via judicial, antes de decorridos cinco anos do vencimento do crédito, a perda eventualmente registrada deverá ser estornada ou adicionada ao lucro líquido, para determinação do lucro real correspondente ao período de apuração em que se der a desistência.

§ 2º Na hipótese do parágrafo anterior, o imposto será considerado como postergado desde o período de apuração em que tenha sido reconhecida a perda.

§ 3º Se a solução da cobrança se der em virtude de acordo homologado por sentença judicial, o valor da perda a ser estornado ou adicionado ao lucro líquido para determinação do lucro real será igual à soma da quantia recebida com o saldo a receber renegociado, não sendo aplicável o disposto no parágrafo anterior.

§ 4º Os valores registrados na conta redutora do crédito referida no inciso II do *caput* poderão ser baixados definitivamente em contrapartida à conta que registre o crédito, a partir do período de apuração em que se completar cinco anos do vencimento do crédito sem que o mesmo tenha sido liquidado pelo devedor.

ENCARGOS FINANCEIROS DE CRÉDITOS VENCIDOS

Art. 11. Após dois meses do vencimento do crédito, sem que tenha havido o seu recebimento, a pessoa jurídica credora poderá excluir do lucro líquido, para determinação do lucro real, o valor dos encargos financeiros incidentes sobre o crédito, contabilizado como receita auferido a partir do prazo definido neste artigo.

§ 1º Ressalvadas as hipóteses das alíneas "a" e "b" do inciso II do § 1º do art. 9º, das alíneas "a" e "b" do inciso II do § 7º do art. 9º e da alínea "a" do inciso III do § 7º do art. 9º, o disposto neste artigo somente se aplica quando a pessoa jurídica houver tomado as providências de caráter judicial necessárias ao recebimento do crédito. *(Parágrafo com redação dada pela Medida Provisória nº 656, de 7/10/2014 e convertida na Lei nº 13.097, de 19/1/2015)*

§ 2º Os valores excluídos deverão ser adicionados no período de apuração em que, para os fins legais, se tornarem disponíveis para a pessoa jurídica credora ou em que reconhecida a respectiva perda.

§ 3º A partir da citação inicial para o pagamento do débito, a pessoa jurídica devedora deverá adicionar ao lucro líquido, para determinação do lucro real, os encargos incidentes sobre o débito vencido e não pago que tenham sido deduzidos como despesa ou custo, incorridos a partir daquela data.

§ 4º Os valores adicionados a que se refere o parágrafo anterior poderão ser excluídos do lucro líquido, para determinação do lucro real, no período de apuração em que ocorra a quitação do débito por qualquer forma.

Brasília, 27 de dezembro de 1996; 175º da Independência e 108º da República.

FERNANDO HENRIQUE CARDOSO

Pedro Malan

LEI Nº 9.492, DE 10 DE SETEMBRO DE 1997

Define competência, regulamenta os serviços concernentes ao protesto de títulos e outros documentos de dívida e dá outras providências.

- *Art. 883-A, Decreto-lei nº 5.452, de 1943 (Consolidação das Leis do Trabalho).*
- *Art. 73, LC 123/2006 (Estatuto Nacional da Microempresa e da Empresa de Pequeno Porte)*
- *Arts. 515, 517, 528 e 784, Código de Processo Civil de 2015*
- *Lei n. 13.775/2018 (Duplicata Escritural)*
- *Art. 11, Lei n. 14.206/2021 (Documento Eletrônico de Transporte (DT-e))*
- *Arts. 159 e 160 (Lavagem de Dinheiro), Prov. CNJ n. 149/2023 (CNN)*
- *Arts. 257 a 263 (CENPROT), Prov. CNJ n. 149/2023 (CNN). Corresponde ao revogado Prov. CNJ 87/2019*
- *Arts. 369 a 374 (Postergação dos Emolumentos), Prov. CNJ n. 149/2023 (CNN). Corresponde ao revogado Prov. CNJ 86/2019*
- *Arts. 389 a 396 (Cheque), Prov. CNJ n. 149/2023 (CNN). Corresponde ao revogado Prov. CNJ 30/2013*
- *Arts. 375 a 388 (Medidas de incentivo à quitação ou à renegociação de dívidas), Prov. CNJ n. 149/2023 (CNN). Corresponde ao revogado Prov. CNJ 72/2018*
- *Arts. 354 a 367 (Disposições Gerais sobre o Protesto), Prov. CNJ n. 149/2023 (CNN). Corresponde ao revogado Prov. CNJ 87/2019*
- *Art. 3º , Resolução CNJ n. 558/2024*
- *Recomendação CNMP n. 99/2023 (Cobrança da Pena de Multa)*

O PRESIDENTE DA REPÚBLICA

Faço saber que o Congresso Nacional decreta e eu sanciono a seguinte Lei:

CAPÍTULO I – DA COMPETÊNCIA E DAS ATRIBUIÇÕES

Art. 1º Protesto é o ato formal e solene pelo qual se prova a inadimplência e o descumprimento de obrigação originada em títulos e outros documentos de dívida.

- *Decreto 2.044/1908 (Define a letra de câmbio e a nota promissória)*
- *Art. 75, Lei 4.728/1965 (Lei do Mercado de Capitais)*
- *Lei 5.474/1968 (Lei das Duplicatas Cartulares)*
- *Decreto 57.663/1966 (Promulga as Convenções para adoção de uma lei uniforme em matéria de letras de câmbio e notas promissórias)*
- *Vide art. 174, II, CTN*
- *Arts. 41; 42; 46, Decreto-lei 167/1967 (Títulos de Crédito Rural)*
- *Arts. 10 e seguintes, Decreto-lei 413/1969 (Títulos de Crédito Industrial)*
- *Art. 9º-A, Lei 9.430/1996 (Legislação Tributária Federal)*
- *Lei 6.830/1980 (Cobrança da Dívida Ativa da Fazenda Pública)*
- *Lei 10.931/2004 (Patrimônio de Afetação de Incorporações Imobiliárias, Letra de Crédito Imobiliário, Cédula de Crédito Imobiliário, Cédula de Crédito Bancário)*
- *Arts 1º e 26, Lei 11.076/2004 (Certificado de Depósito Agropecuário – CDA, o Warrant Agropecuário – WA, o Certificado de Direitos Creditórios do Agronegócio – CDCA, a Letra de Crédito do Agronegócio – LCA e o Certificado de Recebíveis do Agronegócio – CRA)*
- *Arts. 94 § 2º, Lei 11.101/2005 (Lei das Falências)*
- *Art. 2º, § 1º, Lei n. 11.882/2008 (Letra de Arrendamento Mercantil – LAM)*
- *Arts. 515, 528, 700, § 2º, Lei 13.105/2015 (CPC)*
- *Arts. 17 e 30, n. 13.986/2020 (Patrimônio rural em afetação e Cédula Imobiliária Rural (CIR)) Arts. 515, 517, 528 e 784, Código de Processo Civil de 2015*
- *Art. 2º, § 2º, Prov. CNJ n. 127/2022 (SIPE)*
- *Enunciados 60, I Jornada de Direito Notarial e Registral*
- *Enunciado 138, II Jornada de Prevenção e Solução Extrajudicial de Litígios*

Parágrafo único. Incluem-se entre os títulos sujeitos a protesto as certidões de dívida ativa da União, dos Estados, do Distrito Federal, dos Municípios e das respectivas autarquias e fundações públicas.

- *Parágrafo único incluído pela Lei nº 12.767, de 2012*
- *Declarado constitucional pela ADI 5.135/STF*
- *Vide art. 2º, Lei n. 6.830/1980 (Dívida Ativa)*
- *Vide art. 3º da Resolução CNJ n. 547/2024*
- *Vide art. 375, § 2º, Prov. CNJ n. 149/2023*

Art. 2º Os serviços concernentes ao protesto, garantidores da autenticidade, publicidade, segurança e eficácia dos atos jurídicos, ficam sujeitos ao regime estabelecido nesta Lei.

- *Art. 1º da Lei dos Notários e Registradores (Lei 8.935/1994)*
- *Art. 1º e art. 16 da Lei de Registros Públicos (Lei 6.015/1973)*

Art. 3º Compete privativamente ao Tabelião de Protesto de Títulos, na tutela dos interesses públicos e privados, a protocolização, a intimação, o acolhimento da devolução ou do aceite, o recebimento do pagamento, do título e de outros documentos de dívida, bem como lavrar e registrar o protesto ou acatar a desistência do credor em relação ao mesmo, proceder às averbações, prestar informações e fornecer certidões relativas a todos os atos praticados, na forma desta Lei.

- *Art. 5º, III e 11 da Lei dos Notários e Registradores (Lei 8.935/1994)*
- *Arts. 257 a 263 e 354 a 367 e 378, Prov. CNJ n. 149/2023 (CNN). Corresponde ao revogado Prov. CNJ 87/2019 (Normas gerais de procedimentos para o protesto extrajudicial de títulos e outros documentos de dívida, regulamenta a implantação da Central Nacional de Serviços Eletrônicos dos Tabeliães de Protesto de Títulos – CENPROT)*

CAPÍTULO II – DA ORDEM DOS SERVIÇOS

- *Vide arts. 8º a 15 da Lei 6.015/1973 (Registros Públicos)*

Art. 4º O atendimento ao público será, no mínimo, de seis horas diárias.

- *Art. 4º, § 2º da Lei dos Notários e Registradores (Lei 8.935/1994)*

Art. 5º Todos os documentos apresentados ou distribuídos no horário regulamentar serão protocolizados dentro de vinte e quatro horas, obedecendo à ordem cronológica de entrega.

Parágrafo único. Ao apresentante será entregue recibo com as características essenciais do título ou documento de dívida, sendo de sua responsabilidade os dados fornecidos.

- *Vide art. 355, § 1º, Prov. CNJ n. 149/2023 (CNN)*
- *Vide Enunciado 66, I Jornada de Direito Notarial e Registral*

Art. 6º Tratando-se de cheque, poderá o protesto ser lavrado no lugar do pagamento ou do domicílio do emitente, devendo do referido cheque constar a prova de apresentação ao Banco sacado, salvo se o protesto tenha por fim instruir medidas pleiteadas contra o estabelecimento de crédito.

- *Art. 48 da Lei do Cheque (Lei 7.357/1985)*
- *Art. 12, § 3º da Lei 13.775/2018 (Duplicata Escritural)*
- *Art. 356, 356-A e 356-B (Local do Protesto), Prov. CNJ n. 149/2023 (CNN).*
- *Arts. 389 a 396 (Cheque), Prov. CNJ n. 149/2023 (CNN). Corresponde ao revogado Prov. CNJ n. 30/2013 (Disciplina a recepção e protesto de cheques, nas hipóteses que relaciona, visando coibir fraudes que possam acarretar prejuízos aos devedores ou a terceiros)*
- *Vide Enunciados 59 e 67, I Jornada de Direito Notarial e Registral*
- *Súmula 361, STJ*

CAPÍTULO III – DA DISTRIBUIÇÃO

- *Vide art. 53 da Lei 8.935/1994 (Notários e Registradores)*

Art. 7º Os títulos e documentos de dívida destinados a protesto somente estarão sujeitos a prévia distribuição obrigatória nas localidades onde houver mais de um Tabelionato de Protesto de Títulos.

- *Art. 367, Prov. CNJ n. 149/2023 (CNN)*

Parágrafo único. Onde houver mais de um Tabelionato de Protesto de Títulos, a distribuição será feita por um Serviço instalado e mantido pelos próprios Tabelionatos, salvo se já existir Ofício Distribuidor organizado antes da promulgação desta Lei.

Art. 8º Os títulos e documentos de dívida serão recepcionados, distribuídos e entregues na mesma data aos Tabelionatos de Protesto, obedecidos os critérios de quantidade e qualidade.

- *Arts. 257 a 263, Prov. CNJ n. 149/2023*

§ 1º Poderão ser recepcionadas as indicações a protestos das Duplicatas Mercantis e de Prestação de Serviços, por meio magnético ou de gravação eletrônica de dados, sendo de inteira responsabilidade do apresentante os dados fornecidos, ficando a cargo dos Tabelionatos a mera instrumentalização das mesmas.

- *Parágrafo único transformado em § 1º pela Lei n. 13.775, de 20/12/2018*
- *Vide Lei n. 13.775/2018 (Duplicata Escritural)*
- *Vide Enunciado 65, I Jornada de Direito Notarial e Registral*

§ 2º Os títulos e documentos de dívida mantidos sob a forma escritural nos sistemas eletrônicos de escrituração ou nos depósitos centralizados de que trata a Lei nº 12.810, de 15 de maio de 2013, poderão ser recepcionados para protesto por extrato, desde que atestado por seu emitente, sob as penas da lei, que as informações conferem com o que consta na origem.

Incluído pela Lei n. 13.775, de 20/12/2018

CAPÍTULO IV – DA APRESENTAÇÃO E PROTOCOLIZAÇÃO

- *Vide art. 11, I, Lei 8.935/1994 (Notários e Registradores)*
- *Vide arts. 355, 356, 356-A e 356-B, Prov. CNJ. N. 149/2023 (CNN)*
- *Vide Enunciados 55, 56, 60 I Jornada de Direito Notarial e Registral*

Art. 9º Todos os títulos e documentos de dívida protocolizados serão examinados em seus caracteres formais e terão curso se não apresentarem vícios, não cabendo ao Tabelião de Protesto investigar a ocorrência de prescrição ou caducidade.

- *Arts. 189 a 211 do Código Civil*
- *Art. 355, § 1º, Prov. CNJ n. 149/2023 (CNN)*
- *Art. 356, § 1º, Prov. CNJ n. 149/2023 (CNN)*
- *Art. 371, Prov. CNJ n. 149/2023 (CNN)*
- *Súmula 387 do Supremo Tribunal Federal*

Parágrafo único. Qualquer irregularidade formal observada pelo Tabelião obstará o registro do protesto.

Art. 10. Poderão ser protestados títulos e outros documentos de dívida em moeda estrangeira, emitidos fora do Brasil, desde que acompanhados de tradução efetuada por tradutor público juramentado.

§ 1º Constarão obrigatoriamente do registro do protesto a descrição do documento e sua tradução.

§ 2º Em caso de pagamento, este será efetuado em moeda corrente nacional, cumprindo ao apresentante a conversão na data de apresentação do documento para protesto.

§ 3º Tratando-se de títulos ou documentos de dívidas emitidos no Brasil, em moeda estrangeira, cuidará o Tabelião de observar as disposições do Decreto-lei nº 857, de 11 de setembro de 1969, e legislação complementar ou superveniente.

- *O Decreto-lei n. 857 foi revogado pela Lei n. 14.286, de 29 de dezembro de 2021.*
- *Vide arts. 13 e 28, XIV, Lei 14.286/2021 (Mercado de Câmbio)*

Art. 11. Tratando-se de títulos ou documentos de dívida sujeitos a qualquer tipo de correção, o pagamento será feito pela conversão vigorante no dia da apresentação, no valor indicado pelo apresentante.

- *Vide Enunciado 65, I Jornada de Direito Notarial e Registral*

Art. 11-A. Fica permitida ao tabelião de protesto e ao responsável interino pelo tabelionato territorialmente competente, por meio da central nacional de serviços eletrônicos compartilhados dos tabeliães de protesto prevista no art. 41-A desta Lei, a recepção do título ou documento de dívida com a recomendação do apresentante ou credor, caso este assim opte e requeira expressamente, de proposta de solução negocial prévia ao protesto, observado o seguinte:

- *Artigo Incluído pela Lei nº 14.711, de 2023*
- *Arts. 375 a 388 , Prov. CNJ n. 149/2023 (CNN). Solução Negocial Prévia ao Protesto e Renegociação de Dívidas Protestadas*

I - o prazo de resposta do devedor para a proposta de solução negocial será de até 30 (trinta) dias, segundo o que vier a ser fixado pelo apresentante, facultada a estipulação do valor ou percentual de desconto da dívida, bem como das demais condições de pagamento, se for o caso;

II - o tabelião de protesto ou o responsável interino pelo tabelionato expedirá comunicação com o teor da proposta ao devedor por carta simples, por correio eletrônico, por aplicativo de mensagem instantânea ou por qualquer outro meio idôneo;

III - a remessa será convertida em indicação para protesto pelo valor original da dívida na hipótese de negociação frustrada e se não houver a desistência do apresentante ou credor.

§ 1º A data de apresentação da proposta de solução negocial de que trata o *caput* deste artigo é considerada para todos os fins e efeitos de direito, inclusive para direito de regresso, interrupção da prescrição, execução, falência e cobrança de emolumentos, desde que frustrada a negociação prévia e esta seja convertida em protesto.

§ 2º Em caso de concessão de desconto ao devedor, o cálculo dos emolumentos do tabelião, dos acréscimos legais e das verbas destinadas aos entes públicos e entidades a título de custas e contribuições e ao custeio dos atos gratuitos do registro civil das pessoas naturais deverá ser feito com base no valor efetivamente pago.

§ 3º Quando forem exitosas as medidas de incentivo à solução negocial prévia, será exigido do devedor ou interessado no pagamento, no momento de quitação da dívida, o pagamento dos emolumentos, dos acréscimos legais e das demais despesas, com base na tabela do protesto vigente na data de apresentação do título ou documento de dívida, bem como do preço devido à central nacional de serviços eletrônicos compartilhados pelos serviços prestados.

§ 4º Para aquelas medidas de incentivo à solução negocial prévia apresentadas entre 31 (trinta e um) e 120 (cento e vinte) dias, contados do vencimento do título ou documento de dívida, será exigido do apresentante ou credor o pagamento antecipado do preço devido à central nacional de serviços eletrônicos compartilhados pelos serviços prestados.

§ 5º Para aquelas medidas de incentivo à solução negocial prévia apresentadas após 120 (cento e vinte) dias, contados do vencimento do título ou documento de dívida, será exigido do apresentante ou credor o depósito prévio dos emolumentos, dos acréscimos legais e das demais despesas, observado o disposto no § 3º deste artigo.

§ 6º A proposta de solução negocial prévia não exitosa e a sua conversão em protesto serão consideradas ato único, para fins de cobrança de emolumentos, observado o disposto no § 3º e no inciso III do *caput* deste artigo.

CAPÍTULO V – DO PRAZO

Art. 12. O protesto será registrado dentro de três dias úteis contados da protocolização do título ou documento de dívida.

- *Vide art. 376, Prov. CNJ n. 149/2023*

§ 1º Na contagem do prazo a que se refere o *caput* exclui-se o dia da protocolização e inclui-se o do vencimento.

§ 2º Considera-se não útil o dia em que não houver expediente bancário para o público ou aquele em que este não obedecer ao horário normal.

Art. 13. Quando a intimação for efetivada excepcionalmente no último dia do prazo ou além dele, por motivo de força maior, o protesto será tirado no primeiro dia útil subsequente.

CAPÍTULO VI – DA INTIMAÇÃO

- *Vide art. 11, II, Lei 8.935/1994 (Notários e Registradores)*
- *Vide arts. 355 e 356, 356-A, 356-B e 368, Prov. CNJ n. 149/2023*
- *Vide Enunciado 54, I Jornada de Direito Notarial e Registral*

Art. 14. Protocolizado o título ou documento de dívida, o Tabelião de Protesto expedirá a intimação ao devedor, no endereço fornecido pelo apresentante do título ou documento, considerando-se cumprida quando comprovada a sua entrega no mesmo endereço.

- *Vide art. 377, V, Prov. CNJ n. 149/2023*

§ 1º A remessa da intimação poderá ser feita por portador do próprio tabelião, ou por qualquer outro meio, desde que o recebimento fique assegurado e comprovado através de protocolo, aviso de recepção (AR) ou documento equivalente.

§ 2º A intimação deverá conter nome e endereço do devedor, elementos de identificação do título ou documento de dívida, e prazo limite para cumprimento da obrigação no Tabelionato, bem como número do protocolo e valor a ser pago.

§ 3º O tabelião de protesto poderá utilizar meio eletrônico ou aplicativo multiplataforma de mensagens instantâneas e chamadas de voz para enviar as intimações, caso em que a intimação será considerada cumprida quando comprovado o seu recebimento por meio de confirmação de recebimento da plataforma eletrônica ou outro meio eletrônico equivalente.

- *Incluído pela Lei nº 14.711, de 2023*

§ 4º Após 3 (três) dias úteis, contados da remessa da intimação na forma do § 3º, sem que haja a comprovação de recebimento, deverá ser providenciada a intimação nos termos dos §§ 1º e 2º deste artigo.

- *Incluído pela Lei nº 14.711, de 2023*
- *Vide art. 368, Prov. CNJ n. 149/2023 (CNN)*

§ 5º Na hipótese de o aviso de recepção ou documento equivalente não retornar ao tabelionato dentro do prazo de 7 (sete) dias úteis, deverá ser providenciada a intimação por edital, observado o prazo para a lavratura do protesto consignado no art. 13 desta Lei.

- *Incluído pela Lei nº 14.711, de 2023*

§ 6º Considera-se dia útil para o fim da contagem dos prazos deste artigo aquele em que houver expediente bancário para o público na localidade, conforme definido pelo Conselho Monetário Nacional.

- *Incluído pela Lei nº 14.711, de 2023*

Art. 15. A intimação será feita por edital se a pessoa indicada para aceitar ou pagar for desconhecida, sua localização incerta ou ignorada, for residente ou domiciliada fora da competência territorial do Tabelionato, ou, ainda, ninguém se dispuser a receber a intimação no endereço fornecido pelo apresentante.

§ 1º O edital será afixado no Tabelionato de Protesto e publicado no sítio eletrônico da central nacional de serviços eletrônicos compartilhados dos tabeliães de protesto prevista no art. 41-A desta Lei, sem prejuízo de outras publicações em jornais eletrônicos.

Redação dada pela Lei nº 14.711, de 2023

§ 2º Aquele que fornecer endereço incorreto, agindo de má-fé, responderá por perdas e danos, sem prejuízo de outras sanções civis, administrativas ou penais.

CAPÍTULO VII – DA DESISTÊNCIA E SUSTAÇÃO DO PROTESTO

- *Vide art. 11, V, Lei 8.935/1994 (Notários e Registradores)*

Art. 16. Antes da lavratura do protesto, poderá o apresentante retirar o título ou documento de dívida, pagos os emolumentos e demais despesas.

- *Art. 236, § 2º, Constituição Federal*
- *Lei 10.169, de 29-12-2000, regula o § 2º do artigo 236 da Constituição Federal, mediante o estabelecimento de normas gerais para a fixação de emolumentos relativos aos atos praticados pelos serviços notariais e de registro*
- *Art. 357, Prov. CNJ n. 149/2023 (CNN)*

Art. 17. Permanecerão no Tabelionato, à disposição do Juízo respectivo, os títulos ou documentos de dívida cujo protesto for judicialmente sustado.

- *Art. 35, § 1º, III*
- *Art. 378, parágrafo único, Prov. CNJ. N. 149/2023 (CNN)*
- *Arts. 297, 299, 300, 302, 305 a 310 do Código de Processo Civil de 2015*

§ 1º O título do documento de dívida cujo protesto tiver sido sustado judicialmente só poderá ser pago, protestado ou retirado com autorização judicial.

§ 2º Revogada a ordem de sustação, não há necessidade de se proceder a nova intimação do devedor, sendo a lavratura e o registro do protesto efetivados até o primeiro dia útil subsequente ao do recebimento da revogação, salvo se a materialização do ato depender de consulta a ser formulada ao apresentante, caso em que o mesmo prazo será contado da data da resposta dada.

§ 3º Tornada definitiva a ordem de sustação, o título ou o documento de dívida será encaminhado ao Juízo respectivo, quando não constar determinação expressa a qual das partes o mesmo deverá ser entregue, ou se decorridos trinta dias sem que a parte autorizada tenha comparecido no Tabelionato para retirá-lo.

Art. 18. As dúvidas do Tabelião de Protestos serão resolvidas pelo Juízo competente.

- *Arts. 198 e seguintes e 296, Lei n. 6.015/1973 (Registros Públicos)*
- *Arts. 11 e 30, XIII, Lei n. 8.935/1994 (Lei dos Notários e Registradores)*
- *Art. 355, Prov. CNJ n. 149/2023 (CNN)*
- *Vide Enunciado 72 da I Jornada de Direito Notarial e Registral*

CAPÍTULO VIII – DO PAGAMENTO

Art. 19. O pagamento do título ou do documento de dívida apresentado para protesto será feito diretamente no Tabelionato competente, no valor igual ao declarado pelo apresentante, acrescido dos emolumentos e demais despesas.

- *Art. 236 § 2º da Constituição Federal*
- *Lei 10.169, de 29-12-2000, regula o § 2º do artigo 236 da Constituição Federal, mediante o estabelecimento de normas gerais para a fixação de emolumentos relativos aos atos praticados pelos serviços notariais e de registro*
- *Arts. 381e 382, Prov. CNJ n. 149/2023 (CNN)*

§ 1º Não poderá ser recusado pagamento oferecido dentro do prazo legal, desde que feito no Tabelionato de Protesto competente e no horário de funcionamento dos serviços.

§ 2º No ato do pagamento, o Tabelionato de Protesto dará a respectiva quitação, e o valor devido será colocado à disposição do apresentante no primeiro dia útil subsequente ao do recebimento.

§ 3º Quando for adotado sistema de recebimento do pagamento por meio de cheque, ainda que de emissão de estabelecimento bancário, a quitação dada pelo Tabelionato fica condicionada à efetiva liquidação.

§ 4º Quando do pagamento no Tabelionato ainda subsistirem parcelas vincendas, será dada quitação da parcela paga em apartado, devolvendo-se o original ao apresentante.

CAPÍTULO IX – DO REGISTRO DO PROTESTO

- *Vide art. 11, IV, da Lei 8.935/1994 (Notários e Registradores)*

Art. 20. Esgotado o prazo previsto no art. 12, sem que tenham ocorrido as hipóteses dos Capítulos VII e VIII, o Tabelião lavrará e registrará o protesto, sendo o respectivo instrumento entregue ao apresentante.

- *Art. 385, Prov. CNJ n. 149/2023*

Art. 21. O protesto será tirado por falta de pagamento, de aceite ou de devolução.

- *Arts. 9º a 13; 28 a 33 e 44, III, Decreto 2.044/1908 (Define a letra de câmbio e a nota promissória e regula as operações cambiais)*
- *Arts. 6º ao 8º, 13 e 14, Lei 5.474/1968 (Lei das Duplicatas Cartulares)*

§ 1º O protesto por falta de aceite somente poderá ser efetuado antes do vencimento da obrigação e após o decurso do prazo legal para o aceite ou a devolução.

§ 2º Após o vencimento, o protesto sempre será efetuado por falta de pagamento, vedada a recusa da lavratura e registro do protesto por motivo não previsto na lei cambial.

§ 3º Quando o sacado retiver a letra de câmbio ou a duplicata enviada para aceite e não proceder à devolução dentro do prazo legal, o protesto poderá ser baseado na segunda via da letra de câmbio ou nas indicações da duplicata, que se limitarão a conter os mesmos requisitos lançados pelo sacador ao tempo da emissão da duplicata, vedada a exigência de qualquer formalidade não prevista na Lei que regula a emissão e circulação das duplicatas.

§ 4º Os devedores, assim compreendidos os emitentes de notas promissórias e cheques, os sacados nas letras de câmbio e duplicatas, bem como os indicados pelo apresentante ou credor como responsáveis pelo cumprimento da obrigação, não poderão deixar de figurar no termo de lavratura e registro de protesto.

- *Vide Enunciados 61 e 63, I Jornada de Direito Notarial e Registral*

§ 5º Não se poderá tirar protesto por falta de pagamento de letra de câmbio contra o sacado não aceitante.

- *§ 5º incluído pela Lei 12.767, de 2012*
- *Vide Decreto 2.044/1908 (Define a letra de câmbio e a nota promissória e regula as operações cambiais)*
- *Vide Decreto 57.663/1966 (Letra de Câmbio e Nota Promissória)*

Art. 22. O registro do protesto e seu instrumento deverão conter:

- *Vide Enunciado 64, I Jornada de Direito Notarial e Registral*

I – data e número de protocolização;

- *Art. 3º*

II – nome do apresentante e endereço;

III – reprodução ou transcrição do documento ou das indicações feitas pelo apresentante e declarações nele inseridas;

IV – certidão das intimações feitas e das respostas eventualmente oferecidas;

- *Arts. 14 e 15*

V – indicação dos intervenientes voluntários e das firmas por eles honradas;

VI – a aquiescência do portador ao aceite por honra;

› *Art. 29, VI, Decreto 2.044/1908 (Define a letra de câmbio e a nota promissória e regula as operações cambiais)*

VII – nome, número do documento de identificação do devedor e endereço;

VIII – data e assinatura do Tabelião de Protesto, de seus substitutos ou de Escrevente autorizado.

Parágrafo único. Quando o Tabelião de Protesto conservar em seus arquivos gravação eletrônica da imagem, cópia reprográfica ou micrográfica do título ou documento de dívida, dispensa-se, no registro e no instrumento, a sua transcrição literal, bem como das demais declarações nele inseridas.

Art. 23. Os termos dos protestos lavrados, inclusive para fins especiais, por falta de pagamento, de aceite ou de devolução serão registrados em um único livro e conterão as anotações do tipo e do motivo do protesto, além dos requisitos previstos no artigo anterior.

Parágrafo único. Somente poderão ser protestados, para fins falimentares, os títulos ou documentos de dívida de responsabilidade das pessoas sujeitas às consequências da legislação falimentar.

› *Arts. 94, § 3º; 96, VI e art. 99, II, Lei 11.101/2005 (Lei das Falências)*

Art. 24. O deferimento do processamento de concordata não impede o protesto.

› *O instituto da concordata foi suprimido pela nova lei da falência, (Lei 11.101/2005), sendo substituído pela recuperação judicial (arts. 47 a 73) ou extrajudicial (161 a 167)*

› *Vide Enunciado 67, I Jornada de Direito Notarial e Registral*

CAPÍTULO X – DAS AVERBAÇÕES E DO CANCELAMENTO

› *Vide art. 11, VI, Lei 8.935/1994 (Notários e Registradores)*

› *Arts. 358 e 359, Prov. CNJ n. 149/2023 (CNN)*

Art. 25. A averbação de retificação de erros materiais pelo serviço poderá ser efetuada de ofício ou a requerimento do interessado, sob responsabilidade do Tabelião de Protesto de Títulos.

› *Enunciado 64, I Jornada de Direito Notarial e Registral*

§ 1º Para a averbação da retificação será indispensável a apresentação do instrumento eventualmente expedido e de documentos que comprovem o erro.

§ 2º Não são devidos emolumentos pela averbação prevista neste artigo.

Art. 26. O cancelamento do registro do protesto será solicitado diretamente no Tabelionato de Protesto de Títulos, por qualquer interessado, mediante apresentação do documento protestado, cuja cópia ficará arquivada.

› *Arts. 359; 378; 381, IV, parágrafo único, Prov. CNJ n. 149/2023 (CNN)*

› *Enunciados 58 e 62, I Jornada de Direito Notarial e Registral*

§ 1º Na impossibilidade de apresentação do original do título ou documento de dívida protestado, será exigida a declaração de anuência, com identificação e firma reconhecida, daquele que figurou no registro de protesto como credor, originário ou por endosso translativo.

› *Súmulas 475 e 476 do Superior Tribunal de Justiça*

› *Enunciado 66, I Jornada de Direito Notarial e Registral*

§ 2º Na hipótese de protesto em que tenha figurado apresentante por endosso-mandato, será suficiente a declaração de anuência passada pelo credor endossante.

§ 3º O cancelamento do registro do protesto, se fundado em outro motivo que não no pagamento do título ou documento de dívida, será efetivado por determinação judicial, pagos os emolumentos devidos ao Tabelião.

› *Art. 236, § 2º da Constituição Federal*

› *Lei 10.169, de 29-12-2000, regula o § 2º do artigo 236 da Constituição Federal, mediante o estabelecimento de normas gerais para a fixação de emolumentos relativos aos atos praticados pelos serviços notariais e de registro*

§ 4º Quando a extinção da obrigação decorrer de processo judicial, o cancelamento do registro do protesto poderá ser solicitado com a apresentação da certidão expedida pelo Juízo processante, com menção do trânsito em julgado, que substituirá o título ou o documento de dívida protestado.

§ 5º O cancelamento do registro do protesto será feito pelo Tabelião titular, por seus Substitutos ou por Escrevente autorizado.

› *Art. 20, Lei 8.935/1994 (Notários e Registradores)*

§ 6º Quando o protesto lavrado for registrado sob forma de microfilme ou gravação eletrônica, o termo do cancelamento será lançado em documento apartado, que será arquivado juntamente com os documentos que instruíram o pedido, e anotado no índice respectivo.

Art. 26-A. Após a lavratura do protesto, faculta-se ao credor, ao devedor e ao tabelião ou ao responsável interino territorialmente competente pelo ato, por intermédio da central nacional de serviços eletrônicos compartilhados dos tabeliães de protesto prevista no art. 41-A desta Lei, a qualquer tempo, propor medidas de incentivo à renegociação de dívidas protestadas e ainda não canceladas, podendo também ser concedido abatimento de emolumentos e demais acréscimos legais.

› *Artigo Incluído pela Lei nº 14.711, de 2023*

› *Arts. 375 a 388 , Prov. CNJ n. 149/2023 (CNN). Solução Negocial Prévia ao Protesto e Renegociação de Dívidas Protestadas*

§ 1º Faculta-se ao credor, ainda, autorizar o tabelião ou o responsável interino pelo expediente a receber o valor da dívida já protestada, bem como indicar eventual critério de atualização desse valor, concessão de desconto ou parcelamento do débito, e ao devedor oferecer contrapropostas, por meio da central nacional de serviços eletrônicos compartilhados.

§ 2º Em caso de liquidação da dívida por meio do uso das medidas de que trata o *caput* deste artigo, o devedor ou interessado no pagamento deverá arcar com o pagamento dos emolumentos devidos pelo registro do protesto e seu cancelamento, dos acréscimos legais e das demais despesas, com base na tabela do protesto vigente no momento da quitação do débito, bem como do preço devido à central nacional de serviços eletrônicos compartilhados dos tabeliães de protesto pelos serviços prestados.

§ 3º A prática de todos os atos necessários às medidas de incentivo à renegociação de dívidas protestadas é exclusiva e inerente à delegação dos tabeliães de protesto, diretamente ou por intermédio de sua central nacional de serviços eletrônicos compartilhados, vedada qualquer exigência que não esteja prevista nesta Lei.

§ 4º Nos casos em que o credor, o devedor ou interessado no pagamento optarem por propor medidas de incentivo à renegociação de dívidas protestadas e ainda não canceladas por intermédio dos tabeliães de protesto e da central nacional de serviços eletrônicos compartilhados prevista no art. 41-A desta Lei, o pagamento de que trata o § 2º deste artigo apenas será devido caso seja exitosa a renegociação, no momento da liquidação da dívida.

CAPÍTULO XI – DAS CERTIDÕES E INFORMAÇÕES DO PROTESTO

› *Art. 11, VII, Lei 8.935/1994 (Notários e Registradores)*

› *Art. 51, VIII, Lei 11.101/2005 (Lei das Falências)*

› *Arts. 360 a 366, Prov. CNJ n. 149/2023 (CNN)*

› *Arts. 129 a 135-A (Proteção de Dados), Prov. CNJ 149/2023 (CNN)*

Art. 27. O Tabelião de Protesto expedirá as certidões solicitadas dentro de cinco dias úteis, no máximo, que abrangerão o período mínimo dos cinco anos anteriores, contados da data do pedido, salvo quando se referir a protesto específico.

› *Arts. 16, 17 e 19, Lei 6.015/1973 (Registros Públicos)*

› *Art. 365, Prov. CNJ n. 149/2023 (CNN)*

§ 1º As certidões expedidas pelos serviços de protesto de títulos, inclusive as relativas à prévia distribuição, deverão obrigatoriamente indicar, além do nome do devedor, seu número no Registro Geral (R.G.), constante da Cédula de Identidade, ou seu número no Cadastro de Pessoas Físicas (C.P.F.), se pessoa física, e o número de inscrição no Cadastro Geral de Contribuintes (C.G.C.), se pessoa jurídica, cabendo ao apresentante do título para protesto fornecer esses dados, sob pena de recusa.

§ 2º Das certidões não constarão os registros cujos cancelamentos tiverem sido averbados, salvo por requerimento escrito do próprio devedor ou por ordem judicial.

› *Arts. 129 a 135-A (Proteção de Dados), Prov. CNJ 149/2023 (CNN)*

Art. 28. Sempre que a homonímia puder ser verificada simplesmente pelo confronto do número de documento de identificação, o Tabelião de Protesto dará certidão negativa.

› ***Art. 364, Prov. CNJ n. 149/2023 (CNN)***

Art. 29. Os cartórios fornecerão às entidades representativas da indústria e do comércio ou àquelas vinculadas à proteção do crédito, quando solicitada, certidão diária, em forma de relação, dos protestos tirados e dos cancelamentos efetuados, com a nota de se cuidar de informação reservada, da qual não se poderá dar publicidade pela imprensa, nem mesmo parcialmente.

› *Caput, com redação dada pela Lei nº 9.841, de 1999*

§ 1º O fornecimento da certidão será suspenso caso se desatenda ao disposto no *caput* ou se forneçam informações de protestos cancelados.

- *§ 1º redação dada pela Lei nº 9.841, de 1999*

§ 2º Dos cadastros ou bancos de dados das entidades referidas no *caput* somente serão prestadas informações restritivas de crédito oriundas de títulos ou documentos de dívidas regularmente protestados cujos registros não foram cancelados.

- *§ 2º redação dada pela Lei nº 9.841, de 1999*

§ 3º Revogado.

Art. 30. As certidões, informações e relações serão elaboradas pelo nome dos devedores, conforme previstos no § 4º do art. 21 desta Lei, devidamente identificados, e abrangerão os protestos lavrados e registrados por falta de pagamento, de aceite ou de devolução, vedada a exclusão ou omissão de nomes e de protestos, ainda que provisória ou parcial.

Art. 31. Poderão ser fornecidas certidões de protestos, não cancelados, a quaisquer interessados, desde que requeridas por escrito.

- *Art. com redação dada pela Lei nº 9.841, de 1999*
- *Art. 363, Prov. CNJ n. 149/2023 (CNN)*

CAPÍTULO XII – DOS LIVROS E ARQUIVOS

- *Vide Prov. CNJ 50/2012 (Conservação de documentos nos cartórios extrajudiciais)*
- *Vide art. 133, Prov. CNJ n. 149/2023 (CNN)*

Art. 32. O livro de Protocolo poderá ser escriturado mediante processo manual, mecânico, eletrônico ou informatizado, em folhas soltas e com colunas destinadas às seguintes anotações: número de ordem, natureza do título ou documento de dívida, valor, apresentante, devedor e ocorrências.

- *Art. 382, Prov. CNJ n.n149/2023*

Parágrafo único. A escrituração será diária, constando do termo de encerramento o número de documentos apresentados no dia, sendo a data da protocolização a mesma do termo diário do encerramento.

Art. 33. Os livros de Registros de Protesto serão abertos e encerrados pelo Tabelião de Protestos ou seus Substitutos, ou ainda por Escrevente autorizado, com suas folhas numeradas e rubricadas.

- *Art. 20 da Lei dos Notários e Registradores (Lei 8.935/1994)*
- *Arts. 4º da Lei de Registros Públicos (Lei 6.015/1973)*

Art. 34. Os índices serão de localização dos protestos registrados e conterão os nomes dos devedores, na forma do § 4º do art. 21, vedada a exclusão ou omissão de nomes e de protestos, ainda que em caráter provisório ou parcial, não decorrente do cancelamento definitivo do protesto.

§ 1º Os índices conterão referência ao livro e à folha, ao microfilme ou ao arquivo eletrônico onde estiver registrado o protesto, ou ao número do registro, e aos cancelamentos de protestos efetuados.

§ 2º Os índices poderão ser elaborados pelo sistema de fichas, microfichas ou banco eletrônico de dados.

Art. 35. O Tabelião de Protestos arquivará ainda:

I – intimações;

- *Art. 35 § 1º, I e II*
- *Arts. 14 e 15*

II – editais;

- *Art. 35 § 1º, I e II*

III – documentos apresentados para a averbação no registro de protestos e ordens de cancelamentos;

- *Arts. 25 e 26*

IV – mandados e ofícios judiciais;

- *Art. 35 § 3º*
- *Art. 17*
- *Art. 26 § 3º e § 4º*
- *Art. 27 § 2º*

V – solicitações de retirada de documentos pelo apresentante;

- *Art. 35 § 1º, III*
- *Art. 16*

VI – comprovantes de entrega de pagamentos aos credores;

- *Art. 35 § 1º, III*
- *Art. 19*

VII – comprovantes de devolução de documentos de dívida irregulares.

- *Art. 35 § 1º, III*

§ 1º Os arquivos deverão ser conservados, pelo menos, durante os seguintes prazos:

I – um ano, para as intimações e editais correspondentes a documentos protestados e ordens de cancelamento;

II – seis meses, para as intimações e editais correspondentes a documentos pagos ou retirados além do tríduo legal;

III – trinta dias, para os comprovantes de entrega de pagamento aos credores, para as solicitações de retirada dos apresentantes e para os comprovantes de devolução, por irregularidade, aos mesmos, dos títulos e documentos de dívidas.

- *Art. 366, Prov. CNJ n. 149/2023 (CNN)*

§ 2º Para os livros e documentos microfilmados ou gravados por processo eletrônico de imagens não subsiste a obrigatoriedade de sua conservação.

§ 3º Os mandados judiciais de sustação de protesto deverão ser conservados, juntamente com os respectivos documentos, até solução definitiva por parte do Juízo.

- *Art. 17*

Art. 36. O prazo de arquivamento é de três anos para livros de protocolo e de dez anos para os livros de registros de protesto e respectivos títulos.

CAPÍTULO XIII – DOS EMOLUMENTOS

- *Art. 236 § 2º, Constituição Federal*
- *Lei 10.169, de 29-12-2000, regula o § 2º do artigo 236 da Constituição Federal, mediante o estabelecimento de normas gerais para a fixação de emolumentos relativos aos atos praticados pelos serviços notariais e de registro*
- *Arts. 98. IX, 514, V e 784, XI e § 4º do Código de Processo Civil de 2015*
- *Arts. 369 a 374 (Postergação dos emolumentos), Prov. CNJ n. 149/2023 (CNN). Corresponde ao revogado Prov. CNJ 86/2019*
- *Art. 5º, IV, Prov. CNJ 127/2022 (Disciplina a Plataforma do Sistema Integrado de Pagamentos Eletrônicos – SIPE para os serviços notariais e de registro)*
- *Arts. 345 a 352 (Emolumentos Energia Eólica), Prov. CNJ n. 149/2023 (CNN). Corresponde ao revogado Prov. CNJ 60/2017*
- *Arts. 369 a 374 (Postergação dos emolumentos), Prov. CNJ n. 149/2023 (CNN). Corresponde ao revogado Prov. CNJ 86/2019*

Art. 37. Pelos atos que praticarem em decorrência desta Lei, os Tabeliães de Protesto perceberão, diretamente das partes, a título de remuneração, os emolumentos fixados na forma da lei estadual e de seus decretos regulamentadores, salvo quando o serviço for estatizado.

- *Art. 9º-A, Lei 9.430/1996 (Legislação Tributária Federal)*
- *Art. 30, XV, Lei 8.935/1994 (Notários e Registradores)*
- *Art. 5º, IV, Prov. CNJ n. 127/2022 (SIPE)*

§ 1º Poderá ser exigido depósito prévio dos emolumentos e das demais despesas devidas, caso em que igual importância deverá ser reembolsada ao apresentante por ocasião da prestação de contas, quando ressarcidas pelo devedor no tabelionato, exceto em relação aos títulos ou documentos de dívida apresentados a protesto em conformidade com os §§ 4º e 5º deste artigo ou com lei federal específica.

- *Redação dada pela Lei nº 14.711, de 2023*
- *Arts. 369 a 374 (Postergação dos emolumentos), Prov. CNJ n. 149/2023 (CNN). Corresponde ao revogado Prov. CNJ 86/2019*
- *Vide Prov. CNJ 127/2022 (Disciplina a Plataforma do Sistema Integrado de Pagamentos Eletrônicos – SIPE para os serviços notariais e de registro, e dá outras providências).*

§ 2º Todo e qualquer ato praticado pelo Tabelião de Protesto será cotado, identificando-se as parcelas componentes do seu total.

§ 3º Pelo ato de digitalização e gravação eletrônica dos títulos e outros documentos, serão cobrados os mesmos valores previstos na tabela de emolumentos para o ato de microfilmagem.

§§ 4º e 5º (VETADOS). *(Incluído pela Lei nº 14.711, de 2023)*

§ 6º Os valores destinados aos ofícios de distribuição ou outros serviços extrajudiciais, aos entes públicos ou a entidades, a título de emolumentos, custas, taxa de fiscalização, contribuições, custeio de atos gratuitos, tributos, ou em caráter assistencial, serão devidos na forma prevista no *caput* deste artigo e repassados somente após o efetivo recebimento pelo tabelião de protesto ou o responsável interino pelo expediente.

- *Incluído pela Lei nº 14.711, de 2023*

CAPÍTULO XIV – DISPOSIÇÕES FINAIS

Art. 38. Os Tabeliães de Protesto de Títulos são civilmente responsáveis por todos os prejuízos que causarem, por culpa ou dolo, pessoalmente, pelos substitutos que designarem ou Escreventes que autorizarem, assegurado o direito de regresso.

- *Art. 236, § 1º, Constituição Federal*
- *Arts. 20 e 22 a 24, Lei dos Notários e Registradores (Lei 8.935/1994)*
- *Vide Enunciado 77, I Jornada de Direito Notarial e Registral*

Art. 39. A reprodução de microfilme ou do processamento eletrônico da imagem, do título ou de qualquer documento arquivado no Tabelionato, quando autenticado pelo Tabelião de Protesto, por seu Substituto ou Escrevente autorizado, guarda o mesmo valor do original, independentemente de restauração judicial.

- *Art. 20 da Lei dos Notários e Registradores (Lei 8.935/1994)*

Art. 40. Não havendo prazo assinado, a data do registro do protesto é o termo inicial da incidência de juros, taxas e atualizações monetárias sobre o valor da obrigação contida no título ou documento de dívida.

- *Arts. 406 e 407 do Código Civil*

Art. 41. Para os serviços previstos nesta Lei os Tabeliães poderão adotar, independentemente de autorização, sistemas de computação, microfilmagem, gravação eletrônica de imagem e quaisquer outros meios de reprodução.

- *Arts. 257 a 263, Prov. CNJ n. 149/2023 (CNN)*

Art. 41-A. Os tabeliães de protesto manterão, em âmbito nacional, uma central nacional de serviços eletrônicos compartilhados que prestará, ao menos, os seguintes serviços:

- *Incluído pela Lei 13.775, de 2018*
- *Art. 42-A, Lei dos Notários e Registradores (Lei 8.935/1994)*
- *Arts. 257 a 263, 377, VI, 379, 380, 384 e 385, Prov. CNJ n. 149/2023 (CNN)*
- *Vide Enunciado 64, I Jornada de Direito Notarial e Registral*

I - escrituração e emissão de duplicata sob a forma escritural, observado o disposto na legislação específica, inclusive quanto ao requisito de autorização prévia para o exercício da atividade de escrituração pelo órgão supervisor e aos demais requisitos previstos na regulamentação por ele editada;

II - recepção e distribuição de títulos e documentos de dívida para protesto, desde que escriturais;

III - consulta gratuita quanto a devedores inadimplentes e aos protestos realizados, aos dados desses protestos e dos tabelionatos aos quais foram distribuídos, ainda que os respectivos títulos e documentos de dívida não sejam escriturais;

IV - confirmação da autenticidade dos instrumentos de protesto em meio eletrônico; e

V - anuência eletrônica para o cancelamento de protestos.

§ 1º A partir da implementação da central de que trata o *caput* deste artigo, os tabelionatos de protesto disponibilizarão ao poder público, por meio eletrônico e sem ônus, o acesso às informações constantes dos seus bancos de dados.

§ 2º É obrigatória a adesão imediata de todos os tabeliães de protesto do País ou responsáveis pelo expediente à central nacional de serviços eletrônicos compartilhados de que trata o *caput* deste artigo, sob pena de responsabilização disciplinar nos termos do inciso I do *caput* do art. 31 da Lei nº 8.935, de 18 de novembro de 1994.

§ 3º A central nacional de serviços eletrônicos compartilhados prevista no *caput* deste artigo poderá, diretamente ou mediante convênio com entidade pública ou privada, realizar serviços de coleta, de processamento, de armazenamento e de integração de dados para a emissão e a escrituração de documentos eletrônicos passíveis de protesto.

- *Incluído pela Lei nº 14.711, de 2023*

§ 4º Ficam asseguradas a gratuidade dos serviços especificados nos incisos II, III, IV e V do *caput* e a livre estipulação de preço em relação aos serviços previstos no inciso I do *caput* deste artigo e demais serviços complementares disponibilizados aos usuários pela entidade credenciada pelos tabeliães de protesto.

- *Incluído pela Lei nº 14.711, de 2023*

§ 5º O serviço de que trata o art. 11 da Lei nº 14.206, de 27 de setembro de 2021, poderá ser executado pela central nacional de serviços eletrônicos compartilhados prevista no *caput* deste artigo, em regime de autorização.

- *Incluído pela Lei nº 14.711, de 2023*

Art. 42. Esta Lei entra em vigor na data de sua publicação.

Art. 43. Revogam-se as disposições em contrário.

Brasília, 10 de setembro de 1997; 176º da Independência e 109º da República.

FERNANDO HENRIQUE CARDOSO

(DOU. de 11.09.1997)

LEI Nº 11.101, DE 9 DE FEVEREIRO DE 2005

Regula a recuperação judicial, a extrajudicial e a falência do empresário e da sociedade empresária.

O PRESIDENTE DA REPÚBLICA,

Faço saber que o Congresso Nacional decreta e eu sanciono a seguinte Lei:

Art. 1º Esta Lei disciplina a recuperação judicial, a recuperação extrajudicial e a falência do empresário e da sociedade empresária, doravante referidos simplesmente como devedor.

Art. 2º Esta Lei não se aplica a:

I - empresa pública e sociedade de economia mista;

II - instituição financeira pública ou privada, cooperativa de crédito, consórcio, entidade de previdência complementar, sociedade operadora de plano de assistência à saúde, sociedade seguradora, sociedade de capitalização e outras entidades legalmente equiparadas às anteriores.

Art. 3º É competente para homologar o plano de recuperação extrajudicial, deferir a recuperação judicial ou decretar a falência o juízo do local do principal estabelecimento do devedor ou da filial de empresa que tenha sede fora do Brasil.

Art. 4º (VETADO)

CAPÍTULO II – DISPOSIÇÕES COMUNS À RECUPERAÇÃO JUDICIAL E À FALÊNCIA

SEÇÃO I – DISPOSIÇÕES GERAIS

Art. 5º Não são exigíveis do devedor, na recuperação judicial ou na falência:

I - as obrigações a título gratuito;

II - as despesas que os credores fizerem para tomar parte na recuperação judicial ou na falência, salvo as custas judiciais decorrentes de litígio com o devedor.

Art. 6º A decretação da falência ou o deferimento do processamento da recuperação judicial implica: *("Caput" do artigo com redação dada pela Lei nº 14.112, de 24/12/2020)*

I - suspensão do curso da prescrição das obrigações do devedor sujeitas ao regime desta Lei; *(Inciso acrescido pela Lei nº 14.112, de 24/12/2020)*

II - suspensão das execuções ajuizadas contra o devedor, inclusive daquelas dos credores particulares do sócio solidário, relativas a créditos ou obrigações sujeitos à recuperação judicial ou à falência; *(Inciso acrescido pela Lei nº 14.112, de 24/12/2020)*

III - proibição de qualquer forma de retenção, arresto, penhora, sequestro, busca e apreensão e constrição judicial ou extrajudicial sobre os bens do devedor, oriunda de demandas judiciais ou extrajudiciais cujos créditos ou obrigações sujeitem-se à recuperação judicial ou à falência. *(Inciso acrescido pela Lei nº 14.112, de 24/12/2020)*

§ 1º Terá prosseguimento no juízo no qual estiver se processando a ação que demandar quantia ilíquida.

§ 2º É permitido pleitear, perante o administrador judicial, habilitação, exclusão ou modificação de créditos derivados da relação de trabalho, mas as ações de natureza trabalhista, inclusive as impugnações a que se refere o art. 8º desta Lei, serão processadas perante a justiça especializada até a apuração do respectivo crédito, que será inscrito no quadro-geral de credores pelo valor determinado em sentença.

§ 3º O juiz competente para as ações referidas nos §§ 1º e 2º deste artigo poderá determinar a reserva da importância que estimar devida na recuperação judicial ou na falência, e, uma vez reconhecido líquido o direito, será o crédito incluído na classe própria.

§ 4º Na recuperação judicial, as suspensões e a proibição de que tratam os incisos I, II e III do *caput* deste artigo perdurarão pelo prazo de 180 (cento e oitenta) dias, contado do deferimento do processamento da recuperação, prorrogável por igual período, uma única vez, em caráter excepcional, desde que o devedor não haja concorrido com a superação do lapso temporal. *(Parágrafo com redação dada pela Lei nº 14.112, de 24/12/2020)*

§ 4º-A. O decurso do prazo previsto no § 4º deste artigo sem a deliberação a respeito do plano de recuperação judicial proposto pelo devedor faculta aos credores a propositura de plano alternativo, na forma dos §§ 4º, 5º, 6º e 7º do art. 56 desta Lei, observado o seguinte:

I - as suspensões e a proibição de que tratam os incisos I, II e III do *caput* deste artigo não serão aplicáveis caso os credores não apresentem plano alternativo no prazo de 30 (trinta) dias, contado do final do prazo referido no § 4º deste artigo ou no § 4º do art. 56 desta Lei;

II - as suspensões e a proibição de que tratam os incisos I, II e III do *caput* deste artigo perdurarão por 180 (cento e oitenta) dias contados do final do prazo referido no § 4º deste artigo, ou da realização da assembleia-geral de credores referida no § 4º do art. 56 desta Lei, caso os credores apresentem plano alternativo no prazo referido no inciso I deste parágrafo ou no prazo referido no § 4º do art. 56 desta Lei. *(Parágrafo acrescido pela Lei nº 14.112, de 24/12/2020)*

§ 5º O disposto no § 2º deste artigo aplica-se à recuperação judicial durante o período de suspensão de que trata o § 4º deste artigo. *(Parágrafo com redação dada pela Lei nº 14.112, de 24/12/2020)*

§ 6º Independentemente da verificação periódica perante os cartórios de distribuição, as ações que venham a ser propostas contra o devedor deverão ser comunicadas ao juízo da falência ou da recuperação judicial:

I - pelo juiz competente, quando do recebimento da petição inicial;

II - pelo devedor, imediatamente após a citação.

§ 7º *(Revogado pela Lei nº 14.112, de 24/12/2020)*

§ 7º-A. O disposto nos incisos I, II e III do *caput* deste artigo não se aplica aos créditos referidos nos §§ 3º e 4º do art. 49 desta Lei, admitida, todavia, a competência do juízo da recuperação judicial para determinar a suspensão dos atos de constrição que recaiam sobre bens de capital essenciais à manutenção da atividade empresarial durante o prazo de suspensão a que se refere o § 4º deste artigo, a qual será implementada mediante a cooperação jurisdicional, na forma do art. 69 da Lei nº 13.105, de 16 de março de 2015 (Código de Processo Civil), observado o disposto no art. 805 do referido Código. *(Parágrafo acrescido pela Lei nº 14.112, de 24/12/2020)*

§ 7º-B. O disposto nos incisos I, II e III do *caput* deste artigo não se aplica às execuções fiscais, admitida, todavia, a competência do juízo da recuperação judicial para determinar a substituição dos atos de constrição que recaiam sobre bens de capital essenciais à manutenção da atividade empresarial até o encerramento da recuperação judicial, a qual será implementada mediante a cooperação jurisdicional, na forma do art. 69 da Lei nº 13.105, de 16 de março de 2015 (Código de Processo Civil), observado o disposto no art. 805 do referido Código. *(Parágrafo acrescido pela Lei nº 14.112, de 24/12/2020)*

§ 8º A distribuição do pedido de falência ou de recuperação judicial ou a homologação de recuperação extrajudicial previne a jurisdição para qualquer outro pedido de falência, de recuperação judicial ou de homologação de recuperação extrajudicial relativo ao mesmo devedor. *(Parágrafo com redação dada pela Lei nº 14.112, de 24/12/2020)*

§ 9º O processamento da recuperação judicial ou a decretação da falência não autoriza o administrador judicial a recusar a eficácia da convenção de arbitragem, não impedindo ou suspendendo a instauração de procedimento arbitral. *(Parágrafo acrescido pela Lei nº 14.112, de 24/12/2020)*

§ 10 *(VETADO)*

§ 11. O disposto no § 7º-B deste artigo aplica-se, no que couber, às execuções fiscais e às execuções de ofício que se enquadrem respectivamente nos incisos VII e VIII do *caput* do art. 114 da Constituição Federal, vedados a expedição de certidão de crédito e o arquivamento das execuções para efeito de habilitação na recuperação judicial ou na falência. *(Parágrafo acrescido pela Lei nº 14.112, de 24/12/2020)*

§ 12. Observado o disposto no art. 300 da Lei nº 13.105, de 16 de março de 2015 (Código de Processo Civil), o juiz poderá antecipar total ou parcialmente os efeitos do deferimento do processamento da recuperação judicial. *(Parágrafo acrescido pela Lei nº 14.112, de 24/12/2020)*

§ 13. Não se sujeitam aos efeitos da recuperação judicial os contratos e obrigações decorrentes dos atos cooperativos praticados pelas sociedades cooperativas com seus cooperados, na forma do art. 79 da Lei nº 5.764, de 16 de dezembro de 1971, consequentemente, não se aplicando a vedação contida no inciso II do art. 2º quando a sociedade operadora de plano de assistência à saúde for cooperativa médica. *(Parágrafo vetado pelo Presidente da República, mantido pelo Congresso Nacional e publicado na Edição Extra D do DOU de 26.03.2021)*

Art. 6º-A. É vedado ao devedor, até a aprovação do plano de recuperação judicial, distribuir lucros ou dividendos a sócios e acionistas, sujeitando-se o infrator ao disposto no art. 168 desta Lei. *(Artigo acrescido pela Lei nº 14.112, de 24/12/2020)*

Art. 6º-B. Não se aplica o limite percentual de que tratam os arts. 15 e 16 da Lei nº 9.065, de 20 de junho de 1995, à apuração do imposto sobre a renda e da Contribuição Social sobre o Lucro Líquido (CSLL) sobre a parcela do lucro líquido decorrente de ganho de capital resultante da alienação judicial de bens ou direitos, de que tratam os arts. 60, 66 e 141 desta Lei, pela pessoa jurídica em recuperação judicial ou com falência decretada.

Parágrafo único. O disposto no *caput* deste artigo não se aplica na hipótese em que o ganho de capital decorra de transação efetuada com:

I - pessoa jurídica que seja controladora, controlada, coligada ou interligada; ou

II - pessoa física que seja acionista controlador, sócio, titular ou administrador da pessoa jurídica devedora. *(Artigo acrescido pela Lei nº 14.112, de 2020, vetado pelo Presidente da República, mantido pelo Congresso Nacional e publicado na Edição Extra D do DOU de 26.03.2021)*

Art. 6º-C. É vedada atribuição de responsabilidade a terceiros em decorrência do mero inadimplemento de obrigações do devedor falido ou em recuperação judicial, ressalvadas as garantias reais e fidejussórias, bem como as demais hipóteses reguladas por esta Lei. *(Artigo acrescido pela Lei nº 14.112, de 24/12/2020)*

SEÇÃO II – DA VERIFICAÇÃO E DA HABILITAÇÃO DE CRÉDITOS

Art. 7º A verificação dos créditos será realizada pelo administrador judicial, com base nos livros contábeis e documentos comerciais e fiscais do devedor e nos documentos que lhe forem apresentados pelos credores, podendo contar com o auxílio de profissionais ou empresas especializadas.

§ 1º Publicado o edital previsto no art. 52, § 1º, ou no parágrafo único do art. 99 desta Lei, os credores terão o prazo de 15 (quinze) dias para apresentar ao administrador judicial suas habilitações ou suas divergências quanto aos créditos relacionados.

§ 2º O administrador judicial, com base nas informações e documentos colhidos na forma do *caput* e do § 1º deste artigo, fará publicar edital contendo a relação de credores no prazo de 45 (quarenta e cinco) dias, contado do fim do prazo do § 1º deste artigo, devendo indicar o local, o horário e o prazo comum em que as pessoas indicadas no art. 8º desta Lei terão acesso aos documentos que fundamentaram a elaboração dessa relação.

Art. 7º-A. Na falência, após realizadas as intimações e publicado o edital, conforme previsto, respectivamente, no inciso XIII do *caput* e no § 1º do art. 99 desta Lei, o juiz instaurará, de ofício, para cada Fazenda Pública credora, incidente de classificação de crédito público e determinará a sua intimação eletrônica para que, no prazo de 30 (trinta) dias, apresente diretamente ao administrador judicial ou em juízo, a depender do momento processual, a relação completa de seus créditos inscritos em dívida ativa, acompanhada dos cálculos, da classificação e das informações sobre a situação atual.

§ 1º Para efeito do disposto no *caput* deste artigo, considera-se Fazenda Pública credora aquela que conste da relação do edital previsto no § 1º do art. 99 desta Lei, ou que, após a intimação prevista no inciso XIII do *caput* do art. 99 desta Lei, alegue nos autos, no prazo de 15 (quinze) dias, possuir crédito contra o falido.

§ 2º Os créditos não definitivamente constituídos, não inscritos em dívida ativa ou com exigibilidade suspensa poderão ser informados em momento posterior.

§ 3º Encerrado o prazo de que trata o *caput* deste artigo:

I - o falido, os demais credores e o administrador judicial disporão do prazo de 15 (quinze) dias para manifestar objeções, limitadamente, sobre os cálculos e a classificação para os fins desta Lei;

II - a Fazenda Pública, ultrapassado o prazo de que trata o inciso I deste parágrafo, será intimada para prestar, no prazo de 10 (dez) dias, eventuais esclarecimentos a respeito das manifestações previstas no referido inciso;

III - os créditos serão objeto de reserva integral até o julgamento definitivo quando rejeitados os argumentos apresentados de acordo com o inciso II deste parágrafo;

IV - os créditos incontroversos, desde que exigíveis, serão imediatamente incluídos no quadro-geral de credores, observada a sua classificação;

V - o juiz, anteriormente à homologação do quadro-geral de credores, concederá prazo comum de 10 (dez) dias para que o administrador judicial e a Fazenda Pública titular de crédito objeto de reserva manifestem-se sobre a situação atual desses créditos e, ao final do referido prazo, decidirá acerca da necessidade de mantê-la.

§ 4º Com relação à aplicação do disposto neste artigo, serão observadas as seguintes disposições:

I - a decisão sobre os cálculos e a classificação dos créditos para os fins do disposto nesta Lei, bem como sobre a arrecadação dos bens, a realização do ativo e o pagamento aos credores, competirá ao juízo falimentar;

II - a decisão sobre a existência, a exigibilidade e o valor do crédito, observado o disposto no inciso II do *caput* do art. 9º desta Lei e as demais regras do processo de falência, bem como sobre o eventual prosseguimento da cobrança contra os corresponsáveis, competirá ao juízo da execução fiscal;

III - a ressalva prevista no art. 76 desta Lei, ainda que o crédito reconhecido não esteja em cobrança judicial mediante execução fiscal, aplicar-se-á, no que couber, ao disposto no inciso II deste parágrafo;

IV - o administrador judicial e o juízo falimentar deverão respeitar a presunção de certeza e liquidez de que trata o art. 3º da Lei nº 6.830, de 22 de setembro de 1980, sem prejuízo do disposto nos incisos II e III deste parágrafo;

V - as execuções fiscais permanecerão suspensas até o encerramento da falência, sem prejuízo da possibilidade de prosseguimento contra os corresponsáveis;

VI - a restituição em dinheiro e a compensação serão preservadas, nos termos dos arts. 86 e 122 desta Lei; e

VII - o disposto no art. 10 desta Lei será aplicado, no que couber, aos créditos retardatários.

§ 5º Na hipótese de não apresentação da relação referida no *caput* deste artigo no prazo nele estipulado, o incidente será arquivado e a Fazenda Pública credora poderá requerer o desarquivamento, observado, no que couber, o disposto no art. 10 desta Lei.

§ 6º As disposições deste artigo aplicam-se, no que couber, às execuções fiscais e às execuções de ofício que se enquadrem no disposto nos incisos VII e VIII do *caput* do art. 114 da Constituição Federal.

§ 7º O disposto neste artigo aplica-se, no que couber, aos créditos do Fundo de Garantia do Tempo de Serviço (FGTS).

§ 8º Não haverá condenação em honorários de sucumbência no incidente de que trata este artigo. *(Artigo acrescido pela Lei nº 14.112, de 24/12/2020)*

Art. 8º No prazo de 10 (dez) dias, contado da publicação da relação referida no art. 7º, § 2º, desta Lei, o Comitê, qualquer credor, o devedor ou seus sócios ou o Ministério Público podem apresentar ao juiz impugnação contra a relação de credores, apontando a ausência de qualquer crédito ou manifestando-se contra a legitimidade, importância ou classificação de crédito relacionado.

Parágrafo único. Autuada em separado, a impugnação será processada nos termos dos arts. 13 a 15 desta Lei.

Art. 9º A habilitação de crédito realizada pelo credor nos termos do art. 7º, § 1º, desta Lei deverá conter:

I - o nome, o endereço do credor e o endereço em que receberá comunicação de qualquer ato do processo;

II - o valor do crédito, atualizado até a data da decretação da falência ou do pedido de recuperação judicial, sua origem e classificação;

III - os documentos comprobatórios do crédito e a indicação das demais provas a serem produzidas;

IV - a indicação da garantia prestada pelo devedor, se houver, e o respectivo instrumento;

V - a especificação do objeto da garantia que estiver na posse do credor.

Parágrafo único. Os títulos e documentos que legitimam os créditos deverão ser exibidos no original ou por cópias autenticadas se estiverem juntados em outro processo.

Art. 10. Não observado o prazo estipulado no art. 7º, § 1º, desta Lei, as habilitações de crédito serão recebidas como retardatárias.

§ 1º Na recuperação judicial, os titulares de créditos retardatários, excetuados os titulares de créditos derivados da relação de trabalho, não terão direito a voto nas deliberações da assembleia-geral de credores.

§ 2º Aplica-se o disposto no § 1º deste artigo ao processo de falência, salvo se, na data da realização da assembleia-geral, já houver sido homologado o quadro-geral de credores contendo o crédito retardatário.

§ 3º Na falência, os créditos retardatários perderão o direito a rateios eventualmente realizados e ficarão sujeitos ao pagamento de custas, não se computando os acessórios compreendidos entre o término do prazo e a data do pedido de habilitação.

§ 4º Na hipótese prevista no § 3º deste artigo, o credor poderá requerer a reserva de valor para satisfação de seu crédito.

§ 5º As habilitações de crédito retardatárias, se apresentadas antes da homologação do quadro-geral de credores, serão recebidas como impugnação e processadas na forma dos arts. 13 a 15 desta Lei.

§ 6º Após a homologação do quadro-geral de credores, aqueles que não habilitaram seu crédito poderão, observado, no que couber, o procedimento ordinário previsto no Código de Processo Civil, requerer ao juízo da falência ou da recuperação judicial a retificação do quadro-geral para inclusão do respectivo crédito.

§ 7º O quadro-geral de credores será formado com o julgamento das impugnações tempestivas e com as habilitações e as impugnações retardatárias decididas até o momento da sua formação. *(Parágrafo acrescido pela Lei nº 14.112, de 24/12/2020)*

§ 8º As habilitações e as impugnações retardatárias acarretarão a reserva do valor para a satisfação do crédito discutido. *(Parágrafo acrescido pela Lei nº 14.112, de 24/12/2020)*

§ 9º A recuperação judicial poderá ser encerrada ainda que não tenha havido a consolidação definitiva do quadro-geral de credores, hipótese em que as ações incidentais de habilitação e de impugnação retardatárias serão redistribuídas ao juízo da recuperação judicial como ações autônomas e observarão o rito comum. *(Parágrafo acrescido pela Lei nº 14.112, de 24/12/2020)*

§ 10. O credor deverá apresentar pedido de habilitação ou de reserva de crédito em, no máximo, 3 (três) anos, contados da data de publicação da sentença que decretar a falência, sob pena de decadência. *(Parágrafo acrescido pela Lei nº 14.112, de 24/12/2020)*

Art. 11. Os credores cujos créditos forem impugnados serão intimados para contestar a impugnação, no prazo de 5 (cinco) dias, juntando os documentos que tiverem e indicando outras provas que reputem necessárias.

Art. 12. Transcorrido o prazo do art. 11 desta Lei, o devedor e o Comitê, se houver, serão intimados pelo juiz para se manifestar sobre ela no prazo comum de 5 (cinco) dias.

Parágrafo único. Findo o prazo a que se refere o *caput* deste artigo, o administrador judicial será intimado pelo juiz para emitir parecer no prazo de 5 (cinco) dias, devendo juntar à sua manifestação o laudo elaborado pelo profissional ou empresa especializada, se for o caso, e todas as informações existentes nos livros fiscais e demais documentos do devedor acerca do crédito, constante ou não da relação de credores, objeto da impugnação.

Art. 13. A impugnação será dirigida ao juiz por meio de petição, instruída com os documentos que tiver o impugnante, o qual indicará as provas consideradas necessárias.

Parágrafo único. Cada impugnação será autuada em separado, com os documentos a ela relativos, mas terão uma só autuação as diversas impugnações versando sobre o mesmo crédito.

Art. 14. Caso não haja impugnações, o juiz homologará, como quadro-geral de credores, a relação dos credores de que trata o § 2º do art. 7º, ressalvado o disposto no art. 7º-A desta Lei. *(Artigo com redação dada pela Lei nº 14.112, de 24/12/2020)*

Art. 15. Transcorridos os prazos previstos nos arts. 11 e 12 desta Lei, os autos de impugnação serão conclusos ao juiz, que:

I - determinará a inclusão no quadro-geral de credores das habilitações de créditos não impugnadas, no valor constante da relação referida no § 2º do art. 7º desta Lei;

II - julgará as impugnações que entender suficientemente esclarecidas pelas alegações e provas apresentadas pelas partes, mencionando, de cada crédito, o valor e a classificação;

III - fixará, em cada uma das restantes impugnações, os aspectos controvertidos e decidirá as questões processuais pendentes;

IV - determinará as provas a serem produzidas, designando audiência de instrução e julgamento, se necessário.

Art. 16. Para fins de rateio na falência, deverá ser formado quadro-geral de credores, composto pelos créditos não impugnados constantes do edital de que trata o § 2º do art. 7º desta Lei, pelo julgamento de todas as impugnações apresentadas no prazo previsto no art. 8º desta Lei e pelo julgamento realizado até então das habilitações de crédito recebidas como retardatárias. *("Caput" do artigo com redação dada pela Lei nº 14.112, de 24/12/2020)*

§ 1º As habilitações retardatárias não julgadas acarretarão a reserva do valor controvertido, mas não impedirão o pagamento da parte incontroversa. *(Parágrafo único transformado em § 1º e com redação dada pela Lei nº 14.112, de 24/12/2020)*

§ 2º Ainda que o quadro-geral de credores não esteja formado, o rateio de pagamentos na falência poderá ser realizado desde que a classe de credores a ser satisfeita já tenha tido todas as impugnações judiciais apresentadas no prazo previsto no art. 8º desta Lei, ressalvada a reserva dos créditos controvertidos em função das habilitações retardatárias de créditos distribuídas até então e ainda não julgadas. *(Parágrafo acrescido pela Lei nº 14.112, de 24/12/2020)*

Art. 17. Da decisão judicial sobre a impugnação caberá agravo.

Parágrafo único. Recebido o agravo, o relator poderá conceder efeito suspensivo à decisão que reconhece o crédito ou determinar a inscrição ou modificação do seu valor ou classificação no quadro-geral de credores, para fins de exercício de direito de voto em assembleia-geral.

Art. 18. O administrador judicial será responsável pela consolidação do quadro-geral de credores, a ser homologado pelo juiz, com base na relação dos credores a que se refere o art. 7º, § 2º, desta Lei e nas decisões proferidas nas impugnações oferecidas.

Parágrafo único. O quadro-geral, assinado pelo juiz e pelo administrador judicial, mencionará a importância e a classificação de cada crédito na data do requerimento da recuperação judicial ou da decretação da falência, será juntado aos autos e publicado no órgão oficial, no prazo de 5 (cinco) dias, contado da data da sentença que houver julgado as impugnações.

Art. 19. O administrador judicial, o Comitê, qualquer credor ou o representante do Ministério Público poderá, até o encerramento da recuperação judicial ou da falência, observado, no que couber, o procedimento ordinário previsto no Código de Processo Civil, pedir a exclusão, outra classificação ou a retificação de qualquer crédito, nos casos de descoberta de falsidade, dolo, simulação, fraude, erro essencial ou, ainda, documentos ignorados na época do julgamento do crédito ou da inclusão no quadro-geral de credores.

§ 1º A ação prevista neste artigo será proposta exclusivamente perante o juízo da recuperação judicial ou da falência ou, nas hipóteses previstas no art. 6º, §§ 1º e 2º, desta Lei, perante o juízo que tenha originariamente reconhecido o crédito.

§ 2º Proposta a ação de que trata este artigo, o pagamento ao titular do crédito por ela atingido somente poderá ser realizado mediante a prestação de caução no mesmo valor do crédito questionado.

Art. 20. As habilitações dos credores particulares do sócio ilimitadamente responsável processar-se-ão de acordo com as disposições desta Seção.

SEÇÃO II-A – DAS CONCILIAÇÕES E DAS MEDIAÇÕES ANTECEDENTES OU INCIDENTAIS AOS PROCESSOS DE RECUPERAÇÃO JUDICIAL

(Seção acrescida pela Lei nº 14.112, de 24/12/2020)

Art. 20-A. A conciliação e a mediação deverão ser incentivadas em qualquer grau de jurisdição, inclusive no âmbito de recursos em segundo grau de jurisdição e nos Tribunais Superiores, e não implicarão a suspensão dos prazos previstos nesta Lei, salvo se houver consenso entre as partes em sentido contrário ou determinação judicial. *(Artigo acrescido pela Lei nº 14.112, de 24/12/2020)*

Art. 20-B. Serão admitidas conciliações e mediações antecedentes ou incidentais aos processos de recuperação judicial, notadamente:

I - nas fases pré-processual e processual de disputas entre os sócios e acionistas de sociedade em dificuldade ou em recuperação judicial, bem como nos litígios que envolverem credores não sujeitos à recuperação judicial, nos termos dos §§ 3º e 4º do art. 49 desta Lei, ou credores extraconcursais;

II - em conflitos que envolverem concessionárias ou permissionárias de serviços públicos em recuperação judicial e órgãos reguladores ou entes públicos municipais, distritais, estaduais ou federais;

III - na hipótese de haver créditos extraconcursais contra empresas em recuperação judicial durante período de vigência de estado de calamidade pública, a fim de permitir a continuidade da prestação de serviços essenciais;

IV - na hipótese de negociação de dívidas e respectivas formas de pagamento entre a empresa em dificuldade e seus credores, em caráter antecedente ao ajuizamento de pedido de recuperação judicial.

§ 1º Na hipótese prevista no inciso IV do *caput* deste artigo, será facultado às empresas em dificuldade que preencham os requisitos legais para requerer recuperação judicial obter tutela de urgência cautelar, nos termos do art. 305 e seguintes da Lei nº 13.105, de 16 de março de 2015 (Código de Processo Civil), a fim de que sejam suspensas as execuções contra elas propostas pelo prazo de até 60 (sessenta) dias, para tentativa de composição com seus credores, em procedimento de mediação ou conciliação já instaurado perante o Centro Judiciário de Solução de Conflitos e Cidadania (Cejusc) do tribunal competente ou da câmara especializada, observados, no que couber, os arts. 16 e 17 da Lei nº 13.140, de 26 de junho de 2015.

§ 2º São vedadas a conciliação e a mediação sobre a natureza jurídica e a classificação de créditos, bem como sobre critérios de votação em assembleia-geral de credores.

§ 3º Se houver pedido de recuperação judicial ou extrajudicial, observados os critérios desta Lei, o período de suspensão previsto no § 1º deste artigo será deduzido do período de suspensão previsto no art. 6º desta Lei. *(Artigo acrescido pela Lei nº 14.112, de 24/12/2020)*

Art. 20-C. O acordo obtido por meio de conciliação ou de mediação com fundamento nesta Seção deverá ser homologado pelo juiz competente conforme o disposto no art. 3º desta Lei.

Parágrafo único. Requerida a recuperação judicial ou extrajudicial em até 360 (trezentos e sessenta) dias contados do acordo firmado durante o período da conciliação ou de mediação pré-processual, o credor terá reconstituídos seus direitos e garantias nas condições originalmente contratadas, deduzidos os valores eventualmente pagos e ressalvados os atos validamente praticados no âmbito dos procedimentos previstos nesta Seção. *(Artigo acrescido pela Lei nº 14.112, de 24/12/2020)*

Art. 20-D. As sessões de conciliação e de mediação de que trata esta Seção poderão ser realizadas por meio virtual, desde que o Cejusc do tribunal competente ou a câmara especializada responsável disponham de meios para a sua realização. *(Artigo acrescido pela Lei nº 14.112, de 24/12/2020)*

SEÇÃO III – DO ADMINISTRADOR JUDICIAL E DO COMITÊ DE CREDORES

Art. 21. O administrador judicial será profissional idôneo, preferencialmente advogado, economista, administrador de empresas ou contador, ou pessoa jurídica especializada.

Parágrafo único. Se o administrador judicial nomeado for pessoa jurídica, declarar-se-á, no termo de que trata o art. 33 desta Lei, o nome de profissional responsável pela condução do processo de falência ou de recuperação judicial, que não poderá ser substituído sem autorização do juiz.

Art. 22. Ao administrador judicial compete, sob a fiscalização do juiz e do Comitê, além de outros deveres que esta Lei lhe impõe:

I - na recuperação judicial e na falência:

a) enviar correspondência aos credores constantes na relação de que trata o inciso III do *caput* do art. 51, o inciso III do *caput* do art. 99 ou o inciso II do *caput* do art. 105 desta Lei, comunicando a data do pedido de recuperação judicial ou da decretação da falência, a natureza, o valor e a classificação dada ao crédito;

b) fornecer, com presteza, todas as informações pedidas pelos credores interessados;

c) dar extratos dos livros do devedor, que merecerão fé de ofício, a fim de servirem de fundamento nas habilitações e impugnações de créditos;

d) exigir dos credores, do devedor ou seus administradores quaisquer informações;

e) elaborar a relação de credores de que trata o § 2º do art. 7º desta Lei;

f) consolidar o quadro-geral de credores nos termos do art. 18 desta Lei;

g) requerer ao juiz convocação da assembleia-geral de credores nos casos previstos nesta Lei ou quando entender necessária sua ouvida para a tomada de decisões;

h) contratar, mediante autorização judicial, profissionais ou empresas especializadas para, quando necessário, auxiliá-lo no exercício de suas funções;

i) manifestar-se nos casos previstos nesta Lei;

j) estimular, sempre que possível, a conciliação, a mediação e outros métodos alternativos de solução de conflitos relacionados à recuperação judicial e à falência, respeitados os direitos de terceiros, na forma do § 3º do art. 3º da Lei nº 13.105, de 16 de março de 2015 (Código de Processo Civil); *(Alínea acrescida pela Lei nº 14.112, de 24/12/2020)*

k) manter endereço eletrônico na internet, com informações atualizadas sobre os processos de falência e de recuperação judicial, com a opção de consulta às peças principais do processo, salvo decisão judicial em sentido contrário; *(Alínea acrescida pela Lei nº 14.112, de 24/12/2020)*

l) manter endereço eletrônico específico para o recebimento de pedidos de habilitação ou a apresentação de divergências, ambos em âmbito administrativo, com modelos que poderão ser utilizados pelos credores, salvo decisão judicial em sentido contrário; *(Alínea acrescida pela Lei nº 14.112, de 24/12/2020)*

m) providenciar, no prazo máximo de 15 (quinze) dias, as respostas aos ofícios e às solicitações enviadas por outros juízos e órgãos públicos, sem necessidade de prévia deliberação do juízo; *(Alínea acrescida pela Lei nº 14.112, de 24/12/2020)*

II - na recuperação judicial:

a) fiscalizar as atividades do devedor e o cumprimento do plano de recuperação judicial;

b) requerer a falência no caso de descumprimento de obrigação assumida no plano de recuperação;

c) apresentar ao juiz, para juntada aos autos, relatório mensal das atividades do devedor, fiscalizando a veracidade e a conformidade das informações prestadas pelo devedor; *(Alínea com redação dada pela Lei nº 14.112, de 24/12/2020)*

d) apresentar o relatório sobre a execução do plano de recuperação, de que trata o inciso III do *caput* do art. 63 desta Lei;

e) fiscalizar o decurso das tratativas e a regularidade das negociações entre devedor e credores; *(Alínea acrescida pela Lei nº 14.112, de 24/12/2020)*

f) assegurar que devedor e credores não adotem expedientes dilatórios, inúteis ou, em geral, prejudiciais ao regular andamento das negociações; *(Alínea acrescida pela Lei nº 14.112, de 24/12/2020)*

g) assegurar que as negociações realizadas entre devedor e credores sejam regidas pelos termos convencionados entre os interessados ou, na falta de acordo, pelas regras propostas pelo administrador judicial e homologadas pelo juiz, observado o princípio da boa-fé para solução construtiva de consensos, que acarretem maior efetividade econômico-financeira e proveito social para os agentes econômicos envolvidos; *(Alínea acrescida pela Lei nº 14.112, de 24/12/2020)*

h) apresentar, para juntada aos autos, e publicar no endereço eletrônico específico relatório mensal das atividades do devedor e relatório sobre o plano de recuperação judicial, no prazo de até 15 (quinze) dias contado da apresentação do plano, fiscalizando a veracidade e a conformidade das informações prestadas pelo devedor, além de informar eventual ocorrência das condutas previstas no art. 64 desta Lei; *(Alínea acrescida pela Lei nº 14.112, de 24/12/2020)*

III - na falência:

a) avisar, pelo órgão oficial, o lugar e hora em que, diariamente, os credores terão à sua disposição os livros e documentos do falido;

b) examinar a escrituração do devedor;

c) relacionar os processos e assumir a representação judicial e extrajudicial, incluídos os processos arbitrais, da massa falida; *(Alínea com redação dada pela Lei nº 14.112, de 24/12/2020)*

d) receber e abrir a correspondência dirigida ao devedor, entregando a ele o que não for assunto de interesse da massa;

e) apresentar, no prazo de 40 (quarenta) dias, contado da assinatura do termo de compromisso, prorrogável por igual período, relatório sobre as causas e circunstâncias que conduziram à situação de falência, no qual apontará a responsabilidade civil e penal dos envolvidos, observado o disposto no art. 186 desta Lei;

f) arrecadar os bens e documentos do devedor e elaborar o auto de arrecadação, nos termos dos arts. 108 e 110 desta Lei;

g) avaliar os bens arrecadados;

h) contratar avaliadores, de preferência oficiais, mediante autorização judicial, para a avaliação dos bens caso entenda não ter condições técnicas para a tarefa;

i) praticar os atos necessários à realização do ativo e ao pagamento dos credores;

j) proceder à venda de todos os bens da massa falida no prazo máximo de 180 (cento e oitenta) dias, contado da data da juntada do auto de arrecadação, sob pena de destituição, salvo por impossibilidade fundamentada, reconhecida por decisão judicial; *(Alínea com redação dada pela Lei nº 14.112, de 24/12/2020)*

l) praticar todos os atos conservatórios de direitos e ações, diligenciar a cobrança de dívidas e dar a respectiva quitação;

m) remir, em benefício da massa e mediante autorização judicial, bens apenhados, penhorados ou legalmente retidos;

n) representar a massa falida em juízo, contratando, se necessário, advogado, cujos honorários serão previamente ajustados e aprovados pelo Comitê de Credores;

o) requerer todas as medidas e diligências que forem necessárias para o cumprimento desta Lei, a proteção da massa ou a eficiência da administração;

p) apresentar ao juiz para juntada aos autos, até o 10º (décimo) dia do mês seguinte ao vencido, conta demonstrativa da administração, que especifique com clareza a receita e a despesa;

q) entregar ao seu substituto todos os bens e documentos da massa em seu poder, sob pena de responsabilidade;

r) prestar contas ao final do processo, quando for substituído, destituído ou renunciar ao cargo;

s) arrecadar os valores dos depósitos realizados em processos administrativos ou judiciais nos quais o falido figure como parte, oriundos de penhoras, de bloqueios, de apreensões, de leilões, de alienação judicial e de outras hipóteses de constrição judicial, ressalvado o disposto nas Leis nos 9.703, de 17 de novembro de 1998, e 12.099, de 27 de novembro de 2009, e na Lei Complementar nº 151, de 5 de agosto de 2015. *(Alínea acrescida pela Lei nº 14.112, de 24/12/2020)*

§ 1º As remunerações dos auxiliares do administrador judicial serão fixadas pelo juiz, que considerará a complexidade dos trabalhos a serem executados e os valores praticados no mercado para o desempenho de atividades semelhantes.

§ 2º Na hipótese da alínea *d* do inciso I do *caput* deste artigo, se houver recusa, o juiz, a requerimento do administrador judicial, intimará aquelas pessoas para que compareçam à sede do juízo, sob pena de desobediência, oportunidade em que as interrogará na presença do administrador judicial, tomando seus depoimentos por escrito.

§ 3º Na falência, o administrador judicial não poderá, sem autorização judicial, após ouvidos o Comitê e o devedor no prazo comum de 2 (dois) dias, transigir sobre obrigações e direitos da massa falida e conceder abatimento de dívidas, ainda que sejam consideradas de difícil recebimento.

§ 4º Se o relatório de que trata a alínea *e* do inciso III do *caput* deste artigo apontar responsabilidade penal de qualquer dos envolvidos, o Ministério Público será intimado para tomar conhecimento de seu teor.

Art. 23. O administrador judicial que não apresentar, no prazo estabelecido, suas contas ou qualquer dos relatórios previstos nesta Lei será intimado pessoalmente a fazê-lo no prazo de 5 (cinco) dias, sob pena de desobediência.

Parágrafo único. Decorrido o prazo do *caput* deste artigo, o juiz destituirá o administrador judicial e nomeará substituto para elaborar relatórios ou organizar as contas, explicitando as responsabilidades de seu antecessor.

Art. 24. O juiz fixará o valor e a forma de pagamento da remuneração do administrador judicial, observados a capacidade de pagamento do devedor, o grau de complexidade do trabalho e os valores praticados no mercado para o desempenho de atividades semelhantes.

§ 1º Em qualquer hipótese, o total pago ao administrador judicial não excederá 5% (cincos por cento) do valor devido aos credores submetidos à recuperação judicial ou do valor de venda dos bens na falência.

§ 2º Será reservado 40% (quarenta por cento) do montante devido ao administrador judicial para pagamento após atendimento do previsto nos arts. 154 e 155 desta Lei.

§ 3º O administrador judicial substituído será remunerado proporcionalmente ao trabalho realizado, salvo se renunciar sem relevante razão ou for destituído de suas funções por desídia, culpa, dolo ou descumprimento das obrigações fixadas nesta Lei, hipóteses em que não terá direito à remuneração.

§ 4º Também não terá direito a remuneração o administrador que tiver suas contas desaprovadas.

§ 5º A remuneração do administrador judicial fica reduzida ao limite de 2% (dois por cento), no caso de microempresas e de empresas de pequeno porte, bem como na hipótese de que trata o art. 70-A desta Lei. *(Parágrafo acrescido pela Lei Complementar nº 147, de 7/8/2014, e com nova redação dada pela Lei nº 14.112, de 24/12/2020)*

Art. 25. Caberá ao devedor ou à massa falida arcar com as despesas relativas à remuneração do administrador judicial e das pessoas eventualmente contratadas para auxiliá-lo.

Art. 26. O Comitê de Credores será constituído por deliberação de qualquer das classes de credores na assembleia-geral e terá a seguinte composição:

I - 1 (um) representante indicado pela classe de credores trabalhistas, com 2 (dois) suplentes;

II - 1 (um) representante indicado pela classe de credores com direitos reais de garantia ou privilégios especiais, com 2 (dois) suplentes;

III - 1 (um) representante indicado pela classe de credores quirografários e com privilégios gerais, com 2 (dois) suplentes.

IV - 1 (um) representante indicado pela classe de credores representantes de microempresas e empresas de pequeno porte, com 2 (dois) suplentes. *(Inciso acrescido pela Lei Complementar nº 147, de 7/8/2014)*

§ 1º A falta de indicação de representante por quaisquer das classes não prejudicará a constituição do Comitê, que poderá funcionar com número inferior ao previsto no *caput* deste artigo.

§ 2º O juiz determinará, mediante requerimento subscrito por credores que representem a maioria dos créditos de uma classe, independentemente da realização de assembleia:

I - a nomeação do representante e dos suplentes da respectiva classe ainda não representada no Comitê; ou

II - a substituição do representante ou dos suplentes da respectiva classe.

§ 3º Caberá aos próprios membros do Comitê indicar, entre eles, quem irá presidi-lo.

Art. 27. O Comitê de Credores terá as seguintes atribuições, além de outras previstas nesta Lei:

I - na recuperação judicial e na falência:

a) fiscalizar as atividades e examinar as contas do administrador judicial;

b) zelar pelo bom andamento do processo e pelo cumprimento da lei;

c) comunicar ao juiz, caso detecte violação dos direitos ou prejuízo aos interesses dos credores;

d) apurar e emitir parecer sobre quaisquer reclamações dos interessados;

e) requerer ao juiz a convocação da assembleia-geral de credores;

f) manifestar-se nas hipóteses previstas nesta Lei;

II - na recuperação judicial:

a) fiscalizar a administração das atividades do devedor, apresentando, a cada 30 (trinta) dias, relatório de sua situação;

b) fiscalizar a execução do plano de recuperação judicial;

c) submeter à autorização do juiz, quando ocorrer o afastamento do devedor nas hipóteses previstas nesta Lei, a alienação de bens do ativo permanente, a constituição de ônus reais e outras garantias, bem como atos de endividamento necessários à continuação da atividade empresarial durante o período que antecede a aprovação do plano de recuperação judicial.

§ 1º As decisões do Comitê, tomadas por maioria, serão consignadas em livro de atas, rubricado pelo juízo, que ficará à disposição do administrador judicial, dos credores e do devedor.

§ 2º Caso não seja possível a obtenção de maioria em deliberação do Comitê, o impasse será resolvido pelo administrador judicial ou, na incompatibilidade deste, pelo juiz.

Art. 28. Não havendo Comitê de Credores, caberá ao administrador judicial ou, na incompatibilidade deste, ao juiz exercer suas atribuições.

Art. 29. Os membros do Comitê não terão sua remuneração custeada pelo devedor ou pela massa falida, mas as despesas realizadas para a realização de ato previsto nesta Lei, se devidamente comprovadas e com a autorização do juiz, serão ressarcidas atendendo às disponibilidades de caixa.

Art. 30. Não poderá integrar o Comitê ou exercer as funções de administrador judicial quem, nos últimos 5 (cinco) anos, no exercício do cargo de administrador judicial ou de membro do Comitê em falência ou recuperação judicial anterior, foi destituído, deixou de prestar contas dentro dos prazos legais ou teve a prestação de contas desaprovada.

§ 1º Ficará também impedido de integrar o Comitê ou exercer a função de administrador judicial quem tiver relação de parentesco ou afinidade até o 3º (terceiro) grau com o devedor, seus administradores, controladores ou representantes legais ou deles for amigo, inimigo ou dependente.

§ 2º O devedor, qualquer credor ou o Ministério Público poderá requerer ao juiz a substituição do administrador judicial ou dos membros do Comitê nomeados em desobediência aos preceitos desta Lei.

§ 3º O juiz decidirá, no prazo de 24 (vinte e quatro) horas, sobre o requerimento do § 2º deste artigo.

Art. 31. O juiz, de ofício ou a requerimento fundamentado de qualquer interessado, poderá determinar a destituição do administrador judicial ou de quaisquer dos membros do Comitê de Credores quando verificar desobediência aos preceitos desta Lei, descumprimento de deveres, omissão, negligência ou prática de ato lesivo às atividades do devedor ou a terceiros.

§ 1º No ato de destituição, o juiz nomeará novo administrador judicial ou convocará os suplentes para recompor o Comitê.

§ 2º Na falência, o administrador judicial substituído prestará contas no prazo de 10 (dez) dias, nos termos dos §§ 1º a 6º do art. 154 desta Lei.

Art. 32. O administrador judicial e os membros do Comitê responderão pelos prejuízos causados à massa falida, ao devedor ou aos credores por dolo ou culpa, devendo o dissidente em deliberação do Comitê consignar sua discordância em ata para eximir-se da responsabilidade.

Art. 33. O administrador judicial e os membros do Comitê de Credores, logo que nomeados, serão intimados pessoalmente para, em 48 (quarenta e oito) horas, assinar, na sede do juízo, o termo de compromisso de bem e fielmente desempenhar o cargo e assumir todas as responsabilidades a ele inerentes.

Art. 34. Não assinado o termo de compromisso no prazo previsto no art. 33 desta Lei, o juiz nomeará outro administrador judicial.

SEÇÃO IV – DA ASSEMBLEIA-GERAL DE CREDORES

Art. 35. A assembleia-geral de credores terá por atribuições deliberar sobre:

I - na recuperação judicial:

a) aprovação, rejeição ou modificação do plano de recuperação judicial apresentado pelo devedor;

b) a constituição do Comitê de Credores, a escolha de seus membros e sua substituição;

c) (VETADO)

d) o pedido de desistência do devedor, nos termos do § 4º do art. 52 desta Lei;

e) o nome do gestor judicial, quando do afastamento do devedor;

f) qualquer outra matéria que possa afetar os interesses dos credores;

g) alienação de bens ou direitos do ativo não circulante do devedor, não prevista no plano de recuperação judicial; *(Alínea acrescida pela Lei nº 14.112, de 24/12/2020)*

II - na falência:

a) (VETADO)

b) a constituição do Comitê de Credores, a escolha de seus membros e sua substituição;

c) a adoção de outras modalidades de realização do ativo, na forma do art. 145 desta Lei;

d) qualquer outra matéria que possa afetar os interesses dos credores.

Art. 36. A assembleia-geral de credores será convocada pelo juiz por meio de edital publicado no diário oficial eletrônico e disponibilizado no sítio eletrônico do administrador judicial, com antecedência mínima de 15 (quinze) dias, o qual conterá: *("Caput" do artigo com redação dada pela Lei nº 14.112, de 24/12/2020)*

I - local, data e hora da assembleia em 1ª (primeira) e em 2ª (segunda) convocação, não podendo esta ser realizada menos de 5 (cinco) dias depois da 1ª (primeira);

II - a ordem do dia;

III - local onde os credores poderão, se for o caso, obter cópia do plano de recuperação judicial a ser submetido à deliberação da assembleia.

§ 1º Cópia do aviso de convocação da assembleia deverá ser afixada de forma ostensiva na sede e filiais do devedor.

§ 2º Além dos casos expressamente previstos nesta Lei, credores que representem no mínimo 25% (vinte e cinco por cento) do valor total dos créditos de uma determinada classe poderão requerer ao juiz a convocação de assembleia-geral.

§ 3º As despesas com a convocação e a realização da assembleia-geral correm por conta do devedor ou da massa falida, salvo se convocada em virtude de requerimento do Comitê de Credores ou na hipótese do § 2º deste artigo.

Art. 37. A assembleia será presidida pelo administrador judicial, que designará 1 (um) secretário dentre os credores presentes.

§ 1º Nas deliberações sobre o afastamento do administrador judicial ou em outras em que haja incompatibilidade deste, a assembleia será presidida pelo credor presente que seja titular do maior crédito.

§ 2º A assembleia instalar-se-á, em 1ª (primeira) convocação, com a presença de credores titulares de mais da metade dos créditos de cada classe, computados pelo valor, e, em 2ª (segunda) convocação, com qualquer número.

§ 3º Para participar da assembleia, cada credor deverá assinar a lista de presença, que será encerrada no momento da instalação.

§ 4º O credor poderá ser representado na assembleia-geral por mandatário ou representante legal, desde que entregue ao administrador judicial, até 24 (vinte e quatro) horas antes da data prevista no aviso de convocação, documento hábil que comprove seus poderes ou a indicação das folhas dos autos do processo em que se encontre o documento.

§ 5º Os sindicatos de trabalhadores poderão representar seus associados titulares de créditos derivados da legislação do trabalho ou decorrentes de acidente de trabalho que não comparecerem, pessoalmente ou por procurador, à assembleia.

§ 6º Para exercer a prerrogativa prevista no § 5º deste artigo, o sindicato deverá:

I - apresentar ao administrador judicial, até 10 (dez) dias antes da assembleia, a relação dos associados que pretende representar, e o trabalhador que conste da relação de mais de um sindicato deverá esclarecer, até 24 (vinte e quatro) horas antes da assembleia, qual sindicato o representa, sob pena de não ser representado em assembleia por nenhum deles; e

II - (VETADO)

§ 7º Do ocorrido na assembleia, lavrar-se-á ata que conterá o nome dos presentes e as assinaturas do presidente, do devedor e de 2 (dois) membros de cada uma das classes votantes, e que será entregue ao juiz, juntamente com a lista de presença, no prazo de 48 (quarenta e oito) horas.

Art. 38. O voto do credor será proporcional ao valor de seu crédito, ressalvado, nas deliberações sobre o plano de recuperação judicial, o disposto no § 2º do art. 45 desta Lei.

Parágrafo único. Na recuperação judicial, para fins exclusivos de votação em assembleia-geral, o crédito em moeda estrangeira será convertido para moeda nacional pelo câmbio da véspera da data de realização da assembleia.

Art. 39. Terão direito a voto na assembleia-geral as pessoas arroladas no quadro-geral de credores ou, na sua falta, na relação de credores apresentada pelo administrador judicial na forma do art. 7º, § 2º, desta Lei, ou, ainda, na falta desta, na relação apresentada pelo próprio devedor nos termos dos arts. 51, incisos III e IV do *caput*, 99, inciso III do *caput*, ou 105, inciso II do *caput*, desta Lei, acrescidas, em qualquer caso, das que estejam habilitadas na data da realização da assembleia ou que tenham créditos admitidos ou alterados por decisão judicial, inclusive as que tenham obtido reserva de importâncias, observado o disposto nos §§ 1º e 2º do art. 10 desta Lei.

§ 1º Não terão direito a voto e não serão considerados para fins de verificação do *quorum* de instalação e de deliberação os titulares de créditos excetuados na forma dos §§ 3º e 4º do art. 49 desta Lei.

§ 2º As deliberações da assembleia-geral não serão invalidadas em razão de posterior decisão judicial acerca da existência, quantificação ou classificação de créditos.

§ 3º No caso de posterior invalidação de deliberação da assembleia, ficam resguardados os direitos de terceiros de boa-fé, respondendo os credores que aprovarem a deliberação pelos prejuízos comprovados causados por dolo ou culpa.

§ 4º Qualquer deliberação prevista nesta Lei a ser realizada por meio de assembleia-geral de credores poderá ser substituída, com idênticos efeitos, por:

I - termo de adesão firmado por tantos credores quantos satisfaçam o quórum de aprovação específico, nos termos estabelecidos no art. 45-A desta Lei;

II - votação realizada por meio de sistema eletrônico que reproduza as condições de tomada de voto da assembleia-geral de credores; ou

III - outro mecanismo reputado suficientemente seguro pelo juiz. *(Parágrafo acrescido pela Lei nº 14.112, de 24/12/2020)*

§ 5º As deliberações nos formatos previstos no § 4º deste artigo serão fiscalizadas pelo administrador judicial, que emitirá parecer sobre sua regularidade, previamente à sua homologação judicial, independentemente da concessão ou não da recuperação judicial. *(Parágrafo acrescido pela Lei nº 14.112, de 24/12/2020)*

§ 6º O voto será exercido pelo credor no seu interesse e de acordo com o seu juízo de conveniência e poderá ser declarado nulo por abusividade somente quando manifestamente exercido para obter vantagem ilícita para si ou para outrem. *(Parágrafo acrescido pela Lei nº 14.112, de 24/12/2020)*

§ 7º A cessão ou a promessa de cessão do crédito habilitado deverá ser imediatamente comunicada ao juízo da recuperação judicial. *(Parágrafo acrescido pela Lei nº 14.112, de 24/12/2020)*

Art. 40. Não será deferido provimento liminar, de caráter cautelar ou antecipatório dos efeitos da tutela, para a suspensão ou adiamento da assembleia-geral de credores em razão de pendência de discussão acerca da existência, da quantificação ou da classificação de créditos.

Art. 41. A assembleia-geral será composta pelas seguintes classes de credores:

I - titulares de créditos derivados da legislação do trabalho ou decorrentes de acidentes de trabalho;

II - titulares de créditos com garantia real;

III - titulares de créditos quirografários, com privilégio especial, com privilégio geral ou subordinados.

IV - titulares de créditos enquadrados como microempresa ou empresa de pequeno porte. *(Inciso acrescido pela Lei Complementar nº 147, de 7/8/2014)*

§ 1º Os titulares de créditos derivados da legislação do trabalho votam com a classe prevista no inciso I do *caput* deste artigo com o total de seu crédito, independentemente do valor.

§ 2º Os titulares de créditos com garantia real votam com a classe prevista no inciso II do *caput* deste artigo até o limite do valor do bem gravado e com a classe prevista no inciso III do *caput* deste artigo pelo restante do valor de seu crédito.

Art. 42. Considerar-se-á aprovada a proposta que obtiver votos favoráveis de credores que representem mais da metade do valor total dos créditos presentes à assembleia-geral, exceto nas deliberações sobre o plano de recuperação judicial nos termos da alínea a do inciso I do *caput* do art. 35 desta Lei, a composição do Comitê de Credores ou forma alternativa de realização do ativo nos termos do art. 145 desta Lei.

Art. 43. Os sócios do devedor, bem como as sociedades coligadas, controladoras, controladas ou as que tenham sócio ou acionista com participação superior a 10% (dez por cento) do capital social do devedor ou em que o devedor ou algum de seus sócios detenham participação superior a 10% (dez por cento) do capital social, poderão participar da assembleia-geral de credores, sem ter direito a voto e não serão considerados para fins de verificação do *quorum* de instalação e de deliberação.

Parágrafo único. O disposto neste artigo também se aplica ao cônjuge ou parente, consanguíneo ou afim, colateral até o 2º (segundo) grau, ascendente ou descendente do devedor, de administrador, do sócio controlador, de membro dos conselhos consultivo, fiscal ou semelhantes da sociedade devedora e à sociedade em que quaisquer dessas pessoas exerçam essas funções.

Art. 44. Na escolha dos representantes de cada classe no Comitê de Credores, somente os respectivos membros poderão votar.

Art. 45. Nas deliberações sobre o plano de recuperação judicial, todas as classes de credores referidas no art. 41 desta Lei deverão aprovar a proposta.

§ 1º Em cada uma das classes referidas nos incisos II e III do art. 41 desta Lei, a proposta deverá ser aprovada por credores que representem mais da metade do valor total dos créditos presentes à assembleia e, cumulativamente, pela maioria simples dos credores presentes.

§ 2º Nas classes previstas nos incisos I e IV do art. 41 desta Lei, a proposta deverá ser aprovada pela maioria simples dos credores presentes, independentemente do valor de seu crédito. *(Parágrafo com redação dada pela Lei Complementar nº 147, de 7/8/2014)*

§ 3º O credor não terá direito a voto e não será considerado para fins de verificação de *quorum* de deliberação se o plano de recuperação judicial não alterar o valor ou as condições originais de pagamento de seu crédito.

Art. 45-A. As deliberações da assembleia-geral de credores previstas nesta Lei poderão ser substituídas pela comprovação da adesão de credores que representem mais da metade do valor dos créditos sujeitos à recuperação judicial, observadas as exceções previstas nesta Lei.

§ 1º Nos termos do art. 56-A desta Lei, as deliberações sobre o plano de recuperação judicial poderão ser substituídas por documento que comprove o cumprimento do disposto no art. 45 desta Lei.

§ 2º As deliberações sobre a constituição do Comitê de Credores poderão ser substituídas por documento que comprove a adesão da maioria dos créditos de cada conjunto de credores previsto no art. 26 desta Lei.

§ 3º As deliberações sobre forma alternativa de realização do ativo na falência, nos termos do art. 145 desta Lei, poderão ser substituídas por documento que comprove a adesão de credores que representem 2/3 (dois terços) dos créditos.

§ 4º As deliberações no formato previsto neste artigo serão fiscalizadas pelo administrador judicial, que emitirá parecer sobre sua regularidade, com oitiva do Ministério Público, previamente à sua homologação judicial, independentemente da concessão ou não da recuperação judicial. *(Artigo acrescido pela Lei nº 14.112, de 24/12/2020)*

Art. 46. A aprovação de forma alternativa de realização do ativo na falência, prevista no art. 145 desta Lei, dependerá do voto favorável de credores que representem 2/3 (dois terços) dos créditos presentes à assembleia.

CAPÍTULO III – DA RECUPERAÇÃO JUDICIAL

SEÇÃO I – DISPOSIÇÕES GERAIS

Art. 47. A recuperação judicial tem por objetivo viabilizar a superação da situação de crise econômico-financeira do devedor, a fim de permitir a manutenção da fonte produtora, do emprego dos trabalhadores e dos interesses dos credores, promovendo, assim, a preservação da empresa, sua função social e o estímulo à atividade econômica.

Art. 48. Poderá requerer recuperação judicial o devedor que, no momento do pedido, exerça regularmente suas atividades há mais de 2 (dois) anos e que atenda aos seguintes requisitos, cumulativamente:

I - não ser falido e, se o foi, estejam declaradas extintas, por sentença transitada em julgado, as responsabilidades daí decorrentes;

II - não ter, há menos de 5 (cinco) anos, obtido concessão de recuperação judicial;

III - não ter, há menos de 5 (cinco) anos, obtido concessão de recuperação judicial com base no plano especial de que trata a Seção V deste Capítulo; *(Inciso com redação dada pela Lei Complementar nº 147, de 7/8/2014)*

IV - não ter sido condenado ou não ter, como administrador ou sócio controlador, pessoa condenada por qualquer dos crimes previstos nesta Lei.

§ 1º A recuperação judicial também poderá ser requerida pelo cônjuge sobrevivente, herdeiros do devedor, inventariante ou sócio remanescente. *(Parágrafo único transformado em parágrafo primeiro pela Lei nº 12.873, de 24/10/2013)*

§ 2º No caso de exercício de atividade rural por pessoa jurídica, admite-se a comprovação do prazo estabelecido no *caput* deste artigo por meio da Escrituração Contábil Fiscal (ECF), ou por meio de obrigação legal de registros contábeis que venha a substituir a ECF, entregue tempestivamente. *(Parágrafo acrescido pela Lei nº 12.873, de 24/10/2013, e com nova redação dada pela Lei nº 14.112, de 24/12/2020)*

§ 3º Para a comprovação do prazo estabelecido no *caput* deste artigo, o cálculo do período de exercício de atividade rural por pessoa física é feito com base no Livro Caixa Digital do Produtor Rural (LCDPR), ou por meio de obrigação legal de registros contábeis que venha a substituir o LCDPR, e pela Declaração do Imposto sobre a Renda da Pessoa Física (DIRPF) e balanço patrimonial, todos entregues tempestivamente. *(Parágrafo acrescido pela Lei nº 14.112, de 24/12/2020)*

§ 4º Para efeito do disposto no § 3º deste artigo, no que diz respeito ao período em que não for exigível a entrega do LCDPR, admitir-se-á a entrega do livro-caixa utilizado para a elaboração da DIRPF. *(Parágrafo acrescido pela Lei nº 14.112, de 24/12/2020)*

§ 5º Para os fins de atendimento ao disposto nos §§ 2º e 3º deste artigo, as informações contábeis relativas a receitas, a bens, a despesas, a custos e a dívidas deverão estar organizadas de acordo com a legislação e com o padrão contábil da legislação correlata vigente, bem como guardar obediência ao regime de competência e de elaboração de balanço patrimonial por contador habilitado. *(Parágrafo acrescido pela Lei nº 14.112, de 24/12/2020)*

Art. 48-A. Na recuperação judicial de companhia aberta, serão obrigatórios a formação e o funcionamento do conselho fiscal, nos termos da Lei nº 6.404, de 15 de dezembro de 1976, enquanto durar a fase da recuperação judicial, incluído o período de cumprimento das obrigações assumidas pelo plano de recuperação. *(Artigo acrescido pela Lei nº 14.112, de 24/12/2020)*

Art. 49. Estão sujeitos à recuperação judicial todos os créditos existentes na data do pedido, ainda que não vencidos.

§ 1º Os credores do devedor em recuperação judicial conservam seus direitos e privilégios contra os coobrigados, fiadores e obrigados de regresso.

§ 2º As obrigações anteriores à recuperação judicial observarão as condições originalmente contratadas ou definidas em lei, inclusive no que diz respeito aos encargos, salvo se de modo diverso ficar estabelecido no plano de recuperação judicial.

§ 3º Tratando-se de credor titular da posição de proprietário fiduciário de bens móveis ou imóveis, de arrendador mercantil, de proprietário ou promitente vendedor de imóvel cujos respectivos contratos contenham cláusula de irrevogabilidade ou irretratabilidade, inclusive em incorporações imobiliárias, ou de proprietário em contrato de venda com reserva de domínio, seu crédito não se submeterá aos efeitos da recuperação judicial e prevalecerão os direitos de propriedade sobre a coisa e as condições contratuais, observada a legislação respectiva, não se permitindo, contudo, durante o prazo de suspensão a que se refere o § 4º do art. 6º desta Lei, a venda ou a retirada do estabelecimento do devedor dos bens de capital essenciais a sua atividade empresarial.

§ 4º Não se sujeitará aos efeitos da recuperação judicial a importância a que se refere o inciso II do art. 86 desta Lei.

§ 5º Tratando-se de crédito garantido por penhor sobre títulos de crédito, direitos creditórios, aplicações financeiras ou valores mobiliários, poderão ser substituídas ou renovadas as garantias liquidadas ou vencidas durante a recuperação judicial e, enquanto não renovadas ou substituídas, o valor eventualmente recebido em pagamento das garantias permanecerá em conta vinculada durante o período de suspensão de que trata o § 4º do art. 6º desta Lei.

§ 6º Nas hipóteses de que tratam os §§ 2º e 3º do art. 48 desta Lei, somente estarão sujeitos à recuperação judicial os créditos que decorram exclusivamente da atividade rural e estejam discriminados nos documentos a que se referem os citados parágrafos, ainda que não vencidos. *(Parágrafo acrescido pela Lei nº 14.112, de 24/12/2020)*

§ 7º Não se sujeitarão aos efeitos da recuperação judicial os recursos controlados e abrangidos nos termos dos arts. 14 e 21 da Lei nº 4.829, de 5 de novembro de 1965. *(Parágrafo acrescido pela Lei nº 14.112, de 24/12/2020)*

§ 8º Estarão sujeitos à recuperação judicial os recursos de que trata o § 7º deste artigo que não tenham sido objeto de renegociação entre o devedor e a instituição financeira antes do pedido de recuperação judicial, na forma de ato do Poder Executivo. *(Parágrafo acrescido pela Lei nº 14.112, de 24/12/2020)*

§ 9º Não se enquadrará nos créditos referidos no *caput* deste artigo aquele relativo à dívida constituída nos 3 (três) últimos anos anteriores ao pedido de recuperação judicial, que tenha sido contraída com a finalidade de aquisição de propriedades rurais, bem como as respectivas garantias. *(Parágrafo acrescido pela Lei nº 14.112, de 24/12/2020)*

Art. 50. Constituem meios de recuperação judicial, observada a legislação pertinente a cada caso, dentre outros:

I - concessão de prazos e condições especiais para pagamento das obrigações vencidas ou vincendas;

II - cisão, incorporação, fusão ou transformação de sociedade, constituição de subsidiária integral, ou cessão de cotas ou ações, respeitados os direitos dos sócios, nos termos da legislação vigente;

III - alteração do controle societário;

IV - substituição total ou parcial dos administradores do devedor ou modificação de seus órgãos administrativos;

V - concessão aos credores de direito de eleição em separado de administradores e de poder de veto em relação às matérias que o plano especificar;

VI - aumento de capital social;

VII - trespasse ou arrendamento de estabelecimento, inclusive à sociedade constituída pelos próprios empregados;

VIII - redução salarial, compensação de horários e redução da jornada, mediante acordo ou convenção coletiva;

IX - dação em pagamento ou novação de dívidas do passivo, com ou sem constituição de garantia própria ou de terceiro;

X - constituição de sociedade de credores;

XI - venda parcial dos bens;

XII - equalização de encargos financeiros relativos a débitos de qualquer natureza, tendo como termo inicial a data da distribuição do pedido de recuperação judicial, aplicando-se inclusive aos contratos de crédito rural, sem prejuízo do disposto em legislação específica;

XIII - usufruto da empresa;

XIV - administração compartilhada;

XV - emissão de valores mobiliários;

XVI - constituição de sociedade de propósito específico para adjudicar, em pagamento dos créditos, os ativos do devedor;

XVII - conversão de dívida em capital social; *(Inciso acrescido pela Lei nº 14.112, de 24/12/2020)*

XVIII - venda integral da devedora, desde que garantidas aos credores não submetidos ou não aderentes condições, no mínimo, equivalentes àquelas que teriam na falência, hipótese em que será, para todos os fins, considerada unidade produtiva isolada. *(Inciso acrescido pela Lei nº 14.112, de 24/12/2020)*

§ 1º Na alienação de bem objeto de garantia real, a supressão da garantia ou sua substituição somente serão admitidas mediante aprovação expressa do credor titular da respectiva garantia.

§ 2º Nos créditos em moeda estrangeira, a variação cambial será conservada como parâmetro de indexação da correspondente obrigação e só poderá ser afastada se o credor titular do respectivo crédito aprovar expressamente previsão diversa no plano de recuperação judicial.

§ 3º Não haverá sucessão ou responsabilidade por dívidas de qualquer natureza a terceiro credor, investidor ou novo administrador em decorrência, respectivamente, da mera conversão de dívida em capital, de aporte de novos recursos na devedora ou de substituição dos administradores desta. *(Parágrafo acrescido pela Lei nº 14.112, de 24/12/2020)*

§ 4º O imposto sobre a renda e a Contribuição Social sobre o Lucro Líquido (CSLL) incidentes sobre o ganho de capital resultante da alienação de bens ou direitos pela pessoa jurídica em recuperação judicial poderão ser parcelados, com atualização monetária das parcelas, observado o seguinte:

I - o disposto na Lei nº 10.522, de 19 de julho de 2002; e

II - a utilização, como limite, da mediana de alongamento no plano de recuperação judicial em relação aos créditos a ele sujeitos. *(Parágrafo acrescido pela Lei nº 14.112, de 24/12/2020)*

§ 5º O limite de alongamento de prazo a que se refere o inciso II do § 4º deste artigo será readequado na hipótese de alteração superveniente do plano de recuperação judicial. *(Parágrafo acrescido pela Lei nº 14.112, de 24/12/2020)*

Art. 50-A. Nas hipóteses de renegociação de dívidas de pessoa jurídica no âmbito de processo de recuperação judicial, estejam as dívidas sujeitas ou não a esta, e do reconhecimento de seus efeitos nas demonstrações financeiras das sociedades, deverão ser observadas as seguintes disposições:

I - a receita obtida pelo devedor não será computada na apuração da base de cálculo da Contribuição para o Programa de Integração Social (PIS) e para o Programa de Formação do Patrimônio do Servidor Público (Pasep) e da Contribuição para o Financiamento da Seguridade Social (Cofins);

II - o ganho obtido pelo devedor com a redução da dívida não se sujeitará ao limite percentual de que tratam os arts. 42 e 58 da Lei nº 8.981, de 20 de janeiro de 1995, na apuração do imposto sobre a renda e da CSLL; e

III - as despesas correspondentes às obrigações assumidas no plano de recuperação judicial serão consideradas dedutíveis na determinação do lucro real e da base de cálculo da CSLL, desde que não tenham sido objeto de dedução anterior.

Parágrafo único. O disposto no *caput* deste artigo não se aplica à hipótese de dívida com:

I - pessoa jurídica que seja controladora, controlada, coligada ou interligada; ou

II - pessoa física que seja acionista controladora, sócia, titular ou administradora da pessoa jurídica devedora. *(Artigo acrescido pela Lei nº 14.112, de 2020, vetado pelo Presidente da República, mantido pelo Congresso Nacional e publicado na Edição Extra D do DOU de 26.03.2021)*

SEÇÃO II – DO PEDIDO E DO PROCESSAMENTO DA RECUPERAÇÃO JUDICIAL

Art. 51. A petição inicial de recuperação judicial será instruída com:

I - a exposição das causas concretas da situação patrimonial do devedor e das razões da crise econômico-financeira;

II - as demonstrações contábeis relativas aos 3 (três) últimos exercícios sociais e as levantadas especialmente para instruir o pedido, confeccionadas com estrita observância da legislação societária aplicável e compostas obrigatoriamente de:

a) balanço patrimonial;

b) demonstração de resultados acumulados;

c) demonstração do resultado desde o último exercício social;

d) relatório gerencial de fluxo de caixa e de sua projeção;

e) descrição das sociedades de grupo societário, de fato ou de direito; *(Alínea acrescida pela Lei nº 14.112, de 24/12/2020)*

III - a relação nominal completa dos credores, sujeitos ou não à recuperação judicial, inclusive aqueles por obrigação de fazer ou de dar, com a indicação do endereço físico e eletrônico de cada um, a natureza, conforme estabelecido nos arts. 83 e 84 desta Lei, e o valor atualizado do crédito, com a discriminação de sua origem, e o regime dos vencimentos; *(Inciso com redação dada pela Lei nº 14.112, de 24/12/2020)*

IV - a relação integral dos empregados, em que constem as respectivas funções, salários, indenizações e outras parcelas a que têm direito, com o correspondente mês de competência, e a discriminação dos valores pendentes de pagamento;

V - certidão de regularidade do devedor no Registro Público de Empresas, o ato constitutivo atualizado e as atas de nomeação dos atuais administradores;

VI - a relação dos bens particulares dos sócios controladores e dos administradores do devedor;

VII - os extratos atualizados das contas bancárias do devedor e de suas eventuais aplicações financeiras de qualquer modalidade, inclusive em fundos de investimento ou em bolsas de valores, emitidos pelas respectivas instituições financeiras;

VIII - certidões dos cartórios de protestos situados na comarca do domicílio ou sede do devedor e naquelas onde possui filial;

- *Arts. 27 a 31 da Lei de Protesto de Títulos e Documentos de Dívida (Lei 9.492/1997)*

IX - a relação, subscrita pelo devedor, de todas as ações judiciais e procedimentos arbitrais em que este figure como parte, inclusive as de natureza trabalhista, com a estimativa dos respectivos valores demandados; *(Inciso com redação dada pela Lei nº 14.112, de 24/12/2020)*

X - o relatório detalhado do passivo fiscal; e *(Inciso acrescido pela Lei nº 14.112, de 24/12/2020)*

XI - a relação de bens e direitos integrantes do ativo não circulante, incluídos aqueles não sujeitos à recuperação judicial, acompanhada dos negócios jurídicos celebrados com os credores de que trata o § 3º do art. 49 desta Lei. *(Inciso acrescido pela Lei nº 14.112, de 24/12/2020)*

§ 1º Os documentos de escrituração contábil e demais relatórios auxiliares, na forma e no suporte previstos em lei, permanecerão à disposição do juízo, do administrador judicial e, mediante autorização judicial, de qualquer interessado.

§ 2º Com relação à exigência prevista no inciso II do *caput* deste artigo, as microempresas e empresas de pequeno porte poderão apresentar livros e escrituração contábil simplificados nos termos da legislação específica.

§ 3º O juiz poderá determinar o depósito em cartório dos documentos a que se referem os §§ 1º e 2º deste artigo ou de cópia destes.

§ 4º Na hipótese de o ajuizamento da recuperação judicial ocorrer antes da data final de entrega do balanço correspondente ao exercício anterior, o devedor apresentará balanço prévio e juntará o balanço definitivo no prazo da lei societária aplicável. *(Parágrafo acrescido pela Lei nº 14.112, de 24/12/2020)*

§ 5º O valor da causa corresponderá ao montante total dos créditos sujeitos à recuperação judicial. *(Parágrafo acrescido pela Lei nº 14.112, de 24/12/2020)*

§ 6º Em relação ao período de que trata o § 3º do art. 48 desta Lei:

I - a exposição referida no inciso I do *caput* deste artigo deverá comprovar a crise de insolvência, caracterizada pela insuficiência de recursos financeiros ou patrimoniais com liquidez suficiente para saldar suas dívidas;

II - os requisitos do inciso II do *caput* deste artigo serão substituídos pelos documentos mencionados no § 3º do art. 48 desta Lei relativos aos últimos 2 (dois) anos. *(Parágrafo acrescido pela Lei nº 14.112, de 24/12/2020)*

Art. 51-A. Após a distribuição do pedido de recuperação judicial, poderá o juiz, quando reputar necessário, nomear profissional de sua confiança, com capacidade técnica e idoneidade, para promover a constatação exclusivamente das reais condições de funcionamento da requerente e da regularidade e da completude da documentação apresentada com a petição inicial.

§ 1º A remuneração do profissional de que trata o *caput* deste artigo deverá ser arbitrada posteriormente à apresentação do laudo e deverá considerar a complexidade do trabalho desenvolvido.

§ 2º O juiz deverá conceder o prazo máximo de 5 (cinco) dias para que o profissional nomeado apresente laudo de constatação das reais condições de funcionamento do devedor e da regularidade documental.

§ 3º A constatação prévia será determinada sem que seja ouvida a outra parte e sem apresentação de quesitos por qualquer das partes, com a possibilidade de o juiz determinar a realização da diligência sem a prévia ciência do devedor, quando entender que esta poderá frustrar os seus objetivos.

§ 4º O devedor será intimado do resultado da constatação prévia concomitantemente à sua intimação da decisão que deferir ou indeferir o processamento da recuperação judicial, ou que determinar a emenda da petição inicial, e poderá impugná-la mediante interposição do recurso cabível.

§ 5º A constatação prévia consistirá, objetivamente, na verificação das reais condições de funcionamento da empresa e da regularidade documental, vedado o indeferimento do processamento da recuperação judicial baseado na análise de viabilidade econômica do devedor.

§ 6º Caso a constatação prévia detecte indícios contundentes de utilização fraudulenta da ação de recuperação judicial, o juiz poderá indeferir a petição inicial, sem prejuízo de oficiar ao Ministério Público para tomada das providências criminais eventualmente cabíveis.

§ 7º Caso a constatação prévia demonstre que o principal estabelecimento do devedor não se situa na área de competência do juízo, o juiz deverá determinar a remessa dos autos, com urgência, ao juízo competente. *(Artigo acrescido pela Lei nº 14.112, de 24/12/2020)*

Art. 52. Estando em termos a documentação exigida no art. 51 desta Lei, o juiz deferirá o processamento da recuperação judicial e, no mesmo ato:

I - nomeará o administrador judicial, observado o disposto no art. 21 desta Lei;

II - determinará a dispensa da apresentação de certidões negativas para que o devedor exerça suas atividades, observado o disposto no § 3º do art. 195 da Constituição Federal e no art. 69 desta Lei; *(Inciso com redação dada pela Lei nº 14.112, de 24/12/2020)*

III - ordenará a suspensão de todas as ações ou execuções contra o devedor, na forma do art. 6º desta Lei, permanecendo os respectivos autos no juízo onde se processam, ressalvadas as ações previstas nos §§ 1º, 2º e 7º do art. 6º desta Lei e as relativas a créditos excetuados na forma dos §§ 3º e 4º do art. 49 desta Lei;

IV - determinará ao devedor a apresentação de contas demonstrativas mensais enquanto perdurar a recuperação judicial, sob pena de destituição de seus administradores;

V - ordenará a intimação eletrônica do Ministério Público e das Fazendas Públicas federal e de todos os Estados, Distrito Federal e Municípios em que o devedor tiver estabelecimento, a fim de que tomem conhecimento da recuperação judicial e informem eventuais créditos perante o devedor, para divulgação aos demais interessados. *(Inciso com redação dada pela Lei nº 14.112, de 24/12/2020)*

§ 1º O juiz ordenará a expedição de edital, para publicação no órgão oficial, que conterá:

I - o resumo do pedido do devedor e da decisão que defere o processamento da recuperação judicial;

II - a relação nominal de credores, em que se discrimine o valor atualizado e a classificação de cada crédito;

III - a advertência acerca dos prazos para habilitação dos créditos, na forma do art. 7º, § 1º, desta Lei, e para que os credores apresentem objeção ao plano de recuperação judicial apresentado pelo devedor nos termos do art. 55 desta Lei.

§ 2º Deferido o processamento da recuperação judicial, os credores poderão, a qualquer tempo, requerer a convocação de assembleia-geral para a constituição do Comitê de Credores ou substituição de seus membros, observado o disposto no § 2º do art. 36 desta Lei.

§ 3º No caso do inciso III do *caput* deste artigo, caberá ao devedor comunicar a suspensão aos juízos competentes.

§ 4º O devedor não poderá desistir do pedido de recuperação judicial após o deferimento de seu processamento, salvo se obtiver aprovação da desistência na assembleia-geral de credores.

SEÇÃO III – DO PLANO DE RECUPERAÇÃO JUDICIAL

Art. 53. O plano de recuperação será apresentado pelo devedor em juízo no prazo improrrogável de 60 (sessenta) dias da publicação da decisão que deferir o processamento da recuperação judicial, sob pena de convolação em falência, e deverá conter:

I - discriminação pormenorizada dos meios de recuperação a ser empregados, conforme o art. 50 desta Lei, e seu resumo;

II - demonstração de sua viabilidade econômica; e

III - laudo econômico-financeiro e de avaliação dos bens e ativos do devedor, subscrito por profissional legalmente habilitado ou empresa especializada.

Parágrafo único. O juiz ordenará a publicação de edital contendo aviso aos credores sobre o recebimento do plano de recuperação e fixando o prazo para a manifestação de eventuais objeções, observado o art. 55 desta Lei.

Art. 54. O plano de recuperação judicial não poderá prever prazo superior a 1 (um) ano para pagamento dos créditos derivados da legislação do trabalho ou decorrentes de acidentes de trabalho vencidos até a data do pedido de recuperação judicial.

§ 1º O plano não poderá, ainda, prever prazo superior a 30 (trinta) dias para o pagamento, até o limite de 5 (cinco) salários-mínimos por trabalhador, dos créditos de natureza estritamente salarial vencidos nos 3 (três) meses anteriores ao pedido de recuperação judicial. *(Parágrafo único transformado em § 1º pela Lei nº 14.112, de 24/12/2020)*

§ 2º O prazo estabelecido no *caput* deste artigo poderá ser estendido em até 2 (dois) anos, se o plano de recuperação judicial atender aos seguintes requisitos, cumulativamente:

I - apresentação de garantias julgadas suficientes pelo juiz;

II - aprovação pelos credores titulares de créditos derivados da legislação trabalhista ou decorrentes de acidentes de trabalho, na forma do § 2º do art. 45 desta Lei; e

III - garantia da integralidade do pagamento dos créditos trabalhistas. *(Parágrafo acrescido pela Lei nº 14.112, de 24/12/2020)*

SEÇÃO IV – DO PROCEDIMENTO DE RECUPERAÇÃO JUDICIAL

Art. 55. Qualquer credor poderá manifestar ao juiz sua objeção ao plano de recuperação judicial no prazo de 30 (trinta) dias contado da publicação da relação de credores de que trata o § 2º do art. 7º desta Lei.

Parágrafo único. Caso, na data da publicação da relação de que trata o *caput* deste artigo, não tenha sido publicado o aviso previsto no art. 53, parágrafo único, desta Lei, contar-se-á da publicação deste o prazo para as objeções.

Art. 56. Havendo objeção de qualquer credor ao plano de recuperação judicial, o juiz convocará a assembleia-geral de credores para deliberar sobre o plano de recuperação.

§ 1º A data designada para a realização da assembleia-geral não excederá 150 (cento e cinquenta) dias contados do deferimento do processamento da recuperação judicial.

§ 2º A assembleia-geral que aprovar o plano de recuperação judicial poderá indicar os membros do Comitê de Credores, na forma do art. 26 desta Lei, se já não estiver constituído.

§ 3º O plano de recuperação judicial poderá sofrer alterações na assembleia-geral, desde que haja expressa concordância do devedor e em termos que não impliquem diminuição dos direitos exclusivamente dos credores ausentes.

§ 4º Rejeitado o plano de recuperação judicial, o administrador judicial submeterá, no ato, à votação da assembleia-geral de credores a concessão de prazo de 30 (trinta) dias para que seja apresentado plano de recuperação judicial pelos credores. *(Parágrafo com redação dada pela Lei nº 14.112, de 24/12/2020)*

§ 5º A concessão do prazo a que se refere o § 4º deste artigo deverá ser aprovada por credores que representem mais da metade dos créditos presentes à assembleia-geral de credores. *(Parágrafo acrescido pela Lei nº 14.112, de 24/12/2020)*

§ 6º O plano de recuperação judicial proposto pelos credores somente será posto em votação caso satisfeitas, cumulativamente, as seguintes condições:

I - não preenchimento dos requisitos previstos no § 1º do art. 58 desta Lei;

II - preenchimento dos requisitos previstos nos incisos I, II e III do *caput* do art. 53 desta Lei;

III - apoio por escrito de credores que representem, alternativamente:

a) mais de 25% (vinte e cinco por cento) dos créditos totais sujeitos à recuperação judicial; ou

b) mais de 35% (trinta e cinco por cento) dos créditos dos credores presentes à assembleia-geral a que se refere o § 4º deste artigo;

IV - não imputação de obrigações novas, não previstas em lei ou em contratos anteriormente celebrados, aos sócios do devedor;

V - previsão de isenção das garantias pessoais prestadas por pessoas naturais em relação aos créditos a serem novados e que sejam de titularidade dos credores mencionados no inciso III deste parágrafo ou daqueles que votarem favoravelmente ao plano de recuperação judicial apresentado pelos credores, não permitidas ressalvas de voto; e

VI - não imposição ao devedor ou aos seus sócios de sacrifício maior do que aquele que decorreria da liquidação na falência. *(Parágrafo acrescido pela Lei nº 14.112, de 24/12/2020)*

§ 7º O plano de recuperação judicial apresentado pelos credores poderá prever a capitalização dos créditos, inclusive com a consequente alteração do controle da sociedade devedora, permitido o exercício do direito de retirada pelo sócio do devedor. *(Parágrafo acrescido pela Lei nº 14.112, de 24/12/2020)*

§ 8º Não aplicado o disposto nos §§ 4º, 5º e 6º deste artigo, ou rejeitado o plano de recuperação judicial proposto pelos credores, o juiz convolará a recuperação judicial em falência. *(Parágrafo acrescido pela Lei nº 14.112, de 24/12/2020)*

§ 9º Na hipótese de suspensão da assembleia-geral de credores convocada para fins de votação do plano de recuperação judicial, a assembleia deverá ser encerrada no prazo de até 90 (noventa) dias, contado da data de sua instalação. *(Parágrafo acrescido pela Lei nº 14.112, de 24/12/2020)*

Art. 56-A. Até 5 (cinco) dias antes da data de realização da assembleia-geral de credores convocada para deliberar sobre o plano, o devedor poderá comprovar a aprovação dos credores por meio de termo de adesão, observado o quórum previsto no art. 45 desta Lei, e requerer a sua homologação judicial.

§ 1º No caso previsto no *caput* deste artigo, a assembleia-geral será imediatamente dispensada, e o juiz intimará os credores para apresentarem eventuais oposições, no prazo de 10 (dez) dias, o qual substituirá o prazo inicialmente estipulado nos termos do *caput* do art. 55 desta Lei.

§ 2º Oferecida oposição prevista no § 1º deste artigo, terá o devedor o prazo de 10 (dez) dias para manifestar-se a respeito, ouvido a seguir o administrador judicial, no prazo de 5 (cinco) dias.

§ 3º No caso de dispensa da assembleia-geral ou de aprovação do plano de recuperação judicial em assembleia-geral, as oposições apenas poderão versar sobre:

I - não preenchimento do quórum legal de aprovação;

II - descumprimento do procedimento disciplinado nesta Lei;

III - irregularidades do termo de adesão ao plano de recuperação; ou

IV - irregularidades e ilegalidades do plano de recuperação. *(Artigo acrescido pela Lei nº 14.112, de 24/12/2020)*

Art. 57. Após a juntada aos autos do plano aprovado pela assembleia-geral de credores ou decorrido o prazo previsto no art. 55 desta Lei sem objeção de credores, o devedor apresentará certidões negativas de débitos tributários nos termos dos arts. 151, 205, 206 da Lei nº 5.172, de 25 de outubro de 1966 - Código Tributário Nacional.

Art. 58. Cumpridas as exigências desta Lei, o juiz concederá a recuperação judicial do devedor cujo plano não tenha sofrido objeção de credor nos termos do art. 55 desta Lei ou tenha sido aprovado pela assembleia-geral de credores na forma dos arts. 45 ou 56-A desta Lei. *("Caput" do artigo com redação dada pela Lei nº 14.112, de 24/12/2020)*

§ 1º O juiz poderá conceder a recuperação judicial com base em plano que não obteve aprovação na forma do art. 45 desta Lei, desde que, na mesma assembleia, tenha obtido, de forma cumulativa:

I - o voto favorável de credores que representem mais da metade do valor de todos os créditos presentes à assembleia, independentemente de classes;

II - a aprovação de 3 (três) das classes de credores ou, caso haja somente 3 (três) classes com credores votantes, a aprovação de pelo menos 2 (duas) das classes ou, caso haja somente 2 (duas) classes com credores votantes, a aprovação de pelo menos 1 (uma) delas, sempre nos termos do art. 45 desta Lei; *(Inciso com redação dada pela Lei nº 14.112, de 24/12/2020)*

III - na classe que o houver rejeitado, o voto favorável de mais de 1/3 (um terço) dos credores, computados na forma dos §§ 1º e 2º do art. 45 desta Lei.

§ 2º A recuperação judicial somente poderá ser concedida com base no § 1º deste artigo se o plano não implicar tratamento diferenciado entre os credores da classe que o houver rejeitado.

§ 3º Da decisão que conceder a recuperação judicial serão intimados eletronicamente o Ministério Público e as Fazendas Públicas federal e de todos os Estados, Distrito Federal e Municípios em que o devedor tiver estabelecimento. *(Parágrafo acrescido pela Lei nº 14.112, de 24/12/2020)*

Art. 58-A. Rejeitado o plano de recuperação proposto pelo devedor ou pelos credores e não preenchidos os requisitos estabelecidos no § 1º do art. 58 desta Lei, o juiz convolará a recuperação judicial em falência.

Parágrafo único. Da sentença prevista no *caput* deste artigo caberá agravo de instrumento. *(Artigo acrescido pela Lei nº 14.112, de 24/12/2020)*

Art. 59. O plano de recuperação judicial implica novação dos créditos anteriores ao pedido, e obriga o devedor e todos os credores a ele sujeitos, sem prejuízo das garantias, observado o disposto no § 1º do art. 50 desta Lei.

§ 1º A decisão judicial que conceder a recuperação judicial constituirá título executivo judicial, nos termos do art. 584, inciso III, do *caput* da Lei nº 5.869, de 11 de janeiro de 1973 - Código de Processo Civil.

§ 2º Contra a decisão que conceder a recuperação judicial caberá agravo, que poderá ser interposto por qualquer credor e pelo Ministério Público.

§ 3º Da decisão que conceder a recuperação judicial serão intimadas eletronicamente as Fazendas Públicas federal e de todos os Estados, Distrito Federal e Municípios em que o devedor tiver estabelecimento. *(Parágrafo acrescido pela Lei nº 14.112, de 24/12/2020)*

Art. 60. Se o plano de recuperação judicial aprovado envolver alienação judicial de filiais ou de unidades produtivas isoladas do devedor, o juiz ordenará a sua realização, observado o disposto no art. 142 desta Lei.

Parágrafo único. O objeto da alienação estará livre de qualquer ônus e não haverá sucessão do arrematante nas obrigações do devedor de qualquer natureza, incluídas, mas não exclusivamente, as de natureza ambiental, regulatória, administrativa, penal, anticorrupção, tributária e trabalhista, observado o disposto no § 1º do art. 141 desta Lei. *(Redação dada pela Lei nº 14.112, de 2020, vetado pelo Presidente da República, mantido pelo Congresso Nacional e publicado na Edição Extra D do DOU de 26.03.2021)*

Art. 60-A. A unidade produtiva isolada de que trata o art. 60 desta Lei poderá abranger bens, direitos ou ativos de qualquer natureza, tangíveis ou intangíveis, isolados ou em conjunto, incluídas participações dos sócios.

Parágrafo único. O disposto no *caput* deste artigo não afasta a incidência do inciso VI do *caput* e do § 2º do art. 73 desta Lei. *(Artigo acrescido pela Lei nº 14.112, de 24/12/2020)*

Art. 61. Proferida a decisão prevista no art. 58 desta Lei, o juiz poderá determinar a manutenção do devedor em recuperação judicial até que sejam cumpridas todas as obrigações previstas no plano que vencerem até, no máximo, 2 (dois) anos depois da concessão da recuperação judicial, independentemente do eventual período de carência. *("Caput" do artigo com redação dada pela Lei nº 14.112, de 24/12/2020)*

§ 1º Durante o período estabelecido no *caput* deste artigo, o descumprimento de qualquer obrigação prevista no plano acarretará a convolação da recuperação em falência, nos termos do art. 73 desta Lei.

§ 2º Decretada a falência, os credores terão reconstituídos seus direitos e garantias nas condições originalmente contratadas, deduzidos os valores eventualmente pagos e ressalvados os atos validamente praticados no âmbito da recuperação judicial.

Art. 62. Após o período previsto no art. 61 desta Lei, no caso de descumprimento de qualquer obrigação prevista no plano de recuperação judicial, qualquer credor poderá requerer a execução específica ou a falência com base no art. 94 desta Lei.

Art. 63. Cumpridas as obrigações vencidas no prazo previsto no *caput* do art. 61 desta Lei, o juiz decretará por sentença o encerramento da recuperação judicial e determinará:

I - o pagamento do saldo de honorários ao administrador judicial, somente podendo efetuar a quitação dessas obrigações mediante prestação de contas, no prazo de 30 (trinta) dias, e aprovação do relatório previsto no inciso III do *caput* deste artigo;

II - a apuração do saldo das custas judiciais a serem recolhidas;

III - a apresentação de relatório circunstanciado do administrador judicial, no prazo máximo de 15 (quinze) dias, versando sobre a execução do plano de recuperação pelo devedor;

IV - a dissolução do Comitê de Credores e a exoneração do administrador judicial;

V - a comunicação ao Registro Público de Empresas e à Secretaria Especial da Receita Federal do Brasil do Ministério da Economia para as providências cabíveis. *(Inciso com redação dada pela Lei nº 14.112, de 24/12/2020)*

Parágrafo único. O encerramento da recuperação judicial não dependerá da consolidação do quadro-geral de credores. *(Parágrafo único acrescido pela Lei nº 14.112, de 24/12/2020)*

Art. 64. Durante o procedimento de recuperação judicial, o devedor ou seus administradores serão mantidos na condução da atividade empresarial, sob fiscalização do Comitê, se houver, e do administrador judicial, salvo se qualquer deles:

I - houver sido condenado em sentença penal transitada em julgado por crime cometido em recuperação judicial ou falência anteriores ou por crime contra o patrimônio, a economia popular ou a ordem econômica previstos na legislação vigente;

II - houver indícios veementes de ter cometido crime previsto nesta Lei;

III - houver agido com dolo, simulação ou fraude contra os interesses de seus credores;

IV - houver praticado qualquer das seguintes condutas:

a) efetuar gastos pessoais manifestamente excessivos em relação a sua situação patrimonial;

b) efetuar despesas injustificáveis por sua natureza ou vulto, em relação ao capital ou gênero do negócio, ao movimento das operações e a outras circunstâncias análogas;

c) descapitalizar injustificadamente a empresa ou realizar operações prejudiciais ao seu funcionamento regular;

d) simular ou omitir créditos ao apresentar a relação de que trata o inciso III do *caput* do art. 51 desta Lei, sem relevante razão de direito ou amparo de decisão judicial;

V - negar-se a prestar informações solicitadas pelo administrador judicial ou pelos demais membros do Comitê;

VI - tiver seu afastamento previsto no plano de recuperação judicial.

Parágrafo único. Verificada qualquer das hipóteses do *caput* deste artigo, o juiz destituirá o administrador, que será substituído na forma prevista nos atos constitutivos do devedor ou do plano de recuperação judicial.

Art. 65. Quando do afastamento do devedor, nas hipóteses previstas no art. 64 desta Lei, o juiz convocará a assembleia-geral de credores para deliberar sobre o nome do gestor judicial que assumirá a administração das atividades do devedor, aplicando-se-lhe, no que couber, todas as normas sobre deveres, impedimentos e remuneração do administrador judicial.

§ 1º O administrador judicial exercerá as funções de gestor enquanto a assembleia-geral não deliberar sobre a escolha deste.

§ 2º Na hipótese de o gestor indicado pela assembleia-geral de credores recusar ou estar impedido de aceitar o encargo para gerir os negócios do devedor, o juiz convocará, no prazo de 72 (setenta e duas) horas, contado da recusa ou da declaração do impedimento nos autos, nova assembleia-geral, aplicado o disposto no § 1º deste artigo.

Art. 66. Após a distribuição do pedido de recuperação judicial, o devedor não poderá alienar ou onerar bens ou direitos de seu ativo não circulante, inclusive para os fins previstos no art. 67 desta Lei, salvo mediante autorização do juiz, depois de ouvido o Comitê de Credores, se houver, com exceção daqueles previamente autorizados no plano de recuperação judicial. *("Caput" do artigo com redação dada pela Lei nº 14.112, de 24/12/2020)*

§ 1º Autorizada a alienação de que trata o *caput* deste artigo pelo juiz, observar-se-á o seguinte:

I - nos 5 (cinco) dias subsequentes à data da publicação da decisão, credores que corresponderem a mais de 15% (quinze por cento) do valor total de créditos sujeitos à recuperação judicial, comprovada a prestação da caução equivalente ao valor total da alienação, poderão manifestar ao administrador judicial, fundamentadamente, o interesse na realização da assembleia-geral de credores para deliberar sobre a realização da venda;

II - nas 48 (quarenta e oito) horas posteriores ao final do prazo previsto no inciso I deste parágrafo, o administrador judicial apresentará ao juiz relatório das manifestações recebidas e, somente na hipótese de cumpridos os requisitos estabelecidos, requererá a convocação de assembleia-geral de credores, que será realizada da forma mais célere, eficiente e menos onerosa, preferencialmente por intermédio dos instrumentos referidos no § 4º do art. 39 desta Lei. *(Parágrafo acrescido pela Lei nº 14.112, de 24/12/2020)*

§ 2º As despesas com a convocação e a realização da assembleia-geral correrão por conta dos credores referidos no inciso I do § 1º deste artigo, proporcionalmente ao valor total de seus créditos. *(Parágrafo acrescido pela Lei nº 14.112, de 24/12/2020)*

§ 3º Desde que a alienação seja realizada com observância do disposto no § 1º do art. 141 e no art. 142 desta Lei, o objeto da alienação estará livre de qualquer ônus e não haverá sucessão do adquirente nas obrigações do devedor, incluídas, mas não exclusivamente, as de natureza ambiental, regulatória, administrativa, penal, anticorrupção, tributária e trabalhista. *(Acrescido pela Lei nº 14.112, de 2020, vetado pelo Presidente da República, mantido pelo Congresso Nacional e publicado na Edição Extra D do DOU de 26.03.2021)*

§ 4º O disposto no *caput* deste artigo não afasta a incidência do inciso VI do *caput* e do § 2º do art. 73 desta Lei. *(Parágrafo acrescido pela Lei nº 14.112, de 24/12/2020)*

Art. 66-A. A alienação de bens ou a garantia outorgada pelo devedor a adquirente ou a financiador de boa-fé, desde que realizada mediante autorização judicial expressa ou prevista em plano de recuperação judicial ou extrajudicial aprovado, não poderá ser anulada ou tornada ineficaz após a consumação do negócio jurídico com o recebimento dos recursos correspondentes pelo devedor. *(Artigo acrescido pela Lei nº 14.112, de 24/12/2020)*

Art. 67. Os créditos decorrentes de obrigações contraídas pelo devedor durante a recuperação judicial, inclusive aqueles relativos a despesas com fornecedores de bens ou serviços e contratos de mútuo, serão considerados extraconcursais, em caso de decretação de falência, respeitada, no que couber, a ordem estabelecida no art. 83 desta Lei.

Parágrafo único. O plano de recuperação judicial poderá prever tratamento diferenciado aos créditos sujeitos à recuperação judicial pertencentes a fornecedores de bens ou serviços que continuarem a provê-los normalmente após o pedido de recuperação judicial, desde que tais bens ou serviços sejam necessários para a manutenção das atividades e que o tratamento diferenciado seja adequado e razoável no que concerne à relação comercial futura. *(Parágrafo único com redação dada pela Lei nº 14.112, de 24/12/2020)*

Art. 68. As Fazendas Públicas e o Instituto Nacional do Seguro Social - INSS poderão deferir, nos termos da legislação específica, parcelamento de seus créditos, em sede de recuperação judicial, de acordo com os parâmetros estabelecidos na Lei nº 5.172, de 25 de outubro de 1966 - Código Tributário Nacional.

Parágrafo único. As microempresas e empresas de pequeno porte farão jus a prazos 20% (vinte por cento) superiores àqueles regularmente concedidos às demais empresas. *(Parágrafo acrescido pela Lei Complementar nº 147, de 7/8/2014)*

Art. 69. Em todos os atos, contratos e documentos firmados pelo devedor sujeito ao procedimento de recuperação judicial deverá ser acrescida, após o nome empresarial, a expressão "em Recuperação Judicial".

Parágrafo único. O juiz determinará ao Registro Público de Empresas e à Secretaria Especial da Receita Federal do Brasil a anotação da recuperação judicial nos registros correspondentes. *(Parágrafo único com redação dada pela Lei nº 14.112, de 24/12/2020)*

SEÇÃO IV-A – DO FINANCIAMENTO DO DEVEDOR E DO GRUPO DEVEDOR DURANTE A RECUPERAÇÃO JUDICIAL

(Seção acrescida pela Lei nº 14.112, de 24/12/2020)

Art. 69-A. Durante a recuperação judicial, nos termos dos arts. 66 e 67 desta Lei, o juiz poderá, depois de ouvido o Comitê de Credores, autorizar a celebração de contratos de financiamento com o devedor, garantidos pela oneração ou pela alienação fiduciária de bens e direitos, seus ou de terceiros, pertencentes ao ativo não circulante, para financiar as suas atividades e as despesas de reestruturação ou de preservação do valor de ativos. *(Artigo acrescido pela Lei nº 14.112, de 24/12/2020)*

Art. 69-B. A modificação em grau de recurso da decisão autorizativa da contratação do financiamento não pode alterar sua natureza extraconcursal, nos termos do art. 84 desta Lei, nem as garantias outorgadas pelo devedor em favor do financiador de boa-fé, caso o desembolso dos recursos já tenha sido efetivado. *(Artigo acrescido pela Lei nº 14.112, de 24/12/2020)*

Art. 69-C. O juiz poderá autorizar a constituição de garantia subordinada sobre um ou mais ativos do devedor em favor do financiador de devedor em recuperação judicial, dispensando a anuência do detentor da garantia original.

§ 1º A garantia subordinada, em qualquer hipótese, ficará limitada ao eventual excesso resultante da alienação do ativo objeto da garantia original.

§ 2º O disposto no *caput* deste artigo não se aplica a qualquer modalidade de alienação fiduciária ou de cessão fiduciária. *(Artigo acrescido pela Lei nº 14.112, de 24/12/2020)*

Art. 69-D. Caso a recuperação judicial seja convolada em falência antes da liberação integral dos valores de que trata esta Seção, o contrato de financiamento será considerado automaticamente rescindido.

Parágrafo único. As garantias constituídas e as preferências serão conservadas até o limite dos valores efetivamente entregues ao devedor antes da data da sentença que convolar a recuperação judicial em falência. *(Artigo acrescido pela Lei nº 14.112, de 24/12/2020)*

Art. 69-E. O financiamento de que trata esta Seção poderá ser realizado por qualquer pessoa, inclusive credores, sujeitos ou não à recuperação judicial, familiares, sócios e integrantes do grupo do devedor. *(Artigo acrescido pela Lei nº 14.112, de 24/12/2020)*

Art. 69-F. Qualquer pessoa ou entidade pode garantir o financiamento de que trata esta Seção mediante a oneração ou a alienação fiduciária de bens e direitos, inclusive o próprio devedor e os demais integrantes do seu grupo, estejam ou não em recuperação judicial. *(Artigo acrescido pela Lei nº 14.112, de 24/12/2020)*

SEÇÃO IV-B – DA CONSOLIDAÇÃO PROCESSUAL E DA CONSOLIDAÇÃO SUBSTANCIAL

(Seção acrescida pela Lei nº 14.112, de 24/12/2020)

Art. 69-G. Os devedores que atendam aos requisitos previstos nesta Lei e que integrem grupo sob controle societário comum poderão requerer recuperação judicial sob consolidação processual.

§ 1º Cada devedor apresentará individualmente a documentação exigida no art. 51 desta Lei.

§ 2º O juízo do local do principal estabelecimento entre os dos devedores é competente para deferir a recuperação judicial sob consolidação processual, em observância ao disposto no art. 3º desta Lei.

§ 3º Exceto quando disciplinado de forma diversa, as demais disposições desta Lei aplicam-se aos casos de que trata esta Seção. *(Artigo acrescido pela Lei nº 14.112, de 24/12/2020)*

Art. 69-H. Na hipótese de a documentação de cada devedor ser considerada adequada, apenas um administrador judicial será nomeado, observado o disposto na Seção III do Capítulo II desta Lei. *(Artigo acrescido pela Lei nº 14.112, de 24/12/2020)*

Art. 69-I. A consolidação processual, prevista no art. 69-G desta Lei, acarreta a coordenação de atos processuais, garantida a independência dos devedores, dos seus ativos e dos seus passivos.

§ 1º Os devedores proporão meios de recuperação independentes e específicos para a composição de seus passivos, admitida a sua apresentação em plano único.

§ 2º Os credores de cada devedor deliberarão em assembleias-gerais de credores independentes.

§ 3º Os quóruns de instalação e de deliberação das assembleias-gerais de que trata o § 2º deste artigo serão verificados, exclusivamente, em referência aos credores de cada devedor, e serão elaboradas atas para cada um dos devedores.

§ 4º A consolidação processual não impede que alguns devedores obtenham a concessão da recuperação judicial e outros tenham a falência decretada.

§ 5º Na hipótese prevista no § 4º deste artigo, o processo será desmembrado em tantos processos quantos forem necessários. *(Artigo acrescido pela Lei nº 14.112, de 24/12/2020)*

Art. 69-J. O juiz poderá, de forma excepcional, independentemente da realização de assembleia-geral, autorizar a consolidação substancial de ativos e passivos dos devedores integrantes do mesmo grupo econômico que estejam em recuperação judicial sob consolidação processual, apenas quando constatar a interconexão e a confusão entre ativos ou passivos dos devedores, de modo que não seja possível identificar a sua titularidade sem excessivo dispêndio de tempo ou de recursos, cumulativamente com a ocorrência de, no mínimo, 2 (duas) das seguintes hipóteses:

I - existência de garantias cruzadas;

II - relação de controle ou de dependência;

III - identidade total ou parcial do quadro societário; e

IV - atuação conjunta no mercado entre os postulantes. *(Artigo acrescido pela Lei nº 14.112, de 24/12/2020)*

Art. 69-K. Em decorrência da consolidação substancial, ativos e passivos de devedores serão tratados como se pertencessem a um único devedor.

§ 1º A consolidação substancial acarretará a extinção imediata de garantias fidejussórias e de créditos detidos por um devedor em face de outro.

§ 2º A consolidação substancial não impactará a garantia real de nenhum credor, exceto mediante aprovação expressa do titular. *(Artigo acrescido pela Lei nº 14.112, de 24/12/2020)*

Art. 69-L. Admitida a consolidação substancial, os devedores apresentarão plano unitário, que discriminará os meios de recuperação a serem empregados e será submetido a uma assembleia-geral de credores para a qual serão convocados os credores dos devedores.

§ 1º As regras sobre deliberação e homologação previstas nesta Lei serão aplicadas à assembleia-geral de credores a que se refere o *caput* deste artigo.

§ 2º A rejeição do plano unitário de que trata o *caput* deste artigo implicará a convolação da recuperação judicial em falência dos devedores sob consolidação substancial. *(Artigo acrescido pela Lei nº 14.112, de 24/12/2020)*

SEÇÃO V – DO PLANO DE RECUPERAÇÃO JUDICIAL PARA MICROEMPRESAS E EMPRESAS DE PEQUENO PORTE

Art. 70. As pessoas de que trata o art. 1º desta Lei e que se incluam nos conceitos de microempresa ou empresa de pequeno porte, nos termos da legislação vigente, sujeitam-se às normas deste Capítulo.

§ 1º As microempresas e as empresas de pequeno porte, conforme definidas em lei, poderão apresentar plano especial de recuperação judicial, desde que afirmem sua intenção de fazê-lo na petição inicial de que trata o art. 51 desta Lei.

§ 2º Os credores não atingidos pelo plano especial não terão seus créditos habilitados na recuperação judicial.

Art. 70-A. O produtor rural de que trata o § 3º do art. 48 desta Lei poderá apresentar plano especial de recuperação judicial, nos termos desta Seção, desde que o valor da causa não exceda a R$ 4.800.000,00 (quatro milhões e oitocentos mil reais). *(Artigo acrescido pela Lei nº 14.112, de 24/12/2020)*

Art. 71. O plano especial de recuperação judicial será apresentado no prazo previsto no art. 53 desta Lei e limitar-se á às seguintes condições:

I - abrangerá todos os créditos existentes na data do pedido, ainda que não vencidos, excetuados os decorrentes de repasse de recursos oficiais, os fiscais e os previstos nos §§ 3º e 4º do art. 49; *(Inciso com redação dada pela Lei Complementar nº 147, de 7/8/2014)*

II - preverá parcelamento em até 36 (trinta e seis) parcelas mensais, iguais e sucessivas, acrescidas de juros equivalentes à taxa Sistema Especial de Liquidação e de Custódia - SELIC, podendo conter ainda a proposta de abatimento do valor das dívidas; *(Inciso com redação dada pela Lei Complementar nº 147, de 7/8/2014)*

III - preverá o pagamento da 1ª (primeira) parcela no prazo máximo de 180 (cento e oitenta) dias, contado da distribuição do pedido de recuperação judicial;

IV - estabelecerá a necessidade de autorização do juiz, após ouvido o administrador judicial e o Comitê de Credores, para o devedor aumentar despesas ou contratar empregados.

Parágrafo único. O pedido de recuperação judicial com base em plano especial não acarreta a suspensão do curso da prescrição nem das ações e execuções por créditos não abrangidos pelo plano.

Art. 72. Caso o devedor de que trata o art. 70 desta Lei opte pelo pedido de recuperação judicial com base no plano especial disciplinado nesta Seção, não será convocada assembleia-geral de credores para deliberar sobre o plano, e o juiz concederá a recuperação judicial se atendidas as demais exigências desta Lei.

Parágrafo único. O juiz também julgará improcedente o pedido de recuperação judicial e decretará a falência do devedor se houver objeções, nos termos do art. 55, de credores titulares de mais da metade de qualquer uma das classes de créditos previstos no art. 83, computados na forma do art. 45, todos desta Lei. *(Parágrafo com redação dada pela Lei Complementar nº 147, de 7/8/2014)*

CAPÍTULO IV – DA CONVOLAÇÃO DA RECUPERAÇÃO JUDICIAL EM FALÊNCIA

Art. 73. O juiz decretará a falência durante o processo de recuperação judicial:

I - por deliberação da assembleia-geral de credores, na forma do art. 42 desta Lei;

II - pela não apresentação, pelo devedor, do plano de recuperação no prazo do art. 53 desta Lei;

III - quando não aplicado o disposto nos §§ 4º, 5º e 6º do art. 56 desta Lei, ou rejeitado o plano de recuperação judicial proposto pelos credores, nos termos do § 7º do art. 56 e do art. 58-A desta Lei; *(Inciso com redação dada pela Lei nº 14.112, de 24/12/2020)*

IV - por descumprimento de qualquer obrigação assumida no plano de recuperação, na forma do § 1º do art. 61 desta Lei;

V - por descumprimento dos parcelamentos referidos no art. 68 desta Lei ou da transação prevista no art. 10-C da Lei nº 10.522, de 19 de julho de 2002; e *(Inciso acrescido pela Lei nº 14.112, de 24/12/2020)*

VI - quando identificado o esvaziamento patrimonial da devedora que implique liquidação substancial da empresa, em prejuízo de credores não sujeitos à recuperação judicial, inclusive as Fazendas Públicas. *(Inciso acrescido pela Lei nº 14.112, de 24/12/2020)*

§ 1º O disposto neste artigo não impede a decretação da falência por inadimplemento de obrigação não sujeita à recuperação judicial, nos termos dos incisos I ou II do *caput* do art. 94 desta Lei, ou por prática de ato previsto no inciso III do *caput* do art. 94 desta Lei. *(Parágrafo único transformado em § 1º pela Lei nº 14.112, de 24/12/2020)*

§ 2º A hipótese prevista no inciso VI do *caput* deste artigo não implicará a invalidade ou a ineficácia dos atos, e o juiz determinará o bloqueio do produto de eventuais alienações e a devolução ao devedor dos valores já distribuídos, os quais ficarão à disposição do juízo. *(Parágrafo acrescido pela Lei nº 14.112, de 24/12/2020)*

§ 3º Considera-se substancial a liquidação quando não forem reservados bens, direitos ou projeção de fluxo de caixa futuro suficientes à manutenção da atividade econômica para fins de cumprimento de suas obrigações, facultada a realização de perícia específica para essa finalidade. *(Parágrafo acrescido pela Lei nº 14.112, de 24/12/2020)*

Art. 74. Na convolação da recuperação em falência, os atos de administração, endividamento, oneração ou alienação praticados durante a recuperação judicial presumem-se válidos, desde que realizados na forma desta Lei.

CAPÍTULO V – DA FALÊNCIA

SEÇÃO I – DISPOSIÇÕES GERAIS

Art. 75. A falência, ao promover o afastamento do devedor de suas atividades, visa a: *("Caput" do artigo com redação dada pela Lei nº 14.112, de 24/12/2020)*

I - preservar e a otimizar a utilização produtiva dos bens, dos ativos e dos recursos produtivos, inclusive os intangíveis, da empresa; *(Inciso acrescido pela Lei nº 14.112, de 24/12/2020)*

II - permitir a liquidação célere das empresas inviáveis, com vistas à realocação eficiente de recursos na economia; e *(Inciso acrescido pela Lei nº 14.112, de 24/12/2020)*

III - fomentar o empreendedorismo, inclusive por meio da viabilização do retorno célere do empreendedor falido à atividade econômica. *(Inciso acrescido pela Lei nº 14.112, de 24/12/2020)*

§ 1º O processo de falência atenderá aos princípios da celeridade e da economia processual, sem prejuízo do contraditório, da ampla defesa e dos demais princípios previstos na Lei nº 13.105, de 16 de março de 2015 (Código de Processo Civil). *(Parágrafo único transformado em § 1º e com redação dada pela Lei nº 14.112, de 24/12/2020)*

§ 2º A falência é mecanismo de preservação de benefícios econômicos e sociais decorrentes da atividade empresarial, por meio da liquidação imediata do devedor e da rápida realocação útil de ativos na economia. *(Parágrafo acrescido pela Lei nº 14.112, de 24/12/2020)*

Art. 76. O juízo da falência é indivisível e competente para conhecer todas as ações sobre bens, interesses e negócios do falido, ressalvadas as causas trabalhistas, fiscais e aquelas não reguladas nesta Lei em que o falido figurar como autor ou litisconsorte ativo.

Parágrafo único. Todas as ações, inclusive as excetuadas no *caput* deste artigo, terão prosseguimento com o administrador judicial, que deverá ser intimado para representar a massa falida, sob pena de nulidade do processo.

Art. 77. A decretação da falência determina o vencimento antecipado das dívidas do devedor e dos sócios ilimitada e solidariamente responsáveis, com o abatimento proporcional dos juros, e converte todos os créditos em moeda estrangeira para a moeda do País, pelo câmbio do dia da decisão judicial, para todos os efeitos desta Lei.

Art. 78. Os pedidos de falência estão sujeitos a distribuição obrigatória, respeitada a ordem de apresentação.

Parágrafo único. As ações que devam ser propostas no juízo da falência estão sujeitas a distribuição por dependência.

Art. 79. Os processos de falência e os seus incidentes preferem a todos os outros na ordem dos feitos, em qualquer instância.

Art. 80. Considerar-se-ão habilitados os créditos remanescentes da recuperação judicial, quando definitivamente incluídos no quadro-geral de credores, tendo prosseguimento as habilitações que estejam em curso.

Art. 81. A decisão que decreta a falência da sociedade com sócios ilimitadamente responsáveis também acarreta a falência destes, que ficam sujeitos aos mesmos efeitos jurídicos produzidos em relação à sociedade falida e, por isso, deverão ser citados para apresentar contestação, se assim o desejarem.

§ 1º O disposto no *caput* deste artigo aplica-se ao sócio que tenha se retirado voluntariamente ou que tenha sido excluído da sociedade, há menos de 2 (dois) anos, quanto às dívidas existentes na data do arquivamento da alteração do contrato, no caso de não terem sido solvidas até a data da decretação da falência.

§ 2º As sociedades falidas serão representadas na falência por seus administradores ou liquidantes, os quais terão os mesmos direitos e, sob as mesmas penas, ficarão sujeitos às obrigações que cabem ao falido.

Art. 82. A responsabilidade pessoal dos sócios de responsabilidade limitada, dos controladores e dos administradores da sociedade falida, estabelecida nas respectivas leis, será apurada no próprio juízo da falência, independentemente da realização do ativo e da prova da sua insuficiência para cobrir o passivo, observado o procedimento ordinário previsto no Código de Processo Civil.

§ 1º Prescreverá em 2 (dois) anos, contados do trânsito em julgado da sentença de encerramento da falência, a ação de responsabilização prevista no *caput* deste artigo.

§ 2º O juiz poderá, de ofício ou mediante requerimento das partes interessadas, ordenar a indisponibilidade de bens particulares dos réus, em quantidade compatível com o dano provocado, até o julgamento da ação de responsabilização.

Art. 82-A. É vedada a extensão da falência ou de seus efeitos, no todo ou em parte, aos sócios de responsabilidade limitada, aos controladores e aos administradores da sociedade falida, admitida, contudo, a desconsideração da personalidade jurídica.

Parágrafo único. A desconsideração da personalidade jurídica da sociedade falida, para fins de responsabilização de terceiros, grupo, sócio ou administrador por obrigação desta, somente pode ser decretada pelo juízo falimentar com a observância do art. 50 da Lei nº 10.406, de 10 de janeiro de 2002 (Código Civil) e dos arts. 133, 134, 135, 136 e 137 da Lei nº 13.105, de 16 de março de 2015 (Código de Processo Civil), não aplicada a suspensão de que trata o § 3º do art. 134 da Lei nº 13.105, de 16 de março de 2015 (Código de Processo Civil). *(Artigo acrescido pela Lei nº 14.112, de 24/12/2020)*

SEÇÃO II – DA CLASSIFICAÇÃO DOS CRÉDITOS

Art. 83. A classificação dos créditos na falência obedece à seguinte ordem:

I - os créditos derivados da legislação trabalhista, limitados a 150 (cento e cinquenta) salários-mínimos por credor, e aqueles decorrentes de acidentes de trabalho; *(Inciso com redação dada pela Lei nº 14.112, de 24/12/2020)*

II - os créditos gravados com direito real de garantia até o limite do valor do bem gravado; *(Inciso com redação dada pela Lei nº 14.112, de 24/12/2020)*

III - os créditos tributários, independentemente da sua natureza e do tempo de constituição, exceto os créditos extraconcursais e as multas tributárias; *(Inciso com redação dada pela Lei nº 14.112, de 24/12/2020)*

IV - *(Revogado pela Lei nº 14.112, de 24/12/2020)*

a) *(Revogada pela Lei nº 14.112, de 24/12/2020)*

b) *(Revogada pela Lei nº 14.112, de 24/12/2020)*

c) *(Revogada pela Lei nº 14.112, de 24/12/2020)*

d) *(Alínea acrescida pela Lei Complementar nº 147, de 7/8/2014, e revogada pela Lei nº 14.112, de 24/12/2020)*

V - *(Revogado pela Lei nº 14.112, de 24/12/2020)*

a) *(Revogada pela Lei nº 14.112, de 24/12/2020)*

b) *(Revogada pela Lei nº 14.112, de 24/12/2020)*

c) *(Revogada pela Lei nº 14.112, de 24/12/2020)*

VI - os créditos quirografários, a saber: *(Inciso com redação dada pela Lei nº 14.112, de 24/12/2020)*

a) aqueles não previstos nos demais incisos deste artigo;

b) os saldos dos créditos não cobertos pelo produto da alienação dos bens vinculados ao seu pagamento; e *(Alínea com redação dada pela Lei nº 14.112, de 24/12/2020)*

c) os saldos dos créditos derivados da legislação trabalhista que excederem o limite estabelecido no inciso I do *caput* deste artigo; *(Alínea com redação dada pela Lei nº 14.112, de 24/12/2020)*

VII - as multas contratuais e as penas pecuniárias por infração das leis penais ou administrativas, incluídas as multas tributárias; *(Inciso com redação dada pela Lei nº 14.112, de 24/12/2020)*

VIII - os créditos subordinados, a saber: *(Inciso com redação dada pela Lei nº 14.112, de 24/12/2020)*

a) os previstos em lei ou em contrato; e *(Alínea com redação dada pela Lei nº 14.112, de 24/12/2020)*

b) os créditos dos sócios e dos administradores sem vínculo empregatício cuja contratação não tenha observado as condições estritamente comutativas e as práticas de mercado; e *(Alínea com redação dada pela Lei nº 14.112, de 24/12/2020)*

IX - os juros vencidos após a decretação da falência, conforme previsto no art.124 desta Lei. *(Inciso acrescido pela Lei nº 14.112, de 24/12/2020)*

§ 1º Para os fins do inciso II do *caput* deste artigo, será considerado como valor do bem objeto de garantia real a importância efetivamente arrecadada com sua venda, ou, no caso de alienação em bloco, o valor de avaliação do bem individualmente considerado.

§ 2º Não são oponíveis à massa os valores decorrentes de direito de sócio ao recebimento de sua parcela do capital social na liquidação da sociedade.

§ 3º As cláusulas penais dos contratos unilaterais não serão atendidas se as obrigações neles estipuladas se vencerem em virtude da falência.

§ 4º *(Revogado pela Lei nº 14.112, de 24/12/2020)*

§ 5º Para os fins do disposto nesta Lei, os créditos cedidos a qualquer título manterão sua natureza e classificação. *(Parágrafo acrescido pela Lei nº 14.112, de 24/12/2020)*

§ 6º Para os fins do disposto nesta Lei, os créditos que disponham de privilégio especial ou geral em outras normas integrarão a classe dos créditos quirografários. *(Parágrafo acrescido pela Lei nº 14.112, de 24/12/2020)*

Art. 84. Serão considerados créditos extraconcursais e serão pagos com precedência sobre os mencionados no art. 83 desta Lei, na ordem a seguir, aqueles relativos: *("Caput" do artigo com redação dada pela Lei nº 14.112, de 24/12/2020)*

I - *(Revogado pela Lei nº 14.112, de 24/12/2020)*

I-A - às quantias referidas nos arts. 150 e 151 desta Lei; *(Inciso acrescido pela Lei nº 14.112, de 24/12/2020)*

I-B - ao valor efetivamente entregue ao devedor em recuperação judicial pelo financiador, em conformidade com o disposto na Seção IV-A do Capítulo III desta Lei; *(Inciso acrescido pela Lei nº 14.112, de 24/12/2020)*

I-C - aos créditos em dinheiro objeto de restituição, conforme previsto no art. 86 desta Lei; *(Inciso acrescido pela Lei nº 14.112, de 24/12/2020)*

I-D - às remunerações devidas ao administrador judicial e aos seus auxiliares, aos reembolsos devidos a membros do Comitê de Credores, e aos créditos derivados da legislação trabalhista ou decorrentes de acidentes de trabalho relativos a serviços prestados após a decretação da falência; *(Inciso acrescido pela Lei nº 14.112, de 24/12/2020)*

I-E - às obrigações resultantes de atos jurídicos válidos praticados durante a recuperação judicial, nos termos do art. 67 desta Lei, ou após a decretação da falência; *(Inciso acrescido pela Lei nº 14.112, de 24/12/2020)*

II - às quantias fornecidas à massa falida pelos credores; *(Inciso com redação dada pela Lei nº 14.112, de 24/12/2020)*

III - às despesas com arrecadação, administração, realização do ativo, distribuição do seu produto e custas do processo de falência; *(Inciso com redação dada pela Lei nº 14.112, de 24/12/2020)*

IV - às custas judiciais relativas às ações e às execuções em que a massa falida tenha sido vencida; *(Inciso com redação dada pela Lei nº 14.112, de 24/12/2020)*

V - aos tributos relativos a fatos geradores ocorridos após a decretação da falência, respeitada a ordem estabelecida no art. 83 desta Lei. *(Inciso com redação dada pela Lei nº 14.112, de 24/12/2020)*

§ 1º As despesas referidas no inciso I-A do *caput* deste artigo serão pagas pelo administrador judicial com os recursos disponíveis em caixa. *(Parágrafo acrescido pela Lei nº 14.112, de 24/12/2020)*

§ 2º O disposto neste artigo não afasta a hipótese prevista no art. 122 desta Lei. *(Parágrafo acrescido pela Lei nº 14.112, de 24/12/2020)*

SEÇÃO III – DO PEDIDO DE RESTITUIÇÃO

Art. 85. O proprietário de bem arrecadado no processo de falência ou que se encontre em poder do devedor na data da decretação da falência poderá pedir sua restituição.

Parágrafo único. Também pode ser pedida a restituição de coisa vendida a crédito e entregue ao devedor nos 15 (quinze) dias anteriores ao requerimento de sua falência, se ainda não alienada.

Art. 86. Proceder-se-á à restituição em dinheiro:

I - se a coisa não mais existir ao tempo do pedido de restituição, hipótese em que o requerente receberá o valor da avaliação do bem, ou, no caso de ter ocorrido sua venda, o respectivo preço, em ambos os casos no valor atualizado;

II - da importância entregue ao devedor, em moeda corrente nacional, decorrente de adiantamento a contrato de câmbio para exportação, na forma do art. 75, §§ 3º e 4º, da Lei nº 4.728, de 14 de julho de 1965, desde que o prazo total da operação, inclusive eventuais prorrogações, não exceda o previsto nas normas específicas da autoridade competente;

III - dos valores entregues ao devedor pelo contratante de boa-fé na hipótese de revogação ou ineficácia do contrato, conforme disposto no art. 136 desta Lei;

IV - às Fazendas Públicas, relativamente a tributos passíveis de retenção na fonte, de descontos de terceiros ou de sub-rogação e a valores recebidos pelos agentes arrecadadores e não recolhidos aos cofres públicos. *(Inciso acrescido pela Lei nº 14.112, de 24/12/2020)*

Parágrafo único. *(Revogado pela Lei nº 14.112, de 24/12/2020)*

Art. 87. O pedido de restituição deverá ser fundamentado e descreverá a coisa reclamada.

§ 1º O juiz mandará autuar em separado o requerimento com os documentos que o instruírem e determinará a intimação do falido, do Comitê, dos credores e do administrador judicial para que, no prazo sucessivo de 5 (cinco) dias, se manifestem, valendo como contestação a manifestação contrária à restituição.

§ 2º Contestado o pedido e deferidas as provas porventura requeridas, o juiz designará audiência de instrução e julgamento, se necessária.

§ 3º Não havendo provas a realizar, os autos serão conclusos para sentença.

Art. 88. A sentença que reconhecer o direito do requerente determinará a entrega da coisa no prazo de 48 (quarenta e oito) horas.

Parágrafo único. Caso não haja contestação, a massa não será condenada ao pagamento de honorários advocatícios.

Art. 89. A sentença que negar a restituição, quando for o caso, incluirá o requerente no quadro-geral de credores, na classificação que lhe couber, na forma desta Lei.

Art. 90. Da sentença que julgar o pedido de restituição caberá apelação sem efeito suspensivo.

Parágrafo único. O autor do pedido de restituição que pretender receber o bem ou a quantia reclamada antes do trânsito em julgado da sentença prestará caução.

Art. 91. O pedido de restituição suspende a disponibilidade da coisa até o trânsito em julgado.

Parágrafo único. Quando diversos requerentes houverem de ser satisfeitos em dinheiro e não existir saldo suficiente para o pagamento integral, far-se-á rateio proporcional entre eles.

Art. 92. O requerente que tiver obtido êxito no seu pedido ressarcirá a massa falida ou a quem tiver suportado as despesas de conservação da coisa reclamada.

Art. 93. Nos casos em que não couber pedido de restituição, fica resguardado o direito dos credores de propor embargos de terceiros, observada a legislação processual civil.

SEÇÃO IV – DO PROCEDIMENTO PARA A DECRETAÇÃO DA FALÊNCIA

Art. 94. Será decretada a falência do devedor que:

I - sem relevante razão de direito, não paga, no vencimento, obrigação líquida materializada em título ou títulos executivos protestados cuja soma ultrapasse o equivalente a 40 (quarenta) salários-mínimos na data do pedido de falência;

II - executado por qualquer quantia líquida, não paga, não deposita e não nomeia à penhora bens suficientes dentro do prazo legal;

III - pratica qualquer dos seguintes atos, exceto se fizer parte de plano de recuperação judicial:

a) procede à liquidação precipitada de seus ativos ou lança mão de meio ruinoso ou fraudulento para realizar pagamentos;

b) realiza ou, por atos inequívocos, tenta realizar, com o objetivo de retardar pagamentos ou fraudar credores, negócio simulado ou alienação de parte ou da totalidade de seu ativo a terceiro, credor ou não;

c) transfere estabelecimento a terceiro, credor ou não, sem o consentimento de todos os credores e sem ficar com bens suficientes para solver seu passivo;

d) simula a transferência de seu principal estabelecimento com o objetivo de burlar a legislação ou a fiscalização ou para prejudicar credor;

e) dá ou reforça garantia a credor por dívida contraída anteriormente sem ficar com bens livres e desembaraçados suficientes para saldar seu passivo;

f) ausenta-se sem deixar representante habilitado e com recursos suficientes para pagar os credores, abandona estabelecimento ou tenta ocultar-se de seu domicílio, do local de sua sede ou de seu principal estabelecimento;

g) deixa de cumprir, no prazo estabelecido, obrigação assumida no plano de recuperação judicial.

§ 1º Credores podem reunir-se em litisconsórcio a fim de perfazer o limite mínimo para o pedido de falência com base no inciso I do *caput* deste artigo.

§ 2º Ainda que líquidos, não legitimam o pedido de falência os créditos que nela não se possam reclamar.

§ 3º Na hipótese do inciso I do *caput* deste artigo, o pedido de falência será instruído com os títulos executivos na forma do parágrafo único do art. 9º desta Lei, acompanhados, em qualquer caso, dos respectivos instrumentos de protesto para fim falimentar nos termos da legislação específica.

§ 4º Na hipótese do inciso II do *caput* deste artigo, o pedido de falência será instruído com certidão expedida pelo juízo em que se processa a execução.

§ 5º Na hipótese do inciso III do *caput* deste artigo, o pedido de falência descreverá os fatos que a caracterizam, juntando-se as provas que houver e especificando-se as que serão produzidas.

Art. 95. Dentro do prazo de contestação, o devedor poderá pleitear sua recuperação judicial.

Art. 96. A falência requerida com base no art. 94, inciso I do *caput*, desta Lei, não será decretada se o requerido provar:

I - falsidade de título;

II - prescrição;

III - nulidade de obrigação ou de título;

IV - pagamento da dívida;

V - qualquer outro fato que extinga ou suspenda obrigação ou não legitime a cobrança de título;

VI - vício em protesto ou em seu instrumento;

VII - apresentação de pedido de recuperação judicial no prazo da contestação, observados os requisitos do art. 51 desta Lei;

VIII - cessação das atividades empresariais mais de 2 (dois) anos antes do pedido de falência, comprovada por documento hábil do Registro Público de Empresas, o qual não prevalecerá contra prova de exercício posterior ao ato registrado.

§ 1º Não será decretada a falência de sociedade anônima após liquidado e partilhado seu ativo nem do espólio após 1 (um) ano da morte do devedor.

§ 2º As defesas previstas nos incisos I a VI do *caput* deste artigo não obstam a decretação de falência se, ao final, restarem obrigações não atingidas pelas defesas em montante que supere o limite previsto naquele dispositivo.

Art. 97. Podem requerer a falência do devedor:

I - o próprio devedor, na forma do disposto nos arts. 105 a 107 desta Lei;

II - o cônjuge sobrevivente, qualquer herdeiro do devedor ou o inventariante;

III - o cotista ou o acionista do devedor na forma da lei ou do ato constitutivo da sociedade;

IV - qualquer credor.

§ 1º O credor empresário apresentará certidão do Registro Público de Empresas que comprove a regularidade de suas atividades.

§ 2º O credor que não tiver domicílio no Brasil deverá prestar caução relativa às custas e ao pagamento da indenização de que trata o art. 101 desta Lei.

Art. 98. Citado, o devedor poderá apresentar contestação no prazo de 10 (dez) dias.

Parágrafo único. Nos pedidos baseados nos incisos I e II do *caput* do art. 94 desta Lei, o devedor poderá, no prazo da contestação, depositar o valor correspondente ao total do crédito, acrescido de correção monetária, juros e honorários advocatícios, hipótese em que a falência não será decretada e, caso julgado procedente o pedido de falência, o juiz ordenará o levantamento do valor pelo autor.

Art. 99. A sentença que decretar a falência do devedor, dentre outras determinações:

I - conterá a síntese do pedido, a identificação do falido e os nomes dos que forem a esse tempo seus administradores;

II - fixará o termo legal da falência, sem poder retrotraí-lo por mais de 90 (noventa) dias contados do pedido de falência, do pedido de recuperação judicial ou do 1º (primeiro) protesto por falta de pagamento, excluindo-se, para esta finalidade, os protestos que tenham sido cancelados;

- *Art. 1º da Lei de Protesto de Títulos e Documentos de Dívida (Lei 9.492/1997)*
- *Art. 356-A, Prov. CNJ n. 149/2023 (CNN)*
- *Súmula STJ 361*

III - ordenará ao falido que apresente, no prazo máximo de 5 (cinco) dias, relação nominal dos credores, indicando endereço, importância, natureza e classificação dos respectivos créditos, se esta já não se encontrar nos autos, sob pena de desobediência;

IV - explicitará o prazo para as habilitações de crédito, observado o disposto no § 1º do art. 7º desta Lei;

V - ordenará a suspensão de todas as ações ou execuções contra o falido, ressalvadas as hipóteses previstas nos §§ 1º e 2º do art. 6º desta Lei;

VI - proibirá a prática de qualquer ato de disposição ou oneração de bens do falido, submetendo-os preliminarmente à autorização judicial e do Comitê, se houver, ressalvados os bens cuja venda faça parte das atividades normais do devedor se autorizada a continuação provisória nos termos do inciso XI do *caput* deste artigo;

VII - determinará as diligências necessárias para salvaguardar os interesses das partes envolvidas, podendo ordenar a prisão preventiva do falido ou de seus administradores quando requerida com fundamento em provas da prática de crime definido nesta Lei;

VIII - ordenará ao Registro Público de Empresas e à Secretaria Especial da Receita Federal do Brasil que procedam à anotação da falência no registro do devedor, para que dele constem a expressão "falido", a data da decretação da falência e a inabilitação de que trata o art. 102 desta Lei; *(Inciso com redação dada pela Lei nº 14.112, de 24/12/2020)*

IX - nomeará o administrador judicial, que desempenhará suas funções na forma do inciso III do *caput* do art. 22 desta Lei sem prejuízo do disposto na alínea a do inciso II do *caput* do art. 35 desta Lei;

X - determinará a expedição de ofícios aos órgãos e repartições públicas e outras entidades para que informem a existência de bens e direitos do falido;

XI - pronunciar-se-á a respeito da continuação provisória das atividades do falido com o administrador judicial ou da lacração dos estabelecimentos, observado o disposto no art. 109 desta Lei;

XII - determinará, quando entender conveniente, a convocação da assembleia-geral de credores para a constituição de Comitê de Credores, podendo ainda autorizar a manutenção do Comitê eventualmente em funcionamento na recuperação judicial quando da decretação da falência;

XIII - ordenará a intimação eletrônica, nos termos da legislação vigente e respeitadas as prerrogativas funcionais, respectivamente, do Ministério Público e das Fazendas Públicas federal e de todos os Estados, Distrito Federal e Municípios em que o devedor tiver estabelecimento, para que tomem conhecimento da falência. *(Inciso com redação dada pela Lei nº 14.112, de 24/12/2020)*

§ 1º O juiz ordenará a publicação de edital eletrônico com a íntegra da decisão que decreta a falência e a relação de credores apresentada pelo falido. *(Parágrafo único transformado em 1º e com redação dada pela Lei nº 14.112, de 24/12/2020)*

§ 2º A intimação eletrônica das pessoas jurídicas de direito público integrantes da administração pública indireta dos entes federativos referidos no inciso XIII do *caput* deste artigo será direcionada:

I - no âmbito federal, à Procuradoria-Geral Federal e à Procuradoria-Geral do Banco Central do Brasil;

II - no âmbito dos Estados e do Distrito Federal, à respectiva Procuradoria-Geral, à qual competirá dar ciência a eventual órgão de representação judicial específico das entidades interessadas; e

III - no âmbito dos Municípios, à respectiva Procuradoria-Geral ou, se inexistir, ao gabinete do Prefeito, à qual competirá dar ciência a eventual órgão de representação judicial específico das entidades interessadas. *(Parágrafo acrescido pela Lei nº 14.112, de 24/12/2020)*

§ 3º Após decretada a quebra ou convolada a recuperação judicial em falência, o administrador deverá, no prazo de até 60 (sessenta) dias, contado do termo de nomeação, apresentar, para apreciação do juiz, plano detalhado de realização dos ativos, inclusive com a estimativa de tempo não superior a 180 (cento e oitenta) dias a partir da juntada de cada auto de arrecadação, na forma do inciso III do *caput* do art. 22 desta Lei. *(Parágrafo acrescido pela Lei nº 14.112, de 24/12/2020)*

Art. 100. Da decisão que decreta a falência cabe agravo, e da sentença que julga a improcedência do pedido cabe apelação.

Art. 101. Quem por dolo requerer a falência de outrem será condenado, na sentença que julgar improcedente o pedido, a indenizar o devedor, apurando-se as perdas e danos em liquidação de sentença.

§ 1º Havendo mais de 1 (um) autor do pedido de falência, serão solidariamente responsáveis aqueles que se conduziram na forma prevista no *caput* deste artigo.

§ 2º Por ação própria, o terceiro prejudicado também pode reclamar indenização dos responsáveis.

SEÇÃO V – DA INABILITAÇÃO EMPRESARIAL, DOS DIREITOS E DEVERES DO FALIDO

Art. 102. O falido fica inabilitado para exercer qualquer atividade empresarial a partir da decretação da falência e até a sentença que extingue suas obrigações, respeitado o disposto no § 1º do art. 181 desta Lei.

Parágrafo único. Findo o período de inabilitação, o falido poderá requerer ao juiz da falência que proceda à respectiva anotação em seu registro.

Art. 103. Desde a decretação da falência ou do seqüestro, o devedor perde o direito de administrar os seus bens ou deles dispor.

Parágrafo único. O falido poderá, contudo, fiscalizar a administração da falência, requerer as providências necessárias para a conservação de seus direitos ou dos bens arrecadados e intervir nos processos em que a massa falida seja parte ou interessada, requerendo o que for de direito e interpondo os recursos cabíveis.

Art. 104. A decretação da falência impõe aos representantes legais do falido os seguintes deveres: *("Caput" do artigo com redação dada pela Lei nº 14.112, de 24/12/2020)*

I - assinar nos autos, desde que intimado da decisão, termo de comparecimento, com a indicação do nome, da nacionalidade, do estado civil e do endereço completo do domicílio, e declarar, para constar do referido termo, diretamente ao administrador judicial, em dia, local e hora por ele designados, por prazo não superior a 15 (quinze) dias após a decretação da falência, o seguinte: *(Inciso com redação dada pela Lei nº 14.112, de 24/12/2020)*

a) as causas determinantes da sua falência, quando requerida pelos credores;

b) tratando-se de sociedade, os nomes e endereços de todos os sócios, acionistas controladores, diretores ou administradores, apresentando o contrato ou estatuto social e a prova do respectivo registro, bem como suas alterações;

c) o nome do contador encarregado da escrituração dos livros obrigatórios;

d) os mandatos que porventura tenha outorgado, indicando seu objeto, nome e endereço do mandatário;

e) seus bens imóveis e os móveis que não se encontram no estabelecimento;

f) se faz parte de outras sociedades, exibindo respectivo contrato;

g) suas contas bancárias, aplicações, títulos em cobrança e processos em andamento em que for autor ou réu;

II - entregar ao administrador judicial os seus livros obrigatórios e os demais instrumentos de escrituração pertinentes, que os encerrará por termo; *(Inciso com redação dada pela Lei nº 14.112, de 24/12/2020)*

III - não se ausentar do lugar onde se processa a falência sem motivo justo e comunicação expressa ao juiz, e sem deixar procurador bastante, sob as penas cominadas na lei;

IV - comparecer a todos os atos da falência, podendo ser representado por procurador, quando não for indispensável sua presença;

V - entregar ao administrador judicial, para arrecadação, todos os bens, papéis, documentos e senhas de acesso a sistemas contábeis, financeiros e bancários, bem como indicar aqueles que porventura estejam em poder de terceiros; *(Inciso com redação dada pela Lei nº 14.112, de 24/12/2020)*

VI - prestar as informações reclamadas pelo juiz, administrador judicial, credor ou Ministério Público sobre circunstâncias e fatos que interessem à falência;

VII - auxiliar o administrador judicial com zelo e presteza;

VIII - examinar as habilitações de crédito apresentadas;

IX - assistir ao levantamento, à verificação do balanço e ao exame dos livros;

X - manifestar-se sempre que for determinado pelo juiz;

XI - apresentar ao administrador judicial a relação de seus credores, em arquivo eletrônico, no dia em que prestar as declarações referidas no inciso I do *caput* deste artigo; *(Inciso com redação dada pela Lei nº 14.112, de 24/12/2020)*

XII - examinar e dar parecer sobre as contas do administrador judicial.

Parágrafo único. Faltando ao cumprimento de quaisquer dos deveres que esta Lei lhe impõe, após intimado pelo juiz a fazê-lo, responderá o falido por crime de desobediência.

SEÇÃO VI – DA FALÊNCIA REQUERIDA PELO PRÓPRIO DEVEDOR

Art. 105. O devedor em crise econômico-financeira que julgue não atender aos requisitos para pleitear sua recuperação judicial deverá requerer ao juízo sua falência, expondo as razões da impossibilidade de prosseguimento da atividade empresarial, acompanhadas dos seguintes documentos:

I - demonstrações contábeis referentes aos 3 (três) últimos exercícios sociais e as levantadas especialmente para instruir o pedido, confeccionadas com estrita observância da legislação societária aplicável e compostas obrigatoriamente de:

a) balanço patrimonial;

b) demonstração de resultados acumulados;

c) demonstração do resultado desde o último exercício social;

d) relatório do fluxo de caixa;

II - relação nominal dos credores, indicando endereço, importância, natureza e classificação dos respectivos créditos;

III - relação dos bens e direitos que compõem o ativo, com a respectiva estimativa de valor e documentos comprobatórios de propriedade;

IV - prova da condição de empresário, contrato social ou estatuto em vigor ou, se não houver, a indicação de todos os sócios, seus endereços e a relação de seus bens pessoais;

V - os livros obrigatórios e documentos contábeis que lhe forem exigidos por lei;

VI - relação de seus administradores nos últimos 5 (cinco) anos, com os respectivos endereços, suas funções e participação societária.

Art. 106. Não estando o pedido regularmente instruído, o juiz determinará que seja emendado.

Art. 107. A sentença que decretar a falência do devedor observará a forma do art. 99 desta Lei.

Parágrafo único. Decretada a falência, aplicam-se integralmente os dispositivos relativos à falência requerida pelas pessoas referidas nos incisos II a IV do *caput* do art. 97 desta Lei.

SEÇÃO VII – DA ARRECADAÇÃO E DA CUSTÓDIA DOS BENS

Art. 108. Ato contínuo à assinatura do termo de compromisso, o administrador judicial efetuará a arrecadação dos bens e documentos e a avaliação dos bens, separadamente ou em bloco, no local em que se encontrem, requerendo ao juiz, para esses fins, as medidas necessárias.

§ 1º Os bens arrecadados ficarão sob a guarda do administrador judicial ou de pessoa por ele escolhida, sob responsabilidade daquele, podendo o falido ou qualquer de seus representantes ser nomeado depositário dos bens.

§ 2º O falido poderá acompanhar a arrecadação e a avaliação.

§ 3º O produto dos bens penhorados ou por outra forma apreendidos entrará para a massa, cumprindo ao juiz deprecar, a requerimento do administrador judicial, às autoridades competentes, determinando sua entrega.

§ 4º Não serão arrecadados os bens absolutamente impenhoráveis.

§ 5º Ainda que haja avaliação em bloco, o bem objeto de garantia real será também avaliado separadamente, para os fins do § 1º do art. 83 desta Lei.

Art. 109. O estabelecimento será lacrado sempre que houver risco para a execução da etapa de arrecadação ou para a preservação dos bens da massa falida ou dos interesses dos credores.

Art. 110. O auto de arrecadação, composto pelo inventário e pelo respectivo laudo de avaliação dos bens, será assinado pelo administrador judicial, pelo falido ou seus representantes e por outras pessoas que auxiliarem ou presenciarem o ato.

§ 1º Não sendo possível a avaliação dos bens no ato da arrecadação, o administrador judicial requererá ao juiz a concessão de prazo para apresentação do laudo de avaliação, que não poderá exceder 30 (trinta) dias, contados da apresentação do auto de arrecadação.

§ 2º Serão referidos no inventário:

I - os livros obrigatórios e os auxiliares ou facultativos do devedor, designando-se o estado em que se acham, número e denominação de cada um, páginas escrituradas, data do início da escrituração e do último lançamento, e se os livros obrigatórios estão revestidos das formalidades legais;

II - dinheiro, papéis, títulos de crédito, documentos e outros bens da massa falida;

III - os bens da massa falida em poder de terceiro, a título de guarda, depósito, penhor ou retenção;

IV - os bens indicados como propriedade de terceiros ou reclamados por estes, mencionando-se essa circunstância.

§ 3º Quando possível, os bens referidos no § 2º deste artigo serão individualizados.

§ 4º Em relação aos bens imóveis, o administrador judicial, no prazo de 15 (quinze) dias após a sua arrecadação, exibirá as certidões de registro, extraídas posteriormente à decretação da falência, com todas as indicações que nele constarem.

Art. 111. O juiz poderá autorizar os credores, de forma individual ou coletiva, em razão dos custos e no interesse da massa falida, a adquirir ou adjudicar, de imediato, os bens arrecadados, pelo valor da avaliação, atendida a regra de classificação e preferência entre eles, ouvido o Comitê.

Art. 112. Os bens arrecadados poderão ser removidos, desde que haja necessidade de sua melhor guarda e conservação, hipótese em que permanecerão em depósito sob responsabilidade do administrador judicial, mediante compromisso.

Art. 113. Os bens perecíveis, deterioráveis, sujeitos à considerável desvalorização ou que sejam de conservação arriscada ou dispendiosa, poderão ser vendidos antecipadamente, após a arrecadação e a avaliação, mediante autorização judicial, ouvidos o Comitê e o falido no prazo de 48 (quarenta e oito) horas.

Art. 114. O administrador judicial poderá alugar ou celebrar outro contrato referente aos bens da massa falida, com o objetivo de produzir renda para a massa falida, mediante autorização do Comitê.

§ 1º O contrato disposto no *caput* deste artigo não gera direito de preferência na compra e não pode importar disposição total ou parcial dos bens.

§ 2º O bem objeto da contratação poderá ser alienado a qualquer tempo, independentemente do prazo contratado, rescindindo-se, sem direito a multa, o contrato realizado, salvo se houver anuência do adquirente.

Art. 114-A. Se não forem encontrados bens para serem arrecadados, ou se os arrecadados forem insuficientes para as despesas do processo, o administrador judicial informará imediatamente esse fato ao juiz, que, ouvido o representante do Ministério Público, fixará, por meio de edital, o prazo de 10 (dez) dias para os interessados se manifestarem.

§ 1º Um ou mais credores poderão requerer o prosseguimento da falência, desde que paguem a quantia necessária às despesas e aos honorários do administrador judicial, que serão considerados despesas essenciais nos termos estabelecidos no inciso I-A do *caput* do art. 84 desta Lei.

§ 2º Decorrido o prazo previsto no *caput* sem manifestação dos interessados, o administrador judicial promoverá a venda dos bens arrecadados no prazo máximo de 30 (trinta) dias, para bens móveis, e de 60 (sessenta) dias, para bens imóveis, e apresentará o seu relatório, nos termos e para os efeitos dispostos neste artigo.

§ 3º Proferida a decisão, a falência será encerrada pelo juiz nos autos. *(Artigo acrescido pela Lei nº 14.112, de 24/12/2020)*

SEÇÃO VIII – DOS EFEITOS DA DECRETAÇÃO DA FALÊNCIA SOBRE AS OBRIGAÇÕES DO DEVEDOR

Art. 115. A decretação da falência sujeita todos os credores, que somente poderão exercer os seus direitos sobre os bens do falido e do sócio ilimitadamente responsável na forma que esta Lei prescrever.

Art. 116. A decretação da falência suspende:

I - o exercício do direito de retenção sobre os bens sujeitos à arrecadação, os quais deverão ser entregues ao administrador judicial;

II - o exercício do direito de retirada ou de recebimento do valor de suas quotas ou ações, por parte dos sócios da sociedade falida.

Art. 117. Os contratos bilaterais não se resolvem pela falência e podem ser cumpridos pelo administrador judicial se o cumprimento reduzir ou evitar o aumento do passivo da massa falida ou for necessário à manutenção e preservação de seus ativos, mediante autorização do Comitê.

§ 1º O contratante pode interpelar o administrador judicial, no prazo de até 90 (noventa) dias, contado da assinatura do termo de sua nomeação, para que, dentro de 10 (dez) dias, declare se cumpre ou não o contrato.

§ 2º A declaração negativa ou o silêncio do administrador judicial confere ao contraente o direito à indenização, cujo valor, apurado em processo ordinário, constituirá crédito quirografário.

Art. 118. O administrador judicial, mediante autorização do Comitê, poderá dar cumprimento a contrato unilateral se esse fato reduzir ou evitar o aumento do passivo da massa falida ou for necessário à manutenção e preservação de seus ativos, realizando o pagamento da prestação pela qual está obrigada.

Art. 119. Nas relações contratuais a seguir mencionadas prevalecerão as seguintes regras:

I - o vendedor não pode obstar a entrega das coisas expedidas ao devedor e ainda em trânsito, se o comprador, antes do requerimento da falência, as tiver revendido, sem fraude, à vista das faturas e conhecimentos de transporte, entregues ou remetidos pelo vendedor;

II - se o devedor vendeu coisas compostas e o administrador judicial resolver não continuar a execução do contrato, poderá o comprador pôr à disposição da massa falida as coisas já recebidas, pedindo perdas e danos;

III - não tendo o devedor entregue coisa móvel ou prestado serviço que vendera ou contratara a prestações, e resolvendo o administrador judicial não executar o contrato, o crédito relativo ao valor pago será habilitado na classe própria;

IV - o administrador judicial, ouvido o Comitê, restituirá a coisa móvel comprada pelo devedor com reserva de domínio do vendedor se resolver não continuar a execução do contrato, exigindo a devolução, nos termos do contrato, dos valores pagos;

V - tratando-se de coisas vendidas a termo, que tenham cotação em bolsa ou mercado, e não se executando o contrato pela efetiva entrega daquelas e pagamento do preço, prestar-se-á a diferença entre a cotação do dia do contrato e a da época da liquidação em bolsa ou mercado;

VI - na promessa de compra e venda de imóveis, aplicar-se-á a legislação respectiva;

VII - a falência do locador não resolve o contrato de locação e, na falência do locatário, o administrador judicial pode, a qualquer tempo, denunciar o contrato;

VIII - caso haja acordo para compensação e liquidação de obrigações no âmbito do sistema financeiro nacional, nos termos da legislação vigente, a parte não falida poderá considerar o contrato vencido antecipadamente, hipótese em que será liquidado na forma estabelecida em regulamento, admitindo-se a compensação de eventual crédito que venha a ser apurado em favor do falido com créditos detidos pelo contratante;

IX - os patrimônios de afetação, constituídos para cumprimento de destinação específica, obedecerão ao disposto na legislação respectiva, permanecendo seus bens, direitos e obrigações separados dos do falido até o advento do respectivo termo ou até o cumprimento de sua finalidade, ocasião em que o administrador judicial arrecadará o saldo a favor da massa falida ou inscreverá na classe própria o crédito que contra ela remanescer.

Art. 120. O mandato conferido pelo devedor, antes da falência, para a realização de negócios, cessará seus efeitos com a decretação da falência, cabendo ao mandatário prestar contas de sua gestão.

§ 1º O mandato conferido para representação judicial do devedor continua em vigor até que seja expressamente revogado pelo administrador judicial.

§ 2º Para o falido, cessa o mandato ou comissão que houver recebido antes da falência, salvo os que versem sobre matéria estranha à atividade empresarial.

Art. 121. As contas correntes com o devedor consideram-se encerradas no momento de decretação da falência, verificando-se o respectivo saldo.

Art. 122. Compensam-se, com preferência sobre todos os demais credores, as dívidas do devedor vencidas até o dia da decretação da falência, provenha o vencimento da sentença de falência ou não, obedecidos os requisitos da legislação civil.

Parágrafo único. Não se compensam:

I - os créditos transferidos após a decretação da falência, salvo em caso de sucessão por fusão, incorporação, cisão ou morte; ou

II - os créditos, ainda que vencidos anteriormente, transferidos quando já conhecido o estado de crise econômico-financeira do devedor ou cuja transferência se operou com fraude ou dolo.

Art. 123. Se o falido fizer parte de alguma sociedade como sócio comanditário ou cotista, para a massa falida entrarão somente os haveres que na sociedade ele possuir e forem apurados na forma estabelecida no contrato ou estatuto social.

§ 1º Se o contrato ou o estatuto social nada disciplinar a respeito, a apuração far-se-á judicialmente, salvo se, por lei, pelo contrato ou estatuto, a sociedade tiver de liquidar-se, caso em que os haveres do falido, somente após o pagamento de todo o passivo da sociedade, entrarão para a massa falida.

§ 2º Nos casos de condomínio indivisível de que participe o falido, o bem será vendido e deduzir-se-á do valor arrecadado o que for devido aos demais condôminos, facultada a estes a compra da quota-parte do falido nos termos da melhor proposta obtida.

Art. 124. Contra a massa falida não são exigíveis juros vencidos após a decretação da falência, previstos em lei ou em contrato, se o ativo apurado não bastar para o pagamento dos credores subordinados.

Parágrafo único. Excetuam-se desta disposição os juros das debêntures e dos créditos com garantia real, mas por eles responde, exclusivamente, o produto dos bens que constituem a garantia.

Art. 125. Na falência do espólio, ficará suspenso o processo de inventário, cabendo ao administrador judicial a realização de atos pendentes em relação aos direitos e obrigações da massa falida.

Art. 126. Nas relações patrimoniais não reguladas expressamente nesta Lei, o juiz decidirá o caso atendendo à unidade, à universalidade do concurso e à igualdade de tratamento dos credores, observado o disposto no art. 75 desta Lei.

Art. 127. O credor de coobrigados solidários cujas falências sejam decretadas tem o direito de concorrer, em cada uma delas, pela totalidade do seu crédito, até recebê-lo por inteiro, quando então comunicará ao juízo.

§ 1º O disposto no *caput* deste artigo não se aplica ao falido cujas obrigações tenham sido extintas por sentença, na forma do art. 159 desta Lei.

§ 2º Se o credor ficar integralmente pago por uma ou por diversas massas coobrigadas, as que pagaram terão direito regressivo contra as demais, em proporção à parte que pagaram e àquela que cada uma tinha a seu cargo.

§ 3º Se a soma dos valores pagos ao credor em todas as massas coobrigadas exceder o total do crédito, o valor será devolvido às massas na proporção estabelecida no § 2º deste artigo.

§ 4º Se os coobrigados eram garantes uns dos outros, o excesso de que trata o § 3º deste artigo pertencerá, conforme a ordem das obrigações, às massas dos coobrigados que tiverem o direito de ser garantidas.

Art. 128. Os coobrigados solventes e os garantes do devedor ou dos sócios ilimitadamente responsáveis podem habilitar o crédito correspondente às quantias pagas ou devidas, se o credor não se habilitar no prazo legal.

SEÇÃO IX – DA INEFICÁCIA E DA REVOGAÇÃO DE ATOS PRATICADOS ANTES DA FALÊNCIA

Art. 129. São ineficazes em relação à massa falida, tenha ou não o contratante conhecimento do estado de crise econômico-financeira do devedor, seja ou não intenção deste fraudar credores:

I - o pagamento de dívidas não vencidas realizado pelo devedor dentro do termo legal, por qualquer meio extintivo do direito de crédito, ainda que pelo desconto do próprio título;

II - o pagamento de dívidas vencidas e exigíveis realizado dentro do termo legal, por qualquer forma que não seja a prevista pelo contrato;

III - a constituição de direito real de garantia, inclusive a retenção, dentro do termo legal, tratando-se de dívida contraída anteriormente; se os bens dados em hipoteca forem objeto de outras posteriores, a massa falida receberá a parte que devia caber ao credor da hipoteca revogada;

IV - a prática de atos a título gratuito, desde 2 (dois) anos antes da decretação da falência;

V - a renúncia à herança ou a legado, até 2 (dois) anos antes da decretação da falência;

VI - a venda ou transferência de estabelecimento feita sem o consentimento expresso ou o pagamento de todos os credores, a esse tempo existentes, não tendo restado ao devedor bens suficientes para solver o seu passivo, salvo se, no prazo de 30 (trinta) dias, não houver oposição dos credores, após serem devidamente notificados, judicialmente ou pelo oficial do registro de títulos e documentos;

VII - os registros de direitos reais e de transferência de propriedade entre vivos, por título oneroso ou gratuito, ou a averbação relativa a imóveis realizados após a decretação da falência, salvo se tiver havido prenotação anterior.

Parágrafo único. A ineficácia poderá ser declarada de ofício pelo juiz, alegada em defesa ou pleiteada mediante ação própria ou incidentalmente no curso do processo.

Art. 130. São revogáveis os atos praticados com a intenção de prejudicar credores, provando-se o conluio fraudulento entre o devedor e o terceiro que com ele contratar e o efetivo prejuízo sofrido pela massa falida.

Art. 131. Nenhum dos atos referidos nos incisos I, II, III e VI do *caput* do art. 129 desta Lei que tenham sido previstos e realizados na forma definida no plano de recuperação judicial ou extrajudicial será declarado ineficaz ou revogado. *(Artigo com redação dada pela Lei nº 14.112, de 24/12/2020)*

Art. 132. A ação revocatória, de que trata o art. 130 desta Lei, deverá ser proposta pelo administrador judicial, por qualquer credor ou pelo Ministério Público no prazo de 3 (três) anos contado da decretação da falência.

Art. 133. A ação revocatória pode ser promovida:

I - contra todos os que figuraram no ato ou que por efeito dele foram pagos, garantidos ou beneficiados;

II - contra os terceiros adquirentes, se tiveram conhecimento, ao se criar o direito, da intenção do devedor de prejudicar os credores;

III - contra os herdeiros ou legatários das pessoas indicadas nos incisos I e II do *caput* deste artigo.

Art. 134. A ação revocatória correrá perante o juízo da falência e obedecerá ao procedimento ordinário previsto na Lei nº 5.869, de 11 de janeiro de 1973 - Código de Processo Civil.

Art. 135. A sentença que julgar procedente a ação revocatória determinará o retorno dos bens à massa falida em espécie, com todos os acessórios, ou o valor de mercado, acrescidos das perdas e danos.

Parágrafo único. Da sentença cabe apelação.

Art. 136. Reconhecida a ineficácia ou julgada procedente a ação revocatória, as partes retornarão ao estado anterior, e o contratante de boa-fé terá direito à restituição dos bens ou valores entregues ao devedor.

§ 1º Na hipótese de securitização de créditos do devedor, não será declarada a ineficácia ou revogado o ato de cessão em prejuízo dos direitos dos portadores de valores mobiliários emitidos pelo securitizador.

§ 2º É garantido ao terceiro de boa-fé, a qualquer tempo, propor ação por perdas e danos contra o devedor ou seus garantes.

Art. 137. O juiz poderá, a requerimento do autor da ação revocatória, ordenar, como medida preventiva, na forma da lei processual civil, o seqüestro dos bens retirados do patrimônio do devedor que estejam em poder de terceiros.

Art. 138. O ato pode ser declarado ineficaz ou revogado, ainda que praticado com base em decisão judicial, observado o disposto no art. 131 desta Lei.

Parágrafo único. Revogado o ato ou declarada sua ineficácia, ficará rescindida a sentença que o motivou.

SEÇÃO X – DA REALIZAÇÃO DO ATIVO

Art. 139. Logo após a arrecadação dos bens, com a juntada do respectivo auto ao processo de falência, será iniciada a realização do ativo.

Art. 140. A alienação dos bens será realizada de uma das seguintes formas, observada a seguinte ordem de preferência:

I - alienação da empresa, com a venda de seus estabelecimentos em bloco;

II - alienação da empresa, com a venda de suas filiais ou unidades produtivas isoladamente;

III - alienação em bloco dos bens que integram cada um dos estabelecimentos do devedor;

IV - alienação dos bens individualmente considerados.

§ 1º Se convier à realização do ativo, ou em razão de oportunidade, podem ser adotadas mais de uma forma de alienação.

§ 2º A realização do ativo terá início independentemente da formação do quadro-geral de credores.

§ 3º A alienação da empresa terá por objeto o conjunto de determinados bens necessários à operação rentável da unidade de produção, que poderá compreender a transferência de contratos específicos.

§ 4º Nas transmissões de bens alienados na forma deste artigo que dependam de registro público, a este servirá como título aquisitivo suficiente o mandado judicial respectivo.

Art. 141. Na alienação conjunta ou separada de ativos, inclusive da empresa ou de suas filiais, promovida sob qualquer das modalidades de que trata o art. 142: *("Caput" do artigo com redação dada pela Lei nº 14.112, de 24/12/2020)*

I - todos os credores, observada a ordem de preferência definida no art. 83 desta Lei, sub-rogam-se no produto da realização do ativo;

II - o objeto da alienação estará livre de qualquer ônus e não haverá sucessão do arrematante nas obrigações do devedor, inclusive as de natureza tributária, as derivadas da legislação do trabalho e as decorrentes de acidentes de trabalho.

§ 1º O disposto no inciso II do *caput* deste artigo não se aplica quando o arrematante for:

I - sócio da sociedade falida, ou sociedade controlada pelo falido;

II - parente, em linha reta ou colateral até o 4º (quarto) grau, consanguíneo ou afim, do falido ou de sócio da sociedade falida; ou

III - identificado como agente do falido com o objetivo de fraudar a sucessão.

§ 2º Empregados do devedor contratados pelo arrematante serão admitidos mediante novos contratos de trabalho e o arrematante não responde por obrigações decorrentes do contrato anterior.

§ 3º A alienação nas modalidades de que trata o art. 142 desta Lei poderá ser realizada com compartilhamento de custos operacionais por 2 (duas) ou mais empresas em situação falimentar. *(Parágrafo acrescido pela Lei nº 14.112, de 24/12/2020)*

Art. 142. A alienação de bens dar-se-á por uma das seguintes modalidades: *("Caput" do artigo com redação dada pela Lei nº 14.112, de 24/12/2020)*

I - leilão eletrônico, presencial ou híbrido; *(Inciso com redação dada pela Lei nº 14.112, de 24/12/2020)*

II - *(Revogado pela Lei nº 14.112, de 24/12/2020, publicada na Edição Extra B do DOU de 24/12/2020)*

III - *(Revogado pela Lei nº 14.112, de 24/12/2020)*

IV - processo competitivo organizado promovido por agente especializado e de reputação ilibada, cujo procedimento deverá ser detalhado em relatório anexo ao plano de realização do ativo ou ao plano de recuperação judicial, conforme o caso; *(Inciso acrescido pela Lei nº 14.112, de 24/12/2020)*

V - qualquer outra modalidade, desde que aprovada nos termos desta Lei. *(Inciso acrescido pela Lei nº 14.112, de 24/12/2020)*

§ 1º *(Revogado pela Lei nº 14.112, de 24/12/2020)*

§ 2º *(Revogado pela Lei nº 14.112, de 24/12/2020)*

§ 2º-A. A alienação de que trata o *caput* deste artigo:

I - dar-se-á independentemente de a conjuntura do mercado no momento da venda ser favorável ou desfavorável, dado o caráter forçado da venda;

II - independerá da consolidação do quadro-geral de credores;

III - poderá contar com serviços de terceiros como consultores, corretores e leiloeiros;

IV - deverá ocorrer no prazo máximo de 180 (cento e oitenta) dias, contado da data da lavratura do auto de arrecadação, no caso de falência;

V - não estará sujeita à aplicação do conceito de preço vil. *(Parágrafo acrescido pela Lei nº 14.112, de 24/12/2020)*

§ 3º Ao leilão eletrônico, presencial ou híbrido aplicam-se, no que couber, as regras da Lei nº 13.105, de 16 de março de 2015 (Código de Processo Civil). *(Parágrafo com redação dada pela Lei nº 14.112, de 24/12/2020)*

§ 3º-A. A alienação por leilão eletrônico, presencial ou híbrido dar-se-á:

I - em primeira chamada, no mínimo pelo valor de avaliação do bem;

II - em segunda chamada, dentro de 15 (quinze) dias, contados da primeira chamada, por no mínimo 50% (cinquenta por cento) do valor de avaliação; e

III - em terceira chamada, dentro de 15 (quinze) dias, contados da segunda chamada, por qualquer preço. *(Parágrafo acrescido pela Lei nº 14.112, de 24/12/2020)*

§ 3º-B. A alienação prevista nos incisos IV e V do *caput* deste artigo, conforme disposições específicas desta Lei, observará o seguinte:

I - será aprovada pela assembleia-geral de credores;

II - decorrerá de disposição de plano de recuperação judicial aprovado; ou

III - deverá ser aprovada pelo juiz, considerada a manifestação do administrador judicial e do Comitê de Credores, se existente. *(Parágrafo acrescido pela Lei nº 14.112, de 24/12/2020)*

§ 4º *(Revogado pela Lei nº 14.112, de 24/12/2020)*

§ 5º *(Revogado pela Lei nº 14.112, de 24/12/2020)*

§ 6º *(Revogado pela Lei nº 14.112, de 24/12/2020)*

§ 7º Em qualquer modalidade de alienação, o Ministério Público e as Fazendas Públicas serão intimados por meio eletrônico, nos termos da legislação vigente e respeitadas as respectivas prerrogativas funcionais, sob pena de nulidade. *(Parágrafo com redação dada pela Lei nº 14.112, de 24/12/2020)*

§ 8º Todas as formas de alienação de bens realizadas de acordo com esta Lei serão consideradas, para todos os fins e efeitos, alienações judiciais. *(Parágrafo acrescido pela Lei nº 14.112, de 24/12/2020)*

Art. 143. Em qualquer das modalidades de alienação referidas no art. 142 desta Lei, poderão ser apresentadas impugnações por quaisquer credores, pelo devedor ou pelo Ministério Público, no prazo de 48 (quarenta e oito) horas da arrematação, hipótese em que os autos serão conclusos ao juiz, que, no prazo de 5 (cinco) dias, decidirá sobre as impugnações e, julgando-as improcedentes, ordenará a entrega dos bens ao arrematante, respeitadas as condições estabelecidas no edital.

§ 1º Impugnações baseadas no valor de venda do bem somente serão recebidas se acompanhadas de oferta firme do impugnante ou de terceiro para a aquisição do bem, respeitados os termos do edital, por valor presente superior ao valor de venda, e de depósito caucionário equivalente a 10% (dez por cento) do valor oferecido. *(Parágrafo acrescido pela Lei nº 14.112, de 24/12/2020)*

§ 2º A oferta de que trata o § 1º deste artigo vincula o impugnante e o terceiro ofertante como se arrematantes fossem. *(Parágrafo acrescido pela Lei nº 14.112, de 24/12/2020)*

§ 3º Se houver mais de uma impugnação baseada no valor de venda do bem, somente terá seguimento aquela que tiver o maior valor presente entre elas. *(Parágrafo acrescido pela Lei nº 14.112, de 24/12/2020)*

§ 4º A suscitação infundada de vício na alienação pelo impugnante será considerada ato atentatório à dignidade da justiça e sujeitará o suscitante à reparação dos prejuízos causados e às penas previstas na Lei nº 13.105, de 16 de março de 2015 (Código de Processo Civil), para comportamentos análogos. *(Parágrafo acrescido pela Lei nº 14.112, de 24/12/2020)*

Art. 144. Havendo motivos justificados, o juiz poderá autorizar, mediante requerimento fundamentado do administrador judicial ou do Comitê, modalidades de alienação judicial diversas das previstas no art. 142 desta Lei.

Art. 144-A. Frustrada a tentativa de venda dos bens da massa falida e não havendo proposta concreta dos credores para assumi-los, os bens poderão ser considerados sem valor de mercado e destinados à doação.

Parágrafo único. Se não houver interessados na doação referida no *caput* deste artigo, os bens serão devolvidos ao falido. *(Artigo acrescido pela Lei nº 14.112, de 24/12/2020)*

Art. 145. Por deliberação tomada nos termos do art. 42 desta Lei, os credores poderão adjudicar os bens alienados na falência ou adquiri-los por meio de constituição de sociedade, de fundo ou de outro veículo de investimento, com a participação, se necessária, dos atuais sócios do devedor ou de terceiros, ou mediante conversão de dívida em capital. *("Caput" do artigo com redação dada pela Lei nº 14.112, de 24/12/2020)*

§ 1º Aplica-se irrestritamente o disposto no art. 141 desta Lei à transferência dos bens à sociedade, ao fundo ou ao veículo de investimento mencionados no *caput* deste artigo. *(Parágrafo com redação dada pela Lei nº 14.112, de 24/12/2020)*

§ 2º *(Revogado pela Lei nº 14.112, de 24/12/2020)*

§ 3º *(Revogado pela Lei nº 14.112, de 24/12/2020)*

§ 4º Será considerada não escrita qualquer restrição convencional à venda ou à circulação das participações na sociedade, no fundo de investimento ou no veículo de investimento a que se refere o *caput* deste artigo. *(Parágrafo acrescido pela Lei nº 14.112, de 24/12/2020)*

Art. 146. Em qualquer modalidade de realização do ativo adotada, fica a massa falida dispensada da apresentação de certidões negativas.

Art. 147. As quantias recebidas a qualquer título serão imediatamente depositadas em conta remunerada de instituição financeira, atendidos os requisitos da lei ou das normas de organização judiciária.

Art. 148. O administrador judicial fará constar do relatório de que trata a alínea p do inciso III do art. 22 os valores eventualmente recebidos no mês vencido, explicitando a forma de distribuição dos recursos entre os credores, observado o disposto no art. 149 desta Lei.

SEÇÃO XI – DO PAGAMENTO AOS CREDORES

Art. 149. Realizadas as restituições, pagos os créditos extraconcursais, na forma do art. 84 desta Lei, e consolidado o quadro-geral de credores, as importâncias recebidas com a realização do ativo serão destinadas ao pagamento dos credores, atendendo à classificação prevista no art. 83 desta Lei, respeitados os demais dispositivos desta Lei e as decisões judiciais que determinam reserva de importâncias.

§ 1º Havendo reserva de importâncias, os valores a ela relativos ficarão depositados até o julgamento definitivo do crédito e, no caso de não ser este finalmente reconhecido, no todo ou em parte, os recursos depositados serão objeto de rateio suplementar entre os credores remanescentes.

§ 2º Os credores que não procederem, no prazo fixado pelo juiz, ao levantamento dos valores que lhes couberam em rateio serão intimados a fazê-lo no prazo de 60 (sessenta) dias, após o qual os recursos serão objeto de rateio suplementar entre os credores remanescentes.

Art. 150. As despesas cujo pagamento antecipado seja indispensável à administração da falência, inclusive na hipótese de continuação provisória das atividades previstas no inciso XI do *caput* do art. 99 desta Lei, serão pagas pelo administrador judicial com os recursos disponíveis em caixa.

Art. 151. Os créditos trabalhistas de natureza estritamente salarial vencidos nos 3 (três) meses anteriores à decretação da falência, até o limite de 5 (cinco) salários-mínimos por trabalhador, serão pagos tão logo haja disponibilidade em caixa.

Art. 152. Os credores restituirão em dobro as quantias recebidas, acrescidas dos juros legais, se ficar evidenciado dolo ou má-fé na constituição do crédito ou da garantia.

Art. 153. Pagos todos os credores, o saldo, se houver, será entregue ao falido.

SEÇÃO XII – DO ENCERRAMENTO DA FALÊNCIA E DA EXTINÇÃO DAS OBRIGAÇÕES DO FALIDO

Art. 154. Concluída a realização de todo o ativo, e distribuído o produto entre os credores, o administrador judicial apresentará suas contas ao juiz no prazo de 30 (trinta) dias.

§ 1º As contas, acompanhadas dos documentos comprobatórios, serão prestadas em autos apartados que, ao final, serão apensados aos autos da falência.

§ 2º O juiz ordenará a publicação de aviso de que as contas foram entregues e se encontram à disposição dos interessados, que poderão impugná-las no prazo de 10 (dez) dias.

§ 3º Decorrido o prazo do aviso e realizadas as diligências necessárias à apuração dos fatos, o juiz intimará o Ministério Público para manifestar-se no prazo de 5 (cinco) dias, findo o qual o administrador judicial será ouvido se houver impugnação ou parecer contrário do Ministério Público.

§ 4º Cumpridas as providências previstas nos §§ 2º e 3º deste artigo, o juiz julgará as contas por sentença.

§ 5º A sentença que rejeitar as contas do administrador judicial fixará suas responsabilidades, poderá determinar a indisponibilidade ou o seqüestro de bens e servirá como título executivo para indenização da massa.

§ 6º Da sentença cabe apelação.

Art. 155. Julgadas as contas do administrador judicial, ele apresentará o relatório final da falência no prazo de 10 (dez) dias, indicando o valor do ativo e o do produto de sua realização, o valor do passivo e o dos pagamentos feitos aos credores, e especificará justificadamente as responsabilidades com que continuará o falido.

Art. 156. Apresentado o relatório final, o juiz encerrará a falência por sentença e ordenará a intimação eletrônica às Fazendas Públicas federal e de todos os Estados, Distrito Federal e Municípios em que o devedor tiver estabelecimento e determinará a baixa da falida no Cadastro Nacional da Pessoa Jurídica (CNPJ), expedido pela Secretaria Especial da Receita Federal do Brasil. *("Caput" do artigo com redação dada pela Lei nº 14.112, de 24/12/2020)*

Parágrafo único. A sentença de encerramento será publicada por edital e dela caberá apelação.

Art. 157. *(Revogado pela Lei nº 14.112, de 24/12/2020)*

Art. 158. Extingue as obrigações do falido:

I - o pagamento de todos os créditos;

II - o pagamento, após realizado todo o ativo, de mais de 25% (vinte e cinco por cento) dos créditos quirografários, facultado ao falido o depósito da quantia necessária para atingir a referida porcentagem se para isso não tiver sido suficiente a integral liquidação do ativo; *(Inciso com redação dada pela Lei nº 14.112, de 24/12/2020)*

III - *(Revogado pela Lei nº 14.112, de 24/12/2020)*

IV - *(Revogado pela Lei nº 14.112, de 24/12/2020)*

V - o decurso do prazo de 3 (três) anos, contado da decretação da falência, ressalvada a utilização dos bens arrecadados anteriormente, que serão destinados à liquidação para a satisfação dos credores habilitados ou com pedido de reserva realizado; *(Inciso acrescido pela Lei nº 14.112, de 24/12/2020)*

VI - o encerramento da falência nos termos dos arts. 114-A ou 156 desta Lei. *(Inciso acrescido pela Lei nº 14.112, de 24/12/2020)*

Art. 159. Configurada qualquer das hipóteses do art. 158 desta Lei, o falido poderá requerer ao juízo da falência que suas obrigações sejam declaradas extintas por sentença.

§ 1º A secretaria do juízo fará publicar imediatamente informação sobre a apresentação do requerimento a que se refere este artigo, e, no prazo comum de 5 (cinco) dias, qualquer credor, o administrador judicial e o Ministério Público poderão manifestar-se exclusivamente para apontar inconsistências formais e objetivas. *(Parágrafo com redação dada pela Lei nº 14.112, de 24/12/2020)*

§ 2º *(Revogado pela Lei nº 14.112, de 24/12/2020)*

§ 3º Findo o prazo, o juiz, em 15 (quinze) dias, proferirá sentença que declare extintas todas as obrigações do falido, inclusive as de natureza trabalhista. *(Parágrafo com redação dada pela Lei nº 14.112, de 24/12/2020)*

§ 4º A sentença que declarar extintas as obrigações será comunicada a todas as pessoas e entidades informadas da decretação da falência.

§ 5º Da sentença cabe apelação.

§ 6º Após o trânsito em julgado, os autos serão apensados aos da falência.

Art. 159-A. A sentença que declarar extintas as obrigações do falido, nos termos do art. 159 desta Lei, somente poderá ser rescindida por ação rescisória, na forma prevista na Lei nº 13.105, de 16 de março de 2015 (Código de Processo Civil), a pedido de qualquer credor, caso se verifique que o falido tenha sonegado bens, direitos ou rendimentos de qualquer espécie anteriores à data do requerimento a que se refere o art. 159 desta Lei.

Parágrafo único. O direito à rescisão de que trata o *caput* deste artigo extinguir-se-á no prazo de 2 (dois) anos, contado da data do trânsito em julgado da sentença de que trata o art. 159 desta Lei. *(Artigo acrescido pela Lei nº 14.112, de 24/12/2020)*

Art. 160. Verificada a prescrição ou extintas as obrigações nos termos desta Lei, o sócio de responsabilidade ilimitada também poderá requerer que seja declarada por sentença a extinção de suas obrigações na falência.

CAPÍTULO VI – DA RECUPERAÇÃO EXTRAJUDICIAL

Art. 161. O devedor que preencher os requisitos do art. 48 desta Lei poderá propor e negociar com credores plano de recuperação extrajudicial.

§ 1º Estão sujeitos à recuperação extrajudicial todos os créditos existentes na data do pedido, exceto os créditos de natureza tributária e aqueles previstos no § 3º do art. 49 e no inciso II do *caput* do art. 86 desta Lei, e a sujeição dos créditos de natureza trabalhista e por acidentes de trabalho exige negociação coletiva com o sindicato da respectiva categoria profissional. *(Parágrafo com redação dada pela Lei nº 14.112, de 24/12/2020)*

§ 2º O plano não poderá contemplar o pagamento antecipado de dívidas nem tratamento desfavorável aos credores que a ele não estejam sujeitos.

§ 3º O devedor não poderá requerer a homologação de plano extrajudicial, se estiver pendente pedido de recuperação judicial ou se houver obtido recuperação judicial ou homologação de outro plano de recuperação extrajudicial há menos de 2 (dois) anos.

§ 4º O pedido de homologação do plano de recuperação extrajudicial não acarretará suspensão de direitos, ações ou execuções, nem a impossibilidade do pedido de decretação de falência pelos credores não sujeitos ao plano de recuperação extrajudicial.

§ 5º Após a distribuição do pedido de homologação, os credores não poderão desistir da adesão ao plano, salvo com a anuência expressa dos demais signatários.

§ 6º A sentença de homologação do plano de recuperação extrajudicial constituirá título executivo judicial, nos termos do art. 584, inciso III do *caput*, da Lei nº 5.869, de 11 de janeiro de 1973 - Código de Processo Civil.

Art. 162. O devedor poderá requerer a homologação em juízo do plano de recuperação extrajudicial, juntando sua justificativa e o documento que contenha seus termos e condições, com as assinaturas dos credores que a ele aderiram.

Art. 163. O devedor poderá também requerer a homologação de plano de recuperação extrajudicial que obriga todos os credores por ele abrangidos, desde que assinado por credores que representem mais da metade dos créditos de cada espécie abrangidos pelo plano de recuperação extrajudicial. *("Caput" do artigo com redação dada pela Lei nº 14.112, de 24/12/2020)*

§ 1º O plano poderá abranger a totalidade de uma ou mais espécies de créditos previstos no art. 83, incisos II, IV, V, VI e VIII do *caput*, desta Lei, ou grupo de credores de mesma natureza e sujeito a semelhantes condições de pagamento, e, uma vez homologado, obriga a todos os credores das espécies por ele abrangidas, exclusivamente em relação aos créditos constituídos até a data do pedido de homologação.

§ 2º Não serão considerados para fins de apuração do percentual previsto no *caput* deste artigo os créditos não incluídos no plano de recuperação extrajudicial, os quais não poderão ter seu valor ou condições originais de pagamento alteradas.

§ 3º Para fins exclusivos de apuração do percentual previsto no *caput* deste artigo:

I - o crédito em moeda estrangeira será convertido para moeda nacional pelo câmbio da véspera da data de assinatura do plano; e

II - não serão computados os créditos detidos pelas pessoas relacionadas no art. 43 deste artigo.

§ 4º Na alienação de bem objeto de garantia real, a supressão da garantia ou sua substituição somente serão admitidas mediante a aprovação expressa do credor titular da respectiva garantia.

§ 5º Nos créditos em moeda estrangeira, a variação cambial só poderá ser afastada se o credor titular do respectivo crédito aprovar expressamente previsão diversa no plano de recuperação extrajudicial.

§ 6º Para a homologação do plano de que trata este artigo, além dos documentos previstos no *caput* do art. 162 desta Lei, o devedor deverá juntar:

I - exposição da situação patrimonial do devedor;

II - as demonstrações contábeis relativas ao último exercício social e as levantadas especialmente para instruir o pedido, na forma do inciso II do *caput* do art. 51 desta Lei; e

III - os documentos que comprovem os poderes dos subscritores para novar ou transigir, relação nominal completa dos credores, com a indicação do endereço de cada um, a natureza, a classificação e o valor atualizado do crédito, discriminando sua origem, o regime dos respectivos vencimentos e a indicação dos registros contábeis de cada transação pendente.

§ 7º O pedido previsto no *caput* deste artigo poderá ser apresentado com comprovação da anuência de credores que representem pelo menos 1/3 (um terço) de todos os créditos de cada espécie por ele abrangidos e com o compromisso de, no prazo improrrogável de 90 (noventa) dias, contado da data do pedido, atingir o quórum previsto no *caput* deste artigo, por meio de adesão expressa, facultada a conversão do procedimento em recuperação judicial a pedido do devedor. *(Parágrafo acrescido pela Lei nº 14.112, de 24/12/2020)*

§ 8º Aplica-se à recuperação extrajudicial, desde o respectivo pedido, a suspensão de que trata o art. 6º desta Lei, exclusivamente em relação às espécies de crédito por ele abrangidas, e somente deverá ser ratificada pelo juiz se comprovado o quórum inicial exigido pelo § 7º deste artigo. *(Parágrafo acrescido pela Lei nº 14.112, de 24/12/2020)*

Art. 164. Recebido o pedido de homologação do plano de recuperação extrajudicial previsto nos arts. 162 e 163 desta Lei, o juiz ordenará a publicação de edital eletrônico com vistas a convocar os credores do devedor para apresentação de suas impugnações ao plano de recuperação extrajudicial, observado o disposto no § 3º deste artigo. *("Caput" do artigo com redação dada pela Lei nº 14.112, de 24/12/2020)*

§ 1º No prazo do edital, deverá o devedor comprovar o envio de carta a todos os credores sujeitos ao plano, domiciliados ou sediados no país, informando a distribuição do pedido, as condições do plano e prazo para impugnação.

§ 2º Os credores terão prazo de 30 (trinta) dias, contado da publicação do edital, para impugnarem o plano, juntando a prova de seu crédito.

§ 3º Para opor-se, em sua manifestação, à homologação do plano, os credores somente poderão alegar:

I - não preenchimento do percentual mínimo previsto no *caput* do art. 163 desta Lei;

II - prática de qualquer dos atos previstos no inciso III do art. 94 ou do art. 130 desta Lei, ou descumprimento de requisito previsto nesta Lei;

III - descumprimento de qualquer outra exigência legal.

§ 4º Sendo apresentada impugnação, será aberto prazo de 5 (cinco) dias para que o devedor sobre ela se manifeste.

§ 5º Decorrido o prazo do § 4º deste artigo, os autos serão conclusos imediatamente ao juiz para apreciação de eventuais impugnações e decidirá, no prazo de 5 (cinco) dias, acerca do plano de recuperação extrajudicial, homologando-o por sentença se entender que não implica prática de atos previstos no art. 130 desta Lei e que não há outras irregularidades que recomendem sua rejeição.

§ 6º Havendo prova de simulação de créditos ou vício de representação dos credores que subscreverem o plano, a sua homologação será indeferida.

§ 7º Da sentença cabe apelação sem efeito suspensivo.

§ 8º Na hipótese de não homologação do plano o devedor poderá, cumpridas as formalidades, apresentar novo pedido de homologação de plano de recuperação extrajudicial.

Art. 165. O plano de recuperação extrajudicial produz efeitos após sua homologação judicial.

§ 1º É lícito, contudo, que o plano estabeleça a produção de efeitos anteriores à homologação, desde que exclusivamente em relação à modificação do valor ou da forma de pagamento dos credores signatários.

§ 2º Na hipótese do § 1º deste artigo, caso o plano seja posteriormente rejeitado pelo juiz, devolve-se aos credores signatários o direito de exigir seus créditos nas condições originais, deduzidos os valores efetivamente pagos.

Art. 166. Se o plano de recuperação extrajudicial homologado envolver alienação judicial de filiais ou de unidades produtivas isoladas do devedor, o juiz ordenará a sua realização, observado, no que couber, o disposto no art. 142 desta Lei.

Art. 167. O disposto neste Capítulo não implica impossibilidade de realização de outras modalidades de acordo privado entre o devedor e seus credores.

CAPÍTULO VI-A – DA INSOLVÊNCIA TRANSNACIONAL

(Capítulo acrescido pela Lei nº 14.112, de 24/12/2020)

SEÇÃO I – DISPOSIÇÕES GERAIS

(Seção acrescida pela Lei nº 14.112, de 24/12/2020)

Art. 167-A. Este Capítulo disciplina a insolvência transnacional, com o objetivo de proporcionar mecanismos efetivos para:

I - a cooperação entre juízes e outras autoridades competentes do Brasil e de outros países em casos de insolvência transnacional;

II - o aumento da segurança jurídica para a atividade econômica e para o investimento;

III - a administração justa e eficiente de processos de insolvência transnacional, de modo a proteger os interesses de todos os credores e dos demais interessados, inclusive do devedor;

IV - a proteção e a maximização do valor dos ativos do devedor;

V - a promoção da recuperação de empresas em crise econômico-financeira, com a proteção de investimentos e a preservação de empregos; e

VI - a promoção da liquidação dos ativos da empresa em crise econômico-financeira, com a preservação e a otimização da utilização produtiva dos bens, dos ativos e dos recursos produtivos da empresa, inclusive os intangíveis.

§ 1º Na interpretação das disposições deste Capítulo, deverão ser considerados o seu objetivo de cooperação internacional, a necessidade de uniformidade de sua aplicação e a observância da boa-fé.

§ 2º As medidas de assistência aos processos estrangeiros mencionadas neste Capítulo formam um rol meramente exemplificativo, de modo que outras medidas, ainda que previstas em leis distintas, solicitadas pelo representante estrangeiro, pela autoridade estrangeira ou pelo juízo brasileiro poderão ser deferidas pelo juiz competente ou promovidas diretamente pelo administrador judicial, com imediata comunicação nos autos.

§ 3º Em caso de conflito, as obrigações assumidas em tratados ou convenções internacionais em vigor no Brasil prevalecerão sobre as disposições deste Capítulo.

§ 4º O juiz somente poderá deixar de aplicar as disposições deste Capítulo se, no caso concreto, a sua aplicação configurar manifesta ofensa à ordem pública.

§ 5º O Ministério Público intervirá nos processos de que trata este Capítulo.

§ 6º Na aplicação das disposições deste Capítulo, será observada a competência do Superior Tribunal de Justiça prevista na alínea "i" do inciso I do *caput* do art. 105 da Constituição Federal, quando cabível. *(Artigo acrescido pela Lei nº 14.112, de 24/12/2020)*

Art. 167-B. Para os fins deste Capítulo, considera-se:

I - processo estrangeiro: qualquer processo judicial ou administrativo, de cunho coletivo, inclusive de natureza cautelar, aberto em outro país de acordo com disposições relativas à insolvência nele vigentes, em que os bens e as atividades de um devedor estejam sujeitos a uma autoridade estrangeira, para fins de reorganização ou liquidação;

II - processo estrangeiro principal: qualquer processo estrangeiro aberto no país em que o devedor tenha o centro de seus interesses principais;

III - processo estrangeiro não principal: qualquer processo estrangeiro que não seja um processo estrangeiro principal, aberto em um país em que o devedor tenha estabelecimento ou bens;

IV - representante estrangeiro: pessoa ou órgão, inclusive o nomeado em caráter transitório, que esteja autorizado, no processo estrangeiro, a administrar os bens ou as atividades do devedor, ou a atuar como representante do processo estrangeiro;

V - autoridade estrangeira: juiz ou autoridade administrativa que dirija ou supervisione um processo estrangeiro; e

VI - estabelecimento: qualquer local de operações em que o devedor desenvolva uma atividade econômica não transitória com o emprego de recursos humanos e de bens ou serviços. *(Artigo acrescido pela Lei nº 14.112, de 24/12/2020)*

Art. 167-C. As disposições deste Capítulo aplicam-se aos casos em que:

I - autoridade estrangeira ou representante estrangeiro solicita assistência no Brasil para um processo estrangeiro;

II - assistência relacionada a um processo disciplinado por esta Lei é pleiteada em um país estrangeiro;

III - processo estrangeiro e processo disciplinado por esta Lei relativos ao mesmo devedor estão em curso simultaneamente; ou

IV - credores ou outras partes interessadas, de outro país, têm interesse em requerer a abertura de um processo disciplinado por esta Lei, ou dele participar. *(Artigo acrescido pela Lei nº 14.112, de 24/12/2020)*

Art. 167-D. O juízo do local do principal estabelecimento do devedor no Brasil é o competente para o reconhecimento de processo estrangeiro e para a cooperação com a autoridade estrangeira nos termos deste Capítulo.

§ 1º A distribuição do pedido de reconhecimento do processo estrangeiro previne a jurisdição para qualquer pedido de recuperação judicial, de recuperação extrajudicial ou de falência relativo ao devedor.

§ 2º A distribuição do pedido de recuperação judicial, de recuperação extrajudicial ou de falência previne a jurisdição para qualquer pedido de reconhecimento de processo estrangeiro relativo ao devedor. *(Artigo acrescido pela Lei nº 14.112, de 24/12/2020)*

Art. 167-E. São autorizados a atuar em outros países, independentemente de decisão judicial, na qualidade de representante do processo brasileiro, desde que essa providência seja permitida pela lei do país em que tramitem os processos estrangeiros:

I - o devedor, na recuperação judicial e na recuperação extrajudicial;

II - o administrador judicial, na falência.

§ 1º Na hipótese de que trata o inciso II do *caput* deste artigo, poderá o juiz, em caso de omissão do administrador judicial, autorizar terceiro para a atuação prevista no *caput* deste artigo.

§ 2º A pedido de qualquer dos autorizados, o juízo mandará certificar a condição de representante do processo brasileiro. *(Artigo acrescido pela Lei nº 14.112, de 24/12/2020)*

SEÇÃO II – DO ACESSO À JURISDIÇÃO BRASILEIRA

(Seção acrescida pela Lei nº 14.112, de 24/12/2020)

Art. 167-F. O representante estrangeiro está legitimado a postular diretamente ao juiz brasileiro, nos termos deste Capítulo.

§ 1º O pedido feito ao juiz brasileiro não sujeita o representante estrangeiro nem o devedor, seus bens e suas atividades à jurisdição brasileira, exceto no que diz respeito aos estritos limites do pedido.

§ 2º Reconhecido o processo estrangeiro, o representante estrangeiro está autorizado a:

I - ajuizar pedido de falência do devedor, desde que presentes os requisitos para isso, de acordo com esta Lei;

II - participar do processo de recuperação judicial, de recuperação extrajudicial ou de falência do mesmo devedor, em curso no Brasil;

III - intervir em qualquer processo em que o devedor seja parte, atendidas as exigências do direito brasileiro. *(Artigo acrescido pela Lei nº 14.112, de 24/12/2020)*

Art. 167-G. Os credores estrangeiros têm os mesmos direitos conferidos aos credores nacionais nos processos de recuperação judicial, de recuperação extrajudicial ou de falência.

§ 1º Os credores estrangeiros receberão o mesmo tratamento dos credores nacionais, respeitada a ordem de classificação dos créditos prevista nesta Lei, e não serão discriminados em razão de sua nacionalidade ou da localização de sua sede, estabelecimento, residência ou domicílio, respeitado o seguinte:

I - os créditos estrangeiros de natureza tributária e previdenciária, bem como as penas pecuniárias por infração de leis penais ou administrativas, inclusive as multas tributárias devidas a Estados estrangeiros, não serão considerados nos processos de recuperação judicial e serão classificados como créditos subordinados nos processos de falência, independentemente de sua classificação nos países em que foram constituídos;

II - o crédito do representante estrangeiro será equiparado ao do administrador judicial nos casos em que fizer jus a remuneração, exceto quando for o próprio devedor ou seu representante;

III - os créditos que não tiverem correspondência com a classificação prevista nesta Lei serão classificados como quirografários, independentemente da classificação atribuída pela lei do país em que foram constituídos.

§ 2º O juiz deve determinar as medidas apropriadas, no caso concreto, para que os credores que não tiverem domicílio ou estabelecimento no Brasil tenham acesso às notificações e às informações dos processos de recuperação judicial, de recuperação extrajudicial ou de falência.

§ 3º As notificações e as informações aos credores que não tiverem domicílio ou estabelecimento no Brasil serão realizadas por qualquer meio considerado adequado pelo juiz, dispensada a expedição de carta rogatória para essa finalidade.

§ 4º A comunicação do início de um processo de recuperação judicial ou de falência para credores estrangeiros deverá conter as informações sobre providências necessárias para que o credor possa fazer valer seu direito, inclusive quanto ao prazo para apresentação de habilitação ou de divergência e à necessidade de os credores garantidos habilitarem seus créditos.

§ 5º O juiz brasileiro deverá expedir os ofícios e os mandados necessários ao Banco Central do Brasil para permitir a remessa ao exterior dos valores recebidos por credores domiciliados no estrangeiro. *(Artigo acrescido pela Lei nº 14.112, de 24/12/2020)*

SEÇÃO III – DO RECONHECIMENTO DE PROCESSOS ESTRANGEIROS

(Seção acrescida pela Lei nº 14.112, de 24/12/2020)

Art. 167-H. O representante estrangeiro pode ajuizar, perante o juiz, pedido de reconhecimento do processo estrangeiro em que atua.

§ 1º O pedido de reconhecimento do processo estrangeiro deve ser acompanhado dos seguintes documentos:

I - cópia apostilada da decisão que determine a abertura do processo estrangeiro e nomeie o representante estrangeiro;

II - certidão apostilada expedida pela autoridade estrangeira que ateste a existência do processo estrangeiro e a nomeação do representante estrangeiro; ou

III - qualquer outro documento emitido por autoridade estrangeira que permita ao juiz atingir plena convicção da existência do processo estrangeiro e da identificação do representante estrangeiro.

§ 2º O pedido de reconhecimento do processo estrangeiro deve ser acompanhado por uma relação de todos os processos estrangeiros relativos ao devedor que sejam de conhecimento do representante estrangeiro.

§ 3º Os documentos redigidos em língua estrangeira devem estar acompanhados de tradução oficial para a língua portuguesa, salvo quando, sem prejuízo aos credores, for expressamente dispensada pelo juiz e substituída por tradução simples para a língua portuguesa, declarada fiel e autêntica pelo próprio advogado, sob sua responsabilidade pessoal. *(Artigo acrescido pela Lei nº 14.112, de 24/12/2020)*

Art. 167-I. Independentemente de outras medidas, o juiz poderá reconhecer:

I - a existência do processo estrangeiro e a identificação do representante estrangeiro, a partir da decisão ou da certidão referidas no § 1º do art. 167-H desta Lei que os indicarem como tal;

II - a autenticidade de todos ou de alguns documentos juntados com o pedido de reconhecimento do processo estrangeiro, mesmo que não tenham sido apostilados;

III - o país onde se localiza o domicílio do devedor, no caso dos empresários individuais, ou o país da sede estatutária do devedor, no caso das sociedades, como seu centro de interesses principais, salvo prova em contrário. *(Artigo acrescido pela Lei nº 14.112, de 24/12/2020)*

Art. 167-J. Ressalvado o disposto no § 4º do art. 167-A desta Lei, o juiz reconhecerá o processo estrangeiro quando:

I - o processo enquadrar-se na definição constante do inciso I do *caput* do art. 167-B desta Lei;

II - o representante que tiver requerido o reconhecimento do processo enquadrar-se na definição de representante estrangeiro constante do inciso IV do *caput* do art. 167-B desta Lei;

III - o pedido cumprir os requisitos estabelecidos no art. 167-H desta Lei; e

IV - o pedido tiver sido endereçado ao juiz, conforme o disposto no art. 167-D desta Lei.

§ 1º Satisfeitos os requisitos previstos no *caput* deste artigo, o processo estrangeiro deve ser reconhecido como:

I - processo estrangeiro principal, caso tenha sido aberto no local em que o devedor tenha o seu centro de interesses principais; ou

II - processo estrangeiro não principal, caso tenha sido aberto em local em que o devedor tenha bens ou estabelecimento, na forma definida no inciso VI do *caput* do art. 167-B desta Lei.

§ 2º Não obstante o previsto nos incisos I e II do § 1º deste artigo, o processo estrangeiro será reconhecido como processo estrangeiro não principal se o centro de interesses principais do devedor tiver sido transferido ou de outra forma manipulado com o objetivo de transferir para outro Estado a competência jurisdicional para abertura do processo.

§ 3º A decisão de reconhecimento do processo estrangeiro poderá ser modificada ou revogada, a qualquer momento, a pedido de qualquer parte interessada, se houver elementos que comprovem que os requisitos para o reconhecimento foram descumpridos, total ou parcialmente, ou deixaram de existir.

§ 4º Da decisão que acolher o pedido de reconhecimento caberá agravo, e da sentença que o julgar improcedente caberá apelação. *(Artigo acrescido pela Lei nº 14.112, de 24/12/2020)*

Art. 167-K. Após o pedido de reconhecimento do processo estrangeiro, o representante estrangeiro deverá imediatamente informar ao juiz:

I - qualquer modificação significativa no estado do processo estrangeiro reconhecido ou no estado de sua nomeação como representante estrangeiro;

II - qualquer outro processo estrangeiro relativo ao mesmo devedor de que venha a ter conhecimento. *(Artigo acrescido pela Lei nº 14.112, de 24/12/2020)*

Art. 167-L. Após o ajuizamento do pedido de reconhecimento do processo estrangeiro, e antes de sua decisão, o juiz poderá conceder liminarmente as medidas de tutela provisória, fundadas em urgência ou evidência, necessárias para o cumprimento desta Lei, para a proteção da massa falida ou para a eficiência da administração.

§ 1º Salvo no caso do disposto no inciso IV do *caput* do art. 167-N desta Lei, as medidas de natureza provisória encerram-se com a decisão sobre o pedido de reconhecimento.

§ 2º O juiz poderá recusar-se a conceder as medidas de assistência provisória que possam interferir na administração do processo estrangeiro principal. *(Artigo acrescido pela Lei nº 14.112, de 24/12/2020)*

Art. 167-M. Com o reconhecimento de processo estrangeiro principal, decorrem automaticamente:

I - a suspensão do curso de quaisquer processos de execução ou de quaisquer outras medidas individualmente tomadas por credores relativas ao patrimônio do devedor, respeitadas as demais disposições desta Lei;

II - a suspensão do curso da prescrição de quaisquer execuções judiciais contra o devedor, respeitadas as demais disposições desta Lei;

III - a ineficácia de transferência, de oneração ou de qualquer forma de disposição de bens do ativo não circulante do devedor realizadas sem prévia autorização judicial.

§ 1º A extensão, a modificação ou a cessação dos efeitos previstos nos incisos I, II e III do *caput* deste artigo subordinam-se ao disposto nesta Lei.

§ 2º Os credores conservam o direito de ajuizar quaisquer processos judiciais e arbitrais, e de neles prosseguir, que visem à condenação do devedor ou ao reconhecimento ou à liquidação de seus créditos, e, em qualquer caso, as medidas executórias deverão permanecer suspensas.

§ 3º As medidas previstas neste artigo não afetam os credores que não estejam sujeitos aos processos de recuperação judicial, de recuperação extrajudicial ou de falência, salvo nos limites permitidos por esta Lei. *(Artigo acrescido pela Lei nº 14.112, de 24/12/2020)*

Art. 167-N. Com a decisão de reconhecimento do processo estrangeiro, tanto principal como não principal, o juiz poderá determinar, a pedido do representante estrangeiro e desde que necessárias para a proteção dos bens do devedor e no interesse dos credores, entre outras, as seguintes medidas:

I - a ineficácia de transferência, de oneração ou de qualquer forma de disposição de bens do ativo não circulante do devedor realizadas sem prévia autorização judicial, caso não tenham decorrido automaticamente do reconhecimento previsto no art. 167-M desta Lei;

II - a oitiva de testemunhas, a colheita de provas ou o fornecimento de informações relativas a bens, a direitos, a obrigações, à responsabilidade e à atividade do devedor;

III - a autorização do representante estrangeiro ou de outra pessoa para administrar e/ou realizar o ativo do devedor, no todo ou em parte, localizado no Brasil;

IV - a conversão, em definitiva, de qualquer medida de assistência provisória concedida anteriormente;

V - a concessão de qualquer outra medida que seja necessária.

§ 1º Com o reconhecimento do processo estrangeiro, tanto principal como não principal, o juiz poderá, a requerimento do representante estrangeiro, autorizá-lo, ou outra pessoa nomeada por aquele, a promover a destinação do ativo do devedor, no todo ou em parte, localizado no Brasil, desde que os interesses dos credores domiciliados ou estabelecidos no Brasil estejam adequadamente protegidos.

§ 2º Ao conceder medida de assistência prevista neste artigo requerida pelo representante estrangeiro de um processo estrangeiro não principal, o juiz deverá certificar-se de que as medidas para efetivá-la se referem a bens que, de acordo com o direito brasileiro, devam ser submetidos à disciplina aplicável ao processo estrangeiro não principal, ou certificar-se de que elas digam respeito a informações nele exigidas. *(Artigo acrescido pela Lei nº 14.112, de 24/12/2020)*

Art. 167-O. Ao conceder ou denegar uma das medidas previstas nos arts. 167-L e 167-N desta Lei, bem como ao modificá-las ou revogá-las nos termos do § 2º deste artigo, o juiz deverá certificar-se de que o interesse dos credores, do devedor e de terceiros interessados será adequadamente protegido.

§ 1º O juiz poderá condicionar a concessão das medidas previstas nos arts. 167-L e 167-N desta Lei ao atendimento de condições que considerar apropriadas.

§ 2º A pedido de qualquer interessado, do representante estrangeiro ou de ofício, o juiz poderá modificar ou revogar, a qualquer momento, medidas concedidas com fundamento nos arts. 167-L e 167-N desta Lei.

§ 3º Com o reconhecimento do processo estrangeiro, tanto principal quanto não principal, o representante estrangeiro poderá ajuizar medidas com o objetivo de tornar ineficazes quaisquer atos realizados, nos termos dos arts. 129 e 130, observado ainda o disposto no art. 131, todos desta Lei.

§ 4º No caso de processo estrangeiro não principal, a ineficácia referida no § 3º deste artigo dependerá da verificação, pelo juiz, de que, de acordo com a lei brasileira, os bens devam ser submetidos à disciplina aplicável ao processo estrangeiro não principal. *(Artigo acrescido pela Lei nº 14.112, de 24/12/2020)*

SEÇÃO IV – DA COOPERAÇÃO COM AUTORIDADES E REPRESENTANTES ESTRANGEIROS

(Seção acrescida pela Lei nº 14.112, de 24/12/2020)

Art. 167-P. O juiz deverá cooperar diretamente ou por meio do administrador judicial, na máxima extensão possível, com a autoridade estrangeira ou com representantes estrangeiros, na persecução dos objetivos estabelecidos no art. 167- A desta Lei.

§ 1º O juiz poderá comunicar-se diretamente com autoridades estrangeiras ou com representantes estrangeiros, ou deles solicitar informação e assistência, sem a necessidade de expedição de cartas rogatórias, de procedimento de auxílio direto ou de outras formalidades semelhantes.

§ 2º O administrador judicial, no exercício de suas funções e sob a supervisão do juiz, deverá cooperar, na máxima extensão possível, com a autoridade estrangeira ou com representantes estrangeiros, na persecução dos objetivos estabelecidos no art. 167-A desta Lei.

§ 3º O administrador judicial, no exercício de suas funções, poderá comunicar-se com as autoridades estrangeiras ou com os representantes estrangeiros. *(Artigo acrescido pela Lei nº 14.112, de 24/12/2020)*

Art. 167-Q. A cooperação a que se refere o art. 167-P desta Lei poderá ser implementada por quaisquer meios, inclusive pela:

I - nomeação de uma pessoa, natural ou jurídica, para agir sob a supervisão do juiz;

II - comunicação de informações por quaisquer meios considerados apropriados pelo juiz;

III - coordenação da administração e da supervisão dos bens e das atividades do devedor;

IV - aprovação ou implementação, pelo juiz, de acordos ou de protocolos de cooperação para a coordenação dos processos judiciais; e

V - coordenação de processos concorrentes relativos ao mesmo devedor. *(Artigo acrescido pela Lei nº 14.112, de 24/12/2020)*

SEÇÃO V – DOS PROCESSOS CONCORRENTES

(Seção acrescida pela Lei nº 14.112, de 24/12/2020)

Art. 167-R. Após o reconhecimento de um processo estrangeiro principal, somente se iniciará no Brasil um processo de recuperação judicial, de recuperação extrajudicial ou de falência se o devedor possuir bens ou estabelecimento no País.

Parágrafo único. Os efeitos do processo ajuizado no Brasil devem restringir-se aos bens e ao estabelecimento do devedor localizados no Brasil e podem estender-se a outros, desde que esta medida seja necessária para a cooperação e a coordenação com o processo estrangeiro principal. *(Artigo acrescido pela Lei nº 14.112, de 24/12/2020)*

Art. 167-S. Sempre que um processo estrangeiro e um processo de recuperação judicial, de recuperação extrajudicial ou de falência relativos ao mesmo devedor estiverem em curso simultaneamente, o juiz deverá buscar a cooperação e a coordenação entre eles, respeitadas as seguintes disposições:

I - se o processo no Brasil já estiver em curso quando o pedido de reconhecimento do processo estrangeiro tiver sido ajuizado, qualquer medida de assistência determinada pelo juiz nos termos dos arts. 167-L ou 167-N desta Lei deve ser compatível com o processo brasileiro, e o previsto no art. 167-M desta Lei não será aplicável se o processo estrangeiro for reconhecido como principal;

II - se o processo no Brasil for ajuizado após o reconhecimento do processo estrangeiro ou após o ajuizamento do pedido de seu reconhecimento, todas as medidas de assistência concedidas nos termos dos arts. 167-L ou 167-N desta Lei deverão ser revistas pelo juiz e modificadas ou revogadas se forem incompatíveis com o processo no Brasil e, quando o processo estrangeiro for reconhecido como principal, os efeitos referidos nos incisos I, II e III do *caput* do art. 167-M serão modificados ou cessados, nos termos do § 1º do art. 167-M desta Lei, se incompatíveis com os demais dispositivos desta Lei;

III - qualquer medida de assistência a um processo estrangeiro não principal deverá restringir-se a bens e a estabelecimento que, de acordo com o ordenamento jurídico brasileiro, devam ser submetidos à disciplina aplicável ao processo estrangeiro não principal, ou a informações nele exigidas. *(Artigo acrescido pela Lei nº 14.112, de 24/12/2020)*

Art. 167-T. Na hipótese de haver mais de um processo estrangeiro relativo ao mesmo devedor, o juiz deverá buscar a cooperação e a coordenação de acordo com as disposições dos arts. 167-P e 167-Q desta Lei, bem como observar o seguinte:

I - qualquer medida concedida ao representante de um processo estrangeiro não principal após o reconhecimento de um processo estrangeiro principal deve ser compatível com este último;

II - se um processo estrangeiro principal for reconhecido após o reconhecimento ou o pedido de reconhecimento de um processo estrangeiro não principal, qualquer medida concedida nos termos dos arts. 167-L ou 167-N desta Lei deverá ser revista pelo juiz, que a modificará ou a revogará se for incompatível com o processo estrangeiro principal;

III - se, após o reconhecimento de um processo estrangeiro não principal, outro processo estrangeiro não principal for reconhecido, o juiz poderá, com a finalidade de facilitar a coordenação dos processos, conceder, modificar ou revogar qualquer medida antes concedida. *(Artigo acrescido pela Lei nº 14.112, de 24/12/2020)*

Art. 167-U. Na ausência de prova em contrário, presume-se a insolvência do devedor cujo processo estrangeiro principal tenha sido reconhecido no Brasil.

Parágrafo único. O representante estrangeiro, o devedor ou os credores podem requerer a falência do devedor cujo processo estrangeiro principal tenha sido reconhecido no Brasil, atendidos os pressupostos previstos nesta Lei. *(Artigo acrescido pela Lei nº 14.112, de 24/12/2020)*

Art. 167-V. O juízo falimentar responsável por processo estrangeiro não principal deve prestar ao juízo principal as seguintes informações, entre outras:

I - valor dos bens arrecadados e do passivo;

II - valor dos créditos admitidos e sua classificação;

III - classificação, segundo a lei nacional, dos credores não domiciliados ou sediados nos países titulares de créditos sujeitos à lei estrangeira;

IV - relação de ações judiciais em curso de que seja parte o falido, como autor, réu ou interessado;

V - ocorrência do término da liquidação e o saldo, credor ou devedor, bem como eventual ativo remanescente. *(Artigo acrescido pela Lei nº 14.112, de 24/12/2020)*

Art. 167-W. No processo falimentar transnacional, principal ou não principal, nenhum ativo, bem ou recurso remanescente da liquidação será entregue ao falido se ainda houver passivo não satisfeito em qualquer outro processo falimentar transnacional. *(Artigo acrescido pela Lei nº 14.112, de 24/12/2020)*

Art. 167-X. O processo de falência transnacional principal somente poderá ser finalizado após o encerramento dos processos não principais ou após a constatação de que, nesses últimos, não haja ativo líquido remanescente. *(Artigo acrescido pela Lei nº 14.112, de 24/12/2020)*

Art. 167-Y. Sem prejuízo dos direitos sobre bens ou decorrentes de garantias reais, o credor que tiver recebido pagamento parcial de seu crédito em processo de insolvência no exterior não poderá ser pago pelo mesmo crédito em processo no Brasil referente ao mesmo devedor enquanto os pagamentos aos credores da mesma classe forem proporcionalmente inferiores ao valor já recebido no exterior. *(Artigo acrescido pela Lei nº 14.112, de 24/12/2020)*

CAPÍTULO VII – DISPOSIÇÕES PENAIS

SEÇÃO I – DOS CRIMES EM ESPÉCIE

Fraude a Credores

Art. 168. Praticar, antes ou depois da sentença que decretar a falência, conceder a recuperação judicial ou homologar a recuperação extrajudicial, ato fraudulento de que resulte ou possa resultar prejuízo aos credores, com o fim de obter ou assegurar vantagem indevida para si ou para outrem.

Pena - reclusão, de 3 (três) a 6 (seis) anos, e multa.

Aumento da pena

§ 1º A pena aumenta-se de 1/6 (um sexto) a 1/3 (um terço), se o agente:

I - elabora escrituração contábil ou balanço com dados inexatos;

II - omite, na escrituração contábil ou no balanço, lançamento que deles deveria constar, ou altera escrituração ou balanço verdadeiros;

III - destrói, apaga ou corrompe dados contábeis ou negociais armazenados em computador ou sistema informatizado;

IV - simula a composição do capital social;

V - destrói, oculta ou inutiliza, total ou parcialmente, os documentos de escrituração contábil obrigatórios.

Contabilidade paralela e distribuição de lucros ou dividendos a sócios e acionistas até a aprovação do plano de recuperação judicial

› *(Nome jurídico com redação dada pela Lei nº 14.112, de 24/12/2020)*

§ 2º A pena é aumentada de 1/3 (um terço) até metade se o devedor manteve ou movimentou recursos ou valores paralelamente à contabilidade exigida pela legislação, inclusive na hipótese de violação do disposto no art. 6º-A desta Lei. *(Parágrafo com redação dada pela Lei nº 14.112, de 24/12/2020)*

Concurso de pessoas

§ 3º Nas mesmas penas incidem os contadores, técnicos contábeis, auditores e outros profissionais que, de qualquer modo, concorrerem para as condutas criminosas descritas neste artigo, na medida de sua culpabilidade.

Redução ou substituição da pena

§ 4º Tratando-se de falência de microempresa ou de empresa de pequeno porte, e não se constatando prática habitual de condutas fraudulentas por parte do falido, poderá o juiz reduzir a pena de reclusão de 1/3 (um terço) a 2/3 (dois terços) ou substituí-la pelas penas restritivas de direitos, pelas de perda de bens e valores ou pelas de prestação de serviços à comunidade ou a entidades públicas.

Violação de sigilo empresarial

Art. 169. Violar, explorar ou divulgar, sem justa causa, sigilo empresarial ou dados confidenciais sobre operações ou serviços, contribuindo para a condução do devedor a estado de inviabilidade econômica ou financeira:

Pena - reclusão, de 2 (dois) a 4 (quatro) anos, e multa.

Divulgação de informações falsas

Art. 170. Divulgar ou propalar, por qualquer meio, informação falsa sobre devedor em recuperação judicial, com o fim de levá-lo à falência ou de obter vantagem:

Pena - reclusão, de 2 (dois) a 4 (quatro) anos, e multa.

Indução a erro

Art. 171. Sonegar ou omitir informações ou prestar informações falsas no processo de falência, de recuperação judicial ou de recuperação extrajudicial, com o fim de induzir a erro o juiz, o Ministério Público, os credores, a assembleia-geral de credores, o Comitê ou o administrador judicial:

Pena - reclusão, de 2 (dois) a 4 (quatro) anos, e multa.

FAVORECIMENTO DE CREDORES

Art. 172. Praticar, antes ou depois da sentença que decretar a falência, conceder a recuperação judicial ou homologar plano de recuperação extrajudicial, ato de disposição ou oneração patrimonial ou gerador de obrigação, destinado a favorecer um ou mais credores em prejuízo dos demais:

Pena - reclusão, de 2 (dois) a 5 (cinco) anos, e multa.

Parágrafo único. Nas mesmas penas incorre o credor que, em conluio, possa beneficiar-se de ato previsto no *caput* deste artigo.

Desvio, ocultação ou apropriação de bens

Art. 173. Apropriar-se, desviar ou ocultar bens pertencentes ao devedor sob recuperação judicial ou à massa falida, inclusive por meio da aquisição por interposta pessoa:

Pena - reclusão, de 2 (dois) a 4 (quatro) anos, e multa.

Aquisição, recebimento ou uso ilegal de bens

Art. 174. Adquirir, receber, usar, ilicitamente, bem que sabe pertencer à massa falida ou influir para que terceiro, de boa-fé, o adquira, receba ou use:

Pena - reclusão, de 2 (dois) a 4 (quatro) anos, e multa.

Habilitação ilegal de crédito

Art. 175. Apresentar, em falência, recuperação judicial ou recuperação extrajudicial, relação de créditos, habilitação de créditos ou reclamação falsas, ou juntar a elas título falso ou simulado:

Pena - reclusão, de 2 (dois) a 4 (quatro) anos, e multa.

Exercício ilegal de atividade

Art. 176. Exercer atividade para a qual foi inabilitado ou incapacitado por decisão judicial, nos termos desta Lei:

Pena - reclusão, de 1 (um) a 4 (quatro) anos, e multa.

Violação de impedimento

Art. 177. Adquirir o juiz, o representante do Ministério Público, o administrador judicial, o gestor judicial, o perito, o avaliador, o escrivão, o oficial de justiça ou o leiloeiro, por si ou por interposta pessoa, bens de massa falida ou de devedor em recuperação judicial, ou, em relação a estes, entrar em alguma especulação de lucro, quando tenham atuado nos respectivos processos:

Pena - reclusão, de 2 (dois) a 4 (quatro) anos, e multa.

Omissão dos documentos contábeis obrigatórios

Art. 178. Deixar de elaborar, escriturar ou autenticar, antes ou depois da sentença que decretar a falência, conceder a recuperação judicial ou homologar o plano de recuperação extrajudicial, os documentos de escrituração contábil obrigatórios:

Pena - detenção, de 1 (um) a 2 (dois) anos, e multa, se o fato não constitui crime mais grave.

SEÇÃO II – DISPOSIÇÕES COMUNS

Art. 179. Na falência, na recuperação judicial e na recuperação extrajudicial de sociedades, os seus sócios, diretores, gerentes, administradores e conselheiros, de fato ou de direito, bem como o administrador judicial, equiparam-se ao devedor ou falido para todos os efeitos penais decorrentes desta Lei, na medida de sua culpabilidade.

Art. 180. A sentença que decreta a falência, concede a recuperação judicial ou concede a recuperação extrajudicial de que trata o art. 163 desta Lei é condição objetiva de punibilidade das infrações penais descritas nesta Lei.

Art. 181. São efeitos da condenação por crime previsto nesta Lei:

I - a inabilitação para o exercício de atividade empresarial;

II - o impedimento para o exercício de cargo ou função em conselho de administração, diretoria ou gerência das sociedades sujeitas a esta Lei;

III - a impossibilidade de gerir empresa por mandato ou por gestão de negócio.

§ 1º Os efeitos de que trata este artigo não são automáticos, devendo ser motivadamente declarados na sentença, e perdurarão até 5 (cinco) anos após a extinção da punibilidade, podendo, contudo, cessar antes pela reabilitação penal.

§ 2º Transitada em julgado a sentença penal condenatória, será notificado o Registro Público de Empresas para que tome as medidas necessárias para impedir novo registro em nome dos inabilitados.

Art. 182. A prescrição dos crimes previstos nesta Lei reger-se-á pelas disposições do Decreto-Lei nº 2.848, de 7 de dezembro de 1940 - Código Penal, começando a correr do dia da decretação da falência, da concessão da recuperação judicial ou da homologação do plano de recuperação extrajudicial.

Parágrafo único. A decretação da falência do devedor interrompe a prescrição cuja contagem tenha iniciado com a concessão da recuperação judicial ou com a homologação do plano de recuperação extrajudicial.

SEÇÃO III – DO PROCEDIMENTO PENAL

Art. 183. Compete ao juiz criminal da jurisdição onde tenha sido decretada a falência, concedida a recuperação judicial ou homologado o plano de recuperação extrajudicial, conhecer da ação penal pelos crimes previstos nesta Lei.

Art. 184. Os crimes previstos nesta Lei são de ação penal pública incondicionada.

Parágrafo único. Decorrido o prazo a que se refere o art. 187, § 1º, sem que o representante do Ministério Público ofereça denúncia, qualquer credor habilitado ou o administrador judicial poderá oferecer ação penal privada subsidiária da pública, observado o prazo decadencial de 6 (seis) meses.

Art. 185. Recebida a denúncia ou a queixa, observar-se-á o rito previsto nos arts. 531 a 540 do Decreto-Lei nº 3.689, de 3 de outubro de 1941 - Código de Processo Penal.

Art. 186. No relatório previsto na alínea e do inciso III do *caput* do art. 22 desta Lei, o administrador judicial apresentará ao juiz da falência exposição circunstanciada, considerando as causas da falência, o procedimento do devedor, antes e depois da sentença, e outras informações detalhadas a respeito da conduta do devedor e de outros responsáveis, se houver, por atos que possam constituir crime relacionado com a recuperação judicial ou com a falência, ou outro delito conexo a estes.

Parágrafo único. A exposição circunstanciada será instruída com laudo do contador encarregado do exame da escrituração do devedor.

Art. 187. Intimado da sentença que decreta a falência ou concede a recuperação judicial, o Ministério Público, verificando a ocorrência de qualquer crime previsto nesta Lei, promoverá imediatamente a competente ação penal ou, se entender necessário, requisitará a abertura de inquérito policial.

§ 1º O prazo para oferecimento da denúncia regula-se pelo art. 46 do Decreto-Lei nº 3.689, de 3 de outubro de 1941 - Código de Processo Penal, salvo se o Ministério Público, estando o réu solto ou afiançado, decidir aguardar a apresentação da exposição circunstanciada de que trata o art. 186 desta Lei, devendo, em seguida, oferecer a denúncia em 15 (quinze) dias.

§ 2º Em qualquer fase processual, surgindo indícios da prática dos crimes previstos nesta Lei, o juiz da falência ou da recuperação judicial ou da recuperação extrajudicial cientificará o Ministério Público.

Art. 188. Aplicam-se subsidiariamente as disposições do Código de Processo Penal, no que não forem incompatíveis com esta Lei.

CAPÍTULO VIII – DISPOSIÇÕES FINAIS E TRANSITÓRIAS

Art. 189. Aplica-se, no que couber, aos procedimentos previstos nesta Lei, o disposto na Lei nº 13.105, de 16 de março de 2015 (Código de Processo Civil), desde que não seja incompatível com os princípios desta Lei. *("Caput" do artigo com redação dada pela Lei nº 14.112, de 24/12/2020)*

§ 1º Para os fins do disposto nesta Lei:

I - todos os prazos nela previstos ou que dela decorram serão contados em dias corridos; e

II - as decisões proferidas nos processos a que se refere esta Lei serão passíveis de agravo de instrumento, exceto nas hipóteses em que esta Lei previr de forma diversa. *(Parágrafo acrescido pela Lei nº 14.112, de 24/12/2020)*

§ 2º Para os fins do disposto no art. 190 da Lei nº 13.105, de 16 de março de 2015 (Código de Processo Civil), a manifestação de vontade do devedor será expressa e a dos credores será obtida por maioria, na forma prevista no art. 42 desta Lei. *(Parágrafo acrescido pela Lei nº 14.112, de 24/12/2020)*

Art. 189-A. Os processos disciplinados nesta Lei e os respectivos recursos, bem como os processos, os procedimentos e a execução dos atos e das diligências judiciais em que figure como parte empresário individual ou sociedade empresária em regime de recuperação judicial ou extrajudicial ou de falência terão prioridade sobre todos os atos judiciais, salvo o *habeas corpus* e as prioridades estabelecidas em leis especiais. *(Artigo acrescido pela Lei nº 14.112, de 24/12/2020)*

Art. 190. Todas as vezes que esta Lei se referir a devedor ou falido, compreender-se-á que a disposição também se aplica aos sócios ilimitadamente responsáveis.

Art. 191. Ressalvadas as disposições específicas desta Lei, as publicações ordenadas serão feitas em sítio eletrônico próprio, na internet, dedicado à recuperação judicial e à falência, e as intimações serão realizadas por notificação direta por meio de dispositivos móveis previamente cadastrados e autorizados pelo interessado. *("Caput" do artigo com redação dada pela Lei nº 14.112, de 24/12/2020)*

Parágrafo único. As publicações ordenadas nesta Lei conterão a epígrafe "recuperação judicial de", "recuperação extrajudicial de" ou "falência de".

Art. 192. Esta Lei não se aplica aos processos de falência ou de concordata ajuizados anteriormente ao início de sua vigência, que serão concluídos nos termos do Decreto-Lei nº 7.661, de 21 de junho de 1945.

§ 1º Fica vedada a concessão de concordata suspensiva nos processos de falência em curso, podendo ser promovida a alienação dos bens da massa falida assim que concluída sua arrecadação, independentemente da formação do quadro-geral de credores e da conclusão do inquérito judicial.

§ 2º A existência de pedido de concordata anterior à vigência desta Lei não obsta o pedido de recuperação judicial pelo devedor que não houver descumprido obrigação no âmbito da concordata, vedado, contudo, o pedido baseado no plano especial de recuperação judicial para microempresas e empresas de pequeno porte a que se refere a Seção V do Capítulo III desta Lei.

§ 3º No caso do § 2º deste artigo, se deferido o processamento da recuperação judicial, o processo de concordata será extinto e os créditos submetidos à concordata serão inscritos por seu valor original na recuperação judicial, deduzidas as parcelas pagas pelo concordatário.

§ 4º Esta Lei aplica-se às falências decretadas em sua vigência resultantes de convolação de concordatas ou de pedidos de falência anteriores, às quais se aplica, até a decretação, o Decreto-Lei nº 7.661, de 21 de junho de 1945, observado, na decisão que decretar a falência, o disposto no art. 99 desta Lei.

§ 5º O juiz poderá autorizar a locação ou arrendamento de bens imóveis ou móveis a fim de evitar a sua deterioração, cujos resultados reverterão em favor da massa. *(Parágrafo acrescido pela Lei nº 11.127, de 28/6/2005)*

Art. 193. O disposto nesta Lei não afeta as obrigações assumidas no âmbito das câmaras ou prestadoras de serviços de compensação e de liquidação financeira, que serão ultimadas e liquidadas pela câmara ou prestador de serviços, na forma de seus regulamentos.

Art. 193-A. O pedido de recuperação judicial, o deferimento de seu processamento ou a homologação do plano de recuperação judicial não afetarão ou suspenderão, nos termos da legislação aplicável, o exercício dos direitos de vencimento antecipado e de compensação no âmbito de operações compromissadas e de derivativos, de modo que essas operações poderão ser vencidas antecipadamente, desde que assim previsto nos contratos celebrados entre as partes ou em regulamento, proibidas, no entanto, medidas que impliquem a redução, sob qualquer forma, das garantias ou de sua condição de excussão, a restrição do exercício de direitos, inclusive de vencimento antecipado por inexecução, e a compensação previstas contratualmente ou em regulamento.

§ 1º Em decorrência do vencimento antecipado das operações compromissadas e de derivativos conforme previsto no *caput* deste artigo, os créditos e débitos delas decorrentes serão compensados e extinguirão as obrigações até onde se compensarem.

§ 2º Se houver saldo remanescente contra o devedor, será este considerado crédito sujeito à recuperação judicial, ressalvada a existência de garantia de alienação ou de cessão fiduciária. *(Artigo acrescido pela Lei nº 14.112, de 24/12/2020)*

Art. 194. O produto da realização das garantias prestadas pelo participante das câmaras ou prestadores de serviços de compensação e de liquidação financeira submetidos aos regimes de que trata esta Lei, assim como os títulos, valores mobiliários e quaisquer outros de seus ativos objetos de compensação ou liquidação serão destinados à liquidação das obrigações assumidas no âmbito das câmaras ou prestadoras de serviços.

Art. 195. A decretação da falência das concessionárias de serviços públicos implica extinção da concessão, na forma da lei.

Art. 196. Os Registros Públicos de Empresas, em cooperação com os Tribunais de Justiça, manterão banco de dados público e gratuito, disponível na internet, com a relação de todos os devedores falidos ou em recuperação judicial. *("Caput" do artigo com redação dada pela Lei nº 14.112, de 24/12/2020)*

Parágrafo único. Os Registros Públicos de Empresas, em cooperação com o Conselho Nacional de Justiça, deverão promover a integração de seus bancos de dados em âmbito nacional. *(Parágrafo único com redação dada pela Lei nº 14.112, de 24/12/2020)*

Art. 197. Enquanto não forem aprovadas as respectivas leis específicas, esta Lei aplica-se subsidiariamente, no que couber, aos regimes previstos no Decreto-Lei nº 73, de 21 de novembro de 1966, na Lei nº 6.024, de 13 de março de 1974, no Decreto-Lei nº 2.321, de 25 de fevereiro de 1987, e na Lei nº 9.514, de 20 de novembro de 1997.

Art. 198. Os devedores proibidos de requerer concordata nos termos da legislação específica em vigor na data da publicação desta Lei ficam proibidos de requerer recuperação judicial ou extrajudicial nos termos desta Lei.

Art. 199. Não se aplica o disposto no art. 198 desta Lei às sociedades a que se refere o art. 187 da Lei nº 7.565, de 19 de dezembro de 1986.

§ 1º Na recuperação judicial e na falência das sociedades de que trata o *caput* deste artigo, em nenhuma hipótese ficará suspenso o exercício de direitos derivados de contratos de locação, arrendamento mercantil ou de qualquer outra modalidade de arrendamento de aeronaves ou de suas partes. *(Parágrafo único transformado em § 1º com nova redação dada pela Lei nº 11.196, de 21/11/2005)*

§ 2º Os créditos decorrentes dos contratos mencionados no § 1º deste artigo não se submeterão aos efeitos da recuperação judicial ou extrajudicial, prevalecendo os direitos de propriedade sobre a coisa e as condições contratuais, não se lhes aplicando a ressalva contida na parte final do § 3º do art. 49 desta Lei. *(Parágrafo acrescido pela Lei nº 11.196, de 21/11/2005)*

§ 3º Na hipótese de falência das sociedades de que trata o *caput* deste artigo, prevalecerão os direitos de propriedade sobre a coisa relativos a contratos de locação, de arrendamento mercantil ou de qualquer outra modalidade de arrendamento de aeronaves ou de suas partes. *(Parágrafo acrescido pela Lei nº 11.196, de 21/11/2005)*

Art. 200. Ressalvado o disposto no art. 192 desta Lei, ficam revogados o Decreto-Lei nº 7.661, de 21 de junho de 1945, e os arts. 503 a 512 do Decreto-Lei nº 3.689, de 3 de outubro de 1941 - Código de Processo Penal.

Art. 201. Esta Lei entra em vigor 120 (cento e vinte) dias após sua publicação.

Brasília, 9 de fevereiro de 2005;
184º da Independência e 117º da República.
LUIZ INÁCIO LULA DA SILVA
Márcio Thomaz Bastos
Antonio Palloci Filho
Ricardo José Ribeiro Berzoini
Luiz Fernando Furlan

LEI Nº 12.810, DE 15 DE MAIO DE 2013

Dispõe sobre o parcelamento de débitos com a Fazenda Nacional relativos às contribuições previdenciárias de responsabilidade dos Estados, do Distrito Federal e dos Municípios; altera as Leis nºs 8.212, de 24 de julho de 1991, 9.715, de 25 de novembro de 1998, 11.828, de 20 de novembro de 2008, 10.522, de 19 de julho de 2002, 10.222, de 9 de maio de 2001, 12.249, de 11 de junho de 2010, 11.110, de 25 de abril de 2005, 5.869, de 11 de janeiro de 1973 - Código de Processo Civil, 6.404, de 15 de dezembro de 1976, 6.385, de 7 de dezembro de 1976, 6.015, de 31 de dezembro de 1973, e 9.514, de 20 de novembro de 1997; e revoga dispositivo da Lei nº 12.703, de 7 de agosto de 2012.

A PRESIDENTA DA REPÚBLICA Faço saber que o Congresso Nacional decreta e eu sanciono a seguinte Lei:

Art. 1º Os débitos com a Fazenda Nacional de responsabilidade dos Estados, do Distrito Federal, dos Municípios e das respectivas autarquias e fundações públicas, relativos às contribuições sociais de que tratam as alíneas a e c do parágrafo único do art. 11 da Lei nº 8.212, de 24 de julho de 1991, e às respectivas obrigações acessórias, provenientes de competências vencidas até 28 de fevereiro de 2013, inclusive décimo terceiro salário, constituídos ou não, inscritos ou não em dívida ativa da União, ainda que em fase de execução fiscal já ajuizada, ou que tenham sido objeto de parcelamento anterior não integralmente quitado, serão consolidados e pagos em 240 (duzentas e quarenta) parcelas a serem retidas no respectivo Fundo de Participação dos Estados - FPE e Fundo de Participação dos Municípios - FPM e repassadas à União, ou em prestações equivalentes a 1% (um por cento) da média mensal da receita corrente líquida do Estado, do Distrito Federal ou do Município, o que for de menor prestação.

§ 1º Os débitos cujos fatos geradores ocorrerem até 28 de fevereiro de 2013, que forem apurados posteriormente, serão incorporados ao parcelamento de que trata o *caput*, mediante aumento do número de parcelas, não implicando no aumento do valor das prestações.

§ 2º Os débitos parcelados terão redução de 100% (cem por cento) das multas de mora ou de ofício, de 50% (cinquenta por cento) dos juros de mora e de 100% (cem por cento) dos encargos legais, inclusive honorários advocatícios.

§ 3º Os contribuintes que tiverem optado pelos parcelamentos previstos no art. 1º da Medida Provisória nº 589, de 13 de novembro de 2012, poderão optar, na forma de regulamento, pelo reparcelamento dos respectivos débitos segundo as regras previstas neste artigo até o último dia útil do 3º (terceiro) mês subsequente ao da publicação desta Lei.

§ 4º A multa isolada de que trata o § 10 do art. 89 da Lei nº 8.212, de 24 de julho de 1991, cujo fato gerador ocorra até a data estabelecida no *caput*, poderá ser incluída no parcelamento, sem a aplicação das reduções de que trata o § 2º. *(Incluído pela Lei nº 13.137, de 2015)*

Art. 2º Para fins do disposto nesta Lei, entende-se como receita corrente líquida aquela definida nos termos do inciso IV do art. 2º da Lei Complementar nº 101, de 4 de maio de 2000.

§ 1º O percentual de 1% (um por cento) será aplicado sobre a média mensal da receita corrente líquida referente ao ano anterior ao do vencimento da parcela, publicada de acordo com o previsto nos arts. 52, 53 e 63 da Lei Complementar nº 101, de 4 de maio de 2000.

§ 2º Para fins de cálculo das parcelas mensais, os Estados, o Distrito Federal e os Municípios obrigam-se a encaminhar à Secretaria da Receita Federal do Brasil do Ministério da Fazenda, até o último dia útil do mês de fevereiro de cada ano, o demonstrativo de apuração da receita corrente líquida de que trata o inciso I do *caput* do art. 53 da Lei Complementar nº 101, de 4 de maio de 2000.

§ 3º Às parcelas com vencimento em janeiro, fevereiro e março de cada ano serão aplicados os limites utilizados no ano anterior, nos termos do § 1º.

§ 4º As informações de que trata o § 2º, prestadas pelo ente político, poderão ser revistas de ofício.

Art. 3º A adesão ao parcelamento de que trata o art. 1º desta Lei implica autorização pelo Estado, pelo Distrito Federal ou pelo Município para a retenção, no FPE ou no FPM, e repasse à União do valor correspondente às obrigações previdenciárias correntes dos meses anteriores ao do recebimento do respectivo Fundo de Participação, no caso de não pagamento no vencimento.

§ 1º A retenção e o repasse serão efetuados a partir do mês seguinte ao vencimento da obrigação previdenciária não paga, com a incidência dos encargos legais devidos até a data da retenção

§ 2º Na hipótese de não apresentação da Guia de Recolhimento do Fundo de Garantia do Tempo de Serviço e de Informações à Previdência Social - GFIP no prazo legal, o valor a ser retido nos termos do § 1º corresponderá à média das últimas 12 (doze) competências recolhidas ou devidas, sem prejuízo da cobrança, da restituição ou da compensação de eventuais diferenças.

§ 3º A retenção e o repasse do FPE ou do FPM serão efetuados obedecendo-se à seguinte ordem de preferência:

I - as obrigações correntes não pagas no vencimento;

II - as prestações do parcelamento de que trata o art. 1º desta Lei; e

III - as prestações dos demais parcelamentos que tenham essa previsão.

§ 4º Na hipótese de o FPE ou o FPM não ser suficiente para retenção do somatório dos valores correspondentes às obrigações devidas na forma do § 3º, o valor da diferença não retida deverá ser recolhido por meio de Guia da Previdência Social - GPS.

Art. 4º O deferimento do pedido de parcelamento de que trata o art. 1º desta Lei fica condicionado à apresentação pelo Estado, pelo Distrito Federal ou pelo Município, na data da formalização do pedido, do demonstrativo referente à apuração da receita corrente líquida do ano calendário anterior ao da publicação desta Lei.

Art. 5º As prestações do parcelamento de que trata o art. 1º desta Lei serão exigíveis mensalmente, a partir do último dia útil do 2º (segundo) mês subsequente ao mês do seu pedido.

Art. 6º O parcelamento de que trata o art. 1º desta Lei será rescindido nas seguintes hipóteses:

I - falta de recolhimento de diferença não retida no FPE ou no FPM por 3 (três) meses, consecutivos ou alternados;

II - inadimplência de débitos referente aos tributos abrangidos pelo parcelamento com competência igual ou posterior a março de 2013, por 3 (três) meses consecutivos ou alternados;

III - constatação, caracterizada por lançamento de ofício, de diferença de débito correspondente à obrigação previdenciária abrangida pelo parcelamento de que trata o art. 1º desta Lei, salvo se integralmente pago no prazo de 60 (sessenta dias), contado da ciência do lançamento ou da decisão definitiva na esfera administrativa ou judicial; ou

IV - falta de apresentação das informações relativas ao demonstrativo de apuração da receita corrente líquida referido no § 2º do art. 2º.

Parágrafo único. A critério do ente político, a diferença de que trata o inciso III do *caput* poderá ser incluída no parcelamento de que trata o art. 1º desta Lei.

Art. 7º Os pedidos de parcelamento de que trata o art. 1º desta Lei deverão ser formalizados até o último dia útil do terceiro mês subsequente ao da publicação desta Lei, na unidade da Receita Federal do Brasil de circunscrição do requerente, sendo vedada, a partir da adesão, qualquer retenção referente a débitos de parcelamentos anteriores incluídos no parcelamento de que trata esta Lei.

§ 1º A existência de outras modalidades de parcelamento em curso não impede a concessão do parcelamento de que trata o art. 1º desta Lei.

§ 2º Ao ser protocolado pelo ente federativo o pedido de parcelamento, fica suspensa a exigibilidade dos débitos incluídos no parcelamento perante a Fazenda Nacional, que emitirá certidão positiva do ente, com efeito negativo, em relação aos referidos débitos.

§ 3º Em seguida à formalização do pedido de parcelamento e até que seja consolidado o débito e calculado o valor das parcelas a serem pagas na forma do art. 1º desta Lei, será retido o correspondente a 0,5% (cinco décimos por cento) da média mensal da receita corrente líquida do ano anterior do respectivo Fundo de Participação dos Estados - FPE e Fundo de Participação dos Municípios - FPM e repassadas à União, como antecipação dos pagamentos a serem efetuados no momento do início efetivo do parcelamento.

§ 4º A adesão ao parcelamento de que trata o art. 1º desta Lei não afeta os termos e condições de abatimentos e reduções de parcelamentos concedidos anteriormente.

Art. 8º Ao parcelamento de que trata o art. 1º desta Lei aplica-se, no que couber, o disposto nos arts. 12, 13 e 14-B da Lei nº 10.522, de 19 de julho de 2002.

Art. 9º A Secretaria da Receita Federal do Brasil do Ministério da Fazenda e a Procuradoria-Geral da Fazenda Nacional, no âmbito das respectivas competências, editarão os atos necessários à execução do parcelamento de que trata o art. 1º desta Lei.

Art. 10. A Lei nº 8.212, de 24 de julho de 1991, passa a vigorar acrescida do seguinte art. 32-B:

"Art. 32-B. Os órgãos da administração direta, as autarquias, as fundações e as empresas públicas da União, dos Estados, do Distrito Federal e dos Municípios, cujas Normas Gerais de Direito Financeiro para elaboração e controle dos orçamentos estão definidas pela Lei nº 4.320, de 17 de março de 1964, e pela Lei Complementar nº 101, de 4 de maio de 2000, ficam obrigados, na forma estabelecida pela Secretaria da Receita Federal do Brasil do Ministério da Fazenda, a apresentar:

I - a contabilidade entregue ao Tribunal de Controle Externo; e

II - a folha de pagamento.

Parágrafo único. As informações de que trata o caput deverão ser apresentadas até o dia 30 de abril do ano seguinte ao encerramento do exercício."

Art. 11. (VETADO).

Art. 12. Os débitos com a Fazenda Nacional de responsabilidade dos Estados, do Distrito Federal, dos Municípios e das respectivas autarquias e fundações públicas, relativos ao Programa de Formação do Patrimônio do Servidor Público - PASEP, instituído pela Lei Complementar nº 8, de 3 de dezembro de 1970, vencidos até 28 de fevereiro de 2013, constituídos ou não, inscritos ou não em dívida ativa da União, ainda que em fase de execução fiscal já ajuizada, ou que tenham sido objeto de parcelamento anterior não integralmente quitado, serão consolidados e pagos em 240 (duzentas e quarenta) parcelas a serem retidas no Fundo de Participação dos Estados - FPE e Fundo de Participação dos Municípios - FPM e repassadas à União.

§ 1º Os débitos cujos fatos geradores ocorrerem até 28 de fevereiro de 2013, que forem apurados posteriormente, poderão ser incorporados ao parcelamento de que trata o *caput*, mediante aumento do número de parcelas, não implicando no aumento do valor das prestações.

§ 2º Os débitos parcelados terão redução de 100% (cem por cento) das multas de mora ou de ofício, de 50% (cinquenta por cento) dos juros de mora e de 100% (cem por cento) dos encargos legais.

§ 3º Os pedidos de parcelamento de que trata o *caput* deste artigo deverão ser formalizados até o último dia útil do terceiro mês subsequente ao da publicação desta Lei, na unidade da Receita Federal do Brasil de circunscrição do requerente, sendo vedada, a partir da adesão, qualquer retenção referente a débitos de parcelamentos anteriores incluídos no parcelamento de que trata esta Lei.

§ 4º A Secretaria da Receita Federal do Brasil e a Procuradoria-Geral da Fazenda Nacional, do Ministério da Fazenda, editarão os atos necessários à execução do parcelamento de que trata o *caput*.

Art. 13. O art. 2º da Lei nº 9.715, de 25 de novembro de 1998, passa a vigorar acrescido do seguinte § 7º:

"Art. 2º (...)

§ 7º Excluem-se do disposto no inciso III do caput deste artigo os valores de transferências decorrentes de convênio, contrato de repasse ou instrumento congênere com objeto definido."

Art. 14. O art. 1º da Lei nº 11.828, de 20 de novembro de 2008, passa a vigorar com a seguinte redação:

"Art. 1º No caso de doações em espécie recebidas por instituições financeiras públicas controladas pela União e destinadas a ações de prevenção, monitoramento e combate ao desmatamento, inclusive programas de remuneração por serviços ambientais, e de promoção da conservação e do uso sustentável dos biomas brasileiros, na forma estabelecida em regulamento, há isenção da incidência da Contribuição para o PIS/Pasep e da Contribuição para o Financiamento da Seguridade Social - COFINS.

(...)"

Art. 15. O art. 26 da Lei nº 10.522, de 19 de julho de 2002, passa a vigorar com a seguinte redação:

"Art. 26. Fica suspensa a restrição para transferência de recursos federais a Estados, Distrito Federal e Municípios destinados à execução de ações sociais ou ações em faixa de fronteira, em decorrência de inadimplementos objetos de registro no Cadin e no Sistema Integrado de Administração Financeira do Governo Federal - SIAFI."

Art. 16. A Lei nº 10.522, de 19 de julho de 2002, passa a vigorar acrescida do seguinte art. 26-A:

"Art. 26-A. O órgão ou entidade que receber recursos para execução de convênios, contratos de repasse e termos de parcerias na forma estabelecida pela legislação federal estará sujeito a prestar contas da sua boa e regular aplicação, observando-se o disposto nos §§ 1º a 10 deste artigo.

§ 1º Norma específica disporá sobre o prazo para prestação de contas e instauração de tomada de contas especial, se for o caso.

§ 2º Quando a prestação de contas não for encaminhada no prazo estabelecido, será concedido o prazo máximo de 30 (trinta) dias para sua apresentação, ou recolhimento dos recursos, incluídos os rendimentos da aplicação no mercado financeiro, atualizados monetariamente e acrescidos de juros de mora, na forma da lei.

§ 3º Para os convênios em que não tenha havido qualquer execução física nem utilização dos recursos, o recolhimento à conta única do Tesouro deverá ocorrer sem a incidência de juros de mora, mas com os rendimentos da aplicação financeira.

§ 4º Apresentada a prestação de contas, o concedente deverá apreciá-la aprovando ou rejeitando, total ou parcialmente, as contas, de forma motivada.

§ 5º Na ocorrência de uma das hipóteses de inadimplência previstas nos §§ 1º a 4º, ou no caso de as contas prestadas serem rejeitadas total ou parcialmente, o concedente registrará a inadimplência no sistema de gestão do instrumento e comunicará o fato ao órgão de contabilidade analítica a que estiver vinculado, para fins de instauração de tomada de contas especial, ou outro procedimento de apuração no qual sejam garantidos oportunizados o contraditório e a ampla defesa das partes envolvidas.

§ 6º Confirmada a existência de prejuízo ao erário ou desvio dos recursos na forma do § 5º, serão implementadas medidas administrativas ou judiciais para recuperação dos valores, sob pena de responsabilização solidária.

§ 7º Cabe ao prefeito e ao governador sucessores prestarem contas dos recursos provenientes de convênios, contratos de repasse e termos de parcerias firmados pelos seus antecessores.

§ 8º Na impossibilidade de atender ao disposto no § 7º, deverão ser apresentadas ao concedente justificativas que demonstrem o impedimento de prestar contas e solicitação de instauração de tomada de contas especial.

§ 9º Adotada a providência prevista no § 8º, o registro de inadimplência do órgão ou entidade será suspenso, no prazo de até 48 (quarenta e oito) horas, pelo concedente.

§ 10. Norma específica disporá sobre o prazo para registro de inadimplência no sistema de gestão do instrumento e a forma de notificação prévia com os referidos prazos."

Art. 17. O art. 56 da Lei nº 8.212, de 24 de julho de 1991, passa a vigorar acrescido do seguinte § 2º, renumerando o parágrafo único para § 1º:

"Art. 56. (...)

§ 1º (Revogado pela Medida Provisória nº 2187-13, de 2001).

§ 2º Os recursos do FPE e do FPM não transferidos em decorrência da aplicação do caput deste artigo poderão ser utilizados para quitação, total ou parcial, dos débitos relativos às contribuições de que tratam as alíneas a e c do parágrafo único do art. 11 desta Lei, a pedido do representante legal do Estado, Distrito Federal ou Município."

Art. 18. Os arts. 1º e 3º da Lei nº 10.222, de 9 de maio de 2001, passam a vigorar com a seguinte redação:

"Art. 1º Os serviços de radiodifusão sonora e de som e imagens transmitidos com tecnologia digital controlarão seus sinais de áudio de modo que não haja elevação injustificável de volume nos intervalos comerciais."

"Art. 3º O descumprimento do disposto nesta Lei sujeitará o infrator às penalidades prescritas no Código Brasileiro de Comunicações."

Art. 19. *(Revogado pela Lei nº 14.537, de 2023)*

Art. 20. Os arts. 2º, 3º e 4º-A da Lei nº 11.110, de 25 de abril de 2005, passam a vigorar com a seguinte redação:

"Art. 2º (...)

§ 2º As instituições financeiras públicas federais que se enquadrem nas disposições do § 5º do art. 1º desta Lei poderão atuar no PNMPO por intermédio de sociedade na qual participe direta ou indiretamente, desde que tal sociedade tenha por objeto prestar serviços necessários à contratação e acompanhamento de operações de microcrédito produtivo orientado e que esses serviços não representem atividades privativas de instituições financeiras, devendo essa sociedade habilitar-se no Ministério do Trabalho e Emprego.

§ 3º Para o atendimento do disposto no § 2º deste artigo, as instituições financeiras públicas federais, diretamente ou por intermédio de suas subsidiárias, poderão constituir sociedade ou adquirir participação em sociedade sediada no Brasil, sendo vedada a aquisição das instituições de microcrédito produtivo orientado relacionadas no § 6º do art. 1º desta Lei.

I - (revogado);

II - (revogado);

III - (revogado);

IV - (revogado).

§ 4º As operações de microcrédito produtivo rural efetuadas no âmbito do Pronaf com agricultores familiares enquadrados na Lei nº 11.326, de 24 de julho de 2006, desde que obedeçam à metodologia definida no § 3º do art. 1º desta Lei, podem ser consideradas como microcrédito produtivo orientado, integrante do PNMPO.

§ 5º Na operacionalização do microcrédito produtivo rural de que trata o § 4º deste artigo, as instituições de microcrédito produtivo orientado, de que trata o § 6º do art. 1º desta Lei, poderão, sob responsabilidade da instituição financeira mandante, prestar os seguintes serviços:

I - recepção e encaminhamento à instituição financeira de propostas de abertura de contas de depósitos à vista e de conta de poupança;

II - recepção e encaminhamento à instituição financeira de pedidos de empréstimos, de financiamentos e de renegociação;

III - elaboração e análise da proposta de crédito e preenchimento de ficha cadastral e dos instrumentos de crédito, com a conferência da exatidão das informações prestadas pelo proponente, à vista de documentação competente;

IV - execução de serviços de cobrança não judicial;

V - realização de visitas de acompanhamento e de orientação, e elaboração dos respectivos laudos e/ou relatórios;

VI - guarda de documentos, na qualidade de fiel depositário."

"Art. 3º (...)

III - os requisitos para a habilitação das instituições de microcrédito produtivo orientado e das sociedades de que trata o § 2º do art. 2º desta Lei, no PNMPO, dentre os quais deverão constar:

(...)

§ 1º (...)

III - o acompanhamento, por amostragem, pelas instituições financeiras operadoras nas instituições de microcrédito produtivo orientado, nas sociedades de que trata o § 2º do art. 2º desta Lei e nos tomadores finais dos recursos;

(...)

"Art. 4º-A. (...)

§ 1º A subvenção de que trata o caput fica limitada à respectiva dotação orçamentária fixada para o exercício.

(...)"

Art. 21. A Lei nº 5.869, de 11 de janeiro de 1973 - Código de Processo Civil, passa a vigorar acrescida do seguinte art. 285-B:

"Art. 285-B. Nos litígios que tenham por objeto obrigações decorrentes de empréstimo, financiamento ou arrendamento mercantil, o autor deverá discriminar na petição inicial, dentre as obrigações contratuais, aquelas que pretende controverter, quantificando o valor incontroverso.

Parágrafo único. O valor incontroverso deverá continuar sendo pago no tempo e modo contratados."

Art. 22. Compete ao Banco Central do Brasil e à Comissão de Valores Mobiliários, no âmbito das respectivas competências:

I - autorizar e supervisionar o exercício da atividade de depósito centralizado de ativos financeiros e de valores mobiliários; e

II - estabelecer as condições para o exercício da atividade prevista no inciso I.

Art. 23. O depósito centralizado, realizado por entidades qualificadas como depositários centrais, compreende a guarda centralizada de ativos financeiros e de valores mobiliários, fungíveis e infungíveis, o controle de sua titularidade efetiva e o tratamento de seus eventos.

Parágrafo único. As entidades referidas no *caput* são responsáveis pela integridade dos sistemas por elas mantidos e dos registros correspondentes aos ativos financeiros e valores mobiliários sob sua guarda centralizada.

Art. 24. Para fins do depósito centralizado, os ativos financeiros e valores mobiliários, em forma física ou eletrônica, serão transferidos no regime de titularidade fiduciária para o depositário central.

§ 1º A constituição e a extinção da titularidade fiduciária em favor do depositário central serão realizadas, inclusive para fins de publicidade e eficácia perante terceiros, exclusivamente com a inclusão e a baixa dos ativos financeiros e valores mobiliários nos controles de titularidade da entidade.

§ 2º Os registros do emissor ou do escriturador dos ativos financeiros e dos valores mobiliários devem refletir fielmente os controles de titularidade do depositário central.

§ 3º Os ativos financeiros e valores mobiliários transferidos na forma do *caput*:

I - não se comunicarão com o patrimônio geral ou com outros patrimônios especiais das entidades qualificadas como depositário central;

II - devem permanecer nas contas de depósito centralizado em nome do respectivo titular efetivo ou, quando admitido pela regulamentação pertinente, de seu representante, até que sejam resgatados, retirados de circulação ou restituídos aos seus titulares efetivos; e

III - não são passíveis de constituição de garantia pelas entidades qualificadas como depositários centrais e não respondem pelas suas obrigações.

§ 4º O depositário central não pode dispor dos ativos financeiros e dos valores mobiliários recebidos em titularidade fiduciária e fica obrigado a restituí-los ao seu titular efetivo ou, quando admitido pela regulamentação pertinente, ao seu representante, com todos os direitos e ônus que lhes tiverem sido atribuídos enquanto mantidos em depósito centralizado.

Art. 25. A titularidade efetiva dos ativos financeiros e dos valores mobiliários objeto de depósito centralizado se presume pelos controles de titularidade mantidos pelo depositário central.

Parágrafo único. A transferência dos ativos financeiros e dos valores mobiliários de que trata o *caput* dá-se exclusivamente em conformidade com instruções recebidas.

Art. 26. A constituição de gravames e ônus, inclusive para fins de publicidade e eficácia perante terceiros, sobre ativos financeiros e valores mobiliários objeto de registro ou de depósito centralizado será realizada, exclusivamente, nas entidades registradoras ou nos depositários centrais em que os ativos financeiros e valores mobiliários estejam registrados ou depositados, independentemente da natureza do negócio jurídico a que digam respeito. *(Redação dada pela Lei nº 13.476, de 2017)*

§ 1º Para fins de constituição de gravames e ônus sobre ativos financeiros e valores mobiliários que não estejam registrados ou depositados nas entidades registradoras ou nos depositários centrais, aplica-se o disposto nas respectivas legislações específicas. *(Incluído pela Lei nº 13.476, de 2017)*

§ 2º A constituição de gravames e ônus de que trata o *caput* deste artigo poderá ser realizada de forma individualizada ou universal, por meio de mecanismos de identificação e agrupamento definidos pelas entidades registradoras ou pelos depositários centrais de ativos financeiros e valores mobiliários. *(Incluído pela Lei nº 13.476, de 2017)*

§ 3º Nas hipóteses em que a lei exigir instrumento ou disposição contratual específica para a constituição de gravames e ônus, deverá o instrumento ser registrado na entidade registradora ou no depositário central, para os fins previstos no *caput* deste artigo. *(Incluído pela Lei nº 13.476, de 2017)*

§ 4º Compete ao Banco Central do Brasil e à Comissão de Valores Mobiliários, no âmbito de suas competências, estabelecer as condições para a constituição de gravames e ônus prevista neste artigo pelas entidades registradoras ou pelos depositários centrais, inclusive no que concerne ao acesso à informação. *(Incluído pela Lei nº 13.476, de 2017)*

§ 5º Compete ao Banco Central do Brasil, no âmbito de suas atribuições legais, monitorar as operações de crédito afetadas pelo disposto neste artigo, com a verificação do nível de redução do custo médio dessas operações, a ser divulgado mensalmente, na forma do regulamento. *(Incluído pela Lei nº 13.476, de 2017)*

Art. 26-A. Compete ao Conselho Monetário Nacional: *(Incluído pela Lei nº 13.476, de 2017)*

I - disciplinar a exigência de registro ou de depósito centralizado de ativos financeiros e valores mobiliários por instituições financeiras e demais instituições autorizadas a funcionar pelo Banco Central do Brasil, inclusive no que se refere à constituição dos gravames e ônus prevista no art. 26 desta Lei; e *(Incluído pela Lei nº 13.476, de 2017)*

II - dispor sobre os ativos financeiros que serão considerados para fins do registro e do depósito centralizado de que trata esta Lei, inclusive no que se refere à constituição de gravames e ônus referida no art. 26 desta Lei, em função de sua inserção em operações no âmbito do sistema financeiro nacional. *(Incluído pela Lei nº 13.476, de 2017)*

Art. 27. Permanece aplicável às ações e aos valores mobiliários emitidos com amparo no regime da Lei nº 6.404, de 15 de dezembro de 1976, o disposto no seu art. 41, observando-se, no que couber, os procedimentos fixados nesta Lei.

Art. 28. Compete ainda ao Banco Central do Brasil e à Comissão de Valores Mobiliários, no âmbito das respectivas competências:

I - autorizar e supervisionar o exercício da atividade de registro de ativos financeiros e de valores mobiliários; e

II - estabelecer as condições para o exercício da atividade prevista no inciso I.

Parágrafo único. O registro de ativos financeiros e de valores mobiliários compreende o armazenamento e a publicidade de informações referentes a transações financeiras, ressalvados os sigilos legais. *(Redação dada pela Lei nº 13.986, de 2020)*

Art. 29. A infração às normas legais e regulamentares que regem as atividades de depósito centralizado e de registro de ativos financeiros e de valores mobiliários sujeita as entidades autorizadas a exercer essas atividades, seus administradores e membros de conselhos fiscais, consultivos e assemelhados ao disposto na Lei nº 6.385, de 7 de dezembro de 1976, aplicável pela Comissão de Valores Mobiliários, e às demais disposições legais. *(Redação dada pela Lei nº 13.506, de 2017)*

Art. 30. O § 2º do art. 34 da Lei nº 6.404, de 15 de dezembro de 1976, passa a vigorar com a seguinte redação:

"Art. 34. (...)

§ 2º Somente as instituições financeiras autorizadas pela Comissão de Valores Mobiliários podem manter serviços de escrituração de ações e de outros valores mobiliários.

(...)"

Arts. 31 e 32. *(Revogados pela Lei nº 14.430, de 2022)*

Art. 33. O art. 31 da Lei nº 9.514, de 20 de novembro de 1997, passa a vigorar acrescido do seguinte parágrafo único:

› *Alterações inseridas no texto da referida norma.*

Art. 34. A Lei nº 9.514, de 20 de dezembro de 1997, passa a vigorar acrescida do seguinte Capítulo II-A:

› *Alterações inseridas no texto da referida norma.*

Art. 35. Esta Lei entra em vigor na data de sua publicação.

Art. 36. Revogam-se os §§ 1º e 3º do art. 1º e o art. 3º da Lei nº 11.828, de 20 de novembro de 2008.

Art. 37. Revoga-se o parágrafo único do art. 293 da Lei nº 6.404, de 15 de dezembro de 1976.

Art. 38. Revogam-se o § 3º do art. 25 da Lei nº 9.514, de 20 de novembro de 1997, e o art. 6º da Lei nº 12.703, de 7 de agosto de 2012.

Brasília, 15 de maio de 2013;
192º da Independência e 125º da República.
DILMA ROUSSEFF
Guido Mantega

Este texto não substitui o publicado no DOU de 16.5.2013

LEI Nº 13.775, DE 20 DE DEZEMBRO DE 2018

Dispõe sobre a emissão de duplicata sob a forma escritural; altera a Lei nº 9.492, de 10 de setembro de 1997; e dá outras providências.

› *Vide Enunciado 68, I Jornada de Direito Notarial e Registral*

O PRESIDENTE DA REPÚBLICA

Faço saber que o Congresso Nacional decreta e eu sanciono a seguinte Lei:

Art. 1º Esta Lei dispõe sobre a emissão de duplicata sob a forma escritural.

Art. 2º A duplicata de que trata a Lei nº 5.474, de 18 de julho de 1968, pode ser emitida sob a forma escritural, para circulação como efeito comercial, observadas as disposições desta Lei.

Art. 3º A emissão de duplicata sob a forma escritural far-se-á mediante lançamento em sistema eletrônico de escrituração gerido por quaisquer das entidades que exerçam a atividade de escrituração de duplicatas escriturais.

§ 1º As entidades de que trata o *caput* deste artigo deverão ser autorizadas por órgão ou entidade da administração federal direta ou indireta a exercer a atividade de escrituração de duplicatas.

§ 2º No caso da escrituração de que trata o *caput* deste artigo, feita por Central Nacional de Registro de Títulos e Documentos, após autorizada a exercer a atividade prevista no *caput* deste artigo, nos termos do § 1º deste artigo, a referida escrituração caberá ao oficial de registro do domicílio do emissor da duplicata.

§ 3º Se o oficial de registro não estiver integrado ao sistema central, a competência de que trata o § 2º deste artigo será transferida para a Capital da respectiva entidade federativa.

§ 4º O valor total dos emolumentos cobrados pela central nacional de que trata o § 2º deste artigo para a prática dos atos descritos nesta Lei será fixado pelos Estados e pelo Distrito Federal, observado o valor máximo de R$ 1,00 (um real) por duplicata.

Art. 4º Deverá ocorrer no sistema eletrônico de que trata o art. 3º desta Lei, relativamente à duplicata emitida sob a forma escritural, a escrituração, no mínimo, dos seguintes aspectos:

I — apresentação, aceite, devolução e formalização da prova do pagamento;

II — controle e transferência da titularidade;

III — prática de atos cambiais sob a forma escritural, tais como endosso e aval;

IV - inclusão de indicações, informações ou de declarações referentes à operação com base na qual a duplicata foi emitida ou ao próprio título; e

V - inclusão de informações a respeito de ônus e gravames constituídos sobre as duplicatas.

§ 1º O gestor do sistema eletrônico de escrituração deverá realizar as comunicações dos atos de que trata o *caput* deste artigo ao devedor e aos demais interessados.

§ 2º O órgão ou entidade da administração federal de que trata o § 1º do art. 3º desta Lei poderá definir a forma e os procedimentos que deverão ser observados para a realização das comunicações previstas no § 1º deste artigo.

§ 3º O sistema eletrônico de escrituração de que trata o *caput* deste artigo disporá de mecanismos que permitam ao sacador e ao sacado comprovarem, por quaisquer meios de prova admitidos em direito, a entrega e o recebimento das mercadorias ou a prestação do serviço, devendo a apresentação das provas ser efetuada em meio eletrônico.

§ 4º Os endossantes e avalistas indicados pelo apresentante ou credor como garantidores do cumprimento da obrigação constarão como tal dos extratos de que trata o art. 6º desta Lei.

Art. 5º Constituirá prova de pagamento, total ou parcial, da duplicata emitida sob a forma escritural a liquidação do pagamento em favor do legítimo credor, utilizando-se qualquer meio de pagamento existente no âmbito do Sistema de Pagamentos Brasileiro.

Parágrafo único. A prova de pagamento de que trata o *caput* deste artigo deverá ser informada no sistema eletrônico de escrituração previsto no art. 3º desta Lei, com referência expressa à duplicata amortizada ou liquidada.

Art. 6º Os gestores dos sistemas eletrônicos de escrituração de que trata o art. 3º desta Lei ou os depositários centrais, na hipótese de a duplicata emitida sob a forma escritural ter sido depositada de acordo com a Lei nº 12.810, de 15 de maio de 2013, expedirão, a pedido de qualquer solicitante, extrato do registro eletrônico da duplicata.

§ 1º Deverão constar do extrato expedido, no mínimo:

I — a data da emissão e as informações referentes ao sistema eletrônico de escrituração no âmbito do qual a duplicata foi emitida;

II — os elementos necessários à identificação da duplicata, nos termos do art. 2º da Lei nº 5.474, de 18 de julho de 1968;

III — a cláusula de inegociabilidade; e

IV — as informações acerca dos ônus e gravames.

§ 2º O extrato de que trata o *caput* deste artigo pode ser emitido em forma eletrônica, observados requisitos de segurança que garantam a autenticidade do documento.

§ 3º O sistema eletrônico de escrituração de que trata o art. 3º desta Lei deverá manter em seus arquivos cópia eletrônica dos extratos emitidos.

§ 4º Será gratuita a qualquer solicitante a informação, prestada por meio da rede mundial de computadores, de inadimplementos registrados em relação a determinado devedor.

Art. 7º A duplicata emitida sob a forma escritural e o extrato de que trata o art. 6º desta Lei são títulos executivos extrajudiciais, devendo-se observar, para sua cobrança judicial, o disposto no art. 15 da Lei nº 5.474, de 18 de julho de 1968.

Art. 8º A Lei nº 9.492, de 10 de setembro de 1997, passa a vigorar com as seguintes alterações:

Alterações inseridas no texto da referida norma.

Art. 9º Os lançamentos no sistema eletrônico de que trata o art. 3º desta Lei substituem o Livro de Registro de Duplicatas, previsto no art. 19 da Lei nº 5.474, de 18 de julho de 1968.

Art. 10. São nulas de pleno direito as cláusulas contratuais que vedam, limitam ou oneram, de forma direta ou indireta, a emissão ou a circulação de duplicatas emitidas sob a forma cartular ou escritural.

Art. 11. O órgão ou entidade da administração federal de que trata o § 1º do art. 3º desta Lei poderá regulamentar o disposto nesta Lei, inclusive quanto à forma e periodicidade do compartilhamento de registros, à fiscalização da atividade de escrituração de duplicatas escriturais, aos requisitos de funcionamento do sistema eletrônico de escrituração e às condições de emissão, de negociação, de liquidação e de escrituração da duplicata emitida sob a forma escritural.

Parágrafo único. Em caso de descumprimento desta Lei ou da regulamentação de que trata o *caput* deste artigo, serão aplicáveis as disposições da Lei nº 13.506, de 13 de novembro de 2017, pelo órgão ou entidade da administração federal de que trata o § 1º do art. 3º desta Lei.

Art. 12. Às duplicatas escriturais são aplicáveis, de forma subsidiária, as disposições da Lei nº 5.474, de 18 de julho de 1968.

§ 1º A apresentação da duplicata escritural será efetuada por meio eletrônico, observados os prazos determinados pelo órgão ou entidade da administração federal de que trata o § 1º do art. 3º desta Lei ou, na ausência dessa determinação, o prazo de 2 (dois) dias úteis contados de sua emissão.

§ 2º O devedor poderá, por meio eletrônico, recusar, no prazo, nas condições e pelos motivos previstos nos arts. 7º e 8º da Lei nº 5.474, de 18 de julho de 1968, a duplicata escritural apresentada ou, no mesmo prazo acrescido de sua metade, aceitá-la.

§ 3º Para fins de protesto, a praça de pagamento das duplicatas escriturais de que trata o inciso VI do § 1º do art. 2º da Lei nº 5.474, de 18 de julho de 1968, deverá coincidir com o domicílio do devedor, segundo a regra geral do § 1º do art. 75 e do art. 327 da Lei nº 10.406, de 10 de janeiro de 2002 (Código Civil), salvo convenção expressa entre as partes que demonstre a concordância inequívoca do devedor.

Vide art. 356, § 1º, Provimento CNJ n. 149/2023 (CNN)

Art. 13. Esta Lei entra em vigor após decorridos 120 (cento e vinte) dias de sua publicação oficial.

Brasília, 20 de dezembro de 2018;
197º da Independência e 130º da República.
MICHEL TEMER
Eduardo Refinetti Guardia
Marcos Jorge
Esteves Pedro Colnago Junior
Ilan Goldfajn
Grace Maria Fernandes Mendonça
DOU de 21.12.2018

LEI Nº 14.206, DE 27 DE SETEMBRO DE 2021*

Institui o Documento Eletrônico de Transporte (DT-e); e altera a Lei nº 11.442, de 5 de janeiro de 2007, a Lei nº 13.703, de 8 de agosto de 2018, a Lei nº 10.209, de 23 de março de 2001, a Lei nº 5.474, de 18 de julho de 1968, a Lei nº 10.833, de 29 de dezembro de 2003, e a Lei nº 8.935, de 18 de novembro de 1994.

Vide art. 41-A, § 1º, Lei n. 9.492/1997 (Lei de Protesto de Títulos e Outros Documentos de Dívida)

O PRESIDENTE DA REPÚBLICA

Faço saber que o Congresso Nacional decreta e eu sanciono a seguinte Lei:

CAPÍTULO I – DISPOSIÇÕES GERAIS

Art. 1º É instituído o Documento Eletrônico de Transporte (DT-e), exclusivamente digital, de geração e emissão prévias obrigatórias à execução da operação de transporte de carga no território nacional.

§ 1º Regulamento disporá sobre as hipóteses em que o DT-e é dispensado.

§ 2º Para fins do disposto no § 1º deste artigo, poderão ser considerados os seguintes critérios para a dispensa do DT-e:

I - características, tipo, peso ou volume total da carga;

II - origem e destino do transporte dentro dos limites do mesmo Município;

III - distância da viagem, quando origem e destino do transporte se localizarem em Municípios distintos e contíguos;

IV - transporte para coleta de produtos agropecuários perecíveis diretamente no produtor rural; e

V - coleta de mercadorias a serem consolidadas, conforme previsto no § 3º do art. 14 desta Lei, e entrega de mercadorias após desconsolidação.

§ 3º O DT-e será documento obrigatório de registro, caracterização, informação, monitoramento e fiscalização da operação de transporte.

Art. 2º Para fins do disposto nesta Lei, consideram-se:

I - operação de transporte de carga: a viagem de transporte de carga própria ou de terceiros com fins lucrativos, no âmbito do Sistema Nacional de Viação (SNV), de que trata o art. 2º da Lei nº 12.379, de 6 de janeiro de 2011, ou a movimentação de volume de produto pelo modo dutoviário;

II - embarcador: o proprietário da carga ou o contratante do transporte remunerado, inclusive quando for expedidor ou consignatário da carga;

III - geração de DT-e: o preenchimento manual ou automatizado dos campos de dados dos formulários eletrônicos do DT-e por meio de sistema ou de aplicativo específico;

IV - emissão de DT-e: o serviço de validação e ativação do DT-e gerado para uso na operação de transporte;

V - cancelamento de DT-e: o serviço de desconstituição de DT-e emitido de modo a torná-lo sem efeito para a operação de transporte e para eventual emissão de duplicata escritural;

VI - evento no DT-e: a alteração ou a inclusão de informações durante a operação de transporte;

VII - encerramento de DT-e: o evento registrado no DT-e emitido que indica a conclusão do serviço de transporte;

VIII - coleta de mercadorias: operação de transporte de retirada de mercadorias destinadas à consolidação, do estabelecimento do embarcador ao da transportadora; e

IX - entrega de mercadorias: operação de transporte de distribuição de mercadorias após desconsolidação, do estabelecimento da transportadora ao destinatário final.

Parágrafo único. Exclui-se do disposto no inciso II do *caput* deste artigo o expedidor ou o consignatário que não seja o próprio contratante do serviço de transporte.

Art. 3º São objetivos do DT-e:

I - unificar, reduzir e simplificar dados e informações sobre cadastros, registros, licenças, certidões, autorizações e seus termos, permissões e demais documentos similares de certificação, anuência ou liberação decorrentes de obrigações administrativas exigidas por órgãos e por entidades intervenientes nos âmbitos federal, estadual, distrital e municipal, para a realização e a contratação da operação de transporte;

II - subsidiar a formulação, o planejamento e a implementação de ações no âmbito das políticas de logística e transporte, de modo a propiciar a integração das modalidades de transporte umas com as outras, inclusive com o transporte dutoviário e as suas interfaces intermodais e, quando viável, a empreendimentos de infraestrutura e serviços públicos não relacionados manifestamente a transportes; e

III - subsidiar o planejamento, a execução e a promoção de atividades de absorção e transferência de tecnologia no setor de transportes.

Art. 4º Os órgãos e as entidades da administração pública federal intervenientes em operações de transporte deverão unificar no DT-e os documentos e as demais obrigações administrativas de sua competência relacionados às operações de que trata esta Lei.

§ 1º O DT-e contemplará dados e informações cadastrais, contratuais, logísticas, registrais, sanitárias, de segurança, ambientais, comerciais e de pagamento, inclusive valor do frete e dos seguros contratados, bem como informações decorrentes de outras obrigações administrativas relacionadas às operações de transporte de que trata esta Lei, na forma prevista em regulamento, assegurados a segurança dos dados e o sigilo fiscal, bancário e comercial das informações contempladas.

§ 2º As obrigações administrativas a serem instituídas por órgãos e por entidades da administração pública federal intervenientes em operações de transporte serão originalmente criadas de modo que seu cumprimento seja efetivado por meio de procedimento exclusivamente em formato eletrônico e integrado ao DT-e, na forma prevista em regulamento.

§ 3º A União poderá celebrar convênios com os Estados, os Municípios ou o Distrito Federal para incorporar ao DT-e as obrigações e os documentos vigentes decorrentes de leis e de atos normativos estaduais, municipais ou distritais incidentes sobre as operações de transporte e para atingir os objetivos de que trata o art. 3º desta Lei.

§ 4º Os convênios de que trata o § 3º deste artigo terão como cláusula a descontinuidade gradativa dos documentos físicos a serem incorporados ao DT-e que são de competência dos respectivos entes convenentes, no prazo máximo de 12 (doze) meses.

§ 5º A unificação de documentos e demais obrigações administrativas de que trata o *caput* deste artigo deverá desobrigar o transportador ou o condutor do veículo de portar versão física dos mesmos documentos ou obrigações durante as operações de transporte nas quais sejam exigidos.

§ 6º Como norma geral, as obrigações administrativas em matéria de transporte de carga no País a serem instituídas, a partir da vigência desta Lei, por órgãos e por entidades da administração pública estadual, municipal e distrital intervenientes em operações de transporte serão originalmente criadas para cumprimento por meio de procedimento em formato exclusivamente eletrônico.

Art. 5º Compete à União:

I - explorar direta ou indiretamente o serviço de emissão de DT-e;

II - definir e gerir a política pública do DT-e;

III - instituir comitê gestor entre órgãos e entidades da administração pública federal e entidades representativas do setor de transportes e da sociedade civil, com finalidade de propor, coordenar, acompanhar, informar e avaliar a política pública do DT-e e de assegurar a sua transparência, a consecução de seus objetivos e o seu aperfeiçoamento contínuo;

IV - editar normas e regulamentos relativos ao DT-e;

V - fiscalizar as entidades geradoras de DT-e; e

VI - proceder à revisão e ao reajuste de tarifas do serviço de emissão do DT-e conforme as disposições contratuais.

Art. 6º A fiscalização do cumprimento da obrigatoriedade do uso do DT-e na operação de transporte ficará a cargo da agência reguladora competente, na forma prevista em regulamento.

Art. 7º As informações disponíveis no banco de dados da plataforma DT-e serão disponibilizadas aos órgãos e às entidades da administração pública federal intervenientes na operação de transporte para a sua fiscalização, observado o disposto na Lei nº 13.709, de 14 de agosto de 2018.

Parágrafo único. Os órgãos de segurança pública terão acesso ao banco de dados referido no *caput* deste artigo por meio do Sistema Nacional de Informações de Segurança Pública, Prisionais e sobre Drogas (Sinesp).

Art. 8º Sem prejuízo do disposto no art. 6º desta Lei, a Polícia Rodoviária Federal atuará na fiscalização do cumprimento da exigência de emissão de DT-e em operações de transporte que ocorrerem em rodovias e estradas federais.

Art. 9º As polícias militares, os órgãos e as entidades executivos rodoviários e executivos de trânsito e os órgãos fazendários dos Estados e do Distrito Federal poderão atuar na fiscalização do cumprimento da exigência de emissão do DT-e em operações de transporte que ocorrerem nas rodovias e estradas no âmbito de suas circunscrições, mediante celebração de convênio, a manifesto interesse da União, com estrita observância do que dispõem leis e regulamentos.

(...)

CAPÍTULO III – DA EMISSÃO DO DOCUMENTO ELETRÔNICO DE TRANSPORTE (DT-E)

SEÇÃO I – DO SERVIÇO DE EMISSÃO

Art. 11. O serviço de emissão do DT-e poderá ser explorado diretamente pelo Ministério da Infraestrutura ou por meio de concessão ou de permissão, nos termos do art. 175 da Constituição Federal e da Lei nº 8.987, de 13 de fevereiro de 1995.

▸ *Vide art. 41-A, Lei n. 9492/1997 (Lei de Protesto de Títulos e Outros Documentos de Dívida)*

Parágrafo único. O serviço de emissão do DT-e poderá ser delegado por convênio entre o Ministério da Infraestrutura e as entidades da administração pública federal indireta.

Art. 12. O DT-e será emitido por pessoa jurídica denominada entidade emissora de DT-e, na forma prevista no art. 11 desta Lei.

Parágrafo único. A entidade emissora de DT-e deverá ser capaz de instituir sistemas e serviços para troca de informações com o Banco Central do Brasil, com instituições financeiras públicas e privadas de que trata a Lei nº 4.595, de 31 de dezembro de 1964, e com instituições de pagamento de que trata o art. 6º da Lei nº 12.865, de 9 de outubro de 2013, nos termos de regulamento.

Art. 13. Poderão ser utilizados como fatura, para fins de emissão de duplicata escritural, na forma prevista na Lei nº 13.775, de 20 de dezembro de 2018, a critério do responsável pela emissão da duplicata:

I - o DT-e; e

II - o Manifesto Eletrônico de Documentos Fiscais (MDF-e), inclusive aquele gerado a partir da Nota Fiscal Fácil, instituído em ajuste celebrado entre o Conselho Nacional de Política Fazendária e a Secretaria Especial da Receita Federal do Brasil do Ministério da Economia.

Parágrafo único. A entidade emissora de DT-e deverá ser capaz de instituir sistemas e serviços para troca de informações com entidades que exerçam a atividade de escrituração de duplicatas escriturais, na forma prevista em regulamentação estabelecida pelo órgão ou pela entidade da administração pública federal a que se refere o § 1º do art. 3º da Lei nº 13.775, de 20 de dezembro de 2018.

SEÇÃO II – DAS OBRIGAÇÕES

Art. 14. Constituem obrigação do embarcador ou do proprietário de carga ou do transportador ou do contratante de serviços de transporte ou do transportador autônomo ou a esse equiparado, seus prepostos ou representantes legais, a geração, a solicitação de emissão, o cancelamento e o encerramento do DT-e emitido e tarifado por operação de transporte de carga, na forma prevista nesta Lei e em seu regulamento.

§ 1º Deverá ser emitido apenas um DT-e na hipótese de operação de transporte multimodal de cargas realizada por operador de transporte multimodal, ou sob sua responsabilidade, nos termos do art. 5º da Lei nº 9.611, de 19 de fevereiro de 1998.

§ 2º Sem prejuízo do disposto no § 1º deste artigo, na hipótese de transporte dutoviário, a geração e a emissão do DT-e são obrigação do transportador.

§ 3º Em operações de transporte de carga fracionada oriunda de diferentes embarcadores e consolidada pelo transportador para carregamento no mesmo veículo, o transportador ficará responsável pela geração e pela solicitação de emissão de DT-e único que englobe todos os contratos de transporte envolvidos, e caberá aos embarcadores contratantes o rateio proporcional dos custos incorridos.

§ 4º Na hipótese de o transportador contratado pelo embarcador ou o proprietário da carga decidir por subcontratar, mesmo que por meio de empresa intermediária, TAC ou equiparado, conforme definido na Lei nº 11.442, de 5 de janeiro de 2007, o subcontratante deverá enviar tempestivamente o DT-e emitido ao subcontratado e informar a subcontratação por meio de identificação própria no DT-e.

§ 5º Na hipótese de transporte por conta de terceiro mediante remuneração e que não envolva subcontratação de TAC ou equiparado, a obrigação da qual trata o *caput* deste artigo será definida entre contratante e contratado.

§ 6º O acesso às informações registradas no DT-e deverá ser segregado, ficando restrito a cada um dos agentes o conhecimento das condições relacionadas apenas ao contrato em que é parte.

Art. 15. O serviço de emissão do DT-e será remunerado pelo responsável pela solicitação de emissão do DT-e conforme tarifas específicas incidentes por unidade de DT-e emitido ou cancelado, na forma prevista em regulamento.

Parágrafo único. A entidade emissora de DT-e poderá explorar outras fontes provenientes de receitas alternativas, complementares, acessórias ou de projetos associados, conforme estabelecido em contrato.

(...)

Art. 29. Esta Lei entra em vigor:

I – (VETADO); e

II – na data de sua publicação, para os demais dispositivos.

Brasília, 27 de setembro de 2021; 200º da Independência e 133º da República.
JAIR MESSIAS BOLSONARO
Anderson Gustavo Torres
Paulo Guedes
Tarcisio Gomes de Freitas
Bento Albuquerque
DOU de 28.9.2021

LEI Nº 14.286, DE 29 DE DEZEMBRO DE 2021*

Dispõe sobre o mercado de câmbio brasileiro, o capital brasileiro no exterior, o capital estrangeiro no País e a prestação de informações ao Banco Central do Brasil; altera as Leis nos 4.131, de 3 de setembro de 1962, 4.728, de 14 de julho de 1965, 8.383, de 30 de dezembro de 1991, 10.192, de 14 de fevereiro de 2001, e 11.371, de 28 de novembro de 2006, e o Decreto nº 23.258, de 19 de outubro de 1933; e revoga as Leis nos 156, de 27 de novembro de 1947, 1.383, de 13 de junho de 1951, 1.807, de 7 de janeiro de 1953, 2.145, de 29 de dezembro de 1953, 2.698, de 27 de dezembro 1955, 4.390, de 29 de agosto de 1964, 5.331, de 11 de outubro de 1967, 9.813, de 23 de agosto de 1999, e 13.017, de 21 de julho de 2014, os Decretos-Leis nos 1.201, de 8 de abril de 1939, 9.025, de 27 de fevereiro de 1946, 9.602, de 16 de agosto de 1946, 9.863, de 13 de setembro de 1946, e 857, de 11 de setembro de 1969, a Medida Provisória nº 2.224, de 4 de setembro de 2001, e dispositivos das Leis nos 4.182, de 13 de novembro de 1920, 3.244, de 14 de agosto de 1957, 4.595, de 31 de dezembro de 1964, 5.409, de 9 de abril de 1968, 6.099, de 12 de setembro de 1974, 7.738, de 9 de março de 1989, 8.021, de 12 de abril de 1990, 8.880, de 27 de maio de 1994, 9.069, de 29 de junho de 1995, 9.529, de 10 de dezembro de 1997, 11.803, de 5 de novembro de 2008, 12.865, de 9 de outubro de 2013, 13.292, de 31 de maio de 2016, e 13.506, de 13 de novembro de 2017, e dos Decretos-Leis nos 2.440, de 23 de julho de 1940, 1.060, de 21 de outubro de 1969, 1.986, de 28 de dezembro de 1982, e 2.285, de 23 de julho de 1986.

O PRESIDENTE DA REPÚBLICA Faço saber que o Congresso Nacional decreta e eu sanciono a seguinte Lei:

CAPÍTULO I – DISPOSIÇÕES PRELIMINARES

Art. 1º Esta Lei dispõe sobre o mercado de câmbio brasileiro, o capital brasileiro no exterior, o capital estrangeiro no País e a prestação de informações ao Banco Central do Brasil, para fins de compilação de estatísticas macroeconômicas oficiais.

Parágrafo único. Para fins do disposto nesta Lei, observado o regulamento a ser editado pelo Banco Central do Brasil, considera-se:

I - residente: a pessoa física ou jurídica residente, domiciliada ou com sede no Brasil;

II - não residente: a pessoa física ou jurídica residente, domiciliada ou com sede no exterior.

(...)

CAPÍTULO V – DISPOSIÇÕES GERAIS

Art. 12. Fica autorizada a realização de compensação privada de créditos ou de valores entre residentes e não residentes, nas hipóteses previstas em regulamento do Banco Central do Brasil.

§ 1º No regulamento de que trata o *caput* deste artigo, o Banco Central do Brasil poderá exigir que residentes prestem informações sobre a realização de compensação privada, observados os prazos, as formas e as demais condições nele previstas.

§ 2º As infrações ao disposto neste artigo e no regulamento a ser editado pelo Banco Central do Brasil sujeitam os responsáveis às penalidades aplicáveis pelo Banco Central do Brasil, na forma do parágrafo único do art. 20 desta Lei.

Art. 13. A estipulação de pagamento em moeda estrangeira de obrigações exequíveis no território nacional é admitida nas seguintes situações:

› *Vide art. 10, § 3º, Lei n. 9.492/1997 (Lei de Protesto)*

I - nos contratos e nos títulos referentes ao comércio exterior de bens e serviços, ao seu financiamento e às suas garantias;

II - nas obrigações cujo credor ou devedor seja não residente, incluídas as decorrentes de operações de crédito ou de arrendamento mercantil, exceto nos contratos de locação de imóveis situados no território nacional;

III - nos contratos de arrendamento mercantil celebrados entre residentes, com base em captação de recursos provenientes do exterior;

IV - na cessão, na transferência, na delegação, na assunção ou na modificação das obrigações referidas nos incisos I, II e III do *caput* deste artigo, inclusive se as partes envolvidas forem residentes;

V - na compra e venda de moeda estrangeira;

VI - na exportação indireta de que trata a Lei nº 9.529, de 10 de dezembro de 1997;

VII - nos contratos celebrados por exportadores em que a contraparte seja concessionária, permissionária, autorizatária ou arrendatária nos setores de infraestrutura;

VIII - nas situações previstas na regulamentação editada pelo Conselho Monetário Nacional, quando a estipulação em moeda estrangeira puder mitigar o risco cambial ou ampliar a eficiência do negócio;

IX - em outras situações previstas na legislação.

Parágrafo único. A estipulação de pagamento em moeda estrangeira feita em desacordo com o disposto neste artigo é nula de pleno direito.

Art. 14. O ingresso no País e a saída do País de moeda nacional e estrangeira devem ser realizados exclusivamente por meio de instituição autorizada a operar no mercado de câmbio, à qual caberá a identificação do cliente e do destinatário ou do remetente.

§ 1º O disposto no *caput* deste artigo não se aplica ao porte, em espécie, de valores:

I - até US$ 10.000,00 (dez mil dólares dos Estados Unidos da América) ou seu equivalente em outras moedas; e

II - cuja entrada no País ou saída do País seja comprovada na forma do regulamento de que trata o § 4º deste artigo.

§ 2º Observadas as diretrizes do Conselho Monetário Nacional, o Banco Central do Brasil regulamentará as disposições do *caput* deste artigo e poderá dispor sobre:

I - a forma, os limites e as condições de ingresso no País e saída do País de moeda nacional ou estrangeira;

II - os tipos de instituições autorizadas a operar no mercado de câmbio que não poderão efetuar o ingresso no País e a saída do País de moeda nacional ou estrangeira, considerados o porte, a natureza e o modelo de negócio das instituições.

§ 3º O descumprimento do disposto neste artigo acarretará, após o devido processo legal, o perdimento do valor excedente aos limites referidos no § 1º deste artigo em favor do Tesouro Nacional, além das sanções penais previstas na legislação específica.

§ 4º Compete à Secretaria Especial da Receita Federal do Brasil do Ministério da Fazenda regulamentar o disposto no § 1º deste artigo. *(Redação dada pela Lei nº 14.651, de 2023)*

§ 5º A penalidade decorrente da infração de que trata o § 3º deste artigo será aplicada por Auditor-Fiscal da Receita Federal do Brasil e formalizada por meio de auto de infração acompanhado de termo de apreensão e, se for o caso, de termo de guarda, o qual deverá estar instruído com os termos, os depoimentos, os laudos e os demais elementos de prova indispensáveis à comprovação do ilícito. *(Incluído pela Lei nº 14.651, de 2023)*

Art. 15. As instituições financeiras e as demais instituições autorizadas a funcionar pelo Banco Central do Brasil, observadas as atividades que lhes são permitidas pela legislação, poderão alocar, investir e destinar para operação de crédito e de financiamento, no País e no exterior, os recursos captados no País e no exterior, observados os requisitos regulatórios e prudenciais estabelecidos pelo Conselho Monetário Nacional e pelo Banco Central do Brasil.

Art. 16. O disposto na alínea "a" do art. 4º da Lei nº 1.521, de 26 de dezembro de 1951, não se aplica às operações de câmbio efetuadas na forma desta Lei.

Art. 17. O Banco Central do Brasil poderá firmar convênios para compartilhamento de informações com órgãos e entidades da administração pública federal, consoante suas áreas de competência, observada a legislação sobre o sigilo bancário e sobre o sigilo fiscal.

Art. 18. Na regulamentação desta Lei, o Banco Central do Brasil:

I - poderá estabelecer exigências e procedimentos diferenciados, segundo critério de proporcionalidade, considerando aspectos como o valor, o risco e as demais características da operação no mercado de câmbio, do capital brasileiro no exterior ou do capital estrangeiro no País;

II - poderá, considerando a abrangência de atuação da instituição interessada em operar no mercado de câmbio, o volume, a natureza, a capacidade de inovação e os riscos de seu negócio:

a) estabelecer requerimentos diferenciados e proporcionais para a constituição e o funcionamento de instituições autorizadas a operar no mercado de câmbio;

b) dispensar a autorização para constituição e funcionamento das instituições de que trata a alínea "a" deste inciso.

Art. 19. O disposto nesta Lei não se aplica a operações de compra ou venda de moeda estrangeira em espécie, no valor de até US$ 500,00 (quinhentos dólares dos Estados Unidos da América) ou seu equivalente em outras moedas, realizadas no País, de forma eventual e não profissional, entre pessoas físicas.

CAPÍTULO VI – DISPOSIÇÕES FINAIS

(...)

Art. 28. Ficam revogados:

(...)

XIV - o Decreto-Lei nº 857, de 11 de setembro de 1969;

› *Vide art. 10, § 3º, Lei n. 9.492/1997 (Lei de Protesto)*

(...)

JAIR MESSIAS BOLSONARO
Marcelo Pacheco dos Guaranys
*DOU de 30.12.2021**

DECRETO-LEI Nº 2.848, DE 7 DE DEZEMBRO DE 1940*

Código Penal

O PRESIDENTE DA REPÚBLICA, usando da atribuição que lhe confere o art. 180 da Constituição, decreta a seguinte Lei:

(...)

TÍTULO V – DAS PENAS

CAPÍTULO I – DAS ESPÉCIES DE PENA

(...)

SEÇÃO III – DA PENA DE MULTA

- *Vide art. 3º da Resolução CNJ n. 558/224 (Diretrizes para a gestão e destinação de valores e bens oriundos de pena de multa)*
- *Vide Recomendação CNMP n. 99/2023 (Protesto da Pena de Multa)*
- *Vide Lei n. 9.492/1997 (Lei de Protesto de Títulos e Documentos de Dívida)*

Multa

Art. 49. A pena de multa consiste no pagamento ao fundo penitenciário da quantia fixada na sentença e calculada em dias-multa. Será, no mínimo, de 10 (dez) e, no máximo, de 360 (trezentos e sessenta) dias-multa.

§ 1º O valor do dia-multa será fixado pelo juiz não podendo ser inferior a um trigésimo do maior salário mínimo mensal vigente ao tempo do fato, nem superior a 5 (cinco) vezes esse salário.

§ 2º O valor da multa será atualizado, quando da execução, pelos índices de correção monetária.

Pagamento da multa

Art. 50. A multa deve ser paga dentro de 10 (dez) dias depois de transitada em julgado a sentença. A requerimento do condenado e conforme as circunstâncias, o juiz pode permitir que o pagamento se realize em parcelas mensais.

§ 1º A cobrança da multa pode efetuar-se mediante desconto no vencimento ou salário do condenado quando:

a) aplicada isoladamente;

b) aplicada cumulativamente com pena restritiva de direitos;

c) concedida a suspensão condicional da pena.

§ 2º O desconto não deve incidir sobre os recursos indispensáveis ao sustento do condenado e de sua família.

Conversão da Multa e revogação

Art. 51. Transitada em julgado a sentença condenatória, a multa será executada perante o juiz da execução penal e será considerada dívida de valor, aplicáveis as normas relativas à dívida ativa da Fazenda Pública, inclusive no que concerne às causas interruptivas e suspensivas da prescrição.

§§ 1º e 2º *(Revogados pela Lei nº 9.268, de 1º.4.1996)*

Suspensão da execução da multa

Art. 52. É suspensa a execução da pena de multa, se sobrevém ao condenado doença mental.

(...)

DISPOSIÇÕES FINAIS

Art. 361. Este Código entrará em vigor no dia 1º de janeiro de 1942.

Rio de Janeiro, 7 de dezembro de 1940; 119º da Independência e 52º da República.

GETÚLIO VARGAS

Francisco Campos

DOU de 31.12.1940 e retificado em 3.1.1941

DECRETO-LEI Nº 5.452, DE 1º DE MAIO DE 1943*

Aprova a Consolidação das Leis do Trabalho.

O PRESIDENTE DA REPÚBLICA, usando da atribuição que lhe confere o art. 180 da Constituição,

DECRETA:

Art. 1º Fica aprovada a Consolidação das Leis do Trabalho, que a este decreto-lei acompanha, com as alterações por ela introduzidas na legislação vigente.

Parágrafo único. Continuam em vigor as disposições legais transitórias ou de emergência, bem como as que não tenham aplicação em todo o território nacional.

Art. 2º O presente decreto-lei entrará em vigor em 10 de novembro de 1943.

Rio de Janeiro, 1 de maio de 1943, 122º da Independência e 55º da República.

GETÚLIO VARGAS.

Alexandre Marcondes Filho.

DOU de 9.8.1943, retificado pelo Decreto-Lei nº 6.353, de 1944) e retificado pelo Decreto-Lei nº 9.797, de 1946)

(...)

Art. 883-A. A decisão judicial transitada em julgado somente poderá ser levada a protesto, gerar inscrição do nome do executado em órgãos de proteção ao crédito ou no Banco Nacional de Devedores Trabalhistas (BNDT), nos termos da lei, depois de transcorrido o prazo de quarenta e cinco dias a contar da citação do executado, se não houver garantia do juízo. *(Incluído pela Lei nº 13.467, de 2017)*

- *Vide Lei 9.492, de 1997 (Lei de Protesto de Títulos e Outros Documentos de Dívida)*

(...)

DECRETO Nº 1.102, DE 21 DE NOVEMBRO DE 1903

Institui regras para o estabelecimento de empresas de armazéns gerais, determinando os direitos e obrigações dessas empresas.

O Presidente da República dos Estados Unidos do Brasil:

Faço saber que o Congresso Nacional decretou e eu sanciono a seguinte resolução:

DOS ARMAZÉNS GERAIS

CAPÍTULO I – ESTABELECIMENTO, OBRIGAÇÕES E DIREITOS DAS EMPRESAS DE ARMAZÉNS GERAIS

Art. 1º As pessoas naturais ou jurídicas, aptas para o exercício do comércio, que pretenderem estabelecer empresas de armazéns gerais, tendo por fim a guarda e conservação de mercadorias e a emissão de títulos especiais, que as representem, deverão declarar à Junta Comercial do respectivo distrito:

1º, a sua firma, ou, se se tratar de sociedade anônima, a designação que lhe for própria, o capital da empresa e o domicílio;

2º, a denominação, a situação, o número, a capacidade, a comunidade e a segurança dos armazéns;

3º, a natureza das mercadorias que recebem em depósito;

4º, as operações e serviços a que se propõem.

A essas declarações juntarão:

a) o regulamento interno dos armazéns e da sala de vendas públicas;

b) a tarifa remuneratória do depósito e dos outros serviços;

c) a certidão do contrato social ou estatutos, devidamente registrados, se se tratar de pessoa jurídica.

§ 1º A Junta Comercial, verificando que o regulamento interno não infringe os preceitos da presente lei, ordenará a matrícula do pretendente no registro do comércio e, dentro do prazo de um mês contado do dia desta matrícula fará publicar, por edital, as declarações, o regulamento interno e a tarifa.

§ 2º Arquivado na secretaria da JUNTA COMERCIAL um exemplar das folhas em que se fizer a publicação, o empresário assinará termo de responsabilidade, como fiel depositário dos gêneros e mercadorias que receber, e só depois de preenchida esta formalidade, que se fará conhecida de terceiros por novo edital da Junta, poderão ser iniciados os serviços e operações que constituem objeto da empresa.

§ 3º As alterações ao regimento interno e à tarifa entrarão em vigor trinta dias depois da publicação, por edital, da Junta Comercial, e não se aplicarão aos depósitos realizados até a véspera do dia em que elas entrarem em vigor, salvo se trouxerem vantagens ou benefícios aos depositantes.

§ 4º Os administradores dos armazéns gerais, quando não forem os próprios empresários, os fiéis e outros prepostos, antes de entrarem em exercício, receberão do proponente uma nomeação escrita que farão inscrever no registro do comércio. (Código Comercial, arts. 74 e 10 nº 2).

§ 5º Não poderão ser empresários, administradores ou fiéis de armazéns gerais os que tiverem sofrido condenação pelos crimes de falência culposa ou fraudulenta, estelionato, abuso de confiança, falsidade, roubo ou furto.

§ 6º As publicações a que se referem este artigo devem ser feitas no Diário Oficial da União ou do Estado e no jornal de maior circulação da sede dos armazéns gerais e à custa do interessado.

Art. 2º O Governo Federal designará as alfândegas que estiverem em condições de emitir os títulos de que trata o capítulo II, sobre mercadorias recolhidas em seus armazéns, e, por decreto expedido pelo Ministro da Fazenda, dará as instruções sobre o respectivo serviço e a tarifa.

Parágrafo único. Os títulos emanados destas repartições serão em tudo equiparados aos que as empresas particulares emitirem, e as mercadorias por eles representadas ficarão sob o regime da presente lei.

Art. 3º Nas estações de estrada de ferro da União poderá o Governo, por intermédio do Ministro da Indústria, Viação e Obras Públicas, estabelecer armazéns gerais, expedindo as necessárias instruções e a tarifa, sendo aplicada, às mercadorias em depósito e aos títulos emitidos, a disposição do § único do art. 2º.

Parágrafo único. As companhias ou empresas particulares de Estradas de Ferro ficarão sujeitas às disposições do art. 1º se quiserem emitir os títulos de suas estações, devendo apresentar, com as declarações a que se refere aquele artigo, autorização especial do Governo que lhes fez a concessão.

Art. 4º As empresas ou companhias de docas que recebem em seus armazéns mercadorias de importação e exportação (Decreto Legislativo nº 1.746, de 13 de outubro de 1869, art. 1º) e os concessionários de entrepostos e trapiches alfandegados poderão solicitar do Governo Federal autorização para emitirem sobre mercadorias em depósito os títulos de que trata o capítulo II, declarando as garantias que oferecem à Fazenda Nacional e apresentando o regulamento interno dos armazéns e a tarifa remuneratória do depósito e de outro serviço a que se proponham.

Nestes regulamentos serão estabelecidas as relações das companhias das docas e concessionários de entrepostos e trapiches alfandegários com os empregados aduaneiros.

Autorização para emissão dos títulos e a aprovação do regulamento e tarifa serão dadas por decreto expedido pelo Ministério da Fazenda.

Nenhuma alteração será feita ao regulamento ou à tarifa, sem as mesmas formalidades, prevalecendo a disposição da segunda parte do § 3º do art. 1º.

Parágrafo único. Obtida a autorização, as docas, os entrepostos particulares e os trapiches alfandegados ficarão sujeitos às disposições da presente lei, adquirindo a qualidade de armazéns gerais.

Art. 5º Na porta principal dos entrepostos públicos ou armazéns das alfândegas e das estações de estrada de ferro da União (arts. 2º e 3º), na dos estabelecimentos mantidos e custeados por empresas particulares (arts. 1º e 4º) e nas salas de vendas públicas (art. 28) serão afixados, em lugar visível, as instruções oficiais ou o regulamento interno e a tarifa e exemplares impressos destas peças serão entregues, gratuitamente, aos interessados que os solicitarem.

Art. 6º Das mercadorias confiadas à sua guarda, os armazéns gerais passarão recibo declarando nele a natureza, quantidade, número e marcas, fazendo pesar, medir ou contar, no ato do recebimento as que forem suscetíveis de ser pesadas, medidas ou contadas.

No verso deste recibo serão anotadas pelo armazém geral as retiradas parciais das mercadorias, durante o depósito.

Esta disposição não se aplica às mercadorias estrangeiras sujeitas a direitos de importação, a respeito das quais se observarão os regulamentos fiscais.

Parágrafo único . O recibo será restituído ao armazém geral contra a entrega das mercadorias ou dos títulos do art. 15, a pedido do dono, forem emitidos. A quem tiver o direito de livre disposição das mercadorias é facultado, durante o prazo do depósito (art. 10), substituir esses títulos por aquele recibo.

Art. 7º Além dos livros mencionados no art. 11 do Código Comercial, as empresas de armazéns gerais são obrigadas a ter, revestidos das formalidades do art. 13 do mesmo Código, e escriturado rigorosamente dia a dia, um livro de entrada e saída de mercadorias, devendo os lançamentos ser feitos na forma do art. 88, nº 11, do citado Código, sendo anotadas as consignações em pagamento (art. 12), as vendas e todas as circunstâncias que ocorrem relativamente às mercadorias depositadas.

As docas, entrepostos particulares e trapiches alfandegados lançarão naquele livro as mercadorias estrangeiras sujeitas a direitos de importação sobre os quais, o pedido do dono, tenham de emitir os títulos do art. 15.

O Governo, nas instruções que expedir para as alfândegas e armazéns de estrada de ferro da União, determinará os livros destinados ao serviço do registro das mercadorias sobre as quais forem emitidos os títulos do art. 15 e seus requisitos de autenticidade.

Art. 8º Não podem os armazéns gerais:

§ 1º Estabelecer preferência entre os depositantes a respeito de qualquer serviço.

§ 2º Recusar o depósito, exceto:

- se a mercadoria que se deseja armazenar não for tolerada pelo regulamento interno;
- se não houver espaço para a sua acomodação;
- se, em virtude das condições em que ela se achar, puder danificar as já depositadas.

§ 3º Abater o preço marcado na tarifa em benefício de qualquer depositante.

§ 4º Exercer o comércio de mercadorias idênticas às que se propõem receber em depósito, e adquirir, para si ou para outrem, mercadorias expostas à venda em seus estabelecimentos, ainda que seja a pretexto de consumo particular.

§ 5º Emprestar ou fazer, por conta própria ou alheia, qualquer negociação sobre os títulos que emitirem.

Art. 9º Serão permitidos aos interessados o exame e a verificação das mercadorias depositadas e a conferência das amostras, podendo, no regulamento interno do armazém, ser indicadas as horas para esse fim e tomadas as cautelas convenientes.

Parágrafo único . As mercadorias de que trata o art. 12 serão examinadas pelas amostras que deverão ser expostas no armazém.

Art. 10. O prazo de depósito, para os efeitos deste artigo, começará a correr da data da entrada da mercadoria nos armazéns gerais e será de seis meses, podendo ser prorrogado livremente por acordo das partes.

Para as mercadorias estrangeiras sujeitas a direitos de importação e sobre as quais tenham sido emitidos os títulos do art. 15, o prazo de seis meses poderá ser prorrogado até mais um ano pelo inspetor da Alfândega, se o estado das mercadorias garantir o pagamento integral daqueles direitos, armazenagens e as despesas e adiantamentos referidos no art. 14.

Se estas mercadorias estiverem depositadas nas docas, nos entrepostos particulares e nos trapiches alfandegados, a prorrogação do prazo dependerá também do consentimento da respectiva companhia ou concessionário.

§ 1º Vencido o prazo do depósito, a mercadoria reputar-se-á abandonada e o armazém geral dará aviso ao depositante, marcando-lhe o prazo de oito dias improrrogáveis, para a retirada da mercadoria contra a entrega do recibo (art. 6º) ou dos títulos emitidos (art. 15).

Findo este prazo, que correrá do dia em que o aviso for registrado no correio, o armazém geral mandará vender a mercadoria por corretor ou leiloeiro, em leilão público, anunciado com antecedência de três dias pelo menos, observando-se as disposições do art. 28, §§ 3º, 4º, 6º e 7º.

§ 2º Para prova do aviso prévio bastarão a sua transcrição no copiador do armazém geral e o certificado do registro da expedição pelo correio.

§ 3º O produto da venda, deduzidos os créditos indicados no art. 26 § 1º, se não for procurado, por quem de direito, dentro do prazo de oito dias, será depositado judicialmente por conta de quem pertencer.

As alfândegas reterão em seus cofres esse saldo e a administração da estrada de ferro da União o recolherá à repartição fiscal designada pelo Governo nas instruções expedidas na conformidade do art. 3º.

§ 4º Não obstante o processo do art. 27, §§ 2º e 3º, verificado o caso do § 1º do presente artigo, o armazém geral ou a competente repartição federal fará vender a mercadoria, certificando com antecedência de cinco dias ao juiz daquele processo.

Deduzidos do produto da venda os créditos indicados no art. 26, § 1º, o líquido será posto à disposição do juiz.

É permitido ao que perder o título obstar a venda, ficando prorrogado o depósito por mais três meses, se pagar os impostos fiscais e as despesas declaradas no art. 23, § 6º.

Art. 11. As empresas de armazéns gerais, além das responsabilidades especialmente estabelecidas nesta lei, respondem:

1º pela guarda, conservação e pronta e fiel entrega das mercadorias que tiverem recebido em depósito, sob pena de serem presos os empresários, gerentes, superintendentes ou administradores sempre que não efetuarem aquela entrega dentro de 24 horas depois que judicialmente forem requeridos;

Cessa a responsabilidade nos casos de avarias ou vícios provenientes da natureza ou acondicionamento das mercadorias, e força maior, salvo a disposição do art. 37, § único;

2º pela culpa, fraude ou dolo de seus empregados e prepostos e pelos furtos acontecidos aos gêneros e mercadorias dentro dos armazéns.

§ 1º A indenização devida pelos armazéns gerais nos casos referidos neste artigo, será correspondente ao preço da mercadoria e em bom estado no lugar e no tempo em que devia ser entregue.

O direito à indenização prescreve em três meses, contados do dia em que a mercadoria foi ou devia ser entregue.

§ 2º Pelas alfândegas e estradas de ferro da União responde, diretamente, a Fazenda Nacional, com ação regressiva contra seus funcionários culpados.

Art. 12. Nos armazéns gerais podem ser recebidas mercadorias da mesma natureza e qualidade, pertencentes a diversos donos, guardando-se misturadas.

Para este gênero de depósito deverão os armazéns gerais dispor de lugares próprios e se aparelhar para o bom desempenho do serviço.

As declarações de que trata o art. 1º juntará o empresário a descrição minuciosa de todos os aprestos do armazém, e a matrícula no registro do comércio somente será feita depois de exame mandado proceder pela Junta Comercial, por profissionais e à custa do interessado.

§ 1º Neste depósito, além das disposições especiais na presente lei, observar-se-ão as seguintes:

1º – o armazém geral não é obrigado a restituir a própria mercadoria recebida, mas pode entregar mercadorias da mesma qualidade;

2º – o armazém geral responde pelas perdas e avarias da mercadoria, ainda mesmo no caso de força maior.

§ 2º Relativamente às docas, entrepostos particulares e trapiches alfandegados, a atribuição acima conferida à Junta Comercial cabe ao Governo Federal.

Art. 13. Os armazéns gerais ficam sob a imediata fiscalização das Juntas Comerciais, às quais os empresários remeterão até o dia 15 dos meses de abril, julho, outubro e janeiro de cada ano um balanço, em resumo, das mercadorias que, no trimestre anterior, tiverem entrado e saído e das que existirem, bem como a demonstração do movimento dos títulos que emitirem, a importância dos valores com que os mesmos títulos forem negociados, as quantias consignadas na conformidade do art. 22, e o movimento das vendas públicas, onde existir a sala de que trata o capítulo III.

Até o dia 15 de março, as empresas apresentarão o balanço detalhado de todas as operações e serviços realizados, durante o ano anterior, nos armazéns gerais e salas de vendas públicas fazendo acompanhar de um relatório circunstanciado contendo as considerações que julgarem úteis.

§ 1º As alfândegas, docas, entrepostos particulares e trapiches alfandegados ficarão, porém, sob a exclusiva fiscalização do Ministério da Fazenda e os armazéns da estação de estradas de ferro da União sob o do Ministério da Indústria, Viação e Obras Públicas.

Os inspetores das alfândegas, empresas ou companhias de docas, concessionários de entrepostos e trapiches alfandegados e diretores de estrada de ferro federais enviarão nas épocas acima designadas os balanços trimestrais e o balanço e os relatórios anuais ao respectivo ministério.

§ 2º O Ministério da Fazenda, o da Indústria, Viação e Obras Públicas e as Juntas Comerciais poderão, sempre que acharem conveniente, mandar inspecionar os armazéns sob fiscalização, a fim de verificarem se os balanços apresentados estão anexos ou se têm fielmente cumpridas as instruções, o regulamento interno e a tarifa.

Art. 14. As empresas de armazéns gerais têm o direito de retenção para garantia do pagamento das armazenagens e despesas com a conservação e com as operações, benefícios e serviços prestados às mercadorias, a pedido do dono; dos adiantamentos feitos com fretes e seguro, e das comissões e juros, quando as mercadorias lhes tenham sido remetidas em consignação. (Código Comercial, art. 189)

Esse direito de retenção pode ser oposto à massa falida do devedor.

Também têm as empresas de armazéns gerais direitos de indenização pelos prejuízos que lhes venham por culpa ou dolo do depositante.

CAPÍTULO II – EMISSÃO, CIRCULAÇÃO DOS TÍTULOS EMITIDOS PELAS EMPRESAS DE ARMAZÉNS GERAIS

Art. 15. Os armazéns gerais emitirão, quando lhes for pedido pelo depositante, dois títulos unidos, mas separáveis à vontade, denominados – "conhecimento de depósito" e "warrant".

§ 1º Cada um destes títulos deve ser à ordem e conter, além de sua designação particular;

1º – a denominação da empresa do armazém geral e sua sede;

2º – o nome, profissão e domicílio do depositante ou de terceiro por este indicado;

3º O lugar e o prazo do depósito, facultado aos interessados acordarem, entre si, na transferência posterior das mesmas mercadorias de um para outro armazém da emitente ainda que se encontrem em localidade diversa da em que foi feito o depósito inicial. Em tais casos, far-se-ão, nos conhecimentos warrants respectivos, as seguintes anotações: *(Redação dada pela Lei Delegada nº 3, de 26.9.1962)*

a) local para onde se transferirá a mercadoria em depósito; *(Incluída pela Lei Delegada nº 3, de 26.9.1962)*

b) para os fins do art. 26, parágrafo 2º, às despesas decorrentes da transferência, inclusive as de seguro por todos os riscos. *(Incluída pela Lei Delegada nº 3, de 26.9.1962)*

4º A natureza e quantidade das mercadorias em depósito, designadas pelos nomes mais usados no comércio, seu peso, o estado dos envoltórios e todas as marcas e indicações próprias para estabelecerem a sua identidade, ressalvadas as peculiaridades das mercadorias depositada a granel.*(Redação dada pela Lei Delegada nº 3, de 26.9.1962)*

5º – a qualidade da mercadoria tratando-se daquelas a que se refere o art. 12;

6º – a indicação do segurador da mercadoria e o valor do seguro (art. 16).

7º – a declaração dos impostos e direitos fiscais, dos encargos e despesas a que a mercadoria está sujeita, e do dia em que começaram a correr as armazenagens (art. 26, § 2º);

8º – a data da emissão dos títulos e assinatura do empresário ou pessoa devidamente habilitada por este.

§ 2º Os referidos serão extraídos de um livro de talão, o qual conterá todas as declarações acima mencionadas, e número de ordem correspondente.

No verso do respectivo talão, o depositante, ou terceiro, por este autorizado, passará recibo dos títulos. Se a empresa, a pedido do depositante, os expedir pelo correio, mencionará esta circunstância e o número e data do certificado do registro postal.

Anotar-se-ão também no verso do talão as ocorrências que se derem com os títulos dele extraídos, como substituição, restituição, perda, roubo, etc.

§ 3º Os armazéns gerais são responsáveis para com terceiros pelas irregularidades e inexatidões encontradas nos títulos que emitirem relativamente à quantidade, natureza e peso da mercadoria.

Art. 16. As mercadorias, para servirem de base à emissão dos títulos, devem ser seguradas contra riscos de incêndio do valor designado pelo depositante.

Os armazéns gerais poderão ter apólices especiais ou abertas para este fim.

No caso de sinistro, o armazém geral é o competente para receber a indenização devida pelo segurador, e sobre esta exercerão a Fazenda Nacional, a empresa de armazéns gerais e os portadores de conhecimentos de depósito e "warrant" os mesmos direitos e privilégios que tenham sobre a mercadoria segurada.

Parágrafo único. As mercadorias de que trata o art. 12 serão seguradas em nome da empresa do armazém geral, a qual fica responsável pela indenização no caso de sinistro.

Art. 17. Emitidos os títulos de que trata o art. 15, os gêneros e mercadorias não poderão sofrer embaraço que prejudique a sua livre e plena disposição, salvo nos casos do art. 27.

O conhecimento de depósito e o "warrant", ao contrário, podem ser penhorados, arrestados por dívidas do portador.

Art. 18. O conhecimento do depósito e o "warrant" podem ser transferidos, unidos ou separados, por endosso.

§ 1º O endosso pode ser em branco; neste caso confere ao portador do título os direitos de cessionário.

§ 2º O endosso dos títulos unidos confere ao cessionário o direito de livre disposição da mercadoria depositada; o do "warrant" separado do conhecimento de depósito o direito de penhor sobre a mesma mercadoria e do conhecimento de depósito a faculdade de dispor da mercadoria, salvo os direitos do credor, portador do "warrant".

Art. 19. O primeiro endosso do "warrant" declarará a importância do crédito garantido pelo penhor da mercadoria, taxa dos juros e a data do vencimento.

Essas declarações serão transcritas no conhecimento de depósito e assinados pelos endossatários do "warrant".

Art. 20. O portador dos dois títulos tem o direito de pedir a divisão da mercadoria em tantos lotes quantos lhe convenham, e entrega de conhecimentos de depósito e "warrants" correspondentes a cada um dos lotes, sendo restituídos, e ficando anulados os títulos anteriormente emitidos.

Esta divisão somente será facultada se a mercadoria continuar a garantir os créditos preferenciais do art. 26, § 1º.

Parágrafo único. Outrossim, é permitido ao portador dos dois títulos pedir novos títulos à sua ordem ou de terceiro que indicar, em substituição dos primitivos, que serão restituídos ao armazém geral e anulados.

Art. 21. A mercadoria depositada será retirada do armazém geral contra a entrega do conhecimento de depósito ou do "warrant" correspondente, liberta pelo pagamento principal e juros da dívida, se foi negociado.

Art. 22. Ao portador do conhecimento de depósito é permitido retirar a mercadoria antes do vencimento da dívida constante do "warrant", consignando o armazém geral o principal e juros até o vencimento e pagando os impostos fiscais, armazenagens vencidas e mais despesas.

Da quantia consignada o armazém geral passará recibo, extraído de um livro de talão.

§ 1º O armazém geral dará por carta registrada imediato aviso desta consignação ao primeiro endossador do "warrant".

Este aviso quando contestado será provado nos termos do art. 10, § 2º.

§ 2º A consignação equivale a real e efetivo pagamento e a quantia consignada será prontamente entregue ao credor mediante a restituição do "warrant" com a devida quitação.

§ 3º Se o "warrant" não for apresentado ao armazém geral até oito dias depois do vencimento da dívida, a quantia consignada será levada a depósito judicial por conta de quem pertencer.

Nas alfândegas estradas federais, essa quantia terá o destino declarado no art. 10, § 3º, "in fine".

§ 4º A perda, o roubo, o extravio do "warrant" não prejudicarão o exercício do direito que este artigo confere ao portador do conhecimento de depósito.

Art. 23. O portador do "warrant" que no dia do vencimento não for pago, e que não achar consignada no armazém geral a importância do seu crédito e juros (art. 22), deverá interpor o respectivo protesto nos prazos e pela forma aplicáveis ao protesto das letras de câmbio no caso de não pagamento.

› *Vide Lei de Protesto de Títulos e Documentos de Dívida (Lei 9.492/1997)*

O oficial dos protestos entregará ao protestante o respectivo instrumento, dentro do prazo de três dias, sob pena de responsabilidade e de satisfazer perdas e danos.

§ 1º O portador do "warrant" fará vender em leilão, por intermédio do corretor ou leiloeiro, que escolher, as mercadorias especificadas no título, independentes de formalidades judiciais.

§ 2º Igual direito de venda cabe ao primeiro endossador que pagar a dívida do "warrant", sem que seja necessário constituir em mora os endossadores do conhecimento do depósito.

§ 3º O corretor ou leiloeiro, encarregado da venda depois de avisar o administrador do armazém geral, ou o chefe da competente repartição federal, anunciará pela imprensa o leilão, com antecedência de quatro dias, especificando as mercadorias conforme as declarações do "warrant" e declarando o dia e hora da venda, as condições dessa e o lugar onde podem ser examinadas aquelas mercadorias.

O agente da venda conformar-se-á em tudo com as disposições do regulamento interno dos armazéns e das salas de vendas públicas ou com as instruções oficiais, tratando-se de repartição federal.

§ 4º Se o arrematante não pagar o preço da venda, aplicar-se-á a disposição do art. 28, § 6º.

§ 5º A perda ou extravio do conhecimento de depósito (art. 27, § 1º), a falência, os meios preventivos de sua declaração e a morte do devedor não suspendem nem interrompem a venda anunciada.

§ 6º O devedor poderá evitar a venda até o momento de ser a mercadoria adjudicada ao que maior lance oferecer, pagando imediatamente a dívida de "warrant", os impostos fiscais, despesas devidas ao armazém e todos os mais a que a execução deu lugar, inclusive custas do protesto, comissões do corretor ou agentes de leilões e juros de mora.

§ 7º O portador do "warrant" que, em tempo útil, não interpuser o protesto por falta de pagamento, ou que, dentro de dez dias, contados da data do instrumento de protesto, não promover a venda da mercadoria, conservará tão-somente ação contra o primeiro endossador do "warrant" e contra os endossadores do conhecimento de depósito.

Art. 24. Efetuada a venda, o corretor ou leiloeiro dará a nota do contrato ou conta de venda ao armazém geral, o qual receberá o preço e entregará ao comprador a mercadoria.

§ 1º O armazém geral, imediatamente após o recebimento do produto da venda, fará deduções de créditos preferenciais, art. 26, § 1º, e com o líquido pagará o portador do "warrant" nos termos do art. 26, princípio.

§ 2º O portador do "warrant" que ficar integralmente pago entregará, ao armazém geral, o título com a quitação; no caso contrário, o armazém geral mencionará no "warrant" o pagamento parcial feito e o restituirá ao portador.

§ 3º Pago o credor, o excedente do preço da venda será entregue ao portador do conhecimento de depósito contra a restituição deste título.

§ 4º As quantias reservadas ao portador do "warrant" ou ao do conhecimento de depósito, quando não reclamados no prazo de trinta dias depois da venda da mercadoria, terão o destino declarado no art. 10, § 3º.

Art. 25. Se o portador do "warrant" não ficar integralmente pago, em virtude da insuficiência do produto líquido da venda da mercadoria ou da indenização do seguro no caso de sinistro tem ação para haver o saldo contra os endossadores anteriores solidariamente, observando-se a esse respeito as mesmas disposições substanciais e processuais (de fundo e de forma) relativo a letras de câmbio.

O prazo para prescrição de ação regressiva corre do dia da venda.

Art. 26. O portador do "warrant" será pago do seu crédito, juros convencionais e demora à razão de 6% ao ano e despesas do protesto, precipuamente pelo produto da venda da mercadoria.

§ 1º Preferem, porém, a este credor:

1º – a Fazenda Nacional, pelos direitos ou impostos que lhe forem devidos;

2º – o corretor ou leiloeiro, pelas comissões taxadas em seus regimentos ou reguladas por convenção entre eles e os comitentes, e pelas despesas com anúncio da venda;

3º – o armazém geral, por todas as despesas declaradas no art. 14, a respeito das quais lhe é garantido o direito de retenção.

§ 2º Os créditos do § 1º, números 1 e 3, devem ser expressamente referidos nos títulos (art. 15, § 1º, nº 7), declarando-se a quantia exata dos impostos devidos à Fazenda Nacional e de todas as despesas líquidas até o momento da emissão daqueles títulos, pena de perda da preferência.

Todas as vezes que lhe for exigido pelo portador de conhecimento de depósito ou do "warrant", o armazém geral é obrigado a liquidar os créditos que preferem no "warrant" e fornecer a nota da liquidação, datada e assinada, referindo-se ao emitido.

Art. 27. Aquele que perder o título avisará ao armazém geral e anunciará o fato durante três dias, pelo jornal de maior circulação da sede daquele armazém.

§ 1º Se se tratar do conhecimento de depósito e correspondente "warrant", ou só do primeiro, o interessado poderá obter duplicata ou a entrega das mercadorias, garantindo o direito do portador do "warrant", se este foi negociado, ou do saldo à sua disposição se a mercadoria foi vendida, observando-se o processo do § 2º, que correrá perante o juiz do comércio em cuja jurisdição se achar o armazém geral.

§ 2º O interessado requererá a notificação do armazém geral para não entregar sem ordem judicial a mercadoria ou saldo disponível no caso de ser ou de ter sido ela vendida, na conformidade dos artigos 10, § 4º, e 23, § 1º, justificará sumariamente a sua propriedade.

O requerimento deve ser instruído com um exemplar do jornal em que for anunciada a perda e com a cópia fiel do talão do título perdido, fornecida pelo armazém geral e por este autenticada.

O armazém geral terá ciência do dia e da hora da justificação e para esta, se o "warrant" foi negociado, e ainda não voltou ao armazém geral, será citado o endossatário desse título, cujo nome devia constar do correspondente conhecimento do depósito perdido (art.19, 2ª parte).

O juiz, na sentença que julgar procedente a justificação, mandará publicar editais com 30 dias para reclamações.

Estes editais produzirão todas as declarações constantes do talão do título perdido e serão publicados no "Diário Oficial" e no jornal onde o interessado anunciou a referida perda e afixados na porta do armazém e na sala de vendas públicas.

Não havendo reclamação, o juiz expedirá mandado conforme o requerido ao armazém geral ou depositário, sendo ordenada a duplicata, dela constará esta circunstância.

Se, porém, aparecer reclamação, o juiz marcará o prazo de dez dias para prova, e, findo estes, arrazoando o embargante e o embargado em cinco dias cada um, julgará afinal com apelação sem efeito suspensivo.

Estes prazos serão improrrogáveis e fatais e correrão em cartório, independente de lançamento em audiência.

§ 3º No caso de perda do "warrant", o interessado que provar a sua propriedade tem o direito de receber a importância do crédito garantido.

Observar-se-á o mesmo processo do § 2º, com as seguintes modificações:

a) Para a justificação sumária, serão citados o primeiro endossador e outros que forem conhecidos. O armazém será avisado do dia e hora da justificação e notificado judicialmente da perda do título.

b) O mandado judicial de pagamento será expedido contra o primeiro endossador ou contra quem tiver em consignação ou depósito a importância correspondente à dívida do "warrant".

O referido mandado, se a dívida não está vencida, será apresentado àquele primeiro endossador no dia do vencimento, sendo aplicável a disposição do art.23 no caso de não pagamento.

§ 4º Cessa a responsabilidade do armazém geral e do devedor quando, em virtude de ordem judicial, emitir duplicata ou entregar a mercadoria ou saldo em seu poder ou pagar a dívida. O prejudicado terá ação somente contra quem indevidamente dispôs da mercadoria ou embolsou a quantia.

§ 5º O que fica disposto sobre a perda do título aplica-se aos casos de roubo, furto, extravio ou destruição.

CAPÍTULO III – SALA DE VENDAS PÚBLICAS

Art. 28. Anexas aos seus estabelecimentos as empresas de armazéns gerais poderão ter salas apropriadas para as vendas públicas, voluntárias, dos gêneros e mercadorias em depósito, observando-se as seguintes condições:

§ 1º Estas salas serão franqueadas ao público, e os depositantes poderão ter aí exposição de amostras.

§ 2º É livre aos interessados escolher o agente da venda dentre os corretores ou leiloeiros da respectiva praça.

§ 3º A venda será anunciada pelo corretor ou leiloeiro, nos jornais locais, declarando-se o dia, hora e condições do leilão e da entrega da mercadoria, número, natureza e quantidade de cada lote, armazém onde se acha, e as horas durante as quais pode ser examinada.

Além disso, afixará aviso na praça do comércio e na sala onde tenha de efetuar a venda.

§ 4º O público será admitido a examinar a mercadoria anunciada à venda, sendo proporcionadas todas as facilidades pelo administrador do armazém onde ela se achar.

§ 5º A venda será feita por atacado, não podendo cada lote ser de valor inferior a dois contos de réis, calculado pela cotação média da mercadoria.

§ 6º Se o arrematante não pagar o preço marcado nos anúncios, e, na falta destes, dentro de vinte e quatro horas depois da venda, será a mercadoria levada a novo leilão por sua conta e risco, ficando obrigado a completar o preço por que o comprou e perdendo em benefício do vendedor o sinal que houver dado.

Para cobrança da diferença terá a parte interessada a ação executiva dos arts. 309 e seguintes do Decreto nº 737, de 25 de novembro de 1850, devendo a petição inicial ser instruída com certidão extraída do livro do corretor ou agente de leilões.

§ 7º Tratando-se das mercadorias a que se refere o art. 12, observar-se-á o disposto no § 1º nº 1, do mesmo artigo.

Art. 29. Onde existirem salas de vendas públicas serão nelas efetuadas as vendas de que tratam os arts. 10, § 1º, e 23, § 1º, não sendo então aplicável a disposição restritiva do art. 28, § 5º.

CAPÍTULO IV – DISPOSIÇÕES FISCAIS E PENAIS

Art. 30. São sujeitos ao selo fixo de trezentos réis:

1º – O recibo das mercadorias depositadas nos armazéns gerais (art. 6º).

2º – O conhecimento de depósito.

O mesmo selo das letras de câmbio e de terra pagará o "warrant" quando separado do depósito for pela primeira vez endossada.

Art. 31. Não podem ser taxados pelos Estados nem pelas Municipalidades os depósitos dos armazéns gerais, bem como as compras e vendas realizadas nas salas anexas a estes armazéns.

Art. 32. Incorreção na multa de 200$ a 5:000$ os empresários de armazéns gerais que não observarem as prescrições dos artigos 5º, 7º e 8º §§ 1º a 4º, 13, 22, § 3º, 24, §§ 1º e 4º, 26, § 2º última parte.

Parágrafo único. A multa será imposta por quem tiver a seu cargo a fiscalização do armazém, e cobrada executivamente por intermédio do ministério público, se não for paga dentro de oito dias depois de notificada, revertendo em benefício das misericórdias e orfanatos existentes nas sedes dos armazéns.

Art. 33. Será cassada a matrícula (art. 1º, § 1º) ou revogada a autorização (art. 4º), por quem o ordenou ou concedeu nos casos seguintes:

1º – falências e meios preventivos ou liquidação da respectiva empresa;

2º – cessão ou transferência da empresa a terceiro sem prévio aviso à Junta Comercial, ou sem autorização do Governo, nos casos em que esta for necessária;

3º – infração do regulamento interno em prejuízo do comércio ou da Fazenda Nacional.

Parágrafo único. A disposição deste artigo não prejudica a imposição das multas cominadas no art. 32, nem a aplicação das outras penas em que, porventura, tenham incorrido os empresários de armazéns e seus prepostos.

Art. 34. As penas estabelecidas, para os casos dos artigos 32 e 33, nºs 2º e 3º, só poderão ser impostas depois de ouvidos o empresário do armazém geral, o gerente ou superintendente das companhias de docas e os concessionários de entrepostos e trapiches alfandegados, em prazo razoável, facultando-se-lhe a leitura do inquérito, relatório, denúncia e provas colhidas.

Art. 35. Incorrerão nas penas de prisão celular por um ou quatro anos e multa de 100$ a 1:000$000:

1º – Os que emitirem os títulos referidos no capítulo II, sem que tenham cumprido as disposições dos arts. 1º e 4º, desta lei.

2º – Os empresários ou administradores de armazéns gerais que emitirem os ditos títulos sem que existam em depósito as mercadorias ou gêneros neles especificados; ou que emitam mais de um conhecimento de depósito e de "warrant" sobre as mesmas mercadorias ou gêneros, salvo os casos do art. 20.

3º – Os empresários ou administradores de armazéns gerais que fizerem empréstimos ou quaisquer negociações por conta própria ou de terceiro, sobre os títulos que emitirem.

4º – Os empresários ou administradores de armazéns gerais que desviarem, no todo ou em parte, fraudarem ou substituírem por outras, mercadorias confiadas a sua guarda, sem prejuízo da pena de prisão de que trata o art. 11, nº 1.

5º – Os empresários ou administradores de armazéns gerais que não entregarem em devido tempo, a quem de direito, a importância das consignações de que trata o art. 22 e as quantias que lhes sejam confiadas nos termos desta lei.

§ 1º Se a empresa for sociedade anônima ou comanditária por ações incorrerão nas penas acima cominadas os seus administradores, superintendentes, gerentes ou fiéis de armazéns que para o fato criminoso tenham concorrido direta ou indiretamente.

§ 2º Se os títulos forem emitidos pelas repartições federais de que tratam os artigos 2º e 3º, incorrerão nas penas acima os fiéis ou quaisquer funcionários que concorreram para o fato.

§ 3º Nesses crimes cabe a ação pública.

CAPÍTULO V – DISPOSIÇÕES GERAIS

Art. 36. Ficam compreendidas na disposição do art. 19, § 3º, do Decreto nº 737, de 25 de novembro de 1850, os depósitos nos armazéns gerais e as operações sobre os títulos que as respectivas empresas emitirem e os contratos de compra e venda a que se refere o art. nº 28.

Art. 37. São nulas as convenções, ou cláusulas que diminuam ou restrinjam as obrigações e responsabilidades que, por esta lei, são impostas às empresas de armazéns gerais e aos que figurarem nos títulos que elas emitirem.

Parágrafo único. Ao contrário, podem os armazéns gerais se obrigar, por convenção com os depositantes e mediante a taxa combinada, a indenizar os prejuízos acontecidos a mercadorias, por avarias, vícios intrínsecos, falta de acondicionamento e mesmo pelos casos de força maior.

Esta convenção, para que tenha efeitos para com terceiros, deverá constar dos títulos de que trata o art. 15.

Art. 38. A presente lei não modifica as disposições do capítulo V, do título III, da parte I, do Código Comercial, que continuam em inteiro vigor.

Art. 39. Revogam-se as disposições em contrário.

Rio de Janeiro, 21 de novembro de 1903, 15º da República.

Francisco de Paula Rodrigues Alves

(DOU de 28.11.1903)

DECRETO Nº 2.044, DE 31 DE DEZEMBRO DE 1908

Define a letra de câmbio e a nota promissória e regula as Operações Cambiais.

O Presidente da República dos Estados Unidos do Brasil:

Faço saber que o Congresso Nacional decretou e eu sanciono a seguinte resolução:

TÍTULO I – DA LETRA DE CÂMBIO

CAPÍTULO I – DO SAQUE

Art. 1º A letra de câmbio é uma ordem de pagamento e deve conter requisitos, lançados, por extenso, no contexto:

I – A denominação "letra de câmbio" ou a denominação equivalente na língua em que for emitida.

II – A soma de dinheiro a pagar e a espécie de moeda.

III – O nome da pessoa que deve pagá-la. Esta indicação pode ser inserida abaixo do contexto.

IV – O nome da pessoa a quem deve ser paga. A letra pode ser ao portador e também pode ser emitida por ordem e conta de terceiro. O sacador pode designar-se como tomador.

V – A assinatura do próprio punho do sacador ou do mandatário especial. A assinatura deve ser firmada abaixo do contexto.

Art. 2º Não será letra de câmbio o escrito a que faltar qualquer dos requisitos acima enumerados.

› *Art. 387 do Supremo Tribunal Federal*

Art. 3º Esses requisitos são considerados lançados ao tempo da emissão da letra. A prova em contrário será admitida no caso de má-fé do portador.

Art. 4º Presume-se mandato ao portador para inserir a data e o lugar do saque, na letra que não os contiver.

Art. 5º Havendo diferença entre o valor lançado por algarismo e o que se achar por extenso no corpo da letra, este último será sempre considerado verdadeiro e a diferença não prejudicará a letra. Diversificando as indicações da soma de dinheiro no contexto, o título não será letra de câmbio.

Art. 6º A letra pode ser passada:

I – À vista.

II – A dia certo.

III – A tempo certo da data.

IV – A tempo certo da vista.

Art. 7º A época do pagamento deve ser precisa, uma e única para a totalidade da soma cambial.

CAPÍTULO II – DO ENDOSSO

Art. 8º O endosso transmite a propriedade da letra de câmbio. Para a validade do endosso, é suficiente a simples assinatura do próprio punho do endossador ou do mandatário especial, no verso da letra. O endossatário pode completar este endosso.

§ 1º A cláusula "por procuração", lançada no endosso, indica o mandato com todos os poderes, salvo o caso de restrição, que deve ser expressa no mesmo endosso.

§ 2º O endosso posterior ao vencimento da letra tem o efeito de cessão civil.

§ 3º É vedado o endosso parcial.

CAPÍTULO III – DO ACEITE

Art. 9º A apresentação da letra ao aceite é facultativa quando certa a data do vencimento. A letra a tempo certo da vista deve ser apresentada ao aceite do sacado, dentro do prazo nela marcado; na falta de designação, dentro de seis meses contados da data da emissão do título, sob pena de perder o portador o direito regressivo contra o sacador, endossadores e avalistas.

Parágrafo único. O aceite da letra, a tempo certo da vista, deve ser datado, presumindo-se, na falta de data, o mandato ao portador para inseri-la.

Art. 10. Sendo dois ou mais os sacados, o portador deve apresentar a letra ao primeiro nomeado; na falta ou recusa do aceite, ao segundo, se estiver domiciliado na mesma praça; assim, sucessivamente, sem embargo da forma da indicação na letra dos nomes dos sacados.

Art. 11. Para a validade do aceite é suficiente a simples assinatura do próprio punho do sacado ou do mandatário especial, no anverso da letra.

Vale, com aceite puro, a declaração que não traduzir inequivocamente a recusa, limitação ou modificação.

Parágrafo único. Para os efeitos cambiais, a limitação ou modificação do aceite equivale à recusa, ficando, porém, o aceitante cambialmente vinculado, nos termos da limitação ou modificação.

Art. 12. O aceite, uma vez firmado, não pode ser cancelado nem retirado.

Art. 13. A falta ou recusa do aceite prova-se pelo protesto.

› *Art. 21 da Lei de Protestos de Títulos e Documentos de Dívida (Lei 9.492/1997)*

CAPÍTULO IV – DO AVAL

Art. 14. O pagamento de uma letra de câmbio, independente do aceite e do endosso, pode ser garantido por aval. Para a validade do aval, é suficiente a simples assinatura do próprio punho do avalista ou do mandatário especial, no verso ou no anverso da letra.

Art. 15. O avalista é equiparado àquele cujo nome indicar; na falta de indicação, àquele abaixo de cuja assinatura lançar a sua; fora destes casos, ao aceitaste e, não estando aceita a letra, ao sacador.

CAPÍTULO V – DA MULTIPLICAÇÃO DA LETRA DE CÂMBIO

SEÇÃO ÚNICA

DAS DUPLICATAS

Art. 16. O sacador, sob pena de responder por perdas e interesses, é obrigado a dar, ao portador, as vias de letra que este reclamar antes do vencimento, diferençadas, no contexto, por números de ordem ou pela ressalva, das que se extraviaram. Na falta da diferenciação ou da ressalva, que torne inequívoca a unicidade da obrigação, cada exemplar valerá como letra distinta.

§ 1º O endossador e o avalista, sob pena de respondem por perdas e interesses, são obrigados a repetir, na duplicata, o endosso e o aval firmados no original.

§ 2º O sacado fica cambialmente obrigado por cada um dos exemplares em que firmar o aceite.

§ 3º O endossador de dois ou mais exemplares da mesma letra a pessoas diferentes e os sucessivos endossadores e avalistas ficam cambialmente obrigados.

§ 4º O detentor da letra expedida para o aceite é obrigado a entregá-la ao legítimo portador da duplicata, sob pena de responder por perdas e interesses.

CAPÍTULO VI – DO VENCIMENTO

Art. 17. A letra à vista vence-se no ato da apresentação ao sacado.

A letra, a dia certo, vence-se nesse dia. A letra, a dias da data ou da vista, vence-se no último dia do prazo; não se conta, para a primeira, o dia do saque, e, para a segunda, o dia do aceite.

A letra a semanas, meses ou anos da data ou da vista vence no dia da semana, mês ou ano do pagamento, correspondente ao dia do saque ou ao dia do aceite. Na falta do dia correspondente, vence-se no último dia do mês do pagamento.

Art. 18. Sacada a letra em País onde vigorar outro calendário, sem a declaração do adotado, verifica-se o termo do vencimento contando-se do dia do calendário gregoriano, correspondente ao da emissão da letra pelo outro calendário.

Art. 19. A letra é considerada vencida, quando protestada:

I – pela falta ou recusa do aceite;

II – pela falência do aceitante.

O pagamento, nestes casos, continua diferido até ao dia do vencimento ordinário da letra, ocorrendo o aceite de outro sacado nomeado ou, na falta, a aquiescência do portador, expressa no ato do protesto, ao aceite na letra, pelo interveniente voluntário.

CAPÍTULO VII – DO PAGAMENTO

Art. 20. A letra deve ser apresentada ao sacado ou ao aceitante para o pagamento, no lugar designado e no dia do vencimento ou, sendo este dia feriado por lei, no primeiro dia útil imediato, sob pena de perder o portador o direito de regresso contra o sacador, endossadores e avalistas.

§ 1º Será pagável à vista a letra que não indicar a época do vencimento. Será pagável, no lugar mencionado ao pé do nome do sacado, a letra que não indicar o lugar do pagamento.

É facultada a indicação alternativa de lugares de pagamento, tendo o portador direito de opção. A letra pode ser sacada sobre uma pessoa, para ser paga no domicílio de outra, indicada pelo sacador ou pelo aceitante,

§ 2º No caso de recusa ou falta de pagamento pelo aceitante, sendo dois ou mais os sacados, o portador deve apresentar a letra ao primeiro nomeado, se estiver domiciliado na mesma praça; assim sucessivamente, sem embargo da forma da indicação na letra dos nomes dos sacados.

§ 3º Sobrevindo caso fortuito ou força maior, a apresentação deve ser feita, logo que cessar o impedimento.

Art. 21. A letra à vista deve ser apresentada ao pagamento dentro do prazo nela marcado; na falta desta designação, dentro de 12 meses, contados da data da emissão do título, sob pena de perder o portador o direito de regresso contra o sacador, endossadores e avalistas.

Art. 22. O portador não é obrigado a receber o pagamento antes do vencimento da letra. Aquele que paga uma letra, antes do respectivo vencimento, fica responsável pela validade desse pagamento.

§ 1º O portador é obrigado a receber o pagamento parcial, ao tempo do vencimento.

§ 2º O portador é obrigado a entregar a letra com a quitação àquele que efetua o pagamento; no caso do pagamento parcial, em que se não opera tradição do título, além da quitação em separado, outra deve ser firmada na própria letra.

Art. 23. Presume-se validamente desonerado aquele que paga a letra no vencimento, sem oposição.

Parágrafo único. A oposição ao pagamento é somente admissível no caso de extravio da letra, de falência ou incapacidade do portador para recebê-la.

Art. 24. O pagamento feito pelo aceitante ou pelos respectivos avalistas desonera da responsabilidade cambial todos os coobrigados.

O pagamento feito pelo sacador, pelos endossadores ou respectivos avalistas desonera da responsabilidade cambial os coobrigados posteriores.

Parágrafo único. O endossador ou o avalista, que paga ao endossatário ou ao avalista posterior, pede riscar o próprio endosso ou aval e os dos endossadores ou avalistas posteriores.

Art. 25. A letra de câmbio deve ser paga na moeda indicada. Designada moeda estrangeira, o pagamento, salvo determinação em contrário, expressa na letra, deve ser efetuado em moeda nacional, ao câmbio à vista do dia do vencimento e do lugar do pagamento; não havendo no lugar curso de câmbio, pelo da praça mais próxima.

Art. 26. Se o pagamento de uma letra de câmbio não for exigido no vencimento, o aceitaste pode, depois de expirado o prazo para o protesto por falta de pagamento, depositar o valor da mesma, por conta e risco do portador, independente de qualquer citação.

Art. 27. A falta ou recusa, total ou parcial, de pagamento, prova-se pelo protesto.

CAPÍTULO VIII – DO PROTESTO

Art. 28. A letra que houver de ser protestada por falta de aceite ou de pagamento deve ser entregue ao oficial competente, no primeiro dia útil que se seguir ao da recusa do aceite ou ao do vencimento, e o respectivo protesto, tirado dentro de três dias úteis.

Parágrafo único. O protesto deve ser tirado do lugar indicado na letra para o aceite ou para o pagamento. Sacada ou aceita a letra para ser paga em outro domicílio que não o do sacado, naquele domicílio deve ser tirado o protesto.

Art. 29. O instrumento de protesto deve conter:

› *Art. 22 da Lei de Protesto de Títulos e Documentos de Dívida (Lei 9.492/1997)*

I – a data;

II – a transcrição literal da letra e das declarações nela inseridas pela ordem respectiva;

III – a certidão da intimação ao sacado ou ao aceitante ou aos outros sacados, nomeados na letra para aceitar ou pagar, a resposta dada ou a declaração da falta da resposta.

A intimação é dispensada no caso de o sacado ou aceitante firmar na letra a declaração da recusa do aceite ou do pagamento e, na hipótese de protesto, por causa de falência do aceitante.

IV – a certidão de não haver sido encontrada ou de ser desconhecida a pessoa indicada para aceitar ou para pagar. Nesta hipótese, o oficial afixará a intimação nos lugares de estilo e, se possível, a publicará pela imprensa;

V – a indicação dos intervenientes voluntários e das firmas por eles honradas;

VI – a aquiescência do portador ao aceite por honra;

VII – a assinatura, como sinal público, do oficial do protesto.

Parágrafo único. Este instrumento, depois de registrado no livro de protestos, deverá ser entregue ao detentor ou portador da letra ou àquele que houver efetuado o pagamento.

Art. 30. O portador é obrigado a dar aviso do protesto ao último endossador, dentro de dois dias, contados da data do instrumento do protesto e cada endossatário, dentro de dois dias, contados do recebimento do aviso, deve transmiti-lo ao seu endossador, sob pena de responder por perdas e interesses.

Parágrafo único. O aviso pode ser dado em carta registrada. Para esse fim, a carta será levada aberta ao Correio, onde, verificada a existência do aviso se declarará o conteúdo da carta registrada no conhecimento e talão respectivo.

Art. 31. Recusada a entrega da letra por aquele que a recebeu para firmar o aceite ou para efetuar o pagamento, o protesto pode ser tirado por outro exemplar ou, na falta, pelas indicações do protestante.

Parágrafo único. Pela prova do fato, pode ser decretada a prisão do detentor da letra, salvo depositando este a soma cambial e a importância das despesas feitas.

Art. 32. O portador que não tira, em tempo útil e forma regular, o instrumento do protesto da letra, perde o direito de regresso contra o sacador, endossadores e avalistas.

Art. 33. O oficial que não lavra, em tempo útil e forma regular, o instrumento do protesto, além da pena em que incorrer, segundo o Código Penal, responde por perdas e interesses.

CAPÍTULO IX – DA INTERVENÇÃO

Art. 34. No ato do protesto pela falta ou recusa do aceite, a letra pode ser aceita por terceiro, mediante a aquiescência do detentor ou portador.

A responsabilidade cambial deste interveniente é equiparada à do sacado que aceita.

Art. 35. No ato do protesto, excetuada apenas a hipótese do artigo anterior, qualquer pessoa tem o direito de intervir para efetuar o pagamento da letra, por honra de qualquer das firmas.

§ 1º O pagamento, por honra da firma do aceitante ou dos respectivos avalistas, desonera da responsabilidade cambial todos os coobrigados.

O pagamento, por honra da firma do sacador, do endossador ou dos respectivos avalistas, desonera da responsabilidade cambial todos os coobrigados posteriores.

§ 2º Não indicada a firma, entende-se ter sido honrada a do sacador; quando aceita a letra, a do aceitante.

§ 3º Sendo múltiplas as intervenções, concorram ou não coobrigados, deve ser preferido o interveniente que desonera maior número de firmas.

Múltiplas as intervenções pela mesma firma, deve ser preferido o interveniente coobrigado; na falta deste, o sacado; na falta de ambos, o detentor ou portador tem a opção. É vedada a intervenção, ao aceitante ou ao respectivo avalista.

CAPÍTULO X – DA ANULAÇÃO DA LETRA

Art. 36. Justificando a propriedade e o extravio ou a destruição total ou parcial da letra, descrita com clareza e precisão, o proprietário pode requerer ao juiz competente do lugar do pagamento na hipótese de extravio, a intimação do sacado ou do aceitante e dos coobrigados, para não pagarem a aludida letra, e a citação do detentor para apresentá-la em juízo, dentro do prazo de três meses, e, nos casos de extravio e de destruição, a citação dos coobrigados para, dentro do referido prazo, oporem contestação, firmada em defeito de forma do título ou, na falta de requisito essencial, ao exercício da ação cambial.

Estas citações e intimações devem ser feitas pela imprensa, publicadas no jornal oficial do Estado e no "Diário Oficial" para o Distrito Federal e nos periódicos indicados pelo juiz, além de afixadas nos Lugares do estilo e na bolsa da praça do pagamento.

§ 1º O prazo de três meses corre da data do vencimento; estando vencida a letra, da data da publicação no jornal oficial.

§ 2º Durante o curso desse prazo, munido da certidão do requerimento e do despacho favorável do juiz, fica o proprietário autorizado a praticar todos os atos necessários à garantia do direito creditório, podendo, vencida a letra, reclamar do aceitante o depósito judicial da soma devida.

§ 3º Decorrido o prazo, sem se apresentar o portador legitimado (art. 39) da letra, ou sem a contestação do coobrigado (art. 36), o juiz decretará a nulidade do título extraviado ou destruído e ordenará, em benefício do proprietário, o levantamento do depósito da soma, caso tenha sido feito.

§ 4º Por esta sentença fica o proprietário habilitado, para o exercício da ação executiva, contra o aceitante e os outros coobrigados.

§ 5º Apresentada a letra pelo portador legitimado (art. 39), ou oferecida a contestação (art. 36) pelo coobrigado, o juiz julgará prejudicado o pedido de anulação da letra, deixando, salvo à parte, o recurso aos meios ordinários.

§ 6º Da sentença proferida no processo cabe o recurso de agravo com efeito suspensivo.

§ 7º Este processo não impede o recurso à duplicata e nem para os efeitos da responsabilidade civil do coobrigado, dispensa o aviso imediato do extravio, por cartas registradas endereçadas ao sacado, ao aceitante e aos outros coobrigados, pela forma indicada no parágrafo único do artigo 30.

CAPÍTULO XI – DO RESSAQUE

Art. 37. O portador da letra protestada pode haver o embolso da soma devida, pelo ressaque de nova letra de câmbio, à vista, sobre qualquer dos obrigados.

O ressacado que paga pode, por seu turno, ressacar sobre qualquer dos coobrigados a ele anteriores.

Parágrafo único. O ressaque deve ser acompanhado da letra protestada, do instrumento do protesto e da conta de retorno.

Art. 38. A conta de retorno deve indicar:

I – a soma cambial e a dos juros legais, desde o dia do vencimento;

II – a soma das despesas legais, protesto, comissão, porte de cartas, selos e dos juros legais, desde o dia em que foram feitas;

III – o nome do ressacado;

IV – o preço do câmbio, certificado por corretor ou, na falta, por dois comerciantes.

§ 1º O recâmbio é regulado pelo curso do câmbio da praça do pagamento, sobre a praça do domicílio ou da residência do ressacado; o recâmbio, devido ao endossador ou ao avalista que ressaca, é regulado pelo curso do câmbio da praça do ressaque, sobre a praça da residência ou do domicílio do ressacado.

Não havendo curso de câmbio na praça do ressaque, o recâmbio é regulado pelo curso do câmbio da praça mais próxima.

§ 2º É facultado o acúmulo dos recâmbios nos sucessivos ressaques.

CAPÍTULO XII – DOS DIREITOS E DAS OBRIGAÇÕES CAMBIAIS

SEÇÃO I – DOS DIREITOS

Art. 39. O possuidor é considerado legítimo proprietário da letra ao portador e da letra endossada em branco.

O último endossatário é considerado legítimo proprietário da letra endossada em preto, se o primeiro endosso estiver assinado pelo tomador e cada um dos outros, pelo endossatário do endosso, imediatamente anterior.

Seguindo-se ao endosso em branco outro endosso, presume-se haver o endossador deste adquirido por aquele a propriedade da letra.

§ 1º No caso de pluralidade de tomadores ou de endossatários, conjuntos ou disjuntos, o tomador ou o endossatário possuidor da letra é considerado, para os efeitos cambiais, o credor único da obrigação.

§ 2º O possuidor, legitimado de acordo com este artigo, somente no caso de má-fé na aquisição, pode ser obrigado a abrir mão da letra de câmbio.

Art. 40. Quem paga não está obrigado a verificar a autenticidade dos endossos.

Parágrafo único. O interveniente voluntário que paga fica sub-rogado em todos os direitos daquele, cuja firma foi por ele honrada.

Art. 41. O detentor, embora sem título algum, está autorizado a praticar as diligências necessárias à garantia do crédito, a reclamar o aceite, a tirar os protestos, a exigir, ao tempo do vencimento, o depósito da soma cambial.

SEÇÃO II – DAS OBRIGAÇÕES

Art. 42. Pode obrigar-se, por letra de câmbio, quem tem a capacidade civil ou comercial.

Parágrafo único. Tendo a capacidade pela lei brasileira, o estrangeiro fica obrigado pela declaração, que firmar, sem embargo da sua incapacidade, pela lei do Estado a que pertencer.

Art. 43. As obrigações cambiais, são autônomas e independentes umas das outras. O significado da declaração cambial fica, por ela, vinculado e solidariamente responsável pelo aceite e pelo. Pagamento da letra, sem embargo da falsidade, da falsificação ou da nulidade de qualquer outra assinatura.

Art. 44. Para os efeitos cambiais, são consideradas não escritas:

I – a cláusula de juros;

II – a cláusula proibitiva do endosso ou do protesto, a excludente da responsabilidade pelas despesas e qualquer outra, dispensando a observância dos termos ou das formalidades prescritas por esta Lei;

III – a cláusula proibitiva da apresentação da letra ao aceite do sacado;

IV – a cláusula excludente ou restritiva da responsabilidade e qualquer outra beneficiando o devedor ou o credor, além dos limites fixados por esta Lei.

§ 1º Para os efeitos cambiais, o endosso ou aval cancelado é considerado não escrito.

§ 2º Não é letra de câmbio o título em que o emitente exclui ou restringe a sua responsabilidade cambial.

Art. 45. Pelo aceite, o sacado fica cambialmente obrigado para com o sacador e respectivos avalistas.

§ 1º A letra endossada ao aceitante pode ser por este reendossada, antes do vencimento.

§ 2º Pelo reendosso da letra, endossada ao sacador, ao endossado ou ao avalista, continuam cambialmente obrigados os co-devedores intermédios.

Art. 46. Aquele que assina a declaração cambial, como mandatário, ou representante legal de outrem, sem estar devidamente autorizado, fica, por ela, pessoalmente obrigado.

Art. 47. A substância, os efeitos, a forma extrínseca e os meios de prova da obrigação cambial são regulados pela Lei do lugar onde a obrigação foi firmada.

Art. 48. Sem embargo da desoneração da responsabilidade cambial, o sacador ou o aceitante fica obrigado a restituir ao portador, com os juros legais, a soma com a qual se locupletou à custa deste.

A ação do portador, para este fim, é a ordinária.

CAPÍTULO XIII – DA AÇÃO CAMBIAL

Art. 49. A ação cambial é a executiva. Por ela tem também o credor o direito de reclamar a importância que receberia pelo ressaque (art. 38).

Art. 50. A ação cambial pode ser proposta contra um, alguns ou todos os coobrigados, sem estar o credor adstrito à observância da ordem dos endossos.

Art. 51. Na ação cambial, somente é admissível defesa fundada no direito pessoal do réu contra o autor, em defeito de forma do título e na falta de requisito necessário ao exercício da ação.

CAPÍTULO XIV – DA PRESCRIÇÃO DA AÇÃO CAMBIAL

Art. 52. A ação cambial, contra o sacador, aceitante e respectivos avalistas, prescreve em cinco anos.

A ação cambial contra o endossador o respectivo avalista prescreve em 12 meses.

Art. 53. O prazo da prescrição é contado do dia em que a ação pode ser proposta; para o endossador ou respectivo avalista que paga, do dia desse pagamento.

TÍTULO II – DA NOTA PROMISSÓRIA

CAPÍTULO I – DA EMISSÃO

Art. 54. A nota promissória é uma promessa de pagamento e deve conter estes requisitos essenciais, lançados, por extenso no contexto:

I – a denominação de "Nota Promissória" ou termo correspondente, na língua em que for emitida;

II – a soma de dinheiro a pagar;

III – o nome da pessoa a quem deve ser paga;

IV – a assinatura do próprio punho da emitente ou do mandatário especial.

§ 1º Presume-se ter o portador o mandato para inserir a data e lugar da emissão da nota promissória, que não contiver estes requisitos.

§ 2º Será pagável à vista a nota promissória que não indicar a época do vencimento. Será pagável no domicílio do emitente a nota promissória que não indicar o lugar do pagamento.

É facultada a indicação alternativa de lugar de pagamento, tendo o portador direito de opção.

§ 3º Diversificando as indicações da soma do dinheiro, será considerada verdadeira a que se achar lançada por extenso no contexto.

Diversificando no contexto as indicações da soma de dinheiro, o título não será nota promissória.

§ 4º Não será nota promissória o escrito ao qual faltar qualquer dos requisitos acima enumerados. Os requisitos essenciais são considerados lançados ao tempo da emissão da nota promissória. No caso de má-fé do portador, será admitida prova em contrário.

Art. 55. A nota promissória pode ser passada:

I – à vista;

II – a dia certo;

III – a tempo certo da data.

Parágrafo único. A época do pagamento deve ser precisa e única para toda a soma devida.

CAPÍTULO II – DISPOSIÇÕES GERAIS

Art. 56. São aplicáveis à nota promissória, com as modificações necessárias, todos os dispositivos do Título I desta Lei, exceto os que se referem ao aceite e às duplicatas.

Para o efeito da aplicação de tais dispositivos, o emitente da nota promissória é equiparado ao aceitante da letra de câmbio.

Art. 57. Ficam revogados todos os artigos do Título XVI do Código Comercial e mais disposições em contrário.

Rio de Janeiro, 31 de dezembro de 1908;
20º da República
AFFONSO AUGUSTO MOREIRA PENNA

DECRETO Nº 57.663, DE 24 DE JANEIRO DE 1966

Promulga as Convenções para adoção de uma lei uniforme em matéria de letras de câmbio e notas promissórias.

O PRESIDENTE DA REPÚBLICA,

HAVENDO o Governo brasileiro, por nota da Legação em Berna, datada de 26 de agosto de 1942, ao Secretario Geral da Liga das Nações, aderido às seguintes Convenções assinadas em Genebra, a 7 de junho de 1930:

1º Convenção para adoção de uma lei uniforme sobre letras de câmbio e notas promissórias, anexos e protocolo, com reservas aos artigos 2 – 3 – 5 – 6 – 7 – 9 – 10 – 13 – 15 – 16 – 17 – 19 e 20 do anexo II;

2º Convenção destinada a regular conflitos de leis em matéria de letras de câmbio e notas promissórias, com protocolo;

3º Convenção relativa ao imposto de selo em matéria de letras de câmbio e de notas promissórias, com o Protocolo;

HAVENDO as referidas Convenções entrado em vigor para o Brasil noventa dias após a data do registro pela Secretária Geral da Liga das Nações, isto é, a 26 de novembro de 1942;

E HAVENDO o Congresso Nacional aprovado pelo Decreto Legislativo número 54, de 1964, as referidas Convenções;

DECRETA que as mesmas, apenas por cópia ao presente decreto, sejam executadas as cumpridas tão inteiramente como nelas se contém, observadas as reservas feitas à Convenção relativa à lei uniforme sobre letras de câmbio e notas promissórias.

Brasília, 24 de janeiro de 1966;
145º da Independência e 78º da República.
H. CASTELLO BRANCO
(DOU. de 31.1.1966 e retificado no DOU. de 2.3.1966)

CONVENÇÃO PARA A ADOÇÃO DE UMA LEI UNIFORME SOBRE LETRAS DE CÂMBIO E NOTAS PROMISSÓRIAS:

O Presidente do Reich Alemão; o Presidente Federal da República Austríaca; Sua Majestade o Rei dos Belgas; O Presidente da República dos Estados Unidos do Brasil; o Presidente da República da Colômbia; Sua Majestade o Rei da Dinamarca; o Presidente da República da Polônia pela cidade Livre de Dantzig; o Presidente da República do Equador; Sua Majestade o Rei de Espanha; o Presidente da República da Finlândia; o Presidente da República Francesa; o Presidente da República Helênica; Sua alteza Sereníssima o Regente do Reino da Hungria; Sua Majestade o Rei da Itália; Sua Majestade o Imperador do Japão; Sua alteza Real a Grã-Duquesa do Luxemburgo; Sua Majestade o Rei da Noruega; Sua Majestade a Rainha da Holanda; o Presidente da República da Polônia; o Presidente da República Portuguesa; Sua Majestade o Rei da Suécia; o Conselho Federal Suíço; o Presidente da República da Checoslováquia; o Presidente da República da Turquia; Sua Majestade o Rei da Iugoslávia.

Desejando evitar as dificuldades originadas pela diversidade de legislação nos vários países em que as letras circulam e aumentam assim a segurança e rapidez das relações do comércio internacional;

Designaram como seus Plenipotenciários:

O Presidente do Reich Alemão:

O Sr. Leo Quassowski, Conselheiro Ministerial no Ministério da Justiça do Reich; Dr. Erich Albrecht, Conselheiro de Legação no Ministério dos Negócios Estrangeiros do Reich;

O Dr. Fritz Ullmann, Juiz no Tribunal de Berlim;

O Presidente Federal da República da Austria:

O Dr. Guido Strobele, Conselheiro Ministerial do Ministério Federal da Justiça.

Sua Majestade o Rei dos Belgas;

O Visconde Poullet, Ministro de Estado, Membro da Câmara dos Representantes;

O Sr. J. de La Vallée-Poussin, Secretario Geral do Ministério das Ciências e das Artes.

O Presidente da República dos Estados Unidos do Brasil:

O Sr. Deoclécio de Campos, Adido Comercial em Roma, antigo Professor na faculdade de Direito do Pará.

O Presidente da República da Colômbia:

O Sr. A. José Restrepo, enviado Extraordinário e Ministro Plenipotenciário, Delegado Permanente junto da Sociedade das Nações.

Sua Majestade o Rei da Dinamarca:

O Sr. Axel Helper, Conselheiro Ministerial no Ministério do Comércio e da Indústria;

O Sr. Valdemar Eigtved, Diretor da "Privatbanken", em Copenhague.

O Presidente da Republica da Polônia pela cidade Livre de Dantzig:

O Sr. Jozef Sulkiwski, Professor da Universidade de Poznam, Membro da Comissão de Codificação da Polônia.

O Presidente da República do Equador:

O Dr. Alejandro Gastelú, Vice-Cônsul em Genebra.

Sua Majestade o Rei da Espanha:

O Dr. Juan Gómez Montejo, Chefe de Seção do Corpo de Juristas do Ministério da Justiça.

O Presidente da República da Finlândia:

O Sr. Filip Crönvall, Conselheiro de Estado, Membro do Supremo Tribunal Administrativo de Helsinki.

O Presidente da República Francesa:

O Sr. L. J. Percerou, Professor da Faculdade de Direito de Paris.

O Presidente da República Helênica:

O Sr. R. Raphaël, Delegado Permanente junto da Sociedade das Nações, Encarregado de Negócio em Berna.

Sua Alteza Sereníssima o Regente do Reino da Hungria:

O Sr. Zoltan Baranyai, Encarregado de Negócios A. I. da Delegação Húngara junto da Sociedade das Nações.

Sua Majestade o Rei da Itália;

O Sr. Amedeo Giannini, Conselheiro de Estado, Ministro Plenipotenciário.

Sua Majestade o Imperador do Japão:

O Sr. Morie Ohno, Enviado Extraordinário e Ministro Plenipotenciário junto do Presidente Federal da República da Áustria;

O Sr. Tetsukichi shimada, Juiz do Supremo Tribunal de Tóquio;

Sua Alteza Real a Grã-Duquesa do Luxemburgo:

O Sr. Ch. G. Vermeire, Cônsul em Genebra.

Sua Majestade o Rei da Noruega:

O Sr. C. Stub Holmboe, Advogado.

Sua Majestade a Rainha da Holanda:

O Dr. W. L. P. A. Molengraaff, Professor emérito da Universidade de Utrecht.

O Presidente da República do Peru:

O Sr. José Maria Barreto, chefe do Bureau Permanente do Peru junto da Sociedade das Nações.

O Presidente da República da Polônia:

O Sr. Józef Sulkowski, Professor da Universidade de Poznan, Membro da Comissão de Codificação da Polônia.

O Presidente da República Portuguesa:

O Dr. José Caeiro da Mata, Reitor da Universidade de Lisboa, Professor da Faculdade de Direito, Diretor do Banco de Portugal.

Sua Majestade o Rei da Suécia:

O Barão E. Marks von Würtemberg, Presidente do Tribunal da Relação de Estocolmo, antigo Ministro dos Negócios Estrangeiros;

O Sr. Birger Ekeberg, Presidente da Comissão de Legislação Civil, antigo Ministro da Justiça, antigo Membro do Supremo Tribunal.

O Conselho Federal Suiço:

O Dr. Max Vischer, Advogado e notário, primeiro Secretário da Associação Suíça dos Banqueiros.

O Presidente da República Tchecoslováquia:

O Dr. Karel Hermann-otavsky, Professor da Universidade de Praga, Presidente da Comissão de Codificação do Direito Comercial no Ministério da Justiça.

O Presidente da República Turca:

Mehmed Munir Bey, Enviado Extraordinário e Ministro Plenipotenciário junto do Conselho Federal Suíço.

Sua Majestade o Rei da Iugoslávia:

O Sr. Ilia Choumenkovitch, Delegado Permanente junto da Sociedade das Nações, Enviado Extraordinário e Ministro Plenipotenciário junto do Conselho Federal Suíço;

Os quais, depois de terem apresentado os seus plenos poderes, achados em boa e devida forma, acordaram nas disposições seguintes:

Art. 1º As Altas Partes Contratantes obrigam-se a adotar nos territórios respectivos, quer num dos textos originais, quer nas suas línguas nacionais, a lei uniforme que constitui o anexo I da presente Convenção.

Esta obrigação poderá ficar subordinada a certas reservas que deverão eventualmente ser formuladas por cada uma das Altas Partes Contratantes no momento da sua retificação ser escolhidas entre as mencionadas no Anexo II da presente Convenção.

Todavia, as reservas a que se referem os artigos 8º, 12º e 18º do citado Anexo II poderão ser feitas posteriormente à ratificação ou adesão, desde que sejam notificadas ao Secretário Geral da Sociedade das Nações, o qual imediatamente comunicará o seu texto aos Membros da Sociedade das Nações e aos Estados não membros em cujo nome, tenha sido ratificada a presente Convenção ou que a ela tenham aderido. Essas reservas só produzirão efeitos noventa dias depois de o Secretário Geral ter recebido a referida notificação.

Qualquer das Altas Partes Contratantes poderá, em caso de urgência, fazer uso depois da ratificação ou da adesão, das reservas indicadas nos artigos 7º e 22º do referido Anexo II. Neste caso deverá comunicar essas reservas direta e imediatamente a todas as outras Altas Partes Contratantes e ao Secretário Geral da Sociedade das Nações. Esta notificação produzirá os seus efeitos dois dias depois de recebida a dita comunicação pelas Altas Partes Contratantes.

Art. 2º A lei uniforme não será aplicável no território de cada uma das Altas Partes Contratantes às letras e notas promissórias já passadas à data da entrada em vigor da presente convenção.

Art. 3º A presente Convenção, cujos textos francês e inglês farão, ambos igualmente fé, terá a data de hoje.

Poderá ser ulteriormente assinada, até 6 de setembro de 1930, em nome de qualquer Membro da Sociedade das Nações e de qualquer Estado não Membro.

Art. 4º A presente Convenção será ratificada.

Os instrumentos de ratificação serão transmitidos, antes de 1 de setembro de 1932, ao Secretário Geral da Sociedade das Nações, que notificará imediatamente do seu depósito todos os Membros da Sociedade das Nações e os Estados não membros que sejam Partes na presente convenção.

Art. 5º A partir de 6 de setembro de 1930, qualquer Membro da Sociedade das Nações e qualquer Estado não membro poderá aderir à presente convenção.

Esta adesão efetuar-se-á por meio de notificação ao Secretário Geral da Sociedade das Nações, que será depositada nos arquivos do Secretariado.

O Secretariado Geral notificará imediatamente desse depósito todos os Estados que tenham assinado ou aderido à presente Convenção.

Art. 6º A presente Convenção somente entrará em vigor depois de ter sido ratificada ou de a ela terem aderido sete Membros da Sociedade das Nações ou Estados não membros, entre os quais deverão figurar três dos Membros da Sociedade das Nações com representação permanente no Conselho.

Começará a vigorar noventa dias depois de recebida pelo secretário Geral da Sociedade das Nações a sétima ratificação ou adesão, em conformidade com o disposto na alínea primeira do presente artigo.

O Secretário Geral da Sociedade das Nações, nas notificações previstas nos artigos 4º e 5º fará menção especial de terem sido recebidas as ratificações ou adesões a que se refere a alínea primeira do presente artigo.

Art. 7º As ratificações ou adesões após a entrada em vigor da presente Convenção em conformidade com o disposto no artigo 6º produzirão os seus efeitos noventa dias depois da data da sua recepção pelo Secretário Geral da Sociedade das Nações.

Art. 8º Exceto nos casos de urgência, a presente Convenção não poderá ser denunciada antes de decorrido com prazo de dois anos a contar da data em que tiver começado a vigorar para o Membro da Sociedade das Nações o para o Estado não membro que a denuncia; esta denúncia produzirá os seus efeitos noventa dias depois de recebida pelo Secretário Geral as respectivas notificação.

Qualquer denúncia será imediatamente comunicada pelo Secretário Geral da Sociedade das Nações a todas as outras Altas Partes Contratantes.

Nos casos de urgência, a Alta Parte Contratante que efetuar a denúncia comunicará esse fato direta e imediatamente a todas as outras Altas Partes Contratantes, e a denúncia produzirá os seus efeitos dois dias depois de recebida a dita comunicação pelas respectivas Altas Partes Contratantes, A Alta Parte Contratante que fizer a denúncia nestas condições dará igualmente conhecimento da sua decisão ao Secretário Geral da Sociedade das Nações.

Qualquer denúncia só produzirá efeitos em relação à Alta Parte Contratante em nome da qual ela tenha sido feita.

Art. 9º Decorrido um prazo de quatro anos da entrada em vigor da presente Convenção, qualquer Membro da Sociedade das Nações ou Estados não membro ligado à Convenção poderá formular ao Secretário Geral da Sociedade das Nações um pedido de revisão de algumas ou de todas as suas disposições.

Se este pedido, comunicado aos outros Membros ou Estados não membros para os quais a Convenção estiver em vigor, for apoiado dentro do prazo de um ano por seis meses, pelo menos, dentre eles, o Conselho da Sociedade das Nações decidirá se deve ser convocada uma Conferência para aquele fim.

Art. 10. As Altas Partes Contratantes poderão declarar no momento da assinatura da Ratificação ou da adesão que, aceitando a presente Convenção, não assumem nenhuma obrigação pelo que respeita a todas as partes das suas colônias, protetorados ou territórios sob a sua soberania ou mandato, caso em que a presente Convenção se não aplicará aos territórios mencionados nessa declaração.

As Altas Partes Contratantes poderão a todo tempo mais tarde notificar o Secretário Geral da Sociedade das Nações e que desejam que a presente Convenção se aplique a todos ou parte dos territórios que tenham sido objeto de declaração prevista na alínea precedente, e nesse caso a Convenção aplicar-se-á aos territórios mencionados na comunicação noventa dias depois de esta ter sido recebida pelo Secretário Geral da Sociedade das Nações.

Da mesma forma, as Altas Partes Contratantes podem, nos termos do art. 8º, denunciar a presente Convenção para todas ou parte das suas colônias, protetorados ou territórios sob a sua soberania ou mandato.

Art. 11. A presente Convenção será registrada pelo contrário Geral da Sociedade das Nações deste que entre em vigor. Será publicado, logo que for possível, na "Coleção de Tratados" da Sociedade das Nações.

Em fé do que os Plenipotenciários acima designados assinaram a presente Convenção.

Feito em Genebra, aos sete de junho de mil novecentos e trinta, num só exemplar, que será depositado no arquivo do Secretariado da Sociedade das Nações. Será transmitida cópia autêntica a todos os Membros da Sociedade das Nações e a todos os Estados não Membros representados na Conferência.

Alemanha: Leo Quassowski Dr. Albrecht Dr. Ullmann Áustria: Dr. Strobele Bélgica: Vte. P. Poullet de La Vallée-Poussin Brasil: Deoclécio de Campos Colômbia: A. J. Restrepo Dinamarca: A. Helper V. Eigtved Cidade Livre de Dantzig: Sulkowski Equador: Alej. Gastelú Espanha: Juan Gomez Montejo Finlândia: F. Gronvall França: J. Percerou Grécia: R. Raphäel Hungria: Dr. Baranyai, Zoltán Itália: Amedeo Giannini Japão: M. Ohno T. Shimada Luxembrugo: Ch. G. Vermaire Noruega: Stub Holmboe Holanda: Molengraaff Peru: J. M. Barreto Polônia: Sulkowski Portugal: José Caeiro da Matta Suécia: E. Marks von Würtemberg Suíça: Vischer Tchecoslováquia: Prof. Dr. Karel Hermann-Otavsky Turquia: Ao referendum Mehmed Munir Iugoslávia: I. Choumenkovitch.

⊙ ANEXO I – LEI UNIFORME RELATIVA ÀS LETRAS DE CÂMBIO E NOTAS PROMISSÓRIAS

TÍTULO I – DAS LETRAS

CAPÍTULO I – DA EMISSÃO E FORMA DA LETRA

Art. 1º A letra contém:

1 – A palavra "letra" inserta no próprio texto do título é expressa na língua empregada para a redação desse título;

2 – O mandato puro e simples de pagar uma quantia determinada;

3 – O nome daquele que deve pagar (sacado);

4 – A época do pagamento;

5 – A indicação do lugar em que se deve efetuar o pagamento;

6 – O nome da pessoa a quem ou a ordem de quem deve ser paga;

7 – A indicação da data em que, e do lugar onde a letra é passada;

8 – A assinatura de quem passa a letra (sacador).

Art. 2º O escrito em que faltar algum dos requisitos indicados no artigo anterior não produzirá efeito como letra, salvo nos casos determinados nas alíneas seguintes:

A letra em que se não indique a época do pagamento entende-se pagável à vista. Na falta de indicação especial, a lugar designado ao lado do nome do sacado considera-se como sendo o lugar do pagamento e, ao mesmo tempo, o lugar do domicílio do sacado.

A letra sem indicação do lugar onde foi passada considera-se como tendo-o sido no lugar designado, ao lado do nome do sacador.

Art. 3º A letra pode ser a ordem do próprio sacador.

Pode ser sacada sobre o próprio sacador.

Pode ser sacada por ordem e conta de terceiro.

Art. 4º A letra pode ser pagável no domicílio de terceiro, quer na localidade onde o sacado tem o seu domicílio, quer noutra localidade.

Art. 5º Numa letra pagável à vista ou a um certo termo de vista, pode o sacador estipular que a sua importância vencerá juros. Em qualquer outra espécie de letra a estipulação de juros será considerada como não escrita.

A taxa de juros deve ser indicada na letra; na falta de indicação, a cláusula de juros é considerada como não escrita.

Os juros contam-se da data da letra, se outra data não for indicada.

Art. 6º Se na letra a indicação da quantia a satisfazer se achar feita por extenso e em algarismos, e houver divergência entre uma e outra, prevalece a que estiver feita por extenso.

Se na letra a indicação da quantia a satisfazer se achar feita por mais de uma vez, quer por extenso, quer em algarismos, e houver divergências entre as diversas indicações, prevalecera a que se achar feita pela quantia inferior.

Art. 7º Se a letra contém assinaturas de pessoas incapazes de se obrigarem por letras, assinaturas falsas, assinaturas de pessoas fictícias, ou assinaturas que por qualquer outra razão não poderiam obrigar as pessoas que assinaram a letra, ou em nome das quais ela foi assinada, as obrigações dos outros signatários nem por isso deixam de ser validas.

Art. 8º Todo aquele que apuser a sua assinatura numa letra, como representante duma pessoa, para representar a qual não tinha de fato poderes, fica obrigado em virtude da letra e, se a pagar, tem os mesmos direitos que o pretendido representado. A mesma regra se aplica ao representante que tenha excedido os seus poderes.

Art. 9º O sacador e garante tanto da aceitação como do pagamento de letra.

O sacador pode exonerar-se da garantia da aceitação; toda e qualquer cláusula pela qual ele se exonera da garantia do pagamento considera-se como não escrita.

Art. 10. Se uma letra incompleta no momento de ser passada tiver sido completada contrariamente aos acordos realizados não pode a inobservância desses acordos ser motivo de oposição ao portador, salvo se este tiver adquirido a letra de má-fé ou, adquirindo-a, tenha cometido uma falta grave.

CAPÍTULO II – DO ENDOSSO

Art. 11. Toda a letra de câmbio, mesmo que não envolva expressamente a cláusula a ordem, é transmissível por via de endosso.

Quando o sacador tiver inserido na letra as palavras "não a ordem", ou uma expressão equivalente, a letra só é transmissível pela forma e com os efeitos de uma cessão ordinária de créditos.

O endosso pode ser feito mesmo a favor do sacado, aceitando ou não, do sacador, ou de qualquer outro coobrigado. Estas pessoas podem endossar novamente a letra.

Art. 12. O endosso deve ser puro e simples. Qualquer condição a que ele seja subordinado considera-se como não escrita.

O endosso parcial é nulo.

O endosso ao portador vale como endosso em branco.

Art. 13. O endosso deve ser escrito na letra ou numa folha ligada a esta (anexo). Deve ser assinado pelo endossante.

O endosso pode não designar o beneficiário, ou consistir simplesmente na assinatura do endossante (endosso em branco). Neste último caso, o endosso para ser valido deve ser escrito no verso da letra ou na folha anexa.

Art. 14. O endosso transmite todos os direitos emergentes da letra.

Se o endosso for em branco, o portador pode:

1 – Preencher o espaço em branco, quer com o seu nome, quer com o nome de outra pessoa;

2 – Endossar de novo a letra em branco ou a favor de outra pessoa;

3 – Remeter a letra a um terceiro, sem preencher o espaço em branco e sem a endossar.

Art. 15. O endossante, salvo cláusula em contrário, é garante tanto da aceitação como do pagamento da letra.

O endossante pode proibir um novo endosso, e, neste caso, não garante o pagamento as pessoas a quem a letra for posteriormente endossada.

Art. 16. O detentor de uma letra é considerado portador legítimo se justifica o seu direito por uma série ininterrupta de endossos, mesmo se o último for em branco. Os endossos riscados consideram-se, para este efeito, como não escritos. Quando um endosso em branco é seguido de um outro endosso, presume-se que o signatário deste adquiriu a letra pelo endosso em branco.

Se uma pessoa foi por qualquer maneira desapossada de uma letra, o portador dela, desde que justifique o seu direito pela maneira indicada na alínea precedente, não é obrigado a restituí-la, salvo se a adquiriu de má-fé ou se, adquirindo-a, cometeu uma falta grave.

Art. 17. As pessoas acionadas em virtude de uma letra não podem opor ao portador as exceções fundadas sobre as relações pessoais delas com o sacador ou com os portadores anteriores, a menos que o portador ao adquirir a letra tenha procedido conscientemente em detrimento do devedor.

Art. 18. Quando o endosso contém a menção "valor a cobrar" (valeur en recouvrement), "para cobrança" (pour encaissement), "Por procuração" (par procuration), ou qualquer outra menção que implique um simples mandato, o portador pode exercer todos os direitos emergentes da letra, mas só pode endossá-la na qualidade de procurador.

Os coobrigados, neste caso, só podem invocar contra o portador as exceções que eram oponíveis ao endossante.

O mandato que resulta de um endosso por procuração não se extingue por morte ou sobrevinda incapacidade legal do mandatário.

Art. 19. Quando o endosso contém a menção "valor em garantia", "valor em penhor" ou qualquer outra menção que implique uma caução, o portador pode exercer todos os direitos emergentes da letra, mas um endosso feito por ele só vale como endosso a título de procuração.

Os coobrigados não podem invocar contra o portador as exceções fundadas sobre as relações pessoais deles com o endossante, a menos que o portador, ao receber a letra, tenha procedido conscientemente em detrimento do devedor.

Art. 20. O endosso posterior ao vencimento tem os mesmos efeitos que o endosso anterior. Todavia, o endosso posterior ao protesto por falta de pagamento, ou feito depois de expirado o prazo fixado para se fazer o protesto, produz apenas os efeitos de uma cessão ordinária de créditos.

Salvo prova em contrário, presume-se que um endosso sem data foi feito antes de expirado o prazo fixado para se fazer o protesto.

CAPÍTULO III – DO ACEITE

Art. 21. A letra pode ser apresentada, até o vencimento, ao aceite do sacado, no seu domicílio, pelo portador ou até por um simples detentor.

Art. 22. O sacador pode em qualquer letra, estipular que ela será apresentada ao aceite, com ou sem fixação de prazo.

Pode proibir na própria letra a sua apresentação ao aceite, salvo se se tratar de uma letra pagável em domicílio de terceiro, ou de uma letra pagável em localidade diferente da do domicílio do sacado, ou de uma letra sacada a certo termo de vista.

O sacador pode também estipular que a apresentação ao aceite não poderá efetuar-se antes de determinada data.

Todo endossante pode estipular que a letra deve ser apresentada ao aceite, com ou sem fixação de prazo, salvo se ela tiver sido declarada não aceitável pelo sacador.

Art. 23. As letras a certo termo de vista devem ser apresentadas ao aceite dentro do prazo de um ano das suas datas.

O sacador pode reduzir este prazo ou estipular um prazo maior.

Esses prazos podem ser reduzidos pelos endossantes.

Art. 24. O sacado pode pedir que a letra lhe seja apresentada uma segunda vez no dia seguinte ao da primeira apresentação. Os interessados somente podem ser admitidos a pretender que não foi dada satisfação a este pedido no caso de ele figurar no protesto.

O portador não é obrigado a deixar nas mãos do aceitante a letra apresentada ao aceite.

Art. 25. O aceite é escrito na própria letra. Exprime-se pela palavra "aceite" ou qualquer outra palavra equivalente; o aceite é assinado pelo sacado. Vale como aceite a simples assinatura do sacado aposta na parte anterior da letra.

Quando se trate de uma letra pagável a certo termo de vista, ou quem deva ser apresentada ao aceite dentro de um prazo determinado por estipulação especial, o aceite deve ser datado do dia em que foi dado, salvo se o portador exigir que a data seja a da apresentação. A falta de data, o portador, para conservar os seus direitos de recurso contra os endossantes e contra o sacador, deve fazer constatar essa omissão por um protesto feito em tempo útil.

Art. 26. O aceite é puro e simples, mas o sacado pode limitá-lo a uma parte da importância sacada.

Qualquer outra modificação introduzida pelo aceite no enunciado da letra equivale a uma recusa de aceite. O aceitante fica, todavia, obrigado nos termos do seu aceite.

Art. 27. Quando o sacador tiver indicado na letra um lugar de pagamento diverso do domicílio do sacado, sem designar um terceiro em cujo domicílio o pagamento se deva efetuar, o sacado pode designar no ato do aceite a pessoa que deve pagar a letra.

Na falta desta indicação, considera-se que o aceitante se obriga, ele próprio, a efetuar o pagamento no lugar indicado na letra.

Se a letra é pagável no domicílio do sacado, este pode, no ato do aceite, indicar, para ser efetuado o pagamento um outro domicílio no mesmo lugar.

Art. 28. O sacado obriga-se pelo aceite pagar a letra a data do vencimento.

Na falta de pagamento, o portador, mesmo no caso de ser ele o sacador, tem contra o aceitante um direito de ação resultante da letra, em relação a tudo que pode ser exigido nos termos dos arts. 48 e 49.

Art. 29. Se o sacado, antes da restituição da letra, riscar o aceite que tiver dado, tal aceite é considerado como recusado.

Salvo prova em contrário, a anulação do aceite considera-se feita antes da restituição da letra.

Se porém, o sacado tiver informado por escrito o portador ou qualquer outro signatário da letra de que a aceita, fica obrigado para com estes, nos termos do seu aceite.

CAPÍTULO IV – DO AVAL

Art. 30. O pagamento de uma letra pode ser no todo ou em parte garantido por aval.

Esta garantia é dada por um terceiro ou mesmo por um signatário da letra.

Art. 31. O aval é escrito na própria letra ou numa folha anexa.

Exprime-se pelas palavras "bom para aval" ou por qualquer fórmula equivalente; e assinado pelo dador do aval.

O aval considera-se como resultante da simples assinatura do dador aposta na face anterior da letra, salvo se se trata das assinaturas do sacado ou do sacador.

O aval deve indicar a pessoa por quem se dá. Na falta de indicação entender-se-á ser pelo sacador.

Art. 32. O dador de aval é responsável da mesma maneira que a pessoa por ele afiançada.

A sua obrigação mantém-se, mesmo no caso de a obrigação que ele garantiu ser nula por qualquer razão que não seja um vicio de forma.

Se o dador de aval paga a letra, fica sub-rogado nos direitos emergentes da letra contra a pessoa a favor de quem foi dado o aval e contra os obrigados para com esta em virtude da letra.

CAPÍTULO V – DO VENCIMENTO

Art. 33. Uma letra pode ser sacada:

– à vista;
– a um certo termo de vista;
– a um certo termo de data;
– pagável num dia fixado.

As letras, quer com vencimentos diferentes, quer com vencimentos sucessivos, são nulas.

Art. 34. A letra à vista é pagável a apresentação. Deve ser apresentada a pagamento dentro do prazo de um ano, a contar da sua data. O sacador pode reduzir este prazo ou estipular um outro mais longo. Estes prazos podem ser encurtados pelos endossantes.

O sacador pode estipular que uma letra pagável à vista não deverá ser apresentada a pagamento antes de uma certa data. Nesse caso, o prazo para a apresentação conta-se dessa data.

Art. 35. O vencimento de uma letra a certo termo de vista determina-se, quer pela data do aceite, quer pela do protesto.

Na falta de protesto, o aceite não datado entende-se, no que respeita ao aceitante, como tendo sido dado no último dia do prazo para a apresentação ao aceite.

Art. 36. O vencimento de uma letra sacada a um ou mais meses de data ou de vista será na data correspondente do mês em que o pagamento se deve efetuar. Na falta de data correspondente o vencimento será no último dia desse mês.

Quando a letra é sacada a um ou mais meses e meio de data ou de vista, contam-se primeiro os meses inteiros.

Se o vencimento for fixado para o princípio, meado ou fim do mês, entende-se que a letra será vencível no primeiro, no dia quinze, ou no último dia desse mês.

As expressões "oito dias" ou "quinze dias" entendem-se não como uma ou duas semanas, mas como um prazo de oito ou quinze dias efetivos.

A expressão "meio mês" indica um prazo de quinze dias.

Art. 37. Quando uma letra é pagável num dia fixo num lugar em que o calendário é diferente do lugar de emissão, a data do vencimento é considerada como fixada segundo o calendário do lugar de pagamento.

Quando uma letra sacada entre duas praças que em calendários diferentes e pagável a certo termo de vista, o dia da emissão é referido ao dia correspondentemente do calendário do lugar de pagamento, para o efeito da determinação da data do vencimento.

Os prazos de apresentação das letras são calculados segundo as regras da alínea precedente.

Estas regras não se aplicam se uma cláusula da letra, ou até o simples enunciado do título, indicar que houve intenção de adotar regras diferentes.

CAPÍTULO VI – DO PAGAMENTO

Art. 38. O portador de uma letra pagável em dia fixo ou a certo termo de data ou de vista deve apresentá-la a pagamento no dia em que ela é pagável ou num dos dois dias úteis seguintes.

A apresentação da letra a uma câmara de compensação equivale a apresentação a pagamento.

Art. 39. O sacado que paga uma letra pode exigir que ela lhe seja entregue com a respectiva quitação.

O portador não pode recusar qualquer pagamento parcial.

No caso de pagamento parcial, o sacado pode exigir que desse pagamento se faça menção na letra e que dele lhe seja dada quitação.

Art. 40. O portador de uma letra não pode ser obrigado a receber o pagamento dela antes do vencimento.

O sacado que paga uma letra antes do vencimento fá-lo sob sua responsabilidade.

Aquele que paga uma letra no vencimento fica validamente desobrigado, salvo se da sua parte tiver havido fraude ou falta grave, é obrigado a verificar a regularidade da sucessão dos endossos mas não a assinatura dos endossantes.

Art. 41. Se numa letra se estipular o pagamento em moeda que não tenha curso legal no lugar do pagamento, pode a sua importância ser paga na moeda do país, segundo o seu valor no dia do vencimento. Se o devedor está em atraso, o portador pode, a sua escolha, pedir que o pagamento da importância da letra seja feito na moeda do país ao câmbio do dia do vencimento ou ao câmbio do dia do pagamento.

A determinação do valor da moeda estrangeira será feita segundo os usos do lugar de pagamento. O sacador pode, todavia, estipular que a soma a pagar, seja calculada segundo um câmbio fixado na letra.

As regras acima indicadas não se aplicam ao caso em que o sacador tenha estipulado que o pagamento deverá ser efetuado numa certa moeda especificada (cláusula de pagamento efetivo numa moeda estrangeira).

Se a importância da letra for indicada numa moeda que tenha a mesma denominação mas valor diferente no País de emissão e no pagamento, presume-se que se fez referência à moeda do lugar de pagamento.

CAPÍTULO VI – DO PAGAMENTO

Art. 42. Se a letra não for apresentada a pagamento dentro do prazo fixado no artigo 38, qualquer devedor tem a faculdade de depositar a sua importância junto da autoridade competente, a custa do portador e sob a responsabilidade deste.

CAPÍTULO VII – DA AÇÃO POR FALTA DE ACEITE E FALTA DE PAGAMENTO

Art. 43. O portador de uma letra pode exercer os seus direitos de ação contra os endossantes, sacador e outros coobrigados:

No vencimento:

Se o pagamento não foi efetuado.

Mesmo antes do vencimento:

1 – Se houve recusa total ou parcial de aceite;

2 – Nos casos de falência do sacado, quer ele tenha aceite, quer não, de suspensão de pagamentos do mesmo, ainda que não constatada por sentença, ou de ter sido promovida, sem resultado, execução dos seus bens.

3 – Nos casos de falência do sacador de uma letra não aceitável.

Art. 44. A recusa de aceite ou de pagamento deve ser comprovada por um ato formal (protesto por falta de aceite ou falta de pagamento).

O protesto por falta de aceite deve ser feito nos prazos fixados para a apresentação ao aceite. Se, no caso previsto na alínea 1 do artigo 24, a primeira apresentação da letra tiver sido feita no último dia do prazo, pode fazer-se ainda o protesto no dia seguinte.

O protesto por falta de pagamento de uma letra pagável em dia fixo ou a certo termo de data ou de vista deve ser feito num dos dois dias úteis seguintes àquele em que a letra é pagável. Se se trata de uma letra pagável à vista, o protesto deve ser feito nas condições indicadas na alínea precedente para o protesto por falta de aceite.

O protesto por falta de aceite dispensa a apresentação a pagamento e o protesto por falta de pagamento.

No caso de suspensão de pagamentos do sacado, quer seja aceitante, quer não, ou no caso de lhe ter sido promovida, sem resultado, execução dos bens, o portador da letra só pode exercer o seu direito de ação após apresentação da mesma ao sacado para pagamento e depois de feito o protesto.

No caso de falência declarada do sacado, quer seja aceitante, quer não, bem como no caso de falência declarada do sacador de uma letra não aceitável, a apresentação da sentença de declaração de falência é suficiente para que o portador da letra possa exercer o seu direito de ação.

Art. 45. O portador deve avisar da falta de aceite ou de pagamento o seu endossante e o sacador dentro dos quatro dias úteis que se seguirem ao dia do protesto ou da apresentação, no caso de a letra conter a cláusula "sem despesas". Cada um dos endossantes deve, por sua vez, dentro dos dois dias úteis que se seguirem ao da recepção do aviso, informar o seu endossante do aviso que recebeu, indicando os nomes e endereços dos que enviaram os avisos precedentes, e assim sucessivamente até se chegar ao sacador. Os prazos acima indicados contam-se a partir da recepção do aviso precedente.

Quando, em conformidade com o disposto na alínea anterior se avisou um signatário da letra, deve avisar-se também o seu avalista dentro do mesmo prazo de tempo.

No caso de um endossante não ter indicado o seu endereço, ou de o ter feito de maneira ilegível, basta que o aviso seja enviado ao endossante que o precede.

A pessoa que tenha de enviar um aviso pode fazê-lo por qualquer forma, mesmo pela simples devolução da letra.

Essa pessoa deverá provar que o aviso foi enviado dentro do prazo prescrito. O prazo considerar-se-á como tendo sido observado desde que a carta contendo o aviso tenha sido posta no Correio dentro dele.

A pessoa que não der o aviso dentro do prazo acima indicado não perde os seus direitos; será responsável pelo prejuízo, se o houver motivado pela sua negligência, sem que a responsabilidade possa exceder a importância da letra.

Art. 46. O sacador, um endossante ou um avalista pode, pela cláusula "sem despesas", "sem protesto", ou outra cláusula equivalente, dispensar o portador de fazer um protesto por falta de aceite ou falta de pagamento, para poder exercer os seus direitos de ação.

Essa cláusula não dispensa o portador da apresentação da letra dentro do prazo prescrito nem tampouco dos avisos a dar. A prova da inobservância do prazo incumbe aquele que dela se prevaleça contra o portador.

Se a cláusula foi escrita pelo sacador produz os seus efeitos em relação a todos os signatários da letra; se for inserida por um endossante ou por avalista, só produz efeito em relação a esse endossante ou avalista. Se, apesar da cláusula escrita pelo sacador, o portador faz o protesto, as respectivas despesas serão de conta dele. Quando a cláusula emanar de um endossante ou de um avalista, as despesas do protesto, se for feito, podem ser cobradas de todos os signatários da letra.

Art. 47. Os sacadores, aceitantes, endossantes ou avalistas de uma letra são todos solidariamente responsáveis para com o portador.

O portador tem o direito de acionar todas estas pessoas individualmente, sem estar adstrito a observar a ordem por que elas se obrigaram.

O mesmo direito possui qualquer dos signatários de uma letra quando a tenha pago.

A ação intentada contra um dos coobrigados não impede acionar os outros, mesmo os posteriores aquele que foi acionado em primeiro lugar.

Art. 48. O portador pode reclamar daquele contra quem exerce o seu direito de ação:

1 – O pagamento da letra não aceite não paga, com juros se assim foi estipulado;

2 – Os juros a taxa de 6 por cento desde a data do vencimento;

3 – As despesas do protesto, as dos avisos dados e as outras despesas;

Se a ação for interposta antes do vencimento da letra, a sua importância será reduzida de um desconto. Esse desconto será calculado de acordo com a taxa oficial de desconto (taxa de Banco) em vigor no lugar do domicílio do portador a data da ação.

Art. 49. A pessoa que pagou uma letra pode reclamar dos seus garantes:

1 – A soma integral que pagou;

2 – Os juros da dita soma, calculados a taxa de 6 por cento, desde a data em que a pagou;

3 – As despesas que tiver feito.

Art. 50. Qualquer dos coobrigados, contra o qual se intentou ou pode ser intentada uma ação, pode exigir, desde que pague a letra que ela lhe seja entregue com o protesto e um recibo.

Qualquer dos endossantes que tenha pago uma letra pode riscar o seu endosso e os dos endossantes subsequentes.

Art. 51. No caso de ação intentada depois de um aceite parcial, a pessoa que pagar a importância pela qual a letra não foi aceita pode exigir que esse pagamento seja mencionado na letra e que dele lhe seja dada quitação. O portador deve, além disso, entregar a essa pessoa uma cópia autêntica da letra e o protesto de maneira a permitir o exercício de ulteriores direitos de ação.

Art. 52. Qualquer pessoa que goze do direito de ação pode, salvo estipulação em contrário, embolsar-se por meio de uma nova letra (ressaque) à vista, sacada sobre um dos coobrigados e pagável no domicílio deste.

O ressaque inclui, além das importâncias indicadas nos artigos 48 e 49, um direito de corretagem e a importância do selo do ressaque.

Se o ressaque é sacado pelo portador, a sua importância é fixada segundo a taxa para uma letra à vista, sacada do lugar onde a primitiva letra era pagável sobre o lugar do domicílio do coobrigado. Se o ressaque é sacado por um endossante a sua importância é fixada segundo a taxa para uma letra à vista, sacada do lugar onde o sacador do ressaque tem o seu domicílio sobre o lugar do domicílio do coobrigado.

Art. 53. Depois de expirados os prazos fixados:

- para a apresentação de uma letra à vista ou a certo termo de vista;
- para se fazer o protesto por falta de aceite ou por falta de pagamento;
- para a apresentação a pagamento no caso da cláusula "sem despesas";

O portador perdeu os seus direitos de ação contra os endossantes contra o sacador e contra os outros coobrigados, a exceção do aceitante.

Na falta de apresentação ao aceite no prazo estipulado pelo sacador, o portador perdeu os seus direitos de ação, tanto por falta de pagamento como por falta de aceite, a não ser que dos termos da estipulação se conclua que o sacador apenas teve em vista exonerar-se da garantia do aceite.

Se a estipulação de um prazo para a apresentação constar de um endosso, somente aproveita ao respectivo endossante.

Art. 54. Quando a apresentação da letra ou o seu protesto não puder fazer-se dentro dos prazos indicados por motivo insuperável (prescrição legal declarada por um Estado qualquer ou outro caso de força maior), esses prazos serão prorrogados.

O portador deverá avisar imediatamente o seu endossante do caso de força maior e fazer menção desse aviso, datada e assinada, na letra ou numa folha anexa; para os demais são aplicáveis as disposições do artigo 45.

Desde que tenha cessado o caso de força maior, o portador deve apresentar sem demora a letra ao aceite ou a pagamento e, caso haja motivo para tal, fazer o protesto.

Se o caso de força maior se prolongar além de trinta dias a contar da data do vencimento, podem promover-se ações sem que haja necessidade de apresentação ou protesto.

Para as letras à vista ou a certo termo de vista, o prazo de trinta dias conta-se da data em que o portador, mesmo antes de expirado o prazo para a apresentação, deu o aviso do caso de força maior ao seu endossante; para as letras a certo termo de vista, o prazo de trinta dias fica acrescido do prazo de vista indicado na letra.

Não são considerados casos de força maior os fatos que sejam de interesse puramente pessoal do portador ou da pessoa por ele encarregada da apresentação da letra ou de fazer o protesto.

CAPÍTULO VIII – DA INTERVENÇÃO

1 – DISPOSIÇÕES GERAIS.

Art. 55. O sacador, um endossante ou um avalista, podem indicar uma pessoa para em caso de necessidade aceitar ou pagar.

A letra pode, nas condições a seguir indicadas, ser aceita ou paga por um pessoa que intervenha por um devedor qualquer contra quem existe direito de ação.

O interveniente pode ser um terceiro, ou mesmo o sacado, ou uma pessoa já obrigada em virtude da letra, exceto o aceitante.

O interveniente é obrigado a participar, no prazo de dois dias úteis, a sua intervenção a pessoa por quem interveio. Em caso de inobservância deste prazo, o interveniente é responsável pelo prejuízo, se o houver, resultante da sua negligencia, sem que as perdas e danos possam exceder a importância da letra.

2 – ACEITE POR INTERVENÇÃO.

Art. 56. O aceite por intervenção pode realizar-se em todos os casos em que portador de uma letra aceitável, tem direito de ação antes do vencimento.

Quando na letra se indica uma pessoa para em caso de necessidade a aceitar ou a pagar no lugar do pagamento, o portador não pode exercer o seu direito de ação antes do vencimento contra aquele que indicou essa pessoa e contra os signatários subsequentes a não ser que tenha apresentado a letra a pessoa designada e que, tendo esta recusado o aceite, se tenha feito o protesto.

Nos outros casos de intervenção, o portador pode recusar o aceite por intervenção. Se, porém, o admitir, perde o direito de ação antes do vencimento contra aquele por quem a aceitação foi dada e contra os signatários subsequentes.

Art. 57. O aceite por intervenção será mencionado na letra e assinado pelo interveniente. Deverá indicar por honra de quem se fez a intervenção; na falta desta indicação, presume-se que interveio pelo sacador.

Art. 58. O aceitante por intervenção fica obrigado para com o portador e para com os endossantes posteriores aquele por honra de quem interveio da mesma forma que este.

Não obstante o aceite por intervenção, aquele por honra de quem ele foi feito e os seus garantes podem exigir do portador, contra o pagamento da importância indicada no artigo 48; a entrega da letra, do instrumento do protesto e, havendo lugar de uma conta com a respectiva quitação.

3 – PAGAMENTO POR INTERVENÇÃO.

Art. 59. O pagamento por intervenção pode realizar-se em todos os casos em que o portador de uma letra tem direito de ação a data do vencimento ou antes dessa data.

O pagamento deve abranger a totalidade da importância que teria a pagar aquele por honra de quem a intervenção se realizou.

O pagamento deve ser feito o mais tardar no dia seguinte ao último em que é permitido fazer o protesto por falta de pagamento.

Art. 60. Se a letra foi aceita por intervenientes tendo o seu domicílio no lugar do pagamento, ou se foram indicadas pessoas tendo o seu domicílio no mesmo lugar para, em caso de necessidade, pagarem a letra, o portador deve apresentá-la a todas essas pessoas e, se houver lugar, fazer o protesto por falta de pagamento o mais tardar no dia seguinte e ao último em que era permitido fazer o protesto.

Na falta de protesto dentro deste prazo, aquele que tiver indicado pessoas para pagarem em caso de necessidade, ou por conta de quem a letra tiver sido aceita, bem como os endossantes posteriores, ficam desonerados.

Art. 61. O portador que recusar o pagamento por intervenção perde o seu direito de ação contra aqueles que teriam ficado desonerados.

Art. 62. O pagamento por intervenção deve ficar constatado por um recibo passado na letra, contendo a indicação da pessoa por honra de que foi feito. Na falta desta indicação presume-se que o pagamento foi feito por honra do sacador.

A letra é o instrumento do protesto, se o houve, devem ser entregues a pessoa que pagou por intervenção.

Art. 63. O que paga por intervenção fica sub-rogado nos direitos emergentes da letra contra aquele por honra de quem pagou e contra os que são obrigados para com este em virtude da letra.

Não pode, todavia, endossar de novo a letra.

Os endossantes posteriores ao signatário por honra de quem foi feito o pagamento ficam desonerados.

Quando se apresentarem várias pessoas para pagar uma letra por intervenção, será preferida aquela que desonerar maior número de obrigados. Aquele que, com conhecimento de causa, intervir contrariamente a esta regra, perde os seus direitos de ação contra os que teriam sido desonerados.

CAPÍTULO IX – DA PLURALIDADE DE EXEMPLARES E DAS CÓPIAS

1 – PLURALIDADE DE EXEMPLARES.

Art. 64. A letra pode ser sacada por várias vias.

Essas vias devem ser numeradas no próprio texto, na falta do que, cada via será considerada como uma letra distinta.

O portador de uma letra que não contenha a indicação de ter sido sacada numa única via pode exigir à sua custa a entrega de várias vias. Para este efeito o portador deve dirigir-se ao seu endossante imediato, para que este o auxilie a proceder contra o seu próprio endossante e assim sucessivamente até se chegar ao sacador. Os endossantes são obrigados a reproduzir os endossos nas novas vias.

Art. 65. O pagamento de uma das vias é liberatório, mesmo que não esteja estipulado que esse pagamento anula o efeito das outras. O sacado fica, porém, responsável por cada uma das vias que tenham o seu aceite e lhe não hajam sido restituídas.

O endossante que transferiu vias da mesma letra e várias pessoas e os endossantes subsequentes são responsáveis por todas as vias que contenham as suas assinaturas e que não hajam sido restituídas.

Art. 66. Aquele que enviar ao aceite uma das vias da letra deve indicar nas outras o nome da pessoa em cujas mãos aquela se encontra. Esta pessoa é obrigada a entregar essa via ao portador legítimo doutro exemplar.

Se se recusar a fazê-lo, o portador só pode exercer seu direito de ação depois de ter feito constatar por um protesto:

1 – Que a via enviada ao aceite lhe não foi restituída a seu pedido;

2 – Que não foi possível conseguir o aceite ou o pagamento de uma outra via.

2 – CÓPIAS

Art. 67. O portador de uma letra tem um direito de tirar cópias dela.

A cópia deve reproduzir exatamente o original, com os endossos e todas as outras menções que nela figurem. Deve mencionar onde acaba a cópia.

A cópia pode ser endossada e avalisada da mesma maneira e produzindo os mesmos efeitos que o original.

Art. 68. A cópia deve indicar a pessoa em cuja posse se encontra o título original.

Essa é obrigada a remeter o dito título ao portador legítimo da cópia.

Se se recusar a fazê-lo, o portador só pode exercer o seu direito de ação contra as pessoas que tenham endossado ou avalisado a cópia, depois de ter feito constatar por um protesto que o original lhe não foi entregue a seu pedido.

Se o título original, em seguida ao último endosso feito antes de tirada a cópia, contiver a cláusula: "daqui em diante só é valido o endosso na cópia" ou qualquer outra fórmula equivalente, é nulo qualquer endosso assinado ulteriormente no original.

CAPÍTULO X – DAS ALTERAÇÕES

Art. 69. No caso de alteração do texto de uma letra, os signatários posteriores a esta alteração ficam obrigados nos termos do texto alterado; os signatários anteriores são obrigados nos termos do texto original.

CAPÍTULO XI – DA PRESCRIÇÃO

Art. 70. Todas as ações contra o aceitante relativas a letras prescrevem em três anos a contar do seu vencimento.

› *As ações ao portador contra os endossantes e contra o sacador prescrevem num ano, a contar da data do protesto feito em tempo útil ou da data do vencimento, se se trata de letra que contenha cláusula "sem despesas"*

As ações dos endossantes uns contra os outros e contra o sacador prescrevem em seis meses a contar do dia em que o endossante pagou a letra ou em que ele próprio foi acionado.

Art. 71. A interrupção da prescrição só produz efeito em relação a pessoa para quem a interrupção foi feita.

CAPÍTULO XII – DISPOSIÇÕES GERAIS

Art. 72. O pagamento de uma letra cujo vencimento recai em dia feriado legal só pode ser exigido no primeiro dia útil seguinte.

Da mesma maneira, todos os atos relativos a letra, especialmente a apresentação ao aceite e o protesto, somente podem ser feitos em dia útil.

Quando um destes atos tem de ser realizado em um determinado prazo e o último dia deste prazo é feriado legal, fica o dito prazo prorrogado até ao primeiro dia útil que se seguir ao seu termo.

Art. 73. Os prazos legais ou convencionais não compreendem o dia que marca o seu início.

Art. 74. Não são admitidos dias de perdão quer legal, quer judicial.

TÍTULO II – DA NOTA PROMISSÓRIA

Art. 75. A nota promissória contém:

1 – Denominação "Nota Promissória" inserta no próprio texto do título e expressa na língua empregada para a redação desse título;

2 – A promessa pura e simples de pagar uma quantia determinada;

3 – A época do pagamento;

4 – A indicação do lugar em que se deve efetuar o pagamento;

5 – O nome da pessoa a quem ou a ordem de quem deve ser paga;

6 – A indicação da data em que e do lugar onde a nota promissória é passada;

7 – A assinatura de quem passa a nota promissória (subscritor).

Art. 76. O título em que faltar algum dos requisitos indicados no artigo anterior não produzirá efeito como nota promissória, salvo nos casos determinados das alíneas seguintes.

A nota promissória em que não se indique a época do pagamento será considerada pagável à vista.

Na falta de indicação especial, lugar onde o título foi passado considera-se como sendo o lugar do pagamento e, ao mesmo tempo, o lugar do domicílio do subscritor da nota promissória.

A nota promissória que não contenha indicação do lugar onde foi passada considera-se como tendo-o sido no lugar designado ao lado do nome do subscritor.

Art. 77. São aplicáveis às notas promissórias, na parte em que não sejam contrárias a natureza deste título, as disposições relativas as letras e concernentes:

- Endosso (artigos 11 a 20);
- Vencimento (artigos 33 a 37);
- Pagamento (artigos 38 a 42);
- Direito de ação por falta de pagamento (artigo 43 a 50 e 52 a 54);
- Pagamento por intervenção (artigos 55 e 59 a 63);
- Cópias (artigos 67 e 68);
- Alterações (artigo 69);
- Prescrição (artigos 70 e 71);
- Dias feriados, contagem de prazos e interdição de dias de perdão (artigos 72 a 74);

São igualmente aplicáveis às notas promissórias as disposições relativas as letras pagáveis no domicílio de terceiros ou numa localidade diversa da do domicílio do sacado (artigos 4 e 27), a estipulação de juros (artigo 5), as divergências das indicações da quantia a pagar (artigo 6), as consequências da aposição de uma assinatura nas condições indicadas no artigo 7, as da assinatura de uma pessoa que age sem poderes ou excedendo os seus poderes (artigo 8) e a letra em branco (artigo 10).

São também aplicáveis às notas promissórias as disposições relativas ao aval (artigos 30 a 32); no caso previsto na ultima alínea do artigo 31, se o aval não indicar a pessoa por quem é dado entender-se-á ter sido pelo subscritor da nota promissória.

Art. 78. O subscritor de uma nota promissória é responsável da mesma forma que o aceitante de uma letra.

As notas promissórias pagáveis a certo termo de vista devem ser presentes ao visto dos subscritores nos prazos fixados no artigo 23.

O termo de vista conta-se da data do visto dado pelo subscritor.

A recusa do subscritor a dar o seu visto é comprovada por um protesto (artigo 25), cuja data serve de início ao termo de vista.

ANEXO II

Art. 1º Qualquer das Altas Partes Contratantes pode prescrever que a obrigação de inserir nas letras passadas no seu território a palavra "Letra", prevista no Art. 1º, nº 1, da lei uniforme, só se aplicará 6 (seis) meses após a entrada em vigor da presente Convenção.

Art. 2º Qualquer das Altas Partes Contratantes tem, pelo que respeita às obrigações contraídas em matéria de letras no seu território, a faculdade de determinar de que maneira pode ser suprida a falta de assinatura, desde que por uma declaração autêntica escrita na letra se possa constatar a vontade daquele que deveria ter assinado.

Art. 3º Qualquer das Altas Partes Contratantes reserva-se a faculdade de não inserir o Art. 10 da lei uniforme na sua lei nacional.

Art. 4º Por derrogação da alínea primeira do Art. 31 da lei uniforme, qualquer das Altas Partes Contratantes tem a faculdade de admitir a possibilidade de ser dado um aval no seu território por ato separado em que se indique o lugar onde foi feito.

Art. 5º Qualquer das Altas Partes Contratantes pode, completar o Art. 38 da lei uniforme dispondo que, em relação às letras pagáveis no seu território, o portador deverá fazer a apresentação no próprio dia do vencimento; a inobservância desta obrigação só acarreta responsabilidade por perdas e danos.

As outras Altas Partes Contratantes terão a faculdade de fixar as condições em que reconhecerão uma tal obrigação.

Art. 6º A cada uma das Altas Partes Contratantes incumbe determinar, para os efeitos da aplicação da última alínea do Art. 38, quais as instituições que, segundo a lei nacional, devam ser consideradas câmaras de compensação.

Art. 7º Pelo que se refere às letras pagáveis no seu território, qualquer das Altas Partes Contratantes tem a faculdade de sustar se o julgar necessário, em circunstâncias excepcionais relacionadas com a taxa de câmbio da moeda nacional, os efeitos da cláusula prevista no Art. 41 relativa ao pagamento efetivo em moeda estrangeira. A mesma regra se aplica no que respeita à emissão no território nacional de letras em moedas estrangeiras.

Art. 8º Qualquer das Altas Partes Contratantes tem a faculdade de determinar que os protestos a fazer no seu território possam ser substituídos por uma declaração datada, escrita na própria letra e assinada pelo sacado, exceto no caso de o sacador exigir no texto da letra que se faça um protesto com as formalidades devidas.

Qualquer das Altas Partes Contratantes tem igualmente a faculdade de determinar que a dita declaração seja transcrita num registro público no prazo fixado para os protestos.

No caso previsto nas alíneas precedentes o endosso sem data presume-se ter sido feito anteriormente ao protesto.

Art. 9º Por derrogação da alínea terceira do Art. 44 da lei uniforme, qualquer das Altas Partes Contratantes tem a faculdade de determinar que o protesto por falta de pagamento deve ser feito no dia em que a letra é pagável ou num dos 2 (dois) dias úteis seguintes.

Art. 10. Fica reservada para a legislação de cada uma das Altas Partes Contratantes a determinação precisa das situações jurídicas a que se referem os ns. 2º e 3º do Art. 43 e os ns. 5º e 6º do Art. 44 da lei uniforme.

Art. 11. Por derrogação dos ns. 2º e 3º do Art. 43 e do Art. 74 da lei uniforme, qualquer das Altas Partes Contratantes reserva-se a faculdade de admitir na sua legislação a possibilidade, para os garantes de uma letra que tenham sido acionados, de ser concedido um alongamento de prazos, os quais não poderão em caso algum ir além da data do vencimento da letra.

Art. 12. Por derrogação do Art. 45 da lei uniforme, qualquer das Altas Partes Contratantes tem a faculdade de manter ou de introduzir o sistema de aviso por intermédio de um agente público, que consiste no seguinte: ao fazer o protesto por falta de aceite ou por falta de pagamento, o notário ou o funcionário público incumbido desse serviço, segundo a lei nacional, é obrigado a dar comunicação por escrito desse protesto às pessoas obrigadas pela letra, cujos endereços figuram nela, ou que sejam conhecidos do agente que faz o protesto, ou sejam indicados pelas pessoas que exigiram o protesto. As despesas originadas por esses avisos serão adicionadas às despesas do protesto.

Art. 13. Qualquer das Altas Partes Contratantes tem a faculdade de determinar, no que respeita às letras passadas e pagáveis no seu território, que a taxa de juro a que referem os ns. 2ºs dos arts. 48 e 49 da lei uniforme poderá ser substituída pela taxa legal em vigor no território da respectiva Alta Parte Contratante.

Art. 14. Por derrogação do Art. 48 da lei uniforme, qualquer das Altas Partes Contratantes reserva-se a faculdade de inserir na lei nacional uma disposição pela qual o portador pode reclamar daquele contra quem exerce o seu direito de ação uma comissão cujo quantitativo será fixado pelo mesma lei nacional.

A mesma doutrina se aplica, por derrogação do Art. 49 da lei uniforme, no que se refere à pessoa que, tendo pago uma letra, reclama a sua importância aos seus garantes.

Art. 15. Qualquer das Altas Partes Contratantes tem a liberdade de decidir que, no caso de perda de direitos ou de prescrição, no seu território subsistirá o direito de proceder contra o sacador que não constituir provisão ou contra um sacador ou endossante que tenha feito lucros ilegítimos. A mesma faculdade existe, em caso de prescrição, pelo que respeita ao aceitante que recebeu provisão ou tenha realizado lucros ilegítimos.

Art. 16. A questão de saber se o sacador é obrigado a constituir provisão à data do vencimento e se o portador tem direitos especiais sobre essa provisão está fora do âmbito da lei uniforme.

O mesmo sucede relativamente a qualquer outra questão respeitante às relações jurídicas que serviram de base à emissão da letra.

Art. 17. A cada uma das Altas Partes Contratantes compete determinar na sua legislação nacional as causas de interrupção e de suspensão da prescrição das ações relativas a letras que os seus tribunais são chamados a conhecer.

As outras Altas Partes Contratantes têm a faculdade de determinar as condições a que subordinarão o conhecimento de tais causas. O mesmo sucede quanto ao efeito de uma ação como meio de indicação do início do prazo de prescrição, a que se refere a alínea terceira do Art. 70 da lei uniforme.

Art. 18. Qualquer das Altas Partes Contratantes tem a faculdade de determinar que certos dias úteis sejam assimilados aos dias feriados legais, pelo que respeita à apresentação ao aceite ou ao pagamento e demais atos relativos às letras.

Art. 19. Qualquer das Altas Partes Contratantes pode determinar o nome a dar nas leis nacionais aos títulos a que se refere o Art. 75 da lei uniforme ou dispensar esses títulos de qualquer denominação especial, uma vez que contenham a indicação expressa de que são à ordem.

Art. 20. As disposições dos arts. 1º a 18 do presente Anexo, relativas às letras, aplicam-se igualmente às notas promissórias.

Art. 21. Qualquer das Altas Partes Contratantes reserva-se a faculdade de limitar a obrigação assumida, em virtude do Art. 1º da Convenção, exclusivamente às disposições relativas às letras, não introduzindo no seu território as disposições sobre notas promissórias constantes do Título II da lei uniforme. Neste caso, a Alta Parte Contratante que fizer uso desta reserva será considerada Parte Contratante apenas pelo que respeita às letras.

Qualquer das Altas Partes Contratantes reserva-se igualmente a faculdade de compilar num regulamento especial as disposições relativas às notas promissórias, regulamento que será inteiramente conforme com as estipulações do Título II da lei uniforme e que deverá reproduzir as disposições sobre letras referidas no mesmo título, sujeitas apenas às modificações resultantes dos arts. 75, 76, 77 e 78 da lei uniforme e dos arts. 19 e 20 do presente Anexo.

Art. 22. Qualquer das Altas Partes Contratantes tem a faculdade de tomar medidas excepcionais de ordem geral relativas à prorrogação dos prazos relativos a atos tendentes à conservação de direitos e à prorrogação do vencimento das letras.

Art. 23. Cada uma das Altas Partes Contratantes obriga-se a reconhecer as disposições adotadas por qualquer das outras Altas Partes Contratantes em virtude dos arts. 1º a 4º, 6º, 8º a 16 e 18 a 21 do presente Anexo.

⊙ CONVENÇÃO DESTINADA A REGULAR CERTOS CONFLITOS DE LEIS EM MATÉRIA DAS LETRAS DE CÂMBIO E NOTAS PROMISSÓRIAS E PROTOCOLO

O Presidente do Reich Alemão...

Desejando adotar disposições para resolver certos conflitos de leis em matéria de letras e de notas promissórias, designaram como seus plenipotenciários:

Os quais depois de terem apresentado os seus plenos poderes, achados em boa e devida forma, acordaram nas disposições seguintes:

Art. 1º As Altas Partes Contratantes obrigam-se mutuamente a aplicar para a solução dos conflitos de leis em matéria de letras e de notas promissórias, a seguir enumerados, as disposições constantes doa artigos seguintes:

Art. 2º A capacidade de uma pessoa para se obrigar por letra ou nota promissória é regulada pela respectiva lei nacional. Se a lei nacional declarar competente a lei de um outro país, será aplicada esta última.

A pessoa incapaz, segundo a lei indicada na alínea precedente, é contudo havida como validamente obrigada se tiver aposto a sua assinatura em território de um país, segundo cuja legislação teria sido considerada capaz.

Qualquer das Altas Partes Contratantes tem a faculdade de não reconhecer a validade da obrigação contraída em matéria de letras ou notas promissórias por um dos seus nacionais, quando essa obrigação só seja válida no território das outras Altas Partes Contratantes pela' aplicação da alínea anterior do presente artigo.

Art. 3º A forma das obrigações contraídas em matéria de letras e notas promissórias é regulada pela lei do país em cujo território essas obrigações tenham sido assumidas.

No entanto, se as obrigações assumidas em virtude de uma letra ou nota promissória não forem válidas nos termos da alínea precedente, mas o forem em face da legislação do país em que tenha posteriormente sido contraída uma outra obrigação, o fato de as primeiras obrigações serem irregulares quanto à forma não afeta a validade da obrigação posterior.

Qualquer das Altas Partes Contratantes tem a faculdade de determinar que as obrigações contraídas no estrangeiro por algum dos seus nacionais, em matéria de letras e notas promissórias, serão válidas no seu próprio território, em relação a qualquer outro dos seus nacionais, desde que tenham sido contraídas pela forma estabelecida na lei nacional.

Art. 4º Os efeitos das obrigações do aceitante de uma letra e do subscritor de uma nota promissória são determinados pela lei do lugar onde esses títulos sejam pagáveis.

Os efeitos provenientes das assinaturas dos outros coobrigados por letra ou nota promissória são determinados pela lei do país em cujo território as assinaturas forem apostas.

Art. 5º Os prazos para o exercício do direito de ação são determinados para todos os signatários pela lei do lugar de emissão do título.

Art. 6º A lei do lugar de emissão do título determina se o portador de uma letra adquire o crédito que originou a emissão do título.

Art. 7º A lei do país em que a letra é pagável determina se o aceite pode ser restrito a uma parte da importância a pagar ou se o portador é ou não obrigado a receber um pagamento parcial.

A mesma regra é aplicável ao pagamento de notas promissórias.

Art. 8º A forma e os prazos do protesto assim como a forma dos outros atos necessários ao exercício ou à conservação dos direitos em matéria de letras e notas promissórias, são regulados pelas leis do país em cujo território se deva fazer o protesto ou praticar os referidos atos.

Art. 9º As medidas a tomar em caso de perda ou de roubo de uma letra ou de uma nota promissória são determinadas pela Lei do país em que esses títulos sejam pagáveis.

Art. 10. Qualquer das Altas Partes Contratantes reserva-se a faculdade de não aplicar os princípios de Direito Internacional privado consignados na presente Convenção, pelo que respeita:

1º – a uma obrigação contraída fora do território de uma das Altas Partes Contratantes;

2º – a uma lei que seria aplicável em conformidade com estes princípios, mas' que não seja lei em vigor no território de uma das Altas Partes Contratantes.

Art. 11. As disposições da presente Convenção não serão aplicáveis, no território de cada uma das Altas Partes Contratantes, às letras e notas promissórias já criadas à data de entrada em vigor da Convenção.

Art. 12. A presente Convenção, cujos textos francês e inglês farão, ambos, igualmente fé, terá a data de hoje.

Poderá ser ulteriormente assinada até 6 de setembro de 1930 em nome de qualquer Membro da Sociedade das Nações e de qualquer Estado não membro.

Art. 13. A presente Convenção será ratificada.

Os instrumentos de ratificação serão transmitidos, antes de 1º de setembro de 1932, ao Secretário-Geral da Sociedade das Nações, que notificará imediatamente do seu depósito todos os Membros da Sociedade das Nações e os Estados não membros que sejam partes na presente Convenção.

Art. 14. A partir de 6 de setembro de 1930, qualquer Membro da Sociedade das Nações e qualquer Estado não membro poderá aderir à presente Convenção.

Esta adesão efetuar-se-á por meio de notificação ao Secretário-Geral da Sociedade das Nações, que será depositada nos Arquivos do Secretariado.

O Secretário-Geral notificará imediatamente desse depósito todos os Estados que tenham assinado a presente Convenção ou a ela tenham aderido.

Art. 15. A presente Convenção somente entrará em vigor depois de ter sido ratificada ou de a ela terem aderido 7 (sete) Membros da Sociedade das Nações ou Estados não membros, entre os quais deverão figurar 3 (três) dos Membros da Sociedade das Nações com representação no Conselho.

Começará a vigorar 90 (noventa) dias depois de recebida pelo Secretário-Geral da Sociedade das Nações a sétima ratificação ou adesão, em conformidade com o disposto na alínea primeira do presente artigo.

O Secretário-Geral da Sociedade das Nações, nas notificações previstas nos arts. 13 e 14, fará menção especial de terem sido recebidas as ratificações ou adesões a que se refere a alínea primeira do presente artigo.

Art. 16. As ratificações ou adesões após a entrada em vigor da presente Convenção, em conformidade com o disposto no Art. 15 produzirão os seus efeitos 90 (noventa) dias depois da data da sua recepção pelo Secretário-Geral da Sociedade das Nações.

Art. 17. A presente Convenção não poderá ser denunciada antes de decorrido um prazo de 2 (dois) anos a contar da data em que ela tiver começado a vigorar para o Membro da Sociedade das Nações ou para, o Estado não membro que a denuncia; esta denúncia produzirá os seus efeitos 90 (noventa) dias depois de recebida pelo Secretário-Geral a respectiva notificação.

Qualquer denúncia será imediatamente comunicada pelo Secretário-Geral da Sociedade das Nações a todas as outras Altas Partes Contratantes.

A denúncia só produzirá efeito em relação à Alta Parte Contratante em nome da qual ela tenha sido feita.

Art. 18. Decorrido um prazo de 4 (quatro) anos da entrada em vigor da presente Convenção, qualquer Membro da Sociedade das Nações, ou Estado não membro ligado à Convenção poderá formular ao Secretário-Geral da Sociedade das Nações um pedido de revisão de algumas ou de todas as suas disposições.

Se este pedido, comunicado aos outros Membros da Sociedade das Nações ou Estados não membros para os quais a Convenção estiver então em vigor, for apoiada dentro do prazo de 1 (um) ano por 6 (seis), pelo menos, dentre eles, o Conselho da Sociedade das Nações decidirá se deve ser convocada uma Conferência para aquele fim.

Art. 19. As Altas Partes Contratantes podem declarar no momento da assinatura da ratificação ou da adesão que, aceitando a presente Convenção, não assumem nenhuma obrigação pelo que respeita a todas ou parte das suas colônias, protetorados ou territórios sob a sua soberania ou mandato, caso em que a presente Convenção se não aplicará aos territórios mencionados nessa declaração.

As Altas Partes Contratantes poderão mais tarde notificar o Secretário-Geral da Sociedade das Nações de que desejam que a presente Convenção se aplique a todos ou parte dos territórios que tenham sido objeto da declaração prevista na alínea precedente, e nesse caso a Convenção aplicar-se-á aos territórios mencionados na comunicação 90 (noventa) dias depois de esta ter sido recebida pelo Secretário-Geral da Sociedade das Nações.

As Altas Partes Contratantes podem a todo o tempo declarar que desejam que a, presente Convenção cesse de se aplicar a todas ou parte das suas colônias, protetorados ou territórios sob a sua soberania ou mandato, caso em que a Convenção deixará de se aplicar aos territórios mencionados nessa declaração 1 (um) ano após esta ter sido recebida pelo Secretário-Geral da Sociedade das Nações.

Art. 20. A presente Convenção será registrada pelo Secretário-Geral da Sociedade das Nações desde que entre em vigor. Será publicada, logo que for possível, na "Coleção de Tratados" da Sociedade das Nações.

Em fé do que os Plenipotenciários acima designados assinaram a presente Convenção.

Feito em Genebra, aos sete de junho de mil novecentos e trinta (7-6-1930), num só exemplar, que será depositado nos Arquivos do Secretariado da Sociedade das Nações. Será transmitida cópia autêntica a todos os Membros da Sociedade das Nações e a todos os Estados não membros representados na Conferência.

Seguem-se as mesmas assinaturas colocadas após o artigo 11 da Convenção para adoção de uma lei uniforme sobre letras de câmbio e notas promissórias.

PROTOCOLO

Ao assinar a Convenção datada de hoje, destinada a regular certos conflitos de leis em matéria de letras e de notas promissórias, os abaixo-assinados, devidamente autorizados, acordaram nas disposições seguintes:

A. Os Membros da Sociedade das Nações e os Estados não membros que não tenham podido efetuar, antes de 10 de setembro de 1932, o depósito da ratificação da referida Convenção, obrigam-se a enviar, dentro de 15 (quinze) dias a contar daquela data, uma comunicação ao Secretário-Geral da Sociedade das Nações dando-lhe a conhecer a situação em que se encontram no que diz respeito à ratificação.

B. Se, em 1º de novembro de 1932, não se tiveram verificado as condições previstas na alínea primeira do Art. 15 para a entrada em vigor da Convenção, o Secretário-Geral da Sociedade das Nações convocará uma reunião dos Membros da Sociedade das Nações e dos Estados não membros que tenham assinado a Convenção ou a ela tenham aderido, a fim de ser examinada a situação e as medidas que porventura devem ser tomadas para a resolver.

C. As Altas Partes Contratantes comunicar-se-ão, reciprocamente, a partir da sua entrada em vigor, as disposições legislativas promulgadas nos respectivos territórios para tornar efetiva a Convenção.

Em fé do que os Plenipotenciários acima mencionados assinaram o presente Protocolo.

Feito em Genebra, aos sete de junho de mil novecentos e trinta (7-6-1930) num só exemplar, que será depositado nos arquivos do Secretariado da Sociedade das Nações, será transmitida cópia autêntica a todos os Membros da Sociedade das Nações e a todos os Estados não membros representados na Conferência.

DECRETO Nº 1.240, DE 15 DE SETEMBRO DE 1994

Promulga a Convenção Interamericana sobre Conflitos de Leis em Matéria de Cheques, adotada em Montevidéu, em 8 de maio de 1979.

O PRESIDENTE DA REPÚBLICA, no uso das atribuições que lhe confere o art. 84, inciso VIII, da Constituição, e

CONSIDERANDO que a Convenção Interamericana sobre Conflitos de Leis em Matéria de Cheques foi adotada no âmbito da Segunda Conferência Especializada Interamericana sobre Direito Internacional Privado (II CIDIP), em Montevidéu, em 8 de maio de 1979;

CONSIDERANDO que a convenção ora promulgada foi oportunamente submetida à apreciação do Congresso Nacional, que a aprovou por meio do Decreto Legislativo nº 9º, de 7 de fevereiro de 1994, publicado no Diário Oficial da União nº 27, de 8 de fevereiro de 1994;

CONSIDERANDO que o Governo brasileiro depositou o instrumento de ratificação do ato multilateral em epígrafe em 3 de maio de 1994 e que o mesmo passou a vigorar, para o Brasil, em 1º de junho de 1994, na forma de seu art. 14,

DECRETA:

Art. 1º A Convenção Interamericana sobre Conflitos de Leis em Matéria de Cheques, concluída em Montevidéu, em 8 de maio de 1979, apensa por cópia a este decreto, deverá ser cumprida tão inteiramente como nela se contém.

Art. 2º O presente Decreto entra em vigor na data de sua publicação.

Brasília, 15 de setembro de 1994;
173º da Independência e 106º da República.
ITAMAR FRANCO (DOU. de 16.9.1994)

⊙ CONVENÇÃO INTERAMERICANA SOBRE CONFLITOS DE LEIS EM MATÉRIA DE CHEQUES (ADOTADA EM MONTEVIDÉU, EM 8 DE MAIO DE 1979)

Os Governos dos Estados Membros da Organização dos Estados Americanos,

CONSIDERANDO *que é necessário adotar, no Sistema Interamericano, normas que permitam a solução dos conflitos de leis em matéria de cheques, convieram no seguinte:*

Art. 1º A capacidade para abrigar-se por meio de cheque rege-se pela lei do lugar onde a obrigação tiver sido contraída.

Entretanto, se a obrigação tiver sido contraída por quem for incapaz segundo a referida lei, tal incapacidade não prevalecerá no território de qualquer outro Estado Parte nesta Convenção cuja lei considere cálida a obrigação.

Art. 2º A forma de emissão, endosso, aval, protesto e demais atos jurídicos que possam materializar-se no cheque fica sujeita à lei do lugar em que cada um dos referidos atos for praticada.

Art. 3º Todas as obrigações resultantes de um cheque regem-se pela lei do lugar onde forem contraídas.

Art. 4º Se uma ou mais obrigações contraídas num cheque não forem válidas perante a lei aplicável segundo os artigos anteriores, a invalidade não se estenderá às outras obrigações validamente assumidas de acordo com a lei do lugar onde tiverem sido contraídas.

Art. 5º Para os efeitos desta Convenção, quando não for indicado no cheque o lugar em que tiver sido contraída a obrigação respectiva ou praticado o ato jurídico materializado no documento, entender-se-á que a referida obrigação ou ato teve origem no lugar em que o cheque deva ser pago e, se este constar, no lugar de sua emissão.

Art. 6º Os procedimentos e prazos para o protesto de um cheque ou outro ato equivalente para preservar os direitos contra os endossantes, o emitente ou outros obrigados ficam sujeitos à lei do lugar em que o protesto ou esse outro ato equivalente for praticado ou deva ser praticado.

Art. 7º A lei do lugar em que o cheque deva ser pago determina:

a) sua natureza;

b) as modalidades e seus efeitos;

c) o prazo de apresentação;

d) as pessoas contra as quais pode ser emitido;

e) se pode ser emitido para depósito em conta, cruzado, visado ou confirmado, e os efeitos dessas operações;

f) os direitos do portador sobre a provisão de fundos e a natureza de tais direitos;

g) se o portador pode exigir ou se está obrigado a receber um pagamento parcial;

h) os direitos do emitente de cancelar o cheque ou opor-se ao pagamento;

i) a necessidade do protesto ou outro ato equivalente para preservar os direitos contra os endossantes, o emitente ou outros obrigados;

j) as medidas que devem ser adotadas em caso de roubo, furto, falsidade, extravio, destruição ou inutilização material do documento, e

k) em geral, todas as situações referentes ao pagamento do cheque.

Art. 8º Os cheques que forem apresentados a uma câmara de compensação intra-regional reger-se-ão, no que for aplicável, por esta Convenção.

Art. 9º A lei declarada aplicável por esta Convenção poderá não ser aplicada no território do Estado Parte que a considere manifestamente contraria á sua pública.

Art. 10. Esta Convenção ficará aberta à assinatura dos Estados Membros da Organização dos Estados Americanos.

Art. 11. Esta Convenção está sujeita a ratificação. Os instrumentos de ratificação serão depositados na Secretaria-Geral da Organização dos Estados Americanos.

Art. 12. Esta Convenção ficará aberta à adesão de qualquer outro Estado. Os instrumentos de adesão serão depositados na Secretaria-Geral da Organização dos Estados Americanos.

Art. 13. Cada Estado poderá formular reservas a esta Convenção no momento de assiná-la, ratificá-la ou de aderir, desde que a reserva verse sobre uma ou mais disposições especificas e que não seja incompatível com objeto e fim da Convenção.

Art. 14. Esta Convenção entrará em vigor no trigésimo dia a partir da data em que haja sido depositado o segundo instrumento de ratificação. Para cada Estado que ratificar a Convenção ou a ela aderir depois de haver sido depositado o segundo instrumento de ratificação, a Convenção entrará em vigor no trigésimo dia a partir da data em que tal Estado haja depositado seu instrumento de ratificação ou de adesão.

A medida que os Estados Partes na Convenção Interamericana sobre Conflitos de Leis em Matéria e Cheques, assinada em 30 de janeiro de 1975 na cidade do Panamá, ratificam esta Convenção ou a ela aderirem, cessarão para os referidos Estados Partes os efeitos da mencionada Convenção do Panamá.

Art. 15. Os Estados Partes que tenham duas ou mais unidades territoriais em que vigorem sistemas jurídicos diferentes com relação a questão de que trata esta Convenção poderão declarar, no momento da assinatura, ratificação ou adesão, que a Convenção se aplicará a todas as suas unidades territoriais ou somente a uma ou mais delas.

Tais declarações poderão ser modificadas mediante declarações ulteriores, que especificarão expressamente a ou as unidades territoriais a que se aplicará esta Convenção. Tais declarações ulteriores serão transmitidas à Secretaria-Geral da Organização dos Estados Americanos e surtirão efeito trinta dias depois de recebidas.

Art. 16. Esta Convenção vigorará por prazo indefinido, mas qualquer dos Estados Partes poderá denunciá-la. O instrumento de denuncia será depositado na Secretaria-Geral da Organização dos Estados Americanos. Transcorrido um ano, contado a partir da data de depósito do instrumento de denuncia, cessarão os efeitos da Convenção para o Estado denunciante, continuando ela subsistente para os demais Estados Partes.

Art. 17. O instrumento original desta Convenção, cujos textos em português, espanhol, francês e inglês são igualmente autênticos, será depositado na Secretaria-Geral da Organização dos Estados Americanos, que enviará cópia autenticada do seu texto para seu registro e publicação à Secretaria das Nações Unidas, de conformidade com o artigo 102 da sua Carta construtiva. A Secretaria-Geral da Organização dos Estados Americanos notificará aos Estados Membros da referida Organização, e aos Estados que tenham aderido à Convenção, as assinaturas e os depósitos de instrumentos de ratificação, de adesão e de denúncia, bem como as reservas que houver. Outrossim, transmitirá aos mesmos as declarações previstas no artigo 15 desta Convenção.

Em fé do que, os plenipotenciários infra-assinados, devidamente autorizados por seus respectivos Governos, firmam esta Convenção.

Feita na Cidade de Montevidéu, República Oriental do Uruguai, no dia oito de maio de mil novecentos e setenta e nove.

PROVIMENTOS DO CONSELHO NACIONAL DE JUSTIÇA – CNJ

PROVIMENTO Nº 30, DE 19 DE ABRIL DE 2013**

Disciplina a recepção e protesto de cheques, nas hipóteses que relaciona, visando coibir fraudes que possam acarretar prejuízos aos devedores ou a terceiros.

*Situação: Revogado e incorporado aos **arts. 389 a 396 do Provimento CNJ n. 149/2023** (Código Nacional de Normas da Corregedoria Nacional de Justiça– Foro Extrajudicial (CNN/CN/CNJ-EXTRA)*

- *Vide "Considerações" deste Provimento*
- *Vide art. 48, Lei n. 7.357/1985 (Cheque)*
- *Vide art. 6º, Lei 9.492/1997 (Lei de Protestos)*
- *Vide Enunciado 59, I Jornada de Direito Notarial e Registral*

O **CORREGEDOR NACIONAL DE JUSTIÇA**, Ministro Francisco Falcão, no uso de suas atribuições legais e constitucionais;

CONSIDERANDO as notícias de protestos de cheques antigos, com valores irrisórios, apresentados por terceiros, isoladamente ou em lote, sem a correta indicação dos endereços dos respectivos emitentes;

CONSIDERANDO que os apresentantes dos títulos, em observância da boa-fé, têm o dever de indicar os corretos endereços dos emitentes, para possibilitar que sejam notificados pessoalmente para pagar seus débitos, ou para que possam adotar as providências, judiciais ou extrajudiciais, eventualmente cabíveis para a tutela dos direitos que entenderem possuir;

CONSIDERANDO a existência de legislações estaduais que diferem o pagamento dos emolumentos para momento posterior à apresentação e lavratura do protesto, o que permite a aquisição por terceiros de cheques antigos, geralmente em lote e por baixos valores, e seu apontamento para protesto sem cautela quanto à indicação dos corretos endereços dos emitentes;

CONSIDERANDO a notícia de lavratura de protestos de cheques que tiveram os pagamentos sustados em razão de comunicação de furto, de roubo, ou em decorrência de extravio ou subtração no interior da instituição bancária ou durante a remessa, pela instituição bancária, aos titulares das contas bancárias;

CONSIDERANDO que o titular de um direito deve exercê-lo dentro dos limites impostos pelo seu fim econômico ou social, pela boa-fé ou pelos bons costumes (art. 188 do Código Civil), deve guardar nas relações contratuais o princípio da boa-fé (art. 422 do Código Civil), e que a boa-fé é princípio que norteia as relações de consumo;

CONSIDERANDO as medidas já adotadas por Corregedorias Gerais da Justiça, com sucesso, para coibir fraudes e práticas ditadas por má fé que desvirtuam a finalidade do protesto de títulos e outros documentos de dívida;

PROVIMENTO Nº 72, DE 27 DE JUNHO DE 2018**

Dispõe sobre medidas de incentivo à quitação ou à renegociação de dívidas protestadas nos tabelionatos de protesto do Brasil.

*Situação: Revogado e incorporado aos **arts. 375 a 388 do Provimento CNJ n. 149/2023** (Código Nacional de Normas da Corregedoria Nacional de Justiça– Foro Extrajudicial (CNN/CN/CNJ-EXTRA)*

- *Vide "Considerações" deste Provimento*
- *Vide Lei 9.307/1996 (Arbitragem)*
- *Vide Lei 13.105/2015 (Código de Processo Civil)*
- *Vide Lei 13.140/2015 (Mediação)*
- *Vide Resolução CNJ 125/2010 (Política Judiciária Nacional de tratamento adequado dos conflitos de interesses no âmbito do Poder Judiciário)*
- *Vide Provimento CNJ 67/2018 (Conciliação e Mediação), incorporado aos arts. 18 a 57 do Provimento CNJ n. 149/2023 (CNN)*
- *Vide Recomendação CNJ 28/2018 (CEJUSC)*
- *Vide Enunciado 69 e 73, I Jornada de Direito Notarial e Registral*
- *Vide Enunciados da I e II Jornadas de Prevenção e Solução Extrajudicial de Litígios*

O **CORREGEDOR NACIONAL DA JUSTIÇA**, usando de suas atribuições constitucionais, legais e regimentais e

CONSIDERANDO o poder de fiscalização e de normatização do Poder Judiciário dos atos praticados por seus órgãos (art. 103-B, § 4º, I, II e III, da Constituição Federal de 1988);

CONSIDERANDO a competência do Poder Judiciário de fiscalizar os serviços extrajudiciais (arts. 103-B, § 4º, I e III, e 236, § 1º, da Constituição Federal);

CONSIDERANDO a competência da Corregedoria Nacional de Justiça de expedir provimentos e outros atos normativos destinados ao aperfeiçoamento das atividades dos serviços extrajudiciais (art. 8º, X, do Regimento Interno do Conselho Nacional de Justiça);

CONSIDERANDO a obrigação dos serviços extrajudiciais de cumprir as normas técnicas estabelecidas pelo Poder Judiciário (arts. 37 e 38 da Lei n. 8.935, de 18 de novembro de 1994);

CONSIDERANDO a incumbência do Conselho Nacional de Justiça de consolidar uma política pública permanente de incentivo e aperfeiçoamento dos mecanismos consensuais de solução de litígios (Resolução CNJ n. 125, de 29 de novembro de 2010);

CONSIDERANDO a necessidade de organização e uniformização de procedimentos consensuais de solução de conflitos, a serem realizados, de forma facultativa, pelos serviços extrajudiciais;

CONSIDERANDO as disposições do Código de Processo Civil, da Lei n. 13.140, de 26 de junho de 2015, e as sugestões e aquiescência da Comissão de Acesso à Justiça e Cidadania (CAJC), do Conselho Nacional de Justiça,

PROVIMENTO Nº 86, DE 29 DE AGOSTO DE 2019**

Dispõe sobre a possibilidade de pagamento postergado de emolumentos, acréscimos legais e demais despesas, devidos pela apresentação de títulos ou outros documentos de dívida para protesto e dá outras providências.

*Situação: Revogado e incorporado aos **arts. 369 a 374 do Provimento CNJ n. 149/2023** (Código Nacional de Normas da Corregedoria Nacional de Justiça– Foro Extrajudicial (CNN/CN/CNJ-EXTRA)*

- *Vide "Considerações" deste Provimento*
- *Vide art. 37, Lei n. 9.492/1997 (Lei de Protesto de Títulos e Outros Documentos de Dívida)*

O **CORREGEDOR NACIONAL DA JUSTIÇA**, usando de suas atribuições constitucionais, legais e regimentais e

CONSIDERANDO o poder de fiscalização e de normatização do Poder Judiciário dos atos praticados por seus órgãos (art. 103-B, § 4º, I, II e III, da Constituição Federal de 1988);

CONSIDERANDO a competência do Poder Judiciário de fiscalizar os serviços extrajudiciais (arts. 103-B, § 4º, I e III, e 236, § 1º, da Constituição Federal);

CONSIDERANDO a competência da Corregedoria Nacional de Justiça de expedir provimentos e outros atos normativos destinados ao aperfeiçoamento das atividades dos serviços extrajudiciais (art. 8º, X, do Regimento Interno do Conselho Nacional de Justiça);

CONSIDERANDO a obrigação dos serviços extrajudiciais de cumprir as normas técnicas estabelecidas pelo Poder Judiciário (arts. 37 e 38 da Lei n. 8.935, de 18 de novembro de 1994);

CONSIDERANDO os princípios da supremacia do interesse público, eficiência, continuidade do serviço público e da segurança jurídica;

CONSIDERANDO a necessidade de proporcionar a melhor prestação de serviço, com acessibilidade isonômica aos usuários, de corrigir as distorções em busca da modicidade dos emolumentos, da produtividade, da economicidade, da moralidade e da proporcionalidade na prestação dos serviços extrajudiciais;

CONSIDERANDO que "presumem-se a cargo do devedor as despesas com o pagamento e a quitação", segundo a regra geral estabelecida no art. 325 do Código Civil;

CONSIDERANDO que a exigência de depósito prévio dos emolumentos e demais despesas devidas para o protesto extrajudicial é facultativa, consoante a inteligência do §1º do art. 37 da Lei Federal nº 9.492/1997;

CONSIDERANDO que o Supremo Tribunal Federal já definiu que o prazo para pagamento de tributos pode ser fixado em lei ou ato infralegal (STF, Pleno, RE 140.669, Rel. Min. Ilmar Galvão, DJ 18/05/2001) e que o prazo para pagamento de tributos não se submete à anterioridade (STF – Súmula Vinculante 50);

CONSIDERANDO o decidido no Pedido de Providências n. 000049-07.2019.2.00.000,

PROVIMENTO Nº 87, DE 11 DE SETEMBRO DE 2019**

Dispõe sobre as normas gerais de procedimentos para o protesto extrajudicial de títulos e outros documentos de dívida, regulamenta a implantação da Central Nacional de Serviços Eletrônicos dos Tabeliães de Protesto de Títulos – CENPROT e dá outras providências.

*Situação: Revogado e incorporado aos **arts. 257 a 263 (CENPROT) e 354 a 367 (DISPOSIÇÕES GERAIS) do Provimento CNJ n. 149/2023** (Código Nacional de Normas da Corregedoria Nacional de Justiça– Foro Extrajudicial (CNN/CN/CNJ-EXTRA)*

- *Vide "Considerações" deste Provimento*
- *Vide Lei n. 9.492/1997 (Lei de Protesto de Títulos e Outros Documentos de Dívida)*

O **CORREGEDOR NACIONAL DE JUSTIÇA**, usando de suas atribuições constitucionais, legais e regimentais e

CONSIDERANDO o poder de fiscalização e de normatização do Poder Judiciário dos atos praticados por seus órgãos (art. 103-B, § 4º, I, II e III, da Constituição Federal de 1988);

CONSIDERANDO a competência do Poder Judiciário de fiscalizar os serviços extrajudiciais (arts. 103-B, § 4º, I e III, e 236, § 1º, da Constituição Federal);

CONSIDERANDO a competência da Corregedoria Nacional de Justiça de expedir provimentos e outros atos normativos destinados ao aperfeiçoamento das atividades dos serviços extrajudiciais (art. 8º, X, do Regimento Interno do Conselho Nacional de Justiça);

CONSIDERANDO a obrigação dos serviços extrajudiciais de cumprir as normas técnicas estabelecidas pelo Poder Judiciário (arts. 37 e 38 da Lei n. 8.935, de 18 de novembro de 1994);

CONSIDERANDO os princípios da supremacia do interesse público, da eficiência, da continuidade do serviço público e da segurança jurídica;

CONSIDERANDO a necessidade de proporcionar a melhor prestação de serviço, com acessibilidade isonômica aos usuários, e corrigir as distorções em busca da modicidade dos emolumentos, da produtividade, da economicidade, da moralidade e da proporcionalidade na prestação dos serviços extrajudiciais;

CONSIDERANDO a necessidade de regulamentação do disposto no art. 41-A da Lei nº 9.492/1997, incluído pela Lei nº 13.775/2018, que determinou aos tabeliães de protesto a criação de uma central nacional de serviços eletrônicos compartilhados;

CONSIDERANDO a necessidade de preservação do princípio da territorialidade aplicado às serventias extrajudiciais de protesto de títulos;

CONSIDERANDO a decisão proferida no Pedido de Providencias 0008754-28.2018.2.00.000.

PROVIMENTO Nº 97, DE 27 DE ABRIL DE 2020**

Regula os procedimentos de intimação nos tabelionatos de protesto de títulos visando a redução dos riscos de contaminação com o novo coronavírus, causador da COVID-19 como medida preventiva de saúde pública nas referidas serventias extrajudiciais.

*Situação: Revogado e incorporado ao **art. 368 do Provimento CNJ n. 149/2023** (Código Nacional de Normas da Corregedoria Nacional de Justiça– Foro Extrajudicial (CNN/CN/CNJ-EXTRA)*

- *Vide "Considerações" deste Provimento*
- *Vide art. 14, §§ 3º e 4º Lei n. 9.492/1997 (Lei de Protesto de Títulos e Outros Documentos de Dívida)*

O **CORREGEDOR NACIONAL DE JUSTIÇA**, usando de suas atribuições constitucionais, legais e regimentais e

CONSIDERANDO o poder de fiscalização e de normatização do Poder Judiciário dos atos praticados por seus órgãos (art. 103-B, § 4º, I, II e III, da Constituição Federal);

CONSIDERANDO a competência exclusiva do Poder Judiciário de fiscalizar os serviços notariais e de registro (arts. 103-B, § 4º, I e III, e 236, § 1º, da Constituição Federal);

CONSIDERANDO a competência do Corregedor Nacional de Justiça de expedir recomendações e outros atos normativos destinados ao aperfeiçoamento das atividades dos serviços notariais e de registro (art. 8º, X, do Regimento Interno do Conselho Nacional de Justiça);

CONSIDERANDO a Declaração de Pandemia de COVID-19 pela Organização Mundial da Saúde em 11 de março de 2020, em decorrência da Infecção Humana pelo novo coronavírus (Sars-Cov-2);

CONSIDERANDO a Portaria n. 188/GM/MS, de 4 de fevereiro de 2020, que declarou Emergência em Saúde Pública de Importância Nacional (ESPIN), em decorrência da Infecção Humana pelo novo coronavírus (Sars-Cov-2);

CONSIDERANDO que os serviços prestados pelos tabeliães de protesto são essenciais para a prova do inadimplemento de títulos e outros documentos de dívida com a chancela da fé pública, consoante o Provimento nº 95, de 1º de abril de 2020, da Corregedoria Nacional de Justiça;

CONSIDERANDO o princípio da continuidade dos serviços públicos e o fato de que os serviços notariais e de registro devem ser prestados, de modo eficiente e adequado em dias e horários estabelecidos pelo juízo competente, desde que atendidas as peculiaridades locais (art. 4º da Lei n. 8.935, de 18 de novembro de 1994);

CONSIDERANDO a Recomendação nº 45, de 17 de março de 2020 e o Provimento nº 91, de 22 de março de 2020, ambos, da Corregedoria Nacional de Justiça que também dispõe sobre medidas preventivas para a redução dos riscos de contaminação com o novo coronavírus, causador da COVID-19, no âmbito das serventias extrajudiciais e da execução dos serviços notariais e de registro,

PROVIMENTO Nº 167, DE 21 DE MAIO DE 2024

Altera o Código de Normas da Corregedoria Nacional de Justiça – Foro Extrajudicial, para fins de atualização e uniformização nacional acerca das regras e procedimentos do protesto comum, falimentar e de sentença condenatória.

O **CORREGEDOR NACIONAL DE JUSTIÇA**, usando de suas atribuições constitucionais, legais e regimentais e

CONSIDERANDO o poder de fiscalização e normatização do Poder Judiciário dos atos praticados pelos serviços notariais, de protesto e de registro, segundo o disposto no art. 236, § 1º, da Constituição Federal e nos arts. 37 e 38 da Lei nº 8.935, de 18 de novembro de 1994;

CONSIDERANDO a atribuição da Corregedoria Nacional de Justiça de expedir provimentos para o aperfeiçoamento das atividades dos órgãos do Poder Judiciário e dos serviços notariais e de registro, conforme o disposto no art. 8º, X, do Regimento Interno do Conselho Nacional de Justiça;

CONSIDERANDO a importância, para a segurança jurídica, de uma uniformização no âmbito nacional de regras e procedimentos para os protestos comum, falimentar e de sentença condenatória;

CONSIDERANDO que os serviços prestados pelos tabeliães de protesto são considerados serviços públicos essenciais para a prova do inadimplemento de títulos e outros documentos de dívida com a chancela da fé pública;

CONSIDERANDO dispositivos legais especiais de regência do Protesto, o art. 517 do CPC e precedentes da Segunda Seção do STJ, em sede de recurso repetitivo, REsps n. 1.398.356/MG e 1.340.236/SP;

CONSIDERANDO o requerimento formulado no Pedido de Providências n. 0001766-83.2021.2.00.0000,

RESOLVE:

Art. 1º O art. 356 do Código Nacional de Normas da Corregedoria Nacional de Justiça do Conselho Nacional de Justiça – Foro Extrajudicial (CNN/CN/CNJ-Extra), instituído pelo Provimento n. 149, de 30 de agosto de 2023, passa a vigorar com a seguinte redação:

- *Alterações inseridas no texto da referida norma*

Art. 2º O Código de Normas da Corregedoria Nacional de Justiça – Foro Extrajudicial instituído pelo Provimento n. 149, de 30 de agosto de 2023, passa a vigorar acrescido dos seguintes artigos 356-A e 356-B:

- *Alterações inseridas no texto da referida norma*

Art. 3º Este Provimento entra em vigor na data de sua publicação, ficando revogadas as disposições em contrário.

Ministro LUIS FELIPE SALOMÃO

PROVIMENTO Nº 168, DE 27 DE MAIO DE 2024

Altera o Código Nacional de Normas da Corregedoria Nacional de Justiça do Conselho Nacional de Justiça – Foro Extrajudicial (CNN/CN/CNJ-Extra), instituído pelo Provimento n. 149, de 30 de agosto de 2023, para dispor sobre a proposta de solução negocial prévia ao protesto, sobre a proposta de renegociação de dívida já protestada e para dar outras providências.

▸ *Vide arts. 375 a 388, Prov. CNJ n. 149/2023 (CNN)*

O CORREGEDOR NACIONAL DE JUSTIÇA, usando suas atribuições constitucionais, legais e regimentais e,

CONSIDERANDO o poder de fiscalização e de normatização do Poder Judiciário dos atos praticados por seus órgãos (art. 103-B, § 4º, I, II e III, da Constituição Federal);

CONSIDERANDO a competência do Poder Judiciário para fiscalizar os serviços notariais e de registro (arts. 103-B, § 4º, I e III, e 236, § 1º, da Constituição Federal);

CONSIDERANDO a obrigação de os notários e registradores cumprirem as normas técnicas estabelecidas pelo Poder Judiciário (arts. 30, XIV, e 38 da Lei n. 8.935, de 18 de novembro de 1994);

CONSIDERANDO a competência da Corregedoria Nacional de Justiça de expedir provimentos e outros atos normativos destinados ao aperfeiçoamento das atividades dos serviços notariais e de registro (art. 8º, X, do Regimento Interno do Conselho Nacional de Justiça);

CONSIDERANDO os princípios da supremacia do interesse público, da razoabilidade, da proporcionalidade, da lealdade, da boa-fé, da continuidade do serviço público e da segurança jurídica;

CONSIDERANDO que os tabeliães de protesto, por meio do Instituto de Estudos de Protesto de Títulos do Brasil – IEPTB, devem implementar todas as medidas necessárias para a constante agregação de novas funcionalidades tecnológicas que possam resultar em melhorias e em efetivo ganho de qualidade ou desempenho para a atividade extrajudicial de protesto de títulos no país, sob a égide do princípio constitucional da eficiência (*caput* do art. 37 da CF) e conforme os ditames da Lei nº 10.973, de 2 de dezembro de 2004;

CONSIDERANDO que os serviços prestados pelos tabeliães de protesto são considerados serviços públicos essenciais para a prova do inadimplemento de títulos e outros documentos de dívida com a chancela da fé pública;

CONSIDERANDO que a solução negocial prévia ao protesto extrajudicial, bem como a renegociação das dívidas já protestadas contribuem diretamente para reduzir o número de demandas judiciais em todo o país, sob a inspiração do fenômeno que se convencionou chamar de desjudicialização;

CONSIDERANDO a Meta nº 16 dos Objetivos de Desenvolvimento Sustentável – ODS, estabelecidos pelas Nações Unidas na Agenda 2030, de "proporcionar o acesso à justiça para todos e construir instituições eficazes, responsáveis e inclusivas em todos os níveis;"

CONSIDERANDO a edição da Lei nº 14.711, de 30 de outubro de 2023; e

CONSIDERANDO o requerimento formulado pelo Instituto de Estudos de Protesto de Títulos do Brasil – IEPTB, entidade de cunho nacional representativa de todos os tabeliães de protesto brasileiros, no Pedido de Providências n. 0002676-47.2020.2.00.000,

RESOLVE:

Art. 1º O Código Nacional de Normas da Corregedoria Nacional de Justiça do Conselho Nacional de Justiça – Foro Extrajudicial (CNN/CN/CNJ-Extra), instituído pelo Provimento n. 149, de 30 de agosto de 2023, passa a vigorar com a seguinte redação:

▸ *Alterações inseridas no texto da referida norma.*

Art. 2º Este Provimento entra em vigor na data de sua publicação, ficando revogadas as disposições em contrário.

Ministro LUIS FELIPE SALOMÃO

Corregedor Nacional de Justiça

RESOLUÇÕES DO CONSELHO NACIONAL DE JUSTIÇA – CNJ

RESOLUÇÃO Nº 547, DE 22 DE FEVEREIRO DE 2024

Institui medidas de tratamento racional e eficiente na tramitação das execuções fiscais pendentes no Poder Judiciário, a partir do julgamento do tema 1184 da repercussão geral pelo STF.

O PRESIDENTE DO CONSELHO NACIONAL DE JUSTIÇA (CNJ), no uso de suas atribuições legais e regimentais,

CONSIDERANDO que, segundo o Relatório Justiça em Números 2023 (ano-base 2022), as execuções fiscais têm sido apontadas como o principal fator de morosidade do Poder Judiciário, respondendo por 34% do acervo pendente, com taxa de congestionamento de 88% e tempo médio de tramitação de 6 anos e 7 meses até a baixa;

CONSIDERANDO o julgamento, em 19/12/2023, pelo Plenário do Supremo Tribunal Federal, do Recurso Extraordinário nº 1.355.208, rel. Min. Cármen Lúcia, em regime de repercussão geral (tema 1184);

CONSIDERANDO que, no referido precedente, ficou decidido que: "1. É legítima a extinção de execução fiscal de baixo valor pela ausência de interesse de agir tendo em vista o princípio constitucional da eficiência administrativa, respeitada a competência constitucional de cada ente federado. 2. O ajuizamento da execução fiscal dependerá da prévia adoção das seguintes providências: a) tentativa de conciliação ou adoção de solução administrativa; e b) protesto do título, salvo por motivo de eficiência administrativa, comprovando-se a inadequação da medida. 3. O trâmite de ações de execução fiscal não impede os entes federados de pedirem a suspensão do processo para a adoção das medidas previstas no item 2, devendo, nesse caso, o juiz ser comunicado do prazo para as providências cabíveis";

CONSIDERANDO o exposto nas Notas Técnicas nº 06/2023 e 08/2023, ambas do Núcleo de Processos Estruturais e Complexos do STF, citadas no julgado acima, segundo as quais o custo mínimo de uma execução fiscal, com base no valor da mão de obra, é de R$ 9.277,00 (nove mil, duzentos e setenta e sete reais), e que o protesto de certidões de dívida ativa costuma ser mais eficaz que o ajuizamento de execuções fiscais;

CONSIDERANDO que, segundo levantamento do CNJ também citado no julgamento, estima-se que mais da metade (52,3%) das execuções fiscais tem valor de ajuizamento abaixo de R$ 10.000,00 (dez mil reais);

CONSIDERANDO a interpretação do STJ (tema 566 dos recursos especiais repetitivos), validada pelo STF (tema 390 da repercussão geral) sobre o termo inicial do prazo prescricional após a propositura da ação;

CONSIDERANDO a decisão tomada pelo Plenário do CNJ no julgamento do Ato Normativo nº 0000732-68.2024.2.00.0000, na 1ª Sessão Ordinária, realizada em 20 de fevereiro de 2024;

RESOLVE:

Art. 1º É legítima a extinção de execução fiscal de baixo valor pela ausência de interesse de agir, tendo em vista o princípio constitucional da eficiência administrativa, respeitada a competência constitucional de cada ente federado.

§ 1º Deverão ser extintas as execuções fiscais de valor inferior a R$ 10.000,00 (dez mil reais) quando do ajuizamento, em que não haja movimentação útil há mais de um ano sem citação do executado ou, ainda que citado, não tenham sido localizados bens penhoráveis.

§ 2º Para aferição do valor previsto no § 1º, em cada caso concreto, deverão ser somados os valores de execuções que estejam apensadas e propostas em face do mesmo executado.

§ 3º O disposto no § 1º não impede nova propositura da execução fiscal se forem encontrados bens do executado, desde que não consumada a prescrição.

§ 4º Na hipótese do § 3º, o prazo prescricional para nova propositura terá como termo inicial um ano após a data da ciência da Fazenda Pública a respeito da não localização do devedor ou da inexistência de bens penhoráveis no primeiro ajuizamento.

§ 5º A Fazenda Pública poderá requerer nos autos a não aplicação, por até 90 (noventa) dias, do § 1º deste artigo, caso demonstre que, dentro desse prazo, poderá localizar bens do devedor.

Art. 2º O ajuizamento de execução fiscal dependerá de prévia tentativa de conciliação ou adoção de solução administrativa.

§ 1º A tentativa de conciliação pode ser satisfeita, exemplificativamente, pela existência de lei geral de parcelamento ou oferecimento de algum tipo de vantagem na via administrativa, como redução ou extinção de juros ou multas, ou oportunidade concreta de transação na qual o executado, em tese, se enquadre.

§ 2º A notificação do executado para pagamento antes do ajuizamento da execução fiscal configura adoção de solução administrativa.

§ 3º Presume-se cumprido o disposto nos §§ 1º e 2º quando a providência estiver prevista em ato normativo do ente exequente.

Art. 3º O ajuizamento da execução fiscal dependerá, ainda, de prévio protesto do título, salvo por motivo de eficiência administrativa, comprovando-se a inadequação da medida.

▸ *Vide Lei n. 9.492/1997 (Lei do Protesto)*

Parágrafo único. Pode ser dispensada a exigência do protesto nas seguintes hipóteses, sem prejuízo de outras, conforme análise do juiz no caso concreto:

I – comunicação da inscrição em dívida ativa aos órgãos que operam bancos de dados e cadastros relativos a consumidores e aos serviços de proteção ao crédito e congêneres (Lei nº 10.522/2002, art. 20-B, § 3º, I);

II – existência da averbação, inclusive por meio eletrônico, da certidão de dívida ativa nos órgãos de registro de bens e direitos sujeitos a arresto ou penhora (Lei nº 10.522/2002, art. 20-B, § 3º, II); ou

III – indicação, no ato de ajuizamento da execução fiscal, de bens ou direitos penhoráveis de titularidade do executado.

Art. 4º Os cartórios de notas e de registro de imóveis deverão comunicar às respectivas prefeituras, em periodicidade não superior a 60 (sessenta) dias, todas as mudanças na titularidade de imóveis realizadas no período, a fim de permitir a atualização cadastral dos contribuintes das Fazendas Municipais.

Art. 5º Esta Resolução entra em vigor na data da sua publicação.

Ministro **Luís Roberto Barroso**

RESOLUÇÃO Nº 558, DE 06 DE MAIO DE 2024

Estabelece diretrizes para a gestão e destinação de valores e bens oriundos de pena de multa, perda de bens e valores e prestações pecuniárias decorrentes de condenações criminais, colaboração premiada, acordos de leniência e acordos de cooperação internacional no âmbito do Poder Judiciário e dá outras providências.

O PRESIDENTE DO CONSELHO NACIONAL DE JUSTIÇA, (CNJ) no uso de suas atribuições legais e regimentais,

CONSIDERANDO a Resolução CNJ nº 101/2009, que definiu a política institucional do Poder Judiciário na execução de penas e medidas alternativas à prisão;

CONSIDERANDO a necessidade de disciplinar de forma estreita as destinações, controle e aplicação de valores oriundos de penas pecuniárias, espécie de pena restritiva de direitos, inclusive para incremento de confiabilidade geral no sistema penal, assegurando a publicidade e transparência na destinação dos aludidos recursos;

CONSIDERANDO as disposições da Lei Complementar nº 79/1994 e da Lei nº 13.756/2018, bem como as alterações promovidas pelas Leis nº 13.840/2019 e 13.886/2019 quanto à gestão de ativos apreendidos em processos criminais;

CONSIDERANDO as disposições das Leis nº 12.850/2013, 9.613/1998 e 11.343/2006;

CONSIDERANDO a necessidade de melhor disciplinar a destinação de bens e valores oriundos de colaboração premiada, acordos de leniência e de cooperação internacional;

CONSIDERANDO as disposições do Manual de Orientações sobre Recolhimentos de Receitas e do Manual de Orientação para Avaliação e Alienação Cautelar e Definitiva de Bens, ambos do Ministério da Justiça e Segurança Pública (MJSP);

CONSIDERANDO a necessidade de se efetivar a alienação em caráter cautelar e, com isso, evitar a deterioração e a consequente perda de valor econômico dos ativos apreendidos;

CONSIDERANDO o encargo dos magistrados, juízes de primeiro ou segundo grau, em cada caso, de prover proteção, manutenção e oportuna restituição ou destinação desses bens;

CONSIDERANDO a necessidade de unificar a normatização sobre destinação de valores oriundos de pena de prestação pecuniária, alienação de bens apreendidos em procedimentos criminais, antes reguladas pelas Resoluções CNJ nº 154/2012 e 356/2020, bem como de bens e valores oriundos de colaboração premiada, acordos de leniência e de cooperação internacional;

CONSIDERANDO as decisões proferidas pelo Supremo Tribunal Federal na Ação Direta de Inconstitucionalidade nº 3.150/DF e na Ação Direta de Inconstitucionalidade nº 2.935/ES;

CONSIDERANDO a decisão cautelar proferida na Arguição de Descumprimento de Preceito Fundamental nº 569/DF, em trâmite no Supremo Tribunal Federal;

CONSIDERANDO o Acordo de Cooperação Técnica celebrado em agosto de 2020, sob a coordenação do Supremo Tribunal Federal, do Ministério Público Federal, da Controladoria-Geral da União, da Advocacia-Geral da União, do MJSP e do Tribunal de Contas da União em matéria de combate à corrupção no Brasil, especialmente em relação aos acordos de leniência da Lei nº 12.846/2013;

CONSIDERANDO, por fim, a decisão do Plenário do CCNJ, tomada no julgamento do Ato nº 0002324-55.2021.2.00.0000, na 6ª Sessão Virtual, finalizada em 26 de abril de 2024;

RESOLVE:

CAPÍTULO I – DAS DISPOSIÇÕES GERAIS

Art. 1º A gestão e destinação de valores e bens oriundos de pena de multa, de perda de bens e valores, inclusive por alienação antecipada de bens apreendidos, sequestrados ou arrestados, de condenações a prestações pecuniárias em procedimentos criminais, de colaboração premiada, acordos de leniência e acordos de cooperação internacional, no âmbito do Poder Judiciário, observarão as disposições legais aplicáveis e as diretrizes previstas nesta Resolução.

Art. 2º O manejo e a destinação dos bens e recursos públicos serão norteados pelos princípios da legalidade, impessoalidade, moralidade, publicidade, eficiência e demais princípios que regem a Administração Pública.

CAPÍTULO II – DA PENA DE MULTA

Art. 3º A pena de multa consiste na obrigação de pagamento de quantia em dinheiro fixada em sentença penal condenatória, aplicada de modo autônomo ou cumulativo a uma pena privativa de liberdade ou restritiva de direitos, e destinada ao Fundo Penitenciário Nacional, criado pela Lei Complementar nº 79/ 1994, ou ao Fundo Penitenciário da respectiva Unidade da Federação, a depender da competência para os crimes julgados, conforme requerimento do Ministério Público, nos termos do art. 49 do Código Penal.

§ 1º Transitada em julgado a sentença condenatória, o Juízo competente para a execução penal intimará o Ministério Público para, em observância ao rito e aos prazos da Lei nº 6.830/1980, promover a execução da multa por meio judicial ou mediante protesto extrajudicial, observado o procedimento descrito pelos arts. 164 e seguintes da Lei de Execução Penal, bem como a Recomendação CNMP nº 99/2023.

- *Vide Lei n. 9.492/1997 (Lei de Protesto)*

§ 2º Em caso de recolhimento de qualquer valor a título de fiança no curso do mesmo processo, depois do pagamento das custas, da indenização do dano e da prestação pecuniária, a quantia será abatida na multa, com a cobrança apenas do restante, se houver.

§ 3º O disposto neste artigo não prejudica a destinação prevista em legislação penal especial.

§ 4º Na aplicação deste artigo, serão observadas as disposições legais e regulamentares do CNJ acerca da cobrança de dívidas fazendárias de pequeno valor, bem como a jurisprudência dominante sobre a viabilidade de extinção da punibilidade independentemente de pagamento da multa penal, quando comprovada a impossibilidade de fazê-lo.

CAPÍTULO III – DAS PRESTAÇÕES PECUNIÁRIAS DECORRENTES DE CONDENAÇÃO CRIMINAL

Art. 4º Para fins desta Resolução, a prestação pecuniária corresponde a uma pena restritiva de direitos e consiste no pagamento em dinheiro à vítima, a seus dependentes ou à entidade pública ou privada com destinação social, de importância fixada pelo juiz.

Art. 5º Na execução da pena de prestação pecuniária, os valores pagos deverão ser recolhidos em conta judicial vinculada à unidade gestora, com movimentação apenas mediante determinação judicial, vedado o recolhimento em espécie em cartório ou secretaria.

Art. 6º Nos casos em que a destinação de valores couber ao Poder Judiciário, os recursos oriundos de prestação pecuniária, quando não destinados à vítima ou aos seus dependentes, serão preferencialmente destinados à entidade pública ou privada com finalidade social, previamente conveniada, ou para atividades de caráter essencial à segurança pública, educação e saúde, desde que estas atendam às áreas vitais de relevante cunho social, a critério da unidade gestora.

§ 1º A receita da conta vinculada deverá financiar projetos apresentados pelos beneficiários citados no *caput* deste artigo, priorizando-se o repasse desses valores aos beneficiários que:

I – mantenham, por maior tempo, número expressivo de cumpridores de prestação de serviços à comunidade ou entidade pública, especialmente aquelas organizações sociais inseridas em contexto de extrema pobreza;

II – atuem diretamente na execução penal, assistência à ressocialização de apenados, assistência às vítimas de crimes e prevenção da criminalidade, incluídos os conselhos da comunidade;

III – sejam parceiros ou integrantes do Programa Novos Caminhos (Resolução CNJ nº 543/2024) ou de programa similar de apoio à desinstitucionalização de crianças e adolescentes acolhidos e a egressos de unidades de acolhimento;

IV – prestem serviços de maior relevância social;

V – apresentem projetos com viabilidade de implementação, segundo a utilidade e a necessidade, obedecendo-se aos critérios estabelecidos nas políticas públicas específicas;

VI – realizem atividades que visem à garantia de direitos de adolescentes após o cumprimento de medida socioeducativa e ao fortalecimento dos vínculos familiares e comunitários, de acordo com as diretrizes do CNJ;

VII – executem projetos de prevenção e/ou atendimento a situações de conflitos, crimes e violências e que sejam baseados em princípios e práticas da Justiça Restaurativa no sistema criminal, inclusive para pessoas em execução penal em meio aberto, pré-egressas e egressas;

VIII – se dediquem ao fortalecimento do serviço de avaliação e acompanhamento de medidas terapêuticas aplicáveis à pessoa com transtorno mental em conflito com a lei, especialmente por meio da Equipe de Avaliação e Acompanhamento das Medidas Terapêuticas Aplicáveis à Pessoa com Transtorno Mental em Conflito com a Lei (EAP) ou equipe conectora; e

IX – atuem em projetos temáticos sobre o uso de álcool e outras drogas – desenvolvidos por entidades devidamente registradas nos órgãos públicos de controle competentes – e adotem metodologias compatíveis com a Lei nº 10.216/2001 e a Resolução CNJ nº 487/2023, desde que se respeitem a voluntariedade e as diversidades culturais, religiosas e de crença das pessoas envolvidas, com prioridade ao atendimento na Rede da Atenção Psicossocial.

§ 2º A receita da conta vinculada também poderá financiar projetos específicos apresentados pelo Poder Público da União, dos estados ou dos municípios nas hipóteses descritas no *caput* deste artigo.

Art. 7º É vedada a destinação de recursos para:

I – custeio das instituições do Sistema de Justiça, inclusive Poder Judiciário, Ministério Público e Defensoria Pública;

II – promoção pessoal de membros e servidores de quaisquer dos Poderes, do Ministério Público, da Defensoria Pública ou integrantes das entidades beneficiadas;

III – pagamento de remuneração fixa por cargos de gestão e direção aos membros da diretoria das entidades beneficiadas, podendo estes receber apenas pelas horas prestadas na execução direta da atividade-fim do projeto, desde que devidamente comprovadas;

IV – fins político-partidários;

V – entidades que não estejam regularmente constituídas há mais de 1 (um) ano;

VI – entidades que condicionem ou vinculem o serviço prestado à conversão religiosa ou ao exercício de atividades de cunho religioso; e

VII – entidades cujos membros, sócios, associados ou dirigentes sejam o magistrado ou o membro do Ministério Público vinculado à unidade judicial competente para a disponibilização de recursos, ou seus cônjuges, companheiros e parentes em linha reta, colateral ou por afinidade até o segundo grau.

Parágrafo único. Também não poderão ser destinados recursos a entidades públicas ou privadas:

a) em que membros e servidores do tribunal, do respectivo Ministério Público ou da respectiva Defensoria Pública tenham qualquer ingerência, ainda que informal, na constituição ou administração da entidade ou na utilização de receitas, mesmo que para fins de patrocínio de eventos, projetos ou programas alinhados a metas institucionais;

b) de cujas atividades possa decorrer, de qualquer forma e mesmo que indiretamente, promoção pessoal de membros e servidores do Poder Judiciário, do Ministério Público, da respectiva Defensoria Pública ou de seus cônjuges, companheiros e parentes em linha reta, colateral ou por afinidade até o segundo grau.

Art. 8º Cabe à unidade gestora encaminhar à instituição financeira estadual ou federal os dados do processo, entendidos como número da autuação, comarca, vara e nome do réu, para a realização do depósito judicial, que será feito pelo cumpridor, na forma e periodicidade fixada pelo juízo, se em mais de uma prestação.

Art. 9º O manejo e a destinação desses recursos públicos serão norteados pelos princípios constitucionais da Administração Pública e condicionados à adequada prestação de contas perante a unidade gestora, sob pena de responsabilidade.

Art. 10. O credenciamento das entidades públicas ou privadas e dos respectivos projetos a serem custeados pelos valores oriundos das penas de prestações pecuniárias será realizado por meio de editais públicos, com ampla divulgação e obedecendo aos princípios citados no artigo anterior, além das diretrizes contidas nos arts. 6º e 7º desta Resolução.

Art. 11. Os tribunais poderão criar, nas suas estruturas administrativas internas, comitês e instância específica, ou designar órgãos já existentes para fazer o credenciamento geral e periódico de entidades aptas a serem beneficiadas pelos recursos decorrentes de penas de prestação pecuniária, com a construção de lista disponível a todas as varas com competência criminal, a fim de facilitar a escolha e a destinação equitativa dos valores, considerados critérios de pluralidade e impacto social.

§ 1º Os órgãos ou comitês citados no *caput* poderão contar com participação de membros do Ministério Público, da Defensoria Pública e da sociedade civil, na forma regulamentada por cada tribunal, além do apoio da equipe multidisciplinar.

§ 2º O Grupo de Monitoramento e Fiscalização será convidado a participar do órgão ou comitê acima referido, com a possibilidade de indicar membro para integrá-lo.

§ 3º Nos tribunais em que não haja comitê específico ou órgão designado, a elaboração dos editais e o posterior credenciamento ficarão a cargo das varas responsáveis pela execução da pena de prestação pecuniária, com a supervisão da corregedoria do tribunal, conforme a regulamentação interna.

Art. 12. Os tribunais divulgarão periodicamente, em seus sítios eletrônicos e com acesso público, o montante dos valores arrecadados a título de pena de prestação pecuniária, as entidades e projetos favorecidos.

Art. 13. As entidades beneficiadas prestarão contas da utilização dos valores na forma contida nos editais de credenciamento e ficam sujeitas, tanto pessoas físicas como jurídicas, gestoras dessas entidades, nas sanções administrativas, civis ou penais decorrentes do uso inadequado dos valores recebidos, assim considerado:

I – o extravio de valores;

II – o pagamento a pessoas, por bens ou por serviços diversos dos constantes no convênio realizado com o tribunal, salvo quando autorizado previamente por este, em situações excepcionais devidamente registradas no ato da prestação de contas; e

III – a modificação do escopo e público-alvo do projeto, salvo quando autorizado previamente pelo tribunal, em situações excepcionais devidamente registradas no ato da prestação de contas.

Parágrafo único. A homologação da prestação de contas ocorrerá na forma disciplinada por cada tribunal, ouvidos a equipe multidisciplinar que atua junto ao juízo competente para a execução da medida de prestação pecuniária, o Ministério Público, a Defensoria Pública e o órgão ou comitê específico de que trata o art. 11, onde houver.

Art. 14. Caberá aos tribunais, no prazo de 6 (seis) meses contados da publicação desta Resolução, regulamentar:

I – os procedimentos atinentes à elaboração e à publicação de editais para cadastramento, apresentação e aprovação de projetos de entidades públicas ou privadas com destinação social, interessadas em executar ações a que se destinam os valores da medida de prestação pecuniária;

II – a forma de publicidade a ser adotada pelo tribunal, para garantir a transparência da regulamentação e da destinação de valores;

III – a forma de prestação de contas pelas entidades conveniadas perante a unidade gestora; e

IV – outras condições eventualmente necessárias, observadas as peculiaridades locais.

Art. 14-A. Eventual transferência à Defesa Civil dos recursos de que trata o art. 6º, independentemente de prévio credenciamento, ocorrida enquanto durarem os efeitos de estado de calamidade pública formalmente decretada por ato do Poder Executivo Federal, Estadual ou Municipal, deverá ser objeto de prestação de contas diretamente pela entidade beneficiada ao respectivo Tribunal de Contas. (incluído pela Resolução n. 559, de 10.5.2024)

CAPÍTULO IV – DA PERDA DE BENS E VALORES

SEÇÃO I – DA PERDA DE BENS E VALORES COMO EFEITO DA CONDENAÇÃO E PROVENIENTES DE ACORDO DE COLABORAÇÃO PREMIADA

Art. 15. A perda de bens, valores e ativos que sejam produtos, proveito ou instrumentos do crime consiste em efeito secundário da condenação penal, previsto nos arts. 91 e 91-A do Código de Processo Penal e na legislação penal especial.

Art. 16. Os valores que sejam produto ou proveito do crime e os recursos provenientes da alienação de bens e direitos cuja perda tenha sido decretada serão destinados ao Fundo Penitenciário Nacional ou Estadual, ouvido o Ministério Público, conforme os arts. 91 do Código Penal, 133, § 2º, do Código de Processo Penal e 2º, IV, da Lei Complementar nº 79/1994.

Art. 17. Os valores ou bens provenientes de acordo de colaboração premiada – art. 4º, inciso IV, da Lei nº 12.850/2013 – serão destinados à União, caso não haja vinculação legal expressa e ressalvado o interesse de outras entidades lesadas.

Art. 18. Haverá perda dos bens, direitos e valores relacionados, direta ou indiretamente, à prática dos crimes previstos na Lei nº 9.613/1998 em favor da União – e dos Estados, nos casos de competência da Justiça estadual –, observado o disposto no art. 7º, inciso I, e § 1º, da referida Lei.

Art. 19. Os bens, direitos ou valores apreendidos em decorrência dos crimes tipificados na Lei nº 11.343/2006, ouvido o Ministério Público, serão revertidos ao Fundo Nacional Antidrogas, conforme o disposto no art. 63, I e § 1º, da referida Lei nº 11.343/2006 e no art. 4º da Lei nº 7.560/1986.

Art. 20. Os recursos provenientes de bens móveis e imóveis apreendidos ou sequestrados em decorrência das atividades criminosas perpetradas por milicianos serão destinados, ouvido o Ministério Público, ao Fundo Nacional de Segurança Pública, em atenção ao art. 3º da Lei nº 13.756/2018.

Art. 21. A destinação dos produtos e instrumentos de crimes ambientais observará o disposto no art. 25 da Lei nº 9.605/1998.

Art. 22. Nos autos em que existam bens e ativos apreendidos ou que sejam objeto de medida assecuratória, cabe ao juízo com competência criminal:

I – manter, desde a data da efetiva apreensão, arresto ou sequestro, rigoroso acompanhamento do estado da coisa ou bem, diretamente ou por depositário formalmente designado, sob responsabilidade;

II – ordenar o registro e averbações necessárias dos bens apreendidos, arrestados ou sequestrados nos respectivos órgãos de registro, nos termos dos arts. 837 e 844 do Código de Processo Civil e do § 12 do art. 61 da Lei nº 11.343/2006, alterada pela Lei nº 13.840/2019;

III – intimar o Ministério Público para realizar busca ativa e restituição do bem apreendido à vítima, quando cabível e na medida das possibilidades;

IV – providenciar, no prazo de trinta dias contados da apreensão, do arresto ou do sequestro de bens, ouvido o Ministério Público, a alienação antecipada dos ativos apreendidos em processos criminais, nos termos do § 1º do art. 61 da Lei nº 11.343/2006, alterada pela Lei nº 13.840/2019;

V – decidir, no prazo de trinta dias contados da apreensão, arresto ou sequestro de bens, ouvido o Ministério Público, sobre o cabimento da alienação antecipada dos bens e ativos apreendidos ou que sejam objeto de medida assecuratória, nos termos do art. 144-A do CPP;

VI – determinar o depósito das importâncias de valores referentes ao produto da alienação ou relacionados a numerários apreendidos ou que tenham sido convertidos, desde que sujeitos a perdimento em favor da União;

VII – determinar, ouvido o Ministério Público, a devida destinação dos valores depositados em contas vinculadas ao juízo antes do arquivamento dos autos; e

VIII – registrar expressamente na sentença a existência da decretação do perdimento dos bens móveis e imóveis, bem como a apreensão de bens, direitos e valores, quando relacionados a atividades criminosas perpetradas por milicianos ou relacionadas ao tráfico de drogas.

Art. 23. O produto da alienação depositado em conta vinculada ao juízo, após a decisão condenatória final do processo ou conforme dispuser lei específica, será convertido em renda para a União, observando-se a sistemática e os códigos de recolhimento divulgados no portal eletrônico do CNJ.

Art. 24. Em caso de alienação ou destinação de veículos automotores, o juízo deverá providenciar, antes da entrega do bem, a baixa de eventual registro de bloqueio no sistema Renajud, caso tenha sido efetivado.

Art. 25. A alienação antecipada de ativos será realizada preferencialmente por meio de leilões unificados, que poderão ser organizados pelo próprio juízo ou por centrais de alienação criadas para tal fim, na primeira e na segunda instância, ou ainda por meio de adesão a procedimento de alienação promovido peloMJSP.

§ 1º Os tribunais poderão criar cadastro de pessoas físicas ou jurídicas administradoras de bens, com comprovada experiência na área de gestão do bem ou estabelecimento empresarial apreendido, objetivando a gestão até a alienação pelo Poder Judiciário, ou aderir ao procedimento do órgão gestor de ativos pertencente à estrutura do MJSP com essa finalidade.

§ 2º Optando o juízo pelo encaminhamento dos bens e ativos apreendidos ou sobre os quais recaia alguma medida assecuratória para alienação pelo MJSP, esta será conduzida por leiloeiros contratados por aquele Ministério, aptos a leiloar todos os tipos de ativos, incluindo bens imóveis, ativos biológicos e fundos de comércio, após gestão empresarial executada por profissionais indicados pelo Conselho Federal de Administração ao Poder Judiciário, por intermédio de acordo firmado pelo MJSP.

§ 3º Enquanto não houver a integração entre sistemas do Poder Judiciário e do MJSP, a utilização dos leiloeiros, e de acordos firmados com outras instituições, deverá ser solicitada ao MJSP, mediante o preenchimento, no Sistema Eletrônico de Informações (SEI) do MJSP, do formulário de peticionamento eletrônico denominado "SENAD: Pedido Judicial de Alienação de Bens Apreendidos".

§ 4º Aderindo o juízo ao procedimento de alienação promovido pelo MJSP, o envio de documentos ao referido órgão ocorrerá mediante peticionamento eletrônico no SEI, devendo ser observado o Manual de Orientações sobre Recolhimentos de Receitas Relacionadas a Fundos Geridos pelo MJSP, disponibilizados na página do Ministério na internet.

Art. 26. O juízo deverá determinar, no ato do perdimento ou antes do encaminhamento dos bens à alienação, independentemente se por meio da central de alienação ou do MJSP, as seguintes providências:

I – às Secretarias de Fazenda e aos órgãos de registro e controle, que efetuem as averbações necessárias, caso não tenham sido realizadas por ocasião da apreensão;

II – aos cartórios de registro de imóveis, ao proferir a sentença em que determine o perdimento, que realizem o registro da propriedade em favor da União, nos termos do *caput* e do parágrafo único do art. 243 da Constituição Federal, afastada a responsabilidade de terceiros prevista no inciso VI do *caput* do art. 134 do Código Tributário Nacional; e

III – à Secretaria de Coordenação e Governança do Patrimônio da União, ao proferir a sentença em que determine o perdimento, que proceda à incorporação e entrega do imóvel, tornando-o livre e desembaraçado de quaisquer ônus para destinação.

Parágrafo único. Na decisão ou sentença de que trata o *caput*, deverá constar de forma destacada que eventuais multas, encargos ou tributos pendentes de pagamento não podem ser cobrados do arrematante ou do órgão público alienante como condição para regularização dos bens, sem prejuízo de execução fiscal em relação ao antigo proprietário.

Art. 27. A consulta ao MJSP, em atenção ao art. 62, § 1º-A, da Lei nº 11.343/2006, quanto às indicações de órgãos de polícia judiciária, militar e rodoviária que poderão fazer uso de bens apreendidos, deverá ser feita diretamente no sítio eletrônico do MJSP na internet.

SEÇÃO II – DA PENA RESTRITIVA DE PERDA DE BENS E VALORES

Art. 28. Os bens e valores cuja perda decorra de pena restritiva de direitos prevista no art. 43, II, do Código Penal serão destinados, ressalvada a legislação penal especial, ao Fundo Penitenciário Nacional, nos termos do art. 45, § 3º, do mencionado Código.

CAPÍTULO V – DO ACORDO DE LENIÊNCIA

Art. 29. Os recursos decorrentes de acordos de leniência firmados no âmbito da responsabilização judicial prevista no art. 19 da Lei nº 12.846/2013 têm natureza indenizatória, cabendo ao juízo zelar para que sejam destinados ao ressarcimento do ente público lesado.

Art. 30. Os recursos decorrentes de acordos de leniência firmados com fundamento no art. 20 da Lei nº 12.846/2013 têm natureza sancionatória, cabendo ao juízo zelar para que sejam destinados à União.

Art. 31. A destinação dos recursos decorrentes de acordo de leniência, em qualquer hipótese, ocorrerá após a necessária instrução probatória, assegurado o contraditório e a ampla defesa.

CAPÍTULO VI – DO ACORDO DE COOPERAÇÃO INTERNACIONAL

Art. 32. Aplicam-se as disposições dos capítulos anteriores aos acordos de cooperação internacionais, conforme a natureza jurídica dos bens e valores que sejam obtidos.

CAPÍTULO VII – DAS DISPOSIÇÕES FINAIS

Art. 33. Esta Resolução não se aplica a prestações pecuniárias, bens e valores depositados, apreendidos ou renunciados como condição para celebração de transações penais, suspensão condicional do processo e acordos de não persecução penal.

Art. 34. Em quaisquer hipóteses de destinação de bens e valores à União previstas nesta Resolução, fica vedada a distribuição de maneira vinculada, estabelecida ou determinada pelo Ministério Público, por termos de acordo firmado entre este e o responsável pagador, ou por determinação do órgão jurisdicional em que tramita o procedimento.

Art. 35. O Corregedor Nacional de Justiça apreciará as questões controvertidas ou proposições decorrentes da aplicação desta Resolução, podendo editar instruções complementares e sobre elas deliberar.

Art. 36. Ficam revogadas as Resoluções CNJ nº 154/2012 e 356/2020.

Art. 37. Esta Resolução entra em vigor na data de sua publicação.

Ministro LUÍS ROBERTO BARROSO

RECOMENDAÇÃO DO CONSELHO NACIONAL DO MINISTÉRIO PÚBLICO

RECOMENDAÇÃO Nº 99, DE 13 DE JUNHO DE 2023

Recomenda aos ramos e às unidades do Ministério Público a adoção de medidas extrajudiciais e judiciais para a cobrança da pena de multa prevista na alínea "c" do inciso XLVI do art. 5º da Constituição Federal e no art. 49 do Decreto-Lei nº 2.848, de 7 de dezembro de 1940 (Código Penal); e dá outras providências.

- *Vide arts. 49 e 50, Código Penal*
- *Vide Lei n. 9.492/1997 (Lei de Protesto de Títulos e Documentos de Dívida)*
- *Vide art. 3º da Resolução CNJ n. 558/224 (Diretrizes para a gestão e destinação de valores e bens oriundos de pena de multa)*

O CONSELHO NACIONAL DO MINISTÉRIO PÚBLICO, no exercício das atribuições que lhe são conferidas pelo art. 130-A, § 2º, I, da Constituição Federal, e com fundamento nos arts. 147 e seguintes do seu Regimento Interno, em conformidade com a decisão plenária proferida na 8ª Sessão Ordinária, realizada em 30 de maio de 2023, nos autos da Proposição nº 1.00257/2023-55;

Considerando a titularidade privativa do Ministério Público para promover a ação penal pública, nos termos do art. 129, I, da Constituição Federal, e do art. 25, III, da Lei nº 8.625, de 12 de fevereiro de 1993;

Considerando a previsão expressa da pena de multa no art. 5º, XLVI, "c", da Constituição Federal e no art. 49 do Decreto-Lei n 1º 2.848, de 7 de dezembro de 1940 (Código Penal);

Considerando que o art. 51 do Código Penal, com a redação que lhe foi dada pela Lei nº 13.964, de 24 de dezembro de 2019, dispõe que, transitada em julgado a sentença condenatória, a multa será executada perante o juízo da execução penal ou congênere;

Considerando a importância da pena de multa dentre as sanções criminais, na medida em que não retira o condenado do convívio familiar e atinge bem jurídico de menor importância que a liberdade;

Considerando que, no julgamento da ADI nº 3150, o Supremo Tribunal Federal decidiu que a Lei nº 9.268, de 1º de abril de 1996, ao considerar a multa penal como dívida de valor, não retirou dela o caráter de sanção criminal e reconheceu que o Ministério Público é o órgão legitimado para promover a cobrança da pena de multa, perante o juízo da execução penal, observado o procedimento descrito pelos artigos 164 e seguintes da Lei nº 7.210, de 11 de julho de 1984 (Lei de Execução Penal);

Considerando que o efetivo pagamento da multa contribui para que o Direito Penal alcance seus objetivos de prevenção e repressão, reforçando a credibilidade e a eficácia do Sistema de Justiça Criminal;

Considerando que os recursos auferidos com o pagamento da pena de multa devem ser destinados em benefício de Fundos Penitenciários para fins de aplicação em melhorias no sistema prisional brasileiro;

Considerando que o protesto de títulos constitui instrumento extrajudicial de relevo para promover a cobrança de dívidas, sem a necessidade de acionar o Poder Judiciário; e

Considerando, por fim, a obrigatoriedade da cobrança da pena de multa pelo Ministério Público, como consectário lógico da titularidade da ação penal pública e do princípio da indisponibilidade, RESOLVE:

Art. 1º Esta Recomendação dispõe sobre a adoção, pelo Ministério Público, de medidas extrajudiciais e judiciais para a cobrança da pena de multa prevista na alínea "c" do inciso XLVI do art. 5º da Constituição Federal e no art. 49 do Decreto-Lei nº 2.848, de 7 de dezembro de 1940 (Código Penal).

Art. 2º Recomenda-se aos ramos e às unidades do Ministério Público, respeitadas a autonomia administrativa, a independência funcional e a distribuição de atribuições de seus membros, a adoção de providências voltadas à cobrança da pena de multa fixada em sentença penal condenatória ou homologatória, com especial atenção para as seguintes diretrizes:

I - priorização de medidas que favoreçam o adimplemento da pena de multa prevista no art. 49 do Código Penal, sem a necessidade de propositura de ação de execução;

II - quando necessário e de acordo com o caso, o parcelamento da multa ou o desconto nos vencimentos, remuneração, subsídio, soldo ou salário do condenado, nos termos do art. 50 do Código Penal;

III - a cobrança da pena de multa de pequeno valor, assim considerado em ato administrativo próprio, por meio do instrumento do protesto extrajudicial dispensa o ajuizamento de ação de execução;

IV - na hipótese de cobrança judicial, a execução da pena de multa pelo Ministério Público perante o juízo da execução penal do local da condenação, observando-se o rito previsto nos artigos 164 e seguintes da Lei nº 7.210, de 11 de julho de 1984 (Lei de Execução Penal);

V - a observância das regras relativas à prescrição da pena de multa previstas nas normas setoriais do Direito Penal (Código Penal e Lei de Execução Penal);

VI - o trânsito em julgado da decisão condenatória para ambas as partes como marco inicial para contagem do prazo prescricional da pena de multa;

VII - na hipótese de condenação concomitante à pena privativa de liberdade e multa, quando preenchidos os requisitos fáticos e jurídicos para extinção da pena privativa de liberdade, o inadimplemento da sanção pecuniária pelo condenado que comprovar impossibilidade de fazê-lo não obsta o reconhecimento da extinção da punibilidade;

VIII - a demonstração concreta da hipossuficiência é ônus do condenado, não podendo ser presumida;

IX - o fato de o condenado ser assistido pela Defensoria Pública, por si só, não demonstra ou constitui presunção de hipossuficiência para fins de pagamento da pena de multa;

X - o reconhecimento da extinção da pena de multa quando demonstrado o pagamento ou decorrido o prazo prescricional;

XI - a necessidade de verificação do pagamento da pena de multa pelo membro do Ministério Público ao se manifestar sobre a concessão dos benefícios de progressão de regime e de livramento condicional;

XII - a destinação dos valores da pena de multa ao Fundo Penitenciário da respectiva Unidade da Federação ou ao Fundo Penitenciário Nacional, criado pela Lei Complementar nº 79, de 07 de janeiro de 1994.

Art. 3º Recomenda-se que os ramos e as unidades do Ministério Público, no âmbito de sua autonomia administrativa e independência funcional, fiscalizem permanentemente o adequado funcionamento dos Fundos Penitenciários e dos conselhos gestores respectivos.

Art. 4º Recomenda-se aos ramos e às unidades do Ministério Público a implantação de sistema de controle das medidas adotadas, dos valores executados e das quantias recolhidas aos Fundos Penitenciários, de preferência com a utilização de inteligência empresarial (*Business Intelligence - BI*) ou equivalente, dando-se publicidade.

Art. 5º A Comissão do Sistema Prisional, Controle Externo da Atividade Policial e Segurança Pública elaborará, no prazo de 90 (noventa) dias, Manual de Diretrizes para a Cobrança da Pena de Multa, ao qual se dará ampla publicidade.

Parágrafo único. O referido manual deverá observar estritamente os termos desta Recomendação, sem caráter de inovação ou ampliação de seu escopo.

Art. 6º Esta Recomendação entra em vigor na data de sua publicação.

Brasília-DF, 13 de junho de 2023

ANTÔNIO AUGUSTO BRANDÃO DE ARAS

Presidente do Conselho Nacional do Ministério Público

RESOLUÇÃO DO CONSELHO FEDERAL DE ECONOMIA – COFECON

RESOLUÇÃO Nº 1.924, DE 30 DE JANEIRO DE 2015

Inclui dispositivos no Manual de Arrecadação do Sistema Cofecon/Corecon, aprovado pela Resolução nº 1.853/2011, para contemplar a possibilidade de protesto das Certidões de Dívida Ativa – CDA's nos termos da Lei nº 9.492, de 10/09/1997.

▸ *Vide art. 1º, parágrafo único, da Lei 9.492/1997*

O CONSELHO FEDERAL DE ECONOMIA, no uso de suas atribuições legais e disposições regulamentares conferidas pela Lei nº 1.411, de 13 de agosto de 1951, Decreto nº 31.794, de 17 de novembro de 1952, Lei nº 6.021, de 03 de janeiro de 1974, Lei nº 6.537, de 19 de junho de 1978, e tendo em vista o que consta no Processo nº 16.857/2015, apreciado e deliberado na 662ª Sessão Plenária Ordinária, nos dias 29 e 30 de janeiro de 2015;

CONSIDERANDO que a Lei 12.767/2012 alterou o parágrafo único do artigo 1º da Lei 9.4921997, incluindo entre os títulos sujeitos a protesto as certidões de dívida ativa da União, dos Estados, do Distrito Federal, dos Municípios e das respectivas autarquias e fundações públicas;

CONSIDERANDO que os Conselhos Federal e Regionais de Economia, a teor do artigo 1º da Lei 6.537/1978, assim como da ADI 1717-DF - STF, constituem autarquias federais dotadas de personalidade jurídica de direito público;

CONSIDERANDO a natureza tributária das anuidades devidas ao Sistema COFECON/CORECONs;

CONSIDERANDO que as anuidades e multas devidas aos Conselhos Federal e Regionais de Economia constituem Dívida Ativa das Autarquias;

CONSIDERANDO o quanto decidido na Plenária Final do XXIV Simpósio Nacional dos Conselhos de Economia – SINCE, em 6 de setembro de 2014, na cidade de Goiânia - GO;

CONSIDERANDO as limitações dos métodos tradicionais de cobrança amigável dos créditos tributários de titularidade dos Conselhos Regionais de Economia;

CONSIDERANDO que a adoção do protesto das Certidões de Dívida Ativa – CDA's poderá resultar no aumento dos recebimentos, com consequente repercussão na arrecadação e na redução da inadimplência perante os Conselhos Regionais de Economia; resolve:

Art. 1º Incluir o Capítulo VII no Manual de Arrecadação do Sistema Cofecon/Corecon, aprovado pela Resolução nº 1.853, de 28 de maio de 2011, publicada no DOU 118, de 21 de junho de 2011, Seção 1, página 171, com a seguinte redação:

CAPÍTULO VII – DA POSSIBILIDADE DE PROTESTO DAS CERTIDÕES DE DÍVIDA ATIVA

"Art. 50. Ficam os Conselhos Regionais de Economia autorizados a protestar as Certidões de Dívida Ativa - CDA's, nos termos da Lei nº 9.492, de 10/09/1997."

"Art. 51. É da livre iniciativa dos CORECONs a adoção do procedimento previsto no artigo anterior, devendo, para aquele fim, firmar convênio com Tabelionatos de Protestos de Títulos da respectiva jurisdição."

Art. 2º A presente Resolução entra em vigor na data de sua publicação, revogando-se as disposições em contrário.

ECON. PAULO DANTAS DA COSTA

Presidente do Conselho

D.O.U: de 25.02.2015

RESOLUÇÃO DO CONSELHO FEDERAL DA ORDEM DOS ADVOGADOS DO BRASIL

RESOLUÇÃO Nº 2, DE 04 DE NOVEMBRO DE 2015*

Aprova o Código de Ética e Disciplina da Ordem dos Advogados do Brasil – OAB.

O CONSELHO FEDERAL DA ORDEM DOS ADVOGADOS DO BRASIL, no uso das atribuições que lhe são conferidas pelos arts. 33 e 54, V, da Lei n. 8.906, de 04 de julho de 1994 - Estatuto da Advocacia e da OAB, e considerando o decidido nos autos da Proposição n. 49.0000.2015.000250-3/COP;

CONSIDERANDO que a realização das finalidades institucionais da Ordem dos Advogados do Brasil inclui o permanente zelo com a conduta dos profissionais inscritos em seus quadros;

CONSIDERANDO que o advogado é indispensável à administração da Justiça, devendo guardar atuação compatível com a elevada função social que exerce, velando pela observância dos preceitos éticos e morais no exercício de sua profissão;

CONSIDERANDO que as mudanças na dinâmica social exigem a inovação na regulamentação das relações entre os indivíduos, especialmente na atuação do advogado em defesa dos direitos do cidadão;

CONSIDERANDO a necessidade de modernização e atualização das práticas advocatícias, em consonância com a dinamicidade das transformações sociais e das novas exigências para a defesa efetiva dos direitos de seus constituintes e da ordem jurídica do Estado Democrático de Direito;

CONSIDERANDO que, uma vez aprovado o texto do novo Código de Ética e Disciplina, cumpre publicá-lo para que entre em vigor 180 (cento e oitenta) dias após a data de sua publicação, segundo o disposto no seu art. 79;

CONSIDERANDO que, com a publicação, tem-se como editado o Código de Ética e Disciplina da Ordem dos Advogados do Brasil – OAB:

RESOLVE:

Art. 1º Fica aprovado o Código de Ética e Disciplina da Ordem dos Advogados do Brasil – OAB, na forma do Anexo Único da presente Resolução.

Art. 2º Esta Resolução entra em vigor na data da sua publicação, revogadas as disposições em contrário.

Brasília, 19 de outubro de 2015.
Marcus Vinicius Furtado Coêlho, Presidente

(...)

ANEXO ÚNICO DA RESOLUÇÃO N. 02/2015 – CFOAB

TÍTULO I – DA ÉTICA DO ADVOGADO

(...)

CAPÍTULO IX – DOS HONORÁRIOS PROFISSIONAIS

(...)

Art. 52. O crédito por honorários advocatícios, seja do advogado autônomo, seja de sociedade de advogados, não autoriza o saque de duplicatas ou qualquer outro título de crédito de natureza mercantil, podendo, apenas, ser emitida fatura, quando o cliente assim pretender, com fundamento no contrato de prestação de serviços, a qual, porém, não poderá ser levada a protesto.

Parágrafo único. Pode, todavia, ser levado a protesto o cheque ou a nota promissória emitido pelo cliente em favor do advogado, depois de frustrada a tentativa de recebimento amigável.

- *Vide Lei n 9.492, de 1997 (Protesto de Títulos e Documentos de Dívida)*

RESOLUÇÃO DO CONSELHO FEDERAL DE ENFERMAGEM – COFEN

RESOLUÇÃO Nº 498, DE 2 DE DEZEMBRO DE 2015

Aprova a possibilidade de realização de protesto de certidões de dívida ativas, no âmbito do Sistema Cofen/Conselhos Regionais.

▸ *Vide art. 1º, parágrafo único, da Lei 9.492/1997*

O **Conselho Federal de Enfermagem – Cofen**, no uso das competências que lhe são conferidas pela Lei nº 5.905, de 12 de julho de 1973, e pelo Regimento Interno da Autarquia, aprovado pela Resolução Cofen nº 421/2012, e

CONSIDERANDO que o Conselho Federal e os Conselhos Regionais são órgãos disciplinadores do exercício da profissão de enfermeiro e das demais profissões compreendidas nos serviços de enfermagem, conforme o disposto no art. 2º da Lei nº. 5.905, de 12 de julho de 1973;

CONSIDERANDO que compete ao Conselho Federal baixar provimentos visando ao bom funcionamento dos Conselhos Regionais de Enfermagem, conforme dispõe o art. 8º, inciso IV, da Lei 5.905, de 12 de julho de 1973;

CONSIDERANDO que compete ao Conselho Federal baixar Resoluções, Decisões e demais instrumentos legais no âmbito da Autarquia, conforme preceitua o art. 22, inciso X, do Regimento Interno da Autarquia;

CONSIDERANDO a autonomia administrativa e financeira dos Conselhos Regionais, estabelecida pela Lei nº 5.905/1773;

CONSIDERANDO o elevado o índice de inadimplência em relação ao pagamento de anuidades por parte de pessoas físicas e jurídicas inscritas nos Conselhos Regionais de Enfermagem, o que constitui infração ética, conforme art. 53 do Código de Ética dos Profissionais de Enfermagem, aprovado pela Resolução Cofen nº 311/2007;

CONSIDERANDO os elevados custos operacionais e financeiros, inclusive decorrentes de custas judiciais que devem ser antecipadas na forma da Lei nº 9.289, de 4 de julho de 1996, para a cobrança judicial dos créditos decorrentes de multas e anuidades inadimplidas;

CONSIDERANDO que a Lei nº 12.514, de 28 de outubro de 2011, autoriza em seu art. 6º, §2º, os Conselhos Federais das Profissionais Regulamentadas a estabelecerem regras de recuperação de créditos;

CONSIDERANDO que a Lei nº 12.767, de 27 de dezembro de 2012, em seu art. 25, incluiu o parágrafo único ao art. 1º da Lei nº 9.492/1997, a qual define competência, regulamenta os serviços concernentes ao protesto de títulos e outros documentos de dívida e dá outras providências, inserindo entre outros títulos sujeitos a protesto as Certidões de Dívida Ativa (CDA) da União, dos Estados, do Distrito Federal, dos Municípios e das respectivas autarquias e fundações públicas;

CONSIDERANDO que a utilização do protesto das Certidões de Dívida Ativa para cobrança de débitos à luz dos princípios da economicidade, racionalização administrativa e eficiência, se revela medida mais vantajosa para os cofres públicos do que ajuizamento de ações de execução fiscal, seja pelo tempo de tramitação dos processos, seja pelo custo total elevado na manutenção das ações judiciais;

CONSIDERANDO que o Conselho Nacional de Justiça (CNJ), reconheceu as vantagens da utilização do protesto e recomendou aos tribunais estaduais a edição de ato normativo para regulamentar a possibilidade de protesto de CDA (102ª sessão plenária do CNJ, realizada em 06 de abril de 2010);

CONSIDERANDO que em agosto de 2010, a Procuradoria-Geral Federal (PGF), órgão da Advocacia-Geral da União celebrou convênio com o Instituto de Estudos e Protestos de Títulos do Brasil (IEPTB), por meio do qual se permite que a PGF encaminhe a protesto as certidões de dívida ativa das autarquias e fundações públicas federais sem o pagamento de emolumentos prévios, que são cobrados apenas dos devedores;

CONSIDERANDO o Parecer Jurídico nº 31/2015, exarado pela Procuradoria-Geral, em que conclui pela legalidade do convenio a ser firmado com o Instituto de Protesto de Títulos, sem custos pelo Regional com emolumentos, custas, contribuições e quaisquer outras despesas reembolsáveis, detém respaldo legal e jurisprudencial, sendo benéfico para o Sistema Cofen/Conselhos Regionais;

CONSIDERANDO todos os documentos acostados aos autos do PAD Cofen nº 498/2015;

CONSIDERANDO a deliberação do Plenário do Cofen em sua 470ª Reunião Ordinária;

RESOLVE:

Art. 1º Aprovar a possibilidade dos Conselhos Regionais de Enfermagem celebrarem acordos ou convênios de cooperação técnica com entidades de protesto de títulos, com objetivo de realizar o protesto de Certidões de Dívida Ativa oriundas do não pagamento de anuidades, taxas e multas aplicadas aos profissionais de Enfermagem. *(Alterado pela Resolução Cofen nº 595/2018).*

Art. 2º Esta Decisão entra em vigor na data de sua publicação.

Brasília, 2 de dezembro de 2015.
MANOEL CARLOS N. DA SILVA
COREN-RO Nº 63592

RESOLUÇÃO DO BANCO CENTRAL DO BRASIL – BACEN

RESOLUÇÃO Nº 314, DE 26 DE ABRIL DE 2023

Dispõe sobre a execução dos serviços de compensação de cheques apresentados à Centralizadora da Compensação de Cheques (Compe) e sobre questões operacionais relacionadas ao cheque.

A Diretoria Colegiada do Banco Central do Brasil, em sessão realizada em 26 de abril de 2023, com base nos arts. 11, inciso VI, da Lei nº 4.595, de 31 de dezembro de 1964, 51 da Lei nº 4.728, de 14 de julho de 1965, e 5º e 10 da Lei nº 10.214, de 27 de março de 2001,

RESOLVE:

CAPÍTULO I – DO OBJETO E DO ÂMBITO DE APLICAÇÃO

Art. 1º Esta Resolução dispõe sobre a execução dos serviços de compensação de cheques apresentados à Centralizadora da Compensação de Cheques (Compe) e sobre outras questões operacionais relacionadas ao cheque.

Art. 2º Para fins desta Resolução, considera-se:

I - aceitação: processo de validação, pelo destinatário (instituição financeira sacada), de um cheque a ser compensado, no que diz respeito à qualidade de sua imagem e aos demais requisitos que, caso não atendidos, podem justificar sua devolução;

II - captura: processo de obtenção, pelo remetente (instituição financeira acolhedora), por meios informatizados, da imagem e das informações do cheque, para transmissão à Compe;

III - dependência: agência sacada, à qual se vincula a conta de depósito do emitente do cheque;

IV - destinatário ou instituição financeira sacada: participante contra quem é sacado o cheque e a quem são remetidas as atinentes informações e imagem;

V - devolução: processo por meio do qual a instituição financeira sacada (destinatário) informa à Compe o não acatamento do cheque e o correspondente motivo;

VI - informações do cheque: registros eletrônicos contendo os dados impressos, o valor e a data grafados no cheque;

VII - máster: procurador do participante com poderes para decidir pelo representado nos assuntos relativos à compensação de cheques na Compe;

VIII - participante: qualquer uma das instituições de que trata o art. 6º desta Resolução;

IX - recepção: processo de recebimento, pelo destinatário (instituição financeira sacada), da imagem e das informações do cheque;

X - remetente ou instituição financeira acolhedora: participante que acolhe o cheque em depósito e que encaminha à Compe as correspondentes informações e imagem;

XI - representante: terceiro contratado pelo participante para executar, em seu nome, os procedimentos de transmissão e recepção de imagens e informações dos cheques na Compe;

XII - transmissão: processo de envio da imagem e das informações do cheque para a Compe;

XIII - tratamento: processo de análise, pelo executante e pelos participantes, da imagem e das informações do cheque;

XIV - troca: procedimento por meio do qual o participante remetente informa à Compe os cheques por ele acolhidos, sacados contra outros participantes; e

XV - truncagem: procedimento por meio do qual a instituição acolhedora retém o cheque em papel e apresenta à instituição sacada a imagem digital e outros registros eletrônicos relacionados ao cheque.

CAPÍTULO II – DO PAGAMENTO DOS CHEQUES APRESENTADOS À COMPE

SEÇÃO I – DO SISTEMA COMPE

Art. 3º A Compe é o sistema responsável pela compensação interbancária de cheques.

§ 1º O processo de compensação interbancária de cheques compreende a captura, a transmissão, a recepção, o tratamento e a aceitação da imagem e das informações dos cheques, bem como a apuração dos atinentes resultados bilaterais e multilaterais.

§ 2º O resultado financeiro do ciclo de compensação diário da Compe é sensibilizado, também, por acertos de diferenças relacionadas aos cheques compensados e por pagamento de tarifas e serviços de representação no âmbito do sistema, realizados na forma dos procedimentos estabelecidos nos manuais da Compe.

Art. 4º A Compe é operada pelo Banco do Brasil S.A., executante e gestor dos serviços de compensação de cheques na forma da legislação em vigor.

Parágrafo único. O executante deve garantir a confiabilidade, fidedignidade, segurança e integridade de seus processos e das informações transitadas na Compe.

Art. 5º O executante da Compe deve divulgar em seu portal de internet as informações processadas pela Compe de interesse do mercado e não protegidas pelo sigilo bancário ou por qualquer outra espécie de sigilo legal.

SEÇÃO II – DOS PARTICIPANTES

Art. 6º As instituições titulares de conta Reservas Bancárias ou de Conta de Liquidação, nas quais sejam mantidas contas de depósito movimentáveis por cheque, ou que emitirem cheque administrativo, são obrigadas a participar da Compe.

§ 1º A participação na Compe está condicionada à prévia certificação pelo executante da Compe.

§ 2º O participante é identificado por número-código atribuído pelo Banco Central do Brasil.

§ 3º A decretação de intervenção ou de liquidação extrajudicial de participante implica sua imediata exclusão da Compe, observado o disposto no art. 37.

Art. 7º A certificação de que trata o § 1º do art. 6º deve ser baseada em testes, de forma a garantir a confiabilidade, fidedignidade, segurança e integridade dos processos de transmissão, recepção e devolução e das informações sob responsabilidade da instituição financeira.

§ 1º Os testes devem ser documentados e encaminhados ao Banco Central do Brasil para efeitos de vigilância do Sistema de Pagamentos Brasileiro, podendo a documentação ser destruída após a inspeção na Compe.

§ 2º O executante é responsável pelo controle de acesso das instituições financeiras à Compe e pela comunicação aos demais participantes a respeito da data na qual o novo participante iniciará suas operações.

§ 3º O executante deve encaminhar ao Banco Central do Brasil, antes de liberar o acesso do participante à Compe, declaração, firmada pelo diretor estatutário responsável, de que a instituição financeira foi devidamente certificada.

Art. 8º O Banco Central do Brasil pode suspender ou excluir da Compe o participante que operar em desacordo com as normas aplicáveis às câmaras e prestadores de serviços de compensação e de liquidação, os regulamentos e os manuais da Compe, respeitado o direito ao contraditório e à ampla defesa.

Parágrafo único. Na hipótese do *caput*, a readmissão da instituição financeira à Compe depende de autorização do Banco Central do Brasil.

Art. 9º Cada participante deve indicar seu máster à Compe, podendo o executante recusar o nome proposto ou pedir, a qualquer tempo, a substituição do indicado, em ambos os casos de maneira justificada.

Art. 10. O participante pode indicar como representante outro participante ou associação de instituições financeiras, independentemente de vínculo associativo.

Parágrafo único. A operação realizada por meio de um representante não exime o participante representado de suas obrigações perante a Compe.

SEÇÃO III – DA COMPENSAÇÃO INTERBANCÁRIA DE CHEQUES

SUBSEÇÃO I – DOS ITENS COMPENSÁVEIS E DA TRUNCAGEM

Art. 11. Os formulários de cheque compensáveis na Compe devem ser produzidos com a qualidade requerida pelo processo de digitalização de imagem.

Parágrafo único. Eventuais alterações relacionadas com a qualidade dos formulários de cheque deverão ser acordadas no âmbito do Grupo Compe de que trata o art. 42 e divulgadas pelo executante.

Art. 12. A instituição financeira acolhedora deve reter o cheque em papel e apresentar à instituição financeira sacada, por meio da Compe, a imagem digital e os demais registros eletrônicos.

§ 1º Os procedimentos mencionados no *caput* devem ser realizados de acordo com as regras da truncagem.

§ 2º A truncagem deve ser efetuada em conformidade com os procedimentos, as especificações e os requisitos de segurança aprovados no âmbito do Grupo Compe.

§ 3º O executante deve divulgar, para os participantes da Compe, os procedimentos, as especificações e os requisitos de segurança de que trata o § 2º.

§ 4º A transmissão da imagem e das informações do cheque à Compe supre a assinatura do participante remetente para todos os fins legais e o torna responsável, perante o destinatário, pela regularidade da série de endossos apostos ao cheque transmitido.

§ 5º A imagem e as informações do cheque somente podem ser transmitidas ou retransmitidas por outro participante, que não o indicado no cruzamento especial, quando o cheque contiver endosso-mandato.

SUBSEÇÃO II – DO CICLO DE PROCESSAMENTO

Art. 13. Deve ser realizado diariamente pelo menos um ciclo de processamento para compensação interbancária de cheques, independentemente do valor.

§ 1º O ciclo de processamento de que trata o *caput* deve ser realizado conforme horários, critérios e procedimentos estabelecidos nos manuais da Compe, compreendendo:

I - a sessão de troca;

II - a sessão de devolução;

III - a sessão de prevenção e impedimentos, que objetiva atender, exclusivamente, às solicitações de oposição, revogação e cancelamento de cheques;

IV - a sessão de acertos, que objetiva a transmissão de arquivos de registro de documentos para acertos de diferenças financeiras relacionadas aos documentos compensados, identificadas em sessão de troca ou de devolução;

V - a sessão de ajustes financeiros, que objetiva a realização, no mesmo ciclo de processamento, de ajustes financeiros entre os participantes, decorrentes de lançamentos indevidos; e

VI - a sessão de resultado, que objetiva disponibilizar informações sintéticas referentes à sessão finalizada e os valores dos encargos apurados.

§ 2º Os horários das sessões do ciclo de processamento de que trata o § 1º deste artigo devem ser estabelecidos de forma a garantir a liquidação final no horário definido no art. 33.

§ 3º Sem prejuízo ao disposto no § 2º, o executante pode alterar os horários das sessões do ciclo de processamento de que trata o § 1º deste artigo, comunicando previamente o Banco Central do Brasil.

Art. 14. A contingência do ciclo de processamento é utilizada em situação de indisponibilidade sistêmica da instituição financeira participante.

§ 1º O participante deve comunicar a indisponibilidade operacional ao executante e solicitar o acionamento da contingência do ciclo de processamento.

§ 2º A entrada do participante na contingência do ciclo de processamento implicará o adiamento do processamento do seu resultado financeiro para o próximo ciclo de processamento.

§ 3º As causas das ocorrências que justifiquem a indisponibilidade operacional da instituição financeira participante deverão ser informadas ao executante que, a partir do terceiro acionamento em trinta dias, as reportará ao Banco Central do Brasil.

§ 4º Os horários, critérios e procedimentos da contingência do ciclo de processamento são estabelecidos no regulamento e nos manuais da Compe.

Art. 15. Na ocorrência de inoperância da Compe, os cheques não trocados durante esse evento devem ser encaminhados ao sistema no dia em que for restabelecida sua operação normal.

§ 1º A ocorrência de inoperância da Compe deve ser comunicada ao Banco Central do Brasil e aos participantes no momento em que detectada pelo executante.

§ 2º Na hipótese do *caput*, o prazo de bloqueio de valores depositados em cheque, de que trata o art. 30, fica prorrogado até o dia útil seguinte ao do restabelecimento do sistema.

Art. 16. Os ciclos de processamento da Compe que englobem a Quarta-Feira de Cinzas, o dia 24 de dezembro, quando dia útil, e o último dia útil do ano seguirão os procedimentos definidos nos manuais da Compe.

§ 1º Deverá haver ciclo de processamento da Compe no dia 24 de dezembro, quando dia útil, e na Quarta-Feira de Cinzas.

§ 2º Os horários e os procedimentos de que trata este artigo devem ser estabelecidos em comum acordo com os participantes e divulgados pelo executante.

§ 3º A liquidação financeira das obrigações de que trata o art. 32, no dia 24 de dezembro, quando dia útil, e no último dia útil do ano, sofrerá os ajustes necessários para comportar os procedimentos definidos nos manuais da Compe, observado o horário de funcionamento do Sistema de Transferência de Reservas.

SUBSEÇÃO III – DA SESSÃO DE TROCA

Art. 17. Os cheques devem ser encaminhados para a Compe por meio de arquivos eletrônicos contendo as correspondentes imagens e informações, capturadas pelo participante remetente na forma das rotinas de troca e dos padrões constantes nos manuais da Compe.

Art. 18. A sessão de troca de cheques entre os participantes se processa mediante transmissão e recepção de arquivos eletrônicos contendo as pertinentes imagens e informações.

Art. 19. No processo de troca de cheques entre os participantes da Compe, é responsabilidade:

I - da instituição financeira acolhedora:

a) capturar imagens e informações fidedignas dos cheques acolhidos por ela, de acordo com os padrões constantes nos manuais da Compe;

b) transmitir ao executante arquivo contendo as imagens e as informações dos cheques de que trata a alínea "a", de acordo com leiaute constante dos manuais da Compe;

II - da instituição financeira sacada: receber, tratar e aceitar as imagens e as informações referentes aos cheques sacados contra ela, inclusive no que se refere a irregularidades e fraudes;

III - do executante:

a) tratar os arquivos encaminhados pelos remetentes, contendo os cheques por eles acolhidos em depósito; e

b) gerar e transmitir, para cada destinatário, o atinente arquivo de retorno, contendo os cheques sacados contra ele.

SUBSEÇÃO IV – DA SESSÃO DE DEVOLUÇÃO

Art. 20. A sessão de devolução deve ser realizada, obrigatoriamente, no dia útil seguinte ao da troca.

Art. 21. No processo de devolução de cheques entre os participantes da Compe, é responsabilidade:

I - da instituição financeira acolhedora:

a) tratar o arquivo de retorno transmitido pelo executante, contendo cheques acolhidos por ela e que foram devolvidos pelos destinatários; e

b) apor o carimbo de devolução em cada cheque físico, indicando o motivo informado pelo destinatário;

II - da instituição financeira sacada:

a) transmitir ao executante arquivo contendo informação de cheques em devolução, com indicação dos correspondentes motivos; e

b) incluir o emitente do cheque no Cadastro de Emitentes de Cheques sem Fundos (CCF), quando for o caso;

III - do executante:

a) tratar os arquivos contendo informação de cheques em devolução encaminhados pelos participantes; e

b) gerar e transmitir, para os participantes, os atinentes arquivos de retorno.

Art. 22. A instituição financeira sacada deve devolver os cheques não acatados à instituição financeira acolhedora até o dia útil seguinte ao da troca.

§ 1º Em caso de inoperância da Compe, os cheques cujo prazo para devolução expirar no dia da inoperância podem ser devolvidos no primeiro dia útil seguinte ao da regularização da situação que provocou a inoperância, desde que o executante comunique tempestivamente aos participantes a inoperância.

§ 2º Cheques devolvidos por problemas operacionais do remetente ou do destinatário não podem ser restituídos ao cliente nem ter seu prazo de bloqueio alterado.

§ 3º Os participantes poderão dispor de mais um dia útil de prazo para devolução, quando for feriado local, na cidade da sacada, na data da troca ou no dia útil seguinte.

Art. 23. A instituição financeira acolhedora deve indicar a data de apresentação e o motivo de devolução do cheque por meio de carimbo aposto no verso da cártula.

Art. 24. O cheque devolvido deve estar à disposição do beneficiário-depositante em até um dia útil, a partir do fim do prazo de bloqueio, na dependência da instituição financeira em que o cheque foi acolhido.

§ 1º A instituição financeira acolhedora deverá, mediante requisição do cliente, disponibilizar o cheque devolvido na dependência da instituição financeira com a qual ele mantenha relacionamento, em até:

I - dois dias úteis a partir da data de requisição, no caso de depósito realizado na mesma cidade da dependência de relacionamento do cliente; ou

II - sete dias úteis a partir da data de requisição, no caso de depósito feito em cidade distinta daquela onde situada a dependência de relacionamento do cliente.

§ 2º O cheque pode ser devolvido em outra dependência, mediante acordo entre o cliente e a instituição financeira acolhedora, não estando a devolução do documento ao cliente sujeita a prazo regulamentar.

Art. 25. As instituições participantes da Compe devem afixar aviso em local visível em suas dependências, bem como comunicar os clientes pelos demais canais de atendimento disponíveis, com informação clara, precisa, ostensiva e em língua portuguesa, sobre a regra de que trata o art. 24.

Art. 26. A devolução efetuada irregularmente pelo participante destinatário pode ser impugnada pelo participante remetente:

I - na sessão de acertos do dia útil seguinte;

II - no prazo de sessenta dias, quando, comprovadamente, for detectado qualquer tipo de fraude relacionada com o endosso do cheque; e

III - em qualquer tempo, quando o cheque for devolvido fora dos prazos estabelecidos.

§ 1º Os acertos financeiros decorrentes das impugnações devem ser efetuados na data da impugnação.

§ 2º Excetuados os acertos financeiros decorrentes das impugnações previstas no *caput*, as eventuais divergências devem ser eliminadas após o encerramento da compensação, por meio de entendimento entre os participantes envolvidos.

Art. 27. Os cheques que não forem devolvidos até o dia útil seguinte à data de troca são considerados liquidados, observado o disposto no art. 22.

Art. 28. Os cheques devem ser liquidados mesmo quando houver divergência entre o valor expresso em algarismos e o valor expresso por extenso.

Parágrafo único. A eventual diferença de que trata o *caput*, verificada, em consequência do processamento do cheque de que se trata pelo valor expresso em algarismos, deve ser regularizada entre as partes.

Art. 29. Eventuais prejuízos decorrentes de diferenças identificadas na Compe devem ser objeto de ressarcimento mediante acordo entre as partes, observados os limites de remuneração vigentes no mercado.

SUBSEÇÃO V – DO BLOQUEIO DE VALORES DEPOSITADOS EM CHEQUE

Art. 30. O prazo de bloqueio do valor do cheque não pode ser superior a um dia útil, contado a partir do dia seguinte ao da apresentação do cheque pelo beneficiário à instituição financeira acolhedora.

§ 1º O prazo de que trata o *caput* será acrescido de um dia útil, se ocorrer, durante o período normal de bloqueio, feriado local na cidade onde localizada a dependência sacada.

§ 2º O executante da Compe deve divulgar diariamente aos participantes cadastro contendo o código de dependências e dos municípios onde ocorrerá feriado municipal, para fins de bloqueio dos depósitos efetuados com cheques.

§ 3º Os depósitos efetuados em cheque, que sofrerem bloqueio por prazos superiores aos estabelecidos neste artigo, devem ser remunerados pela Taxa Selic, por dia que exceda o prazo de bloqueio permitido.

Art. 31. O pagamento de cheque sacado contra outra dependência da instituição financeira acolhedora deve observar os mesmos prazos máximos de bloqueio e de devolução previstos para os cheques sacados contra outros participantes.

Parágrafo único. Os prazos previstos no *caput* podem ser reduzidos por acordo entre a instituição financeira acolhedora e o beneficiário-depositante.

SEÇÃO IV – DA LIQUIDAÇÃO FINANCEIRA

Art. 32. A liquidação financeira dos resultados da Compe é realizada com a utilização de recursos depositados em conta vinculada no Banco Central do Brasil, cujos depósitos serão realizados pelo participante por meio do Sistema de Transferência de Reservas.

Art. 33. A liquidação financeira das obrigações de que trata o art. 32 ocorre às 16h30 do dia útil subsequente ao início da sessão de troca.

Art. 34. Os resultados apurados na Compe podem ser ajustados antes de sua efetiva liquidação no Banco Central do Brasil, conforme manuais da Compe.

Parágrafo único. A efetivação do ajuste deve sempre contar com a manifestação formal, endereçada ao executante, das duas instituições envolvidas.

Art. 35. A liquidação de que trata o art. 32 observa os seguintes procedimentos:

I - o executante deve informar ao Banco Central do Brasil e a cada participante da Compe até às 15h20 os resultados bilaterais e multilaterais relativos à sessão de troca iniciada no dia útil anterior;

II - os participantes devem prover a conta vinculada de recursos suficientes à liquidação financeira de suas obrigações interbancárias relativas à sessão de troca iniciada no dia útil anterior até às 16h15;

III - caso o valor disponível na conta vinculada de qualquer participante, no horário indicado no inciso II, seja insuficiente para a correspondente liquidação, o Banco Central do Brasil o excluirá do processo de liquidação e informará, a cada um dos demais participantes, essa ocorrência e o novo resultado líquido multilateral apurado;

IV - na hipótese prevista no inciso III, os participantes não excluídos devem prover, sempre que necessário, a conta vinculada de recursos suficientes à liquidação financeira de suas obrigações interbancárias, até dez minutos após a divulgação, pelo Banco Central do Brasil, do novo resultado multilateral; e

V - o processo estabelecido nos incisos III e IV é repetido até que o saldo provido na conta vinculada de todos os titulares seja suficiente para a liquidação financeira de suas obrigações interbancárias.

Art. 36. O Banco Central do Brasil poderá alterar os horários previstos nesta seção, inclusive no que diz respeito a datas específicas, quando fatos extraordinários assim o justificarem.

Art. 37. No momento da exclusão de participante decorrente de decretação de intervenção ou de liquidação extrajudicial, conforme disposto no art. 6º, § 3º, se houver resultado multilateral já aprovado, mas ainda não liquidado nos termos desta seção, o Banco Central do Brasil excluirá o participante do processo de liquidação, seguindo o mesmo procedimento descrito nos incisos III, IV e V do art. 35.

Parágrafo único. Eventuais recursos existentes na conta vinculada serão transferidos para:

I - a conta Reservas Bancárias ou para a Conta de Liquidação da instituição, quando houver; ou

II - a conta de depósitos à vista indicada para esse fim, caso contrário.

Art. 38. O participante excluído em decorrência de intervenção ou de liquidação extrajudicial participará do ciclo de processamento seguinte ao momento de sua exclusão apenas para fins de devolução, sem qualquer efeito financeiro, dos cheques encaminhados e recebidos no ciclo cujo resultado multilateral foi reprocessado na forma do art. 37.

§ 1º Para a devolução de que trata o *caput* deve ser utilizado o motivo 24 (bloqueio judicial ou determinação do Banco Central do Brasil).

§ 2º O motivo de que trata o § 1º deve ser utilizado também para a devolução, aos clientes, dos cheques anteriormente acolhidos e que não chegaram a ser trocados.

Art. 39. Qualquer irregularidade capaz de afetar a capacidade operacional e a posição dos participantes deve ser informada pelo executante ao Banco Central do Brasil para exame e adoção das providências cabíveis.

SEÇÃO V – DO RESSARCIMENTO DOS CUSTOS OPERACIONAIS (RCO)

Art. 40. As despesas do executante referentes aos custos operacionais de compensação dos cheques serão ressarcidas pelos participantes.

Parágrafo único. A definição da sistemática de rateio e de ressarcimento dos custos constará nos manuais da Compe.

Art. 41. A devolução de cheque está sujeita ao ressarcimento dos custos operacionais ao executante, revertida em benefício da Compe, cujo valor e responsabilidade devem ser estabelecidos em seus manuais.

Parágrafo único. O ressarcimento dos custos operacionais pela devolução de cheque à câmara de compensação será cobrado:

I - da instituição financeira sacada, quando o não pagamento do cheque for causado pelo emitente; ou

II - da instituição financeira acolhedora, quando o não pagamento do cheque for causado pelo beneficiário-depositante.

SEÇÃO VI – DO GRUPO CONSULTIVO PARA ASSUNTOS DE COMPENSAÇÃO

Art. 42. O Grupo Compe é constituído pelas instituições financeiras que mantenham contas de depósito à vista movimentáveis por cheque, para opinar sobre questões relacionadas com a Compe.

Art. 43. Compete ao Grupo Compe:

I - manifestar-se sobre matérias relacionadas à Compe, quando solicitado pelo Banco Central do Brasil ou pelo executante;

II - submeter, por iniciativa própria, ao Banco Central do Brasil ou ao executante, conforme a natureza da matéria, estudos ou sugestões que objetivem o contínuo aperfeiçoamento da Compe;

III - constituir subgrupos de seus membros, em caráter permanente ou provisório, para colaborar no estudo e apreciação de matérias específicas, observadas a necessidade e a conveniência; e

IV - elaborar o seu regimento interno.

Art. 44. O Grupo Compe é integrado pelos seguintes membros:

I - um representante do executante, com as atribuições de coordenador;

II - um representante da Federação Nacional dos Bancos (Fenaban)/Federação Brasileira de Bancos (Febraban);

III - um representante da Associação Brasileira de Bancos (ABBC);

IV - um representante da Associação Brasileira de Bancos Internacionais (ABBI); e

V - sete representantes indicados pelas entidades Fenaban/Febraban, ABBC e ABBI, em conjunto, por meio de processo coordenado pelo executante, selecionados conforme o total de documentos remetidos e recebidos, via Compe, sendo:

a) um representante de instituições participantes da Compe entre as de pequeno movimento;

b) três representantes de instituições participantes da Compe entre as de médio movimento; e

c) três representantes de instituições participantes da Compe entre as de grande movimento.

§ 1º Os participantes são classificados em pequeno, médio ou grande movimento, segundo o percentual de representatividade de cada participante em relação ao total de documentos remetidos e recebidos, via Compe, no ano anterior, por todos os participantes, observado o seguinte critério:

I - pequeno movimento: até 0,5% (cinco décimos por cento);

II - médio movimento: acima de 0,5% (cinco décimos por cento) e até 5% (cinco por cento); e

III - grande movimento: acima de 5% (cinco por cento).

§ 2º O Banco Central do Brasil poderá indicar um servidor para atuar na condição de observador, que poderá participar das reuniões e demais atividades desenvolvidas pelo Grupo Compe.

Art. 45. A executante deve divulgar, no mês de fevereiro de cada ano, a listagem dos participantes da Compe, contendo, no mínimo, o nome, a quantidade de documentos remetidos e recebidos e o respectivo percentual de representatividade, relativo ao ano anterior, com classificação em ordem decrescente, pelo referido percentual.

CAPÍTULO III – DOS PROCEDIMENTOS DE DEVOLUÇÃO DE CHEQUES APRESENTADOS PARA PAGAMENTO

Art. 46. Ao recusar o pagamento de cheque, a instituição financeira acolhedora deve registrar, no verso do cheque, em declaração datada, o código correspondente ao motivo da devolução, conforme listagem constante do Anexo desta Resolução.

§ 1º No caso de cheque apresentado ao caixa, o registro deve ser feito com anuência do beneficiário.

§ 2º A instituição financeira utilizará o código correspondente ao motivo previsto nos regulamentos e manuais da Compe quando se tratar de motivo não previsto no Anexo desta Resolução.

Art. 47. Ao recusar o pagamento de cheque, a instituição financeira sacada deve:

I - manter registro da ocorrência no caso de cheques devolvidos pelos motivos 11 a 14; e

II - providenciar a imediata comunicação ao emitente no caso de cheques devolvidos pelos motivos 12 a 14, com vistas à regularização da situação.

CAPÍTULO IV – DOS PROCEDIMENTOS RELACIONADOS À SUSTAÇÃO OU À REVOGAÇÃO DE CHEQUES

Art. 48. As instituições financeiras sacadas devem observar os seguintes procedimentos em relação a cheque objeto de sustação ou revogação:

I - cheque objeto de solicitação de sustação ou revogação provisória não expirada e ainda não confirmada: proceder à devolução pelo motivo 70;

II - cheque objeto de solicitação de sustação ou revogação provisória expirada e não confirmada nos termos da regulamentação em vigor: realizar os procedimentos normais aplicados a cheques recebidos para liquidação, considerando inexistente qualquer pedido de sustação ou revogação;

III - cheque objeto de solicitação de sustação ou revogação confirmada, quando apresentado pela primeira vez ou após ter sido devolvido pelo motivo 70: proceder à devolução, conforme o caso, pelos motivos 20, 21 ou 28;

IV - cheque devolvido anteriormente pelo motivo 21 e reapresentado: verificar a existência de eventual anulação da sustação ou revogação e, em caso afirmativo, realizar os procedimentos normais aplicados a cheques recebidos para liquidação, ou, caso contrário, proceder à devolução pelo motivo 43; e

V - cheque devolvido anteriormente pelos motivos 20 ou 28: proceder à devolução pelo motivo 49.

CAPÍTULO V – DOS PROCEDIMENTOS RELACIONADOS À CONTRATAÇÃO DE SERVIÇOS DE COMPENSAÇÃO DE CHEQUES POR COOPERATIVAS DE CRÉDITO

Art. 49. As cooperativas de crédito que oferecerem a seus depositantes serviço de compensação interbancária de cheques, mediante a contratação de bancos múltiplos, bancos comerciais ou da Caixa Econômica Federal para a execução de serviços referentes à Compe e a outros sistemas de liquidação de pagamentos e de transferências interbancárias, devem manter, na instituição financeira contratada, conta de depósitos com a finalidade específica de processamento de cheques e transferências cursados ao amparo do acordo firmado.

Parágrafo único. O contrato firmado entre a cooperativa de crédito e a instituição financeira prestadora dos serviços de compensação e de liquidação de cheques deve prever:

I - as condições de utilização dos motivos de devolução estabelecidos nesta Resolução e consequências daí decorrentes;

II - o encerramento imediato do contrato no caso de descumprimento de cláusula expressamente identificada como essencial para a execução dos serviços de compensação; e

III - o compromisso de a instituição financeira contratada de, no caso de encerramento voluntário do contrato, continuar realizando, pelo prazo mínimo de três meses, a liquidação de cheques eventualmente emitidos em folhas que apresentem seu número de compensação, desde que a cooperativa mantenha o suprimento dos fundos necessários na conta mencionada no *caput* deste artigo.

Art. 50. A instituição financeira contratada deve informar imediatamente ao Banco Central do Brasil o inadimplemento contratual da cooperativa de crédito no acordo de compensação.

CAPÍTULO VI – DAS DISPOSIÇÕES FINAIS

Art. 51. Ficam revogadas:

I - a Circular nº 1.451, de 28 de fevereiro de 1989;

II - a Circular nº 1.528, de 24 de agosto de 1989;

III - a Circular nº 1.591, de 9 de março de 1990;

IV - a Circular nº 1.844, de 14 de novembro de 1990;

V - a Circular nº 1.856, de 6 de dezembro de 1990;

VI - a Circular nº 1.976, de 20 de junho de 1991;

VII - a Circular nº 2.065, de 17 de outubro de 1991;

VIII - a Circular nº 2.094, de 5 de dezembro de 1991;

IX - a Circular nº 2.250, de 18 de novembro de 1992;

X - a Circular nº 2.313, de 26 de maio de 1993;

XI - a Circular nº 2.989, de 28 de junho de 2000;

XII - a Circular nº 3.029, de 22 de março de 2001;

XIII - a Circular nº 3.226, de 18 de fevereiro de 2004;

XIV - a Circular nº 3.266, de 15 de dezembro de 2004;

XV - a Circular nº 3.284, de 6 de maio de 2005;

XVI - a Circular nº 3.306, de 29 de dezembro de 2005;

XVII - a Circular nº 3.334, de 5 de dezembro de 2006;

XVIII - a Circular nº 3.532, de 25 de abril de 2011;

XIX - a Circular nº 3.535, de 16 de maio de 2011;

XX - a Circular nº 3.657, de 27 de maio de 2013;

XXI - a Circular nº 3.733, de 26 de novembro de 2014;

XXII - a Circular nº 3.859, de 27 de novembro de 2017;

XXIII - a Resolução BCB nº 18, de 22 de setembro de 2020; e

XXIV - a Carta Circular nº 1.923, de 12 de maio de 1989.

Art. 52. Esta Resolução entra em vigor em 2 de outubro de 2023.

Otávio Ribeiro Damaso
Diretor de Regulação

Renato Dias de Brito Gomes
Diretor de Organização do Sistema Financeiro e de Resolução

Diogo Abry Guillen
Diretor de Política Monetária

ANEXO À RESOLUÇÃO Nº 314, DE 26 DE ABRIL DE 2023

CÓDIGOS CORRESPONDENTES AOS MOTIVOS DE DEVOLUÇÃO DE CHEQUES

Grupo	Código	Motivo	Explicação do motivo
Cheque sem provisão de fundos	11	Cheque sem fundos – 1ª Apresentação.	Cheque sem fundos apresentado uma única vez.
	12	Cheque sem fundos – 2ª Apresentação.	Cheque sem fundos apresentado em duas datas diferentes.
	13	Conta encerrada.	Utilizado quando a conta estiver encerrada e não houver outro motivo para justificar a devolução.
	14	Prática espúria.	Utilizado quando ocorrer uma das seguintes hipóteses: I - forem apresentados, no mesmo dia, mais de 3 (três) cheques sem fundos de valor de até R$3,41 (três reais e quarenta e um centavos), sacados contra a mesma conta de depósitos; ou II - já tiverem sido pagos, em datas diferentes, em razão de "compromisso de pronto acolhimento", 3 (três) ou mais cheques sem fundos de valor de até R$3,41 (três reais e quarenta e um centavos).
Impedimento ao pagamento	20	Cheque não assinado pelo titular da conta sacada, sustado ou revogado em virtude de roubo, furto ou extravio de folhas de cheque em branco.	Utilizado na devolução de cheque objeto de sustação ou revogação, realizada mediante declaração firmada pelo titular da conta sacada, relativa ao roubo, furto ou extravio de folhas de cheque em branco.
	21	Contra-ordem (ou revogação) ou oposição (ou sustação) ao pagamento pelo emitente ou pelo portador.	Utilizado na devolução de cheque objeto de sustação ou revogação realizada mediante declaração firmada pelo emitente ou portador legitimado, por qualquer motivo por ele alegado.
	22	Divergência ou insuficiência de assinatura.	
	23	Cheques emitidos por entidades e órgãos da administração pública federal direta e indireta, em desacordo com os requisitos constantes do art. 74, § 2º, do Decreto-Lei nº 200, de 25 de fevereiro de 1967.	
	24	Bloqueio judicial ou determinação do Banco Central do Brasil.	
	25	Cancelamento de talonário pelo banco sacado.	

Grupo	Código	Motivo	Explicação do motivo
Impedimento ao pagamento	28	Cheque sustado ou revogado em virtude de roubo, furto ou extravio, após efetiva emissão.	Utilizado na devolução de cheque efetivamente emitido pelo cliente, objeto de sustação ou revogação realizada mediante declaração firmada pelo emitente ou beneficiário relativos ao roubo, furto ou extravio.
	70	Sustação ou revogação provisória.	Utilizado na devolução de cheque objeto de sustação ou revogação provisória, cujo prazo de confirmação não tenha expirado e cuja confirmação ainda não tenha sido realizada, nas condições estabelecidas na regulamentação em vigor. A sustação provisória não poderá ser renovada ou repetida em relação a um mesmo cheque.
Cheque com irregularidade	31	Erro no preenchimento (sem data de emissão, com o mês grafado numericamente, ausência de assinatura, não registro do valor por extenso ou incompleto).	
	33	Divergência de endosso.	
	34	Cheque apresentado por estabelecimento bancário que não o indicado no cruzamento em preto, sem o endosso-mandato.	
	35	Cheque fraudado, com dado rasurado ou adulterado, ou utilizado para finalidade diferente de sua emissão, ou não fabricado pelo sacado.	
Apresentação indevida	41	Cheque apresentado a banco que não o sacado.	
	43	Cheque devolvido anteriormente pelos motivos 21, 22, 23, 24, 31, 34 e 71, não passível de reapresentação em virtude de persistir o motivo da devolução.	
	44	Cheque prescrito.	Utilizado na devolução de cheque apresentado após decorridos 6 (seis) meses da expiração do prazo de apresentação.
	45	Cheque emitido por entidade obrigada a realizar movimentação e utilização de recursos financeiros do tesouro nacional mediante ordem bancária.	
	48	Cheque de valor superior a R$100,00 (cem reais), emitido sem a identificação do beneficiário.	
Apresentação indevida	49	Remessa nula, caracterizada pela reapresentação de cheque devolvido pelos motivos 12, 13, 14, 43, 44, 45 e 72, podendo a devolução ocorrer a qualquer tempo.	
A serem empregados diretamente pela instituição financeira contratada	71	Inadimplemento contratual da cooperativa de crédito no acordo de compensação.	Aplicado aos documentos recebidos exclusivamente na data em que for verificado do descumprimento, pela cooperativa de crédito, de cláusula do contrato considerada essencial para a execução dos serviços de compensação.
	72	Contrato de compensação encerrado.	Aplicado aos seguintes casos: I - encerramento voluntário do contrato de compensação interbancária de cheques entre cooperativa de crédito e a instituição financeira participante do sistema de compensação, após decorrido o prazo mínimo de 3 (três) meses; ou II - documentos recebidos a partir do primeiro dia subsequente à data em que tenham sido devolvidos documentos pelo motivo 71.

PORTARIAS

PORTARIA INTERMINISTERIAL Nº 1, DE 23 DE AGOSTO DE 2013, DA AGU/BACEN

Dispõe sobre o protesto extrajudicial das Certidões de Dívida Ativa do Banco Central do Brasil.

› *Vide art. 1º, parágrafo único da Lei 9.492/1997*

O PRESIDENTE DO BANCO CENTRAL DO BRASIL e o ADVOGADO-GERAL DA UNIÃO, no uso das atribuições que lhes conferem o art. 87, parágrafo único, incisos I e II, da Constituição da República Federativa do Brasil e o art. 4º, incisos I e XVIII, da LC 73, de 10 de fevereiro de 1993, tendo em vista o disposto no art. 1º, parágrafo único, da lei 9.492, de 10 de setembro de 1997, no art. 37-C da lei 10.522, de 19 de julho de 2002, no art. 46 da lei 11.457, de 16 de março de 2007, no art. 198 da lei 5.172, de 25 de outubro de 1966 – CTN, e no art. 585, inciso VII, da Lei nº 5.869, de 11 de janeiro de 1973 – CPC, resolvem:

Art. 1º As Certidões de Dívida Ativa do Banco Central do Brasil, independentemente de valor, poderão ser levadas a protesto extrajudicial.

Parágrafo único. A Procuradoria-Geral do Banco Central (PGBC) expedirá, no âmbito de suas atribuições, as normas e orientações concernentes ao disposto no *caput* deste artigo.

Art. 2º Para os fins desta Portaria, a PGBC poderá celebrar convênios com entidades públicas e privadas para a divulgação de informações previstas no art. 198, § 3º, inciso II, da Lei nº 5.172, de 25 de outubro de 1966 – CTN.

Art. 3º Esta Portaria entra em vigor na data de sua publicação.

DOU de 26-08-2013.

PORTARIA Nº 429, DE 04 DE JUNHO DE 2014, DA PROCURADORIA GERAL DA FAZENDA NACIONAL – PGFN

Disciplina a utilização do protesto extrajudicial por falta de pagamento de certidões de dívida ativa da União ou do Fundo de Garantia do Tempo de Serviço – FGTS de responsabilidade da Procuradoria-Geral da Fazenda Nacional – PGFN.

› *Vide art. 1º, parágrafo único da Lei 9.492/1997*

A **PROCURADORA-GERAL DA FAZENDA NACIONAL**, no uso das atribuições que lhe conferem o art. 10, inciso I, do Decreto-Lei nº 147, de 3 de fevereiro de 1967, e o art. 72, incisos XIII e XVII, do Regimento Interno da Procuradoria-Geral da Fazenda Nacional, aprovado pela Portaria do Ministro de Estado da Fazenda nº 257, de 23 de junho de 2009, e tendo em vista o disposto no parágrafo único do artigo 1º da Lei nº 9.492, de 10 de setembro de 1997, acrescentado pela Lei nº 12.767, de 27 de dezembro de 2012. RESOLVE:

Art. 1º As certidões de dívida ativa da União e do FGTS poderão ser encaminhadas para protesto extrajudicial por falta de pagamento, no domicílio do devedor *(Redação dada pela Portaria n. 693/2015)*.

§ 1º (Revogado pela Portaria nº 693/2015)

§2º Os créditos não ajuizados levados a protesto terão o respectivo encargo legal reduzido para 10% (dez por cento), nos termos do art. 3º do Decreto-Lei nº 1.569, de 8 de agosto de 1977, ou 5%, nos termos da Lei nº 8.844, de 20 de janeiro de 1994, conforme o caso.

Art. 2º As certidões de dívida ativa da União serão encaminhadas por meio de sistema eletrônico aos Tabelionatos de Protesto de Títulos juntamente com os respectivos documentos de arrecadação.

Art. 3º Não serão encaminhados a protesto os créditos cuja exigibilidade esteja suspensa ou em processo de concessão de parcelamento.

Art. 4º O protesto somente será realizado junto aos Tabelionatos de Protesto de Títulos nos quais não seja necessário o pagamento antecipado, ou em qualquer outro momento, de despesas pela entidade protestante.

Parágrafo único. A desistência e o cancelamento de protesto solicitados diretamente pelas unidades da Procuradoria-Geral da Fazenda Nacional – PGFN não implicam ônus para o devedor.

Art. 5º Do encaminhamento da certidão de dívida até a lavratura do protesto, o pagamento pelo devedor se dará junto ao Tabelionato de Protesto, nos termos da Lei nº 9.492, de 10 de setembro de 1997.

§ 1º No período a que se refere o *caput*, não será admitido o parcelamento ou reparcelamento do débito.

§ 2º Realizado o pagamento, o Tabelionato recolherá na rede bancária o respectivo valor à Fazenda Nacional até o primeiro dia útil subseqüente, mediante a utilização do documento de arrecadação encaminhado pela PGFN.

Art. 6º Após a lavratura do protesto, o devedor deverá efetuar o pagamento diretamente na rede bancária mediante emissão de documento de arrecadação respectivo.

Art. 7º O protesto será retirado com o pagamento total ou a suspensão da exigibilidade do crédito.

§ 1º A PGFN encaminhará ao Tabelionato responsável anuência para a retirada do protesto nos casos de suspensão da exigibilidade do crédito ou de pagamento integral pelo devedor após a lavratura do protesto.

§ 2º A retirada do protesto está condicionada ao recolhimento pelo devedor de custas e emolumentos cartorários junto ao Tabelionato de Protestos.

Art. 8º Os devedores poderão solicitar acesso aos documentos mantidos sob guarda dos Tabelionatos de Protesto, observado o disposto no art. 35 da Lei nº 9.492, de 10 de setembro de 1997.

Art. 9º A Coordenação-Geral da Dívida Ativa da União expedirá as orientações concernentes ao cumprimento desta Portaria.

Art. 10. Esta portaria entra em vigor na data de sua publicação.

Art. 11. Fica revogada a Portaria PGFN nº 321, de 06 de abril de 2006.

ADRIANA QUEIROZ DE CARVALHO
Procuradora-Geral da Fazenda Nacional

3

LEGISLAÇÃO SOBRE CÉDULAS, LETRAS E NOTAS

LEI Nº 492, DE 30 DE AGOSTO DE 1937

Regula o penhor rural e a cédula pignoratícia

O Presidente da República:

Faço saber que o Poder Legislativo decreta e eu sanciono a seguinte lei:

CAPÍTULO I – DO PENHOR RURAL

Art. 1º Constitui-se o penhor rural pelo vínculo real, resultante do registro, por via do qual agricultores ou criadores sujeitam suas culturas ou animais ao cumprimento de obrigações, ficando como depositários daqueles ou destes.

Parágrafo único. O penhor rural compreende o penhor agrícola e o penhor pecuário, conforme a natureza da coisa dada em garantia.

Art. 2º Contrata-se o penhor rural por escritura pública ou por escritura particular, transcrita no registro imobiliário da comarca em que estiverem, situados os bens ou animais empenhados, para valimento contra terceiros.

§ 1º A escritura particular pode ser feita e assinada ou somente assinada pelos contratantes, sendo subscrita por 2 (duas) testemunhas, observado que as assinaturas poderão ser feitas de forma eletrônica, conforme legislação aplicável. *(Redação dada pela Lei nº 14.421, de 2022)*

- *Vide art. 221, II, Lei n. 6.015/1973 (Registros Públicos)*

§ 2º A escritura deve declarar:

- *Vide art. 221, I Lei n. 6.015/1973 (Registros Públicos)*
- *Vide Lei n. 7.433/1985 (Escritura Pública) e Decreto Regulamentador n.93.240/1986*

I – os nomes, prenomes, estado, nacionalidade, profissão e domicílio dos contratantes;

II – o total da dívida ou sua estimação;

III – o prazo fixado para o pagamento;

IV – a taxa dos juros, se houver;

V – as cousas ou animais dados em garantia, com as suas especificações, de molde a individualizá-las;

VI – a denominação, confrontação e situação da propriedade agrícola onde se encontrem as coisas ou animais empenhados, bem assim a data da escritura de sua aquisição, ou arrendamento, e número de sua transcrição imobiliária;

VII – as demais estipulações usuais no contrato mútuo.

Art. 3º Pode ajustar-se o penhor rural em garantia de obrigação de terceiro, ficando as coisas ou animais em poder do proprietário e sob sua responsabilidade, não lhe sendo lícito, como depositário, dispor das mesmas, senão com o consentimento escrito do credor.

§ 1º No caso de falecimento do devedor ou do terceiro penhorante, depositários das coisas ou animais empenhados, pode o credor requerer ao juiz competente a sua imediata remoção para o poder do depositário, que nomear.

§ 2º Assiste ao credor ou endossatário da cédula rural pignoratícia direito para, sempre que lhe convier, verificar o estado das coisas ou animais dados em garantia, inspecionando-os onde se acharem, por si ou por interposta pessoa, e de solicitar a respeito informações escritas do devedor.

§ 3º A provada resistência ou recusa deste ou de quem ofereceu a garantia ao cumprimento do disposto no parágrafo anterior, importa, se ao credor convier, no vencimento da dívida e sua imediata exigibilidade.

§ 4º Em caso de abandono das coisas ou animais empenhados, pode o credor, autorizando o juiz competente, encarregar-se de os guardar, administrar e conservar.

Art. 4º Independe o penhor rural do consentimento do credor hipotecário, mas não lhe prejudica o direito de prelação, nem restringe a extensão da hipoteca, ao ser executada.

§ 1º Pode o devedor, independentemente de consentimento do credor, constituir novo penhor rural se o valor dos bens ou dos animais exceder ao da dívida anterior, ressalvada para esta a prioridade de pagamento.

§ 2º Paga uma das dívidas, subsiste a garantia para a outra, em sua totalidade.

§ 3º As coisas e animais dados em penhor garantem ao credor, em privilégio especial, a importância da dívida, os juros, as despesas e as demais obrigações constantes da escritura.

Art. 5º Entre os direitos do credor pignoratício especificados na escritura compreendem-se ainda:

I – o valor do seguro dos bens ou dos animais empenhados no caso de seu perecimento;

II – a indenização a que estiver sujeito o causador da perda ou deterioração dos bens ou animais empenhados, podendo exigir do devedor a satisfação do prejuízo sofrido por vício ou defeito oculto;

III – o preço da desapropriação ou da requisição dos bens ou animais, em caso de utilidade ou necessidade pública.

SECÇÃO I – DO PENHOR AGRÍCOLA

Art. 6º Podem ser objeto de penhor agrícola:

I – colheitas pendentes ou em via de formação, quer resultem de prévia cultura, quer de produção espontânea do solo;

II – frutos armazenados, em ser, ou beneficiados e acondicionados para venda;

III – madeira das matas, preparada para o corte, ou em tóras, ou já serrada e lavrada;

IV – lenha cortada ou carvão vegetal;

V – máquinas e instrumentos agrícolas.

Art. 7º O prazo do penhor agrícola não excederá de dois anos, prorrogável por mais dois, devendo ser mencionada, no contrato, à época da colheita da cultura apenhada e, embora vencido, subsiste a garantia enquanto subsistirem os bens que a constituem. *(Redação dada pelo Decreto-Lei nº 4.360, de 1942)*

§ 1º Sendo objeto do penhor agrícola a colheita pendente ou em via de formação, abrange ele a colheita imediatamente seguinte no caso de frustrar-se ou ser insuficiente a dada em garantia. Quando, porém, não quiser ou não puder o credor, notificado com 15 dias de antecedência, financiar a nova safra, fica o devedor com o direito de estabelecer com terceiro novo penhor, em quantia máxima equivalente ao primitivo contrato, considerando-se, qualquer excesso apurado na colheita, apenhado à liquidação da dívida anterior.

§ 2º Nesse caso, não chegando as partes e ajustá-lo, assiste ao credor o direito de, exibindo a prova do tanto quanto a colheita se lhe consignou, ou se apurou, ou de ter-se frustrado no todo ou em parte, requerer ao juiz competente da situação da propriedade agrícola que faça expedir mandado para a averbação de estender-se o penhor à colheita imediata.

§ 3º Da decisão do juiz cabe o recurso de agravo de petição para a Corte de Apelação, interposto pelo credor ou pelo devedor.

§ 4º A prorrogação do prazo de vencimento da dívida garantida por penhor agrícola se efetua por simples escrito, assinado pelas partes e averbado à margem da transcrição respectiva.

Art. 8º Pode-se estipular, na escritura de penhor agrícola, que os frutos, tanto que colhidos e convenientemente preparados para o transporte, sejam remetidos pelo devedor ao credor, ou para que se torne simples depositário deles, ou para que os venda, por conta e segundo as instruções do devedor ou os usos e costumes da praça, marcando-se os prazos e quantidades das remessas.

Parágrafo único. Nesse caso, o credor, sujeito às obrigações e investido dos direitos de comissário, prestará contas ao devedor de cada venda que for realizando.

Art. 9º Não vale o contrato de penhor agrícola celebrado pelo locatário, arrendatário, colono ou qualquer prestador de serviços, sem o consentimento expresso do proprietário agrícola, dado previamente ou no ato dia constituição do penhor.

Parágrafo único. Na parceria rural, o penhor somente pode ajustar-se com o consentimento do outro parceiro e recai somente sobre os animais do devedor, salvo estipulação diversa.

SECÇÃO II – DO PENHOR PECUÁRIO

Art. 10. Podem ser objeto de penhor pecuário os animais que se criam pascendo para a indústria pastoril, agrícola ou de laticínios, em qualquer de suas modalidades, ou de que sejam eles simples acessórios ou pertences de sua exploração.

Parágrafo único. Deve a escritura, sob pena de nulidade designar os animais com, a maior precisão, indicando o lugar onde se encontrem e o destino que têm, mencionando de cada um a espécie, denominação comum ou científica, raça, grau de mestiçagem, marca, sinal, nome, se tiver todos os característicos por que se identifique.

Art. 11. É o penhor pecuário ajustável independentemente do penhor agrícola; nada, porém, se opõe a que se celebre conjuntamente com ele, para a garantia da mesma dívida, ficando, neste caso, subordinado à disciplina deste, no qual se integra.

Parágrafo único. Como o agrícola, o penhor pecuário independe de outorga uxória.

Art. 12. Não pode o devedor vender o gado, nem qualquer dos animais empenhados, sem prévio, consentimento escrito do credor.

§ 1º Quando o devedor pretenda vendê-los ou, por negligente, ameace prejudicar ao credor, pode este requerer se depositem os animais sob a guarda de terceiro ou exigir que incontinenti se lhe pague a dívida.

§ 2º Os animais da mesma espécie, comprados para substituir os mortos, ficam sub-rogados no penhor, que se estende às crias dos empenhados.

§ 3º Esta substituição presume-se, mas não vale contra terceiros se não constar de menção adicional ao respectivo contrato.

Art. 13. O penhor pecuário não admite prazo maior de três anos, mas pode ser prorrogado por igual período, averbando-se a prorrogação na transcrição respectiva. *(Redação dada pelo Decreto-Lei nº 4.360, de 1942)*

Parágrafo único. Vencida a prorrogação, deve o penhor reconstituído, se não executado.

CAPÍTULO II – DA CÉDULA RURAL PIGNORATÍCIA

Art. 14. A escritura pública ou particular, de penhor rural deve ser apresentada ao oficial do registro imobiliário da circunscrição ou comarca, em que estiver situada a propriedade agrícola em que se encontrem os bens ou animais dados em garantia, afim de ser transcrito, no livro e pela forma por que se transcreve o penhor agrícola.

› *Vide art. 221, Lei n. 6.015/1973 (Registros Públicos)*

Parágrafo único. Quando contraído por escritura particular, dela se tiram tantas vias quantas julgadas convenientes, de modo a ficar uma com as firmas reconhecidas, arquivada no cartório do registro imobiliário.

Art. 15. Feita a transcrição da escritura de penhor rural, em qualquer de suas modalidades, pode o oficial do registro imobiliário se o credor lhe solicitar, expedir em seu favor, averbando-o à margem da respectiva transcrição, e entregar-lhe, mediante recibo, uma cédula rural pignoratícia, destacando-a, depois de preenchida e por ambos assinada, do livro próprio.

§ 1º Haverá, em cada cartório de registro imobiliário, um livro talão de cédulas rurais pignoratícias, de folhas duplas e de igual conteúdo, de modelo anexo, numerado e rubricado pela autoridade judiciária competente, contendo cada uma:

I – a desinência do Estado, comarca, município, distrito ou circunscrição;

II – o número e data da emissão;

III – os nomes do devedor e do credor;

IV – a importância da dívida, seus juros e data do vencimento;

V – a denominação e individualização da propriedade agrícola em que se acham os bens ou animais empenhados, indicando a data e tabelião em que se passou a escritura de aquisição ou arrendamento daquela ou o título por que se operou, número da transcrição respectiva, data, livro e página em que esta se efetuou;

VI – a identificação e a quantidade dos bens e dos animais empenhados;

VII – a data e o número da transcrição do penhor rural;

VIII – as assinaturas, de próprio punho, nas duas folhas, do oficial e do credor;

IX – qualquer compromisso anterior nos casos dos arts. 4º, § 1º e 6º, I.

§ 2º Se o credor pignoratício não souber ou não puder assinar, será o título assinado por procurador, com poderes especiais, ficando a procuração, por instrumento público, arquivada em cartório.

Art. 16. A cédula rural pignoratícia é transferível, sucessivamente, por endosso em preto, em que à ordem de pagamento se acrescente o nome ou firma do endossante, seu domicílio, a data e a assinatura do endossante. O primeiro endossante só pode ser o credor pignoratício.

§ 1º O endosso é puro e simples, reputando-se não escrita qualquer cláusula condicional ou restritiva; e investe o endossatário nos direitos do endossante contra os signatários anteriores, solidariamente, e o contra o devedor pignoratício.

§ 2º O endosso parcial é nulo.

§ 3º O endosso cancelado é inexistente, mas hábil para justificar a série das transmissões do título.

§ 4º O endossante responde pela legitimidade da cédula rural pignoratícia da existência das coisas ou animais empenhados.

§ 5º O endosso pode ser garantido por aval.

Art. 17. Expedindo a cédula rural pignoratícia, dá o oficial, imediatamente, por carta, mediante recibo, aviso ao credor pignoratício, e os endossatários devem apresentar-lhe para que, averbando o endosso à margem da transcrição, nela o anote.

Parágrafo único. Ao averbar o endosso, o oficial averbará os anteriores ainda não anotados.

Art. 18. Emitida a cédula rural pignoratícia, passa a escritura de penhor a fazer parte dela, do modo que os direitos do credor se exercem pelo endossatário, em cujo poder se encontre, e inválido é o pagamento porventura efetuado pelo devedor sem que o título lhe seja restituído ou sem que nele registre o endossatário o pagamento parcial realizado, dando recibo em separado, para o mesmo efeito.

§ 1º Quando o empréstimo estabelecido na escritura do penhor rural for entregue em parcelas periódicas ao devedor será permitida a expedição de várias cédulas pignoratícias, conforme as quantias e prazos acordados, devendo, porém, constar nas respectivas cédulas o número da transcrição da escritura e a quantia, total do penhor contratado.

§ 2º Não podem os bens, nem os animais empenhados ser objeto de penhora, arresto, sequestro ou outra medida judicial, desde que expedida a cédula rural pignoratícia, obrigado o devedor, sob pena de responder pelos prejuízos resultantes, a denunciar aos oficiais incumbidos da diligência, para que a não efetuem, ou ao juiz da causa, a existência do título, juntando o aviso recebido ao tempo de sua expedição.

Art. 19. É a cédula rural pignoratícia a resgatável a qualquer tempo, desde que se efetue o pagamento de sua importância, mais os juros devidos até ao dia da liquidação; e em caso de recusa por parte do endossatário constante do registro, pode o devedor fazer a consignação judicial da importância total da dívida capital e juros até ao dia do depósito, citado aquele e notificado o oficial do registro imobiliário competente para o cancelamento da transcrição e anotação no verso da folha do talão arquivando a respectiva contra fé, de que constará o teor do termo de depósito.

Parágrafo único. A consignação judicial libera os bens ou animais empenhados, sub-rogando-se o vínculo real pignoratício quantia depositada.

Art. 20. Tentando o devedor ou o terceiro, como depositário legal, desviar, no todo ou em parte, ou vender, sem consentimento do credor pignoratício ou do endossatário da cédula rural pignoratícia os bens ou animais empenhados, tem este direito para requerer ao juiz que os remova para o poder do depositário público, se houver, ou particular, que nomear, correndo todas as custas e despesas por conta do devedor.

Parágrafo único. Desviados ou vendidos, com infração do disposto, neste artigo, pode o juiz determinar-lhe o sequestro, cuja concessão importa no vencimento da dívida e sua exigibilidade.

Art. 21. Cancela-se a transcrição do penhor rural:

I – a requerimento do credor e do devedor, conjuntamente, se não expedida a cédula rural pignoratícia;

II – pela apresentação da cédula rural pignoratícia, caso em que o oficial, depois de lançar, no verso da primeira via, no livre talão, o cancelamento, a devolverá ao apresentante com anotação idêntica;

III – pela consignação judicial da importância total da dívida, capital e juros, até ao dia do depósito;

IV – por sentença judicial.

CAPÍTULO III – DA EXCUSSÃO PIGNORATÍCIA

Art. 22. Vencida e não paga a cédula rural pignoratícia, o seu portador, como endossatário, deve apresentá-la ao devedor, nos três dias seguintes, afim de ser resgatada.

§ 1º A apresentação pode ser feita por via do oficial de protestos, pessoalmente ao devedor, ou por carta, mediante recibo, em que lhe dê o aviso de achar-se em seu cartório, afim de resgatada sob pena de protesto.

§ 2º Findo o prazo de três dias, sem pagamento, o oficial tirará nos três dias seguintes, o instrumento do protesto, com as formalidades do protesto cambial, dando dele aviso a todos os endossantes, naquele prazo, por carta registrada, na impossibilidade ou dificuldade de fazer a notificação pessoal.

§ 3º Se o devedor pignoratício, por não encontrado tiver de ser citado por edital, neste não se mencionarão os nomes dos endossantes,

§ 4º A falta de interposição do protesto desonera os endossantes de qualquer responsabilidade pelo pagamento da cédula rural pignoratícia.

Art. 23. Tirado o protesto, o devedor é citado para, no prazo de quarenta e oito horas, que correrá em cartório, a conta do momento da entrega, neste, da fé de citação, efetuar o pagamento ou depositar, em juízo, as coisas ou animais empenhados.

§ 1º A petição inicial é instruída com a cédula rural pignoratícia e instrumento de protesto.

§ 2º Quando o penhor tiver sido dado por terceiro, será este o citado para efetuar o depósito, em prazo igual, se não tiver sido o pagamento efetuado.

§ 3º Não realizado o depósito, pode o credor requerer o sequestro dos bens ou animais empenhados, dando-se-lhes depositário judicial.

§ 4º Efetuada a prisão preventiva, o juiz determina ao escrivão tire, em cinco dias, traslado dos autos e imediatamente o encaminhe ao juiz criminal competente, se também ele não tiver jurisdição criminal e competência para o processo, caso em que o instaurará.

§ 5º Recebido e autuado o traslado no juízo criminal, o promotor público oferece a denúncia para o devido processo, na forma da lei.

§ 6º O credor pignoratício ou o endossatário pode apresentar queixa, antes de dada a denúncia, e o promotor público aditá-la e promover as diligências que julgar necessárias, sem prejuízo das de iniciativa do queixoso.

§ 7º Se o querelante não der andamento ao processo, incumbe ao promotor público dar-lhe movimento.

Art. 24. O credor pignoratício, quando não expedida a cédula rural, juntando uma das vias da escritura particular ou certidão da pública, pode praticar as diligências constantes do art. 23 e parágrafos, independentemente de protesto.

Art. 25. Feito o depósito ou sequestro, tem o devedor o prazo de seis dias para defender-se por via de embargos.

§ 4º Sendo estes irrelevantes, pode o juiz desprezá-los, condenando o devedor ao pagamento pedido, despesas judiciais e custas.

§ 2º Sendo relevantes pode recebê-los e mandar contestar, dando ao processo o curso sumário.

§ 3º Nas hipóteses dos parágrafos anteriores, mandará o juiz expedir, incontinente, alvará para a venda dos bens ou animais empenhados, insuspensível sob qualquer pretexto ou por qualquer recurso, respondendo ele e o escrivão, solidariamente, pelo retardamento.

§ 4º Provado, documentalmente, o pagamento, o juiz julgando extinta a ação mandará cancelar a transcrição do Penhor, condenando o autor nas despesas judiciais e custas.

Art. 26. Se tiver sido ajustada a venda amigável, esta se fará nos termos convencionados e sempre que possível por corretor oficial.

Parágrafo único. A venda judicial se realizará em leilão público, por leiloeiro, ou, onde não existir, pelo porteiro dos auditórios ou quem suas vezes fizer.

Art. 27. No caso de venda amigável, se o resultado se mostrar insuficiente para o pagamento integral da dívida, assiste ao credor o direito de prosseguir na excussão penhorando tantos dos bens do devedor, quantos bastarem, seguindo-se como na ação executiva.

§ 1º Procede-se, nesse caso, ao cancelamento da transcrição, por mandado judicial.

§ 2º Se a excussão tiver sido de cédula pignoratícia, o endossante prestará, em juízo, contas da execução, citando a todos os coobrigados para a impugnarem se quiserem, por embargos, que serão processados como na ação de prestação de contas.

Art. 28. No caso de venda judicial, o preço será depositado em juízo e levantado pelo exequente, depois de efetuada o pagamento:

I – das custas e despesas judiciais;
II – dos impostos devidos.

§ 1º O saldo, se houver, se restitui ao credor.

§ 2º Pela importância que faltar para o pagamento integral da divida, seus juros, despesas, custas, tem o endossatário ação executiva contra o devedor pignoratício e os endossantes, avalistas ou co-obrigados, todos solidariamente responsáveis; a ação pode ser proposta contra todos conjuntamente ou contra cada um ou alguns separadamente, como lhe convier.

§ 3º Cada endossatário tem direito de reaver do seu endossante, por ação executiva, a importância que pagar

§ 4º Se os bens, em leilão público, não encontrarem licitantes, é permitido ao credor requerer-lhes a adjudicação, pela avaliação constante do contrato ou pela que, em juízo, se fizer, prosseguindo na ação pelo saldo creditício.

Art. 29. Perde o direito e ação contra os co-obrigados no pagamento de cédula rural pignoratícia, por efeito de endosso ou de aval, o endossatário último, se não praticar as diligências do art. 23 e seguintes dentro em quinze dias depois de tirado o instrumento do protesto.

Art. 30. Não se suspende a execução do penhor pela morte ou pela falência do devedor, prosseguindo contra os herdeiros e o síndico ou liquidatário.

CAPÍTULO IV – DAS DISPOSIÇÕES GERAIS

Art. 31. Aplicam-se ao penhor rural, no que lhe for pertinente, as disposições sobre os direitos reais de garantia e os contratos de sua instituição.

Art. 32. *(Revogado pelo Decreto-Lei nº 182, de 1938)*

Art. 33. A garantia subsidiária de penhor para a cédula rural ou título cujo devedor, aceitante ou emitente exerça a sua atividade na agricultura ou pecuária ou em indústrias derivadas ou conexas, e cujo endossante, seja firma bancária idônea, confere-lhe o direito de redesconto, sem outro limite, em importância ou garantia, que o estabelecido pelo Conselho da Carteira de Redesconto para as cooperativas e, em um máximo de 50 % dos capitais e fundos de reserva, para cada Banco.

Art. 34. Pela transcrição do penhor rural as custas do oficial do registro imobiliário são as do regimento em vigor, em hipótese alguma excedente de 50$000; pela expedição da cédula rural pignoratícia, de 10$000; e pela averbação dos endossos, 5$000, cada vez, cabendo-lhe importância igual pelo cancelamento da transcrição. (Execução suspensa pela RSF nº 48, de 1965).

Parágrafo único. O oficial não pode, sob pena de responsabilidade, recusar ou demorar a transcrição e a expedição da cédula rural pignoratícia.

Art. 35. O devedor, ou o terceiro que der os seus bens ou animais em garantia, da dívida, que os desviar, abandonar ou permitir que se depreciem ou venham a perecer, fica sujeito as penas de depositário infiel.

Parágrafo único. Pratica o crime de estelionato e fica sujeito as penas do art. 338 da Consolidação dias Leis Penais aquele que fizer declarações falsas acerca da quantidade, de qualidade e dos característicos dos bens ou animais empenhados ou omitir, na escritura, e, declaração de estarem eles já sujeitos ao vínculo de outro penhor.

Art. 36. Entrará esta lei em execução trinta dias depois de publicada no Diário Oficial da União, revogadas as disposições em contrário.

Rio de Janeiro, 30 de agosto de 1937,
116º da Independencia e 49º da República.
Getulio Vargas. (DOU de 1.9.1937)

LEI Nº 6.313, DE 16 DE DEZEMBRO DE 1975

Dispõe sobre títulos de crédito à exportação e dá outras providências.

O PRESIDENTE DA REPÚBLICA,

Faço saber que o **CONGRESSO NACIONAL** decreta e eu sanciono a seguinte Lei:

LEGISLAÇÃO SOBRE CÉDULAS, LETRAS E NOTAS 3

Art. 1º As operações de financiamento à exportação ou à produção de bens para exportação, bem como às atividades de apoio e complementação integrantes e fundamentais da exportação, realizadas por instituições financeiras, poderão ser representadas por Cédula Crédito à Exportação e por Nota de Crédito à Exportação com características idênticas, respectivamente, à Cédula de Crédito Industrial e à Nota de Crédito Industrial, instituídas pelo Decreto-lei nº 413, de 9 de janeiro de 1969.

Parágrafo único. A Cédula de Crédito à Exportação e a Nota de Crédito à Exportação poderão ser emitidas por pessoas físicas e jurídicas, que se dediquem a qualquer das atividades referidas neste artigo.

Art. 2º Os financiamentos efetuados por meio de Cédula de Crédito à Exportação e da Nota de Crédito à Exportação ficarão isentos do imposto sobre operações financeiras de que trata a Lei nº 5.143, de 20 de outubro de 1966. (Restabelece incentivos pela Lei nº 8.402, de 1992)

Art. 3º Serão aplicáveis à Cédula de Crédito à Exportação, respectivamente, os dispositivos do Decreto-lei número 413, de 9 de janeiro de 1969, referente à Cédula de Crédito Industrial e à Nota de Crédito Industrial. (Extinto pela Lei nº 8.522, de 1992)

› *Art. 2º, c, da Lei 8.522/1992 (Extingue taxas, emolumentos, contribuições, parcela da União das Custas e Emolumentos da Justiça do Distrito Federal)*

Art. 4º O registro da Cédula de Crédito à Exportação será feito no mesmo livro e observados os requisitos aplicáveis à Cédula Industrial.

Art. 5º A Cédula de Crédito à Exportação e a Nota de Crédito à Exportação obedecerão aos modelos anexos ao Decreto-Lei nº 413, de 9 de janeiro de 1969, respeitada, porém, em cada caso, a respectiva denominação.

Art. 6º Esta Lei entrará em vigor na data de sua publicação, revogadas as disposições em contrário.

Brasília, 16 de dezembro de 1975; 154º da Independência e 87º da República.

ERNESTO GEISEL

(DOU de 17.12.1975)

LEI Nº 6.840, DE 03 DE NOVEMBRO DE 1980

Dispõe sobre títulos de crédito comercial e dá outras providências.

O PRESIDENTE DA REPÚBLICA

Faço saber que o **CONGRESSO NACIONAL** decreta e eu sanciono a seguinte Lei:

Art. 1º As operações de empréstimo concedidas por instituições financeiras a pessoa física ou jurídica que se dedique a atividade comercial ou de prestação de serviços poderão ser representadas por Cédula de Crédito Comercial e por nota de Crédito Comercial.

Art. 2º A aplicação de crédito decorrente da operação de que trata o artigo anterior poderá ser ajustada em orçamento assinado pelo financiado e autenticado pela instituição financeira, dele devendo constar expressamente qualquer alteração que convencionarem.

Parágrafo único. Na hipótese deste artigo, far-se-á, na cédula, menção do orçamento, que a ela ficará vinculado.

Art. 3º Para os efeitos desta Lei, será dispensada a descrição a que se refere o inciso V do artigo 14 do Decreto-lei nº 413, de 9 de janeiro de 1969, quando a garantia se constituir através de penhor de títulos de crédito, hipótese em que se estabelecerá apenas o valor global.

Art. 4º A não identificação dos bens objeto da alienação fiduciária cedular não retira a eficácia da garantia, que incidirá sobre outros de mesmo gênero, quantidade e qualidade.

Art. 5º Aplicam-se à Cédula de Crédito Comercial e à Nota de Crédito Comercial as normas do Decreto-lei nº 413, de 9 de janeiro 1969, inclusive quanto aos modelos anexos àquele diploma, respeitadas, em cada caso, a respectiva denominação e as disposições desta Lei.

Art. 6º Esta Lei entrará em vigor na data de sua publicação, revogadas as disposições em contrário.

Brasília, em 3 de novembro de 1980; 159º da Independência e 92º da República.

JOÃO FIGUEIREDO (DOU. de 4.11.1980)

LEI Nº 7.684, DE 2 DE DEZEMBRO DE 1988

Estabelece as condições para emissão de Letras Hipotecárias.

Faço saber que o **PRESIDENTE DA REPÚBLICA** adotou a Medida Provisória nº 16, de 1988, que o Congresso Nacional aprovou, e eu, Humberto Lucena, Presidente do Senado Federal, para os efeitos do disposto no parágrafo único do art. 62 da Constituição Federal, promulgo a seguinte Lei:

Art. 1º As Instituições Financeiras, autorizadas a conceder créditos hipotecários, poderão sacar, independentemente de tradição efetiva, letras da mesma espécie, garantidas por créditos hipotecários, conferindo aos seus tomadores direito de crédito pelo valor nominal, atualização monetária e juros nelas estipulados.

§ 1º A letra hipotecária poderá ser emitida sob a forma nominativa, endossável ou ao portador.

§ 2º O certificado da letra conterá as seguintes declarações:

a) o nome da instituição financeira emitente e as assinaturas de seus representantes;

b) o número de ordem, o local e a data de emissão;

c) a denominação "Letra Hipotecária";

d) o valor nominal e a data de vencimentos;

e) a forma, a periodicidade e o local de pagamento do principal, da atualização monetária e dos juros;

f) os juros, que poderão ser fixos ou flutuantes;

g) a identificação dos créditos hipotecários caucionados e seu valor;

h) a denominação ao portador ou o nome do titular, se nominativa, e a declaração de que a letra é transferível por endosso, se endossável.

§ 3º A critério do credor poderá ser dispensada a emissão de certificado, ficando registrada sob a forma escritural da instituição emissora.

Art. 2º As letras hipotecárias poderão contar com garantia fidejussória adicional de instituição financeira.

Art. 3º A letra hipotecária poderá ser garantida por um ou mais créditos hipotecários, mas a soma do principal das letras hipotecárias emitidas pela instituição financeira não excederá, em hipótese algumas, o valor total dos créditos hipotecários em poder dessa instituição.

§ 1º A letra hipotecária não poderá ter prazo de vencimento superior ao prazo dos créditos hipotecários que lhe servem de garantia.

§ 2º O crédito hipotecário caucionado poderá ser substituído por outro crédito da mesma natureza, por iniciativa do emissor, no caso de liquidação ou vencimento antecipados, ou por solicitação do credor da letra.

Art. 4º O endossante da letra hipotecária responderá pela veracidade do título, mas contra ele não será admitido direito de cobrança regressiva.

Art. 5º O Banco Central do Brasil estabelecerá o prazo mínimo a ser observado pelas instituições financeiras para resgate de letras hipotecárias e poderá determinar que sua emissão seja exclusiva dos integrantes do Sistema Financeiro da Habitação, bem como estará autorizado a baixar normas necessárias ao cumprimento do disposto nesta Lei.

Art. 6º Consideram-se válidos, para os fins desta Lei, os atos praticados durante a vigência do Decreto-Lei nº 2.478, de 27 de setembro de 1988, mantidos os efeitos deles decorrentes.

Art. 7º Esta Lei entra em vigor na data de sua publicação.

Art. 8º Ficam revogados os artigos 25 a 30 do Decreto-Lei nº 2.287, de 23 de julho de 1986, e as disposições em contrário.

Senado Federal, 2 de dezembro de 1988; 167º da Independência e 100º da República.

HUMBERTO LUCENA

(DOU de 5.12.1988)

LEI Nº 9.138, DE 29 DE NOVEMBRO DE 1995

Dispõe sobre o crédito rural, e dá outras providências.

O PRESIDENTE DA REPÚBLICA,

Faço saber que o Congresso Nacional decreta e eu sanciono a seguinte Lei:

Art. 1º É autorizada, para o crédito rural, a equalização de encargos financeiros, observado o disposto na Lei nº 8.427, de 27 de maio de 1992.

§ 1º Compreende-se na equalização de encargos financeiros de que trata o *caput* deste artigo o abatimento no valor das prestações com vencimento em 1995, de acordo com os limites e condições estabelecidos pelo Conselho Monetário Nacional.

§ 2º O Poder Executivo e o Poder Legislativo providenciarão a alocação de recursos e a suplementação orçamentária necessárias à subvenção econômica de que trata este artigo.

Art. 2º Para as operações de crédito rural contratadas a partir da publicação desta Lei e até 31 de julho de 2003, não se aplica o disposto no § 2º do art. 16 da Lei nº 8.880, de 27 de maio de 1994. *(Redação dada pela Medida Provisória nº 2.168-40, de 24 de agosto de 2001)*

Art. 3º O disposto no art. 31 da Lei nº 8.931, de 22 de setembro de 1994, não se aplica aos empréstimos e financiamentos, destinados ao crédito rural, com recursos das Operações Oficiais de Crédito (OOC) sob supervisão do Ministério da Fazenda.

Art. 4º É facultado às instituições financeiras conceder financiamento rural sob a modalidade de crédito rotativo, com limite de crédito fixado com base em orçamento simplificado, considerando-se líquido e certo o saldo devedor apresentado no extrato ou demonstrativo da conta vinculada à operação.

Parágrafo único. Os financiamentos de que trata este artigo poderão ser formalizados através da emissão de cédula de crédito rural, disciplinada pelo Decreto-lei nº 167, de 14 de fevereiro de 1967.

Art. 5º São as instituições e os agentes financeiros do Sistema Nacional de Crédito Rural, instituído pela Lei nº 4.829, de 5 de novembro de 1965, autorizados a proceder ao alongamento de dívidas originárias de crédito rural, contraídas por produtores rurais, suas associações, cooperativas e condomínios, inclusive as já renegociadas, relativas às seguintes operações, realizadas até 20 de junho de 1995:

I – de crédito rural de custeio, investimento ou comercialização, excetuados os empréstimos do Governo Federal com opção de venda (EGF/COV);

II – realizadas ao amparo da Lei nº 7.827, de 27 de setembro de 1989 – Fundos Constitucionais de Financiamento do Norte, do Nordeste e do Centro-Oeste (FNO, FNE e FCO);

III – realizadas com recursos do Fundo de Amparo ao Trabalhador (FAT) e de outros recursos operadas pelo Banco Nacional de Desenvolvimento Econômico e Social (BNDES);

IV – realizadas ao amparo do Fundo de Defesa da Economia Cafeeira (FUNCAFÉ).

§ 1º O Conselho Monetário Nacional poderá autorizar a inclusão de operações de outras fontes.

§ 2º Nas operações de alongamento referidas no *caput*, o saldo devedor será apurado segundo as normas fixadas pelo Conselho Monetário Nacional.

§ 3º Serão objeto do alongamento a que se refere o *caput* as operações contratadas por produtores rurais, suas associações, condomínios e cooperativas de produtores rurais, inclusive as de crédito rural, comprovadamente destinadas à condução de atividades produtivas, lastreadas com recursos de qualquer fonte, observado como limite máximo, para cada emitente do instrumento de crédito identificado pelo respectivo Cadastro de Pessoa Física – CPF ou Cadastro Geral do Contribuinte – CGC, o valor de R$ 200.000,00 (duzentos mil reais), observado, no caso de associações, condomínios e cooperativas, o seguinte:

I – as operações que tenham "cédulas-filhas" serão enquadradas na regra geral;

II – as operações originárias de crédito rural sem identificação do tomador final serão enquadrados observando-se, para cada associação ou cooperativa, o valor obtido pela multiplicação do valor médio refinanciável de R$ 25.000,00 (vinte e cinco mil reais) pelo número de associados ativos da respectiva unidade;

III – nos condomínios e parcerias entre produtores rurais, adotar-se-á um limite máximo de R$ 200.000,00 (duzentos mil reais) para cada participante, excetuando-se cônjuges, identificado pelo respectivo CPF ou CGC.

§ 4º As operações desclassificadas do crédito rural serão incluídas nos procedimentos previstos neste artigo, desde que a desclassificação não tenha decorrido de desvio de crédito ou outra ação dolosa do devedor.

§ 5º Os saldos devedores apurados, que se enquadrem no limite de alongamento previsto no § 3º, terão seus vencimentos alongados pelo prazo mínimo de sete anos, observadas as seguintes condições:

I – prestações anuais, iguais e sucessivas, vencendo a primeira em 31 de outubro de 1997, admitidos ajustes no cronograma de retorno das operações alongadas e adoção de bônus de adimplência nas prestações, conforme o estabelecido nesta Lei e a devida regulamentação do Conselho Monetário Nacional; *(Redação dada pela Lei nº 9.866, de 9.11.1999)*

II – taxa de juros de três por cento ao ano, com capitalização anual;

III – independentemente da atividade agropecuária desenvolvida pelo mutuário, os contratos terão cláusula de equivalência em produto, ficando a critério do mesmo a escolha de um dos produtos, a serem definidos pelo Conselho Monetário Nacional, cujos preços de referência constituirão a base de cálculo dessa equivalência;

IV – a critério do mutuário, o pagamento do débito rural poderá ser feito em moeda corrente ou em equivalentes unidades de produto agropecuário, consoante a opção referida no inciso anterior, mediante depósito da mercadoria em unidade de armazenamento credenciada pelo Governo Federal;

V – a critério das partes, caso o mutuário comprove dificuldade de pagamento de seu débito nas condições supra indicadas, o prazo de vencimento da operação poderá ser estendido até o máximo de dez anos, passando a primeira prestação a vencer em 31 de outubro de 1998, sujeitando-se, ainda, ao disposto na parte final do inciso I deste parágrafo, autorizados os seguintes critérios e condições de renegociação: *(Redação dada pela Lei nº 9.866, de 9.11.1999)*

a) prorrogação das parcelas vincendas nos exercícios de 1999 e 2000, para as operações de responsabilidade de um mesmo mutuário, cujo montante dos saldos devedores seja, em 31 de julho de 1999, inferior a quinze mil reais; *(Alínea incluída pela Lei nº 9.866, de 9.11.1999)*

b) nos casos em que as prestações de um mesmo mutuário totalizem saldo devedor superior a quinze mil reais, pagamento de dez por cento e quinze por cento, respectivamente, das prestações vencíveis nos exercícios de 1999 e 2000, e prorrogação do restante para o primeiro e segundo ano subsequente ao do vencimento da última parcela anteriormente ajustada; *(Alínea incluída pela Lei nº 9.866, de 9.11.1999)*

c) o pagamento referente à prestação vencível em 31 de outubro de 1999 fica prorrogado para 31 de dezembro do mesmo ano, mantendo-se os encargos de normalidade; (Alínea incluída pela Lei nº 9.866, de 9.11.1999)

d) o bônus de adimplência a que se refere o inciso I deste parágrafo, será aplicado sobre cada prestação paga até a data do respectivo vencimento e será equivalente ao desconto de: *(Alínea incluída pela Lei nº 9.866, de 9.11.1999)*

1) trinta por cento, se a parcela da dívida for igual ou inferior a cinquenta mil reais; *(incluída pela Lei nº 9.866, de 9.11.1999)*

2) trinta por cento até o valor de cinquenta mil reais e quinze por cento sobre o valor excedente a cinquenta mil reais, se a parcela da dívida for superior a esta mesma importância; *(incluída pela Lei nº 9.866, de 9.11.1999)*

VI – caberá ao mutuário oferecer as garantias usuais das operações de crédito rural, sendo vedada a exigência, pelo agente financeiro, de apresentação de garantias adicionais, liberando-se aquelas que excederem os valores regulamentares do crédito rural;

VII – a data de enquadramento da operação nas condições estabelecidas neste parágrafo será aquela da publicação desta Lei.

§ 6º Os saldos devedores apurados, que não se enquadrem no limite de alongamento estabelecido no § 3º, terão alongada a parcela compreendida naquele limite segundo as condições estabelecidas no § 5º, enquanto a parcela excedente será objeto de renegociação entre as partes, segundo as normas fixadas pelo Conselho Monetário Nacional.

§ 6º-A. Na renegociação da parcela a que se refere o § 6º, o Tesouro Nacional efetuará, mediante declaração de responsabilidade dos valores atestados pelas instituições financeiras, o pagamento relativo ao rebate de até dois pontos percentuais ao ano sobre a taxa de juros, aplicado a partir de 24 de agosto de 1999, para que não incidam taxas de juros superiores aos novos patamares estabelecidos pelo Conselho Monetário Nacional para essa renegociação, não podendo da aplicação do rebate resultar taxa de juros inferior a seis por cento ao ano, inclusive nos casos já renegociados, cabendo a prática de taxas inferiores sem o citado rebate. *(Parágrafo incluído pela Lei nº 9.866, de 9.11.1999)*

§ 6º-B. As dívidas originárias de crédito rural que tenham sido contratadas entre 20 de junho de 1995 e 31 de dezembro de 1997 e contenham índice de atualização monetária, bem como aquelas enquadráveis no Programa de Revitalização de Cooperativas de Produção Agropecuária – Recoop, poderão ser renegociadas segundo o que estabelecem os §§ 6º-A e 6º-C deste artigo.(Parágrafo incluído pela Lei nº 9.866, de 9.11.1999)

§ 6º-C. As instituições integrantes do Sistema Nacional de Crédito Rural – SNCR, na renegociação da parcela a que se referem os §§ 6º, 6º-A e 6º-B, a seu exclusivo critério, sem ônus para o Tesouro Nacional, não podendo os valores correspondentes integrar a declaração de responsabilidade a que alude o § 6º-A, ficam autorizadas: *(Parágrafo incluído pela Lei nº 9.866, de 9.11.1999)*

I – a financiar a aquisição dos títulos do Tesouro Nacional, com valor de face equivalente ao da dívida a ser financiada, os quais devem ser entregues ao credor em garantia do principal; *(Inciso incluído pela Lei nº 9.866, de 9.11.1999)*

II – a conceder rebate do qual resulte taxa de juros inferior a seis por cento ao ano. *(Inciso incluído pela Lei nº 9.866, de 9.11.1999)*

§ 6º-D. Dentro dos seus procedimentos bancários, os agentes financeiros devem adotar as providências necessárias à continuidade da assistência creditícia a mutuários contemplados com o alongamento de que trata esta Lei, quando imprescindível ao desenvolvimento de suas explorações. *(Parágrafo incluído pela Lei nº 9.866, de 9.11.1999)*

§ 6º-E. Ficam excluídos dos benefícios constantes dos parágrafos 5º, 6º-A, 6º-B, 6º-C e 6º-D os mutuários que tenham comprovadamente cometido desvio de finalidade de crédito. *(Parágrafo incluído pela Lei nº 9.866, de 9.11.1999)*

§ 7º Não serão abrangidos nas operações de alongamento de que trata este artigo os valores deferidos em processos de cobertura pelo Programa de Garantia da Atividade Agropecuária – PROAGRO.

§ 8º A critério do mutuário, o saldo devedor a ser alongado poderá ser acrescido da parcela da dívida, escriturada em conta especial, referente ao diferencial de índices adotados pelo plano de estabilização econômica editado em março de 1990, independentemente do limite referido no § 3º, estendendo-se o prazo de pagamento referido no § 5º em um ano.

§ 9º O montante das dívidas mencionadas no *caput*, passíveis do alongamento previsto no § 5º, é de R$ 7.000.000.000,00 (sete bilhões de reais).

§ 10. As operações de alongamento de que trata este artigo poderão ser formalizadas através da emissão de cédula de crédito rural, disciplinada pelo Decreto-lei nº 167, de 14 de fevereiro de 1967.

§ 11. O agente financeiro apresentará ao mutuário extrato consolidado de sua conta gráfica, com a respectiva memória de cálculo, de forma a demonstrar discriminadamente os parâmetros utilizados para a apuração do saldo devedor.

Art. 6º É o Tesouro Nacional autorizado a emitir títulos até o montante de R$ 7.000.000.000,00, (sete bilhões de reais) para garantir as operações de alongamento dos saldos consolidados de dívidas de que trata o art. 5º.

§ 1º A critério do Poder Executivo, os títulos referidos no *caput* poderão ser emitidos para garantir o valor total das operações nele referidas ou, alternativamente, para garantir o valor da equalização decorrente do alongamento.

§ 2º O Poder Executivo, por iniciativa do Ministério da Fazenda, fundamentará solicitação ao Senado Federal de aumento dos limites referidos nos incisos VI, VII e VIII do art. 52 da Constituição Federal.

Art. 7º Os contratos de repasse de recursos do Fundo de Participação PIS/PASEP, do Fundo de Amparo ao Trabalhador – FAT, do Fundo de Defesa da Economia Cafeeira – FUNCAFÉ, dos Fundos Constitucionais de Financiamento do Norte, do Nordeste e do Centro-Oeste (FNO, FNE e FCO) e de outros fundos ou instituições oficiais federais, quando lastrearem dívidas de financiamentos rurais objeto do alongamento de que trata o art. 5º, terão seus prazos de retorno e encargos financeiros devidamente ajustados às respectivas operações de alongamento. *(Redação dada pela Lei nº 9.715, de 25 de novembro de 1998)*

Parágrafo único. O custo da equalização nessas operações de alongamento correrá à conta do respectivo fundo, excetuados os casos lastreados com recursos do Fundo de Participação PIS/PASEP e do Fundo de Amparo ao Trabalhador – FAT, em observância ao disposto no art. 239, § 1º, da Constituição, para os quais o ônus da equalização será assumido pelo Tesouro Nacional.(Parágrafo único incluído pela Lei nº 9.715, de 25 de novembro de 1998)

Art. 8º Na formalização de operações de crédito rural e nas operações de alongamento celebradas nos termos desta Lei, as partes poderão pactuar, na forma definida pelo Conselho Monetário Nacional, encargos financeiros substitutivos para incidirem a partir do vencimento ordinário ou extraordinário, e até a liquidação do empréstimo ou financiamento, inclusive no caso de dívidas ajuizadas, qualquer que seja o instrumento de crédito utilizado.

Parágrafo único. Em caso de prorrogação do vencimento da operação, ajustada de comum acordo pelas partes ou nas hipóteses previstas na legislação de crédito rural, inclusive aquelas mencionadas no Decreto-lei nº 167, de 14 de fevereiro de 1967, e no art. 4º, parágrafo único da Lei nº 7.843, de 18 de outubro de 1989, os encargos financeiros serão os mesmos pactuados para a situação de normalidade do financiamento.

Art. 8º-A. Fica o gestor do Fundo de Defesa da Economia Cafeeira – Funcafé, instituído pelo Decreto-Lei nº 2.295, de 21 de novembro de 1986, autorizado a promover ajuste contratual junto ao agente financeiro, com base nas informações dele recebidas, a fim de adequar os valores e prazos de reembolso, ao Fundo, das operações de consolidação e reescalonamento de dívidas de cafeicultores e suas cooperativas, realizadas no exercício de 1997, e ainda, das operações de custeio e colheita da safra 1997/1998, à luz de resolução do Conselho Monetário Nacional. (Artigo incluído pela Lei nº 9.866, de 9.11.1999)

Parágrafo único. A adequação de valores e prazos de reembolso de que trata o *caput* será efetuada nas mesmas condições que forem estabelecidas segundo o que determina o inciso I do § 5º do art. 5º desta Lei. (Parágrafo único incluído pela Lei nº 9.866, de 9.11.1999)

Art. 9º É a Companhia Nacional de Abastecimento – CONAB autorizada a contratar operação de crédito com o Banco do Brasil S.A. no valor correspondente aos Empréstimos do Governo Federal (EGF), vencidos até 31 de dezembro de 1994.

Art. 10. O Conselho Monetário Nacional deliberará a respeito das características financeiras dos títulos do Tesouro Nacional a serem emitidos na forma do art. 6º e disporá sobre as demais normas, condições e procedimentos a serem observados na formalização das operações de alongamento referidas nesta Lei.

Art. 11. São convalidados os atos praticados com base na Medida Provisória nº 1.131, de 26 de setembro de 1995.

Art. 12. Esta Lei entra em vigor na data de sua publicação.

Art. 13. Revogam-se as disposições em contrário.

Brasília, 29 de novembro de 1995;
174º da Independência e 107º da República.
FERNANDO HENRIQUE CARDOSO
(DOU. de 30.11.1995)

LEI Nº 10.931, DE 02 DE AGOSTO DE 2004

Dispõe sobre o patrimônio de afetação de incorporações imobiliárias, Letra de Crédito Imobiliário, Cédula de Crédito Imobiliário, Cédula de Crédito Bancário, altera o Decreto-Lei nº 911, de 1º de outubro de 1969, as Leis nº 4.591, de 16 de dezembro de 1964, nº 4.728, de 14 de julho de 1965, e nº 10.406, de 10 de janeiro de 2002, e dá outras providências.

O PRESIDENTE DA REPÚBLICA

Faço saber que o Congresso Nacional decreta e eu sanciono a seguinte Lei:

CAPÍTULO I – DO REGIME ESPECIAL TRIBUTÁRIO DO PATRIMÔNIO DE AFETAÇÃO

Art. 1º Fica instituído o regime especial de tributação aplicável às incorporações imobiliárias, em caráter opcional e irretratável enquanto perdurarem direitos de crédito ou obrigações do incorporador junto aos adquirentes dos imóveis que compõem a incorporação.

Art. 2º A opção pelo regime especial de tributação de que trata o art. 1º será efetivada quando atendidos os seguintes requisitos:

I – entrega do termo de opção ao regime especial de tributação na unidade competente da Secretaria da Receita Federal, conforme regulamentação a ser estabelecida; e

II – afetação do terreno e das acessões objeto da incorporação imobiliária, conforme disposto nos arts. 31-A a 31-E da Lei nº 4.591, de 16 de dezembro de 1964.

Art. 3º O terreno e as acessões objeto da incorporação imobiliária sujeitas ao regime especial de tributação, bem como os demais bens e direitos a ela vinculados, não responderão por dívidas tributárias da incorporadora relativas ao Imposto de Renda das Pessoas Jurídicas – IRPJ, à Contribuição Social sobre o Lucro Líquido – CSLL, à Contribuição para o Financiamento da Seguridade Social – COFINS e à Contribuição para os Programas de Integração Social e de Formação do Patrimônio do Servidor Público – PIS/PASEP, exceto aquelas calculadas na forma do art. 4º sobre as receitas auferidas no âmbito da respectiva incorporação.

Parágrafo único. O patrimônio da incorporadora responderá pelas dívidas tributárias da incorporação afetada.

Art. 4º Para cada incorporação submetida ao regime especial de tributação, a incorporadora ficará sujeita ao pagamento equivalente a 4% (quatro por cento) da receita mensal recebida, o qual corresponderá ao pagamento mensal unificado do seguinte imposto e contribuições:

I – Imposto de Renda das Pessoas Jurídicas – IRPJ;

II – Contribuição para os Programas de Integração Social e de Formação do Patrimônio do Servidor Público – PIS/PASEP;

III – Contribuição Social sobre o Lucro Líquido – CSLL; e

IV – Contribuição para Financiamento da Seguridade Social – COFINS.

§ 1º Para fins do disposto no *caput*, considera-se receita mensal a totalidade das receitas auferidas pela incorporadora na venda das unidades imobiliárias que compõem a incorporação, bem como as receitas financeiras e variações monetárias decorrentes desta operação.

§ 2º O pagamento dos tributos e contribuições na forma do disposto no *caput* deste artigo será considerado definitivo, não gerando, em qualquer hipótese, direito à restituição ou à compensação com o que for apurado pela incorporadora. *(Redação dada pela Lei nº 11.196, de 2005)*

§ 3º As receitas, custos e despesas próprios da incorporação sujeita a tributação na forma deste artigo não deverão ser computados na apuração das bases de cálculo dos tributos e contribuições de que trata o *caput* deste artigo devidos pela incorporadora em virtude de suas outras atividades empresariais, inclusive incorporações não afetadas. *(Redação dada pela Lei nº 11.196, de 2005)*

§ 4º Para fins do disposto no § 3º deste artigo, os custos e despesas indiretos pagos pela incorporadora no mês serão apropriados a cada incorporação na mesma proporção representada pelos custos diretos próprios da incorporação, em relação ao custo direto total da incorporadora, assim entendido como a soma de todos os custos diretos de todas as incorporações e o de outras atividades exercidas pela incorporadora. *(Redação dada pela Lei nº 11.196, de 2005)*

§ 5º A opção pelo regime especial de tributação obriga o contribuinte a fazer o recolhimento dos tributos, na forma do *caput* deste artigo, a partir do mês da opção. *(Incluído pela Lei nº 11.196, de 2005)*

§ 6º Para os projetos de incorporação de imóveis residenciais de interesse social cuja construção tenha sido iniciada ou contratada a partir de 31 de março de 2009, o percentual correspondente ao pagamento unificado dos tributos de que trata o *caput* deste artigo será equivalente a 1% (um por cento) da receita mensal recebida, desde que, até 31 de dezembro de 2018, a incorporação tenha sido registrada no cartório de imóveis competente ou tenha sido assinado o contrato de construção. *(Redação dada pela Lei nº 13.970, de 2019)*

§ 7º Para efeito do disposto no § 6º, consideram-se projetos de incorporação de imóveis de interesse social os destinados à construção de unidades residenciais de valor de até R$ 100.000,00 (cem mil reais) no âmbito do Programa Minha Casa, Minha Vida, de que trata a Lei nº 11.977, de 7 de julho de 2009. *(Redação dada pela Lei nº 12.767, de 2012)*

§ 8º Para os projetos de construção e incorporação de imóveis residenciais de interesse social, o percentual correspondente ao pagamento unificado dos tributos de que trata o *caput* deste artigo será equivalente a 1% (um por cento) da receita mensal recebida, conforme regulamentação da Secretaria Especial da Receita Federal do Brasil. *(Redação dada pela Lei nº 14.620, de 2023)*

§ 9º Para efeito do disposto no § 8º, consideram-se projetos de incorporação de imóveis residenciais de interesse social aqueles destinados a famílias cuja renda se enquadre na Faixa Urbano 1, independentemente do valor da unidade, no âmbito do Programa Minha Casa, Minha Vida, sendo que a existência de unidades destinadas às outras faixas de renda no empreendimento não obstará a fruição do regime especial de tributação de que trata o § 8º. *(Incluído pela Lei nº 14.620, de 2023)*

§ 10. As condições para utilização dos benefícios de que tratam os §§ 6º e 8º serão definidas em regulamento. *(Incluído pela Lei nº 14.620, de 2023)*

§ 11. *(VETADO na Lei nº 14.620, de 2023)*

Art. 5º O pagamento unificado de impostos e contribuições efetuado na forma do art. 4º deverá ser feito até o 20º (vigésimo) dia do mês subsequente àquele em que houver sido auferida a receita. *(Redação dada pela Lei nº 12.024, de 2009)*

Parágrafo único. Para fins do disposto no *caput*, a incorporadora deverá utilizar, no Documento de Arrecadação de Receitas Federais – DARF, o número específico de inscrição da incorporação no Cadastro Nacional das Pessoas Jurídicas – CNPJ e código de arrecadação próprio.

Art. 6º Os créditos tributários devidos pela incorporadora na forma do disposto no art. 4º não poderão ser objeto de parcelamento.

Art. 7º O incorporador fica obrigado a manter escrituração contábil segregada para cada incorporação submetida ao regime especial de tributação.

Art. 8º Para fins de repartição de receita tributária e do disposto no § 2º do art. 4º, o percentual de 4% (quatro por cento) de que trata o *caput* do art. 4º será considerado: *(Redação dada pela Lei nº 12.844, de 2013)*

I – 1,71% (um inteiro e setenta e um centésimos por cento) como Cofins; *(Redação dada pela Lei nº 12.844, de 2013)*

II – 0,37% (trinta e sete centésimos por cento) como Contribuição para o PIS/Pasep; *(Redação dada pela Lei nº 12.844, de 2013)*

III – 1,26% (um inteiro e vinte e seis centésimos por cento) como IRPJ; e *(Redação dada pela Lei nº 12.844, de 2013)*

IV – 0,66% (sessenta e seis centésimos por cento) como CSLL. *(Redação dada pela Lei nº 12.844, de 2013)*

Parágrafo único. O percentual de 1% (um por cento) de que trata o § 6º do art. 4º será considerado para os fins do *caput*: *(Incluído pela Lei nº 12.024, de 2009)*

I – 0,44% (quarenta e quatro centésimos por cento) como Cofins; *(Incluído pela Lei nº 12.024, de 2009)*

II – 0,09% (nove centésimos por cento) como Contribuição para o PIS/Pasep; *(Incluído pela Lei nº 12.024, de 2009)*

III – 0,31% (trinta e um centésimos por cento) como IRPJ; e *(Incluído pela Lei nº 12.024, de 2009)*

IV – 0,16% (dezesseis centésimos por cento) como CSLL. *(Incluído pela Lei nº 12.024, de 2009)*

Art. 9º Perde eficácia a deliberação pela continuação da obra a que se refere o § 1º do art. 31-F da Lei nº 4.591, de 1964, bem como os efeitos do regime de afetação instituídos por esta Lei, caso não se verifique o pagamento das obrigações tributárias, previdenciárias e trabalhistas, vinculadas ao respectivo patrimônio de afetação, cujos fatos geradores tenham ocorrido até a data da decretação da falência, ou insolvência do incorporador, as quais deverão ser pagas pelos adquirentes em até um ano daquela deliberação, ou até a data da concessão do habite-se, se esta ocorrer em prazo inferior.

Art. 10. O disposto no art. 76 da Medida Provisória nº 2.158-35, de 24 de agosto de 2001, não se aplica ao patrimônio de afetação de incorporações imobiliárias definido pela Lei nº 4.591, de 1964.

Art. 11. *(Revogado pela Lei nº 11.196, de 2005)*

Art. 11-A. O regime especial de tributação previsto nesta Lei será aplicado até o recebimento integral do valor das vendas de todas as unidades que compõem o memorial de incorporação registrado no cartório de imóveis competente, independentemente da data de sua comercialização, e, no caso de contratos de construção, até o recebimento integral do valor do respectivo contrato. (Artigo acrescido pela Lei nº 13.970, de 2019)

CAPÍTULO II – DA LETRA DE CRÉDITO IMOBILIÁRIO

Art. 12. Os bancos comerciais, os bancos múltiplos com carteira de crédito imobiliário, a Caixa Econômica Federal, as sociedades de crédito imobiliário, as associações de poupança e empréstimo, as companhias hipotecárias e demais espécies de instituições que, para as operações a que se refere este artigo, venham a ser expressamente autorizadas pelo Banco Central do Brasil, poderão emitir, independentemente de tradição efetiva, Letra de Crédito Imobiliário – LCI, lastreada por créditos imobiliários garantidos por hipoteca ou por alienação fiduciária de coisa imóvel, conferindo aos seus tomadores direito de crédito pelo valor nominal, juros e, se for o caso, atualização monetária nelas estipulados.

§ 1º A LCI será emitida sob a forma nominativa, podendo ser transferível mediante endosso em preto, e conterá:

I – o nome da instituição emitente e as assinaturas de seus representantes;

II – o número de ordem, o local e a data de emissão;

III – a denominação "Letra de Crédito Imobiliário";

IV – o valor nominal e a data de vencimento;

V – a forma, a periodicidade e o local de pagamento do principal, dos juros e, se for o caso, da atualização monetária;

VI – os juros, fixos ou flutuantes, que poderão ser renegociáveis, a critério das partes;

VII – a identificação dos créditos caucionados e seu valor;

VIII – o nome do titular; e

IX – cláusula à ordem, se endossável.

§ 2º A LCI poderá ser emitida sob a forma escritural, por meio do lançamento em sistema eletrônico do emissor, e deverá ser registrada ou depositada em entidade autorizada pelo Banco Central do Brasil a exercer a atividade de registro ou de depósito centralizado de ativos financeiros. *(Redação dada pela Lei nº 13.986, de 2020)*

Art. 13. A LCI poderá ser atualizada mensalmente por índice de preços, desde que emitida com prazo mínimo de trinta e seis meses.

Parágrafo único. É vedado o pagamento dos valores relativos à atualização monetária apropriados desde a emissão, quando ocorrer o resgate antecipado, total ou parcial, em prazo inferior ao estabelecido neste artigo, da LCI emitida com previsão de atualização mensal por índice de preços.

Art. 14. A LCI poderá contar com garantia fidejussória adicional de instituição financeira.

Art. 15. A LCI poderá ser garantida por um ou mais créditos imobiliários, mas a soma do principal das LCI emitidas não poderá exceder o valor total dos créditos imobiliários em poder da instituição emitente.

§ 1º A LCI não poderá ter prazo de vencimento superior ao prazo de quaisquer dos créditos imobiliários que lhe servem de lastro.

§ 2º O crédito imobiliário caucionado poderá ser substituído por outro crédito da mesma natureza por iniciativa do emitente da LCI, nos casos de liquidação ou vencimento antecipados do crédito, ou por solicitação justificada do credor da letra.

Art. 16. O endossante da LCI responderá pela veracidade do título, mas contra ele não será admitido direito de cobrança regressiva.

Art. 17. O Conselho Monetário Nacional poderá estabelecer o prazo mínimo e outras condições para emissão e resgate de LCI, observado o disposto no art. 13 desta Lei, podendo inclusive diferenciar tais condições de acordo com o tipo de indexador adotado contratualmente. *(Redação dada pela Lei nº 13.097, de 2015)*

CAPÍTULO III – DA CÉDULA DE CRÉDITO IMOBILIÁRIO

Art. 18. É instituída a Cédula de Crédito Imobiliário – CCI para representar créditos imobiliários.

§ 1º A CCI será emitida pelo credor do crédito imobiliário e poderá ser integral, quando representar a totalidade do crédito, ou fracionária, quando representar parte dele, não podendo a soma das CCI fracionárias emitidas em relação a cada crédito exceder o valor total do crédito que elas representam.

§ 2º As CCI fracionárias poderão ser emitidas simultaneamente ou não, a qualquer momento antes do vencimento do crédito que elas representam.

§ 3º A CCI poderá ser emitida com ou sem garantia, real ou fidejussória, sob a forma escritural ou cartular.

§ 4º A emissão da CCI sob a forma escritural ocorrerá por meio de escritura pública ou instrumento particular, que permanecerá custodiado em instituição financeira. *(Parágrafo com redação dada pela Medida Provisória nº 897, de 1º/10/2019, convertida na Lei nº 13.986, de 7/4/2020)*

§ 4º-A. A negociação da CCI emitida sob forma escritural ou a substituição da instituição custodiante de que trata o § 4º deste artigo será precedida de registro ou depósito em entidade autorizada pelo Banco Central do Brasil a exercer a atividade de registro ou de depósito centralizado de ativos financeiros. *(Parágrafo acrescido pela Medida Provisória nº 897, de 1º/10/2019, convertida na Lei nº 13.986, de 7/4/2020)*

§ 4º-B. O Conselho Monetário Nacional poderá estabelecer as condições para o registro e o depósito centralizado de CCI e a obrigatoriedade de depósito da CCI em entidade autorizada pelo Banco Central do Brasil a exercer a atividade de depósito centralizado de ativos financeiros. *(Parágrafo acrescido pela Medida Provisória nº 897, de 1º/10/2019, convertida na Lei nº 13.986, de 7/4/2020)*

§ 4º-C. Na hipótese de a CCI ser liquidada antes de ser negociada, a instituição custodiante declarará a inexistência do registro ou do depósito de que trata o § 4º-A deste artigo, para fins do disposto no art. 24 desta Lei. *(Parágrafo acrescido pela Medida Provisória nº 897, de 1º/10/2019, convertida e com redação dada pela Lei nº 13.986, de 7/4/2020)*

§ 5º Sendo o crédito imobiliário garantido por direito real, a emissão da CCI será averbada no Registro de Imóveis da situação do imóvel, na respectiva matrícula, devendo dela constar, exclusivamente, o número, a série e a instituição custodiante.

§ 6º A averbação da emissão da CCI e o registro da garantia do crédito respectivo, quando solicitados simultaneamente, serão considerados como ato único para efeito de cobrança de emolumentos.

§ 7º A constrição judicial que recaia sobre crédito representado por CCI será efetuada nos registros da instituição custodiante ou mediante apreensão da respectiva cártula.

§ 8º O credor da CCI deverá ser imediatamente intimado de constrição judicial que recaia sobre a garantia real do crédito imobiliário representado por aquele título.

§ 9º No caso de CCI emitida sob a forma escritural, caberá à instituição custodiante identificar o credor, para o fim da intimação prevista no § 8º.

Art. 19. A CCI deverá conter:

I – a denominação "Cédula de Crédito Imobiliário", quando emitida cartularmente;

II – o nome, a qualificação e o endereço do credor e do devedor e, no caso de emissão escritural, também o do custodiante;

III – a identificação do imóvel objeto do crédito imobiliário, com a indicação da respectiva matrícula no Registro de Imóveis competente e do registro da constituição da garantia, se for o caso;

IV – a modalidade da garantia, se for o caso;

V – o número e a série da cédula;

VI – o valor do crédito que representa;

VII – a condição de integral ou fracionária e, nessa última hipótese, também a indicação da fração que representa;

VIII – o prazo, a data de vencimento, o valor da prestação total, nela incluídas as parcelas de amortização e juros, as taxas, seguros e demais encargos contratuais de responsabilidade do devedor, a forma de reajuste e o valor das multas previstas contratualmente, com a indicação do local de pagamento;

IX – o local e a data da emissão;

X – a assinatura do credor, quando emitida cartularmente;

XI – a autenticação pelo Oficial do Registro de Imóveis competente, no caso de contar com garantia real; e

XII – cláusula à ordem, se endossável.

Art. 20. A CCI é título executivo extrajudicial, exigível pelo valor apurado de acordo com as cláusulas e condições pactuadas no contrato que lhe deu origem.

Parágrafo único. O crédito representado pela CCI será exigível mediante ação de execução, ressalvadas as hipóteses em que a lei determine procedimento especial, judicial ou extrajudicial para satisfação do crédito e realização da garantia.

Art. 21. A emissão e a negociação de CCI independe de autorização do devedor do crédito imobiliário que ela representa.

Art. 22. A cessão do crédito representado por CCI poderá ocorrer por meio de sistema de entidade autorizada pelo Banco Central do Brasil a exercer a atividade de depósito centralizado de ativos financeiros na qual a CCI tenha sido depositada. *(Redação dada pela Lei nº 13.986, de 2020)*

§ 1º A cessão do crédito representado por CCI implica automática transmissão das respectivas garantias ao cessionário, sub-rogando-o em todos os direitos representados pela cédula, ficando o cessionário, no caso de contrato de alienação fiduciária, investido na propriedade fiduciária.

§ 2º A cessão de crédito garantido por direito real, quando representado por CCI emitida sob a forma escritural, está dispensada de averbação no Registro de Imóveis, aplicando-se, no que esta Lei não contrarie, o disposto nos arts. 286 e seguintes da Lei nº 10.406, de 10 de janeiro de 2002 – Código Civil Brasileiro.

Art. 23. *(Revogado pela Lei nº 14.430, de 2022)*

Art. 24. O resgate da dívida representada pela CCI prova-se com a declaração de quitação, emitida pelo credor, ou, na falta desta, por outros meios admitidos em direito.

Art. 25. É vedada a averbação da emissão de CCI com garantia real quando houver prenotação ou registro de qualquer outro ônus real sobre os direitos imobiliários respectivos, inclusive penhora ou averbação de qualquer mandado ou ação judicial.

CAPÍTULO IV – DA CÉDULA DE CRÉDITO BANCÁRIO

Art. 26. A Cédula de Crédito Bancário é título de crédito emitido, por pessoa física ou jurídica, em favor de instituição financeira ou de entidade a esta equiparada, representando promessa de pagamento em dinheiro, decorrente de operação de crédito, de qualquer modalidade.

§ 1º A instituição credora deve integrar o Sistema Financeiro Nacional, sendo admitida a emissão da Cédula de Crédito Bancário em favor de instituição domiciliada no exterior, desde que a obrigação esteja sujeita exclusivamente à lei e ao foro brasileiros.

§ 2º A Cédula de Crédito Bancário em favor de instituição domiciliada no exterior poderá ser emitida em moeda estrangeira.

Art. 27. A Cédula de Crédito Bancário poderá ser emitida, com ou sem garantia, real ou fidejussória, cedularmente constituída.

Parágrafo único. A garantia constituída será especificada na Cédula de Crédito Bancário, observadas as disposições deste Capítulo e, no que não forem com elas conflitantes, as da legislação comum ou especial aplicável.

Art. 27-A. A Cédula de Crédito Bancário poderá ser emitida sob a forma escritural, por meio do lançamento em sistema eletrônico de escrituração.

Parágrafo único. O sistema eletrônico de escrituração de que trata o *caput* deste artigo será mantido em instituição financeira ou em outra entidade autorizada pelo Banco Central do Brasil a exercer a atividade de escrituração eletrônica. *(Artigo acrescido pela Medida Provisória nº 897, de 1º/10/2019, convertida na Lei nº 13.986, de 7/4/2020)*

Art. 27-B. Compete ao Banco Central do Brasil:

I - estabelecer as condições para o exercício da atividade de escrituração eletrônica de que trata o parágrafo único do art. 27-A desta Lei; e

II - autorizar e supervisionar o exercício da atividade prevista no inciso I do *caput* deste artigo.

§ 1º A autorização de que trata o parágrafo único do art. 27-A desta Lei poderá, a critério do Banco Central do Brasil, ser concedida por segmento, por espécie ou por grupos de entidades que atendam a critérios específicos, dispensada a concessão de autorização individualizada.

§ 2º As infrações às normas legais e regulamentares que regem a atividade de escrituração eletrônica sujeitam a entidade responsável pelo sistema eletrônico de escrituração, os seus administradores e os membros de seus órgãos estatutários ou contratuais ao disposto na Lei nº 13.506, de 13 de novembro de 2017. *(Artigo acrescido pela Medida Provisória nº 897, de 1º/10/2019, convertida na Lei nº 13.986, de 7/4/2020)*

Art. 27-C. A entidade responsável pelo sistema eletrônico de escrituração de que trata o art. 27-A desta Lei expedirá, mediante solicitação de seu titular, certidão de inteiro teor do título, a qual corresponderá a título executivo extrajudicial.

Parágrafo único. A certidão de que trata o *caput* deste artigo poderá ser emitida na forma eletrônica, observados os requisitos de segurança que garantam a autenticidade e a integridade do documento. *(Artigo acrescido pela Medida Provisória nº 897, de 1º/10/2019, convertida na Lei nº 13.986, de 7/4/2020)*

Art. 27-D. O Banco Central do Brasil poderá regulamentar a emissão, a assinatura, a negociação e a liquidação da Cédula de Crédito Bancário emitida sob a forma escritural. *(Artigo acrescido pela Medida Provisória nº 897, de 1º/10/2019, convertida na Lei nº 13.986, de 7/4/2020)*

Art. 28. A Cédula de Crédito Bancário é título executivo extrajudicial e representa dívida em dinheiro, certa, líquida e exigível, seja pela soma nela indicada, seja pelo saldo devedor demonstrado em planilha de cálculo, ou nos extratos da conta corrente, elaborados conforme previsto no § 2º.

§ 1º Na Cédula de Crédito Bancário poderão ser pactuados:

I – os juros sobre a dívida, capitalizados ou não, os critérios de sua incidência e, se for o caso, a periodicidade de sua capitalização, bem como as despesas e os demais encargos decorrentes da obrigação;

II – os critérios de atualização monetária ou de variação cambial como permitido em lei;

III – os casos de ocorrência de mora e de incidência das multas e penalidades contratuais, bem como as hipóteses de vencimento antecipado da dívida;

IV – os critérios de apuração e de ressarcimento, pelo emitente ou por terceiro garantidor, das despesas de cobrança da dívida e dos honorários advocatícios, judiciais ou extrajudiciais, sendo que os honorários advocatícios extrajudiciais não poderão superar o limite de dez por cento do valor total devido;

V – quando for o caso, a modalidade de garantia da dívida, sua extensão e as hipóteses de substituição de tal garantia;

VI – as obrigações a serem cumpridas pelo credor;

VII – a obrigação do credor de emitir extratos da conta corrente ou planilhas de cálculo da dívida, ou de seu saldo devedor, de acordo com os critérios estabelecidos na própria Cédula de Crédito Bancário, observado o disposto no § 2º; e

VIII – outras condições de concessão do crédito, suas garantias ou liquidação, obrigações adicionais do emitente ou do terceiro garantidor da obrigação, desde que não contrariem as disposições desta Lei.

§ 2º Sempre que necessário, a apuração do valor exato da obrigação, ou de seu saldo devedor, representado pela Cédula de Crédito Bancário, será feita pelo credor, por meio de planilha de cálculo e, quando for o caso, de extrato emitido pela instituição financeira, em favor da qual a Cédula de Crédito Bancário foi originalmente emitida, documentos esses que integrarão a Cédula, observado que:

I – os cálculos realizados deverão evidenciar de modo claro, preciso e de fácil entendimento e compreensão, o valor principal da dívida, seus encargos e despesas contratuais devidos, a parcela de juros e os critérios de sua incidência, a parcela de atualização monetária ou cambial, a parcela correspondente a multas e demais penalidades contratuais, as despesas de cobrança e de honorários advocatícios devidos até a data do cálculo e, por fim, o valor total da dívida; e

II – a Cédula de Crédito Bancário representativa de dívida oriunda de contrato de abertura de crédito bancário em conta corrente será emitida pelo valor total do crédito posto à disposição do emitente, competindo ao credor, nos termos deste parágrafo, discriminar nos extratos da conta corrente ou nas planilhas de cálculo, que serão anexados à Cédula, as parcelas utilizadas do crédito aberto, os aumentos do limite do crédito inicialmente concedido, as eventuais amortizações da dívida e a incidência dos encargos nos vários períodos de utilização do crédito aberto.

§ 3º O credor que, em ação judicial, cobrar o valor do crédito exequendo em desacordo com o expresso na Cédula de Crédito Bancário, fica obrigado a pagar ao devedor o dobro do cobrado a maior, que poderá ser compensado na própria ação, sem prejuízo da responsabilidade por perdas e danos.

Art. 29. A Cédula de Crédito Bancário deve conter os seguintes requisitos essenciais:

- *Vide art. 1º, Lei n. 9.492/1997 (Protesto de Títulos e Outros Documentos de Dívida)*

I – a denominação "Cédula de Crédito Bancário";

II – a promessa do emitente de pagar a dívida em dinheiro, certa, líquida e exigível no seu vencimento ou, no caso de dívida oriunda de contrato de abertura de crédito bancário, a promessa do emitente de pagar a dívida em dinheiro, certa, líquida e exigível, correspondente ao crédito utilizado;

III – a data e o lugar do pagamento da dívida e, no caso de pagamento parcelado, as datas e os valores de cada prestação, ou os critérios para essa determinação;

IV – o nome da instituição credora, podendo conter cláusula à ordem;

V – a data e o lugar de sua emissão; e

VI – a assinatura do emitente e, se for o caso, do terceiro garantidor da obrigação, ou de seus respectivos mandatários.

§ 1º A Cédula de Crédito Bancário será transferível mediante endosso em preto, ao qual se aplicarão, no que couberem, as normas do direito cambiário, caso em que o endossatário, mesmo não sendo instituição financeira ou entidade a ela equiparada, poderá exercer todos os direitos por ela conferidos, inclusive cobrar os juros e demais encargos na forma pactuada na Cédula.

§ 2º Na hipótese de emissão sob a forma cartular, a Cédula de Crédito Bancário será emitida em tantas vias quantas forem as partes que nela intervierem, assinadas pelo emitente e pelo terceiro garantidor, se houver, ou por seus respectivos mandatários, e cada parte receberá uma via. *(Redação dada pela Lei nº 13.986, de 2020)*

§ 3º Somente a via do credor será negociável, devendo constar nas demais vias a expressão "não negociável".

§ 4º A Cédula de Crédito Bancário pode ser aditada, retificada e ratificada mediante documento escrito, datado, com os requisitos previstos no *caput*, passando esse documento a integrar a Cédula para todos os fins.

§ 5º A assinatura de que trata o inciso VI do *caput* deste artigo poderá ocorrer sob a forma eletrônica, desde que garantida a identificação inequívoca de seu signatário. *(Parágrafo acrescido pela Medida Provisória nº 897, de 1º/10/2019, convertida na Lei nº 13.986, de 7/4/2020).*

Art. 30. A constituição de garantia da obrigação representada pela Cédula de Crédito Bancário é disciplinada por esta Lei, sendo aplicáveis as disposições da legislação comum ou especial que não forem com ela conflitantes.

Art. 31. A garantia da Cédula de Crédito Bancário poderá ser fidejussória ou real, neste último caso constituída por bem patrimonial de qualquer espécie, disponível e alienável, móvel ou imóvel, material ou imaterial, presente ou futuro, fungível ou infungível, consumível ou não, cuja titularidade pertença ao próprio emitente ou a terceiro garantidor da obrigação principal.

Art. 32. A constituição da garantia poderá ser feita na própria Cédula de Crédito Bancário ou em documento separado, neste caso fazendo-se, na Cédula, menção a tal circunstância.

Art. 33. O bem constitutivo da garantia deverá ser descrito e individualizado de modo que permita sua fácil identificação.

Parágrafo único. A descrição e individualização do bem constitutivo da garantia poderá ser substituída pela remissão a documento ou certidão expedida por entidade competente, que integrará a Cédula de Crédito Bancário para todos os fins.

Art. 34. A garantia da obrigação abrangerá, além do bem principal constitutivo da garantia, todos os seus acessórios, benfeitorias de qualquer espécie, valorizações a qualquer título, frutos e qualquer bem vinculado ao bem principal por acessão física, intelectual, industrial ou natural.

§ 1º O credor poderá averbar, no órgão competente para o registro do bem constitutivo da garantia, a existência de qualquer outro bem por ela abrangido.

§ 2º Até a efetiva liquidação da obrigação garantida, os bens abrangidos pela garantia não poderão, sem prévia autorização escrita do credor, ser alterados, retirados, deslocados ou destruídos, nem poderão ter sua destinação modificada, exceto quando a garantia for constituída por semoventes ou por veículos, automotores ou não, e a remoção ou o deslocamento desses bens for inerente à atividade do emitente da Cédula de Crédito Bancário, ou do terceiro prestador da garantia.

Art. 35. Os bens constitutivos de garantia pignoratícia ou objeto de alienação fiduciária poderão, a critério do credor, permanecer sob a posse direta do emitente ou do terceiro prestador da garantia, nos termos da cláusula de constituto possessório, caso em que as partes deverão especificar o local em que o bem será guardado e conservado até a efetiva liquidação da obrigação garantida.

§ 1º O emitente e, se for o caso, o terceiro prestador da garantia responderão solidariamente pela guarda e conservação do bem constitutivo da garantia.

§ 2º Quando a garantia for prestada por pessoa jurídica, esta indicará representantes para responder nos termos do § 1º.

Art. 36. O credor poderá exigir que o bem constitutivo da garantia seja coberto por seguro até a efetiva liquidação da obrigação garantida, em que o credor será indicado como exclusivo beneficiário da apólice securitária e estará autorizado a receber a indenização para liquidar ou amortizar a obrigação garantida.

Art. 37. Se o bem constitutivo da garantia for desapropriado, ou se for danificado ou perecer por fato imputável a terceiro, o credor sub-rogar-se-á no direito à indenização devida pelo expropriante ou pelo terceiro causador do dano, até o montante necessário para liquidar ou amortizar a obrigação garantida.

Art. 38. Nos casos previstos nos arts. 36 e 37 desta Lei, facultar-se-á ao credor exigir a substituição da garantia, ou o seu reforço, renunciando ao direito à percepção do valor relativo à indenização.

Art. 39. O credor poderá exigir a substituição ou o reforço da garantia, em caso de perda, deterioração ou diminuição de seu valor.

Parágrafo único. O credor notificará por escrito o emitente e, se for o caso, o terceiro garantidor, para que substituam ou reforcem a garantia no prazo de quinze dias, sob pena de vencimento antecipado da dívida garantida.

Art. 40. Nas operações de crédito rotativo, o limite de crédito concedido será recomposto, automaticamente e durante o prazo de vigência da Cédula de Crédito Bancário, sempre que o devedor, não estando em mora ou inadimplente, amortizar ou liquidar a dívida.

Art. 41. A Cédula de Crédito Bancário poderá ser protestada por indicação, desde que o credor apresente declaração de posse da sua única via negociável, inclusive no caso de protesto parcial.

› *Vide art. 1º, Lei n. 9.492/1997 (Protesto de Títulos e Outros Documentos de Dívida)*

Art. 42. A validade e eficácia da Cédula de Crédito Bancário não dependem de registro, mas as garantias reais, por ela constituídas, ficam sujeitas, para valer contra terceiros, aos registros ou averbações previstos na legislação aplicável, com as alterações introduzidas por esta Lei.

Art. 42-A. Na hipótese de Cédula de Crédito Bancário emitida sob a forma escritural, o sistema eletrônico de escrituração de que trata o art. 27-A desta Lei fará constar: *("Caput" do artigo acrescido pela Medida Provisória nº 897, de 1º/10/2019, convertida e com redação dada pela Lei nº 13.986, de 7/4/2020)*

I - a emissão do título, com seus requisitos essenciais; *(Inciso acrescido pela Medida Provisória nº 897, de 1º/10/2019, convertida na Lei nº 13.986, de 7/4/2020)*

II - a forma de pagamento ajustada no título; *(Inciso acrescido pela Medida Provisória nº 897, de 1º/10/2019, convertida e com redação dada pela Lei nº 13.986, de 7/4/2020)*

III - o endosso em preto de que trata o § 1º do art. 29 desta Lei e a cadeia de endossos, se houver; *(Inciso acrescido pela Medida Provisória nº 897, de 1º/10/2019, convertida e com redação dada pela Lei nº 13.986, de 7/4/2020)*

IV - os aditamentos, as retificações e as ratificações de que trata o § 4º do art. 29 desta Lei; *(Inciso acrescido pela Medida Provisória nº 897, de 1º/10/2019, convertida e com redação dada pela Lei nº 13.986, de 7/4/2020)*

V - a inclusão de notificações, de cláusulas contratuais, de informações, inclusive sobre o fracionamento, quando houver, ou de outras declarações referentes à Cédula de Crédito Bancário ou ao certificado de que trata o art. 43 desta Lei; e *(Inciso acrescido pela Lei nº 13.986, de 7/4/2020)*

VI - as ocorrências de pagamento, se houver. *(Inciso acrescido pela Lei nº 13.986, de 7/4/2020)*

§ 1º Na hipótese de serem constituídos garantias e quaisquer outros gravames e ônus, tais ocorrências serão informadas no sistema eletrônico de escrituração de que trata o art. 27-A desta Lei. *(Parágrafo acrescido pela Medida Provisória nº 897, de 1º/10/2019, convertida na Lei nº 13.986, de 7/4/2020)*

§ 2º As garantias dadas na Cédula de Crédito Bancário ou, ainda, a constituição de gravames e ônus sobre o título deverão ser informadas no sistema ao qual se refere o art. 27-A desta Lei. *(Parágrafo acrescido pela Lei nº 13.986, de 7/4/2020)*

Art. 42-B. Para fins da cobrança de emolumentos e custas cartorárias relacionadas ao registro da garantia, fica a Cédula de Crédito Bancário, quando utilizada para a formalização de operações de crédito rural, equiparada à Cédula de Crédito Rural de que trata o Decreto-Lei nº 167, de 14 de fevereiro de 1967. *(Artigo acrescido pela Lei nº 13.986, de 7/4/2020)*

Art. 43. As instituições financeiras, nas condições estabelecidas pelo Conselho Monetário Nacional, poderão emitir título representativo das Cédulas de Crédito Bancário por elas mantidas em custódia, do qual constarão: *("Caput" do artigo com redação dada pela Medida Provisória nº 897, de 1º/10/2019, convertida na Lei nº 13.986, de 7/4/2020)*

I - o local e a data da emissão;

II - o nome e a qualificação do custodiante das Cédulas de Crédito Bancário; *(Inciso com redação dada pela Medida Provisória nº 897, de 1º/10/2019, convertida na Lei nº 13.986, de 7/4/2020)*

III - a denominação "Certificado de Cédulas de Crédito Bancário";

IV - a especificação das cédulas custodiadas, o nome dos seus emitentes e o valor, o lugar e a data do pagamento do crédito por elas incorporado; *(Inciso com redação dada pela Medida Provisória nº 897, de 1º/10/2019, convertida na Lei nº 13.986, de 7/4/2020)*

V - o nome da instituição emitente;

VI - a declaração de que a instituição financeira, na qualidade e com as responsabilidades de custodiante e mandatária do titular do certificado, promoverá a cobrança das Cédulas de Crédito Bancário, e a declaração de que as cédulas custodiadas, o produto da cobrança do seu principal e os seus encargos serão entregues ao titular do certificado somente com a apresentação deste; *(Inciso com redação dada pela Lei nº 13.986, de 7/4/2020)*

VII - o lugar da entrega do objeto da custódia; e *(Inciso com redação dada pela Medida Provisória nº 897, de 1º/10/2019, convertida na Lei nº 13.986, de 7/4/2020)*

VIII - a remuneração devida à instituição financeira pela custódia das cédulas objeto da emissão do certificado, se convencionada. *(Inciso com redação dada pela Medida Provisória nº 897, de 1º/10/2019, convertida na Lei nº 13.986, de 7/4/2020)*

§ 1º A instituição financeira responderá pela origem e pela autenticidade das Cédulas de Crédito Bancário nela custodiadas. *(Parágrafo com redação dada pela Medida Provisória nº 897, de 1º/10/2019, convertida na Lei nº 13.986, de 7/4/2020)*

§ 2º Emitido o certificado, as Cédulas de Crédito Bancário e as importâncias recebidas pela instituição financeira a título de pagamento do principal e de encargos não poderão ser objeto de penhora, arresto, seqüestro, busca e apreensão, ou qualquer outro embaraço que impeça a sua entrega ao titular do certificado, mas este poderá ser objeto de penhora, ou de qualquer medida cautelar por obrigação do seu titular.

§ 3º O certificado poderá ser emitido sob forma escritural, por meio do lançamento no sistema eletrônico de escrituração, hipótese em que se aplica, no que couber, com as devidas adaptações, o disposto nos arts. 27-A, 27-B, 27-C, 27-D e 42-A desta Lei. *(Parágrafo com redação dada pela Medida Provisória nº 897, de 1º/10/2019, convertida na Lei nº 13.986, de 7/4/2020)*

§ 4º O certificado será transferido somente por meio de endosso, ainda que por intermédio de sistema eletrônico de escrituração, hipótese em que a transferência deverá ser datada e assinada por seu titular ou mandatário com poderes especiais e, na hipótese de certificado cartular, averbada na instituição financeira emitente, no prazo de 2 (dois) dias, contado da data do endosso. *(Parágrafo com redação dada pela Lei nº 13.986, de 7/4/2020)*

§ 5º As despesas e os encargos decorrentes da transferência e averbação do certificado serão suportados pelo endossatário ou cessionário, salvo convenção em contrário.

§ 6º O endossatário do certificado, ainda que não seja instituição financeira ou entidade a ela equiparada, fará jus a todos os direitos nele previstos, incluídos a cobrança de juros e os demais encargos. *(Parágrafo acrescido pela Medida Provisória nº 897, de 1º/10/2019, convertida na Lei nº 13.986, de 7/4/2020)*

§ 7º O certificado poderá representar:

I - uma única cédula;

II - um agrupamento de cédulas; ou

III - frações de cédulas. *(Parágrafo acrescido pela Medida Provisória nº 897, de 1º/10/2019, convertida e com redação dada pela Lei nº 13.986, de 7/4/2020)*

§ 8º Na hipótese de que trata o inciso III do § 7º deste artigo, o certificado somente poderá representar frações de Cédulas de Crédito Bancário emitidas sob forma escritural, e essa informação deverá constar do sistema de que trata o § 3º deste artigo. *(Parágrafo acrescido pela Medida Provisória nº 897, de 1º/10/2019, convertida na Lei nº 13.986, de 7/4/2020)*

Art. 44. Aplica-se às Cédulas de Crédito Bancário, no que não contrariar o disposto nesta Lei, a legislação cambial, dispensado o protesto para garantir o direito de cobrança contra endossantes, seus avalistas e terceiros garantidores.

Art. 45. Os títulos de crédito e direitos creditórios, representados sob a forma escritural ou física, que tenham sido objeto de desconto, poderão ser admitidos a redesconto junto ao Banco Central do Brasil, observando-se as normas e instruções baixadas pelo Conselho Monetário Nacional.

§ 1º Os títulos de crédito e os direitos creditórios de que trata o *caput* considerar-se-ão transferidos, para fins de redesconto, à propriedade do Banco Central do Brasil, desde que inscritos em termo de tradição eletrônico constante do Sistema de Informações do Banco Central – SISBACEN, ou, ainda, no termo de tradição previsto no § 1º do art. 5º do Decreto nº 21.499, de 9 de junho de 1932, com a redação dada pelo art. 1º do Decreto nº 21.928, de 10 de outubro de 1932.

§ 2º Entendem-se inscritos nos termos de tradição referidos no § 1º os títulos de crédito e direitos creditórios neles relacionados e descritos, observando-se os requisitos, os critérios e as formas estabelecidas pelo Conselho Monetário Nacional.

§ 3º A inscrição produzirá os mesmos efeitos jurídicos do endosso, somente se aperfeiçoando com o recebimento, pela instituição financeira proponente do redesconto, de mensagem de aceitação do Banco Central do Brasil, ou, não sendo eletrônico o termo de tradição, após a assinatura das partes.

§ 4º Os títulos de crédito e documentos representativos de direitos creditórios, inscritos nos termos de tradição, poderão, a critério do Banco Central do Brasil, permanecer na posse direta da instituição financeira beneficiária do redesconto, que os guardará e conservará em depósito, devendo proceder, como comissária del credere, à sua cobrança judicial ou extrajudicial.

Art. 45-A. Para fins do disposto no § 1º do art. 2º da Lei nº 6.385, de 7 de dezembro de 1976, a Cédula de Crédito Bancário, o Certificado de Cédulas de Crédito Bancário e a Cédula de Crédito Imobiliário são títulos cambiais de responsabilidade de instituição financeira ou de entidade autorizada a funcionar pelo Banco Central do Brasil, desde que a instituição financeira ou a entidade:

I - seja titular dos direitos de crédito por eles representados;

II - preste garantia às obrigações por eles representadas; ou

III - realize, até a liquidação final dos títulos, o serviço de monitoramento dos fluxos de recursos entre credores e devedores e de eventuais inadimplementos. *(Artigo acrescido pela Medida Provisória nº 897, de 1º/10/2019, convertida e com redação dada pela Lei nº 13.986, de 7/4/2020)*

CAPÍTULO V – DOS CONTRATOS DE FINANCIAMENTO DE IMÓVEIS

Art. 46. Nos contratos de comercialização de imóveis, de financiamento imobiliário em geral e nos de arrendamento mercantil de imóveis, bem como nos títulos e valores mobiliários por eles originados, com prazo mínimo de trinta e seis meses, é admitida estipulação de cláusula de reajuste, com periodicidade mensal, por índices de preços setoriais ou gerais ou pelo índice de remuneração básica dos depósitos de poupança.

§ 1º É vedado o pagamento dos valores relativos à atualização monetária apropriados nos títulos e valores mobiliários, quando ocorrer o resgate antecipado, total ou parcial, em prazo inferior ao estabelecido no *caput*.

§ 2º Os títulos e valores mobiliários a que se refere o *caput* serão cancelados pelo emitente na hipótese de resgate antecipado em que o prazo a decorrer for inferior a trinta e seis meses.

§ 3º Não se aplica o disposto no § 1º, no caso de quitação ou vencimento antecipados dos créditos imobiliários que lastreiem ou tenham originado a emissão dos títulos e valores mobiliários a que se refere o *caput*.

Art. 47. São nulos de pleno direito quaisquer expedientes que, de forma direta ou indireta, resultem em efeitos equivalentes à redução do prazo mínimo de que trata o *caput* do art. 46.

Parágrafo único. O Conselho Monetário Nacional poderá disciplinar o disposto neste artigo.

Art. 48. Fica vedada a celebração de contratos com cláusula de equivalência salarial ou de comprometimento de renda, bem como a inclusão de cláusulas desta espécie em contratos já firmados, mantidas, para os contratos firmados até a data de entrada em vigor da Medida Provisória nº 2.223, de 4 de setembro de 2001, as disposições anteriormente vigentes.

Art. 49. No caso do não-pagamento tempestivo, pelo devedor, dos tributos e das taxas condominiais incidentes sobre o imóvel objeto do crédito imobiliário respectivo, bem como das parcelas mensais incontroversas de encargos estabelecidos no respectivo contrato e de quaisquer outros encargos que a lei imponha ao proprietário ou ao ocupante de imóvel, poderá o juiz, a requerimento do credor, determinar a cassação de medida liminar, de medida cautelar ou de antecipação dos efeitos da tutela que tenha interferido na eficácia de cláusulas do contrato de crédito imobiliário correspondente ou suspendido encargos dele decorrentes.

Art. 50. Nas ações judiciais que tenham por objeto obrigação decorrente de empréstimo, financiamento ou alienação imobiliários, o autor deverá discriminar na petição inicial, dentre as obrigações contratuais, aquelas que pretende controverter, quantificando o valor incontroverso, sob pena de inépcia.

§ 1º O valor incontroverso deverá continuar sendo pago no tempo e modo contratados.

§ 2º A exigibilidade do valor controvertido poderá ser suspensa mediante depósito do montante correspondente, no tempo e modo contratados.

§ 3º Em havendo concordância do réu, o autor poderá efetuar o depósito de que trata o § 2º deste artigo, com remuneração e atualização nas mesmas condições aplicadas ao contrato:

I – na própria instituição financeira credora, oficial ou não; ou

II – em instituição financeira indicada pelo credor, oficial ou não, desde que estes tenham pactuado nesse sentido.

§ 4º O juiz poderá dispensar o depósito de que trata o § 2º em caso de relevante razão de direito e risco de dano irreparável ao autor, por decisão fundamentada na qual serão detalhadas as razões jurídicas e fáticas da ilegitimidade da cobrança no caso concreto.

§ 5º É vedada a suspensão liminar da exigibilidade da obrigação principal sob a alegação de compensação com valores pagos a maior, sem o depósito do valor integral desta.

Art. 51. Sem prejuízo das disposições do Código Civil, as obrigações em geral também poderão ser garantidas, inclusive por terceiros, por cessão fiduciária de direitos creditórios decorrentes de contratos de alienação de imóveis, por caução de direitos creditórios ou aquisitivos decorrentes de contratos de venda ou promessa de venda de imóveis e por alienação fiduciária de coisa imóvel.

Art. 52. Uma vez protocolizados todos os documentos necessários à averbação ou ao registro dos atos e dos títulos a que se referem esta Lei e a Lei nº 9.514, de 1997, o oficial de Registro de Imóveis procederá ao registro ou à averbação, dentro do prazo de quinze dias.

CAPÍTULO VI – DISPOSIÇÕES FINAIS

ALTERAÇÕES DA LEI DE INCORPORAÇÕES

Art. 53. O Título II da Lei nº 4.591, de 16 de dezembro de 1964, passa a vigorar acrescido dos seguintes Capítulo e artigos:

› *Alterações inseridas no texto da referida norma.*

Art. 54. A Lei nº 4.591, de 1964, passa a vigorar com as seguintes alterações:

› *Alterações inseridas no texto da referida norma.*

ALTERAÇÕES DE LEIS SOBRE ALIENAÇÃO FIDUCIÁRIA

Art. 55. A Seção XIV da Lei nº 4.728, de 14 de julho de 1965, passa a vigorar com a seguinte redação:

› *Alterações inseridas no texto da referida norma.*

Art. 56. O Decreto-Lei nº 911, de 1º de outubro de 1969, passa a vigorar com as seguintes alterações:

› *Alterações inseridas no texto da referida norma.*

Art. 57. A Lei nº 9.514, de 1997, passa a vigorar com as seguintes alterações:

› *Alterações inseridas no texto da referida norma.*

ALTERAÇÕES NO CÓDIGO CIVIL

Art. 58. A Lei nº 10.406, de 2002 – Código Civil passa a vigorar com as seguintes alterações:

› *Alterações inseridas no texto da referida norma.*

ALTERAÇÕES NA LEI DE REGISTROS PÚBLICOS

Art. 59. A Lei nº 6.015, de 31 de dezembro de 1973, passa a vigorar com as seguintes alterações:

› *Alterações inseridas no texto da referida norma.*

ALTERAÇÃO NA LEI DO FGTS

Art. 60. O *caput* do art. 9º da Lei nº 8.036, de 11 de maio de 1990, passa a vigorar com a seguinte redação:

"Art. 9º As aplicações com recursos do FGTS poderão ser realizadas diretamente pela Caixa Econômica Federal e pelos demais órgãos integrantes do Sistema Financeiro da Habitação – SFH, exclusivamente segundo critérios fixados pelo Conselho Curador do FGTS, em operações que preencham os seguintes requisitos:"

ALTERAÇÕES NA LEI DE LOCAÇÕES

Art. 61. A Lei nº 8.245, de 18 de outubro de 1991, passa a vigorar com as seguintes alterações:

› *Alterações inseridas no texto da referida norma.*

ALTERAÇÕES NA LEI DE PROTESTO DE TÍTULOS E DOCUMENTOS DE DÍVIDA

Art. 62. *(VETADO)*

NORMAS COMPLEMENTARES A ESTA LEI

Art. 63. Nas operações envolvendo recursos do Sistema Financeiro da Habitação e do Sistema Financeiro Imobiliário, relacionadas com a moradia, é vedado cobrar do mutuário a elaboração de instrumento contratual particular, ainda que com força de escritura pública.

Art. 63-A. *(Revogado pela Lei nº 13.476, de 2017)*

Art. 64. *(VETADO)*

Art. 65. O Conselho Monetário Nacional e a Secretaria da Receita Federal, no âmbito das suas respectivas atribuições, expedirão as instruções que se fizerem necessárias à execução das disposições desta Lei.

VIGÊNCIA

Art. 66. Esta Lei entra em vigor na data de sua publicação.

REVOGAÇÕES

Art. 67. Ficam revogadas as Medidas Provisórias nos 2.160-25, de 23 de agosto de 2001, 2.221, de 4 de setembro de 2001, e 2.223, de 4 de setembro de 2001, e os arts. 66 e 66-A da Lei nº 4.728, de 14 de julho de 1965.

Brasília, 2 de agosto de 2004;
183º da Independência e 116º da República.
LUIZ INÁCIO LULA DA SILVA
(DOU de 3.8.2004)

LEI Nº 11.076, DE 30 DE DEZEMBRO DE 2004

Dispõe sobre o Certificado de Depósito Agropecuário – CDA, o Warrant Agropecuário – WA, o Certificado de Direitos Creditórios do Agronegócio – CDCA, a Letra de Crédito do Agronegócio – LCA e o Certificado de Recebíveis do Agronegócio – CRA, dá nova redação a dispositivos das Leis nos 9.973, de 29 de maio de 2000, que dispõe sobre o sistema de armazenagem dos produtos agropecuários, 8.427, de 27 de maio de 1992, que dispõe sobre a concessão de subvenção econômica nas operações de crédito rural, 8.929, de 22 de agosto de 1994, que institui a Cédula de Produto Rural – CPR, 9.514, de 20 de novembro de 1997, que dispõe sobre o Sistema de Financiamento Imobiliário e institui a alienação fiduciária de coisa imóvel, e altera a Taxa de Fiscalização de que trata a Lei nº 7.940, de 20 de dezembro de 1989, e dá outras providências.

O PRESIDENTE DA REPÚBLICA

Faço saber que o Congresso Nacional decreta e eu sanciono a seguinte Lei:

CAPÍTULO I – DO CDA E DO WA

SEÇÃO I – DISPOSIÇÕES INICIAIS

Art. 1º Ficam instituídos o Certificado de Depósito Agropecuário - CDA e o Warrant Agropecuário - WA.

› *Vide art. 1º, Lei n. 9.492/1997 (Protesto de Títulos e Outros Documentos de Dívida)*

§ 1º O CDA é título de crédito representativo de promessa de entrega de produtos agropecuários, seus derivados, subprodutos e resíduos de valor econômico, depositados em conformidade com a Lei nº 9.973, de 29 de maio de 2000.

§ 2º O WA é título de crédito representativo de promessa de pagamento em dinheiro que confere direito de penhor sobre o CDA correspondente, assim como sobre o produto nele descrito. *(Parágrafo com redação dada pela Lei nº 11.524, de 24/9/2007)*

§ 3º O CDA e o WA são títulos unidos, emitidos simultaneamente pelo depositário, a pedido do depositante, podendo ser transmitidos unidos ou separadamente, mediante endosso.

§ 4º O CDA e o WA são títulos executivos extrajudiciais.

Art. 2º Aplicam-se ao CDA e ao WA as normas de direito cambial no que forem cabíveis e o seguinte:

I - os endossos devem ser completos;

II - os endossantes não respondem pela entrega do produto, mas, tão-somente, pela existência da obrigação;

III - é dispensado o protesto cambial para assegurar o direito de regresso contra endossantes e avalistas.

Art. 3º O CDA e o WA poderão ser emitidos sob a forma cartular ou escritural. *("Caput" do artigo com redação dada pela Medida Provisória nº 897, de 1º/10/2019, convertida na Lei nº 13.986, de 7/4/2020)*

I e II - *(Revogados pela Lei nº 13.986, de 7/4/2020)*

§ 1º A emissão na forma escritural ocorrerá por meio do lançamento em sistema eletrônico de escrituração gerido por entidade autorizada pelo Banco Central do Brasil a exercer atividade de escrituração. *(Parágrafo acrescido pela Medida Provisória nº 897, de 1º/10/2019, convertida na Lei nº 13.986, de 7/4/2020)*

§ 2º O CDA e o WA emitidos sob a forma cartular assumirão a forma escritural enquanto permanecerem depositados em depositário central. *(Parágrafo acrescido pela Medida Provisória nº 897, de 1º/10/2019, convertida na Lei nº 13.986, de 7/4/2020)*

Art. 3º-A. Compete ao Banco Central do Brasil: *("Caput" do artigo acrescido pela Medida Provisória nº 897, de 1º/10/2019, convertida na Lei nº 13.986, de 7/4/2020)*

I - estabelecer as condições para o exercício da atividade de escrituração de que trata o § 1º do art. 3º desta Lei; e *(Inciso acrescido pela Medida Provisória nº 897, de 1º/10/2019, convertida na Lei nº 13.986, de 7/4/2020)*

II - autorizar e supervisionar o exercício da atividade prevista no inciso I do *caput* deste artigo. *(Inciso acrescido pela Medida Provisória nº 897, de 1º/10/2019, convertida na Lei nº 13.986, de 7/4/2020)*

§ 1º A autorização de que trata o inciso II do *caput* deste artigo poderá, a critério do Banco Central do Brasil, ser concedida por segmento, por espécie ou por grupos de entidades que atendam a critérios específicos, dispensada a autorização individualizada. *(Parágrafo acrescido pela Medida Provisória nº 897, de 1º/10/2019, convertida na Lei nº 13.986, de 7/4/2020)*

§ 2º A entidade responsável pela escrituração de que trata o inciso I do *caput* deste artigo expedirá, mediante solicitação, certidão de inteiro teor do título, inclusive para fins de protesto e de execução. *(Parágrafo acrescido pela Medida Provisória nº 897, de 1º/10/2019, convertida e com redação dada pela Lei nº 13.986, de 7/4/2020)*

§ 3º A certidão de que trata o § 2º deste artigo poderá ser emitida na forma eletrônica, observados os requisitos de segurança que garantam a autenticidade e a integridade do documento. *(Parágrafo acrescido pela Medida Provisória nº 897, de 1º/10/2019, convertida na Lei nº 13.986, de 7/4/2020)*

Art. 3º-B A liquidação do pagamento em favor do legítimo credor, por qualquer meio de pagamento existente no âmbito do Sistema de Pagamentos Brasileiro, constituirá prova de pagamento total ou parcial do WA emitido sob a forma escritural.

Parágrafo único. A prova de pagamento de que trata o *caput* deste artigo será informada no sistema eletrônico de escrituração de que trata o § 1º do art. 3º desta Lei, com referência expressa ao WA amortizado ou liquidado. *(Artigo acrescido pela Medida Provisória nº 897, de 1º/10/2019, convertida na Lei nº 13.986, de 7/4/2020)*

Art. 3º-C. O sistema eletrônico de escrituração a que se refere o § 1º do art. 3º desta Lei fará constar:

I - os requisitos essenciais do título;

II - o endosso e a cadeia de endossos, se houver;

III - os aditamentos, as ratificações e as retificações; e

IV - a inclusão de notificações, de cláusulas contratuais e de outras informações.

Parágrafo único. Na hipótese de serem constituídos gravames e ônus, tal ocorrência será informada no sistema eletrônico de escrituração de que trata o § 1º do art. 3º desta Lei. *(Artigo acrescido pela Medida Provisória nº 897, de 1º/10/2019, convertida e com redação dada pela Lei nº 13.986, de 7/4/2020)*

Art. 4º Para efeito desta Lei, entende-se como:

I - depositário: pessoa jurídica apta a exercer as atividades de guarda e conservação dos produtos especificados no § 1º do art. 1º desta Lei, de terceiros e, no caso de cooperativas, de terceiros e de associados, sem prejuízo do disposto nos arts. 82 e 83 da Lei nº 5.764, de 16 de dezembro de 1971;

II - depositante: pessoa física ou jurídica responsável legal pelos produtos especificados no § 1º do art. 1º desta Lei entregues a um depositário para guarda e conservação;

III - entidade registradora autorizada: entidade autorizada pelo Banco Central do Brasil ou pela Comissão de Valores Mobiliários, no âmbito de suas competências, a exercer a atividade de registro de ativos financeiros e de valores mobiliários de que trata a Lei nº 12.810, de 15 de maio de 2013; *(Inciso com redação dada pela Medida Provisória nº 897, de 1º/10/2019, convertida na Lei nº 13.986, de 7/4/2020)*

IV - depositário central: entidade autorizada pelo Banco Central do Brasil ou pela Comissão de Valores Mobiliários, no âmbito de suas competências, a exercer a atividade de depósito centralizado de ativos financeiros e de valores mobiliários de que trata a Lei nº 12.810, de 15 de maio de 2013; e *(Inciso acrescido pela Medida Provisória nº 897, de 1º/10/2019, convertida na Lei nº 13.986, de 7/4/2020)*

V - produtos agropecuários: produtos agropecuários, seus derivados, subprodutos e resíduos de valor econômico de que trata a Lei nº 9.973, de 29 de maio de 2000. *(Inciso acrescido pela Medida Provisória nº 897, de 1º/10/2019, convertida na Lei nº 13.986, de 7/4/2020)*

Art. 5º O CDA e o WA devem conter as seguintes informações:

I - denominação do título;

II - número de controle, que deve ser idêntico para cada conjunto de CDA e WA;

III - menção de que o depósito do produto sujeita-se à Lei nº 9.973, de 29 de maio de 2000, a esta Lei e, no caso de cooperativas, à Lei nº 5.764, de 16 de dezembro de 1971;

IV - identificação, qualificação e endereços do depositante e do depositário;

V - identificação comercial do depositário;

VI - cláusula à ordem;

VII - endereço completo do local do armazenamento;

VIII - descrição e especificação do produto;

IX - peso bruto e líquido;

X - forma de acondicionamento;

XI - número de volumes, quando cabível;

XII - valor dos serviços de armazenagem, conservação e expedição, a periodicidade de sua cobrança e a indicação do responsável pelo seu pagamento;

XIII - identificação do segurador do produto e do valor do seguro;

XIV - qualificação da garantia oferecida pelo depositário, quando for o caso;

XV - data do recebimento do produto e prazo do depósito;

XVI - data de emissão do título;

XVII - identificação, qualificação e assinatura dos representantes legais do depositário, que poderá ser feita de forma eletrônica, conforme legislação aplicável; *(Redação dada pela Lei nº 14.421, de 2022)*

XVIII - identificação precisa dos direitos que conferem.

Parágrafo único. O depositante e o depositário poderão acordar que a responsabilidade pelo pagamento do valor dos serviços a que se refere o inciso XII do *caput* deste artigo será do endossatário do CDA.

SEÇÃO II – DA EMISSÃO, DO DEPÓSITO CENTRALIZADO E DA CIRCULAÇÃO DOS TÍTULOS

▸ *(Denominação da seção com redação dada pela Medida Provisória nº 897, de 1º/10/2019, convertida na Lei nº 13.986, de 7/4/2020)*

SUBSEÇÃO I – DA EMISSÃO

Art. 6º A solicitação de emissão do CDA e do WA será feita pelo depositante ao depositário.

§ 1º Na solicitação, o depositante:

I - declarará, sob as penas da lei, que o produto é de sua propriedade e está livre e desembaraçado de quaisquer ônus;

II - outorgará, em caráter irrevogável, poderes ao depositário para transferir a propriedade do produto ao endossatário do CDA.

§ 2º Os documentos mencionados no § 1º deste artigo serão arquivados pelo depositário junto com as suas respectivas vias do CDA e do WA. *(Parágrafo com redação dada pela Lei nº 13.986, de 7/4/2020)*

§ 3º Emitidos o CDA e o WA, fica dispensada a entrega de recibo de depósito.

Art. 7º É facultada a formalização do contrato de depósito, nos termos do art. 3º da Lei nº 9.973, de 29 de maio de 2000, quando forem emitidos o CDA e o WA.

Art. 8º O CDA e o WA, quando emitidos sob a forma cartular, o serão em, no mínimo, 2 (duas) vias, com as seguintes destinações: *("Caput" do artigo com redação dada pela Lei nº 13.986, de 7/4/2020)*

I - primeiras vias, ao depositante;

II - segundas vias, ao depositário, nas quais constarão os recibos de entrega dos originais ao depositante.

Parágrafo único. Os títulos terão numeração seqüencial, idêntica em ambos os documentos, em série única, vedada a subsérie.

Art. 9º O depositário que emitir o CDA e o WA é responsável, civil e criminalmente, inclusive perante terceiros, pelas irregularidades e inexatidões neles lançadas.

§ 1º O emitente é responsável pela existência, liquidez, certeza e exigibilidade dos direitos indicados no CDA e no WA. *(Parágrafo acrescido pela Medida Provisória nº 897, de 1º/10/2019, convertida na Lei nº 13.986, de 7/4/2020)*

§ 2º Fica vedado ao emitente opor ao terceiro titular do CDA ou do WA as exceções pessoais oponíveis ao depositante. *(Parágrafo acrescido pela Medida Provisória nº 897, de 1º/10/2019, convertida na Lei nº 13.986, de 7/4/2020)*

Art. 10. O depositante tem o direito de pedir ao depositário a divisão do produto em tantos lotes quantos lhe convenha e solicitar a emissão do CDA e do WA correspondentes a cada um dos lotes.

Art. 11. O depositário assume a obrigação de guardar, conservar, manter a qualidade e a quantidade do produto recebido em depósito e de entregá-lo ao credor na quantidade e qualidade consignadas no CDA e no WA.

Art. 12. Emitidos o CDA e o WA, o produto a que se referem não poderá sofrer embargo, penhora, seqüestro ou qualquer outro embaraço que prejudique a sua livre e plena disposição.

Parágrafo único. Na hipótese de o titular do CDA e do correspondente WA diferir do depositante, o produto objeto desses títulos não poderá ser confundido com bem de propriedade do depositante ou sujeitar-se aos efeitos de sua recuperação judicial ou falência, prevalecendo os direitos de propriedade sobre a coisa ao endossatário final que se apresentar ao depositário, nos termos do inciso II do § 1º do art. 6º e do § 5º do art. 21 desta Lei. *(Parágrafo único acrescido pela Medida Provisória nº 897, de 1º/10/2019, convertida e com redação dada pela Lei nº 13.986, de 7/4/2020)*

Art. 13. O prazo do depósito a ser consignado no CDA e no WA será de até 1 (um) ano, contado da data de sua emissão, podendo ser prorrogado pelo depositário a pedido do credor, os quais, na oportunidade, ajustarão, se for necessário, as condições de depósito do produto.

Parágrafo único. As prorrogações serão anotadas nas segundas vias em poder do depositário do produto agropecuário e eletronicamente nos registros do depositário central. *(Parágrafo único com redação dada pela Lei nº 13.986, de 7/4/2020)*

Art. 14. Incorre na pena prevista no art. 178 do Decreto-Lei nº 2.848, de 7 de dezembro de 1940 - Código Penal aquele que emitir o CDA e o WA em desacordo com as disposições desta Lei.

SUBSEÇÃO II – DO DEPÓSITO CENTRALIZADO

▸ *(Denominação da subseção com redação dada pela Medida Provisória nº 897, de 1º/10/2019, convertida na Lei nº 13.986, de 7/4/2020)*

Art. 15. É obrigatório o depósito do CDA e do WA em depositário central autorizado pelo Banco Central do Brasil, no prazo de 30 (trinta) dias, contado da data de emissão dos títulos, do qual constará o número de controle do título de que trata o inciso II do *caput* do art. 5º desta Lei. *("Caput" do artigo com redação dada pela Medida Provisória nº 897, de 1º/10/2019, convertida na Lei nº 13.986, de 7/4/2020)*

§ 1º O depósito de CDA e de WA emitidos sob a forma cartular em depositário central será precedido da entrega dos títulos à custódia de instituição legalmente autorizada para esse fim, por meio de endosso-mandato, que poderá ser feito de forma eletrônica, conforme legislação aplicável. *(Redação dada pela Lei nº 14.421, de 2022)*

§ 2º A instituição custodiante é responsável por efetuar o endosso do CDA e do WA ao credor por ocasião da baixa do depósito no depositário central. *(Parágrafo com redação dada pela Medida Provisória nº 897, de 1º/10/2019, convertida na Lei nº 13.986, de 7/4/2020)*

§ 3º Vencido o prazo de 30 (trinta) dias sem o cumprimento da providência a que se refere o *caput* deste artigo, deverá o depositante solicitar ao depositário o cancelamento dos títulos e sua substituição por novos ou por recibo de depósito, em seu nome. *(Parágrafo com redação dada pela Lei nº 11.524, de 24/9/2007)*

§ 4º O Conselho Monetário Nacional poderá estabelecer outras condições para o depósito do CDA e do WA de que trata este artigo. *(Parágrafo acrescido pela Medida Provisória nº 897, de 1º/10/2019, convertida na Lei nº 13.986, de 7/4/2020)*

SUBSEÇÃO III – DA CIRCULAÇÃO

Art. 16. O CDA e o WA serão negociados nos mercados de bolsa e de balcão como ativos financeiros.

Art. 17. Por ocasião da primeira negociação do WA separado do CDA, o depositário central consignará em seus registros o valor da negociação do WA, a taxa de juros e a data de vencimento ou, ainda, o valor a ser pago no vencimento ou o indicador que será utilizado para o cálculo do valor da dívida. *("Caput" do artigo com redação dada pela Medida Provisória nº 897, de 1º/10/2019, convertida na Lei nº 13.986, de 7/4/2020)*

§ 1º Os lançamentos dos negócios realizados com o CDA e com o WA unidos ou separados serão atualizados em meio eletrônico pelo depositário central. *(Parágrafo único transformado em § 1º pela Lei nº 11.524, de 24/9/2007, e com redação dada pela Lei nº 13.986, de 7/4/2020)*

§ 2º Se, na data de vencimento do WA, o CDA e o WA não estiverem em nome do mesmo credor e o credor do CDA não houver consignado o valor da dívida, na forma do inciso II do § 1º do art. 21 desta Lei, o titular do WA poderá, a seu critério, promover a execução do penhor sobre:

I - o produto, mediante sua venda em leilão a ser realizado em bolsa de mercadorias; ou

II - o CDA correspondente, mediante a venda do título, em conjunto com o WA, em bolsa de mercadorias ou de futuros, ou em mercado de balcão organizado. *(Parágrafo acrescido pela Lei nº 11.524, de 24/9/2007)*

§ 3º Nas hipóteses referidas nos incisos I e II do § 2º deste artigo, o produto da venda da mercadoria ou dos títulos, conforme o caso, será utilizado para pagamento imediato do crédito representado pelo WA ao seu respectivo titular na data do vencimento, devendo o saldo remanescente ser entregue ao titular do CDA, após debitadas as despesas comprovadamente incorridas com a realização do leilão da mercadoria ou dos títulos. *(Parágrafo acrescido pela Lei nº 11.524, de 24/9/2007)*

§ 4º O adquirente dos títulos no leilão poderá colocá-los novamente em circulação, observando-se o disposto no *caput* deste artigo, no caso de negociação do WA separado do CDA. *(Parágrafo acrescido pela Lei nº 11.524, de 24/9/2007)*

Art. 18. As negociações do CDA e do WA são isentas do Imposto sobre Operações de Crédito, Câmbio e Seguro ou relativas a Títulos ou Valores Mobiliários.

Art. 19. Os negócios ocorridos durante período em que o CDA e o WA emitidos sob a forma cartular estiverem depositados em depositário central não serão transcritos no verso dos títulos. *(Artigo com redação dada pela Lei nº 13.986, de 7/4/2020)*

Art. 20. *(Revogado pela Medida Provisória nº 897, de 1º/10/2019, convertida na Lei nº 13.986, de 7/4/2020)*

SEÇÃO III – DA RETIRADA DO PRODUTO

Art. 21. Para a retirada do produto, o credor do CDA providenciará a baixa do registro eletrônico do CDA e requererá à instituição custodiante o endosso na cártula e a sua entrega.

§ 1º A baixa do registro eletrônico ocorrerá somente se:

I - o CDA e o WA estiverem em nome do mesmo credor; ou

II - o credor do CDA consignar, em dinheiro, na instituição custodiante, o valor do principal e dos juros devidos até a data do vencimento do WA.

§ 2º A consignação do valor da dívida do WA, na forma do inciso II do § 1º deste artigo, equivale ao real e efetivo pagamento da dívida, devendo a quantia consignada ser entregue ao credor do WA pela instituição custodiante.

§ 3º Na hipótese do inciso I do § 1º deste artigo, a instituição custodiante entregará ao credor, junto com a cártula do CDA, a cártula do WA.

§ 4º Na hipótese do inciso II do § 1º deste artigo, a instituição custodiante entregará, junto com a cártula do CDA, documento comprobatório do depósito consignado.

§ 5º Com a entrega do CDA ao depositário, juntamente com o respectivo WA ou com o documento a que se refere o § 4º deste artigo, o endossatário adquire a propriedade do produto nele descrito, extinguindo-se o mandato a que se refere o inciso II do § 1º do art. 6º desta Lei.

§ 6º São condições para a transferência da propriedade ou retirada do produto:

I - o pagamento dos serviços de armazenagem, conservação e expedição, na forma do inciso XII e do parágrafo único do art. 5º desta Lei;

II - o cumprimento das obrigações tributárias, principais e acessórias, relativas à operação.

SEÇÃO IV – DO SEGURO

Art. 22. Para emissão de CDA e WA, o seguro obrigatório de que trata o § 6º do art. 6º da Lei nº 9.973, de 29 de maio de 2000, deverá ter cobertura contra incêndio, raio, explosão de qualquer natureza, danos elétricos, vendaval, alagamento, inundação, furacão, ciclone, tornado, granizo, quedas de aeronaves, impacto de veículos terrestres e fumaça. *("Caput" do artigo com redação dada pela Lei nº 13.986, de 7/4/2020)*

Parágrafo único. No caso de armazéns públicos, o seguro obrigatório de que trata o *caput* deste artigo também conterá cláusula contra roubo e furto.

CAPÍTULO II – DO CDCA, DA LCA E DO CRA

SEÇÃO I – DISPOSIÇÕES INICIAIS

Art. 23. Ficam instituídos os seguintes títulos de crédito:

I - Certificado de Direitos Creditórios do Agronegócio - CDCA;

II - Letra de Crédito do Agronegócio - LCA;

III - Certificado de Recebíveis do Agronegócio - CRA.

§ 1º Os títulos de crédito de que trata este artigo são vinculados a direitos creditórios originários de negócios realizados entre produtores rurais, ou suas cooperativas, e terceiros, inclusive financiamentos ou empréstimos, relacionados com a produção, a comercialização, o beneficiamento ou a industrialização de produtos ou insumos agropecuários ou de máquinas e implementos utilizados na atividade agropecuária. *(Parágrafo acrescido pela Medida Provisória nº 725, de 11/5/2016, convertida na Lei nº 13.331, de 1º/9/2016)*

§ 2º Os bancos cooperativos, as confederações de cooperativas de crédito e as cooperativas centrais de crédito integrantes de sistemas cooperativos de crédito constituídos nos termos da Lei Complementar nº 130, de 17 de abril de 2009, podem utilizar, como lastro de LCA de sua emissão, título de crédito representativo de repasse interfinanceiro realizado em favor de cooperativa singular de crédito do sistema, quando a totalidade dos recursos se destinar a apenas uma operação de crédito rural, observado que: *("Caput" do parágrafo com redação dada pela Lei nº 13.606, de 9/1/2018)*

I - ambos os títulos devem observar idênticas datas de liquidação, indicar sua mútua vinculação e fazer referência ao cumprimento das condições estabelecidas neste artigo; e

II - o instrumento representativo da operação de crédito rural deve ser dado em garantia ao banco cooperativo repassador. *(Parágrafo acrescido pela Medida Provisória nº 725, de 11/5/2016, convertida na Lei nº 13.331, de 1º/9/2016)*

§ 3º Os títulos de crédito de que trata este artigo poderão ser emitidos com cláusula de correção pela variação cambial desde que integralmente vinculados a direitos creditórios com cláusula de correção na mesma moeda. *(Parágrafo acrescido pela Lei nº 13.986, de 7/4/2020)*

§ 4º O Conselho Monetário Nacional poderá dispor acerca da emissão dos títulos de crédito de que trata este artigo com cláusula de correção pela variação cambial. *(Parágrafo acrescido pela Lei nº 13.986, de 7/4/2020)*

§ 5º (VETADO). *(Redação dada pela Lei nº 14.421, de 2022)*

SEÇÃO II – CERTIFICADO DE DIREITOS CREDITÓRIOS DO AGRONEGÓCIO

Art. 24. O Certificado de Direitos Creditórios do Agronegócio - CDCA é título de crédito nominativo, de livre negociação, representativo de promessa de pagamento em dinheiro e constitui título executivo extrajudicial.

Parágrafo único. *(Revogado pela Medida Provisória nº 725, de 11/5/2016, convertida na Lei nº 13.331, de 1º/9/2016)*

§ 1º O CDCA é de emissão exclusiva de cooperativas agropecuárias e de outras pessoas jurídicas que exerçam a atividade de comercialização, beneficiamento ou industrialização de produtos, insumos, máquinas e implementos agrícolas, pecuários, florestais, aquícolas e extrativos. *(Parágrafo acrescido pela Medida Provisória nº 725, de 11/5/2016, convertida na Lei nº 13.331, de 1º/9/2016) e com redação dada pela Lei nº 13.986, de 7/4/2020)*

§ 2º *(Parágrafo acrescido pela Medida Provisória nº 725, de 11/5/2016, convertida na Lei nº 13.331, de 1º/9/2016, e revogado pela Medida Provisória nº 897, de 1º/10/2019, convertida na Lei nº 13.986, de 7/4/2020)*

§ 3º *(Parágrafo acrescido pela Medida Provisória nº 725, de 11/5/2016, convertida na Lei nº 13.331, de 1º/9/2016, e revogado pela Medida Provisória nº 897, de 1º/10/2019, convertida na Lei nº 13.986, de 7/4/2020)*

Art. 25. O CDCA terá os seguintes requisitos, lançados em seu contexto:

I - o nome do emitente e a assinatura de seus representantes legais;

II - o número de ordem, local e data da emissão;

III - a denominação "Certificado de Direitos Creditórios do Agronegócio";

IV - o valor nominal;

V - a identificação dos direitos creditórios a ele vinculados e seus respectivos valores, ressalvado o disposto no art. 30 desta Lei;

VI - data de vencimento ou, se emitido para pagamento parcelado, discriminação dos valores e das datas de vencimento das diversas parcelas;

VII - taxa de juros, fixa ou flutuante, admitida a capitalização;

VIII - o nome da instituição responsável pela custódia dos direitos creditórios a ele vinculados;

IX - o nome do titular;

X - cláusula "à ordem", ressalvado o disposto no inciso II do art. 35 desta Lei.

§ 1º Os direitos creditórios vinculados ao CDCA: *(Parágrafo com redação dada pela Lei nº 13.986, de 7/4/2020)*

I - serão registrados ou depositados em entidade autorizada pelo Banco Central do Brasil ou pela Comissão de Valores Mobiliários a exercer a atividade de registro ou de depósito centralizado de ativos financeiros e de valores mobiliários; *(Inciso com redação dada pela Lei nº 13.986, de 7/4/2020)*

II - *Revogado pela Lei nº 14.421, de 2022*

III - poderão ser formalizados em meio físico ou eletrônico e, quando correspondentes a títulos de crédito, sob a forma cartular ou escritural. *(Inciso acrescido pela Lei nº 13.986, de 7/4/2020)*

§ 2º Caberá à instituição custodiante a que se refere o § 1º deste artigo:

I - manter sob sua guarda documentação que evidencie a regular constituição dos direitos creditórios vinculados ao CDCA;

II - realizar a liquidação física e financeira dos direitos creditórios custodiados, devendo, para tanto, estar munida de poderes suficientes para efetuar sua cobrança e recebimento, por conta e ordem do emitente do CDCA;

III - prestar quaisquer outros serviços contratados pelo emitente do CDCA.

§ 3º Será admitida a emissão de CDCA em série, em que os CDCA serão vinculados a um mesmo conjunto de direitos creditórios, devendo ter igual valor nominal e conferir a seus titulares os mesmos direitos.

§ 4º *Revogado pela Lei nº 14.421, de 2022*

§ 5º *Revogado pela Lei nº 14.421, de 2022*

SEÇÃO III – LETRA DE CRÉDITO DO AGRONEGÓCIO

Art. 26. A Letra de Crédito do Agronegócio – LCA é título de crédito nominativo, de livre negociação, representativo de promessa de pagamento em dinheiro e constitui título executivo extrajudicial.

› *Vide art. 1º, Lei n. 9.492/1997 (Protesto de Títulos e Outros Documentos de Dívida)*

Parágrafo único. A LCA é de emissão exclusiva de instituições financeiras públicas ou privadas.

Art. 27. A LCA terá os seguintes requisitos, lançados em seu contexto:

I - o nome da instituição emitente e a assinatura de seus representantes legais;

II - o número de ordem, o local e a data de emissão;

III - a denominação "Letra de Crédito do Agronegócio";

IV - o valor nominal;

V - a identificação dos direitos creditórios a ela vinculados e seus respectivos valores, ressalvado o disposto no art. 30 desta Lei;

VI - taxa de juros, fixa ou flutuante, admitida a capitalização;

VII - data de vencimento ou, se emitido para pagamento parcelado, discriminação dos valores e das datas de vencimento das diversas parcelas;

VIII - o nome do titular;

IX - cláusula "à ordem", ressalvado o disposto no inciso II do art. 35 desta Lei.

§ 1º Os direitos creditórios vinculados à LCA:

I - deverão ser registrados ou depositados em entidade autorizada pelo Banco Central do Brasil ou pela Comissão de Valores Mobiliários a exercer a atividade de registro ou de depósito centralizado de ativos financeiros e de valores mobiliários; e

II - poderão ser mantidos em custódia, hipótese em que se aplica o disposto no inciso II do § 1º e no § 2º do art. 25 desta Lei. *(Parágrafo acrescido pela Medida Provisória nº 897, de 1º/10/2019, convertida na Lei nº 13.986, de 7/4/2020)*

§ 2º Observadas as condições estabelecidas pelo Conselho Monetário Nacional, poderão ser utilizados para o cumprimento do direcionamento de recursos da LCA para o crédito rural, de que trata o art. 21 da Lei nº 4.829, de 5 de novembro de 1965: *(Parágrafo acrescido pela Medida Provisória nº 897, de 1º/10/2019, convertida na Lei nº 13.986, de 7/4/2020)*

I - Cédula de Produto Rural (CPR) emitida por produtor rural, inclusive as adquiridas por instituições financeiras de terceiros; *(Inciso acrescido pela Medida Provisória nº 897, de 1º/10/2019, convertida e com redação dada pela Lei nº 13.986, de 7/4/2020)*

II - quotas de fundos garantidores de operações de crédito com produtores rurais, pelo valor da integralização, desde que as operações de crédito garantidas sejam crédito rural; *(Inciso acrescido pela Medida Provisória nº 897, de 1º/10/2019, convertida e com redação dada pela Lei nº 13.986, de 7/4/2020)*

III - CDCA e CRA, desde que os direitos creditórios vinculados sejam integralmente originados de negócios em que o produtor rural seja parte direta; e *(Inciso acrescido pela Medida Provisória nº 897, de 1º/10/2019, convertida e com redação dada pela Lei nº 13.986, de 7/4/2020)*

IV - CDA e WA, desde que tenham sido emitidos em favor de produtor rural. *(Inciso acrescido pela Lei nº 13.986, de 7/4/2020)*

SEÇÃO IV – DISPOSIÇÕES COMUNS AO CDCA E À LCA

Art. 28. O valor do CDCA e da LCA não poderá exceder o valor total dos direitos creditórios do agronegócio a eles vinculados.

Art. 29. Os emitentes de CDCA e de LCA respondem pela origem e autenticidade dos direitos creditórios a eles vinculados.

Art. 30. A identificação dos direitos creditórios vinculados ao CDCA e à LCA poderá ser feita em documento à parte, do qual conste a assinatura dos representantes legais do emitente, fazendo-se menção a essa circunstância no certificado ou nos registros da instituição responsável pela manutenção dos sistemas de escrituração.

Parágrafo único. A identificação dos direitos creditórios vinculados ao CDCA e à LCA poderá ser feita pelos correspondentes números de registro no sistema a que se refere o inciso I do § 1º do art. 25 desta Lei.

Art. 31. O CDCA e a LCA poderão conter outras cláusulas, que constarão de documento à parte, com a assinatura dos representantes legais do emitente, fazendo-se menção a essa circunstância em seu contexto.

Art. 32. O CDCA e a LCA conferem direito de penhor sobre os direitos creditórios a eles vinculados, independentemente de convenção, não se aplicando o disposto nos arts. 1.452, *caput*, e 1.453 da Lei nº 10.406, de 10 de janeiro de 2002 – Código Civil.

§ 1º A substituição dos direitos creditórios vinculados ao CDCA e à LCA, mediante acordo entre o emitente e o titular, importará na extinção do penhor sobre os direitos substituídos, constituindo-se automaticamente novo penhor sobre os direitos creditórios dados em substituição.

§ 2º Na hipótese de emissão de CDCA em série, o direito de penhor a que se refere o *caput* deste artigo incidirá sobre fração ideal do conjunto de direitos creditórios vinculados, proporcionalmente ao crédito do titular dos CDCA da mesma série.

Art. 33. Além do penhor constituído na forma do art. 32 desta Lei, o CDCA e a LCA poderão contar com quaisquer garantias adicionais previstas na legislação e livremente pactuadas entre as partes, podendo ser constituídas no próprio título ou em documento à parte.

Parágrafo único. Se a garantia for constituída no próprio título, a descrição dos bens poderá ser feita em documento à parte, assinado pelos representantes legais do emitente, com menção a essa circunstância no contexto dos títulos. *(Artigo com redação dada pela na Lei nº 13.986, de 7/4/2020)*

Art. 34. Os direitos creditórios vinculados ao CDCA e à LCA não serão penhorados, sequestrados ou arrestados em decorrência de outras dívidas do emitente desses títulos, a quem caberá informar ao juízo, que tenha determinado tal medida, a respeito da vinculação de tais direitos aos respectivos títulos, sob pena de responder pelos prejuízos resultantes de sua omissão.

Art. 35. O CDCA e a LCA poderão ser emitidos sob a forma escritural, hipótese em que tais títulos deverão ser registrados ou depositados em entidade autorizada a exercer a atividade de registro ou de depósito centralizado de ativos financeiros e de valores mobiliários. *("Caput" do artigo com redação dada pela Medida Provisória nº 897, de 1º/10/2019, convertida na Lei nº 13.986, de 7/4/2020)*

I e II - *(Revogados pela Medida Provisória nº 897, de 1º/10/2019, convertida na Lei nº 13.986, de 7/4/2020)*

Parágrafo único. *(Revogado pela Medida Provisória nº 897, de 1º/10/2019, convertida na Lei nº 13.986, de 7/4/2020)*

Art. 35-A. A emissão escritural do CDCA poderá, alternativamente, ocorrer por meio do lançamento em sistema eletrônico de escrituração gerido por entidade autorizada pelo Banco Central do Brasil a exercer a atividade de escrituração. *(Artigo acrescido pela Medida Provisória nº 897, de 1º/10/2019, convertida na Lei nº 13.986, de 7/4/2020)*

Art. 35-B. Compete ao Banco Central do Brasil: *("Caput" do artigo acrescido pela Medida Provisória nº 897, de 1º/10/2019, convertida na Lei nº 13.986, de 7/4/2020)*

I - estabelecer as condições para o exercício da atividade de escrituração de que trata o art. 35-A desta Lei; e *(Inciso acrescido pela Medida Provisória nº 897, de 1º/10/2019, convertida na Lei nº 13.986, de 7/4/2020)*

II - autorizar e supervisionar o exercício da atividade prevista no inciso I do *caput* deste artigo. *(Inciso acrescido pela Medida Provisória nº 897, de 1º/10/2019, convertida na Lei nº 13.986, de 7/4/2020)*

§ 1º A autorização de que trata o inciso II do *caput* deste artigo poderá, a critério do Banco Central do Brasil, ser concedida por segmento, por espécie ou por grupos de entidades que atendam a critérios específicos, sendo dispensável a autorização individualizada. *(Parágrafo acrescido pela Medida Provisória nº 897, de 1º/10/2019, convertida na Lei nº 13.986, de 7/4/2020)*

§ 2º A entidade responsável pela escrituração de que trata o art. 35-A desta Lei expedirá, mediante solicitação, certidão de inteiro teor do título, inclusive para fins de protesto e de execução. *(Parágrafo acrescido pela Medida Provisória nº 897, de 1º/10/2019, convertida e com redação dada pela Lei nº 13.986, de 7/4/2020)*

§ 3º A certidão de que trata o § 2º deste artigo poderá ser emitida na forma eletrônica, observados os requisitos de segurança que garantam a autenticidade e a integridade do documento. *(Parágrafo acrescido pela Medida Provisória nº 897, de 1º/10/2019, convertida na Lei nº 13.986, de 7/4/2020)*

Art. 35-C. A liquidação do pagamento em favor do legítimo credor, por qualquer meio de pagamento existente no âmbito do Sistema de Pagamentos Brasileiro, constituirá prova de pagamento, total ou parcial, do CDCA emitido sob a forma escritural.

Parágrafo único. A prova de pagamento de que trata o *caput* deste artigo será informada no sistema eletrônico de escrituração de que trata o art. 35-A desta Lei, com referência expressa ao CDCA amortizado ou liquidado. *(Artigo acrescido pela Medida Provisória nº 897, de 1º/10/2019, convertida na Lei nº 13.986, de 7/4/2020)*

Art. 35-D. O sistema eletrônico de escrituração de que trata o art. 35-A desta Lei fará constar:

I - os requisitos essenciais do título;

II - o endosso e a cadeia de endossos, se houver;

III - os aditamentos, as ratificações e as retificações; e

IV - a inclusão de notificações, de cláusulas contratuais e de outras informações.

Parágrafo único. Na hipótese de serem constituídos gravames e ônus, tal ocorrência será informada no sistema de que trata o art. 35-A desta Lei. *(Artigo acrescido pela Medida Provisória nº 897, de 1º/10/2019, convertida e com redação dada pela Lei nº 13.986, de 7/4/2020)*

SEÇÃO V – SECURITIZAÇÃO DE DIREITOS CREDITÓRIOS DO AGRONEGÓCIO

SUBSEÇÃO I – DO CERTIFICADO DE RECEBÍVEIS DO AGRONEGÓCIO

Art. 36. O Certificado de Recebíveis do Agronegócio – CRA é título de crédito nominativo, de livre negociação, representativo de promessa de pagamento em dinheiro e constitui título executivo extrajudicial.

Parágrafo único. *Revogado pela Lei nº 14.430, de 2022*

Art. 37. *Revogado pela Lei nº 14.430, de 2022*

SUBSEÇÃO II – DAS COMPANHIAS SECURITIZADORAS DE DIREITOS CREDITÓRIOS DO AGRONEGÓCIO E DO REGIME FIDUCIÁRIO

Arts. 38 e 39. *(Revogado pela Lei nº 14.430, de 2022)*

SUBSEÇÃO III – DA SECURITIZAÇÃO DE DIREITOS CREDITÓRIOS DO AGRONEGÓCIO

Art. 40. *(Revogado pela Lei nº 14.430, de 2022)*

SEÇÃO VI – DISPOSIÇÕES COMUNS AO CDCA, À LCA E AO CRA

Art. 41. É facultada a cessão fiduciária em garantia de direitos creditórios do agronegócio, em favor dos adquirentes do CDCA, da LCA e do CRA, nos termos do disposto nos arts. 18 a 20 da Lei nº 9.514, de 20 de novembro de 1997.

Art. 42. O CDCA, a LCA e o CRA poderão conter cláusula expressa de variação do seu valor nominal, desde que seja a mesma dos direitos creditórios a eles vinculados.

Art. 43. O CDCA, a LCA e o CRA poderão ser distribuídos publicamente e negociados em Bolsas de Valores e de Mercadorias e Futuros e em mercados de balcão organizados autorizados a funcionar pela Comissão de Valores Mobiliários.

Parágrafo único. Na hipótese do *caput* deste artigo, será observado o disposto na Lei nº 6.385, de 7 de dezembro de 1976.

Art. 44. Aplicam-se ao CDCA, à LCA e ao CRA, no que forem cabíveis, as normas de direito cambial, com as seguintes modificações:

I - os endossos devem ser completos;

II - é dispensado o protesto cambial para assegurar o direito de regresso contra endossantes e avalistas.

CAPÍTULO III – DISPOSIÇÕES TRANSITÓRIAS E FINAIS

Art. 45. Fica autorizada a emissão do CDA e do WA até 31 de dezembro de 2009 por armazéns que não detenham a certificação prevista no art. 2º da Lei nº 9.973, de 29 de maio de 2000, mas que atendam a requisitos mínimos a serem definidos pelo Ministério da Agricultura, Pecuária e Abastecimento. *(Redação dada pela Lei nº 11.524, de 2007)*

Art. 46. Para os produtos especificados no § 1º do art. 1º desta Lei, fica vedada a emissão do Conhecimento de Depósito e do Warrant previstos no Decreto nº 1.102, de 21 de novembro de 1903, observado o disposto no art. 55, II, desta Lei.

Art. 47. O *caput* do art. 82 da Lei nº 5.764, de 16 de dezembro de 1971, passa a vigorar com a seguinte redação:

› *Alterações inseridas no texto da referida norma.*

Art. 48. O art. 6º da Lei nº 9.973, de 29 de maio de 2000, passa a vigorar com a seguinte redação:

"Art. 6º [...]

§ 3º O depositário e o depositante poderão definir, de comum acordo, a constituição de garantias, as quais deverão estar registradas no contrato de depósito ou no Certificado de Depósito Agropecuário – CDA.

[...]

§ 7º O disposto no § 3º deste artigo não se aplica à relação entre cooperativa e seus associados de que trata o art. 83 da Lei nº 5.764, de 16 de dezembro de 1971."

Art. 49. Cabe ao Conselho Monetário Nacional regulamentar as disposições desta Lei referentes ao CDA, ao WA, ao CDCA, à LCA e ao CRA, podendo inclusive estabelecer prazos mínimos e outras condições para emissão e resgate e diferenciar tais condições de acordo com o tipo de indexador adotado contratualmente. *(Redação dada pela Lei nº 13.097, de 2015)*

Art. 50. O art. 2º da Lei nº 8.427, de 27 de maio de 1992, passa a vigorar com as seguintes alterações:

"Art. 2º [...]

§ 1º [...]

II – no máximo, a diferença entre o preço de exercício em contratos de opções de venda de produtos agropecuários lançados pelo Poder Executivo ou pelo setor privado e o valor de mercado desses produtos.

[...]

§ 3º A subvenção a que se refere este artigo será concedida mediante a observância das condições, critérios, limites e normas estabelecidas no âmbito do Ministério da Agricultura, Pecuária e Abastecimento, de acordo com as disponibilidades orçamentárias e financeiras existentes para a finalidade."

Art. 51. O art. 19 da Lei nº 8.929, de 22 de agosto de 1994, passa a vigorar acrescido dos seguintes §§ 3º e 4º:

› *Alterações inseridas no texto da referida norma.*

Art. 52. *(Revogado pela Lei nº 14.430, de 2022)*

Art. 52-A. As infrações às normas legais e regulamentares que regem a atividade de escrituração eletrônica sujeitam a entidade responsável pelo sistema eletrônico de escrituração, os seus administradores e os membros de seus órgãos estatutários ou contratuais ao disposto na Lei nº 13.506, de 13 de novembro de 2017. *(Artigo acrescido pela Medida Provisória nº 897, de 1º/10/2019, convertida na Lei nº 13.986, de 7/4/2020)*

Art. 53. Os arts. 22, parágrafo único, e 38 da Lei nº 9.514, de 20 de novembro de 1997, passam a vigorar com a seguinte redação:

› *Alterações inseridas no texto da referida norma.*

Art. 54. Revoga-se o art. 4º da Lei nº 9.973, de 29 de maio de 2000.

Art. 55. Esta Lei entra em vigor na data de sua publicação, produzindo efeitos:

I – quanto ao art. 52 e aos Anexos I e II, a partir de 3 de janeiro de 2005;

II – quanto ao art. 46, a partir de 365 (trezentos e sessenta e cinco) dias após a data de publicação desta Lei.

Brasília, 30 de dezembro de 2004;
183º da Independência e 116º da República.
LUIZ INÁCIO LULA DA SILVA
(DOU. de 31.12.2004)

› *Não publicamos os anexos desta Lei.*

LEI Nº 11.775, DE 17 DE SETEMBRO DE 2008

Institui medidas de estímulo à liquidação ou regularização de dívidas originárias de operações de crédito rural e de crédito fundiário; altera as Leis nºs 11.322, de 13 de julho de 2006, 8.171, de 17 de janeiro de 1991, 11.524, de 24 de setembro de 2007, 10.186, de 12 de fevereiro de 2001, 7.827, de 27 de setembro de 1989, 10.177, de 12 de janeiro de 2001, 11.718, de 20 de junho de 2008, 8.427, de 27 de maio de 1992, 10.420, de 10 de abril de 2002, o Decreto-Lei nº 79, de 19 de dezembro de 1966, e a Lei nº 10.978, de 7 de dezembro de 2004; e dá outras providências.

O PRESIDENTE DA REPÚBLICA

Faço saber que o Congresso Nacional decreta e eu sanciono a seguinte Lei:

Art. 1º Fica autorizada a adoção das seguintes medidas de estímulo à liquidação ou regularização de dívidas originárias de operações de crédito rural, renegociadas com base no § 3º do art. 5º da Lei nº 9.138, de 29 de novembro de 1995, e repactuadas nos termos da Lei nº 10.437, de 25 de abril de 2002, ou do art. 4º da Lei nº 11.322, de 13 de julho de 2006:

I – para a liquidação em 2008, 2009 ou 2010 de operações adimplidas, concessão de descontos conforme quadro constante do Anexo I desta Lei, observado que:

a) para efeito de enquadramento nas faixas de desconto para liquidação da operação até 30 de dezembro de 2008, deverá ser considerado o saldo devedor em 31 de março de 2008, apurado sem a correção pela variação do preço mínimo, de que tratam os §§ 3º e 5º do art. 1º da Lei nº 10.437, de 25 de abril de 2002, e os incisos III, V e VI do *caput* do art. 4º da Lei nº 11.322, de 13 de julho de 2006;

b) para efeito de enquadramento nas faixas de desconto para liquidação da operação em 2009 ou 2010, deverá ser considerado o saldo devedor em 1º de janeiro de 2009 ou em 1º de janeiro de 2010, respectivamente, apurado sem a correção pela variação do preço mínimo a que se refere a alínea a deste inciso;

c) os descontos e bônus de adimplemento devem ser aplicados na seguinte ordem:

1. bônus de adimplemento contratual sobre o saldo devedor;
2. desconto percentual adicional sobre o valor apurado nos termos do item 1 desta alínea;
3. desconto de valor fixo sobre o valor apurado nos termos do item 2 desta alínea;

II – para a renegociação de operações adimplidas:

a) permissão ao mutuário, mediante formalização de aditivo contratual, da repactuação para que sejam suprimidas, a partir da formalização da renegociação, a correção pela variação do preço mínimo e a opção pela entrega do produto em pagamento da dívida, de que tratam o inciso IV do § 5º do art. 5º da Lei nº 9.138, de 29 de novembro de 1995, os §§ 3º e 5º do art. 1º da Lei nº 10.437, de 25 de abril de 2002, e os incisos III, V e VI do *caput* do art. 4º da Lei nº 11.322, de 13 de julho de 2006;

b) manutenção dos prazos contratuais de amortização ou seu reescalonamento até o vencimento final em 31 de outubro de 2025;

III – para a liquidação, até 2009, de operações inadimplidas: *(Redação dada pela Lei nº 12.058, de 2009)*

a) dispensa da correção pela variação do preço mínimo, de que tratam os §§ 3º e 5º do art. 1º da Lei nº 10.437, de 25 de abril de 2002, e os incisos III, V e VI do *caput* do art. 4º da Lei nº 11.322, de 13 de julho de 2006, referente às parcelas vencidas;

b) ajuste do saldo devedor vencido, retirando-se os encargos por inadimplemento e corrigindo-se o saldo de cada parcela pelos encargos de normalidade até a data do respectivo vencimento contratual, e aplicação do Índice de Preços ao Consumidor Amplo – IPCA, divulgado pela Fundação Instituto Brasileiro de Geografia e Estatística – IBGE, mais 6% (seis por cento) ao ano pro rata die, calculados a partir da data de vencimento contratual de cada parcela, até a data da liquidação;

c) apuração do saldo devedor vincendo sem a correção pela variação do preço mínimo, de que tratam os §§ 3º e 5º do art. 1º da Lei nº 10.437, de 25 de abril de 2002, e os incisos III, V e VI do *caput* do art. 4º da Lei nº 11.322, de 13 de julho de 2006;

d) aplicação ao saldo devedor total apurado dos descontos previstos no quadro constante do Anexo I desta Lei, observando-se a ordem de que trata a alínea c do inciso I do *caput* deste artigo e considerando-se a data da liquidação para efeito de enquadramento nas faixas de desconto;

IV – para a renegociação de operações inadimplidas:

a) a exigência do pagamento integral da parcela com vencimento em 2009, com incidência do bônus contratual se paga até a data de seu vencimento, ou, em caso de pagamento ainda em 2009, após o vencimento, com ajuste nos termos das alíneas a e b do inciso III do *caput* deste artigo; *(Redação dada pela Lei nº 12.058, de 2009)*

b) exigência de amortização mínima de 2% (dois por cento) do saldo devedor vencido, ajustado nos termos das alíneas a e b do inciso III do *caput* deste artigo, e distribuição entre as parcelas vincendas do valor remanescente, mantendo-se os prazos contratuais de reembolso ou reescalonando-os até o vencimento final em 31 de outubro de 2025;

c) aplicação do disposto na alínea a do inciso II do *caput* deste artigo para as operações renegociadas nas condições de que trata este inciso;

d) aplicação das mesmas condições e descontos estabelecidos nas alíneas b e c do inciso I do *caput* deste artigo, no caso de liquidação da operação em 2009 ou 2010.

§ 1º Somente fará jus às medidas de que tratam os incisos I a IV do *caput* deste artigo a operação que tiver sido adquirida e desonerada do risco pela União, na forma do art. 2º da Medida Provisória nº 2.196-3, de 24 de agosto de 2001, ou esteja lastreada em recursos e com risco dos Fundos Constitucionais de Financiamento do Norte – FNO, do Nordeste – FNE ou do Centro-Oeste – FCO, de acordo com o art. 13 da mesma Medida Provisória, ou do Fundo de Defesa da Economia Cafeeira – FUNCAFÉ.

§ 2º Nas operações repactuadas segundo as condições estabelecidas pelo art. 4º da Lei nº 11.322, de 13 de julho de 2006, os descontos previstos para liquidação antecipada até 2009 devem ser substituídos pelos descontos de que trata o inciso I do *caput* deste artigo. *(Redação dada pela Lei nº 12.058, de 2009)*

§ 3º Para a liquidação de operações em que os valores financiados foram aplicados em atividades desenvolvidas na área de atuação da Superintendência do Desenvolvimento do Nordeste – SUDENE, exceto em Municípios localizados em área de cerrado, a serem definidos pelos Ministros de Estado da Integração Nacional, da Fazenda e da Agricultura, Pecuária e Abastecimento, o correspondente desconto percentual previsto no quadro constante do Anexo I desta Lei será acrescido de 10 (dez) pontos percentuais.

§ 4º Os custos decorrentes do ajuste do saldo devedor vencido, dos descontos e dos bônus concedidos nos termos deste artigo serão imputados ao Tesouro Nacional, quando as operações tiverem risco da União, aos Fundos Constitucionais de Financiamento, nas operações lastreadas em seus recursos, e ao Funcafé, no caso de operações com seus recursos e risco.

§ 5º Para as operações renegociadas nos termos deste artigo, admite-se, até o ano de 2010, a amortização antecipada de parcelas com aplicação dos respectivos descontos para liquidação estabelecidos no inciso I do *caput* deste artigo, exceto o desconto de valor fixo, que será definido na forma do § 6º deste artigo, desde que a operação se encontre adimplida na data da antecipação das prestações e que estas sejam amortizadas na ordem inversa da prevista no cronograma de reembolso.

§ 6º Para definição do desconto de valor fixo nas amortizações antecipadas de cada parcela de que trata o § 5º deste artigo, deve-se considerar o valor do desconto fixo para as respectivas faixas de saldo estabelecido no inciso I do *caput* deste artigo, sendo que:

I – para pagamento de parcelas em 2008, o valor do desconto fixo deve ser dividido por 17 (dezessete) e multiplicado pelo número de parcelas anuais amortizadas nesse ano;

II – para pagamento de parcelas em 2009, o valor do desconto fixo deve ser dividido por 16 (dezesseis) e multiplicado pelo número de parcelas anuais amortizadas nesse ano;

III – para pagamento de parcelas em 2010, o valor do desconto fixo deve ser dividido por 15 (quinze) e multiplicado pelo número de parcelas anuais amortizadas nesse ano.

Art. 2º Fica autorizada a adoção das seguintes medidas de estímulo à liquidação ou renegociação de dívidas originárias de operações de crédito rural, renegociadas com base no § 3º do art. 5º da Lei nº 9.138, de 29 de novembro de 1995, e não repactuadas sob a égide da Lei nº 10.437, de 25 de abril de 2002, ou nos termos do art. 4º da Lei nº 11.322, de 13 de julho de 2006:

I – obtenção do saldo devedor das operações pelo somatório das prestações vencidas e vincendas, cujos valores serão apurados pela:

a) multiplicação das unidades de produtos vinculados a cada prestação vencida pelos respectivos preços mínimos vigentes na data de seu vencimento, com subsequente aplicação da variação do IPCA mais juros de 6% (seis por cento) ao ano entre o vencimento contratual de cada prestação e a data da liquidação ou renegociação;

b) multiplicação do somatório das unidades de produtos vinculados às prestações vincendas pelos preços mínimos vigentes na data da liquidação ou renegociação, depois de descontada, em cada prestação, a parcela de juros de 3% (três por cento) ao ano entre a data de cada vencimento contratual e a data da liquidação ou renegociação;

II – aplicação, para a liquidação em 2008 do saldo devedor da operação, apurado nos termos do inciso I deste artigo, dos mesmos descontos previstos no quadro constante do Anexo I desta Lei, observado o disposto nas alíneas a e c do inciso I do *caput* do art. 1º desta Lei;

III – formalização de aditivo contratual, para a renegociação da operação, observado que:

a) será exigida, no caso de operações inadimplidas, amortização mínima de 2% (dois por cento) do saldo devedor vencido, apurado na forma da alínea a do inciso I do *caput* deste artigo;

b) o saldo devedor remanescente será reescalonado em parcelas anuais, iguais e sucessivas, com o primeiro vencimento pactuado para até 30 de dezembro de 2009 e os demais para 31 de outubro de cada ano, até 2025; *(Redação dada pela Lei nº 12.058, de 2009)*

c) deverá constar do aditivo contratual a supressão da correção do saldo devedor pela variação do preço mínimo e da possibilidade de liquidação da dívida mediante entrega do produto vinculado à operação, de que trata o inciso IV do § 5º do art. 5º da Lei nº 9.138, de 29 de novembro de 1995, passando a vigorar contratualmente apenas a taxa efetiva de juros de 3% (três por cento) ao ano;

d) depois de efetuada a renegociação, os mutuários poderão liquidar a operação em 2009 ou 2010, com os descontos previstos no quadro constante do Anexo I desta Lei, observadas as condições estabelecidas nas alíneas b e c do inciso I do *caput* do art. 1º desta Lei;

e) após a renegociação, admite-se a amortização antecipada nos anos de 2008, 2009 ou 2010 de parcelas de operações adimplidas na data do pagamento, com a aplicação das condições estabelecidas nos §§ 5º e 6º do art. 1º desta Lei.

§ 1º Somente fará jus às medidas de que tratam os incisos I a III do *caput* deste artigo a operação que tiver sido adquirida e desonerada do risco pela União, na forma do art. 2º da Medida Provisória nº 2.196-3, de 24 de agosto de 2001, ou esteja lastreada em recursos e com risco do FNO, FNE ou FCO, de acordo com o art. 13 da mesma Medida Provisória, ou do Funcafé.

§ 2º Para a liquidação de operações em que os valores financiados foram aplicados em atividades desenvolvidas na área de atuação da Sudene, exceto em Municípios localizados em área de cerrado, a serem definidos pelos Ministros de Estado da Integração Nacional, da Fazenda e da Agricultura, Pecuária e Abastecimento, o correspondente desconto percentual previsto no quadro constante do Anexo I desta Lei será acrescido de 10 (dez) pontos percentuais.

§ 3º Os custos decorrentes dos bônus e descontos concedidos nos termos deste artigo serão imputados ao Tesouro Nacional, quando as operações tiverem risco da União, aos Fundos Constitucionais de Financiamento, nas operações lastreadas em seus recursos, e ao Funcafé, no caso de operações com seus recursos e risco.

Art. 3º Fica autorizada a adoção das seguintes medidas de estímulo à liquidação ou regularização das operações com risco do Tesouro Nacional, dos Fundos Constitucionais de Financiamento ou das instituições financeiras, enquadradas no § 6º do art. 5º da Lei nº 9.138, de 29 de novembro de 1995, e na Resolução nº 2.471, de 26 de fevereiro de 1998, do Conselho Monetário Nacional – CMN, que estiverem em situação de inadimplência:

I – apuração do valor das parcelas de juros vencidas, para efeito de liquidação, segundo as condições estabelecidas contratualmente para situação de normalidade até a data do vencimento de cada parcela, inclusive com incidência de bônus de adimplemento e aplicação, da data do vencimento de cada parcela até a data de sua efetiva liquidação, dos encargos financeiros pactuados para situação de normalidade, exceto quanto à aplicação do bônus de adimplemento;

II – possibilidade de liquidação do valor apurado na forma do inciso I do *caput* deste artigo com recursos próprios ou mediante a contratação de novo financiamento, a critério do agente financeiro, condicionada ao pagamento de, no mínimo, 5% (cinco por cento) do valor apurado observado que:

a) será permitida a utilização de recursos dos Fundos Constitucionais de Financiamento nas operações neles lastreadas;

b) nas operações lastreadas em recursos das instituições financeiras ou cujo risco de crédito seja da União por força da Medida Provisória nº 2.196-3, de 24 de agosto de 2001, será permitida a utilização de recursos obrigatórios do crédito rural, devendo a instituição financeira que efetuar a operação assumir o risco integral das operações.

§ 1º O CMN estabelecerá as condições do financiamento de que trata o inciso II do *caput* deste artigo.

§ 2º É autorizado para os mutuários de operações de que trata o *caput* deste artigo e que possuam parcelas de juros inadimplidas de anos anteriores a 2010, inclusive para aqueles com saldos devedores inscritos ou passíveis de inscrição na Dívida Ativa da União – DAU: *(Redação dada pela Lei nº 12.249, de 2010)*

I – o pagamento das parcelas de juros com vencimento em 2010 efetuado até a data do respectivo vencimento, considerados os prazos adicionais concedidos pelo Conselho Monetário Nacional – CMN, com direito às condições e aos bônus contratuais de adimplência; *(Redação dada pela Lei nº 12.249, de 2010)*

II – o saldo devedor restante deverá ser liquidado ou renegociado nas condições estabelecidas no *caput* deste artigo ou no art. 8º desta Lei, conforme a situação da operação.

§ 3º A União e os Fundos Constitucionais de Financiamento ficam autorizados a suportar os bônus de adimplemento que deverão ser concedidos aos mutuários na apuração do valor devido de cada parcela de juros vencida, na forma estabelecida no inciso I do *caput* deste artigo, devendo a diferença entre os encargos de inadimplemento a serem estornados das parcelas de juros vencidas e os juros aplicados a partir do vencimento ser assumida pelo respectivo detentor do risco do crédito.

Art. 4º Fica autorizada a repactuação, mediante a formalização de aditivo contratual, das operações de que trata o § 6º-A do art. 5º da Lei nº 9.138, de 29 de novembro de 1995, não repactuadas na forma da Lei nº 10.437, de 25 de abril de 2002, e que estejam adimplidas ou que venham a adimplir-se, assegurando-se, a partir de 27 de maio de 2008, aos mutuários que efetuarem o pagamento até a data do respectivo vencimento que a parcela de juros, calculada à taxa efetiva, originalmente contratada, de até 8% (oito por cento), 9% (nove por cento) ou 10% (dez por cento) ao ano sobre o principal atualizado com base na variação do Índice Geral de Preços de Mercado – IGP-M, não excederá os tetos de:

I – 0,759% (setecentos e cinquenta e nove milésimos por cento) ao mês sobre o saldo principal, para a variação do IGP-M do mês imediatamente anterior ao de incidência;

II – 3% (três por cento), 4% (quatro por cento) ou 5% (cinco por cento) ao ano, para a taxa de juros de 8% (oito por cento), 9% (nove por cento) ou 10% (dez por cento), respectivamente, calculada *pro rata die* a partir de 27 de maio de 2008.

§ 1º Na repactuação de que trata este artigo, o Tesouro Nacional e os Fundos Constitucionais de Financiamento assumirão, mediante declaração de responsabilidade dos valores atestados pelas instituições financeiras, os custos relativos à diferença entre o valor contratual para pagamento de juros e o valor recebido de acordo com o previsto neste artigo.

§ 2º O teto a que se refere o inciso I do *caput* deste artigo não se aplica à atualização do principal da dívida já garantido por certificados de responsabilidade do Tesouro Nacional.

Art. 5º Fica autorizada a adoção das seguintes medidas de estímulo à liquidação ou renegociação das operações ao amparo do Programa de Revitalização de Cooperativas de Produção Agropecuária – RECOOP, de que trata a Medida Provisória nº 2.168-40, de 24 de agosto de 2001, que foram contratadas com risco, integral ou parcial, da União ou dos Fundos Constitucionais de Financiamento:

I – nas operações adimplidas:

a) para a liquidação da operação em 2008, concessão de desconto de 15% (quinze por cento) sobre o saldo devedor;

b) para a liquidação da operação em 2009 ou em 2010, concessão de desconto de 12% (doze por cento) ou 9% (nove por cento), respectivamente, sobre o saldo devedor;

II – nas operações inadimplidas, para liquidação ou renegociação:

a) ajuste do saldo devedor vencido:

1. retirando-se as multas por inadimplemento;

2. corrigindo-se o saldo de cada parcela vencida pelos encargos de normalidade até a data do respectivo vencimento contratual; e

3. aplicando-se os encargos pactuados para inadimplemento, exceto multas, a partir do vencimento contratual de cada parcela até a data da liquidação;

b) para a liquidação da operação em 2008, concessão do desconto previsto na alínea a do inciso I do *caput* deste artigo, sobre o saldo devedor ajustado nas condições estabelecidas na alínea a deste inciso, somado ao saldo devedor vincendo;

c) para a renegociação da operação:

1. exigência do pagamento da parcela com vencimento em 2009, considerando os prazos estipulados pelo CMN, tomada sem encargos adicionais de inadimplemento para os pagamentos efetuados até a data do vencimento contratual; *(Redação dada pela Lei nº 12.058, de 2009)*

2. distribuição do saldo devedor vencido, ajustado nos termos da alínea a deste inciso, entre as parcelas vincendas a partir de 2010; *(Redação dada pela Lei nº 12.058, de 2009)*

3. concessão dos mesmos descontos estabelecidos na alínea b do inciso I do *caput* deste artigo, em caso de liquidação da operação em 2009 ou 2010.

Parágrafo único. O custo dos descontos deverá ser suportado pelo Tesouro Nacional, quando as operações forem por ele equalizadas ou tiverem risco da União, e pelos Fundos Constitucionais, nas operações com seus recursos e risco.

Art. 6º Fica autorizada a adoção das seguintes medidas de estímulo à liquidação ou renegociação de dívidas originárias de operações de crédito com recursos do Fundo de Defesa da Economia Cafeeira – FUNCAFÉ objeto de dação em pagamento, de que trata o art. 3º da Medida Provisória nº 2.196-3, de 24 de agosto de 2001:

I – nas operações adimplidas:

a) para a liquidação da operação em 2008, 2009 ou 2010:

1. concessão de descontos, conforme quadro constante do Anexo II desta Lei, devendo incidir o desconto percentual sobre o saldo devedor total na data do pagamento e, em seguida, ser aplicado o respectivo desconto de valor fixo por faixa de saldo devedor;

2. consideração do saldo devedor total em 31 de março de 2008, 1º de janeiro de 2009 ou 1º de janeiro de 2010, para efeito de enquadramento nas faixas de desconto para liquidação da operação até 30 de dezembro de 2008, 2009 ou 2010, respectivamente;

b) para a renegociação da operação:

1 – permissão do reescalonamento do saldo devedor, mediante formalização de aditivo, distribuindo-o em parcelas trimestrais, semestrais ou anuais até 2020, segundo a periodicidade regular de obtenção das receitas pelo mutuário, com o vencimento da primeira parcela repactuada em 2009, desde que os mutuários tenham manifestado interesse em aderir ao processo de renegociação nos prazos definidos pelo Conselho Monetário Nacional; *(Redação dada pela Lei nº 11.922, de 2009)*

2. aplicação da taxa efetiva de juros de 7,5% (sete inteiros e cinco décimos por cento) ao ano, a partir de 1º de maio de 2008, com bônus de adimplência de 3,75% (três inteiros e setenta e cinco centésimos por cento) na taxa de juros devidos, mantidas as demais condições pactuadas;

II – nas operações inadimplidas:

a) para a liquidação da operação em 2008:

1. ajuste do saldo devedor vencido, retirando-se as multas por inadimplemento e corrigindo-se o saldo de cada parcela pelos encargos de normalidade até a data do respectivo vencimento contratual, inclusive com o bônus de adimplência aplicado sobre a taxa de juros, e aplicação do IPCA mais 6% (seis por cento) ao ano, pro rata die, a partir do vencimento contratual de cada parcela até a data da liquidação;

2. consolidação do saldo devedor vencido e das prestações vincendas e concessão dos descontos previstos no quadro constante do Anexo II desta Lei, observadas as condições estabelecidas na alínea a do inciso I do *caput* deste artigo, considerando-se o saldo devedor ajustado na data da renegociação para efeito de enquadramento nas faixas de desconto;

b) para a renegociação da operação:

1. ajuste do saldo devedor vencido segundo as condições estabelecidas no item 1 da alínea a deste inciso;

2. exigência de amortização mínima de 5% (cinco por cento) do saldo devedor vencido ajustado até a data da renegociação;

3 – permissão do reescalonamento do saldo devedor ajustado remanescente, mediante formalização de aditivo, distribuindo-o em parcelas anuais até 2020, segundo a periodicidade regular de obtenção das receitas pelo mutuário, com o vencimento da primeira parcela repactuada em 2009, desde que os mutuários tenham manifestado interesse em aderir ao processo de renegociação nos prazos definidos pelo Conselho Monetário Nacional; *(Redação dada pela Lei nº 11.922, de 2009)*

4. aplicação do disposto no item 2 da alínea b do inciso I do *caput* deste artigo;

5. permissão da liquidação da operação em 2009 ou 2010, observadas as condições previstas no quadro constante do Anexo II desta Lei e estabelecidas na alínea a do inciso I do *caput* deste artigo.

§ 1º Fica facultado aos mutuários adimplentes o pagamento de cada parcela das operações referidas no *caput* deste artigo em sacas de café, até a data do vencimento pactuado, sendo a quantidade do produto definida pela divisão do valor da parcela atualizada pelo preço mínimo vigente na data do pagamento da respectiva parcela. *(Incluído pela Lei nº 11.922, de 2009)*

§ 2º O mutuário adimplente que optar pelo pagamento da parcela em produto na forma do § 1º deste artigo deverá entregar a quantidade de produto devida ao Funcafé, até a data do vencimento da respectiva parcela, nos locais, condições e com as características do produto definidas pela Companhia Nacional de Abastecimento – CONAB. *(Incluído pela Lei nº 11.922, de 2009)*

§ 3º O custo dos descontos concedidos neste artigo e de eventual diferença em face de liquidação com base nos §§ 1º e 2º deste artigo será suportado pelo Funcafé. *(Incluído pela Lei nº 11.922, de 2009)*

§ 4º O Conselho Monetário Nacional definirá as demais condições e os prazos para implementação do disposto neste artigo. *(Incluído pela Lei nº 11.922, de 2009)*

Art. 7º Fica autorizada a adoção das seguintes medidas de estímulo à liquidação ou renegociação de dívidas de operações, ao amparo do Programa de Recuperação da Lavoura Cacaueira Baiana, cujo risco parcial ou integral seja do Tesouro Nacional, do Tesouro do Estado da Bahia, da Agência de Fomento do Estado da Bahia S.A., do Fundo Constitucional de Financiamento do Nordeste – FNE, do Banco do Brasil S.A. e do Banco do Nordeste do Brasil S.A., desde que não tenham sido renegociadas com base nos §§ 3º ou 6º do art. 5º da Lei nº 9.138, de 29 de novembro de 1995: *(Redação dada pela Lei nº 11.922, de 2009)*

I – nas etapas 1 e 2 do Programa:

a) ajuste do saldo devedor para a data da renegociação ou liquidação, observado que:

1. nas operações inadimplidas, os saldos devedores vencidos devem ser ajustados, retirando-se os encargos por inadimplemento, corrigindo-se os saldos das parcelas pelos encargos de normalidade até a data da renegociação ou liquidação e consolidando-se os saldos devedores vencidos ajustados e as parcelas vincendas das 2 (duas) etapas, quando for o caso;

2. nas operações adimplidas, os saldos devedores vincendos das 2 (duas) etapas devem ser consolidados na data da renegociação ou liquidação;

b) para a liquidação das operações até 30 de junho de 2011, uma vez ajustado e consolidado o saldo devedor das etapas 1 e 2, nos termos da alínea a deste inciso: *(Redação dada pela Lei nº 12.380, 2011)*

1. consideração da soma dos saldos devedores consolidados em 31 de março de 2008, para efeito de enquadramento nas faixas de desconto, considerados os saldos devedores ajustados das 2 (duas) etapas;

2. concessão de descontos, conforme quadro constante do Anexo III desta Lei, devendo incidir o desconto percentual sobre os saldos devedores na data da liquidação e, em seguida, ser aplicado o respectivo desconto de valor fixo por faixa de saldo devedor;

c) para a renegociação das operações até 30 de junho de 2011, uma vez ajustado e consolidado o saldo devedor das etapas 1 e 2, nos termos da alínea a deste inciso: *(Redação dada pela Lei nº 12.380, 2011)*

1. consideração da soma dos saldos devedores consolidados em 31 de março de 2008, para efeito de enquadramento nas faixas de desconto, tomados os saldos devedores ajustados das 2 (duas) etapas;

2. concessão de descontos, conforme quadro constante do Anexo IV desta Lei, devendo incidir o desconto percentual sobre a soma dos saldos devedores na data da renegociação e, em seguida, ser aplicado o

respectivo desconto de valor fixo por faixa de saldo devedor;

3. o saldo devedor, após a concessão dos respectivos descontos, poderá ser liquidado por meio da contratação de uma nova operação, nas condições definidas no inciso V do *caput* deste artigo;

II – na etapa 3 do Programa:

a) ajuste do saldo devedor para a data da renegociação ou liquidação, observado que:

1. nas operações inadimplidas, os saldos devedores vencidos devem ser ajustados retirando-se os encargos por inadimplemento, corrigindo-se os saldos das parcelas pelos encargos de normalidade até a data da renegociação e consolidando-se o saldo devedor vencido ajustado e as parcelas vincendas;

2. nas operações adimplidas, o saldo devedor vincendo deve ser consolidado na data da renegociação;

b) para a liquidação das operações até 30 de junho de 2011, uma vez ajustado e consolidado o saldo devedor, nos termos da alínea a deste inciso: *(Redação dada pela Lei nº 12.380, 2011)*

1. consideração do saldo devedor consolidado em 31 de março de 2008, para efeito de enquadramento nas faixas de desconto;

2. concessão de descontos, conforme quadro constante do Anexo V desta Lei, devendo incidir o desconto percentual sobre o saldo devedor na data da liquidação e, em seguida, ser aplicado o respectivo desconto de valor fixo por faixa de saldo devedor;

c) para a renegociação das operações até 30 de junho de 2011, uma vez ajustado e consolidado o saldo devedor, nos termos da alínea a deste inciso: *(Redação dada pela Lei nº 12.380, 2011)*

1. consideração do saldo devedor consolidado em 31 de março de 2008, para efeito de enquadramento nas faixas de desconto;

2. concessão de descontos, conforme quadro constante do Anexo VI desta Lei, devendo incidir o desconto percentual sobre o saldo devedor na data da renegociação e, em seguida, ser aplicado o respectivo desconto de valor fixo por faixa de saldo devedor;

3. o saldo devedor, após a concessão dos respectivos descontos, poderá ser liquidado por meio da contratação de uma nova operação, nas condições definidas no inciso V do *caput* deste artigo;

III – na etapa 4 do Programa:

a) ajuste do saldo devedor para a data da renegociação ou liquidação, observado que:

1. nas operações inadimplidas, os saldos devedores vencidos devem ser ajustados, retirando-se os encargos por inadimplemento, corrigindo-se os saldos das parcelas pelos encargos de normalidade até a data da renegociação e consolidando-se o saldo devedor vencido ajustado e as parcelas vincendas;

2. nas operações adimplidas, o saldo devedor vincendo deve ser consolidado na data da renegociação;

b) para a liquidação das operações até 30 de junho de 2011, uma vez ajustado e consolidado o saldo devedor, nos termos da alínea a deste inciso: *(Redação dada pela Lei nº 12.380, 2011)*

1. consideração do saldo devedor consolidado em 31 de março de 2008, para efeito de enquadramento nas faixas de desconto;

2. concessão de descontos, conforme quadro constante do Anexo VII desta Lei, devendo incidir o desconto percentual sobre o saldo devedor na data da liquidação e, em seguida, ser aplicado o respectivo desconto de valor fixo por faixa de saldo devedor;

c) para a renegociação das operações até 30 de junho de 2011, uma vez ajustado e consolidado o saldo devedor, nos termos da alínea a deste inciso: *(Redação dada pela Lei nº 12.380, 2011)*

1. consideração do saldo devedor consolidado em 31 de março de 2008, para efeito de enquadramento nas faixas de desconto;

2. concessão de descontos, conforme quadro constante do Anexo VIII desta Lei, devendo incidir o desconto percentual sobre o saldo devedor na data da renegociação e, em seguida, ser aplicado o respectivo desconto de valor fixo por faixa de saldo devedor;

3. o saldo devedor, após a concessão dos respectivos descontos, poderá ser liquidado por meio da contratação de uma nova operação, nas condições definidas no inciso V do *caput* deste artigo;

IV – nos financiamentos para aquisição de títulos do Tesouro Nacional – CTN:

a) ajuste do saldo devedor para a data da renegociação ou liquidação, observado que:

1. nas operações inadimplidas, o saldo devedor vencido deve ser ajustado retirando-se os encargos por inadimplemento, corrigindo-se os saldos das parcelas pelos encargos de normalidade até a data da renegociação ou liquidação, e consolidando-se o saldo devedor vencido ajustado e as parcelas vincendas;

2. nas operações adimplidas, o saldo devedor vincendo deve ser consolidado na data da renegociação;

b) para a liquidação das operações até 30 de junho de 2011, pelo saldo devedor ajustado e consolidado, nos termos da alínea a deste inciso; *(Redação dada pela Lei nº 12.380, 2011)*

c) para a renegociação das operações até 30 de junho de 2011, pelo saldo devedor ajustado e consolidado nos termos da alínea a deste inciso, mediante a contratação de uma nova operação, nas condições definidas no inciso V do *caput* deste artigo; *(Redação dada pela Lei nº 12.380, 2011)*

V – contratação pelo gestor financeiro do FNE de uma nova operação de crédito para a liquidação do saldo devedor das operações do Programa, nas seguintes condições:

a) limite de crédito: até o valor suficiente para liquidação do saldo devedor das operações das etapas de 1 a 4, apurado na forma dos incisos I a III do *caput* deste artigo, do saldo devedor do financiamento para aquisição de títulos do Tesouro Nacional, apurado na forma do inciso IV deste artigo, e do saldo devedor das operações de custeio e de investimento contratadas até 30 de abril de 2004, de que trata o art. 7º-A desta Lei; *(Redação dada pela Lei nº 12.380, 2011)*

b) fonte de recursos: FNE;

c) risco: integral do FNE;

d) encargos financeiros e prazos: os vigentes para operações de crédito rural nessa fonte em função do porte do produtor;

e) garantias: as mesmas constituídas nas operações que serão liquidadas com a contratação do novo financiamento, excluídas as garantias do Tesouro Nacional e do Tesouro da Bahia. *(Redação dada pela Lei nº 11.922, de 2009)*

§ 1º As operações de que trata este artigo, cujo risco seja integral dos agentes financeiros, podem ser renegociadas nas condições definidas neste artigo, desde que os agentes financeiros assumam o ônus com os custos dos descontos das operações renegociadas ou liquidadas com base neste artigo, podendo o saldo devedor, após a concessão dos respectivos descontos, ser liquidado por meio da contratação de nova operação, nas condições definidas no inciso V do *caput* deste artigo. *(Redação dada pela Lei nº 11.922, de 2009)*

§ 2º Os custos dos descontos poderão ser suportados pelo Tesouro Nacional, Tesouro do Estado da Bahia, FNE e agentes financeiros, respeitada a proporção do risco de cada um no total das operações renegociadas ou liquidadas com base neste artigo, condicionada a concessão dos benefícios à formalização da assunção desses ônus pelas referidas partes. *(Redação dada pela Lei nº 11.922, de 2009)*

§ 3º Fica o Tesouro Nacional, quando se tratar de operações realizadas com recursos do Tesouro Nacional ou do Banco Nacional de Desenvolvimento Econômico e Social – BNDES, autorizado a assumir até 50% (cinquenta por cento) dos custos atribuídos na forma deste artigo ao Tesouro do Estado da Bahia. *(Incluído pela Lei nº 11.922, de 2009)*

§ 4º Fica o FNE, quando se tratar de operações realizadas com recursos desse Fundo, autorizado a assumir até 50% (cinquenta por cento) dos custos atribuídos na forma deste artigo ao Tesouro do Estado da Bahia e à Agência de Fomento do Estado da Bahia S.A. – DESENBAHIA. *(Incluído pela Lei nº 11.922, de 2009)*

§ 5º Fica o gestor financeiro do FNE, quando a garantia exigir o registro do instrumento contratual em cartório, autorizado a transferir os recursos desse Fundo para contratação da nova operação de crédito que irá liquidar o saldo devedor das operações do Programa com a Desenbahia ou com o Banco do Brasil S.A., de que trata o inciso V deste artigo, com base no respectivo protocolo do pedido de assentamento. *(Incluído pela Lei nº 12.058, de 2009)*

§ 6º *(VETADO). (Incluído pela Lei nº 12.249, de 2010)*

Art. 7º-A. As operações de crédito rural destinadas à atividade de produção de cacau no Estado da Bahia contratadas com recursos do Fundo Constitucional de Financiamento do Nordeste – FNE ou ao amparo do Programa Nacional de Fortalecimento da Agricultura Familiar – PRONAF até 30 de abril de 2004 poderão ser renegociadas ou liquidadas nas condições estabelecidas para a etapa 4 do Programa de Recuperação da Lavoura Cacaueira Baiana, definidas no inciso III do art. 7º desta Lei, devendo ser observadas as demais condições estabelecidas no referido art. 7º. *(Incluído pela Lei nº 12.380, 2011)*

Art. 8º Fica autorizada a adoção das seguintes medidas de estímulo à liquidação ou à renegociação de dívidas originárias de operações de crédito rural e das dívidas contraídas no âmbito do Fundo de Terras e da Reforma Agrária e do Acordo de Empréstimo 4.147-BR, inscritas na DAU até a data de publicação desta Lei: *(Redação dada pela Lei nº 13.001, de 2014)*

I – concessão de descontos, conforme quadro constante do Anexo IX desta Lei, para a liquidação da dívida até 31 de dezembro de 2015, devendo incidir o desconto percentual sobre a soma dos saldos devedores por mutuário na data da renegociação, observado o disposto no § 10 deste artigo, e, em seguida, ser aplicado o respectivo desconto de valor fixo por faixa de saldo devedor; *(Redação dada pela Lei nº 13.001, de 2014)*

II – permissão da renegociação do total dos saldos devedores das operações até 31 de dezembro de 2015, mantendo-as na DAU, observadas as seguintes condições: *(Redação dada pela Lei nº 13.001, de 2014)*

a) prazo de reembolso: 10 (dez) anos, com amortizações em parcelas semestrais ou anuais, de acordo com o fluxo de receitas do mutuário;

b) *(VETADO)*;

c) concessão de desconto percentual sobre as parcelas da dívida pagas até a data do vencimento renegociado, conforme quadro constante do Anexo X desta Lei, aplicando-se, em seguida, uma fração do respectivo desconto de valor fixo por faixa de saldo devedor;

d) a fração do desconto de valor fixo a que se refere a alínea c deste inciso será aquela resultante da divisão do respectivo desconto de valor fixo previsto no quadro constante do Anexo X desta Lei pelo número de parcelas renegociadas conforme a alínea a deste inciso;

e) o total dos saldos devedores será considerado na data da renegociação, para efeito de enquadramento nas faixas de desconto;

f) pagamento da primeira parcela no ato da negociação.

§ 1º Fica a União, por intermédio da Procuradoria-Geral da Fazenda Nacional, autorizada a contratar, com dispensa de licitação, instituições financeiras integrantes da Administração Pública Federal, para adotar as providências necessárias no sentido de facilitar o processo de liquidação ou renegociação de dívidas rurais inscritas em Dívida Ativa da União – DAU, nos termos desta Lei.

§ 2º Para a liquidação das operações de que trata este artigo, os mutuários que financiaram atividades na área de atuação da Sudene, exceto em Municípios localizados em área de cerrado, a serem definidos pelos Ministros de Estado da Integração Nacional, da Fazenda e da Agricultura, Pecuária e Abastecimento, farão jus a desconto adicional de 10 (dez) pontos percentuais, a ser somado aos descontos percentuais previstos no quadro constante do Anexo IX desta Lei.

§ 3º Ficam suspensos até 30 de junho de 2011 as execuções fiscais e os respectivos prazos processuais, cujo objeto seja a cobrança de crédito rural de que trata este artigo. *(Redação dada pela Lei nº 12.380, 2011)*

§ 4º A adesão à renegociação de que trata este artigo importa em autorização à Procuradoria-Geral da Fazenda Nacional – PGFN para promover a suspensão das ações e execuções judiciais para cobrança da dívida até o efetivo cumprimento do ajuste, devendo prosseguir em caso de descumprimento.

§ 5º O prazo de prescrição das dívidas de crédito rural de que trata este artigo fica suspenso a partir da data de publicação desta Lei até 30 de junho de 2011. *(Redação dada pela Lei nº 12.380, 2011)*

§ 6º O descumprimento do parcelamento resultará na perda dos benefícios, retornando o valor do débito à situação anterior, deduzido o valor integral referente às parcelas pagas.

§ 7º As dívidas oriundas de operações de crédito rural ao amparo do Programa de Cooperação Nipo-Brasileira para o Desenvolvimento dos Cerrados – PRODECER – Fase II, inscritas na DAU até a data de publicação desta Lei, que forem liquidadas ou renegociadas até 31 de dezembro de 2015, farão jus a um desconto adicional de 10 (dez) pontos percentuais, a ser somado aos descontos percentuais previstos nos quadros constantes dos Anexos IX e X desta Lei. *(Redação dada pela Lei nº 13.001, de 2014)*

§ 8º As condições estabelecidas neste artigo serão estendidas às dívidas originárias de operações do Prodecer – Fase II, do Programa de Financiamento de Equipamentos de Irrigação – PROFIR e do Programa Nacional de Valorização e Utilização de Várzeas Irrigáveis – PROVÁRZEAS, contratadas com o extinto Banco Nacional de Crédito Cooperativo, cujos ativos foram transferidos para o Tesouro Nacional. *(Redação dada pela Lei nº 12.058, de 2009)*

§ 9º Para as operações do Prodecer – Fase II de que tratam os §§ 7º e 8º deste artigo, e mediante solicitação do mutuário, fica o Ministério da Fazenda autorizado a definir descontos adicionais a serem aplicados para liquidação ou renegociação dessas operações, com base na revisão de garantias efetuada conjuntamente pelos Ministérios da Fazenda e da Agricultura, Pecuária e Abastecimento, da seguinte forma: *(Redação dada pela Lei nº 12.058, de 2009)*

I – no caso de liquidação, mediante avaliação do valor atual das garantias e dos bens financiados; *(Incluído pela Lei nº 12.058, de 2009)*

II – no caso de renegociação, com base no valor da receita líquida média por hectare para as atividades desenvolvidas na área do Programa, apurada pela Companhia Nacional de Abastecimento – CONAB. *(Incluído pela Lei nº 12.058, de 2009)*

§ 10. Às dívidas originárias de crédito rural inscritas na DAU ou que vierem a ser inscritas a partir da publicação desta Lei não será acrescida a taxa de 20% (vinte por cento) a título do encargo legal previsto no Decreto-Lei nº 1.025, de 21 de outubro de 1969, devendo os valores já imputados ser deduzidos dos respectivos saldos devedores.

§ 11. A renegociação de que trata este artigo será regulamentada por ato do Procurador-Geral da Fazenda Nacional.

Art. 8º-A. Fica a Advocacia-Geral da União autorizada a adotar as medidas de estímulo à liquidação ou à renegociação previstas no art. 8º desta Lei para as dívidas originárias de operações de crédito rural, cujos ativos tenham sido transferidos para o Tesouro Nacional e os respectivos débitos, não inscritos na Dívida Ativa da União, estejam sendo executados pela Procuradoria-Geral da União, nos casos em que os devedores requeiram o benefício até 31 de dezembro de 2015. *(Redação dada pela Lei nº 13.001, de 2014)*

§ 1º Formalizado o pedido de adesão, ficam suspensos os processos de execução e os respectivos prazos processuais, até análise do requerimento. *(Redação dada pela Lei nº 13.001, de 2014)*

§ 2º A adesão à renegociação de que trata este artigo importa em confissão irretratável da dívida e em autorização à Procuradoria-Geral da União para promover a suspensão do processo de execução até o efetivo cumprimento do ajuste que, se descumprido, ensejará o imediato prosseguimento da execução. *(Incluído pela Lei nº 12.380, 2011)*

§ 3º O valor das parcelas, por ocasião do pagamento, será acrescido de juros equivalentes à taxa referencial do Sistema Especial de Liquidação e de Custódia – SELIC para títulos federais, acumulada mensalmente, calculados a partir do mês subsequente ao da consolidação até o mês anterior ao do pagamento, e 1% (um por cento) relativamente ao mês em que o pagamento estiver sendo efetuado. *(Redação dada pela Lei nº 13.001, de 2014)*

§ 4º Os bens penhorados em garantia da execução deverão desta forma permanecer, para a garantia da renegociação, até a quitação integral do débito, ressalvado o disposto no art. 59 desta Lei. *(Incluído pela Lei nº 12.380, 2011)*

§ 5º Caberá a cada parte arcar com os honorários de seu advogado, fixados na ação de execução ou de embargos à execução, e ao devedor o pagamento das demais despesas processuais. *(Redação dada pela Lei nº 13.001, de 2014)*

§ 6º A Procuradoria-Geral da União poderá autorizar a instituição financeira contratada para administrar os créditos adquiridos ou desonerados de risco pela União, nos termos do art. 16 da Medida Provisória nº 2.196-3, de 24 de agosto de 2001, para adotar as providências necessárias no sentido de facilitar o processo de liquidação ou renegociação de dívidas rurais, nos termos deste artigo. *(Redação dada pela Lei nº 13.001, de 2014)*

§ 7º A liquidação e a renegociação de que trata este artigo serão regulamentadas por ato do Advogado-Geral da União. *(Redação dada pela Lei nº 13.043, de 2014)*

Art. 9º Para fins de enquadramento de operações contratadas com cooperativas, associações de produtores rurais e condomínios de produtores rurais, nas faixas de desconto a que se referem os arts. 1º, 2º, 6º, 7º e 8º desta Lei, os saldos devedores nas datas previstas naqueles dispositivos serão considerados: *(Redação dada pela Lei nº 12.058, de 2009)*

I – por cédula-filha ou instrumento de crédito individual firmado por beneficiário final do crédito;

II – no caso de operação que não envolveu repasse de recursos a cooperados ou associados, pelo resultado da divisão dos saldos devedores pelo número total de cooperados ou associados ativos da entidade.

III – no caso de condomínios de produtores rurais, por participante, excluindo-se cônjuges, identificado pelo respectivo CPF ou CNPJ. *(Incluído pela Lei nº 12.058, de 2009)*

IV – no caso de operações coletivas ou grupais, assinadas por 2 (dois) ou mais produtores rurais, por participante devidamente identificado no instrumento de crédito original, desde que qualificado como devedor, excluindo-se cônjuges, identificado pelo respectivo CPF ou CNPJ. *(Incluído pela Lei nº 13.001, de 2014)*

Art. 10. As operações de crédito rural destinadas a investimento agropecuário, lastreadas em recursos repassados pelo Banco Nacional de Desenvolvimento Econômico e Social – BNDES e contratadas até 30 de junho de 2007, no âmbito da Finame Agrícola Especial ou do Programa de Modernização da Frota de Tratores Agrícolas e Implementos Associados e Colheitadeiras – MODERFROTA, com taxa efetiva de juros superior a 9,5% (nove inteiros e cinco décimos por cento) ao ano, terão a taxa prefixada de juros substituída, a partir de 15 de julho de 2008, por taxa variável composta de Taxa de Juros de Longo Prazo – TJLP mais taxa fixa de juros de 4% (quatro por cento) ao ano ou 3,25% (três inteiros e vinte e cinco centésimos por cento) ao ano, respectivamente, respeitado o limite da taxa de juros originalmente pactuada por ano, a critério do mutuário e conforme disposições a serem estabelecidas pelo CMN.

Parágrafo único. Caso a taxa de juros calculada nos termos deste artigo ultrapasse a taxa originalmente pactuada, o ônus decorrente da modificação contratual será suportado pelo Tesouro Nacional.

Art. 11. Para as operações ativas de crédito rural lastreadas em recursos repassados pelo BNDES, contratadas até 30 de junho de 2007, no âmbito do Programa de Desenvolvimento Cooperativo para Agregação de Valor à Produção Agropecuária – PRODECOOP, com taxa efetiva de juros superior a 8,75% (oito inteiros e setenta e cinco centésimos por cento) ao ano, as instituições financeiras deverão substituir, a partir de 15 de julho de 2008, a taxa pactuada por taxa de juros prefixada de 8,75% (oito inteiros e setenta e cinco centésimos por cento) ao ano.

Parágrafo único. O custo adicional decorrente da redução da taxa de juros será suportado pelo Tesouro Nacional.

Art. 12. Para as operações ativas de crédito rural de custeio agropecuário contratadas nas safras 2003/2004, 2004/2005 e 2005/2006 que foram prorrogadas, desde que lastreadas em recursos obrigatórios do crédito rural ou da poupança rural com taxas de juros equalizadas pelo Tesouro Nacional, as instituições financeiras poderão reduzir as taxas de juros pactuadas, a partir de 1º de julho de 2008, de 8,75% (oito inteiros e setenta e cinco centésimos por cento) ao ano para 6,75% (seis inteiros e setenta e cinco centésimos por cento) ao ano.

§ 1º As operações da mesma espécie no âmbito do Programa de Geração de Emprego e Renda Rural – PROGER Rural, inclusive aquelas efetuadas com recursos do Fundo de Amparo ao Trabalhador – FAT, terão a taxa de juros reduzida para 6,25% (seis inteiros e vinte e cinco centésimos por cento) ao ano.

§ 2º O ônus decorrente da redução na taxa de juros será suportado pelo Tesouro Nacional.

Art. 13. Fica autorizada a concessão de bônus de adimplência nas taxas de juros das operações contratadas no âmbito do Programa FAT Giro Rural, estabelecido por resolução do Conselho Deliberativo do Fundo de Amparo ao Trabalhador – CODEFAT, e daquelas originalmente celebradas sob a égide deste programa e reclassificadas com base na Resolução nº 3.509, de 30 de novembro de 2007, do CMN, de modo que a taxa efetiva de juros seja de 8,75% (oito inteiros e setenta e cinco centésimos por cento) ao ano, observado que:

I – o bônus será concedido para as operações efetuadas por produtores rurais e suas cooperativas e incidirá sobre os juros apurados a partir de 1º de julho de 2008;

II – o bônus de que trata o inciso I do *caput* deste artigo poderá ser concedido para as operações efetuadas por cerealistas e fornecedores de insumos, desde que seja comprovadamente estendido aos produtores rurais;

III – a operação adimplida deverá ser atualizada até 30 de junho de 2008, incorporado o saldo atualizado como capital;

IV – o ônus deste benefício será suportado pelo Tesouro Nacional.

Art. 14. Fica autorizada a adoção das seguintes medidas de estímulo à liquidação ou renegociação de dívidas originárias de financiamentos para custeio rural ao amparo do Programa Nacional de Fortalecimento da Agricultura Familiar – PRONAF, contratadas nas safras 2003/2004, 2004/2005 ou 2005/2006, cujos mutuários foram enquadrados nos Grupos C, D ou E segundo normas do CMN:

I – concessão de rebate, conforme quadro constante do Anexo XI desta Lei, sobre o saldo total das prestações vincendas de operações contratadas com recursos repassados ou equalizados pelo Tesouro Nacional, dos Fundos Constitucionais de Financiamento ou controlados do crédito rural provenientes dos depósitos a vista ou da poupança rural, para os mutuários que estiverem em situação de adimplência em 1º de abril de 2008 e que liquidarem integralmente as operações até a data do respectivo vencimento da parcela de 2008, observado que:

a) nas operações do Grupo C, o rebate deve ser concedido antes da aplicação do bônus contratual para liquidação da operação, limitada a soma desses benefícios ao saldo devedor de cada operação;

b) os custos decorrentes da concessão dos rebates deverão ser assumidos pelos Fundos Constitucionais de Financiamento, nas operações efetuadas com esta fonte, e pelo Tesouro Nacional, para as operações lastreadas nas demais fontes;

II – caso a operação em situação de adimplência não seja liquidada até 1º de julho de 2008, incidirão, a partir desta data, as taxas de juros praticadas na safra 2007/2008 para os respectivos Grupos do Pronaf, segundo critérios a serem estabelecidos pelo CMN.

§ 1º As operações enquadradas no *caput* deste artigo que se encontrarem inadimplidas na data da renegociação poderão fazer jus aos benefícios para liquidação estabelecidos no inciso I do *caput* deste artigo e previstos no quadro constante do Anexo XI desta Lei, desde que venham a adimplir-se, observadas as seguintes condições:

I – ajuste do saldo devedor vencido, retirando-se os encargos por inadimplemento e aplicando-se encargos de normalidade até a data do vencimento contratual de cada prestação e encargos de normalidade mais 2% (dois por cento) ao ano pro rata die, da data de vencimento contratual de cada parcela até a data da renegociação;

II – consolidação do saldo devedor vencido ajustado e das parcelas vincendas.

§ 2º As operações inadimplidas, uma vez consolidado o saldo devedor na forma estabelecida no § 1º deste artigo, poderão ser renegociadas, observadas as seguintes condições:

I – amortização de, no mínimo, 1% (um por cento) do saldo devedor vencido ajustado, sem bônus de adimplência;

II – prorrogação do saldo devedor consolidado por até 3 (três) anos, podendo a primeira parcela vencer em 2009;

III – aplicação, a partir da data da prorrogação, das taxas de juros praticadas na safra 2007/2008 para os respectivos Grupos do Pronaf.

§ 3º As operações inadimplidas que já tenham sido classificadas como prejuízo pelas instituições financeiras não são beneficiárias da renegociação de que trata este artigo, ficando a critério de cada instituição a adoção de medidas que visem à recuperação de seus haveres, inclusive com a concessão de descontos para liquidação das operações, ficando a União dispensada de qualquer ônus decorrente destas medidas.

§ 4º As operações inadimplidas enquadradas no *caput* deste artigo efetuadas com recursos e com risco parcial ou integral do FNO, FNE ou FCO, mesmo que já tenham sido classificadas em prejuízo pelas instituições financeiras, poderão ser renegociadas ou liquidadas nas condições estabelecidas por este artigo.

§ 5º Caso a operação esteja lançada em prejuízo e seja lastreada em recursos do FNO, FNE ou FCO, com risco integral das instituições financeiras, poderão ser aplicadas as condições estabelecidas por este artigo somente para a liquidação do saldo devedor.

§ 6º Os custos decorrentes dos benefícios concedidos nos termos deste artigo serão imputados ao Tesouro Nacional, relativamente às operações por ele equalizadas ou efetuadas com recursos das Operações Oficiais de Crédito ou obrigatórios do crédito rural, e aos Fundos Constitucionais de Financiamento, nas operações lastreadas em seus recursos.

Art. 15. Para os financiamentos de investimento rural no âmbito do Pronaf que estiverem em situação de inadimplência em 30 de abril de 2008 cujos mutuários foram enquadrados nos Grupos C, D ou E ou nas linhas especiais de investimento do Pronaf, segundo normas do CMN, poderão as instituições financeiras:

I – ajustar o saldo devedor vencido, retirando os encargos por inadimplemento e aplicando encargos de normalidade até a data do vencimento contratual de cada prestação vencida e encargos de normalidade mais 2% (dois por cento) ao ano pro rata die, calculados a partir da data do vencimento contratual de cada parcela até a data da liquidação ou renegociação;

II – aplicar os bônus de adimplência contratuais, no caso de liquidação integral da dívida;

III – permitir a prorrogação do saldo devedor atualizado, observadas as seguintes condições:

a) consolidação do saldo devedor vencido ajustado e das parcelas vincendas e amortização mínima de 1% (um por cento) do saldo devedor vencido ajustado, até a data da renegociação, nas condições do inciso I do *caput* deste artigo, sem a concessão de bônus de adimplência;

b) amortização de, no mínimo, 30% (trinta por cento) da parcela com vencimento em 2008;

c) prazo de até 4 (quatro) anos após o vencimento da última prestação contratual, respeitado o limite de 1 (um) ano para cada parcela anual vencida e não paga;

d) caso as prestações vencidas e não pagas totalizem prazo superior a 4 (quatro) anos, admite-se distribuir os valores das prestações que excederem este limite entre o total das parcelas vincendas;

e) caso não haja prestações vincendas, o prazo adicional de que trata a alínea c deste inciso será considerado a partir da data da renegociação;

f) manutenção das demais condições pactuadas para as operações em situação de adimplência, inclusive dos bônus de adimplência contratuais.

§ 1º As operações que já tenham sido classificadas como prejuízo pelas instituições financeiras não são beneficiárias da renegociação de que trata este artigo, ficando a critério de cada instituição a adoção de medidas que visem à recuperação de seus haveres, ficando a União dispensada de qualquer ônus decorrente dessas medidas. *(Redação dada pela Lei nº 12.058, de 2009)*

§ 2º As operações enquadradas no *caput* deste artigo efetuadas com recursos e com risco parcial ou integral do FNO, FNE ou FCO, mesmo que já tenham sido classificadas em prejuízo pelas instituições financeiras, poderão ser renegociadas ou liquidadas nas condições estabelecidas por este artigo.

§ 3º Caso a operação esteja lançada em prejuízo e seja lastreada em recursos do FNO, FNE ou FCO, com risco integral das instituições financeiras, poderão ser aplicadas as condições estabelecidas por este artigo somente para a liquidação do saldo devedor.

§ 4º Aplicam-se as condições estabelecidas neste artigo aos financiamentos de investimento rural contratados no âmbito do Pronaf entre 1995 e 1999 cujas operações estiverem em situação de inadimplência em 30 de abril de 2008.

§ 5º Nos Municípios em que foi decretado estado de emergência ou de calamidade pública após 1º de julho de 2007 reconhecido pelo Governo Federal cujos eventos motivadores tenham afetado negativamente a produção agrícola ou pecuária da safra 2007/2008, fica dispensado o pagamento mínimo em 2008 estabelecido na alínea b do inciso III do *caput* deste artigo.

§ 6º O produtor rural que renegociar sua dívida relativa a operação de investimento, nas condições estabelecidas neste artigo, ficará impedido, até que amortize integralmente as prestações – parcelas do principal acrescidas de juros – previstas para o ano seguinte ao da realização da renegociação, de contratar novo financiamento de investimento rural com recursos controlados do crédito rural ou dos Fundos Constitucionais de Financiamento, em todo o Sistema Nacional de Crédito Rural – SNCR, exceto quando esse financiamento se destinar a obras de irrigação, drenagem, proteção ou recuperação do solo ou de áreas degradadas, fruticultura, carcinicultura, florestamento ou reflorestamento, cabendo-lhe, nos demais casos, apresentar declaração de que não mantém dívida prorrogada nas referidas condições impeditivas para com o SNCR. *(Redação dada pela Lei nº 12.380, 2011)*

§ 7º Os custos decorrentes dos benefícios concedidos nos termos deste artigo serão imputados ao Tesouro Nacional, relativamente às operações por ele equalizadas ou efetuadas com recursos das Operações Oficiais de Crédito, e aos Fundos Constitucionais de Financiamento, nas operações lastreadas em seus recursos.

Art. 16. Os financiamentos para investimento rural contratados com risco da União ou do FNO, FNE ou FCO cujos mutuários foram enquadrados no Grupo B do Pronaf, segundo normas do CMN, e estiverem em situação de inadimplência em 30 de abril de 2008 serão contemplados com as seguintes medidas:

I – ajuste do saldo devedor vencido, retirando-se os encargos por inadimplemento e aplicando-se encargos de normalidade até a data do vencimento contratual de cada prestação vencida e encargos de normalidade mais 1% (um por cento) ao ano, pro rata die, calculados a partir da data do vencimento contratual de cada parcela até a data da liquidação ou renegociação;

II – aplicação dos bônus de adimplência contratuais, no caso de liquidação integral da dívida;

III – permissão de prorrogação do saldo devedor atualizado, observadas as seguintes condições:

a) amortização mínima de 1% (um por cento) do saldo devedor vencido ajustado nas condições estabelecidas no inciso I do *caput* deste artigo, sem a concessão de bônus de adimplência;

b) consolidação do saldo devedor vencido ajustado, deduzida a quantia amortizada, e das parcelas vincendas;

c) prorrogação do saldo devedor consolidado por até 2 (dois) anos, contados a partir da data em que se formalizar a prorrogação, não podendo o vencimento da primeira prestação exceder o prazo de 1 (um) ano após a data da repactuação;

d) manutenção das demais condições pactuadas para as operações em situação de adimplência, inclusive dos bônus de adimplência contratuais.

§ 1º As operações contratadas antes de 1º de janeiro de 2006 que estiverem adimplidas ou que vierem a adimplir-se nas condições estabelecidas neste artigo até a data da renegociação em 2008 farão jus a um rebate adicional de 10 (dez) pontos percentuais, a ser somado ao bônus de adimplência contratual, para incidência sobre o saldo devedor para liquidação integral da operação em 2008.

§ 2º Nos Municípios em que foi decretado estado de emergência ou de calamidade pública após 1º de julho de 2007 reconhecido pelo Governo Federal cujos eventos motivadores tenham afetado negativamente a produção agrícola ou pecuária da safra 2007/2008, aplica-se o disposto no § 1º deste artigo a todas as operações de investimento ativas do Grupo B, independentemente da data de contratação.

Art. 17. Os financiamentos para investimento rural no âmbito do Pronaf cujos mutuários foram enquadrados no Grupo A segundo normas do CMN e que estiverem em situação de inadimplência em 30 de abril de 2008 serão contemplados com as seguintes medidas:

I – para os financiamentos contratados ou renegociados com taxas prefixadas de juros:

a) exclusão dos encargos por inadimplemento e aplicação de encargos de normalidade até a data do vencimento contratual de cada prestação vencida;

b) aplicação de encargos de normalidade mais 1% (um por cento) ao ano, pro rata die, calculados a partir da data do vencimento contratual de cada parcela até a data da liquidação ou renegociação, exceto em relação às operações repactuadas à luz da Lei nº 10.696, de 2 de julho de 2003, as quais devem ser atualizadas apenas pelos encargos definidos naquela Lei;

c) aplicação dos bônus de adimplência contratuais, no caso de liquidação integral da dívida;

d) amortização mínima de 1% (um por cento) do saldo devedor vencido ajustado até a data da renegociação, nas condições das alíneas a e b deste inciso, sem a concessão de bônus de adimplência;

e) permissão da prorrogação do saldo devedor atualizado, deduzida a quantia amortizada, ampliando-se o prazo original por prazo correspondente ao das parcelas vencidas e não pagas, respeitado o limite de até 4 (quatro) anos após o vencimento da última prestação contratual;

f) caso as prestações vencidas e não pagas totalizem prazo superior a 4 (quatro) anos, admite-se distribuir os valores das prestações que excederem a esse limite entre as parcelas vincendas;

g) caso não haja prestações vincendas, o prazo adicional de que trata a alínea e deste inciso será considerado a partir da data da renegociação;

h) manutenção das demais condições pactuadas para as operações em situação de adimplência, inclusive dos bônus de adimplência contratuais;

II – para os financiamentos contratados ou renegociados com taxas variáveis de juros:

a) recálculo do saldo devedor desde a contratação até a data da renegociação, mediante a aplicação da taxa fixa de juros de 3,25% (três inteiros e vinte e cinco centésimos por cento) ao ano;

b) aplicação dos bônus de adimplência contratuais, no caso de liquidação integral da dívida;

c) amortização mínima de 1% (um por cento) do saldo devedor vencido ajustado, de acordo com o disposto na alínea a deste inciso, sem a concessão de bônus de adimplência;

d) permissão da prorrogação do saldo devedor atualizado, deduzida a quantia amortizada, ampliando-se o prazo original por prazo correspondente ao das parcelas vencidas e não pagas, respeitado o limite de até 4 (quatro) anos após o vencimento da última prestação contratual;

e) caso as prestações vencidas e não pagas totalizem prazo superior a 4 (quatro) anos, admite-se distribuir os valores das prestações que excederem a esse limite entre as parcelas vincendas;

f) caso não haja prestações vincendas, o prazo adicional de que trata a alínea d deste inciso será considerado a partir da data da renegociação;

g) incidência da taxa de juros de 1,15% (um inteiro e quinze centésimos por cento) ao ano, a partir da data da renegociação, e substituição do bônus de adimplência contratual por um bônus de adimplência de 40% (quarenta por cento) sobre o principal;

h) manutenção das demais condições pactuadas para as operações em situação de adimplência.

§ 1º As operações contratadas antes de 1º de janeiro de 2004 que estiverem adimplidas ou que vierem a adimplir-se nas condições estabelecidas neste artigo até o final do prazo para renegociação farão jus a um desconto de 60% (sessenta por cento) ou 65% (sessenta e cinco por cento) sobre o saldo devedor atualizado, conforme o seu enquadramento nos incisos I ou II do *caput* deste artigo, respectivamente, em substituição aos bônus contratuais, em caso de liquidação integral da operação em 2008.

§ 2º Os custos decorrentes dos benefícios concedidos nos termos deste artigo serão imputados ao Tesouro Nacional ou aos Fundos Constitucionais de Financiamento, conforme o respectivo risco das operações.

Art. 18. Para os financiamentos de custeio rural no âmbito do Pronaf com risco da União ou do FNO, FNE ou FCO cujos mutuários foram enquadrados no Grupo A ou A/C, segundo normas do CMN, e as operações tenham sido contratadas antes de 1º de julho de 2006, deverão as instituições financeiras adotar as seguintes medidas:

I – nas operações contratadas ou renegociadas com taxas prefixadas de juros cujos mutuários desejam liquidá-las ou renegociá-las até 2009: *(Redação dada pela Lei nº 12.058, de 2009)*

a) em operações inadimplidas:

1. ajuste do saldo devedor vencido, retirando-se os encargos por inadimplemento e aplicando-se encargos de normalidade até a data do vencimento contratual de cada prestação vencida e encargos de normalidade mais 1% (um por cento) ao ano, pro rata die, calculados a partir da data do vencimento contratual de cada parcela até a data da liquidação ou renegociação;

2. para renegociação:

2.1. exigência de amortização mínima de 1% (um por cento) do saldo devedor vencido, ajustado segundo o disposto no item 1 desta alínea, sem a concessão de bônus de adimplência;

2.2. consolidação do saldo devedor vencido ajustado e das parcelas vincendas, na data da renegociação, e prorrogação do saldo devedor consolidado por até 3 (três) anos a partir da data em que se formalizar a renegociação;

2.3. manutenção das demais condições pactuadas para as operações em situação de adimplência;

3. para liquidação integral da dívida até 2009, consolidação do saldo devedor vencido ajustado e das parcelas vincendas na data da liquidação e concessão de bônus de 40% (quarenta por cento) sobre o saldo devedor consolidado, em substituição aos bônus de adimplência contratuais; *(Redação dada pela Lei nº 12.058, de 2009)*

b) em operações adimplidas: aplicação do disposto no item 3 da alínea a deste inciso;

II – nas operações contratadas ou renegociadas com taxas variáveis de juros cujos mutuários desejem liquidá-las ou renegociá-las até 2009, independentemente da situação de adimplência ou inadimplência de cada operação: *(Redação dada pela Lei nº 12.058, de 2009)*

a) recálculo do saldo devedor desde a contratação até a data da liquidação ou renegociação, mediante a aplicação da taxa fixa de juros de 3,25% (três inteiros e vinte e cinco centésimos por cento) ao ano;

b) para renegociação:

1. no caso de operação inadimplida, exigência de amortização mínima de 1% (um por cento) do saldo devedor vencido, ajustado segundo o disposto na alínea a deste inciso, sem a concessão de bônus de adimplência;

2. consolidação do saldo devedor vencido ajustado e das parcelas vincendas, na data da renegociação, e prorrogação do saldo devedor consolidado por até 3 (três) anos a partir da data em que formalizada a renegociação;

3. aplicação da taxa de juros de 1,15% (um inteiro e quinze centésimos por cento) ao ano a partir da data da renegociação, com bônus de adimplência de 30% (trinta por cento) sobre o principal;

c) para liquidação integral da dívida até 2009, consolidação do saldo devedor vencido ajustado e das parcelas vincendas, na data da liquidação, e concessão de bônus de 40% (quarenta por cento) sobre o saldo devedor consolidado, em substituição aos bônus de adimplência contratuais. *(Redação dada pela Lei nº 12.058, de 2009)*

Parágrafo único. Os custos decorrentes dos descontos e dos bônus concedidos nos termos deste artigo serão imputados ao Tesouro Nacional ou aos Fundos Constitucionais de Financiamento, conforme o respectivo risco das operações.

Art. 19. As operações de mutuários enquadrados nos Grupos A e A/C do Pronaf contratadas com risco da União e lastreadas em recursos do FAT, incluídas aquelas em situação de inadimplemento, deverão ser reclassificadas para a fonte FNO, FCO ou FNE, segundo a região de localização da atividade financiada, ou para as Operações Oficiais de Crédito, nas demais regiões.

§ 1º O risco das operações reclassificadas será mantido com a União, naquelas que passarem a ser lastreadas em recursos das Operações Oficiais de Crédito, ou com os Fundos Constitucionais de Financiamento, nas operações lastreadas em seus recursos.

§ 2º Aplicam-se às operações reclassificadas as disposições constantes dos arts. 17 e 18 desta Lei para a liquidação ou renegociação das dívidas, conforme sua situação e característica.

Art. 20. Fica a União autorizada a adquirir as operações enquadradas no Grupo A/C do Pronaf contratadas com risco do Banco do Brasil S.A., do Banco da Amazônia S.A. ou do Banco do Nordeste do Brasil S.A., nas condições estabelecidas pelo Ministro de Estado da Fazenda.

Parágrafo único. As operações de que trata este artigo, após sua aquisição pela União, farão jus às condições para liquidação ou renegociação estabelecidas no art. 18 desta Lei, podendo ser liquidadas ou renegociadas pelo respectivo valor de aquisição pela União.

Art. 21. Fica autorizada a individualização das operações de crédito rural individuais, grupais ou coletivas, efetuadas com aval, enquadradas nos Grupos A, A/C e B do Pronaf, inclusive aquelas realizadas com recursos do FAT, contratadas até 30 de junho de 2011, com risco da União ou dos Fundos Constitucionais de Financiamento, observado o disposto nos arts. 282 a 284 da Lei nº 10.406, de 10 de janeiro de 2002 – Código Civil. *(Redação dada pela Lei nº 12.599, de 2012)*

§ 1º As operações individualizadas poderão ser renegociadas segundo as condições estabelecidas para as respectivas linhas de crédito por esta Lei.

§ 2º Fica autorizada a substituição ou a liberação de garantias, cabendo ao CMN definir os casos em que as operações poderão ficar garantidas apenas pela obrigação pessoal e as condições necessárias à implementação dessa medida.

Art. 22. Fica a União autorizada a conceder, para as operações de custeio do Pronaf da safra 2007/2008 não amparadas pelo Programa de Garantia da Atividade Agropecuária – PROAGRO ou pelo Seguro da Agricultura Familiar – PROAGRO Mais, rebate de 30% (trinta por cento) para os Grupos A/C, C e D e de 20% (vinte por cento) para o Grupo E, calculados sobre o saldo devedor das operações contratadas com recursos orçamentários repassados ou equalizados pelo Tesouro Nacional, dos Fundos Constitucionais de Financiamento ou controlados do crédito rural provenientes dos depósitos a vista ou da poupança rural, para os mutuários que liquidarem as operações até a data do respectivo vencimento da operação em 2008, observadas as seguintes condições:

I – o rebate deve ser concedido somente em favor de mutuários dos Municípios em que foi decretado estado de emergência ou de calamidade pública após 1º de julho de 2007 reconhecido pelo Governo Federal cujos eventos motivadores tenham afetado negativamente a produção da referida safra;

II – no caso dos Grupos A/C e C, os rebates para liquidação das operações devem ser concedidos antes da aplicação dos bônus de adimplência contratuais, limitada a soma desses benefícios ao saldo devedor de cada operação;

III – os custos decorrentes da concessão dos rebates deverão ser assumidos pelos Fundos Constitucionais de Financiamento, nas operações efetuadas com esta fonte, e pelo Tesouro Nacional, para as operações lastreadas nas demais fontes;

IV – para ter direito ao benefício de que trata este artigo, o mutuário deverá apresentar laudo técnico, individual ou coletivo, que demonstre que a produção financiada pelo crédito de custeio rural foi prejudicada em mais de 30% (trinta por cento) em razão do evento climático que motivou a decretação de estado de emergência ou de calamidade pública.

Art. 23. Aplicam-se às operações ao amparo do Programa Especial de Crédito para a Reforma Agrária – PROCERA, repactuadas ou não com base na Lei nº 10.696, de 2 de julho de 2003, as seguintes medidas:

I – para liquidação em 2008 do saldo devedor, no caso de operação adimplida, concessão de desconto de 90% (noventa por cento), em substituição aos bônus de adimplência contratuais;

II – o desconto estabelecido no inciso I do *caput* deste artigo reduz-se para 85% (oitenta e cinco por cento) ou 80% (oitenta por cento), caso o pagamento integral da dívida ocorra, respectivamente, em 2009 ou 2010;

III – para liquidação em 2008 do saldo devedor, no caso de operação inadimplida, ajuste do saldo devedor até a data do pagamento pelos encargos contratuais de normalidade e concessão de desconto de 90% (noventa por cento) sobre o saldo devedor ajustado, em substituição aos bônus de adimplência contratuais;

IV – para renegociação das dívidas repactuadas com base na Lei nº 10.696, de 2 de julho de 2003, no caso de mutuário inadimplente, ajuste do saldo devedor até a data da renegociação pelos encargos contratuais de normalidade, amortização mínima de 1% (um por cento) do saldo devedor vencido ajustado, sem a concessão de bônus de adimplência, e distribuição do valor remanescente entre as prestações vincendas.

Parágrafo único. Os custos decorrentes dos benefícios concedidos nos termos deste artigo serão imputados aos Fundos Constitucionais de Financiamento, nas operações efetuadas com seus recursos, e ao Fundo Contábil do Procera, nos demais casos.

Art. 24. Aplicam-se às operações de crédito fundiário contratadas entre 8 de março de 2004 e 30 de maio de 2008 ao amparo do Fundo de Terras e da Reforma Agrária, instituído pela Lei Complementar nº 93, de 4 de fevereiro de 1998, as seguintes medidas:

I – para operações adimplidas, redução da taxa efetiva de juros pactuada, a partir de 1º de junho de 2008, de:

a) 6,5% (seis inteiros e cinco décimos por cento) ao ano para 5% (cinco por cento) ao ano;

b) 5,5% (cinco inteiros e cinco décimos por cento) ao ano para 4% (quatro por cento) ao ano;

c) 4% (quatro por cento) ao ano para 3% (três por cento) ao ano;

d) 3% (três por cento) ao ano para 2% (dois por cento) ao ano;

II – para operações inadimplidas até a data da renegociação:

a) exigência do pagamento das parcelas com vencimento em 2008 até a data da renegociação, segundo as condições contratuais para adimplemento, inclusive com a concessão dos bônus de adimplência;

b) permissão da amortização, até a data final da renegociação, das parcelas vencidas até 31 de dezembro de 2007, com a concessão dos bônus contratuais de adimplemento, considerando-se o saldo devedor apurado nas condições definidas nas alíneas c e d deste inciso;

c) para a renegociação das parcelas vencidas até 31 de dezembro de 2007, mediante aditivo contratual, aplicação dos encargos de normalidade até a data do vencimento contratual de cada prestação vencida, tomados sem a concessão do bônus de adimplência;

d) aplicação dos encargos de normalidade mais 1% (um por cento) ao ano, pro rata die, calculados a partir da data do vencimento contratual de cada parcela até a data da renegociação, tomados sem a concessão do bônus de adimplência;

e) amortização mínima de 1% (um por cento) do saldo devedor vencido ajustado, até a data da renegociação, nas condições das alíneas c e d deste inciso, tomado sem a concessão de bônus de adimplência;

f) distribuição, entre as parcelas vincendas a partir de 2009, do saldo de capital vencido ajustado até a data da renegociação, deduzida a quantia amortizada;

g) aplicação da redução da taxa de juros estabelecida no inciso I do *caput* deste artigo às operações que se adimplirem no prazo previsto para renegociação;

h) manutenção das demais condições pactuadas para as operações em situação de adimplência, inclusive dos respectivos bônus de adimplência.

Parágrafo único. Os ônus decorrentes da diferença entre os encargos originalmente pactuados e os estabelecidos neste artigo serão de responsabilidade do Fundo de Terras e da Reforma Agrária.

Art. 25. Aplicam-se às operações de crédito fundiário contratadas até 7 de março de 2004 ao amparo do Fundo de Terras e da Reforma Agrária, instituído pela Lei Complementar nº 93, de 4 de fevereiro de 1998, inclusive às operações implementadas no âmbito do Acordo de Empréstimo 4147-BR, aprovado pela Resolução do Senado Federal nº 67, de 22 de julho de 1997, as seguintes medidas:

I – para as operações em situação de adimplência em 1º de junho de 2008:

a) redução da taxa de juros, a partir de 1º de junho de 2008, observado o valor equivalente ao número de beneficiários do crédito em cada operação, para:

1. 5% (cinco por cento) ao ano, nos contratos de valor original, por beneficiário, acima de R$ 30.000,00 (trinta mil reais) e até R$ 40.000,00 (quarenta mil reais);

2. 4% (quatro por cento) ao ano, nos contratos de valor original, por beneficiário, acima de R$ 15.000,00 (quinze mil reais) e até R$ 30.000,00 (trinta mil reais);

3. 3% (três por cento) ao ano, nos contratos de valor original, por beneficiário, até R$ 15.000,00 (quinze mil reais);

b) concessão de bônus de adimplência sobre o valor das parcelas pagas até a data do vencimento, a partir de 1º de junho de 2008, limitado a R$ 1.000,00 (mil reais) por beneficiário em cada ano, em substituição ao bônus sobre a taxa de juros pactuada, nas seguintes condições:

1. Municípios do semi-árido nordestino e da área de abrangência da Sudene nos Estados de Minas Gerais e Espírito Santo: 40% (quarenta por cento);

2. demais Municípios da Região Nordeste: 30% (trinta por cento);

3. Estados das Regiões Norte, Centro-Oeste e Sudeste, exceto São Paulo e áreas de Minas Gerais e Espírito Santo a que se refere o item 1 desta alínea: 18% (dezoito por cento);

4. Estados da Região Sul e São Paulo: 15% (quinze por cento);

II – para as operações em situação de inadimplência em 31 de dezembro de 2007:

a) permissão da amortização das parcelas vencidas até a data final da renegociação, com a concessão dos bônus de adimplemento estabelecidos na alínea b do inciso I do *caput* deste artigo, considerando-se o saldo devedor apurado nas condições definidas nas alíneas b e c deste inciso;

b) para renegociação, mediante aditivo contratual, aplicação de encargos de normalidade até a data do vencimento contratual de cada prestação vencida, inclusive com os bônus contratuais sobre as taxas de juros;

c) aplicação de encargos de normalidade, sem os bônus de adimplência nas taxas de juros, a partir da data do vencimento contratual de cada parcela e até a data da renegociação;

d) amortização mínima de 1% (um por cento) do saldo devedor vencido ajustado na forma das alíneas b e c deste inciso, até a data da renegociação;

e) distribuição, entre as parcelas vincendas a partir de 2009, do saldo de capital vencido ajustado, deduzida a quantia amortizada;

f) aplicação das condições estabelecidas no inciso I do *caput* deste artigo às operações que se adimplirem no prazo previsto para renegociação;

III – para as operações inadimplidas entre 1º de janeiro e 31 de maio de 2008:

a) a parcela de 2008 deverá ser liquidada até a data final de renegociação, devendo o saldo devedor ser ajustado nas condições estabelecidas nas alíneas b e c do inciso II do *caput* deste artigo, com a concessão do respectivo bônus de adimplência de que trata a alínea b do inciso I do *caput* deste artigo;

b) após o pagamento a que se refere a alínea a deste inciso, devem ser aplicadas às operações as condições estabelecidas no inciso I do *caput* deste artigo.

§ 1º Para os mutuários que efetuaram o pagamento da prestação de 2008 entre 1º de janeiro e 31 de maio deste ano, o valor do respectivo bônus de adimplência sobre a parcela, considerado em valor nominal da data de quitação, será amortizado do saldo devedor da operação.

§ 2º Os cronogramas de reembolso com periodicidade de vencimento das prestações inferior a 1 (um) ano podem ser substituídos pelos de parcelas anuais, mediante a formalização de aditivo ao instrumento de crédito, para os mutuários adimplentes ou que vierem a assim tornar-se sob as condições estabelecidas neste artigo.

§ 3º Os ônus decorrentes da diferença entre os encargos originalmente pactuados e os estabelecidos neste artigo, bem como dos bônus de adimplemento, serão de responsabilidade do Fundo de Terras e da Reforma Agrária.

Art. 26. Fica autorizada a individualização dos contratos de financiamento celebrados pelos beneficiários do Fundo de Terras e da Reforma Agrária – Banco da Terra, instituído pela Lei Complementar nº 93, de 4 de fevereiro de 1998, e do Programa Cédula da Terra, instituído no âmbito do Acordo de Empréstimo 4147-BR, aprovado pela Resolução do Senado Federal nº 67, de 22 de julho de 1997, desde a sua origem até 30 de junho de 2011. *(Redação dada pela Lei nº 12.599, de 2012)*

§ 1º A individualização das operações será condicionada à decisão da maioria e obrigará todos os beneficiários de cada associação, vedada a regularização parcial do imóvel financiado. *(Redação dada pela Lei nº 13.864, de 2019)*

§ 2º Os custos decorrentes do processo de individualização poderão ser incluídos nos respectivos contratos de financiamento, até o limite de 15% (quinze por cento) do valor total da operação individualizada, ainda que ultrapassem o teto de financiamento do programa. *(Redação dada pela Lei nº 12.599, de 2012)*

§ 3º No processo de individualização, o imóvel rural já financiado permanecerá como garantia real do financiamento, excluindo-se a garantia fidejussória coletiva.

§ 4º A garantia real do imóvel rural será desmembrada em parcelas, ficando asseguradas a viabilidade técnica do empreendimento, as reservas legais e áreas de preservação permanente, bem como sua averbação no respectivo Cartório de Registro de Imóveis, inclusive com o gravame hipotecário em nome do Fundo de Terras e da Reforma Agrária.

§ 5º Os elementos de despesa que compõem os custos decorrentes do processo de individualização, observado o disposto no § 2º deste artigo, bem como os procedimentos para a regularização dos empreendimentos e demais disciplinamentos necessários à plena aplicação do disposto neste artigo serão regulamentados pelo Ministério do Desenvolvimento Agrário.

§ 6º O CMN estabelecerá o prazo para adesão ao processo de individualização de que trata este artigo.

Art. 27. Os arts. 2º e 15-B da Lei nº 11.322, de 13 de julho de 2006, passam a vigorar com a seguinte redação:

"Art. 2º [...]

I – nos financiamentos de custeio e investimento concedidos até 31 de dezembro de 1997, com recursos do Fundo Constitucional de Financiamento do Nordeste – FNE, do Fundo de Amparo ao Trabalhador – FAT, no caso de operações classificadas como Proger Rural ou equalizadas pelo Tesouro Nacional, no valor total originalmente contratado de até R$ 15.000,00 (quinze mil reais), que não foram renegociadas com base na Lei nº 9.138, de 29 de novembro de 1995:

[...]

§ 4º Aplicam-se as condições previstas no inciso I do caput deste artigo aos mutuários que tenham renegociado as suas dívidas com base na Resolução nº 2.765, de 10 de agosto de 2000, do Conselho Monetário Nacional, inclusive suas respectivas alterações, não sendo cumulativos os benefícios previstos nesta Lei com os anteriormente repactuados.

§ 5º [...]

II – a parcela do saldo devedor apurado na data de repactuação que diz respeito ao crédito original excedente ao limite de R$ 15.000,00 (quinze mil reais), na região do semi-árido, incluído o Norte do Espírito Santo, e nos Municípios do Norte de Minas Gerais, do Vale do Jequitinhonha e do Vale do Mucuri, compreendidos na área de atuação da Superintendência do Desenvolvimento do Nordeste – SUDENE, poderá ser prorrogada pelo prazo de 10 (dez) anos, com vencimento da primeira parcela em 31 de outubro de 2008, observado o seguinte:

[...]

"Art. 15-B. [...]

§ 1º Fica autorizada a concessão de rebate de até 50% (cinquenta por cento) do saldo devedor das operações, para sua liquidação integral até 2010.

§ 2º O ônus do rebate estabelecido no § 1º deste artigo será assumido pelo Ministério do Desenvolvimento Social e Combate à Fome, no âmbito de suas disponibilidades para execução do Programa de Aquisição de Alimentos.

§ 3º O Grupo Gestor do Programa de Aquisição de Alimentos, estabelecido na forma do § 3º do art. 19 da Lei nº 10.696, de 2 de julho de 2003, fica autorizado a definir as demais condições para a efetivação do disposto neste artigo, inclusive a forma para a concessão do rebate estabelecido no § 1º deste artigo."

Art. 28. Aplicam-se aos financiamentos de que trata o inciso II do § 5º do art. 2º da Lei nº 11.322, de 13 de julho de 2006, efetuados com recursos exclusivos do FNE e com valor original entre R$ 15.000,00 (quinze mil reais) e R$ 35.000,00 (trinta e cinco mil reais), os bônus de adimplência do referido parágrafo.

Art. 29. É permitida a renegociação de dívidas de operações de crédito rural de custeio ou investimento contratadas ou renegociadas no período de 1º de dezembro de 1998 a 31 de dezembro de 2007, em situação de inadimplência em 30 de abril de 2008, lastreadas em recursos do FNO, FNE ou FCO, cuja renegociação não tenha sido tratada em artigo específico desta Lei, observadas as seguintes condições:

I – o saldo devedor vencido será ajustado, retirando-se os encargos por inadimplemento e aplicando-se encargos de normalidade até a data do vencimento contratual de cada prestação vencida e encargos de normalidade mais 2% (dois por cento) ao ano, pro rata die, a partir da data de vencimento contratual de cada parcela até a data da renegociação;

II – será exigida amortização mínima de 2% (dois por cento) do saldo devedor vencido, ajustado até a data da renegociação nas condições do inciso I do *caput* deste artigo, e será prorrogado o valor remanescente por até 4 (quatro) anos, contados do vencimento da última prestação pactuada, respeitado o limite de 1 (um) ano adicional para cada parcela anual vencida e não paga;

III – caso não haja prestações vincendas, o prazo adicional de que trata o inciso II do *caput* deste artigo será considerado a partir da data da renegociação.

Parágrafo único. O produtor rural que renegociar sua dívida relativa a operação de investimento, nas condições estabelecidas neste artigo, ficará impedido, até que amortize integralmente as prestações – parcelas do principal acrescidas de juros – previstas para o ano seguinte ao da realização da renegociação, de contratar novo financiamento de investimento rural com recursos controlados do crédito rural ou dos Fundos Constitucionais de Financiamento, em todo o Sistema Nacional de Crédito Rural – SNCR, exceto quando esse financiamento se destinar a obras de irrigação, drenagem, proteção ou recuperação do solo ou de áreas degradadas, fruticultura, carcinicultura, florestamento ou reflorestamento, cabendo-lhe, nos demais casos, apresentar declaração de que não mantém dívida prorrogada nas referidas condições impeditivas para com o SNCR. *(Redação dada pela Lei nº 12.380, 2011)*

Art. 30. Fica autorizada, nos casos de comprovada incapacidade de pagamento do mutuário, a renegociação de operações de crédito rural de investimento lastreadas em recursos do FNO, FNE ou FCO que estavam em situação de adimplência em 30 de abril de 2008 e que tenham sido contratadas ou renegociadas até 31 de dezembro de 2007, cuja renegociação não tenha sido tratada em artigo específico desta Lei, observadas as seguintes condições:

I – será exigido o pagamento de, no mínimo, 40% (quarenta por cento) do valor da parcela de 2008;

II – o saldo devedor total atualizado, na data da renegociação, poderá ser distribuído em até mais 3 (três) prestações anuais, a serem acrescidas no cronograma de pagamento.

§ 1º A incapacidade de pagamento a que se refere o *caput* deste artigo deve ter sido motivada por:

I – dificuldade de comercialização dos produtos;

II – frustração de safras por fatores adversos; ou

III – eventuais ocorrências prejudiciais ao desenvolvimento das explorações.

§ 2º A renegociação de que trata este artigo fica limitada a 30% (trinta por cento) do número das operações de investimento, em cada instituição financeira, em situação de adimplência e realizadas com recursos das fontes a que se refere o *caput* deste artigo, devendo ser priorizados os produtores com maior dificuldade em efetuar o pagamento integral das parcelas nos prazos estabelecidos.

§ 3º O produtor rural que renegociar sua dívida relativa a operação de investimento, nas condições estabelecidas neste artigo, ficará impedido, até que amortize integralmente as prestações – parcelas do principal acrescidas de juros – previstas para o ano seguinte ao da realização da renegociação, de contratar novo financiamento de investimento rural com recursos controlados do crédito rural ou dos Fundos Constitucionais de Financiamento, em todo o Sistema Nacional de Crédito Rural – SNCR, exceto quando esse financiamento se destinar a obras de irrigação, drenagem, proteção ou recuperação do solo ou de áreas degradadas, fruticultura, carcinicultura, florestamento ou reflorestamento, cabendo-lhe, nos demais casos, apresentar declaração de que não mantém dívida prorrogada nas referidas condições impeditivas para com o SNCR. *(Redação dada pela Lei nº 12.380, 2011)*

§ 4º Nos Municípios em que foi decretado estado de emergência ou de calamidade pública após 1º de julho de 2007, reconhecido pelo Governo Federal cujos eventos motivadores tenham afetado negativamente a produção agrícola e pecuária da safra 2007/2008, não se aplica a limitação para renegociações de que trata o § 1º deste artigo e fica dispensado o pagamento mínimo em 2008 estabelecido no inciso I do *caput* deste artigo.

Art. 31. Admite-se a reclassificação para o âmbito exclusivo do FNE das operações de crédito rural contratadas com recursos mistos do FNE com outras fontes, observadas as seguintes condições:

I – o saldo devedor da operação reclassificada para o FNE deverá ser considerado como uma nova operação de crédito rural;

II – a nova operação de que trata o inciso I do *caput* deste artigo ficará sob risco exclusivo e integral do agente financeiro do FNE;

III – o saldo devedor da operação com recursos mistos será atualizado nas condições definidas entre o agente financeiro e o respectivo mutuário;

IV – as operações reclassificadas terão os encargos financeiros do FNE, definidos em função da classificação e localização do produtor, a partir da data da reclassificação;

V – aplicam-se às operações reclassificadas as condições estabelecidas nos arts. 29 e 30 desta Lei para a renegociação de dívidas.

§ 1º As operações renegociadas com base no § 3º do art. 5º da Lei nº 9.138, de 29 de novembro de 1995, ou repactuadas nos termos da Lei nº 10.437, de 25 de abril de 2002, ou ainda enquadradas no § 6º do art. 5º da Lei nº 9.138, de 29 de novembro de 1995, e na Resolução nº 2.471, de 26 de fevereiro de 1998, do CMN, que se enquadrem nas condições estabelecidas neste artigo e forem reclassificadas para o FNE poderão ser renegociadas na forma dos arts. 2º, 1º e 3º desta Lei, respectivamente.

§ 2º Fica o gestor financeiro do FNE autorizado a contratar, até 30 de junho de 2011, nova operação de crédito para liquidação das dívidas oriundas de operações de crédito rural, contraídas no âmbito do Programa de Cooperação Nipo-Brasileira para o Desenvolvimento dos Cerrados – PRODECER – Fase III, observando que: *(Redação dada pela Lei nº 12.380, 2011)*

I – o saldo devedor vencido será ajustado, retirando-se os encargos por inadimplemento e aplicando-se encargos de normalidade até a data do vencimento contratual de cada prestação vencida e encargos de normalidade mais 2% (dois por cento) ao ano, pro rata die, a partir da data do vencimento contratual de cada parcela até a data da contratação da nova operação;

II – será exigida amortização mínima de 2% (dois por cento) do saldo vencido ajustado, na forma do inciso I deste parágrafo;

III – a nova operação deverá ser contratada mediante a formalização de novo instrumento de crédito, sob as seguintes condições:

a) limite de crédito: saldo devedor total remanescente, após o ajuste do saldo vencido e a amortização mínima de 2% (dois por cento);

b) fonte de recursos: FNE;

c) risco: mesma posição de risco do contrato original;

d) encargos financeiros e prazos: os vigentes para operações de crédito rural nessa fonte;

e) garantias: as usuais do crédito rural, mantendo vinculado em garantia os imóveis que tenham sido objeto de financiamento.

§ 3º Admite-se a reclassificação para o âmbito do FNE e do FNO das operações de crédito rural contratadas até 30 de junho de 2006 com recursos do FAT pelos agentes financeiros gestores desses Fundos Constitucionais, observadas as seguintes condições: *(Redação dada pela Lei nº 11.922, de 2009)*

I – o saldo das operações reclassificadas para os Fundos deverá ser considerado como uma nova operação de crédito rural; *(Incluído pela Lei nº 11.922, de 2009)*

II – a nova operação de que trata o inciso I deste parágrafo ficará sob o risco exclusivo e integral do agente financeiro gestor do respectivo Fundo; *(Incluído pela Lei nº 11.922, de 2009)*

III – o saldo devedor da nova operação será atualizado nas condições definidas entre o agente financeiro e o respectivo mutuário; *(Incluído pela Lei nº 11.922, de 2009)*

IV – as operações reclassificadas terão os encargos financeiros vigentes para as operações de crédito rural dos Fundos Constitucionais definidos em função da classificação e localização do produtor, a partir da data da reclassificação; *(Incluído pela Lei nº 11.922, de 2009)*

V – a reclassificação de que trata este parágrafo fica limitada a R$ 200.000,00 (duzentos mil reais) por mutuário e a R$ 150.000.000,00 (cento e cinquenta milhões de reais) para o FNE e R$ 50.000.000,00 (cinquenta milhões de reais) para o FNO; *(Incluído pela Lei nº 11.922, de 2009)*

VI – aplicam-se às operações reclassificadas as condições estabelecidas nos arts. 29 e 30 desta Lei para a renegociação de dívidas; *(Incluído pela Lei nº 11.922, de 2009)*

VII – no caso de associações, condomínios e cooperativas, deve ser observado o seguinte: *(Incluído pela Lei nº 11.922, de 2009)*

a) as operações que tenham cédulas-filhas serão enquadradas na regra geral; *(Incluído pela Lei nº 11.922, de 2009)*

b) as operações sem identificação do tomador final serão enquadradas observando-se, para cada associação ou cooperativa, o valor obtido pela multiplicação do valor médio refinanciável de R$ 200.000,00 (duzentos mil reais) pelo número de associados ativos da respectiva unidade; e *(Incluído pela Lei nº 11.922, de 2009)*

c) nos condomínios e parcerias entre produtores rurais e empresas rurais, adotar-se-á um limite máximo de R$ 200.000,00 (duzentos mil reais) para cada participante, excetuando-se cônjuges, identificado pelo respectivo CPF ou CGC. *(Incluído pela Lei nº 11.922, de 2009)*

§ 4º Sobre o saldo devedor das operações de que trata este artigo, a partir da data da reclassificação, o agente financeiro fará jus ao del credere a ser definido em portaria conjunta dos Ministérios da Fazenda e da Integração Nacional, em função da especificidade da operação renegociada, sem perder de vista o limite previsto no inciso II do § 4º do art. 9º-A da Lei nº 7.827, de 27 de setembro de 1989. *(Incluído pela Lei nº 11.922, de 2009)*

Art. 32. Caso o mutuário realize, na data da renegociação, a liquidação total da dívida nas condições estabelecidas nesta Lei, conforme o enquadramento da operação, os agentes financeiros podem dispensar a formalização dos contratos ou aditivos referentes à renegociação de dívida, mantendo os registros dos respectivos descontos, rebates e bônus da operação em seus sistemas para fins de fiscalização e controle.

Art. 33. Ficam os agentes financeiros operadores dos Fundos Constitucionais de Financiamento autorizados a suspender as cobranças ou requerer a suspensão das execuções judiciais até o final dos prazos previstos para a conclusão do processo de renegociação para os mutuários cujas dívidas de crédito rural se enquadrem nas disposições desta Lei e que manifestaram formalmente seu interesse à instituição financeira credora até 12 de dezembro de 2008. *(Redação dada pela Lei nº 11.922, de 2009)*

§ 1º Caso haja enquadramento da dívida do mutuário solicitante, a instituição financeira ficará autorizada a suspender a cobrança ou requerer a suspensão da execução judicial da dívida, desde que o mutuário desista de todas as ações que eventualmente tenha movido contra a instituição financeira para discussão da dívida a ser alongada ou liquidada.

§ 2º O prazo de prescrição das dívidas de crédito rural de que trata este artigo fica suspenso até 12 de dezembro de 2008. *(Redação dada pela Lei nº 11.922, de 2009)*

Art. 34. As instituições financeiras ficam autorizadas a renegociar as dívidas de que trata esta Lei, de pessoa física ou jurídica com débitos com a União, inscritos ou não em Dívida Ativa da União.

Parágrafo único. A autorização para a renegociação de dívidas de que trata o *caput* deste artigo, bem como para a contratação de operações de que tratam os arts. 2º, 7º e 31 desta Lei, estende-se também às pessoas físicas e jurídicas inscritas no Cadastro Informativo de Créditos não Quitados do Setor Público Federal – CADIN em decorrência do disposto no inciso I do *caput* do art. 2º da Lei nº 10.522, de 19 de julho de 2002. *(Incluído pela Lei nº 11.922, de 2009)*

Art. 35. Não serão beneficiados com a repactuação de dívidas de que trata esta Lei os produtores rurais que tenham praticado desvio de crédito.

Art. 36. O art. 49 da Lei nº 8.171, de 17 de janeiro de 1991, passa a vigorar com a seguinte redação:

"Art. 49 [...] § 1º Podem ser beneficiários do crédito rural de comercialização, quando necessário ao escoamento da produção agropecuária, beneficiadores e agroindústrias que beneficiem ou industrializem o produto, desde que comprovada a aquisição da matéria-prima diretamente de produtores ou suas cooperativas, por preço não inferior ao mínimo fixado ou ao adotado como base de cálculo do financiamento, e mediante deliberação e disciplinamento do Conselho Monetário Nacional.

§ 2º Para efeito do disposto no § 1º deste artigo, enquadram-se como beneficiadores os cerealistas que exerçam, cumulativamente, as atividades de limpeza, padronização, armazenamento e comercialização de produtos agrícolas."

Art. 37. São passíveis de financiamento no âmbito do crédito rural, quando se tratar de projeto de investimento de cooperativas de produtores rurais, unidades armazenadoras a serem localizadas no perímetro urbano de Municípios produtores, desde que compatíveis com a capacidade de produção envolvida e favoreçam a logística de transporte e armazenagem, com economia de custos para beneficiamento e escoamento até as regiões de consumo.

Art. 38. Os arts. 1º e 4º da Lei nº 11.524, de 24 de setembro de 2007, passam a vigorar com a seguinte redação:

"Art. 1º [...]

§ 6º O prazo para contratação das operações encerra-se em 30 de dezembro de 2008.

[...]

"Art. 4º [...]

§ 5º O estatuto do FGF, a ser aprovado pelo Poder Executivo, disporá inclusive sobre o momento da subscrição e integralização das cotas e a remuneração de seu administrador, além de deliberar sobre as demonstrações financeiras a serem apresentadas pelo gestor.

[...]

§ 10. A instituição financeira a que se refere o art. 3º desta Lei fará jus a remuneração pela administração do FGF, a ser estabelecida em seu estatuto."

Art. 39. O art. 4º da Lei nº 10.186, de 12 de fevereiro de 2001, passa a vigorar com a seguinte redação:

"Art. 4º

[...]

Parágrafo único. São também financiáveis, segundo deliberação e disciplinamento do Conselho Monetário Nacional, as necessidades de custeio das atividades de beneficiamento e industrialização de que trata o caput deste artigo."

Art. 40. Ficam os agentes financeiros autorizados a incluir, entre as garantias convencionais de operações de crédito rural, o penhor dos produtos florestais madeireiros objeto do financiamento e passíveis de exploração econômica, podendo o prazo do penhor ser estendido por período suficiente para cobrir o prazo das operações de crédito destinadas à exploração.

Art. 41. O CMN estabelecerá as condições necessárias à implementação do disposto nos arts. 1º a 40 desta Lei, inclusive no que se refere à fixação de prazo para que os mutuários solicitem a renegociação, para a amortização mínima do saldo vencido e para a formalização da repactuação pelos agentes financeiros.

Art. 42. Fica autorizada a liquidação antecipada das operações com risco do Tesouro Nacional e dos Fundos Constitucionais de Financiamento que tenham sido renegociadas com base no § 6º do art. 5º da Lei nº 9.138, de 29 de novembro de 1995, e na Resolução nº 2.471, de 26 de fevereiro de 1998, do CMN.

Parágrafo único. As condições e a metodologia para a liquidação de que trata o *caput* deste artigo serão definidas pelo Ministro de Estado da Fazenda.

Art. 43. O art. 4º da Lei nº 7.827, de 27 de setembro de 1989, passa a vigorar com a seguinte redação:

"Art. 4º

[...]

§ 1º Os Fundos Constitucionais de Financiamento poderão financiar empreendimentos de infraestrutura econômica, inclusive os de iniciativa de empresas públicas não dependentes de transferências financeiras do Poder Público, considerados prioritários para a economia em decisão do respectivo conselho deliberativo.

§ 2º No caso de produtores e empresas beneficiárias de fundos de incentivos regionais ou setoriais, a concessão de financiamentos de que trata esta Lei fica condicionada à regularidade da situação para com a Comissão de Valores Mobiliários – CVM e os citados fundos de incentivos.

§ 3º Os Fundos Constitucionais de Financiamento poderão financiar empreendimentos comerciais e de serviços até o limite de 20% (vinte por cento) dos recursos previstos, em cada ano, para esses Fundos, admitindo-se a diferenciação dos valores aplicados nas diversas Unidades da Federação, mediante decisão do respectivo conselho deliberativo, no contexto da aprovação da programação anual de aplicação dos recursos, desde que o valor médio aplicado nessas finalidades não ultrapasse o limite de 20% (vinte por cento) em cada Fundo Constitucional."

Art. 44. O art. 1º da Lei nº 10.177, de 12 de janeiro de 2001, passa a vigorar com a seguinte redação:

"Art. 1º

[...]

IV – operações florestais destinadas à regularização e recuperação de áreas de reserva legal e de preservação permanente degradadas: 4% (quatro por cento) ao ano.

[...]

§ 6º No caso de inclusão de município na região do semi-árido após a contratação do financiamento, o bônus de que trata o § 5º deste artigo será elevado para 25% (vinte e cinco por cento), a partir da data de vigência da referida alteração da situação.

§ 7º No caso de desvio na aplicação dos recursos, o mutuário perderá, sem prejuízo das medidas judiciais cabíveis, inclusive de natureza executória, todo e qualquer benefício, especialmente os relativos ao bônus de adimplência."

Art. 45. Fica autorizada a substituição dos encargos financeiros das operações rurais e não rurais em curso, contratadas até 14 de janeiro de 2001 e lastreadas em recursos do FNO, FNE ou FCO, mediante solicitação do mutuário e formalização de aditivo ao instrumento de crédito, pelos encargos prefixados praticados para esses financiamentos, conforme o porte do mutuário, procedendo-se ao recálculo do saldo das parcelas não liquidadas com a aplicação dos seguintes encargos: *(Redação dada pela Lei nº 12.058, de 2009)*

I – para o período de 14 de janeiro de 2001 a 31 de dezembro de 2006, os definidos na Lei nº 10.177, de 12 de janeiro de 2001;

II – para o período de 1º de janeiro de 2007 a 31 de dezembro de 2007:

a) operações rurais:

1. agricultores familiares enquadrados no Programa Nacional de Fortalecimento da Agricultura Familiar – PRONAF: os definidos na legislação e regulamento daquele Programa;

2. miniprodutores, suas cooperativas e associações: 5% (cinco por cento) ao ano;

3. pequenos produtores, suas cooperativas e associações: 7,25% (sete inteiros e vinte e cinco centésimos por cento) ao ano;

4. médios produtores, suas cooperativas e associações: 7,25% (sete inteiros e vinte e cinco centésimos por cento) ao ano; e

5. grandes produtores, suas cooperativas e associações: 9% (nove por cento) ao ano;

b) operações industriais, agroindustriais e de turismo:

1. microempresa: 7,25% (sete inteiros e vinte e cinco centésimos por cento) ao ano;

2. empresa de pequeno porte: 8,25% (oito inteiros e vinte e cinco centésimos por cento) ao ano;

3. empresa de médio porte: 10% (dez por cento) ao ano; e

4. empresa de grande porte: 11,50% (onze inteiros e cinquenta centésimos por cento) ao ano;

c) operações comerciais e de serviços:

1. microempresa: 7,25% (sete inteiros e vinte e cinco centésimos por cento) ao ano;

2. empresa de pequeno porte: 8,25% (oito inteiros e vinte e cinco centésimos por cento) ao ano;

3. empresa de médio porte: 10% (dez por cento) ao ano; e

4. empresa de grande porte: 11,50% (onze inteiros e cinquenta centésimos por cento) ao ano;

III – a partir de 1º de janeiro de 2008:

a) operações rurais:

1. agricultores familiares enquadrados no Pronaf: os definidos na legislação e regulamento daquele Programa;

2. miniprodutores, suas cooperativas e associações: 5% (cinco por cento) ao ano;

3. pequenos produtores, suas cooperativas e associações: 6,75% (seis inteiros e setenta e cinco centésimos por cento) ao ano;

4. médios produtores, suas cooperativas e associações: 7,25% (sete inteiros e vinte e cinco centésimos por cento) ao ano; e

5. grandes produtores, suas cooperativas e associações: 8,50% (oito inteiros e cinquenta centésimos por cento) ao ano;

b) operações industriais, agroindustriais e de turismo:

1. microempresa: 6,75% (seis inteiros e setenta e cinco centésimos por cento) ao ano;

2. empresa de pequeno porte: 8,25% (oito inteiros e vinte e cinco centésimos por cento) ao ano;

3. empresa de médio porte: 9,50% (nove inteiros e cinquenta centésimos por cento) ao ano; e

4. empresa de grande porte: 10% (dez por cento) ao ano; e

c) operações comerciais e de serviços:

1. microempresa: 6,75% (seis inteiros e setenta e cinco centésimos por cento) ao ano;

2. empresa de pequeno porte: 8,25% (oito inteiros e vinte e cinco centésimos por cento) ao ano;

3. empresa de médio porte: 9,50% (nove inteiros e cinquenta centésimos por cento) ao ano; e

4. empresa de grande porte: 10% (dez por cento) ao ano.

§ 1º Admite-se a aplicação do disposto neste artigo às operações que já foram ou vierem a ser renegociadas no âmbito da Lei nº 11.322, de 13 de julho de 2006, com a finalidade de redefinição dos saldos renegociáveis.

§ 2º Aplicar-se-ão às operações, a partir da data do aditivo de substituição, os bônus de adimplemento previstos no § 5º do art. 1º da Lei nº 10.177, de 12 de janeiro de 2001, em substituição a todos os bônus ou rebates que as operações já possuam.

§ 3º Não se aplica o disposto neste artigo às operações renegociadas no âmbito da Lei nº 9.138, de 29 de novembro de 1995, da Medida Provisória nº 2.168-40, de 24 de agosto de 2001, ou do Programa de Recuperação da Lavoura Cacaueira Baiana, nem a outras operações que tenham encargos pós-fixados por força de renegociação com amparo em medidas legais ou infralegais de renegociação de dívidas.

Art. 46. Fica autorizada a renegociação das operações contratadas ao abrigo da Linha Especial de Crédito FAT Integrar e reclassificadas para o FCO com base no art. 6º da Lei nº 11.718, de 20 de junho de 2008, nas condições estabelecidas nos arts. 29 e 30 desta Lei para as operações de crédito rural inadimplentes ou adimplentes, respectivamente.

Parágrafo único. A partir de 2009, as operações reclassificadas com base no art. 6º da Lei nº 11.718, de 20 de junho de 2008, ou renegociadas nos termos dos arts. 29 ou 30 desta Lei, seguem as condições estabelecidas pelo Conselho Deliberativo do Fundo Constitucional do Centro-Oeste.

Art. 47. *(Revogado pela Lei nº 14.628, de 2023)*

Art. 48. Os arts. 1º, 2º, 3º e 4º da Lei nº 8.427, de 27 de maio de 1992, passam a vigorar com a seguinte redação:

"Art. 1º

[...]

§ 1º Consideram-se, igualmente, subvenção de encargos financeiros os bônus de adimplência e os rebates nos saldos devedores de financiamentos rurais concedidos, direta ou indiretamente, por bancos oficiais federais e bancos cooperativos.

§ 2º O pagamento das subvenções de que trata esta Lei fica condicionado à apresentação pelo solicitante de declaração de responsabilidade pela exatidão das informações relativas à aplicação dos recursos, com vistas no atendimento do disposto no inciso II do § 1º do art. 63 da Lei nº 4.320, de 17 de março de 1964."

"Art. 2º A equalização de preços consistirá em subvenção, independentemente de vinculação a contratos de crédito rural, nas operações amparadas pela política de garantia de preços mínimos, de que trata o Decreto-Lei nº 79, de 19 de dezembro de 1966, equivalente:

I – nas operações efetuadas com produtos agropecuários integrantes dos estoques públicos:

a) à parcela do custo de aquisição do produto que exceder o valor obtido na sua venda, observada a legislação aplicável à formação e alienação de estoques públicos;

b) à cobertura das despesas vinculadas aos produtos em estoque;

II – à concessão de prêmio ou bonificação, apurado em leilão ou em outra modalidade de licitação, para promover o escoamento do produto pelo setor privado;

III – no máximo, à diferença entre o preço de exercício em contratos de opções de venda de produtos agropecuários lançados pelo Poder Executivo ou pelo setor privado e o valor de mercado desses produtos, apurado em leilão ou em outra modalidade de licitação;

IV – no máximo, à diferença entre o preço mínimo e o valor de venda de produtos extrativos produzidos por agricultores familiares enquadrados nos termos do art. 3º da Lei nº 11.326, de 24 de julho de 2006, ou por suas cooperativas e associações, limitada às dotações orçamentárias e aos critérios definidos em regulamento; ou

V – ao percentual do prêmio pago na aquisição de opção de venda, isolada ou combinada ao lançamento de opção de compra, pelo setor privado.

§ 1º A concessão da subvenção a que se referem os incisos II a V do caput deste artigo exonera o Governo Federal da obrigação de adquirir o produto, que deverá ser comercializado pelo setor privado.

§ 2º Visando a atender aos agricultores familiares definidos no art. 3º da Lei nº 11.326, de 24 de julho de 2006, de forma a contemplar suas diferenciações regionais, sociais e produtivas, fica também autorizada a realização das operações previstas nos incisos II e III do caput deste artigo, em caráter suplementar, destinadas especificamente ao escoamento de produtos desses agricultores, bem como de suas cooperativas e associações."

"Art. 3º A concessão de subvenção econômica, sob a forma de equalização de preços, obedecerá aos limites, às condições, aos critérios e à forma estabelecidos, em conjunto, pelos Ministérios da Fazenda, do Planejamento, Orçamento e Gestão, e da Agricultura, Pecuária e Abastecimento, de acordo com as disponibilidades

orçamentárias e financeiras existentes para a finalidade, com a participação:

I – do Ministério do Desenvolvimento Agrário, quando se tratar das operações previstas no § 2º do art. 2º desta Lei; e

II – do Ministério do Meio Ambiente, quando se tratar das operações previstas no inciso IV do caput e de produtos extrativos incluídos no § 2º, ambos do art. 2º desta Lei."

"Art. 4º

[...]

§ 1º No caso em que os encargos cobrados do tomador final do crédito rural excederem o custo de captação dos recursos acrescido dos custos administrativos e tributários, as instituições financeiras oficiais federais e os bancos cooperativos deverão recolher ao Tesouro Nacional o valor apurado, atualizado pelo índice que remunera a captação dos recursos.

§ 2º A subvenção econômica a que se refere o caput deste artigo estende-se aos empréstimos concedidos, a partir de 1º de julho de 1991, pelas instituições financeiras oficiais federais aos produtores rurais."

Art. 49. Os Ministérios da Fazenda e da Integração Nacional definirão, por meio de portaria conjunta, os critérios para o provisionamento relativo às operações com risco dos Fundos Constitucionais de Financiamento renegociadas com base nesta Lei.

Art. 50. O Poder Executivo fica autorizado a criar, no âmbito do Ministério do Desenvolvimento Agrário, ação emergencial de apoio aos agricultores familiares, com o objetivo de propiciar condições de recuperação de sua capacidade produtiva e renda, localizados em Municípios em que ocorrerem perdas na produção agropecuária em razão de fenômenos climáticos, epizootias ou doenças das plantas de difícil controle.

§ 1º O benefício a ser concedido deverá ser utilizado para liquidação ou amortização de financiamentos contraídos no âmbito do Pronaf por agricultores familiares enquadrados no art. 3º da Lei nº 11.326, de 24 de julho de 2006, devendo ser limitado ao valor do financiamento de cada mutuário.

§ 2º Os mutuários de financiamentos do Pronaf que estejam amparados no Proagro, no Proagro Mais ou em outro seguro da produção, desde que o fator gerador da perda na produção esteja previsto como causa de indenização pelo referido seguro, não poderão receber os benefícios de que trata este artigo.

§ 3º O Poder Executivo regulamentará, para cada situação de emergência passível de enquadramento na ação a que se refere o *caput* deste artigo, os critérios de enquadramento dos Municípios e dos agricultores a serem beneficiados, os limites da subvenção por mutuário e as demais condições operacionais.

§ 4º A concessão dos benefícios de que trata este artigo fica limitada às disponibilidades orçamentárias e financeiras da União nos respectivos exercícios orçamentários.

Art. 51. *(Revogado pela Lei nº 12.340, de 2010).*

Art. 52. Os arts. 1º, 6º, 8º e 11 da Lei nº 10.420, de 10 de abril de 2002, passam a vigorar com a seguinte redação:

"Art. 1º É criado o Fundo Garantia-Safra, de natureza financeira, vinculado ao Ministério do Desenvolvimento Agrário, e instituído o Benefício Garantia-Safra, com o objetivo de garantir condições mínimas de sobrevivência aos agricultores familiares de Municípios sistematicamente sujeitos a perda de safra por razão do fenômeno da estiagem ou excesso hídrico, situados na área de atuação da Superintendência do Desenvolvimento do Nordeste – SUDENE, definida pela Lei Complementar nº 125, de 3 de janeiro de 2007.

[...]

§ 2º O Benefício Garantia-Safra somente poderá ser pago aos agricultores familiares residentes em Municípios nos quais tenha sido verificada perda de safra nos termos do art. 8º desta Lei.

§ 3º Aos beneficiários que aderirem ao Fundo Garantia-Safra somente será pago um benefício por ano-safra, independentemente de terem sofrido perda de safra por estiagem ou excesso hídrico."

"Art. 6º

[...]

§ 1º No caso de ocorrência de frustração de safra em razão de estiagem ou excesso hídrico, sem que haja recursos suficientes no Fundo Garantia-Safra, a União antecipará os recursos necessários para o pagamento dos benefícios, limitado às suas disponibilidades orçamentárias, observados o valor máximo fixado por benefício e a devida comprovação, nos termos dos arts. 8º e 9º desta Lei.

[...]

"Art. 8º Farão jus ao Benefício Garantia-Safra os agricultores familiares que, tendo aderido ao Fundo Garantia-Safra, vierem a sofrer perda em razão de estiagem ou excesso hídrico, comprovada na forma do regulamento, de pelo menos 50% (cinquenta por cento) da produção de feijão, milho, arroz, mandioca ou algodão, sem prejuízo do disposto no § 3º deste artigo.

[...]

§ 2º É vedada a concessão do benefício de que trata este artigo aos agricultores que participem de programas similares de transferência de renda, que contem com recursos da União, destinados aos agricultores em razão dos eventos previstos no art. 1º desta Lei.

[...]

§ 4º Fica autorizado, excepcionalmente na safra 2007/2008, o pagamento retroativo do benefício Garantia-Safra aos agricultores familiares que aderiram ao Fundo Garantia-Safra e tiveram perda de safra em razão de excesso hídrico nos termos do caput deste artigo."

"Art. 11.

[...]

§ 1º O valor da contribuição anual a ser desembolsada pelos Estados e Municípios será recolhido, em parcelas mensais e iguais, à instituição financeira de que trata o art. 7º desta Lei, conforme dispuser o regulamento.

[...]

Art. 53. Fica o gestor do Funcafé autorizado a financiar a liquidação de dívidas de café vinculadas à Cédula de Produto Rural – CPR, física ou financeira, com vencimento contratual previsto até 31 de dezembro de 2007, inclusive aquelas com vencimento até 2007 substituídas para vencimento em 2008 ou 2009, emitidas por produtores rurais ou suas cooperativas, observadas as seguintes condições: *(Redação dada pela Lei nº 12.058, de 2009)*

I – prazo de reembolso: até 4 (quatro) anos, sendo que a primeira parcela pode ter vencimento previsto até 31 de outubro de 2009;

II – encargos financeiros: *(Redação dada pela Lei nº 12.058, de 2009)*

a) até 30 de setembro de 2009: taxa efetiva de juros de 7,5% a.a. (sete inteiros e cinco décimos por cento ao ano); e *(Incluído pela Lei nº 12.058, de 2009)*

b) a partir de 1º de outubro de 2009: taxa efetiva de juros de 6,75% a.a. (seis inteiros e setenta e cinco centésimos por cento ao ano); *(Incluído pela Lei nº 12.058, de 2009)*

III – risco da operação: integral dos agentes financeiros;

IV – spread bancário: até 4,5% (quatro inteiros e cinco décimos por cento) ao ano;

V – total de recursos: até R$ 300.000.000,00 (trezentos milhões de reais).

§ 1º Caberá ao CMN regulamentar as disposições deste artigo e os prazos para contratação da operação, que não poderão ser inferiores a 90 (noventa) dias depois de publicado o regulamento desta Lei.

§ 2º Para os fins de que trata este artigo, fica autorizada a contratação de penhor das safras 2008/2009 a 2010/2011.

Art. 54. O art. 5º do Decreto-Lei nº 79, de 19 de dezembro de 1966, passa a vigorar com a seguinte redação:

"Art. 5º Os preços mínimos básicos serão definidos pelo Conselho Monetário Nacional – CMN, levando em conta os diversos fatores que influem nas cotações dos mercados, interno e externo, e os custos de produção, com base em proposta encaminhada ao Ministério da Fazenda pelo Ministério da Agricultura, Pecuária e Abastecimento – MAPA.

§ 1º Os preços mínimos definidos pelo CMN serão publicados por meio de portaria do Mapa, com antecedência de no mínimo 60 (sessenta) dias do início das épocas de plantio e de 30 (trinta) dias do início da produção pecuária ou extrativa mais abundante nas diversas regiões, consoante as indicações dos órgãos competentes.

§ 2º As portarias poderão, também, estabelecer, quanto a determinados produtos, que as garantias previstas neste Decreto-Lei perdurarão por mais de 1 (um) ano ou safra, quando isso interessar à estabilidade da agricultura e à normalidade de abastecimento."

Art. 55. O art. 3º da Lei nº 10.978, de 7 de dezembro de 2004, passa a vigorar com a seguinte redação:

"Art. 3º

[...]

§ 1º Os ganhos decorrentes da variação a menor da TJLP, fixada pelo Conselho

Monetário Nacional no momento do estabelecimento das condições do programa, e apurados a partir do 3º (terceiro) ano da operação deverão ser recolhidos pelo BNDES à Secretaria do Tesouro Nacional, atualizados pela TJLP.

§ 2º As despesas decorrentes do disposto no caput deste artigo correrão à conta de dotações orçamentárias específicas, alocadas no Orçamento Geral da União, observados os limites de movimentação e empenho e de pagamento da programação orçamentária e financeira anual.

§ 3º O disposto no caput deste artigo estende-se aos financiamentos contratados a partir de 1º de julho de 2004."

Art. 56. Fica autorizado o Poder Executivo a definir condições para a repactuação ou liquidação de operações de crédito rural contratadas com recursos do Fundo Constitucional de Financiamento do Norte – FNO, ao amparo do Programa de Apoio ao Desenvolvimento do Extrativismo Vegetal – PRODEX, do Programa de Apoio à Pequena Produção Familiar Organizada – PRORURAL ou do FNO-Especial.

Parágrafo único. Para a repactuação ou liquidação das operações de que trata o *caput* deste artigo poderão ser concedidos bônus de adimplência ou descontos, os quais serão suportados pelo FNO.

Art. 57. Fica a União autorizada a criar linha de crédito de até R$ 8.000.000,00 (oito milhões de reais), com recursos das Operações Oficiais de Crédito, sob a coordenação do Ministério da Fazenda, para refinanciar dívidas originárias de crédito rural contratadas por meio de cooperativas de crédito singulares ou centrais no âmbito do Pronaf, ainda que a operação tenha sido liquidada pelo agente financeiro, mediante débito do valor da dívida na conta da respectiva cooperativa, nas seguintes condições:

I – o saldo devedor atualizado poderá ser renegociado por até 3 (três) anos, podendo a primeira parcela vencer até 2009;

II – aplicação, a partir da data da prorrogação, das taxas de juros praticadas na safra 2007/2008 para os respectivos grupos do Pronaf;

III – risco da operação: exclusivo do agente financeiro.

§ 1º Somente poderão ser incluídas no refinanciamento de que trata o *caput* as operações de crédito de custeio rural contratadas ao amparo do Pronaf para os grupos C e D nas safras 2002/2003, 2003/2004, 2004/2005 ou 2005/2006.

§ 2º Para acessar a linha de crédito de que trata o *caput* deste artigo para seus cooperados, as cooperativas de crédito deverão atualizar os saldos devedores das operações desde a data do vencimento das parcelas até a data de concessão da nova operação de crédito, pelos encargos de adimplência previstos nos contratos originais, acrescidos de até 2 (dois) pontos percentuais ao ano.

§ 3º Eventuais diferenças apuradas em decorrência da aplicação do disposto no § 2º deste artigo constituem ônus exclusivos das respectivas cooperativas.

§ 4º Os recursos serão liberados para as operações de que trata este artigo: *(Redação dada pela Lei nº 12.058, de 2009)*

I – mediante a assinatura de assunção da dívida pelo mutuário, com o aval da cooperativa, nos casos de renegociação da operação; *(Incluído pela Lei nº 12.058, de 2009)*

II – mediante listagem das operações entregue pela cooperativa, com as respectivas informações de cada uma das operações, nos casos de liquidação da operação no ato da renegociação em 2009. *(Incluído pela Lei nº 12.058, de 2009)*

§ 5º As operações de crédito efetuadas com base neste artigo, desde que referentes às safras 2003/2004, 2004/2005 e 2005/2006, poderão ser liquidadas com os descontos previstos para os respectivos grupos e safras de contratação estabelecidos no § 1º do art. 14 desta Lei.

§ 6º O ônus referente aos descontos para liquidação de que trata o § 5º deste artigo bem como os custos da equalização das novas operações serão suportados pelo Tesouro Nacional.

§ 7º O CMN poderá definir normas complementares para a operacionalização do disposto neste artigo.

Art. 58. Fica autorizada a renegociação de dívidas advindas das operações destinadas a investimento agropecuário, lastreadas em recursos repassados pela Financiadora de Estudos e Projetos – FINEP, contratadas até 31 de dezembro de 2001 e em contencioso judicial, da seguinte forma, mediante acordo nos autos:

I – o saldo devedor será consolidado pela Taxa de Juros de Longo Prazo – TJLP em 15 de julho de 2008;

II – os pagamentos serão efetuados trimestralmente, com vencimento final em 15 de julho de 2023;

III – o saldo devedor, consolidado conforme o inciso I do *caput* deste artigo, será remunerado pela Taxa de Juros de Longo Prazo – TJLP.

§ 1º Caso os pagamentos sejam efetuados rigorosamente em dia até 15 de julho de 2020, o pagamento das parcelas vincendas entre 15 de outubro de 2020 e 15 de julho de 2023 será dispensado.

§ 2º O descumprimento do parcelamento resultará na perda dos benefícios, retornando o valor do débito às condições do contrato original, deduzido o valor integral referente às parcelas pagas.

§ 3º O devedor deverá manifestar seu interesse em renegociar sua dívida, na forma deste artigo, até 31 de dezembro de 2008.

§ 4º As cobranças judiciais a que se refere o *caput* deste artigo serão suspensas e assim permanecerão pelo período renegociado, conforme acordo nos autos.

Art. 59. São asseguradas ao mutuário de operações de crédito rural:

I – a revisão das garantias;

II – a redução das garantias em caso de excesso.

Art. 59-A. As operações de crédito de que tratam os arts. 1º, 2º, 5º, 14 e 18 desta Lei, cujos mutuários manifestarem interesse formal em aderir aos respectivos processos de renegociação nos prazos definidos pelo Conselho Monetário Nacional, terão as datas de vencimento das parcelas referentes a 2008, da amortização mínima exigida para renegociação e de liquidação total do saldo devedor em 2008 prorrogadas para até 30 de junho de 2009, data final para que os agentes financeiros concluam os processos de recálculo dos valores devidos. *(Incluído pela Lei nº 11.922, de 2009)*

Art. 60. Ficam revogados o § 3º do art. 2º da Lei nº 8.427, de 27 de maio de 1992, e o § 5º do art. 6º da Lei nº 10.420, de 10 de abril de 2002.

Art. 61. Esta Lei entra em vigor na data de sua publicação.

Brasília, 17 de setembro de 2008; 187º da Independência e 120º da República.

LUIZ INÁCIO LULA DA SILVA

(DOU de 18.9.2008)

› Não publicamos os anexos desta Lei.

LEI Nº 11.882, DE 23 DE DEZEMBRO DE 2008

Dispõe sobre as operações de redesconto pelo Banco Central do Brasil, autoriza a emissão da Letra de Arrendamento Mercantil – LAM, altera a Lei nº 6.099, de 12 de setembro de 1974, e dá outras providências.

O PRESIDENTE DA REPÚBLICA

Faço saber que o Congresso Nacional decreta e eu sanciono a seguinte Lei:

Art. 1º O Conselho Monetário Nacional, com o propósito de assegurar níveis adequados de liquidez no sistema financeiro, poderá:

I – estabelecer critérios e condições especiais de avaliação e de aceitação de ativos recebidos pelo Banco Central do Brasil em operações de redesconto em moeda nacional ou em garantia de operações de empréstimo em moeda estrangeira; e

II – afastar, em situações especiais e por prazo determinado, observado o disposto no § 3º do art. 195 da Constituição Federal, nas operações de redesconto e empréstimo realizadas pelo Banco Central do Brasil, as exigências de regularidade fiscal previstas no art. 62 do Decreto-Lei nº 147, de 3 de fevereiro de 1967, no § 1º do art. 1º do Decreto-Lei nº 1.715, de 22 de novembro de 1979, na alínea c do *caput* do art. 27 da Lei nº 8.036, de 11 de maio de 1990, e na Lei nº 10.522, de 19 de julho de 2002.

§ 1º Nas operações de empréstimo referidas no inciso I do *caput* deste artigo, fica o Banco Central do Brasil autorizado a:

I – liberar o valor da operação na mesma moeda estrangeira em que denominados ou referenciados os ativos recebidos em garantia; e

II – aceitar, em caráter complementar às garantias oferecidas nas operações, garantia real ou fidejussória outorgada pelo acionista controlador, por empresa coligada ou por instituição financeira.

§ 2º Na ocorrência de inadimplemento, o Banco Central do Brasil poderá, mediante oferta pública, alienar os ativos recebidos em operações de redesconto ou em garantia de operações de empréstimo.

§ 3º A alienação de que trata o § 2º deste artigo não será obstada pela intervenção, recuperação judicial, liquidação extrajudicial, falência ou insolvência civil a que sejam submetidos, conforme o caso, a instituição financeira ou o terceiro titular do ativo oferecido em garantia de empréstimo.

§ 4º O resultado, positivo ou negativo, da alienação de que trata o § 2º deste artigo será apropriado pelo Banco Central do Brasil e integrará seu balanço para os efeitos do art. 2º da Medida Provisória nº 2.179-36, de 24 de agosto de 2001.

§ 5º O Conselho Monetário Nacional regulamentará o disposto neste artigo, devendo observar, na fixação de critérios e condições especiais previstas no inciso I do *caput* deste artigo, regras transparentes e não discriminatórias para a aceitação de ativos em operações de redesconto.

§ 6º O Banco Central do Brasil deverá encaminhar ao Congresso Nacional, até o último dia útil do mês subsequente de cada trimestre, relatório sobre as operações realizadas com base no disposto no inciso I do *caput* deste artigo, indicando, entre outras informações, o valor total trimestral e o acumulado no ano das operações de redesconto ou empréstimo realizadas, as condições financeiras médias aplicadas nessas operações, o valor total trimestral e acumulado anual de créditos adimplidos e inadimplidos, além de um demonstrativo do impacto dessas operações nos resultados daquele órgão.

§ 7º Na mesma reunião conjunta com as comissões temáticas pertinentes do Congresso Nacional, conforme previsto no § 5º do art. 9º da Lei Complementar nº 101, de 4 de maio de 2000, o Ministro-Presidente do Banco Central do Brasil, com base no relatório previsto no § 6º deste artigo, informará e debaterá sobre os valores agregados e a taxa média praticada nas operações de redesconto em reais.

§ 8º *(VETADO)*

§ 9º Os recursos provenientes de empréstimos em moeda estrangeira concedidos pelo Banco Central do Brasil, na forma deste artigo, poderão ser repassados, no País, com cláusula de reajuste vinculado à variação cambial. *(Incluído pela Lei nº 12.058, de 2009)*

Art. 1º-A. Os créditos do Banco Central do Brasil decorrentes de operações de redesconto ou de empréstimo não serão alcançados pela decretação de intervenção, liquidação extrajudicial ou falência da instituição financeira. *(Incluído pela Lei nº 12.058, de 2009)*

Parágrafo único. Os ativos recebidos pelo Banco Central do Brasil em operações de redesconto ou em garantia de operações de empréstimo não integrarão a massa, nem terão seu pagamento obstado pela suspensão da fluência do prazo das obrigações da instituição sob intervenção. *(Incluído pela Lei nº 12.058, de 2009)*

Art. 2º As sociedades de arrendamento mercantil poderão emitir título de crédito representativo de promessa de pagamento em dinheiro, denominado Letra de Arrendamento Mercantil – LAM.

§ 1º O título de crédito de que trata o *caput* deste artigo, nominativo, endossável e de livre negociação, deverá conter:

› *Vide art. 1º, Lei n. 9.492/1997 (Lei de Protesto de Títulos e Outros Documentos de Dívida)*

I – a denominação "Letra de Arrendamento Mercantil";

II – o nome do emitente;

III – o número de ordem, o local e a data de emissão;

IV – o valor nominal;

V – a taxa de juros, fixa ou flutuante, admitida a capitalização;

VI – a descrição da garantia, real ou fidejussória, quando houver;

VII – a data de vencimento ou, se emitido para pagamento parcelado, a data de vencimento de cada parcela e o respectivo valor;

VIII – o local de pagamento; e

IX – o nome da pessoa a quem deve ser pago.

§ 2º O endossante da LAM não responde pelo seu pagamento, salvo estipulação em contrário.

§ 3º A LAM não constitui operação de empréstimo ou adiantamento, por sua aquisição em mercado primário ou secundário, nem se considera valor mobiliário para os efeitos da Lei nº 6.385, de 7 de dezembro de 1976.

Art. 3º A LAM será emitida sob a forma escritural, mediante registro em sistema de registro e de liquidação financeira de ativos autorizada pelo Banco Central do Brasil.

Parágrafo único. A transferência de titularidade da LAM será operada no sistema referido no *caput* deste artigo, que será responsável pela manutenção do registro das negociações.

Art. 4º Aplica-se à LAM, no que não contrariar o disposto nesta Lei, a legislação cambiária.

Art. 5º O art. 8º da Lei nº 6.099, de 12 de setembro de 1974, passa a vigorar com a seguinte redação:

› *Alterações inseridas no texto da referida norma.*

Art. 6º Em operação de arrendamento mercantil ou qualquer outra modalidade de crédito ou financiamento a anotação da alienação fiduciária de veículo automotor no certificado de registro a que se refere a Lei nº 9.503, de 23 de setembro de 1997, produz plenos efeitos probatórios contra terceiros, dispensado qualquer outro registro público.

§ 1º Consideram-se nulos quaisquer convênios celebrados entre entidades de títulos e registros públicos e as repartições de trânsito competentes para o licenciamento de veículos, bem como portarias e outros atos normativos por elas editados, que disponham de modo contrário ao disposto no *caput* deste artigo.

§ 2º O descumprimento do disposto neste artigo sujeita as entidades e as pessoas de que tratam, respectivamente, as Leis nºs 6.015, de 31 de dezembro de 1973, e 8.935, de 18 de novembro de 1994, ao disposto no art. 56 e seguintes da Lei nº 8.078, de 11 de setembro de 1990, e às penalidades previstas no art. 32 da Lei nº 8.935, de 18 de novembro de 1994.

Art. 7º. Esta Lei entra em vigor na data de sua publicação.

Brasília, 23 de dezembro de 2008;
187º da Independência e 120º da República.
LUIZ INÁCIO LULA DA SILVA
(DOU de 24.12.2008)

LEI Nº 13.986, DE 7 DE ABRIL DE 2020

Institui o Fundo Garantidor Solidário (FGS); dispõe sobre o patrimônio rural em afetação, a Cédula Imobiliária Rural (CIR), a escrituração de títulos de crédito e a concessão de subvenção econômica para empresas cerealistas; altera as Leis nºs 8.427, de 27 de maio de 1992, 8.929, de 22 de agosto de 1994, 11.076, de 30 de dezembro de 2004, 10.931, de 2 de agosto de 2004, 12.865, de 9 de outubro de 2013, 5.709, de 7 de outubro de 1971, 6.634, de 2 de maio de 1979, 6.015, de 31 de dezembro de 1973, 7.827, de 27 de setembro de 1989, 8.212, de 24 de julho de 1991, 10.169, de 29 de dezembro de 2000, 11.116, de 18 de maio de 2005, 12.810, de 15 de maio de 2013, 13.340, de 28 de setembro de 2016, 13.576, de 26 de dezembro de 2017, e o Decreto-Lei nº 167, de 14 de fevereiro de 1967; revoga dispositivos das Leis nºs 4.728, de 14 de julho de 1965, e 13.476, de 28 de agosto de 2017, e dos Decretos-Leis nos 13, de 18 de julho de 1966; 14, de 29 de julho de 1966; e 73, de 21 de novembro de 1966; e dá outras providências.

O PRESIDENTE DA REPÚBLICA Faço saber que o Congresso Nacional decreta e eu sanciono a seguinte Lei:

CAPÍTULO I – DO FUNDO GARANTIDOR SOLIDÁRIO

Art. 1º Qualquer operação financeira vinculada à atividade empresarial rural, incluídas as resultantes de consolidação de dívidas e as realizadas no âmbito dos mercados de capitais, poderá ser garantida por Fundo Garantidor Solidário (FGS). *("Caput" do artigo com redação dada pela Medida Provisória nº 1.104, de 15/3/2022, convertida na Lei nº 14.421, de 20/7/2022)*

Parágrafo único. *(Revogado pela Medida Provisória nº 1.104, de 15/3/2022, convertida na Lei nº 14.421, de 20/7/2022)*

Art. 2º Cada Fundo Garantidor Solidário (FGS) será composto de:

I - no mínimo 2 (dois) devedores;

II - *(Revogado pela Medida Provisória nº 1.104, de 15/3/2022, convertida na Lei nº 14.421, de 20/7/2022)*

III - o garantidor, se houver.

Parágrafo único. O Poder Executivo poderá limitar o número de devedores do FGS.

Art. 3º Os participantes integralizarão os recursos do FGS, observada a seguinte estrutura de cotas: *("Caput" do artigo com redação dada pela Medida Provisória nº 1.104, de 15/3/2022, convertida na Lei nº 14.421, de 20/7/2022)*

I - cota primária, de responsabilidade dos devedores; e *(Inciso com redação dada pela Medida Provisória nº 1.104, de 15/3/2022, convertida na Lei nº 14.421, de 20/7/2022)*

II - cota secundária, de responsabilidade do garantidor, se houver; *(Inciso com redação dada pela Medida Provisória nº 1.104, de 15/3/2022, convertida na Lei nº 14.421, de 20/7/2022)*

III - *(Revogado pela Medida Provisória nº 1.104, de 15/3/2022, convertida na Lei nº 14.421, de 20/7/2022)*

§ 1º *(Revogado pela Medida Provisória nº 1.104, de 15/3/2022, convertida na Lei nº 14.421, de 20/7/2022)*

§ 2º Na hipótese de consolidação de dívidas:

I - a instituição consolidadora poderá exigir a transferência das garantias oferecidas nas operações originais para a operação de consolidação; e

II - *(Revogado pela Medida Provisória nº 1.104, de 15/3/2022, convertida na Lei nº 14.421, de 20/7/2022)*

§ 3º *(Revogado pela Medida Provisória nº 1.104, de 15/3/2022, convertida na Lei nº 14.421, de 20/7/2022)*

§ 4º Os recursos integralizados, enquanto não quitadas todas as operações garantidas pelo FGS, não responderão por outras dívidas ou obrigações, presentes ou futuras, contraídas pelos participantes, independentemente da natureza dessa dívida ou obrigação.

§ 5º A garantia prestada pelo FGS, nos termos do art. 1º desta Lei, ficará limitada aos recursos existentes nos respectivos fundos constituídos.

§ 6º O FGS não pagará rendimentos aos seus cotistas, salvo na hipótese prevista no parágrafo único do art. 5º desta Lei.

Art. 4º O ressarcimento ao credor ou, na hipótese de consolidação, à instituição consolidadora, ocorrerá por meio da utilização dos recursos do FGS, após o vencimento e o não pagamento da parcela ou operação, observada a seguinte ordem:

I - cota primária;

II - cota secundária; e

III - *(Revogado pela Medida Provisória nº 1.104, de 15/3/2022, convertida na Lei nº 14.421, de 20/7/2022)*

Art. 5º O FGS será extinto após a quitação de todas as dívidas por ele garantidas ou o exaurimento de seus recursos.

Parágrafo único. Na hipótese de extinção do FGS pela quitação das dívidas, os recursos remanescentes, conforme disposto no art. 6º desta Lei, serão devolvidos aos cotistas de modo a repor os valores inicialmente aportados, considerada a proporção da integralização efetuada por cada um deles, nesta ordem:

I - *(Revogado pela Medida Provisória nº 1.104, de 15/3/2022, convertida na Lei nº 14.421, de 20/7/2022)*

II - cota secundária; e

III - cota primária.

Art. 6º O estatuto do FGS disporá sobre: *("Caput" do artigo com redação dada pela Medida Provisória nº 1.104, de 15/3/2022, convertida na Lei nº 14.421, de 20/7/2022)*

I - a forma de constituição e de administração do Fundo; *(Inciso acrescido pela Medida Provisória nº 1.104, de 15/3/2022, convertida na Lei nº 14.421, de 20/7/2022)*

II - a remuneração do administrador do Fundo; *(Inciso acrescido pela Medida Provisória nº 1.104, de 15/3/2022, convertida na Lei nº 14.421, de 20/7/2022)*

III - a utilização dos recursos do Fundo e a forma de atualização; *(Inciso acrescido pela Medida Provisória nº 1.104, de 15/3/2022, convertida na Lei nº 14.421, de 20/7/2022)*

IV - a representação ativa e passiva do Fundo; e *(Inciso acrescido pela Medida Provisória nº 1.104, de 15/3/2022, convertida na Lei nº 14.421, de 20/7/2022)*

V - a aplicação e a gestão de ativos do Fundo. *(Inciso acrescido pela Medida Provisória nº 1.104, de 15/3/2022, convertida na Lei nº 14.421, de 20/7/2022)*

Parágrafo único. O estatuto de que trata o *caput* deste artigo poderá estabelecer outras disposições necessárias ao funcionamento do FGS. *(Parágrafo único acrescido pela Medida Provisória nº 1.104, de 15/3/2022, convertida na Lei nº 14.421, de 20/7/2022)*

CAPÍTULO II – DO PATRIMÔNIO RURAL EM AFETAÇÃO

Art. 7º O proprietário de imóvel rural, pessoa natural ou jurídica, poderá submeter seu imóvel rural ou fração dele ao regime de afetação.

§ 1º No regime de afetação de que trata o *caput* deste artigo, o terreno, as acessões e as benfeitorias nele fixadas, exceto as lavouras, os bens móveis e os semoventes, constituirão patrimônio rural em afetação, destinado a prestar garantias por meio da emissão de Cédula de Produto Rural (CPR), de que trata a Lei nº 8.929, de 22 de agosto de 1994, ou em operações financeiras contratadas pelo proprietário por meio de Cédula Imobiliária Rural (CIR). *(Parágrafo único transformado em § 1º pela Lei nº 14.421, de 20/7/2022)*

§ 2º O patrimônio rural em afetação dado em garantia na forma deste artigo constitui direito real sobre o respectivo bem. *(Parágrafo acrescido pela Lei nº 14.421, de 20/7/2022)*

§ 3º Observado o disposto nesta Lei, o patrimônio rural em afetação em garantia submeter-se-á, ainda, às regras relativas ao instituto da alienação fiduciária de imóvel de que trata a Lei nº 9.514, de 20 de novembro de 1997, e à Lei nº 10.406, de 10 de janeiro de 2002 (Código Civil). *(Parágrafo acrescido pela Lei nº 14.421, de 20/7/2022)*

Art. 8º Fica vedada a constituição de patrimônio rural em afetação incidente sobre:

I - o imóvel já gravado por hipoteca, por alienação fiduciária de coisa imóvel ou por outro ônus real, ou, ainda, que tenha registrada ou averbada em sua matrícula qualquer uma das informações de que trata o art. 54 da Lei nº 13.097, de 19 de janeiro de 2015;

II - a pequena propriedade rural de que trata a alínea "a" do inciso II do *caput* do art. 4º da Lei nº 8.629, de 25 de fevereiro de 1993;

III - a área de tamanho inferior ao módulo rural ou à fração mínima de parcelamento, o que for menor, nos termos do art. 8º da Lei nº 5.868, de 12 de dezembro de 1972; ou

IV - o bem de família de que trata a Lei nº 10.406, de 10 de janeiro de 2002 (Código Civil), exceto na situação prevista no § 2º do art. 4º da Lei nº 8.009, de 29 de março de 1990.

Art. 9º O patrimônio rural em afetação é constituído por requerimento do proprietário, por meio de registro na matrícula do imóvel. *("Caput" do artigo com redação dada pela Lei nº 14.421, de 20/7/2022)*

§ 1º Para fins da constituição de que trata o *caput* deste artigo, o oficial deve certificar-se de que a descrição do imóvel matriculado atenda ao disposto no § 3º do art. 176 da Lei nº 6.015, de 31 de dezembro de 1973 (Lei de Registros Públicos). *(Parágrafo acrescido pela Lei nº 14.421, de 20/7/2022)*

§ 2º Quando o patrimônio rural em afetação for constituído por parcela determinada de uma área maior, serão registradas na respectiva matrícula as descrições da parcela objeto de afetação e da parcela remanescente. *(Parágrafo acrescido pela Lei nº 14.421, de 20/7/2022)*

§ 3º Na ocorrência de excussão de parcela determinada de imóvel objeto do patrimônio rural em afetação, o credor poderá requerer seu parcelamento definitivo previamente ao registro do título aquisitivo para fins de pagamento. *(Parágrafo acrescido pela Lei nº 14.421, de 20/7/2022)*

§ 4º No caso do registro de parcelamento definitivo de que trata o § 3º deste artigo, que deverá ocorrer em consonância com o que fora anteriormente registrado na matrícula do imóvel, o oficial exigirá a apresentação da certificação do georreferenciamento da área excutida perante o Sistema de Gestão Fundiária (Sigef) do Instituto Nacional de Colonização e Reforma Agrária (Incra). *(Parágrafo acrescido pela Lei nº 14.421, de 20/7/2022)*

Art. 10. Os bens e os direitos integrantes do patrimônio rural em afetação não se comunicam com os demais bens, direitos e obrigações do patrimônio geral do proprietário ou de outros patrimônios rurais em afetação por ele constituídos, nas seguintes condições:

I - desde que vinculado o patrimônio rural em afetação a CIR ou a CPR;

II - na medida das garantias expressas na CIR ou na CPR a ele vinculadas.

§ 1º Nenhuma garantia real, exceto por emissão de CIR ou de CPR, poderá ser constituída sobre o patrimônio rural em afetação.

§ 2º O imóvel rural, enquanto estiver sujeito ao regime de afetação de que trata esta Lei, ainda que de modo parcial, não poderá ser objeto de compra e venda, doação, parcelamento ou qualquer outro ato translativo de propriedade por iniciativa do proprietário.

§ 3º O patrimônio rural em afetação, ou parte dele, na medida da garantia vinculada a CIR ou a CPR:

I - não poderá ser utilizado para realizar ou garantir o cumprimento de qualquer outra obrigação assumida pelo proprietário estranha àquela a qual esteja vinculado; e

II - é impenhorável e não poderá ser objeto de constrição judicial.

§ 4º O patrimônio rural em afetação ou a fração destes vinculados a CIR ou a CPR, incluídos o terreno, as acessões e as benfeitorias fixadas no terreno, exceto as lavouras, os bens móveis e os semoventes:

I - não são atingidos pelos efeitos da decretação de falência, insolvência civil ou recuperação judicial do proprietário de imóvel rural; e

II - não integram a massa concursal.

§ 5º O disposto neste artigo não se aplica às obrigações trabalhistas, previdenciárias e fiscais do proprietário rural.

Art. 11. O oficial de registro de imóveis protocolará e autuará a solicitação de registro do patrimônio rural em afetação e os documentos a ela vinculados, na forma estabelecida nesta Lei.

› *Vide art. 11 e 12 e 186, Lei n. 6.015/1973 (Registros Públicos)*

Art. 12. A solicitação de que trata o art. 11 desta Lei será instruída com:

I - os documentos comprobatórios:

a) da inscrição do imóvel no Cadastro Nacional de Imóveis Rurais (CNIR), do domínio do requerente e da inexistência de ônus de qualquer espécie sobre o patrimônio do requerente e o imóvel rural;

b) da inscrição do imóvel no Cadastro Ambiental Rural (CAR), nos termos da Lei nº 12.651, de 25 de maio de 2012;

c) da regularidade fiscal, trabalhista e previdenciária do requerente; e

d) da certificação, perante o Sigef/Incra, do georreferenciamento do imóvel em que está sendo constituído o patrimônio rural em afetação; *(Alínea com redação dada pela Lei nº 14.421, de 20/7/2022)*

II - a prova de atos que modifiquem ou limitem a propriedade do imóvel;

III - o memorial de que constem os nomes dos ocupantes e confrontantes com a indicação das respectivas residências;

IV - a planta do imóvel, obtida a partir de memorial descritivo assinado por profissional habilitado e com a Anotação de Responsabilidade Técnica, que deverá conter as coordenadas dos vértices definidores dos limites dos imóveis rurais, georreferenciadas ao Sistema Geodésico Brasileiro e com precisão posicional adotada pelo Incra para a certificação do imóvel perante o Sigef/Incra; e

V - as coordenadas dos vértices definidores dos limites do patrimônio afetado, georreferenciadas ao Sistema Geodésico Brasileiro e com precisão posicional adotada pelo Incra para certificação do imóvel perante o Sigef/Incra.

§ 1º Os documentos de que tratam a alínea "c" do inciso I do *caput* deste artigo compreendem as certidões negativas de débitos fiscais perante as Fazendas Públicas, bem como de distribuição forense e de protestos do proprietário do imóvel, tanto no local de seu domicílio quanto no local do imóvel.

§ 2º No caso de constituição de patrimônio rural em afetação sobre parte do imóvel rural, a fração não afetada deverá atender a todas as obrigações ambientais previstas em lei, inclusive em relação à área afetada. *(Parágrafo com redação dada pela Lei nº 14.421, de 20/7/2022)*

Art. 13. O oficial de registro de imóveis, caso considere a solicitação de constituição de patrimônio rural em afetação de imóvel rural ou a instrução de que trata o art. 12 em desacordo com o disposto nesta Lei, concederá o prazo de 30 (trinta) dias, contado da data da decisão, para que o interessado faça as correções necessárias, sob pena de indeferimento da solicitação.

Parágrafo único. O interessado poderá solicitar a reconsideração da decisão do oficial de registro de imóveis.

Art. 14. Incumbe ao proprietário que constituir o patrimônio rural em afetação:

I - promover os atos necessários à administração e à preservação do patrimônio rural em afetação, inclusive por meio da adoção de medidas judiciais; e

II - manter-se adimplente com as obrigações tributárias e os encargos fiscais, previdenciários e trabalhistas de sua responsabilidade, incluída a remuneração dos trabalhadores rurais.

Art. 15. O cancelamento da afetação do imóvel rural, ou de sua fração, concretiza-se mediante sua averbação no cartório de registro de imóveis.

§ 1º O cancelamento será instruído com requerimento do proprietário, que deverá comprovar a não existência de CIR e de CPR sobre o patrimônio a ser desafetado.

§ 2º A comprovação de que trata o § 1º deste artigo será realizada por meio de certidão emitida por entidade mencionada no art. 19 desta Lei, no caso de CIR, ou por meio de certidão emitida pelo cartório de registro de imóveis competente, no caso de CPR.

§ 3º Sobre o imóvel rural, ou sua fração, para o qual haja requerimento de cancelamento do patrimônio rural em afetação não poderá ser emitida CIR ou CPR até a conclusão do pedido.

Art. 16. A emissão da CPR que utilizar como garantia o patrimônio rural em afetação atenderá ao disposto na Lei nº 8.929, de 22 de agosto de 1994, e deverá cumprir as normas previstas no *caput* e no § 1º do art. 19, no art. 21, nos incisos VIII e IX do *caput* e nos §§ 1º e 2º do art. 22 e nos arts. 24, 25 e 28 desta Lei.

CAPÍTULO III – DA CÉDULA IMOBILIÁRIA RURAL

Art. 17. Fica instituída a CIR, título de crédito nominativo, transferível e de livre negociação, representativa de:

› *Vide art. 1º, Lei n. 9.492/1997 (Lei de Protesto de Títulos e Outros Documentos de Dívida)*

I - promessa de pagamento em dinheiro, decorrente de operação de crédito de qualquer modalidade; e

II - obrigação de entregar, em favor do credor, bem imóvel rural, ou fração deste, vinculado ao patrimônio rural em afetação, e que seja garantia da operação de que trata o inciso I do *caput* deste artigo, nas hipóteses em que não houver o pagamento da operação até a data do vencimento.

Art. 18. Fica legitimado para emitir a CIR o proprietário de imóvel rural, pessoa natural ou jurídica, que houver constituído patrimônio rural em afetação na forma prevista no Capítulo II desta Lei.

§ 1º A CIR será garantida por parte ou por todo o patrimônio rural em afetação, observada a identificação prevista no inciso VIII do *caput* do art. 22 desta Lei.

§ 2º A CIR poderá ser emitida sob a forma escritural, mediante lançamento em sistema de escrituração autorizado a funcionar pelo Banco Central do Brasil.

Art. 19. A CIR será levada a registro ou a depósito em entidade autorizada pelo Banco Central do Brasil a exercer a atividade de registro ou depósito centralizado de ativos financeiros e de valores mobiliários, nos termos da Lei nº 12.810, de 15 de maio de 2013, no prazo de 5 (cinco) dias úteis, contado da data de sua emissão.

§ 1º O registro ou o depósito realizado no prazo estabelecido no *caput* deste artigo é condição necessária para que a CIR tenha eficácia executiva sobre o patrimônio rural em afetação a ela vinculado.

§ 2º A CIR cartular será escritural enquanto permanecer depositada.

§ 3º No período em que a CIR estiver depositada, o histórico dos negócios ocorridos:

I - não será transcrito no verso dos títulos; e

II - será anotado nos registros do sistema.

Art. 20. A CIR poderá ser garantida por terceiros, inclusive por instituição financeira ou por seguradora.

Art. 21. A CIR é título executivo extrajudicial e representa dívida em dinheiro, certa, líquida e exigível, correspondente ao valor nela indicado ou ao saldo devedor da operação de crédito que representa.

§ 1º A CIR poderá receber aval, que constará do registro ou do depósito de que trata o *caput* do art. 19 ou da cártula.

§ 2º Fica dispensado o protesto para assegurar o direito de regresso contra endossantes e avalistas.

Art. 22. A CIR conterá os seguintes requisitos lançados em seu contexto:

I - a denominação "Cédula Imobiliária Rural";

II - a assinatura do emitente;

III - o nome do credor, permitida a cláusula à ordem;

IV - a data e o local da emissão;

V - a promessa do emitente de pagar o valor da CIR em dinheiro, certo, líquido e exigível no seu vencimento;

VI - a data e o local do pagamento da dívida e, na hipótese de pagamento parcelado, as datas e os valores de cada prestação;

VII - a data de vencimento;

VIII - a identificação do patrimônio rural em afetação, ou de sua parte, correspondente à garantia oferecida na CIR; e

IX - a autorização irretratável para que o oficial de registro de imóveis processe, em favor do credor, o registro de transmissão da propriedade do imóvel rural, ou da fração, constituinte do patrimônio rural em afetação vinculado à CIR, de acordo com o disposto no art. 28 desta Lei.

§ 1º A identificação de que trata o inciso VIII do *caput* deste artigo conterá os números de registro e de matrícula do imóvel no cartório de registro de imóveis competente e as coordenadas dos vértices definidores dos limites da área vinculada à CIR, georreferenciadas ao Sistema Geodésico Brasileiro, observadas as vedações de que trata o art. 8º desta Lei e respeitadas as exigências estabelecidas pela legislação ambiental.

§ 2º O patrimônio rural em afetação ou sua parte vinculada a cada CIR observará o disposto na legislação ambiental e no inciso III do *caput* do art. 8º desta Lei.

§ 3º A CIR, sem que configure requisito essencial, poderá conter outras cláusulas não financeiras lançadas em seu registro, depósito ou cártula, as quais poderão constar de documento à parte, com a assinatura do emitente, incluída a menção a essa circunstância no registro, no depósito ou na cártula.

Art. 23. A CIR poderá ser negociada somente nos mercados regulamentados de valores mobiliários quando registrada ou depositada em entidade autorizada pelo Banco Central do Brasil a exercer a atividade de registro ou depósito centralizado de ativos financeiros e de valores mobiliários.

Art. 24. O emitente usará, até a efetiva liquidação da obrigação garantida pela CIR, a suas expensas e risco, o imóvel rural objeto do patrimônio rural em afetação, conforme a sua destinação, e deverá empregar, na sua guarda, a diligência exigida por sua natureza.

Art. 25. Na hipótese de o bem constitutivo da garantia ser desapropriado ou danificado por fato imputável a terceiro, o credor será sub-rogado no direito à indenização devida pelo expropriante ou pelo terceiro causador do dano, até o montante necessário para liquidar ou amortizar a obrigação garantida.

Art. 26. O vencimento da CIR será antecipado, independentemente de aviso ou interpelação judicial ou extrajudicial, nas hipóteses de:

I - descumprimento das obrigações de que trata o inciso I do *caput* do art. 14 desta Lei;

II - insolvência civil, falência ou recuperação judicial do emitente; ou

III - existência de prática comprovada de desvio de bens e administração ruinosa do imóvel rural que constitui o patrimônio rural em afetação a ela vinculado.

Art. 27. O credor fica obrigado a informar à entidade autorizada no art. 19 desta Lei, sobre a liquidação da CIR no prazo máximo de 5 (cinco) dias úteis após sua efetivação.

Art. 28. Vencida a CIR e não liquidado o crédito por ela representado, o credor poderá exercer de imediato o direito à transferência, para sua titularidade, do registro da propriedade da área rural que constitui o patrimônio rural em afetação, ou de sua fração, vinculado à CIR no cartório de registro de imóveis correspondente.

§ 1º Quando a área rural constitutiva do patrimônio rural em afetação vinculado à CIR estiver contida em imóvel rural de maior área, ou quando apenas parte do patrimônio rural em afetação estiver vinculada à CIR, o oficial de registro de imóveis, de ofício e à custa do beneficiário final, efetuará o desmembramento e estabelecerá a matrícula própria correspondente.

§ 2º Na hipótese prevista no *caput* deste artigo, aplica-se, no que couber, o disposto nos arts. 26 e 27 da Lei nº 9.514, de 20 de novembro de 1997, respeitado o disposto no § 3º deste artigo.

§ 3º Se, no segundo leilão de que trata o art. 27 da Lei nº 9.514, de 20 de novembro de 1997, o maior lance oferecido não for igual ou superior ao valor da dívida, somado ao das despesas, dos prêmios de seguro e dos encargos legais, incluídos os tributos, o credor poderá cobrar do devedor, por via executiva, o valor remanescente de seu crédito, sem nenhum direito de retenção ou indenização sobre o imóvel alienado.

Art. 29. Aplicam-se à CIR, no que couber, as normas de direito cambial, com as seguintes modificações:

I - os endossos deverão ser completos; e

II - os endossantes responderão somente pela existência da obrigação.

CAPÍTULO IV – DO CERTIFICADO DE DEPÓSITO BANCÁRIO

Art. 30. O Certificado de Depósito Bancário (CDB) é título de crédito nominativo, transferível e de livre negociação, representativo de promessa de pagamento, em data futura, do valor depositado junto ao emissor, acrescido da remuneração convencionada.

▸ *Vide art. 1º, Lei n. 9.492/1997 (Lei de Protesto de Títulos e Outros Documentos de Dívida)*

Art. 31. O CDB somente poderá ser emitido por instituições financeiras que captem recursos sob a modalidade de depósitos a prazo.

Art. 32. O CDB conterá os seguintes requisitos:

I - a denominação "Certificado de Depósito Bancário";

II - o nome da instituição financeira emissora;

III - o número de ordem, o local e a data de emissão;

IV - o valor nominal;

V - a data de vencimento;

VI - o nome do depositante;

VII - a taxa de juros, fixa ou flutuante, admitida a capitalização, ou outras formas de remuneração, inclusive baseadas em índices ou taxas de conhecimento público; e

VIII - a forma, a periodicidade e o local de pagamento.

Art. 33. O CDB poderá ser emitido sob forma escritural, por meio do lançamento em sistema eletrônico do emissor.

Art. 34. O CDB poderá ser transferido por meio de endosso.

§ 1º Na hipótese de CDB emitido sob a forma escritural, o endosso de que trata o *caput* deste artigo ocorrerá exclusivamente por meio de anotação específica no sistema eletrônico da instituição emissora ou, quando tenha sido depositado em depositário central, por meio de anotação específica no sistema eletrônico correspondente.

§ 2º O endossante do CDB responderá pela existência do crédito, mas não pelo seu pagamento.

Art. 35. A titularidade do CDB emitido sob forma escritural será atribuída exclusivamente por meio do lançamento no sistema eletrônico da instituição emissora ou, quando tenha sido depositado em depositário central, por meio de controle realizado no sistema eletrônico correspondente.

§ 1º A instituição emissora e o depositário central emitirão, mediante solicitação, certidão de inteiro teor do título.

§ 2º A certidão de que trata o § 1º deste artigo poderá ser emitida na forma eletrônica, observados os requisitos de segurança que garantam a autenticidade e a integridade do documento.

Art. 36. O CDB é título executivo extrajudicial.

Parágrafo único. A execução do CDB poderá ser promovida com base na certidão de inteiro teor de que trata o § 1º do art. 35 desta Lei.

Art. 37. O crédito contra a instituição emissora relativo ao CDB não poderá ser objeto de penhora, arresto, sequestro, busca ou apreensão ou outro embaraço que impeça o pagamento da importância depositada e de sua remuneração.

Parágrafo único. Observado o disposto no *caput* deste artigo, o CDB poderá ser penhorado por obrigação de seu titular.

Art. 38. Fica vedada a prorrogação do prazo de vencimento do CDB.

Parágrafo único. Será admitida a renovação do CDB com lastro na quantia depositada na data de seu vencimento e a sua remuneração, desde que haja nova contratação.

Art. 39. A legislação relativa a nota promissória aplica-se ao CDB, exceto naquilo em que contrariar o disposto nesta Lei.

Art. 40. Compete ao Conselho Monetário Nacional regulamentar o disposto neste Capítulo, inclusive quanto aos seguintes aspectos:

I - condições, limites e prazos para a emissão de CDB;

II - tipos de instituições autorizadas a emitir CDB e requisitos específicos para a sua emissão;

III - índices, taxas ou metodologias permitidas para a remuneração do CDB; e

IV - condições e prazos para resgate e vencimento do CDB.

CAPÍTULO V – DA SUBVENÇÃO ECONÔMICA A PRODUTORES RURAIS E A COOPERATIVAS AGROPECUÁRIAS

Art. 41. A Lei nº 8.427, de 27 de maio de 1992, passa a vigorar com as seguintes alterações:

"Art. 1º (...)

§ 1º Consideram-se, igualmente, subvenção de encargos financeiros os bônus de adimplência e os rebates nos saldos devedores de financiamentos rurais concedidos, direta ou indiretamente, por instituições financeiras autorizadas a operar crédito rural.

(...)

"Art. 1º-A. Para fins do disposto nesta Lei, o Banco Central do Brasil disponibilizará à Secretaria do Tesouro Nacional da Secretaria Especial de Fazenda do Ministério da Economia informações sobre operações de crédito rural existentes nos seus bancos de dados, na forma estabelecida em ato conjunto do Banco Central do Brasil e da Secretaria do Tesouro Nacional."

"Art. 2º (...)

VI - à concessão, em moeda nacional, de bonificação equivalente a um percentual do valor do prêmio pago na aquisição de contratos de opção privada de venda negociados em bolsas de mercadorias e futuros, nacionais ou internacionais.

§ 1º A concessão da subvenção a que se referem os incisos II, III, IV, V e VI do caput deste artigo exonera o Governo Federal da obrigação de adquirir o produto, que deverá ser comercializado pelo setor privado.

(...)

"Art. 3º-B. O Conselho Monetário Nacional definirá os parâmetros e a metodologia de cálculo da subvenção ao prêmio pago na aquisição de contratos de opção privada de venda negociados em bolsas de mercadorias e futuros, de que trata o inciso VI do caput do art. 2º desta Lei."

"Art. 4º A subvenção, sob a forma de equalização de taxas de juros, ficará limitada ao diferencial de taxas entre o custo de captação de recursos, acrescido dos custos administrativos e tributários a que estão sujeitas as instituições financeiras autorizadas a operar crédito rural nas suas operações ativas, e os encargos cobrados do tomador final do crédito rural.

§ 1º Na hipótese de os encargos cobrados do tomador final do crédito rural excederem o custo de captação dos recursos acrescido dos custos administrativos e tributários, as instituições financeiras autorizadas a operar crédito rural recolherão ao Tesouro Nacional o valor apurado, atualizado pelo índice que remunera a captação dos recursos.

(...)

"Art. 5º-A. Fica o Poder Executivo federal autorizado a conceder subvenções econômicas na forma de rebates, bônus de adimplência, garantia de preços de produtos agropecuários e outros benefícios a agricultores familiares, suas associações e suas cooperativas nas operações de crédito rural contratadas, ou que vierem a ser contratadas, com as instituições financeiras autorizadas a operar crédito rural no âmbito do Programa Nacional de Fortalecimento da Agricultura Familiar (Pronaf)."

"Art. 6º A aplicação irregular das subvenções de que trata esta Lei sujeitará o infrator à devolução da subvenção econômica concedida, atualizada monetariamente pela taxa média referencial do Sistema Especial de Liquidação e de Custódia (Selic) ou por outro índice que venha a substituí-la.

§ 1º Para fins do caput deste artigo, considera-se aplicação irregular:

I - a contratação, por instituição financeira, de operação de crédito rural subvencionada em finalidade diversa da prevista nesta Lei e no seu regulamento;

II - a aplicação, pelo mutuário, dos recursos do crédito rural subvencionado em finalidade diversa da prevista nesta Lei, na regulamentação aplicável ou no respectivo contrato;

III - o acesso indevido, pelo mutuário, ao crédito rural subvencionado; ou

IV - a aplicação dos recursos provenientes de subvenção de preços em desacordo com o disposto no art. 2º desta Lei.

§ 2º A responsabilidade pela devolução da subvenção econômica, na forma de que trata o caput deste artigo, será:

I - da instituição financeira, na hipótese do inciso I do § 1º deste artigo, sem prejuízo das penalidades previstas na Lei nº 13.506, de 13 de novembro de 2017;

II - do mutuário, nas hipóteses dos incisos II e III do § 1º deste artigo, sem prejuízo das penalidades previstas nos arts. 19 e 20 da Lei nº 7.492, de 16 de junho de 1986; e

III - do beneficiário de subvenção de equalização de preços, na hipótese do inciso IV do § 1º deste artigo, sem prejuízo das penalidades previstas em lei.

§ 3º Na hipótese do inciso I do § 1º deste artigo, a instituição financeira recolherá à União, no prazo de até 5 (cinco) dias, contado da comunicação pelo Banco Central do Brasil, o valor da subvenção concedida, atualizado monetariamente na forma prevista no caput deste artigo, desde a data da concessão da subvenção ao mutuário até a data da efetiva devolução à União.

§ 4º Nas hipóteses dos incisos II e III do § 1º deste artigo, caberá à instituição financeira que concedeu o financiamento:

I - cobrar do mutuário, judicial ou extrajudicialmente, a devolução da subvenção econômica recebida, atualizada monetariamente na forma prevista no caput deste artigo, desde a data da concessão da subvenção ao mutuário;

II - repassar à União, no prazo de até 5 (cinco) dias, contado do efetivo recebimento pela instituição financeira, o valor recuperado do mutuário.

§ 5º Na hipótese do inciso II do § 4º deste artigo, o valor recuperado será atualizado monetariamente na forma prevista no caput deste artigo, desde a data da concessão da subvenção ao mutuário até a data da efetiva devolução à União.

§ 6º Os custos pela cobrança de que trata o inciso I do § 4º deste artigo serão imputados ao mutuário e devidos à instituição financeira.

§ 7º A instituição financeira poderá inscrever o nome do mutuário infrator em cadastros de proteção ao crédito, na hipótese de descumprimento de prazos extrajudicial ou judicial para devolução da subvenção aplicada irregularmente."

"Art. 7º O Banco Central do Brasil acompanhará e fiscalizará, nos termos do regulamento a ser editado pelo Conselho Monetário Nacional, os atos das instituições financeiras praticados com vistas a conceder a subvenção de que trata o inciso II do caput do art. 1º desta Lei.

§ 1º Quando, no exercício de suas atribuições, entidades e órgãos da Administração Pública federal verificarem a ocorrência de qualquer das hipóteses previstas nos incisos II e III do § 1º do art. 6º desta Lei, comunicarão a irregularidade ao Banco Central do Brasil.

§ 2º Na hipótese do § 1º deste artigo, o Banco Central do Brasil informará a ocorrência à instituição financeira que concedeu o financiamento, para cumprimento do disposto no § 4º do art. 6º desta Lei."

"Art. 7º-A. A instituição financeira fiscalizará, nos termos de regulamento a ser expedido pelo Conselho Monetário Nacional, a aplicação pelo mutuário, na finalidade prevista nesta Lei, dos recursos do crédito rural subvencionado.

Parágrafo único. A fiscalização de que trata o caput deste artigo poderá ser terceirizada pela instituição financeira nos termos de regulamento a ser editado pelo Conselho Monetário Nacional."

"Art. 7º-B. A concessão de crédito rural envolvendo recursos subvencionados sob a forma de equalização de taxas está condicionada à assinatura pelo tomador de crédito, admitida a forma eletrônica, de termo de consentimento para o compartilhamento das informações com os órgãos gestores dos programas de crédito e com a Controladoria-Geral da União e o Tribunal de Contas da União."

CAPÍTULO VI – DA CÉDULA DE PRODUTO RURAL

Art. 42. A Lei nº 8.929, de 22 de agosto de 1994, passa a vigorar com as seguintes alterações:

› *Alterações inseridas no texto da referida norma.*

CAPÍTULO VII – DOS TÍTULOS DO AGRONEGÓCIO

Art. 43. A Lei nº 11.076, de 30 de dezembro de 2004, passa a vigorar com as seguintes alterações:

› *Alterações inseridas no texto da referida norma.*

CAPÍTULO VIII – DA ESCRITURAÇÃO DE TÍTULOS DE CRÉDITO

Art. 44. A Lei nº 10.931, de 2 de agosto de 2004, passa a vigorar com as seguintes alterações:

› *Alterações inseridas no texto da referida norma.*

Art. 45. O Decreto-Lei nº 167, de 14 de fevereiro de 1967, passa a vigorar com as seguintes alterações:

› *Alterações inseridas no texto da referida norma.*

Art. 46. Os §§ 1º e 2º do art. 23 da Lei nº 12.865, de 9 de outubro de 2013, passam a vigorar com a seguinte redação:

"Art. 23. (...)

§ 1º As normas de que trata o caput deste artigo disporão sobre o conjunto de procedimentos e operações técnicas referentes à produção, à classificação, à tramitação, ao uso, à avaliação, ao arquivamento e à reprodução do documento digitalizado, bem como ao seu acesso, observado o disposto nos arts. 7º, 8º, 9º e 10 da Lei nº 8.159, de 8 de janeiro de 1991, quando se tratar de documentos públicos.

§ 2º O documento que, observadas as normas do Conselho Monetário Nacional, tenha originado o documento digitalizado

e armazenado eletronicamente poderá ser descartado, ressalvados os documentos para os quais lei específica exija a guarda do documento original para o exercício de direito."

CAPÍTULO IX – DA SUBVENÇÃO ECONÔMICA PARA EMPRESAS CEREALISTAS

Art. 47. Fica a União autorizada a conceder subvenção econômica em benefício das empresas cerealistas, sob a modalidade de equalização de taxas de juros, nas operações de financiamento a serem contratadas com o Banco Nacional de Desenvolvimento Econômico e Social (BNDES) até 30 de junho de 2021.

§ 1º As operações de financiamento serão destinadas a investimentos em obras civis e na aquisição de máquinas e equipamentos necessários à construção de armazéns e à expansão da capacidade de armazenagem de grãos.

§ 2º O valor total dos financiamentos a serem subvencionados pela União fica limitado ao montante de R$ 200.000.000,00 (duzentos milhões de reais).

§ 3º A subvenção fica limitada a R$ 20.000.000,00 (vinte milhões de reais) por ano, respeitada a dotação orçamentária reservada para essa finalidade.

§ 4º A equalização de juros corresponderá ao diferencial de taxas entre o custo da fonte dos recursos, acrescido da remuneração do BNDES, e o encargo cobrado do mutuário final.

§ 5º O pagamento da subvenção econômica de que trata o *caput* deste artigo fica condicionado à apresentação, pelo BNDES, de declaração de responsabilidade pela exatidão das informações necessárias ao cálculo da subvenção e pela regularidade da aplicação dos recursos, para fins do disposto no inciso II do § 1º do art. 63 da Lei nº 4.320, de 17 de março de 1964.

§ 6º Na hipótese de os encargos cobrados do mutuário final do crédito excederem o custo de captação dos recursos, acrescido dos custos administrativos e tributários, o BNDES recolherá ao Tesouro Nacional o valor apurado, atualizado pelo índice que remunerar a captação dos recursos.

Art. 48. A aplicação irregular ou o desvio dos recursos provenientes das operações subvencionadas de que trata este Capítulo sujeitará o BNDES a devolver à União o valor da subvenção econômica, atualizado monetariamente pela taxa média referencial do Sistema Especial de Liquidação e de Custódia (Selic) ou por outro índice que venha a substituí-la.

§ 1º Quando o BNDES der causa ou concorrer, ainda que culposamente, à aplicação irregular, ao desvio dos recursos ou, ainda, à irregularidade no cálculo da subvenção, o valor da subvenção econômica, atualizado monetariamente na forma prevista no *caput* deste artigo, será por ele devolvido em dobro, sem prejuízo das penalidades previstas na Lei nº 13.506, de 13 de novembro de 2017.

§ 2º Quando o mutuário final do crédito der causa à aplicação irregular ou ao desvio dos recursos, o BNDES devolverá o valor da subvenção econômica, atualizado monetariamente na forma prevista no *caput* deste artigo, e o mutuário final do crédito ficará impedido de receber crédito subvencionado pelo prazo de 5 (cinco) anos, contado da data em que ocorrer a devolução do valor da subvenção econômica pelo BNDES.

Art. 49. O Conselho Monetário Nacional estabelecerá as condições necessárias à contratação dos financiamentos de que trata este Capítulo.

Art. 50. Ato do Ministro de Estado da Economia definirá a metodologia para o pagamento do valor a ser apurado em decorrência da equalização das taxas de juros e as demais condições para a concessão da subvenção econômica de que trata este Capítulo.

CAPÍTULO X – DISPOSIÇÕES FINAIS

Art. 51. O § 2º do art. 1º da Lei nº 5.709, de 7 de outubro de 1971, passa a vigorar com a seguinte redação:

› *Alterações inseridas no texto da referida norma.*

Art. 52. O § 4º do art. 2º da Lei nº 6.634, de 2 de maio de 1979, passa a vigorar com a seguinte redação:

› *Alterações inseridas no texto da referida norma.*

Art. 53. O inciso II do *caput* do art. 178 da Lei nº 6.015, de 31 de dezembro de 1973, passa a vigorar com a seguinte redação:

› *Alterações inseridas no texto da referida norma.*

Art. 54. O § 2º do art. 9º da Lei nº 7.827, de 27 de setembro de 1989, passa a vigorar com a seguinte redação:

"Art. 9º (...)

§ 2º As instituições financeiras beneficiárias dos repasses devolverão aos bancos administradores os valores devidos, de acordo com o cronograma de reembolso das operações formalizadas nos contratos, independentemente do pagamento pelo tomador final.

(...)"

Art. 55. O art. 25 da Lei nº 8.212, de 24 de julho de 1991, passa a vigorar com a seguinte redação: *(Artigo vetado pelo Presidente da República, mantido pelo Congresso Nacional e publicado no DOU de 20/8/2020)*

› *Alterações inseridas no texto da referida norma.*

Art. 56. A Lei nº 10.169, de 29 de dezembro de 2000, passa a vigorar com as seguintes alterações: *(Artigo vetado pelo Presidente da República, mantido pelo Congresso Nacional e publicado no DOU de 20/8/2020)*

› *Alterações inseridas no texto da referida norma.*

Art. 57. (VETADO).

Art. 58. O parágrafo único do art. 28 da Lei nº 12.810, de 15 de maio de 2013, passa a vigorar com as seguintes alterações:

› *Alterações inseridas no texto da referida norma.*

Art. 59. (VETADO).

Art. 60. A Lei nº 13.576, de 26 de dezembro de 2017, passa a vigorar acrescida do seguinte art. 15-A: *(Artigo vetado pelo Presidente da República, mantido pelo Congresso Nacional e publicado no DOU de 20/8/2020)*

"Art. 15-A. A receita das pessoas jurídicas qualificadas conforme o inciso VII do caput do art. 5º desta Lei auferida até 31 de dezembro de 2030 nas operações de que trata o art. 15 desta Lei fica sujeita à incidência do imposto sobre a renda exclusivamente na fonte à alíquota de 15% (quinze por cento).

§ 1º A receita referida no caput deste artigo será excluída na determinação do lucro real ou presumido e no valor do resultado do exercício, mas as eventuais perdas apuradas naquelas operações não serão dedutíveis na apuração do lucro real.

§ 2º O disposto no § 1º deste artigo não impede o regular aproveitamento, na apuração do lucro real das pessoas jurídicas referidas no caput deste artigo, das despesas administrativas ou financeiras necessárias à emissão, ao registro e à negociação dos créditos de que trata o inciso V do caput do art. 5º desta Lei, inclusive aquelas referentes à certificação ou às atividades do escriturador de que tratam os incisos I e VIII do caput do art. 5º e os arts. 15 e 18 desta Lei.

§ 3º O disposto no caput e no § 1º deste artigo aplica-se por igual a todas as demais pessoas físicas ou jurídicas que realizem, sucessivamente, operações de aquisição e alienação na forma do art. 15 e com o registro de que trata o art. 16 desta Lei, salvo quando aquelas pessoas se caracterizarem legalmente como 'distribuidor de combustíveis'."

Art. 61. Ficam revogados:

I - o art. 30 da Lei nº 4.728, de 14 de julho de 1965;

II - o Decreto-Lei nº 13, de 18 de julho de 1966;

III - o Decreto-Lei nº 14, de 29 de julho de 1966;

IV - a alínea "d" do *caput* do art. 20 do Decreto-Lei nº 73, de 21 de novembro de 1966;

V - os seguintes dispositivos do Decreto-Lei nº 167, de 14 de fevereiro de 1967:

a) arts. 30 a 40; e

b) parágrafo único do art. 42;

VI - o item 13 do inciso I do *caput* do art. 167 da Lei nº 6.015, de 31 de dezembro de 1973;

VII - o art. 4º-A da Lei nº 8.427, de 27 de maio de 1992;

VIII - o art. 19 da Lei nº 8.929, de 22 de agosto de 1994;

IX - os seguintes dispositivos da Lei nº 11.076, de 30 de dezembro de 2004:

a) art. 20;

b) §§ 2º e 3º do art. 24;

c) inciso III do § 4º do art. 25;

d) parágrafo único do art. 27;

e) incisos I e II do *caput* e parágrafo único do art. 35; e

f) inciso III do § 3º do art. 37; e

X - o art. 10 da Lei nº 13.476, de 28 de agosto de 2017.

Art. 62. Esta Lei entra em vigor na data de sua publicação.

Brasília, 7 de abril de 2020;
199º da Independência e 132º da República.
JAIR MESSIAS BOLSONARO
Paulo Guedes
Tereza Cristina Corrêa da Costa Dias
Roberto de Oliveira Campos Neto
André Luiz de Almeida Mendonça
(DOU de 7.4.2020)

LEIS FEDERAIS AGRUPADAS COM SEUS DECRETOS REGULAMENTADORES

LEI Nº 4.829, DE 5 DE NOVEMBRO DE 1965

Institucionaliza o crédito rural.

O PRESIDENTE DA REPÚBLICA,

Faço saber que o **CONGRESSO NACIONAL** decreta e eu sanciono a seguinte Lei:

CAPÍTULO I – DISPOSIÇÕES PRELIMINARES

Art. 1º O crédito rural, sistematizado nos termos desta Lei, será distribuído e aplicado de acordo com a política de desenvolvimento da produção rural do País e tendo em vista o bem-estar do povo.

Art. 2º Considera-se crédito rural o suprimento de recursos financeiros por entidades públicas e estabelecimentos de crédito particulares a produtores rurais ou a suas cooperativas para aplicação exclusiva em atividades que se enquadrem nos objetivos indicados na legislação em vigor.

Art. 3º São objetivos específicos do crédito rural:

I – estimular o incremento ordenado dos investimentos rurais, inclusive para armazenamento beneficiamento e industrialização dos produtos agropecuários, quando efetuado por cooperativas ou pelo produtor na sua propriedade rural;

II – favorecer o custeio oportuno e adequado da produção e a comercialização de produtos agropecuários;

III – possibilitar o fortalecimento econômico dos produtores rurais, notadamente pequenos e médios;

IV – incentivar a introdução de métodos racionais de produção, visando ao aumento da produtividade e à melhoria do padrão de vida das populações rurais, e à adequada defesa do solo;

Art. 4º O Conselho Monetário Nacional, de acordo com as atribuições estabelecidas na Lei nº 4.595, de 31 de dezembro de 1964, disciplinará o crédito rural do País e estabelecerá, com exclusividade, normas operativas traduzidas nos seguintes tópicos:

I – avaliação, origem e dotação dos recursos a serem aplicados no crédito rural;

II – diretrizes e instruções relacionadas com a aplicação e controle do crédito rural;

III – critérios seletivos e de prioridade para a distribuição do crédito rural;

IV – fixação e ampliação dos programas de crédito rural, abrangendo todas as formas de suplementação de recursos, inclusive refinanciamento.

Art. 5º O cumprimento das deliberações do Conselho Monetário Nacional, aplicáveis ao crédito rural, será dirigido, coordenado e fiscalizado pelo Banco Central da República do Brasil.

Art. 6º Compete ao Banco Central da República do Brasil, como órgão de controle do sistema nacional do crédito rural:

I – sistematizar a ação dos órgãos financiadores e promover a sua coordenação com os que prestam assistência técnica e econômica ao produtor rural;

II – elaborar planos globais de aplicação do crédito rural e conhecer de sua execução, tendo em vista a avaliação dos resultados para introdução de correções cabíveis;

III – determinar os meios adequados de seleção e prioridade na distribuição do crédito rural e estabelecer medidas para o zoneamento dentro do qual devem atuar os diversos órgãos financiadores em função dos planos elaborados;

IV – incentivar a expansão da rede distribuidora do crédito rural, especialmente através de cooperativas;

V – estimular a ampliação dos programas de crédito rural, mediante financiamento aos órgãos participantes da rede distribuidora do crédito rural, especialmente aos bancos com sede nas áreas de produção e que destinem ao crédito rural mais de 50% (cinquenta por cento) de suas aplicações.

CAPÍTULO II – DO SISTEMA DE CRÉDITO RURAL

Art. 7º Integrarão, basicamente, o sistema nacional de crédito rural:

I – O Banco Central da República do Brasil, com as funções indicadas no artigo anterior;

II – O Banco do Brasil S. A., através de suas carteiras especializadas;

III – O Banco de Crédito da Amazônia S. A. e o Banco do Nordeste do Brasil S.A., através de suas carteiras ou departamentos especializados, e

IV – O Banco Nacional de Crédito Cooperativo.

§ 1º Serão vinculados ao sistema:

I – de conformidade com o disposto na Lei nº 4.504, de 30 de novembro de 1964:

a) o Instituto Brasileiro de Reforma Agrária – IBRA;

b) o Instituto Nacional de Desenvolvimento Agrário – INDA;

c) o Banco Nacional do Desenvolvimento Econômico – BNDE;

II – como órgãos auxiliares, desde que operem em crédito rural dentro das diretrizes fixadas nesta Lei:

a) Bancos de que os Estados participem com a maioria de ações;

b) Caixas Econômicas;

c) Bancos privados;

d) Sociedades de crédito, financiamento e investimentos;

e) Cooperativas autorizadas a operar em crédito rural.

§ 2º Poderão articular-se no sistema, mediante convênios, órgãos oficiais de valorização regional e entidades de prestação de assistência técnica e econômica ao produtor rural, cujos serviços sejam passíveis de utilizar em conjugação com o crédito.

§ 3º Poderão incorporar-se ao sistema, além das entidades mencionadas neste artigo, outras que o Conselho Monetário Nacional venha a admitir.

CAPÍTULO III – DA ESTRUTURA DO CRÉDITO RURAL

Art. 8º O crédito rural restringe-se ao campo específico do financiamento das atividades rurais e adotará, basicamente, as modalidades de operações indicadas nesta Lei, para suprir as necessidades financeiras do custeio e da comercialização da produção própria, como também as de capital para investimentos e industrialização de produtos agropecuários, quando efetuada por cooperativas ou pelo produtor na sua propriedade rural.

Art. 9º Para os efeitos desta Lei, os financiamentos rurais caracterizam-se, segundo a finalidade, como de:

I – custeio, quando destinados a cobrir despesas normais de um ou mais períodos de produção agrícola ou pecuária;

II – investimento, quando se destinarem a inversões em bens e serviços cujos desfrutes se realizem no curso de vários períodos;

III – comercialização, quando destinados, isoladamente, ou como extensão do custeio, a cobrir despesas próprias da fase sucessiva à coleta da produção, sua estocagem, transporte ou à monetização de títulos oriundos da venda pelos produtores;

IV – industrialização de produtos agropecuários, quando efetuada por cooperativas ou pelo produtor na sua propriedade rural.

Art. 10. As operações de crédito rural subordinam-se às seguintes exigências essenciais:

I – idoneidade do proponente;

II – apresentação de orçamento de aplicação nas atividades específicas;

III – fiscalização pelo financiador.

Art. 11. Constituem modalidade de operações:

I – Crédito Rural Corrente a produtores rurais de capacidade técnica e substância econômica reconhecidas;

II – Crédito Rural Orientado, como forma de crédito tecnificado, com assistência técnica prestada pelo financiador, diretamente ou através de entidade especializada em extensão rural, com o objetivo de elevar os níveis de produtividade e melhorar o padrão de vida do produtor e sua família;

III – Crédito às cooperativas de produtores rurais, como antecipação de recursos para funcionamento e aparelhamento, inclusive para integralização de cotas-partes de capital social, destinado a programas de investimento e outras finalidades, prestação de serviços aos cooperados, bem como para financiar estes, nas mesmas condições estabelecidas para as operações diretas de crédito rural, os trabalhos de custeio, coleta, transportes, estocagem e a comercialização da produção respectiva e os gastos com melhoramento de suas propriedades. *(Redação dada pelo Decreto-Lei nº 784, 25/08/69.)*

IV – Crédito para Comercialização com o fim de garantir aos produtores agrícolas preços remuneradores para a colocação de suas safras e industrialização de produtos agropecuários, quando efetuada por cooperativas ou pelo produtor na sua propriedade rural;

V – Crédito aos programas de colonização e reforma agrária, para financiar projetos de colonização e reforma agrária como as definidas na Lei número 4.504, de 30 de novembro de 1964.

Art. 12. As operações de crédito rural que forem realizadas pelo Instituto Brasileiro de Reforma Agrária, pelo Instituto Nacional de Desenvolvimento Agrário e pelo Banco Nacional de Desenvolvimento Econômico, diretamente ou através de convênios, obedecerão às modalidades do crédito orientado, aplicadas às finalidades previstas na Lei nº 4.504, de 30 de novembro de 1964.

Art. 13. As entidades financiadoras participantes do sistema de crédito rural poderão designar representantes para acompanhar a execução de convênios relativos à aplicação de recursos por intermédio de órgãos intervenientes.

§ 1º Em caso de crédito a cooperativas, poderão os representantes mencionados neste artigo prestar assistência técnica e administrativa, como também orientar e fiscalizar a aplicação dos recursos.

§ 2º Quando se tratar de cooperativa integral de reforma agrária, aplicar-se-á o disposto no § 2º do art. 79 da Lei nº 4.504, de 30 de novembro de 1964.

Art. 14. Os termos, prazos, juros e demais condições das operações de crédito rural, sob quaisquer de suas modalidades, serão estabelecidos pelo Conselho Monetário Nacional, observadas as disposições legais específicas, não expressamente revogadas pela presente Lei, inclusive o favorecimento previsto no art. 4º, inciso IX, da Lei nº 4.595, de 31 de dezembro de 1964, ficando revogado o art. 4º do Decreto-lei nº 2.611, de 20 de setembro de 1940.

Parágrafo único. *(Revogado pelo Decreto-Lei nº 784, 25/08/69.)*

CAPÍTULO IV – DOS RECURSOS PARA O CRÉDITO RURAL

Art. 15. O crédito rural contará com suprimentos provenientes das seguintes fontes:

I – internas:

a) recursos que são ou vierem a ser atribuídos ao Fundo Nacional de Refinanciamento Rural instituído pelo Decreto nº 54.019, de 14 de julho de 1964;

b) recursos que são ou vierem a ser atribuídos ao Fundo Nacional de Reforma Agrária, instituído pela Lei nº 4.504, de 30 de novembro de 1964;

c) recursos que são ou vierem a ser atribuídos ao Fundo Agroindustrial de Reconversão, instituído pela Lei nº 4.504, de 30 de novembro de 1964;

d) dotações orçamentárias atribuídas a órgãos que integrem ou venham a integrar o sistema de crédito rural, com destinação específica;

e) valores que o Conselho Monetário Nacional venha a isentar de recolhimento, na forma prevista na Lei nº 4.595, de 31 de dezembro de 1964, art. 4º, item XIV, letra "c", *(Vetado)*

f) recursos próprios dos órgãos participantes ou que venham a participar do sistema de crédito rural, na forma do art. 7º;

g) importâncias recolhidas ao Banco Central da República do Brasil pelo sistema bancário, na forma prevista no § 1º do art. 21;

h) produto da colocação de bônus de crédito rural, hipotecário ou títulos de natureza semelhante, que forem emitidos por entidades governamentais participantes do sistema, com características e sob condições que o Conselho Monetário Nacional autorize, obedecida a legislação referente à emissão e circulação de valores mobiliários;

i) produto das multas recolhidas nos termos do § 3º do art. 21;

j) resultado das operações de financiamento ou refinanciamento;

l) recursos outros de qualquer origem atribuídos exclusivamente para aplicação em crédito rural;

m) VETADO.

n) VETADO.

II – externas:

a) recursos decorrentes de empréstimos ou acordos, especialmente reservados para aplicação em crédito rural;

b) recursos especificamente reservados para aplicação em programas de assistência financeira ao setor rural, através do Fundo Nacional de Reforma Agrária, criado pelo art. 27 da Lei nº 4.504, de 30 de novembro de 1964;

c) recursos especificamente reservados para aplicação em financiamentos de projetos de desenvolvimento agroindustrial, através do Fundo Agroindustrial de Reconversão, criado pelo art. 120 da Lei nº 4.504, de 30 de novembro de 1964;

d) produto de acordos ou convênios celebrados com entidades estrangeiras ou internacionais, conforme normas que o Conselho Monetário Nacional traçar, desde que nelas sejam especificamente atribuídas parcelas para aplicação em programa de desenvolvimento de atividades rurais.

Art. 16. Os recursos destinados ao crédito rural, de origem externa ou interna, ficam sob o controle do Conselho Monetário Nacional, que fixará, anualmente, as normas de distribuição aos órgãos que participem do sistema de crédito rural, nos termos do art. 7º.

Parágrafo único. Todo e qualquer fundo, já existente ou que vier a ser criado, destinado especificamente a financiamento de programas de crédito rural, terá sua administração determinada pelo Conselho Monetário Nacional, respeitada a legislação específica, que estabelecerá as normas e diretrizes para a sua aplicação.

Art. 17. Ao Banco Central da República do Brasil, de acordo com as atribuições estabelecidas na Lei número 4.595, de 31 de dezembro de 1964, caberá entender-se ou participar de entendimentos com as instituições financeiras estrangeiras e internacionais, em assuntos ligados à obtenção de empréstimos destinados a programas de financiamento às atividades rurais, estando presente na assinatura dos convênios e apresentando ao Conselho Monetário Nacional sugestões quanto às normas para sua utilização.

Art. 18. O Conselho Monetário Nacional poderá tomar medidas de incentivo que visem a aumentar a participação da rede bancária não oficial na aplicação de crédito rural.

Art. 19. A fixação de limite do valor dos empréstimos a que se refere o § 2º do art. 126 da Lei nº 4.504, de 30 de novembro de 1964, passa para a competência do Conselho Monetário Nacional, que levará em conta a proposta apresentada pela diretoria do Banco do Brasil S. A.

Art. 20. O Conselho Monetário Nacional, anualmente, na elaboração da proposta orçamentária pelo Poder Executivo, incluirá dotação destinada ao custeio de assistência técnica e educativa aos beneficiários do crédito rural.

Art. 21. As instituições referidas nos incisos II e III do *caput* do art. 7º, na alínea "c" do inciso I do § 1º do art. 7º e nas alíneas "a", "b", "c" e "e" do inciso II do § 1º do art. 7º desta Lei manterão aplicados recursos no crédito rural, observadas a forma e as condições estabelecidas pelo Conselho Monetário Nacional. *(Redação dada pela Lei nº 13.506, de 2017)*

§ 1º As instituições referidas no *caput* deste artigo que apresentarem deficiência na aplicação de recursos no período de 1º de julho de 2016 a 30 de junho de 2017 recolherão as somas correspondentes em depósito no Banco Central do Brasil, remuneradas na forma estabelecida pelo Conselho Monetário Nacional, para aplicação nos fins previstos nesta Lei. *(Redação dada pela Lei nº 13.506, de 2017)*

§ 2º As instituições referidas no *caput* deste artigo que apresentarem deficiência na aplicação de recursos estarão sujeitas, a partir de 1º de julho de 2018, relativamente ao ano agrícola iniciado em 1º de julho de 2017, aos custos financeiros estabelecidos pelo Banco Central do Brasil. *(Redação dada pela Lei nº 13.506, de 2017)*

§§ 3º e 4º (Revogados *pela Lei nº 13.506, de 2017*)

Art. 22. O depósito que constitui o Fundo de Fomento à Produção, de que trata o art. 7º da Lei número 1.184, de 30 de agosto de 1950, fica elevado para 20% (vinte por cento) das dotações anuais previstas no art. 199 da Constituição Federal, e será efetuado pelo Tesouro Nacional no Banco de Crédito da Amazônia S.A., que se incumbirá de sua aplicação, direta e exclusiva, dentro da área da Amazônia, observadas as normas estabelecidas pelo Conselho Monetário Nacional e outras disposições contidas nesta Lei.

§ 1º O Banco de Crédito da Amazônia S.A., destinará, para aplicação em crédito rural, pelo menos 60% (sessenta por cento) do valor do fundo, podendo o Conselho Monetário Nacional alterar essa percentagem, em face da circunstância que assim recomende.

§ 2º Os juros das aplicações mencionadas neste artigo serão cobrados às taxas usuais para as operações de tal natureza, conforme o Conselho Monetário Nacional fixar, ficando abolido o limite previsto no art. 7º, §§ 2º e 3º, da Lei nº 1.184, de 30 de agosto de 1950.

CAPÍTULO V – DOS INSTRUMENTOS DE CRÉDITO RURAL

Art. 23. *(Vetado)*

§ 1º *(Vetado)*

§ 2º *(Vetado)*

Art. 24. *(Vetado)*

CAPÍTULO VI – DAS GARANTIAS DO CRÉDITO RURAL

Art. 25. Poderão constituir garantia dos empréstimos rurais, de conformidade com a natureza da operação creditícia, em causa:

I – Penhor agrícola;

II – Penhor pecuário;

III – Penhor mercantil;

IV – Penhor industrial;

V – Bilhete de mercadoria;

VI – Warrants;

VII – Caução;

VIII – Hipoteca;

IX – Fidejussória;

X – Outras que o Conselho Monetário venha a admitir.

Art. 26. A constituição das garantias previstas no artigo anterior, de livre convenção entre financiado e financiador, observará a legislação própria de cada tipo, bem como as normas complementares que o Conselho Monetário Nacional estabelecer ou aprovar.

Art. 27. As garantias reais serão sempre, preferentemente, outorgadas sem concorrência.

Art. 28. Exceto a hipoteca, as demais garantias reais oferecidas para segurança dos financiamentos rurais valerão entre as partes, independentemente de registro, com todos os direitos e privilégios.

Art. 29. A critério da entidade financiadora, os bens adquiridos e as culturas custeadas ou formadas por meio de crédito rural poderão ser vinculados ao respectivo instrumento contratual, inclusive título de crédito rural, como garantia especial. *(Redação dada pelo Decreto-Lei nº 784, 25/08/69.)*

Parágrafo único. Em qualquer caso, os bens e culturas a que se refere este artigo somente poderão ser alienados ou gravados em favor de terceiros, mediante concordância expressa da entidade financiadora. *(Incluído pelo Decreto-Lei nº 784, 25/08/69.)*

Art. 30. O Conselho Monetário Nacional estabelecerá os termos e condições em que poderão ser contratados os seguros dos bens vinculados aos instrumentos de crédito rural.

CAPÍTULO VII – DISPOSIÇÕES TRANSITÓRIAS

Art. 31. O Banco Central da República do Brasil assumirá, até que o Conselho Monetário Nacional resolva em contrário, o encargo dos programas de treinamento de pessoal para administração do crédito rural, inclusive através de cooperativas, podendo, para tanto, firmar convênios que visem à realização de cursos e à obtenção de recursos para cobrir os gastos respectivos.

Parágrafo único. As unidades interessadas em treinar pessoal concorrerão para os gastos com a contribuição que for arbitrada pelo Banco Central da República do Brasil.

CAPÍTULO VIII – DISPOSIÇÕES GERAIS

Art. 32. Os órgãos de orientação e coordenação de atividades rurais, criados no âmbito estadual, deverão elaborar seus programas de ação, no que respeita ao crédito especializado, observando as disposições desta Lei e normas complementares que o Conselho Monetário Nacional venha a baixar.

Art. 33. Estendem-se às instituições financeiras que integrem basicamente, o sistema de crédito rural, nos termos do art. 7º, itens I a IV, desta Lei, as disposições constantes do artigo 4º, da Lei nº 454, de 9 de julho de 1937, do art. 3º do Decreto-lei número 2.611, e do art. 3º do Decreto-lei nº 2.612, ambos de 20 de setembro de 1940, e dos arts. 1º e 2º do Decreto-lei nº 1.003, de 29 de dezembro de 1938.

Art. 34. As operações de crédito rural, sob quaisquer modalidades, de valor até 50 (cinquenta) vezes o maior salário-mínimo vigente no País, pagarão somente as despesas indispensáveis, ficando isentas de taxas *(VETADO)* relativas aos serviços bancários.

§ 1º *(Vetado)*

§ 2º Fica revogado o art. 53 da Lei nº 4.595, de 31 de dezembro de 1964.

Art. 35. *(Vetado)*

Art. 36. Ficam transferidas para o Conselho Monetário Nacional, de acordo com o previsto nos arts. 3º e 4º da Lei nº 4.595, de 31 de dezembro de 1964, as atribuições conferidas à Comissão de Coordenação do Crédito Agropecuário pelo art. 15 da Lei Delegada nº 9, de 11 de outubro de 1962, artigo esse que fica revogado.

Art. 37. A concessão do crédito rural em todas as suas modalidades, bem como a constituição das suas garantias, pelas instituições de crédito, públicas e privadas, independerá da exibição de comprovante de cumprimento de obrigações fiscais ou da previdência social, ou declaração de bens ou certidão negativa de multas por infrigência do Código Florestal.

Parágrafo único. A comunicação da repartição competente, de ajuizamento da dívida fiscal, de multa florestal ou previdenciária, impedirá a concessão do crédito rural ao devedor, a partir da data do recebimento da comunicação pela instituição de crédito, exceto se as garantias oferecidas assegurarem a solvabilidade do débito em litígio e da operação proposta pelo interessado.

Art. 38. As operações de crédito rural terão registro distinto na contabilidade dos financiadores e serão divulgadas com destaque nos balanços e balancetes.

Art. 39. Esta Lei entra em vigor na data de sua publicação.

Art. 40. Revogam-se as disposições em contrário.

Brasília, 5 de novembro de 1965; 144º da Independência e 77º da República.

H. CASTELLO BRANCO

(DOU. de 9.11.1965)

DECRETO Nº 58.380, DE 10 DE MAIO DE 1966

Aprova o Regulamento da Lei que Institucionaliza o Crédito Rural.

O PRESIDENTE DA REPÚBLICA, usando da atribuição que lhe confere o artigo 87, item I, da Constituição Federal,

DECRETA:

Art. 1º Fica aprovado o Regulamento que com este baixa, assinado pelos Ministros de Estado dos Negócios da Fazenda e da Agricultura, para institucionalização do crédito rural.

Art. 2º Este decreto entrará em vigor na data de sua publicação, revogadas as disposições em contrário.

Brasília, 10 de maio de 1966; 145º da Independência e 78º da República.

H. CASTELLO BRANCO (DOU. de 17.5.1966)

CAPÍTULO I – DISPOSIÇÕES PRELIMINARES

Art. 1º O crédito rural, sistematizado pela Lei nº 4.829, de 5 de novembro de 1965, será distribuído e aplicado de acordo com a política de desenvolvimento da produção rural do País fixada pelo Ministério da Agricultura e tendo em vista o bem-estar do povo.

Art. 2º Considera-se crédito rural o suprimento de recursos financeiros a produtores rurais ou a suas cooperativas para aplicação exclusiva em atividades que se enquadrem nos objetivos indicados neste regulamento, nos termos da legislação em vigor.

§ 1º O suprimento de recursos a que alude este artigo será feito por instituições financeiras, assim consideradas as pessoas jurídicas públicas, privadas ou de economia mista que tenham como atividades principal ou acessória a coleta, intermediação ou aplicação de recursos financeiros próprios ou de terceiros.

§ 2º Os órgãos oficiais que dispõem de serviços de revenda de bens de produção deverão adaptar suas operações a prazo às normas e condições deste Regulamento.

Art. 3º São objetivos específicos do crédito rural:

I – estimular o incremento ordenado dos investimentos rurais, inclusive para armazenamento, beneficiamento e industrialização dos produtos agropecuários, quando efetuados por cooperativas ou pelo produtor em seu imóvel rural;

II – favorecer o custeio oportuno e adequado da produção e a comercialização de produtos agropecuários;

III – possibilitar o fortalecimento econômico dos produtores rurais, notadamente pequenos e médios;

IV – incentivar a introdução de métodos racionais de produção, visando ao aumento da produtividade, à melhoria do padrão de vida das populações rurais e à adequada defesa do solo.

Art. 4º O Conselho Monetário Nacional – ouvida a Comissão Consultiva de Crédito Rural, na forma do disposto no parágrafo 1º e sua alínea "c" do artigo 7º da Lei nº 4.595, de 31 de dezembro de 1964 – disciplinará o crédito rural no País e estabelecerá, com exclusividade, normas relacionadas com:

I – avaliação, origem e dotação dos recursos a serem aplicados no crédito rural;

II – diretrizes instruções relacionadas com a aplicação e controle do crédito rural;

III – critérios seletivos e de prioridade para a distribuição de crédito rural;

IV – fixação e ampliação dos programas de crédito rural, abrangendo todas as formas de suplementação de recursos, inclusive refinanciamento.

Art. 5º As deliberações do Conselho Monetário Nacional, aplicáveis ao crédito rural, serão executadas, dirigidas, coordenadas e fiscalizadas pelo Banco Central da República do Brasil.

Art. 6º Compete ao Banco Central da República do Brasil, como órgão de controle do sistema nacional de crédito rural:

I – sistematizar a ação dos órgãos financiadores e promover a sua coordenação com os que prestam assistência técnica e econômica ao produtor rural;

II – elaborar planos globais de aplicação do crédito rural e conhecer de sua execução, tendo em vista a avaliação dos resultados para introdução de correções cabíveis;

III – determinar os meios adequados de seleção e prioridade na distribuição do crédito rural e estabelecer medidas para o zoneamento dentro do qual devem atuar os diversos órgãos financiadores em função dos planos elaborados;

IV – incentivar a expansão da rede distribuidora do crédito rural, especialmente através de cooperativas;

V – estimular a ampliação dos programas de crédito rural, mediante financiamento aos órgãos participantes da respectiva rede de distribuidora, especialmente aos bancos com sede nas áreas de produção e que destinem ao crédito rural mais de 50% (cinquenta por cento) de suas aplicações.

Parágrafo único. O cumprimento pelo Banco Central da República do Brasil, do disposto nos incisos II e III deste artigo far-se-á em consonância com a política de desenvolvimento da produção rural do País, fixada pelo Ministério da Agricultura, nos termos do art. 1º deste decreto.

Art. 7º Para os fins previstos nos incisos II e III do artigo 6º, as instituições financeiras que participam do sistema nacional de crédito rural deverão submeter, anualmente, ao Banco Central da República do Brasil, até a data por este fixada, os orçamentos de suas aplicações, especificando a origem dos recursos, áreas em que serão aplicados e as finalidades respectivas.

Parágrafo único. Os orçamentos referidos neste artigo serão levados em conta pelo Banco Central da República do Brasil na elaboração do Orçamento Monetário do País.

CAPÍTULO II – DO SISTEMA NACIONAL DE CRÉDITO RURAL

Art. 8º Integrarão, basicamente, o Sistema Nacional de Crédito Rural:

I – O Banco Central da República do Brasil com as funções indicadas no art. 6º;

II – O Banco do Brasil S.A., através de suas carteiras especializadas;

III – O Banco de Crédito da Amazônia S.A. e o Banco do Nordeste do Brasil S.A., através de suas carteiras ou departamentos especializados, e

IV – O Banco Nacional de Crédito Cooperativo.

§ 1º Serão vinculados ao sistema.

I – para cumprimento dos objetivos especificados na Lei nº 4.504, de 30 de novembro de 1964:

a) o Instituto Brasileiro de Reforma Agrária;

b) o Instituto Nacional de Desenvolvimento Agrário;

c) o Banco Nacional de Desenvolvimento Econômico,

II – como órgãos auxiliares, desde que operem em crédito rural dentro das diretrizes fixadas neste regulamento:

a) Bancos de que as Unidades da Federação detenham a maioria das ações com direito a voto;

b) Caixas Econômicas,

c) Bancos privados;

d) Sociedades de crédito, financiamento e investimentos;

e) Cooperativas autorizadas a operar em crédito rural.

§ 2º Poderão árticular-se ao sistema, mediante convênios ratificados pelo Banco Central da República do Brasil, quando deles não participem, órgãos oficiais de valorização regional e entidades de prestação de assistência técnica e econômica ao produtor rural, cujos serviços sejam passíveis de utilizar em conjugação com o crédito.

§ 3º Poderão incorpora-se ao sistema, além das entidades mencionadas neste artigo, outras que o Conselho Monetário Nacional venha a admitir.

Art. 9º As instituições referidas no inciso II do parágrafo 1º e parágrafos 2º e 3º do artigo 8º que desejem operar em crédito rural, além de outras exigências que vierem a ser feitas pelo Banco Central da República do Brasil, deverão:

I – comprovar a existência de setor especializado em crédito rural, especificando as respectivas modalidades de operações, dentro de prazo a ser fixado pelo Banco Central da República do Brasil;

II – indicar os recursos próprios destinados a cada modalidade e sua origem;

III – estabelecer normas básicas para as operações, difundindo-as junto, às suas dependências;

IV – dispor de assessoramento técnico competente.

Parágrafo único. As exigências acima poderão ser dispensadas para as instituições que desejarem operar exclusivamente na modalidade prevista no art. 11, inciso III, alínea " b ".

CAPÍTULO III – DA ESTRUTURA DO CRÉDITO RURAL

Art. 10. O crédito rural restringe-se ao campo específico do financiamento das atividades rurais e adotará basicamente, as modalidades de operações indicadas neste Regulamento, para suprir as necessidades financeiras do custeio e da comercialização da produção própria, como também as de capital para investimento e industrialização de produtos agropecuários, esta quando efetuada pelo produtor em seu imóvel ou, por suas cooperativas.

Art. 11. Para os efeitos deste regulamento, os financiamentos rurais dividem-se em: *(Redação dada pelo Decreto nº 8.769, de 2016)*

I - custeio, quando destinados a cobrir despesas normais de um ou mais períodos de produção agrícola ou pecuária; *(Redação dada pelo Decreto nº 8.769, de 2016)*

II - investimento, quando se destinarem a inversões em bens e serviços cujos desfrutes se realizem no curso de vários períodos; *(Redação dada pelo Decreto nº 8.769, de 2016)*

III - comercialização, quando destinados, isoladamente, ou como extensão do custeio, a cobrir despesas próprias da fase sucessiva à coleta da produção, sua estocagem, transporte ou à monetização de títulos oriundos da venda pelos produtores; e *(Redação dada pelo Decreto nº 8.769, de 2016)*

IV - industrialização de produtos agropecuários, quando efetuada por cooperativas ou pelo produtor na sua propriedade rural. *(Redação dada pelo Decreto nº 8.769, de 2016)*

Parágrafo único. Cabe ao Conselho Monetário Nacional enquadrar os itens financiáveis em cada uma das modalidades a que se refere este artigo. *(Incluído pelo Decreto nº 8.769, de 2016)*

Art. 12. Os financiamentos rurais poderão através de um só instrumento, atender a uma ou mais das finalidades especificadas no art. 11, de modo a contemplar, com oportunidade, as necessidades integrais da exploração considerada.

Art. 13. As operações de crédito rural subordinam-se às seguintes exigências essenciais:

I – idoneidade do proponente;

II – apresentação de orçamento de aplicação nas atividades específicas;

III – fiscalização pelo financiador.

§ 1º A idoneidade do proponente deverá constar do registro cadastral obrigatoriamente existente no órgão financiador.

§ 2º Quando se tratar de crédito destinado exclusivamente à comercialização, as exigências constantes dos incisos II e III deste artigo serão substituídas pela comprovação de que o produto negociado é de produção própria ou, quando se tratar de cooperativa, de seus associados.

§ 3º A fiscalização das atividades financiadas e da aplicação do crédito será obrigatória pelo menos uma vez no curso da operação.

Art. 14. As operações de crédito rural devem subordinar-se ainda aos seguintes preceitos:

a) adequação, suficiência e oportunidade do crédito;

b) incremento da produtividade e da produção agrícola, tendo em vista a melhoria da rentabilidade da exploração financiada;

c) segurança razoável baseada, principalmente, no planejamento da operação;

d) melhoramento das práticas rurais e melhoria das condições de vida e de trabalho na unidade rural beneficiada;

e) liberação do crédito em função das necessidades do plano e fixação de prazo para o reembolso em sincronia com os ciclos de produção e a comercialização normal dos bens produzidos.

Parágrafo único. Não constituem função do crédito rural:

a) subsidiar atividades deficitárias ou antieconômicas;

b) financiar o pagamento de dívidas contraídas antes da apresentação da proposta;

c) possibilitar a recuperação de capital investido;

d) favorecer a retenção especulativa de bens;

e) antecipar a realização de lucros presumíveis;

Art. 15. Constituem modalidades de crédito rural.

I – Corrente – o concedido pelas entidades financeiras, observadas as normas usuais, compreendendo:

a) sustentação, aquele que se destina a proporcionar suporte financeiro às atividades rurais desenvolvidas por produtores, considerados meramente como elementos integrantes da produção capazes de assumir os riscos do empreendimento financiado;

b) planificado, aquele que se aplica a projetos específicos, em que o interessado satisfaça, reconhecidamente, nos requisitos de capacidade técnica e substância econômica, além de a exploração projetada objetivar a melhoria dos rendimentos e da produtividade.

II – Educativo, o que se caracteriza pela conjugação da assistência financeira à técnica-educacional, prestada diretamente pelo financiador ou através de entidade especializada, classificando-se como:

a) orientado, o que visa à melhoria dos níveis de produtividade e rentabilidade da empresa rural assistida, subordinado a plano tecnicamente elaborado;

b) dirigido, o que se destina à melhoria dos níveis de produtividade de determinada exploração rural ou à sua introdução ou difusão em regiões que lhe são ecologicamente favoráveis;

c) supervisionado, o que se destina aos pequenos produtores, com o objetivo de desenvolver plano integrado que contemple as necessidades de empresa rural e do lar do agricultor, visando a integrá-lo à vida econômico-produtiva do País e elevar o nível socioeconômico deste e de sua família.

III – Especial, o que se destina ao suprimento de recursos financeiros a entidades de constituição típica e para realização de programas específicos, compreendendo:

a) crédito a cooperativas de produtores rurais, destinados à:

1) antecipação de recursos para seu aparelhamento e prestação de serviços aos cooperados, bem assim para investimentos necessárias ao seu adequado funcionamento.

2) adiantamento aos cooperados por conta do preço de produtos entregues para venda.

3) aquisição, para posterior fornecimento aos cooperados, de maquinaria, implementos e utensílios agrícolas, veículos, animais, materiais diversos e produtos normalmente utilizáveis nas explorações rurais.

4) aquisição de maquinaria, implementos e utensílios agrícolas e reprodutores machos puros ou de alta linhagem, para uso exclusivo nas explorações rurais de seus cooperados.

5) antecipação de recursos para integralização de cotas partes de capital social, obrigatoriamente utilizáveis em programas de investimento da própria cooperativa.

6) refinanciamento, aos seus associados, de operações de crédito rural, consoante as modalidades e finalidades previstas neste Regulamento.

b) crédito aos programas de colonização e de reforma agrária para financiar projetos de colonização e reforma agrária como definidos na Lei nº 4.504, de 30 de novembro de 1964, bem como outros programas governamentais da mesma natureza.

Art. 16. As operações de crédito rural que forem realizadas pelo Instituto Brasileiro de Reforma Agrária, pelo Instituto Nacional de Desenvolvimento Agrário e pelo Banco Nacional de Desenvolvimento Econômico, diretamente ou através de convênios, obedecerão às modalidades do crédito educativo e especial aplicadas às finalidades previstas na Lei nº 4.504, de 30 de novembro de 1964.

Art. 17. As entidades financiadoras, participantes do sistema nacional de crédito rural, poderão designar representantes para acompanhar a execução de contratos relativos à aplicação de recursos por intermédio de órgãos intervenientes.

§ 1º Em caso de crédito a cooperativas, poderão os representantes mencionados neste artigo prestar assistência técnica e administrativa, como também orientar e fiscalizar a aplicação de recursos.

§ 2º Quando se tratar de cooperativa integral de reforma agrária, o representante será um Delegado indicado pelo Instituto Brasileiro de Reforma Agrária que integrará o Conselho de Administração, sem direito a voto, com a função de prestar assistência técnico-administrativa à Diretoria e de orientar e fiscalizar a aplicação de recursos que o aludido Instituto houver destinado à cooperativa.

§ 3º As cooperativas de crédito rural poderão ser assistidas pelos Bancos Oficiais que integram, basicamente, o sistema nacional de crédito rural, reajustando seus estatutos e regulamentos às normas estabelecidas pelos referidos estabelecimentos de crédito previamente aprovados pelo Banco Central da República do Brasil.

Art. 18. Os termos, prazos, juros, limites e demais condições das operações de crédito rural, sob quaisquer de suas modalidades, ou finalidades, serão estabelecidas pelo Conselho Monetário Nacional observadas as disposições legais específicas.

§ 1º O Conselho Monetário Nacional assegurará, na forma do art. 4º, o inciso IX da Lei nº 4.595, de 31 de dezembro de 1964, sempre que necessário, taxas favorecidas aos financiamentos que se destinem a promover:

I – recuperação e fertilização do solo;

II – florestamento e reflorestamento;

III – combate a epizootias e pragas, nas atividades rurais;

IV – eletrificação rural;

V – mecanização;

VI – irrigação;

VII – investimentos indispensáveis às atividades agropecuárias.

§ 2º As taxas das operações, sob qualquer modalidade de crédito rural, serão inferiores em pelo menos ¼ (um quarto) às taxas máximas admitidas pelo Conselho Monetário Nacional para as operações bancárias de crédito mercantil.

Art. 19. O Conselho Monetário Nacional nas condições que estabelecer, poderá criar taxa especial sobre operações de crédito rural para constituição de "Provisão para riscos de financiamentos rurais" destinado a indenizar os órgãos financiadores pelos prejuízos que advierem das operações de crédito rural contratadas sem garantia real ou sem o registro desta.

CAPÍTULO IV – DOS RECURSOS PARA O CRÉDITO RURAL

Art. 20. O crédito rural contará com suprimentos provenientes das seguintes fontes:

I – Internas:

a) recursos que são ou vierem a ser atribuídos ao Fundo Nacional de Refinanciamento Rural instituído pelo Decreto nº 54.019, de 14 de julho de 1964;

b) recursos que são ou vierem a ser atribuídos ao Fundo Nacional de Reforma Agrária, instituído pela Lei número 4.504, de 30 de novembro de 1964;

c) recursos que são ou vierem a ser atribuídos ao Fundo Agroindustrial de Reconversão, instituído pela Lei nº 4.504, de 30 de novembro de 1964;

d) dotações orçamentárias atribuídas a órgãos que integrem ou venham a integrar o Sistema Nacional de Crédito Rural, com destinação específica;

e) valores que o Conselho Monetário Nacional venha a isentar de recolhimento, na forma prevista na Lei nº 4.595, de 31 de dezembro de 1964, art. 4º, item XIV, letra " c ",

f) recursos próprios dos órgãos participantes ou que venham a participar do Sistema Nacional de Crédito Rural, na forma do art. 8º do presente Regulamento;

g) importâncias recolhidas ao Banco Central da República do Brasil pelo sistema bancário, na forma prevista no parágrafo 1º do art. 28, desse Regulamento;

h) produto a colocação de bônus de crédito rural, hipotecário ou títulos de natureza semelhante, que forem emitidos por entidades governamentais participantes do Sistema Nacional de Credito Rural com características e sob condições que o Conselho Monetário Nacional autorize, obedecida a legislação referente à emissão e circulação de valores mobiliários:

i) produto das multas recolhidas nos termos do parágrafo 3º, do artigo 28 desta Regulamentação:

j) resultado das operações de financiamento ou refinanciamento;

l) recursos outros de qualquer origem atribuídos exclusivamente à aplicação em crédito rural;

m) recursos nunca inferiores a 10% (dez por cento) dos depósitos de qualquer natureza dos bancos privados e das sociedades de crédito, financiamento e investimentos.

II – Externas:

a) recursos decorrentes de empréstimos ou acordos, especialmente reservados para aplicação em crédito rural;

b) recursos especificamente reservados para aplicação em programas de assistência financeira ao setor rural, através do Fundo Nacional de Reforma Agrária, criado pelo art. 27 da Lei nº 4.504, de 30 de novembro de 1964;

c) recursos especificamente reservados para aplicação em financiamentos de projetos de desenvolvimento agroindustrial através do Fundo Agroindustrial de Reconversão, criado pelo art. 120 da lei nº 4.504, de 30 de novembro de 1964;

d) produto de acordos ou convênios celebrados com entidades estrangeiras ou internacionais conforme normas que o Conselho Monetário Nacional traçar desde que nelas sejam especificamente atribuídas parcelas para aplicação em programas de desenvolvimento de atividades rurais.

Art. 21. O Banco Central da República do Brasil adotará as providências necessárias no sentido de registrar e divulgar com destaque, nos seus balanços e balancetes, os recursos destinados ao crédito rural e suas respectivas aplicações, os quais serão contabilizados em contas específicas, em função das respectivas origens e destinação.

Art. 22. Os recursos destinados ao crédito rural de origem externa ou interna ficam sob controle do Conselho Monetário Nacional, que fixará anualmente, as normas de distribuição aos órgãos que participem do sistema de crédito rural, nos termos do art. 8º deste Regulamento.

Parágrafo único. Todo e qualquer fundo, já existente ou que vier a ser criado destinado especificamente a financiamento de programas de crédito rural, terá sua administração determinada pelo Conselho Monetário Nacional, que estabelecerá as normas e diretrizes para a sua aplicação, respeitada a legislação específica.

Art. 23. Ao Banco Central da República do Brasil de acordo com as atribuições estabelecidas na Lei número 4.595, de 31 de dezembro de 1964, caberá entender-se ou participar de entendimentos com as instituições financeiras estrangeiras e internacionais em assuntos ligados a obtenção de empréstimos destinados a programas de financiamento às atividades rurais, estando presente na assinatura dos respectivos convênios e apresentando ao Conselho Monetário Nacional sugestões quanto às normas para sua utilização.

Art. 24. O Conselho Monetário Nacional poderá tomar medidas de incentivo que visem a aumentar a participação da rede bancária não oficial na aplicação do crédito rural.

Parágrafo único. As instituições financeiras que comprovem a execução eficiente de programas de crédito rural serão selecionadas, prioritariamente como agentes financeiros do Banco Central da República do Brasil, cabendo-lhes receber suplementações proporcionais aos recursos próprios por elas aplicadas ao último exercício.

Art. 25. A fixação de limite do valor dos empréstimos a que se refere o § 2º do art. 126 da Lei nº 4.504, de 30 de novembro de 1964, passa para a competência do Conselho Monetário Nacional, que levará em conta a proposta apresentada pela Diretoria do Banco do Brasil S/A.

Art. 26. O Conselho Monetário Nacional, anualmente, quando da elaboração da proposta orçamentária pelo Poder Executivo, pleiteará a inclusão de dotação destinada ao custeio de assistência técnica e educativa aos beneficiários do crédito rural, com base em programação elaborada pelo Ministério da Agricultura.

Parágrafo único. Os recursos de que trata este artigo serão depositados no Banco Central da República do Brasil, e por este liberados aos órgãos que prestam assistência técnica e educativa aos beneficiários do crédito rural, liberação essa que estará sempre condicionada à previa aprovação do Ministro da Agricultura, através de seu órgão competente e sujeita a prestação de contas.

Art. 27. O Conselho Monetário Nacional poderá autorizar a cobrança, nas operações de crédito rural, de comissão destinada a ocorrer ao atendimento de despesas com assistência técnica e educativa aos beneficiários do crédito rural, devendo ser os valores respectivos recolhidos à ordem do Banco Central da República do Brasil, a fim de suplementar os recursos orçamentários referidos no art. 26.

Parágrafo único. A distribuição desses recursos, bem como os de origem orçamentária, referidos no art. 26 deverá ser feita, preferencialmente, para aplicação em áreas ainda não contempladas com serviços regulares de assistência técnica, de modo a propiciar a necessária expansão dessa assistência.

Art. 28. As instituições de crédito e entidades financeiras referidas no art. 8º manterão aplicada em operações típicas de crédito rural, contratadas diretamente com produtores ou suas cooperativas, percentagem a ser fixada pelo Conselho Monetário Nacional, dos recursos com que operarem.

§ 1º Os estabelecimentos que não desejarem ou não puderem cumprir as obrigações estabelecidas no presente artigo, recolherão as somas correspondentes em depósitos no Banco Central da República do Brasil, para aplicação nos fins previstos neste Regulamento.

§ 2º As quantias recolhidas ao Banco Central da República do Brasil, na forma deste artigo, vencerão juros à taxa que o Conselho Monetário Nacional fixar.

§ 3º A inobservância ao disposto neste artigo sujeitará o infrator a multa variável entre 10% (dez por cento) e 50% (cinquenta por cento) sobre os valores não aplicados em crédito rural.

§ 4º O não recolhimento da multa mencionada no parágrafo anterior, no prazo de 15 (quinze) dias, sujeitará o infrator a penalidades previstas no Capítulo V da Lei nº 4.595, de 31 de dezembro de 1964.

§ 5º O Conselho Monetário Nacional, ao fixar a percentagem referida neste artigo, levará em conta o disposto na letra "m" do art. 20 deste Regulamento.

Art. 29. O depósito que constitui o Fundo de Fomento à Produção de que trata o art. 7º da Lei nº 1.184, de 30 de agosto de 1950, fica elevado para 20% das dotações anuais previstas no Art. 199 da Constituição Federal e será efetuado pelo Tesouro Nacional o Banco de Crédito da Amazônia S/A, que se incumbirá de sua aplicação direta e exclusiva, dentro da área da Amazônia, de conformidade com a respectiva programação anual, previamente aprovada pela Superintendência do Plano de Valorização Econômica da Amazônia (SPVEA), e de acordo com o plano geral de desenvolvimento regional por ela coordenado, observadas as normas estabelecidas pelo Conselho Monetário Nacional e outras disposições contidas no presente Regulamento.

§ 1º O Banco de Crédito da Amazônia S/A, destinará para aplicação em crédito rural, pelo menos 60% (sessenta por cento) do valor do Fundo, podendo o Conselho Monetário Nacional alterar essa percentagem, em face de circunstância que assim recomende.

§ 2º Os juros das aplicações mencionada neste artigo serão cobrados às taxas usuais para as operações de tal natureza, conforme o Conselho Monetário Nacional fixar, ficando abolido o limite previsto no art. 7º, §§ 2º e 3º da Lei nº 1.184, de 30 de agosto de 1950.

CAPÍTULO V – DAS GARANTIAS E INSTRUMENTOS DE CRÉDITO RURAL

Art. 30. Poderão constituir garantia das operações de crédito rural, preferentemente de conformidade com a natureza da operação creditícia em causa:

I – Penhor agrícola;

II – Penhor pecuário;

III – Penhor mercantil;

IV – Penhor industrial;

V – Bilhete de mercadoria;

VI – Warrants e conhecimentos de depósitos:

VII – Caução;

VIII – Hipoteca;

IX – Fidejussória;

X – Outras que o Conselho Monetário Nacional venha a admitir.

Art. 31. A constituição das garantidas previstas no artigo anterior, de livre convenção entre financiado e financiador, observará a legislação própria de cada tipo bem como as normas complementares que o Conselho Monetário Nacional estabelecer ou aprovar.

Art. 32. As garantias reais serão preferentemente outorgadas sem concorrência.

Art. 33. Exceto a hipoteca, as demais garantias reais oferecidas para segurança dos financiamentos rurais valerão entre as partes, independentemente de registro, com todos os direitos e privilégios.

Art. 34. Os bens adquiridos e as culturas custeadas ou formadas por meio de crédito rural em que couber garantia serão vinculadas ao respectivo instrumento contratual como garantia especial.

Art. 35. O Conselho Monetário Nacional estabelecerá os termos e condições em que poderão ser contratados os seguros dos bens vinculados aos instrumentos de crédito rural.

Art. 36. São instrumentos básicos para as operações típicas de crédito rural os contratos de que trata a Lei nº 492, de 30 de agosto de 1937, e os títulos previstos na lei nº 3.253, de 27 de agosto de 1957.

Parágrafo único. O Conselho Monetário Nacional observada a legislação vigente, regulará a eventual utilização de títulos cambiais em operações de crédito rural.

CAPÍTULO VI – DAS DISPOSIÇÕES GERAIS E TRANSITÓRIAS

Art. 37. Os órgãos de orientação e coordenação de atividades rurais, criados no âmbito estadual, deverão elaborar seus programas de ação, no que respeita ao crédito especializado, observando as disposições deste Regulamento e normas complementares que o Conselho Nacional venha a baixar.

Art. 38. Estendem-se às instituições financeiras que integram basicamente o Sistema Nacional de Crédito Rural, nos termos do art. 8º, incisos I a IV deste Regulamento, as seguintes disposições:

a) do art. 4º da Lei nº 454, de 9 de julho de 1937, relativa à emissão de bônus;

b) dos arts. 1º e 2º do Decreto-lei nº 1.003, de 29 de dezembro de 1938, relativos à preferência assegurada a penhor rural que ampare as suas operações ante a existência de inscrição hipotecária ou de títulos protestados;

c) do art. 3º do Decreto-lei número 2.611, de 20 de setembro de 1940, relativa ao redesconto de papéis decorrentes de financiamentos rurais com prazo de vencimento não superior a um ano;

d) do art. 3º do Decreto-lei nº 2.612, de 20 de setembro de 1940, que considera parte integrante dos contratos de penhor rural e isentos de selos os instrumentos de depósito, feito em mãos de terceiros, de produtos gravados por financiamento que realizarem.

Art. 39. O Banco Central da República do Brasil baixará instruções reguladoras do mecanismo de registro conjunto de responsabilidade das operações de crédito rural, a cargo das instituições financiadoras componentes do Sistema Nacional de Crédito Rural que atuam dentro da mesma área, de forma a:

a) evitar o paralelismo de assistência creditícia a um mesmo beneficiário, assim considerada a concessão de financiamentos para a mesma finalidade;

b) sistematizar o levantamento estatístico dos empréstimos concedidos para as finalidades agropecuárias.

Art. 40. As operações de crédito rural, sob quaisquer modalidades, de valor até 50 (cinquenta) vezes o maior salário mínimo vigente no país, pagarão somente as despesas indispensáveis, ficando isentas de taxas e comissões relativas aos serviços bancários, tais como as de cadastro, de expediente, de consulta, de cobrança e outras de natureza similar.

§ 1º Consideram-se despesas indispensáveis aquelas realizadas e decorrentes de registro ou inscrição das garantias e instrumentos avalização de bens e de medição de lavouras, as de elaboração de projetos e estudos técnicos, prêmios de seguro, bem assim as despesas de viagem decorrentes da fiscalização do empreendimento financiado, além de outras que venha a emitir o Banco Central da República do Brasil.

§ 2º Quando a um mesmo cliente for deferido empréstimo cujo valor, somado ao montante dos financiamentos por que eventualmente responda na mesma ou em outra instituição financeira, venha a ultrapassar o limite de que trata este artigo, o novo crédito não fará jus aos benefícios nele previstos.

Art. 41. Ficam transferidos para o Conselho Monetário Nacional, de acordo com o previsto nos arts. 3º e 4º da Lei nº 4.595, de 31 de dezembro de 1964, as atribuições conferidos à Comissão de Coordenação do Crédito Agropecuário pelo art. 15 da Lei Delegada nº 9, de 11 de outubro de 1962.

Art. 42. A concessão do crédito rural em todas as modalidades, bem como a constituição de suas garantias, independerá da exibição de comprovante do cumprimento de obrigações fiscais ou da previdência social, ou declaração de bens ou certidão negativa de multas por infringência do Código Florestal.

Parágrafo único. A comunicação da repartição competente, de ajuizamento da dívida fiscal, de multas florestal ou previdenciária, impedirá a concessão do crédito rural ao devedor a partir da data do recebimento da comunicação pela instituição de crédito, exceto se as garantias oferecidas assegurarem a solvabilidade do débito em litígio e da operação proposta pelo interessado.

Art. 43. As operações de crédito rural terão apuração estatística especifica e registro distinto na contabilidade os financiadores e serão divulgadas com destaque nos balanços e balancetes, segundo suas características e finalidades, consoante normas estabelecidas pelo Banco Central da República do Brasil.

Art. 44. O Banco Central da República do Brasil assumirá até que o Conselho Monetário Nacional resolva em contrário, o encargo de treinamento de pessoal dos estabelecimentos, órgãos e entidades referidas no art. 8º, inclusive através de cooperativas, visando a formação e aperfeiçoamento de técnicos especializados para administração do crédito rural, podendo, nesse sentido, firmar convênios para a realização de cursos ou de promoções outras relativas à matéria.

Parágrafo único. Os recursos financeiros e materiais necessários à execução dos programas de treinamento e capacitação do pessoal provirão:

a) do Banco Central da República do Brasil que destacará, para tanto verba anual específica;

b) de convênios firmados com outros países, entidades e órgãos nacionais, intergovernamentais, estrangeiros ou internacionais;

c) das entidades e órgãos beneficiários dos programas de treinamento, devendo a sua participação, igualmente estabelecida em convênios, assegurar, pelos menos, a garantia de percepção, durante o período de treinamento, de todos os direitos e vantagens, pelos candidatos indicados ou selecionados, como se em efetivo exercício estivessem.

LEI Nº 8.929, DE 22 DE AGOSTO DE 1994

Institui a Cédula de Produto Rural, e dá outras providências.

▸ *Vide art. 290-A, IV, Lei 6.015/1973*

O PRESIDENTE DA REPÚBLICA

Faço saber que o Congresso Nacional decreta e eu sanciono a seguinte lei:

Art. 1º Fica instituída a Cédula de Produto Rural (CPR), representativa de promessa de entrega de produtos rurais, com ou sem garantias cedularmente constituídas. *("Caput" do artigo com redação dada pela Lei nº 13.986, de 7/4/2020)*

- *Vide Decreto-lei 167/1967 (Títulos de Crédito Rural)*

§ 1º Fica permitida a liquidação financeira da CPR, desde que observadas as condições estipuladas nesta Lei. *(Parágrafo acrescido pela Lei nº 13.986, de 7/4/2020)*

§ 2º Para os efeitos desta Lei, produtos rurais são aqueles obtidos nas atividades:

I - agrícola, pecuária, florestal, de extrativismo vegetal e de pesca e aquicultura, seus derivados, subprodutos e resíduos de valor econômico, inclusive quando submetidos a beneficiamento ou a primeira industrialização; *(Inciso acrescido pela Lei nº 13.986, de 7/4/2020, e com nova redação dada pela Lei nº 14.421, de 20/7/2022)*

II - relacionadas à conservação, à recuperação e ao manejo sustentável de florestas nativas e dos respectivos biomas, à recuperação de áreas degradadas, à prestação de serviços ambientais na propriedade rural ou que vierem a ser definidas pelo Poder Executivo como ambientalmente sustentáveis; *(Inciso acrescido pela Lei nº 13.986, de 7/4/2020, e com nova redação dada pela Lei nº 14.421, de 20/7/2022)*

III - de industrialização dos produtos resultantes das atividades relacionadas no inciso I deste parágrafo; *(Inciso acrescido pela Lei nº 14.421, de 20/7/2022)*

IV - de produção ou de comercialização de insumos agrícolas, de máquinas e implementos agrícolas e de equipamentos de armazenagem. *(Inciso acrescido pela Lei nº 14.421, de 20/7/2022)*

§ 3º O Poder Executivo poderá regulamentar o disposto neste artigo, inclusive relacionar os produtos passíveis de emissão de CPR. *(Parágrafo acrescido pela Lei nº 13.986, de 7/4/2020)*

Art. 2º Têm legitimação para emitir CPR: *("Caput" do artigo com redação dada pela Lei nº 14.421, de 20/7/2022)*

I - o produtor rural, pessoa natural ou jurídica, inclusive com objeto social que compreenda em caráter não exclusivo a produção rural, a cooperativa agropecuária e a associação de produtores rurais que tenha por objeto a produção, a comercialização e a industrialização dos produtos rurais de que trata o art. 1º desta Lei; *(Inciso acrescido pela Lei nº 14.421, de 20/7/2022)*

II - as pessoas naturais ou jurídicas que beneficiam ou promovem a primeira industrialização dos produtos rurais referidos no art. 1º desta Lei ou que empreendem as atividades constantes dos incisos II, III e IV do § 2º do art. 1º desta Lei. *(Inciso acrescido pela Lei nº 14.421, de 20/7/2022)*

§ 1º *(Parágrafo acrescido pela Lei nº 13.986, de 7/4/2020, e revogado pela Lei nº 14.421, de 20/7/2022)*

§ 2º Sobre a CPR emitida pelas pessoas constantes do inciso II do *caput* deste artigo incidirá o imposto sobre operações de crédito, câmbio e seguro, ou sobre operações relativas a títulos ou valores mobiliários, e não será aplicado o disposto no inciso V do *caput* do art. 3º da Lei nº 11.033, de 21 de dezembro de 2004, nem quaisquer outras isenções. *(Parágrafo acrescido pela Lei nº 13.986, de 7/4/2020, e com nova redação dada pela Lei nº 14.421, de 20/7/2022)*

§ 3º O Poder Executivo poderá regulamentar o disposto neste artigo, inclusive alterando o rol dos emissores de CPR para efeito desta Lei. *(Parágrafo acrescido pela Lei nº 13.986, de 7/4/2020)*

Art. 3º A CPR conterá os seguintes requisitos, lançados em seu contexto:

- *Vide Decreto n. 10.828/2021*

I - denominação "Cédula de Produto Rural" ou "Cédula de Produto Rural com Liquidação Financeira", conforme o caso; *(Inciso com redação dada pela Lei nº 13.986, de 7/4/2020)*

II - data da entrega ou vencimento e, se for o caso, cronograma de liquidação; *(Inciso com redação dada pela Lei nº 13.986, de 7/4/2020)*

III - nome e qualificação do credor e cláusula à ordem; *(Inciso com redação dada pela Lei nº 13.986, de 7/4/2020)*

IV - promessa pura e simples de entrega do produto, sua indicação e as especificações de qualidade, de quantidade e do local onde será desenvolvido o produto rural; *(Inciso com redação dada pela Lei nº 13.986, de 7/4/2020)*

V - local e condições da entrega;

VI - descrição dos bens cedularmente vinculados em garantia, com nome e qualificação dos seus proprietários e nome e qualificação dos garantidores fidejussórios; *(Inciso com redação dada pela Lei nº 13.986, de 7/4/2020)*

VII - data e lugar da emissão;

VIII - nome, qualificação e assinatura do emitente e dos garantidores, que poderá ser feita de forma eletrônica; *(Inciso com redação dada pela Lei nº 13.986, de 7/4/2020)*

IX - forma e condição de liquidação; e *(Inciso acrescido pela Lei nº 13.986, de 7/4/2020)*

X - critérios adotados para obtenção do valor de liquidação da cédula. *(Inciso acrescido pela Lei nº 13.986, de 7/4/2020)*

§ 1º Sem caráter de requisito essencial, a CPR, emitida sob a forma cartular ou escritural, poderá conter outras cláusulas lançadas em seu contexto. *(Parágrafo com redação dada pela Lei nº 13.986, de 7/4/2020)*

§ 2º A descrição dos bens vinculados em garantia pode ser feita em documento à parte, assinado pelo emitente, fazendo-se, na cédula, menção a essa circunstância.

§ 3º Os bens vinculados em garantia serão descritos de modo simplificado e, quando for o caso, serão identificados pela sua numeração própria e pelo número de registro ou matrícula no registro oficial competente, dispensada, no caso de imóveis, a indicação das respectivas confrontações. *(Parágrafo com redação dada pela Lei nº 13.986, de 7/4/2020)*

§ 4º As partes contratantes, observada a legislação específica, estabelecerão a forma e o nível de segurança da assinatura eletrônica que serão admitidos para fins de validade, eficácia e executividade, observadas as seguintes disposições: *(Parágrafo acrescido pela Lei nº 13.986, de 7/4/2020, e com nova redação dada pela Lei nº 14.421, de 20/7/2022)*

I - na CPR e no documento à parte com a descrição dos bens vinculados em garantia, se houver, será admitida a utilização de assinatura eletrônica simples, avançada ou qualificada; e *(Inciso acrescido pela Medida Provisória nº 1.104, de 15/3/2022, convertida na Lei nº 14.421, de 20/7/2022)*

II - no registro e na averbação de garantia real constituída por bens móveis e imóveis, será admitida a utilização de assinatura eletrônica avançada ou qualificada. *(Inciso acrescido pela Medida Provisória nº 1.104, de 15/3/2022, convertida na Lei nº 14.421, de 20/7/2022)*

§ 5º A CPR poderá ser aditada, ratificada e retificada por termo aditivo que a integre, datado e assinado pelo emitente, pelo garantidor e pelo credor, com a formalização e o registro na forma do título original, conforme o art. 3º-A desta Lei, fazendo-se, na cédula, menção a essa circunstância. *(Parágrafo acrescido pela Lei nº 13.986, de 7/4/2020)*

§ 6º No caso da CPR com liquidação física, os procedimentos para definição da qualidade do produto obedecerão ao disposto em regulamento do Poder Executivo, quando houver. *(Parágrafo acrescido pela Lei nº 13.986, de 7/4/2020)*

§ 7º O Poder Executivo poderá regulamentar o disposto neste artigo. *(Parágrafo acrescido pela Lei nº 13.986, de 7/4/2020)*

Art. 3º-A. A CPR poderá ser emitida sob a forma cartular ou escritural. *("Caput" do artigo acrescido pela Medida Provisória nº 897, de 1º/10/2019, convertida na Lei nº 13.986, de 7/4/2020)*

§ 1º A emissão na forma escritural, que poderá valer-se de processos eletrônicos ou digitais, será objeto de lançamento em sistema eletrônico de escrituração gerido por entidade autorizada pelo Banco Central do Brasil a exercer a atividade de escrituração. *(Parágrafo acrescido pela Medida Provisória nº 897, de 1º/10/2019, convertida e com redação dada pela Lei nº 13.986, de 7/4/2020)*

§ 2º A CPR emitida sob a forma cartular assumirá a forma escritural enquanto permanecer depositada em entidade autorizada pelo Banco Central do Brasil a exercer a atividade de depósito centralizado de ativos financeiros ou de valores mobiliários. *(Parágrafo acrescido pela Medida Provisória nº 897, de 1º/10/2019, convertida e com redação dada pela Lei nº 13.986, de 7/4/2020)*

§ 3º Os negócios ocorridos durante o período em que a CPR emitida sob a forma cartular estiver depositada não serão transcritos no verso do título, cabendo ao sistema referido no § 1º deste artigo o controle da titularidade. *(Parágrafo acrescido pela Medida Provisória nº 897, de 1º/10/2019, convertida e com redação dada pela Lei nº 13.986, de 7/4/2020)*

§ 4º A CPR será considerada ativo financeiro, para os fins de registro e de depósito em entidades autorizadas pelo Banco Central do Brasil a exercer tais atividades. *(Parágrafo acrescido pela Lei nº 13.986, de 7/4/2020)*

Art. 3º-B. Compete ao Banco Central do Brasil: *("Caput" do artigo acrescido pela Medida Provisória nº 897, de 1º/10/2019, convertida na Lei nº 13.986, de 7/4/2020)*

I - estabelecer as condições para o exercício da atividade de escrituração de que trata o § 1º do art. 3º-A desta Lei; e *(Inciso acrescido pela Medida Provisória nº 897, de 1º/10/2019, convertida na Lei nº 13.986, de 7/4/2020)*

II - autorizar e supervisionar o exercício da atividade prevista no inciso I do *caput* deste artigo. *(Inciso acrescido pela Medida Provisória nº 897, de 1º/10/2019, convertida na Lei nº 13.986, de 7/4/2020)*

§ 1º A autorização de que trata o inciso II do *caput* deste artigo poderá, a critério do Banco Central do Brasil, ser concedida por segmento, por espécie ou por grupos de entidades que atendam a critérios específicos, dispensada a autorização individualizada. *(Parágrafo acrescido pela Medida Provisória nº 897, de 1º/10/2019, convertida na Lei nº 13.986, de 7/4/2020)*

§ 2º A entidade de que trata o § 1º do art. 3º-A desta Lei deverá expedir, mediante solicitação: *(Parágrafo acrescido pela Medida Provisória nº 897, de 1º/10/2019, convertida e com redação dada pela Lei nº 13.986, de 7/4/2020)*

I - certidão de inteiro teor do título, inclusive para fins de protesto, de procedimento extrajudicial ou de medida judicial, mesmo contra garantidores; *(Inciso acrescido pela Lei nº 13.986, de 7/4/2020)*

II - certidão de registro de cédulas escrituradas em nome do emitente e garantidor, quando aplicável. *(Inciso acrescido pela Lei nº 13.986, de 7/4/2020)*

§ 3º As certidões previstas no § 2º deste artigo podem ser emitidas de forma eletrônica, observados requisitos de segurança que garantam a autenticidade e a integridade do documento, que lhe conferem liquidez, certeza e exigibilidade. *(Parágrafo acrescido pela Medida Provisória nº 897, de 1º/10/2019, convertida e com redação dada pela Lei nº 13.986, de 7/4/2020)*

Art. 3º-C. O sistema eletrônico de escrituração de que trata o § 1º do art. 3º-A desta Lei fará constar: *("Caput" do artigo acrescido pela Medida Provisória nº 897, de 1º/10/2019, convertida e com redação dada pela Lei nº 13.986, de 7/4/2020)*

I - os requisitos essenciais do título; *(Inciso acrescido pela Medida Provisória nº 897, de 1º/10/2019, convertida e com redação dada pela Lei nº 13.986, de 7/4/2020)*

II - as transferências de titularidade realizadas; *(Inciso acrescido pela Medida Provisória nº 897, de 1º/10/2019, convertida e com redação dada pela Lei nº 13.986, de 7/4/2020)*

III - os aditamentos, as ratificações e as retificações; *(Inciso acrescido pela Medida Provisória nº 897, de 1º/10/2019, convertida e com redação dada pela Lei nº 13.986, de 7/4/2020)*

IV - a inclusão de notificações, de cláusulas contratuais e de outras informações; *(Inciso acrescido pela Medida Provisória nº 897, de 1º/10/2019, convertida e com redação dada pela Lei nº 13.986, de 7/4/2020)*

V - a forma de liquidação de entrega ajustada no título; *(Inciso acrescido pela Lei nº 13.986, de 7/4/2020)*

VI - a entrega ou pagamento em até 30 (trinta) dias após suas ocorrências; e *(Inciso acrescido pela Lei nº 13.986, de 7/4/2020)*

VII - as garantias do título. *(Inciso acrescido pela Lei nº 13.986, de 7/4/2020)*

Parágrafo único. As garantias dadas na CPR, ou, ainda, a constituição de ônus e gravames sobre o título, deverão ser informadas no sistema ao qual se refere o § 1º do art. 3º-A desta Lei. *(Parágrafo único acrescido pela Medida Provisória nº 897, de 1º/10/2019, convertida e com redação dada pela Lei nº 13.986, de 7/4/2020)*

Art. 3º-D. A CPR poderá ser negociada, desde que registrada ou depositada em entidade autorizada pelo Banco Central do Brasil a exercer a atividade de registro ou depósito centralizado de ativos financeiros. *("Caput" do artigo acrescido pela Medida Provisória nº 897, de 1º/10/2019, convertida e com redação dada pela Lei nº 13.986, de 7/4/2020)*

Parágrafo único. A CPR será considerada ativo financeiro e a operação ficará isenta do imposto sobre operações de crédito, câmbio e seguro, ou relativas a títulos ou valores mobiliários, na hipótese de ocorrência da negociação de que trata o *caput* deste artigo. *(Parágrafo único acrescido pela Medida Provisória nº 897, de 1º/10/2019, convertida na Lei nº 13.986, de 7/4/2020)*

Art. 3º-E As infrações às normas legais regulamentares que regem a atividade de escrituração eletrônica sujeitam a entidade responsável pelo sistema eletrônico de escrituração, os seus administradores e os membros de seus órgãos estatutários ou contratuais ao disposto na Lei nº 13.506, de 13 de novembro de 2017. *(Artigo acrescido pela Medida Provisória nº 897, de 1º/10/2019, convertida e com redação dada pela Lei nº 13.986, de 7/4/2020)*

Art. 4º A CPR é título líquido e certo, exigível pela quantidade e qualidade de produto ou pelo valor nela previsto, no caso de liquidação financeira.

Parágrafo único. A CPR admite prestação única ou parcelada, hipótese em que as condições e o cronograma de cumprimento das obrigações deverão estar previstos no título. *(Artigo com redação dada pela Lei nº 13.986, de 7/4/2020)*

Art. 4º-A A emissão de CPR com liquidação financeira deverá observar as seguintes condições: *("Caput" do artigo acrescido pela Lei nº 10.200, de 14/2/2001, e com redação dada pela Lei nº 13.986, de 7/4/2020)*

I - que sejam explicitados, em seu corpo, a identificação do preço acordado entre as partes e adotado para obtenção do valor da CPR e, quando aplicável, a identificação do índice de preços, da taxa de juros, fixa ou flutuante, da atualização monetária ou da variação cambial a serem utilizados na liquidação da CPR, bem como a instituição responsável por sua apuração ou divulgação, a praça ou o mercado de formação do preço e o nome do índice; *(Inciso acrescido pela Lei nº 10.200, de 14/2/2001, e com nova redação dada pela Lei nº 14.421, de 20/7/2022)*

II - que os indicadores de preço de que trata o inciso anterior sejam apurados por instituições idôneas e de credibilidade junto às partes contratantes, tenham divulgação periódica, preferencialmente diária, e ampla divulgação ou facilidade de acesso, de forma a estarem facilmente disponíveis para as partes contratantes; *(Inciso acrescido pela Lei nº 10.200, de 14/2/2001)*

III - que seja caracterizada por seu nome, seguido da expressão "financeira". *(Inciso acrescido pela Lei nº 10.200, de 14/2/2001)*

§ 1º A CPR com liquidação financeira é título líquido e certo, exigível, na data de seu vencimento, pelo resultado da multiplicação do preço praticado para o produto, aplicados eventuais índices de preços ou de conversão de moedas apurados segundo os critérios previstos neste artigo, pela quantidade do produto especificado. *(Parágrafo acrescido pela Lei nº 10.200, de 14/2/2001, e com redação dada pela Lei nº 13.986, de 7/4/2020)*

§ 2º Para cobrança da CPR com liquidação financeira, cabe ação de execução por quantia certa. *(Parágrafo acrescido pela Lei nº 10.200, de 14/2/2001)*

§ 3º A CPR com liquidação financeira poderá ser emitida com cláusula de correção pela variação cambial, podendo o Conselho Monetário Nacional regulamentar o assunto. *(Parágrafo acrescido pela Medida Provisória nº 897, de 1º/10/2019, convertida e com redação dada pela Lei nº 13.986, de 7/4/2020)*

§ 4º Cabe exclusivamente a emissão de CPR com liquidação financeira quando se tratar dos produtos relacionados nos incisos III e IV do § 2º do art. 1º desta Lei. *(Parágrafo acrescido pela Lei nº 14.421, de 20/7/2022)*

Art. 4º-B. A liquidação do pagamento em favor do legítimo credor, por qualquer meio de pagamento existente no âmbito do Sistema de Pagamentos Brasileiro, constituirá prova de pagamento total ou parcial da CPR emitida sob a forma escritural.

Parágrafo único. A prova de pagamento de que trata o *caput* deste artigo será informada no sistema eletrônico de escrituração de que trata o § 1º do art. 3º-A desta Lei, com referência expressa à CPR amortizada ou liquidada. *(Artigo acrescido pela Medida Provisória nº 897, de 1º/10/2019, convertida na Lei nº 13.986, de 7/4/2020)*

Art. 5º A CPR admite a constituição de quaisquer dos tipos de garantia previstos na legislação, devendo ser observado o disposto nas normas que as disciplinam, salvo na hipótese de conflito, quando prevalecerá esta Lei. *("Caput" do artigo com redação dada pela Lei nº 13.986, de 7/4/2020)*

I a III - *(Revogados pela Lei nº 13.986, de 7/4/2020)*

§ 1º A informação eventualmente prestada pelo emitente sobre a essencialidade dos bens móveis e imóveis dados em garantia fiduciária a sua atividade empresarial deverá constar na cédula a partir do momento de sua emissão. *(Primitivo parágrafo único acrescido pela Lei nº 13.986, de 7/4/2020, transformado em § 1º pela Lei nº 14.421, de 20/7/2022)*

§ 2º As garantias cedulares poderão, a critério das partes, ser constituídas por instrumento público ou particular, independentemente do seu valor ou do valor do título garantido. *(Parágrafo acrescido pela Lei nº 14.421, de 20/7/2022)*

§ 3º A CPR com liquidação financeira poderá ser utilizada como instrumento para fixar limite de crédito e garantir dívida futura concedida por meio de outras CPRs a ela vinculadas. *(Parágrafo acrescido pela Lei nº 14.421, de 20/7/2022)*

Art. 6º Podem ser objeto de hipoteca cedular imóveis rurais e urbanos.

Parágrafo único. Aplicam-se à hipoteca cedular os preceitos da legislação sobre hipoteca, no que não colidirem com esta lei.

- *Arts. 1.419 a 1.430 e 1.473 a 1.505 do Código Civil*

Art. 7º Podem ser objeto de penhor cedular, nas condições desta lei, os bens suscetíveis de penhor rural e de penhor mercantil, bem como os bens suscetíveis de penhor cedular.

§ 1º Salvo se tratar de títulos de crédito, os bens apenhados continuam na posse imediata do emitente ou do terceiro prestador da garantia, que responde por sua guarda e conservação como fiel depositário.

§ 2º Cuidando-se de penhor constituído por terceiro, o emitente da cédula responderá solidariamente com o empenhador pela guarda e conservação dos bens.

§ 3º Aplicam-se ao penhor constituído por CPR, conforme o caso, os preceitos da legislação sobre penhor, inclusive o mercantil, o rural e o constituído por meio de cédulas, no que não colidirem com os desta lei.

- *Vide Lei 492/1937 (Dispõe sobre o penhor rural e cédula pignoratícia)*

Art. 8º A não identificação dos bens objeto de alienação fiduciária não retira a eficácia da garantia, que poderá incidir sobre outros do mesmo gênero, qualidade e quantidade, de propriedade do garante.

§ 1º A alienação fiduciária de produtos agropecuários e de seus subprodutos poderá recair sobre bens presentes ou futuros, fungíveis ou infungíveis, consumíveis ou não, cuja titularidade pertença ao fiduciante, devedor ou terceiro garantidor, e sujeita-se às disposições previstas na Lei nº 10.406, de 10 de janeiro de 2002 (Código Civil), e na legislação especial a respeito do penhor, do penhor rural e do penhor agrícola e mercantil e às disposições sobre a alienação fiduciária de bens infungíveis, em tudo o que não for contrário ao disposto nesta Lei. *(Parágrafo acrescido pela Lei nº 13.986, de 7/4/2020)*

§ 2º O beneficiamento ou a transformação dos gêneros agrícolas dados em alienação fiduciária não extinguem o vínculo real que se transfere, automaticamente, para os produtos e subprodutos resultantes de beneficiamento ou transformação. *(Parágrafo acrescido pela Lei nº 13.986, de 7/4/2020)*

§ 3º Em caso de necessidade de busca e apreensão dos bens alienados fiduciariamente aplicar-se-á o disposto nos arts. 3º e seguintes do Decreto-Lei nº 911, de 1º de outubro de 1969. *(Parágrafo acrescido pela Lei nº 13.986, de 7/4/2020)*

Art. 9º A CPR poderá ser aditada, ratificada e retificada por aditivos, que a integram, datados e assinados pelo emitente e pelo credor, fazendo-se, na cédula, menção a essa circunstância.

Art. 10. Aplicam-se à CPR, no que forem cabíveis, as normas de direito cambial, com as seguintes modificações:

I - os endossos devem ser completos;

II - os endossantes não respondem pela entrega do produto, mas, tão-somente, pela existência da obrigação;

III - é dispensado o protesto cambial para assegurar o direito de regresso contra avalistas.

Parágrafo único. No caso de CPR emitida sob forma escritural, a transferência de titularidade da cédula produzirá os mesmos efeitos jurídicos do endosso. *(Parágrafo único acrescido pela Lei nº 13.986, de 7/4/2020)*

Art. 11. Não se sujeitarão aos efeitos da recuperação judicial os créditos e as garantias cedulares vinculados à CPR com liquidação física, em caso de antecipação parcial ou integral do preço, ou, ainda, representativa de operação de troca por insumos (*barter*), subsistindo ao credor o direito à restituição de tais bens que se encontrarem em poder do emitente da cédula ou de qualquer terceiro, salvo motivo de caso fortuito ou força maior que comprovadamente impeça o cumprimento parcial ou total da entrega do produto. *(Artigo com redação dada pela Lei nº 14.112, de 2020, vetado pelo Presidente da República, mantido pelo Congresso Nacional, publicado na Edição Extra D do DOU de 26.03.2021, e republicado no DOU de 30.03.2021)*

Art. 12. A CPR, bem como seus aditamentos, para não perder validade e eficácia, deverá: *("Caput" do artigo com redação dada pela Lei nº 14.421, de 20/7/2022)*

I - se emitida até 10 de agosto de 2022, ser registrada ou depositada em até 10 (dez) dias úteis da data de emissão ou aditamento, em entidade autorizada pelo Banco Central do Brasil a exercer a atividade de registro ou de depósito centralizado de ativos financeiros ou de valores mobiliários; *(Inciso acrescido pela Lei nº 14.421, de 20/7/2022)*

II - se emitida a partir de 11 de agosto de 2022, ser registrada ou depositada em até 30 (trinta) dias úteis da data de emissão ou aditamento, em entidade autorizada pelo Banco Central do Brasil a exercer a atividade de registro ou de depósito centralizado de ativos financeiros ou de valores mobiliários. *(Inciso acrescido pela Lei nº 14.421, de 20/7/2022)*

§ 1º Sem prejuízo do disposto no *caput* deste artigo, a hipoteca, o penhor rural e a alienação fiduciária sobre bem imóvel garantidores da CPR serão levados a registro no cartório de registro de imóveis em que estiverem localizados os bens dados em garantia. *(Parágrafo com redação dada pela Lei nº 13.986, de 7/4/2020)*

§ 2º A validade e eficácia da CPR não dependem de registro em cartório, que fica dispensado, mas as garantias reais a ela vinculadas ficam sujeitas, para valer contra terceiros, à averbação no cartório de registro de imóveis em que estiverem localizados os bens dados em garantia, devendo ser efetuada no prazo de 3 (três) dias úteis, contado da apresentação do título ou certidão de inteiro teor, sob pena de responsabilidade funcional do oficial encarregado de promover os atos necessários. *(Parágrafo com redação dada pela Lei nº 13.986, de 7/4/2020)*

§ 3º A cobrança de emolumentos e custas cartorárias relacionada ao registro de garantias vinculadas à CPR será regida pelas normas aplicáveis ao registro de garantias vinculadas à Cédula de Crédito Rural, de que trata o Decreto-Lei nº 167, de 14 de fevereiro de 1967. *(Parágrafo acrescido pela Lei nº 10.200, de 14/2/2001, e com redação dada pela Lei nº 13.986, de 7/4/2020)*

§ 4º A alienação fiduciária em garantia de produtos agropecuários e de seus subprodutos, nos termos do art. 8º desta Lei, será registrada no cartório de registro de imóveis em que estiverem localizados os bens dados em garantia, aplicando-se ao registro o disposto no § 2º do art. 2º da Lei nº 10.169, de 29 de dezembro de 2000. *(Redação dada pela Lei nº 14.421, de 20/7/2022)*

§ 5º Fica o Conselho Monetário Nacional autorizado a: *(Parágrafo acrescido pela Medida Provisória nº 897, de 1º/10/2019, convertida e com redação dada pela Lei nº 13.986, de 7/4/2020)*

I - estabelecer normas complementares para o cumprimento do disposto no *caput* deste artigo, inclusive acerca das informações requeridas para o registro ou o depósito; *(Inciso acrescido pela Lei nº 13.986, de 7/4/2020)*

II - dispensar o registro ou o depósito de que trata o *caput* deste artigo, com base em critérios de:

a) valor;

b) forma de liquidação; e

c) características do emissor. *(Inciso acrescido pela Lei nº 13.986, de 7/4/2020)*

§ 6º A dispensa de que trata o inciso II do § 5º deste artigo não se aplica à CPR emitida após 31 de dezembro de 2023. *(Parágrafo acrescido pela Lei nº 13.986, de 7/4/2020)*

§ 7º As certidões emitidas pelas entidades autorizadas pelo Banco Central do Brasil a exercer a atividade de registro ou de depósito centralizado de ativos financeiros ou de valores mobiliários deverão indicar a CPR com liquidação financeira prevista no § 3º do art. 5º desta Lei com registro próprio e as CPRs a ela vinculadas. *(Parágrafo acrescido pela Lei nº 14.421, de 20/7/2022)*

Art. 13. A entrega do produto antes da data prevista na cédula depende da anuência do credor.

Art. 14. A CPR poderá ser considerada vencida na hipótese de inadimplemento de qualquer das obrigações do emitente.

Art. 15. Para cobrança da CPR, cabe a ação de execução para entrega de coisa incerta.

Art. 16. A busca e apreensão ou o leilão do bem alienado fiduciariamente, promovidos pelo credor, não elidem posterior execução, inclusive da hipoteca e do penhor constituído na mesma cédula, para satisfação do crédito remanescente. *("Caput" do artigo com redação dada pela Lei nº 13.986, de 7/4/2020)*

Parágrafo único. No caso a que se refere o presente artigo, o credor tem direito ao desentranhamento do título, após efetuada a busca e apreensão, para instruir a cobrança do saldo devedor em ação própria.

› *Arts. 1º, § 3º e § 5º do Decreto-lei 911/1969 (Alienação Fiduciária)*

Art. 17. Pratica crime de estelionato aquele que fizer declarações falsas ou inexatas acerca de sua natureza jurídica ou qualificação, bem como dos bens oferecidos em garantia da CPR, inclusive omitir declaração de já estarem eles sujeitos a outros ônus ou responsabilidade de qualquer espécie, até mesmo de natureza fiscal. *(Artigo com redação dada pela Lei nº 13.986, de 7/4/2020)*

Art. 18. Os bens vinculados à CPR não serão penhorados ou seqüestrados por outras dívidas do emitente ou do terceiro prestador da garantia real, cumprindo a qualquer deles denunciar a existência da cédula às autoridades incumbidas da diligência, ou a quem a determinou, sob pena de responderem pelos prejuízos resultantes de sua omissão.

Art. 19. *(Revogado pela Medida Provisória nº 897, de 1º/10/2019, convertida na Lei nº 13.986, de 7/4/2020)*

Art. 19-A. *(VETADO na Lei nº 14.421, de 20/7/2022)*

Art. 20. Esta lei entra em vigor na data de sua publicação.

Brasília, 22 de agosto de 1994;
173º da Independência e 106º da República.
ITAMAR FRANCO (DOU. de 23.8.1994))

DECRETO Nº 10.828, DE 1º DE OUTUBRO DE 2021

Regulamenta a emissão de Cédula de Produto Rural, relacionada às atividades de conservação e recuperação de florestas nativas e de seus biomas, de que trata o inciso II do § 2º do art. 1º da Lei nº 8.929, de 22 de agosto de 1994.

O PRESIDENTE DA REPÚBLICA, no uso da atribuição que lhe confere o art. 84, *caput*, inciso IV, da Constituição, e tendo em vista o disposto no art. 1º, § 2º, inciso II, e § 3º, da Lei nº 8.929, de 22 de agosto de 1994,

DECRETA:

Art. 1º Este Decreto regulamenta a emissão de Cédula de Produto Rural - CPR, relacionada às atividades de conservação e recuperação de florestas nativas e de seus biomas, de que trata o inciso II do § 2º do art. 1º da Lei nº 8.929, de 22 de agosto de 1994.

Art. 2º Fica autorizada a emissão de CPR para os produtos rurais obtidos por meio das atividades relacionadas à conservação e à recuperação de florestas nativa e de seus biomas que resultem em:

I - redução de emissões de gases de efeito estufa;

II - manutenção ou aumento do estoque de carbono florestal;

III - redução do desmatamento e da degradação de vegetação nativa;

IV - conservação da biodiversidade;

V - conservação dos recursos hídricos;

VI - conservação do solo; ou

VII - outros benefícios ecossistêmicos.

Art. 3º Para fins do disposto no art. 3º da Lei nº 8.929, de 1994, a CPR de que trata este Decreto será acompanhada de certificação por terceira parte para indicação e especificação dos produtos rurais que a lastreiam.

Art. 4º Este Decreto entra em vigor na data de sua publicação.

Brasília, 1º de outubro de 2021;
200º da Independência e 133º da República.
JAIR MESSIAS BOLSONARO
Paulo Guedes
Tereza Cristina Corrêa da Costa Dias
Joaquim Alvaro Pereira Leite
D.O.U. de 04.10.2021.

DECRETOS-LEIS

DECRETO-LEI Nº 70, DE 21 DE NOVEMBRO DE 1966

Autoriza o funcionamento de associações de poupança e empréstimo, institui a cédula hipotecária e dá outras providências.

- *Vide Lei n. 14.711/2023 (Marco Legal das Garantias)*

O PRESIDENTE DA REPÚBLICA, com base no disposto pelo artigo 31, parágrafo único, do Ato Institucional nº 2, de 27 de outubro de 1965, e tendo em vista o Ato Complementar nº 23, de 20 de outubro de 1966, **DECRETA:**

CAPÍTULO I – DAS ASSOCIAÇÕES DE POUPANÇA E EMPRÉSTIMO

Art. 1º Dentro das normas gerais que forem estabelecidas pelo Conselho Monetário Nacional, poderão ser autorizadas a funcionar, nos termos deste decreto-lei, associações de poupança e empréstimo, que se constituirão obrigatoriamente sob a forma de sociedades civis, de âmbito regional restrito, tendo por objetivos fundamentais:

I – propiciar ou facilitar a aquisição de casa própria aos associados;

II – captar, incentivar e disseminar a poupança.

§ 1º As associações de poupança e empréstimo estarão compreendidas no Sistema Financeiro da Habitação no item IV do artigo 8º da Lei número 4.380, de 21 de agosto de 1964, e legislação complementar, com todos os encargos e vantagens decorrentes.

§ 2º As associações de poupança e empréstimo e seus administradores ficam subordinados aos mesmos preceitos e normas atinentes às instituições financeiras, estabelecidos no capítulo V da Lei nº 4.595, de 31 de dezembro de 1964.

Art. 2º São características essenciais das associações de poupança e empréstimo:

I – a formação de vínculo societário, para todos os efeitos legais, através de depósitos em dinheiro efetuados por pessoas físicas interessadas em delas participar;

II – a distribuição aos associados, como dividendos, da totalidade dos resultados líquidos operacionais, uma vez deduzidas as importâncias destinadas à constituição dos fundos de reserva e de emergência e a participação da administração nos resultados das associações.

Art. 3º É assegurado aos Associados:

I – retirar ou movimentar seus depósitos, observadas as condições regulamentares;

II – tomar parte nas assembleias gerais, com plena autonomia deliberativa, em todos os assuntos da competência delas;

III – votar e ser votado.

Art. 4º Para o exercício de seus direitos societários, cada associado terá pelo menos um voto, qualquer que seja o volume de seus depósitos na Associação, e terá tantos votos quantas "Unidades-Padrão de Capital do Banco Nacional da Habitação" se contenham no respectivo depósito, nos termos do artigo 52 e seus parágrafos da Lei nº 4.380, de 21-8-64, e artigo 9º e seus parágrafos deste decreto-lei.

§ 1º Quando o associado dispuser de mais de um voto, a soma respectiva será apurada na forma prevista neste artigo, sendo desprezadas as frações inferiores a uma "Unidade-Padrão de Capital".

§ 2º Poderá ser limitado, como norma geral, variável de região a região, o número máximo de votos correspondentes a cada depósito ou a cada depositante.

Art. 5º Será obrigatório, como despesa operacional das associações de poupança e empréstimo, o pagamento de prêmio para seguro dos depósitos.

Art. 6º O Banco Nacional da Habitação poderá determinar, deliberando inclusive quanto à maneira de fazê-lo, a reorganização, incorporação, fusão ou liquidação de associações de poupança e empréstimo, bem como intervir nas mesmas, através de interventor ou interventores especialmente nomeados, independentemente das respectivas assembleias-gerais sempre que verificada uma ou mais das seguintes hipóteses:

a) insolvência;

b) violação das leis ou dos regulamentes;

c) negativa em exibir papéis e documentos ou tentativa de impedir inspeções;

d) realização de operações inseguras ou antieconômicas;

e) operação em regime de perda.

Art. 7º As Associações de poupança e empréstimo são isentas de imposto de renda; são também isentas de imposto de renda as correções monetárias que vierem a pagar a seus depositantes.

Art. 8º Aplicam-se às associações de poupança e empréstimo, no que este decreto-lei não contrariar, os artigos 1.363 e seguintes do Código Civil ou legislação substitutiva ou modificativa deles.

CAPÍTULO II – DA CÉDULA HIPOTECÁRIA

Art. 9º Os contratos de empréstimo com garantia hipotecária, com exceção das que consubstanciam operações de crédito rural, poderão prever o reajustamento das respectivas prestações de amortização e juros com a consequente correção monetária da dívida.

§ 1º Nas hipotecas não vinculadas ao Sistema Financeiro da Habitação, a correção monetária da dívida obedecerá ao que for disposto para o Sistema Financeiro da Habitação.

§ 2º A menção a Obrigações Reajustáveis do Tesouro Nacional nas operações mencionadas no § 2º do artigo 1º do Decreto-lei nº 19, de 30 de agosto de 1966, e neste decreto-lei entende-se como equivalente a menção de Unidades-padrão de Capital do Banco Nacional da Habitação e o valor destas será sempre corrigido monetariamente durante a vigência do contrato, segundo os critérios do art. 7º, 1º, da Lei nº 4.357-64.

§ 3º A cláusula de correção monetária utilizável nas operações do Sistema Financeiro da Habitação poderá ser aplicada em todas as operações mencionadas no § 2º do art. 1º do Decreto-lei nº 19, de 30.8.66, que vierem a ser pactuadas por pessoas não integrantes daquele Sistema, desde que os atos jurídicos se refiram a operações imobiliárias.

Art. 10. É instituída a cédula hipotecária para hipotecas inscritas no Registro Geral de Imóveis, como instrumento hábil para a representação dos respectivos créditos hipotecários, a qual poderá ser emitida pelo credor hipotecário nos casos de:

- *Art. 168 da Lei 6.015/1973 (Lei de Registros Públicos)*

I – operações compreendidas no Sistema Financeiro da Habitação;

II – hipotecas de que sejam credores instituições financeiras em geral, e companhias de seguro;

III – hipotecas entre outras partes, desde que a cédula hipotecária seja originariamente emitida em favor das pessoas jurídicas a que se refere o inciso II supra.

§ 1º A cédula hipotecária poderá ser integral, quando representar a totalidade do crédito hipotecário, ou fracionária, quando representar parte dele, entendido que a soma do principal das cédulas hipotecárias fracionárias emitidas sobre uma determinada hipoteca e ainda em circulação não poderá exceder, em hipótese alguma, o valor total do respectivo crédito hipotecário em nenhum momento.

§ 2º Para os efeitos do valor total mencionado no parágrafo anterior, admite-se o cômputo das correções efetivamente realizadas, na forma do artigo 9º, do valor Monetário da dívida envolvida.

§ 3º As cédulas hipotecárias fracionárias poderão ser emitidas em conjunto ou isoladamente a critério do credor, a qualquer momento antes do vencimento da correspondente dívida hipotecária.

Art. 11. É admitida a emissão de cédula hipotecária sobre segunda hipoteca, desde que tal circunstância seja expressamente declarada com evidência, no seu anverso.

Art. 12. O valor nominal de cada cédula hipotecária vinculada ao Sistema Financeiro da Habitação poderá ser expresso pela sua equivalência em Obrigações Reajustáveis do Tesouro Nacional ou Unidades-padrão de Capital do Banco Nacional da Habitação e representado pelo quociente da divisão do valor inicial da divida ou da prestação, prestações ou frações de prestações de amortizações e juros da dívida originária pelo valor corrigido de uma Obrigação Reajustável do Tesouro Nacional ou Unidade-padrão de Capital do Banco

Nacional da Habitação no trimestre de constituição da dívida.

§ 1º O valor real ou o valor corrigido de cada cédula hipotecária corresponderá ao produto de seu valor nominal, definido neste artigo, pelo valor corrigido de uma Obrigação Reajustável do Tesouro Nacional ou Unidade-padrão de Capital do Banco Nacional da Habitação no momento da apuração desse valor real.

§ 2º O valor nominal discriminará, na forma deste artigo, a parcela de amortização de capital e a parcela de juros representados pela cédula hipotecária, bem como o prêmio mensal dos seguros obrigatórios estipulados pelo Banco Nacional da Habitação.

Art. 13. A cédula hipotecária só poderá ser lançada à circulação depois de averbada à margem da inscrição da hipoteca a que disser respeito, no Registro-Geral de Imóveis, observando-se para essa averbação o disposto na legislação e regulamentação dos serviços concernentes aos registros públicos, no que couber.

› *Arts. 167, II-7, 168, 169, I, 246 e 247 da Lei 6.015/1973 (Lei de Registros Públicos)*

Parágrafo único. Cada cédula hipotecária averbada será autenticada pelo Oficial do Registro-Geral de Imóveis competente, com indicação de seu número, série e data, bem como do livro, folhas e a data da inscrição da hipoteca a que corresponder a emissão e à margem da qual for averbada.

Art. 14. Não será permitida a averbação de cédula hipotecária, quando haja pré-notação, inscrição ou averbação de qualquer outro ônus real, ação, penhora ou procedimento judicial que afetem o imóvel, direta ou indiretamente, ou de cédula hipotecária anterior, salvo nos casos dos artigos 10, § 1º, e 11.

› *Arts. 168, 182, 183 e 205 da Lei 6.015/1973 (Lei de Registros Públicos)*

Art. 15. A cédula hipotecária conterá obrigatoriamente:

I – No anverso:

a) nome, qualificação e endereço do emitente, e do devedor;

b) número e série da cédula hipotecária, com indicação da parcela ou totalidade do crédito que represente;

c) número, data, livro e folhas do Registro-Geral de Imóveis em que foi inscrita a hipoteca, e averbada a cédula hipotecária;

d) individualização, do imóvel dado em garantia;

e) o valor da cédula, como previsto nos artigos 10 e 12, os juros convencionados e a multa estipulada para o caso de inadimplemento;

f) o número de ordem da prestação a que corresponder a cédula hipotecária, quando houver;

g) a data do vencimento da cédula hipotecária ou, quando representativa de várias prestações, os seus vencimentos de amortização e juros.

h) a autenticação feita pelo oficial do Registro-Geral de Imóveis;

i) a data da emissão, e as assinaturas do emitente, com a promessa de pagamento do devedor;

j) o lugar de pagamento do principal, juros, seguros e taxa.

II – No verso, a menção ou locais apropriados para o lançamento dos seguintes elementos:

a) data ou datas de transferência por endosso;

b) nome, assinatura e endereço do endossante;

c) nome, qualificação, endereço e assinatura do endossatário;

d) as condições do endosso;

e) a designação do agente recebedor e sua comissão.

Parágrafo único. A cédula hipotecária vinculada ao Sistema Financeiro da Habitação deverá conter ainda, no verso, a indicação dos seguros obrigatórios, estipulados pelo Banco Nacional da Habitação.

Art. 16. A cédula hipotecária é sempre nominativa, e de emissão do credor da hipoteca a que disser respeito, podendo ser transferida por endosso em preto lançado no seu verso, na forma do artigo 15, II, aplicando-se à espécie, no que este decreto-lei não contrarie, os artigos 1.065 e seguintes do Código Civil.

› *Reporta-se ao Código Civil de 1916*

Parágrafo único. Emitida a cédula hipotecária, passa a hipoteca sobre a qual incidir e fazer parte integrante dela, acompanhando-a nos endossos subsequentes, sub-rogando-se automaticamente o favorecido ou o endossatário em todos os direitos creditícios respectivos, que serão exercidos pelo último deles, titular pelo endosso em preto.

Art. 17. Na emissão e no endosso da cédula hipotecária, o emitente e o endossante permanecem solidariamente responsáveis pela boa liquidação do crédito, a menos que avisem o devedor hipotecário e o segurador quando houver, de cada emissão ou endosso, até 30 (trinta) dias após sua realização através de carta (do emitente ou do endossante, conforme o caso), entregue mediante recibo ou enviada pelo registro de Títulos e Documentos, ou ainda por meio de notificação judicial, indicando-se, na carta ou na notificação, o nome, a qualificação e o endereço completo do beneficiário (se se tratar de emissão) ou do endossatário (se se tratar de endosso).

§ 1º O Conselho Monetário Nacional fixará as condições em que as companhias de seguro e as instituições financeiras poderão realizar endossos de cédulas hipotecárias, permanecendo solidariamente responsáveis por sua boa liquidação, inclusive despesas judiciais, hipótese em que deverão indicar na própria cédula, obrigatoriamente, o custo de tais serviços.

§ 2º Na emissão e no endosso da cédula hipotecária é dispensável a outorga uxória.

Art. 18. A liquidação total ou parcial da hipoteca sobre a qual haja sido emitida cédula hipotecária prova-se pela restituição da mesma cédula hipotecária, quitada, ao devedor, ou, na falta dela, por outros meios admitidos em lei.

Parágrafo único. O emitente, endossante, ou endossatário de cédula hipotecária que receber seu pagamento sem restituí-la ao devedor, permanece responsável por todas as consequências de sua permanência em circulação.

Art. 19. Nenhuma cédula hipotecária poderá ter prazo de resgate diferente do prazo da dívida hipotecária a que disser respeito, cujo vencimento antecipado, por qualquer motivo, acarretará automaticamente o vencimento, identicamente antecipado, de todas as cédulas hipotecárias que sobre ela houverem sido emitidos.

Art. 20. É a cédula hipotecária resgatável antecipadamente, desde que o devedor efetue o pagamento correspondente ao seu valor, corrigido monetariamente até a data da liquidação antecipada; se o credor recusar infundadamente o recebimento, poderá o devedor consignar judicialmente as importâncias devidas, cabendo ao Juízo determinar a expedição de comunicação ao Registro Geral de Imóveis para o cancelamento da correspondente averbação ou da inscrição hipotecária, quando se trate de liquidação integral desta.

› *Art. 168 da Lei 6.015/1973 (Lei de Registros Públicos)*

Art. 21. É vedada a emissão de cédulas hipotecárias sobre hipotecas cujos contratos não prevejam a obrigação do devedor de:

I – conservar o imóvel hipotecado em condições normais de uso;

II – pagar nas épocas próprias todos os impostos, taxas, multas, ou quaisquer outras obrigações fiscais que recaiam ou venham a recair sobre o imóvel;

III – manter o imóvel segurado por quantia no mínimo correspondente ao do seu valor monetário corrigido.

Parágrafo único. O Conselho de Administração do Banco Nacional da Habitação poderá determinar a adoção de instrumentos – padrão, cujos termos fixará, para as hipotecas do Sistema Financeiro da Habitação.

Art. 22. As instituições financeiras em geral e as companhias do seguro poderão adquirir cédulas hipotecárias ou recebê-las em caução, nas condições que o Conselho Monetário Nacional estabelecer.

Art. 23. Na hipótese de penhora, arresto, sequestro ou outra medida judicial que venha a recair em imóvel objeto de hipoteca sobre a qual haja sido emitida cédula hipotecária, fica o devedor obrigado a denunciar ao Juízo da ação ou execução a existência do fato, comunicando-o incontinenti aos oficiais incumbidos da diligência, sob pena de responder pelos prejuízos que de sua omissão advierem para o credor.

Art. 24. O cancelamento da averbação da cédula hipotecária e da inscrição da hipoteca respectiva, quando se trate de liquidação integral desta, far-se-ão:

I – à vista das cédulas hipotecárias devidamente quitadas, exibidas pelo devedor ao Oficial do Registro Geral de Imóveis;

II – nos casos dos artigos 18 e 20, in fine;

III – por sentença judicial transitada em julgado.

Parágrafo único. Se o devedor não possuir a cédula hipotecária quitada, poderá suprir a falta com a apresentação de declaração de quitação do emitente ou endossante em documento à parte.

Art. 25. É proibida a emissão de cédulas hipotecárias sobre hipotecas convencionadas anteriormente à vigência deste decreto-lei, salvo novo acordo entre credor e devedor, ou quando tenha sido prevista a correção monetária nos termos dos artigos 9 e 11.

Art. 26. Todos os atos previstos neste decreto-lei, poderão ser feitos por instrumento particular, aplicando-se ao seu extravio, no que couber, o disposto no Título VII, do Livro IV, do Código de Processo Civil.

Art. 27. A emissão ou o endosso de cédula hipotecária com infrigência deste decreto-lei, constitui, para o emitente ou o endossante, crime de estelionato, sujeitando-o às sanções do artigo 171 do Código Penal.

Art. 28. Ficam isentos do imposto das operações financeiras os atos jurídicos e os instrumentos mencionados neste Capítulo, bem como todas as operações passivas de entidades integrantes do Sistema Financeiro da Habitação; não estarão sujeitos, outrossim, no imposto de renda;

I – durante o exercício financeiro de 1967, os juros das operações previstas no mesmo Capítulo, quando vinculados ao Sistema Financeiro da Habitação;

II – a correção monetária dessas operações, em todos os casos.

CAPÍTULO III
(REVOGADO pela Lei Nº 14.711, de 2023)

Arts. 29 a 41. *(Revogados pela Lei nº 14.711, de 2023)*

CAPÍTULO IV – DAS DISPOSIÇÕES FINAIS

Art. 42 *(Revogado pelo Decreto-Lei nº 1.494, de 7.12.1976)*

Art. 43. Os empréstimos destinados ao financiamento da construção ou da venda de unidades mobiliárias poderão ser garantidos pela caução, cessão parcial ou cessão fiduciária dos direitos decorrentes de alienação de imóveis, aplicando-se, no que couber, o disposto nos parágrafos primeiro e segundo do artigo 22 da Lei número 4.864, de 29 de novembro de 1965.

Parágrafo único. As garantias a que se refere este artigo constituem direitos reais sobre os respectivos imóveis.

› *Art. 1.225 do Código Civil*

Art. 44. São passíveis de inscrição, nos Cartórios do Registro de Imóveis, os contratos a que se refere o artigo 43, e os de hipoteca de unidades imobiliárias em construção ou já construídas mas ainda sem "habite-se " das autoridades públicas competentes e respectiva, averbação, desde que estejam devidamente registrados os lotes de terreno em que elas se situem.

› *Art. 168, da Lei 6.015/1973 (Lei de Registros Públicos)*

Art. 45. Este decreto-lei entra em vigor na data de sua publicação.

Art. 46. Revogam-se as disposições em contrário.

Brasília, 21 de novembro de 1966; 145º da Independência e 78º da República.
H. CASTELLO BRANCO
(DOU de 22.11.1966 e retificado em 1º.12.1966)

DECRETO-LEI Nº 167, DE 14 DE FEVEREIRO DE 1967

Dispõe sobre títulos de crédito rural e dá outras providências.

O PRESIDENTE DA REPÚBLICA, usando da atribuição que lhe confere o § 2º do art. 9º do Ato Institucional nº 4, de 7 de dezembro de 1966,

DECRETA:

CAPÍTULO I – DO FINANCIAMENTO RURAL

Art. 1º O financiamento rural concedido pelos órgãos integrantes do sistema nacional de crédito rural e pessoa física ou jurídica poderá efetivar-se por meio das células de crédito rural previstas neste Decreto-lei.

› *Súmula 93 do Superior Tribunal de Justiça*

Parágrafo único. Faculta-se a utilização das cédulas para os financiamentos da mesma natureza concedidos pelas cooperativas rurais a seus associados ou às suas filiadas.

Art. 2º O emitente da cédula fica obrigado a aplicar o financiamento nos fins ajustados, devendo comprovar essa aplicação no prazo e na forma exigidos pela instituição financiadora.

Parágrafo único. Nos casos de pluralidade de emitentes e não constando da cédula qualquer designação em contrário, a utilização do crédito poderá ser feita por qualquer um dos financiados, sob a responsabilidade solidária dos demais.

Art. 3º A aplicação do financiamento poderá ajustar-se em orçamento assinado pelo financiado e autenticado pelo financiador dele devendo constar expressamente qualquer alteração que convencionarem.

Parágrafo único. Na hipótese, far-se-á, na cédula, menção no orçamento, que a ela ficará vinculado.

Art. 4º Quando for concedido financiamento para utilização parcelada, o financiador abrirá com o valor do financiamento conta vinculada à operação, que o financiado movimentará por meio de cheques, saques, recibos, ordens, cartas ou quaisquer outros documentos, na forma e tempo previstos na cédula ou no orçamento.

Art. 5º As importâncias fornecidas pelo financiador vencerão juros as taxas que o Conselho Monetário Nacional fixar e serão exigíveis em 30 de junho e 31 de dezembro ou no vencimento das prestações, se assim acordado entre as partes; no vencimento do título e na liquidação, por outra forma que vier a ser determinada por aquele Conselho, podendo o financiador, nas datas previstas, capitalizar tais encargos na conta vinculada a operação.

› *Súmula 16 do Superior Tribunal de Justiça*

Parágrafo único. Em caso de mora, a taxa de juros constante da cédula será elevável de 1% (um por cento) ao ano.

Art. 6º O financiado facultará ao financiador a mais ampla fiscalização da aplicação da quantia financiada, exibindo, inclusive, os elementos que lhe forem exigidos.

Art. 7º O credor poderá, sempre que julgar conveniente e por pessoas de sua indicação, não só percorrer todas e quaisquer dependências dos imóveis referidos no título, como verificar o andamento dos serviços neles existentes.

› *Arts. 3º, § 2º da Lei 492/1937 (Dispõe sobre o penhor rural e cédula pignoratícia)*

Art. 8º Para ocorrer às despesas com os serviços de fiscalização poderá ser ajustada na cédula taxa de comissão de fiscalização exigível na forma do disposto no artigo 5º, a qual será calculada sobre os saldos devedores da conta vinculada a operação respondendo ainda o financiado pelo pagamento de quaisquer que se verificarem com vistorias frustradas ou que forem efetuadas em consequência de procedimento seu que possa prejudicar as condições legais e celulares.

CAPÍTULO II SEÇÃO I – DAS CÉDULAS DE CRÉDITO RURAL

Art. 9º A cédula de crédito rural é promessa de pagamento em dinheiro, sem ou com garantia real cedularmente constituída, sob as seguintes denominações e modalidades:

› *Art. 1.438 do Código Civil*
› *Súmula 93 do Superior Tribunal de Justiça*

I – Cédula Rural Pignoratícia.
II – Cédula Rural Hipotecária.
III – Cédula Rural Pignoratícia e Hipotecária.
IV – Nota de Crédito Rural.

Art. 10. A cédula de crédito rural é título civil, líquido e certo, transferível e de livre negociação, exigível pelo seu valor ou pelo valor de seu endosso, além dos juros, da comissão de fiscalização, se houver, e das demais despesas feitas pelo credor para a segurança, a regularidade e a realização de seu direito creditório. *("Caput" do artigo com redação dada pela Medida Provisória nº 897, de 1º/10/2019, convertida na Lei nº 13.986, de 7/4/2020)*

§ 1º Se o emitente houver deixado de levantar qualquer parcela do crédito deferido ou tiver feito pagamentos parciais, o credor descontá-los-á da soma declarada na cédula, tornando-se exigível apenas o saldo.

§ 2º Não constando do endosso o valor pelo qual se transfere a cédula, prevalecerá o da soma declarada no título acrescido dos acessórios, na forma deste artigo, deduzido o valor das quitações parciais passadas no próprio título.

Art. 10-A. A cédula de crédito rural poderá ser emitida sob a forma escritural em sistema eletrônico de escrituração.

§ 1º O sistema eletrônico de escrituração de que trata o *caput* deste artigo será mantido em entidade autorizada pelo Banco Central do Brasil a exercer a atividade de escrituração.

§ 2º Compete ao Banco Central do Brasil:

I - estabelecer as condições para o exercício da atividade de escrituração de que trata o § 1º deste artigo; e

II - autorizar e supervisionar o exercício da atividade prevista no inciso I deste parágrafo.

§ 3º A autorização de que trata o inciso II do § 2º deste artigo poderá, a critério do Banco Central do Brasil, ser concedida por segmento, por espécie ou por grupos de entidades que atendam a critérios específicos, dispensada a autorização individualizada.

§ 4º As infrações às normas legais e regulamentares que regem a atividade de escrituração eletrônica sujeitam a entidade responsável pelo sistema eletrônico de escrituração, os seus administradores e os membros de seus órgãos estatutários ou contratuais ao disposto na Lei nº 13.506, de 13 de novembro de 2017. *(Artigo acrescido pela Medida Provisória nº 897, de 1º/10/2019, convertida e com redação dada pela Lei nº 13.986, de 7/4/2020)*

Art. 10-B. A entidade responsável pelo sistema eletrônico de escrituração de que trata o art. 10-A deste Decreto-Lei expedirá, mediante solicitação, certidão de inteiro teor do título, inclusive para fins de protesto e de execução judicial.

Parágrafo único. A certidão de que trata o *caput* deste artigo poderá ser emitida na forma eletrônica, observados os requisitos de segurança que garantam a autenticidade e a integridade do documento. *(Artigo acrescido pela Medida Provisória nº 897, de 1º/10/2019, convertida na Lei nº 13.986, de 7/4/2020)*

Art. 10-C. O Banco Central do Brasil poderá regulamentar aspectos relativos à emissão, à negociação e à liquidação da cédula de crédito rural emitida sob a forma escritural. *(Artigo acrescido pela Medida Provisória nº 897, de 1º/10/2019, convertida na Lei nº 13.986, de 7/4/2020)*

Art. 10-D. O sistema eletrônico de escrituração de que trata o *caput* do art. 10-A deste Decreto-Lei fará constar: *("Caput" do artigo acrescido pela Medida Provisória nº 897, de 1º/10/2019, convertida e com redação dada pela Lei nº 13.986, de 7/4/2020)*

I - os requisitos essenciais do título; *(Inciso acrescido pela Medida Provisória nº 897, de 1º/10/2019, convertida e com redação dada pela Lei nº 13.986, de 7/4/2020)*

II - o endosso e a respectiva cadeia de endossos, se houver; *(Inciso acrescido pela Medida Provisória nº 897, de 1º/10/2019, convertida e com redação dada pela Lei nº 13.986, de 7/4/2020)*

III - a forma de pagamento ajustada no título; *(Inciso acrescido pela Medida Provisória nº 897, de 1º/10/2019, convertida e com redação dada pela Lei nº 13.986, de 7/4/2020)*

IV - os aditamentos, as ratificações e as retificações de que trata o art. 12 deste Decreto-Lei; *(Inciso acrescido pela Medida Provisória nº 897, de 1º/10/2019, convertida e com redação dada pela Lei nº 13.986, de 7/4/2020)*

V - a inclusão de notificações, de cláusulas contratuais, de informações ou de outras declarações referentes à cédula de crédito rural; e *(Inciso acrescido pela Lei nº 13.986, de 7/4/2020)*

VI - as ocorrências de pagamento, se houver. *(Inciso acrescido pela Lei nº 13.986, de 7/4/2020)*

Parágrafo único. Na hipótese de serem constituídos garantias e quaisquer outros gravames e ônus, tais ocorrências serão informadas no sistema de que trata o art. 10-A deste Decreto-Lei. *(Parágrafo único acrescido pela Medida Provisória nº 897, de 1º/10/2019, convertida e com redação dada pela Lei nº 13.986, de 7/4/2020)*

Art. 11. Importa vencimento de cédula de crédito rural independentemente de aviso ou interpelação judicial ou extrajudicial, a inadimplência de qualquer obrigação convencional ou legal do emitente do título ou, sendo o caso, do terceiro prestante da garantia real.

Parágrafo único. Verificado o inadimplemento, poderá ainda o credor considerar vencidos antecipadamente todos os financiamentos rurais concedidos ao emitente e dos quais seja credor.

Art. 12. A cédula de crédito rural poderá ser aditada, ratificada e retificada por meio de menções adicionais e de aditivos, datados e assinados pelo emitente e pelo credor.

Parágrafo único. Se não bastar o espaço existente, continuar-se-á em folha do mesmo formato, que fará parte integrante do documento cedular.

Art. 13. A cédula de crédito rural admite amortizações periódicas e prorrogações de vencimento que serão ajustadas mediante a inclusão de cláusula, na forma prevista neste Decreto-lei.

SEÇÃO II – DA CÉDULA RURAL PIGNORATÍCIA

Art. 14. A cédula rural pignoratícia conterá os seguintes requisitos, lançados no contexto:

I – Denominação "Cédula Rural Pignoratícia".

II – Data e condições de pagamento; havendo prestações periódicas ou prorrogações de vencimento, acrescentar: "nos termos da cláusula Forma de Pagamento abaixo" ou "nos termos da cláusula Ajuste de Prorrogação abaixo".

III – Nome do credor e a cláusula à ordem.

IV – Valor do crédito deferido, lançado em algarismos e por extenso, com indicação da finalidade ruralista a que se destina o financiamento concedido e a forma de sua utilização.

V – Descrição dos bens vinculados em penhor, que se indicarão pela espécie, qualidade, quantidade, marca ou período de produção, se for o caso, além do local ou depósito em que os mesmos bens se encontrarem.

VI – Taxa dos juros a pagar, e da comissão de fiscalização, se houver, e o tempo de seu pagamento.

VII – Praça do pagamento.

VIII – Data e lugar da emissão.

IX - assinatura do emitente ou de representante com poderes especiais, admitida a assinatura sob a forma eletrônica, desde que garantida a identificação inequívoca de seu signatário. *(Inciso com redação dada pela Medida Provisória nº 897, de 1º/10/2019, convertida na Lei nº 13.986, de 7/4/2020)*

§ 1º As cláusulas "Forma de Pagamento" ou "Ajuste de Prorrogação", quando cabíveis, serão incluídas logo após a descrição da garantia, estabelecendo-se, na primeira, os valores e datas das prestações e na segunda, as prorrogações previstas e as condições a que está sujeita sua efetivação.

§ 2º A descrição dos bens vinculados à garantia poderá ser feita em documento à parte, em duas vias, assinadas pelo emitente e autenticadas pelo credor, fazendo-se, na cédula, menção a essa circunstância, logo após a indicação do grau do penhor e de seu valor global.

§ 3º Além dos requisitos previstos neste artigo, é vedado ao registrador exigir qualquer outro documento complementar, como avaliação do bem ofertado em garantia, anotação de responsabilidade técnica, reconhecimento de firma ou sinal público. *(Parágrafo acrescido pela Lei nº 13.986, de 7/4/2020)*

§ 4º É inexigível, para o registro de operações financeiras, a apresentação de Certidão Negativa de Débito (CND) para comprovação da quitação de créditos tributários, de contribuições federais e de outras imposições pecuniárias compulsórias. *(Parágrafo acrescido pela Lei nº 13.986, de 7/4/2020)*

§ 5º É vedado negar o registro do título na hipótese em que o valor da garantia seja inferior ao crédito liberado. *(Parágrafo acrescido pela Lei nº 13.986, de 7/4/2020)*

§ 6º As disposições dos §§ 3º, 4º e 5º deste artigo aplicam-se às demais cédulas e instrumentos vinculados a financiamentos rurais. *(Parágrafo acrescido pela Lei nº 13.986, de 7/4/2020)*

Art. 15. Podem ser objeto, do penhor cedular, nas condições deste Decreto-lei, os bens suscetíveis de penhor rural e de penhor mercantil.

> *Art. 6º da Lei 492/1937 (Dispõe sobre o penhor rural e cédula pignoratícia)*

Art. 16 *(Revogado pelo Decreto-Lei nº 784, de 25.8.1969)*

Art. 17. Os bens apenhados continuam na posse imediata do emitente ou do terceiro prestante da garantia real, que responde por sua guarda e conservação como fiel depositário, seja pessoa física ou jurídica. Cuidando-se do penhor constituído por terceiro, o emitente da cédula responderá solidariamente com o empenhador pela guarda e conservação dos bens apenhados.

Art. 18. Antes da liquidação da cédula, não poderão os bens apenhados ser removidos das propriedades nela mencionadas, sob qualquer pretexto e para onde quer que seja, sem prévio consentimento escrito do credor.

Art. 19. Aplicam-se ao penhor constituído pela cédula rural pignoratícia as disposições das Leis nos 10.406, de 10 de janeiro de 2002 (Código Civil), 492, de 30 de agosto de 1937, e 2.666, de 6 de dezembro de 1955, bem como os preceitos legais vigentes relativos a penhor rural e mercantil que não colidirem com este Decreto-Lei. *(Artigo com redação dada pela Lei nº 13.986, de 7/4/2020)*

› *Arts. 1.438 a 1.446 do Código Civil*

SEÇÃO III – DA CÉDULA RURAL HIPOTECÁRIA

Art. 20. A cédula rural hipotecária conterá os seguintes requisitos, lançados no contexto:

I – Denominação "Cédula Rural Hipotecária".

II – Data e condições de pagamento; havendo prestações periódicas ou prorrogações de vencimento, acrescentar: "nos termos da cláusula Forma de Pagamento abaixa" ou "nos termos da cláusula Ajuste de Prorrogação abaixo".

III – Nome do credor e a cláusula à ordem.

IV – Valor do crédito deferido, lançado em algarismos e por extenso, com indicação da finalidade ruralista a que se destina o financiamento concedido e a forma de sua utilização.

V – Descrição do imóvel hipotecado com indicação do nome, se houver, dimensões, confrontações, benfeitorias, título e data de aquisição e anotações (número, livro e folha) do registro imobiliário.

VI – Taxa dos juros a pagar e a da comissão de fiscalização, se houver, e tempo de seu pagamento.

VII – Praça do pagamento.

VIII – Data e lugar da emissão.

IX - assinatura do emitente ou de representante com poderes especiais, admitida a assinatura sob a forma eletrônica, desde que garantida a identificação inequívoca de seu signatário. *(Inciso com redação dada pela Medida Provisória nº 897, de 1º/10/2019, convertida na Lei nº 13.986, de 7/4/2020)*

§ 1º – Aplicam-se a este artigo as disposições dos §§ 1º e 2º do artigo 14 deste Decreto-lei.

§ 2º – Se a descrição do imóvel hipotecado se processar em documento à parte, deverão constar também da cédula todas as indicações mencionadas no item V deste artigo, exceto confrontações e benfeitorias.

§ 3º – A especificação dos imóveis hipotecados, pela descrição pormenorizada, poderá ser substituída pela anexação à cédula de seus respectivos títulos de propriedade.

§ 4º – Nos casos do parágrafo anterior, deverão constar da cédula, além das indicações referidas no § 2º deste artigo, menção expressa à anexação dos títulos de propriedade e a declaração de que eles farão parte integrante da cédula até sua final liquidação.

Art. 21. São abrangidos pela hipoteca constituída as construções, respectivos terrenos, maquinismos, instalações e benfeitorias.

Parágrafo único. Pratica crime de estelionato e fica sujeito às penas do art. 171 do Código Penal aquele que fizer declarações falsas ou inexatas acerca da área dos imóveis hipotecados, de suas características, instalações e acessórios, da pacificidade de sua posse, ou omitir, na cédula, a declaração de já estarem eles sujeitos a outros ônus ou responsabilidade de qualquer espécie, inclusive fiscais.

Art. 22. Incorporam-se na hipoteca constituída as máquinas, aparelhos, instalações e construções, adquiridos ou executados com o crédito, assim como quaisquer outras benfeitorias acrescidas aos imóveis na vigência da cédula, as quais, uma vez realizadas, não poderão ser retiradas, alteradas ou destruídas, sem o consentimento do credor, por escrito.

Parágrafo único – Faculta-se ao credor exigir que o emitente faça averbar, à margem da inscrição principal, a constituição de direito real sobre os bens e benfeitorias referidos neste artigo.

› *Art. 246, caput, da Lei 6.015/1973 (Lei de Registros Públicos)*

Art. 23. Podem ser objeto de hipoteca cedular imóveis rurais e urbanos.

Art. 24. Aplicam-se à hipoteca cedular os princípios da legislação ordinária sobre hipoteca no que não colidirem com o presente Decreto-lei.

› *Arts. 1.473 a 1.488 e 1.492 a 1.501 do Código Civil*

SEÇÃO IV – DA CÉDULA RURAL PIGNORATÍCIA E HIPOTECÁRIA

Art. 25. A cédula rural pignoratícia e hipotecária conterá os seguintes requisitos, lançados no contexto:

I – Denominação "Cédula Rural Pignoratícia e Hipotecária".

II – Data e condições de pagamento havendo prestações periódicas ou prorrogações de vencimento, acrescentar: "nos termos da cláusula Forma de Pagamento abaixo" ou "nos termos da cláusula Ajuste de Prorrogação abaixo".

III – Nome do credor e a cláusula à ordem.

IV – Valor do crédito deferido, lançado em algarismos e por extenso, com indicação da finalidade ruralista a que se destina o financiamento concedido e a forma de sua utilização.

V – Descrição dos bens vinculados em penhor, os quais se indicarão pela espécie, qualidade, quantidade, marca ou período de produção se for o caso, além do local ou depósito dos mesmos bens.

VI – Descrição do imóvel hipotecado com indicação do nome, se houver, dimensões, confrontações, benfeitorias, título e data de aquisição e anotações (número, livro e folha) do registro imobiliário.

VII – Taxa dos juros a pagar e da comissão de fiscalização, se houver, e tempo de seu pagamento.

VIII – Praça do pagamento.

IX – Data e lugar da emissão.

X - assinatura do emitente ou de representante com poderes especiais, admitida a assinatura sob a forma eletrônica, desde que garantida a identificação inequívoca de seu signatário. *(Inciso com redação dada pela Medida Provisória nº 897, de 1º/10/2019, convertida na Lei nº 13.986, de 7/4/2020)*

Art. 26. Aplica-se à hipoteca e ao penhor constituídos pela cédula rural pignoratícia e hipotecária o disposto nas Seções II e III do Capítulo II deste Decreto-lei.

SEÇÃO V – DA NOTA DE CRÉDITO RURAL

Art. 27. A nota de crédito rural conterá os seguintes requisitos, lançados no contexto:

I – Denominação "Nota de Crédito Rural".

II – Data e condições de pagamento; havendo prestações periódicas ou prorrogações de vencimento, acrescentar: "nos termos da cláusula Forma de Pagamento abaixo" ou "nos termos da cláusula Ajuste de Prorrogação abaixo".

III – Nome do credor e a cláusula à ordem.

IV – Valor do crédito deferido, lançado em algarismos e por extenso, com indicação da finalidade ruralista a que se destina o financiamento concedido e a forma de sua utilização.

V – Taxa dos juros a pagar e da comissão de fiscalização se houver, e tempo de seu pagamento.

VI – Praça do pagamento.

VII – Data e lugar da emissão.

VIII - assinatura do emitente ou de representante com poderes especiais, admitida a assinatura sob a forma eletrônica, desde que garantida a identificação inequívoca de seu signatário. *(Inciso com redação dada pela Medida Provisória nº 897, de 1º/10/2019, convertida na Lei nº 13.986, de 7/4/2020)*

Art. 28. O crédito pela nota de crédito rural tem privilégio especial sobre os bens discriminados no artigo 1.563 do Código Civil.

Art. 29 *(Revogado pelo Decreto-Lei nº 784, de 25.8.1969)*

CAPÍTULO III

SEÇÃO I – DA INSCRIÇÃO E AVERBAÇÃO DA CÉDULA DE CRÉDITO RURAL

Arts. 30 a 38. *(Revogados pela Lei nº 13.986, de 7/4/2020)*

SEÇÃO II – DO CANCELAMENTO DA INSCRIÇÃO DA CÉDULA DE CRÉDITO RURAL

Art. 39. *(Revogado pela Lei nº 13.986, de 7/4/2020)*

SEÇÃO III – DA CORREIÇÃO DOS LIVROS DE INSCRIÇÃO DA CÉDULA DE CRÉDITO RURAL

Art. 40. *(Revogado pela Lei nº 13.986, de 7/4/2020)*

CAPÍTULO IV – DA AÇÃO PARA COBRANÇAS DE CÉDULA DE CRÉDITO RURAL

Art. 41. Cabe ação executiva para a cobrança da cédula de crédito rural.

› *Vide art. 1º, Lei n. 9.492/1997 (Lei de Protesto de Títulos e Outros Documentos de Dívida)*

§ 1º Penhorados os bens constitutivos da garantia real, assistirá ao credor o direito de promover, a qualquer tempo, contestada ou não a ação, a venda daqueles bens, observado o disposto nos artigos 704 e 705 do Código de Processo Civil, podendo ainda levantar desde logo, mediante caução idônea, o produto líquido da venda, à conta e no limite de seu crédito, prosseguindo-se na ação.

§ 2º Decidida a ação por sentença passada em julgado, o credor restituirá a quantia ou o excesso levantado, conforme seja a ação julgada improcedente total ou parcialmente, sem prejuízo doutras cominações da lei processual.

§ 3º Da caução a que se refere o parágrafo primeiro dispensam-se as cooperativas rurais e as instituições financeiras públicas (artigo 22 da Lei número 4.595, de 31 de dezembro de 1964), inclusive o Banco do Brasil S.A.

CAPÍTULO V – DA NOTA PROMISSÓRIA RURAL

› *Vide art. 1º, Lei n. 9.492/1997 (Lei de Protesto de Títulos e Outros Documentos de Dívida)*

Art. 42. Nas vendas a prazo de bens de natureza agrícola, extrativa ou pastoril, quando efetuadas diretamente por produtores rurais ou por suas cooperativas; nos recebimentos, pelas cooperativas, de produtos da mesma natureza entregues pelos seus cooperados, e nas entregas de bens de produção ou de consumo, feitas pelas cooperativas aos seus associados poderá ser utilizada, como título de crédito, a nota promissória rural, nos termos deste Decreto-lei.

§ 1º A nota promissória rural emitida pelas cooperativas de produção agropecuária em favor de seus cooperados, ao receberem produtos entregues por eles, constitui promessa de pagamento representativa de adiantamento por conta do preço dos produtos recebidos para venda. *(Parágrafo acrescido pela Medida Provisória nº 897, de 1º/10/2019, convertida e com redação dada pela Lei nº 13.986, de 7/4/2020)*

§ 2º A nota promissória rural poderá ser emitida sob a forma escritural, mediante lançamento em sistema eletrônico de escrituração, observado, no que couber, o disposto nos arts. 10-A, 10-B, 10-C e 10-D deste Decreto-Lei. *(Parágrafo acrescido pela Medida Provisória nº 897, de 1º/10/2019, convertida e com redação dada pela Lei nº 13.986, de 7/4/2020)*

Art. 43. A nota promissória rural conterá os seguintes requisitos, lançados no contexto:

I – Denominação "Nota Promissória Rural".

II – Data do pagamento.

III – Nome da pessoa ou entidade que vende ou entrega os bens e a qual deve ser paga, seguido da cláusula à ordem.

IV – Praça do pagamento.

V – Soma a pagar em dinheiro, lançada em algarismos e por extenso, que corresponderá ao preço dos produtos adquiridos ou recebidos ou no adiantamento por conta do preço dos produtos recebidos para venda.

VI – Indicação dos produtos objeto da compra e venda ou da entrega.

VII – Data e lugar da emissão.

VIII - assinatura do emitente ou de representante com poderes especiais, admitida a assinatura sob a forma eletrônica, desde que garantida a identificação inequívoca do signatário. *(Inciso com redação dada pela Medida Provisória nº 897, de 1º/10/2019, convertida na Lei nº 13.986, de 7/4/2020)*

Art. 44. Cabe ação executiva para a cobrança da nota promissória rural.

Parágrafo único. Penhorados os bens indicados na nota promissória rural, ou, em sua vez, outros da mesma espécie, qualidade e quantidade pertencentes ao emitente, assistirá ao credor o direito de proceder nos termos do § 1º do artigo 41, observado o disposto nos demais parágrafos do mesmo artigo.

Art. 45. A nota promissória rural goza de privilégio especial sobre os bens enumerados no artigo 1.563 do Código Civil.

› *Reporta-se ao Código Civil de 1916*

CAPÍTULO VI – DA DUPLICATA RURAL

› *Vide art. 1º, Lei n. 9.492/1997 (Lei de Protesto de Títulos e Outros Documentos de Dívida)*

Art. 46. Nas vendas a prazo de quaisquer bens de natureza agrícola, extrativa ou pastoril, quando efetuadas diretamente por produtores rurais ou por suas cooperativas, poderá ser utilizada também, como título do crédito, a duplicata rural, nos termos deste Decreto-lei.

Parágrafo único. A duplicata rural poderá ser emitida sob a forma escritural, mediante lançamento em sistema eletrônico de escrituração, observado, no que couber, o disposto nos arts. 10-A, 10-B, 10-C e 10-D deste Decreto-Lei. *(Parágrafo único acrescido pela Medida Provisória nº 897, de 1º/10/2019, convertida e com redação dada pela Lei nº 13.986, de 7/4/2020)*

Art. 47. Emitida a duplicata rural pelo vendedor, este ficará obrigado a entregá-la ou a remetê-la ao comprador, que a devolverá depois de assiná-la.

Art. 48. A duplicata rural conterá os seguintes requisitos, lançados no contexto:

I – Denominação "Duplicata Rural".

II – Data do pagamento, ou a declaração de dar-se a tantos dias da data da apresentação ou de ser à vista.

III – Nome e domicílio do vendedor.

IV – Nome e domicílio do comprador.

V – Soma a pagar em dinheiro, lançada em algarismos e por extenso, que corresponderá ao preço dos produtos adquiridos.

VI – Praça do pagamento.

VII – Indicação dos produtos objeto da compra e venda.

VIII – Data e lugar da emissão.

IX – Cláusula à ordem.

X – Reconhecimento de sua exatidão e a obrigação de pagá-la, para ser firmada do próprio punho do comprador ou de representante com poderes especiais.

XI - assinatura do emitente ou de representante com poderes especiais, admitida a assinatura sob a forma eletrônica, desde que garantida a identificação inequívoca de seu signatário. *(Inciso com redação dada pela Medida Provisória nº 897, de 1º/10/2019, convertida na Lei nº 13.986, de 7/4/2020)*

Art. 49. A perda ou extravio da duplicata rural obriga o vendedor a extrair novo documento que contenha a expressão "segunda via" em linha paralela que cruze o título.

Art. 50. A remessa da duplicata rural poderá ser feita diretamente pelo vendedor ou por seus representantes, por intermédio de instituições financiadoras, procuradores ou correspondentes, que se incumbem de apresentá-la ao comprador na praça ou no lugar de seu domicílio, podendo os intermediários devolvê-la depois de assinada ou conservá-la em seu poder até o momento do resgate, segundo as instruções de quem lhe cometeu o encargo.

Art. 51. Na hipótese de a duplicata rural não ser paga à vista, o comprador deverá devolvê-la ao apresentante, no prazo de 10 (dez) dias, contado da data de apresentação, devidamente assinada ou acompanhada de declaração, que conterá as razões da falta de aceite. *("Caput" do artigo com redação dada pela Lei nº 13.986, de 7/4/2020)*

Parágrafo único. Na hipótese de não devolução do título dentro do prazo a que se refere este artigo, assiste ao vendedor o direito de protestá-lo por falta de aceite.

Art. 52. Cabe ação executiva para cobrança da duplicata rural.

Art. 53. A duplicata rural goza de privilégio especial sobre os bens enumerados no artigo 1.563 do Código Civil.

Art. 54. Incorrerá na pena de reclusão por um a quatro anos, além da multa de 10% (dez por cento) sobre o respectivo montante, o que expedir duplicata rural que não corresponda a uma venda efetiva de quaisquer dos bens a que se refere o artigo 46, entregues real ou simbolicamente.

CAPÍTULO VII – DISPOSIÇÕES ESPECIAIS

SEÇÃO I – DAS GARANTIAS DA CÉDULA DE CRÉDITO RURAL

Art. 55. Podem ser objeto de penhor cedular os gêneros oriundos da produção agrícola, extrativa ou pastoril, ainda que destinados a beneficiamento ou transformação.

Art. 56. Podem ainda ser objeto de penhor cedular os seguintes bens e respectivos acessórios, quando destinados aos serviços das atividades rurais:

I – caminhões, camionetas de carga, furgões, jipes e quaisquer veículos automotores ou de tração mecânica.

II – carretas, carroças, carros, carroções e quaisquer veículos não automotores;

III – canoas, barcas, balsas e embarcações fluviais, com ou sem motores;

IV – máquinas e utensílios destinados ao preparo de rações ou ao beneficiamento, armazenagem, industrialização, frigorificação, conservação, acondicionamento e transporte de produtos e subprodutos agropecuários ou extrativos, ou utilizados nas atividades rurais, bem como bombas, motores, canos e demais pertences de irrigação;

V – incubadoras, chocadeiras, criadeiras, pinteiros e galinheiros desmontáveis ou móveis, gaiolas, bebedouros, campânulas e quaisquer máquinas e utensílios usados nas explorações avícolas e agropastoris.

Parágrafo único. O penhor será anotado nos assentamentos próprios da repartição competente para expedição de licença dos veículos, quando for o caso.

Art. 57. Os bens apenhados poderão ser objeto de novo penhor cedular em grau subsequente ao penhor originalmente constituído. *(Redação dada pela Lei nº 14.421, de 2022)*

Art. 58. Em caso de mais de um financiamento, sendo os mesmos o emitente da cédula, o credor e os bens apenhados, poderá estender-se aos financiamentos subsequentes o penhor originariamente constituído, mediante menção da extensão nas cédulas posteriores, reputando-se um só penhor com cédulas rurais distintas.

› *Art. 168 e 246 da Lei 6.015/1973 (Lei de Registros Públicos)*

§ 1º A extensão será apenas averbada à margem da inscrição anterior e não impede que sejam vinculados outros bens à garantia.

§ 2º *(Revogado pela Lei nº 14.421, de 2022)*

§ 3º Não será possível a extensão da garantia se tiver havido endosso ou se os bens vinculados já houverem sido objeto de nova gravação para com terceiros.

Art. 59. A venda dos bens apenhados ou hipotecados pela cédula de crédito rural depende de prévia anuência do credor, por escrito.

Art. 60. Aplicam-se à cédula de crédito rural, à nota promissória rural e à duplicata rural, no que forem cabíveis, as normas de direito cambial, inclusive quanto a aval, dispensado porém o protesto para assegurar o direito de regresso contra endossantes e seus avalistas.

§ 1º O endossatário ou o portador de Nota Promissória Rural ou Duplicata Rural não tem direito de regresso contra o primeiro endossante e seus avalistas. *(Incluído pela Lei nº 6.754, de 17.12.1979)*

§ 2º É nulo o aval dado em Nota Promissória Rural ou Duplicata Rural, salvo quando dado pelas pessoas físicas participantes da empresa emitente ou por outras pessoas jurídicas. *(Incluído pela Lei nº 6.754, de 17.12.1979)*

§ 3º Também são nulas quaisquer outras garantias, reais ou pessoais, salvo quando prestadas pelas pessoas físicas participantes da empresa emitente, por esta ou por outras pessoas jurídicas. *(Incluído pela Lei nº 6.754, de 17.12.1979)*

§ 4º Às transações realizadas entre produtores rurais e entre estes e suas cooperativas não se aplicam as disposições dos parágrafos anteriores. *(Incluído pela Lei nº 6.754, de 17.12.1979)*

SEÇÃO II – DOS PRAZOS E PRORROGAÇÕES DA CÉDULA DE CRÉDITO RURAL

Art. 61. O prazo do penhor rural, agrícola ou pecuário, não excederá o da obrigação garantida e, embora vencido, permanecerá a garantia enquanto subsistirem os bens que a constituem ou a obrigação garantida. *(Redação dada pela Lei nº 14.421, de 2022)*

› *Art. 1.439, caput, do Código Civil*

› *Art. 1.439, § 1º do Código Civil*

Parágrafo único. *(Revogado pela Lei nº 14.421, de 2022)*

Art. 62. Nas prorrogações de que trata o art. 13 deste Decreto-Lei, ainda que efetuadas após o vencimento original da operação, ficam dispensadas a lavratura de termo aditivo e a assinatura do emitente, bastando, para todos os efeitos, a anotação pelo credor no instrumento de crédito, salvo nas hipóteses estabelecidas pelo poder público. *(Redação dada pela Lei nº 14.421, de 2022)*

› *Art. 1.439, § 2º do Código Civil*

Parágrafo único. *(Revogado pela Lei nº 14.421, de 2022)*

CAPÍTULO VIII – DISPOSIÇÕES GERAIS

Art. 63. Dentro do prazo da cédula, o credor, se assim o entender poderá autorizar o emitente a dispor de parte ou de todos os bens da garantia, na forma e condições que convencionarem.

› *Art. 12, caput, da Lei 492/1937 (Dispõe sobre o penhor rural e cédula pignoratícia)*

Art. 64. Os bens dados em garantia assegurarão o pagamento do principal, juros, comissões, pena convencional, despesas legais e convencionais com as preferências estabelecidas na legislação em vigor.

Art. 65. Na hipótese de redução do valor dos bens oferecidos em garantia, o emitente reforçará a garantia por meio de suporte cartular ou escritural, no prazo de 15 (quinze) dias, contado da data de recebimento da notificação por escrito que o credor lhe fizer. *("Caput" do artigo com redação dada pela Medida Provisória nº 897, de 1º/10/2019, convertida na Lei nº 13.986, de 7/4/2020)*

› *Art. 12, §§ 2º e 3º da Lei 492/1937 (Dispõe sobre o penhor rural e cédula pignoratícia)*

Parágrafo único. Nos casos de substituição de animais por morte ou inutilização, assiste ao credor o direito de exigir que os substitutos sejam da mesma espécie e categoria dos substituídos.

Art. 66. Quando o penhor for constituído por animais, o emitente da cédula fica obrigado a manter todo o rebanho, inclusive os animais adquiridos com o financiamento, se for o caso, protegidos pelas medidas sanitárias e profiláticas recomendadas em cada caso, contra a incidência de zoonoses, moléstias infecciosas ou parasitárias de ocorrência frequente na região.

Art. 67. Nos financiamentos pecuários, poderá ser convencionado que o emitente se obriga a não vender, sem autorização por escrito do credor, durante a vigência do título, crias fêmeas ou vacas aptas à procriação, assistindo ao credor, na hipótese de não observância dessas condições, o direito de dar por vencida a cédula e exigir o total da dívida dela resultante, independentemente de aviso extrajudicial ou interpelação judicial.

› *Art. 12, caput, da Lei 492/1937 (Dispõe sobre o penhor rural e cédula pignoratícia)*

Art. 68. Se os bens vinculados em penhor ou em hipoteca à cédula de crédito rural pertencerem a terceiros, estes subscreverão também o título, para que se constitua a garantia.

Art. 69. Os bens objeto de penhor ou de hipoteca constituídos pela cédula de crédito rural não serão penhorados, arrestados ou sequestrados por outras dívidas do emitente ou do terceiro empenhador ou hipotecante, cumprindo ao emitente ou ao terceiro empenhador ou hipotecante denunciar a existência da cédula às autoridades incumbidas da diligência ou a quem a determinou, sob pena de responderem pelos prejuízos resultantes de sua omissão.

› *Art, 167, II, 11, Lei n. 6.015/1973 (Registros Públicos)*

Art. 70. O emitente da cédula de crédito rural, com ou sem garantia real, manterá em dia o pagamento dos tributos e encargos fiscais, previdenciários e trabalhistas de sua responsabilidade, inclusive a remuneração dos trabalhadores rurais, exibindo ao credor os respectivos comprovantes sempre que lhe forem exigidos.

Art. 71. Em caso de cobrança em processo contencioso ou não, judicial ou administrativo, o emitente da cédula de crédito rural ou da nota promissória rural ou o aceitante da duplicata rural responderá ainda pela multa de até 2% (dois por cento) sobre o principal e acessórios em débito, devida a partir do primeiro despacho da autoridade competente na petição de cobrança ou de habilitação de crédito. *(Artigo com redação dada pela Lei nº 13.986, de 7/4/2020)*

Art. 72. As cédulas de crédito rural, a nota promissória rural e a duplicata rural poderão ser redescontadas no Banco Central da República do Brasil, nas condições estabelecidas pelo Conselho Monetário Nacional.

Art. 73. É também da competência do Conselho Monetário Nacional a fixação das taxas de desconto da nota promissória rural e da duplicata rural, que poderão ser elevadas de 1% ao ano em caso de mora.

Art. 74. Dentro do prazo da nota promissória rural e da duplicata rural, poderão ser feitos pagamentos parciais.

Parágrafo único. Ocorrida a hipótese, o credor declarará, no verso do título, sobre sua assinatura, a importância recebida e a data do recebimento, tornando-se exigível apenas, o saldo.

Art. 75. Na hipótese de nomeação, por qualquer circunstância, de depositário para os bens apenhados, instituído judicial ou convencionalmente, entrará ele também na posse imediata das máquinas e de todas as instalações e pertences acaso necessários à transformação dos referidos bens nos produtos a que se tiver obrigado o emitente na respectiva cédula.

Art. 76. *(Revogado pela Lei nº 14.421, de 2022)*

Art. 77. As cédulas de crédito rural, a nota promissória rural e a duplicata rural obedecerão aos modelos anexos de números 1 a 6.

Parágrafo único. Sem caráter de requisito essencial, as cédulas de crédito rural poderão conter disposições que resultem das peculiaridades do financiamento rural.

Art. 78. A exigência constante do artigo 22 da Lei nº 4.947, de 6 de abril de 1966, não se aplica às operações de crédito rural proposta por produtores rurais e suas cooperativas, de conformidade com o disposto no artigo 37 da Lei nº 4.829, de 5 de novembro de 1965.

Parágrafo único. A comunicação do Instituto Brasileiro de Reforma Agrária, de ajuizamento da cobrança de dívida fiscal ou de multa impedirá a concessão de crédito rural ao devedor, a partir da data do recebimento da comunicação, pela instituição financiadora, salvo se, for depositado em juízo o valor do débito em litígio.

CAPÍTULO IX – DISPOSIÇÕES TRANSITÓRIAS

Art. 79. Este Decreto-lei entrará em vigor noventa (90) dias depois de publicado, revogando-se a Lei número 3.253, de 27 de agosto de 1957, e as disposições em contrário.

Art. 80. As folhas em branco dos livros de registro das "Cédulas de Crédito Rural" sob o império da Lei nº 3.253, de 27 de agosto de 1957, serão inutilizadas, na data da vigência do presente Decreto-lei, pelo Chefe da Repartição arrecadadora federal a que pertencem, e devidamente guardados os livros.

Brasília, 14 de fevereiro de 1967; 146º da Independência e 79º da República.

H. CASTELLO BRANCO

(DOU. de 15.2.1967)

› *Não publicamos os modelos de cédulas, notas e duplicatas rurais mencionados no Decreto-lei 167/1967*

DECRETO-LEI Nº 413, DE 09 DE JANEIRO DE 1969

Dispõe sobre títulos de crédito industrial e dá outras providências.

O PRESIDENTE DA REPÚBLICA, no uso das atribuições que lhe confere o § 1º do Art. 2º do Ato Institucional nº 5, de 13 de dezembro de 1968,

DECRETA:

CAPÍTULO I – DO FINANCIAMENTO INDUSTRIAL

Art. 1º O financiamento concedido por instituições financeiras a pessoa física ou jurídica que se dedique à atividade industrial poderá efetuar-se por meio da cédula de crédito industrial prevista neste Decreto-lei.

Art. 2º O emitente da cédula fica obrigado a aplicar o financiamento nos fins ajustados, devendo comprovar essa aplicação no prazo e na forma exigidos pela instituição financiadora.

Art. 3º A aplicação do financiamento ajustar-se-á em orçamento, assinado, em duas vias, pelo emitente e pelo credor, dele devendo constar expressamente qualquer alteração que convencionarem.

Parágrafo único. Far-se-á, na cédula, menção do orçamento que a ela ficará vinculado.

Art. 4º O financiador abrirá, com o valor do financiamento conta vinculada à operação, que o financiado movimentará por meio de cheques, saques, recibos, ordens, cartas ou quaisquer outros documentos, na forma e no tempo previstos na cédula ou no orçamento.

Art. 5º As importâncias fornecidas pelo financiador vencerão juros e poderão sofrer correção monetária às taxas e aos índices que o Conselho Monetário Nacional fixar, calculados sobre os saldos devedores da conta vinculada à operação, e serão exigíveis em 30 de junho, 31 de dezembro, no vencimento, na liquidação da cédula ou, também, em outras datas convencionadas no título, ou admitidas pelo referido Conselho.

Parágrafo único. Em caso de mora, a taxa de juros constante da cédula será elevável de 1% (um por cento) ao ano.

Art. 6º O devedor facultará ao credor a mais ampla fiscalização do emprego da quantia financiada, exibindo, inclusive os elementos que lhe forem exigidos.

Art. 7º O financiador poderá, sempre que julgar conveniente e por pessoas de sua indicação, não só percorrer todas e quaisquer dependências dos estabelecimentos industriais referidos no título, como verificar o andamento dos serviços neles existentes.

Art. 8º Para ocorrer às despesas sem a fiscalização, poderá ser ajustada, na cédula, comissão fixada e exigível na forma do art. 5º deste Decreto-lei, calculada sobre os saldos devedores da conta vinculada à operação, respondendo ainda o financiado pelo pagamento de quaisquer despesas que se verificarem com vistorias frustradas, ou que forem efetuadas em consequência de procedimento seu que possa prejudicar as condições legais e celulares.

CAPÍTULO II – DA CÉDULA DE CRÉDITO INDUSTRIAL

Art. 9º. A cédula de crédito industrial é promessa de pagamento em dinheiro, com garantia real, cedularmente constituída.

Art. 10. A cédula de crédito industrial é título líquido e certo, exigível pela soma dela constante ou do endosso, além dos juros, da comissão de fiscalização, se houver, e demais despesas que o credor fizer para segurança, regularidade e realização de seu direito creditório.

› *Vide art. 1º, Lei n. 9.492/1997 (Lei de Protesto de Títulos e Outros Documentos de Dívida)*

§ 1º Se o emitente houver deixado de levantar qualquer parcela do credito deferido, ou tiver feito pagamentos parciais, o credor descontá-los-á da soma declarada na cédula, tornando-se exigível apenas o saldo.

§ 2º Não constando do endosso o valor pelo qual se transfere a cédula, prevalecerá o da soma declarada no título, acrescido dos acessórios, na forma deste artigo, deduzido o valor das quitações parciais passadas no próprio título.

Art. 11. Importa em vencimento antecipado da dívida resultante da cédula, independentemente de aviso ou de interpelação judicial, a inadimplência de qualquer obrigação do eminente do título ou, sendo o caso, do terceiro prestante da garantia real.

§ 1º Verificado o inadimplemento, poderá, ainda, o financiador considerar vencidos antecipadamente todos os financiamentos concedidos ao emitente e dos quais seja credor.

§ 2º A inadimplência, além de acarretar o vencimento antecipado da dívida resultante da cédula e permitir igual procedimento em relação a todos os financiamentos concedidos pelo financiador ao emitente e dos quais seja credor, facultará ao financiador a capitalização dos juros e da comissão de fiscalização, ainda que se trate de crédito fixo.

Art. 12. A cédula de crédito industrial poderá ser aditada, ratificada e retificada, por meio de menções adicionais e de aditivos, datados e assinados pelo emitente e pelo credor, lavrados em folha à parte do mesmo formato e que passarão a fazer parte integrante do documento cedular.

Art. 13. A cédula de crédito industrial admite amortizações periódicas que serão ajustadas mediante a inclusão de cláusula, na forma prevista neste Decreto-lei.

Art. 14. A cédula de crédito industrial conterá os seguintes requisitos, lançados no contexto:

I – Denominação "Cédula de Crédito Industrial".

II – Data do pagamento, se a cédula for emitida para pagamento parcelado, acrescentar-se-á cláusula discriminando valor e data de pagamento das prestações.

III – Nome do credor e cláusula à ordem.

IV – Valor do crédito deferido, lançado em algarismos por extenso, e a forma de sua utilização.

V – Descrição dos bens objeto do penhor, ou da alienação fiduciária, que se indicarão pela espécie, qualidade, quantidade e marca, se houver, além do local ou do depósito de sua situação, indicando-se, no caso de hipoteca, situação, dimensões, confrontações, benfeitorias, título e data de aquisição do imóvel e anotações (número, livro e folha) do registro imobiliário.

VI – Taxa de juros a pagar e comissão de fiscalização, se houver, e épocas em que serão exigíveis, podendo ser capitalizadas.

VII – Obrigatoriedade de seguro dos bens objeto da garantia.

VIII – Praça do pagamento.

IX – Data e lugar da emissão.

X – Assinatura do próprio punho do emitente ou de representante com poderes especiais.

§ 1º A cláusula discriminando os pagamentos parcelados, quando cabível, será incluída logo após a descrição das garantias.

§ 2º A descrição dos bens vinculados poderá ser feita em documento à parte, em duas vias, assinado pelo emitente e pelo credor, fazendo-se, na cédula, menção a essa circunstância, logo após a indicação do grau do penhor ou da hipoteca, da alienação fiduciária e de seu valor global.

§ 3º Da descrição a que se refere o inciso V deste artigo, dispensa-se qualquer alusão à data, forma e condições de aquisição dos bens empenhados. Dispensar-se-ão, também, para a caracterização do local ou do depósito dos bens empenhados ou alienados fiduciariamente, quaisquer referências a dimensões, confrontações, benfeitorias e a títulos de posse ou de domínio.

§ 4º Se a descrição do imóvel hipotecado se processar em documento à parte, deverão constar também da cédula todas as indicações mencionadas no item V deste artigo, exceto confrontações e benfeitorias.

§ 5º A especificação dos imóveis hipotecados, pela descrição pormenorizada, poderá ser substituída pela anexação à cédula de seus respectivos títulos de propriedade.

§ 6º Nos casos do parágrafo anterior, deverão constar da cédula, além das indicações referidas no § 4º deste artigo, menção expressa à anexação dos títulos de propriedade e a declaração de ou eles farão parte integrante da cédula até sua final liquidação.

CAPÍTULO III – DA NOTA DE CRÉDITO INDUSTRIAL

Art. 15. A nota de crédito industrial é promessa de pagamento em dinheiro, sem garantia real.

Art. 16. A nota de crédito industrial conterá os seguintes requisitos, lançados no contexto:

I – Denominação "Nota de Crédito Industrial".

II – Data do pagamento; se a nota for emitida para pagamento parcelado, acrescentar-se-á cláusula discriminando valor e data de pagamento das prestações.

III – Nome do credor e cláusula à ordem.

IV – Valor do crédito deferido, lançado em algarismos e por extenso, e a forma de sua utilização.

V – Taxa de juros a pagar e comissão de fiscalização, se houver, e épocas em que serão exigíveis, podendo ser capitalizadas.

VI – Praça de pagamento.

VII – Data e lugar da emissão.

VIII – Assinatura do próprio punho do emitente ou de representante com poderes especiais.

Art. 17. O crédito pela nota de crédito industrial tem privilégio especial sobre os bens discriminados no artigo 1.563 do Código Civil.

› *Reporta-se ao Código Civil de 1916*

Art. 18. Exceto no que se refere à garantias e a inscrição, aplicam-se à nota do crédito industrial as disposições deste Decreto-lei sobre cédula de crédito industrial.

CAPÍTULO IV – DAS GARANTIAS DA CÉDULA DE CRÉDITO INDUSTRIAL

Art. 19. A cédula de crédito industrial pode ser garantida por:

I – Penhor cedular.

II – Alienação fiduciária.

III – Hipoteca cedular.

Art. 20. Podem ser objeto de penhor cedular nas condições deste Decreto-lei:

› *Art. 1.447 do Código Civil*

I – Máquinas e aparelhos utilizados na indústria, com ou sem os respectivos pertences;

II – Matérias-primas, produtos industrializados e materiais empregados no processo produtivo, inclusive embalagens;

III – Animais destinados à industrialização de carnes, pescados, seus produtos e subprodutos, assim como os materiais empregados no processo produtivo, inclusive embalagens;

IV – Sal que ainda esteja na salina, bem assim as instalações, máquinas, instrumentos utensílios, animais de trabalho, veículos terrestres e embarcações, quando servirem à exploração salineira;

V – Veículos automotores e equipamentos para execução de terraplanagem, pavimentação, extração de minério e construção civil bem como quaisquer viaturas de tração mecânica, usadas nos transportes de passageiros e cargas e, anda, nos serviços dos estabelecimentos industriais;

VI – Dragas e implementos destinados à limpeza e à desobstrução de rios, portos e canais, ou à construção dos dois últimos, ou utilizados nos serviços dos estabelecimentos industriais;

VII – Toda construção utilizada como meio de transporte por água, e destinada à indústria da revelação ou da pesca, quaisquer que sejam as suas características e lugar de tráfego;

VIII – Todo aparelho manobrável em vôo apto a se sustentar a circular no espaço aéreo mediante reações aerodinâmicas, e capaz de transportar pessoas ou coisas;

IX – Letra de câmbio, promissórias, duplicatas, conhecimentos de embarques, ou conhecimentos de depósitos, unidos aos respectivos "warrants";

X – Outros bens que o Conselho Monetário Nacional venha a admitir como lastro dos financiamentos industriais.

Art. 21. Podem-se incluir na garantia os bens adquiridos ou pagos com o financiamento, feita a respectiva averbação nos termos deste Decreto-lei.

Art. 22. Antes da liquidação da cédula, não poderão os bens empenhados ser removidos das propriedades nela mencionadas, sob qualquer pretexto e para onde quer que seja, sem prévio consentimento escrito do credor.

Parágrafo único. O disposto neste artigo não se aplica aos veículos referidos nos itens IV, V, VI, VII e VIII do artigo 20 deste Decreto-lei, que poderão ser retirados temporariamente de seu local e situação, se assim o exigir a atividade financiada.

Art. 23. Aplicam-se ao penhor cedular os preceitos legais vigentes sobre penhor, no que não colidirem com o presente Decreto-lei.

› *Arts. 1.419 a 1.472 do Código Civil*

Art. 24. São abrangidos pela hipoteca constituída as construções, respectivos terrenos, instalações e benfeitorias.

Art. 25. Incorporam-se na hipoteca constituída as instalações e construções, adquiridas ou executadas com o crédito, assim como quaisquer outras benfeitorias acrescidas aos imóveis na vigência da cédula, as quais, uma vez realizadas, não poderão ser retiradas ou destruídas sem o consentimento do credor, por escrito.

Parágrafo único. Faculta-se ao credor exigir que o emitente faça averbar, à margem da inscrição principal, a constituição de direto real sobre os bens e benfeitorias referidos neste artigo.

Art. 26. Aplicam-se à hipoteca cedular os princípios da legislação ordinária sobre hipoteca, no que não colidirem com o presente Decreto-lei.

› *Arts. 1.419 a 1.430 e 1.473 a 1.505 do Código Civil*

Art. 27. Quando da garantia da cédula de crédito industrial fizer parte a alienação fiduciária, observar-se-ão as disposições constantes da Seção XIV da Lei nº 4.728, de 14 de julho de 1965, no que não colidirem com este Decreto-lei.

› *Vide Dec.-lei 911/1969 (Alienação Fiduciária)*

Art. 28. Os bens vinculados à cédula de crédito industrial continuam na posse imediata do emitente, ou do terceiro prestante da garantia real, que responderá por sua guarda e conservação como fiel depositário, seja pessoa física ou jurídica. Cuidando-se de garantia constituída por terceiro, este e o emitente da cédula responderão solidariamente pela guarda e conservação dos bens gravados.

Parágrafo único. O disposto neste artigo não se aplica aos papéis mencionados no item IX, art. 20, deste Decreto-lei, inclusive em consequência do endosso.

CAPÍTULO V

SEÇÃO I – DA INSCRIÇÃO E AVERBAÇÃO DA CÉDULA DO CRÉDITO INDUSTRIAL

Art. 29. A cédula de crédito industrial somente vale contra terceiros desde a data da inscrição. Antes da inscrição, a cédula obriga apenas seus signatários.

› *Vide arts. 167, II, e 178, II, Lei n. 6.015/1973 (Registros Públicos)*

Art. 30. De acordo com a natureza da garantia constituída, a cédula de crédito industrial inscreve-se no Cartório de Registro de Imóveis da circunscrição do local de situação dos bens objeto do penhor cedular, da alienação fiduciária, ou em que esteja localizado o imóvel hipotecado.

Art. 31. A inscrição far-se-á na ordem de apresentação da cédula, em livro próprio denominado "Registro de Cédula de Crédito Industrial", observado o disposto nos artigos 183, 188, 190 e 202, do Decreto 4.857, de 9 de novembro de 1939.

Arts. 167, I-14, e 178, II da Lei 6.015/1973 (Lei de Registros Públicos)

§ 1º Os livros destinados à inscrição da cédula de crédito industrial serão numerados em série crescente a começar de 1 (um) e cada livro conterá termos de abertura e de encerramento, assinados pelo Juiz de Direito da Comarca, que rubricará todas as folhas.

§ 2º As formalidades a que se refere o parágrafo anterior precederão a utilização do livro.

§ 3º Em cada Cartório haverá, em uso, apenas um livro "Registro de Cédula de Crédito Industrial", utilizando-se o de número subsequente depois de findo o anterior.

Art. 32. A inscrição consistirá na anotação dos seguintes requisitos cedulares:

a) Data e forma do pagamento.

b) Nome do emitente, do financiador e, quando houver, do terceiro prestante da garantia real e do endossatário.

c) Valor do crédito deferido e forma de sua utilização.

d) Praça do pagamento.

e) Data e lugar da emissão.

§ 1º Para a inscrição, o apresentante do título oferecerá, com o original da cédula, cópia em impresso idêntico, com a declaração "Via não negociável", em linhas paralelas transversais.

§ 2º O Cartório conferirá a exatidão da cópia, autenticando-a.

§ 3º Cada grupo de 200 (duzentas) cópias será encadernado na ordem cronológica de seu arquivamento, em livro que o Cartório apresentará no prazo de quinze dias depois de completado o grupo, ao Juiz de Direito da Comarca, para abri-lo e encerrá-lo, rubricando as respectivas folhas numeradas em série crescente a começar de 1 (um).

§ 4º Nos casos do § 5º do art. 14 deste Decreto-lei, à via da cédula destinada ao Cartório será anexada cópia dos títulos de domínio, salvo se os imóveis hipotecados se acharem registrados no mesmo Cartório.

Art. 33. Ao efetuar a inscrição ou qualquer averbação, o Oficial do Registro de Imóveis mencionará, no respectivo ato, a existência de qualquer documento anexo à cédula e nele aporá sua rubrica, independentemente de qualquer formalidade.

Art. 34. O Cartório anotará a inscrição, com indicação do número de ordem, livro e folhas, bem como valor dos emolumentos cobrados no verso da cédula, além de mencionar, se for o caso, os anexos apresentados.

§ 1º Pela inscrição da cédula, serão cobrados do interessado, em todo o território nacional, os seguintes emolumentos, calculados sobre o valer do crédito deferido: (Extinto pela Lei nº 8.522, de 1992)

a) até NCr$ 200,00 – 0,1%

b) de NCr$ 200,01 a NCr$ 500,00 – 0,2%

c) de NCr$ 500,01 a NCr$ 1.000,00 – 0,3%

d) de NCr$ 1.000,01 a NCr$ 1.500,00 – 4%

e) acima de NCr$ 1.500,00 – 0,5% – até o máximo de ¼ (um quarto) do salário-mínino da região.

§ 2º Cinquenta por cento (50%) dos emolumentos referidos no parágrafo anterior caberão ao oficial do Registro de Imóveis e os restantes cinquenta por cento (50%) serão recolhidos ao Banco do Brasil S.A., a crédito do Tesouro Nacional. (Extinto pela Lei nº 8.522, de 1992)

Art. 35. O oficial recusará efetuar a inscrição, se já houver registro anterior no grau de prioridade declarado no texto da cédula, ou se os houverem sido objeto de alienação fiduciária considerando-se nulo o ato que infringir este dispositivo.

Art. 36. Para os fins previstos no art. 29 deste Decreto-lei averbar-se-ão, à margem da inscrição da cédula, os endossos posteriores à inscrição, as menções adicionais, aditivos e qualquer outro ato que promova alteração na garantia ou noções pactuadas.

§ 1º Dispensa-se a averbação dos pagamentos parcial e do endosso das instituições financiadoras em operações de redesconto ou caução.

§ 2º Os emolumentos devidos pelos atos referidos neste artigo serão calculados na base de 10% (dez por cento) sobre os valores constante do parágrafo único do artigo 34 deste Decreto-lei, cabendo ao oficial do Registro de Imóveis e ao Juiz de Direito da Comarca as mesmas percentagens naquele dispositivo. (Extinto pela Lei nº 8.522, de 1992)

Art. 37. Os emolumentos devidos pela inscrição da cédula ou pela averbação de atos posteriores poderão ser pagos pelo credor, a débito da conta a que se refere o artigo 4º deste Decreto-lei.

› *Art. 2º da Lei 8.522/1992 (Extingue taxas, emolumentos, contribuições, parcelas da União das custas e emolumentos da Justiça Federal)*

Art. 38. As inscrições das cédulas e as averbações posteriores serão efetuadas no prazo de 3 (três) dias úteis a contar da apresentação do título sob pena de responsabilidade funcional do oficial encarregado de promover os atos necessários.

§ 1º A transgressão do disposto neste artigo poderá ser comunicada ao Juiz de Direito da Comarca pelos interessados ou por qualquer pessoa que tenha conhecimento do fato.

§ 2º Recebida a comunicação, o Juiz instaurará imediatamente inquérito administrativo.

§ 3º Apurada a irregularidade, o oficial pagará multa de valor correspondente aos emolumentos que seriam cobrados, por dia de atraso, aplicada pelo Juiz de Direito da Comarca, devendo a respectiva importância ser recolhida, dentro de 15 (quinze) dias, a estabelecimento bancário que a transferirá ao Banco Central do Brasil, para crédito do Fundo Geral para Agricultura e Indústria – FUNAGRI, criado pelo Decreto nº 56.835, de 3 de setembro de 1965.

SEÇÃO II – DO CANCELAMENTO DA INSCRIÇÃO DA CÉDULA DE CRÉDITO INDUSTRIAL

Art. 39. Cancela-se a inscrição mediante a averbação, no livro próprio:

I – da prova da quitação da cédula, lançada no próprio título ou passada em documento em separado com forma probante;

II – da ordem judicial competente.

§ 1º No ato da averbação do cancelamento, o serventuário mencionará o nome daquele que recebeu, a data do pagamento e, em se tratando de quitação em separado, as características desse instrumento; no caso de cancelamento por ordem judicial, esta também será mencionada na averbação, pela indicação da data do mandato, Juízo de que precede, nome do Juiz que o subscreveu e demais características correntes.

§ 2º Arquivar-se-ão no Cartório a ordem judicial de cancelamento da inscrição ou uma das vias do documento da quitação da cédula, procedendo-se como se dispõem no § 3º do artigo 32 deste Decreto-lei.

SEÇÃO III – DA CORREIÇÃO DOS LIVROS DE INSCRIÇÃO DA CÉDULA DE CRÉDITO INDUSTRIAL

Art. 40. O Juiz de Direito da Comarca precederá à correção do livro "Registro de Cédula de Crédito Industrial" uma vez por semestre, no mínimo.

CAPÍTULO VI – DA AÇÃO PARA COBRANÇA DA CÉDULA DE CRÉDITO INDUSTRIAL

Art. 41. Independentemente da inscrição de que trata o art. 30 deste Decreto-lei, o processo judicial para cobrança da cédula de crédito industrial seguirá o procedimento seguinte:

1º) Despachada a petição, serão os réus, sem que haja preparo ou expedição de mandado, citados pela simples entrega de outra via do requerimento, para, dentro de 24 (vinte e quatro) horas, pagar a dívida;

2º) não depositado, naquele prazo, o montante do débito, proceder-se-á a penhora ou ao sequestro dos bens constitutivos da garantia ou, em se tratando de nota de crédito industrial, à daqueles enumerados no Art. 1.563 do Código Civil (artigo 17 deste Decreto-lei);

3º) no que não colidirem com este Decreto-lei, observar-se-ão, quanto à penhora, as disposições do Capítulo III, Título III, do Livro VIII, do Código de Processo Civil;

4º) feita a penhora, terão réus, dentro de 48 (quarenta e oito) horas, prazo para impugnar o pedido;

5º) findo o termo referido no item anterior, o Juiz, impugnado ou não o pedido, procederá a uma instrução sumária, facultando às partes a produção de provas, decidindo em seguida;

6º) a decisão será proferida dentro de 30 (trinta) dias, a contar da efetivação da penhora;

7º) não terão efeito suspensivo os recursos interpostos das decisões proferidas na ação de cobrança a que se refere este artigo;

8º) o foro competente será o da praça do pagamento da cédula de crédito industrial.

CAPÍTULO VI – DISPOSIÇÕES ESPECIAIS

Art. 42. A concessão dos financiamentos previstos neste Decreto-lei bem como a constituição de suas garantias, pelas instituições de crédito, públicas e privadas, independe da exibição de comprovante de cumprimento de obrigações fiscais, da previdência social, ou de declaração de bens e certidão negativa de multas.

Parágrafo único. O ajuizamento da dívida fiscal ou previdenciária impedirá a concessão do financiamento industrial, desde que sua comunicação pela repartição competente às instituições de crédito seja por estas recebida antes da emissão da cédula, exceto se as garantias oferecidas assegurarem a solvabilidade do crédito em litígio e da operação proposta pelo interessado.

Art. 43. Pratica crime de estelionato e fica sujeito às penas do art. 171 do Código Penal aquele que fizer declarações falsas ou inexatas acerca de bens oferecidos em garantia de cédula de crédito industrial, inclusive omitir declaração de já estarem eles sujeitos a outros ônus ou responsabilidade de qualquer espécie, até mesmo de natureza fiscal.

Art. 44. Quando, do penhor cedular fizer parte matéria-prima, o emitente se obriga a manter em estoque, na vigência da cédula, uma quantidade desses mesmos bens ou dos produtos resultantes de sua transformação suficiente para a cobertura do saldo devedor pôr ela garantido.

Art. 45. A transformação da matéria-prima oferecida em penhor cedular não extingue o vínculo real, que se transfere para os produtos e subprodutos.

Parágrafo único. O penhor dos bens resultantes da transformação, industrial poderá ser substituído pelos títulos de crédito representativos da comercialização daqueles produtos, a crédito do credor, mediante endosso pleno.

Art. 46. O penhor cedular de máquinas e aparelhos utilizado na indústria tem preferência sobre o penhor legal do locador do imóvel de sua situação.

Parágrafo único. Para a constituição da garantia cedular a que, se refere este artigo, dispensa-se o consentimento do locador.

Art. 47. Dentro do prazo estabelecido para utilização do crédito, poderá ser admitida a reutilização pelo devedor, para novas aplicações, das parcelas entregues para amortização ao débito.

Art. 48. Quando, do penhor ou da alienação fiduciária, fizerem parte veículos automotores, embarcações ou aeronaves, o gravame será anotado nos assentamentos próprios da repartição competente para expedição de licença ou registro dos veículos.

Art. 49. Os bens onerados poderão ser objeto de nova garantia cedular a simples inscrição da respectiva cédula equivalerá à averbação à margem da anterior, do vínculo constituído em grau subsequente.

Art. 50. Em caso de mais de um financiamento, sendo os mesmos o credor e emitente da cédula, o credor e os bens onerados, poderá estender-se aos financiamentos subsequentes o vínculo originariamente constituído mediante referência à extensão nas cédulas posteriores, reputando-se uma só garantia com cédulas industriais distintas.

§ 1º A extensão será averbada à margem da inscrição anterior e não impede que sejam vinculados outros bens à garantia.

§ 2º Havendo vinculação de novos bens, além da averbação, estará a cédula sujeita à inscrição no Cartório do Registro de Imóveis.

§ 3º Não será possível a extensão se tiver havido endosso ou se o bem já houver sido objeto de novo ônus em favor de terceiros.

Art. 51. A venda dos bens vinculados à cédula de crédito industrial depende de prévia anuência do credor, por escrito.

Art. 52. Aplicam-se à cédula de crédito industrial e à nota de crédito industrial, no que forem cabíveis, as normas do direito cambial, dispensado, porém, o protesto para garantir direito de regresso contra endossantes e avalistas.

› *Vide Decreto 57.663/1966 (Convenções para adoção de uma Lei Uniforme em matéria de letras de câmbio e notas promissórias)*

CAPÍTULO VIII – DISPOSIÇÕES GERAIS

Art. 53. Dentro do prazo da cédula, o credor, se assim o entender, poderá autorizar o emitente a dispor de parte ou de todos os bens da garantia, na forma e condições que convencionarem.

Art. 54. Os bens dados em garantia assegurarão o pagamento do principal, juros, comissões, pena convencional, despesas legais e convencionais, com as preferências estabelecidas na legislação em vigor.

Art. 55. Se baixar no mercado o valor dos bens onerados ou se se verificar qualquer ocorrência que determine sua diminuição ou depreciação, o emitente reforçará a garantia dentro do prazo de quinze dias da notificação que o credor lhe fizer, por carta enviada pelo Correio, ou pelo Oficial do Cartório de Títulos e Documentos da Comarca.

Art. 56. Se os bens oferecidos em garantia de cédula de crédito industrial, pertencerem a terceiras, estes subscreverão também o título para que se constitua o vínculo.

Art. 57. Os bens vinculados à cédula de crédito industrial não serão penhorados ou sequestrados por outras dívidas do emitente ou de terceiro prestante da garantia real, cumprindo a qualquer deles denunciar a existência da cédula as autoridades incumbidas da diligência, ou a quem a determinou, sob pena de responderem pelos prejuízos resultantes de sua omissão.

Art. 58. Em caso de cobrança em processo contencioso ou não, judicial ou administrativo, o emitente da cédula de crédito industrial responderá ainda pela multa de 10% (dez por cento) sobre o principal e acessórios em débito, devida a partir do primeiro despacho da autoridade competente na petição de cobrança ou de habilitação do crédito.

Art. 59. No caso de execução judicial, os bens adquiridos ou pagos com o crédito concedido pela célula de crédito industrial responderão primeiramente pela satisfação do título, não podendo ser vinculados ao pagamento de dívidas privilegiadas, enquanto não for liquidada a cédula.

Art. 60. O emitente da cédula manterá em dia o pagamento dos tributos e encargos fiscais, previdenciários e trabalhistas de sua responsabilidade, inclusive a remuneração dos empregados, exibindo ao credor os respectivos comprovantes sempre que lhe forem exigidos.

Art. 61. A cédula de crédito industrial e a nota de crédito industrial poderão ser redescontadas em condições estabelecidas pelo Conselho Monetário Nacional.

Art. 62. Da cédula de crédito industrial poderão constar outras condições da dívida ou obrigações do emitente, desde que não contrariem o disposto neste Decreto-lei e a natureza do título.

Parágrafo único. O Conselho Monetário Nacional, observadas as condições do mercado de crédito, poderá fixar prazos de vencimento dos títulos do crédito industrial, bem como determinar inclusão de denominações que caracterizem a destinação dos bens e as condições da operação.

Art. 63. Os bens apenhados poderão, se convier ao credor, ser entregues à guarda de terceiro fiel-depositário, que se sujeitará às obrigações e às responsabilidades legais e cedulares.

§ 1º Os direitos e as obrigações do terceiro fiel-depositário, inclusive a imissão, na posse, do imóvel da situação dos bens apenhados, independerão da lavratura de contrato de comodato e de prévio consentimento do locador, perdurando enquanto subsistir a dívida.

§ 2º Todas as despesas de guarda e conservação dos bens contratados ao terceiro fiel-depositário correrão, exclusivamente, por conta do devedor.

§ 3º Nenhuma responsabilidade terão credor e terceiro fiel-depositário pelos dispêndios que se tornarem precisos ou aconselháveis para a boa conservação do imóvel e dos bens apenhados.

§ 4º O devedor é obrigado a providenciar tudo o que for reclamado pelo credor para a pronta execução dos reparos ou obras de que, porventura, necessitar o imóvel, ou que forem exigidos para a perfeita armazenagem dos bens empenhados.

Art. 64. Serão segurados, até final resgate da cédula, os bens nela descritos e caracterizados, observada à vigente legislação de seguros obrigatórios.

Art. 65. A cédula de crédito industrial e a nota de crédito industrial obedecerão aos modelos anexos, quais poderão ser padronizados e alterados pelo Conselho Monetário Nacional, observado o disposto no artigo 62 deste Decreto-lei.

Art. 66. Este Decreto-lei entrará em vigor 90 (noventa) dias depois de publicado, revogando-se os Decretos-leis nºs 265, de 28 de fevereiro de 1967, 320, de 29 de março de 1967 e 331, de 21 de setembro de 1967 na parte referente à cédula Industrial Pignoratícia, 1.271, de 16 de maio de 1939, 1.697, de 23 de outubro de 1939, 2.064, de 7 de março de 1940, 3.169, de 2 de abril de 1941, 4.191, de 18 de março de 1942, 4.312, de 20 de maio de 1942 e Leis nºs 2.931, de 27 de outubro 1956, e 3.408, de 16 de junho de 1958, as demais disposições em contrário.

Brasília, 9 de janeiro de 1969;
148º da Independência e 81º da República.
A. COSTA E SILVA
(DOU. de 10.1.1969 e retificado em 10.2.1969)

- *Não publicamos os modelos de nota e cédula de crédito industrial mencionados no Decreto-lei 413/1969.*

4

SÚMULAS E ENUNCIADOS RELACIONADOS

SÚMULAS DO SUPREMO TRIBUNAL FEDERAL – STF

SÚMULAS VINCULANTES

13. A nomeação de cônjuge, companheiro ou parente em linha reta, colateral ou por afinidade, até o terceiro grau, inclusive, da autoridade nomeante ou de servidor da mesma pessoa jurídica investido em cargo de direção, chefia ou assessoramento, para o exercício de cargo em comissão ou de confiança ou, ainda, de função gratificada na administração pública direta e indireta em qualquer dos Poderes da União, dos Estados, do Distrito Federal e dos Municípios, compreendido o ajuste mediante designações recíprocas, viola a Constituição Federal.

18. A dissolução da sociedade ou do vínculo conjugal, no curso do mandato, não afasta a inelegibilidade prevista no § 7º do artigo 14 da Constituição Federal.

25. É ilícita a prisão civil de depositário infiel, qualquer que seja a modalidade do depósito

44. Só por lei se pode sujeitar a exame psicotécnico a habilitação de candidato a cargo público.

47. Os honorários advocatícios incluídos na condenação ou destacados do montante principal devido ao credor consubstanciam verba de natureza alimentar cuja satisfação ocorrerá com a expedição de precatório ou requisição de pequeno valor, observada ordem especial restrita aos créditos dessa natureza.

52. Ainda quando alugado a terceiros, permanece imune ao IPTU o imóvel pertencente a qualquer das entidades referidas pelo art. 150, VI, "c", da Constituição Federal, desde que o valor dos aluguéis seja aplicado nas atividades para as quais tais entidades foram constituídas.

54. A medida provisória não apreciada pelo congresso nacional podia, até a Emenda Constitucional 32/2001, ser reeditada dentro do seu prazo de eficácia de trinta dias, mantidos os efeitos de lei desde a primeira edição.

SÚMULAS

1. É vedada a expulsão de estrangeiro casado com brasileira, ou que tenha filho brasileiro, dependente da economia paterna.

28. O estabelecimento bancário é responsável pelo pagamento de cheque falso, ressalvadas as hipóteses de culpa exclusiva ou concorrente do correntista.

35. Em caso de acidente do trabalho ou de transporte, a concubina tem direito de ser indenizada pela morte do amásio, se entre eles não havia impedimento para o matrimônio.

49. A cláusula de inalienabilidade inclui a incomunicabilidade dos bens.

75. Sendo vendedora uma autarquia, a sua imunidade fiscal não compreende o imposto de transmissão "inter vivos", que é encargo do comprador.

80. Para a retomada de prédio situado fora do domicílio do locador exige-se a prova da necessidade.

110. O imposto de transmissão "inter vivos" não incide sobre a construção, ou parte dela, realizada pelo adquirente, mas sobre o que tiver sido construído ao tempo da alienação do terreno.

111. É legítima a incidência do imposto de transmissão "inter vivos" sobre a restituição, ao antigo proprietário, de imóvel que deixou de servir à finalidade da sua desapropriação.

112. O imposto de transmissão "causa mortis" é devido pela alíquota vigente ao tempo da abertura da sucessão.

113. O imposto de transmissão "causa mortis" é calculado sobre o valor dos bens na data da avaliação.

114. O imposto de transmissão "causa mortis" não é exigível antes da homologação do cálculo.

115. Sobre os honorários do advogado contratado pelo inventariante, com a homologação do juiz, não incide o imposto de transmissão "causa mortis".

120. Parede de tijolos de vidro translúcido pode ser levantada a menos de metro e meio do prédio vizinho, não importando servidão sobre ele.

122. O enfiteuta pode purgar a mora enquanto não decretado o comisso por sentença.

149. É imprescritível a ação de investigação de paternidade, mas não o é o de petição de herança.

150. Prescreve a execução no mesmo prazo de prescrição da ação.

151. Prescreve em um ano a ação do segurador sub-rogado para haver indenização por extravio ou perda de carga transportada por navio.

153. Simples Protesto Cambiário não interrompe a prescrição. Súmula revogada pelo art. 202, III do Código Civil.

154. Simples vistoria não interrompe a prescrição.

158. Salvo estipulação contratual averbada no Registro Imobiliário, não responde o adquirente pelas benfeitorias do locatário.

159. Cobrança excessiva, mas de boa-fé, não dá lugar às sanções do art. 1531 do Código Civil.

161. Em contrato de transporte, é inoperante a cláusula de não indenizar.

165. A venda realizada diretamente pelo mandante ao mandatário não é atingida pela nulidade do art. 1.133, II, do Código Civil.

166. É inadmissível o arrependimento no compromisso de compra e venda sujeito ao regime do Decr.-lei nº 58, de 10 de dezembro de 1937.

167. Não se aplica o regime do Decr.-lei nº 58, de 10 de dezembro de 193,, ao compromisso de compra e venda não inscrito no Registro Imobiliário, salvo se o promitente vendedor se obrigou a efetuar o registro.

168. Para os efeitos do Decr.-lei nº 58, de 10 de dezembro de 1937, admite-se a inscrição imobiliária do compromisso de compra e venda no curso da ação.

169. Depende de sentença a aplicação da pena de comisso.

170. É resgatável a enfiteuse instituída anteriormente à vigência do Código Civil.

187. A responsabilidade contratual do transportador, pelo acidente com o passageiro, não é elidida por culpa de terceiro, contra o qual tem ação regressiva.

188. O segurador tem ação regressiva contra o causador do dano, pelo que efetivamente pagou, até o limite previsto no contrato de seguro.

189. Avais em branco e superpostos consideram-se simultâneo e não sucessivos.

192. Não se inclui no crédito habilitado em falência a multa fiscal com efeito de pena administrativa.

193. Para a restituição prevista no art. 76 § 2º, da Lei das Falências, conta-se o prazo de quinze dias da entrega da coisa e não da sua remessa.

226. Na ação de desquite, os alimentos são devidos desde a inicial e não da data da decisão que os concede.

259. Para produzir efeito em juízo não é necessária a inscrição, no Registro Público, de documentos de procedência estrangeira, autenticados por via consular.

331. É legítima a incidência do imposto de transmissão "causa mortis" no inventário por morte presumida.

335. É válida a cláusula de eleição do foro para os processos oriundos do contrato.

340. Desde a vigência do Código Civil, os bens dominicais, como os demais bens públicos, não podem ser adquiridos por usucapião.

357. É lícita a convenção pela qual o locador renuncia, durante a vigência do contrato, a ação revisional do art. 31 do Decreto nº 24.150, de 20/4/1934. Decreto revogado pela Lei das Locações (Lei 8.245/1991)

374. Na retomada para construção mais útil, não é necessário que a obra tenha sido ordenada pela autoridade pública.

375. Não renovada a locação regida pelo Decreto nº 24.150, de 20/4/1934, aplica-se o direito comum e não a legislação especial do inquilinato. Decreto revogado pela Lei das Locações (Lei 8.245/1991)

376. Na renovação de locação, regida pelo Decreto nº 24.150, de 20.04.1934, o prazo do novo contrato conta-se da transcrição da decisão exequenda no Registro de Títulos e Documentos; começa porém, da terminação do contrato anterior, se esta tiver ocorrido antes do registro. Decreto revogado pela Lei das Locações (Lei 8.245/1991)

377. No regime de separação legal de bens, comunicam-se os adquiridos na constância do casamento.

379. No acordo de desquite não se admite renúncia aos alimentos, que poderão ser pleiteados ulteriormente, verificados os pressupostos legais.

380. Comprovada a existência de sociedade de fato entre os concubinos, é cabível a sua dissolução judicial, com a partilha do patrimônio adquirido pelo esforço comum.

382. A vida em comum sob o mesmo teto, "more uxório", não é indispensável à caracterização do concubinato.

387. A cambial emitida ou aceita com omissões, ou em branco, pode ser completada pelo credor de boa-fé antes da cobrança ou do protesto.

391. O confinante certo deve ser citado, pessoalmente, para a ação de usucapião.

409. Ao retomante, que tenha mais de um prédio alugado, cabe optar entre eles, salvo abuso de direito.

410. Se o locador, utilizando prédio próprio para residência ou atividade comercial, pede o imóvel locado para uso próprio, diverso do que tem o por ele ocupado, não está obrigado a provar a necessidade, que se presume.

411. O locatário autorizado a ceder a locação pode sublocar o imóvel.

412. No compromisso de compra e venda com cláusula de arrependimento, a devolução do sinal, por quem o deu, ou a sua restituição em dobro, por quem o recebeu, exclui indenização maior, a título de perdas e danos, salvo os juros moratórios e os encargos do processo.

413. O compromisso de compra e venda de imóveis, ainda que não loteados, dá direito à execução compulsória, quando reunidos os requisitos legais.

414. Não se distingue a visão direta da oblíqua na proibição de abrir janela, ou fazer terraço, eirado, ou varanda, a menos de metro e meio do prédio de outrem.

415. Servidão de trânsito não titulada, mas tornada permanente, sobretudo pela natureza das obras realizadas, considera-se aparente, conferindo direito à proteção possessória.

417. Pode ser objeto de restituição, na falência, dinheiro em poder do falido, recebido em nome de outrem, ou do qual, por lei ou contrato, não tivesse ele a disponibilidade.

421. Não impede a extradição a circunstância de ser o extraditando casado com brasileira ou ter filho brasileiro.

442. A inscrição do contrato de locação no Registro de Imóveis, para a validade da cláusula de vigência contra o adquirente do imóvel, ou perante terceiros, dispensa a transcrição no Registro de Títulos e Documentos.

443. A prescrição das prestações anteriores ao período previsto em lei não ocorre, quando não tiver sido negado, antes daquele prazo, o próprio direito reclamado, ou a situação jurídica de que ele resulta.

449. O valor da causa, na consignatória de aluguel, corresponde a uma anuidade.

470. O imposto de transmissão "inter vivos" não incide sobre a construção, ou a parte dela, realizada, inequivocamente, pelo promitente comprador, mas sobre o valor do que tiver sido construído antes da promessa de venda.

477. As concessões de terras devolutas situadas na faixa de fronteira, feitas pelos Estados, autorizam, apenas, o uso, permanecendo o domínio com a união, ainda que se mantenha inerte ou tolerante, em relação aos possuidores.

479. As margens dos rios navegáveis são de domínio público, insuscetíveis de expropriação e, por isso mesmo, excluídas de indenização.

480. Pertencem ao domínio e administração da União, nos termos dos arts. 4º, IV, e 186, da Constituição Federal de 1967, as terras ocupadas por silvícolas.

481. Se a locação compreende, além do imóvel, fundo de comércio, com instalações e pertences, como no caso de teatros, cinemas e hotéis, não se aplicam ao retomante as restrições do art. 8º, "e, parágrafo único, do Decreto nº 24.150, de 20/4/1934. Decreto revogado pela Lei das Locações (Lei 8.245/1991)

482. O locatário, que não for sucessor ou cessionário do que o precedeu na locação, não pode somar os prazos concedidos a este, para pedir a renovação do contrato, nos termos do Decreto nº 24.150, de 20/4/1934. Decreto revogado pela Lei das Locações (Lei 8.245/1991)

483. É dispensável a prova da necessidade, na retomada de prédio situado em localidade para onde o proprietário pretende transferir residência, salvo se mantiver, também, a anterior, quando dita prova será exigida.

485. Nas locações regidas pelo Decreto nº 24.150, de 20/4/1934, a presunção de sinceridade do retomante é relativa, podendo ser ilidida pelo locatário. Decreto revogado pela Lei das Locações (Lei 8.245/1991)

486. Admite-se a retomada para sociedade da qual o locador, ou seu cônjuge, seja sócio, com participação predominante no capital social.

489. A compra e venda de automóvel não prevalece contra terceiros, de boa-fé, se o contrato não foi transcrito no Registro de Títulos e Documentos.

489. A compra e venda de automóvel não prevalece contra terceiros, de boa-fé, se o contrato não foi transcrito no Registro de Títulos e Documentos.

491. É indenizável o acidente que cause a morte de filho menor, ainda que não exerça trabalho remunerado.

492. A empresa locadora de veículos responde, civil e solidariamente com o locatário, pelos danos por este causados a terceiro, no uso do carro locado.

495. A restituição em dinheiro da coisa vendida a crédito, entregue nos quinze dias anteriores ao pedido de falência ou de concordata, cabe, quando, ainda que consumida ou transformada, não faça o devedor prova de haver sido alienada a terceiro.

539. É constitucional a lei do município que reduz o imposto predial urbano sobre imóvel ocupado pela residência do proprietário, que não possua outro.

562. Na indenização de danos materiais decorrentes de ato ilícito cabe a atualização de seu valor, utilizando-se, para esse fim, dentre outros critérios, dos índices de correção monetária.

583. Promitente comprador de imóvel residencial transcrito em nome de autarquia é contribuinte do Imposto Predial Territorial Urbano.

589. É inconstitucional a fixação de adicional progressivo do Imposto Predial e Territorial Urbano em função do número de imóveis do contribuinte.

590. Calcula-se o imposto de transmissão "causa mortis" sobre o saldo credor da promessa de compra e venda de imóvel, no momento da abertura da sucessão do promitente vendedor.

600. Cabe ação executiva contra o emitente e seus avalistas, ainda que não apresentado o cheque ao sacado no prazo legal, desde que não prescrita a ação cambiária.

621. Não enseja embargos de terceiro à penhora a promessa de compra e venda não inscrita no registro de imóveis.

650. Os incisos I e XI do art. 20 da Constituição Federal não alcançam terras de aldeamentos extintos, ainda que ocupadas por indígenas em passado remoto.

656. É inconstitucional a lei que estabelece alíquotas progressivas para o imposto de transmissão “inter vivos” de bens imóveis – ITBI com base no valor venal do imóvel.

668. É inconstitucional a lei municipal que tenha estabelecido, antes da emenda constitucional 29/2000, alíquotas progressivas para o IPTU, salvo se destinada a assegurar o cumprimento da função social da propriedade urbana.

724. Ainda quando alugado a terceiros, permanece imune ao IPTU o imóvel pertencente a qualquer das entidades referidas pelo art. 150, VI, “c”, da Constituição, desde que o valor dos aluguéis seja aplicado nas atividades essenciais de tais entidades.

730. A imunidade tributária conferida a instituições de assistência social sem fins lucrativos pelo art. 150, VI, c, da Constituição, somente alcança as entidades fechadas de previdência social privada se não houver contribuição dos beneficiários.

735. Não cabe recurso extraordinário contra acórdão que defere medida liminar.

736. Compete à Justiça do Trabalho julgar as ações que tenham como causa de pedir o descumprimento de normas trabalhistas relativas à segurança, higiene e saúde dos trabalhadores.

SÚMULAS DO SUPERIOR TRIBUNAL DE JUSTIÇA – STJ

1. O foro do domicilio ou da residência do alimentando e o competente para a ação de investigação de paternidade, quando cumulada com a de alimentos.

11. A presença da união ou de qualquer de seus entes, na ação de usucapião especial, não afasta a competência do foro da situação do imóvel.

12. Em desapropriação, são cumuláveis juros compensatórios e moratórios.

16. A legislação ordinária sobre credito rural não veda a incidência da correção monetária.

26. O avalista do titulo de credito vinculado a contrato de mutuo também responde pelas obrigações pactuadas, quando no contrato figurar como devedor solidário.

27. Pode a execução fundar-se em mais de um titulo extrajudicial relativos ao mesmo negocio.

28. O contrato de alienação fiduciária em garantia pode ter por objeto Bem que já integrava o patrimônio do devedor.

30. A comissão de permanência e a correção monetária são inacumuláveis.

31. A aquisição, pelo segurado, de mais de um imóvel financiado pelo Sistema financeiro da habitação, situados na mesma localidade, não Exime a seguradora da obrigação de pagamento dos seguros.

36. A correção monetária integra o valor da restituição, em caso de adiantamento de cambio, requerida em concordata ou falência.

37. São cumuláveis as indenizações por dano material e dano moral oriundos do mesmo fato.

43. Incide correção monetária sobre divida por ato ilícito a partir da data do efetivo prejuízo.

46. Na execução por carta, os embargos do devedor serão decididos no juízo deprecante, salvo se versarem unicamente vícios ou defeitos da penhora, avaliação ou alienação dos bens.

54. Os juros moratórios fluem a partir do evento danoso, em caso de responsabilidade extracontratual.

56. Na desapropriação para instituir servidão administrativa são devidos os juros compensatórios pela limitação de uso da propriedade.

60. É nula a obrigação cambial assumida por procurador do mutuário vinculado ao mutuante, no exclusivo interesse deste.

61. O seguro de vida cobre o suicídio não premeditado. A Segunda Seção, na sessão de 25 de abril de 2018, ao apreciar o Projeto de Súmula n. 1.154, determinou o CANCELAMENTO da Súmula n. 61-STJ.

63. São devidos direitos autorais pela retransmissão radiofônica de musicas em estabelecimentos comerciais.

67. Na desapropriação, cabe a atualização monetária, ainda que por mais de uma vez, independente do decurso de prazo superior a um ano entre o calculo e o efetivo pagamento da indenização.

69. Na desapropriação direta, os juros compensatórios são devidos desde a antecipada imissão na posse e, na desapropriação indireta, a partir da efetiva ocupação do imóvel.

70. Os juros moratórios, na desapropriação direta ou indireta, contam-se desde o transito em julgado da sentença.

72. A comprovação da mora e imprescindível a busca e apreensão do bem alienado fiduciariamente.

76. A falta de registro do compromisso de compra e venda de imóvel não dispensa a prévia interpretação para constituir em mora o devedor.

84. É admissível a oposição de embargos de terceiro fundados em alegação de posse advinda do compromisso de compra e venda de imóvel, ainda que desprovido do registro.

85. Nas relações jurídicas de trato sucessivo em que a fazenda publica figure como devedora, quando não tiver sido negado o próprio direito reclamado, a prescrição atinge apenas as prestações vencidas antes do quinquênio anterior a propositura da ação.

92. O terceiro de boa-fé não é oponível a alienação fiduciária não anotada no certificado de registro do veículo automotor.

93. A legislação sobre cédulas de crédito rural, comercial e industrial admite o pacto de capitalização de juros.

101. A ação de indenização do segurado em grupo contra a seguradora prescreve em um ano.

102. A incidência dos juros moratórios sobre os compensatórios, nas ações expropriatórias, não constitui anatocismo vedado em lei.

103. Incluem-se entre os imoveis funcionais que podem ser vendidos os administrados pelas forças armadas e ocupados pelos servidores civis.

106. Proposta a ação no prazo fixado para o seu exercício, a demora na citação, por motivos inerentes ao mecanismo da justiça, não justifica o acolhimento da arguição de prescrição ou decadência.

109. O reconhecimento do direito a indenização, por falta de mercadoria transportada via marítima, independe de vistoria.

113. Os juros compensatórios, na desapropriação direta, incidem a partir da imissão na posse, calculados sobre o valor da indenização, corrigido monetariamente.

114. Os juros compensatórios, na desapropriação indireta, incidem a partir da ocupação, calculados sobre o valor da indenização, corrigido monetariamente.

119. A ação de desapropriação indireta prescreve em vinte anos.

130. A empresa responde, perante o cliente, pela reparação de dano ou furto de veiculo ocorridos em seu estacionamento.

131. Nas ações de desapropriação incluem-se no calculo da verba advocatícia as parcelas relativas aos juros compensatórios e moratórios, devidamente corrigidas.

132. A ausência de registro da transferência não implica a responsabilidade do antigo proprietário por dano resultante de acidente que envolva o veiculo alienado.

133. A restituição da importância adiantada, a conta de contrato de cambio, independe de ter sido a antecipação efetuada nos quinze dias anteriores ao requerimento da concordata.

138. O iss incide na operação de arrendamento mercantil de coisas moveis.

141. Os honorários de advogado em desapropriação direta são calculados sobre a diferença entre a indenização e a oferta, corrigidas monetariamente.

145. No transporte desinteressado, de simples cortesia, o transportador só será civilmente responsável por danos causados ao transportado quando incorrer em dolo ou culpa grave.

160. E defeso, ao município, atualizar o iptu, mediante decreto, em percentual superior ao índice oficial de correção monetária.

167. O fornecimento de concreto, por empreitada, para construção civil, preparado no trajeto ate a obra em betoneiras acopladas a caminhões, e prestação de serviço, sujeitando-se apenas a incidência do iss.

176. O inss não goza de isenção do pagamento de custas e emolumentos, nas ações acidentarias e de benefícios, propostas na justiça estadual.

193. O direito de uso de linha telefônica pode ser adquirido por usucapião.

194. Prescreve em vinte anos a ação para obter, do construtor, indenização por defeitos da obra.

195. Em embargos de terceiro não se anula ato jurídico, por fraude contra credores.

197. O divorcio direto pode ser concedido sem que haja previa partilha dos bens.

199. Na execução hipotecaria de credito vinculado ao sistema financeiro da habitação, nos termos da lei nº 5.741/71, A petição inicial deve ser instruída com, pelo menos, dois avisos de cobrança.

205. A lei 8.009/90 Aplica-se a penhora realizada antes de sua vigência.

214. O fiador na locação não responde por obrigações resultantes de aditamento ao qual não anuiu.

219. Os créditos decorrentes de serviços prestados à massa falida, inclusive a remuneração do síndico, gozam dos privilégios próprios dos trabalhistas.

227. A pessoa jurídica pode sofrer dano moral.

228. É inadmissível o interdito proibitório para a proteção do direito autoral.

229. O pedido do pagamento de indenização à seguradora suspende o prazo de prescrição até que o segurado tenha ciência da decisão

233. O contrato de abertura de crédito, ainda que acompanhado de extrato da conta-corrente, não é título executivo.

238. A avaliação da indenização devida ao proprietário do solo, em razão de alvará de pesquisa mineral, é processada no Juízo Estadual da situação do imóvel.

239. O direito à adjudicação compulsória não se condiciona ao registro do compromisso de compra e venda no cartório de imóveis.

245. A notificação destinada a comprovar a mora nas dívidas garantidas por alienação fiduciária dispensa a indicação do valor do débito.

247. O contrato de abertura de crédito em conta-corrente, acompanhado do demonstrativo de débito, constitui documento hábil para o ajuizamento da ação monitória.

248. Comprovada a prestação dos serviços, a duplicata não aceita, mas protestada, é título hábil para instruir pedido de falência.

251. A meação só responde pelo ato ilícito quando o credor, na execução fiscal, provar que o enriquecimento dele resultante aproveitou ao casal.

258. A nota promissória vinculada a contrato de abertura de crédito não goza de autonomia em razão da iliquidez do título que a originou.

260. A convenção de condomínio aprovada, ainda que sem registro, é eficaz para regular as relações entre os condôminos.

261. A cobrança de direitos autorais pela retransmissão radiofônica de músicas, em estabelecimentos hoteleiros, deve ser feita conforme a taxa média de utilização do equipamento, apurada em liquidação.

264. É irrecorrível o ato judicial que apenas manda processar a concordata preventiva.

266. O diploma ou habilitação legal para o exercício do cargo deve ser exigido na posse e não na inscrição para o concurso público.

268. O fiador que não integrou a relação processual na ação de despejo não responde pela execução do julgado.

277. Julgada procedente a investigação de paternidade, os alimentos são devidos a partir da citação.

278. O termo inicial do prazo prescricional, na ação de indenização, é a data em que o segurado teve ciência inequívoca da incapacidade laboral.

279. É cabível execução por título extrajudicial contra a Fazenda Pública.

283. As empresas administradoras de cartão de crédito são instituições financeiras e, por isso, os juros remuneratórios por elas cobrados não sofrem as limitações da Lei de Usura.

284. A purga da mora, nos contratos de alienação fiduciária, só é permitida quando já pagos pelo menos 40% (quarenta por cento) do valor financiado.

293. A cobrança antecipada do valor residual garantido (VRG) não descaracteriza o contrato de arrendamento mercantil.

294. Não é potestativa a cláusula contratual que prevê a comissão de permanência, calculada pela taxa média de mercado apurada pelo Banco Central do Brasil, limitada à taxa do contrato.

296. Os juros remuneratórios, não cumuláveis com a comissão de permanência, são devidos no período de inadimplência, à taxa média de mercado estipulada pelo Banco Central do Brasil, limitada ao percentual contratado.

298. O alongamento de dívida originada de crédito rural não constitui faculdade da instituição financeira, mas, direito do devedor nos termos da lei.

299. É admissível a ação monitória fundada em cheque prescrito.

300. O instrumento de confissão de dívida, ainda que originário de contrato de abertura de crédito, constitui título executivo extrajudicial.

301. Em ação investigatória, a recusa do suposto pai a submeter-se ao exame de DNA induz presunção juris tantum de paternidade.

307. A restituição de adiantamento de contrato de câmbio, na falência, deve ser atendida antes de qualquer crédito.

308. A hipoteca firmada entre a construtora e o agente financeiro, anterior ou posterior à celebração da promessa de compra e venda, não tem eficácia perante os adquirentes do imóvel.

309. O débito alimentar que autoriza a prisão civil do alimentante é o que compreende as três prestações anteriores ao ajuizamento da execução e as que se vencerem no curso do processo.

313. Em ação de indenização, procedente o pedido, é necessária a constituição de capital ou caução fidejussória para a garantia de pagamento da pensão, independentemente da situação financeira do demandado.

319. O encargo de depositário de bens penhorados pode ser expressamente recusado.

323. A inscrição do nome do devedor pode ser mantida nos serviços de proteção ao crédito até o prazo máximo de cinco anos, independentemente da prescrição da execução.

328. Na execução contra instituição financeira, é penhorável o numerário disponível, excluídas as reservas bancárias mantidas no Banco Central.

332. A fiança prestada sem autorização de um dos cônjuges implica a ineficácia total da garantia.

335. Nos contratos de locação, é válida a cláusula de renúncia à indenização das benfeitorias e ao direito de retenção.

354. A invasão do imóvel é causa de suspensão do processo expropriatório para fins de reforma agrária.

358. O cancelamento de pensão alimentícia de filho que atingiu a maioridade está sujeito à decisão judicial, mediante contraditório, ainda que nos próprios autos.

359. Cabe ao órgão mantenedor do Cadastro de Proteção ao Crédito a notificação do devedor antes de proceder à inscrição.

360. O benefício da denúncia espontânea não se aplica aos tributos sujeitos a lançamento por homologação regularmente declarados, mas pagos a destempo.

361. A notificação do protesto, para requerimento de falência da empresa devedora, exige a identificação da pessoa que a recebeu.

362. A correção monetária do valor da indenização do dano moral incide desde a data do arbitramento.

364. O conceito de impenhorabilidade de bem de família abrange também o imóvel pertencente a pessoas solteiras, separadas ou viúvas.

369. No contrato de arrendamento mercantil (leasing), ainda que haja cláusula resolutiva expressa, é necessária a notificação prévia do arrendatário para constituí-lo em mora.

370. Caracteriza dano moral a apresentação antecipada de cheque pré-datado.

375. O reconhecimento da fraude à execução depende do registro da penhora do bem alienado ou da prova de má-fé do terceiro adquirente.

380. A simples propositura da ação de revisão de contrato não inibe a caracterização da mora do autor.

382. A estipulação de juros remuneratórios superiores a 12% ao ano, por si só, não indica abusividade.

384. Cabe ação monitória para haver saldo remanescente oriundo de venda extrajudicial de bem alienado fiduciariamente em garantia.

385. Da anotação irregular em cadastro de proteção ao crédito, não cabe indenização por dano moral, quando preexistente legítima inscrição, ressalvado o direito ao cancelamento.

387. É lícita a cumulação das indenizações de dano estético e dano moral.

388. A simples devolução indevida de cheque caracteriza dano moral.

397. O contribuinte do IPTU é notificado do lançamento pelo envio do carnê ao seu endereço.

399. Cabe à legislação municipal estabelecer o sujeito passivo do IPTU.

402. O contrato de seguro por danos pessoais compreende os danos morais, salvo cláusula expressa de exclusão.

403. Independe de prova do prejuízo a indenização pela publicação não autorizada de imagem de pessoa com fins econômicos ou comerciais.

404. É dispensável o aviso de recebimento (AR) na carta de comunicação ao consumidor sobre a negativação de seu nome em bancos de dados e cadastros.

412. A ação de repetição de indébito de tarifas de água e esgoto sujeita-se ao prazo prescricional estabelecido no Código Civil.

417. Na execução civil, a penhora de dinheiro na ordem de nomeação de bens não tem caráter absoluto.

420. Incabível, em embargos de divergência, discutir o valor de indenização por danos morais.

449. A vaga de garagem que possui matrícula própria no registro de imóveis não constitui bem de família para efeito de penhora.

465. Ressalvada a hipótese de efetivo agravamento do risco, a seguradora não se exime do dever de indenizar em razão da transferência do veículo sem a sua prévia comunicação.

472. A cobrança de comissão de permanência – cujo valor não pode ultrapassar a soma dos encargos remuneratórios e moratórios previstos no contrato – exclui a exigibilidade dos juros remuneratórios, moratórios e da multa contratual.

473. O mutuário do SFH não pode ser compelido a contratar o seguro habitacional obrigatório com a instituição financeira mutuante ou com a seguradora por ela indicada.

475. Responde pelos danos decorrentes de protesto indevido o endossatário que recebe por endosso translativo título de crédito contendo vício formal extrínseco ou intrínseco, ficando ressalvado seu direito de regresso contra os endossantes e avalistas.

476. O endossatário de título de crédito por endosso-mandato só responde por danos decorrentes de protesto indevido se extrapolar os poderes de mandatário.

478. Na execução de crédito relativo a cotas condominiais, este tem preferência sobre o hipotecário.

479. As instituições financeiras respondem objetivamente pelos danos gerados por fortuito interno relativo a fraudes e delitos praticados por terceiros no âmbito de operações bancárias.

480. O juízo da recuperação judicial não é competente para decidir sobre a constrição de bens não abrangidos pelo plano de recuperação da empresa.

485. A Lei de Arbitragem aplica-se aos contratos que contenham cláusula arbitral, ainda que celebrados antes da sua edição.

486. É impenhorável o único imóvel residencial do devedor que esteja locado a terceiros, desde que a renda obtida com a locação seja revertida para a subsistência ou a moradia da sua família.

496. Os registros de propriedade particular de imóveis situados em terrenos de marinha não são oponíveis à União.

497. Os créditos das autarquias federais preferem aos créditos da Fazenda estadual desde que coexistam penhoras sobre o mesmo bem. Súmula cancelada.

503. O prazo para ajuizamento de ação monitória em face do emitente de cheque sem força executiva é quinquenal, a contar do dia seguinte à data de emissão estampada na cártula.

504. O prazo para ajuizamento de ação monitória em face do emitente de nota promissória sem força executiva é quinquenal, a contar do dia seguinte ao vencimento do título

531. Em ação monitória fundada em cheque prescrito ajuizada contra o emitente, é dispensável a menção ao negócio jurídico subjacente à emissão da cártula.

548. Incumbe ao credor a exclusão do registro da dívida em nome do devedor no cadastro de inadimplentes no prazo de cinco dias úteis, a partir do integral e efetivo pagamento do débito.

549. É válida a penhora de bem de família pertencente a fiador de contrato de locação.

552. O portador de surdez unilateral não se qualifica como pessoa com deficiência para o fim de disputar as vagas reservadas em concursos públicos.

560. A decretação da indisponibilidade de bens e direitos, na forma do art. 185-A do CTN, pressupõe o exaurimento das diligências na busca por bens penhoráveis, o qual fica caracterizado quando infrutíferos o pedido de constrição sobre ativos financeiros e a expedição de ofícios aos registros públicos do domicílio do executado, ao Denatran ou Detran.

564. No caso de reintegração de posse em arrendamento mercantil financeiro, quando a soma da importância antecipada a título de valor residual garantido (VRG) com o valor da venda do bem ultrapassar o total do VRG previsto contratualmente, o arrendatário terá direito de receber a respectiva diferença, cabendo, porém, se estipulado no contrato, o prévio desconto de outras despesas ou encargos pactuados.

572. O Banco do Brasil, na condição de gestor do Cadastro de Emitentes de Cheques sem Fundos (CCF), não tem a responsabilidade de notificar previamente o devedor acerca da sua inscrição no aludido cadastro, tampouco legitimidade passiva para as ações de reparação de danos fundadas na ausência de prévia comunicação.

581. A recuperação judicial do devedor principal não impede o prosseguimento das ações e execuções ajuizadas contra terceiros devedores solidários ou coobrigados em geral, por garantia cambial, real ou fidejussória.

586. A exigência de acordo entre o credor e o devedor na escolha do agente fiduciário aplica-se, exclusivamente, aos contratos não vinculados ao Sistema Financeiro da Habitação SFH.

591. É permitida a prova emprestada no processo administrativo disciplinar, desde que devidamente autorizada pelo juízo competente e respeitados o contraditório e a ampla defesa.

592. O excesso de prazo para a conclusão do processo administrativo disciplinar só causa nulidade se houver demonstração de prejuízo à defesa.

594. O Ministério Público tem legitimidade ativa para ajuizar ação de alimentos em proveito de criança ou adolescente independentemente do exercício do poder familiar dos pais, ou do fato de o menor se encontrar nas situações de risco descritas no art. 98 do Estatuto da Criança e do Adolescente, ou de quaisquer outros questionamentos acerca da existência ou eficiência da Defensoria Pública na comarca.

596. A obrigação alimentar dos avós tem natureza complementar e subsidiária, somente se configurando no caso de impossibilidade total ou parcial de seu cumprimento pelos pais.

599. O princípio da insignificância é inaplicável aos crimes contra a administração pública.

601. O Ministério Público tem legitimidade ativa para atuar na defesa de direitos difusos, coletivos e individuais homogêneos dos consumidores, ainda que decorrentes da prestação de serviço público.

602. O Código de Defesa do Consumidor é aplicável aos empreendimentos habitacionais promovidos pelas sociedades cooperativas.

611. Desde que devidamente motivada e com amparo em investigação ou sindicância, é permitida a instauração de processo administrativo disciplinar com base em denúncia anônima, em face do poder-dever de autotutela imposto à Administração.

614. O locatário não possui legitimidade ativa para discutir a relação jurídico-tributária de IPTU e de taxas referentes ao imóvel alugado nem para repetir indébito desses tributos.

619. A ocupação indevida de bem público configura mera detenção, de natureza precária, insuscetível de retenção ou indenização por acessões e benfeitorias.

622. A notificação do auto de infração faz cessar a contagem da decadência para a constituição do crédito tributário; exaurida a instância administrativa com o decurso do prazo para a impugnação ou com a notificação de seu julgamento definitivo e esgotado o prazo concedido pela Administração para o pagamento voluntário, inicia-se o prazo prescricional para a cobrança judicial

623. As obrigações ambientais possuem natureza propter rem, sendo admissível cobrá-las do proprietário ou possuidor atual e/ou dos anteriores, à escolha do credor.

626. A incidência do IPTU sobre imóvel situado em área considerada pela lei local como urbanizável ou de expansão urbana não está condicionada à existência dos melhoramentos elencados no art. 32, § 1º, do CTN.

628. A teoria da encampação é aplicada no mandado de segurança quando presentes, cumulativamente, os seguintes requisitos: a) existência de vínculo hierárquico entre a autoridade que prestou informações e a que ordenou a prática do ato impugnado; b) manifestação a respeito do mérito nas informações prestadas; e c) ausência de modificação de competência estabelecida na Constituição Federal.

629. Quanto ao dano ambiental, é admitida a condenação do réu à obrigação de fazer ou à de não fazer cumulada com a de indenizar.

632. Nos contratos de seguro regidos pelo Código Civil, a correção monetária sobre a indenização securitária incide a partir da contratação até o efetivo pagamento.

633. A Lei n. 9.784/1999, especialmente no que diz respeito ao prazo decadencial para a revisão de atos administrativos no âmbito da Administração Pública federal, pode ser aplicada, de forma subsidiária, aos estados e municípios, se inexistente norma local e específica que regule a matéria.

634. Ao particular aplica-se o mesmo regime prescricional previsto na Lei de Improbidade Administrativa para o agente público.

638. É abusiva a cláusula contratual que restringe a responsabilidade de instituição financeira pelos danos decorrentes de roubo, furto ou extravio de bem entregue em garantia no âmbito de contrato de penhor civil.

641. A portaria de instauração do processo administrativo disciplinar prescinde da exposição detalhada dos fatos a serem apurados.

642. O direito à indenização por danos morais transmite-se com o falecimento do titular, possuindo os herdeiros da vítima legitimidade ativa para ajuizar ou prosseguir a ação indenizatória.

653. O pedido de parcelamento fiscal, ainda que indeferido, interrompe o prazo prescricional, pois caracteriza confissão extrajudicial do débito.

655. Aplica-se à união estável contraída por septuagenário o regime da separação obrigatória de bens, comunicando-se os adquiridos na constância, quando comprovado o esforço comum.

656. É válida a cláusula de prorrogação automática de fiança na renovação do contrato principal. A exoneração do fiador depende da notificação prevista no art. 835 do Código Civil.

665. O controle jurisdicional do processo administrativo disciplinar restringe-se ao exame da regularidade do procedimento e da legalidade do ato, à luz dos princípios do contraditório, da ampla defesa e do devido processo legal, não sendo possível incursão no mérito administrativo, ressalvadas as hipóteses de flagrante ilegalidade, teratologia ou manifesta desproporcionalidade da sanção aplicada.

ENUNCIADOS DA I JORNADA DE DIREITO NOTARIAL E REGISTRAL DO CONSELHO DA JUSTIÇA FEDERAL – CJF

I JORNADA DE DIREITO NOTARIAL E REGISTRAL DO CONSELHO DA JUSTIÇA FEDERAL – CJF

REGISTRO CIVIL DE PESSOAS NATURAIS

1 – É possível trasladar os registros civis estrangeiros de nascimento, casamento e óbito de brasileiros naturalizados no Livro E do Ofício de Registro Civil das Pessoas Naturais competente mediante a apresentação do certificado de naturalização e dos demais documentos exigidos na Resolução CNJ n. 155/2012.

2 – Não obstante a ausência de previsão legal, é facultado aos pais a atribuição de nome ao natimorto, a ser incluído em registro que deverá ser realizado no Livro C-Auxiliar.

3 – Podem ser objeto de apostilamento pelos serviços notariais e registrais, após análise formal, documentos e peças judiciais, aferida a autenticidade dos elementos exigidos pela Convenção da Haia.

4 – É admissível a averbação no assento de nascimento, bem como nos registros subsequentes, da aquisição de nacionalidade originária estrangeira.

5 – É possível a transcrição no Livro E do Ofício de Registro Civil das Pessoas Naturais, do assento de nascimento de registrado estrangeiro que foi adotado por brasileiro.

6 – O procedimento de reconhecimento de filiação socioafetiva não deve ser encaminhado para a análise do Judiciário, quando a ausência de consentimento do genitor ocorrer em razão de seu falecimento prévio.

7 – A presunção de paternidade, prevista no art. 1.597 do Código Civil, aplica-se aos conviventes em união estável, desde que esta esteja previamente registrada no Livro E do Registro Civil das Pessoas Naturais da Sede, ou, onde houver, no 1º Subdistrito da Comarca, nos termos do Provimento CNJ n. 37/2014.

8 – Para inscrição dos demais atos relativos ao estado civil, é possível o registro da naturalização no Livro E do Registro Civil das Pessoas Naturais, após sua concessão pelo Ministério da Justiça e Segurança Pública.

9 – Em caso de suspeita ou dúvida acerca da declaração de pobreza para fins de habilitação de casamento, o Oficial de Registro Civil das Pessoas Naturais poderá solicitar documentos comprobatórios acerca da hipossuficiência.

10 – É possível a averbação, diretamente perante o Registro Civil das Pessoas Naturais, do divórcio consensual decretado no exterior, independentemente de intervenção judicial, cabendo ao interessado providenciar a homologação, pelo Superior Tribunal de Justiça, apenas dos demais capítulos da sentença estrangeira, tais como alimentos, partilha de bens e guarda (art. 961, §§2º e 5º, CPC/2015).

11 – A certidão do registro civil necessária à habilitação para casamento deve ter sido emitida há menos de 90 (noventa) dias contados da data da apresentação dos documentos para habilitação.

12 – A adoção unilateral da criança e do adolescente será averbada sem cancelamento do registro original.

REGISTRO DE IMÓVEIS

13 – As certidões fiscais a que alude o art. 1º, §2º, da Lei n. 7.433/1985, que dispõe sobre os requisitos da escritura pública, referem-se exclusivamente aos tributos relativos ao imóvel (IPTU/ITR), conforme Decreto n. 93.240/1986, sendo indevida a exigência de certidões fiscais de outra natureza na qualificação registral.

14 – Para registro de imóveis, a carta de arrematação dispensa a certidão de trânsito em julgado.

15 – No procedimento de execução extrajudicial de bens alienados fiduciariamente, ocorrendo dois leilões negativos, deve-se averbar esse fato na matrícula do imóvel.

16 – A qualificação registral de Reurb-S pode ser flexibilizada no cumprimento de requisitos formais relativos à especialidade subjetiva e objetiva, desde que possível a identificação das pessoas e dos imóveis envolvidos na regularização fundiária.

17 – O disposto no §13 do art. 213 da Lei n. 6.015/1973 aplica-se aos casos em que o georreferenciamento ou a retificação de área sejam realizados após a escritura pública e antes do registro, ainda que a atualização da descrição do imóvel de origem resulte em unificação ou abertura de novas matrículas.

18 – É registrável a constituição do direito real de superfície na matrícula de imóvel rural, independentemente de o art. 167, I, 39 e II, e 20, da Lei n. 6.015/1973, referirem-se a imóveis urbanos.

19 – A certidão forense exigida pelo art. 18, III, "b", da Lei n. 6.766/1979, para o registro especial de loteamentos, é aquela emitida em nome do loteador, sendo desnecessária certidão específica sobre imóvel determinado, dada a inexistência de banco de dados judicial correspondente a indicador real.

20 – Em regra, os serviços no Registro de Imóveis podem ser praticados e selados em qualquer dia e horário, respeitadas as normas para a prática de intimações, sendo a sanção de nulidade de atos fora das horas e dias regulamentares a que se refere o art. 9º, *caput*, da Lei n. 6.015/1973, aplicável apenas ao serviço de protocolo de títulos e sua respectiva lavratura.

21 – Para fins de ingresso no Registro de Imóveis, a carta de sentença ou formal de partilha pode ser aditada ou rerratificada por meio de escritura pública, com a participação de advogado e dos interessados.

22 – Para o ingresso da união estável no Registro de Imóveis não é necessário o seu prévio registro no Livro E do Registro Civil das Pessoas Naturais.

23 – É lícito ao oficial de Registro de Imóveis promover de ofício a chamada averbação saneadora, com o escopo de aclarar os direitos vigentes em determinada matrícula.

24 – Na incorporação imobiliária, prevista no art. 68 da Lei n. 4.591/1964, a dispensa do prazo de carência é faculdade do incorporador, que poderá fixá-lo a fim de exercer eventual direito de denúncia.

25 – A existência de averbação de indisponibilidade de bens, por si só, não obsta a usucapião extraordinária processada extrajudicialmente.

26 – O condomínio urbano simples não se limita a imóveis residenciais.

27 – A cláusula de impenhorabilidade, imposta em doação ou testamento, não obsta a alienação do bem imóvel, nem a outorga de garantia real convencional ou o oferecimento voluntário à penhora, pelo beneficiário.

28 – Poderá o oficial de Registro de Imóveis cindir o título apresentado a requerimento do interessado, com a prática do ato ou atos solicitados, salvo vedação legal ou interdependência entre os fatos inscritíveis a serem cindidos.

29 – A locação *built to suit* pode ser registrada ou averbada nas hipóteses previstas no art. 167, I, 3 (cláusula de vigência) e II, 16 (direito de preferência), da Lei n. 6.015/1973.

30 – A instituição de condomínio, sem prévia incorporação, em prédio consideravelmente antigo ou anterior à Lei n. 4.591/1964, cuja construção já se encontra concluída e averbada no Registro de Imóveis, não depende da apresentação de novo projeto de construção aprovado pela municipalidade.

31 – A gratuidade da Central Nacional de Indisponibilidades, prevista no Provimento CNJ n. 39/2014, refere-se ao uso da plataforma. Os atos de averbação e cancelamento são cobrados por meio dos emolumentos, exceto nas hipóteses legais de isenção.

32 – A impugnação em usucapião extrajudicial fundada unicamente na presunção de que o imóvel constitui terra devoluta, ante a inexistência de registro da sua propriedade, deve ser considerada injustificada, nos termos do art. 216-A, §10, da Lei n. 6.015/1973.

33 – O espólio, representado por seu inventariante, tem legitimidade para requerer a usucapião extrajudicial.

34 – Em atenção aos princípios da disponibilidade e da continuidade registral, a alienação de bens individualizados a terceiros, na ocasião da partilha, deve ser objeto de registro imobiliário autônomo, não se confundindo com a cessão de direitos hereditários.

35 – A garantia para realização das obras de infraestrutura de loteamentos prevista no art. 18, V, da Lei n. 6.766/1979, quando cumprida com bens imóveis, deverá se revestir sob a forma de hipoteca ou alienação fiduciária.

36 – Compete ao arrematante o pagamento dos emolumentos relativos aos cancelamentos dos ônus gravados na matrícula do imóvel quando do registro da carta de arrematação.

REGISTRO DE TÍTULOS E DOCUMENTOS CIVIS DE PESSOAS JURÍDICAS

37 – Os atos constitutivos de organizações religiosas, e suas alterações, observarão o disposto nos arts. 44 e 46 do CC/2002, sendo tais organizações livres quanto à regência de cultos e atos confessionais.

38– Não cabe ao registrador, quando da qualificação dos atos constitutivos, verificar a unicidade sindical e a base territorial de entidades sindicais.

39 – A regra da nomeação de administrador provisório pelo juiz, nos termos do art. 49 do Código Civil, poderá ser excepcionada quando a solicitação de reativação das atividades da pessoa jurídica for feita ao Oficial de Registro Civil das Pessoas Jurídicas competente por pelo menos 1/5 (um quinto) das pessoas que a integravam ao tempo de sua paralisação.

40– Em razão do princípio da continuidade registral, antes de averbar a ata de eleição/nomeação e posse da atual diretoria e órgãos deliberativos das pessoas jurídicas, é necessária a averbação das atas anteriores de eleição/nomeação e posse, bem como de qualquer alteração havida no decorrer dos respectivos mandatos.

TABELIONATO DE NOTAS

41 – O ato notarial de revogação do mandato outorgado por instrumento público é admitido sem a presença do mandatário, ainda que haja cláusula de irrevogabilidade.

42 – O art. 1.015 do Código Civil refere-se à venda ou oneração de imóvel da sociedade, não sendo necessária autorização para aquisição de imóvel pelo administrador em nome da sociedade, no silêncio do contrato.

43 – A existência de débitos junto ao IBAMA em relação ao imóvel rural não é óbice à lavratura de escritura pública de sua transferência ou constituição de ônus real.

44 – A viabilidade de acesso às bases de dados de identificação dos usuários dos serviços (art. 9° da Lei n. 14.382/2022), desde que firmado convênio com os órgãos públicos de identificação civil, abrange também os serviços notariais, não se limitando aos serviços de registros públicos.

45 – A regra do art. 9° da Lei n. 14.382/2022, ao tratar da viabilidade de acesso a bases de dados de identificação dos usuários dos serviços, apresenta rol meramente exemplificativo dos órgãos públicos de identificação civil e, por isso, também permite o convênio firmado para acesso à base de dados relativos às pessoas jurídicas (tal como o Cadastro Nacional de Pessoas Jurídicas da Secretaria Especial da Receita Federal do Brasil).

46 – O acesso a bases de dados de identificação dos usuários dos serviços de registro público e/ou de notas (art. 9° da Lei n. 14.382/2022), desde que firmado convênio com os órgãos públicos de identificação civil, deve ser realizado em consonância com a proteção aos direitos da personalidade, tais como a privacidade e a autodeterminação informativa, daí a necessidade de sua compatibilização com as regras da Lei n. 13.079/2018 (LGPD).

47 – Nas escrituras relativas a fatos, atos ou negócios relativos a imóveis, inclusive o inventário, separação, divórcio e dissolução de união estável, é cabível a menção à consulta feita ao sítio eletrônico da Receita Federal. A existência de débitos tributários será consignada na escritura, com a advertência das partes sobre os riscos relativos à realização do ato notarial.

48 – O inventariante nomeado pelos interessados poderá, desde que autorizado expressamente na escritura de nomeação, formalizar obrigações pendentes do falecido, a exemplo das escrituras de re-ratificação, estremação e, especialmente, transmissão e aquisição de bens móveis e imóveis contratados e quitados em vida, mediante prova ao tabelião.

49 – A divisão amigável tem como critério de avaliação dos imóveis resultantes o valor de cada área individualizada, especialmente quanto a localização, benfeitorias e tipo de solo. O tamanho da área a ser atribuída a cada condômino não é o critério determinante para aferir a equivalência dos pagamentos às frações ideais nem a eventual necessidade de recolhimento de imposto de transmissão (ITCD ou ITBI).

50 – Os atos notariais de reconhecimento de firma e da assinatura eletrônica em documento digital se limitam à verificação da assinatura no documento com base naquela depositada em Tabelionato ou correspondente ao certificado digital notarizado, respectivamente, sem que haja análise da legalidade e conformidade jurídica do conteúdo do negócio ou ato jurídico no qual a assinatura física ou digital esteja inserida.

51 – O acordo feito entre o ente público expropriante e o expropriado, em desapropriação por utilidade pública, respeitadas as formalidades legais do art. 108 do Código Civil, é título hábil a ingresso no registro imobiliário, independentemente de homologação judicial.

52 – O divórcio consensual, a separação consensual e a extinção consensual de união estável, mesmo havendo filhos incapazes, poderão ser realizados por escritura pública, nas hipóteses em que as questões relativas à guarda, ao regime de convivência e aos alimentos dos filhos incapazes já estiverem previamente resolvidas na esfera judicial.

53 – É admissível a escritura de restabelecimento da sociedade conjugal, ainda que haja filhos incapazes ou nascituros.

PROTESTO DE TÍTULOS

54 – A intimação do devedor por meio eletrônico ou aplicativo multiplataforma de mensagens instantâneas pode ser realizada a pedido do apresentante ou a critério do tabelião, respeitada a competência territorial prevista nos atos normativos do Conselho Nacional de Justiça, observando-se a necessária comprovação de recebimento.

55 – Serão admitidos a protesto títulos e documentos de dívida nato-digitais assinados de forma simples, avançada ou qualificada, cabendo ao apresentante declarar em relação às duas primeiras, sob as penas da lei, que a forma de assinatura foi admitida pelas partes como válida ou aceita pela pessoa a quem oposta.

56 – A assinatura eletrônica avançada, prevista no art. 4º, II, da Lei n. 14.063/2020, é meio apto e seguro para fins de apontamento eletrônico de títulos para protesto, bem como para a formalização das desistências e anuências eletrônicas para cancelamento de protesto.

57 – O deferimento do processamento de recuperação judicial de empresário e de sociedade empresária não impede o protesto de títulos e documentos de dívida relacionados com o requerente e não sujeitos ou afetados na recuperação.

58 – O cancelamento do protesto pode ser requerido diretamente ao Tabelião mediante apresentação dos documentos que comprovem a extinção da obrigação por consignação da quantia com efeito de pagamento, nos termos do art. 539, §2º, do CPC.

59 – A comprovação da data de apresentação e do motivo da devolução, no caso de cheques depositados por aplicativos, pode ser realizada por qualquer meio que contenha essas informações, ou mediante declaração do apresentante.

60 – É admissível o protesto de documento de dívida ainda que não se trate de título executivo extrajudicial.

61 – Os coobrigados solidários em títulos e documentos de dívida, inclusive os avalistas, podem figurar como devedores no protesto por falta de pagamento, se assim for indicado pelo apresentante.

62 – Quando o cancelamento for fundado no pagamento, e não for possível demonstrá-lo pelo título ou documento de dívida, será exigida declaração de anuência ao cancelamento, emitida pelo credor ou apresentante endossatário-mandatário, suficientemente identificado na declaração.

63 – É possível o protesto de título ou documento de dívida em que figure como devedor um ente federativo.

64 – O cessionário de crédito protestado tem o direito de fazer averbar a cessão no registro de protesto, inclusive por meio da central eletrônica de protesto.

65 – O valor do título ou documento de dívida apresentado a protesto pode ser devidamente atualizado, sob responsabilidade do apresentante.

66 – Em caso de endosso-mandato, o endossante-mandante pode figurar como apresentante do protesto.

67 – Observada a competência territorial, a intimação de protesto pode ser realizada em endereço diverso do indicado pelo apresentante como sendo do devedor, se constante de base de dados própria ou de outras bases públicas de acesso disponível, inclusive a mantida pela central de serviços eletrônicos compartilhados.

68 – No caso de duplicata não aceita, que tenha circulado por endosso translativo, o protesto poderá ser lavrado em face do sacador endossante e seus avalistas, se assim for indicado pelo apresentante.

O JUIZ E A ATIVIDADE NOTARIAL E REGISTRAL

69 – Recomenda-se aos Tribunais a celebração de convênios com notários e registradores para a instalação de centros judiciários de solução de conflitos e cidadania.

70 – A prova escrita da celebração de um negócio jurídico pode ser complementada por ata notarial que reproduza diálogos por meio de aplicativos e redes sociais, nos termos do art. 227, parágrafo único, do Código Civil.

71 – O Poder Judiciário e as serventias registrais devem estimular os Municípios e o Distrito Federal a adotarem sistemas eletrônicos com a capacidade de operação de dados geocodificados para regularização fundiária.

72 – Cabe a reclamação (dúvida inversa) ao juiz de registros públicos no caso de o registrador se recusar ou omitir a processar a dúvida.

73 – Visando a disseminar a prática da mediação e da conciliação extrajudicial, recomenda-se aos Tribunais e às Corregedorias de Justiça que promovam campanhas junto aos delegatários e à sociedade, sobre a possibilidade de o cidadão buscar os serviços extrajudiciais para a solução de seus conflitos.

74 – O divórcio extrajudicial, por escritura pública, é cabível mesmo quando houver filhos menores, vedadas previsões relativas a guarda e a alimentos aos filhos.

75 – A atividade do notário e do registrador, bacharel em direito, tem natureza jurídica para a contagem de tempo de serviço em concursos públicos.

76 – O juízo competente poderá, diante do procedimento de dúvida e da finalidade da função pública notarial, admitir a intervenção espontânea do tabelião de notas que lavrou a escritura pública objeto da desqualificação registral. Poderá, ainda, solicitar, de ofício ou a requerimento do interessado, a sua manifestação facultativa.

77 – As atividades notariais e de registros públicos são desempenhadas em caráter privado, sendo pessoal a responsabilidade civil e criminal do tabelião e ou do registrador por seus atos e omissões, de modo que as serventias extrajudiciais não possuem capacidade processual e são desprovidas de personalidade jurídica.

78 – A gratuidade de justiça concedida a uma das partes do processo judicial não é extensível a outras não beneficiadas, para os fins de pagamento de emolumentos extrajudiciais.

79 – O preposto do oficial de registro civil das pessoas naturais poderá, eventualmente, atuar como juiz de paz da respectiva circunscrição, mediante designação pela autoridade judiciária competente.

80 – Podem os cônjuges ou companheiros escolher outro regime de bens além do rol previsto no Código Civil, combinando regras dos regimes existentes (regime misto).

81 – Podem os cônjuges, por meio de pacto antenupcial, optar pela não incidência da Súmula 377 do STF.

82 – Em regra, é válida a doação entre cônjuges que vivem sob o regime de separação obrigatória de bens.

ENUNCIADOS DAS JORNADAS DE DIREITO CIVIL DO CONSELHO DA JUSTIÇA FEDERAL – CJF

I JORNADA DE DIREITO CIVIL DO CONSELHO DA JUSTIÇA FEDERAL – CJF

PARTE GERAL

1 – Art. 2º: A proteção que o Código defere ao nascituro alcança o natimorto no que concerne aos direitos da personalidade, tais como: nome, imagem e sepultura.

2 – Art. 2º: Sem prejuízo dos direitos da personalidade nele assegurados, o art. 2º do Código Civil não é sede adequada para questões emergentes da reprogenética humana, que deve ser objeto de um estatuto próprio.

3 – Art. 5º: A redução do limite etário para a definição da capacidade civil aos 18 anos não altera o disposto no art. 16, I, da Lei nº 8.213/91, que regula específica situação de dependência econômica para fins previdenciários e outras situações similares de proteção, previstas em legislação especial.

4 – Art. 11: O exercício dos direitos da personalidade pode sofrer limitação voluntária, desde que não seja permanente nem geral.

5 – Arts. 12 e 20: 1) As disposições do art. 12 têm caráter geral e aplicam-se, inclusive, às situações previstas no art. 20, excepcionados os casos expressos de legitimidade para requerer as medidas nele estabelecidas; 2) as disposições do art. 20 do novo Código Civil têm a finalidade específica de regrar a projeção dos bens personalíssimos nas situações nele enumeradas. Com exceção dos casos expressos de legitimação que se conformem com a tipificação preconizada nessa norma, a ela podem ser aplicadas subsidiariamente as regras instituídas no art. 12.

6 – Art. 13: A expressão "exigência médica" contida no art. 13 refere-se tanto ao bem-estar físico quanto ao bem-estar psíquico do disponente.

7 – Art. 50: Só se aplica a desconsideração da personalidade jurídica quando houver a prática de ato irregular e, limitadamente, aos administradores ou sócios que nela hajam incorrido.

8 – Art. 62, parágrafo único: A constituição de fundação para fins científicos, educacionais ou de promoção do meio ambiente está compreendida no Código Civil, art. 62, parágrafo único.

9 – Art. 62, parágrafo único: Deve ser interpretado de modo a excluir apenas as fundações com fins lucrativos.

10 – Art. 66, § 1º: Em face do princípio da especialidade, o art. 66, § 1º, deve ser interpretado em sintonia com os arts. 70 e 178 da LC nº 75/93.

11 – Art. 79: Não persiste no novo sistema legislativo a categoria dos bens imóveis por acessão intelectual, não obstante a expressão "tudo quanto se lhe incorporar natural ou artificialmente", constante da parte final do art. 79 do Código Civil.

12 – Art. 138: Na sistemática do art. 138, é irrelevante ser ou não escusável o erro, porque o dispositivo adota o princípio da confiança.

13 – Art. 170: O aspecto objetivo da convenção requer a existência do suporte fático no negócio a converter-se.

14 – Art. 189: 1) O início do prazo prescricional ocorre com o surgimento da pretensão, que decorre da exigibilidade do direito subjetivo; 2) o art. 189 diz respeito a casos em que a pretensão nasce imediatamente após a violação do direito absoluto ou da obrigação de não fazer.

DIREITO DAS OBRIGAÇÕES

15 – Art. 240: As disposições do art. 236 do novo Código Civil também são aplicáveis à hipótese do art. 240, in fine.

16 – Art. 299: O art. 299 do Código Civil não exclui a possibilidade da assunção cumulativa da dívida quando dois ou mais devedores se tornam responsáveis pelo débito com a concordância do credor.

17 – Art. 317: A interpretação da expressão "motivos imprevisíveis" constante do art. 317 do novo Código Civil deve abarcar tanto causas de desproporção não-previsíveis como também causas previsíveis, mas de resultados imprevisíveis.

18 – Art. 319: A "quitação regular" referida no art. 319 do novo Código Civil engloba a quitação dada por meios eletrônicos ou por quaisquer formas de "comunicação a distância", assim entendida aquela que permite ajustar negócios jurídicos e praticar atos jurídicos sem a presença corpórea simultânea das partes ou de seus representantes.

19 – Art. 374: A matéria da compensação no que concerne às dívidas fiscais e parafiscais de estados, do Distrito Federal e de municípios não é regida pelo art. 374 do Código Civil.

20 – Art. 406: A taxa de juros moratórios a que se refere o art. 406 é a do art. 161, § 1º, do Código Tributário Nacional, ou seja, um por cento ao mês. A utilização da taxa Selic como índice de apuração dos juros legais não é juridicamente segura, porque impede o prévio conhecimento dos juros; não é operacional, porque seu uso será inviável sempre que se calcularem somente juros ou somente correção monetária; é incompatível com a regra do art. 591 do novo Código Civil, que permite apenas a capitalização anual dos juros, e pode ser incompatível com o art. 192, § 3º, da Constituição Federal, se resultarem juros reais superiores a doze por cento ao ano.

21 – Art. 421: A função social do contrato, prevista no art. 421 do novo Código Civil, constitui cláusula geral a impor a revisão do princípio da relatividade dos efeitos do contrato em relação a terceiros, implicando a tutela externa do crédito.

22 – Art. 421: A função social do contrato, prevista no art. 421 do novo Código Civil, constitui cláusula geral que reforça o princípio de conservação do contrato, assegurando trocas úteis e justas.

23 – Art. 421: A função social do contrato, prevista no art. 421 do novo Código Civil, não elimina o princípio da autonomia contratual, mas atenua ou reduz o alcance desse princípio quando presentes interesses metaindividuais ou interesse individual relativo à dignidade da pessoa humana.

24 – Art. 422: Em virtude do princípio da boa-fé, positivado no art. 422 do novo Código Civil, a violação dos deveres anexos constitui espécie de inadimplemento, independentemente de culpa.

25 – Art. 422: O art. 422 do Código Civil não inviabiliza a aplicação pelo julgador do princípio da boa-fé nas fases pré-contratual e pós-contratual.

26 – Art. 422: A cláusula geral contida no art. 422 do novo Código Civil impõe ao juiz interpretar e, quando necessário, suprir e corrigir o contrato segundo a boa-fé objetiva, entendida como a exigência de comportamento leal dos contratantes.

27 – Art. 422: Na interpretação da cláusula geral da boa-fé, deve-se levar em conta o sistema do Código Civil e as conexões sistemáticas com outros estatutos normativos e fatores metajurídicos.

28 – Art. 445 (§§ 1º e 2º): O disposto no art. 445, §§ 1º e 2º, do Código Civil reflete a consagração da doutrina e da jurisprudência quanto à natureza decadencial das ações edilícias.

29 – Art. 456: A interpretação do art. 456 do novo Código Civil permite ao evicto a denunciação direta de qualquer dos responsáveis pelo vício.

30 – Art. 463: A disposição do parágrafo único do art. 463 do novo Código Civil deve ser interpretada como fator de eficácia perante terceiros.

31 – Art. 475: As perdas e danos mencionados no art. 475 do novo Código Civil dependem da imputabilidade da causa da possível resolução.

32 – Art. 534: No contrato estimatório (art. 534), o consignante transfere ao consignatário, temporariamente, o poder de alienação da coisa consignada com opção de pagamento do preço de estima ou sua restituição ao final do prazo ajustado.

33 – Art. 557: O novo Código Civil estabeleceu um novo sistema para a revogação da doação por ingratidão, pois o rol legal previsto no art. 557 deixou de ser taxativo, admitindo, excepcionalmente, outras hipóteses.

34 – Art. 591: No novo Código Civil, quaisquer contratos de mútuo destinados a fins econômicos presumem-se onerosos (art. 591), ficando a taxa de juros compensatórios limitada ao disposto no art. 406, com capitalização anual.

35 – Art. 884: A expressão "se enriquecer à custa de outrem" do art. 886 do novo Código Civil não significa, necessariamente, que deverá haver empobrecimento.

36 – Art. 886: O art. 886 do novo Código Civil não exclui o direito à restituição do que foi objeto de enriquecimento sem causa nos casos em que os meios alternativos conferidos ao lesado encontram obstáculos de fato.

RESPONSABILIDADE CIVIL

37 – Art. 187: A responsabilidade civil decorrente do abuso do direito independe de culpa e fundamenta-se somente no critério objetivo-finalístico.

38 – Art. 927: A responsabilidade fundada no risco da atividade, como prevista na segunda parte do parágrafo único do art. 927 do novo Código Civil, configura-se quando a atividade normalmente desenvolvida pelo autor do dano causar a pessoa determinada um ônus maior do que aos demais membros da coletividade.

39 – Art. 928: A impossibilidade de privação do necessário à pessoa, prevista no art. 928, traduz um dever de indenização equitativa, informado pelo princípio constitucional da proteção à dignidade da pessoa humana. Como consequência, também os pais, tutores e curadores serão beneficiados pelo limite humanitário do dever de indenizar, de modo que a passagem ao patrimônio do incapaz se dará não quando esgotados todos os recursos do responsável, mas se reduzidos estes ao montante necessário à manutenção de sua dignidade.

40 – Art. 928: O incapaz responde pelos prejuízos que causar de maneira subsidiária ou excepcionalmente como devedor principal, na hipótese do ressarcimento devido pelos adolescentes que praticarem atos infracionais nos termos do art. 116 do Estatuto da Criança e do Adolescente, no âmbito das medidas socioeducativas ali previstas.

41 – Art. 928: A única hipótese em que poderá haver responsabilidade solidária do menor de 18 anos com seus pais é ter sido emancipado nos termos do art. 5º, parágrafo único, inc. I, do novo Código Civil.

42 – Art. 931: O art. 931 amplia o conceito de fato do produto existente no art. 12 do Código de Defesa do Consumidor, imputando responsabilidade civil à empresa e aos empresários individuais vinculados à circulação dos produtos.

43 – Art. 931: A responsabilidade civil pelo fato do produto, prevista no art. 931 do novo Código Civil, também inclui os riscos do desenvolvimento.

44 – Art. 934: Na hipótese do art. 934, o empregador e o comitente somente poderão agir regressivamente contra o empregado ou preposto se estes tiverem causado dano com dolo ou culpa.

45 – Art. 935: No caso do art. 935, não mais se poderá questionar a existência do fato ou quem seja o seu autor se essas questões se acharem categoricamente decididas no juízo criminal.

46 – Art. 944: A possibilidade de redução do montante da indenização em face do grau de culpa do agente, estabelecida no parágrafo único do art. 944 do novo Código Civil, deve ser interpretada restritivamente, por representar uma exceção ao princípio da reparação integral do dano, não se aplicando às hipóteses de responsabilidade objetiva. (Alterado pelo Enunciado 380 – IV Jornada)

47 – Art. 945: O art. 945 do novo Código Civil, que não encontra correspondente no Código Civil de 1916, não exclui a aplicação da teoria da causalidade adequada.

48 – Art. 950, parágrafo único: O parágrafo único do art. 950 do novo Código Civil institui direito potestativo do lesado para exigir pagamento da indenização de uma só vez, mediante arbitramento do valor pelo juiz, atendidos os arts. 944 e 945 e a possibilidade econômica do ofensor.

49 – Art. 1.228, § 2º: Interpreta-se restritivamente a regra do art. 1.228, § 2º, do novo Código Civil, em harmonia com o princípio da função social da propriedade e com o disposto no art. 187.

50 – Art. 2.028: A partir da vigência do novo Código Civil, o prazo prescricional das ações de reparação de danos que não houver atingido a metade do tempo previsto no Código Civil de 1916 fluirá por inteiro, nos termos da nova lei (art. 206). Moção: No que tange à responsabilidade civil, o novo Código representa, em geral, notável avanço, com progressos indiscutíveis, entendendo a Comissão que não há necessidade de prorrogação da *vacatio legis*.

DIREITO DE EMPRESA

51 – Art. 50: A teoria da desconsideração da personalidade jurídica – *disregard doctrine* – fica positivada no novo Código Civil, mantidos os parâmetros existentes nos microssistemas legais e na construção jurídica sobre o tema.

52 – Art. 903: Por força da regra do art. 903 do Código Civil, as disposições relativas aos títulos de crédito não se aplicam aos já existentes.

53 – Art. 966: Deve-se levar em consideração o princípio da função social na interpretação das normas relativas à empresa, a despeito da falta de referência expressa.

54 – Art. 966: É caracterizador do elemento empresa a declaração da atividade-fim, assim como a prática de atos empresariais.

55 – Arts. 968, 969 e 1.150: O domicílio da pessoa jurídica empresarial regular é o estatutário ou o contratual em que indicada a sede da empresa, na forma dos arts. 968, IV, e 969, combinado com o art. 1.150, todos do Código Civil.

56 – Art. 970: O Código Civil não definiu o conceito de pequeno empresário; a lei que o definir deverá exigir a adoção do livro-diário. (Cancelado pelo En. 235 – III Jornada)

57 – Art. 983: A opção pelo tipo empresarial não afasta a natureza simples da sociedade.

58 – Arts. 986 e seguintes: A sociedade em comum compreende as figuras doutrinárias da sociedade de fato e da irregular.

59 – Arts. 990, 1.009, 1.016, 1.017 e 1.091: Os sociogestores e os administradores das empresas são responsáveis subsidiária e ilimitadamente pelos atos ilícitos praticados, de má gestão ou contrários ao previsto no contrato social ou estatuto, consoante estabelecem os arts. 990, 1.009, 1.016, 1.017 e 1.091, todos do Código Civil.

60 – Art. 1.011, § 1º: As expressões "de peita" ou "suborno" do § 1º do art. 1.011 do novo Código Civil devem ser entendidas como corrupção, ativa ou passiva.

61 – Art. 1.023: O termo "subsidiariamente" constante do inc. VIII do art. 997 do Código Civil deverá ser substituído por "solidariamente" a fim de compatibilizar esse dispositivo com o art. 1.023 do mesmo Código.

62 – Art. 1.031: Com a exclusão do sócio remisso, a forma de reembolso das suas quotas, em regra, deve-se dar com base em balanço especial, realizado na data da exclusão.

63 – Art. 1.043: Suprimir o art. 1.043 ou interpretá-lo no sentido de que só será aplicado às sociedades ajustadas por prazo determinado.

64 – Art. 1.148: A alienação do estabelecimento empresarial importa, como regra, na manutenção do contrato de locação em que o alienante figura como locatário. (Cancelado pelo En. 234 – III Jornada).

65 – Art. 1.052: A expressão "sociedade limitada" tratada no art. 1.052 e seguintes do novo Código Civil deve ser interpretada stricto sensu, como "sociedade por quotas de responsabilidade limitada".

66 – Art. 1.062: A teor do § 2º do art. 1.062 do Código Civil, o administrador só pode ser pessoa natural.

67 – Arts. 1.085, 1.030 e 1.033, III: A quebra do *affectio societatis* não é causa para a exclusão do sócio minoritário, mas apenas para dissolução (parcial) da sociedade.

68 – Arts. 1.088 e 1.089: Suprimir os arts. 1.088 e 1.089 do novo Código Civil em razão de estar a matéria regulamentada em lei especial.

69 – Art. 1.093: As sociedades cooperativas são sociedades simples sujeitas à inscrição nas juntas comerciais.

70 – Art. 1.116: As disposições sobre incorporação, fusão e cisão previstas no Código Civil não se aplicam às sociedades anônimas. As disposições da Lei nº 6.404/76 sobre essa matéria aplicam-se, por analogia, às demais sociedades naquilo em que o Código Civil for omisso.

71 – Arts. 1.158 e 1.160: Suprimir o art. 1.160 do Código Civil por estar a matéria regulada mais adequadamente no art. 3º da Lei nº 6.404/76 (disciplinadora das S.A.) e dar nova redação ao § 2º do art. 1.158, de modo a retirar a exigência da designação do objeto da sociedade.

72 – Art. 1.164: Suprimir o art. 1.164 do novo Código Civil.

73 – Art. 2.031: Não havendo revogação do art. 1.160 do Código Civil nem modificação do § 2º do art. 1.158 do mesmo diploma, é de interpretar-se este dispositivo no sentido de não aplicá-lo à denominação das sociedades anônimas e sociedades Ltda., já existentes, em razão de se tratar de direito inerente à sua personalidade.

74 – Art. 2.045: Apesar da falta de menção expressa, como exigido pelas LCs 95/98 e 107/2001, estão revogadas as disposições de leis especiais que contiverem matéria regulada inteiramente no novo Código Civil, como, v.g., as disposições da Lei n. 6.404/76, referente à sociedade comandita por ações, e do Decreto nº 3.708/1919, sobre sociedade de responsabilidade limitada.

75 – Art. 2.045: A disciplina de matéria mercantil no novo Código Civil não afeta a autonomia do Direito Comercial.

DIREITO DAS COISAS

76 – Art. 1.197: O possuidor direto tem direito de defender a sua posse contra o indireto, e, contra aquele (art. 1.197, in fine, do novo Código Civil).

77 – Art. 1.205: A posse das coisas móveis e imóveis também pode ser transmitida pelo constituto possessório.

78 – Art. 1.210: Tendo em vista a não-recepção pelo novo Código Civil da *exceptio proprietatis* (art. 1.210, § 2º) em caso de ausência de prova suficiente para embasar decisão liminar ou sentença final ancorada exclusivamente no *ius possessionis*, deverá o pedido ser indeferido e julgado improcedente, não obstante eventual alegação e demonstração de direito real sobre o bem litigioso.

79 – Art. 1.210: A *exceptio proprietatis*, como defesa oponível às ações possessórias típicas, foi abolida pelo Código Civil de 2002, que estabeleceu a absoluta separação entre os juízos possessório e petitório.

80 – Art. 1.212: É inadmissível o direcionamento de demanda possessória ou ressarcitória contra terceiro possuidor de boa-fé, por ser parte passiva ilegítima diante do disposto no art. 1.212 do novo Código Civil. Contra o terceiro de boa-fé, cabe tão-somente a propositura de demanda de natureza real.

81 – Art. 1.219: O direito de retenção previsto no art. 1.219 do Código Civil, decorrente da realização de benfeitorias necessárias e úteis, também se aplica às acessões (construções e plantações) nas mesmas circunstâncias.

82 – Art. 1.228: É constitucional a modalidade aquisitiva de propriedade imóvel prevista nos §§ 4º e 5º do art. 1.228 do novo Código Civil.

83 – Art. 1.228: Nas ações reivindicatórias propostas pelo Poder Público, não são aplicáveis as disposições constantes dos §§ 4º e 5º do art. 1.228 do novo Código Civil. (Alterado pelo Enunciado 304 – IV Jornada)

84 – Art. 1.228: A defesa fundada no direito de aquisição com base no interesse social (art. 1.228, §§ 4º e 5º, do novo Código Civil) deve ser arguida pelos réus da ação reivindicatória, eles próprios responsáveis pelo pagamento da indenização.

85 – Art. 1.240: Para efeitos do art. 1.240, *caput*, do novo Código Civil, entende-se por "área urbana" o imóvel edificado ou não, inclusive unidades autônomas vinculadas a condomínios edilícios.

86 – Art. 1.242: A expressão "justo título" contida nos arts. 1.242 e 1.260 do Código Civil abrange todo e qualquer ato jurídico hábil, em tese, a transferir a propriedade, independentemente de registro.

87 – Art. 1.245: Considera-se também título translativo, para fins do art. 1.245 do novo Código Civil, a promessa de compra e venda devidamente quitada (arts. 1.417 e 1.418 do Código Civil e § 6º do art. 26 da Lei nº 6.766/79).

88 – Art. 1.285: O direito de passagem forçada, previsto no art. 1.285 do CC, também é garantido nos casos em que o acesso à via pública for insuficiente ou inadequado, consideradas, inclusive, as necessidades de exploração econômica.

89 – Art. 1.331: O disposto nos arts. 1.331 a 1.358 do novo Código Civil aplica-se, no que couber, aos condomínios assemelhados, tais como loteamentos fechados, multipropriedade imobiliária e clubes de campo.

90 – Art. 1.331: Deve ser reconhecida personalidade jurídica ao condomínio edilício ~~nas relações jurídicas inerentes às atividades de seu peculiar interesse.~~ (Alterado pelo En. 246 – III Jornada).

91 – Art. 1.331: A convenção de condomínio ou a assembleia-geral podem vedar a locação de área de garagem ou abrigo para veículos a estranhos ao condomínio.

92 – Art. 1.337: As sanções do art. 1.337 do novo Código Civil não podem ser aplicadas sem que se garanta direito de defesa ao condômino nocivo.

93 – Art. 1.369: As normas previstas no Código Civil sobre direito de superfície não revogam as relativas a direito de superfície constantes do Estatuto da Cidade (Lei nº 10.257/2001) por ser instrumento de política de desenvolvimento urbano.

94 – Art. 1.371: As partes têm plena liberdade para deliberar, no contrato respectivo, sobre o rateio dos encargos e tributos que incidirão sobre a área objeto da concessão do direito de superfície.

95 – Art. 1.418: O direito à adjudicação compulsória (art. 1.418 do novo Código Civil), quando exercido em face do promitente vendedor, não se condiciona ao registro da promessa de compra e venda no cartório de registro imobiliário (Súmula nº 239 do STJ).

ENUNCIADOS PROPOSITIVOS DE ALTERAÇÃO LEGISLATIVA

96 – Alteração do § 1º do art. 1.336 do Código Civil, relativo a multas por inadimplemento no pagamento da contribuição condominial, para o qual se sugere a seguinte redação:

> *Art. 1.336. (...). § 1º O condômino que não pagar sua contribuição ficará sujeito aos juros moratórios convencionados ou, não sendo previstos, de um por cento ao mês e multa de até 10% sobre o eventual risco de emendas sucessivas que venham a desnaturá-lo ou mesmo a inibir a sua entrada em vigor.*

Não obstante, entendeu a Comissão da importância de aprimoramento do texto legislativo, que poderá, perfeitamente, ser efetuado durante a vigência do próprio Código, o que ocorreu, por exemplo, com o diploma de 1916, por meio da grande reforma verificada em 1919.

DIREITO DE FAMÍLIA E SUCESSÕES

97 – Art. 25: No que tange à tutela especial da família, as regras do Código Civil que se referem apenas ao cônjuge devem ser estendidas à situação jurídica que envolve o companheiro, como, por exemplo, na hipótese de nomeação de curador dos bens do ausente (art. 25 do Código Civil).

98 – Art. 1.521, IV, do novo Código Civil: O inc. IV do art. 1.521 do novo Código Civil deve ser interpretado à luz do Decreto-lei nº 3.200/41, no que se refere à possibilidade de casamento entre colaterais de 3º grau.

99 – Art. 1.565, § 2º: O art. 1.565, § 2º, do Código Civil não é norma destinada apenas às pessoas casadas, mas também aos casais que vivem em companheirismo, nos termos do art. 226, *caput*, §§ 3º e 7º, da Constituição Federal de 1988, e não revogou o disposto na Lei nº 9.263/96.

100 – Art. 1.572: Na separação, recomenda-se apreciação objetiva de fatos que tornem evidente a impossibilidade da vida em comum.

101 – Art. 1.583: Sem prejuízo dos deveres que compõem a esfera do poder familiar, a expressão "guarda de filhos", à luz do art. 1.583, pode compreender tanto a guarda unilateral quanto a compartilhada, em atendimento ao princípio do melhor interesse da criança.

102 – Art. 1.584: A expressão "melhores condições" no exercício da guarda, na hipótese do art. 1.584, significa atender ao melhor interesse da criança.

103 – Art. 1.593: O Código Civil reconhece, no art. 1.593, outras espécies de parentesco civil além daquele decorrente da adoção, acolhendo, assim, a noção de que há também parentesco civil no vínculo parental proveniente quer das técnicas de reprodução assistida heteróloga relativamente ao pai (ou mãe) que não contribuiu com seu material fecundante, quer da paternidade socioafetiva, fundada na posse do estado de filho.

104 – Art. 1.597: No âmbito das técnicas de reprodução assistida envolvendo o emprego de material fecundante de terceiros, o pressuposto fático da relação sexual é substituído pela vontade (ou eventualmente pelo risco da situação jurídica matrimonial) juridicamente qualificada, gerando presunção absoluta ou relativa de paternidade no que tange ao marido da mãe da criança concebida, dependendo da manifestação expressa (ou implícita) da vontade no curso do casamento.

105 – Art. 1.597: As expressões "fecundação artificial", "concepção artificial" e "inseminação artificial" constantes, respectivamente, dos incs. III, IV e V do art. 1.597 deverão ser interpretadas como "técnica de reprodução assistida".

106 – Art. 1.597, inc. III: Para que seja presumida a paternidade do marido falecido, será obrigatório que a mulher, ao se submeter a uma das técnicas de reprodução assistida com o material genético do falecido, esteja na condição de viúva, sendo obrigatória, ainda, a autorização escrita do marido para que se utilize seu material genético após sua morte.

107 – Art. 1.597, IV: Finda a sociedade conjugal, na forma do art. 1.571, a regra do inc. IV somente poderá ser aplicada se houver autorização prévia, por escrito, dos ex-cônjuges para a utilização dos embriões excedentários, só podendo ser revogada até o início do procedimento de implantação desses embriões.

108 – Art. 1.603: No fato jurídico do nascimento, mencionado no art. 1.603, compreende-se, à luz do disposto no art. 1.593, a filiação consanguínea e também a socioafetiva.

109 – Art. 1.605: A restrição da coisa julgada oriunda de demandas reputadas improcedentes por insuficiência de prova não deve prevalecer para inibir a busca da identidade genética pelo investigando.

110 – Art. 1.621, § 2º: É inaplicável o § 2º do art. 1.621 do novo Código Civil às adoções realizadas com base no Estatuto da Criança e do Adolescente.

111 – Art. 1.626: A adoção e a reprodução assistida heteróloga atribuem a condição de filho ao adotado e à criança resultante de técnica conceptiva heteróloga; porém, enquanto na adoção haverá o desligamento dos vínculos entre o adotado e seus parentes consanguíneos, na reprodução assistida heteróloga sequer será estabelecido o vínculo de parentesco entre a criança e o doador do material fecundante.

112 – Art. 1.630: Em acordos celebrados antes do advento do novo Código, ainda que expressamente convencionado que os alimentos cessarão com a maioridade, o juiz deve ouvir os interessados, apreciar as circunstâncias do caso concreto e obedecer ao princípio *rebus sic stantibus*.

113 – Art. 1.639: É admissível a alteração do regime de bens entre os cônjuges, quando então o pedido, devidamente motivado e assinado por ambos os cônjuges, será objeto de autorização judicial, com ressalva dos direitos de terceiros, inclusive dos entes públicos, após perquirição de inexistência de dívida de qualquer natureza, exigida ampla publicidade.

114 – Art. 1.647: O aval não pode ser anulado por falta de vênia conjugal, de modo que o inc. III do art. 1.647 apenas caracteriza a inoponibilidade do título ao cônjuge que não assentiu.

115 – Art. 1.725: Há presunção de comunhão de aquestos na constância da união extramatrimonial mantida entre os companheiros, sendo desnecessária a prova do esforço comum para se verificar a comunhão dos bens.

116 – Art. 1.815: O Ministério Público, por força do art. 1.815 do novo Código Civil, desde que presente o interesse público, tem legitimidade para promover ação visando à declaração da indignidade de herdeiro ou legatário.

117 – Art. 1831: O direito real de habitação deve ser estendido ao companheiro, seja por não ter sido revogada a previsão da Lei nº 9.278/96, seja em razão da interpretação analógica do art. 1.831, informado pelo art. 6º, *caput*, da CF/88.

118 – Art. 1.967, *caput* e § 1º: O testamento anterior à vigência do novo Código Civil se submeterá à redução prevista no § 1º do art. 1.967 naquilo que atingir a porção reservada ao cônjuge sobrevivente, elevado que foi à condição de herdeiro necessário.

119 – Art. 2.004: Para evitar o enriquecimento sem causa, a colação será efetuada com base no valor da época da doação, nos termos do *caput* do art. 2.004, exclusivamente na hipótese em que o bem doado não mais pertença ao patrimônio do donatário. Se, ao contrário, o bem ainda integrar seu patrimônio, a colação se fará com base no valor do bem na época da abertura da sucessão, nos termos do art. 1.014 do CPC, de modo a preservar a quantia que efetivamente integrará a legítima quando esta se constituiu, ou seja, na data do óbito (resultado da interpretação sistemática do art. 2.004 e seus parágrafos, juntamente com os arts. 1.832 e 884 do Código Civil).

PROPOSTAS DE MODIFICAÇÃO DO NOVO CÓDIGO CIVIL

120 – Proposição sobre o art. 1.526:

Proposta: Deverá ser suprimida a expressão "será homologada pelo juiz" no art. 1.526, o qual passará a dispor: "Art. 1.526. A habilitação de casamento será feita perante o oficial do Registro Civil e ouvido o Ministério Público."

Justificativa: Desde há muito que as habilitações de casamento são fiscalizadas e homologadas pelos órgãos de execução do Ministério Público, sem que se tenha quaisquer notícias de problemas como, por exemplo, fraudes em relação à matéria. A judicialização da habilitação de casamento não trará ao cidadão nenhuma vantagem ou garantia adicional, não havendo razão para mudar o procedimento que extrajudicialmente funciona de forma segura e ágil.

121 – Proposição sobre o art. 1.571, § 2º:

Proposta: Dissolvido o casamento pelo divórcio direto ou por conversão, no que diz respeito ao sobrenome dos cônjuges, aplica-se o disposto no art. 1.578.

122 – Proposição sobre o art. 1.572, *caput*:

Proposta: Dar ao art. 1.572, *caput*, a seguinte redação: "Qualquer dos cônjuges poderá propor a ação de separação judicial com fundamento na impossibilidade da vida em comum".

123 – Proposição sobre o art. 1.573:

Proposta: Revogar o art. 1.573. (Prejudicado pelo En. 254 da III Jornada)

124 – Proposição sobre o art. 1.578:

Proposta: Alterar o dispositivo para: "Dissolvida a sociedade conjugal, o cônjuge perde o direito à utilização do sobrenome do outro, salvo se a alteração acarretar:

I – evidente prejuízo para a sua identificação;

II – manifesta distinção entre o seu nome de família e o dos filhos havidos da união dissolvida;

III – dano grave reconhecido na decisão judicial".

E, por via de consequência, estariam revogados os §§ 1º e 2º do mesmo artigo.

125 – Proposição sobre o art. 1.641, inc. II:

Redação atual: "da pessoa maior de sessenta anos".

Proposta: Revogar o dispositivo.

Justificativa: A norma que torna obrigatório o regime da separação absoluta de bens em razão da idade dos nubentes não leva em consideração a alteração da expectativa de vida com qualidade, que se tem alterado drasticamente nos últimos anos. Também mantém um preconceito quanto às pessoas idosas que, somente pelo fato de ultrapassarem determinado patamar etário, passam a gozar da presunção absoluta de incapacidade para alguns atos, como contrair matrimônio pelo regime de bens que melhor consultar seus interesses.

126 – Proposição sobre o art. 1.597, incs. III, IV e V:

Proposta: Alterar as expressões "fecundação artificial", "concepção artificial" e "inseminação artificial" constantes, respectivamente, dos incs. III, IV e V do art. 1.597 para "técnica de reprodução assistida".

Justificativa: As técnicas de reprodução assistida são basicamente de duas ordens: aquelas pelas quais a fecundação ocorre in vivo, ou seja, no próprio organismo feminino, e aquelas pelas quais a fecundação ocorre in vitro, ou seja, fora do organismo feminino, mais precisamente em laboratório, após o recolhimento dos gametas masculino e feminino.

As expressões "fecundação artificial" e "concepção artificial" utilizadas nos incs. III e IV, são impróprias, até porque a fecundação ou a concepção obtida por meio das técnicas de reprodução assistida é natural, com o auxílio técnico, é verdade, mas jamais artificial.

Além disso, houve ainda imprecisão terminológica no inc. V, quando trata da inseminação artificial heteróloga, uma vez que a inseminação artificial é apenas uma das técnicas de reprodução in vivo; para os fins do inciso em comento, melhor seria a utilização da expressão "técnica de reprodução assistida", incluídas aí todas as variantes das técnicas de reprodução in vivo e in vitro.

127 – Proposição sobre o art. 1.597, inc. III:

Proposta: Alterar o inc. III para constar "havidos por fecundação artificial homóloga".

Justificativa: Para observar os princípios da paternidade responsável e da dignidade da pessoa humana, porque não é aceitável o nascimento de uma criança já sem pai.

128 – Proposição sobre o art. 1.597, inc. IV:

Proposta: Revogar o dispositivo.

Justificativa: O fim de uma sociedade conjugal, em especial quando ocorre pela anulação ou nulidade do casamento, pela separação judicial ou pelo divórcio, é, em regra, processo de tal ordem traumático para os envolvidos que a autorização de utilização de embriões excedentários será fonte de desnecessários litígios.

Além do mais, a questão necessita de análise sob o enfoque constitucional. Da forma posta e não havendo qualquer dispositivo no novo Código Civil que autorize o reconhecimento da maternidade em tais casos, somente a mulher poderá se valer dos embriões excedentários, ferindo de morte o princípio da igualdade esculpido no *caput* e no inc. I do art. 5º da Constituição da República.

A título de exemplo, se a mulher ficar viúva, poderá, "a qualquer tempo", gestar o embrião excedentário, assegurado o reconhecimento da paternidade, com as consequências legais pertinentes; porém o marido não poderá valer-se dos mesmos embriões, para cuja formação contribuiu com o seu material genético, e gestá-lo em útero sub-rogado.

Como o dispositivo é vago e diz respeito apenas ao estabelecimento da paternidade, sendo o novo Código Civil omisso quanto à maternidade, poder-se-ia indagar: se esse embrião vier a germinar um ser humano após a morte da mãe, ele terá a paternidade estabelecida e não a maternidade? Caso se pretenda afirmar que a maternidade será estabelecida pelo nascimento, como ocorre atualmente, a mãe será aquela que dará à luz, porém, neste caso, tampouco a paternidade poderá ser estabelecida, uma vez que a reprodução não seria homóloga.

Caso a justificativa para a manutenção do inciso seja evitar a destruição dos embriões crioconservados, destaca-se que legislação posterior poderá autorizar que venham a ser adotados por casais inférteis.

Assim, prudente seria que o inciso em análise fosse suprimido. Porém, se a supressão não for possível, solução alternativa seria determinar que os embriões excedentários somente poderão ser utilizados se houver prévia autorização escrita de ambos os cônjuges, evitando-se com isso mais uma lide nas varas de família.

129 – Proposição para inclusão de um artigo no final do cap. II, subtítulo II, cap. XI, título I, do livro IV, com a seguinte redação:

> *Art. 1.597-A. "A maternidade será presumida pela gestação.*
>
> *Parágrafo único: Nos casos de utilização das técnicas de reprodução assistida, a maternidade será estabelecida em favor daquela que forneceu o material genético, ou que, tendo planejado a gestação, valeu-se da técnica de reprodução assistida heteróloga".*

Justificativa: No momento em que o art. 1.597 autoriza que o homem infértil ou estéril se valha das técnicas de reprodução assistida para suplantar sua deficiência reprodutiva, não poderá o Código Civil deixar de prever idêntico tratamento às mulheres.

O dispositivo dará guarida às mulheres que podem gestar, abrangendo quase todas as situações imagináveis, como as técnicas de reprodução assistida homólogas e heterólogas, nas quais a gestação será levada a efeito pela mulher que será a mãe socioevolutiva da criança que vier a nascer.

Pretende-se, também, assegurar à mulher que produz seus óvulos regularmente, mas não pode levar a termo uma gestação, o direito à maternidade, uma vez que apenas a gestação caberá à mãe sub-rogada.

Contempla-se, igualmente, a mulher estéril que não pode levar a termo uma gestação.

Essa mulher terá declarada sua maternidade em relação à criança nascida de gestação sub-rogada na qual o material genético feminino não provém de seu corpo.

Importante destacar que, em hipótese alguma, poderá ser permitido o fim lucrativo por parte da mãe sub-rogada.

130 – Proposição sobre o art. 1.601:

Redação atual: Cabe ao marido o direito de contestar a paternidade dos filhos nascidos de sua mulher, sendo tal ação imprescritível.

Parágrafo único. Contestada a filiação, os herdeiros do impugnante têm direito de prosseguir na ação.

Redação **proposta:** "Cabe ao marido o direito de contestar a paternidade dos filhos nascidos de sua mulher, sendo tal ação imprescritível.

§ 1º. Não se desconstituirá a paternidade caso fique caracterizada a posse do estado de filho.

§ 2º. Contestada a filiação, os herdeiros do impugnante têm direito de prosseguir na ação".

131 – Proposição sobre o art. 1.639, § 2º:

Proposta a seguinte redação ao § 2º do mencionado art. 1.639: "É inadmissível a alteração do regime de bens entre os cônjuges, salvo nas hipóteses específicas definidas no art. 1.641, quando então o pedido, devidamente motivado e assinado por ambos os cônjuges, será objeto de autorização judicial, apurada a procedência das razões invocadas e ressalvados os direitos de terceiros, inclusive dos entes públicos, após perquirição de inexistência de dívida de qualquer natureza, exigida ampla publicidade".

132 – Proposição sobre o art. 1.647, inc. III, do novo Código Civil: OUTORGA CONJUGAL EM AVAL. Suprimir as expressões "ou aval" do inc. III do art. 1.647 do novo Código Civil.

Justificativa: Exigir anuência do cônjuge para a outorga de aval é afrontar a Lei Uniforme de Genebra e descaracterizar o instituto. Ademais, a celeridade indispensável para a circulação dos títulos de crédito é incompatível com essa exigência, pois não se pode esperar que, na celebração de um negócio corriqueiro, lastreado em cambial ou duplicata, seja necessário, para a obtenção de um aval, ir à busca do cônjuge e da certidão de seu casamento, determinadora do respectivo regime de bens.

133 – Proposição sobre o art. 1.702:

Proposta: Alterar o dispositivo para: "Na separação judicial, sendo um dos cônjuges desprovido de recursos, prestar-lhe-á o outro pensão alimentícia nos termos do que houverem acordado ou do que vier a ser fixado judicialmente, obedecidos os critérios do art. 1.694".

134 – Proposição sobre o art. 1.704, *caput*:

Proposta: Alterar o dispositivo para: "Se um dos cônjuges separados judicialmente vier a necessitar de alimentos e não tiver parentes em condições de prestá-los nem aptidão para o trabalho, o ex-cônjuge será obrigado a prestá-los mediante pensão a ser fixada pelo juiz, em valor indispensável à sobrevivência". Revoga-se, por consequência, o parágrafo único do art. 1.704.

§ 2º. "Contestada a filiação, os herdeiros do impugnante têm direito de prosseguir na ação".

135 – Proposição sobre o art. 1.726:

Proposta: A união estável poderá converter-se em casamento mediante pedido dos companheiros perante o oficial do registro civil, ouvido o Ministério Público.

136 – Proposição sobre o art. 1.736, inc. I:

Proposta: Revogar o dispositivo.

Justificativa: Não há qualquer justificativa de ordem legal a legitimar que mulheres casadas, apenas por essa condição, possam se escusar da tutela.

137 – Proposição sobre o art. 2.044:

Proposta: Alteração do art. 2.044 para que o prazo da vacatio legis seja alterado de um para dois anos.

Justificativa: Impende apreender e aperfeiçoar o Código Civil brasileiro instituído por meio da Lei nº 10.406, de 10 de janeiro de 2002, tanto porque apresenta significativas alterações estruturais nas relações jurídicas interprivadas, quanto porque ainda revela necessidade de melhoria em numerosos dispositivos.

Propõe-se, por conseguinte, a ampliação do prazo contido no art. 2.044, a fim de que tais intentos sejam adequadamente levados a efeito. Far-se-á, com o lapso temporal bienal proposto, hermenêutica construtiva que, por certo, não apenas aprimorará o texto sancionado, como também propiciará à comunidade jurídica brasileira e aos destinatários da norma em geral o razoável conhecimento do novo Código, imprescindível para sua plena eficácia jurídica e social.

Atesta o imperativo de refinamento a existência do projeto de lei de autoria do relator geral do Código Civil na Câmara dos Deputados, reconhecendo a necessidade de alterar numerosos dispositivos.

Demais disso, é cabível remarcar que diplomas legais de relevo apresentam lapso temporal alargado de *vacatio legis*.

Sob o tempo útil proposto, restará ainda mais valorizado o papel decisivo da jurisprudência, evidenciando-se que, a rigor, um código não nasce pronto, a norma se faz código em processo de construção.

III JORNADA DE DIREITO CIVIL DO CONSELHO DA JUSTIÇA FEDERAL – CJF

PARTE GERAL

138 – Art. 3º: A vontade dos absolutamente incapazes, na hipótese do inc. I do art. 3º é juridicamente relevante na concretização de situações existenciais a eles concernentes, desde que demonstrem discernimento bastante para tanto.

139 – Art. 11: Os direitos da personalidade podem sofrer limitações, ainda que não especificamente previstas em lei, não podendo ser exercidos com abuso de direito de seu titular, contrariamente à boa-fé objetiva e aos bons costumes.

140 – Art. 12: A primeira parte do art. 12 do Código Civil refere-se às técnicas de tutela específica, aplicáveis de ofício, enunciadas no art. 461 do Código de Processo Civil, devendo ser interpretada com resultado extensivo.

141 – Art. 41: A remissão do art. 41, parágrafo único, do Código Civil às pessoas jurídicas de direito público, a que se tenha dado estrutura de direito privado", diz respeito às fundações públicas e aos entes de fiscalização do exercício profissional.

142 – Art. 44: Os partidos políticos, os sindicatos e as associações religiosas possuem natureza associativa, aplicando-se-lhes o Código Civil.

143 – Art. 44: A liberdade de funcionamento das organizações religiosas não afasta o controle de legalidade e legitimidade constitucional de seu registro, nem a possibilidade de reexame, pelo Judiciário, da compatibilidade de seus atos com a lei e com seus estatutos.

144 – Art. 44: A relação das pessoas jurídicas de direito privado constante do art. 44, incs. I a V, do Código Civil não é exaustiva.

145 – Art. 47: O art. 47 não afasta a aplicação da teoria da aparência.

146 – Art. 50: Nas relações civis, interpretam-se restritivamente os parâmetros de desconsideração da personalidade jurídica previstos no art. 50 (desvio de finalidade social ou confusão patrimonial). (Este Enunciado não prejudica o Enunciado nº 7)

147 – Art. 66: A expressão "por mais de um Estado", contida no § 2º do art. 66, não exclui o Distrito Federal e os Territórios. A atribuição de velar pelas fundações, prevista no art. 66 e seus parágrafos, ao MP local – isto é, dos Estados, DF e Territórios onde situadas – não exclui a necessidade de fiscalização de tais pessoas jurídicas pelo MPF, quando se tratar de fundações instituídas ou mantidas pela União, autarquia ou empresa pública federal, ou que destas recebam verbas, nos termos da Constituição, da LC nº 75/93 e da Lei de Improbidade.

148 – Art. 156: Ao "estado de perigo" (art. 156) aplica-se, por analogia, o disposto no § 2º do art. 157.

149 – Art. 157: Em atenção ao princípio da conservação dos contratos, a verificação da lesão deverá conduzir, sempre que possível, à revisão judicial do negócio jurídico e não à sua anulação, sendo dever do magistrado incitar os contratantes a seguir as regras do art. 157, § 2º, do Código Civil de 2002.

150 – Art. 157: A lesão de que trata o art. 157 do Código Civil não exige dolo de aproveitamento.

151 – Art. 158: O ajuizamento da ação pauliana pelo credor com garantia real (art. 158, § 1º) prescinde de prévio reconhecimento judicial da insuficiência da garantia.

152 – Art. 167: Toda simulação, inclusive a inocente, é invalidante.

153 – Art. 167: Na simulação relativa, o negócio simulado (aparente) é nulo, mas o dissimulado será válido se não ofender a lei nem causar prejuízos a terceiros.

154 – Art. 194: O juiz deve suprir, de ofício, a alegação de prescrição em favor do absolutamente incapaz.

155 – Art. 194: O art. 194 do Código Civil de 2002, ao permitir a declaração ex officio da prescrição de direitos patrimoniais em favor do absolutamente incapaz, derrogou o disposto no § 5º do art. 219 do CPC.

156 – Art. 198: Desde o termo inicial do desaparecimento, declarado em sentença, não corre a prescrição contra o ausente.

157 – Art. 212: O termo "confissão" deve abarcar o conceito lato de depoimento pessoal, tendo em vista que este consiste em meio de prova de maior abrangência, plenamente admissível no ordenamento jurídico brasileiro.

158 – Art. 215: A amplitude da noção de "prova plena" (isto é, "completa") importa presunção relativa acerca dos elementos indicados nos incisos do § 1º, devendo ser conjugada com o disposto no parágrafo único do art. 219.

DIREITO DAS OBRIGAÇÕES E RESPONSABILIDADE CIVIL

159 – Art. 186: O dano moral, assim compreendido todo dano extrapatrimonial, não se caracteriza quando há mero aborrecimento inerente a prejuízo material.

160 – Art. 243: A obrigação de creditar dinheiro em conta vinculada de FGTS é obrigação de dar, obrigação pecuniária, não afetando a natureza da obrigação a circunstância de a disponibilidade do dinheiro depender da ocorrência de uma das hipóteses previstas no art. 20 da Lei nº 8.036/90.

161 – Arts. 389 e 404: Os honorários advocatícios previstos nos arts. 389 e 404 do Código Civil apenas têm cabimento quando ocorre a efetiva atuação profissional do advogado.

162 – Art. 395: A inutilidade da prestação que autoriza a recusa da prestação por parte do credor deverá ser aferida objetivamente, consoante o princípio da boa-fé e a manutenção do sinalagma, e não de acordo com o mero interesse subjetivo do credor.

163 – Art. 405: A regra do art. 405 do novo Código Civil aplica-se somente à responsabilidade contratual, e não aos juros moratórios na responsabilidade extracontratual, em face do disposto no art. 398 do novo Código Civil, não afastando, pois, o disposto na Súmula 54 do STJ.

164 – Arts. 406, 2.044 e 2.045: Tendo início a mora do devedor ainda na vigência do Código Civil de 1916, são devidos juros de mora de 6% ao ano, até 10 de janeiro de 2003; a partir de 11 de janeiro de 2003 (data de entrada em vigor do novo Código Civil), passa a incidir o art. 406 do Código Civil de 2002.

165 – Art. 413: Em caso de penalidade, aplica-se a regra do art. 413 ao sinal, sejam as arras confirmatórias ou penitenciais.

166 – Arts. 421 e 422 ou 113: A frustração do fim do contrato, como hipótese que não se confunde com a impossibilidade da prestação ou com a excessiva onerosidade, tem guarida no Direito brasileiro pela aplicação do art. 421 do Código Civil.

167 – Arts. 421 a 424: Com o advento do Código Civil de 2002, houve forte aproximação principiológica entre esse Código e o Código de Defesa do Consumidor no que respeita à regulação contratual, uma vez que ambos são incorporadores de uma nova teoria geral dos contratos.

168 – Art. 422: O princípio da boa-fé objetiva importa no reconhecimento de um direito a cumprir em favor do titular passivo da obrigação.

169 – Art. 422: O princípio da boa-fé objetiva deve levar o credor a evitar o agravamento do próprio prejuízo.

170 – Art. 422: A boa-fé objetiva deve ser observada pelas partes na fase de negociações preliminares e após a execução do contrato, quando tal exigência decorrer da natureza do contrato.

171 – Art. 423: O contrato de adesão, mencionado nos arts. 423 e 424 do novo Código Civil, não se confunde com o contrato de consumo.

172 – Art. 424: As cláusulas abusivas não ocorrem exclusivamente nas relações jurídicas de consumo. Dessa forma, é possível a identificação de cláusulas abusivas em contratos civis comuns, como, por exemplo, aquela estampada no art. 424 do Código Civil de 2002.

173 – Art. 434: A formação dos contratos realizados entre pessoas ausentes, por meio eletrônico, completa-se com a recepção da aceitação pelo proponente.

174 – Art. 445: Em se tratando de vício oculto, o adquirente tem os prazos do *caput* do art. 445 para obter redibição ou abatimento de preço, desde que os vícios se revelem nos prazos estabelecidos no § 1º, fluindo, entretanto, a partir do conhecimento do defeito.

175 – Art. 478: A menção à imprevisibilidade e à extraordinariedade, insertas no art. 478 do Código Civil, deve ser interpretada não somente em relação ao fato que gere o desequilíbrio, mas também em relação às consequências que ele produz.

176 – Art. 478: Em atenção ao princípio da conservação dos negócios jurídicos, o art. 478 do Código Civil de 2002 deverá conduzir, sempre que possível, à revisão judicial dos contratos e não à resolução contratual.

177 – Art. 496: Por erro de tramitação, que retirou a segunda hipótese de anulação de venda entre parentes (venda de descendente para ascendente), deve ser desconsiderada a expressão "em ambos os casos", no parágrafo único do art. 496.

178 – Art. 528: Na interpretação do art. 528, devem ser levadas em conta, após a expressão "a benefício de", as palavras "seu crédito, excluída a concorrência de", que foram omitidas por manifesto erro material.

179 – Art. 572: A regra do art. 572 do novo Código Civil é aquela que atualmente complementa a norma do art. 4º, 2ª parte, da Lei nº 8.245/91 (Lei de Locações), balizando o controle da multa mediante a denúncia antecipada do contrato de locação pelo locatário durante o prazo ajustado. (Cancelado pelo Enunciado 357 – IV Jornada).

180 – Arts. 575 e 582: A regra do parágrafo único do art. 575 do novo Código Civil, que autoriza a limitação pelo juiz do aluguel-pena arbitrado pelo locador, aplica-se também ao aluguel arbitrado pelo comodante, autorizado pelo art. 582, 2ª parte, do novo Código Civil.

181 – Art. 618: O prazo referido no art. 618, parágrafo único, do Código Civil refere-se unicamente à garantia prevista no *caput*, sem prejuízo de poder o dono da obra, com base no mau cumprimento do contrato de empreitada, demandar perdas e danos.

182 – Art. 655: O mandato outorgado por instrumento público previsto no art. 655 do Código Civil somente admite substabelecimento por instrumento particular quando a forma pública for facultativa e não integrar a substância do ato.

183 – Arts. 660 e 661: Para os casos em que o parágrafo primeiro do art. 661 exige poderes especiais, a procuração deve conter a identificação do objeto.

184 – Arts. 664 e 681: Da interpretação conjunta desses dispositivos, extrai-se que o mandatário tem o direito de reter, do objeto da operação que lhe foi cometida, tudo o que lhe for devido em virtude do mandato, incluindo-se a remuneração ajustada e o reembolso de despesas.

185 – Art. 757: A disciplina dos seguros do Código Civil e as normas da previdência privada que impõem a contratação exclusivamente por meio de entidades legalmente autorizadas não impedem a formação de grupos restritos de ajuda mútua, caracterizados pela autogestão.

186 – Art. 790: O companheiro deve ser considerado implicitamente incluído no rol das pessoas tratadas no art. 790, parágrafo único, por possuir interesse legítimo no seguro da pessoa do outro companheiro.

187 – Art. 798: No contrato de seguro de vida, presume-se, de forma relativa, ser premeditado o suicídio cometido nos dois primeiros anos de vigência da cobertura, ressalvado ao beneficiário o ônus de demonstrar a ocorrência do chamado "suicídio involuntário".

188 – Art. 884: A existência de negócio jurídico válido e eficaz é, em regra, uma justa causa para o enriquecimento.

189 – Art. 927: Na responsabilidade civil por dano moral causado à pessoa jurídica, o fato lesivo, como dano eventual, deve ser devidamente demonstrado.

190 – Art. 931: A regra do art. 931 do novo Código Civil não afasta as normas acerca da responsabilidade pelo fato do produto previstas no art. 12 do Código de Defesa do Consumidor, que continuam mais favoráveis ao consumidor lesado.

191 – Art. 932: A instituição hospitalar privada responde, na forma do art. 932, III, do Código Civil, pelos atos culposos praticados por médicos integrantes de seu corpo clínico.

192 – Arts. 949 e 950: Os danos oriundos das situações previstas nos arts. 949 e 950 do Código Civil de 2002 devem ser analisados em conjunto, para o efeito de atribuir indenização por perdas e danos materiais, cumulada com dano moral e estético.

DIREITO DE EMPRESA

193 – Art. 966: O exercício das atividades de natureza exclusivamente intelectual está excluído do conceito de empresa.

194 – Art. 966: Os profissionais liberais não são considerados empresários, salvo se a organização dos fatores de produção for mais importante que a atividade pessoal desenvolvida.

195 – Art. 966: A expressão "elemento de empresa" demanda interpretação econômica, devendo ser analisada sob a égide da absorção da atividade intelectual, de natureza científica, literária ou artística, como um dos fatores da organização empresarial.

196 – Arts. 966 e 982: A sociedade de natureza simples não tem seu objeto restrito às atividades intelectuais.

197 – Arts. 966, 967 e 972: A pessoa natural, maior de 16 e menor de 18 anos, é reputada empresário regular se satisfizer os requisitos dos arts. 966 e 967; todavia, não tem direito a concordata preventiva, por não exercer regularmente a atividade por mais de dois anos.

198 – Art. 967: A inscrição do empresário na Junta Comercial não é requisito para a sua caracterização, admitindo-se o exercício da empresa sem tal providência. O empresário irregular reúne os requisitos do art. 966, sujeitando-se às normas do Código Civil e da legislação comercial, salvo naquilo em que forem incompatíveis com a sua condição ou diante de expressa disposição em contrário.

199 – Art. 967: A inscrição do empresário ou sociedade empresária é requisito delineador de sua regularidade, e não de sua caracterização.

200 – Art. 970: É possível a qualquer empresário individual, em situação regular, solicitar seu enquadramento como microempresário ou empresário de pequeno porte, observadas as exigências e restrições legais.

201 – Arts. 971 e 984: O empresário rural e a sociedade empresária rural, inscritos no registro público de empresas mercantis, estão sujeitos à falência e podem requerer concordata.

202 – Arts. 971 e 984: O registro do empresário ou sociedade rural na Junta Comercial é facultativo e de natureza constitutiva, sujeitando-o ao regime jurídico empresarial. É inaplicável esse regime ao empresário ou sociedade rural que não exercer tal opção.

203 – Art. 974: O exercício da empresa por empresário incapaz, representado ou assistido, somente é possível nos casos de incapacidade superveniente ou incapacidade do sucessor na sucessão por morte.

204 – Art. 977: A proibição de sociedade entre pessoas casadas sob o regime da comunhão universal ou da separação obrigatória só atinge as sociedades constituídas após a vigência do Código Civil de 2002.

205 – Art. 977: Adotar as seguintes interpretações ao art. 977: (1) a vedação à participação de cônjuges casados nas condições previstas no artigo refere-se unicamente a uma mesma sociedade; (2) o artigo abrange tanto a participação originária (na constituição da sociedade) quanto a derivada, isto é, fica vedado o ingresso de sócio casado em sociedade de que já participa o outro cônjuge.

206 – Arts. 981, 983, 997, 1.006, 1.007 e 1.094: A contribuição do sócio exclusivamente em prestação de serviços é permitida nas sociedades cooperativas (art. 1.094, I) e nas sociedades simples propriamente ditas (art. 983, 2ª parte).

207 – Art. 982: A natureza de sociedade simples da cooperativa, por força legal, não a impede de ser sócia de qualquer tipo societário, tampouco de praticar ato de empresa.

208 – Arts. 983, 986 e 991: As normas do Código Civil para as sociedades em comum e em conta de participação são aplicáveis independentemente de a atividade dos sócios, ou do sócio ostensivo, ser ou não própria de empresário sujeito a registro (distinção feita pelo art. 982 do Código Civil entre sociedade simples e empresária).

209 – Arts. 985, 986 e 1.150: O art. 986 deve ser interpretado em sintonia com os arts. 985 e 1.150, de modo a ser considerada em comum a sociedade que não tiver seu ato constitutivo inscrito no registro próprio ou em desacordo com as normas legais previstas para esse registro (art. 1.150), ressalvadas as hipóteses de registros efetuados de boa-fé.

210 – Art. 988: O patrimônio especial a que se refere o art. 988 é aquele afetado ao exercício da atividade, garantidor de terceiro, e de titularidade dos sócios em comum, em face da ausência de personalidade jurídica.

211 – Art. 989: Presume-se disjuntiva a administração dos sócios a que se refere o art. 989.

212 – Art. 990: Embora a sociedade em comum não tenha personalidade jurídica, o sócio que tem seus bens constritos por dívida contraída em favor da sociedade, e não participou do ato por meio do qual foi contraída a obrigação, tem o direito de indicar bens afetados às atividades empresariais para substituir a constrição.

213 – Art. 997: O art. 997, inc. II, não exclui a possibilidade de sociedade simples utilizar firma ou razão social.

214 – Arts. 997 e 1.054: As indicações contidas no art. 997 não são exaustivas, aplicando-se outras exigências contidas na legislação pertinente, para fins de registro.

215 – Art. 998: A sede a que se refere o *caput* do art. 998 poderá ser a da administração ou a do estabelecimento onde se realizam as atividades sociais.

216 – Arts. 999, 1.004 e 1.030: O quórum de deliberação previsto no art. 1.004, parágrafo único, e no art. 1.030 é de maioria absoluta do capital representado pelas quotas dos demais sócios, consoante a regra geral fixada no art. 999 para as deliberações na sociedade simples. Esse entendimento aplica-se ao art. 1.058 em caso de exclusão de sócio remisso ou redução do valor de sua quota ao montante já integralizado.

217 – Arts. 1.010 e 1.053: Com a regência supletiva da sociedade limitada, pela lei das sociedades por ações, ao sócio que participar de deliberação na qual tenha interesse contrário ao da sociedade aplicar-se-á o disposto no art. 115, § 3º, da Lei nº 6.404/76. Nos demais casos, incide o art. 1.010, § 3º, se o voto proferido foi decisivo para a aprovação da deliberação, ou o art. 187 (abuso do direito), se o voto não tiver prevalecido.

218 – Art. 1.011: Não são necessárias certidões de nenhuma espécie para comprovar os requisitos do art. 1.011 no ato de registro da sociedade, bastando declaração de desimpedimento.

219 – Art. 1.015: Está positivada a teoria ultra vires no Direito brasileiro, com as seguintes ressalvas: (a) o ato ultra vires não produz efeito apenas em relação à sociedade; (b) sem embargo, a sociedade poderá, por meio de seu órgão deliberativo, ratificá-lo; (c) o Código Civil amenizou o rigor da teoria ultra vires, admitindo os poderes implícitos dos administradores para realizar negócios acessórios ou conexos ao objeto social, os quais não constituem operações evidentemente estranhas aos negócios da sociedade; (d) não se aplica o art. 1.015 às sociedades por ações, em virtude da existência de regra especial de responsabilidade dos administradores (art. 158, II, Lei nº 6.404/76).

220 – Art. 1.016: É obrigatória a aplicação do art. 1.016 do Código Civil de 2002, que regula a responsabilidade dos administradores, a todas as sociedades limitadas, mesmo àquelas cujo contrato social preveja a aplicação supletiva das normas das sociedades anônimas.

221 – Art. 1.028: Diante da possibilidade de o contrato social permitir o ingresso na sociedade do sucessor de sócio falecido, ou de os sócios acordarem com os herdeiros a substituição de sócio falecido, sem liquidação da quota em ambos os casos, é lícita a participação de menor em sociedade limitada, estando o capital integralizado, em virtude da inexistência de vedação no Código Civil.

222 – Art. 1.053: Não se aplica o art. 997, V, à sociedade limitada na hipótese de regência supletiva pelas regras das sociedades simples.

223 – Art. 1.053: O parágrafo único do art. 1.053 não significa a aplicação em bloco da Lei n. 6.404/76 ou das disposições sobre a sociedade simples. O contrato social pode adotar, nas omissões do Código sobre as sociedades limitadas, tanto as regras das sociedades simples quanto as das sociedades anônimas.

224 – Art. 1.055: A solidariedade entre os sócios da sociedade limitada pela exata estimação dos bens conferidos ao capital social abrange os casos de constituição e aumento do capital e cessa após cinco anos da data do respectivo registro.

225 – Art. 1.057: Sociedade limitada. Instrumento de cessão de quotas. Na omissão do contrato social, a cessão de quotas sociais de uma sociedade limitada pode ser feita por instrumento próprio, averbado no registro da sociedade, independentemente de alteração contratual, nos termos do art. 1.057 e parágrafo único do Código Civil.

226 – Art. 1.074: A exigência da presença de três quartos do capital social, como quórum mínimo de instalação em primeira convocação, pode ser alterada pelo contrato de sociedade limitada com até dez sócios, quando as deliberações sociais obedecerem à forma de reunião, sem prejuízo da observância das regras do art. 1.076 referentes ao quórum de deliberação.

227 – Art. 1.076 c/c 1.071: O quórum mínimo para a deliberação da cisão da sociedade limitada é de três quartos do capital social.

228 – Art. 1.078: As sociedades limitadas estão dispensadas da publicação das demonstrações financeiras a que se refere o § 3º do art. 1.078. Naquelas de até dez sócios, a deliberação de que trata o art. 1.078 pode dar-se na forma dos §§ 2º e 3º do art.1.072, e a qualquer tempo, desde que haja previsão contratual nesse sentido.

229 – Art. 1.080: A responsabilidade ilimitada dos sócios pelas deliberações infringentes da lei ou do contrato torna desnecessária a desconsideração da personalidade jurídica, por não constituir a autonomia patrimonial da pessoa jurídica escudo para a responsabilização pessoal e direta.

230 – Art. 1.089: A fusão e a incorporação de sociedade anônima continuam reguladas pelas normas previstas na Lei nº 6.404/76, não revogadas pelo Código Civil (art. 1.089), quanto a esse tipo societário.

231 – Arts. 1.116 a 1.122: A cisão de sociedades continua disciplinada na Lei nº 6.404/76, aplicável a todos os tipos societários, inclusive no que se refere aos direitos dos credores. Interpretação dos arts. 1.116 a 1.122 do Código Civil.

232 – Arts. 1.116, 1.117 e 1.120: Nas fusões e incorporações entre sociedades reguladas pelo Código Civil, é facultativa a elaboração de protocolo firmado pelos sócios ou administradores das sociedades; havendo sociedade anônima ou comandita por ações envolvida na operação, a obrigatoriedade do protocolo e da justificação somente a ela se aplica.

233 – Art. 1.142: A sistemática do contrato de trespasse delineada pelo Código Civil nos arts. 1.142 e ss., especialmente seus efeitos obrigacionais, aplica-se somente quando o conjunto de bens transferidos importar a transmissão da funcionalidade do estabelecimento empresarial.

234 – Art. 1.148: Quando do trespasse do estabelecimento empresarial, o contrato de locação do respectivo ponto não se transmite automaticamente ao adquirente. **Fica cancelado o Enunciado nº 64.**

235 – Art. 1.179: O pequeno empresário, dispensado da escrituração, é aquele previsto na Lei nº 9.841/99. Fica cancelado o Enunciado nº 56.

DIREITO DAS COISAS

236 – Arts. 1.196, 1.205 e 1.212: Considera-se possuidor, para todos os efeitos legais, também a coletividade desprovida de personalidade jurídica.

237 – Art. 1.203: É cabível a modificação do título da posse – *interversio possessionis* – na hipótese em que o até então possuidor direto demonstrar ato exterior e inequívoco de oposição ao antigo possuidor indireto, tendo por efeito a caracterização do *animus domini*.

238 – Art. 1.210: Ainda que a ação possessória seja intentada além de "ano e dia" da turbação ou esbulho, e, em razão disso, tenha seu trâmite regido pelo procedimento ordinário (CPC, art. 924), nada impede que o juiz conceda a tutela possessória liminarmente, mediante antecipação de tutela, desde que presentes os requisitos autorizadores do art. 273, I ou II, bem como aqueles previstos no art. 461-A e parágrafos, todos do Código de Processo Civil.

239 – Art. 1.210: Na falta de demonstração inequívoca de posse que atenda à função social, deve-se utilizar a noção de "melhor posse", com base nos critérios previstos no parágrafo único do art. 507 do Código Civil /1916.

240 – Art. 1.228: A justa indenização a que alude o § 5º do art. 1.228 não tem como critério valorativo, necessariamente, a avaliação técnica lastreada no mercado imobiliário, sendo indevidos os juros compensatórios.

241 – Art. 1.228: O registro da sentença em ação reivindicatória, que opera a transferência da propriedade para o nome dos possuidores, com fundamento no interesse social (art. 1.228, § 5º), é condicionada ao pagamento da respectiva indenização, cujo prazo será fixado pelo juiz.

242 – Art. 1.276: A aplicação do art. 1.276 depende do devido processo legal, em que seja assegurado ao interessado demonstrar a não-cessação da posse.

243 – Art. 1.276: A presunção de que trata o § 2º do art. 1.276 não pode ser interpretada de modo a contrariar a norma-princípio do art. 150, inc. IV, da Constituição da República.

244 – Art. 1.291: O art. 1.291 deve ser interpretado conforme a Constituição, não sendo facultada a poluição das águas, quer sejam essenciais ou não às primeiras necessidades da vida.

245 – Art. 1.293: Embora omisso acerca da possibilidade de canalização forçada de águas por prédios alheios, para fins industriais ou agrícolas, o art. 1.293 não exclui a possibilidade da canalização forçada pelo vizinho, com prévia indenização aos proprietários prejudicados.

246 – Art. 1.331: Fica alterado o Enunciado nº 90, com supressão da parte final: "nas relações jurídicas inerentes às atividades de seu peculiar interesse". Prevalece o texto: "Deve ser reconhecida personalidade jurídica ao condomínio edilício".

247 – Art. 1.331: No condomínio edilício é possível a utilização exclusiva de área "comum" que, pelas próprias características da edificação, não se preste ao "uso comum" dos demais condôminos.

248 – Art.: 1.334, V: O quórum para alteração do regimento interno do condomínio edilício pode ser livremente fixado na convenção.

249 – Art. 1.369: A propriedade superficiária pode ser autonomamente objeto de direitos reais de gozo e garantia, cujo prazo não exceda a duração da concessão da superfície, não se lhe aplicando o art. 1.474.

250 – Art. 1.369: Admite-se a constituição do direito de superfície por cisão.

251 – Art. 1.379: O prazo máximo para o usucapião extraordinário de servidões deve ser de 15 anos, em conformidade com o sistema geral de usucapião previsto no Código Civil.

252 – Art. 1.410: A extinção do usufruto pelo não-uso, de que trata o art. 1.410, inc. VIII, independe do prazo previsto no art. 1.389, inc. III,

253 – Art. 1.417: O promitente comprador, titular de direito real (art. 1.417), tem a faculdade de reivindicar de terceiro o imóvel prometido a venda.

DIREITO DE FAMÍLIA E SUCESSÕES

254 – Art. 1.573: Formulado o pedido de separação judicial com fundamento na culpa (art. 1.572 e/ou art. 1.573 e incisos), o juiz poderá decretar a separação do casal diante da constatação da insubsistência da comunhão plena de vida (art. 1.511) – que caracteriza hipótese de "outros fatos que tornem evidente a impossibilidade da vida em comum" – sem atribuir culpa a nenhum dos cônjuges.

255 – Art. 1.575: Não é obrigatória a partilha de bens na separação judicial.

256 – Art. 1.593: A posse do estado de filho (parentalidade socioafetiva) constitui modalidade de parentesco civil.

257 – Art. 1.597: As expressões "fecundação artificial", "concepção artificial" e "inseminação artificial", constantes, respectivamente, dos incs. III, IV e V do art. 1.597 do Código Civil, devem ser interpretadas restritivamente, não abrangendo a utilização de óvulos doados e a gestação de substituição.

258 – Arts. 1.597 e 1.601: Não cabe a ação prevista no art. 1.601 do Código Civil se a filiação tiver origem em procriação assistida heteróloga, autorizada pelo marido nos termos do inc. V do art. 1.597, cuja paternidade configura presunção absoluta.

259 – Art. 1.621: A revogação do consentimento não impede, por si só, a adoção, observado o melhor interesse do adotando.

260 – Arts. 1.639, § 2º, e 2.039: A alteração do regime de bens prevista no § 2º do art. 1.639 do Código Civil também é permitida nos casamentos realizados na vigência da legislação anterior.

261 – Art. 1.641: A obrigatoriedade do regime da separação de bens não se aplica a pessoa maior de sessenta anos, quando o casamento for precedido de união estável iniciada antes dessa idade.

262 – Arts. 1.641 e 1.639: A obrigatoriedade da separação de bens nas hipóteses previstas nos incs. I e III do art. 1.641 do Código Civil não impede a alteração do regime, desde que superada a causa que o impôs.

263 – Art. 1.707: O art. 1.707 do Código Civil não impede seja reconhecida válida e eficaz a renúncia manifestada por ocasião do divórcio (direto ou indireto) ou da dissolução da"união estável". A irrenunciabilidade do direito a alimentos somente é admitida enquanto subsistir vínculo de Direito de Família.

264 – Art. 1.708: Na interpretação do que seja procedimento indigno do credor, apto a fazer cessar o direito a alimentos, aplicam-se, por analogia, as hipóteses dos incs. I e II do art. 1.814 do Código Civil.

265 – Art. 1.708: Na hipótese de concubinato, haverá necessidade de demonstração da assistência material prestada pelo concubino a quem o credor de alimentos se uniu.

266 – Art. 1.790: Aplica-se o inc. I do art. 1.790 também na hipótese de concorrência do companheiro sobrevivente com outros descendentes comuns, e não apenas na concorrência com filhos comuns.

267 – Art. 1.798: A regra do art. 1.798 do Código Civil deve ser estendida aos embriões formados mediante o uso de técnicas de reprodução assistida, abrangendo, assim, a vocação hereditária da pessoa humana a nascer cujos efeitos patrimoniais se submetem às regras previstas para a petição da herança.

268 – Art. 1.799: Nos termos do inc. I do art. 1.799, pode o testador beneficiar filhos de determinada origem, não devendo ser interpretada extensivamente a cláusula testamentária respectiva.

269 – Art. 1.801: A vedação do art. 1.801, inc. III, do Código Civil não se aplica à união estável, independentemente do período de separação de fato (art. 1.723, § 1º).

270 – Art. 1.829: O art. 1.829, inc. I, só assegura ao cônjuge sobrevivente o direito de concorrência com os descendentes do autor da herança quando casados no regime da separação convencional de bens ou, se casados nos regimes da comunhão parcial ou participação final nos aquestos, o falecido possuísse bens particulares, hipóteses em que a concorrência se restringe a tais bens, devendo os bens comuns (meação) ser partilhados exclusivamente entre os descendentes.

271 – Art. 1.831: O cônjuge pode renunciar ao direito real de habitação nos autos do inventário ou por escritura pública, sem prejuízo de sua participação na herança.

IV JORNADA DE DIREITO CIVIL DO CONSELHO DA JUSTIÇA FEDERAL – CJF

PARTE GERAL

272 – Art. 10: Não é admitida em nosso ordenamento jurídico a adoção por ato extrajudicial, sendo indispensável a atuação jurisdicional, inclusive para a adoção de maiores de dezoito anos.

273 – Art. 10: Tanto na adoção bilateral quanto na unilateral, quando não se preserva o vínculo com qualquer dos genitores originários, deverá ser averbado o cancelamento do registro originário de nascimento do adotado, lavrando-se novo registro. Sendo unilateral a adoção, e sempre que se preserve o vínculo originário com um dos genitores, deverá ser averbada a substituição do nome do pai ou mãe naturais pelo nome do pai ou mãe adotivos.

274 – Art. 11: Os direitos da personalidade, regulados de maneira não-exaustiva pelo Código Civil, são expressões da cláusula geral de tutela da pessoa humana, contida no art. 1º, inc. III, da Constituição (princípio da dignidade da pessoa humana). Em caso de colisão entre eles, como nenhum pode sobrelevar os demais, deve-se aplicar a técnica da ponderação.

275 – Arts. 12 e 20: O rol dos legitimados de que tratam os arts. 12, parágrafo único, e 20, parágrafo único, do Código Civil também compreende o companheiro.

276 – Art. 13: O art. 13 do Código Civil, ao permitir a disposição do próprio corpo por exigência médica, autoriza as cirurgias de transgenitalização, em conformidade com os procedimentos estabelecidos pelo Conselho Federal de Medicina, e a consequente alteração do prenome e do sexo no Registro Civil.

277 – Art. 14: O art. 14 do Código Civil, ao afirmar a validade da disposição gratuita do próprio corpo, com objetivo científico ou altruístico, para depois da morte, determinou que a manifestação expressa do doador de órgãos em vida prevalece sobre a vontade dos familiares, portanto, a aplicação do art. 4º da Lei nº 9.434/97 ficou restrita à hipótese de silêncio do potencial doador.

278 – Art. 18: A publicidade que divulgar, sem autorização, qualidades inerentes a determinada pessoa, ainda que sem mencionar seu nome, mas sendo capaz de identificá-la, constitui violação a direito da personalidade.

279 – Art. 20: A proteção à imagem deve ser ponderada com outros interesses constitucionalmente tutelados, especialmente em face do direito de amplo acesso à informação e da liberdade de imprensa. Em caso de colisão, levar-se-á em conta a notoriedade do retratado e dos fatos abordados, bem como a veracidade destes e, ainda, as características de sua utilização (comercial, informativa, biográfica), privilegiando-se medidas que não restrinjam a divulgação de informações.

280 – Arts. 44, 57 e 60: Por força do art. 44, § 2º, consideram-se aplicáveis às sociedades reguladas pelo Livro II da Parte Especial, exceto às limitadas, os arts. 57 e 60, nos seguintes termos: a) em havendo previsão contratual, é possível aos sócios deliberar a exclusão de sócio por justa causa, pela via extrajudicial, cabendo ao contrato disciplinar o procedimento de exclusão, assegurado o direito de defesa, por aplicação analógica do art. 1.085; b) as deliberações sociais poderão ser convocadas por iniciativa de sócios que representem 1/5 (um quinto) do capital social, na omissão do contrato. A mesma regra aplica-se na hipótese de criação, pelo contrato, de outros órgãos de deliberação colegiada.

281 – Art. 50: A aplicação da teoria da desconsideração, descrita no art. 50 do Código Civil, prescinde da demonstração de insolvência da pessoa jurídica.

282 – Art. 50: O encerramento irregular das atividades da pessoa jurídica, por si só, não basta para caracterizar abuso da personalidade jurídica.

283 – Art. 50: É cabível a desconsideração da personalidade jurídica denominada "inversa" para alcançar bens de sócio que se valeu da pessoa jurídica para ocultar ou desviar bens pessoais, com prejuízo a terceiros.

284 – Art. 50: As pessoas jurídicas de direito privado sem fins lucrativos ou de fins não econômicos estão abrangidas no conceito de abuso da personalidade jurídica.

285 – Art. 50: A teoria da desconsideração, prevista no art. 50 do Código Civil, pode ser invocada pela pessoa jurídica, em seu favor.

286 – Art. 52: Os direitos da personalidade são direitos inerentes e essenciais à pessoa humana, decorrentes de sua dignidade, não sendo as pessoas jurídicas titulares de tais direitos.

287 – Art. 98: O critério da classificação de bens indicado no art. 98 do Código Civil não exaure a enumeração dos bens públicos, podendo ainda ser classificado como tal o bem pertencente a pessoa jurídica de direito privado que esteja afetado à prestação de serviços públicos.

288 – Arts. 90 e 91: A pertinência subjetiva não constitui requisito imprescindível para a configuração das universalidades de fato e de direito.

289 – Art. 108: O valor de 30 salários mínimos constante no art. 108 do Código Civil brasileiro, em referência à forma pública ou particular dos negócios jurídicos que envolvam bens imóveis, é o atribuído pelas partes contratantes, e não qualquer outro valor arbitrado pela Administração Pública com finalidade tributária.

290 – Art. 157: A lesão acarretará a anulação do negócio jurídico quando verificada, na formação deste, a desproporção manifesta entre as prestações assumidas pelas partes, não se presumindo a premente necessidade ou a inexperiência do lesado.

291 – Art. 157: Nas hipóteses de lesão previstas no art. 157 do Código Civil, pode o lesionado optar por não pleitear a anulação do negócio jurídico, deduzindo, desde logo, pretensão com vista à revisão judicial do negócio por meio da redução do proveito do lesionador ou do complemento do preço.

292 – Art. 158: Para os efeitos do art. 158, § 2º, a anterioridade do crédito é determinada pela causa que lhe dá origem, independentemente de seu reconhecimento por decisão judicial.

293 – Art. 167: Na simulação relativa, o aproveitamento do negócio jurídico dissimulado não decorre tão-somente do afastamento do negócio jurídico simulado, mas do necessário preenchimento de todos os requisitos substanciais e formais de validade daquele.

294 – Arts. 167 e 168: Sendo a simulação uma causa de nulidade do negócio jurídico, pode ser alegada por uma das partes contra a outra.

295 – Art. 191: A revogação do art. 194 do Código Civil pela Lei nº 11.280/2006, que determina ao juiz o reconhecimento de ofício da prescrição, não retira do devedor a possibilidade de renúncia admitida no art. 191 do texto codificado.

296 – Art. 197: Não corre a prescrição entre os companheiros, na constância da união estável.

297 – Art. 212: O documento eletrônico tem valor probante, desde que seja apto a conservar a integridade de seu conteúdo e idôneo a apontar sua autoria, independentemente da tecnologia empregada.

298 – Arts. 212 e 225: Os arquivos eletrônicos incluem-se no conceito de "reproduções eletrônicas de fatos ou de coisas" do art. 225 do Código Civil, aos quais deve ser aplicado o regime jurídico da prova documental.

299 – Art. 2.028: Iniciada a contagem de determinado prazo sob a égide do Código Civil de 1916, e vindo a lei nova a reduzi-lo, prevalecerá o prazo antigo, desde que transcorrido mais de metade deste na data da entrada em vigor do novo Código. O novo prazo será contado a partir de 11 de janeiro de 2003, desprezando-se o tempo anteriormente decorrido, salvo quando o não-aproveitamento do prazo já vencido implicar aumento do prazo prescricional previsto na lei revogada, hipótese em que deve ser aproveitado o prazo já transcorrido durante o domínio da lei antiga, estabelecendo-se uma continuidade temporal.

300 – Art. 2.035: A lei aplicável aos efeitos atuais dos contratos celebrados antes do novo Código Civil será a vigente na época da celebração; todavia, havendo alteração legislativa que evidencie anacronismo da lei revogada, o juiz equilibrará as obrigações das partes contratantes, ponderando os interesses traduzidos pelas regras revogada e revogadora, bem como a natureza e a finalidade do negócio.

DIREITO DAS COISAS

301 – Art. 1.198, c/c o art.1.204: É possível a conversão da detenção em posse, desde que rompida a subordinação, na hipótese de exercício em nome próprio dos atos possessórios.

302 – Arts. 1.200 e 1.214: Pode ser considerado justo título para a posse de boa-fé o ato jurídico capaz de transmitir a posse *ad usucapionem*, observado o disposto no art. 113 do Código Civil.

303 – Art. 1.201: Considera-se justo título, para a presunção relativa da boa-fé do possuidor, o justo motivo que lhe autoriza a aquisição derivada da posse, esteja ou não materializado em instrumento público ou particular. Compreensão na perspectiva da função social da posse.

304 – Art. 1.228: São aplicáveis as disposições dos §§ 4º e 5º do art. 1.228 do Código Civil às ações reivindicatórias relativas a bens públicos dominicais, mantido, parcialmente, o Enunciado 83 da I Jornada de Direito Civil, no que concerne às demais classificações dos bens públicos.

305 – Art. 1.228: Tendo em vista as disposições dos §§ 3º e 4º do art. 1.228 do Código Civil, o Ministério Público tem o poder-dever de atuar nas hipóteses de desapropriação, inclusive a indireta, que encerrem relevante interesse público, determinado pela natureza dos bens jurídicos envolvidos.

306 – Art. 1.228: A situação descrita no § 4º do art. 1.228 do Código Civil enseja a improcedência do pedido reivindicatório.

307 – Art. 1.228: Na desapropriação judicial (art. 1.228, § 4º), poderá o juiz determinar a intervenção dos órgãos públicos competentes para o licenciamento ambiental e urbanístico.

308 – Art. 1.228: A justa indenização devida ao proprietário em caso de desapropriação judicial (art. 1.228, § 5º) somente deverá ser suportada pela Administração Pública no contexto das políticas públicas de reforma urbana ou agrária, em se tratando de possuidores de baixa renda e desde que tenha havido intervenção daquela nos termos da lei processual. Não sendo os possuidores de baixa renda, aplica-se a orientação do Enunciado 84 da I Jornada de Direito Civil.

309 – Art. 1.228: O conceito de posse de boa-fé de que trata o art. 1.201 do Código Civil não se aplica ao instituto previsto no § 4º do art. 1.228.

310 – Art. 1.228: Interpreta-se extensivamente a expressão "imóvel reivindicado" (art. 1.228, § 4º), abrangendo pretensões tanto no juízo petitório quanto no possessório.

311 – Caso não seja pago o preço fixado para a desapropriação judicial, e ultrapassado o prazo prescricional para se exigir o crédito correspondente, estará autorizada a expedição de mandado para registro da propriedade em favor dos possuidores.

312 – Art. 1.239: Observado o teto constitucional, a fixação da área máxima para fins de usucapião especial rural levará em consideração o módulo rural e a atividade agrária regionalizada.

313 – Arts. 1.239 e 1.240: Quando a posse ocorre sobre área superior aos limites legais, não é possível a aquisição pela via da usucapião especial, ainda que o pedido restrinja a dimensão do que se quer usucapir.

314 – Art. 1.240: Para os efeitos do art. 1.240, não se deve computar, para fins de limite de metragem máxima, a extensão compreendida pela fração ideal correspondente à área comum.

315 – Art. 1.241: O art. 1.241 do Código Civil permite ao possuidor que figurar como réu em ação reivindicatória ou possessória formular pedido contraposto e postular ao juiz seja declarada adquirida, mediante usucapião, a propriedade imóvel, valendo a sentença como instrumento para registro imobiliário, ressalvados eventuais interesses de confinantes e terceiros.

316 – Art. 1.276: Eventual ação judicial de abandono de imóvel, caso procedente, impede o sucesso de demanda petitória.

317 – Art. 1.243: A accessio possessionis de que trata o art. 1.243, primeira parte, do Código Civil não encontra aplicabilidade relativamente aos arts. 1.239 e 1.240 do mesmo diploma legal, em face da normatividade do usucapião constitucional urbano e rural, arts. 183 e 191, respectivamente.

318 – Art. 1.258: O direito à aquisição da propriedade do solo em favor do construtor de má-fé (art. 1.258, parágrafo único) somente é viável quando, além dos requisitos explícitos previstos em lei, houver necessidade de proteger terceiros de boa-fé.

319 – Art. 1.277: A condução e a solução das causas envolvendo conflitos de vizinhança devem guardar estreita sintonia com os princípios constitucionais da intimidade, da inviolabilidade da vida privada e da proteção ao meio ambiente.

320 – Arts. 1.338 e 1.331: O direito de preferência de que trata o art. 1.338 deve ser assegurado não apenas nos casos de locação, mas também na hipótese de venda da garagem.

321 – Art. 1.369: Os direitos e obrigações vinculados ao terreno e, bem assim, aqueles vinculados à construção ou à plantação formam patrimônios distintos e autônomos, respondendo cada um de seus titulares exclusivamente por suas próprias dívidas e obrigações, ressalvadas as fiscais decorrentes do imóvel.

322 – Art. 1.376: O momento da desapropriação e as condições da concessão superficiária serão considerados para fins da divisão do montante indenizatório (art. 1.376), constituindo-se litisconsórcio passivo necessário simples entre proprietário e superficiário.

323 – É dispensável a anuência dos adquirentes de unidades imobiliárias no "termo de afetação" da incorporação imobiliária.

324 – É possível a averbação do termo de afetação de incorporação imobiliária (Lei nº 4.591/64, art. 31 b) a qualquer tempo, na matrícula do terreno, mesmo antes do registro do respectivo Memorial de Incorporação no Registro de Imóveis.

325 – É impenhorável, nos termos da Lei nº 8.009/90, o direito real de aquisição do devedor fiduciante.

PROPOSIÇÕES LEGISLATIVAS

326 – Propõe-se a alteração do art. 31 a da Lei nº 4.591/64, que passaria a ter a seguinte redação: "Art. 31 a: O terreno e as acessões objeto de incorporação imobiliária, bem como os demais bens e direitos a ela vinculados, manter-se-ão apartados do patrimônio do incorporador e constituirão patrimônio de afetação, destinado à consecução da incorporação correspondente e à entrega das unidades imobiliárias aos respectivos adquirentes".

327 – Suprima-se o art. 9º da Lei nº 10.931/2004. (Unânime)

328 – Propõe-se a supressão do inciso V do art. 1.334 do Código Civil.

DIREITO DE FAMÍLIA E SUCESSÕES

329 – Art. 1.520: A permissão para casamento fora da idade núbil merece interpretação orientada pela dimensão substancial do princípio da igualdade jurídica, ética e moral entre o homem e a mulher, evitando-se, sem prejuízo do respeito à diferença, tratamento discriminatório.

330 – Art. 1.524: As causas suspensivas da celebração do casamento poderão ser arguidas inclusive pelos parentes em linha reta de um dos nubentes e pelos colaterais em segundo grau, por vínculo decorrente de parentesco civil.

331 – Art. 1.639: O estatuto patrimonial do casal pode ser definido por escolha de regime de bens distinto daqueles tipificados no Código Civil (art. 1.639 e parágrafo único do art. 1.640), e, para efeito de fiel observância do disposto no art. 1.528 do Código Civil, cumpre certificação a respeito, nos autos do processo de habilitação matrimonial.

332 – Art. 1.548: A hipótese de nulidade prevista no inc. I do art. 1.548 do Código Civil se restringe ao casamento realizado por enfermo mental absolutamente incapaz, nos termos do inc. II do art. 3º do Código Civil.

333 – Arts. 1.584 e 1.589: O direito de visita pode ser estendido aos avós e a pessoas com as quais a criança ou o adolescente mantenha vínculo afetivo, atendendo ao seu melhor interesse.

334 – Art. 1.584: A guarda de fato pode ser reputada como consolidada diante da estabilidade da convivência familiar entre a criança ou o adolescente e o terceiro guardião, desde que seja atendido o princípio do melhor interesse.

335 – Art. 1.636: A guarda compartilhada deve ser estimulada, utilizando-se, sempre que possível, da mediação e da orientação de equipe interdisciplinar.

336 – Art. 1.584: O parágrafo único do art. 1.584 aplica-se também aos filhos advindos de qualquer forma de família.

337 – Art. 1.588: O fato de o pai ou a mãe constituírem nova união não repercute no direito de terem os filhos do leito anterior em sua companhia, salvo quando houver comprometimento da sadia formação e do integral desenvolvimento da personalidade destes.

338 – Art. 1.588: A cláusula de não-tratamento conveniente para a perda da guarda dirige-se a todos os que integram, de modo direto ou reflexo, as novas relações familiares.

339 – A paternidade socioafetiva, calcada na vontade livre, não pode ser rompida em detrimento do melhor interesse do filho.

340 – Art. 1.665: No regime da comunhão parcial de bens é sempre indispensável a autorização do cônjuge, ou seu suprimento judicial, para atos de disposição sobre bens imóveis.

341 – Art. 1.696: Para os fins do art. 1.696, a relação socioafetiva pode ser elemento gerador de obrigação alimentar.

342 – Art. 1.695: Observadas suas condições pessoais e sociais, os avós somente serão obrigados a prestar alimentos aos netos em caráter exclusivo, sucessivo, complementar e não-solidário quando os pais destes estiverem impossibilitados de fazê-lo, caso em que as necessidades básicas dos alimentandos serão aferidas, prioritariamente, segundo o nível econômico-financeiro de seus genitores.

343 – Art. 1.700: A transmissibilidade da obrigação alimentar é limitada às forças da herança.

344 – Art. 1.701: A obrigação alimentar originada do poder familiar, especialmente para atender às necessidades educacionais, pode não cessar com a maioridade.

345 – Art. 1.708: O "procedimento indigno" do credor em relação ao devedor, previsto no parágrafo único do art. 1.708 do Código Civil, pode ensejar a exoneração ou apenas a redução do valor da pensão alimentícia para quantia indispensável à sobrevivência do credor.

346 – Art. 1.725: Na união estável o regime patrimonial obedecerá à norma vigente no momento da aquisição de cada bem, salvo contrato escrito.

DIREITO DAS OBRIGAÇÕES E RESPONSABILIDADE CIVIL

347 – Art. 266: A solidariedade admite outras disposições de conteúdo particular além do rol previsto no art. 266 do Código Civil.

348 – Arts. 275/282: O pagamento parcial não implica, por si só, renúncia à solidariedade, a qual deve derivar dos termos expressos da quitação ou, inequivocamente, das circunstâncias do recebimento da prestação pelo credor.

349 – Art. 282: Com a renúncia à solidariedade quanto a apenas um dos devedores solidários, o credor só poderá cobrar do beneficiado a sua quota na dívida, permanecendo a solidariedade quanto aos demais devedores, abatida do débito a parte correspondente aos beneficiados pela renúncia.

350 – Art. 284: A renúncia à solidariedade diferencia-se da remissão, em que o devedor fica inteiramente liberado do vínculo obrigacional, inclusive no que tange ao rateio da quota do eventual co-devedor insolvente, nos termos do art. 284.

351 – Art. 282: A renúncia à solidariedade em favor de determinado devedor afasta a hipótese de seu chamamento ao processo.

352 – Art. 300: Salvo expressa concordância dos terceiros, as garantias por eles prestadas se extinguem com a assunção da dívida; já as garantias prestadas pelo devedor primitivo somente serão mantidas se este concordar com a assunção.

353 – Art. 303: A recusa do credor, quando notificado pelo adquirente de imóvel hipotecado comunicando-lhe o interesse em assumir a obrigação, deve ser justificada.

354 – Arts. 395, 396 e 408: A cobrança de encargos e parcelas indevidas ou abusivas impede a caracterização da mora do devedor.

355 – Art. 413: Não podem as partes renunciar à possibilidade de redução da cláusula penal se ocorrer qualquer das hipóteses previstas no art. 413 do Código Civil, por se tratar de preceito de ordem pública.

356 – Art. 413: Nas hipóteses previstas no art. 413 do Código Civil, o juiz deverá reduzir a cláusula penal de ofício.

357 – Art. 413: O art. 413 do Código Civil é o que complementa o art. 4º da Lei nº 8.245/91. Revogado o Enunciado 179 da III Jornada.

358 – Art. 413: O caráter manifestamente excessivo do valor da cláusula penal não se confunde com a alteração das circunstâncias, a excessiva onerosidade e a frustração do fim do negócio jurídico, que podem incidir autonomamente e possibilitar sua revisão para mais ou para menos.

359 – Art. 413: A redação do art. 413 do Código Civil não impõe que a redução da penalidade seja proporcionalmente idêntica ao percentual adimplido.

360 – Art. 421: O princípio da função social dos contratos também pode ter eficácia interna entre as partes contratantes.

361 – Arts. 421, 422 e 475: O adimplemento substancial decorre dos princípios gerais contratuais, de modo a fazer preponderar a função social do contrato e o princípio da boa-fé objetiva, balizando a aplicação do art. 475.

362 – Art. 422: A vedação do comportamento contraditório (venire contra factum proprium) funda-se na proteção da confiança, tal como se extrai dos arts. 187 e 422 do Código Civil.

363 – Art. 422: Os princípios da probidade e da confiança são de ordem pública, sendo obrigação da parte lesada apenas demonstrar a existência da violação.

364 – Arts. 424 e 828: No contrato de fiança é nula a cláusula de renúncia antecipada ao benefício de ordem quando inserida em contrato de adesão.

365 – Art. 478. A extrema vantagem do art. 478 deve ser interpretada como elemento acidental da alteração das circunstâncias, que comporta a incidência da resolução ou revisão do negócio por onerosidade excessiva, independentemente de sua demonstração plena.

366 – Art. 478: O fato extraordinário e imprevisível causador de onerosidade excessiva é aquele que não está coberto objetivamente pelos riscos próprios da contratação.

367 – Art. 479: Em observância ao princípio da conservação do contrato, nas ações que tenham por objeto a resolução do pacto por excessiva onerosidade, pode o juiz modificá-lo equitativamente, desde que ouvida a parte autora, respeitada sua vontade e observado o contraditório.

368 – Art. 496: O prazo para anular venda de ascendente para descendente é decadencial de dois anos (art. 179 do Código Civil).

369 – Arts. 732 e 735: Diante do preceito constante no art. 732 do Código Civil, teleologicamente e em uma visão constitucional de unidade do sistema, quando o contrato de transporte constituir uma relação de consumo, aplicam-se as normas do Código de Defesa do Consumidor que forem mais benéficas a este.

370 – Art. 757: Nos contratos de seguro por adesão, os riscos predeterminados indicados no art. 757, parte final, devem ser interpretados de acordo com os arts. 421, 422, 424, 759 e 799 do Código Civil e 1º, inc. III, da Constituição Federal.

371 – Art. 763: A mora do segurado, sendo de escassa importância, não autoriza a resolução do contrato, por atentar ao princípio da boa-fé objetiva.

372 – Art. 766: Em caso de negativa de cobertura securitária por doença preexistente, cabe à seguradora comprovar que o segurado tinha conhecimento inequívoco daquela.

373 – Art. 787: Embora sejam defesos pelo § 2º do art. 787 do Código Civil, o reconhecimento da responsabilidade, a confissão da ação ou a transação não retiram do segurado o direito à garantia, sendo apenas ineficazes perante a seguradora.

374 – Arts. 792 e 795: No contrato de seguro, o juiz deve proceder com equidade, atentando às circunstâncias reais, e não a probabilidades infundadas, quanto à agravação dos riscos.

375 – Art. 801: No seguro em grupo de pessoas, exige-se o quórum qualificado de 3/4 do grupo, previsto no § 2º do art. 801 do Código Civil, apenas quando as modificações impuserem novos ônus aos participantes ou restringirem seus direitos na apólice em vigor.

376 – Art. 763: Para efeito de aplicação do art. 763 do Código Civil, a resolução do contrato depende de prévia interpelação.

377 – Art. 927: O art. 7º, inc. XXVIII, da Constituição Federal não é impedimento para a aplicação do disposto no art. 927, parágrafo único, do Código Civil quando se tratar de atividade de risco.

378 – Art. 931: Aplica-se o art. 931 do Código Civil, haja ou não relação de consumo.

379 – Art. 944: O art. 944, *caput*, do Código Civil não afasta a possibilidade de se reconhecer a função punitiva ou pedagógica da responsabilidade civil.

380 – Art. 944: Atribui-se nova redação ao Enunciado nº 46 da I Jornada de Direito Civil, pela supressão da parte final: não se aplicando às hipóteses de responsabilidade objetiva.

381 – Art. 950, parágrafo único: O lesado pode exigir que a indenização sob a forma de pensionamento seja arbitrada e paga de uma só vez, salvo impossibilidade econômica do devedor, caso em que o juiz poderá fixar outra forma de pagamento, atendendo à condição financeira do ofensor e aos benefícios resultantes do pagamento antecipado.

DIREITO DE EMPRESA

382 – Art. 983: Nas sociedades, o registro observa a natureza da atividade (empresarial ou não – art. 966); as demais questões seguem as normas pertinentes ao tipo societário adotado (art. 983). São exceções as sociedades por ações e as cooperativas (art. 982, parágrafo único).

383 – Art. 997: A falta de registro do contrato social (irregularidade originária – art. 998) ou de alteração contratual versando sobre matéria referida no art. 997 (irregularidade superveniente – art. 999, parágrafo único) conduz à aplicação das regras da sociedade em comum (art. 986).

384 – Art. 999: Nas sociedades personificadas previstas no Código Civil, exceto a cooperativa, é admissível o acordo de sócios, por aplicação analógica das normas relativas às sociedades por ações pertinentes ao acordo de acionistas.

385 – Art. 999: A unanimidade exigida para a modificação do contrato social somente alcança as matérias referidas no art. 997, prevalecendo, nos demais casos de deliberação dos sócios, a maioria absoluta, se outra mais qualificada não for prevista no contrato.

386 – Na apuração dos haveres do sócio devedor, por consequência da liquidação de suas quotas na sociedade para pagamento ao seu credor (art. 1.026, parágrafo único), não devem ser consideradas eventuais disposições contratuais restritivas à determinação de seu valor.

387 – Art. 1.026: A opção entre fazer a execução recair sobre o que ao sócio couber no lucro da sociedade ou sobre a parte que lhe tocar em dissolução orienta-se pelos princípios da menor onerosidade e da função social da empresa.

388 – Art. 1.026: O disposto no art. 1.026 do Código Civil não exclui a possibilidade de o credor fazer recair a execução sobre os direitos patrimoniais da quota de participação que o devedor possui no capital da sociedade.

389 – Art. 1.026: Quando se tratar de sócio de serviço, não poderá haver penhora das verbas descritas no art. 1026, se de caráter alimentar.

390 – Art. 1.029: Em regra, é livre a retirada de sócio nas sociedades limitadas e anônimas fechadas, por prazo indeterminado, desde que tenham integralizado a respectiva parcelado capital, operando-se a denúncia (arts. 473 e 1.029).

391 – Arts. 1.031, 1.057 e 1.058: A sociedade limitada pode adquirir suas próprias quotas, observadas as condições estabelecidas na Lei das Sociedades por Ações.

392 – Art. 1.077: Nas hipóteses do art. 1.077 do Código Civil, cabe aos sócios delimitar seus contornos para compatibilizá-los com os princípios da preservação e da função social da empresa, aplicando-se, supletiva (art. 1.053, parágrafo único) ou analogicamente (art. 4º da LICC), o art. 137, § 3º, da Lei das Sociedades por Ações, para permitir a reconsideração da deliberação que autorizou a retirada do sócio dissidente.

393 – Art. 1.143: A validade da alienação do estabelecimento empresarial não depende de forma específica, observado o regime jurídico dos bens que a exijam.

394 – Art. 2.031: Ainda que não promovida a adequação do contrato social no prazo previsto no art. 2.031 do Código Civil, as sociedades não perdem a personalidade jurídica adquirida antes de seu advento.

395 – Art. 2.031: A sociedade registrada antes da vigência do Código Civil não está obrigada a adaptar seu nome às novas disposições.

396 – Art. 2.035: A capacidade para contratar a constituição da sociedade submete-se à lei vigente no momento do registro.

V JORNADA DE DIREITO CIVIL DO CONSELHO DA JUSTIÇA FEDERAL – CJF

PARTE GERAL

397 – Art. 5º: A emancipação por concessão dos pais ou por sentença do juiz está sujeita à desconstituição por vício de vontade.

398 – Art. 12, parágrafo único: As medidas previstas no art. 12, parágrafo único, do Código Civil podem ser invocadas por qualquer uma das pessoas ali mencionadas de forma concorrente e autônoma.

399 – Arts. 12, parágrafo único e 20, parágrafo único: Os poderes conferidos aos legitimados para a tutela *post mortem* dos direitos da personalidade, nos termos dos arts. 12, parágrafo único, e 20, parágrafo único, do CC, não compreendem a faculdade de limitação voluntária.

400 – Arts. 12, parágrafo único, e 20, parágrafo único: Os parágrafos únicos dos arts. 12 e 20 asseguram legitimidade, por direito próprio, aos parentes, cônjuge ou companheiro para a tutela contra lesão perpetrada *post mortem*.

401 – Art. 13: Não contraria os bons costumes a cessão gratuita de direitos de uso de material biológico para fins de pesquisa científica, desde que a manifestação de vontade tenha sido livre, esclarecida e puder ser revogada a qualquer tempo, conforme as normas éticas que regem a pesquisa científica e o respeito aos direitos fundamentais.

402 – Art. 14, parágrafo único: O art. 14, parágrafo único, do Código Civil, fundado no consentimento informado, não dispensa o consentimento dos adolescentes para a doação de medula óssea prevista no art. 9º, § 6º, da Lei nº 9.434/1997 por aplicação analógica dos arts. 28, § 2º (alterado pela Lei nº 12.010/2009), e 45, § 2º, do ECA.

403 – Art. 15: O Direito à inviolabilidade de consciência e de crença, previsto no art. 5º, VI, da Constituição Federal, aplica-se também à pessoa que se nega a tratamento médico, inclusive transfusão de sangue, com ou sem risco de morte, em razão do tratamento ou da falta dele, desde que observados os seguintes critérios: a) capacidade civil plena, excluído o suprimento pelo representante ou assistente; b) manifestação de vontade livre, consciente e informada; e c) oposição que diga respeito exclusivamente à própria pessoa do declarante.

404 – Art. 21: A tutela da privacidade da pessoa humana compreende os controles espacial, contextual e temporal dos próprios dados, sendo necessário seu expresso consentimento para tratamento de informações que versem especialmente o estado de saúde, a condição sexual, a origem racial ou étnica, as convicções religiosas, filosóficas e políticas.

405 – Art. 21: As informações genéticas são parte da vida privada e não podem ser utilizadas para fins diversos daqueles que motivaram seu armazenamento, registro ou uso, salvo com autorização do titular.

406 – Art. 50: A desconsideração da personalidade jurídica alcança os grupos de sociedade quando estiverem presentes os pressupostos do art. 50 do Código Civil e houver prejuízo para os credores até o limite transferido entre as sociedades.

407 – Art. 61: A obrigatoriedade de destinação do patrimônio líquido remanescente da associação à instituição municipal, estadual ou federal de fins idênticos ou semelhantes, em face da omissão do estatuto, possui caráter subsidiário, devendo prevalecer a vontade dos associados, desde que seja contemplada entidade que persiga fins não econômicos.

408 – Arts. 70 e 7º da Lei de Introdução às Normas do Direito Brasileiro: Para efeitos de interpretação da expressão "domicílio" do art. 7º da Lei de Introdução às Normas do Direito Brasileiro, deve ser considerada, nas hipóteses de litígio internacional relativo a criança ou adolescente, a residência habitual destes, pois se trata de situação fática internacionalmente aceita e conhecida.

409 – Art. 113: Os negócios jurídicos devem ser interpretados não só conforme a boa-fé e os usos do lugar de sua celebração, mas também de acordo com as práticas habitualmente adotadas entre as partes.

410 – Art. 157: A inexperiência a que se refere o art. 157 não deve necessariamente significar imaturidade ou desconhecimento em relação à prática de negócios jurídicos em geral, podendo ocorrer também quando o lesado, ainda que estipule contratos costumeiramente, não tenha conhecimento específico sobre o negócio em causa.

411 – Art. 186: O descumprimento de contrato pode gerar dano moral quando envolver valor fundamental protegido pela Constituição Federal de 1988.

412 – Art. 187: As diversas hipóteses de exercício inadmissível de uma situação jurídica subjetiva, tais como *supressio, tu quoque, surrectio* e *venire contra factum proprium*, são concreções da boa-fé objetiva.

413 – Art. 187: Os bons costumes previstos no art. 187 do CC possuem natureza subjetiva, destinada ao controle da moralidade social de determinada época, e objetiva, para permitir a sindicância da violação dos negócios jurídicos em questões não abrangidas pela função social e pela boa-fé objetiva.

414 – Art. 187: A cláusula geral do art. 187 do Código Civil tem fundamento constitucional nos princípios da solidariedade, devido processo legal e proteção da confiança, e aplica-se a todos os ramos do direito.
415 – Art. 190: O art. 190 do Código Civil refere-se apenas às exceções impróprias (dependentes/não autônomas). As exceções propriamente ditas (independentes/autônomas) são imprescritíveis.

416 – Art. 202: A propositura de demanda judicial pelo devedor, que importe impugnação do débito contratual ou de cártula representativa do direito do credor, é causa interruptiva da prescrição.

417 – Art. 202, I: O art. 202, I, do CC deve ser interpretado sistematicamente com o art. 219, § 1º, do CPC, de modo a se entender que o efeito interruptivo da prescrição produzido pelo despacho que ordena a citação é retroativo até a data da propositura da demanda.

418 – Art. 206: O prazo prescricional de três anos para a pretensão relativa a aluguéis aplica-se aos contratos de locação de imóveis celebrados com a administração pública.

419 – Art. 206, § 3º, V: O prazo prescricional de três anos para a pretensão de reparação civil aplica-se tanto à responsabilidade contratual quanto à responsabilidade extracontratual.

420 – Art. 206, § 3º, V: Não se aplica o art. 206, § 3º, V, do Código Civil às pretensões indenizatórias decorrentes de acidente de trabalho, após a vigência da Emenda Constitucional nº 45, incidindo a regra do art. 7º, XXIX, da Constituição da República.

DIREITO DAS OBRIGAÇÕES

421 – Arts. 112 e 113: Os contratos coligados devem ser interpretados segundo os critérios hermenêuticos do Código Civil, em especial os dos arts. 112 e 113, considerada a sua conexão funcional.

422 – Art. 300: (Fica mantido o teor do Enunciado nº 352) A expressão "garantias especiais" constante do art. 300 do CC/2002 refere-se a todas as garantias, quaisquer delas, reais ou fidejussórias, que tenham sido prestadas voluntária e originariamente pelo devedor primitivo ou por terceiro, vale dizer, aquelas que dependeram da vontade do garantidor, devedor ou terceiro para se constituírem.

423 – Art. 301: O art. 301 do CC deve ser interpretado de forma a também abranger os negócios jurídicos nulos e a significar a continuidade da relação obrigacional originária em vez de "restauração", porque, envolvendo hipótese de transmissão, aquela relação nunca deixou de existir.

424 – Art. 303, segunda parte: A comprovada ciência de que o reiterado pagamento é feito por terceiro no interesse próprio produz efeitos equivalentes aos da notificação de que trata o art. 303, segunda parte.

425 – Art. 308: O pagamento repercute no plano da eficácia, e não no plano da validade como preveem os arts. 308, 309 e 310 do Código Civil.

426 – Art. 389: Os honorários advocatícios previstos no art. 389 do Código Civil não se confundem com as verbas de sucumbência, que, por força do art. 23 da Lei n. 8.906/1994, pertencem ao advogado.

427 – Art. 397, parágrafo único: É válida a notificação extrajudicial promovida em serviço de registro de títulos e documentos de circunscrição judiciária diversa da do domicílio do devedor.

428 – Art. 405: Os juros de mora, nas obrigações negociais, fluem a partir do advento do termo da prestação, estando a incidência do disposto no art. 405 da codificação limitada às hipóteses em que a citação representa o papel de notificação do devedor ou àquelas em que o objeto da prestação não tem liquidez.

429 – Art. 413: As multas previstas nos acordos e convenções coletivas de trabalho, cominadas para impedir o descumprimento das disposições normativas constantes desses instrumentos, em razão da negociação coletiva dos sindicatos e empresas, têm natureza de cláusula penal e, portanto, podem ser reduzidas pelo juiz do trabalho quando cumprida parcialmente a cláusula ajustada ou quando se tornarem excessivas para o fim proposto, nos termos do art. 413 do Código Civil.

430 – Art. 416, parágrafo único: No contrato de adesão, o prejuízo comprovado do aderente que exceder ao previsto na cláusula penal compensatória poderá ser exigido pelo credor independentemente de convenção.

431 – Art. 421: A violação do art. 421 conduz à invalidade ou à ineficácia do contrato ou de cláusulas contratuais.

432 – Art. 422: Em contratos de financiamento bancário, são abusivas cláusulas contratuais de repasse de custos administrativos (como análise do crédito, abertura de cadastro, emissão de fichas de compensação bancária, etc.), seja por estarem intrinsecamente vinculadas ao exercício da atividade econômica, seja por violarem o princípio da boa-fé objetiva.

433 – Art. 424: A cláusula de renúncia antecipada ao direito de indenização e retenção por benfeitorias necessárias é nula em contrato de locação de imóvel urbano feito nos moldes do contrato de adesão.

434 – Art. 456: A ausência de denunciação da lide ao alienante, na evicção, não impede o exercício de pretensão reparatória por meio de via autônoma.

435 – Art. 462: O contrato de promessa de permuta de bens imóveis é título passível de registro na matrícula imobiliária.

436 – Art. 474: A cláusula resolutiva expressa produz efeitos extintivos independentemente de pronunciamento judicial.

437 – Art. 475: A resolução da relação jurídica contratual também pode decorrer do inadimplemento antecipado.

438 – Art. 477: A exceção de inseguridade, prevista no art. 477, também pode ser oposta à parte cuja conduta põe, manifestamente em risco, a execução do programa contratual.

439 – Art. 478: A revisão do contrato por onerosidade excessiva fundada no Código Civil deve levar em conta a natureza do objeto do contrato. Nas relações empresariais, observar-se-á a sofisticação dos contratantes e a alocação de riscos por eles assumidas com o contrato.

440 – Art. 478: É possível a revisão ou resolução por excessiva onerosidade em contratos aleatórios, desde que o evento superveniente, extraordinário e imprevisível não se relacione com a álea assumida no contrato.

441 – Art. 488, parágrafo único: Na falta de acordo sobre o preço, não se presume concluída a compra e venda. O parágrafo único do art. 488 somente se aplica se houverem diversos preços habitualmente praticados pelo vendedor, caso em que prevalecerá o termo médio.

442 – Art. 844: A transação, sem a participação do advogado credor dos honorários, é ineficaz quanto aos honorários de sucumbência definidos no julgado.

RESPONSABILIDADE CIVIL

443 – Arts. 393 e 927: O caso fortuito e a força maior somente serão considerados como excludentes da responsabilidade civil quando o fato gerador do dano não for conexo à atividade desenvolvida.

444 – Art. 927: A responsabilidade civil pela perda de chance não se limita à categoria de danos extrapatrimoniais, pois, conforme as circunstâncias do caso concreto, a chance perdida pode apresentar também a natureza jurídica de dano patrimonial. A chance deve ser séria e real, não ficando adstrita a percentuais apriorísticos.

445 – Art. 927: O dano moral indenizável não pressupõe necessariamente a verificação de sentimentos humanos desagradáveis como dor ou sofrimento.

446 – Art. 927: A responsabilidade civil prevista na segunda parte do parágrafo único do art. 927 do Código Civil deve levar em consideração não apenas a proteção da vítima e a atividade do ofensor, mas também a prevenção e o interesse da sociedade.

447 – Art. 927: As agremiações esportivas são objetivamente responsáveis por danos causados a terceiros pelas torcidas organizadas, agindo nessa qualidade, quando, de qualquer modo, as financiem ou custeiem, direta ou indiretamente, total ou parcialmente.

448 – Art. 927: A regra do art. 927, parágrafo único, segunda parte, do CC aplica-se sempre que a atividade normalmente desenvolvida, mesmo sem defeito e não essencialmente perigosa, induza, por sua natureza, risco especial e diferenciado aos direitos de outrem. São critérios de avaliação desse risco, entre outros, a estatística, a prova técnica e as máximas de experiência.

449 – Art. 928, parágrafo único: A indenização equitativa a que se refere o art. 928, parágrafo único, do Código Civil não é necessariamente reduzida sem prejuízo do Enunciado nº 39 da I Jornada de Direito Civil.

450 – Art. 932, I: Considerando que a responsabilidade dos pais pelos atos danosos praticados pelos filhos menores é objetiva, e não por culpa presumida, ambos os genitores, no exercício do poder familiar, são, em regra, solidariamente responsáveis por tais atos, ainda que estejam separados, ressalvado o direito de regresso em caso de culpa exclusiva de um dos genitores.

451 – Arts. 932 e 933: A responsabilidade civil por ato de terceiro funda-se na responsabilidade objetiva ou independente de culpa, estando superado o modelo de culpa presumida.

452 – Art. 936: A responsabilidade civil do dono ou detentor de animal é objetiva, admitindo-se a excludente do fato exclusivo de terceiro.

453 – Art. 942: Na via regressiva, a indenização atribuída a cada agente será fixada proporcionalmente à sua contribuição para o evento danoso.

454 – Art. 943: O direito de exigir reparação a que se refere o art. 943 do Código Civil abrange inclusive os danos morais, ainda que a ação não tenha sido iniciada pela vítima.

455 – Art. 944: Embora o reconhecimento dos danos morais se dê, em numerosos casos, independentemente de prova (*in re ipsa*), para a sua adequada quantificação, deve o juiz investigar, sempre que entender necessário, as circunstâncias do caso concreto, inclusive por intermédio da produção de depoimento pessoal e da prova testemunhal em audiência.

456 – Art. 944: A expressão "dano" no art. 944 abrange não só os danos individuais, materiais ou imateriais, mas também os danos sociais, difusos, coletivos e individuais homogêneos a serem reclamados pelos legitimados para propor ações coletivas.

457 – Art. 944: A redução equitativa da indenização tem caráter excepcional e somente será realizada quando a amplitude do dano extrapolar os efeitos razoavelmente imputáveis à conduta do agente.

458 – Art. 944: O grau de culpa do ofensor, ou a sua eventual conduta intencional, deve ser levado em conta pelo juiz para a quantificação do dano moral.

459 – Art. 945: A conduta da vítima pode ser fator atenuante do nexo de causalidade na responsabilidade civil objetiva.

460 – Art. 951: A responsabilidade subjetiva do profissional da área da saúde, nos termos do art. 951 do Código Civil e do art. 14, § 4º, do Código de Defesa do Consumidor, não afasta a sua responsabilidade objetiva pelo fato da coisa da qual tem a guarda, em caso de uso de aparelhos ou instrumentos que, por eventual disfunção, venham a causar danos a pacientes, sem prejuízo do direito regressivo do profissional em relação ao fornecedor do aparelho e sem prejuízo da ação direta do paciente, na condição de consumidor, contra tal fornecedor.

DIREITO DE EMPRESA

461 – Art. 889: As duplicatas eletrônicas podem ser protestadas por indicação e constituirão título executivo extrajudicial mediante a exibição pelo credor do instrumento de protesto, acompanhado do comprovante de entrega das mercadorias ou de prestação dos serviços.

462 – Art. 889, § 3º: Os títulos de crédito podem ser emitidos, aceitos, endossados ou avalizados eletronicamente, mediante assinatura com certificação digital, respeitadas as exceções previstas em lei.

463 – Art. 897: A prescrição da pretensão executória não atinge o próprio direito material ou crédito que podem ser exercidos ou cobrados por outra via processual admitida pelo ordenamento jurídico.

464 – Art. 903: Revisão do Enunciado nº 52 – As disposições relativas aos títulos de crédito do Código Civil aplicam-se àqueles regulados por leis especiais no caso de omissão ou lacuna.

465 – Arts. 968, § 3º, e 1.033, parágrafo único: A "transformação de registro" prevista no art. 968, § 3º, e no art. 1.033, parágrafo único, do Código Civil não se confunde com a figura da transformação de pessoa jurídica.

466 – Arts. 968, IV, parte final, e 997, II: Para fins do Direito Falimentar, o local do principal estabelecimento é aquele de onde partem as decisões empresariais, e não necessariamente a sede indicada no registro público.

467 – Art. 974, § 3º: A exigência de integralização do capital social prevista no art. 974, § 3º, não se aplica à participação de incapazes em sociedades anônimas e em sociedades com sócios de responsabilidade ilimitada nas quais a integralização do capital social não influa na proteção do incapaz.

468 – Art. 980-A: A empresa individual de responsabilidade limitada só poderá ser constituída por pessoa natural.

469 – Arts. 44 e 980-A: A empresa individual de responsabilidade limitada (EIRELI) não é sociedade, mas novo ente jurídico personificado.

470 – Art. 980-A: O patrimônio da empresa individual de responsabilidade limitada responderá pelas dívidas da pessoa jurídica, não se confundindo com o patrimônio da pessoa natural que a constitui, sem prejuízo da aplicação do instituto da desconsideração da personalidade jurídica.

471 – Os atos constitutivos da EIRELI devem ser arquivados no registro competente, para fins de aquisição de personalidade jurídica. A falta de arquivamento ou de registro de alterações dos atos constitutivos configura irregularidade superveniente.

472 – Art. 980-A: É inadequada a utilização da expressão "social" para as empresas individuais de responsabilidade limitada.

473 – Art. 980-A, § 5º: A imagem, o nome ou a voz não podem ser utilizados para a integralização do capital da EIRELI.

474 – Arts. 981 e 983: Os profissionais liberais podem organizar-se sob a forma de sociedade simples, convencionando a responsabilidade limitada dos sócios por dívidas da sociedade, a despeito da responsabilidade ilimitada por atos praticados no exercício da profissão.

475 – Arts. 981 e 983: Considerando ser da essência do contrato de sociedade a partilha do risco entre os sócios, não desfigura a sociedade simples o fato de o respectivo contrato social prever distribuição de lucros, rateio de despesas e concurso de auxiliares.

476 – Art. 982: Eventuais classificações conferidas pela lei tributária às sociedades não influem para sua caracterização como empresárias ou simples, especialmente no que se refere ao registro dos atos constitutivos e à submissão ou não aos dispositivos da Lei n. 11.101/2005.

477 – Art. 983: O art. 983 do Código Civil permite que a sociedade simples opte por um dos tipos empresariais dos arts. 1.039 a 1.092 do Código Civil. Adotada a forma de sociedade anônima ou de comandita por ações, porém ela será considerada empresária.

478 – Art. 997, *caput* e inc. III: A integralização do capital social em bens imóveis pode ser feita por instrumento particular de contrato social ou de alteração contratual, ainda que se trate de sociedade sujeita ao registro exclusivamente no registro civil de pessoas jurídicas.

479 – Art. 997, VII: Na sociedade simples pura (art. 983, parte final, do CC/2002), a responsabilidade dos sócios depende de previsão contratual. Em caso de omissão, será ilimitada e subsidiária, conforme o disposto nos arts. 1.023 e 1.024 do CC/2002.

480 – Art. 1.029: Revogado o Enunciado nº 390 da III Jornada ("Em regra, é livre a retirada de sócio nas sociedades limitadas e anônimas fechadas, por prazo indeterminado, desde que tenham integralizado a respectiva parcela do capital, operando-se a denúncia (arts. 473 e 1.029").

481 – Art. 1.030, parágrafo único: O insolvente civil fica de pleno direito excluído das sociedades contratuais das quais seja sócio.

482 – Art. 884 e 1.031: Na apuração de haveres de sócio retirante de sociedade holding ou controladora, deve ser apurado o valor global do patrimônio, salvo previsão contratual diversa. Para tanto, deve-se considerar o valor real da participação da holding ou controladora nas sociedades que o referido sócio integra.

483 – Art. 1.033, parágrafo único: Admite-se a transformação do registro da sociedade anônima, na hipótese do art. 206, I, d, da Lei nº 6.404/1976, em empresário individual ou empresa individual de responsabilidade limitada.

484 – Art. 1074, § 1º: Quando as deliberações sociais obedecerem à forma de reunião, na sociedade limitada com até 10 (dez) sócios, é possível que a representação do sócio seja feita por outras pessoas além das mencionadas no § 1º do art. 1.074 do Código Civil (outro sócio ou advogado), desde que prevista no contrato social.

485 – Art. 1.076: O sócio que participa da administração societária não pode votar nas deliberações acerca de suas próprias contas, na forma dos arts. 1.071, I, e 1.074, § 2º, do Código Civil.

486 – Art. 1.134: A sociedade estrangeira pode, independentemente de autorização do Poder Executivo, ser sócia em sociedades de outros tipos além das anônimas.

487 – Arts. 50, 884, 1.009, 1.016, 1.036 e 1.080: Na apuração de haveres de sócio retirante (art. 1.031 do CC), devem ser afastados os efeitos da diluição injustificada e ilícita da participação deste na sociedade.

488 – Art. 1.142 e Súmula nº 451 do Superior Tribunal de Justiça: Admite-se a penhora do website e de outros intangíveis relacionados com o comércio eletrônico.

489 – Arts. 1.043, II, 1.051, 1.063, § 3º, 1.084, § 1º, 1.109, parágrafo único, 1.122, 1.144, 1.146, 1.148 e 1.149 do Código Civil; e art. 71 da Lei Complementar nº 123/2006: No caso da microempresa, da empresa de pequeno porte e do microempreendedor individual, dispensados de publicação dos seus atos (art. 71 da Lei Complementar nº 123/2006), os prazos estabelecidos no Código Civil contam-se da data do arquivamento do documento (termo inicial) no registro próprio.

490 – Art. 1.147: A ampliação do prazo de 5 (cinco) anos de proibição de concorrência pelo alienante ao adquirente do estabelecimento, ainda que convencionada no exercício da autonomia da vontade, pode ser revista judicialmente, se abusiva.

491 – Art. 1.166: A proteção ao nome empresarial, limitada ao Estado-Membro para efeito meramente administrativo, estende-se a todo o território nacional por força do art. 5º, XXIX, da Constituição da República e do art. 8º da Convenção Unionista de Paris.

DIREITO DAS COISAS

492 – A posse constitui direito autônomo em relação à propriedade e deve expressar o aproveitamento dos bens para o alcance de interesses existenciais, econômicos e sociais merecedores de tutela.

493 – O detentor (art. 1.198 do Código Civil) pode, no interesse do possuidor, exercer a autodefesa do bem sob seu poder.

494 – A faculdade conferida ao sucessor singular de somar ou não o tempo da posse de seu antecessor não significa que, ao optar por nova contagem, estará livre do vício objetivo que maculava a posse anterior.

495 – No desforço possessório, a expressão "contanto que o faça logo" deve ser entendida restritivamente, apenas como a reação imediata ao fato do esbulho ou da turbação, cabendo ao possuidor recorrer à via jurisdicional nas demais hipóteses.

496 – O conteúdo do art. 1.228, §§ 4º e 5º, pode ser objeto de ação autônoma, não se restringindo à defesa em pretensões reivindicatórias.

497 – O prazo, na ação de usucapião, pode ser completado no curso do processo, ressalvadas as hipóteses de má-fé processual do autor.

498 – A fluência do prazo de 2 (dois) anos previsto pelo art. 1.240-A para a nova modalidade de usucapião nele contemplada tem início com a entrada em vigor da Lei n. 12.424/2011.

499 – A aquisição da propriedade na modalidade de usucapião prevista no art. 1.240-A do Código Civil só pode ocorrer em virtude de implemento de seus pressupostos anteriormente ao divórcio. O requisito "abandono do lar" deve ser interpretado de maneira cautelosa, mediante a verificação de que o afastamento do lar conjugal representa descumprimento simultâneo de outros deveres conjugais, tais como assistência material e sustento do lar, onerando desigualmente aquele que se manteve na residência familiar e que se responsabiliza unilateralmente pelas despesas oriundas da manutenção da família e do próprio imóvel, o que justifica a perda da propriedade e a alteração do regime de bens quanto ao imóvel objeto de usucapião. Revogado o Enunciado 499

500 – A modalidade de usucapião prevista no art. 1.240-A do Código Civil pressupõe a propriedade comum do casal e compreende todas as formas de família ou entidades familiares, inclusive homoafetivas.

501 – As expressões "ex-cônjuge" e "ex-companheiro", contidas no art. 1.240-A do Código Civil, correspondem à situação fática da separação, independentemente de divórcio.

502 – O conceito de posse direta referido no art. 1.240-A do Código Civil não coincide com a acepção empregada no art. 1.197 do mesmo Código.

503 – É relativa a presunção de propriedade decorrente do registro imobiliário, ressalvado o sistema Torrens.

504 – A escritura declaratória de instituição e convenção firmada pelo titular único de edificação composta por unidades autônomas é título hábil para registro da propriedade horizontal no competente registro de imóveis, nos termos dos arts. 1.332 a 1.334 do Código Civil.

505 – É nula a estipulação que, dissimulando ou embutindo multa acima de 2%, confere suposto desconto de pontualidade no pagamento da taxa condominial, pois configura fraude à lei (Código Civil, art. 1336, § 1º), e não redução por merecimento.

506 – Estando em curso contrato de alienação fiduciária, é possível a constituição concomitante de nova garantia fiduciária sobre o mesmo bem imóvel, que, entretanto, incidirá sobre a respectiva propriedade superveniente que o fiduciante vier a readquirir, quando do implemento da condição a que estiver subordinada a primeira garantia fiduciária; a nova garantia poderá ser registrada na data em que convencionada e será eficaz desde a data do registro, produzindo efeito ex tunc.

507 – Na aplicação do princípio da função social da propriedade imobiliária rural, deve ser observada a cláusula aberta do § 1º do art. 1.228 do Código Civil, que, em consonância com o disposto no art. 5º, inc. XXIII, da Constituição de 1988, permite melhor objetivar a funcionalização mediante critérios de valoração centrados na primazia do trabalho.

508 – Verificando-se que a sanção pecuniária mostrou-se ineficaz, a garantia fundamental da função social da propriedade (arts. 5º, XXIII, da CRFB e 1.228, § 1º, do CC) e a vedação ao abuso do direito (arts. 187 e 1.228, § 2º, do CC) justificam a exclusão do condômino antissocial, desde que a ulterior assembleia prevista na parte final do parágrafo único do art. 1.337 do Código Civil delibere a propositura de ação judicial com esse fim, asseguradas todas as garantias inerentes ao devido processo legal.

509 – A resolução da propriedade, quando determinada por causa originária, prevista no título, opera *ex tunc* e *erga omnes*; se decorrente de causa superveniente, atua *ex nunc* e inter partes.

510 – Ao superficiário que não foi previamente notificado pelo proprietário para exercer o direito de preferência previsto no art. 1.373 do CC é assegurado o direito de, no prazo de seis meses, contado do registro da alienação, adjudicar para si o bem mediante depósito do preço.

511 – Do leilão, mesmo que negativo, a que se refere o art. 27 da Lei nº 9.514/1997, será lavrada ata que, subscrita pelo leiloeiro, poderá ser averbada no registro de imóveis competente, sendo a transmissão da propriedade do imóvel levado a leilão formalizada mediante contrato de compra e venda.

DIREITO DE FAMÍLIA E SUCESSÕES

512 – Art. 1.517: O art. 1.517 do Código Civil, que exige autorização dos pais ou responsáveis para casamento, enquanto não atingida a maioridade civil, não se aplica ao emancipado.

513 – Art. 1.527, parágrafo único: O juiz não pode dispensar, mesmo fundamentadamente, a publicação do edital de proclamas do casamento, mas sim o decurso do prazo.

514 – Art. 1.571: A Emenda Constitucional nº 66/2010 não extinguiu o instituto da separação judicial e extrajudicial.

515 – Art. 1.574, *caput*: Pela interpretação teleológica da Emenda Constitucional nº 66/2010, não há prazo mínimo de casamento para a separação consensual.

516 – Art. 1.574, parágrafo único: Na separação judicial por mútuo consentimento, o juiz só poderá intervir no limite da preservação do interesse dos incapazes ou de um dos cônjuges, permitida a cindibilidade dos pedidos com a concordância das partes, aplicando-se esse entendimento também ao divórcio.

517 – Art. 1.580: A Emenda Constitucional nº 66/2010 extinguiu os prazos previstos no art. 1.580 do Código Civil, mantido o divórcio por conversão.

518 – Arts. 1.583 e 1.584: A Lei nº 11.698/2008, que deu nova redação aos arts. 1.583 e 1.584 do Código Civil, não se restringe à guarda unilateral e à guarda compartilhada, podendo ser adotada aquela mais adequada à situação do filho, em atendimento ao princípio do melhor interesse da criança e do adolescente. A regra aplica-se a qualquer modelo de família. Atualizados os Enunciados nº 101 e 336 em razão de mudança legislativa, agora abrangidos por este enunciado.

519 – Art. 1.593: O reconhecimento judicial do vínculo de parentesco em virtude de socioafetividade deve ocorrer a partir da relação entre pai(s) e filho(s), com base na posse do estado de filho, para que produza efeitos pessoais e patrimoniais.

520 – Art. 1.601: O conhecimento da ausência de vínculo biológico e a posse de estado de filho obstam a contestação da paternidade presumida.

521 – Art. 1.606: Qualquer descendente possui legitimidade, por direito próprio, para propor o reconhecimento do vínculo de parentesco em face dos avós ou de qualquer ascendente de grau superior, ainda que o pai não tenha iniciado a ação de prova da filiação em vida.

522 – Arts. 1.694, 1.696, primeira parte, e 1.706: Cabe prisão civil do devedor nos casos de não prestação de alimentos gravídicos estabelecidos com base na Lei nº 11.804/2008, inclusive deferidos em qualquer caso de tutela de urgência.

523 – Art. 1.698: O chamamento dos codevedores para integrar a lide, na forma do art. 1.698 do Código Civil, pode ser requerido por qualquer das partes, bem como pelo Ministério Público, quando legitimado.

524 – Art. 1.723: As demandas envolvendo união estável entre pessoas do mesmo sexo constituem matéria de Direito de Família.

525 – Arts. 1.723, § 1º, 1.790, 1.829 e 1.830: Os arts. 1.723, § 1º, 1.790, 1.829 e 1.830 do Código Civil admitem a concorrência sucessória entre cônjuge e companheiro sobreviventes na sucessão legítima, quanto aos bens adquiridos onerosamente na união estável.

526 – Art. 1.726: É possível a conversão de união estável entre pessoas do mesmo sexo em casamento, observados os requisitos exigidos para a respectiva habilitação.

527 – Art. 1.832: Na concorrência entre o cônjuge e os herdeiros do de cujus, não será reservada a quarta parte da herança para o sobrevivente no caso de filiação híbrida.

528 – Arts. 1.729, parágrafo único, e 1.857: É válida a declaração de vontade expressa em documento autêntico, também chamado "testamento vital", em que a pessoa estabelece disposições sobre o tipo de tratamento de saúde, ou não tratamento, que deseja no caso de se encontrar sem condições de manifestar a sua vontade.

529 – Art. 1.951: O fideicomisso, previsto no art. 1.951 do Código Civil, somente pode ser instituído por testamento.

VI JORNADA DE DIREITO CIVIL DO CONSELHO DA JUSTIÇA FEDERAL – CJF

PARTE GERAL

530 – A emancipação, por si só, não elide a incidência do Estatuto da Criança e do Adolescente.

531 – A tutela da dignidade da pessoa humana na sociedade da informação inclui o direito ao esquecimento.

532 – É permitida a disposição gratuita do próprio corpo com objetivos exclusivamente científicos, nos termos dos arts. 11 e 13 do Código Civil.

533 – O paciente plenamente capaz poderá deliberar sobre todos os aspectos concernentes a tratamento médico que possa lhe causar risco de vida, seja imediato ou mediato, salvo as situações de emergência ou no curso de procedimentos médicos cirúrgicos que não possam ser interrompidos.

534 – As associações podem desenvolver atividade econômica, desde que não haja finalidade lucrativa.

535 – Para a existência da pertença, o art. 93 do Código Civil não exige elemento subjetivo como requisito para o ato de destinação.

536 – Resultando do negócio jurídico nulo consequências patrimoniais capazes de ensejar pretensões, é possível, quanto a estas, a incidência da prescrição.

537 – A previsão contida no art. 169 não impossibilita que, excepcionalmente, negócios jurídicos nulos produzam efeitos a serem preservados quando justificados por interesses merecedores de tutela.

538 – No que diz respeito a terceiros eventualmente prejudicados, o prazo decadencial de que trata o art. 179 do Código Civil não se conta da celebração do negócio jurídico, mas da ciência que dele tiverem.

539 – O abuso de direito é uma categoria jurídica autônoma em relação à responsabilidade civil. Por isso, o exercício abusivo de posições jurídicas desafia controle independentemente de dano.

DIREITO DAS OBRIGAÇÕES E CONTRATOS

540 – Havendo perecimento do objeto da prestação indivisível por culpa de apenas um dos devedores, todos respondem, de maneira divisível, pelo equivalente e só o culpado, pelas perdas e danos.

541 – O contrato de prestação de serviço pode ser gratuito.

542 – A recusa de renovação das apólices de seguro de vida pelas seguradoras em razão da idade do segurado é discriminatória e atenta contra a função social do contrato.

543 – Constitui abuso do direito a modificação acentuada das condições do seguro de vida e de saúde pela seguradora quando da renovação do contrato.

544 – O seguro de responsabilidade civil facultativo garante dois interesses, o do segurado contra os efeitos patrimoniais da imputação de responsabilidade e o da vítima à indenização, ambos destinatários da garantia, com pretensão própria e independente contra a seguradora.

545 – O prazo para pleitear a anulação de venda de ascendente a descendente sem anuência dos demais descendentes e/ou do cônjuge do alienante é de 2 (dois) anos, contados da ciência do ato, que se presume absolutamente, em se tratando de transferência imobiliária, a partir da data do registro de imóveis.

546 – O § 2º do art. 787 do Código Civil deve ser interpretado em consonância com o art. 422 do mesmo diploma legal, não obstando o direito à indenização e ao reembolso.

547 – Na hipótese de alteração da obrigação principal sem o consentimento do fiador, a exoneração deste é automática, não se aplicando o disposto no art. 835 do Código Civil quanto à necessidade de permanecer obrigado pelo prazo de 60 (sessenta) dias após a notificação ao credor, ou de 120 (cento e vinte) dias no caso de fiança locatícia.

548 – Caracterizada a violação de dever contratual, incumbe ao devedor o ônus de demonstrar que o fato causador do dano não lhe pode ser imputado.

549 – A promessa de doação no âmbito da transação constitui obrigação positiva e perde o caráter de liberalidade previsto no art. 538 do Código Civil.

RESPONSABILIDADE CIVIL

550 – A quantificação da reparação por danos extrapatrimoniais não deve estar sujeita a tabelamento ou a valores fixos.

551 – Nas violações aos direitos relativos a marcas, patentes e desenhos industriais, será assegurada a reparação civil ao seu titular, incluídos tanto os danos patrimoniais como os danos extrapatrimoniais.

552 – Constituem danos reflexos reparáveis as despesas suportadas pela operadora de plano de saúde decorrentes de complicações de procedimentos por ela não cobertos.

553 – Nas ações de responsabilidade civil por cadastramento indevido nos registros de devedores inadimplentes realizados por instituições financeiras, a responsabilidade civil é objetiva.

554 – Independe de indicação do local específico da informação a ordem judicial para que o provedor de hospedagem bloqueie determinado conteúdo ofensivo na internet.

555 – "Os direitos de outrem" mencionados no parágrafo único do art. 927 do Código Civil devem abranger não apenas a vida e a integridade física, mas também outros direitos, de caráter patrimonial ou extrapatrimonial.

556 – A responsabilidade civil do dono do prédio ou construção por sua ruína, tratada pelo art. 937 do CC, é objetiva.

557 – Nos termos do art. 938 do CC, se a coisa cair ou for lançada de condomínio edilício, não sendo possível identificar de qual unidade, responderá o condomínio, assegurado o direito de regresso.

558 – São solidariamente responsáveis pela reparação civil, juntamente com os agentes públicos que praticaram atos de improbidade administrativa, as pessoas, inclusive as jurídicas, que para eles concorreram ou deles se beneficiaram direta ou indiretamente.

559 – Observado o Enunciado 369 do CJF, no transporte aéreo, nacional e internacional, a responsabilidade do transportador em relação aos passageiros gratuitos, que viajarem por cortesia, é objetiva, devendo atender à integral reparação de danos patrimoniais e extrapatrimoniais.

560 – No plano patrimonial, a manifestação do dano reflexo ou por ricochete não se restringe às hipóteses previstas no art. 948 do Código Civil.

561 – No caso do art. 952 do Código Civil, se a coisa faltar, dever-se-á, além de reembolsar o seu equivalente ao prejudicado, indenizar também os lucros cessantes.

562 – Aos casos do art. 931 do Código Civil aplicam-se as excludentes da responsabilidade objetiva.

DIREITO DAS COISAS

563 – O reconhecimento da posse por parte do Poder Público competente anterior à sua legitimação nos termos da Lei nº 11.977/2009 constitui título possessório.

564 – As normas relativas à usucapião extraordinária (art. 1.238, *caput*, CC) e à usucapião ordinária (art. 1.242, *caput*, CC), por estabelecerem redução de prazo em benefício do possuidor, têm aplicação imediata, não incidindo o disposto no art. 2.028 do Código Civil.

› *Artigo: 1.238 do Código Civil*

565 – Não ocorre a perda da propriedade por abandono de resíduos sólidos, que são considerados bens socioambientais, nos termos da Lei nº 12.305/2012.

566 – A cláusula convencional que restringe a permanência de animais em unidades autônomas residenciais deve ser valorada à luz dos parâmetros legais de sossego, insalubridade e periculosidade.

567 – A avaliação do imóvel para efeito do leilão previsto no § 1º do art. 27 da Lei nº 9.514/1997 deve contemplar o maior valor entre a avaliação efetuada pelo município para cálculo do imposto de transmissão inter vivos (ITBI) devido para a consolidação da propriedade no patrimônio do credor fiduciário e o critério fixado contratualmente.

568 – O direito de superfície abrange o direito de utilizar o solo, o subsolo ou o espaço aéreo relativo ao terreno, na forma estabelecida no contrato, admitindo-se o direito de sobrelevação, atendida a legislação urbanística.

569 – No caso do art. 1.242, parágrafo único, a usucapião, como matéria de defesa, prescinde do ajuizamento da ação de usucapião, visto que, nessa hipótese, o usucapiente já é o titular do imóvel no registro.

FAMÍLIA E SUCESSÕES

570 – O reconhecimento de filho havido em união estável fruto de técnica de reprodução assistida heteróloga "a patre" consentida expressamente pelo companheiro representa a formalização do vínculo jurídico de paternidade filiação, cuja constituição se deu no momento do início da gravidez da companheira.

› *Artigos: 1.607 e 1.609 do Código Civil*

571 – Se comprovada a resolução prévia e judicial de todas as questões referentes aos filhos menores ou incapazes, o tabelião de notas poderá lavrar escrituras públicas de dissolução conjugal.

572 – Mediante ordem judicial, é admissível, para a satisfação do crédito alimentar atual, o levantamento do saldo de conta vinculada ao FGTS.

573 – Na apuração da possibilidade do alimentante, observar-se-ão os sinais exteriores de riqueza.

574 – A decisão judicial de interdição deverá fixar os limites da curatela para todas as pessoas a ela sujeitas, sem distinção, a fim de resguardar os direitos fundamentais e a dignidade do interdito (art. 1.772).

575 – Concorrendo herdeiros de classes diversas, a renúncia de qualquer deles devolve sua parte aos que integram a mesma ordem dos chamados a suceder.

VII JORNADA DE DIREITO CIVIL DO CONSELHO DA JUSTIÇA FEDERAL – CJF

PARTE GERAL

576 – O direito ao esquecimento pode ser assegurado por tutela judicial inibitória.

577 – A possibilidade de instituição de categorias de associados com vantagens especiais admite a atribuição de pesos diferenciados ao direito de voto, desde que isso não acarrete a sua supressão em relação a matérias previstas no art. 59 do CC.

578 – Sendo a simulação causa de nulidade do negócio jurídico, sua alegação prescinde de ação própria.

579 – Nas pretensões decorrentes de doenças profissionais ou de caráter progressivo, o cômputo da prescrição iniciar-se-á somente a partir da ciência inequívoca da incapacidade do indivíduo, da origem e da natureza dos danos causados.

580 – É de 3 anos, pelo art. 206, § 3º, V, do CC, o prazo prescricional para a pretensão indenizatória da seguradora contra o causador de dano ao segurado, pois a seguradora sub-roga-se em seus direitos.

581 – Em complemento ao Enunciado 295, a decretação *ex officio* da prescrição ou da decadência deve ser precedida de oitiva das partes.

DIREITO DAS OBRIGAÇÕES E CONTRATOS

582 – Com suporte na liberdade contratual e, portanto, em concretização da autonomia privada, as partes podem pactuar garantias contratuais atípicas.

583 – O art. 441 do Código Civil deve ser interpretado no sentido de abranger também os contratos aleatórios, desde que não inclua os elementos aleatórios do contrato.

584 – Desde que não haja forma exigida para a substância do contrato, admite-se que o distrato seja pactuado por forma livre.

585 – Impõe-se o pagamento de indenização do seguro mesmo diante de condutas, omissões ou declarações ambíguas do segurado que não guardem relação com o sinistro.

586 – Para a caracterização do adimplemento substancial (tal qual reconhecido pelo Enunciado 361 da IV Jornada de Direito Civil – CJF), levam-se em conta tanto aspectos quantitativos quanto qualitativos.

RESPONSABILIDADE CIVIL

587 – O dano à imagem restará configurado quando presente a utilização indevida desse bem jurídico, independentemente da concomitante lesão a outro direito da personalidade, sendo dispensável a prova do prejuízo do lesado ou do lucro do ofensor para a caracterização do referido dano, por se tratar de modalidade de dano *in re ipsa*.

588 – O patrimônio do ofendido não pode funcionar como parâmetro preponderante para o arbitramento de compensação por dano extrapatrimonial.

589 – A compensação pecuniária não é o único modo de reparar o dano extrapatrimonial, sendo admitida a reparação in natura, na forma de retratação pública ou outro meio.

590 – A responsabilidade civil dos pais pelos atos dos filhos menores, prevista no art. 932, inc. I, do Código Civil, não obstante objetiva, pressupõe a demonstração de que a conduta imputada ao menor, caso o fosse a um agente imputável, seria hábil para a sua responsabilização.

DIREITO DAS COISAS

591 – A ação de reintegração de posse nos contratos de alienação fiduciária em garantia de coisa imóvel pode ser proposta a partir da consolidação da propriedade do imóvel em poder do credor fiduciário e não apenas após os leilões extrajudiciais previstos no art. 27 da Lei 9.514/1997.

592 – O art. 519 do Código Civil derroga o art. 35 do Decreto-Lei n.3.365/1941 naquilo que ele diz respeito a cenários de tredestinação ilícita. Assim, ações de retrocessão baseadas em alegações de tredestinação ilícita não precisam, quando julgadas depois da incorporação do bem desapropriado ao patrimônio da entidade expropriante, resolver-se em perdas e danos.

593 – É indispensável o procedimento de demarcação urbanística para regularização fundiária social de áreas ainda não matriculadas no Cartório de Registro de Imóveis, como requisito à emissão dos títulos de legitimação da posse e de domínio.

594 – É possível adquirir a propriedade de área menor do que o módulo rural estabelecido para a região, por meio da usucapião especial rural.

595 – O requisito 'abandono do lar' deve ser interpretado na ótica do instituto da usucapião familiar como abandono voluntário da posse do imóvel somado à ausência da tutela da família, não importando em averiguação da culpa pelo fim do casamento ou união estável. Revogado o Enunciado 499

596 – O condomínio edilício pode adquirir imóvel por usucapião.

597 – A posse impeditiva da arrecadação, prevista no art. 1.276 do Código Civil, é efetiva e qualificada por sua função social.

598 – Na redação do art. 1.293, "agricultura e indústria" não são apenas qualificadores do prejuízo que pode ser causado pelo aqueduto, mas também finalidades que podem justificar sua construção.

DIREITO DE FAMÍLIA E SUCESSÕES

599 – Deve o magistrado, em sede de execução de alimentos avoengos, analisar as condições do (s) devedor (es), podendo aplicar medida coercitiva diversa da prisão civil ou determinar seu cumprimento em modalidade diversa do regime fechado (prisão em regime aberto ou prisão domiciliar), se o executado comprovar situações que contraindiquem o rigor na aplicação desse meio executivo e o torne atentatório à sua dignidade, como corolário do princípio de proteção aos idosos e garantia à vida.

600 – Após registrado judicialmente o testamento e sendo todos os interessados capazes e concordes com os seus termos, não havendo conflito de interesses, é possível que se faça o inventário extrajudicial.

601 – É existente e válido o casamento entre pessoas do mesmo sexo.

602 – Transitada em julgado a decisão concessiva do divórcio, a expedição do mandado de averbação independe do julgamento da ação originária em que persista a discussão dos aspectos decorrentes da dissolução do casamento.

603 – A distribuição do tempo de convívio na guarda compartilhada deve atender precipuamente ao melhor interesse dos filhos, não devendo a divisão de forma equilibrada, a que alude o § 2º do art. 1.583 do Código Civil, representar convivência livre ou, ao contrário, repartição de tempo matematicamente igualitária entre os pais.

604 – A divisão, de forma equilibrada, do tempo de convívio dos filhos com a mãe e com o pai, imposta na guarda compartilhada pelo § 2º do art. 1.583 do Código Civil, não deve ser confundida com a imposição do tempo previsto pelo instituto da guarda alternada, pois esta não implica apenas a divisão do tempo de permanência dos filhos com os pais, mas também o exercício exclusivo da guarda pelo genitor que se encontra na companhia do filho.

605 – A guarda compartilhada não exclui a fixação do regime de convivência.

606 – O tempo de convívio com os filhos "de forma equilibrada com a mãe e com o pai" deve ser entendido como divisão proporcional de tempo, da forma que cada genitor possa se ocupar dos cuidados pertinentes ao filho, em razão das peculiaridades da vida privada de cada um.

607 – A guarda compartilhada não implica ausência de pagamento de pensão alimentícia.

608 – É possível o registro de nascimento dos filhos de pessoas do mesmo sexo originários de reprodução assistida, diretamente no Cartório do Registro Civil, sendo dispensável a propositura de ação judicial, nos termos da regulamentação da Corregedoria local.

609 – O regime de bens no casamento somente interfere na concorrência sucessória do cônjuge com descendentes do falecido.

610 – Nos casos de comoriência entre ascendente e descendente, ou entre irmãos, reconhece-se o direito de representação aos descendentes e aos filhos dos irmãos.

611 – O testamento hológrafo simplificado, previsto no art. 1.879 do Código Civil, perderá sua eficácia se, nos 90 dias subsequentes ao fim das circunstâncias excepcionais que autorizaram a sua confecção, o disponente, podendo fazê-lo, não testar por uma das formas testamentárias ordinárias.

612 – O prazo para exercer o direito de anular a partilha amigável judicial, decorrente de dissolução de sociedade conjugal ou de união estável, extingue-se em 1 (um) ano da data do trânsito em julgado da sentença homologatória, consoante dispõem o art. 2.027, parágrafo único, do Código Civil de 2002, e o art. 1.029, parágrafo único, do Código de Processo Civil (art. 657, parágrafo único, do Novo CPC).

VIII JORNADA DE DIREITO CIVIL DO CONSELHO DA JUSTIÇA FEDERAL – CJF

PARTE GERAL

613 – Art. 12: A liberdade de expressão não goza de posição preferencial em relação aos direitos da personalidade no ordenamento jurídico brasileiro.

614 – Art. 39: Os efeitos patrimoniais da presunção de morte posterior à declaração da ausência são aplicáveis aos casos do art. 7º, de modo que, se o presumivelmente morto reaparecer nos dez anos seguintes à abertura da sucessão, receberá igualmente os bens existentes no estado em que se acharem.

615 – Art. 53: As associações civis podem sofrer transformação, fusão, incorporação ou cisão.

616 – Art. 166: Os requisitos de validade previstos no Código Civil são aplicáveis aos negócios jurídicos processuais, observadas as regras processuais pertinentes.

617 – Art. 187: O abuso do direito impede a produção de efeitos do ato abusivo de exercício, na extensão necessária a evitar sua manifesta contrariedade à boa-fé, aos bons costumes, à função econômica ou social do direito exercido.

OBRIGAÇÕES

618 – Art. 288: O devedor não é terceiro para fins de aplicação do art. 288 do Código Civil, bastando a notificação prevista no art. 290 para que a cessão de crédito seja eficaz perante ele.

619 – Art. 397: A interpelação extrajudicial de que trata o parágrafo único do art. 397 do Código Civil admite meios eletrônicos como e-mail ou aplicativos de conversa on-line, desde que demonstrada a ciência inequívoca do interpelado, salvo disposição em contrário no contrato.

620 – Art. 884: A obrigação de restituir o lucro da intervenção, entendido como a vantagem patrimonial auferida a partir da exploração não autorizada de bem ou direito alheio, fundamenta-se na vedação do enriquecimento sem causa.

CONTRATOS

621 – Art. 421: Os contratos coligados devem ser interpretados a partir do exame do conjunto das cláusulas contratuais, de forma a privilegiar a finalidade negocial que lhes é comum.

622 – Art. 541: Para a análise do que seja bem de pequeno valor, nos termos do que consta do art. 541, parágrafo único, do Código Civil, deve-se levar em conta o patrimônio do doador.

DIREITO DAS COISAS

623 – Art. 504: Ainda que sejam muitos os condôminos, não há direito de preferência na venda da fração de um bem entre dois coproprietários, pois a regra prevista no art. 504, parágrafo único, do Código Civil, visa somente a resolver eventual concorrência entre condôminos na alienação da fração a estranhos ao condomínio.

624 – Art. 1.247: A anulação do registro, prevista no art. 1.247 do Código Civil, não autoriza a exclusão dos dados invalidados do teor da matrícula.

625 – Art. 1.358: A incorporação imobiliária que tenha por objeto o condomínio de lotes poderá ser submetida ao regime do patrimônio de afetação, na forma da lei especial.

626 – Art. 1.428: Não afronta o art. 1.428 do Código Civil, em relações paritárias, o pacto marciano, cláusula contratual que autoriza que o credor se torne proprietário da coisa objeto da garantia mediante aferição de seu justo valor e restituição do supérfluo (valor do bem em garantia que excede o da dívida).

627 – Art. 1.510: O direito real de laje é passível de usucapião.

628 – Art. 1.711: Os patrimônios de afetação não se submetem aos efeitos de recuperação judicial da sociedade instituidora e prosseguirão sua atividade com autonomia e incomunicáveis em relação ao seu patrimônio geral, aos demais patrimônios de afetação por ela constituídos e ao plano de recuperação até que extintos, nos termos da legislação respectiva, quando seu resultado patrimonial, positivo ou negativo, será incorporado ao patrimônio geral da sociedade instituidora.

RESPONSABILIDADE CIVIL

629 – Art. 944: A indenização não inclui os prejuízos agravados, nem os que poderiam ser evitados ou reduzidos mediante esforço razoável da vítima. Os custos da mitigação devem ser considerados no cálculo da indenização.

630 – Art. 945: Culpas não se compensam. Para os efeitos do art. 945 do Código Civil, cabe observar os seguintes critérios: (i) há diminuição do quantum da reparação do dano causado quando, ao lado da conduta do lesante, verifica-se ação ou omissão do próprio lesado da qual resulta o dano, ou o seu agravamento, desde que (ii) reportadas ambas as condutas a um mesmo fato, ou ao mesmo fundamento de imputação, conquanto possam ser simultâneas ou sucessivas, devendo-se considerar o percentual causal do agir de cada um.

631 – Art. 946: Como instrumento de gestão de riscos na prática negocial paritária, é lícita a estipulação de cláusula que exclui a reparação por perdas e danos decorrentes do inadimplemento (cláusula excludente do dever de indenizar) e de cláusula que fixa valor máximo de indenização (cláusula limitativa do dever de indenizar).

FAMÍLIA E SUCESSÕES

632 – Art. 1.596: Nos casos de reconhecimento de multiparentalidade paterna ou materna, o filho terá direito à participação na herança de todos os ascendentes reconhecidos.

633 – Art. 1.597: É possível ao viúvo ou ao companheiro sobrevivente, o acesso à técnica de reprodução assistida póstuma – por meio da maternidade de substituição, desde que haja expresso consentimento manifestado em vida pela sua esposa ou companheira.

634 – Art. 1.641: É lícito aos que se enquadrem no rol de pessoas sujeitas ao regime da separação obrigatória de bens (art. 1.641 do Código Civil) estipular, por pacto antenupcial ou contrato de convivência, o regime da separação de bens, a fim de assegurar os efeitos de tal regime e afastar a incidência da Súmula 377 do STF.

635 – Art. 1.655: O pacto antenupcial e o contrato de convivência podem conter cláusulas existenciais, desde que estas não violem os princípios da dignidade da pessoa humana, da igualdade entre os cônjuges e da solidariedade familiar.

636 – Art. 1.735: O impedimento para o exercício da tutela do inc. IV do art. 1.735 do Código Civil pode ser mitigado para atender ao princípio do melhor interesse da criança.

637 – Art. 1.767: Admite-se a possibilidade de outorga ao curador de poderes de representação para alguns atos da vida civil, inclusive de natureza existencial, a serem especificados na sentença, desde que comprovadamente necessários para proteção do curatelado em sua dignidade.

638 – Art. 1.775: A ordem de preferência de nomeação do curador do art. 1.775 do Código Civil deve ser observada quando atender ao melhor interesse do curatelado, considerando suas vontades e preferências, nos termos do art. 755, II, e § 1º, do CPC.

639 – Art. 1.783-A: • A opção pela tomada de decisão apoiada é de legitimidade exclusiva da pessoa com deficiência. • A pessoa que requer o apoio pode manifestar, antecipadamente, sua vontade de que um ou ambos os apoiadores se tornem, em caso de curatela, seus curadores.

640 – Art. 1.783-A: A tomada de decisão apoiada não é cabível, se a condição da pessoa exigir aplicação da curatela.

641 – Art. 1.790: A decisão do Supremo Tribunal Federal que declarou a inconstitucionalidade do art. 1.790 do Código Civil não importa equiparação absoluta entre o casamento e a união estável. Estendem-se à união estável apenas as regras aplicáveis ao casamento que tenham por fundamento a solidariedade familiar. Por outro lado, é constitucional a distinção entre os regimes, quando baseada na solenidade do ato jurídico que funda o casamento, ausente na união estável.

642 – Art. 1.836: Nas hipóteses de multiparentalidade, havendo o falecimento do descendente com o chamamento de seus ascendentes à sucessão legítima, se houver igualdade em grau e diversidade em linha entre os ascendentes convocados a herdar, a herança deverá ser dividida em tantas linhas quantos sejam os genitores.

643 – Art. 1.973: O rompimento do testamento (art. 1.973 do Código Civil) se refere exclusivamente às disposições de caráter patrimonial, mantendo-se válidas e eficazes as de caráter extrapatrimonial, como o reconhecimento de filho e o perdão ao indigno.

644 – Art. 2.003: • Os arts. 2.003 e 2.004 do Código Civil e o art. 639 do CPC devem ser interpretados de modo a garantir a igualdade das legítimas e a coerência do ordenamento. • O bem doado, em adiantamento de legítima, será colacionado de acordo com seu valor atual na data da abertura da sucessão, se ainda integrar o patrimônio do donatário. • Se o donatário já não possuir o bem doado, este será colacionado pelo valor do tempo de sua alienação, atualizado monetariamente.

IX JORNADA DE DIREITO CIVIL DO CONSELHO DA JUSTIÇA FEDERAL – CJF

PARTE GERAL E NORMAS DE INTRODUÇÃO AO DIREITO BRASILEIRO – LINDB

645 – Art. 8º: A comoriência pode ocorrer em quaisquer das espécies de morte previstas no direito civil brasileiro.

646 – Art. 13: A exigência de autorização de cônjuges ou companheiros, para utilização de métodos contraceptivos invasivos, viola o direito à disposição do próprio corpo.

647 – Art. 251: A obrigação de não fazer é compatível com o inadimplemento relativo (mora), desde que implique o cumprimento de prestações de execução continuada ou permanente e ainda útil ao credor.

648 – Art. 299: Aplica-se à cessão da posição contratual, no que couber, a disciplina da transmissão das obrigações prevista no CC, em particular a expressa anuência do cedido, ex vi do art. 299 do CC.

649 – Art. 413: O art. 421-A, inc. I, confere às partes a possibilidade de estabelecerem critérios para a redução da cláusula penal, desde que não seja afastada a incidência do art. 413.

650 – Art. 421: O conceito de pessoa superendividada, previsto no art. 54-A, §1º, do Código de Defesa do Consumidor, deve abranger, além das dívidas de consumo, as dívidas em geral, de modo a se verificar o real grau de comprometimento do seu patrimônio mínimo para uma existência digna.

651 – Art. 447: A evicção pode decorrer tanto de decisão judicial como de outra origem, a exemplo de ato administrativo.

652 – Art. 476: É possível opor exceção de contrato não cumprido com base na violação de deveres de conduta gerados pela boa-fé objetiva.

653 – Art. 483: O quadro-resumo a que se refere o art. 35-A da Lei n. 4.591/1964 é obrigação do incorporador na alienação de imóveis em fase de construção ou já construídos.

654 – Art. 544: Em regra, é válida a doação celebrada entre cônjuges que vivem sob o regime da separação obrigatória de bens.

655 – Art. 684: Nos casos do art. 684 do Código Civil, ocorrendo a morte do mandante, o mandatário poderá assinar escrituras de transmissão ou aquisição de bens para a conclusão de negócios jurídicos que tiveram a quitação enquanto vivo o mandante.

656 – Art. 765: Do princípio da boa-fé objetiva, resulta o direito do segurado, ou do beneficiário, de acesso aos relatórios e laudos técnicos produzidos na regulação do sinistro.

657 – Art. 765: Diante do princípio da boa-fé objetiva, o regulador do sinistro tem o dever de probidade, imparcialidade e celeridade, o que significa que deve atuar com correção no cumprimento de suas atividades.

RESPONSABILIDADE CIVIL

658 – Arts. 402 e 927: As perdas e danos indenizáveis, na forma dos arts. 402 e 927, do Código Civil, pressupõem prática de atividade lícita, sendo inviável o ressarcimento pela interrupção de atividade contrária ao Direito.

659 – Art. 927: O reconhecimento da dificuldade em identificar o nexo de causalidade não pode levar à prescindibilidade da sua análise.

660 – Art. 928: Suprime-se o Enunciado 41 da I Jornada de Direito Civil do Conselho da Justiça Federal. ("A única hipótese em que poderá haver responsabilidade solidária do menor de 18 anos com seus pais é ter sido emancipado nos termos do art. 5º, parágrafo único, inc. I, do novo Código Civil.")

661 – Art. 931: A aplicação do art. 931 do Código Civil para a responsabilização dos empresários individuais e das empresas pelos danos causados pelos produtos postos em circulação não prescinde da verificação da antijuridicidade do ato.

662 – Art. 932: A responsabilidade civil indireta do curador pelos danos causados pelo curatelado está adstrita ao âmbito de incidência da curatela tal qual fixado na sentença de interdição, considerando o art. 85, *caput* e §1º, da Lei n. 13.146/2015.

DIREITO DAS COISAS E PROPRIEDADE INTELECTUAL

663 – Art. 51, §3º: Para evitar a extinção do registro marcário, os sócios de sociedade de liquidada poderão requerer ao Instituto Nacional da Propriedade Industrial - INPI a transferência da titularidade da marca.

664 – Art. 1.240-A: O prazo da usucapião contemplada no art. 1.240-A só iniciará seu curso caso a composse tenha cessado de forma efetiva, não sendo suficiente, para tanto, apenas o fim do contato físico com o imóvel.

665 – Art. 1.351: A reconstrução de edifício realizada com o propósito de comercialização das unidades durante a obra sujeita-se ao regime da incorporação imobiliária e torna exigível o registro do Memorial de Incorporação.

666 – Art. 1.424, IV: No penhor de créditos futuros, satisfaz o requisito da especificação, de que trata o art. 1.424, IV, do Código Civil, a definição, no ato constitutivo, de critérios ou procedimentos objetivos que permitam a determinação dos créditos alcançados pela garantia.

667 – Art. 1.424, IV: No penhor constituído sobre bens fungíveis, satisfaz o requisito da especificação de que trata o art. 1.424, IV, do Código Civil, a definição, no ato constitutivo, da espécie, qualidade e quantidade dos bens dados em garantia.

668 – Art.1.431, parágrafo único: Os direitos de propriedade industrial caracterizados pela exclusividade são suscetíveis de penhor, observadas as necessidades de averbação junto ao Instituto Nacional da Propriedade Industrial para a plena eficácia perante terceiros.

669 – Art. 1.510-A: É possível o registro do direito real de laje sobre construção edificada antes da vigência da lei, desde que respeitados os demais requisitos previstos tanto para a forma quanto para o conteúdo material da transmissão.

670 – Art. 11 da Lei n. 9610/1998: Independentemente do grau de autonomia de um sistema de inteligência artificial, a condição de autor é restrita a seres humanos.

FAMÍLIA E SUCESSÕES

671 – Art. 1.583, §2º: A tenra idade da criança não impede a fixação de convivência equilibrada com ambos os pais.

672 – Art. 1.589, parágrafo único: O direito de convivência familiar pode ser estendido aos avós e pessoas com as quais a criança ou adolescente mantenha vínculo afetivo, atendendo ao seu melhor interesse. (O enunciado cancela o enunciado 333, da IV JDC).

673 – Art. 1.635: Na ação de destituição do poder familiar de criança ou adolescente que se encontre institucionalizada, promovida pelo Ministério Público, é recomendável que o juiz, a título de tutela antecipada, conceda a guarda provisória a quem esteja habilitado a adotá-lo, segundo o perfil eleito pelo candidato à adoção.

674– Art. 1.659, inc. IV: Comprovada a prática de violência doméstica e familiar contra a mulher, o ressarcimento a ser pago à vítima deverá sair exclusivamente da meação do cônjuge ou companheiro agressor.

675 – Art. 1.694: As despesas com doula e consultora de amamentação podem ser objeto de alimentos gravídicos, observado o trinômio da necessidade, possibilidade e proporcionalidade para a sua fixação.

676 – Art. 1.836, §2º: A expressão diversidade em linha, constante do §2º do art. 1.836 do Código Civil, não deve mais ser restrita à linha paterna e à linha materna, devendo ser compreendidas como linhas ascendentes.

DIREITO DIGITAL E NOVOS DIREITOS

677 – A identidade pessoal também encontra proteção no ambiente digital.

678 – Ao tratamento de dados realizado para os fins exclusivos elencados no inciso III do art. 4º da Lei Geral de Proteção de Dados (segurança pública, defesa nacional; segurança do Estado e atividades de investigação e repressão de infrações penais), aplicam-se o devido processo legal, os princípios gerais de proteção e os direitos do titular previstos na LGPD, sem prejuízo de edição de legislação específica futura.

679 – O Relatório de Impacto à Proteção de Dados Pessoais (RIPD) deve ser entendido como uma medida de prevenção e de accountability para qualquer operação de tratamento de dados considerada de alto risco, tendo sempre como parâmetro o risco aos direitos dos titulares.

680 – A Lei Geral de Proteção de Dados Pessoais não exclui a possibilidade de nomeação pelo controlador de pessoa jurídica, ente despersonalizado ou de mais de uma pessoa natural para o exercício da função de encarregado pelo tratamento de dados pessoais.

681 – A existência de documentos em que há dados pessoais sensíveis não obriga à decretação do sigilo processual dos autos. Cabe ao juiz, se entender cabível e a depender dos dados e do meio como produzido o documento, decretar o sigilo restrito ao documento específico.

682 – O consentimento do adolescente para o tratamento de dados pessoais, nos termos do art. 14 da LGPD, não afasta a responsabilidade civil dos pais ou responsáveis pelos atos praticados por aquele, inclusive no meio digital.

683 – A legítima expectativa do titular quanto ao tratamento de seus dados pessoais se relaciona diretamente com o princípio da boa-fé objetiva e é um dos parâmetros de legalidade e juridicidade do legítimo interesse.

684 – O art. 14 da Lei n. 13.709/2018 (Lei Geral de Proteção de Dados - LGPD) não exclui a aplicação das demais bases legais, se cabíveis, observado o melhor interesse da criança.

685 – O interesse legítimo do terceiro, mencionado no inciso IX do art. 7º da Lei Geral de Proteção de Dados, não se restringe à pessoa física ou jurídica singularmente identificadas, admitindo-se sua utilização em prol de grupos ou da coletividade para atividades de tratamento que sejam de seu interesse.

686 – Aplica-se o sistema de proteção e defesa do consumidor, conforme disciplinado pela Lei n. 8.078, de 11 de setembro de 1990, às relações contratuais formadas entre os aplicativos de transporte de passageiros e os usuários dos serviços correlatos.

687 – O patrimônio digital pode integrar o espólio de bens na sucessão legítima do titular falecido, admitindo-se, ainda, sua disposição na forma testamentária ou por codicilo.

688 – A Lei de Acesso à Informação (LAI) e a Lei Geral de Proteção de Dados Pessoais (LGPD) estabelecem sistemas compatíveis de gestão e proteção de dados. A LGPD não afasta a publicidade e o acesso à informação nos termos da LAI, amparando-se nas bases legais do art. 7º, II ou III, e art. 11, II, a ou b, da Lei Geral de Proteção de Dados.

689 – Não há hierarquia entre as bases legais estabelecidas nos arts. 7º e 11 da Lei Geral de Proteção de Dados (Lei n. 13.709/2018).

690 – A proteção ampliada conferida pela LGPD aos dados sensíveis deverá ser também aplicada aos casos em que houver tratamento sensível de dados pessoais, tal como observado no §1º do art. 11 da LGPD.

691 – A possibilidade de divulgação de dados e imagens de crianças e adolescentes na internet deve atender ao seu melhor interesse e ao respeito aos seus direitos fundamentais, observados os riscos associados à superexposição.

692 – Aplica-se aos conceitos de criança e adolescente, dispostos no art. 14 da Lei Geral de Proteção de Dados, o contido no art. 2° do Estatuto da Criança e do Adolescente.

693 – A proteção conferida pela LGPD não se estende às pessoas jurídicas, tendo em vista sua finalidade de proteger a pessoa natural.

ENUNCIADOS DA JORNADA DE DIREITO COMERCIAL DO CONSELHO DA JUSTIÇA FEDERAL – CJF

I JORNADA DE DIREITO COMERCIAL DO CONSELHO DA JUSTIÇA FEDERAL – CJF

EMPRESA E ESTABELECIMENTO

1. Decisão judicial que considera ser o nome empresarial violador do direito de marca não implica a anulação do respectivo registro no órgão próprio nem lhe retira os efeitos, preservado o direito de o empresário alterá-lo.

2. A vedação de registro de marca que reproduza ou imite elemento característico ou diferenciador de nome empresarial de terceiros, suscetível de causar confusão ou associação (art. 124, V, da Lei nº 9.279/1996), deve ser interpretada restritivamente e em consonância com o art. 1.166 do Código Civil.

3. A Empresa Individual de Responsabilidade Limitada – EIRELI não é sociedade unipessoal, mas um novo ente, distinto da pessoa do empresário e da sociedade empresária.

4. Uma vez subscrito e efetivamente integralizado, o capital da empresa individual de responsabilidade limitada não sofrerá nenhuma influência decorrente de ulteriores alterações no salário mínimo.

5. Quanto às obrigações decorrentes de sua atividade, o empresário individual tipificado no art. 966 do Código Civil responderá primeiramente com os bens vinculados à exploração de sua atividade econômica, nos termos do art. 1.024 do Código Civil.

6. O empresário individual regularmente inscrito é o destinatário da norma do art. 978 do Código Civil, que permite alienar ou gravar de ônus real o imóvel incorporado à empresa, desde que exista, se for o caso, prévio registro de autorização conjugal no Cartório de Imóveis, devendo tais requisitos constar do instrumento de alienação ou de instituição do ônus real, com a consequente averbação do ato à margem de sua inscrição no Registro Público de Empresas Mercantis.

7. O nome de domínio integra o estabelecimento empresarial como bem incorpóreo para todos os fins de direito.

8. A sub-rogação do adquirente nos contratos de exploração atinentes ao estabelecimento adquirido, desde que não possuam caráter pessoal, é a regra geral, incluindo o contrato de locação.

DIREITO SOCIETÁRIO

9. Quando aplicado às relações jurídicas empresariais, o art. 50 do Código Civil não pode ser interpretado analogamente ao art. 28, § 5º, do CDC ou ao art. 2º, § 2º, da CLT.

10. Nas sociedades simples, os sócios podem limitar suas responsabilidades entre si, à proporção da participação no capital social, ressalvadas as disposições específicas.

11. A regra do art. 1.015, parágrafo único, do Código Civil deve ser aplicada à luz da teoria da aparência e do primado da boa-fé objetiva, de modo a prestigiar a segurança do tráfego negocial. As sociedades se obrigam perante terceiros de boa-fé.

12. A regra contida no art. 1.055, § 1º, do Código Civil deve ser aplicada na hipótese de inexatidão da avaliação de bens conferidos ao capital social; a responsabilidade nela prevista não afasta a desconsideração da personalidade jurídica quando presentes seus requisitos legais.

13. A decisão que decretar a dissolução parcial da sociedade deverá indicar a data de desligamento do sócio e o critério de apuração de haveres.

14. É vedado aos administradores de sociedades anônimas votarem para aprovação/rejeição de suas próprias contas, mesmo que o façam por interposta pessoa.

15. O vocábulo "transação", mencionado no art. 183 § 1º, d, da Lei das S.A., deve ser lido como sinônimo de "negócio jurídico", e não no sentido técnico que é definido pelo Capítulo XIX do Título VI do Livro I da Parte Especial do Código Civil brasileiro.

16. O adquirente de cotas ou ações adere ao contrato social ou estatuto no que se refere à cláusula compromissória (cláusula de arbitragem) nele existente; assim, estará vinculado à previsão da opção da jurisdição arbitral, independentemente de assinatura e/ou manifestação específica a esse respeito.

17. Na sociedade limitada com dois sócios, o sócio titular de mais da metade do capital social pode excluir extrajudicialmente o sócio minoritário desde que atendidas as exigências materiais e procedimentais previstas no art. 1.085, *caput* e parágrafo único, do CC.

18. O capital social da sociedade limitada poderá ser integralizado, no todo ou em parte, com quotas ou ações de outra sociedade, cabendo aos sócios a escolha do critério de avaliação das respectivas participações societárias, diante da responsabilidade solidária pela exata estimação dos bens conferidos ao capital social, nos termos do art. 1.055, § 1º, do Código Civil.

19. Não se aplica o Código de Defesa do Consumidor às relações entre sócios/acionistas ou entre eles e a sociedade.

OBRIGAÇÕES EMPRESARIAIS, CONTRATOS E TÍTULOS DE CRÉDITO

20. Não se aplica o Código de Defesa do Consumidor aos contratos celebrados entre empresários em que um dos contratantes tenha por objetivo suprir-se de insumos para sua atividade de produção, comércio ou prestação de serviços.

21. Nos contratos empresariais, o dirigismo contratual deve ser mitigado, tendo em vista a simetria natural das relações interempresariais.

22. Não se presume solidariedade passiva (art. 265 do Código Civil) pelo simples fato de duas ou mais pessoas jurídicas integrarem o mesmo grupo econômico.

23. Em contratos empresariais, é lícito às partes contratantes estabelecer parâmetros objetivos para a interpretação dos requisitos de revisão e/ou resolução do pacto contratual.

24. Os contratos empresariais coligados, concretamente formados por unidade de interesses econômicos, permitem a arguição da exceção de contrato não cumprido, salvo quando a obrigação inadimplida for de escassa importância.

25. A revisão do contrato por onerosidade excessiva fundada no Código Civil deve levar em conta a natureza do objeto do contrato. Nas relações empresariais, deve-se presumir a sofisticação dos contratantes e observar a alocação de riscos por eles acordada.

26. O contrato empresarial cumpre sua função social quando não acarreta prejuízo a direitos ou interesses, difusos ou coletivos, de titularidade de sujeitos não participantes da relação negocial.

27. Não se presume violação à boa-fé objetiva se o empresário, durante as negociações do contrato empresarial, preservar segredo de empresa ou administrar a prestação de informações reservadas, confidenciais ou estratégicas, com o objetivo de não colocar em risco a competitividade de sua atividade.

28. Em razão do profissionalismo com que os empresários devem exercer sua atividade, os contratos empresariais não podem ser anulados pelo vício da lesão fundada na inexperiência.

29. Aplicam-se aos negócios jurídicos entre empresários a função social do contrato e a boa-fé objetiva (arts. 421 e 422 do Código Civil), em conformidade com as especificidades dos contratos empresariais.

30. Nos contratos de shopping center, a cláusula de fiscalização das contas do lojista é justificada desde que as medidas fiscalizatórias não causem embaraços à atividade do lojista.

31. O contrato de distribuição previsto no art. 710 do Código Civil é uma modalidade de agência em que o agente atua como mediador ou mandatário do proponente e faz jus à remuneração devida por este, correspondente aos negócios concluídos em sua zona. No contrato de distribuição autêntico, o distribuidor comercializa diretamente o produto recebido do fabricante ou fornecedor, e seu lucro resulta das vendas que faz por sua conta e risco.

32. Nos contratos de prestação de serviços nos quais as partes contratantes são empresários e a função econômica do contrato está relacionada com a exploração de atividade empresarial, as partes podem pactuar prazo superior a quatro anos, dadas as especificidades da natureza do serviço a ser prestado, sem constituir violação do disposto no art. 598 do Código Civil.

33. Nos contratos de prestação de serviços nos quais as partes contratantes são empresários e a função econômica do contrato está relacionada com a exploração de atividade empresarial, é lícito às partes contratantes pactuarem, para a hipótese de denúncia imotivada do contrato, multas superiores àquelas previstas no art. 603 do Código Civil.

34. Com exceção da garantia contida no artigo 618 do Código Civil, os demais artigos referentes, em especial, ao contrato de empreitada (arts. 610 a 626) aplicar-se-ão somente de forma subsidiária às condições contratuais acordadas pelas partes de contratos complexos de engenharia e construção, tais como EPC, EPC-M e Aliança.

35. Não haverá revisão ou resolução dos contratos de derivativos por imprevisibilidade e onerosidade excessiva (arts. 317 e 478 a 480 do Código Civil).

36. O pagamento da comissão, no contrato de corretagem celebrado entre empresários, pode ser condicionado à celebração do negócio previsto no contrato ou à mediação útil ao cliente, conforme os entendimentos prévios entre as partes. Na ausência de ajuste ou previsão contratual, o cabimento da comissão deve ser analisado no caso concreto, à luz da boa-fé objetiva e da vedação ao enriquecimento sem causa, sendo devida se o negócio não vier a se concretizar por fato atribuível exclusivamente a uma das partes.

37. Aos contratos de transporte aéreo internacional celebrados por empresários aplicam-se as disposições da Convenção de Montreal e a regra da indenização tarifada nela prevista (art. 22 do Decreto nº 5.910/2006).

38. É devida devolução simples, e não em dobro, do valor residual garantido (VRG) em caso de reintegração de posse do bem objeto de arrendamento mercantil celebrado entre empresários.

39. Não se aplica a vedação do art. 897, parágrafo único, do Código Civil, aos títulos de crédito regulados por lei especial, nos termos do seu art. 903, sendo, portanto, admitido o aval parcial nos títulos de crédito regulados em lei especial.

40. O prazo prescricional de 6 (seis) meses para o exercício da pretensão à execução do cheque pelo respectivo portador é contado do encerramento do prazo de apresentação, tenha ou não sido apresentado ao sacado dentro do referido prazo. No caso de cheque pós-datado apresentado antes da data de emissão ao sacado ou da data pactuada com o emitente, o termo inicial é contado da data da primeira apresentação.

41. A cédula de crédito bancário é título de crédito dotado de força executiva, mesmo quando representativa de dívida oriunda de contrato de abertura de crédito bancário em conta-corrente, não sendo a ela aplicável a orientação da Súmula 233 do STJ.

CRISE DA EMPRESA: FALÊNCIA E RECUPERAÇÃO

42. O prazo de suspensão previsto no art. 6º, § 4º, da Lei nº 11.101/2005 pode excepcionalmente ser prorrogado, se o retardamento do feito não puder ser imputado ao devedor.

43. A suspensão das ações e execuções previstas no art. 6º da Lei nº 11.101/2005 não se estende aos coobrigados do devedor.

44. A homologação de plano de recuperação judicial aprovado pelos credores está sujeita ao controle judicial de legalidade.

45. O magistrado pode desconsiderar o voto de credores ou a manifestação de vontade do devedor, em razão de abuso de direito.

46. Não compete ao juiz deixar de conceder a recuperação judicial ou de homologar a extrajudicial com fundamento na análise econômico-financeira do plano de recuperação aprovado pelos credores.

47. Nas alienações realizadas nos termos do art. 60 da Lei nº 11.101/2005, não há sucessão do adquirente nas dívidas do devedor, inclusive nas de natureza tributária, trabalhista e decorrentes de acidentes de trabalho.

48. A apuração da responsabilidade pessoal dos sócios, controladores e administradores feita independentemente da realização do ativo e da prova da sua insuficiência para cobrir o passivo, prevista no art. 82 da Lei nº 11.101/2005, não se refere aos casos de desconsideração da personalidade jurídica.

49. Os deveres impostos pela Lei nº 11.101/2005 ao falido, sociedade limitada, recaem apenas sobre os administradores, não sendo cabível nenhuma restrição à pessoa dos sócios não administradores.

50. A extensão dos efeitos da quebra a outras pessoas jurídicas e físicas confere legitimidade à massa falida para figurar nos polos ativo e passivo das ações nas quais figurem aqueles atingidos pela falência.

51. O saldo do crédito não coberto pelo valor do bem e/ou da garantia dos contratos previstos no § 3º do art. 49 da Lei nº 11.101/2005 é crédito quirografário, sujeito à recuperação judicial.

52. A decisão que defere o processamento da recuperação judicial desafia agravo de instrumento.

53. A assembleia geral de credores para deliberar sobre o plano de recuperação judicial é una, podendo ser realizada em uma ou mais sessões, das quais participarão ou serão considerados presentes apenas os credores que firmaram a lista de presença encerrada na sessão em que instalada a assembleia geral.

54. O deferimento do processamento da recuperação judicial não enseja o cancelamento da negativação do nome do devedor nos órgãos de proteção ao crédito e nos tabelionatos de protestos.

55. O parcelamento do crédito tributário na recuperação judicial é um direito do contribuinte, e não uma faculdade da Fazenda Pública, e, enquanto não for editada lei específica, não é cabível a aplicação do disposto no art. 57 da Lei nº 11.101/2005 e no art.191-A do CTN.

56. A Fazenda Pública não possui legitimidade ou interesse de agir para requerer a falência do devedor empresário.

57. O plano de recuperação judicial deve prever tratamento igualitário para os membros da mesma classe de credores que possuam interesses homogêneos, sejam estes delineados em função da natureza do crédito, da importância do crédito ou de outro critério de similitude justificado pelo proponente do plano e homologado pelo magistrado.

II JORNADA DE DIREITO COMERCIAL DO CONSELHO DA JUSTIÇA FEDERAL – CJF

EMPRESA E ESTABELECIMENTO

58. O empresário individual casado é o destinatário da norma do art. 978 do CCB e não depende da outorga conjugal para alienar ou gravar de ônus real o imóvel utilizado no exercício da empresa, desde que exista prévia averbação de autorização conjugal à conferência do imóvel ao patrimônio empresarial no cartório de registro de imóveis, com a consequente averbação do ato à margem de sua inscrição no registro público de empresas mercantis.

59. A mera instalação de um novo estabelecimento, em lugar antes ocupado por outro, ainda que no mesmo ramo de atividade, não implica responsabilidade por sucessão prevista no art. 1.146 do CCB.

60. Os acordos e negócios de abstenção de uso de marcas entre sociedades empresárias não são oponíveis em face do Instituto Nacional de Propriedade Industrial – INPI, sem prejuízo de os litigantes obterem tutela jurisdicional de abstenção entre eles na Justiça Estadual.

61. Em atenção ao princípio do tratamento favorecido à microempresa e à empresa de pequeno porte, é possível a representação de empresário individual, sociedade empresária ou EIRELI, quando enquadrados nos respectivos regimes tributários, por meio de preposto, perante os juizados especiais cíveis, bastando a comprovação atualizada do seu enquadramento.

62. O produtor rural, nas condições mencionadas do art. 971 do CCB, pode constituir EIRELI.

DIREITO SOCIETÁRIO

63. O nu-proprietário de quotas ou ações gravadas com usufruto, quando não regulado no respectivo ato institutivo, pode exercer o direito de fiscalização da sociedade.

64. Criado o conselho de administração na sociedade limitada, não regida supletivamente pela Lei de Sociedade por Ações (art. 1.053, parágrafo único, do Código Civil) e, caso não haja regramento específico sobre o órgão no contrato, serão aplicadas, por analogia, as normas da sociedade anônima.

65. O mandatário do sócio residente ou domiciliado no exterior (art. 119 da Lei 6.404/1976) não é responsável pelas obrigações de seu mandante.

66. A limitação de distribuição de dividendos periódicos de que trata o art. 204, §1º da Lei das Sociedades por Ações refere-se ao lucro distribuível, reconhecido em balanço intermediário levantado conforme o Estatuto Social, e não à antecipação do pagamento de dividendos por conta do lucro cuja existência é provável, nos termos da legislação tributária.

OBRIGAÇÕES EMPRESARIAIS, CONTRATOS E TÍTULOS DE CRÉDITO

67. Na locação *built to suit*, é válida a estipulação contratual que estabeleça cláusula penal compensatória equivalente à totalidade dos aluguéres a vencer, sem prejuízo da aplicação do art. 416, parágrafo único, do Código Civil.

68. No contrato de comissão com cláusula *del credere*, responderá solidariamente com o terceiro contratante o comissário que tiver cedido seus direitos ao comitente, nos termos da parte final do art. 694 do Código Civil.

69. Prescrita a pretensão do credor à execução de título de crédito, o endossante e o avalista, do obrigado principal ou de coobrigado, não respondem pelo pagamento da obrigação, salvo em caso de locupletamento indevido.

70. O prazo estabelecido no art. 21, § 1º, da Lei n. 9.492/97, para o protesto por falta de aceite é aplicável apenas na falta de disposição diversa contida em lei especial referente a determinado título de crédito (por exemplo, duplicatas). Aplica-se, portanto, a disposição contida no art. 44, 2ª alínea, da Lei Uniforme de Genebra, ao protesto por falta de aceite de letra de câmbio.

71. A prescrição trienal da pretensão à execução, em face do emitente e seu avalista, de nota promissória à vista não apresentada a pagamento no prazo legal ou fixado no título, conta-se a partir do término do referido prazo.

CRISE DA EMPRESA

72. A legitimidade do Ministério Público para propor e conduzir a ação de responsabilidade de que trata o art. 46 da Lei n. 6.024/1974 não cessa com a decretação da falência da instituição submetida a regime especial, porquanto o art. 47 da mencionada lei foi revogado tacitamente pelo art. 7º, II, da Lei n. 9.447/1997.

73. Para que seja preservada a eficácia do disposto na parte final do § 2º do artigo 6º da Lei n. 11.101/05, é necessário que, no juízo do trabalho, o crédito trabalhista para fins de habilitação seja calculado até a data do pedido da recuperação judicial ou da decretação da falência, para não se ferir a *par condicio creditorum* e observarem-se os arts. 49, "*caput*", e 124 da Lei n. 11.101/2005.

74. Embora a execução fiscal não se suspenda em virtude do deferimento do processamento da recuperação judicial, os atos que importem em constrição do patrimônio do devedor devem ser analisados pelo Juízo recuperacional, a fim de garantir o princípio da preservação da empresa.

75. Havendo convenção de arbitragem, caso uma das partes tenha a falência decretada: (i) eventual procedimento arbitral já em curso não se suspende e novo procedimento arbitral pode ser iniciado, aplicando-se, em ambos os casos, a regra do art. 6º, § 1º, da Lei n. 11.101/2005; e (ii) o administrador judicial não pode recusar a eficácia da cláusula compromissória, dada a autonomia desta em relação ao contrato.

76. Nos casos de emissão de títulos de dívida pela companhia recuperanda, na qual exista agente fiduciário ou figura similar representando uma coletividade de credores, caberá ao agente fiduciário o exercício do voto em assembleia-geral de credores, nos termos e mediante as autorizações previstas no documento de emissão, ressalvada a faculdade de qualquer investidor final pleitear ao juízo da recuperação o desmembramento do direito de voz e voto em assembleia para exercê-los individualmente, unicamente mediante autorização judicial.

77. As alterações do plano de recuperação judicial devem ser submetidas à assembleia geral de credores, e a aprovação obedecerá ao quorum previsto no art. 45 da Lei n. 11.101/05, tendo caráter vinculante a todos os credores submetidos à recuperação judicial, observada a ressalva do art. 50, § 1º, da Lei n. 11.101/05, ainda que propostas as alterações após dois anos da concessão da recuperação judicial e desde que ainda não encerrada por sentença. Referência legislativa: arts. 35, 45, 50, § 1º, 56 e 63 da Lei n. 11.101, de 9/2/2005.

78. O pedido de recuperação judicial deve ser instruído com a relação completa de todos os credores do devedor, sujeitos ou não à recuperação judicial, inclusive fiscais, para um completo e adequado conhecimento da situação econômico-financeira do devedor.

79. O requisito do inc. III do §1º do art. 58 da Lei n. 11.101 aplica-se a todas as classes nas quais o plano de recuperação judicial não obteve aprovação nos termos do art. 45 desta Lei. Referência legislativa: art. 58, § 1º, inc. III, da Lei n. 11.101, de 9/2/2005.

80. Para classificar-se credor, em pedido de habilitação, como privilegiado especial, em razão do art. 83, IV, "d" da Lei de Falências, exige-se, cumulativamente, que: (a) esteja vigente a LC 147/2014 na data em que distribuído o pedido de recuperação judicial ou decretada a falência do devedor; (b) o credor faça prova de que, no momento da distribuição do pedido de recuperação judicial ou da decretação da falência, preenchia os requisitos legais para ser reconhecido como microempreendedor individual, microempresa ou empresa de pequeno porte.

81. Aplica-se à recuperação judicial, no que couber, o princípio da *par condicio creditorum*. Referência legislativa: artigo 126 da Lei n. 11.101, de 9/2/2005.

III JORNADA DE DIREITO COMERCIAL DO CONSELHO DA JUSTIÇA FEDERAL – CJF

OBRIGAÇÕES EMPRESARIAIS, CONTRATOS E TÍTULOS DE CRÉDITO

82. A indenização devida ao Representante, prevista no art. 27, alínea j, da Lei n. 4.886/1965, deve ser apurada com base nas comissões recebidas durante todo o período em que exerceu a representação, afastando-se os efeitos de eventual pagamento a menor, decorrente de prática ilegal ou irregular da Representada reconhecida por decisão judicial ou arbitral transitada em julgado.

83. O complexo edilício constituído por unidades condominiais comerciais autônomas, sem exploração econômica coordenada de forma unitária, ainda que chamado "shopping do tipo vendido", não caracteriza contrato de shopping center.

84. O seguro contra risco de morte ou perda de integridade física de pessoas que vise garantir o direito patrimonial de terceiro ou que tenha finalidade indenizatória submete-se às regras do seguro de dano, mas o valor remanescente, quando houver, será destinado ao segurado, ao beneficiário indicado ou aos sucessores.

DIREITO SOCIETÁRIO

85. A obrigação de voto em bloco, prevista em Acordo de Acionistas, não pode ser invocada, por seus signatários ou por membros do Conselho de Administração, com o propósito de eximi-los da obrigação de votar em consonância com a Lei e com os interesses da Companhia.

86. O desacerto do mérito da decisão negocial não é, por si só, causa de responsabilidade civil do administrador, a qual pressupõe o descumprimento de dever legal ou estatutário.

87. O cargo de liquidante pode ser ocupado tanto por pessoa natural, quanto por pessoa jurídica, sendo obrigatória, neste último caso, a indicação do nome do profissional responsável pela condução dos trabalhos, que deverá atender aos requisitos e impedimentos previstos em lei, e sobre o qual recairão os deveres e as responsabilidades legais.

88. A ação de responsabilidade contra controlador (LSA, art. 117) ou sociedade controladora (LSA, art. 246) não pressupõe a prévia deliberação assemblear.

COMÉRCIO INTERNACIONAL

89. Para fins de interpretação do art. 3(2) da CISG (Convenção das Nações Unidas sobre Contratos de Compra e Venda Internacional de Mercadorias), promulgada pelo Decreto n. 8.327, a natureza de compra e venda de mercadoria é prevalente e não é descaracterizada pelo (i) caráter híbrido do bem objeto da compra e venda, como eletrodomésticos inteligentes, computadores e outros itens com funcionalidades digitais associadas, nem pela (ii) prestação de serviços acessórios de instalação, atualização ou desenvolvimento de software necessários para o funcionamento do bem objeto da compra e venda.

90. Na interpretação da CISG (Convenção das Nações Unidas sobre Contratos de Compra e Venda Internacional de Mercadorias), promulgada pelo Decreto 8.327, ou de contrato a ela submetido, deve-se atentar para a jurisprudência e doutrina internacionais sobre a CISG, tendo em vista as diretrizes fixadas no seu art. 7(1).

EMPRESA E ESTABELECIMENTO

91. A desconsideração da personalidade jurídica de sociedades integrantes de mesmo grupo societário (de fato ou de direito) exige a comprovação dos requisitos do art. 50 do Código Civil por meio do incidente de desconsideração da personalidade jurídica ou na forma do art. 134, § 2º, do Código de Processo Civil.

92. A Empresa Individual de Responsabilidade Limitada (EIRELI) poderá ser constituída por pessoa natural ou por pessoa jurídica, nacional ou estrangeira, sendo a limitação para figurar em uma única EIRELI apenas para pessoa natural.

93. O cônjuge ou companheiro de titular de EIRELI é legitimado para ajuizar ação de apuração de haveres, para fins de partilha de bens, na forma do art. 600, parágrafo único, do Código de Processo Civil.

94. A vedação da sociedade entre cônjuges contida no art. 977 do Código Civil não se aplica às sociedades anônimas, em comandita por ações e cooperativa.

95. Os perfis em redes sociais, quando explorados com finalidade empresarial, podem se caracterizar como elemento imaterial do estabelecimento empresarial.

CRISE DA EMPRESA: FALÊNCIA E RECUPERAÇÃO

96. A recuperação judicial do empresário rural, pessoa natural ou jurídica, sujeita todos os créditos existentes na data do pedido, inclusive os anteriores à data da inscrição no Registro Público de Empresas Mercantis.

97. O produtor rural, pessoa natural ou jurídica, na ocasião do pedido de recuperação judicial, não precisa estar inscrito há mais de dois anos no Registro Público de Empresas Mercantis, bastando a demonstração de exercício de atividade rural por esse período e a comprovação da inscrição anterior ao pedido.

98. A admissão pelo juízo competente do processamento da recuperação judicial em consolidação processual (litisconsórcio ativo) não acarreta automática aceitação da consolidação substancial.

99. Para fins de aplicação da parte final do art. 49, § 3º, da Lei n. 11.101/2005, é do devedor o ônus da prova da essencialidade do bem.

100. Consideram-se sujeitos à recuperação judicial, na forma do art. 49 da Lei n. 11.101/2005, os créditos decorrentes de fatos geradores anteriores ao pedido de recuperação judicial, independentemente da data de eventual acordo, sentença ou trânsito em julgado.

101. O incidente de desconsideração da personalidade jurídica deve ser observado no processo falimentar, sem a suspensão do processo.

102. A decisão que defere o processamento da recuperação judicial desafia agravo de instrumento, nos termos do art. 1.015 do CPC/2015.

103. Em se tratando de processo eletrônico, os editais previstos na Lei n. 11.101/2005 podem ser publicados em versão resumida, somente apontando onde se encontra a relação de credores nos autos, bem como indicando o sítio eletrônico que contenha a íntegra do edital.

104. Não haverá sucessão do adquirente de ativos em relação a penalidades pecuniárias aplicadas ao devedor com base na Lei n. 12.846/2013 (Lei Anticorrupção), quando a alienação ocorrer com fundamento no art. 60 da Lei n. 11.101/2005.

105. Se apontado pelo administrador judicial, no relatório previsto no art. 22, III, e, da Lei n. 11.101/2005, que não foram encontrados bens suficientes sequer para cobrir os custos do processo, incluindo honorários do Administrador Judicial, o processo deve ser encerrado, salvo se credor interessado depositar judicialmente tais valores conforme art. 82 do CPC/2015, hipótese em que o crédito referente ao valor depositado será classificado como extraconcursal, nos termos do art. 84, II da Lei n. 11.101/2005.

106. O juízo da recuperação extrajudicial poderá determinar, no início do processo, a suspensão de ações ou execuções propostas por credores sujeitos ao plano de recuperação extrajudicial, com a finalidade de preservar a eficácia e a utilidade da decisão que vier a homologá-lo.

PROPRIEDADE INTELECTUAL

107. O fato gerador do parágrafo único do art. 40 da Lei n. 9.279/96 não engloba a hipótese de mora administrativa havida em concausa ou perpetrada pelo depositante do pedido de patente, desde que demonstrada conduta abusiva deste.

108. Não cabe a condenação do INPI em sucumbência, nos termos do art. 85 do CPC, quando a matéria não for de seu conhecimento prévio e não houver resistência judicial posterior.

109. Os pedidos de abstenção de uso e indenização, quando cumulados com ação visando anular um direito de propriedade industrial, são da competência da Justiça Federal, em face do art. 55 do CPC.

110. Aplicam-se aos negócios jurídicos de propriedade intelectual o disposto sobre a função social dos contratos, probidade e boa-fé.

111. Nas ações de nulidade de indeferimento de pedido de registro de marca, o titular do registro marcário apontado como anterioridade impeditiva é litisconsorte passivo necessário, à luz do que dispõe o art. 115 do CPC.

112. O termo inicial do prazo de 30 dias previsto no parágrafo único do art. 162 da Lei n. 9.279/96 é o primeiro dia útil subsequente ao término in albis do prazo de 60 dias previsto no *caput* do mesmo artigo.

113. Em ações que visam anular um direito de propriedade industrial, a citação do INPI para se manifestar sobre os pedidos deve ocorrer apenas após a contestação do titular do direito de propriedade industrial.

114. A proteção jurídica ao conjunto-imagem de um produto ou serviço não se estende à funcionalidade técnica.

115. As limitações de direitos autorais estabelecidas nos arts. 46, 47 e 48 da Lei de Direitos Autorais devem ser interpretadas extensivamente, em conformidade com os direitos fundamentais e a função social da propriedade estabelecida no art. 5º, XXIII, da CF/88.

ENUNCIADOS DA JORNADA DE DIREITO PROCESSUAL CIVIL DO CONSELHO DA JUSTIÇA FEDERAL – CJF

I JORNADA DE DIREITO PROCESSUAL CIVIL DO CONSELHO DA JUSTIÇA FEDERAL – CJF

18. A convenção processual pode ser celebrada em pacto antenupcial ou em contrato de convivência, nos termos do art. 190 do CPC.

51. Havendo registro judicial ou autorização expressa do juízo sucessório competente, nos autos do procedimento de abertura, registro e cumprimento de testamento, sendo todos os interessados capazes e concordes, poderão ser feitos o inventário e a partilha por escritura pública.

52. Na organização do esboço da partilha tratada pelo art. 651 do CPC, deve-se incluir a meação do companheiro.

87. O acordo de reparação de danos feito durante a suspensão condicional do processo, desde que devidamente homologado por sentença, é título executivo judicial.

97. A execução pode ser promovida apenas contra o titular do bem oferecido em garantia real, cabendo, nesse caso, somente a intimação de eventual coproprietário que não tenha outorgado a garantia.

100. Interpreta-se a expressão condomínio edilício do art. 784, X, do CPC de forma a compreender tanto os condomínios verticais, quanto os horizontais de lotes, nos termos do art. 1.358-A do Código Civil.

106. Na expropriação, a apropriação de frutos e rendimentos poderá ser priorizada em relação à adjudicação, se não prejudicar o exequente e for mais favorável ao executado.

II JORNADA DE DIREITO PROCESSUAL CIVIL DO CONSELHO DA JUSTIÇA FEDERAL – CJF

PARTE GERAL

116. Aplica-se o art. 219 do CPC na contagem dos prazos processuais previstos na Lei n. 6.830/1980.

EXECUÇÃO E CUMPRIMENTO DE SENTENÇA

146. O prazo de 3 (três) dias previsto pelo art. 528 do CPC conta-se em dias úteis e na forma dos incisos do art. 231 do CPC, não se aplicando seu § 3º.

149. A falta de averbação da pendência de processo ou da existência de hipoteca judiciária ou de constrição judicial sobre bem no registro de imóveis não impede que o exequente comprove a má-fé do terceiro que tenha adquirido a propriedade ou qualquer outro direito real sobre o bem.

150. Aplicam-se ao direito de laje os arts. 791, 804 e 889, III, do CPC.

151. O executado pode remir a execução até a lavratura do auto de adjudicação ou de alienação (CPC, art. 826).

152. O pacto de impenhorabilidade (arts. 190, 200 e 833, I) produz efeitos entre as partes, não alcançando terceiros.

153. A penhorabilidade dos bens, observados os critérios do art. 190 do CPC, pode ser objeto de convenção processual das partes.

154. O exequente deve providenciar a intimação do coproprietário no caso da penhora de bem indivisível ou de direito real sobre bem indivisível.

155. A penhora a que alude o art. 860 do CPC poderá recair sobre direito litigioso ainda não reconhecido por decisão transitada em julgado.

156. O decurso de tempo entre a avaliação do bem penhorado e a sua alienação não importa, por si só, nova avaliação, a qual deve ser realizada se houver, nos autos, indícios de que houve majoração ou diminuição no valor.

III JORNADA DE DIREITO PROCESSUAL CIVIL DO CONSELHO DA JUSTIÇA FEDERAL – CJF

PARTE GERAL E TUTELA PROVISÓRIA

160: A competência para julgamento de ações que envolvam violação aos direitos da personalidade, quando os atos ilícitos são praticados pela internet, é do foro do domicílio da vítima.

162: São cabíveis medidas indutivas, coercitivas e mandamentais visando a compelir o devedor a transferir criptoativos ou saldos em criptoativos que lhe pertençam para endereço público que venha a ser indicado por ordem judicial.

163: O foro de domicílio da vítima de violência doméstica tem prioridade para a ação de divórcio, separação, anulação de casamento e reconheci- mento ou dissolução de união estável.

164: É permitido ato concertado entre juízos para resolver questões referentes à validade de penhoras sobre o mesmo bem realizadas em execuções diversas, ainda que propostas em juízos de competências distintas.

165: Conta-se em dias úteis o prazo do *caput* do art. 308 do CPC.

166: Aplica-se o benefício do §4º do art. 90 do CPC quando a exequente concordar com a exceção de pré-executividade apresentada e, de imediato, pedir a extinção do feito executivo. (Cancelado o Enunciado 10 da I Jornada).

168: Salvo nos casos de competência originária dos tribunais, o incidente de desconsideração da personalidade jurídica deve ser instaurado em primeiro grau.

171: O rol do §1º do art. 98 do CPC é meramente exemplificativo, podendo englobar outras isenções, desde que sejam necessárias para garantir o acesso à justiça ao destinatário da gratuidade de justiça.

PROCESSO DE CONHECIMENTO E PROCEDIMENTOS ESPECIAIS

175: No arrolamento comum, o prévio recolhimento do imposto de transmissão causa mortis não é condicionante para a expedição do formal de partilha e da carta de adjudicação, mantendo-se a exigência da comprovação do pagamento dos tributos relativos aos bens do espólio e às suas rendas, a teor dos arts. 659, §2º, 664, §4º, e 662 do CPC e 192 do CTN.

177: No procedimento de alteração de regime de bens, a intimação do Ministério Público prevista no art. 734, §1º, do CPC somente se dará nos casos dos arts. 178 e 721 do CPC.

178: Em casos excepcionais, o juiz poderá dispensar a prova pericial nos processos de interdição ou curatela, na forma do art. 472 do CPC e ouvido o Ministério Público, quando as partes juntarem pareceres técnicos ou documentos elucidativos e houver entrevista do interditando.

179: Nos termos do art. 627, §3º, do CPC, é possível o reconhecimento incidental da união estável em inventário, quando comprovada documentalmente.

181: O depoimento ou testemunho de criança ou adolescente não pode ser colhido extrajudicialmente por tabelião, por meio de ata notarial ou de escritura pública de declaração.

183: O art. 382, §4º, do CPC não impede a arguição de defesas referentes à admissibilidade das diligências e das provas requeridas na petição inicial.

184: O uso e a fruição antecipados de bens, previstos no parágrafo único do art. 647 do CPC, são deferidos por tutela provisória satisfativa, e não por julgamento antecipado do mérito, devendo o juiz analisar a probabilidade de o bem vir a integrar o quinhão do herdeiro ao término do inventário.

185: O rol de testemunhas apresentado anteriormente à decisão de saneamento e organização do processo é provisório, podendo a parte realizar modificações após a prolação da referida decisão, dentro do prazo estabelecido pelos arts. 357, §4º, e 451, do CPC).

EXECUÇÃO E CUMPRIMENTO DE SENTENÇA

209: É cabível pedido de penhora de criptoativos, desde que indicadas pelo requerente as diligências pretendidas, ainda que ausentes indícios de que o executado os tenha.

210: O §2º do art. 827 do CPC é aplicável também na hipótese de total rejeição da impugnação ao cumprimento de sentença.

211: Antes de apreciar a defesa do executado lastreada no §3º do art. 854 do CPC, salvo hipótese de rejeição liminar, o juiz deve intimar o exequente para se manifestar, em cinco dias, sob pena de ofensa ao contraditório.

212: É cabível a averbação de penhora no rosto dos autos de processo arbitral.

213: A citação ficta do executado não configura causa de suspensão da execução pela sua não localização, prevista no art. 921, inciso III, do CPC.

Justificativa: A hipótese de suspensão da execução pela não localização do executado não pode ser aplicada aos casos em que a citação foi realizada de maneira ficta, por hora certa ou edital, pois, em tais casos, o executado não foi localizado. No entanto, essas medidas existem justamente para que o processo se desenvolva de maneira válida diante de eventuais entraves desencadeados pelo executado.

214: A pesquisa judicial no módulo CEP (Central de Escrituras e Procurações) da CENSEC (Central Notarial de Serviços Eletrônicos Compartilhados) não pode ser indeferida sob o fundamento de que o credor pode ter acesso às informações do órgão de maneira extrajudicial.

215: O requerimento de nova tentativa de penhora on-line de dinheiro do executado, via sistema SISBAJUD (Sistema de Busca de Ativos do Poder Judiciário), pode ser reiterado e independe de decurso mínimo de tempo da última tentativa.

Justificativa: O sistema SISBAJUD permite a realização de penhora on-line de dinheiro dos devedores. Contudo, a realização da pesquisa e constrição desses ativos, por muitas vezes, tem sido limitada a apenas uma tentativa a qual, após frustrada, somente poderia ser realizada novamente depois de transcorrido determinado tempo entre as diligências (a maioria dos precedentes nesse sentido identifica o prazo mínimo de um ano entre as tentativas de penhora SISBAJUD). Considerando que a execução e o cumprimento de sentença visam satisfazer o crédito do credor e que o acesso ao sistema SISBAJUD depende de autorização judicial, a reiteração de tentativas de penhora de dinheiro não pode ser fundamentada sob a premissa da necessidade de transcurso de tempo mínimo entre as diligências, na medida em que a entrada de dinheiro em contas bancárias é evento que pode ocorrer a qualquer momento. Ademais, condicionar a realização de penhora SISBAJUD ao transcurso de prazo mínimo premia o credor contumaz, que terá a certeza de que poderá movimentar ativos entre o período de "suspensão" das diligências via SISBAJUD. Dispositivo legal: art. 797 do CPC.

216: Na hipótese de o acolhimento da impugnação acarretar a extinção do cumprimento de sentença, a natureza jurídica da decisão é sentença e o recurso cabível é apelação; caso o acolhimento não impedir a continuidade dos atos executivos, trata-se de decisão interlocutória sujeita a agravo de instrumento (art. 1.015, parágrafo único, do CPC).

217: Cabe arresto executivo on-line no caso de o executado não ser encontrado, independentemente da modalidade de citação.

218: A decisão a que se refere o art. 903, §2º, do CPC é interlocutória e impugnável por agravo de instrumento (art. 1.015, parágrafo único, do CPC).

219: A previsão contida no inciso III do art. 772 do CPC autoriza a realização de atos executivos típicos ou atípicos de busca e localização patrimonial, por meio de cooperação judiciária interinstitucional.

PROCESSO COLETIVO E ESTRUTURAL

221: A atuação dialógica e cooperativa do magistrado e demais sujeitos processuais é característica essencial do processo estrutural.

227: Admite-se a prova estatística ou por amostragem no direito brasileiro, especialmente no processo coletivo e estrutural.

ENUNCIADOS DA JORNADA "PREVENÇÃO E SOLUÇÃO EXTRAJUDICIAL DE LITÍGIOS" DO CONSELHO DA JUSTIÇA FEDERAL – CJF

I JORNADA "PREVENÇÃO E SOLUÇÃO EXTRAJUDICIAL DE LITÍGIOS"

ARBITRAGEM

1. A sentença arbitral não está sujeita à ação rescisória.

2. Ainda que não haja cláusula compromissória, a Administração Pública poderá celebrar compromisso arbitral.

3. A carta arbitral poderá ser processada diretamente pelo órgão do Poder Judiciário do foro onde se dará a efetivação da medida ou decisão.

4. Na arbitragem, cabe à Administração Pública promover a publicidade prevista no art. 2º, § 3º, da Lei n. 9.307/1996, observado o disposto na Lei n. 12.527/2011, podendo ser mitigada nos casos de sigilo previstos em lei, a juízo do árbitro.

5. A arguição de convenção de arbitragem pode ser promovida por petição simples, a qualquer momento antes do término do prazo da contestação, sem caracterizar preclusão das matérias de defesa, permitido ao magistrado suspender o processo até a resolução da questão.

6. O processamento da recuperação judicial ou a decretação da falência não autoriza o administrador judicial a recusar a eficácia da convenção de arbitragem, não impede a instauração do procedimento arbitral, nem o suspende.

7. Os árbitros ou instituições arbitrais não possuem legitimidade para figurar no polo passivo da ação prevista no art. 33, *caput*, e § 4º, da Lei 9.307/1996, no cumprimento de sentença arbitral e em tutelas de urgência.

8. São vedadas às instituições de arbitragem e mediação a utilização de expressões, símbolos ou afins típicos ou privativos dos Poderes da República, bem como a emissão de carteiras de identificação para árbitros e mediadores.

9. A sentença arbitral é hábil para inscrição, arquivamento, anotação, averbação ou registro em órgãos de registros públicos, independentemente de manifestação do Poder Judiciário.

10. O pedido de declaração de nulidade da sentença arbitral formulado em impugnação ao cumprimento da sentença deve ser apresentado no prazo do art. 33 da Lei 9.307/1996.

11. Nas arbitragens envolvendo a Administração Pública, é permitida a adoção das regras internacionais de comércio e/ou usos e costumes aplicáveis às respectivas áreas técnicas.

12. A existência de cláusula compromissória não obsta a execução de título executivo extrajudicial, reservando-se à arbitragem o julgamento das matérias previstas no art. 917, incs. I e VI, do CPC/2015.

13. Podem ser objeto de arbitragem relacionada à Administração Pública, dentre outros, litígios relativos: I – ao inadimplemento de obrigações contratuais por qualquer das partes; II - à recomposição do equilíbrio econômico-financeiro dos contratos, cláusulas financeiras e econômicas.

MEDIAÇÃO

14. A mediação é método de tratamento adequado de controvérsias que deve ser incentivado pelo Estado, com ativa participação da sociedade, como forma de acesso à Justiça e à ordem jurídica justa.

15. Recomenda-se aos órgãos do sistema de Justiça firmar acordos de cooperação técnica entre si e com Universidades, para incentivo às práticas dos métodos consensuais de solução de conflitos, bem assim com empresas geradoras de grande volume de demandas, para incentivo à prevenção e à solução extrajudicial de litígios.

16. O magistrado pode, a qualquer momento do processo judicial, convidar as partes para tentativa de composição da lide pela mediação extrajudicial, quando entender que o conflito será adequadamente solucionado por essa forma.

17. Nos processos administrativo e judicial, é dever do Estado e dos operadores do Direito propagar e estimular a mediação como solução pacífica dos conflitos.

18. Os conflitos entre a administração pública federal direta e indireta e/ou entes da federação poderão ser solucionados pela Câmara de Conciliação e Arbitragem da Administração Pública Federal – CCAF – órgão integrante da Advocacia-Geral da União, via provocação do interessado ou comunicação do Poder Judiciário.

19. O acordo realizado perante a Câmara de Conciliação e Arbitragem da Administração Pública Federal - CCAF – órgão integrante da Advocacia-Geral da União – constitui título executivo extrajudicial e, caso homologado judicialmente, título executivo judicial.

20. Enquanto não for instalado o Centro Judiciário de Solução de Conflitos e Cidadania (Cejusc), as sessões de mediação e conciliação processuais e pré-processuais poderão ser realizadas por meio audiovisual, em módulo itinerante do Poder Judiciário ou em entidades credenciadas pelo Núcleo Permanente de Métodos Consensuais de Solução de Conflitos (Nupemec), no foro em que tramitar o processo ou no foro competente para o conhecimento da causa, no caso de mediação e conciliação pré-processuais.

21. É facultado ao magistrado, em colaboração com as partes, suspender o processo judicial enquanto é realizada a mediação, conforme o art. 313, II, do Código de Processo Civil, salvo se houver previsão contratual de cláusula de mediação com termo ou condição, situação em que o processo deverá permanecer suspenso pelo prazo previamente acordado ou até o implemento da condição, nos termos do art. 23 da Lei n. 13.140/2015.

22. A expressão "sucesso ou insucesso" do art.167, § 3º, do Código de Processo Civil não deve ser interpretada como quantidade de acordos realizados, mas a partir de uma avaliação qualitativa da satisfação das partes com o resultado e com o procedimento, fomentando a escolha da câmara, do conciliador ou do mediador com base nas suas qualificações e não nos resultados meramente quantitativos.

23. Recomenda-se que as faculdades de direito mantenham estágios supervisionados nos escritórios de prática jurídica para formação em mediação e conciliação e promovam parcerias com entidades formadoras de conciliadores e mediadores, inclusive tribunais, Ministério Público, OAB, defensoria e advocacia pública.

24. Sugere-se que as faculdades de direito instituam disciplinas autônomas e obrigatórias e projetos de extensão destinados à mediação, à conciliação e à arbitragem, nos termos dos arts. 2º, § 1º, VIII, e 8º, ambos da Resolução CNE/CES n. 9, de 29 de setembro de 2004.

25. A União, os Estados, o Distrito Federal e os Municípios têm o dever de criar Câmaras de Prevenção e Resolução Administrativa de Conflitos com atribuição específica para autocomposição do litígio.

26. É admissível, no procedimento de mediação, em casos de fundamentada necessidade, a participação de crianças, adolescentes e jovens – respeitado seu estágio de desenvolvimento e grau de compreensão – quando o conflito (ou parte dele) estiver relacionado aos seus interesses ou direitos.

27. Recomenda-se o desenvolvimento de programas de fomento de habilidades para o diálogo e para a gestão de conflitos nas escolas, como elemento formativo-educativo, objetivando estimular a formação de pessoas com maior competência para o diálogo, a negociação de diferenças e a gestão de controvérsias.

28. Propõe-se a implementação da cultura de resolução de conflitos por meio da mediação, como política pública, nos diversos segmentos do sistema educacional, visando auxiliar na resolução extrajudicial de conflitos de qualquer natureza, utilizando mediadores externos ou capacitando alunos e professores para atuarem como facilitadores de diálogo na resolução e prevenção dos conflitos surgidos nesses ambientes.

29. Caso qualquer das partes comprove a realização de mediação ou conciliação antecedente à propositura da demanda, o magistrado poderá dispensar a audiência inicial de mediação ou conciliação, desde que tenha tratado da questão objeto da ação e tenha sido conduzida por mediador ou conciliador capacitado.

30. Nas mediações realizadas gratuitamente em programas, câmaras e núcleos de prática jurídica de faculdades de direito, os professores, orientadores e coordenadores que não estejam atuando ou participando no caso concreto, não estão impedidos de assessorar ou representar as partes, em suas especialidades.

31. É recomendável a existência de uma advocacia pública colaborativa entre os entes da federação e seus respectivos órgãos públicos, nos casos em que haja interesses públicos conflitantes/divergentes. Nessas hipóteses, União, Estados, Distrito Federal e Municípios poderão celebrar pacto de não propositura de demanda judicial e de solicitação de suspensão das que estiverem propostas com estes, integrando o polo passivo da demanda, para que sejam submetidos à oportunidade de diálogo produtivo e consenso sem interferência jurisdicional.

32. A ausência da regulamentação prevista no art. 1º da Lei n. 9.469/1997 não obsta a autocomposição por parte de integrante da Advocacia-Geral da União e dirigentes máximos das empresas públicas federais nem, por si só, torna-a inadmissível para efeito do inc. II do § 4º do art. 334 do CPC/2015.

33. É recomendável a criação de câmara de mediação a fim de possibilitar a abertura do diálogo, incentivando e promovendo, nos termos da lei, a regularização das atividades sujeitas ao licenciamento ambiental que estão funcionando de forma irregular, ou seja, incentivar e promover o chamado "licenciamento de regularização" ou "licenciamento corretivo".

34. Se constatar a configuração de uma notória situação de desequilíbrio entre as partes, o mediador deve alertar sobre a importância de que ambas obtenham, organizem e analisem dados, estimulando-as a planejarem uma eficiente atuação na negociação.

35. Os pedidos de homologação de acordos extrajudiciais deverão ser feitos no Centro Judiciário de Solução de Conflitos e Cidadania, onde houver.

36. Para estimular soluções administrativas em ações previdenciárias, quando existir matéria de fato a ser comprovada, as partes poderão firmar acordo para a reabertura do processo administrativo com o objetivo de realizar, por servidor do INSS em conjunto com a Procuradoria, procedimento de justificação administrativa, pesquisa externa e/ou vistoria técnica, com possibilidade de revisão da decisão original.

37. Recomenda-se a criação de câmaras previdenciárias de mediação ou implantação de procedimentos de mediação para solucionar conflitos advindos de indeferimentos, suspensões e cancelamentos de benefícios previdenciários, ampliando o acesso à justiça e permitindo à administração melhor gerenciamento de seu processo de trabalho.

38. O Estado promoverá a cultura da mediação no sistema prisional, entre internos, como forma de possibilitar a ressocialização, a paz social e a dignidade da pessoa humana.

39. A previsão de suspensão do processo para que as partes se submetam à mediação extrajudicial deverá atender ao disposto no § 2º do art. 334 da Lei Processual, podendo o prazo ser prorrogado no caso de consenso das partes.

40. Nas mediações de conflitos coletivos envolvendo políticas públicas, judicializados ou não, deverá ser permitida a participação de todos os potencialmente interessados, dentre eles: (i) entes públicos (Poder Executivo ou Legislativo) com competências relativas à matéria envolvida no conflito; (ii) entes privados e grupos sociais diretamente afetados; (iii) Ministério Público; (iv) Defensoria Pública, quando houver interesse de vulneráveis; e (v) entidades do terceiro setor representativas que atuem na matéria afeta ao conflito.

41. Além dos princípios já elencados no art. 2º da Lei 13.140/2015, a mediação também deverá ser orientada pelo Princípio da Decisão Informada.

42. O membro do Ministério Público designado para exercer as funções junto aos centros, câmaras públicas de mediação e qualquer outro espaço em que se faça uso das técnicas de autocomposição, para o tratamento adequado de conflitos, deverá ser capacitado em técnicas de mediação e negociação, bem como de construção de consenso.

43. O membro do Ministério Público com atribuição para o procedimento consensual, devidamente capacitado nos métodos negociais e autocompositivos, quando atuar como mediador, ficará impedido de exercer atribuições típicas de seu órgão de execução, cabendo tal intervenção, naquele feito, a seu substituto legal.

44. Havendo processo judicial em curso, a escolha de mediador ou câmara privada ou pública de conciliação e mediação deve observar o peticionamento individual ou conjunto das partes, em qualquer tempo ou grau de jurisdição, respeitado o contraditório.

45. A mediação e conciliação são compatíveis com a recuperação judicial, a extrajudicial e a falência do empresário e da sociedade empresária, bem como em casos de superendividamento, observadas as restrições legais.

46. Os mediadores e conciliadores devem respeitar os padrões éticos de confidencialidade na mediação e conciliação, não levando aos magistrados dos seus respectivos feitos o conteúdo das sessões, com exceção dos termos de acordo, adesão, desistência e solicitação de encaminhamentos, para fins de ofícios.

47. A menção à capacitação do mediador extrajudicial, prevista no art. 9º da Lei n. 13.140/2015, indica que ele deve ter experiência, vocação, confiança dos envolvidos e aptidão para mediar, bem como conhecimento dos fundamentos da mediação, não bastando formação em outras áreas do saber que guardem relação com o mérito do conflito.

OUTRAS FORMAS DE SOLUÇÃO DE CONFLITOS

48. É recomendável que, na judicialização da saúde, previamente à propositura de ação versando sobre a concretização do direito à saúde - fornecimento de medicamentos e/ou internações hospitalares -, promova-se uma etapa de composição extrajudicial mediante interlocução com os órgãos estatais de saúde.

49. Os Comitês de Resolução de Disputas (*Dispute Boards*) são método de solução consensual de conflito, na forma prevista no § 3° do art. 3º do Código de Processo Civil Brasileiro.

50. O Poder Público, os fornecedores e a sociedade deverão estimular a utilização de mecanismos como a plataforma CONSUMIDOR.GOV.BR, política pública criada pela Secretaria Nacional do Consumidor - Senacon e pelos Procons, com vistas a possibilitar o acesso, bem como a solução dos conflitos de consumo de forma extrajudicial, de maneira rápida e eficiente.

51. O Estado e a sociedade deverão estimular as soluções consensuais nos casos de superendividamento ou insolvência do consumidor pessoa física, a fim de assegurar a sua inclusão social, o mínimo existencial e a dignidade da pessoa humana.

52. O Poder Público e a sociedade civil incentivarão a facilitação de diálogo dentro do âmbito escolar, por meio de políticas públicas ou parcerias público-privadas que fomentem o diálogo sobre questões recorrentes, tais como: *bullying*, agressividade, mensalidade escolar e até atos infracionais. Tal incentivo pode ser feito por oferecimento da prática de círculos restaurativos ou outra prática restaurativa similar, como prevenção e solução dos conflitos escolares.

53. Estimula-se a transação como alternativa válida do ponto de vista jurídico para tornar efetiva a justiça tributária, no âmbito administrativo e judicial, aprimorando a sistemática de prevenção e solução consensual dos conflitos tributários entre Administração Pública e administrados, ampliando, assim, a recuperação de receitas com maior brevidade e eficiência.

54. A Administração Pública deverá oportunizar a transação por adesão nas hipóteses em que houver precedente judicial de observância obrigatória.

55. O Poder Judiciário e a sociedade civil deverão fomentar a adoção da *advocacia colaborativa* como prática pública de resolução de conflitos na área do direito de família, de modo a que os advogados das partes busquem sempre a atuação conjunta voltada para encontrar um ajuste viável, criativo e que beneficie a todos os envolvidos.

56. As ouvidorias servem como um importante instrumento de solução extrajudicial de conflitos, devendo ser estimulada a sua implantação, tanto no âmbito das empresas, como da Administração Pública.

57. As comunidades têm autonomia para escolher o modelo próprio de mediação comunitária, não devendo se submeter a padronizações ou modelos únicos.

58. A conciliação/mediação, em meio eletrônico, poderá ser utilizada no procedimento comum e em outros ritos, em qualquer tempo e grau de jurisdição.

59. A obrigação de estimular a adoção da conciliação, da mediação e de outros métodos consensuais de solução de conflitos prevista no § 3º do art. 3º do Código de Processo Civil aplica-se às entidades que promovem a autorregulação, inclusive no âmbito dos processos administrativos que tenham curso nas referidas entidades.

60. As vias adequadas de solução de conflitos previstas em lei, como a conciliação, a arbitragem e a mediação, são plenamente aplicáveis à Administração Pública e não se incompatibilizam com a indisponibilidade do interesse público, diante do Novo Código de Processo Civil e das autorizações legislativas pertinentes aos entes públicos.

61. Os gestores, defensores e advogados públicos que, nesta qualidade, venham a celebrar transações judiciais ou extrajudiciais, no âmbito de procedimento de conciliação, mediação ou arbitragem, não responderão civil, administrativa ou criminalmente, exceto se agirem mediante dolo ou fraude.

62. Os representantes judiciais da União, autarquias, fundações e empresas públicas federais têm autorização legal, decorrente da Lei n. 10.259, de 12 de julho de 2001 para, diretamente, conciliar, transigir ou desistir de recursos em quaisquer processos, judiciais ou extrajudiciais, cujo valor da causa esteja dentro da alçada equivalente à dos juizados especiais federais.

63. A perspectiva da conciliação judicial, inclusive por adesão, em razão ou no bojo de Incidente de Resolução de Demandas Repetitivas, é compatível com o Código de Processo Civil (Lei n. 13.105, de 16 de março de 2015) e com a Lei da Mediação (Lei n. 13.140, de 26 de junho de 2015).

64. Os dirigentes máximos de entes estatais que exploram atividade econômica podem delegar à sua área jurídica a capacidade de intervir na resolução de litígios extrajudiciais provocados por clientes, em virtude de falhas ocorridas na realização de negócios, emitindo manifestação de caráter mandatório às demais áreas da instituição com a finalidade de indenizar (patrimonial e/ou extrapatrimonialmente) ou solicitar providências que reparem o dano causado aos clientes, de acordo com a legislação e jurisprudência pertinentes.

65. O emprego dos meios consensuais de solução de conflito deve ser estimulado nacionalmente como política pública, podendo ser utilizados nos Centros de Referência da Assistência Social (CRAS), cujos profissionais, predominantemente psicólogos e assistentes sociais, lotados em áreas de vulnerabilidade social, estão voltados à atenção básica e preventiva.

66. É fundamental a atualização das matrizes curriculares dos cursos de direito, bem como a criação de programas de formação continuada aos docentes do ensino superior jurídico, com ênfase na temática da prevenção e solução extrajudicial de litígios e na busca pelo consenso.

67. Nos colégios recursais, o relator poderá, monocraticamente, encaminhar os litígios aos Centros Judiciários de Solução de Conflitos e Cidadania.

68. O atendimento interdisciplinar realizado por psicólogos e assistentes sociais, no âmbito da Defensoria Pública e do Ministério Público, promove a solução extrajudicial dos litígios, constituindo-se forma de composição e administração de conflitos complementar à mediação, conciliação e arbitragem.

69. A Administração Pública, sobretudo na área tributária e previdenciária, deve adotar, *ex officio*, a interpretação pacificada de normas legais e constitucionais, respectivamente, no Superior Tribunal de Justiça e no Supremo Tribunal Federal, independentemente de julgamento em caso de recursos repetitivos ou repercussão geral ou de edição de súmula vinculante.

70. Quando questionada a juridicidade das decisões tomadas por meio de novas tecnologias de resolução de controvérsias, deve-se atuar com parcimônia e postura receptiva, buscando valorizar e aceitar os acordos oriundos dos meios digitais.

71. Tendo havido prévio e comprovado requerimento administrativo, incumbe à Administração Pública o dever de comprovar em juízo que adotou as providências legais e regulamentares para a aferição do direito da parte.

72. As instituições privadas que lidarem com mediação, conciliação e arbitragem, bem como com demais métodos adequados de solução de conflitos, não deverão conter, tanto no título de estabelecimento, marca ou nome, dentre outros, nomenclaturas e figuras que se assimilem à ideia de Poder Judiciário.

73. A educação para a cidadania constitui forma adequada de solução e prevenção de conflitos, na via extrajudicial, e deve ser adotada e incentivada como política pública privilegiada de tratamento adequado do conflito pelo sistema de justiça.

74. Havendo autorização legal para a utilização de métodos adequados de solução de controvérsias envolvendo órgãos, entidades ou pessoas jurídicas da Administração Pública, o agente público deverá: (i) analisar a admissibilidade de eventual pedido de resolução consensual do conflito; e (ii) justificar por escrito, com base em critérios objetivos, a decisão de rejeitar a proposta de acordo.

75. As empresas e organizações devem ser incentivadas a implementar, em suas estruturas organizacionais, um plano estratégico consolidado para prevenção, gerenciamento e resolução de disputas, com o uso de métodos adequados de solução de controvérsias. Tal plano deverá prever métricas de sucesso e diagnóstico periódico, com vistas ao constante aprimoramento. O Poder Judiciário, as faculdades de direito e as instituições observadoras ou reguladoras das atividades empresariais devem promover, medir e premiar anualmente tais iniciativas.

76. As decisões proferidas por um Comitê de Resolução de Disputas (*Dispute Board*), quando os contratantes tiverem acordado pela sua adoção obrigatória, vinculam as partes ao seu cumprimento até que o Poder Judiciário ou o juízo arbitral competente emitam nova decisão ou a confirmem, caso venham a ser provocados pela parte inconformada.

77. Havendo registro ou expressa autorização do juízo sucessório competente, nos autos do procedimento de abertura e cumprimento de testamento, sendo todos os interessados capazes e concordes, o inventário e partilha poderão ser feitos por escritura pública, mediante acordo dos interessados, como forma de pôr fim ao procedimento judicial.

78. Recomenda-se aos juízes das varas de família dos tribunais onde já tenham sido implantadas as oficinas de parentalidade que as partes sejam convidadas a participar das referidas oficinas, antes da citação nos processos de guarda, visitação e alienação parental, como forma de fomentar o diálogo e prevenir litígios.

79. O Judiciário estimulará o planejamento sucessório, com ações na área de comunicação que esclareçam os benefícios da autonomia privada, com o fim de prevenir litígios e desestimular a via judiciária.

80. A utilização dos Comitês de Resolução de Disputas (*Dispute Boards*), com a inserção da respectiva cláusula contratual, é recomendável para os contratos de construção ou de obras de infraestrutura, como mecanismo voltado para a prevenção de litígios e redução dos custos correlatos, permitindo a imediata resolução de conflitos surgidos no curso da execução dos contratos.

81. A conciliação, a arbitragem e a mediação, previstas em lei, não excluem outras formas de resolução de conflitos que decorram da autonomia privada, desde que o objeto seja lícito e as partes sejam capazes.

82. O Poder Público, o Poder Judiciário, as agências reguladoras e a sociedade civil deverão estimular, mediante a adoção de medidas concretas, o uso de plataformas tecnológicas para a solução de conflitos de massa.

83. O terceiro imparcial, escolhido pelas partes para funcionar na resolução extrajudicial de conflitos, não precisa estar inscrito na Ordem dos Advogados do Brasil e nem integrar qualquer tipo de conselho, entidade de classe ou associação, ou nele inscrever-se.

84. O Poder Público – inclusive o Poder Judiciário – e a sociedade civil deverão estimular a criação, no âmbito das procuradorias municipais e estaduais, de centros de solução de conflitos, voltados à solução de litígios entre a Administração Pública e os cidadãos, como, por exemplo, a Central de Negociação da Procuradoria-Geral da União.

85. O Poder Público – inclusive o Poder Judiciário – e a sociedade civil deverão estimular a criação, no âmbito das entidades de classe, de conselhos de autorregulamentação, voltados para a solução de conflitos setoriais.

86. O Poder Público promoverá a capacitação massiva em técnicas de gestão de conflitos comunitários para policiais militares e guardas municipais.

87. O Poder Público e a sociedade civil estimularão a expansão e fortalecimento de ouvidorias dos órgãos do sistema de justiça, optando por um modelo inovador e ativo, com a figura essencial de ouvidor/ouvidora independente das corporações a que estão vinculados (as).

II JORNADA "PREVENÇÃO E SOLUÇÃO EXTRAJUDICIAL DE LITÍGIOS"

ARBITRAGEM

88. Na hipótese de financiamento de arbitragem com recursos de terceiros, a parte financiada deverá informar a identidade do financiador, sem prejuízo de que outras informações sejam solicitadas pelo tribunal arbitral e/ou pela instituição arbitral.

89. Nas arbitragens envolvendo a Administração Pública, cabe à parte interessada apontar as informações ou documentos que entende sigilosos, indicando o respectivo fundamento legal que restringe sua publicidade.

90. A exigência de assinatura da sentença arbitral (LArb, art. 26, parágrafo único) é suprida por assinatura eletrônica ou digital.

91. Eventual proposição de ação civil pública sobre o contrato administrativo não é, por si só, impeditivo para que as partes signatárias ingressem ou continuem com a arbitragem para discussão de direitos patrimoniais disponíveis, definidos na forma do parágrafo único do art. 151 da Lei n. 14.133/2021.

92. Cabe às partes colaborar com o dever de revelação, solicitando ao árbitro informações precisas sobre fatos que eventualmente possam comprometer sua imparcialidade e independência. O árbitro não está obrigado a revelar informações públicas.

93. A ação prevista pelo art. 7º da Lei n. 9.307/1996 somente deve ser proposta quando a cláusula compromissória não for suficiente para a instauração da arbitragem. Sendo possível instituir a arbitragem, competirá aos árbitros colmatar lacunas e/ou solucionar defeitos da convenção de arbitragem.

94. No cumprimento de concessão de medida cautelar ou de urgência expedida por árbitro único ou tribunal arbitral para suspensão ou cancelamento de protesto de títulos, não é necessária a expedição de carta arbitral (art. 22-C da Lei n. 9.307/1996).

95. Na ação de homologação de sentença arbitral estrangeira, as regras especiais da Convenção de Nova Iorque sobre o Reconhecimento e Execução de Sentenças Arbitrais Estrangeiras (Decreto n. 4.311/2002) prevalecem sobre as regras gerais do Código de Processo Civil e as especiais da Lei n. 9.307/96.

96. É válida a inserção da cláusula compromissória em pacto antenupcial e em contrato de união estável.

97. O conceito de dúvida justificada na análise da independência e imparcialidade do árbitro deve observar critério objetivo e ser efetuado na visão de um terceiro que, com razoabilidade, analisaria a questão levando em consideração os fatos e as circunstâncias específicas.

98. Independentemente do local da sede da arbitragem, o Poder Judiciário brasileiro pode conhecer de pedido de tutela cautelar pré-arbitral, uma vez presente uma das hipóteses de exercício da jurisdição brasileira, na forma do art. 21 do CPC.

99. O art. 189, IV, do Código de Processo Civil é constitucional, devendo o juiz decretar segredo de justiça em processos judiciais que versem sobre arbitragem, desde que a confidencialidade estipulada na arbitragem seja comprovada perante o juízo.

100. O Superior Tribunal de Justiça é o órgão jurisdicional competente para julgar o conflito de competência existente entre árbitro e juiz estatal.

101. Em ações anulatórias de sentença arbitral, o valor da causa deverá ser o benefício econômico buscado com a anulação.

102. A sentença arbitral poderá ser enviada por correio eletrônico ou transmissão eletrônica ao endereço designado ou autorizado pela parte destinatária.

103. É admissível a implementação da arbitragem on-line na resolução dos conflitos de consumo, respeitada a vontade do consumidor e observada sua vulnerabilidade e compreensão dos termos do procedimento, como forma de promoção de acesso à justiça.

104. As alegações de extensão subjetiva e objetiva da convenção de arbitragem deverão, nos termos do art. 8º, parágrafo único, da Lei de Arbitragem, ser apreciadas, no primeiro momento, pelo juízo arbitral, em atenção ao princípio da competência-competência.

105. É possível a inserção da cláusula compromissória em acordo submetido à homologação judicial.

106. É admissível na arbitragem valer-se das ferramentas tecnológicas de inteligência artificial para subsidiar as partes e o árbitro no curso do procedimento.

107. A definição de direito patrimonial disponível, consoante o art. 1º, § 1º, da Lei n. 9.307/1996, para fins de submissão de questões que envolvam a Administração Pública ao procedimento arbitral, deve observar o critério de negociabilidade da matéria objeto de discussão.

108. O Tribunal Arbitral tem poderes para decretar a multa coercitiva (astreintes).

109. O dever de revelação do árbitro é de caráter contínuo, razão pela qual o surgimento de fatos que denotem dúvida justificada quanto à sua imparcialidade e independência deve ser informado no curso de todo o procedimento arbitral.

110. A omissão do árbitro em revelar às partes fato que possa denotar dúvida quanto à sua imparcialidade e independência não significa, por si só, que esse árbitro seja parcial ou lhe falte independência, devendo o juiz avaliar a relevância do fato não revelado para decidir ação anulatória.

111. A cláusula compromissória deve ser estipulada por escrito, podendo ser registrada sob qualquer forma, como troca de e-mails ou outras formas, para aferir a vontade das partes.

112. É possível o reconhecimento de litigância de má-fé na esfera arbitral.

113. A medida de urgência deferida pelo Poder Judiciário preserva seus efeitos até ulterior análise pelo Tribunal Arbitral, desde que instaurada a arbitragem no prazo previsto no parágrafo único do art. 22-A da Lei n. 9.307/1996.

DESJUDICIALIZAÇÃO

114. O art. 10-A, § 2º, do Decreto-Lei n. 3.365/1941, com redação dada pela Lei n. 13.867/2019, permite o registro de acordo de desapropriação amigável sem necessidade de escritura pública, ainda que de valor superior a 30 salários mínimos.

115. O credor fiduciário deve prestar contas, extrajudicialmente, ao devedor fiduciante, na forma adequada, sempre que requerido, em caso de venda do bem móvel dado em garantia mediante alienação fiduciária de que trata o Decreto-Lei n. 911/1969.

116. É necessária a oferta de cursos de capacitação frequentes e atuais pelas Escolas Superiores das Instituições do Sistema de Justiça e de outros órgãos da Administração Pública, bem como a exigência de inclusão nas provas de concurso de acesso às carreiras, de matéria versando sobre a desjudicialização de conflitos e sobre o acesso à justiça célere, eficiente e desburocratizado por meio das demais formas de composição dos litígios.

117. Em caso de desistência ou suspensão do processo judicial de usucapião para utilização da via extrajudicial, poderão ser aproveitados os atos processuais já praticados na via judicial.

118. A autorização para que o credor aliene extrajudicialmente o objeto dado em garantia de seu crédito deve constar do respectivo contrato, que também determinará: (i) o preço mínimo para alienação, ou a necessidade de avaliação prévia do bem, a ser feita, por exemplo, em conjunto pelas partes ou avaliador por eles escolhido; e, (ii) a restituição ao devedor do excesso obtido com a venda, após quitação integral do débito. É sempre assegurado aos contratantes o direito de questionamento em juízo.

119. Os contratos agrários de arrendamento rural e de parceria rural poderão ser averbados nas matrículas imobiliárias para fins de publicidade.

120. Art. 1.565, § 1º, e 1.571, § 2º, CC: são admissíveis a retomada do nome de solteiro e a inclusão do sobrenome do cônjuge de quem não o fez quando casou, a qualquer tempo, na constância da sociedade conjugal, por requerimento ao Registro Civil das Pessoas Naturais, independentemente de autorização judicial.

121. A manifestação do Ministério Público, nos autos do Procedimento Extrajudicial de Reconhecimento da Parentalidade Socioafetiva, é obrigatória quando a pessoa reconhecida contar com menos de 18 anos de idade na data do reconhecimento, ficando dispensada quando se tratar de pessoa reconhecida maior e capaz.

122. O direito à inclusão de sobrenome em virtude do reconhecimento de filiação se estende aos descendentes e cônjuge da pessoa reconhecida, faculdade a ser exercida por mero requerimento perante o Oficial de Registro Civil das Pessoas Naturais, independentemente de decisão judicial.

123. Pode ser realizado o registro da naturalização no Livro E do Registro Civil das Pessoas Naturais, após sua concessão pelo Ministério da Justiça e Segurança Pública, tendo em vista ser o rol de atos ali registráveis meramente exemplificativo, conforme se depreende da interpretação do art. 33, parágrafo único, da Lei n. 6.015: para inscrição dos demais atos relativos ao estado civil.

124. É direito dos genitores o registro do natimorto com inclusão de nome e demais elementos de registro, independentemente de ordem judicial, sempre que optarem por seu sepultamento, nas hipóteses em que tal providência não for obrigatória.

125. A cooperação nacional interinstitucional pode ser realizada entre órgãos judiciais e serventias extrajudiciais, inclusive para a prática dos atos de cooperação descritos no art. 6º da Resolução n. 350/2020 do CNJ, no que couber.

126. É possível averbar a consolidação da propriedade plena pelo credor fiduciário em decorrência de prévio registro de alienação fiduciária de imóvel (Lei n. 9.514/1997) ou registrar a dação em pagamento, mesmo tendo sido averbada, posteriormente ao registro citado, ordem de indisponibilidade judicial dos direitos de devedor fiduciante.

127. É admissível o requerimento, pelo(a) interessado(a), ao Registro Civil de Pessoas Naturais para retorno ao nome de solteiro(a), após decretado o divórcio (art. 29, §1º, alínea f, Lei n. 6.015/1973), dispensando-se a intervenção judicial.

128. É admissível a formalização de união estável por meio do registro, no livro E do Registro Civil de Pessoas Naturais, de instrumento particular que preencha os requisitos do art. 1.723 do CC/2002.

129. O pedido de certidão em inteiro teor, quando houver informação sigilosa no registro, independe de ordem judicial, se for feito ao Registrador Civil das Pessoas Naturais pelo próprio registrado ou seu responsável legal.

130. É admissível o requerimento pelo(a) interessado(a) de alteração de seu nome, no primeiro ano após ter atingido a maioridade civil, diretamente perante o Registro Civil de Pessoas Naturais, independentemente de decisão judicial, na forma do art. 56 da Lei n. 6.015/1973.

131. As decisões promovidas por Comitês de Resolução de Disputa (Dispute Boards) que sejam vinculantes têm natureza contratual e refletem a vontade das partes que optaram por essa forma de resolução de conflitos, pelo que devem ser cumpridas obrigatória e imediatamente, sem prejuízo de eventual questionamento fundamentado em ação judicial ou procedimento arbitral.

132. Os princípios da boa-fé e da cooperação incidem sobre todo o sistema multiportas de acesso à Justiça, inclusive no foro extrajudicial.

133. Em disputas consumeristas, o Poder Público deve incentivar que o consumidor resolva eventuais disputas com fornecedores por meios extrajudiciais, como o Serviço de Atendimento ao Consumidor (SAC) ou plataforma CONSUMIDOR.GOV.BR, antes de propor ações judiciais sobre o tema.

134. A cooperação judiciária nacional permite a colaboração interinstitucional como forma de desjudicialização de atos processuais específicos na execução judicial.

135. Recomenda-se à Administração Pública permitir a estabilização de tutela antecipada, evitando a interposição de agravo de instrumento, em casos cuja concessão se deu conforme entendimento pacificado de normas legais e constitucionais pelo Superior Tribunal de Justiça e pelo Supremo Tribunal Federal, independentemente do julgamento em caso de recursos repetitivos ou repercussão geral ou edição de súmula vinculante.

136. É de se fomentar a criação de procedimento extrajudicial visando à materialização de título hábil a ensejar o registro imobiliário para o alcance da propriedade plena em decorrência de contrato preliminar de promessa de compra e venda, registrado ou não, dispensando, facultativamente, a via judicial.

137. Na utilização do comitê de resolução de disputas (Dispute Board) como meio alternativo de prevenção e resolução de controvérsias relativas aos contratos administrativos (art. 151 da Lei n. 14.133, de 1º de abril de 2021), deverá ser utilizada, preferencialmente, a modalidade combinada, na qual o comitê pode emitir recomendações e decisões.

138. A execução de acórdão condenatório de Tribunal de Contas pode se valer das medidas de desjudicialização da execução civil, tais como a notificação pelo Registro de Títulos e Documentos, o protesto e a anotação do nome do devedor em cadastro de inadimplência.

139. Na hipótese prevista no art. 1.523, inciso II do Código Civil, não será imposto o regime de separação obrigatória de bens ao novo casamento da mulher grávida quando os contraentes firmarem declaração de que são pais do nascituro, independentemente de autorização judicial.

NOVAS FORMAS DE SOLUÇÃO DE CONFLITOS E NOVAS TECNOLOGIAS

140. Os princípios da confidencialidade e da boa-fé devem ser observados na mediação on-line. Caso o mediador, em algum momento, perceba a violação a tais postulados, poderá suspender a sessão ou sugerir que tal ato seja realizado na modalidade presencial.

141. Recomenda-se o estímulo à utilização e à integração de mecanismos como a plataforma CONSUMIDOR.GOV.BR, criada pela Secretaria Nacional do Consumidor – Senacon com o apoio de Procons, com vistas a promover o acesso e a criação de alternativas para a solução eficiente dos conflitos de consumo.

142. Recomenda-se ao Poder Público incentivar o lançamento de editais para o fomento de pesquisas científicas que consolidem as experiências de resolução on-line de conflitos (ODR) de forma analítica e sistemática. Justificativa: A escassez na produção científica a respeito das técnicas de mediação on-line e novas tecnologias tende a intensificar as dificuldades de adesão dos possíveis litigantes aos sistemas informatizados de resolução de conflitos.

143. Impõe-se a promoção de políticas públicas de inclusão digital que permitam que a mediação on-line seja instrumento de ampliação do acesso à justiça de forma plena e igualitária.

144. Recomenda-se a adoção de sistema gratuito Online Dispute Resolution (ODR) pelas plataformas de intermediação de comércio eletrônico para a composição de conflitos entre os seus usuários, sendo uma alternativa para disputas entre consumidores e fornecedores.

145. Recomenda-se aos tribunais a divulgação, em destaque, com linguagem simples, na página inicial de seu sítio eletrônico na internet, do sistema multiportas de resolução de conflitos adotado no âmbito de sua jurisdição, com direcionamento à explicação sobre espécies e temas em que são mais empregados, além das localidades em que estão disponíveis e das formas de acessá-las.

146. Os setores público e privado devem combater todas as formas de discriminação, opressão ou exclusão digital decorrentes da incorporação de novas tecnologias para o efetivo acesso à justiça.

147. Recomenda-se que a implantação dos Sistemas Informatizados para a Resolução de Conflitos por meio da conciliação e mediação (SIREC) seja planejada e realizada com base em desenho de sistemas de prevenção e resolução de conflitos, com foco na experiência do jurisdicionado, na simplificação procedimental e na promoção da educação sobre meios de resolução de conflitos, procedimento, direitos e deveres.

148. A resolução consensual de controvérsias decorrentes da proteção de dados pessoais deve ser incentivada pelo Estado e pode ocorrer por meio de plataformas de solução de conflitos.

149. A interoperabilidade dos sistemas referida no art. 194 do CPC deverá ser incentivada para proporcionar a criação de plataformas unificadas, a padronização de layouts e ferramentas disponíveis para os usuários, e a integração dos diversos sistemas processuais eletrônicos no âmbito judicial e também no âmbito administrativo, para que assim se promova efetivamente a cooperação institucional e interinstitucional, viabilizando o compartilhamento de dados e informações de maneira estruturada e harmônica, bem como assegurando o amplo acesso à justiça nos processos digitais, tendo sempre como foco a experiência do usuário.

150. É garantida a participação de pessoa com deficiência no procedimento de mediação e outras formas de resolução de conflitos, com a observância da acessibilidade aos instrumentos, mecanismos ou tecnologias eventualmente necessárias para ela se expressar e ser compreendida.

151. A parte que sofrer com falhas de conexão da internet ou dificuldade de acesso à plataforma que impeça a sua participação ou a continuidade de sua participação nas sessões e audiências virtuais não poderá ser prejudicada e poderá solicitar a remarcação da sessão ou sua realização por outro meio.

152. Na adoção de tecnologias da informação e comunicação no Judiciário, deve-se ter como pressuposto o design centrado no ser humano.

153. Constatada a vulnerabilidade tecnológica do indivíduo no âmbito judicial e/ou extrajudicial, a Defensoria Pública poderá ser solicitada a cooperar no processo de inclusão digital, bem como o indivíduo que encontrar dificuldades tecnológicas poderá procurar apoio dessa instituição para participar de ato processual virtual.

154. A aplicação dos meios adequados à resolução de conflitos deve respeitar a identidade cultural e étnica das partes envolvidas, levando em consideração fatores como nacionalidade, religião, língua, tradições, gênero, cor, idade, dentre outros determinantes sociais, prestigiando sempre a autonomia individual e prestando esclarecimentos às partes envolvidas no conflito acerca dos procedimentos utilizados para solução da lide.

155. Constatada a vulnerabilidade tecnológica do indivíduo para a participação em determinado ato processual, o magistrado pode facultar a realização do ato na sua forma híbrida ou presencial.

156. As plataformas de ODR, privadas ou públicas, buscarão, sempre que possível, atender a critérios de acessibilidade digital para grupos possivelmente marginalizados pela exclusão digital, como a compatibilidade com meios de tecnologia para viabilizar acesso a pessoas com deficiência.

157. Para garantia de segurança e autenticação, é recomendável que as plataformas de mediação on-line inseridas nos Tribunais façam a confirmação da identidade de cada indivíduo que ingresse no sistema, podendo essa autenticação ser realizada de diversas formas, a fim de não inviabilizar a acessibilidade.

158. A mediação e a conciliação por videoconferência observarão o mesmo rito do ato presencial, devendo ser oportunizado, a pedido do advogado ou de seu cliente, momento ou sala virtual própria para conversa reservada.

159. Recomenda-se que as plataformas de resolução on-line de conflitos tenham um design centrado no usuário, com proteção de dados pessoais, como forma de estimular a sua utilização e aumentar a confiança das partes no uso da tecnologia.

MEDIAÇÃO

160. Recomenda-se que os CEJUSCs atuem em parceria com os Laboratórios de Inovação do Poder Judiciário, na prospecção de alternativas para a prevenção da judicialização de litígios.

161. O direito previsto no art. 5º, inciso XXXV, da Constituição da República não se esgota no acesso formal ao Poder Judiciário, compreendendo a existência de um sistema organizado e efetivo destinado à garantia de direitos, prevenção de conflitos e resolução pacífica das controvérsias. Dispositivos relacionados: art. 5º, inciso XXXV, da CR/1988; art. 2.1 da Declaração Universal dos Direitos Humanos de 1948; art. 3º, *caput* e §§ 1º, 2º e 3º, da Lei n. 13.105/2015.

162. Contribui para a função social a empresa que conta em sua estrutura organizacional com uma área dedicada a prevenir e solucionar conflitos.

163. A convenção processual que prevê a produção antecipada de prova, seguida de mediação ou negociação entre as partes, na forma de cláusulas escalonadas, contribui para a eficiência processual e segurança jurídica, aumentando as chances de êxito dos métodos autocompositivos.

164. As partes poderão ter acesso à mediação ou a outras soluções consensuais em tribunais superiores.

165. Cumprimentos de sentença inadimplidos podem ser, no todo ou em parte, submetidos aos meios de autocomposição disponíveis.

166. A mediação é meio eficiente e prioritário para resolver os conflitos de vizinhança, devendo sempre garantir a intimidade e a inviolabilidade da vida privada dos vizinhos, conforme estabelece o Enunciado n. 319 da IV Jornada de Direito Civil.

167. A mediação é instrumento extrajudicial adequado de planejamento sucessório, com aplicação preventiva aos conflitos entre herdeiros, sobre conteúdos patrimoniais e extrapatrimoniais.

168. A preexistência de decisão judicial transitada em julgado não impede a conciliação ou mediação entre os mesmos interessados.

169. A qualquer momento do procedimento arbitral, as partes podem ser convidadas para a mediação, especialmente quando a complexidade do conflito puder ser reduzida, esclarecida ou mesmo solucionada por esse método.

170. Os entes públicos que ainda não tiverem instalado câmaras de prevenção e resolução administrativa de conflitos, previstas no art. 32 da Lei n. 13.140/2015, poderão celebrar convênios, por suas respectivas Procuradorias, com entes públicos que já disponham de tais câmaras, para que a resolução de conflitos ou a celebração de termos de ajustamento de conduta se concretize no âmbito das estruturas existentes.

171. É recomendada aos advogados a adoção de práticas colaborativas que consistam no processo de negociação estruturado, com enfoque não adversarial e interdisciplinar na gestão de conflitos, por meio do qual as partes e os profissionais assinam um termo de participação, comprometendo-se com a transparência no procedimento e a não litigância.

172. A mediação deve ser implementada no âmbito escolar público e privado como fomento à cultura do diálogo, devendo ser realizada por mediadores devidamente capacitados.

173. Em atenção ao princípio da igualdade dentro da mesma área de atuação profissional, com a observância ao art. 167, §2º e §3º, do CPC, os tribunais devem desenvolver mecanismos que garantam a distribuição aleatória e alternada de mediações e conciliações aos mediadores, conciliadores e instituições credenciadas.

174. Considerando a adequação do caso à mediação, o conciliador, não tendo formação adequada, deve encaminhar o conflito para a mediação.

175. As técnicas de autocomposição são compatíveis com o exercício da jurisdição constitucional, inclusive na fase pré-processual, podendo ser aplicadas em ações de competência da Suprema Corte.

176. Em demandas coletivas estruturais, a adoção de métodos autocompositivos deve ser incentivada.

177. Recomenda-se a manutenção de plantões da Defensoria Pública nos Centros Judiciários de Solução de Conflitos e Cidadania - CEJUSCs, diretamente ou em parceria com a OAB ou outras instituições.

178. Recomenda-se a realização de estudos e pesquisas, no âmbito do Poder Judiciário, em parceria com universidades e profissionais com especialização na área ambiental, para a elaboração de diretrizes com vistas à utilização de métodos adequados de solução de conflitos ambientais complexos, sem prejuízo da eventual especialização de CEJUSCs em matéria ambiental.

179. Para que a plataforma digital ou outro meio de comunicação à distância sejam considerados mediação ou conciliação, o procedimento deve atender aos requisitos legais destinados a t ais formas de resolução de conflitos.

180. Em virtude do alcance da Política Pública de Tratamento Adequado de Conflito de Interesses e como incentivo à advocacia estratégica, recomenda-se à OAB a previsão, em sua tabela de honorários e em suas parcerias/convênios com as Defensorias Públicas, de remuneração para o advogado na função de assessor jurídico em uma sessão (pré-processual ou processual) de mediação ou de conciliação (Resolução CNJ n. 271, de 11/12/2018), cumprindo os arts. 169 do CPC e 13 da Lei n. 13.140.

181. Recomenda-se à instituição formadora, pública ou privada maior rigor na observância do estágio supervisionado dos conciliadores e mediadores judiciais, sobretudo no que tange à supervisão dos casos reais pela equipe docente, aplicando-a autossupervisão somente na situação excepcional prevista no item 2, anexo I da Resolução do CNJ n.125/2010.

182. A vulnerabilidade de uma das partes não impede, por si só, a busca pela resolução consensual do conflito, mas exige a observância do dever de informação adequada, que permita a compreensão 39 dos riscos e benefícios do processo consensual desenvolvido, além da aplicação de técnicas específicas que permitam uma igual participação entre partes em situação de desequilíbrio.

183. Nas ações de inventário envolvendo partilha de bens que compõem o espólio, instruído o processo; identificados o patrimônio; os herdeiros e os pontos controversos; o juiz, respeitada a autonomia das partes, poderá encaminhá-las para a mediação.

184. Recomenda-se que as Câmaras Privadas de Mediação mantenham bancos de dados atualizados que permitam acompanhar a evolução das atividades de mediação extrajudicial no país, respeitando-se a proteção de dados pessoais prevista na Lei n. 13.709/2018 e a confidencialidade prevista na Lei n. 13.140/2015.

185. Recomenda-se que a Defensoria Pública seja notificada antes do ajuizamento de ação possessória ou petitória, pelos órgãos públicos envolvidos, quando disser respeito a coletividades vulneráveis - do ponto de vista econômico, organizacional ou por outro fator que impeça ou dificulte o acesso à Justiça -, visando 40 mediar a composição do conflito, quando possível, na busca de solução que atenda aos direitos fundamentais envolvidos, a exemplo da realocação de famílias carentes, evitando-se danos aos ocupantes.

186. O acordo resultante da mediação não tem sua validade e eficácia condicionadas ao âmbito de competência do órgão em que foi firmado ou ao domicílio das partes.

187. Recomenda-se a notificação da Defensoria Pública, antes do ajuizamento de ação coletiva pelos órgãos públicos envolvidos, quando a ação atingir potencialmente coletividades vulneráveis, visando à composição extrajudicial do conflito, quando possível, na busca de solução que atenda aos direitos fundamentais envolvidos.

188. Recomenda-se o uso da mediação em conflitos e controvérsias sanitárias de saúde pública, de modo a promover a interlocução interinstitucional, inclusive do Judiciário com entes públicos e privados.

189. Diante da crise decorrente da pandemia da Covid-19, a mediação apresenta-se como meio adequado no enfrentamento das múltiplas contendas a ela relacionadas.

190. O princípio da confidencialidade da mediação também se aplica ao administrador judicial, a quem compete avaliar tão somente o resultado final das negociações consubstanciadas nos acordos resultantes da mediação levados à homologação em juízo, pedir às partes informações necessárias à sua fiscalização e atentar para que os prazos do art. 20-A da Lei n. 11.101/2005 sejam observados.

191. O termo final de mediação constitui título passível de registro perante os cartórios, desde que não envolva interesse de incapazes, devendo ser interpretado de forma ampliativa o art. 221 da Lei n. 6.015/1973, a fim de garantir a plena eficácia aos métodos extrajudiciais de solução de conflitos.

192. Recomenda-se, para fins de promoção por merecimento de magistrados, o maior reconhecimento de aspectos qualitativos, de estímulo ao uso dos meios consensuais e à prevenção de litígios, tais como desenvolvimento de projetos, estabelecimento de diálogo interinstitucional com grandes litigantes e a valorização da audiência do art. 334 do CPC, e não apenas critérios quantitativos, como o número de sentenças prolatadas ou de acordos homologados.

193. Pode ser admitida nas sessões de mediação a participação de intérpretes.

194. No que se refere à comprovação da instauração do procedimento de mediação prevista na Lei n. 11.101/2005, basta a apresentação do convite para a primeira reunião de mediação ou pré-mediação nos moldes previstos na Lei n. 13.140/2015.

195. A natureza de unidade judiciária atribuída aos Centros impõe o monitoramento de sua estrutura e funcionamento mediante sua inserção no calendário de inspeções, correições e visitas periódicas promovidas pelos tribunais, com o objetivo de acompanhar e promover a efetivação da Política Judiciária Nacional instituída pela Resolução CNJ n. 125/2010

196. O acompanhamento estatístico da Política Judiciária Nacional de Tratamento Adequado de Conflitos (art. 2º, III, da Resolução CNJ n. 125/2010) comporta a análise retrospectiva das práticas consensuais, incluindo o índice de descumprimentos dos acordos firmados, bem como a prospecção de cenários futuros, devendo abranger aspectos quantitativos e qualitativos, com ênfase no grau de satisfação do usuário.

197. Respeitadas as peculiaridades locais, deve-se incentivar a institucionalização de boas práticas relacionadas ao uso dos meios consensuais, despersonalizando-as, bem como o seu compartilhamento com outras unidades judiciárias, cabendo aos tribunais o respectivo monitoramento.

198. A suspensão do processo arbitral ou judicial para iniciar a mediação, com ou sem previsão de cláusula contratual, deve ser compreendida como uma faculdade dos mediandos.

199. É recomendável que os Tribunais com dificuldades de instalação de CEJUSCs, na forma estabelecida pelo § 2º do art. 8º da Res. CNJ n. 125/2010, disponibilizem o acesso das partes às sessões de mediação e audiências de conciliação por meio eletrônico e remoto.

200. O mediador pode consultar os envolvidos sobre a conveniência da participação de outras pessoas potencialmente afetadas pelo resultado final da mediação, sem que tal conduta importe em quebra do dever de imparcialidade.

201. Na mediação antecedente ou durante a recuperação judicial, não cabe ao mediador julgar a existência, exigibilidade e legalidade do crédito. Na mediação em recuperação judicial, todos os participantes, colaborativamente, devem zelar pela observância da ordem de preferência dos créditos e pela verificação de existência, exigibilidade e legalidade dos créditos.

202. Na mediação antecedente à recuperação judicial, a empresa devedora e seus credores são livres para estabelecer a melhor composição para adimplemento das obrigações.

203. O processo de escolha, pela Administração Pública, daqueles que atuarão como terceiros facilitadores em métodos extrajudiciais de resolução de conflitos em que o Poder Público figurará como parte, prescinde de prévio procedimento licitatório, devendo a decisão ser motivada e ser observadas as disposições do art. 154 da Lei n. 14.133/2021.

204. O termo final de mediação extrajudicial constitui título executivo extrajudicial, independentemente da assinatura de testemunhas no instrumento.

205. A mediação deve ser incentivada como método adequado para resolução de conflitos familiares envolvendo pessoa idosa, principalmente quando se tratar de controvérsias a respeito de cuidados ou nomeação de curador.

206. Recomenda-se, no âmbito dos Juizados Especiais Federais, que se oportunize a utilização de métodos autocompositivos em grau de recurso se, em razão do estado de calamidade pública decorrente da pandemia da Covid-19, não tiver ocorrido audiência de conciliação na fase anterior à sentença

207. O Poder Público deverá desenvolver programas e políticas de incentivo para fomentar a mediação como método célere e eficiente de solução de conflitos na relação de trabalho.

208. A apresentação de uma proposta de acordo, antes ou durante o litígio, por si só, não pode ser interpretada como reconhecimento do direito da parte contrária nem como indício de plausibilidade do direito por ela alegado.

209. Nos conflitos que envolvam pessoas jurídicas, representadas por advogados terceirizados ou credenciados, recomenda-se que estes compareçam à sessão de mediação e conciliação já munidos de prévia autorização para propor a solução consensual do conflito, com poderes para transigir, evitando-se, com isso, o adiamento do ato.

210. No sentido de viabilizar a mediação de conflitos entre particulares e a Administração Pública, entre outras maneiras de prestação desse serviço, é possível o credenciamento de mediadores e câmaras de mediação privados, convênios com Tribunais e entidades de classe, observados os requisitos adequados de contratação e de remuneração.

211. Em litígios coletivos de natureza estrutural que envolvam implementação de políticas públicas, recomenda-se a realização de audiência de conciliação ou mediação multipartes - isto é, não só com autor e réu, mas com todos os entes públicos e privados potencialmente capazes de contribuir com o diálogo - no início do processo, visando à formação de um cronograma negociado de execução das políticas pleiteadas.

212. Não há incompatibilidade na realização da audiência prevista no art. 334 do CPC/2015 por meios de comunicação eletrônica adequados.

213. A mediação constitui importante instrumento de desenvolvimento econômico e social, sendo recomendada a sua utilização nessa perspectiva

214. Recomenda-se que os NUPEMECs mantenham em banco de dados próprio, sem prejuízo da manutenção de cadastros de mediadores, conciliadores e câmaras privadas de conciliação e mediação, o registro de organizações que desenvolvam práticas de mediação comunitária, firmando, sempre que possível, parcerias voltadas à capacitação técnica dos mediadores comunitários.

215. É permitido às partes mediadas nomear um ou mais advogados ou técnicos sobre a matéria discutida para prestar-lhes consultoria conjunta durante sessões de mediação.

216. As partes, se assim desejarem e manifestarem expressamente, poderão se submeter à mediação em qualquer fase do procedimento arbitral ou judicial, independentemente da suspensão do procedimento.

217. A efetividade da mediação depende do comparecimento pessoal da parte, ao menos, à primeira sessão.

218. O princípio da confidencialidade aplica-se integralmente às mediações empresariais.

219 O princípio da boa-fé objetiva, decorrente da eticidade, aplica-se à mediação.

220. Nos litígios coletivos com potencial de remover população de baixa renda, é dever do Estado buscar a resolução consensual do conflito, nos termos do art. 3º, §§ 2º e 3º, do CPC/2015, aplicando-se o regime jurídico previsto no art. 565 do CPC.

221, O direito à gratuidade da Justiça, previsto no art. 98 do CPC/2015, estende-se às despesas com conciliação e mediação.

222. O juiz incentivará, com o auxílio do administrador judicial, a desjudicialização da crise empresarial, seja nos processos de recuperação judicial, seja extrajudicial, como forma de encontrar a solução mais adequada ao caso e, com isso, concretizar o princípio da preservação da atividade viável.

223. Em conflitos familiares a mediação, combinada com outros meios, deve ser incentivada, para que as partes diminuam eventual animosidade, contemplando também a objetividade para a solução dos conflitos.

224. Os métodos consensuais de composição de conflitos podem ser utilizados na busca por implementação de políticas públicas e para evitar ou fazer cessar violações de direitos transindividuais, com destaque para a possibilidade de diálogos interinstitucionais, inclusive com os Poderes Executivo e Legislativo, bem como com todas as pessoas potencialmente interessadas.

225. Recomenda-se a utilização da mediação para a resolução de conflitos socioambientais, notadamente para viabilizar, na forma do art. 3º, § 2º, da Lei de Mediação, o acesso à justiça e à satisfação de direitos disponíveis e indisponíveis transacionáveis, incluindo medidas preventivas, repressivas e de reparação de danos ao meio ambiente e à coletividade.

226. Deve ser incentivado nos órgãos do Poder Executivo, em suas diferentes esferas (federal, estadual e municipal), o apoio à implantação da mediação, conciliação e negociação.

227. O intervalo mínimo de 20 (vinte) minutos entre o início de uma e o início da seguinte audiência de conciliação ou de mediação, disposto no art. 334, § 12, do CPC/2015, não deve ser interpretado como tempo padrão de duração da sessão para toda a pauta das audiências.

228. Recomenda-se aos grandes litigantes a adoção dos meios consensuais apropriados a cada caso, antes do ajuizamento de ações, com o objetivo de viabilizar a real pacificação, levando em conta as peculiaridades da relação jurídica.

229. Recomenda-se a disseminação de práticas de solução de conflitos e novas tecnologias de diálogos em contextos universitários.

230. A intervenção dos mediadores presume-se onerosa, salvo nos casos em que, de acordo com as exceções regulamentares, possam ou devam agir gratuitamente.

ENUNCIADOS DA JORNADA DE DIREITO DO PATRIMÔNIO CULTURAL E NATURAL – CJF

I JORNADA DE DIREITO DO PATRIMÔNIO CULTURAL E NATURAL

REGISTRO PÚBLICO IMOBILIÁRIO E PATRIMÔNIO CULTURAL

ENUNCIADO 31. O sistema registral imobiliário brasileiro admite, para além do registro do ato de tombamento definitivo (art. 13 do Decreto-Lei n. 25/1937), a possibilidade de averbação (art. 246 da LRP) de:

a) tombamento provisório de bens imóveis integrantes do patrimônio cultural oriundo de ato administrativo (art. 10, parágrafo único, do Decreto-Lei n. 25/1937; art. 167, II, n. 36, da LRP);

b) tombamento provisório e definitivo de bens imóveis resultantes de ato legislativo ou decisão judicial;

c) restrições incidentes sobre imóveis reconhecidos como integrantes do patrimônio cultural por forma diversa do tombamento, em decorrência de ato administrativo ou legislativo ou de decisão judicial;

d) restrições incidentes sobre os imóveis situados na vizinhança dos bens tombados ou reconhecidos como integrantes do patrimônio cultural (art. 18 do Decreto-Lei n. 25/1937).

ENUNCIADO 32. Na falta de adequado registro imobiliário, a condição de patrimônio cultural do imóvel, em virtude de tombamento provisório ou definitivo ou de outra medida acautelatória, deverá constar no cadastro do imóvel na base de dados do Município.

ENUNCIADO 33. A ausência de registro ou averbação do tombamento provisório ou definitivo ou de outras formas de acautelamento não impede o reconhecimento do valor cultural do imóvel e a adoção de medidas de proteção do bem.

ENUNCIADO 34. As Corregedorias-Gerais das Justiças dos Estados estão habilitadas a expedir normas administrativas, destinadas às serventias extrajudiciais, sobre a averbação do tombamento provisório ou definitivo ou de restrições derivadas de formas diversas do tombamento ou, ainda, de restrições incidentes sobre imóveis situados na vizinhança dos bens tombados ou reconhecidos como integrantes do patrimônio cultural, provenientes, em qualquer caso, de ato administrativo ou legislativo ou de decisão judicial, incluindo o título passível de inscrição no fólio predial (certidão do ato administrativo ou legislativo ou mandado judicial) e seus elementos mínimos.

ENUNCIADOS DO COLÉGIO NOTARIAL DO BRASIL – CNB

XIX CONGRESSO DE DIREITO NOTARIAL – CNB/CF – MAIO/2014

1. É possível o inventário extrajudicial ainda que haja testamento, desde que previamente registrado em Juízo ou homologado posteriormente pelo Juízo competente;

2. Nas escrituras de doação não é necessário justificar a imposição de cláusulas restritivas sobre a legítima. A necessidade de indicação de justa causa (CC art. 1.848) limita-se ao testamento, não se estendendo às doações;

3. É possível a lavratura de Escritura Pública de nomeação de inventariante para cumprir obrigações de fazer deixadas pelo falecido;

4. Os artigos 982 do CPC e 3º da resolução 35 do CNJ referem-se inclusive aos bens móveis, de forma que as instituições financeiras devem acatar as escrituras públicas para fins de levantamento de valores, bem como a solicitação dos tabeliães de notas para expedir extrato de contas correntes de titularidade do "de cujus;

5. É possível a nomeação de inventariante para o fim de pagamento do Imposto "Causa-Mortis" e com base nesse documento as instituições financeiras poderão debitar o valor do referido imposto da conta corrente do falecido.

XX CONGRESSO DE DIREITO NOTARIAL – CNB/CF – OUTUBRO/2015

1. Aplica-se o Código de Ética do Conselho Federal do Colégio Notarial do Brasil a todos os notários do país, o que deve ser observado por todas as seccionais do CNB.

2. O Colégio Notarial do Brasil – Conselho Federal entende necessária a criação da colegiação legal obrigatória e submeterá proposta ao poder legislativo para estabelecer e regulamentar a colegiação.

3. Os notários devem fornecer as informações para a CENSEC, nos termos do Provimento 18/2012 do CNJ, com a finalidade de contribuir com a prevenção da lavagem de dinheiro e da corrupção.

4. Requerida a ata notarial verbalmente ou por escrito e efetivada a constatação pelo tabelião, os emolumentos serão devidos, ainda que haja desistência ou arrependimento do requerente.

5. Nas diretivas antecipadas de vontade não se aplicam as solenidades relativas ao testamento.

6. Nas autorizações para a viagem de menores, recomenda-se o reconhecimento de firma por autenticidade da assinatura dos responsáveis legais.

7. A ata notarial para fins de usucapião extrajudicial, prevista no inciso I do artigo 216-A do Código de Processo Civil, deve conter todas as informações e constatações possíveis para comprovar a existência da posse.

8. A ata notarial para fins de usucapião tem conteúdo econômico.

XXI CONGRESSO DE DIREITO NOTARIAL – CNB/CF – OUTUBRO/2016

1. Na Ata Notarial para usucapião, o Tabelião deve atestar evidências do tempo da posse. Esta ação é requisito legal sacramental e não indica que o Tabelião acompanhou a constatação todo o tempo. Por isso, a responsabilidade administrativa, civil e penal só pode ser oriunda da conduta dolosa;

2. O Apostilamento dos documentos natos eletrônicos requer a certificação mediante acesso à internet;

3. A Ata Notarial para usucapião poderá ser feita com base na certidão negativa do registro de imóveis;

4. Quando a parte estiver acompanhada de advogado, o Tabelião deverá verificar a regularidade da inscrição na OAB e a representação, que poderá ser *apud acta*;

5. O notariado brasileiro proporá uma regulamentação do seu papel no combate à corrupção e lavagem de dinheiro que necessariamente passará pela criação de um órgão central de prevenção no âmbito do Colégio Notarial do Brasil.

XXII CONGRESSO DE DIREITO NOTARIAL – CNB/CF – JUNHO/2017

1. A ata notarial para fins de usucapião extrajudicial tem conteúdo econômico.

2. A filiação socioafetiva pode ser reconhecida por escritura pública, presentes o pai ou mãe reconhecedor e o filho reconhecido. Este reconhecimento também poderá ser feito pela unanimidade dos herdeiros daquele que a poderia ter reconhecido em vida, mas o inventário só pode ser lavrado após a sua averbação no registro civil das pessoas naturais.

3. É possível a nomeação de inventariante para todos os atos preparatórios à realização do inventário, inclusive o levantamento de valores para pagamento de tributos e emolumentos. Com base neste documento, as instituições financeiras poderão debitar os valores da conta corrente do falecido para permitir a quitação dos tributos do autor da herança e incidentes sobre a sucessão.

4. A recomendação do CNJ aos tabeliães para que se abstenham de lavrar escrituras de convivência entre mais de duas pessoas não impede a lavratura das escrituras declaratórias de união poliafetiva em respeito à independência jurídica do tabelião.

XXIV CONGRESSO DE DIREITO NOTARIAL – CNB/CF – AGOSTO/2019

NOTÁRIO AGENTE DA DESBUROCRATIZAÇÃO

O tabelião de notas deve colaborar com a administração brasileira para que a população tenha acesso à certificação digital e possa assinar documentos eletrônicos com plena validade jurídica.

TABELIÃO NO MEIO DIGITAL

É possível ao tabelião de notas reconhecer a firma digital em meio eletrônico ou em documento impresso.

A pedido da parte interessada, mediante apresentação de documento físico, o tabelião poderá autenticar a assinatura digital constante no documento, após conferi-la em meio eletrônico.

NOTÁRIO E O SINTER

Neste momento o notário não está obrigado a prestar informações ao SINTER, mas poderá fazê-lo espontaneamente, como colaborador, ou no futuro, por determinação legal.

NOTÁRIO E LEI GERAL DE PROTEÇÃO DE DADOS – LGPD

O tabelião de notas deve se capacitar para atender aos requisitos da LGPD (Lei 13.709/18) que entrará em vigor em 16.8.2020. Deve atentar especialmente para a captação, guarda e conservação das informações das pessoas, em especial com a proteção dos dados sensíveis, e intimidade e vida privada.

RECONHECIMENTO DE FIRMA

O reconhecimento por autenticidade é aquele em que o tabelião ou seu escrevente autorizado declara como autêntico. Quando a parte necessitar o reconhecimento de firma por autenticidade, em documento previamente assinado, poderá requerê-lo ao tabelião ou ao escrevente autorizado, mediante o seu comparecimento pessoal ao tabelionato de notas.

ESCRITURAS FAMILIARES

Nas Escrituras públicas de inventário conjunto (art. 672 CPC), sem comoriência, é necessária a realização de partilhas distintas e sucessivas. É inadmissível uma só partilha unificada (partilha *per saltum*).

É possível a lavratura de escritura pública na qual os cônjuges ou companheiros submetidos ao regime de separação obrigatória de bens declaram que os bens adquiridos após o casamento ou união estável são fruto de esforço individual e não se comunicam.

É possível a lavratura de pacto antenupcial e contrato de convivência para as pessoas submetidas ao regime de bens obrigatório indicando que os bens adquiridos durante o casamento ou convivência não se comunicam, afastando os efeitos da Súmula 377 do STF. (Jornada de Direito Civil 634 – enunciado, art. 1.641, CC).

ENUNCIADOS DO INSTITUTO BRASILEIRO DE DIREITO DE FAMÍLIA (IBDFAM)

X CONGRESSO DE DIREITO DE FAMÍLIA DO INSTITUTO BRASILEIRO DE DIREITO DE FAMÍLIA (IBDFAM)

1. A Emenda Constitucional 66/2010, ao extinguir o instituto da separação judicial, afastou a perquirição da culpa na dissolução do casamento e na quantificação dos alimentos.

2. A separação de fato põe fim ao regime de bens e importa extinção dos deveres entre cônjuges e entre companheiros.

3. Em face do princípio da igualdade das entidades familiares, é inconstitucional o tratamento discriminatório conferido ao cônjuge e ao companheiro.

4. A constituição de entidade familiar paralela pode gerar efeito jurídico.

5. Na adoção, o princípio do superior interesse da criança e do adolescente deve prevalecer sobre a família extensa.

6. Do reconhecimento jurídico da filiação socioafetiva decorrem todos os direitos e deveres inerentes à autoridade parental.

7. A posse de estado de filho pode constituir paternidade e maternidade.

8. O abandono afetivo pode gerar direito à reparação pelo dano causado.

9. A multiparentalidade gera efeitos jurídicos.

10. É cabível o reconhecimento do abandono afetivo em relação aos ascendentes idosos.

11. Na ação destinada a dissolver o casamento ou a união estável, pode o juiz disciplinar a custódia compartilhada do animal de estimação do casal.

12. É possível o registro de nascimento dos filhos de casais homoafetivos, havidos de reprodução assistida, diretamente no Cartório do Registro Civil.

13. Na hipótese de adoção *intuitu personae* de criança e de adolescente, os pais biológicos podem eleger os adotantes.

14. Salvo expressa disposição em contrário, os alimentos fixados ad valorem incidem sobre todos os rendimentos percebidos pelo alimentante que possua natureza remuneratória, inclusive terço constitucional de férias, 13º salário, participação nos lucros e horas extras.

15. Ainda que casado sob o regime da separação convencional de bens, o cônjuge sobrevivente é herdeiro necessário e concorre com os descendentes.

16. Mesmo quando houver testamento, sendo todos os interessados capazes e concordes com os seus termos, não havendo conflito de interesses, é possível que se faça o inventário extrajudicial.

17. A técnica de ponderação, adotada expressamente pelo art. 489, § 2º, do Novo CPC, é meio adequado para a solução de problemas práticos atinentes ao Direito das Famílias e das Sucessões.

18. Nas ações de divórcio e de dissolução da união estável, a regra deve ser o julgamento parcial do mérito (art. 356 do Novo CPC), para que seja decretado o fim da conjugalidade, seguindo a demanda com a discussão de outros temas.

19. O rol do art. 693 do Novo CPC é meramente exemplificativo, e não taxativo.

20. O alimentante que, dispondo de recursos econômicos, adota subterfúgios para não pagar ou para retardar o pagamento de verba alimentar, incorre na conduta descrita no art. 7º, inc. IV da Lei nº 11.340/2006 (violência patrimonial).

XI CONGRESSO DE DIREITO DE FAMÍLIA DO INSTITUTO BRASILEIRO DE DIREITO DE FAMÍLIA (IBDFAM)

21. O reconhecimento voluntário da parentalidade socioafetiva de pessoa que não possua parentalidade registral estabelecida poderá ser realizado diretamente no ofício de registro civil, desde que não haja demanda em curso e independentemente de homologação judicial.

22. É possível a utilização da via extrajudicial para o divórcio e dissolução da união estável, nos termos do artigo 733, do CPC/15 se, havendo consenso entre as partes, inexistir nascituro e as questões relativas às crianças e adolescentes e aos filhos não emancipados e curatelados (como guarda, convivência familiar e alimento) já tiverem definição na via judicial.

23. Havendo atraso ou não pagamento da verba alimentar e indícios de que o devedor dispõe de recursos econômicos, o juiz cientificará ao Ministério Público para apurar a prática do crime de abandono material.

24. Em pacto antenupcial ou contrato de convivência podem ser celebrados negócios jurídicos processuais.

25. Depende de ação judicial o levantamento da curatela de pessoa interditada antes da vigência do Estatuto da Pessoa com Deficiência.

26. A pessoa com deficiência pode pleitear a autocuratela.

XII CONGRESSO DE DIREITO DE FAMÍLIA DO INSTITUTO BRASILEIRO DE DIREITO DE FAMÍLIA (IBDFAM)

27. No caso de comunicação de atos de alienação parental nas ações de família, o seu reconhecimento poderá ocorrer na própria demanda, sendo desnecessária medida judicial específica para tanto.

28. Havendo indício de prática de ato de alienação parental, devem as partes ser encaminhadas ao acompanhamento diagnóstico, na forma da Lei, visando ao melhor interesse da criança. O Magistrado depende de avaliação técnica para avaliar a ocorrência ou não de alienação parental, não lhe sendo recomendado decidir a questão sem estudo prévio por profissional capacitado, na forma do § 2º do art. 5º da Lei nº 12.318/2010, salvo para decretar providências liminares urgentes.

29. Em havendo o reconhecimento da multiparentalidade, é possível a cumulação da parentalidade socioafetiva e da biológica no registro civil.

30. Nos casos de eleição de regime de bens diverso do legal na união estável, é necessário contrato escrito, a fim de assegurar eficácia perante terceiros.

31. A conversão da união estável em casamento é um procedimento consensual, administrativo ou judicial, cujos efeitos serão *ex tunc*, salvo nas hipóteses em que o casal optar pela alteração do regime de bens, o que será feito por meio de pacto antenupcial, ressalvados os direitos de terceiros.

32. É possível a cobrança de alimentos, tanto pelo rito da prisão como pelo da expropriação, no mesmo procedimento, quer se trate de cumprimento de sentença ou de execução autônoma.

33. O reconhecimento da filiação socioafetiva ou da multiparentalidade gera efeitos jurídicos sucessórios, sendo certo que o filho faz jus às heranças, assim como os genitores, de forma recíproca, bem como dos respectivos ascendentes e parentes, tanto por direito próprio como por representação.

34. É possível a relativização do princípio da reciprocidade, acerca da obrigação de prestar alimentos entre pais e filhos, nos casos de abandono afetivo e material pelo genitor que pleiteia alimentos, fundada no princípio da solidariedade familiar, que o genitor nunca observou.

35. Nas hipóteses em que o processo de adoção não observar o prévio cadastro, e sempre que possível, não deve a criança ser afastada do lar em que se encontra sem a realização de prévio estudo psicossocial que constate a existência, ou não, de vínculos de socioafetividade.

36. As famílias acolhedoras e os padrinhos afetivos têm preferência para adoção quando reconhecida a constituição de vínculo de socioafetividade.

XIII CONGRESSO DE DIREITO DE FAMÍLIA DO INSTITUTO BRASILEIRO DE DIREITO DE FAMÍLIA (IBDFAM)

37. Nos casos que envolverem violência doméstica, a instrução processual em ações de família deve assegurar a integridade física, psicológica e patrimonial da vítima.

38. A interação pela via digital, ainda que por videoconferência, sempre que possível, deve ser utilizada de forma complementar à convivência familiar, e não substitutiva.

39. A liberdade de expressão dos pais em relação à possibilidade de divulgação de dados e imagens dos filhos na internet deve ser funcionalizada ao melhor interesse da criança e do adolescente e ao respeito aos seus direitos fundamentais, observados os riscos associados à superexposição.

40. A herança digital pode integrar a sucessão do seu titular, ressalvadas as hipóteses envolvendo direitos personalíssimos, direitos de terceiros e disposições de última vontade em sentido contrário.

41. Em tempos de pandemia, o regime de convivência que já tenha sido fixado em decisão judicial ou acordo deve ser mantido, salvo se, comprovadamente, qualquer dos pais for submetido a isolamento ou houver situação excepcional que não atenda ao melhor interesse da criança ou adolescente.

42. O namoro qualificado, diferentemente da união estável, não engloba todos os requisitos cumulativos presentes no art. 1.723 do Código Civil.

43. É desnecessária a manifestação do Ministério Público nos reconhecimentos extrajudiciais de filiação socioafetiva de pessoas maiores de dezoito anos.

44. Existindo consenso sobre a filiação socioafetiva, esta poderá ser reconhecida no inventário judicial ou extrajudicial.

45. A ação de divórcio já ajuizada não deverá ser extinta sem resolução de mérito, em caso do falecimento de uma das partes.

46. Excepcionalmente, e desde que justificada, é possível a decretação do divórcio em sede de tutela provisória, mesmo antes da oitiva da outra parte.

XIV CONGRESSO DE DIREITO DE FAMÍLIA DO INSTITUTO BRASILEIRO DE DIREITO DE FAMÍLIA (IBDFAM)

47. Constatada a ocorrência de violência doméstica, a decisão que fixar o regime de convivência entre os pais e seus filhos deve considerar o impacto sobre a segurança, bem-estar e desenvolvimento saudável das crianças e adolescentes envolvidos, sopesando o risco de exposição destes a novas formas de violência.

48. Das decisões que fixarem alimentos provisórios e nas execuções de alimentos, os mandados deverão ser cumpridos inclusive no plantão judicial.

49. Em nome do princípio da competência adequada, no caso de inexistência de Vara específica da pessoa idosa, a competência para processar ações de alienação parental contra a pessoa idosa será de competência das Varas de Família.

50. A restrição ou limitação à convivência paterna ou materna em razão da violência doméstica contra a criança ou adolescente não deve ser indiscriminadamente extensiva aos demais familiares vinculados ao agressor, respeitado sempre o superior interesse e vontade da criança ou adolescente.

51. Nas ações em que se busca fixação ou revisão dos alimentos para filhos menores ou incapazes, a dilação probatória deve abranger a situação financeira de ambos os genitores, independente deles serem ou não parte no processo.

52. O resultado negativo de exame genético realizado em ação de Investigação de Paternidade, Negatória de Paternidade ou Anulatória de Registro de Nascimento não autoriza o julgamento antecipado do mérito e nem a desconstituição do vínculo de parentalidade sem que se promova a averiguação da presença de socioafetividade entre pai e filho.

53. Em face do princípio da parentalidade responsável e por não se admitir recusa injustificada ao exercício de qualquer função parental, a manifestação contrária ao compartilhamento da guarda, de que trata o § 2º do art. 1.584, do Código Civil, deve ser motivada, cabendo ao juiz apurar a procedência das razões invocadas em preservação do superior interesse da criança e do adolescente.

54. A presunção de filiação prevista no artigo 1.597, inciso V, do Código Civil, também se aplica aos casais homoafetivos.

55. O direito à exploração econômica de voz ou imagem retrato reproduzidos por sistema de Inteligência Artificial não é absoluto, devendo os herdeiros estar limitados pelo respeito à memória e à imagem-atributo que tenham sido cultivadas em vida pela pessoa falecida.

56. O direito real de habitação não deve ser interpretado de modo absoluto, devendo a decisão que o conceder sopesar os interesses do cônjuge ou companheiro com os interesses de herdeiros incapazes que sejam filhos apenas do falecido, em atenção aos princípios da prioridade absoluta e da supremacia do interesse da criança e do adolescente.

RECOMENDAÇÕES PARA AS CÂMARAS NACIONAIS E OS CONSELHOS NACIONAIS DOS NOTARIADOS MEMBROS DA UNIÃO INTERNACIONAL DO NOTARIADO – UINL – OUTUBRO/2016

TEMA 1: O NOTÁRIO COMO TERCEIRO DE CONFIANÇA

Recomendações para as câmaras nacionais e os conselhos nacionais dos notariados membros da UINL.

1. Que para assegurar a segurança jurídica de um contrato importante, os cidadãos e as empresas, como consumidores, acostumem-se em recorrer a um terceiro de confiança, ainda que estejamos em um mundo desmaterializado.

RECOMENDAÇÃO: Informar ao público em geral que os notários dominam perfeitamente o acesso à tecnologia.

2. Quem melhor que o notário pode ser esse terceiro de confiança, como jurista imparcial e independente e controlado a tal efeito pelo Estado há séculos; realiza assim a justiça voluntária, que brinda proteção a título preventivo de qualquer conflito.

3. Que graças a algumas cláusulas apropriadas e claras nos documentos que redige, o notário não deixa dúvida alguma quanto a sua aplicação e ao que responde às consequências desejadas pelas partes, conferindo a elas, desta forma, um título com valor probatório, tão importante na hora de demonstrar a propriedade, tanto imobiliária quanto mobiliária.

RECOMENDAÇÃO: promover a "titulação", é dizer, permitir que qualquer pessoa tenha acesso à habitação e à terra, entregando-lhe um título de propriedade segura, visto que todos os indivíduos que não possuem um título não podem demonstrar a propriedade de seus bens.

4. Que os documentos emitidos pelos notários tenham força executiva semelhante a uma decisão de um tribunal de última instância, permitindo implementá-los sem a intervenção de um advogado nem de um tribunal, sempre que os documentos fornecidos possuírem sanções claras em caso de descumprimento dos compromissos assumidos por uma das partes.

RECOMENDAÇÃO: *garantir que os documentos notariais possuam força executiva em todos os países da UINL*

5. Que o notário de tipo latino se encarregue tanto dos trâmites prévios às escrituras quanto dos posteriores, como a transcrição ou inscrição das mesmas nos registros públicos. Graças à investigação prévia, aumentará a segurança jurídica dos documentos notariais e serão evitadas discussões e conflitos posteriores à escritura, assegurando-se desta forma uma missão de justiça preventiva.

6. Que durante a elaboração de um contrato, o notário tenha a obrigação de procurar um equilíbrio entre as partes. Assim, assume o seu papel social na sociedade, evita por todos os meios que os documentos contenham cláusulas abusivas, não colabora com uma parte escondida da outra, defende os interesses dos mais fracos, em especial de pessoas vulneráveis, e leva em conta o nível intelectual das partes.

RECOMENDAÇÃO: promover o papel social do notário e organizar uma campanha de comunicação dirigida ao público em geral.

7. Que o notário de tipo latino desempenhe um papel primordial de assessor e "mestre das leis". Sua assessoria é uma parte inerente da chamada autenticação ativa de contratos e a remuneração do mesmo está incluída nas taxas cobradas de acordo com a tarifa alfandegária. Explicam-se às partes, o conteúdo e os motivos de cada cláusula, assim como suas consequências. O Notariado de cada Estado deve organizar uma jornada nacional de consulta gratuita a este respeito.

RECOMENDAÇÃO: Estabelecer um dia nacional de consulta em todos os países da UINL, se possível, na mesma data.

8. Que o usuário do serviço possa recorrer ao notário que escolher. Em princípio, é possível escolher livremente o seu notário, salvo nos casos expressamente previstos por lei (falências, vendas públicas). O usuário do serviço tem essa confiança, sabendo que o notário não só conhece a sua história familiar, como é obrigado a manter o sigilo e discrição.

9. Que o notário não só receba a formação jurídica adequada na universidade, obtendo um diploma em Direito e em seguida o diploma Superior de Notário na faculdade ou um certificado de aptidão para desempenhar as funções de um notário emitido por um centro de formação notarial, tudo isso seguido de um período de prática em um escritório notarial, além da obrigação de jornadas de estudo no âmbito da formação contínua. Assim, permanece necessariamente informado das últimas novidades no campo da legislação, da doutrina e da jurisprudência e mantém sua condição de jurista de alto nível, capaz de ajudar os utilizadores do serviço em todos os assuntos notariais.

RECOMENDAÇÃO: promover o acesso à Universidade do Notariado, eventualmente com a educação à distância no futuro (*e-learning*).

10. Que o notário é sujeito a regras rígidas de conduta, estabelecidas em um código nacional de ética que normalmente corresponde às normas do código estabelecido pela UINL.

RECOMENDAÇÃO: estabelecer nos países que não possuem um código de ética que sigam os padrões da UINL.

11. Que ao elaborar documentos corretos e completos, auxiliem de forma indireta os tribunais, evitando que surjam conflitos entre as partes. Seu campo de atividade engloba certos procedimentos judiciais (liquidações, vendas judiciais, etc.) que em alguns países são atribuídos diretamente aos notários. Desta forma, absorvem trabalho de juízes e contribuem para reduzir os procedimentos judiciais. O notariado está organizado para trabalhar com mais flexibilidade que os tribunais neste terreno, além de ser um especialista em mediação.

RECOMENDAÇÃO: aumentar os poderes do notariado do tipo latino em matéria de justiça, a fim de facilitar o trabalho dos tribunais.

12. Que os seus documentos tenham um valor econômico claro. Autenticidade é um valor econômico que só vai aumentar, especialmente no contexto da globalização da economia e do mercado em geral. Efetivamente, os conflitos comerciais desaceleram a dinâmica do desenvolvimento da sociedade e impedem as atividades empresariais.

RECOMENDAÇÃO: Organizar uma campanha de comunicação cujo objetivo consista em demonstrar a eficácia econômica dos documentos notariais.

13. Que, além disso, o notário é um agente e parceiro do Estado. Ele recolhe determinados impostos durante a autorização das escrituras. Ele tem a obrigação de comunicar os casos de lavagem de dinheiro ou crime organizado. E, em geral, faz essa ponte necessária entre o Estado e o cidadão. Conta assim com a confiança do Estado como um terceiro participante.

RECOMENDAÇÃO: Criar listas de indicadores de lavagem de dinheiro e crime organizado.

14. Que em alguns países, a atividade notarial se estenda ao Direito Público, ajudando o Estado, as comunidades territoriais e as instituições públicas na elaboração de contratos.

RECOMENDAÇÃO: Introduzir uma formação em matéria de Direito Público em universidades ou escolas do notariado.

15. Que em um contexto internacional, em virtude do aumento das relações transfronteiriças, sejam criadas redes de notários entre os distintos países com o objetivo de tratar das questões de Direito internacional privado. Desta forma, os notários se comunicariam mutuamente acerca de seus respectivos direitos nacionais. Algumas autoridades nacionais já admitem o trânsito de documentos fora de suas fronteiras e reconhecem o valor probatório de um documento estrangeiro e, se necessário, até mesmo a sua aplicabilidade.

RECOMENDAÇÃO: Reconhecer documentos notariais em um contexto internacional.

16. Que uma desregulamentação do serviço notarial possa ser nefasta para os cidadãos e as empresas. Causaria uma deterioração do serviço. Notários, então, trabalhariam com valores menores, proporcionando um serviço pior e deixando o caminho livre para uma grande competição. O "numerus regulatus" possui virtudes nada desprezíveis dentro de algumas tarifas fixadas pelo Estado. A desregulamentação mais avançada, que confere esses serviços a outras entidades, diminuiria a segurança jurídica. Esses terceiros não foram designados ou controlados pelo Estado ou por alguma das câmaras de disciplina, nem trabalham sob as regras restritas que permanecem. O notariado, que já existe há séculos, sempre conseguiu se adaptar a todas as mudanças culturais, econômicas, sociais e técnicas. O notário é o profissional ideal para evitar casos de documentos fraudulentos e lavagem de dinheiro em seu campo profissional. Além disso, o notariado é a profissão mais digital de todas as profissões jurídicas e há muito tempo adquiriu o costume de fazer uso de todas as novas tecnologias.

TEMA 2: A ESCRITURA PÚBLICA E A DIGITALIZAÇÃO DOS PROCEDIMENTOS: DIREITOS TÉCNICOS E JURÍDICOS

I. A ESCRITURA MATRIZ: SUPORTE EM PAPEL OU DESMATERIALIZADA

1. No âmbito da UINL são observadas atualmente três possíveis formas de autorização e de arquivo de escrituras públicas:

a) Suporte em papel e firma manuscrita.

b) Suporte eletrônico com assinatura dos outorgantes por firma eletrônica simples ou qualificada e firma do notário qualificada.

c) Suporte eletrônico com firma dos outorgantes pelo tablet e criptografia mediante à firma eletrônica qualificada do notário

2. Em todo caso, a atuação presencial do notário é essencial em qualquer uma das três modalidades para desenvolver plenamente o procedimento de autenticação do documento (identificação das partes, juízo de capacidade, qualificação das faculdades representativas, informação de consentimento, controle da legalidade material ou de fundo, controle de licenças e autorizações administrativas, prevenção à lavagem de capitais, recolhimento e comunicação de dados para efeitos fiscais, urbanísticos, de política de habitação e ocupação do solo, de proteção à agricultura, de proteção ao meio ambiente, do exercício dos direitos de aquisição – em especial de caráter público ou privado, etc.) e dar fé de seu conteúdo.

3. Recomenda-se que, para a formulação dos instrumentos originais, utilizem-se os suportes que estimulem a presença física do notário e dos outorgantes, assim como o suporte em papel e o suporte eletrônico para o procedimento de assinatura em tablet e criptografia mediante a firma eletrônica do notário.

4. Recomenda-se ainda que na linha apontada pela Assembleia dos Notariados membros da UINL, celebrada em Budapeste em 10 de outubro de 2014, rejeitar todos os sistemas de outorga e autorização que não comprovem a intermediação do notário no local e no momento da celebração do negócio.

5. Recomenda-se ainda que nos países que optam pelo suporte em papel, forme-se outro arquivo ou protocolo em suporte eletrônico que seja o reflexo daquele e facilite a expedição de cópias, a remessa dos dados de referência, a consulta e, se necessário, a verificação da vigência do documento mediante a técnica do Código Seguro de Verificação, CSV.

II. A CÓPIA ELETRÔNICA E SUA INSCRIÇÃO NOS REGISTROS

1. Recomenda-se incentivar o uso da cópia em suporte eletrônico e procurar, em alguns casos, as oportunas modificações legislativas nos países em que essa prática não é reconhecida.

2. Para evitar a possibilidade de multiplicar *ad infinitum* as cópias da cópia eletrônica, prática que longe de proporcionar segurança poderia resultar no descontrole do número de cópias na mão de pessoas não autorizadas, recomenda-se que as cópias eletrônicas com valor jurídico legal do documento autêntico em papel só possam ser designadas por notários, autoridades judiciais e funcionários da Administração e que tais cópias eletrônicas só podem ser passadas para o papel pelo próprio notário autorizante, pelo notário destinatário ou que faça parte dos expedientes administrativos.

3. Para pessoas com direito à cópia, recomenda-se a cópia simples eletrônica acompanhada do Código Seguro de Verificação.

4. Recomenda-se a implantação do sistema de Código Seguro de Verificação como um complemento do arquivo ou protocolo eletrônico ou do reflexo eletrônico do protocolo em suporte de papel para atestar a existência e vigência de um ato autêntico.

5. Recomenda- se assim mesmo o emprego dos Códigos Seguros de Verificação dos atos autênticos contidos no protocolo eletrônico ou no reflexo eletrônico do protocolo em suporte de papel para estabelecer a rastreabilidade da vida útil dos direitos ou poderes contidos nos mesmos a fim de facilitar e melhorar a segurança jurídica indispensável que deve proporcionar ao notário.

6. Recomendam-se o emprego da cópia parametrizada das escrituras e a integração de dados nos registros correspondentes, sob a exclusiva responsabilidade do notário, respeitando as normas nacionais.

III. FACILITAÇÃO DA ELIMINAÇÃO DE DISTÂNCIAS

1. Recomenda-se que, utilizando os meios eletrônicos, os notários mantendo a necessidade da presença física e com respeito ao conjunto de regras que são aplicáveis à sua função, facilitem a contratação sem o deslocamento dos outorgantes que estão localizados em longas distâncias.

2. Recomenda-se também facilitar o estabelecimento de plataformas eletrônicas de colaboração entre os notários a nível internacional, como por exemplo o sistema Eufides.

IV. DO ARQUIVO ELETRÔNICO E SUA GESTÃO

1. Recomenda-se que, nos países em que se decida substituir o protocolo em suporte de papel e que provaram sua confiabilidade ao longo dos séculos, o arquivo eletrônico de escrituras públicas cumpra as seguintes exigências:

a) determinar de forma concreta um prazo mínimo de duração;

b) conter uma garantia dos provedores que assegure a duração estabelecida;

c) fixar os procedimentos de migração homologados de forma que não possam perder as informações nem serem contestados em juízo;

d) respeitar as mesmas regras de confidencialidade e segredo profissional que os arquivos em suporte de papel.

2. Recomenda-se que:

a) as organizações notariais enfrentem de maneira coletiva a execução dos arquivos informáticos;

b) que, no âmbito de uma infraestrutura comum, os arquivos de cada notário sejam independentes e acessíveis somente pelo notário autorizante, seu substituto ou seu sucessor.

IV. DOS SERVIÇOS PRESTADOS PELOS NOTÁRIOS AOS SEUS CLIENTES

1. Recomenda-se o uso dos meios eletrônicos para todas as relações entre o notário e seus clientes em assuntos de trâmite ou outros serviços externos à fé pública.

PARIS, 22 de outubro de 2016

Coordenadores internacionais:
Natalia Perry Turbay (Colômbia) e Luc Weyts (Bélgica), notários

CONCLUSÕES INTERNACIONAIS DO 30º CONGRESSO MUNDIAL DA UNIÃO INTERNACIONAL DO NOTARIADO (UINL)

TEMA 1: O EXERCÍCIO DA FUNÇÃO PÚBLICA NOTARIAL EM ÂMBITO VIRTUAL

1. GARANTIA DE AUTENTICIDADE

– A utilização das novas tecnologias confere melhores resultados aos cidadãos ao tornar mais rápida e eficiente a celebração dos atos notariais. Estas ferramentas digitais permitem gerir a profissão de forma mais produtiva e eficaz.

– No entanto, o papel dos notários, enquanto agentes públicos imparciais, mantém-se fundamentalmente inalterado: garantir a autenticidade dos atos e fornecer uma força executiva fundamental nos negócios jurídicos mais importantes da economia.

2. OFERECER FLEXIBILIDADE SEM COMPROMETER A SEGURANÇA JURÍDICA

– Os notários devem manter a responsabilidade pela identificação das partes. As soluções de novas tecnologias suportam a atividade notarial e permitem aos notários garantir a identificação.

– A verificação da vontade, capacidade e livre consentimento das partes continua a ser um dever fundamental e deve ser verificada por notários. Esta verificação é uma condição básica: em caso de dúvida, o notário deve poder recusar a celebração do contrato por videoconferência.

3. NECESSIDADES DE NOVAS REGRAS INTERNACIONAIS DE COMPETÊNCIA E RECONHECIMENTO

– Há necessidade de novas regras para determinar qual notário é competente para praticar um ato em sistemas remotos: pode-se propor uma classificação dos diferentes atos notariais, com o objetivo de encontrar os melhores fatores de conexão em cada caso.

– A UINL atuará no sentido de promover e apoiar a conclusão de convenções internacionais sobre reconhecimento mútuo de atos notariais "à distância", de forma a facilitar a sua circulação.

4. DEMONSTRAR QUE OS NOTÁRIOS NÃO PODEM SER SUBSTITUÍDOS POR NOVAS TECNOLOGIAS

– O notário deve demonstrar que a função notarial não pode ser substituída por processos digitais.

– Os notários devem dar soluções concretas às questões de segurança de dados colocadas pelas novas tecnologias, promovendo o seu papel de garantidor da segurança jurídica dos atos.

TEMA 2: O EXERCÍCIO DA FUNÇÃO PÚBLICA NOTARIAL VINCULADO À RECUPERAÇÃO DAS ECONOMIAS NACIONAIS NA ÉPOCA PÓS-PANDEMIA

1. O NOTARIADO E O EMPREENDEDORISMO. INTERVENÇÃO NOTARIAL NA FORMAÇÃO E DESENVOLVIMENTO DE MICROEMPRESAS.

Introdução

– Em muitos países, as microempresas são a coluna vertebral da economia. Sua atividade é, portanto, crucial para a recuperação econômica depois da pandemia da Covid-19.

– Para proteger o patrimônio familiar, a maioria dos estados limitam a responsabilidade dos sócios.

– Para facilitar a criação de microempresas pelos cidadãos é preciso oferecer soluções sensíveis e acessíveis.

– Estas devem garantir sempre um alto grau de segurança jurídica. Em particular, os microempresários carecem de conhecimentos jurídicos e necessitam um assessoramento detalhado e individual no momento de criar sua empresa. Não é raro que a empresa seja o único meio de vida de toda uma família.

– Como os empresários normalmente querem limitar sua responsabilidade, outros participantes do mercado devem poder informar-se de forma confiável sobre a estrutura de capital da empresa e o poder de representação. Para eles, é imprescindível contar com registros públicos, dotados de informação confiável.

Recomendação

O notário deveria trabalhar para ser a pessoa de confiança dos microempresários, servindo-lhe de ajuda na criação de suas empresas.

2. O NOTARIADO E AS PEQUENAS E MÉDIAS EMPRESAS FRENTE ÀS CRISES ECONÔMICAS. ASSESSORAMENTO INTEGRAL. POSSIBILIDADE DE ACESSO AO CRÉDITO E O OFERECIMENTO DE GARANTIAS. O SANEAMENTO CREDITÍCIO E FINANCEIRO. CONCURSOS E FALÊNCIAS.

Introdução

– Um passo importante para a recuperação econômica pós pandemia de Covid-19 é a criação de novas empresas. As pequenas e médias empresas são a base da economia nacional de muitos países. Os fundadores, especialmente os que iniciam uma empresa em tempos de incerteza econômica, necessitam de um assessoramento completo para que suas empresas sejam sustentáveis e resilientes desde o princípio.

– Para que as empresas recém-criadas operem com êxito no mercado, os demais participantes devem confiar nelas. Os registros públicos dotados de informação confiável têm um papel importante para os terceiros.

– Para crescer, as empresas também dependem de capital. O financiamento em condições favoráveis só é acessível se as empresas podem oferecer uma garantia de qualidade. Direitos imobiliários, em particular, desempenham um papel importante. Os direitos imobiliários só podem funcionar como uma garantia valiosa se sua existência e titularidade se verifica de forma segura. Para isso, os registros de propriedades imobiliárias e a intervenção obrigatória dos notários nas inscrições nos mesmos são indispensáveis.

– Ademais, os direitos reais imobiliários podem representar a maior parte do patrimônio de uma pessoa ou empresa. Para tanto, é preciso ter cuidado de não alienar ou gravar direitos reais imobiliários sem que o equilíbrio seja assegurado, por isso é importante a intervenção notarial nos negócios jurídicos que se referem a direitos imobiliários.

Recomendação

A intervenção notarial no âmbito do direito de sociedade e imobiliário deveria ampliar-se, já que contribuem de forma importante ao assessoramento integral das partes envolvidas e à exatidão e confiança concomitante dos registros.

Os registros confiáveis e significativos são fundamentais para o acesso ao financiamento, que é urgentemente necessário para superar as crises econômicas.

3. DIGITALIZAÇÃO – CONSTITUIÇÃO DE EMPRESAS *ONLINE*. A PROPÓSITO DA DIRETIVA EUROPEIA. VANTAGENS E DESVANTAGENS.

Introdução

– A digitalização oferece uma grande oportunidade para proporcionar aos fundadores uma alternativa fácil e rápida de criar uma empresa.

– A pandemia, em particular, demonstrou como foi importante os procedimentos digitais seguros e confiáveis quando as reuniões presenciais não foram possíveis ou só o foram de forma limitada.

– É importante que a digitalização não possa substituir a intervenção notarial. Inclusive com os procedimentos online, deve ser garantido um assessoramento completo e individualizado às partes envolvidas e sua clara identificação sobre os mais altos padrões de segurança. A mudança dos procedimentos presenciais para o formato digital não deve supor, em nenhum caso, a diminuição do nível de segurança jurídica em detrimento das transações legais.

Recomendação

Se os notários apresentam diversas e convincentes soluções para os procedimentos seguros de autenticação online, isto não só pode servir para assegurar suas competências frente à digitalização, como também para obter novas tarefas.

ORIENTAÇÕES SOBRE PRÁTICAS NOTARIAIS E DE REGISTRO DA ESCOLA NACIONAL DE DIREITO NOTARIAL E DE REGISTROS – ENNOR

ORIENTAÇÃO SOBRE NOTAS

1. O Notário pode retificar erros materiais evidentes sem a necessidade da anuência e assinatura das partes, mediante aditamento retificativo desde que não sejam afetadas as declarações dos contratantes e elementos essenciais do ato jurídico.

2. O notário tem competência para certificar a autenticidade dos documentos extraídos da internet.

3. Não obstante a regra geral de publicidade dos atos notariais, quanto às certidões de testamentos ou atos que envolvam direito de família, o notário fornecerá tais certidões somente para as partes, seus advogados, ou para terceiros que possuam autorização judicial para tanto, em razão do sigilo decorrente do direito a intimidade.

4. Escritura pública em que ambos os companheiros reciprocamente declarem que desejam por fim à união estável põe termo à relação afetiva e é instrumento hábil para consignar a partilha de bens.

(...)

ORIENTAÇÃO SOBRE REGISTRO CIVIL DAS PESSOAS NATURAIS

6. Podem ambos os nubentes ser representados por procuradores na realização do casamento.

7. Registro de óbito lavrado após 15 dias da morte, prescinde de autorização judicial, desde que apresentada Declaração de Óbito assinada por medico ou declaração de 2 testemunhas nos termos do artigo 83 da Lei 6.015/73.

8. Para expedir guia de cremação, o oficial de registro deve verificar os requisitos do artigo 77, § 2ª, da Lei 6015/73.

9. Mesmo após a Emenda Constitucional 66/2010, deve o Oficial de Registro praticar o ato (registro/averbação) correspondente ao título de separação judicial ou extrajudicial.

10. Havendo divergência parcial ou total entre o nome do recém nascido constante da Declaração de Nascido Vivo e o escolhido em manifestação perante o registrador no momento do registro, prevalece este último.

11. O nome do pai constante da Declaração de Nascido Vivo não constitui prova ou presunção da paternidade, somente podendo ser lançado no registro de nascimento quando verificado nos termos da legislação civil vigente.

12. A ordem de preferência dos itens 1º e 2º do artigo 52 da Lei 6.015/73 não foi recepcionada pela Constituição Federal que prevê igualdade entre o homem e a mulher, não cabendo mais a preferência dada ao pai sobre a mãe na ordem de legitimação para a declaração do nascimento dentro do prezo de 15 (quinze dias), persistindo a ampliação do prazo dada à mãe.

ORIENTAÇÃO SOBRE REGISTRO DE IMÓVEIS

13. A apresentação de título para exame e cálculo (art. 12, parágrafo único da Lei 6.015/73) deve se fazer por escrito, constando do recibo a advertência de que o título não gozará os efeitos de prioridade e preferência do artigo 186 da Lei 6.015/73, anotando-se tal circunstância no indicador real.

14. O instrumento particular de Promessa de Compra e Venda com cláusula de irrevogabilidade e irretratabilidade é título hábil ao registro, independentemente do valor do imóvel.

EDITORA JusPODIVM
www.editorajuspodivm.com.br

Impressão e Acabamento:
EXPRESSÃO & ARTE
EDITORA E GRÁFICA
www.graficaexpressaoearte.com.br

JUS3592

VADE MECUM Notarial e Registral

COLETÂNEA DE LEIS PARA CARTÓRIOS

Índices Alfabético-Remissivos

MARTHA EL DEBS

VADE MECUM
Notarial e Registral

COLETÂNEA DE LEIS PARA CARTÓRIOS

Índices Alfabético-Remissivos

11ª EDIÇÃO

revista, atualizada, ampliada e reformulada

2024

EDITORA JusPODIVM

www.editorajuspodivm.com.br

EDITORA
*Jus*PODIVM
www.editorajuspodivm.com.br

Rua Canuto Saraiva, 131 – Mooca – CEP: 03113-010 – São Paulo – São Paulo
Tel: (11) 3582.5757
• Contato: https://www.editorajuspodivm.com.br/central-de-relacionamento

Capa: Ana Caquetti

Diagramação: Maitê Coelho *(maitescoelho@yahoo.com.br)* e Cendi Coelho *(cendicoelho@gmail.com)*

Edições anteriores publicadas sob o título:
LEGISLAÇÃO NOTARIAL e de REGISTROS PÚBLICOS Coletânea de Leis para Cartórios

E37v El Debs, Martha
Vade Mecum Notarial e Registral - Coletânea de Leis para Cartórios / Martha El Debs – 11.ed., rev., atual. e ampl. - São Paulo: Editora JusPodivm, 2024.
112 p.

Índices
ISBN 978-85-442-5247-5

1. Direito Notarial e Registral. 2. Registros. 3. Legislação. I. El Debs, Martha. II. Título.

CDD 340.06081

11.ª ed., *2.ª tir.:* out./2024; *3.ª tir.:* mar./2025.

ÍNDICE GERAL

ÍNDICE REMISSIVO GERAL

ÍNDICE REMISSIVO GERAL

ADJUDICAÇÃO COMPULSÓRIA EXTRAJUDICIAL

ADJUNÇÃO

ADMINISTRAÇÃO

ADMINISTRAÇÃO PÚBLICA

ADMINISTRAÇÃO FAZENDÁRIA

ADOÇÃO

ADVOGADO

ALIENAÇÃO FIDUCIÁRIA DE COISA MÓVEL

ALIENAÇÃO JUDICIAL

ALIMENTOS

ALIMENTOS GRAVÍDICOS

ALISTAMENTO ELEITORAL

ALTERAÇÃO EXTRAJUDICIAL DO NOME

ALUGUEL

ALUVIÃO

ALVARÁ

ÁLVEO

AMAZÔNIA LEGAL

ANALFABETO

CNMP

COAÇÃO

COBRANÇA DA PENA DE MULTA

CODICILO

CÓDIGO BRASILEIRO DE ÉTICA E DISCIPLINA NOTARIAL

CÓDIGO CIVIL

CÓDIGO DE ÁGUAS

CÓDIGO DE ÉTICA DA ANOREG-BR

CÓDIGO DE PROCESSO CIVIL – LEI 13.105/2015

DÍVIDA ATIVA

DIVISÃO

DIVISAS

DIVÓRCIO

DOAÇÃO

DOCUMENTO(S)

DOCUMENTO DE IDENTIDADE DOS NOTARIOS E REGISTRADORES

DOCUMENTOS NATO-DIGITAIS

DOI – DECLARAÇÃO SOBRE OPERAÇÃO IMOBILIÁRIA

DOLO

DOMICÍLIO

- G -

- H -

HIPOTECA CEDULAR

HIPOTECA CONVENCIONAL

HIPOTECA JUDICIAL

HIPOTECA LEGAL

HOMOLOGAÇÃO

HONORÁRIOS

- I -

IBGE

ICP - INFRAESTRUTURA DE CHAVES PÚBLICAS

ICP-RC - INFRAESTRUTURA DE CHAVES PÚBLICAS DE CHAVES PÚBLICAS DO REGISTRO CIVIL

IDADE

IDENTIFICAÇÃO CIVIL NACIONAL - ICN

ÍNDICE REMISSIVO GERAL

- L -

PROPRIEDADE FIDUCIÁRIA

PROTEÇÃO DE DADOS

PROTESTO(S)

REGISTRO CIVIL DE PESSOAS JURÍDICAS

REGISTRO DE DISTRIBUIÇÃO

REGISTRO DE CONTRATOS DE COMPRA E VENDA COM RESERVA DE DOMÍNIO

REGISTRO DE IMÓVEIS

REGISTRO DE NASCIMENTO NO CASO DE OMISSÃO

REGISTRO DE TÍTULOS E DOCUMENTOS (RTD)

REGISTRO ELETRÔNICO

REGISTRO EXTEMPORÂNEO

REGISTRO PÚBLICO DE EMPRESAS MERCANTIS E ATIVIDADE AFINS

REGISTRO TARDIO DE NASCIMENTO

REGULARIZAÇÃO

REGULARIZAÇÃO FUNDIÁRIA

UNIÃO ESTÁVEL

UNIDADE

UNIFICAÇÃO

UNIFICAÇÃO DE MATRÍCULA

UNITARIEDADE

UNIVERSALIDADE

ÍNDICE ALFABÉTICO REMISSIVO – PROVIMENTO CNJ N. 149/2023

(CÓDIGO NACIONAL DE NORMAS DA CORREGEDORIA NACIONAL DE JUSTIÇA – FORO EXTRAJUDICIAL (CNN/CN/CNJ-EXTRA)

ÍNDICE ALFABÉTICO REMISSIVO – PROVIMENTO CNJ N. 149/2023 (CÓDIGO NACIONAL DE NORMAS DA CORREGEDORIA NACIONAL DE JUSTIÇA – FORO EXTRAJUDICIAL (CNN/CN/CNJ-Extra)

PROTEÇÃO DE DADOS

EDITORA
*Jus*PODIVM
www.editorajuspodivm.com.br

Impressão e Acabamento:
EXPRESSÃO & ARTE
EDITORA E GRÁFICA
www.graficaexpressaoearte.com.br

JUS3592